二十四史(附《清史稿》)

(第五卷)

中州古籍出版社

隋 书

唐·魏 徵等撰

隋书目录

卷一　帝纪第一
　　高祖上 1
卷二　帝纪第二
　　高祖下 6
卷三　帝纪第三
　　炀帝上 11
卷四　帝纪第四
　　炀帝下 14
卷五　帝纪第五
　　恭帝 18
卷六　志第一
　　礼仪一 19
卷七　志第二
　　礼仪二 23
卷八　志第三
　　礼仪三 28
卷九　志第四
　　礼仪四 32
卷十　志第五
　　礼仪五 36
卷十一　志第六
　　礼仪六 41
卷十二　志第七
　　礼仪七 49
卷十三　志第八
　　音乐上 57
卷十四　志第九
　　音乐中 62
卷十五　志第十
　　音乐下 69
卷十六　志第十一
　　律历上 77
卷十七　志第十二
　　律历中 83
卷十八　志第十三
　　律历下 91
卷十九　志第十四
　　天文上 98
卷二十　志第十五
　　天文中 107
卷二十一　志第十六
　　天文下 114
卷二十二　志第十七
　　五行上 123

卷二十三　志第十八
　　五行下 128
卷二十四　志第十九
　　食货 134
卷二十五　志第二十
　　刑法 139
卷二十六　志第二十一
　　百官上 144
卷二十七　志第二十二
　　百官中 151
卷二十八　志第二十三
　　百官下 156
卷二十九　志第二十四
　　地理上 163
卷三十　志第二十五
　　地理中 169
卷三十一　志第二十六
　　地理下 176
卷三十二　志第二十七
　　经籍一　经 183
卷三十三　志第二十八
　　经籍二　史 196
卷三十四　志第二十九
　　经籍三　子 207
卷三十五　志第三十
　　经籍四　集　道经　佛经 222
卷三十六　列传第一
　　后妃 234
　　　文献独孤皇后 235
　　　宣华夫人陈氏 235
　　　容华夫人蔡氏 235
　　　炀帝萧皇后 235
卷三十七　列传第二
　　李穆 236
　　　子浑 237
　　　穆兄子询 237
　　　询弟崇 238
　　　崇子敏 238
　　梁睿 238
卷三十八　列传第三
　　刘昉 239
　　郑译 240
　　柳裘 241
　　皇甫绩 241
　　韦謩 241
　　卢贲 241
卷三十九　列传第四
　　于义 242
　　　子宣道 242
　　阴寿 243

子世师　骨仪……243
窦荣定……243
元景山……244
源雄……244
豆卢勋……244
　　子毓……245
　　勋兄通……245
贺若谊……245
卷四十　列传第五
　梁士彦……246
　　子刚……246
　梁默……246
　宇文忻……246
　王谊……247
　元谐……247
　王世积……248
　虞庆则……248
　元胄……249
卷四十一　列传第六
　高颎……249
　苏威……250
　　子夔……251
卷四十二　列传第七
　李德林……252
　　子百药……256
卷四十三　列传第八
　河间王弘……256
　　子庆……256
　杨处纲……257
　杨子崇……257
　观德王雄……257
　　弟达……258
卷四十四　列传第九
　滕穆王瓒……258
　　嗣王纶……258
　道悼王静……258
　卫昭王爽……258
　　嗣王集……259
　蔡王智积……259
卷四十五　列传第十
　文四子……259
　　房陵王勇……259
　　　子俨……261
　　秦孝王俊……261
　　　子浩……262
　　庶人秀……262
　　庶人谅……263
卷四十六　列传第十一
　赵煚……263
　赵芬……264

杨尚希……264
长孙平……264
元晖……265
韦师……265
杨异……265
苏孝慈……265
　兄子沙罗……266
李雄……266
张煲……266
　刘仁恩……266
　郭均……266
卷四十七　列传第十二
　韦世康……267
　　弟洸　艺　冲……267
　　从父弟寿……268
　柳机……268
　　子述……268
　　弟旦　肃……268
　　从弟雄亮……268
　　从子謇之……269
　　族兄昂……269
　　昂子调……269
卷四十八　列传第十三
　杨素……270
　　弟约……272
　　从父文思　文纪……273
卷四十九　列传第十四
　牛弘……273
卷五十　列传第十五
　宇文庆……276
　李礼成……277
　元孝矩……277
　　弟褒……278
　郭荣……278
　庞晃……278
　李安……279
卷五十一　列传第十六
　长孙览……279
　　从子炽……279
　　炽弟晟……280
卷五十二　列传第十七
　韩擒虎……281
　　弟僧寿　洪……282
　贺若弼……282
卷五十三　列传第十八
　达奚长儒……283
　贺娄子干……284
　史万岁……284
　刘方……285
　冯昱……285

王𬱖 ………………………………… 285	齐王暕 ………………………………… 303
李充 ………………………………… 285	赵王杲 ………………………………… 304
杨武通 ……………………………… 285	**卷六十　列传第二十五**
陈永贵 ……………………………… 285	崔仲方 ……………………………… 304
房兆 ………………………………… 285	于仲文 ……………………………… 305
卷五十四　列传第十九	兄顗 ………………………………… 306
王长述 ……………………………… 286	从父弟玺 …………………………… 306
李衍 ………………………………… 286	段文振 ……………………………… 306
伊娄谦 ……………………………… 286	**卷六十一　列传第二十六**
田仁恭 ……………………………… 287	宇文述 ……………………………… 307
元亨 ………………………………… 287	云定兴 ……………………………… 308
杜整 ………………………………… 287	郭衍 ………………………………… 308
李彻 ………………………………… 287	**卷六十二　列传第二十七**
崔彭 ………………………………… 288	王韶 ………………………………… 309
卷五十五　列传第二十	元岩 ………………………………… 310
杜彦 ………………………………… 288	刘行本 ……………………………… 310
高劢 ………………………………… 288	梁毗 ………………………………… 310
尒朱敞 ……………………………… 289	柳彧 ………………………………… 311
周摇 ………………………………… 289	赵绰 ………………………………… 312
独孤楷 ……………………………… 289	裴肃 ………………………………… 312
乞伏慧 ……………………………… 290	**卷六十三　列传第二十八**
张威 ………………………………… 290	樊子盖 ……………………………… 313
和洪 ………………………………… 290	史祥 ………………………………… 314
侯莫陈颖 …………………………… 290	元寿 ………………………………… 314
卷五十六　列传第二十一	杨义臣 ……………………………… 315
卢恺 ………………………………… 291	卫玄 ………………………………… 315
令狐熙 ……………………………… 291	刘权 ………………………………… 316
薛胄 ………………………………… 292	**卷六十四　列传第二十九**
宇文㢸 ……………………………… 292	李圆通 ……………………………… 316
张衡 ………………………………… 293	陈茂 ………………………………… 317
杨汪 ………………………………… 293	张定和 ……………………………… 317
卷五十七　列传第二十二	张奫 ………………………………… 317
卢思道 ……………………………… 293	麦铁杖 ……………………………… 317
从父兄昌衡 ………………………… 295	沈光 ………………………………… 318
李孝贞 ……………………………… 295	来护儿 ……………………………… 318
薛道衡 ……………………………… 295	鱼俱罗 ……………………………… 318
卷五十八　列传第二十三	陈棱 ………………………………… 319
明克让 ……………………………… 298	王辩 ………………………………… 319
魏澹 ………………………………… 298	斛斯万善 …………………………… 319
陆爽 ………………………………… 299	**卷六十五　列传第三十**
侯白 ………………………………… 299	周罗睺 ……………………………… 320
杜台卿 ……………………………… 299	周法尚 ……………………………… 320
辛德源 ……………………………… 299	李景 ………………………………… 321
柳䛒 ………………………………… 299	慕容三藏 …………………………… 322
许善心 ……………………………… 300	薛世雄 ……………………………… 322
李文博 ……………………………… 301	王仁恭 ……………………………… 322
卷五十九　列传第二十四	权武 ………………………………… 323
炀三子 ……………………………… 302	吐万绪 ……………………………… 323
元德太子昭 ………………………… 302	董纯 ………………………………… 323
子燕王倓　越王侗 ………………… 302	赵才 ………………………………… 324

卷六十六　列传第三十一
　李谔 324
　鲍宏 325
　裴政 325
　柳庄 326
　源师 326
　郎茂 327
　高构 327
　张虔威 327
　荣毗 328
　　兄建绪 328
　陆知命 328
　房彦谦 328

卷六十七　列传第三十二
　虞世基 330
　裴蕴 331
　裴矩 331

卷六十八　列传第三十三
　宇文恺 333
　阎毗 335
　何稠 335
　　刘龙 336
　　黄亘　亘弟衮 336

卷六十九　列传第三十四
　王劭 336
　袁充 338

卷七十　列传第三十五
　杨玄感 339
　李子雄 340
　赵元淑 340
　斛斯政 340
　刘元进 341
　李密 341
　裴仁基 343

卷七十一　列传第三十六
　诚节
　刘弘 344
　皇甫诞 344
　　子无逸 344
　陶模 344
　敬钊 345
　游元 345
　冯慈明 345
　张须陀 345
　杨善会 346
　独孤盛 346
　元文都 346
　卢楚 346
　刘子翊 346
　尧君素 347

　陈孝意 347
　张季珣 348
　松赟 348

卷七十二　列传第三十七
　孝义
　陆彦师 348
　田德懋 349
　薛濬 349
　王颁 349
　杨庆 349
　郭儁 349
　田翼 350
　纽回 350
　刘士儁 350
　郎方贵 350
　翟普林 350
　李德饶 350
　华秋 350
　徐孝肃 350

卷七十三　列传第三十八
　循吏
　梁彦光 351
　樊叔略 351
　赵轨 352
　房恭懿 352
　公孙景茂 352
　辛公义 352
　柳俭 353
　郭绚 353
　敬肃 353
　刘旷 353
　王伽 353
　魏德深 353

卷七十四　列传第三十九
　酷吏
　厍狄士文 354
　田式 354
　燕荣 355
　赵仲卿 355
　崔弘度 355
　　弟弘升 356
　元弘嗣 356
　王文同 356

卷七十五　列传第四十
　儒林
　元善 357
　辛彦之 357
　何妥 357
　萧该 359
　包恺 359

房晖远	359	许智藏		373
马光	359	万宝常		373
刘焯	359	王令言		373

卷七十九　列传第四十四

外戚

- 高祖外家吕氏 …… 374
- 独孤罗 …… 374
- 　弟陁 …… 374
- 萧岿 …… 375
- 　子琮　瓛 …… 375

刘炫		360
褚辉		361
顾彪		361
鲁世达		361
张冲		361
王孝籍		361

卷七十六　列传第四十一

文学

- 刘臻 …… 362
- 王頍 …… 362
- 崔儦 …… 362
- 诸葛颖 …… 363
- 孙万寿 …… 363
- 王贞 …… 363
- 虞绰 …… 364
- 　辛大德 …… 364
- 王胄 …… 364
- 庾自直 …… 364
- 潘徽 …… 364
- 杜正玄 …… 365
- 　弟正藏 …… 366
- 常得志 …… 366
- 尹式 …… 366
- 刘善经 …… 366
- 祖君彦 …… 366
- 孔德绍 …… 366
- 刘斌 …… 366

卷七十七　列传第四十二

隐逸

- 李士谦 …… 366
- 崔廓 …… 367
- 　子赜 …… 367
- 徐则 …… 368
- 张文诩 …… 368

卷七十八　列传第四十三

艺术

- 庾季才 …… 369
- 　子质 …… 370
- 卢太翼 …… 370
- 耿询 …… 370
- 韦鼎 …… 370
- 来和 …… 371
- 萧吉 …… 371
- 杨伯丑 …… 372
- 临孝恭 …… 372
- 刘祐 …… 372
- 张胄玄 …… 372

卷八十　列传第四十五

列女

- 兰陵公主 …… 376
- 南阳公主 …… 376
- 襄城王恪妃 …… 376
- 华阳王楷妃 …… 376
- 谯国夫人 …… 376
- 郑善果母 …… 377
- 孝女王舜 …… 377
- 韩觊妻 …… 377
- 陆让母 …… 378
- 刘昶女 …… 378
- 钟士雄母 …… 378
- 孝妇覃氏 …… 378
- 元务光母 …… 378
- 裴伦妻 …… 378
- 赵元楷妻 …… 378

卷八十一　列传第四十六

东夷

- 高丽 …… 379
- 百济 …… 380
- 新罗 …… 380
- 靺鞨 …… 380
- 流求 …… 381
- 倭国 …… 381

卷八十二　列传第四十七

南蛮

- 林邑 …… 382
- 赤土 …… 383
- 真腊 …… 383
- 婆利 …… 384

卷八十三　列传第四十八

西域

- 吐谷浑 …… 384
- 党项 …… 385
- 高昌 …… 385
- 康国 …… 386
- 安国 …… 386
- 石国 …… 386
- 女国 …… 386

焉耆	386
龟兹	386
疏勒	386
于阗	387
钹汗	387
吐火罗	387
挹怛	387
米国	387
史国	387
曹国	387
何国	387
乌那曷	387
穆国	387
波斯	387
漕国	387
附国	388

卷八十四　列传第四十九

北狄

突厥	388
西突厥	391
铁勒	392
奚	392
契丹	392
室韦	392

卷八十五　列传第五十

宇文化及	393
弟智及	394
司马德戡	394
裴虔通	395
王充	395
段达	396

附录

宋本原跋	396

卷一　　　　帝纪第一

高　祖　上

高祖文皇帝，姓杨氏，讳坚，弘农郡华阴人也。汉太尉震八代孙铉，仕燕为北平太守。铉生元寿，后魏代为武川镇司马，子孙因家焉。元寿生太原太守惠嘏，嘏生平原太守烈，烈生宁远将军祯，祯生忠，忠即皇考也。皇考从周太祖起义关西，赐姓普六茹氏，位至柱国、大司空、隋国公。薨，赠太保，谥曰桓。

皇妣吕氏，以大统七年六月癸丑夜生高祖于冯翊般若寺，紫气充庭。有尼来自河东，谓皇妣曰："此儿所从来甚异，不可于俗间处之。"尼将高祖舍于别馆，躬自抚养。皇妣尝抱高祖，忽见头上角出，遍体鳞起。皇妣大骇，坠高祖于地。尼自外入见曰："已惊我儿，致令晚得天下。"为人龙颜，额上有五柱入顶，目光外射，有文在手曰"王"。长上短下，沈深严重。初入太学，虽至亲昵不敢狎也。

年十四，京兆尹薛善辟为功曹。十五，以太祖勋授散骑常侍、车骑大将军、仪同三司，封成纪县公。十六，迁骠骑大将军，加开府。周太祖见而叹曰："此儿风骨，不似代间人。"明帝即位，授右小宫伯，进封大兴郡公。帝尝遣善相者赵昭视之，昭诡对曰："不过作柱国耳。"既而阴谓高祖曰："公当为天下君，必大诛杀而后定。善记鄙言。"武帝即位，迁左小宫伯。出为隋州刺史，进位大将军。后征还，遇皇妣寝疾三年，昼夜不离左右，代称纯孝。宇文护执政，尤忌高祖，屡将害焉，大将军侯伏、侯寿等匡护得免。其后袭爵隋国公。武帝聘高祖长女为皇太子妃，益加礼重。齐王宪言于帝曰："普六茹坚相貌非常，臣每见之，不觉自失。恐非人下，请早除之。"帝曰："此止可为将耳。"内史王轨骤言于帝曰："皇太子非社稷主，普六茹坚貌有反相。"帝不悦，曰："必天命有在，将若之何！"高祖甚惧，深自晦匿。

建德中，率水军三万，破齐师于河桥。明年，从帝平齐，进位柱国。与宇文宪破齐任城王高湝于冀州，除定州总管。先是，定州城西门久闭不行，齐文宣时，或请开之，以便行路。帝不许，曰："当有圣人来启之。"及高祖至而开焉，莫不惊异。寻转亳州总管。宣帝即位，以后父征拜上柱国、大司马。大象初，迁大后丞、右司武，俄转大前疑。每巡幸，恒委居守。时帝为《刑经圣制》，其法深刻。高祖以法令滋章，非兴化之道，切谏，不纳。高祖位望益隆，帝颇以为忌。帝有四幸姬，并为皇后，诸家争宠，数相毁谮。帝每忿怒，谓后曰："必族灭尔家！"因召高祖，命左右曰："若色动，即杀之。"高祖既至，容色自若，乃止。

大象二年五月，以高祖为扬州总管，将发，暴有足疾，不果行。乙未，帝崩。时静帝幼冲，未能亲理政事。内史上大夫郑译、御正大夫刘昉以高祖皇后之父，众望所归，遂矫诏引高祖入总朝政，都督内外诸军事。周氏诸王在藩者，高祖悉恐其生变，称赵王招将嫁女于突厥为词以征之。丁未，发丧。庚戌，周帝拜高祖假黄钺、左大丞相，百官总己而听焉。以正阳宫为丞相府，以郑译为长史，刘昉为司马，具置僚佐。宣帝时，刑政苛酷，群心崩骇，莫有固志。至是，高祖大崇惠政，法令清简，躬履节俭，天下悦之。

六月，赵王招、陈王纯、越王盛、代王达、滕王逌并至于长安。相州总管尉迟迥自以重臣宿将，志不能平，遂举兵东夏。赵、魏之士，从者若流，旬日之间，众至十余万。又宇文胄以荥州，石愻以建州，席毗以沛郡，毗弟叉罗以兖州，皆应于迥。迥遣子质于陈请援。高祖命上柱国、郧国公韦孝宽讨之。雍州牧毕王贤及赵、陈等五王，以天下之望归于高祖，因谋作乱。高祖执贤斩之，寝赵王等之罪，因诏五王剑履上殿，入朝不趋，用安其心。

七月，陈将陈纪、萧摩诃等寇广陵，吴州总管于顗转击破之。广陵人杜乔生聚众反，刺史元义平之。韦孝宽破尉迟迥于相州，传首阙下，余党悉平。初，迥之乱也，郧州总管司马消难据州响应，淮南州县多同之。命襄州总管王谊讨之，消难奔陈。荆、郢群蛮乘衅作乱，命亳州总管贺若谊讨平之。先是，上柱国王谦为益州总管，既见幼主在位，政由高祖，遂起巴蜀之众，以匡复为辞。高祖方以东夏、山南为事，未遑致讨。谦进兵屯剑阁，陷始州。至是，乃命行军元帅、上柱国梁睿讨平之，传首阙下。巴蜀阻险，人好为乱，于是更开平道，毁剑阁之路，立铭垂诫焉。五王阴谋滋甚，高祖赍酒肴以造赵王第，欲观所为。赵王伏甲以宴高祖，高祖几危，赖元胄以济，语在胄传。于是诛赵王招、越王盛。

九月，以世子勇为洛州总管、东京小冢宰。壬子，周帝诏曰："假黄钺、使持节、左大丞相、都督内外诸军事、上柱国、大冢宰、隋国公坚，感山河之灵，应星辰之气，道高雅俗，德协幽显。释巾登仕，搢绅倾属，开物成务，朝野承风。受诏先皇，弼谐寡薄，合天地而生万物，顺阴阳而抚四夷。近者内有艰虞，外闻妖寇，以鹰鹯之志，运帷帐之谋，行两观之诛，扫万里之外。遐迩清肃，实所赖焉。四海之广，百官之富，俱禀大训，咸餐至道。治定功成，栋梁斯托，神猷盛德，莫二于时。可授大丞相，罢左、右丞相之官，余如故。"冬十月壬申，诏赠高祖曾祖烈为柱国、太保、都督徐兖等十州诸军事、徐州刺史、隋国公，谥曰康；祖祯为柱国、太傅、都督陕蒲等十三州诸军事、同州刺史、隋国公，谥曰献；考忠为上柱国、太师、大冢宰、都督冀定等十三州诸军事、雍州牧。诛陈王纯。癸酉，上柱国、郧国公韦孝宽卒。十一月辛未，诛代王达、滕王逌。

十二月甲子，周帝诏曰：

天大地大，合其德者圣人；一阴一阳，调其气者上宰。所以降神载挺，陶铸群生，代苍苍之工，成巍巍之业。假黄钺、使持节、大丞相、都督内外诸军事、上柱国、大冢宰、隋国公,应百代之期,当千龄之运,家隆台鼎之盛,门有翊赞之勤。心同伊尹,必致尧舜,情类孔丘,宪章文武。爰初入仕,风流映世,公卿仰其轨物,搢绅谓为师表。入处禁闱,出居藩政,芳猷茂绩,问望弥远。往平东夏,人情未安,燕南赵北,实为天府,拥节杖旄,任当连率,柔之以德,导之以礼,畏之若神,仰之若日,芳风美迹,歌颂独存。淮海榛芜,多历年代,作镇南郛,选众惟贤,威震殊俗,化行黔首。任掌钩陈,职司邦政,国之大事,朝寄更深,銮驾巡游,留台务广。周公陕西之任,仅可为伦,汉臣关内之重,未足相况。

及天崩地坼,先帝升遐,朕以眇年,奄经荼毒,亲受顾命,保乂皇家。奸人乘隙,潜图宗社,无君之意已成,窃发之期有日。英规潜运,大略川回,匡国庇人,罪人斯得。两河遭乱,三魏称兵,半天之下,汹汹鼎沸。祖宗之基已危,生人之命将殆。安陆作衅,南通吴越,蜂飞蚕聚,江汉骚然,巴蜀鸱张,翻将问鼎,秦途更阻,汉门重闭。画筹帷帐,建出师车,诸将禀其谋,壮士感其义,不违时日,咸得清荡。九功远被,七德允谐,百僚师师,四门穆穆。光景照临之地,风云去来之所,允武允文,幽明同德,骤山骤水,遐迩归心。使朕继踵上皇,无为以治,声高宇宙,道格天壤。伊尹辅殷,霍光佐汉,方之蔑如也。

昔营丘、曲阜,地多诸国,重耳、小白,锡用殊礼。萧何优赞拜之仪,番君越公侯之爵。姬、刘已降,代有令谟,宜崇典礼,宪章自昔。可授相国,总百揆,去都督内外诸军事、大冢宰之号,进公爵为王,以隋州之崇业,郧州之安陆、城阳,温州之宜人,应州之平靖、上明,顺州之淮南,士州之永川,昌州之广昌、安昌,申州之义阳、淮安,息州之新蔡、建安,豫州之汝南、临颍、广宁、初安,蔡州之蔡阳,郢州之汉东二十郡为隋国。剑履上殿,入朝不趋,赞拜不名,备九锡之礼,加玺绂、远游冠、相国印、绿綟绶,位在诸侯王上。隋国置丞相已下,一依旧式。

高祖再让,不许。乃受王爵、十郡而已。诏进皇祖、考爵并为王,夫人为王妃。辛巳,司马消难以陈师寇江州,刺史成休宁击却之。

大定元年春二月壬子,令曰:"已前赐姓,皆复其旧。"是日,周帝诏曰:"伊、周作辅,不辞殊礼之锡,桓、文为霸,允应异物之典,所以表格天之勋,彰不代之业。相国隋王,前加册策,式昭大礼,固守谦光,丝言未绎。宜申显命,一如往旨。王功必先人,赏存后己,退让为本,诚乖朕意。宜命百辟,尽诣王宫,众心克感,必令允纳。如有表奏,勿复通闻。"癸丑,文武百官诣阁敦劝,高祖乃受。甲寅,策曰:

咨尔假黄钺、使持节、大丞相、都督内外诸军事、上柱国、大冢宰隋王:天覆地载,藉人事以财成;日往月来,由王道而益显。五气陶铸,万物流形,谁代上玄之工,斯则大圣而已。曰惟先正,亮乃皇朝。种德积善,载诞上相。精采不代,风骨异人。匡国济时,除凶拨乱。百神奉职,万国宅心。殷相以先知悟人,周辅乃弘道于代,方斯蔑如也。今将授王典礼,其敬听朕命。

朕以不德,早承丕绪,上灵降祸,凤遭憝凶。妖丑觊觎,密图社稷,宫省之内,疑虑惊心。公受命先皇,志在匡弼,辑谐内外,潜运机衡,奸人慑惮,谋用丕显,俾赘斿之危,为太山之固。是公重造皇室,作霸之基也。伊我祖考之代,任寄已深,入掌禁兵,外司藩政,文经武略,久播朝野。戎轩大举,长驱晋魏,平阳震熊罴之势,冀部耀貔豹之威。初平东夏,人情未一,丛台之北,易水之南,西距井陉,东至沧海,比数千里,举袂如帷。委以连城,建旌杖节,教因其俗,刑用轻典,如泥从印,犹草随风。此又公之功也。吴越不宾,多历年代,淮海之外,时非国有。爰整其旅,出镇于亳,武以威物,文以怀远。群盗自奔,外户不闭,人黎慕义,襁负而归。自北之风,化行南国。此又公之功也。宣帝御宇,任重宗臣,入典八屯,外司九伐。禁卫勤巡警之务,治兵得搜狩之礼。此又公之功也。銮驾游幸,频委留台,文武注意,军国谘禀。万事咸理,反顾无忧。此又公之功也。朕在谅暗,公实总己。磐石之宗,奸回者众,招引无赖,连结群小。往者国衰甫尔,已创阴谋,积恶数旬,昆吾方稔。泣诛磐旬,宗庙以宁。此又公之功也。尉迥猖狂,称兵邺邑,欲长载而指北阙,强驾而围南斗,凭陵三魏之间,震惊九州之半,聚徒百万,悉成蛇豕,淇水洹水,一饮而竭。人之死生,翻系凶竖,寿之长短,不由司命。公乃戒彼鹰扬,出车练卒,誓苍兕于河朔,建瓴水于山东。口授兵书,手画行阵,量敌制胜,指日克期。诸将遵其成旨,壮士感其大义,轻死忘生,转斗千里,旗鼓奋发,如火燎毛。玄黄变漳河之水,京观比爵台之峻。百城氛祲,一旦廓清。此又公之功也。青土连率,跨据东秦,藉负海之饶,倚连山之险,望三辅而将逐鹿,指六国而愿连鸡,风雨之兵,助鬼为虐。本根既拨,枝叶自殒,屈法申恩,示以大信。此又公之功也。申部残贼,充斥一隅,蝇飞蚁聚,攻州略地。播以玄泽,迷更知反,服而舍之,无费遗镞。此又公之功也。宇文青亲则宗枝,外藩岩邑,影响邺贼,有同就燥,迫胁吏人,叛换城戍。偏师讨蘖,遂入网罗,束之武牢,有同囹圄,事穷将军,如伏国刑。此又公之功也。檀让、席毗,拥众河外。陈韩梁郑,宋卫邹鲁,村落成枭獍之墟,人庶为豺狼之饵。强以陵弱,大则吞小,城有昼闭,巷无行人。授律出师,随机扫定,让既授首,毗亦枭悬。此又公之功也。司马消难与国亲姻,作镇安陆,性多嗜欲,意好贪聚。属城子女,劫掠麋余,部人货财,多少具罄。擅诛刺举之使,专杀仪台之臣。惧罪畏威,动而内衅。蚕食郡县,鸩毒华夷,闻有王师,自投南裔。帝唐崇山之罚,仅可方此,大汉流御之刑,是亦相匹。遁逃入薮,荆郢用安。此又公之功也。王谦在蜀,翻为厉阶,闭剑阁之门,塞灵关之宇,自谓五丁复起,万夫莫向。分阃推毂,尝不逾时,风驰席卷,一举大定,擒斩凶恶,扫地无遗。此又公之功也。陈顼因循伪业,自擅金陵,屡遣丑徒,越赴江北。公指麾藩镇,无不摧殄。方置文深之柱,非止慰佗之拜。此又公之功也。

公有济天下之勤,重之以明德,始于辟命,屈己登庸。素业清徽,声掩廊庙,雄规神略,气盖朝野。序百揆而穆四门,耻一匡之举九合。尊贤崇德,尚齿贵功,录旧旌善,兴亡继绝。宽猛相济,彝伦攸叙,敦睦帝亲,崇奖王室。星象不拆,阴阳自调,玄冥祝融,如奉太公之召;雨师风伯,似应成王之宰。祥风嘉气,触石摇林,瑞兽异禽,游园鸣阁。至功至德,可大可久,尽品物之和,究杳冥之极。

朕又闻之,昔者明王设官胙土,营丘四履,得征五侯,参墟宠章,异其礼物。故藩屏作固,垂拱责成,沉默岩廊,不下堂席。公道高往烈,赏薄前王。朕以眇身,托于兆人之上,求诸故实,甚用惧焉。往加大典,宪章在昔,谦以自牧,未应朝礼,日月不居,便已隔岁,时谈物议,其谓朕何!今进授相国总百揆,以申州之义阳等二十郡为隋国。今命使持节、太傅、上柱国、杞国公椿,大宗伯、大将军、金城公赵煚,授相国印绶。相国礼绝百辟,任总群官,旧职常典,宜与事革。昔尧臣太尉,舜佐司空,姬旦相周,霍光辅汉,不居藩国,唯在天朝。其以相国总百揆,去众号焉。上所假节、大丞相、大冢宰印绶。

又加九锡,其敬听朕后命:以公执律修德,慎狱恤刑,为其训范,人无异志,是用锡公大辂、戎辂各一,玄牡二驷。公勤心地利,所宝人天,崇本务农,公私殷阜,是用锡公衮冕之服,赤舄副焉。公乐以移风,雅以变俗,遐迩胥悦,天地咸和,是用锡公轩悬之乐,六佾之舞。公仁风德教,覃及海隅,荒忽幽遐,回首内向,是用锡公朱户以居。公水镜人伦,铨衡庶职,能官流咏,遗贤必举,是用锡公纳陛以登。公执钧于内,正性率下,犯义无礼,罔不屏黜,是用锡公武贲之士三百人。公(元本阙)。是用锡公鈇钺各一。公威严夏日,精厉秋霜,猾夏必诛,顾眄天壤,扫清奸宄,折冲无外,是用锡公彤弓一、彤矢百,卢弓十、卢矢千。惟公孝通神明,肃恭祀典,尊严如在,情切幽明,是用锡公秬鬯一卣,珪瓒副焉。隋国置丞相以下,一遵旧式。往钦哉!其敬循往策,祗服大典,简恤尔庶功,对扬我太祖之休命。

于是建台置官。

丙辰,诏王冕十有二旒,建天子旌旗,出警入跸,乘金根车,驾六马,备五时副车,置旄头云罕,乐舞八佾,设钟虡宫悬。王妃为王后,长子为太子。前后三让,乃受。

俄而周帝以众望有归,乃下诏曰:"元气肇辟,树之以君,有命不恒,所辅惟德。天心人事,选贤与能,尽四海而乐推,非一人而独有。周德将尽,妖孽递生,骨肉多虞,藩维构衅,影响同恶,过半区宇,或小或大,图帝图王,则我祖宗之业,不绝如线。相国隋王,睿圣自天,英华独秀,刑法与礼仪同运,文德共武功俱远。爱万物其如己,任兆庶以为忧。手运玑衡,躬命将士,芟夷奸宄,刷荡氛浸,化通冠带,威震遐迩。虞舜之大功二十,未足相比,姬发之合位三五,岂可足论。况木行已谢,火运既兴,河洛出革命之符,星辰表代终之象。烟云改色,笙簧变音,狱讼咸归,讴歌尽至。且天地合德,日月贞明,故以称大为王,照临下土。朕虽寡昧,未达变通,幽显之情,皎然易识。今便祗顺天命,出逊别宫,禅位于隋,一依唐虞、汉魏故事。"高祖三让,不许。遣兼太傅、上柱国、杞国公椿奉册曰:

咨尔相国隋王:粤若上古之初,爰启清浊,降符授圣,为天下君。事上帝而理兆人,和百灵而利万物,非以区宇之富,未以宸极为尊。大庭、轩辕以前,骊连、赫胥之日,咸以无为无欲,不将不迎。邈哉其详不可闻已,厥有载籍,遗文可观。圣莫逾于尧,美未过于舜。尧得太尉,已作运衡之篇,舜遇司空,便叙精华之竭。彼搴裳脱屣,贰宫设飨,百辟归禹,若帝之初。斯盖上则天时,不敢不授,下祗天命,不可不受。汤代于夏,武革于殷,干戈揖让,虽复异揆,应天顺人,其道靡异。自汉迄晋,有魏至周,天历逐狱讼之归,神鼎随讴歌之去。道高者称帝,录尽者不王,与夫文祖、神宗,无以别也。

周德将尽,祸难频兴,宗戚奸回,咸将窃发。顾瞻宫阙,将图宗社,藩维连率,逆乱相寻。摇荡三方,不合如砺,蛇行鸟攫,投足无所。王受天明命,睿德在躬,救颓运之艰,匡坠地之业,拯大川之溺,扑燎原之火,除群凶于城社,廓妖氛于远服,至德合于造化,神用洽于天壤。八极九野,万方四裔,圆首方足,罔不乐推。往岁长星夜扫,经天昼见,八风比复后之作,五纬同汉帝之聚,除旧之征,昭然在上。近者赤雀降祉,玄龟效灵,钟石变音,蛟鱼出穴,布新之贶,焕焉在下。九区归往,百灵协赞,人神属望,我不独知。仰祗皇灵,俯顺人愿,今敬以帝位禅于尔躬。天祚告穷,天禄永终。於戏!王宜允执厥和,仪刑典训,升圆丘而敬苍昊,御皇极而抚黔黎,副率土之心,恢无疆之祚,可不盛欤!

遣大宗伯、大将军、金城公赵煚奉皇帝玺绂,百官劝进。高祖乃受焉。

开皇元年二月甲子,上自相府常服入宫,备礼即皇帝位于临光殿。设坛于南郊,遣使柴燎告天。是日,告庙,大赦,改元。京师庆云见。易周氏官仪,依汉、魏之旧。以柱国、相国司马、渤海郡公高颎为尚书左仆射兼纳言,相国司录、沁源县公虞庆则为内史监兼吏部尚书,相国内郎、咸安县男李德林为内史令,上开府、汉安县公韦世康为礼部尚书,上开府、义宁县公元晖为都官尚书,开府、民部尚书、昌国县公元岩为兵部尚书,上仪同、司宗长孙毗为工部尚书,上仪同、司会杨尚希为度支尚书,上柱国、雍州牧、邗国公杨惠为左卫大将军。乙丑,追尊皇考为武元皇帝,庙号太祖,皇妣为元明皇后。遣八使巡省风俗。丙寅,修庙社。立王后独孤氏为皇后,王太子勇为皇太子。

丁卯，以大将军、金城郡公赵熲为尚书右仆射，上开府、济阳侯伊娄彦恭为左武候大将军。己巳，以周帝为介国公，邑五千户，为隋室宾。旌旗车服礼乐，一如其旧。上书不为表，答表不称诏。周氏诸王，尽降为公。辛未，以皇弟同安郡公爽为雍州牧。乙亥，封皇弟邵国公慧为滕王，同安公爽为卫王；皇子雁门公广为晋王，俊为秦王，秀为越王，谅为汉王。以上柱国、并州总管、申国公李穆为太师，上柱国、邓国公窦炽为太傅，上柱国、幽州总管、任国公于翼为太尉，观国公田仁恭为太子太师，武德郡公柳敏为太子太保，济南郡公孙恕为太子少傅，开府苏威为太子少保。丁丑，以晋王广为并州总管，以陈留郡公杨智积为蔡王，兴城郡公杨静为道王。戊寅，以官牛五千头分赐贫人。三月辛巳，高平获赤雀，太原获苍乌，长安获白雀，各一。宣仁门槐树连理，众枝内附。壬午，白狼国献方物。甲申，太白昼见。乙酉，又昼见。以上柱国元景山为安州总管。丁亥，诏犬马器玩口味不得献上。戊子，弛山泽之禁。以上开府、当亭县公贺若弼为楚州总管，和州刺史、新义县公韩擒虎为庐州总管。己丑，盩厔县献连理树，植之宫庭。辛卯，以上柱国、神武郡公窦毅为定州总管。戊戌，以太子少保苏威兼纳言、吏部尚书，余官如故。庚子，诏曰："自古帝王受终革代，建侯锡爵，多与运迁。朕应篆受图，君临海内，载怀沿革，事有不同。然则前帝后王，俱在兼济，立功立事，爵赏仍行。苟利于时，其致一揆，何谓物我之异，无计今古之殊。其前代品爵，悉可依旧。"丁未，梁主萧岿使其太宰萧岩、司空刘义来贺。四月辛巳，大赦。壬午，太白、岁星昼见。戊戌，太常散乐并放为百姓。禁杂乐百戏。辛丑，陈散骑常侍韦鼎、兼通直散骑常侍王瑳来聘于周，至而上巳受禅，致之介国。是月，发稽胡修筑长城，二旬而罢。五月戊子，封邗国公杨雄为广平王，永康郡公杨弘为河间王。辛未，介国公薨，上举哀于朝堂，以其族人洛嗣焉。六月癸未，诏以初受天命，赤雀降祥，五德相生，赤为火色，其郊及社庙，依服冕之仪，而朝会之服，旗帜牺牲，尽令尚赤。戎服以黄。秋七月乙卯，上始服黄，百僚毕贺。庚午，鞑靼酋长贡方物。八月壬午，废东京官。突厥阿波可汗遣使贡方物。甲午，遣行军元帅乐安公元谐击吐谷浑于青海，破而降之。九月戊申，战亡之家，遣使赈给。庚午，陈将周罗睺攻陷胡墅，萧摩诃寇江北。辛未，以越王秀为益州总管，改封为蜀王。壬申，以上柱国、薛国公长孙览、上柱国、宋安公元景山并为行军元帅以伐陈，仍命尚书左仆射高颎节度诸军。突厥沙钵略可汗遣使贡方物。是月，行五铢钱。冬十月乙酉，百济王扶余昌遣使来贺，授昌上开府、仪同三司、带方郡公。戊子，行新律。壬辰，行幸岐州。十一月乙卯，以永昌郡公窦荣定为右武候大将军。丁卯，遣兼散骑侍郎郑㧑使于陈。己巳，有流星，声如陨墙，光烛于地。十二月戊寅，以申州刺史尔朱敞为金州总管。甲申，以礼部尚书韦世康为吏部尚书。己丑，以柱国元亵为廓州总管，兴势郡公卫玄为淮州总管。庚子，至自岐州。壬寅，高丽王高阳遣使朝贡，授阳大将军、辽东郡公。太子太保柳敏卒。

二年春正月癸丑，幸上柱国王谊第。庚申，幸安成长公主第。陈宣帝殂，子叔宝立。辛酉，置河北道行台尚书省于并州，以晋王广为尚书令。置河南道行台尚书省于洛州，以秦王俊为尚书令。置西南道行台尚书省于益州，以蜀王秀为尚书令。戊辰，陈遣使请和，归我胡墅。辛未，高丽、百济并遣使贡方物。甲戌，诏举贤良。二月己丑，诏高颎等班师。庚寅，以晋王广为左武卫大将军，秦王俊为右武卫大将军，余官并如故。辛卯，幸赵国公独孤陀第。庚子，京师雨土。三月戊申，开渠，引杜阳水于三畤原。四月丁丑，以宁州刺史窦荣定为左武候大将军。庚寅，大将军韩僧寿破突厥于鸡头山；上柱国李充破突厥于河北山。五月戊申，以上柱国、开府长孙平为度支尚书。己酉，旱，上亲省囚徒。其日大雨。己未，高宝宁寇平州，突厥入长城。庚申，以豫州刺史皇甫绩为都官尚书。壬戌，太尉、任国公于翼薨。甲子，改传国玺曰受命玺。六月壬午，以太府卿苏孝慈为兵部尚书，雍州牧、卫王爽为原州总管。甲申，使使吊于陈国。乙酉，上柱国李充破突厥于马邑。戊子，以上柱国叱李长叉为兰州总管。辛卯，以上开府尔朱敞为徐州总管。丙申，诏曰："朕祗奉上玄，君临万国，属生人之敝，处前代之宫。常以为作之者劳，居之者逸，改创之事，心未遑也。而王公大臣陈谋献策，咸云羲、农以降，至于姬、刘，有当代而屡迁，无革命而不徙。曹、马之后，时见因循，乃末代之晏安，非往圣之宏义。此城从汉，凋残日久，屡为战场，旧经乱乱。今之宫室，事近权宜，又非谋筮从龟，瞻星揆日，不足建皇王之邑，合大众所聚，论变通之数，具幽显之情，同心固请，词情深切。然则京师百官之府，四海归向，非朕一人之所独有。苟利于物，其可违乎！且殷之五迁，恐人尽死，是则以吉凶之土，制长短之命。谋新去故，如农望秋，虽暂劬劳，其究安宅。今区宇宁一，阴阳顺序，安安以迁，勿怀胥怨。龙首山川原秀丽，卉物滋阜，卜食相土，宜建都邑，定鼎之基永固，无穷之业在斯。公私府宅，规模远近，营构资费，随事条奏。"仍诏左仆射高颎、将作大匠刘龙、钜鹿郡公贺娄子干、太府少卿高龙叉等创造新都。秋八月癸巳，以左武候大将军窦荣定为秦州总管。十月癸酉，皇太子勇屯兵咸阳以备胡。庚寅，上疾愈，享百僚于观德殿。赐钱帛，皆任其自取，尽力而出。辛卯，以营新都副监贺娄子干为工部尚书。十一月丙午，高丽遣使献方物。十二月辛未，上讲武于后园。甲戌，上柱国窦毅卒。丙子，名新都曰大兴城。乙酉，遣沁源公虞庆则屯弘化备胡。突厥寇周槃，行军总管达奚长儒击之，为虏所败。丙戌，赐国子生经明者束帛。丁亥，亲录囚徒。

三年春正月庚子，将入新都，大赦天下。禁大刀长稍。癸亥，高丽遣使来朝。二月己巳朔，日有蚀之。壬申，宴北道勋人。癸酉，陈遣兼散骑常侍贺彻、兼通直散骑常侍萧褒来聘。突厥寇边。甲戌，泾阳获毛龟。癸未，以左卫大将军李礼成为右武卫大将军。三月丁未，上柱国、鲜虞县公谢庆恩卒。己酉，以上柱国达奚长儒为兰州总管。丙辰，雨，常服入新都。京师醴泉出。丁巳，诏购求遗书于天下。庚申，宴百僚，班赐各有差。癸亥，城榆关。夏四月己巳，上柱国、建平郡公于义卒。庚午，吐谷浑寇临洮，洮州刺史皮子信死之。辛未，高丽遣使来朝。壬申，以尚书右仆射赵煚兼内史令。丁丑，以滕王瓒为雍州牧。己卯，卫王爽破突厥于白道。庚辰，行军总管阴寿破高宝宁于黄龙。甲申，旱，上亲祈雨于国城之西南。丙戌，诏天下劝学行礼。以济北郡公梁远为汶州总管。己丑，陈郯州城主张子讥遣使请降，上以和好，不纳。辛卯，遣兼散骑常侍薛舒、兼通直散骑常侍王劭使于陈。癸巳，上亲雩。甲午，突厥遣使来朝。五月癸卯，行军总管李晃破突厥于摩那渡口。甲辰，高丽遣使来朝。乙巳，梁太子萧琮来贺迁都。丁未，靺鞨贡方物。戊申，幽州总管阴寿卒。辛酉，有事于方泽。壬戌，行军元帅窦荣定破突厥及吐谷浑于凉州。丙寅，赦黄龙死罪已下。六月庚午，以卫王爽子集为遂安郡王。戊寅，突厥遣使请和。庚辰，行军总管梁远破吐谷浑于尔汗山，斩其名王。壬申，以晋州刺史燕荣为青州总管。己丑，以河间王弘为宁州总管。乙未，幸安成长公主第。秋七月辛丑，以豫州刺史周摇为幽州总管。壬戌，诏曰："行仁蹈义，名教所先，厉俗敦风，宜见襃奖。往者山东河表，经此妖乱，孤城远守，多不自全。济阴太守杜獣身陷贼徒，命悬寇手，郡省事范台玘倾产营护，免其戮辱。眷言诚节，实有可嘉，宜超恒赏，用明沮劝。台玘可大都督、假湘州刺史。"丁卯，日有蚀之。八月丁丑，靺鞨贡方物。己卯，以右武卫大将军李礼成为襄州总管。壬午，遣尚书左仆射高颎出宁州道，内史监虞庆则出原州道，并为行军元帅以击胡。戊子，上有事于太社。九月壬子，幸城东，观稼谷。癸丑，大赦天下。冬十月甲戌，废河南道行台省，以秦王俊为秦州总管。十一月己酉，发使巡省风俗，因下诏曰："朕君临区宇，深思治术，欲使生人从化，以德代刑，求草莱之善，旌闾里之行。民间情伪，咸欲备闻。已诏使人，所在赈恤，扬镳分路，将遍四海，必令为朕耳目。如有文武才用，未为时知，宜以礼发遣，朕将铨擢。其有志节高妙，越等超伦，亦仰使人就加旌异，令一行一善，奖劝于人。远近官司，遐迩风俗，巨细必纪，还日奏闻。庶使不出户庭，坐知万里。"庚辰，陈遣散骑常侍周坟、通直散骑常侍袁彦来聘。陈主知上之貌异世人，使彦画像持去。甲午，罢天下诸郡。闰十二月乙卯，遣兼散骑常侍曹令则、通直散骑常侍魏澹使于陈。戊午，以上柱国窦荣定为右武卫大将军，刑部尚书苏威为民部尚书。

四年春正月甲子，日有蚀之。己巳，有事于太庙。辛未，有事于南郊。壬申，梁主萧岿来朝。甲戌，大射于北苑，十日而罢。壬午，齐州水。辛卯，渝州获兽似麋，一角同蹄。壬辰，班新历。二月乙巳，上饯梁主于霸上。丁未，靺鞨贡方物。突厥苏尼部男女万馀人来降。庚戌，幸陇州。突厥可汗阿史那玷厥率其属来降。夏四月己亥，敕总管、刺史父母及子年十五已上，不得将之官。庚子，以吏部尚书虞庆则为尚书右仆射，瀛州刺史杨尚希为兵部尚书，毛州刺史刘仁恩为刑部尚书。甲辰，以上柱国叱李长叉为信州总管。丁未，宴突厥、高丽、吐谷浑使者于大兴殿。丁巳，以上大将军贺娄子干为榆关总管。五月癸酉，契丹主莫贺弗遣使请降，拜大将军。丙子，以柱国冯昱为汾州总管。乙酉，以汴州刺史昌仲泉为延州总管。六月庚子，降囚徒。己巳，以鸿胪卿乙弗寔为冀州总管，上柱国豆卢勣为夏州总管。壬子，开渠，自渭达河，以通运漕。戊午，秦王俊来朝。秋七月丙寅，陈遣兼散骑常侍谢泉、兼通直散骑常侍贺德基来聘。八月甲午，遣十使巡省天下。戊戌，卫王爽来朝。是日，以秦王俊纳妃，宴百僚，颁赐各有差。壬寅，上柱国、太傅、邓国公窦炽薨。丁未，宴秦王官属，赐物各有差。壬子，享陈使。乙卯，陈将夏侯苗请降，上以通和，不纳。九月甲子，幸襄国公主第。乙丑，幸霸水，观漕渠，赐督役者帛各有差。己巳，上亲录囚徒。庚午，契丹内附。甲戌，驾幸洛阳，关内饥也。癸未，太白昼见。冬十一月壬戌，遣兼散骑常侍薛道衡、通直散骑常侍豆卢寔使于陈。癸亥，以榆关总管贺娄子干为云州总管。

五年春正月戊辰，诏行新礼。三月戊午，以尚书左仆射高颎为左领军大将军，上柱国宇文忻为右领军大将军。夏四月甲午，契丹主多弥遣使贡方物。壬寅，上柱国王谊谋反，伏诛。乙巳，诏征山东马荣伯等六儒。戊申，车驾至自洛阳。五月甲申，诏置义仓。梁主萧岿殂，其太子琮嗣立。遣上大将军元契使于突厥阿波可汗。秋七月庚申，陈遣兼散骑常侍王话、兼通直散骑常侍阮卓来聘。丁丑，以上柱国宇文庆为凉州总管。壬午，突厥沙钵略上表称臣。八月丙戌，沙钵略可汗遣子库合真特勤来朝。甲辰，河南诸州水，遣民部尚书邳国公苏威赈给之。戊申，有流星数百，四散而下。己酉，幸栗园。九月丁巳，至自栗园。乙丑，改鲍陂曰杜陂，霸水为滋水。陈将湛文彻寇和州，仪同三司费宝首获之。丙子，遣兼散骑常侍元若、兼通直散骑常侍崔君赡使于陈。冬十月壬辰，以上柱国杨素为信州总管，朔州总管吐万绪为徐州总管。十一月甲子，以上大将军源雄为朔州总管。丁卯，晋王广来朝。十二月丁未，降囚徒。戊申，以上柱国达奚长儒为夏州总管。

六年春正月甲子，党项羌内附。庚午，班历于突厥。辛未，以柱国韦洸为安州总管。壬申，遣民部尚书苏威巡省山东。二月乙酉，山南荆、浙七州水，遣前工部尚书长孙毗赈恤之。丙戌，制刺史上佐每岁暮更入朝，上考课。丁亥，发丁男十一万修筑长城，二旬而罢。乙未，以上柱国崔弘度为襄州总管。庚子，大赦天下。三月己未，洛阳男子高德上书，请上为太上皇，传位皇太子。上曰："朕承天命，抚育苍生，日旰孜孜，犹恐不逮。岂学近代帝王，事不师古，传位于子，自求逸乐者哉！"癸亥，突厥沙钵略遣使贡方物。夏四月己亥，陈遣兼散骑常侍周磻、兼通直散骑常侍江椿来聘。秋七月辛亥，河南诸州水。乙丑，京师雨毛，如马鬘尾，长者二尺余，短者六七寸。八月辛卯，关内七州旱，免其赋税。遣散骑常侍裴豪、兼通直散骑常侍刘颛聘于陈。戊申，上柱国、太师、申国公李穆薨。闰月己酉，以河州刺史段文振为兰州总管。丁卯，皇太子镇洛阳。辛未，晋王广、秦王俊并来朝。丙子，上柱国、鄅国公梁士彦，上柱国、杞国公宇文忻，柱国、舒国公刘昉，以谋反伏诛。上柱国、许国公宇文善坐事除名。九月辛巳，上素服御射殿，诏百僚射，赐梁士彦三家资物。丙戌，上柱国、宋安郡公元景山卒。庚子，以上柱国李询为隰州总管。辛丑，诏大象已来死事之家，咸命赈恤。冬十月己酉，以河北道行台尚书令、并州总管、晋王广为雍州牧，余官如故。兵部尚书杨尚希为礼部尚书。癸丑，置山南道行台尚书省于襄州，以秦王俊为尚书令。丙辰，以芳州刺史骆平难为叠州刺史，衡州总管周法尚为黄州总管。甲子，甘露降于华林园。

七年春正月癸巳，有事于太庙。乙未，制诸州岁贡三人。二月丁巳，祀朝日于东郊。己巳，陈遣兼散骑常侍王亨、兼通直散骑常侍王眘来聘。壬申，车驾幸醴泉宫。是月，发丁男十万余修筑长城，二旬而罢。夏四月己酉，幸晋王第。庚戌，于扬州开山阳渎，以通运漕。突厥沙钵略可汗卒，其子雍虞闾嗣立，是为都蓝可汗。癸亥，颁青龙符于东方总管、刺史，西方以驺虞，南方以朱雀，北方以玄武。甲戌，遣兼散骑常侍杨同、兼通直散骑常侍崔儦使于陈。以民部尚书苏威为吏部尚书。五月乙亥朔，日有蚀之。己卯，雨石于武安、滏阳间十余里。秋七月己丑，卫王爽薨，上发丧于门下外省。八月丙午，以怀州刺史源雄为朔州总管。庚申，梁主萧琮来朝。九月乙酉，梁安平王萧岩掠其国以奔陈。辛卯，废梁国，曲赦江陵。以梁主萧琮为柱国，封莒国公。冬十月庚申，行幸同州，以先帝所居，降囚徒。癸亥，幸蒲州。丙寅，宴父老，上极欢，曰："此间人物，衣服鲜丽，容止闲雅，良由仕宦之乡，陶染成俗也。"十一月甲午，幸冯翊，亲祠故社。父老对诏失旨，上大怒，免其县官而去。戊戌，至自冯翊。

卷二　　　　　　　　　　　　帝纪第二

高　祖　下

八年春正月乙亥，陈遣散骑常侍袁雅、兼通直散骑常侍周止水来聘。二月庚子，镇星入东井。辛酉，陈人寇硖州。三月辛未，上柱国、陇西郡公李询卒。壬申，以成州刺史姜须达为会州总管。甲戌，遣兼散骑常侍程尚贤、兼通直散骑常侍韦恮使于陈。戊寅，诏曰：

昔有苗不宾，唐尧薄伐，孙皓僭虐，晋武行诛。有陈窃据江表，逆天暴物。朕初受命，陈项尚存，思欲教之以道，不以袭伐为令，往来修睦，望其迁善。时日无几，衅恶已闻。厚纳叛亡，侵犯城戍，勾吴闽越，肆厥残忍。于时王师大举，将一车书，陈项反地收兵，深怀震惧，责躬请约，俄而致殒。矜其丧祸，仍诏班师。叔宝承风，因求继好，载仁克念，共敦行李。每见珪璋入朝，轺轩出使，何尝不殷勤晓喻，戒以惟新。而狼子之心，出而弥野。威侮五行，急弃三正，诛翦骨肉，夷灭才良。据手掌之地，恣溪壑之险，劫夺闾阎，资产俱竭，驱蹙内外，劳役弗已。征责女子，擅造宫室，日增月益，止足无期，帷薄嫔嫱，有逾万数。宝衣玉食，穷奢极侈，淫声乐饮，俾昼作夜。斩直言之客，灭无罪之家，剖人之肝，分人之血。欺天造恶，祭鬼求恩，歌儛衢路，酣醉宫闱。盛粉黛而执干戈，曳罗绮而呼警跸，跃马振策，从旦至昏，无所经营，驰走不息。负甲持仗，随逐徒行，追而不及，即加罪谴。自古昏乱，罕或能比。介士武夫，饥寒力役，筋髓罄于土木，性命候于沟渠。君子潜逃，小人得志，家家隐杀戮，各各任聚敛。天灾地孽，物怪人妖，衣冠钳口，道路以目。倾心翘足，誓告于我，日月以冀，文奏相寻。重以背德违言，摇荡疆埸，巴峡之下，海涘已西，江北江南，为鬼为蜮。死陇穷发掘之酷，生居极攘夺之苦。抄掠人畜，断截樵苏，市井不立，农事废寝。历阳广陵，窥觎相继，或谋图城邑，或劫剥吏人，昼伏夜游，鼠窜狗盗。彼则赢兵敝卒，来必就擒，此则重门设险，有劳藩捍。天之所覆，无非朕臣，每关听览，有怀伤恻。有梁之国，我南藩也，其君入朝，潜相招诱，不顾恩义。士女深迫胁之悲，城府致空虚之叹。非直朕居人上，怀此无忘，既而百辟屡以为言，兆庶不堪其请，岂容对而不诛，忍而不救？近日秋始，谋欲吊人。益部楼船，尽令东骛，便有神龙数十，腾跃江流，引伐罪之师，向金陵之路，船住则龙止，船行则龙去，四日之内，三军皆睹，岂非苍旻爱人，幽明展事，降神先路，协赞军威！以上天之灵，助戡定之力，便可出师授律，应机诛殄，在斯举也，永清吴越。其将士粮仗，水陆资须，期会进止，一准别敕。

秋八月丁未，河北诸州饥，遣度支尚书苏威赈恤之。九月丁丑，宴南征诸将，颁赐各有差。癸巳，嘉州言龙见。冬十月己亥，太白出西方。己未，置淮南行台省于寿春，以晋王广为尚书令。辛酉，陈遣兼散骑常侍王琬、兼通直散骑常侍许善心来聘，拘留不遣。甲子，将伐陈，有事于太庙。命晋王广、秦王俊、清河公杨素并为行军元帅以伐陈。于是晋王广出六合，秦王俊出襄阳，清河公杨素出信州，荆州刺史刘仁恩出江陵，宜阳公王世积出蕲春，新义公韩擒虎出庐江，襄邑公贺若弼出吴州，落丛公燕荣出东海，合总管九十，兵五十一万八千，皆受晋王节度。东接沧海，西拒巴蜀，旌旗舟楫，横亘数千里。曲赦陈国。有星孛于牵牛。十一月丁卯，车驾饯师。诏购陈叔宝位上柱国、万户公。乙亥，行幸定城，陈师誓众。丙子，幸河东。十二月庚子，至自河东。

九年春正月己巳，白虹夹日。辛未，贺若弼拔陈京口，韩擒虎拔陈南豫州。癸酉，以尚书右仆射虞庆则为右卫大将军。丙子，贺若弼败陈师于蒋山，获其将萧摩诃。韩擒虎进师入建邺，获其将任蛮奴，获陈主叔宝。陈国平，合州三十，郡一百，县四百。癸巳，遣使持节巡抚之。二月乙未，废淮南行台省。丙申，制五百家为乡，正一人；百家为里，长一人。丁酉，以襄州总管韦世康为安州总管。夏四月乙亥，幸骊山，亲劳旋师。乙巳，三军凯入，献俘于太庙。拜晋王广为太尉。庚戌，上御广阳门宴将士，颁赐各有差。辛亥，大赦天下。己未，以陈都官尚书孔范、散骑常侍王瑳、王仪，御史中丞沈观等，邪佞于其主，以致亡灭，皆投之边裔。辛酉，以信州总管杨素为荆州总管，吏部侍郎宇文弼为刑部尚书，宗正少卿杨异为工部尚书。壬戌，诏曰：

> 往以吴越之野，群黎涂炭，干戈方用，积习未宁。今率土大同，含生遂性，太平之法，方可流行。凡我臣僚，澡身浴德，开通耳目，宜从兹始。丧乱已来，缅将十载，君无君德，臣失臣道，父不自慈，子有不孝，兄弟之情或薄，夫妇之义或违，长幼失序，尊卑错乱。朕为帝王，志存爱养，时有臻道，不敢宁息。内外职位，遐迩黎人，家家自修，人人克念，使不轨不法，荡然俱尽。兵可立威，不可不戢，刑可助化，不可专行。禁卫九重之余，镇守四方之外，戎旅军器，皆宜停罢。代路既夷，群方无事，武力之子，俱可学文，人间甲仗，悉皆除毁。有功之臣，降情文艺，家门子侄，各守一经，令海内翕然，高山仰止。京邑庠序，爰及州县，生徒受业，升进于朝，未有灼然明经高第，此则教训不笃，考课未精，明勒所由，隆兹儒训。官府从宦，丘园素士，心迹相表，宽弘为念，勿为蹐促，乖我皇猷。朕君临区宇，于兹九载，开直言之路，披不讳之心，形于颜色，劳于兴寝。自顷逞艺论功，昌言乃众，推诚切谏，其事甚疏。公卿士庶，非所望也，各启至诚，匡兹不逮。见善必进，有才必举，无或嘿默，退有后言。颁告天下，咸悉此意。

闰月甲子，以安州总管韦世康为信州总管。丁丑，颁木鱼符于总管、刺史，雌一雄一。己卯，以吏部尚书苏威为尚书右仆射。六月乙丑，以荆州总管杨素为纳言。丁丑，以吏部侍郎卢恺为礼部尚书。时朝野物议，咸愿登封。秋七月丙午，诏曰："岂可命一将军，除一小国，遐迩注意，便谓太平。以薄德而封名山，用虚言而干上帝，非朕攸闻。而今以后，言及封禅，宜即禁绝。"八月壬戌，以广平王雄为司空。冬十一月壬辰，考使定州刺史豆卢通等上表，请封禅，上不许。庚子，以右卫大将军虞庆则为右武候大将军，右领军将军李安为右领军大将军。甲寅，降囚徒。十二月甲子，诏曰："朕祗承天命，清荡万方。百王衰敝之后，兆庶浇浮之日，圣人遗训，扫地俱尽，制礼作乐，今也其时。朕情存古乐，深忌雅道。郑卫淫声，鱼龙杂戏，乐府之内，尽以除之。今欲更调律吕，改张琴瑟。且妙术精微，非因教习，工人代掌，止传糟粕，不足达神明之德，论天地之和。区域之间，奇才异艺，天知神授，何代无哉！盖晦迹于非时，俟昌言于所好，宜可搜访，速以奏闻，庶睹一艺之能，共就九成之业。"仍诏太常牛弘、通直散骑常侍许善心、秘书丞姚察、通直郎虞世基等议定乐。己巳，以黄州总管周法尚为永州总管。

十年春正月乙未，以皇孙昭为河南王，楷为华阳王。二月庚申，幸并州。夏四月辛酉，至自并州。五月乙未，诏曰："魏末丧乱，宇县瓜分，役车岁动，未遑休息。兵士军人，权置坊府，南征北伐，居处无定。家无完堵，地罕包桑，恒为流寓之人，竟无乡里之号。朕甚愍之。凡是军人，可悉属州县，垦田籍帐，一与民同。军府统领，宜依旧式。罢山东河南及北方缘边之地新置军府。"六月辛酉，制人年五十，免役收庸。癸亥，以灵州总管王世积为荆州总管，浙州刺史元胄为灵州总管。秋七月癸卯，以纳言杨素为内史令。庚戌，上亲录囚徒。辛亥，高丽辽东郡公高阳卒。壬子，吐谷浑遣使来朝。八月壬申，遣柱国、襄阳郡公韦洸，上开府、东莱郡公王景，并持节巡抚岭南，百越皆服。冬十月甲子，颁木鱼符于京师官五品已上。戊辰，以永州总管周法尚为桂州总管。十一月辛卯，幸国学，颁赐各有差。丙午，契丹遣使朝贡。辛丑，有事于南郊。是月，婺州人汪文进、会稽人高智慧、苏州人沈玄侩皆举兵反，自称天子，署置百官。乐安蔡道人、蒋山李棱、饶州吴代华、永嘉沈孝澈、泉州王国庆、余杭杨宝英、交趾李春等皆自称大都督，攻陷州县。诏上柱国、内史令、越国公杨素讨平之。

十一年春正月丁酉，以平陈所得古器多为妖变，悉命毁之。辛丑，高丽遣使朝贡。丙午，皇太子妃元氏薨，上举哀于文思殿。二月戊午，吐谷浑遣使贡方物。以大将军苏孝慈为工部尚书。丙子，以临颍令刘旷治术尤异，擢为莒州刺史。己卯，突厥遣使献七宝碗。辛巳晦，日有蚀之。三月壬午，遣通事舍人王若干洽使于吐谷浑。癸未，以幽州总管周摇为寿州总管，朔州总管吐万绪为夏州总管。夏四月戊午，突厥雍虞闾可汗遣其特勤来朝。五月甲子，高丽遣使贡方物。癸卯，诏百官悉诣朝堂上封事。乙巳，以右卫将军元旻为左卫大将军。秋七月己丑，以柱国杜彦为洪州总管。八月壬申，幸栗园。滕王瓒薨。乙亥，至自栗园。上柱国、沛国公郑译卒。十二月丙辰，靺鞨遣使贡方物。

十二年春正月壬子，以苏州刺史皇甫绩为信州总管，宣州刺史席代雅为广州总管。二月己巳，以蜀王秀为内史令，兼右领军大将军，汉王谅为雍州牧、右卫大将军。夏四月辛卯，以寿州总管周摇为襄州总管。五月辛亥，广州总管席代雅卒。秋七月乙巳，尚书右仆射、邳国公苏威，礼部尚书、容城县侯卢恺并坐事除名。壬戌，幸昆明池，其日还宫。己巳，有事于太庙。壬申晦，日有蚀之。八月甲戌，制天下死罪，诸州不得便决，皆令大理覆治。乙亥，幸龙首池。癸巳，制宿卫者不得辄离所守。丁酉，上柱国、夏州总管、楚国公豆卢勣卒。戊戌，上亲录囚徒。九月丁未，以工部尚书杨异为吴州总管。冬十月丁丑，以遂安王集为卫王。壬午，有事于太庙。至太祖神主前，上流涕呜咽，悲不自胜。十一月辛亥，有事于南郊。壬子，宴百僚，颁赐各有差。己未，上柱国、新义郡公韩擒虎卒。庚申，以豫州刺史权武为潭州总管。甲子，百僚大射于武德殿。十二月癸酉，突厥遣使来朝。乙酉，以上柱国、内史令杨素为尚书右仆射。己酉，吐谷浑、靺鞨并遣使贡方物。

十三年春正月乙巳，上柱国、郇国公韩建业卒。丙午，契丹、奚、霫、室韦并遣使贡方物。壬子，亲祀感帝。己未，以信州总管韦世康为吏部尚书。壬戌，行幸岐州。二月丙子，诏营仁寿宫。丁亥，至自岐州。戊子，宴考使于嘉则殿。己卯，立皇孙暕为豫章王。戊子，晋州刺史、南阳郡公贾悉达，显州总管、抚宁郡公韩延等以贿伏诛。己丑，制坐事去官者，配流一年。丁酉，制私家不得隐藏纬候图谶。夏四月癸未，制战亡之家，给复一年。五月癸亥，诏人间有撰集国史、臧否人物者，皆令禁绝。秋七月戊申，靺鞨遣使贡方物。壬子，左卫大将军、云州总管、钜鹿郡公贺娄子干卒。丁巳，幸昆明池。戊辰晦，日有蚀之。九月丙辰，降囚徒。庚申，以邵国公杨纶为滕王。乙丑，以柱国杜彦为云州总管。冬十月乙卯，上柱国、华阳郡公梁彦光卒。

十四年夏四月乙丑，诏曰："在昔圣人，作乐崇德，移风易俗，于斯为大。自晋氏播迁，兵戈不息，雅乐流散，年代已多，四方未一，无由辨正。赖上天鉴临，明神降福，拯兹涂炭，安息苍生，天下大同，归于治理，遗우旧物，皆为国有。比命所司，总令研究，正乐雅声，详考已讫，宜即施用，见行者停。人间音乐，流僻日久，弃其旧体，竞造繁声，浮宕不归，遂以成俗。宜加禁约，务存其本。"五月辛酉，京师地震。关内诸州旱。六月丁卯，诏省府州县，皆给公廨田，不得治生，与人争利。秋七月乙未，以邳国公苏威为纳言。八月辛未，关中大旱，人饥。上率户口就食于洛阳。九月己未，以齐州刺史樊子盖为循州总管。丁巳，以基州刺史崔仲方为会州总管。冬闰十月甲寅，诏曰："齐、梁、陈往皆创业一方，绵历年代。既宗祀废绝，祭奠无主，兴言矜念，良以怆然。莒国公萧琮及高仁英、陈叔宝等，宜令以时修其祭祀。所须器物，有司给之。"乙卯，制外官九品已上，父母及子年十五已上，不得将之官。十一月壬戌，制州县佐吏，三年一代，不得重任。癸未，有星孛于角亢。十二月乙未，东巡狩。

十五年春正月壬戌，车驾次齐州，亲问疾苦。丙寅，旅王符山。庚午，上以岁旱，祠太山，以谢愆咎。大赦天下。二月丙辰，收天下兵器，敢有私造者，坐之。关中缘边，不在其例。丁巳，上柱国、蒋国公梁睿卒。三月己未，至自东巡狩。望祭五岳海渎。丁亥，幸仁寿宫。营州总管韦艺卒。夏四月己丑朔，大赦天下。甲辰，以赵州刺史杨达为工部尚书。丁未，以开府仪同三司韦冲为营州总管。五月癸酉，吐谷浑遣使朝贡。丁亥，制京官五品已上，佩铜鱼符。六月戊子，诏凿底柱。庚寅，相州刺史豆卢通贡绫文布，命焚之于朝堂。乙未，林邑遣使来贡方物。辛丑，诏名山大川未在祀典者，悉祠之。秋七月乙丑，晋王广献毛龟。甲戌，遣邳国公苏威巡省江南。戊寅，至自仁寿宫。辛巳，制九品已上官以理去职者，听并执笏。冬十月戊子，以吏部尚书韦世康为荆州总管。十一月辛酉，幸温汤。乙丑，至自温汤。十二月戊子，敕盗边粮一升已上皆斩，并籍没其家。已丑，诏文武官以四考交代。

十六年春正月丁亥，以皇孙裕为平原王，筠为安成王，嶷为安平王，恪为襄城王，该为高阳王，韶为建安王，煚为颍川王。夏五月丁巳，以怀州刺史庞晃为夏州总管，蔡阳县公姚辩为灵州总管。六月甲午，制工商不得进仕。并州大蝗。辛丑，诏九品已上妻、五品已上妾夫亡不得改嫁。秋八月丙戌，诏决死罪者，三奏而后行刑。冬十月己丑，幸长春宫。十一月壬子，至自长春宫。

十七年春二月癸未，太平公史万岁击西宁羌，平之。

庚寅，幸仁寿宫。庚子，上柱国王世积讨桂州贼李光仕，平之。壬寅，河南王昭纳妃，宴群臣，颁赐各有差。三月丙辰，诏曰："分职设官，共理时务，班位高下，各有等差。若所在官人不相敬惮，多自宽纵，事难克举。诸有殿失，虽备科条，或据律乃轻，论情则重，不即决罪，无以惩肃。其诸司论属官，若有愆犯，听于律外斟酌决杖。"辛酉，上亲录囚徒。癸亥，上柱国、彭国公刘昶以罪伏诛。庚午，遣治书侍御史柳彧、皇甫诞巡省河南、河北。夏四月戊寅，颁新历。壬午，诏曰："周历告终，群凶作乱，衅起衅服，毒被生人。朕受命上玄，廓清区宇，圣灵垂祐，文武同心。申明公穆、郧襄公孝宽、广平王雄、蒋国公睿、楚国公勋、齐国公颎、越国公素、鲁国公庆则、新宁公长叉、宜阳公世积、赵国公罗云、陇西公询、广业公景、真昌公振、沛国公译、项城公子相、钜鹿公子干等，登庸纳揆之时，草昧经纶之日，丹诚大节，心尽帝图，茂绩殊勋，力宣王府。宜弘其门绪，与国同休。其世子世孙未经州任者，宜量才升用，庶享荣位，世禄无穷。"五月，宴百僚于玉女泉，颁赐各有差。己巳，蜀王秀来朝。高丽遣使贡方物。甲戌，以左卫将军独孤罗为凉州总管。闰月已卯，群鹿入殿门，驯扰侍卫之内。秋七月丁丑，桂州人李代贤反，遣右武候大将军虞庆则讨平之。丁亥，上柱国、并州总管秦王俊坐事免，以王就第。戊戌，突厥遣使贡方物。八月丁卯，荆州总管、上庸郡公韦世康卒。九月甲申，至自仁寿宫。庚寅，上谓侍臣曰："礼主于敬，皆当尽心。黍稷非馨，贵在祗肃。庙庭设乐，本以迎神，斋祭之日，触目多感。当此之际，何可为心！在路奏乐，礼未为允。群公卿士，宜更详之。"冬十月丁未，颁铜兽符于骠骑、车骑府。戊申，道王静薨。庚午，诏曰："五帝异乐，三王殊礼，皆随时而有损益，因情而立文文。仰惟祭享宗庙，瞻敬如在，罔极之感，情深兹日。而礼毕升殿，鼓吹发音，还入宫门，金石振响。斯则哀乐同日，心事相违，情所不安，理实未允。宜改兹往式，用弘礼教。自今已后，享庙日不须备鼓吹，殿庭勿设乐悬。"辛未，京师大索。十一月丁亥，突厥遣使来朝。十二月壬子，上柱国、右武候大将军、鲁国公虞庆则以罪伏诛。

十八年春正月辛丑，诏曰："吴越之人，往承弊俗，所在之处，私造大船，因相聚结，致有侵害。其江南诸州，人间有船长三丈已上，悉括入官。"二月甲辰，幸仁寿宫。乙巳，以汉王谅为行军元帅，水陆三十万伐高丽。三月乙亥，以柱国杜彦为朔州总管。夏四月癸卯，以蒋州刺史郭衍为洪州总管。五月辛亥，诏畜猫鬼、蛊毒、厌魅、野道之家，投于四裔。六月丙寅，下诏黜高丽王高元官爵。秋七月壬申，诏以河南八州水，免其课役。丙子，诏京官五品已上，总管、刺史，以志行修谨、清平干济二科举人。九月己丑，汉王谅师遇疾疫而旋，死者十八九。庚寅，敕舍客无公验者，坐及刺史、县令。辛卯，至自仁寿宫。冬十一月甲戌，上亲录囚徒。癸未，有事于南郊。十二月庚子，上柱国、夏州总管、任城郡公王景以罪伏诛。是月，自京师至仁寿宫，置行宫十有二所。

十九年春正月癸酉，大赦天下。戊寅，大射武德殿，宴赐百官。二月己亥，晋王广来朝。辛丑，以并州总管长史宇文弼为朔州总管。甲寅，幸仁寿宫。夏四月丁酉，突厥利可汗内附。达头可汗犯塞，遣行军总管史万岁击破之。六月丁酉，以豫章王暕为内史令。秋八月癸卯，上柱国、尚书左仆射、齐国公高颎坐事免。辛亥，上柱国、皖城郡公张威卒。甲寅，上柱国、城阳郡公李彻卒。九月乙丑，以太常卿牛弘为吏部尚书。冬十月甲午，以突厥利可汗为启人可汗，筑大利城处其部落。庚子，以朔州总管宇文弼为代州总管。十二月乙未，突厥都蓝可汗为部下所杀。丁丑，星陨于勃海。

二十年春正月辛酉朔，上在仁寿宫。突厥、高丽、契丹并遣使贡方物。癸亥，以代州总管宇文弼为吴州总管。二月己巳，以上柱国崔弘度为原州总管。丁丑，无云而雷。三月辛卯，熙州人李英林反，遣行军总管张衡讨平之。夏四月壬戌，突厥犯塞，以晋王广为行军元帅，击破之。乙亥，天有声如泻水，自南而北。六月丁丑，秦王俊薨。秋八月，老人星见。九月丁未，至自仁寿宫。癸丑，吴州总管杨异卒。冬十月己未，太白昼见。乙丑，皇太子勇及诸子并废为庶人。杀柱国、太平县公史万岁。己巳，杀左卫大将军、五原郡公元旻。十一月戊子，天下地震，京师大风雪。以晋王广为皇太子。十二月戊午，诏东宫官属不得称臣于皇太子。辛巳，诏曰："佛法深妙，道教虚融，咸降大慈，济度群品，凡在含识，皆蒙覆护。所以雕铸灵相，图写真形，率土瞻仰，用申诚敬。其五岳四镇，节宣云雨，江河淮海，浸润区域，并生养万物，利益兆人，故建庙立祀，以时恭敬。敢有毁坏偷盗佛及天尊像、岳镇海渎神形者，以不道论。沙门坏佛像，道士坏天尊者，以恶逆论。

仁寿元年春正月乙酉朔，大赦，改元。以尚书右仆射杨素为尚书左仆射，纳言苏威为尚书右仆射。丁酉，徙河南王昭为晋王。突厥寇恒安，遣柱国韩洪击之，官军败绩。以晋王昭为内史令。辛丑，诏曰："君子立身，虽云百行，唯诚与孝最为其首。故投主殉节，自古称难，殒身王事，礼加二等。而代俗之徒，不达大义，至于致命戎旅，不入兆域，亏孝子之意，伤人臣之心。兴言念此，每深愍叹。且入庙祭祀，并不废阙，何止坟茔，独在其外。自今已后，战亡之徒，宜入墓域。"二月乙卯朔，日有蚀之。辛巳，以上柱国独孤楷为原州总管。三月壬辰，以豫章王暕为扬州总管。夏四月，以浙州刺史苏孝慈为洪州总管。五月己丑，突厥男女九万口来降。壬辰，骤雨震雷，大风拔木，宜君湫水移于始平。六月癸丑，洪州总管苏孝慈卒。乙卯，遣十六使巡省风俗。乙丑，诏曰："儒学之道，训教生人，识父子君臣之义，知尊卑长幼之序，升之于朝，任之以职，故能参理时务，弘益风范。朕抚临天下，思弘德教，延集学徒，崇建庠序，开进仕之路，伫贤隽之人。而国学胄子，垂将千数，州县诸生，咸亦不少。徒有名录，空度岁时，未有德为代范，才任国用。良由设学之理，多而未精。今宜简省，明加奖励。"于是国子学唯留学生七十人，太学、四门及州县学并废。其日，颁舍利于诸州。秋七月戊戌，改国子为太学。九月癸未，以柱国杜彦为云州总管。十一月己丑，有事于南郊。壬辰，以资州刺史卫玄为遂州总管。

二年春二月辛亥，以邢州刺史侯莫陈颖为桂州总管，宗正杨文纪为荆州总管。三月己亥，幸仁寿宫。壬寅，以齐州刺史张衡为潭州总管。夏四月庚戌，岐、雍二州地震。秋七月丙戌，诏内外官各举所知。戊子，以原州总管独孤楷为益州总管。八月己巳，皇后独孤氏崩。九月丙戌，至自仁寿宫。壬辰，河南北诸州大水，遣工部尚书杨达赈恤之。乙未，上柱国、襄州总管、金水郡公周摇卒。陇西地震。冬十月壬子，曲赦益州管内。癸丑，以工部尚书杨达为纳言。闰月甲申，诏尚书左仆射杨素与诸术者刊定阴阳舛谬。己丑，诏曰："礼之为用，时义大矣。黄琮苍璧，降天地之神，粢盛牲食，展宗庙之敬，正父子君臣之序，明婚姻丧纪之节。故道德仁义，非礼不成，安上治人，莫善于礼。自区宇乱离，绵历年代，王道衰而变风作，微言绝而大义乖，与代推移，其弊日甚。至于四时郊祀之节文，五服麻葛之隆杀，是非异说，蹉驳殊途，致使圣教凋讹，轻重无准。朕祇承天命，抚临生人，当洗涤之时，属干戈之代，克定祸乱，先运武功，删正彝典，日不暇给。今四海乂安，五戎勿用，理宜弘风训俗，导德齐礼，缀往圣之旧章，兴先王之茂则。尚书左仆射、越国公杨素，尚书右仆射、邳国公苏威，吏部尚书、奇章公牛弘，内史侍郎薛道衡，秘书丞许善心，内史舍人虞世基，著作郎王劭，或任居端揆，博达古今，或器推令望，学综经史，委以裁缉，实允佥议。可并修定五礼。"壬寅，葬献皇后于太陵。十二月癸巳，上柱国、益州总管蜀王秀废为庶人。交州人李佛子举兵反，遣行军总管刘方讨平之。

三年春二月己卯，原州总管、比阳县公庞晃卒。戊子，以大将军、蔡阳郡公姚辩为左武候大将军。夏五月癸卯，诏曰："哀哀父母，生我劬劳，欲报之德，昊天罔极。但风树不静，严敬莫追，霜露既降，感思空切。六月十三日，是朕生日，宜令海内为武元皇帝、元明皇后断屠。"六月甲午，诏曰：

《礼》云："至亲以期断。"盖以四时之变易，万物之更始，故圣人象之。其有三年，加隆尔也。但家无二尊，母为厌降，是以父存丧母，还服于期者，服之正也，岂容期内而更小祥！然三年之丧而有小祥者，《礼》云："期祭，礼也。期而除丧，道也。"以是之故，虽未再期，而天地一变，不可不祭，不可不除。故有练焉，以存丧祭之本。然期丧有练，于理未安。虽云十一月而练，乃无所法象，非期非时，岂可除祭。而儒者徒拟三年之丧，立练禫之节，可谓苟存其变，而失其本，欲渐于夺，乃薄于丧。致使子则冠练去绖，黄里缥缘，绖则布葛在身，粗服未改。岂非经哀尚存，子情已夺，亲疏失伦，轻重颠倒！乃不顺人情，岂圣人之意也！故知先圣之礼废于人邪，三年之丧尚有不行者，至于祥练之节，安能不坠者乎？《礼》云："父母之丧，无贵贱一也。"而大夫士之丧父母，乃贵贱异服。然则礼坏乐崩，由来渐矣。所以晏平仲之斩粗缞，其老谓之非礼，滕文公之服三年，其臣咸所不欲。盖由王道既衰，诸侯异政，将逾越于法度，恶礼制之害己，乃灭去篇籍，自制其宜。遂至骨肉之恩，轻重从俗，无易之道，隆杀任情。况孔子没而微言隐，秦灭学而经籍焚者乎！有汉之兴，虽求儒雅，人皆异说，义非一贯。又近代乱离，唯务兵革，其于典礼，时所未遑。夫礼不从天降，不从地出，乃人心而已者，谓情缘于恩也。故恩厚者其礼隆，情轻者其礼杀。圣人以是称情立文，别亲疏贵贱之节。自臣子道消，上下失序，莫大之恩，逐情而薄，莫重之礼，与时而杀。此乃服不称丧，容不称服，非所谓圣人缘恩表情，制礼之义也。

然丧与易也，宁在于戚，则礼之本也。礼有其余，未若于哀，则情之实也。今十一月而练者，非礼之本，非情之实。由是言之，父存丧母，不宜有练。但依礼十三月而祥，中月而禫。庶以合圣人之意，达孝子之心。

秋七月丁卯，诏曰：

日往月来，唯天所以运序；山镇川流，唯地所以宣气。运序则寒暑无差，宣气则云雨有作，故能成天地之大德，育万物而为功。况一人君于四海，睹物欲运，独见致治，不藉群才，未之有也。是以唐尧钦明，命羲、和以居岳，虞舜睿德，升元、凯而作相。伊尹鼎俎之媵，为殷之阿衡，吕望渔钓之夫，为周之尚父。此则鸣鹤在阴，其子必和，风云之从龙虎，贤哲之应圣明。君德不回，臣道以正，故能通天地之和，顺阴阳之序，岂不由元首而有股肱乎？自王道衰，人风薄，居上莫能公道以御物，为下必踵私法以希时。上下相蒙，君臣义失，义失则政乖，政乖则人困。盖同德之风难嗣，离德之轨易追，则任者不休，休者不任，则众口铄金，戮辱之祸不测。是以行歌避代，辞位灌园，卷而可怀，黜而无愠，放逐江湖之上，沉赴河海之流，所以自洁而不悔者也。至于闾阎秀异之士，乡曲博雅之儒，言足以佐时，行足以励俗，遗弃于草野，埋灭而无闻，岂胜道哉！所以览古而叹息者也。方今区宇一家，烟火万里，百姓乂安，四夷宾服，岂是人功，实乃天意。朕惟夙夜祗惧，将所以上嗣明灵，是以小心励己，日慎一日。以黎元在念，忧兆庶未康，以庶政为怀，虑一物失所。虽求傅岩，莫见幽人，徒想崆峒，未闻至道。唯恐商歌于长夜，抱关于夷门，远迹犬羊之间，屈身僮仆之伍。其令州县搜扬贤哲，皆取明知今古，通识治乱，究政教之本，达礼乐之源。不限多少，不得不举。限以三旬，咸令进路。征召将送，必须以礼。

八月壬申，上柱国、检校幽州总管、落丛郡公燕荣以罪伏诛。九月壬戌，置常平官。甲子，以营州总管韦冲为民部尚书。十二月癸酉，河南诸州水，遣纳言杨达赈恤之。

四年春正月丙辰，大赦。甲子，幸仁寿宫。乙丑，诏赏罚支度，事无巨细，并付皇太子。夏四月乙卯，上不豫。六月庚申，大赦天下。有星入月中，数日而退。长人见于雁门。秋七月乙未，日青无光，八日乃复。己亥，以大将军段文振为云州总管。甲辰，上以疾甚，卧于仁寿宫，与百僚辞诀，并握手歔欷。丁未，崩于大宝殿，时年六十四。

遗诏曰：

嗟乎！自昔晋室播迁，天下丧乱，四海不一，以至周、齐，战争相寻，年将三百。故割裂疆土者非一所，称帝王者非一人，书轨不同，生人涂炭。上天降鉴，爰命于朕，用登大位，岂关人力！朕得拨乱反正，偃武修文，天下大同，声教远被，此又是天意欲宁区夏。所以昧旦临朝，不敢逸豫，一日万机，留心亲览，晦明寒暑，不惮劬劳，匪曰朕躬，盖为百姓故也。王公卿士，每日阙庭，刺史以下，三时朝集，何尝不罄竭心府，诫敕殷勤。义乃君臣，情兼父子。庶藉百僚智力，万国欢心，欲令率土之人，永得安乐，不谓遘疾弥留，至于大渐。此乃人生常分，何足言哉！但四海百姓，衣食不丰，教化政刑，犹未尽善，兴言念此，唯以留恨。朕今年逾六十，不复称夭，但筋力精神，一时劳竭。如此之事，本非为身，止欲安养百姓，所以致此。人生子孙，谁不爱念，既为天下，事须割情。勇及秀等，并怀悖恶，既知无臣子之心，所以废黜。古人有言："知臣莫若于君，知子莫若于父。"若令勇、秀得志，共治家国，必当戮辱遍于公卿，酷毒流于人庶。今恶子孙已为百姓黜屏，好子孙足堪负荷大业。此虽朕家事，理不容隐，前对文武侍卫，具已论述。皇太子广，地居上嗣，仁孝著闻，以其行业，堪成朕志。但令内外群官，同心戮力，以此共治天下，朕虽瞑目，何所复恨。但国家事大，不可限以常礼。既葬公除，行之自昔，今宜遵用，不劳改定。凶礼所须，才令周事。务从节俭，不得劳人。诸州总管、刺史已下，宜各率其职，不须奔赴。自古哲王，因人作法，前帝后帝，沿革随时。律令格式，或有不便于事者，宜依前敕修改，务当政要。呜呼，敬之哉！无坠朕命！

乙卯，发丧。河间杨柳四株无故黄落，既而花叶复生。八月丁卯，梓宫至自仁寿宫。丙子，殡于大兴前殿。冬十月己卯，合葬于太陵，同坟而异穴。

上性严重，有威容，外质木而内明敏，有大略。初，得政之始，群情不附，诸子幼弱，内有六王之谋，外致三方之乱。握强兵、居重镇者，皆周之旧臣。上推以赤心，各展其用，不逾期月，克定三边，未及十年，平一四海。薄赋敛，轻刑罚，内修制度，外抚戎夷。每旦听朝，日昃忘倦，居处服玩，务存节俭，令行禁止，上下化之。开皇、仁寿之间，丈夫不衣绫绮，而无金玉之饰，常服率多布帛，装带不过以铜铁骨角而已。虽啬于财，至于赏赐有功，亦无所爱吝。乘舆四出，路逢上表者，则驻马亲自临问。或潜遣行人采听风俗，吏治得失，人间疾苦，无不留意。尝遇关中饥，遣左右视百姓所食。有得豆屑杂糠而奏之者，上流涕以示群臣，深自咎责，为之撤膳，不御酒肉者殆将一期。及东拜太山，关中户口就食洛阳者，道路相属。上敕斥候，不得辄有驱逼。男女参厕于仗卫之间，逢扶老携幼者，辄引马避之，慰勉而去。至艰险之处，见负担者，遽令左右扶助之。其有将士战没，必加优赏，仍令使者就家劳问。自强不息，朝夕孜孜，人庶殷繁，帑藏充实。虽未能臻于至治，亦足称近代之良主。然天性沉猜，素无学术，好为小数，不达大体，故忠臣义士，莫得尽心竭辞。其草创元勋及有功诸将，诛夷罪退，罕有存者。又不悦诗书，废除学校，唯妇言是用，废黜诸子。逮于暮年，持法尤峻，喜怒不常，过于杀戮。尝令左右送西域朝贡使出玉门关，其人所经之处，或受牧宰小物，馈遗鹦鹉、麚皮、马鞭之属，上闻而大怒。又诣武库，见署中芜秽不治，于是执武库令及诸受遗者，出开远门外，亲自临决，死者数十人。又往往潜令人赂遗令史府史，有受者必死，无所宽贷。议者以此少之。

史臣曰：高祖龙德在田，奇表见异，晦明藏用，故知我者希。始以外戚之尊，受托孤之任，与能之议，未为当时所许，是以周室旧臣，咸怀愤惋。既而王谦固三蜀之阻，不逾期月，尉迥举全齐之众，一战而亡，斯乃非止人谋，抑亦天之所赞也。乘兹机运，遂迁周鼎。于时蛮夷猾夏，荆、扬未一，劬劳日昃，经营四方。楼船南迈，则金陵失险，骠骑北指，则单于款塞，《职方》所载，并入疆理，《禹贡》所图，咸受正朔。虽晋武之克平吴会，汉宣之推亡固存，比义论功，不能尚也。七德既敷，九歌已洽，要荒咸暨，尉候无警。于是躬节俭，平徭赋，仓廪实，法令行，君子咸乐其生，小人各安其业，强无陵弱，众不暴寡，人物殷阜，朝野欢娱。二十年间，天下无事，区宇之内晏如也。考之前王，足以参踪盛烈。但素无术学，不能尽下，无宽仁之度，有刻薄之资，暨乎暮年，此风逾扇。又雅好符瑞，暗于大道，建彼维城，权侔京室，皆同帝制，靡所适从。听哲妇之言，惑邪臣之说，溺宠废嫡，托付失所。灭父子之道，开昆弟之隙，纵其寻斧，剪伐本枝。坟土未干，子孙继踵屠戮，松槚才列，天下已非隋有。惜哉！迹其衰怠之源，稽其乱亡之兆，起自高祖，成于炀帝，所由来远矣，非一朝一夕。其不祀忽诸，未为不幸也。

卷三　　　　帝纪第三

炀帝上

炀皇帝，讳广，一名英，小字阿㜷，高祖第二子也。母曰文献独孤皇后。上美姿仪，少敏慧，高祖及后于诸子中特所钟爱。在周，以高祖勋，封雁门郡公。开皇元年，立为晋王，拜柱国、并州总管，时年十三。寻授武卫大将军，进位上柱国、河北道行台尚书令，大将军如故。高祖令项城公韶、安道公李彻辅导之。上好学，善属文，沉深严重，朝野属望。高祖密令善相者来和遍视诸子，和曰："晋王眉上双骨隆起，贵不可言。"既而高祖幸上所居第，见乐器弦多断绝，又有尘埃，若不用者，以为不好声妓，善之。上尤自矫饰，当时称为仁孝。尝观猎遇雨，左右进油衣，上曰："士卒皆沾湿，我独衣此乎！"乃令持去。六年，转淮南道行台尚书令。其年，征拜雍州牧、内史令。

八年冬，大举伐陈，以上为行军元帅。及陈平，执陈湘州刺史施文庆、散骑常侍沈客卿、市令阳慧朗、刑法监徐析、尚书都令史暨慧，以其邪佞，有害于民，斩之右阙下，以谢三吴。于是封府库，资财无所取，天下称贤。进位太尉，赐辂车、乘马，衮冕之服，玄珪、白璧各一。复拜并州总管。俄而江南高智慧等相聚作乱，徙上为扬州总管，镇江都，每岁一朝。高祖之祠太山也，领武侯大将军。明年归藩。后数载，突厥寇边，复为行军元帅，出灵武，无虏而还。及太子勇废，立上为皇太子。是月，当受册。高祖曰："吾以大兴公成帝业。"令上出舍大兴县。其夜，烈风大雪，地震山崩，民舍多坏，压死者百余口。仁寿初，奉诏巡抚东南。是后高祖每避暑仁寿宫，恒令上监国。

四年七月，高祖崩，上即皇帝位于仁寿宫。八月，奉梓宫还京师。并州总管汉王谅举兵反，诏尚书左仆射杨素讨平之。九月乙巳，以备身将军崔彭为左领军大将军。十一月乙未，幸洛阳。丙申，发丁男数十万掘堑，自龙门东接长平、汲郡，抵临清关，度河，至浚仪、襄城，达于上洛，以置关防。癸丑，诏曰：

乾道变化，阴阳所以消息，沿创不同，生灵所以顺叙。若使天意不变，施化何以成四时，人事不易，为政何以厘万姓！《易》不云乎："通其变，使民不倦"；"变则通，通则久。""有德则可久，有功则可大。"朕又闻之，安安而能迁，民用丕变。是故姬邑两周，如武王之意，殷人五徙，成汤后之业。若不因人顺天，功业见乎变，爱人治国者可不谓欤！然洛邑自古之都，王畿之内，天地之所合，阴阳之所和。控以三河，固以四塞，水陆通，贡赋等。故汉祖曰："吾行天下多矣，唯见洛阳。"自古皇王，何尝不留意，所不都者盖有由焉。或以九州未一，或以困其府库，作洛之制所以未暇也。我有隋之始，便欲创兹怀、洛，日复一日，越暨于今。念兹在兹，兴言感哽！朕肃膺宝历，纂临万邦，遵而不失，心奉先志。今者汉王谅悖逆，毒被山东，遂使州县或沦非所。此由关河悬远，兵不赴急，加以并州移户，复在河南。周迁殷人，意在于此。况复南服遐远，东夏殷大，因机顺动，今也其时。群司百辟，佥谐厥议。但成周墟堞，弗堪茸宇。今可于伊、洛营建东京，便即设官分职，以为民极也。夫宫室之制本以便生，上栋下宇，足避风露，高台广厦，岂曰适形。故《传》云："俭，德之共，侈，恶之大。"宣尼有云："与其不逊也，宁俭。"岂谓瑶台琼室方为宫殿者乎，土阶采椽而非帝王者乎？是知非天下以奉一人，乃一人以主天下也。民惟国本，本固邦宁，百姓足，孰与不足！今所营构，务从节俭，无令雕墙峻宇复起于当今，欲使卑宫菲食将贻于后世。有司明为条格，称朕意焉。

十二月乙丑，以右武卫将军来护儿为右骁卫大将军。戊辰，以柱国李景为右武卫大将军。以右卫率周罗睺为右武候大将军。

大业元年春正月壬辰朔，大赦，改元。立妃萧氏为皇后。改豫州为溱州，洛州为豫州。废诸州总管府。丙申，立晋王昭为皇太子。丁酉，以上柱国宇文述为左卫大将军，上柱国郭衍为左武卫大将军，延寿公于仲文为右卫大将军。己亥，以豫章王暕为豫州牧。戊申，发八使巡省风俗。下诏曰：

> 昔者哲王之治天下也，其在爱民乎。既富而教，家给人足，故能风淳俗厚，远至迩安。治定功成，率由斯道。朕嗣膺宝历，抚育黎献，夙夜战兢，若临川谷。虽则聿遵先绪，弗敢失坠，永言政术，多有缺然。况以四海之远，兆民之众，未获亲临，问其疾苦。每虑幽厌莫举，冤屈不申，一物失所，乃伤和气，万方有罪，责在朕躬，所以癙痗增叹，而夕惕载怀者也。今既布政惟始，宜存宽大。可分遣使人，巡省方俗，宣扬风化，荐拔淹滞，申达幽枉。孝悌力田，给以优复。鳏寡孤独不能自存者，量加赈济。义夫节妇，旌表门闾。高年之老，加其版授，并依别条，赐以粟帛。笃疾之徒，给侍丁者，虽有侍养之名，曾无周赡之实，明加检校，使得存养。若有名行显著，操履修洁，及学业才能，一艺可取，咸宜访采，将身入朝。所在州县，以礼发遣。其有蠹政害人，不便于时者，使还之日，具录奏闻。

己酉，以吴州总管宇文弼为刑部尚书。二月己卯，以尚书左仆射杨素为尚书令。三月丁未，诏尚书令杨素、纳言杨达、将作大匠宇文恺营建东京，徙豫州郭下居人以实之。戊申，诏曰："听采舆颂，谋及庶民，故能审政刑之得失。是知昧旦思治，欲使幽枉必达，彝伦有章。而牧宰任称朝委，苟为徼幸，以求考课，虚立殿最，不存治实，纲纪于是弗理，冤屈所以莫申。关河重阻，无由自达。朕故建立东京，躬亲存问。今将巡历淮海，观省风俗，眷求谠言，徒繁词翰，而乡校之内，阙尔无闻。悢然夕惕，用忘兴寝。其民下有知州县官人政治苛刻，侵害百姓，背公徇私，不便于民者，宜听诣朝堂封奏，庶乎四聪以达，天下无冤。"又于皂涧营显仁宫，采海内奇禽异兽草木之类，以实园苑。徙天下富商大贾数万家于东京。辛亥，发河南诸郡男女百余万，开通济渠，自西苑引谷、洛水达于河，自板渚引河通于淮。庚申，遣黄门侍郎王弘、上仪同於士澄往江南采木，造龙舟、凤艒、黄龙、赤舰、楼船等数万艘。夏四月癸亥，大将军刘方击林邑，破之。五月庚戌，民部尚书义丰侯韦冲率。六月甲子，荧惑入太微。秋七月丁酉，制战亡之家给复十年。丙午，滕王纶、卫王集并夺爵徙边。闰七月甲子，以尚书令杨素为太子太师，安德王雄为太子太傅，河间王弘为太子太保。丙子，诏曰：

> 君民建国，教学为先，移风易俗，必自兹始。而言绝义乖，多历年代，进德修业，其道寂微。汉采坑焚之余，不绝如线，晋承板荡之运，扫地将尽。自时厥后，军国多虞，虽复黉宇时建，示同爱礼，函丈或陈，殆为虚器。遂使纡青拖紫，非以学优，制锦操刀，类多墙面。上陵下替，纲维廃立，雅缺道消，实由于此。朕纂承洪绪，思弘大训，将欲尊师重道，用阐厥猷，讲信修睦，敦奖名教。方今宇宙平一，文轨攸同，十步之内，必有芳草，四海之中，岂无奇秀！诸在家

及见入学者，若有笃志好古，耽悦典坟，学行优敏，堪膺时务，所在采访，具以名闻，即当随其器能，擢以不次。若研精经术，未愿进仕者，可依其艺业深浅，门荫高卑，虽未升朝，并量准给禄。庶夫恂恂善诱，不日成器，济济盈朝，何远之有！其国子等学，亦宜申明旧制，教习生徒，具为课试之法，以尽砥砺之道。

八月壬寅，上御龙舟，幸江都。以左武卫大将军郭衍为前军，右武卫大将军李景为后军。文武官五品已上给楼船，九品已上给黄篾。舳舻相接，二百余里。冬十月己丑，赦江淮已南。扬州给复五年，旧总管内给复三年。十一月己未，以大将军崔仲方为礼部尚书。

二年春正月辛酉，东京成，赐监督者各有差。以大理卿梁毗为刑部尚书。丁卯，遣十使并省州县。二月丙戌，诏尚书令杨素、吏部尚书牛弘、大将军宇文恺、内史侍郎虞世基、礼部侍郎许善心制定舆服。始备华路及五时副车。上常服，皮弁十有二琪，文官弁服，佩玉，五品已上给犊车、通幰，三公亲王加油络，武官平巾帻，裤褶，三品已上给瓟槊。下至胥吏，服色皆有差。非庶人不得戎服。戊戌，置都尉官。三月庚午，车驾发江都。先是，太府少卿何稠、太府丞云定兴盛修仪仗，于是课州县送羽毛。百姓求捕之，网罗被水陆，禽兽有堪氅眊之用者，殆无遗类。至是而成。夏四月庚戌，上自伊阙陈法驾，备千乘万骑，入于东京。辛亥，上御端门，大赦，免天下今年租税。癸丑，以冀州刺史杨文思为民部尚书。五月甲寅，金紫光禄大夫、兵部尚书李通坐事免。乙卯，诏曰："旌表先哲，式存飨祀，所以优礼贤能，显彰遗爱。朕永鉴前修，尚想名德，何尝不兴叹九原，属怀千载。其自古已来贤人君子，有能树声立德、佐世匡时、博利殊功、有益于人者，并宜营立祠宇，以时致祭。坟垄之处，不得侵践。有司量为条式，称朕意焉。"六月壬子，以尚书令、太子太师杨素为司徒。进封豫章王暕为齐王。秋七月癸丑，以卫尉卿卫玄为工部尚书。庚申，制百官不得计考增级，必有德行功能灼然显著者擢之。壬戌，擢藩邸旧臣鲜于罗等二十七人官爵有差。甲戌，皇太子昭薨。乙亥，上柱国、司徒、楚公杨素薨。八月辛卯，封皇孙倓为燕王，侗为越王，侑为代王。九月乙丑，立秦孝王俊子浩为秦王。冬十月戊子，以灵州刺史段文振为兵部尚书。十二月庚寅，诏曰："前代帝王，因时创业，君民建国，礼尊南面。而历运推移，年世永久，丘垄毁废，樵牧相趋，茔兆堙芜，封树莫辨。兴言沦灭，有怆于怀。自古已来帝王陵墓，可给随近十户，蠲其杂役，以供守视。"

三年春正月癸亥，敕并州逆党已流配而逃亡者，所获之处，即宜斩决。丙子，长星竟天，出于东壁，二旬而止。是月，武阳郡上言，河水清。二月己丑，彗星见于奎，扫文昌，历大陵、五车、北河，入太微，扫帝坐，前后百日而止。三月辛亥，车驾还京师。壬子，以大将军姚辩为左屯卫将军。癸丑，遣羽骑尉朱宽使于流求国。乙卯，河间王弘薨。夏四月庚辰，诏曰："古者帝王观风问俗，皆所以忧勤兆庶，安集遐荒。自蕃夷内附，未遑亲抚，山东经乱，须加存恤。今欲安辑河北，巡省赵、魏。所司依式。"

甲申，颁律令，大赦天下，关内给复三年。壬辰，改州为郡。改度量权衡，并依古式。改上柱国已下官为大夫。甲午，诏曰：

> 天下之重，非独治所安，帝王之功，岂一士之略。自古明君哲后，立政经邦，何尝不选贤与能，收采幽滞。周称多士，汉号得人，常想前风，载怀钦伫。朕负扆夙兴，冕旒待旦，引领岩谷，置以周行，冀与群才共康庶绩。而汇茅寂寞，投竿罕至，岂美璞韬采，未值良工，将介石在怀，确乎难拔？永鉴前哲，怃然兴叹！凡厥在位，譬诸股肱，若济巨川，义同舟楫。岂得保兹宠禄，晦尔所知，优游卒岁，甚非谓也。祁大夫之举善，良史以为至公，臧文仲之蔽贤，尼父讥其窃位。求诸往古，非无褒贬，宜思进善，用匡寡薄。夫孝悌有闻，人伦之本，德行敦厚，立身之基。或节义可称，或操履清洁，所以激贪厉俗，有益风化。强毅正直，执宪不挠，学业优敏，文才秀美，并为廊庙之用，实乃瑚琏之资。才堪将略，则拔之以御侮，膂力骁壮，则任之以爪牙。爰及一艺可取，亦宜采录，众善毕举，与时无弃。以此求治，庶几不远。文武有职事者，五品已上，宜依令十科举人。有一于此，不必求备。朕当待以不次，随才升擢。其见任九品已上官者，不在举送之限。

丙申，车驾北巡狩。丁酉，以刑部尚书宇文弼为礼部尚书。戊戌，敕百司不得践暴禾稼，其有须开为路者，有司计地所收，即以近仓酬赐，务从优厚。己亥，次赤岸泽。以太牢祭故太师李穆墓。五月丁巳，突厥启民可汗遣子拓特勤来朝。戊午，发河北十余郡丁男凿太行山，达于并州，以通驰道。丙寅，启民可汗遣其兄子毗黎伽特勤来朝。辛未，启民可汗遣使请自入塞，奉迎舆驾。上不许。癸酉，有星孛于文昌上将，星皆动摇。六月辛巳，猎于连谷。丁亥，诏曰：

> 聿追孝飨，德莫至焉，崇建寝庙，礼之大者。然则质文异代，损益殊时，学灭坑焚，经典散逸，宪章湮坠，庙堂制度，师说不同。所以世数多少，莫能是正，连室异宫，亦无准定。朕获奉祖宗，钦承景业，永惟严配，思隆大典。于是询谋在位，博访儒术。咸以为高祖文皇帝受天明命，奄有区夏，拯群飞于四海，革凋敝于百王，恤狱缓刑，生灵皆遂其性，轻徭薄赋，比屋各安其业。恢夷宇宙，混壹车书。东渐西被，无思不服，南征北怨，俱荷来苏。驾鼋乘风，历代所弗至，辫发左衽，声教所罕及，莫不厥角关塞，顿颡阙庭。译靡绝时，书无虚月，韬戈偃武，天下晏如。嘉瑞休征，表里襁褓，猗欤伟欤，无得而名者也。朕又闻之，德厚者流光，治辨者礼缛。是以周之文、武，汉之高、光，其典章特立，谥号斯重，岂非缘情称述，即崇显之义乎？高祖文皇帝宜别建庙宇，以彰巍巍之德，仍遵月祭，用表蒸蒸之怀。有司以时创造，务合典制。又名位既殊，礼亦异等。天子七庙，事著前经，诸侯二昭，义有差降，故其以多为贵。王者之礼，今可依用，贻厥后昆。

戊子，次榆林郡。丁酉，启民可汗来朝。己亥，吐谷浑、高昌并遣使贡方物。甲辰，上御北楼，观渔于河，以宴百僚。秋七月辛亥，启民可汗上表请变服，袭冠带。诏启民赞拜不名，位在诸侯王上。甲寅，上于郡城东御大帐，其下备仪卫，建旌旗，宴启民及其部落三千五百人，奏百戏之乐。赐启民及其部落各有差。丙子，杀光禄大夫贺若弼、礼部尚书宇文弼、太常卿高颎。尚书左仆射苏威坐事免。发丁男百余万筑长城，西距榆林，东至紫河，一旬而罢，死者十五六。八月壬午，车驾发榆林。乙酉，启民饰庐清道，以候乘舆。帝幸其帐，启民奉觞上寿，宴赐极厚。上谓高丽使者曰："归语尔王，当早来朝见。不然者，吾与启民巡彼土矣。"皇后亦幸义城公主帐。己丑，启民可汗归蕃。癸巳，入楼烦关。壬寅，次太原。诏营晋阳宫。九月己未，次济源。幸御史大夫张衡宅，宴享极欢。己巳，至于东都。壬申，以齐王暕为河南尹、开府仪同三司。癸酉，以民部尚书杨文思为纳言。

四年春正月乙巳，诏发河北诸郡男女百余万开永济渠，引沁水，南达于河，北通涿郡。庚戌，百僚大射于允武殿。丁卯，赐城内居民米各十石。壬申，以太府卿元寿为内史令，鸿胪卿杨玄感为礼部尚书。癸酉，以工部尚书卫玄为右候卫大将军，大理卿长孙炽为民部尚书。二月己卯，遣司朝谒者崔毅使突厥处罗，致汗血马。三月辛酉，以将作大匠宇文恺为工部尚书。壬戌，百济、倭、赤土、迦罗舍国并遣使贡方物。乙丑，车驾幸五原，因出塞巡长城。丙寅，遣屯田主事常骏使赤土，致罗刹。夏四月丙午，以离石之汾源、临泉、雁门之秀容为楼烦郡。起汾阳宫。癸丑，以河内太守张定和为左屯卫大将军。乙卯，诏曰："突厥意利珍豆启民可汗率领部落，保附关塞，遵奉朝化，思改戎俗，频入谒觐，屡有陈请。以毡墙毳幕，事穷荒陋，上栋下宇，愿同比屋。诚心恳切，朕之所重。宜于万寿戍置城造屋，其帷帐床褥已上，随事量给，务从优厚，称朕意焉。"五月壬申，蜀郡获三足乌，张掖获玄狐，各一。秋七月辛巳，发丁男二十余万筑长城，自榆谷而东。乙未，左翊卫大将军宇文述破吐谷浑于曼头、赤水。八月辛酉，亲祠恒岳，河北道郡守毕集。大赦天下。车驾所经郡县，免一年租调。九月辛未，征天下鹰师悉集东京，至者万余人。戊寅，彗星出于五车，扫文昌，至房而灭。辛巳，诏免长城役者一年租赋。冬十月丙午，诏曰："先师尼父，圣德在躬，诞发天纵之姿，宪章文武之道。命世膺期，蕴兹素王，而颓山之叹，忽逾于千祀，盛德之美，不存于百代。永惟懿范，宜有优崇。可立孔子后为绍圣侯。有司求其苗裔，录以申上。"辛亥，诏曰："昔周王下车，首封虞之胤，汉帝承历，亦命殷周之后。皆所以褒立先代，宪章在昔。朕嗣膺景业，傍求雅训，有一弘益，钦若令典。以为周兼夏殷，文质大备，汉有天下，车书混一，魏晋沿袭，风流未远。并宜立后，以存继绝之义。有司可求其胄绪列闻。"乙卯，颁新式于天下。

五年春正月丙子，改东京为东都。癸未，诏天下均田。戊子，上自东都还京师。己丑，制民间铁叉、搭钩、攒刃之类，皆禁绝之。太守每岁密上属官景迹。二月戊戌，次于闵乡。诏祭古帝王陵及开皇功臣墓。庚子,制魏、周官不得为荫。辛丑,赤土国遣使贡方物。戊申,车驾至京师。丙辰,宴耆旧四百人于武德殿,颁赐各有差。己未,上御崇德殿之西院,愀然不怡,顾谓左右曰:"此先帝之所居,实用增感,情所未安,宜于此院之西别营一殿。"壬戌,制父母听随子之官。三月己巳,车驾西巡河右。庚午,有司言,武功男子史永遵与从父昆弟同居。上嘉之,赐物一百段,米二百石,表其门闾。乙亥,幸扶风旧宅。夏四月己亥,大猎于陇西。壬寅,高昌、吐谷浑、伊吾并遣使来朝。乙巳,次狄道,党项羌来贡方物。癸亥,出临津关,渡黄河,至西平,陈兵讲武。五月乙亥,上大猎于拔延山,长围周亘二千里。庚辰,入长宁谷。壬午,度星岭。甲申,宴群臣于金山之上。丙戌,梁浩亹御马度而桥坏,斩朝散大夫黄亘及督役者九人。吐谷浑王率众保覆袁川,帝分命内史元寿南屯金山,兵部尚书段文振北屯雪山,太仆卿杨义臣东屯琵琶峡,将军张寿西屯泥岭,四面围之。浑主伏允以数十骑遁出,遣其名王诈称伏允,保车我真山。壬辰,诏屯卫大将军张定和往捕之。定和挺身挑战,为贼所杀。亚将柳武建击破之,斩首数百级。甲午,其仙头王被围穷蹙,率男女十余万口来降。六月丁酉,遣左光禄大夫梁默、右翊卫将军李琼等追浑主,皆遇贼死之。癸卯,经大斗拔谷,山路险隘,鱼贯而出。风霰晦冥,与从官相失,士卒冻死者太半。丙午,次张掖。辛亥,诏诸郡学业该通才艺优洽、膂力骁壮超绝等伦、在官勤奋堪理政事、立性正直不避强御四科举人。壬子,高昌王麴伯雅来朝,伊吾吐屯设等献西域数千里之地。上大悦。癸丑,置西海、河源、鄯善、且末等四郡。丙辰,上御观风行殿,盛陈文物,奏九部乐,设鱼龙曼延,宴高昌王、吐屯设于殿上,以宠异之。其蛮夷陪列者三十余国。戊午,大赦天下。开皇已来流配,悉放还乡,晋阳逆党,不在此例。陇右诸郡,给复一年,行经之所,给复二年。秋七月丁卯,置马牧于青海渚中,以求龙种,无效而止。九月癸未,车驾入长安。冬十月癸亥,诏曰:"优德尚齿,载之典训,尊事乞言,义彰胶序。鬻熊为师,取非筋力,方叔元老,克壮其猷。朕永言稽古,用求至治,是以庞眉黄发,更令收叙,务简秩优,无亏药膳,庶等卧治,伫其弘益。今岁耆老赴集者,可于近郡处置。年七十以上,疾患沉滞,不堪居职,即给赐帛,送还本郡。其官至七品已上者,量给廪,以终厥身。"十一月丙子,车驾幸东都。

六年春正月癸亥朔,旦,有盗数十人,皆素冠练衣,焚香持华,自称弥勒佛,入自建国门。监门者皆稽首。既而夺卫士仗,将为乱。齐王暕遇而斩之。于是都下大索,与相连坐者千余家。丁丑,角抵大戏于端门街,天下奇伎异艺毕集,终月而罢。帝数微服往观之。己丑,倭国遣使贡方物。二月乙巳,武贲郎将陈棱、朝请大夫张镇州击流求,破之,献俘万七千口,颁赐百官。乙卯,诏曰:"夫帝图草创,王业艰难,咸仗股肱,叶心同德,用能拯厥颓运,克膺大宝,然后畴庸茂赏,开国承家,誓以山河,传之不朽。近代丧乱,四海未一,茅土妄假,名实相乖,历兹永久,莫能惩革。皇运之初,百度伊始,犹循旧贯,未

暇改作,今天下交泰,文轨攸同,宜率遵先典,永垂大训。自今已后,唯有功勋乃得赐封,仍令子孙承袭。"丙辰,改封安德王雄为观王,河间王子庆为郇王。庚申,征魏、齐、周、陈乐人,悉配太常。三月癸亥,幸江都宫。甲子,以鸿胪卿史祥为左骁卫大将军。夏四月丁未,宴江淮已南父老,颁赐各有差。六月辛卯,室韦、赤土并遣使贡方物。壬辰,雁门贼帅尉文通聚众三千,保于莫壁谷。遣鹰扬杨伯泉击破之。甲寅,制江都太守秩同京尹。冬十月壬申,刑部尚书梁毗卒。壬子,民部尚书、银青光禄大夫长孙炽卒。十二月己未,左光禄大夫、吏部尚书牛弘卒。辛酉,朱崖人王万昌举兵作乱,遣陇西太守韩洪讨平之。

七年春正月壬寅,左武卫大将军、光禄大夫、真定侯郭衍卒。二月己未,上升钓台,临扬子津,大宴百僚,颁赐各有差。庚申,百济遣使朝贡。乙亥,上自江都御龙舟入通济渠,遂幸于涿郡。壬午,诏曰:"武有七德,先之以安民;政有六本,兴之以教义。高丽高元,亏失藩礼,将欲问罪辽左,恢宣胜略。虽怀伐国,仍事省方。今往涿郡,巡抚民俗。其河北诸郡及山西、山东年九十已上者,版授太守,八十者授县令。"三月丁亥,右光禄大夫、左屯卫大将军姚辩卒。夏四月庚午,至涿郡之临朔宫。五月戊子,以武威太守樊子盖为民部尚书。秋,大水,山东、河南漂没三十余郡,民相卖为奴婢。冬十月乙卯,底柱山崩,偃河逆流数十里。戊午,以东平太守吐万绪为左屯卫大将军。十二月己未,西面突厥处罗多利可汗来朝。上大悦,接以殊礼。于时辽东战士及馈运者填咽于道,昼夜不绝,苦役者始为群盗。甲子,敕都尉、鹰扬与郡县相知追捕,随获斩决之。

卷四　　　　　帝纪第四

炀帝下

八年春正月辛巳,大军集于涿郡。以兵部尚书段文振为左候卫大将军。壬午,下诏曰:

天地大德,降繁霜于秋令;圣哲至仁,著甲兵于刑典。故知造化之有肃杀,义在无私;帝王之用干戈,盖非获已。版泉、丹浦,莫匪龚行,取乱覆昏,咸由顺动。况乎甘野誓师,夏开承大禹之业;商郊问罪,周发成文王之志。永监前载,属当朕躬。粤我有隋,诞膺灵命,兼三才而建极,一六合而为家。提封所渐,细柳、盘桃之外,声教爰暨,紫舌、黄枝之域,远至迩安,罔不和会。功成治定,于是乎在。而高丽小丑,迷昏不恭,崇聚勃碣之间、荐食辽獩之境。虽复汉魏诛戳,巢窟暂倾,乱离多阻,种落还集。萃川薮于往代,播实繁以迄今,眷彼华壤,剪为夷类。历年永久,恶稔既盈,天道祸淫,亡征已兆。乱常败德,非可胜图,掩慝怀奸,唯日不足。移告之严,未尝面受,朝

觐之礼，莫肯躬亲。诱纳亡叛，不知纪极，充斥边垂，亟劳烽候，关柝以之不静，生人为之废业。在昔薄伐，已漏天网，既缓前擒之戮，未即后服之诛。曾不怀恩，翻为长恶，乃兼契丹之党，虔刘海戍，习鞨鞨之服，侵轶辽西。又青丘之表，咸修职贡，碧海之滨，同禀正朔，遂复夺攘琛赆，遏绝往来，虐及弗辜，诚而遇祸。牺轩奉使，爰暨海东，旌节所次，途经藩境，而拥塞道路，拒绝王人，无事君之心，岂为臣之礼！此而可忍，孰不可容！且法令苛酷，赋敛烦重，强臣豪族，咸执国钧，朋党比周，以之成俗，贿货如市，冤枉莫申。重以仍岁灾凶，比屋饥馑，兵戈不息，徭役无期，力竭转输，身填沟壑。百姓愁苦，爰谁适从？境内哀惶，不胜其弊。回首面内，各怀性命之图，黄发稚齿，咸兴酷毒之叹。省俗观风，爰届幽朔，吊人问罪，无俟再驾。于是亲总六师，用申九伐，拯厥阽危，协从天意，殄兹逋诲，克嗣先谟。今宜援律启行，分麾屆路，掩勃澥而雷震，历夫馀以电扫。比戈按甲，誓旅而后行，三令五申，必胜而后战。左第一军可镂方道，第二军可长岑道，第三军可海冥道，第四军可盖马道，第五军可建安道，第六军可南苏道，第七军可辽东道，第八军可玄菟道，第九军可扶馀道，第十军可朝鲜道，第十一军可沃沮道，第十二军可乐浪道，右第一军可黏蝉道，第二军可含资道，第三军可浑弥道，第四军可临屯道，第五军可候城道，第六军可提奚道，第七军可踏顿道，第八军可肃慎道，第九军可碣石道，第十军可东暆道，第十一军可带方道，第十二军可襄平道。凡此众军，先奉庙略，骆驿引途，总集平壤。莫非如貔如貌之勇，百战百胜之雄，顾眄则山岳倾颓，叱咤则风云腾郁，心德攸同，爪牙斯在。朕躬驭元戎，为其节度，涉辽而东，循海之右，解倒悬于遐裔，问疾苦于遗黎。其外轻赍游阙，随机赴响，卷甲衔枚，出其不意。又沧海道军舟舻千里，高帆电逝，巨舰云飞，横断沮江，迳造平壤，岛屿之望斯绝，坎井之路已穷。其余被发左衽之人，控弦待发，微卢彭濮之旅，不谋同辞。杖顺临逆，人百其勇，以此众战，势等摧枯。然则王者之师，义存止杀，圣人之教，必也胜戎。天罚有罪，本在元恶，人之多僻，胁从罔治。若高元泥首辕门，自归司寇，即宜解缚焚榇，弘之以恩。其余臣人归朝奉顺，咸加慰抚，各安生业，随才任用，无隔夷夏。营垒所次，务在整肃，刍荛有禁，秋毫勿犯，布以恩宥，喻以祸福。若其同恶相济，抗拒官军，国有常刑，俾无遗类。明加晓示，称朕意焉。

总一百一十三万三千八百，号二百万，其馈运者倍之。癸未，第一军发，终四十日，引师乃尽，旌旗亘千里，近古出师之盛，未之有也。乙未，以右候卫大将军卫玄为刑部尚书。甲辰，内史令元寿卒。二月甲寅，诏曰："朕观风燕裔，问罪辽滨。文武协力，爪牙思奋，莫不执锐勤王，舍家从役，罕蓄仓廪之资，兼损播殖之务。朕所以夕惕愀然，虑其匮乏。虽复素饱之众，情在忘私，悦使之人，宜从其厚。诸行从一品以下，侬飞募人以上家口，郡县宜数存问。若有粮食乏少，皆宜赈给；或虽有田畴，贫弱不能自耕种，可于多丁富室劝课相助。使夫居者有敛积之丰，行役无顾后之虑。"壬戌，司空、京兆尹、光禄大夫观王雄薨。三月辛卯，兵部尚书、左候卫大将军段文振卒。癸巳，上御师。甲午，临戎于辽水桥。戊戌，大军为贼所拒，不果济。右屯卫大将军、左光禄大夫麦铁杖，武贲郎将钱士雄、孟金叉等，皆死之。甲午，车驾渡辽。大战于东岸，击贼破之，进围辽东。乙未，大顿，见二大鸟，高丈余，皜身朱足，游泳自若。上异之，命工图写，并立铭颂。五月壬午，纳言杨达卒。于时诸将各奉旨，不敢赴机。既而高丽各城守，攻之不下。六月己未，幸辽东，责怒诸将。止城西数里，御六合城。七月壬寅，宇文述等败绩于萨水，右屯卫将军辛世雄死之。九军并陷，将帅奔还亡者二千余骑。癸卯，班师。九月庚辰，上至东都。己丑，诏曰："军国异容，文武殊用，匡危拯难，则霸德攸兴，化人成俗，则王道斯贵。时方拨乱，屠贩可以登朝，世属隆平，经术然后升仕。丰都爰肇，儒服无预于周行，建武之朝，功臣不参于吏职。自三方未一，四海交争，不遑文教，唯尚武功。设官分职，罕以才授，斑朝治人，乃由勋叙，莫非拔足行阵，出自勇夫，敦学之道，既所不习，政事之方，故亦无取。是非暗于在己，威福专于下吏，贪冒货贿，不知纪极，蠹政害民，实由于此。自今已后，诸授勋官者，并不得回授文武职事，庶遵彼更张，取类于调瑟，求诸名制，不伤于美锦。若吏部辄拟用者，御史即宜纠弹。"冬十月甲寅，工部尚书宇文恺卒。十一月己卯，以宗女华容公主嫁于高昌王。辛巳，光禄大夫韩寿卒。甲申，败将宇文述、于仲文等并除名为民，斩尚书右丞刘士龙以谢天下。是岁，大旱，疫，人多死，山东尤甚。密诏江、淮南诸郡阅视民间童女，姿质端丽者，每岁贡之。

九年春正月丁丑，征天下兵，募民为骁果，集于涿郡。壬午，贼帅杜彦冰、王润等陷平原郡，大掠而去。辛卯，置折冲、果毅、武勇、雄武等郎将官，以领骁果。乙未，平原李德逸聚众数万，称"阿舅贼"，劫掠山东。灵武白榆妄称"奴贼"，劫掠牧马，北连突厥，陇右多被其患。遣将军范贵讨之，连年不能克。戊戌，大赦。己亥，遣代王侑、刑部尚书卫玄镇京师。辛丑，以右骁骑将军李浑为右骁卫大将军。二月己未，济北人韩进洛聚众数万为群盗。壬午，复宇文述等官爵。又征兵讨高丽。三月丙子，济阴人孟海公起兵为盗，众至数万。丁丑，发丁男十万城大兴。戊寅，幸辽东。以越王侗、民部尚书樊子盖留守东都。庚子，北海人郭方预聚徒为盗，自号卢公，众至三万，攻陷郡城，大掠而去。夏四月庚午，车驾渡辽。壬申，遣宇文述、杨义臣趣平壤。五月丁丑，荧惑入南斗。己卯，济北人甄宝车聚众万余，寇掠城邑。六月乙巳，礼部尚书杨玄感反于黎阳。丙辰，玄感逼东都。河南赞务裴弘策拒之，反为贼所败。戊辰，兵部侍郎斛斯政奔于高丽。庚午，上班师。高丽犯后军，敕右武卫大将军李景为后拒。遣左翊卫大将军宇文述、左候卫将军屈突通等驰传发兵，以讨玄感。秋七月己卯，令所在发人城县府驿。癸未，馀杭人刘元进举兵反，众至数万。八月壬寅，左翊卫大将军宇文述等破杨玄感于阌乡，斩之，余党悉平。癸卯，吴人朱燮、晋陵人管崇拥众十万余，自称将军，寇江左。甲辰，制骁果之家蠲免赋役。丁未，诏郡县城去道过五里已上者，徙就之。戊申，制盗贼籍没其家。乙卯，贼帅陈瑱等众三万攻陷信安郡。辛酉，司农卿、光禄大夫、葛国公赵元淑以罪伏诛。九月己卯，济阴人吴海流、东海人彭孝才并举兵为盗，众数万。庚辰，贼帅梁慧尚率众四万陷苍梧郡。甲午，车驾次上谷，以供费不给，上大怒，免太守虞荷等官。丁酉，东阳人李三儿、向但子举兵作乱，众至万余。闰月己巳，幸博陵。庚午，上谓侍臣曰："朕昔从先朝周旋于此，年甫八岁，日月不居，倏经三纪，追惟平昔，不可复希！"言未卒，流涕呜咽，侍卫者皆泣下沾襟。冬十月丁丑，贼帅吕明星率众数千陷东郡，武贲郎将费青奴击斩之。乙酉，诏曰："博陵昔为定州，地居冲要，先皇历试所基，王化斯远，故以道冠《豳风》，义起姚邑。朕巡抚甿庶，爰届兹邦，瞻望郊廛，缅怀敬止，思所以宣播德泽，覃被下人，崇纪显号，式光令绪。可改博陵为高阳郡。赦境内死罪已下。给复一年。"于是召高祖时故吏，皆量材授职。壬辰，以纳言苏威为开府仪同三司。朱燮、管崇推刘元进为天子。遣将军吐万绪、鱼俱罗讨之，连年不能克。齐人孟让、王薄等众十余万，据长白山，攻剽诸郡，清河贼张金称众数万，渤海贼帅格谦自号燕王，孙宣雅自号齐王，众各十万，山东苦之。丁亥，以右候卫将军郭荣为右候卫大将军。十一月己酉，右候卫将军冯孝慈讨张金称于清河，反为所败，孝慈死之。十二月甲申，车裂玄感弟朝请大夫积善及党与十余人，仍焚而扬之。丁亥，扶风人向海明举兵作乱，称皇帝，建元白乌。遣太仆卿杨义臣击破之。

十年春正月甲寅，以宗女为信义公主，嫁于突厥曷娑那可汗。二月辛未，诏百僚议伐高丽，数日无敢言者。戊子，诏曰："竭力王役，致身戎事，咸由徇义，莫匪勤诚。委命草泽，弃骸原野，兴言念之，每怀愍恻。往年出车问罪，将届辽滨，庙算胜略，具有进止。而谅惛凶，罔识成败，高颎愎很，本无智谋，临三军犹儿戏，视人命如草芥，不遵规制，坐贻挠退，遂令死亡者众，不及埋藏。今宜遣使人分道收葬，设祭于辽西郡，立道场一所。恩加泉壤，庶弭穷魂之冤，泽及枯骨，用弘仁者之惠。"辛卯，诏曰：

黄帝五十二战，成汤二十七征，方乃德施诸侯，令行天下。卢芳小盗，汉祖尚且亲戎，隗嚣余烬，光武犹自登陇，岂不欲除暴止戈，劳而后逸者哉！朕纂成宝业，君临天下，日月所照，风雨所沾，孰非我臣，独窥声教。蕞尔高丽，僻居荒表，鸱张狼噬，侮慢不恭，抄窃我边陲，侵轶我城镇。是以去岁出军，问罪辽碣，殪长蛇于玄菟，戮封豕于襄平。扶馀众军，风驰电逝，追奔逐北，径逾浿水，沧海舟楫，冲贼腹心，焚其宫郭，污其宫室。高元伏锧泥首，送款军门，寻请入朝，归罪司寇。朕以许其改过，乃诏班师。而长恶靡悛，宴安鸩毒，此而可忍，孰不可容！便可分命六师，百道俱进。朕当亲执武节，临御诸军，秣马丸

都，观兵辽水，顺天诛于海外，救穷民于倒悬。征伐以正之，明德以诛之，止除元恶，余无所问。若有识存亡之分，悟安危之机，翻然北首，自求多福；必其同恶相济，抗拒王师，若火燎原，刑兹无赦。有司便宜宣布，咸使知闻。

丁酉，扶风人唐弼举兵反，众十万，推李弘为天子，自称唐王。三月壬子，行幸涿郡。癸亥，次临渝宫，亲御戎服，禡祭黄帝，斩叛军者以衅鼓。夏四月辛未，彭城贼张大彪聚众数万，保悬薄山为盗。遣榆林太守董纯击破，斩之。甲午，车驾次北平。五月庚子，诏举郡孝悌廉洁等十人。壬寅，贼帅宋世谟陷琅邪郡。庚申，延安人刘迦论举兵反，自称皇王，建元大世。六月辛未，贼帅郑文雅、林宝护等众三万，陷建安郡，太守杨景祥死之。秋七月癸丑，车驾次怀远镇。乙卯，曹国遣使贡方物。甲子，高丽遣使请降，囚送斛斯政。上大悦。八月已巳，班师。庚午，右卫大将军、左光禄大夫郑荣卒。冬十月丁卯，上至东都。己丑，还京师。十一月丙申，支解斛斯政于金光门外。乙巳，有事于南郊。己酉，贼帅司马长安破长平郡。乙卯，离石胡刘苗王举兵反，自称天子，以其弟六儿为永安王，众至数万。将军潘长文讨之，不能克。是月，贼帅王德仁拥众数万，保林虑山为盗。十二月壬申，上如东都。其日，大赦天下。戊子，入东都。庚寅，贼帅孟让众十余万，据都梁宫。遣江都郡丞王世充击破之，尽虏其众。

十一年春正月甲午朔，大宴百僚。突厥、新罗、靺鞨、毕大辞、诃咄、传越、乌那曷、波腊、吐火罗、俱虑建、忽论、靺鞨、诃多、沛汗、龟兹、疏勒、于阗、安国、曹国、何国、穆国、毕、衣密、失范延、伽折、契丹等国并遣使朝贡。戊戌，武贲郎将高建毗破贼帅颜宣政于齐郡，虏男女数千口。乙卯，大会蛮夷，设鱼龙曼延之乐，颁赐各有差。二月戊辰，贼帅扬仲绪率众万余，攻北平，滑公李景破斩之。庚午，诏曰："设险守国，著自前经，重门御暴，事彰往策，所以宅土宁邦，禁邪固本。而近代战争，居人散逸，田畴无伍，郛郭不修，遂使游惰实繁，寇歇未息。今天下平一，海内晏如，宜令人悉城居，田随近给，使强弱相容，力役兼济，穿窬无所厝其奸宄，萑蒲不得聚其逋逃。有司具为事条，务令得所。"丙子，上谷人王须拔反，自称漫天王，国号燕，贼帅魏刁儿自称历山飞，众各十余万，北连突厥，南寇赵。五月丁酉，杀右骁卫大将军、光禄大夫、郕公李浑，将作监、光禄大夫李敏，并族灭其家。癸卯，贼帅司马长安破西河郡。己酉，幸太原，避暑汾阳宫。秋七月己亥，淮南人张起绪举兵为盗，众至三万。辛丑，光禄大夫、右御卫大将军张寿卒。八月乙丑，巡北塞。戊辰，突厥始毕可汗率骑数十万，谋袭乘舆，义成公主遣使告变。壬申，车驾驰幸雁门。癸酉，突厥围城，官军频战不利。上大惧，欲率精骑溃围而出，民部尚书樊子盖固谏乃止。齐王暕以后军保于崞县。甲申，诏天下诸郡募兵，于是守令各来赴难。九月甲辰，突厥解围而去。丁未，曲赦太原、雁门郡死罪已下。冬十月壬戌，上至于东都。丁卯，彭城人魏骐麟聚众万余为盗，寇鲁郡。壬申，贼帅卢明月聚众十余万，寇陈、汝间。东海贼帅李子通拥

众度淮，自号楚王，建元明政，寇江都。十一月乙卯，贼帅王须拔破高阳郡。十二月戊寅，有大流星如斛，坠明月营，破其冲车。庚辰，诏民部尚书樊子盖发关中兵，讨绛郡贼敬盘陀、柴保昌等，经年不能克。谯郡人朱粲拥众数十万，寇荆襄，僭称楚帝，建元昌达，汉南诸郡多为所陷焉。

十二年春正月甲午，雁门人翟松柏起兵于灵丘，众至数万，转攻傍县。二月己未，真腊国遣使贡方物。甲子夜，有二大鸟似雕，飞入大业殿，止于御幄，至明而去。癸亥，东海贼卢公暹率众万余，保于苍山。夏四月丁巳，显阳门灾。癸亥，魏刁儿所部将甄翟儿复号历山飞，众十万，转寇太原。将军潘长文讨之，反为所败，长文死之。五月丙戌朔，日有蚀之，既。癸巳，大流星陨于吴郡，为石。壬午，上于景华宫征求萤火，得数斛，夜出游山，放之，光遍岩谷。秋七月壬戌，民部尚书、光禄大夫济北公樊子盖卒。甲子，幸江都宫，以越王侗、光禄大夫段达、太府卿元文都、检校民部尚书韦津、右武卫将军皇甫无逸、右司郎卢楚等总留后事。奉信郎崔民象以盗贼充斥，于建国门上表，谏不宜巡幸。上大怒，先解其颐，乃斩之。戊辰，冯翊人孙华自号总管，举兵为盗。高凉通守冼珤彻举兵作乱，岭南溪洞多应之。己巳，荧惑守羽林，月余乃退。车驾次汜水，奉信郎王爱仁以盗贼日盛，谏上请还西京。上怒，斩之而行。八月乙巳，贼帅赵万海众数十万，自恒山寇高阳。壬子，有大流星如斗，出王良阁道，声如隤墙。癸丑，大流星如瓮，出羽林。九月丁酉，东海人杜扬州、沈觅敌等作乱，众至数万。右御卫将军陈棱击破之。戊午，有二枉矢出北斗魁，委曲蛇形，注于南斗。壬戌，安定人荔非世雄杀临泾令，举兵作乱，自号将军。冬十月己丑，开府仪同三司、左翊卫大将军、光禄大夫、许公宇文述薨。十二月癸未，鄱阳贼操天成举兵反，自号元兴王，建元始兴，攻陷豫章郡。乙酉，以右翊卫大将军来护儿为开府仪同三司、行左翊卫大将军。壬辰，鄱阳人林士弘自称皇帝，国号楚，建元太平，攻陷九江、庐陵郡。唐公破甄翟儿于西河，掳男女数千口。

十三年春正月壬子，齐郡贼杜伏威率众渡淮，攻陷历阳郡。丙辰，勃海贼窦建德设坛于河间之乐寿，自称长乐王，建元丁丑。辛巳，贼帅徐圆朗率众数千，破东平郡。弘化人刘企成聚众万余人为盗，傍郡苦之。二月壬午，朔方人梁师都杀郡丞唐世宗，据郡反，自称大丞相。遣银青光禄大夫张世隆击之，反为所败。戊子，贼帅王子英破上谷郡。己丑，马邑校尉刘武周杀太守王仁恭，举兵作乱，北连突厥，自称定杨可汗。庚寅，贼帅李密、翟让等陷兴洛仓。越王侗遣武贲郎将刘长恭、光禄少卿房崱击之，反为所败，死者十五六。庚子，李密自号魏公，称元年，开仓以振群盗，众至数十万，河南诸郡相继皆陷焉。壬寅，刘武周破武贲郎将王智辩于桑乾镇，智辩死之。三月戊午，庐江人张子路举兵反。遣右御卫将军陈棱讨平之。丁丑，贼帅李通德众十万寇庐江，左屯卫将军张镇州击破之。夏四月癸未，金城校尉薛举率众反，自称西秦霸王，建元秦兴，攻陷陇右诸郡。己丑，贼帅孟让夜入东都外郭，

烧丰都市而去。癸巳，李密陷回洛东仓。丁酉，贼帅房宪伯陷汝阴郡。是月，光禄大夫裴仁基、淮阳太守赵佗等并以众叛归李密。五月辛酉，夜有流星如瓮坠于江都。甲子，唐公起义师于太原。丙寅，突厥数千寇太原，唐公击破之。秋七月壬子，荧惑守积尸。丙辰，武威人李轨举兵反，攻陷河西诸郡，自称凉王，建元安乐。八月辛巳，唐公破武牙郎将宋老生于霍邑，斩之。九月己丑，帝括江都人女寡妇以配从兵。是月，武阳郡丞元宝藏以郡叛归李密，与贼帅李文相攻陷黎阳仓。彗星见于营室。冬十月丁亥，太原杨世洛聚众万余人，寇掠城邑。丙申，罗令萧铣以县反，鄱阳人董景珍以郡反，迎铣于罗县，号为梁王，攻陷傍郡。戊戌，武贲郎将高毗败济北郡贼甄宝车于嵫山。十一月丙辰，唐公入京师。辛酉，遥尊帝为太上皇，立代王侑为帝，改元义宁。上起宫丹阳，将逊于江左。有乌鹊来巢幄帐，驱不能止。荧惑犯太微。有石自江浮入于扬子。日光四散如流血。上甚恶。

二年三月，右屯卫将军宇文化及，武贲郎将司马德戡、元礼，监门直阁裴虔通，将作少监宇文智及，武勇郎将赵行枢，鹰扬郎将孟景，内史舍人元敏，符玺郎李覆、牛方裕，千牛左右李孝本、弟孝质，直长许弘仁、薛世良，城门郎唐奉义，医正张恺等，以骁果作乱，入犯宫闱。上崩于温室，时年五十。萧后令宫人撤床簀为棺以埋之。化及发后，右御卫将军陈棱奉梓宫于成象殿，葬吴公台下。发敛之始，容貌若生，众咸异之。大唐平江南之后，改葬雷塘。

初，上自为藩王，次不当立，每矫情饰行，以钓虚名，阴有夺宗之计。时高祖雅信文献皇后，而性忌妾媵。皇太子勇内多嬖幸，以此失爱。帝自庭有子，皆不育之，示无私宠，取媚于后。大臣用事者，倾心与交。中使至第，无贵贱，皆曲承颜色，申以厚礼。婢仆往来者，无不称其仁孝。又常私入宫掖，密谋于献后，杨素等因机构扇，遂成废立。自高祖大渐，暨谅闇之中，悉淫无度，山陵始就，即事巡游。以天下承平日久，士马全盛，慨然慕秦皇、汉武之事，乃盛治宫室，穷极侈靡，召募行人，分使绝域。诸蕃至者，厚加礼赐，有不恭命，以兵击之。盛兴屯田于玉门、柳城之外。课天下富室，益市武马，匹直十余万，富强坐是冻馁者十家而九。帝性多诡谲，所幸之处，不欲人知。每之一所，辄数道置顿，四海珍羞殊味，水陆必备焉，求市者无远不至。郡县官人，竞为献食，丰厚者进擢，疏俭者获谴。奸吏侵渔，内外虚竭，头会箕敛，人不聊生。于时军国多务，日不暇给，帝方骄怠，恶闻政事，冤屈不治，奏请罕决。又猜忌臣下，无所专任，朝臣有不合意者，必构其罪而族灭之。故高颎、贺若弼先皇心膂，参谋帷幄，张衡、李金才藩邸惟旧，绩著经纶，或恶其直道，或忿其正议，求其无形之罪，加以刎颈之诛。其余事君尽礼，謇謇匪躬，无幸无罪，横受夷戮者，不可胜纪。政刑弛紊，贿货公行，莫敢正言，道路以目。六军不息，百役繁兴，行者不归，居者失业。人饥相食，邑落为墟，上不之恤也。东西游幸，靡有定居，每以供费不给，逆收数年之赋。所至唯与后宫流连耽湎，惟日不足，招迎姥媪，朝夕共肆丑

言，又引少年，令与宫人秽乱，不轨不逊，以为娱乐。区宇之内，盗贼蜂起，劫掠从官，屠陷城邑，近臣互相掩蔽，隐贼数不以实对。或有言贼多者，辄大被诘责。各求苟免，上下相蒙，每出师徒，败亡相继。战士尽力，必不加赏，百姓无辜，咸受屠戮。黎庶愤怨，天下土崩，至于就擒，而犹未之寤也。

史臣曰：炀帝爰在弱龄，早有令闻，南平吴会，北却匈奴，昆弟之中，独著声绩。于是矫情饰貌，肆厥奸回，故得献后钟心，文皇革虑，天方肇乱，遂登储两，践峻极之崇基，承丕显之休命。地广三代，威振八纮，单于顿颡，越裳重译。赤仄之泉，流溢于都内，红腐之粟，委积于塞下。负其富强之资，思逞无厌之欲，狭殷周之制度，尚秦汉之规摹。恃才矜己，傲狠明德，内怀险躁，外示凝简，盛冠服以饰其奸，除谏官以掩其过。淫荒无度，法令滋章，教绝四维，刑参五虐，锄诛骨肉，屠剿忠良，受赏者莫见其功，为戮者不知其罪。骄怒之兵屡动，土木之功不息。频出朔方，三驾辽左，旌旗万里，征税百端，猾吏侵渔，人不堪命。乃急令暴察以扰之，严刑峻法以临之，甲兵威武以董之，自是海内骚然，无聊生矣。俄而玄感肇黎阳之乱，匈奴有雁门之围，天子方弃中土，远之扬越。奸宄乘衅，强弱相陵，关梁闭而不通，皇舆往而不反。加之以师旅，因之以饥馑，流离道路，转死沟壑，十八九焉。于是相聚萑蒲，蝟毛而起，大则跨州连郡，称帝称王，小则千百为群，攻城剽邑，流血成川泽，死人如乱麻，炊者不及析骸，食者不遑易子。茫茫九土，并为麋鹿之场，惵惵黔黎，俱充蛇豕之饵。四方万里，简书相续，犹谓鼠窃狗盗，不足为虞，上下相蒙，莫肯念乱，振蜉蝣之羽，穷长夜之乐。土崩鱼烂，贯盈恶稔，普天之下，莫匪仇雠，左右之人，皆为敌国。终然不悟，同彼望夷，遂以万乘之尊，死于一夫之手。亿兆感恩之士，九牧无勤王之师。子弟同就诛夷，骸骨弃而莫掩，社稷颠陨，本枝殄绝，自肇有书契以迄于兹，宇宙崩离，生灵涂炭，丧身灭国，未有若斯之甚也。《书》曰："天作孽，犹可违，自作孽，不可逭。"《传》曰："吉凶由人，祅不妄作。"又曰："兵犹火也，不戢将自焚。"观隋室之存亡，斯言信而有征矣。

卷五　　帝纪第五

恭帝

恭皇帝，讳侑，元德太子之子也。母曰韦妃。性聪敏，有气度。大业三年，立为陈王。后数载，徙为代王，邑万户。及炀帝亲征辽东，令于京师总留事。十一年，从幸晋阳，拜太原太守。寻镇京师。义兵入长安，尊炀帝为太上皇，奉帝纂业。

义宁元年十一月壬戌，上即皇帝位于大兴殿。诏曰："王道丧乱，天步不康，古往今来，代有其事，属之于朕，逢此百罹，彼苍者天，胡宁斯忍！襁褓之岁，凤遭悯凶，孺子之辰，太上播越，兴言感动，实疚于怀。太尉唐公，膺期作宰，时称舟楫，大拯横流，纠合义兵，翼戴皇室，与国休戚，再匡区夏。爰奉明诏，弼予幼冲，显命光临，天威咫尺，对扬尊号，悼心失图。一人在远，三让不遂，俛俛南面，厝身无所，苟利社稷，莫敢或违，俯从群议，奉遵圣旨。可大赦天下，改大业十三年为义宁元年。十一月十六日昧爽以前，大辟罪以下，皆赦除之；常赦所不免者，不在赦限。"甲子，以光禄大夫、大将军、太尉唐公为假黄钺、使持节、大都督内外诸军事、尚书令、大丞相，进封唐王。丙寅，诏曰："朕惟孺子，未出深宫，太上远巡，追踪穆满。时逢多难，委当尊极，辞不获免，恭己临朝，若涉大川，罔知所济，抚躬永叹，忧心孔棘。民之情伪，曾未之闻，王业艰难，载云其易。赖股肱戮力，上宰贤良，匡佐冲人，辅其不逮。军国机务，事无大小，文武设官，位无贵贱，宪章赏罚，咸归相府，庶绩其凝，责成斯属，遂听前史，兹为典故。因循仍旧，非曰徒言，所存至公，无为让德。"己巳，以唐王子陇西公建成为唐国世子，敦煌公为京兆尹，改封秦公，元吉为齐公，食邑各万户。太原置镇北府。乙亥，张掖康老和举兵反。十二月癸未，薛举自称天子，寇扶风。秦公为元帅，击破之。丁亥，桂阳人曹武彻举兵反，建元通圣。丁酉，义师擒骁卫大将军屈突通于阌乡，虏其众数万。乙巳，贼帅张善安陷庐江郡。

二年春正月丁未，诏唐王剑履上殿，入朝不趋，赞拜不名，加前后羽葆鼓吹。壬戌，将军王世充为李密所败，河内通守孟善谊、武贲郎将王辩、杨威、刘长恭、梁德、董智通皆死之。庚戌，河阳郡尉独孤武都降于李密。三月丙辰，右屯卫将军宇文化及杀太上皇于江都宫，右御卫将军独孤盛死之。齐王暕，赵王杲，燕王倓，光禄大夫、开府仪同三司、行右翊卫大将军宇文协，金紫光禄大夫、内史侍郎虞世基，银青光禄大夫、御史大夫裴蕴，通议大夫、行给事郎许善心皆遇害。化及立秦王浩为帝，自称大丞相，朝士文武皆受其官爵。光禄大夫、宿公麦才，折冲郎将、朝请大夫沈光，同谋讨贼，夜袭化及营，反为所害。戊辰，诏唐王备九锡之礼，加玺绂、远游冠、绿綟绶，位在诸侯王上。唐国置丞相已下，一依旧式。

五月乙巳朔，诏唐王冕十有二旒，建天子旌旗，出警入跸，金根车驾，备五时副车，置旄头云罕车，备八佾，设钟虡宫悬。王后、王子、王女爵命之号，一遵旧典。戊午，诏曰：

天祸隋国，大行太上皇遇盗江都，酷甚望夷，衅深骊北。悯予小子，奄逮丕愍，哀号承感，心情糜溃，仰惟荼毒，仇复靡申，形影相吊，罔知启处。相国唐王，膺期命世，扶危拯溺，自北徂南，东征西怨，总九合于一匡，决百胜于千里，纠率夷夏，大庇氓黎，保乂朕躬，繄王是赖。德侔造化，功格苍昊，兆庶归心，历数斯在，屈为人臣，载违天命。在昔虞夏，揖让相推，苟非重华，谁堪命禹！当今九服崩离，三灵改卜，大运去矣，请避贤路，兆谋布德，顾已莫能，私僮命驾，须归藩国。予本代王，及予而代，天之所废，岂期如是！庶凭稽古之圣，以诛四凶，幸值惟新之恩，预充三恪。雪冤耻于皇祖，守禋祀为孝孙，朝闻夕殒，及泉无恨，今遵故事，逊于旧邸。庶官群辟，改事唐朝，宜依前典，趣上尊号。若释重负，感泰兼怀，假归真人，俾除丑逆。济济多士，明知朕意。仍敕有司，凡有表奏，皆不得以闻。是日，上逊位于大唐，以为酅国公。武德二年夏五月崩，时年十五。

史臣曰：恭帝年在幼冲，遭家多难，一人失德，四海土崩。群盗蜂起，豺狼塞路，南巢遂往，流彘不归。既钟百六之期，躬践数终之运，讴歌有属，笙钟变响，虽欲不遵尧舜之迹，其庸可得乎！

卷六　　志第一

礼仪一

唐、虞之时，祭天之属为天礼，祭地之属为地礼，祭宗庙之属为人礼。故《书》云命伯夷典朕三礼，所以弥纶天地，经纬阴阳，辨幽赜而洞几深，通百神而节万事。殷因于夏，有所损益，旁垂祇训，以劝生灵。商辛无道，雅章湮灭。周公救乱，弘制斯文，以吉礼敬鬼神，以凶礼哀邦国，以宾礼亲宾客，以军礼诛不虔，以嘉礼合姻好，谓之五礼。故曰"礼经三百，威仪三千，未有入室而不由户者"也。成、康由之，而刑厝不用。自犬戎弑后，迁周削弱，礼失乐微，风凋俗敝。仲尼预蜡宾而叹曰："丘有志焉，禹、汤、文、武、成王、周公未有不谨于礼者也。"于是缉礼兴乐，欲救时弊。君弃不顾，道郁不行。故败国丧家亡人，必先废其礼。昭公娶孟子而讳姓，杨侯窃女色而伤人，故曰婚姻之礼废，则淫僻之罪多矣。群饮而逸，不知其邮，乡饮酒之礼废，则争斗之狱繁矣。鲁侯逆五庙之祀，汉帝罢三年之制，丧祭之礼废，则骨肉之恩薄矣。诸侯下堂于天子，五伯召君于河阳，朝聘之礼废，则侵陵之渐起矣。秦氏以战胜之威，并吞九国，尽收其仪礼，归之咸阳。唯采其尊君抑臣，以为时用。至于退让起于趋步，忠孝成于动止，华叶靡举，鸿纤并摈。甚刍狗之弃路，若章甫之游越，儒林道尽，《诗》《礼》为烟。汉高祖既平秦乱，初诛项羽，放赏元勋，未遑朝制。群臣饮酒争功，或拔剑击柱，高祖患之。叔孙通言曰："儒者难与进取，可与守成。"于是请起朝仪而许焉，犹曰："度吾能行者为之。"微习礼容，皆知顺轨。若祖述文武，宪章洙泗，则良由不暇，自畏之也。武帝兴典制而爱方术，至于鬼神之祭，流宕不归。世祖中兴，明皇纂位，祀明堂，袭冠冕，登灵台，望云物，得其时制，百姓悦之。而朝廷宪章，其来已旧，或得之于升平之运，或失之于凶荒之年。而世载

遐邈，风流讹舛，必有人情，将移礼意，殷周所以异轨，秦汉于焉改辙。至于增辉风俗，广树堤防，非礼威严，亦何以尚！譬山祇之有嵩岱，海若之有沧溟，饰以涓尘，不贻伊败。而高堂生于所传《士礼》亦谓之仪，弘畅人情，粉饰行事。洎西京以降，用相裁准，咸称当世之美，自有周旋之节。黄初之详定朝仪，太始之削除乖谬，则《宋书》言之备矣。

梁武始命群儒，裁成大典。吉礼则明山宾，凶礼则严植之，军礼则陆琏，宾礼则贺瑒，嘉礼则司马褧。帝又命沈约、周舍、徐勉、何佟之等，咸在参详。陈武克平建业，多准梁旧，仍诏尚书左丞江德藻、员外散骑常侍沈洙、博士沈文阿、中书舍人刘师知等，或因行事，随时取舍。后齐则左仆射阳休之、度支尚书元修伯、鸿胪卿王晞、国子博士熊安生，在周则苏绰、卢辩、宇文敩，并习于仪礼者也，平章国典，以为时用。高祖命牛弘、辛彦之等采梁及北齐《仪注》，以为五礼云。

《礼》曰："万物本乎天，人本乎祖，所以配上帝也。"秦人荡六籍以为煨烬，祭天之礼残缺，儒者各守其所见物而为之义焉。一云：祭天之数，终岁有九，祭地之数，一岁有二，圆丘、方泽，三年一行。若圆丘、方泽之年，祭天有九，祭地有二。若天不通圆丘之祭，终岁有八；地不通方泽之祭，终岁有一。此则郑学之所宗也。一云：唯有昊天，无五精之帝。而一天岁二祭，坛位唯一。圆丘之祭，即是南郊，南郊之祭，即是圆丘。日南至，于其上以祭天，春又一祭，以祈农事，谓之二祭，无别天也。五时迎气，皆是祭五行之人帝太皞之属，非祭天也。天称皇天，亦称上帝，亦直称帝。五行人帝亦得称上帝，但不得称天。故五时迎气及文、武配祭明堂，皆祭人帝，非祭天也。此则王学之所宗也。梁、陈以降，以迄于隋，议者各宗所师，故郊丘互有变易。

梁南郊，为圆坛，在国之南。高二丈七尺，上径十一丈，下径十八丈。其外再墠，四门。常与北郊间岁。正月上辛行事，用一特牛，祀天皇上帝之神于其上，以皇考太祖文帝配。礼以苍璧制币。五方上帝、五官之神、太一、天一、日、月、五星、二十八宿、太微、轩辕、文昌、北斗、三台、老人、风伯、司空、雷电、雨师，皆从祀。其二十八宿及雨师等座有坎，五帝亦如之，余皆平地。器以陶匏，席用稿秸。太史设柴坛于丙地。皇帝斋于万寿殿，乘玉辂，备大驾以行礼。礼毕，变服通天冠而还。北郊，为方坛于北郊。上方十丈，下方十二丈，高一丈。四面各有陛。其外为墠再重。与南郊间岁。正月上辛，以一特牛，祀后地之神于其上，以德后配。礼以黄琮制币。五官之神、先农、五岳、沂山、岳山、白石山、霍山、无闾山、蒋山、四海、四渎、松江、会稽江、钱塘江、四望，皆从祀。太史设埋坎于壬地焉。

天监三年，左丞吴操之启称："《传》云'启蛰而郊'，郊应立春之后。"尚书左丞何佟之议："今之郊祭，是报昔岁之功，而祈今年之福。故取岁首上辛，不拘立春之先后。周冬至于圆丘，大报天也。夏正又郊，以祈农事，故有启蛰之说。自晋太始二年，并圆丘、方泽同于二郊。

是知今之郊禋,礼兼祈报,不得限以一途也。"帝曰:"圜丘自是祭天,先农即是祈谷。但就阳之位,故在郊也。冬至之夜,阳气起于甲子,既祭昊天,宜在冬至。祈谷时可依古,必须启蛰。在一郊坛,分为二祭。"自是冬至谓之祀天,启蛰名为祈谷。何佟之又启:"案罍者盛以六彝,覆以画幂,备其文饰,施之宗庙。今南北二郊,《仪注》有祼,既乖尚质,谓宜革变。"博士明山宾议,以为:"《表记》'天子亲耕,粢盛秬鬯,以事上帝',盖明堂之祼耳。郊不应祼。"帝从之。又有司以为祀竟,器席相承还库,请依典烧埋之。佟之等议:"案《礼》'祭器弊则埋之'。今一用便埋,费而乖典。"帝曰:"荐藉轻物,陶匏贱器,方还付库,容复秽恶。但敝则埋之,盖谓四时祭器耳。"自是从有司议,烧埋之。四年,佟之云:"《周礼》'天曰神,地曰祇'。今天不称神,地不称祇,天攒题宜曰皇天座,地攒宜曰后地座。又南郊明堂用沉香,取本天之质,阳所宜也。北郊用上和香,以地于人亲,宜加杂馥。"帝并从之。五年,明山宾称:"伏寻制旨,周以建子祀天,五月祭地。殷以建丑祀天,六月祭地。夏以建寅祀天,七月祭地。自顷代以来,南北二郊,同用夏正。"诏更详议。山宾以为二仪并尊,三朝庆始,同以此日二郊为允。并议迎五帝于郊,皆以始祖配飨。及郊庙受福,唯皇帝再拜,明上灵降祚,臣下不敢同也。"诏并依议。六年,议者以为北郊有岳镇海渎之座,而又有四望之座,疑为烦重。仍曹郎朱异议曰:"望不即之名,岂容局于星海,拘于岳渎?"明山宾曰:"《舜典》云'望于山川'。《春秋传》曰'江、汉、沮、漳,楚之望也'。而今北郊设岳镇海渎,又立四望,窃谓烦黩,宜省。"徐勉:"岳渎是山川之宗。至于望祀之义,不止于岳渎也。若省四望,于义为非。"议久不能决。至十六年,有事北郊,帝复下其议。于是八座奏省四望、松江、浙江、五湖等座。其钟山、白石,既土地所在,并留如故。七年,帝以一献为质,三献则文,事天之道,理不应然,诏下详议。博士陆玮、明山宾、礼官司马褧以为"宗祧三献,义兼臣下,上天之礼,主在帝王,约理申义,一献为允"。自是天地之祭皆一献,始省太尉亚献,光禄终献。又太常丞王僧崇称:"五祀位在北郊,圆丘不宜重设。"帝曰:"五行之气,天地俱有,故宜两从。"僧崇又曰:"风伯、雨师,即箕、毕星矣。而今南郊祀箕、毕二星,复祭风师、雨师,恐乖祀典。"帝曰:"箕、毕自是二十八宿之名,风师雨师自是箕、毕星下隶。两祭非嫌。"十一年,太祝牒,北郊止有一海,及二郊相承用柴俎盛牲,素案承上。又制南北二郊坛下众神之座,悉以白茅,诏下详议。八座奏:"《礼》云'观天下之物,无可以称其德',则知郊祭为俎,理不应柴。又藉用白茅,礼无所出。皇天大帝坐既用俎,则知郊有俎义。"于是改用素俎,并北郊置四海座。五帝以下,悉用蒲席稿荐,并以素俎。又帝曰:"《礼》'祭月于坎',良由月是阴义。今五帝天神,而更居坎。又《礼》云'祭日于坛,祭月于坎',并是别祭,不关在郊,故得各从阴阳而立坛坎。兆于南郊,就阳之义,居于北郊,就阴之义。既云就阳,义与阴异。星月与祭,理不为坎。"八座奏曰:"五帝之义,不应居坎。良

由齐代圆丘小而且峻,边无安神之所。今丘形既大,易可取安。请五帝座悉于坛上,外壝二十八宿及雨师等座,悉停为坎。"自是南北二郊,悉无坎位矣。十七年,帝以威仰、魄宝俱是天帝,于坛则尊,于下则卑。且南郊所祭天皇,其五帝别有明堂之祀,不烦重设。又郊祀二十八宿而无十二辰,于义阙然。于是南郊始除五帝祀,加十二辰座,与二十八宿各于其方而为坛。

陈制,亦以间岁。正月上辛,用特牛一,祀天地于南北二郊。永定元年,武帝受禅,修南郊,圆坛高二丈二尺五寸,上广十丈,柴燎告天。明年正月上辛,有事南郊,以皇考德皇帝配,除十二辰座,加五帝位,其余准梁之旧。北郊为坛,高一丈五尺,广八丈,以皇妣昭后配,从祀亦准梁旧。及文帝天嘉中,南郊改以高祖配,北郊以德皇帝配天。太中大夫、领大著作、摄太常卿许亨奏曰:"昔梁武帝云:'天数五,地数五,五行之气,天地俱有。'故南北郊内,并祭五帝。臣按《周礼》:'以血祭社稷五祀。'郑玄云:'阴祀自血起,贵气臭也。五祀,五官之神也。'五神主五行,隶于地,故与埋沈副乘同为阴祀。既非烟柴,无关阳祭。故何休云:'周爵五等者,法地有五行也。'五神位在北郊,圆丘不宜重设。"制曰:"可。"亨又奏曰:"梁武帝议,箕、毕自是二十八宿之名,风师、雨师自是箕、毕下隶,非即星也。故郊雩之所,皆两祭之。臣案《周礼》大宗伯之职云:'槱燎祀司中、司令、风师、雨师。'郑众云:'风师,箕也;雨师,毕也。'《诗》云:'月离于毕,俾滂沱矣。'如此则风伯、雨师即箕、毕星矣。而今南郊祀箕、毕二星,复祭风师、雨师,恐乖祀典。"制曰:"若郊设星位,任即除之。"亨又奏曰:"《梁仪注》曰:'一献为质,三献为文。事天之事,故不三献。'臣案《周礼·司樽》所言,三献施于宗祧,而郑注'一献施于群小祀'。今用小祀之礼施于天神大帝,梁武此义为不通矣。且樽俎之物,依于质文,拜献之礼,主于虔敬。今请凡郊丘祀事,准于宗祧,三献为允。"制曰:"依议。"废帝光大中,又以昭后配北郊。及宣帝即位,以南北二郊卑下,更议增广。久而不决。至太建十一年,尚书祠部郎王元规议曰:

案前汉《黄图》,上帝坛径五丈,高九尺;后土坛方五丈,高六尺。梁南郊坛上径十一丈,下径十八丈,高二丈七尺,北郊坛上方十丈,下方十二丈,高一丈。即日南郊坛广十丈,高二丈二尺五寸,北郊坛广九丈三尺,高一丈五寸。今议增南郊坛上径十二丈,则天大数,下径十八丈,取于三分益一,高二丈七尺,取三倍九尺之堂。北郊坛上方十丈,以则地义,下至十五丈,亦取二分益一,高一丈二尺,亦取二倍汉家之数。《礼记》云:"为高必因丘陵,为下必因川泽。因名山升中于天,因吉土飨帝于郊。"《周官》云:"冬日至,祀天于地上之圜丘。夏日至,祭地于泽中之方丘。"《祭法》云:"燔柴于泰坛,祭天也。瘗埋于泰折,祭地也。"《记》云:"至敬不坛,扫地而祭。"于其质也,以报覆焘持载之功。《尔雅》亦云:"丘,言非人所造为。"古圆方两丘,并因见有而祭。本无

高广之数。后世随事迁都，而建立郊礼。或有地吉而未必有丘，或有见丘而不必广洁。故有筑建之法，而制丈尺之仪。愚谓郊祀事重，圆方二丘，高下广狭，既无明文，但五帝不相沿，三王不相袭。今谨述汉、梁并即日三代坛不同，及更增修丈尺如前。听旨。尚书仆射臣缵，左户尚书臣元饶、左丞臣周确、舍人臣萧淳、仪曹郎臣沈客卿同元规议。诏遂依用。后主嗣立，无意曲礼之事，加旧儒硕学，渐以凋丧，至于朝亡，竟无改作。

后齐制，圆丘方泽，并三年一祭，谓之禘祀。圆丘在国南郊。丘下广轮二百七十尺，上广轮四十六尺，高四十五尺。三成，成高十五尺，上中二级，四面各一陛，下级方维八陛。周以三壝，去丘五十步。中壝去内壝，外壝去中壝，各二十五步。皆通八门。又为大营于外壝之外，轮广三百七十步。其营堑广一十二尺，深一丈，四面各通一门。又为燎坛，于中壝之外，当丘之丙地。轮广三十六尺，高三尺，四面各有陛。方泽为坛在国北郊。广轮四十尺，高四尺，面各一陛。其外为三壝，相去广狭同圆丘。壝外大营，广轮三百二十步。营堑广一十二尺，深一丈，四面各通一门。又为瘗坎于坛之壬地，中壝之外，广深一丈二尺。圆丘则以苍璧束帛，正月上辛，祀昊天上帝于其上，以高祖神武皇帝配。五精之帝，从祀于其中丘。面皆内向。日月、五星、北斗、二十八宿、司中、司命、司人、司禄、风师、雨师、灵星于下丘，为众星之位，迁于内壝之中。合用苍牲九。夕牲之旦，太尉告庙，陈币于神武庙讫，埋于两楹间焉。皇帝初献，太尉亚献，光禄终献。司徒献五帝，司空献日月、五星、二十八宿，太常丞已下荐众星。方泽则以黄琮束帛，夏至之日，禘昆仑皇地祇于其上，以武明皇后配。其神州之神、社稷、岱岳、沂镇、会稽镇、云云山、亭亭山、蒙山、羽山、峄山、嵩岳、霍岳、衡镇、荆山、内方山、大别山、敷浅原山、桐柏山、陪尾山、华岳、太岳镇、积石山、龙门山、江山、岐山、荆山、嶓冢山、壶口山、雷首山、底柱山、析城山、王屋山、西倾朱圉山、鸟鼠同穴山、熊耳山、敦物山、蔡蒙山、梁山、岷山、武功山、太白山、恒岳、医无闾山镇、阴山、白登山、碣石山、太行山、狼山、封龙山、漳山、宣务山、阙山、方山、苟山、狭龙山、淮水、东海、泗水、沂水、淄水、潍水、江水、南海、汉水、谷水、洛水、伊水、瀍水、沔水、河水、西海、黑水、涝水、渭水、泾水、酆水、济水、北海、松水、京水、桑乾水、漳水、呼沱水、卫水、洹水、延水，并从祀。其神州位在青陛之北甲寅地，社位赤陛之西未地，稷位白陛之南庚地；自余并内壝之内，内向，各如其方。合用牲十二，仪同圆丘。其后诸儒定礼，圆丘改以冬至云。其南北郊则岁一祀，皆以正月上辛。南郊为坛于国南，广轮三十六尺，高九尺，四面各一陛。为三壝，内壝去坛二十五步，中壝、外壝相去如内壝。四面各通一门。又为大营于外壝之外，广轮二百七十步。营堑广一丈，深八尺，四面各一门。又为燎坛于中壝之外丙地，广轮二十七尺，高一尺八寸，四面各一陛。祀所感帝灵威仰于坛，以高祖神武皇帝配。礼用四圭有邸，币各如方色。其上帝

及配帝，各用骍特牲一，仪燎同圆丘。其北郊则为坛如南郊坛，为瘗坎如方泽坎，祀神州神于其上，以武明皇后配。礼用两圭有邸，各用黄牲一，仪瘗如北郊。

后周宪章姬周，祭祀之式，多依《仪礼》。司量掌为坛之制，圆丘三成，成崇一丈二尺，深二丈。上径六丈，十有二阶，每等十有二节。在国阳七里之郊。圆壝径三百步，内壝半之。方一成，下崇一丈，径六丈八尺，上崇五尺，方四丈，八方，方一阶，阶十级，级一尺。方丘在国阴六里之郊。丘一成，八方，下崇一丈，方六丈八尺，上崇五尺，方四丈。方一阶，尺一级。其壝八面，径百二十步，内壝半之。南郊为方坛于国南五里。其崇一丈二尺，其广四丈。其壝方百二十步，内壝半之。神州之坛，崇一丈，方四丈，在北郊方丘之右。其壝如方丘。其祭圆丘及南郊，并正月上辛。圆丘则以其先炎帝神农氏配昊天上帝于其上。五方上帝、日月、内官、中官、外官、众星，并从祀。皇帝乘苍辂，载玄冕，备大驾而行。预祭者皆苍服。南郊，以始祖献侯莫那配所感帝灵威仰于其上。北郊方丘，则以神农配后地之祇。神州则以献侯莫那配焉。其用牲之制，祀昊天上帝，祭皇地祇及五帝、日月、五星、十二辰、四望、五官，各以其方色毛。宗庙以黄，社稷以黝，散祭祀用纯，表貉碟襄用庞。

高祖受命，欲新制度。乃命国子祭酒辛彦之议定祀典。为圆丘于国之南，太阳门外道东二里。其丘四成，各高八尺一寸。下成广二十丈，再成广十五丈，又三成广十丈，四成广五丈。再岁冬至之日，祀昊天上帝于其上，以太祖武元皇帝配。五方上帝、日月、五星、内官四十二座、次官一百三十六座、外官一百一十一座、众星三百六十座，并皆从祀。上帝、日月在丘之第二等，北斗五星、十二辰、河汉、内官在丘第三等，二十八宿、中官在丘第四等，外官在内壝之内，众星在内壝之外。其牲，上帝、配帝用苍犊二，五帝、日月用方色犊各一，五星已下用羊豕各九。为方丘于宫城之北十四里。其丘再成，成高五尺，下成方十丈，上成方五丈。夏至之日，祭皇地祇于其上，以太祖配。神州、迎州、冀州、戎州、拾州、柱州、营州、咸州、阳州九州山、海、川、林、泽、丘陵、坟衍、原隰，并皆从祀。地祇及配帝在坛上，用黄犊二。神州九州神座于第二等八陛之间：神州东南方，迎州南方，冀州、戎州西南方，拾州西方，柱州西北方，营州北方，咸州东北方，阳州东方，各用方色犊一。九州山海已下，各依方面八陛之间。其冀州山林川泽，丘陵坟衍，于坛之南少西，加羊豕各九。南郊为坛于国之南，太阳门外道西一里，去宫十里。坛高七尺，广四丈。孟春上辛，祠所感帝赤熛怒于其上，以太祖武元皇帝配。其礼四圭有邸，牲用骍犊二。北郊孟冬祭神州之神，以太祖武元皇帝配。牲用犊二。凡大祀，斋官皆于其晨集尚书省，受誓戒。散斋四日，致斋三日。祭前一日，昼漏上水五刻，到祀所，沐浴，著明衣，咸不得闻见衰绖哭泣。昊天上帝、五方上帝、日月、皇地祇、神州社稷、宗庙等为大祀，星辰、五祀、四望等为中祀，司中、司命、风师、雨师及诸星、诸山川等为小祀。大祀养牲，在涤九旬，中祀三旬，小祀一旬。其牲方色难

备者,听以纯色代。告祈之牲者不养。祭祀牺牲,不得捶扑。其死则埋之。

初,帝既受周禅,恐黎元未惬,多说符瑞以耀之。其或造作而进者,不可胜计。仁寿元年冬至祠南郊,置昊天上帝及五方天帝位,并于坛上,如封禅礼。板曰:

维仁寿元年,岁次作噩,嗣天子臣坚,敢昭告于昊天上帝:璇玑运行,大明南至。臣蒙上天恩造,群灵降福,抚临率土,安养兆人。顾惟虚薄,德化未畅,夙夜忧惧,不敢荒怠。天地灵祇,降锡休瑞,镜发区宇,昭彰耳目。爰始登极,蒙授龟图,迁都定鼎,醴泉出地,平陈之岁,龙引舟师。省俗巡方,展礼东岳,盲者得视,暗者得言,复有躄人,忽然能步。自开皇已来,日近北极,行于上道,晷度延长。天启太平,兽见一角,改元仁寿,杨树生松。石鱼彰合符之征,玉龟显永昌之庆,山图石瑞,前后继出,皆载臣姓名,襃纪国祚。经典诸纬,爰及玉龟,文字义理,递相符会。宫城之内,及在山谷,石变为玉,不可胜数。桃区一岭,尽是琉璃,黄银出于神山,碧玉生于瑞璨。多杨山响,三称国兴,连云山声,万年临国。野鹅降天,仍住池沼,神鹿入苑,频赐引导。驺虞见质,游騄在野,鹿角生于杨树,龙湫出于荆谷。庆云发彩,寿星垂耀。宫殿楼阁,咸出灵芝,山泽川原,多生宝物。馝香散馥,零露凝甘。敦煌乌山,黑石变白,弘禄岩岭,石华远照。玄狐玄豹,白兔白狼,赤雀苍乌,野蚕天豆,嘉禾合穗,珍木连理。神瑞休征,洪恩景福,降赐无疆,不可具纪。此皆昊天上帝,爰降明灵,矜愍苍生,宁静海内,故锡兹嘉庆,咸使安乐,岂臣微诚所能上感。虔心奉谢,敬荐玉帛牺齐,粢盛庶品,燔祀于昊天上帝。皇考太祖武元皇帝,配神作主。

大业元年,孟春祀感帝,孟冬祀神州,改以高祖文帝配。其余并用旧礼。十年,冬至祀圆丘,帝不斋于次。诘朝,备法驾,至便行礼。是日大风,帝独献上帝,三公分献五帝。礼毕,御马疾驱而归。

明堂在国之阳。梁初,依宋、齐,其祀之法,犹依齐制。礼有不通者,武帝更与学者议之。旧齐仪,郊祀,帝皆以衮冕。至天监七年,始造大裘,而《明堂仪注》犹云衮服。十年,仪曹郎朱异以为:"《礼》大裘而冕,祭昊天上帝。五帝亦如之。良由天神高远,义须诚质,今从泛祭五帝,理不容文。"于是改服大裘。异又以为:"齐仪初献樽彝,明堂贵质,不应三献。又不应象樽。《礼》云:'朝践用太樽。'郑云:'太樽,瓦也。'《记》又云:'有虞氏瓦樽。'此皆在庙所用,犹以质素,况在明堂,礼不容象。今请改用瓦樽,庶合文质之衷。"又曰:"宗庙贵文,故庶羞百品,天义尊远,则须简约。今《仪注》所荐,与庙不异,即理征事,如为未允。请自今明堂肴膳准二郊。但帝之为名,本主生育,成岁之功,实为显著。非如昊天,义绝言象,虽曰同郊,复应微异。若水土之品,蔬果之属,犹宜以荐,止用梨枣橘栗四种之果,姜蒲葵韭四种之菹,秔稻黍粱四种之米。自此以外,郊所无者,请并从省除。"初,博士明山宾制《仪注》,明堂祀五帝,行礼先自赤帝始。异又以为:"明堂既泛祭五帝,不容的有先后,东阶而升,宜先春帝。请改从青帝始。"又以为:"明堂笾豆等器,皆以雕饰。寻郊祀贵质,改用陶匏,宗庙贵文,诚宜雕俎。明堂之礼,既方郊为文,则不容陶匏,比庙为质,又不应雕俎。斟酌二途,须存厥衷,请改用纯漆。"异又以"旧仪,明堂祀五帝,先酌郁鬯,灌地求神,及初献清酒,次醍,终盎。礼毕,太祝取俎上黍肉,当御前以授。请依郊仪,止一献清酒。且五帝天神,不可求之于地,二郊之祭,并无黍肉之礼。并请停灌及授俎法。"又以为:"旧明堂皆用太牢。案《记》云:'郊用特牲';又云'天地之牛,角茧栗'。五帝既曰天神,理无三牲之祭。而《毛诗·我将》篇,云祀文王于明堂,有'维羊维牛'之说。良由周监二代,其义贵文,明堂方壝,未为极质,故特用三牲,止为一代之制。今斟酌百王,义存通典,蔬果之荐,虽符周礼,而牲牢之用,宜遵夏殷。请自今明堂止用特牛,既合质文之中,又见贵诚之义。"帝并从之。先是,帝欲有改作,乃下制旨,而与群臣切磋其义。制曰:"明堂准《大戴礼》:'九室八牖,三十六户。以茅盖屋,上圆下方。'郑玄据《援神契》,亦云'上圆下方',又云'八窗四达'。明堂之义,本是祭五帝神,九室之数,未见其理。若五室而言,虽当五帝之数,向南则背叶光纪,向北则背赤熛怒,东向西向,又亦如此,于事殊未可安。且明堂之祭五帝,则是总义,在郊之祭五帝,则是别义。宗祀所配,复应有室,若专配一室,则是义非配五,若皆配五,则便成五位。以理而言,明堂本无有室。"朱异以为:"《月令》'天子居明堂左个、右个'。听朔之礼,既在明堂,今若无室,则于义成阙。"制曰:"若如郑玄之义,听朔必在明堂,于此则人神混淆,庄敬之道有废。《春秋》云:'介居二大国之间。'此言明堂左右个者,谓所祀五帝堂之南,又有小室,亦号明堂,分为三处听朔。既三处,则有左右之义。在营域之内,明堂之外,则有个名,故曰明堂左右个也。以此而言,听朔之处,自在五帝堂之外,人神有别,差无相干。"其议是非莫定,初尚未改。十二年,太常丞虞㬭复引《周礼》明堂九尺之筵,以为高下修广之数,堂崇一筵,故阶高九尺。汉家制度,犹遵此礼,故张衡云"度堂以筵"者也。郑玄以庙寝三制既同,俱应以九尺为度。制曰:"可。"于是毁宋太极殿,以其材构明堂十二间,基准太庙。以中央六间安六座,悉南向。东来第一青帝,第二赤帝,第三黄帝,第四白帝,第五黑帝。配帝总配享五帝,在阼阶东上,西向。大殿后为小殿五间,以为五佐室焉。

陈制,明堂殿屋十二间。中央六间,依齐制,安六座。四方帝各依其方,黄帝居坤维,而配飨坐依梁法。武帝时,以德帝配。文帝时,以武帝配。废帝已后,以文帝配。牲以太牢,粢盛六饭,铏羹果蔬备荐焉。后齐采《周官·考工记》为五室,周采汉《三辅黄图》为九室,各存其制,而竟不立。

高祖平陈,收罗杞梓,郊丘宗社,典礼粗备,唯明堂未立。开皇十三年,诏命议之。礼部尚书牛弘、国子祭酒辛彦之等定议,事在弘传。后检校将作大匠事宇文恺依

《月令》文，造明堂木样，重檐复庙，五房四达，丈尺规矩，皆有准凭，以献。高祖异之，命有司于郭内安业里为规兆。方欲崇建，又命详定，诸儒争论，莫之能决。弘等又条经史正文重奏。时非议既多，久而不定，又议罢之。及大业中，恺又造《明堂议》及样奏之。炀帝下其议，但令于霍山采木，而建都兴役，其制遂寝。终隋代，祀五方上帝，止于明堂，恒以季秋于雩坛上而祀。其用币各于其方。人帝各在天帝之左。太祖武元皇帝在太昊南，西向。五官在庭，亦各依其方。牲用犊十二。皇帝、太尉、司农行三献礼于青帝及太祖。自余有司助奠。祀五官于堂下，行一献礼。有燎。其省牲进熟，如南郊仪。

卷七　　　　　志第二

礼　仪　二

《春秋》"龙见而雩"，梁制不为恒祀。四月后旱，则祈雨，行七事：一，理冤狱及失职者；二，振鳏寡孤独者；三，省繇轻赋；四，举进贤良；五，黜退贪邪；六，命会男女，恤怨旷；七，撤膳羞，弛乐悬而不作。天子又降法服。七日，乃祈社稷；七日，乃祈山林川泽常兴云雨者；七日，乃祈群庙之主于太庙；七日，乃祈古来百辟卿士有益于人者；七日，乃大雩，祈上帝，遍祈所有事者。大雩礼，立圆坛于南郊之左，高及轮广四丈，周十二丈，四陛。牲用黄牡牛一。祈五天帝及五人帝于其上，各依其方，以太祖配，位于青帝之南，五官配食于下。七日乃去乐。又遍祈社稷山林川泽，就故地处大雩。国南除地为墠，舞童六十四人。祈百辟卿士于雩坛之左，除地为墠，舞童六十四人，皆袨服，为八列，各执羽翳。每列歌《云汉》诗一章而毕。旱而祈澍，则报以太牢，皆有司行事。唯雩则不报。若郡国县旱请雨，则五事同时并行：一，理冤狱失职；二，存鳏寡孤独；三，省繇役；四，进贤良；五，退贪邪。守令皆洁斋三日，乃祈社稷。七日不雨，更斋祈如初。三变仍不雨，复斋祈其界内山林川泽常兴云雨者。祈而澍，亦各有报。陈氏亦因梁制，祈而澍则报以少牢。武帝时，以德皇帝配，文帝时，以武帝配。废帝即位，以文帝配青帝。牲用黄牡牛，而以清酒四升洗其首。其坛墠配飨歌舞，皆如梁礼。天子不亲奉，则太宰、太常、光禄行三献礼。其法皆采齐建武二年事也。梁、陈制，诸祠官皆给除秽气药，先斋一日服之，以取清洁。天监九年，有事雩坛。武帝以为雨既类阴，而求之正阳，其谬已甚。东方既非盛阳，而为生养之始，则雩坛应在东方，祈晴旸宜此地。于是遂移于东郊。十年，帝又以雩祭燔柴，以火祈水，于理为乖。仪曹郎朱异议曰："案周宣《云汉》之诗，毛注有瘗埋之文，不见有燔柴之说。若以五帝必柴，今明堂又无其事。于是停柴，从坎瘗典。十一年，帝曰："四望之祀，顷来遂绝。宜更议复。"朱异议曰："郑众云：'四望谓日月星

海。'郑玄云：'谓五岳四镇四渎。'寻二郑之说，互有不同。窃以望是不即之名，凡厥遥祭，皆有斯目。岂容局于星汉，拘于海渎？请命司天，有关水旱之义，爰有四海名山大川，能兴云致雨，一皆备祭。"帝从之。又扬州主簿顾协议又云："《礼》'仲夏大雩'，《春秋》'龙见而雩'，则雩常祭也，水旱且又祷之，谓宜式备斯典。"太常博士亦从协议。祠部郎明岩卿以为："祈报之祀，已备郊禋，沿革有时，不必同揆。"帝从其议，依旧不改。大同五年，又筑雩坛于藉田兆内。有祈崇，则斋官寄藉田省云。

后齐以孟夏龙见而雩，祭太微五精帝于夏郊之东。为圆坛，广四十五尺，高九尺，四面各一陛。为三墙外营，相去深浅，并燎坛，一如南郊。于其上祈谷实，以显宗文宣帝配。青帝在甲寅之地，赤帝在丙巳之地，黄帝在己未之地，白帝在庚申之地，黑帝在壬亥之地。面皆内向，藉以藁秸。配帝在青帝之南，小退，藉以莞席，牲以骍。其仪同南郊。又祈祷者有九焉：一曰雩，二曰南郊，三曰尧庙，四曰孔、颜庙，五曰社稷，六曰五岳，七曰四渎，八曰滏口，九曰豹祠。水旱疠疫，皆有事焉。无牲，皆以酒脯枣栗之馔。若建午、建未、建申之月不雨，则使三公祈五帝于雩坛。礼用玉币，有燎，不设金石之乐，选伎工端洁善讴咏者，使歌《云汉》诗于坛南。自余同正雩。南郊则使三公祈五天帝于郊坛，有燎，座位如雩。五人帝各在天帝之左。其仪如郊礼。尧庙，则遣使祈于平阳。孔、颜庙，则遣使祈于国学，如尧庙。社稷如正祭。五岳，遣使祈于岳所。四渎如祈五岳，滏口如祈尧庙，豹祠如祈滏口。

隋雩坛，国南十三里启夏门外道左。高一丈，周百二十尺。孟夏之月，龙星见，则雩五方上帝，配以五人帝于上，以太祖武元帝配飨，五官从配于下。牲用犊十，各依方色。京师孟夏后旱，则祈雨，理冤狱失职，存鳏寡孤独，振困乏，掩骼埋胔，省徭役，进贤良，举直言，退佞谄，黜贪残，命有司会男女，恤怨旷。七日，乃祈岳镇海渎及诸山川能兴云雨者；又七日，乃祈社稷及古来百辟卿士有益于人者；又七日，乃祈宗庙及古来帝王有神祠者；又七日，乃修雩，祈神州；又七日，仍不雨，复从岳渎已下祈如初典。秋分已后不雩，但祷而已。皆用酒脯。初请后二旬不雨者，即徙市禁屠。皇帝御素服，避正殿，减膳撤乐，或露坐听政。百官断伞扇。令人家造土龙。雨澍，则命有司报。州郡尉祈雨，则理冤狱，存鳏寡孤独，掩骼埋胔，洁斋祈于社。七日，乃祈界内山川能兴雨者，徙市断屠如京师。祈而澍，亦各有报。霖雨则崇京城诸门，三崇不止，则祈山川岳镇海渎社稷。又不止，则祈宗庙神州。报以太牢。州郡县苦雨，亦各崇其城门，不止则祈界内山川。及祈报，用羊豕。

《礼》，天子每以四立之日及季夏，乘玉辂，建大旂，服大裘，各于其方之近郊为兆，迎其帝而祭之。所谓燔柴于泰坛，扫地而祭者也。春迎灵威仰者，三春之始，万物禀之而生，莫不仰其灵德，服而畏之也。夏迎赤熛怒者，火色熛怒，其炎至明盛也。秋迎白招拒者，招集，拒大也，言秋时集成万物，其功大也。冬迎叶光纪者，叶拾光华，纪法也，言冬时收拾光华之色，伏而藏之，皆有法

也。中迎含枢纽者，含容也，枢机有开阖之义，纽者结也。言土德之帝，能含容万物，开阖有时，纽结有法也。然此五帝之号，皆以其德而名焉。梁、陈、后齐、后周及隋，制度相循，皆以其时之日，各于其郊迎，而以太皞之属五人帝配祭。并以五官、三辰、七宿于其方从祀焉。

梁制，迎气以始祖配，牲用特牛一，其仪同南郊。天监七年，尚书左丞司马筠等议：“以昆虫未蛰，不以火田，鸠化为鹰，罻罗方设。仲春之月，祀不用牲，止珪璧皮币。斯又事神之道，可以不杀明矣。况今祀天，岂容尚此？请夏初迎气，祭不用牲。”帝从之。八年，明山宾议曰：“《周官》祀昊天以大裘，祀五帝亦如之。顷代郊祀之服，皆用衮冕，是以前奏迎气、祀五帝，亦服衮冕。愚谓迎气、祀五帝亦宜用大裘，礼俱一献。”帝从之。陈迎气之法，皆因梁制。

后齐五郊迎气，为坛各于四郊，又为黄坛于未地。所祀天帝及配帝五官之神同梁。其玉帛牲器各以其方色。其仪与南郊同。帝及后各以夕牲日之旦，太尉陈币，告请其庙，以就配焉。其从祀之官，位皆南陛之东，西向。坛上设馔毕，太宰丞设馔于其座。亚献毕，太常少卿乃于其所献。事毕，皆撤。又云，立春前五日，于州大门外之东，造青土牛两头，耕夫犁具。立春，有司迎春于东郊，竖青幡于青牛之傍焉。

后周五郊坛其崇及去国，如其行之数。其广皆四丈，其方俱百二十步。内壝皆半之。祭配皆同后齐。星辰、七宿、岳镇、海渎、山林、川泽、丘陵、坟衍，亦各于其方配郊而祀之。其星辰为坛，崇五尺，方二丈。岳镇为坎，方二丈，深二尺。山林已下，亦为坎。坛，崇三尺，坎深一尺，俱方一丈。其仪颇同南郊。冢宰亚献，宗伯终献，礼毕。

隋五时迎气。青郊为坛，国东春明门外道北，去宫八里。高八尺。赤郊为坛，国南明德门外道西，去宫十三里，高七尺。黄郊为坛，国南安化门外道西，去宫十二里，高七尺。白郊为坛，国西开远门外道南，去宫八里，高九尺。黑郊为坛，宫北十一里丑地，高六尺。并广四丈。各以四方立日，黄郊以季夏土王日。祀其方之帝，各配以人帝，以太祖武元帝配。五官及星三辰七宿，亦各依其方从祀。其牲依方色，各用犊二，星辰加羊豕各一。其仪同南郊。其岳渎镇海，各依五时迎气日，遣使就其所，祭之以太牢。

晋江左以后，乃至宋、齐相承，始受命之主，皆立六庙，虚太祖之位。宋武初为宋王，立庙于彭城，但祭高祖已下四世。中兴二年，梁武初为梁公。曹子思议：“天子受命之日，便祭七庙。诸侯始封，即祭五庙。”祠部郎谢广等并驳之，遂不施用。乃建台，于东城立四亲庙，并妃郗氏而为五庙。告祠之礼，并用太牢。其年四月，即皇帝位。谢广又议，以为初祭为四时常祭，首月既不可移易，宜依前克日于东庙致斋。帝从之。遂于东城时祭讫，迁神主于太庙。始自皇祖太中府君、皇祖淮阴府君、皇高祖济阴府君、皇曾祖中从事史府君、皇祖特进府君，并皇考，以为三昭三穆，凡六庙。追尊皇考为文皇帝，皇妣为德皇后，庙号太祖。皇祖特进以上，皆不追尊。拟祖迁于上，而太祖之庙不毁，与六亲庙为七，皆同一堂，共庭而别室。春祀、夏礿、秋尝、冬烝并腊，一岁凡五，谓之时祭。三年一禘，五年一祫，谓之殷祭。禘以夏，祫以冬，皆以功臣配。其仪颇同南郊。又有小庙，太祖太夫人庙也。非嫡，故别立庙。皇帝每祭太庙讫，乃诣小庙，亦以一太牢，如太庙礼。天监三年，尚书左丞何佟之议曰：“禘于夏首，物皆未成，故为小。祫于秋冬，万物皆成，其礼尤大。司勋列功臣有六，皆祭于大蒸，知祫尤大，乃及之也。近代禘祫，并不及功臣，有乖典制。宜改。”诏从之。自是祫祭乃及功臣。是岁，都令史王景之，列自江左以来，郊庙祭祀，帝已入斋，百姓尚哭，以为乖礼。佟之等奏：“案《礼》国门在皋门外，今之篱门是也。今古殊制，若禁凶服不得入篱门为太远，宜以六门为断。”诏曰：“六门之内，士庶甚多，四时蒸尝，俱断其哭。若有死者，棺器须来，既许其大，而不许其细也。到斋日，宜去庙二百步断哭。”四年，何佟之议：“案《礼》未祭一日，大宗伯省牲镬，祭日之晨，君亲牵牲丽碑。后代有冒暗之防，而人主犹必亲奉，故有夕牲之礼。顷代人君，不复躬牵，相承丹阳尹牵牲，于古无取。宜依以未祭一日之暮，太常省牲视镬，祭日之晨，使太尉牵牲出入也。少牢馈食，杀牲于庙门外，今《仪注》诣厨烹牲，谓宜依旧。”帝可其奏。佟之又曰：“郑玄云：‘天子诸侯之祭礼，先有裸尸之事，乃迎牲。’今《仪注》乃至荐熟毕，太祝方执珪瓒裸地，违谬若斯。又近代人君，不复躬行裸礼。太尉既摄位，实宜亲执其事，而越使卑贱太祝，甚乖旧典。愚谓祭日之晨，宜使太尉先行裸献，乃后迎牲。”帝曰：“裸尸本使神有所附。今既无尸，裸将安设？”佟之曰“如马、郑之意，裸虽献尸，而义在求神。今虽无尸，求神之义，恐不可阙。”帝曰：“此本因尸以祀神。今若无尸，则宜立寄求之所。”裸义乃定。佟之曰：“《祭统》云：‘献之属，莫重于裸。’今既存尸卒食之献，则裸鬯之求，实不可阙。又送神更裸，经记无文，宜依礼革。”奏未报而佟之卒。后明山宾复申其理。帝曰：“佟之既不复存，宜从其议也。”自是始使太尉代太祝行裸而又牵牲。太常任昉又以未明九刻呈牲，又加太尉裸酒，三刻施馔，间中五刻，行仪不办。近者临祭从事，实以二更，至未明三刻方办。明山宾议：“谓九刻已疑太早，况二更非复祭旦。”帝曰：“夜半子时，即是晨始。宜取三更省牲，馀依《仪注》。”又有司以为三牲或离代，依制埋瘗，猪羊死则不埋。请议其制。司马褧等议，以为“牲死则埋，必在涤矣。谓三牲在涤，死悉宜埋。”帝之。五年，明山宾议：“樽彝之制，《祭图》唯有三樽：一曰象樽，周樽也；二曰山罍，夏樽也；三曰著樽，殷樽也。徒有彝名，竟无其器，直酌象樽之酒，以为珪瓒之实。窃寻裸重于献，不容共樽，宜循彝器，以备大典。案礼器有六彝，春祠夏礿，裸用鸡彝鸟彝。王以珪瓒初裸，后以璋瓒亚裸，故春夏两祭，俱用二彝。今古礼殊，无复亚裸，止循其二。春夏鸡彝，秋冬斝彝，庶礼物备也。”帝曰：“鸡是金禽，亦主巽位。但金火相伏，用之通夏，于义为疑。”山宾曰：“臣愚管，不奉明诏，则终年乖舛。案鸟彝是南方之物，则主火位，木生于火，宜以鸟彝春夏兼用。”帝从之。七年，舍人周舍以为:"《礼》'玉辂以祀,金辂以宾',则祭日应乘玉辂。"诏下其议。左丞孔休源议:"玉辂既有明文,而《仪注》金辂,当由宋、齐乖谬,宜依舍议。"帝从之。又礼官司马筠议:"自今大事,遍告七庙,小事止告一室。"于是议以封禅,南、北郊,祀明堂,巡省四方,御临戎出征,皇太子加元服,寇贼平荡,筑宫立阙,纂戎戒严、解严,合十一条,则遍告七庙。讲武,修宗庙明堂,临轩封拜公王,四夷款化贡方物,诸公王以愆削封,及诏封王绍袭,合六条,则告一室。帝从之。九年,诏簠簋之实,以藉田黑黍。十二年,诏曰:"祭祀用洗匜中水盥,仍又涤爵。爵以礼神,宜穷精洁,而一器之内,杂用洗手,外可详议。"于是御及三公应盥及洗爵,各用一匜。十六年四月,诏曰:"夫神无常飨,飨于克诚,所以西邻礿祭,实受其福。宗庙祭祀,犹有牲牢,无益至诚,有累冥道。自今四时蒸尝外,可量代。"八座议:"以大脯代一元大武。"八座又奏:"既停宰杀,无复省牲之事,请立省馔仪。其众官陪列,并同省牲。"帝从之。十月,诏曰:"今虽无复牲腥,犹有脯修之类,即之幽明,义为未尽。可更详定,悉荐时蔬。"左丞司马筠等参议:"大饼代大脯,余悉用蔬菜。"帝从之。又舍人朱异议:"二庙祀,相承止有一鉶羹,盖祭祀之礼,应有两羹,相承止于一鉶,即礼为乖。请加熬油萋羹一鉶。"帝从之。于是起至敬殿、景阳台,立七庙座。月中再设净馔。自是讫于台城破,诸庙遂不血食。普通七年,祔皇太子所生丁贵嫔神主于小庙。其仪,未祔前,先修坎室,改涂。其日,有司行扫除,开坎室,奉皇考太夫人神主于坐。奠制币讫,众官入自东门,位定,祝告讫,撤币,埋于两楹间。有司迁太夫人神主于上,又奉穆贵嫔神主于下,陈祭器,如时祭仪。礼毕,纳神主,闭于坎室。陈制,立七庙,一岁五祠,谓春秋冬腊也。每祭共以一太牢,始祖以三牲首,余唯骨体而已。五岁再殷,殷大祫而合祭也。初,文帝入嗣,而皇考始兴昭烈王庙在始兴国,谓之东庙。天嘉四年,徙东庙神主,祔于梁之小庙,改曰国庙。祭用天子仪。

后齐文襄嗣位,犹为魏臣,置王高祖秦州使君、王曾祖太尉武贞公、王祖太师文穆公、王考相国献武王,凡四庙。文宣帝受禅,置六庙:曰皇祖司空公庙、皇祖吏部尚书庙、皇祖秦州使君庙、皇祖文穆皇帝庙、太祖献武皇帝庙、世宗文襄皇帝庙,为六庙。献武已下不毁,已上则递毁。并同庙而别室。既而迁神主于太庙。文襄文宣,并太祖之子,文宣初疑其昭穆之次,欲别立庙。众议不同。至二年秋,始祔太庙。春祠、夏礿、秋尝、冬蒸,皆以孟月,并腊,凡五祭。禘祫如梁之制。每祭,室一太牢,始以皇后预祭。河清定令,四时祭庙禘祭及元日庙庭,并设庭燎二所。

王及五等开国,执事官、散官从三品已上,皆祀五世。五等散品及执事官、散官正三品已下从五品已上,祭三世。三品已上,牲用一太牢,五品已下,少牢。执事官正六品已下,从七品已上,祭二世,用特牲。正八品已下,达于庶人,祭于寝,牲用特肫,或亦祭祖祢。诸庙悉依其宅堂之制,其间数各依庙多少为限。其牲皆子孙见官之牲。

后周之制,思复古之道,乃右宗庙而左社稷。置太祖之庙,并高祖已下二昭二穆,凡五。亲尽则迁。其有德者谓之祧,庙亦不毁。闵帝受禅,追尊皇祖为德皇帝,文王为文皇帝,庙号太祖。拟已上三庙递迁,至太祖不毁。其下相承置二昭二穆为五焉。明帝崩,庙号世宗,武帝崩,庙号高祖,并为祧庙而不毁。其时祭,各于其庙,祫禘则于太祖庙,亦以皇后预祭。其仪与后齐同。所异者,皇后亚献讫,后又荐加豆之笾,其实菱芡芹菹兔醢。冢宰终献讫,皇后亲撤豆,降还板位。然后太祝撤焉。

高祖既受命,遣兼太保宇文善、兼太尉李询,奉策诣同州,告皇考桓王庙,兼用女巫,同家人之礼。上皇考桓王尊号为武元皇帝,皇妣尊号为元明皇后,奉迎神主,归于京师。牺牲尚赤,祭用日出。是时帝崇建社庙,改周制,左宗庙而右社稷。宗庙未言始祖,又无受命之祧,自高祖已下,置四亲庙,同殿异室而已。一曰皇高祖太原府君庙,二曰皇曾祖康王庙,三曰皇祖献王庙,四曰皇考太祖武元皇帝庙。拟祖迁于上,而太祖之庙不毁。各以孟月,飨以太牢。四时荐新于太庙,有司行事,而不出神主。祫祭之礼,并准时飨。其司命、户以春、灶以夏、门以秋、行以冬,各于其享庙日,中霤则以季夏祀黄郊日,各命有司,祭于庙西门道南。牲以少牢。三年一袷,以孟冬,迁主、未迁主合食于太祖之庙。五年一禘,以孟夏,其迁主各食于所迁之庙,未迁之主各于其庙。禘祫之月,则停时飨,而陈诸瑞物及伐国所获珍奇于庙庭,及以功臣配飨。并以其日,使祀先代王公。帝尧于平阳,以契配。帝舜于河东,咎繇配。夏禹于安邑,伯益配。殷汤于汾阴,伊尹配。文王、武王于沣渭之郊,周公、召公配。汉高帝于长陵,萧何配。各以一太牢而无乐。配者飨于庙庭。大业元年,炀帝欲遵周法,营立七庙,诏有司详定其礼。礼部侍郎、摄太常少卿许善心与博士褚亮等议曰:

谨案《礼记》:"天子七庙,三昭三穆,与太祖之庙而七。"郑玄注曰:"此周制也。七者,太祖及文王、武王之祧,与亲庙四也。殷则六庙,契及汤与二昭二穆也。夏则五庙,无太祖,禹与二昭二穆而已。"玄又据王者禘其祖之所自出,而立四庙。案郑玄义,天子唯立四亲庙,并始祖而为五。周以文、武为受命之祖,特立二祧,是为七庙。王肃注《礼记》:"尊者尊统上,卑者尊统下。故天子七庙,诸侯五庙。其有殊功异德,非太祖而不毁,不在七庙之数。"案王肃以为天子七庙,是通百代之言,又据《王制》之文"天子七庙,诸侯五庙,大夫三庙",降二为差。是则天子立四亲庙,又立高祖之父,高祖之祖,并太祖而为七。周有文、武、姜嫄,合为十庙。汉诸帝之庙各立,无迭毁之义。至元帝时,贡禹、匡衡之徒,始建其礼,以高帝为太祖,而立四亲庙,是为五庙。唯刘歆以为天子七庙,诸侯五庙,降杀以两之义。七者,其正法,可常数也,宗不在数内,有功德则宗之,不可预设为数也。是以班固称,考论诸儒之议,刘歆博而笃矣。光武即位,建高庙于洛阳,乃立南顿君以上四庙,就祖宗而为七。至魏初，高堂隆为郑学，议立亲庙四，太祖武帝，犹在四亲之内，乃虚置太祖及二祧，以待后代。至景初间，乃依王肃，更立五世、六世祖，就四亲而为六庙。晋武受禅，博议宗祀，自文帝以上六世祖征西府君，而宣帝亦序于昭穆，未升太祖，故祭止六也。江左中兴，贺循知礼，至于寝庙之仪，皆依魏、晋旧事。宋武帝初受晋命为王，依诸侯立亲庙四。即位之后，增祠五世祖相国掾府君、六世祖右北平府君，止于六庙。逮身殁，主升从昭穆，犹太祖之位也。降及齐、梁，守而弗革，加崇迭毁，礼无违旧。

臣等又案姬周自太祖已下，皆别立庙，至于禘祫，俱合食于太祖。是以炎汉之初，诸庙各立，岁时尝享，亦随处而祭，所用庙乐，皆象功德而歌儛焉。至光武乃总立一堂，而群主异室，斯则新承寇乱，欲从约省。自此以来，因循不变。伏惟高祖文皇帝，睿哲玄览，神武应期，受命开基，垂统圣嗣，当文明之运，定祖宗之礼。且损益不同，沿袭异趣，时王所制，可以垂法。自历代以来，杂用王、郑二义，若寻其指归，校以优劣，康成止论周代，非谓经通，子雍总贯皇王，事兼长远。今请依据古典，崇建七庙。受命之祖，宜别立庙祧，百代之后，为不毁之法。至于銮驾亲奉，申孝享于高庙，有司行事，竭诚敬于群主，俾夫规模可则，严祀易遵，表有功而彰明德，大复古而贵能变。臣又案周人立庙，亦无处置之文。据冢人处职而言之，先王居中，以昭穆为左右。阮忱撰《礼图》，亦从此义。汉京诸庙既远，又不序禘祫。今若依周制，理有未安，杂用汉仪，事难全采。谨详立别图，附之议末。

其图，太祖、高祖各一殿，准周文武二祧，与始祖而三。余并分室而祭。始祖及二祧之外，从迭毁之法。诏可，未及创制。既营建洛邑，帝无心京师，乃于东都固本里北，起天经宫，以游高祖衣冠，四时致祭。于三年，有司奏，请准前议，于东京建立宗庙。帝谓秘书监柳䛒曰："今始祖及二祧已具，今后子孙，处朕何所？"又下诏，唯议别立高祖之庙，属有行役，遂复停寝。

自古帝王之兴，皆禀五精之气。每易姓而起，以致太平，必封乎太山，所以告成功也。封讫而禅乎梁甫。梁甫者，太山之支山卑下者也，能以其道配成高德。故禅乎梁甫，亦以告太平也。封禅者，高厚之谓也。天以高为尊，地以厚为德，增太山之高，以报天也，厚梁甫之基，以报地也。明天之所命，功成事就，有益于天地，若天地之更高厚云。《记》曰："王者因天事天，因地事地。因名山升中于天，而凤凰降，龟龙格。"齐桓公既霸而欲封禅，管仲言之详矣。秦始皇既黜儒生，而封太山，禅梁甫，其封事皆秘之，不可得而传也。汉武帝颇采方士之言，造为玉牒，而编以金绳，封广九尺，高一丈二尺。光武中兴，聿遵其故。晋、宋、齐、梁及陈，皆未遑其议。后齐有巡狩之礼，并登封之仪，竟不之行也。开皇十四年，群臣请封禅。高祖不纳。晋王广又率百官抗表固请，帝命有司草仪注。于是牛弘、辛彦之、许善心、姚察、虞世基等创定其

礼，奏之。帝逡巡其事，曰："此事体大，朕何德以堪之。但当东狩，因拜岱山耳。"十五年春，行幸兖州，遂次岱岳。为坛，如南郊，又壝外为柴坛，饰神庙，展宫悬于庭。为埋坎二，于南门外。又陈乐设位于青帝坛，如南郊。帝服衮冕，乘金辂，备法驾而行。礼毕，遂诣青帝坛而祭焉。

开皇十四年闰十月，诏东镇沂山，南镇会稽山，北镇医无闾山，冀州镇霍山，并就山立祠；东海于会稽县界，南海于南海镇南，并近海立祠。及四渎、吴山，并取侧近巫一人，主知洒扫，并命多蒔松柏。其霍山，雩祀日遣使就焉。十六年正月，又诏北镇于营州龙山立祠。东镇晋州霍山镇，若修造，并准西镇吴山造神庙。大业中，炀帝因幸晋阳，遂祭恒岳。其礼颇采高祖拜岱宗仪，增置二坛，命道士女官数十人，于壝中设醮。十年，幸东都，过祀华岳，筑场于庙侧。事乃不经，盖非有司之定礼也。

《礼》：天子以春分朝日于东郊，秋分夕月于西郊。汉法，不俟二分于东西郊，常以郊泰畤。且出竹宫东向揖日，其夕西向揖月。魏文讥其烦亵，似家人之事，而以正月朝日于东门之外。前史又以为非时。及明帝太和元年二月丁亥，朝日于东郊。八月己丑，夕月于西郊。始合于古。后周以春分朝日于国东门外，为坛，如其郊。用特牲青币，青圭有邸。皇帝乘青辂，及祀官俱青冕，执事者青弁。司徒亚献，宗伯终献。燔燎如圆丘。秋分夕月于国西门外，为坛于坎中，方四丈，深四尺，燔燎礼如朝日。开皇初，于国东春明门外为坛，如其郊。每以春分朝日。又于国西开远门外为坎，深三尺，广四丈。为坛于坎中，高一尺，广四尺。每以秋分夕月。牲币与周同。

凡人非土不生，非谷不食，土谷不可遍祭，故立社稷以主祀。古先圣王，法施于人则祀之，故以勾龙主社，周弃主稷而配焉。岁凡再祭，盖春求而秋报，列于中门之外，外门之内，尊而亲之，与先祖同也。然而古今既殊，礼亦异制。故左社稷而右宗庙者，得质之道也；右社稷而左宗庙者，文之道也。

梁社稷在太庙西，其初盖晋元帝建武元年所创，有太社、帝社、太稷，凡三坛。门墙并随其方色。每以仲春仲秋，并令郡国县祠社稷、先农，县又兼祀灵星、风伯、雨师之属。及腊，又各祠社稷于坛。百姓则二十五家为一社，其旧社及人稀者，不限其家。春秋祠，水旱祷祈，祠具随其丰约。其郡国有五岳者，置宰祝三人，及有四渎若海应祠者，皆以孟春仲冬祠之。旧太社，虞牺吏牵牲、司农省牲，太祝吏赞牲。天监四年，明山宾议，以为："案郊庙省牲日，则虞牺令牵牲，太祝令赞牲。祭之日，则太尉牵牲。《郊特牲》云'社者神地之道'，国主社稷，义实为重。今公卿贵臣，亲执盛礼，而令微吏牵牲，颇为轻末。且司农省牲，又非其义，太常礼官，实当斯职。《礼》，祭社稷无亲事牵之文。谓宜以太常省牲，虞牺令牵牲，太祝令赞牲。"帝唯以太祝赞牲为疑，又以司农省牲，于理似伤，牲吏执纼，即事成卑。议以太常丞牵牲，余依明议。于是遂定。至大同初，又加官社、官稷，并前为五坛焉。

陈制皆依梁旧。而帝社以三牲首，余以骨体。荐粢盛为六饭：粳以敦，稻以牟，黄粱以簠，白粱以簠，黍以瑚，

粱以珽。又令太史署，常以二月八日，于署庭中以太牢祠老人星，兼祠天皇大帝、太一、日月、五星、钩陈、北极、北斗、三台、二十八宿、大人星、子孙星，都四十六坐。凡应预祠享之官，亦太医给除秽气散药，先斋一日服之以自洁。其仪本之齐制。

后齐立太社、帝社、太稷三坛于国右。每仲春仲秋月之元辰及腊，各以一太牢祭焉。皇帝亲祭，则司农卿省牲进熟，司空亚献，司农终献。后周社稷，皇帝亲祀，则冢宰亚献，宗伯终献。

开皇初，社稷并列于含光门内之右，仲春仲秋吉戊，各以一太牢祭焉。牲色用黑。孟冬下亥，又腊祭之。州郡县二仲月，并以少牢祭，百姓亦各为社。又于国城东南七里延兴门外，为灵星坛，立秋后辰，令有司祠以一少牢。

古典有天子东耕仪。江左未暇，至宋始有其典。梁初藉田，依宋、齐，以正月用事，不斋不祭。天监十二年，武帝以为："启蛰而耕，则在二月节内。《书》云：'以殷仲春。'藉田理在建卯。"于是改用二月。"又《国语》云：'王即斋宫，与百官御事共斋三日。'乃有沐浴祼飨之事。前代当以耕而不祭，故阙此礼。《国语》又云：'稷临之，太史赞之。'则知耕藉应有先农神座，兼有赞述耕旨。今藉田应散斋七日，致斋三日，兼于耕所设先农神座，陈荐羞之礼。赞辞如社稷法。"又曰："齐代旧事，藉田使御史乘马车，载耒耜于五辂后。《礼》云：'亲载耒耜，措于参保介之御间。'则置所乘耒辂上。若以今辂与古不同，则宜升之次辂，以明慎重。而远在余处，于义为乖。且御史掌视，尤为轻贱。自今宜以侍中奉耒耜，载于象辂，以随木辂之后。"普通二年，又移藉田于建康北岸，筑兆域大小，列种梨柏，便殿及斋官省，如南北郊。别有望耕台，在坛东。帝亲耕毕，登此台，以观公卿之推伐。又有祈年殿云。

北齐藉于帝城东南千亩内，种赤粱、白谷、大豆、赤黍、小豆、黑穄、麻子、小麦，色别一顷。自余一顷，地中通阡陌，作祠坛于陌南阡西，广轮三十六尺，高九尺，四陛三壝四门。又为大营于外，又设御耕坛于阡东陌北。每岁正月上辛后吉亥，使公卿以一太牢祠先农神农氏于坛上，无配飨。祭讫，亲耕。先祠，司农进穜稑之种，六宫主之。行事之官并斋，设斋省。于坛所列宫悬。又置先农坐于坛上。众官朝服，司空一献，不燎。祠讫，皇帝乃服通天冠、青纱袍、黑介帻、佩苍玉、黄绶、青带、袜、舄，备法驾，乘木辂。耕官具朝服从。殿中监进耕耒于坛南，百官定列。帝出便殿，升耕外坛南陛，即御座。应耕者各进于列。帝降自南陛，至耕位，释剑执耒，三推三反，升坛即坐。耕官一品五推五反，二品七推七反，三品九推九反。藉田令帅其属以牛耕，终千亩。以青箱奉穜稑种，跪呈司农，诣耕所洒之。穫讫，司农省功，奏事毕。皇帝降之便殿，更衣飨宴。礼毕，班赉而还。

隋制，于国南十四里启夏门外，置地千亩，为坛，孟春吉亥，祭先农于其上，以后稷配。牲用一太牢。皇帝服衮冕，备法驾，乘金根车。礼三献讫，因耕。司农授耒，皇帝三推讫，执事者以授应耕者，各以班五推九推。而司徒帅其属终千亩。播殖九谷，纳于神仓，以拟粢盛。穫稿

以饲牺牲云。

《周礼》王后蚕于北郊，而汉法皇后蚕于东郊。魏遵《周礼》，蚕于北郊。吴韦昭制《西蚕颂》，则孙氏亦有其礼矣。晋太康六年，武帝杨皇后蚕于西郊，依汉故事。江左至宋孝武大明四年，始于台城西白石里为西蚕，设兆域。置大殿七间，又立蚕观。自是有其礼。

后齐为蚕坊于京城北之西，去皇宫十八里之外，方千步。蚕宫，方九十步，墙高一丈五尺，被以棘。其中起蚕室二十七口，别殿一区。置蚕宫令丞佐史，皆宦者为之。路西置皇后蚕坛，高四尺，方二丈，四出，阶广八尺。置先蚕坛于桑坛东南，大路东，横路之南。坛高五尺，方二丈，四出，阶广五尺。外兆方四十步，面开一门。有绿襜襦、裤衣、黄履，以供蚕母。每岁季春，谷雨后吉日，使公卿以一太牢祀先蚕黄帝轩辕氏于坛上，无配，如祀先农。礼讫，皇后因亲桑于桑坛。备法驾，服鞠衣，乘重翟，帅六宫升桑坛东陛，即御座。女尚书执筐，女主衣执钩，立坛下。皇后降自东陛，执筐者处右，执钩者居左。蚕母在后。乃躬桑三条讫，升坛，即御座。内命妇以次就桑，鞠衣五条，展衣七条，褖衣九条，以授蚕母。还蚕室，切之授世妇，洒一簿。预桑者并复本位。后乃降坛，还便殿，改服，设劳酒，班赉而还。

后周制，皇后乘翠辂，率三妃、三㚤、御媛、御婉、三公夫人、三孤内子至蚕所，以一太牢亲祭，进奠先蚕西陵氏神。礼毕，降坛，昭化嫔亚献，淑嫔终献，因以公桑焉。

隋制，于宫北三里为坛，高四尺。季春上巳，皇后服鞠衣，乘重翟，率三夫人、九嫔、内外命妇，以一太牢，制币，祭先蚕于坛上，用一献礼。祭讫，就桑位于坛南，东面。尚功进金钩，典制奉筐。皇后采三条，反钩。命妇各依班采，五条九条而止。世妇亦有蚕母受切桑，洒讫，还依位。皇后乃还宫。自齐、后周及隋，其典大抵多依晋仪。然亦时有损益矣。

《礼》：仲春以玄鸟至之日，用太牢祀于高禖。汉武帝年二十九，乃得太子，甚喜，为立禖祠于城南，祀以特牲，因有其祀。晋惠帝元康六年，禖坛石中破为二。诏问石毁今应复不，博士议："《礼》无高禖置石之文，未知造设所由；既已毁破，可无改造。"更下西府博议。而贼曹属束皙议："以石在坛上，盖主道也。祭器弊则埋而置新，今宜埋而更造，不宜遂废。"时此议不用。后得高堂隆故事，魏青龙中，造立此石，诏更镌石，令如旧，置高禖坛上。埋破石入地一丈。案梁太庙北门内道西有石，文如竹叶，小屋覆之，宋元嘉中修庙所得。陆澄以为孝武时郊禖之石。然则江左亦有此礼矣。

后齐高禖，为坛于南郊傍，广轮二十六尺，高九尺，四陛三壝。每岁春分玄鸟至之日，皇帝亲帅六宫，祀青帝于坛，以太昊配，而祀高禖之神以祈子。其仪，青帝北方南向，配帝东方西向，禖神坛下东陛之南，西向。礼用青珪束帛，牲共以一太牢。祀日，皇帝服衮冕，乘玉辂。皇后服袆衣，乘重翟。皇帝初献，降自东陛，皇后亚献，降自西陛，并诣便坐。夫人终献，上嫔献于禖神讫。帝及后

并诣攒位,乃送神。皇帝皇后及群官皆拜。乃撤就燎,礼毕而还。隋制亦以玄鸟至之日,祀高禖于南郊坛。牲用太牢一。

旧礼祀司中、司命、风师、雨师之法,皆随其类而祭之。兆风师于西方者,就秋风之劲,而不从箕星之位。兆司中、司命于南郊,以天神是阳,故兆于南郊也。兆雨师于北郊者,就水位,在北也。

隋制,于国城西北十里亥地,为司中、司命、司禄三坛,同壝。祀以立冬后亥。国城东北七里通化门外为风师坛,祀以立春后丑。国城西南八里金光门外为雨师坛,祀以立夏后申。坛皆三尺,牲以一少牢。

昔伊耆氏始为蜡。蜡者,索也。古之君子,使人必报之。故周法,以岁十二月,合聚万物而索飨之。仁之至,义之尽也。其祭法,四方各自祭之。若不成之方,则阙而不祭。后周亦存其典,常以十一月,祭神农氏、伊耆氏、后稷氏、田畯、鳞、羽、臝、毛、介、水、墉、坊、邮、表、畷、兽、猫之神于五郊。五方上帝、地祇、五星、列宿、苍龙、朱雀、白兽、玄武、五人帝、五官之神、岳镇海渎、山林川泽、丘陵坟衍原隰,各分其方,合祭之。日月、五方皆祭之。上帝、地祇、神农、伊耆、人帝于坛上,南郊则以神农,既蜡,无其祀。三辰七宿则为小坛于其侧,岳镇海渎、山林川泽、丘陵坟衍原隰,则各为坎,余则为平地。皇帝初献上帝、地祇、神农、伊耆及人帝,冢宰亚献,宗伯终献。上大夫献三辰、五官、后稷、田畯、岳镇海渎,中大夫献七宿、山林川泽已下。自天帝、人帝、田畯、羽毛之类,牲币玉帛皆从燎;地祇、邮、表、畷之类,皆从埋。祭毕,皇帝如南郊便殿致斋,明日乃蜡祭于南郊,如东郊仪。祭讫,又如黄郊便殿致斋,明日乃祭。祭讫,又如西郊便殿,明日乃祭。祭讫,又如北郊便殿,明日蜡祭讫,还宫。隋初因周制,定令亦以孟冬下亥蜡百神,腊宗庙,祭社稷。其方不熟,则阙其方之蜡焉。

又以仲冬祭名源川泽于北郊,用一太牢。祭井于社宫,用一少牢。季冬藏冰,仲春开冰,并用黑牡秬黍,于冰室祭司寒神。开冰,加以桃弧棘矢。

开皇四年十一月,诏曰:"古称腊者,接也。取新故交接。前周岁首,今之仲冬,建冬之月,称蜡可也。后周用夏后之时,行姬氏之蜡。考诸先代,于义有违。其十月行蜡者停,可以十二月为腊。"于是始革前制。

后齐,正月晦日,中书舍人奏被除。年暮上台,东宫奏择吉日诣殿堂,贵臣与师行事所须,皆移尚书省备设云。后主末年,祭非其鬼,至于躬自鼓儛,以事胡天。邺中遂多淫祀,兹风至今不绝。后周欲招来西域,又有拜胡天制,皇帝亲焉。其仪并从夷俗,淫僻不可纪也。

卷八　　　　　志第三

礼　仪　三

陈永定三年七月,武帝崩。新除尚书左丞庾持称:"晋、宋以来,皇帝大行仪注,未祖一日,告南郊太庙,奏策奉谥。梓宫将登辒辌,侍中版奏,已称某谥皇帝。遣奠,出于陛阶下,方以此时,乃读哀策。而前代策文,犹云大行皇帝,请明加详正。"国子博士、领步兵校尉、知仪礼沈文阿等谓:"应劭《风俗通》,前帝谥未定,臣子称大行,以别嗣主。近检梁仪,自梓宫将登辒辌,版奏皆称某谥皇帝登辒辌。伏寻今祖祭已奉策谥,哀策既在庭,遣祭不应犹称大行。且哀策篆书,藏于玄宫。"谓"依梁仪称谥,以传无穷"。诏可之。

天嘉元年八月癸亥,尚书仪曹请今月晦皇太后服安吉君禫除仪注。沈洙议:"谓至亲期断,加降故再期,而再周之丧,断二十五月。但重服不可顿除,故变之以纤缟,创巨不可便愈,故称之以祥禫。禫者,淡也,所以渐祛其情。至如父在为母出适后之子,则屈降之以期。期而除服,无复衰麻。缘情有本同之义,许以心制。心制既无杖经可除,不容复改玄绖,既是心忧,则无所更淡其心也。且禫杖期者,十五月已有禫制。今申此免怀之感,故断以再周,止二十五月而已。所以宋元嘉立义,心丧以二十五月为限。大明中,王皇后父丧,又申明其制。齐建元中,太子穆妃丧,亦同用此礼。唯王俭《古今集记》云心制终二十七月,又为王逡所难。何佟之《仪注》用二十五月而除。案古循今,宜以再周二十五月为断。今皇太后于安吉君心丧之期,宜除于再周,无复心禫之礼。"诏可之。

隋制,诸岳崩渎竭,天子素服,避正寝,撤膳三日。遣御祭崩竭之山川,牲用太牢。

皇帝本服大功已上亲及外祖父母、皇后父母、诸官正一品丧,皇帝不视事三日。皇帝本服五服内亲及嫔、百官正二品已上丧,并一举哀。太阳亏、国忌日,皇帝本服小功缌麻亲、百官三品已上丧,皇帝皆不视事一日。

皇太后、皇后为本服五服内诸亲及嫔,一举哀。皇太子为本服五服之内亲及东宫三师、三少、宫臣三品已上,一举哀。

梁天监元年,齐临川献王所生妾谢墓被发,不至埏门。萧子晋传重,谘礼官何佟之。佟之议,以为:"改葬服缌,见柩不可无服故也。此止侵坟土,不及于椁,可依新宫火处三日哭假而已。"帝以为得礼。二年,何佟之议:"追服三年无禫。"尚书议,并以佟之言为得。

又二年,始兴王嗣子丧。博士管喧议,使国长从服缌麻。

四年,掌凶礼严植之定《仪注》,以亡月遇闰,后年中祥,疑所附月。帝曰:"闰盖余分,月节则各有所隶。若节属前月,则宜以前月为忌,节属后月,则宜以后月为忌。祥逢闰则宜取远日。"

又四年,安成国刺称:"庙新建,欲克今日迁立所生吴太妃神主。国王既有妃丧,欲使臣下代祭。"明山宾议,以为:"不可。宜待王妃服竟,亲奉盛礼。"

五年,贵嫔母车丧,议者疑其仪。明山宾以为:"贵嫔既居母忧,皇太子出贵嫔别第,一举哀,以申圣情,庶不乖礼。"帝从之。

又五年,祠部郎司马褧牒:"贵嫔母车亡,应有服制",谓"宜准公子为母麻衣之制,既葬而除"。帝从之。

六年,申明葬制,凡墓不得造石人兽碑,唯听作石柱,记名位而已。

七年,安成王慈太妃丧,周舍牒:"使安成、始兴诸王以成服日一日为位受吊。"帝曰:"丧无二主。二王既在远,嗣子宜祭摄事。"周舍牒:"嗣子著细布衣、绢领带。单衣用十五升葛。凡有事及岁时节朔望,并于灵所朝夕哭。三年不听乐。"

十四年,舍人朱异议:"《礼》,年虽未及成人,已有爵命者,则不为殇。封阳侯年虽中殇,已有拜封,不应殇服。"帝可之。于是诸王服封阳侯依成人之服。

大同六年,皇太子启:"谨案下殇之小功,不行婚冠嫁三嘉之礼,则降服之大功,理不得有三嘉。今行三嘉之礼,窃有小疑。"帝曰:"《礼》云:'大功之末,可以冠子。父小功之末,可以冠子、嫁子、娶妇。己虽小功,既卒哭,可以冠、娶妻。下殇之小功则不可。'晋代蔡谟、谢沈、丁纂、冯怀等遂云:'降服大功,可以嫁女。'宋代裴松之、何承天又云:'女有大功之服,亦得出嫁。'范坚、荀伯子等,虽复率意致难,亦未能折。太始六年,虞龢立议:'大功之末,乃可娶妇。'于时博询,咸同龢议。齐永明十一年,有大司马长子之丧,武帝子女同服大功。左丞顾杲之议云:'大功之末,非直女嫔降无疑,皇子娉纳,亦在非碍。'凡此诸议,皆是公背正文,务为通耳。徐爰、王文宪并云:'期服降为大功,皆不可以婚嫁。'于义乃为不乖,而又不释其意。天监十年,信安公主当出适,而有临川长子大功之惨,具论此义,粗已详悉。太子今又启审大功之末及下殇之小功行婚冠嫁三吉之事。案《礼》所言下殇小功,本是期服,故不得有三吉之礼。况本服是期,降为大功,理当不可。人间行者,是用郑玄逆降之义。《杂记》云:'大功之末,可以冠子嫁子。'此谓本服大功,子则小功,逾月以后,于情轻,所以许有冠嫁。此则小功之末,通冠取妇。前所云'大功之末,可以冠子嫁子',此是简出大功之身,不得取妇。后言'小功之末,可以冠子嫁子',非直子得冠嫁,亦得取妇。故有出没。婚礼国之大典,宜有画一。今宗室及外戚,不得复辄有干启,礼官不得辄为曲议。可依此以为法。"

后齐定令,亲王、公主、太妃、妃及从三品已上丧者,借白鼓一面,丧毕进输。王、郡公主、太妃,仪同三司已上及令仆,皆听立凶门柏历。三品已上及五等开国,通用方相。四品已下,达于庶人,以魌头。旐则一品九旒,二品、三品七旒,四品、五品五旒,六品、七品三旒,八品已下,达于庶人,唯旐而已。其建旐,三品已上及开国子、男,其长至轸,四品、五品至轮,六品至于九品至较。勋品达于庶人,不过七尺。

王元轨子欲改葬祖及祖母,列上未知所服。邢子才议曰:"《礼》'改葬缌麻'。郑玄注:'臣为君,子为父,妻为夫。'唯三人而已。然嫡曾孙、孙承重者,曾祖父母、祖父母改葬,既并三年之服,皆应服缌。而止言三人,若非遗漏,便是举其略耳。"

开皇初,高祖思定典礼。太常卿牛弘奏曰:"圣教陵替,国章残缺,汉、晋为法,随俗因时,未足经国庇人,弘风施化。且制礼作乐,事归元首,江南王俭,偏隅一臣,私撰仪注,多违古法。就庐非东阶之位,凶门岂设重之礼?两萧累代,举国遵行。后魏及齐,风牛本隔,殊不寻究,遥相师祖,故山东之人,浸以成俗。西魏已降,师旅弗遑,宾嘉之礼,尽未详定。今休明启运,宪章伊始,请据前经,革兹俗弊。"诏曰:"可。"弘因奏征学者,撰《仪礼》百卷。悉用东齐《仪注》以为准,亦微采王俭礼。修毕,上之,诏遂班天下,咸使遵用焉。

其丧纪,上自王公,下逮庶人,著令皆为定制,无相差越。正一品薨,则鸿胪卿监护丧事,司仪令示礼制。二品已上,则鸿胪丞监护,司仪丞示礼制。五品已上薨、卒,及三品已上有期亲已上丧,并掌仪一人示礼制。官人在职丧,听敛以朝服,有封者,敛以冕服,未有官者,白帢单衣。妇人有官品者,亦以其服敛。棺内不得置金银珠宝。诸重,一品悬鬲六,五品已上四,六品已下二。辒车,三品已上油幰,朱丝络网,施襈,两箱画龙,幰竿诸末垂六旒苏。七品已上油幰,施襈,两箱画云气,垂四旒苏。八品已下,达于庶人,鳖甲车,无幰襈旒苏画饰。执绋,一品五十人,三品已上四十人,四品三十人,并布帻布深衣。三品已上四引、四披、六铎、六翣。五品已上二引、二披、四铎、四翣。九品已上二铎、二翣。四品已上用方相,七品已上用魌头。在京师葬者,去城七里外。三品已上立碑,螭首龟趺。趺上高不得过九尺。七品已上立碣,高四尺。圭首方趺。若隐沦道素,孝义著闻者,虽无爵,奏,听立碣。

三年及期丧,不数闰。大功已下数之。以闰月亡者,祥及忌日,皆以闰所附之月为正。

凶服不入公门。期丧已下不解官者,在外曹,襈缘纱帽。若重丧被起者,皂绢下裙帽。若入宫殿及须朝见者,冠服依百官例。

齐衰心丧已上,虽有夺情,并终丧不吊不贺不预宴。期丧未练,大功未葬,不吊不贺,并终丧不预宴。小功已下,假满依例。居五服之丧,受册及之职,仪卫依常式,唯鼓乐从而不作。若以戎事,不用此制。

自秦兼天下,朝觐之礼遂废。及周封萧詧为梁王,迄于隋,恒称藩国,始有朝见之仪。梁王之朝周,入畿,大冢宰命有司致积。其饩五牢,米九十筥,醯醢各三十五甕,酒十八壶,米禾各五十车,薪刍各百车。既至,大司空设九傧以致馆。梁王束帛乘马,设九介以待之。礼成而出。明日,王朝,受享于庙。既致享,大冢宰又命公一人,玄冕乘车,陈九傧,以束帛乘马,致食于宾及宾之从各有差。致食讫,又命公一人,弁服乘车,执贽,设九傧以劳宾。王设九介,迎于门外。明日,朝服乘车,还贽于公。公皮弁迎于大门,授贽受贽,并于堂之中楹。又明日,王朝服,设九介,乘车,备仪卫,以见于公。事毕,公致享。明日,三孤一人,又执贽劳于梁王。明日,王还贽。又明日,王见三孤,如见三公。明日,卿一人,又执贽劳王。王见卿,又如三孤。于是三公、三孤、六卿,又各饩宾,并属官之长为使。牢米束帛同三公。

开皇四年正月,梁主萧岿朝于京师,次于郊外。诏广平王杨雄、吏部尚书韦世康持节以迎。卫尉设次于驿馆。雄等降就便幕。岿服通天冠、绛纱袍、端珽,立于东阶下,西面。文武陪侍,如其国。雄等立于门右,东面。岿摄内史令柳顾言出门请事。世康曰:"奉诏劳于梁帝。"顾言入告。岿出,迎于馆门之外,西面再拜。持节者导雄与岿俱入,至于庭下。岿北面再拜受诏讫。雄等乃出,立于馆门外道右东向。岿送于门外,西面再拜。及奉见,高祖冠通天冠,服绛纱袍,御大兴殿,如朝仪。岿服远游冠,朝服以入,君臣并拜,礼毕而出。

古者天子征伐,则宜于社,造于祖,类于上帝。还亦以牲遍告。梁天监初,陆琏议定军礼,遵其制。帝曰:"宜者请征讨之宜,造者禀谋于庙,类者奉天时以明伐,并明不敢自专。陈币承命可也。"琏不能对。严植之又争之,于是告用牲币,反亦如之。

后齐天子亲征纂严,则服通天冠,文物充庭。有司奏更衣,乃入,冠武弁,弁左貂附蝉以出。誓讫,择日备法驾,乘木辂,以造于庙。载迁庙主于斋车,以俟行。次宜于社,有司以毛血衅军鼓,载帝社石主于车,以俟行。次择日陈六军,备大驾,类于上帝。次择日祈后土、神州、岳镇、海渎、源川等。乃为坎盟,督将列牲于坎南,北首。有司坎前读盟文,割牲耳,承血。皇帝受牲耳,遍授大将,乃置于坎。又歃血,歃遍,又以置坎。礼毕,埋牲及盟书。又卜日,建牙旗于埓,祭以太牢,及所过名山大川,使有司致祭。将届战所,卜刚日,备玄牲,列军容,设柴于辰地,为埓而祃祭。大司马奠矢,有司奠毛血,乐奏《大护》之音。礼毕,彻牲,柴燎。战前一日,皇帝祷祖,司空祷社。战胜则各报以太牢。又以太牢赏用命战士于祖,引功臣入旌门,即神庭而授版焉。又罚不用命于社,即神庭行戮讫,振旅而还。袼庙诣社讫,择日行饮至礼,文物充庭。有司执简,纪年号月朔,陈六师凯入袼庙之事,饮至策勋之美,因述其功,不替赏典焉。

隋制,行幸所过名山大川,则有司致祭。岳渎以太牢,山川以少牢。亲征及巡狩,则类上帝、宜社、造庙,还礼亦如之,将发轫,则軷祭。其礼,有司于国门外委土为山象,设埋坎。有司刳羊,陈俎豆。驾将至,委奠币,荐脯醢,加羊于軷,西首。又奠酒解羊,并馔埋于坎。驾至,太仆祭两轵及轨前,乃饮,授爵,遂轹軷上而行。

大业七年,征辽东,炀帝遣诸将于蓟城南桑乾河上筑社稷二坛,设方壝,行宜社礼。帝斋于临朔宫怀荒殿,预告官及侍从各斋于其所。十二卫士并斋。帝衮冕玉辂,备法驾。礼毕,御金辂,服通天冠,还宫。又于宫南类上帝,积柴于燎坛,设高祖位于东方。帝服大裘以冕,乘玉辂,祭奠玉帛,并如宜社。诸军受胙毕,帝就位,观燎,乃出。又于蓟城北设坛,祭马祖于其上,亦有燎。又于其日,使有司并祭先牧及马步,无钟鼓之乐。众军将发,帝御临朔宫,亲授节度。每军大将、亚将各一人。骑兵四十队。队百人置一纛。十队为团,团有偏将一人。第一团,皆青丝连明光甲、铁具装、青缨拂,建狻猊旗。第二团,绛丝连朱犀甲、兽文具装、赤缨拂,建貔貅旗。第三团,白丝连明光甲、铁具装、素缨拂,建辟邪旗。第四团,乌丝连玄犀甲、兽文具装、建缨拂,建六驳旗。前部鼓吹一部,大鼓、小鼓及鼙、长鸣、中鸣等各十八具,掆鼓、金钲各二具。后部铙吹一部,铙二面,歌箫及笳各四具,节鼓一面,吴吹筚篥、横笛各四具,大角十八具。又步卒八十队,分为四团。团有偏将一人。第一团,每队给青隼荡幡一。第二团,每队黄隼荡幡一。第三团,每队白隼荡幡一。第四团,每队苍隼荡幡一。长矟楯弩及甲矟等,各称兵数。受降使者一人,给二马轺车一乘,白兽幡及节各一,骑吏三人,车辐白从十二人。承诏慰抚,不受大将制。战阵则为监军。军将发,候大角一通,步卒第一团出营东门,东向阵。第二团出营南门,南向阵。第三团出营西门,西向阵。第四团出营北门,北向阵。阵四面团营,然后诸团严驾立。大角三通,则铙鼓俱振,骑第一团引行。队间相去各十五步。次第二团,次前部鼓吹,次弓矢一队,合二百骑。建蹲兽旗、炮架二张,大将在其下。次诞马二十匹,次大角,次后部铙,次第三团,次第四团,次受降使者。次及辎重戎车散兵等,亦有四团。第一辎重出,收东面阵,分为两道,夹以行。第二辎重出,收南面阵,夹以行。第三辎重出,收西面阵,夹以行。第四辎重出,收北面阵,夹以行。亚将领五百骑,建腾豹旗,殿军后。至营,则第一团骑阵于东面,第二团骑阵于南面,鼓吹翊大将居中,驻马南向。第三团骑阵于西面,第四团骑阵于北面,合为方阵。四团外向,步卒翊辎重入于阵内,以次安营。营定,四面阵者,引骑入营。亚将率骁骑游弈督察。其安营之制,以车外布,间设马枪,次施兵幕,内安杂畜。事毕,大将、亚将等,各就牙帐。其马步队与军中散兵,交为两番,五日而代。于是每日遣一军发,相去四十里,连营渐进。二十四日续发而尽。首尾相继,鼓角相闻,旌旗亘九百六十里。天子六军次发,两部前后置当,又亘八十里。通诸道合三十军,亘一千四十里。诸军各以帛为带,长尺五寸,阔二寸,题其军号为记。御营内者,合十二卫、三台、五省、九寺,并分隶内外前后左右六军,亦各题其军号,不得自言台省。王公已下,至于兵丁厮隶,悉以帛为带,缀于衣领,名"军记带"。诸军并给幡数百,有事,使人交相去来者,执以行。不执幡而离本军者,他军验军记带,知非部兵,则所在斩之。是岁也,行幸望海镇,于秃黎山为坛,祀黄帝,行衈祭。诏太常少卿韦霁、博士褚亮奏定其礼。皇帝及诸预祭臣近侍官诸军将,皆斋一宿。有司供帐设位,为埋坎神坐西北,内壝之外。建二旗于南门外。以熊席设帝轩辕神坐于壝内,置甲胄弓矢于坐侧,建槊于坐后。皇帝出次入门，群官定位，皆再拜奠。礼毕，还宫。

隋制，常以仲春，用少牢祭马祖于大泽，诸预祭官，皆于祭所致斋一日，积柴于燎坛，礼毕，就燎。仲夏祭先牧，仲秋祭马社，仲冬祭马步，并于大泽，皆以刚日。牲用少牢，如祭马祖，埋而不燎。

开皇二十年，太慰晋王广北伐突厥，四月己未，次于河上，祃祭轩辕黄帝，以太牢制币，陈甲兵，行三献之礼。

后齐命将出征，则太卜诣太庙，灼灵龟，授鼓旗于庙。皇帝陈法驾，服衮冕，至庙，拜于太祖。遍告讫，降就中阶，引上将，操钺授柯，曰："从此上至天，将军制之。"又操斧授柯，曰："从此下至泉，将军制之。"将军既受斧钺，对曰："国不可从外理，军不可从中制。臣既受命，有鼓旗斧钺之威，愿假一言之命于臣。"帝曰："苟利社稷，将军裁之。"将军就车，载斧钺而出。皇帝推毂度闑，曰："从此以外，将军制之。"

周大将出征，遣太祝，以羊一，祭所过名山大川。明帝武成元年，吐谷浑寇边。帝常服乘马，遣大司马贺兰祥于太祖之庙，司宪奉钺，进授大将。大将拜受，以授从者。礼毕，出受甲兵。

隋制，皇太子亲戎，及大将出师，则以豭脯一衅鼓，皆告社庙。受斧钺讫，不得反宿于家。开皇八年，晋王广将伐陈，内史令李德林摄太尉，告于太祖庙。礼毕，又命有司宜于太社。

古者三年练兵，入而振旅，至于春秋蒐狝，亦以讲其事焉。梁、陈时，依宋元嘉二十五年蒐宣武场。其法，置行军殿于幕府山南冈，并设王公百官幕。先猎一日，遣马骑布置。右领军将军督右，左领军将军督左，大司马董正诸军。猎日，侍中三奏，一奏摍一鼓为严，三严讫，引仗为小驾卤簿。皇帝乘马戎服，从者悉绛衫帻，黄麾警跸，鼓吹如常仪。猎讫，宴会享劳，比校多少。戮一人以惩乱法。会毕，还宫。

后齐常以季秋，皇帝讲武于都外。有司先莱野为场，为二军进止之节。又别埠于北场，舆驾停观。遂命将简士，教众为战阵之法。凡为阵，少者在前，长者在后。其还，则长者在前，少者在后。长者持弓矢，短者持旌旗，勇者持钲鼓刀楯，为前行，战士次之，槊者次之，弓箭为后行。将帅先教士目，使习见旌旗指麾之踪，发起之意，旗卧则跪。教士耳，使习金鼓动止之节，声鼓则进，鸣金则止。教士心，使知刑罚之苦，赏赐之利。教士手，使习持五兵之便，战斗之备。教士足，使习跪及行列崄泥之涂。前五日，皆请兵严于场所，依方色建旗为和门。都埠之中及四角，皆建五采牙旗。应讲武者，各集于其军。戒鼓一通，军士皆严。二通，将士贯甲。三通，步军各为直阵以相俟。大将各处军中，立旗鼓下。有司陈小驾卤簿，皇帝武弁，乘革辂，大司马介胄乘，奉引入行殿。百司陪列。位定，二军迭为客主。先举为客，后举为主。从五行相胜法，为阵以应之。

后齐春蒐礼，有司规大防，建获旗，以表获车。蒐前一日，命布围。领军将军一人，督左甄，护军将军一人，督右甄。大司马一人，居中，节制诸军。天子陈小驾，服

通天冠，乘木辂，诣行宫。将亲禽，服戎服，钑戟者皆严。武卫张甄围，旗鼓相望，衔枚而进。甄常开一方，以令三驱。围合，吏奔骑令曰："鸟兽之肉，不登于俎者不射。皮革齿牙，骨角毛羽，不登于器者不射。"甄合，大司马鸣鼓促围，众军鼓噪鸣角，至期处而止。大司马屯北旌门，二甄帅屯左右旌门。天子乘马，从南旌门入，亲射禽。谒者以获车收禽，载还，陈于获旗之北。王公已下以次射禽，皆送旗下。事毕，大司马鸣鼓解围，复屯。殿中郎中率其属收禽，以实获车。天子还行宫。命有司每禽择取三十，一曰干豆，二曰宾客，三曰充君之庖。其余即于围下量犒将士。礼毕，改服，钑者韬刃而还。夏苗、秋狝、冬狩，礼皆同。河清中定令，每岁十二月半后讲武，至晦逐除。二军兵马，右入千秋门，左入万岁门，并至永巷南下，至昭阳殿北，二军交。一军从西上阁，一军从东上阁，并从端门南，出阊阖门前桥南，戏射并讫，送至城南郭外罢。

后齐三月三日，皇帝常服乘舆，诣射所，升堂即坐，皇太子及群官坐定，登歌，进酒行爵。皇帝入便殿，更衣以出，骅骝令进御马，有司进弓矢。帝射讫，还御坐，射悬侯，又毕，群官乃射五埒。一品二品三十发，（一发调马，十发射下，十发射上，三发射獐，三发射帖，三发射兽头。）三品二十五发，（一发调马，五发射下，十发射上，三发射獐，三发射帖，三发射兽头。）四品二十发（一发调马，五发射下，八发射上，二发射獐，二发射帖，二发射兽头。）五品十五发（一发调马，四发射下，五发射上，二发射獐，二发射帖，一发射兽头。）侍官御仗已上十发（一发调马，四发射下，五发射上。）季秋大射，皇帝备大驾，常服，御七宝辇，射七埒。正三品已上，第一埒，一品五十发，（一发调马，十五发射下，二十五发射上，三发射獐，三发射帖，三发射兽头。）二品四十六发（一发调马，十五发射下，二十二发射上，二发射獐，三发射帖，三发射兽头。）从三品四品第二埒，三品四十二发（一发调马，十二发射下，二十二发射上，二发射獐，二发射帖，三发射兽头。）四品三十七发（一发调马，十一发射下，十九发射上，一发射獐，三发射兽头。）五品第三埒，三十二发（一发调马，九发射下，十七发射上，一发射獐，二发射帖，二发射兽头。）六品第四埒，二十七发。（一发调马，八发射下，十六发射上，一发射獐，一发射帖。）七品第五埒，二十一发（一发调马，六发射下，十二发射上，发射獐，一发射帖。）八品第六埒，十六发（一发调马，四发射下，九发射上，一发射獐，一发射帖。）九品第七埒，十发。（一发调马，三发射下，四发射上，一发射獐，一发射帖。）大射置大将（太尉公为之。）射司马各一人，录事二人。七埒各置埒将、射正参军各一人，埒士四人，威仪一人，乘白马以导、的别参军一人，悬侯下府参军一人。又各置令史埒士等员，以司其事。

后周仲春教振旅，大司马建大麾于莱田之所。乡稍之官，以旂物鼓铎钲铙，各帅其人而致。诛其后至者。建麾于后表之中，以集众庶。质明，偃麾，诛其不及者。乃陈徒骑，如战之阵。大司马北面誓之。军中皆听鼓角，以为进止之节。田之日，于所莱之北，建旗为和门。诸将帅徒骑序入其门。有司居门，以平其人。既入而分其地，险野

则徒前而骑后，易野则骑前而徒后。既阵，皆坐，乃设驱逆骑，有司表猲于阵前。以太牢祭黄帝轩辕氏，于狩地为埠，建二旗，列五兵于坐侧，行三献礼。遂蒐田致禽以祭社。仲夏教茇舍，如振旅之阵，遂以苗田如蒐法，致禽以享礿。仲秋教练兵，如振旅之阵，遂以狝田如蒐法，致禽以祀方。仲冬教大阅，如振旅之阵，遂以狩田如蒐法，致禽以享烝。

孟秋迎太白，候太白夕见于西方。先见三日，大司马戒期，遂建旗于阳武门外。司空除坛兆，有司荐毛血，登歌奏《昭夏》。在位者拜，事毕出。其日中后十刻，六军士马，俱介胄集旗下。左右武伯督十二帅严衔，侍臣文武，俱介胄奉迎。乐师撞黄钟，右五钟皆应。皇帝介胄，警跸以出，如常仪而无鼓角，出国门而辍祭。至则舍于次。太白未见五刻，中外皆严，皇帝就位，六军鼓噪，行三献之礼。每献，鼓噪如初献。事讫，燔燎赐胙，毕，鼓噪而还。

隋制，大射祭射侯于射所，用少牢。军人每年孟秋阅戎具，仲秋教战法。及大业三年，炀帝在榆林，突厥启民及西域、东胡君长，并来朝贡。帝欲夸以甲兵之盛，乃命有司陈冬狩之礼。诏虞部量拔延山南北周二百里，并立表记。前狩二日，兵部建旗于表所。五里一旗，分为四十军，军万人，骑五千匹。前一日，诸将各帅其军，集于旗下。鸣鼓，后至者斩。诏四十道使，并扬旗建节，分申佃令，即留军所监猎。

布围，围阙南面，方行而前。帝服紫裤褶、黑介帻，乘阊猪车，其饰如木辂，重辋漫轮，虬龙绕毂，汉东京卤簿所谓猎车者也。驾六黑骊。太常陈鼓笳铙箫角于帝左右，各百二十。百官戎服骑从，鼓行入围。诸将并鼓行赴围。乃设驱逆骑千有二百。阉猪停轸，有司敛大绥，王公已下，皆整弓矢，陈于驾前。司马又敛小绥，大驱兽出，过于帝前。初驱过，有司整御弓矢以前，待诏。再驱过，备身将军奉进弓矢。三驱过，帝乃从禽，鼓吹皆振，左而射之。每驱必三兽以上。帝发，抗大绥。次王公发，则抗小绥。次诸将发射之，无鼓，驱逆之骑乃止。然后三军四夷百姓皆猎。凡射兽，自左膘而射之，达于右腢，为上等。达右耳本，为次等。自左髀达于右䯚为下等。群兽相从，不得尽杀。已伤之兽，不得重射。又逆向人者，不射其面。出表者不逐。佃将止，虞部建旗于围内。从驾之鼓及诸军鼓俱振，卒徒皆噪。诸获禽者，献于旗所，致其左耳。大兽公之，以供宗庙，使归，荐腊于京师。小兽私之。

齐制，季冬晦，选乐人子弟十岁以上十二以下为侲子，合二百四十人。一百二十人，赤帻、皂褠衣，执鼗。一百二十人赤布裤褶，执鞞角。方相氏黄金四目，熊皮蒙首，玄衣朱裳，执戈扬楯。又作穷奇、祖明之类，凡十二兽，皆有毛角。鼓吹令率之，中黄门行之，冗从仆射将之，以逐恶鬼于禁中。其日戊夜三唱，开诸里门，傩者各集，被服器仗以待事。戊夜四唱，开诸城门，二卫皆严。上水一刻，皇帝常服，即御座。王公执事官第一品已下，从六品已上，陪列预观。傩者鼓噪，入殿西门，遍于禁内。分出二上阁，作方相与十二兽儛戏，喧呼周遍，前后鼓噪。出殿南门，分为六道，出于郭外。

隋制，季春晦，傩，磔牲于宫门及城四门，以禳阴气。秋分前一日，禳阳气。季冬傍磔、大傩亦如之。其牲，每门各用羝羊及雄鸡一。选侲子如后齐。冬八队，二时傩则四队。问事十二人，赤帻褠衣，执皮鞭。工人二十二人。其一人方相氏，黄金四目，蒙熊皮，玄衣朱裳。其一人为唱师，著皮衣，执棒。鼓角各十。有司预备雄鸡羝羊及酒，于宫门为坎。未明，鼓噪以入。方相氏执戈扬楯，周呼鼓噪而出，合趣显阳门，分诣诸城门。将出，诸祝师执事，预副牲胸，磔之于门，酌酒禳祝。举牲并酒埋之。

后齐制，日蚀，则太极殿西厢东向，东堂东厢西向，各设御座。群官公服。昼漏上水一刻，内外皆严。三门者闭中门，单门者掩之。蚀前三刻，皇帝服通天冠，即御座，直卫如常，不省事。有变，闻鼓音，则避正殿，就东堂，服白袷单衣。侍臣皆赤帻，带剑，升殿侍。诸司各于其所，赤帻，持剑，出户向日立。有司各率官属，并行宫内诸门，掖门，屯卫太社。邺令以官属围社，守四门，以朱丝绳绕系社坛三匝。太祝令陈辞责社。太史令二人，走马露版上尚书，门司疾上之。又告清都尹鸣鼓，如严鼓法。日光复，乃止，奏解严。

后魏每攻战克捷，欲天下知闻，乃书帛，建于竿上，名为露布。其后相因施行。开皇中，乃诏太常卿牛弘、太子庶子裴政撰宣露布礼。及九年平陈，元帅晋王以驿上露布。兵部奏，请依新礼宣行。承诏集百官、四方客使等，并赴广阳门外，服朝衣，各依其列。内史令称有诏，在位者皆拜。宣讫，拜，蹈舞者三，又拜。郡县亦同。

卷九　　　　　　　　志第四

礼仪四

周大定元年，静帝遣兼太傅、上柱国、杞国公椿，大宗伯、大将军、金城公煚，奉皇帝玺绶策书，禅位于隋。司录虞庆则白，请设坛于东第。博士何妥议，以为受禅登坛，以告天也，故魏受汉禅，设坛于繁昌，为在行旅，郊坛乃阙。至如汉高在汜，光武在鄗，尽非京邑所筑坛。自晋、宋揖让，皆在都下，莫不就南郊，更无别筑之义。又后魏即位，登朱雀观，周帝初立，受朝于路门，虽自我作古，皆非礼也。今即府为坛，恐招后诮。议者从之。二月甲子，椿等乘象辂，备卤簿，持节，率百官至门下，奉策入次。百官文武，朝服立于门南，北面。高祖冠冕远游冠，府僚陪列。记室入白，礼曹导高祖，府僚从，出大门东厢西向。椿奉策书，煚奉玺绶，出次，节导而进。高祖揖之，入门而左，椿等入门而右。百官随入庭中。椿南向，读册书毕，进授高祖。高祖北面再拜，辞不奉诏。上柱国李穆进喻朝旨，又与百官劝进，高祖不纳。椿等又奉策书进而敦劝，高祖再拜，俯受策，以授高颎；受玺，以授虞庆则。退就东阶位。使者与百官皆北面再拜，搢笏，三称万岁。

有司请备法驾，高祖不许，改服纱帽、黄袍，入幸临光殿。就阁内服衮冕，乘小舆，出自西序，如会元仪。礼部尚书以案承符命及祥瑞牒，进东阶下。纳言跪御前以闻。内史令奉宣诏大赦，改元曰开皇。是日，命有司奉册祀于南郊。

后齐将崇皇太后，则太尉以玉帛告圆丘方泽，以币告庙。皇帝乃临轩，命太保持节，太尉副之。设九傧，命使者受玺绶册及节，诣西上阁。其日，昭阳殿文物具陈，临轩讫，使者就位，持节及玺绶称诏。二侍中拜进，受节及册玺绶，以付小黄门。黄门以诣阁。皇太后服袆衣，处昭阳殿，公主及命妇陪列于殿，皆拜。小黄门以节绶入，女侍中受，以进皇太后。皇太后兴，受，以授左右。复坐，反节于使者。使者受节出。册皇后，如太后之礼。

后齐册皇太子，则皇帝临轩，司徒为使，司空副之。太子服远游冠，入至位。使者入，奉册读讫，皇太子跪受册于使，以授中庶子。又受玺绶于尚书，以授庶子。稽首以出。就册，则使者持节至东宫，宫臣内外官定列。皇太子阶东，西面。若幼，则太师抱之，主衣二人奉空顶帻服从，以受册。明日，拜章表于东宫殿庭，中庶子、中舍人乘轺车，奉章诣朝堂谢。择日斋于崇正殿，服冕，乘石山安车谒庙。择日群臣上礼，又择日会。明日，三品以上笺贺。

册诸王，以临轩日上水一刻，吏部令史乘马，赍召版，诣王第。王乘高车，卤簿至东掖门止，乘轺车。既入，至席。尚书读册讫，以授王，又授章绶。事毕，乘轺车，入卤簿，乘高车，诣阊阖门，伏阙表谢。报讫，拜庙还第。就第，则鸿胪卿持节，吏部尚书授册，侍御史授节。使者受而出，乘轺车，持节，诣王第。入就西阶，东面。王入，立于东阶，西面。使者读册，博士读版，王俯伏。兴，进受册章绶茅土，俯伏三稽首，还本位，谢如上仪。在州镇，则使者受节册，乘轺车至州，如王第。

诸王、三公、仪同、尚书令、五等开国、太妃、妃、公主恭拜册，轴一枚，长二尺，以白练衣之。用竹简十二枚，六枚与轴等，六枚长尺二寸。文出集书，书皆篆字。哀册、赠册亦同。诸王、五等开国及乡男恭拜，以其封国所在方，取社坛方面土，包以白茅，内青箱中。函方五寸，以青涂饰，封授之，以为社。

隋临轩册命三师、诸王、三公，并陈车辂。余则否。百司定列，内史令读册讫，受册者拜受出。又引次受册者，如上仪。若册开国，郊社令奉茅土，立于仗南，西面。每受册讫，授茅土焉。

后齐皇帝加元服，以玉帛告圆丘方泽，以币告庙，择日临轩。中严，群官位定，皇帝著空顶介帻以出。太尉盥讫，升，脱空顶帻，以黑介帻奉加讫，太尉进太保之右，北面读祝讫，太保加冕，侍中系玄纮，脱绛纱袍，加衮服，事毕，太保上寿，群官三称万岁。皇帝入温室，移御坐，会而不上寿。后日，文武群官朝服，上礼酒十二钟，米十二囊，牛十二头。又择日亲拜圆丘方泽，谒庙。

皇太子冠，则太尉以制币告七庙，择日临轩。有司供帐于崇正殿。中严，皇太子空顶帻公服出，立东阶之南，西面，使者入，立西阶之南，东面。皇太子受诏讫，入室盥栉，出，南面。使者进捂，诣冠席，西面坐。光禄卿盥讫，诣太子前疏栉。使者又盥，奉进贤三梁冠，至太子前，东面祝，脱空顶帻，加冠。太子兴，入室更衣，出，又南面就席。光禄卿盥栉。使者又盥讫，脱三梁冠，加远游冠。太子又入室更衣。设席中楹之西，使者捂就席，南面。光禄卿洗爵酌醴，使者诣席前，北面祝。太子受醴，即席坐，祭之，啐之，奠爵，降阶，复本位，西面。三师、三少及在位群官拜事讫。又择日会宫臣，又择日谒庙。

隋皇太子将冠，前一日，皇帝斋于大兴殿。皇太子与宾赞及预从官斋于正寝。其日质明，有司告庙，各设筵于阼阶。皇帝衮冕入拜，即御座。宾揖皇太子进，升筵，西向坐。赞冠者坐栉，设纚。宾盥讫，进加缁布冠。赞冠进设颊缨。宾揖皇太子适东序，衣玄衣素裳以出。赞冠者又坐栉，宾进加远游冠。改服讫，宾又受冕。太子适东序，改服以出。宾揖皇太子南面立，宾进受醴，进筵前，北面立祝。皇太子拜受觯。宾复位，东面答拜。赞冠者奉馔于筵前，皇太子祭奠。礼毕，降筵，进当御东面拜。纳言承诏，诣太子戒讫，太子拜。赞冠者引太子降自西阶。宾少进，字之。赞冠者引皇太子进，立于庭，东面。诸亲拜讫，赞冠者拜，太子皆答拜。与宾赞俱复位。纳言承诏降，令有司致礼。宾赞又拜。皇帝降复阼阶，拜，皇太子已下皆拜。皇帝出，更衣还宫。皇太子从至阙，因入见皇后，拜而还。

后齐皇帝纳后之礼，纳采、问名、纳征讫，告圆丘方泽及庙，如加元服，是日，皇帝临轩，命太尉为使，司徒副之。持节诣皇后行宫，东向，奉玺绶册，以授中常侍。皇后受册于行殿。使者出，与公卿以下皆拜。有司备迎礼。太保太尉，受诏而行。主人公服，迎拜于门。使者入，升自宾阶，东面。主人升自阼阶，西面。礼物陈于庭。设席于两楹间，童子以玺书版升，主人跪受。送使者，拜于大门之外。有司先于昭阳殿两楹间供帐，为同牢之具。皇后服大严绣衣，带绶佩，加幨。女长御引出，升画轮四望车。女侍中负玺陪乘。卤簿如大驾。皇帝服衮冕出，升御坐。皇后入门，大卤簿住门外，小卤簿入。到东上阁，施步鄣，降车，席道以入昭阳殿。前至席位，姆去幨，皇后先拜后起，皇帝后拜先起。帝升自西阶，诣同牢坐，与皇后俱坐。各三饭讫，又各酳二爵一卺。奏礼毕，皇后兴，南面立。皇帝御太极殿，王公已下拜，皇帝兴，入。明日，后展衣，于昭阳殿拜谢。又明日，以榛栗枣脩，见皇太后于昭阳殿。择日，群官上礼。又择日谒庙。皇帝使太尉先以太牢告，而后遍见群庙。皇太子纳妃礼，皇帝遣使纳采，有司备礼物。会毕，使者受诏而行。主人迎于大门外。礼毕，会于听事。其次问名、纳吉，并如纳采。纳征，则使司徒及尚书令为使，备礼物而行。请期，则以太常宗正卿为使，如纳采。亲迎，则太尉为使。三日，妃朝皇帝于昭阳殿，又朝皇后于宣光殿。择日，群官上礼。他日，妃还。又他日，皇太子拜阁。

隋皇太子纳妃礼，皇帝临轩，使者受诏而行。主人俟于庙。使者执雁，主人迎拜于大门之东。使者入，升自西阶，立于楹间，南面。纳采讫，乃行问名仪。事毕，主人请致礼于从者。礼有币马。其次择日纳吉，如纳采。又择日，以玉帛乘马纳征。又择日告期。又择日，命有司以特牲告庙，册妃。皇太子将亲迎，皇帝临轩，醮而诫曰："往迎尔相，承我宗事，勖帅以敬。"对曰："谨奉诏。"既受命，羽仪而行。主人几筵于庙，妃服褕翟，立于东房。主人迎于门外，西面拜。皇太子答拜。主人揖皇太子先入，主人升，立于阼阶，西面。皇太子升进，当房户前，北面，跪奠雁，俯伏，兴拜，降出。妃父少进，西面戒之。母于西阶上，施衿结帨，及门内，施鞶申之。出门，妃升辂，乘以几。姆加帔。皇太子乃御，轮三周，御者代之。皇太子出大门，乘辂，羽仪还宫。妃三日，鸡鸣夙兴以朝。奠箅于皇帝，皇帝抚之。又奠箅于皇后，皇后抚之。席于户牖间，妃立于席西，祭奠而出。

后齐娉礼，一曰纳采，二曰问名，三曰纳吉，四曰纳征，五曰请期，六曰亲迎。皆用羔羊一口，雁一只，酒黍稷稻米面各一斛。自皇子王已下至于九品皆同，流外及庶人则减其半。纳征，皇子王用玄三匹，纁二匹，束帛十四，大璋一（第一品已下至从三品，用璧玉，四品已下皆无。）兽皮二（第一品已下至从五品，用豹皮二，六品已下至从九品，用鹿皮。）锦彩六十匹（一品锦彩四十匹，二品三十匹，三品二十匹，四品杂彩十六匹，五品十匹，六品、七品五匹。）绢二百匹，（一品一百四十匹，二品一百二十匹，三品一百匹，四品八十匹，五品六十匹，六品、七品五十匹，八品、九品三十匹。）羔羊一口，羊四口，犊二头，酒黍稷稻米面各十斛。（一品至三品，减羊二口，酒黍稷稻米面各减六斛，四品、五品减一犊，酒黍稷稻米面又减二斛，六品以下无犊，酒黍稷稻米面各一斛。）诸王之子，已封未封，礼皆同第一品。新婚从车，皇子百乘，一品五十乘，第二、第三品三十乘，第四、第五品二十乘，第六、第七品十乘，八品达于庶人五乘。各依其秩之饰。

梁大同五年，临城公婚，公夫人于皇太子妃为姑侄，进见之制，议者互有不同。令曰："缥雁之仪，既称合于二姓，酒食之会，亦有姻不失亲。若使榛栗殿修，赞馈必举，副笄编珈，盛饰斯备，不应妇见之礼，独以亲阙。顷者敬进醯醴，已传妇事之则，而奉盘沃盥，不行侯服之家。是知繁省不同，质文异世，临城公夫人于妃既是姑侄，宜停省。"

后齐将讲于天子，先定经于孔父庙，置执经一人，侍讲二人，执读一人，摘句二人，录义六人，奉经二人。讲之旦，皇帝服通天冠、玄纱袍，乘象辂，至学，坐庙堂上。讲讫，还便殿，改服绛纱袍，乘象辂，还宫。讲毕，以一太牢释奠孔父，配以颜回，列轩悬乐，六佾舞。行三献礼毕，皇帝服通天冠、绛纱袍，升阼，即坐。宴毕，还宫。皇太子每通一经，亦释奠，乘石山安车，三师乘车在前，三少从后而至学焉。

梁天监八年，皇太子释奠。周舍议，以为："释奠仍会，既惟大礼，请依东宫元会，太子著绛纱襈，乐用轩悬。预升殿坐者，皆服朱衣。"帝从之。又有司以为："《礼》云：'凡为人子者，升降不由阼阶。'案今学堂凡有三阶。愚谓客若降等，则从主人之阶。今先师在堂，义所尊敬，太子宜登阼阶，以明从师之义。若释奠事讫，宴会之时，无复先师之敬，太子升堂，则宜从西阶，以明不由阼义。"吏部郎徐勉议："郑玄云：'由命士以上，父子异宫。'宫室既异，无不由阼阶之礼。请释奠及宴会，太子升堂，并宜由东阶。若舆驾幸学，自然中陛。又检《东宫元会仪注》，太子升崇正殿，不欲东西阶。责东宫典仪，列云'太子元会，升自西阶'，此则相承为谬。请自今东宫大公事，太子升崇正殿，并由阼阶。其预会宾客，依旧西阶。"

大同七年，皇太子表其子宁国、临城公入学，时议者以与太子有齿胄之义，疑之。侍中、尚书令臣敬容、尚书仆射臣缵、尚书臣僧旻、臣之遴、臣筠等，以为："参、点并事宣尼，回、路同诸泗水，邹鲁称盛，洙汶无讥。师道既光，得一资敬，无亏亚贰，况于两公，而云不可？"制曰："可。"

后齐制，新立学，必释奠礼先圣先师，每岁春秋二仲，常行其礼。每月旦，祭酒领博士已下及国子诸学生已上，太学、四门博士升堂，助教已下，太学诸生阶下，拜孔揖颜。日出行事而不至者，记之为一负。雨沾服则止。学生每十日给假，皆以丙日放之。郡学则于坊内立孔、颜庙，博士已下，亦每月朝云。

隋制，国子寺，每岁以四仲月上丁，释奠于先圣先师。年别一行乡饮酒礼。州郡学则以春秋仲月释奠。州郡县亦每年于学一行乡饮酒礼。学生皆乙日试书，丙日给假焉。

梁元会之礼，未明，庭燎设，文物充庭。台门辟，禁卫皆严，有司各从其事。太阶东置白兽樽。群臣及诸蕃客并集，各从其班而拜。侍中奏中严，王公卿尹各执珪璧入拜。侍中乃奏外办，皇帝服衮冕，乘舆以出。侍中扶左，常侍扶右，黄门侍郎一人执曲直华盖从。至阶，降舆，纳舄升坐。有司御前施奉珪藉。王公以下，至阼阶，脱舄剑，升殿，席南奉贽珪璧毕，下殿，纳舄佩剑，诣本位。主客即徙珪璧于东厢。帝兴，入，徙御坐于西壁下，东向。设皇太子王公已下位。又奏中严，皇帝服通天冠，升御坐。王公上寿礼毕，食。食毕，乐伎奏。太官进御酒，主书赋黄甘，建二品已上。尚书驺骑引计吏，郡国各一人，皆跪受诏。侍中读五条诏，计吏每应诺讫，令陈便宜者，听诣白兽樽，以次还坐。宴乐罢，皇帝乘舆以入。皇太子朝，则远游冠服，乘金辂，卤簿以行。预会则剑履升坐。会讫，先兴。天监六年诏曰："顷代以来，元日朝毕，次会群臣，则移就西壁下，东向坐。求之古义，王者燕万国，唯应南面，何更居东面？"于是御坐南向，以西方为上。皇太子以下，在北壁坐者，悉西边东向。尚书令以下在南方坐者，悉东边西向。旧元日御坐东向，酒壶在东壁下。御坐既南向，乃诏壶于南兰下。又诏："元日受五等贽，珪璧并量付所司。"周舍案："《周礼》冢宰，大朝觐，赞玉币。尚书，古之冢宰。顷王者不亲抚玉，则不复须冢宰赞助。寻尚书主客曹郎，既冢宰隶职，今元日五等玉既竟，请以主客郎受。郑玄注《觐礼》云：'既受之后，出付玉人于外。'汉时少府，职掌珪璧，请主客受玉，付少府掌。"帝从之。又尚书仆射沈约议："《正会仪注》，御出，乘舆至太极殿前，纳舄升阶。寻路寝之设，本是人君居处，不容自敬宫室。案汉氏则乘小车升殿。请自今元正及大公事，御宜乘小舆至太极阶，仍乘版舆升殿。"制："可。"

陈制，先元会十日，百官并习仪注，令仆已下，悉公服监之。设庭燎，街阙、城上、殿前皆严兵，百官各设部位而朝。宫人皆于东堂，隔绮疏而观。宫门既无籍，外人但绛衣者，亦得入观。是日，上事人发白兽樽。自余亦多依梁礼云。

后齐正日，侍中宣诏慰劳州郡国使。诏牍长一尺三寸，广一尺，雌黄涂饰，上写诏书三。计会日，侍中依仪劳郡国计吏，问刺史太守安不，及谷价麦苗善恶，人间疾苦。又班五条诏书于诸州郡国使人，写以诏牍一枚，长二尺五寸，广一尺三寸，亦以雌黄涂饰，上写诏书。正会日，依仪宣示使人，归以告刺史二千石。一曰，政在正身，在爱人，去残贼，择良吏，正决狱，平徭赋。二曰，人生在勤，勤则不匮，其劝率田桑，无或烦扰。三曰，六极之人，务加宽养，必使生有以自救，没有以自给。四曰，长吏华浮，奉客以求小誉，逐末舍本，政之所疾，宜谨察之。五曰，人事意气，干乱奉公，外内溷淆，纲纪不设，所宜纠劾。正会日，侍中黄门宣诏劳诸郡上计。劳讫付纸，遣陈土宜。字有脱误者，呼起席后立。书迹滥劣者，饮墨水一升。文理孟浪无可取者，夺容刀及席。既而本曹郎中考其文迹才辞可取者，录牒吏部，简同流外三品叙。元正大飨，百官一品已下，流外九品已上预会。一品已下，正三品已上、开国公侯伯、散品公侯及特命之官、下代刺史，并升殿。从三品已下、从九品以上及奉正使人比流官者，在阶下。勋品已下端门外。

隋制，正旦及冬至，文物充庭，皇帝出西房，即御座。皇太子卤簿至显阳门外，入贺。复诣皇后御殿，拜贺讫，还宫。皇太子朝讫，群官客使入就位，再拜。上公一人，诣西阶，解剑，升贺；降阶，带剑，复位而拜。有司奏诸州表。群官在位者又拜而出。皇帝入东房，有司奏行事讫，乃出西房。坐定，群官入就位，上寿讫，上下俱拜。皇帝举酒，上下舞蹈，三称万岁。皇太子预会，则设坐于御东南，西向。群臣上寿毕，入，解剑以升。会讫，先兴。

后齐元日，中宫朝会，陈乐，皇后袆衣乘舆，以出于昭阳殿。坐定，内外命妇拜，皇后兴，妃主皆跪。皇后坐，妃主皆起，长公主一人，前跪拜贺。礼毕，皇后入室，乃移幄坐于西厢。皇后改服褕狄以出。坐定，公主一人上寿讫，就坐。御酒食，赐爵，并如外朝会。

隋仪如后齐制，而又有皇后受群臣贺礼。则皇后御坐，而内侍受群臣拜以入，承令而出，群臣拜而罢。

后齐皇太子月五朝。未明二刻，乘小舆出，为三师降。至承华门，升石山安车，三师辂车在前，三少在后，自云龙门入。皇帝御殿前，设拜席位，至柏阁，斋帅引，洗马、中庶子从。至殿前席南，北面再拜。

天保元年，皇太子监国，在西林园冬会。群议皆东面。二年，于北城第内冬会，又议东面。吏部郎陆卬疑非礼，魏收改为西面。邢子才议欲依前，曰：

凡礼有同者，不可令异。《诗》说，天子至于大夫，皆乘四马，况以方面之少，何可皆不同乎？若太子定西面者，王公卿大夫士，复何面邪？南面人君正位，今一官之长，无午南面，太子听政，亦南面坐。议者言皆旧事，太子在东宫西面，为避尊位，非为向台殿也。子才以为东晋博议，依汉、魏之旧，太子普臣四海，不以为嫌，又何疑于东面？《礼》"世子绝旁亲"，"世子冠于阼"，"冢子生，接以太牢"。汉元著令，太子绝驰道。此皆礼同于君。又晋王公世子，摄命临国，乘七旒安车，驾用三马，礼同三公。近宋太子乘象辂，皆有同处，不以为嫌。况东面者，君臣通礼，独何为避？明为向台，所以然也。近皇太子在西林园，在于殿犹且东面，于北城非宫殿之处，更不得邪？诸人以东面为尊，宴会须避。案《燕礼》、《燕义》，君位在东，宾位则在西，君位在阼阶，故有《武王践阼篇》，不在西也。《礼》"乘君之车，不敢旷左"。君在，恶空其位，左亦在东，不在西也。"君在阼，夫人在房"，郑注"人君尊东也"。前代及今，皇帝宴会接客，亦东堂西面。若以东面为贵，皇太子以储后之礼，监国之重，别第宴臣宾，自得申其正位。礼者皆东宫臣属，公卿接宴，观礼而已。若以西面为卑，实是君之正位。太公不肯北面说《丹书》，西面则道之，西面乃尊也。君位南面，有东有西，何可皆避？且事虽少异，有可相比者。周公，臣也，太子，子也。周公为冢宰，太子为储贰。明堂尊于别第，朝诸侯重于宴臣宾，南面贵于东面。臣疏于子，冢宰轻于储贰。周公摄政，得在明堂南面朝诸侯。今太子监国，不得于别第异宫东面宴客，情所未安。且君行以太子监国，君宴不以公卿为宾，明父子无嫌，君臣有嫌。案《仪注》，亲王受诏冠婚，皇子皇女皆东面。今不约王公南面，而独约太子，何所取邪？议者南尊改就西面，转君位，更非合礼。方面既少，难为节文。东西二面，君臣通用，太子宜然，于礼为允。

魏收议云：

去天保初，皇太子监国。冬会群官于西园都亭，坐从东面，义取于向中宫台殿故也。二年于宫冬会，坐乃东面，收窃以为疑。前者遂有别议，议者同之。邢尚书以前定东面之议，复申本怀，此乃国之大礼，无容不尽所见。收以为太子东宫，位在丁震，长子之义也。案《易》八卦，正位向中。皇太子今居北城，于宫殿为东北，南面而坐，于义为背也。前者立议，据东宫为本。又案《东宫旧事》，太子宴会，多以西面为礼，此又成证，非徒言也。不言太子常无东南二面之坐，但用之有所。至如西园东面，所不疑也。未知君臣车服有同异之议，何为而发？就如所议，但知礼有同者，不可令异。不知礼有异者，不可令同。苟别君臣同异之礼，恐重纸累札，书不尽也。

子才竟执东面，收执西面，授引经据，大相往复。其后竟从西面为定。时议又疑宫吏之姓与太子名同。子才又谓曰："案《曲礼》'大夫士之子，不与世子同名。'《郑注》云：'若先之生，亦不改。'汉法，天子登位，布名于天下，四海之内，无不咸避。案《春秋经》'卫石恶出奔晋'，在

卷十　志第五

礼仪五

卫侯衎卒之前。衎卒，其子恶始立。明石恶于长子同名。诸侯长子，在一国之内，与皇太子于天子，礼亦不异。郑言先生不改，盖以此义。卫石恶、宋向戌皆与君同名，《春秋》不讥。皇太子虽有储贰之重，未为海内所避，何容便改人姓。然事有消息，不得皆同于古。宫吏至微，而有所犯，朝夕从事，亦是难安，宜听出宫，尚书更补他职。"制曰："可。"

后周制，正之二日，皇太子南面，列轩悬，宫官朝贺。及开皇初，皇太子勇准故事，张乐受朝，宫臣及京官北面称庆。高祖诮之。是后定仪注，西面而坐，唯宫臣称庆，台官不复总集。炀帝之为太子，奏降章服，宫官请不称臣。诏许之。后齐立春日，皇帝服通天冠、青介帻、青纱袍，佩苍玉，青带、青裤、青袜乌，而受朝于太极殿。尚书令等坐定，三公郎中诣席，跪读时令讫，典御酌酒卮，置郎中前，郎中拜，还席伏饮，礼成而出。立夏、季夏、立秋读令，则施御座于中楹，南向。立冬如立春，于西厢东向。各以其时之色服，仪并如春礼。

后齐每策秀孝，中书策秀才，集书策考贡士，考功郎中策廉良，皇帝常服，乘舆出，坐于朝堂中楹。秀孝各以班草对。其有脱误、书滥、孟浪者，起立席后，饮墨水，脱容刀。

后齐宴宗室礼，皇帝常服，别殿西厢东向。七庙子孙皆公服，无官者，单衣介帻，集神武门。宗室尊卑，次于殿庭。七十者二人扶拜，八十者扶而不拜。升殿就位，皇帝兴，宗室伏。皇帝坐，乃兴拜而坐。尊者南面，卑者北面，皆以西为上。八十者一坐。再至，进丝竹之乐。三爵毕，宗室避席，待诏而后复位。乃行无算爵。

正晦泛舟，则皇帝乘舆，鼓吹至行殿。升御坐，乘版舆，以与王公登舟，置酒。非预泛者，坐于便幕。

仲春令辰，陈养老礼。先一日，三老五更斋于国学。皇帝进贤冠、玄纱袍，至璧雍，入总章堂。列宫悬。王公已下及国老庶老各定位。司徒以羽仪武贲安车，迎三老五更于国学。并进贤冠、玄服、黑乌、素带。国子生黑介帻、青衿、单衣，乘马而至。皇帝释剑，执珽，迎于门内。三老至门，五更去门十步，则降车以入。皇帝拜，三老五更摄齐答拜。皇帝揖进，三老在前，五更在后，升自右阶，就筵。三老坐，五更立。皇帝升堂，北面。公卿升自左阶，北面。三公授几杖，卿正履，国老庶老各就位。皇帝拜三老，群臣皆拜。不拜五更。乃坐，皇帝西向，肃拜五更。进珍羞酒食，亲祖割，执酱以馈，执爵以酳。以次进五更。又设酒酳于国老庶老。皇帝升御坐，三老乃论五孝六顺，典训大纲。皇帝虚躬请受，礼毕而还。又都下及外州人年七十已上，赐鸠杖黄帽。（有敕即给，不为常也。）

后周保定三年，陈养老之礼。以太傅、燕国公于谨为三老。有司具礼择日，高祖幸太学以食之。事见谨传。

舆辇之别，盖先王之所以列等威也。然随时而变，代有不同。梁初尚遵齐制，其后武帝既议定礼仪，乃渐有变革。始永明中，步兵校尉伏曼容奏，宋大明中，尚书左丞荀万秋议，金玉二辂，并建碧旂，象革木辂，并建赤旂，非时运所上，又非五方之色。今五辂五牛及五色幡旗，并请准齐所尚青色。时议所驳，不行。及天监三年，乃改五辂旗同用赤而旒不异，以从行运所尚也。七年，帝曰："据《礼》'玉辂以祀，金辂以宾'，而今大祀，乃乘金辂。"诏下详议。周舍以为："金辂以之斋车，本不关于祭祀。"于是改陵庙皆乘玉辂，大驾则太仆御，法驾则奉车郎驭。其余四辂，则使人执辔，以朱丝为之。执者武冠、朱衣。又齐永明制，玉辂上施重屋，栖宝凤凰，缀金铃，镶珠珰、玉蚌佩。四角金龙，衔五彩毦。又画麒麟头加于马首者。十二年，帝皆省之。初，齐武帝造大小辇，并如轺车，但无轮毂，下横辕轭。梁初，漆画代之。后帝令上可加笨辇，形如轸车，自兹始也。中方八尺，左右开四望。金为龙首。饰其五末，谓辕毂头及衡端也。金鸾栖轭。其下施重层，以空青雕镂为龙凤象。漆木横前，名为望板。其下交施三十六横。小舆形似轺车，金装漆画，但施八横。元正大会，乘出上殿。西堂举哀亦乘之。行则从后。一名舆车。

羊车一名辇，其上如轺，小儿衣青布袴褶，五辫髻，数人引之。时名羊车小史。汉氏或以人牵，或驾果下马。梁贵贱通得乘之，名曰牵子。

画轮车，一乘，驾牛。乘用如齐制，旧史言之详矣。

衣书车，十二乘，驾牛。汉皂盖朱里，过江加绿油幢，朱丝络，青交路，黄金涂五末。一曰副车。梁朝谓之衣书车。

皇太子鸾辂，驾三马，左右騑。朱斑轮，倚兽较，伏鹿轼，九旒，画降龙，青盖画幡，文辀，黄金涂五末。近代亦谓之鸾辂，即象辂也。梁东宫初建及太子释奠、元朝会则乘之。以画轮为副。若常乘画轮，以轺衣书车为副。画轮车，上开四望，绿油幢，朱绳络，两箱里饰以锦，黄金涂五末。

二千石四品已上及列侯，皆给轺车，驾牛。伏兔箱，青油幢，朱丝络，毂辀皆黑漆。天监二年令，三公、开府、尚书令，则给鹿幡轺，施耳，后户，皂辀。尚书仆射、左右光禄大夫、侍中、中书监令、秘书监，则给凤辖轺，后户，皂辀。领、护、国子祭酒、太子詹事、尚书、侍中、列卿、散骑常侍，给聊泥轺，无后户，漆轮。车骑、骠骑及诸王除刺史、带将军，给龙雀轺，以金银饰。御史中丞给方盖轺，形如小伞。

诸王三公有勋德者，皆特加皂轮车，驾牛，形如犊车。但乌漆轮毂，黄金雕装，上加青油幢，朱丝络，通幰或四望。上台，三夫人亦乘之，以拓幢涅幰为副。王公加礼者，给油幢络车，驾牛。朱轮华毂。天监二年令，上台、六宫、长公主、公主、诸王太妃、妃，皆乘青油舆幢通幰车，拓幢涅幰为副。采女、皇女、诸王嗣子、侯夫人，皆乘赤油拓幢车，以涅幰为副。侍女、直乘涅幰之乘。诸王三公并乘通幰平乘车，竹箕子壁、仰，楱榆为辋。如今犊车，但举幰通覆上。方州刺史，并乘通幰平肩舆，从横施八横，亦得金渡装较。天子至于下贱，通乘步舆，方四尺，上施隐膝以及襈，举之。无禁限。载舆亦如之，但不施脚，以其就席便也。优礼者，人舆以升殿。司徒谢朏，以脚疾优之。

五牛旗，左青赤，右白黑，黄居其中，盖古之五时副车也。旧有五色立车，五色安车，合十乘，名为五时车。建旗十二，各如车色。立车则正竖其旗，安车则斜注。马亦随五时之色，白马则朱其鬣尾。左右騑骖，金锁镂钖，黄屋左纛，如金根之制。行则从后。名五时副车。晋过江，不恒有事，则权以马车代之，建旗其上。后但以五色木牛象车，竖旗于牛背，使人舆之。旗常缠不舒，唯天子亲戎，乃舒其斾。周迁以为晋武帝平吴后造五牛之旗，非过江始为也。

指南车，大驾出，为先启之乘。汉初，置俞儿骑，并为先驱。左太冲曰："俞骑骋路，指南司方。"后废其骑而存其车。

记里车，驾牛。其中有木人执槌，车行一里，则打一槌。

鼓吹车，上施层楼，四角金龙，衔旒苏羽葆。凡鼓吹，陆则楼车，水则楼船，在殿庭则画笋虡为楼。楼上有翔鹭栖乌，或为鹄形。

陈承梁末，王琳纵火，延烧车府。至天嘉元年，敕守都官尚书、宝安侯到仲举，议造玉金象革木等五辂及五色副车。皆金薄交龙，为舆倚较，文貌伏轼，虬首衔轭，左右吉阳筒，鸾雀立衡，樔文画幡，绿油盖，黄绞里，相思橑，金华末。斜注旂旗于车之左，各依方色。加棨戟于车之右，韬以黻绣之衣。兽头幡，长丈四尺，悬于戟杪。玉辂，正副同驾六马，余辂皆驾四马。马并黄金为文髦，插以翟尾，玉为镂钖。又以彩画赤油，长三尺，广八寸，系两轴头，古曰飞軨，改以彩画蛙蟆幡，缀两轴头，即古飞軨遗象也。五辂两箱后，皆用玳瑁为鹍翅，加以金银雕饰，故俗人谓之金鹍车。两箱之里，衣以红锦，金花帖钉，上用红紫锦为后檐，青绞纯带，夏用簟，冬用绮绣褥。此后渐修，具依梁制。

后魏天兴初，诏仪曹郎董谧撰朝飨仪，始制轩冕，未知古式，多违旧章。孝文帝时，仪曹令李韶更奏详定，讨论经籍，议改正之。唯备五辂，各依方色，其余车辇，犹未能具。至熙平九年，明帝又诏侍中崔光与安丰王延明、博士崔瓒采其议，大造车服。定制，五辂并驾五马。皇太子乘金辂，朱盖赤质，四马。三公及王，朱屋青表，制同于辂，名曰高车，驾三马。庶姓王、侯及尚书令、仆已下，列卿已上，并给轺车，驾用一马。或乘四望通幰车，驾一牛。自斯以后，条章粗备，北齐咸取用焉。其后因而著令，并无增损。

王、庶姓王、仪同三司已上、亲公主，雉尾扇，紫伞。皇宗及三品已上官，青伞朱里。其青伞碧里，达于士人，不禁。

正从第一品执事官、散官及仪同三司、诸公主，得乘油色朱络网车，车牛饰得用金涂及纯银。二品、三品得乘卷通幰车，车牛饰用金涂。四品已下，七品已上，得乘偏幰车，车牛饰用铜。

尚书令给映士十五人，左右仆射、御史中丞，各十二人。周氏设六官，置司辂之职，以掌公车之政，辨其名品，与其物色。

皇帝之辂，十有二等：一曰苍辂，以祀昊天上帝。二曰青辂，以祀东方上帝。三曰朱辂，以祀南方上帝及朝日。四曰黄辂，以祭地祇中央上帝。五曰白辂，以祀西方上帝及夕月。六曰玄辂，以祀北方上帝及感帝，祭神州。此六辂，通漆之而已，不用他物为饰。皆疏面，旐就以方色，俱十有二。（疏面，刻皮当颅。）七曰玉辂，以享先皇，加元服，纳后。八曰碧辂，以祭社稷，享诸先帝，大贞于龟，食三老五更，享食诸侯及耕籍。九曰金辂，以祀星辰，祭四望，视朔，大射，宾射，飨群臣，巡牲牲，养国老。十曰象辂，以望秩群祀，视朝，燕诸侯及群臣，燕射，养庶老，适诸侯家，巡省，临太学，幸道法门。十一曰革辂，以巡兵即戎。十二曰木辂，以田猎，行乡毖。此六辂，又以六色漆而画之，用玉碧金象革物以饰其末。皆锡面、金钩，就以五采，俱十有二。（锡面，镂金当颅。钩以属勒鞶缨。）

皇后之车，亦十二等：一曰重翟，以从皇帝，（重翟羽为车蕃）祀郊禖，享先皇，朝皇太后。二曰厌翟，以祭阴社。（次其羽也）三曰翟辂，以采桑。（翟羽饰之）四曰翠辂，以从皇帝，见宾客。（翠羽饰之）五曰雕辂，以归宁。（刻诸末也）六曰篆辂，以临诸道法门。（篆诸饰也）六辂皆锡面，朱总（总以朱丝为之，置马勒，直两耳与两镳也。）金钩。七曰苍辂，以适命妇家。八曰青辂，九曰朱辂，十曰黄辂，十一曰白辂，十二曰玄辂。五时常出入则供之。六辂皆疏面，缋总。（以画缯为之）

诸公之辂九，方辂（各象方之色）碧辂、金辂，皆锡面，鞶缨九就，金钩。象辂、犀辂、贝辂、革辂、篆辂、木辂，皆疏面，鞶缨九就。凡就，皆以朱白苍三采。诸侯自方辂而下八，又无碧辂。诸伯自方辂而下七，又无金辂。诸子自方辂而下六，又无象辂。诸男自方辂而下五，又无犀辂。凡就，各如其命。

诸公夫人之辂车九：厌翟、翟辂、翠辂，皆锡面，朱总，金钩。雕辂、篆辂，皆勒面，（刻自黑韦为当颅）缋总。朱辂、黄辂、白辂、玄辂，皆雕面，（刻漆韦为当颅）瞖总。（总青黑色缯，其著如朱总。）诸侯夫人自翟辂而下八，诸伯夫人自翠辂而下七，诸子夫人自雕辂而下六，诸男夫人自篆辂而下五。鞶缨就数，各视其君。

公孤卿大夫，皆以中之色乘祀辂。士乘祀车。

三公之辂车九：祀辂、犀辂、贝辂、篆辂、木辂、夏篆、夏缦、墨车、辁车。自篆已上，金涂诸末，疏锡，鞶缨、金钩。木辂已下，铜饰诸末，疏，鞶缨皆九就。三孤自祀辂而下八，无犀辂。六卿自祀辂而下七，又无贝辂。上大夫自祀辂而下六，又无篆辂。中大夫自祀辂而下五，又无木辂。下大夫自祀辂而下四，又无夏篆。士车三：祀车、墨车、辁车。凡就，各如其命之数。自孤下，就以朱绿二采。

三妃、三公夫人之辂九：篆辂、朱辂、黄辂、白辂、玄辂，皆勒面，缋总。夏篆、夏缦、墨车、辁车，皆雕面，鹥总。三妃、三孤内子，自朱辂已下八。六嫔、六卿内子，自黄辂而下七。上媛妇、中大夫孺人，自玄辂而下五。下媛妇、大夫孺人，自夏篆而下四。御婉、士妇人，自夏缦而下三。其鞶缨就，各以其等。皆簟笰，漆之。君以赤，卿大夫士以玄。

君驾四，三辀六辔。卿大夫驾三，二辀五辔。士驾二，一辀四辔。

辂之制，重轮重较而加耳焉。皇帝、皇后之辂，舆广六尺有六寸，轮高七尺。画轮毂、辀衡以云牙，箱轼以虞文，虞内画以杂兽。兽伏轼，鹿倚较。诸侯及夫人、命夫命妇之辂车，广六尺有二寸，轮崇六尺有六寸。画毂以云牙，轼以虞文，虞内画以云华。鹿倚较。士不画。后、夫人、内子已下，同去兽与鹿。

凡旗，太常画三辰，（日、月、五星。）旂画青龙（皇帝升龙，诸侯交龙。）旟画朱雀，旌画黄麟，旗画白兽，旐画玄武，皆加云。其旛物在军，亦书其事号，加之以云气。徽帜亦如之。（通帛为旛，杂帛为物。在军亦书其人官与姓名之事号。徽帜亦书之，但画其所书之例。）旌节又画白兽，而析羽于其上。

司常，掌旗物之藏。通帛之旗六，以供郊丘之祀。一曰苍旗，二曰青旗，三曰朱旗，四曰黄旗，五曰白旗，六曰玄旗。画缋之旗六，以充玉辂之等。一曰三辰之常，二曰青龙之旂，三曰朱鸟之旟，四曰黄麟之旌，五曰白兽之旗，六曰玄武之旐。皆左建旗而右建阊戟。又有继旗四，以施军旅。一曰麾，以供军将。二曰旞，以供师帅。三曰旟，以供旅帅。四曰旆，以供倅长。诸公方辂、碧辂建旂，金辂建旟，象辂建物，木辂建旐。诸侯自金辂而下，如诸公之旗。诸伯自象辂而下，如诸侯之旗。诸子自犀辂而下，如诸伯之旗。诸男自象辂而下，如诸子之旗。三公犀辂、贝辂、篆辂建旛，木辂建旐，夏篆、夏缦及辁车建物。孤卿已下，各以其等建其旗。

旌杠，皇帝六刃，诸侯五刃，大夫四刃，士三刃。

旒，皇帝曳地，诸侯及轵，大夫及毂，士及轸。凡注毛于杠首曰绥，析羽曰旌，全羽曰旞。其幓，皇帝诸侯加以弧韣。阊戟，方六尺而被之以蔽，唯皇帝诸侯辂建焉。（阊戟、杠绸与旗同。）

车之盖圆以象天，舆方以象地。轮辐三十，以象日月。盖橑二十有八，以象列宿。设和銮以节趋行，被旗旒以表贵贱。其取象也大，其彰德也明，是以王者尚之。

皇帝、皇后在丧之车五：一曰木车，初丧乘之。二曰素车，卒哭乘之。三曰藻车，既练乘之。四曰骓车，祥而乘之。五曰漆车，禫而乘之。及平齐，得其舆辂，藏于中府，尽不施用。至大象初，遣郑译阅视武库，得魏旧物，取尤异者，并加雕饰，分给六宫。有乾象辇，羽葆圆盖，画日月五星、二十八宿、天街云罕、山林奇怪及游麟飞凤、朱雀玄武、驺虞青龙，驾二十四马，以给天中皇后，助祭则乘。又有大楼辇车，龙辀十二，加以玉饰，四毂六衡，方舆圆盖，金鸡树羽，宝铎旒苏，鸾雀立衡，六螭龙衔轭，建太常，画升龙日月，驾二十牛。又有象辇，左右金凤，白鹿仙人，羽葆旒苏，金铃玉佩，初驾二象，后以六驼代之。并有游观小楼等辇，驾十五马车等，合十余乘，皆魏天兴中之所制也。宣帝至是，咸复御之。复令天下车，皆以浑成木为轮。

开皇元年，内史令李德林奏，周、魏舆辇乖制，请皆废毁。高祖从之。唯留魏太和时仪曹令李韶所制五辂，齐天保所遵用者。又留魏熙平中，太常卿穆绍议皇后之辂，其从祭则御金根车，亲桑则御云母车，并驾四马。归宁则御紫罽车，游行则御安车，吊问则御绀屬軿车，并驾三马。于后著令，制五辂。

玉辂，青质，以玉饰诸末。重箱盘舆，左青龙，右白虎，金凤翅，画虞文鸟兽。黄屋左纛，金凤在轼前，八鸾在衡，二铃在轼。龙辀，前设黼尘。青盖黄里，绣饰。博山镜子，树羽。轮皆朱斑重牙。左建旗，十有二旒，幓旒皆画升龙，其长曳地。右载阊戟，长四尺，广三尺，黻文。旂首金龙头，衔结绶及铃绶。驾苍龙，金镂方钑，插翟尾五隼，镂锡，鞶缨十有二就。（锡马当颅，镂金为之。鞶马大带，缨马鞦，皆以五彩饰也。就成也，一币为一就。）祭祀、纳后则供之。

金辂，赤质，以金饰诸末。左建旂，右建阊戟。（旂画鸟隼）余与玉辂同。驾赤骊。朝觐会同，飨射饮至则供之。

象辂，黄质，以象饰诸末。左建旌，右建阊戟。（旌画黄麟）驾黄骊。行道则供之。

革辂，白质，挽之以革。左建旗，右建阊戟。（旗画白兽）驾白骆。巡守临兵事则供之。

木辂，漆之。左建旐，右建阊戟。（旐画龟蛇）驾黑骊。田猎则供之。

五辂之盖，旌旗之质，及鞶缨，皆从辂之色。盖之里俱用黄。其镂锡五辂同。

安车，饰重舆，曲壁，紫油缦朱里，通幰，朱丝络网，朱鞶缨，朱覆发，具络。驾赤骊。临幸则供之。

四望车，（制同轺车）金饰，青油缦朱里，通幰。拜陵临吊则供之。

皇后、皇太后重翟，青质，金饰诸末。朱轮，金根朱牙。其箱饰以重翟羽，青油缦朱里，通幰，绣紫帷，朱丝络网，绣紫络带。八銮在衡，锡，鞶缨十二就，金镂方钑，插翟尾，朱总。（总以朱为之，如马缦而小，著马勒，在两耳两镳也。）驾苍龙。受册、从郊禋、享庙则供之。

厌翟，赤质，金饰诸末。轮画朱牙。其箱饰以次翟羽，紫油缦朱里，通幰，红锦帷，朱丝络网，红锦络带。其余如重翟。驾赤骊。亲桑则供之。

翟车，黄质，金饰诸末。轮画朱牙。其车侧饰以翟羽，黄油纁黄里，通幰，白红锦帷，朱丝络网，白红锦络带。其余如重翟。驾黄骍。归宁则供之。诸鞶缨之色，皆从车质。

安车，赤质，金饰。紫通幰朱里。驾四马。临幸及吊则供之。

皇太子金辂，赤质，金饰诸末。重较，箱画虡文鸟兽，黄屋，伏鹿轼，龙辀。金凤一，在轼前。设鄣尘。朱盖黄里。轮画朱牙。左建旂，九旒，右载闟戟。旒首金龙头。衔结绶及铃綏。驾赤骍四。八銮在衡，二铃在轼。金钑方釳，插翟尾五隼、镂钖，鞶缨九就。从祀享、正冬大朝、纳妃则乘之。

轺车，金饰诸末。紫通幰朱里。驾一马。五日常朝及朝飨宫臣，出入行道乘之。

四望车，金饰诸末。紫油纁通幰朱里，朱丝络网。驾一马。吊临则乘之。

公及一品象辂，黄质，以象饰诸末。建旂，画以鸟隼。受册告庙，升坛上任，亲迎及葬则乘之。

侯伯及二品三品革辂，白质，以革饰诸末。建旂，画熊兽。受册告庙，亲迎及葬则乘之。

子男及四品木辂，黑质，以漆饰之。建旗，画以龟蛇。受册告庙，亲迎及葬则乘之。

象辂已下，旒及就数，各依爵品，虽依礼制名，未及创造。开皇三年闰十二月，并诏停造，而尽用旧物。至九年平陈，又得舆辇。旧著令者，以付有司，所不载者，并皆毁弃。虽从俭省，而于礼多阙。十四年，诏又以见所乘车辂，因循近代，事非经典，令更议定。于是命有司详考故实，改造五辂及副。玉辂青质，祭祀乘之。金辂赤质，朝会礼还乘之。象辂黄质，临幸乘之。革辂白质，戎事乘之。木辂玄质，耕藉乘之。五辂皆朱斑轮、龙辀、重舆，建十二旒，并画升龙。左建闟戟。旒旐与辂同色。鞶缨十有二就。王、五等开国、第一第二品及刺史辂，朱质，朱盖，斑轮。左建旂，旒画龙，一升一降。右建闟戟。第三第四品辂，朱质，朱盖，左建旜，通帛为之，旒旜皆赤。其旒及鞶缨就数，各依其品。大业元年，更制车辇，五辂之外，设副车。诏尚书令楚公杨素、吏部尚书奇章公牛弘、工部尚书安平公宇文恺、内史侍郎虞世基、礼部侍郎许善心、太府少卿何稠、朝请郎阎毗等，详议奏决。于是审择前朝故事，定其取舍云。

玉辂，禋祀所用，饰以玉。《白虎通》云："玉辂，大辂也。"《周礼》巾车氏所掌，"镂钖，鞶缨十有再就，建太常，十有二旒"。虞氏谓之鸾车，夏后氏谓之钩车，殷谓之大辂，周谓之乘辂。《大戴礼》著其形式，上盖如规象天，二十八橑象列星，下方舆象地，三十辐象一月。前视则睹鸾和之声，侧观则睹四时之运。昔成汤用而郊祀，因有山车之瑞，亦谓桑根车。蔡邕《独断》论汉制度，凡乘舆车，皆有六马，羽盖金爪，黄屋左纛，镂钖方釳，重毂繁缨，黄缯为盖里。左纛，以旄牛尾建于竿上，其大如斗，立于左騑。镂钖高阔各五寸，上如伞形，施于发上，而插翟尾也。方釳当颅，盖马冠也。繁缨，膺前索也。重毂，重施毂也。应劭《汉官》，大辂龙旂，画龙于旂上

也。董巴《志》谓为瑞山车，秦谓金根，即殷辂矣。司马彪《志》亦云："汉备五辂，或谓德车，其所驾马，皆如方色。"唯晋太常卿挚虞独疑大辂，谓非玉辂。挚虞之说，理实可疑，而历代通儒，混为玉辂，详其施用，义亦不殊。左建太常。案《释名》："日月为常，画日月于旗端，言常明也。"又云："自夏始也。"奚仲为夏车正，加以旐常，于是旒就有差，用明尊卑之别也。董巴所述，全明汉制。天子建太常，十二旒，曳地，日月升龙，象天明也。今之玉辂，参用旧典，消息取舍，裁其折中。以青为质，玉饰其末。重箱盘舆，左龙右兽，金凤翅，画虡文，轭左立鸞。金凤一，在轼前。八鸾在衡，二铃在轼。龙辀之上，前设鄣尘。青盖黄里，绣游带。金博山，缀以镜子，下垂八佩。树四十葆羽。轮皆朱斑重牙，复辖。左建太常，十有二旒，皆画升龙日月，其长曳地。右载闟戟，长四尺，阔三尺，韣文。旗首金龙头，衔铃及绶，垂以结绶。驾苍龙，金钑方釳，插翟尾五隼、镂钖，鞶缨十有二就，皆五缯罽，以为文饰。天子祭祀、纳后则乘之。驭士二十八人，余辂准此。

副车，案蔡邕《独断》，五辂之外，乃复设五色安车、立车各一乘，皆驾四马，是为五时副车。俗人名曰五帝车者，盖副车也。故张良狙击秦皇帝，误中副车。汉家制度，亦备副车。司马彪云："德车驾六，后驾四，是为副车。"《魏志》亦云："天子命太祖驾金根六马，设五时副车。"江左乃阙，至梁始备。开皇中，不置副车，平陈得之，毁而弗用。至是复并设之。副玉辂，色及旗章，一同正辂，唯降二等。驾用四马，驭士二十四人。余四副准此。

金辂，案《尚书》，即缀辂也。《周官》："金辂，镂钖，繁缨九就，建大旂，以宾，同姓以封。"夫礼穷则通，下得通于上也，故天子乘之，接宴宾，同姓诸侯，受而出封。是以汉太子、诸王皆乘金辂及安车，并朱斑轮，倚兽较，伏鹿轼，黑槾文，画藩，青盖，金华施椽，朱画轓，金涂饰。非皇子为王，不锡此乘，皆左右騑，驾三马。旒九旐，画降龙。皇孙乘绿车，亦驾之。魏、晋制，太子及诸王皆驾四马。依挚虞议，天子金辂，次在第二。又云，金辂以朝，象辂以宾。则是晋用辂与周异矣。《宋起居注》，泰始四年，尚书令建安王休仁议："天子之元子，士也，故齿胄于辟雍，欲使知教而后尊，不得生而贵矣。既命之后，礼同上公，故天子赐之金辂，但减旂章为等级。象及革木，赐异姓诸侯。在朝卿士，亦准斯例。"此则皇太子及帝子王者，通得乘之。自晋过江，王公以下，车服卑杂，唯有太子礼秩崇异。又乘山石安车，义不经见，事无所出。赐金辂者，此为古制，降乘舆二等，驾用四马。唯天子五辂，通驾六马。旍旌旗旐，并十二旒。左建旂。案《尔雅》："错革鸟曰旟。"郭璞云："此谓全剥鸟皮毛，置之竿上也。"旧说，刻为革鸟。孙叔然云："革，急也。言画急疾鸟于旐上也。"《周官》所谓鸟隼为旟，亦是急义。今之金辂，赤质，黄金饰诸末。左建旂，画飞隼，右建闟戟，鞶舆凤翅等，并同玉辂。驾赤骍。临朝会同，飨射饮至则用之。

皇太子辂，古者金饰。宋、齐以来，并乘象辂。宇文恺、阎毗奏："案宋大明六年，初备五辂，有司奏云：'秦

改周辂，创制金根，汉、魏因循，其形莫改。而金玉二辂，雕饰略同，造次瞻睹，殆无差别。若锡于东储，在礼嫌重，非所以崇峻陛级，表示等威。今皇太子宜乘象辂，碧旂九叶，进不斥尊，退不逼下，酌时沿古，于礼为中。'观宋此义，乃无副车。新置五辂，金玉同体，至象已下，即为差降。所以太子不得乘金辂，欲示等威，故令给象。今取《周礼》之名，依汉家之制，天子五辂，形饰并同。旒及繁缨，例皆十二，黄屋左纛，金根重毂，无不悉同，唯应五方色以为殊耳。若用此辂，给于太子，革木尽皆不可，何况金象者乎？既制副车，驾用四马，至于金辂，自有等差。《春秋》之义，降下以两。今天子金辂，驾用六马，十二旒，太子金辂，驾用四马，降龙九旒，制颇同于副车，又有旌旗之别。并嫡皇孙及亲王等辂，并给金辂，而减其雕饰，合于古典。臣谓非嫌。"制曰："可。"于是太子金辂，赤质，制同副车，具体而小，亦驾四马，驭士二十人。皇嫡孙金辂，绿质，降太子一等。去盘舆重毂，辕上起箱，末以金饰，旌长七刃，七旒。驾用四马，驭士一十八人。亲王金辂，以赤为质，余同于皇嫡孙。唯在其国及纳妃亲迎则给之，常朝则乘象辂。

象辂，案《尚书》，即先辂也。《周礼》："象辂，朱繁缨五就，建大赤，以朝，异姓以封。"左建旌。案《尔雅注》"旄首曰旌"，许慎所说"游车载旌"。《广雅》云："天子旌高九刃，诸侯七刃，大夫五刃。"《周书·王会》："张羽旄旌。"《礼记》云："龙旂九旒，天子之旌也。"今象辂，以黄为质，象饰诸末。左建旌，画绿麟，右建闟戟。驾黄骊。祀后土则用之。

革辂，案《释名》："天子车也"。《周礼》："革辂，龙勒，绦缨五就，建大白，用之即戎，以封四卫。"古者革挽而漆之，更无他饰。又有"戎辂之萃，广车之萃，阙车之萃，轻车之萃"。此皆兵车，所谓五戎。然革辂亦名戎辂，天子在军所乘。广车，横阵车也。阙车，补阙车也。饰并以革，故"师供革车，各以其萃"。挚虞议云，革辂第四。左建旌。案《释名》"熊兽为旗"，《周官》"龙旂九旒，以象大火"。今革辂白质，鞔之以革。左建旗，画驺虞，右建闟戟，驾白骆。巡守临兵则用之。三品已下，并乘革辂，朱色为质。驭士十六人。

木辂，案《尚书》，即次辂也。《周官》："木辂，缦樊鹄缨建麾，以畋，以封蕃国。"晋挚虞云，畋辂第五。唯宋泰始诏，乘木辂以耕稼。徐爰《释疑略》曰："天子五辂，晋迁江左，阙其三，唯有金辂以郊，木辂即戎。宋大明时，始备其数。"凡五辂之盖，旌旗之质及鞶缨皆从方色。盖里并黄，雕饰如一。沈约曰："金象革木，《礼图》不载其形。"今旒数羽葆，并同玉辂。左建旌。案《周官》："龟蛇为旐。"《释名》云："龟知气兆之吉凶也。"许慎云："旐有四斿，以象营室。"今木辂黑质，漆之。左建旐，画玄武，右建闟戟。驾黑骊。畋猎用之。四品方伯乘木辂，赤质，驾士十四人。

安车，案《礼》，卿大夫致事则乘。其制如辎軿。蔡邕《独断》有五色安车，皆画轮重毂。今画轮，重舆，曲壁，紫油幢绛里，通幰，朱丝络网，赤鞶缨。驾四马。省

问临幸则乘之。皇太子安车，斑轮，赤质，制略同乘舆，亦驾四马。

四望车，案晋《中朝大驾卤簿》，四望车，驾牛中道。《东宫旧仪》，皇太子及妃，皆有画轮四望车。今四望车制同犊车，黄金饰，青油幢朱里，紫通幰，紫丝网。驾一牛。拜陵临吊用之。皇太子四望车，绿油幢，青通幰，朱丝络网。

耕根车，案沈约云："亲幸耕籍御之。三盖车，一名芝车，又名耕根车。置耒耜于轼上。"即潘岳所谓"绀辕属于黛耜"者也。开皇无之，驾出亲耕，则乘木辂，盖依宋泰始之故事也。今耕根车，以青为质，三重施盖，羽葆雕装，并同玉辂。驾六马。其轼平，以青囊盛耒而加于上。籍千亩，行三推礼，则亲乘焉。

羊车，案晋司隶校尉刘毅奏护军羊琇私乘者也。开皇无之，至是始置焉。其制如轺车，金宝饰，紫锦幰，朱丝网。驭童二十人，皆两鬟髻，服青衣，取年十四五者为，谓之羊车小史。驾以果下马，其大如羊。

属车，案古者诸侯贰车九乘，秦灭九国，兼其车服，故为八十一乘。汉遵不改。武帝祠太一甘泉，则尽用之。明帝上原陵，又用之。法驾三十六乘，小驾十二乘。开皇中，大驾十二乘，法驾减半。大业初，属车备八十一乘，并如犊车，紫通幰，朱丝络网，黄金饰。驾一牛。在卤簿中，单行正道。至三年二月，帝嫌其多，问起部郎阎毗。毗曰："臣案宇文恺参详故实，此起于秦，遂为后式，故张衡赋云'属车九九'是也。次及法驾，三分减一，此汉制也。故《文帝纪》'奉天子法驾迎代邸'，如淳曰'属车三十六乘'是也。又据宋孝建时，有司奏议，晋迁江左，唯设五乘，尚书令建平王宏曰：'八十一乘，无所准凭，江左五乘，俭不中礼。但帝王旌旒之数，皆用十二，今宜准此，设十二乘。开皇平陈，因以为法令。宪章往古，大驾依秦，法驾依汉，小驾依宋，以为差等。帝曰："大驾宜用三十六，法驾宜用十二，小驾除之可也。"

辇，案《释名》"人所辇也。"汉成帝游后庭则乘之。徐爰《释问》云："天子御辇，侍中陪乘。"今辇制象轺车，而不施轮，通幰朱络，饰以金玉，用人荷之。

副辇，加笨，制如犊车，亦通幰朱络，谓之蓬辇。自梁武帝始也。

舆，案《说文》云："篼，竹舆也。"《周官》曰："周人上舆。"汉室制度，以雕为之，方径六尺。今舆制如辇而但小耳，宫苑宴私则御之。

小舆，幰方，形同幄帐。自閤出升正殿则御之。

轺车，案《六韬》，一名遥车，盖言遥远四顾之车也。汉武帝迎申公，弟子二人乘轺传从。此又是驰传车也。《晋氏卤簿》，御史轺车行中道。《晋公卿礼秩》云："尚书令轺，黑耳后户。"今轺车，青通幰，驾二马。王侯入学，五品朝婚，通给之。司隶刺史及县令、诏使品第六七，则并驾一马。

犊车，案魏武书，赠杨彪七香车二乘，用牛驾之。盖犊车也。《长沙耆旧传》曰："刘寿常乘通幰车。"今犊车通幰，自王公已下，至五品已上，并给乘之。三品已上，

青幰朱里，五品已上，绀幰碧里，皆白铜装。唯有惨及吊丧者，则不张幰而乘铁装车。六品已下不给，任自乘犊车，弗许施幰。初，五品已上，乘偏幰车，其后嫌其不美，停不行用，以亘幰代之。三品已上通幰车则青壁，一品轺车，油幰朱网，唯车辂一等，听敕始得乘之。

马珂，三品已上九子，四品七子，五品五子。

皇后重翟车，案《周礼》，正后亦有五辂：一曰重翟，二曰厌翟，三曰安车，四曰翟车，五曰辇车。汉制，后法驾，乘重翟车。今重翟，青质，金饰诸末。画轮，金根朱牙，重毂。其箱饰以重翟羽。青油幢朱里，通幰，紫绣帷，朱丝络，紫绣带。八銮在衡，镂钖，攀缨十有二就，金锡方钑，插翟尾，朱总，缀于马勒及两金镳之上。驾苍龙。受册从祀郊禖享庙则供之。

厌翟，赤质，金饰诸末。朱轮，画朱牙。其箱饰以次翟羽，紫油幢朱里，通幰，红锦帷，朱丝络网，红锦带。其余如重翟。驾赤骊。采桑则供之。

翟车，黄质，金饰诸末。轮画朱牙。其箱饰以翟羽，黄油幢黄里，通幰，白红锦帷，朱丝络网，白红锦带。其余如重翟。驾黄骊。归宁则供之。诸攀缨之色，皆从车质。

安车，金饰，紫通幰，朱里。驾四马。临幸及吊则供之。

辇车，金饰，同于蓬辇，通幰，斑轮，驾用四马。宫苑近行则乘之。

皇后属车三十六乘，初宇文恺、阎毗奏定，请减乘舆之半。礼部侍郎许善心奏驳曰：「谨案《周礼》，后备六服，并设五辂，采章之数，并与王同，属车之制，不应独异。又宋孝建时，议定舆辇，天子属车，十有二乘。至大明元年九月，有司奏皇后副车，未有定式，诏下礼官，议正其数。博士王燮之议：『郑玄云：后象王立六宫，亦正寝一而燕寝五。推其所立，每与王同，谓十二乘通关为允。』宋帝从之，遂为后式。今请依乘舆，不须差降。」制曰：「可。」

三妃乘翟车，以赤为质，驾二马。九嫔已下，并乘犊车，青幰，朱络网。

皇太子妃乘翟车，以赤为质，驾三马，画辕金饰。犊车为副，紫幰，朱络网。良娣已下，并乘犊车，青幰朱里。

三公夫人、公主、王妃，并犊车，紫幰，朱络网。五品已上命妇，并乘青幰，与其大同。

卷十一　志第六

礼　仪　六

梁制，乘舆郊天、祀地、礼明堂、祠宗庙、元会临轩，则黑介帻，通天冠平冕，俗所谓平天冠者也。其制，玄表朱绿里，广七寸，长尺二寸，加于通天冠上。前垂四寸，后垂三寸，前圆而后方。垂白玉珠，十有二旒，其长齐肩。以组为缨，各如其绶色，傍垂黈纩，琇珠以玉瑱。其衣，皂上绛下，前三幅，后四幅。衣画而裳绣。衣则日、月、星辰、山、龙、华虫、火、宗彝，画以为缋。裳则藻、粉、米、黼黻，以为绣。凡十二章。素带，广四寸，朱里，以朱绣褘饰其侧。中衣以绛缘领袖。赤皮为韠，盖古之韨也。绛袴袜，赤舄。佩白玉，垂朱黄大绶，黄赤缥绀四采，革带，带剑，绲带以组为之，如绶色。黄金辟邪首为带镖，而饰以白玉珠。又有通天冠，高九寸，前加金博山、述，黑介帻，绛纱袍，皂缘中衣，黑舄，是为朝服。元正贺毕，还储更衣，出所服也。其释奠先圣，则皂纱袍，绛缘中衣，绛袴袜，黑舄。临轩亦服衮冕，未加元服，则空顶介帻。拜陵则笭布单衣，介帻。又有五梁进贤冠、远游、平上帻武冠。单衣，黑介帻，宴会则服之。

单衣、白帢，以代古之疑衰、皮弁为吊服，为群臣举哀临丧则服之。

天监三年，何佟之议：「公卿以下祭服，里有中衣，即今之中单也。案后汉《舆服志》明帝永平二年，初诏有司采《周官》、《礼记》、《尚书》，乘舆服，从欧阳说；公卿以下服，从大小夏侯说。祭服，绛缘领袖为中衣，绛袴袜，示其赤心奉神。今中衣绛缘，足有所明，无俟于袴。既非圣法，谓不可施。」遂依议除之。

四年，有司言：平天冠等一百五条，自齐以来，随故而毁，未详所送。何佟之议：「《礼》『祭服敝则焚之』。」于是并烧除之，其珠玉以付中署。

七年，周舍议：「诏旨以王者衮服，宜画凤皇，以示差降。按《礼》：『有虞氏皇而祭，深衣而养老。』郑玄所言皇，则是画凤皇羽也。又按《礼》所称杂服，皆以衣定名，犹如衮冕，则是衮衣而冕。明有虞言皇者，是衣名，非冕，明矣。画凤之旨，事实灼然。」制：「可。」又王僧崇云：「今祭服，三公衣身画兽，其腰及袖，又有青兽，形与兽同，义应是雉，即宗彝也。两袖各有禽鸟，形类鸾凤，似是华虫。今画宗彝，即是周礼。但郑玄云：『雌，蜼属，昂鼻长尾。』是兽之轻小者，谓宜不得同兽。寻冕服无凤，应改为雉。又裳有圆花，于礼无碍，疑是画师加葩萼耳。藻米黼黻，并乖古制，今请改正，并去圆花。」帝曰：「古文日月星辰，此以一辰摄三物也。山龙华虫，又以一山摄三物也。藻火粉米，又以一藻摄三物也。是为九章。今衮服画龙，则宜应画凤明矣。孔安国云：『华者，花也。』则为花非疑。若一向画雉，差降之文，复将安寄？郑义是所未允。」又帝曰：「《礼》：『王者祀昊天上帝，则大裘而冕，祀五帝亦如之。』又云：『莞席之安，而蒲越稿秸之用。』斯皆至敬无文，贵诚重质。今郊用陶匏，与古不异，而大裘蒲秸，独不复存，其于质敬，恐有未尽。且一献为质，其剑佩之饰及公卿所著冕服，可共详定。」五经博士陆玮等并云：「祭天犹存扫地之质，而服章独取黼黻为文，于义不可。今南郊神座，皆用茆席，此独莞类，未尽质素之理。宜以稿秸为下藉，蒲越为上席。又《司服》云：『王祀昊天，服大裘』，明诸臣礼不得同。自魏以来，皆用衮服，今请依古，更制大裘。」制：「可。」玮等又寻大裘之制，唯郑玄注《司服》云「大裘，羔裘也」，既无所出，未可为据。案六冕之服，皆玄上纁下。今宜以玄缯为之。其制式如裘，其裳以缋，皆无文绣。冕则无旒。诏："可"。

又乘舆宴会，服单衣，黑介帻。旧三日九日小会，初出乘金辂服之。八年，帝改去还皆乘辇，服白纱帽。

九年，司马筠等参议："《礼记·玉藻》云：'诸侯玄冕以祭，裨冕以朝。'《杂记》又云：'大夫冕而祭于公，弁而祭于己。'今之尚书，上异公侯，下非卿士，止有朝衣，本无冕服。但既预斋祭，不容同在于朝，宜依太常及博士诸斋官例，著皂衣，绛襈，中单，竹叶冠。若不亲奉，则不须入庙。"帝从之。

十一年，尚书参议："按《礼》，跣袜，事由燕坐，履不宜陈尊者之侧。今则极敬之所，莫不皆跣。清庙崇严，既绝恒礼，凡有履行者，应皆跣袜。"诏："可。"

陈永定元年，武帝即位，徐陵白："所记乘舆御服，皆采梁之旧制。"又以为"冕旒，后汉用白玉珠，晋过江，服章多阙，遂用珊瑚杂珠，饰以翡翠"。侍中顾和奏："今不能备玉珠，可用白璇。"从之。萧骄子云："白璇，蚌珠是也。"帝曰："形制依此。今天下初定，务从节俭。应用绣、织成者，并可彩画，金色宜涂，珠玉之饰，任用蚌也。"至天嘉初，悉改易之，定令具依天监旧事，然亦往往改革。今不同者，皆随事于注言之；不言者，盖无所改制云。

皇太子，金玺龟钮，朱绶，（三百二十首）朝服，远游冠，金博山，佩瑜玉翠绥，垂组，朱衣，绛纱袍，皂缘白纱中衣，白曲领，带鹿卢剑，火珠首，素革带，玉钩觽，兽头鞶囊。其大小会、祠庙、朔望、五日还朝，皆朝服，常还上官则朱服。若释奠，则远游冠，玄朝服，绛缘中单，绛袴袜，玄舄。讲，则著介帻。又有三梁进贤冠。其侍祀则平冕九旒，衮衣九章，白纱绛缘中单，绛绮絆，赤舄，绛韎。若加元服，则中舍执冕从。皇太子旧有五时朝服，自天监之后则朱服。在上省则乌帽，永福省则白帽云。

诸王，金玺龟钮，纁朱绶，（一百六十首）朝服，远游冠，介帻，朱衣，绛纱袍，皂缘中衣，素带，黑舄。佩山玄玉，垂组，大带，兽头鞶，腰剑。若加余官，则服其加官之服。

开国公，金章龟钮，玄朱绶，（一百四十首）朝服，纱朱衣，进贤三梁冠，佩山玄玉，兽头鞶，腰剑。

开国侯、伯，金章龟钮，青朱绶，（一百二十首）朝服，纱朱衣，进贤三梁冠，佩水苍玉，兽头鞶，腰剑。

开国子、男，金章龟钮，青绶，（一百首）朝服，纱朱衣，进贤三梁冠，佩水苍玉，兽头鞶，腰剑。

县、乡、亭、关内、关中及名号侯，金印龟钮，紫绶，朝服，进贤二梁冠，兽头鞶，腰剑。（关内、关中及名号侯则珪钮）。

关外侯，银印珪钮，青绶，朝服，进贤二梁冠，兽头鞶，腰剑。

诸王嗣子，金印珪钮，紫绶，（八十首）朝服，进贤二梁冠，佩山玄玉，兽头鞶，腰剑。

开国公、侯嗣子，银印珪钮，青绶，（八十首）朝服，进贤二梁冠，佩水苍玉，兽头鞶，腰剑。

太宰、太傅、太保、司徒、司空，金章龟钮，紫绶（八十首）朝服，进贤三梁冠，佩山玄玉，兽头鞶，腰剑。

（《陈令》加有相国丞相，服制同。）

大司马、大将军、太尉、诸位从公者，金章龟钮，紫绶，（八十首）朝服，武冠，佩山玄玉，兽头鞶，腰剑。直将军则不带剑。

凡公及位从公，（言以将军及以左右光禄、开府仪同者，各随本位号。其文则曰"某位号仪同之章"。）五等诸侯，助祭郊庙，皆平冕九旒，青玉为珠，有前无后。各以其绶色为组缨，旁垂黈纩。衣，玄上纁下，画山龙已下九章，备五采，大佩，赤舄，绚履。录尚书无章绶品秩，悉以余官总司其任，服则余官之服，犹执笏紫荷。其在都坐，则东面最上。

尚书令、仆射、尚书，铜印墨绶，朝服，纳言帻、进贤冠，佩水苍玉，（尚书则无印绶）腰剑，紫荷，执笏。（陈尚书令、仆射，金章龟钮，紫绶，八十首，兽头鞶。尚书无印绶及鞶。余并同梁。）

侍中散骑常侍、通直常侍、员外常侍，朝服，武冠貂蝉，（侍中左插，常侍右插）。皆腰剑，佩水苍玉。（其员外常侍不给佩）旧至尊朝会登殿，侍中常侍夹御，御下舆，则扶左右。侍中骖乘，则不带剑。

中书监、令、秘书监，铜印墨绶，朝服，进贤两梁冠，佩水苍玉，腰剑，兽头鞶。（陈制，银章龟钮，青绶，八十首，兽头鞶，腰剑。余同梁。）

左、右光禄大夫，皆与加金章紫绶同。其但加金紫者，谓之金紫光禄，但加银者，谓之光禄大夫。（《陈令》有特进，进贤二梁冠，朝服，佩水苍玉，腰剑《梁令》不载。）

光禄、太中、中散大夫，太常、光禄、弘训太仆、太仆、廷尉、宗正、大鸿胪、大司农、少府、大匠诸卿，丹阳尹，太子保、傅，大长秋，太子詹事，银章龟钮，青绶，兽头鞶，朝服，进贤冠二梁，佩水苍玉。卿大夫助祭，则冠平，冕五旒，黑玉为珠，有前无后。各以其绶采为组缨，旁垂黈纩。衣，玄上纁下，画华虫七章，皆佩五采大佩，赤舄，绚履。（陈宫卿改云慈训，余皆同梁。又有太舟卿，服章同。）

骠骑、车骑、卫将军、中军、冠军、辅国将军、四方中郎将，金章紫绶，（中郎将则青绶。）朝服，武冠，佩水苍玉。（《陈令》：镇、卫、骠骑、车骑、中军、中卫、中抚军、中权、四征、四镇、四安、四朔、四平将军，金章兽钮。其冠军、四方中郎将，金章豹钮，并紫绶，八十首，兽头鞶，朝服，武冠，佩水苍玉。自中军已下诸将军及冠军、四方中郎将，并官不给佩。）

领、护军，中领、护军，五营校尉，银印青绶，朝服，武冠，佩水苍玉，兽头鞶。其屯骑，夹御日，假给佩，余校不给。（《陈令》：领、护，金章龟钮，紫绶，八十首。中领、护，银章龟钮，青绶，八十首。其五营校尉，银印珪钮，青绶，八十首。官不给佩。余并同梁。）

弘训卫尉，卫尉，（陈宫卿云慈训，服同诸卿，但武冠。）司隶校尉，（陈无官服）左右卫、骁骑、游击、前、左、右、后军将军，龙骧、宁朔、建威、振威、奋威、扬威、广威、武威、建武、振武、奋武、扬武、广武等将军，积弩、积射、强弩将军，监军，银章青绶，朝服，武冠，佩水苍玉，兽头鞶。骁、游已下，并不给佩。骁、游夹侍日，假给。

(《陈令》：左、右卫，银章龟钮，不给剑。左右骁骑、游击、云骑、游骑、前、左、右、后军将军，左右中郎将，银印珪钮。余服饰同梁，亦官不给佩。其骁、游、云骑，夹御日，假给。其积弩、积射、强弩，铜印环钮，墨绶，带剑。余服同梁。又有忠武、军师、武臣、爪牙、龙骑、云麾、镇兵、翊帅、宣惠、宣毅、智威、仁威、勇威、信威、严威、智武、仁武、勇武、信武、严武，金章豹钮，紫绶，八十首。官不给。轻车、镇朔、武旅、贞毅、明威、宁远、安远、征远、振远、宣远等将军，金章貔钮，紫绶，并兽头鞶，朝服，武冠，佩水苍玉。）

国子祭酒，皂朝服，进贤二梁冠，佩水苍玉。

御史中丞、都水使者，银印，墨绶，朝服，进贤二梁冠，兽头鞶，腰剑，佩水苍玉。（陈中丞，银章龟钮，青绶，八十首，二梁冠。余同梁。其都水，陈、梁改为太舟卿，服在诸卿中见。）

谒者仆射，铜印环钮，墨绶，（八十首）。朝服，高山冠，兽头鞶，佩水苍玉，腰剑。

诸军司，银章龟钮，青绶，朝服，武冠，兽头鞶。

给事中、黄门侍郎、散骑通直员外、散骑侍郎、奉朝请、太子中庶子、庶子、武卫将军、武骑常侍，朝服，武冠，腰剑。（《陈令》：庶子已上簪笔。其武卫不剑，正直夹御，白布袴褶。）

中书侍郎，朝服，进贤一梁冠，腰剑。冗从仆射、太子卫率，铜印，墨绶，兽头鞶，朝服，武冠。（陈卫率，银章龟钮，青绶，不剑。冗从，铜印环钮，墨绶，腰剑。余并同梁。）

武贲中郎将、羽林监，铜印环钮，墨绶，朝服，武冠，兽头鞶，腰剑。其在陛牙及备卤簿，著鶡尾，绛纱縠单衣。

护匈奴中郎将，护羌、戎、夷、蛮、越、乌丸、西域校尉，银印珪钮，青绶，朝服，武冠，兽头鞶。（《陈令》无此官。其庶子、镇蛮、宁蛮、平戎、西攻校尉，平越中郎将，服章同。）

安夷、抚夷护军，州郡国都尉，奉车、驸马、骑都尉，诸护军，银印珪钮，青绶，兽头鞶，朝服，武冠。（陈安远、镇蛮护军，州、郡、国都尉，奉车、驸马、骑都尉，诸护军，服章同。无余文。）

州刺史，铜印，墨绶，兽头鞶，腰剑，绛朝服，进贤二梁冠。（陈铜章龟钮，青绶。余同梁。）

郡国太守、相、内史，银章龟钮，青绶，兽头鞶，单衣，介帻。加中二千石，依卿尹冠服剑佩。

尚书左、右丞，秘书丞，铜印坏钮，黄绶，兽爪鞶，朝服，进贤一梁冠。

尚书，秘书著作郎，太子中舍人、洗马、舍人，朝服，进贤一梁冠，腰剑。

诸王友、文学，朱服，进贤一梁冠。（《陈令》，诸王师服同。）

治书侍御史、侍御史，朝服，腰剑，法冠。（治书侍御史，则有铜印环钮，墨绶。陈又有殿中、兰台侍御史，朝服，法冠，腰剑，簪笔。）

诸博士，给皂朝服，进贤两梁冠，佩水苍玉。

太学博士，正限八人，著佩，限外六人不给。

廷尉律博士，无佩。并簪笔。

国子助教，皂朝服，进贤一梁冠，簪笔。

公府长史，兽头鞶。诸卿尹丞，黄绶，兽爪鞶。

诸县署令、秩千石者，兽爪鞶，铜印环钮，墨绶，朝服，进贤两梁冠。长史朱服，诸卿尹丞、建康令，玄服。

公府掾属、主簿、祭酒，朱服，进贤一梁冠。公府令史亦同。

领、护军长史，朱服，兽头鞶。诸军长史，单衣，介帻，兽头鞶。

诸卿部丞、狱丞，并皂朝服，一梁冠，黄绶，兽爪鞶，簪笔。

太子保、傅、詹事丞，皂朝服，一梁冠，簪笔，兽爪鞶，黄绶。

郡国相、内史丞、长史，单衣，介帻。长史，兽头鞶，其丞，黄绶，兽爪鞶。

诸县署令、长、相，单衣，介帻，兽头鞶，铜印环钮，墨绶，朝服，进贤一梁冠。诸署令，朱衣，武冠。州都大中正、郡中正，单衣，介帻。

太子门大夫，兽头鞶，陵令、长，兽爪鞶，铜印环钮，墨绶，朝服，进贤一梁冠。令、长朱服，率更、家令、仆，朝服，两梁冠，兽头鞶，腰剑。

黄门诸署令、仆、长丞，朱服，进贤一梁冠，铜印环钮，墨绶。丞，黄绶。黄门冗从仆射监、太子寺人监，铜印环钮，墨绶，朝服，武冠，兽头鞶。

公府司马，领、护军司马，诸军司马，护匈奴中郎将，护羌、戎、夷、蛮、越、乌丸、戊已校尉长史，司马，铜印环钮，墨绶，朝服，武冠。诸军司马，单衣，平巾帻。长史，介帻。（《陈令》：公府司马，领、护军司马，诸军司马，镇安蛮安远护军，蛮、戎、越校尉中郎将长史、司马，其服章与梁官同。）

公府从事中郎，朱服，进贤一梁冠。诸将军开府功曹、主簿，单衣，介帻，革带。廷尉，建康正、监平，铜印环钮，墨绶，皂零辟，朝服，法冠，兽爪鞶。

左、右卫司马，铜印环钮，墨绶，单衣，带，平巾帻，兽头鞶。

诸府参军，单衣，平巾帻。

诸州别驾、治中、从事、主簿、西曹从事，玄朝服，进贤一梁冠，簪笔。常公事，单衣，介帻，朱衣。

直阁将军，朱服，武冠，铜印珪钮，青绶，兽头鞶。

直阁将军、诸殿主帅，朱服，武冠。正直绛衫，从则裲裆衫。

诸开国郎中令、大农、公、傅中尉，铜印环钮，青绶，朝服，进贤两梁冠，中尉武冠，皆兽头鞶。

诸开国三将军，铜印环钮，青绶，朝服，武冠。限外者不给印。（陈制：墨绶，余并同梁。）

开国掌书中尉、司马，陵庙食官，厩牧长，典医典府丞，铜印。

常侍、侍郎、世子、庶子、谒者、中大夫、舍人，不给印。典书、典祠、学官令，典膳丞、长，铜印。限外者不给印。

左右常侍、侍郎，典卫中尉司马，朝服，武冠。典书、典祠、学官令，朝服，进贤一梁冠。余悉朱服，一梁冠。（常侍、侍郎、典书、典祠、学官令，簪笔，腰剑。）

太子卫率、率更、家令丞，铜印环钮，黄绶，皂朝服，进贤一梁冠，兽爪䩞。

太子常从武贲督，铜印环钮，墨绶，朝服，武冠，兽爪䩞。

殿中将军、员外将军，朱服，武冠。

州郡国都尉司马，铜印环钮，墨绶，朱服，武冠，兽头䩞。

诸谒者，朝服，高山冠。

中书通事舍人门下令史、主书典书令史、门下朝廷局书令史、太子门下通事守舍人、主书典守舍人、二宫斋内职左右职局斋干已上，朱服，武冠。

殿中内外局监、太子内外监、殿中守舍人，铜印环钮，朱服，武冠。

内外监典事书吏，朱服，进贤一梁冠。内监朝廷人领局典事、外监统军队咨详发遣局典事，武冠。外监及典事书吏，悉著朱衣，唯正直及斋监并受使，不在例。其东宫内外监、殿典事书吏，依台格。五校、三将将军主事，内监主事，外监主事，三校主事，朱服，武冠。

尚书都令史，都水参事，门下书令史，集书、中书、尚书、秘书著作掌书主书主图主谱典客令史书令史，监、令、仆射省事，兰台、殿中兰台、谒、都水令史，公府令史书令史，太子导客，次客守舍人及诸省典事，朱衣，进贤一梁冠。

尚书都算、度支算、左右校吏，朱服，进贤一梁冠。

诸县署丞、太子诸署丞、王公侯诸署及公主家令丞、仆，铜印环钮，黄绶，朱服，进贤一梁冠。太官、太医丞，武冠。

诸县尉，铜印环钮，单衣，介帻，黄绶，兽爪䩞。节骑郎，朱服，武冠。其在陛列及备卤簿者，貔尾，绛纱縠单衣。御节郎、黄钺郎，朝服，赤介帻，簪笔。典仪、唱警、唱奏事、持兵、主麾等诸职，公事及备卤簿，朱服，武冠。

殿中中郎将、校尉、都尉，银印珪钮，青绶，朱服，武冠，兽头䩞。

城门侯，铜印环钮，墨绶，朱服，武冠，兽头䩞。

部曲督、司马吏、部曲将，铜印环钮，朱服，武冠。司马吏，假墨绶，兽爪䩞。

太中、中散、谏议大夫、议郎、中郎、郎中、舍人，朱服，进贤一梁冠。

诸门郎、仆射、佐吏，东宫门吏，其郎朱服，仆射皂零辟，朝服，进贤冠，吏却非冠，佐吏著进贤冠。

总章协律，铜印环钮，艾绶，兽爪䩞，朱服，武冠。

黄门后阁舍人、主书、斋帅、监食、主食、主客、扶侍、鼓吹，朱服，武冠。鼓吹进贤冠，斋帅墨绶，兽头䩞。

殿中司马，铜印环钮，墨绶，朱服，武冠。

总章监、鼓吹监，铜印环钮，艾绶，朱服，武冠。

诸四品将兵都尉、牙门将、崇毅、材官、折难、轻骑、扬烈、威远、宁远、宣威、光威、骧威、威烈、威房、平戎、绥远、绥狄、绥边、绥戎、兽威、威武、烈武、毅武、奋武、讨寇、讨房、殄难、讨难、讨夷、厉武、横野、陵江、鹰扬、执讯、荡寇、荡房、荡难、荡逆、殄房、扫房、扫难、扫逆、扫寇、厉锋、武奋、武牙、广野，领兵满五十人，给银章，不满五十，除板而已，不给章，朱服，武冠。以此官为刺史、太守，皆青绶。（此条已下，皆陈制，与梁不同。）

典仪但帅、典仪正帅，朱衣，武冠。其本资有殿但、正帅，得带艾绶，兽头䩞。殿但帅、正帅，艾绶，兽头䩞，朱服，武冠。殿帅、羽仪帅、员外帅，朱衣，武冠。

威雄、猛、烈、振、信、胜、略、风、力、光等十威将军，武猛、略、胜、力、毅、健、烈、威、锐、勇等十武将军，并银章熊钮，青绶，兽头䩞，武冠，朝服。

猛毅、烈、威、锐、震、进、智、武、胜、骏等十猛将军，银章黑钮，青绶，兽头䩞，武冠，朝服。

壮武、勇、烈、猛、锐、威、毅、志、意、力等十壮将军，骁雄、桀、猛、烈、武、勇、锐、名、胜、迅等十骁将军，雄猛、威、明、烈、信、武、勇、毅、壮、健等十雄将军，并银章羔钮，青绶，兽头䩞，武冠，朝服。

忠勇、烈、猛、锐、壮、毅、捍、信、义、胜等十忠将军，明智、略、远、勇、烈、威、胜、进、锐、毅等十明将军，光烈、明、英、远、胜、锐、命、勇、武、野等十光将军，飙勇、猛、烈、锐、奇、决、起、略、胜、出等十飙将军，并银章鹿钮，青绶，兽头䩞，武冠，朝服。

龙骧、武视、云旗、风烈、电威、雷音、驰锐、进锐、羽骑、突骑、折冲、冠武、和戎、安垒、起猛、英果、扫房、扫狄、武锐、摧锋、开远、略远、贞威、决胜、清野、坚锐、轻锐、拔山、云勇、振旅等三十号将军，银印菟钮，青绶，兽头䩞，朝服，武冠。

超武、铁骑、楼船、宣猛、树功、克狄、平房、楼威、戎昭、威戎、伏波、雄戟、长剑、冲冠、雕骑、佽飞、勇骑、破敌、克敌、威房、前锋、武毅、开边、招远、全威、破阵、荡寇、殄房、横野、驰射等三十号将军，铜印环钮，墨绶，兽头䩞，朝服，武冠。并左十二件将军，除并假给章印绶，板则止朱服、武冠而已。（其勋选除，亦给章印。）

建威、牙门、期门已下诸将军，并铜印环钮，墨绶，兽头䩞，朱服，武冠。板则无印绶，止冠服而已。其在将官，以功次转进，应署建威已下诸号，不限板除，悉给印绶。（若武官署位转进，登上条九品驰射已上诸戎号，亦不限板除，悉给印绶。）

千人督、校督司马，武贲督，牙门将，骑督、守将兵都尉、太子常从督别部司马、假司马，假铜印环钮，朱服，武冠，墨绶，兽头䩞。

武猛中郎将、校尉、都尉，铜印环钮，朱服，武冠。其以此官为千人司马、道贲督已上及司马，皆假墨绶，兽头䩞。（已上陈制，梁所无及不同者。）

陛长、甲仆射、主事吏将骑、廷上五牛旗假吏武贲，在陛列及备卤簿，服锦文衣，武冠，貔尾。陛长者，假铜印环钮，墨绶，兽头䩞。

假旄头羽林，在陛列及备卤簿，服绛单衣，上著韦画腰襦，假旄头。舆辇、迹禽、前驱、由基强弩司马，给绛科单衣，武冠。其本位佩武猛都尉已上印者，假墨绶，别部司马已下假墨绶，并兽头鞶。

殿中冗从武贲、殿中武贲、持鈒戟冗从武贲，假青绶，绛科单衣，武冠。（《陈令》：绛科单衣，其本位职佩武猛、都尉等印，假鞶绶，依此条。）

持椎斧武骑武贲、五骑传诏武贲、殿中羽林、太官尚食武贲、称饭宰人、诸宫尚食武贲，假墨绶，给绛褠，武冠。（其佩武猛、都尉等位印，皆依上条假鞶绶之例。）

其在陛列及备卤簿，五骑武贲，服锦文衣，毦尾。宰人服离支衣。领军捉刃人，乌总帽，袴褶，皮带。

纟圭是羽葆毦鼓吹，悉改著进贤冠，外给系毦。鼓吹著武冠。诸官鼓吹，尚书门廊下都坐门下使守藏守阁、殿中威仪驺，武贲常直殿门云龙门者，门下左右部武贲羽林驺，给传事者诸导驺门下中书守阁、尚书门下武贲羽林驺，兰台五曹节藏仆射廊下守阁、威仪发符驺，都水使者廊下守给驺，谒者威仪驺，诸宫谒者驺，绛褠，武冠，衣服如旧。大谁、天门士，皂科单衣，樊哙冠。卫士，涅布褠，却敌冠。

诸将军、使持节、都督执节史，朱衣，进贤一梁冠。
（自此条已下皆陈制，梁所无。）

持节节史，单衣，介帻。其纂戎戒严时，同使持节。制假节节史，单衣，介帻。（凡节跗，以石为之。持节皆刻为鞶螭形，假节及给蛮夷节，皆刻为狗头跗。）

诸王典签帅，单衣，平巾帻。（典签书吏，袴褶，平巾帻。）

诸王书佐，单衣，介帻。

公府书佐，朱衣，进贤冠。

诸王国舍人、司理、谒者、阁下令史、中卫都尉，朱衣，进贤一梁冠。司理假铜印，谒者高山冠，令史已下武冠。

太子太傅五官功曹、主簿，皂朝服，进贤一梁冠。

太子二傅门下主记、录事、功曹书佐，门下书佐，记室帐下督、都督省事，法曹书佐，太傅外都督，皂衣，进贤一梁冠。

太子妃家令，绛朝服，进贤一梁冠。

太子三校、二将，积弩、殿中将军，衣服皆与上宫官同。

太子正员司马督、题阁监，（铜印墨绶）三校内主事，主章、扶侍、守舍人，衣带仗局、服饰衣局、珍宝朝廷主衣统，奏事干，内局内干，朱衣，武冠。

诸公府御属及省事，录尚书省事，太子门下及内外监丞、典事、导客、算书吏，次功、典书函、典书、典经、五经典书诸守宫舍人，市买清慎食官督，内直兵吏，宣华、崇贤二门舍人，诸公吏，朱衣，进贤一梁冠。

太子妃传令，朱衣，武冠，执刀，乌信幡。

太子二傅骑吏，玄衣，赤帻，武冠，常行则袴褶。执仪、斋帅、殿帅、典仪帅、传令、执刀戟、主盖扇麾伞、殿上持兵、车郎、扶车、注疏、蒿床、斋阁食司马、唱导饭、主食、殿前帅、殿前威仪、武贲威仪、散给使、阁将、鼓吹士帅副，武冠，绛褠。案軨、小舆、持车、轺车给使，平巾帻，黄布袴褶，赤虞带。

太子诸门将，涅布褠，樊哙冠。

太子卤簿戟吏，赤帻，武冠，绛褠。廉帅、整阵、禁防，平巾帻，白布袴褶。铫角五音帅、长麾，青布袴褶，岑帽，绛纹带。都伯，平巾帻，黄布袴褶。

文官曹干，白纱单衣、介帻。尚书二台曹干亦同。

武官问讯、将士给使，平巾帻，白布袴褶。

通天冠，高九寸，正竖顶，少斜却，乃直下，铁为卷梁，前有展筒，冠前加金博山、述。乘舆所常服。

远游冠，制似通天，而前无山、述，有展筒，横于冠前。皇太子及王者后、诸王服之。诸王加官者，自服其官之冠服，唯太子及王者后常冠焉。太子则以翠羽为缕，缀以白珠。其余但青丝而已。

进贤冠，古缁布冠遗象也，斯盖文儒者之服。前高七寸，后高三寸，长八寸。有五梁、三梁、二梁、一梁之别。五梁唯天子所服，其三梁已下，为臣高卑之别云。

武冠，一名武弁，一名大冠，一名繁冠，一名建冠，今人名曰笼冠，即古惠文冠也。天子元服，亦先加大冠。今左右侍臣及诸将军武官通服之。侍中常侍，则加金珰附蝉焉，插以貂尾，黄金为饰云。

高山冠，一名侧注，高九寸，铁为卷梁。制似通天，顶直竖，不斜，无山述展筒。高山者，取其矜庄宾远，中外谒者仆射服之。

法冠，一名柱后，或谓之獬豸冠，高五寸，以纚为展筒，铁为柱卷，取其不曲挠也。侍御史、廷尉正监平，凡执法官皆服之。

鹖冠，犹大冠也，加双鹖尾，竖插两边，故以名焉。武贲中郎将、羽林监、节骑郎，在陛列及卤簿者服之。

长冠，一名斋冠。高七寸，广三寸，漆纚为之。制如版，以竹为里。汉高祖微时，以竹皮为此冠，所谓刘氏冠。后除竹，用漆纚焉。司马彪曰："长冠，楚制也。人间或谓之鹊尾冠，非也。"后代以为祭服，尊敬之也。至天监三年，祠部郎沈宏议："案竹叶冠，是高祖为亭长时所服，安可缅代为祭服哉？《礼》：'士弁祭于公。'请令太常丞、博士奉斋之服，宜改用爵弁。"明山宾同宏议。司马䌫云："若必遵三王，则惧所改非一。长冠谓宜仍旧。案今之宗丞博士之服，未有可非。"帝竟不改。

建华冠，以铁为柱卷，贯大铜珠九枚。祀天地、五郊、明堂，舞人服之。

樊哙冠，广九寸，高七寸，前后出各四寸，制似平冕。凡殿门司马卫士服之。

却敌冠，高四寸，通长四寸，后高三寸，制似进贤冠。凡宫殿门卫士服之。

却非冠，高五寸，制似长冠。宫殿门吏仆射服之。

帻，尊卑贵贱皆服之。文者长耳，谓之介帻；武者短耳，谓之平上帻。各称其冠而制。尚书令、仆射、尚书帻，收方三寸，名曰纳言。未冠童子帻，无屋，施假髻者，示未成人也。

帽，《傅子》云："先未有歧，荀文若巾触树成歧，时人慕之，因而弗改。"今通为庆吊之服。白纱为之，或单或夹。初婚冠送饯亦服之。

巾，国子生服，白纱为之。晋太元中，国子生见祭酒博士，单衣，角巾，执经一卷，以代手版。宋末，阙其制。齐立学，太尉王俭更造。今形如之。

帽，自天子下及士人，通冠之。以白纱者，名高顶帽。皇太子在上省则乌纱，在永福省则白纱。又有缯皂杂纱为之，高屋下裙，盖无定准。

袴褶，近代服以从戎。今纂严，则文武百官咸服之。车驾亲戎，则缚袴，不舒散也。中官紫褶，外官绛褶，腰皮带，以代鞶革。

笏，中世以来，唯八座尚书执笏。笏者白笔缀其头，以紫囊裹之。其余公卿，但执手版。荷紫者，以紫生为袂囊，缀之服外，加于左肩。周迁云："昔周公负成王，制此衣，至今以为朝服。"萧骄子云："名契囊。"案《赵充国传》云："张子孺持囊簪笔，事孝武帝。"张晏云："囊，契囊也。近臣负囊簪笔，从备顾问，有所记也。"

入殿门，有笼冠者著之，有缨则下之。缘厢行，得提衣。省阁内得著履、乌纱帽。入斋阁及横度殿庭，不得人提衣及捉服饰。入阁则执手板，自抠衣。几席不得入斋正阁。介帻不得上正殿及东西堂。仪仗伞扇，有櫨牵车，不得入台门。台官问讯皇太子，亦皆朱服，著袜；谒诸王，单衣，帻；庶姓，单衣，帢。诣三公，必衣帢。至黄阁，下履，过阁还，著履。

古者君臣佩玉，尊卑有序，绶者，所以贯佩相承受也。又上下施韨，如蔽膝，贵贱亦各有殊。五霸之后，战兵不息，佩非兵器，韨非战仪，于是解去佩韨，留其系襚而已。韨佩既废，秦乃以采组连结于襚，转相结受，又谓之绶。汉承用之。至明帝始复制佩，而汉末又亡绝。魏侍中王粲识其形，乃复造焉。今之佩，粲所制也。

皇后谒庙，服袿襡大衣，盖嫁服也，谓之袆衣，皂上皂下。亲蚕则青上缥下。皆深衣制，隐领袖，缘以条。首饰则假髻、步摇，俗谓之珠松是也。簪珥步摇，以黄金为山题，贯白珠，为桂枝相缪。八爵九华，熊、兽、赤黑、天鹿、辟邪、南山丰大特六兽。诸爵兽皆以翡翠为华。绶佩同乘舆。

贵妃、贵嫔、贵姬，是为三夫人，金章龟钮，紫绶，（八十首）佩于阗玉，兽头鞶。

淑媛、淑仪、淑容、昭华、昭仪、昭容、修华、修仪、修容，是为九嫔，金章龟钮，青绶，（八十首）兽头鞶，佩采琼玉。

婕妤、容华、充华、承徽、列荣五职，亚九嫔，银印珪钮，艾绶，兽头鞶。

美人、才人、良人三职，散位，铜印环钮，墨绶，兽头鞶。

皇太子妃，金玺龟钮，纁朱绶，（一百六十首）佩瑜玉，兽头鞶。

良娣，银印珪钮，佩采琼玉，青绶，（八十首）兽爪鞶。

保林，银印珪钮，佩水苍玉，青绶，（八十首）兽爪鞶。

诸王太妃、妃、诸长公主、公主、封君，金印龟钮，紫绶，（八十首）佩山玄玉，兽头鞶。

开国公、侯太夫人，银印珪钮，青绶，（八十首）佩水苍玉，兽头鞶。

公主、三夫人，大手髻，七钿蔽髻。九嫔及公夫人，五钿；世妇，三钿。其长公主得有步摇。公主、封君已上，皆带绶。以彩组为绲带，各以其绶色。金辟邪，首为带玦。

公、特进、列侯、卿、校、中二千石夫人，绀缯幗，黄金龙首衔白珠，鱼须擿，长一尺，为簪珥。入庙佐祭者，皂绢上下，助蚕者，缥绢上下，皆深衣制，缘自二千石夫人已上至皇后，皆以蚕衣为朝服。

自晋左迁，中原礼仪多缺。后魏天兴六年，诏有司始制冠冕，各依品秩，以示等差，然未能皆得旧制。至太和中，方考故实，正定前谬，更造衣冠，尚不能周洽。及至熙平二年，太傅、清河王怿、黄门侍郎韦廷祥等，奏定五时朝服，准汉故事，五郊衣帻，各如方色焉。及后齐因之。河清中，改易旧物，著令定制云。

乘舆，平冕，黑介帻，垂白珠十二旒，饰以五采玉，以组为缨，色如其绶，黈纩，玉笄。白玉玺，黄赤绶，五采，黄赤缥绿绀，纯黄质，长二丈九尺，五百首，广一尺二寸。小绶长三尺二寸，与绶同采，而首半之。衮服，皂衣，绛裳，裳前三幅，后四幅，织成为之，十二章，缘绛中单，织成绲带，朱绂，佩白玉，带鹿卢剑，绛袴袜，赤舄。未加元服，则空顶介帻。又有通天金博山冠，则绛纱袍，皂缘中单。其五时服，则五色介帻，进贤五梁冠，五色纱袍。又有远游五梁冠，并不通于下。四时祭庙、圆丘、方泽、明堂、五郊、封禅、大雩、出宫行事、正旦受朝及临轩拜王公，皆服衮冕之服。还宫及斋，则服通天冠。籍田则冠冕，璪十二旒，佩苍玉，黄绶，青带，青袜，青舄。拜陵则黑介帻，白纱单衣。释奠则服通天金博山冠，玄纱袍。春分朝日，则青纱朝服，青舄，秋分夕月，则白纱朝服，缟舄，俱冠五梁进贤冠。合朔，服通天金博山冠，绛纱袍。季秋讲武、出征告庙，冠武弁，黄金附蝉，左貂。袴类宜社，武弁，朱衣。纂严升殿，服通天金博山冠，绛纱袍。入温、凉室，冠武弁，右貂附蝉，绛纱服。征还饮至，服通天冠。庙中遣上将，则衮冕，还宫则通天金博山冠。赏祖罚社，则武弁，左貂附蝉。元日、冬至大小会，皆通天金博山冠。四时畋、出宫，服通天冠，并赤舄。明堂则五时俱通天冠，各以其色服。东、西堂举哀，服白帢。

天子六玺：文曰"皇帝行玺"，封常行诏敕则用之。"皇帝之玺"，赐诸王书则用之。"皇帝信玺"，下铜兽符，发诸州征镇兵，下竹使符，拜代征召诸州刺史，则用之。并白玉为之，方一寸二分，螭兽钮。"天子行玺"，封拜外国则用之。"天子之玺"，赐诸外国书则用之。"天子信玺"，发兵外国，若征召外国，及有事鬼神，则用之。并黄金为之，方一寸二分，螭兽钮。又有传国玺，白玉为之，方四寸，螭兽钮，上交五蟠螭，隐起鸟篆书。文曰"受天之命，皇帝寿昌"，凡八字。在六玺外，唯封禅以封石函。又有督摄万机印一钮，以木为之，长一尺二寸，广二寸五分。背上为鼻钮，钮长九寸，厚一寸，广七分。腹下隐起篆书为"督摄万机"，凡四字。此印常在内，唯以印籍缝。用则左户郎中、度支尚书奏取，印讫输内。

皇太子平冕，黑介帻，垂白珠九旒，饰以三采玉，以组为缨，色如其绶，金玺，朱绶，四采，赤黄缥绀。绶朱质，长二丈一尺，三百二十首，广九寸。小绶长三尺二寸，与绶同色，而首半之。衮服，同乘舆而九章，绛绔，佩瑜玉，玉具剑，火珠标首，绛袴袜，赤舄。非谒庙则不服。未加元服，则空顶黑介帻，双童髻，双玉导。中舍人执远游冠以从。其远游三梁冠，黑介帻，翠緌缨，绛纱袍，皂缘中单，黑舄。大朝所服，亦服进贤三梁冠，黑介帻，皂朝服，绛缘中单，玄舄。为宫臣举哀，白帢，单衣，乌皮履。未加元服，则素服。

皇太子玺，黄金为之，方一寸，龟钮，文曰"皇太子玺"。宫中大事用玺，小事用门下典书坊印。

诸公卿平冕，黑介帻，青珠为旒，上公九，三公八，诸卿六，以组为缨，色如其绶。衣皆玄上纁下。三公山龙八章，降皇太子一等，九卿藻火六章，唯郊祀天地宗庙服之。

远游三梁，诸王所服。其未冠，则空顶黑介帻。开国公、侯、伯、子、男及五等散爵未冠者，通如之。

进贤冠，文官二品已上，并三梁，四品已上，并两梁，五品已下，流外九品已上，皆一梁。致事者，通著委貌冠。主兵官及侍臣，通著武弁。侍臣加貂珰。御史、大理著法冠。诸谒者、太子中导客舍人，著高山冠。宫门仆射、殿门吏、亭长、太子率更寺、宫门督、太子内坊察非吏、诸门吏等，皆著却非冠。羽林、武贲，著鹖。录令已下，尚书以上，著纳言帻。又有赤帻，卑贱者所服。救日蚀，文武官皆免冠，著赤介帻，对朝服。贱者平巾，赤帻，示威武，以助于阳也。止雨亦著之。请雨则服缃帻，东耕则服青帻，庖人则服绿帻。

印绶，二品已上，并金章，紫绶；三品银章，青绶；（三品已上，凡是五省官及中侍中省，皆为印，不为章。）四品得印者，银印，青绶；五品、六品得印者，铜印，墨绶，（四品已下，凡是开国子、男及五等散品名号侯，皆为银章，不为印。）七品、八品、九品得印者，铜印，黄绶。金银章印及铜印，并方一寸，皆龟钮。东西南北四藩诸国王章，上藩用中金，中藩用下金，下藩用银，并方寸，龟钮。佐官唯公府长史、尚书二丞，给印绶。六品已下，九品已上，唯当曹为官长者给印。余自非长官，虽位尊，并不给。

诸王纁朱绶，四采，赤黄缥绀，纯朱质，纁文织，长二丈一尺，二百四十首，广九寸。开国郡县公、散郡县公，玄朱绶，四采，玄赤缥绀，朱质，玄文织，长一丈八尺，百八十首，广八寸。开国县侯伯、散县侯伯，青朱绶，四采，青赤白缥，朱质，青文织，长一丈六尺，百四十首，广七寸。开国县子男、散县子男、名号侯、开国乡男，素朱绶，三采，青赤白，朱质，白文织，长一丈四尺，百二十首，广六寸。一品、二品，紫绶，三采，紫黄赤，纯紫质，长一丈八尺，百八十首，广八寸。三品、四品，青绶，三采，青白红，纯青质，长一丈六尺，百四十首，广七寸。五品、六品，墨绶，二采，青绀，纯绀质，长一丈四尺，百首，广六寸。七品、八品、九品，黄绶，二采，黄白，纯黄质，长一丈二尺，六十首，广五寸。官品从第二品已上，小绶间得施玉环。凡绶，先合单纺为一丝，丝四为一扶，扶五为一首，首五成一文。采纯为质。首多者丝细，首少者丝粗。官有绶者，则有纷，皆长八尺，广三寸，各随绶色。若服朝服则佩绶，服公服则佩纷。官无绶者，不合佩纷。

鞶囊，二品已上金缕，三品金银缕，四品银缕，五品、六品彩缕，七、八、九品彩缕，兽爪鞶。官无印绶者，并不合佩鞶囊及爪。

一品，玉具剑，佩山玄玉。二品，金装剑，佩水苍玉。三品及开国子男、五等散品名号侯虽四、五品，并银装剑，佩水苍玉。侍中已下，通直郎已上，陪位则像剑。带真剑者，入宗庙及升殿，若在仗内，皆解剑。一品及散郡公、开国公侯伯，皆双佩。二品、三品及开国子男、五等散品名号侯，皆只佩。绶亦如之。

百官朝服公服，皆执手板。尚书录令、仆射、吏部尚书，手板头复有白笔，以紫皮裹之，名曰笏。朝服缀紫荷，录令、左仆射左荷，右仆射、吏部尚书右荷。七品已上文官朝服，皆簪白笔。正王公侯伯子男、卿尹及武职，并不簪。朝服，冠、帻各一，绛纱单衣，白纱中单，皂领袖，皂襈，革带，曲领，方心，蔽膝，白笔，舄、袜，两绶，剑佩，簪导，钩䚢，为具服。七品已上服也。公服，冠、帻，纱单衣，深衣，革带，假带，履袜，钩䚢，谓之从省服。八品已下，流外四品已上服也。

流外五品已下，九品已上，皆著褠衣为公服。

皇后玺、绶、佩同乘舆，假髻，步摇，十二钿，八雀九华。助祭朝会以祎衣，祠郊禖以褕狄，小宴以阙狄，亲蚕以鞠衣，礼见皇帝以展衣，宴居以褖衣。六服俱有蔽膝、织成绲带。皇太后、皇后玺，并以白玉为之，方一寸二分，螭兽钮，文各如其号。玺不行用，有令，则太后以宫名卫尉印，皇后则以长秋印。

内外命妇从五品已上，蔽髻，唯以钿数花钗多少为品秩。二品已上金玉饰，三品已下金饰。内命妇、左右昭仪、三夫人视一品，假髻，九钿，金章，紫绶，服褕翟，双佩山玄玉。九嫔视三品，五钿蔽髻，银章，青绶，服鞠衣，佩水苍玉。世妇视四品，三钿，银印，青绶，服展衣，无佩。八十一御女视五品，一钿，铜印，墨绶，服褖衣。又有宫人女官服制，第二品七钿蔽髻，服阙翟；三品五钿，鞠衣；四品三钿，展衣；五品一钿，褖衣；六品褖衣；七品青纱公服。俱大首髻。八品、九品，俱青纱公服，偏髾髻。

皇太子妃玺、绶、佩同皇太子，假髻，步摇，九钿，服褕翟。从蚕则青纱公服。

皇太子妃玺，以黄金，方一寸，龟钮，文曰"皇太子妃之玺"。若有封书，则用内坊印。

郡长公主、公主、王国太妃、妃，纁朱绶，髻章服佩同内命妇一品。郡长君七钿蔽髻，玄朱绶，阙翟，章佩与公主同。郡君、县主，佩水苍玉，余与郡长君同。太子良娣视九嫔服。县主青朱绶，余与良娣同。女侍中五钿，假金印，紫绶，服鞠衣，佩水苍玉。县君银章，青朱绶，余与女侍中同。太子孺人同世妇。太子家人子同御女。乡主、乡君，素朱绶，佩水苍玉，余与御女同。外命妇章印绶佩，皆如其夫。若夫假章印绶佩，妻则不假。一品、二品，七钿蔽髻，服翚翟。三品五钿，服鞠衣。四品三钿，服展衣。五品一钿，服褖衣。内外命妇、宫人女官从蚕，则各依品次，还著蔽髻，皆服青纱公服。如外命妇，绶带鞶囊，皆准其夫公服之例。百官之母诏加太夫人者，朝服公服，各与其命妇服同。

后周设司服之官，掌皇帝十二服。祀昊天上帝，则苍衣苍冕；祀东方上帝及朝日，则青衣青冕；祀南方上帝，则朱衣朱冕；祭皇地祇、祀中央上帝，则黄衣黄冕；祀西方上帝及夕月，则素衣素冕；祀北方上帝，祭神州、社稷，则玄衣玄冕；享先皇、加元服、纳后、朝诸侯，则象衣象冕。十有二章，日月星辰山龙华虫六章在衣，火宗彝藻粉米黼黻六章在裳，凡十二等。享诸先帝、大贞之龟、食三老五更、享诸侯、耕籍，则服衮冕，自龙已下，凡九章十二等。宗彝已下五章在衣，藻、火已下四章在裳，衣重宗彝。祀星辰、祭四望、视朔、大射、飨群臣、巡牺牲、养国老，则服山冕，八章十二等。衣裳各四章，衣重火与宗彝。群祀、视朝、临太学、入道法门、宴诸侯与群臣及燕射、养庶老、适诸侯家，则服鷩冕，七章十二等。衣三章，裳四章，衣重三章。衮、山、鷩三冕，皆裳重黼黻，俱十有二等。通以升龙为领褾。冕通十有二旒。巡兵即戎，则服韦弁，谓以韎韦为弁，又以为裳衣也。田猎行乡畿，则服皮弁，谓以鹿子皮为弁，白布衣而素裳也。皇帝凶服斩衰。（父母之丧上下达）其吊服，锡衰以哭三公，缌衰以哭诸侯，（皆十五升抽其半。锡者，浣其布，不浣其缕，哀在内，缌者，浣其缕，不浣其布，哀在外也。）疑衰以哭大夫（十四升）皆素弁，（如爵弁之数）环绖。（一服缠绖）凡大疫、大荒、大灾则素服缟冠。（凡疫病、荒饥、年灾水旱也。）

诸公之服九：一曰方冕。二曰衮冕，九章，宗彝已上五章在衣，藻已下四章在裳。三曰山冕，八章，衣裳各四章，衣重宗彝，为九等。四曰鷩冕，七章，衣三章，裳四章，衣重火与宗彝。五曰火冕，六章，衣裳各三章，衣重宗彝及藻，裳重黻。六曰毳冕，五章，衣三章，裳二章，衣重藻粉米，裳重黼黻。山冕已下俱九等，皆以山为领褾，冕俱九旒。七曰韦弁。八曰皮弁。九曰玄冠。

诸侯服，自方冕而下八，无衮冕。山冕八章，衣裳各四章。鷩冕七章，衣三章，裳四章，衣重宗彝。火冕六章，衣裳各三章，衣重藻，裳重黻。毳冕五章，衣三章，衣重粉米，裳重黼黻。鷩冕已下俱八等，皆以华虫为领褾。冕俱八旒。

诸伯服，自方冕而下七，又无山冕。鷩冕七章，衣三章，裳四章。火冕六章，衣裳各三章，裳重黻。毳冕五章，衣三章，裳二章，裳重黼黻。火冕已下俱七等，皆以火为领褾。冕俱七旒。

诸子服，自方冕而下六，又无鷩冕。火冕六章，衣裳各三章。毳冕五章，衣三章，裳二章，裳重黻。毳冕已下俱六等，皆以宗彝为领褾。冕俱六旒。

诸男服，自方冕而下五，又无火冕。毳冕五章，衣三章，裳二章。以藻为领褾。冕五旒。

三公之服九：一曰祀冕。二曰火冕，六章，衣裳各三章，衣重宗彝与藻，裳重黻。三曰毳冕，五章，衣三章，裳二章，衣重藻与粉米，裳重黼黻。四曰藻冕，四章，衣裳俱二章，衣重藻与粉米，裳重黼黻。五曰绣冕，三章，衣一章，裳二章，衣重粉米，裳重黼黻。俱九等，皆以宗彝为领褾。六曰爵弁。七曰韦弁。八曰皮弁。九曰玄冠。

三孤之服，自祀冕而下八，无火冕。毳冕五章，衣三章，裳二章，衣重粉米，裳重黼黻。藻冕四章，衣裳各二章，衣重藻与粉米，裳重黼黻，俱八等，皆以藻为领褾。绣冕三章，衣一章，裳二章，衣重粉米，裳重黼黻，为八等。

公卿之服，自祀冕而下七，又无毳冕。藻冕四章，衣裳各二章，衣重粉米，裳重黼黻，为七等，皆以粉米为领褾，各七。绣冕三章，衣一章，裳二章，衣重粉米，裳重黼黻，为七等。

上大夫之服，自祀冕而下六，又无藻冕。绣冕三章，衣一章，裳二章，衣重粉米，裳重黼，为六等。

中大夫之服，自祀冕而下五，又无皮弁。绣冕三章，衣一章，裳二章，衣重粉米，为五等。

下大夫之服，自祀冕而下四，又无爵弁。绣冕三章，衣一章，裳二章，衣重粉米，为四等。

士之服三：一曰祀弁，二曰爵弁，三曰玄冠。（玄冠皆玄衣。其裳，上士以玄，中士以黄，下士杂裳，谓前玄后黄也。）庶士之服一：玄冠。（庶士，庶人在官，府史之属。其服缁衣裳。）

后令文武俱著常服，冠形如魏帢，无簪有缨。其凶服皆与庶人同。其吊服，诸侯于其卿大夫，锡衰；同姓，缌衰；于士，疑衰。其当事则弁绖，否则皮弁。公孤卿大夫之吊服，锡衰弁绖，皮弁亦如之。士之吊服，疑衰素裳，当事弁绖，否则徒弁。

皇后衣十二等。其翟衣六，从皇帝祀郊禖，享先皇，朝皇太后，则服翚衣。（素质，五色。）祭阴社，朝命妇，则服褕衣。（青质，五色。）祭群小祀，受献茧，则服鷩衣。（赤色）采桑则服鸤衣。（黄色）从皇帝见宾客，听女教，则服鹎衣。（白色）食命妇，归宁，则服翾衣。（玄色）俱十有二等，以翚雉为领褾，各有二。临妇学及法道门，燕命妇，有时见命妇，则苍衣。春斋及祭还，则青衣。夏斋及祭还，则朱衣。采桑斋及采桑还，则黄衣。秋斋及祭还，则素衣。冬斋及祭还，则玄衣。自青衣而下，其领褾以相生之色。

诸公夫人九服，其翟衣雉皆九等，俱以褕雉为领褾，各九。自褕衣已下五，曰褕衣、鷩衣、鸤衣、鹎衣、翾衣，并朱衣、黄衣、素衣、玄衣而九。自朱衣而下，其领褾亦同用相生之色。

诸侯夫人，自鷩衣而下八。其翟衣雉皆八等，俱以鷩雉为领褾。无褕衣。

诸伯夫人，自鸤衣而下七。其翟衣雉皆七等，俱以鸤雉为领褾，又无鷩衣。

诸子夫人，自鹎衣而下六。其翟衣俱以鹎雉为领褾。又无鸤衣。

诸男夫人，自翙而下五。其翟衣褕皆五等，俱以翙雉为领褾。又无鹖衣。

三妃，三公夫人之服九：一曰鸠衣，二曰鹖衣，三曰翙衣，四曰青衣，五曰朱衣，六曰黄衣，七曰素衣，八曰玄衣，九曰䌽衣。（似发）华皆九树。其褕衣亦皆九等，以鸠雉为领褾，各九。

三㚤，三孤之内子，自鹖衣而下八。褕衣皆八等，以鹖雉为领褾，各八。

六嫔，六卿之内子，自翙衣而下七。褕衣皆七等，以翙雉为领褾，各七。

上媛，上大夫之孺人，自青衣而下六。

中媛，中大夫之孺人，自朱衣而下五。

下媛，下大夫之孺人，自黄衣而下四。

御婉士之妇人，自素衣而下三。

中宫六尚，缁衣。（其色赤而微玄）

诸命秩之服，曰公服，其余常服，曰私衣。皇后华皆有十二树。诸侯之夫人，亦皆以命数为之节。三妃，三公夫人已下，又各依其命。一命再命者，又俱以三为节。

皇后及诸侯夫人之服，皆舄履。三妃，三公夫人已下，翟衣则舄，其余皆履。舄、履各如其裳之色。

皇后之凶服，斩衰、齐衰，降旁期已下吊服。为妃、嫔、三公之夫人，孤卿内子之丧，锡衰。（锡者，十五升去其半。无事其缕，有事其布，哀在内也。）为诸侯夫人之丧，缌衰。（缌亦十五升去其半。有事其缕，无事其布，哀在外也。）为媛、御婉及大夫孺人、士之妇人之丧，疑衰。（十四升，疑于吉。）皆吉笄，无首。（象笄，去首饰。）太阴亏则素服。（荡天下之阴事）诸侯之夫人及三妃与三公之夫人已下凶事，则五衰：（自缌已上皆服之）其吊，诸侯夫人于卿之内子、大夫孺人，锡衰。于己之同姓之臣，缌衰。于士之妇人，疑衰。皆吉笄，无首。其三妃已下及媛，三公夫人已下及孺人，其吊服锡衰。御婉及士之妇人，吊服疑衰，疑衰同笄。（九族已下皆骨笄）

韠，皇帝三章，龙、火、山；诸侯二章，去龙；卿大夫一章，以山。皆织彩以成之。

皇帝八玺，有神玺，有传国玺，皆宝而不用。（神玺明受之于天，传国玺明受之于运。）皇帝负扆，则置神玺于筵前之右，置传国玺于筵前之左。又有六玺。其一"皇帝行玺"，封命诸侯及三公用之。其二"皇帝之玺"，与诸侯及三公书用之。其三"皇帝信玺"，发诸夏之兵用之。其四"天子行玺"，封命蕃国之君用之。其五"天子之玺"，与蕃国之君书用之。其六"天子信玺"，征蕃国之兵用之。六玺皆白玉为之，方一寸五分，高寸，螭兽钮。

皇后玺，文曰"皇后之玺"，白玉为之，方寸五分，高寸，麟钮。

三公诸侯皆金印，方寸二分，高八分，龟钮。七命已上银，四命已上铜，皆龟钮。三命已上，铜印铜鼻。其方皆寸，其高六分，文曰"某公官之印"。

皇帝之组绶以苍，以青，以朱，以黄，以白，以玄，以缥，以红，以紫，以缥，以碧，以缁，十有二色。诸公九色，自黄以下。诸侯八色，自白以下。诸伯七色，自玄以下。诸子六色，自缥已下。诸男五色，自红已下。三公之绶，如诸公。三孤之绶，如诸侯。六卿之绶，如诸伯。上大夫之绶，如诸子。中大夫之绶，如诸男。下大夫绶，自紫已下。士之绶，自缁已下。其玺印之绶，亦如之。

保定四年，百官始执笏，常服上焉。宇文护始命袍加下栏。

宣帝即位，受朝于路门，初服通天冠，绛纱袍。群臣皆服汉魏衣冠。大象元年，制冕二十四旒，衣服以二十四章为准。二年下诏，天台近侍及宿卫之官，皆著五色衣，以锦绮缋绣为缘，名曰品色衣。有大礼则服冕。内外命妇皆执笏，其拜俯伏方兴。

卷十二　　志第七

礼仪七

高祖初即位，将改周制，乃下诏曰："宣尼制法，云行夏之时，乘殷之辂。弈叶共遵，理无可革。然三代所尚，众论多端，或以为所建之时，或以为所感之瑞，或当其行色，因以从之。今虽夏得得天，历代通用，汉尚于赤，魏尚于黄，骊马玄牡，已弗并踵，明不可改，建寅岁首，常服于黑。朕初受天命，赤雀来仪，兼姬周已还，于兹六代，三正回复，五德相生，总以言之，并宜火色。垂衣已降，损益可知，尚色虽殊，常兼前代。其郊丘庙社，可依衮冕之仪，朝会衣裳，宜尽用赤。昔丹乌木运，姬有大白之旃，黄星土德，曹乘黑首之马，在祀与戎，其尚恒异。今之戎服，皆可尚黄，在外常所著者，通用杂色。祭祀之服，须合礼经，宜集通儒，更可详议。"太子庶子、摄太常少卿裴政奏曰："窃见后周制冕，加为十二，即与前礼数乃不同，而色应五行，又非典故。谨案三代之冠，其名各别。六等之冕，承用区分，璪玉五采，随班异饰，都无迎气变色之文。唯《月令》者，起于秦代，乃有青旂赤玉，白骆黑衣，与四时而色变，全不言于弁冕。五时冕色，《礼》既无文，稽于正典，难以经证。且后魏已来，制度咸阙。天兴之岁，草创缮修，所造车服，多参胡制。故魏收论之，称为违古，是也。周氏因袭，将为故事，大象承统，咸取用之，舆辇衣冠，甚多迂怪。今皇隋革命，宪章前代，其魏、周辇辂不合制者，已敕有司尽令除废，然衣冠礼器，尚且兼行。乃有立夏衮衣，以赤为质，迎秋平冕，用白成形，既越典章，须革其谬。谨案《续汉书·礼仪志》云'立春之日，京都皆著青帻'，秋夏悉如其色。逮于魏、晋，迎气五郊，行礼之人，皆同此制。考寻故事，唯帻从衣色。今请冠及冕，色并用玄，唯应著帻者，任依汉、晋。"制曰："可。"

于是定令，采用东齐之法。乘舆衮冕，垂白珠十有二旒，以组为缨，色如其绶，黈纩充耳，玉笄。玄衣，纁裳。衣，山、龙华虫、火、宗彝五章；裳，藻、粉米、黼、黻四章。衣重宗彝，裳重黼黻，为十二等。衣褾、领织成升龙，白纱内单，黼领，青褾、襈、裾。革带，玉钩䚢，大带，素带朱里，纰其外，上以朱，下以绿。韨随裳色，龙、火、山三章。鹿卢玉具剑，火珠镖首。白玉双佩，玄组。双大绶，六采，玄黄赤白缥绿，纯玄质，长二丈四尺五百首，广一尺；小双绶，长二尺六寸，色同大绶，而首半之，间施三玉环。朱袜，赤舄，舄加金饰。祀圆丘、方泽、感帝、明堂、五郊、雩、蜡、封禅、朝日、夕月、宗庙、社稷、籍田、庙遣上将、征还饮至、元服、纳后、正月受朝及临轩拜王公，则服之。通天冠，加金博山，附蝉，十二首，施珠翠，黑介帻，玉簪导。绛纱袍，深衣制，白纱内单，皂领、褾、襈、裾，绛纱蔽膝，白假带，方心曲领。其革带、剑、佩、绶、舄，与上同。若未加元服，则双童髻，空顶黑介帻，双玉导，加宝饰。朔日受朝、元会及冬会、诸祭还，则服之。武弁，金附蝉，平巾帻，余服具服。讲武、出征、四时蒐狩、大射、祃、类、宜社、赏祖、罚社、纂严，则服之。黑介帻，白纱单衣，乌皮履，拜陵则服之。白纱帽，白练裙襦，乌皮履，视朝、听讼及宴见宾客，皆服之。白帢，白纱单衣，乌皮履，举哀则服之。

神玺，宝而不用。受命玺，封禅则用之。"皇帝行玺"，封命诸侯及三师、三公则用之。"皇帝之玺"，赐诸侯及三师、三公书则用之。"皇帝信玺"，征诸夏兵则用之。"天子行玺"，封命蕃国之君则用之。"天子之玺"，赐蕃国之君书则用之。"天子信玺"，征蕃国兵则用之。常行诏敕，则用内史门下印。

皇帝临臣之丧，三品已上，服锡衰；五等诸侯，缌衰；四品已下，疑衰。

皇太子衮冕，垂白珠九旒，青纩充耳，犀笄。玄衣，纁裳。衣，山、龙、华虫、火、宗彝五章；裳，藻、粉米、黼、黻四章。织成为之。白纱内单，黼领，青褾、襈、裾。革带，金钩䚢，大带，素带不朱里，亦纰以朱绿。韨随裳色，火、山二章。玉具剑，火珠镖首。瑜玉双佩，朱组双，大绶，四采，赤白缥绀，纯朱质，长一丈八尺，三百二十首，广九寸；小双绶，长二尺六寸，色同大绶，而首半之，间施二玉环。朱袜，赤舄，以金饰。侍从皇帝祭祀及谒庙、元服、纳妃，则服之。

远游三梁冠，加金附蝉，九首，施珠翠，黑介帻，缨翠緌，犀簪导。绛纱袍，白纱内单，皂领、褾、襈、裾，白假带，方心曲领，绛纱蔽膝，袜，舄。其革带、剑、佩、绶与上同。未冠则双童髻，空顶黑介帻，双玉导，加宝饰。谒庙、还宫、元日朔日入朝、释奠，则服之。

远游冠，公服，绛纱单衣，革带，金钩䚢，假带，方心。纷长六尺四寸，广二寸四分，色同其绶。金缕鞶囊。袜履。五日常朝，则服之。

白帢，单衣，乌皮履，为宫臣举哀，则服之。

皇太子玺，宫内大事用之。小事用左、右庶子印。

皇太子临吊三师、三少，则锡衰；宫臣四品已上，缌衰；五品已下，疑衰。

衮冕，青珠九旒，以组为缨，色如其绶。（自此已下，缨皆如之。）服九章，同皇太子。王、国公、开国公初受册，执贽，入朝，祭，亲迎，则服之。三公助祭者亦服之。

鷩冕，（侯八旒，伯七旒。）服七章。衣，华虫、火、宗彝三章；裳，藻、粉、米、黼、黻四章。（八旒者，重宗彝。）侯、伯初受册，执贽，入朝，祭，亲迎，则服之。

毳冕，（子六旒，男五旒。）服五章。衣，宗彝、藻粉米三章，裳，黼、黻二章。（六旒者裳重黻）子、男初受册，执贽，入朝，祭，亲迎，则服之。

绣冕，（三品七旒，四品六旒，五品五旒。）服三章。（七旒者，衣粉米一章为三重，裳黼、黻二章各二重。六旒者，减黼一重。五旒，又减黻一重。）正三品已下，从五品已上，助祭则服之。

自王公已下服章，皆绣为之。祭服冕，皆簪导、青纩充耳。玄衣，纁裳，白纱内单，黼领，绣冕已下，内单青领。青褾、襈、裾。革带，钩䚢，大带，（王、三公及公、侯、伯、子、男，素带，不朱里，皆纰其外，上以朱，下以绿。正三品已下，从五品已上，素带，纰其垂，外以玄，内以黄。纽约皆用青组。）朱韨（凡韨皆随裳色，衮、鷩、毳、火、山二章。）绣，山一章。剑，佩，绶，袜，赤舄。

爵弁，玄缨无旒，从九品已上，助祭，则服之。其制服簪导，玄衣，纁裳无章，白绢内单，青领、褾、襈、裾，革带，大带，（练带纰其垂，内外以缟。纽约用青组。）爵韠，袜，赤履。

武弁，平巾帻，诸武职及侍臣通服。侍臣加金珰附蝉，以貂为饰，侍左者左珥，右者右珥。

远游三梁冠，黑介帻，诸王服之。

进贤冠，黑介帻，文官服之。从三品已上三梁，从五品已上两梁，流内九品已上一梁。

法冠，一名獬豸冠，铁为柱，其上施珠两枚，为獬豸角形。法官服之。

高山冠，谒者服之。

却非冠，门者及禁防伺非服之。

黑介帻，平巾黑帻，应服者，并上下通服之。庶人则绿帻。

白帢，白纱单衣，乌皮履，上下通服之。

委貌冠，未冠则双童髻，空顶黑介帻，皆深衣，青领，乌皮履。国子太学四门生服之。

朝服，（亦名具服）冠，帻簪导，白笔，绛纱单衣，白纱内单，皂领、袖，皂襈，革带，钩䚢，假带，曲领方心，绛纱蔽膝，袜，舄，绶，剑，佩。从五品已上，陪祭、朝飨、拜表，凡大事则服之。六品已下，从七品已上，去剑、佩、绶，余并同。

自余公事，皆从公服。（亦名从省服）冠，帻，簪导，绛纱单衣，革带，钩䚢，假带，方心，袜，履，纷，鞶囊。从五品已上服之。

绛褠衣公服，（褠衣即单衣之不垂胡也。袖狭，形直如褠内。余同从省。）流外五品已下、九品已上服之。

绶，王，缥朱绶，四采，赤黄缥绀，纯朱质，缥文织，长一丈八尺，二百四十首，广九寸。公，玄朱绶，四采，玄赤缥绀，纯朱质，玄文织，长一丈八尺，二百四十首，广九寸。侯、伯，青朱绶，四采，青赤白缥，纯朱质，青文织，长一丈六尺，百八十首，广八寸。子、男，素朱绶，三采，青赤白，纯朱质，白文织成，一丈四尺，百四十首，广七寸。正、从一品，绿綟绶，四采，绿紫黄赤，纯绿质，长一丈八尺，二百四十首，广九寸。从三品已上，紫绶，三采，紫黄赤，纯紫质，长一丈六尺，百八十首，广八寸。银青光禄大夫，朝议大夫及正、从四品，青绶，三采，青白红，纯青质，长一丈四尺，百四十首，广七寸。正、从五品，墨绶，二采，青绀，纯绀质，长一丈二尺，百首，广六寸。自王公已下，皆有小双绶，长二尺六寸，色同大绶，而首半之。正、从一品，施二玉环，已下不合。其有绶者则有纷，皆长六尺四寸，广二寸四分，各随其绶色。

肇囊，二品已上金缕，三品金银缕，四品及开国男银缕，五品彩缕。官无绶者，则不合剑佩。一品及五等诸侯，并佩山玄玉。五品已上，佩水苍玉。

年高致仕及以理去官，被召谒见，皆服前官在省服。州郡秀孝，试见之日，皆假进贤一梁冠，绛公服。

隐居道素之士，被召入谒见者，黑介帻，白单衣，革带，乌皮履。

左右卫、左右武卫、左右武候大将军、领左右大将军，并武弁，绛朝服，剑，佩，绶。侍从则平巾帻，紫衫，大口袴褶，金玳瑁装两裆甲。唯左右武卫大将军执赤桓杖。左右卫、左右武卫、左右武候将军、领左右将军、左右监门卫将军、太子左右卫、左右宗卫、左右内率等、左右监门郎将及诸副率，并武弁，绛朝服，剑，佩，绶。侍从则平巾帻，紫衫，大口袴，金装两裆甲。唯左右卫将军、太子左右宗卫率，执白檀杖。

直阁将军、直寝、直斋、太子直阁，武弁，绛朝服，剑，佩，绶。侍从则平巾帻，绛衫，大口袴褶，银装两裆甲。

皇后首饰，花十二树。皇太子妃，公主，王妃，三师三公及公夫人，一品命妇，并九树。侯夫人，二品命妇，并八树。伯夫人，三品命妇，并七树。子夫人，世妇及皇太子昭训，四品已上官命妇，并六树。男夫人，五品命妇，五树。女御及皇太子良娣，三树。（自皇后已下，小花并如大花之数，并两博鬓也。）

皇后袆衣，（深青织成为之。为翚翟之形，素质，五色，十二等。）青纱内单，黼领，罗縠褾、襈，蔽膝，（随裳色，用翟为章，三等。）大带，（随衣色，朱里，纰其外，上以朱锦，下以绿锦。纽约用青组。）以青衣，革带，青韈、舄（舄加金饰）白玉佩，玄组、绶。（章采尺寸，与乘舆同。）祭及朝会，凡大事则服之。

鞠衣，黄罗为之。（应服者皆同）其蔽膝、大带及衣革带、舄，随衣色。余与袆衣同，唯无雉。亲蚕则服之。（应服者皆以助祭）

青衣，青罗为之，制与鞠衣同。去花、大带及佩绶。以礼见皇帝，则服之。

朱衣，绯罗为之，制如青衣。宴见宾客则服之。

皇太后服与皇后同。皇太后玺，不行用，若封令书，则用宫官之印。

皇后玺，不行用，若封令书，则用内侍之印。

皇太子妃褕翟，（青织成为之。为摇翟之形，青质，五色，九等。）青纱内单，黼领，罗縠褾、襈，蔽膝，（随衣色，以摇翟为章，三等。）大带，（随衣色，下朱里，纰其外，上以朱锦，下以绿锦。纽约用青组。）以青衣，革带，青韈、舄，（舄加金饰）瑜玉佩，纯朱绶。（章采尺寸，与皇太子同。）助祭朝会，凡大事则服之。亦有鞠衣。

皇太子妃玺，不行用，若封书，则用典内之印。

公主，王妃，三师、三公及公侯伯夫人，服褕翟。（绣为之。公主，王妃，三师三公及公夫人为九等，侯夫人八等，伯夫人七等。）助祭朝会，凡大事则服之。亦有鞠衣。

子、男夫人，服阙翟。（绯罗为之。刻赤缯为翟形，不绣，缀于服上。子夫人六等，男夫人五等。）助祭朝会，凡大事则服之。亦有鞠衣。

诸王、公、侯、伯、子、男之母，与妃、夫人同。其郡县君，各视其夫及子。若郡县君品高及无夫、子者，准品。

嫔及从三品已上官命妇，青服。（制与褕翟同，青罗为之，唯无雉。）助祭朝会，凡大事则服之。亦有鞠衣。

世妇及皇太子昭训，从五品已上官命妇，服青服。助祭从蚕朝会，凡大事则服之。

女御及皇太子良媛，朱服。制与青服同，去佩绶。助祭从蚕朝会，凡大事则服之。

六尚，朱丝布公服。助祭从蚕朝会，凡大事则服之。

六司、六典及皇太子三司、三典、三掌，青纱公服。助祭从蚕朝会，凡大事则服之。

佩绶，嫔同九卿，世妇及皇太子昭训同五品，公主、王妃同诸王，三师、三公、五等国夫人及从五品已上官命妇，皆准其夫。无夫者准品。

定令讫。

高祖元正朝会，方御通天服，郊丘宗庙，尽用龙衮衣，大裘毳絺，皆未能备。至平陈，得其器物，衣冠法服，始依礼具。然皆藏御府，弗服用焉。百官常服，同于匹庶，皆著黄袍，出入殿省。高祖朝服亦如之，唯带加十三环，以为差异。盖取于便事。及大业元年，炀帝始诏吏部尚书牛弘、工部尚书宇文恺、兼内史侍郎虞世基、给事郎许善心、仪曹郎袁朗等，宪章古制，创造衣冠，自天子逮于胥皂，服章皆有等差。若先所有者，则因循取用，弘等议定乘舆服，合八等焉。

大裘冕之制，案《周礼》，大裘之冕，无旒。《三礼衣服图》："大裘而冕，王祀昊天上帝及五帝之服。"至秦，除六冕，唯留玄冕。汉明帝永平中，方始创制。董巴《志》云："汉六冕同制皆阔七寸，长尺二寸，前圆后方。"于是遂依此为大裘冕制，青表，朱里，不施旒纩，不通于下。其大裘之服，案《周官》注"羔裘也"。其制，准《礼图》，以羔正黑者为之，取同色缯以为领袖。其裳用缥，而无章饰，绛袜，赤舄。祀圆丘、感帝、封禅、五郊、明堂、雩、蜡，皆服之。

衮冕之制，案《礼·玉藻》"十有二旒"。《大戴礼》云："冕而加旒，以蔽明也，琇纩塞耳，以蔽聪也。"又《礼含文嘉》："前后邃延,不视邪也,加以纩䩭,不听谗也。"三王之冕,既不通制,故夫子云:"行夏之时,服周之冕。"今以采缫贯珠,为旒十二。邃延者,出冕前后而下垂之,旒齐于髆,纩齐于耳,组为缨,玉笄导。其为服之制,案《释名》云:"衮,卷也",谓画龙于上也。是时虞世基奏曰:

后周故事,升日月于旌旗,乃阙三辰,而章无十二。但有山、龙、华虫作绘,宗彝、藻、火、粉米、黼、黻,乃与三公不异。开皇中,就里欲生分别,故衣重宗彝,裳重黼黻,合重二物,以就九章,为十二等。但每一物,上下重行。衮服用九,鷩服用七,今重此三物,乃非典故。且周氏执谦,不敢负于日月,所以缀此三象,唯施太常,天王衮衣,章乃从九。但天子譬日,德在照临,辰为帝位,月正后,负此三物,合德齐明,自古有之,理应无惑。周执谦道,殊未可依,重用宗彝,又乖法服。今准《尚书》:"予欲观古人之服,日、月、星辰、山、龙、华虫作会,宗彝、藻、火、粉、米、黼黻绨绣。"具依此,于左右髆上为日月各一,当后领下而为星辰,又山、龙九物,各重行十二。又近代故实,依《尚书大传》:"山龙纯青,华虫纯黄,作会;宗彝纯黑,藻纯白,火纯赤。"以此相间,而为五采。郑玄议已自非之,云:"五采相错,非一色也。"今并用织成于绣,五色错文。准孔安国,衣质以玄,加山、龙、华虫、火、宗彝等,并织成为五物,裳质以纁,加藻、粉米、黼、黻之四。衣裳通数,此为九章,兼上三辰,而备十二也。衣褾、领上各帖升龙,汉、晋以来,率皆如此。既是先王法服,不可乘于夏制,征而用之,理将为允。

墨敕云:"可。"承以单衣。又案董巴《舆服志》宗庙冕服云:"绛领、袖为内单衣。"又《车服杂记》曰:"天子释奠、郊祭而单衣,以绛缘。"今用白纱为内单,黼领,绛褾、青裾及襈。革带,玉钩㓘,大带朱里,纰其外。纽约用组,上加朱韨。又案《说文》:"韠,韨也。所以蔽前。"《礼记》曰:"有虞氏韨,夏后氏山,殷火,周龙章。"郑玄:"冕之韨也,舜始作之,以尊祭服。禹、汤至周,增以文饰。"《礼记》曰:"君朱韠。"郑曰:"韠裳色。"今依《白武通注》,以蔽裳前,上阔一尺,象天数也;下阔二尺,象地数也;长三尺,象三才也;加龙章山火,以备三代之法也。于是制衮冕之服,玄衣,纁裳,合九章为十二等。白纱内单,黼领,青褾、襈。革带,玉钩㓘,大带,韨,鹿卢玉具剑,火珠镖首,白玉双佩,玄组,大、小绶。朱袜,赤舄,舄饰以金。宗庙、社稷、籍田、方泽、朝日、夕月、遣将授律、征还饮至、加元服、纳后、正冬受朝、临轩拜爵,皆服之。

通天冠之制,案董巴《志》:"冠高九寸,形正竖,顶少邪却,后乃直下为铁卷梁,前有高山。"故《礼图》或谓之高山冠也。《晋起居注》,成帝咸和五年,制诏殿内曰:"平天、通天冠,并不能佳,可更修理之。"虽在《礼》无文,故知天子所冠,其来久矣。又徐氏《舆服注》曰:"通天冠,高九寸,黑介帻,金博山。"徐爰亦曰:"博山

附蝉,谓之金颜。"今制依此,不通于下,独天子元会临轩服之。其服绛纱袍,深衣制,白纱内单,皂领、褾、裾、襈,绛纱蔽膝,白假带,方心曲领。其剑、佩、绶、舄、革带,皆与上同。元冬飨会、诸祭还,则服之。四时视朔,则内单、领、襈,各随其方色。唯秋方色白,以绿代之。

远游冠之制,案《汉杂事》曰:"太子诸王服之。"故《淮南子》曰:"楚庄王冠通梁,组缨。"注云:"通梁,远游也。"晋令:"皇太子诸王,给远游冠。"徐氏《杂注》曰:"天子杂服,远游五梁。太子诸王三梁。"董巴《志》曰:"制如通天,有展筒,横之帻上。"今制依此,天子加金山,九首,施珠翠,黑介帻,金缘,以承。翠緌缨,犀簪导。太子亲王加金附蝉,宗室王去附蝉,并不通于庶姓。其乘舆远游冠服,白纱单衣,承以裙襦,乌皮履。拜山陵则服之。

武弁之制,案徐爰《宋志》,谓笼冠是也。《礼图》曰:"武士服之。"董巴《舆服志》云:"诸常侍、内常侍,加黄金附蝉,貂尾,谓之惠文冠。"今制,天子金博山,三公已上玉环枝,四品已上金枝。侍臣加附蝉,貂丰貂,文官七品已上貂白笔,八品已下及武官,皆不貂笔。其乘舆武弁之服,衣、裳、绶如通天之服。讲武、出征、四时蒐狩、大射、祃、类、宜社、赏祖、罚社、纂严,皆服之。

弁之制,案《五经通义》"高五寸,前后玉饰。"《诗》云:"璊弁如星。"董巴曰:"以鹿皮为之。"《尚书顾命》:"四人綦弁,执戈。"故知自天子至于执戈,通贵贱矣。《魏台访议》曰:"天子以五采玉珠十二饰之。"今参准此,通用乌漆纱而为之。天子十二琪,皇太子及一品九琪,二品八琪,三品七琪,四品六琪,五品五琪,六品已下无琪。唯文官服之,不通武职。案《礼图》,有结缨而无笄导。少府少监何稠,请施象牙簪导。诏许之。弁加簪导,自兹始也。乘舆鹿皮弁服,绯大襦,白罗裙,金乌皮履,革带,小绶长二尺六寸,色同大绶,而首半之,间施三玉环,白玉佩一双。视朝听讼则服之。凡弁服,自天子已下,内外九品已上,弁皆以乌为质,并衣袴褶。五品已上以紫,六品已下以绛。宿卫及在仗内,加两裆,螣蛇绛构衣,连裳。典谒赞引,流外冗吏,通服之,以缦。后制鹿皮弁,以赐近臣。

帽,古野人之服也。董巴云:"上古穴居野处,衣毛帽皮。"以此而言,不施衣冠明矣。案宋、齐之间,天子宴私,著白高帽,士庶以乌,其制不定。或有卷荷,或有下裙,或有纱高屋,或有乌纱长耳。后周之时,咸著突骑帽,如今胡帽,垂裙覆带,盖索发之遗象也。又文帝项有瘤疾,不欲人见,每常著焉。相魏之时,著而谒帝,故后周一代,将为雅服,小朝公宴,咸许戴之。开皇初,高祖常著乌纱帽,自朝贵已下,至于冗吏,通著入朝。今复制白纱高屋帽,其服,练裙襦,乌皮履。宴接宾客则服之。

白帢,案《傅子》:"魏太祖以天下凶荒,资财乏匮,拟古皮弁,裁缣帛以为之。"盖自魏始也。《梁令》,天子为朝臣等举哀则服之。今亦准此。其服,白纱单衣,承以裙襦,乌皮履。举哀临丧则服之。

帻,案董巴云:"起于秦人,施于武将,初为绛袙,以

表贵贱焉。至汉孝文时，乃加以高颜。"孝元帝额有壮发，不欲人见，乃始进帻。又董偃召见，绿帻傅韝。《东观记》云："诏赐段颎赤帻大冠一具。"故知自上已下，至于皂隶，及将帅等，皆通服之。今天子畋猎御戎，文官出游田里，武官自一品已下，至于九品，并流外吏色，皆同乌。厨人以绿，卒及驭人以赤，举辇人以黄。驾五辂人，逐其车色。承远游、进贤者，施以掌导，谓之介帻。承武弁者，施以笄导，谓之平巾。其乘舆黑介帻之服，紫罗褶，南布袴，玉梁带，紫丝鞋，长靿靴。畋猎豫游则服之。

皇太子服六等，衮冕九旒，朱组缨，青纩琉耳，犀簪导。绀衣，纁裳，去日月星辰为九章。白纱内单，黼黻领、青褾、襈、裾。革带，金钩鰈，大带，韨二章，玉具剑。侍从祭祀，及谒庙、加元服、纳妃，则服之。据晋咸宁四年故事，衣色用玄，改用绀。旧章用织成，降以绣。玉具剑，故事以火珠镖首，改以白珠。开皇中，皇太子冕同天子，贯白珠。及仁寿元年，炀帝为太子，以白珠太逼，表请从青珠。于是太子衮冕与三公王等，皆青珠九旒。旒短不及髆，降天子二寸。

远游冠，金附蝉，加宝饰珠翠，九首，珠缨翠绥，犀簪导。绛纱袍，白纱内单，皂领、褾、襈、裾。白假带，方心曲领，绛纱蔽膝。袜，舄，革带，剑，佩，绶同衮冕。未冠则双童髻，空顶黑介帻，双玉导，加宝饰珠翠，二首。谒庙还，元日、朔旦入朝，释奠，则服之。始后周采用《周礼》，皇太子朝贺，皆衮冕九章服。开皇初，自非助祭，皆冠远游冠。至此，牛弘奏云："皇太子冬正大朝，请服衮冕。"帝问给事郎许善心曰："太子朝谒，著远游冠，有何典故？"对曰："晋令皇太子给五时朝服、远游冠。至宋泰始六年，更议仪注，仪曹郎丘仲起议：'案《周礼》，公自衮冕已下，至卿大夫之玄冕，皆其朝聘之服。伏寻古之公侯，尚得服衮，以入朝见，况皇太子储副之尊，谓宜式遵盛典，服衮朝贺。'兼左丞陆澄议：'服冕以朝，实著经典，自秦有六冕之制，后汉始备古章。魏、晋以来，非祀宗庙，不欲令臣下服于衮冕，位为公者，必加侍官，故太子入朝，因亦不著。但承天作副，礼绝群后，宜遵前王之令典，革近代之陋制，皇太子朝，请服冕。'自宋以下，始定此仪。至梁简文之为太子，嫌于上逼，还冠远游，下及于陈，皆依此法。后周之时，亦言服冕入朝。至于开皇，复遵魏、晋故事。臣谓衮冕之服，章玉虽差，一日而观，颇欲相类。臣子之道，义无上逼。故晋武帝太始三年，诏太宰安平王孚著侍内之服，四年，又赐赵、燕、乐安王等散骑常侍之服。自斯以后，台鼎贵臣，并加貂珰武弁，故皇太子遂著远游，谦不逼尊，于理为允。"帝曰："善。"竟用开皇旧式。

远游三梁冠，从省服，绛纱单衣，革带，金钩鰈，假带，方心，佩一只，纷长六尺四寸，阔二寸四分，色同于绶。金缕鞶囊，白袜，乌皮履，金饰。五日常朝则服之。

鹿皮弁，九琪，服绛罗襦，白罗裙，革带，履，袜，佩，纷，如从省服。在宫听政则服之。平巾，黑帻，玉冠枝，金花饰，犀簪导，紫罗褶，南布袴，玉梁带，长靿靴。侍从田狩则服之。

白帢，素单衣，乌皮履。为宫臣举哀吊丧则服之。

诸王三公已下，为服之制，衮冕九章服。三公摄祭及诸王初受册、执贽、入朝、助祭、亲迎，则服之。绶各依其色。

鷩冕，案《礼图》："王祭先公及卿之服。"天子九旒，用玉二百一十六。侯伯服以助祭，七旒，用玉八十。新制依此。服七章。三品及公侯助祭则服之。

毳冕，案《礼图》："王祀四望山川之服。"天子七旒，用玉百六十八。子男服以助祭，五旒，用玉五十。新制依此。服五章。四品及伯助祭则服之。

絺冕，案《礼图》："王者祭社稷五祀之服。"天子五旒，用玉百二十。孤卿服以助祭，四旒，用玉三十二。新制依此。服三章。五品及子男助祭则服之。

玄冕，案《礼图》："王祭群小祀及视朝服。"天子四旒，用玉三十二。诸侯服以祭其宗庙，三旒，用玉十八。新制依此。服三章。通给庶姓。一品已下，五品已上，自制于家，祭其私庙。三品省衣粉米，加三重；裳黼黻，加二重。四品减黼一重，五品减黻一重。礼自玄冕以上，加旒一等，天子祭祀，节级服之。

开皇以来，天子唯用衮冕，自鷩之下，不施于尊，具依前式。而六等之冕，皆有黈纩，黄绵为之，其大如橘。自皇太子以下，三犀导，青缨爵弁。案董巴《志》："同于爵形，一名冕，有收持笄，所谓夏收、殷哥者也。"祠天地、五郊、明堂，《云翘》舞人服之。《礼》云："朱干玉戚，冕而舞《大夏》。"此之谓也。《礼图》云："士助君祭服之，色如爵头，无旒有纩。"新制依此。角为簪导，衣青，裳缥，并缦，无章。六品已下，皆通服之。

远游冠服，王所服也。衣裳内单。如皇太子，佩山玄玉，金章龟钮。宋史建故事亦谓之玺，今文曰印。又并归于官府，身不自佩，例以铜易之。大绶四采，小绶同色，施二玉环，玉具剑，乌皮舄，舄加金饰。唯帝子宗室封国王者服之。

进贤冠，案《汉官》云："平帝元始五年，令公卿列侯冠三梁，二千石两梁，千石以下一梁。"梁别贵贱，自汉始也。董巴释曰："如缁布冠，文儒之服也。"前高七寸而却，后高三寸而立。王莽之时，以帻承。新制依此。内外文官通服之。三品已上三梁，五品已上两梁，九品已上一梁，用明尊卑之等也。其朝服，亦名具服。绛纱单衣，白纱内单，玄领、裾、襈、袖，革带，金钩鰈，假带，曲领方心，绛纱蔽膝，白袜，乌皮舄。双佩、绶，如远游之色。自一品已下，五品已上，衣服尽同，而绶依其品。陪祭朝飨拜表，凡大事皆服之。六品、七品，去剑、佩、绶。八品、九品，去白笔、内单，而用履代舄。其五品已上，一品已下，又有公服，亦名从省服。并乌皮履，去曲领、内单、白笔、蔽膝。开皇故事，亦去鞶囊、佩、绶。何稠请去大绶，而偏垂一小绶，缀于兽头鞶囊，独一只佩，正当于后。诏从之。一品已下，五品已上，同。

高山冠，案董巴《志》云："一曰侧注，谒者仆射之所服也。"胡伯始以为齐王冠，秦灭齐，以赐谒者。《傅子》曰："魏明帝以高山冠似通天，乃毁变其形，除去卷简，令如介帻。帻上加物，以象山峰，行人使者，通皆服之。"新制参用其事，形如进贤，于冠前加三峰，以象魏制。谒者大夫已下服之。梁依其品。

獬豸冠，案《礼图》曰："法冠也，一曰柱后惠文。"如淳注《汉官》曰："惠，蝉也，细如蝉翼。"今御史服之。《礼图》又曰：獬豸冠，高五寸，秦制也。法官服之。"董巴《志》曰："獬豸，神羊也。"蔡邕云："如麟，一角。"应劭曰："古有此兽，主触不直，故执宪者，为冠以象之。秦灭楚，以其冠赐御史。"此即是也。开皇中，御史戴却非冠，而无此色。新制又以此而代却非。御史大夫以金，治书侍御史以犀，侍御史已下，用羚羊角，独御史、司隶服之。

巾，案《方言》云："巾，赵、魏间通谓之承露。"《郭林宗传》曰："林宗尝行遇雨，巾沾角折。"又袁绍战败，幅巾渡河。此则野人及军旅服也。制有二等。今高人道士所著，是林宗折角；庶人农夫常服，是袁绍幅巾。故事，用全幅皂而向后襆发，俗人谓之襆头。自周武帝裁为四脚，今通于贵贱矣。

簪导，案《释名》云："簪，建也，所以建冠于发也。一曰笄。笄，系也，所以拘冠使不坠也。导，所以导擽鬓发，使入巾帻之里也。"依《周礼》，天子以玉笄，而导亦如之。又《史记》曰："平原君夸楚，为玳瑁簪。"班固《与弟书》云："今遗仲升以黑犀簪。"《士燮集》云："遗功曹史贡皇太子通天犀导。"故知天子独得用玉，降此通用玳瑁及犀。今并准是，唯弁用白牙笄导焉。

貂蝉，案《汉官》："侍内金蝉左貂，金取刚固，蝉取高洁也。"董巴《志》曰："内常侍，右貂金珰，银附蝉，内书令亦同此。"今宦者去貂，内史令金蝉右貂，纳言金蝉左貂。开皇时，加散骑常侍在门下者，皆有貂蝉，至是罢之。唯加常侍聘外国者，特给貂蝉，还ு输纳于内省。

白笔，案徐氏《杂注》云："古者贵贱皆执笏，有事则书之，故常簪笔。今之白笔，是遗象也。"《魏略》曰："明帝时大会而史簪笔。"今文官七品已上，通毦之。武职虽贵，皆不毦也。

缨，案《仪礼》曰："天子朱缨，诸侯丹组缨。"今冕，天子已下皆朱缨。又《尉缭子》曰："天子玄缨，诸侯素缨。"别尊卑也。今不用素，并从冠色焉。

佩，案《礼》，天子佩白玉。董巴、司马彪云："君臣佩玉，尊卑有序，所以章德也。"今参用杜夔之法，天子白玉，太子瑜玉，王山玄玉。自公已下，皆水苍玉。

绶，案《礼》："天子玄组绶，侯伯朱组绶，大夫纯组绶，世子綦组绶。"《汉官》云："萧何为相国，佩绿绶，公侯紫，卿二千石青，令长千石黑。"今大抵准此。天子以双绶，六采，玄黄赤白缥绿，纯玄质，长二丈四尺，五百首，阔一尺；双小绶，长二尺六寸，色同大绶，而首半之，间施四玉环。开皇用三，今加一。皇太子，朱双绶，四采，赤白缥绀，纯朱质，长一丈八尺，三百二十首，阔九寸；双小绶，长一尺六寸，色同大绶，而首半之，间施三玉环。开皇用二，今加一。三公，绿綟绶，四采，绿黄缥紫，纯绿质，黄文织之，长一丈八尺，二百四十首，阔九寸，与亲王绶俱施二玉环。诸王，纁朱绶，四采，赤黄缥绀，纯朱质，纁文织之，长一丈八尺，二百四十首，阔九寸。公，玄朱绶，四采，赤缥玄绀，纯朱质，玄文织之，长一丈八尺，二百四十首，阔九寸。侯、伯，青朱绶，四采，青赤白缥，纯朱质，青文织之，长一丈六尺，百八十首，阔八寸。子、男，素朱绶，三采，青赤白，纯朱质，素文织之，长一丈四尺，百四十首，阔七寸。二品已上，纁紫绶，四采，纁紫赤黄，纯紫质，纁文织之，长一丈四尺，百四十首，阔八寸。三品，绀紫绶，四采，紫绀黄缥，纯紫质，绀文织之，长一丈六尺，百八十首，阔八寸。四品，青绶，三采，青白红，纯青质，长一丈四尺，百四十首，阔七寸。五品，墨绶，二采，青绀，纯绀质，长一丈二尺，百二十首，阔六寸。自王公已下，皆有小绶二枚，色同大绶，而首半之。正、从一品，施二玉环。凡有绶者，皆有纷，并长六尺四寸，阔二寸四分，随于绶色。

鞶囊，案《礼》："男鞶革，女鞶丝。"《东观书》："诏赐邓遵兽头鞶囊一枚。"班固《与弟书》："遗仲升兽头旁囊，金错钩也。"古佩印имеет贮悬之，故有囊称。或带于旁，故班氏谓为旁囊，绶印钮也。今虽不佩印，犹存古制，有佩绶者，通得佩之。无佩则不。今采梁、陈、东齐制，品极尊者，以金织成，二品以上服之。次以银织成，三品上服之。下以绲织成，五品已上服之。分为三等。

革带，案《礼》"博二寸"。《礼图》曰："珧缀于革带。"阮谌以为有章印则于革带佩之。《东观记》："杨赐拜太常，诏赐自所著革带。"故知形制尊卑不别。今博三寸半，加金缕觿、螳螂钩，以相拘带。自大裘至于小朝服，皆用之。

剑，案汉自天子至于百官，无不佩刀。蔡谟议云："大臣优礼，皆剑履上殿。非侍臣，解之。"盖防刃也。近代以木，未详所起。东齐著令，谓为象剑，言象于剑。周武帝时，百官燕会，并带刀升座。至开皇初，因袭旧式，朝服登殿，亦不解焉。十二年，因蔡征上事，始制凡朝会应登殿坐者，剑履俱脱。其不坐者，敕召奏事及须升殿，亦就席解剑乃登。纳言、黄门、内史令、侍郎、舍人，既夹侍之官，则不脱。其剑皆真刃，非假。既合旧典，弘依定。又准晋咸康元年定令故事，自天子已下，皆衣冠带剑。今天子则玉具火珠镖首，余皆玉镖首。唯侍臣带剑上殿，自王公已下，非殊礼引上殿，皆就席解而后升。六品以下，无佩绶者，皆不带。

曲领，案《释名》，在单衣内襟领上，横以雍颈。七品已上有内单者则服之，从省服及八品已下皆无。

珽，案《礼》："天子搢珽，方正于天下也。"又《五经异义》："天子笏曰珽，珽直无所屈也。"今制准此，长尺二寸，方而不折。以球玉为之。

笏，案《礼》："诸侯以象，大夫鱼须文竹，士以竹，本象可也。"凡有指画于君前，受命书于笏，笏毕用也。《五经要义》曰："所以记事，防忽忘。"《礼图》云："度二尺有六寸，中博二寸，其杀六分去一。"晋、宋以来，谓之手板，此乃不经，今还谓之笏，以法古名。自西魏以降，五品已上，通用象牙，六品已下，兼用竹木。

履、舄，案《图》云："复下曰舄，单下曰履。夏葛冬皮。"近代或以重皮，而不加木，失于乾腊之义。今取乾腊之理，以木重底。冕服者色赤，冕衣者色乌，履同乌色。诸非侍臣，皆脱而升殿。凡舄，唯冕服及具服著之，履则诸服皆用。唯褶服以靴。靴，胡履也，取便于事，施于戎服。

诸建华、骏虮、鹖冠、委貌、长冠、樊哙、却敌、巧士、术氏、却非等，前代所有，皆不采用。

皇后服四等，有祎衣、鞠衣、青服、朱服。

祎衣，深青质，织成领袖，文以翬翟，五采重行，十二等。首饰花十二钿，小花毦十二树，并两博鬓。素纱内单，黼领，罗縠褾、襈，色皆以朱。蔽膝随裳色，以缊为缘，用翟三章。大带随衣裳，饰以朱绿之锦，青缘。革带，青袜、舄，舄以金饰。白玉佩，玄组，绶，章采尺寸同于乘舆。祭及朝会，凡大事皆服之。

鞠衣，黄罗为质，织成领袖，小花十二树。蔽膝、革带及舄，随衣色。余准祎衣，亲蚕服也。

青服，去花、大带及佩绶，金饰履。礼见天子则服之。

朱服，制如青服。宴见宾客则服之。

有金玺，盘螭钮，文曰"皇后之玺"。冬正大朝，则并黄琮，各以笥贮，进于座隅。

皇太后服，同于后服。而贵妃以下，并亦给印。

贵妃、德妃、淑妃，是为三妃。服褕翟之衣，首饰花九钿，并二博鬓。金章龟钮，文从其职。紫绶，一百二十首，长一丈七尺，金缕织成兽头鞶囊，佩于阗玉。

顺仪、顺容、顺华、修仪、修容、修华、充仪、充容、充华，是为九嫔。服阙翟之衣，首饰花八钿，并二博鬓。金章龟钮，文从其职。紫绶，一百首，长一丈七尺，金缕织成兽头鞶囊，佩采瑛玉。

婕妤，银缕织成兽头鞶囊，首饰花七钿。他如嫔服。

美人、才人，服鞠衣，首饰花六钿，并二博鬓。银印珪钮，文从其职。青绶，八十首，长一丈六尺。彩缕织成兽爪鞶囊，佩水苍玉。

宝林，服展衣，首饰花五钿，并二博鬓。银印环钮，文如其职。艾绶，八十首，长一丈六尺。鞶囊，佩玉，同于婕妤。

承衣刀人、采女，皆服褖衣，无印绶。参准宋泰始四年及梁、陈故事，增损用之。

皇太子妃，服褕翟之衣，青质，五采织成为摇翟，以备九章。首饰花九钿，并二博鬓。金玺龟钮，文如其职。素纱内单，黼领、罗褾、襈，色皆以朱。蔽膝二章。大带，同祎衣，青绿革带，朱袜，青舄，舄加金饰。佩瑜玉，缥朱绶，一百六十首，长二丈，兽头鞶囊，凡大礼见皆服之。唯侍亲蚕，则用鞠衣之服，花钿佩绶，与褕衣同。准宋孝建二年故事而增损之。

良娣，鞠衣之服，银印珪钮，文如其职。佩采瑛玉，青绶，八十首，长一丈六尺，兽爪鞶囊。余同世妇。

保林、八子，展衣之服，铜印环钮，文如其职。佩水苍玉，艾绶，八十首，长一丈六尺，兽爪鞶囊。自良娣等，准宋大明六年故事而损益之。

诸王太妃、妃、长公主、公主、三公夫人、一品命妇，褕翟之服，绣为九章。首饰花九钿，佩山玄玉，兽头鞶囊。绶同夫色。

公夫人，县主、二品命妇，亦服褕翟，绣为八章。首饰八钿。侍从亲蚕，同用鞠衣。自此之下，佩皆水苍玉。

侯、伯夫人、三品命妇，亦服褕翟，绣为七章。首饰七钿。

子夫人、四品命妇，服阙翟之衣，刻赤缯为翟，缀于服上，以为六章。首饰六钿。

男夫人、五品命妇，亦服阙翟之衣，刻缯为翟，缀于服上，以为五章。首饰五钿。若当从侍亲蚕，皆同鞠衣。

议既定，帝幸修文殿览之，乃令何稠、起部郎阎毗等造样上呈。二年总了，始班行焉，轩冕之盛，贯古今矣。

三年正月朔旦，大陈文物。时突厥染干朝见，慕之，请袭冠冕。帝不许。明日，率左光禄大夫、褥但特勤阿史那职御，左光禄大夫、特勤阿史那伊顺，右光禄大夫、意利发史蜀胡悉等，并拜表，固请衣冠。帝大悦，谓弘等曰："昔汉制初成，方知天子之贵。今冠冕大备，足致单于解辫，此乃卿等功也。"弘、恺、善心、世基、何稠、阎毗等赐帛各有差，时事出优厚。

是后师旅务殷，车驾多行幸。百官行从，唯服袴褶，而军旅间不便。至六年后，诏从驾涉远者，文武官等皆戎衣。贵贱异等，杂用五色。五品已上，通着紫袍，六品已下，兼用绯绿，胥吏以青，庶人以白，屠商以皂，士卒以黄。

卓彼上天，宫室混成，玄戈居其左，上将居其右，弧矢扬威，羽林置陈。《易》曰："天垂象，圣人则之。"昔轩辕氏之有天下也，以师兵为营卫，降至三代，其仪大备。西汉武帝，每上甘泉，则列卤簿，车千乘，骑万匹。其居前殿，则植戟悬楯，以戒不虞。其所由来者尚矣。

梁武受禅于齐，侍卫多循其制。正殿便殿阁及诸门上下，各以直阁将军等直领。又置刀钑、御刀、御楯之属，直御左右。兼有御仗、铤矟、赤氅、角抵、勇士、青氅、卫仗、长刀、刀剑、细仗、羽林等左右二百七十六人，以分直诸门。行则仪卫左右。又有左右夹毂、蜀客、楯剑、格兽羽林、八从游荡、十二不从游荡，直从细射、廉察、刀戟、腰弩、大弩等队，凡四十九队，亦分直诸门上下。行则量为仪卫。东西掖、端、大司马、东西华、承明、大通等门，又各二队，及防殿三队，虽行幸不从。又有八马游荡、马左右夹毂、左右马百骑等各二队，及骑官、阅武马容、杂伎马容及左右马骑直队，行则侍卫左右，分为警卫。车驾晨夜出入及涉险，皆作函。卤簿应宿卫军骑，皆执兵持满，各当其所保护方面。天明及度险，乃奏解函，挝鼓而依常列。乘舆行则有大驾、法驾、小驾。大驾以郊飨上天，临驭九伐。法驾以祭方泽，祀明堂，奉宗庙，藉千亩。小驾以敬园陵，亲搜狩。大驾则公卿奉引，大将军骖乘，太仆驭。法驾小驾，皆侍中骖乘，奉车郎驭，公卿不引。其余行幸，送往劳旋，则槊仗。近燕则队仗。三驾法天，二仗法地，其动也参天而两地也。陈氏承梁，亦无改革。

齐文宣受禅之后，警卫多循后魏之仪。及河清中定令,宫卫之制,左右各有羽林郎十二队。又有持钑队、铤槊队、长刀队、细仗队、楯铩队、雄戟队、格兽队、赤氅队、角抵队、羽林队、步游荡队、马游荡队。又左右各武贲十队,左右翊各四队,又步游荡、马游荡左右各三队,是为武贲。又有直从武贲,左右各六队,在左者为前驱队,在右者为后拒队。又有募员武贲队、强弩队,左右各一队,在左者皆左卫将军总之,在右者皆右卫将军总之,以备警卫。其领军、中领将军,侍从出入,则著两裆甲,手执桯杖。左右卫将军、将军则两裆甲,手执檀杖。侍从左右,则有千牛备身、左右备身刀剑备身之属。兼有武威、熊渠、鹰扬等备身三队,皆领左右将军主之,宿卫左右,而戎服执仗。兵有斧钺弓箭刀矟,旌旗皆囊首,五色节文,旆悉赭黄。天子御正殿,唯大臣夹侍,兵仗悉在殿下。郊祭卤簿,则督将平巾帻,绯衫甲,大口袴。

后周警卫之制,置左右宫伯,掌侍卫之禁,各更直于内。小宫伯贰之。临朝则分在前侍之首,并金甲,各执龙环金饰长刀。行则夹路车左右。中侍,掌御寝之禁,皆金甲,左执龙环,右执兽环长刀,并饰以金。次左右侍,陪中侍之后,并银甲,左执凤环,右执麟环长刀。次左右前侍,掌御寝南门之左右,并银甲,左执师子环,右执象环长刀。次左右后侍,掌御寝北门之左右,并银甲,左执犀环,右执咒环长刀。左右骑侍,立于寝之东西阶,并银甲,左执熊环,右执熊环长刀,十二人,兼执师子彤楯,列左右侍之外。自左右侍以下,刀并以银饰。左右宗侍,陪左右前侍之后,夜则卫于寝庭之中,皆服金涂甲,左执豹环,右执貔环长刀,并金涂饰,十二人,兼执师子彤楯,列于左右骑侍之外。自左右中侍已下,皆行则兼带黄弓矢,巡田则常服,带短刀,如其长刀之饰。左右庶侍,掌非皇帝所御门阁之禁,并服金涂甲,左执獬豸环,右执獬环长剑,并金饰,十二人,兼执师子彤楯,列于左右宗侍之外。行则兼带皓弓矢。左右勋侍,掌陪左右庶侍而守出入,则服金涂甲,左执吉良环,右执狰环长剑,十二人,兼执师子彤楯,列于左右庶侍之外。行则兼带卢弓矢,巡田则与左右庶侍俱常服,佩短剑,如其长剑之饰。诸侍官,大驾则俱侍,中驾及露寝半之,小驾三分之一。左右武伯,掌内外卫之禁令,兼六率之士。皇帝临轩,则备三仗于庭,服金甲,执金钺杖,立于殿上东西阶之侧。行则列兵于帝之左右,从则服金甲,被绣袍。左右小武伯各二人,贰之,服执同于武伯,分立于大武伯下及露门之左塾。行幸则加锦袍。左右武贲,率掌武贲之士,其队器服皆玄,以四色饰之,各总左右持钑之队。皇帝临露寝,则立于左右三仗第一行之南北。出则分在队之先后。其副率贰之。左右旅贲,率掌旅贲士,其队器服皆青,以朱为饰,立于三仗第二行之南北。其副率贰之。左右射声,率掌射声之士,其器服皆朱,以黄为饰,立于三仗第三行之南北。其副率贰之。左右骁骑,率掌骁骑之士,器服皆黄,以皓为饰,立于三仗第四行之南北。其副率贰之。左右羽林,率掌羽林之士,其队器服皆皓,以玄为饰,立于三仗第五行之南北。其副率贰之。左右游击,率掌游击之士,其器服皆玄,以青为饰。其副率贰之。武贲已下六率,通服金甲师子文袍,执银钿檀杖。副率通服金甲兽文袍。各有倅长、帅长,相次陪列。行则引前。倅长通服银甲豹文袍,帅长通服银甲鹘文袍。自副率已下,通执兽环银饰长刀。凡大驾则尽行,中驾及露寝则半之,小驾半中驾。常行军旅,则衣色尚乌。

高祖受命,因周、齐宫卫,微有变革。戎服临朝大仗,则领左右大将军二人,分在左右厢。左右直寝、左右直斋、左右直后、千牛备身、左右备身等,夹侍供奉于左右及坐后。左右卫大将军、左右直阁将军,以次左右卫将军,各领仪刀,为十二行。内四行亲卫,行别以大都督领之。次外四行勋卫,以帅都督领之。次外四行翊卫,以都督领。行各二人执金花师子楯、猨刀。一百四十人,分左右,带横刀。后监门直长十二人,左青龙旗,右白兽旗。左右武卫开府,各领三仗六行,在大仗内,行别六十人,大都督一人领之,帅都督一人后之。大驾则执黄麾仗。其次戟二十四,左青龙幢,右白兽幢,罕、毕各一,钑金二十四,金节十二道,盖兽,又绛引幡,朱幢,为持钑前队,应跸,大都督二人领之,在御前横街南。左右武卫大将军,领大仗左右厢,各六行,行别三百六十人,大都督一人领之。

及大业四年,炀帝北巡出塞,行宫设六合城。方一百二十步,高四丈二尺。六合,以木为之,方六尺,外面一方有板,离合为之,涂以青色。叠六板为城,高三丈六尺,上加女墙板,高六尺。开南北门。又于城四角起楼敌二,门观、门楼槛皆丹青绮画。又造六合殿、千人帐,载以枪车,车载六合三板。其车轮解合交叉,即为马枪。每车上张幕,幕下张平一弩,傅矢,五人更守。两车之间,施车轮马枪,皆外其辕,以为外围。次内布铁菱,次内施蹙鐏。每一蹙鐏,中施弩床,长六尺,阔三尺。床桄陛插钢锥,皆长五寸,谓之虾须。皆施机关,张则锥皆外向。其床上施旋机弩,以绳连弩机,人从外来,触绳则弩机旋转,向触所而发。其外又以缯周围行宫,二丈一铃一柱,柱举缯,去地二尺五寸。当行宫南北门,施桓磬,连缯,以机发之。有人触缯,则众铃发响,槌击两磬,以知所警,名为击警。八年征辽,又造钩陈,以木板连如帐子。张之则绮文,卷之则直焉。帝御营与贼城相对,夜中设六合城,周回八里。城及女垣合高十仞,上布甲士,立仗建旗。又四隅有阙,面别一观,观下开三门。其中施行殿,殿上容侍臣及三卫仗,合六百人。一宿而毕,望之若真,高丽旦忽见,谓之为神焉。

卷十三　　　　志第八

音　乐　上

夫音，本乎太始而生于人心，随物感动，播于形气。形气既著，协於律吕，宫商克谐，名之为乐。乐者，乐也。圣人因百姓乐己之德，正之以六律，文之以五声，咏之以九歌，舞之以八佾。实升平之冠带，王化之源本。《记》曰："感于物而动，故形于声。"夫人者，两仪之播气，而性情之所起也，恣其流湎，往而不归，是以五帝作乐，三王制礼，标举人伦，削平淫放。其用之也，动天地，感鬼神，格祖考，谐邦国。树风成化，象德昭功，启万物之情，通天下之志。若夫升降有则，宫商垂范。礼逾其制则尊卑乖，乐失其序则亲疏乱。礼定其象，乐平其心，外敬内和，合情饰貌，犹阴阳以成化，若日月以为明也。

《记》曰："大夫无故不撤悬，士无故不撤琴瑟。"圣人造乐，导迎和气，恶情屏退，善心兴起。伊耆有苇籥之音，伏牺有网罟之咏，葛天八阕，神农五弦，事与功偕，其来已尚。黄帝乐曰《咸池》，帝喾曰《六英》，帝颛顼曰《五茎》，帝尧曰《大章》，帝舜曰《箫韶》，禹曰《大夏》，殷汤曰《护》，武王曰《武》，周公曰《勺》。教之以风赋，弘之以孝友，大礼与天地同节，大乐与天地同和，礼意风猷，乐情膏润。《传》曰："如有王者，必世而后仁。"成、康化致升平，刑厝而不用也。古者天子听政，公卿献诗。秦人有作，罕闻斯道。汉高祖时，叔孙通爰定篇章，用祀宗庙。唐山夫人能楚声，又造房中之乐。武帝裁音律之响，定郊丘之祭，颇杂讴谣，非全雅什。汉明帝时，乐有四品：一曰《大予乐》，郊庙上陵之所用焉。则《易》所谓"先王作乐崇德，殷荐之上帝，以配祖考"者也。二曰雅颂乐，辟雍飨射之所用焉。则《孝经》所谓"移风易俗，莫善于乐"者也。三曰黄门鼓吹乐，天子宴群臣之所用焉。则《诗》所谓"坎坎鼓我，蹲蹲儛我"者也。其四曰短箫铙歌乐，军中之所用焉。黄帝时，岐伯所造，以建武扬德，风敌励兵，则《周官》所谓"王师大捷，则令凯歌"者也。又采百官诗颂，以为登歌，十月吉辰，始用烝祭。董卓之乱，正声咸荡。汉雅乐郎杜夔，能晓乐事，八音七始，靡不兼该。魏武平荆州，得夔，使其刊定雅律。魏有先代古乐，自夔始也。自此迄晋，用相因循，永嘉之寇，尽沦胡羯。于是乐人南奔，穆皇罗钟磬，苻坚北败，孝武获登歌。晋氏不纲，魏图将霸，道武克中山，太武平统万，或得其宫悬，或收其古乐，于时经营是迫，雅器斯寝。孝文颇为诗歌，以勖在位，谣俗流传，布诸音律。大臣驰骋汉、魏，旁罗宋、齐，功成奋豫，代有制作。莫不各扬庙舞，自造郊歌，宣畅功德，辉光当世，而移风易俗，浸以陵夷。

梁武帝本自诸生，博通前载，未及下车，意先风雅，爰诏凡百，各陈所闻。帝又自纠摘前违，裁成一代。周太祖发迹关陇，躬安戎狄，群臣请功成之乐，式遵周旧，依三材而命管，承六典而挥文。而《下武》之声，岂姬人之唱，登歌之奏，协鲜卑之音，情动于中，亦人心不能已也。昔仲尼返鲁，风雅斯正，所谓有其艺而无其时。高祖受命惟新，八州同贯，制氏全出于胡人，迎神犹带于边曲。及颜、何骤请，颇涉雅音，而继想闻《韶》，去之弥远。若夫二南斯理，八风扬节，顺序旁通，妖淫屏弃，宫徵流唱，翱翔率舞，弘仁义之道，安性命之真，君子益厚，小人无悔，非大乐之懿，其孰能与于此者哉！是以舜咏《南风》而虞帝昌，纣歌北鄙而殷王灭。大乐不紊，则王政在焉。故录其不相因袭，以备于志。《周官》大司乐一千三百三十九人。汉郊庙及武乐，三百八十人。炀帝矜奢，颇玩淫曲，御史大夫裴蕴，揣知帝情，奏括周、齐、梁、陈乐工子弟，及人间善声调者，凡三百余人，并付太乐。倡优獶杂，咸来萃止。其哀管新声，淫弦巧奏，皆出邺城之下，高齐之旧曲云。

梁氏之初，乐缘齐旧。武帝思弘古乐，天监元年，遂下诏访百僚曰："夫声音之道，与政通矣，所以移风易俗，明贵辨贱。而《韶》、《护》之称空传，《咸》、《英》之实靡托，魏晋以来，陵替滋甚。遂使雅郑混淆，钟石斯谬，天人缺九变之节，朝宴失四悬之仪。朕昧旦坐朝，思求厥旨，而旧事匪存，未获厘正，瘝痒有怀，所为叹息。卿等学术通明，可陈其所见。"于是散骑常侍、尚书仆射沈约奏答曰："窃以秦代灭学，《乐经》残亡。至于汉武帝时，河间献王与毛生等，共采《周官》及诸子言乐事者，以作《乐记》。其内史丞王定，传授常山王禹。刘向校书，得《乐记》二十三篇，与禹不同。向《别录》，有《乐歌诗》四篇、《赵氏雅琴》七篇、《师氏雅琴》八篇、《龙氏雅琴》百六篇。唯此而已。《晋中经簿》无复乐书，《别录》所载，已复亡逸。案汉初典章灭绝，诸儒捃拾沟渠墙壁之间，得片简遗文，与礼事相关者，即编次以为礼，皆非圣人之言。《月令》取《吕氏春秋》，《中庸》、《表记》、《防记》、《缁衣》皆取《子思子》，《乐记》取《公孙尼子》，《檀弓》残杂，又非方幅典诰之书也。礼既是行己经邦之切，故前儒不得不补缀以备事用。乐书事大而用缓，自非逢钦明之主，制作之君，不见详议。汉氏以来，主非钦明，乐既非人臣急事，故言者寡。陛下以至圣之德，应乐推之符，实宜作乐崇德，殷荐上帝。而乐书沦亡，寻案无所。宜选诸生，分令寻经史百家，凡乐事无小大，皆别纂录。乃委一旧学，撰为乐书，以起千载绝文，以定大梁之乐。使《五英》怀惭，《六茎》兴愧。"

是时对乐者七十八家，咸多引流略，浩荡其词，皆言乐之宜改，不言改乐之法。帝既素善钟律，详悉旧事，遂自制定礼乐。又立为四器，名之为通。通受声广九寸，宣声长九尺，临岳高一寸二分。每通皆施三弦。一曰玄英通：应钟弦，用一百四十二丝，长四尺七寸四分差强；黄钟弦，用二百七十丝，长九尺；大吕弦，用二百五十二丝，长八尺四寸三分差弱。二曰青阳通：太簇弦，用二百四十丝，长八尺；夹钟弦，用二百二十四丝，长七尺五寸弱；姑洗弦，用二百一十四丝，长七尺一寸一分强。三曰朱明通：

中吕弦，用一百九十九丝，长六尺六寸六分弱；蕤宾弦，用一百八十九丝，长六尺三寸二分强；林钟弦，用一百八十丝，长六尺。四曰白藏通：夷则弦，用一百六十八丝，长五尺六寸二分弱；南吕弦，用一百六十弦，长五尺三寸二分大强；无射弦，用一百四十九丝，长四尺九寸九分强。因以通声，转推月气，悉无差违，而还相得中。又制为十二笛：黄钟笛，长三尺八寸，大吕笛，长三尺六寸，太簇笛，长三尺四寸，夹钟笛，长三尺二寸，姑洗笛，长三尺一寸，中吕笛，长二尺九寸，蕤宾笛，长二尺八寸，林钟笛，长二尺七寸，夷则笛，长二尺六寸，南吕笛，长二尺五寸，无射笛，长二尺四寸，应钟笛，长二尺三寸。用笛以写通声，饮古钟玉律并周代古钟，并皆不差。于是被以八音，施以七声，莫不和韵。

是时北中郎司马何佟之上言："案《周礼》'王出入则奏《王夏》，尸出入则奏《肆夏》，牲出入则奏《昭夏》，今乐府之《夏》，唯变《王夏》为《皇夏》，盖缘秦、汉以来称皇故也。而齐氏仍宋仪注，迎神奏《昭夏》，皇帝出入奏《永至》，牲出入更奏引牲之乐。其为舛谬，莫斯之甚。请下礼局改正。"周舍议，以为"《礼》'王入奏《王夏》'，大祭祀与朝会，其用乐一也。而汉制，皇帝在庙，奏《永至》乐，朝会之日，别有《皇夏》。二乐有异，于礼为乖，宜除《永至》，还用《皇夏》。又《礼》'尸出入奏《肆夏》，宾入大门奏《肆夏》'，则所设唯在人神，其与迎牲之乐，不可滥也。宋季失礼，顿亏旧则，神入庙门，遂奏《昭夏》，乃以牲牢之乐，用接祖考之灵。斯皆前代之深疵，当今所宜改也。"时议又以为《周礼》云："若乐六变，天神皆降。"神居上玄，去还悦忽，降则自至，迎则无所。可改迎为降，而送依前式。又《周礼》云"若乐八变，则地祇皆出，可得而礼"，地宜依旧为迎神。并从之。又以明堂设乐，大略与南郊不殊，惟坛堂异名，而无就燎之位。明堂则遍歌五帝，其余同于郊式焉。

初宋、齐代，祀天地，祭宗庙，准汉祠太一后土，尽用宫悬。又太常任昉亦据王肃议云："《周官》'以六律、五声、八音、六舞大合乐，以致鬼神，以和邦国，以谐兆庶，以安宾客，以悦远人。'是谓六同，一时皆作。今六代舞独分用之，不厌人心。"遂依肃议，祀祭郊庙，备六代乐。至是帝曰："《周官》'分乐缋祀'，《虞书》'止鸣两悬'，求之于古，无宫悬之议。何？事人礼缛，事神礼简也。天子袭衮，而至敬不文，观天下之物，无可以称其德者，则以少为贵矣。大合乐者，是使六律与五声克谐，八音与万舞合节耳。岂谓致鬼神只用六代乐也？其后即言'分乐序之，以祭以享。'此乃晓然可明，肃则失其旨矣。推检载籍，初无郊禋宗庙遍舞六代之文。唯《明堂位》曰：'禘祀周公于太庙，朱干玉戚，冕而舞《大武》，皮弁素积，裼而舞《大夏》。纳夷蛮之乐于太庙，言广鲁于天下也。'夫祭尚于敬，无使乐繁礼黩。是以季氏逮暗而祭，继之以烛，有司跛倚。其为不敬大矣。他日祭，子路与焉，质明而始，晏朝而退。孔子闻之，曰："谁谓由也不知礼乎？"若依肃议，郊既有迎送之乐，又有登歌，各颂功德，遍以六代，继之出入，方待乐终。此则乖于仲尼趣晏朝之意矣。"于

是不备宫悬，不遍舞六代，逐所应须。即设悬，则非宫非轩，非判非特，宜以至敬所应施用耳。宗庙省迎送之乐，以其冈宫灵宅也。齐永明中，舞人冠帻并簪笔，帝曰："笔笏盖以记事受言，舞不受言，何事簪笔？岂有身服朝衣，而足綦燕履？"于是去笔。

又晋及宋、齐，悬钟磬大准相似，皆十六架。黄钟之宫：北方，北面，编磬起西，其东编钟，其东衡大于镈，不知何代所作，其东镈钟。太簇之宫：东方，西面，起北。蕤宾之宫：南方，北面，起东。姑洗之宫：西方，东面，起南。所次皆如北面。设建鼓于四隅，悬内四面，各有祝敔。帝曰："著晋、宋史者，皆言太元、元嘉四年，四厢金石大备。今检乐府，止有黄钟、姑洗、蕤宾、太簇四格而已。六律不具，何谓四厢？备乐之文，其义焉在？"于是除去衡钟，设十二闲镈，各依辰位，而应其律。每一镈钟，则设编钟磬各一虡，合三十六架。植建鼓于四隅。元正大会备用之。

乃定郊禋宗庙及三朝之乐，以武舞为《大壮舞》，取《易》云"大者壮也"，正大而天地之情可见也。以文舞为《大观舞》，取《易》云"大观在上"，观天之神道而四时不忒也。国乐以"雅"为称，取《诗序》云："言天下之事，形四方之风，谓之雅。雅者，正也。"止乎十二，则天数也。乃去阶步之乐，增撤食之雅焉。众官出入，宋元徽三年《仪注》奏《肃咸乐》，齐及梁初亦同。至是改为《俊雅》，取《礼记》："司徒论选士之秀者而升之学，曰俊士也。"二郊、太庙、明堂，三朝同用焉。皇帝出入，宋孝建二年秋《起居注》奏《永至》，齐及梁初亦同。至是改为《皇雅》，取《诗》"皇矣上帝，临下有赫"也。二郊、太庙同用。皇太子出入，奏《胤雅》，取《诗》"君子万年，永锡尔胤"也。王公出入，奏《寅雅》，取《尚书》、《周官》"贰公弘化，寅亮天地"也。上寿酒，奏《介雅》，取《诗》"君子万年，介尔景福"也。食举，奏《需雅》，取《易》"云上于天，需，君子以饮食宴乐"也。撤馔，奏《雍雅》，取《礼记》"大飨客出以《雍》撤"也。并三朝用之。牲出入，宋元徽二年《仪注》奏《引牲》，齐及梁初亦同。至是改为《涤雅》，取《礼记》"帝牛必在涤三月"也。荐毛血，宋元徽三年《仪注》奏《嘉荐》，齐及梁初亦同。至是改为《牷雅》，取《春秋左氏传》"牲牷肥腯"也。北郊明堂、太庙并同用。降神及迎送，宋元徽三年《仪注》奏《昭夏》，齐及梁初亦同。至是改为《诚雅》，取《尚书》"至诚感神"也。皇帝饮福酒，宋元徽三年《仪注》奏《嘉祚》，至齐不改，梁初，改为《永祚》。至是改为《献雅》，取《礼记·祭统》"尸饮五，君洗玉爵献卿"。今之福酒，亦古献之义也。北郊、明堂、太庙同用。就燎位，宋元徽三年《仪注》奏《昭远》，齐及梁不改。就埋位，齐永明六年《仪注》奏《隶幽》。至是燎埋俱奏《禋雅》，取《周礼·大宗伯》"以禋祀祀昊天上帝"也。其辞并沈约所制。今列其歌诗三十曲云。

《俊雅》，歌诗三曲，四言：

设官分职，髦俊攸俟。髦俊伊何？贵德尚齿。唐义咸事，周宁多士。区区卫国，犹赖君子。汉之得人，帝献乃

理。

开我八襲，辟我九重。珩佩流响，缨绂有容。衮衣前迈，列辟云从。义兼东序，事美西雍。分阶等肃，异列齐恭。

重列北上，分庭异陛。百司扬职，九宾相礼。齐宋舅甥，鲁卫兄弟。思皇蔼蔼，群龙济济。我有嘉宾，实惟恺悌。

《皇雅》，三曲，五言：

帝德实广运，车书靡不宾。执瑁朝群后，垂旒御百神。八荒重译至，万国婉来亲。

华盖拂紫微，勾陈绕太一。容裔被缇组，参差罗甲毕。星回照以烂，天行徐且谧。

清跸朝万宇，端冕临正阳。青纷黄金璲，衮衣文绣裳。既散华虫采，复流日月光。

《胤雅》，一曲，四言：

自昔殷代，哲王迭有。降及周成，惟器是守。上天乃眷，大梁既受。灼灼重明，仰承元首。体乾作贰，命服斯九。置保置师，居前居后。前星北耀，克隆万寿。

《寅雅》，一曲，三言：

礼莫违，乐具举。延藩辟，朝帝所。执桓蒲，列齐莒。垂衮毳，纷容与。升有仪，降有序。齐管绂，忘笑语。始矜严，终酬酢。

《介雅》，三曲，五言：

百福四象初，万寿三元始。拜献惟衮职，同心相卿士。北极永无穷，南山何足拟。

寿随百礼洽，庆与三朝升。惟皇集繁祉，景福互相仍。申锡永无遗，穰简必来应。

百味既含馨，六饮莫能尚。玉罍信湛湛，金卮颇摇漾。敬举发天和，祥祉流嘉贶。

《需雅》，八曲，七言：

实体平心待和味，庶羞百品多为贵。或鼎或萧宣九沸，楚桂胡盐芼芳卉。加笾列俎雕且蔚。

五味九变兼六和，令芳甘旨庶且多。三危之露九期禾，圆案方丈粲星罗。皇举斯乐同山河。

九州上腴非一族，玄芝碧树寿华木。终朝采之不盈掬，用拂腥膻和九谷。既甘且饫致遐福。

人欲所大味为先，兴和尽敬咸在筵。碧鳞朱尾献嘉鲜，红毛绿翼坠轻翾。臣拜稽首万斯年。

击钟以俟惟大国，况乃御天流至德。侑食斯举扬盛则，其礼不愆仪不忒。风猷所被深且塞。

膳夫奉职献芳滋，不麛不夭咸在时。调甘适苦别渑淄，其德不爽受福厘。于焉逸豫永无期。

备味斯飨惟至圣，咸降人神礼为盛。或风或雅流歌咏，负鼎言归启殷命。悠悠四海同兹庆。

道我六穟罗八珍，洪鼎自爨匪劳薪。荆包海物必来陈，滑我滫瀡味和神。以斯至德被无垠。

《雍雅》，三曲，四言：

明明在上，其仪有序。终事靡愆，收铏撤俎。乃升乃降，和乐备举。天德莫违，人谋是与。敬行礼达，兹焉宴语。

我馂惟阜，我肴孔庶。嘉味既充，食旨斯饫。属厌无爽，冲和在御。击壤齐欢，怀生等豫。蒸庶乃粒，实由仁恕。

百司警列，皇在在陛。既饫且醑，卒食成礼。其容穆穆，其仪济济。凡百庶僚，莫不恺悌。奄有万国，抑由天启。

《涤雅》，一曲，四言：

将修盛礼，其仪孔炽。有腯斯牲，国门是置。不黎不腯，靡愆靡忌。呈肌献体，永言昭事。俯休皇德，仰绥灵志。百福具膺，嘉祥允洎。骏奔伊在，庆覃遐嗣。

《牷雅》，一曲，四言：

反本兴敬，复古昭诚。礼容宿设，祀事孔明。华俎待献，崇碑丽牲。充哉茧握，肃矣簪缨。其肯既启，我豆既盈。庖丁游刃，葛卢验声。多祉攸集，景福来并。

《诚雅》，一曲，三言：（南郊降神用）

怀忽慌，瞻浩荡。尽诚洁，致虔想。出杳冥，降无象。皇情肃，具僚仰。人礼盛，神途敞。偬明灵，申敬飨。感苍极，洞玄壤。

《诚雅》，一曲，三言：（北郊迎神用）

地德溥，昆丘峻。扬羽翟，鼓应觊。出尊祇，展诚信。招海渎，罗岳镇。惟福祉，咸昭晋。

《诚雅》，一曲，四言：（南北郊、明堂、太庙送神同用）

我有明德，馨非稷黍。牲玉孔备，嘉荐惟旅。金悬宿设，和乐具举。礼达幽明，敬行樽俎。鼓钟云送，遐福是与。

《献雅》，一曲，四言：

神宫肃肃，天仪穆穆。礼献既同，膺此厘福。我有馨明，无愧史祝。

《禋雅》，一曲，四言：（就燎）

紫宫昭焕，太一微玄。降临下土，尊高上天。载陈珪璧，式备牲牷。云孤清引，枸虡高悬。俯昭象物，仰致高烟。肃彼灵祉，咸达皇虔。

《禋雅》，一曲，四言：（就埋）

盛乐斯举，协徵调宫。灵飨庆洽，祉积化融。八变有序，三献已终。坎牲瘗玉，酬德报功。振垂成昌，投壤生风。道无虚致，事由感通。于皇盛烈，此祚华嵩。

普通中，荐蔬之后，改诸雅歌，敕萧子云制词。既无牲牢，遂省《涤雅》、《牷雅》云。

南郊，舞奏黄钟，取阳始化也。北郊，舞奏林钟，取阴始化也。明堂宗庙，所尚者敬，蓣宾是为敬之名，复有阴主之义，故同奏焉。其南北郊、明堂、宗庙之礼，加有登歌。今又列其歌诗一十八曲云。

南郊皇帝初献，奏登歌，二曲，三言：

暾既明，礼告成。惟圣祖，主上灵。爵已献，豆又盈。息羽籥，展歌声。偬如在，结皇情。

礼容盛，樽俎列。玄酒陈，陶匏设。献清旨，致虔洁。王既升，乐已阕。降苍昊，垂芳烈。

北郊皇帝初献，奏登歌，二曲，四言：

方坛既坎，地祇已出。盛典弗愆，群望咸秩。乃升乃献，敬成礼卒。灵降无兆，神飨载谧。允矣嘉祚，其升如日。

至哉坤元，实惟厚载。躬兹莫飨，诚交显晦。或升或降，摇珠动佩。德表成物，庆流皇代。纯嘏不愆。祺福是赉。

宗庙皇帝初献，奏登歌，七曲，四言：

功高礼洽，道尊乐备。三献具举，百司在位。诚敬罔愆，幽明同致。茫茫亿兆，无思不遂。盖之如天，容之如地。

殷兆玉筐，周始邠王。于赫文祖，基我大梁。肇土七十，奄有四方。帝轩百祀，人思未忘，永言圣烈，祚我无疆。

有夏多罪，殷人涂炭。四海倒悬，十室思乱。自天命我，歼凶殄难。既跃乃飞，言登天汉。爰飨爰祀，福禄攸赞。

牺象既饰，罍俎斯具。我郁载馨，黄流乃注。峨峨卿士，骏奔是务。佩上鸣阶，缨还拂树。悠悠亿兆，天临日煦。

猗与至德，光被黔首。铸镕苍昊，甄陶区有。肃恭三献，对扬万寿。比屋可封，含生无咎。匪徒七百，天长地久。

有命自天，于皇后帝。悠悠四海，莫不来祭。繁祉具膺，八神耸卫，福至有兆，庆来无际。播此馀休，于彼荒裔。

祀典昭洁，我礼莫违。八簋充室，六龙解骖。神宫肃肃，灵寝微微。嘉荐既飨，景福攸归。至德光被，洪祚载辉。

明堂遍歌五帝登歌，五曲，四言：

歌青帝辞：

帝居在震，龙德司春。开元布泽，含和尚仁。群居既散，岁云阳止。饬农分地，人粒惟始。雕梁绣栱，丹楹玉墀。灵威以降，百福来绥。

歌赤帝辞：

炎光在离，火为威德。执礼昭训，持衡受则。靡草既凋，温风以至。嘉荐旅旅，时羞孔备。齐醍在堂，笙镛在下。匪惟七百，无绝终始。

歌黄帝辞：

郁彼中坛，含灵阐化。回环气象，轮无辍驾。布德焉在，四序将收。音宫数五，饭稷骖骊。宅屏居中，旁临外宇。升为帝尊，降为神主。

歌白帝辞：

神在秋方，帝居四皓。允兹金德，裁成万宝。鸿来雀化，参见火邪。幕无玄鸟，菊有黄华。载列笙磬，式陈彝俎。灵罔常怀，惟德是与。

歌黑帝辞：

德盛乎水，玄冥知节。阴降阳腾，气凝象闭。司智茌坎，驾铁衣玄。祁寒坼地，暑度回天。悠悠四海，骏奔奉职。祚我无疆，永隆人极。

太祖太夫人庙舞歌：

閟宫肃肃，清庙济济。于穆夫人，固天攸启。祚我梁德，膺斯盛礼。文枪达向，重檐丹陛。饰我俎彝，洁我粢盛。躬事莫飨，推尊尽敬。悠悠万国，具承兹庆。大孝追远，兆庶攸咏。

太祖太夫人庙登歌：

光流者远，礼贵弥申。嘉飨云备，盛典必陈。追养自本，立爱惟亲。皇情乃慕，帝服来尊。驾齐六辔，旅耀三辰。感兹霜露，事彼冬春。以斯孝德，永被蒸民。

《大壮舞》奏夷则，《大观舞》奏姑洗，取其月王也。二郊、明堂、太庙，三朝并同用。今亦列其歌诗二曲云。

《大壮舞》歌，一曲，四言：

高高在上，实爱斯人。眷求圣德，大拯彝伦。率土方燎，如火在薪。悚悚黔首，暮不及晨。朱光启耀，兆发穿旻。我皇郁起，龙跃汉津。言届牧野，电激雷震。阙巩之甲，彭濮之人。或貔或武，漂杵浮轮。我邦虽旧，其命惟新。六伐乃止，七德必陈。君临万国，遂抚八寅。

《大观舞》歌，一曲，四言：

皇矣帝烈，大哉兴圣。奄有四方，受天明命。居上不怠，临下唯敬。举无愆则，动无失正。物从其本，人遂其性。昭播九功，肃齐八柄。宽以惠下，德以为政。三趾晨仪，重轮夕映。栈壑忘阻，梯山匪复。如日有恒，与天无竟。载陈金石，式流舞咏。《咸》、《英》、《韶》、《夏》，于兹比盛。

相和五引：

角引：

萌生触发岁在春，《咸池》始奏德尚仁，滞滞以息和且均。

徵引：

执衡司事宅离方，滔滔夏日火德昌，八音备举乐无疆。

宫引：

八音资始君五声，兴此和乐感百精，优游律吕被《咸》《英》。

商引：

司秋纪兑奏西音，激扬钟石和瑟琴，风流福被乐愔愔。

羽引：

玄英纪运冬冰折，物为音本和且悦，穷高测深长无绝。

普通中，荐蔬以后，敕萧子云改诸歌辞为相和引，则依五音宫商角徵羽为第次，非随州次也。

旧三朝设乐有登歌，以其颂祖宗之功烈，非君臣之所献也，于是去之。三朝，第一，奏《相和五引》；第二，众官入，奏《俊雅》；第三，皇帝入阁，奏《皇雅》；第四，皇太子发西中华门，奏《胤雅》；第五，皇帝进，王公足；第六，王公降殿，同奏《寅雅》；第七，皇帝入储变服；第八，皇帝变服出储，同奏《皇雅》；第九，公卿上寿酒，奏《介雅》；第十，太子入预会，奏《胤雅》；十一，皇帝食举，奏《需雅》；十二，撤食，奏《雍雅》；十三，设《大壮》武舞；十四，设《大观》文舞；十五，设《雅歌》五曲，十六，设俳伎；十七，设《鼙舞》；十八，设《铎舞》；十九，设《拂舞》；二十，设《巾舞》并《白纪》；二十一，设舞盘伎；二十二，设舞轮伎；二十三，设刺长追花幢伎；二十四，设受猾伎；二十五，设车轮折胆伎；二十六，设长跻伎；二十七，设须弥山、黄山、三峡等伎；二十八，设跳铃伎；二十九，设跳剑伎；三十，设掷倒伎；三十一，设掷倒案伎；三十二，设青丝幢伎；三十三，设一伞花幢伎；三十四，设雷幢伎；三十五，设金轮幢伎；三十六，设白兽幢伎；三十七，设掷跻伎；三十八，设狝猴幢伎；三十九，设啄木幢伎；四十，设五案幢咒愿伎；四十一，设辟邪伎；四十二，设青紫鹿伎；四十三，设白武伎，作讫，将白鹿来迎下；四十四，设寺子导安息孔雀、凤凰、文鹿胡舞登连《上云乐》歌舞伎；四十五，设缘高縆伎；四十六，设变黄龙弄龟伎；四十七，皇太子起，奏《胤雅》；四十八，众官出，奏《俊雅》；四十九，皇帝兴，奏《皇雅》。

自宋、齐已来，三朝有凤凰衔书伎。至是乃下诏曰："朕君临南面，道风盖阙，嘉祥时至，为愧已多。假令巢倖轩阁，集同昌户，犹当顾循寡德，推而不居。况于名实顿爽，自欺耳目。一日元会，太乐奏凤凰衔书伎，至乃舍人受书，升殿跪奏。诚复兴乎前代，率由自远，内省怀惭，弥与事笃。可罢之。"

天监四年，掌宾礼贺玚，请议皇太子元会出入所奏。帝命别071养德之乐。玚谓宜名《元雅》，迎送二傅亦同用之。取《礼》"一有元良，万国以贞"之义。明山宾、严植之及徐勉等，以为周有九《夏》，梁有十二《雅》。此并则天数，为一代之曲。今加一雅，便成十三。玚又疑东宫所奏舞，帝下其议。玚以为，天子为乐，以赏诸侯之有德者。观其舞，知其德。况皇储养德春宫，式瞻攸属，谓宜备《大壮》、《大观》二舞，以宣文武之德。帝从之。于是改皇太子舞为《元贞》，奏二舞。是时礼乐制度，粲然有序。其后台城沦没，简文帝受制于侯景。景以简文女溧阳公主为妃，请帝及主母范淑妃宴于西州，奏梁所用乐。景仪同索超世亦在宴筵。帝潸然屑涕。景兴曰："陛下何不乐也？"帝强笑曰："丞相言索超世闻此以为何声？"景曰："臣且不知，何独超世？"自此乐府不修，风雅咸尽矣。及王僧辩破侯景，诸乐并送荆州。经乱，工器颇阙，元帝诏有司补缀才备。荆州陷没，周人不知采用，工人有知音者，并入关中，随例没为奴婢。

鼓吹，宋、齐并用汉曲，又充庭用十六曲。高祖乃去四曲，留其十二，合四时也。更制新歌，以述功德。其第一，汉曲《朱鹭》改为《木纪谢》，言齐谢梁升也。第二，汉曲《思悲翁》改为《贤首山》，言武帝破魏军于司部，肇王迹也。第三，汉曲《艾如张》改为《桐柏山》，言武帝牧司，王业弥章也。第四，汉曲《上之回》改为《道亡》，言东昏丧道，义师起樊邓也。第五，汉曲《拥离》改为《忱威》，言破加湖元勋也。第六，汉曲《战城南》改为《汉东流》，言义师克鲁山城也。第七，汉曲《巫山高》改为《鹤楼峻》，言平郢城，兵威无敌也。第八，汉曲《上陵》改为《昏主恣淫慝》，言东昏政乱，武帝起义，平九江、姑熟，大破朱雀，伐罪吊人也。第九，汉曲《将进酒》改为《石首局》，言义师平京城，仍废昏，定大事也。第十，汉曲《有所思》改为《期运集》，言武帝应箓受禅，德盛化洽也。十一，汉曲《芳树》改为《于穆》，言大梁阐运，君臣和乐，休祚方远也。十二，汉曲《上邪》改为《惟大梁》，言梁德广运，仁化洽也。

天监七年，将有事太庙。诏曰："《礼》云'斋日不乐'，今亲奉始出宫，振作鼓吹。外可详议。"八座丞郎参议，请与驾始出，鼓吹从而不作，还宫如常仪。帝从之，遂以定制。

初武帝之在雍镇，有童谣云："襄阳白铜蹄，反缚扬州儿。"识者言，白铜蹄谓马也；白，金色也。及义师之兴，实以铁骑，扬州之士，皆面缚，果如谣言。故即位之后，更造新声，帝自为之词三曲，又令沈约为三曲，以被弦管。帝既笃敬佛法，又制《善哉》、《大乐》、《大欢》、《天道》、《仙道》、《神王》、《龙王》、《灭过恶》、《除爱水》、《断苦轮》等十篇，名为正乐，皆述佛法。又有法乐童子伎、童子倚歌梵呗，设无遮大会则为之。

陈初，武帝诏求宋、齐故事。太常卿周弘让奏曰："齐氏承宋，咸用元徽旧式，宗祀朝飨，奏乐俱同，唯北郊之礼，颇有增益。皇帝入坛门，奏《永至》；饮福酒，奏《嘉胙》；太尉亚献，奏《凯容》；埋牲，奏《隶幽》；帝还便殿，奏《休成》；众官并出，奏《肃成》。此乃元徽所阙，永明六年之所加也。唯送神之乐，宋孝建二年秋《起居注》云'奏《肆夏》'，永明中，改奏《昭夏》。"帝遂依之。是时并用梁乐，唯改七室舞辞，今列之云。

皇祖步兵府君神室奏《凯容舞》辞：

于赫皇祖，宫墙高嶷。迈彼厥初，成兹峻极。缦乐简简，闵寝翼翼。祼飨若存，惟灵靡测。

皇祖正员府君神室奏《凯容舞》辞：

昭哉上德，浚彼洪源。道光前训，庆流后昆。神献缅邈，清庙斯存。以享以祀，惟祖惟尊。

皇祖怀安府君神室奏《凯容舞》辞：

选辰崇飨，饰礼严敬。靡爱牲牢，兼馨粢盛。明明列祖，龙光远映。肇我王风，形斯舞咏。

皇高祖安成府君神室奏《凯容舞》辞：

道遥积庆，德远昌基。永言祖武，致享从思。九章停列，八舞回墀。灵其降止，百福来绥。

皇曾祖太常府君神室奏《凯容舞》辞：

肇迹帝基，义标鸿篆。恭惟载德，琼源方阐。享荐三清，筵陈四琏。增我堂构，式敷帝典。

皇祖景皇帝神室奏《景德凯容舞》辞：

皇祖执德，长发其祥。显仁藏用，怀道韬光。宁斯阔寝，合此萧芗。永昭贻厥，还符覃商。

皇考高祖武皇帝神室奏《武德舞》辞：

烝哉圣祖，抚运升高。道周经纬，功格玄祇。方轩迈虡，比舜陵妫。缉熙是咏，钦明在斯。

云雷遘屯，图南共举。大定扬越，震威衡楚。四奥宅心，九畴还叙。景星出翼，非云入吕。

德畅容辞，庆昭羽缀。于穆清庙，载扬徽烈。嘉玉既陈，丰盛斯洁。是将是享，鸿猷无绝。

天嘉元年，文帝始定圜丘、明堂及宗庙乐。都官尚书到仲举权奏："众官入出,皆奏《肃成》。牲入出,奏《引牺》。上毛血,奏《嘉荐》。迎送神,奏《昭夏》。皇帝入坛,奏《永至》。皇帝升陛,奏登歌。皇帝初献及太尉亚献、光禄勋终献,并奏《宣烈》。皇帝饮福酒,奏《嘉胙》;就燎位,奏《昭远》;还便殿,奏《休成》。至太建元年,定三朝之乐,采梁故事:第一,奏《相和》五引,各随王月,则先奏其钟。唯众官入,奏《俊雅》,林钟作,太簇参应之,取其臣道也。鼓吹作。皇帝出阁,奏《皇雅》,黄钟作,太簇、夹钟、姑洗、大吕皆应之。鼓吹作。皇太子入至十字陛,奏《胤雅》,太簇作,南吕参应之,取其二月少阳也。皇帝延王公登,奏《寅雅》,夷则作,夹钟应之,取其月法也。皇帝入宁变服,奏《皇雅》,黄钟作,林钟参应之。鼓吹作。皇帝出宁及升座,皆奏《皇雅》,并如变服之作。上寿酒,奏《介雅》,太簇作,南吕参应之,取其阳气盛长,万物辐凑也。食举,奏《需雅》,蕤宾作,大吕参应之,取火主于礼,所谓"食我以礼"也。撤馔,奏《雍雅》,无射作,中吕参应之,取其津润已竭也。武舞奏《大壮》,夷则作,夹钟参应之,七月金始王,取其坚断也。鼓吹引而去来。文舞奏《大观》,姑洗作,应钟参应之,三月万物必荣,取其布惠者也。鼓吹引而去来。众官出,奏《俊雅》,蕤宾作,林钟、夷则、南吕、无射、应钟、太簇参应之。鼓吹作。皇帝起,奏《皇雅》,黄钟作,林钟、夷则、南吕、无射参应之。鼓吹作。祠用宋曲,宴准梁乐,盖取人神不杂也。制曰:"可。"

五年,诏尚书左丞刘平、仪曹郎张崖定南北郊及明堂仪注。改天嘉中所用齐乐,尽以韶为名。工就位定,协律校尉举麾,太乐令跪赞云:"奏《懋韶》之乐。"降神,奏《通韶》;牲入出,奏《洁韶》;帝入坛及还便殿,奏《穆韶》。帝初再拜,舞《七德》,工执干楯,曲终复缀。出就悬东,继舞《九序》,工执羽龠。献爵于天神及太祖之座,奏登歌。帝饮福酒,奏《嘉韶》;就望燎,奏《报韶》。

至六年十一月,侍中尚书左仆射、建昌侯徐陵,仪曹郎中沈罕奏来年元会仪注,称舍人蔡景历奉敕,先会一日,太乐展宫悬、高絙、五案于殿庭。客入,奏《相和》五引。帝出,黄门侍郎举麾于殿上,掌故应之,举于阶下,奏《康韶》之乐。诏延王公登,奏《变韶》。奉珪璧讫,初引下殿,奏亦如之。帝兴,入便殿,奏《穆韶》。更衣又出,奏亦如之。帝举酒,奏《绥韶》。进膳,奏《侑韶》。帝御茶果,太常丞跪请进舞《七德》,继之《九序》。其鼓吹杂伎,取晋、宋之旧,微更附益。旧元会有黄龙变、文鹿、师子之类,太建初定制,皆除之。至是蔡景历奏,悉复设焉。其制,鼓吹一部十六人,则箫十三人,笳二人,鼓一人。东宫一部,降三人,箫减二人,笳减一人。诸王一部,又降一人,减箫一。庶姓一部,又降一人,复减箫一。

及后主嗣位,耽荒于酒,视朝之外,多在宴筵。尤重声乐,遣宫女习北方箫鼓,谓之《代北》,酒酣则奏之。又于清乐中造《黄鹂留》及《玉树后庭花》《金钗两臂垂》等曲,与幸臣等制其歌词,绮艳相高,极于轻薄。男女唱和,其音甚哀。

卷十四　　　　志第九

音　乐　中

齐神武霸迹肇创,迁都于邺,犹曰人臣,故咸遵魏典。及文宣初禅,尚未改旧章。宫悬各设十二镈钟于其辰位,四面并设编钟磬各一簨簴,合二十架。设建鼓于四隅。郊庙朝会同用之。其后将有创革,尚药典御祖珽自言,旧在落下,晓知旧乐,上书曰:"魏氏来自云、朔,肇有诸华,乐操土风,未移其俗。至道武帝皇始元年,破慕容宝于中山,获晋乐器,不知采用,皆委弃之。天兴初,吏部郎邓彦海奏上庙乐,创制宫悬,而钟管不备。乐章既阙,杂以《簸逻回歌》。初用八佾,作《皇始》之舞。至太武帝平河西,得沮渠蒙逊之伎,宾嘉大礼,皆杂用焉。此声所兴,盖苻坚之末,吕光出平西域,得胡戎之乐,因又改变,杂以秦声,所谓秦汉乐也。至永熙中,录尚书长孙承业,共臣先人太常卿莹等,斟酌缮修,戎华兼采,至于钟律,焕然大备。自古相袭,损益可知,今之创制,请以为准。"珽因采魏安丰王延明及信都芳等所著《乐说》而定正声。始具宫悬之器,仍杂西凉之曲,乐名《广成》,而舞不立号,所谓"洛阳旧乐"者也。

武成之时,始定四郊、宗庙、三朝之乐。群臣入出,奏《肆夏》。牲入出,荐毛血,并奏《昭夏》。迎送神及皇帝初献、礼五方上帝,并奏《高明》之乐,为《覆寿》之舞。皇帝入坛门及升坛饮福酒,就燎位,还便殿,并奏《皇夏》。以高祖配飨,奏《武德》之乐。为《昭烈》之舞。祼地,奏登歌。其四时祭庙及禘祫皇六世祖司空、五世祖吏部尚书、高祖秦州刺史、曾祖太尉武贞公、祖文穆皇帝诸神室,并奏《始基》之乐,为《恢祚》之舞。高祖神武皇帝神室,奏《武德》之乐,为《昭烈》之舞。文襄皇帝神室,奏《文德》之乐,为《宣政》之舞。显祖文宣皇帝神室,奏《文正》之乐,为《光大》之舞。肃宗孝昭皇帝神室,奏《文明》之乐,为《休德》之舞。其入出之仪,同四郊之礼。今列其辞云。

大禘圜丘及北郊歌辞:

夕牲群臣入门,奏《肆夏》乐辞:

肇应昊序,奄宅黎人。乃朝万国,爰征百神。祇展方望,幽显咸臻。礼崇声协,贽列珪陈。翼差鳞次,端笏垂绅。来趋动色,式赞天人。

迎神奏《高明乐》辞（登歌辞同）:

惟神监矣,（北郊云:惟祇监矣。）皇灵肃止。圆壁展事,（北郊云:方琮展事）成度即始。（北郊云:即阴成理。）士备八能,乐合六变。（北郊云:乐合八变。）风凑伊雅,光华袭荐。宸卫腾景,灵驾霏烟。严坛生白,绮席凝玄。

牲出入,奏《昭夏》辞:

刚柔设位，惟皇配之。言肃其礼，念畅在兹。饰牲举兽，载歌且舞。既舍伊脜，致精灵府。物色惟典，斋沐加恭。宗族咸暨，罔不率从。

荐毛血，奏《昭夏》辞：（群臣出，奏《肆夏》，进熟，群臣入，奏《肆夏》，辞同初入）。

展礼上月，肃事应时。苴栗为用，交畅有期。弓矢斯发，盆簝将事。圆神致祀，（北郊云：方祇致祀。）率由先志。和以鸾刀，臭以血膋。致哉敬矣，厥义孔高。

进熟，皇帝入门，奏《皇夏》辞：

帝敬昭宣，皇诚肃致。玉帛齐轨，屏摄咸次。三垓上列，（北郊云：重垓上列）四陛旁升。（北郊云：分陛旁升）龙陈万骑，凤动千乘。神仪天翳，晬容离曜。金根停轸，奉光先导。

皇帝升丘，奏《皇夏》辞：（坛上登歌辞同）

紫坛云暖，（北郊云：层坛云暖）绀幄霞褰。（北郊云：严幄霞褰）我其陟止，载致其虔。百灵竦听，万国咸仰。人神咫尺，玄应肸蠁。

皇帝初献，奏《高明乐》辞：

上下眷，旁午从。爵以质，献以恭。咸斯畅，乐惟雍。孝敬阐，临万邦。

皇帝奠爵讫，奏《高明乐》、《覆焘》之舞辞：

自天子之，会昌神道。丘陵肃事，（北郊云：方泽祇事）克光天保。九关洞开，百灵环列。八樽呈备，五声投节。

皇帝献太祖配飨神座，奏《武德》之乐、《昭烈》之舞辞：（皇帝小退，当昊天上帝神座前，奏《皇夏》，辞同上《皇夏》）。

配神登圣，主极尊灵。敬宣昭烛，咸达窅冥。礼弘化定，乐赞功成。穰穰介福，下被群生。

皇帝饮福酒，奏《皇夏》之乐：（皇帝诣东陛，还便坐，又奏《皇夏》，辞同初入门）。

皇心缅且感，吉蠋奉至诚。赫哉光盛德，乾〢诏百灵。报福归昌运，承祐播休明。风云驰九域，龙蛟跃四溟。浮幕呈光气，俪象烛华精。《护》《武》方知耻，《韶》《夏》仅同声。

送神，降丘南陛，奏《高明乐》辞：（皇帝之望燎位，又奏《皇夏》，辞同上《皇夏》）。

献享毕，悬佾周。神之驾，将上游。（北郊云：将下游。）超斗极，（北郊云：逾荒极）。绝河流。（北郊云：憩昆丘）。怀万国，宁九州。欣帝道，心顾留。币上下，荷皇休。

紫坛既燎，奏《昭夏》乐辞：（皇帝自望燎还本位，奏《皇夏》，辞同上《皇夏》）。

玄黄覆载，元首照临。合德致礼，有契其心。敬申事阕，洁诚云升。玉帛载升，（北郊云：牲玉载陈）。械朴斯燎，寥廓幽暧，播以馨香。皇灵惟监，降福无疆。

皇帝还便殿，奏《皇夏》辞：（群臣出，奏《肆夏》，辞同上《肆夏》。祠感帝用圜丘辞）

天大亲严，匪敬伊孝。永言肆觐，宸明增耀。阳丘既畅，（北郊云：阴泽云畅。）大典逾光。乃安斯息，钦若旧章。天回地旋，鸣銮引警。且万且亿，皇历惟永。

五郊迎气乐辞：

青帝降神，奏《高明乐》辞：

岁云献，谷风归。斗东指，雁北飞。电鞭激，雷车遽。虹旌靡，青龙驭。和气洽，具物滋。翻降止，应帝期。

赤帝降神，奏《高明乐》辞：

婺女司旦中吕宣，朱精御节离景延。根荄俊茂温风发，柘火风水应炎月。执衡长物德孔昭，赤旂霞曳会今朝。

黄帝降神，奏《高明乐》辞：

居中币五运，乘衡毕四时。含养资群物，协德固皇基。啴缓契王风，持载符君德。良辰动灵驾，承祀昌邦国。

白帝降神，奏《高明乐》辞：

风凉露降，驰景飚寒精。山川摇落，平秩在西成。盖藏成积，蒸人被嘉祉。从享来仪，鸿休溢千祀。

黑帝降神，奏《高明乐》辞：

虹藏雉化告寒，冰壮地坼年殚。日次月纪方极，九州万邦献力。协光是纪岁穷，微阳潜兆方融。天子赫赫明圣，享神降福惟敬。

祠五帝于明堂乐歌辞：

先祀一日，夕牲，群官入自门，奏《肆夏》：

国阳崇祀，严恭有闻。荒华胄暨，乐我大君。冕瑞有列，禽帛恭叙。群后兼师，威仪容与。执礼辨物，司乐考章。率由靡坠，休有烈光。

太祝令迎神，奏《高明乐》、《覆焘舞》辞：

祖德光，国图昌。祇上帝，礼四方。辟紫宫，洞华阙。龙兽奋，风云发。飞朱雀，从玄武。携日月，带雷雨。耀宇内，溢区中。眘帝道，感皇风。帝道康，皇风扇。梁盛列，椒糈荐。神且宁，会五精。归福禄，幸闲亨。

太祖配飨，奏《武德乐》、《昭烈舞》辞：（五方天帝奏《高明》之乐、《覆焘》之舞，辞同迎气。）

我惟我祖，自天之命。道被归仁，时屯启圣。运钟千祀，授手万姓。夷凶掩虐，匡颓翼正。载经载营，庶士咸宁。九功以洽，七德兼盈。丹书入告，玄玉来呈。露甘泉白，云郁河清。声教咸注，舟车毕会。仁加有形，化洽无外。严亲惟重，陟配惟大。既祐斯歌，率土攸赖。

牲出入，奏《昭夏乐》辞：

孝飨不匮，精洁临年。涤牢委溢，形色博牷。于以用之，言承歆祀。肃肃威仪，敢不敬止。载饰载省，维牛维羊。明神有察，保兹力方。

荐血毛，奏《昭夏》辞：（群臣出，奏《肆夏》，进熟，群臣入，奏《肆夏》，同上《肆夏》辞）。

我将宗祀，寅献厥诚。鞠躬如在，侧听无声。荐色斯纯，呈气斯臭。有涤有濯，惟神其祐。五方来格，一人多祉。明德惟馨，于穆不已。

进熟，皇帝入门，奏《皇夏》辞：（皇帝升坛，奏《皇夏》，辞同）。

象乾上构，仪〢下基。集灵崇祖，永言孝思。室陈笾豆，庭罗悬佾。凤夜畏威，保兹贞吉。舞贵其夜，歌重其升。降斯百禄，惟响惟应。

皇帝初献，奏《高明乐》、《覆焘舞辞》：

度几筵，辟牖户。礼上帝，感皇祖。酌惟洁，涤以清。

荐心款，达神明。

皇帝裸献，奏《高明乐》、《覆焘舞》辞：

帝精来降，应我明德。礼殚义展，流祉邦国。既受多祉，实资孝敬。祀竭我诚，荷天休命。

皇帝饮福酒，奏《皇夏》辞：

恭礼洽，盛礼宣。英猷烂层景，广泽同深泉。上灵钟百福，群神归万年。月轨咸梯岫，日域尽浮川。瑞鸟飞玄扈，潜鳞跃翠涟。皇家膺宝历，两地复参天。

太祝送神，奏《高明乐》、《覆焘舞》辞：

青阳奏，发朱明。歌西皓，唱玄冥。大礼馨，广乐成。神心怿，将远征。饰龙驾，矫凤旍。指阊阖，憩层城。出温谷，迈炎庭。跨西氿，过北溟。忽万亿，耀光精。比电鹜，与雷行。嗟皇道，怀万灵。固王业，震天声。

皇帝还便殿，奏《皇夏》辞：

文物备矣，声明有章。登荐唯肃，礼邈前王。邕齐云终，折旋告罄。穆穆旒冕，蕴诚毕敬。屯卫按部，銮跸回途。暂留紫殿，将及清都。

享庙乐辞：

先祀一日，夕牲，群臣入，奏《肆夏》辞：

霜凄雨畅，烝哉帝心。有敬其祀，肃事惟歆。昭昭车服，济济衣簪。鞠躬贡酧，磬折奉琛。差以五列，和以八音。式祗王度，如玉如金。

迎神奏《高明》登歌乐辞：

日卜惟吉，辰择其良，奕奕清庙，黼黻周张。大吕为角，应钟为羽。路鼗阴竹，德歌昭舞。祀事孔明，百神允穆。神心乃顾，保兹介福。

牲出入，奏《昭夏乐》辞：

大祀云事，献奠有仪。既歌既展，赞顾迎牺。执从伊倰，刍饰惟栗。俟用于庭，将升于室。且握且驿，以致其诚。惠我贻颂，降祉千龄。

荐血毛，奏《昭夏》辞：（三公出，奏《肆夏》，进熟，群臣入，奏《肆夏》，辞同）。

恫彼遐慨，悠然永思。留连七享，缠绵四时。神升魄沈，靡闻靡见。阴阳载俟，臭声兼荐。祖考其鉴，言萃王休。降神敷锡，百福是由。

进熟，皇帝入北门，奏《皇夏乐》辞：

齐居严殿，凤驾层闱。车辂垂彩，旒衣腾辉。耸诚载仰，翘心有慕。洞洞自形，斤斤表步。閟宫有邃，神道依稀。孝心缅邈，爰属爰依。

太祝裸地，奏登歌乐辞：（皇帝诣东陛，奏《皇夏》，升殿，又奏《皇夏》，辞同。）

太室窅窅，神居宿设。郁郁惟芬，珪璋惟洁。彝斝应时，龙蒲代用。藉茅无咎，福禄攸降。端感会事，俨思修礼。齐齐勿勿，俄俄济济。

皇帝升殿，殿上作登歌乐辞：

我祠我祖，永惟厥先。炎农肇圣，灵祉蝉联。霸图中造，帝业方宣。道昌基构，抚运承天。奄家六合，爰光八埏。尊神致礼，孝思惟缠。寒来暑反，惕荐在年。匪敬伊慕，备物不愆。设簨设业，鼛鼓填填。辟公在位，有容伊虔。登歌启俯，下管应悬。厥容无爽，幽明肃然。诚币厚地，和达穹玄。既调风雨，载协山川。周庭有列，汤孙永延。教声惟被，迈后光前。

皇帝初献皇祖司空公神室，奏《始基乐》、《恢祚舞》辞：

克明克俊，祖武惟昌。业弘营土，声被海方。有流厥德，终耀其光。明神幽赞，景祚攸长。

皇帝初献皇祖吏部尚书神室，奏《始基乐》、《恢祚舞》辞：

显允盛德，隆我前构。瑶源弥泻，琼根愈秀。诞惟有族，丕绪克茂。大业崇新，洪基增旧。

皇帝初献皇祖秦州使君神室，奏《始基乐》、《恢祚舞》辞：

祖德丕显，明哲知机。豹变东国，鹊起西归。礼申官次，命改朝衣。敬思孝享，多福无违。

皇帝献太祖太尉武贞公神室，奏《始基乐》、《恢祚舞》辞：

兆灵有业，潜德无声。韬光戢耀，贯幽洞冥。道弘舒卷，施博藏行。缅追岁事，夜遽不宁。

皇帝献皇祖文穆皇帝神室，奏《始基乐》、《恢祚舞》辞：

皇皇祖德，穆穆其风。语默自己，明睿在躬。荷天之锡，圣表克隆。高山作矣，宝祚其崇。离光旦旦，载焕载融。感荐惟永，神保无穷。

皇帝献高祖神武皇帝神室，奏《武德乐》、《昭烈舞》辞：

天造草昧，时难纠纷。孰拯斯溺，靡救其焚。大人利见，纬武经文。顾指惟极，吐吸风云。开天辟地，峻岳夷海。冥工掩迹，上德不宰。神心有应，龙化无待。义征九服，仁兵告凯。上平下成，靡或不宁。匪王伊帝，偶极崇灵。享亲则孝，洁祀惟诚。礼备乐序，肃赞神明。

皇帝献文襄皇帝神室，奏《文德乐》、《宣政舞》辞：

圣武丕基，睿文显统。眇哉神启，郁矣天纵。道则人弘，德云迈种。昭冥咸叙，崇深毕综。自中徂外，经朝庇野。政反沦风，威还缺雅。旁作穆穆，格于上下。维享维宗，来鉴来假。

皇帝献显祖文宣皇帝，奏《文正乐》、《光大舞》辞：

玄历已谢，苍灵告期。图玺有属，揖让惟时。龙升兽变，弘我帝基。对扬穹昊，实启雍熙。钦若皇猷，永怀王度。欣赏斯穆，威刑允措。轨物俱宣，宪章咸布。俗无邪指，下归正路。茫茫九域，振以乾纲。混通华裔，配括天壤。作礼视德，列乐传响。荐祀惟虔，衣冠载仰。

皇帝还东壁，饮福酒，奏《皇夏》乐辞：

孝心翼翼，率礼兢兢。时洗时荐，或降或升。在堂在户，载湛载凝。多品斯奠，备物攸膺。兰芬敬挹，玉俎恭承。受祭之祜，知彼冈陵。

送神，奏《高明乐》辞：

仰榱桷，慕衣冠。礼云毕，祀将阑。神之驾，纷奕奕。乘白云，无不适。穷昭域，极幽途。归帝祉，眷皇都。

皇帝诣便殿，奏《皇夏》乐辞：（群官出，奏《肆夏》，辞同）。

礼行斯毕，乐奏以终。受嘏先退，载畅其衷。銮轩循辙，麾旌复路。光景徘徊，弦歌顾慕，灵之相矣，有锡无疆。国图日竞，家历天长。

元会大飨，协律不得升陛，黄门举麾于殿上。今列其歌辞云。

宾入门，四箱奏《肆夏》辞：

昊苍眷命，兴王统天。业高帝始，道邈皇先。礼成化穆，乐合风宣。宾朝荒夏，扬对穹玄。

皇帝出阁，奏《皇夏乐》辞：

夏正肇旦，周物充庭。具僚在位，俯伏无声。大君穆穆，宸仪动睟。日煦天回，万灵胥萃。

皇帝当宸，群臣奉贺，奏《皇夏》辞：

天子南面，乾覆离明。三千咸列，万国填并。犹从禹会，如次汤庭。奉兹一德，上下和平。

皇帝入宁变服，黄钟、太簇二箱奏《皇夏》辞：

我应天历，四海为家。协同内外，混一戎华。鹤盖龙马，风乘云车。夏章夷服，其会如麻。九宾有仪，八音有节。肃肃于位，饮和在列。四序氤氲，三光昭晢。君哉大矣，轩唐比辙。

皇帝变服，移幄坐于西箱，帝出升御坐，姑洗奏《皇夏》辞：

皇运应箓，廓定区宇。受终以文，构业以武。尧昔命舜，舜亦命禹。大人驭历，重规沓矩。钦明在上，昭纳入覼。从灵体极，诞圣穷神。化生群品，陶育蒸人。展礼肆乐，协此元春。

王公奠璧，奏《肆夏》辞：

万方咸暨，三揖以申。垂旒冯玉，五瑞交陈。拜稽有章，升降有节。圣皇负扆，虞唐比烈。

上寿，黄钟箱奏上寿曲辞：

仰三光，奏万寿。人皇御六气，天地同长久。

皇太子入，至坐位，酒至御，殿上奏登歌辞：

大齐统历，道化光明。马图呈宝，龟箓告灵。百蛮非众，八荒非逖。同作尧人，俱包禹迹。（其一）

天覆地载，成以四时。惟皇是则，比大于兹。群星拱极，众川赴海。万宇骏奔，一朝咸在。（其二）

齐之以礼，相趋帝庭。应规蹈矩，玉色金声。动之以乐，和风四布。龙申凤舞，鸾歌麟步。（其三）

食至御前，奉食举乐辞：

三端正启，万方观礼。具物充庭，二仪合体。百华照晓，千门洞晨。或华或裔，奉贽惟新。悠悠亘六合，员首莫不臣。仰施如雨，晞和犹春。风化表笙镛，歌讴被琴瑟。谁言文轨异，今朝混为一。（其一）

彤庭烂景，丹陛流光。怀黄绾白，鹓鹭成行。文赞百揆，武镇四方。折冲鼓雷电，献替协阴阳。大矣哉，道迈上皇。陋五帝，狭三王。穷礼物，该乐章。序冠带，垂衣裳。（其二）

天壤和，家国穆。悠悠万类咸孕育。契冥化，侔大造。灵效珍，神归宝。兴云气，飞龙苍。麟一角，凤五光。朱雀降，黄玉表。九尾驯，三足扰。化之定，至矣哉。瑞感德，四方来。（其三）

图囹空，水火菽粟。求贤振滞弃珠玉。衣不靡，宫以卑。当阳端默，垂拱无为。云云万有，其乐不訾。（其四）

嗟此举时，逢至道。肖形咸自持，赋命无伤夭。行气进皇舆，游龙服帝皂。圣主宁区宇，乾坤永相保。（其五）

牧野征，鸣条战。大齐家万国，拱揖应终禅。奥主廓清都，大君临赤县。高居深视，当宸正殿。旦暮之期今一见。（其六）

两仪分，牧以君。陶有象，化无垠。大齐德，邈谁群。超凤火，冠龙云。露以洁，风以薰。荣光至，气氤氲。（其七）

神化远，人灵协。寒暑调，风雨燮。披泥检，受图谍。图谍启，期运昌。分四序，缀三光。延宝祚，眇无疆。（其八）

惟皇道，升平日。河水清，海不溢。云干吕，风入律。驱黔首，入仁寿。与天高，并地厚。（其九）

刑以厝，颂声扬。皇情逸，眷汾襄。岱山高，配林壮。亭亭耸，云云望。旆葳蕤，驾骁骁。刊金阙，奠玉龟。（其十）

文舞将作，先设阶步辞：

我后降德，肇峻皇基。摇铃大号，振铎命期。云行雨洽，天临地持。茫茫区宇，万代一时。文来武肃，咸定于兹。象容则舞，歌德言诗。锵锵金石，列列匏丝。凤仪龙至，乐我雍熙。

文舞辞：

皇天有命，归我大齐。受兹华玉，爰锡玄珪。奄家环海，实子蒸黎。图开宝匣，检封芝泥。无思不顺，自东徂西。教南暨朔，罔敢不携。比日之明，如天之大。神化斯洽，率土无外。眇眇舟车，华戎毕会。祠我春秋，服我冠带。仪协震象，乐均天籁。蹈武在庭，其容蔼蔼。

武舞将作，先设阶步辞：

大齐统历，天鉴孔昭。金人降泛，火凤来巢。眇均虞德，干戚降苗。凤沙攻主，归我轩朝。礼符揖让，乐契《咸》《韶》。蹈扬惟序，律度时调。

武舞辞：

天眷横流，宅心玄圣。祖功宗德，重光袭映。我皇恭己，诞膺灵命。宇外斯烛，域中咸镜。悠悠率土，时惟保定。微微动植，莫违其性。仁丰庶物，施洽群生。海宁洛变，契此休明。雅宣茂烈，颂纪英声。铿锽钟鼓，掩抑箫笙。歌之不足，舞以礼成。铄矣王度，缅迈千龄。

皇帝入，钟鼓奏《皇夏》辞：

礼终三爵，乐奏九成。允也天子，穹壤大平。载色载笑，反寝宴息。一人有祉，百神奉职。

鼓吹二十曲，皆改古名，以叙功德。第一，汉《朱鹭》改名《水德谢》，言魏谢齐兴也。第二，汉《思悲翁》改名《出山东》，言神武帝战广阿，创大业，破尔朱兆也。第三，汉《艾如张》改名《战韩陵》，言神武灭四胡，定京洛，远近宾服也。第四，汉《上之回》改名《殄关陇》，言神武遣侯莫陈悦诛贺拔岳，定关、陇，平河外，漠北款，秦中附也。第五，汉《拥离》改名《灭山胡》，言神武屠刘蠡升，高车怀殊俗，蠕蠕来向化也。第六，汉《战城南》改名《立武定》，言神武立魏主，天下既安，而能迁于邺也。第七，汉《巫山高》改名《战韩山》，言神武斩周十万之众，其军将脱身走免也。第八，汉《上陵》改名《擒萧明》，言梁遣兄子贞阳侯来寇彭、宋，文襄帝遣太尉、清河王岳，一战擒殄，俘馘万计也。第九，汉《将进酒》改名《破侯景》，言文襄遣清河王岳摧殄侯景，克复河南也。第十，汉《君马黄》改名《定汝颍》，言文襄遣清河王岳，擒周大将军王思政于长葛，汝、颍悉平也。第十一，汉《芳树》改名《克淮南》。言文襄遣清河王岳，南罄梁国，获其司徒陆法和，克寿春、合肥、钟离、淮阴，尽取江北之地也。第十二，汉《有所思》改名《嗣丕基》，言文宣帝统缵大业也。第十三，汉《稚子班》改名《圣道洽》，言文宣克隆堂构，无思不服也。第十四，汉《圣人出》改名《受魏禅》，言文宣应天顺人也。第十五，汉《上邪》改名《平瀚海》，言蠕蠕尽部落入寇武州之塞，而文宣命将出征，平殄北荒，灭其国也。第十六，汉《临高台》改名《服江南》，言文宣道洽无外，梁主萧绎来附化也。第十七，汉《远如期》改名《刑罚中》，言孝昭帝举直措枉，狱讼无怨也。第十八，汉《石留行》改名《远夷至》，言时主化沾海外，西夷诸国，遣使朝贡也。第十九，汉《务成》改名《嘉瑞臻》，言时主应期，河清龙见，符瑞总至也。第二十，汉《玄云》改名《成礼乐》，言时主功成化洽，制礼作乐也。古又有《黄雀》、《钓竿》二曲，略而不用，并议定其名，被于鼓吹。诸州镇戍，各给鼓吹乐，多少各以大小等级为差。诸王为州，皆给赤鼓、赤角，皇子则增给吴鼓、长鸣角，上州刺史皆给青鼓、青角，中州已下及诸镇戍，皆给黑鼓、黑角。乐器皆有衣，并同鼓色。

杂乐有西凉鼙舞、清乐、龟兹等。然吹笛、弹琵琶、五弦及歌舞之伎，自文襄以来，皆所爱好。至河清以后，传习尤盛。后主唯赏胡戎乐，耽爱无已。于是繁手淫声，争新哀怨。故曹妙达、安未弱、安马驹之徒，至有封王开府者，遂服簪缨而为伶人之事。后主亦自能度曲，亲执乐器，悦玩无倦，倚弦而歌。别采新声，为《无愁曲》，音韵窈窕，极于哀思，使胡儿阉官之辈，齐唱和之，曲终乐阕，莫不殒涕。虽行幸道路，或时马上奏之，乐往哀来，竟以亡国。

周太祖迎魏武入关，乐声皆阙。恭帝元年，平荆州，大获梁氏乐器，以属有司。及建六官，乃诏曰："六乐尚矣，其声歌之节，舞蹈之容，寂寥已绝，不可得而详也。但方行古人之事，可不本于兹乎？自宜依准，制其歌舞，祀五帝日月星辰。"于是有司详定：郊庙祀五帝日月星辰，用黄帝乐，歌大吕，舞《云门》。祭九州、社稷、水旱雩祟，用唐尧乐，歌应钟，舞《大咸》。祀四望，飨诸侯，用虞舜乐，歌南吕，舞《大韶》。祀四类，幸辟雍，用夏禹乐，歌函钟，舞《大夏》。祭山川，用殷汤乐，歌小吕，舞《大护》。享宗庙，用周武王乐，歌夹钟，舞《大武》。皇帝出入，奏《皇夏》。宾出入，奏《肆夏》。牲出入，奏《昭夏》。蕃国客出入，奏《纳夏》。有功臣出入，奏《章夏》。皇后进羞，奏《深夏》。宗室会聚，奏《族夏》。上酒宴乐，奏《陔夏》。诸侯相见，奏《骜夏》。皇帝大射，歌《驺虞》，诸侯歌《狸首》，大夫歌《采苹》，士歌《采蘩》。虽著其文，竟未之行也。

及闵帝受禅，居位日浅。明帝践阼，虽革魏氏之乐，而未臻雅正。天和元年，武帝初造《山云舞》，以备六代。南北郊、雩坛、太庙、禘祫、俱用六舞。南郊则《大夏》降神，《大护》献熟，次作《大武》、《正德》、《武德》、《山云之舞》。北郊则《大护》降神，《大夏》献熟，次作《大武》、《正德》、《武德》、《山云之舞》。雩坛以《大武》降神，《正德》献熟，次作《大夏》、《大护》、《武德》、《山云之舞》。太庙祫帝，则《大武》降神，《山云》献熟，次作《正德》、《大夏》、《大护》、《武德之舞》。时享太庙，以《山云》降神，《大夏》献熟，次作《武德之舞》。拜社，以《大护》降神，《大武》献熟，次作《正德之舞》。五郊朝日，以《大夏》降神，《大护》献熟。神州、夕月、籍田，以《正德》降神，《大护》献熟。

建德二年十月甲辰，六代乐成，奏于崇信殿。群臣咸观。其宫悬，依梁三十六架。朝会则皇帝出入，奏《皇夏》。皇太子出入，奏《肆夏》。王公出入，奏《骜夏》。五等诸侯正日献玉帛，奏《纳夏》。宴族人，奏《族夏》。大会至尊执爵，奏登歌十八曲。食举，奏《深夏》，舞六代《大夏》、《大护》、《大武》、《正德》、《武德》、《山云之舞》。于是正定雅音，为郊庙乐。创造钟律，颇得其宜。宣帝嗣位，郊庙皆遵用之，无所改作。今采其辞云。

员丘歌辞：

降神，奏《昭夏》：

重阳禋祀大报天，丙午封坛肃且圜。孤竹之管云和弦，神光未下风肃然。王城七里通天台，紫微斜照影徘徊。连珠合璧重光来，天策暂转钩陈开。

皇帝将入门，奏《皇夏》：

旌回外壝，跸静郊门。千乘按辔，万骑云屯。藉茅无咎，扫地惟尊。揖让展礼，衡璜节步。星汉就列，风云相顾。取法于天，降其永祚。

俎入，奏《昭夏》：

日至大礼，丰牺上辰。牲牢修牧，茧栗毛纯。俎豆斯立，陶匏以陈。大报反命，居阳兆日。六变鼓钟，三和琴瑟。俎奇豆偶，惟诚惟质。

奠玉帛，奏《昭夏》：

员玉已奠，苍币斯陈。瑞形成象，璧气含春。礼从天数，智总员神。为祈为祀，至敬咸遵。

皇帝升坛，奏《皇夏》：

七星是仰，八陛有凭。就阳之位，如日之升。思虔肃肃，施敬绳绳。祝史陈信，玄象斯格。惟类之典，惟灵之泽。幽显对扬，人神咫尺。

皇帝初献，作《云门》之舞：

献以诚，郁以清。山罍举，沈齐倾。惟尚飨，洽皇情。降景福，通神明。

皇帝初献配帝，作《云门》之舞：

长丘远历，大电遥源。弓藏高陇，鼎没寒门。人生于祖，物本于天。尊神配德，迄用康年。
皇帝初献及献配帝毕，奏登歌：
岁之祥，国之阳。苍灵敬，翠云长。象为饰，龙为章。乘长日，坯蛰户。列云汉，迎风雨，大吕歌，云门舞。省涤濯，奠牲牷。郁金酒，凤凰樽。回天眷，顾中原。
皇帝饮福酒，奏《皇夏》：
国命在礼，君命在天。陈诚惟肃，钦福惟虔。洽斯百礼，福以千年。钩陈掩映，天驷徘徊。雕禾饰斝，翠羽承罍。受斯茂祉，从天之来。
撤奠奏《雍乐》：
礼将毕，乐将阑。回日䡞，动天关。翠凤摇，和銮响。五云飞，三步上。风为驭，雷为车。无辙迹，有烟霞。畅皇情，休灵命。雨留甘，云余庆。
帝就望燎位，奏《皇夏》：
六典联事，九司咸则。率由旧章，于焉允塞。掌礼移次，燔柴在焉。烟升玉帛，气敛牲牷。休气馨香，苾芳昭晢。翼翼虔心，明明上彻。
帝还便座，奏《皇夏》：
玉帛礼毕，人神事分。严承乃眷，瞻仰回云。华路千门，王城九轨。式道移候，司方回指。得一惟清，于万斯宁。受兹景命，于天告成。
方泽歌辞：
降神，奏《昭夏》：
报功阴泽，展礼玄郊。平琮镇瑞，方鼎升庖。调歌丝竹，缩酒江茅，声舒钟鼓，器质陶匏。列耀秀华，凝芳都荔。川泽茂祉，丘陵容卫。云饰山罍，兰浮泛齐。日至之礼，歆兹大祭。
奠玉，奏《昭夏》：
曰若厚载，钦明方泽。敢以敬恭，陈之玉帛。德包含养，功藏灵迹。斯箱既千，子孙则百。
初献，奏登歌辞：（舞词同员丘）。
质明孝敬，求阴顺阳。坛有四陛，琮为八方。牲牷荡涤，萧合馨香。和銮戾止，振鹭来翔。威仪简简，钟鼓喤喤。声和孤竹，韵入空桑。封中云气，坎上神光。下元之主，功深盖藏。
望坎位，奏《皇夏》：
司筵撤席，掌礼移次。回顾封坛，恭临坎位。瘗玉埋俎，藏芬敛气。是曰就幽，成斯地意。
祀五帝歌辞：
奠玉帛，奏《皇夏》辞：
嘉玉惟芳，嘉币惟量。成形依礼，禀色随方。神班有次，岁礼惟常。威仪抑抑，率由旧章。
初献，奏《皇夏》：
惟令之月，惟嘉之辰。司坛宿设，掌史诚陈。敢用明礼，言功上神。钩陈旦辟，闾阖朝分。旒垂象冕，乐奏《山云》。将回霆策，暂转天文。五运周环，四时代序。鳞次玉帛，循回樽俎。神其降之，介福斯许。
皇帝初献青帝，奏《云门舞》：
甲在日，鸟中星。礼东后，奠苍灵。树春旗，命青史。

候雁还，东风起。歌木德，舞震宫。泗滨石，龙门桐。孟之月，阳之天。亿斯庆，兆斯年。
皇帝初献配帝，奏舞：
帝出于震，苍德为神。其明在日，其位居春。劳以定国，功以施人。言从配祀，近取诸身。
皇帝初献赤帝，奏《云门舞》：
招摇指午对南宫，日月相会实沈中。离光布政动温风，纯阳之月乐炎精。赤雀丹书飞送迎，朱弦绛鼓磬虔诚，万物含养各长生。
皇帝献配帝，奏舞：
以炎为政，以火为官，位司南陆，享配离坛。三和实俎，百味浮兰。神其茂豫，天步艰难。
皇帝初献黄帝，奏《云门舞》：
三光仪表正，四气风云同。戊已行内历，黄钟始变宫。平琮礼内镇，阴管奏司中。斋坛芝晔晔，清野桂冯冯。夕牢芬六鼎，安歌韵八风。神光乃超忽，佳气恒葱葱。
皇帝初献配帝，奏舞：
四时咸一德，五气或同论。犹吹凤凰管，尚对梧桐园。器圜居土厚，位总配神尊。始知今奏乐，还用我《云门》。
皇帝初献白帝，奏《云门舞》：
肃灵兑景，承配秋坛。云高火落，露白蝉寒。帝律登年，金精行令。瑞兽霜辉，祥禽雪映。司藏肃杀，万保咸宜。厥田上上，收功在斯。
皇帝初献配帝，奏舞：
金行秋令，白帝朱宣。司正五雄，歌庸九川。执文之德，对越彼天。介以福祉，君子万年。
皇帝初献黑帝，奏《云门舞》：
北辰为政玄坛，北陆之祀员官。宿设玄圭浴兰，坎德阴风御寒。次律将回穷纪，微阳欲动细泉。管犹调于阴竹，声未入于春弦。待归余于送历，方履庆于斯年。
皇帝初献配帝，奏舞：
地始坼，虹始藏。服玄玉，居玄堂。沐蕙气，浴兰汤。匏器洁，水泉香。陟配彼，福无疆。君欣欣，此乐康。
宗庙歌辞：
皇帝入庙门，奏《皇夏》：
肃肃清庙，严严寝门。欹器防满，金人戒言。应门悬鼓，崇牙树羽。阶变升歌，庭纷象舞。閟安象设，纬熙清奠。春鲔初登，新萍先荐。悠然入室，俨乎其位。凄怆履之，非寒之谓。
降神奏《昭夏》：
永惟祖武，潜庆灵长。龙图革命，凤历归昌。功移上叶，德耀中阳。清庙肃肃，猛虞煌煌。曲高大夏，声和盛唐。牲牷荡涤，萧合馨香。和銮戾止，振鹭来翔。永敷万国，是则四方。
俎入，皇帝升阶，奏《皇夏》：
年祥辨日，上协龟言。奉酎承列，来庭骏奔。雕禾饰斝，翠羽承樽。敬惮如此，恭惟执燔。
皇帝献皇高祖，奏《皇夏》：
庆绪千重秀，鸿源万里长。无时犹戢翼，有道故韬光。盛德必有后，仁义终克昌。明星初肇庆，大电久呈祥。

皇帝献皇曾祖德皇帝，奏《皇夏》：
克昌光上烈，基圣穆西藩。崇仁高涉渭，积德被居原。帝图张往迹，王业茂前尊。重芬德阳庙，叠庆寿陵园。百灵光武祖，千年福孝孙。

皇帝献皇祖太祖文皇帝，奏《皇夏》：
雄图属天造，宏略遇群飞。风云犹听命，龙跃遂乘机。百二当天险，三分拒乐推。函谷风尘散，河阳氛雾晞。济弱沦风起，扶危颓运归。地纽崩还正，天枢落更追。原祠乍超忽，毕陇或绵微。终封三尺剑，长卷一戎衣。

皇帝献文宣皇太后，奏《皇夏》：
月灵兴庆，沙祥发源。功参禹迹，德赞尧门。言容典礼，揄狄徽章。仪形温德，令问昭阳。日月不居，岁时晼晚。瑞云缠心，閟宫惟远。

皇帝献闵皇帝，奏《皇夏》：
龙图基代德，天步属艰难。讴歌还受瑞，揖让乃登坛。升舆芒刺重，入位据龙寒。卷舒云泛滥，游扬日浸微。出郑终视无反，居桐竟不归。祀夏今惟旧，尊灵谥更追。

皇帝献明皇帝，奏《皇夏》：
若水逢降君，穷桑属惟政。丕哉驭帝箓，郁矣当天命。方定五云官，先齐八风令。文昌气似珠，太史河如镜。南宫学已开，东观书还聚。文辞金石韵，毫翰风飙竖。清室桂冯冯，斋房芝诩诩。宁思玉管笛，空见灵衣舞。

皇帝献高祖武皇帝，奏《皇夏》：
南河吐云气，北斗降星神。百灵咸仰德，千年一圣人。书成紫微动，律定凤凰驯。六军命西土，甲子陈东邻。戎衣此一定，万里更无尘。烟云同五色，日月并重轮。流沙既西静，盘木又东臣。凯乐闻朱雁，铙歌见白麟。今为六代祀，还得九疑宾。

皇帝还东壁，饮福酒，奏《皇夏》：
礼殚祼献，乐极休成。长离前掞，宗祀文明。缩酌浮兰，澄罍合鬯。磬折礼容，旋回灵贶。受厘彻俎，饮福移樽。惟光惟烈，文子文孙。

皇帝还便坐，奏《皇夏》：
庭阒四始，筵终三荐。顾步阶墀，徘徊余奠。六龙矫首，七萃警途。鼓移行漏，风转相乌。翼翼从事，绵绵四时。惟神降假，永言保之。

太祖辅魏之时，高昌款附，乃得其伎，教习以备飨宴之礼。及天和六年，武帝罢掖庭四夷乐。其后帝娉皇后于北狄，得其所获康国、龟兹等乐，更杂以高昌之旧，并于大司乐习焉。采用其声，被于钟石，取《周官》制以陈之。

明帝武成二年，正月朔旦，会群臣于紫极殿，始用百戏。武帝保定元年，诏罢之。及宣帝即位，而广召杂伎，增修百戏。鱼龙漫衍之伎，常陈殿前，累日继夜，不知休息。好令城市少年有容貌者，妇人服而歌舞相随，引入后庭，与宫人观听。戏乐过度，游幸无节焉。

武帝以梁鼓吹熊罴十二案，每元正大会，列于悬间，与正乐合奏。宣帝时，革前代鼓吹，制为十五曲。第一，改汉《朱鹭》为《玄精季》，言魏道陵迟，太祖肇开王业也。第二，改汉《思悲翁》为《征陇西》，言太祖起兵，诛侯莫陈悦，扫清陇右也。第三，改汉《艾如张》为《迎魏帝》，言武帝西幸，太祖奉迎，宅关中也。第四，改汉《上之回》为《平窦泰》，言太祖拥兵讨泰，悉擒斩也。第五，改汉《拥离》为《复恒农》，言太祖攻复陕城，关东震肃也。第六，改汉《战城南》为《克沙苑》，言太祖俘斩齐十万众于沙苑，神武脱身至河，单舟走免也。第七，改汉《巫山高》为《战河阴》，言太祖破神武于河上，斩其将高敖曹、莫多娄贷文也。第八，改汉《上陵》为《平汉东》，言太祖命将平随郡安陆，俘馘万计也。第九，改汉《将进酒》为《取巴蜀》，言太祖遣军平定蜀地也。第十，改汉《有所思》为《拔江陵》，言太祖命将擒萧绎，平南土也。第十一，改汉《芳树》为《受魏禅》，言闵帝受终于魏，君临万国也。第十二，改汉《上邪》为《宣重光》，言明帝入承大统，载隆皇道也。第十三，改汉《君马黄》为《哲皇出》，言高祖以圣德继天，天下向风也。第十四，改汉《稚子班》为《平东夏》，言高祖亲率六师破齐，擒齐主于青州，一举而定山东也。第十五，改古《圣人出》为《擒明彻》，言陈将吴明彻侵轶徐部，高祖遣将尽俘其众也。宣帝晨出夜还，恒陈鼓吹。尝幸同州，自应门至赤岸，数十里间，鼓乐俱作。祈雨仲山还，令京城士女于衢巷奏乐以迎之。公私顿敝，以至于亡。

高祖既受命，定令，宫悬四面各二虡，通十二镈钟，为二十虡。虡各一人。建鼓四人，祝敔各一人。歌、琴、瑟、箫、筑、筝、挡筝、卧箜篌、小琵琶，四面各十人，在编磬下。笙、竽、长笛、横笛、箫、筚篥、篪、埙，四面各八人，在编钟下，舞者八佾。宫悬簨虡，金五博山，饰以疏苏树羽。其乐器应漆者，天地之神皆朱，宗庙加五色漆画。天神悬内加雷鼓，地祇加灵鼓，宗庙加路鼓，登歌，钟一虡，磬一虡，各一人；歌四人，兼琴瑟、箫、笙、竽、横笛、篪、埙各一人。其漆画及博山疏苏树羽，与宫悬同。登歌人介帻、朱连裳、乌皮履。宫悬及下管人，平巾帻，朱连裳。凯乐人，武弁，朱褠衣，履袜。文舞，进贤冠，绛纱连裳，帛内单，皂领袖襈，乌皮舄，左执龠，右执翟。二人执纛，引前，在舞人数外，衣冠同舞人。武弁，朱褠衣，乌皮履。三十二人，执戈，龙楯。三十二人执戚，龟。二人执旍，居前。二人执鼗，二人执铎，二人执铙，二人执錞。四人执弓矢，四人执殳，四人执戟，四人执矛。自旍已下夹引，并在舞人数外，衣冠同舞人。

皇帝宫悬及登歌，与前同。应漆者皆五色漆画。悬内不设鼓。

皇太子轩悬，去南面，设三镈钟于辰丑申。三建鼓亦如之。其登歌，去兼歌者，减二人。其簨虡金三博山。乐器漆者，皆朱漆之。其余与宫悬同。

大鼓、小鼓、大驾鼓吹，并朱漆画。大鼓加金镯，凯乐及节鼓，饰以羽葆。其长鸣、中鸣、横吹，皆五采衣幡，绯掌，画交龙，五采脚。大角幡亦如之。大鼓、长鸣工人，皂地苣文；金钲、枫鼓、小鼓、中鸣、吴横吹工人，青地苣文；凯乐工人，武弁，朱褠衣，横吹，绯地苣文。并为帽、袴褶。大角工人，平巾帻、绯衫，白布大口袴。内宫鼓乐服色，皆准此。

皇太子铙及节鼓，朱漆画，饰以羽葆。余鼓吹并朱漆。

大鼓、小鼓无金镯。长鸣、中鸣、横吹，五采衣幡，绯掌，画蹲兽，五采脚。大角幡亦如之。大鼓、长鸣、横吹工人，紫帽，绯袴褶。金钲、枫鼓、小鼓、中鸣工人，青帽，青袴褶。铙吹工人，武弁，朱褠衣。大角工人，平巾帻，绯衫，白布大口袴。

正一品，铙及节鼓，朱漆画，饰以羽葆。余鼓吹并朱漆。长鸣、中鸣、横吹，五采衣幡，绯掌，画蹲兽，五采脚。大角幡亦如之。大鼓、长鸣、横吹工人，紫帽，赤布袴褶。金钲、枫鼓、小鼓、中鸣工人，青帽，青布袴褶。铙吹工人，武弁，朱褠衣。大角工人，平巾帻，绯衫，白布大口袴。三品以上，朱漆铙，饰以五采。駞、哄工人，武弁，朱褠衣。余同正一品。四品，铙及工人衣服同三品。余鼓皆绿沈。金钲、枫鼓、大鼓工人，青帽，青布袴褶。

开皇二年，齐黄门侍郎颜之推上言："礼崩乐坏，其来自久。今太常雅乐，并用胡声，请冯梁国旧事，考寻古典。"高祖不从，曰："梁乐亡国之音，奈何遣我用邪？"是时尚因周乐，命工人齐树提检校乐府，改换声律，益不能通。俄而柱国、沛公郑译奏上，请更修正。于是诏太常卿牛弘、国子祭酒辛彦之、国子博士何妥等议正乐。然沦谬既久，音律多乖，积年议不定。高祖大怒曰："我受天命七年，乐府犹歌前代功德邪？"命治书侍御史李谔引弘等下，将罪之。谔奏："武王克殷，至周公相成王，始制礼乐。斯事体大，不可速成。"高祖意稍解。又诏求知音之士，集尚书，参定音乐。译云："考寻乐府钟石律吕，皆有宫、商、角、徵、羽、变宫、变徵之名。七声之内，三声乖应，每恒求访，终莫能通。先是周武帝时，有龟兹人曰苏祗婆，从突厥皇后入国，善胡琵琶。听其所奏，一均之中间有七声。因而问之，答云：'父在西域，称为知音。代相传习，调有七种。'以其七调，勘校七声，冥若合符。一曰'娑陁力'，华言平声，即宫声也。二曰'鸡识'，华言长声，即商声也。三曰'沙识'，华言质直声，即角声也。四曰'沙侯加滥'，华言应声，即变徵声也。五曰'沙腊'，华言应和声，即徵声也。六曰'般赡'，华言五声，即羽声也。七曰'俟利箑'，华言斛牛声，即变宫声也。"译因习而弹之，始得七声之正。然其就此七调，又有五旦之名，旦作七调。以华言译之，旦者则谓均也。其声亦应黄钟、太簇、林钟、南吕、姑洗五均，已外七律，更无调声。译遂因其所捻琵琶弦柱相饮为均，推演其声，更立七均。合成十二，以应十二律。律有七音，音立一调，故成七调十二律，合八十四调，旋转相交，尽皆和合。仍以其声考校太乐所奏，林钟之宫，应用林钟为宫，乃用黄钟为宫；应用南吕为商，乃用太簇为商；应用应钟为角，乃取姑洗为角。故林钟一宫七声，三声并戾。其十一宫七十七音，例皆乖越，莫有通者，又以编悬有八，因作八音之乐。七音之外，更立一声，谓之应声。译因作书二十余篇，以明其指。至是译以其书宣示朝廷，并立议正之。时邳国公世子苏夔，亦称明乐，驳译曰："《韩诗外传》所载乐声感人，及《月令》所载五声所对，并皆有五，不言变宫、变徵。又《春秋左氏》所云：'七音六律，以奉五

声。'准此而言，每宫应立五调，不闻更加变宫、变徵二调为七调。七调之作，所出未详。"译答之曰："周有七音之律，《汉书·律历志》，天地人及四时，谓之七始。黄钟为天始，林钟为地始，太簇为人始，是为三始。姑洗为春，蕤宾为夏，南吕为秋，应钟为冬，是为四时。四时三始，是以为七。今若不以二变为调曲，则是冬夏声阙，四时不备。是故每宫须立七调。"众从译议。译又与夔俱云："案今乐府黄钟，乃以林钟为调首，失君臣之义，清乐黄钟宫，以小吕为变徵，乖相生之道。今请雅乐黄钟宫以黄钟为调首，清乐去小吕，还用蕤宾为变徵。"众皆从之。夔又与译议，欲累黍立分，正定律吕。时以音律久不通，译、夔等一朝能之，以为乐声可定。而何妥旧以学闻，雅为高祖所信。高祖素不悦学，不知乐，妥又耻己宿儒，不逮译等，欲沮坏其事。乃立议非十二律旋相为宫，曰："经文虽道旋相为宫，恐是直言其理，亦不通随月用调，是以古来不取。若依郑玄及司马彪，须用六十律方得和韵。今译唯取黄钟之正宫，兼得七始之妙义。非止金石谐韵，亦乃簨虡不繁，可以享百神，可以合万舞矣。"而又非其七调之义，曰："近代书记所载，缦乐鼓琴吹笛之人，多云三调。三调之声，其来久矣。请存三调而已。"时牛弘总知乐事，弘不能精知音律。又有识音人万宝常，修洛阳旧曲，言幼学音律，师于祖孝徵，知其上代修调古乐。周之璧翣，殷之崇牙，悬八用七，尽依《周礼》备矣。所谓正声，又近前汉之乐，不可废也。是时竞为异议，各立朋党，是非之理，纷然淆乱。或欲令各修造，待成，择其善者而从之。妥恐乐成，善恶易见，乃请高祖张乐试之。遂先说曰："黄钟者，以象人君之德。"及奏黄钟之调，高祖曰："滔滔和雅，甚与我心会。"妥因陈用黄钟一宫，不假余律，高祖大悦，班赐妥等修乐者。自是译等议寝。

卷十五　　　　　　志第十

音　乐　下

开皇九年，平陈，获宋、齐旧乐，诏于太常置清商署以管之。求陈太乐令蔡子元、于普明等，复居其职。由是牛弘奏曰：

臣闻周有六代之乐，至《韶》、《武》而已。秦始皇改周舞曰《五行》，汉高帝改《韶舞》曰《文始》，以示不相袭也。又造《武德》，自表其功，故高帝庙奏《武德》、《文始》、《五行》之舞。又作《昭容》、《礼容》，增演其意。《昭容》生于《武德》，盖犹古之《韶》也。《礼容》生于《文始》，矫秦之《五行》也。文帝又作《四时》之舞，故孝景帝立，追述先功，采《武德舞》作《昭德舞》，被之管弦，荐于太宗之庙。孝宣采《昭德舞》为《盛德舞》，更造新歌，荐于武帝之庙。据此而言，递相因袭，纵有改作，并宗于

《韶》。至明帝时，东平献王采《文德舞》为《大武》之舞，荐于光武之庙。

汉末大乱，乐章沦缺，魏武平荆州，获杜夔，以为军谋祭酒，使创雅乐。时散骑侍郎邓静善咏雅歌，乐师尹胡能习宗祀之曲，舞师冯肃晓知先代诸舞。总练研精，复于古乐，自夔始也。文帝黄初，改《昭容》之乐为《昭业乐》，《武德》之舞为《武颂舞》，《文始》之舞为《大韶舞》，《五行》之舞为《大武舞》。明帝初，公卿奏上太祖武皇帝乐曰《武始》之舞，高祖文皇帝乐曰《咸熙》之舞。又制乐舞，名曰《章斌》之舞，有事于天地宗庙及临朝大飨，并用之。

晋武帝泰始二年，遣傅玄等造行礼及上寿食举歌诗。张华表曰："按汉、魏所用，虽诗章辞异，兴废随时，至其韵逗曲折，并系于旧，一皆因袭，不敢有所改也。"九年，荀勖典乐，使郭夏、宋识造《正德》、《大豫》之舞。改魏《昭武舞》曰《宣武舞》，羽龠舞曰《宣文舞》。江左之初，典章埋素，贺循为太常卿，始有登歌之乐。大宁末，阮孚等又增益之。咸和间，鸠集遗逸，邺没胡后，乐人颇复南度，东晋因之，以具钟律。太元间，破苻永固，又获乐工杨蜀等，闲练旧乐，于是金石始备。寻其设悬音调，并与江左是同。

慕容垂破慕容永于长子，尽获苻氏旧乐。垂息为魏所败，其钟律令李佛等，将太乐细伎，奔慕容德于邺。德迁都广固，子超嗣立，其母先没姚兴，超以太乐伎一百二十人诣兴赎母。及宋武帝入关，悉收南渡。永初元年，改《正德舞》曰《前舞》，《大武舞》曰《后舞》。文帝元嘉九年，太乐令钟宗之，更调金石。至十四年，典书令奚纵，复改定之。又有《凯容》、《宣业》之舞，齐代因而用之。萧子显《齐书·志》曰："宋孝建初，朝议以《凯容舞》为《韶舞》，《宣业舞》为《武德舞》。据《韶》为言，《宣业》即是古之《大武》，非《武德》也。"故《志》有《前舞凯容》歌辞，《后舞凯容》歌辞者矣。至于梁初，犹用《凯容》、《宣业》之舞，后改为《大壮》、《大观》焉。今人犹唤《大观》为《前舞》，故知乐名虽随代而改，声韵曲折，理应常同。

前克荆州，得梁家雅曲，今平蒋州，又得陈氏正乐。史传相承，以为合古。且观其曲体，用声有次，请修缉之，以备雅乐。其后魏洛阳之曲，据《魏史》云"太武平赫连昌所得"，更无明证。后周所用者，皆是新造，杂有边裔之声。戎音乱华，皆不可用。请悉停之。

制曰："制礼作乐，圣人之事也，功成化洽，方可议之。今字内初平，正化未洽，遽有变革，我则未暇。"晋王广又表请，帝乃许之。

牛弘遂因郑译之旧，又请依古五声六律，旋相为宫。雅乐每宫但一调，唯迎气奏五调，谓之五音。缦乐用七调，祭祀施用。各依声律尊卑为次。高祖犹忆妥言，注弘奏下，不许作旋宫之乐，但作黄钟一宫而已。于是牛弘及秘书丞姚察、通直散骑常侍许善心、仪同三司刘臻、通直郎虞世基等，更共详议曰：

后周之时，以四声降神，虽采《周礼》，而年代深远，其法久绝，不可依用。谨案《司乐》："凡乐，圜钟为宫，黄钟为角，太簇为徵，姑洗为羽，舞《云门》以祭天。函钟为宫，太簇为角，姑洗为徵，南吕为羽，舞《咸池》以祭地。黄钟为宫，大吕为角，太簇为徵，应钟为羽，舞《韶》以祀宗庙。"马融曰："圜钟，应钟也。"贾逵、郑玄曰："圜钟，夹钟也。"郑玄又云："此乐无商声，祭尚柔刚，故不用也。"干宝云："不言商，商为臣。王者自谓，故置其实而去其名，若曰有天地人物，无德以主之，谦以自牧也。"先儒解释，既莫知适从。然此四声，非直无商，又律管乖次，以其为乐，无克谐之理。今古事异，不可得而行也。

按《东观书·马防传》，太子丞鲍邺等上作乐事，下防。防奏言："建初二年七月邺上言，天子食饮，必顺于四时五味，而有食举之乐。所以顺天地，养神明，求福应也。今官雅乐独有黄钟，而食举乐但有太簇，皆不应月律，恐伤气类。可作十二月均，各应其月气。公卿朝会，得闻月律，乃能感天，和气宜应。诏下太常评焉。太常上言，作乐器直钱百四十六万，奏寝。今明诏复下，臣防以为可须上天之明时，因岁首之嘉月，发太簇之律，奏雅颂之音，以迎和气。"其条贯甚具，遂独施行。起于十月，为迎气之乐矣。又《顺帝纪》云："阳嘉二年冬十月庚午，以春秋为辟雍，隶太学，随月律。十月作应钟，三月作姑洗。元和以来，音戾不调，修复黄钟，作乐器，如旧典。"据此而言，汉乐宫悬有黄钟均，食举太簇均，止有二均，不旋相为宫，亦以明矣。计从元和至阳嘉二年，才五十岁，用而复止。验黄帝听凤以制律吕，《尚书》曰"予欲闻六律五声"，《周礼》有"分乐而祭"。此圣人制作，以合天地阴阳之和，自然之理，乃云音戾不调，斯言诬之甚也。

今梁、陈雅曲，并用宫声。按《礼》："五声十二律，还相为宫。"卢植云："十二月三管流转用事，当用事者为宫。宫，君也。"郑玄曰："五声宫、商、角、徵、羽。其阳管为律，阴管为吕。布十二辰，更相为宫，始自黄钟，终于南吕，凡六十也。"皇侃疏："还相为宫者，十一月以黄钟为宫，十二月以大吕为宫，正月以太簇为宫。余月放此。凡十二管，各备五声，合六十声。五声成一调，故十二调。"此即释郑义之明文，无用商、角、徵、羽为别调之法矣。《乐稽耀嘉》曰："东方春，其声角，乐当宫为夹钟。余方各以其中律为宫。"若有商、角之理，不得云宫于夹钟也。又云："五音非宫不调，五味非甘不和。"又《动声仪》："宫唱而商和，是谓善本，太平之乐也。"《周礼》："奏黄钟，歌大吕，以祀天神。"郑玄"以黄钟之钟，大吕之声为均。"均，调也。故崔灵恩云："六乐十二调，亦不独论商、角、徵、羽也。"又云："凡六乐者,皆文之以五声,播之以八音。"故知每曲皆须五声八音错综而能成也。《御寇子》云:"师文鼓琴,命宫而总四声,则庆云浮,景风翔。"唯《韩诗》云:"闻其宫声,使人温厚而宽大。闻其商声,使人方廉而好义。"及古有清角、清徵之流。此则当声为曲。今以五引为五声,迎气所用者是也。余曲悉用宫声,不劳商、角、徵、羽。何以得知?荀勖论三调为均首者,得正声之名,明知雅乐悉在宫调。已外徵、羽、角,自为谣俗之音耳。且西凉、龟兹杂伎等,曲数既多,故得隶于众调,调各别曲,至如雅乐少,须以宫为本,历十二均而作,不可分配余调,更成杂乱也。其奏大抵如此。帝并从之。故隋代雅乐,唯奏黄钟一宫,郊庙飨用一调,迎气用五调。旧工更尽,其余声律,皆不复通。或有能为蕤宾之宫者,享祀之际肆之,竟无觉者。

弘又修皇后房内之乐,据毛苌、侯苞、孙毓故事,皆有钟声,而王肃之意,乃言不可。又陈统云:"妇人无外事,而阴教尚柔,柔以静为体,不宜用于钟。"弘等采肃、统以取正焉。高祖龙潜时,颇好音乐,常倚琵琶,作歌二首,名曰《地厚》、《天高》,托言夫妻之义。因即取之为房内曲。命妇人并登歌上寿并用之。职在宫内,女人教习之。

初,后周故事,悬钟磬法,七正七倍,合为十四。盖准变宫、变徵,凡为七声,有正有倍,而为十四也。长孙绍远引《国语》泠州鸠云:"武王伐殷,岁在鹑火。"自鹑及驷,七位故也。既以七同其数,而以律和其声,于是有七律。又引《尚书大传》"谓之七始",其注云:"谓黄钟、林钟、太簇、南吕、姑洗、应钟、蕤宾也。"歌声不应此者,皆去。然据一均言也。宫、商、角、徵、羽为正,变宫、变徵为和,加倍而有十四焉。又梁武帝加以浊倍,三七二十一而同为架,虽取繁会,声不合古。又后魏时,公孙崇设钟磬正倍,参悬之。弘等并以为非,而据《周官·小胥职》"悬钟磬,半之为堵,全之为肆"。郑玄曰:"钟磬编悬之,二八十六而在一虡。钟一堵,磬一堵,谓之肆。"又引《乐纬》"宫为君,商为臣,君臣皆尊,各置一副,故加十四而悬十六"。又据汉成帝时,犍为水滨得石磬十六枚,此皆悬八之义也。悬钟磬法,每虡准之,悬八用七,不取近周之法悬七也。

又参用《仪礼》及《尚书大传》,为宫悬陈布之法。北方北向,应钟起西,磬次之,黄钟次之,钟次之,大吕次之,皆东陈。一建鼓在其东,东鼓。东方西向,太簇起北,磬次之,夹钟次之,钟次之,姑洗次之,皆南陈。一建鼓在其南,东鼓。南方北向,中吕起东,钟次之,蕤宾次之,磬次之,林钟次之,皆西陈。一建鼓在其西,西鼓。西方东向,夷则起南,钟次之,南吕次之,磬次之,无射次之,皆北陈。一建鼓在其北,西鼓。其大射,则撤北面而加钲鼓。祭天用雷鼓、雷鼗,祭地用灵鼓、灵鼗,宗庙用路鼓、路鼗。各两设在悬内。

又准《仪礼》,宫悬四面设镈钟十二镈,各依辰位。又甲、丙、庚、壬位,各设钟一虡,乙、丁、辛、癸位,各陈磬一虡。共为二十虡。其宗庙殿庭郊丘社并同。树建鼓于四隅,以象二十四气。依月为均,四箱同作,盖取毛传《诗》云"四悬皆同"之义。古者镈钟据《仪礼》击为节检,而无合曲之义。又大射有二镈,皆乱击焉,乃无成曲之理。依后周以十二镈相生击之,声韵克谐。每镈钟、建鼓各一人。每钟、磬簨簴各一人,歌二人,执节一人,琴、瑟、筝、筑各一人。每钟虡,竽、笙、箫、笛、埙、篪各一人。悬内柷、敔各一人,柷在东,敔在西。二舞各八佾。乐人皆平巾帻,绛褠衣。乐器并采《周官》,参之梁代,择用其尤善者。其簨簴皆金五博山,饰以崇牙,树羽旒苏。其乐器应漆者,天地之神皆朱漆,宗庙及殿庭则五色漆画。晋、宋故事,箱别各有柷、敔,既同时夏之,今则不用。

又《周官·大司乐》:"奏黄钟,歌大吕,舞《云门》,以祀天神。奏太簇,歌应钟,舞《咸池》,以祭地祇。奏姑洗,歌南吕,舞《大韶》,以祀四望。奏蕤宾,歌函钟,舞《大夏》,以祭山川。奏夷则,歌小吕,舞《大护》,以享先妣。奏无射,歌夹钟,舞《大武》,以享先祖。"此乃周制,立二王三恪,通已为六代之乐。至四时祭祀,则分而用之。以六乐配十二调,一代之乐,则用二调矣。隋去六代之乐,又无四望、先妣之祭,今既与古祭法有别,乃以神祇位次分乐配焉。奏黄钟,歌大吕,以祀圆丘。黄钟所以宣六气也,耀魄天神,最为尊极,故奏黄钟以祀之。奏太簇,歌应钟,以祭方泽。太簇所以赞阳出滞,昆仑厚载之重,故奏太簇以祀之。奏姑洗,歌南吕,以祀五郊、神州。姑洗所以涤洁百物,五郊神州,天地之次,故奏姑洗以祀之。奏蕤宾,歌函钟,以祭宗庙。蕤宾所以安静神人,祖宗有国之本,故奏蕤宾以祀之。奏夷则,歌小吕,以祭社稷、先农。夷则所以咏歌九谷,贵在秋成,故奏夷则以祀之。奏无射,歌夹钟,以祭巡狩方岳。无射所以示人轨物,观风望秩,故奏无射以祀之。同用文武二舞。其圆丘降神六变,方泽降神八变,宗庙祫袷降神九变,皆用《昭夏》。其余祭享皆一变。又《周礼》,王出,奏《王夏》,尸出,奏《肆夏》。叔孙通法,迎神奏《嘉至》。今亦随事立名。皇帝入出,皆奏《皇夏》。群官入出,皆奏《肆夏》。食举上寿,奏《需夏》。迎、送神,奏《昭夏》。荐献郊庙,奏《诚夏》。宴飨殿上,奏登歌。并文舞武舞,合为八曲。古有宫、商、角、徵、羽五引,梁以三朝元会奏之。今改为五音,其声悉依宫商,不使互越。唯迎气于五郊,降神奏之,《月令》所谓"孟春其音角"是也。通前为十三曲。并内宫所奏《天高》、《地厚》二曲,于房中奏之,合十五曲。

其登歌法,准《礼·效特牲》"歌者在上,匏竹在下。"《大戴》云:"清庙之歌,悬一磬而尚拊搏。"又在汉代,独登歌者,不以丝竹乱人声。近代以来,有登歌五人,别升于上,丝竹一部,进performances阶前。此盖《尚书》"戛击鸣球,搏拊琴瑟以咏,祖考来格"之义也。梁武《乐论》以为登歌者颂祖宗功业,检《礼记》乃非元日所奏。若三朝大庆,百辟俱陈,升工籍殿,以咏祖考,君臣相对,便须涕洟。以此说非通,还以嘉庆用之。后周登歌,备钟、磬、琴、瑟,阶上设笙、管。今遂因之。合于《仪礼》荷瑟升歌,及笙入，立于阶下，间歌合乐，是燕饮之事矣。登歌法，十有四人，钟东磬西，工各一人，琴、瑟、筝、筑各一人，并歌者三人，执节七人，并坐阶上。笙、竽、箫、笛、埙、篪各一人，并立阶下。悉进贤冠，绛公服。斟酌古今，参而用之。祀神宴会通行之。若有大祀临轩，陈于阶坛之上。若册拜王公，设宫悬，不用登歌。释奠则唯用登歌，而不设悬。

古者人君食，皆用当月之调，以取时律之声。使不失五常之性，调畅四体，令得时气之和。故鲍邺上言，天子食饮，必顺四时，有食举乐，所以顺天地，养神明，可作十二月均，感天和气。此则殿庭月调之义也。祭祀既已分乐，临轩朝会，并用当月之律。正月悬太簇之均，乃至十二月悬大吕之均，欲感君人情性，允协阴阳之序也。

又文舞六十四人，并黑介帻，冠进贤冠，绛纱连裳，内单，皂褾、领、襈、裾、革带，乌皮履。十六人执翟。十六人执戚。十六人执旄。十六人执羽，左手皆执龠。二人执纛，引前，在舞人数外，衣冠同舞人。武舞六十四人，并服武弁，朱褠衣，革带，乌皮履。左执朱干，右执大戚，依朱干玉戚之文。二人执旌，居前，二人执鼗，二人执铎。金錞二，四人舆，二人作。二人执铙次之。二人执相，在左，二人执雅，在右，各工一人作。自旌以下夹引，并在舞人数外，衣冠同舞人。《周官》所谓"以金錞和鼓，金镯节鼓，金铙止鼓，金铎通鼓"也。又依《乐记》象德拟功，初来就位，总干而山立，思君道之难也。发扬蹈厉，威而不残也。舞乱皆坐，四海咸安也。武，始而受命，再成而定山东，三成而平蜀道，四成而北狄是通，五成而江南是拓，六成复缀，以阐太平。高祖曰："不须象功德，直象事可也。"然竟用之。近代舞出入皆作乐，谓之阶步，咸用《肆夏》。今亦依定，即《周官》所谓乐出入奏钟鼓也。又魏、晋故事，有《矛俞》、《弩俞》及朱儒导引。今据《尚书》直云干羽，《礼》文称羽龠干戚。今文舞执羽龠，武舞执干戚，其《矛俞》、《弩俞》等，盖汉高祖自汉中归，巴、俞之兵，执仗而舞也。既非正典，悉罢不用。

十四年三月，乐定。秘书监、奇章县公牛弘，秘书丞、北绛郡公姚察，通直散骑常侍、虞部侍郎许善心，兼内史舍人虞世基，仪同三司、东宫学士饶阳伯刘臻等奏曰："臣闻蒉桴土鼓，由来斯尚，雷出®地奋，著自《易经》。邈古帝王，经邦驭物，揖让而临天下者，礼乐之谓也。秦焚经典，乐书亡缺，爰至汉兴，始加鸠采，祖述增广，缉成朝宪。魏、晋相承，更加论讨，沿革之宜，备于故实。永嘉之后，九服崩离，燕、石、苻、姚，递据华土。此其戎乎，何必伊川之上，吾其左衽，无复微管之功。前言往式，于斯而尽。金陵建社，朝士南奔，帝则皇规，粲然更备，与内原隔绝，三百年于兹矣。伏惟明圣膺期，会昌在运。今南征所获梁、陈乐人，及晋、宋旗章，宛然俱至。曩代所不服者，今悉服之，前朝所未得者，今悉得之。化洽功成，于是乎在。臣等伏奉明诏，详定雅乐，博访知音，旁求儒彦，研校是非，定其去就，取为一代正乐，具在本司。"于是并撰歌辞三十首，诏并令施用，见行者皆停。其人

间音乐，流僻日久，弃其旧体者，并加禁约，务存其本。

先是高祖遣内史侍郎李元操、直内史省卢思道等，列清庙歌辞十二曲。令齐乐人曹妙达于太乐教习，以代周歌。其初迎神七言，象《元基曲》，献奠登歌六言，象《倾杯曲》，送神礼毕五言，象《行天曲》。至是弘等但改其声，合于钟律，而辞经敕定，不敢易之。至仁寿元年，炀帝初为皇太子，从飨于太庙，闻而非之。乃上言曰："清庙歌辞，文多浮丽，不足以述宣功德，请更议定。"于是制诏吏部尚书、奇章公弘，开府仪同三司、领太子洗马柳顾言，秘书丞、摄太常少卿许善心，内史舍人虞世基，礼部侍郎蔡徵等，更详故实，创制雅乐歌辞。其祠圆丘，皇帝入，至版位定，奏《昭夏》之乐，以降天神。升坛，奏《皇夏》之乐。受玉帛，登歌，奏《昭夏》之乐。皇帝降南陛，诣罍洗，洗爵讫，升坛，并奏《皇夏》。初升坛，俎入，奏《昭夏》之乐。皇帝初献，奏《诚夏》之乐。皇帝既献，作文舞之舞。皇帝饮福酒，作《需夏》之乐。皇帝反爵于坫，还本位，奏《皇夏》之乐。武舞出，作《肆夏》之乐。送神作《昭夏》之乐。就燎位，还大次，并奏《皇夏》。

圜丘：

降神，奏《昭夏》辞：

肃祭典，协良辰。具嘉荐，俟皇臻。礼方成，乐已变。感灵心，回天眷。辟华阙，下乾宫。乘精气，御祥风。望燎火，通田烛。膺介圭，受瑄玉。神之临，庆阴阴。烟衢洞，宸路深。善既福，德斯辅。流鸿祚，遍区宇。

皇帝升坛，奏《皇夏》辞：

于穆我君，昭明有融。道济区域，功格玄穹。百神警卫，万国承风，仁深德厚，信洽义丰。明发思政，勤忧在躬。鸿基惟永，福祚长隆。

登歌辞：

德深礼大，道高飨穆。就阳斯恭，陟配惟肃。血膋升气，冕裘标服。诚感清玄，信陈史祝。祗承灵贶，载膺多福。

皇帝初献，奏《诚夏》辞：

肇禋崇祀，大报尊灵。因高尽敬，扫地推诚。六宗随兆，五纬陪营。云和发韵，孤竹扬清。我粢既洁，我酌惟明。元神是鉴，百禄来成。

皇帝既献，奏文舞辞：

皇矣上帝，受命自天。睿图作极，文教遐宣。四方监观，万品陶甄。有苗斯格，无得称焉。天地之经，和乐具举。休徵咸萃，要荒式序。正位履端，秋霜春雨。

皇帝饮福酒，奏《需夏》辞：

礼以恭事，荐以飨时。载清玄酒，备洁芗萁。回旋分爵，思媚轩墀。惠均撤俎，祥降受厘。十伦以具，百福斯滋。克昌厥德，永祚鸿基。

武舞辞：

御历膺期，乘乾表则。成功戡乱，顺时经国。兵畅五材，武弘七德。憬彼遐裔，化行充塞。三道备举，二仪交泰。情发自中，义均莫大。祀敬恭肃，钟鼓繁会。万国斯欢，兆人斯赖。享兹介福，康哉元首。惠我无疆，天长地

久。

送神奏《昭夏》辞：

享序洽，祀礼施。神之驾，严将驰。奔精驱，长离耀。牲烟达，洁诚照。腾日驭，鼓电鞭。辞下土，升上玄。瞻寥廓，杳无际。澹群心，留余惠。

皇帝就燎，还大次，并奏《皇夏》，辞同上。

五郊歌辞五首：（迎送神、登歌，与圜丘同。）

青帝歌辞，奏角音：

震宫初动，木德惟仁。龙精戒旦，鸟历司春。阳光煦物，温风先导。岩处载惊，膏田已冒。牺牲丰洁，金石和声。怀柔备礼，明德惟馨。

赤帝歌辞，奏徵音：

长嬴开序，炎上为德。执礼司萌，持衡御国。重离得位，芒种在时。含樱荐实，木槿垂蕤。庆赏既行，高明可处。顺时立祭，事昭福举。

黄帝歌辞，奏宫音：

爰稼作土，顺位称坤。孕金成德，履艮为尊。黄本内色，宫实声始。万物资生，四时咸纪。灵坛汛扫，盛乐高张。威仪孔备，福履无疆。

白帝歌辞，奏商音：

西成肇节，盛德在秋。三农稍已，九谷行收。金气肃杀，商威飂戾。严风鼓茎，繁霜殒蒂。厉兵诘暴，敕法慎刑。神明降暇，国步惟宁。

黑帝歌辞，奏羽音：

玄英启候，冥陵初起。虹藏于天，雉化于水。严关重闭，星回日穷。黄钟动律，广莫生风。玄樽示本，天产惟质。恩覃外区，福流景室。

感帝奏《诚夏》辞：（迎送神、登歌，与圜丘同。）

禘祖垂典，郊天有章。以春之孟，于国之阳。苾栗惟诚，陶匏斯尚。人神接礼，明幽交畅。火灵降祚，火历载隆。蒸哉帝道，赫矣皇风。

雩祭奏《诚夏》辞：（迎送神、登歌，与圜丘同。）

朱明启候时载阳，肃若旧典延五方。嘉荐以陈盛乐奏，气序和平资灵祐。公田既雨私亦濡，人殷俗富政化敷。

蜡祭奏《诚夏》辞：（迎送神、登歌，与圜丘同。）

四方有祀，八蜡酬功。收藏既毕，榛葛送终。使之必报，祭之斯索。三时告劳，□为泽。神祇必来，鳞羽咸致。惟义之尽，惟仁之至。年成物阜，罢役息人。皇恩已洽，灵庆无垠。

朝日、夕月歌诗二首：（迎送神、登歌，与圜丘同）。

朝日奏《诚夏》辞：

扶木上朝暾，嵫山沉暮景。寒来游晷促，暑至驰辉永。时和合璧耀，俗泰重轮明。执圭尽昭事，服冕罄虔诚。

夕月奏《诚夏》辞：

澄辉烛地域，流耀镜天仪。历草随弦长，珠胎逐望亏。成形表蟾兔，窃药资王母。西郊礼既成，幽坛福惟厚。

方丘歌辞四首：（唯此四者异，余并同圜丘。）

迎神奏《昭夏》辞：

柔功畅，阴德昭。陈瘗典，盛玄郊。筐篚清，肴鬯馥。皇情虔，具僚肃。笙颂合，鼓鼗会。出桂旗，屯孔盖。敬如在，肃有承。神胥乐，庆福膺。

奠玉帛登歌：

道惟生育，器乃包藏。报功称范，殷荐有常，六瑚已馈，五齐流香。贵诚尚质，敬洽义彰。神祚惟永，帝业增昌。

皇地祇歌辞，奏《诚夏》辞：

原载垂德，昆丘主神。阴坛吉礼，北至良辰。鉴水呈洁，牲栗表纯。樽壶夕视，币玉朝陈。群望咸秩，精灵毕臻。祔流于国，祉被于人。

送神歌辞，奏《昭夏》辞：

奠既彻，献已周。倏灵驾，逝远游。洞四极，匝九县。庆方流，祉恒遍。埋玉气，掩牲芬。晰神理，显国文。

神州奏《诚夏》辞：（迎送神、登歌，与方丘同。）

四海之内，一和之壤。地曰神州，物赖生长。咸池既降，泰折斯飨。牲牷尚黑，珪玉实两。九字载宁，神功克广。

社稷歌辞四首：（迎送神、登歌，与方丘同。）

春祈社，奏《诚夏》辞：

厚地开灵，方坛崇祀。达以风露，树之松梓。勾萌既申，芟柞伊始。恭祈粢盛，载膺休祉。

春祈稷，奏《诚夏》辞：

粒食兴教，播厥有先。尊神致洁，报本惟虔。瞻榆束耒，望杏开田。方凭戬福，仁咏丰年。

秋报社，奏《诚夏》辞：

北墉申礼，单出表诚。丰牺入荐，华乐在庭。原隰既平，泉流又清。如云已望，高廪斯盈。

秋报稷，奏《诚夏》辞：

人天务急，农亦勤止。或芟或蔪，惟萱惟芑。凉风戒时，岁云秋矣。物成则报，功施必祀。

先农，奏《诚夏》辞：（迎送神、与方丘同。）

农祥晨晣，土膏初起。春原俶载，青坛致祀。敛跸长阡，回旄外壝。房俎饰荐，山罍沉滓。亲事朱弦，躬持黛秬。恭神务稑，受釐降祉。

先圣先师，奏《诚夏》辞：

经国立训，学重教先。《三坟》肇册，《五典》留篇。开凿理著，陶铸功宣。东胶西序，春诵夏弦。芳尘载仰，祀典无骞。

太庙歌辞：

迎神歌辞：

务本兴教，尊神体国。霜露感心，享祀陈则。官联式序，奔走在庭。几筵结慕，祼献惟诚。嘉乐载合，神其降止。永言保之，锡以繁祉。

登歌辞：

孝熙严祖，师象敬宗。惟皇肃事，有来邕邕。雕梁霞复，绣栭云重。观德自感，奉璋伊恭。彝罍尽饰，羽缀有容。升歌发藻，景福来从。

俎入歌辞：（郊丘、社、庙同。）

祭本用初，祀由功举。骏奔咸会，供神有序。明酌盈樽，丰牺实俎。幽金既荐，缋错维旅。享由明德，香非稷黍。载流嘉庆，克固鸿绪。

皇高祖太原府君神室歌辞：

缔基发祥，肇源兴庆。乃仁乃哲，克明克令。庸宣国图，善流人咏。开我皇业，七百同盛。

皇曾祖康王神室歌辞：

皇条俊茂，帝系灵长。丰功叠轨，厚利重光。福由善积，代以德彰。严恭尽礼，永锡无疆。

皇祖献王神室歌辞：

盛才必达，丕基增旧。涉渭同符，迁邠等构。弘风迈德，义高道富。神鉴孔昭，王猷克懋。

皇考太祖武元皇帝神室歌辞：

深仁冥著，至道潜敷。皇矣太祖，耀名天衢。翦商隆祚，奄宅隋区。有命既集，诞开灵符。

饮福酒歌辞：（郊丘、社、庙同。）

神道正直，祀事有融。肃邕备礼，庄敬在躬。羞燔已具，莫酹将终。降祥惟永，受福无穷。

送神歌辞：

飨礼具，利事成。仁亿冕，肃簪缨。金奏终，玉俎撤。尽孝敬，穷严洁。人祇分，哀乐半。降景福，凭幽赞。

元会：

皇帝出入殿庭，奏《皇夏》辞：（郊丘、社、庙同。）

深哉皇度，粹矣天仪。司陛整跸，式道先驰。八屯雾拥，七萃云披。退扬进揖，步矩行规。勾陈乍转，华盖徐移。羽旗照耀，珪组陆离。居高念下，处安思危。照临有度，纪律无亏。

皇太子出入，奏《肆夏》辞：

惟熙帝载，式固王猷。体乾建本，是曰孟侯。驰道美汉，寝门相周。德心既广，道业惟优。傅保斯导，贤才与游。瑜玉发响，画轮停辀。皇基方峻，七鬯恒休。

食举歌辞八首：

燔黍设教礼之始，五味相资火为纪。平心和德在甘旨，牢羞既陈钟石俟，以斯而御扬盛轨。

养身必敬礼食昭，时和岁阜庶物饶。盐梅既济鼎铉调，特以肤腊加臐膮，威仪济济懋皇朝。

饔人进羞乐侑作，川潜之脍云飞臛。甘酸有宜芬勺药，金敦玉豆盛交错，御鼓既奏安以乐。

玉食惟后膳必珍，芳菇既洁重秬新。是能安体又调神，荆包毕至海贡陈，用之有节德无垠。

嘉羞入馈犹化谧，沃土名滋帝台实。阳华之菜雕陵栗，鼎俎芬芳笾豆溢，通幽致远车书一。

道高物备食多方，山肤既善水鲞良。桓蒲在位簠簋张，加笾折俎烂成行，恩风下济道化光。

礼以安国仁为政，具物必陈飨牢盛。罝罘斤斧顺时令，怀生熙熙皆得性，于兹宴喜流嘉庆。

皇道四达礼乐成，临朝日举表时平。甘芳既饫醑以清，扬休玉卮正性情，隆我帝载永明明。

上寿歌辞：

俗已乂，时又良。朝玉帛，会衣裳。基同北辰久，寿共南山长。黎元鼓腹乐未央。

宴群臣登歌辞：

皇明驭历，仁深海县。载择高辰，式陈高宴。颙颙卿士，昂昂侯甸。车旗煜爚，衣缨葱蒨。乐正展悬，司宫饰殿。三揖称礼，九宾为传。圆鼎临碑，方壶在面。《鹿鸣》成曲，嘉鱼入荐。筐筥相辉，献酬交遍。饮和饱德，恩风长扇。

文舞歌辞：

天眷有属，后德惟明。君临万宇，昭事百灵。濯以江汉，树之风声。磬地必归，穷天皆至。六戎仰朔，八蛮请吏。烟云献彩，龟龙表异。缉和礼乐，燮理阴阳。功由舞见，德以歌彰。两仪同大，日月齐光。

武舞歌辞：

惟皇御宇，惟帝乘乾。五材并用，七德兼宣。平暴夷险，拯溺救燔。九域载安，兆庶斯赖。绩地之厚，补天之大。声隆有截，化覃无外。鼓钟既奋，干戚攸陈。功高德重，政谧化淳。鸿休永播，久而弥新。

大射登歌辞：

道谧金科照，时乂玉条明。优贤飨礼洽，选德射仪成。銮旗郁云动，宝轪俨天行。巾车整三乏，司裘饰五正。鸣球响高殿，华钟震广庭。乌号传昔美，淇卫著前名。揖让皆时杰，升降尽朝英。附枝观体定，杯水睹心平。丰觚既来去，燔炙旮从横。欣看礼乐盛，喜遇黄河清。

《凯乐》歌辞三首：

述帝德：

于穆我后，睿哲钦明。膺天之命，载育群生。开元创历，迈德垂声。朝宗万宇，祗事百灵。焕乎皇道，昭哉帝则。惠政滂流，仁风四塞。淮海来宾，江湖背德。运筹必胜，濯征斯克。八荒卷念，四表云塞。雄图盛略，迈后光前。寰区已泰，福祚方延。长歌凯乐，天子万年。

述诸军用命：

帝德远覃，天维宏布。功高云天，声隆《韶》《护》。惟彼海隅，未从王度。皇赫斯怒，元戎启路。桓桓猛将，赳赳英谟。攻如燎发，战似摧枯。救兹涂炭，克彼妖逋。尘清两越，气静三吴。鲸鲵已夷，封疆载辟。班马萧萧，归旌弈弈。云台表效，司勋纪绩。业并山河，道固金石。

述天下太平：

阪泉轩德，丹浦尧勋。始实以武，终乃以文。嘉乐圣主，大哉为君。出师命将，廓定重氛。书轨既并，干戈是戢。弘风设教，政成人立。礼乐聿兴，衣裳载缉。风云自美，嘉祥爰集。皇皇圣政，穆穆神猷。牢笼虞夏，度越姬刘。日月比曜，天地同休。永清四海，长帝九州。

皇后房内歌辞：

至顺垂典，正内弘风。母仪万国，训范六宫。求贤启化，进善宣功。家邦载序，道业斯融。

大业元年，炀帝又诏修高庙乐，曰："古先哲王，经国成务，莫不因人心而制礼，则天明而作乐。昔汉氏诸庙别所，乐亦不同，至于光武之后，始立共堂之制。魏文承运，初营庙寝，太祖一室，独为别宫。自兹之后，兵车交争，制作规模，日不暇给。伏惟高祖文皇帝，功侔造物，道济生灵，享荐宜殊，乐舞须别。今若月祭时飨，既与诸祖共庭，至于舞功，独于一室，交违礼意，未合人情。其详议以闻。"有司未及陈奏，帝又以礼乐之事，总付秘书监柳顾言、少府副监何稠、著作郎诸葛颍、秘书郎袁庆隆等，增多开皇乐器，大益乐员，郊庙乐悬，并令新制。顾言等后亲，帝复难于改作，其议竟寝。诸郊庙歌辞，亦并依旧制，唯新造《高祖庙歌》九首。今亡。又遣秘书省学士定殿前乐工歌十四首，终大业世，每举用焉。帝又诏博访知钟律歌管者，皆追之。时有曹已立、裴文通、唐罗汉、常宝金等，虽知操弄，雅郑莫分，然总付太常，详令删定。议修一百四曲，其五曲在宫调，黄钟也；一曲应调，大吕也；二十五曲商调，太簇也；十四曲角调，姑洗也；一十三曲变徵调，蕤宾也；八曲徵调，林钟也；二十五曲羽调，南吕也；一十三曲变宫调，应钟也。其曲大抵以诗为本，参以古调，渐欲播之弦歌，被之金石。仍属戎车，不遑刊正，礼乐之事，竟无成功焉。

自汉至梁、陈乐工，其大数不相逾越。及周并齐，隋并陈，各得其乐工，多为编户。至六年，帝乃大括魏、齐、周、陈乐人子弟，悉配太常，并于关中为坊置之，其数益多前代。顾言等又奏，仙都宫内，四时祭享，还用太庙之乐，歌功论德，别制其辞。七庙同院，乐依旧式。又造飨宴殿庭宫悬乐器，布陈簨簴，大抵同前，而于四隅各加二建鼓、三案。又设十二镈，镈别714钟磬二架，各依辰位为调，合三十六架。至于音律节奏，皆依雅曲，意在演令繁会，自梁武帝之始开，开皇时，废不用，至是又复焉。高祖时，宫悬乐器，唯有一部，殿庭飨宴用之。平陈所获，又有二部，宗庙郊丘分用之。至是并于乐府藏而不用。更造三部：五郊二十架，工一百四十三人。庙庭二十架，工一百五十人。飨宴二十架，工一百七人。舞郎各二等，并一百三十二人。

顾言又增房内乐，益其钟磬，奏议曰："房内乐者，主为王后弦歌讽诵而事君子，故以房室为名。燕礼乡饮酒礼，亦取而用也。故云：'用之乡人焉，用之邦国焉。'文王之风，由近及远，乡乐以感人，须存雅正。既不设钟鼓，义无四悬，何以取正于妇道矣。《磬师职》云：'燕乐之钟磬。'郑玄曰：'燕乐，房内乐也，所谓阴声，金石备矣。'以此而论，房内之乐，非独弦歌，必有钟磬也。《内宰职》云：'正后服位，诏其礼乐之仪。'郑玄云：'荐撤之礼，当与乐相应。'荐撤之言，虽施祭祀，其入出宾客，理亦宜同。请以歌钟歌磬，各设二虡，土革丝竹并副之，并升歌下管，总名房内之乐。女奴肄习，朝燕用之。"制曰："可。"于是内宫悬二十虡。其镈钟十二，皆以大磬充。去建鼓，余饰并与殿庭同。

皇太子轩悬，去南面，设三镈钟于辰丑申，三建鼓亦如之。编钟三虡，编磬三虡，共三镈钟为九虡。其登歌减者二人。簨虡金三博山。乐器应漆者朱漆之。其二舞用六佾。

其雅乐鼓吹，多依开皇之故。雅乐合二十器，今列之如左：

金之属二：一曰镈钟，每钟悬一簨虡，各应律吕之音，即黄帝所命伶伦铸十二钟，和五音者也。二曰编钟，小钟也，各应律吕，大小以次，编而悬之。上下皆八，合十六钟，悬于一簨虡。

石之属一：曰磬，用玉若石为之，悬如编钟之法。

丝之属四：一曰琴，神农制为五弦，周文王加二弦为七者也。二曰瑟，二十七弦，伏牺所作者也。三曰筑，十二弦。四曰筝，十三弦，所谓秦声，蒙恬所作者也。

竹之属三：一曰箫，十六管，长二尺，舜所造者也。二曰篪，长尺四寸，八孔，苏公所作者也。三曰笛，凡十二孔，汉武帝时丘仲所作者也。京房备五音，有七孔，以应七声。黄钟之笛，长二尺八寸四分四厘有奇，其余亦上下相次，以为长短。

匏之属二：一曰笙，二曰竽，并女娲之所作也。笙列管十九，于匏内施簧而吹之。竽大，三十六管。

土之属一：曰埙，六孔，暴辛公之所作者也。

革之属五：一曰建鼓，夏后氏加四足，谓之足鼓。殷人柱贯之，谓之楹鼓。周人悬之，谓之悬鼓。近代相承，植而贯之，谓之建鼓。盖殷所作也。又栖翔鹭于其上，不知何代所加。或曰，鹄也，取其声扬而远闻。或曰，鹭，鼓精也。越王勾践击大鼓于雷门以厌吴。晋时移于建康，有双鹭晓鼓而飞入云。或曰，皆非也。《诗》云："振振鹭，鹭于飞。鼓咽咽，醉言归。"古之君子，悲周道之衰，颂声之辍，饰鼓以鹭，存其风流。未知孰是。灵鼓、灵鼗，并八面。雷鼓、雷鼗，六面。路鼓、路鼗，四面。鼓以桴击，鼗贯其中而手摇之。又有节鼓，不知谁所造也。

木之属二：一曰柷，如桶，方二尺八寸，中有椎柄，连底动之，令左右击，以节乐。二曰敔，如伏兽，背有二十七钼铻，以竹长尺，横栎之，以止乐焉。

簨虡，所以悬钟磬，横曰簨，饰以鳞属，植曰虡，饰以蠃及羽属。簨加木板于上，谓之业。殷人刻其上为崇牙，以挂悬。周人画缯为筶，戴之以璧，垂五采羽于其下，树于簨虡之角。近代又加金博山于簨上，垂流苏，以合采羽。五代相因，同用之。

始开皇初定令，置《七部乐》：一曰《国伎》，二曰《清商伎》，三曰《高丽伎》，四曰《天竺伎》，五曰《安国伎》，六曰《龟兹伎》，七曰《文康伎》。又杂有疏勒、扶南、康国、百济、突厥、新罗、倭国等伎。其后牛弘请存《鞞》、《铎》、《巾》、《拂》等四舞，与新伎并陈。因称："四舞，按汉、魏以来，并施于宴飨。《鞞舞》，汉巴、渝舞也。至章帝造《鞞舞辞》云'关东有贤女'，魏明代汉曲云'明明魏皇帝'。《铎舞》，博玄代魏辞云'振铎鸣金'，成公绥赋云'《鞞》《铎》舞庭，八音并陈'是也。《拂舞》者，沈约《宋志》云：'吴舞，吴人思晋化。'其辞本云'白符鸠'是也。《巾舞》者，《公莫舞》也。伏滔云：'项庄因舞，欲剑高祖，项伯纡长袖以扞其锋，魏、晋传为舞焉。'检此虽非正乐，亦前代旧声。故梁武报沈约云：'《鞞》、《铎》、《巾》、《拂》，古之遗风。'杨泓云：'此舞本二八人，桓玄即真，为八佾。后因而不改。'齐人王僧虔已论其事。平陈所得者，犹充八佾，于悬内继二舞后作之，为失斯大。检四舞由来，其实久矣。请并在宴会，与杂伎同设，于西凉前奏之。"帝曰："其声音节奏及舞，悉宜依旧。惟舞人不须捉鞞拂等。"及大业中，炀帝乃定《清乐》、《西凉》、《龟兹》、《天竺》、《康国》、《疏勒》、

《安国》、《高丽》、《礼毕》，以为《九部》。乐器工衣创造既成，大备于兹矣。

《清乐》其始即《清商三调》是也，并汉来旧曲。乐器形制，并歌章古辞，与魏三祖所作者，皆被于史籍。属晋朝迁播，夷羯窃据，其音分散。苻永固平张氏，始于凉州得之。宋武平关中，因而入南，不复存于内地。及平陈后获之。高祖听之，善其节奏，曰："此华夏正声也。昔因永嘉，流于江外，我受天明命，今复会同。虽赏逐时迁，而古致犹在。可以此为本，微更损益，去其哀怨，考而补之。以新定律吕，更造乐器。"其歌曲有《阳伴》，舞曲有《明君》、《并契》。其乐器有钟、磬、琴、瑟、击琴、琵琶、箜篌、筑、筝、节鼓、笙、笛、箫、篪、埙等十五种，为一部。工二十五人。

《西凉》者，起苻氏之末，吕光、沮渠蒙逊等，据有凉州，变龟兹声为之，号为秦汉伎。魏太武既平河西得之，谓之《西凉乐》。至魏、周之际，遂谓之《国伎》。今曲项琵琶、竖头箜篌之徒，并出自西域，非华夏旧器。《杨泽新声》、《神白马》之类，生于胡戎。胡戎歌非汉魏遗曲，故其乐器声调，悉与书史不同。其歌曲有《永世乐》，解曲有《万世丰》舞，曲有《于阗佛曲》。其乐器有钟、磬、弹筝、搊筝、卧箜篌、竖箜篌、琵琶、五弦、笙、箫、大筚篥、长笛、小筚篥、横笛、腰鼓、齐鼓、檐鼓、铜拔、贝等十九种，为一部。工二十七人。

《龟兹》者，起自吕光灭龟兹，因得其声。吕氏亡，其乐分散，后魏平中原，复获之。其声后多变易。至隋有《西国龟兹》、《齐朝龟兹》、《土龟兹》等，凡三部。开皇中，其器大盛于闾闬。时有曹妙达、王长通、李士衡、郭金乐、安进贵等，皆妙绝弦管，新声奇变，朝改暮易，持其音技，估炫公王之间，举时争相慕尚。高祖病之，谓群臣曰："闻公等皆好新变，所奏无复正声，此不祥之大也。自家形国，化成人风，勿谓天下方然，公家家自有风俗矣。存亡善恶，莫不系之。乐感人深，事资和雅，公等对亲宾宴饮，宜奏正声；声不正，何可使儿女闻也！"帝虽有此敕，而竟不能救焉。炀帝不解音律，略不关怀。后大制艳篇，辞极淫绮。令乐正白明达造新声，创《万岁乐》、《藏钩乐》、《七夕相逢乐》、《投壶乐》、《舞席同心髻》、《玉女行觞》、《神仙留客》、《掷砖续命》、《斗鸡子》、《斗百草》、《泛龙舟》、《还旧宫》、《长乐花》及《十二时》等曲，掩抑摧藏，哀音断绝。帝悦之无已，谓幸臣曰："多弹曲者，如人多读书。读书多则能撰书，弹曲多即能造曲。此理之然也。"因语明达云："齐氏偏隅，曹妙达犹自封王。我今天下大同，欲贵汝，宜自修谨。"六年，高昌献《圣明乐》曲，帝令知音者于馆所听之，归而肄习。及客方献，先于前奏之，胡夷皆惊焉。其歌曲有《善善摩尼》，解曲有《婆伽儿》，舞曲有《小天》，又有《疏勒盐》。其乐器有竖箜篌、琵琶、五弦、笛、箫、筚篥、毛员鼓、都昙鼓、答腊鼓、腰鼓、羯鼓、鸡娄鼓、铜拔、贝等十五种，为一部。工二十人。

《天竺》者，起自张重华据有凉州，重四译来贡男伎，《天竺》即其乐焉。歌曲有《沙石疆》，舞曲有《天曲》。乐器有凤首箜篌、琵琶、五弦、笛、铜鼓、毛员鼓、都昙鼓、铜拔、贝等九种，为一部。工十二人。

《康国》，起自周武帝娉北狄为后，得其所获西戎伎，因其声。歌曲有《戢殿农和正》，舞曲有《贺兰钵鼻始》、《末奚波地》、《农惠钵鼻始》、《前拔地惠地》等四曲。乐器有笛、正鼓、加鼓、铜拔等四种，为一部。工七人。

《疏勒》、《安国》、《高丽》，并起自后魏平冯氏及通西域，因得其伎。后渐繁会其声，以别于太乐。

《疏勒》，歌曲有《亢利死让乐》，舞曲有《远服》，解曲有《盐曲》。乐器有竖箜篌、琵琶、五弦、笛、箫、筚篥、答腊鼓、腰鼓、羯鼓、鸡娄鼓等十种，为一部，工十二人。

《安国》，歌曲有《附萨单时》，舞曲有《末奚》，解曲有《居和祗》。乐器有箜篌、琵琶、五弦、笛、箫、筚篥、双筚篥、正鼓、和鼓、铜拔等十种，为一部。工十二人。

《高丽》，歌曲有《芝栖》，舞曲有《歌芝栖》。乐器有弹筝、卧箜篌、竖箜篌、琵琶、五弦、笛、笙、箫、小筚篥、桃皮筚篥、腰鼓、齐鼓、檐鼓、贝等十四种，为一部。工十八人。

《礼毕》者，本出自晋太尉庾亮家。亮卒，其伎追思亮，因假为其面，执翳以舞，象其容，取其谥以号之，谓之为《文康乐》。每奏九部乐终则陈之，故以礼毕为名。其行曲有《单交路》，舞曲有《散花》。乐器有笛、笙、箫、篪、铃槃、鞞、腰鼓等七种，三悬为一部。工二十二人。

始齐武平中，有鱼龙烂漫、俳优、朱儒、山车、巨象、拔井、种瓜、杀马、剥驴等，奇怪异端，百有余物，名为百戏。周时，郑译有宠于宣帝，奏征齐散乐人，并会京师为之。盖秦角抵之流者也。开皇初，并放遣之。及大业二年，突厥染干来朝，炀帝欲夸之，总追四方散乐，大集东都。初于芳华苑积翠池侧，帝帷宫女观之。有舍利先来，戏于场内，须臾跳跃，激水满衢，鼋鼍龟鳖，水人虫鱼，遍覆于地。又有大鲸鱼，喷雾翳日，倏忽化成黄龙，长七八丈，耸踊而出，名曰《黄龙变》。又以绳系两柱，相去十丈，遣二倡女对舞绳上，相逢切肩而过，歌舞不辍。又为夏育扛鼎，取车轮石臼大瓮器等，各于掌上而跳弄之。并二人戴竿，其上有舞，忽然腾透而换易之。又有神鳌负山，幻人吐火，千变万化，旷古莫俦。染干大骇之。自是皆于太常教习。每岁正月，万国来朝，留至十五日，于端门外，建国门内，绵亘八里，列为戏场。百官起棚夹路，从昏达旦，以纵观之。至晦而罢。伎人皆衣锦绣缯彩。其歌舞者，多为妇人服，鸣环佩，饰以花毦者，殆三万人。初课京兆、河南制此衣服，而两京缯锦，为之中虚。三年，驾幸榆林，突厥启民朝于行宫，帝又设以示之。六年，诸夷大献方物。突厥启民以下，皆国主亲来朝贺。乃于天津街盛陈百戏，自海内凡有奇伎，无不总萃。崇侈器玩，盛饰衣服，皆用珠翠金银，锦罽缔绣。其营费钜亿万。关西以安德王雄总之，东都以齐王暕总之，金石匏革之声，闻数十里外。弹弦摘管以上，一万八千人。大列炬火，光烛天地，百戏之盛，振古无比。自是每年以为常焉。

故事，天子有事于太庙，备法驾，陈羽葆，以入于次。

礼毕升车，而鼓吹并作。开皇十七年诏曰："昔五帝异乐，三王殊礼，皆随事而有损益，因情而立节文。仰惟祭享宗庙，瞻敬如在，罔极之感，情深兹日。而礼毕升路，鼓吹发音，还入宫门，金石振响。斯则哀乐同日，心事相违，情所不安，理实未允。宜改兹往式，用弘礼教。自今以后，享庙日不须设鼓吹，殿庭勿设乐悬。在庙内及诸祭，并依旧。其王公已下，祭私庙日，不得作音乐。"

至大业中，炀帝制宴飨设鼓吹，依梁为十二案。案别有錞于、钲、铎、军乐鼓吹等一部。案下皆熊罴貙豹，腾倚承之，以象百兽之舞。其大驾鼓吹，并朱漆画。大驾鼓吹、小鼓加金镯、羽葆鼓、铙鼓、节鼓，皆五采重盖，其羽葆鼓，仍饰以羽葆。长鸣、中鸣、大小横吹，五采衣幡，绯掌，画交龙，五采脚。大角幡亦如之。大鼓、长鸣、大横吹、节鼓及横吹后笛、箫、筚篥、笳、桃皮筚篥等工人服，皆绯地茞文为袍袴及帽。金钲、枹鼓，其钲鼓皆加八角紫伞。小鼓、中鸣、小横吹及横吹后笛、箫、筚篥、笳、桃皮筚篥等工人服，并青地茞文袍袴及帽。羽葆鼓、铙及歌、箫、笳工人服，并武弁，朱褠衣，革带。大角工人，平巾帻，绯衫，白布大口袴。其鼓吹督帅服，与大角同。以下准督帅服，亦如之。

枹鼓一曲，十二变，（与金钲同）。夜警用一曲俱尽。次奏大鼓。大鼓，一十五曲供大驾，一十二曲供皇太子，一十曲供王公等。小鼓，九曲供大驾，三曲供皇太子及王公等。

长鸣色角，一百二十具供大驾，三十六具供皇太子，十八具供王公等。

次鸣色角，一百二十具供大驾，十二具供皇太子，一十具供王公等。

大角，第一曲起捉马，第二曲被马，第三曲骑马，第四曲行，第五曲入阵，第六曲收军，第七曲下营。皆以三通为一曲。其辞并本之鲜卑。

铙鼓，十二曲供大驾，六曲供皇太子，三曲供王公等。其乐器有鼓，并歌、箫、笳。

大横吹，二十九曲供大驾，九曲供皇太子，七曲供王公。其乐器有角、节鼓、笛、箫、筚篥、笳、桃皮筚篥。

小横吹，十二曲供大驾，夜警则十二曲俱用。其乐器有角、笛、箫、筚篥、笳、桃皮筚篥。

卷十六　　志第十一

律历上

自夫有天地焉，有人物焉，树司牧以君临，悬政教而成务，莫不拟乾坤之大象，禀中和以建极，揆影响之幽赜，成律吕之精微。是用范围百度，财成万品。昔者淳古茫昧，创睹人籁之源，女娲笙簧，仍昭凤律之首。后圣广业，稽古弥崇，伶伦含少，乃擅比竹之工，虞舜昭华，方传刻玉之美。是以《书》称："叶时月正日，同律度量衡。"又曰："予欲闻六律、五声、八音、七始咏，以出纳五言。"此皆候金常而列管，凭璇玑以运钧，统三极之元，纪七衡之响，可以作乐崇德，殷荐上帝。故能动天地，感鬼神，和人心，移风俗，考得失，征成败者也。粤在夏、商，无闻改作。其于《周礼》，曲同则"掌六律六同之和，以辨天地四方阴阳之声，以为乐器。"景王铸钟，问律于泠州鸠，对曰："夫律者，所以立钧出度。"钧有五，则权衡规矩准绳咸备。故《诗》曰："尹氏太师，执国之钧，天子是禅，俾众不迷"是也。太史公《律书》云："王者制事立物，法度轨则，一禀于六律，为万事之本。其于兵械，尤所重焉。故云：'望敌知吉凶，闻声效胜负。'百王不易之道也。"

及秦氏灭学，其道浸微。汉室初兴，丞相张苍，首言音律，未能审备。孝武帝创置协律之官，司马迁言律吕相生之次详矣。及王莽之际，考论音律，刘歆条奏，班固因志之。蔡邕又记建武以后言律吕者，司马绍统采而续之。炎历将终，而天下大乱，乐工散亡，器法湮灭。魏武始获杜夔，使定音律，夔依当时尺度，权备典章。及晋武受命，遵而不革。至泰始十年，光禄大夫荀勖，奏造新度，更铸律吕。元康中，勖子藩复嗣其事。未及成功，属永嘉之乱，中朝典章，咸没于石勒。及帝南迁，皇度草昧，礼容乐器，扫地皆尽。虽稍加采掇，而多所沦胥，终于恭、安，竟不能备。宋钱乐之衍京房六十律，更增为三百六十，梁博士沈重，述其名数。后魏、周、齐，时有论者。今依班志，编录五代声律度量，以志于篇云。

《汉志》言律，一曰备数，二曰和声，三曰审度，四曰嘉量，五曰衡权。自魏、晋已降，代有沿革。今列其增损之要云。

备数

五数者，一、十、百、千、万也。《传》曰："物生而后有象，滋而后有数。"是以言律者，云数起于建子，黄钟之律，始一，而每辰三之，历九辰至酉，得一万九千六百八十三，而五数备成，以为律法。又参之，终亥，凡历十二辰，得十有七万七千一百四十七，而辰数该矣，以为律积。以成法除该积，得九寸，即黄钟宫律之长也。此则数因律起，律以数成，故可历管万事，综核气象。其算用竹，广二分，长三寸，正策三廉，积二百一十六枚，成六觚，乾之策也。负策四廉，积一百四十四枚，成方，坤之策也。觚方皆经十二，天地之大数也。是故探赜索隐，钩深致远，莫不用焉。一、十、百、千、万，所同由也。律、度、量、衡、历、率，其别用也。故体有长短，检之以度，则不失毫厘；物有多少，受之以器，则不失圭撮；量有轻重，平之以权衡，则不失黍丝；声有清浊，协之以律吕，则不失宫商；三光运行，纪以历数，则不差晷刻；事物糅见，御之以率，则不乖其本。故幽隐之情，精微之变，可得而综也。

夫所谓率者，有九流焉：一曰方田，以御田畴界域。二曰粟米，以御交质变易。三曰衰分，以御贵贱廪税。四曰少广，以御积幂方圆。五曰商功，以御功程积实。六曰均输，以御远近劳费。七曰盈朒，以御隐杂互见。八曰方程，以御错糅正负。九曰勾股，以御高深广远。皆乘以散之，除以聚之，齐同以通之，今有以贯之。则算数之方，尽于斯矣。

古之九数，圆周率三，圆径率一，其术疏舛。自刘歆、张衡、刘徽、王蕃、皮延宗之徒，各设新率，未臻折衷。宋末，南徐州从事史祖冲之，更开密法，以圆径一亿为一丈，圆周盈数三丈一尺四寸一分五厘九毫二秒七忽，朒数三丈一尺四寸一分五厘九毫二秒六忽，正数在盈朒二限之间。密率，圆径一百一十三，圆周三百五十五。约率，圆径七，周二十二。又设开差幂，开差立，兼以正圆参之。指要精密，算氏之最者也。所著之书，名为《缀术》，学官莫能究其深奥，是故废而不理。

和声

传称黄帝命伶伦断竹，长三寸九分，而吹以为黄钟之宫，曰含少。次制十二管，以听凤鸣，以别十二律，比雌雄之声，以分律吕。上下相生，因黄钟为始。《虞书》云："叶时月正日，同律度量衡。"夏禹受命，以声为律，以身为度。《周礼》，乐器以十二律为之度数。司马迁《律书》云："黄钟长八寸七分之一，太簇长七寸七分二，林钟长五寸七分三，应钟长四寸三分二。"此乐之三始，十二律之本末也。班固、司马彪《律志》："黄钟长九寸，声最浊；太簇长八寸；林钟长六寸；应钟长四寸七分四厘强，声最清。"郑玄《礼·月令注》、蔡邕《月令章句》及杜夔、荀勖等所论，虽尺有增损，而十二律之寸数并同。《汉志》京房又以隔八相生，一始自黄钟，终于中吕，十二律毕矣。中吕上生黄钟，不满九寸，谓之执始，下生去灭。上下相生，终于南事，更增四十八律，以为六十。其依行在辰，上生包育，隔九编于冬至之后。分焉、迟内，其数遂减应钟之清。宋元嘉中，太史钱乐之因京房南事之余，引而伸之，更为三百律，终于安运，长四寸四分有奇。总合旧为三百六十律。日当一管，宫徵旋韵，各以次从。何承天《立法制议》云："上下相生，三分损益其一，盖是古人简易之法。犹如古历周天三百六十五度四分之一，后人改制，皆不同焉。而京房不悟，谬为六十。"承天更设新率，则从中吕还得黄钟，十二旋宫，声韵无失。黄钟长九寸，太簇长八寸二厘，林钟长六寸一厘，应钟长四寸七分九厘强。其中吕上生所益之分，还得十七万七千一百四十七，复十二辰参之数。

梁初，因晋、宋及齐，无所改制。其后武帝作《钟律纬》，论前代得失。其略云：

案律吕，京、马、郑、蔡，至蕤宾，并上生大吕；而班固《律历志》，至蕤宾，仍以次下生。若从班义，夹钟唯长三寸七分有奇。律若过促，则夹钟之声成一调，中吕复去调半，是过于无调。仲春孟夏，正相长养，其气舒缓，不容短促。求声索实，班义为乖。郑玄又以阴阳六位，次第相生。若如玄义，阴阳相逐生者，止是升阳，其降阳复将何寄？就筮数而论，乾主甲壬而左行，坤主乙癸而右行，故阴阳得有升降之义。阴阳从行者，真性也，六位升降者，象数也。今郑乃执象数以配真性，故言比而理穷。云九六相生，了不释十二气所以相通，郑之不思，亦已明矣。

案京房六十，准依法推，乃自无差。但律吕所得，或五或六，此一不例也。而分焉上生，乃复迟内上生盛变，盛变仍复上生分居，此二不例也。房妙尽阴阳，其当有以，若非深理难求，便是传者不习。

比敕详求，莫能辨正。聊以余日，试推其旨，参校旧器，及古夹钟玉律，更制新尺，以证分毫，制为四器，名之为通。四器弦间九尺，临岳高一寸二分。黄钟之弦二百七十丝，长九尺，以次三分损益其一，以生十二律之弦丝数及弦长。各以律本所建之月，五行生王，终始之音，相次之理，为其名义，名之为通。通施三弦，传推月气，悉无差舛。即以夹钟玉律命之，则还相中。

又制为十二笛，以写通声。其夹钟笛十二调，以饮玉律，又不差异。山谦之《记》云："殿前三钟，悉是周景王所铸铸无射也。"遣乐官以今无射新笛饮，不相中。以夷则笛饮，则声韵合和。端门外钟，亦案其铭题，定皆夷则。其西厢一钟，天监中移度东。以今笛饮，乃中南吕。验其镌刻，乃是太簇，则下今笛二调。重敕太乐丞斯宣达，令更推校，钟定有凿处，表里皆然。借访旧识，乃是宋泰始中，使张永凿之，去铜既多，故其调啴下。以推求钟律，便可得而见也。宋武平中原，使军将陈倾致三钟，小大中各一。则今之太极殿前二钟，端门外一钟是也。案西钟铭则云"清庙撞钟"，秦无清庙，此周铜明矣。又一铭云"太簇钟徵"，则林钟宫所施也。京房推用，似有由也。检题既无秦、汉年代，直云夷则、太簇，则非秦、汉明矣。古人性质，故作僮仆字，则题而言，弥验非近。且夫验声改政，则五音六律，非可差舛。工守其音，儒执其文，历年永久，隔而不通。无论乐奏，求之多缺，假使具存，亦不可用。周颂汉歌，各叙功德，岂容复施后王，以滥名实？今率详论，以言所见，并诏百司，以求厥中。

未及改制，遇侯景乱。陈氏制度，亦无改作。

西魏废帝元年，周文摄政。又诏尚书苏绰详正音律。绰时得宋尺，以定诸管，草创未就，会闵帝受禅，政由冢宰，方有齐寇，事竟不行。后掘太仓，得古玉斗，按以造律及衡，其事又多湮没。

至开皇初，诏太常牛弘议定律吕。于是博征学者，序论其法，又未能决。遇平江右，得陈氏律管十有二枚，并以付弘。遣晓音律者陈山阳太守毛爽及太乐令蔡子元、于普明等，以候节气，作《律谱》。时爽年老，以白衣见高祖，授淮州刺史，辞不赴官。因遣协律郎祖孝孙就其受法。弘又取此管，吹而定声。既天下一统，异代器物，皆集乐府，晓音律者，颇议考核，以定钟律。更造乐器，以被《皇夏》十四曲，高祖与朝贤听之，曰："此声滔滔和雅，令人舒缓。"

然万物人事，非五行不生，非五行不成，非五行不灭。故五音用火尺，其事火重。用金尺则兵，用木尺则丧，用土尺则乱，用水尺则律吕合调，天下和平。魏及周、齐，贪布帛长度，故用土尺。今此乐声，是用水尺。江东尺短于土，长于水。俗间不知者，见玉作，名为玉尺，见铁作，名为铁尺。诏施用水尺律乐，其前代金石，并铸毁之，以息物议。

至仁寿四年，刘焯上启于东宫，论张胄玄历，兼论律吕。其大旨曰："乐主于音，音定于律，音不以律，不可克谐，度律均钟，于是乎在。但律终小吕，数复黄钟，旧计未精，终不复始。故汉代京房，妄为六十，而宋代钱乐之更为三百六十。考礼诠次，岂有得然，化未移风，将恐由此。匪直长短失于其差，亦自管围乖于其数。又尺寸意定，莫能详考，既乱管弦，亦舛度量。焯皆校定，庶有明发。"其黄钟管六十三为实，以次每律减三分，以七为寸法。约之，得黄钟长九寸，太簇长八寸一分四厘，林钟长六寸，应钟长四寸二分八厘七分之四。其年，高祖崩，炀帝初登，未遑改作，事遂寝废。其书亦亡。大业二年，乃诏改用梁表律调钟磬八音之器，比之前代，最为合古。其制度文议，并毛爽旧律，并在江都沦丧。

律管围容黍

《汉志》云："黄钟围九分，林钟围六分，太簇围八分。"《续志》及郑玄并云："十二律空，皆径三分，围九分。"后魏安丰王依班固《志》，林钟空围六分，及太簇空围八分，作律吹之，不合黄钟商徵之声。皆空围九分，乃与均钟器合。开皇九年平陈后，牛弘、辛彦之、郑译、何妥等，参考古律度，各依时代，制其黄钟之管，俱径三分，长九寸。度有损益，故声有高下；圆径长短，与度而差，故容黍不同。今列其数云。

晋前尺黄钟容黍八百八粒。

梁法尺黄钟容八百二十八。

梁表尺黄钟三：其一容九百二十五，其一容九百一十，其一容一千一百二十。

汉官尺黄钟容九百三十九。

古银错题黄钟龠容一千二百。

宋氏尺，即铁尺，黄钟凡二：其一容一千二百，其一容一千四十七。

后魏前尺黄钟容一千一百一十五。

后周玉尺黄钟容一千二百六十七。

后魏中尺黄钟容一千五百五十五。

后魏后尺黄钟容一千八百一十九。

东魏尺黄钟容二千八百六十九。

万宝常水尺律母黄钟容一千三百二十。

梁表、铁尺律黄钟副别者，其长短及口空之围径并同，而容黍或多或少，皆是作者旁庀其腹，使有盈虚。

候气

后齐神武霸府田曹参军信都芳，深有巧思，能以管候气，仰观云色。尝与人对语，即指天曰："孟春之气至矣。"人往验管，而飞灰已应。每月所候，言皆无爽。又为轮扇二十四，埋地中，以测二十四气。每一气感，则一扇自动，他扇并住，与管灰相应，若符契焉。

开皇九年平陈后，高祖遣毛爽及蔡子元、于普明等，以候节气。依古，于三重密屋之内，以木为案，十有二具。每取律吕之管，随十二辰位，置于案上，而以土埋之，上平于地，中实葭莩之灰，以轻缇素覆律口。每其月气至，与律冥符，则灰飞冲素，散出于外。而气应有早晚，灰飞有多少，或初入月其气即应；或至中下旬间，气始应者；或灰飞出，三五夜而尽；或终一月，才飞少许者。高祖异之，以问牛弘。弘对曰："灰飞半出为和气，吹灰全出为猛气，吹灰不能出为衰气。和气应者其政平，猛气应者其臣纵，衰气应者其君暴。"高祖驳之曰："臣纵君暴，其政不平，非月别而有异也。今十二月律，于一岁内应并不同。安得暴君纵臣，若斯之甚也？"弘不能对。令爽等草定其法。爽因稽诸故实，以著于篇，名曰《律谱》。其略云：

臣爽按，黄帝遣伶伦氏取竹于嶰谷，听凤阿阁之下，始造十二律焉。乃致天地气应，是则数之始也。阳管为律，阴管为吕，其气以候四时，其数以纪万物。云隶首作数，盖律之本也。夫一、十、百、千、万、亿、兆者，引而申焉，历度量衡，出其中矣。故有虞氏用律和声，邹衍改之，以定五始。正朔服色，亦由斯而别也。夏正则人，殷正则地，周正则天。孔子曰："吾得夏时焉。"谓得气数之要矣。

汉初兴也，而张苍定律，乃推五胜之法，以为水德。实因战国官失其守，后秦灭学，其道浸微，苍补缀之，未获详究。及孝武创制，乃置协律之官，用李延年以为都尉，颇解新声变曲，未达音律之源，故其服色不得而定也。至于元帝，自晓音律，郎官京房，亦达其妙，因使韦玄成等杂试问房。房自叙云："学焦延寿，用六十律相生之法。以上生下，皆三生二，以下生上，皆三生四。阳下生阴，阴上生阳，乃还相为宫之正法也。"于后刘歆典领条奏，著其始末，理渐研精。班氏《汉志》，尽歆所出也，司马彪《志》，并房所出也。

至于后汉，尺度稍长。魏代杜夔，亦制律吕，以之候气，灰悉不飞。晋光禄大夫荀勖，得古铜管，校夔所制，长古四分，方知不调，事由其误。乃依《周礼》，更造古尺，用之定管，声韵始调。

左晋之后，渐又讹谬。至梁武帝时，犹有汲冢玉律，宋苍梧时，钻为横吹，然其长短厚薄，大体具存。臣先入栖诚，学算于祖暅，问律于何承天，沉研三纪，颇达其妙。后为太常丞，典司乐职，乃取玉管及宋太史尺，并以闻奏。诏付大匠，依样制管。自斯以后，律又飞灰。侯景之乱，臣兄喜于太乐得之。后陈宣帝诣荆州为质，俄遇梁元帝败，喜没于周。适欲上闻，陈武帝立，遂又以十二管衍为六十律，私候气序，并有征应。至太建时，喜为吏部尚书，欲以闻奏。会宣帝崩，后主嗣立，出喜为永嘉内史，遂留家内，贻诸子孙。陈亡之际，竟并遗失。

今正十二管在太乐者，阳下生阴，始于黄钟，阴上生阳，终于中吕，而一岁之气，毕于此矣。中吕上生执始，执始下生去灭，终于南事。六十律候，毕于此矣。仲冬之月，律中黄钟。黄钟者，首于冬至，阳之始也。应天之数而长九寸，十一月气至，则黄钟之律应，所以宣养六气，缉和九德。自此之后，并用京房律准，长短宫徵，次日而用。凡十二律，各有所摄，引而申之，至于六十。亦由八卦衍而重之，以为六十四也。相生者相变。始黄钟之管，下生林钟，以阳生阴，故变也。相摄者相通。如中吕之管，摄于物应，以母权子。故相变者，异时而各应，相通者，同月而继应。应有早晚者，非正律气，乃子律相感，寄母中应也。

其律，大业末于江都沦丧。

律直日

宋钱乐之因京房南事之余，更生三百律。至梁博士沈重《钟律议》曰："《易》以三百六十策当期之日，此律历之数也。《淮南子》云：'一律而生五音，十二律而为六十音，因而六之，故三百六十音，以当一岁之日。律历之数，天地之道也。'此则自古而然矣。"重乃依《淮南》本数，用京房之术求之，得三百六十也。各因月之本律，以为一部。以一部律数为母，以一中气所有日为子，以母命子，随所多少，各一律所建日辰分数也。以之分配七音，则建日冬至之声，黄钟为宫，太簇为商，林钟为徵，南吕为羽，姑洗为角，应钟为变宫，蕤宾为变徵。五音七声，于斯和备。其次日建律，皆依次类运行。当日者各自为宫，而商徵亦以次从。以考声徵气，辨识时序，万类所宜，各顺其节。自黄钟终于壮进，一百五十律，皆三分损一以下生。自依行终于亿兆，二百九律，皆三分益一以上生。唯安运一律为终，不生。其数皆取黄钟之实十七万七千一百四十七为本，以九三为法，各除其实，得寸分及小分，余皆委之。即各其律之长也。修其律部，则上生下生宫徵之次也。今略其名次云。

黄钟：

　　包育　含微　帝德　广运　下济　克终　执始　握鉴　持枢　黄中　通圣　潜升　殷普　景盛　滋萌　光被　咸亨　乃文　乃圣　微阳　分动　生气　云繁　郁湮　升引　屯结　开元　质未　僾昧　逋建　玄中　玉烛　调风

右黄钟一部，三十四律。(每律直三十四分日之三十一)

大吕：

　　荄动　始赞　大有　坤元　辅时　匡弼　分否　又繁　唯微　弃望　庶几　执义　秉强　陵阴　侣阳　识沈　缊熙　知道　适时　权变　少出　阿衡　同云　承明　善述　休光

右大吕一部，二十七律。(每律直一日及二十七分日之三)

太簇：

　　未知　其已　义建　亭毒　条风　凑始　时息　达生　飽奏　初角　少阳　柔枝　商音　屈齐　扶弱　承齐　动植　咸摆　兼山　止速　随期　龙跃　勾芒　调序　青要　结萼　延敷　刑晋　辨秩　东作　赞扬　显滞　傲落

右太簇一部，三十四律。

夹钟：

　　明庶　协侣　阴赞　风从　布政　万化　开时　震德　乘条　芬芳　散朗　淑气　风驰　佚喜　棠党　四隙　种生　恣性　逍遥　仁威　争南　旭旦　晨朝　生遂　群分　洁新

右夹钟一部，二十七律。

姑洗：

　　南授　怀来　考神　方显　携角　洗陈　变虞　摇颖　嘉气　始升　卿云　媚岭　疏道　路时　日旅　实沈　炎风　首节　柔条　方结　刑始　方齐　物华　革蕙　茂实　登明　壮进(下生安运)　依行(上生包育)　少选　道从　朱戬　扬庭　含贞

右姑洗一部，三十四律。

中吕：

　　朱明　启运　景风　初缓　羽物　斯奋　南中　离春　率农　有程　南讹　敬致　相趣　内贞　朱草　含辉　屈轶　曜畦　巳气　清和　物应　戒兟　荒落　贞桼　天庭　祚周

右中吕一部，二十七律。

蕤宾：

　　南事(京房终律)　谧静　则选　布尊　满赢　潜动　盛变　宾安　怀远　声暨　轨同　海水　息疹　离躬　安壮　崇明　远眺　升中　凤翥　朝阳　制时　瑞通　鹑火　爻次　高焰　其煌

右蕤宾一部，二十七律。

林钟：

　　谦侍　崇德　循道　方壮　阴升　靡靥　去灭　华销　朋庆　云布　均任　仰成　宽中　安度　德均　无塞　礼溢　智深　任肃　纯恪　归嘉　美音　温风　候节　冀华　绣岭　物无　否与　景口　曜井　日焕　重轮　财华

右林钟一部，三十四律。

夷则：

　　升商　清爽　气精　阴德　白藏　御叙　鲜刑　贞克　金天　刘狝　会道　归仁　阴侣　去南　阳消　柔辛　延乙　和庚　靡卉　蓂晋　分积　孔修　九德　咸蓏　金惟　俾乂

右夷则一部，二十七律。

南吕：

　　白吕　捐秀　敦实　素风　劲物　酉稔　结躬　肥遁　赢中　晟阴　抗节　威远　有截　归期　中德　王兽　允塞　蓐收　搏噬　摇落　未印　质随　分满　道心　贞坚　蓄止　归藏　夷汩　均义　悦使　亡劳　九有　光贲

右南吕一部，三十四律。

无射：

　　思冲　怀谦　恭俭　休老　恤农　销祥　闭奄　降娄　藏邃　日在　旋春　阖藏　明奎　邻齐　轨众　大蓄　啬敛　下济　息肩　无边　期保　延年　秋深　野

色　玄月　澄天
　　右无射一部，二十七律。
应钟：
　　分焉　祖微　据始　功成　乂定　静谧　迟内　无
　为　而乂　姑射　凝晦　动寂　应徵　未育　万机
　　　　万寿　无疆　地久　天长　修复　迟时　方制
　　　　无休　九野　八荒　亿兆　安运
　　右应钟一部，二十八律。
　　　　审度
《史记》曰："夏禹以身为度，以声为律。"《礼记》曰："丈夫布手为尺。"《周官》云："璧羡起度。"郑司农云："羡，长也。此璧径尺，以起度量。"《易纬通卦验》："十马尾为一分。"《淮南子》云："秋分而禾蔚定，蔚定而禾熟。律数十二蔚而当一粟，十二粟而当一寸。"蔚者，禾穗芒也。《说苑》云："度量权衡以粟生，一粟为一分。"《孙子算术》云："蚕所生吐丝为忽，十忽为秒，十秒为毫，十毫为厘，十厘为分。"此皆起度之源，其文舛互。唯《汉志》："度者，所以度长短也，本起黄钟之长。以子谷秬黍中者，一黍之广度之，九十黍为黄钟之长。一黍为一分，十分为一寸，十寸为一尺，十尺为一丈，十丈为一引，而五度审矣。"后之作者，又凭此说，以律度量衡，并因秬黍散为诸法，其率可通故也。黍有大小之差，年有丰耗之异，前代量校，每有不同，又俗传讹替，渐致增损。今略诸代尺度一十五等，并异同之说如左。

一、周尺
《汉志》王莽时刘歆铜斛尺。
后汉建武铜尺。
晋泰始十年荀勖律尺，为晋前尺。
祖冲之所传铜尺。
徐广、徐爰、王隐等《晋书》云："武帝泰始九年，中书监荀勖校太乐八音，不和，始知为后汉至魏，尺长于古四分有余。勖乃部著作郎刘恭，依《周礼》制尺，所谓古尺也。依古尺更铸铜律吕，以调声韵。以尺量古器，举本铭尺寸无差。又汲郡盗发魏襄王冢，得古周时玉律及钟磬，与新律声韵暗同。于时郡国或得汉时故钟，吹新律命之，皆应。"梁武《钟律纬》云："祖冲之所传铜尺，其铭曰：'晋泰始十年，中书考古器，揆校今尺，长四分半。所校古法有七品：一曰姑洗玉律，二曰小吕玉律，三曰西京铜望臬，四曰金错望臬，五曰铜斛，六曰古钱，七曰建武铜尺。姑洗微强，西京望臬微弱，其余与此同。'（铭八十二字）此尺者，勖新尺也。今尺者，杜夔尺也。雷次宗、何胤之二人作《钟律图》，所载荀勖校量古尺文，与此铭同。而萧吉《乐谱》，谓为梁朝所考七品，谬也。今以此尺为本，以校诸代尺"云。

二、晋田父玉尺
梁法尺，实比晋前尺一尺七厘。
《世说》称，有田父于野地中得周时玉尺，便是天下正尺。荀勖试以校尺，所造金石丝竹，皆短校一米。梁武帝《钟律纬称》，主衣从上相承，有周时铜尺一枚，古玉律八枚。检主衣周尺，东昏用为章信，尺不复存。玉律一

口箫，余定七枚夹钟，有昔题刻。乃制为尺，以相参验。取细毫中黍，积次䂮定，今之最为详密，长祖冲之尺校半分。以新尺制为四器，名为通。又依新尺为笛，以命古钟，按刻夷则，以笛命饮和韵，夷则定合。案此两尺长短近同。

三、梁表尺　实比晋前尺一尺二分二厘一毫有奇。
萧吉云："出于《司马法》。梁朝刻其度于影表，以测影。"案此即奉朝请祖暅所算造铜圭影表者也。经陈灭入朝。大业中，议以合古，乃用之调律，以制钟磬等八音乐器。

四、汉官尺　实比晋前尺一尺三分七毫。
晋时始平掘地得古铜尺。
萧吉《乐谱》云："汉章帝时，零陵文学史奚景于泠道县舜庙下得玉律，度为此尺。"傅畅《晋诸公赞》云："荀勖造钟律，时人并称其精密，唯陈留阮咸，讥其声高。后始平掘地，得古铜尺，岁久欲腐，以校荀勖今尺，短校四分。时人以咸为解。"此两尺长短近同。

五、魏尺　杜夔所用调律，比晋前尺一尺四分七厘。
魏陈留王景元四年，刘徽注《九章》云，王莽时刘歆斛尺，弱于今尺四分五厘，比魏尺，其斛深九寸五分五厘。即晋荀勖所云"杜夔尺长于今尺四分半"是也。

六、晋后尺　实比晋前尺一尺六分二厘。
萧吉云，晋氏江东所用。

七、后魏前尺　实比晋前尺一尺二寸七厘。

八、中尺　实比晋前尺一尺二寸一分一厘。

九、后尺　实比晋前尺一尺二寸八分一厘。（即开皇官尺及后周市尺）
后周市尺，比玉尺一尺九分三厘。
开皇官尺，即铁尺，一尺二寸。
此后魏初及东西分国，后周未用玉尺之前，杂用此等尺。
甄鸾《算术》云："周朝市尺，得玉尺九分二厘。"或传梁时有志公道人作此尺，寄入周朝；云与多须老翁。周太祖及隋高祖，各自以为谓己。周朝人间行用。及开皇初，著令以为官尺，百司用之，终于仁寿。大业中，人间或私用之。

十、东后魏尺　实比晋前尺一尺五寸八毫。
此是魏中尉元延明累尺用半周之广为尺，齐朝因而用之。魏收《魏史·律历志》云："公孙崇永平中更造新尺，以一黍之长，累为寸法。寻太常卿刘芳受诏修乐，以秬黍中者一黍之广，即为一分。而中尉元匡，以一黍之广度黍二缝，以取一分。三家纷竞，久不能决。大和十九年高祖诏，以一黍之广，用成分体，九十之黍，黄钟之长，以定铜尺。有司奏从前诏，而芳尺同高祖所制，故遂典修金石。迄武定未有论律者。"

十一、蔡邕铜龠尺
后周玉尺，实比晋前尺一尺一寸五分八厘。
从上相承，有铜龠一，以银错题，其铭曰："龠，黄钟之宫，长九寸，空围九分，容秬黍一千二百粒，称重十二铢，两之为一合。三分损益，转生十二律。"祖孝孙

云:"相承传是蔡邕铜龠。"

后周武帝保定中,诏遣大宗伯卢景宣、上党公长孙绍远、岐国公斛斯徵等,累黍造尺,从横不定。后因修仓掘地,得古玉斗,以为正器,据斗造律度量衡。因用此尺,大赦,改元天和,百司行用,终于大象之末。其律黄钟,与蔡邕古龠同。

十二、宋氏尺　实比晋前尺一尺六分四厘。

钱乐之浑天仪尺。

后周铁尺。

开皇初调钟律尺及平陈后调钟律水尺。

此宋代人间所用尺,传入齐、梁、陈,以制乐律。与晋后尺及梁时俗尺、刘曜浑天仪尺,略相依近。当由人间恒用,增损讹替之所致也。周建德六年平齐后,即以此同律度量,颁于天下。其后宣帝时,达奚震与牛弘等议曰:

窃惟权衡度量,经邦懋轨,诚须详求故实,考校得衷。谨寻今之铁尺,是太祖遣尚书故苏绰所造,当时检勘,用为前周之尺。验其长短,与宋尺符同,即以调钟律,并用均田度地。今以上党羊头山黍,依《汉书·律历志》度之。若以大者稠累,依数满尺,实于黄钟之律,须撼乃容。若以中者累尺,虽复小稀,实于黄钟之律,不动而满。计此二事之殊,良由消息未善,其于铁尺,终有一会。且上党之黍,有异他乡,其色至乌,其形圆重,用之为量,定不徒然。正以时有水旱之差,地有肥瘠之异,取黍大小,未必得中。案许慎解,秬黍体大,本异于常。疑今之大者,正是其中,累百满尺,即是会古。宾龠之外,才剩十余,此恐classroom径或差,造律未妙。就如撼动取满,论理亦通。今勘周汉古钱,大小有合,宋氏浑仪,尺度无舛。又依《淮南》,累粟十二成寸。明先王制法,索隐钩深,以律计分,义无差异。《汉书·食货志》云:"黄金方寸,其重一斤。"今铸金校验,铁尺为近。依文据理,符义处多。且平齐之始,已用宣布,今因而为定,弥合时宜。至于玉尺累黍,以广为长,累既有剩,实复不满。寻访古今,恐不可用。其晋、梁尺量,过为短小,以黍实管,弥复不容,据律调声,必致高急。且八音克谐,明王盛范,同律度量,哲后通规。臣等详校前经,斟量时事,谓用铁尺,于理为便。未及详定,高祖受终,牛弘、辛彦之、郑译、何妥等,久议不决。既平陈,上以江东乐为善,曰:"此华夏旧声,虽随俗改变,大体犹是古法。"祖孝孙云:"平陈后,废周玉尺律,便用此铁尺律,以一尺二寸即为市尺。"

十三、开皇十年万宝常所造律吕水尺　实比晋前尺一尺一寸八分六厘。

今太乐库及内出铜律一部,是万宝常所造,名水尺律。说称其黄钟律当铁尺南吕倍声。南吕,黄钟羽也,故谓之水尺律。

十四、杂尺　赵刘曜浑天仪土圭尺,长于梁法尺四分三厘,实比晋前尺一尺五分。

十五、梁朝俗间尺　长于梁法尺六分三厘、于刘曜浑仪尺二分,实比晋前尺一尺七分一厘。梁武《钟律纬》云:

"宋武平中原,送浑天仪土圭,云是张衡所作。验浑仪铭题,是光初四年铸,土圭是光初八年作。并是刘曜所制,非张衡也。制以为尺,长今新尺四分三厘,短俗间尺二分。"新尺谓梁法尺也。

嘉量

《周礼》,桌氏"为量,𪔀深尺,内方尺而圆其外,其实一𪔀;其臀一寸,其实一豆;其耳三寸,其实一升。重一钧。其声中黄钟。概而不税。其铭曰:"时文思索,允臻其极。嘉量既成,以观四国。永启厥后,兹器维则。"《春秋左氏传》曰:"齐旧四量,豆、区、𪔀、钟。四升曰豆,各自其四,以登于𪔀。"六斗四升也。"𪔀十则钟",六十四斗也。郑玄以为方尺积千寸,比九章粟米法少二升八十一分升之二十二。祖冲之以算术考之,积凡一千五百六十二寸半。方尺而圆其外,减傍一厘八毫,其径一尺四寸一分四毫七秒二忽有奇而深尺,即古斛之制也。《九章商功法》程粟一斛,积二千七百寸。米一斛,积一千六百二十寸。菽荅麻麦一斛,积二千四百三十寸。此据精粗为率,使价齐而不等。其器之积寸也,以米斛为正,则同于《汉志》。《孙子算术》曰:六粟为圭,十圭为秒,十秒为撮,十撮为勺,十勺为合。"应劭曰:"圭者自然之形,阴阳之始。四圭为撮。"孟康曰:"六十四黍为圭。"《汉志》曰:"量者,龠、合、升、斗、斛也,所以量多少也。本起于黄钟之龠。用度数审其容,以子谷秬黍中者千有二百实其龠,以井水准其概。十龠为合,十合为升,十升为斗,十斗为斛,而五量嘉矣。其法用铜,方尺而圆其外,旁有庣焉。其上为斛,其下为斗,左耳为升,右耳为合、龠。其状似爵,以縻爵禄。上三下二,参天两地。圆而函方,左一右二,阴阳之象也。圆象规,其重二钧,备气物之数,各万有一千五百二十也。声中黄钟,始于黄钟而反覆焉。"其斛铭曰:"律嘉量斛,方尺而圆其外,庣旁九厘五毫,幂百六十二寸,深尺,积一千六百二十寸,容十斗。"祖冲之以圆率考之,此斛当径一尺四寸三分六厘一毫九秒二忽,庣旁一分九毫有奇。刘歆庣旁少一厘四毫有奇,歆数术不精之所致也。

魏陈留王景元四年,刘徽注《九章商功》曰:"当今大司农斛圆径一尺三寸五分五厘,深一尺,积一千四百四十一寸十分之三。王莽铜斛于今尺为深九寸五分五厘,径一尺三寸六分八厘七毫。以徽术计之,于今斛为容九斗七升四合有奇。"此魏斛大而尺长,王莽斛小而尺短也。

梁、陈依古。齐以古升五升为一斗。

后周武帝"保定元年辛巳五月,晋国造仓,获古玉斗。暨五年乙酉冬十月,诏改制铜律度,遂致中和。累黍积龠,同兹玉量,与衡度无差。准为铜升,用颁天下。内径七寸一分,深二寸八分,重七斤八两。天和二年丁亥,正月癸酉朔,十五日戊子校定,移地官府为式。"此铜升之铭也。其玉升铭曰:"维大周保定元年,岁在重光,月旅蕤宾,晋国之有司,修缮仓廪,获古玉升,形制典正,若古之嘉量。太师晋国公以闻,敕纳于天府。暨五年岁在协洽,皇帝乃诏稽准绳,考灰律,不失圭撮,不差累黍。遂熔金写之,用颁天下,以合太平权衡度量。"今若以数计之,玉升积玉尺一百一十寸八分有奇，斛积一千一百八十五分七厘三毫九秒。又甄鸾《算术》云："玉升一升，得官斗一升三合四勺。"此玉升大而官斗小也。以数计之，甄鸾所据后周官斗，积玉尺九十七寸有奇，斛积九百七十七寸有奇。后周玉斗并副金错铜斗及建德六年金错题铜斗，实同以秬黍定量。以玉称权之，一升之实，皆重六斤十三两。

开皇以古斗三升为一升。大业初，依复古斗。

衡权

衡者，平也；权者，重也。衡所以任权而钧物平轻重也。其道如底，以见准之正，绳之直。左旋见规，右折见矩。其在天也，佐助璇玑，斟酌建指，以齐七政，故曰玉衡。权者，铢、两、斤、钧、石也，以称物平施，知轻重也。古有黍、絫、锤、锱、镮、钩、锊、镒之目，历代差变，其详未闻。《前志》曰：权本起于黄钟之重。一龠容千二百黍，重十二铢。两之为两，二十四铢为两。十六两为斤。三十斤为钧。四钧为石。五权谨矣。其制以义立之，以物钧之。其余大小之差，以轻重为宜。圜而环之，令之肉倍好者，周旋亡端，终而复始，亡穷已也。权与物钧而生衡，衡运生规，规圆生矩，矩方生绳，绳直生准。准正则衡平而钧权矣。是为五则，备于钧器，以为大范。案《赵书》，石勒十八年七月，造建德殿，得圆石，状如水碓。其铭曰："律权石，重四钧，同律度量衡。有辛氏造。"续咸议是王莽时物。后魏景明中，并州人王显达献古铜权一枚，上铭八十一字。其铭云："律权石，重四钧。"又云："黄帝初祖，德币于虞。虞帝始祖，德币于新。岁在大梁，龙集戊辰。戊辰直定，天命有人。据土德，受正号即真。改正建丑，长寿隆崇。同律度量衡，稽当前人。龙在己巳，岁次实沈，初班天下，万国永遵。子子孙孙，享传亿年。"此亦王莽所制也。其时太乐令公孙崇依《汉志》先修称尺，及见此权，以新称称之，重一百二十斤。新称与权，合若符契。于是付崇调乐。孝文时，一依《汉志》作斗尺。

梁、陈依古称。齐以古称一斤八两为一斤。周玉称四两，当古称四两半。开皇以古称三斤为一斤，大业中，依复古秤。

卷十七　　　　志第十二

律　历　中

夫历者，纪阴阳之通变，极往数以知来，可以迎日授时，先天成务者也。然则悬象著明，莫大于二曜，气序环复，无信于四时。日月相推而明生矣，寒暑迭进而岁成焉，遂能成天地之文，极乾坤之变。天数五，地数五，五位相乘而各有合。天数二十有五，地数三十，凡天地之数五十有五，所以成变化而行鬼神也。乾之策二百一十有六，坤之策一百四十有四，凡三百六十，以当期之日也。至乃阴阳迭用。刚柔相摩，四象既陈，八卦成列，此乃造文之元始，创历之厥初者欤？洎乎炎帝分八节，轩辕建五部，少昊以凤鸟司历，颛顼以南正司天，陶唐则分命和仲，夏后乃备陈《鸿范》，汤武革命，咸率旧章。然文质既殊，正朔斯革，故天子置日官，诸侯有日御，以和万国，以协三辰。至于寒暑晦明之征，阴阳生杀之数，启闭升降之纪，消息盈虚之节，皆应躔次而不淫，遂得该浃生灵，堪舆天地，开物成务，致远钩深。周德既衰，史官废职，畴人分散，机祥莫理。秦兼天下，颇推五胜，自以获水德之瑞，以十月为正。汉氏初兴，多所未暇，百有余载，犹行秦历。至于孝武，改用夏正。时有古历六家，学者疑其纰缪，刘向父子，咸加讨论，班固因之，采以为志。光武中兴，未能详考。逮于永平之末，乃复改行四分，七十余年，仪式方备。其后复命刘洪、蔡邕，共修律历，司马彪用之以续《班史》。当涂受命，亦有史官，韩翊创之于前，杨伟继之于后，咸遵刘洪之术，未及洪之深妙。中、左两晋，迭有增损。至于西凉，亦以蔀法，事迹纠纷，未能详记。宋氏元嘉，何承天造历，迄于齐末，相仍用之。梁武初兴，因循齐旧，天监中年，方改行宋祖冲之《甲子元历》。陈武受禅，亦无创改。后齐文宣，用宋景业历。西魏入关，行李业兴历。逮于周武帝，乃有甄鸾造《甲寅元历》，遂参用推步焉。大象之初，太史上士马显，又上《丙寅元历》，便即行用。迄于开皇四年，乃改用张宾历，十七年，复行张胄玄历，至于义宁。今采梁天监以来五代损益之要，以著于篇云。

梁初因齐，用宋《元嘉历》。天监三年下诏定历，员外散骑侍郎祖暅奏曰："臣先在晋已来，世居此职。仰寻黄帝至今十二代，历元不同，周天、斗分，疏密亦异，当代用之，各垂一法。宋大明中，臣先人考古法，以为正历，垂之于后，事皆符验，不可改张。"八年，暅又上疏论之。诏使太史令将匠道秀等，候新旧二历气朔、交会及七曜行度，起八年十一月，讫九年七月，新历密，旧历疏。暅乃奏称："史官今所用何承天历，稍与天乖，纬绪参差，不可承案。被诏付灵台，与新历对课疏密，前期百日，并又再申。始自去冬，终于今朔，得失之效，并已月别启闻。夫七曜运行，理数深妙，一失其源，则岁积弥爽。所上脱可施用，宜在来正。"至九年正月，用祖冲之所造《甲子元历》颁朔。至大同十年，制诏更造新历，以甲子为元，六百一十九为章岁，一千五百三十六为日法，一百八十三年冬至差一度，月朔以迟疾定其小余，有三大二小。未及施用而遭侯景乱，遂寝。

陈氏因梁，亦用祖冲之历，更无所创改。后齐文宣受禅，命散骑侍郎宋景业协图谶，造《天保历》。景业奏："依《握诚图》及《元命包》，言齐受录之期，当魏终之纪，得乘三十五以为蔀，应六百七十六以为章。"文宣大悦，乃施用之。期历统曰："上元甲子，至天保元年庚午，积十一万五百二十六算外，章岁六百七十六，度法二万三千六百六十，斗分五千七百八十七，历余十六万二千二百六十一。"至后主武平七年，董峻、郑元伟立议非之曰："宋景业移闰于天正，退命于冬至交会之际，承二大之后，三月之交，妄减平分。臣案，景业学非探赜，识殊深解，有心改作，多依旧章，唯写子换母，颇有变革，妄诞穿凿，不会真理。乃使日之所在，差至八度，节气后天，闰先一月。朔望亏食，既未能知其表里，迟疾之历步，又不可以傍通。妄设平分，虚退冬至，虚退则日数减于周年，平分妄设，故加时差于异日。五星见伏，有违二旬，迟疾逆留，或乖两宿。轨筹之术，妄刻水旱。今上《甲寅元历》，并以六百五十七为章，二万二千三百三十八为蔀，五千四百六十一为斗分，甲寅岁甲子日为元纪。"又有广平人刘孝孙、张孟宾二人，同知历事。孟宾受业于张子信，并弃旧事，更制新法。又有赵道严，准晷影之长短，定日行之进退，更造盈缩，以求亏食之期。刘孝孙以六百一十九为章，八千四十七为纪，一千九百六十六为岁余，甲子为上元，命日度起虚中。张孟宾以六百一十九为章，四万八千九百为一纪，九百四十八为日法，万四千九百四十五为斗分。元纪共命，法略旨远。日月五星，并从斗十一起。盈缩转度，阴阳分至，与漏刻相符，共日影俱合，循转无穷。上拒春秋，下尽天统，日月亏食及五星所在，以二人新法考之，无有不合。其年，讫干敬礼及历家豫刻日食疏密。六月戊申朔，太阳亏，刘孝孙言食于卯时，张孟宾言食于甲时，郑元伟、董峻言食于辰时，宋景业言食于巳时。至日食，乃于卯甲之间，其言皆不能中。争论未定，遂属国亡。

西魏入关，尚行李业兴《正光历》法。至周明帝武成元年，始诏有司造周历。于是露门学士明克让、麟趾学士庾季才及诸日者，采祖暅旧议，通简南北之术。自斯已后，颇觉其谬，故周、齐并时，而历差一日。克让儒者，不处日官，以其书下于太史。及武帝时，甄鸾造《天和历》。上元甲寅至天和元年丙戌，积八十七万五千七百九十二算外，章岁三百九十一，蔀法二万三千四百六十，日法二十九万一百六十，朔实十五万三千九百九十一，斗分五千七百三十一，会余九千三百五十一六，历余一十六万八百三十，冬至斗十五度，参用推步。终于宣政元年。大象元年，太史上士马显等，又上《丙寅元历》，抗表奏曰：

臣案九章五纪之旨，三统四分之说，咸以节宣发敛，考详晷纬，布政授时，以为皇极者也。而乾维难测，斗宪易差，盈缩之期致舛，咎征之道斯应。宁止蛇或乘龙，水能沴火，因亦玉羊掩曜，金鸡丧精。王化关以盛衰，有国由其隆替，历之时义，于斯为重。自炎汉已还，迄于有魏，运经四代，事涉千年，日御天官，不乏于世，命元班朔，互有沿改。验近则叠璧应辰，经远则连珠失次，义难循旧，其在兹乎？大周受图膺箓，牢笼万古，时夏乘殷，斟酌前代，历变壬子，元用甲寅。高祖武皇帝索隐探赜，尽性穷理，以为此历虽行，未臻其妙，爰降诏旨，博访时贤，并敕太史上士马显等，更事刊定，务得其宜。然术艺之士，各封异见，凡所上历，合有八家，精粗踳驳，未能尽善。去年冬，孝宣皇帝乃诏臣等，监考疏密，更令同造。谨案史曹旧簿及诸家法数，弃短取长，共定今术。开元发统，肇自丙寅，至于两曜亏食，五星伏见，参

校积时，最为精密。庶铁炭轻重，无失寒燠之宜，灰箭飞浮，不爽阴阳之度。上元丙寅至大象元年己亥，积四万一千五百五十四算上。日法五万三千五百六十三，亦名蔀会法。章岁四百四十八，斗分三千一百六十七，蔀法一万二千九百九十二。章中为章会法。日法五万三千五百六十三，历余二万九千六百九十三，会日百七十三，会余一万六千六百一十九，冬至日在斗十二度。小周余、盈缩积，其历术别推入蔀会，分用阳率四百九十九，阴率九。每十二月下各有日月蚀转分，推步加减之，乃为定蚀大小余，而求加时之正。

其术施行。时高祖作辅，方行禅代之事，欲以符命曜于天下。道士张宾，揣知上意，自云玄相，洞晓星历，因盛言有代谢之征，又称上仪表非人臣相。由是大被知遇，恒在幕府。及受禅之初，擢宾为华州刺史，使与仪同刘晖、骠骑将军董琳、索卢县公刘祐、前太史上士马显、太学博士郑元伟、前保章上士任悦、开府掾张彻、前荡边将军张膺之、校书郎衡洪建、太史监候粟相、太史司历郭翟、刘宜、兼算学博士张乾叙、门下参人王君瑞、荀隆伯等，议造新历，仍令太常卿卢贲监之。宾等依何承天法，微加增损，四年二月撰成奏上。高祖下诏曰："张宾等存心算数，通洽古今，每有陈闻，多所启沃。毕功表奏，具已披览。使后月复育，不出前晦之宵，前月之余，罕留后朔之旦。减榜就橛，悬殊旧准。月行表里，厥途乃异，日交弗食，由循阳道。验时转算，不越纤毫，逖德前修，斯秘未启。有一于此，实为精密，宜颁天下，依法施用。"

张宾所造历法，其要：

以上元甲子已来，至开皇四年岁在甲辰，积四百一十二万九千一，算上。

蔀法，一十万二千九百六十。

章岁，四百二十九。

章月，五千三百六。

通月，五百三十七万二千二百九。

日法，一十八万一千九百二十。

斗分，二万五千六十三。

会月，一千二百九十七。

会率，二百二十一。

会数，一百一十半。

会分，一十一亿八千七百二十五万八千一百八十九。

会日法，四千二十万四千三百二十。

会日，百七十三。

余，五万六千一百四十三。

小分，一百一十。

交法，五亿一千二百一十万四千八百。

交分法，二千八百一十五。

阴阳历，一十三。

余，十一万二百六十三。

小分，二千三百二十八。

朔差，二。

余，五万七千九百二十一。

小分，九百七十四。

蚀限，一十二。

余，八万一千三百三。

小分，四百三十三半。

定差，四万四千五百四十八。

周日，二十七。

余，一十万八百五十九。（亦名少大法）

木精曰岁星，合率四千一百六万三千八百八十九。

火精曰荧惑，合率八千二百二十九万七千九百二十六。

土精曰镇星，合率三千八百九十二万五千四百一十三。

金精曰太白，合率六千一十一万九千六百五十五。

水精曰辰星，合率一千一百九十三万一千一百二十五。

张宾所创之历既行，刘孝孙与冀州秀才刘焯，并称其失，言学无师法，刻食不中，所驳凡有六条：其一云，何承天不知分闰之有失，而用十九年之七闰。其二云，宾等不解宿度之差改，而冬至之日守常度。其三云，连珠合璧，七曜须同，乃以五星别元。其四云，宾等唯知日气余分恰尽而为立元之法，不知日月不合，不成朔旦冬至。其五云，宾等但守立元定法，不须明有进退。其六云，宾等唯识转加大余二十九以为朔，不解取日月合会准以为定。此六事微妙，历数大纲，圣贤之通术，而晖未晓此，实管窥之谓也。若乃验影定气，何氏所优，宾等推测，去之弥远。合朔顺天，何氏所劣，宾等依据，循彼迷踪。盖是失其菁华，得其糠粃者也。又云，魏明帝时，有尚书郎杨伟，修《景初历》，乃上表立义，驳难前非，云："加时后天，食不在朔。"然观杨伟之意，故以食朔为真，未能详之而制其法。至宋元嘉中，何承天著历，其上表云："月行不定，或有迟疾，合朔月食，不在朔望，亦非历之意也。"然承天本意，欲立合朔之术，遭皮延宗饰非致难，故事不得行。至后魏献帝时，有龙宜弟复修延兴之历，又上表云："日食不在朔，而习之不废，据《春秋》书食，乃天之验朔也。"此三人者，前代善历，皆有其意，未正其书。但历数所重，唯在朔气。朔为朝会之首，气为生长之端，朔有告饩之文，气有郊迎之典，故孔子命历而定朔旦冬至，以为将来之范。今孝孙历法，并按明文，以月行迟疾定其合朔，欲令食必在朔，不在晦、二之日也。纵使频月一小、三大，得天之统。大抵其法有三，今列之云。

第一，勘日食证恒在朔。

引《诗》云："十月之交，朔日辛卯，日有食之。"今以甲子元历术推算，符合不差。《春秋经》书日食三十五。二十七日食，经书有朔，推与甲子元历不差。八食，经书并无朔字。《左氏传》云："不书朔，官失之也。"《公羊传》云："不言朔者，食二日也。"《谷梁传》云："不言朔者，食晦也。"今以甲子元历推算，俱是朔日。丘明受经夫子，于理尤详，《公羊》、《谷梁》皆臆说也。

《春秋左氏》隐公三年二月己巳，日有食之。（推合己巳朔）

庄公十八年春三月，日有食之。（推合壬子朔）

僖公十二年三月庚午，日有食之。（推合庚午朔）

十五年夏五月，日有食之。（推合癸未朔）

襄公十五年秋八月丁巳，日有食之。（推合丁巳朔）

前、后汉及魏、晋四代所记日食，朔、晦及先晦，都合一百八十一，今以甲子元历术推之，并合朔日而食。

前汉合有四十五食。（三食并先晦一日，三十二食并皆晦日，十食并是朔日）

后汉合有七十四食。（三十七食并皆晦日，三十七食并皆朔日）

魏合有十四食。（四食并皆晦日，十食并皆朔日）

晋合有四十八食。（二十五食并皆晦日，二十三食并皆朔日）

第二，勘度差变验。

《尚书》云："日短星昴，以正仲冬。"即是唐尧之时，冬至之日，日在危宿，合昏之时，昴正南午。案《竹书纪年》，尧元年丙子。今以甲子元历术推算得合尧时冬至之日，合昏之时，昴星正午。《汉书》武帝太初元年丁丑岁，落下闳等考定太初历冬至之日，日在牵牛初。今以甲子元历术算，即得斗末牛初矣。晋时有姜岌，又以月食验于日度，知冬至之日日在斗十七度。宋文帝元嘉十年癸酉岁，何承天考验乾度，亦知冬至之日在斗十七度。虽言冬至后上三日，前后通融，只合在斗十七度。但尧年汉日，所在既殊，唯晋及宋，所在未改，故知其度，理有变差。至今大隋甲辰之岁，考定历数象，以稽天道，知冬至之日日在斗十三度。

第三，勘气影长验。

《春秋纬命历序》云："鲁僖公五年正月壬子朔旦冬至。"今以甲子元历术推算，得合不差。《宋书》元嘉十年，何承天以土圭测影，知冬至已差三日。诏使付外考验，起元嘉十三年为始，毕元嘉二十年，八年之中，冬至之日恒与影长之日差校三日。今以甲子元历术推算，但是冬至之日恒与影长之符合不差。详之如左：

十三年丙子，

天正十八日历注冬至，

十五日影长，

即是今历冬至日。

十四年丁丑，

天正二十九日历注冬至，

二十六日影长，

即是今历冬至日。

十五年戊寅，

天正十一日历注冬至，

阴，无影可验，

今历八日冬至。

十六年己卯，

天正二十一日历注冬至，

十八日影长，

即是今历冬至日。

十七年庚辰，

天正二日历注冬至，

十月二十九日影长,
即是今历冬至日。
十八年辛巳,
天正十三日历注冬至,
十日影长,
即是今历冬至日。
十九年壬午,
天正二十九日历注冬至,
阴,无影可验,
今历二十二日冬至。
二十年癸未,
天正六日历注冬至,
三日影长,
即是今历冬至日。

于时新历初颁,宾有宠于高祖,刘晖附会之,被升为太史令。二人协议,共短孝孙,言其非毁天历,率意迂怪,焯又妄相扶证,惑乱时人。孝孙、焯等,竟以他事斥罢。后宾死,孝孙为掖县丞,委官入京,又上,前为为刘晖所诘,事寝不行。仍留孝孙直太史,累年不调,寓宿观台。乃抱其书,弟子舆榇,来诣阙下,伏而恸哭。执法拘以奏之,高祖异焉,以问国子祭酒何妥。妥言其善,即日擢授大都督,遣与宾历比校短长。先是信都人张胄玄,以算术直太史,久未知名。至是与孝孙共短宾历,异论锋起,久之不定。至十四年七月,上令参问日食事。杨素等奏:"太史凡奏日食二十有五,唯一晦三朔,依克而食,尚不得其时,又不知所起,他皆无验。胄玄所克,前后妙衷,时起分数,合如符契。孝孙所克,验亦过半。"于是高祖引孝孙、胄玄等,亲自劳徕。孝孙因请先斩刘晖,乃可定历。高祖不怿,又罢之。俄而孝孙卒,杨素、牛弘等伤惜之,又荐胄玄。上召见之,胄玄因言日长影短之事,高祖大悦,赏赐甚厚,令与参定新术。刘焯闻胄玄进用,又增损孝孙历法,更名《七曜新术》,以奏之。与胄玄之法,颇相乖爽,袁充与胄玄害之。焯又罢。至十七年,胄玄历成,奏之。上付杨素等校其短长。刘晖与国子助教王颇等执旧历术,迭相驳难,与司历刘宜援据古史影等,驳胄玄云:

《命历序》僖公五年天正壬子朔旦日至,《左氏传》僖公五年正月辛亥朔日南至。张宾历,天正壬子朔冬至,合《命历序》,差《传》一日。张胄玄历,天正壬子朔,合《命历序》,差《传》一日;三日甲寅冬至,差《命历序》二日,差《传》三日。成公十二年,《命历序》天正辛卯朔旦日至。张宾历,天正辛卯朔冬至,合《命历序》。张胄玄历,天正辛卯朔,合《命历序》;二日壬辰冬至,差《命历序》一日。昭公二十年,《春秋左氏传》二月己丑朔日南至,准《命历序》庚寅朔旦日至。张宾历,天正庚寅朔冬至,并合《命历序》,差《传》一日。张胄玄历,天正庚寅朔,合《传》一日;二日辛卯冬至,差《命历序》一日,差《传》二日。宜案《命历序》及《春秋左氏传》,并闰余尽之岁,皆须朔旦冬至。若依《命历序》勘《春秋》三十七食,合处至多;若依《左传》,合者至少,是以知《传》为错。今张胄玄信情置闰,《命历序》及《传》气朔并差。又宋元嘉冬至影有七,张宾历合者五,差者二,亦在前一日。张胄玄历合者三,差者四,在后一日。元嘉十二年十一月甲寅朔,十五日戊辰至,日影长。张宾历合戊辰冬至,张胄玄历己巳冬至,差后一日。十三年十一月己酉朔,二十六日甲戌冬至,日影长。张宾历癸酉冬至,差前一日,张胄玄历合甲戌冬至。十五年十一月丁卯朔,十八日甲申冬至,日影长。二历并合甲申冬至。十六年十一月辛酉朔,二十九日己丑冬至,日影长。张宾历合己丑冬至,张胄玄历庚寅冬至,差后一日。十七年十一月乙酉朔,十日甲午至,日影长。张宾历合甲午冬至,张胄玄历乙未冬至,差后一日。十八年十一月己卯朔,二十一日己亥至,日影长。张宾历合己亥冬至,张胄玄历庚子冬至,差后一日。十九年十一月癸卯朔,三日乙巳冬至,影长。张宾历甲辰冬至,差前一日,张胄玄历合乙巳至。

又周天从天和元年丙戌至开皇十五年乙卯,合得冬夏至日影十四。张宾历合得者十,差者四,三差前一日,一差后一日。张胄玄历合者五,差者九,八差后一日,一差前一日。天和二年十一月戊戌朔,三日庚子至,日影长。张宾历合庚子冬至,张胄玄历辛丑冬至,差后一日。三年十一月壬辰朔,十四日乙巳冬至,日影长。张宾历合乙巳冬至,张胄玄历丙午冬至,差后一日。建德元年十一月己亥朔,二十九日丁卯冬至,日影长。张宾历丙寅冬至,差前一日,张胄玄历合丁卯冬至。二年五月丙寅朔,三日戊辰夏至,日影短。张宾历己巳夏至,差后一日,张胄玄历庚午夏至,差后二日。三年十一月戊午朔,二十日丁丑冬至,日影长。张宾历合丁丑冬至,张胄玄历戊寅冬至,差后一日。六年十一月庚午朔,二十三日壬辰冬至,日影长。张宾历合壬辰冬至,张胄玄历癸巳冬至,差后一日。宣政元年十一月甲午朔,五日戊戌至,日影长。两历并合戊戌冬至。开皇四年十一月己未朔,十一日己巳冬至,日影长。张宾历合己巳冬至,张胄玄历庚午冬至,差后一日。五年十一月甲寅朔,二十二日乙亥冬至,日影长。张宾历甲戌冬至,差前一日,张胄玄历合庚辰冬至。七年五月乙亥朔,九日癸未夏至,日影短。张宾历壬午夏至,差前一日,张胄玄历合癸未夏至。十一月壬申朔,十四日乙酉冬至,日影长。张宾历合乙酉冬至,张胄玄历丙戌冬至,差后一日。十一年十一月己卯朔,二十八日丙午冬至,日影长。张宾历合丙午冬至,张胄玄历丁未冬至,差后一日。十四年十一月辛酉朔旦冬至。张宾历合十一月辛酉朔旦冬至,张胄玄历十一月辛酉朔,二日壬戌冬至,差后一日。建德四年四月大,乙酉朔,三十日甲寅,月晨见东方。张宾历四月大,乙酉朔,三十日甲寅,月晨见东方,张胄玄历四月小,乙酉朔,五月大,甲寅朔,月晨见东方。宜案影极长为冬至,影极短为夏至,二至自古史分可勘者二十四,其二十一有影，三有至日无影。见行历合一十八，差者六。旅骑尉张胄玄历合者八，差者一十六，二差后二日，一十四差后一日。又开皇四年，在洛州测冬至影，与京师二处，进退丝毫不差。周天和已来案验并在后。更检得建德四年，晦朔东见；张胄玄历，五月朔日，月晨见东方。今十七年，张宾历闰七月，张胄玄历闰五月。又审才以定闰，胄玄历至既不当，故知置闰必乖。见行历四月、五月频大，张胄玄历九月、十月频大，为胄玄朔弱，频大在后晨，故朔日残月晨见东方。

宜又案开皇四年十二月十五日癸卯，依历月行在鬼三度，时加酉，月在卯上，食十五分之九，亏起西北。今伺候，一更一筹起食东北角，十五分之十，至四筹还生，至二更一筹复满。五年六月三十日，依历太阳亏，日在七星六度，加时在午少强上，食十五分之一半强，亏起西南角。今伺候，日乃在午后六刻上始食，亏起西北角，十五分之六，至未后一刻还生，至五刻复满。六年六月十五日，依历太阴亏，加时酉，在卯上，食十五分之九半弱，亏起西南，当其时阴云不见月。至辰巳，云里见月，已食三分之二，亏从东北，即还云合。至巳午间稍生，至午后，云里暂见，已复满。十月三十日丁丑，依历太阳亏，日在斗九度，时加在辰少弱上，食十五分之九强，亏起东北角。今候所见，日出山一丈，辰二刻始食，亏起正西，食三分之二，辰后二刻始生，入巳时三刻上复满。十年三月十六日癸卯，依历月行在氐七度，时加戌，月在辰太半上，食十五分之七半强，亏起东北。今候，月初出卯南，带半食，出至辰初三分，可食二分许，渐生，辰未已复满。见行历九月十六日庚子，月行在胃四度，时加丑，月在未半强上，食十分之三半强，亏起正东。今伺候，月以午后二刻，食起正东，须臾如南，至未正上，食南畔五分之四，渐生，入申一刻半复满。十二年七月十五日己未，依历月行在室七度，时加戌，月在辰太强上，食十五分之十二半弱，亏起西北。今伺候，一更三筹起西北上，食准三分之二强，与历注同。十三年七月十六日，依历月在申半强上，食十五分之半弱，亏起西南。十五日夜，从四更候月，五更一筹起东北上，食半强，入云不见。十四年七月一日，依历时加巳弱上，食十五分之十二半强。至未后三刻，日乃食，亏起西北，食半许，入云不见，食顷暂见，犹未复生，因即云障。十五年十一月十六日庚午，依历月行在井十七度，时加亥，月在巳半上，食十五分之九半强，亏西北。其夜一更四筹后，月在辰上起食，亏东南，至二更三筹，月在巳上，食三分之二许，渐生，至三更一筹，月在丙上，复满。十六年十一月十六日乙丑，依历月行在井十七度，时加丑，月在未太弱上，食十五分之十二半弱，亏起东南。十五日夜伺候，至三更一筹，月在丙上，云里见，已食十五分之三许，亏起正东，至丁上，食既，后从东南生，至四更三筹，月在未末，复满。而胄玄不能尽中。迭相驳难，高祖惑焉，逾时不决。会通事舍人颜愍楚

上书云："汉落下闳改《颛顼历》作《太初历》，云后八百岁，此历差一日。"语在胄玄传。高祖欲神其事，遂下诏曰："朕应运受图，君临万宇，思欲兴复圣教，恢弘令典，上顺天道，下授人时，搜扬海内，广延术士。旅骑尉张胄玄，理思沉敏，术艺宏深，怀道白首，来上历法。令与太史旧历，并加勘审。仰观玄象，参验璇玑，胄玄历数与七曜符合，太史所行，乃多疏舛，群官疏议，咸以胄玄为密。太史令刘晖，司历郭翟、刘宜，骁骑尉任悦，往经修造，致此乖谬。通直散骑常侍、领太史令庾季才，太史丞邢俊，司历郭远，历博士苏粲，历助教傅俊、成珍等，既是职司，须审疏密。遂虚行此历，无所发明。论晖等情状，已合科罪，方共饰非护短，不从正法。季才等附下罔上，义实难容。"于是晖等四人，元造诈者，并除名；季才等六人，容隐奸慝，俱解见任。胄玄所造历法，付有司施行。擢拜胄玄为员外散骑侍郎，领太史令。胄玄进袁充，互相引重，各擅一能，更为延誉。胄玄言充历妙极前贤，充言胄玄历术冠于今古。胄玄学祖冲之，兼传其师法。自兹厥后，克食颇中。其开皇十七年所行历术，命冬至虚五度。后稍觉其疏，至大业四年刘焯卒后，乃敢改法，命起虚七度，诸法率更有增损，朔终义宁。今录戊辰年所定历术著之于此云。

自甲子元至大业四年戊辰，百四十二万七千六百四十四年，算外。

章岁，四百一十。

章闰，百五十一。

章月，五千七十一。

日法，千一百四十四。

月法，三万三千七百八十三。

辰法，二百八十六。

岁分，一千五百五十七万二千九百六十三。

度法，四万二千六百四十。

没分，五百一十九万一千三百一十一

没法，七万四千五百二十一。

周天分，一千五百五十七万四千四百六十六。

斗分，一万八百六十六。

气法，四十六万九千七百四十。

气时法，一万六百六十一。

周日，二十七。

日余，一千四百一十三。

周通，七万二百九。

周法，二千五百四十八。

推积月术：

置入元已来至所求年，以章月乘之，如章岁得一，为积月，余为闰余。(闰余三百九十七已上，若冬至不在其月，加积月一)

推月朔弦望术：

以月法乘积月，如法得一，为积日，余为小余。以六十去积日，余为大余，命以甲子算外，为所求年天正月朔日。(天正月者，建子月也，今为去年十一月。凡朔小余五百四十七已上，其月大。)

加大余七，小余四百三十七太；（凡四分一为少，二为半，三为太。）小余满日法去之，从大余，满六十去之，命如前，为上弦日。又加，得望、下弦、后月朔。朔余满五百三十七，其月大，减者小。

推二十四气术：

以月法乘闰余，又以章岁乘朔小余，加之，如气法得一，为日，命朔算外，为冬至日。不尽者，以十一约之，为日分。

求次气：加日十五，日分九千三百一十五，小分一；小分满八从日分一，日分满度法从日一；如月大小去之，日不满月，算外，为次气日。其月无中气者，为闰。

求朔望入气盈缩术：

以入气日算乘损益率，如十五得一，余八已上，从一；以损益盈缩数为定盈缩。其入气日十五算者，如十六得一，余半法已上亦从一，以下皆准此。

推土王术：

加分至日二十七，日分一万六千七百六十七，小分九；小分满四十从日分一，满去如前，即分至后土始王日。

推没日术：

其气有小分者，以八乘日分，内小分，又以十五乘之，以减没分；无小分者，以百二十乘日分，以减之；满没法为日，不尽为日分，以其气去朔日加之，去、命如前。

求次没：加日六十九，日分四万九千三百七十二；日分满没法，从日，去、命如前。

推入迟疾历术：

以周通去朔积日，余以周法乘之，满周通又去之，余满周法得一日，余为日余，即所求年天正朔算外夜半入历日及余。

求次月：大月加二日，小月加一日，日余皆千一百三十五，满周日及日余去之。

求次日：加一，满、去如前。

求朔望加时入历术：

以四十九乘朔小余，满二十二得一为日余，不尽为小分，以加夜半入历日及余分。

求次月：加日一，余二千四百八十六，小分二十一，满、去如前，即次月入历日及余。

求望：加日十四，余千九百四十九，小分二十一半，满、去如前，为望入历日及余。

推朔望加时定日及小余术：

以入历日余乘所入历日损益率，以损益盈缩积分，如差法而一，为定积分。如差法乃与入气定盈缩，皆以盈减、缩加本朔望小余；不足减者，加日法乃减之，加时在往日；加之，满日法者去之，则在来日。余为定小余。无食者不须气盈缩。

角十二度　亢九度　氐十五度　房五度　心五度　尾十八度　箕十一度

东方七宿七十五度

斗二十六度　牛八度　女十二度　虚十度　危十七度　室十六度　壁九度

北方七宿九十八度

奎十六度　娄十二度　胃十四度　昴十一度　毕十六度　觜二度　参九度

西方七宿八十度

井三十三度　鬼四度　柳十五度　星七度　张十八度　翼十八度　轸十七度

南方七宿百一十二度

推日度术：

置入元至所求年，以岁分乘之，为通实，满周天分去之，余如度法而一，为积度，不尽为度分。命度以虚七度宿次去之，经斗去其分，度不满宿，算外，即所求年天正冬至日所在度及分。以冬至去朔日以减入分度数，分不足减者，减度一，加度法，乃减之，命如前，即天正朔前夜半日所在度及分。（须求朔共度者，用去定用日数减之，俟后所须。）

求次月：大月加度三十，小月加度二十九，宿次去之，经斗去其分。

求次日：加度一，去、命如前。

求朔望加时日所在度术：

各以定小余乘章岁，满十一为度分，以加其前夜半度分，满之去如前。（凡朔加时日月同度）

求转分：以千四十约度分，不尽为小分。

求望加时月所在度术：

置望加时日所在度及分，加度一百八十二，转分二十五，小分七百五十三；小分满千四十从转分一，转分满四十一从度；去、命如前，经斗去转分十，小分四百六十六。

求月行迟疾日转定分术：

以夜半入历日余乘转差，满周法得一为变差，以进加、退减日转分为定分。

推朔望夜半月定度术：

以定小余乘所入历日转定分，满日法得一为分，分满四十一为度，各以减加时月所在度，即各其前夜半定度。

求次日：以日转定分加转分，满四十一从度，去、命如前；朔日不用前加。

推五星术：

木数，千七百万八千三百三十二（四分）

火数，三千三百二十五万六千二百二十六。

土数，千六百一十二万一千七百六十七。

金数，二千四百八十九万八千四百一十七。

水数，四百九十四万一千九十八。

木终日，三百九十八，（日分，三万七千六百一十二四分。）

火终日，七百七十九，（日分，三万九千四百六十六。）

土终日，三百七十八，（日分，三千八百四十七。）

金终日，五百八十三，（日分，三万九千二百九十七。晨见伏，三百二十七日，分同；夕见伏，二百五十六日。）

水终日，百一十五，（日分，三万七千四百九十八。晨见伏，六十三日，分同；夕见伏，五十二日。）

求星见术：

置通实，各以数去之，余以减数，其余如度法得一为日，不尽为日分，即所求年天正冬至后晨平见日及分。

（其金、水，以夕见伏日去之，得者余为夕平见日及分。）

求平见见月日：置冬至去朔日数及分，各以冬至后日数及分加之，分满度法从日，起天正月，依大小去之，不满月者为去朔日，命日算外，即星见所在月日及分。

求后见：各以终日及分加之，满去如前。（其金、水各以晨夕加之，满去如前，加晨得夕，加夕得晨。）

木：平见在春分前者，以三千三百四十乘去大寒后十日数，以加平见分，满法去之，以为定见日及分。立秋后者，以四千二百乘去寒露日，加之，满同前。春分至清明均加四日，后至立夏五日，以后至芒种加六日，均至立秋。小雪前者，以七千四百乘去寒露日数，以减平见日分；冬至后者，以八千三百乘去大寒后十日数，以减之；小雪至冬至均减八日，为定见日数。初见伏去日各十四度。

火：平见在雨水前，以二万六千八百八十乘去大寒日数；在立夏后，以万三千四百四十乘去立秋日数，以加见日分，满去如前；雨水至立夏，均加二十九日。小雪前，以万一千五百八十乘去处暑日数；冬至后，以三万四千三百八十乘去大寒日数，满去如前，以减之；小雪至冬至，均减二十五日。初见伏去日各十七度。

土：平见在处暑前，以万二千三百七十乘去大暑日数；白露后，以八千三百四十乘去霜降日数，以加见日分，满去如前；处暑至白露均加九日。小寒前，以四千九百八十乘去霜降日数，小寒至立春均减九日，立春后减八日，启蛰后去七，气别去一，至谷雨去三，夏至后十日去一，至大暑去尽。初见伏去日各十七度。

金：晨平见，在立春前者，以四千一百二十乘去小寒日数小满后，以四千一百二十乘去夏至日数，以加见日分，满去如前立春至小满均加三日。立秋前，以四千一百二十乘去小暑日数，小雪后以四千一百二十乘去冬至日数，满去如前，以减之，立秋至小雪均减三日。夕平见，在启蛰前，以六千三百九十乘去小雪日数。清明后，以六千二百九十乘去芒种日数，满去如前，以减之，启蛰至清明均减九日。处暑前，以六千二百九十乘去夏至日数；寒露后，以六千二百九十乘去大雪日数，以加之，处暑至寒露均加九日。初见伏去日各十一度。

水：晨平见，在雨水后、立夏前者，应见不见。启蛰至雨水，去日十八度外，四十六度内，晨有木、火、土、金一星已上者，见；无者不见。立夏至小满，去日度如前，晨有木、火、土、金一星已上者，见；无者亦不见。从霜降至小雪加一日，冬至至小寒减四日，立春至雨水减三日。冬至前，一去三，二去二，三去一。夕平见，在处暑后、霜降前者，应见不见。立秋至处暑，夕有星，去日如前者，见；无者亦不见。霜降至立冬，夕有星，去日如前者，见；无者亦不见。从谷雨至夏至，减二日。初见伏去日各十七度。

行五星法：

置星定见之前夜半日所在宿度算及分，各以定见分加其分，满度法从度。又以星初见去日度数，晨减、夕加之，满去如前，即星初见所在度及分。

求次日：各加一日所行度及分，有小分者，各日数为母，小分满其母去从分，分满度法从度。（其行有益疾迟者，副置一日行分，各以其疾益迟损之。）留者因前，退则减之，伏不注度，顺行出斗去其分，退行入斗先加分。（讫，皆以千四十约分，为大分，以四十一为母。）

木：初见，顺，日行万六百一十八分，日益迟六十分，一百一十四日行十九度，万三千八百三十二分而留。二十六日乃退，日六千一百一分，八十四日退十二度、八百四分。又留二十五日、三万七千六百一十二分、小分四，乃顺。初日行三千八百三十七分，日益疾六十分，百一十四日行十九度、万三千七百一十八分而伏。

土：初见，顺，日行三千八百一十四分，八十三日行七度，万八千八十二分而留。三十八日乃退，日二千五百六十三分，百日退六度、四百六十分。又留三十七日、三千八百四十七分乃顺，日三千八百一十三分，八十三日行七度万七千九百九十九分，如初乃伏。

火：初见已后各如其法：

见在雨水前，以见去小寒日数，小满后，以去大暑日数；三约之，所得减日为定日；雨水至小满，均去二十日为定日。已前皆前疾日数及度数。（各计冬至后日数，依损益之，为定日数及度数。以度法乘定度，如定日得一，即平行一日分，不尽为小分。）大寒至立秋差行，余平行。处暑至白露，皆去定日，定度六。白露至寒露，初日行半度，四十日行二十度，余日及余度续同前。（置日数减一，以三十乘之，加平行一日分，为初日分。）差行者，日益迟六十分，各尽其度而迟。初日行二万六百分，日益迟百分，六十日行二十四度、三万五千六百四十分（其前疾去度六者，此迟初日加四千二百六十四分，六十日行三十度，分同。）而留。十三日（前去日者，分、日于二留，奇从后留。）乃退，日万二千八十二分，六十日退十七度、四十分。又留，十二日三万九千四百六十六分。又顺，迟，初日行万四千七百分，日益疾百分，六十日行二十四度，分同前，（此迟在立秋至秋分加一日，行分四千二百六十四，六十日行四十度，分同前。）而后疾。

后迟加六度者，此后疾去度为定度，已前皆疾日数及度数。其在立夏至，小暑，日行半度，尽六十日，行三十度。小暑至立秋，尽四十日，行二十度。计余日及度，从前法。前法皆平行。（求行分亦如前。）各尽其日度而伏。

金：晨初见，乃退，日半度，十日退五度而留。九日乃顺，迟，差行，先迟日益五百分，四十日行三十度。（小暑前以去芒种日数，十日减一度；立冬后以去大雪日数，十日减一度；小暑至立冬，均减三度为定度。大雪至芒种不加减。求初日，以三十乘度法，四十得一为平分。又以三十九乘二百五十，以减平分为初日行分。）平行，日一度，十五日行十五度。（小寒后十日，益日度各一，至雨水二十一日，行二十一度。均至春分后十日减一，至小满，复十五日行十五度。其后六日减一，至处暑，日及度皆尽。至霜降后，四日益一，至冬至复十五日行十五度）疾，百七十日行二百四度。（前顺迟减度者，计减数益此度为定度。求一日行度分者，以百七十日以减定度，余乘度法，如百七十得一，为一日平行度分。）晨伏东方。

夕初见，顺，疾，百七十日行二百四度。（夏至前，以见去小满日数，六日加一度；小暑后，以去立秋日数，六日加一度，夏至至小暑均加五度，为定度。白露至清明，差行，先疾日益迟百分。清明至白露，平行，求一日平行同，晨疾求差行，以五十乘百六十九，加之，为初日行度分。）平行，日一度，十五日行十五度。（冬至后十日减日度各一，至启蛰九日行九度。均至夏至后五日益一，至大暑复十五日行十五度。均至立秋后六日益一，至寒露二十五日行二十五度。后六日减一，至大雪复十五日行十五度，均至冬至。）顺，迟，差行，先疾，日益五百分，四十日行三十度。（前加度者，此依数减之，求初日行分。如晨迟，唯减者为加之。）又留，九日乃退，日半度，十日退五度，而夕伏西方。

水：晨初见，留六日。顺，迟，日行万六百六十分，四日行一度。（大寒至雨水不须此迟行。）平行，日一度，十日行十度。（大寒后二日，去日度各一，尽二十日，日及度俱尽。）疾，日行一度三万八千三百七十六分，十日行十九度，（前无迟行者，减此分万二千七百九十二分，十日行十六度。）晨伏东方。夕初见，顺，疾，日行一度三万八千三百七十六分，十日行十九度。（小暑至白露减万二千七百九十二分，十日行十六度。）平行，日一度，十日行十度。（大暑后二日，去日度各一，尽二十日，日及度俱尽。）迟，日行万六百六十分，四日行一度。（疾减万二千七百九十二分者，不须此迟。）行又留六日，夕伏西方。

推交会术：
会通，千六十四万六千七百二十九。
朔差，九十万七千五十七。
望差，四十五万三千五百二十八半。
单数，五百三十二万三千三百六十四半。
时法，三万二千六百四。
望数，五百七十七万六千八百九十三。
外限，四百八十六万九千八百三十六。
内限，千一百一十九万三千二百半。
中限，五百六十四万九千四百四半。
次限，千三十二万二千六百八十九。

推入交法：
以会通去积月，余以朔望差乘之，满会通又去之，余为所求年天正朔入交余。
求望，望数加之，满、去如前。
求次月，以朔差加之，满、去如前。

推交道内外及先后去交术：
其朔望在启蛰前，以一千三百八十乘去小寒日数；在谷雨后，以乘去芒种日数，为气差以加之，启蛰至谷雨均加六万三千六百；满会通去之，余为定余。（其小寒至春分，立夏至芒种，朔值盈二时已下，皆半气差而加之；二时已上，皆不加。朔入交余如望差、望数已下，中限已上，有星伏，木、土去见十日外，火去见四十日外，金、晨伏去见二十二日外。有一星在不加气差。）朔望在白露前者，以九百乘去小暑日数；在立冬后者，以千七百七十乘去大雪日数，以减之；白露至立冬均减五万五千，不足减者，加会通乃减，余为定余。（朔入交余如外限、内限已上，单数次限已下有星伏，如前者，不减气差。）定余不满单数者，为在外；满去之，余在内。其余如望差已下、外限已上，望则月食；在内者，朔则日食。（其余如望差已下者，即为去先交余；如外限已上者，

以减单数，余为去后交余。如时法得一，然为去交时数。）

推月食加时术：
置食定日小余，三之，如辰法得一辰，命以子算外，即所在辰。不尽为时余，四之，如法，无所得为辰初，一为少，二为半，三为太。又不尽者，三之，如法，得一为强，以并少为少强，并半为半强，并太为太强；得二强为少弱，并少为半弱，并半为太弱，并太为辰末。（此加时谓食时月在冲也。）

推日食加时术：
置食定日小余，秋三月，内道，去交八时已上，加二十四，十二时以加四十八；春三月，内道，去交七时已上，加二十四。乃以三乘之，如辰法得一辰，以命子算外，即所在辰。不尽为时余。副置时余，仲辰不满半辰，减半辰，已上去半辰；季辰者直加半辰；孟辰者减辰法，余加半辰为差率。

又，置去交时数，三已下加三，六已下加二，九已下加一，九已上依数，十二已上从十二；以乘差率，如十四得一为时差。子半至卯半、午半至酉半，以加时余；卯至午半、酉半至子半，以减时余。加之，满辰法去之，进一辰，减之若不足，退一辰，余为定时余。乃如月食法，子午卯酉为仲，辰戌丑未为季，寅申巳亥为孟。（日出前入后各二时外，不注日食。）三乘气时法得一，命子算外为时。

求外道日食法：
去交一时内者，食。夏去交二时内，加时在南方三辰者，食。若去分至十二时内，去交六时内者，亦食。若去春分三日内，后交二时内，秋分三日内，先交二时内者，亦食。先交二时内，值盈二时外，及后交二时内，值缩二时外，亦食。（诸去交三时内，星伏如前者，食）。

求内道日不食法：
加时南方三辰，五月朔先交十三时外，六月朔后交十三时外，不食。启蛰至谷雨，先交十三时外，值缩加时在未以西者，不食。处暑至霜降，后交十三时外，值盈加时在巳以东者，不食。

求月食分：
春后交、秋先交、冬后交，皆去不食余一时，不足去者，食既。余以三万二百三十五为法，得一为不食分。不尽者，半法已上为半强，已下为半弱，以减十五，余为食分。

推日食分术：
在秋分前者，以去夏至日数乘二千，以减去交余，余为不食余；不足减者，反减十八万四千，余为不食余。（亦减望差为定法。其后交值缩，并不减望差，直以望差为定法。）在启蛰后者，以去夏至日数乘千五百以减之；秋分至启蛰，均减十八万四千，不足减者，如前；大寒至小满，去后交五时外，皆去不食余一时。时差减者，先交减之，后交加之，不足减者食既；值加，先交加之，后交减之。不足减者食。

求所起：内道西北，亏东北；外道西南，亏东南。十三分以上，正左起。（亏皆据其时，月则行上起。）

求日出入所在术：

以所入气辰刻及分，与后气辰刻及分相减，余乘入气日算，如十五得一，以损益所入气，依刻及分为定刻。

卷十八　　　　志第十三

律　历　下

开皇二十年，袁充奏日长影短，高祖因以历事付皇太子，遣更研详著日长之候。太子征天下历算之士，咸集于东宫。刘焯以太子新立，复增修其书，名曰《皇极历》，驳正胄玄之短。太子颇嘉之，未获考验。焯为太学博士，负其精博，志解胄玄之印，官不满意，又称疾罢归。至仁寿四年，焯言胄玄之误于皇太子：

其一曰，张胄玄所上见行历，日月交食，星度见留，虽未尽善，得其大较，官至五品，诚无所愧。但因人成事，非其实录，就而讨论，违舛甚众。

其二曰，胄玄弦望晦朔，违古且疏，气节闰候，乖天爽命。时不从子半，晨前别为后日。日躔莫悟缓急，月逡妄为两种，月度之转，辄遗盈缩，交会之际，意造气差。七曜之行，不循其道，月星之度，行无出入，应黄反赤，当近更远，亏食乖准，阴阳无法。星端不协，珠璧不同，盈缩失伦，行度愆序。去极晷漏，应有而无，食分先后，弥为烦碎。测今不审，考古莫通，立术之疏，不可纪极。今随事纠驳，凡五百三十六条。

其三曰，胄玄以开皇五年，与李文琮于张宾历行之后，本州贡举，即赍所造历拟以上应。其历在乡阳流布，散写甚多，今所见行，与焯前历不异。玄前拟献，年将六十，非是匆迫仓卒始为，何故至京未几，即变同焯历，与旧悬殊？焯作于前，玄献于后，舍己从人，异同暗会。且孝孙因焯，胄玄后附孝孙，历术之文，又皆是孝孙所作，则元本偷窃，事甚分明。恐胄玄推讳，故依前历为驳，凡七十五条，并前历本俱上。

其四曰，玄为史官，自奏亏食，前后所上，多与历违，今算其乖舛有一十三事。又前与太史令刘晖等校其疏密五十四事，云五十三条新于旧，见用算推，更疏于本。今纠发于前，凡四十四条。

其五曰，胄玄于历，未为精通。然孝孙初造，皆有意，征天推步，事必出生，不是空文，徒为臆断。

其六曰，焯以开皇三年，奉敕修造，顾循记注，自许精微，秦汉以来，无所与让。寻圣人之迹，悟曩哲之心，测七曜之行，得三光之度，正诸气朔，成一历象，会通今古，符允经传，稽于庶类，信而有征。胄玄所违，焯法皆合，胄玄所阙，今则尽有，隐括始终，谓为总备。

仍上启曰："自木铎寝声，绪言成烬，群生荡析，诸夏沸腾，曲技云浮，畴官雨绝，历纪废坏，千百年矣。焯以庸鄙，谬荷甄擢，专精艺业，耽玩数象，自力群儒之下，冀睹圣人之意。开皇之初，奉敕修撰，性不谐物，功不克终，犹被胄玄窃为己法，未能尽妙，协时多爽，尸官乱日，实点皇猷。请征胄玄答，验其长短。"

焯又造历家同异，名曰《稽极》。大业元年，著作郎王劭、诸葛颍二人，因入侍宴，言刘焯善历，推步精审，证引阳明。帝曰："知之久矣。"仍下其书与胄玄参校。胄玄驳难云："焯历有岁率、月率，而立定朔，月有三大、三小。案岁率、月率者，平朔之章岁、章月也。以平朔之率而求定朔，值三小者，犹似减三五为十四；值三大者，增三五为十六也。校其理实，并非十五之正。故张衡及何承天创有此意，为难者执数以校其率，率皆自败，故不克成。今焯为定朔，则须除其平率，然后为可。"互相驳难，是非不决，焯又罢归。

四年，驾幸汾阳宫，太史奏曰："日食无效。"帝召焯，欲行其历。袁充方幸于帝，左右胄玄，共排焯历，又会焯死，历竟不行。术士咸称其妙，故录其术云。甲子元，距大隋仁寿四年甲子积一百万八千八百四十算。

岁率，六百七十六。

月率，八千三百六十一。

朔日法，千二百四十二。

朔实，三万六千六百七十七。

旬周，六十。

朔辰，百三半。

日干元　五十二。

日限，十一。

盈泛，十六。

亏总，十七。

推经朔术：

置入元距所求年，月率乘之，如岁率而一，为积月，不满为闰衰。朔实乘积月，满朔日法得一，为积日，不满为朔余。旬周去积日，不尽为日，即所求年天正经朔日及余。

求上下弦、望：加经朔日七、余四百七十五小，即上弦经日及余。又加得望、下弦及后月朔。就径求望者，加日十四、余九百五十半；下弦加日二十二、余百八十三大；后月朔加日二十九、余六百五十九。每月加闰衰二十大，即各其月闰衰也。

凡月建子为天正，建丑为地正，建寅为人正。即以人正为正月，统求所起，本于天正。若建岁历从正月始，气、候、月、星，所值节度，虽有前却，并亦随之。其前地正为十二月，天正为十一月，并诸气度皆属往年。其日之初，亦从星起，晨前多少，俱归昨日。若气在夜半之后，量影以后日为正。诸因加者，各以其余减法，残者为全余。若所因之余满全余以上，皆增全而加之，减其全余，即因余少于全余者，不增全加，皆得所求。度分亦尔。凡日不全为余，积以成余者曰秒；度不全为分，积以成分者曰篾；其有不成秒曰麽，不成篾曰幺。其分、余、秒、篾，皆一为小，二为半，三为大，四为全，加满全者从一。其三分者，一为少，二为太。若加者，秒篾成法，从分余。分余满法从日度一，日度有所满，则从去之。而日命以日辰者，满旬周则亦除；命有连分、余、秒、篾者，亦随全而从去。其日度虽满，而分秒不满者，未可从去，仍依本数。若减者，秒篾不足，减分余一，加法而减之；分余不足减者，加所从去或前日度乃减之。即其名有总，而日度全及分余共者，须相加除，当皆连全及分余共加除之。若须相乘，有分余者，母必通全内子，乘讫报除。或分余相并，母不同者，子乘而并之。母相乘为法，其并，满法从一为全，此即齐同之也。既除为分余而有不成，若例有秒篾，法乘而又法除，得秒篾数。已为秒篾及正有分余，而所不成不复须者，须过半从一，无半弃之。若分余其母不等，须变相通，以彼所法之母乘此分余，而此母除之，得彼所须之子。所有秒篾者，亦法乘，不满此母，又除而得其数。麽幺亦然。其所除去而有不尽全，则谓之不尽，亦曰不如。其不成全，全乃为不满分、余、秒、篾，更曰不成。凡以数相减，而有小及半、太须相加减，同于分余法者，皆以其母三四除其气度日法，以半及太、大本率二三乘之，少、小则须因所除之数随其分余而加减焉。秋分后春分前为盈泛，春分后秋分前为亏总，须取其数。泛总为名，指用其时，春分为主，亏日分后，盈日分前。凡所不见，皆放于此。

气日法，四万六千六百四十四。

岁数，千七百三万六千四百六十六半。

度准，三百三十八。

约率，九。

气辰，三千八百八十七。

余通，八百九十七。

秒法，四十八。

篾法，五。

推气术：

半闰衰乘朔实，又度准乘朔余，加之，如约率而一，所得满气日法为去经朔日，不满为气余。以去经朔日，即天正月冬至恒日定余，乃加夜数之半者，减日一，满者因前，皆为定。命日甲子算外，即定冬至日。其余如半气辰千九百四十三半以下者，为气加子半后也；过以上，先加此数，乃气辰而一，命以辰算外，即气所在辰。十二辰外，为子初以后余也。又十二整辰余：

四为小太，亦曰少；五为半少；六为半；

七为半太；八为大少，亦曰太；九为太；

十为大太；十一为穷辰少。

其又不成法者，半以上为进，以下为退。退以配前为强，进以配后为弱。即初不成一而有退者，谓之沾辰，初成十一而有进者，谓之穷辰。未且其名有重者，则于间可以加之，命辰通用其余，辨日分辰而判诸日。因别亦皆准此。因冬至有减日者，还加之。每加日十五、余万一百九十二、秒三十七，即各次气恒日及余。诸月齐其闰衰，如求冬至法，亦即其月中气恒日去经朔数。其求后月节气恒日，如次之求前节者减之。

推每日迟速数术：

见求所在气陟降率，并后气率半之，以日限乘而泛总除，得气末率。又日限乘二率相减之残，泛总除，为总差。其总差亦日限乘而泛总除，为别差。率前少者，以总差减末率，为初率，乃别差加之；前多者，即以总差加末率，皆为气初日陟降数。以别差前多者日减，前少者日加初数，得每日数。所历推定气其算其数，陟加、降减其迟速，为各迟速数。其后气无同率及有数同者，皆因前末，以末数为初率，加总差为末率，及差渐加初率，为每日数，通计其秒，调而御之。

求月朔弦望应平会日所入迟速：各置其经余为辰，以入气辰减之，乃日限乘日，日内辰为入限，以乘其气前多之末率，前少之初率，日限而一，为总率。其前多者，入限减泛总之残，乘总差，泛总而一，为入差，并于总率，入限乘，倍日限除，加以总率；前少者，入限自乘再乘别差，日限自乘，倍而除，亦加总率，皆为总数。乃以陟加、降减其气迟速数为定，即速加、迟减其经余，各其月平会日所入迟速定日及余。

求每日所入先后：各置其气朓衄与衄总，皆以余通乘之，所乃朓衄如陟降率；衄总如迟速数，亦如求迟速法，即得每所入先后及定数。

求定气：其每日所入先后数即为气余，其所历日皆以先加之，以后减之，随算其日，通准其余，满一恒气，即为二至后一气之数。以加二气，如法用别其日而命之。又算其次，每相加命，各得其定气日及余也。亦以其先后已通者，先减后加其恒气，即次气定日及余。亦因别其日，命以甲子，各得所求。

求土王：距四立各四气外所入先后加减，满二十二日、余八千一百五十四、秒十、麽二。除所满日外，即土始王日。

求候日：定气即初候日也。三除恒气，各为平候日。余亦以所入先后数为气余，所历之日皆以先加、后减，随计其日，通准其余，每满其平，以加日而命之，即得次候日。亦算其次，每相加命，又得末候及次气日。

倍夜半之漏，得夜刻也。以减百刻，不尽为昼刻。每减昼刻五，以加夜刻，即其昼为日见、夜为不见刻数。刻分以百为母。

求日出入辰刻：十二除百刻，得辰刻数，为法。半不见刻以半辰加之，为日出实，又加日出见刻，为日入实。如法而一，命子算外，即所在辰，不满法，为刻及分。

求辰前余数：气、朔日法乘夜半刻，百而一，即其余也。

求每日刻差：每气准为十五日，全刻二百二十五为法。其二至各前后于二分，而数因相加减，间皆六气；各尽于四立，为三气。至与前日为一，乃每日增太；又各二气，每日增少；其末之气，每日增少之小，而末六日，不加而裁焉。二望至前后一气之末日，终于十少；二气初日，稍增为十二半，终于二十太，三气初日，二十一，终于三十少；四立初日，三十一，终于三十五太；五气亦少增，初日三十六太，终四十一少；末气初日，四十一少，终于四十二。每气前后累算其数，又百八十乘为实，各泛总乘法而除，得其刻差。随而加减夜刻而半之，各得入气夜半定刻。其分后十五外，累算尽日，乃副置之，百八十乘，亏总除，为其所因数。以减上位，不尽为所加也。不全日者，随辰率之。

求晨去中星：加周度一，各昏去中星减之，不尽为晨去度。

求每日度差：准日因增加栽，累算所得，百四十三之，四百而一，亦百八十乘，泛总除，为度差数。满转法为度，随日加减，各得所求。分后气间，亦求准外与前求刻，至前加减，皆因日数逆算求之。亦可因至向背其刻，冬减夏加，而度冬加夏减。若至前，以入气减气间，不尽者，因后气而反之，以不尽日累算乘除所定，从后气而逆以加减，皆得其数。此但略校其总，若精存于《稽极》云。

转终日，二十七；余，千二百五十五。

终法，二千二百六十三。

终实，六万二千三百五十六。

终全余，千八。

转法，五十二。

籥法，八百九十七。

闰限，六百七十六。

推入转术：终实去积日，不尽，以终法乘而又去，不如终实者，满终法得一日，不满为余，即其年天正经朔夜半入转日及余。

求次日：加一日，每日满转终则去之，其二十八日者加全余为夜半入初日余。

求弦望：皆因朔加其经日，各得夜半所入日余。

求次月：加大月二日，小月一日，皆及全余，亦其夜半所入。

求经辰所入朔弦望：经余变从转，不成为秒，加其夜半所入，皆其辰入日及余。因朔辰所入，每加日七、余八百六十五、秒千一百六十大，秒满日法成余，亦得上弦。望、下弦、次朔经辰所入径求者，加望日十四、余千七百三十一、秒千七十九半，下弦日二十二、余三百三十四、秒九百九十八小，次朔日一、余二千二百八、秒九百一十七。亦朔望各增日一，减其全余，望五百三十一、秒百六十二半，朔五十四、秒三百二十五。

求月平应会日所入：以月弦望会日所入迟速定数，亦变从转余，乃速加、迟减其经辰所入余，即各平会所入日余。

推朔弦望定日术：

各以月平会所入之日加减限，限并后限而半之，为通率；又二限相减，为限衰。前多者，以入余减终法，残乘限衰，终法而一，并于限衰而半之；前少者，半入余乘限衰，亦终法而一，减限衰。皆加通率，入余乘之，日法而一，所得为平会加减限数。其限数又别从转余为变余，朓减朒加本入余。限前多者，朓以减与未减，朒以加与未加，皆减终法，并而半之，以乘限衰；前少者，亦朓朒各并二入余，半之，以乘限衰；皆终法而一，加于通率，变余乘之，日法而一。所得以朓减、朒加限数，加减朓朒积而定

朓朒。乃朓减、朒加其平会日所入余，满若不足进退之，即朔弦望定日及余。不满晨前数者，借减日算，命甲子算外，各其日也。不减与减，朔日立算与后月同。若俱无立算者，月大，其定朔算后加所借减算。闰衰限满闰限，定朔无中气者为闰，满之前后，在分前若近春分后、秋分前，而或月有二中者，皆install置其朔，不必依定。其后无同限者，亦因前多以通率数为半衰而减之，二前少，即为通率。其加减变余进退日者，分为一日，随余初末如法求之，所得并以加减限数。凡分余秒籥，事非因旧，文不著母者，皆十为法。若法当求数，用相加减，而更不过通远，率少数微者，则不须算。其入七日余二千一十一，十四日余千七百五十九，二十一日余千五百七，二十八日始终余以下为初数，各减终法以上为末数。其初末数皆加减相返，其要各为九分，初则七日八分，十四日七分，二十一日六分，二十八日五分；末则七日一分，十四日二分，二十一日三分，二十八日四分。虽初稍弱而末微强，余差止一，理势兼举，皆今有转差，各随其数。若恒算所求，七日与二十一日得初衰数，而末初加隐而不显，且数与平行正等。亦初末有数而恒算所无，其十四日、二十八日既初末数存，而虚衰亦显，其数当去，恒法不见。

求朔弦望之辰所加：

定余半朔辰五十一大以下，为加子过；以上，加此数，乃朔辰而一，亦命以子，十二算外，又加子初。以后求入辰强弱，如气。

求入辰法度：

度法，四万六千六百四十四。

周数，千七百三万七千七十六。

周分，万二千一十六。

转，十三。

籥，三百五十五。

周差，六百九半。

在日谓之余通，在度谓之籥法，亦气为日法，为度法，随事名异，其数本同。女末接虚，谓之周分。变周从转，谓之转。晨昏所距日在黄道中，准度赤道计之。

斗二十六　牛八　女十二　虚十　危十七　室十六　壁九

北方玄武七宿，九十八度。

奎十六　娄十二　胃十四　昴十一　毕十六　觜二　参九

西方白虎七宿，八十度。

井三十三　鬼四　柳十五　星七　张十八　翼十八　轸十七

南方朱雀七宿，百一十二度。

角十二　亢九　氐十五　房五　心五　尾十八　箕十一

东方苍龙七宿，七十五度。

前皆赤道度，其数常定，纮带天中，仪极攸准。

推黄道术：

准冬至所在为赤道度，后于赤道四度为限。初数九十七，每限增一，以终百七。其三度少弱，平。乃初限百九，

亦每限增一，终百一十九，春分所在。因百一十九每限损一，又终百九。亦三度少弱，平。乃初限百七，每限损一，终九十七，夏至所在。又加冬至后法，得秋分、冬至所在数。各以数乘其限度，百八而一，累而总之，即皆黄道度也。度有分者，前后辈之，宿有前却，度亦依体，数逐差迁，道不常定，准令为度，见步天行，岁久差多，随术而变。

斗二十四　牛七　女十一半　虚十　危十七　室十七　壁十

北方九十六度半。

奎十七　娄十三　胃十五　昴十一　毕十五半　觜二　参九

西方八十二度半。

井三十　鬼四　柳十四半　星七　张十七　翼十九　轸十八

南方一百九度半。

角十三　亢十　氐十六　房五　心五　尾十七　箕十半

东方七十六度半。

前皆黄道度，步日所行。月与五星出入，循此。

推月道所行度术：

准交定前后所在度半之，亦于赤道四度为限，初十一，每限损一，以终于一。其三度强，平。乃初限数一，每限增一，亦终十一，为交所在。即因十一，每限损一，以终于一。亦三度强，平。又初限数一，每限增一，终于十一，复至交半，返前表里。仍因十一增损，如道得后交及交半数。各积其数，百八十而一，即道所行每与黄道差数。其月在表，半后交前，损减增加；交后半前，损加减于黄道。其月在里，各返之，即得月道所行度。其限未尽四度，以所直行数乘入度，四而一。若月在黄道度，增损于黄道之表里，不正当于其极，可每日准去黄道度，增损于黄道，而计去赤道之远近，准上黄道之率以求之，通伏相消，朒朒互补，则可知也。积交差多，随交为正。其五星先候，在月表里出入之渐，又格以黄仪，准求其限。若不可推明者，依黄道命度。

推日度术：

置入元距所求年岁数乘之，为积实，周数去之，不尽者，满度法得积度，不满为分。以冬至余减分；命积度以黄道起于虚一宿次除之，不满宿算外，即所求年天正冬至夜半日所在度及分。

求年天正定朔度：

以定朔日至冬至每日所入先后余为分，日为度，加分以减冬至度，即天正定朔夜半日在所度分。亦去定朔日乘衰总已通者，以至前定气除之，又如上求差加以并朔日乃减度，亦即天正定朔日所在度。皆日为度，余为分。其所入先后及衰总用增损者，皆分前增、分后损其平日之度。

求次日：

每日所入先后分增损度，以加定朔度，得夜半。

求弦望：

去定朔每日所入分，累而增损去定朔日，乃加定朔度，亦得其夜半

求次月：

历算大月三十日，小月二十九日，每日所入先后分增损其月，以加前朔度，即各夜半所在至虚去周分。

求朔弦望辰所加：

各以度准乘定余，约率而一，为平分。又定余乘其所入先后分，日法而一，乃增损其平分，以加其夜半，即各辰所加。其分皆篦法约之，为转分，不成为篦。凡朔辰所加者，皆为合朔日月同度。

推月而与日同度术：

各以朔平会加减限数加减朓朒，为平会朓朒。以加减定朔，度准乘，约率除，以加减定朔度所加日度，即平会辰日所在。又平会余乘度准，约率除，减其辰所在，为平会夜半日所在。乃以四百六十四半乘平会余，亦以周差乘，朔实除，从之，以减夜半日所在，即月平会夜半所在。三十七半乘平会余，增其所减，以加减半，得月平会辰平行度。五百二乘朓朒，亦以周差乘，朔实除而从之，朓减、朒加其平行，即月定朔辰所在度，而与日同。若即以平会朓朒所得分加减平会辰所在，亦得同度。

求月弦望定辰度：

各置其弦望辰所加日度及分，加上弦度九十一，转分十六，篦三百一十三；望度百八十二，转分三十二，篦六百二十六；下弦度二百七十三，转分四十九，篦四十二，皆至虚，去转周求之。

定朔夜半入转：

经朔夜半所入准于定朔日有增损者，亦以一日加减之，否者因经朔为定。

其因定求朔次日、弦望、次月夜半者，如于经月法为之。

推月转日定分术：

以夜半入转余乘逡差，终法而一，为见差。以息加、消减其日逡分，为月每日所行逡定分。

求次日：

各以逡定分加转分，满转法从度，皆其夜半。因日转若各加定日，皆得朔、弦望夜半月所在定度。其就辰加以求夜半，各以半逡差减逡分，消者，定余乘差，终法除，并差而半之；息者，半定余以乘差，终法而一。皆加所减，乃以定余乘之，日法而一，各减辰所加度，亦得其夜半度。因夜半亦如此求逡分，以加之，亦得辰所加度。诸转可初以逡分及差为篦，而求其次，皆讫，乃除为转分。因经朔夜半求定辰度者，以定辰去经朔夜半减，而求其增损数，乃以数求逡定分，加减其夜半，亦各定辰度。

求月晨昏度：

如前气与所求每日夜漏之半，以逡定分乘之，百而一，为晨分；减逡定分，为昏分。除为转度，望前以昏，后以晨，加夜半定度，得所在。

求晨昏中星：

各以度数加夜半定度，即中星度。其朔、弦、望，以百刻乘定余，满日法得一刻，即各定辰近入刻数。皆减其夜半漏，不尽为晨，初刻不满者属昨日。

复月，五千四百五十八。
交月，二千七百二十九。
交率，四百六十五。
交数，五千九百二十三。
交法，七百三十五万六千三百六十六。
会法，五十万七千五百三十。
交复日，二十七。余，二百六十三。秒，三千四百三十五。
交日，十三。余，七百五十二。秒，四千六百七十九。
交限，日，十二。余，五百五十五。秒，四百七十三半。
望差，日，一。余，百九十七。秒，四千二百五半。
朔差，日，二。余，三百九十五。秒，二千四百八十八。
会限，百五十八。余，六百七十六。秒，五十半。
会日，百七十三。余，三百八十四。秒，二百八十三。

推月行入交表里术：
置入元积月，复月去之，不尽。交率乘而复去，不如复月者，满交月去之，为在里数；不满为在表数，即所求年天正经入交表里数。

求次月：
以交率加之，满交月去之，前表者在里，前里者在表。

推月入交日术：
以朔实乘表里数，为交实；满交法为日，不满者交数而一，为余，不成为秒，命日算外，即其经朔月平入交日余。

求望：以望差加之，满交日去之，则月在表里与朔同；不满者与朔返。其月食者，先交与当月朔，后交与月朔表里同。

求次月：朔差加月朔所入，满交日去之，表里与前返；不满者，与前月同。

求经朔望入交常日：
以月入气朔望平会日迟速定数，速加、迟减其平入交日余，为经交常日及余。

求定朔望入交定日：
以交率乘定朓朒，交数而一，所得以朓减、朒加常日余，即定朔望所入定日及余。其去交如望差以下、交限以上者月食，月在里者日食。

推日入会日术：
会法除交实为日，不满者，如交率为余，不成为秒，命日算外，即经朔日入平会日及余。

求望：加望日及余，次月加经朔，其表里皆准入交。

求入会常日：以交数乘月入气朔望所平会日迟速数，交率而一，以速加、迟减其入平会日余，即所入常日余。亦以定朓朒，而朓减、朒加其常日余，即日定朔望所入会日及余。皆满会日去之，其朔望去会，如望以下、会限以上者，亦月食；月在日道里则日食。

求月定朔望入交定日夜半：
交率乘定余，交数而一，以减定朔望所入定日余，即其夜半所定入。

求次日：
以每日迟速数，分前增、分后损定朔所入定日余，以加其日，各得所入定日及余。

求次月：
加定朔，大月二日，小月一日，皆余九百七十八，秒二千四百八十八。各以一月迟速数，分前增、分后损其所加，为定。其入七日，余九百九十七，秒二千三百三十九半以下者，进；其入此以上，尽全余二百四十四，秒三千五百八十三半者，退。其入十四日，如交余及秒以下者，退；其入此以上，尽全余四百八十九，秒千二百四十四者，进而复也。其要为五分，初则七日四分，十四日三分；末则七日后一分，十四日后二分，虽初强末弱，衰率有检。

求月入交去日道：皆同其数，以交余为秒积，以后衰并去交衰，半之，为通数。进则秒积减衰法，以乘衰，交法除，而并衰以半之；退者，半秒积以乘衰，交法而一；皆加通数，秒积乘，交法除，所得以进退衰积，十而一为度，不满者求其强弱，则月去日道数。月朔望入交，如限以上，减交日，残为去后交数；如望差以下即为去先交数。有全日同为余，各朔辰而一，得去交辰。其月在日道里，日应食而有不食者；月在日道表日不应食而亦有食者。

推应食不食术：
朔先后在夏至十日内，去交十二辰少；二十日内，十二辰半；一月内，十二辰大；闰四月、六月，十三辰以上，加南方三辰。若朔在夏至二十日内，去交十三辰，以加辰申半以南四辰，闰四月、六月，亦加四辰；谷雨后、处暑前，加三辰；清明后、白露前，加巳半以西、未半以东二辰；春分后秋分前，加午一辰。皆去交十三辰半以上者，并或不食。

推不应食而食术：
朔在夏至前后一月内，去交二辰；四十六日内，一辰半，以加二辰；又一月内，亦一辰半，加三辰及加四辰，与四十六日内加三辰，谷雨后、处暑前，加巳少后、未太前；清明后、白露前，加二辰；春分后、秋分前，加一辰。皆去交半辰以下者，并得食。

推月食多少术：
望在分后，以去夏至气数三之；其分前，又以去分气数倍而加分后者；皆又以十加去交辰倍而并之，减其去交余，为不食定余。乃以减望差，残者九十六而一，不满者求其强弱，亦如气辰法，以十五为限，命之，即各月食多少。

推日食多少术：
月在内者，朔在夏至前后二气，增南二辰，增去交余一辰太；加三辰，增一辰少，加四辰，增太。三气内，加二辰，增一辰；加三辰，增太；加四辰，增少。四气内，加二辰，增太；加三辰及五气内，加二辰，增少。自外所加辰，立夏后、立秋前，依本其气内加四辰，五气内加三辰，六气内加二辰。六气内加二辰者，亦依平。自外所加之北诸辰，各依其去立夏、立秋、清明、白露数，随其依平辰，辰北每辰以其数三分减去交余；雨水后、霜降前，又半其去分日数，以加二分去二立之日，乃减去交余；其在冬至前后,更以去霜降、雨水日数三除之,以加霜降雨水当气所得之数;而减去交余,皆为定不食余。以减望差,乃如月食法。月在外者,其去交辰数,若日气所系之限,止一而无等次者,加所去度一,即为食数。若限有等次,加别系同者,随所去交辰数而返其衰,以少为多,以多为少,亦加其一,以为食数。皆以十五为限,乃以命之,即各日之所食多少。

凡日食,月行黄道,体所映蔽,大较正交如累璧,渐减则有差,在内食分多,在外无损。虽外全而月下,内损而更高,交浅则闲遥;交深则相搏而不淹。因遥而蔽多,所观之地又偏,所食之时亦别。月居外道,此不见亏,月外之人反以为食。交分正等,同在南方,冬损则多,夏亏乃少。假均冬夏,早晚又殊。处南辰体则高,居东西傍而下视有邪正。理不可一,由准率若实而违。古史所详,事有纷互,今故推其梗概,求者知其指归。苟地非于阳城,皆随所而渐异。然月食以月行暗道,暗气所冲,日有暗气,天有虚道,正黄道常与日对,如镜居下,魄耀见阴,名曰暗虚,奄月则食,故称"当月月食,当星星亡。"虽夜半之辰,子午相对,正隔于地,虚道即亏。既月兆日光,当午更耀,时亦隔地,无废禀明。谅以天光神妙,应感玄通,正当夜半,何害亏禀。月由虚道,表里俱食。日之与月,体同势等,校其食分,月尽为多,容或形差,微增亏数,疏而不漏,纲要克举。

推日食所在辰术:

置定余,倍日限,克减之,月在里,三乘朔辰为法,除之,所得以艮巽坤乾为次。命艮算外,不满法者半法减之,无可减者为前,所减之残为后,前则因余,后者减法,各为其率。乃以十加去交辰,三除之,以乘率,十四而一,为差。其朔所在气二分前后一气内,即为定差。近冬至,以去寒露、惊蛰,近夏至,以去清明、白露气数,倍而三除去交辰,增之。近冬至,艮巽以加,坤乾以减;近夏至,艮巽以减,坤乾以加其差为定差。乃艮以坤加,巽以乾减定余。月在外,直三除去交辰,以乘率,十四而一,亦为定差。艮坤以减,巽乾以加定余,皆为食余。如气求入辰法,即日食所在辰及大小。其求辰刻,以辰克乘辰余,朔辰而一,得刻及分。若食近朝夕者,以朔所入气日之出入刻,校食所在,知食见否之少多所在辰,为正见。

推月食所在辰术:

三日阻减望定余半。置望之所入气日,不见刻,朔日法乘之,百而一,所得若食余与之等、以下,又以此所得减朔日法,其残食余与之等、以上,为食正见数。其食余亦朔辰而一,如求加辰所在。又如前求刻校之,月在冲辰食,日月食既有起讫晚早,亦或变常进退,皆于正见前后十二刻半候之。

推日月食起讫辰术:

准其食分十五分为率,全以下各为衰。十四分以上,以一为衰,以尽五分。每因前衰每降一分,积衰增二,以加于前,以至三分。每积增四。二分每增四,二分增六,一分增十九,皆累算为各衰。三百为率,各衰减之,各以其残乘朔日法,皆率而一,所得为食衰数。其率全,即以朔日法为衰数,以衰数加减食余,其减者为起,加者为讫,数亦如气。

求入辰法及求刻:以加减食所刻等,得起讫晚早之辰,与校正见多少之数。史书亏复起讫不同,今以其全一辰为率。

推日月食所起术:

月在内者,其正南,则起右上,亏左上。若正东,月自日上邪北而下。其在东南维前,东向望之,初不正,横月高日下;乃月稍西北,日渐东南,过于维后,南向望之,月更北,日差东南;以至于午之后,亦南望之,月欹西北,日复东南。西南维后,西向而望,月为东北,日则西南。正西,自日北下邪亏,而亦后不正,横月高日下。若食十二分以上,起右亏左。其正东,起上近亏下而北,午前则渐自上邪下。维西,起西北,亏东南。维北,起西南,亏东北;午后则稍从下傍下。维东,起西南,亏东北。维南,起西北,亏东南。在东则以上为东,在西则以下为西。

月在外者,其正南,起右下,亏左上。在正东,月自日南邪下而映。维北,则月微东南,日返西。维西南,日稍移东北,以至于午,月南日北,过午之后,月稍东南,日更西北。维北,月有西南,日复东北。正西,月自日下邪南而上。皆准此体以定起亏,随其所处,每用不同。其月之所食,皆依日亏起,每随类反之,皆与日食限同表里,而与日返其逆顺,上下过其分。

五星:

岁为木　荧惑为火　镇为土　太白为金
辰为水

木数,千八百六十万五千四百六十八。

伏半平,八十三万六千八百四十八。

复日,三百九十八;余,四万一千一百五十六。

岁一,残日,三十三;余,二万九千七百四十九半。

见去日,十四度。

平见,在春分前,以四乘去立春日;小满前,又三去春分日,增春分所乘者;白露后,亦四乘去寒露日;小暑,加七日;小雪前,以八乘去寒露日;冬至后,以八乘去立春日,为减,小雪至冬至减七日。

见,初日行万一千八百一十八分,日益迟七十分,百一十日行十八度,分四万七百三十八而留。二十八日乃逆,日退六千四百三十六分,八十七日退十二度,分二百四。又留二十八日。初日行四千一百八十八分,日益疾七十分,百一十日亦行十八度,分四万七百三十八而伏。

火数,三千六百三十七万七千五百九十五。

伏半平,三百三十七万九千三百二十七半。

复日,七百七十九;余,四万一千九百一十九。

岁再,残日,四十九;余,万九千一百六。

见去日,十六度。

平见,在雨水前,以十九乘去大寒日;清明前,又十八乘去雨水日,增雨水所乘者;夏至后,以十六乘去处暑日;小满后,又十五;寒露前,以十八乘去白露日;小雪前,又十七乘去寒露日,增寒露所乘者;大雪后,二十九乘去大寒日,为减,小雪至大雪减二十五日。

见，初在冬至，则二百三十六日行百五十八度，以后日度随其日数增损各一；尽三十日，一日半损一；又八十六日，二日损一，复三十八日，同，又十五日，三日损一；复十二日，同，又三十九日，三日增一，又二十四日，二日增一；又五十八日，一日增一；复三十三日，同，又三十日，二日损一，还终至冬至，二百三十六日行百五十八度。其立春尽春分，夏至尽夏，八日减一日；春分至立夏，减六日；立秋至秋分，减五度，各其初行日及度数。白露至寒露，初日行半度，四十日行二十度。以其残日及度，计充前数，皆差行，日益迟二十分，各尽其日度乃迟，初日行分二万二千六百六十九，日益迟一百一十分，六十一日行二十五度、分万五千四百九。初减度五者，于此初日加分三千八百二十三、篾十七；以迟日为母，尽其迟日行三十度，分同，而留十三日。

前减日分于二留，乃逆，日退分万二千五百二十六，六十三日退十六度，分四万二千八百三十四。又留十三日而行，初日万六千六十九，日益疾百一十分，六十一日行二十五度、分万五千四百九。立秋尽秋分，增行度五，加初日分同前，更疾。在冬至则二百一十三日行百三十五度；尽三十六日，一日损一；又二十日，二日损一；复二十四日，同，又五十四日，三日日增一，又十二日，二日增一；又四十二日，一日增一；又十四日，一日增一半；又十二日，增一；复四十五日，同，又一百六日，二日损一，亦终冬至二百一十三日，行百三十五度。

前增行度五者，于此亦减五度，为疾日及数。其立夏尽夏至初，日行半度，六十日行三十度。夏至尽立秋，亦初日行半度，四十日行二十度。其残亦计充如前，皆差行，日益疾二十分，各尽其日度而伏。

土数，千七百六十三万五千五百九十四。

伏半平，八十六万四千九百九十五。

复日，三百七十八；余，四千一百六十二。

岁一，残日，十二；余，三万九千三百九十九半。

见去日，十六度半。

平见，在大暑前，以七乘去小满日；寒露后，九乘去小雪日，为加，大暑至寒露加八日。小寒前，以九乘去小雪日；雨水后，以四乘去小满日；立春前，又三乘去雨水日，增雨水所乘者，为减，小寒至立春减八日。

见，日行分四千三百六十四，八十日行七度、分二万二千六百一十二而留三十九日乃逆，日退分二千八百二十，百三日退六度、分万五千九十六。又留三十九日，亦行分四千三百六十四，八十日行七度、分二万二千六百一十二而伏。

金数，二千七百二十三万六千二百八。

晨伏半平，百九十五万七千一百四。

复日，五百八十三；余，四万二千七百五十六。

岁一，残日，二百一十八；余，三万一千三百四十九半。

夕见伏，二百五十六日。

晨见伏，三百二十七日；余与复同。

见去日，十一度。

夕平见，在立秋前，以六乘去芒种日；秋分后，以五乘去小雪日；小雪后，又四乘去大雪日，增小雪所乘者，为加，立秋至秋分加七日。立春前，以五乘去大雪日；雨水前，又四乘去立春日，增立春所乘者，清明后，以六乘去芒种日，为减，雨水至清明减七日。

晨平见，在小寒前，以六乘去冬至日；立春前，又五乘去小寒日，增小寒所乘者；芒种前，以六乘去夏至日；立夏前，又五乘去芒种日，增芒种所乘者，为加，立春至立夏加五日。小暑前，以六乘去夏至日；立秋前，又五乘去小暑日；增小暑所乘者；大雪后，以六乘去冬至日；立冬后，又五乘去大雪日，增大雪所乘者，为减，立秋至立冬减五日。

夕见，百七十一日行二百六度。其谷雨至小满、白露至寒露，皆十日加一度；小满至白露，加三度。乃十二日行十二度。冬至后，十二日减日度各一，雨水尽夏至，日度七；夏至后六日增一。大暑至立秋，还日度十二；至寒露，日度二十二，后六日减一。自大暑尽冬至，又日度十二而迟。日益疾五百二十分，初日行分二万三千七百九十一、篾三十五，行日为母，四十三日行三十二度。

前加度者，此依减之。留九日乃逆，日退太半度，九日退六度，而夕伏晨见。日退太半度，九日退六度。复留，九日而行，日益迟五百二十分，初日行分四万五千六百三十一、篾三十五，四十三日行三十二度。芒种至小暑，大雪至立冬，十五日减一度；小暑至立冬，减二度。又十二日行十二度。冬至后，十五日增日度各一。惊蛰至春分，日度十七，后十五日减一，尽夏至，还日度十二。后六日减一，至白露，日度皆尽。霜降后，五日增一，尽冬至，又日度十二。乃疾，百七十一日行二百六度。前减者，此亦加之，而晨伏。

水数，五百四十万五千六。

晨伏半平，七十九万九十九。

复日，百一十五；余，四万九百四十六。

夕见伏，五十一日。

晨见伏，六十四日；余与复同。

见去日，十七度。

夕应见，在立秋后小雪前者不见；其白露前立夏后，时有见者。

晨应见，在立春后小满前者不见；其惊蛰前立冬后，时有见者。

夕见，日行一度太，十二日行二十度。小暑至白露，行度半，十二日行十八度，乃八日行八度。大暑后，二日去度一，讫十六日，而日度俱尽。而迟，日行半度，四日行二度。益迟，日行少半度，三日行一度。前行度半者，去此益迟。乃留四日而夕伏晨见，留四日，为日行少半度，三日行一度。大寒至惊蛰，无此行，更疾，日行半度；四日二度；又八日行八度。亦大寒后，二日去度一；讫十六日，亦日度俱尽。益疾，日行一度太，十二日行二十度。初无迟者，此行度半，十二日行十八度而晨伏。

推星平见术：

各以伏半减积半实，乃以其数去之；残返减数，满气日法为日,不满为余,即所求年天正冬至后平见日余。金、水满晨见伏日者,去之,晨平见。求平见月日:以冬至去定朔日、余,加其后日及余,满复日又去,起天正月,依定大小朔除之,不尽算外即,即星见所在。求后平见,因前见去其岁一,再,皆以残日加之,亦可。其复日,金水准以晨夕见伏日,加晨得夕,加夕得晨。

求常见日:以转法除所得加减者,为日;其不满,以余通乘之,为余;并日,皆加减平见日、余,即为常见日及余。

求定见日:以其先后已通者,先减后加常见日,即得定见日余。

求星见所在度:

置星定见、其日夜半所在宿度及分,以其日先后余,分前加、分后减气日法,而乘定见余,气日法而一所得加夜半度分,乃以星初见去日度数,晨减夕加,即星初见所在宿度及分。

求次日:

各加一日所行度及分。其有益疾、迟者副置一日行分,各以其分疾增、迟损,乃加之。有篾者,满法从分,其母有不等,齐而进退之。留即因前,逆则依减入虚去分,逆出先加。皆以篾法除,为转分;其不尽者,仍谓之篾;各得每日所在知去日度。增以日所入先后分,定之。诸行星度求水其外内,准月行增损黄道而步之;不明者,依黄道而求所去日度。先后分亦分明前加后减。其金、火诸日度,计数增损定之者。其日少度多,以日减度之残者,与日多度少之度,皆度法乘之,日数而一,所得为分。不满篾,以日数为母。日少者以分并减之一度,日多者直为度分,即皆一日平行分。其差行者,皆减所行日数一,乃半其益疾、益迟分而乘之,益疾以减、益迟以加一日平行分,皆初日所行分。有计日加减,而日数不满未得成度者,以气日法若度法乘,见已所行日即日数除之,所得以增损其气日疾法,为日及度。其不成者,亦即为篾。其木、火、土,晨有见而夕有伏;金、水即夕见还夕伏,晨见即晨伏。然火之初行及后疾,距冬至日计日增损日度者,皆当先置从冬至日余数,累加于位上,以知其去冬至远近,乃以初见与后疾初日去冬至日数而增损定之,而后依其所直日度数行之也。

卷十九　　志第十四

天　文　上

若夫法紫微以居中,拟明堂而布政,依分野而命国,体众星而效官,动必顺时,教不违物,故能成变化之道,合阴阳之妙。爰在庖牺,仰观俯察,谓以天之七曜、二十八星,周于穹圆之度,以丽十二位也。在天成象,示见吉凶。五纬入房,启姬王之肇迹,长星孛斗,鉴宋人之首乱,天意人事,同乎影响。自夷王下堂而见诸侯,赧王登台而避责,《记》曰:"天子微,诸侯僭。"于是师兵吞灭,僵仆原野。秦氏以战国之余,怙兹凶暴,小星交斗,长彗横天。汉高祖驱驾英雄,垦除灾害,五精从岁,七重晕毕,含枢曾缅,道不虚行。自西京创制,多历年载。世祖中兴,当涂驭物,金行水德,祗奉灵命,玄兆著明,天人不远。昔者荥河献篆,温洛呈图,六爻摛范,三光宛备,则星官之书,自黄帝始。高阳氏使南正重司天,北正黎司地,帝尧乃命羲、和,钦若昊天。夏有昆吾,殷有巫咸,周之史佚,宋之子韦,鲁之梓慎,郑之裨灶,魏有石氏,齐有甘公,皆能言天文、察微变者也。汉之传天数者,则有唐都、李寻之伦。光武时,则有苏伯况、郎雅光,并能参伍天文,发扬善道,补益当时,监垂来世。而河、洛图纬,虽有星占星官之名,未能尽列。

后汉张衡为太史令,铸浑天仪,总序经星,谓之《灵宪》。其大略曰:"星也者,体生于地,精发于天。紫宫为帝皇之居,太微为五帝之坐,在野象物,在朝象官。居其中央,谓之北斗,动系于占,实司王命。四布于方,为二十八星,日月运行,历示休咎。五纬经次,用彰祸福,则上天之心,于是见矣。中外之官,常明者百有二十,可名者三百二十,为星二千五百;微星之数万一千五百二十,庶物蠢动,咸得系命。"而衡所铸之图,遇乱堙灭,星官名数,今亦不存。三国时,吴太史令陈卓,始列甘氏、石氏、巫咸三家星官,著于图录。并注占赞,总有二百五十四官,一千二百八十三星,并二十八宿及辅官附坐一百八十二星,总二百八十三官,一千五百六十五星。宋元嘉中,太史令钱乐之所铸浑天铜仪,以朱黑白三色,用殊三家,而合陈卓之数。高祖平陈,得善天官者周坟,并得宋氏浑仪之器。乃命庾季才等,参校周、齐、梁、陈及祖暅、孙僧化官私旧图,刊其大小,正彼疏密,依准三家星位,以为盖图。旁摛始分,甄表常度,并具赤黄二道,内外两规。悬象著明,缠离攸次,星之隐显,天汉昭回,宛若穹苍,将为正范。以坟为太史令。坟博考经书,勤于教习,自此太史观生,始能识天官。炀帝又遣宫人四十人,就太史局,别诏衰充,教以星气,业成者进内,以参占验云。史臣于观台访浑仪,见元魏太史令晁崇所造者,以铁为之,其规有六。其外四规常定,一象地形,二象赤道,其余象二极。其内二规,可以运转,用合八尺之管,以窥星度。周武帝平齐所得。隋开皇三年,新都初成,以置诸观台之上。大唐因而用焉。马迁《天官书》及班氏所载,妖星晕珥,云气虹霓,存其大纲,未能备举。自后史官,更无纪录。《春秋传》曰:"公既视朔,遂登观台,凡分至启闭,必书云物。"神道司存,安可诬也!今略举其形名占验,次之经星之末云。

天体

古之言天者有三家,一曰盖天,二曰宣夜,三曰浑天。

盖天之说,即《周髀》是也。其本庖牺氏立周天历度,其所传则周公受于殷商,周人志之,故曰《周髀》。髀,股也;股者,表也。其言天似盖笠,地法覆槃,天地各中高外下。北极之下,为天地之中,其地最高,而滂沲四陨,三光隐映，以为昼夜。天中高于外衡冬至日之所在六万里，北极下地高于外衡下地亦六万里，外衡高于北极下地二万里。天地隆高相从，日去地恒八万里。日丽天而平转，分冬夏之间日所行道为七衡六间。每衡周径里数，各依算术，用句股重差，推晷影极游，以为远近之数，皆得于表股也，故曰《周髀》。

又《周髀》家云："天圆如张盖，地方如棋局。天旁转如推磨而左行，日月右行，天左转，故日月实东行，而天牵之以西没。譬之于蚁行磨石之上，磨左旋而蚁右去，磨疾而蚁迟，故不得不随磨以左回焉。天形南高而北下，日出高故见，日入下故不见。天之居如倚盖，故极在人北，是其证也。极在天之中，而今在人北，所以知天之形如倚盖也。日朝出阴中，暮入阴中，阴气暗冥，故从没不见也。夏时阳气多，阴气少，阳气光明，与日同晖，故日出即见，无蔽之者，故夏日长也。冬时阴气多，阳气少，阴气暗冥，掩日之光，虽出犹隐不见，故冬日短也。"

汉末，扬子云难盖天八事，以通浑天。其一云："日之东行，循黄道。昼夜中规，牵牛距北极南百一十度，东井距北极南七十度，并百八十度。周三径一，二十八宿周天当五百四十度，今三百六十度，何也？"其二曰："春秋分之日正出在卯，入在酉，而昼漏五十刻。即天盖转，夜当倍昼。今夜亦五十刻，何也？"其三曰："日入而星见，日出而不见，即斗下见日六月，不见日六月。北斗亦当见六月，不见六月。今夜常见，何也？"其四曰："以盖图视天河，起斗而东入狼弧间，曲如轮。今视天河直如绳，何也？"其五曰："周天二十八宿，以盖图视天，星见者当少，不见者当多。今见与不见等，何出入无冬夏，而两宿十四星当见，不以日长短故见有多少，何也？"其六曰："天至高也，地至卑也。日托天而旋，可谓至高矣。纵人目不可夺，水与影不可夺也。今从高山上，以水望日，日出水下，影上行，何也？"其七曰："视物近则大，远则小。今日与北斗，近我而小，远我而大，何也？"其八曰："视盖橑与车辐间，近杠毂即密，益远益疏。今北极为天杠毂，二十八宿为天橑辐。以星度度天，南方次地星间当数倍。今交密，何也？"其后桓谭、郑玄、蔡邕、陆绩，各陈《周髀》考验天状，多有所违。逮梁武帝于长春殿讲义，别拟天体，全同《周髀》之文，盖立新意，以排浑天之论而已。

宣夜之书，绝无师法。唯汉秘书郎郗萌记先师相传云："天了无质，仰而瞻之，高远无极，眼眚精绝，故苍苍然也。譬之旁望远道之黄山而皆青，俯察千仞之深谷而窈黑，夫青非真色，而黑非有体也。日月众星，自然浮生虚空之中，其行其止，皆须气焉。是以七曜或逝或住，或顺或逆，伏见无常，进退不同，由乎无所根系，故各异也。故辰极常居其所，而北斗不与众星西没也。"

晋成帝咸康中，会稽虞喜因宣夜之说，作《安天论》，以为："天高穷于无穷，地深测于不测。天确乎在上，有常安之形，地魄焉在下，有居静之体，当相覆冒，方则俱方，圆则俱圆，无方圆不同之义也。其光曜布列，各自运行，犹江海之有潮汐，万品之有行藏也。"葛洪闻而讥之曰："苟辰宿不丽于天，天为无用，便可言无。何必复云有之而不动乎？"由此而谈，葛洪可谓知言之选也。喜族祖河间相耸，又立《穹天论》云："天形穹隆如鸡子幕，其际周接四海之表，浮乎元气之上。譬如覆奁以抑水而不没者，气充其中故也。日绕辰极，没西还东，而不出入地中。天之有极，犹盖之有斗也。天北下于地三十度，极之倾在地卯酉之北亦三十度。人在卯酉之南十余万里，故斗极之下，不为地中，当对天地卯酉之位耳。日行黄道绕极。极北去黄道百一十五度，南去黄道六十七度，二至之所舍，以为长短也。"吴太常姚信，造《昕天论》云："人为灵虫，形最似天。今人颐前侈临胸，而项不能覆背。近取诸身，故知天之体，南低入地，北则偏高也。又冬至极低，而天运近南，故日去人远，而斗去人近，北天气至，故水寒也。夏至极起，而天运近北，而斗去人远，日去人近，南天气至，故蒸热也。极之高时，日行地中浅，故夜短；天去地高，故昼长。极之低时，日行地中深，故夜长；天去地下，故昼短也。"自虞喜、虞耸、姚信，皆好奇徇异之说，非极数谈天者也。

前儒旧说，天地之体，状如鸟卵，天包地外，犹壳之裹黄，周旋无端，其形浑浑然，故曰浑天。又曰："天表里有水，两仪转运，各乘气而浮，载水而行。"汉王仲任，据盖天之说以驳浑仪，云："旧说，天转从地下过。今掘地一丈辄有水，天何得从水中行乎？甚不然也。日随天而转，非入地。夫人目所望，不过十里，天地合矣。实非合也，远使然耳。今视日入，非入也，亦远耳。当日入西方之时，其下之人亦将谓之为中也。四方之人，各以其近者为出，远者为入矣。何以明之？今试使一人把大炬火，夜行于平地，去人十里，火光灭矣。非火灭也，远使然耳。今日西转不复见，是火灭之类也。日月不圆也，望视之所以圆者，去人远也。夫日，火之精也；月，水之精也。水火在地不圆，在天何故圆？"丹阳葛洪释之曰：

《浑天仪注》云："天如鸡子，地如中黄，孤居于天内，天大而地小。天表里有水，天地各乘气而立，载水而行。周天三百六十五度四分度之一，又中分之，则半覆地上，半绕地下，故二十八宿半见半隐。天转如车毂之运也。"诸论天者虽多，然精于阴阳者少。张平子、陆公纪之徒，咸以为推步七曜之道，以度历象昏明之证候，校以四八之气，考以漏刻之分，占晷影之往来，求形验于事情，莫密于浑象也。张平子既作铜浑天仪，于密室中，以漏水转之，与天皆合如符契也。崔子玉为其碑铭曰："数术穷天地，制作侔造化。高才伟艺，与神合契。"盖由于平子浑仪及地动仪之有验故也。若天果如浑者，则天之出入，行于水中，为必然矣。故《黄帝书》曰："天在地外，水在天外。水浮天而载地者也。"又《易》曰："时乘六龙。"夫阳爻称龙，龙者居水之物，以喻天。天阳物也，又出入水中，与龙相似，故比以龙也。圣人仰观俯察，审其如此。故《晋》卦坤上离下，以证日出于地也。又《明夷》之卦离下坤上，以证日入于地也。又《需》卦乾下坎上，此亦天入水中之象也。天为金，金水相生之物也。天出入水中，当有何损，而谓为不可乎？然则天之出入水中，无复疑矣。

又今视诸星出于东者，初但去地小许耳。渐而西行，先经人上，后遂转西而下焉，不旁旋也。其先在西之星，亦稍下而没，无北转者。日之出入亦然。若谓天磨石转者，众星日月，宜随天而回，初在于东，次经于南，次到于西，次及于北，而复还于东，不应横过去也。今日出于东，冉冉转上，及其入西，亦复渐渐稍下，都不绕边北去。了了如此，王生必固谓为不然者，疏矣。今日径千里，其中足以当小星之数十也。若日以转远之故，但当光曜不能复来照及人耳，宜犹望见其体，不应都失其所在也。日光既盛，其体又大于星。今见极北之小星，而不见日之在北者，明其不北行也。若日以转远之故，不复可见，其比入之间，应当稍小。而日方入之时，反乃更大，此非转远之征也。王生以火炬喻日，吾亦将借子之矛，以刺子之盾焉。把火之人，去人转远，其光转微，而日月自出至入，不渐小也。王生以火喻之，谬矣。又日之入西方，视之稍稍去，初尚有半，如横破镜之状，须臾沦没矣。若如王生之言，日转北去者，其北都没之顷，宜先如竖破镜之状，不应如横破镜也。如此言之，日入北方，不亦孤子乎？又月之光微，不及日远矣。月盛之时，虽有重云蔽之，不见月体，而夕犹朗然，是月光犹从云中而照外也。日若绕西及北者，其光故应如月在云中之状，不得夜便大暗。又日入则星月出焉。明知天以日月分主昼夜，相代而照也。若日常出者，不应日亦入而星月出也。

又案河、洛之文，皆云水火者，阴阳之余气也。夫言余气，则不能生日月可知也，顾当言日精生火者可耳。若水火是日月所生，则亦何得尽如日月之圆乎？今火出于阳燧，阳燧圆而火不圆也。水出于方诸，方诸方而水不方也。又阳燧可以取火于日，而无取于火之理，此则日精之生火明矣。方诸可以取水于月，无取月于水之道，此则月精之生水了矣。王生又云："远故视之圆。"若审然者，月初生之时及既亏之后，何以视之不圆乎？而日食，或上或下，从侧而起，或如钩至尽。若远视见圆，不宜见其残缺左右所起也。此则浑天之体，信而有征矣。

宋何承天论浑天象体曰："详寻前说，因观浑仪，研求其意，有悟天形正圆，而水居其半，地中高外卑，水周其下。言四方者，东曰旸谷，日之所出，西曰濛汜，日之所入。《庄子》又云：'北溟有鱼，化而为鸟，将徙于南溟。'斯亦古之遗记，四方皆水证也。四方皆水，谓之四海。凡五行相生，水生于金。是故百川发源，皆自山出，由高趣下，归注于海。日为阳精，光曜炎炽，一夜入水，所经焦竭。百川归注，足以相补，故旱不为减，浸不为益。"又云："周天三百六十五度、三百四分之七十五。天常西转，一日一夜，过周一度。南北二极，相去一百一十六度、三百四分度之六十五强，即天经也。黄道袤带赤道，春分交于奎七度，秋分交于轸十五度，冬至斗十四度半强，夏至井十六度半。从北极扶天而南五十五度强，则居天四维

之中，最高处也，即天顶也。其下则地中也。"自外与王蕃大同。王蕃《浑天说》，具于《晋史》。

旧说浑天者，以日月星辰，不问春秋冬夏，昼夜晨昏，上下去地中皆同，无远近。《列子》曰："孔子东游，见两小儿斗。问其故，一小儿曰：'我以日始出去人近，而日中时远也。'一小儿曰：'我以为日初出远，而日中时近也。'言初出近者曰：'日初出，大如车盖，及其日中，裁如盘盖。此不为远者小，近者大乎？'言日初出远者曰：'日初出时，沧沧凉凉，及其中时，热如探汤。此不为近者热，远者凉乎？'"

桓谭《新论》云："汉长水校尉平陵关子阳，以为日之去人，上方远而四傍近。何以知之？星宿昏时出东方，其间甚疏，相离丈余。及夜半在上方，视之甚数，相离一二尺。以准度望之，逾益明白，故知天上之远于傍也。日为天阳，火为地阳。地阳上升，天阳下降。今置火于地，从傍与上，诊其热，远近殊不同焉。日中正在上，覆盖人，人当天阳之冲，故热于始出时。又新从太阴中来，故复凉于其西在桑榆间也。桓君山曰：子阳之言，岂necessarily然乎？"

张衡《灵宪》曰："日之薄地，暗其明也。由暗视明，明无所屈，是以望之若大。方其中，天地同明，明还自夺，故望之若小。火当夜而扬光，在昼则不明也。月之于夜，与日同而差微。"

晋著作郎阳平束晢，字广微，以为傍方与上方等。傍视则天体存于侧，故日出时视日大也。日无小大，而所存者有伸厌。厌而形小，伸而体大，盖其理也。又日始出时色白者，虽大不甚，始出时色赤者，其大则甚，此终以人目之惑，无远近也。且夫置器广庭，则函牛之鼎如釜，堂崇十仞，则八尺之人犹短，物有陵之，非形异也。夫物有惑心，形有乱目，诚非断疑定理之主。故仰游云以观月，月常动而云不移；乘船以涉水，水去而船不徙矣。

姜岌云："余以为子阳言天阳下降，日下热，束晢言天体存于目，则日大，颇近之矣。浑天之体，圆周之径，详于天度，验之晷影，而纷然之说，由人目也。参伐初出，在旁则其间疏，在上则其间数。以浑检之，度则均也。旁之与上，理无有殊也。夫日者纯阳之精也，光明外曜，以眩人目，故人视日如小。及其初出，地有游气，以厌日光，不眩人目，即日赤而大也。无游气则色白，大不甚矣。地气不及天，故一日之中，晨夕日色赤，而中时日色白。地气上升，蒙蒙四合，与天连者，虽中时亦赤矣。日与火相类，火则体赤而炎黄，日赤宜矣。然日色赤者，犹火无炎也。光衰失常，则为异矣。"

梁奉朝请祖暅曰：

自古论天者多矣，而群氏纠纷，至相非毁。窃览同异，稽之典经，仰观辰极，傍瞩四维，睹日月之升降，察五星之见伏，校之以仪象，覆之以晷漏，则浑天之理，信而有征。辄遗众说，附浑仪云。《考灵曜》先儒求得天地相去十七万八千五百里，以晷影验之，失于过多。既不显求之术，而虚设其数，盖夸诞之辞，宜非圣人之旨也。学者多固其说而未之革，岂不知寻其理欤，抑未能求其数故也？王蕃所考，校之

前说，不啻减半。虽非揆格所知，而求之以理，诚未能遥趣其实，盖近密乎？辄因王蕃天高数，以求冬至、春分日高及南戴日下去地中数。法，令表高八尺与冬至影长一丈三尺，各自乘，并而开方除之为法。天高乘表高为实，实如法，得四万二千六百五十八里有奇，即冬至日高也。以天高乘冬至影长为实，实如法，得六万九千三百二十里有奇，即冬至南戴日下去地中数也。求春秋分数法，令表高及春秋分影长五尺三寸九分，各自乘，并而开方除之为法。因冬至日高实，而以法除之，得六万七千五百二里有奇，即春秋分日高也。以天高乘春秋分影长实，实如法而一，得四万五千四百七十九里有奇，即春秋分南戴日下去地中数也。南戴日下，所谓丹穴也。推北极里数法，夜于地中表南，傅地遥望北辰纽星之末，令与表端参合。以人目去表数及表高各自乘，并而开方除之为法。天高乘表高数为实，实如法而一，即北辰纽星高地数也。天高乘人目去表为实，实如法，即去北戴极下之数也。北戴斗极为空桐。

日去赤道表里二十四度，远寒近暑而中和。二分之日，去天顶三十六度。日去地中，四时同度，而有寒暑者，地气上腾，天气下降，故远日下而寒，近日下而暑，非有远近也。犹火居上，虽远而炎，在傍，虽近而微。视日在傍而大，居上而小者，仰瞩为难，平观为易也。由视有夷险，非远近之效也。今悬珠于百仞之上，或置之于百仞之前，从而观之，则大小殊矣。先儒弗斯取验，虚繁翰墨，夷途顿辔，雄辞析辩，不亦诬哉！今大寒在冬至后二气者，寒积而未消也。大暑在夏至后二气者，暑积而未歇也。寒暑均和，乃在春秋分后二气者，寒暑积而未平也。譬之火始入室，而未甚温，弗事加薪，久而逾炽。既已迁之，犹有余热也。

浑天仪

案《虞书》："舜在璇玑玉衡，以齐七政，"则《考灵曜》所谓观玉仪之游，昏明主时，乃命中星者也。璇玑中而星未中为急，急则日过其度，月不及其宿。璇玑未中而星中为舒，舒则日不及其度，月过其宿。璇玑中而星中为调，调则风雨时，庶草蕃芜，而五谷登，万事康也。所言璇玑者，谓浑天仪也。故《春秋文耀钩》云："唐尧即位，羲、和立浑仪。"而先儒或因星官书，北斗第二星名璇，第三星名玑，第五星名玉衡，仍七政之言，即以为北斗七星。载笔之官，莫之或辨。史迁、班固，犹且致疑。马季长创谓玑衡为浑天仪。郑玄亦云："其转运者为玑，其持正者为衡，皆以玉为之。七政者，日月五星也。以玑衡视其行度，以观天意也。"故王蕃云："浑天仪者，羲、和之旧器，积代相传，谓之玑衡。其为用也，以察三光，以分宿度者也。又有浑天象者，以著天体，以布星辰。而浑象之法，地当在天中，其势不便，故反观其形，地为外匡，于已解者，无异在内。诡状殊体，而合于理，可谓奇巧。然斯二者，以考于天，盖密矣。"又云："古旧浑象，以二分为一度，周七尺三寸半分。而莫知何代所造。"今案虞喜云：

"落下闳为汉孝武帝于地中转浑天，定时节，作《泰初历》。"或其所制也。

汉孝和帝时，太史揆候，皆以赤道仪，与天度颇有进退。以问典星待诏姚崇等，皆曰《星图》有规法，日月实从黄道。官无其器。至永元十五年，诏左中郎将贾逵乃始造太史黄道铜仪。至桓帝延熹七年，太史令张衡更以铜制，以四分为一度，周天一丈四尺六寸一分。亦于密室中以漏水转之，令司之者，闭户而唱之，以告灵台之观天者。璇玑所加，某星始见，某星已中，某星今没，皆如合符。蕃以古制局小，以布星辰，相去稠概，不得了察。张衡所作，又复伤大，难可转移。蕃今所作，以三分为一度，周一丈九寸五分、四分分之三。张古法三尺六寸五分、四分分之一，减衡法亦三尺六寸五分、四分分之一。浑天仪法，黄赤道各广一度有半。故今所作浑象，黄赤道各广四分半，相去七寸二分。又云"黄赤二道，相共交错，其间相去二十四度。以两仪准之，二道俱三百六十五度有奇。又赤道见者，常一百八十二度半强。又南北考之，天见者亦一百八十二度半强。是以知天之体圆如弹丸，南北极相去一百八十二度半强也。而陆绩所作浑象，形如鸟卵，以施二道，不得如法。若使二道同规，则其间相去不得满二十四度。若令相去二十四度，则黄道当长于赤道。又两极相去，不翅八十二度半强。案绩说云：'天东西径三十五万七千里，直径亦然。'则绩意亦以天为正圆也。器与言谬，颇为乖僻。"然则浑天仪者，其制有机有衡。既动静兼状，以效二仪之情，又周旋衡管，用考三光之分。所以揆正宿度，准步盈虚，求古之遗法也。则先儒所言圆规径八尺，汉候台铜仪，蔡邕所欲寝伏其下者是也。

梁华林重云殿前所置浑仪，其制则有双环规相并，间相去三寸许，正竖当子午。其子午之间，应南北极之衡，各合而为孔，以象南北枢。植楗于前后以属焉。又有单横规，高下正当浑之半。皆周匝分为度数；署以维辰之位，以象地。又有单规，斜带南北之中，与春秋二分之日道相应。亦周匝分为度数，而署以维辰，并相连著。属楗植而不动。其里又有双规相并，如外双规。内径八尺，周二丈四尺，而属双轴。轴两头出规外各二寸许，合两为一。内有孔，圆径二寸许，南头入地下，注于外双规南枢孔中，以象南极。北头出地上，入于外双规北枢孔中，以象北极。其运动得东西转，以象天行。其双轴之间，则置衡，长八尺，通中有孔，圆径一寸。当衡之半，两边有关，各注著双轴。衡既随天象东西转运，又自于双轴间得南北低仰。所以准验辰历，分考次度，其于揆测，唯所欲为之者也。检其镌题，是伪刘曜光初六年，史官丞南阳孔挺所造，则古之浑仪之法者也。而宋御史中丞何承天及太中大夫徐爰，各著《宋史》，咸以为即张衡所造。其仪略举天状，而不缀经星七曜。魏、晋丧乱，沉没西戎。义熙十四年，宋高祖定咸阳得之。梁尚书沈约著《宋史》，亦云然，皆失之远矣。

后魏道武天兴初，命太史令晁崇修浑仪，以观星象。十有余载，至明元永兴四年壬子，诏造太史候部铁仪，以为浑天法，考璇玑之正。其铭曰："于皇大代，配天比祚。

赫赫明明，声烈遐布。爰造兹器，考正宿度。贻法后叶，永垂典故。"其制并以铜铁，唯志星度以银错之。南北柱曲抱双规，东西柱直立，下有十字水平，以植四柱。十字之上，以龟负双规。其余皆与刘曜仪大同。即今太史候台所用也。

浑天象

浑天象者，其制有机而无衡，梁末秘府有，以木为之。其圆如丸，其大数围。南北两头有轴，遍体布二十八宿、三家星、黄赤二道及天汉等。别为横规环，以匡其外。高下管之，以象地。南轴头入地，注于南植，以象南极。北轴头出地上，注于北植，以象北极。正东西运转。昏明中星，既其应度，分至气节，亦验，在不差而已。不如浑仪，别有衡管，测揆日月，分步星度者也。吴太史令陈苗云："先贤制木为仪，名曰浑天。"即此之谓耶？由斯而言，仪象二器，远不相涉，则张衡所造，盖亦止在浑象七曜，而何承天莫辨仪象之异，亦为乖失。

宋文帝以元嘉十三年诏太史更造浑仪。太史令钱乐之依案旧说，采效仪象，铸铜为之。五分为一度，径六尺八分少，周一丈八尺二寸六分少。地在天内，不动。立黄赤二道之规，南北二极之规，布列二十八宿、北斗极星。置日月五星于黄道上。为之杠轴，以象天运。昏明中星，与天相符。梁末，置于文德殿前。至如斯制，以为浑仪，仪则内阙衡管。以为浑象，而地不在外。是参两法，别为一体。就器用而求，犹浑象之流，外内天地之状，不失其位也。吴时又有葛衡，明达天官，能为机巧。改作浑天，使地居于天中。以机动之，天动而地止，以上应晷度，则乐之之所放述也。到元嘉十七年，又作小浑天，二分为一度，径二尺二寸，周六尺六寸。安二十八宿中外官星备足。以白青黄等三色珠为三家星。其日月五星，悉居黄道。亦象天运，而地在其中。宋元嘉所造仪象器，开皇九年平陈后，并入长安。大业初，移于东都观象殿。

盖图

晋侍中刘智云："颛顼造浑仪，黄帝为盖天。"然此二器，皆古之所制，但传说义者，失其用耳。昔者圣王正历明时，作圆盖以图列宿。极在其中，回之以观天象。分三百六十五度，四分度之一，以定日数。日行于星纪，转回右行，故圆规之，以为日行道。欲明其四时所在，故于春也，则以青为道；于夏也，则以赤为道；于秋也，则以白为道；于冬也，则以黑为道。四季之末，各十八日，则以黄为道。盖图已定，仰观虽明，而未可正昏明，分昼夜，故作浑仪，以象天体。今案自开皇已后，天下一统，灵台以后魏铁浑天仪，测七曜盈缩，以盖图列星坐，分黄赤二道距二十八宿分度，而莫有更为浑象者矣。

仁寿四年，河间刘焯造《皇极历》，上启于东宫。论浑天云：

璇玑玉衡，正天之器，帝王钦若，世传其象。汉之孝武，详考律历，纠落下闳、鲜于妄人等，共所营定。逮于张衡，又寻述作，亦具体制，不异闳等。虽闳制莫存，而衡造有器。至吴时，陆绩、王蕃，并要修铸。绩小有异，蕃乃事同。宋有钱乐之，魏初晁崇等，总用铜铁，小大有殊，规域经模，不异蓄造。观蔡邕《月令章句》，郑玄注《考灵曜》，势同衡法，迄今不改。焯以愚管，留情推测，见其数制，莫不违爽。失之千里，差若毫厘，大象一乖，余何可验。况赤黄均度，月无出入，至所恒定，气不别验。分刻本差，轮回守故。其为疏谬，不可复言。亦既由理不明，致使异家间出。盖及宣夜，三说并驱，平、昕、安、穹，四天腾沸。至当不二，理唯一揆，岂容天体，七种殊说？又影漏去极，就浑可推，百骸共体，本非异物。此真已验，彼伪自彰，岂朗日未晖，爝火不息，理有而阙，讵不可悲者也？昔蔡邕自朔方上书曰："以八尺之仪，度知天地之象，古有其器，而无其书。常欲寝伏仪下，案度成数，而为立说。"邕以负罪朔裔，书奏不许。邕若蒙许，亦必不能。邕才不逾张衡，衡本岂有遗思也？则有器无书，观不能悟。焯今立术，改正旧浑。又以二至之影，定去极晷漏，并天地高远，星辰运周，所宗有本，皆有其率。祛今贤之巨惑，稽往哲之群疑，豁若云披，朗如雾散。为之错综，数卷已成，待得影差，谨更启送。

又云："《周官》夏至日影，尺有五寸。张衡、郑玄、王番、陆绩先儒等，皆以为影千里差一寸。言南戴日下万五千里，表影正同，天高乃异。考之算法，必为不可。寸差千里，亦无典说，明为意断，事不可依。今交、爱之州，表北无影，计无万里，南过戴日。是千里一寸，非其实差。焯今说浑，以道为率，道里不定，得差乃审。既大圣之年，升平之日，厘改群谬，斯正其时。请一水工并解算术士，取河南、北平地之所，可量数百里，南北使正。审时以漏，平地以绳，随气分至，同日度影。得其差率，里即可知。则天地无所匿其形，辰象无所逃其数，超前显圣，效象除疑。请勿以人废言。"不用。至大业三年，敕诸郡测影，而焯寻卒，事遂寝废。

地中

《周礼·大司徒职》："以土圭之法，测土深，正日景，以求地中。"此则浑天之正说，立仪象之大本。故云："日南则景短多暑，日北则景长多寒，日东则景夕多风，日西则景朝多阴。日至之景，尺有五寸，谓之地中。天地之所合也。四时之所交也，风雨之所会也，阴阳之所和也。然则百物阜安，乃建王国焉。"又《考工记·匠人》："建国，水地以县。置槷以县，眡以景。为规，识日出之景与日入之景。昼参诸日中之景，夜考之极星，以正朝夕。"案土圭正影，经文阙略，先儒解说，又非明审。祖暅错综经注，以推地中。其法曰："先验昏旦，定刻漏，分辰次。乃立仪表于准平之地，名曰南表。漏刻上水，居日之中，更立一表于南表影末，名曰中表。夜依中表，以望北极枢，而立北表，令参相直。三表皆以悬准定，乃观。三表直者，其立表之地，即当子午之正。三表曲者，地偏僻。每观中表，以知所偏。中表在西，则立表处在地中之西，当更向东求地中。若中表在东，则立表处在地中之东也，当更向西求地中。取三表直者，为地中之正。又以春秋二分之日，旦始出东方半体，乃立表于中表之东，名曰东表。令东表与日及中表参相直。视日之夕，日入西方半体，又立表于中表之西，名曰西表。亦从中表西望西表及日，参相直。乃观三表直者，即地南北之中也。若中表差近南，则所测之地在卯酉之南。中表差在北，则所测之地在卯酉之北。进退南北，求三表直正东西者，则其地处中，居卯酉之正也。"

　　晷影

　　昔者周公测晷影于阳城，以参考历纪。其于《周礼》，在《大司徒之职》："以土圭之法，测土深，正日景，以求地中。日至之景，尺有五寸，则天地之所合，四时之所交，百物阜安，乃建王国。"然则日为阳精，玄象之著然者也。生灵因之动息，寒暑由其递代。观阴阳之升降，揆天地之高远，正位辨方，定时考闰，莫近于兹也。古法简略，旨趣难究，术家考测，互有异同。先儒皆云："夏至立八尺表于阳城，其影与土圭等。"案《尚书考灵曜》称："日永，景尺五寸；日短，景尺三寸。"《易通卦验》曰："冬至之日，树八尺之表，日中视其晷景长短，以占和否。夏至景一尺四寸八分，冬至一丈三尺。"《周髀》云："成周土中，夏至景一尺六寸，冬至景一丈三尺五寸。"刘向《鸿范传》曰："夏至景长一尺五寸八分，冬至一丈三尺一寸四分，春秋二分，景七尺三寸六分。"后汉《四分历》、魏《景初历》、宋《元嘉历》、大明祖冲之历，皆与《考灵曜》同。汉、魏及宋，所都皆别，四家历法，候影则齐。且纬候所陈，恐难依据。刘向二分之影，直以率推，非因表候定其长短。然寻晷影尺丈，虽有大较，或地域不改，而分寸参差，或南北殊方，而长短维一。盖术士未能精验，冯古所以致乖。今删其繁杂，附于此云。

　　梁天监中，祖暅造八尺铜表，其下与圭相连。圭上为沟，置水，以取平正。揆测日晷，求其盈缩。至大同十年，太史令虞劋又用九尺表格江左之影。夏至一尺三寸二分，冬至一丈三尺七分，立夏、立秋二尺四寸五分，春分、秋分五尺三寸九分。陈氏一代，唯用梁法。齐神武以洛阳旧器并徙邺中，以暨文宣受禅，竟未考验。至武平七年，讫干景礼始荐刘孝孙、张孟宾等于后主。刘、张建表测影，以考分至之气。草创未就，仍遇朝亡。周自天和以来，言历者纷纷复出。亦验二至之影，以考历之精粗。及高祖践极之后，大议造历。张胄玄兼明揆测，言日长之瑞。有诏可存，而莫能考决。至开皇十九年，袁允为太史令，欲成胄玄旧事，复表曰："隋兴已后，日景渐长。开皇元年冬至之影，长一丈二尺七寸二分，自尔渐短。至十七年冬至影，一丈二尺六寸三分。四年冬至，在洛阳测影，长一丈二尺八寸八分。二年夏至影，一尺四寸八分，自尔渐短。至十六年夏至影，一尺四寸五分。其十八年冬至，阴云不测。元年、十七年、十八年夏至，亦阴云不测。《周官》以土圭之法正日影，日至之影，尺有五寸。郑玄云：'冬至之景，一丈三尺。'今十六年夏至之影，短于旧五分，十七年冬至之影，短于旧三寸七分。日去极近，则影短而日长；去极远，则影长而日短。行内道则去极近，行外道则去极远。《尧典》云：'日短星昴，以正仲冬。'据昴星昏中，则知尧时仲冬，日在须女十度。以历数推之，开皇

以来冬至，日在斗十一度，与唐尧之代，去极俱近。谨案《元命包》云：'日月出内道，璇玑得其常，天帝崇灵，圣王初功。'京房《别对》曰：'太平日行上道，升平日行次道，霸代日行下道。'伏惟大隋启运，上感乾元，影短日长，振古希有。"是时废庶人勇，晋王广初为太子，充奏此事，深合时宜。上临朝谓百官曰："景长之庆，天之祐也。今太子新立，当须改元，宜取日长之意，以为年号。"由是改开皇二十一年为仁寿元年。此后百工作役，并加程课，以日长故也。皇太子率百官诣阙陈贺。案日徐疾盈缩无常，充等以为祥瑞，大为议者所贬。

　　又《考灵曜》、《周髀》张衡《灵宪》及郑玄注《周官》，并云："日影于地，千里而差一寸。"案宋元嘉十九年壬午，使使往交州测影。夏至之日，影出表南三寸二分。何承天遥取阳城，云夏至一尺五寸。计阳城去交州，路当万里，而影实差一尺八寸二分。是六百里而差一寸也。又当梁大同中，二至所测，以八尺表率取之，夏至当一尺一寸七分强。后魏信都芳注《周髀四术》，称永平元年戊子，当梁天监之七年，见洛阳测影，又见公孙崇集诸朝士，共观秘书影。同是夏至日，其中影皆长一尺五寸八分。以此推之，金陵去洛，南北略当千里，而影差四寸。则二百五十里而影差一寸也。况人路迂回，山川登降，方于鸟道，所校弥多，则千里之言，未足依也。其揆测参差如此，故备论之。

　　漏刻

　　昔黄帝创观漏水，制器取则，以分昼夜。其后因以命官，《周礼》挈壶氏则其职也。其法，总以百刻，分于昼夜。冬至昼漏四十刻，夜漏六十刻。夏至昼漏六十刻，夜漏四十刻。春秋二分，昼夜各五十刻。日未出前二刻半而明，既没后二刻半乃昏。减夜五刻，以益昼漏，谓之昏旦。漏刻皆随气增损。冬夏二至之间，昼夜长短，凡差二十刻。每差一刻为一箭。冬至互起其首，凡有四十一箭。昼有朝，有禺，有中，有晡，有夕。夜有甲、乙、丙、丁、戊。昏旦有星中。每箭各有其数，皆所以分时代守，更其作役。

　　汉兴，张苍因循古制，犹多疏阔。及孝武考定星历，下漏以追天度，亦未能尽其理。刘向《鸿范传》记武帝时所用法云："冬夏二至之间，一百八十余日，昼夜差二十刻。"大率二至之后，九日而增损一刻焉。至哀帝时，又改用昼夜一百二十刻，寻亦寝废。至王莽窃位，又遵行之。光武之初，亦用百刻九日加减法，编于《甲令》，为《常符漏品》。至和帝永元十四年，霍融上言："官历率九日增减一刻，不与天相应。或时差至二刻半，不如夏历漏刻，随日南北为长短。"乃诏用夏历漏刻。依日行黄道去极，每差二度四分，为增减一刻。凡用四十八箭，终于魏、晋，相传不改。

　　宋何承天以月蚀所在，当日之衡，考验日宿，知移旧六度。冬至之日，其影极长，测量晷度，知冬至移旧四日。前代诸漏，春分昼长，秋分昼短，差过半刻。皆由气日不正，所以而然。遂议造漏法。春秋二分，昏旦昼夜漏各五十五刻。齐及梁初，因循不改。至天监六年，武帝以昼夜百刻，分配十二辰，辰得八刻，仍有余分。乃以昼

夜为九十六刻，一辰有全刻八焉。至大同十年，又改用一百八刻。依《尚书考灵曜》昼夜三十六顷之数，因而三之。冬至昼漏四十八刻，夜漏六十刻。夏至昼漏七十刻，夜漏三十八刻。春秋二分，昼漏六十刻，夜漏四十八刻。昏旦之数各三刻。先令祖暅为《漏经》，皆依浑天黄道日行去极远近，为用箭日率。陈文帝天嘉中，亦命舍人朱史造漏，依古百刻为法。周、齐因循魏漏。晋、宋、梁大同，并以百刻分于昼夜。

隋初，用周朝尹公正、马显所造《漏经》。至开皇十四年，鄜州司马袁充上晷影漏刻。充以短影平仪，均布十二辰，立表，随日影所指辰刻，以验漏水之节。十二辰刻，互有多少，时正前后，刻亦不同。其二至二分用箭辰刻之法，今列之云。

冬至：日出辰正，入申正，昼四十刻，夜六十刻。

子、丑、亥各二刻，寅、戌各六刻，卯、酉各十三刻，辰、申各十四刻，巳、未各十刻，午八刻。

右十四日改箭。

春秋二分：日出卯正，入酉正，昼五十刻，夜五十刻。

子四刻，丑、亥七刻，寅、戌九刻，卯、酉十四刻，辰、申九刻，巳、未七刻，午四刻。

右五日改箭。

夏至：日出寅正，入戌正，昼六十刻，夜四十刻。

子八刻，丑、亥十刻，寅、戌十四刻，卯、酉十三刻，辰、申六刻，巳、未二刻，午二刻。

右一十九日，加减一刻，改箭。

袁充素不晓浑天黄道去极之数，苟役私智，变改旧章，其于施用，未为精密。

开皇十七年，张胄玄用后魏浑天铁仪，测知春秋二分，日出卯酉之北，不正当中。与何承天所测颇同，皆日出卯三刻五十五分，入酉四刻二十五分。昼漏五十刻十一分，夜漏四十九刻四十分，昼夜差六十分刻之四十。仁寿四年，刘焯上《皇极历》，有日行迟疾，推二十四气，皆有盈缩定日。春秋分定日，去冬至各八十八日有奇，去夏至各九十三日有奇。二分定日，昼夜各五十刻。又依浑天黄道，验知冬至昼漏五十九刻，一百分刻之八十六，昼漏四十刻一十四分，夏至昼漏五十九刻八十六分，夜漏四十刻一十四分。冬夏二至之间，昼夜差一十九刻，一百分刻之七十二。胄玄及焯漏刻，并不施用。然其法制，皆著在历术，推验加时，最为详审。

大业初，耿询作古欹器，以漏水注之，献于炀帝。帝善之，因令与宇文恺依后魏道士李兰所修道家上法称漏制，造称水漏器，以充行从。又作候影分箭上水方器，置于东都乾阳殿前鼓下司辰。又作马上漏刻，以从行辨时刻。揆日晷，下漏刻，此二者，测天地正仪象之本也。晷漏沿革，今古大殊，故列其差，以补前阙。

经星中宫

北极五星，钩陈六星，皆在紫宫中。北极，辰也。其纽星，天之枢也。天运无穷，三光迭耀，而极星不移。故曰："居其所而众星共之。"贾逵、张衡、蔡邕、王蕃、陆绩，皆以北极纽星为枢，是不动处也。祖暅以仪准候不动处，在纽星之末，犹一度有余。北极大星，太一之座也。第一星主月，太子也。第二星主日，帝王也。第三星主五星，庶子也。所谓第二星者，最赤明者也。北极五星，最为尊也。中星不明，主不用事。右星不明，太子忧。钩陈，后宫也，太帝之正妃也，太帝之坐也。北四星曰女御宫，八十一御妻之象也。钩陈口中一星，曰天皇大帝。其神曰耀魄宝，主御群灵，秉万神图。抱极枢四星曰四辅，所以辅佐北极，而出度授政也。太帝上九星曰华盖，盖所以覆蔽太帝之坐也。又九星直曰杠。盖下五星曰五帝内坐，设叙顺，帝所居也。客犯紫宫中坐，大臣犯主。华盖杠旁六星曰六甲，可以分阴阳而纪节候，故在帝旁，所以布政教而授人时也。极东一星曰柱下史，主记过。古者有左右史，此之象也。柱史北一星曰女史，妇人之微者，主传漏。故汉有侍史。传舍九星在华盖上，近河，宾客之馆，主胡人入中国。客星守之，备奸使，亦曰胡兵起。传舍南河中五星曰造父，御官也，一曰司马，或曰伯乐。星亡，马大贵。西河中九星如钩状，曰钩星，伸则地动。天一一星，在紫宫门右星南，天帝之神也，主战斗，知人吉凶者也。太一一星，在天一南，相近，亦天帝神也，主使十六神，知风雨水旱，兵革饥馑，疾疫灾害所生之国也。

紫宫垣十五星，其西蕃七，东蕃八，在北斗北。一曰紫微，太帝之坐也，天子之常居也，主命，主度也。一曰长垣，一曰天营，一曰旗星，为蕃卫，备蕃臣也。宫阙兵起，旗星直，天子出，自将宫中兵。东垣下五星曰天柱，建政教，悬图法之所也。常以朔望日悬禁令于天柱，以示百司。《周礼》以正岁之月，悬法象魏，此之类也。门内东南维五星曰尚书，主纳言，夙夜咨谋，龙作纳言，此之象也。尚书西二星曰阴德、阳德，主周急振无。宫门左星内二星曰大理，主平刑断狱也。门外六星曰天床，主寝舍，解息燕休。西南角外二星曰内厨，主六宫之饮食，主后夫人与太子宴饮。东北维外六星曰天厨，主盛馔。

北斗七星，辅一星在太微北，七政之枢机，阴阳之元本也，故运乎天中，而临制四方，以建四时而均五行也。魁四星为璇玑，杓三星为玉衡。又象号令之主，又为帝车，取乎运动之义也。又魁第一星曰天枢，二曰璇，三曰玑，四曰权，五曰玉衡，六曰开阳，七曰摇光。一至四为魁，五至七为杓。枢为天，璇为地，玑为人，权为时，玉衡为音，开阳为律，摇光为星。石氏云："第一曰正星，主阳德，天子之象也。二曰法星，主阴刑，女主之位也。三曰令星，主祸害也。四曰伐星，主天理，伐无道。五曰杀星，主中央，助四旁，杀有罪。六曰危星，主天仓五谷。七曰部星，亦曰应星，主兵。"又云："一主天，二主地，三主火，四主水，五主土，六主木，七主金。"又曰："一主秦，二主楚，三主梁，四主吴，五主赵，六主燕，七主齐。"

魁中四星，为贵人之牢，曰天理也。辅星傅乎开阳，所以佐斗成功也。又曰："主危正，矫不平。"又曰："丞相之象也。"七政星明，其国昌。不明，国殃。斗旁欲多星则安，斗中少星则人恐上，天下多讼法者。无星二十日。有辅星明而斗不明，臣强主弱。斗明辅不明，主强臣弱也。

杓南三星及魁第一星，皆曰三公，宣德化，调七政，和阴阳之官也。

文昌六星，在北斗魁前，天之六府也，主集计天道。一曰上将，大将建威武。二曰次将，尚书正左右。三曰贵相，太常理文绪。四曰司禄、司中，司隶赏功进。五曰司命、司怪，太史主灭咎。六曰司寇，大理佐理宝。所谓一者，起北斗魁前，近内阶者也。明润，大小齐，天瑞臻。

文昌北六星曰内阶，天皇之陛也。相一星在北斗南。相者总领百司而掌邦教，以佐帝王，安邦国，集众事也。其明吉。太阳守一星，在相西，大将大臣之象也，主戒不虞，设武备也。非其常，兵起。西北四星曰势。势，腐刑人也。天牢六星在北斗魁下，贵人之牢也，主愆过，禁暴淫。

太微，天子庭也，五帝之坐也，亦十二诸侯府也。其外蕃，九卿也。一曰太微为衡。衡，主平也。又为天庭，理法平辞，监升授德，列宿受符，诸神考节，舒情稽疑也。南蕃中二星间曰端门。东曰左执法，廷尉之象也。西曰右执法，御史大夫之象也。执法，所以举刺凶奸者也。左执法之东，左掖门也。右执法之西，右掖门也。东蕃四星，南第一曰上相，其北东太阳门也。第二星曰次相，其北中华东门也。第三星曰次将，其北东太阴门也。第四星曰上将。所谓四辅也。西蕃四星：南第一星曰上将，其北西太阳门也。第二星曰次将，其北中华西门也。第三曰次相，其北西太阴门也。第四星曰上相。亦四辅也。东西蕃有芒及摇动者，诸侯谋天子也。执法移则刑罚尤急。月、五星所犯中坐，成刑。月、五星入太微轨道，吉。

西南角外三星曰明堂，天子布政之宫也。明堂西三星曰灵台，观台也。主观云物，察符瑞，候灾变也。左执法东北一星曰谒者，主赞宾客也。谒者东北三星曰三公内坐，朝会之所居也。三公北三星曰九卿内坐，主治万事。九卿西五星曰内五诸侯，内侍天子，不之国者也。辟雍之礼得，则太微诸侯明。

黄帝坐一星，在太微中，含枢纽之神也。天子动得天度，止得地意，从容中道，则太微五帝坐明，坐以光。黄帝坐不明，人主求贤士以辅法，不然则夺势。又曰太微五坐小弱青黑，天子国亡。四帝坐四星，四星侠黄帝坐。东方星，苍帝灵威仰之神也。南方星，赤帝熛怒之神也。西方星，白帝招距之神也。北方星，黑帝叶光纪之神也。

五帝坐北一星曰太子，帝储也。太子北一星曰从官，侍臣也。帝坐东北一星曰幸臣。屏四星在端门之内，近右执法。屏，所以壅蔽帝庭。执法主刺举，臣尊敬君上，则星光明润泽。郎位十五星，在帝坐东北，一曰依乌，郎位也。周官之元士，汉官之光禄、中散、谏议、议郎、三署郎中，是其职也。或曰今之尚书。郎位主卫守也。其星明，大臣有劫主。又曰客犯上。其星不具，后死，幸臣诛。客星入之，大臣为乱。郎将一星在郎位北，主阅具，所以为武备也。武贲一星，在太微西蕃北，下台南，静室旄头之骑官也。常陈七星，如毕状，在帝坐北，天子宿卫武贲之士，以设强毅也。星摇动，天子自出，明则武兵用，微则武兵弱。

三台六星，两两而居，起文昌，列招摇、太微。一曰天柱，三公之位也。在天曰三台，主开德宣符。西近文昌二星曰上台，为司命，主寿。次二星曰中台，为司中，主宗。东二星曰下台，为司禄，主兵，所以昭德塞违也。又曰三台为天阶，太一蹑以上下。一曰泰阶，上星为天子，下星为女主；中阶，上星为诸侯三公，下星为卿大夫；下阶，上星为士，下星为庶人。所以和阴阳而理万物也。其星有变，各以所主占人。君臣和集，如其常度。

南四星曰内平，近职执法平罪之官也。中台之北一星曰大尊，贵戚也。下台南一星曰武贲，卫官也。

摄提六星，直斗杓之南，主建时节，伺机祥。摄提为楯，以夹拥帝席也，主九卿。明大，三公恣，客星入之，圣人受制。西三星曰周鼎，主流亡。大角一星，在摄提间。大角者，天王座也。又为天栋，正经纪。北三星曰帝席，主宴献酬酢。梗河三星，在大角北。梗河者，天矛也。一曰天锋，主胡兵。又为丧，故其变动应以兵丧也。星亡，其国有兵谋。招摇一星在其北，一曰矛楯，主胡兵。占与梗河略相类也。招摇与北斗杓间曰天库。星去其所，则有库开之祥也。招摇欲与栋星、梗河、北斗相应，则胡常来受命于中国。招摇明而不正，胡不受命。玄戈二星，在招摇北。玄戈所主，与招摇同。或云主夷。客星守之，胡大败。天枪三星，在北斗杓东。一曰天钺，天之武备也。故在紫宫之左，所以御难也。女床三星，在其北，后宫御也，主女事。天棓五星，在女床北，天子先驱也，主忿争与刑罚，藏兵，亦所以御难也。枪棓皆以备非常也。一星不具，国兵起。

东七星曰扶筐，盛桑之器，主劝蚕也。七公七星，在招摇东，天之相也，三公之象，主七政。贯索九星在其前，贱人之牢也。一曰连索，一曰连营，一曰天牢，主法律，禁暴强也。牢口一星为门，欲其开也。九星皆明，天下狱烦。七星见，小赦；五星，大赦。动znac斧锧用，中空则更元。《汉志》云十五星。天纪九星，在贯索东，九卿也。九河主万事之纪，理怨讼也。明则天下多辞讼，亡则政理坏，国纪乱，散绝则地震山崩。织女三星，在天纪东端，天女也，主果蓏丝帛珍宝也。王者至孝，神祇咸喜，则织女星俱明，天下和平。大星怒角，布帛贵。东足四星曰渐台，临水之台也。主晷漏律吕之事。西之五星曰辇道，王者嬉游之道也，汉辇道通南、北宫象也。

左右角间二星曰平道之官。平道西一星曰进贤，主卿相举逸才。角北二星曰天田。亢北六星曰亢池。亢，舟航也；池，水也。主送往迎来。氐北一星曰天乳，主甘露。房中道一星曰岁，守之，阴阳平。房西二星南北列，曰天福，主乘舆之官，若《礼》巾车、公车之政。主祠事。东咸、西咸各四星，在房、心北，日月五星之道也。房之户，所以防淫佚也。星明则吉，暗则凶。月、五星犯守之，有阴谋。东咸西三星，南北列，曰罚星，主受金赎。键闭一星，在房东北，近钩钤，主关钥。

天市垣二十二星，在房心东北，主权衡，主聚众。一曰天旗庭，主斩戮之事也。市中星众润泽则岁实，星稀则岁虚。荧惑守之，戮不忠之臣。又曰，若怒角守之，戮者臣杀主。彗星除之，为徙市易都。客星入之，兵大起，出之有贵丧。市中六星临箕，曰市楼市府也，主市价律度。其阳为金钱，其阴为珠玉。变见，各以所主占之。北四星曰天斛，主量者也。斛西北二星曰列肆，主宝玉之货。市门左星内二星曰车肆，主众贾之区。

帝坐一星，在天市中，候星西，天庭也。光而润则天子吉，威令行。微小凶，大人当之。候一星，在帝坐东北，主伺阴阳也。明大辅臣强，四夷开。候细微则国安，亡则主失位，移则主不安。宦者四星，在帝坐西南，侍主刑余之人也。星微则吉，明则凶，非其常，宦者有忧。斗五星，在宦者南，主平量。仰则天下斗斛不平，覆则岁穰。宗正二星，在帝坐东南，宗大夫也。彗星守之，若失色，宗正有事。客星守动，则天子亲属有变。客星守之，贵人死。宗星二，在候星东，宗室之象，帝辅血脉之臣也。客星守之，宗人不和。东北二星曰帛度，东北二星曰屠肆，各主其事。

天江四星在尾北，主太阴。江星不具，天下津河关道不通。明若动摇，大水出，大兵起。参差则马贵。荧惑守之，有立王。客星入之。河津绝。

天弁八星，在南斗杓西，主关闭。建星六星，在南斗北，亦曰天旗，天之都关也。为谋事，为天鼓，为天马。南二星，天库也。中央二星，市也，铁锁也。上二星，旗跗也。斗建之间，三光道也。星动则人劳。月晕之，蛟龙见，牛马疫。月、五星犯之，大臣相潜，臣谋主；亦为关梁不通，有大水。东南四星曰狗国，主鲜卑、乌丸、沃且。荧惑守之，外夷为变。太白逆守之，其国乱。客星犯守之，有大盗，其王且来。狗国北二星曰天鸡，主候时。天弁九星在建星北，市官之长也。主列肆阓阛，若市籍之事，以知市珍也。星欲明，吉。彗星犯守之，籴贵，囚徒起兵。

河鼓三星，旗九星，在牵牛北，天鼓也，主军鼓，主铁锁。一曰三武，主天子三将军。中央大星为大将军，左星为左将军，右星为右将军。左星，南星也，所以备关梁而距难也，设守阻险，知谋征也。旗即天鼓之旗，所以为旌表也。左旗九星，在鼓左旁。鼓欲正直而明，色黄光泽，将吉；不正，为兵忧也。星怒马贵，动则兵起，曲则将失计夺势。旗星戾，乱相陵。旗端四星南北列，曰天桴。桴，鼓桴也。星不明，漏刻失时。前近河鼓，若桴鼓相直，皆为桴鼓用。

离珠五星，在须女北，须女之藏府也，女子之星也。星非故，后宫乱。客星犯之，后宫凶。虚北二星曰司命，北二星曰司禄，又北二星曰司危，又北二星曰司非。司命主举过行罚，灭不祥。司禄增年延德，故在六宗北。犯司危，主骄佚亡下。司非以法多就私。瓠瓜五星，在离珠北，主阴谋，主后宫，主果食。明则岁熟，微则岁恶，后失势。非其故，则山摇，谷多水。旁五星曰败瓜，主种。天津九星，梁，所以度神通四方也。一星不备，津关道不通。星明动则兵起如流沙，死人乱麻。微而参差，则马贵若死。星亡，若从河水为害，或曰水贼称王也。东近河边七星曰车府，主车之官也。车府东南五星曰人星，主静众庶，柔

远能迩。一曰卧星，主防淫。其南三星内析，东南四星曰杵臼，主给军粮。客星入之，兵起，天下聚米。天津北四星如衡状，曰奚仲，古车正也。

腾蛇二十二星，在营室北，天蛇星主水虫。星明则不安，客星守之，水雨为灾，水物不收。王良五星，在奎北，居河中，天子奉车御官也。其四曰天驷，旁一星曰王良，亦曰天马。其星动，为策马，车骑满野。亦曰王良梁，为天桥，主御风雨水道，故或占津梁。其星移，有兵，亦曰马病。客星守之，桥不通。前一星曰策，王良之御策也，主天子仆，在王良旁。若移在马后，是谓策马，则车骑满野。阁道六星，在王良前，飞道也。从紫宫至河，神所乘也。一曰阁道，主道里，天子游别宫之道也。亦曰阁道，所以捍难灭咎也。一曰王良旗，一曰紫宫旗，亦所以为旌表，而不欲其动摇。旗星者，兵所用也。傅路一星，在阁道南，旁别道也。备阁道之败，复己乘之也。一曰太仆，主御风雨，亦游从之义也。东壁北十星曰天厩，主马之官，若今驿亭也，主传令置驿，逐漏驰骛，谓其行急疾，与晷漏竞驰。

天将军十二星，在娄北，主武兵。中央大星，天之大将也。外小星，吏士也。大将星摇，兵起，大将出。小星不具，兵发。南一星曰军南门，主谁何出入。太陵八星，在胃北。陵者，墓也。太陵卷舌之口曰积京，主大丧也。积京中星绝，则诸侯有丧，民多疾，兵起，粟聚。少则粟散。星守之，有土功。太陵中一星曰积尸，明则死人如山。天船九星，在太陵北，居河中。一曰舟星，主度，所以济不通也，亦主水旱。不在汉中，津河不通。中四星欲其均明，即天下大安。不则兵若丧。客彗星出入之，为大水，有兵。中一星曰积水，候水灾。昴西二星曰天街，三光之道，主伺候关梁中外之境。天街西一星曰月。卷舌六星在北，主口语，以知佞谗也。曲者吉，直而动，天下有口舌之害。中一星曰天谗，主巫医。

五车五星，三柱九星，在毕北。五车者，五帝车舍也，五帝坐也，主天子五兵，一曰主五谷丰耗。西北大星曰天库，主太白，主秦。次东北星曰狱，主辰星，主燕、赵。次东星曰天仓，主岁星，主鲁、卫。次东南星曰司空，主填星，主楚。次西南星曰卿星，主荧惑，主魏。五星有变，皆以其所主而占之。三柱，一曰三泉，一曰休，一曰旗。五车星欲均明，阔狭有常也。天子得灵台之礼，则五车三柱均明。中有五星曰天潢。天潢南三星曰咸池，鱼囿也。月、五星入天潢，兵起，道不通，天下乱，易政。咸池明，有龙堕死，猛兽及狼害人，若兵起。

五车南六星曰诸王，察诸侯存亡。西五星曰厉石，金若客星守之，兵动。北八星曰八谷，主候岁。八谷一星亡，一谷不登。天关一星，在五车南，亦曰天门，日月所行也，主边事，主开闭。芒角，有兵。五星守之，贵人多死。

东井钺前四星曰司怪，主候天地日月星辰变异，及鸟兽草木之妖，明主闻灾，修德保福也。司怪西北九星曰坐旗，君臣设位之表也。坐旗西四星曰天高，台榭之高，主远望气象。天高西一星曰天河，主察山林妖变。南河、北河各三星，夹东井。一曰天高天之阙门，主关梁。南河曰

南戍,一曰南宫,一曰阳门,一曰越门,一曰权星,主火。北河一曰北戍,一曰北宫,一曰阴门,一曰胡门,一曰衡星,主水。两河戍间,日月五星之常道也。河戍动摇,中国兵起。南河三星曰阙丘,主宫门外象魏也。五诸侯五星,在东井北,主刺举,戒不虞。又曰理阴阳,察得失。亦曰主帝心。一曰帝师,二曰帝友,三曰三公,四曰博士,五曰太史。此五者常为帝定疑议。星明大润泽,则天下大治,角则祸在中。五诸侯南三星曰天樽,主盛坛馔粥,以给酒食之正也。积薪一星,在积水东,供给庖厨之正也。水位四星,在东井东,主水衡。客星若水火守犯之,百川流溢。

轩辕十七星,在七星北。轩辕,黄帝之神,黄龙之体也。后妃之主,士职也。一曰东陵,一曰权星,主雷雨之神。南大星,女主也。次北一星,妃也。次,将军也。其次诸星,皆次妃之属也。女主南小星,女御也。左一星少民,少后宗也。右一星大民,太后宗也。欲其色黄小而明也。轩辕右角南三星曰酒旗,酒官之旗也,主飨宴饮食。五星守酒旗,天下大酺,有酒肉财物,赐若爵宗室。酒旗南二星曰天相,丞相之象也。轩辕西四星曰爟,爟者烽火之爟也,边亭之警候。

爟北四星曰内平。少微四星,在太微西,士大夫之位也。一名处士,亦天子副主,或曰博士官。一曰主卫掖门。南第一星处士,第二星议士,第三星博士,第四星大夫。明大而黄,则贤士举也。月、五星犯守之,处士、女主忧,宰相易。南四星曰长垣,主界域及胡夷。荧惑入之,胡入中国。太白入之,九卿谋。

卷二十　　志第十五

天文中

二十八舍

东方:角二星,为天阙,其间天门也,其内天庭也。故黄道经其中,七曜之所行也。左角为天田,为理,主刑,其南为太阳道。右角为将,主兵,其北为太阴道。盖天之三门,犹房之四表。其星明大,王道太平,贤者在朝。动摇移徙,王者行。

亢四星,天子之内朝也。总摄天下奏事,听讼理狱录功者。一曰疏庙,主疾疫。星明大,辅纳忠,天下宁,人无疾疫。动则多疾。

氐四星,王者之宿宫,后妃之府,休解之房。前二星嫡也,后二星妾也。将有徭役之事,氐先动。星明大则臣奉度,人无劳。

房四星为明堂,天子布政之宫也,亦四辅也。下第一星,上将也;次,次将也;次,次相也;上星,上相也。南二星君位,北二星夫人位。又为四表,中间为天衢之大道,为天阙,黄道之所经也。南间曰阳环,其南曰太阳。北间曰阴间,其北曰太阴。七曜由乎天衢,则天下平和。

由阳道则主旱丧,由阴道则主水兵。亦曰天驷,为天马,主车驾。南星曰左骖,次左服,次右服,次右骖。亦曰天厩,又主开闭,为畜藏之所由也。房星明则王者明。骖星大则兵起,星离则人流。又北二小星曰钩钤,房之铃键,天之管籥,主闭藏,键天心也。王者孝则钩钤明。近房,天下同心,远则天下不和,王者绝后。房钩钤间有星及疏坼,则地动河清。

心三星,天王正位也。中星曰明堂,天子位,为大辰,主天下之赏罚。天下变动,心星见祥。星明大,天下同,暗则主暗。前星为太子,其星不明,太子不得代。后星为庶子,后星明,庶子代。心星变黑,大人有忧。直则王失势,动则国有忧急,角摇则有兵,离则人流。

尾九星,后宫之场,妃后之府。上第一星,后也;次三星,夫人;次星,嫔妾。第三星傍一星,名曰神宫,解衣之内室。尾亦为九子。星色欲均明,大小相承,则后宫有叙,多子孙。星微细暗,后有忧疾。疏远,后失势。动摇则君臣不和,天下乱。就聚则大水。

箕四星,亦后宫妃后之府。亦曰天津,一曰天鸡。主八风,凡日月宿在箕、东壁、翼、轸者,风起。又主口舌,主客蛮夷胡貉,故蛮胡将动,先表箕焉。星大明直则谷熟,内外有差。就聚细微,天下忧。动则蛮夷有使来。离徙则人流动,不出三日,大风。

北方:南斗六星,天庙也,丞相太宰之位,主褒贤进士,禀授爵禄,又主兵。一曰天机。南二星魁,天梁也。中央二星,天相也。北二星杓,天府庭也,亦为天子寿命之期也。将有天子之事,占于斗。斗星盛明,王道平和,爵禄行。芒角动摇,天子愁,兵起移徙,其臣逐。

牵牛六星,天之关梁,主牺牲事。其北二星,一曰即路,一曰聚火。又曰,上一星主道路,次二星主关梁,次三星主南越。摇动变色则占之。星明大,王道昌,关梁通,牛贵。怒则马贵。不明失常,谷不登,细则牛贱。中星移上下,牛多死。小星亡,牛多疫。又曰,牵牛星动为牛灾。

须女四星,天之少府也。须,贱妾之称,妇职之卑者也,主布帛裁制嫁娶。星明,天下丰,女功昌,国充富。小暗则国藏虚。动则有嫁娶出纳裁制之事。

虚二星,冢宰之官也。主北方,主邑居庙堂祭祀祝祷事,又主死丧哭泣。

危三星,主天府天库架屋,余同虚占。星不明,客有诛。动则王者作宫殿,有土功。坟墓四星,属危之下,主死丧哭泣,为坟墓也。星不明,天下旱。动则有丧。

营室二星,天子之宫也。一曰玄宫,一曰清庙,又为军粮之府及土功事。星明国昌,小不明,祠祀鬼神不享,国家多疾。动则有土功,兵出野。离宫六星,天子之别宫,主隐藏休息之所。

东壁二星,主文章,天下图书之秘府也,主土功。星明,王者兴,道术行,国多君子。星失色,大小不同,王者好武,经士不用,图书隐。星动则有土功。离徙就聚,为田宅事。

西方:奎十六星,天之武库也。一曰天豕,亦曰封豕。主以兵禁暴,又主沟渎。西南大星,所谓天豕目,亦曰大将，欲其明。若帝淫佚，政不平，则奎有角。角动则有兵，不出年中，或有沟渎之事。又曰，奎中星明，水大出。

娄三星，为天狱，主苑牧牺牲，供给郊祀，亦为兴兵聚众。星明，天下平和，郊祀大享，多子孙。动则有聚众。星直则有执主之命者。就聚，国不安。

胃三星，天之厨藏，主仓廪五谷府也。明则和平仓实，动则有输运事，就聚则谷贵人流。

昴七星，天之耳目也，主西方，主狱事。又为髦头，胡星也。又主丧。昴毕间为天街，天子出，髦头罕毕以前驱，此其义也。黄道之所经也。昴明则天下牢狱平。昴六星皆明，与大星等，大水。七星黄，兵大起。一星亡，为兵丧。摇动，有大臣下狱，及白衣之会。大而数尽动，若跳跃者，胡兵大起。一星独跳跃，余不动者，胡欲犯边境也。

毕八星，主边兵，主弋猎。其大星曰天高，一曰边将，主四夷之尉也。星明大则远夷来贡，天下安。失色则边乱。一星亡，为兵丧。动摇，边城兵起，有谗臣。离徙，天下狱乱。就聚，法令酷。附耳一星在毕下，主听得失，伺愆邪，察不祥。星盛则中国微，有盗贼，边候惊，外国反，斗兵连年。若移动，佞谗行，兵大起，边尤甚。月入毕，多雨。

觜觿三星，为三军之候，行军之藏府，主葆旅，收敛万物。明则军储盈，将得势。动而明，盗贼群行，葆旅起。动移，将有逐者。

参十星，一曰参伐，一曰大辰，一曰天市，一曰鈇钺，主斩刈。又为天狱，主杀伐。又主权衡，所以平理也。又主边城，为九译，故不欲其动也。参，白兽之体。其中三星横列，三将也。东北曰左肩，主左将。西北曰右肩，主右将。东南曰左足，主后将军。西南曰右足，主偏将军。故《黄帝占》参应七将。中央三小星曰伐，天之都尉也，主胡、鲜卑、戎狄之国，故不欲明。七将皆明大，天下兵精也。王道缺则芒角张。伐星明与参等，大臣皆谋，兵起。参星失色，军散。参芒角动摇，边候有急，天下兵起。又曰，有斩伐之事。参星移，客军主。参左足入玉井中，兵大起，秦大水，若有丧，山石为怪。参星差戾，王臣贰。

南方：东井八星，天之南门，黄道所经，天之亭候。主水衡事，法令所取平也。王者用法平，则井星明而端列。钺一星，附井之前，主伺淫奢而斩之，故不欲其明。明与井齐，则用钺，大臣有斩者，以欲杀也。月宿井，有风雨。

舆鬼五星，天目也，主视，明察奸谋。东北星主积马，东南星主积兵，西南星主积布帛，西北星主积金玉，随变占之。中央为积尸，主死丧祠祀。一曰鈇质，主诛斩。鬼星明大，谷成。不明，人散。动而光，上赋敛重，徭役多。星徙，人愁，政令急。鬼质欲其忽忽不明则安，明则兵起，大臣诛。

柳八星，天之厨宰，主尚食，和滋味，又主雷雨，若女主骄奢。一曰天相，一曰天库，一曰注，又主木功。星明，大臣重慎，国安，厨食具。注举首，王命兴，辅佐出。星直，天下谋伐其主。星就聚，兵满国门。

七星七星，一名天都，主衣裳文绣，又主急兵，守盗贼，故欲明。星明，王道昌，暗则贤良不处，天下空，天子疾。动则兵起，离则易政。

张六星，主珍宝，宗庙所用及衣服，又主天厨，饮食赏赉之事。星明则王者行五礼，得天之中。动则赏赉，离徙天下有逆人，就聚有兵。

翼二十二星，天之乐府，主俳倡戏乐，又主夷狄远客，负海之宾。星明大，礼乐兴，四夷宾。动则蛮夷使来，离徙则天子举兵。

轸四星，主冢宰辅臣也，主车骑，主载任。有军出入，皆占于轸。又主风，主死丧。轸星明，则车驾备。动则车骑用。离徙，天子忧。就聚，兵大起。辖星，傅轸两傍，主王侯。左辖为王者同姓，右辖为异姓。星明，兵大起。远轸凶。轸辖举，南蛮侵。车无辖，国主忧。长沙一星，在轸之中，主寿命。明则主寿长，子孙昌。

右四方二十八宿并辅官一百八十二星。

星官在二十八宿之外者

库楼十星，其六大星为库，南四星为楼，在角南。一曰天库，兵车之府也。旁十五星，三三而聚者，柱也。中央四小星，衡也。主陈兵。又曰，天库空则兵四合。东北二星曰阳门，主守隘塞也。南门二星在库楼南，天之外门也。主守兵。平星二星，在库楼北，平天下之法狱事，廷尉之象也。天门二星，在平星北。

亢南七星曰折威，主斩杀。顿顽二星，在折威东南，主考囚情状，察诈伪也。

骑官二十七星，在氐南，若天子武贲，主宿卫。东端一星，骑阵将军，骑将也。南三星车骑，车骑之将也。阵车三星，在骑官东北，革车也。

积卒十二星，在房心南，主为卫也。他星守之，近臣诛。从官二星，在积卒西北。

龟五星，在尾南，主卜，以占吉凶。傅说一星，在尾后。傅说主章祝巫官也。章，请号之声。主王后之内祭祀，以祈子孙，广求胤嗣。《诗》云："克禋克祀，以弗无子。"此之象也。星明大，王者多子孙。鱼一星，在尾后河中，主阴事，知云雨之期也。星不明，则鱼多亡，若鱼少。动摇则大水暴出。出汉中，则大鱼多死。

杵三星，在箕南，杵给庖舂。客星入杵白，天下有急。糠一星，在箕舌前，杵西北。

鳖十四星，在南斗南。鳖为水虫，归太阴。有星守之，白衣会，主有水令。农丈人一星，在南斗西南，老农主稼穑也。狗二星，在南斗魁前，主吠守。

天田九星，在牛南。罗堰九星，在牵牛东，岠马也，以壅畜水潦，灌溉沟渠也。九坎九星，在牵牛南。坎，沟渠也，所以导达泉源，疏泻盈溢，通沟洫也。九坎间十星曰天池，一曰三池，一曰天海，主灌溉事。九坎东列星：北一星曰齐，齐北二星曰赵，赵北一星曰郑，郑北一星曰越，越东二星曰周，周东南北列二星曰秦，秦南二星曰代，代西一星曰晋，晋北二星曰韩，韩北一星曰魏，魏西一星曰楚，楚南一星曰燕。其星有变，各以其国。秦、代东三星南北列，曰离瑜。离圭衣也，瑜玉饰，皆妇人之服星也。

虚南二星曰哭，哭东二星曰泣，泣哭皆近坟墓。泣南十三星,曰天垒城,如贯索状,主北夷丁零、匈奴。败曰四星,在虚危南,知凶灾。他星守之,饥兵起。

危南二星曰盖屋,主治宫室之官也。虚梁四星,在盖屋南,主园陵寝庙。非人所处,故曰虚梁。

室南六星曰雷电。室西南二星曰土功吏,主司过度。

壁南二星曰土公,土公西南五星曰礔砺,礔砺南四星曰云雨,皆在垒壁北。

羽林四十五星,在营室南。一曰天军,主军骑,又主翼王也。垒壁阵十二星,在羽林北,羽林之垣垒也,主军位,为营壅也。五星有在天军中者,皆为兵起,荧惑、太白、辰星尤甚。北落师门一星,在羽林南。北者,宿在北方也。落,天之蕃落也。师,众也。师门犹军门也。长安城北门曰北落门,以象北也。主非常,以候兵。有星守之,房入塞中,兵起。北落西北有十星,曰天钱。北落西南一星,曰天纲,主武帐。北落东南九星,曰八魁,主张禽兽。客星入之,多盗贼。八魁西北三星曰鈇质,一曰鈇钺。有星入之,皆为大臣诛。

奎南七星曰外屏。外屏南七星曰天溷,厕也。屏所以障之也。天溷南一星曰土司空,主水土之事故,又知祸殃也。客星入之,多土功,天下大疾。

娄东五星曰左更,山虞也,主泽薮竹木之属,亦主仁智。娄西五星曰右更,牧师也,主养牛马之属,亦主礼义。二更,秦爵名也。天仓六星,在娄南,仓谷所藏也。星黄而大,岁熟。西南四星曰天庾,积厨粟之所也。

天囷十三星在胃南。囷,仓廪之属也,主给御粮也。星见则囷仓实,不见即虚。

天廪四星在昴南,一曰天廥,主畜黍稷,以供飨祀,《春秋》所谓御廪,此之象也。天苑十六星,在昴毕南,天子之苑囿,养禽兽之所也,主马牛羊。星明则牛马盈,希则死。苑西六星曰刍藁,以供牛马之食也。一曰天积,天子之藏府也。星盛则岁丰穰,希则货财散。苑南十三星曰天园,植果菜之所也。

毕附耳南八星,曰天节,主使臣之所持者也。天节下九星,曰九州殊口,晓方俗之官,通重译者也。毕柄西五星曰天阴。

参旗九星在参西,一曰天旗,一曰天弓,主司弓弩之张,候变御难。玉井四星,在参左足下,主水浆,以给厨。西南九星曰九游,天子之旗也。玉井东南四星曰军井,行军之井也。军井未达,将不言渴,名取此也。屏二星在玉井南,屏为屏风。客星入之,四足虫大疾。天厕四星,在屏东,溷也,主观天下疾病。天矢一星在厕南,色黄则吉,他色皆凶。军市十三星,在参东南,天军贸易之市,使军无通也。野鸡一星,主变怪,在军市中。军市西南二星曰丈人,丈人东二星曰子,子东二星曰孙。

东井西南四星曰水府,主水之官也。东井南垣之东四星,曰四渎,江、河、淮、济之精也。狼一星,在东井东南。狼为野将,主侵掠。色有常,不欲变动也。角而变色动摇,盗贼萌,胡兵起,人相食。躁则人主不静,不居其宫,驰骋天下。北七星曰天狗,主守财。弧九星在狼东南,天弓也,主备盗贼,常向于狼。弧矢动移,不如常者,多盗贼,胡兵大起。狼弧张,害及胡,天下乖乱。又曰,天弓张,天下尽兵,主与臣相谋。弧南六星为天社。昔共工氏之子句龙,能平水土,故祀以配社,其精为星。老人一星在弧南,一曰南极。常以秋分之旦见于丙,春分之夕而没于丁。见则化平,主寿昌,亡则君危代天。常以秋分候之南郊。

柳南六星曰外厨。厨南一星曰天纪,主禽兽之齿。

稷五星在七星南。稷,农正也。取乎百谷之长,以为号也。

张南十四星曰天庙,天子之祖庙也。客星守之,祠官有忧。

翼南五星曰东区,蛮夷星也。

轸南三十二星曰器府,乐器之府也。青丘七星在轸东南,蛮夷之国号也。青丘西四星曰土司空,主界域,亦曰司徒。土司空北二星曰军门,主营候豹尾威旗。

自摄提至此,大凡二百五十四官,一千二百八十三星。并二十八宿辅官,名曰经星常宿。远近有度,小大有差。苟或失常,实表灾异。

天汉,起东方,经尾箕之间,谓之汉津。乃分为二道,其南经傅说、鱼、天籥、天弁、河鼓,其北经龟,贯箕下,次络南斗魁、左旗,至天津下而合南道。乃西南行,又分夹匏瓜,络人星、杵、造父、腾蛇、王良、傅路、阁道北端、太陵、天船、卷舌而南行,络五车,经北河之南,入东井水位而东南行,络南河、阙丘、天狗、天纪、天稷,在七星南而没。

天占

《鸿范五行传》曰:"清而明者,天之体也,天忽变色,是谓易常。天裂,阳不足,是谓臣强,下将害上,国后分裂,其下之主当之。天开见光,流血滂滂。天裂见人,兵起国亡。天鸣有声,至尊忧且惊。皆乱国之所生也。"

汉惠帝二年,天开东北,长三十余丈,广十余丈。后有吕氏变乱。

晋惠帝太安二年,天中裂。穆帝升平五年,又裂,广数丈,并有声如雷。其后皆有兵革之应。

七曜

日循黄道东行,一日一夜行一度,三百六十五日有奇而周天。行东陆谓之春,行南陆谓之夏,行西陆谓之秋,行北陆谓之冬。行以成阴阳寒暑之节。是故《传》云:"日为太阳之精,主生养恩德,人君之象也。"又人君有瑕,必露其慝,以告示焉。故日月行有道之国则光明,人君吉昌,百姓安宁。日变色,有军军破,无军丧侯王。其君无德,其臣乱国,则日赤无光。日失色,所临之国不昌。日昼昏,行人无影,到暮不止者,上刑急,下人不聊生,不出一年,有大水。日昼昏,乌鸟群鸣,国失政。日中乌见,主不明,为政乱,国有白衣会。日中有黑子、黑气、黑云,乍三乍五,臣废其主。日食,阴侵阳,臣掩君之象,有亡国,有死君,有大水。日食见星,有杀君,天下分裂。王者修德以禳之。

月者,阴之精也。其形圆,其质清,日光照之,则见其明。日光所不照,则谓之魄。故月望之日,日月相望,人居其间，尽睹其明，故形圆也。二弦之日，日照其侧，人观其傍，故半明半魄也。晦朔之日，日照其表，人在其里，故不见也。其行有迟疾。其极迟则日行十二度强，极疾则日行十四度半强。迟则渐疾，疾极渐迟，二十七日半强而迟疾一终矣。又月行之道，斜带黄道。十三日有奇在黄道表，又十三日有奇在黄道里。表里极远者，去黄道六度。二十七日有奇，阴阳一终。张衡云："对日之冲，其大如日，日光不照，谓之暗虚。暗虚逢月则月食，值星则星亡。"今历家月望行黄道，则值暗虚矣。值暗虚有表里深浅，故食有南北多少。月为太阴之精，以之配日，女主之象也。以之比德，刑罚之义。列之朝廷，诸侯大臣之类。故君明则月行依度，臣执权则月行失道。大臣用事，兵刑理理，则月行乍南乍北。女主外戚擅权，则或进或退。月变色，将有殃。月昼明，奸邪并作，君臣争明，女主失行，阴国兵强，中国饥，天下谋僭。数月重见，国以乱亡。

岁星曰东方春木。于人五常，仁也；五事，貌也。仁亏貌失，逆春令，伤木气，则罚见岁星。岁星盈缩，以其舍命国。其所居久，其国有德厚，五谷丰昌，不可伐。其对为冲，岁乃有殃。岁星安静中度，吉。盈缩失次，其国有变，不可举事用兵。又曰，人主出象也。色欲明光润泽，德合同。又曰，进退如度，奸邪息；变色乱行，主无福。又主福，主大司农，主齐、吴，主司天下诸侯人君之过，主岁五谷。赤而角，其国昌；赤黄而沉，其野大穰。

荧惑曰南方夏火。礼也，视也。礼亏视失，逆夏令，伤火气，罚见荧惑。荧惑法使行无常，出则有兵，入则兵散。以舍命国，为乱，为贼，为疾，为丧，为饥，为兵，居国受殃。环绕勾巳，芒角动摇变色，乍前乍后，乍左乍右，其殃愈甚。其南丈夫、北女子丧。周旋止息，乃为死丧，寇乱其野，亡地。其失行而速，兵聚其下，顺之战胜。又曰，荧惑主大鸿胪，主死丧，主司空，又为司马，主楚、吴、越以南，又司天下群臣之过，司骄奢亡乱妖孽，主岁成败。又曰，荧惑不动，兵不战，有诛将。其出色赤怒，逆行成钩巳，战凶，有围军。钩巳，有芒角如锋刃，人主无出宫，下有伏兵。芒大则人民怒，君子遑遑，小人浪浪，不有乱臣，则有大丧，人欺吏，吏欺王。又为外则兵，内则理政，为天子之理也。故曰，虽有明天子，必视荧惑所在。其入守犯太微、轩辕、营室、房、心，主命恶之。

填星曰中央季夏土。信也，思心也。仁义礼智，以信为主，貌言视听，以心为政，故四星皆失，填乃为之动。动而盈，侯王不宁。缩，有军不复。所居之宿，国吉，得地及女子，有福，不可伐。去之，失地，若有女忧。居宿久，国福厚，易则薄。失次而上二三宿曰盈，有主命不成，不乃大水。失次而下曰缩，后戚，其岁不复，不乃天裂，若地动。一曰，填为黄帝之德，女主之象，主德厚，安危存亡之机，司天下女主之过。又曰，天子之星也。天子失信，则填星大动。

太白曰西方秋金。义也，言也。义亏言失，逆秋令，伤金气，罚见太白。太白进退以候兵，高埤迟速，静躁见伏，用兵皆象之，吉。其出西方，失行，夷狄败；出东方，失行，中国败。未尽期日，过参天，病其对国。若经天，天下革，人更王，是谓乱纪，人民流亡。昼与日争明，强国弱，小国强，女主昌。又曰，太白大臣，其号上公也，大司马位谨候此。

辰星曰北方冬水。智也，听也。智亏听失，逆冬令，伤水气，罚见辰星。辰星见，主刑，主廷尉，主燕、赵，又为燕、赵、代以北，宰相之象，亦为杀伐之气，战斗之象。又曰，军于野，辰星为偏将之象，无军为刑事。和阴阳，应其时。不和，出失其时，寒暑失其节，邦当大饥。当出不出，是谓击卒，兵大起。在于房心间，地动。亦曰，辰星出入躁疾，常主夷狄。又曰，蛮夷出兵，亦主刑法之得失。色黄而小，地大动。

凡五星有色，大小不同，各依其行而顺时应节。色变有类。凡青皆比参左肩，赤比心大星，黄比参右肩，白比狼星，黑比奎大星。不失本色，而应其四时者，吉；色害其行，凶。

凡五星所出所行所直之辰，其国为得位者，岁星以德，荧惑有礼，填星有福，太白兵强，辰星阴阳和。所行所直之辰，顺其色而有角者胜，其色害者败。居实，有德也。居虚，无德也。色胜位，行胜色，行得尽胜之。营室为清庙，岁星庙也。心为明堂，荧惑庙也。南斗为文太室，填星庙也。亢为疏庙，太白庙也。七星为员官，辰星庙也。五星行至其庙，谨候其命。

凡五星盈缩失位，其精降于地为人。岁星降为贵臣；荧惑降为童儿，歌谣嬉戏；填星降为老人妇女；太白降为壮夫，处于林麓；辰星降为妇人。吉凶之应，随其象告。

凡五星，木与土合，为内乱、饥；与水合，为变谋而更事；与火合，为饥，为旱；与金合，为白衣之会，合斗，国有内乱，野有破军，为水。太白在南，岁星在北，名曰牝年，谷大熟。太白在北，岁星在南，年或有或无。火与金合，为烁为丧，不可举事用兵。从军为军忧，离之军却。出太白阴，分宅，出其阳，偏将战。与土合，为忧，主孽。与水合，为北军，用兵举事大败。一曰，火与水合为焠，不可举事用兵。土与水合，为壅沮，不可举事用兵，有覆军下师。一曰，为变谋更事，必为旱。与金合，为疾，为白衣会，为内兵，国亡地。与木合，国饥。水与金合，为变谋，为兵忧。入太白中而上出，破军杀将，客胜。下出，客亡地，视旗所指，以命破军。环绕太白，若与斗，大战，客胜。

凡木、火、土、金与水斗，皆为战，兵不在外，皆为内乱。

凡同舍为合，相陵为斗。二星相近，其殃大，相远无伤，七寸以内必之。

凡月蚀五星，其国亡。岁以饥，荧惑以乱，填以杀，太白以强国战，辰以女乱。

凡五星入月，其野有逐相。太白，将僇。

凡五星所聚，其国王，天下从。岁以义从，荧惑以礼从，填以重从，太白以兵从，辰以法，各以其事致天下也。三星若合，是谓惊立绝行，其国外内有兵，天丧人民，改立侯王。四星若合，是谓太阳，其国兵丧并起，君子忧，小人流。五星若合，是谓易行，有德受庆，改立王者，奄有四方，子孙蕃昌；亡德受殃，离其国家，灭其宗庙，百姓离去，被满四方。五星皆大，其事亦大；皆小，事亦小。

凡五星色，其圜白，为丧，为旱；赤中不平，为兵，为忧；青为水；黑为疾疫，为多死；黄为吉。皆角，赤，犯我城；黄，地之争；白，哭泣声；青，有兵忧；黑，有水。五星同色，天下偃兵，百姓安宁，歌儛以行，不见灾疾，五谷蕃昌。

凡五星岁政缓则不行，急则过分，逆则占。荧惑，缓则不入，急则不出，违道则占。填，缓则不还，急则过舍，逆则占。太白，缓则不出，急则不入，逆则占。辰星，缓则不出，急则不入，非时则占。五星不失行，则年谷丰昌。

凡五星分天之中，积于东方，中国；积于西方，外国。用兵者利。辰星不出，太白为客；其出，太白为主。出而与太白不相从，及各出一方，为格，野有军不战。

五星为五德之主，其行或入黄道里，或出黄道表，犹月行出有阴阳也。终出入五常，不可以算数求也。其东行曰顺，西行曰逆，顺则疾，逆则迟，通而率之，终为东行矣。不东不西曰留。与日相近而不见，曰伏。伏与日同度曰合。其留行逆顺掩合犯法陵变色芒角，凡其所主，皆以时政五常、五官、五事之得失，而见其变。

木、火、土三星行迟，夜半经天。其初皆与日合度，而后顺行渐迟，追日不及，晨见东方。行去日稍远，朝时近中则留。留经且过中则逆行。逆行至夕时近中则又留。留而又顺，先迟渐速，以至于夕伏西方，乃更与日合。金、水二星，行速而不经天。自始与日合之后，行速而先日，夕见西方。去日前稍远，夕时欲近南方则渐迟，迟极则留。留而近日，则逆行而合日，在于日后。晨见东方。逆极则留，留而后迟。迟极去日稍远，旦时欲近南方，则速行以追日，晨伏于东方，复与日合。此五星合见、迟速、逆顺、留行之大经也。昏旦者，阴阳之大分也。南方者，太阳之位，而天地之经也。七曜行至阳位，当天之经，则亏曩留逆而不居焉。此天之常道也。三星经天，二星不经天，三天两地之道也。

凡五星见伏留行，逆顺迟速，应历度者，为得其行，政合于常。违历错度，而失路盈缩者，为乱行。乱行则为天矢彗孛，而有亡国革政，兵饥丧乱之祸云。

古历五星并顺行，秦历始有金火之逆。又甘、石并时，自有差异。汉初测候，乃知五星皆有逆行，其后相承罕能察。至后魏末，清河张子信，学艺博通，尤精历数。因避葛荣乱，隐于海岛中，积三十许年，专以浑仪测候日月五星差变之数，以算步之，始悟日月交道，有表里迟速，五星见伏，有感召向背。言日行在春分后则迟，秋分后则速。合朔月在日道里则日食，若在日道外，虽交不亏。月望值交则亏，不问表里。又月行遇木、火、土、金四星，向之则速，背之则迟。五星行四方列宿，各有所好恶。所居遇其好者，则留多行迟，见早。遇其恶者，则留少行速，见迟。与常数并差，少者差至五度，多者差至三十许度。其辰星之行，见伏尤异。晨应见在雨水后立夏前，夕应见在处暑后霜降前者，并不见。启蛰、立夏、立秋、霜降四气之内，晨夕去日前后三十六度内，十八度外，有木、火、

土、金一星者见，无者不见。后张胄玄、刘孝孙、刘焯等，依此差度，为定入交食分及五星定见定行，与天密会，皆古人所未得也。

梁奉朝请祖暅，天监中，受诏集古天官及图纬旧说，撰《天文录》三十卷。逮周氏克梁，获庾季才，为太史令，撰《灵台秘苑》一百二十卷，占验益备。今略其杂星、瑞星、妖星、客星、流星及云气名状，次之于此云。

瑞星

一曰景星，如半月，生于晦朔，助月为明。或曰，星大而中空。或曰，有三星，在赤方气，与青方气相连。黄星在赤方气中，亦名德星。二曰周伯星，黄色煌煌然，所见之国大昌。三曰含誉，光耀似彗，喜则含誉射。

星杂变

一曰星昼见。若星与日并出，名曰嫁女。星与日争光，武且弱，文且强，女子为王，在邑为丧，在野为兵。又曰，臣有奸心，上不明，臣下从横，大水浩洋。又曰，星昼见，虹不灭，臣人生明，星夺日光，天下有立王。二曰恒星不见。恒星者，在位人君之类。不见者，象诸侯之背畔，不佐王者奉顺法度，无君之象也。又曰，恒星不见，主不严，法度消。又曰，天子失政，诸侯横暴。又曰，常星列宿不见，象中国诸侯微灭也。三曰星斗，星斗天下大乱。四曰星摇，星摇人众将劳。五曰星陨。大星陨下，阳失其位，灾害之萌也。又曰，众星坠，人失其所也。凡星所坠，国易政。又曰，星坠，当其下有战场，天下乱，期三年。又曰，奔星之所坠，其下有兵，列宿之所坠，灭家邦，众星之所坠，众庶亡。又曰，填星坠，海水泆，黄星骋，海水跃。又曰，黄星坠，海水倾。亦曰，骐星坠而勃海决。星陨如雨，天子微，诸侯力政，五伯代兴，更为盟主，众暴寡，大并小。又曰，星辰附离天，犹庶人附列王者也。王者失道，纲纪废，下将畔去。故星畔天而陨，以见其象。国有兵凶，则星坠为鸟兽。天下将亡，则星坠为飞虫。天下大兵，则星坠为金铁。天下有水，则星坠为土。国主亡，有兵，则星坠为草木。兵起，国主亡，则星坠为沙。星坠，为人而言者，善恶如其言。又曰，国有大丧，则星坠为龙。

妖星

妖星者，五行之气，五星之变名，见其方，以为殃灾。各以其日五色占，知何国吉凶决矣。行见无道之国，失礼之邦，为兵为饥，水旱死亡之征也。又曰，凡妖星所出，形状不同，为殃如一。其出不过一年，若三年，必有破国屠城。其君死，天下大乱，兵士乱行，战死于野，积尸从横。余殃不尽，为水旱兵饥疾疫之殃。又曰，凡妖星出见，长大，灾深期远；短小，灾浅期近。三尺至五尺，期百日。五尺至一丈，期一年。一丈至三丈，期三年。三丈至五丈，期五年。五丈至十丈，期七年。十丈以上，期九年。审以察之，其灾必应。

彗星，世所谓扫星，本类星，末类彗，小者数寸，长或竟天。见则兵起，大水。主扫除，除旧布新。有五色，各依五行本精所主。史臣案，彗体无光，傅日而为光，故夕见则东指，晨见则西指，在日南北，皆随日光而指。顿挫其芒，或长或短，光芒所及则为灾。

又曰，孛星，彗之属也。偏指曰彗，芒气四出曰孛。孛者，孛然非常，恶气之所生也。内不有大乱，则外有大兵，天下合谋，暗蔽不明，有所伤害。晏子曰："君若不改，孛星将出，彗星何惧乎？"由是言之，灾甚于彗。

岁星之精，流为天棓、天枪、天猾、天冲、国皇、反登。一曰天棓，一名觉星，或曰天楛。本类星，末锐，长四丈。主灭兵，主奋争。又曰，天棓出，其国凶，不可举事用兵。又曰，期三月，必有破军拔城。又曰，天棓见，女主用事。其本者为主人。二曰天枪，主捕制。或曰，搀云如牛，枪云如马。或曰，如枪，左右锐，长数丈。天搀本类星，末锐，长丈。三曰天猾，主招乱。又曰，人主自恣，逆天暴物，则天猾起。四曰天冲，状如人，苍衣赤首，不动。主灭位。又曰，冲星出，臣谋主，武卒发。又曰，天冲抱极泣帝前，血浊雾下，天下冤。五曰国皇。或曰，机星散为国皇。国皇之星，大而赤，类南极老人星也。主灭奸，主内寇难。见则兵起，天下急。或云，去地一二丈，如炬火状。（后客星内亦有国皇，名同而占状异。）六曰反登，主夷分，皆少阳之精，司徒之类，青龙七宿之域。有谋反，若恣虐为害，主失春政者，以出时冲为期。皆主君征也。

荧惑之精，流为析旦、蚩尤旗、昭明、司危、天搀。一曰析旦，或曰昭旦，主弱之符。又曰，析旦横出，参樟百尺，为相诛灭。二曰蚩尤旗。或曰，旋星散为蚩尤旗。或曰，蚩尤旗，五星盈缩之所生也。状类彗而后曲，象旗。或曰，四望无云，独见赤云，蚩尤旗也。或曰，蚩尤旗如箕，可长二丈，末有星。又曰，乱国之王，众邪并积，有云若植蘲竹长，黄上白下，名曰蚩尤旗。主诛逆国。又曰，帝将怒，则蚩尤旗出。又曰，虐王反度，则蚩尤旗出。或曰，本类星，而后委曲，其像旗幡，可长二三丈。见则王者旗鼓，大行征伐，四方兵大起。不然，国有大丧。三曰昭明者，五星变出于西方，名曰昭明，金之气也。赤彗分为昭明。昭明灭光，象如太白，七芒，故以为起霸之征。或曰，机星散为昭明。又曰，西方有星，望之去地可六丈而有光，其类太白，数动，察之中赤，是谓西方之野星，名曰昭明。出则兵大起。其出也，下有丧。出南方，则西方之邦失地。或曰，昭明如太白，不行，主起有德。又曰，西方有星，大而白，有角，目下视之，名曰昭明。金之精，出则兵大起。若守房心，国有丧，必有屠城。昭明下则为天狗，所下者大战流血。四曰司危。或曰，机星散为司危。又曰，白彗之气，分为司危。司危平，以为乖争之征。或曰，司危星大，有毛，两角。又曰，司危星类太白，数动，察之而赤。司危出，强国盈，主击强侯兵也。又曰，司危见则主失法，期八年，豪杰起，天子以不义失国。有声之臣，行主德也。又曰，司危见，则其下国相残贼。又曰，司危星出正西，西方之野星，去地可六丈，大而白，类太白。一曰，见，兵起强。又曰，司危出则非，其下有兵冲不利。五曰天搀，其状白小，数动，是谓搀星，一名斩星。天搀主杀罚。又曰，天搀见，女主用事者，其本为主人。又曰，天搀出，其下相搀，为饥为兵，赤地千里，枯骨籍籍。亦曰，天搀出，其国内乱。又曰，太阳之精，赤鸟七宿之域，有谋反，恣虐为害，主失夏政。

填星之精，流为五残、六贼、狱汉、大贲、炤星、绌流、弗星、旬始、击咎。一曰五残。或曰，旋星散为五残。亦曰，苍彗散为五残。故为毁败之征。或曰，五残五分。亦曰，一本而五枝也。期九年，奸兴。三九二十七，大乱不可禁。又曰，五残者，五行之变，出于东方，五残木之气也。一曰，五键又曰五残，星出正东，东方之野星，状类辰星，可去地六七丈，大而白，主乖亡。或曰，东方有星，望之去地可六丈，大而赤，察之中青。或曰，星表青气如晕，有毛，其类岁星，是谓东方之野星，名曰五残。出则兵大起。其出也，下有丧。出北则东方之邦失地。又曰，五残出，四蕃虚，天子有急兵。或曰，五残大而赤，数动，察之有青。又曰，五残出则兵起。二曰六贼者，五行之气，出于南方。或曰，六贼火之气也。或曰，六贼星形如彗。又曰，南方有星，望之可去地六丈，赤而数动，察之有光，其类荧惑，是谓南方之野星，名曰六贼。出则兵起，其国乱。其出也，下有丧。出东方则南方之邦失地。又曰，六贼星见，出正南，南方之星，去地可六丈，大而赤，数动有光。三曰狱汉，一曰咸汉。或曰，权星散为狱汉。又曰，咸汉者，五行之气，出于北方，水之气也。狱汉青中赤表，下有三彗从横，主逐王刺王。又曰，北方有星，望之可去地六丈，大而赤，数动，察之中青黑，其类辰星，是谓北方之野星，名曰咸汉。出则兵起，其下有丧。出西方则北方之邦失地。又曰，狱汉动，诸侯惊，出则阴横。四曰大贲，主暴冲。五曰炤星，主灭邦。六曰绌流，动天下敖主伏逃。又曰，绌流，主自理，无所逃。七曰弗星，在东南，本有星，末类弗，所当之国，实受其殃。八曰旬始。或曰，枢星散为旬始。或曰，五星盈缩之所生也。亦曰，旬始妖气。又曰，旬始蚩尤也。又曰，旬始出于北斗旁，状如雄鸡。其怒青黑，象伏鳖。又曰，黄彗分为旬始。旬始者，今起也。状如雄鸡，土含阳，以交日接，精象鸡，故以为立主之题。期十年，圣人起代。又曰，旬始主争兵，主乱，主招横。又曰，旬始照，其下必有灭王。五奸争作，暴骨积骸，以子续食。见则臣乱兵作，诸侯为虐。又曰，常以戊戌日，视五车及天军天库中有奇怪，曰旬始。状如鸟有喙，而见者则兵大起，攻战当其首者破死。又曰，出见北斗，圣人受命，天子寿，王者有福。九曰击咎，出，臣下主。一曰，臣禁主，主大兵。又曰，土精，斗七星之域，以长四方，司空之位，有谋反恣虐者，占如上。

太白之精，散为天杵、天樹、伏灵、大败、司奸、天狗、天残、卒起。一曰天杵，主牂羊。二曰天樹，主击殃。三曰伏灵，主领谗。伏灵出，天下乱复人。四曰大败，主斗冲。或曰，大败出，击咎谋。五曰司奸，主见妖。六曰天狗。亦曰，五星气合之变，出西南，金火气合，名曰天狗。或曰，天狗星有毛，旁有短彗，下有如狗形者，主征兵，主讨贼。亦曰，天狗流，五将斗。又曰，西北方有星，长三丈，而出水金气交，名曰天狗。亦曰，西北三星，大而白，名曰天狗。见则大兵起，天下饥，人相食。又曰，天狗所下之处，必有大战，破军杀将，伏尸流血，天狗食之。皆期一年，中二年，远三年，各以其所下之国，以占吉凶。（后流星内天狗，名同，占状小异。）七曰天残，主贪残。八曰卒起。卒起见，祸无时，诸变有萌，臣运柄。又曰，少阴之精，大司马之类，白兽七宿之域，有谋反，若恣虐为害，主失秋政者，期如上占，祸亦应之。

辰星之精，散为枉矢、破女、拂枢、灭宝、绕廷、惊理、大奋祀。一曰枉矢。或曰，填星之变为枉矢。又曰，机星散为枉矢。亦曰，枉矢，五星盈缩之所生也，弓弩之像也。类大流星，色苍黑，蛇行，望之如有毛目，长数匹，著天。主反萌，主射愚。又曰，黑彗分为枉矢。枉矢者，射是也。枉矢见，谋反之兵合，射所诛，亦为以乱伐乱。又曰，人君暴专己，则有枉矢动。亦曰，枉矢类流星，望之有尾目，长可一匹布，皎皎著天。见则大兵起，大将出，弓弩用，期三年。曰，枉矢所触，天下之所伐，射灭之象也。二曰破女。破女若见，君臣皆诛，主胜之符。三曰拂枢。拂枢动乱，骇扰无调时。又曰，拂枢主制时。四曰灭宝。灭宝起，相得之。又曰，灭宝主伐之。五曰绕廷。绕廷主乱孳。六曰惊理。惊理主相署。七曰大奋祀。大奋祀主招邪。或曰，大奋祀出，主安之。太阴之精，玄武七宿之域，有谋反，若恣虐为害，主失冬政者，期如上占，祸亦应之。又曰，五精潜潭，皆以类逆所犯，行失时指，下臣承类者，乘而害之，皆灭亡之征也。入天子宿，主灭，诸侯五百谋。

杂妖

一曰天锋。天锋，彗象矛锋者也，主从横。天下从横，则天锋星见。

二曰烛星。状如太白，其出也不行，见则不久而灭。或曰，主星上有三彗上出。烛星所出邑反。又曰，烛星所烛者城邑乱。又曰，烛星所出，有大盗不成。

三曰蓬星，一名王星，状如夜火之光，多即至四五，少即一二。亦曰，蓬星在西南，修数丈，左右锐，出而易处。又曰，有星，其色黄白，方不过三尺，名曰蓬星。又曰，蓬星状如粉絮，见则天下道术士当有出者，布衣之士贵，天下太平，五谷成。又曰，蓬星出北斗，诸侯有夺地，以地亡，有兵起。星所居者，期不出三年。又曰，蓬星出太微中，天子立王。

四曰长庚，状如一匹布著天。见则兵起。

五曰四填，星出四隅，去地六丈余。或曰，四填去地可四丈。或曰，四填星大而赤，去地二丈，当以夜半时出。四填星见，十月而兵起。又曰，四填星见四隅，皆为兵起其下。

六曰地维臧光。地维臧光者，五行之气，出于四季土之气也。又曰，有星出，大而赤，去地二三丈，如月，始出谓之地维臧光。四隅有星，望之可去地四丈，而赤黄摇动，其类填星，是谓中央之野星，出于四隅，名曰地维臧光。出东北隅，天下大水。出东南隅，天下大旱。出西南隅，则有兵起。出西北隅，则天下乱，兵大起。又曰，地维臧光见，下有乱者亡，有德者昌。

七曰女帛。女帛者，五星气合变，出东北，水木气合也。又曰，东北有星，长三丈而出，名曰女帛，见则天下兵起，若有大丧。又东北有大星出，名曰女帛，见则天下有大丧。

八曰盗星。盗星者，五星气合之变，出东南，火木气合也。又曰，东南有星，长三丈而出，名曰盗星，见则天下有大盗，多寇贼。

九曰积陵。积陵者，五星气合之变，出西北，金水气合也。又曰，西南有星，长三丈，名曰积陵，见则天下阴霜，兵大起，五谷不成，人饥。

十曰端星。端星者，五星气合之变，出与金木水火合于四隅。又四隅有星，大而赤，察之中黄，数动，长可四丈。此土之气，效于四季，名曰四隅端星，所出，兵大起。

十一曰昏昌。有星出西北，气青赤以环之，中赤外青，名曰昏昌，见则天下兵起，国易政。先起者昌，后起者亡。高十丈，乱一年。高二十丈，乱二年。高三十丈，乱三年。

十二曰莘星。有星出西北，状如有环二，名山勤。一星见则诸侯有失地，西北国。

十三曰白星。有如星非星，状如削瓜，有胜兵，名曰白星。白星出，为男丧。

十四曰菟昌。西北菟昌之星，有赤青环之，有殃，有青为水。此星见，则天下改易。

十五曰格泽，状如炎火。又曰，格泽星也，上黄下白，从地而上，下大上锐，见则不种而获。又曰，不有土功，必有大客邻国来者，期一年、二年。又曰，格泽气赤如火，炎炎中天，上下同色，东西纟亘大，若于南北，长可四五里。此荧惑之变，见则兵起，其下伏尸流血，期三年。

十六曰归邪，状如星非星，如云非云。或曰，有两赤彗上向，上有盖状如气，下连星。或曰，见必有归国者。

十七曰濛星，夜有赤气如牙旗，长短四面，西南最多。又曰刀星，乱之象。又曰，遍天薄云，四方生赤黄气，长三尺，乍见乍没，寻皆消灭。又曰，刀星见，天下有兵，战斗流血。或曰，遍天薄云，四方合有八气，苍白色，长三尺，乍见乍没。

汉京房著《风角书》，有《集星章》，所载妖星，皆见于月旁，互有五色方云，以五寅日见，各五星所生云。

天枪星生箕宿中，天根星生尾宿中，天荆星生心宿中，真若星生房宿中，天撩星生氐宿中，天楼星生亢宿中，天垣星生左角宿中，皆岁星所生也。见以甲寅日，其星咸有两青方在其旁。

天阴星生轸宿中，晋若星生翼宿中，官张星生张宿中，天惑星生七宿中，天雀星生柳宿中，赤若星生鬼宿中，蚩尤星生井宿中，皆荧惑之所生也。出在丙寅日，有两赤方在其旁。

天上、天伐、从星、天枢、天翟、天沸、荆彗，皆镇星之所生也。出在戊寅日，有两黄方在其旁。

若星生参宿中，寻星生觜宿中，若彗星生毕宿中，竹彗星生昴宿中，墙星生胃宿中，撩星生娄宿中，白雚星生奎宿中，皆太白之所生也。出在庚寅日，有两白方在其旁。

天美星生壁宿中，天毚星生室宿中，天杜星生危宿中，天麻星生虚宿中，天林星生女宿中，天高星生牛宿中，端下星生斗宿中，皆辰星之所生也。出以壬寅日，有两黑方在其旁。

已前三十五星，即五行气所生，皆出月左右方气之中，各以其所生星将出不出日数期候之。当其未出之前而见，见则有水旱兵丧饥乱，所指亡国失地，王死，破军杀将。

客星

客星者，周伯、老子、王蓬絮、国皇、温星，凡五星，皆客星也。行诸列舍，十二国分野，各在其所临之邦，所守之宿，以占吉凶。周伯，大而色黄，煌煌然。见其国兵起，若有丧，天下饥，众庶流亡去其乡。（瑞星中名状与此同，而占异。）老子，明大，色白，淳淳然。所出之国，为饥，为凶，为善，为恶，为喜，为怒。常出见则兵大起，人主有忧。王者以赦除咎则灾消。王蓬絮，状如粉絮，拂拂然。见则其国兵起，若有丧，白衣之会，其邦饥亡。又曰，王蓬絮，星色青而荧荧然。所见之国，风雨不如节，焦旱，物不生，五谷不成登，蝗虫多。国皇星，出而大，其色黄白，望之有芒角。见则兵起，国多变，若有水饥，人主恶之，众庶多疾。温星，色白而大，状如风动摇，常出四隅。出东南，天下有兵，将军出于野。出东北，当有千里暴兵。出西北，亦如之。出西南，其国兵丧并起，若有大水，人饥。又曰，温星出东南，为大将军服屈不能发者。出于东北，暴骸三千里。出西亦然。

凡客星见其分，若留止，即以其色占吉凶。星大事大，星小事小。星色黄得地，色白有丧，色青有忧，色黑有死，色赤有兵，各以五色占之，皆不出三年。又曰，客星入列宿中外官者，各以其所出部舍官名为其事。所之者为其谋，其下之国，皆受其祸。以所守之舍为其期，以五气相贼者为其使。

流星

流星，天使也。自上而降曰流，自下而升曰飞。大者曰奔，奔亦流星也。星大者使大，星小者使小。声隆隆者，怒之象也。行疾者期速，行迟者期迟。大而无光者，众人之事。小而光者，贵人之事。大而光者，其人贵且众也。乍明乍灭者，贼败成也。前大后小者，恐忧也。前小后大者，喜事也。蛇行者，奸事也。往疾者，往而不返也。长者，其事长久也。短者，事疾也。奔星所坠，其下有兵。无风云，有流星见，良久间乃入，为大风发屋折木。小流星百数，四面行者，庶人流移之象。流星异状，名占不同。今略古书及《荆州占》所载云。

流星之尾，长二三丈，晖然有光竟天，其色白者，主使也，色赤者，将军使也。流星有光，其色黄者，从天坠有音，如炬熛火下地，野雉尽鸣，斯天保也。所坠国安有喜，若水。流星其色青赤，名曰地雁，其所坠者起兵。流星有光青赤，其长二三丈，名曰天雁，军之精华也。其国起兵，将军当从星所之。流星晖然有光，白，长竟天者，人主之星也，主将相军从星所之。凡星如瓮者，为发谋起事。大如桃李者为使事。流星大如缶，其光赤黑，有喙者，名曰梁星，其所坠之乡有兵，君失地。

飞星大如缶若瓮，后皎然白，前卑后高，此谓顿顽，其所从者多死亡，削邑而不战。有飞星大如缶若瓮，后皎然白，前卑后高，摇头，乍上乍下，此谓降石，所下民食

不足。飞星大如缶若瓮，后皎然白，星灭后，白者曲环如车轮，此谓解衔。其国人相斩为爵禄，此谓自相啮食。有飞星大如缶若瓮，其后皎然白，长数丈，星灭后，白者化为云流下，名曰大滑，所下有流血积骨。有飞星大如缶若瓮，后皎白，缦缦然长可十余丈而委曲，名曰天刑，一曰天饰，将军均封疆。

天狗，状如大奔星，色黄有声，其止地类狗，所坠望之如火光，炎炎冲天，其上锐，其下圆，如数顷田处。或曰，星有毛，旁有短彗，下有狗形者。或曰，星出，其状赤白有光，下即为天狗。一曰，流星有光，见人面，坠无音，若有足者，名曰天狗。其色白，其中黄，黄如遗火状。主候兵讨贼，见则四方相射，千里破军杀将。或曰，五将斗，人相食，所往之乡有流血。其君失地，兵大起，国易政，戒守御。（余占同前。）营头，有云如坏山堕，所谓营头之星，所堕，其下覆军，流血千里。亦曰，流星昼陨名营头。

云气

瑞气

一曰庆云，若烟非烟，若云非云，郁郁纷纷，萧索轮囷，是谓庆云，亦曰景云。此喜气也，太平之应。一曰昌光，赤如龙状。圣人起，帝受终则见。

妖气

一曰虹蜺，日旁气也。斗之乱精，主惑心，主内淫，主臣谋君，天子诎后妃，颛妻不一。二曰牂云，如狗，赤色长尾，为乱君，为兵丧。

卷二十一　　　　　志第十六

天　文　下

十辉

《周礼》，眡祲氏掌十辉之法，以观妖祥，辨吉凶。一曰祲，谓阴阳五色之气，祲淫相侵。或曰，抱珥背璚之属，如虹而短是也。二曰象，谓云如气，成形象，云如赤乌，夹日以飞之类是也。三曰镌，日旁气刺日，形如童子所佩之镌。四曰监，谓云气临在日上也。五曰暗，谓日月蚀，或日光暗也。六曰瞢，谓瞢瞢不光明也。七曰弥，谓白虹弥天而贯日也。八曰序，谓气若山而在日上。或曰，冠珥背璚，重叠次序，在于日旁也。九曰隮，谓晕气也。或曰，虹也。《诗》所谓"朝隮于西"者也。十曰想，谓气五色，有形想也，青饥，赤兵，白丧，黑忧，黄熟。或曰，想，思也，赤气为人兽之形，可思而知其吉凶。自周已降，术士间出，今采其著者而言之。

日，君乘土而王，其政太平，则日五色。又曰，或黑或青或黄，师破。又曰，游气蔽天，日月失色，皆是风雨之候也。若天气清静，无诸游气，日月不明，乃为失色。或天气下降，地气未升，厚则日紫，薄则日赤，若于夜则

月白,皆将雨也。或天气未降,地气上升,厚则日黄,薄则日白,若于夜则月赤,将旱且风。亦为日月晕之候,雨少而多阴。或天气已降,地气又升,上下未交则日青,若于夜则月绿色,将寒候也。或天地气虽交而未密,则日黑,若于夜则月青,将雨不雨,变为雾雾,晕背虹蜺。又曰,沉阴,日月俱无光,昼不见日,夜不见星,皆有云障之,两敌相当,阴相图议也。日矇矇光,士卒内乱。日薄赤,见日中乌,将军出,旌旗举,此不祥,必有败亡。又曰,数日俱出若斗,天下兵大战。日斗下有拔城。

日戴者,形如直状,其上微起,在日上为戴。戴者德也,国有喜也。一云,立日上为戴。青赤气抱在日上,小者为冠,国有喜事。青赤气小,而交于日下,为缨。青赤气小而圆,一二在日下左右者,为纽。青赤气如小半晕状,在日上为负。负者得地为喜。又曰,青赤气长而斜倚日傍为戟。青赤气圆而小,在日左右为珥。黄白者有喜。又曰有军。日有一珥为喜,在日西,西军战胜,在日东,东军战胜。南北亦如之,无军而珥,为拜将。又日旁如半环,向日为抱。青赤气如月初生,背日者为背。又曰,背气青赤而曲,外向为叛象,分为反城。璚者如带,璚在日四方。青赤气长,而立日旁,为直。日旁有一直,敌在一旁欲自立,从直所击者胜。日旁有二直三抱,欲自立者不成。顺抱击者胜,杀将。气形三抱,在日四方,为提。青赤气横在日上下为格。气如半晕,在日下为承。承者,臣承君也。又曰,日下有黄气三重若抱,名曰承福,人主有吉喜,且得地。青白气如履,在日下者为履。日旁抱五重,战顺抱者胜。日一抱一背为破走。抱者,顺气也,背者,逆气也。两军相当,顺抱击逆者胜,故曰破走。日抱且两珥,一虹贯抱,至日,顺虹击者胜。日重抱,内有璚,顺抱击者胜;亦曰军内有欲反者。日重抱,左右二珥,有白虹贯抱,顺抱击胜,得二将。有三虹,得三将。日抱黄白润泽,内赤外青,天子有喜,有和亲来降者。军不战,敌降,军罢。色青,将喜;赤,将兵争;白,将有丧;黑,将死。日重抱且背,顺抱击者胜,得地,若有罢师。日重抱,抱内外有璚,丙珥,顺抱击者胜,破军,军中不和,不相信。日旁有气,圆而周匝,内赤而外青,名为晕。日晕者,军营之象。周环匝日无厚薄,敌与军势齐等。若无军在外,天子失御,民多叛。日晕有五色,有喜;不得五色,有忧。

凡占两军相当,必谨审日月晕气,知其所起,留止远近,应与不应,疾迟大小,厚薄长短,抱背为多少,有无实虚久亟,密疏泽枯。相应等者势等。近胜远,疾胜迟,大胜小,厚胜薄,长胜短,抱胜背,多胜少,有胜无,实胜虚,久胜亟,密胜疏,泽胜枯。重背大破,重抱为和亲,抱多亲者益多,背为不和。分离相去,背于内者离于内,背于外者离于外也。

凡占分离相去,赤内青外,以和相去;青内赤外,以恶相去。日晕明久,内赤外青,外人胜;内青外赤,内人胜;内黄外青黑,内人胜;外黄内青黑,外人胜;外白内青,外人胜;内白外青,内人胜;内黄外青,外人胜;内青外黄,内人胜。日晕周匝,东北偏厚,厚为军福,在东北战胜,西南战败。日晕黄白,不斗兵未解;青黑,和解

分地;色黄,土功动,人不安;日色黑,有水,阴国盛。日晕七日无风雨,兵大作,不可起,众大败。不及日蚀,日晕而明,天下有兵,兵罢;无兵,兵起不战。日晕始起,前灭而后成者,后成面胜。日晕有兵在外者,主人不胜。日晕,内赤外青,群臣亲外;外赤内青,群臣亲内其身,身外其心。日有朝夕晕,是谓失地,主人必败。

日晕而珥,主有谋,军在外,外军有悔。日晕抱珥上,将军易。日晕而珥如井干者,国亡,有大兵交。日晕上西,将军易,两敌相当。日晕两珥,平等俱起而色同,军势等,色厚润泽者贺喜。日晕有直珥为破军,贯至日为杀将。日晕员且戴,国有喜,战从戴所击者胜,得地。日晕而珥背左右,如大军辄者,兵起,其国亡城,兵满野而城复归。日晕,晕内有珥一抱,所谓围城者在内,内人则胜。日晕有重抱,后有背,战顺抱者胜,得地有军。日晕有一抱,抱为顺,贯晕内,在日西,西军胜,有军。

日晕有一背,背为逆,在日西,东军胜。余方放此。日晕而背,兵起,其分,失城。日晕有背,背为逆,有降叛者,有反城。在日东,东有叛。余方放此。日晕背气在晕内,此为不和,分离相去。其色青外赤内,节臣受王命有所之。日晕上下有两背,无兵兵起,有兵兵入。日晕四背在晕内,名曰不和,有内乱。日晕而四背如大车辄者四提,设其国众在外,有反臣。日晕四提,必有大将出亡者。日晕有四背璚,其背端尽出晕者,反从内起。

日晕而两珥在外,有聚云在内与外,不出三日,城围出战。日晕有背珥直,而有虹贯之者,顺虹击之,大胜得地。日晕,有白虹贯晕至日,从虹所指战胜,破军杀将。日晕,有虹贯晕,不至日,战从贯所击之胜,得小将。日晕,有一虹贯晕内,顺虹击者胜,杀将。日晕,二白虹贯晕,有战,客胜。日重晕,有四五白虹气,从内出外,以此围城,主人胜,城不拔。又日重晕,攻城围邑不拔。日晕二重,其外清内浊不散,军会聚。日晕三重,有拔城。日交晕无厚薄,交争,力势均,厚者胜。日交晕,人主左右有争者,兵在外战。日在晕上,军罢。交晕贯日,天下有破军死将。日交晕而争者先largely先,不胜即两敌相向。交晕至日月,顺以战胜,杀将。一法日在上者胜。日有交者,赤青如晕状,或如合背,或正直交者,偏交也,两气相交也,或相贯穿,或相向,或相background也。交主内乱,军内不和。日交晕如连环,为两军兵起,君争地。日有三晕,军分为三。日方晕而上下聚二背,将败人亡。日晕若井垣,若车轮,二国皆兵亡。又曰有军。

日晕不匝,半晕在东,东军胜,在西,西军胜。南北亦如之。日晕如车轮半,军在外者罢。日半晕东向者,西夷羌胡来入国。半晕西向者,东夷人欲反入国。半晕北向者,南夷人欲反入国。半晕南向者,北夷人欲反入国。

又曰,军在外,月晕师上,其将战必胜。月晕黄色,将军益秩禄,得位。月晕有两珥,白虹贯之,天下大战。月晕而珥,兵从珥攻击者利。月晕有蜺云,乘之以战,从蜺所往者大胜。月晕,虹蜺直指晕至月者,破军杀将。

杂气

天子气,内赤外黄正四方,所发之处,当有王者。若

天子欲有游往处，其地亦先发此气。或如城门，隐隐在气雾中，恒带杀气森森然，或如华盖在气雾中，或有五色，多在晨昏见。或如千石仓在雾中，恒带杀气，或如高楼在雾气中，或如山镇。苍帝起，青云扶日。赤帝起，赤云扶日。黄帝起，黄云扶日。白帝起，白云扶日。黑帝起，黑云扶日。或日气象青衣人，无手，在日西，天子之气也。敌上气如龙马，或杂色郁郁冲天者，此帝王之气，不可击。若在吾军，战必大胜。凡天子之气，皆多上达于天，以王相日见。

凡猛将之气如龙。两军相当，若气发其上，则其将猛锐。或如虎，在杀气中。猛将欲行动，亦先发此气；若无行动，亦有暴兵起。或如火烟之状，或白如粉沸，或如火光之状，夜照人，或白而赤气绕之，或如山林竹木，或紫黑如门上楼，或上黑下赤，状似旌旗，或如张弩，或如埃尘，头锐而卑，本大而高。两军相当，敌军上气如囷仓，正白，见日逾明，或青白如膏，将勇。大战气发，渐渐如云，变作此形，将有深谋。

凡气上与天连，军中有贞将，或云贤将。

凡军胜气，如堤如坂，前后磨地，此军士众强盛，不可击。军上气如火光，将军勇，士卒猛，好击战，不可击。军上气如山堤，山上若林木，将士骁勇。军上气如埃尘粉沸，其色黄白，旌旗无风而飏，挥挥指敌，此军必胜。敌上有白气粉沸如楼，绕以赤气者，兵锐。营上气黄白色，重厚润泽者，勿与战。两敌相当，有气如人持斧向敌，战必大胜。两敌相当，上有气如蛇举首向敌者战胜。敌上气如一匹帛者，此雍军之气，不可攻。望敌上气如覆舟，云如牵牛，有白气出，似旌帜，在军上，有云如斗鸡，赤白相随，在气中，或发黄气，皆将士精勇，不可击。军营上有赤黄气，上达于天，亦不可攻。

凡军营上五色气，上与天连，此天应之军，不可击。其气上小下大，其军日增益士卒。军上气如堤，以覆其军上，前赤后白，此胜气。若覆吾军，急往击之，大胜。天气锐，黄白团团而润泽者，敌军勇猛，且士卒能强战，不可击。云如日月而赤气绕之，如日月晕状有光者，所见之地大胜，不可攻。

凡云气，有兽居上者胜。军上有气如尘埃，前下后高者，将士精锐。敌上气如乳武豹伏者，难攻。军上恒有气者，其军难攻。军上云如华盖者，勿往与战。云如旌旗，如蜂向人者，勿与战。两军相当，敌上有云如飞鸟，徘徊其上，或来而高者，兵精锐，不可击。军上云如马，头低尾仰，勿与战。军上云如狗形，勿与战。望四方有气如赤鸟，在乌气中，如乌人在赤气中，如赤杵在乌气中，如人十十五五，或如旌旗，在乌气中，有赤气在前者，敌人精悍，不可当。敌上有云如山，不可说。有云如引素，如阵前锐，或一或四，黑色有阴谋，赤色饥，青色兵有反，黄色急去。

凡气，上黄下白，名曰善气。所临之军，欲求和退。若气出北方，求退向北，其众死散。向东则不可信，终能为害。向南将死。敌上气囚废枯散。或如马肝色，如死灰色，或类偃盖，或类偃鱼，皆为将败。军上气乍见乍不见，如雾起，此衰气，可击。上大下小，士卒日减。

凡军营上十日无气发，则军必胜。而有赤白气乍出即灭，外声欲战，其实欲退散。黑气如坏山堕军上者，名曰营头之气，其军必败。军上气昏发连夜，夜照人，则军士散乱。军上气半而绝，一败，再绝再败，三绝三败。在东发白气者，灾深。军上气中有黑云如牛形，或如猪形者，此是瓦解之气，军必败。敌上气如粉如尘者，勃勃如烟，或五色杂乱，或东西南北不定者，其军欲败。军上气如群羊群猪在气中，此衰气，击之必胜。军上有赤气，炎降于天，则将死，士众乱。赤光从天流下入军，军乱将死。彼军上有苍气，须臾散去，击之必胜。在我军上，须自坚守。军有黑气如牛形，或如马形，从气雾中下，渐渐入军，名曰天狗下食血，则军破。军上气或如群鸟乱飞，或悬衣，如人相随，或纷纷如转蓬，或如扬灰，或云如卷席，如匹布乱穰者，皆为败征。气乍见乍没，乍聚乍散，如雾之始起，为败气。气如系牛，如人卧，如败车，如双蛇，如飞鸟，如决堤垣，如坏屋，如人相指，如人无头，如惊鹿相逐，如两鸡相向，皆为败气。

凡降人气，如人十五五，皆叉手低头。又云，如人叉手相向。白气如群鸟，趣入屯营，连结百余里不绝，而能徘徊，须臾不见者，当有他国来降。气如黑山，以黄为缘者，欲降服。敌上气青而高渐黑者，将欲死散。军上气如燔生草之烟，前虽锐，后必退。黑气临营，或聚或散，如鸟将宿，敌人畏我，心意不定，终必逃背，逼之大胜。

凡白气从城中南北出者，不可攻，城不可屠。城中有黑云如星，名曰军精，急解围去，有突兵出，客败。城上白气如旌旗，或青云临城，有喜庆。黄云临城，有大喜庆，青色从中南北出者，城不可攻。或气如青色，如牛头触人者，城不可屠。城中气出东方，其色黄，此太一。城白气从中出，青气从城北入，反向还者，军不得入。攻城围邑，过旬雷雨者，为城有辅。疾去之，勿攻。城上气如烟火，主人欲出战。其气无极者，不可攻。城上气如双蛇者，难攻。赤气如杵形，从城中向外者，内兵突出，主人战胜。城上有云，分为两彗状，攻不可得。赤气在城上，黄气四面绕之，城中大将死，城降。城上赤气如飞鸟，如败车，及无云气，士卒必散。城营中有赤黑气，如狸皮斑及赤者，并亡。城上气上赤而下白色，或城中气聚如楼，出见于外，城皆可屠。城营上有云如众人头，赤色，下多死丧流血。城上气如灰，城可屠。气出而北，城可克。其气出复入，城中人欲逃亡。其气出而覆其军，军必病。气出而高，无所止，用日久长。有白气如蛇来指城，可急攻。白气从城指营，宜急固守。攻城若雨雾日死风至，兵胜。日色无光为日死。云气如雄雉临城，其下必有降者。濛氛围城而入城者，外胜，得入。有云如立人五枚，或如三牛，边城围。

凡军上有黑气，浑浑圆长，赤气在其中，其下必有伏兵。白气粉沸起，如楼状，其下必有藏兵万人，皆不可轻击。伏兵之气，如幢节状，在乌气中，或如赤杵在乌云中，或如乌人在赤云中。

凡暴兵气，白如瓜蔓连结，部队相逐，须臾罢而复出，至八九来而不断，急贼卒至，宜防固之。白气如仙人衣，千万连结，部队相逐，罢而复兴，如是八九者，当有千里兵来，视所起备之。黑云从敌上来，之我军上，欲袭我。敌人告发，宜备不宜战。壬子日，候四望无云，独见赤云如旌旗，其下有兵起，若遍四方者，天下尽有兵。若四望无云，独见黑云极天，天下兵大起。半天，半起。三日内有雨，灾解。敌欲来者，其气上有云，下有氛零，中天而下，敌必至。云气如旌旗，贼兵暴起。暴兵气，如人持刀楯，云如人，赤色，所临城邑，有卒兵至，惊怖，须臾去。赤气如人持节，兵来未息。云如方虹，有暴兵。赤云如火者，所向兵至。天有白气，状如匹布，经丑未者，天下多兵。

凡战气，青白如膏，将勇。大战气，如人无头，如死人卧。敌上气如丹蛇，赤气随之，必大战，杀将。四望无云，见赤气如狗入营，其下有流血。

凡连阴十日，昼不见日，夜不见月，乱风四起，欲雨而无雨，名曰蒙，臣谋君。故曰，久阴不雨臣谋主。雾气若昼若夜，其色青黄，更相掩冒，乍合乍散，臣谋君，逆者丧。山中冬雾十日不解者，欲崩之候。视四方常有大云，五色具者，其下有贤人隐也。青云润泽蔽日，在西北为举贤良。云气如乱穰，大风将至，视所从来避之。云甚润而厚，大雨必暴至。四始之日，有黑云气如阵，厚重大者，多雨。气若雾非雾，衣冠不雨而濡，见则其城带甲而趣。日出没时，有云横截之，白者丧，乌者惊。三日内雨者各解。有黑气入营者，兵相残。有赤青气入营者，兵弱。有云如蛟龙，所见处将军失魄。有云如鹄尾，来荫国上，三日亡。有云如日月晕，赤色，其国凶。青白色，有大水。有云状如龙行，国有大水，人流亡。有云赤黄色，四塞终日，竟夜照地者，大臣纵恣。有云如气，昧而浊，贤人去，小人在位。

凡白虹，百殃之本，众乱所基。雾者，众邪之气，阴来冒阳。

凡遇四方盛气，无向之战。甲乙日青气在东方，丙丁日赤气在南方，庚辛日白气在西方，壬癸日黑气在北方，戊巳日黄气在中央。四季战当此日气，背之吉。日中有黑气，君有小过而臣不谏，又掩君恶而扬君善，故日中有黑气不明也。

凡白虹雾，奸臣谋君，擅权立威。昼雾夜明，臣志得申，夜雾昼明，臣志不申。雾终日终时，君有忧。色黄小雨。白言兵丧，青言疾，黑有暴水，赤有兵丧，黄言土功，或有大风。

凡夜雾，白虹见，臣有忧。昼雾白虹见，君有忧。虹头尾至地，流血之象。

凡雾气不顺四时，逆相交错，微风小雨，为阴阳气乱之象。从寅至辰巳上，周而复始，为逆者不成。积日不解，昼夜昏暗，天下欲分离。

凡雾四合，有虹各见其方，随四时色吉，非时色凶。气色青黄，更相掩覆，乍合乍散，臣欲谋君，为逆者不成，自亡。

凡雾气四方俱起，百步不见人，名曰昼昏，不有破国，必有灭门。

凡天地四方昏濛若下尘，十日五日以上，或一日，或一时，雨不沾衣而有土，名曰霾。故曰，天地霾，君臣乖，大旱。

凡海傍蜃气象楼台，广野气成宫阙，北夷之气如牛羊群畜穹闾，南夷之气类舟船幡旗。自华以南，气下黑上赤。嵩高、三河之郊，气正赤。恒山之北，气青。勃、碣、海、岱之间，气皆正黑。江湖之间，气皆白。东海气如圆簦。附汉、河水，气如引布。江、汉气劲如杼。济水气如黑豚。滑水气如狼白尾。淮南气如帛。少室气如白兔青尾。恒山气如黑牛青尾。东夷气如树，西夷气如室屋，南夷气如阇台，或类舟船。阵云如立垣，杼轴云类轴抟，两端锐。杓云如绳，居前亘天，其半半天，其翌者类阙旗，故钩云勾曲。诸此云见，以五色占而泽抟密。其见，动人及有兵，必起合斗。其直，云如三匹帛，广前锐后，大军行气也。韩云如布，赵云如牛，楚云如日，宋云如车，鲁云如马，卫云如犬，周云如车轮，秦云如行人，魏云如鼠，郑、齐云如绛衣，越云如龙，蜀云如囷。车气乍高乍下，往往而聚。骑气卑而布，卒气抟。前卑后高者疾，前方而高，后锐而卑者却。其气平者，其行徐。前高后卑者，不止而返。校骑之气正苍黑，长数百丈，游兵之气如彗扫，一云长数百丈，无根本。喜气上黄下白，怒气上下赤，忧气上下黑，土功气黄白，徙气白。

凡候气之法，气初出时，若云非云，若雾非雾，仿佛若可见。初出森森然，在桑榆上，高五六尺者，是千五百里外。平视则千里，举目望则五百里。仰瞻中天，则百里内。平望桑榆间二千里，登高而望，下属地者，三千里。

凡欲知我军气，常以甲巳日及庚、子、辰、戌、午、未、亥日，及八月十八日，去军十里许，登高望之可见，依别记占之。百人以上皆有气。

凡占灾异，先推九宫分野，六壬日月，不应阴雾风雨而阴雾者，乃可占。对敌而坐，气来甚卑下，其阴覆人，上掩沟盖道者，是大贼必至。敌在东，日出候。在南，日中候。在西，日入候。在北，夜半候。王相色吉，囚死色凶。

凡军上气，高胜下，厚胜薄，实胜虚，长胜短，泽胜枯。我军在西，贼军在东，气西厚东薄，西长东短，西高东下，西泽东枯，则知我军必胜。

凡气初出，似甑上气，勃勃上升。气积为雾，雾为阴，阴气结为虹蜺晕珥之属。

凡气不积不结，散漫一方，不能为灾。必须和杂杀气，森森然疾起，乃可论占。军上气安则军安，气不安则军不安。气南北则军南北，气东西则军亦东西。气散则为军破败。

候气，常以平旦、下晡、日出没时处气，以见知大。占期内有大风雨久阴，则灾不成。故风以散之，阴以谏之，云以幡之，雨以厌之。

五代灾变应

梁武帝天监元年八月壬寅，荧惑守南斗。占曰："籴贵，五谷不成，大旱，多火灾，吴、越有忧，宰相死。"是岁大旱，米斗五千，人多饿死。其二年五月，尚书范云卒。

二年五月丙辰，月犯心。占曰："有乱臣，不出三年，有亡国。"其四年，交州刺史李凯举兵反。七月丙子，太白犯轩辕大星。

四年六月壬戌，岁星昼见。占曰："岁色黄润，立竿影见，大熟。"是岁大穰，米斛三十。又曰："星与日争光，武且弱，文且强。"自此后，帝崇尚文儒，躬自讲说，终于太清，不修武备。八月庚子，老人星见。占曰："老人星见，人主寿昌。"自此后，每年恒以秋分后见于参南，至春分而伏。武帝寿考之象云。

七年九月己亥，月犯东井。占曰："有水灾。"其年京师大水。

十年九月丙申，天西北隆隆有声，赤气上至地。占曰："天狗也，所往之乡有流血，其君失地。"其年十二月，马仙琕大败魏军，斩馘十余万，克复朐山城。十二月壬戌朔，日食，在牛四度。

十三年二月丙午，太白失行，在天关。占曰："津梁不通，又兵起。"其年填星守天江。占曰："有江河塞，有决溢，有土功。"其年，大发军众造浮山堰，以遏淮水。至十四年，填星移去天江而堰坏，奔流决溢。

十四年十月辛未，太白犯南斗。

十七年闰八月戊辰，月行掩昴。

普通元年春正月丙子，日有食之。占曰："日食，阴侵阳，阳不克阴也。为大水。"其年七月，江、淮、海溢。九月乙亥，有星晨见东方，光烂如火。占曰："国皇见，有内难，有急兵反叛。"其三年，义州刺史文僧朗以州叛。

四年十一月癸未朔，日有食之，太白昼见。

六年三月丙午，岁星入南斗。庚申，月食。五月己酉，太白昼见。六月癸未，太白经天。九月壬子，太白犯右执法。

七年正月癸卯，太白岁星在牛相犯。占曰："其国君凶，易政。"明年三月，改元，大赦。大通元年八月甲申，月掩填星。闰月癸酉，又掩之。占曰："有大丧，天下无主，国易政。"其后中大通元年九月癸巳，上又幸同泰寺舍身，王公以一亿万钱奉赎。十月己酉还宫，大赦，改元。中大通三年，太子薨，皆天下无主、易政及大丧之应。

中大通元年闰月壬戌，荧惑犯鬼积尸。占曰："有大丧，有大兵，破军杀将。"其二年，萧玩帅众援巴州，为魏梁州军所败，玩被杀。

四年七月甲辰，星陨如雨。占曰："星陨，阳失其位，灾害之象萌也。"又曰："星陨如雨，人民叛，下有专讨。"又曰："大人忧。"其后侯景狡乱，帝以忧崩，人众奔散，皆其应也。

五年正月己酉，长星见。

六年四月丁卯，荧惑在南斗。占曰："荧惑出入留舍南斗中，有贼臣谋反，天下易政，更元。"其年十二月，北梁州刺史兰钦举兵反，后年改为大同元年。

大同三年三月乙丑，岁星掩建星。占曰："有反臣。"其年，会稽山贼起。其七年，交州刺史李贲举兵反。

五年十月辛丑，彗出南斗，长一尺余，东南指，渐长一丈余。十一月乙卯，至娄灭。占曰："天下有谋王者。"其八年正月，安成民刘敬躬挟左道以反，党与数万。其九年，李贲僭称皇帝于交州。

太清二年五月，两月见。占曰："其国乱，必见于亡国。"

三年正月壬午，荧惑守心。占曰："王者恶之。"乙酉，太白昼见。占曰："不出三年，有大丧，天下革政更王，强国弱，小国强。"三月丙子，荧惑又守心。占曰："大人易政，主去其宫。"又曰："人饥亡，海内哭，天下大溃。"是年，帝为侯景所幽，崩。七月，九江大饥，人相食十四五。九月戊午，月在斗，掩岁星。占曰："天下亡君。"其后侯景篡杀。

简文帝大宝元年正月丙寅，月昼光见。占曰："月昼光，有隐谋，国雄逃。"又云："月昼明，奸邪并作，擅君之朝。"其后侯景篡杀，皆国乱亡君。大丧更政之应也。

元帝承圣三年九月甲午，月犯心中星。占曰："有反臣，王者恶之，有亡国。"其后三年，帝为周军所俘执，陈氏取国，梁氏以亡。

陈武帝永定三年九月辛卯朔，月入南斗。占曰："月入南斗，大人忧。"一曰："太子殃。"后二年，帝崩，太子昌在周为质，文帝立。后昌还国，为侯安都遣盗迎杀之。

三年五月丙辰朔，日有食之。占曰："日食君伤。"又曰："日食帝德消。"六月庚子，填星钺与太白并。占："太白与填合，为疾为内兵。"

文帝天嘉元年五月辛亥，荧惑犯右执法。占曰："大臣有忧，执法者诛。"后四年，司空侯安都赐死。

九月癸丑，彗星长四尺，见芒，指西南。占曰："彗星见则敌国兵起，得本者胜。"其年，周将独孤盛领众趣巴湘，侯瑱袭破之。

二年五月己酉，岁星守南斗。六月丙戌，荧惑犯东井。七月乙丑，荧惑入鬼中。戊辰，荧惑犯斧质。十月，荧惑行在太微右掖门内。

三年闰二月己丑，荧惑逆行，犯上相。甲子，太白犯五车、填星。七月，太白犯舆鬼。八月癸卯，月犯南斗。丙午，月犯牵牛。庚甲，太白入太微。十一月丁丑，月犯毕左股。辛巳，荧惑犯岁星。戊子，月犯角。庚寅，月入氐。

四年六月癸丑，太白犯右执法。七月戊子，荧惑犯填星。八月甲午，荧惑犯轩辕大星。丁未，太白犯房。九月戊寅，荧惑入太微，犯右执法。癸未，太白入南斗。"太白入斗，天下大乱，将相谋反，国易政。"又曰："君死，不死则废。"又曰："天下受爵禄。"其后安成王为太傅，废少帝而自立，改官受爵之应也。辛卯，荧惑犯左执法。十一月辛酉，荧惑犯右执法。甲戌，月犯毕左股。

五年正月甲子，月犯毕大星奎。丁卯，月犯星。四月庚子，太白岁星合在奎，金在南，木在北，相去二尺许。壬寅，月入氐，又犯荧惑，太白岁星又合，在娄，相去一尺许。癸卯，月犯房上星。五月庚午，荧惑逆行二十一日，犯氐东南、西南星。占曰："月有贼臣。"又曰："人主无出，廊庙间有伏兵。"又曰："君死，有赦。"后二年，少帝废之应也。六月丙申，月犯亢。七月戊寅，月犯毕大星。闰十月庚申，月犯牵牛。丙子，又犯左执法。十一月乙未，月食毕大星。

六年正月己亥，太白犯荧惑，相去二寸。占曰："其野有兵丧，改立侯王。"三月丁卯，日入后，众星未见，有流星白色，大如斗，从太微间南行，尾长尺余。占曰："有兵与丧。"四月丁巳，月犯轩辕。占曰："女主有忧。"五月丁亥，太白犯轩辕。占曰："女主失势。"又曰："四方祸起。"其后年，少帝废，废后慈训太后崩。六月己未，月犯氐。辛酉，有彗长可丈余。占曰："阴谋奸宄起。"一曰："宫中火起。"后安成王录尚书、都督中外诸军事，废少帝而自立，阴谋之应。八月戊辰，月掩毕大星。丙子，月与太白并，光芒相着，在太微西蕃南三尺所。九月辛巳，荧惑犯左执法。癸未，太白犯右执法。辛卯，犯左执法。乙巳，月犯上相，太白犯荧惑。其夜，月又犯太白。占曰："其国内外有兵丧，改立侯王。"明年，帝崩，又少帝废之应也。

七年二月庚午，日无光，乌见。占曰："王者恶之。"其日庚午，吴、楚之分野。四月甲子，日有交晕，白虹贯之。是月癸酉，帝崩。

废帝天康元年五月庚辰，月犯轩辕女御大星。占曰："女主忧。"后年，慈训太后崩。癸未，月犯左执法。

光大元年正月甲寅，月犯轩辕大星。占曰："女主当之。"八月戊寅，月食哭星。占曰："有丧泣事。"明年，太后崩，临海王薨，哭泣之应也。壬午，镇星辰星合于軫。九月戊午，辰星太白相犯。占曰："改立侯王。"己未，月犯岁星。占曰："国亡君。"十二月辛巳，月又犯岁星。辛卯，月犯建星。占曰："大人恶之。"

二年正月戊申，月掩岁星。占曰："国亡君。"五月乙未，月犯太白。六月丙寅，太白犯右执法。壬子，客星见氐东。八月庚寅，月犯太微。九月庚戌，太白逆行，与镇星合，在角。占曰："为白衣之会。"又曰："所合之国，为亡地，为疾兵。"戊午，太白昼见。占曰："太白昼见，国更政易王。"十一月丙午，岁星守右执法，甲申，月犯太微东蕃星。戊子，太白入氐。十二月甲寅，慈训太后废帝为临海王，太建二年四月薨，皆其应也。

宣帝太建七年四月丙戌，有星孛于大角。占曰："人主亡。"五月庚辰，荧惑犯右执法。壬子，又犯右执法。

十年二月癸亥，日上有背。占曰："其野失地，有叛兵。"甲子，吴明彻军败于吕梁，将卒并为周军所虏。来年，淮南之地，尽没于周。十月癸卯，月食荧惑。占曰："国败君亡，大兵起，破军杀将。"来年三月，吴明彻败于吕梁，十三年帝崩，败国亡君之应也。

十一年四月己丑，岁星太白辰星合于东井。

十二年二月壬寅，白虹见西方。占曰："有丧。"其后十三年帝崩。十月戊午，月犯牵牛吴越之野。占曰："其国亡，君有忧。"后年帝崩。辛酉，岁星犯执法。十二月癸酉，辰星在太白上。甲戌，辰星太白交相掩。占曰："大兵在野，大战。"辛巳，彗星见西南。占曰："有兵丧。"明年帝崩，始兴王叔陵作乱。

后主至德元年正月壬戌，蓬星见。占曰："必有亡国乱臣。"后帝于太皇寺舍身作奴，以祈冥助，不恤国政，为施文庆等所惑，以至国亡。

魏普泰元年十月，岁星荧惑填星太白聚于觜参，色甚明大。占曰："当有王者兴。"其月，齐高祖起于信都，至中兴二年春而破尔朱兆，遂开霸业。

魏武定四年九月丁未，高祖围玉壁城，有星坠于营，众驴皆鸣。占曰："破军杀将。"高祖不豫，五年正月丙午崩。

齐文宣帝天保元年十二月甲申，荧惑犯房北头第一星及钩钤。占曰："大臣有反者。"其二年二月壬辰，太尉彭乐谋反，诛。

八年二月己亥，岁星守少微，经六十三日。占曰："五官乱。"五月癸卯，岁星犯太微上将。占曰："大将忧，大臣死。"其十年五月，诛诸元宗室四十余家，乾明元年，诛杨遵彦等，皆五官乱，大将忧，大臣死之应也。

八年七月甲辰，月掩心星。占曰："人主恶之。"十年十月，帝崩。

九年二月，荧惑犯鬼质。占曰："斧质用，有大丧。"三月甲午，荧惑犯轩辕。占曰："女主恶之。"其十年五月，诛魏氏宗室，十月帝崩，斧质用，有大丧之应也。

十年六月庚子，填星犯井钺，与太白并。占曰："子为玄枵，齐之分野，君有戮死者，大臣诛，斧钺用。"其明年二月乙巳，太师常山王诛尚书令杨遵彦、右仆射燕子献、领军可朱浑天和、侍中宋钦道等。八月壬午，废少帝为济南王。

废帝乾明元年三月甲午，荧惑入轩辕。占曰："女主凶。"后太宁二年四月，太后崩。

肃宗皇建二年四月丙子，日有食之。子为玄枵，齐之分野。七月乙丑，荧惑入鬼中，戊辰，犯鬼质。占曰："有大丧。"十一月，帝以暴疾崩。

武成帝河清元年七月乙亥，太白犯舆鬼。占曰："有兵谋，诛大臣，斧质用。"其年十月壬申，冀州刺史平秦王高归彦反，段孝先讨擒，斩之于都市，又其二年，杀太原王绍德，皆斧质用之应也。八月甲寅，月掩毕。占曰："其国君死，大臣有诛者，有边兵大战，破军杀将。"其十月，平秦王归彦以反诛，其三年，周师与突厥入并州，大战城西，伏尸流血百余里，皆其应也。

四年正月己亥，太白犯荧惑，相去二寸，在奎。甲辰，太白、荧惑、岁星合在娄。占曰："甲为齐。三星若合，是谓惊立绝行，其分有兵丧，改立侯王，国易政。"三月戊子，彗星见。占曰："除旧布新，有易王。"至四月，传位于太子，改元。

后主天统元年六月壬戌，彗星见于文昌，长数寸，入文昌，犯上将，然后经紫微宫西垣入危，渐长一丈余，指室壁。后百余日，在虚危灭。占曰："有大丧，有亡国易政。"其四年十二月，太上皇崩。

三年五月戊寅，甲夜，西北有赤气竟天，夜中始灭。十月丙午，天西北频有赤气。占曰："有大兵大战。"后周武帝总众来伐，大战，有大兵之应也。

四年六月，彗星见东井。占曰："大乱，国易政。"七月，孛星见房心，白如粉絮，大如斗，东行。八月，入天市，渐长四丈，犯瓠瓜，历虚危，入室，犯离宫。九月入奎，至娄而灭。孛者，孛乱之气也。占曰："兵丧并起，国大乱易政，大臣诛。"其后，太上皇崩。至武平二年七月，领军库狄伏连、治书侍御史王子宜，受琅邪王俨旨，矫诏诛录尚书、淮南王和士开于南台，伏连等即日伏诛，右仆射冯子琮赐死。此国乱之应也。

五年二月戊辰，岁星逆行，掩太微上将。占曰："天下大惊，四辅有诛者。"五月甲午，荧惑犯鬼积尸。甲，齐也。占曰："大臣诛，兵大起，斧质用，有大丧。"至武平二年九月，诛琅邪王俨，三年五月，诛右丞相、咸阳王斛律明月，四年七月，诛兰陵王长恭，皆懿亲名将也。四年十月，又诛崔季舒等，此斧质用之应也。

武平三年八月癸未，填星、岁星、太白合于氐，宋之分野。占曰："其国内外有兵丧，改立侯王。"其四年十月，陈将吴明彻寇彭城，右仆射崔季舒，国子祭酒张雕，黄门裴泽、郭遵，尚书左丞封孝琰等，谏车驾不宜北幸并州。帝怒，并诛之，内外兵丧之应也。九月庚申，月在娄，食既，至旦不复。占曰："女主凶。"其三年八月，废斛律皇后，立穆后。四年，又废胡后为庶人。十一月乙亥，天狗下西北。占曰："其下有大战流血。"后周武帝攻晋州，进兵平并州，大战流血。

三年十二月辛丑，日食岁星。占曰："有亡国。"至七年，而齐亡。

四年五月癸巳，荧惑犯右执法。占曰："大将死，执法者诛，若有罪。"其年，诛右丞相斛律明月，明年，诛兰陵王长恭，后年，诛右仆射崔季舒，皆大将死，执法诛之应也。

周闵帝元年五月癸卯，太白犯轩辕。占曰："太白行轩辕中，大臣出令。"又曰："皇后失势。"辛亥，荧惑犯东井北端第二星。占曰："其国乱。"又曰："大旱。"其年九月，冢宰护逼帝逊位，幽于旧邸，月余杀崩，司会李植、军司马孙恒及宫伯乙弗凤等被诛害。其冬大旱。皆大臣出令、大臣死、旱之应也。

明帝二年三月甲午，荧惑入轩辕。占曰："王者恶之，女主凶。"其月，王后独孤氏崩。六月庚子，填星犯井钺，与太白并。占曰："伤成于钺，君有戮死者。"其年，太师宇文护进食，帝遇毒崩。

武帝保定元年九月乙巳，客星见于翼。十月甲戌，日有食之。戊寅，荧惑犯太微上将，合为一。

二年闰正月癸巳，太白入昴。二月壬寅，荧惑犯太微上相。三月壬午，荧惑犯左执法。七月乙亥，太白犯舆鬼。九月戊辰，日有食之，既。十一月壬午，荧惑犯岁星于危南。

三年三月乙丑朔，日有食之。九月甲子，荧惑犯太微上将。占曰："上将诛死。"十月壬辰，荧惑犯左执法。

四年二月庚寅朔，日有食之。甲午，荧惑犯房右骖。三月己未，荧惑又犯房右骖。占曰："上相诛，车驰人走，天下兵起。"其年十月，冢宰晋公护率军伐齐。十二月，柱国、庸公王雄力战死之，遂班师。兵起将死之应也。八月丁亥，朔，日有蚀之。

五年正月辛卯，白虹贯日。占曰："为兵丧。"甲辰，太白、荧惑、岁星合于娄。六月庚申，彗星出三台，入文昌，犯上将，后经紫宫西垣入危，渐长一丈余，指室壁，后百余日稍短，长二尺五寸，在虚危灭，齐之分野。七月辛巳，朔，日有食之。

天和元年正月己卯，日有食之。十月乙卯，太白昼见，经天。

二年，正月癸酉朔，日有食之。五月己丑，岁星与荧惑合在井宿，相去五尺。井为秦分。占曰："其国有兵，为饥旱，大臣匿谋，下有反者，若亡地。"闰六月丁酉，岁星、太白合，在柳，相去一尺七寸。柳为周分。占曰："为内兵。"又曰："主人凶忧，失城。"是岁，陈湘州刺史华皎率众来附，遣卫公直将兵援之，因而南伐。九月，卫公直与陈将淳于量战于沌口，王师失利。元定、韦世冲以步骑数千先度，遂没陈。七月庚戌，太白犯轩辕大星，相去七寸。占曰："女主失势，大臣当之。"又曰："西方祸起。"其十一月癸丑，太保、许公宇文贵薨，大臣当之验也。十月辛卯，有黑气一，大如杯，在日中。甲午，又加一，经六日乃灭。占曰："臣有蔽主之明者。"十一月戊戌朔，日有食之。庚子，荧惑犯钩铃，去之六寸。占曰："王者有忧。"又曰："车骑惊，三公谋。"

三年三月己未，太白犯井北辕第一星。占曰："将军恶之。"其七月壬寅，隋公杨忠薨。四月辛巳，太白入舆鬼，犯积尸。占曰："大臣诛。"又曰："乱臣在内，有屠城。"六月甲戌，彗见东井，长一丈，上白下赤而锐，渐东行，至七月癸卯，在鬼北八寸所乃灭。占曰："为兵，国政崩坏。"又曰："将军死，大臣诛。"七月己未，客星见房心，白如粉絮，大如斗，渐大，东行；八月，入天市，长如匹所，复东行，犯河鼓右将；癸未，犯瓠瓜，又入室，犯离宫；九月壬寅，入奎，稍小；壬戌，至娄北一尺所灭。凡六十九日。占曰："兵起，若有丧，白衣会，为饥旱，国易政。"又曰："兵犯外城，大臣诛。"

四年二月戊辰，岁星逆行，掩太微上将。占曰："天下大惊，国不安，四辅有诛，必有兵革，天下大赦。"庚午，有流星，大如斗，出左摄提，流至天津灭，有声如雷。五月癸巳，荧惑犯舆鬼。甲午，犯积尸。占曰："午，秦也。大臣有诛，兵大起。"后三年，太师、大冢宰、晋国公宇文护以不臣诛，皆其应也。

五年正月乙巳，月在氐，晕，有白虹长丈所贯之，而有两珥连接，规北斗第四星。占曰："兵大起，大战，将军死于野。"是冬，齐将斛律明月寇边，于汾北筑城，自华谷至于龙门。其明年正月，诏卫公宪率师御之。三月己酉，宪自龙门度河，攻拔其新筑五城，兵起大战之应也。

六年二月己丑夜，有苍云，广三丈，经天，自戌加辰。四月戊寅朔，日有蚀之。己卯，荧惑逆行，犯舆鬼。占曰："有兵丧，大臣诛，兵大起。"其月，又率师取齐宜阳等九城。六月，齐将攻陷汾州。六月庚辰，荧惑太白合，在张宿，相去一尺。占曰："主人兵不胜，所合国有殃。"

建德元年三月丙辰，荧惑、太白合壁。占曰："其分有兵丧，不可举事，用兵必受其殃。"又曰："改立侯王，有德者兴，无德者亡。"其月，诛晋公护、护子谭公会、营公至、崇业公静等，大赦。癸亥，诏以齐公宪为大冢宰，是其验也。七月丙午，辰与太白合于井，相去七寸。占曰："其下之国，必有重德致天下。"后四年，上帅师平齐，致天下之应也。九月己酉，月犯心中星，相去一寸。占曰："乱臣在傍，不出五年，下有亡国。"后周武伐齐，平之，有亡国之应也。

二年二月辛亥，白虹贯日。占曰："臣谋君，不出三年。"又曰："近臣为乱。"后年七月，卫王直在京师举兵反。癸亥，荧惑掩鬼西北星。占曰："大贼在大人之侧。"又曰："大臣有诛。"四月己亥，太白掩西北星，壬寅，又掩东北星。占曰："国有忧，大臣诛。"六月丙辰，月犯心中后二星。占曰："乱臣在傍，不出三年，有亡国。"又曰："人主恶之。"九月癸酉，太白犯左执法。占曰："大臣有忧，执法者诛，若有罪。"十一月壬子，太白掩填星，在尾。占曰："填星为女主，尾为后宫。"明年皇太后崩。

三年二月戊午，客星大如桃，青白色，出五车东南三尺所，渐东行，稍长二尺所；至四月壬辰，入文昌；丁未，入北斗魁中，后出魁，渐小。凡见九十三日。占曰："天下兵起，车骑满野，人主有忧。"又曰："天下有乱，兵大起，臣谋主。"其七月乙酉，卫王直在京师举兵反，讨擒之，废为庶人。至十月，始州民王鞅拥众反，讨平之。四月乙卯，星孛于紫宫垣外，大如拳，赤白，指五帝座，渐东南行，稍长一丈五尺；五月甲子，至上台北灭。占曰："天下易政，无德者亡。"后二年，武帝率六军灭齐。十一月丙子，岁星与太白相犯，光芒相及，在危。占曰："其野兵，人主凶，失其城邑。危，齐之分野。"后二年，宇文神举攻拔陆浑等五城。十二月庚寅，月犯岁星，在危，相去二寸。占曰："其邦流亡，不出三年。"辛卯，月行在营室，食太白。占曰："其国以兵亡，将军战死。营室，卫也，地在齐境。"后齐亡入周。

四年三月甲子，月犯轩辕大星。占曰："女主有忧，又五官有乱。"

五年十月庚戌，荧惑犯太微西蕃上将星。占曰："天下不安，上将诛，若有罪，其止。"

六年二月，皇太子巡抚西土，仍讨吐谷浑。八月，至伏俟城而旋。吐谷浑寇边，天下不安之应也。六月庚午，荧惑入鬼。占曰："有丧旱。"其七月，京师旱。十月戊午，岁星犯大陵。又己未、庚申，月连晕，规昴、毕、五车及参。占曰："兵起争地。"又曰："王自将兵。"又曰："天下大赦。"癸亥，帝率众攻晋州。是日虹见晋州城上，首向南，尾入紫宫，长十余丈。庚午，克之。丁卯夜，白虹见，长十余丈，头在南，尾入紫宫中。占曰："其下兵战流血。"又曰："若无兵，必有大丧。"至六年正月，平齐，与齐军大战。十一月稽胡反，齐王讨平之。

六年四月，先此荧惑入太微宫二百日，犯东蕃上相，西蕃上将，句已往还。至此月甲子，出端门。占曰："为大臣代主。"又曰："臣不臣，有反者。"又曰："必有大丧。"

后宣、武继崩，高祖以大运代起。十月癸卯，月食，荧惑在斗。占曰："国败，其君亡，兵大起，破军杀将。斗为吴、越之星，陈之分野。"十一月，陈将吴明彻侵吕梁，徐州总管梁士彦出军与战，不利。明年三月，郯公王轨讨擒陈将吴明彻，俘斩三万余人。十一月甲辰，晡时，日中有黑子，大如杯。占曰："君有过而臣不谏，人主恶之。"十二月癸丑，流星大如月，西流有声，蛇行屈曲，光照地。占曰："兵大起，下有战场。"戊辰平旦，有流星大如三斗器，色赤，出紫宫，凝著天，乃北下。占曰："人主去其宫殿。"是月，营州刺史高宝宁据州反。其明年五月，帝总戎北伐。后年，武帝崩。

宣政元年正月丙子，月食昴。占曰："有白衣之会。"又曰："匈奴侵边。"其月，突厥寇幽州，杀略吏人。五月，帝总戎北伐。六月，帝疾甚，还京，次云阳而崩。六月壬午，癸丑，木火金三星合，在井。占曰："其国霸。"又："其国外内有兵丧，改立侯王。"是月，幽州人卢昌期据范阳反，改立王侯，兵丧之验也。七年辛丑，月犯心前星。占曰："太子恶之，若失位。"后静帝立为天子，不终之征也。丙辰，荧惑、太白合，在七星，相去二尺八寸所。占曰："君忧。"又曰："其国有兵，改立王侯，有德兴，无德亡。"后年，改置四辅官，传位太子，改立王侯之应也。己未，太白犯轩辕大星。占曰："女主凶。"后二年，宣帝崩，杨后令其父隋公为大丞相，总知国事。隋氏受命，废后为乐平公主，余四后悉废为比丘尼。八月庚辰，太白入太微。占曰："为天下惊。"又曰："近臣起兵，大臣相杀，国有忧。"其后，赵、陈等五王为执政所诛，大臣相杀之应也。九月丁酉，荧惑入太微西掖门，庚申，犯左执法，相去三寸。占曰："天下不安，大臣有忧。"又曰："执法者诛若有罪。"是月，汾州稽胡反，讨平之。十一月，突厥寇边，围酒泉，杀略吏人。明年二月，杀柱国、郯公王轨。皆其应也。十二月癸未，荧惑入氐，守犯之三十日。占曰："天子失其宫。"又曰："贼臣在内，下有反者。"又曰："国君有系饥死，若毒死者。"静帝禅位，隋高祖幽杀之。

宣帝大成元年正月丙午、癸丑，日皆有背。占曰："臣为逆，有反叛，边将去之。"又曰："卿大夫欲为主。"其后，隋公作霸，尉迥、王谦、司马消难各举兵反。

大象元年四月戊子，太白、岁星、辰星合，在井。占曰："是谓惊立，是谓绝行，其国内外有兵丧，改立王公。"又曰："其国可霸，修德者强，无德受殃。"其五月，赵、陈、越、代、滕五王并入国。后二年，隋王受命，宇文氏宗族相继诛灭。六月丁卯，有流星一，大如鸡子，出氐中，西北流，有尾迹，长一丈所，入月中，即灭。占曰："不出三年，人主有忧。"又曰："有亡国。"静帝幽闭之应也。己丑，有流星一，大如斗，色青，有光明照地，出营室，抵壁入浊。七月壬辰，荧惑掩房北头第一星。占曰："亡君之诫。"又曰："将军为乱，王者恶之，大臣有反者，天子忧。"其十二月，帝亲御驿马，日行三百里。四皇后及文武侍卫数百人，并乘驲以从。房为天驷，荧惑主乱，此宣帝乱道德，驰骋车骑，将亡之诫。八月辛巳，荧惑犯南斗第五星。占曰："且有反臣，道路不通，破军杀将。"尉迥、王谦等起兵败亡之征也。九月己酉，太白入南斗魁中。占曰："天下有大乱，将相谋反，国易政。"又曰："君死，不死则疾。"又曰："天下爵禄。"皆高祖受命、群臣分爵之征也。十月壬戌，岁星犯轩辕大星。占曰："女主忧，若失势。"周自宣政元年，荧惑、太白从岁星聚东井。大象元年四月，太白、岁星、辰星复聚井。十月，岁星守轩辕。其年，又守翼。东井，秦分，翼，楚分，汉东为楚地，轩辕后族，隋以后族兴于秦地之象，而周之后妃失势之征也。乙酉，荧惑在虚，与填星合。占曰："兵大起，将军为乱，大人恶之。"是月，相州段德举谋反，伏诛。其明年三月，杞公宇文亮举兵反，擒杀之。

二年四月乙丑，有星大如斗，出天厨，流入紫宫，抵钩陈乃灭。占曰："有大丧，兵大起，将军戮。"又曰："臣犯上，主有忧。"其五月，帝崩，隋公执国政，大丧、臣犯主之应。赵王、越王以谋执政被诛。又荆、豫、襄三州诸蛮反，尉迥、王谦、司马消难各举兵畔，不从执政，终以败亡。皆大兵起、将军戮之应也。五月甲辰，有流星一，大如三斗器，出太微端门，流入翼，色青白，光明照地，声若风吹幡旗。占曰："有立王，若徙王。"又曰："国失君。"其月己酉，帝崩，刘昉矫制，以隋公受遗诏辅政，终受天命，立王、徙王、失君之应也。七月壬子，岁星、太白合于张，有流星，大如斗，出五车东北流，光明烛地。九月甲申，荧惑、岁星合于翼。

静帝大定元年正月乙酉，岁星逆行，守右执法，荧惑掩房北第一星。占曰："房为明堂，布政之宫，无德者失之。"二月甲子，隋王称尊号。

高祖文皇帝开皇元年三月甲申，太白昼见。占曰："太白经天昼见，为臣强，为革政。"四月壬午，岁星昼见。占曰："大臣强，有逆谋，王者不安。"其后，刘昉等谋反，伏诛。十一月己巳，有流星，声如隤墙，光烛地。占曰："流星有光有声，名曰天保，所坠国安有喜。"其九年，平陈，天下一统。五年八月戊申，有流星数百，四散而下。占曰："小星四面流行者，庶人流移之象也。"其九年，平陈，江南士人，悉播迁入京师。

八年二月庚子，填星入东井。占曰："填星所居有德，利以称兵。"其年大举伐陈，克之。十月甲子，有星孛于牵牛。占曰："臣杀君，天下合谋。"又曰："内不有大乱，则外有大兵。牛，吴、越之星，陈之分野。"后年，陈氏灭。

九年正月己巳，白虹夹日。占曰："白虹衔日，臣有背主。"又曰："人主无德者亡。"是月，灭陈。

十四年十一月癸未，有彗星孛于虚危及奎娄，齐、鲁之分野。其后鲁公虞庆则伏法，齐公高颎除名。

十九年十二月乙未，星陨于渤海。占曰："阳失其位，灾害之萌也。"又曰："大人忧。"二十年十月，太白昼见。占曰："大臣强，为革政，为易王。"右仆射杨素、荧惑高祖及献后，劝废嫡立庶。其月乙丑，废皇太子勇为庶人。明年改元。皆阳失位及革政易王之验也。

仁寿四年六月庚午，有星入于月中。占曰："有大丧，有大兵，有亡国，有破军杀将。"七月乙未，日青无光，八日乃复。占曰："主势夺。"又曰："日无光，有死王。"甲辰，上疾甚，丁未，宫车晏驾。汉王谅反，杨素讨平之。皆兵丧亡国死王之应。

炀帝大业元年六月甲子，荧惑入太微。占曰："荧惑为贼，为乱入宫，宫中不安。"

三年三月辛亥，长星见西方，竟天，干历奎娄、角亢而没；至九月辛未，转见南方，亦竟天，又干角亢，频扫太微帝座，干犯列宿，唯不及参、井。经岁乃灭。占曰："去秽布新，天所以去无道，建有德，见久者灾深，星大者事大，行迟者期远。兵大起，国大乱而亡。余殃为水旱饥馑，土功疾疫。"其后，筑长城，讨吐谷浑及高丽，兵戎岁驾，略无宁息。水旱饥馑疾疫，土功仍仍，而有群盗并起，邑落空虚。九年五月，礼部尚书杨玄感于黎阳举兵反。丁未，荧惑逆行入南斗，色赤如血，如三斗器，光芒震耀，长七八尺，于斗中句巳而行。占曰："有反臣，道路不通，国大乱，兵大起。"斗，吴、越分野，玄感父封于越，后徙封楚地，又次之，天意若曰，使荧惑句巳之，除其分野。至七月，宇文述讨平之。其兄弟悉枭首车裂，斩其党与数万人。其年，朱燮、管崇亦于吴郡拥众反。此后群盗屯聚，剽略郡县，尸横草野，道路不通，赍诏敕使人，皆步涉夜行，不敢遵路。

十一年六月，有星孛于文昌东南，长五六寸，色黑而锐，夜动摇，西北行，数日至文昌，去宫四五寸，不入，却行而灭。占曰："为急兵。"其八月，突厥围帝于雁门，从兵悉冯城御寇，矢及帝前。七月，荧惑守羽林。占曰："卫兵反。"十二月戊寅，大流星如斛，坠贼卢明月营，破其冲輣，压杀十余人。占曰："奔星所坠，破军杀将。"其年，王充击卢明月城，破之。

十二年五月丙戌朔，日有食之，既。占曰："日食既，人主亡，阴侵阳，下伐上。"其后宇文化及等行杀逆。癸巳，大流星陨于吴郡，为石。占曰："有亡国，有死王，有大战，破军杀将。"其后大军破逆贼刘元进于吴郡，斩之。八月壬子，有大流星如斗，出王良阁道，声如隤墙；癸丑，大流星如瓮，出羽林。九月戊午，有枉矢二，出北斗魁，委曲蛇形，注于南斗。占曰："主以兵去，天之所伐。"亦曰："以乱代乱，执矢者不正。"后二年，化及杀帝僭号，王充亦于东都杀恭帝，篡号郑。皆杀逆无道，以乱代乱之应也。

十三年五月辛亥，大流星如瓮，坠于江都。占曰："其下有大兵战，流血破军杀将。"六月，有星孛于太微五帝座，色黄赤，长三四尺所，数日而灭。占曰："有亡国，有杀君。"明年三月，宇文化及等杀帝也。十一月辛酉，荧惑犯太微，日光四散如流血。占曰："贼入宫，主以急见伐。"又曰："臣逆君。"明年三月，化及等杀帝，诸王及幸臣并被戮。

卷二十二　　志第十七

五　行　上

《易》以八卦定吉凶，则庖牺所以称圣也。《书》以九畴论休咎，则大禹所以为明也。《春秋》以灾祥验行事，则仲尼所以垂法也。天道以星象示废兴，则甘、石所以先知也。是以祥符之兆可得而言，妖讹之占所以征验。夫神则阴阳不测，天则欲人迁善，均乎影响，殊致同归。汉时有伏生、董仲舒、京房、刘向之伦，能言灾异，顾盼六经，有足观者。刘向曰："君道得则和气应，休征生。君道违则乖气应，咎征发。"夫天有七曜，地有五行。五事愆违则天地见异，况于日月星辰乎？况于水火金木土乎？若梁武之降号伽蓝，齐文宣之盘游市里，陈则蒋山之鸟呼曰"奈何"，周则阳武之鱼乘空而斗，隋则鹊巢黼帐，火炎门阙，岂唯天道，亦曰人妖，则祥眚呈形，于何不至？亦有脱略政教，张罗樽罍，崇信巫史，重增愆罚。昔怀王事神而秦兵逾进，苌弘尚鬼而诸侯不来。性者，生之静也。欲者，心之使也。置情攸往，引类同归。雀乳于空城之侧，鸤飞于鼎耳之上。短长之制，既曰由人；黔隧崇山，同车共轸。必有神道，裁成倚伏。一则以为殃衅，一则以为休征。故曰德胜不祥而义厌不惠。是以圣王常由德义，消伏灾咎也。

《洪范五行传》曰："木者东方，威仪容貌也。古者圣王垂则，天子穆穆，诸侯皇皇。登舆则有鸾和之节，降车则有佩玉之度，田狩则有三驱之制，饮食则有享献之礼。无事不出境。此容貌动作之得节，所以顺木气也。如人君违时令，失威仪，田猎驰骋，不反宫室，饮食沉湎，不顾礼制，纵欲恣睢，出入无度，多徭役以夺人时，增赋税以夺人财，则木不曲直。"

齐后主武平五年，邺城东青桐树，有如人状。京房《易传》曰："王德衰，下人将起，则有木生为人状。"是时后主怠于国政，耽荒酒色，威仪不肃，驰骋无度，大发徭役，盛修宫室，后二岁而亡。木不曲直之效也。

七年，宫中有树，大数围，夜半无故自拔。齐以木德王，无故自拔，亡国之应也。其年，齐亡。

开皇八年四月，幽州人家以白杨木悬灶上，积十余年，忽生三条，皆长三尺余，甚鲜茂。仁寿二年春，盩厔人以杨木为屋梁，生三条，长二尺。京房《易传》曰："妃后有颛，木仆反立，断枯复生。"独孤后专恣之应也。

仁寿元年十月，兰州杨树上松生，高三尺，六节十二枝，《宋志》曰："松不改柯易叶，杨者危脆之木，此永久之业，将集危亡之地也。"是时帝惑谗言，幽废冢嫡，初立晋王为皇太子。天戒若曰，皇太子不胜任，永久之业，将致危亡。帝不悟。及帝崩，太子立，是为炀帝，竟以亡国。

仁寿四年八月，河间柳树无故枯落，既而花叶复生。京房《易飞候》曰："木再荣，国有大丧。"是岁，宫车晏驾。

《洪范五行传》曰："金者西方，万物既成，杀气之始也。古之王者，兴师动众，建立旗鼓，以诛残贼，禁暴虐，安天下，杀伐必应义，以顺金气。如人君乐侵陵，好攻战，贪城邑之赂，以轻百姓之命，人皆不安，外内骚动，则金不从革。"

陈祯明二年五月，东冶铁铸，有物赤色，大如斗，自天坠熔所。隆隆有声，铁飞破屋而四散，烧人家。时后主与隋虽结和好，遣兵度江，掩袭城镇，将士劳敝，府藏空竭。东冶者，陈人铸兵之所。铁飞为变者，金不从革之应。天戒若曰，陈国小而兵弱，当以和好为固，无铸兵而黩武，以害百姓。后主不悟，又遣伪将陈纪、任蛮奴、萧摩诃数寇江北，百姓不堪其役。及隋师渡江，而二将降款，卒以灭亡。

《洪范五行传》曰："火者南方，阳光为明也。人君向南，盖取象也。昔者圣帝明王，负扆摄袂，南面而听断天下。揽海内之雄俊，积之于朝，以续聪明，推邪佞之伪臣，投之于野，以通壅塞，以顺火气。夫不明之君，惑于谗口，白黑杂揉，代相是非，众邪并进，人君疑惑。弃法律，间骨肉，杀太子，逐功臣，以孽代宗，则火失其性。"

梁天监元年五月，有盗入南、北掖，烧神武门总章观。时帝初即位，而火烧观阙，不祥之甚也。既而太子薨，皇孙不得立。及帝暮年，惑于朱异之口，果有侯景之乱，宫室多被焚烧。天诫所以先见也。

普通二年五月，琬琰殿火，延烧后宫三千余间。中大通元年，朱雀航华表灾。明年，同泰寺灾。大同三年，朱雀门灾。水渗火也。是时帝崇尚佛道，宗庙牲牷，皆以面代之，又委万乘之重，数诣同泰寺，舍身为奴，令王公已下赎。初阳为不许，后为默许，方始还宫。天诫若曰，梁武为国主，不遵先王之法，而淫于佛道，横多糜费，将使其社稷不得血食也。天数见变而帝不悟，后竟以亡。及江陵之败，阖城为贱隶焉，即舍身为奴之应也。

陈永定三年，重云殿灾。

东魏天平二年十一月，阊阖门灾。是时齐神武作宰，而大野拔斩樊子鹄，以州来降，神武听谗而杀之。司空元晖免。逐功臣大臣之罚也。

武定五年八月，广宗郡火，烧数千家。

后齐后主天统三年，九龙殿灾，延烧西廊。四年，昭阳、宣光、瑶华三殿灾，延烧龙舟。是时谗言任用，正士道消，祖孝征作歌谣，斛律明月以谗死。谗夫昌，邪胜正之应也。京房《易传》曰："君不思道，厥妖火烧宫。"

开皇十四年，将祠泰山，令使者致石像神祠之所。未至数里，野火欻起，烧像碎如小块。时帝颇信谗言，猜阻骨肉，滕王瓒失志而死，创业功臣，多被夷灭，故天见变，而帝不悟，其后太子勇竟被废戮。

大业十二年，显阳门灾，旧名广阳，则帝之姓名也。国门之崇显，号令之所由出也。时帝不遵法度，骄奢荒怠，裴蕴、虞世基之徒，阿谀顺旨，掩塞聪明，宇文述以逞邪显进，忠谏者咸被诛戮。天戒若曰，信谗害忠，则除"广阳"也。

《洪范五行传》曰："水者，北方之藏，气至阴也。宗庙者，祭祀之象也。故天子亲耕以供粢盛，王后亲蚕以供祭服，敬之至也。发号施令，十二月咸得其气，则水气顺。如人君简宗庙，不祷祀，逆天时，则水不润下。"

梁天监二年六月，太末、信安、丰安三县大水。《春秋考异邮》曰："阴盛臣逆人悲，则水出河决。"是时江州刺史陈伯之、益州刺史刘季连举兵反叛，师旅数兴，百姓愁怨，臣逆人悲之应也。

六年八月，建康大水，涛上御道七尺。七年五月，建康又大水。是时数兴师旅，以拒魏军。十二年四月，建康大水。是时大发卒筑浮山堰，以遏淮水，劳役连年，百姓悲怨之应也。

中大通五年五月，建康大水，御道通船。京房《易飞候》曰："大水至国，贱人将贵。"萧栋、侯景僭称尊号之应也。

后齐河清二年十二月，兖、赵、魏三州大水。天统三年，并州汾水溢。谶曰："水者纯阴之精，阴气洋溢者，小人专制。"是时和士开、元文遥、赵彦深专任之应也。

武平六年八月，山东诸州大水。京房《易飞候》曰："小人踊跃，无所畏忌，阴不制于阳，则涌水出。"是时群小用事，邪佞满朝。阉竖嬖幸，伶人封王。此其所以应也。

开皇十八年，河南八州大水。是时独孤皇后干预政事，滥杀宫人，放黜宰相。杨素颇专。水阴气，臣妾盛强之应也。

仁寿二年，河南、河北诸州大水。京房《易传》曰："颛事有智，诛罚绝理，则厌灾水。"亦由帝用刑严急，臣下有小过，帝或亲临斩决，又先是柱国史万岁以忤旨被戮，诛罚绝理之应也。

大业三年，河南大水，漂没三十余郡。帝嗣位已来，未亲郊庙之礼，简宗庙，废祭祀之应也。

《洪范五行传》曰："土者中央，为内事。宫室台榭，夫妇亲属也。古者自天子至于士，宫室寝居，大小有差，高卑异等，骨肉有恩。故明王贤君，修宫室之制，谨夫妇之别，加亲戚之恩，敬父兄之礼，则中气和。人君肆心纵意，大为宫室，高为台榭，雕文刻镂，以疲人力，淫泆无别，妻妾过度，犯亲戚，侮父兄，中气乱，则稼穑不成。"

齐后主武平四年，山东饥。是时，大兴土木之功于仙都苑。又起宫于邯郸，穷侈极丽。后宫侍御千余人，皆宝衣玉食。逆中气之咎也。

炀帝大业五年，燕、代、齐、鲁诸郡饥。先是建立东都，制度崇侈。又宗室诸王，多远徙边郡。

《洪范五行传》曰："貌之不恭，是谓不肃，则下不敬。阴气胜，故厥咎狂，厥罚常雨，厥极恶。时则有服妖，时则有龟孽，有鸡祸，有下体生上体之痾，有青眚青祥。惟金沴木。"

貌不恭

侯景僭即尊号，升圆丘，行不能正履，有识者知其不免。景寻败。

梁元帝既平侯景，破萧纪，而有骄矜之色。性又沉猜，由是臣下离贰。既位三年而为西魏所陷，帝竟不得其死。

陈后主每祀郊庙，必称疾不行。建宁令章华上奏谏曰："拜三妃以临轩，祀宗庙而称疾，非祗肃之道。"后主怒而斩之。又引江总、孔范等内宴，无复尊卑之序，号为狎客，专以诗酒为娱，不恤国政。秘书监傅𬘩上书谏曰："人君者，恭事上帝，子爱下人，省嗜欲，远邪佞，未明求衣，日旰忘食，是以泽被区宇，庆流子孙。陛下顷来，酒色过度，不虔郊庙大神，专媚淫昏之鬼。小人在侧，宦竖擅权，恶诚直如仇雠，视时人如草芥。后宫曳罗绮，厩马余菽粟，百姓流离，转尸蔽野。神怒人怨，众叛亲离。臣恐东南王气，自斯而尽。"后主不听，骄恣日甚。未几而国灭。

陈司空侯安都，自以有安社稷之功，骄矜日甚，每侍宴酒酣，辄箕踞而坐。尝谓文帝："何如作临川王时？"又借华林园水殿，与妻妾宾客置酒于其上，帝甚恶之。后竟诛死。

东魏武定五年，后齐文襄帝时为世子，属神武帝崩，秘不发丧，朝魏帝于邺。魏帝宴之，文襄起舞。及嗣位，又朝魏帝于邺，侍宴而惰。有识者知文襄之不免。后果为盗所害。

神武时，司徒高昂尝诣相府，将直入门，门者止之。昂怒，引弓射门者，神武不之罪。寻为西魏所杀。

后齐后主为周师所迫，至邺集兵。斛律孝卿劝后主亲劳将士，宜流涕慷慨，以感激之，人当自奋。孝卿授之以辞，后主然之。及对众，默无所言，因赧然大笑，左右皆哂。将士怒曰："身尚如此，吾辈何急！"由是皆无战心，俄为周师所虏。

炀帝自负才学，每骄天下之士。尝谓侍臣曰："天下当谓朕承藉余绪而有四海耶？设令朕与士大夫高选，亦当为天子矣。"谓当世之贤，皆所不逮。《书》云："谓人莫己若者亡。"帝自矜己以轻天下，能不亡乎？帝又言吴音，其后竟终于江都，此亦鲁襄公终于楚宫之类也。

常雨水

梁天监七年七月，雨，至十月乃霁。《洪范五行传》曰："阴气强积，然后生水雨之灾。"时武帝频年兴师，是岁又大举北伐，诸军颇捷，而士卒罢敝，百姓怨望，阴气畜积之应也。

陈太建十二年八月，大雨霾霖。时始兴王叔陵骄恣，阴气盛强之应也。明年，宣帝崩，后主立。叔陵刺后主于丧次。宫人救之，仅而获免。叔陵出阁，就东府作乱。后主令萧摩诃破之，死者千数。

东魏武定五年秋，大雨七十余日，元瑾、刘思逸谋杀后齐文襄之应也。

后齐河清三年六月庚子，大雨，昼夜不息，至甲辰。山东大水，人多饿死。是岁，突厥寇并州，阴戎作梗，此其应也。

天统三年十月，积阴大雨。胡太后淫乱之所感也。

武平七年七月，大霖雨，水涝，人户流亡。是时骆提婆、韩长鸾等用事，小人专政之罚也。

后周建德三年七月，霖雨三旬。时卫刺王直潜谋逆乱。属帝幸云阳宫，以其徒袭肃章门，尉迟运逆拒破之。其日雨霁。

大雨雪

梁普通二年三月，大雪，平地三尺。《洪范五行传》曰："庶征之常，雨也，然尤甚焉。雨，阴也；雪，又阴畜积甚盛也。皆妾不妾、臣不臣之应。"时义州刺史文僧朗以州叛于魏，臣不臣之应也。

大同三年七月，青州雪，害苗稼。是时交州刺史李贲举兵反，僭尊号，置百官，击之不能克。

十年十二月，大雪，平地三尺。是时邵陵王纶、湘东王绎、武陵王纪并权侔人主，颇为骄恣，皇太子甚恶之，帝不能抑损。上天见变，帝又不悟。及侯景之乱，诸王各拥强兵，外有赴援之名，内无勤王之实，委弃君父，自相屠灭，国竟以亡。

东魏兴和二年五月，大雪。时后齐神武作宰，发卒十余万筑邺城，百姓怨思之征也。

武定四年二月，大雪，人畜冻死，道路相望。时后齐霸政，而步落稽举兵反，寇乱数州，人多死亡。

后齐河清二年二月，大雪连雨，南北千余里，平地数尺，繁霜昼下。是时突厥木杆可汗与周师入并州，杀掠吏人，不可胜纪。

天统二年十一月，大雪；三年正月，又大雪，平地二尺；武平三年正月，又大雪。是时冯淑妃、陆令萱内制朝政，阴气盛积，故天变屡见，雷雨不时。

陈太建元年七月，大雨，震万安陵华表，又震慧日寺刹，瓦官寺重阁门下一女子震死。京房《易飞候》曰："雷雨霹雳丘陵者，逆先人令，为火杀人者，人君用逸言杀正人。"时蔡景历以奸邪任用，右仆射陆缮以谗毁获谴，发病而死。

十年三月，震武库。时帝好兵，频年北伐，内外虚竭，将士劳敝。既克淮南，又进图彭、汴，毛喜切谏，不纳。由是吴明彻诸军皆没，遂失淮南之地。武库者，兵器之所聚也，而震之，天戒若曰，宜戢兵以安百姓。帝不悟大兴军旅，其年六月，又震太皇寺刹、庄严寺露榣、重阳阁东楼、鸿胪府门。太皇、庄严二寺，陈国奉佛之所，重阳阁每所游宴，鸿胪宾客礼仪之所在，而同岁震者，天戒若曰，国威已丧，不务修德，后必有恃佛道，耽宴乐，弃礼仪而亡国者。陈之君臣竟不悟。至后主之代，灾异屡起，惧而于太皇寺舍身为奴，以祈冥助，不恤国政，耽酒色，弃礼法，不修邻好，以取败亡。

齐武平元年夏，震丞相段孝先南门柱。京房《易传》曰："震击贵臣门及屋者，不出三年，佞臣被诛。"后岁，和士开被戮。

木冰

东魏武定四年冬，天雨木冰。《洪范五行传》曰："阴之盛而凝滞也。木者少阳，贵臣象也。将有害，则阴气胁木，木先寒，故得雨而冰袭之。木冰一名介，介者兵之象也。"时司徒侯景制河南，及神武不豫，文襄惧其为乱而征之，景因举兵反。豫州刺史高元成、襄州刺史李密、广州刺史暴显并为景所执辱，贵臣有害之应也。其后左仆射慕容绍宗与景战于涡阳，俘斩五万。

后齐天保二年，雨木冰三日。初，清河王岳为高归彦所潜，是岁以忧死。

武平元年冬，雨木冰；明年二月，又木冰。时录尚书事士开专政。其年七月，太保、琅邪王俨矫诏杀之。领军大将军库狄伏连、尚书右仆射冯子琮并坐俨赐死。九月，俨亦遇害。

六年、七年，频岁春冬木冰。其年周师入晋阳，因平邺都。后主走青州，贵臣死散，州郡被兵者不可胜数。

大雨雹

梁中大通元年四月，大雨雹。《洪范五行传》曰："雹，阴胁阳之象也。"时帝数舍身为奴，拘信佛法，为沙门所制。

陈太建二年六月，大雨雹；十年四月，又大雨雹；十三年九月，又雨雹。时始兴王叔陵骄恣，阴结死士，图为不逞，帝又宠遇之，故天三见变。帝不悟。及帝崩，叔陵果为乱逆。

服妖

后齐娄后卧疾，寝衣无故自举。俄而后崩。

文宣帝末年，衣锦绮，傅粉黛，数为胡服，微行市里。粉黛者，妇人之饰，阳为阴事，君变为臣之象也。及帝崩，太子嗣位，被废为济南王。又齐氏出自阴山，胡服者，将反初服也。锦彩非帝王之法服，微服者布衣之事，齐亡之效也。

后主好令宫人以白越布折额，状如髽帼；又以白盖。此二者，丧祸之服也。后主果为周武帝所灭，父子同时被害。

武平时，后主于苑内作贫儿村，亲衣褴褛之服而行乞其间，以为笑乐。多令人服乌衣，以相执缚。后主果为周所败，被虏于长安而死；妃后穷困，至以卖烛为业。

后周大象元年，服冕二十有四旒，车服旗鼓，皆以二十四为节。侍卫之官，服五色，杂以红紫。令天下车以大木为轮，不施辐。朝士不得佩绶，妇人墨妆黄眉。又造下帐，如送终之具，令五皇后各居其一，实宗庙祭器于前，帝亲读版而祭之。又将五辂载妇人，身率左右步从。又倒悬鸡及碎瓦于车上，观其作声，以为笑乐。皆服妖也。帝寻暴崩，而政由于隋，周之法度，皆悉改易。

开皇中，房陵王勇之在东宫，及宜阳公王世积家，妇人所服领巾制同㮆幡军帜。妇人为阴，臣象也，而服兵帜，臣有兵祸之应矣。勇竟而遇害，世积坐伏诛。

鸡祸

开皇中，有人上书，言频岁以来，鸡鸣不鼓翅，类腋下有物而妨之，翻不得举，肘腋之臣，当为变矣。书奏不省。京房《易飞候》曰："鸡鸣不鼓翅，国有大害。"其后大臣多被夷灭，诸王废黜，太子幽废。

大业初，天下鸡多夜鸣，京房《易飞候》曰："鸡夜鸣，急令。"又云："昏而鸣，百姓有事；人定鸣，多战；夜半鸣，流血漫漫。"及中年已后，军国多务，用度不足，于是急令暴赋，责成守宰，百姓不聊生矣，各起而为盗，战争不息,尸骸被野。

龟孽

开皇中,掖庭宫每夜有人来挑宫人。宫司以闻。帝曰:"门卫甚严,人何从而入?当是妖精耳。"因戒宫人曰:"若逢,但斫之。"其后有物如人,夜来登床,宫人抽刀斫之,若中枯骨。其物落床而走,宫人逐之,因入池而没。明日,帝令涸池,得一龟,径尺余,其上有刀迹。杀之,遂绝。龟者水居而灵,阴谋之象,晋王谄媚宫掖求嗣之应云。

青眚青祥

陈祯明二年四月,群鼠无数,自蔡洲岸入石头淮,至青塘两岸。数日死,随流出江。近青祥也。京房《易飞候》曰:"鼠无故群居,不穴众聚者,其君死。"未几而国亡。

金沴木

陈天嘉六年秋七月,仪贤堂无故自压,近金沴木也。时帝盛修宫室,起显德等五殿,称为壮丽,百姓失业,故木失其性也。仪贤堂者,礼贤尚齿之谓,无故自压,天戒若曰,帝好奢侈,不能用贤使能,何用虚名也。帝不悟,明年竟崩。

祯明元年六月,宫内水殿若有刀锯斫伐之声,其殿因无故而倒。七月,朱雀航又无故自沉。时后主盛修园囿,不虔宗庙。水殿者,游宴之所,朱雀航者,国门之大路,而无故自坏,天戒若曰,宫室毁,津路绝。后主不悟,竟为隋所灭,宫庙为墟。

后齐孝昭帝将诛杨愔,乘车向省,入东门,幰竿无故自折。帝甚恶之,岁余而崩。

河清三年,长广郡厅事梁忽剥若人状,太守恶而削去之,明日复然。长广,帝本封也,木之变,不祥之兆。其年帝崩。

武平七年秋,穆后将如晋阳,向北宫辞胡太后。至宫内门,所乘七宝车无故陷入于地,牛没四足。是岁齐灭,后被虏于长安。

后周建德六年,青城门无故自崩。青者东方色,春宫之象也。时皇太子无威仪礼节,青城门无故自崩者,皇太子不胜任之应。帝不悟。明年太子嗣位,果为无道。周室危亡,实自此始。

大业中,齐王𬭚于东都起第,新构寝堂,其栿无故而折。时上无太子,天下皆以𬭚次当立,公卿属望,𬭚遂骄恣,呼术者令相,又为厌胜之事。堂栿无故自折,木失其性,奸谋之应也。天见变以戒之,𬭚不悟,后竟得罪于帝。

《洪范五行传》曰:"言之不从,是谓不乂。厥咎僭,厥罚常旸,厥极忧。时则有诗妖,时则有毛虫之孽,时则有犬祸。故有口舌之痾,有白眚白祥。惟木沴金。

言不从

梁武陵王纪僭即帝位,建元曰天正。永丰侯萧撝曰:"王不克矣。昔桓玄年号大亨,有识者以为'二月了',而玄之败,实在仲春。今日天正,正之为文'一止',其能久乎!"果一年而败。

后齐文宣帝时,太子殷当冠,诏令邢子才制字。子才字之曰正道。帝曰:"正,一止也。吾儿其替乎?"子才请改,帝不许,曰:"天也。"因顾谓常山王演曰:"夺时任汝,慎无杀也。"及帝崩,太子嗣位,常山果废之而自立。殷寻见害。

武成帝时,左仆射和士开言于帝曰:"自古帝王,尽为灰土,尧舜、桀纣,竟亦何异。陛下宜及少壮,恣意欢乐,一日可以当千年,无为自勤约也。"帝悦其言,弥加淫侈。士开既导帝以非道,身又擅权,竟为御史中丞所杀。

武平中,陈人寇彭城,后主发言忧惧,侍中韩长鸾进曰:"纵失河南,犹得为龟兹国子。淮南今没,何足多虑。人生几何时,但为乐,不须忧也。"帝甚悦,遂耽荒酒色,不以天下为虑。未几,为周所灭。

武平七年,后主为周师所败,走至邺,自称太上皇,传位于太子恒,改元隆化。时人离合其字曰"降死"。竟降周而死。

周武帝改元为宣政,梁主萧岿离合其字为"宇文亡日"。其年六月,帝崩。

宣帝在东宫时,不修法度,武帝数挞之。及嗣位,摸其痕而大骂曰:"死晚也。"年又改元为大象,萧岿又离合其字曰"天子冢"。明年而帝崩。

开皇初,梁王萧琮改元为广运。江陵父老相谓曰:"运之为字,军走也。吾君当为军所走乎?"其后琮朝京师而被拘留不反,其叔父岩掠居人以叛,梁国遂废。

文帝名皇太子曰勇,晋王曰英,秦王曰俊,蜀王曰秀。开皇初,有人上书曰:"勇者一夫之用。又千人之秀为英,万人之秀为俊。斯乃布衣之美称,非帝王之嘉名也。"帝不省。时人呼杨姓多为羸者。或言于上曰:"杨英反为赢殃。"帝闻而不怿,遽改之。其后勇、俊、秀皆被废黜,炀帝嗣位,终失天下,卒为杨氏之殃。

炀帝即位,号年曰大业。识者恶之,曰:"于字离合为'大苦来'也。"寻而天下丧乱,率土遭荼炭之酷焉。

炀帝常从容谓秘书郎虞世南曰:"我性不欲人谏。若位望通显而来谏我,以求当世之名者,弥所不耐。至于卑贱之士,虽少宽假,然卒不置之于地。汝其知之!"时议者以为古先哲王之驭天下也,明四目,达四聪,悬敢谏之鼓,立书谤之木,以闻言者之路,犹恐忠言之不至。由是泽敷四海,庆流子孙。而帝恶直言,雠谏士,其能久乎!竟逢杀逆。

旱

梁天监元年,大旱,米斗五千,人多饿死。《洪范五行传》曰:"君持亢阳之节,兴师动众,劳人过度,以起城邑,不顾百姓,臣下悲怨。然而心不能纵,故阳气盛而失度,阴气沉而不附。阳气盛,旱灾应也。"初,帝起兵襄阳,破张冲,败陈伯之,及平建康,前后连战,百姓劳敝,及即位后,复与魏交兵不止之应也。

陈太建十二年春,不雨至四月。先是周师掠淮北,始兴王叔陵等诸军败绩,淮北之地皆没于周,盖其应也。

东魏天平四年,并、肆、汾、建、晋、绛、秦、陕等诸州大旱,人多流散。是岁,齐神武与西魏战于沙苑,败绩,死者数万。

东魏武定二年冬春旱。先是西魏师入洛阳，神武亲帅军大战于邙山，死者数万。

后齐天保九年夏，大旱。先是大发卒筑长城四百余里，劳役之应也。

乾明元年春，旱。先是发卒数十万筑金凤、圣应、崇光三台，穷极侈丽，不恤百姓，亢阳之应也。

河清二年四月，并、晋已西五州旱。是岁，发卒筑轵关。突厥二十万众毁长城，寇恒州。

后主天统二年春，旱。是时大发卒，起大明宫。

开皇四年已后，京师频旱。时迁都龙首，建立宫室，百姓劳敝，亢阳之应也。

大业四年，燕、代缘边诸郡旱。时发卒百余万筑长城，帝亲巡塞表，百姓失业，道殣相望。

八年，天下旱，百姓流亡。时发四海兵，帝亲征高丽，六军冻馁，死者十八九。十三年，天下大旱。时郡县乡邑，悉遣筑城，发男女，无少长，皆就役。

诗妖

梁天监三年六月八日，武帝讲于重云殿，沙门志公忽然起儛歌乐，须臾悲泣，因赋五言诗曰："乐哉三十余，悲哉五十里！但看八十三，子地妖灾起。佞臣作欺妄，贼臣灭君子。若不信吾语，龙时侯贼起。且至马中间，衔悲不见喜。"梁自天监至于大同，三十余年，江表无事。至太清二年，台城陷，帝享国四十八年，所言五十里也。太清元年八月十三，而侯景自悬瓠来降。在丹阳之北，子地。帝惑朱异之言以纳景。景之作乱，始自戊辰之岁。至午年，帝忧崩。十年四月八日，志公于大会中又作诗曰："兀尾狗子始著狂，欲死不死啮人伤，须臾之间自灭亡。患在汝阴死三湘，横尸一旦无人藏。"侯景小字狗子，初自悬瓠来降，悬瓠则古之汝南也。巴陵南有地名三湘，即景奔败之所。

天监中，茅山隐士陶弘景为五言诗曰："夷甫任散诞，平叔坐谈空，不意昭阳殿，忽作单于宫。"及大同之季，公卿唯以谈玄为务。夷甫、平叔，朝贤也。侯景作乱，遂居昭阳殿。

大同中，童谣曰："青丝白马寿阳来。"其后侯景破丹阳，乘白马，以青丝为羁勒。

陈初，有童谣曰："黄班青骢马，发自寿阳浭。来时冬气末，去日春风始。"其后陈主果为韩擒所败。擒本名擒虎，黄班之谓也。破建康之始，复乘青骢马，往反时节皆相应。

陈时，江南盛歌王献之《桃叶》之词曰："桃叶复桃叶，渡江不用楫。但度无所苦，我自迎接汝。"晋王伐陈之始，置营桃叶山下，及韩擒渡江，大将任蛮奴至新林以导北军之应。

陈后主造齐云观，国人歌之曰："齐云观，寇来无际畔。"功未毕，而为隋师所虏。

祯明初，后主作新歌，词甚哀怨，令后宫美人习而歌之。其辞曰："玉树后庭花，花开不复久。"时人以歌谶，此其不久兆也。

齐神武始移都于邺，时有童谣云："可怜青雀子，飞入邺城里。作窠犹未成，举头失乡里。寄书与妇母，好看新妇子。"魏孝静帝者，清河王之子也。后则神武之女。邺都宫室未备，即逢禅代，作窠未成之效也。孝静寻崩，文宣以后为太原长公主，降于杨愔。时娄后尚在，故言寄书于妇母。新妇子，斥后也。

武定中，有童谣云："百尺高竿摧折，水底燃灯澄灭。"高者，齐姓也。澄，文襄名。五年，神武崩，摧折之应。七年，文襄遇盗所害，澄灭之征也。

天保中，陆法和入国，书其屋壁曰："十年天子为尚可，百日天子急如火，周年天子迭代坐。"时文宣帝享国十年而崩，废帝嗣立百余日，用替厥位，孝昭即位一年而崩。此其效也。

武平元年，童谣曰："狐截尾，你欲除我我除你。"其年四月，陇东王胡长仁谋遣刺客杀和士开，事露，返为士开所谮死。

二年，童谣曰："和士开，七月三十日，将你向南台。"小儿唱讫，一时拍手云："杀却。"至七月二十五日，御史中丞、琅邪王俨执士开，送于南台而斩之。是岁，又有童谣曰："七月刘禾伤早，九月吃糕正好。十月洗荡饭瓮，十一月出却赵老。"七月士开被诛，九月琅邪王遇害，十一月赵彦深出为西兖州刺史。

武平末，童谣曰："黄花势欲落，清樽但满酌。"时穆后母子淫僻，干预朝政，时人患之。穆后小字黄花，寻逢齐亡，欲落之应也。

邺中又有童谣曰："金作扫帚玉作把，净扫殿屋迎西家。"未几，周师入邺。

周初有童谣曰："白杨树头金鸡鸣，只有阿舅无外甥。"静帝隋氏之甥，既逊位而崩，诸舅强盛。

周宣帝与宫人夜中连臂蹋蹀而歌曰："自知身命促，把烛夜行游。"帝即位三年而崩。

开皇十年，高祖幸并州，宴秦孝王及王子相。帝为四言诗曰："红颜讵几，玉貌须臾。一朝花落，白发难除。明年后岁，谁有谁无。"明年而子相卒，十八年而秦孝王薨。

大业十一年，炀帝自京师如东都，至长乐宫，饮酒大醉，因赋五言诗。其卒章曰："徒有归飞心，无复因风力。"令美人再三吟咏，帝泣下沾襟，侍御者莫不歔欷。帝因幸江都，复作五言诗曰："求归不得去，真成遭个春。鸟声争劝酒，梅花笑杀人。"帝以三月被弑，即遭春之应也。是年盗贼蜂起，道路隔绝，帝惧，遂无还心。帝复梦二竖子歌曰："住亦死，去亦死。未若乘船渡江水。"由是筑宫丹阳，将居焉。功未就而帝被杀。

大业中，童谣曰："桃李子，鸿鹄绕阳山，宛转花林里。莫浪语，谁道许。"其后李密坐杨玄感之逆，为吏所拘，在路逃叛。潜结群盗，自阳城山而来，袭破洛口仓，后复屯兵苑内。莫浪语，密也。宇文化及自号许国，寻亦破灭。谁道许者，盖惊疑之辞也。

毛虫之孽

梁武帝中大同元年，邵陵王纶在南徐州卧内，方昼，有狸斗于橺上，堕而获之。太清中，遇侯景之乱，将兵援台城。至钟山，有蛰熊无何至，啮纶所乘马。毛虫之孽也。

纶寻为王僧辩所败，亡至南阳，为西魏所杀。

中大同中，每夜狐鸣阙下，数年乃止。京房《易飞候》曰："野兽群鸣，邑中且空虚。"俄而国乱，丹阳死丧略尽。

陈祯明初，狐入床下，捕之不获。京房《易飞候》曰："狐入君室，室不居。"未几而国灭。

东魏武定三年九月，豹入邺城南门，格杀之。五年八月，豹又上铜爵台。京房《易飞候》曰："野兽入邑，及至朝廷若道，上官府门，有大害，君亡。"是岁，东魏师败于玉璧，神武遇疾崩。

后齐武平二年，有兔出庙社之中。京房《易飞候》曰："兔入王室，其君亡。"案庙者，祖宗之神室也。后五岁，周师入邺，后主东奔。

武平末，并、肆诸州多狼而食人。《洪范五行传》曰："狼，贪暴之兽，大体以白色为主，兵之表也。又似犬，近犬祸也。"京房《易传》曰："君将无道，害将及人，去之深山以全身。厥妖狼食人。"时帝任用小人，竞为贪暴，残贼人物，食人之应。寻为周军所灭，兵之象也。

武平中，朔州府门外，无何有小儿脚迹，又拥土为城雉之状。时人怪而察之，乃狐媚所为，渐流至并、邺。与武定三年同占。是岁，南安王思好起兵于北朔，直指并州，为官军所败。郑子饶、羊法皓等复乱山东。

犬祸

后齐天保四年，邺中及顿丘并有犬与女子交。《洪范五行传》曰："异类不当交而交，悖乱之气。犬交人为犬祸。"犬祸者，亢阳失众之应也。时帝不恤国政，恩泽不流于其国。

后主时，犬为开府仪同，雌者有夫人郡君之号，给兵以奉养，食以粱肉，藉以茵蓐。天夺其心，爵加于犬，近犬祸也。天意若曰，卿士皆类犬。后主不悟，遂以取灭。

后周保定三年，有犬生子，腰已后分为两身，二尾六足。犬猛畜而有爪牙，将士之象也。时宇文护与侯伏、侯龙恩等，有谋怀贰。犬体后分，此其应也。

大业元年，雁门百姓间犬多去其主，群聚于野，形顿变如狼而咋噬行人，数年而止。《五行传》曰："犬，守御者也，而今去其主，臣下不附之象。形变如狼，狼色白，为主兵之应也。"其后帝穷兵黩武，劳役不息。天戒若曰，无为劳役，守御之臣将叛而为害。帝不悟，遂起长城之役。续有西域、辽东之举，天下怨叛。及江都之变，并宿卫之臣也。

白眚白祥

梁大同二年，地生白毛，长二尺，近白祥也。孙盛以为劳人之异。先是大发卒筑浮山堰，功费钜亿，功垂就而复溃者，数矣。百姓厌役，吁嗟满道。

齐河清元年九月，沧州及长城之下，地多生毛，或白或黑，长四五寸，近白祥也。时北筑长城，内兴三台，人苦劳役。

开皇六年七月，京师雨毛，如发尾，长者三尺余，短者六七寸。京房《易飞候》曰："天雨毛，其国大饥。"是时关中旱，米粟涌贵。

后齐天统初，岱山封禅坛玉璧自出，近白祥也。岱山，王者易姓告代之所，玉璧所用币而自出，将有易姓者用币之象。其后齐亡，地入于周，及高祖受周禅，天下一统，焚柴太山告祠之应也。

武平三年，白水岩下青石壁傍，有文曰："齐亡走。"人改之为"上延"，后主以为嘉瑞，百僚毕贺。后周师入国，后主果弃邺而走。

开皇十七年，石陨于武安、滏阳间十余。《洪范五行传》曰："石自高陨者，君将有危殆也。"后七载，帝崩。

开皇末，高祖于宫中埋二小石于地，以志置床之所。未几，变为玉。刘向曰："玉者至贵也。贱将为贵之象。"及大业末，盗皆僭名号。

大业十三年，西平郡有石，文曰："天子立千年。"百僚称贺。有识者尤之曰："千年万岁者，身后之意也。今称立千年者，祸在非远。"明年而帝被杀。

木沴金

梁大同十二年，曲阿建陵隧口石麒麟动。木沴金也。动者，迁移之象。天戒若曰，园陵无主，石麟将为人所徙也。后竟国亡。

后齐河清四年，殿上石自起，两两相击。眭孟以为石阴类，下人象，殿上石自起者，左右亲人离叛之应。及周师东伐，宠臣尉相愿、乞扶贵和兄弟、韩建业之徒，皆叛入周。

梁大同十二年正月，送辟邪二于建陵。左双角者至陵所。右独角者，将引，于车上振跃者三。车两辕俱折。因换车。未至陵二里，又跃者三，每一振则车侧人莫不耸奋，去地三四尺，车轮陷入土三寸。木沴金也。刘向曰："失众心，令不行，言不从，以乱金气也。石为阴，臣象也。臣将为变之应。"梁武暮年，不以政事为意，君臣唯讲佛经、谈玄而已。朝纲紊乱，令不行，言不从之咎也。其后果致侯景之乱。

周建德元年，濮阳郡有石像，郡官令载向府，将刮取金。在道自跃投地，如此者再。乃以大绳缚著车壁，又绝绳而下。时帝既灭齐，又事淮南，征伐不息，百姓疲敝，失众心之应也。

卷二十三　　　　志第十八

五　行　下

《洪范五行传》曰："视之不明，是谓不知。厥咎舒，厥罚常燠，厥极疾。时则有草妖，时则有羽虫之孽。故有羊祸，故有目疾，有赤眚赤祥。惟水沴火。"

常燠

后齐天保八年三月，大热，人或暍死。刘向《五行传》曰："视不明，用近习，贤者不进，不肖不退，百职废坏，庶事不从，其过在政教舒缓。"时帝狂躁、荒淫无度之应。

草妖

高祖时，上党有人，宅后每夜有人呼声，求之不得。去宅一里所，但见人参一本，枝叶峻茂。因掘去之，其根五尺余，具体人状，呼声遂绝。盖草妖也。视不明之咎。时晋王阴有夺宗之计，谄事亲要，以求声誉谮皇太子，高祖惑之。人参不当言，有物凭之。上党，党与也。亲要之人，乃党晋王而潜太子。高祖不悟，听邪言，废无辜，有罪用，因此而乱也。

羽虫之孽

梁中大同元年，邵陵王纶在南徐州，坐厅事。有野鸟如鸢数百，飞屋梁上，弹射不中。俄顷失所在。京房《易飞候》曰："野鸟入君室，其邑虚，君亡之他方。"后纶为湘东王所袭，竟致奔亡，为西魏所杀。

侯景在梁，将受锡命，陈备物于庭。有野鸟如山鹊，赤嘴，集于册书之上，鸲鹆鸟鸣于殿。与中大同元年同占。景寻败，将亡入海中，为羊鹍所杀。

陈后主时，蒋山有众鸟，鼓翼而鸣曰："奈何帝。"京房《易飞候》曰："鸟鸣门阙，如人音，邑且亡。"蒋山，吴之望也。鸟于上鸣，吴空虚之象。及陈亡，建康为墟。又陈未亡时，有一足鸟集于殿庭，以嘴画地成文，曰："独足上高台，盛草变成灰。"独足者，叔宝独行无众之应。成草成灰者，陈政芜秽，被隋火德所焚除也。叔宝至长安，馆于都水台上，高台之义也。

后齐孝昭帝即位之后，有雉飞上御座。占同中大同元年。又有鸟止于后园，其色赤，形似鸭而有九头。其年帝崩。

天统三年九月，万春鸟集仙都苑。京房《易飞候》曰："非常之鸟，来宿于邑中，邑有兵。"周师入邺之应也。

武成胡后生后主初，有枭升后帐而鸣。枭不孝之鸟，不祥之应也。后主嗣位，胡后淫乱事彰，遂幽后于北宫焉。

武平七年，有鹳巢太极殿，又巢并州嘉阳殿。雉集晋阳宫御座，获之。京房《易飞候》曰："鸟无故巢居君门及殿屋上，邑且虚。"其年国灭。

周大象二年二月，有秃鹜集洛阳宫太极殿。其年帝崩，后宫常虚。

开皇初，梁主萧琮新起后，有鸲鸟集其帐隅。未几，琮入朝，被留于长安。梁国遂废。

大业末，京师宫室中，恒有鸿雁之类无数，翔集其间。俄而长安不守。

十三年十一月，乌鹊巢帝帐幄，驱不能止。帝寻逢弑。

羊祸

开皇十二年六月，繁昌杨悦里见云中二物，如羝羊，黄色，大如新生犬，斗而坠。悦获其一，数旬失所在。近羊祸也。《洪范五行传》曰："君不明，逆火政之所致也。"状如新生犬者，羔类也。云体掩蔽，邪佞之象。羊，国姓。羔，羊子也。皇太子勇既升储贰，晋王阴毁而被废黜。二羔斗，一羔坠之应也。

恭帝义宁二年，麟游太守司马武，献羊羔，生而无尾。时议者以为杨氏子孙无后之象。是岁，炀帝被杀于江都，恭帝逊位。

赤眚赤祥

梁天监十五年七月，荆州市杀人而身不僵，首堕于地，动口张目，血如竹箭，直上丈余，然后如雨细下。是岁荆州大旱。近赤祥，冤气之应。

陈太建十四年三月，御座幄上见一物，如车轮，色正赤。寻而帝患，无故大叫数声而崩。

至德三年十二月，有赤物陨于太极殿前，初下时，钟皆鸣。又尝进白饮，忽变为血。又有血沾殿阶，沥沥然至御榻。寻而国灭。

后齐河清二年，太原雨血。刘向曰："血者阴之精，伤害之象，僵尸之类也。"明年，周师与突厥入并州，大战城西，伏尸百余里。京房《易飞候》曰："天雨血染衣，国亡君戮。"亦后主亡国之应。

四年三月，有物陨于殿庭，色赤，形如数斗器，众星随者如小铃。四月，娄太后崩。

武平中，有血点地，自咸阳王斛律明月宅而至于大庙。大将，社稷之臣也，后主以逸言杀之。天戒若曰，杀明月，则宗庙随而覆矣。后主不悟，国祚竟绝。

《洪范五行传》曰："听之不聪，是谓不谋。厥咎急，厥罚寒，厥极贫。时则有鼓妖，有鱼孽，有豕祸，有黑眚黑祥，惟火沴水。"

寒

东魏武定四年二月，大寒。人畜冻死者，相望于道。京房《易飞候》曰："诛过深，当燠而寒。"是时后齐神武作相。先是尔朱文畅等谋害神武，事泄伏诛，诸与交通者，多有滥死。

河清元年，岁大寒。京房《易传》曰："有德遭险，兹谓逆命。厥异寒。"谶曰："杀无罪，其寒必异。"是时帝淫于文宣李后，因生子，后愧恨，不举之。帝大怒，于后前杀其子太原王绍德。后大哭，帝揆后而挞杀之，投于水中，良久乃苏。冤酷之应。

梁天监三年三月，六年三月，并陨霜杀草。京房《易传》曰："兴兵妄诛，谓亡法，厥罚霜。"是时，大发卒，拒魏军于钟离，连兵数岁。

大同三年六月，朐山陨霜。

陈太建十年八月，陨霜，杀稻菽。是时，大兴师选众，遣将吴明彻，与周师相拒于吕梁。

鼓妖

梁天监四年十一月，天清朗，西南有电光，有雷声二。《易》曰："鼓之以雷霆。"霆近鼓妖。《洪范五行传》曰："雷霆托于云，犹君之托于人也。君不恤于天下，故兆人有怨叛之心也。"是岁，交州刺史李凯举兵反。

十九年九月，西北隐隐有声如雷，赤气下至地。是岁，盗杀东莞、琅邪二郡守，以朐山引魏军。

中大通六年十二月，西南有声如雷。其年北梁州刺史兰钦举兵反。

陈太建二年十二月，西北有声如雷。其年湘州刺史华皎举兵反。

齐天保四年四月，西南有声如雷。是时，帝不恤天下，兴师旅。

后周建德六年正月，西方有声如雷。未几，吐谷浑寇边。

开皇十四年正月旦，廓州连云山有声如雷。是时五羌反叛，侵扰边镇。二十年，无云而雷。京房《易飞候》曰："国将易君，下人不静，小人先命。国凶，有兵甲。"后数岁，帝崩，汉王谅举兵反，徙其党数十万家。

大业中，滏阳石鼓频岁鸣。其后，天下大乱，兵戎并起。

鱼孽

梁大同十年三月，帝幸朱方，至四堑中，及玄武湖，鱼皆骧首见于上，若望乘舆者。帝入宫而没。《洪范五行传》曰："鱼阴类也，下人象。又有鳞甲，兵之应也。"下人将举兵围宫，而睥睨乘舆之象也。后果有侯景之乱。

齐后主武平七年，相州鹈鹕泊，鱼尽飞去而水涸。《洪范五行传》曰："急之所致。鱼阴类也，下人象也。"晏子曰："河伯以水为国，以鱼为百姓。"水涸鱼飞，国亡人散之象。明年而国亡。

后周大象元年六月，阳武有鲤鱼乘空而斗。犹臣下兴起，小人从之而斗也。明年帝崩，国失政。尉迥起兵相州，高祖遣兵击败之。

开皇十七年，大兴城西南四里，有袁村，设佛会。有老翁，皓首，白裙襦衣，来食而去。众莫识，追而观之，行二里许，不复见。但有一陂，中有白鱼，长丈余，小鱼从者无数。人争射之，或弓折弦断。后竟中之，剖其腹，得粳饭，始知此鱼向老翁也。后数日，漕渠暴溢，射人皆溺死。

大业十二年，淮阳郡驱人入子城，凿断罗郎郭。至女垣之下，有穴，其中得鲤鱼，长七尺余。昔魏嘉平四年，鱼集武库屋上。王肃以为鱼生于水，而亢于屋，水之物失其所也，边将殆弃甲之变。后果有东关之败。是时，长白山贼寇掠河南，月余，贼至城下。郡兵拒之，反为所败，男女死者万余人。

虫妖

梁大同初，大蝗，篱门松柏叶皆尽。《洪范五行传》曰："介虫之孽也。"与鱼同占。京房《易飞候》曰："食禄不益圣化，天视以虫。虫无益于人而食万物也。"是时公卿皆以虚淡为美，不亲职事，无益食物之应也。

后齐天保八年，河北六州、河南十二州蝗。畿人皆祭之。帝问魏尹丞崔叔瓒曰："何故虫？"叔瓒对曰："《五行志》云：'土功不时则蝗虫为灾。'今外筑长城，内修三台，故致灾也。"帝大怒，殴其颊，擢其发，溷中物涂其头。役者不止。九年，山东又蝗，十年，幽州大蝗。《洪范五行传》曰："刑罚暴虐，贪饕不厌，兴师动众，取城修邑，而失众心，则虫为灾。"是时帝用刑暴虐，劳役不止之应也。

后周建德二年，关中大蝗。

开皇十六年，并州蝗。时秦孝王俊哀刻百姓，盛修邸第。后竟获谴而死。

羵祸

开皇末，渭南有沙门三人，行头陀法于人场圃之上。夜见大豕来诣其所，小豕从者十余，谓沙门曰："阿练，我欲得贤圣道，然犹负他一命。"言罢而去。贤圣道者，君上之所行也。皇太子勇当嗣业，行君上之道，而被囚废之象也。一命者，言为炀帝所杀。

开皇末，渭南有人寄宿他舍，夜中闻二豕对语。其一曰："岁将尽，阿耶明日杀我供岁，何处避之？"一答曰："可向水北姊家。"因相随而去。天将晓，主人觅豕不得，意是宿客而诘之。宿客言状，主人如其言而得豕。其后蜀王秀得罪，帝将杀之，乐平公主每匡救，得全。后数年而帝崩，岁尽之应。

黑眚黑祥

梁承圣三年六月，有黑气如龙，见于殿内。近黑祥也。黑，周所尚之色。今见于殿内，周师入梁之象。其年，为周所灭，帝亦遇害。

陈太建五年六月，西北有黑云属地，散如猪者十余。《洪范五行传》曰："当有兵起西北。"时后周将王轨军于吕梁。明年，擒吴明彻，军皆覆没。

火沴水

后齐河清元年四月，河、济清。襄楷曰："河，诸侯之象。应浊反清，诸侯将为天子之象。"是后十余岁，隋有天下。

大业三年，武阳郡河清，数里镜澈。十二年，龙门又河清。后二岁，大唐受禅。

陈太建十四年七月，江水赤如血，自建康西至荆州。祯明中，江水赤，自方州东至海。《洪范五行传》曰："火沴水也。法严刑酷，伤水性也。五行变节，阴阳相干，气色缪乱，皆败乱之象也。"京房《易占》曰："水化为血，兵且起。"是时后主初即位，用刑酷暴之应。其后为隋师所灭。

祯明二年四月，鄞州南浦水，黑如墨。黑水在关中，而今淮南水黑，荆、扬州之地，陷于关中之应。

后周大象元年六月，咸阳池水变为血。与陈太建十四年同占。是时，刑罚严急，未几国亡。

《洪范五行传》曰："思心不容，是谓不圣。厥咎霜，厥罚常风，厥极凶短折。有脂夜之妖，有华孽，有牛祸，有心腹之痾，有黄眚黄祥，木金水火沴土。"

常风

梁天监六年八月戊戌，大风折木。京房《易飞候》曰："角日疾风，天下昏。不出三月中，兵必起。"是岁魏军入钟离。

承圣三年十一月癸未，帝阅武于南城，北风大急，普天昏暗。《洪范五行传》曰："人君瞽乱之应。"时帝既平侯景，公卿咸劝帝反丹阳，帝不从，又多猜忌，有瞽乱之行，故天变应之以风。是岁为西魏灭。

陈天嘉六年七月癸未，大风起西南，吹倒灵台候楼。《洪范五行传》，以为大臣专恣之咎。时太子冲幼，安成王顼专政，帝不时抑损。明年崩，皇太子嗣位，顼遂废之。

太建十二年六月壬戌，大风吹坏皋门中闼。十二年九月,夜又风,发屋拔树。始兴王叔陵专恣之应。

至德中,大风吹倒朱雀门。

祯明三年六月丁巳,大风,自西北,激涛水入石头、淮。是时,后主任司马申,诛戮忠谏。沈客卿、施文庆专行邪僻。江总、孔范等崇长淫纵,杜塞聪明,瞀乱之咎。

后齐河清二年,大风,三旬乃止。时帝初委政佞臣和士开,专恣日甚。天统三年五月,大风,昼晦,发屋拔树。天变再见,而帝不悟。明年帝崩。后主诏内外表奏,皆先诣士开,然后闻彻。赵郡王睿、冯翊王润按士开骄恣,不宜仍居内职,反为士开所谮,睿竟坐死。士开出入宫掖,生杀在口,寻为琅邪王俨所诛。

七年三月,大风起西北,发屋拔树。五日乃止。时高阿那瑰、骆提婆等专恣之应。

开皇二十年十一月,京都大风,发屋拔树,秦、陇压死者千余人。地大震,鼓皆应。净刹寺钟三鸣,佛殿门锁自开,铜像自出户外。钟鼓自鸣者,近鼓妖也。扬雄以为人君不聪,为众所惑,空名得进,则鼓妖见。时独孤皇后干预政事,左仆射杨素权倾人主。帝听二人之谗,而黜仆射高颎,废太子勇为庶人,晋王钓虚名而见立。思心瞀乱,阴气盛之象也。锁及铜像,并金也。金动木震之,水渗金之应。《洪范五行传》曰:"失众心甚之所致也。"高颎、杨勇无罪而咸废黜,失众心也。

仁寿二年,西河有胡人,乘骡在道,忽为回风所飘,并一车上千余尺,乃坠,皆碎焉。京房《易传》曰:"众逆同志,至德乃潜,厥异风。"后二载,汉王谅在并州,潜谋逆乱,车及骡骑之象也。升空而坠,颠陨之应也。天戒若曰,无妄动车骑,终当覆败,而谅不悟。及高祖崩,谅发兵反,州县响应,众至数十万。月余而败。

夜妖

梁承圣二年十月丁卯,大风,昼晦,天地昏暗。近夜妖也。京房《易飞候》曰:"羽日风,天下昏,人大疾。不然,多寇盗。"三年为西魏所灭。

陈祯明三年正月朔旦,云雾晦冥,入鼻辛酸。后主昏昧,近夜妖也。《洪范五行传》曰:"王失中,臣下强盛,以蔽君明,则云阴。"是时北军临江,柳庄、任蛮奴并进中款,后主惑佞臣孔范之言,而昏暗不能用,以至覆败。

东魏武定四年冬,大雾六日,昼夜不解。《洪范五行传》曰:"昼而晦冥若夜者,阴侵阳,臣将侵君之象也。"明年,元瑾、刘思逸谋杀大将军之应。

周大象二年,尉迥败于相州。坑其党与数万人于游豫园。其处每闻鬼夜哭声。《范洪·五行传》曰:"哭者死亡之表,近夜妖也。鬼而夜哭者,将有死亡之应。"京房《易飞候》曰:"鬼夜哭,国将亡。"明年,周氏王公皆见杀,周室亦亡。

仁寿中,仁寿宫及长城之下,数闻鬼哭。寻而献后及帝,相次而崩于仁寿宫。

大业八年,杨玄感作乱于东都。尚书樊子盖坑其党与于长夏门外,前后数万。泊于末年,数闻其处鬼哭,有呻吟之声。与前同占。其后王世充害越王侗于洛阳。

华孽

后齐武平元年,槐华而不结实。槐,三公之位也,华而不实,萎落之象。至明年,录尚书事和士开伏诛。陇东王胡长仁,太保、琅邪王俨皆遇害。左丞相段韶薨。

陈后主时,有张贵妃、孔贵嫔,并有国色,称为妖艳。后主惑之,宠冠宫掖,每充侍从,诗酒为娱。一入后庭,数旬不出,荒淫侈靡,莫知纪极。府库空竭,头会箕敛,天下怨叛,将士离心。敌人鼓行而进,莫有死战之士。女德之咎也。及败亡之际,后主与此姬俱投于井,隋师执张贵妃而戮之,以谢江东。《洪范五行传》曰:"华者,犹荣华容色之象也。以色乱国,故谓华孽。"

齐后主有宠姬冯小怜,慧而有色,能弹琵琶,尤工歌舞。后主惑之,拜为淑妃。选彩女数千,为之羽从,一女之饰,动费千金。帝从禽于三堆,而周师大至,边吏告急,相望于道。帝欲班师,小怜意不已,更请合围。帝从之。由是迟留,而晋州遂陷。后与周师相遇于晋州之下,坐小怜而失机者数矣,因而国灭。齐之士庶,至今咎之。

牛祸

梁武陵王纪祭战隍神,将烹牛,忽有赤蛇绕牛口,牛祸也。象类言之,又为龙蛇之孽。鲁宣公三年,郊牛之口伤,时以为天不享。弃宣公也。《五行传》曰:"逆君道伤,故有龙蛇之孽。"是时纪虽以赴援为名,而实妄自尊亢。思心之咎,神不享,君道伤之应。果为元帝所败。

后齐武平二年,并州献五足牛,牛祸也。《洪范五行传》曰:"牛事应,宫室之象也。"帝寻大发卒,于仙都苑穿池筑山,楼殿间起,穷华极丽。功始就而亡国。

后周建德六年,阳武有兽三,状如水牛,一黄,一赤,一黑。与黑者斗久之,黄者自傍触之,黑者死,黄赤俱入于河。近牛祸也。黑者,周之所尚色。死者,灭亡之象。后数载,周果灭而隋有天下,旗牲尚赤,戎服以黄。

大业初,恒山有牛,四脚膝上各生一蹄。其后建东都,筑长城,开沟洫。

心腹之疴

陈祯明三年,隋师临江,后主从容而言曰:"齐兵三来,周师再来,无弗摧败。彼何为者?"都官尚书孔范曰:"长江天堑,古以为限隔南北。今日北军岂能飞渡耶?臣每患官卑,彼若渡来,臣为太尉矣。"后主大悦,因奏妓纵酒,赋诗不辍。心腹之疴也。存亡之机,定之俄顷,君臣叶食不暇,后主已不知惧,孔范从而荡之,天夺其心,曷能不败?陈国遂亡,范亦远徙。

齐文宣帝尝宴于东山,投杯赫怒,下诏西伐,极陈甲兵之盛。既而泣谓群臣曰:"黑衣非我所制。"卒不行。有识者以帝精魄已乱,知帝祚之不永。帝后竟得心疾,耽荒酒色,性忽狂暴,数年而崩。

武成帝丁太后忧,绯袍如故。未几,登三台,置酒作乐,侍者进白袍,帝大怒,投之台下。未几而崩。

黄眚黄祥

梁大同元年,天雨土。二年,天雨灰,其色黄。近黄祥也。京房《易飞候》曰:"闻善不及,兹谓有知。厥异黄,厥咎聋,厥灾不嗣。蔽贤绝道之咎也。"时帝自以为聪明博达,恶人胜己。又笃信佛法,舍身为奴,绝道蔽贤之罚也。

大宝元年正月，天雨黄沙。二年，简文帝梦丸土而吞之。寻为侯景所废，以土囊压之而毙，诸子遇害，不嗣之应也。

陈后主时，梦黄衣人围城。后主恶之，绕城橘树，尽伐去之。隋高祖受禅之后，上下通服黄衣。未几隋师攻围之应也。

后周大象二年正月，天雨黄土，移时乃息。与大同元年同占。时帝昏狂滋甚，期年而崩，至于静帝，用逊厥位。绝道不嗣之应也。

开皇二年，京师雨土。是时帝惩周室诸侯微弱，以亡天下，故分封诸子，并为行台，专制方面。失土之故，有土气之祥，其后诸王各谋为逆乱。京房《易飞候》曰："天雨土，百姓劳苦而无功。"其时营都邑。后起仁寿宫，颓山埋谷，丁匠死者太半。

裸虫之孽

梁太清元年，丹阳有莫氏妻，生男，眼在顶上，大如两岁儿。坠地而言曰："儿是旱疫鬼，不得住。"母曰："汝当令我得过。"疫鬼曰："有上官，何得自由。母可急作绛帽，故当无忧。"母不暇作帽，以绛系发。自是旱疫者二年，扬、徐、兖、豫尤甚。莫氏乡邻，多以绛免，他土效之无验。

大宝二年，京口人于藏儿，年五岁，登城西南角大楼，打鼓作《长江楣》。鼓，兵象也。是时侯景乱江南。

陈永定三年，有人长三丈，见罗浮山，通身洁白，衣服楚丽。京房占曰："长人见，亡。"后二岁，帝崩。

后主为太子时，有妇人突入东宫而大言曰："毕国主。"后主立而祚终之应也。

至德三年八月，建康人家婢死，埋之九日而更生。有牧牛儿闻而出之。

祯明二年，有船下，忽闻人言曰："明年乱。"视之，得死婴儿，长二尺而无头。明年陈灭。

齐天保中，临漳有妇人产子，二头共体。是后政由奸佞，上下无别，两头之应也。

后主时，有桑门，貌若狂人，见乌则向之作礼，见沙门则殴辱之。乌，周色也。未几，齐为周所吞，灭除佛法。

后周保定三年，有人产子男，阴在背上如尾，两足指如兽爪。阴不当生于背而生于背者，阴阳反覆，君臣颠倒之象。人足不当有爪而有爪者，将致攫人之变也。是时，晋荡公宇文护专擅朝政，征伐自己，阴怀篡逆。天戒若曰，君臣之分已倒矣，将行攫噬之祸。帝见变而悟，遂诛晋公，亲万机，躬节俭，克平齐国，号为高祖。转祸为福之效也。

武帝时，有强练者，佯狂，持一瓠，至晋荡公门而击破之，曰："身尚可，子苦矣。"时护专政，因朝太后，帝击杀之。发兵捕其诸子，皆备楚毒而死。强练又行乞于市，人或遗之粟麦，辄以无底袋受之。因大笑曰："盛空。"未几，周灭，高祖移都，长安城为墟矣。

开皇六年，霍州有老翁，化为猛兽。

七年，相州有桑门，变为蛇，尾绕树而自抽，长二丈许。

仁寿四年，有人长数丈，见于应门，其迹长四尺五寸。其年帝崩。

大业元年，雁门人房回安，母年百岁，额上生角，长二寸。《洪范五行传》曰："妇人，阴象也。角，兵象也。下反上之应。"是后天下果大乱，阴戎围帝于雁门。

四年，雁门宋谷村有妇人生一肉卵，大如斗，埋之。后数日，所埋处云雾尽合，从地雷震而上，视之洞穴，失卵所在。

六年，赵郡李来王家婢产一物，大如卵。

六年正月朔旦，有盗衣白练裙襦，手持香花，自称弥勒佛出世。入建国门，夺卫士仗，将为乱。齐王暕遇而斩之。后三年，杨玄感作乱，引兵围洛阳，战败伏诛。

八年，有澄公者，若狂人，于东都大叫唱贼。帝闻而恶之。明年，玄感举兵，围洛阳。

十二年，澄公又叫贼。李密逼东都，孟让烧丰都市而去。

九年，帝在高阳。唐县人宋子贤，善为幻术。每夜，楼上有光明，能变作佛形，自称弥勒出世。又悬大镜于堂上，纸素上画为蛇为兽及人形。有人来礼谒者，转侧其镜，遭观来生形像。或映见纸上蛇形，子贤辄告云："此罪业也，当更礼念。"又令礼谒，乃转人形示之。远近惑信，日数百千人。遂潜谋作乱，将为无遮佛会，因举兵，欲袭击乘舆。事泄，鹰扬郎将以兵捕之。夜至其所，绕其所居，但见火坑，兵不敢进。郎将曰："此地素无坑，止妖妄耳。"及进，无复火矣。遂擒斩之，并坐其党与千余家。其后复有桑门向海明，于扶风自称弥勒佛出世，潜谋逆乱。人有归心者，辄获吉梦。由是人皆惑之，三辅之士，翕然称为大圣。因举兵反，众至数万。官军击破之。京房《易飞候》曰："妖言动众者，兹谓不信。路无人行。不出三年，起兵。"自是天下大乱，路无人行。

木金水火沴土

梁天监五年十一月，京师地震，木金水火沴土也。《洪范五行传》曰："臣下盛，将动而为害。"京房《易飞候》曰："地动以冬十一月者，其邑饥亡。"时交州刺史李凯举兵反。明年，霜，岁俭人饥。

普通三年正月，建康地震。是时，义州刺史文僧朗以州叛。

六年十二月，地震。京房《易飞候》曰："地冬动有音，以十二月者，其邑有行兵。"是时，帝令豫章王琮将兵北伐。

中大通五年正月，建康地震。京房《易飞候》曰："地以春动，岁不昌。"是岁，大水，百姓饥馑。

大同三年十一月，建康地震。京房《易飞候》曰："地震以十一月，邑有大丧及饥亡。"明年，霜为灾，百姓饥。

三年十月，建康地震。是岁，会稽山贼起。

七年二月，建康地震。是岁，交州人李贲举兵，逐刺史萧谘。

九年闰正月，地震。李贲自称皇帝，署置百官。

太清三年四月，建康地再震。时侯景自为大丞相、录尚书事，帝所须不给。是月，以忧愤崩。

陈永定二年五月，建康地震。时王琳立萧庄于郢州。

太建四年十一月，地震。陈宝应反闽中。

祯明元年正月，地震。施文庆、沈客卿专恣之应也。

东魏武定二年十一月，西河地陷而且燃。京房《易妖占》曰："地自陷，其君亡。"祖暅曰："火，阳精也；地者，阴主也。地燃，越阴之道，行阳之政，臣下擅恣，终以自害。"时后齐神武作宰，而侯景专擅河南。后二岁，神武果崩，景遂作乱，而自取败亡之应。

后齐河清二年，并州地震。和士开专恣之应也。

后周建德二年，凉州地频震。城郭多坏，地裂出泉。京房《易妖占》曰："地分裂，羌夷叛。"时吐谷浑频寇河西。

开皇十四年五月，京师地震。京房《易飞候》曰："地动以夏五月，人流亡。"是岁关中饥，帝令百姓就粮于关东。

仁寿二年四月，岐、雍地震。京房《易飞候》曰："地动以夏四月，五谷不熟，人大饥。"

三年，梁州就谷山崩。《洪范五行传》曰："崩散落，背叛不事上之类也。"梁州为汉地。明年，汉王谅举兵反。

大业七年，砥柱山崩，壅河，逆流数十里。刘向《洪范五行传》曰："山者，君之象；水者，阴之表，人之类也。天戒若曰，君人拥威重，将崩坏，百姓不得其所。"时帝兴辽东之师，百姓不堪其役，四海怨叛。帝不能悟，卒以灭亡。

《洪范五行传》曰："皇之不极，是谓不建。厥咎瞀，厥罚常阴，厥极弱。时则有射妖，则有龙蛇之孽，则有马祸。"

云阴

开皇二十年十月，久阴不雨。刘向曰："王者失中，臣下强盛而蔽君明，则云阴。"是时，独孤后遂与杨素阴谮太子勇，废为庶人。

射妖

东魏武定四年，后齐神武作宰，亲率诸军，攻西魏于玉壁。其年十一月，帝不豫，班师。将士震惧，皆曰："韦孝宽以定功弩射杀丞相。"西魏下令国中曰："劲弩一发，凶身自殒。"神武闻而恶之，其疾暴增，近射妖也。《洪范五行传》曰："射者，兵戎祸乱之象，气逆天则祸乱将起。"神武行，殿中将军曹魏祖谏曰："王以死气逆生气，为客不利，主人则可。"帝不从，顿军五旬，频战沮衄。又听孤虚之言，于城北掘汾水，起土山。其处天险千余尺，功竟不就，死者七万。气逆天之咎也。其年帝崩。明年，王思政扰河南。

武平，后主自并州还邺，至八公岭，夜与左右歌而行。有一人忽发狂，意后主以为狐媚，伏草中弯弓而射之。伤数人，几中后主。后主执而斩之。其人不自觉也。狐而能媚，兽之妖妄也。时帝不恤国政，专与内人阉竖作酣歌为乐。或衣缞缕衣，行乞为娱。此妖妄之象。人又射之，兵戎祸乱之应也。未几而国灭。

龙蛇之孽

梁天监二年，北梁州潭中有龙斗，渍雾数里。龙蛇之孽。《洪范五行传》曰："龙，兽之难害者也。天之类，君之象。天气害，君道伤，则龙亦害。斗者兵革之象也。"京房《易飞候》曰："众心不安，厥妖龙斗。"是时帝初即位，而有陈伯之、刘季连之乱，国内危惧。

普通五年六月，龙斗于曲阿王陵，因西行，至建陵城，所经之处，树木皆折开数十丈。与天监二年同占。经建陵而树木折者，国有兵革之祸，园陵残毁之象。时帝专以讲论为务，不崇耕战，将轻而卒惰。君道既伤，故有龙孽之应。帝殊不悟。至太清元年，黎州水中又有龙斗。波浪涌起，云雾四合，而见白龙南走，黑龙随之。其年，侯景以兵来降，帝纳之而无备，国人皆惧。俄而难作，帝以忧崩。

大同十年夏，有龙夜因雷而堕延陵人家井中，明旦视之，大如驴。将以戟刺之，俄见庭中及室中各有大蛇，如数百斛船，家人奔走。《洪范五行传》曰："龙，阳类，贵象也。上则在天，下则在地，不当见庶人邑里室家。井中，幽深之象也，诸侯且有幽执之祸，皇不建之咎也。"后侯景反，果幽杀简文于酒库，宗室王侯皆幽死。

陈太建十一年正月，龙见南兖州池中，与梁大同十年同占。未几，后主嗣位，骄淫荒急，动不得中。其后竟以国亡，身被幽执。

东魏武定元年，有大蛇见武牢城。是时，北豫州刺史高仲密妻李氏，慧而艳。世子澄悦之，仲密内不自安，遂以武牢叛，阴引西魏，大战于河阳。神武为西兵所窘，仅而获免，死者数千。

后齐天保九年，有龙长七八丈，见齐州大堂。占同大同十年。时常山、长广二王权重，帝不思抑损。明年帝崩，太子殷嗣立。常山王演果废帝为济南王，幽而害之。

河清元年，龙见济州浴堂中。占同天保九年。先是平秦王归彦受昭帝遗诏，立太子百年为嗣。而归彦遂立长广王湛，是为武成帝。而废百年为乐陵王，竟以幽死。

天统四年，贵乡人伐枯木，得一黄龙，折脚，死于孔中，齐称木德。龙，君象。木枯龙死，不祥之甚。其年武成崩。

武平三年，龙见邯郸井中，其气五色属天。又见汲郡佛寺涸井中。占同河清元年。后主竟降周，后被诛。

武平七年，并州招远楼下，有赤蛇与黑蛇斗，数日，赤蛇死。赤，齐尚色；黑，周尚色。斗而死，灭亡之象也。后主任用邪佞，与周师连兵于晋州之下。委军于孽臣高阿那肱，竟启敌人，皇不建之咎也。后主遂为周师所虏。

琅邪王俨坏北宫中白马浮图，石赵时澄公所建。见白蛇长数丈，回旋失所在。时俨专诛，失中之咎也。见变不知戒，以及于难。

后周建德五年，黑龙坠于亳州而死。龙，君之象。黑，周所尚色。坠而死，不祥之甚。时皇太子不才，帝每以为虑，直臣王轨、宇文孝伯等骤请废立，帝不能用。后二岁，帝崩，太子立，虐杀齐王及孝伯等，因而国亡。

仁寿四年，龙见代州总管府井中。其龙或变为铁马甲士弯弓上射之象。变为铁马，近马祸也。弯弓上射，又近射妖，诸侯将有兵革之变，以致幽囚也。是时汉王谅潜谋逆乱，故变兵戒之。谅不悟，遂兴兵反，事败，废为庶人，幽囚数年而死。

马祸

侯景僭尊号于江南，每将战，其所乘白马，长鸣蹀足者辄胜，垂头者辄不利。西州之役，马卧不起，景拜请，且筮之，竟不动。近马祸也。《洪范五行传》曰："马者兵象。将有寇戎之事，故马为怪。"景因此大败。

陈太建五年，衡州马生角。《洪范五行传》曰："马生角，兵之象，败亡之表也。"是时宣帝遣吴明彻出师吕梁，与周师拒。连兵数岁，众军覆没，明彻竟为周师所虏。

天保中，广宗有马，两耳间生角，如羊尾。京房《易传》曰："天子亲伐，则马生角。"四年，契丹犯塞，文宣帝亲御六军以击之。

大业四年，太原厩马死者太半，帝怒，遣使案问。主者曰："每夜厩中马无故自惊，因而致死。"帝令巫者视之。巫者知帝将有辽东之役，因希旨言曰："先帝令杨素、史万岁取之，将鬼兵以伐辽东也。"帝大悦，因释主者。《洪范五行传》曰："逆天气，故马多死。"是时，帝每岁巡幸，北事长城，西通且末，国内虚耗，天戒若曰，除厩马，无事巡幸。帝不悟，遂至乱。

十一年，河南、扶风三郡，并有马生角，长数寸。与天保初同占。是时，帝频岁亲征高丽。

义宁元年，帝在江都宫，龙厩马无故自死，旬日，死至数百匹。与大业四年同占。

卷二十四　　志第十九

食货

王者量地以制邑，度地以居人，总土地所生，料山泽之利，式遵行令，敬授人时，农商趣向，各本事业。《书》称懋迁有无，言谷货流通，咸得其所者也。《周官》太府掌九贡九赋之法，王之经用，各有等差。所谓取之以道，用之有节，故能养百官之政，勖战士之功，救天灾，服方外，活国安人之大经也。爰自轩、顼，至于尧、舜，皆因其所利而劝之，因其所欲而化之。不夺其时，不穷其力，轻其征，薄其赋，此五帝三皇不易之教也。古语曰："善为人者，爱其力而成其财。"若使之不以道，敛之如不及，财尽则怨，力尽则叛。昔禹制九等而康歌兴，周人十一而颂声作。于是东周迁洛，诸侯不轨，鲁宣初税亩，郑产为丘赋，先王之制，靡得孑遗。秦氏起自西戎，力正天下，驱之以刑罚，弃之以仁恩。以太半之收，长城绝于地脉，以头会之敛，屯戍穷于岭外。汉高祖承秦凋敝，十五税一，中元继武，府廪弥殷。世宗得之，用成雄侈，开边击胡，萧然咸罄。宫宇扛于天汉，巡游跨于海表，旱岁除道，凶年尝秫，户口以之减半，盗贼以之公行。于是谲诡赋税，异端俱起，赋及童龀，算至船车。光武中兴，聿遵

前事，成赋单薄，足称经远。灵帝开鸿都之榜，通卖官之路，公卿州郡，各有等差。汉之常科，土贡方物，帝又遣先输中署，名为导行，天下贿成，人受其敝。自魏、晋二十一帝，宋、齐十有五生，虽用度有众寡，租赋有重轻，大抵不能倾人产业，道关政乱。

隋文帝既平江表，天下大同，躬先俭约，以事府帑。开皇十七年，户口滋盛，中外仓库，无不盈积。所有赉给，不逾经费，京司帑屋既充，积于廊庑之下，高祖遂停此年正赋，以赐黎元。炀皇嗣守鸿基，国家殷富，雅爱宏玩，肆情方骋，初造东都，穷诸巨丽。帝昔居藩翰，亲平江左，兼以梁、陈曲折，以就规摹。曾雉逾芒，浮桥跨洛，金门象阙，咸竦飞观，颓岩塞川，构成云绮，移岭树以为林薮，包芒山以为苑囿。长城御河，不计于人力，运驴武马，指期于百姓，天下死于役而家伤于财。既一讨浑庭，三驾辽泽，天子亲伐，师兵大举，飞粮挽秣，水陆交至。疆场之所倾败，劳敝之所殂殒，虽复太半不归，而每年兴发，比屋良家之子，多赴于边陲，分离哭泣之声，连响于州县。老弱耕稼，不足以救饥馁，妇工纺织，不足以赡资装。九区之内，鸢和岁劲，从行宫掖，常十万人，所有供须，皆仰州县。租赋之外，一切征敛，趣以周备，不顾元元，吏因割剥，盗其太半。迩方珍膳，必登庖厨，翔禽毛羽，用为玩饰，买以供官，千倍其价。人愁不堪，离弃室宇，长吏叩扉而达曙，猛犬迎吠而终夕。自燕赵跨于齐韩，江淮入于襄邓，东周洛邑之地，西秦陇山之右，僭伪交侵，盗贼充斥。宫观鞠为茂草，乡亭绝其烟火，人相啖食，十而四五。关中疠疫，炎旱伤稼，代王开永丰之粟，以振饥人，去仓数百里，老幼云集。吏在贪残，官无攸次，咸资镪货，动移旬月，顿卧墟野，欲返不能，死人如积，不可胜计。虽复皇王抚运，天禄有终，而隋氏之亡，亦由于此。

马迁为《平准书》，班固述《食货志》，上下数千载，损益粗举。自此史官，曾无概见。夫厥初生人，食货为本。圣王割庐井以业之，通货财以富之。富而教之，仁义以之兴，贫而为盗，刑罚不能止。故为《食货志》，用编前书之末云。

晋自中原丧乱，元帝寓居江左，百姓之自拔南奔者，并谓之侨人。皆取旧壤之名，侨立郡县，往往散居，无有土著，而江南之俗，火耕水耨，土地卑湿，无有蓄积之资。诸蛮陬俚洞，沾沐王化者，各随轻重，收其賧物，以裨国用。又岭外酋帅，因生口翡翠明珠犀象之饶，雄于乡曲者，朝廷多因而署之，以收其利。历宋、齐、梁、陈，皆因而不改。其军国所须杂物，随土所出，临时折课市取，乃无恒法定令。列州郡县，制其任土所出，以为征赋。其无贯之人，不乐州县编户者，谓之浮浪人，乐输亦无定数，任量，准所输，终优于正课焉。都下人多为诸王公贵人左右、佃客、典计、衣食客之类，皆无课役。官品第一第二，佃客无过四十户。第三品三十五户。第四品三十户。第五品二十五户。第六品二十户。第七品十五户。第八品十户。第九品五户。其佃谷皆与大家量分。其典计，官品第一第二，置三人。第三第四，置二人。第五第六及公府参军、殿中监、监军、长史、司马、部曲督、关外侯、材官、议

郎已上，一人。皆通在佃客数中。官品第六已上，并得衣食客三人。第七第八二人。第九品及举辇、迹禽、前驱、由基强弩司马、羽林郎、殿中冗从武贲、殿中武贲、持椎斧武骑武贲、持鈒冗从武贲、命中武贲武骑，一人。客皆注家籍。其课，丁男调布绢各二丈，丝三两，绵八两，禄绢八尺，禄绵三两二分，租米五石，禄米二石。丁女并半之。男女年十六岁已上至六十，为丁。男年十六，亦半课，年十八正课，六十六免课。女以嫁者为丁，若在室者，年二十乃为丁。其男丁，每岁役不过二十日。又率十八人出一运丁役之。其田，亩税米二斗。盖大率如此。其度量，斗则三斗当今一斗，称则三两当今一两，尺则一尺二寸当今一尺。

其仓，京都有龙首仓，即石头津仓也，台城内仓，南塘仓，常平仓，东、西太仓，东宫仓，所贮总不过五十余万。在外有豫章仓、钓矶仓、钱塘仓，并是大贮备之处。自余诸郡台传，亦各有仓。大抵自侯景之乱，国用常褊。京官文武，月别唯得廪食，多遥带一郡县官而取其禄秩焉。扬、徐等大州，比令、仆班。宁、桂等小州，比参军班。丹阳、吴郡、会稽等郡，同太子詹事、尚书班。高凉、晋康等小郡，三班而已。大县六班，小县两转方至一班。品第既殊，不可委载。州郡县禄米绢布丝绵，当处输台传仓库。若给刺史守令等，先准其所部文武人物多少，由敕而裁。凡如此禄秩，既通所部兵士给之，其家所得盖少。诸王诸主，出阁就第婚冠所须，及衣裳服饰，并酒米鱼鲊香油纸烛等，并官给之。王及主婿外禄者，不给，解任还京，仍亦公给云。

魏自永安之后，政道陵夷，寇乱实繁，农商失业。官有征伐，皆权调于人，犹不足以相资奉，乃令所在迭相纠发，百姓愁怨，无复聊生。寻而六镇扰乱，相率内徙，寓食于齐、晋之郊。齐神武因之，以成大业。魏武西迁，连年战争，河、洛之间，又并空竭。天平元年，迁都于邺，出粟一百三十万石，以振贫人。是时六坊之众，从武帝而西者，不能万人，余皆北徙。并给廪禄，春秋二时赐帛，以供衣服之费。常调之外，逐丰稔之处，折绢籴粟，以充国储。于诸州缘河津济，皆官仓贮积，以拟漕运。于沧、瀛、幽、青四州之境，傍海置盐官，以煮盐，每岁收钱，军国之资，得以周赡。自是之后，仓廪充实，虽有水旱凶饥之处，皆仰开仓以振之。元象、兴和之中，频岁大穰，谷斛至九钱。是时法网宽弛，百姓多离旧居，阙于徭赋。神武乃命孙腾、高隆之分括无籍之户，得六十余万。于是侨居者各勒还本属，是后租调之入有加焉。及文襄嗣业，侯景北叛，河南之地。困于兵革。寻而侯景乱梁，乃命行台辛术，略有淮南之地。其新附州郡，羁縻轻税而已。

及文宣受禅，多所创革。六坊之内徙者，更加简练，每一人必当百人，任其临阵必死，然后取之，谓之百保鲜卑。又简华人之勇力绝伦者，谓之勇士，以备边要。始立九等之户，富者税其钱，贫者役其力。北兴长城之役，南有金陵之战，其后南征诸将，频岁陷没，士马死者以数十万计。重以修创台殿，所役甚广，而帝刑罚酷滥，吏道因而成奸，豪党兼并，户口益多隐漏。旧制，未娶者输半床租调，阳翟一郡，户至数万，籍多无妻。有司劾之，帝以为生事，由是奸欺尤甚。户口租调，十亡六七。是时用度转广，赐与无节，府藏之积，不足以供。乃减百官之禄，撤军人常廪，并省州郡县镇戍之职。又制刺史守宰行兼者，并不给干，以节国之费用焉。天保八年，议徙冀、定、瀛无田之人，谓之乐迁，于幽州范阳宽乡以处之。百姓惊扰。属以频岁不熟，米籴踊贵矣。废帝乾明中，尚书左丞苏珍芝议修石鳖等屯，岁收数万石。自是淮南军防，粮廪充足。孝昭皇建中，平州刺史嵇晔建议，开幽州督亢旧陂，长城左右营屯，岁收稻粟数十万石，北境得以周赡。又于河内置怀义等屯，以给河南之费。自是稍止转输之劳。

至河清三年定令，乃命人居十家为比邻，五十家为闾里，百家为族党。男子十八已上六十五已下为丁，十六已上十七已下为中，六十六已上为老，十五已下为小。率以十八受田，输租调，二十充兵，六十免力役，六十六退田，免租调。

京城四面，诸坊之外三十里内为公田。受公田者，三县代迁、内执事官一品已下，逮于羽林武贲，各有差。其外畿郡，华人官第一品已下，羽林武贲已上，各有差。职事及百姓请垦田者，名为永业田。奴婢受田者，亲王止三百人；嗣王止二百人；第二品嗣王已下及庶姓王，一百五十人；正三品已上及皇宗，止一百人；七品已上，限止八十人；八品已下至庶人，限止六十人。奴婢限外不给田者，皆不输。其方百里外及州人，一夫受露田八十亩，妇四十亩。奴婢依良人，限数与在京百官同。丁牛一头，受田六十亩，限止四牛。又每丁给永业二十亩，为桑田。其中种桑五十根，榆三根，枣五根，不在还受之限。非此田者，悉入还受之分。土不宜桑者，给麻田，如桑田法。

率人一床，调绢一匹，绵八两，凡十斤绵中，折一斤作丝，垦租二石，义租五斗。奴婢各准良人之半。牛调二尺，垦租一斗，义租五升。垦租送台，义租纳郡，以备水旱。垦租皆依贫富为三梟。其赋税常调，则少者直出上户，中者及中户，多者及下户。上梟输远处，中梟输次远，下梟输当州仓。三年一校焉。租入台者，五百里内输粟，五百里外输米。入州镇者，输粟。人欲输钱者，准上绢收钱。诸州郡皆别置富人仓。初立之日，准所领中下户口数，得支一年之粮，逐当州谷价贱时，斟量割当年义租充入。谷贵，下价粜之；贱则还用所粜之物，依价籴贮。

每岁春月，各依乡土早晚，课人农桑。自春及秋，男十五已上，皆布地亩。桑蚕之月，妇女十五已上，皆营蚕桑。孟冬，刺史听审邦教之优劣，定殿最之科品。人有人力无牛，或有牛无力者，须令相便，皆得纳种。使地无遗利，人无游手焉。

缘边城守之地，堪垦食者，皆营屯田，置都使子使以统之。一子使当田五十顷，岁终考其所入，以论褒贬。

是时频岁大水，州郡多遇沉溺，谷价腾踊。朝廷遣使开仓，从贵价以粜之，而百姓无益，饥馑尤甚。重以疾疫相乘，死者十四五焉。至天统中，又毁东宫，造修文、偃武、隆基嫔嫱诸院，起玳瑁楼。又于游豫园穿池，周以列馆，中起三山，构台，以象沧海，并大修佛寺，劳役钜万计。财用不给，乃减朝士之禄，断诸曹粮膳及九州军人常赐以供之。武平之后，权幸并进，赐与无限，加之旱蝗，国用转屈，乃料境内六等富人，调令出钱。而给事黄门侍郎颜之推奏请立关市邸店之税，开府邓长颙赞成之，后主大悦。于是以其所入，以供御府声色之费，军国之用不豫焉。未几而亡。

后周太祖作相，创制六官。载师掌任土之法，辨夫家田里之数，会六畜车乘之稽，审赋役敛弛之节，制畿疆修广之域，颁施惠之要，审牧产之政。司均掌田里之政令。凡人口十已上，宅五亩，口九已上，宅四亩，口五已下，宅三亩。有室者，田百四十亩，丁者田百亩。司赋掌功赋之政令。凡人自十八以至六十有四，与轻癃者，皆赋之。其赋之法，有室者，岁不过绢一匹，绵八两，粟五斛；丁者半之。其非桑土，有室者，布一匹，麻十斤；丁者又半之。丰年则全赋，中年半之，下年一之，皆以时征焉。若艰凶札，则不征其赋。司役掌力役之政令。凡人自十八以至五十有九，皆任于役。丰年不过三旬，中年则二旬，下年则一旬。凡起徒役，无过家一人。其人有年八十者，一子不从役，百年者，家不从役。废疾非人不养者，一人不从役。若凶札，又无力可征。掌盐掌四盐之政令。一曰散盐，煮海以成之；二曰监盐，引池以化之；三曰形盐，物地以出之；四曰饴盐，于戎以取之。凡监盐形盐，每地为之禁，百姓取之，皆税焉。司仓掌辨九谷之物，以量国用。国用足，即蓄其余，以待凶荒；不足则止。余用足，则以粟贷人。春颁之，秋敛之。

闵帝元年，初除市门税。及宣帝即位，复兴入市之税。武帝保定元年，改八丁兵为十二丁兵，率岁一月役。建德二年，改军士为侍官，募百姓充之，除其县籍。是后夏人半为兵矣。宣帝时，发山东诸州，增一月功为四十五日役，以起洛阳宫。并移相州六府于洛阳，称东京六府。

武帝保定二年正月，初于蒲州开河渠，同州开龙首渠，以广溉灌。高祖登庸，罢东京之役，除入市之税。是时尉迥、王谦、司马消难相次叛逆，兴师诛讨，赏费钜万。及受禅，又迁都，发山东丁，毁造宫室。仍依周制，役丁为十二番，匠则六番。及颁新令。制人五家为保，保有长。保五为闾，闾四为族，皆有正。畿外置里正，比闾正，党长比族正，以相检察焉。男女三岁已下为黄，十岁已下为小，十七已下为中，十八已上为丁。丁从课役。六十为老，乃免。自诸王已下，至于都督，皆给永业田，各有差。多者至一百顷，少者至四十亩。其丁男、中男永业露田，皆遵后齐之制。并课树以桑榆及枣。其园宅，率三口给一亩，奴婢则五口给一亩。丁男一床，租粟三石，桑土调以绢绨，麻土以布，绢绨以匹，加绵三两。布以端，加麻三斤。单丁及仆隶各半之。未受地者皆不课。有品爵及孝子顺孙义夫节妇，并免课役。京官又给职分田。一品者给田五顷。每品以五十亩为差，至五品，则为田三顷，六品二顷五十亩。其下每品以五十亩为差，至九品为一顷。外官亦各有职分田，又给公廨田，以供公用。

开皇三年正月，帝入新宫。初令军人以二十一成丁。减十二番每岁为二十日役。减调绢一匹为二丈。先是尚依周末之弊，官置酒坊收利，盐池盐井，皆禁百姓采用。至是罢酒坊，通盐池盐井与百姓共之，远近大悦。是时突厥犯塞，吐谷浑寇边，军旅数起，转输劳敝。帝乃令朔州总管赵仲卿，于长城以北大兴屯田，以实塞下。又于河西勒百姓立堡，营田积谷。京师置常平监。是时山东尚承齐俗，机巧奸伪，避役惰游者十六七。四方疲人，或诈老诈小，规免租赋。高祖令州县大索貌阅，户口不实者，正长远配，而又开相纠之科。大功已下，兼令析籍，各为户头，以防容隐。于是计帐进四十四万三千丁，新附一百六十四万一千五百口。高颎又以人间课输，虽有定分，年常征纳，除注恒多，长吏肆情，文帐出没，复无定簿，难以推校，乃为输籍定样，请遍下诸州。每年正月五日，县令巡人，各随便近，五党三党，共为一团，依样定户上下。帝从之。自是奸无所容矣。

时百姓承平日久，虽数遭水旱，而户口岁增。诸州调物，每岁河南自潼关，河北自蒲坂，达于京师，相属于路，昼夜不绝者数月。帝既躬履俭约，六宫咸服浣濯之衣。乘舆供御有故敝者，随令补用，皆不改作。非享燕之事，所食不过一肉而已。有司尝进干姜，以布袋贮之，帝用为伤费，大加谴责。后进香，复以毡袋，因笞所司，以为后诫焉。由是内外率职，府帑充实，百官禄赐及赏功臣，皆出于丰厚焉。九年，陈平，帝亲御朱雀门劳凯旋师，因行庆赏。自门外夹道列布帛之积，达于南郭，以次颁给。所费三百余万段。帝以江表初定，给复十年。自余诸州，并免当年租赋，十年五月，又以宇内无事，益宽徭赋。百姓年五十者，输庸停防。十一年，江南又反，越国公杨素讨平之，师还，赐物甚广。其余出师命赏，亦莫不优隆。十二年，有司上言，库藏皆满。帝曰："朕既薄赋于人，又大经赐用，何得尔也？"对曰："用处常出，纳处常入。略计每年赐用至数百万段，曾无减损。"于是乃更辟左藏之院，构屋以受之。下诏曰："既富而教，方知廉耻，宁积于人，无藏府库。河北、河东今年田租，三分减一，兵减半，功调全免。"

时天下户口岁增，京辅及三河，地少而人众，衣食不给。议者咸欲徙就宽乡。其年冬，帝命诸州考使议之。又令尚书以其事策问四方贡士，竟无长算。帝乃发使四出，均天下之田。其狭乡，每丁才至二十亩，老小又少焉。

十三年，帝命杨素出，于岐州北造仁寿宫。素遂夷山堙谷，营构观宇，崇台累榭，宛转相属。役使严急，丁夫多死，疲敝颠仆者，推填坑坎，覆以土石，因而筑为平地。死者以万数。宫成，帝行幸焉。时方暑月，而死人相次于道，素乃一切焚除之。帝颇知其事，甚不悦。及入新宫游观，乃喜，又谓素为忠。后帝以岁暮晚日登仁寿殿，周望原隰，见宫外磷火弥漫，又闻哭声。令左右观之，报曰："鬼火。"帝曰："此等工役而死，既属年暮，魂魄思归耶？"乃令洒酒宣敕，以咒遣之，自是乃息。

开皇三年，朝廷以京师仓廪尚虚，议为水旱之备，于是诏蒲、陕、虢、熊、伊、洛、郑、怀、邵、卫、汴、许、汝等水次十三州，置募运米丁。又于卫州置黎阳仓，洛州置河阳仓，陕州置常平仓，华州置广通仓，转相灌注。

漕关东及汾、晋之粟，以给京师。又遣仓部侍郎韦瓒，向蒲、陕以东募人能于洛阳运米四十石，经砥柱之险，达于常平者，免其征戍。其后以渭水多沙，流有深浅，漕者苦之。四年，诏曰：

> 京邑所居，五方辐凑，重关四塞，水陆艰难，大河之流，波澜东注，百川海渎，万里交通。虽三门之下，或有危虑，但发自小平，陆运至陕，还从河水，入于渭川，兼及上流，控引汾、晋，舟车来去，为益殊广。而渭川水力，大小无常，流浅沙深，即成阻阂。计其途路，数百而已，动移气序，不能往复，泛舟之役，人亦劳止。朕君临区宇，兴利除害，公私之弊，情实愍之。故东发潼关，西引渭水，因藉人力，开通漕渠，量事计功，易可成就。已令工匠，巡历渠道，观地理之宜，审终久之义，一得开凿，万代无毁。可使官及私家，方舟巨舫，晨昏漕运，沿溯不停，旬日之功，堪省亿万。诚知时当炎暑，动致疲勤，然不有暂劳，安能永逸。宣告人庶，知朕意焉。

于是命宇文恺率水工凿渠，引渭水，自大兴城东至潼关三百余里，名曰广通渠。转运通利，关内赖之。诸州水旱凶饥之处，亦便开仓赈给。

五年五月，工部尚书、襄阳县公长孙平奏曰：“古者三年耕而余一年之积，九年作而有三年之储，虽水旱为灾，而人无菜色，皆由劝导有方，蓄积先备故也。去年亢阳，关内不熟，陛下哀愍黎元，甚于赤子。运山东之粟，置常平之官，开发仓廪，普加赈赐。少食之人，莫不丰足。鸿恩大德，前古未比。其强宗富室，家道有余者，皆竞出私财，递相周赡。此乃风行草偃，从化而然。但经国之理，须存定式。”于是奏令诸州百姓及军人，劝课当社，共立义仓。收获之日，随其所得，观课出粟及麦，于当社造仓窖贮之。即委社司，执帐检校，每年收积，勿使损败。若时或不熟，当社有饥馑者，即以此谷赈给。自是诸州储峙委积。其后关中连年大旱，而青、兖、汴、许、曹、亳、陈、仁、谯、豫、郑、洛、伊、颍、邗等州大水，百姓饥馑。高祖乃命苏威等，分道开仓赈给。又命司农丞王亶，发广通之粟三百余万石，以拯关中，又发故城中周代旧粟，贱粜与人。买牛驴六千余头，分给尤贫者，令往关东就食。其遭水旱之州，皆免其年租赋。

十四年，关中大旱，人饥。上幸洛阳，因令百姓就食。从官并准见口赈给，不以官位为限。明年，东巡狩，因祠泰山。是时义仓贮在人间，多有费损。十五年二月，诏曰：“本置义仓，止防水旱，百姓之徒，不思久计，轻尔费捐，于后乏绝。又北境诸州，异于余处，云、夏、长、灵、盐、兰、丰、鄯、凉、甘、瓜等州，所有义仓杂种，并纳本州。若人有旱俭少粮，先给杂种及远年粟。”十六年正月，又诏秦、叠、成、康、武、文、芳、宕、旭、洮、岷、渭、纪、河、廓、豳、陇、泾、宁、原、敷、丹、延、绥、银、扶等州社仓，并于当县安置。二月，又诏社仓，准上中下三等税，上户不过一石，中户不过七斗，下户不过四斗。其后山东频年霖雨，杞、宋、陈、亳、曹、戴、谯、颍等诸州，达于沧海，皆困水灾，所在沉溺。十八年，天子遣使，将水工，巡行川源，相视高下，发随近丁以疏导之。困乏者，开仓赈给，前后得谷五百余石。遭水之处，租调皆免。自是频有年矣。

开皇八年五月，高颎奏诸州无课调处，及课州管户数少者，官人禄力，乘前已来，恒出随近之州。但判官本为牧人，役力理出所部。请于所管户内，计户征税。帝从之。先是京官及诸州，并给公廨钱，回易生利，以给公用。至十四年六月，工部尚书、安平郡公苏孝慈等，以为所在官司，因循往昔，以公廨钱物，出举兴生，唯利是求，烦扰百姓，败损风俗，莫斯之甚。于是奏皆给地以营农，回易取利，一皆禁止。十七年十一月，诏在京及在外诸司公廨，在市回易及诸处兴生，并听之。唯禁出举收利云。

炀帝即位，是时户口益多，府库盈溢，乃除妇人及奴婢部曲之课。男子以二十二成丁。始建东都，以尚书令杨素为营作大监，每月役丁二百万人。徙洛州郭内人及天下诸州富商大贾数万家以实之。新置兴洛及回洛仓。又于皂涧营显仁宫，苑囿连接，北至新安，南及飞山，西至渑池，周围数百里。课天下诸州，各贡草木花果、奇禽异兽于其中，开渠，引谷、洛水，自苑西入，而东注于洛。又自板渚引河，达于淮海，谓之御河。河畔筑御道，树以柳。又命黄门侍郎王弘，上仪同于士澄，往江南诸州采大木，引至东都。所经州县，递送往返，首尾相属，不绝者千里。而东都役使促迫，僵仆而毙者，十四五焉。每月载死丁，东至城皋，北至河阳，车相望于道。时帝将事辽、碣，增置军府，扫地为兵。自是租赋之入益减矣。又造龙舟凤䑠，黄龙赤舰，楼船篾舫，募诸水工，谓之殿脚，衣锦行縢，执青丝缆挽船，以幸江都，帝御龙舟，文武官五品已上给楼船，九品已上给黄篾舫，舳舻相接，二百余里。所经州县，并令供顿，献食丰办者加官爵，阙乏者谴至死。又盛修车舆辇辂，旌旗羽仪之饰。课天下州县，凡骨角齿牙、皮革毛羽，可饰器用，堪为氅旄者，皆责焉。征发仓卒，朝命夕办，百姓求捕，网罟遍野，水陆禽兽殆尽，犹不能给，而买于豪富蓄积之家，其价腾踊。是岁，翟雉尾一直十缣，白鹭鲜半之。

乃使屯田主事常骏使赤土国，致罗刹。又使朝请大夫张镇州击流求，俘房数万。士卒深入，蒙犯瘴疠，馁疾而死者十八九。又以西域多诸宝物，令裴矩往张掖，监诸商胡互市。啖之以利，劝令入朝。自是西域诸蕃，往来相继，所经郡县，疲于送迎，糜费以万万计。

明年，帝北巡狩。又兴众百万，北筑长城，西距榆林，东至紫河，绵亘千余里，死者太半。四年，发河北郡百余万众，引沁水，南达于河，北通涿郡。自是以丁男不供，始以妇人从役。五年，西巡河右。西域诸胡，佩金玉，被锦罽，焚香奏乐，迎候道左。帝乃令武威、张掖士女，盛饰纵观。衣服车马不鲜者，州县督课，以夸示之。其年，帝亲征吐谷浑，破之于赤水。慕容佛允委其家属，西奔青海。帝驻兵不出，遇天霖雨，经大斗拔谷，士卒死者十二三焉，马驴十八九。于是置河源郡、积石镇。又于西域之地置西海、鄯善、且末等郡。谪天下罪人，配为戍卒，大开屯田，发西方诸郡运粮以给之。道里悬远，兼遇寇抄，死亡相续。

六年，将征高丽，有司奏兵马已多损耗。诏又课天下富人，量其赀产，出钱市武马，填元数。限令取足。复点兵具器仗，皆令精新，滥恶则使人便斩。于是马匹至十万。七年冬，大会涿郡。分江淮南兵，配骁卫大将军来护儿，别以舟师济沧海，舳舻数百里。并载军粮，期与大兵会平壤。是岁山东、河南大水，漂没四十余郡，重以辽东覆败，死者数十万，因属疫疾，山东尤甚。所在皆以征敛供帐军旅所资为务，百姓虽困，而弗之恤也。每急徭卒赋，有所征求，长吏必先贱买之，然后宣下，乃贵卖与人，旦暮之间，价盈数倍，哀刻征敛，取办一时。强者聚而为盗，弱者自卖为奴婢。九年，诏又课关中富人，计其赀产出驴，往伊吾、河源、且末运粮。多者至数百头，每头价至万余。又发诸州丁，分为四番，于辽西柳城营屯，往来艰苦，生业尽罄。盗贼四起，道路隔绝，陇右牧马，尽为奴贼所掠，杨玄感乘虚为乱。时帝在辽东，闻之，遂归于高阳郡。及玄感平，帝谓侍臣曰："玄感一呼而从者如市，益知天下人不欲多，多则为贼。不尽诛，后无以示劝。"乃令裴蕴穷其党与，诏郡县坑杀之，死者不可胜数。所在惊骇。举天下之人十分，九为盗贼，皆盗武马，始作长枪，攻陷城邑。帝又命郡县置督捕以讨贼。益遣募人征辽，马少不充八驮，而许为六驮。又不足，听半以驴充。在路逃者相继，执获皆斩之，而莫能止。帝不怪。遇高丽执送叛臣斛斯政，遣使求降，发诏赦之。囚政至于京师，于开远门外，磔而射杀之。遂幸太原，为突厥围于雁门。突厥寻散，遂还洛阳，募益骁果，以充旧数。是时百姓废业，屯集城堡，无以自给。然所在仓库，犹大充牣，吏皆惧法，莫肯赈救，由是益困。初皆剥树皮以食之，渐及于叶，皮叶皆尽，乃煮土或捣稿为末而食之。其后人乃相食。十二年，帝幸江都。是时李密据洛口仓，聚众百万。越王侗与段达等守东都。东都城内粮尽，布帛山积，乃以绢为汲绠，然布以爨。代王侑与卫玄守京师，百姓饥馑，亦不能救。义师入长安，发永丰仓以赈之，百姓方苏息矣。

晋自过江，凡货卖奴婢马牛田宅，有文券，率钱一万，输估四百入官，卖者三百，买者一百。无文券者，随物所堪，亦百分收四，名为散估。历宋齐梁陈，如此以为常。以此人竞商贩，不为田业，故使均输，欲以为惩励。虽以此为辞，其实利在侵削。又都西有石头津，东有方山津，各置津主一人，贼曹一人，直水五人，以检察禁物及亡叛者。其获炭鱼薪之类过津者，并十分税一以入官。其东路无禁货，故方山津检察甚简。淮水北有大市百余，小市十余所。大市备置官司，税敛既重，时甚苦之。

梁初，唯京师及三吴、荆、郢、江、湘、梁、益用钱。其余州郡，则杂以谷帛交易。交、广之域，全以金银为货。武帝乃铸钱，肉好周郭，文曰"五铢"，重如其文。而又别铸，除其肉郭，谓之女钱。二品并行。百姓或私以古钱交易，有直百五铢、五铢、女钱、太平百钱、定平一百、五铢稚钱、五铢对文等号。轻重不一。天子频下诏书，非新铸二种之钱，并不许用。而趣利之徒，私用转甚。至普通中，乃议尽罢铜钱，更铸铁钱。人以铁贱易得，并皆私

铸。及大同已后，所在铁钱，遂如丘山，物价腾贵。交易者以车载钱，不复计数，而唯论贯。商旅奸诈，因之以求利，自破岭以东，八十为百，名曰东钱。江、郢已上，七十为百，名曰西钱。京师以九十为百，名曰长钱。中大同元年，天子乃诏通用足陌。诏下而人不从，钱陌益少。至于末年，遂以三十五为百云。

陈初，承梁丧乱之后，铁钱不行。始梁末又有两柱钱及鹅眼钱，于时人杂用，其价同，但两柱重而鹅眼轻。私家多熔钱，又间以锡铁，兼以粟帛为货。至文帝天嘉五年，改铸五铢。初出，一当鹅眼之十。宣帝太建十一年，又铸大货六铢，以一当五铢之十，与五铢并行。后还当一，人皆不便。乃相与讹言曰："六铢钱有不利县官之象。"未几而帝崩，遂废六铢而行五铢。竟至陈亡。其岭南诸州，多以盐米布交易，俱不用钱云。

齐神武霸政之初，承魏犹用永安五铢。迁邺已后，百姓私铸，体制渐别，遂各以为名。有雍州青赤、梁州生厚、紧钱、吉钱、河阳生涩、天柱、赤牵之称。冀州之北，钱皆不行，交贸者皆以绢布。神武帝乃收境内之铜及钱，仍依旧文更铸，流之四境。未几之间，渐复细薄，奸伪竞起。文宣受禅，除永安之钱，改铸常平五铢，重如其文。其钱甚贵，且制造甚精。至乾明、皇建之间，往往私铸。邺中用钱，有赤熟、青熟、细眉、赤生之异。河南所用，有青薄铅锡之别。青、齐、徐、兖、梁、豫州，辈类各殊。武平已后，私铸转甚，或以生铁和铜。至于齐亡，卒不能禁。

后周之初，尚用魏钱。及武帝保定元年七月，乃更铸布泉之钱，以一当五，与五铢并行。时梁、益之境，又杂用古钱交易。河西诸郡，或用西域金银之钱，而官不禁。建德三年六月，更铸五行大布钱，以一当十，大收商估之利，与布泉钱并行。四年七月，又以边境之上，人多盗铸，乃禁五行大布，不得入出四关，布泉之钱，听入而不听出。五年正月，以布泉渐贱而人不用，遂废之。初令私铸者绞，从者远配为户。齐平已后，山东之人，犹杂用齐氏旧钱。至宣帝大象元年十一月，又铸永通万国钱。以一当十，与五行大布及五铢，凡三品并用。

高祖既受周禅，以天下钱货轻重不等，乃更铸新钱。背面肉好，皆有周郭，文曰"五铢"，而重如其文。每钱一千重四斤二两。是时钱既新出，百姓或私有熔铸。三年四月，诏四面诸关，各付百钱为样。从关外来，勘样相似，然后得过。样不同者，即坏以为铜，入官。诏行新钱已后，前代旧钱，有五行大布、永通万国及齐常平，所在用以贸易不止。四年，诏仍依旧不禁者，县令夺半年禄。然百姓习用既久，尚犹不绝。五年正月，诏又严其制。自是钱货始一，所在流布，百姓便之。是时见用之钱，皆须和以锡镴。锡镴既贱，求利者多，私铸之钱，不可禁约。其年，诏乃禁出锡镴之处，并不得私有采取。十年，诏晋王广听于扬州立五炉铸钱。其后奸狡渐漸磨鑢钱郭，取铜私铸，又杂以锡钱。递相放效，钱遂轻薄。乃下恶钱之禁。京师及诸州邸肆之上，皆令立榜，置样为准。不中样者，不入于市。十八年，诏汉王谅听于并州立五炉铸钱。是时江南人间钱少，晋王广又听于鄂州白纻山有铜矿处，锢铜铸

钱。于是诏听置十炉铸钱。又诏蜀王秀听于益州立五炉铸钱。是时钱益滥恶，乃令有司，括天下邸肆见钱，非官铸者皆毁之，其铜入官。而京师以恶钱贸易，为吏所执，有死者。数年之间，私铸颇息。大业已后，王纲弛紊，巨奸大猾，遂多私铸，钱转薄恶。初每千犹重二斤，后渐轻至一斤。或翦铁鍱，裁皮糊纸以为钱，相杂用之。货贱物贵，以至于亡。

卷二十五　　志第二十

刑　法

夫刑者，制死生之命，详善恶之源，蔪乱除暴，禁人为非者也。圣王仰视法星，旁观习坎，弥缝五气，取则四时，莫不先春风以播恩，后秋霜而动宪。是以宣慈惠爱，导其萌芽，刑罚威怒，随其肃杀。仁恩以为情性，礼义以为纲纪，养化以为本，明刑以为助。上有道，刑之而无刑；上无道，杀之而不胜也。《记》曰："教之以德，齐之以礼，则人有格心。教之以政，齐之以刑，则人有遁心。"而始乎劝善，终乎禁暴，以此字人，必兼刑罚。至于时逢交泰，政称忠厚，美化与车轨攸同，至仁与嘉祥间出，岁布平典，年垂简宪。昭然如日月，望之者不迷，旷乎如大路，行之者不惑。

刑者甲兵焉，鈇钺焉，刀锯钻凿，鞭扑榎楚，陈乎原野而肆诸市朝，其所由来，亦已久矣。若夫龙官之岁，凤纪之前，结绳而不违，不令而人畏。五帝画象，殊其衣服，三王肉刑，刻其肤体。若重华之省灾肆赦，文命之刑罚三千，而都君恤刑，尚奉唐尧之德，高密泣罪，犹怀虞舜之心。殷因以降，去德滋远。若纣能遵成汤，不造炮格，设刑兼礼，守位依仁，则西伯敛辔，化为田叟。周王立三刺以不滥，弘三宥以开物，成、康以四十二年之间，刑厝不用。薰风潜畅，颂声遐举，越裳重译，万里来归。若乃鲁接燕、齐，荆邻郑、晋，时之所尚，资乎辩舌，国之所恃，不在威刑，是以才敖夷蒐，宣尼致诮，既铸刑辟，叔向贻书，夫勃澥之浸，沾濡千里，列国之政，岂周之膏润者欤！秦氏僻自西戎，初平区夏，于时投戈弃甲，仰恩祈惠，乃落严霜于政教，挥流电于邦国，弃灰偶语，生愁怨于前，毒网凝科，害肌肤于后。玄钺肆于朝市，赭服飘于路衢，将闾有一剑之哀，茅焦请列星之数。汉高祖初以三章之约，以慰秦人，孝文躬亲玄默，遂疏天网。孝宣枢机周密，法理详备，选于定国为廷尉，黄霸以为廷平。每以季秋之后，诸所请谳，帝常幸宣室，斋而决事，明察平恕，号为宽简。光武中兴，不移其旧，是以二汉群后，罕闻残酷。魏武造易钦之科，明皇施减死之令，中原凋敝，吴、蜀三分，哀矜折狱，亦所未暇。晋氏平吴，九州宁一，乃命贾充，大明刑宪。内以平章百姓，外以和协万邦，实曰轻平，称为简易。是以宋、齐方驾，辅其余轨。若乃刑

随喜怒，道暌正直，布宪拟于秋荼，设网逾于朝胫，恣兴夷翦，取快情灵。若隋高祖之挥刃无辜，齐文宣之轻刀脔割，此所谓匹夫私仇，非关国典。孔子曰："刑乱及诸政，政乱及诸身。"心之所诣，则善恶之本原也。彪、约所制，无刑法篇，臧、萧之书，又多漏略，是以撮其遗事，以至隋氏，附于篇云。

梁武帝承齐昏虐之余，刑政多僻。既即位，乃制权典，依周、汉旧事，有罪者赎。其科，凡在官身犯，罚金。鞭杖杖督之罪，悉入赎停罚。其台省令史士卒欲赎者，听之。时欲议定律令，得齐时旧郎济阳蔡法度，家传律学，云齐武时，删定郎王植之，集注张、杜旧律，合为一书，凡一千五百三十条，事未施行，其文殆灭，法度能言之。于是以为兼尚书删定郎，使损益植之旧本，以为《梁律》。天监元年八月，乃下诏曰："律令不一，实难去弊。杀伤有法，昏墨有刑，此盖常科，易为条例。至如三男一妻，悬首造狱，事非虑内，法出恒钧。前王之律，后王之令，因循创附，良各有以。若游辞费句，无取于实录者，宜悉除之。求文指归，可适变者，载一家为本，用众家为附。丙丁俱有，则去丁以存丙。若丙丁二事注释不同，则二家兼载。咸使百司，议其可不，取其可安，以为标例。宜云：'某等如干人同议，以此为长'，则定以为《梁律》。留尚书比部，悉使备文，若班下州郡，止撮机要。可无二门侮法之弊。"法度又请曰："魏、晋撰律，止关数人，今若皆咨列位，恐缓而无决。"于是以尚书令王亮、侍中王莹、尚书仆射沈约、吏部尚书范云、长兼侍中柳恽、给事黄门侍郎傅昭、通直散骑常侍孔蔼、御史中丞乐蔼、太常丞许懋等，参议断定，定为二十篇：一曰刑名，二曰法例，三曰盗劫，四曰贼叛，五曰诈伪，六曰受赇，七曰告劾，八曰讨捕，九曰系讯，十曰断狱，十一曰杂，十二曰户，十三曰擅兴，十四曰毁亡，十五曰卫宫，十六曰水火，十七曰仓库，十八曰厩，十九曰关市，二十曰违制。其制刑为十五等之差：弃市已上为死罪，大罪枭其首，其次弃市。刑二岁已上为耐罪，言各随伎能而任使之也。有髡钳五岁刑，笞二百收赎绢，男子六十匹。又有四岁刑，男子四十八匹。又有三岁刑，男子三十六匹。又有二岁刑，男子二十四匹。罚金一两已上为赎罪。赎死者金二斤，男子十六匹。赎髡钳五岁刑笞二百者，金一斤十二两，男子十四匹。赎四岁刑者，金一斤八两，男子十二匹。赎三岁刑者，金一斤四两，男子十匹。赎二岁刑者，金一斤，男子八匹。罚金十二两者，男子六匹。罚金八两者，男子四匹。罚金四两者，男子二匹。罚金二两者，男子一匹。罚金一两者，男子二丈。女子各半之。五刑不简，正于五罚，五罚不服，正于五过，以赎论，故为此十五等之差。又制九等之差：有一岁刑，半岁刑，百日刑，鞭杖二百，鞭杖一百，鞭杖五十，鞭杖三十，鞭杖二十，鞭杖一十。又有八等之差：一曰免官，加杖督一百；二曰免官；三曰夺劳百日，杖督一百；四曰杖督一百；五曰杖督五十；六曰杖督三十；七曰杖督二十；八曰杖督一十。论加者上就次，当减者下就次。凡系狱者，不即答款，应加测罚，不得以人士为隔。若人士犯罚，违捍不款，宜测罚者，先参议牒启，然后科

行。断食三日，听家人进粥二升。女及老小，一百五十刻乃与粥，满千刻而止。囚有械、杻、斗械及钳，并立轻重大小之差，而为定制。其鞭有制鞭、法鞭、常鞭，凡三等之差。制鞭，生革廉成；法鞭，生革去廉，常鞭，熟靶不去廉。皆作鹤头纽，长一尺一寸。梢长二尺七寸，广三分，靶长二尺五寸。杖皆用生荆，长六尺。有大杖、法杖、小杖三等之差。大杖，大头围一寸三分，小头围八分半。法杖，围一寸三分，小头五分。小杖，围一寸一分，小头极杪。诸督罚，大罪无过五十、三十，小者二十。当笞二百以上者，笞半，余半后决，中分鞭杖。老小于律令当得鞭杖罚者，皆半之。其应得法鞭、杖者，以熟靶鞭、小杖。过五十者，稍行之。将吏已上及女人应有罚者，以罚金代之。其以职员应引，及律令指名制罚者，不用此令。其问事诸罚，皆用熟靶鞭、小杖。其制鞭制杖，法鞭法杖，自非特诏，皆不得用。诏鞭杖在京师者，皆于云龙门行。女子怀孕者，勿得决罚。其谋反、降叛，大逆已上皆斩。父子同产男，无少长皆弃市。母妻姊妹及应从坐弃市者，妻子女妾同补晋官为奴婢。赀财没官。劫身皆斩，妻子补兵。遇赦降死者，黥面为劫字，髡钳，补冶锁士终身。其下又谪运配材官冶士、尚方锁士，皆以轻重差其年数。其重者或终身。

士人有禁锢之科，亦有轻重为差。其犯清议，则终身不齿。耐罪囚八十已上，十岁已下，及孕者、盲者、侏儒当械系击者，及郡国太守相、都尉、关中侯已上，亭侯已上之父母妻子，及所生坐非死罪除名之罪，二千石已上非槛征者，并颂系之。

丹阳尹月一诣建康县，令三官参共录狱，察断枉直。其尚书当录人之月者，与尚书参共录之。大凡定罪二千五百二十九条。

二年四月癸卯，法度表上新律，又上《令》三十卷，《科》三十卷。帝乃以法度守廷尉卿，诏班新律于天下。

三年八月，建康女子任提女，坐诱口当死。其子景慈对鞠辞云，母实行此。是时法官虞僧虬启称："案子之事亲，有隐无犯，直躬证父，仲尼为非。景慈素无防闲之道，死有明目之据，陷亲极刑，伤和损俗。凡乞鞠不审，降罪一等，岂得避五岁之刑，忽死母之命！景慈宜加罪辟。"诏流于交州。至是复有流徒之罪。其年十月甲子，诏以金作权典，宜在蠲息。于是除赎罪之科。

武帝敦睦九族，优借朝士，有犯罪者，皆讽群下，屈法申之。百姓有罪，皆案之以法。其缘坐则老幼不免，一人亡逃，则举家质作。人既穷急，奸宄益深。后帝亲谒南郊，秣陵老人遮帝曰："陛下为法，急于黎庶，缓于权贵，非长久之术。诚能反是，天下幸甚。"帝于是思有以宽之。旧狱法，夫有罪，逮妻子，子有罪，逮父母。十一年正月壬辰，乃下诏曰："自今捕谪之家，及罪应质作，若年有老小者，可停将送。"十四年，又除黥面之刑。

帝锐意儒雅，疏简刑法，自公卿大臣，咸不以鞠狱留意。奸吏招权，巧文弄法，货赇成市，多致枉滥。大率二岁刑已上，岁至五千人。是时徒居作者具五任，其无任者，著斗械。若疾病，权解之。是后囚徒或有优剧。大同中，

皇太子在春宫视事，见而愍之，乃上疏曰："臣以比时奉敕，权亲京师杂事。切见南北郊坛、材官、车府、太官下省、左装等处上启，并请四五岁已下轻囚，助充使役。自有刑均罪等，愆367不异，而甲付钱署，乙配郊坛。钱署三所，于事为剧，郊坛六处，在役则优。今听狱官详其可否，舞文之路，自此而生。公平难遇其人，流泉易启其齿，将恐玉科重轻，全关墨绶，金书去取，更由丹笔。愚谓宜详立条制，以为永准。"帝手敕报曰："顷年已来，处处之役，唯资徒谪，逐急充配。若科制繁细，义同简丝，切须之处，终不可得。引例兴讼，纷纭方始。防杜奸巧。自是为难。更当别思，取其便也。"竟弗之从。是时王侯子弟皆长，而骄蹇不法。武帝年老，厌于万机，又专精佛戒，每断重罪，则终日弗怿。尝游南苑，临川王宏伏人于桥下，将欲为逆。事觉，有司请诛之。帝但泣而让曰："我人才十倍于尔，处此恒怀战惧。尔何为者？我岂不能行周公之事，念汝愚故也。"免所居官。顷之，还复本职。由是王侯骄横转甚，或白日杀人于都街，劫贼亡命，咸于王家自匿，薄暮尘起，则剥掠行路，谓之打稽。武帝深知其弊，而难于诛讨。十一年十月，复开赎罪之科。中大同元年七月甲子，诏自今犯罪，非大逆，父母、祖父母勿坐。自是禁网渐疏，百姓安之，而贵戚之家，不法尤甚矣。寻而侯景逆乱。

及元帝即位，惩前政之宽，且帝素苛刻，及周师至，狱中死囚且数千人，有司请皆释之，以充战士。帝不许，并令棒杀之。事未行而城陷。敬帝即位，刑政适陈矣。

陈氏承梁季丧乱，刑典疏阔。及武帝即位，思革其弊，乃下诏曰："朕闻唐、虞道盛，设画象而不犯，夏、商德衰，虽孥戮其未备。洎乎末代，纲目滋繁，刬画乱离，宪章遗紊。朕始膺宝历，思广政枢，外可搜举良才，删改科令，群僚博议，务存平简。"于是稍求得梁时明法吏，令与尚书删定郎范泉参定律令。又敕尚书仆射沈钦、吏部尚书徐陵、兼尚书左丞宗元饶、兼尚书左丞贺朗参知其事，制《律》三十卷，《令律》四十卷。采酌前代，条流冗杂，纲目虽多，博而非要。其制唯重清议禁锢之科。若缙绅之族，犯亏名教，不孝及内乱者，发诏弃之，终身不齿。先与士人为婚者，许妻家夺之。其获贼帅及士人恶逆，免死付治，听将妻入役，不为年数。又存赎罪之律，复父母缘坐之刑。自余篇目条纲，轻重简繁，一用梁法。其有赃验显然而不款，则上测立。立测者，以土为垛，高一尺，上圆劣，容囚两足立。鞭二十，笞三十讫，著两械及杻，上垛。一上测七刻，日再上。三七日上测，七日一行鞭。凡经杖，合一百五十，得度不承者，免死。其髡鞭五岁刑，降死一等，锁二重。其五岁刑已下，并锁一重。五岁四岁刑，若有官，准当二年，余并居作。其三岁刑，若有官，准当二年，余一年赎。若公坐过误，罚金。其二岁刑，有官者，赎论。一岁刑，无官亦赎论。寒庶人，准决鞭杖。囚并著械，徒并著锁，不计阶品。死罪将决，乘露车，著三械。加壶手。至市，脱手械及壶手焉。当刑于市者，夜须明，雨须晴。晦朔、八节、六齐、月在张心日，并不得行刑。廷尉寺为北狱，建康县为南狱，并置正监平。又制，常以三月，侍中、吏部尚书、尚书、三公郎、部都令史、

三公录冤局，令史、御史中丞、侍御史、兰台令史，亲行京师诸狱及冶署，理察囚徒冤枉。

文帝性明察，留心刑政，亲览狱讼，督责群下，政号严明。是时承宽政之后，功臣贵戚有非法，帝咸以法绳之，颇号峻刻。及宣帝即位，优借文武之士，崇简易之政，上下便之。其后政令即宽，刑法不立，又以连年北伐，疲人聚为劫盗矣。后主即位，信任逸邪，群下纵恣，鬻狱成市，赏罚之命，不出于外。后主性猜忍疾忌，威令不行，左右有忤意者，动至夷戮。百姓怨叛，以至于灭。

齐神武、文襄，并由魏相，尚用旧法。及文宣天保元年，始命群官刊定魏朝《麟趾格》。是时军国多事，政刑不一，决狱定罪，罕依律文，相承谓之变法从事。清河房超为黎阳郡守，有赵道德者，使以书属超。超不发书，棒杀其使。文宣于是令守宰各设棒，以诛属请之使。后都官郎中宋轨奏曰："昔曹操悬棒，威于乱时，今施之太平，未见其可。若受使请贼，犹致大戮，身为枉法，何以加罪？"于是罢之。即而司徒功曹张老上书，称大齐受命已来，律令未改，非所以创制垂法，革人视听。于是始命群官，议造《齐律》，积年不成。其决狱犹依魏旧。是时刑政尚新，吏皆奉法。自六年之后，帝遂以功业自矜，恣行酷暴，昏狂酗醟，任情喜怒。为大镬、长锯、剉碓之属，并陈于庭，意有不快，则手自屠裂，或命左右啮咋，以逞其意。时仆射杨遵彦乃令宪司先定死罪囚，置于仗卫之中，帝欲杀人，则执以应命，谓之供御囚。经三月不杀者，则免其死。帝尝幸金凤台，受佛戒，多召死囚，编蒲簿为翅，命之飞下，谓之放生。坠皆致死，帝视以为欢笑。时有司折狱，又皆酷法。讯囚则用车辐㩉杖，夹指压踝，又立之烧犁耳上，或使以臂贯烧车釭。既不胜其苦，皆致诬伏。七年，豫州检使白澍为左丞卢斐所劾，乃于狱中诬告斐受金。文宣知其奸罔，诏令按之，果无其事。乃敕八座议立案劾格，负罪者不得人事。于是挟奸者畏纠，乃先加诬讼，以拟当格，吏不能断。又妄相引，大狱动至千人，多移岁月。然帝犹委政辅臣杨遵彦，弥缝其阙，故时议者窃云，主昏于上，政清于下。

孝昭在藩，已知其失，即位之后，将加惩革，未几而崩。武成即位，思存轻典，大宁元年，乃下诏曰："王者所用，唯在赏罚，赏贵适理，罚在得情。然理容进退，事涉疑似，盟府司勋，或有开塞之路，三尺律令，未穷画一之道。想文王之官人，念宣尼之止讼，刑赏之宜，思获其所。自今诸应赏罚，皆赏疑从重，罚疑从轻。"又以律令不成，频加催督。河清三年，尚书令、赵郡王睿等，奏上《齐律》十二篇：一曰名例，二曰禁卫，三曰婚户，四曰擅兴，五曰违制，六曰诈伪，七曰斗讼，八曰贼盗，九曰捕断，十曰毁损，十一曰厩牧，十二曰杂。其定罪九百四十九条。又上《新令》四十卷，大抵采魏、晋故事。其制，刑名五：一曰死，重者轘之，其次枭首，并陈尸三日；无市者，列于乡亭显处。其次斩刑，殊身首。其次绞刑，死而不殊。凡四等。二曰流刑，谓论犯可死，原情可降，鞭笞各一百，髡之，投于边裔，以为兵卒，未有道里之差。其不合远配者，男子长徒，女子配舂，并六年。三

曰刑罪，即耐罪也。有五岁、四岁、三岁、二岁、一岁之差。凡五等。各加鞭一百。其五岁者，又加笞八十，四岁者六十，三岁者四十，二岁者二十，一岁者无笞。并锁输左校而不髡。无保者钳之。妇人配舂及掖庭织。四曰鞭，有一百、八十、六十、五十、四十之差，凡五等。五曰杖，有三十、二十、十之差，凡三等。大凡为十五等。当加者上就次，当减者下就次。赎罪旧以金，皆代以中绢。死一百匹，流九十二匹，刑五岁七十八匹，四岁六十四匹，三岁五十匹，二岁三十六匹。各通鞭笞论。一岁无笞，则通鞭二十四匹。鞭杖每十，赎绢一匹。至鞭百，则绢十匹。无绢之乡，皆准绢收钱。自赎笞十已上至死。又为十五等之差。当加减次，如正决法。合赎者，谓流内官及爵秩比视、老小阉痴并过失之属。犯罚绢一匹及杖十已上，皆名为罪人。盗及杀人而亡者，即悬名注籍，甄其一房配驿户。宗室则不注盗，及不入奚官，不加宫刑。自犯流罪已下合赎者，及妇人犯刑已下，侏儒、笃疾、癃残非犯死罪，皆颂系之。罪刑年者锁，无锁也枷。流罪已上加杻械。死罪者桁之。决流刑鞭笞者，鞭其背。五十，一易执鞭人。鞭鞘皆用熟皮，削去廉棱。鞭疮长一尺。笞者笞臀，而不中易人。杖长三尺五寸，大头径二分半，小头径一分半。决三十已下杖者，长四尺，大头径三分，小头径二分。在官犯罪，鞭杖十为一负。闲局六负为一殿，平局八负为一殿，繁局十负为一殿。加于殿者，复计为负焉。赦日，则武库令设金鸡及鼓于阊阖门外之右。勒集囚徒于阙前，挝鼓千声，释枷锁焉。又列重罪十条：一曰反逆，二曰大逆，三曰叛，四曰降，五曰恶逆，六曰不道，七曰不敬，八曰不孝，九曰不义，十曰内乱。其犯此十者，不在八议论赎之限。是后法令明审，科条简要，又敕仕门之子弟常讲习之。齐人多晓法律，盖由此也。其不可为定法者，别制《权令》二卷，与之并行。后平秦王高归彦谋反，须有约罪，律无正条，于是遂有《别条权格》，与律并行。大理明法，上下比附，欲出则附依轻议，欲入则附从重法，奸吏因之，舞文出没。至于后主，权幸用事，有不附者，阴中以法。纲纪紊乱，卒至于亡。

周文帝之有关中也，霸业初基，典章多阙。大统元年，命有司斟酌今古通变可以益时者，为二十四条之制，奏之。七年，又下十二条制。十年，魏帝诏尚书苏绰，总三十六条，更损益为五卷，班于天下。其后以河南赵肃为廷尉卿，撰定法律。肃积思累年，遂感心疾而死。乃命司宪大夫拓拔迪掌之。至保定三年三月庚子乃就，谓之《大律》，凡二十五篇：一曰刑名，二曰法例，三曰祀享，四曰朝会，五曰婚姻，六曰户禁，七曰水火，八曰兴缮，九曰卫宫，十曰市廛，十一曰斗竞，十二曰劫盗，十三曰贼叛，十四曰毁亡，十五曰违制，十六曰关津，十七曰诸侯，十八曰厩牧，十九曰杂犯，二十曰诈伪，二十一曰请求，二十二曰告言，二十三曰逃亡，二十四曰系讯，二十五曰断狱。大凡定罪一千五百三十七条。其制罪，一曰杖刑五，自十至于五十。二曰鞭刑五，自六十至于百。三曰徒刑五，徒一年者，鞭六十，笞十。徒二年者，鞭七十，笞二十。徒三年者，鞭八十，笞三十。徒四年者，鞭九十，笞四十。

徒五年者，鞭一百，笞五十。四曰流刑五，流卫服，去皇畿二千五百里者，鞭一百，笞六十。流要服，去皇畿三千里者，鞭一百，笞七十。流荒服，去皇畿三千五百里者，鞭一百，笞八十。流镇服，去皇畿四千里者，鞭一百，笞九十。流蕃服，去皇畿四千五百里者，鞭一百，笞一百。五曰死刑五，一曰磬，二曰绞，三曰斩，四曰枭，五曰裂。五刑之属各有五，合二十五等。不立十恶之目，而重恶逆、不道、大不敬、不孝、不义、内乱之罪。凡恶逆，肆之三日。盗贼群攻乡邑及入人家者，杀之无罪。若报仇者，告于法而自杀之，不坐。经为盗者，注其籍。唯皇宗则否。凡死罪枷而拲，流罪枷而梏，徒罪枷，鞭罪桎，杖罪散以待断。皇族及有爵者，死罪已下锁之，徒已下散之。狱成将杀者，书其姓名及其罪于拲而杀之市。唯皇族与有爵者隐狱。

其赎杖刑五，金一两至五两。赎鞭刑五，金六两至十两。赎徒刑五，一年金十二两，二年十五两，三年一斤二两，四年一斤五两，五年一斤八两。赎流刑，一斤十二两，俱役六年，不以远近为差等。赎死罪，金二斤。鞭者以一百为限。加笞者，合二百止。应加鞭笞者，皆先笞后鞭。妇人当笞者，听以赎论。徒输作者，皆任其所能而役使之。杖十已上，当加者上就次，数满乃坐。当减者，死罪流蕃服，蕃服已下俱至徒五年。五年以下，各以一等为差。盗贼及谋反大逆降叛恶逆罪当流者，皆甄一房配为杂户。其为盗贼事发逃亡者，悬名注配。若再犯徒、三犯鞭者，一身永配下役。应赎金者，鞭杖十，收中绢一匹。流徒者，依限岁收绢十二匹。死罪者一百匹。其赎刑，死罪五旬，流刑四旬，徒刑三旬，鞭刑二旬，杖刑一旬。限外不输者，归于法。贫者请而免之。大凡定法一千五百三十七条，班之天下。其大略滋章，条流苛密，比于齐法，烦而不要。

又初除复仇之法，犯者以杀论。时晋公护将有异志，欲宽政以取人心，然暗于知人，所委多不称职。既用法宽弛，不足制奸，子弟僚属，皆窃弄其权，百姓愁怨，控告无所。武帝性甚明察，自诛护后，躬览万机，虽骨肉无所纵舍，用法严正，中外肃然。自魏、晋相承，死罪其重者，妻子皆以补兵。魏房西凉之人，没入名为隶户。魏武入关，隶户皆在东魏，后齐因之，仍供厮役。建德六年，齐平后，帝欲施轻典于新国，乃诏凡诸杂户，悉放为百姓。自是无复杂户。其后又以齐之旧俗，未改昏政，贼盗奸宄，颇乖宪章。其年，又为《刑书要制》以督之。其大抵持仗群盗一匹以上，不持仗群盗五匹以上，监临主掌自盗二十匹以上，盗及诈请官物三十匹以上，正长隐五户及十丁以上及地三顷以上，皆死。自余依《大律》。由是浇诈颇息焉。

宣帝性残忍暴戾，自在储贰，恶其叔父齐王宪及王轨、宇文孝伯等。及即位，并先诛戮，由是内外不安，俱怀危惧。帝又恐失众望，乃行宽法，以取众心。宣政元年八月，诏制九条，宣下州郡。大象元年，又下诏曰："高祖所立《刑书要制》，用法深重，其一切除之。"然帝荒淫日甚，恶闻其过，诛杀无度，疏斥大臣。又数行肆赦，为奸者皆轻犯刑法，政令不一，下无适从。于是又广《刑书要制》，而更峻其法，谓之《刑经圣制》。宿卫之官，一日不直，罪至削除。逃亡者皆死，而家口籍没。上书字误者，科其罪。鞭杖皆百二十为度，名曰天杖。其后又加至二百四十。又作礔砺车，以威妇人。其决人罪，云与杖者，即一百二十，多打者，即二百四十。帝既酗饮过度，尝中饮，有下士杨文祐白宫伯长孙览，求歌曰："朝亦醉，暮亦醉。日日恒常醉，政事日无次。"郑译奏之，帝怒，命赐杖二百四十而致死。后更令中士皇甫猛歌，猛歌又讽谏。郑译又以奏之，又赐猛杖一百二十。是时下自公卿，内及妃后，咸加棰楚，上下愁怨。及帝不豫，而内外离心，各求苟免。隋高祖为相，又行宽大之典，删略旧律，作《刑书要制》。既成奏之，静帝下诏颁行。诸有犯罪未科决者，并依制处断。

高祖既受周禅，开皇元年，乃诏尚书左仆射、勃海公高颎，上柱国、沛公郑译，上柱国、清河郡公杨素，大理前少卿、平源县公常明，刑部侍郎、保城县公韩浚，比部侍郎李谔，兼考功侍郎柳雄亮等，更定新律，奏上之。其刑名有五：一曰死刑二，有绞，有斩。二曰流刑三，有一千里、千五百里、二千里。应配者，一千里居作二年，一千五百里居作二年半，二千里居作三年。应住居作者，三流俱役三年。近流加杖一百，一等加三十。三曰徒刑五，有一年、一年半、二年、二年半、三年。四曰杖刑五，自五十至于百。五曰笞刑五，自十至于五十。而蠲除前代鞭刑及枭首辕裂之法。其流徒之罪皆减从轻。唯大逆谋反叛者，父子兄弟皆斩，家口没官。又置十恶之条，多采后齐之制，而颇有损益。一曰谋反，二曰谋大逆，三曰谋叛，四曰恶逆，五曰不道，六曰大不敬，七曰不孝，八曰不睦，九曰不义，十曰内乱。犯十恶及故杀人狱成者，虽会赦，犹除名。其在八议之科及官品第七已上犯罪，皆例减一等。其品第九已上犯者，听赎。应赎者，皆以铜代绢。赎铜一斤为一负，负十为殿。笞十者铜一斤，加至杖百则十斤。徒一年，赎铜二十斤，每等则加铜十斤，三年则六十斤矣。流一千里，赎铜八十斤，每等则加铜十斤，二千里则百斤矣。二死皆赎铜百二十斤。犯私罪以官当徒者，五品已上，一官当徒二年；九品已上，一官当徒一年；当流者，三流同比徒三年。若犯公罪者，徒各加一年，当流者各加一等。其累徒过九年者，流二千里。

定讫，诏颁之曰："帝王作法，沿革不同，取适于时，故有损益。夫绞以致毙，斩则殊刑，除恶之体，于斯已极。枭首辕身，义无所取，不益惩肃之理，徒表安忍之怀。鞭之为用，残剥肤体，彻骨侵肌，酷均窅切。虽云远古之式，事乖仁者之刑，枭辕及鞭，并令去也。贵砺带之书，不当徒罚，广轩冕之荫，旁及诸亲。流役六年，改为五载，刑徒五岁，变从三祀。其余以轻代重，化死为生，条目甚多，备于简策。宜班诸海内，为时轨范，杂格严科，并宜除削。先施法令，欲人无犯之心，国有常刑，诛而不怒之义。措而不用，庶或非远，万方百辟，知吾此怀。"自前代相承，有司讯考，皆以法外。或有用大棒束杖，车辐鞵底，压踝杖桄之属，楚毒备至，多所诬伏。虽文致于法，而每有枉滥，莫能自理。至是尽除苛惨之法，讯囚不得过二百，枷杖大小，咸为之程品，行杖者不得易人。帝又以律令初行，人未知禁，故犯法者众。又下吏承苛政之后，务锻炼以致人罪。乃诏申敕四方，敦理辞讼。有枉屈县不理者，令以次经郡及州，至省仍不理，乃诣阙申诉。有所未惬，听挝登闻鼓，有司录状奏之。

帝又每季亲录囚徒。常以秋分之前，省阅诸州申奏罪状。三年，因览刑部奏，断狱数犹至万条。以为律尚严密，故人多陷罪。又敕苏威、牛弘等，更定新律。除死罪八十一条，流罪一百五十四条，徒杖等千余条，定留唯五百条。凡十二卷。一曰名例，二曰卫禁，三曰职制，四曰户婚，五曰厩库，六曰擅兴，七曰贼盗，八曰斗讼，九曰诈伪，十曰杂律，十一曰捕亡，十二曰断狱。自是刑网简要，疏而不失。于是置律博士弟子员。断决大狱，皆先牒明法，定其罪名，然后依断。五年，侍官慕容天远纠都督田冒请义仓，事实，而始平县律生辅恩舞文陷天远，遂更反坐。帝闻之，乃下诏曰："人命之重，悬在律文，刊定科条，俾令易晓。分官命职，恒选循吏，小大之狱，理无疑舛。而因袭往代，别置律官，报判之人，推其为首。杀生之柄，常委小人，刑罚所以未清，威福所以妄作，为政之失，莫大于斯。其大理律博士、尚书刑部曹明法、州县律生，并可停废。"自是诸曹决事，皆令具写律文断之。六年，敕诸州长史已下，行参军已上，并令习律，集京之日，试其通。又诏免尉迥、王谦、司马消难三道逆人家口之配没者，悉官酬赎，使为编户。因除孥戮相坐之法，又命诸州囚有处死，不得驰驿行决。

高祖性猜忌，素不悦学，既任智而获大位，因以文法自矜，明察临下。恒令左右觇视内外，有小过失，则加以重罪。又患令史赃污，因私使人以钱帛遗之，得犯立斩。每于殿廷打人，一日之中，或至数四。尝怒问事挥楚不甚，即命斩之。十年，尚书左仆射高颎、治书侍御史柳或等谏，以为朝堂非杀人之所，殿庭非决罚之地。帝不纳。颎等乃尽诣朝堂请罪，曰："陛下子育群生，务去弊政，而百姓无知，犯者不息，致陛下决罚过严。皆臣等不能有所裨益，请自退屏，以避贤路。"帝于是顾谓领左右都督田元曰："吾杖重乎？"元曰："重。"帝问其状，元举手曰："陛下杖大如指，棰楚人三十者，比常杖数百，故多致死。"帝不怿，乃令殿内去杖，欲有决罚，各付所由。后楚州行参军李君才上言帝宠高颎过甚，上大怒，命杖之，而殿内无杖，遂以马鞭笞杀之。自是殿内复置杖。未几怒甚，又于殿庭杀人，兵部侍郎冯基固谏，帝不从，竟于殿庭行决。帝亦寻悔，宣慰冯基，而怒群僚之不谏者。十二年，帝以用律者多致踳驳，罪同论异。诏诸州死罪不得便决，悉移大理案覆，事尽然后上省奏裁。十三年，改徒及流并为配防。十五年制，死罪者三奏而后决。十六年，有司奏合川仓粟少七千石，命斛律孝卿鞫问其事，以为主典所窃。复令孝卿驰驿斩之，没其家为奴婢，鬻粟以填之。是后盗边粮者，一升已上皆死，家口没官。上又以典吏久居其职，肆情为奸。诸州县佐史，三年一代，经任者不得重居之。十七年，诏又以所在官人，不相敬惮，多自宽纵，事难克举。诸有殿失，虽备科条，或据律乃轻，论情则重，不即决罪，无以惩肃。其诸司属官，若有愆犯，听于律外斟酌决杖。于是上下相驱，迭行棰楚，以残暴为干能，以守法为懦弱。

是时帝意每尚惨急，而奸回不止，京市白日，公行掣盗，人间强盗，亦往往而有。帝患之，问群臣断禁之法，杨素等未及言，帝曰："朕知之矣。"诏有能纠告者，没贼家产业，以赏纠人。时月之间，内外宁息。其后无赖之徒，候富人子弟出路者，而故遗物于其前，偶拾取则擒以送官，而取其赏。大抵被陷者甚众。帝知之，乃命盗一钱已上皆弃市。行旅皆晏起早宿，天下懔懔焉。此后又定制，行署取一钱已上，闻见不告言者，坐至死。自此四人共盗一榱桶，三人同窃一瓜，事发即时行决。有数人劫执事而谓之曰："吾岂求财者邪？但为枉人来耳。而为我奏至尊，自古以来，体国立法，未有盗一钱而死也。而不为我以闻，吾更来，而属无类矣。"帝闻之，为停盗取一钱弃市之法。

帝尝发怒，六月棒杀人。大理少卿赵绰固争曰："季夏之月，天地成长庶类。不可以此时诛杀。"帝报曰："六月虽曰生长，此时必有雷霆。天道既于炎阳之时震其威怒，我则天而行，有何不可！"遂杀之。大理掌固来旷上封事，言大理官司恩宽。帝以旷为忠直，遣每旦于五品行中参见。旷又告少卿赵绰滥免徒囚，帝使信臣推验，初无阿曲。帝又怒旷，命斩之。绰固固争，以为旷不合死。帝乃拂衣入阁，绰又矫言，臣更不理旷，自有他事未及奏闻。帝命引入阁，绰再拜请曰："臣有死罪三。臣为大理少卿，不能制驭掌固，使旷触挂天刑，死罪一也。囚不合死，而臣不能死争，死罪二也。臣本无他事，而妄言求入，死罪三也。"帝解颜。会献皇后在坐，帝赐绰二金杯酒，饮讫，并以杯赐之。旷因免死，配徒广州。

帝以年龄晚暮，尤崇尚佛道，又素信鬼神。二十年，诏沙门道士坏佛像天尊，百姓坏岳渎神像，皆以恶逆论。帝猜忌，二朝臣僚，用法尤峻。御史监师，于元正日不劾武官衣剑之不齐者，或以白帝，帝谓之曰："尔为御史，何纵舍自由。"命杀之。谏议大夫毛思祖谏，又杀之。左领军府长史校不平，将作寺丞以谏麦麨迟晚，武库令以署庭荒芜，独孤师以受蕃客鹦鹉，帝察知，并亲临斩决。

仁寿中，用法益峻，帝既喜怒不恒，不复依准科律。时杨素正被委任，素又禀性高下，公卿股栗，不敢措言。素于鸿胪少卿陈延不平，经蕃客馆，庭中有马屎，又庶仆毡上樗蒲。旋以白帝，帝大怒曰："主客令不洒扫庭内，掌固与私戏污败官毡，罪状何以如此！"皆于西市棒杀，而榜棰陈延，殆至于毙。大理寺丞杨远、刘子通等，性爱深文，每随牙奏狱，能承顺帝旨。帝大悦，并遣于殿庭三品行中供奉，每有诏狱，专使主之。候帝所不快，则案以重抵，无殊罪而死者，不可胜原。远又能附杨素，每于途中接候，而以囚名白之，皆随素所为轻重。其临终赴市者，莫不途中呼枉，仰天而哭。越公素侮弄朝权，帝亦不能悉。

炀帝即位，以高祖禁网深刻，又敕修律令，除十恶之条。时斗称皆小旧二倍，其赎铜亦加二倍为差。杖百则三十斤矣。徒一年者六十斤，每等加三十斤为差，三年则一百八十斤矣。流无异等，赎二百四十斤。二死同赎三百六十斤。其实不异。开皇旧制,岬门子弟,不得居宿卫近侍之官。先是萧严以叛诛,崔君绰坐连庶人勇事,家口籍没。严以中宫故,君绰缘女入宫爱幸,帝乃下诏革前制曰:"罪不及嗣,既弘至孝之道,恩由义断,以劝事君之节。故羊鲋从戮,弥见叔向之诚,季布立勋,无预丁公之祸,用能树声往代,贻范将来。朕虚己为政,思遵旧典,推心待物,每从宽政。六位成象,美厥含弘,一眚掩德,甚非谓也。诸犯罪被戮之门,期已下亲,仍令合仕,听预宿卫近侍之官。"

三年,新律成。凡五百条,为十八篇。诏施行之,谓之《大业律》。一曰名例,二曰卫宫,三曰违制,四曰请求,五曰户,六曰婚,七曰擅兴,八曰告劾,九曰贼,十曰盗,十一曰斗,十二曰捕亡,十三曰仓库,十四曰厩牧,十五曰关市,十六曰杂,十七曰诈伪,十八曰断狱。其五刑之内,降从轻典者,二百余条。其枷杖决罚讯囚之制,并轻于旧。是时百姓久厌严刻,喜于刑宽。后帝为外征四夷,内穷嗜欲,兵革岁动,赋敛滋繁。有司皆临时迫胁,苟求济事,宪章遐弃,贿赂公行,穷人无告,聚为盗贼。帝乃更立严刑,敕天下窃盗已上,罪无轻重,不待闻奏,皆斩。百姓转相群聚,攻剽城邑,诛罚不能禁。帝以盗贼不息,乃益肆淫刑。九年,又诏为盗者籍没其家。自是群贼大起,郡县官人,又各专威福,生杀任情矣。及杨玄感反,帝诛之,罪及九族。其尤重者,行辒裂枭首之刑。或磔而射之。命公卿已下,脔啖其肉。百姓怨嗟,天下大溃,及恭帝即位,狱讼有归焉。

卷二十六　　志第二十一

百官上

《易》曰:"天尊地卑,乾坤定矣,卑高既陈,贵贱位矣。"是以圣人法乾坤以作则,因卑高以垂教,设官分职,锡珪胙土。由近以制远,自中以统外。内则公卿大夫士,外则公侯伯子男。咸所以协和万邦,平章百姓,允厘庶绩,式叙彝伦。其由来尚矣。然古今异制,文质殊途。或以龙表官,或以云纪职。放勋即分命四子,重华乃爰置九官,夏倍于虞,殷倍于夏,周监二代,沿革不同。其道既文,置官弥广。逮于战国,戎马交驰,虽时有变革,然犹承周制。秦始皇废先王之典,焚百家之言,创立朝仪,事不师古,始罢封侯之制,立郡县之官。太尉主五兵,丞相总百揆,又置御史大夫,以贰于相。自余众职,各有司存。汉高祖除暴宁乱,轻刑约法,而职官之制,因于嬴氏,其间同异,抑亦可知。光武中兴,聿遵前绪,唯废丞相与御史大夫,而以三司综理众务。洎于叔世,事归台阁,论道之官,备员而已。魏、晋继及,大抵略同,爰及宋、齐,亦无改作。梁武受终,多循齐旧,然而定诸卿之位,各配四时,置戎秩之官,百有余号。陈氏继梁,不失旧物。高齐创业,亦遵后魏,台省位号,与江左稍殊,所有节文,备详于志。有周创基关右,日不暇给,洎乎克清江、汉,爰议宪章。酌鄜镐之遗文,置六官以综务,详其典制,有可称焉。高祖践极,百度伊始,复废周官,还依汉、魏。唯以中书为内史,侍中为纳言,自余庶僚,颇有损益。炀帝嗣位,意存稽古,建官分职,率由旧章。大业三年,始行新令。于时三川定鼎,万国朝宗,衣冠文物,足为壮观。即而以人从欲,待下若仇,号令日改,官名月易。寻而南征不复,朝廷播迁,图籍注记,多从散逸。今之存录者,不能详备焉。

梁武受命之初,官班多同宋、齐之旧,有丞相、太宰、太傅、太保、大将军、大司马、太尉、司徒、司空、开府仪同三司等官。诸公及位从公开府者,置官属。有长史、司马、咨议参军,掾属从事中郎、记室、主簿、列曹参军、行参军、舍人等官。其司徒则有左、右二长史,又增置左西掾一人,自余僚佐,同于二府。有公则置,无则省。而司徒无公,唯省舍人,余官常置。开府仪同三司,位次三公,诸将军、左右光禄大夫,优者则加之,同三公,置官属。

特进,旧位从公。武帝以邓禹列侯就第,特进奉朝请,是特引见之称,无官定体。于是革之。

尚书省,置令,左、右仆射各一人。又置吏部、祠部、度支、左户、都官、五兵等六尚书。左右丞各一人。吏部、删定、三公、比部、祠部、仪曹、虞曹、主客、度支、殿中、金部、仓部、左户、驾部、起部、屯田、都官、水部、库部、功论、中兵、外兵、骑兵等郎二十三人。令史百二十人,书令史百三十人。

尚书掌出纳王命,敷奏万机。令总统之。仆射副令,又与尚书分领诸曹。令阙,则左仆射为主。其祠部尚书多不置,以右仆射主之。若左、右仆射并阙,则置尚书仆射以掌左事,置祠部尚书以掌右事。然则尚书仆射、祠部尚书不恒置矣。又有起部尚书,营宗庙宫室则权置之。事毕则省,以其事分属都官、左户二尚书。左、右丞各一人,佐令、仆射知省事。左掌台内分职仪、禁令、报人章,督录近道文书章表奏事,纠诸不法。右掌台内藏及庐舍、凡诸器用之物,督录远道文书章表奏事。凡诸尚书文书,诣中书省者,密事皆以挈囊盛之,封以左丞印。自晋以后,八座及郎中多不奏事。天监元年诏曰:"自礼闱陵替,历兹永久,郎署备员,无取职事。糠秕文案,贵尚虚闲,空有趋墀之名,了无握兰之实。曹郎可依昔奏事。"自是始奏事矣。三年,置侍郎,视通直郎。其郎中在职勤能,满二岁者,转之。又有五都令史,与左、右丞共知所司。旧用人常轻,九年诏曰:"尚书五都,职参政要,非但总领众局,乃乃方轨二丞。顷虽求才,未臻妙简,可革用士流,每尽时彦,庶同持领,秉此群目。"于是以都令史视奉朝请。其年,以太学博士刘纳兼殿中都,司空法曹参军刘显兼吏部都,太学博士孔虔孙兼金部都,司空法曹参军萧轨兼左户都,宣毅墨曹参军王颙兼中兵都。五人并以才地兼美,首膺兹选矣。驾部又别领车府署,库部领南、北武库二署令丞。

门下省置侍中、给事黄门侍郎各四人，掌侍从左右，摈相威仪，尽规献纳，纠正违阙。监令尝御药，封玺书。侍中高功者，在职一年，诏加侍中祭酒，与侍郎高功者一人，对掌禁令，公车、太官、太医等令，骅骝厩丞。

集书省置散骑常侍、通直散骑常侍各四人。员外散骑常侍无员。散骑侍郎、通直郎各四人。又有员外散骑侍郎、给事中、奉朝请、常侍侍郎，掌侍从左右，献纳得失，省诸奏闻文书。意异者，随事为驳。集录比诏比玺，为诸优文策文，平处诸文章诗颂。常侍高功者一人为祭酒，与侍郎高功者一人，对掌禁令，纠诸逋违。

驸马、奉车、车骑三都尉，并无员。驸马以加尚公主者，无班秩。

散骑常侍、通直散骑常侍、员外散骑常侍，旧并为显职，与侍中通官。宋代以来，或轻或杂，其官渐替。天监六年革选，诏曰："在昔晋初，仰惟盛化，常侍、侍中，并奏帷幄，员外常侍，特为清显。陆始名公之胤，位居纳言，曲蒙优礼，方有斯授。可分门下二局，委散骑常侍尚书案奏，分曹入集书。通直常侍，本为显爵，员外之选，宜参旧准人数，依正员格。"自是散骑视侍中，通直视中丞，员外视黄门郎。

中书省置监、令各一人，掌出内帝命。侍郎四人，功高者一人，主省内事。又有通事舍人、主事令史等员，及置令史，以承其事。通事舍人，旧入直閤内。梁用人殊重，简以才能，不限资地，多以他官兼领。其后除通事，直曰中书舍人。

秘书省置监、丞各一人，郎四人，掌国之典籍图书。著作郎一人，佐郎八人，掌国史，集注起居。著作郎谓之大著作，梁初周舍、裴子野，皆以他官领之。又有撰史学士，亦知史书。佐郎为起家之选。

御史台，梁国初建，置大夫，天监元年，复曰中丞。置一人，掌督司百僚。皇太子已下，其在宫门行马内违法者，皆纠弹之。虽在行马外，而监司不纠，亦得奏之。专道而行，逢尚书丞郎，亦得停驻。其尚书令、仆、御史中丞，各给威仪十人。其八人武冠绛鞲，执青仪囊在前。囊题云"宜官吉"以受辞诉。一人缃衣，执鞭杖，依列行，七人唱呼入殿，引喤至阶。一人执仪囊，不喤。属官治书侍御史二人，掌举劾官品第六已下，分统侍御史。侍御史九人，居曹，掌知其事，纠察不法。殿中御史四人，掌殿中禁令内。又有符节令史员。

谒者台，仆射一人，掌朝觐宾飨之事。属官谒者十人，掌奉诏出使拜假，朝会摈赞。高功者一人为假史，掌差次谒者。

诸卿，梁初犹依宋、齐，皆无卿名。天监七年，以太常为太常卿，加置宗正卿，以大司农为司农卿，三卿是为春卿。加置太府卿，以少府为少府卿，加置太仆卿，三卿是为夏卿。以卫尉为卫尉卿，廷尉为廷尉卿，将作大匠为大匠卿，三卿是为秋卿。以光禄勋为光禄卿，大鸿胪为鸿胪卿，都水使者为太舟卿，三卿是为冬卿。凡十二卿，皆置丞及功曹、主簿。而太常视金紫光禄大夫，统明堂、二庙、太史、太祝、廪牺、太乐、鼓吹、乘黄、北馆、典客馆等令丞，及陵监、国学等。又置协律校尉、总章校尉监、掌故、乐正之属，以掌乐事。太乐又有清商署丞，太史别有灵台丞。诏以为陵监之名，不出前诰，且宗庙宪章，既备典礼，园寝职司，理不容异，诸正陵先立监者改为令。于是陵置令矣。

国学，有祭酒一人，博士二人，助教十人，太学博士八人。又有限外博士员。天监四年，置五经博士各一人。旧国子学生，限以贵贱，帝欲招来后进，五馆生皆引寒门俊才，不限人数。大同七年，国子祭酒到溉等，又表立正言博士一人，位视国子博士。置助教二人。

宗正卿，位视列曹尚书，主皇室外戚之籍。以宗室为之。

司农卿，位视散骑常侍，主农功仓廪。统太仓、导官、籍田、上林令，又管乐游、北苑丞，左右中部三仓丞，荚库、荻库、箬库丞，湖西诸屯主。天监九年，又置劝农谒者，视殿中御史。

太府卿，位视宗正，掌金帛府帑。统左右藏令、上库丞，掌太仓、南北市令。关津亦皆属焉。

少府卿，位视尚书左丞，置材官将军、左中右尚方、甄官、平水署、南塘邸税库、东西冶、中黄、细作、炭库、纸官、柴署等令丞。

太仆卿，位视黄门侍郎，统南马牧、左右牧、龙厩、内外厩丞。又有弘训太仆，亦置属官。

卫尉卿，位视侍中，掌宫门屯兵。卿每月、丞每旬行宫徼，纠察不法。统武库令、公车司马令。又有弘训卫尉，亦置属官。

廷尉卿，梁国初建，曰大理，天监元年，复改为廷尉。有正、监、平三人。元会，廷尉三官与建康三官，皆法冠玄衣朝服，以监东、西、中华门。手执方木，长三尺，方一寸，谓之执方。四年，置胄子律博士，位视员外郎。

大匠卿，位视太仆，掌土木之工。统左、右校诸署。

光禄卿，位视太子中庶子，掌宫殿门户。统守宫、黄门、华林园、暴室等令。又有左右光禄、金紫光禄、太中、中散等大夫，并无员，以养老疾。

鸿胪卿，位视尚书左丞，掌导护赞拜。

太舟卿，梁初为都水台，使者一人，参军事二人，河堤谒者八人。七年，改焉，位视中书郎，列卿之最末者也。主舟航堤渠。

大长秋，主诸宦者，以司宫闱之职。统黄门、中署、奚官、暴室、华林等署。

领军，护军，左、右卫、骁骑、游骑等六将军，是为六军，又有中领、中护，资轻于领、护。又左右前后四将军，左右中郎将，屯骑、步骑、越骑、长水、射声等五营校尉，武贲、冗从、羽林三将军，积射、强弩二军，殿中将军、武骑之职，皆以分司丹禁，侍卫左右。天监六年，置左右骁骑、左右游击将军，位视二率。改旧骁骑曰云骑，游击曰游骑，降左右骁、游一阶。又置朱衣直閤将军，以经为方牧者为之。其以左右骁、游带领者，量给仪从。

太子太傅一人，位视尚书令。少傅一人，位视左仆射。天监初，又置东宫常侍，皆散骑常侍为之。

詹事，位视中护军，任总宫朝。二傅及詹事，各置丞、功曹、主簿。五官、家令、率更令仆各一人。家令，自宋、齐已来，清流者不为之。天监六年，帝以三卿陵替，乃诏革选。家令视通直常侍，率更、仆视黄门三等，皆置丞。中大通三年，以昭明太子妃居金华宫，又置金华家令。

左、右卫率各一人，位视御史中丞。各有丞。左率领果毅、统远、立忠、建宁、陵锋、夷寇、祚德等七营，右率领崇荣、永吉、崇和、细射等四营。二率各置殿中将军十人，员外将军十人，正员司马四人。又有员外司马督官。共屯骑、步兵、翊军三校尉各一人，谓之三校。旅贲中郎将、冗从仆射各一人，谓之二将。左、右积弩将军各一人。门大夫一人，视谒者仆射。

中庶子四人，功高者一人为祭酒。行则负玺，前后部护驾。

中舍人四人，功高者一人，与中庶子祭酒共掌其坊之禁令。又有通事守舍人、典事守舍人、典法守舍人员。

庶子四人，掌侍从左右，献纳得失。高功者一人，与高功舍人共掌其坊之禁令。

舍人十六人，掌文记。通事舍人二人，视南台御史，多以余官兼职。典经局洗马八人，位视通直郎。置典经守舍人、典事守舍人员。又有外监殿局，内监殿局，导客局，斋内局，主玺、主衣、扶侍等局，门局，锡库局，内厩局，中药藏局，食官局，外厩局，车厩局等，各置有司，以承其事。

皇弟、皇子府，置师，长史，司马，从事中郎，咨议参军，及掾属中录事、中记室、中直兵等参军，功曹史、录事、记室、中兵等参军，文学，主簿，正参军，行参军，长兼行参军等员。嗣王府则减皇弟皇子府师、友、文学、长兼行参军。蕃王府则又减嗣王从事中郎，咨议参军，掾属录事、记室、中兵参军等员。自此以下，则并不登二品。

王国置郎中令、将军、常侍官。又置典祠令、庙长、陵长、典医丞、典府丞、典书令、学官令、食官长、中尉、侍郎、执事中尉、司马、谒者、典卫令、舍人、中大夫、大农等官。嗣王国则唯置郎中令、中尉、常侍、大农等员。蕃王则无常侍。自此以下，并不登二品。

诸王皆假金兽符第一至第五左，竹使符第一至第十左。诸公侯皆假铜兽符，竹使符第一至第五。名山大泽不以封。盐铁金银铜锡，及竹园别都，宫室园囿，皆不以属国。

诸王言曰令，境内称之曰殿下。公侯封郡县者，言曰教，境内称之曰第下。自称皆曰寡人。相以下，公文上事，皆诣典书。世子主国，其文书表疏，仪式如臣而不称臣。文书下群官，皆言告。诸王公侯国官，皆称臣。上于天朝，皆称陪臣。有所陈，皆曰上疏。其公文曰言事。五等诸公，位视三公，班次之。开皇诸侯，位视孤卿，重号将军、光禄大夫，班次之。开国诸伯，位视九卿，班次之。开国诸子，位视二千石，班次之。开国诸男，位视比二千石，班次之。公已下，各置相、典祠、典书令、典卫长一人。而伯子典书谓之长，典卫谓之丞。男典祠谓之长，典书谓之丞，无典卫。诸公已下，台为选置相，掌知百姓事。典祠已下，自选补上。诸列侯食邑千户已上，置家丞、庶子员。不满千户，则但置庶子员。

州刺史二千石，受拜之明日，辞宫庙而行。州置别驾、治中从事各一人，主簿，西曹、议曹从事，祭酒从事，部传从事，文学从事，各因其州之大小而置员。郡置太守，置丞。国曰内史。郡丞，三万户以上，置佐一人。县为国曰相，大县为令，小县为长，皆置丞、尉。郡县置吏，亦各准州法，以大小而制员。郡县吏有书僮，有武吏，有医，有迎新、送故等员。亦各因其大小而置焉。

建康旧置狱丞一人。天监元年，诏依廷尉之官，置正、平、监，革选士流，务使任职。又令三官更直一日，分受罪系，事无小大，悉与令筹。若有大事，共详，三人具辨。脱有同异，各立议以闻。尚书水部郎袁孝然、议曹郎孔休源并为之。位视给事中。

天监初，武帝命尚书删定郎济阳蔡法度，定令为九品。秩定，帝于品下注一品秩为万石，第二第三为中二千石，第四第五为二千石。至七年，革选，徐勉为吏部尚书，定为十八班。以班多者为贵，同班者，则以居下者为劣。

丞相、太宰、太傅、太保、大司马、大将军、太尉、司徒、司空，为十八班。

诸将军开府仪同三司、左右光禄开府仪同三司，为十七班。

尚书令、太子太傅、左右光禄大夫，为十六班。

尚书左仆射，太子少傅，尚书仆射、右仆射，中书监，特进，领、护军将军，为十五班。

中领、护军，吏部尚书，太子詹事，金紫光禄大夫，太常卿，为十四班。

中书令，列曹尚书，国子祭酒，宗正、太府卿，光禄大夫，为十三班。

侍中，散骑常侍，左、右卫将军，司徒左长史，卫尉卿，为十二班。

御史中丞，尚书吏部郎，秘书监，通直散骑常侍，太子左、右二卫率，左、右骁骑，左、右游击，太中大夫，皇弟皇子师，司农，少府、廷尉卿，太子中庶子，光禄卿，为十一班。

给事黄门侍郎，员外散骑常侍，皇弟皇子府长史，太仆、大匠卿，太子家令、率更令、仆，扬州别驾，中散大夫，司徒右长史，云骑，游骑，皇弟皇子府司马，朱衣直阁将军，为十班。

尚书左丞，鸿胪卿，中书侍郎，国子博士，太子庶子，扬州中从事，皇弟皇子公府从事中郎，太舟卿，大长秋，皇弟皇子府咨议，嗣王府长史，前左右后四军，嗣王府司马，庶姓公府长史，司马，为九班。

秘书丞，太子中舍人，司徒左西掾，司徒属，皇弟皇子友，散骑侍郎，尚书右丞，南徐州别驾，皇弟皇子公府掾属，皇弟皇子单为二卫司马，嗣王庶姓公府从事中郎，左、右中郎将，嗣王庶姓公府咨议，皇弟皇子之庶子府长史、司马，蕃王府长史、司马，庶姓持节府长史、司马，为八班。

五校，东宫三校，皇弟皇子之庶子府中录事、中记室、中直兵参军，南徐州中从事，皇弟皇子之庶子府、蕃王府咨议，为七班。

太子洗马，通直散骑侍郎，司徒主簿，尚书侍郎，著作郎，皇弟皇子府功曹史，五经博士，皇弟皇子府录事、记室、中兵参军，皇弟皇子荆江雍郢南兖五州别驾，领、护军长史、司马，嗣王庶姓公府掾属，南台治书侍御史，廷尉三官，谒者仆射，太子门大夫，嗣王庶姓公府中录事、中记室、中直兵参军，庶姓府咨议，为六班。

尚书郎中，皇弟皇子文学及府主簿，太子太傅、少傅丞，皇弟皇子湘豫司益广青衡七州别驾，皇弟皇子荆江雍郢南兖五州中从事，嗣王庶姓荆江雍郢南兖五州别驾，太常丞，皇弟皇子国郎中令、三将，东宫二将，嗣王府功曹史，庶姓公府录事、记室、中兵参军，皇弟皇子之庶子府、蕃王府中录事、中记室、中直兵参军，为五班。

给事中，皇弟皇子府正参军，中书舍人，建康三官，皇弟皇子北徐北兖梁交南梁五州别驾，皇弟皇子湘豫司益广青衡七州别驾、中从事，嗣王庶姓湘豫司益广青衡七州别驾，嗣王庶姓荆江雍郢南兖五州中从事，宗正、太府、卫尉、司农、少府、廷尉、太子詹事等丞，积射、强弩将军，太子左右积弩将军，皇弟皇子国大农，嗣王国郎中令，嗣王庶姓公府主簿，皇弟皇子之庶子府蕃王府功曹史，皇弟皇子之庶子府蕃王府录事、记室、中兵参军，为四班。

太子舍人，司徒祭酒，皇弟皇子公府祭酒，员外散骑侍郎，皇弟皇子府行参军，太子太傅少傅五官功曹主簿，二卫司马，公车令，胄子律博士，皇弟皇子越桂宁霍四州别驾，皇弟皇子北徐北兖梁交南梁五州中从事，嗣王庶姓北徐北兖梁交南梁五州别驾，湘豫司益广青衡七州中从事，嗣王庶姓公府正参军，皇弟皇子之庶子府蕃王府曹主簿，武卫将军，光禄丞，皇弟皇子国中尉，太仆大匠丞，嗣王国大农，蕃王国郎中令，庶姓持节府中录事、中记室、中直兵参军，北馆令，为三班。

秘书郎，著作佐郎，扬、南徐州主簿，嗣王庶姓公府祭酒，皇弟皇子单为领护詹事二卫等五官、功曹、主簿，太学博士，皇弟皇子国常侍，奉朝请，国子助教，皇弟皇子越桂宁霍四州中从事，皇弟皇子荆江雍郢南兖五州主簿，嗣王庶姓越桂宁霍四州别驾，嗣王庶姓北徐北兖梁交南梁五州中从事，鸿胪丞，尚书五都令史，武骑常侍，材官将军，明堂二庙帝陵令，嗣王府庶姓公府行参军，皇弟皇子之庶子府正参军，蕃王国大农，庶姓持节府录事、记室、中兵参军，庶姓持节府功曹史，为二班。

扬南徐州西曹祭酒从事，皇弟皇子国侍郎，嗣王国常侍，扬南徐州议曹从事，东宫通事舍人，南台侍御史，太舟丞，二卫殿中将军，太子二率殿中将军，皇弟皇子之庶子府蕃王府行参军，蕃王国中尉，皇弟皇子湘豫司益广青衡七州主簿，皇弟皇子荆江雍郢南兖四州西曹祭酒议曹从事，皇弟皇子江州西曹从事、祭酒议曹祭酒部传从事，嗣王庶姓越桂宁霍四州中从事，嗣王庶姓荆江雍郢南兖五州主簿，庶姓持节府主簿，汝阴巴陵二国郎中令，太官、太乐、太市、太史、太医、太祝、东西冶、左右尚方、南北武库、车府等令，为一班。

位不登二品者，又为七班。皇弟皇子府长兼参军，皇弟皇子国三军，嗣王国侍郎、蕃王国常侍、扬南徐州文学从事，殿中御史，庶姓持节府除正参军、太子家令丞、二卫殿中员外将军，太子二率殿中员外将军，镇蛮安远护军度支校尉等司马，皇弟皇子北徐北兖梁交南梁五州主簿、皇弟皇子湘豫司益广青衡七州西曹祭酒议曹从事，皇弟皇子荆雍郢三州从事史，江州议曹从事，南兖州文学从事，嗣王庶姓湘豫司益广青衡七州主簿、嗣王庶姓荆雍郢南兖四州西曹祭酒议曹从事，嗣王庶姓江州西曹从事、祭酒部传从事、劝农谒者，汝阴巴陵二王国大农，郡公国郎中令，为七班。

皇弟皇子国典书令，嗣王国三军，蕃王国侍郎，领护詹事五官功曹，皇弟皇子府参军督护，嗣王府长兼参军，庶姓公府长兼参军，庶姓持节府板正参军，皇弟皇子越桂宁霍四州主簿，皇弟皇子北徐北兖梁交南梁五州西曹祭酒议曹从事，嗣王庶姓北徐北兖梁交南梁五州主簿，嗣王庶姓湘豫司益广青衡七州西曹祭酒议曹从事，皇弟皇子豫司益广青五州文学从事，湘衡二州从事，嗣王庶姓荆霍郢三州从事史，江州议曹从事，南兖州文学从事，汝阴巴陵二王国中尉，皇弟皇子之庶子县侯国郎中令，郡公国大农，县公国郎中令，为六班。

皇弟皇子国三令，嗣王国典书令，蕃王国三军，皇弟皇子公府东曹督护，嗣王府庶姓公府参军督护，皇弟皇子之庶子长兼参军，蕃王府长兼参军，二卫正员司马督，太子二率正员司马督，领护主簿，詹事主簿，二卫曹从，太常五官功曹，石头戍军功曹，庶姓持节府行参军，皇弟皇子越桂宁霍四州西曹祭酒议曹从事，皇弟皇子北徐北兖梁交南梁五州文学从事，嗣王庶姓越桂宁霍四州主簿，嗣王庶姓北徐北兖梁交南梁五州西曹祭酒议曹从事，嗣王庶姓豫司益广青五州文学从事，湘衡二州从事，汝阴巴陵二王国常侍，郡公国中尉，县侯国郎中令，皇弟皇子府功曹督护，为五班。

嗣王国三令，蕃王国典书令，嗣王府功曹督护，庶姓公府东曹督护，皇弟皇子之庶子府参军督护，蕃王府参军督护，二卫员外司马督，太子二率员外司马督，二卫主簿，太常主簿，宗正等十一卿五官功曹，石头戍军主簿，庶姓持节府板行参军，皇弟皇子越桂宁霍四州文学从事，嗣王庶姓越桂宁霍四州西曹祭酒议曹从事，嗣王庶姓北徐北兖梁交南梁五州文学从事，汝阴巴陵二王国侍郎，县公国中尉，为四班。

蕃王国三令，皇弟皇子之庶子府蕃王府功曹督护，宗正等十一卿主簿，庶姓持节府长兼参军，嗣王庶姓越桂宁霍四州文学从事，郡公国侍郎，为三班。

庶姓持节府参军督护，汝阴巴陵二王国典书令，县公国侍郎，为二班。

庶姓持节府功曹督护，汝阴巴陵二王国三令，郡公国典书令，为一班。

又著作正令史，集书正令史，尚书度支三公正令史，函典书、殿中外监、斋监、东堂监、尚书都官左降正令史，诸州镇监、石头城监、琅邪城监、东宫外监、殿中守舍人，斋临、东宫典经守舍人，上库令，太社令，细作令，导官令，平水令，太官市署丞，正厨丞，酒库丞，柴署丞，太乐库丞，别局校丞，清商丞，太史丞，太医二丞，中药藏丞，东冶小库等三丞，作堂金银局丞，木局丞，北武库二丞，南武库二丞，东宫食官丞，上林丞，湖西砖屯丞，苋箬库丞，纹绢篁席丞，国子典学，材官司马，宣阳等诸门候，东宫导客守舍人，运署谒者，都水左右二装五城谒者，石城宣城阳新屯谒者，南康建安晋安伐船谒者，晋安练葛屯主，为三品蕴位。

又门下集书主事通正令史，中书正令史，尚书正令史，尚书监籍正令史，都正令史，殿中内监，题阁监，婚局监，东宫门下通事守舍人，东宫典经守舍人，东宫内监，殿中守舍人，题阁监，乘黄令，右藏令，籍田令，廪牺令，梅根诸冶令，典客馆令，太官四丞，库存丞，太乐丞，东冶太库丞，左尚方五丞，右尚方四丞，东宫卫库丞，司农左右中部仓丞，廷尉律博士，公府舍人，诸州别署监，山阴狱丞，为三品勋位。

其州二十三，并列其高下，选拟略视内职。郡守及丞，各为十班。县制七班。用人各拟内职云。

又诏以将军之名，高卑舛杂，命更加厘定。于是有司奏置一百二十五号将军。以镇、卫、骠骑、车骑，为二十四班。（内外通用。）四征（东南西北，止施外。）四中，（军、卫、抚、护，止施内。）为二十三班。八镇（东南西北，止施在外。左右前后，止施在内。）为二十二班。八安（东西南北，止施外。左右前后，止施在内。）为二十一班。四平、（东南西北。）四翊，（左右前后。）为二十班。凡三十五号，为一品。是为重号将军。忠武、军师，为十九班。武臣、爪牙、龙骑、云麾，为十八班。（代旧前后左右四将军。）镇兵、翊师、宣惠、宣毅，为十七班。（代旧四中郎。）十号为一品。智威、仁威、勇威、信威、严威，为十六班。（代旧征虏。）智武、仁武、勇武、信武、严武，为十五班。（代旧冠军。）十号为一品，所谓五德将军者也。轻车、征远、镇朔、武旅、贞毅，为十四班。（代旧辅国。凡将军加大者，唯至贞毅而已。通进一阶。优者方得比加位从公。凡督府，置长史司马咨议诸曹，有录事记室等十八曹。天监七年，更置中录事、中记室、中直兵参军各一人。）宁远、明威、振远、电耀、威耀，为十三班。（代旧宁朔。）十号为一品。武威、武骑、武猛、壮武、飚武，为十二班。电威、驰锐、追锋、羽骑、突骑，为十一班。十号为一品。折冲、冠武、和戎、安垒、猛烈，为十班。扫狄、雄信、扫房、武锐、摧锋，为九班。十号为一品。略远、贞威、决胜、开远、光野，为八班。厉锋、轻锐、讨狄、荡房、荡夷，为七班。十号为一品。武毅、铁骑、楼船、宣猛、树功，为六班。克狄、平房、讨夷、平狄、威戎，为五班。十号为一品。伏波、雄戟、长剑、冲冠、雕骑，为四班。饮飞、安夷、克戎、绥狄、威房，为三班。十号为一品。前锋、武毅、开边、招远、金威，为二班。绥房、荡寇、殄房、横野、驰射，为一班。十号为一品。凡十品，二十四班。亦以班多为贵。其制品十，取其盈数。班二十四，以法气序。制簿悉以大号居后，以为选法自小迁大也。前史所记，以位得从公，故将军之名，

次于台槐之下。至是备其班品，叙于百司之外。其不登二品，应须军号者，有牙门，（代旧建威。）期门，（代旧建武。）为八班。候骑、（代旧振威。）熊渠，（代旧振武。）为七班。中坚、（代旧奋威。）典戎，（代旧奋武。）为六班。戈船、（代旧扬威。）绣衣，（代旧扬武。）为五班。执讯（代旧广威。）行阵，（代旧广武。）为四班。鹰扬为三班。陵江为二班。偏将军、裨将军，为一班。凡十四号，别为八班，以象八风。所施甚轻。又有武安、镇远、雄义，（拟车骑。）为二十四班。四抚（东南西北，拟四征。）为二十三班。四宁（东南西北，拟四镇。）为二十二班。四威（东南西北，拟四安。）为二十一班。四绥（东南西北，拟四平。）为二十班。凡十九号，为一品。安远、安边，（拟忠武、军师。）为十九班。辅义、安沙、卫海、抚河，（拟武臣等四号。）为十八班。平远、抚朔、宁沙、航海，（拟镇兵等四号。）为十七班。凡十号，为一品。翊海、朔野、拓远、威河、龙幕，（拟智威等五号。）为十六班。威陇、安漠、绥边、宁寇、梯山，（拟智武等五号。）为十五班。凡十号，为一品。宁境、绥河、明信、明义、威漠，（拟轻车等五号。）为十四班。安陇、向义、宣节、振朔、候律，（拟宁远等五号。）为十三班。凡十号，为一品。平寇、定远、陵海、宁陇、振漠，（拟威威等五号。）为十二班。驰义、横朔、明节、执信、怀德，（拟电威等五号。）为十一班。凡十号，为一品。抚边、定陇、绥关、立信、奉义，（拟折冲等五号。）为十班。绥陇、宁边、定朔、立节、怀威，（拟扫狄等五号。）为九班。凡十号，为一品。怀关、静朔、扫寇、宁河、安朔，（拟略远等五号。）为八班。扬化、超陇、执义、来化、度嶂，（拟厉锋等五号。）为七班。凡十号，为一品。平河、振陇、雄边、横沙、宁关，（拟武毅等五号。）为六班。怀信、宣义、弘节、浮辽、凿空，（拟克狄等五号。）为五班。凡十号，为一品。捍海、款塞、归义、陵河、明信，（拟伏波等五号。）为四班。奉忠、守义、弘信、仰化、立义，（拟饮飞等五号。）为三班。凡十号，为一品。绥方、奉正、承化、浮海、度河，（拟先锋等五号。）为二班。怀义、奉信、归诚、怀泽、伏义，（拟绥房等五号。）为一班。凡十号，为一品。大凡一百九号将军，亦为十品，二十四班。正施于外国。

及大通三年，有司奏曰："天监七年，改定将军之名，有因有革。普通六年，又置百号将军，更加刊正，杂号之中，微有移异。大通三年，奏移宁远班中明威将军进轻车班中，以轻车班中征远度入宁远班中。又置安远将军代贞武，宣远代明烈。其戎夷之号，亦加附拟，选序则依此承用。"遂以定制。转则进一班。黜则退一班。班即阶也。同班以优劣为前后。有镇、卫、骠骑、车骑同班。四中、四征同班。八镇同班。八安同班。四平、四翊同班。忠武、军师、武臣、爪牙、龙骑、云麾、冠军同班。镇兵、翊师、宣惠、宣毅四将军，东南西北四中郎将同班。智威、仁威、勇威、信威、严威同班。智武、仁武、勇武、信武、严武同班。谓为五德将军。轻车、镇朔、武旅、贞毅、明威同班。宁远、安远、征远、振远、宣远同班。威雄、威猛、威烈、威振、威信、威胜、威略、威风、威力、威

光同班。武猛、武略、武胜、武力、武毅、武健、武烈、武威、武锐、武勇同班。猛毅、猛烈、猛威、猛锐、猛震、猛进、猛智、猛武、猛胜、猛骏同班。壮武、壮勇、壮烈、壮猛、壮锐、壮盛、壮毅、壮志、壮意、壮力同班。骁雄、骁桀、骁猛、骁烈、骁武、骁勇、骁锐、骁名、骁胜、骁迅同班。雄猛、雄威、雄明、雄烈、雄信、雄武、雄勇、雄毅、雄壮、雄健同班。忠勇、忠烈、忠猛、忠锐、忠壮、忠毅、忠捍、忠信、忠义、忠胜同班。明智、明略、明远、明勇、明烈、明威、明胜、明进、明锐、明毅同班。光烈、光明、光英、光远、光胜、光锐、光命、光勇、光戎、光野同班。飙勇、飙猛、飙烈、飙锐、飙奇、飙决、飙起、飙略、飙胜、飙出同班。龙骧、武视、云旗、凤烈、电威、雷音、驰锐、追锐、羽骑、突骑同班。折冲、冠武、和戎、安垒、超猛、英果、扫房、扫狄、武锐、摧锋同班。开远、略远、贞威、决胜、清野、坚锐、轻锐、拔山、云勇、振旅同班。超武、铁骑、楼船、宣猛、树功、克狄、平房、棱威、昭威、威戎同班。伏波、雄戟、长剑、冲冠、雕骑、侼飞、勇骑、破敌、克敌、威房同班。前锋、武毅、开边、招远、金威、破阵、荡寇、殄房、横野、驰射同班。牙门、期门同班。候骑、熊渠同班。中坚、典戎同班。执讯、行阵同班。伏武、怀奇同班。偏、裨将军同班。凡二百四十号,为四十四班。

又雍州置宁蛮校尉,广州置平越中郎将,北凉、南秦置西戎校尉,南秦、梁州置平戎校尉,宁州置镇蛮校尉,西阳、南新蔡、晋熙、庐江等郡,置镇蛮护军,武陵郡置安远护军,巴陵郡置度支校尉。皆立府,随府主号轻重而不为定。其将军施于外国者,雄义、镇远、武安同班,拟镇、卫等三号。四抚同班,拟四征、四威同班。拟四安。四绥同班,拟四平。安远、安边同班,拟忠武等号。抚河、卫海、安沙、辅义同班,拟武臣等号。航海、宁沙、抚朔、平远同班,拟镇兵等号。龙幕、威河、和戎、拓远、朔野、翊海同班,拟智威等号。梯山、宁寇、绥边、安漠、威陇五号,拟智武等号。威漠、明义、昭信、绥河、宁境同班,拟轻车等号。候律、振朔、宣节、向义、安陇同班,拟宁远等号。振漠、宁陇、陵海、安远、平寇同班,拟威雄等号。怀德、执信、明节、横朔、驰义同班,拟武猛等号。安朔、宁河、扫寇、静朔、怀关同班,拟骁雄等号。度嶂、奉化、康义、超陇、扬化同班,拟猛烈等号。宁关、横沙、雄边、振陇、平河同班,拟忠勇等号。凿空、浮辽、弘节、宣义、怀信同班,拟明智等号。明信、陵河、归义、款塞、捍海同班,拟光烈等号。立义、仰化、弘信、守义、奉忠同班,拟飙勇等号。奉诚、立诚、建诚、显诚、义诚同班,拟龙骧等号。尉辽、宁渤、绥岭、威塞、通侯同班,拟折冲等号。扫荒、威荒、定荒、开荒、理荒同班,拟开远等号。奉节、扫节、建节、效节、伏节同班,拟超武等号。渡河、陵海、承化、奉正、绥方同班,拟伏波等号。伏义、怀泽、归诚、奉信、怀义同班,拟前锋等号。凡一百二十五将军,二十八班,并施外国戎号,准于中夏焉。大同四年,魏彭城王尔朱仲远来降,以为定洛大将军,仍使其北讨,故名云。

陈承梁,皆循其制官,而又置相国,位列丞相上。并丞相、太宰、太傅、太保、大司马、大将军,并以为赠官。定令,尚书置五员,郎二十一员。其余并遵梁制,为十八班,而官有清浊。自十二班以上并诏授,表启不称姓。从十一班至九班,礼数复为一等。又流外有七班,此是寒微士人为之。从此班者,方得进登第一班。其亲王起家则为侍中。若加将军,方得有佐史,无将军则无府,止有国官。皇太子冢嫡者,起家封王,依诸王起家。余子并封公,起家中书郎。诸王子并诸侯世子,起家给事。三公子起家员外散骑侍郎,令仆子起家秘书郎。若员满,亦为板法曹,虽高半阶,望终秘书郎下。次令仆子起家著作佐郎,亦为板行参军。此外有扬州主簿、太学博士、王国侍郎、奉朝请、嗣王行参军,并起家官,未合发诏。诸王公参佐等官,仍为清浊。或有选司补用,亦有府牒即授者,不拘年限,去留随意。在府之日,唯宾游宴赏,时复修参,更无余事。若随府王在州,其僚佐等,或亦得预催督。若其驱使,便有职务。其衣冠子弟,多自修立,非气类者,唯利是求,暴乱乱政,皆此之类。国之政事,并由中书省。有中书舍人五人,领主事十人,书吏二百人。书吏不足,并取助书。分掌二十一局事,各当尚书诸曹,并为上司,总国内机要,而尚书唯听受而已。被委此官,多擅威势。其庶姓为州,若无将军者,谓之单车。郡县官之任代下,有迎新送故之法,饷馈皆百姓出,并以定令。其所制品秩,今列之云。

相国,丞相,太宰,太傅,太保,大司马,大将军,太尉,司徒,司空,开府仪同三司,(已上秩万石。)巴陵王、汝阴王后,尚书令,(已上秩中二千石。)品并第一。

中书监,尚书左右仆射,特进,太子二傅,左右光禄大夫,(已上中二千石。)品并第二。

中书令,侍中,散骑常侍,领、护军,中领、护军,吏部尚书,列曹尚书,金紫光禄大夫,光禄大夫,(已上并中二千石。)左右卫将军,御史中丞,(已上二千石。)太后卫尉、太仆、少府三卿,太常、宗正、太府、卫尉、司农、少府、廷尉、光禄、大匠、太仆、鸿胪、太舟等卿,太子詹事,国子祭酒,(已上中二千石。)扬州刺史,(凡单车刺史,加督进一品,都督进二品。不论持节假节,扬州、徐州加督,进二品右光禄已下。加都督,第一品尚书令下。)南徐、东扬州刺史,皇弟皇子封国王世子,品并第三。

通直散骑常侍,员外散骑常侍,黄门侍郎,(已上二千石。)秘书监,中二千石。左右骁骑、左右游击等将军,太子中庶子,(已上二千石。)太子左右卫率,(二千石)朱衣直阁,云骑、游骑将军,中书侍郎,(已上千石。)尚书左右丞,尚书、吏部侍郎、郎中,(已上六百石。尚书郎中与吏部郎同列,今品同。)太子三卿,太中、中散大夫,司徒左右长史,(已上千石。)诸王师,(依秩减之例。)国子博士,(千石。)荆江南兖郢湘雍等州刺史,(六州加督,进在第三品东扬州下。加都督,进在第二品右光禄下。)嗣王、蕃王、郡公、县公等世子,品并第四。

秘书丞,明堂、太庙、帝陵等令,(已上六百石。)散骑侍郎,前左右后军将军,左右中郎将,(已上千石。)大长秋,(二千石。)太子中舍人、庶子,(六百石。)豫益广衡等州，青州领冀州，北兖北徐等州，梁州领南秦州，司南梁交越桂霍宁等十五州，（加督，进在第四品雍州下。加都督，进在第三品南徐州下。不言秩。）丹阳尹，（中二千石。）会稽太守，（二千石。加督，进在第四品雍州下。加都督进在第三品南徐州下。诸郡若督及都督，皆以此差次为例。）吴郡、吴兴二太守，（二千石。）侯世子，（不言秩。）皇弟皇子府咨议参军，（八百石。）皇弟皇子府板咨议参军，（不言秩。）皇弟皇子府长史，（千石。）皇弟皇子府板长史，（不言秩。）皇弟皇子府司马，（千石。）皇弟皇子府板司马，（不言秩。）皇弟皇子公府从事中郎，（六百石。）品并第五。

通直散骑侍郎，（千石。）著作郎，（六百石。）步兵、射声、长水、越骑、屯骑五校尉，（并千石。）太子洗马，（六百石。）太子步兵、翊军、屯骑三校尉，（并秩同台校。）司徒左西掾属，（并本秩四百石。依减秩例。）皇弟皇子友，（依减秩例。）皇弟皇子公府属，（本秩四百石。依减秩例。）五经博士，（六百石。）子男世子，（不言秩。）万户以上郡太守、内史、相，嗣王府、皇弟皇子之庶子府咨议参军，（六百石。板者不言秩。）嗣王府、皇弟皇子之庶子府长史、司马，（并八百石。嗣王府官减正王府一阶。其板长史、司马，并不言秩。）庶姓公府咨议参军，（六百石。与嗣王府同。其板者并不言秩。）庶姓公府长史、司马，（并八百石。其板者并不言秩。）嗣王庶姓公府从事中郎，（六百石。）皇帝皇子府中录事参军、板府中录事参军，中记室参军、板中记室参军，中直兵参军、板中直兵参军，扬州别驾中从事，皇弟皇子南徐荆江南兖郢湘雍州别驾中从事，（并不言秩。）品并第六。

给事中，（六百石），员外散骑侍郎，秘书著作佐郎，（并四百石。依减秩例。）奉车、驸马都尉，武贲中郎将，羽林监，冗从仆射，（已上并六百石。）谒者仆射，（千石。）南台治书侍御史，（六百石。）太子舍人，（二百石。依减秩例。）太子门大夫，（六百石。）太子旅贲中郎将、冗从仆射，（并秩同台将。）司徒主簿，（依减秩例。）司徒祭酒，（不言秩。）领护军长史、司马，廷尉正、监、平，（并六百石。）皇弟皇子府录事记室中兵等参军、板录事记室中兵等参军，功曹史、主簿，公府祭酒，（并六百石。）皇弟皇子文学，（依减秩例。）嗣王庶姓公府掾属，（并本秩四百石。依减秩例。）太子二傅丞，（并六百石。）蕃王府咨议参军，（四百石。）蕃王府板咨议参军，（不言秩。）蕃王府长史、司马，（六百石。板者并不言秩。）庶姓持节府咨议参军，（四百石。）庶姓非公不持节将军置长史，（六百石。）庶姓持节府板咨议参军，（不言秩。）庶姓持节府长史、司马，（并六百石。板者皆不言秩。）嗣王府、皇弟皇子之庶子、及庶姓公府中录事中记室中直兵参军、及板中录事中记室中直兵参军，（并不言秩。）不满万户太守、内史、相，（二千石。）丹阳、会稽、吴郡、吴兴及万户郡丞，（并六百石。）建康令，（千石。））建康正、监、平，（秩同廷尉。）品并第七。

中书通事舍人，（依减秩例。）积射、强弩、武卫等将军，公车令，太子左右积弩将军，（并六百石。）奉朝请武骑常侍，（依减秩例。）太后三卿、十二卿、大长秋等丞，（并六百石。）左右卫司马，（不言秩。）太子詹事丞，青子律博士，（并六百石。）皇弟皇子府正参军、板正参军、行参军、板行参军，嗣王府、皇弟子皇子之庶子府录事记室中兵参军、板记事记室中兵参军、功曹史、主簿，庶姓非公不持节诸将军置主簿，庶姓公府录事记室中兵参军、板录事记室中兵参军、主簿，嗣王庶姓公府祭酒，蕃王府中录事记室直兵参军、板中录事记室直兵参军，庶姓持节府中录事记室直兵参军、及板中录事记室直兵参军，太子太傅、五官功曹史、主簿，少傅、五官功曹史、主簿，（已上并不言秩。）太学博士，（六百石。）国子助教，司樽郎，安蛮戎越校尉中郎将府等长史，（六百石。蛮戎越等府佐无定品。自随主军号轻重。小府减大府一阶。）蛮戎越校尉中郎将等府板长史，（不言秩。）蛮戎越校尉中郎将等府司马，（六百石。板者不言秩。）庶姓南徐荆江南兖郢湘雍等州别驾中从事，（不言秩。）不满万户已下郡丞，（六百石。）五千户已上县令、相，（一千石。）皇弟皇子国郎中令、大农、中尉，（六百石。）品并第八。

左右二卫殿中将军，（不言秩。）南台侍御史。（依秩减例。）东宫通事舍人，（不言秩。）材官将军，（六百石。）太子左右二卫率，殿中将军及丞，嗣王府、皇弟皇子之庶子府正参军、板正参军、行参军、板行参军，庶姓公府正参军、板正参军、蕃王府记室中兵等参军、板录事记室中兵等参军，功曹史、主簿，正参军、板正参军、行参军、板行参军，庶姓持节府录事记室中兵等参军、板录事记室中兵等参军，功曹史、主簿，庶姓豫益广衡青冀北兖北徐梁秦司南徐等州别驾中从事史，扬州主簿、西曹及祭酒、议曹二从事，南徐州主簿、西曹、祭酒议曹二从事，皇弟皇子诸州主簿、西曹，（已上并不言秩。）不满五千户已下县令、相，（六百石。）皇弟皇子国常侍、侍郎，（不言秩。）嗣王国郎中令、大农、中尉，（并四百石。）嗣王国常侍，（不言秩。）蕃王国郎中令、大农、殿中，（并二百石。）品并第九。

又有戎号拟官，自一品至于九品，凡二百三十七。镇卫、骠骑、车骑等三号将军，拟官品第一。（比秩中二千石。）四中，（军、抚、卫、权。）四征，（东南西北。）八镇（东南西北，左右前后。）等十六号将军，拟官品第二。（秩中二千石。）八安，（左前右后，东南西北。）四翊，（左前右后。）四平（东南西北。）等十六号将军，拟官品第三。（秩中二千石。）忠武、军师、武臣、爪牙、龙骑、云麾、冠军、镇兵、翊师、宣惠、宣毅等将军，四中郎将，智、仁、勇、信、严等五威，五武将军，合二十五号，拟官品第四。（秩中二千石。）轻车、镇朔、武旅、贞毅、明威等将军，（将军加大者至此。凡加大，通进一阶。）宁、安、征、振、宣等五远将军，宁蛮校尉，（雍州小府、蛮越校尉中郎将，随将主军号轻重。若单作，则减刺史一阶。若有将军，减将军一阶。）合十八号，拟官品第五。威雄、猛、烈、震、信、略、胜、风、力、光等十威，武猛、略、胜、力、毅、健、烈、威、锐、勇等十武，猛毅、烈、威、震、锐、进、智、胜、骏等十猛，壮武、勇、烈、猛、锐、威、力、毅、志、意等十壮，骁雄、桀、猛、烈、武、勇、锐、名、胜、迅等十骁，雄猛、威、明、烈、信、武、勇、毅、壮、健等十雄，忠勇、烈、猛、锐、壮、毅、捍、信、义、胜等十忠，明智、略、远、勇、烈、威、锐、毅、胜、进等十明,光烈、明、英、远、胜、锐、命、勇、戎、野等十光,飙勇、烈、猛、锐、奇、决、起、胜、略、出等十飙将军,平越中郎,(广、梁、南秦、南梁、宁等州小府)西戎、平戎、镇蛮三校尉等,拟官一百四号,品第六。(并千石。)龙骧、武视、云旗、风烈、电威、雷音、驰锐、追锐、羽骑、突骑、折冲、冠武、和戎、安垒、超猛、英果、扫房、扫狄、武锐、摧锋、开远、略远、贞威、决胜、清野、坚锐、轻车、拔山、云勇、振旅等将军,拟官三十号,品第七。(并六百石。)超武、铁骑、楼船、宣猛、树功、克狄、平房、棱威、戎昭、戎、伏波、雄戟、长剑、冲冠、雕骑、欻飞、勇骑、破敌、克敌、威房等将军,镇蛮护军,(西阳、南新蔡、晋熙、庐江郡小府、镇蛮安远护军、度支校尉,随府主号轻重。若单作,则减太守内史相一阶。若有将军,减一阶。)安远护军,度支校尉(巴陵郡丞)等,拟官二十三号,品第八。(并六百石。)前锋、武毅、开边、招远、金威、破阵、荡寇、殄房、横野、驰射等将军,拟官十号,品第九。(并四百石。)诸将起自第六品已下,板则无秩。其虽除不领兵,领兵不满百人,并除此官而为州郡县者,皆依本条减秩石。(二千石减为千石,千石降至六百石。自四百石降而无秩。其州郡县,自各以本秩论。)凡板将军,皆除降一品。诸依此减降品秩。其应假给章印,各依旧差,不贬夺。

其封爵亦为九等之差。郡王第一品。(秩万石。)嗣王、蕃王、开国郡县公,第二品。开国郡、县侯,第三品。开国县伯,第四品。(并视中二千石。)开国子,第五品。开国男,第六品。(并视二千石。)汤沐食侯,第七品。乡、亭侯,第八品。(并视千石。)关中、关外侯,第九品。(视六百石。)

陈依梁制,年未满三十者,不得入仕。唯经学生策试得第,诸州光迎主簿,西曹左奏及经为挽郎得仕。其诸郡,唯正王任丹阳尹经迎得出身,庶姓尹则不得。必有奇才异行殊勋,别降恩旨叙用者,不在常例。其相知表启通举者,每常有之,亦无年常考校黜陟之法。既不为此式,所以勤惰无辨。凡选官无定期,随阙即补,多更互迁官,未必即进班秩。其官唯论清浊,从浊官得微清,则胜于转。若有迁授,或由别敕,但移转一人为官,则诸官多须改动。其用官式,吏部先为白牒,录数十人名,吏部尚书与参掌人共署奏。敕或可或不可。其不用者,更铨量奏请。若敕可,则付选,吏色别,量贵贱,内外分之,随才补用。以黄纸录名,八座通署,奏可,即出付典名。而典以名贴鹤头板,整威仪,送往得官之家。其有特发诏授官者,即宣付诏诰局,作诏章草奏闻。敕可,黄纸写出门下。门下答诏,请付外施行。又画可,付选司行召。得诏官者,不必皆须待召。但闻诏出,明日,即与其亲入谢后,诣尚书,上省拜受。若拜王公则临轩。

卷二十七　　　志第二十二

百官中

后齐制官,多循后魏,置太师、太傅、太保,是为三师,拟古上公,非勋德崇者不居。次有大司马、大将军,是为二大,并典司武事。次置太尉、司徒、司空,是为三公。三师、二大、三公府,三门,当中开黄阁,设内屏。各置长史,司马,咨议参军,从事中郎,掾属,主簿,录事,功曹,记室、户曹、金曹、中兵、外兵、骑兵、长流、城局、刑狱等参军事,东西阁祭酒及参军事,法、墨、田、水、铠、集、士等曹行参军,兼左户右户行参军,长兼行参军,参军,督护等员。司徒则加有左右长史。三公下次有仪同三司。加开府者,亦置长史已下官属,而减记室、仓、城局、田、水、铠、士等七曹,各一人。其品亦每官下三府一阶。三师、二大置佐史,则同太尉府。乾明中,又置丞相。河清中,分为左右,亦各置府僚云。

特进,左右光禄,金紫、银青等光禄大夫,用人俱以旧德就闲者居之。自一品已下,从九品已上,又有骠骑、车骑、卫、四征、四镇、中军、镇军、抚军、翊军、四安、冠军、辅国、龙骧、镇远、安远、建忠、建节、中坚、中垒、振威、奋威、广德、弘义、折冲、制胜、伏波、陵江、轻车、楼船、劲武、昭勇、明威、显信、度辽、横海、逾岷、越嶂、戎昭、武毅、雄烈、恢猛、扬麾、曜锋、荡边、开城、静漠、绥戎、平越、殄夷、飞骑、隼击、武牙、武奋、清野、横野、偏、裨等将军,以褒赏勋庸。

尚书省,置令、仆射,吏部、殿中、祠部、五兵、都官、度支等六尚书。又有录尚书一人,位在令上,掌与令同,但不纠察。令则弹纠见事,与御史中丞更相廉察。仆射职为执法,置二则为左、右仆射,皆与令同。左纠弹,而右不纠弹。录、令、仆射,总理六尚书事,谓之都省。其属官,左丞,(掌吏部、考功、主爵、殿中、仪曹、三公、祠部、主客、左右中兵、左右外兵、都官、二千石、度支、左右户十七曹,并弹纠见事。又主管辖台中,有违失者,兼纠驳之。)右丞各一人。(掌驾部、虞曹、屯田、起部、都兵、比部、水部、膳部、仓部、金部、库部十一曹。亦管辖台中,又主凡诸用度杂物、脂、灯、笔、墨、帏帐。唯不弹纠,余悉与左同。)并都令史八人,共掌其事。其六尚书,分统列曹。吏部统吏部、(掌褒崇、选补等事。)考功、(掌考第及秀孝贡士等事。)主爵(掌封爵等事。)三曹。殿中统殿中、(掌驾行百官守名帐,宫殿禁卫,供御衣仓等事。)仪曹、(掌吉凶礼制事。)三公、(掌五时读时令,诸曹囚帐,断罪,赦日建金鸡等事。)驾部(掌车舆、牛马厩牧等事。)四曹。祠部统祠部、(掌祠部医药,死丧赠赐等事。)主客、(掌诸蕃杂客等事。)虞曹、(掌地图,山川远近,园囿田猎,肴膳杂味等事。)屯田、(掌藉田、诸州屯田等事。)起部(掌诸兴造工匠等事。)五曹。祠部,无尚书则右仆射摄。五兵统左中兵、（掌诸郡督告身、诸宿卫官等事。）右中兵、（掌畿内丁帐、事力、蕃兵等事。）左外兵、（掌河南及潼关已东诸州丁帐，及发召征兵等事。）右外兵、（掌河北及潼关已西诸州，所典与左外同。）都兵（掌鼓吹、太乐、杂户等事。）五曹。都官统都官、（掌畿内非违得失事。）二千石、（掌畿外得失等事。）比部、（掌诏书律令勾检等事。）水部、（掌舟船、津梁，公私水事。）膳部（掌侍官百司礼食肴馔等事。）五曹。度支统度支、（掌计会，凡军国损益、事役粮廪等事。）仓部、（掌诸仓帐出入等事。）左户、（掌天下计帐、户籍等事。）右户、（掌天下公私田宅租调等事。）金部、（掌权衡量度、外内诸库藏文帐等事。）库部（掌凡是戎仗器用所须事。）六曹。凡二十八曹。吏部、三公，郎中各二人，余并一人。凡三十郎中。吏部、仪曹、三公、虞曹、都官、二千石、比部、左户、各量事置掌故主事员。

门下省，掌献纳谏正，及司进御之职。侍中、给事黄门侍郎各六人，录事四人，通事令史、主事令史八人。统局六。领左右局，领左右各二人，（掌知朱华阁内诸事。宣传上下，白衣斋子已上，皆主之。）左右直长四人。尚食局，典御二人，（总知御膳事。）丞、监各四人。尚药局，典御及丞各二人，（总知御药事。）侍御师、尚药监各四人。主衣局，都统、子统各二人。（掌御衣服玩等事。）斋帅局，斋帅四人。（掌铺设洒扫事。）殿中局，殿中监四人。（掌驾前奏引行事，制请修补。东耕则进末粗。）

中书省，管司王言，及司进御之音乐。监、令各一人，侍郎四人。并司伶官西凉部直长、伶官西凉四部、伶官龟兹四部、伶官清商部直长、伶官清商四部。又领舍人省，（掌署敕行下，宣旨劳问。）中书舍人、主书各十人。

秘书省，典司经籍。监、丞各一人，郎中四人，校书郎十二人，正字四人。又领著作省，郎二人，佐郎八人，校书郎二人。

集书省，掌讽议左右，从容献纳。散骑常侍、通直散骑常侍各六人，谏议大夫七人，散骑侍郎六人，员外散骑常侍二十人，通直散骑侍郎六人，给事中六人，员外散骑侍郎一百二十人，奉朝请二百四十人。又领起居省，散骑常侍、通直散骑常侍、散骑侍郎、通直散骑侍郎各一人，校书郎二人。

中侍中省，掌出入门阁。中侍中二人，中常侍中、给事中各四人。又有中尚药典御及丞，并中谒者仆射，各二人。中尚食局，典御、丞各二人，监四人。内谒者局，统、丞各一人。

御史台，掌察纠弹劾。中丞一人，治书侍御史二人，侍御史八人，殿中侍御史、检校御史各十二人，录事四人。领符节署，令一人，符玺郎中四人。

都水台，管诸津桥。使者二人，参事十人。又领都尉、合昌、坊城等三局。尉皆分司诸津桥。

谒者台，掌凡诸吉凶公事，导相礼仪事。仆射二人，谒者三十人，录事一人。

太常、光禄、卫尉、宗正、太仆、大理、鸿胪、司农、太府，是为九寺。置卿、少卿、丞各一人。各有功曹、五官、主簿、录事等员。

太常，掌陵庙群祀、礼乐仪制，天文术数衣冠之属。其属官有博士、（四人，掌礼制。）协律郎、（二人，掌监调律吕音乐。）八书博士（二人。）等员。统诸陵、（掌守卫山陵等事。）太庙、（掌郊庙社稷等事。）太乐、（掌诸乐及行礼节奏等事。）衣冠、（掌冠帻、乌履之属等事。）鼓吹、（掌百戏、鼓吹乐人等事。）太祝、（掌郊庙赞祝，祭社衣服等事。）太史、（掌天文地动，风云气色，律历卜筮等事。）太医、（掌医药等事。）廪牺、（掌养牺牲，供祭群祀等事。）太宰（掌诸神祀烹宰行礼事。）等署令、丞。而太庙兼领郊祠、（掌五郊群神事。）崇虚（掌五岳四渎神祀，在京及诸州道士簿帐等事。）二局丞，太乐兼领清商部丞，（掌清商音乐等事。）鼓吹兼领黄户局丞，（掌供乐人衣服。）太史兼领灵台，（掌天文观候。）太卜（掌诸卜筮。）二局丞。

光禄寺，掌诸膳食，帐幕器物，宫殿门户等事。统守宫、（掌凡张设等事。）太官、（掌食膳事。）宫门、（主诸门阍事。）供府、（掌供御衣服玩弄之事。）肴藏、（掌器物鲑味等事。）清漳、（主酒，岁二万石。春秋中半。）华林（掌禁御林木等事。）等署。宫门署，置仆射六人，以司其事。余各有令、丞。又领东园局丞员。（掌诸凶具。）

卫尉寺，掌禁卫甲兵。统城门寺，置校尉二人，以司其职。（掌宫殿城门，并诸仓库管龠等事。）又领公车、（掌尚书所不理，有枉屈，经判奏闻。）武库、（掌兵及吉凶仪仗。）卫士（掌京城及诸门士兵。）等署令。武库又有修故局丞。（掌领匠修故甲等事。）

大宗正寺，掌宗室属籍。统皇子王国、诸王国、诸长公主家。

太仆寺，掌诸车辇、马、牛、畜产之属。统骅骝、掌御马及诸鞍乘。左右龙、左右牝、（掌驼马。）驼牛、（掌饲驼骡驴牛。）司羊、（掌诸羊。）乘黄、（掌诸辇辂。）车府（掌诸杂车。）等署令、丞。骅骝署，又有奉承直长二人。左龙署，有左龙局。右龙署，有右龙局。左牝署，有左牝局。右牝署，有右牝局。驼牛署，有典驼、特牛、牸牛三局。司羊署，有特羊、牸羊局。诸局并有都尉。寺又领司讼、典腊、出入等三局丞。

大理寺，掌决正刑狱。正、监、评各一人，律博士四人，明法掾二十四人，槛车督二人，掾十人，狱丞、掾各二人，司直、明法各十人。

鸿胪寺，掌蕃客朝会，吉凶吊祭。统典客、典寺、司仪等署令、丞。典客署，又有京邑萨甫二人，诸州萨甫一人。典寺署，有僧祇部丞一人。司仪署，又有奉礼郎三十人。

司农寺，掌仓市薪菜，园池果实。统平准、太仓、钩盾、典农、导官、梁州水次仓、石济水次仓、藉田等署令、丞。而钩盾又别领大囿、上林、游猎、柴草、池薮、苜蓿等六部丞。典农署，又别领山阳、平头、督亢等三部丞。导官署，又有御细部、曲面部、典库部等仓督员。

太府寺，掌金帛府库，营造器物。统左、中、右三尚方，左藏、司染、诸冶东西道署、黄藏、右藏、细作、左校、甄官等署令、丞。左尚方，又别领别局、乐器、器作三局丞。中尚方，又别领别局、泾州丝局、雍州丝局、定州紬绫局四局丞。右尚方，又别领别局丞。司染署，又别领京坊、河东、信都三局丞。诸冶东道，又别领滏口、武安、白涧三局丞。诸冶西道，又别领晋阳冶、泉部、大黾、原仇四局丞。甄官署，又别领石窟丞。

国子寺，掌训教胄子。祭酒一人，亦置功曹、五官、主簿、录事员。领博士五人，助教十人，学生七十二人。太学博士十人，助教二十人，太学生二百人。四门学博士二十人，助教二十人，学生三百人。

长秋寺，掌诸宫阁。卿、中尹各一人，（并用宦者。）丞二人。亦有功曹、五官、主簿、录事员。领中黄门、掖庭、晋阳宫、中山宫、园池、中宫仆、奚官等署令、丞。又有暴室局丞。其中黄门，又有冗从仆射及博士四人。掖庭、晋阳、中山，各有宫教博士二人。中山署，又别有面豆局丞。园池署，又别有桑园部丞。中宫仆署，又别有乘黄局教尉、细马车都督、车府署丞。奚官署，又别有染局丞。

将作寺，掌诸营建。大匠一人，丞四人。亦有功曹、主簿、录事员。若有营作，则立将、副将、长史、司马、主簿、录事各一人。又领军主、副，幢主、副等。

昭玄寺，掌诸佛教。置大统一人，统一人，都维那三人。亦置功曹、主簿员，以管诸州郡县沙门曹。

领军府，将军一人，掌禁卫宫掖。朱华阁外，凡禁卫官，皆主之。舆驾出入，督摄仗卫。中领军亦同。有长史、司马、功曹、五官、主簿、录事，厘其府事。又领左右卫、领左右等府。

左右卫府，将军各一人，掌左右厢。所主朱华阁以外，各武卫将军二人贰之。皆有司马、功曹、主簿、录事，厘其府事。其御仗属官，有御仗正副都督、御仗五职、御仗等员。其直荡属官，有直荡正副都督、直入正副都督、勋武前锋正副都督、勋武前锋五藏等员。直卫属官，有直卫正副都督、翊卫正副都督、前锋正副都督等员。直突属官，有直突都督、勋武前锋散都督等员。直阁属官，有朱衣直阁、直阁将军、直寝、直斋、直后之属。又有武骑、云骑将军各一人，骁骑、游击、前后左右等四军将军，左右中郎将，各五人，步兵、越骑、射声、屯骑、长水等校尉、奉车都尉等，各十人，武贲中郎将，羽林监各十五人，冗从仆射三十人，骑都尉六十人，积弩、积射、强弩等将军及武骑常侍，各二十五人，殿中将军五十人，员外将军一百人，殿中司马督五十人，员外司马督一百人。

领左右府，有领左右将军，领千牛备身，又有左右备身正副都督、左右备身五职、左右备身员。又有刀剑备身正副都督、刀剑备身五职、刀剑备身员。又有备身正副都督、备身五职员。

护军府，将军一人，掌四中关津。舆驾出则护驾。中护军亦同，有长史、司马、功曹、五官、主簿、录事，厘其府事。其属官，东西南北四中府皆统之。四府各中郎将一人，长史、司马、录事参军、统府录事各一人。又有统府直兵及功曹、仓曹、中兵、外兵、骑兵、长流、城局等参军各一人，法、田、铠等曹行参军各一人。又领诸关尉、津尉。

行台，在令无文。其官置令、仆射。其尚书丞郎，皆随权制而置员焉。其文未详。

太子太师、太傅、太保，是为三师，掌师范训导，辅翊皇太子。少师、少傅、少保，是为三少，各一人，掌奉皇太子，以观三师之德。出则三师在前，三少在后。

詹事，总东宫内外众务，事无大小，皆统之。府置丞、功曹、五官、主簿、录事员。领家令、率更令、仆等三寺，左右卫二坊。三寺各置丞，二坊各置司马，俱有功曹、主簿，以承其事。

家令，领食官、典仓、司藏等署令、丞。又领内坊令、丞。（掌知阁内诸事。）其食官，又别领器局、酒局二丞，典仓又别领园丞。司藏又别领仗库、典作二局丞。率更领中盾署令、丞各一人。（掌周卫禁防，漏刻钟鼓。）仆寺领厩牧署令、丞，署又别有车舆局丞。

左右卫坊率，各领骑官备身正副都督、骑官备身五职、骑官备身员。又有内直备身正副都督、内直备身五职、内直备身员。又有备身正副都督、备身五职员。又有直阁、直前、直后员。又有旅骑、屯卫、典军等校尉各二人，骑尉三十人。

门下坊，中庶子、中舍人，通事守舍人，主事守舍人，各四人。又领殿内、典膳、药藏、斋帅等局，殿内局有内直监二人，副直监四人。典膳、药藏局，监、丞各二人。药藏又有侍医四人。斋帅局，斋帅、内阁帅各二人。

典书坊，庶子四人，舍人二十八人。又领典经坊，洗马八人，守舍人二人，门大夫、坊门大夫、主簿各一人。并统伶官西凉二部、伶官清商二部。

自诸台府寺，各因其繁简而置吏。有令史、书令史、书吏之属。又各置曹兵，以共其役。其员因繁简而立。其余主司专其事者，各因事立名，条流甚众，不可得而具也。

王，位列大司马上。（非亲王则位在三公下。）置师一人，余官大抵与梁制不异。其封内之调，尽以入台，三分食一。公已下，四分食一。

皇子王国，置郎中令，大农，中尉，常侍，（各一人。）侍郎，（二人。）上、中、下三将军，（各一人。）上、中大夫，（各二人。）防阁，（四人。）典书、典祠、学宫、典卫等令，（各一人。）斋帅，（四人。）食官、厩牧长，（各一人。）典医丞，（二人。）典府丞，（一人。）执书，（二人。）谒者，（四人。）舍人（十人。）等员。

诸王国，则加有陵长、庙长、常侍各一人，而无中将军员。上、中大夫各减一人。诸公又减诸王防阁、斋帅、典医丞等员。诸侯伯子男国，又减诸公国将军、大夫员。诸公主则置家令、丞、主簿、录事等员。

司州，置牧。属官有别驾从事史，治中从事史，州都，主簿，西曹书佐，记室、户曹、功曹、金曹、租曹、兵曹、骑曹、都官、法曹、郡部等从事员。（主簿置史，西曹已下各置掾史。）又领西、东市署令、丞，及统清都郡诸畿郡。

清都郡，置尹，丞，中正，功曹，主簿，督邮，五官，门下督，录事，主记，议生，及功曹、记室、户、田、金、租、兵、骑、贼、法等曹掾，中部掾等员。

邺、临漳、成安三县令，各置丞、中正、功曹、主簿、门下督、录事、主记、议及功曹、记室、户、田、金、租、兵、骑、贼、法等曹掾员。邺又领右部、南部、西部三尉，又领十二行经途尉。凡一百三十五里，里置正。临漳又领左部、东部二尉，左部管九行经途尉。凡一百一十四里，里置正。成安又领后部、北部二尉，后部管十一行经途尉，七十四里，里置正。清都郡诸县令已下官员，悉与上上县同。诸畿郡太守已下，悉与上上郡同。

上上州刺史，置府。属官有长史，司马，录事，功曹，仓曹、中兵等参军事及掾史，主簿及掾，记室掾史，外兵、骑兵、长流、城局、刑狱等参军事及掾史，参军事及法、墨、田、铠、集、士等曹行参军及掾史，右户掾史，行参军，长兼行参军，督护，统府录事，统府直兵，箱录事等员。州属官，有别驾从事史，治中从事史，州都光迎主簿，主簿，西曹书佐，市令及史，祭酒从事史，部郡从事，皂服从事，典签及史，门下督，省事，都录事及史，箱录事及史，朝直，刺奸，记室掾，户曹、旧曹、金曹、租曹、兵曹、左户等掾史等员。

上上州府，州属官佐史，合三百九十三人。上中州减上上州十人，上下州减上中州十人，中上州减上下州五十一人，中中州减中上州十人，中下州减中中州十人，下上州减中下州五十人，下中州减下上州十人，下下州减下中州十人。

上上郡太守，属官有丞，中正，光迎功曹，光迎主簿，功曹，主簿，五官，省事，录事，及西曹、户曹、金曹、租曹、兵曹、集曹等掾佐，太学博士，助教，太学生，市长，仓督等员。合属官佐史二百一十二人。上中郡减上上郡五人，上下郡减上中郡五人，中上郡减上下郡四十五人，中中郡减中上郡五人，中下郡减中中郡五人，下上郡减中下郡四十人，下中郡减下上郡二人，下下郡减下中郡二人。

上上县令，属官有丞，中正，光迎功曹，光迎主簿，功曹，主簿，录事，及西曹、户曹、金曹、租曹、兵曹等掾，市长等员。合属官佐史五十四人。上中县减上上县五人，上下县减上中县五人，中上县减上下县六人，中中县减中上县五人，中下县减中中县一人，下上县减中下县一人，下中县减下上县一人，下下县减中下县一人。

自州、郡、县，各因其大小置白直，以供其役。

三等诸镇，置镇将，副将，长史，录事参军，仓曹、中兵、长流、城局等参军事，铠曹行参军，市长，仓督等员。

三等戍，置戍主，副，掾，队主，副等员。

官一品，每岁禄八百匹，二百匹为一秩。从一品，七百匹，一百七十五匹为一秩。

二品，六百匹，一百五十匹为一秩。从二品，五百匹，一百二十五匹为一秩。

三品，四百匹，一百匹为一秩。从三品，三百匹，七十五匹为一秩。

四品，二百四十匹，六十匹为一秩。从四品，二百匹，五十匹为一秩。

五品，一百六十匹，四十匹为一秩。从五品，一百二十匹，三十匹为一秩。

六品，一百匹，二十五匹为一秩。从六品，八十匹，二十匹为一秩。

七品，六十匹，十五匹为一秩。从七品，四十匹，十匹为一秩。

八品，三十六匹，九匹为一秩。从八品，三十二匹，八匹为一秩。

九品，二十八匹，七匹为一秩。从九品，二十四匹，六匹为一秩。

禄率一分以帛，一分以粟，一分以钱。事繁者优一秩，平者守本秩，闲者降一秩。长兼、试守者，亦降一秩。官非执事、不朝拜者，皆不给禄。又自一品已下，至于流外勋品，各给事力。一品至三十人，下至于流外勋品，或以五人为等，或以四人、三人、二人、一人为等。繁者加一等，平者守本力，闲者降一等焉。

州、郡、县制禄之法，刺史、守、令下车，各前取一时之秩。

上上州刺史，岁秩八百匹，与司州牧同。上中、上下各以五十匹为差。中上降上下一百匹，中中及中下，亦五十匹为差。下上降中下一百匹，下中、下下，亦各以五十匹为差。

上郡太守，岁秩五百匹，降清都尹五十匹。上中、上下各以五十匹为差。中上降上下四十匹，中中及中下，各以三十匹为差。下上降中下四十匹，下中、下下各以二十匹为差。

上上县，岁秩一百五十匹，与邺、临漳、成安三县同。上中、上下各以十匹为差。中上降上下三十匹，中中及中下，各以五匹为差。下上降中下二十匹，下中、下下各以十匹为差。

州自长史已下，逮于史吏，郡县自丞已下，逮于掾佐，亦皆以帛为秩。郡有尉者，尉减丞之半。皆以其所出常调课之。其镇将，戍主，军主、副，幢主、副，逮于掾史，亦各有差矣。

诸州刺史，守、令已下，干及力，皆听敕乃给。其干出所部之人。一干输绢十八匹，干身放之。力则以其州、郡、县白直充。

三师、王、二大、（大司马、大将军。）三公，为第一品。

开府仪同三司、开国郡公，为从一品。

仪同三司，太子三师，特进，尚书令，骠骑、车骑将军，（二将军加大者，在开国郡公下。）卫将军，（加大者，在太子太师上。）四征将军，（加大者，次卫大将军。）左右光禄大夫，散郡公，开国县公，为第二品。

尚书仆射，（置二，左居右上。）中书监，四镇，（加大者，次四征。）中、镇、抚军将军，（三将军，武职罢任者为之。）领军，（加大者，在尚书令下。）护军、翊军将军，金紫光禄大夫，散县公，开国县侯，为从二品。

吏部尚书，四安将军，中领、护，太常、光禄、卫尉卿，太子三少，中书令，太子詹事，侍中，列曹尚书，四平将军，大宗正、太仆、大理、鸿胪、司农、太府卿，清都尹，三等上州刺史，左右卫将军，秘书监，银青光禄大夫，散县侯，开国县伯，为第三品。

散骑常侍、三等中州刺史、司徒左长史、四方中郎将、四护（匈奴、羌戎、夷、蛮越。）中郎将、国子祭酒、御史中丞、中侍中、长秋卿、将作大匠、冠军将军、太尉长史、领左右将军、武卫将军、太子左右卫率、辅国将军、四护校尉、太中大夫、龙骧将军、三等上郡太守、散县伯，为从第三品。

镇远、安远将军，太常、光禄、卫尉少卿，尚书、吏部郎中，给事黄门侍郎，太子中庶子，司徒右长史，司空长史，大宗正、太仆、大理、鸿胪、司农、太府少卿，三公府司马，中常侍，中尹，城门校尉，武骑、云骑、骁骑、游击将军，（已前上阶。）建忠、建节将军，通直散骑常侍，诸开府长史、中大夫、三等下州刺史、三等镇将，诸开府司马，开国县子，为第四品。

中坚、中垒将军，尚书左丞，三公府咨议参军事，司州别驾从事史，三等上州长史，太子三卿，前、左、右、后军将军，中书侍郎，太子庶子，三等中郡太守，左右备身、刀剑备身、备身、卫仗、直荡等正都督，三等上州司马，（已前上阶。）振威、奋武将军，谏议大夫，尚书右丞，诸开府咨议参军，司州治中从事史，左右中郎将，步兵、越骑、射声、屯骑、长水校尉，朱衣直阁，直阁将军，太子骑官备身、内直备身等正都督，三等镇副将，散县子，为从第四品。

广德、弘义将军，太子备身、直入、直卫等正都督，领左右、三等中州长史，三公府从事中郎，秘书丞，皇子友，国子博士，散骑侍郎，太子中舍人，员外散骑常侍，三等中州司马，（已前上阶。）折冲、制胜将军，主衣都统，尚食、尚乐二典御，太子旅骑、屯卫、典军校尉，领护府长史司马，诸开府从事中郎，开国县男，为第五品。

伏波、陵江将军，三等下州长史，三公府掾属，著作郎，通直散骑侍郎，太子洗马，左右备身、刀剑备身、御仗、直荡等副都督，左右直长，中尚食、中尚药典御，三等下州司马，（已前上阶。）轻车、楼船将军，驸马都尉，翊卫正都督，直寝，直斋，奉车都尉，都水使者，诸开府掾属，崇圣、归义、归正、归命、归德侯，清都郡丞，治书侍御史，邺、临漳、成安三县令，中给事中，三等下郡太守，大理司直，太子直阁，二卫队主，太子骑官、内直备身副都督，开国乡男，散县男，为从第五品。

劲武、昭勇将军，尚书诸曹郎中，中书舍人，三公府主簿，三等上州别驾从事史，四中府三等镇守长史，三公府录事参军事，皇子郎中令，三公府功曹、记室、户、仓、中兵参军事，皇子文学，谒者仆射，（已前上阶。）明威、显信将军，太子备身副都督，四中府司马，武贲中郎将，羽林监，冗从仆射，直入副都督，千牛备身，大理正、监、评，侍御师诸开府录事，功曹、记室、仓、中兵等曹参军事，三等上州录事参军事，治中从事史，三等上郡丞，三等上县令，太子内直监，平准署令，为第六品。

度辽、横海将军，直突都督，三等中州别驾从事史，三公府列曹参军事，给事中，太子门大夫，三等上州功、仓、中兵等参军事，皇子大农，骑都尉，直后，符玺郎中，三等中州录事参军事，（已前上阶。）逾岷、越嶂将军，直

卫副都督，三等中州从事史，诸开府主簿、列曹参军事，三等中州功、仓、中兵等参军事，太子舍人，三寺丞，太子直前，太子副直监，太子诸队主，为从第六品。

戎昭、武毅将军，勋武前锋正都督，三公府东西阁祭酒，三等下州别驾从事史，三等上州府主簿、列曹参军事，三等下州录事参军事，四中府录事参军事，王公国郎中令，积弩、积射将军，员外散骑侍郎，皇子中尉，三公府参军事，列曹行参军，（已前上阶。）雄烈、恢猛将军，翊卫副都督，诸开府东西阁祭酒参军事，列曹行参军，三等下州功、仓、中兵参军事，四中府功、仓、中兵参军事，三等中州府主簿、列曹参军事，二卫司马，詹事府丞，左右备身五职，三等镇录事参军事，六寺丞，秘书郎中，著作佐郎，太子侍医，太子骑尉，太子骑官备身五职，三等中郡丞，三等中县令，为第七品。

扬麾、曜锋将军，勋武前锋副都督，强弩将军，三公府行参军，三等上州参军事，列曹行参军，三等下州府主簿、列曹参军事，四中府列曹参军事，王公国大农，长秋、将作寺丞，太子二率坊司马，三等镇仓、中兵参军事，（已前上阶。）荡边、开域将军，勋武前锋散都督，太学博士，皇子常侍，太常博士，武骑常侍，左右备身，刀剑备身五职，（都将、别、统、军主、幢主。）三等中州参军事、列曹行参军，诸开府行参军，奉朝请，国子助教，公车、京邑二市署令，三等镇列曹参军事，三县丞，侍御史，尚食、尚药丞，斋帅，中尚食、中尚药丞，太子直后、二卫队副，前锋正都督，太子骑官备身，太子内直备身五职，（已见前。）诸戍主、军主，为从第七品。

静漠、绥戎将军，协律郎，三等上州行参军，三等下州参军事、列曹参军事，四中府列曹行参军，侯、伯国郎中令，殿中将军，皇子侍郎，（已前上阶。）平越、殄夷将军，刀剑备身五职，（已见前。）前锋副都督，太子内直备身，主书，殿中侍御史，太子典膳、药藏丞，太子斋帅，三等中州行参军，王、公国中尉，三等镇铠曹行参军，三等下郡丞，三等下县令。为第八品。

飞骑、隼击将军，三公府长兼左右户行参军、长兼行参军，门下录事，尚书都令史，检校御史，诸署令，诸开府典签，中谒者仆射，中黄门冗从仆射，（已前上阶。）武牙、武奋将军。备身御仗五职，宫门署仆射，太子备身五职，侯、伯国大农，皇子上、中、下将军，皇子上、中大夫，王、公国常侍，诸开府长兼左右户行参军，诸开府长兼行参军，员外将军，勋武前锋五职，司州及三等上州典签，太子诸队副，诸戍诸军副，清都郡丞，为从第八品。

清野将军，子、男国郎中令，诸署内谒者员统，三等上州长兼行参军，中黄门，太子内坊令，公主家令，皇子防阁、典书令，四门博士，大理律博士，校书郎，三公府参军督护，都水参军事，七部尉，诸郡尉，（已前上阶。）横野将军，王、公国侍郎，侯、伯国中尉，谒者，太子三寺丞，诸开府参军督护，殿中司马督，御仗，太子食官、中省、典仓等令，太子备身，平准、公车丞，三等中州典签，为第九品。

偏将军，诸宫教博士，太子司藏、厩牧令，太子校书，

诸署别局都尉，诸尉，诸关津尉，三等上州参军督护，三等中州长兼行参军，秘书省正字，皇太子三令，王、公国上中下将军及上中大夫，诸署令，诸县丞，（已前上阶。）裨将军，领军护军府、太常光禄卫尉寺、詹事府等功曹、五官、奉礼郎，子、男国大农，小黄门，员外司马督，太学助教，诸幢主、遥途尉，中侍中，省录事，三等下州典签，尚书、门下、中书等省医师，为从第九品。

流内比视官十三等。第一领人酋长，视从第三品。第一不领人酋长，视第四品。第二领人酋长，第一领人庶长，视从第四品。诸州大中正，第二不领人酋长，第一不领人庶长，视第五品。诸州中正，畿郡邑中正，第三领人酋长，第二领人庶长，视从第五品。第三不领人酋长，第二不领人庶长，视第六品。第三领人庶长，视从第六品。第三不领人庶长，视第七品。司州州都主簿，国子学生，视从第七品。诸州州都督簿，司州西曹书佐，清都郡中正、功曹，视第八品。司州列曹从事，诸州西曹书佐，诸郡中正、功曹，清都郡主簿，视从第八品。司州部郡从事，诸州祭酒从事史，视第九品。诸州部郡从事，同州守从事，诸郡主簿，司州武猛从事，视从第九品。

周太祖初据关内，官名未改魏号。及方隅粗定，改创章程，命尚书令卢辩，远师周之建职，置三公三孤，以为论道之官。次置六卿，以分司庶务。其所制班序：

内命，（谓王朝之臣。）三公九命，三孤八命，六卿七命，上大夫六命，中大夫五命，下大夫四命，上士三命，中士再命，下士一命。

外命，（谓诸侯及其臣。）诸公九命，诸侯八命，诸伯七命，诸子六命，诸男五命，诸公之孤卿四命，侯之孤卿、公之大夫三命，子男之孤卿、侯伯之大夫、公之上士再命，子男之大夫、公之中士、侯伯之上士一命，公之下士、侯伯之中士下士、子男之士不命。

其制禄秩，下士一百二十五石，中士已上，至于上大夫，各倍之。上大夫是为四千石。卿二分，孤三分，公四分，各益其一。公因盈数为一万石。其九秩一百二十石，八秩至于七秩，每二秩六分而下各去其一，二秩一秩俱为四十石。凡颁禄，视年之上下。亩至四釜为上年，上年颁其正。三釜为中年，中年颁其半。二釜为下年，下年颁其一。无年为凶荒，不颁禄。六官所制如此。

制度既毕，太祖以魏恭帝三年始命行之。所设官名，讫于周末，多有改更。并具《卢传》，不复重序云。

卷二十八　　志第二十三

百官下

高祖既受命，改周之六官，其所制名，多依前代之法。置三师、三公及尚书、门下、内史、秘书、内侍等省，御史、都水等台，太常、光禄、卫尉、宗正、太仆、大理、鸿胪、司农、太府、国子、将作等寺，左右卫、左右武卫、左右武候、左右领、左右监门、左右领军等府，分司统职焉。

三师，不主事，不置府僚，盖与天子坐而论道者也。

三公，参议国之大事，依后齐置府僚。无其人则阙。祭祀则太尉亚献，司徒奉俎，司空行扫除。其位多旷，皆摄行事。寻省府及僚佐，置公则坐于尚书都省。朝之众务，总归于台阁。

尚书省，事无不总。置令、左右仆射各一人，总吏部、礼部、兵部、都官、度支、工部等六曹事，是为八座。属官左、右丞各一人，都事八人，分司管辖，吏部尚书统吏部侍郎二人，主爵侍郎一人，司勋侍郎二人，考功侍郎一人。礼部尚书统礼部、祠部侍郎各一人，主客、膳部侍郎各二人。兵部尚书统兵部、职方侍郎各二人，驾部、库部侍郎各一人。都官尚书统都官侍郎二人，刑部、比部侍郎各一人，司门侍郎二人。度支尚书统度支、户部侍郎各二人，金部、仓部侍郎各一人。工部尚书统工部、屯田侍郎各二人，虞部、水部侍郎各一人。凡三十六侍郎，分司曹务，直宿禁省，如汉之制。

门下省，纳言二人，给事黄门侍郎四人，录事、通事令史各六人。又有散骑常侍、通直散骑常侍各四人，谏议大夫七人，散骑侍郎四人，员外散骑常侍六人，通直散骑侍郎四人，并掌部从朝直。又有给事二十人，员外散骑侍郎二十人，奉朝请四十人，并掌同散骑常侍等，兼出使劳问。统城门、尚食、尚药、符玺、御府、殿内等六局。城门局，校尉二人，直长四人。尚食局，典御二人，直长四人，食医四人。尚药局，典御二人，侍御医、直长各四人，医师四十人。符玺、御府，殿内局，监各二人，直长各四人。

内史省，置监、令各一人。寻废监。置令二人，侍郎四人，舍人八人，通事舍人十六人，主书十人，录事四人。

秘书省，监、丞各一人，郎四人，校书郎十二人，正字四人，录事二人。领著作、太史二曹。著作曹，置郎二人，佐郎八人，校书郎、正字各二人。太史曹，置令、丞各二人，司历二人，监候四人。其历、天文、漏刻、视祲，各有博士及生员。

内侍省，内侍、内常侍各二人，内给事四人，内谒者监六人，内寺伯二人，内谒者十二人，寺人六人，伺非八人。并用宦者。领内尚食、掖庭、宫闱、奚官、内仆、内府等局。（尚食，置典御及丞各二人。余各置令、丞，皆二人。其宫闱、内仆，则加置丞各一人。掖庭又有宫教博士二人。）

御史台，大夫一人，治书侍御史二人，侍御史八人，殿内侍御史、监察御史，各十二人，录事二人。后魏延昌中，王显有宠于宣武，为御史中尉，请革选御史。此后踵其事，每一中尉，则更置御史。自开皇后，始自吏部选用，仍依旧入直禁中。

都水台，使者及丞各二人，参军三十人，河堤谒者六十人，录事二人。领掌船局，都水尉二人，又领诸津。上津每尉一人，丞二人。中津每尉、丞各一人。下津每典作一人，津长四人。

太常、光禄、卫尉、宗正、太仆、大理、鸿胪、司农、太府等九寺，并置卿、少卿各一人。（太仆寻加少卿一人。）各置丞，（太常、卫尉、宗正、大理、鸿胪、将作二人，光禄、太仆各三人，司农五人，太府六人。）主簿，（太府四人。余寺各二人。）录事（各二人。光禄则加至三人，司农、太府则各四人。）等员。

太常寺又有博士四人，协律郎二人，奉礼郎十六人。统郊社、太庙、诸陵、太祝、衣冠、太乐、清商、鼓吹、太医、太卜、廪牺等署。各置令、（并一人。太乐、太医则各加至二人。）丞。（各一人。郊社、太乐、鼓吹则各加至二人。）郊社署又有典瑞。（四人。）太祝署有太祝。（二人。）太乐署、清商署，各有乐师员。（太乐八人，清商二人。）鼓吹署有哄师。（二人。）太医署有主药，（二人。）医师，（二百人。）药园师，（二人。）医博士，（二人。）助教，（二人。）按摩博士，（二人。）祝禁博士（二人。）等员。太卜署有卜师，（二十人。）相师，（十人。）男觋，（十六人。）女巫，（八人。）太卜博士、助教，（各二人。）相博士、助教（各一人。）等员。

光禄寺统太官、肴藏、良酝、掌醢等署。各置令、（太官三人，肴藏、良酝各二人，掌醢一人。）丞。（太官八人，肴藏、掌醢各二人，良酝四人。）太官又有监膳，（十二人。）良酝有掌酝，（五十人。）掌醢有掌醢（十人。）等员。

卫尉寺统公车、武库、守宫等署。各置令、（公车一人，武库、守宫各二人。）丞（公车一人，武库二人。）等员。

宗正寺不统署。

太仆寺又有兽医博士员。（一百二十人。）统骅骝、乘黄、龙厩、车府、典牧、牛羊等署。各置令、（二人乘黄、车府则各减一人。）丞（二人乘黄则一人，典牧牛羊则各三人。）等员。

大理寺，不统署。又有正、监、评、（各一人。）司直，（十人。）律博士，（八人。）明法，（二十人。）狱掾。（八人。）

鸿胪寺统典客、司仪、崇玄三署。各置令。（二人。崇玄则惟置一人。）典客署又有掌客，（十人。）司仪有掌仪（二十人。）等员。

司农寺统太仓、典农、平准、廪市、钩盾、华林、上林、导官等署。各置令。（二人。钩盾、上林则加至三人，华林惟置一人。）太仓又有米禀督，（二人。）谷仓督，（四人。）盐仓督，（二人。）京市有肆长，（四十人。）导官有御细仓督，（二人。）曲面仓督（二人。）等员。

太府寺统左藏、左尚方、内尚方、右尚方、司染、右藏、黄藏、掌冶、甄官等署。各置令，（二人。左、右尚方则加至二人，黄藏则惟置一人。）丞（四人。左尚则八人，右尚则六人，黄藏则一人。）等员。

国子寺（元隶太常。）祭酒，（一人。）属官有主簿、录事。（各一人。）统国子、太学、四门、书算学，各置博士、（国子、太学、四门各五人，书、算各二人。）助教，（国子、太学、四门各五人，书、算各二人。）学生（国子一百四十人，太学、四门各三百六十人，书四十人，算八十人。）等员。

将作寺大匠，（一人。）丞、主簿、录事。（各二人。）统左右校署令，（各二人）。丞、（左校四人，右校三人。）各有监作（左校十二人，右校八人。）等员。

左右卫、左右武卫、左右武候，各大将军，（一人。）将军，（二人。）并有长史，司马，录事，功、仓、兵、骑等曹参军，法曹、铠曹行参军，（各一人。）行参军（左右卫、左右武候各六人，左右武卫各八人。）等员。

左右卫，掌宫掖禁御，督摄仗卫。又各有直阁将军、（六人。）直寝、（十二人。）直斋、直后，（各十五人。）并掌宿卫侍从。奉车都尉，（六人。）掌驭副车。武骑常侍、（十人。）殿内将军、（十五人。）员外将军、（三十人。）殿内司马督、（二十人。）员外司马督、（四十人。）并以参军府朝，出使劳问。左右卫又各统亲卫。置开府。（左勋卫开府，左翊一开府、二开府、三开府、四开府，及武卫、武候、领军、东宫领兵开府准此。）府置开府，（一人。）有长史，司马，录事，及仓、兵等曹参军，法曹行参军，（各一人。）行参军。（三人。）又有仪同府。（武卫、武候、领军、东宫领兵仪同皆准此。）仪同已下，置员同开府，但无行参军员。诸府皆领军坊。每坊（东宫军坊准此。）置坊主、（一人。）佐。（二人。）每乡团（东宫乡团准此。）置团主、（一人。）佐。（二人。）

左右武卫府，无直阁已下员，但领外军宿卫。

左右武候，掌车驾出，先驱后殿，昼夜巡察，执捕奸非，烽候道路，水草所置。巡狩师田，则掌其营禁。右加置司辰师、（四人。）漏刻生。（一百一十人。）

左右领左右府，各大将军，（一人。）将军，（二人。）掌侍卫左右，供御兵仗。领千牛备身，（十二人。）掌执千牛刀；备身左右，（十二人。）掌供御弓箭；备身，（六十人。）掌宿卫侍从。各置长史，司马，录事，及仓、兵二曹参军事，铠曹行参军（各一人。）等员。

左右监门府各将军，（一人。）掌宫殿门禁及守卫事。各置郎将，（二人。）校尉，直长，（各三十人。）长史，司马，录事，及仓、兵曹参军，铠曹行参军，（各一人。）行参军（四人。）等员。

左右领军府，各掌十二军籍帐、差科、辞讼之事。不置将军。唯有长史，司马，掾属及录事，功、仓、户、骑、兵等曹参军，法、铠等曹行参军，（各一人。）行参军（十六人。）等员。又置明法，（四人。）隶于法司，掌律令轻重。

行台省，则有尚书令，仆射，（左、右任置。）兵部，（兼吏部、礼部。）度支（兼都官、工部。）尚书及丞（左、右任置。）各一人，都事四人。有考功，（兼吏部、爵部、司勋。）礼部、（兼祠部、主客。）膳部、兵部、（兼职方。）驾部、库部、刑部、（兼都官、司门。）度支、（兼仓部。）户部、（兼比部。）金部、工部、屯田（兼水部、虞部。）侍郎，各一人。每行台置食货，农圃，武器，百工监、副监，各一人。各置丞，（食货四人，农圃六人，武器二人，百工四人。）录事（食货、农圃、百工各二人，武器一人。）等员。

太子置太师、太傅、太保、少师、少傅、少保。开皇初，置詹事。二年定令，罢之。

门下坊，置左庶子二人，内舍人四人，录事二人，主事令史四人。统司经、宫门、内直、典膳、药藏、斋帅等六局。司经置洗马四人，校书六人，正字二人。宫门置大夫二人。内直置监、副监各二人，监殿舍人四人。典膳、药藏，并置监、丞各二人。药藏又有侍医四人。斋帅置四人。

典书坊，右庶子二人，舍人、通事舍人各八人，录事二人，主事令史四人，内坊典内及丞各二人，丞直四人，录事一人。内厩置尉二人，掌内车舆之事。

家令，（掌刑法、食膳、仓库、什物、奴婢等事。）率更令，（掌伎乐漏刻。）仆，（掌宗族亲疏，车舆骑乘。）各一人。三寺各置丞，（家令二人，寺一人。）录事。（家令二人，寺各一人。）家令领食官、典仓、司藏三署令，（各一人。）丞。（食官二人，典仓一人，司藏三人。）仆寺领厩牧令（一人。）员。

左右卫，各置率一人，副率二人，掌宫中禁卫。各置长史，司马及录事，功、仓、兵、骑兵等曹参军事，法曹、铠曹行参军，各一人，行参军（四人。）员。又各有直阁四人，直寝八人，直斋、直后各十人。

左右宗卫，制官如左右卫，各掌以宗人侍卫。加置行参军二人，而无直阁、直寝、直斋、直后等员。

左右虞候，各置开府一人，掌斥候伺非。长史已下如左右卫，而无录事参军员，减行参军一人。

左右内率、副率，各一人，掌领备身已上禁内侍卫，供奉兵仗。又无功、骑兵、法等曹及行参军员，余与虞候同。有千牛备身八人，掌执千牛刀；备身左右八人，掌供奉弓箭；备身二十人，掌宿卫侍从。

左右监门，各率一人，副率二人，掌诸门禁。长史已下，同内率府，而各有直长十人。

高祖又采后周之制，置上柱国、柱国、上大将军、大将军、上开府仪同三司、开府仪同三司、上仪同三司、仪同三司、大都督、帅都督、都督，总十一等，以酬勤劳。又有特进、左右光禄大夫、金紫光禄大夫、银青光禄大夫、朝议大夫、朝散大夫，并为散官，以加文武官之德声者，并不理事。六品已下，又有翊军等四十三号将军，品凡十六等，为散号将军，以加泛授。居曹有职务者为执事官，无职务者为散官。戎上柱国已下为散实官，军为散号官。诸省及左右卫、武候、领左右监门府为内官，自余为外官。

国王、郡王、国公、郡公、县公、侯、伯、子、男，凡九等。皇伯叔昆弟、皇子为亲王。置师、友各二人，文学二人，（嗣王则无师友。）长史、司马、咨议参军事、掾、属，各一人，主簿二人，录事，功曹，记室，户、仓、兵等曹，骑兵、城局等参军事，东西阁祭酒，各一人，参军事四人，法、田、水、铠、士等曹行参军各一人，行参军六人，长兼行参军八人，典签二人。

上柱国、嗣王、郡王，无主簿、录事参军、东西阁祭酒、长兼行参军等员，而加参军事为五人，行参军为十二人。柱国又无骑兵参军事、水曹行参军等员，而减参军事、行参军各一人。上大将军又无咨议参军事、田曹、铠曹行参军员，又减行参军一人。大将军又无掾属员，又减参军事二人。上开府又无法曹、士曹行参军、参军事员。开府又无典签员，减行参军二人。上仪同又无功曹、城局参军事员，又减行参军二人。仪同又无仓曹员，减行参军三人。

三师、三公，置府佐，与柱国同。若上柱国任三师、三公，唯从上柱国置。王公已下，三品已上，又并有亲信、帐内，各随品高卑而制员。

诸王置国官。有令、大农各一人，尉各二人，典卫各八人，常侍各二人，侍郎各四人，庙长、学官长各一人，食官、厩牧长、丞各一人，典府长、丞各一人，舍人各四人等员。上柱国、柱国公，减典卫二人，无侍郎员。侯、伯又减典卫二人，食官、厩牧长各一人。子、男又减尉、典卫、常侍、舍人各一人。上大将军、大将军公，同柱国子、男。其侯、伯减公典卫、侍郎、厩牧丞各一人。子、男无令，无典卫，又减舍人一人。上开府、开府公，同大将军、子、男。其侯、伯又无常侍，无食官、厩牧丞。子、男又无侍郎，厩牧长。上仪同、仪同公，同开府子、男。其侯、伯又无尉，无学官长。子、男又无厩长、食官长。二王后，置国官，与诸王同。郡王与上柱国公同。国公无上开府已上官者，与开府公同。散郡公与仪同侯、伯同。散县公与仪同子、男同。大长公主、长公主、公主，并置家令、丞各一人，主簿谒者、舍人各二人等员。郡主唯减主簿员。

雍州，置牧。属官有别驾、赞务，州都、郡正，主簿，录事，西曹书佐，金、户、兵、法、士等曹从事，部郡从事，武猛从事等员。并佐史，合五百二十四人。

京兆郡，置尹，丞，正，功曹，主簿，金、户、兵、法、士等曹佐等员。并佐史，合二百四十四人。

大兴、长安县，置令，丞，正，功曹，主簿，西曹，金、户、兵、法、士曹等员。并佐史，合一百四十七人。

上上州，置刺史，长史，司马，录事参军事，功曹，户、兵等曹参军事，法、士曹等行参军，行参军，典签，州都光初主簿，郡正，主簿，西曹书佐，祭酒从事，部郡从事，仓督，市令、丞等员。并佐史，合三百二十三人。上中州，减上州吏属十二人。上下州，减上中州十六人。中上州，减上下州二十九人。中中州，减中上州二十人。中下州，减中中州二十人。下上州，减中下州三十二人。下中州，减下上州十五人。下下州，减下中州十二人。

郡，置太守，丞，尉，正，光初功曹，光初主簿，县正，功曹，主簿，西曹，金、户、兵、法、士等曹，市令等员。并佐史，合一百四十六人。上中郡，减上上郡吏属五人。上下郡，减上中郡四人。中上郡，减上下郡十九人。中中郡，减中上郡六人。中下郡，减中中郡五人。下上郡，减中下郡十九人。下中郡，减下上郡五人。下下郡，减下中郡六人。

县，置令，丞，尉，正，光初功曹，光初主簿，功曹，主簿，西曹，金、户、兵、法、士等曹佐，及市令等员。合九十九人。上中县，减上上县吏属四人。上下县，减上中县五人。中上县，减上下县十人。中中县，减中上县五人。中下县，减中中县五人。下上县，减中下县十二人。下中县，减下上县六人。下下县，减下中县五人。

州，置总管者，列为上中下三等。总管刺史加使持节。镇，置将、副。戍，置主、副。关，置令、丞。其制，官属各立三等之差。

同州，总监、副监各一人，置二丞。统食货农圃二监、副监。岐州亦置监、副监。诸冶亦置三等监。各有丞员。

盐池，置总监、副监、丞等员。管东西南北面等四监，亦各置副监及丞。陇右牧，置总监、副监、丞，以统诸牧。其䮽𮪍牧及二十四军马牧，每牧置仪同及尉、大都督、帅都督等员。驴骡牧，置帅都督及尉。原州羊牧，置大都督并尉。原州驼牛牧，置尉。又有皮毛监、副监及丞、录事。又盐州牧监，置监及副监，置丞，统诸羊牧，牧置尉。苑川十二马牧，每牧置大都督及尉各一人，帅都督二人。沙苑羊牧，置尉二人。缘边交市监及诸屯监，每监置监、副监各一人。畿内者隶司农，自外隶诸州焉。

五岳各置令，又有吴山令，以供其洒扫。

三师、王、三公，为正一品。

上柱国、郡王、国公、开国郡公，为从一品。

柱国、太子三师、特进、尚书令、左右光禄大夫、开国侯，为正二品。

上大将军、尚书左右仆射、雍州牧、金紫光禄大夫，为从二品。

大将军，吏部尚书，太常、光禄、卫尉等三卿，太子三少，纳言，内史令，左右卫、左右武卫、左右武候、领左右等大将军，礼部、兵部、都官、度支、工部尚书，宗正、太仆、大理、鸿胪、司农、太府等六卿，上州刺史，京兆尹，秘书监，银青光禄大夫，开国伯，为正三品。

上开府仪同三司，散骑常侍，左右卫、武卫、武候、领左右、监门等将军，国子祭酒，御史大夫，将作大匠，中州刺史，亲王师，朝议大夫，为从三品。

骠骑将军，开府仪同三司，太常、光禄、卫尉等三少卿，太子左右卫、宗卫、内等率，尚书吏部侍郎，给事黄门侍郎，太子左庶子，宗正、太仆、大理、鸿胪、司农、太府等少卿，下州刺史，（已前上阶。）内史侍郎，太子右庶子，通直散骑常侍，左右监门郎将，朝散大夫，开国子，为正四品。

上仪同三司，尚书左丞，太子左右卫、宗、内等副率，左右监门率，上郡太守，雍州别驾，亲王府长史，太子家令、率更令、仆，内侍，城门校尉，（已前上阶。）尚书右丞，上镇将军，雍州赞务，直阁将军，亲王府司马，谏议大夫，为从四品。

车骑将军，仪同三司，内常侍，秘书丞，国子博士，散骑侍郎，太子内舍人，太子左右监门副率，员外散骑常侍，上州长史，亲王府咨议参军事，开国男，（已前上阶。）尚食、尚药典御，上州司马，为正五品。

著作，通直散骑侍郎，中郡太守，直寝，太子洗马，中州长史，奉车都尉，（已前上阶。）都水使者，治书侍御史，大兴、长安令，大理司直，直斋，太子直阁，京兆郡丞，中州司马，中镇将，上镇副，内给事，驸马都尉，亲王友，员外散骑侍郎，为从五品。

翊军、翊师将军，尚书诸曹侍郎，内史舍人，下郡太守，大都督，亲王府掾属，下州长史，（已前上阶。）四征将军，（征东、征南、征西、征北。）三将军，（内军、镇军、抚军。）大理正、监、评、千牛备身左右，左右监门校尉，内尚食典御，符玺监，御府监，殿内监，太子内直监，下州司马，下镇将，中镇副，为正六品。

四平将军，（平东、平南、平西、平北。）四将军，（前军、后军、左军、右军。）通事舍人，亲王文学，帅都督，左右领军府长史，太子直寝，亲王府主簿，亲王府录事参军事，太子门大夫，给事，上县令，（已前上阶。）冠军、辅国二将军，太子舍人，直后，三寺丞，亲王府功曹、记室、仓户曹参军事，城门直长，太子直斋，太子副直监，太子典内，左右领军府司马，下镇副，为从六品。

镇远、安远二将军，员外散骑侍郎，御医，左右卫、武卫、武候、领左右等府长史，亲卫，亲王府诸曹参军事，（已前上阶。）建威、宁朔二将军，六寺丞，秘书郎，著作佐郎，太子千牛备身，太子备身左右，尚食、尚药监门等直长，太子通事舍人，左右卫、武卫、武候、领左右等府司马，都督，太子典膳、药藏等监，太子斋帅，上戍主，为正七品。

宁远、振威二将军，左右监门府长史，太子左右卫、宗卫等率，左右虞候、左右内率等府长史，符玺、御府、殿内等直长，上州录事参军事，左右领军府掾属，亲王府东西闁祭酒，中县令，上郡丞，太子亲卫，将作丞，勋卫，亲王府参军事，上镇长史，（已前上阶。）伏波、轻车二将军，太学、太常二博士，武骑常侍，奉朝请，国子助教，亲王府诸行参军，太子直后，太子左右监门直长，大兴、长安县丞，太子侍医，侍御史，太史令，上州诸曹参军事，左右监门府、太子左右卫、左右宗卫、左右虞候、左右内率等司马，上镇司马，为从七品。

宣威、明威二将军，协律郎，都水丞，殿内将军，太子左右监门率府长史，别将，下县令，中郡丞，中州录事参军事，上上州诸曹行参军事，亲王府行参军，左右领军府录事参军事，中镇长史，太子内坊丞，太子勋卫，（已前上阶。）襄威、厉威二将军，殿内御史，掖庭、宫闱二令，上署令，（公车、郊社、太庙、太祝、平准、太乐、䮽𮪍、武库、典客、钩盾、左藏、太仓、左尚方、右尚方、司染、典农、京市、太官、鼓吹。）太子左右监门率府司马，中州诸曹参军事，左右卫、武卫、武候等府录事参军事，左右领军府诸曹参军事，内尚食丞，中戍主，上戍副，为正八品。

威戎、讨寇二将军，四门博士，主书，门下录事，尚书都事，监察御史，内谒者监，上关令，中署令，（太医、右藏、黄藏、乘黄、龙厩、衣冠、守宫、华林、上林、掌冶、导官、左校、右校、牛羊、典牧。）下郡丞，下州录事参军事，中州诸曹行参军，备身，左右卫、武卫、武候、领左右等府诸曹参军事，左右领军府诸曹参军事，太子左右卫、宗卫、率等府录事参军事，下镇长史，太子翊卫，（已前上阶。）荡寇、荡难二将军，亲王府长兼行参军及典签，员外将军，统军，太子三寺丞，中关令，奚官、内仆二令，下署令，（诸陵、崇玄、太卜、车府、清商、司仪、肴藏、良酝、掌醢、甄官、廪牺。）上津尉，下州诸曹参军事，左右卫、武卫、武候等府诸曹行参军，领左右府铠曹参军，左右监门、太子左右卫、宗卫等率，左右虞候，左右内率等府诸曹参军事，掌船局都尉，上镇诸曹参军事，上县丞，上郡尉，为从八品。

殄寇、殄难二将军，太学助教，太子备身，大理寺律博士，诸校书郎，都水参军事，内史录事，内谒者令，内寺伯，中县丞，下关令，中津尉，下州诸曹行参军，上州行参军，左右监门府铠曹行参军，太子左右卫、宗卫、虞候府等诸曹行参军，太子左右内率府铠曹行参军，左右领军府行参军，中镇诸曹参军事，上镇士曹行参军，中郡尉，（已前上阶。）扫寇、扫难二将军，殿内司马督，太子食官、典仓、司藏等令，尚食、尚医、军主、太史、掖庭、宫闱局等丞，上署丞，太子左右监门率府诸曹参军事，中州行参军，左右卫、武卫、武候等府行参军，上州典签，下戍主，上关丞，太子典膳、药藏等局丞，下郡尉，典客署掌客，司辰师，为正九品。

旷野、横野二将军，掖庭局宫教博士，太祝，太子厩牧令，太子校书，下县丞，中署丞，左右监门率府铠曹行参军，下州行参军，中州典签，左右监门府、太子左右卫、宗卫、虞候、率府等行参军，正字，太子内坊丞直，中关、上津丞，下镇诸曹参军事，中镇士曹行参军，上县尉，（已前上阶。）偏、裨二将军，四门助教，书算学博士，奉礼郎，员外司马督，幢主，奚官、内仆等局丞，下署丞，下州典签，内谒者局丞，中津丞，中县尉，太子正字，太史监候，太官监膳，御府局监事，左右校及掖庭监作，太史司历，诸乐师，为从九品。

又有流内视品十四等：

行台尚书令，为视正二品。

上总管、行台尚书仆射，为视从二品。

中总管、行台诸曹尚书，为视正三品。

下总管，为视从三品。

行台尚书左右丞，为视从四品。

同州总监、陇右牧总监，为视从五品。

行台诸曹侍郎，为视正六品。

上柱国、嗣王、郡王、柱国府长史、司马、咨议参军事，盐池总监，同州、陇右牧总副监，王、二王后国令，为视从六品。

上大将军、大将军府长史、司马，上柱国、嗣王、郡王、柱国府掾属，嗣王文学，公国令，王、二王后大农尉、典卫，为视正七品。

上开府、开府府长史、司马，上大将军、大将军府掾属，上柱国、嗣王、郡王、柱国府诸曹参军事，盐池总副监，盐州牧监，诸屯监，国子学生，侯、伯国令，公国大农尉、典卫，雍州萨保，为视从七品。

上仪同、仪同府长史、司马，上大将军、大将军府诸曹参军事，上柱国、嗣王、郡王、柱国府参军事，诸曹行参军，行台诸监，同州诸监，盐池四面监，皮毛监，岐州监，同州总监、陇右牧监等丞，诸大冶监，雍州州都主簿，子、男国令，侯、伯国大农尉、典卫，王、二王后国常侍，为视正八品。

行台尚书都事，上开府、开府府诸曹参军事，上大将军、大将军府参军事，诸曹行参军，上柱国、嗣王、郡王、柱国府行参军，五岳、四渎、吴山等令，盐池四面副监，诸皮毛副监，行台诸副监，诸屯副监，诸中冶监，诸缘边交市监，盐池总监丞，诸州州都主簿，雍州西曹书佐，诸曹从事，京兆郡正功曹，太学生，子、男国大农、典卫，为视从八品。

开府府法曹行参军，上仪同、仪同府诸曹参军事，上大将军、大将军府行参军，上柱国、嗣王、郡王、柱国府典签，同州诸副监，岐州副监，诸小冶监，盐州牧监丞，诸大冶监，诸缘边交市副监，诸郡正、功曹，京兆郡主簿，诸州西曹书佐、祭酒从事，雍州部郡从事，公国常侍，王、二王后国侍郎，公主家令，诸州胡二百户已上萨保，为视正九品。

仪同府法曹行参军，上开府、开府府行参军，上大将军、大将军府典签，上仪同、仪同府行参军，上开府府典签，行台诸监丞，盐池四面监丞，皮毛监丞，诸中冶监丞，四门学生，诸郡主簿，诸州部郡从事，雍州武猛从事，大兴、长安县正、功曹、主簿，侯、伯、子、男国常侍，公国侍郎，为视从九品。

又有流外勋品、二品、三品、四品、五品、六品、七品、八品、九品之差。又视流外，亦有视勋品、视二品、视三品、视四品、视五品、视六品、视七品、视八品、视九品之差。极于胥吏矣，皆无上下阶云。

京官正一品，禄九百石，其下每以百石为差，至正四品，是为三百石。从四品，二百五十石，其下每以五十石为差，至正六品，是为百石。从六品，九十石，以下每以十石为差，至从八品，是为五十石。食封及官不判事者，并九品，皆不给禄。其给皆以春秋二季。刺史、太守、县令，则计户而给禄，各以户数为九等之差。大州六百二十石，其下每以四十石为差，至于下下，则三百石。大郡三百四十石，其下每以三十石为差，至于下下，则百石。大县百四十石，其下每以十石为差，至于下下，则六十石。其禄唯及刺史二佐及郡守、县令。

三年四月，诏尚书左仆射，掌判吏部、礼部、兵部三尚书事，御史纠不当者，兼纠弹之。尚书右仆射，掌判都官、度支、工部三尚书事，又知用度。余皆依旧。寻改度支尚书为户部尚书，都官尚书为刑部尚书。诸曹侍郎及内史舍人，并加为从五品。增置通事舍人十二员，通旧为二十四员。废光禄寺及都水台入司农，废卫尉入太常尚书省，废鸿胪亦入太常。罢大理寺监、评及律博士员，加置正为四人。罢郡，以州统县，改别驾、赞务，以为长史、司马。旧周、齐州郡县职，自州都、郡县正已下，皆州郡将县令至而调用，理时事。至是不知时事，直谓之乡官。别置品官，皆吏部除授，每岁考殿最。刺史、县令，三年一迁，佐官四年一迁。佐官以曹为名者，并改为司。六年，尚书省二十四司，各置员外郎一人，以司其曹之籍帐。侍郎阙，则厘其曹事。吏部又别置朝议、通议、朝请、朝散、给事、承奉、儒林、文林等八郎，武骑、屯骑、骁骑、游骑、飞骑、旅骑、云骑、羽骑八尉。其品则正六品以下，从九品以上。上阶为郎，下阶为尉。散官番直，常出使监检。罢门下省员外散骑常侍、奉朝请、通事令史员，及左右卫、殿内将军，司马督，武骑常侍等员。

十二年，复置光禄、卫尉、鸿胪等寺。诸州司以从事为名者，改为参军。

十三年，复置都水台。国子寺罢隶太常，又改寺为学。

十四年，诸省各置主事令史员。改九等州县为上、中、中下、下，凡四等。

十五年，罢州县、乡官。

十六年，内侍省加置内主事员二十人，以承门阁。

十八年，置备身府。

二十年，改将作寺为监，以大匠为大监。初加置副监。

仁寿元年，改都水台为监，更名使者为监。罢国子学，唯立太学一所，置博士五人，从五品，学生七十二人。

三年，监门府又置门候一百二十人。

炀帝即位，多所改革。三年定令，品自第一至于第九，唯置正从，而除上下阶。罢诸总管，废三师、特进官。分门下、太仆二司，取殿内监名，以为殿内省，并尚书、门下、内史、秘书，以为五省。增置谒者、司隶二台，并御史为三台。分太府寺为少府监。改内侍省为长秋监，国子学为国子监，将作寺为将作监，并都水监，总为五监，改左右卫为左右翊卫，左右备身为左右骑卫。左右武卫依旧名。改领军为左右屯卫，加置左右御。改左右武候为左右候卫。是为十二卫。又改领左右府为左右备身府，左右监门依旧名，凡十六府。其朝之班序，以品之高卑为列。品同则以省府为前后，省府同则以局署为前后焉。

尚书省六曹，各侍郎一人，以贰尚书之职。又增左、右丞阶，与六侍郎并正四品。诸曹侍郎并改为郎。又改吏部为选部郎，户部为人部郎，礼部为仪曹郎，兵部为兵曹郎，刑部为宪部郎，工部为起部郎，以异六侍郎之名，废诸司员外郎，而每增置一曹郎，各为二员。都司郎各一人，品同曹郎，掌都事之职，以都事为正八品，分隶六尚书。诸司主事，并去令史之名。其令史随曹闲剧而置。每十令史置一主事，不满十者亦置一人。其余四省三台，亦皆曰令史，九寺五监诸卫府，则皆曰府史。后又改主客郎为司蕃郎。寻又每减一郎，置承务郎一人，同员外之职。

旧都督已上，至上柱国，凡十一等，及八郎、八尉、四十三号将军官，皆罢。并省朝议大夫。自一品至九品，置光禄、（从一品。）左右光禄、（左正二品，右从二品。）金紫、（正三品。）银青光禄、（从三品。）正议、（正四品。）通议、（从四品。）朝请、（正五品。）朝散（从五品。）等九大夫，建节、（正六品。）奋武、（从六品。）宣惠、（正七品。）绥德、（从七品。）怀仁、（正八品。）守义、（从八品。）奉诚、（正九品。）立信（从九品。）等八尉，以为散职。开皇中，以开府仪同三司为四品散实官，至是改为从一品，同汉、魏之制，位次王公。门下省减给事黄门侍郎员，置二人，去给事之名，移吏部给事郎名为门下之职，位次黄门下。置员四人，从五品，省读奏案。废散骑常侍、通直散骑常侍、谏议大夫、散骑侍郎等常员。改符玺监为郎，置员二人，为从六品。加录事阶为正八品。以城门、殿内、尚食、尚药、御府等五局隶殿内省。十二年，又改纳言为侍内。

内史省减侍郎员为二人，减内史舍人员为四人。加置起居舍人二人，（从六品。）次舍人下。改通事舍人员为谒者台职。减主书员，置四人，加为正八品。十二年，改内史为内书。

殿内省置监、（正四品。）少监、（从四品。）丞、（从五品。）各一人，掌诸供奉。又有奉车都尉十二人，掌进御舆马。统尚食、尚药、尚衣、尚舍、尚乘、尚辇等六局，各置奉御二人，（正五品。）皆置直长，以贰之。（正七品。）尚食直长六人，又有食医员。尚药直长四人，又有侍御医、司医、医佐员。尚衣即旧御府也，改名之，有直长四人。尚舍即旧殿中局也，改名之，有直长八人。尚乘局置左右六闲：一左右飞黄闲，二左右吉良闲，三左右龙媒闲，四左右駣駼闲，五左右駃騠闲，六左右天苑闲。有直长十四人，又有奉乘十人。尚辇有直长四人，又有掌辇六人。城门置校尉一人，降为正五品。后又改校尉为城门郎，员四人，（从六品。）自殿内省隶为门下省官。

秘书省降监为从二品，增置少监一人。（从四品。）增著作郎阶为正五品，减校书郎为十人。改太史局为监，进令阶为从五品，又减丞为一人。置司辰师八人，增置监候为十人。其后又改监、少监为令、少令。增秘书郎为从五品，加置佐郎四人，（从六品。）以贰郎之职。降著作郎阶为从五品。又置儒林郎十人，（正七品。）掌明经待问，唯诏所使。文林郎二十人，（从八品。）掌撰录文史，检讨旧事。此二郎皆上在藩已来直司学士。增校书郎员四十人，加置楷书郎员二十人，（从九品。）掌抄写御书。

御史台增治书侍御史为正五品。省殿内御史员，增监察御史员十六人，加阶为从七品。开皇中，御史直宿禁中，至是罢其制。又置主簿、录事员各二人。五年，又降大夫阶为正四品，减治书侍御史为从五品；增侍御史为正七品，唯掌侍从纠察，其台中簿领，皆治书侍御史主之。后又增置御史，从九品，寻又省。

谒者台大夫一人，（从四品。五年，改为正四品。）掌受诏劳问，出使慰抚，持节察授，及受冤枉而申奏之。驾出，对御史引驾。置司朝谒者二人以贰之。（从五品。）属官有丞一人，主簿、录事各一人等员。又有通事谒者二十人，（从六品。）即内史通事舍人之职也。次有议郎二十四人，通直三十六人，将事谒者三十人，谒者七十人，皆掌出使。其后废议郎，通直、将事谒者，谒者等员，而置员外郎八十员。寻诏门下、内史、御史、司隶、谒者五司，监受表，以为恒式，不复专谒者矣。寻又置散骑郎，从五品，二十人，承议郎，（正六品。）通直郎，（从六品。）各三十人，宣德郎、（正七品。）宣义郎，（从七品。）各四十人，征事郎、（正八品。）将仕郎，（从八品。）常从郎、（正九品。）奉信郎，（从九品。）各五十人，是为正员。并得禄当品。又各有散员郎，无员无禄。寻改常从为登仕，奉信为散从。自散骑已下，皆主出使，量事大小，据品以发之。

司隶台大夫一人，（正四品。）掌诸巡察。别驾二人，（从五品。）分察畿内，一人案东都，一人案京师。刺史十四人，（正六品。）巡察畿外。诸郡从事四十人，副刺史巡察。其所掌六条：一察品官以上理政能不。二察官人贪残害政。三察豪强奸猾，侵害下人，及田宅逾制，官司不能禁止者。四察水旱虫灾，不以实言，枉征赋役，及无灾妄蠲免者。五察部内贼盗，不能穷逐，隐而不申者。六察德行孝悌，茂才异行，隐不贡者。每年二月，乘轺巡郡县，十月入奏。置丞、（从六品。）主簿、（从八品。）录事（从九品。)各一人,后又罢司隶台,而留司隶从事之名,不为常员。临时选京官清明者,权摄以行。

光禄已下八寺卿,皆降为从三品。少卿各加置二人,为从四品。诸寺上署令,并增为正六品,中署令为从六品,下置令为正七品。始开皇中,署司唯典掌受纳,至是署令为判首,取二卿判。丞唯知勾检。令阙,丞判。五年,寺丞并增为从五品。

太常寺罢太祝署,而留太祝员八人,属寺。后又增为十人。奉礼减置六人。太庙署又置阴室丞,守视阴室。改乐师为乐正,置十人。太卜又省博士员,置太卜正二十人,以掌其事。太医又置医监五人,正十人。罢衣冠、清商二署。

太仆减骅骝署入殿内尚乘局,改龙厩曰典厩署,有左、右驳皂二厩。加置主乘、司库、司廪官。罢牛羊署。

大理寺丞改为勾检官,增正为六人,分判狱事。置司直十六人,降为从六品,后加至二十人。又置评事四十八人,掌颇同司直,正九品。

鸿胪寺改典客署为典蕃署。初炀帝置四方馆于建国门外,以待四方使者,后罢之,有事则置,名隶鸿胪寺,量事繁简,临时损益。东方曰东夷使者,南方曰南蛮使者,西方曰西戎使者,北方曰北狄使者,各一人,掌其方国及互市事。每使者署,典护录事、叙职、叙仪、监府、监置、互市监及副、参军各一人。录事主纲目。叙职掌其贵贱立功合叙者。叙仪掌小大次序。监府掌其贡献财货。监置掌安置其驼马船车,并纠察非违。互市监及副掌互市。参军事出入交易。

司农但统上林、太仓、钩盾、导官四署,罢典农、华林二署,而以平准、京市隶太府。

太府寺既分为少府监,而但管京都市五署及平准、左右藏等,凡八署。京师东市曰都会,西市曰利人。东都东市曰丰都,南市曰大同,北市曰通远。及改诸令为监,唯市署曰令。

国子监依旧置祭酒,加置司业一人,从四品,丞三人,加为从六品。并置主簿、录事各一人。国子学置博士,正五品,助教,从七品,员各一人。学生无常员,太学博士、助教各二人,学生五百人。先是仁寿元年,省国子祭酒、博士,置太学博士员五人,为从五品,总知学事。至是太学博士降为从六品。

将作监改大监、少监为大匠、少匠,丞加为从六品。统左右校及甄官署。五年,又改大匠为大监,正四品,少匠为少监,正五品。十三年,又改监、少监为令、少令,丞加品至从五品。

少府监置监,从三品,少监,从四品,各一人。丞从五品,二人。统左尚、右尚、内尚、司织、司染、铠甲、弓弩、掌冶等署。复改监、少监为令、少令。并司织、司染为织染署,废铠甲、弓弩二署。

都水监改为使者,增为正五品,丞为从七品。统舟楫、河渠二署。舟楫署每津置尉一人。五年,又改使者为监,四品,加置少监,为五品。后又改监、少监为令,从三品,少令,从四品。

长秋监置令一人,正四品,少令一人,从五品,丞二人,正七品。并用士人。改内常侍为内承奉,置二人,正五品;给事为内承直,置四人,从五品。并用宦者。罢内谒者官,领掖庭、宫闱、奚官等三署,并参用士人。后又置内谒者员。

十二卫,各置大将军一人,将军二人,总府事,并统诸鹰扬府。改骠骑为鹰扬郎将,正五品;车骑为鹰扬副郎将,从五品;大都督为校尉;帅都督为旅帅;都督为队正,增置队副以贰之。改三卫为三侍。其直阁将军、直寝、奉车都尉、驸马都尉、直斋、别将、统军、军主、幢主之属,并废。以武候府司辰师员,隶为太史局官。其军士,左右卫所领名为骁骑,左右骁卫所领名豹骑,左右武卫所领名熊渠,左右屯卫所领名羽林,左右御卫所领名射声,左右候卫所领名㺟飞,而总号卫士,每卫置护军四人,掌副贰将军。将军无则一人摄。寻改护军为武贲郎将,正四品,而置武牙郎将六人,副焉,从四品。诸卫皆置长史,从五品。又有录事参军,司仓、兵、骑、铠等员。翊卫又加有亲侍。鹰扬府每府置鹰扬郎将一人,正五品,副鹰扬郎将一人,从五品,各有司马及兵、仓两司。其府领亲、勋、武三侍,非翊卫府,皆无三侍。鹰扬每府置越骑校尉二人,掌骑士,步兵校尉二人,领步兵,并正六品。外军鹰扬官并同。左右候卫增置察非掾二人,专纠弹之事。五年,又改副郎将并为鹰击郎将。

左右领左右府,改为左右备身府,各置备身郎将一人。又各置直斋二人以贰之,并正四品,掌侍卫左右。统千牛左右、司射左右各十六人,并正六品。(千牛掌执千牛刀宿卫,司射掌供御弓箭。)置长史,正六品,录事,司兵、仓、骑,参军等员,并正八品。有折冲郎将,各三人,正四品,掌领骁果。又各置果毅郎将三人以贰之,从四品。其骁果,置左、右雄武府雄武郎将以领之。以武勇郎将为副员,同鹰扬、鹰击。有司兵、司骑二局,并置参军事。

左右监门府,改将军为郎将,各置一人,正四品,直阁各六人,正五品。置官属,并同备身府。又增左右门尉员一百二十人,正六品;置门候员二百四十人,正七品。并分掌门禁守卫。

门下坊减内舍人、洗马员,各置二人,减侍医,置二人。改门大夫为宫门监,正字为正书。

典书坊改太子舍人为管记舍人,减置四人,改通事舍人为宣令舍人,为八员。家令改为司府令,内坊承直改为典直。

左右卫率改为左右侍率,正四品。改亲卫为功曹,勋卫为义曹,翊卫为良曹。罢直斋、直阁员。

左右宗卫率改为左右武侍率,正四品。

左右虞候开府改为左右虞候率,正四品,并置副率。

左右内率降为正五品。千牛备身改为司仗左右,备身左右改为主射左右。各员八人。

左右监门率改为宫门将,降为正五品。监门直长改为直事,置六十人。

开皇中,置国王、郡王、国公、郡公、县公、侯、伯、子、男为九等者,至是唯留王、公、侯三等。余并废之。

王府诸司参军,更名诸司书佐,属参军则直以属为名。改国令为家令。自余以国为名者,皆去之。

行宫所在,皆立总监以司之。上宫正五品,中宫从五品,下宫正七品。陇右诸牧,置左、右牧监各一人,以司统之。

罢州置郡,郡置太守。上郡从三品,中郡正四品,下郡从四品。京兆、河南则俱为尹,并正三品。罢长史、司马,置赞务一人以贰之。(京兆、河南从四品,上郡正五品,中郡从五品,下郡正六品。)次置东西曹掾,(京兆、河南从五品,上郡正六品,中郡从六品,下郡正七品。)主簿,司功、仓、户、兵、法、士曹等书佐,各因郡之大小而为增减。改行参军为行书佐。旧有兵处,则刺史带诸军事以统之,至是别置都尉,副都尉。都尉正四品,领兵,与郡不相知。副都尉正五品。又置京辅都尉,从三品,立府于潼关,主兵领遏。并置副都尉,从四品。又置诸防主、副官,掌同诸镇。大兴、长安、河南、洛阳四县令,并增为正五品。诸县皆以所管闲剧及冲要以为等级。丞、主簿如故。其后诸郡各加置通守一人,位次太守,京兆、河南,则谓之内史。又改郡赞务为丞,位在通守下,县尉为县正,寻改正为户曹、法曹,分司以承郡之六司。河南、洛阳、长安、大兴,则加置功曹,而为三司,司各二人。郡县佛寺,改为道场,道观改为玄坛,各置监、丞。京都诸坊改为里,皆省除里司,官以主其事。

帝自三年定令之后,骤有制置,制置未久,随复改易。其余不可备知者,盖史之阙文云。

卷二十九　志二十四

地　理　上

自古圣王之受命也,莫不体国经野,以为人极。上应躔次,下裂山河,分疆画界,建都锡社。是以放勋御历,修职贡者九州;文命会同,执玉帛者万国。洎乎殷迁夏鼎,周黜殷命,虽质文之用不同,损益之途或革,而封建之制,率由旧章。于是分上惟三,列爵惟五,千里以制畿甸,九服以别要荒。十国为连,连有帅,倍连为卒,卒有正。皆所以式固鸿基,藩屏王室,兴邦致化,康俗庇人者欤!周德既衰,诸侯力政,干戈日用,戎马生郊。强陵弱,众暴寡,鲁灭于楚,郑灭于韩,田氏篡齐,六卿分晋。其余弑君亡国,不得守其社稷者,不可胜数。逮于七雄竞逐,二帝争强,疆场之事,一彼一此。秦始皇据百二之岩险,奋六世之余烈,力争天下,蚕食诸侯,在位二十余年,遂乃削平宇内。惩周氏之微弱,恃狙诈以为强,蔑弃经典,罢侯置守。子弟无立锥之地,功臣无尺土之赏,身没而区宇幅裂,及子而社稷沦胥。汉高祖挺神武之宏图,扫清祸乱,矫秦皇之失策,封建王侯,并跨州连邑,有逾古典,而郡县之制,无改于秦。逮于孝武,务勤远略,南兼百越,东

定三韩。通邛、筰之险途,断匈奴之右臂,虽声教远泊,而人亦劳止。昭、宣之后,罢战务农,户口既其滋多,郡县亦有增置。至于平帝,郡国一百有三,户一千二百二十三万。光武中兴,承王莽之余弊,兵戈不戢,饥疫荐臻,率土遗黎,十才一二,乃并省郡县,四百余所。明、章之后,渐至滋繁,郡县之数,有加曩日。逮炎灵数尽,三国争强,兵革屡兴,户口减半。有晋太康之后,文轨方同,大抵编户二百六十余万。寻而五胡逆乱,二帝播迁,东晋洎于宋、齐,僻陋江左,苻、姚之与刘、石,窃据中原,事迹纠纷,难可具纪。

梁武帝除暴宁乱,奄有旧吴,天监十年,有州二十三,郡三百五十,县千二十二。其后务恢境宇,频事经略,开拓闽、越,克复淮浦,平俚洞,破牂柯,又以旧州遐阔,多有析置。大同年中,州一百七,郡县亦称于此。既而侯景构祸,台城沦陷,坟籍散逸,注记无遗,郡县户口,不能详究。逮于陈氏,土宇弥蹙,西亡蜀、汉,北丧淮、肥,威力所加,不出荆、扬之域。州有四十二,郡唯一百九,县四百三十八,户六十万。后齐承魏末丧乱,与周人抗衡,虽开拓淮南,而郡县僻小。天保之末,总加并省,洎乎国灭,州九十有七,郡一百六十,县三百六十五,户三百三万,周氏初有关中,百度草创,遂乃训兵教战,务谷劝农,南清江汉,西兼巴蜀,卒能以寡击众,裁定强邻。及于东夏削平,多有省废。大象二年,通计州二百一十一,郡五百八,县一千一百二十四。

高祖受终,惟新朝政,开皇三年,遂废诸郡。洎于九载,廓定江表,寻以户口滋多,析置州县。炀帝嗣位,又平林邑,更置三州。既而并省诸州,寻即改州为郡,乃置司隶刺史,分部巡察。五年,平定吐谷浑,更置四郡。大凡郡一百九十,县一千二百五十五,户八百九十万七千五百四十六,口四千六百一万九千九百五十六。垦田五千五百八十五万四千四十一顷。其邑居道路,山河沟洫,沙碛咸卤,丘陵阡陌,皆不预焉。东西九千三百里,南北万四千八百一十五里,东南皆至于海,西至且末,北至五原,隋氏之盛,极于此也。

京兆郡(开皇三年,置雍州。城东西十八里一百一十五步,南北十五里一百七十五步。东面通化、春明、延兴三门,南面启夏、明德、安化三门,西面延平、金光、开远三门,北面光化一门。里一百六,市二。大业三年,改州为郡,故名焉。置尹。)统县二十二,户三十万八千四百九十九。

大兴(开皇三年置。后周于旧郡置县曰万年。高祖龙潜,封号大兴,故至是改焉。有长乐宫。有后魏杜城县、西霸城县、西魏山北县,并后周废。)长安(带郡。有仙都、福阳、太平等宫。有关官。有旧长安城。)始平(故置扶风郡,开皇三年郡废。)武功(后周置武功郡,建德中郡废。有永丰渠、普济渠。)盩厔(后周置周南郡及恒州,又有仓城、温汤二县,寻并废。有司竹园,有宜寿、仙游、文山、凤皇等宫。有关官。有太一山。有温汤。)醴泉(后魏曰宁夷,西魏置宁夷郡。后周改为秦郡,后废,又以新畤,甘泉二县入焉。开皇十八年改县名醴泉。有甘泉水、波水、浪水。有九嵕山、温秀岭。)上宜(开皇十七年置,有旧莫西县,十八年改名好畤,大业三年废入焉。)鄠(有甘泉宫。有终南山。有涝水。)蓝田(后周置蓝田郡,寻废郡,及白鹿、玉

山二县入焉。有关官。有滋水。) 新丰 (有温汤。) 华原 (后魏置北雍州,西魏改为宜州,又置北地郡,寻改为通川郡。开皇初郡废,大业初州废,及土门县入焉。有沮水、频山。) 宜君 (旧置宜郡,开皇初郡废,有清水。) 同官, 郑 (后魏置东雍州,并华山郡。西魏改曰华州。开皇初郡废。大业初州废。有少华山。) 渭南 (后魏置渭南郡,西魏分置灵源、中源二县,后周郡及二县并废入焉。有步寿宫。) 万年, 高陵 (后魏曰高陆,大业初改焉。) 三原 (后周置建忠郡,建德初郡废。) 泾阳 (旧置咸阳县,开皇初废。有茂农渠。) 云阳 (旧置,后周置云阳郡,开皇初郡废。有泾水、五龙水、甘水、走马水。) 富平 (旧置北地郡,后周改曰中华郡,寻罢。有荆山。) 华阴 (有兴德宫。有关官。有京辅都尉。有白渠。有华山。)

冯翊郡 (后魏置华州,西魏改曰同州。) 统县八,户九万一千五百七十二。

冯翊 (后魏曰华阴。西魏改为武乡,置武乡郡。开皇初郡废,大业初改名冯翊,置冯翊郡。有沙苑。) 韩城 (开皇十八年置。有关官。有梁山,有鬼谷。) 郃阳, 朝邑 (后魏曰南五泉,西魏改焉。有长春宫。有关官,有朝坂。) 澄城 (后魏置澄城郡,后周并五泉县入焉。开皇初郡废。) 蒲城 (旧置南、北二白水。西魏改为蒲城,置白水郡,开皇初郡废。) 下邽 (旧置延寿郡。开皇初郡废,大业初并莲勺县入焉。有金氏陂。) 白水 (有五龙山、马兰山。)

扶风郡 (旧置岐州,) 统县九,户九万二千二百二十三。

雍 (后魏置秦平郡,西魏改为岐山郡,开皇三年郡废。大业初置扶风郡。有岐阳宫。) 岐山 (后周置三龙县,开皇十六年改名焉。又有后魏周城县,后废。有岐山。) 陈仓 (后魏曰宛川,西魏改曰陈仓。后周置显州,寻州县俱废。开皇十八年置,曰陈仓。有陈仓山,有关官。) 虢 (后魏置武都郡,西魏改曰洛邑。后周置朔州,州寻废,郡开皇初废,大业初改县为虢。) 郿 (旧曰平阳县,西魏改曰郿城,后周废入周城县,开皇十八年改周城为渭滨,大业二年改为郿。又后周置云州,建德中废。有安仁宫、凤泉宫。有太白山、五丈原。) 普闰 (大业初置。有仁寿宫。有漆水、岐水、杜水。) 汧源 (西魏置陇东郡及汧阴县,后改县曰杜阳。后周又曰汧阴。开皇三年郡废,五年县改曰汧源。又有西魏东秦州,后改为陇州,大业三年州废。有关官。有陇山、汧山、汧水。) 汧阳 (旧置汧阴郡,后周罢。) 南由 (后魏置,西魏改为镇,后周复置县。又有旧长蛇县,开皇末废。有关官。有盘龙山。)

安定郡 (旧置泾州。) 统县七,户七万六千二百八十一。

安定 (带郡。) 鹑觚 (旧置赵平郡。后周郡废,并以宜禄县入焉。大业初分置灵台县,二年废。) 阴盘 (后魏置平凉郡,开皇初郡废。有卢水。) 朝那 (西魏置安武郡,及析置安武县。开皇三年郡县并废入焉。) 良原 (大业初置。) 临泾 (大业初置,初曰湫谷,寻改焉。) 华亭 (大业初置。有陇水、芮水。)

北地郡 (后魏置豳州,西魏改为宁州,大业初复曰豳州。) 统县六,户七万六百九十。

定安 (旧置赵兴郡。开皇初郡废,大业初置北地郡。) 罗川 (旧曰阳周,开皇中改焉。又西魏置显州,后周废。有桥山。) 彭原 (旧曰彭阳。后魏置西北地郡,有洛蟠城。西魏置蔚州,有丰城。西魏置云州。后周二州并废。开皇初郡废,十八年改县曰彭原。有珊瑚水。) 襄乐 (后魏置襄乐郡,后废。又西魏置燕州,后周废。又有子午山。) 新平 (旧曰白土,西魏置豳州。开皇四年改郡为新平,大业初州废。) 三水 (西魏置恒州,寻废。)

上郡 (后魏置东秦州,后改为北华州。西魏改为敷州。大业二年改为鄜城郡,后改为上郡。) 统县五,户五万三千四百八十九。

洛交 (开皇三年置。大业三年置上郡。) 内部 (旧置敷州及内部郡。开皇三年郡废,大业初州废。) 三川 (旧名长城,西魏改焉。又有利仁县,寻废入焉。) 鄜城 (后魏曰敷城,大业初改焉。) 洛川 (有鄜水。)

雕阴郡 (西魏置绥州,大业初改为上州。) 统县十一,户三万六千一十八。

上县 (西魏置安宁郡,与安宁、绥德、安人三县同置。开皇初郡废,改安人为吉万。大业初置雕阴郡,废安宁、吉万二县入。又后周置义良县,亦废入焉。) 大斌 (西魏置,仍立安政郡。开皇初废。有平水。) 延福 (西魏置,曰延陵。开皇中改焉。) 儒林 (后周置银州,开皇三年改名焉。大业初州废。) 真乡 (西魏置。后周置真乡郡,开皇初郡废。) 开光 (旧置开光郡,开皇三年郡废。有圁水。) 银城 (后周置,曰石城,后改名焉。) 城平 (西魏置。) 开疆 (西魏置,有后魏抚宁郡,开皇三年郡废。) 抚宁 (西魏置。) 绥德 (西魏置。)

延安郡 (后魏置东夏州。西魏改为延州,置总管府,开皇中府废。) 统县十一,户五万三千九百三十九。

肤施 (大业三年置,及置延安郡,有丰林山。) 丰林 (后魏置,曰广武,及遍城郡。开皇郡废,十八年改为丰林,大业初又并沃野县入焉。) 魏平 (后魏置,并立朔方郡。后周废郡,并朔方、政和二县入焉。) 金明 (有冶官。有清水。) 临真 (有西魏神水郡、真川县,后周废,大业初废真川入焉。) 延川 (西魏置,曰文安,及置文安郡。开皇初郡废,改县为延川。) 延安 (西魏置,又置义乡县。大业中废义乡焉。) 因城 (后魏置。后周废,寻又置。) 义川 (西魏置汾州、义川郡,后周改州为丹州。后周改县曰丹阳。开皇初郡废,改县曰义川,又废乐川郡入。大业初州废,又废云岩县入焉。) 汾川 (旧曰安平,后周改曰汾川。大业初废门山县入焉。) 咸宁 (旧曰永宁,西魏改为太平。开皇中改为咸宁。)

弘化郡 (西魏置朔州,后周废,开皇十六年,置庆州。) 统县七,户五万二千四百七十三。

合水 (开皇十六年置,大业初置弘化郡。) 马岭 (大业初置。) 华池 (仁寿初置。又西魏置蔚州,后周废。) 归德 (西魏置恒州,后周废。有雕水。) 洛源 (大业初置。有博水、洱水。) 弘化 (开皇十八年置弘州,大业初州废。) 弘德 (大业初置。)

平凉郡 (旧置原州,后周置总管府,大业初府废。) 统县五,户二万七千九百九十五。

平高 (后魏置太平郡,后改为平高。开皇郡废。大业初置平凉郡。有关官。有笄头山。) 百泉 (后魏置长城郡及黄石县,西魏改黄石为长城。开皇初郡废。大业初县改为百泉。) 平凉 (后周置。有可蓝山。) 会宁 (西魏置会州,后周废,开皇十六年置县。) 默亭

朔方郡 (后魏置夏州,后周置总管府,大业初府废。) 统县三,户一万一千六百七十三。

岩绿 (西魏置弘化郡。开皇初废,大业初置朔方郡。) 宁

朔（后周置。）长泽（西魏置阐熙郡。又有后魏大安郡，及置长州。开皇三年郡废，又废山鹿、新囶二县入焉。大业三年州废。）

盐川郡（西魏置西安州，后改为盐州。）统县一，户三千七百六十三。

五原（后周置郡，曰大兴。西魏改为五原，后又为大兴。开皇初郡废，大业初置盐川郡。）

灵武郡（后魏置灵州，后周置总管府，大业元年府废。）统县六，户一万二千三百三十。

回乐（后周置，带普乐郡。又西魏置临河郡。开皇元年改临河郡曰新昌，三年并废。大业初置灵武郡。）弘静（开皇十一年置。有贺兰山。）怀远（后周置，仍立怀远郡。开皇三年郡废。）灵武（后周置，曰建安，后又置历城郡。开皇三年郡废，十八年改建安为广闰，仁寿元年改名焉。）鸣沙（后周置会州，寻废，开皇十九年置环州及鸣沙县。大业三年州废。有关官。）丰安（开皇十年置。）

榆林郡（开皇二十年，置胜州。）统县三，户二千三百三十。

榆林（开皇七年置。大业初置郡。）富昌（开皇十年置。）金河（开皇三年置，曰阳寿，及置油云县，又置榆关总管。五年改置云州总管。十八年改阳寿曰金河，二十年云州移，二县俱废。仁寿二年又置金河县，带关。）

五原郡（开皇五年置丰州，仁寿元年置总管府，大业元年府废。）统县三，户二千三百三十。

九原（开皇五年置。大业初置郡。）永丰（开皇五年置。）安化（开皇十一年置。）

天水郡（旧秦州。后周置总管府，大业初府废。）统县六，户五万二千一百三十。

上邽（故曰上邽，带天水郡。开皇初郡废，大业初复置郡，县改名焉。有潦水。）冀城（后周置冀城县，废入黄瓜县。大业初改曰冀城。有石鼓崖。）清水（后魏置，及置清水郡。开皇初郡废。有关官。有分水岭。）秦岭（后魏置，曰伯阳县。开皇中改焉。）陇城（旧曰略阳，置略阳郡。开皇二年郡废，县改曰河阳，六年改曰陇城。）成纪（旧废，后周置。有龙马城、仙人硖。）

陇西郡（旧渭州。）统县五，户一万九千二百四十七。

襄武（带郡。）陇西（旧城内陶，置南安郡。开皇初郡废，改为武阳，十年改名焉。）渭源（有鸟鼠山。有渭水。）障（后魏置。西魏置广安郡，后周郡废。）长川（后魏置安阳郡，领安阳、乌水二县。西魏改为北秦州，后又改为交州。开皇三年郡废，十八年改州曰纪州，安阳曰长川。大业初州废，又废乌水入焉。）

金城郡（开皇初，置兰州总管府，大业初府废。）统县二，户六千八百一十八。

金城（旧县曰子城，带金城郡。开皇初郡废。大业初改县为金城，置金城郡。有关官。）狄道（后魏置临洮郡、龙城县，后周皆废。又后魏置武始郡，开皇初废。有白石山。）

枹罕郡（旧河州。）统县四，户一万三千一百五十七。

枹罕（旧置枹罕郡，开皇初郡废。大业初置郡。有关官。有凤林山。）龙支（后魏曰北金城，西魏改焉。有唐述山。）大夏（有金纽山。）水池（后魏曰覃川，后周改焉。）

浇河郡（后周武帝逐吐谷浑，以置廓州总管府。开皇初郡废。）统县二，户二千二百四十。

河津（后周置洮河郡，领洮河、广威、安戎三县。开皇初
郡废，并三县入焉。大业初置浇河郡。有滥水。）达化（后周置达化郡。开皇初郡废，并绥远县入焉。有连云山。）

西平郡（旧鄯州。）统县二，户三千一百一十八。

湟水（旧曰西都，后周置乐都郡。开皇初郡废，十八年改县曰湟水。又有旧浩亹县，又西魏置龙居、路仓二县，并后周废。大业初置西平郡。有土楼山。）化隆（旧魏曰广威，西魏置浇河郡，后周郡废，仁寿初改为化隆，有拔延山、湟水、卢水。）

武威郡（旧凉州，后周置总管府，大业初府废。）统县四，户一万一千七百五。

姑臧（旧置武威郡，开皇初郡废。大业初复置武威郡。又后魏置武安郡、襄武县，并西魏废。又旧有显美县，后周废。有茅五山。）昌松（后魏置昌松郡，后周郡废，以榆次县入。开皇初改县为永世，后改曰昌松。又有后魏安邑郡，后周置白山县，寻废。有白山。）番和（后魏置番郡。后周郡废，置镇。开皇中为县，又并力乾、安宁、广城、障、燕支五县之地入焉。有燕支山。）允吾（后魏置，曰广武，及置广武郡。开皇初郡废，改县曰邑次，寻改为广武，后又改为邑次。大业初改为允吾。有青岩山。）

张掖郡（西魏置西凉州，寻改曰甘州。）统县三，户六千一百二十六。

张掖（旧曰永平县，后周置张掖郡。开皇初郡废，十七年县改为酒泉。大业初改为张掖，置张掖郡。又有临松县，后周废。有甘峻山、临松山、合黎山、有玉石洞、大柳谷。）删丹（后魏曰山丹，又有西郡、永宁县。西魏郡废，县改为弱水。后周省入山丹。大业改为删丹。又后周置金山郡，寻废入焉。有祁山。有盐池。有弱水。）福禄（旧置酒泉郡，开皇初郡废。仁寿中以置肃州，大业初州寻废，又后周置乐涫县，寻废。有祁连山、崆峒山、昆仑山，有石渠。）

敦煌郡（旧置瓜州。）统县三，户七千七百七十九。

敦煌（旧置敦煌郡，后周并效谷、寿昌二郡入焉。又并敦煌、鸣沙、平康、效谷、东乡、龙勒六县为鸣沙县。开皇初郡废。大业置敦煌郡，改鸣沙为敦煌。有神沙山、三危山，有流沙。）常乐（后魏置常乐郡。后周并凉兴、大至、冥安、闰泉，合为凉兴县。开皇初郡废，改县为常乐。有关官。）玉门（后魏置会稽郡。后周废郡，并会稽、新乡、延兴为会稽县。开皇中改为玉门，并得后魏玉门郡地。）

鄯善郡（大业五年平吐谷浑置，置在鄯善城，即古楼兰城也。并置且末、西海、河源，总四郡。有蒲昌海、鄯善水。）统县二。

显武　济远

且末郡（置在古且末城。有且末水、萨毗泽。）统县二。

肃宁　伏戎

西海郡（置在古伏俟城，即吐谷浑国都。有西王母石窟、青海、盐池。）统县二。

宣德　威定

河源郡（置在古赤水城。有曼头城、积石山，河所出。有七乌海。）统县二。

远化　赤水

《周礼·职方氏》："正西曰雍州。"上当天文，自东井十度至柳八度，为鹑首。于辰在未，得秦之分野。考其旧俗，前史言之详矣。化于姬德，则闲田而兴让，习于嬴敝，

则相稽而反唇。斯岂土壤之殊乎？亦政教之移人也。京兆王都所在，俗具五方，人物混淆，华戎杂错。去农从商，争朝夕之利，游手为事，竞锥刀之末。贵者崇侈靡，贱者薄仁义，豪强者纵横，贫窭者窘蹙。桴鼓屡惊，盗贼不禁，此乃古今之所同焉。自京城至于外郡，得冯翊、扶风，是汉之三辅。其风大抵与京师不异。安定、北地、上郡、陇西、天水、金城，于古为六郡之地，其人性犹质直。然尚俭约，习仁义，勤于稼穑，多畜牧，无复寇盗矣。雕阴、延安、弘化，连接山胡，性多木强，皆女淫而妇贞，盖俗然也。平凉、朔方、盐川、灵武、榆林、五原，地接边荒，多尚武节，亦习俗然焉。河西诸郡，其风颇同，并有金方之气矣。

汉川郡（旧置梁州。）统县八，户一万一千九百一十。

南郑（旧置汉川郡。开皇初郡废，大业初置郡。又西魏置白云县，至是并入焉。有黄牛山、龙冈山。）西（旧曰幡冢，大业初改焉。有关官，有定军山、百牢山、街亭山、幡冢山。有汉水。）褒城（开皇初曰褒内。仁寿九年因失印更给，改名焉。有关官。有女郎山。）城固　兴势（旧倪城郡，开皇初郡废。）西乡（旧曰丰宁，置洋州及洋川郡。开皇初废郡，大业初废州，改县曰西乡。又旧有怀昌郡，后周废为怀昌县，至是入焉。有洋水。）黄金　难江（后周置集州及平桑郡。开皇初郡废，大业初州废。）

西城郡（梁置梁州，寻改曰南梁州。西魏改置东梁州，寻改为金州，置总管府。开皇初府废。）统县六，户一万四千三百四十一。

金川（梁初曰上廉，后曰吉阳。西魏改曰吉安，后周以西城入焉。旧有金城、吉安二郡，开皇初并废。十八年改县为吉安。大业三年改曰金川，置西城郡。又后周置洵州，寻废。有焦陵山。）石泉（旧曰永乐，置晋昌郡。西魏改郡曰魏昌，寻改永乐曰石泉，析置魏宁县。后周省魏昌郡入中城郡，又省魏宁县入石泉县。）洵阳（旧置洵阳郡，开皇初郡废。有洵水。）安康（旧曰宁都，齐置安康郡，后魏置东梁州，后萧詧改直州。开皇初郡废，大业初州废，县改曰安康。）黄土（西魏置清阳郡。后周改郡，置县曰长冈。后郡省入甲郡，置县曰黄土，并赤石、甲、临江三县入焉。开皇初郡废。）丰利（梁置南上洛郡，西魏改郡曰丰利。后周省郡入上津郡，以熊川、阳川二县入丰利。后又废上津郡入甲郡。有天心水。）

房陵郡（西魏置光迁国。后周国废，置迁州。大业初改名房州。）统县四，户七千一百六。

光迁（旧曰房陵，置新城郡。梁末置岐州，后周郡并改为光迁，又有旧绥州，开皇初，与郡并废。大业初置房陵郡。有房山、霍山。）永清（旧曰大洪，后周改焉。有照珠山、百武山，沮水、泛水。）竹山（梁曰安城，西魏改焉。置罗州。开皇十八年改曰房州，大业初州废。有花林山、悬鼓山。）上庸（梁曰新丰，西魏改焉。后周改曰孔阳。开皇十八年复曰上庸。）

清化郡（旧置巴州。）统县十四，户一万六千五百三十九。

化成（梁曰梁广，仍置归化郡。后周改县曰化成。开皇初郡废。大业初置清化郡。）曾口（梁置。）清化（梁置，曰伏强。开皇三年郡废，七年县改曰清化。有伏强山。清水。）盘道（梁置，曰难江。西魏改焉。有龙腹山。）永穆（梁置，

永康，又有万荣郡。开皇初郡废，十八年县改名焉。）归仁（梁置，曰平州县。后周改曰同昌，开皇中改名焉。）始宁（梁置，并置遂宁郡。开皇初郡废。有始宁山。）其章（梁置。）恩阳（梁置，曰义阳。开皇末改。）长池（后周置，曰曲细。开皇末改焉。）符阳（旧置其章郡，开皇初废。）白石（有文山。）安固（梁置。后周置蓬州，大业初州废。有大蓬山。）伏虞（梁置，曰宣汉，及置伏虞郡。开皇初郡废，十八年改焉。）

通川郡（梁置万州，西魏曰通州。）统县七，户一万二千六百二十四。

通川（梁曰石城，置东关郡。开皇初郡废。大业初置通川郡。）三冈（梁置，属新安郡。西魏改郡曰新宁。开皇初郡废。）石鼓（西魏置迁州。后废州，置临清郡。开皇初废郡。）东乡（西魏置石州，后废州，置三巴郡。开皇初郡废。）宣汉（西魏置并州及永昌郡。开皇三年郡废，五年州废。）西流（后魏曰汉兴。西魏改焉，又置开州，及周安、万安、江会三郡。后周省江会入周安。开皇初郡并废，大业初州废。）万世（后周置，及置万世郡。开皇初郡废。）

宕渠郡（梁置渠州。）统县六，户一万四千三十五。

流江（后魏置县，及置流江郡，开皇初郡废，大业初置宕渠郡。）宾城（旧曰始安。开皇十八年改焉。）邻水（梁置县，并置邻州，后魏改邻山郡，开皇初郡废。）宕渠（梁置，并置境阳郡。开皇初郡废。）咸安（梁置，曰绥安。开皇末改名焉。）垫江（西魏置县及容川、容山郡。后周改为魏安县。开皇初郡废，十八年县改名焉。）

汉阳郡（后魏曰南秦州，西魏曰成州。）统县三，户一万九百八十五。

上禄（旧置仇池郡，后魏置仓泉县，后周废阶陵、丰川、建平、城阶四县入焉。开皇初郡废，大业初置汉阳郡，改县曰上禄。有百顷堆。）潭水（西魏置潭水郡。后周郡废，并废甘若、相山、武定三县入焉。）长道（后周置汉阳郡。后周郡废，又省水南县入焉。开皇初郡废，十八年改曰长道。）

临洮郡（后周武帝逐吐谷浑，以置洮阳郡，寻立洮州。开皇郡废。）统县十一，户二万八千九百七十一。

美相（后周置县，及置洮阳郡。开皇初郡废，并洮阳县入焉。大业初置监洮郡。）叠川（后周置叠州、叠川县。开皇四年置总管府，大业元年府废。有洮水、流水。）合川（后周置，仍立西疆郡。开皇初郡废。有白岭山。）乐川（后周置。）归政（开皇二年置，仍立疆泽郡，三年废，又后周立弘州及乎远、河滨二郡。开皇初州郡并废。）洮源（后周置，曰金城，并立旭州，又置通义郡。开皇初郡废，十八年县改为美俗。大业初州废，县改名焉。）洮阳（后周置，曰广恩，并置广恩郡。开皇初郡废，仁寿元年，改县为洮河，大业初改曰洮阳。）临潭（后周曰泛潭，开皇十一年改名焉。）临洮（西魏置，曰溢乐，并置岷州及同和郡。开皇初郡废，大业初州废，更名县曰临洮。又后周置祐川郡、基城县，寻郡县俱废。有岷山、崆峒山。）当夷（后周置。又立洪和郡，郡寻废。又置博陵郡及博陵、宁人二县。开皇初并入。）和政（后周置洮城郡，寻废。）

宕昌郡（后周置宕昌国，天和元年置宕州总管府。开皇四年府废。）统县三，户六千九百九十六。

良恭（后周置，初曰阳宕，置宕昌郡。开皇初郡废，十八年改名焉。大业初置宕昌郡。）和戎（后周置。有良恭山。）怀

道(后周置甘松郡,开皇初郡废。)

武都郡(西魏置武州。)统县七,户一万七百八十。

将利(旧曰石门,西魏改曰安育。后周改曰将利,置武都郡,后改曰永都郡。开皇初郡废,大业初置武都郡。又有东平县,后周并入焉。有河池水。)建威(后魏置白水郡,郡废,改为白水县。西魏复立郡,改为绥戎。后周郡废,改为建威县,并废洪化县入焉。又西魏有孔堤郡及县,后周并废。)覆津(后魏初曰玩当,置武阶郡。西魏又置覆津县,及置万郡,统赤万、接难、五部三县。后周一郡三县并玩当,并废入焉。开皇初武阶郡又废。)盘堤(西魏置,曰南五部县,后改名焉;并立武阳郡及茄芦县。后周郡废,县并入焉。)长松(西魏置,初曰建昌,置文州及卢北郡。开皇初郡废,十八年县改曰长松,大业初州废。)曲水(西魏置。)正西(西魏置。)

同昌郡(西魏逐吐谷浑,置邓州。开皇七年改曰扶州。)统县八,户一万二千二百四十八。

尚安(西魏置县及邓宁郡。开皇初郡废,大业初置同昌郡。有黑水。)钳川(西魏置。有钳川山。有白水。)贴夷(西魏置,又置昌宁郡。开皇三年郡废。)同昌(西魏置。有邓至山,云邓艾所至,故名焉。)嘉诚(后周置县并龙涸郡及扶州总管府。开皇初府废,三年郡废,七年州废。有雪山。)封德(后魏置,又立芳州,有深泉郡,开皇初郡废,又省理定县入焉。大业初州废。)常芬(后周置,及立恒香郡。开皇初郡废。有弱水。)金崖(后周置。)

河池郡(后魏置南岐州,后周改曰凤州。)统县四,户一万一千二百二。

梁泉(旧曰故道,后魏置郡,曰固道,县曰凉泉,寻改曰梁泉。西魏改郡曰引真。后周废郡,又废龙安、商乐二县入。大业初置郡。)两当(后魏置,及立两当郡。开皇初郡废。)河池(后魏曰广化,并置广化郡。开皇初郡废,仁寿初县改名焉。又后魏置思安县,大业初省入。有河池水。)同谷(旧曰白石,置广业郡。西魏改曰同谷,后周置康州。开皇初郡废,大业初州废。又有泥阳县,西魏废。)

顺政郡(后魏置东益州,梁为武兴蕃王国,西魏改为兴州。)统县四,户四千二百六十一。

顺政(旧曰略阳。西魏置郡,曰顺政,县曰汉曲;又置仇池县,后改曰灵道。开皇初郡废。十八年,县改名焉。大业初置郡,又省灵道县并入。)鸣水(西魏置,曰落丛,并置落丛郡。开皇初郡废。六年,县改为厨北。八年,改曰鸣水。)长举(西魏置,又立盘头郡。后周废郡,有凤溪水。)修城(旧置修城郡,县曰广长。后周郡废;又废下阪县入。仁寿初,县改名焉。又西魏置柏树县,后周废。)

义城郡(后魏立益州,叧号小益州。梁曰黎州。西魏复立益州,又置利州,置总管府。大业初府废。)统县七,户一万五千九百五十。

绵谷(旧曰兴安,置晋寿郡。开皇初郡废。十八年,县改名焉。大业初置郡。又有华阳县,梁华州,西魏并废。有龙门山。)益昌 义城(西魏置。)葭萌(后魏曰晋安,置新巴郡。开皇初郡废。十八年,县改名焉。大业初又并恩金县入焉。)岐坪 景谷(旧曰平兴,置平兴郡。后周省东洛郡入。开皇初郡废,县改名平兴。十八年,改曰景谷。大业初又省鱼盘县入焉。有关官。有木马山、良珠山。有冻水。)嘉川(旧曰宋熙郡,开

皇初废。)

平武郡(西魏置龙州。)统县四,户五千四百二十。

江油(后魏置江油郡,开皇三年郡废,大业初置郡。有关官。)马盘(后魏置马盘郡,开皇三年郡废。)平武(梁末,李文智自立为藩王,西魏废为县,有涪水、潺水。)方维(旧曰秦兴,置建阳郡。开皇初郡废,县改名焉。)

汶山郡(后周置汶州。开皇初曰蜀州,寻为会州,置总管府。大业初府废。)统县十一,户二万四千一百五十九。

汶山(旧曰广阳。梁改为北部都尉,置绳州、北部郡。后周改曰汶州。开皇初郡废,仁寿元年改名焉。)北川(后周置。有龙泉水、鹰门山、襄阳山。)汶川(后周置汝山郡,开皇初郡废。)交川(开皇初置。有关官。)通化(开皇初置,曰金川,仁寿初改名焉。)左封(后周置,曰广年,及置广年郡、左封郡。开皇初郡并废。仁寿初县改名焉。又周置翼州,大业初废,有汶山。)平康(后周置。有羊肠山。)翼水(后周置,曰龙求,及置清江郡。开皇初郡废,县改曰清江。十八年,又改名焉。)翼针(后周置,及翼针郡。开皇初郡废。有石镜山。)江源(后周置。)通轨(后周置县及覃州,并覃川、荣乡二郡。开皇初郡废,四年州废。有甘松山。)

普安郡(梁置南梁州,后改为安州,西魏改为始州。)统县七,户三万一千三百五十一。

普安(旧曰南安。西魏改曰普安,置普安郡。开皇初郡废,大业初置郡焉。)永归(旧曰白水,西魏改焉。)黄安(旧曰华阳,西魏改焉,又置黄原郡。开皇初郡废。)阴平(宋置北阴平郡,魏置龙州。西魏改郡为阴平,又名县焉。后周从江油郡,改曰静龙,县曰阴平。开皇初郡废。)梓潼(旧曰安寿,西魏置潼川郡。开皇初郡废。大业初县改名焉。有五妇山。)武连(旧曰武功,置辅剑郡。西魏改郡曰安都,县曰武连。开皇初郡废。)临津(旧曰胡原。开皇七年改焉。)

金山郡(西魏置潼州。开皇五年,改曰绵州。)统县七,户三万六千九百六十三。

巴西(旧曰涪,置巴西郡。西魏改县曰巴西。开皇初郡废。大业初置金山郡。有盐井。)昌隆(有云台山。)涪城(旧置始平郡,西魏改郡为涪城,后周又置曰安城。开皇初郡废,改曰安城。十六年,改为涪城。)魏城(西魏置。)万安(旧曰犀亭,西魏改名焉,置万安郡。开皇初郡废。)神泉(旧曰西充国,开皇六年改名焉。)金山(旧置益昌、晋兴二县,西魏省晋兴入益昌,后周别置金山。开皇四年,省益昌入金山。)

新城郡(梁末置新州。开皇末改曰梓州。)统县五,户三万七百二十七。

郪(旧曰伍城。西魏改曰昌城,仍置昌城郡。开皇初郡废。大业初置新城郡,改县名焉。)射洪(西魏置,曰射江,后周改名焉。)盐亭(西魏置盐亭郡。开皇初郡废。有高渠县。大业初并入焉。)通泉(旧曰通泉,置西宕渠郡。西魏改郡、县俱曰涌泉。开皇初郡废,县改名,又并光汉县入焉。)飞乌(开皇中置。)

巴西郡(梁置南梁、北巴州,西魏置隆州。)统县十,户四万一千六十四。

阆内(梁置北巴郡,后魏平胡,置盘龙郡,开皇初郡废。大业初置巴西郡。有盘龙山、天柱山、灵山。)南部(旧曰南充国,梁曰南部,西魏置新安郡,后周郡废。)苍溪(旧曰汉昌,开皇末改名焉。)南充(旧曰安汉,置宕渠郡。开皇初郡废。十八年,

县改名焉。）相如（梁置梓潼郡，后魏郡废。）西水（梁置掌天郡，西魏改曰金迁，开皇初郡废。）晋城（旧曰西充国，梁置木兰郡。西魏废郡，改县名焉。有阆水。）奉国（梁置白马、义阳二郡，开皇初郡废，并废义阳县入焉。）仪陇（梁置，并置隆城郡。开皇初郡废。）大寅（梁置。）

遂宁郡（后周置遂州。仁寿二年，置总管府。大业初府废。）统县三，户一万二千六百二十二。

方义（梁置小溪，置东遂宁郡。西魏改县名焉。后周改郡曰石山。开皇初郡废。大业初置遂宁郡。）青石（旧曰晋兴，西魏改名焉，又置怀化郡。开皇初郡废。）长江（旧曰巴兴，西魏改名焉，又置怀化郡。开皇初郡废。）

涪陵郡（西魏置合州。开皇末改曰涪州。）统县三，户九千九百二十一。

石镜（旧曰垫江，置宕渠郡。西魏改郡为垫江，县为石镜。开皇初郡废。大业初置涪陵郡。）汉初（梁置新兴郡。西魏改郡曰清居，名县曰汉初。）赤水（开皇八年置。）

巴郡（梁置楚州。开皇初改曰渝州。）统县三，户一万四千四百二十三。）

巴（旧置巴郡，后周废枳、垫江二县入焉。开皇初郡废。大业初置巴郡。）江津（旧曰江州县。西魏改为江阳，置七门郡。开皇初郡废。十八年，县改名焉。）涪陵（旧曰汉平，置涪陵郡。开皇初郡废。十三年，县改名焉。）

巴东郡（梁置信州，后周置总管府，大业元年府废。）统县十四，户二万一千三百七十。

人复（旧置巴东郡，县曰鱼复，西魏改曰人复。开皇初郡废。大业初，置巴东郡。有盐井、白盐山。）云安（旧曰朐䏰，后周改焉。）南浦（后周置安乡郡，后改曰安乡，改郡曰万川。开皇初郡废。十八年，县改名焉。）梁山（西魏置。有高梁山。有纻溪。）大昌（后周置永昌郡，寻废，又废北井县入焉。）巫山（旧置建平郡，开皇初郡废。有巫山。）秭归（后周曰长宁，置秭归郡。开皇初郡废，改县曰秭归。）巴东（旧曰归乡，梁置信陵郡。后周郡废，县改曰乐乡。开皇末，又改名焉。有巫峡。）新浦（后周置周安郡，开皇初郡废。）盛山（梁置汉丰，西魏改为永宁，开皇末，曰盛山。）临江（梁置临江郡，后周置临州。开皇初郡废，大业初州废。有平都山。有彭溪。）武宁（后周置南州、南都郡、源阳县，后改曰怀德，县曰武宁。开皇初州郡并废入焉。）石城（开皇初置庸州，大业初州废。）务川（开皇末置。）

蜀郡（旧置益州，开皇初废。后周置总管府。开皇二年，置西南道行台省，三年，复置总管府，大业元年府废。）统县十三，户十万五千五百八十六。

成都（旧置蜀郡，又有新都县。梁置始康郡，西魏废始康郡。开皇初废蜀郡，并废新繁入焉。十八年，改新都曰兴乐。大业初置蜀郡，省兴乐入焉。旧置怀宁、晋熙、宋兴、宋宁四郡，至后周并废。有武檐山。）双流（旧曰广都，置宁蜀郡，后郡废。仁寿元年改县曰双流。有女伎山。）新津（后周置，并置犍为郡。开皇初郡废。大业初又废僰道县入焉。）晋原（旧曰江原，及置江原郡。后周废郡，县改名焉。）清城（旧置齐基郡，后周废为清城县。有鸣鹄山，清城山。）九陇（旧曰晋寿，梁置东益州。后周州废，置九陇郡，并改县曰九陇。仁寿初置濛州。开皇初郡废，并陇泉、兴固、青阳三县入焉。大业初州废。有太山。

道场山。）绵竹（旧置晋熙郡及长杨、南武都二县。后周并二县为晋熙，后又废晋熙郡入阳泉。开皇初郡废，十八年改为孝水，大业二年改曰绵竹。有冶官。有绵水。有鹿堂山。）郫（西魏分置温江县，开皇初省入。仁寿初复置万春县，大业初又废入焉。有金山、平乐山、天彭门。）玄武（旧曰伍城，后周置玄武郡。开皇初郡废，改县名焉。仁寿初置凯州，大业初废。有三堆山、鄨江。）雒（旧曰广汉，又置广汉郡。开皇初郡废。十八年，改曰绵竹。大业初改名雒焉。又有西遂宁郡、南阴平郡。后周废西遂宁，改为怀中，南阴平郡曰南阴平县，寻并废。）阳安（旧曰牛鞞，西魏改名焉，并置武康郡。开皇初郡废。仁寿初置简州，大业初州废。有盐井。）平泉（西魏置，曰婆闰。开皇十八年，改名焉。）金泉（西魏置县及金泉郡。后周废郡，并废白牟县入焉。有昌利山、铜官山、石城山。）

临邛郡（旧置雅州。）统县九，户二万三千三百四十八。

严道（西魏置，曰始阳县，置蒙山郡。开皇初郡废。十三年，改曰蒙山，寻置雅州。大业置临邛郡，县改名焉。有邛来山。）名山（旧曰蒙山。开皇十三年，改始阳曰蒙山，改蒙山曰名山。）卢山（仁寿末置。）依政（西魏置，及置邛州，大业初废。）临邛（旧置临邛郡，开皇初郡废。有火井。）蒲江（西魏置，曰广定，及置蒲原郡，开皇初郡废。仁寿初县改名焉。）蒲溪（西魏置。）沈黎（后周置黎州，寻并县废。开皇中置县。仁寿末置登州，大业初州废。）汉源（大业初置。）

眉山郡（西魏曰眉州。后周曰青州，后又曰嘉州。大业二年又改曰眉州。）统县八，户二万三千七百九十九。

龙游（后周置，曰峨眉，及置平羌郡。开皇初郡废。九年改县为青衣。平陈日，龙见水，随军而进，十年改名焉。大业初置眉山郡。）平羌（后周置，仍置平羌郡。开皇初郡废。）夹江（开皇三年置。）峨眉（开皇十三年置。有峨眉山、绥山。）通义（旧置齐通郡及青州。西魏改州曰眉州。开皇初郡废，改齐通曰广通。仁寿元年改为通义。大业初州废。）青神（后周置，并置青神郡。开皇初郡废。）丹棱（后周置，曰齐乐。开皇中改名焉。）洪雅（开皇十三年置。）

隆山郡（西魏置陵州。）统县五，户一万一千四十二。

仁寿（梁置怀仁郡，西魏改县曰普宁，开皇初郡废，十八年县改名焉。又西魏置蒲亭。大业初置隆山郡，蒲亭并入焉。有盐井。）贵平（西魏置，又立和仁郡。后周又废可昙、平井二县入焉。开皇初郡废。大业初，又废籍县入焉。）井研　始建（开皇十一年置。有铁山。）隆山（旧曰犍为，置江州。西魏改县曰隆山。后周省州，置隆山郡。开皇初郡废，又并江阳县入焉。有冶官。有鼎鼻山。）

资阳郡（西魏置资州。）统县九，户二万五千七百二十二。

盘石（后周置县及资中郡，开皇初郡废。大业初置资阳郡。）内江（后周置。）威远（开皇置。）大牢（开皇十三年置。）安岳（后周置，并置普州。大业初州废。）普慈（后周置郡曰普慈，县曰多业。开皇初郡废。十三年，县改名焉。）安居（后周置，曰柔刚，及置安居郡。开皇十三年，县改名焉。）隆康（后周置，曰永康。开皇十八年改焉。）资阳（后周置。）

泸川郡（梁置泸州。仁寿中置总管府，大业初府废。）统县五，户一千八百二。

泸川（旧曰江阳，并置江阳郡。开皇初郡废。大业初置泸川郡，县改名焉。）富世（后周置，及置洛源郡。开皇初郡废。）江安（旧曰汉安，开皇十八年改名焉。）合江（后周置。）绵水（梁置。有绵溪。）

犍为郡（梁置戎州。）统县四，户四千八百五十九。

僰道（后周置，曰外江。大业初改曰僰道，置犍为郡焉。）犍为（后周置，曰武阳。开皇初改焉。）南溪（梁置，曰南广，及置六同郡。开皇初郡废。仁寿初县改名焉。）开边（开皇六年置，七年废训州入焉。大业初废恭州、协州入焉。）

越巂郡（后周置严州。开皇六年改曰西宁州，十八年又改曰巂州。）统县六，户七千四百四十八。

越巂（带郡。）邛都　苏祇（旧置亮善郡，开皇初郡废。有孙水。）可泉（旧宣化郡，开皇初废。）台登（旧置白沙郡。开皇初郡废。）邛部（旧置邛部郡，又有平乐郡。开皇初并废。有褕山。）

牂柯郡（开皇初，置牂州。）统县二。

牂柯（带郡。）宾化

黔安郡（后周置黔州，不带郡。）统县二，户一千四百六十。

彭水（开皇十三年置。有伏牛山。出盐井。）涪川（开皇五年置。）

梁州于天官上应参之宿。周时梁州，以并雍部。及汉，又析置益州。在《禹贡》，自汉川以下诸郡，皆其封域。汉中之人，质朴无文，不甚趋利。性嗜口腹，多事田渔，虽蓬室柴门，食必兼肉。好祀鬼神，尤多忌讳，家人有死，辄离其故宅。崇重道教，犹有张鲁之风焉。每至五月十五日，必以酒食相馈，宾旅聚会，有甚于三元。傍南山杂有獠户，富室者颇参夏人为婚，衣服居处言语，殆与华不别。西城、房陵、清化、通川、宕渠，地皆连接，风俗颇同。汉阳、临洮、宕昌、武都、同昌、河池、顺政、义城、平武、汶山、皆连杂氐羌。人尤劲悍，性多质直。皆务于农事，工习猎射，于书计非其长矣。蜀郡、临邛、眉山、隆山、资阳、泸川、巴东、遂宁、巴西、新城、金山、普安、犍为、越巂、牂柯、黔安，得蜀之旧域。其地四塞，山川重阻，水陆所凑，货殖所萃，盖一都之会也。昔刘备资之，以成三分之业。自金行丧乱，四海沸腾，李氏据之于前，谯氏依之于后。当梁氏将亡，武陵凭险而取败，后周之末，王谦负固而速祸。故孟门不祀，古人所以诫焉。其风俗大抵与汉中不别。其人敏慧轻急，貌多蕞陋，颇慕文学，时有斐然，多溺于逸乐，少从宦之士，或至耆年白首，不离乡邑。人多工巧，绫锦雕镂之妙，殆侔于上国。贫家不务储蓄，富室专于趋利。其处家室，则女勤作业，而士多自闲，聚会宴饮，尤足意钱之戏。小人薄于情礼，父子率多异居。其边野富人，多规固山泽，以财物雄役夷、獠，故轻为奸藏，权倾州县。此亦其旧俗乎？又有獽狿蛮賨，其居处风俗，衣服饮食，颇同于獠，而亦与蜀人相类。

卷三十　　　志第二十五

地　理　中

河南郡（旧置洛州。大业元年移都，改曰豫州。东面三门，北曰上春，中曰建阳，南曰永通。南面二门，东曰长夏，正南曰建国。里一百三，市三。三年改为郡，置尹。）统县十八，户二十万二千二百三十。

河南（带郡。有关官。有郏山。有瀍水。）洛阳（有汉已来旧都。后魏置司州，东魏改曰洛州。后周置东京六府、洛州总管。开皇元年改六府，置东京尚书省。其年废东京尚书省。二年废总管，置河南道行台省。三年废行台，以洛州刺史领总监。十四年于金墉城别置总监。炀帝即位，废省。置河南县，东魏迁邺，改为宜迁县。后周复曰河南。大业元年徙入新都。又东魏置洛阳郡、河阴县。开皇初郡并废，又析置伊川县。大业初河阴、伊川二县并入焉。）阌乡（旧曰湖城，开皇十六年改焉。有王涧、全鸠涧、秦山。）桃林（开皇十六年置。有上阳宫。有淄水。）陕（后魏置，及置陕州、恒农郡。后周又置崤郡。开皇初郡并废。大业初州废，置弘农宫。有常平仓、温汤。有砥柱。）熊耳（后周置，有同轨郡。开皇初郡废。又有后魏崤县，大业初废入。有二崤。有天柱山、大头山、硖石山、谷水。）渑池（后周置河南郡，大象中废。）新安（后周置中州及东垣县，州寻废。开皇十六年置谷州，仁寿四年州废，又废新安入东垣。大业初改名新安。有冶官。有覣山、强山、缺门山、孝水、涧水、金谷水。）偃师（旧废，开皇十六年置。有关官。有河阳仓。有都尉府。有首阳山、邙山、乾脯山。）巩（后齐废，开皇十六年复。有兴洛仓。有九山，有天陵山、缑山、东首阳山。）宜阳（后魏置宜阳郡，东魏置阳州，后周改曰熊州。又复后魏置南渑池县。后周改曰昌洛。开皇初郡废。十八年改昌洛曰洛水。大业初废熊州，省洛水入宜阳。又东魏置金门郡，后周废。有福昌宫、金门山、女儿山、太阴山、巑嶮山。）寿安（后魏置县曰甘棠，仁寿四年改焉。有显仁宫。有慈涧。）陆浑（东魏置伊川郡，领南陆浑县。开皇初郡废，改县曰伏流。大业初改曰陆浑。又有后魏北荆州，后周改曰和州。开皇初又改曰伊州。大业初州废。又有东魏东亭县，寻废。有方山、三涂山、孤山、阳山、王母涧。）伊阙（旧曰新城，东魏置新城郡。开皇初郡废。十八年县改名焉。有伊阙山。）兴泰（大业初置。有鹿蹄山、石墨山、钟山。）缑氏（旧废，东魏置。开皇十六年废，大业初又置。有缑氏山、辕辕山、景山。）嵩阳（后魏置，曰颍阳。东魏分置堙阳，后周废颍阳入。开皇六年曰武林。十八年改曰轮氏，大业元年改曰嵩阳。又有东魏中川郡，后周废。有嵩高山、少室山、颍水。）阳城（后魏置阳城郡，开皇初废。十六年置嵩州，仁寿四年废。又后魏置康城县，仁寿四年废入焉。有箕山、偃月山、荆山、禹山、崤山。）

荥阳郡（旧郑州。开皇十六年置管州。大业初复曰郑州。）统县十一，户十六万九百六十四。

管城（旧曰中牟，东魏置广武郡。开皇初郡废，改中牟曰内牟。十六年析置管城。十八年改内牟曰圃田入焉。后魏置曲梁县，后齐废，有郑水。）汜水（旧曰成皋，即武牢也。后魏置东中府，东魏置北豫州，后周置荥州。开皇初曰郑州，十八年改成皋曰汜水。大业初置武牢都尉府。有周山、天陵山。）荥泽（开皇四年置，曰广武。仁寿元年改名焉。）原武（开皇十六年置。）阳武　圃田（开皇十六年置，曰郑城。大业初改焉。）浚仪（东魏置梁州、陈留郡，后齐废开封郡入，后周改曰汴州。开皇初郡废，大业初州废。有关官，有通济渠、蔡水。）酸枣（后齐废，开皇六年复。有关官。）新郑（后魏废，开皇十六年复，大业初并宛陵县入焉。有关官。有大騩山。）荥阳（旧曰荥阳郡。后齐省卷、京二县入，改曰成皋郡。开皇初郡废。有京索水、梧桐涧。）开封（东魏置郡，后齐废。）

梁郡（开皇十六年置宋州。）统县十三，户十五万五千四百七十七。

宋城（旧曰睢阳，置梁郡。开皇初郡废，十八年县改名焉。大业初又置郡。又梁置北新安郡，寻废。）雍丘（后魏置阳夏郡。开皇初郡废，十六年置杞州。大业初州废。）襄邑（后齐废，开皇十六年复。）宁陵（后齐废，开皇六年复。）虞城（后魏曰萧，后齐废。开皇十六年置，改名焉。又后魏置沛郡，后齐废。）谷熟（后魏废，开皇十六年复。）陈留（后齐废，开皇六年复。十六年析置新里县，大业初废入焉。又有小黄县，后齐废入。有睢水、涣水。）下邑（后魏废巳吾县入焉。）考城（后魏曰考阳，置北梁郡。后齐郡县并废，为城安县。开皇十八年以重名，改曰考城。）楚丘（后魏曰巳氏，置北谯郡。后齐郡县并废。开皇四年又置巳氏，六年改曰楚丘。）砀山（后魏置，曰安阳。开皇十八年改名焉。有砀山、鱼山。）围城（旧曰围，后齐废，开皇六年复置，曰围城。有谷水。）柘城（旧曰柘，久废。开皇十六年置，曰柘城。）

谯郡（后魏置南兖州。后周置总管府，后改曰亳州。开皇元年府废。）统县六，户七万四千八百一十七。

谯（旧曰小黄，置陈留郡。开皇初郡废，十六年分置梅城县。大业三年，改小黄为谯县，并梅城入焉。）鄸（旧废，开皇十六年复。旧有马头县，后魏又置下邑县，后齐并废。）城父（宋置，曰浚仪。开皇十八年改名。）谷阳（后齐省，开皇六年复。）山桑（后魏置涡州、涡阳县，又置谯郡。梁改涡州曰西徐州。东魏改曰谯州。开皇初郡废，十六年改涡阳为肥水。大业初州废，改县曰山桑。又梁置北新安，东魏改置蒙郡。后齐废郡，置蒙县，后又置郡。开皇初郡废。又梁置阳夏郡，东魏废。）临涣（后魏置临涣郡，又别置丹城县。东魏析置白桦县，后齐县废。开皇元年丹城省，大业初白桦又省，并入焉。有嵇山、龙冈。）

济阴郡（后魏置西兖州，后周改曰曹州。）统县九，户十四万九百四十八。

济阴（后魏置沛郡，后齐废。又开皇六年分置黄县，十八年改为蒙泽，大业初废入焉。）外黄（后齐废成安县入。又开皇十八年置首城县，大业初废入焉。）济阳　成武（后齐置永昌郡。开皇初郡废，十六年置戴州。大业初州废。）冤句　乘氏　定陶　单父（后魏曰离狐，置北济阴郡。后郡县并废。开皇六年更置，名单父。）金乡（开皇十六年分置昌邑县，大业初并入。）

襄城郡（东魏置北荆州，后改曰和州。开皇初改为伊州，大业初改曰汝州。）统县八，户十万五千九百一十七。

承休（旧曰汝原，置汝北郡，后改曰汝阴郡。后周郡废。大业初改县曰承休，置襄城郡。有黄水。）梁（旧置汝北郡，后齐废。有滥泉。）郏城（旧曰龙山。东魏置顺阳郡及南阳郡、南阳县。开皇初改龙山曰汝南，三年二郡并废。十八年改汝南曰辅城，南阳曰期城。大业初改辅城曰郏城，废期城入焉。有关官，有大留山。）阳翟（东魏置阳翟郡，开皇初郡废。有钧台。有九山祠。）汝源　汝南（有后魏汝南郡及符垒县，并后齐废。）鲁（后魏置荆州，寻废，立鲁阳郡，后置鲁州。开皇初郡废，大业初州废。有关官。有和山、大义山。）犨城（旧曰雉阳。开皇十八年改曰湛水，大业初改名焉。又有后周武山郡，开皇初废。后魏置南阳县、河山县，大业初并废入焉。有应山。）

颍川郡（旧置颍州，东魏改曰郑州，后周改曰许州。）统县十四，户十九万五千六百四十。

颍川（旧曰长社，置颍川郡，后齐废颍阴县入，开皇初废郡改县焉。又东魏置黄台县，大业初废入焉，置郡。）襄城（旧置襄城郡，后周置汝州。开皇初郡废，大业初州废。有滍水。）汝坟（后齐置汉广郡，寻废，有首山。）叶（后齐置襄州。后周废襄州，置南襄城郡。开皇初郡废。又东魏置定南郡，后周废为定南县。大业初省入。）北舞（旧置定颍郡，开皇初废。有百尺沟。）郾城（开皇初置，十六年置道州，大业初州废。又后魏置颍川郡，后齐改为临颍郡，开皇初郡废。又有邵陵县，大业初废。有滍水。）繁昌　临颍　尉氏（后废，开皇六年复。）长葛（开皇六年置。）许昌　隐强（开皇十六年置，曰陶城，大业初改焉。）扶沟　鄢陵（东魏置许昌郡，后废县。开皇初郡废，七年复置鄢陵县。十六年置洧州，大业初废。又开皇十六年置蔡陂县，至是省入焉。）

汝南郡（后魏置豫州，东魏置行台。后周置总管府，后曰舒州，寻复置豫州，及改洛州为豫州，此为溱州，又改曰蔡州。）统县十一，户十五万二千七百八十五。

汝阳（旧曰上蔡，置汝南郡。开皇初郡废。大业初置郡，改县曰汝阳，并废保城县入焉。有鸿郄陂。）城阳（旧废，梁置，又有义兴县。后魏置城阳郡，梁置楚州，东魏置西楚州，后齐曰永州。开皇九年，废入纯州。十八年改义兴为纯义。大业初州县并废入焉。又梁置伍城郡，后齐废。有十丈山、大木山。）真阳（旧鄎州。东魏废州，置义阳郡。后齐废郡入保城县。开皇十一年废县。十六年置县，曰真丘。大业初改曰真阳。又有白狗县，梁置淮州。后齐废州，以置齐兴郡，郡寻废。开皇初，改县曰淮川，至是亦省入焉。又有陈安阳县，后废。有汶水。）新息（后魏置东豫州。梁改曰西豫州。又改曰淮州。东魏复曰东豫州，后周改曰息州，大业初州废。又后魏置汝南郡，开皇初郡废。又梁置溟州，寻废。又梁置北光城郡，东魏废，又有北新息县，后齐废。）褒信（宋改曰包信。大业初改复旧焉。又梁置梁安郡，开皇初废。又有长陵郡，后齐废为县。大业初又省县焉。）上蔡（后魏置，曰临汝。后齐废。开皇中置，曰武津。大业初改名焉。）平舆（旧废，大业初改新蔡置焉。有葛陂。）新蔡（齐置北新蔡郡，魏置新蔡郡，东魏置蔡州。后齐废州置广宁郡。开皇初郡废。十六年置舒州及舒县、广宁县。仁寿元年改广宁曰汝北。大业初州废，改汝北曰新蔡。又后齐置永康县，后改名曰澺水，至是及舒县并废入焉。）朗山（旧曰安昌，初安郡。废，十八年县改名焉。又梁置陈州，后魏废，又齐置荆州，寻废。后周又置威州，后又废。）吴房（故曰遂宁，后齐省绥义县入焉。大业初改曰吴房。）西平（后魏置襄城郡，后齐改郡曰文城，开皇初郡废。有故武阳县，十八年改曰吴房，大业初省。又有故洢州、濒州，并后齐置，开皇初皆废。）

淮阳郡（开皇十六年置陈州。）统县十，户十二万七千一百四。

宛丘（后魏曰项，置陈郡。开皇初县改名宛丘，寻废郡，后析置临蔡县。大业初置淮阳郡，并临蔡县入焉。又后魏置南阳郡，东魏废。）西华（旧曰长平，开皇十八年改曰鸿沟。大业初改焉。有旧长平县，后齐废。）溵水（开皇十六年置，又有后魏汝阳郡及县，后齐废，大业初县废。）抚乐（开皇十六年置。有涡水。）太康（旧曰阳夏，并置淮阳郡。开皇初郡废，七年更名太康。有洼水。）鹿邑（旧曰武平，开皇十八年改名焉。）项城（东魏置扬州及丹阳郡、秣陵县，梁改曰殷州，东魏又改曰北扬州，后齐改曰信州，后周改曰陈州。开皇初改秣陵为项县。十六年分置沈州，大业初州废，又有项城郡，开皇初分立陈郡，三年并废。）南顿（旧置南顿郡。后齐废郡及平乡县入，改曰和城。大业初又改为南顿。）郪（开皇六年置。）鲖阳（后齐废，开皇十一年复。又东魏置财州，后齐废，以置包信县。开皇初废。）

汝阴郡（旧置颍州。）统县五，户六万五千九百二十六。

汝阴（旧置汝阴郡，开皇初郡废。大业初复置。）颍阳（梁曰陈留，并置陈留郡及陈州。东魏废州。开皇初废郡，十八年县改名焉。有郑县，后齐废。）清丘（梁曰许昌，及置颍川郡。开皇初废郡，十八年县改名焉。）颍上（梁置下蔡郡，后齐废郡。大业初县改名焉。）下蔡（梁置汴郡，后齐废。大业初县改名焉。又梁置淮阳郡，后齐改曰颍川郡。开皇初郡废。）

上洛郡。（旧置洛州，后周改为商州。）统县五，户一万五百一十六。

上洛（旧置上洛郡，开皇初郡废，大业初复置。有秦岭山、熊耳山、洛水、丹水。）商洛（有关官。）洛南（旧曰拒阳，置拒阳郡。开皇初郡废，县改名焉。有玄扈山、阳虚山。）丰阳（后周置，开皇初并南阳县入。有洵水、甲水。）上津（旧置北上洛郡，梁改为南洛州，西魏又改为上州，后周并漫川、开化二县入，大业初废州。有天柱山、诏及山、女思山。）

弘农郡（大业三年置。）统县四，户二万七千四百六十六。

弘农（旧置西恒农郡，后周废。大业初置弘农郡。又有石城郡、玉城县，西魏并废。有石堤山。）卢氏（后魏置汉安郡，西魏置义川郡。开皇初郡废，州改为虢州。大业初州废。有关官。有石扇山。）长泉（后魏置南陕，西魏改焉。有松杨山、檀山。）朱阳（旧置朱阳郡，后周郡废。有邑阳县，开皇末改为邑川，大业初并入。有肺山，有湖水。）

淅阳郡（西魏置淅州。）统县七，户三万七千二百五十。

南乡（旧置南乡郡，后周并龙泉、湖里、白亭三县入。又有左南乡县，并置左乡郡。西魏改郡为秀山，改县为安山。后周秀山郡废。开皇初南乡郡废。大业初置淅阳郡，并安山县入焉。有石墨山。）内乡（旧曰西淅阳郡，西魏改为内乡。后周废，并淅川、石人二县入焉。有淅水。）丹水（旧置丹川郡。后周郡废，并茅城、仓陵、许昌三县入。有胡保山。）武当（旧武当郡。又侨置始平郡，后改为齐兴郡。梁置兴州，后周改为丰州。开皇初二郡并废，改为均州。大业初州废。有石阶山、武当山。）均阳（梁置。）安福（梁置，曰广福，并为郡。开皇初郡废，仁寿初改焉。）郧乡（有防山。）

南阳郡（旧置荆州。开皇初，改为邓州。）统县八，户七万七千五百二十。

穰（带郡。有白水。）新野（旧曰棘阳，置新野郡。又有汉广郡，西魏改为黄冈郡。又有南棘阳县，改为百宁县。后周二郡并废，并南棘县入焉。开皇初更名新野。）南阳（旧曰上陌，置南阳郡。后周并宛县入，更名上宛。开皇初郡废，又改为南阳。）课阳（旧曰涅阳，开皇初改焉。有课水、涅水。）顺阳（旧置顺阳郡。西魏析置郑县，寻改为清乡。后周又并顺阳入清乡。开皇初又改为顺阳。）冠军 菊潭（旧曰郦，开皇初改焉。有东弘农郡，西魏改为武关，至是废入。有梅溪、湍水。）新城（西魏改为临湍，开皇初复名焉。有朝水。）

淯阳郡（西魏置蒙州。仁寿中，改曰淯州。）统县三，户一万七千九百。

武川（带郡。有雉衡山。有清水、潕水、澧水。）向城（西魏置，又立雉阳郡。开皇初郡废。）方城（西魏置，及置襄邑郡。开皇初废。东魏又置建城郡及建城县，后周郡县并废。又有业县，开皇末改为澧水，大业并入。有西唐山。）

淮安郡（后魏置东荆州，西魏改为淮州。开皇五年又改为显州。）统县七，户四万六千八百四十。

比阳（带郡。后魏曰阳平，开皇七年改为饶良，大业初又改焉。又有后魏城阳县，置殷州、城阳郡。开皇初郡并废，其县寻省。又有昭越县，大业初改为同光，寻废。又有东南阳县，西魏改为南郭郡，后周废。又有比阳故县，置西鄢州。西魏改为鸿州，后周改为真昌州。开皇初郡废，大业初县废。）平氏（旧置汉广郡，开皇初郡废。有淮水。）真昌（旧曰北平，开皇九年改焉。）显冈（旧置舞阴郡，开皇初郡废。）临舞（东魏置，及置期城郡。开皇初郡废。又有东舞阳县，开皇十八年改为昆水，大业初废。）慈丘（后魏曰江夏，并置江夏郡。开皇初郡废，更置慈丘于其北境。后魏有郑州、潘州、溧州及襄城、周康二郡，上蔡、青山、震山三县，并开皇初废。有比水。）桐柏（梁置，曰淮安，并立华州，又立上川郡。西魏改州为淮州，后改为纯州，寻废。开皇初郡废，更名县曰桐柏。又梁置西义阳郡，西魏置淮阳郡及辅州，后周州郡并废，又置淮南县。开皇末改为油水，大业初废。又有大义郡，后周置，开皇初废。有桐柏山。）

豫州于《禹贡》为荆州之地。其在天官，自氐五度至尾九度，为大火，于辰在卯，宋之分野，属豫州。自柳九度至张十六度，为鹑火，于辰在午，周之分野，属三河，则河南。淮之星次，亦豫州之域。豫之言舒也，言禀平和之气，牲理安舒也。洛阳得土之中，赋贡所均，故周公作洛，此焉攸在。其俗尚商贾，机巧成俗。故《汉志》云"周人之失，巧伪趋利，贱义贵财"，此亦自古然矣。荥阳古之郑地，梁郡梁孝故都，邪僻傲荡，旧传其俗。今则好尚稼穑，重于礼文，其风皆变于古。谯郡、济阴、襄城、颍川、汝南、淮阳、汝阴，其风颇同。南阳古帝乡，搢绅所出，自三方鼎立，地处边疆，戎马所萃，失其旧俗。上洛、弘农，本与三辅同俗。自汉高发巴蜀之人，定三秦，迁巴之渠率七姓，居于商洛之地，由是风俗不改其壤。其人自巴来者，风俗犹同巴郡。淅阳、淯阳、亦颇同其俗云。

东郡（开皇九年置杞州，十六年改为滑州，大业二年为兖州。）统县九，户十二万一千九百五。

白马（旧置东郡，后齐并凉城县入焉。大业初复置郡。）灵昌（开皇十六年置。）卫南（开皇十六年置，大业初废西濮阳入焉。又有后魏平昌、长乐二县，后齐并废。）濮阳（开皇十六年分置昆吾县，大业初入焉。）封丘（后齐废，开皇十六年复。）匡城（后齐曰长垣，开皇十六年改焉。）胙城（旧曰东燕，开皇十八年改焉。）韦城（开皇六年置，十六年分置长垣县，大业初省入焉。）离狐。

东平郡（后周置鲁州，寻废。开皇十年置郓州。）统县六，户八万六千九十。

郓城（后周置，曰清泽，又置高平郡。开皇初郡废，改县曰万安。十八年改曰郓城。大业初置郡，并廪丘入焉。）鄄城（旧置濮阳郡，开皇初郡废，十六年置濮州，大业初州废。有关官。）须昌（开皇十六年置。有梁山。）宿城（后齐曰须昌，开皇十六年改焉。旧置东平郡，后齐并废。）雷泽（旧曰城阳，后齐废。开皇十六年置，曰雷泽，又分置临濮县。大业初并入焉。有历山、雷泽。）钜野（旧废，开皇十六年复，又置乘丘县，大业初废入焉。）

济北郡（旧置济州。）统县九，户十万五千六百六十。

卢（旧置郡，开皇初废。六年分置济北县，大业中省入焉。寻置郡。有关官。有成回仓，有鱼山、游仙山。）范（后齐废，开皇十六年置。）阳谷（开皇十六年置。）东阿（有浮山、岚山、狼水。）平阴（开皇十四年置，曰榆山，大业初改焉。）长清（开皇十四年置。又有东太原郡，后齐废。）济北（开皇十四年置，曰时平，大业初改焉。）寿张　肥城（宋置济北郡，后齐废。后周置肥城郡，寻废，又复。开皇初又废。）

武阳郡（后周魏置魏州。）统县十四，户二十一万三千三十五。

贵乡（东魏置。又有平邑县，后齐废，开皇十六年又置。大业初置武阳郡，并省平邑县入焉。有悭山。）元城（后齐废。开皇六年复，又置马陵县，大业初废入焉。有沙麓山。）繁水（旧曰昌乐，置昌乐郡。东魏郡废，后周复置。旧有魏县县，后齐废。开皇初郡废，六年置县，曰繁水。大业初置昌乐县入焉。）魏（后齐废，开皇六年复。十六年析置漳阴县，大业初省入焉。）莘（旧曰阳平，后齐改曰乐平。开皇六年复曰阳平，八年改曰清邑，十六年置莘州。大业初州废，改县名莘，又废莘亭县入焉。后周置武阳郡焉，开皇初废。）顿丘（后齐省，开皇六年置。又有旧阴安县，后齐废。）观城（旧曰卫国，开皇六年改。）临黄（后魏置，后齐省，开皇六年复，十六年分置河上县，大业初省入焉。）武阳（后齐省，后周置。）武水（开皇十六年置。）馆陶（旧置毛州，大业初州废。又有旧阳平郡，开皇初废。）堂邑（开皇六年置。）冠氏（开皇六年置。）聊城（旧置南冀州及平原郡，未几，州废。开皇初郡废。十六年置博州，大业初州废。）

渤海郡（开皇六年置棣州，大业二年为沧州。）统县十，户十二万二千九百九。

阳信（带郡。）乐陵（旧乐陵郡，开皇初郡废。十六年分置禹津县，大业初废入焉。）滳河（开皇十六置。又有后魏湿沃县，后齐废。有关官。）厌次（后齐废，开皇十六年复。）蒲台（开皇十六年置。）饶安（旧置沧州、浮阳郡，开皇初郡废，大业初州废。）无棣（开皇六年置。）盐山（旧曰高成。开皇十六年又置浮水县。十八年改高成曰盐山。大业初省浮水入焉。有盐山、峡山。）南皮　清池（旧曰浮阳，开皇十八年改。）

平原郡（开皇九年置德州。）统县九，户十三万五千八百二十二。

安乐（旧置平原郡，开皇初郡废，大业初复，又省官皇十六年置绛幕县，至是废入焉。又有后魏禹县，后齐废，有关官。）平原（后齐并鄃县入焉。有关官。又后魏置东青州，置未久而废。）将陵（开皇十六年置。）平昌（后魏置东安郡，后齐废，并以重平县入焉。）殷（后齐省，开皇十六年复。）长河（旧曰广川。后齐省，开皇六年复置，仁寿初改名焉。）弓高（旧废，皇十六年置。）东光（旧置渤海郡，开皇初郡废。九年置观州，大业初州废，又并安陵县入焉。有天胎山。）胡苏（旧废，开皇十六年置。）

兖州于《禹贡》为济、河之地。其于天官，自轸十二度至氐四度，为寿星，于辰在辰，郑之分野。兖州盖取沇水为名，亦曰兖，兖之为言端也，言阳精端端，故其气纤杀也。东郡、东平、济北、武阳、平原等郡，得其地焉。兼得邹、鲁、齐、卫之交。旧传太公唐叔之教，亦有周孔遗风。今此数郡，其人尚多好儒学，性质直怀义，有古之风烈矣。

信都郡（旧置冀州。）统县十二，户十六万八千七百一十八。

长乐（旧曰信都，带长乐郡，后齐废扶柳县入焉。开皇初郡废，分信都置长乐县。十六年又分长乐置泽城县。大业初废信都及泽城入焉，置信都郡。）堂阳（旧县，后齐废，开皇十六年复。）衡水（开皇十六年置。）枣强（旧县，后齐废索芦、广川二县入焉。）武邑（旧县，后齐废。开皇六年置，并得后齐观津县地。十六年分武强置昌亭县，大业初废入焉。）武强（旧置武邑郡，后齐废，又废武遂县入焉。）南宫（旧县，后齐废，开皇六年复。）斌强　鹿城（旧曰鄡，后齐改曰安国。开皇六年改为安定，十八年改。开皇十六年又置晏城，大业初废入。）下博，蓨（旧曰脩，开皇五年改。十六年分置观津县，大业初废。）阜城

清河郡（后周置贝州。）统县十四，户三十万千六百四十四。

清河（旧曰武城，置清河郡。开皇初郡废，改名焉，仍别置武城县。十六年置夏津县，大业初废入，置清河郡。）清阳（旧曰清河县，后齐省贝丘入焉，改为贝丘，开皇六年改为清阳。又有后魏候城县，后齐省以入武城，亦入焉。）武城（旧曰东武城。开皇初改武城为清河县，于此置武城。）历亭（开皇十六年分武城置焉。）漳南（开皇六年置，曰东阳，十八年改为漳南。有后魏故索卢城，后齐以为枣强，至是入。）鄃（旧废，开皇十六年置。）临清（后齐废，开皇六年年复。又十六年置沙丘县，大业初废入焉。）清泉（后齐废千童县。开皇十六年置贝丘县，大业二年废入。）清平（开皇六年置，曰贝丘，十六年改曰清平。）高唐（后魏置南清河郡，后郡废。）经城（后齐废，开皇六年置，十六年分置府城县，大业初省入焉。）宗城（旧曰广宗，仁寿元年改。）博平（开皇六年置灵县，大业初省入。）茌平（后齐废，开皇复。）

魏郡（后魏置相州，东魏改曰司州牧。后周又改曰相州，置六府。宣政初府移洛，以置总管府，未几，府废。）统县十一，户十二万二百二十七。

安阳（周大象初，置相州及魏郡，因改名邺，开皇初郡废，十年复，名安阳，分置相县，邺还复旧。大业初废相入焉，置魏郡，有韩陵山。）邺（东魏都。后周平齐，置相州。大象初县随州徙安阳，此改为灵芝县。开皇十年又改焉。）临漳（东魏置，

成安（后齐置。）灵泉（后周置。有龙山。）尧城（开皇十年置，名长乐，十八年改焉。）洹水（后周置。）滏阳（后周置。开皇十年置慈州，大业初州废。）临水（有慈石山、鼓山、滏山。）林虑（后魏置林虑郡，后齐废，后又置。开皇初郡废，又分置淇阳县。十六年置岩州。大业初州废，又废淇阳入焉。有林虑谼、仙人台、洹水。）临淇（东魏置，寻废，开皇十六年复。有淇水。）

汲郡（东魏置义州，后周为卫州。）统县八，户十一万一千七百二十一。

卫（旧曰朝歌，置汲郡。后周又分置修武郡。开皇初郡并废，十六年又置清淇县。大业初置汲郡，改朝歌县曰卫，废清淇入焉。有朝阳山、同山。有纣朝歌城、比干墓。）汲（东魏侨置汲郡十八县。后齐省，以置伍城郡，后周废为伍城县，开皇六年改焉。）隋兴（开皇六年置。后析置阳源县，大业初并入焉。有仓岩山。）黎阳（后魏置黎阳郡，后置黎州。开皇初州郡并废。十六年又置黎州，大业初，罢。有仓。有关官。有大伾山、枉人山。）内黄（旧废，开皇六年置。十六年分置繁阳县，大业初废入。）汤阴（旧废，开皇六年又置。有博望冈。）临河（开皇六年置。）澶水（开皇十六年置。）

河内郡（旧置怀州。）统县十，户十三万三千六百六。

河内（旧曰野王，置河内郡。开皇初郡废，十六年县改焉。有轵县，大业初废入，寻置郡。有大行，有丹水。有缔城。）温（旧废，开皇十六年置。古温城。）济源（开皇十六年置。旧有沁水县，后齐废入。有孔山、母山。有济水、漾水、古原城。）河阳（旧废，开皇十六年置。有盟津。有古河阳冶。）安昌（旧曰州县，置武德郡。开皇初郡废，十八年县改为邢丘。大业初改名安昌，又废怀县入焉。旧有平高县，后齐废。）王屋（旧曰长平，后周改焉，后置怀州。及平齐，废州置王屋郡。开皇初郡废。有王屋山、齐子岭。有轵关。）获嘉（后周置修武郡，开皇初郡废。十六年置殷州，大业初州废。）新乡（开皇初年置。有关官。旧有获嘉县，后齐废。）修武（后魏置修武，后齐并入焉。开皇十六年析置武陟，大业初并入焉。又有东魏广宁郡，后周废。）共城（旧曰共，后齐废。开皇六年复置，曰共城。有共山、白鹿山。）

长平郡（旧曰建州。开皇初改为泽州。）统县六，户五万四千九百一十三。

丹川（旧曰高都。后齐置长平、高都二郡，后周并为高平郡。开皇初郡废，十八年改为丹川，大业初置长平郡。有太行山。）沁水（旧曰广宁郡。后齐郡废，县改为永宁。开皇十八年改焉。有辅山。）端氏（后魏置安平郡，开皇初郡废。有巨峻山、秦川水。）濩泽（有巁嶕山，濩泽山。）高平（旧曰平高，齐末改焉，又并玄氏县入焉。有关官。）陵川（开皇十六年置。）

上党郡（后周置潞州。）统县十，户十二万五千五百七十。

上党（旧置上党郡，开皇初郡废。有壶关县。大业初复置郡，废壶关入焉。有羊头山、抱犊山。）长子（后齐废。开皇九年置，曰寄氏县。十八年改为长子。旧有屯留、乐阳二县，齐废。有浊漳水、尧水。）潞城（开皇十六年置。有黄阜山。）屯留（后齐废，开皇十六年复。）襄垣（旧襄垣郡，后齐郡废。后周置韩州，大业初州废。有鹿台山。）黎城（后魏以潞县被诛遗人置，十八年改名黎城。有积布山、松门岭。）涉（后魏废，开皇十八年复。有崇山。）乡（石勒置武乡郡，后周去武字。开皇初郡废，十六年分置榆社县，大业初废。又有后魏南垣州，寻改

丰州，后周废。）铜鞮（有旧涅县，后魏改为阳城。开皇十八年改为甲水，大业初省入。有铜鞮水。）沁源（后魏置县及义宁郡，开皇初废。十六年置沁州。又义宁县十八年改为和川。大业初州废，又废和川县入。）

河东郡（后魏曰秦州，后周改为蒲州。）统县十，户十五万七千七十八。

河东（旧曰蒲坂县，置河东郡。开皇初郡废，十六年析置河东县。大业初置河东郡，并蒲坂入。有酒官。有首山。有妫、汭水。）桑泉（开皇十六年置。有三疑山。）汾阴（旧置汾阴郡，开皇初郡废。有龙门山。）龙门（后魏置，并置龙门郡。开皇初郡废。）芮城（旧置，曰安戎。后周改焉，又置永乐郡，后省入焉。有关官。）安邑（开皇十六年置虞州，大业初州废。有盐池、银冶。）夏（旧置安邑郡，开皇初郡废。有巫咸山、稷山、虞坂。）河北（旧置河北郡，开皇初郡废。有关官。有砥柱山。有傅岩。）猗氏（西魏改曰桑泉，后周复焉。）虞乡（后魏曰安定，西魏改曰南解，又改曰绥化，又曰虞乡。有石锥山、百梯山、百径山。）

绛郡（后魏置东雍州，后周改曰绛州。）统县八，户七万一千八百七十六。

正平（旧曰临汾，置正平郡。开皇初郡废，十八年县改名焉。大业初置绛郡。又有后魏南绛郡，后周废郡，又并南绛县入小乡县。开皇十八年改曰汾东，大业初省入焉。）翼城（后魏置，曰北绛县，并置北绛郡。后齐废新安县，并南绛县入焉。开皇初郡废，十八年改为翼城。有乌岭山、东泾山。有浍水。）绛（旧置绛郡，开皇初郡废。后周置晋州，建德五年废。）曲沃（后周置，建德六年废。有绛山、桥山。）稷山（后齐曰高凉，开皇十八年改焉。有后魏龙门郡，开皇初废。又有后周勋州，置总管，后改曰绛州，开皇初移。）闻喜（有景山。有董泽陂。）垣（后魏置邵郡及白水县。后周置邵州，改白水为亳城。开皇初郡废。大业初州废，县改为垣县，又省后魏所置清廉县及后周所置蒲原县入焉。有黑山。）太平（后魏置，后齐省临汾县入焉。有关官。）

文城郡（东魏置南汾州，后周改为汾州，后齐为西汾州。后周平齐，置总管府。开皇四年府废，十六年改为耿州，后复为汾州。）统县四，户二万二千三百。

吉昌（后魏曰定阳县，并置定阳郡。开皇初郡废，十八年县改名焉。大业初，置文城郡。有风山。）文城（后魏置。有石门山。）伍城（后魏置，曰刑军县，后改为伍城，后又置伍城郡。开皇初郡废，又废后魏昌县入焉。大业初又废大宁县入焉。）昌宁（后魏置，并内阳郡。开皇初郡废。有壶口山、嶍山。）

临汾郡（后魏置唐州，改曰晋州。后周置总管府，开皇初府废。）统县七，户七万一千八百七十四。

临汾（后魏曰平阳，并置平阳郡。开皇初郡改为平河，改县为临汾，寻郡废。又有东魏西河、敷城、伍城、北伍城、定阳等五郡，后周废为西河、定阳二郡。开皇初郡并废。又有后魏永安县，开皇初改为西河，大业初省。又有旧襄城县，后齐省。有姑射山。）襄陵（后魏太武禽赫连昌，乃分置禽昌县。齐并襄陵入禽昌县。大业初又改为襄陵。）冀氏（后魏置冀氏郡，领冀氏、合阳二县。后齐郡废，又废合阳入焉。）杨 霍邑（后魏曰永安，并置永安郡。开皇初郡废。十六年置汾州，十八年改为吕州，县曰霍邑。大业初州废。有霍山。有彘水。）汾西（后魏曰临汾，并置汾西郡。开皇初郡废，十八年县改为汾西。又有后周新城县，开皇十年省入。）岳阳（后魏置，曰安泽。大业初改焉。）

龙泉郡（后周置汾州。开皇四年置西汾州总管，五年改为隰州总管。大业初府废。）统县五，户二万五千八百三十。

隰川（后周置县，初曰长寿，又置龙泉郡。开皇初郡废，县改曰隰川。大业初置郡。）永和（后周置，曰临河县及临河郡。开皇初郡废，十八年县改名焉。有关官。）楼山（后周置，曰归化。开皇十八年改名焉。有北石楼山，有孔山。）石楼（旧吐京郡及吐京县，开皇初郡废，十八年县改名。）蒲（后周置，有伍城郡及石城郡及石城县，周末并废。又有后魏平昌县，开皇中改曰蒲川，大业初废入焉。）

西河郡（后魏置汾州，后齐置南朔州，后周改曰介州。）统县六，户六万七千三百五十一。

隰城（旧置西河郡，开皇初郡废，大业初复。有隐泉山。）介休（后魏置定阳郡、平昌县。后周改郡曰介休，以介休县为焉。开皇初郡废，十八年县改曰介休。）永安（有雀鼠谷。）平遥（开皇十六年析置清世县，大业初废入焉。又后魏置蔚州，后周废。有鹿台山。）灵石（开皇十年置。有介山，有靖岩山。）绵上（开皇十六年置。有沁水。）

离石郡（后齐置西汾州，后周改为石州。）统县五，户二万四千八十一。

离石（后齐曰昌化县，置怀政郡。后周改曰离石郡及县，又置宁乡县。开皇初郡废。大业初置郡，并宁乡入焉。）修化（后周置，曰窟胡，并置窟胡郡。开皇初郡废，后县改为修化。又后周置卢山县，大业初并入焉。有伏卢山。）定胡（后周置，及置定胡郡。开皇初郡废。有关官。）平夷（后周置。）太和（后周置，曰乌突，及置乌突郡。开皇初郡废，县寻改焉。有漱水。）

雁门郡（后周置肆州。开皇五年改为代州，置总管府。大业初府废。）统县五，户四万二千五百二。

雁门（旧曰广武，置雁门郡。开皇初郡废，十八年改曰雁门。大业初置雁门郡。有关官。有长城。有夥头山，有夏屋山。）繁畤（后魏置，并置繁畤郡。后周郡县并废。开皇十八年复置县。有东魏武州及吐京、齐、新安三郡，寄在城中。后齐改为北灵州，寻废。有长城、滹沱水、泒水、唐山。）崞（后魏置，曰石城县。东魏置廓州。有广安、永定、建安三郡，寄山城。后齐废郡。改为北显州。开皇十年改县曰平寇。大业初改为崞县。又有云中城，东魏侨置恒州，寻废。有无京山、崞山。有土城。）五台（旧曰虑虎，久废。后魏置，曰驴夷。大业初改焉。有五台山。）灵丘（后魏置灵丘郡，后齐省莎泉县入焉。后周置蔚州，又立大昌县。开皇初郡废，县并入焉。大业初州废。）

马邑郡（旧置朔州。开皇初置总管府，大业初府废。）统县四，户四千六百七十四。

善阳（后齐置，县曰招远，郡曰广安。开皇初郡废。大业初县改曰善阳，置代郡，寻曰马邑。又有后魏桑乾郡，后齐以置朔州及广宁郡。后周郡废，大业初州废。）神武（后魏置神武郡，后齐改曰太平，后周罢郡。有桑乾水。）云内（后魏立平齐郡，寻废。后齐改曰太平郡，后周改曰云中，开皇初改曰云内。有后魏郡，置司州，又有后齐安远、临塞、威远、临阳等郡属北恒州，后周并废。有纯真山、白登山、武周山、有湿水。）开阳（旧曰长宁，后周置齐德、长宁二郡。后周废齐德郡。开皇初郡废，十九年县改曰开阳。）

定襄郡（开皇五年置云州总管府，大业元年府废。）统县一，户三百七十四。

大利（大业初置，带郡。有长城。有阴山。有紫河。）

楼烦郡（大业四年置。）统县三，户二万四千四百二十七。

静乐（旧曰岢岚。开皇十八年改为汾源，大业四年改焉。有长城。有汾阳宫。有关官。有管涔山、天池、汾水。）临泉（后齐置，曰蔚汾。大业四年改焉。）秀容（旧置肆州，后齐又置平寇县。后周州徙雁门。开皇初置新兴郡、铜川县。郡寻废。十年废平寇县。十八年置忻州，大业初州废，又废铜川。有程侯山、系舟山。有岚水。）

太原郡（后齐并州，置省，立别宫。后周置并州六府，后置总管，废六府。开皇二年置河北道行台，九年改为总管府，大业初府废。）统县十五，户十七万五千三。

晋阳（后齐置，曰龙山。带太原郡。开皇初郡废，十年改县曰晋阳，十六年又置清源县，大业初省入焉。有龙山、蒙山。）太原（旧曰晋阳，带郡。开皇十年分置阳真县，大业初省入焉。有晋阳宫。有晋水。）交城（开皇十六年置。）汾阳（旧曰阳曲。开皇六年改为阳直，十六年又改名焉，复分置孟县，大业初废。有摩笄山。）文水（旧曰受阳，开皇十年改焉。有文水、泌水。）祁（后废，开皇中复。）寿阳（开皇十年改州南受阳县为文水，分州东故寿阳置寿阳。有燕岩。）榆次（后齐曰中都，开皇中改焉。）太谷（旧曰阳邑，开皇十八年改焉。）乐平（旧置乐平郡，开皇郡废。十六年分置辽州及东山县，大业初废州及东山县。有皋洛山。有清漳水。）和顺（旧曰梁榆，开皇十年改。有九京山。）辽山（后魏曰辽阳，后齐省。开皇十年置，改名焉。十六年属辽州，并置交漳县。大业初废州，并罢交漳入焉。有箕嶂水。）平城（开皇十六年置。有涂水。）石艾（有蒙山。）盂（开皇十六年置，曰原仇，大业初改焉。有白鹿山。）

襄国郡（开皇十六年置邢州。）统县七，户十万五千八百七十三。

龙冈（旧曰襄国，开皇九年改名焉。十六年又置青山县，大业初省入焉。有黑山。有漉水。）南和（旧置北广平郡，后齐省入广平郡，后周分置南和郡。开皇初郡废，十六年置任县，大业初废入。）平乡 沙河（开皇十六置。有磬山。）钜鹿（后齐废，开皇六年置南栾县，后废入焉。）内丘（有干言山。）柏仁（有鹊山。）

武安郡（后周置洺州。）统县八，户十一万八千五百九十五。

永年（旧曰广平，置广平郡，后齐废北广平郡及曲梁、广平二县。开皇初郡废，复置广平，后改曰鸡泽。仁寿元年改广平为永年。大业初置武安郡，又将鸡泽县入。）肥乡（东魏省，开皇十年复。）清漳（开皇十六年置。）平恩 洺水（旧曰斥漳，后齐省入平恩。开皇六年分置曲周，大业废入焉。）武安（开皇十年分置阳邑县，大业初废入焉。有榆溪，有阙与山，有寰水。）邯郸（东魏废。开皇十六年复置陟乡，大业初省入焉。）临洺（旧曰易阳。后齐废入襄国县，置襄国郡。后周改为易阳县，别置襄国郡。开皇六年改易阳为邯郸，十年改邯郸为临洺。开皇初郡废。有紫山、狗山、塔山。）

赵郡（开皇十六年置栾州，大业三年改为赵州。）统县十一，户十四万八千一百五十六。

平棘（旧置赵郡，开皇初省。有宋子县，后齐废。大业初置赵郡，废宋子县入焉。）高邑 赞皇（开皇十六年置。有孔子岭，有白沟。）元氏（旧县，后齐废，开皇六年置。大业初置赵郡，废宋子县入焉。）高邑　赞皇（开皇十六年置。有孔子岭，有白沟。）元氏（旧县，后齐废，开皇六年置。十六年分置灵山县，大业初废入焉。有灵山。）庆陶（旧曰庆遥，开皇六年改为"陶"。）栾城（旧县，后齐废，开皇十六年复。）大陆（旧曰广阿，置殷州及南钜鹿郡。后改为南赵郡，改为赵州。开皇十六年分置栾州，仁寿元年改为象城。大业初州废，县改为大陆。又开皇十六年所置大陆县，亦废入焉。）柏乡（开皇十六年置。有岖嵫山。）房子（旧县，后齐省，开皇六年复。有赞皇山。有彭水。）槁城（后齐废下曲阳入焉。改为高城县，置钜鹿郡。开皇初郡废。十年置廉州，十八年改为槁城县，大业初废。又开皇十六年置柏乡县，亦废入焉。）鼓城（旧曰曲阳，后齐废。开皇十六年分置昔阳县，十八年改为鼓城。十六年又置廉平县，大业初并入。）

恒山郡（后周置恒州。）统县八，户十七万七千五百七十一。

真定（旧置常山郡，开皇初郡废。十六年分置常山县。大业初置恒山郡，省常山入焉。）滋阳（开皇六年置。十六年又置王亭县，大业初省入焉。有大茂山、岁山。）行唐　石邑（旧县，后齐改曰井陉，开皇六年改焉。十六年析置鹿泉县，大业初并入。有封龙山、抱犊山。）九门（后齐废，开皇六年复。大业初，又并新市县入焉。有许奉垒。）井陉（后齐废石邑，以置井陉。开皇六年复石邑县，分置井陉。十六年于井陉置井州，及置苇泽县。大业初废州，并省苇泽县及蒲吾县入焉。）房山（开皇十六年置。）灵寿（后周置蒲吾郡，开皇初郡废。）

博陵郡（旧置定州。后周置总管府，寻罢。）统县十，户十万二千八百一十七。

鲜虞（旧曰卢奴，置鲜虞郡。后齐废卢奴入安喜。开皇初废郡，以置鲜虞县。大业初置博陵郡，又废安喜入焉。有卢水。）北平（旧置北平郡。后齐郡废，又并望都、蒲阴二县来入。开皇六年又置望郡，大业初又废。有都山、伊祁山。有濡水。）唐（旧县，后齐废，开皇十六年复。有尧山、郎山、中山。）恒阳（旧曰上曲阳，后齐去上字。开皇六年改为石邑，七年改曰恒阳。有恒山，有恒阳溪，有范水。）新乐（开皇十六年置。有黄山。）隋昌（后魏曰魏昌，后齐废。开皇十六年复，仍改焉。）毋极　义丰（开皇六年置。旧有安国县，后齐废。）深泽（后齐废，开皇六年复。）安平（后齐置博陵郡，开皇初废。十六年置深州，大业初州废。）

河间郡（旧置瀛州。）统县十三，户十七万三千八百八十三。

河间（旧置河间郡，开皇初郡废。大业初复置郡，并武垣县入焉。）文安（有狐狸淀。）乐寿（旧曰乐城，开皇十八年改为广城，仁寿初改焉。）束城（旧束州，后齐废。开皇十六年置，后改名焉。）景城（旧曰成平，开皇十八年改焉。）高阳（旧置高阳郡，开皇初郡废。十六年置蒲州，大业初州废，并任丘县入焉。）鄚（有易城县，后齐废。开皇中置永宁县，大业初废入。）博野（旧曰博陆，后魏改为博野，后齐废蠡吾县入焉。）清苑（旧曰乐乡。后齐省樊兴、北新城、清苑、乐乡入永宁，改名焉。开皇十八年改为清苑。）长芦（开皇初置，并立漳河郡，郡寻废。十六年置景州，大业初废。）平舒（旧置章武郡，开皇初废。）鲁城（开皇十六年置。）饶阳（开皇十六年分置安平、芜蒌二县，大业初省入焉。）

涿郡（旧置幽州，后齐置东北道行台。后周平齐，改置总管府。大业初府废。）统县九，户八万四千五十九。

蓟（旧置燕郡，开皇初废，大业初置涿郡。）良乡　安次　涿（旧置范阳郡，开皇初郡废。）固安（旧曰故安，开皇六年改焉。）雍奴　昌平（旧置东燕州及平昌郡。后周州郡并废，后又置平昌郡。开皇初郡废，又省万年县入焉。有关官。有长城。）怀戎（后齐置北燕州，领长宁、永丰二郡。后周去北字。开皇初郡废，大业初州废。有乔山，历阳山，大、小翩山。有漯水、澰水、涿水、阪泉水。）潞（旧置渔阳郡，开皇初废。）

上谷郡（开皇元年置易州。）统县六，户三万八千七百。

易（开皇初置黎郡，寻废。十六年置县。大业初置上谷郡。旧有故安县，后齐废。有驳牛山、五回岭。有易水、徐水。）涞水（旧曰遒县，后周废。开皇元年，以范阳为遒，更置范阳于此。六年改为固安，八年废。十年又置，为永阳，十八年改为涞水。）遒（旧范阳居此，俗号小范阳。开皇初改为遒。）遂城（旧武遂。后魏置南营州，准营州置五郡十一县：龙城、广兴、定荒属昌黎郡；石城、广都属建德郡；襄平、新昌属辽东郡；永乐属乐浪郡；富平、带方、永安属营丘郡。后齐唯留昌黎一郡，领永乐、新昌二县，余并省。开皇元年州移，三年郡废，十八年改为遂城。有龙山。）永乐（旧曰北平，后周改名焉。有郎山。）飞狐（后周置，曰广昌。仁寿初改焉。有栗山。有巨马河。）

渔阳郡（开皇六年徙玄州于此，并立总管府。大业初府废。）统县一，户三千九百二十五。

无终（后齐置，后周又废徐无县入焉。大业初置渔阳郡。有长城。有燕山、无终山。有洵河、如河、庚水、浭水、滥水。有海。）

北平郡（旧置平州。）统县一，户二千二百六十九。

卢龙（旧北平郡，领新昌、朝鲜二县。后齐省朝鲜入新昌，又省辽西郡并所领海阳县入肥如。开皇六年又省肥如入新昌，十八年改名卢龙。大业初置北平郡。有长城。有关官。有临渝宫。有覆舟山。有碣石。有玄水、卢水、温水、闾水、龙鲜水、巨梁水。有海。）

安乐郡（旧置安州，后周改为玄州。开皇十六年州徙，寻置檀州。）统县二，户七千五百九十九。

燕乐（后魏置广阳郡，领大兴、方城、燕乐三县。后齐废郡，以大兴、方城入焉。大业初置安乐郡。有长城。有沽河。）密云（后魏置密云郡，领白檀、要阳、密云三县。后齐废郡及二县入密云。又有旧安乐郡，领安市、土垠二县，后齐废土垠入安市，后周废安市入密云县。开皇初郡废。有长城。有桃花山、螺山。有渔水。）

辽西郡（旧置营州，开皇初置总管府，大业初府废。）统县一，户七百五十一。

柳城（后魏置营州于和龙城，领建德、冀阳、昌黎、辽东、乐浪、营丘等郡，龙城、大兴、永乐、带方、定荒、石城、广都、阳武、襄平、新昌、平刚、柳城、富平等县。后齐唯留建德、冀阳二郡，永乐、带方、龙城、大兴等县，其余并废。开皇元年唯留建德一郡，龙城一县，其余并废。寻又废郡，改县为龙山，十八年改为柳城。大业初，置辽西郡。有带方山、秃黎山、鸡鸣山、松山。有渝水、白狼水。）

冀州于古，尧之都也。舜分州为十二，冀州析置幽、并。其于天文，自胃七度至毕十一度，为大梁，属冀州。自尾十度至南斗十一度，为析木，属幽州。自危十六度至奎四度，为娵訾，属并州。自柳九度至张十六度，为鹑火，属三河，则河内、河东也。准之星次，本皆冀州之域，帝居所在，故其界尤大。至夏废幽、并入焉，得唐之旧矣。信都、清河、河间、博陵、恒山、赵郡、武安、襄国，其俗颇同。人性多敦厚，务在农桑，好尚儒学，而伤于迟重。前代称冀、幽之士钝如椎，盖取此焉。俗重气侠，好结朋党，其相赴死生，亦出于仁义。故《班志》述其土风，悲歌慷慨，椎剽掘冢，亦自古之所患焉。前谚云"仕官不偶遇冀部"，实弊此也。魏郡，邺都所在，浮巧成俗，雕刻之工，特云精妙，士女被服，咸以奢丽相高，其性所尚习，得京、洛之风矣。语曰："魏郡、清河，天公无奈何！"斯皆轻狡所致。汲郡、河内，得殷之故壤，考之旧说，有纣之余教。汲又卫地，习仲由之勇，故汉之官人，得以便宜从事，其多行杀戮，本以此焉。今风俗颇移，皆向于礼矣。长平、上党，人多重农桑，性尤朴直，盖少轻诈。河东、绛郡、文城、临汾、龙泉、西河，土地沃少瘠多，是以伤于俭啬。其俗刚强，亦风气然乎？太原山川重复，实一都之会，本虽后齐别郡，人物殷阜，然不甚机巧。俗与上党颇同，人性劲悍，习于戎马。离石、雁门、马邑、定襄、楼烦、涿郡、上谷、渔阳、北平、安乐、辽西，皆连接边郡，习尚与太原同俗，故自古言勇侠者，皆推幽、并云。然涿郡、太原，自前代以来，皆多文雅之士，虽俱曰边郡，然风教不为比也。

北海郡（旧置青州，后周置总管府，开皇十四年府废。）统县十，户十四万七千八百四十五。

益都（旧置齐郡，开皇初废，大业初置北海郡。有尧山、猊山。）临淄（及东安平、西安，并后齐废。开皇十六年又置临淄及时水县。大业初废高阳、时水二县入焉。有社山、葵丘、牛山、稷山。）千乘（旧置乐安郡，开皇初郡废。）博昌（旧曰乐安，开皇十六年改焉。又十八年析置新河县，大业初废入焉。）寿光（开皇十六年置闾丘县，大业初废入焉。）临朐（旧曰昌国。开皇六年改为逢山，又置般阳县。大业初改曰临朐，并废般阳入焉。有逢山、沂山、穆陵山、大岘山。有汶水、浯水。）都昌（有箕山、阜山、白狼山。）北海（旧曰下密，置北海郡。后齐改郡曰高阳，开皇初郡废。十六年分置潍州，大业初州废，县改名焉。）营丘（后齐废，开皇十六年复。有丛角山、女节山。）下密（后魏曰胶东，后齐废。开皇六年复，改为潍水。大业初改名焉。有铁山。有溉水。）

齐郡（旧曰齐州。）统县十，户十五万二千三百二十三。

历城（旧置济南郡，开皇初废。大业初置齐郡，废山茌县入焉。有舜山、鸡山、卢山、鹊山、华山、鲍山。）祝阿 临邑 临济（开皇六年置，曰朝阳。十六年改曰临济，别置朝阳。大业初废入焉。）邹平（旧曰平原，开皇十八年改名焉。）章丘（旧曰高唐，开皇十六年改焉，又置营城县。大业初废入焉。又宋置东魏郡，后齐废。有东陵山、长白山、龙盘山。）长山（旧曰武强，置广川郡，并东清河、平原二郡入，改曰东平原郡。开皇初郡废。又十六年置济南县，十八年改武强曰长山。大业初省济南县入焉。）高苑（后齐曰长乐。开皇十八年改为会城。大业初改焉。）亭山（旧曰卫国，后齐并土鼓、肥乡入焉。开皇六年改名亭山。有龙舟山、儒山。）淄川（旧曰贝丘，置东清河郡。后齐废。开皇十六年置淄州，十八年县改名焉。大业初州废。

东莱郡（旧置光州，开皇五年改曰莱州。）统县九，户九万三百五十一。

掖（旧置东莱郡，后齐并曲城，当利二县入焉。开皇初废郡，大业初复置郡。有缶山。有掖水、光水。）胶水（旧曰长广，仁寿元年改名焉。有明堂山。）卢乡（后齐卢乡及挺城并废。开皇十六年复置卢乡，并废挺城入焉。）即墨（后齐及不其县并废。开皇十六年复，并废不其入焉。有大劳山、马山。有田横岛。）观阳（后周废。开皇十六年复，又分置牟州。大业初州废。）昌阳（有巨神山。）黄（旧置东牟，长广二郡，后齐废东牟郡入长广郡，开皇初郡废。）牟平（有牟山、龙山、金山、九日山。）文登（后齐置。有石桥。有文登山、斥山、之罘山。）

高密郡（旧置胶州，开皇五年改为密州。）统县七，户七万一千九百二十。

诸城（旧曰东武，置高密郡。开皇初郡废，十八年县改名焉。大业初复置郡。有烽火山。）东莞（后齐并姑幕县入焉。有箕山、潍水。）鄀城（后齐废郡，置琅邪县，废朱虚入焉。大业初改名鄀城。）安丘（开皇十六年置，曰牟山。大业初改名，并省安昌入焉。）高密（后齐废淳于县入焉。）胶西（旧曰黔陬，置平昌郡。开皇初郡废。十六年置县，曰胶西。大业初又以黔陬入焉。）琅邪（开皇十六年置，曰丰泉。大业初改焉。有徐山、卢山、鄀日山、胶水。）

《周礼·职方氏》："正东曰青州。"其在天官，自须女八度至危十五度，为玄枵，于辰在子，齐之分野。吴札观乐，闻齐之歌曰："泱泱乎大风也哉，国未可量也。"在汉之时，俗弥侈泰，织作冰纨绮绣纯丽之物，号为冠带衣履天下。始太公以尊贤尚智为教，故士庶传习其风，莫不矜于功名，依于经术，阔达多智，志度舒缓。其为失也，夸奢朋党，言以行谬。齐郡旧曰济南，其俗好教饰子女淫哇之音，能使骨腾肉飞，倾诡人目。俗云"齐倡"，本出此也。祝阿县俗，宾婚大会，肴馔虽丰，至于蒸脍，尝之而已，多则谓之不敬，共相消责，此其异也。大抵数郡风俗，与古不殊，男子多务农桑，崇尚学业，其归于俭约，则颇变旧风。东莱人尤朴鲁，故特少文义。

卷三十一　　　　志第二十六

地　理　下

彭城郡（旧置徐州，后齐置东南道行台，后周立总管府。开皇七年行台废，大业四年府废。）统县十一，户一十三万二百三十二。

彭城（旧置郡，后周并沛及南阳平二郡入。开皇初郡废，大业初复置郡。有吕梁山、徐山。）蕲（梁置蕲郡。后齐置仁州，又析置龙亢郡。开皇初郡废，大业初州废。）谷阳（后齐置谷阳郡，开皇初郡废。又有巳吾、义城二县，后齐并以为临淮县，大业初并入焉。）沛　留（后齐废，开皇十六年复。有微山、黄山。）丰　萧（旧置沛郡，后齐废为承高县。开皇六年改为龙城，十八年改为临沛，大业初改曰萧。有相山。）滕（旧曰蕃，置蕃郡。后齐废。开皇十六年改曰滕县。）兰陵（旧曰承，置兰陵郡。开皇初郡废，十六年分承置鄫州及兰陵县。大业初州废，又并兰陵、鄫城二县入焉，寻改承为兰陵。有抱犊山。）符离（后齐置睢南郡，开皇初郡废，有竹邑县，梁置睢州，开皇三年州废，又废竹邑入焉。有女山、定陶山。）方与（后齐废，开皇十六年复。）

鲁郡（旧兖州，大业二年改为鲁郡。）统县十，户十二万四千一十九。

瑕丘（旧废，开皇十三年复，带郡。）任城（旧置高平郡，开皇初废。）邹（有邹山、承匡山。）曲阜（旧曰鲁城，后齐改郡为任城。开皇三年郡废，四年改县曰汶阳，十六年改名曲阜。）泗水（开皇十六年置。有陪尾山、尼丘山、防山。有洙、泗水。）平陆（后齐曰乐平，开皇十六年改焉。）龚丘（后齐曰平原县，开皇十六年改焉。）梁父（有龟山。）博城（旧曰博，置泰山郡。后齐改郡曰东平，又并博平、牟入焉。开皇初郡废，十六年改曰汶阳，寻改曰博城。有奉高县，开皇六年改曰岱山，大业初州废，又废岱山县入焉。有岱山、玉符山。）嬴（开皇十六年分置牟城县，大业初并入焉。有艾山。有淄水。）

琅邪郡（旧置北徐州，后周改曰沂州。）统县七，户六万三千四百二十三。

临沂（旧曰即丘，带郡。开皇初郡废，十六年分置临沂，大业初并即丘入焉。有大祠山。）费 颛臾（旧曰南武阳，开皇十八年改名焉。又有南城县，后齐废。有明山。）新泰（后齐废蒙阴县入焉。）沂水（旧置南青州及东安郡，后周改为莒州。开皇初郡废，改县曰东安。十六年又改曰沂水。大业初州废。）东安（后齐废，开皇十六年复。有松山。）莒（旧置东莞郡。后齐废，后置义唐郡。开皇初废。）

东海郡（梁置南、北二青州，东魏改为海州。）统县五，户二万七千八百五十八。

朐山（旧曰朐，置琅邪郡。后周改县曰朐山，郡曰朐山。开皇初郡废，大业初复，带郡。有朐山、羽山。）东海（旧置广饶县及东海郡，后齐分广饶置东海县。开皇初郡废，仁寿元年，改广饶曰东海。有谢禄山、郁林山。）涟水（旧曰襄贲。置东海郡。东魏改曰海安。开皇初郡废，县又改焉。）沭阳（梁置潼阳郡。东魏改曰沭阳郡，置县曰怀文。后周改县曰沭阳。开皇初郡废。）怀仁（梁置南、北二青州。东魏废州，立义唐郡及怀仁县。开皇初郡废。）

下邳郡（后魏置南徐州，梁改为东徐州，东魏又改曰东楚州，陈改为安州，后周改为泗州。）统县七，户五万二千七十。

宿豫（旧置宿豫郡，开皇初郡废。大业初置下邳郡。又梁置朝阳、临沭二郡，后齐置晋宁郡，寻并废。）夏丘（后齐置，并置夏丘郡，寻合潼州。后周改为宋州，县曰晋陵。开皇初郡废，十八年州废，县复曰夏丘。又东魏置仓潼郡，睢陵县，后齐改郡为潼。又梁潼州，后齐改曰睢州，寻废，亦入潼郡。开皇初郡县并废。）徐城（梁置高平郡。东魏又并梁东平、阳平、清河、归义四郡为高平县，又并梁朱沛、循仪、安丰三县置朱沛县。又有安远郡，后齐废，又并朱沛入高平。开皇初郡废，十八年更名徐城。）淮阳（梁置淮阳郡。东魏并绥化、吕梁二郡置绥化县。后周改县为淮阳。开皇初郡废。又有梁临清、天水、浮阳三郡，东魏并为甬城县，后齐改曰文城县，后周又改为临清，开皇三年省入焉。）下邳（梁曰归政，置武州，下邳郡。魏改县为下邳，置郡不改，改州曰东徐。后周改州为邳州。开皇初郡废，大业初州废。有峄山、磐石山。）良城（梁置武安郡，开皇初郡

废，十一年县更名曰良城。有徐山。）郯（旧置郡，开皇初废。）

《禹贡》："海、岱及淮惟徐州。"彭城、鲁郡、琅邪、东海、下邳，得其地焉。在于天文，自奎五度至胃六度，为降娄，于辰在戌。其在列国，则楚、宋及鲁之交。考其旧俗，人颇劲悍轻剽，其士子则挟任节气，好尚宾游，此盖楚之风焉。大抵徐、兖同俗，故其余诸郡，皆得齐、鲁之所尚。莫不贱商贾，务稼穑，尊儒慕学，得洙泗之俗焉。

江都郡（梁置南兖州，后齐改为东广州，陈复曰南兖，后周改为吴州。开皇九年改为扬州，置总管府，大业初府废。）统县十六，户十一万五千五百二十四。

江阳（旧曰广陵，后齐置广陵、江阳二郡。开皇初郡废，十八年改县为邗江，大业初，更名江阳。有江都宫、扬子宫。有陵湖。）江都（自梁及隋，或废或置。）海陵（梁置海陵郡。开皇初郡废，又并建陵县入，寻析置江浦县，大业初省入。）宁海（开皇初并如皋入。）高邮（梁析置竹塘、三归二县，及置广业郡，寻以有嘉禾，为神农郡。开皇初郡废，又并竹塘、三归、临泽三县入焉。）安宜（梁置阳平郡及东莞郡。开皇初郡废，又废石鳖县入焉。有白马湖。）山阳（旧置山阳郡，开皇初郡废。十二年置楚州，大业初州废。有后魏淮阴郡，东魏改为淮州，后齐并鲁、富陵立怀恩县，后周改曰寿张，又侨立东平郡。开皇元年改郡为淮阴，并立楚州，寻废郡，更改县曰淮阴。大业初州废，县并入焉。）盱眙（旧置盱眙郡。陈置北谯州，寻省。开皇初郡废，又废考城、直渎、阳城三县入焉。有都梁山。）盐城（后齐置射阳郡，陈改曰盐城，开皇初郡废。）清流（旧曰顿丘，置新昌郡及南谯州。开皇初改为滁州，郡废。又废乐钜、高塘二县入顿丘，改曰新昌。十八年又改为清流。大业初州废。有白禅山、曲亭山。）全椒（梁置北谯，置北谯郡。后齐改郡为临滁，后周又曰北谯。开皇初郡废，改县为滁水。大业初改名焉。有铜官山、九斗山。）六合（旧曰尉氏，置秦郡。后齐置秦州。后周改州曰方州，改郡曰六合。开皇初郡废，四年改尉氏曰六合，省堂邑、方山二县入焉。大业初州废。又后齐置瓦梁郡，陈废。有瓜步山、六合山。）永福（旧曰沛，梁置泾城、东卧二郡，陈废州，并二郡为沛郡。后周改沛郡为石梁郡，改沛县曰石梁县，省横山县入焉。开皇初郡废。大业初改县曰永福。有香山、永福山。）句容（有茅山、浮山、四平山。）延陵（旧置南徐州、南东海郡，梁改曰兰陵郡，陈又改为东海。开皇九年州郡并废，又废丹徒县入焉。十五年置润州，大业初废。有句骊山、黄鹄山、蒜山、长塘湖。）曲阿（有武进县，梁改为兰陵，开皇九年并入。）

钟离郡（后齐曰西楚州，开皇二年改曰濠州。）统县四，户三万五千一十五。

钟离（旧置郡，开皇初郡废。大业中复置郡。）定远（旧曰东城。梁改曰定远，置临濠郡。后周改曰广安。开皇初郡废。又有旧九江郡，后齐废为曲阳县，县寻废。又有梁安州，侯景乱废。）化明（故曰睢陵，置济阴郡。后齐改县为池南，陈复曰睢陵，后周改为昭义。开皇初郡废，大业初县改名焉。）涂山（旧曰当涂。后齐改曰马头，置郡曰荆山。开皇初改县曰涂山，废郡。有当涂山。）

淮南郡（旧曰豫州，后魏曰扬州，梁曰南豫州，东魏曰扬州，陈曰豫州，后周曰扬州。开皇九年曰寿州，置总管府，大业元年府废。）统县四，户三万四千二百七十八。

寿春（旧有淮南、梁郡、北谯、汝阴等郡，开皇初并废，并废蒙县入焉。大业初置淮南郡。有八公山、门溪。）安丰（梁置

陈留、安丰二郡，开皇初并废。有芍陂。）霍丘（梁置安丰郡，东魏废。开皇十九年置县，名焉。）长平（梁置北陈郡，开皇初废，又并西华县入。）

弋阳郡（梁置光州。）统县六，户四万一千四百三十三。

光山（旧置光城郡。开皇初郡废，十八年置县焉。大业初置光阳郡。又有旧黄川郡，梁废。）乐安（梁置宋安郡，及宋安、光城二县，又有丰安郡，开皇三年并废入焉。有弋阳山、浮光山、金山、锡山。）定城（后齐置南郢州，后废入南、北二弋阳县，后又省北弋阳入南弋阳，改为定远县。又后魏置弋阳郡，及有梁东新蔡县。后周改为淮南郡。又后齐置齐安、新蔡二郡，及废旧义州，立东光城郡。至开皇初，五郡及郢州并废。）殷城（旧曰包信，开皇初改名焉。梁置义城郡及建州，并所领平高、新蔡、新城三郡，开皇初并废。有大苏山、南松山。）固始（梁曰蓼县。后齐改名焉，置北建州，寻废州，置新蔡郡。后周改置涧州。开皇初州郡并废入，又改县为固始。有安阳山。）期思（陈置边城郡。开皇初郡废，改县名焉。有后齐光化郡，亦废入焉。有大别山。）

蕲春郡（后齐置雍州，后周改置蕲州。开皇初置总管府，九年府废。）统县五，户三万四千六百九十。

蕲春（旧曰蕲阳，梁改蕲水。后齐改曰齐昌，置齐昌郡。开皇十八年改为蕲春。开皇初郡废。有安山。）浠水（旧永安郡，开皇初郡废。有石鼓山。）蕲水（旧曰蕲春，梁改名焉。有鼓吹山。）黄梅（旧曰永兴，开皇初改曰新蔡，十八年改名焉。有黄梅山。）罗田（梁置义州、义城郡，开皇初并废。）

庐江郡（梁置南豫州，又改为合州。开皇初改为庐州。）统县七，户四万一千六百三十二。

合肥（梁曰汝阴，置汝阴郡。后齐分置北陈郡。开皇初郡废，县改名焉。）庐江（齐置庐江郡，梁置湘州，后齐州废，开皇初郡废。有冶甫山、上薄山、三公山、圣山、蓝家山。）襄安（梁曰蕲，开皇初改焉。有龟山、紫微山、亚父山、半阳山、白石山、四鼎山。）慎（东魏置平梁郡，陈置梁郡，开皇初郡废。有浮闾山。）霍山（梁置霍州及岳安郡、岳安县。后齐州废。开皇初郡废，县改名焉。）沘水（梁置北沛郡及新蔡县。开皇初郡废，又废新蔡入焉。有坠星山。）开化（梁置。有衡山、九公山、踢鼓山、天山、多智山。）

同安郡（梁置豫州，后改为晋州，后齐改曰江州，陈又曰晋州，开皇初曰熙州。）统县五，户二万一千七百六十六。

怀宁（旧置晋熙郡，开皇初郡废。大业三年置同安郡。）宿松（梁置高塘郡。开皇初郡废，改县曰高塘，十八年又改名焉。有雷水。）太湖（开皇初改为晋熙，十八年改名焉。）望江（陈置大雷郡。开皇十一年改曰义乡，十八年改名焉。）同安（旧曰枞阳，并置枞阳郡。开皇初郡废，十八年县改名焉。有浮度山。）

历阳郡（后齐立和州。）统县二，户八千二百五十四。

历阳（旧置历阳郡，开皇初郡废。大业初复置郡。）乌江（梁置江都郡，后齐改为齐江郡，陈又改为临江郡，周改为同江郡。开皇初郡废。大业初置历阳郡。有六合山。）

丹阳郡（自东晋已后置郡曰扬州。平陈，诏并平荡耕垦，更于石头城置蒋州。）统县三，户二万四千一百二十五。

江宁（梁置丹阳郡及南丹阳郡，陈省南丹阳郡。平陈，又废丹阳郡，并以秣陵、建康、同夏三县入焉。大业初置丹阳郡。有蒋山。）当涂（旧置淮南郡。平陈，废郡，并襄垣、于湖、繁昌、西乡入焉。，有天门山、楚山。）溧水（旧曰溧阳。开皇九年废丹阳郡入，十八年改焉。有耤山、庐山、楚山。）

宣城郡（旧置南豫州。平陈，改为宣州。）统县六，户一万九千九百七十九。

宣城（旧曰宛陵，置宣城郡。平陈，郡废，仍并怀安、宁国、当涂、浚道四县入焉。大业初置郡。有敬亭山。）泾（平陈，省安吴、南阳二郡入焉。有盖山、陵阳山。）南陵（梁置，并置南陵郡，陈置北江州。平陈，州郡并废，并所管石城、临城、定陵、故治、南陵五县入焉。）秋浦（旧曰石城。平陈废，开皇十九年置，改名焉。）永世（平陈废，开皇十二年又置。有灵光山。）绥安（旧曰石封，平陈改名焉。梁末立大梁郡，又改为陈留。平陈，郡废，省大德、故郢、安吉、原乡四县入焉。）

毗陵郡（平陈，置常州。）统县四，户一万七千五百九十九。

晋陵（旧置晋陵郡。平陈，郡废。大业初置郡。有横山。）江阴（梁置，及置江阴郡。平陈，废郡，及利城梁丰县入焉。有毗陵山。）无锡（有九龙山。）义兴（旧曰阳羡，置义兴郡。平陈，郡废，改县名焉。又废义乡、国山、临津三县入焉。有计山、洞庭山。）

吴郡（陈置吴州。平陈，改曰苏州，大业初复曰吴州。）统县五，户一万八千三百七十七。

吴（旧置吴郡。平陈，郡废，大业初复置。有胥山、横山、华山、黄山、姑苏山、太湖。）昆山（梁置。平陈废，开皇十八年复。）常熟（旧曰南沙，梁置信义郡。平陈废，并所领海阳、前京、信义、海虞、兴国、南沙入焉。有虞山。）乌程（旧置吴兴郡。平陈，郡废，并东迁县入焉。仁寿中置湖州，大业初州废。有雉山。）长城（平陈废，仁寿二年复。有卞山。）

会稽郡（梁置东扬州。陈初省，寻复。平陈，改曰吴州，置总管府。大业初府废，置越州。）统县四，户二万二百七十一。

会稽（旧置会稽郡。平陈，郡废，及废山阴、永兴、上虞、始宁四县入，大业初置郡。有稷山、种山、会稽山。）句章（平陈，并余姚、鄞、鄮三县入。有太白山、方山。）剡（有桐柏山。）诸暨（有泄溪、大农湖。）

余杭郡（平陈，置杭州。仁寿中置总管府，大业初府废。）统县六，户一万五千三百八十。

钱唐（旧置钱唐郡。平陈，废郡，并所领新城县入。大业三年置余杭郡。有粟山、石甑山、临平湖。）富阳（有石头山、鸡笼山。）余杭（有由拳山、金鹅山。）於潜（有天目山、石镜山。有桐溪。）盐官（有蜀山。）武康（平陈废，仁寿二年复。有封嵎山、青山、白鹄山。）

新安郡（平陈，置歙州。）统县三，户六千一百六十四。

休宁（旧曰海宁，开皇十八年改名焉。大业初置郡。）歙（平陈废，十一年复。）黟（平陈废，十一年复。）

东阳郡（平陈，置婺州。）统县四，户一万九千八百五。

金华（旧曰长山，置金华郡。平陈，郡废，又废建德、太末、丰安三县入，改为吴宁县。十二年改曰东阳，十八年改名焉。大业初置东阳郡。有长山、龙山、楼山、丘山。有赤松涧。）永康 乌伤（有香山、歌山。）信安（有江山、悲岭山。有定阳溪。）

永嘉郡（开皇九年置处州，十二年改曰括州。）统县四，户一万五百四十二。

括仓（平陈，置县，大业初置永嘉郡。有缙云山、括仓山。）永嘉（旧曰永宁，置永嘉郡。平陈，郡废，县改名焉。有芙蓉山。）松阳 临海（旧曰章安，置临海郡。平陈，郡废，县改名焉。有赤山、天台山。）

建安郡（陈置闽州，仍废，后又置丰州。平陈，改曰泉州。大业初改曰闽州。）统县四，户一万二千四百二十。

闽（旧曰东侯官，置晋安郡。平陈，郡废，县改曰原丰。十二年改曰闽，大业初置建安郡。有岱山、飞山。）建安（旧置建安郡。平陈废。）南安（旧曰晋安，置南安郡。平陈，郡废，县改名焉；又置莆田县，寻废入焉。）龙溪（梁置，开皇十二年并兰水、绥安二县入焉。）

遂安郡（仁寿三年置睦州。）统县三，户七千三百四十三。

雉山（旧置新安郡。平陈，废为新安县。大业初县改名焉，置遂安郡。有仙坛山。）遂安（平陈废，仁寿中复。）桐庐（平陈废，仁寿中复。有白石山。）

鄱阳郡（梁置吴州，陈废。平陈，置饶州。）统县三，户一万一百二。

鄱阳（旧置鄱阳郡。平陈废，又有陈银城县废入焉。大业初复置郡。）余干 弋阳（旧曰葛阳，开皇十二年改。有弋水。）

临川郡（平陈，置抚州。）统县四，户一万九百。

临川（旧置临川郡。平陈，郡废，大业三年复置郡。有铜山、黄山。有梦水。）南城（有五章山。）崇仁（梁置巴山郡，领大丰、新安、巴山、新建、兴平、丰城、西宁七县。平陈，郡县并废，以置县焉。）邵武（开皇十二年置。）

庐陵郡（平陈，置吉州。）统县四，户二万三千七百一十四。

庐陵（旧置庐陵郡。平陈废，大业初复置。）泰和（平陈置，曰西昌。十一年省东昌入，更名焉。）安复（旧置安成郡。平陈，郡废，县改曰安成。十八年又曰安复。有更生山、长岭。）新淦（有玉笥山。）

南康郡（开皇九年置虔州。）统县四，户一万一千一百六十八。

赣（旧曰南康，置南康郡。平陈，郡废。大业初县改名焉，寻置郡。有储山。有赣水。）虔化（旧曰宁都，开皇十八年改名焉。有石鼓山。）雩都（旧废，平陈置。有金鸡山、君山。）南康（旧曰赣，大业初改名焉。有廪山、上洛山、赣山。）

宜春郡（平陈，置袁州。）统县三，户一万一百一十六。

宜春（旧曰宜阳。开皇十一年废吴平县入，十八年改名焉。大业初置郡。有庐溪、渝水。）萍乡（有宜春江。）新喻

豫章郡（平陈，置洪州总管府。大业初府废。）统县四，户一万二千二百一。

豫章（旧置豫章郡。平陈，郡废。大业初复置郡。）丰城（平陈废。十二年置，曰广丰。仁寿初改名焉。）建昌（开皇九年省并、永修、豫章、新吴四县入焉。）建城（有然石。）

南海郡（旧置广州，梁、陈并置都督府。平陈，置总管府。仁寿元年置番州，大业初府废。）统县十五，户三万七千四百八十二。

南海（旧置南海郡。平陈，郡废；又分置番禺县，寻废入焉。大业初置郡。）曲江（旧置始兴郡。平陈废，十六年又废浈

阳县入焉。有玉山、银山。）始兴（齐曰正阶，梁改名焉，又置安远郡，置东衡州。平陈；改郡置大庾县，又于此置广州总管。开皇末移向南海，又十六年废大庾入焉。）翁源（梁置，陈又置清远郡。平陈郡废。）增城（旧置东官郡。平陈废。有罗浮山。）宝安 乐昌（梁置，曰梁化，又分置平石县。开皇十二年省平石入，十八年改名焉。）四会（旧置绥建郡，又有乐昌郡。平陈，二郡并废。大业初又并始昌县入焉。）化蒙（大业初废威城县入焉。）清远（旧置清远郡，又分置威正、廉平、恩洽、浮护等四县。平陈并废，以置清远县。又齐置齐康郡，至是亦废入焉。）含洭（梁置衡州、阳山郡。平陈，州改置洭州，废郡。二十年州废。有尧山。）政宾（旧置东官郡。平陈，郡废。）怀集 新会（旧置新会郡。平陈，郡废，又并盆允、永昌、新建、熙潭、化召、怀集六县入，为封州。十一年改为允州，后又改为冈州。大业初州废，并废封乐县入。有社山。）义宁（开皇十年废新夷、初宾二县入；又有始康县，废入封平。大业初又废封平入焉。有茂山。）

龙川郡（平陈，置循州总管府。大业初府废。）统县五，户六千四百二十。

归善（带郡。有归化山、怀安山。）河源（开皇十一年省龙川县入焉。又有新丰县，十八年改曰休吉，大业初省入焉。有龙山、亢山。有修江。）博罗 兴宁 海丰（有黑龙山。有涨海。）

义安郡（梁置东扬州，后改曰瀛州，及州废。平陈，置潮州。）统县五，户二千六十六。

海阳（旧置义安郡。平陈，郡废。大业初置郡。有凤皇山。）程乡 潮阳 海宁（有龙溪山。）万川（旧曰义招，大业初改名焉。）

高凉郡（梁置高州。）统县九，户九千九百一十七。

高凉（旧置高凉郡。平陈废，大业初复置。）连江（梁置连江郡。平陈，郡废。梁又置梁封县，开皇十八年改为义封。梁又置南巴郡。平陈，郡废为南巴县。大业初二县并废入。）电白（梁置电白郡。平陈，郡废。又有海昌郡废入焉。）杜原（旧曰杜陵。梁置杜陵郡，又有永宁、宋康二郡。平陈，并废为县。十八年改杜陵曰杜原，宋康曰义康。大业二年二县并废入杜原。）海安（旧齐安，置齐安郡。平陈，郡废。开皇十八年改县名焉。）阳春（梁置阳春郡。平陈，郡废。）石龙（旧置罗州、高兴郡。平陈，郡废。大业初州废。）吴川 茂名

信安郡（平陈，置端州。）统县七，户一万七千七百八十七

高要（旧置高要郡。平陈，郡废。大业初置信安郡。有定山。）端溪（旧置晋康郡。平陈，郡废。有端水。）乐城（开皇十二年废文招、悦成二县入。）平兴（旧置宋隆郡，领初宁、建宁、熙穆、崇德、召兴、崇化、南安等县。平陈，郡废，并所领县入焉。又梁置梁泰郡及县。平陈，郡废，县改曰清泰。大业初废入焉。）新兴（梁置新州、新宁郡。平陈，郡废。大业初州废，又废索卢县入焉。）博林（大业初废抚纳县入。）铜陵（有流南县，开皇十八年改曰南流。又有西城县，大业初废入。）

永熙郡（梁置泷州。）统县六，户一万四千三百一十九。

泷水（旧置开阳县，置开阳、平原、罗阳等郡。平陈，郡并废为县。开皇十八年改平原曰泷水，罗阳县为正义。大业初置永熙郡，开阳、正义俱废入焉。）怀德（旧曰梁德，置梁德郡。平陈，废郡。十八年改名怀德。）良德（陈置，曰务德，后

改名焉。）安遂（梁置建州、广熙郡，寻废。州大业初废。）永业（梁置永业郡，寻改为县，后省。开皇十六年又置。）永熙（大业初并安南县入。）

苍梧郡（梁置成州，开皇初改为封州。）统县四，户四千五百七十八。

封川（梁曰梁信，置梁信郡。平陈，郡废。十八年改为封川。大业初又废封兴县入焉。）都城（开皇十二年省威城、晋化二县入焉。）苍梧（旧置苍梧郡。平陈，郡废。）封阳。

始安郡（梁置桂州。平陈，置总管府。大业元年府废。）统县十五，户五万四千五百一十七。

始安（旧置始安、梁化二郡。平陈，郡并废。大业初废兴安县入焉。）平乐（有目山。）荔浦　建陵　阳朔　象　隋化　义熙（旧曰齐熙，置齐熙、黄水二郡及东宁州。平陈，郡并废。十八年改州曰融州，县曰义熙。大业初废，并废临牂、黄水二县入焉。）龙城（梁置。）马平（开皇十二年置象州，大业初州废。）桂林（大业初省西宁县入。）阳寿（有马平、桂林、象、韶阳等四郡。平陈，并废。又有淮阳县，开皇十八年改曰阳宁。大业初省入焉。）富川（旧置临贺、乐梁二郡。平陈，并废，置贺州。大业初州废，又置临贺、绥越、荡山三县入焉。）龙平（梁置静州，梁寿、静慰二郡。平陈，并废，又置归化县。大业初州废，又废归化、安乐、博劳三县入焉。）豪静（梁置开江、武城二郡，陈置逍遥郡。平陈，郡并废。又有猛陵、开江二县，大业初并废入焉。）

永平郡（平陈，置藤州。）统县十一，户三万四千四十九。

永平（旧置永平郡。平陈，郡废。大业置郡。）武林（有燕石山。）隋建（开皇十九年置。）安基（梁置建陵郡。平陈，郡废。）隋安（开皇十九年置。）普宁（旧置阴石，梁置阴石郡。平陈，郡废，改县为奉化。开皇十九年又改名焉。）戎成（梁置，曰遂成。开皇十一年改名焉。有农山。）宁人（开皇十五年置，曰安人。十八年改名焉。有寿原山。）淳人（开皇十九年置。）大宾（开皇十五年置。）贺川（开皇十九年置，又陈置建陵、绥越、苍梧、永建四郡。平陈，并废。）

郁林郡（梁置定州，后改为南定州。平陈，改为尹州。大业初改为郁林。）统县十二，户五万九千二百。

郁林（旧郁林郡。平陈，郡废。大业初又置郡，又废武平、龙山、怀泽、布山四县入焉。）郁平　领方（梁置领方郡。平陈，郡废。）阿林　石南（陈置石南郡。平陈，废郡。）桂平（梁置桂平郡。平陈，郡废。大业初又废皇化县入。）马度　安成（梁置安成郡。平陈，郡废。）宁浦（旧置宁浦郡，梁分立简阳。平陈，郡废，置简州。十八年改为缘州。大业二年州废。）乐山（梁置乐阳郡。平陈，改为乐阳县。十八年改名焉。）岭山（梁置岭山郡。平陈，改为岭县。十八年改为岭山。大业初并武缘县入。有武缘山。）宣化（旧置晋兴郡。平陈，废为县。开皇十八年改名焉。）

合浦郡（旧置越州。大业初改为禄州，寻改为合州。）统县十一，户二万八千六百九十。

合浦（旧置合浦郡。平陈，郡废。大业初置郡。）南昌　北流（大业初废陆川县入。）封山（大业初废廉昌县入。）定川（旧立定川郡。平陈，郡废。）龙苏（旧置龙苏郡。平陈，郡废。大业初又并大廉县入焉。）海康（梁大通中，割番州合浦立高州，

寻又分立合州。大同末，以合肥为合州，此置南合州。平陈，以此为合州，置海康县。大业初州废，又废摸落、罗阿、雷川三县入。）抱成（旧曰抱，并置郡。平陈，郡废。十八年改曰抱成。）隋康（旧曰齐康，置齐康郡。平陈，郡废，县改名焉。）扇沙（旧有椹县，开皇十八年改为椹川，大业初废入。）铁杷（开皇十年置。）

珠崖郡（梁置崖州。）统县十，户一万九千五百。

义伦（带郡。）感恩　颜卢　毗善　昌化（有藤山。）吉安　延德　宁远　澄迈　武德（有扶山。）

宁越郡（梁置安州，开皇十八年改曰钦州。）统县六，户一万二千六百七十。

钦江（旧置宋寿郡。平陈，郡废。开皇十八年改曰钦江，大业初置宁越郡。）安京（旧置安京郡。平陈，郡废。有罗浮山。有武郎江。）内亭（旧置宋广郡。平陈，郡废。十七年改曰新化县，十八年改名焉。）南宾（开皇十八年置。）遵化（开皇二十年置。）海安（梁置，曰安平，置黄州及宁海郡。平陈，郡废。十八年改州曰玉州。大业初废，其年又省海平、玉山二县入焉。）

交趾郡（旧曰交州。）统县九，户三万五十六。

宋平（旧宋平郡。平陈，郡废。大业初置交趾郡。）龙编（旧置交趾郡。平陈，郡废。）朱䳒（旧置武平郡。平陈，郡废。）隆平（旧武定，置武平郡。平陈，郡废。开皇十八年县改名焉。）平道（旧曰国昌，开皇十二年改名焉。）交趾　嘉宁（旧置兴州、新昌郡。平陈，郡废。十八年改曰峰州，大业初废。）新昌　安人（旧曰临西，开皇十八年改名焉。）

九真郡（梁置爱州。）统县七，户一万六千一百三十五。

九真（带郡。有阳山、尧山。）移风（旧置九真郡。平陈，郡废。）胥浦　隆安（旧曰高安，开皇十八年改名焉。）军安　安顺（旧置常乐，开皇十六年改名焉。）日南

日南郡（梁置德州，开皇十八年改曰驩州。）统县八，户九千九百一十五。

九德（带郡。）咸䳒　浦阳　越常　金宁（梁置利州。开皇十八年改为智州，大业初州废。）交谷（梁置明州，大业初州废。）安远　光安（旧曰西安，开皇十八年改名焉。）

比景郡（大业元年平林邑，置荡州，寻改为郡。）统县四，户一千八百一十五。

比景　朱吾　寿泠　西捲

海阴郡（大业元年平林邑，置农州，寻改为郡。）统县四，户一千一百。

新容　真龙　多农　安乐

林邑郡（大业元年平林邑，置冲州，寻改为郡。）统县四，户一千二百二十。

象浦　金山　交江　南极

扬州于《禹贡》为淮海之地。在天官，自斗十二度至须女七度，为星纪，于辰在丑，吴、越得其分野。江南之俗，火耕水耨，食鱼与稻，以渔猎为业，虽无蓄积之资，然而亦无饥馁。其俗信鬼神，好淫祀，父子或异居，此大抵然也。江都、弋阳、淮南、钟离、蕲春、同安、庐江、历阳，人性并躁劲，风气果决，包藏祸害，视死如归，战而贵诈，此则其旧风也。自平陈之后，其俗颇变，尚淳质，好俭约，丧纪婚姻，率渐于礼。其俗之敝者，稍愈于古焉。

丹阳旧京所在，人物本盛，小人率多商贩，君子资于官禄，市廛列肆，埒于二京，人杂五方，故俗颇相类。京口东通吴会，南接江湖，西连都邑，亦一都会也。其人本并习战，号为天下精兵。俗以五月五日为斗力之戏，各料强弱相敌，事类讲武。宣城、毗陵、吴郡、会稽、余杭、东阳，其俗亦同。然数郡川泽沃衍，有海陆之饶，珍异所聚，故商贾并凑。其人君子尚礼，庸庶敦庞，故风俗澄清，而道教隆洽，亦其风气所尚也。豫章之俗，颇同吴中，其君子善居室，小人勤耕稼。衣冠之人，多有数妇，暴面市廛，竞分铢以给其夫。及举孝廉，更要富者，前妻虽有积年之勤，子女盈室，犹见放逐，以避后人。俗少争讼，而尚歌舞。一年蚕四五熟，勤于纺绩，亦有夜浣纱而旦成布者，俗呼为鸡鸣布。新安、永嘉、建安、遂安、鄱阳、九江、临川、庐陵、南康、宜春，其俗又颇同豫章，而庐陵人厖淳，率多寿考。然此数郡，往往畜蛊，而宜春偏甚。其法以五月五日聚百种虫，大者至蛇，小者至虱，合置器中，令自相啖，余一种存者留之，蛇则曰蛇蛊，虱则曰虱蛊，行以杀人。因食入人腹内，食其五藏，死则其产移入蛊主之家。三年不杀他人，则畜者自钟其弊。累世子孙相传不绝，亦有随女子嫁焉。干宝谓之为鬼，其实非也。自侯景乱后，蛊家多绝，既无主人，故飞游道路之中则殒焉。

自岭已南二十余郡，大率土地下湿，皆多瘴厉，人尤夭折。南海、交趾，各一都会也，并所处近海，多犀象玳瑁珠玑，奇异珍玮，故商贾至者，多取富焉。其人性并轻悍，易兴逆节，椎结踑踞，乃其旧风。其俚人则质直尚信，诸蛮则勇敢自立，皆重贿轻死，唯富为雄。巢居崖处，尽力农事。刻木以为符契，言誓则至死不改。父子别业，父贫，乃有质身于子。诸獠皆然。并铸铜为大鼓，初成，悬于庭中，置酒以招同类。来者有豪富子女，则以金银为大钗，执以叩鼓，竟乃留遗主人，名为铜鼓钗。俗好相杀，多构仇怨，欲相攻则鸣此鼓，到者如云。有鼓者号为"都老"，群情推服。本之旧事，尉陀于汉，自称"蛮夷大酋长、老夫臣"，故俚人犹呼其所尊为"倒老"也。言讹，故又称"都老"云。

南郡（旧置荆州。西魏以封梁为藩国，又置江陵总管府。开皇初府废。七年并梁，又置江陵总管，二十年改为荆州总管。大业初废。）统县十，户五万八千八百三十六。

江陵（带南郡。开皇初郡废，大业初复置郡。）长杨（开皇八年置，并立睦州，十七年州废。有宜阳山。）宜昌（开皇九年置松州，又省归化、受陵二县入。十一年州废，又省宜都县入。有丹山、黄牛山。）枝江 当阳（后周置平州，漳川、安远二郡，属梁蕃。开皇七年改为玉州，九年州郡并废。梁又置安居县，开皇十八年改曰昭丘，大业初改曰荆台，寻废。有清溪山。）松滋（江左旧置河东郡。平陈，郡废。有涔水。）长林（旧曰长宁县。开皇十一年省长林县入，十八年改曰长林。）公安（陈置荆州。开皇九年省孱陵、永安二县入。有黄山。有灵溪水。）安兴（旧置广牧县，开皇十一年省安兴县入，仁寿初改曰安兴。又有定襄县，大业初废入。）紫陵（西魏置华陵县，后周改名焉。其城南面，梁置郡州，又置云泽县。大业初州县俱废入焉。有硖石山。）

夷陵郡（梁置宜州，西魏改曰拓州，后周改曰硖州。）统县三，户五千一百七十九。

夷陵（带郡。有马穴。）夷道（旧置宜都郡，开皇七年废。有女观山。）远安（旧曰高安，置汶阳郡。又周改县曰安远。开皇七年郡废。）

竟陵郡（旧置郢州。）统县八，户五万三千三百八十五。

长寿（后周置石城郡，开皇初郡废，大业初置竟陵郡。又梁置北新州及梁宁等八郡，后周保定中，州及八郡总管废入焉。有敖山。）蓝水（宋侨立冯翊郡，莲勺县，西魏改郡为汉东，县为蓝水。又宋置高陆县，西魏改曰潕水。开皇初郡废，大业初省潕水入焉。有唐水。）汊川（后周置，及置潕川郡。又置清县，西魏改曰潕陂。开皇初郡废，大业初省潕陂入焉。）汉东（齐置，曰上蔡，及置齐兴郡。后周郡废。开皇十八年县改名焉。有东温山。）清腾（梁置，曰梁安，又立崇义郡。后周废郡。后周又有遂安郡。开皇初废，七年改名焉。有清腾山。）乐乡（旧置武宁郡，西魏置郧州。又梁置旌阳县，后改名惠怀，西魏又改曰武山。开皇七年郡废，大业初州废，又废武山入焉。有武陵山。）丰乡（西魏置，又置基州及章山郡。开皇七年郡废，大业初州废。）章山（西魏置，曰禄麻，及立上黄郡。开皇七年郡废，大业初县改名焉。）

沔阳郡（后周置复州，大业初改曰沔州。）统县五，户四万一千七百一十四。

沔阳（梁置沔阳、营阳、州城三郡。西魏省州陵、惠怀二县，置县曰建兴。后周置复州，后又省营阳、州城二郡入建兴。开皇初州移郡废，仁寿三年复置州。大业初改建兴曰沔阳，州废，复置沔阳郡焉。）监利 竟陵（旧曰霄城，置竟陵郡。后周改县曰竟陵。开皇初置复州，仁寿三年州复徙建兴。又有京山县，齐置建安郡，西魏改曰光川，后周郡废。大业初京山县又废入焉。）甑山（梁置梁安郡。西魏改曰魏安郡，置江州，寻改郡曰汊川。后周置甑山县，建德二年州废。开皇初郡废。有阳台山。）汉阳（开皇十七年置，曰汉津，大业初改焉。有沌水。）

沅陵郡（开皇九年置辰州。）统县五，户四千一百四十。

沅陵（旧置沅陵郡。平陈，郡废，大业初复。）大乡（梁置。）盐泉（梁置。）龙檦（梁置。有武山。）辰溪（旧曰辰阳。平陈，改名；并废故夜郎县，置静人县，寻废。又梁置南阳郡，建昌县，陈废县。开皇初废郡，置寿州，十八年改为充州，大业初州废。有郎溪。）

武陵郡（梁置武州，后改曰沅州。平陈，为朗州。）统县二，户三千四百一十六。

武陵（旧置武陵郡。平陈，郡废，并临沅、沅南、汉寿三县置武陵县。大业初复置武陵郡。有望夷山、龙山。）龙阳（有白查湖。）

清江郡（后周置亭州，大业初改为庸州。）统县五，户二千六百五十八。

盐水（后周置县，并置资田郡，开皇初郡废，大业初置清江郡。）巴山（梁置宜都郡、宜昌县，后周置江州。开皇初置清江县，十八年改江州为津州，大业初废州，省清江入焉。）清江（后周置施州及清江郡。开皇初郡废，五年置清江县，大业初州废。在阳瞿水。）开夷（后周置，曰乌飞，开皇初改焉。）建始（后周置业州及军屯郡。开皇初郡废，五年置县，大业初州废。）

襄阳郡（江左并侨置雍州。西魏改曰襄州，置总管府。大业初府废。）统县十一，户九万九千五百七十七。

襄阳（带襄阳郡。开皇初郡废，大业初复置。有钟山、岘山、凤林山。）安养（西魏置河南郡，后周废樊城。山都二县入，开皇初郡废焉。）谷城（旧曰义城，置义城郡。后周废郡，开皇十八年改县名焉。又梁有筑阳，开皇初废，又梁有兴国、义城二郡，并西魏废。有谷城山、阙林山。）上洪（宋侨立略阳县，梁又立德广郡。西魏改县曰上洪。开皇初郡废。又梁置新野郡，西魏改曰咸宁，后周废。有亚山。）率道（梁置。）汉南（宋曰华山，置华山郡。西魏改县为汉南，属宜城郡。后周废武建郡及惠怀、石梁、归仁、鄀等四县入，后省宜城郡入武泉。又梁置秦南郡，后周并武泉县俱废。有石梁山。）阴城（西魏置鄀城郡，后周废。又梁置南阳郡，西魏改为山都郡，后省。）义清（梁置，曰穰县。西魏改为义清，属归义郡。后周废郡及左安、开南、归仁三县入焉。又有武泉县，开皇初废。有柤山、灵山。有檀溪水、襄水。）南漳（西魏并新安、武昌、武平、安武、建平五县置，初曰重阳，又立南襄阳郡。后周置沮州，寻废，复改重阳县曰思安。开皇初郡废，十八年改县曰南漳。有荆山。）常平（西魏置，曰义安，置长湖郡，后改县曰常平。开皇初郡废。又后魏置旱停县，大业初废。）郡

春陵郡（后魏置南荆州，西魏改曰昌州。）统县六，户四万二千八百四十七。

枣阳（旧曰广昌，并置广昌郡。开皇初郡废，仁寿元年县改名焉。大业初置春陵郡。又西魏置东荆州，寻废。有霸山。有溲水。）春陵（旧曰安昌郡，开皇初郡废。又后魏置丰良县，大业初废。有石鼓山。有四望水。）清潭（有大洪山。有淯水。）湖阳（后魏置西淮安郡及南襄州，后郡废，州改为南平州。西魏改曰升州，后又改曰湖阳。后周改置升平郡。开皇初郡废。仁寿初改曰升州，大业初州废。又后魏置顺阳郡，西魏改为柘林郡。后周省郡，改县曰柘林。大业初县废入焉。有蓼山。）上马（后魏置，曰石马，后讹为上马，因改焉。有钟离县，置洞州、洞川郡。后周州废，开皇初郡废。十八年改钟离曰洞川县，大业初废入焉。）蔡阳（梁置蔡阳郡，后魏置南雍州。西魏改曰蔡州，分置南阳县，后改曰双泉；又置千金郡、瀴源县。开皇初郡并废，大业初州废，双泉、瀴源二县并废入焉。有唐子山、大鼓山。有瀴水。）

汉东郡（西魏置并州，后改曰隋州。）统县八，户四万七千一百九十三。

隋（旧置随郡，西魏又析置㵐西郡及㵐西县。梁又置曲陵郡。开皇初郡并废。大业初废㵐西县，寻置汉东郡。）土山（梁曰龙巢，置土州、东西二永宁、真阳三郡，及置石武县。后周废三郡为齐郡，改龙巢曰左阳；又有阜陵县，改为漳川县。开皇初郡废。十八年改左阳为真阳，石武为宜人。大业初又改真阳为土山，州及宜人、漳川并废入焉。）唐城（后魏置㵐西，置义阳郡。西魏改㵐西为下溠，又立肆州，寻唐州。后周省均、款、㵐、归四州入，改曰唐州。又有东魏南豫州，至是改为㵐川郡，又置清嘉县。开皇初郡并废。十六年改下溠曰唐城，大业初州及诸县并废入焉。有清台山。有㵐水。）安贵（梁曰定阳，又置北鄀州。西魏改定阳曰安贵，改北鄀州为款州，寻废为㵐水郡，别置戟城郡及戟城县。后周戟城郡，改戟城县曰横山。开皇初㵐水郡废，大业初又废横山县入焉。）顺义（梁置北随郡。西魏改为南阳，析置淮南郡；以厉城、顺义二县立冀州，寻改为顺州，又置安化县。开皇初郡并废，十八年改安化曰宁化。大业初州废，改厉城为顺义，其旧顺义及宁化，并废入焉。有浮山。）平林（梁上明郡，开皇初废。有潭水。）上明（西魏置，曰洛平县，

开皇十八年改名焉。有鹦鹉山。）光化（旧曰安化，西魏改为新化，后周又改焉。）

安陆郡（梁置南司州，寻罢。西魏置安州总管府，开皇十四年府废。）统县八，户六万八千四十二。

安陆（旧置安陆郡。开皇初郡废，大业初复置。有旧永阳县，西魏改曰吉阳，至是废入。）孝昌（西魏置岳州及岳山郡，后周州郡并废。又有澴岳郡，开皇初废。有凤皇冈。）吉阳（梁置，曰平阳，及立汝南郡。西魏改郡为董城，改县曰京池。后周置澴州，寻州郡并废。大业初改县曰吉阳。又梁置义阳郡，西魏改为南司州，寻废。）应阳（西魏置，曰应城，又置城阳郡。开皇初郡废，大业初县改名焉。有潼水、温水。）云梦（西魏置。）京山（旧曰新阳，梁置新州、梁宁郡。西魏改为温州，改县为角陵，又置盘陂县。开皇初郡废，大业初州废；改角陵曰京山，废盘陂入焉。有角陵山、京山。）富水（旧曰南新市。西魏改为富水，又置富水郡。开皇初郡废。）应山（梁置，曰永阳，仍置应州，又有平靖郡。西魏又置平靖县。开皇初郡废，大业初州废，又省平靖县入焉。有大龟山、安居山。）

永安郡（后齐置衡州，陈废，后周又置，开皇五年改曰黄州。）统县四，户二万八千三百九十八。

黄冈（齐曰南安，又置齐安郡。开皇郡废，十八年改县曰黄冈。又后齐置巴州，陈废。后置，曰弋州，统西阳、弋阳、边城三郡。开皇初州郡并废，大业初置永安郡。）黄陂（后齐置南司州。后周改曰黄州，置总管府，又有安昌郡。开皇初府废。又后齐置沙州，陈废之。）木兰（梁曰梁安，置梁安郡，又有永安、义阳二郡。后齐置湘州，后改为北江州。开皇初别置廉城县，寻及州、二郡相次并废。十八年改县曰木兰。）麻城（梁置信安，又有北西阳县。陈废北西阳，置定州。后周改州曰亭州，又有建宁、阴平、定城三郡。开皇初州郡并废，十八年改名焉。有阴山。）

义阳郡（齐置司州。梁曰北司州，后复曰司州。后魏改曰郢州，后周改曰申州，大业二年为义州。）统县五，户四万五千九百三十。

义阳（旧曰平阳，置宋安郡。开皇初郡废，县改名焉。大业初置义阳郡。有大龟山、金山。）钟山（旧曰鄳。后齐改曰齐安，仍置郡。开皇初郡废，县改曰钟山。有钟山。）罗山（后齐置，曰高安。开皇初废，十六年置，曰罗山。）礼山（旧曰东随，开皇九年改焉。有关官。有礼山。）淮源（后齐置，曰慕化，置淮安郡。开皇初郡废，大业初县改名焉。有油水。）

九江郡（旧置江州。）统县二，户七千六百一十七。

湓城（旧曰柴桑，置寻阳郡。梁又立汝南县。平陈，郡废，又废汝南、柴桑二县，立寻阳县，十八年改曰彭蠡。大业初置郡，县改名焉。有巢湖、彭蠡湖。有庐山、望夫山。）彭泽（梁置太原郡，领彭泽、晋阳、和城、天水。平陈，郡县并废，置龙城县。开皇十八年改名焉。有钓矶。）

江夏郡（旧置郢州。梁分置北新州，寻又分北新立土、富、洄、泉、豪五州。平陈，改置鄂州。）统县四，户一万三千七百七十一。

江夏（旧置江夏郡。平陈，郡废，大业初复置。有烽火山、涂水。）武昌（旧置武昌郡。平陈，郡废，又废西陵、鄂二县入焉。有樊山、白纻山。）永兴（陈曰阳新。平陈，改曰富川。开皇十一年废永兴县入，十八年改名焉。有五龙山。）蒲圻（梁置

澧阳郡（平陈，置松州，寻改为澧州。）统县六，户八千九百六。

澧阳（平陈，置县，大业初置郡。有药山。有油水。）石门（旧置天门郡。平陈，郡废。）屏陵（旧曰作唐，置南平郡。平陈，郡废，县改名焉。）安乡（旧置义阳郡。平陈，郡废。有皇山。）崇义（后周置衡州。开皇中置县，名焉。十八年改州曰崇州，大业初州废。有澧水。）慈利（开皇中置，曰零陵，十八年改名焉。有始零山。）

巴陵郡（梁置巴州。平陈，改曰岳州，大业初改曰罗州。）统县五，户六千九百三十四。

巴陵（旧置巴陵郡。平陈，郡废，大业初复置郡。）华容（旧曰安南，梁置南安湘郡，寻废。开皇十八年县改名焉。）沅江（梁置，曰药山，仍为郡。平陈，郡废，县改曰安乐，十八年改曰沅江。）湘阴（梁置岳阳郡及罗州，陈废州。平陈，郡废及湘阴入岳阳县，置玉州。寻改岳阳为湘阴，废玉山县入焉。十二年废玉州。）罗（开皇九年废吴昌、湘滨二县入。有汨水、汨水。）

长沙郡（旧置湘州，平陈置潭州总管府，大业初府废。）统县四，户一万四千二百七十五。

长沙（旧曰临湘，置长沙郡。平陈，郡废，县改名焉。有铜山、锡山。）衡山（旧置衡阳郡。平陈，郡废，并衡山、湘乡、湘西三县入焉。）益阳（平陈，并新康县入焉。有浮梁山。）邵阳（旧置邵陵郡。平陈，郡废，并扶夷、都梁二县入焉。）

衡山郡（平陈，置衡州。）统县四，户五千六十八。

衡阳（旧置湘东郡。平陈，郡废，并省临烝、新城、重安三县入焉。有衡山、武水、连水。）涑阴（旧曰涑阳。平陈，改名焉。有肥水、鄙水。）湘潭（平陈，废茶陵、攸水、阴山、建宁四县入焉。有武阳山。有历水。）新宁（有宜溪水、春江。）

桂阳郡（平陈，置郴州。）统县三，户四千六百六十六。

郴（旧置桂阳郡。平陈，郡废，大业初复置。有万岁山。有溱水。）临武（有华阴山。）卢阳（陈置卢阳郡。平陈，郡废。有渌水。）

零陵郡（平陈初，置永州总管府，寻废府。）统县五，户六千八百四十五。

零陵（旧曰泉陵，置零陵郡。平陈，郡废，又废应阳、永昌、祁阳三县入焉。大业初复置郡。）湘源（平陈，废洮阳、灌阳、零陵三县置县。有黄华山。有观水、湘水、洮水。）永阳（旧曰营川，梁置永阳郡。平陈，郡废，并营浦、谢沐二县入焉。）营道（平陈，并冷道、春陵二县入焉。有九疑山、营山。）冯乘（有冯水。）

熙平郡（平陈，置连州。）统县九，户一万二百六十五。

桂阳（梁置阳山郡。平陈，郡废。大业初置熙平郡。有贞女山、方山。有卢水、洭水。）阳山（有斟水。）连山（梁置，曰广德，隋改曰广泽，仁寿元年改名焉。有黄连山。）宣乐（梁置，曰梁乐，并梁乐郡，平陈，郡废，十八年改为宣乐。）游安熙平（旧置齐乐郡，平陈，郡废。）武化（梁置。）桂岭（旧曰兴安，开皇十八年县改名焉。）开建（梁置南静郡，平陈，郡废。）

《尚书》："荆及衡阳惟荆州。"上当天文，自张十七度至轸十一度，为鹑首，于辰在巳，楚之分野。其风俗物产，颇同扬州。其人率多劲悍决烈，盖亦天性然也。南郡、夷陵、竟陵、沔阳、沅陵、清江、襄阳、春陵、汉东、安陆、永安、义阳、九江、江夏诸郡，多杂蛮左，其与夏人杂居者，则与诸华不别。其僻处山谷者，则言语不通，嗜好居处各异，颇与巴、渝同俗。诸蛮本其所出，承盘瓠之后，故服章多以斑布为饰。其相呼以蛮，则为深忌。自晋氏南迁之后，南郡、襄阳，皆为重镇，四方凑会，故益多衣冠之绪，稍尚礼义经籍焉。九江襟带所在，江夏、竟陵、安陆，各置名州，为藩镇重寄，人物乃与诸郡不同。大抵荆州率敬鬼，尤重祠祀之事，昔屈原为制《九歌》，盖由此也。屈原以五月望日赴汨罗，土人追到洞庭不见，湖大船小，莫得济者，乃歌曰："何由得渡湖！"因尔鼓棹争归，竞会亭上，习以相传，为竞渡之戏。其迅楫齐驰，棹歌乱响，喧振水陆，观者如云，诸郡率然，而南郡、襄阳尤甚。二郡又有牵钩之戏，云从讲武所出，楚将伐吴，以为教战，流迁不改，习以相传。钩初发动，皆有鼓节，群噪歌谣，振惊远近，俗云以此厌胜，用致丰穰。其事亦传于他郡。梁简文之临雍部，发教禁之，由是颇息，其死丧之纪，虽无被发袒踊，亦知号叫哭泣。始死，即出尸于中庭，不留室内。敛毕，送到山中，以十三年为限。先择吉日，改入小棺，谓之拾骨。拾骨必须女婿，蛮重女婿，故以委之。拾骨者，除肉取骨，弃小取大。当葬之夕，女婿或三数十人，集会于宗长之宅，著芒心接篱，名曰茅绥。各执竹竿，长一丈许，上三四尺许，犹带枝叶。其行伍前却，皆有节奏，歌吟叫呼，亦有章曲。传云盘瓠初死，置之于树，乃以竹木刺而下之，故相承至今，以为风俗。隐讳其事，谓之刺北斗。既葬设祭，则亲疏咸哭，哭毕，家人既至，但欢饮而归，无复祭哭也。其左人则又不同，无衰服，不复魄。始死，置尸馆舍，邻里少年，各持弓箭，绕尸而歌，以箭扣弓为节。其歌词说平生乐事，以至终卒，大抵亦犹今之挽歌。歌数十阕，乃衣衾棺敛，送往山林，别为庐舍，安置棺柩。亦有于村侧瘗之，待二三十丧，总葬石窟。长沙郡又杂有夷蜒，名曰莫徭，自云其先祖有功，常免徭役，故以为名。其男子但著白布裈衫，更无巾裤；其女子青布衫、斑布裙，通无鞋屦。婚嫁用铁钴镂为聘财。武陵、巴陵、零陵、桂阳、澧阳、衡山、熙平皆同焉。其丧葬之节，颇同于诸左云。

卷三十二　　　　　　志第二十七

经籍一 经

夫经籍也者，机神之妙旨，圣哲之能事，所以经天地，纬阴阳，正纪纲，弘道德，显仁足以利物，藏用足以独善。学之者将殖焉，不学者将落焉。大业崇之，则成钦明之德；匹夫克念，则有王公之重。其王者之所以树风声，流显号，美教化，移风俗，何莫由乎斯道。故曰：其为人也，温柔敦厚，《诗》教也；疏通知远，《书》教也；广博易良，

《乐》教也；洁静精微，《易》教也；恭俭庄敬，《礼》教也；属辞比事，《春秋》教也。遭时制宜，质文迭用，应之以通变，通变之以中庸。中庸则可久，通变则可大。其教有适，其用无穷。实仁义之陶钧，诚道德之橐籥也。其为用大矣，随时之义深矣，言无得而称焉。故曰：不疾而速，不行而至。今之所以知古，后之所以知今，其斯之谓也。是以大道方行，俯龟象而设卦；后圣有作，仰鸟迹以成文。书契已传，绳木弃而不用；史官既立，经籍于是兴焉。

夫经籍也者，先圣据龙图，握凤纪，南面以君天下者，咸有史官，以纪言行。言则左史书之，动则右史书之。故曰"君举必书"，惩劝斯在。考之前载，则《三坟》、《五典》、《八索》、《九丘》之类是也。下逮殷、周，史官尤备，纪言书事，靡有阙遗，则《周礼》所称，太史掌建邦之六典、八法、八则，以诏王治；小史掌邦国之志，定世系，辨昭穆；内史掌王之八柄，策命而贰之；外史掌王之外令及四方之志，三皇、五帝之书；御史掌邦国都鄙万民之治令，以赞冢宰。此则天子之史，凡有五焉。诸侯亦各有国史，分掌其职。则《春秋传》，晋赵穿弑灵公，太史董狐书曰"赵盾杀其君"，以示于朝。宣子曰"不然。"对曰："子为正卿，亡不越境，反不讨贼，非子而谁?"齐崔杼弑庄公，太史书曰"崔杼弑其君"，崔子杀之。其弟嗣书，死者二人。其弟又书，乃舍之。南史闻太史尽死，执简以往，闻既书矣，乃还。楚灵王与右尹子革语，左史倚相趋而过。王曰："此良史也，能读《三坟》、《五典》、《八索》、《九丘》。"然则诸侯史官，亦非一人而已，皆以记言书事，太史总而裁之，以成国家之典。不虚美，不隐恶，故得有所惩劝，遗文可观，则《左传》称《周志》，《国语》有《郑书》之类是也。

暨夫周室道衰，纪纲散乱，国异政，家殊俗，褒贬失实，隳紊旧章。孔丘以大圣之才，当倾颓之运，叹凤鸟之不至，惜将坠于斯文，乃述《易》道而删《诗》、《书》，修《春秋》而正《雅》、《颂》。坏礼崩乐，咸得其所。自哲人萎而微言绝，七十子散而大义乖，战国纵横，真伪莫辨，诸子之言，纷然淆乱。圣人之至德丧矣，先王之要道亡矣。陵夷踳驳，以至于秦。秦政奋豺狼之心，铲先代之迹，焚《诗》、《书》，坑儒士，以刀笔吏为师，制挟书之令。学者逃难，窜伏山林，或失本经，口以传说。

汉氏诛除秦、项，未及下车，先命叔孙通草绵蕝之仪，救击柱之弊。其后张苍治律历，陆贾撰《新语》，曹参荐盖公言黄老，惠帝除挟书之律，儒者始以其业行于民间。犹以去圣既远，经籍散逸，简札错乱，传说纰缪，遂使《书》分为二，《诗》分为三，《论语》有齐、鲁之殊，《春秋》有数家之传。其余互有踳驳，不可胜言。此其所以博而寡要，劳而少功者也。武帝置太史公，命天下计书，先上太史，副上丞相，开献书之路，置写书之官，外有太常、太史、博士之藏，内有延阁、广内、秘室之府。司马谈父子世居太史，探采前代，断自轩皇，逮于孝武，作《史记》一百三十篇。详其体制，盖史官之旧也。至于孝成，秘藏之书，颇有亡散，乃使谒者陈农，求遗书于天下。命光禄大夫刘向校经传诸子诗赋，步兵校尉任宏校兵书，太史令尹咸校数术，太医监李柱国校方技。每一书就，向辄撰为一录，论其指归，辨其讹谬，叙而奏之。向卒后，哀帝使其子歆嗣父之业。乃徙温室中书于天禄阁上。歆遂总括群篇，撮其指要，著为《七略》：一曰《集略》，二曰《六艺略》，三曰《诸子略》，四曰《诗赋略》，五曰《兵书略》，六曰《术数略》，七曰《方技略》。大凡三万三千九十卷。王莽之末，又被焚烧。光武中兴，笃好文雅，明、章继轨，尤重经术。四方鸿生巨儒，负袠自远而至者，不可胜算。石室、兰台，弥以充积。又于东观及仁寿阁集新书，校书郎班固、傅毅等典掌焉。并依《七略》而为书部，固又编之，以为《汉书·艺文志》。董卓之乱，献帝西迁，图书缣帛，军人皆取为帷囊。所收而西，犹七十余载。两京大乱，扫地皆尽。

魏氏代汉，采掇遗亡，藏在秘书中、外三阁。魏秘书郎郑默，始制《中经》，秘书监荀勖，又因《中经》，更著《新簿》，分为四部，总括群书。一曰甲部，纪六艺及小学等书；二曰乙部，有古诸子家、近世子家、兵书、兵家、术数；三曰丙部，有史记、旧事、皇览簿、杂事；四曰丁部，有诗赋、图赞、汲冢书。大凡四部合二万九千九百四十五卷。但录题及言，盛以缥囊，书用缃素。至于作者之意，无所论辩。惠、怀之乱，京华荡覆，渠阁文籍，靡有孑遗。

东晋之初，渐更鸠聚。著作郎李充以勖旧簿校之，其见存者，但有三千一十四卷。充遂总没众篇之名，但以甲乙为次。自尔因循，无所变革。其后中朝遗书，稍流江左。宋元嘉八年，秘书监谢灵运造《四部目录》，大凡六万四千五百八十二卷。元徽元年，秘书丞王俭又造《目录》，大凡一万五千七百四卷。俭又别撰《七志》：一曰《经典志》，纪六艺、小学、史记、杂传；二曰《诸子志》，纪今古诸子；三曰《文翰志》，纪诗赋；四曰《军书志》，纪兵书；五曰《阴阳志》，纪阴阳图纬；六曰《术艺志》，纪方技；七曰《图谱志》，纪地域及图书。其道、佛附见，合九条。然亦不述作者之意，但于书名之下，每立一传，而又作九篇条例，编乎首卷之中。文义浅近，未为典则。齐永明中，秘书丞王亮、监谢朏，又造《四部书目》，大凡一万八千一十卷。齐末兵火，延烧秘阁，经籍遗散。梁初，秘书监任昉躬加部集，又于文德殿内列藏众书，华林园中总集释典，大凡二万三千一百六卷，而释氏不豫焉。梁有秘书监任昉、殷钧《四部目录》，又《文德殿目录》。其术数之书，更为一部，使奉朝请祖暅撰其名。故梁有《五部目录》。普通中，有处士阮孝绪，沉静寡欲，笃好坟史，博采宋、齐已来王公之家凡有书记，参校官簿，更为《七录》：一曰《经典录》，纪六艺；二曰《记传录》，纪史传；三曰《子兵录》，纪子书、兵书；四曰《文集录》，纪诗赋；五曰《技术录》，纪数术；六曰《佛录》；七曰《道录》。其分部题目，颇有次序，割析辞义，浅薄不经。梁武敦悦诗书，下化其上，四境之内，家有文史。元帝克平侯景，收文德之书及公私经籍，归于江陵，大凡七万余卷。周师入郢，咸自焚之。陈天嘉中，又更鸠集，考其篇目，遗阙尚多。

其中原则战争相寻，干戈是务，文教之盛，苻、姚而已。宋武入关，收其图籍，府藏所有，才四千卷。赤轴青纸，文字古拙。后魏始都燕代，南略中原，粗收经史，未能全具。孝文徙都洛邑，借书于齐，秘府之中，稍以充实。暨于尔朱之乱，散落人间。后齐迁邺，颇更搜聚，迄于天统、武平，校写不辍。后周始基关右，外逼强邻，戎马生郊，日不暇给。保定之始，书止八千，后稍加增，方盈万卷。周武平齐，先封书府，所加旧本，才至五千。

隋开皇三年，秘书监牛弘表请分遣使人，搜访异本。每书一卷，赏绢一匹，校写既定，本即归主。于是民间异书，往往间出。及平陈已后，经籍渐备。检其所得，多太建时书，纸墨不精，书亦拙恶。于是总集编次，存为古本。召天下工书之士，京兆韦霈、南阳杜頵等，于秘书内补续残缺，为正副二本，藏于宫中，其余以实秘书内、外之阁，凡三万余卷。炀帝即位，秘阁之书，限写五十副本，分为三品：上品红琉璃轴，中品绀琉璃轴，下品漆轴。于东都观文殿东西厢构屋以贮之，东屋藏甲乙，西屋藏丙丁。又聚魏已来古迹名画，于殿后起二台，东曰妙楷台，藏古迹；西曰宝迹台，藏古画。又于内道场集道、佛经，别撰目录。

大唐武德五年，克平伪郑，尽收其图书及古迹焉。命司农少卿宋遵贵载之以船，溯河西上，将致京师。行经底柱，多被漂没，其所存者，十不一二。其《目录》亦为所渐濡，时有残缺。今考见存，分为四部，合条为一万四千四百六十六部，有八万九千六百六十六卷。其旧录所取，文义浅俗、无益教理者，并删去之。其旧录所遗，辞义可采，有所弘益者，咸附入之。远览马史、班书，近观王、阮志、录，挹其风流体制，削其浮杂鄙俚，离其疏远，合其近密，约文绪义，凡五十五篇，各列本条之下，以备《经籍志》。虽未能研几探赜，穷极幽隐，庶乎弘道设教，可以无遗阙焉。夫仁义礼智，所以治国也，方技数术，所以治身也；诸子为经籍之鼓吹，文章乃政化之黼黻，皆为治之具也。故列之于此志云。

《归藏》十三卷（晋太尉参军薛贞注。）
《周易》二卷（魏文侯师卜子夏传，残缺。梁六卷。）
《周易》十卷（汉魏郡太守京房章句。）
《周易》八卷（汉曲台长孟喜章句，残缺。梁十卷。又有汉单父长费直注《周易》四卷，亡。）
《周易》九卷（后汉大司农郑玄注。梁又有汉南郡太守马融注《周易》一卷，亡。）
《周易》五卷（汉荆州牧刘表章句。梁有汉荆州五业从事宋忠注《周易》十卷，亡。）
《周易》十一卷（汉司空荀爽注。）
《周易》十卷（魏卫将军王肃注。）
《周易》十卷（魏尚书郎王弼注《六十四卦》六卷，韩康伯注《系辞》以下三卷，王弼又撰《易略例》一卷，梁有魏大司农卿董遇注《周易》十卷，魏散骑常侍荀煇注《周易》十卷，亡。）
《周易》十卷（吴太常姚信注。）
《周易》四卷（晋儒林从事黄颖注。梁有十卷，今残缺。）
《周易》九卷（吴侍御史虞翻注。）
《周易》十五卷（吴郁林太守陆绩注。）
《周易》十卷（晋散骑常侍干宝注。）
《周易》三卷（晋骠骑将军王廙注，残缺。梁有十卷。）
《周易》八卷（晋著作郎张璠注，残缺。梁有十卷。）
《周易马、郑、二王四家集解》十卷
《周易荀爽九家注》十卷
《周易杨氏集二王注》五卷，（梁有《集马、郑、二王解》十卷，亡。）
《周易》十卷（蜀才注。梁有齐安参军费元珪注《周易》九卷，谢氏注《周易》八卷，尹涛注《周易》六卷，亡。）
《周易》十卷（后魏司徒崔浩注。）
《周易》十卷（梁处士何胤注。梁有临海令伏曼容注《周易》八卷，侍中朱异集注《周易》一百卷，又《周易集注》三十卷，亡。）
《周易》七卷（姚规注。）
《周易》十三卷（崔觐注。）
《周易》十三卷（傅氏注。）
《周易》一帙十卷（卢氏注。）
《周易系辞》二卷（晋桓玄注。）
《周易系辞》二卷（晋西中郎将谢万等注。）
《周易系辞》二卷（晋太常韩康伯注。）
《周易系辞》二卷（梁太中大夫宋褰注。又有宋东阳太守卞伯玉注《系辞》二卷，亡。）
《周易系辞》二卷（荀柔之注。）
《周易集注系辞》二卷（梁有宋太中大夫徐爰注《系辞》二卷，亡。）
《周易音》一卷（东晋太子前率徐邈撰。）
《周易音》一卷（东晋尚书郎李轨弘范撰。）
《周易音》一卷（范氏撰。）
《周易并注音》七卷（秘书学士陆德明撰。）
《周易尽神论》一卷（魏司空钟会撰。梁有《周易无互体论》三卷，钟会撰，亡。）
《周易象论》三卷（晋尚书郎栾肇撰。）
《周易卦序论》一卷（晋司徒右长史杨乂撰。）
《周易统略》五卷（晋少府邹湛撰。）
《周易论》二卷（晋冯翊太守阮浑撰。）
《周易论》一卷（晋荆州刺史宋岱撰。梁有《拟周易说》八卷，范氏撰；《周易宗涂》四卷，干宝撰；《周易问难》二卷，王氏撰；《周易问答》一卷，扬州从事徐伯珍撰；《周易难王辅嗣义》一卷，晋扬州刺史顾夷等撰；《周易杂论》十四卷，亡。）
《周易义》一卷（宋陈令范歆撰。）
《周易玄品》二卷
《周易论》十卷（齐中书郎周颙撰。梁有三十卷，亡。）
《周易论》四卷（范氏撰。）
《周易统例》十卷（崔觐撰。）
《周易爻义》一卷（干宝撰。）
《周易乾坤义》一卷（齐步兵校尉刘瓛撰。梁又有齐临沂令李玉之、梁释法通等《乾坤义》各一卷，亡。）
《周易大义》二十一卷（梁武帝撰。）
《周易几义》一卷（梁南平王撰。梁有《周易疑通》五卷，宋中散大夫何谭之撰；《周易四德例》一卷，刘瓛撰。亡。）
《周易大义》一卷梁有《周易错》八卷，京房撰；《周易日月变例》六卷，虞翻、陆绩撰；《周易卦象数旨》六卷，东晋乐安亭侯李顒撰；《周易爻》一卷，马搢撰。亡。）
《周易太义》二卷（陆德明撰。）
《周易释序义》三卷
《周易开题义》十卷（梁蕃撰。）
《周易问》二十卷
《周易义疏》十九卷（宋明帝集群臣讲。梁又有《国子讲易》议六卷；《宋明帝集群臣讲易义疏》二十卷；《齐永明国学讲周易讲疏》二十六卷；又《周易义》三卷，沈林撰。亡。）
《周易讲疏》三十五卷（梁武帝撰。）
《周易讲疏》十六卷（梁 五经博士褚仲都撰。）
《周易义疏》十四卷（梁都官尚书萧子政撰。）
《周易系辞义疏》三卷（萧子政撰。）
《周易讲疏》三十卷（陈谘议参军张讥撰。）
《周易文句义》二十卷（梁有《拟周易义疏》十三卷。）
《周易义疏》十六卷（陈尚书左仆射周弘正撰。）
《周易私记》二十卷
《周易讲疏》十三卷（国子祭酒何妥撰。）
《周易系辞义疏》二卷（刘瓛撰。）
《周易系辞义疏》一卷（梁武帝撰。）
《周易系辞义疏》二卷（萧子政撰。梁有《周易乾坤三象》、《周易新图》各一卷；又《周易普玄图》八卷，薛景和撰；《周易大演通统》一卷，颜氏撰。）
《周易谱》一卷。

　　右六十九部，五百五十一卷。（通计亡书，合九十四部，八百二十九卷。）

　　昔宓羲氏始画八卦，以通神明之德，以类万物之情，盖因而重之，为六十四卦。及乎三代，实为三《易》，夏曰《连山》；殷曰《归藏》；周文王作卦辞，谓之《周易》。周公又作《爻辞》，孔子为《彖》、《象》、《系辞》、《文言》、《序卦》、《说卦》、《杂卦》，而子夏为之传。及秦焚书，《周易》独以卜筮得存，唯失《说卦》三篇。后河内女子得之。汉初，传《易》者有田何，何授丁宽，宽授田王孙，王孙授沛人施雠、东海孟喜、琅邪梁丘贺。由是有施、孟、梁丘之学。又有东郡京房，自云受《易》于梁国焦延寿，别为京氏学。尝立，后罢。后汉施、孟、梁丘、京氏，凡四家并立，而传者甚众。汉初又有东莱费直传《易》，其本皆古字，号曰《古文易》。以授琅邪王璜，璜授沛人高相，相以授子康及兰陵毋将永。故有费氏之学，行于人间，而未得立。后汉陈元、郑众，皆传费氏之学。马融又为其传，以授郑玄。玄作《易注》，荀爽又作《易传》。魏代王肃、王弼，并为之注。自是费氏大兴，高氏遂衰。梁丘、施氏、高氏，亡于西晋。孟氏、京氏，有书无师。梁、陈郑玄、王弼二注，列于国学。齐代唯传郑义。至隋，王注盛行，郑学浸微，今殆绝矣。《归藏》，汉初已亡，案晋《中经》有之，唯载卜筮，不似圣人之旨。以本卦尚存，故取贯于《周易》之首，以备《殷易》之缺。

《古文尚书》十三卷（汉临淮太守孔安国传。）

《今字尚书》十四卷（孔安国传。）
《尚书》十一卷（马融注。）
《尚书》九卷（郑玄注。）
《尚书》十一卷（王肃注。）
《尚书》十五卷（晋祠部郎谢沈撰。）
《集解尚书》十一卷（李颙注。）
《集释尚书》十一卷（宋给事中姜道盛注。）
《古文尚书舜典》一卷（晋豫章太守范宁注。梁有《尚书》十卷，范宁注，亡。）
《尚书亡篇序》一卷（梁五经博士刘叔嗣注。梁有《尚书》二十一卷，刘叔嗣注；又有《尚书新集序》一卷。亡。）
《尚书逸篇》二卷
《古文尚书音》一卷（徐邈撰。梁有《尚书音》五卷，孔安国、郑玄、李轨、徐邈等撰。）
《今文尚书音》一卷（秘书学士顾彪撰。）
《尚书大传》三卷（郑玄注。）
《大传音》二卷（顾彪撰。）
《尚书洪范五行传论》十一卷（汉光禄大夫刘向注。）
《尚书驳议》五卷（王肃撰。梁有《尚书义问》三卷，郑玄、王肃及晋五经博士孔晁撰；《尚书释问》四卷，魏侍中王粲撰；《尚书王氏传问》二卷；《尚书义》二卷，吴太尉范顺问，刘毅答。亡。）
《尚书新释》二卷（李顒撰。）
《尚书百问》一卷（齐太学博士顾欢撰。）
《尚书大义》二十卷（梁武帝撰。）
《尚书百释》三卷（梁国子助教巢猗撰。）
《尚书义》三卷（巢猗撰。）
《尚书义疏》十卷（梁国子助教费甝撰。梁有《尚书义疏》四卷，晋乐安王友伊说撰，亡。）
《尚书义疏》三十卷（萧詧司徒蔡大宝撰。）
《尚书义注》三卷（吕文优撰。）
《尚书义疏》七卷
《尚书述义》二十卷（国子助教刘炫撰。）
《尚书疏》二十卷（顾彪撰。）
《尚书闰义》一卷
《尚书义》三卷（刘先生撰。）
《尚书释问》一卷（虞氏撰。）
《尚书文外义》一卷（顾彪撰。）

　　右三十二部，二百四十七卷。（通计亡书，合四十一部，共二百九十六卷。）

　　《书》之所兴，盖与文字俱起。孔子观《书》周室，得虞、夏、商、周四代之典，删其善者，上自虞，下至周，为百篇，编而序之。遭秦灭学，至汉，唯济南伏生口传二十八篇。又河内女子得《泰誓》一篇，献之。伏生作《尚书传》四十一篇，以授同郡张生，张生授千乘欧阳生，欧阳生授同郡倪宽，宽授欧阳生之子，世世传之，至曾孙欧阳高，谓之《尚书》欧阳之学。又有夏侯都尉，受业于张生，以授族子始昌，始昌传族子胜，为大夏侯之学。胜传从子建，别为小夏侯之学。故有欧阳，大、小夏侯，三家并立。讫汉东京，相传不绝，而欧阳最盛。初汉武帝时，鲁恭王坏孔子旧宅，得其末孙惠所藏之书，字皆古文。孔安国以今文校之，得二十五篇。其《泰誓》与河内女子所献不同。又济南伏生所诵，有五篇相合。安国并依古文，开其篇第，以隶古字写之，合成五十八篇。其余篇简错乱，不可复读，并送之官府。安国又为五十八篇作传，会巫蛊事起，不得奏上，私传其业于都尉朝，朝授胶东庸生，谓之《尚书古文》之学，而未得立。后汉扶风杜林，传《古文尚书》，同郡贾逵为之作训，马融作传，郑玄亦为之注。然其所传，唯二十九篇，又杂以今文，非孔旧本。自余绝无师说。

晋世秘府所存，有《古文尚书》经文，今无有传者。及永嘉之乱，欧阳，大、小夏侯《尚书》并亡。济南伏生之传，唯刘向父子所著《五行传》是其本法，而又多乖戾。至东晋，豫章内史梅赜，始得安国之传，奏之，时又阙《舜典》一篇。齐建武中，吴姚方兴于大桁市得其书，奏上，比马、郑所注多二十八字，于是始列国学。梁、陈所讲，有孔、郑二家，齐代唯传郑义。至隋，孔、郑并行，而郑氏甚微。自余所存，无复师说。又有《尚书逸篇》，出于齐、梁之间，考其篇目，似孔壁中书之残缺者，故附《尚书》之末。

《韩诗》二十二卷（汉常山太傅韩婴，薛氏章句。）
《韩诗翼要》十卷（汉侯苞传。）
《韩诗外传》十卷（梁有《韩诗谱》二卷，《诗神泉》一卷，汉有道征士赵晔撰。）
《毛诗》二十卷（汉河间太傅毛苌传，郑氏笺。梁有《毛诗》十卷，马融注，亡。）
《毛诗》二十卷（王肃注。梁有《毛诗》二十卷，郑玄、王肃合注；《毛诗》二十卷，谢沈注；《毛诗》二十卷，晋兖州别驾江熙注。亡。）
《集注毛诗》二十四卷（梁桂州刺史崔灵恩注。梁有《毛诗序》一卷，梁隐居先生陶弘景注，亡。）
《毛诗笺音证》十卷（后魏太常卿刘芳撰。梁有《毛诗音》十六卷，徐邈等撰；《毛诗音》二卷，徐邈撰；《毛诗音隐》一卷，干氏撰。亡。）
《毛诗并注音》八卷（秘书学士鲁世达撰。）
《毛诗谱》三卷（吴太常卿徐整撰。）
《毛诗谱》二卷（太叔求及刘炫注。）
《谢氏毛诗谱钞》一卷（梁有《毛诗杂议难》十卷，汉侍中贾逵撰，亡。）
《毛诗义问》十卷（魏太子文学刘桢撰。）
《毛诗义驳》八卷（王肃撰。）
《毛诗奏事》一卷（王肃撰。有《毛诗问难》二卷，王肃撰，亡。）
《毛诗驳》一卷（魏司空王基撰，残缺。梁五卷。又有《毛诗答问》、《驳谱》，合八卷；又《毛诗释义》十卷，谢沈撰；《毛诗义》四卷，《毛诗笺传是非》二卷，并魏秘书郎刘璠撰；《毛诗答杂问》七卷，吴侍中韦昭、侍中朱育等撰；《毛诗注》四卷。亡。）
《毛诗异同评》十卷（晋长沙太守孙毓撰。）
《难孙氏毛诗评》四卷（晋徐州从事陈统撰。梁有《毛诗表隐》二卷，陈统撰，亡。）
《毛诗拾遗》一卷（郭璞撰。梁又有《毛诗略》四卷，亡。）
《毛诗辨异》三卷（晋给事郎杨乂撰。梁有《毛诗背隐义》二卷，宋中散大夫徐广撰；《毛诗引辨》一卷，宋奉朝请孙畅之撰；

《毛诗释》一卷，宋金紫光禄大夫何偃撰；《毛诗检漏义》二卷，梁给事郎谢昙济撰；《毛诗总集》六卷，《毛诗隐义》十卷，并梁处士何胤撰。亡。）
《毛诗异义》二卷（杨乂撰。梁有《毛诗杂义》五卷，杨乂撰；《毛诗义疏》十卷，谢沈撰；《毛诗杂义》四卷，晋江州刺史殷仲堪撰；《毛诗义疏》五卷，张氏撰。亡。）
《毛诗集解叙义》一卷（顾欢等撰。）
《毛诗序义》二卷（宋通直郎雷次宗撰。梁有《毛诗义》一卷，雷次宗撰；《毛诗序注》一卷，宋交州刺史阮珍之撰；《毛诗序义》七卷，孙畅之撰。亡。）
《毛诗集小序》一卷（刘炫注。）
《毛诗序义疏》一卷（刘瓛等撰，残缺。梁三卷。梁有《毛诗篇次义》一卷，刘瓛撰；《毛诗杂义注》三卷。亡。）
《毛诗发题序义》一卷（梁武帝撰。）
《毛诗大义》十一卷（梁武帝撰。梁有《毛诗十五国风义》二十卷，梁简文撰。）
《毛诗大义》十三卷
《毛诗草木虫鱼疏》二卷（乌程令吴郡陆机撰。）
《毛诗义疏》二十卷（舒援撰。）
《毛诗谊府》三卷（后魏安丰王元延明撰。）
《毛诗义疏》二十八卷（萧岿散骑常侍沈重撰。）
《毛诗义疏》二十卷
《毛诗义疏》二十九卷
《毛诗义疏》十卷
《毛诗义疏》十一卷
《毛诗义疏》二十八卷
《毛诗述义》四十卷（国子助教刘炫撰。）
《毛诗章句义疏》四十卷（鲁世达撰。）
《毛诗释疑》一卷（梁有《毛诗图》三卷，《毛诗孔子经图》十二卷，《毛诗古圣贤图》二卷，亡。）
《业诗》二十卷（宋奉朝请业遵注。）

右三十九部，四百四十二卷。（通计亡书，合七十六部，六百八十三卷。）

《诗》者，所以导达心灵，歌咏情志者也。故曰："在心为志，发言为诗。"上古人淳俗朴，情志未惑。其后君尊于上，臣卑于下，面称为谄，目谏为谤，故诵美讥恶，以讽刺。初但歌咏而已，后之君子，因被管弦，以存劝戒。夏、殷已上，诗多不存。周氏始自后稷，而公刘克笃前烈，太王肇基土迹，文土光昭前绪，武王克平殷乱，成王、周公化至太平，诵美盛德，踵武相继。幽、厉板荡，怨刺并兴。其后王泽竭而诗亡，鲁太师挚次而录之。孔子删诗，上采商，下取鲁，凡三百篇。至秦，独以为讽诵，不灭。汉初，有鲁人申公，受《诗》于浮丘伯，作诂训，是为《鲁诗》。齐人辕固生亦传《诗》，是为《齐诗》。燕人韩婴亦传《诗》，是为《韩诗》。终于后汉，三家并立。汉初，又有赵人毛苌善《诗》，自云子夏所传，作《诂训传》，是为《毛诗》古学，而未得立。后汉有九江谢曼卿，善《毛诗》，又为之训。东海卫敬仲，受学于曼卿。先儒相承，谓之《毛诗》。序，子夏所创，毛公及敬仲又加润益。郑众、贾逵、马融，并作《毛诗传》，郑玄作《毛诗笺》。《齐诗》，魏代已亡；《鲁诗》亡于西晋；《韩诗》虽存，无传之者。唯《毛诗郑笺》，至今独立。又有《业诗》，奉朝请业遵所注，立义多异，世所不行。

《周官礼》十二卷（马融注。）
《周官礼》十二卷（郑玄注。）
《周官礼》十二卷（王肃注。）
《周官礼》十二卷（伊说注。）
《周官礼》十二卷（干宝注。梁又有《周官宁朔新书》八卷，晋燕王师王懋约撰，亡。）
《集注周官礼》二十卷（崔灵恩注。）
《礼音》三卷（刘昌宗撰。）
《周官礼异同评》十二卷（晋司空长史陈劭撰。）
《周官礼驳难》四卷（孙略撰。梁有《周官驳难》三卷，孙琦问，干宝驳，晋散骑常侍虞喜撰。）
《周官礼义疏》四十卷（沈重撰。）
《周官礼义疏》十九卷
《周官礼义疏》十卷
《周官礼义疏》九卷
《周官分职》四卷
《周官礼图》十四卷（梁有《郊祀图》二卷，亡。）
《仪礼》十七卷（郑玄注。）
《仪礼》十七卷（王肃注。梁有李轨、刘昌宗音各一卷，郑玄音二卷，亡。）
《仪礼义疏见》二卷
《仪礼义疏》六卷
《丧服经传》一卷（马融注。）
《丧服经传》一卷（郑玄注。）
《丧服经传》一卷（王肃注。）
《丧服经传》一卷（晋给事中袁准注。）
《集注丧服经传》一卷（晋庐陵太守孔伦撰。）
《丧服经传》一卷（陈铨注。）
《集注丧服经传》一卷（宋太中大夫裴松之撰。）
《略注丧服经传》一卷（雷次宗注。）
《集注丧服经传》二卷（宋丞相谘议参军蔡超注。梁又有《丧服经传》一卷，宋徵士刘道拔注，亡。）
《集解丧服经传》二卷（齐东平太守田僧绍解。）
《丧服义疏》二卷（梁步兵校尉、五经博士贺玚撰。梁又有《丧服经传义疏》五卷，齐散骑郎司马撝撰；《丧服经传义疏》二卷，齐给事中楼幼瑜撰；《丧服经传义疏》一卷，刘瓛撰；《丧服经传义疏》一卷，齐徵士沈麟士撰。）
《丧服经传义疏》一卷（梁尚书左丞何佟之撰，亡。）
《丧服传》一卷（梁通直郎裴子野撰。）
《丧服文句义疏》十卷（梁国子助教皇侃撰。）
《丧服义》十卷（陈国子祭酒谢峤撰。）
《丧服义钞》三卷（梁有《丧服经传隐义》，亡。）
《丧服要记》一卷（王肃注。）
《丧服要记》一卷（蜀丞相蒋琬撰。梁有《丧服变除图》五卷，吴齐王博射慈撰，亡。）
《丧服要集》二卷（晋征南将军杜预撰。又有《丧服要记》二卷，晋侍中刘逵撰，亡。）
《丧服仪》一卷（晋太保卫瓘撰。梁有《丧服要记》六卷，晋司空贺循撰；《丧服要问》六卷，刘德明撰；《丧服》三十一卷，宋员外郎散骑庾蔚之撰；《丧服要问》二卷，张耀撰；《丧服难问》六卷，崔凯撰；《丧服杂记》二十卷，伊氏撰；《丧服释疑》二十卷，刘智撰。亡。）
《汉荆州刺史刘表新定礼》一卷
《丧服要略》一卷（晋太学博士环济撰。）
《丧服要略》二卷
《丧服制要》一卷（徐氏撰。）
《丧服谱》一卷（郑玄注。）
《丧服谱》一卷（晋开府仪同三司蔡谟撰。）
《丧服谱》一卷（贺循撰。）
《丧服变除》一卷（晋散骑常侍葛洪撰。）
《凶礼》一卷（晋广陵相孔衍撰。）
《丧服要记》十卷（贺循撰。梁有《丧服要记》，宋员外常侍庾蔚之注；又《丧服世要》一卷，庾蔚之撰；《丧服集议》十卷，宋抚军司马费沈撰。）
《丧服古今集记》三卷（齐太尉王俭撰。）
《丧服世行要记》十卷（齐光禄大夫王逡撰。）
《丧服答要难》一卷（袁祈撰。）
《丧服记》十卷（王氏撰。）
《丧服五要》一卷（严氏撰。）
《驳丧服经传》一卷（卜氏传。）
《丧服疑问》一卷（樊氏撰。）
《丧服图》一卷（王俭撰。）
《丧服图》一卷（贺游撰。）
《丧服图》一卷（崔逸撰。梁有《丧服祥禫杂议》二十九卷，《丧服杂议故事》二十一卷，又《戴氏丧服五家要记图谱》五卷，《丧服君臣图仪》一卷，亡。）
《五服图》一卷
《五服图仪》一卷
《丧服礼图》一卷
《五服略例》一卷
《丧服要问》一卷
《丧服问答目》十三卷（皇侃撰。）
《丧服假宁制》三卷
《丧礼五服》七卷（大将军袁宪撰。）
《论丧服决》一卷
《丧礼钞》三卷（王隆伯撰。）
《大戴礼记》十三卷（汉信都王太傅戴德撰。梁有《谥法》三卷，后汉安南太守刘熙注，亡。）
《夏小正》一卷（戴德撰。）
《礼记》十卷（汉北中郎将卢植注。）
《礼记》二十卷（汉九江太守戴圣撰，郑玄注。）
《礼记》三十卷（王肃注。梁有《礼记》十二卷，业遵注，亡。）
《礼记宁朔新书》八卷（王懋约注。梁有二十卷。）
《月令章句》十二卷（汉左中郎将蔡邕撰。）
《礼记音义隐》一卷（谢氏撰。）
《礼记音》二卷（宋中散大夫徐爰撰。梁有郑玄、王肃、射慈、射贞、孙毓、缪炳音各一卷，蔡谟、东晋安北谘议参军曹耽、国子助教尹毅、李轨、员外郎范宣音各二卷，徐邈音三卷，刘昌宗音五卷，亡。）

《礼记音义隐》七卷
《礼记》三十卷（魏秘书监孙炎注。）
《礼略》二卷
《礼记要钞》十卷（缪氏撰。梁有礼义四卷，魏侍中郑小同撰；《摭遗别记》一卷，楼幼瑜撰，亡。）
《礼记新义疏》二十卷（贺玚撰。梁有《义疏》三卷，宋豫章郡丞雷肃之撰，亡。）
《礼记讲疏》九十九卷（皇侃撰。）
《礼记义疏》四十八卷（皇侃撰。）
《礼记义疏》四十卷（沈重撰。）
《礼记义》十卷（何氏撰。）
《礼记义疏》三十八卷。
《礼记疏》十一卷
《礼记大义》十卷（梁武帝撰。）
《礼记文外大义》二卷（秘书学士褚晖撰。）
《礼大义》十卷
《礼记义证》十卷（刘芳撰。）
《礼大义章》七卷
《丧礼杂义》三卷
《礼记中庸传》二卷（宋散骑常侍戴颙撰。）
《中庸讲疏》一卷（梁武帝撰。）
《私记制旨中庸义》五卷
《礼略解》十卷（庾氏撰。）
《礼记评》十一卷（刘巂撰。）
《石渠礼论》四卷（戴圣撰。梁有《群儒疑义》十二卷，戴圣撰。）
《礼论》三百卷（宋御史中丞何承天撰。）
《礼论条牒》十卷（宋太尉参军任预撰。）
《礼论帖》三卷（任预撰。梁四卷。）
《礼论钞》二十卷（庾蔚之撰。）
《礼论要钞》十卷（王俭撰。梁三卷。）
《礼论要钞》一百卷（贺玚撰。）
《礼论钞》六十九卷
《礼论要钞》十卷（梁有齐御史中丞荀万秋《钞略》二卷；尚书仪曹郎丘季彬论五十八卷，议一百三十卷，统六卷。亡。）
《礼论答问》八卷（宋中散大夫徐广撰。）
《礼论答问》十三卷（徐广撰。）
《礼答问》二卷（徐广撰，残缺。梁十一卷。）
《礼答问》六卷（庾蔚之撰。）
《礼答问》三卷（王俭撰。梁有晋益阳令吴商《礼难》十二卷，《杂议》十二卷，又《礼议杂记故事》十三卷，《丧杂事》二十卷；宋光禄大夫傅隆议二卷，《祭法》五卷。亡。）
《礼答问》十二卷
《礼杂问》十卷（范宁撰。）
《礼答问》十卷（何佟之撰。梁二十卷。）
《礼杂问》十卷
《礼杂答问》八卷
《礼杂答问》六卷
《礼杂问答钞》一卷（何佟之撰。）
《问礼俗》十卷（董勋撰。）

《问礼俗》九卷（董子弘撰。）
《答问杂仪》二卷（任预撰。）
《礼义答问》八卷（王俭撰。）
《礼疑义》五十二卷（梁护军周舍撰。）
《制旨革牲大义》三卷（梁武帝撰。）
《礼乐义》十卷
《礼秘义》三卷
《三礼目录》一卷（郑玄撰。梁有陶弘景注一卷，亡。）
《三礼义宗》三十卷（崔灵恩撰。）
《三礼宗略》二十卷（元延明撰。）
《三礼大义》十三卷
《三礼大义》四卷
《三礼杂大义》三卷（梁有《司马法》三卷，《李氏训记》三卷；又《郊丘议》三卷，魏太尉蒋济撰；《祭法》五卷，又《明堂议》三卷，王肃撰；《杂祭法》六卷，晋司空中郎卢谌撰；《祭典》三卷，晋安北将军范汪撰；《七庙议》一卷，又《后养议》五卷，干宝撰；《杂乡射等议》三卷，晋太尉庾亮撰；《逆降义》三卷，宋特进延颜之撰；《逆降义》一卷，田僧绍撰；《分明士制》三卷，何承天撰；《释疑》二卷，郭鸿撰；《答问》四卷，徐广撰；《答问》五十卷，何胤撰；又《答问》十卷。亡。）
《三礼图》九卷（郑玄及后汉侍中阮谌等撰。）
《周室王城明堂宗庙图》一卷（祁谌撰。梁又有《冠服图》一卷，《五宗图》一卷，《月令图》一卷，亡。）

右一百三十六部，一千六百二十二卷。（通计亡书，二百一十一部，二千一百八十六卷。）

自大道既隐，天下为家，先王制其夫妇、父子、君臣、上下、亲疏之节。至于三代，损益不同。周衰，诸侯僭忒，恶其害己，多被焚削。自孔子时，已不能具，至秦而顿灭。汉初，有高堂生传十七篇，又有古经，出于淹中，而河间献王好古爱学，收集余烬，得而献之，合五十六篇，并威仪之事。而又得《司马穰苴兵法》一百五十五篇，及《明堂阴阳》之记，并无敢传之者。唯古经十七篇与高堂生所传不殊，而字多异。自高堂生至宣帝时后苍，最明其业，乃为《曲台记》。苍授梁人戴德，及德从兄子圣、沛人庆普，于是有大戴、小戴、庆氏，三家并立。后汉唯曹元传庆氏，以授其子褒。然三家虽存并微，相传不绝。汉末，郑玄传小戴之学，后以古经校之，取其于义长者作注，为郑氏学。其《丧服》一篇，子夏先传之，诸儒多为注解，今又别行。而汉时有李氏得《周官》。《周官》盖周公所制官政之法，上于河间献王，独阙《冬官》一篇。献王购以千金不得，遂取《考工记》以补其处，合成六篇奏之。至王莽时，刘歆始置博士，以行于世。河南缑氏及杜子春受业于歆，因以教授。是后马融作《周官传》，以授郑玄，玄作《周官注》。汉初，河间献王又得仲尼弟子及后学者所记一百三十一篇献之，时亦无传之者。至刘向考校经籍，检得一百三十篇，向因第而叙之。而又得《明堂阴阳记》三十三篇、《孔子三朝记》七篇、《王史氏记》二十一篇、《乐记》二十三篇，凡五种，合二百十四篇。戴德删其烦重，合而记之，为八十五篇，谓之《大戴记》。而戴圣又删大戴之书，为四十六篇，谓之《小戴记》。汉末马融，遂传小戴之学。融又定《月令》一篇、《明堂位》一篇、《乐记》一篇，合四十九篇；而郑玄受业于融，又为之注。今《周官》六篇、古经十七篇、《小戴记》四十九篇，凡三种。唯《郑注》立于国学，其余并多散亡，又无师说。

《乐社大义》十卷（梁武帝撰。）
《乐论》三卷（梁武帝撰。梁有《乐义》十一卷，武帝集朝臣撰，亡。）
《乐论》一卷（卫尉少卿萧吉撰。）
《古今乐录》十二卷（陈沙门智匠撰。）
《乐书》七卷（后魏丞相士曹行参军信都芳撰。）
《乐杂书》三卷
《乐元》一卷（魏僧撰。）
《管弦记》十卷（凌秀撰。）
《乐要》一卷（何妥撰。）
《乐部》一卷
《春官乐部》五卷（梁有《宋元嘉正声伎录》一卷，张解撰，亡。）
《乐府声调》六卷（岐州刺史、沛国公郑译撰。）
《乐府声调》三卷（郑译撰。）
《乐经》四卷
《琴操》三卷（晋广陵相孔衍撰。）
《琴操钞》二卷
《琴操钞》一卷
《琴谱》四卷（戴氏撰。）
《琴经》一卷
《琴说》一卷
《琴历头簿》一卷
《新杂漆调弦谱》一卷
《乐谱》四卷
《乐谱集》二十卷（萧吉撰。）
《乐略》四卷
《乐律义》四卷（沈重撰。）
《钟律义》一卷
《乐簿》十卷
《齐朝曲簿》一卷
《大隋总曲簿》一卷
《推七音》二卷（并尺法。）
《乐论事》一卷
《乐事》一卷
《正声伎杂等曲簿》一卷
《太常寺曲名》一卷
《太常寺曲簿》十一卷
《歌曲名》五卷
《历代乐名》一卷
《钟磬志》二卷（公孙崇撰。）
《乐悬》一卷（何晏等撰议。）
《乐悬图》一卷
《钟律纬辩宗见》一卷
《当管七声》二卷（魏僧撰。）
《黄钟律》一卷（梁有《钟律纬》六卷，梁武帝撰，亡。）

右四十二部，一百四十二卷。（通计亡书，合四十六部，二百六十三卷。）

乐者，先王所以致神祇，和邦国，谐万姓，安宾客，悦远人，所从来久矣。周人存六代之乐，曰《云门》、《咸池》、《大韶》、《大夏》、《大护》、《大武》。其后衰微崩坏，及秦而顿灭。汉初，制氏虽纪其铿锵鼓儛，而不能通其义。其后窦公、河间献王、常山王、张禹，咸献《乐书》。魏、晋已后，虽加损益，去正转远，事在《声乐志》。今录其见书，以补乐章之阙。

《春秋经》十一卷（吴卫将军士燮注。）
《春秋左氏长经》二十卷（汉侍中贾逵章句。）
《春秋左氏解诂》三十卷（贾逵撰。）
《春秋左氏传解谊》三十一卷（汉九江太守服虔注。）
《春秋左氏传》三十卷（王肃注。）
《春秋左氏传》三十卷（董遇章句。）
《春秋左氏传义注》十八卷（孙毓注。）
《春秋左氏传》十二卷（魏司徒王朗撰。）
《春秋左氏经传集解》三十卷（杜预撰。）
《春秋杜氏》、《服氏注春秋左传》十卷（残缺。）
《春秋左氏传音》三卷（魏中散大夫嵇康撰。梁有服虔、杜预音三卷，魏高贵公《春秋左氏传音》三卷，曹耽音、尚书左人郎荀讷等音四卷，亡。）
《春秋左氏传音》三卷（李轨撰。）
《春秋左氏传音》三卷（徐邈撰。）
《春秋释训》一卷（贾逵撰。）
《春秋左氏经传朱墨列》一卷（贾逵撰。）
《春秋释例》十卷（汉公车徵士颍容撰。梁有《春秋左氏传条例》九卷，汉大司农郑众撰。）
《春秋左氏膏肓释疴》十卷（服虔撰。梁有《春秋汉议驳》二卷，服虔撰，亡。）
《驳何氏汉议》二卷（郑玄撰。）
《春秋成长说》九卷（服虔撰。梁有《春秋左氏达义》一卷，汉司徒掾王玢撰，亡。）
《春秋塞难》三卷（服虔撰。梁有《春秋杂议难》五卷，汉少府孔融撰；《春秋左氏释驳》一卷，王朗撰。亡。）
《春秋说要》十卷（魏乐平太守糜信撰。）
《春秋释例》十五卷（杜预撰。梁有《春秋释例引序》一卷，齐正员郎杜乾光撰，亡。）
《春秋左氏传评》二卷（杜预撰。）
《春秋条例》十一卷（晋太尉刘寔撰。梁有《春秋公羊达义》三卷，刘寔撰，亡。）
《春秋经例》十二卷（晋方范撰。梁有《春秋释滞》十卷，晋尚书左丞殷兴撰，《春秋释难》三卷，晋护军范坚撰。亡。）
《春秋左氏传条例》二十五卷
《春秋义例》十卷
《春秋左传例苑》十九卷（梁有《春秋经传说例疑隐》一卷，吴略撰；《春秋左氏分野》一卷；《春秋十二公名》一卷，郑玄撰。亡。）
《春秋左氏经传通解》四卷（王述之撰。）
《春秋左氏传贾、服异同略》五卷（孙毓撰。）
《春秋左氏函传义》十五卷（干宝撰。）

《春秋左氏区别》三十卷（宋尚书功论郎何始真撰。）
《春秋文苑》六卷
《春秋丛林》十二卷
《春秋义林》一卷
《春秋大夫辞》三卷
《春秋嘉语》六卷
《春秋左氏诸大夫世谱》十三卷
《春秋五辩》二卷（梁五经博士沈宏撰。）
《春秋辩证》六卷
《春秋旨通》十卷（王述之撰。）
《春秋经传解》六卷（崔灵恩撰。）
《春秋申先儒传论》十卷（崔灵恩撰。）
《春秋左氏传立义》十卷（崔灵恩撰。）
刘寔等《集解春秋序》一卷
《春秋序论》二卷（干宝撰。）
《春秋序》一卷（贺道养注。）
《春秋序》一卷（崔灵恩撰。）
《春秋序》一卷（田元休注。）
《春秋左传杜预序集解》一卷（刘炫注。）
《春秋左氏经传义略》二十五卷（陈国子博士沈文阿撰。）
《王元规续沈文阿春秋左氏传义略》十卷
《春秋义略》三十卷（陈右军将军张冲撰。）
《春秋左氏义略》八卷
《春秋五十凡义疏》二卷
《春秋左氏传述义》四十卷（东京太学博士刘炫撰。）
《春秋序义疏》一卷（梁有《春秋发题》一卷，梁简文帝撰；《春秋左氏图》十卷，汉太子太傅严彭祖撰；《古今春秋盟会地图》一卷。亡。）
《春秋公羊传》十二卷（严彭祖撰。）
《春秋公羊解诂》十一卷（汉谏议大夫何休注。）
《春秋公羊经传》十三卷晋散骑常侍王愆期注。梁有《春秋公羊传》十二卷，晋河南太守高龙注；《春秋公羊传》十四卷，孔衍集解；《春秋公羊音》，李轨、晋徵士江淳撰，各一卷。）
《春秋繁露》十七卷（汉胶西相董仲舒撰。）
《春秋决事》十卷（董仲舒撰。）
《春秋决疑论》一卷
《春秋左氏膏肓》十卷（何休撰。）
《春秋谷梁废疾》三卷（何休撰。）
《春秋汉议》十三卷（何休撰。）
《驳何氏汉议》二卷（郑玄撰。梁有《汉议驳》二卷，服虔撰，亡。）
《驳何氏汉议叙》一卷
《春秋公羊墨守》十四卷（何休撰。）
《春秋公羊例序》五卷（刁氏撰。）
《春秋公羊谥例》一卷（何休撰。梁有《春秋公羊条例》一卷，何休撰；《春秋公羊传问答》五卷，荀爽问，魏安平太守徐钦答；《春秋公羊论》二卷，晋车骑将军庾翼问，王愆期答。亡。）
《春秋公羊解序》一卷（鲜于公撰。）
《春秋公羊疏》十二卷
《春秋谷梁传》十三卷（吴仆射唐固注。梁有《春秋谷梁传》十五卷，汉谏议大夫尹更始撰，亡。）

《春秋谷梁传》十二卷（魏乐平太守糜信注。）
《谷梁传》十卷（晋堂邑太守张靖注。梁有《春秋谷梁传》十三卷，晋给事郎徐乾注；《春秋谷梁传》十卷，胡讷集解。亡。）
《春秋谷梁传》十六卷（程阐撰。）
《春秋谷梁传》十四卷（孔衍撰。）
《春秋谷梁传》十二卷（徐邈撰。）
《春秋谷梁传》十四卷（段肃注，疑汉人。）
《春秋谷梁传》五卷（孔君措训，残缺。梁十四卷。）
《春秋谷梁传》十二卷（范宁集解。梁有《谷梁音》一卷，亡。）
《春秋谷梁传》四卷（残缺，张、程、孙、刘四家集解。）
糜信《理何氏汉议》二卷（魏人撰。）
《春秋谷梁传义》十卷（徐邈撰。）
《春秋议》十卷（何休撰。）
徐邈《答春秋谷梁义》三卷
薄叔玄《问谷梁义》二卷（梁四卷。）
《春秋谷梁传例》一卷（范宁撰。）
《春秋公羊、谷梁传》十二卷（晋博士刘兆撰。）
《春秋谷梁废疾》三卷（何休撰，郑玄释，张靖笺。）
《春秋公羊、谷梁二传评》三卷
《春秋三家经本训诂》十二卷（贾逵撰。宋有《三家经》二卷，亡。）
《春秋三传论》十卷（魏大长秋韩益撰。）
《春秋经合三传》十卷（潘叔度撰。）
《春秋成夺》十卷（潘叔度撰。）
《春秋三传评》十卷（胡讷撰。梁有《春秋集三师难》三卷，《春秋集三传经解》十卷，胡讷撰。今亡。）
《春秋土地名》三卷（晋裴秀客京相璠等撰。）
《春秋外传国语》二十卷（贾逵注。）
《春秋外传国语》二十一卷（虞翻注。）
《春秋外传章句》一卷（王肃撰。梁二十二卷。）
《春秋外传国语》二十二卷（韦昭注。）
《春秋外传国语》二十卷（晋五经博士孔晁注。）
《春秋外传国语》二十一卷（唐固注。梁有《春秋古今盟会地图》一卷，亡。）

　　右九十七部，九百八十三卷。（通计亡书，合一百三十部，一千一百九十二卷。）

　　《春秋》者，鲁史策书之名。昔成周微弱，典章沦废，鲁以周公之故，遗制尚存。仲尼因其旧史，裁而正之，或婉而成章，以存大顺，或直书其事，以示首恶。故有求名而亡，欲盖而彰，乱臣贼子，于是大惧。其所褒贬，不可具书，皆口授弟子。弟子退而异说，左丘明恐失其真，乃为之传。遭秦灭学，口说尚存。汉初，有公羊、谷梁、邹氏、夹氏，四家并行。王莽之乱，邹氏无师，夹氏亡。初，齐人胡母子都传《公羊春秋》，授东海嬴公。嬴公授东海孟卿，孟卿授鲁人眭孟，眭孟授东海严彭祖、鲁人颜安乐。故后汉《公羊》有严氏、颜氏之学，与谷梁三家并立。汉末，何休又作《公羊解说》。而《左氏》汉初出于张苍之家，本无传者。至文帝时，梁太博贾谊为训诂，授赵人贯公。其后刘歆典校经籍，考而正之，欲立于学，诸儒莫应。至建武中，尚书令韩歆请立而未行。时陈元最明《左传》，又上书讼之。于是乃以魏郡李封为《左氏》博士。后群儒蔽固者，数廷争之。及封卒，遂罢。然诸儒传《左氏》者甚众。永平中，能为《左氏》者，擢高第为讲郎。其后贾逵、服虔并为训解。至魏，遂行于世。晋时，杜预又为《经传集解》。《谷梁》范宁注、《公羊》何休注、《左氏》服虔、杜预注，俱立国学。然《公羊》、《谷梁》，但试读文，而不能通其义。后学三传通讲，而《左氏》唯传服义。至隋，杜氏盛行，服义及《公羊》、《谷梁》浸微，今殆无师说。

《古文孝经》一卷（孔安国传。梁末亡逸，今疑非古本。）
《孝经》一卷（郑氏注。梁有马融、郑众注孝经》二卷，亡。）
《孝经》一卷（王肃解。梁有魏散骑常侍苏林，吏部尚书何晏，光禄大夫刘邵、孙氏等注《孝经》各一卷，亡。）
《孝经解赞》一卷（韦昭解。）
《孝经默注》一卷（徐整注。）
《集解孝经》一卷（谢万集。）
《集议孝经》一卷（晋中书郎荀昶撰，亡。）
《集议孝经》一卷（晋东阳太守袁敬仲集。梁有《孝经皇义》一卷，宋均撰；又有晋给事中杨泓，处士虞槃佐、孙氏，东阳太守殷仲文，晋陵太守殷叔道，丹阳尹车胤，孔光各注《孝经》一卷，荀昶注《孝经》二卷；宋何承天、费沈，齐光禄大夫王玄载，国子博士明僧绍，梁五经博士严植之，尚书功论郎曹思文，羽林监江系之，江逊等注《孝经》各一卷，释慧始注《孝经》一卷，陶弘景《集注孝经》一卷；诸葛循《孝经序》一卷。亡。）
《孝经》一卷（释慧琳注。梁有晋穆帝时《晋孝经》一卷，武帝时《送总明馆孝经讲》、《议》各一卷，宋大明中《东宫讲》，齐永明三年《东宫讲》，齐永明中《诸王讲》及贺瑒讲、议《孝经义疏》各一卷，齐临沂令李玉之为始兴王讲《孝经义疏》二卷，亡。）
《孝经义疏》十八卷（梁武帝撰。梁有皇太子讲《孝经义》三卷，天监八年皇太子讲《孝经义》一卷，梁简文《孝经义疏》五卷，萧子显《孝经义疏》一卷，亡。）
《孝经敬爱义》一卷（梁吏部尚书萧子显撰。）
《孝经私记》四卷（无名先生撰。）
《孝经义》一卷
《孝经义疏》一卷（赵景韶撰。）
《孝经义疏》三卷（皇侃撰。）
《孝经私记》二卷（周弘正撰。）
《古文孝经述义》五卷（刘炫撰。）
《孝经讲疏》六卷（徐孝克撰。）
《孝经义》一卷（梁扬州文学从事太史叔明撰。梁有《孝经玄》、《孝经图》各一卷，《孝经孔子图》二卷，亡。）
《国语孝经》一卷

右十八部，合六十三卷。（通计亡书，合五十九部，一百一十四卷。）

夫孝者，天之经，地之义，人之行。自天子达于庶人，虽尊卑有差，及乎行孝，其义一也。先王因之以治国家，化天下，故能不严而顺，不肃而成。斯实生灵之至德，王者之要道。孔子既叙六经，题目不同，指意差别，恐斯道离散，故作《孝经》，以总会之，明其枝流虽分，本萌于孝者也。遭秦焚书，为河间人颜芝所藏。汉初，芝子贞出之，凡十八章，而长孙氏、博士江翁、少府后苍、谏议大夫翼奉、安昌侯张禹，皆名其学。又有《古文孝经》，与《古文尚书》同出，而长孙有《闺门》一章，其余经文，大较相似，篇简缺解，又有衍出三章，并前合为二十二章，孔安国为之传。至刘向典校经籍，以颜本比古文，除其繁惑，以十八章为定。郑众、马融，并为之注。又有郑氏注，相传或云郑玄，其立义与玄所注余书不同，故疑之。梁代，安国及郑氏二家，并立国学，而安国之本，亡于梁乱。陈及周、齐，唯传郑氏。至隋，秘书监王劭于京师访得《孔传》，送至河间刘炫。炫因序其得丧，述其议疏，讲于人间，渐闻朝廷，后遂著令，与郑氏并立。儒者喧喧，皆云炫自作之，非孔旧本，而秘府又先无其书。又云魏氏迁洛，未达华语，孝文帝命侯伏侯可悉陵，以夷言译《孝经》之旨，教于国人，谓之《国语孝经》。今取以附此篇之末。

《论语》十卷（郑玄注。梁有《古文论语》十卷，郑玄注；又王肃、虞翻、谯周等注《论语》各十卷。亡。）
《论语》九卷（郑玄注，晋散骑常侍虞喜赞。）
《集解论语》十卷（何晏集。）
《集注论语》六卷（晋八卷，晋太保卫瓘注。梁有《论语补阙》二卷，宋明帝补卫瓘阙，亡。）
《论语集义》八卷（晋尚书左中兵郎崔豹集。梁十卷。）
《论语》十卷（晋著作郎李充注。）
《集解论语》十卷（晋廷尉孙绰解。梁有盈氏及孟整注《论语》各十卷，亡。）
《集解论语》十卷（晋兖州别驾江熙解。）
《论语》七卷（卢氏注。梁有晋国子博士梁觊、益州刺史袁乔、尹毅、司徒左长史张凭及阳惠明、宋新安太守孔澄之、齐员外郎虞遐及许容、曹思文注，释僧智略解，梁太史叔明集解，陶弘景集注《论语》各十卷；又《论语音》二卷，徐邈等撰。亡。）
《论语难郑》一卷（梁有《古论语义注谱》一卷，徐氏撰；《论语隐注》三卷，《论语义注》三卷。亡。）
《论语难郑》一卷
《论语标指》一卷（司马氏撰。）
《论语杂问》一卷
《论语孔子弟子目录》一卷（郑玄撰。）
《论语体略》二卷（晋太傅主簿郭象撰。）
《论语旨序》三卷（晋卫尉缪播撰。）
《论语释疑》三卷（王弼撰。）
《论语释》一卷（张凭撰。）
《论语释疑》十卷（晋尚书郎栾肇撰。梁有《论语释驳》三卷，王肃撰；《论语驳序》二卷，栾肇撰；《论语隐》一卷，郭象撰；《论语藏集解》一卷，应琛撰；《论语释》一卷，曹毗撰；《论语君子无所争》一卷，庾亮撰；《论语释》一卷，李充撰；《论语释》一卷，庾翼撰；《论语义》一卷，王濛撰；又蔡系《论语释》一卷，张隐《论语释》一卷，郗原《通郑》一卷，王氏《修郑错》一卷，姜处道《论释》一卷。亡。）
《论语别义》十卷（范廙撰。梁有《论语疏》八卷，宋司空法曹张略等撰；《新书对张论》十卷，虞喜撰。）
《论语义疏》十卷（褚仲都撰。）

《论语义疏》十卷（皇侃撰。）
《论语述义》十卷（刘炫撰。）
《论语义疏》八卷
《论语讲疏文句义》五卷（徐孝克撰，残缺。）
《论语义疏》二卷（张冲撰。梁有《论语义注图》十二卷，亡。）
《孔丛》七卷（陈胜博士孔鲋撰。梁有《孔志》十卷，梁太尉参军刘被撰，亡。）
《孔子家语》二十一卷王肃解。梁有《当家语》二卷，魏博士张融撰，亡。）
《孔子正言》二十卷（梁武帝撰。）
《尔雅》三卷（汉中散大夫樊光注。梁有汉刘歆，犍为文学、中黄门李巡《尔雅》各三卷，亡。）
《尔雅》七卷（孙炎注。）
《尔雅》五卷（郭璞注。）
《集注尔雅》十卷（梁黄门郎沈琁注。）
《尔雅音》八卷（秘书学士江灌撰。梁有《尔雅音》二卷，孙炎、郭璞撰。）
《尔雅图》十卷（郭璞撰。梁有《尔雅图赞》二卷，郭璞撰，亡。）
《广雅》三卷（魏博士张揖撰。梁有四卷。）
《广雅音》四卷（秘书学士曹宪撰。）
《小尔雅》一卷（李轨略解。）
《方言》十三卷（汉扬雄撰，郭璞注。）
《释名》八卷（刘熙撰。）
《辩释名》一卷（韦昭撰。）
《五经音》十卷（徐邈撰。）
《五经正名》十二卷（刘炫撰。）
《白虎通》六卷
《五经异义》十卷（后汉太尉祭酒许慎撰。）
《五经然否论》五卷（晋散骑常侍谯周撰。）
《五经拘沈》十卷（晋高凉太守杨方撰。）
《五经大义》三卷（戴逵撰。梁有《通五经》五卷，王氏撰；《五经咨疑》八卷，周杨撰；《五经异同评》一卷，贺玚撰；《五经秘表要》三卷。亡。）
《五经大义》十卷（后周县伯中大夫樊文深撰。）
《经典大义》十二卷（沈文阿撰。）
《五经大义》五卷（何妥撰。）
《五经通义》八卷（梁九卷。）
《五经义》六卷（梁七卷。梁又有《五经义略》一卷，亡。）
《五经要义》五卷（梁十七卷，雷氏撰。）
《五经析疑》二十八卷（邯郸绰撰。）
《五经宗略》二十三卷（元延明撰。）
《五经杂义》六卷（孙畅之撰。）
《长春义记》一百卷（梁简文帝撰。）
《大义》九卷
《游玄桂林》九卷（张讥撰。）
《六经通数》十卷（梁舍人鲍泉撰。）
《七经义纲》二十九卷（樊文深撰。）
《七经论》三卷（樊文深撰。）
《质疑》五卷（樊文深撰。）
《经典玄儒大义序录》二卷（沈文阿撰。）

《玄义问答》二卷
《六艺论》一卷（郑玄撰。）
《圣证论》十二卷（王肃撰。）
《郑志》十一卷（魏侍中郑小同撰。）
《郑记》六卷（郑玄弟子撰。）
《谥法》三卷（刘熙撰。）
《谥法》十卷（特进、中军将军沈约撰。）
《谥法》五卷（梁太府卿贺玚撰。）
《江都集礼》一百二十六卷

右七十三部，七百八十一卷。（通计亡书，合一百一十六部，一千二十七卷。）

《论语》者，孔子弟子所录。孔子既叙六经，讲于洙、泗之上，门徒三千，达者七十。其与夫子应答，及私相讲肄，言合于道，或书之于绅，或事之无厌。仲尼既没，遂缉而论之，谓之《论语》。汉初，有齐、鲁之说。其齐人传者二十二篇，鲁人传者二十篇。齐则昌邑中尉王吉、少府宗畸、御史大夫贡禹、尚书令五鹿充宗、胶东庸生。鲁则常山都尉龚奋、长信少府夏侯胜、韦丞相节侯父子、鲁扶卿、前将军萧望之、安昌侯张禹，并名其学。张禹本授《鲁论》，晚讲《齐论》，后遂合而考之，删其烦惑。除去《齐论·问王》、《知道》二篇，从《鲁论》二十篇为定，号《张侯论》，当世重之。周氏、包氏为之章句，马融又为之训。又有古《论语》，与《古文尚书》同出，章句烦省，与《鲁论》不异，唯分《子张》为二篇，故有二十一篇。孔安国为之传。汉末，郑玄以《张侯论》为本，参考《齐论》、古《论》而为之注。魏司空陈群、太常王肃、博士周生烈，皆为义说。吏部尚书何晏又为集解。是后诸儒多为之注，《齐论》遂亡。古《论》先无师说，梁、陈之时，唯郑玄、何晏立于国学，而郑氏甚微。周、齐，郑学独立。至隋，何、郑并行，郑氏盛于人间。其《孔丛》、《家语》，并孔氏所传仲尼之旨。《尔雅》诸书，解古今之意，并五经总义，附于此篇。

《河图》二十卷（梁《河图洛书》二十四卷，目录一卷，亡。）
《河图龙文》一卷
《易纬》八卷（郑玄注。梁有九卷。）
《尚书纬》三卷（郑玄注，梁六卷。）
《尚书中候》五卷（郑玄注。梁有八卷，今残缺。）
《诗纬》十八卷（魏博士宋均注。梁十卷。）
《礼纬》三卷（郑玄注，亡。）
《礼记默房》二卷（宋均注。梁有三卷，郑玄注，亡。）
《乐纬》三卷（宋均注。梁有《乐五鸟图》一卷。亡。）
《春秋灾异》十五卷（郗萌撰。梁有《春秋纬》三十卷，宋均注；《春秋内事》四卷，《春秋包命》二卷，《春秋秘事》十一卷，书、易、诗、孝经、春秋、河洛纬秘要》一卷，《五帝钩命诀图》一卷。亡。）
《孝经勾命诀》六卷（宋均注。）
《孝经援神契》七卷（宋均注。）
《孝经内事》一卷（梁有《孝经杂纬》十卷，宋均注；《孝经元命包》一卷，《孝经古秘援神》二卷，《孝经古秘图》一卷，《孝经左右握》二卷，《孝经左右契图》一卷，《孝经雌雄图》三卷，《孝经异本雌雄图》二卷，《孝经分野图》一卷，《孝经内事图》二卷，《孝经内事星宿讲堂七十二弟子图》一卷，又《口授图》一卷；又《论语谶》八卷，宋均注；《孔老谶》十二卷，《老子河洛谶》一卷，《尹公谶》四卷，《刘向谶》一卷，《杂谶书》二十九卷，《尧戒舜、禹》一卷，《孔子王明镜》一卷，《郭文金雄记》一卷，《王子年歌》一卷，《嵩高道士歌》一卷。亡。）

右十三部，合九十二卷。（通计亡书，合三十二部，共二百三十二卷。）

《易》曰："河出图，洛出书。"然则圣人之受命也，必因积德累业，丰功厚利，诚著天地，泽被生人，万物之所归往，神明之所福飨，则有天命之应。盖龟龙衔负，出于河、洛，以纪易代之徵，其理幽昧，究极神道。先王恐其惑人，秘而不传。说者又云，孔子既叙六经，以明天人之道，知后世不能稽同其意，故别立纬及谶，以遗来世。其书出于前汉，有《河图》九篇，《洛书》六篇，云自黄帝至周文王所受本文。又别有三十篇，云自初起至于孔子，九圣之所增演，以广其意。又有《七经纬》三十六篇，并云孔子所作，并前合为八十一篇。而又有《尚书中候》、《洛罪级》、《五行传》、《诗推度灾》、《氾历枢》、《含神务》、《孝经勾命诀》、《援神契》、《杂谶》等书。汉代有郗氏、袁氏说。汉末，郎中郗萌集图纬谶杂占为五十篇，谓之《春秋灾异》。宋均、郑玄并为谶律之注。然其文辞浅俗，颠倒舛谬，不类圣人之旨。相传疑世人造为之后，或者又加点窜，非其实录。起王莽好符命，光武以图谶兴，遂盛行于世。汉时，又诏东平王苍正五经章句，皆命从谶。俗儒趋时，益为其学，篇卷第目，转加增广。言五经者，皆凭谶为说。唯孔安国、毛公、王璜、贾逵之徒独非之，相承以为妖妄，乱中庸之典。故因汉鲁恭王、河间献王所得古文，参而考之，以成其义，谓之"古学"。当世之儒，又非毁之，竟不得行。魏代王肃，推引古学，以难其义。王弼、杜预，从而明之，自是古学稍立。至宋大明中，始禁图谶，梁天监以后，又重其制。及高祖受禅，禁之逾切。炀帝即位，乃发使四出，搜天下书籍与谶纬相涉者，皆焚之，为吏所纠者至死。自是无复其学，秘府之内，亦多散亡。今录其见存，列于六经之下，以备异说。

《三苍》三卷（郭璞注。秦相李斯作《苍颉篇》，汉扬雄作《训纂篇》，后汉郎中贾鲂作《滂喜篇》，故曰《三苍》。梁有《苍颉》二卷，后汉司空杜林注，亡。）
《埤苍》三卷张揖撰。（梁有《广苍》一卷，樊恭撰，亡。）
《急就章》一卷（汉黄门令史游撰。）
《急就章》二卷（崔浩撰。）
《急就章》三卷（豆卢氏撰。）
《吴章》二卷（陆机撰。）
《小学篇》一卷（晋下邳内史王义撰。）
《少学》九卷（杨方撰。）
《始学》一卷
《劝学》一卷（蔡邕撰。有司马相如《凡将篇》，班固《太甲篇》、《在昔篇》，崔瑗《飞龙篇》，蔡邕《圣皇篇》、《黄初篇》、《吴章篇》，蔡邕《女史篇》，合八卷，又《幼学》二卷，朱育撰。

《始学》十二卷，吴郎中项峻撰；又《月仪》十二卷。亡。）
《发蒙记》一卷（晋著作郎束皙撰。）
《启蒙记》三卷（晋散骑常侍顾恺之撰。）
《启疑记》三卷（顾恺之撰。）
《千字文》一卷（梁给事郎周兴嗣撰。）
《千字文》一卷（梁国子祭酒萧子云注。）
《千字文》一卷（胡肃注。）
《篆书千字文》一卷
《演千字文》五卷
《草书千字文》一卷
《古今字诂》三卷（张揖撰。梁有《难字》一卷，《错误字》一卷，并张揖撰；《异字》二卷，朱育撰；《字属》一卷，贾鲂撰。亡。）
《杂字解诂》四卷（魏掖庭右丞周氏撰。梁有《解文字》七卷，周成撰；《字义训音》六卷，《古今字苑》十卷，曹侯彦撰。亡。）
《杂字指》一卷（后汉太子中庶子郭显卿撰。）
《字指》二卷（晋朝议大夫李彤撰。梁有《单行字》四卷，李彤撰；又《字偶》五卷。亡。）
《说文》十五卷（许慎撰。梁有《演说文》一卷，庾俨默注，亡。）
《说文音隐》四卷
《字林》七卷（晋弦令吕忱撰。）
《字林音义》五卷（宋扬州督护吴恭撰。）
《古今字书》十卷
《字书》三卷
《字书》十卷
《字统》二十一卷（阳承庆。）
《玉篇》三十一卷（陈左卫将军顾野王撰。）
《字类叙评》三卷（侯洪伯撰。）
《要字苑》一卷（宋豫章太守谢康乐撰。梁有《常用字训》一卷，殷仲堪撰；《要用字对误》四卷，梁轻车参军邹诞生撰，亡。）
《要用杂字》三卷（邹里撰。梁有《文字要记》三卷，王义撰，亡。）
《俗语难字》一卷（秘书少监王劭撰。）
《杂字要》三卷（密州行参军李少通撰。）
《文字整疑》一卷
《正名》一卷
《文字集略》六卷（梁文贞处士阮孝绪撰。）
《今字辩疑》三卷（李少通撰。）
《异字同音》一卷（梁有《释字同音》三卷，宋散骑常侍吉文甫撰。）
《字宗》三卷（薛立撰。）
《文字谱》一卷（梁有《古今文字序》一卷，刘歆撰；《文字统略》一卷，焦子明撰。亡。）
《文字辩嫌》一卷（彭立撰。）
《辩字》一卷（戴规撰。）
《杂字音》一卷
《借音字》一卷
《音书考源》一卷
《声韵》四十一卷（周研撰。）
《声类》十卷（魏左校令李登撰。）
《韵集》十卷

《韵集》六卷（晋安复令吕静撰。）
《四声韵林》二十八卷（张谅撰。）
《韵集》八卷（段弘撰。）
《群玉典韵》五卷（梁有《文章音韵》二卷，王该撰；又《五音韵》五卷。亡。）
《韵略》一卷（阳休之撰。）
《修续音韵决疑》十四卷（李概撰。）
《纂韵钞》十卷
《四声指归》一卷（刘善经撰。）
《四声》一卷（梁太子少傅沈约撰。）
《四声韵略》十三卷（夏侯咏撰。）
《音谱》四卷（李概撰。）
《韵英》三卷（释静洪撰。）
《通俗文》一卷（服虔撰。）
《训俗文字略》一卷（后齐黄门郎颜之推撰。）
《证俗音字略》六卷（梁有《诂幼》二卷，颜延之撰；《广诂幼》一卷，宋给事中荀楷撰。亡。）
《文字音》七卷（晋荡昌长王延撰。梁有《纂文》三卷，亡。）
《翻真语》一卷（王延撰。）
《真言鉴诫》一卷
《字书音同异》一卷
《叙同音义》三卷
《河洛语音》一卷（王长孙撰。）
《国语》十五卷
《国语》十卷
《鲜卑语》五卷
《国语物名》四卷（后魏侯伏侯可悉陵撰。）
《国语真歌》十卷
《国语杂物名》三卷（侯伏侯可悉陵撰。）
《国语十八传》一卷
《国语御歌》十一卷
《鲜卑语》十卷
《国语号令》四卷
《国语杂文》十五卷
《鲜卑号令》一卷（周武帝撰。）
《杂号令》一卷
《古文官书》一卷（后汉议郎卫敬仲撰。）
《古今奇字》一卷（郭显卿撰。）
《六文书》一卷
《四体书势》一卷（晋长水校尉卫恒撰。）
《杂体书》九卷（释正度撰。）
《古今八体六文书法》一卷
《古今篆隶杂字体》一卷（萧子政撰。）
《古今文等书》一卷
《篆隶杂体书》二卷
《文字图》二卷
《古今字图杂录》一卷（秘书学士曹宪撰。）
《婆罗门书》一卷（梁有《扶南胡书》一卷。）
《外国书》四卷
《秦皇东巡会稽刻石文》一卷

《一字石经周易》一卷（梁有三卷。）
《一字石经尚书》六卷（梁有《今字石经郑氏尚书》八卷，亡。）
《一字石经鲁诗》六卷（梁有《毛诗》二卷，亡。）
《一字石经仪礼》九卷
《一字石经春秋》一卷（梁有一卷。）
《一字石经公羊传》九卷
《一字石经论语》一卷（梁有二卷。）
《一字石经典论》一卷
《三字石经尚书》九卷（梁有十三卷。）
《三字石经尚书》五卷
《三字石经春秋》三卷（梁有十二卷。）

右一百八部，四百四十七卷。（通计亡书，合一百三十五部，五百六十九卷。）

孔子曰："必也正名乎！"名谓书字。"名不正则言不顺，言不顺则事不成。"说者以为书之所起，起自黄帝苍颉。比类象形谓之文，形声相益谓之字，著于竹帛谓之书。故有象形、谐声、会意、转注、假借、处事六义之别。古者童子示而不诳，六年教之数与方名。十岁入小学，学书计。二十而冠，始习先王之道，故能成其德而任事。然自苍颉讫于汉初，书经五变：一曰古文，即苍颉所作。二曰大篆，周宣王时史籀所作。三曰小篆，秦时李斯所作。四曰隶书，程邈所作。五曰草书，汉初作。秦世既废古文，始用八体，有大篆、小篆、刻符、摹印、虫书、署书、殳书、隶书。汉时以六体教学童，有古文、奇字、篆书、隶书、缪篆、虫鸟，并藁书、楷书、悬针、垂露、飞白等二十余种之势，皆出于上六书，因事生变也。魏世又有八分书，其字义训读，有《史籀篇》、《苍颉篇》、《三苍》、《埤苍》、《广苍》等诸篇章，训诂，《说文》《字林》，音义、声韵、体势等诸书。自后汉佛法行于中国，又得西域胡书，能以十四字贯一切音，文省而义广，谓之婆罗门书，与八体六文之义殊别，今取以附体势之下。又后魏初定中原，军容号令，皆以夷语，后染华俗，多不能通，故录其本言，相传教习，谓之"国语"，今取以附音韵之末。又后汉镌刻七经，著于石碑，皆蔡邕所书。魏正始中，又立三字石经，相承以为七经正字。后魏之末，齐神武执政，自洛阳徙于邺都，行至河阳，值岸崩，遂没于水。其得至邺者，不盈太半。至隋开皇六年，又自邺京载入长安，置于秘书内省，议欲补缉，立于国学。寻属隋乱，事遂寝废，营造之司，因用为柱础。贞观初，秘书监臣魏徵，始收聚之，十不存一。其相承传拓之本，犹在秘府，并秦帝刻石，附于此篇，以备小学。

凡六艺经纬六百二十七部，五千三百七十一卷。（通计亡书，合九百五十部，七千二百九十卷。）

《传》曰："玉不琢，不成器；人不学，不知道。"古之君子，多识而不穷，畜疑以待问；学不逾等，教不陵节；言约而易晓，师逸而功倍；且耕且养，三年而成一艺。自孔子没而微言绝，七十子丧而大义乖，学者离群索居，各为异说。至于战国，典文遗弃，六经之儒，不能究其宗旨，多立小数，一经至数百万言。致令学者难晓，虚诵问答，唇腐齿落而不知益。且先王设教，以防人欲，必本于人事，折之中道。上天之命，略而罕言，方外之理，固所未说。至后汉好图谶，晋世重玄言，穿凿妄作，日以滋生。先王正典，杂之以妖妄，大雅之论，汨之以放诞。陵夷至于近代，去正转疏，无复师资之法。学不心解，专以浮华相尚，豫造杂难，拟为仇对，遂有芝角、反对、互从等诸翻竞之说。驰骋烦言，以紊彝叙，诡诡成俗，而不知变，此学者之蔽也。班固列六艺为九种，或以纬书解经，合为十种。

卷三十三　　　志第二十八

经籍二 史

《史记》一百三十卷（目录一卷，汉中书令司马迁撰。）
《史记》八十卷（宋南中郎外兵参军裴骃注。）
《史记音义》十二卷（宋中散大夫徐野民撰。）
《史记音》三卷（梁轻车录事参军邹诞生撰。）
《古史考》二十五卷（晋义阳亭侯谯周撰。）
《汉书》一百一十五卷（汉护军班固撰，太山太守应劭集解。）
《汉书集解音义》二十四卷（应劭撰。）
《汉书音训》一卷（服虔撰。）
《汉书音义》七卷（韦昭撰。）
《汉书音》二卷（梁寻阳太守刘显撰。）
《汉书音》二卷（夏侯咏撰。）
《汉书音义》十二卷（国子博士萧该撰。）
《汉书音》十二卷（废太子勇命包恺等撰。）
《汉书集注》十三卷（晋灼撰。）
《汉书注》一卷（齐金紫光禄大夫陆澄撰。）
《汉书续训》三卷（梁平北谘议参军韦棱撰。）
《汉书训纂》三十卷（陈吏部尚书姚察撰。）
《汉书集解》一卷（姚察撰。）
《论前汉事》一卷（蜀丞相诸葛亮撰。）
《汉书驳议》二卷（晋安北将军刘宝撰。）
《定汉书疑》二卷（姚察撰。）
《汉书叙传》五卷（项岱撰。）
《汉疏》四卷（梁有汉书孟康音九卷，刘孝标注《汉书》一百四十卷，陆澄注《汉书》一百二卷，梁元帝注《汉书》一百一十五卷，并亡。）
《东观汉记》一百四十三卷（起光武记注至灵帝，长水校尉刘珍等撰。）
《后汉书》一百三十卷（无帝纪，吴武陵太守谢承撰。）
《后汉记》六十五卷（本一百卷，梁有，今残缺。晋散骑常侍薛莹撰。）
《续汉书》八十三卷（晋秘书监司马彪撰。）
《后汉书》十七卷（本九十七卷，今残缺。晋少府卿华峤撰。）
《后汉书》八十五卷（本一百二十二卷，晋祠部郎谢沈撰。）

《后汉南记》四十五卷（本五十五卷，今残缺，晋江州从事张莹撰。）
《后汉书》九十五卷（本一百卷，晋秘书监袁山松撰。）
《后汉书》九十七卷（宋太子詹事范晔撰。）
《后汉书》一百二十五卷（范晔本，梁剡令刘昭注。）
《后汉书音》一卷（后魏太常刘芳撰。）
《范汉音训》三卷（陈宗道先生臧竞撰。）
《范汉音》三卷（萧该撰。）
《后汉书赞论》四卷（范晔撰。）
《汉书缵》十八卷（范晔撰。梁有萧子显《后汉书》一百卷，王韶《后汉林》二百卷，韦阐《后汉音》二卷，亡。）
《魏书》四十八卷（晋司空王沈撰。）
《吴书》二十五卷（韦昭撰。本五十五卷，梁有，今残缺。）
《吴纪》九卷（晋太学博士环济撰。晋有张勃《吴录》三十卷，亡。）
《三国志》六十五卷（叙录一卷，晋太子中庶子陈寿撰，宋太中大夫裴松之注。）
《魏志音义》一卷（卢宗道撰。）
《论三国志》九卷（何常侍撰。）
《三国志评》三卷（徐众撰。梁有《三国志序评》三卷，晋著作佐郎王涛撰，亡。）
《晋书》八十六卷（本九十三卷，今残缺。晋著作郎王隐撰。）
《晋书》二十六卷（本四十四卷，讫明帝，今残缺。晋散骑常侍虞预撰。）
《晋书》十卷（未成，本十四卷，今残缺。晋中书郎朱凤撰，讫元帝。）
《晋中兴书》七十八卷（起东晋。宋湘东太守何法盛撰。）
《晋书》三十六卷（宋临川内史谢灵运撰。）
《晋书》一百一十卷（齐徐州主簿臧荣绪撰。）
《晋书》十一卷（本一百二卷，梁有，今残缺。萧子云撰。）
《晋史草》三十卷（梁萧子显撰。梁有郑忠《晋书》七卷，沈约《晋书》一百一十一卷，庚铣《东晋新书》七卷，亡。）
《宋书》六十五卷（宋中散大夫徐爰撰。）
《宋书》六十五卷（齐冠军录事参军孙严撰。）
《宋书》一百卷（梁尚书仆射沈约撰。梁有宋大明中所撰《宋书》六十一卷，亡。）
《齐书》六十卷（梁吏部尚书萧子显撰。）
《齐纪》十卷（刘陟撰。）
《齐纪》二十卷（沈约撰。梁有江淹《齐史》十三卷，亡。）
《梁书》四十九卷（梁中书郎谢吴撰，本一百卷。）
《梁史》五十三卷（陈领军、大著作郎许亨撰。）
《梁书帝纪》七卷（姚察撰。）
《通史》四百八十卷（梁武帝撰。起三皇；讫梁。）
《后魏书》一百三十卷（后齐仆射魏收撰。）
《后魏书》一百卷（著作郎魏彦深撰。）
《陈书》四十二卷（讫宣帝，陈吏部尚书陆琼撰。）
《周史》十八卷（未成。吏部尚书牛弘撰。）

右六十七部，三千八十三卷。（通计亡书，合八十部，四千三十卷。）

古者天子诸侯，必有国史，以纪言行，后世多务，其道弥繁。夏殷已上，左史记言，右史记事，周则太史、小史、内史、外史、御史，分掌其事，而诸侯之国，亦置史官。又《春秋国语》引周志、郑书之说，推寻事迹，似当时记事，各有职司，后又合而撰之，总成书记。其后陵夷衰乱，史官放绝，秦灭先王之典，遗制莫存。至汉武帝时，始置太史公，命司马谈为之，以掌其职。时天下计书，皆先上太史，副上丞相，遗文古事，靡不毕臻。谈乃据《左氏》、《国语》、《世本》、《战国策》、《楚汉春秋》，接其后事，成一家之言。谈卒，其子迁又为太史令，嗣成其志。上自黄帝，讫于炎汉，合十二本纪、十表、八书、三十世家、七十列传，谓之《史记》。迁卒以后，好事者亦颇著述，然多鄙浅，不足相继。至后汉扶风班彪，缀后传数十篇，并讥正前失。彪卒，明帝命其子固续成其志。以为唐、虞、三代，世有典籍，史迁所记，乃以汉氏继于百王之末，非其义也。故断自高祖，终于孝平、王莽之诛，为十二纪、八表、十志、六十九传。潜心积思，二十余年。建初中，始奏表及纪传，其十志竟不能就。固卒后，始命曹大家续成之。先是明帝召固为兰台令史，与诸先辈陈宗、尹敏、孟冀等，共成《光武本纪》。擢固为郎，典校秘书。固撰后汉事，作《列传载记》二十八篇。其后刘珍、刘毅、刘陶、伏无忌等，相次著述东观，谓之《汉记》。及三国鼎峙，魏氏及吴，并有史官。晋时，巴西陈寿删集三国之事，唯魏帝为纪，其功臣及吴、蜀之主，并皆为传，仍各依其国，部类相从，谓之《三国志》。寿卒后，梁州大中正范頵表奏其事，帝诏河南尹、洛阳令，就寿家写之。自是世有著述，皆拟班、马，以为正史，作者尤广。一代之史，至数十家。唯《史记》、《汉书》，师法相传，并有解释。《三国志》及范晔《后汉》，虽有音注，既近世之作，并读之可知。梁时，明《汉书》有刘显、韦棱，陈时有姚察，隋代有包恺、萧该，并为名家。《史记》传者甚微。今依其世代，聚而编之，以备正史。

《纪年》十二卷（《汲冢书》，并《竹书同异》一卷。）
《汉纪》三十卷（汉秘书监荀悦撰。）
《后汉纪》三十卷（袁彦伯撰。）
《后汉纪》三十卷（张璠撰。）
《献帝春秋》十卷（袁晔撰。）
《魏氏春秋》二十卷（孙盛撰。）
《魏纪》十二卷（左将军阴澹撰。）
《汉魏春秋》九卷（孔舒元撰。）
《晋纪》四卷（陆机撰。）
《晋纪》二十三卷（干宝撰。讫愍帝。）
《晋纪》十卷（晋前军谘议曹嘉之撰。）
《汉晋阳秋》四十七卷（讫愍帝。晋荥阳太守习凿齿撰。）
《晋纪》十一卷（讫明帝。晋荆州别驾邓粲撰。）
《晋阳秋》三十二卷（讫哀帝。孙盛撰。）
《晋纪》二十三卷（宋中散大夫刘谦之撰。）
《晋纪》十卷（宋吴兴太守王韶之撰。）
《晋纪》四十五卷（宋中散大夫徐广撰。）
《续晋阳秋》二十卷（宋永嘉太守檀道鸾撰。）
《续晋纪》五卷（宋新兴太守郭季产撰。）

《宋略》二十卷（梁通直郎裴子野撰。）
《宋春秋》二十卷（梁吴兴令王琰撰。）
《齐春秋》三十卷（梁奉朝请吴均撰。）
《齐典》五卷（王逸撰。）
《齐典》十卷
《三十国春秋》三十一卷（梁湘东世子萧方等撰。）
《战国春秋》二十卷（李概撰。）
《梁典》三十卷（刘璠撰。）
《梁典》三十卷（陈始兴王谘议何之元撰。）
《梁撮要》三十卷（陈征南谘议阴僧仁撰。）
《梁后略》十卷（姚勖撰。）
《梁太清纪》十卷（梁长沙蕃王萧韶撰。）
《淮海乱离志》四卷（萧世怡撰。叙梁末侯景之乱。）
《齐纪》三十卷（纪后齐事。崔子发撰。）
《齐志》十卷（后齐事。王劭撰。）

右三十四部，六百六十六卷。

自史官放绝，作者相承，皆以班、马为准。起汉献帝，雅好典籍，以班固《汉书》文繁难省，命颍川荀悦作《春秋左传》之体，为《汉纪》三十篇。言约而事详，辩论多美，大行于世。至晋太康元年，汲郡人发魏襄王冢，得古竹简书，字皆科斗。发冢者不以为意，往往散乱。帝命中书监荀勖、令和峤，撰次为十五部，八十七卷。多杂碎怪妄，不可训知，唯《周易》、《纪年》，最为分了。其《周易》上下篇，与今正同。《纪年》皆用夏正建寅之月为岁首，起自夏、殷、周三代王事，无诸侯国别。唯特记晋国，起自称殇叔，次文侯、昭侯，以至曲沃庄伯，尽晋国灭。独记魏事，下至魏哀王，谓之"今王"。盖魏国之史记也。其著书皆编年相次，文意大似《春秋经》。诸所记事，多与《春秋》、《左氏》扶同。学者因之，以为《春秋》则古史记之正法，有所著述，多依《春秋》之体。今依其世代，编而叙之，以见作者之别，谓之古史。

《周书》十卷（《汲冢书》，似仲尼删书之余。）
《古文琐语》四卷（《汲冢书》。）
《春秋前传》十卷（何承天撰。）
《春秋前杂传》九卷（何承天撰。）
《春秋后传》三十一卷（晋著作郎乐资撰。）
《战国策》三十二卷（刘向录。）
《战国策》二十一卷（高诱撰注。）
《战国策论》一卷（汉京兆尹延笃撰。）
《楚汉春秋》九卷（陆贾撰。）
《古今注》八卷（伏无忌撰。）
《越绝记》十六卷（子贡撰。）
《吴越春秋》十二卷（赵晔撰。）
《吴越春秋削繁》五卷（杨方撰。）
《吴越春秋》十卷（皇甫遵撰。）
《吴越记》六卷
《南越志》八卷（沈氏撰。）
《小史》八卷
《汉灵献二帝纪》三卷（汉侍中刘芳撰，残缺。梁有六卷。）

《山阳公载记》十卷（乐资撰。）
《汉末英雄记》八卷（王粲撰，残缺。梁有十卷。）
《九州春秋》十卷（司马彪撰，记汉末事。）
《魏武本纪》四卷（梁并历五卷）。
《魏尚书》八卷（孔衍撰。梁十卷，成。）
《魏晋世语》十卷（晋襄阳令郭颁撰。）
《魏末传》二卷（梁又有《魏末传》并《魏氏大事》三卷；亡。）
《吕布本事》一卷（毛范撰。）
《晋诸公赞》二十一卷（晋秘书监傅畅撰。）
《晋后略记》五卷（晋下邳太守荀绰撰。）
《晋书钞》三十卷（梁章内史张缅撰。）
《晋书鸿烈》六卷（张氏撰。）
《宋中兴伐逆事》二卷
《宋拾遗》十卷（梁少府卿谢绰撰。）
《左史》六卷（李概撰。）
《魏国统》二十卷（梁祚撰。）
《梁帝纪》七卷
《梁太清录》八卷
《梁承圣中兴略》十卷（刘仲威撰。）
《梁末代纪》一卷
《梁皇帝实录》三卷（周兴嗣撰。记武帝事。）
《梁皇帝实录》五卷（梁中书郎谢吴撰。记元帝事。）
《栖凤春秋》五卷（臧严撰。）
《陈王业历》一卷（陈中书郎赵齐旦撰。）
《史要》十卷（汉桂阳太守卫飒撰。约《史记》要言，以类相从。）
《典略》八十九卷（魏郎中鱼豢撰。）
《史汉要集》二卷（晋祠部郎王蔑撰。抄《史记》，入《春秋》者不录。）
《三史略》二十九卷（吴太子太傅张温撰。）
《史记正传》九卷（张莹撰。）
《后汉略》二十五卷（张缅撰。）
《汉皇德纪》三十卷（汉有道徵士侯瑾撰。起光武，至冲帝。）
《洞纪》四卷（韦昭撰。记庖牺已来，至汉建安二十七年。）
《续洞纪》一卷（臧荣绪撰。）
《帝王世纪》十卷（皇甫谧撰。起三皇，尽汉、魏。）
《帝王世纪音》四卷（虞绰撰。）
《帝王本纪》十卷（来奥撰。）
《续帝王世纪》十卷（何茂材撰。）
《十五代略》十卷（吉文甫撰。起庖牺，至晋。）
《帝王要略》十二卷（环济撰。纪帝王及天官、地理、丧服。）
《周载》八卷（东晋临贺太守孟仪撰。略记前代，下至秦。本三十卷，今亡。）
《汉书钞》三十卷（晋散骑常侍葛洪撰。）
《拾遗录》二卷（伪秦姚苌方士王子年撰。）
《王子年拾遗记》十卷（萧绮撰。）
《华夷帝王世纪》三十卷（杨晔撰。）
《正史削繁》九十四卷（阮孝绪撰。）
《童悟》十二卷
《帝王世录》一卷（甄鸾撰。）

《先圣本纪》十卷（刘绍撰。）
《年历帝纪》三十卷（姚恭撰。）
《帝王诸侯世略》十一卷
《王霸记》三卷（潘杰撰。）
《历代记》三十二卷
《隋书》六十卷（未成。秘书监王劭撰。）

右七十二部，九百一十七卷。（通计亡书，七十三部，九百三十九卷。）

自秦拨去古文，篇籍遗散。汉初得《战国策》，盖战国游士记其策谋。其后陆贾作《楚汉春秋》，以述诛锄秦、项之事。又有《越绝》，相承以为子贡所作。后汉赵晔又为《吴越春秋》。其属辞比事，皆不与《春秋》、《史记》、《汉书》相似，盖率尔而作，非史策之正也。灵、献之世，天下大乱，史官失其常守。博达之士，悯其废绝，各记闻见，以备遗亡。是后群才景慕，作者甚众。又自后汉已来，学者多钞撮旧史，自为一书，或起自人皇，或断之近代，亦各其志，而体制不经。又有委巷之说，迂怪妄诞，真虚莫测。然其大抵皆帝王之事，通人君子，必博采广览，以酌其要，故备而存之，谓之杂史。

《赵书》十卷（一曰《二石集》，记石勒事。伪燕太傅长史田融撰。）
《二石传》二卷（晋北中郎参军王度撰。）
《二石伪治时事》二卷（王度撰。）
《汉之书》十卷（常璩撰。）
《华阳国志》十二卷（常璩撰。梁有《蜀平记》十卷，《蜀汉伪官故事》一卷，亡。）
《燕书》二十卷（记慕容隽事。伪燕尚书范亨撰。）
《南燕录》五卷（记慕容德事。伪燕尚书郎张诠撰。）
《南燕录》六卷（记慕容德事。伪燕中书郎王景晖撰。）
《南燕书》七卷（游览先生撰。）
《燕志》十卷（记冯跋事。魏侍中高闾撰。）
《秦书》八卷（何仲熙撰。记苻健事。）
《秦记》十一卷（宋殿中将军裴景仁撰，梁雍州主簿席惠明注。）
《秦纪》十卷（记姚苌事。魏左民尚书姚和都撰。）
《凉记》八卷（记张轨事。伪燕右仆射张谘撰。）
《凉书》十卷（记张轨事。伪凉大将军从事中郎刘景撰。）
《西河记》二卷（记张重华事。晋侍御史喻归撰。）
《凉记》十卷（记吕光事。伪凉著作佐郎段龟龙撰。）
《凉书》十卷（高道让撰。）
《凉书》十卷（沮渠国史。）
《托跋凉录》十卷
《敦煌实录》十卷（刘景撰。）
《十六国春秋》一百卷（魏崔鸿撰。）
《纂录》一十卷
《战国春秋》二十卷（李概撰。）
《汉赵记》十卷（和苞撰。）
《吐谷浑记》二卷（宋新亭侯段国撰。梁有《翟辽书》二卷，《诸国略记》二卷，《永嘉后纂年记》二卷，《段业传》一卷，亡。）
《天启纪》十卷（记梁元帝子谞据湘州事。）

右二十七部，三百三十五卷。（通计亡书，合三十三部，三百四十六卷。）

《传》曰："不有君子，其能国乎？"自晋永嘉之乱，皇纲失驭，九州君长，据有中原者甚众。或推奉正朔，或假名窃号，然其君臣忠义之节，经国字民之务，盖亦勤矣。而当时臣子，亦各记录。后魏克平诸国，据有嵩、华，始命司徒崔浩，博采旧闻，缀述国史。诸国记注，尽集秘阁。尔朱之乱，并皆散亡。今举其见在，谓之霸史。

《穆天子传》六卷（《汲冢书》。郭璞注。）
《汉献帝起居注》五卷
《晋泰始起居注》二十卷（李轨撰。）
《晋咸宁起居注》十卷（李轨撰。）
《晋泰康起居注》二十一卷（李轨撰。）
《晋元康起居注》一卷（梁有《永平、元康、永宁、起居注》六卷，又有《惠帝起居注》二卷，《永嘉、建兴起居注》十三卷，亡。）
《晋建武、大兴、永昌起居注》九卷（梁有二十卷。）
《晋元康起居注》一卷
《晋咸和起居注》十六卷（李轨撰。）
《晋咸康起居注》二十二卷
《晋建元起居注》四卷
《晋永和起居注》十七卷（梁有二十四卷。）
《晋升平起居注》十卷
《晋隆和、兴宁起居注》五卷
《晋咸安起居注》三卷
《晋泰和起居注》六卷（梁十卷。）
《晋宁康起居注》六卷
《晋泰元起居注》二十五卷（梁五十四卷。）
《晋隆安起居注》十卷
《晋元兴起居注》九卷
《晋义熙起居注》十七卷（梁三十四卷。）
《晋元熙起居注》二卷
《晋起居注》三百一十七卷（宋北徐州主簿刘道会撰。梁有三百二十二卷。）
《流别起居注》三十七卷（梁有《晋宋起居注钞》五十一卷，《晋宋先朝起居注》二十卷，亡。）
《宋永初起居注》十卷
《宋景平起居注》三卷
《宋元嘉起居注》五十五卷（梁六十卷。）
《宋孝建起居注》十二卷
《宋大明起居注》十五卷（梁三十四卷，又有《景和起居注》四卷，《明帝在蕃注》三卷，亡。）
《宋泰始起居注》十九卷（梁二十三卷。）
《宋泰豫起居注》四卷（梁有《宋元徽起居注》二十卷，《升明起居注》六卷，亡。）
《齐永明起居注》二十五卷（梁有三十四卷，又有《建元起居注》十二卷，《隆昌、延兴、建武起居注》四卷，《中兴起居注》四卷，亡。）
《梁大同起居注》十卷
《后魏起居注》三百三十六卷

《陈永定起居注》八卷
《陈天嘉起居注》二十三卷
《陈天康、光大起居注》十卷
《陈太建起居注》五十六卷
《陈至德起居注》四卷
《后周太祖号令》三卷
《隋开皇起居注》六十卷
《南燕起居注》一卷

右四十四部，一千一百八十九卷。

起居注者，录纪人君言行动止之事。《春秋传》曰："君举必书。书而不法，后嗣何观？"《周官》：内史掌王之命，遂书其副而藏之，是其职也。汉武帝有《禁中起居注》，后汉明德马后撰《明帝起居注》，然则汉时起居，似在宫中，为女史之职。然皆零落，不可复知。今之存者，有汉献帝及晋代已来《起居注》，皆近侍之臣所录。晋时，又得《汲冢书》，有《穆天子传》，体制与今起居正同，盖周时内史所记王命之副也。近代已来，别有其职，事在《百官志》。今依其先后，编而次之。其伪国起居，唯《南燕》一卷，不可别出，附之于此。

《汉武帝故事》二卷
《西京杂记》二卷
《汉魏吴蜀旧事》八卷
《晋朝杂事》二卷
《晋宋旧事》一百三十五卷
《晋要事》三卷
《晋故事》四十三卷
《晋建武故事》一卷
《晋咸和、咸康故事》四卷（晋孔愉撰。）
《晋修复山陵故事》五卷（车灌撰。）
《交州杂事》九卷（记士燮及陶璜事。）
《晋八王故事》十卷
《晋四王起事》四卷（晋廷尉卢綝撰）。
《大司马陶公故事》三卷
《郄太尉为尚书令故事》三卷
《桓玄伪事》二卷
《晋东宫旧事》十卷
《秦汉已来旧事》十卷
《尚书大事》二十卷（范汪撰。）
《沔南故事》三卷（应思远撰。）
《天正旧事》三卷（释撰，亡名。）
《皇储故事》二卷
《梁旧事》三十卷（内史侍郎萧大圜撰。）
《东宫典记》七十卷（左庶子宇文恺撰。）
《开业平陈记》二十卷

右二十五部，四百四卷。

古者朝廷之政，发号施令，百司奉之，藏于官府，各修其职，守而弗忘。《春秋传》曰"吾视诸故府"，则其事也。《周官》：御史掌治朝之法，太史掌万民之约契与质剂，以逆邦国之治。然则百司庶府，各藏其事，太史之职，又总而掌之。汉时，萧何定律令，张苍制章程，叔孙通定仪法，条流派别，制度渐广。晋初，甲令已下，至九百余卷，晋武帝命车骑将军贾充，博引群儒，删采其要，增律十篇。其余不足经远者为法令，施行制度者为令，品式章程者为故事，各还其官府。搢绅之士，撰而录之，遂成篇卷，然亦随代遗失。今据其见存，谓之旧事篇。

《汉官解诂》三篇（汉新汲令王隆撰，胡广注。）
《汉官》五卷（应劭注。）
《汉官仪》十卷（应劭撰。）
《汉官典职仪式选用》二卷（汉卫尉蔡质撰。梁有《荀攸魏官仪》一卷，《韦昭官仪职训》一卷，亡。）
《晋公卿礼秩故事》九卷（傅畅撰。）
《晋新定仪注》十四卷（梁有徐宣瑜《晋官品》一卷，荀绰《百官表注》十六卷，干宝《司徒仪》一卷，宋《职官记》九卷，晋《百官仪服录》五卷，大兴二年《定官品事》五卷，《百官品》九卷，亡。）
《百官阶次》一卷
《齐职仪》五十卷（齐长水校尉王珪之撰。（梁有王珪之《齐仪》四十九卷，亡。）
《齐职仪》五卷
《梁选簿》三卷（徐勉撰。）
《梁勋选格》一卷
《职官要录》三十卷（陶藻撰。）
《梁官品格》一卷
《百官阶次》三卷
《新定将军名》一卷
《吏部用人格》一卷
《官族传》十四卷（何晏撰。）
《百官春秋》五十卷（王秀道撰。）
《百官春秋》二十卷
《魏晋百官名》五卷
《晋百官名》三十卷
《晋官属名》四卷
《陈百官簿状》二卷
《陈将军簿》一卷
《新定官品》二十卷（梁沈约撰。）
《梁尚书职制仪注》四十一卷
《职令古今百官注》十卷（郭演撰。）

右二十七部，三百三十六卷。（通计亡书，合三十六部，四百三十三卷。）

古之仕者，名书于所臣之策，各有分职，以相统治。《周官》：冢宰掌建邦之六典，而御史数凡从正者。然则冢宰总六卿之属，以治其政，御史掌其在位名数，先后之次焉。今《汉书百官表》列众职之事，记在位之次，盖亦古之制也。汉末，王隆、应劭等，以《百官表》不具，乃作《汉官解诂》、《汉官仪》等书。是后相因，正史表志，无复百僚在官之名矣。搢绅之徒，或取官曹名品之书，撰而录之，别行于世。宋、齐已后，其书益繁，而篇卷零叠，易为亡散；又多琐细，不足可纪，故删。其见存可观者，编为职官篇。

《汉旧仪》四卷（卫敬仲撰。梁有卫敬仲《汉中兴仪》一卷，亡。）
《晋新定仪注》四十卷（晋安成太守傅瑗撰。）
《晋杂仪注》十一卷
《晋尚书仪》十卷
《甲辰仪》五卷（江左撰。）
《封禅仪》六卷
《宋仪注》十卷
《宋仪注》二十卷
《宋尚书杂仪》十八卷（本二十卷。）
《宋东宫仪记》二十三卷（宋新安太守张镜撰。）
《徐爰家仪》一卷
《东宫新记》二十卷（萧子云撰。）
《梁吉礼仪注》十卷（明山宾撰。）
《梁宾礼仪注》九卷（贺玚撰。案：梁明山宾撰《吉仪注》二百六卷，录六卷；严植之《凶仪注》四百七十九卷，录四十五卷；陆琏撰《军仪注》一百九十卷，录二卷；司马褧撰《嘉仪注》一百一十二卷，录三卷。并亡。存者唯《士》、《吉》及《宾》，合十九卷。）
《皇典》二十卷（梁豫章太守丘仲孚撰。）
《杂凶礼》四十二卷
《政礼仪注》十卷（何胤撰。梁有何胤《士丧仪注》九卷，亡。）
《杂仪注》一百八十卷
《陈尚书杂仪注》五百五十卷
《陈吉礼》一百七十一卷
《陈宾礼》六十五卷
《陈军礼》六卷
《陈嘉礼》一百二卷
《后魏仪注》五十卷
《后齐仪注》二百九十卷
《杂嘉礼》三十八卷
《国亲皇太子序亲簿》一卷
《隋朝仪礼》一百卷（牛弘撰。）
《大汉舆服志》一卷（魏博士董巴撰。）
《魏晋谥议》十三卷（何晏撰。）
《汝南君讳议》二卷
《决疑要注》一卷（挚虞撰。）
《车服杂注》一卷（徐广撰。）
《礼仪制度》十三卷（王逸之撰。）
《古今舆服杂事》二十卷（梁周迁撰。）
《晋卤簿图》一卷
《卤簿仪》二卷
《陈卤簿图》一卷
《齐卤簿仪》一卷
《诸卫左右厢旗图样》十五卷
《内外书仪》四卷（谢元撰。）
《书仪》二卷（蔡超撰。）
《书笔仪》二十一卷（谢朓撰。）

《宋长沙檀太妃薨吊答书》十二卷
《吊答仪》十卷（王俭撰。）
《书仪》十卷（王弘撰。）
《皇室仪》十三卷（鲍行卿撰。）
《吉书仪》二卷（王俭撰。）
《书仪疏》一卷（周舍撰。）
《新仪》三十卷（鲍泉撰。）
《文仪》二卷（梁修端撰。）
《赵李家仪》十卷（录一卷，李穆叔撰。）
《书仪》十卷（唐瑾撰。）
《言语仪》十卷
《严植之仪》二卷
《迩仪》四卷（马枢撰。）
《妇人书仪》八卷
《僧家书仪》五卷（释昙瑗撰。）
《要典杂事》五十卷

　　右五十九部，二千二十九卷。（通计亡书，合六十九部，三千九十四卷。）

　　仪注之兴，其所由来久矣。自君臣父子，六亲九族，各有上下亲疏之别。养生送死，吊恤贺庆，则有进止威仪之数。唐、虞已上，分之为三，在周因而为五。《周官》：宗伯所掌吉、凶、宾、军、嘉，以佐王安邦国，亲万民，而太史执书以协事之类是也。是时典章皆具，可履而行。周衰，诸侯削除其籍。至秦，又焚而去之。汉兴，叔孙通定朝仪，武帝时始祀汾阴后土，成帝时初定南北之郊，节文渐具。后汉又使曹褒定汉仪，是后相承，世有制作。然犹以旧章残缺，各遵所见，彼此纷争，盈篇满牍。而后世多故，事在通变，或一时之制，非长久之道，载笔之士，删其大纲，编于史志。而或伤于浅近，或失于未达，不能尽其旨要。遗文余事，亦多散亡。今聚其见存，以为仪注篇。

《律本》二十一卷（杜预撰。）
《汉晋律序注》一卷（晋僮长张斐撰。）
《杂律解》二十一卷（张斐撰。案：梁有《杜预杂律》七卷，亡。）
《晋、宋、齐、梁律》二十卷（蔡法度撰。）
《梁律》二十卷（梁义兴太守蔡法度撰。）
《后魏律》二十卷
《北齐律》十二卷（目一卷。）
《陈律》九卷（范泉撰。）
《周律》二十五卷
《周大统式》三卷
《隋律》十二卷
《隋大业律》十一卷
《晋令》四十卷
《梁令》三十卷（录一卷。）
《梁科》三十卷
《北齐令》五十卷
《北齐权令》二卷
《陈令》三十卷（范泉撰。）
《陈科》三十卷（范泉撰。）
《隋开皇令》三十卷（目一卷。）
《隋大业令》三十卷
《汉朝议驳》三十卷（应劭撰。案：梁有《建武律令故事》二卷，刘邵《律略论》五卷，亡。）
《晋杂议》十卷
《晋弹事》十卷
《南台奏事》二十二卷
《汉名臣奏事》三十卷
《魏王奏事》十卷
《魏名臣奏事》四十卷（目一卷，陈寿撰。）
《魏台杂访议》三卷（高堂隆撰。）
《魏廷尉决事》十卷
《晋驳事》四卷
《晋杂制》六十卷
《晋刺史六条制》一卷
《齐五服制》一卷
《陈新制》六十卷

　　右三十五部，七百一十二卷。（通计亡书，合三十八部，七百二十六卷。）

　　刑法者，先王所以惩罪恶，齐不轨者也。《书》述唐、虞之世，五刑有服，而夏后氏正刑有五，科条三千。《周官》：司寇掌三典以刑邦国；司刑掌五刑之法，丽万民之罪；太史又以典法逆于邦国；内史执国法以考政事。《春秋传》曰："在九刑不忘。"然则刑书之作久矣。盖藏于官府，惧人之知争端，而轻于犯。及其末也，肆情越法，刑罚僭滥。至秦，重之以苛虐，先王之正刑灭矣。汉初，萧何定律九章，其后渐更增益，令甲已下，盈溢架藏。晋初，贾充、杜预删而定之，有律，有令，有故事。梁时，又取故事之宜于时者为《梁科》。后齐武成帝时，又于麟趾殿删正刑典，谓之《麟趾格》。后周太祖，又命苏绰撰《大统式》。隋则律令格式并行。自律已下，世有改作，事在《刑法志》。《汉律》久亡，故事驳议，又多零失。今录其见存可观者，编为刑法篇。

《三辅决录》七卷（汉太仆赵岐撰，挚虞注。）
《海内先贤传》四卷（魏明帝时撰。）
《四海耆旧传》一卷
《海内士品》一卷
《先贤集》三卷
《兖州先贤传》一卷
《徐州先贤传》一卷
《徐州先贤传赞》九卷（刘义庆撰。）
《海岱志》二十卷（齐前将军记室崔慰祖撰。）
《交州先贤传》三卷（晋范瑗传。）
《益部耆旧传》十四卷（陈长寿撰。）
《续益部耆旧传》二卷
《诸国清贤传》一卷
《鲁国先贤传》二卷（晋大司农白褒撰。）
《楚国先贤传赞》十二卷（晋张方撰。）

《汝南先贤传》五卷（魏周斐撰。）
《陈留耆旧传》二卷（汉议郎圈称撰。）
《陈留耆旧传》一卷（魏散骑侍郎苏林撰。）
《陈留先贤像赞》一卷（陈英宗撰。）
《陈留志》十五卷（东晋剡令江敞撰。）
《济北先贤传》一卷
《庐江七贤传》二卷
《东莱耆旧传》一卷（王基撰。）
《襄阳耆旧记》五卷（习凿齿撰。）
《会稽先贤传》七卷（谢承撰。）
《会稽后贤传记》二卷（钟离岫撰。）
《会稽典录》二十四卷（虞豫撰。）
《会稽先贤像赞》五卷
《汉世要记》一卷
《吴先贤传》四卷（吴左丞相陆凯撰。）
《东阳朝堂像赞》一卷（晋南平太守留叔先撰。）
《豫章烈士传》三卷（徐整撰。）
《豫章旧志》三卷（晋会稽太守熊默撰。）
《豫章旧志后撰》一卷（熊欣撰。）
《零陵先贤传》一卷
《长沙耆旧传赞》三卷（晋临川王郎中刘彧撰。）
《桂阳先贤画赞》一卷（吴左中郎张胜撰。）
《武昌先贤志》二卷（宋天门太守郭缘生撰。）
《蜀文翁学堂像题记》二卷
《圣贤高士传赞》三卷（嵇康撰，周续之注。）
《高士传》六卷（皇甫谧撰。）
《逸士传》一卷（皇甫谧撰。）
《逸民传》七卷（张显撰。）
《高士传》二卷（虞槃佐撰。）
《至人高士传赞》二卷（晋廷尉卿孙绰撰。）
《高隐传》十卷（阮孝绪撰。）
《高隐传》十卷
《高僧传》六卷（虞孝敬撰。）
《止足传》十卷
《续高士传》七卷（周弘让撰。）
《孝子传赞》三卷（王韶之撰。）
《孝子传》十五卷（晋辅国将军萧广济撰。）
《孝子传》十卷（宋员外郎郑缉之撰。）
《孝子传》八卷（师觉授撰。）
《孝子传》二十卷（宋躬撰。）
《孝子传略》二卷
《孝德传》三十卷（梁元帝撰。）
《孝友传》八卷
《曾参传》一卷
《忠臣传》三十卷（梁元帝撰。）
《显忠录》二十卷（梁元怿撰。）
《丹阳尹传》十卷（梁元帝撰。）
《英蕃可录》二卷（张万贤撰，邵武侯新注。）
《高才不遇传》四卷（后齐刘昼撰。）
《良吏传》十卷（钟岏撰。）

《海内名士传》一卷
《正始名士传》三卷（袁敬仲撰。）
《江左名士传》一卷（刘义庆撰。）
《竹林七贤论》二卷（晋太子中庶子戴逵撰。）
《七贤传》五卷（孟氏撰。）
《文士传》五十卷（张鹭撰。）
《列士传》二卷（刘向撰。）
《阴德传》二卷（宋光禄大夫范晏撰。）
《悼善传》十一卷
《杂传》三十六卷（任昉撰。本一百四十七卷，亡。）
《东方朔传》八卷
《毌丘俭记》三卷
《管辂传》三卷（管辰撰。）
《杂传》四十卷（贺踪撰。本七十卷，亡。）
《杂传》十九卷（陆澄撰。）
《杂传》十一卷
《玄晏春秋》三卷（皇甫谧撰。）
《孔子弟子先儒传》十卷。
《李氏家传》一卷
《桓氏家传》一卷
《王朗、王肃家传》一卷
《太原王氏家传》二十三卷
《褚氏家传》一卷（褚觊等撰。）
《薛常侍家传》一卷
《江氏家传》七卷（江祚等撰。）
《庾氏家传》一卷（庾斐撰。）
《裴氏家传》四卷（裴松之撰。）
《虞氏家记》五卷（虞览撰。）
《曹氏家传》一卷（曹毗撰。）
《范氏家传》一卷（范汪撰。）
《纪氏家纪》一卷（纪友撰。）
《韦氏家传》一卷
《何颙使君家传》一卷
《明氏家训》一卷（伪燕卫尉明岌撰。）
《明氏世录》六卷（梁信武记室明粲撰。）
《陆史》十五卷
《王氏江左世家传》二十卷（王褒撰。）
《孔氏家传》五卷
《崔氏五门家传》二卷（崔氏撰。）
《暨氏家传》一卷
《周、齐王家传》一卷（姚氏撰。）
《尔朱家传》一卷（王氏撰。）
《周氏家传》一卷
《令狐氏家传》一卷
《新旧传》四卷
《汉南庾氏家传》三卷
《何氏家传》三卷
《童子传》二卷（王瑱之撰。）
《幼童传》十卷（刘昭撰。）
《访来传》十卷（来奥撰。）

《怀旧志》九卷（梁元帝撰。）
《知己传》一卷（卢思道撰。）
《全德志》一卷（梁元帝撰。）
《同姓名录》一卷（梁元帝撰。）
《列女传》十五卷（刘向撰,曹大家注。）
《列女传》七卷（赵母注。）
《列女传》八卷（高氏撰。）
《列女传颂》一卷（刘歆撰。）
《列女传颂》一卷（曹植撰。）
《列女传赞》一卷（缪袭撰。）
《列女后传》十卷（项原撰。）
《列女传》六卷（皇甫谧撰。）
《列女传》七卷（綦毋邃撰。）
《列女传要录》三卷
《女记》十卷（杜预撰。）
《美妇人传》六卷
《妬记》二卷（虞通之撰。）
《道人善道开传》一卷（康泓撰。）
《名僧传》三十卷（释宝唱撰。）
《高僧传》十四卷（释慧皎撰。）
《江东名德传》三卷（释法进撰。）
《法师传》十卷（王巾撰。）
《众僧传》二十卷（裴子野撰。）
《萨婆多部传》五卷（释僧祐撰。）
《梁故草堂法师传》一卷
《尼传》二卷（释宝唱撰。）
《法显传》二卷
《法显行传》一卷
《梁武皇帝大舍》三卷（严昴撰。）
《列仙传赞》三卷（刘向撰,鬷续、孙绰赞。）
《列仙传赞》二卷（刘向撰,晋郭元祖赞。）
《神仙传》十卷（葛洪撰。）
《说仙传》一卷（朱思祖撰。）
《养性传》二卷
《汉武内传》三卷
《太元真人东乡司命茅君内传》一卷（弟子李遵撰。）
《清虚真人王君内传》一卷（弟子华存撰。）
《清虚真人裴君内传》一卷
《正一真人三天法师张君内传》一卷
《太极左仙公葛君内传》一卷
《仙人马君阴君内传》一卷
《仙人许远游传》一卷
《灵人辛玄子自序》一卷
《刘君内记》一卷（王珍撰。）
《陆先生传》一卷（孔稚珪撰。）
《列仙赞序》一卷（郭元祖撰。）
《集仙传》十卷
《洞仙传》十卷
《王乔传》一卷
《关令内传》一卷（鬼谷先生撰。）

《南岳夫人内传》一卷
《苏君记》一卷（周季通撰。）
《嵩高寇天师传》一卷
《华阳子自序》一卷
《太上真人内记》一卷（李氏撰。）
《道学传》二十卷
《宣验记》十三卷（刘义庆撰。）
《应验记》一卷（宋光禄大夫傅亮撰。）
《冥祥记》十卷（王琰撰。）
《列异传》三卷（魏文帝撰。）
《感应传》八卷（王延秀撰。）
《古异传》三卷（宋永嘉太守袁王寿撰。）
《甄异传》三卷（晋西戎主簿戴祚撰。）
《述异记》十卷（祖冲之撰。）
《异苑》十卷（宋给事刘敬叔撰。）
《续异苑》十卷
《搜神记》三十卷（干宝撰。）
《搜神后记》十卷（陶潜撰。）
《灵鬼志》三卷（荀氏撰。）
《志怪》二卷（祖台之撰。）
《志怪》四卷（孔氏撰。）
《神录》五卷（刘之遴撰。）
《齐谐记》七卷（宋散骑侍郎东阳无疑撰。）
《续齐谐记》一卷（吴均撰。）
《幽明录》二十卷（刘义庆撰。）
《补续冥祥记》一卷（王曼颖撰。）
《汉武洞冥记》一卷（郭氏撰。）
《嘉瑞记》三卷（陆琼撰。）
《祥瑞记》三卷
《符瑞记》十卷（许善心撰。）
《灵异录》十卷
《灵异记》十卷
《研神记》十卷（萧绎撰。）
《旌异记》十五卷（侯君素撰。）
《近异录》二卷（刘质撰。）
《鬼神列传》一卷（谢氏撰。）
《志怪记》三卷（殖氏撰。）
《舍利感应记》三卷（王劭撰。）
《真应记》十卷
《周氏冥通记》一卷
《集灵记》二十卷（颜之推撰。）
《冤魂志》三卷（颜之推撰。）

　　右二百一十七部,一千二百八十六卷。（通计亡书,合二百一十九部,一千五百三卷。）

　　古之史官,必广其所记,非独人君之举。《周官》：外史掌四方之志,则诸侯史记,兼而有之。《春秋传》曰："虢仲、虢叔,王季之穆,勋在王室,藏于盟府。"臧纥之叛,季孙命太史召掌恶臣而盟之。《周官》：司寇凡大盟约,莅其盟书,登于天府。太史、内史、司会,六官皆受其贰而藏之。是则王者诛赏,具录其事,昭告神明,百官史臣,皆藏其书。故自公卿诸侯，至于群士，善恶之迹，毕集史职。而又闾胥之政，凡聚众庶，书其敬敏任恤者，族师每月书其孝悌睦姻有学者，党正岁书其德行道艺者，而入之于乡大夫。乡大夫三年大比，考其德行道艺，举其贤者能者，而献其书。王再拜受之，登于天府，内史贰之。是以穷居侧陋之士，言行可达，皆有史传。自史官旷绝，其道废坏，汉初，始有丹书之约，白马之盟。武帝从董仲舒之言，始举贤良文学。天下计书，先上太史，善恶之事，靡不毕集。司马迁、班固，撰而成之，股肱辅弼之臣，扶义俶傥之士，皆有记录。而操行高洁，不涉于世者，《史记》独传夷齐，《汉书》但述杨王孙之俦，其余皆略而不说。又汉时，阮仓作《列仙图》，刘向典校经籍，始作《列仙》、《列士》、《列女》之传，皆因其志尚，率尔而作，不在正史。后汉光武，始诏南阳，撰作风俗，故沛、三辅有耆旧节士之序，鲁、庐江有名德先贤之赞。郡国之书，由是而作。魏文帝又作《列异》，以序鬼物奇怪之事，嵇康作《高士传》，以叙圣贤之风。因其事类，相继而作者甚众，名目转广，而又杂以虚诞怪妄之说。推其本源，盖亦史官之末事也。载笔之士，删采其要焉。鲁、沛、三辅，序赞并亡，后之作者，亦多零失。今取其见存，部而类之，谓之杂传。

《山海经》二十三卷（郭璞注。）
《水经》三卷（郭璞注。）
《黄图》一卷（记三辅宫观陵庙明堂辟雍郊畤等事。）
《洛阳记》四卷
《洛阳记》一卷（陆机撰。）
《洛阳宫殿簿》一卷
《洛阳图》一卷（晋怀州刺史杨佺期撰。）
《述征记》二卷（郭缘生撰。）
《西征记》二卷（戴延之撰。）
《娄地记》一卷（吴顾启期撰。）
《风土记》三卷（晋平西将军周处撰。）
《吴兴记》三卷（山谦之撰。）
《吴郡记》一卷（顾夷撰。）
《京口记》二卷（宋太常卿刘损撰。）
《南徐州记》二卷（山谦之撰。）
《会稽土地记》一卷（朱育撰。）
《会稽记》一卷（贺循撰。）
《随王入沔记》六卷（宋侍中沈怀文撰。）
《荆州记》三卷（宋临川王侍郎盛弘之撰。）
《神壤记》一卷（记荥阳山水。黄闿撰。）
《豫章记》一卷（雷次宗撰。）
《蜀王本记》一卷（扬雄撰。）
《三巴记》一卷（谯周撰。）
《珠崖传》一卷（伪燕聘晋使盖泓撰。）
《陈留风俗传》三卷（圈称撰。）
《邺中记》二卷（晋国子助教陆翙撰。）
《春秋土地名》三卷（晋裴秀客京相璠撰。）
《衡山记》一卷（宗居士撰。）

《游名山志》一卷（谢灵运撰。）
《圣贤冢墓记》一卷（李彤撰。）
《佛国记》一卷（沙门释法显撰。）
《游行外国传》一卷（沙门释智猛撰。）
《交州以南外国传》一卷
《十洲记》一卷（东方朔撰。）
《神异经》一卷（东方朔撰，张华注。）
《异物志》一卷（后汉议郎杨孚撰。）
《南州异物志》一卷（吴丹阳太守万震撰。）
《蜀志》一卷（东京武平太守常宽撰。）
《发蒙记》一卷（束晳撰。载物产之异。）
《地理书》一百四十九卷（录一卷。陆澄合《山海经》已来一百六十家，以为此书。澄本之外，其旧事并多零失。见存别部自行者，唯四十二家，今列之于上。）
《三辅故事》二卷（晋世撰。）
《湘州记》二卷（庾仲雍撰。）
《吴郡记》二卷（晋本州主簿顾夷撰。）
《日南传》一卷
《江记》五卷（庾仲雍撰。）
《汉水记》五卷（庾仲雍撰。）
《居名山志》一卷（谢灵运撰。）
《西征记》一卷（戴祚撰。）
《庐山南陵云精舍记》一卷
《永初山川古今记》二十卷（齐都官尚书刘澄之撰。）
《元康三年地记》六卷
《司州记》二卷
《并帖省置诸郡旧事》一卷
《地记》二百五十二卷（梁任昉增陆澄之书八十四家，以为此记。其所增旧书，亦多零失。见存别部行者，唯十二家，今列之于上。）
《山海经图赞》二卷（郭璞注。）
《山海经音》二卷
《水经》四十卷（郦善长注。）
《庙记》一卷
《地理书抄》二十卷（陆澄撰。）
《地理书抄》九卷（任昉撰。）
《地理书抄》十卷（刘黄门撰。）
《洛阳伽蓝记》五卷（后魏杨衒之撰。）
《荆南地志》二卷（萧世诚撰。）
《巴蜀记》一卷
《交州异物志》一卷（杨孚撰。）
《元康六年户口簿记》三卷
《元嘉六年地记》三卷
《九州郡县名》九卷
《扶南异物志》一卷（朱应撰。）
《临海水土异物志》一卷（沈莹撰。）
《益州记》三卷（李氏撰。）
《湘州记》一卷（郭仲产撰。）
《湘州图副记》一卷
《四海百川水源记》一卷（释道安撰。）

《京师寺塔记》十卷（录一卷。刘璆撰。）
《华山精舍记》一卷（张光禄撰。）
《南雍州记》六卷（鲍至撰。）
《京师寺塔记》二卷（释昙宗撰。）
《张骞出关志》一卷
《外国传》五卷（释昙景撰。）
《历国传》二卷（释法盛撰。）
《西京记》三卷
《京师录》七卷
《寻江源记》一卷
《后园记》一卷
《江表行记》一卷
《淮南记》一卷
《古来国名》二卷
《十三州志》十卷（阚骃撰。）
《慧生行传》一卷
《宋武北征记》一卷（戴氏撰。）
《林邑国记》一卷
《凉州异物志》一卷
《冈象传》二卷（间先生撰。）
《司州山川古今记》三卷（刘澄之撰。）
《江图》一卷（张氏撰。）
《江图》二卷（刘氏撰。）
《广梁南徐州记》九卷（虞孝敬撰。）
《水饰图》二十卷
《瓯闽传》一卷
《北荒风俗记》二卷
《诸蕃风俗记》二卷
《男女二国传》一卷
《突厥所出风俗事》一卷
《古今地谱》二卷
《舆地志》三十卷（陈顾野王撰。）
《序行记》十卷（姚最撰。）
《魏永安记》三卷（温子升撰。）
《国都城记》二卷
《周地图记》一百九卷
《冀州图经》一卷
《齐州图经》一卷
《齐州记》四卷（李叔布撰。）
《幽州图经》一卷
《魏聘使行记》六卷
《聘北道里记》三卷（江德藻撰。）
《李谐行记》一卷
《聘游记》三卷（刘师知撰。）
《朝觐记》六卷
《封君义行记》一卷（李绘撰。）
《舆驾东行记》一卷（薛泰撰。）
《北伐记》七卷（诸葛颖撰。）
《巡抚扬州记》七卷（诸葛颖撰。）
《大魏诸州记》二十一卷

《并州入朝道里记》一卷（蔡允恭撰。）
《赵记》十卷
《代都略记》三卷
《世界记》五卷（释僧祐撰。）
《州郡县簿》七卷
《大隋翻经婆罗门法师外国传》五卷
《隋区宇图志》一百二十九卷
《隋西域图》三卷（裴矩撰。）
《隋诸州图经集》一百卷（郎蔚之撰。）
《隋诸郡土俗物产》一百五十一卷
《西域道里记》三卷
《诸蕃国记》十七卷
《方物志》二十卷（许善心撰。）
《并州总管内诸州图》一卷

右一百三十九部，一千四百三十二卷。（通计亡书，合一百四十部，一千四百三十四卷。）

昔者先王之化民也，以五方土地，风气所生，刚柔轻重，饮食衣服，各有其性，不可迁变。是故疆理天下，物其土宜，知其利害，达其志而通其欲，齐其政而修其教。故曰广谷大川异制，人居其间异俗。《书》录禹别九州，定其山川，分其圻界，条其物产，辨其贡赋，斯之谓也。周则夏官司险，掌建九州之图，周知山林川泽之阻，达其道路。地官诵训，掌方志以诏观事，以知地俗。春官保章，以星土辨九州之地，所封之域，以观祅祥。夏官职方，掌天下之图地，辨四夷八蛮七闽九貉五戎六狄之人，与其财用九谷六畜之数，周知利害，辨九州之国，使同其贯。司徒掌邦之土地之图与其人民之数，以佐王扰邦国，周知九州之域，广轮之数，辨其山林川泽丘陵坟衍原隰之名物，及土会之法。然则其事分在众职，而冢宰掌建邦之六典，实总其事。太史以典逆冢宰之治，其书盖亦总为史官之职。汉初，萧何得秦图书，故知天下要害。后又得《山海经》，相传以为夏禹所记。武帝时，计书既上太史，郡国地志，固亦在焉。而史迁所记，但述河渠而已。其后刘向略言地域，丞相张禹使属朱贡条记风俗，班固因之作《地理志》。其州国郡县山川夷险时俗之异，经星之分，风气所生，区域之广，户口之数，各有攸叙，与古《禹贡》、《周官》所记相埒。是后载笔之士，管窥末学，不能及远，但记州郡之名而已。晋世，挚虞依《禹贡》、《周官》，作《畿服经》，其州郡及县分野封略事业，国邑山陵水泉，乡亭城道里土田，民物风俗，先贤旧好，靡不具悉，凡一百七十卷，今亡。而学者因其经历，并有记载，然不能成一家之体。齐时，陆澄聚一百六十家之说，依其前后远近，编而为部，谓之《地理书》。任昉又增陆澄之书八十四家，谓之《地记》。陈时，顾野王抄撰众家之言，作《舆地志》。隋大业中，普诏天下诸郡，条其风俗物产地图，上于尚书。故隋代有《诸郡物产土俗记》一百五十一卷，《区宇图志》一百二十九卷，《诸州图经集》一百卷。其余记注甚众。今任、陆二家所记之内而又别行者，各录在其书之上，自余次之于下，以备地理之记焉。

《世本王侯大夫谱》二卷
《世本》二卷（刘向撰。）
《世本》四卷（宋衷撰。）
《汉氏帝王谱》三卷（梁有《宋谱》四卷，刘湛《百家谱》二卷，亡。）
《齐帝谱属》十卷
《百家集谱》十卷（王俭撰。梁有王逡之《续俭百家谱》四卷，《南族谱》二卷，《百家谱拾遗》一卷，又有《齐、梁帝谱》四卷，《梁帝谱》十三卷，亡。）
《百家谱》三十卷（王僧孺撰。）
《百家谱集钞》十五卷（王僧孺撰。）
《百家谱》二十卷（贾执撰。）
《百家谱》十五卷（傅昭撰。）
《百家谱世统》十卷
《百家谱钞》五卷
《姓氏英贤谱》一百卷（贾执撰。案：梁有《王司空新集诸州谱》十一卷，又别有《诸姓谱》一百一十六卷，《益州谱》四十卷，《关东、关北谱》三十三卷，《梁武帝总集境内十八州谱》六百九十卷，亡。）
《后魏辩宗录》二卷（元晖业撰。）
《后魏皇帝宗族谱》四卷
《魏孝文列姓族牒》一卷
《后齐宗谱》一卷
《益州谱》三十卷
《冀州姓族谱》二卷
《洪州诸姓谱》九卷
《吉州诸姓谱》八卷
《江州诸姓谱》十一卷
《诸州杂谱》八卷
《袁州诸姓谱》八卷
《扬州谱钞》五卷
《京兆韦氏谱》二卷
《谢氏谱》一十卷
《杨氏血脉谱》二卷
《杨氏家谱状并墓记》一卷
《杨氏枝分谱》一卷
《杨氏谱》一卷
《北地傅氏谱》一卷
《苏氏谱》一卷
《述系传》一卷（姚最撰。）
《氏族要状》十五卷
《姓苑》一卷（何氏撰。）
《复姓苑》一卷
《齐永元中表簿》五卷
《竹谱》一卷
《钱谱》一卷（顾烜撰。）
《钱图》一卷

右四十一部，三百六十卷。（通计亡书，合五十三部，一千二百八十卷。）

氏姓之书，其所由来远矣。《书》称"别生分类"。《传》曰："天子建德，因生以赐姓。"周家小史定系世，辨昭穆，则亦史之职也。秦兼天下，铲除旧迹，公侯子孙，失其本系。汉初，得《世本》，叙黄帝已来祖世所出。而汉又有《帝王年谱》，后汉有《邓氏官谱》。晋世，挚虞作《族姓昭穆记》十卷，齐、梁之间，其书转广。后魏迁洛，有八氏十姓，咸出帝族。又有三十六族，则诸国之从魏者；九十二姓，世为部落大人者，并为河南洛阳人。其中国士人，则第其门阀，有四海大姓、郡姓、州姓、县姓。及周太祖入关，诸姓子孙有功者，并令为其宗长，仍撰谱录，纪其所承。又以关内诸州，为其本望。其《邓氏官谱》及《族姓昭穆记》，晋乱已亡。自余亦多遗失。今录其见存者，以为谱系篇。

《七略别录》二十卷（刘向撰。）
《七略》七卷（刘歆撰。）
《晋中经》十四卷（荀勖撰。）
《晋义熙已来新集目录》三卷
《宋元徽元年四部书目录》四卷（王俭撰。）
《今书七志》七十卷（王俭撰。）
《梁天监六年四部书目录》四卷（殷钧撰。）
《梁东宫四部目录》四卷（刘遵撰。）
《梁文德殿四部目录》四卷（刘孝标撰。）
《七录》十二卷（阮孝绪撰。）
《魏阙书目录》一卷
《陈秘阁图书法书目录》一卷
《陈天嘉六年寿安殿四部目录》四卷
《陈德教殿四部目录》四卷
《陈承香殿五经史记目录》二卷
《开皇四年四部目录》四卷
《开皇八年四部书目录》四卷
《香厨四部目录》四卷
《隋大业正御书目录》九卷
《法书目录》六卷
《杂仪注目录》四卷
《杂撰文章家集叙》十卷（荀勖撰。）
《文章志》四卷（挚虞撰。）
《续文章志》二卷（傅亮撰。）
《晋江左文章志》三卷（宋明帝撰。）
《宋世文章志》二卷（沈约撰。）
《书品》二卷
《名手画录》一卷
《正流论》一卷

右三十部，二百一十四卷。

古者史官既司典籍，盖有目录，以为纲纪，体制埋灭，不可复知。孔子删书，别为之序，各陈作者所由。韩、毛二《诗》，亦皆相类。汉时刘向《别录》、刘歆《七略》，剖析条流，各有其部，推寻事迹，疑则古之制也。自是之后，不能辨其流别，但记书名而已。博览之士，疾其浑漫，故王俭作《七志》，阮孝绪作《七录》，并皆别行。大体虽准向、歆，而远不逮矣。其先代目录，亦多散亡。今总其见存，编为簿录篇。

凡史之所记，八百一十七部，一万三千二百六十四卷。（通计亡书，合八百七十四部，一万六千五百五十八卷。）

夫史官者，必求博闻强识，疏通知远之士，使居其位，百官众职，咸所贰焉。是故前言往行，无不识也；天文地理，无不察也；人事之纪，无不达也。内掌八柄，以诏王治，外执六典，以逆百政。书美以彰善，记恶以垂戒，范围神化，昭明令德，穷圣人之至赜，详一代之亹亹。自史官废绝久矣，汉氏颇循其旧，班、马因之。魏、晋已来，其道逾替。南、董之位，以禄贵游，政、骏之司，罕因才授。故梁世谚曰："上车不落则著作，体中何如则秘书。"于是尸素之俦，盱衡延阁之上，立言之士，挥翰蓬茨之下。一代之记，至数十家，传说不同，闻见舛驳，理失中庸，辞乖体要。致令允恭之德，有阙于典坟，忠肃之才，不传于简策。斯所以为蔽也。班固以《史记》附《春秋》，今开其事类，凡十三种，别为史部。

卷三十四　　志第二十九

经籍三 子

《晏子春秋》七卷（齐大夫晏婴撰。）
《曾子》二卷（目一卷。鲁国曾参撰。）
《子思子》七卷（鲁穆公师孔伋撰。）
《公孙尼子》一卷（尼，似孔子弟子。）
《孟子》十四卷（齐卿孟轲撰，赵岐注。）
《孟子》七卷（郑玄注。）
《孟子》七卷（刘熙注。梁有《孟子》九卷，綦毋邃撰，亡。）
《孙卿子》十二卷（楚兰陵令荀况撰。梁有王孙子一卷，亡。）
《董子》一卷（战国时董无心撰。）
《鲁连子》五卷（录一卷。鲁连，齐人，不仕，称为先生。）
《新语》二卷（陆贾撰。）
《贾子》十卷（录一卷。汉梁太傅贾谊撰。）
《盐铁论》十卷（汉庐江府丞桓宽撰。）
《新序》三十卷（录 卷。刘向撰。）
《说苑》二十卷（刘向撰。）
《扬子法言》十五卷、解一卷（扬雄撰，李轨注。梁有《扬子法言》六卷，侯苞注。亡。）
《扬子法言》十三卷（宋衷注。）
《扬子太玄经》九卷（宋衷注。梁有《扬子太玄经》九卷，扬雄自作章句，亡。）
《扬子太玄经》十卷（陆绩、宋衷注。）
《扬子太玄经》十卷（蔡文邵注。梁有《扬子太玄经》十四卷，虞翻注；《扬子太玄经》十三卷，陆凯注；《扬子太玄经》七卷，王肃注。亡。）
《桓子新论》十七卷（后汉六安丞桓谭撰。）
《潜夫论》十卷（后汉处士王符撰。梁有王逸《正部论》八卷，

后汉侍中王逸撰；《后序》十二卷，后汉司隶校尉应奉撰，《周生子要论》一卷，录一卷，魏侍中周生烈撰。亡。）
《申鉴》五卷（荀悦撰。）
《魏子》三卷（后汉会稽人魏朗撰。梁有《文检》六卷，似后汉末人作，亡。）
《牟子》二卷（后汉太尉牟融撰。）
《典论》五卷（魏文帝撰。）
《徐氏中论》六卷（魏太子文学徐干撰。梁目一卷。）
《王子正论》十卷（王肃撰。梁有《去伐论集》三卷，王粲撰。亡。）
《杜氏体论》四卷（魏幽州刺史杜恕撰。梁有《新书》五卷，王基撰；《周子》九卷，吴中书郎周昭撰。亡。）
《顾子新语》十二卷（吴太常顾谭撰。《通语》十卷，晋尚书左丞殷兴撰；《典语》十卷、《典语别》二卷，并吴中夏督陆景撰。亡。）
《谯子法训》八卷（谯周撰。梁有《谯子五教志》五卷，亡。）
《袁子正论》十九卷（袁准撰。梁又有《袁子正书》二十五卷，袁准撰；《孙氏成败志》三卷，孙毓撰；《古今通论》二卷，王婴撰；《蔡氏化清经》十卷，松滋令蔡洪撰；《通经》二卷，晋丞相从事中郎王长文撰。）
《新论》十卷（晋散骑常侍夏侯湛撰。梁有《杨子物理论》十六卷，《杨子大元经》十四卷，并晋徵士杨泉撰；《新论》十卷，晋金紫光禄大夫华谭撰；《梅子新论》一卷。亡。）
《志林新书》三十卷（虞喜撰。梁有《广林》二十四卷，又《后林》十卷，虞喜撰；《干子》十八卷，干宝撰；《闵论》二卷，晋江州从事蔡韶撰；《顾子》十卷，晋扬州主簿顾夷撰。亡。）
《要览》十卷（晋郡儒林祭酒吕竦撰。）
《正览》六卷（梁太子詹事周舍撰。梁有《三统五德论》二卷，曹思文撰，亡。）
《诸葛武侯集诫》二卷
《众贤诫》十三卷
《女篇》一卷
《女鉴》一卷
《妇人训诫集》十一卷
《娣姒训》一卷
《曹大家女诫》一卷
《贞顺志》一卷

右六十二部，五百三十卷。（通计亡书，合六十七部，六百九卷。）

儒者，所以助人君明教化者也。圣人之教，非家至而户说，故有儒者宣而明之。其大抵本于仁义及五常之道，黄帝、尧、舜、禹、汤、文、武，咸由此则。《周官》：太宰以九两系邦国之人，其四曰儒是也。其后陵夷衰乱，儒道废阙。仲尼祖述前代，修正六经，三千之徒，并受其义。至于战国，孟轲、子思、荀卿之流，宗而师之，各有著述，发明其指。所谓中庸之教，百王不易者也。俗儒为之，不顾其本，苟欲哗众，多设问难，便辞巧说，乱其大体，致令学者难晓，故曰"博而寡要"。

《鬻子》一卷（周文王师鬻熊撰。）
《老子道德经》二卷（周柱下史李耳撰。汉文帝时河上公注。梁

有战国时河上丈人注《老子经》二卷，汉长陵三老毋丘望之注《老子》二卷，汉微士严遵注《老子》二卷，虞翻注《老子》二卷，亡。

《老子道德经》二卷（王弼注。梁有《老子道德经》二卷，张嗣注；《老子道德经》二卷，蜀才注。亡。）

《老子道德经》二卷（钟会注。梁有《老子道德经》二卷，晋太傅羊祜解释；《老子经》二卷，东晋江州刺史王尚述注；《老子》二卷，晋郎中程韶集解；《老子》二卷，邯郸氏注；《老子》二卷，常氏传；《老子》二卷，孟氏注；《老子》二卷，盈氏注。亡。）

《老子道德经》二卷、音一卷（晋尚书郎孙登注。）

《老子道德经》二卷（刘仲融注。梁有《老子道德经》二卷，巨生解；《老子道德经》二卷，晋西中郎将袁真注；《老子道德经》二卷，张凭注；《老子道德经》二卷，释惠琳注；《老子道德经》二卷，释惠严注；《老子道德经》二卷，王玄载注。亡。）

《老子道德经》二卷（卢景裕撰。）

《老子音》一卷（李轨撰。梁有《老子音》一卷，晋散骑常侍戴逵，亡。）

《老子》四卷（梁旷撰。）

《老子指归》十一卷（严遵注。）

《老子指趣》三卷（毋丘望之撰。）

《老子义纲》一卷（顾欢撰。梁有《老子道德论》二卷，何晏撰；《老子序决》一卷，葛仙公撰；《老子杂论》一卷，何、王等注；《老子私记》十卷，梁简文帝撰；《老子玄示》一卷，韩壮撰；《老子玄谱》一卷，晋柴桑令刘遗民撰；《老子玄机》三卷，宗塞撰；《老子幽易》五卷，又《老子志》一卷，山琮撰。亡。）

《老子义疏》一卷（顾欢撰。梁有《老子义疏》一卷，释慧观撰，亡。）

《老子义疏》五卷（孟智周私记。）

《老子义疏》四卷（韦处玄撰。）

《老子讲疏》六卷（梁武帝撰。）

《老子义疏》九卷（戴诜撰。）

《老子节解》二卷

《老子章门》一卷

《文子》十二卷（文子，老子弟子。《七略》有九篇，梁《七录》十卷，亡。）

《鹖冠子》三卷（楚之隐人。）

《列子》八卷（郑之隐人列御寇撰，东晋光禄勋张湛注。）

《庄子》二十卷（梁漆园吏庄周撰，晋散骑常侍向秀注。本十二卷，今阙。梁有《庄子》十卷，东晋议郎崔撰注，亡。）

《庄子》十六卷（司马彪注。本二十一卷，今阙。）

《庄子》三十卷、目一卷（晋太傅主簿郭象注。梁《七录》三十三卷。）

《集注庄子》六卷（梁有《庄子》三十卷，晋丞相参军李颐注；《庄子》十八卷，孟氏注，录一卷。亡。）

《庄子》音一卷（李轨撰。）

《庄子音》三卷（徐邈撰。）

《庄子集音》三卷（徐邈撰。）

《庄子注音》一卷（司马彪等撰。）

《庄子音》三卷（郭象撰。梁有向秀《庄子音》一卷。）

《庄子外篇杂音》一卷

《庄子内篇音义》一卷

《庄子讲疏》十卷（梁简文帝撰。本二十卷，今阙。）

《庄子讲疏》二卷（张讥撰，亡。）

《庄子讲疏》八卷

《庄子文句义》二十八卷（本三十卷，今阙。梁有《庄子义疏》十卷，又《庄子义疏》三卷，宋处士王叔之撰，亡。）

《庄子内篇讲疏》八卷（周弘正撰。）

《庄子义疏》八卷（戴诜撰。）

《南华论》二十五卷（梁旷撰，本三十卷。）

《南华论音》三卷

《庄成子》十二卷（梁有《塞子》一卷，今亡。）

《玄言新记明庄部》二卷（梁澡撰。）

《守白论》一卷

《任子道论》十卷（魏河东太守任嘏撰。梁有《浑舆经》一卷，魏安成令桓威撰，亡。）

《唐子》十卷（吴唐滂撰。梁有《苏子》七卷，晋北中郎参军苏彦撰；《宣子》二卷，晋宜城令宣舒撰；《陆子》十卷，陆云撰。亡。）

《杜氏幽求新书》二十卷（杜夷撰。）

《抱朴子内篇》二十一卷、音一卷（葛洪撰。梁有《顾道士新书论经》三卷，晋方士顾谷撰，亡。）

《孙子》十二卷（孙绰撰。）

《符子》二十卷（东晋员外郎符朗撰。梁有《贺子述言》十卷，宋太学博士贺道养撰；《少子》五卷，齐司徒左长史张融撰；梁有《养生论》三卷，嵇康撰；《摄生论》二卷，晋河内太守阮侃撰；《无宗论》四卷，《圣人无情论》六卷。亡。）

《夷夏论》一卷（顾欢撰。梁二卷。梁又有《谈众》三卷，亡。）

《简文谈疏》六卷（晋简文帝撰。）

《无名子》一卷（张太衡撰。）

《玄子》五卷

《游玄桂林》二十一卷、目一卷（张讥撰。）

《广成子》十三卷（商洛公撰。张太衡注，疑近人作。）

右七十八部，合五百二十五卷。

道者，盖为万物之奥，圣人之至赜也。《易》曰："一阴一阳之谓道。"又曰："仁者见之谓之仁，智者见之谓之智，百姓日用而不知。"夫阴阳者，天地之谓也。天地变化，万物蠢生，则有经营之迹。至于道者，精微淳粹，而莫知其体。处阴与阴为一，在阳与阳不二。仁者资道以成仁，道非仁之谓也；智者资道以为智，道非智之谓也；百姓资道而日用，而不知其用也。圣人体道成性，清虚自守，为而不恃，长而不宰，故能不劳聪明而人自化，不假修营而功自成。其玄德深远，言象不测。先王惧人之惑，置于方外，六经之义，是所罕言。《周官》九两，其三曰师，盖近之矣。然自黄帝以下，圣哲之士，所言道者，传之其人，世无师说。汉时，曹参始荐盖公能言黄老，文帝宗之。自是相传，道学众矣。下士为之，不推其本，苟以异俗为高，狂狷为尚，迂诞谲怪而失其真。

《管子》十九卷（齐相管夷吾撰。）

《商君书》五卷（秦相卫鞅撰。梁有《申子》三卷，韩相申不害撰，亡。）

《慎子》十卷（战国时处士慎到撰。）

《韩子》二十卷、目一卷（韩非撰。梁有《晁氏新书》三卷，汉御史大夫晁错撰。亡。）
《正论》六卷（汉大尚书崔寔撰。梁有《法论》十卷，刘邵撰；《政论》五卷，魏侍中刘廙撰；《阮子正论》五卷，魏清河太守阮武撰。亡。）
《世要论》十二卷（魏大司农桓范撰。梁有二十卷。又有《陈子要言》十四卷，吴豫章太守陈融撰；《蔡司徒难论》五卷，晋三公令史黄命撰。亡。）

右六部，合七十二卷。

法者，人君所以禁淫慝，齐不轨，而辅于治者也。《易》著"先王明罚饬法"，《书》美"明于五刑，以弼五教"。《周官》，司寇"掌建国之三典，以佐王刑邦国，诘四方"；司刑"以五刑之法，丽万民之罪"是也。刻者为之，则杜哀矜，绝仁爱，欲以威劫为化，残忍为治，乃至伤恩害亲。

《邓析子》一卷（析，郑大夫。）
《尹文子》二卷（尹文，周之处士，游齐稷下。）
《士品》一卷（魏文帝撰。梁有《刑声论》一卷，亡。）
《人物志》三卷（刘邵撰。梁有《士纬新书》十卷，姚信撰；又《姚氏新书》二卷，与《士纬》相似；《九州人士论》一卷，魏司空卢毓撰；《通古人论》一卷。亡。）

右四部，合七卷。

名者，所以正百物，叙尊卑，列贵贱，各控名而责实，无相僭滥者也。《春秋传》曰："古者名位不同，节文异数。"《孔子》曰："名不正则言不顺，言不顺则事不成。"《周官》，宗伯"以九仪之命，正邦国之位，辨其名物之类"，是也。拘者为之，则苛察缴绕，滞于析辞而失大体。

《墨子》十五卷、目一卷（宋大夫墨翟撰。）
《隋巢子》一卷（巢，似墨翟弟子。）
《胡非子》一卷（非，似墨翟弟子。梁有《田俅子》一卷，亡。）

右三部，合一十七卷。

墨者，强本节用之术也。上述尧、舜、夏禹之行，茅茨不翦，粝粱之食，桐棺三寸，贵俭兼爱，严父上德，以孝示天下，右鬼神而非命。《汉书》以为本出清庙之守。然则《周官》宗伯"掌建邦之天神地祇人鬼"，肆师"掌立国祀及兆中庙中之禁令"，是其职也。愚者为之，则守于节俭，不达时变，推心兼爱，而混于亲疏也。

《鬼谷子》三卷（皇甫谧注。鬼谷子，周世隐于鬼谷。梁有《补阙》十卷，《湘东鸿烈》十卷，并元帝撰。亡。）
《鬼谷子》三卷（乐一注。）

右二部，合六卷。

从横者，所以明辩说，善辞令，以通上下之志者也。《汉书》以为本出行人之官，受命出疆，临事而制。故曰："诵《诗》三百，使于四方，不能专对，虽多亦奚以为？"《周官》，掌交"以节与币，巡邦国之诸侯及万姓之聚，导王之德意志虑，使辞行之，而和诸侯之好，达万民之说，谕以九税之利，九仪之亲，九牧之维，九禁之难，九戎之威"是也。佞人为之，则便辞利口，倾危变诈，至于贼害忠信，覆邦乱家。

《尉缭子》五卷梁并录六卷。尉缭，梁惠王时人。）
《尸子》二十卷、目一卷（梁十九卷。秦相卫鞅上客尸佼撰。其九篇亡，魏黄初中续。）
《吕氏春秋》二十六卷（秦相吕不韦撰，高诱注。）
《淮南子》二十一卷（汉淮南王刘安撰，许慎注。）
《淮南子》二十一卷（高诱注。）
《论衡》二十九卷（后汉徵士王充撰。梁有《洞序》九卷、录一卷，应奉撰，亡。）
《风俗通义》三十一卷（录一卷。应劭撰。梁三十卷。）
《仲长子昌言》十二卷（录一卷。汉尚书郎仲长统撰。）
《蒋子万机论》八卷（蒋济撰。梁有《笃论》四卷，杜恕撰；《刍荛论》五卷，钟会撰；梁有《诸葛子》五卷，吴太傅诸葛恪撰。亡。）
《傅子》百二十卷（晋司隶校尉傅玄撰。《默记》三卷，吴大鸿胪张俨撰。《裴氏新言》五卷，吴大鸿胪裴玄撰。梁有《新义》十八卷，吴太子中庶子刘廞撰；《析言论》二十卷，晋议郎张显撰；《桑丘先生书》二卷，晋征南军师杨伟撰。亡。）
《时务论》十二卷（杨伟撰。梁有《古世论》十七卷，《桓子》一卷；《秦子》三卷，吴秦菁撰；《刘子》十卷，《何子》五卷。亡。）
《立言》六卷（苏道撰。梁有《孔氏说林》二卷，孔衍撰，亡。）
《抱朴子外篇》三十卷（葛洪撰。梁有五十一卷。）
《金楼子》十卷（梁元帝撰。）
《博物志》十卷（张华撰。）
《张公杂记》一卷（张华撰。梁有五卷，与《博物志》相似，小小不同。又有《杂记》十卷，何氏撰，亡。）
《杂记》十一卷（张华撰。梁有《子林》二十卷，孟仪撰。亡。）
《广志》二卷（郭义恭撰。）
《部略》十五卷
《博览》十三卷
《谏林》五卷（齐晋陵令何翌之撰。）
《述政论》十三卷（陆澄撰。）
《古今注》三卷（崔豹撰。）
《古今训》十一卷（张显撰。）
《古今善言》三十卷（宋车骑将军范泰撰。）
《善谏》二卷（宋领军长史虞通之撰。）
《缺文》十三卷（陆澄撰。）
《政论》十三卷（陆澄撰。）
《记闻》二卷（宋后军参军徐益寿撰。）
《新旧传》四卷
《释俗语》八卷（刘霁撰。）
《称谓》五卷（后周大将军卢辩撰。）
《备遗记》三卷
《纂要》一卷（戴安道撰，亦云颜延之撰。）
《方类》六卷
《俗说》三卷（沈约撰。梁五卷。）
《杂说》二卷（沈约撰）
《袖中记》二卷（沈约撰。）
《袖中略集》一卷（沈约撰。）
《珠丛》一卷（沈约撰。）

《采璧》三卷（梁中书舍人庾肩吾撰。）
《物始》十卷（谢昊撰。）
《宜览》二十二卷
《玉府集》八卷
《鸿宝》十卷
《显用》九卷
《坟典》三十卷（卢辩撰。）
《玉烛宝典》十二卷（著作郎杜台卿撰。）
《典言》四卷（后魏人李穆叔撰。）
《典言》四卷（后齐中书郎荀士逊等撰。）
《补文》六卷
《四时录》十二卷
《正训》二十卷
《内训》二十卷
《杂略》十三卷
《清神》三卷
《前言》八卷
《会林》五卷
《对林》十卷
《道言》六卷（叱罗羡撰。）
《道术志》三卷
《述伎艺》一卷
《诸书要略》一卷（魏彦深撰。）
《文府》五卷（梁有《文章义府》三十卷。）
《语对》十卷（朱澹远撰。）
《语丽》十卷（朱澹远撰。）
《对要》三卷
《杂语》三卷
《众书事对》三卷
《廊庙五格》二卷（王彬撰。）
《名数》八卷
《新言》四卷（裴立撰。）
《善说》五卷
《君臣相起发事》三卷
《物重名》五卷
《真注要录》一卷
《天地体》二卷
《杂事钞》二十四卷
《杂书钞》四十四卷
《子抄》三十卷（梁鄱令庾仲容撰。）
《子钞》二十卷（梁有《子钞》十五卷，沈约撰，亡。）
《论集》八十六卷（殷仲堪撰。梁九十六卷。梁又有《杂论》五十八卷，《杂论》十三卷，亡。）
《皇览》一百二十卷（缪袭等撰。梁六百八十卷。梁又有《皇览》一百二十三卷，何承天合；《皇览》五十卷，徐爰合，《皇览目》四卷；又有《皇览抄》二十卷，梁特进萧琛抄。亡。）
《帝王集要》三十卷（崔安撰。）
《类苑》一百二十卷（梁征虏刑狱参军刘孝标撰。梁《七录》八十二卷。）
《华林遍略》六百二十卷（梁绥安令徐僧权等撰。）

《要录》六十卷
《寿光书苑》二百卷（梁尚书左丞刘杳撰。）
《科录》二百七十卷（元晖撰。）
《书图泉海》二十卷（陈张式撰。）
《圣寿堂御览》三百六十卷
《长洲玉镜》二百三十八卷
《书钞》一百七十四卷
《释氏谱》十五卷
《内典博要》三十卷
《净住子》二十卷（齐竟陵王萧子良撰。）
《因果记》十卷
《历代三宝记》三卷（费长房撰。）
《真言要集》十卷
《义记》二十卷（萧子良撰。）
《感应传》八卷（宋尚书郎王延秀撰。）
《众僧传》二十卷（裴子野撰。）
《高僧传》六卷（虞孝敬撰。）
《皇帝菩萨清净大舍记》三卷（谢昊撰，亡。）
《宝台四法藏目录》一百卷（大业中撰。）
《玄门宝海》一百二十卷（大业中撰。）

右九十七部，合二千七百二十卷。

杂者，兼儒、墨之道，通众家之意，以见王者之化，无所不冠者也。古者司史历记前言往行，祸福存亡之道。然则杂者，盖出史官之职也。放者为之，不求其本，材少而多学，言非而博，是以杂错漫羨，而无所指归。

《氾胜之书》二卷（汉议郎氾胜之撰。）
《四人月令》一卷（后汉大尚书崔寔撰。）
《禁苑实录》一卷
《齐民要术》十卷（贾思勰撰。）
《春秋济世六常拟议》五卷（杨瑾撰。梁有《陶朱公养鱼法》，《卜式养羊法》、《养猪法》、《月政畜牧栽种法》，各一卷，亡。）

右五部，一十九卷。

农者，所以播五谷，艺桑麻，以供衣食者也。《书》叙八政，其一曰食，二曰货。孔子曰："所重民食。"《周官》：冢宰"以九职任万民"，其一曰"三农生九谷"，地官司稼"掌巡邦野之稼，而辨穜稑之种，周知其名与其所宜地，以为法而悬于邑间"，是也。鄙者为之，则弃君臣之义，徇耕稼之利，而乱上下之序。

《燕丹子》一卷（丹，燕王喜太子。梁有《青史子》一卷，又《宋玉子》一卷、录一卷，楚大夫宋玉撰；《群英论》一卷，郭颁撰；《语林》十卷，东晋处士裴启撰。亡。）
《杂语》五卷
《郭子》三卷（东晋中郎郭澄之撰。）
《杂对语》三卷
《要用语对》四卷
《文对》三卷
《琐语》一卷（梁金紫光禄大夫顾协撰。）
《笑林》三卷（后汉给事中邯郸淳撰。）

《笑苑》四卷
《解颐》二卷（阳玠松撰。）
《世说》八卷（宋临川王刘义庆撰。）
《世说》十卷（刘孝标注。梁有《俗说》一卷，亡。）
《小说》十卷（梁武帝敕安右长史殷芸撰。梁目，三十卷。）
《小说》五卷
《迩说》一卷（梁南台治书伏挺撰。）
《辩林》二十卷（萧贲撰。）
《辩林》二卷（席希秀撰。）
《琼林》七卷（周兽门学士阴颢撰。）
《古今艺术》二十卷
《杂书钞》十三卷
《座右方》八卷（庚元威撰。）
《座右法》一卷
《鲁史欹器图》一卷（仪同刘徽注。）
《器准图》三卷（后魏丞相士曹行参军信都芳撰。）
《水饰》一卷

右二十五部，合一百五十五卷。

小说者，街说巷语之说也。《传》载舆人之诵，《诗》美询于刍荛。古者圣人在上，史为书，瞽为诗，工诵箴谏，大夫规诲，士传言而庶人谤。孟春，徇木铎以求歌谣，巡省观人诗，以知风俗。过则正之，失则改之，道听途说，靡不毕纪。《周官》：诵训"掌道方志以诏观事，道方慝以诏辟忌，以知地俗"；而训方氏"掌道四方之政事，与其上下之志，诵四方之传道而观衣物"是也。孔子曰："虽小道，必有可观者焉，致远恐泥。"

《司马兵法》三卷（齐将司马穰苴撰。）
《孙子兵法》二卷（吴将孙武撰，魏武帝注。梁三卷。）
《孙子兵法》一卷（魏武、王凌集解。）
《孙武兵经》二卷（张子尚注。）
《钞孙子兵法》一卷（魏太尉贾诩钞。梁有《孙子兵法》二卷，孟氏解诂；《孙子兵法》二卷，吴处士沈友撰，又《孙子八阵图》一卷。亡。）
《吴起兵法》一卷（贾诩注。）
《吴孙子牝牡八变阵图》二卷
《续孙子兵法》二卷（魏武帝撰。）
《孙子兵法杂占》四卷（梁有《诸葛亮兵法》五卷，又《慕容氏兵法》一卷，亡。）
《皇帝兵法》一卷（宋明帝所传神人书。梁有《杂兵注》二十四卷，《兵法序》二卷，亡。）
《太公六韬》五卷（梁六卷。周文王师姜望撰。）
《太公阴谋》一卷（梁六卷。梁又有《太公阴谋》三卷，魏武帝解。）
《太公阴符钤录》一卷
《太公金匮》二卷
《太公兵法》二卷（梁三卷）
《太公兵法》六卷（梁有《太公杂兵书》六卷。）
《太公伏符阴阳谋》一卷
《黄帝兵法孤虚杂记》一卷

《太公三宫兵法》一卷（梁有《太一三宫兵法立成图》二卷。）
《太公书禁忌立成集》二卷
《太公枕中记》一卷
《周书阴符》九卷
《周吕书》一卷
《黄石公内记敌法》一卷
《黄石公三略》三卷（下邳神人撰，成氏注。梁又有《黄石公记》三卷，《黄石公略注》三卷。）
《黄石公三奇法》一卷（梁有《兵书》一卷，《张良经》与《三略》往往同，亡。）
《黄石公五垒图》一卷
《黄石公阴谋行军秘法》一卷（梁有《黄石公秘经》二卷。）
《大将军兵法》一卷
《黄石公兵书》三卷
《兵书接要》十卷（魏武帝撰。梁有《兵书接要别本》五卷，又有《兵书要论》七卷，亡。）
《兵法接要》三卷（魏武帝撰。）
《三宫用兵法》一卷
《兵书略要》九卷（魏武帝撰。梁有《兵要》二卷。）
《魏武帝兵法》一卷（梁有《魏时群臣表伐吴策》一卷，《诸州策》四卷，《军令》八卷，《尉缭子兵书》一卷，亡。）
《兵林》六卷（东晋江都相孔衍撰。）
《兵林》一卷
《玄女战经》一卷
《武林》一卷（王略撰。）
《黄帝问玄女兵法》四卷（梁三卷。）
《秦战斗》一卷
《梁主兵法》一卷
《梁武帝兵书钞》一卷
《梁武帝兵书要钞》一卷
《玉韬》十卷（梁元帝撰。）
《金韬》十卷
《金策》十九卷
《兵书要略》五卷（后周齐王宇文宪撰。）
《兵书》七卷
《兵书要术》四卷（伍景志撰。）
《兵记》八卷（司马彪撰。一本二十卷。）
《兵书要序》十卷（赵氏撰。）
《兵法》五卷
《杂兵书》十卷（梁有《杂兵书》八卷，《三家兵法要集》三卷，《戎略机品》二卷，亡。）
《大将军》一卷
《杂兵图》二卷
《兵略》五卷
《军胜见》十卷（许昉撰。）
《戎决》十三卷（许昉撰。）
《阵图》一卷
《阴策》二十二卷（大都督刘祐撰。）
《阴策林》一卷
《承神兵书》二十

《真人水镜》十卷
《战略》二十六卷（金城公赵煚撰。）
《金海》三十卷（萧吉撰。）
《兵书》二十五卷
《杂撰阴阳兵书》五卷（莫珍宝撰。）
《黄帝兵法杂要决》一卷
《黄帝军出大师年命立成》一卷
《黄帝复姓符》二卷（许昉撰。梁有《辟兵法》一卷。
《黄帝太一兵历》一卷
《黄帝蚩尤风后行军秘术》二卷（梁有《黄帝蚩尤兵法》一卷，亡。）
《老子兵书》一卷
《吴有道占出军决胜负事》一卷（梁二卷。又《黄帝出军杂用决》十二卷，《风气占军决胜战》二卷，太史令吴范撰。）
《对敌权变》一卷（吴氏撰。）
《对敌占风》一卷（梁有《黄帝夏氏占气》六卷，《兵法风气等占》三卷，亡。）
《对敌权变逆顺》一卷
《兵法权仪》一卷
《六甲孤虚杂决》一卷（梁有《孙子战斗六甲兵法》一卷。）
《六甲孤虚兵法》一卷
《孤虚法》十卷（梁有《兵法遁甲孤虚斗中域法》九卷。）
《兵书杂占》十卷（梁有《兵法日月风云背向杂占》十二卷，《兵法》三卷，《虚占》三卷，《京氏征伐军候》八卷。
《兵书杂历》八卷
《太一兵书》十一卷（梁二十卷。）
《兵书内术》二卷
《兵法书决》九卷（阙一卷。）
《军国要略》一卷
《兵法要录》二卷
《用兵撮要》二卷
《用兵要术》一卷
《用兵秘法云气占》一卷
《五家兵法》一卷
《兵法三家军占秘要》一卷（李行撰。）
《气经上部占》一卷
《天大芒雾气占》一卷
《鬼谷先生占气》一卷
《五行候气占灾》一卷
《乾坤气法》一卷
《杂匈奴占》一卷（汉武帝王朔注。）
《对敌占》一卷
《杂占》八卷（梁有《推元嘉十二年日时兵法》二卷，《逆推元嘉五十年太岁计用兵法》一卷。）
《兵杀历》一卷
《马槊谱》一卷（梁二卷。梁有《骑马都格》一卷，《骑马变图》一卷，《马射谱》一卷，亡。）
《棋势》四卷（梁有《术艺略序》五卷，孙畅之撰；《围棋势》七卷，湘东太守徐泓撰；《齐高棋图》二卷；《围棋九品序录》五卷，范汪等撰；《围棋势》二十九卷，晋赵王伦舍人马朗等撰；《棋品叙略》三卷；建元、永明《棋品》二卷，宋员外殿中将军

褚思庄撰；天监《棋品》一卷，梁尚书仆射柳恽撰。亡。）
《杂博戏》五卷
《投壶经》一卷
梁东宫撰《太一博法》一卷
《双博法》一卷
《皇博法》一卷（梁有《大小博法》一卷；《投壶经》四卷，《投壶变》一卷，晋左光禄大夫虞潭撰；《投壶道》一卷，郝冲撰；《击壤经》一卷。亡。）
《象经》一卷（周武帝撰。）
《博塞经》一卷（邵纲撰。）
《棋势》十卷（沈敞撰。）
《棋势》十卷（二卷，成。）
《棋势》十卷（王子冲撰。）
《棋势》八卷
《棋图势》十卷
《棋九品录》一卷（范汪等注。）
《棋后九品序》一卷（袁遵撰。）
《围棋品》一卷（梁武帝撰。）
《棋品序》一卷（陆云公撰。）
《棋法》一卷（梁武帝撰。）
《弹棋谱》一卷（徐广撰。）
《二仪十博经》一卷
《象经》一卷（王褒注。）
《象经》三卷（王裕注。）
《象经》一卷（何妥注。）
《象经发题义》一卷

右一百三十三部，五百一十二卷。

兵者，所以禁暴静乱者也。《易》曰："古者弦木为弧，刻木为矢，弧矢之利，以威天下。"孔子曰："不教人战，是谓弃之。"《周官》：大司马"掌九法九伐，以正邦国"是也。然皆动之以仁，行之以义，故能诛暴静乱，以济百姓。下至三季，恣情逞欲，争伐寻常，不抚其人，设变诈而灭仁义，至乃百姓离叛，以致于乱。

《周髀》一卷（赵婴注。）
《周髀》一卷（甄鸾重述。）
《周髀图》一卷
《灵宪》一卷（张衡撰。）
《浑天象注》一卷（吴散骑常侍王蕃撰。）
《浑天义》二卷
《浑天图》一卷（石氏）
《浑天图》一卷
《浑天图记》一卷（梁有《昕天论》一卷，姚信撰；《安天论》六卷，虞喜撰；《图天图》一卷，《原天论》一卷，《神光内抄》一卷。）
《定天论》三卷
《天仪说要》一卷（陶弘景撰。）
《玄图》一卷
《石氏星簿经赞》一卷
《星经》二卷

《廿氏四七法》一卷
《巫咸五星占》一卷
《天仪说要》一卷（陶弘景撰。）
《录轨象以颂其章》一卷（内有图。）
《天文集占》十卷（晋太史令陈卓定。）
《天文要集》四十卷（晋太史令韩杨撰。）
《天文要集》四卷
《天文要集》三卷
《天文集占》十卷（梁百卷。梁有《石氏》、《甘氏天文占》各八卷。）
《天文占》六卷（李遥撰。）
《天文占》一卷
《天文占气书》一卷
《天文集要钞》二卷
《天文书》二卷（梁有《杂天文书》二十五卷。）
《杂天文横占》一卷
《天文横图》一卷（高文洪撰。）
《天文集占图》十一卷（梁有《天文五行图》十二卷，《天文杂占》十六卷，亡。）
《天文录》三十卷（梁奉朝请祖暅撰。）
《天文志》十二卷（吴云撰。）
《天文志杂占》一卷（吴云撰。梁有《天文杂占》十五卷，亡。）
《天文》十二卷（史崇注。）
《天文十二次图》一卷（梁有《天宫宿野图》一卷，亡。）
《婆罗门天文经》二十一卷（婆罗门舍仙人所说。）
《婆罗门竭伽仙人天文说》三十卷
《婆罗门天文》一卷
《陈卓四方宿占》一卷（梁四卷）
《黄帝五星占》一卷
《五星占》一卷（丁巡撰。）
《五星占》一卷（梁有《五星集占》六卷，《日月五星集占》十卷。）
《五星占》一卷（陈卓撰。）
《五星犯列宿占》六卷
《杂星书》一卷
《星占》二十八卷（孙僧化等撰。）
《星占》　卷（梁有《石氏星经》七卷，陈卓记；又《石氏星官》十九卷，又《星经》七卷，郭历撰。亡。）
《天官星占》十卷（陈卓撰。梁《天官星占》二十卷，吴袭撰。）
《星占》八卷（梁又有《星占》十八卷。）
《中星经簿》十五卷（梁有《星官簿赞》十三卷，又有《星书》三十四卷，《杂家星占》六卷，《论星》一卷，亡。）
《著明集》十卷
《杂星图》五卷
《天文外官占》八卷
《杂星占》七卷
《杂星占》十卷
《海中星占》一卷（梁有《论星》一卷。）
《星图海中占》一卷
《解天命星宿要决》一卷

《摩登伽经说星图》一卷
《星图》二卷（梁有《星书图》七卷。）
《彗星占》一卷
《妖星流星形名占》一卷
《太白占》一卷
《流星占》一卷
《石氏星占》一卷（吴袭撰。）
《候云气》一卷
《星官次占》一卷
《彗孛占》一卷
《二十八宿二百八十三官图》一卷
《荆州占》二十卷（宋通直郎刘严撰。梁二十二卷。）
《翼氏占风》一卷
《日月晕》三卷（梁《日月晕图》二卷。）
《孝经内记》二卷
《京氏释五星灾异传》一卷
《京氏日占图》三卷
《夏氏日旁气》一卷（许氏撰。梁四卷。）
《日食茀候占》一卷
《魏氏日旁气图》一卷
《日旁云气图》五卷
《天文占云气图》一卷（梁有《杂望气经》八卷，《候气占》一卷，《章贤十二时云气图》二卷。）
《天文洪范日月变》一卷
《洪范占》二卷（梁有《洪范五行图历》四卷。）
《黄道暑景占》一卷（梁有《暑景记》二卷。）
《月行黄道图》一卷（梁有《日月交会图郑玄注》一卷，又《日月本次位图》二卷。）
《月晕占》一卷
《日月食晕占》四卷
《日食占》一卷
《日月薄蚀图》一卷
《日变异食占》一卷
《日月晕珥云气图占》一卷（梁有《君失政大云雨日月占》二卷。）
《二十八宿十二次》一卷
《二十八宿分野图》一卷
《五纬合杂》一卷
《五星合杂说》一卷
《垂象志》一百四十八卷
《太史注记》六卷
《灵台秘苑》一百一十五卷（太史令庾季才撰。）

右九十七部，合六百七十五卷。

天文者，所以察星辰之变，而参于政者也。《易》曰："天垂象，见吉凶。"《书》称："天视自我人视，天听自我人听。"故曰："王政不修，谪见于天，日为之蚀。后德不修，谪见于天，月为之蚀。"其余孛彗飞流，见伏陵犯，各有其应。《周官》：冯相"掌十有二岁、十有二月、十有二辰、十日、二十有八星之位，辨其叙事，以会天位"是也。小人为之，则指凶为吉，谓恶为善，是以数术错乱而难明。

《四分历》三卷（梁《四分历》三卷，汉修历人李梵撰。梁又有《三统历法》三卷，刘歆撰，亡。）
《赵隐居四分历》一卷
《魏甲子元三统历》一卷
《姜氏三纪历》一卷
《历序》一卷（姜氏撰。）
《乾象历》三卷（吴太子太傅阚泽撰。梁有《乾象历》五卷，汉会稽都尉刘洪等注；又有阚泽注五卷，又《乾象五星幻术》一卷，亡。）
《历术》一卷（吴太史令吴范撰。）
《景初历》三卷（晋杨伟撰。梁有《景初历术》二卷，《景初历》法三卷，又一本五卷，并杨伟撰；并《景初历略要》二卷。亡。）
《景初壬辰元历》一卷（杨冲撰。）
《正历》四卷（晋太常刘智撰。）
《河西甲寅元历》一卷（凉太史赵㽗撰。）
《甲寅元历序》一卷（赵㽗撰。）
《宋元嘉历》二卷（何承天撰。梁又有《元嘉历统》二卷，《元嘉中论历事》六卷，《元嘉历疏》一卷，《元嘉二十六年度日景数》一卷，亡。）
《历术》一卷（何承天撰。梁有《验日食法》三卷，何承天撰；又有《论频月合朔法》五卷，《杂历》七卷，《历法集》十卷，又《历术》十卷；《京氏要集历术》四卷，姜岌撰。亡。）
《历术》一卷（崔浩撰。）
《神龟壬子元历》一卷（后魏护军将军祖莹撰。）
《魏后元年甲子历》一卷
《壬子元历》一卷（后魏校书郎李业兴撰。）
《甲寅元历序》一卷（赵㽗撰。）
《魏武定历》一卷
《齐甲子元历》一卷（宋氏撰。）
《宋景业历》一卷（景业，后齐散骑常侍。）
《周天和年历》一卷（甄鸾撰。）
《甲子元历》一卷（李业兴撰。）
《周大象年历》一卷（王琛撰。）
《历术》一卷（王琛撰。）
《壬辰元历》一卷
《甲午纪历术》一卷
《新造历法》一卷
《开皇甲子元历》一卷
《历术》一卷（华州刺史张宾撰。）
《七曜本起》三卷（后魏甄叔遵撰。）
《七曜小甲子元历》一卷
《七曜历术》一卷（梁《七曜历法》四卷。）
《七曜要术》一卷
《七曜历法》一卷
《推七曜历》一卷
《五星历术》一卷
《天图历术》一卷
《陈永定七曜历》四卷
《陈天嘉曜历》七卷
《陈天康二年七曜历》一卷

《陈光大元年七曜历》二卷
《陈光大二年七曜历》一卷
《陈太建年七曜历》十三卷
《陈至德年七曜历》二卷
《陈祯明年七曜历》二卷
《开皇七曜年历》一卷
《仁寿二年七曜历》一卷
《七曜历经》四卷（张宾 撰。）
《春秋去交分历》一卷
《历日义说》一卷
《律历注解》一卷
《龙历草》一卷
《推汉书律历志术》一卷
《推历法》一卷（崔隐居撰。）
《历疑质谳序》二卷
《兴和历疏》二卷
《七曜历数算经》一卷（赵㽗撰。）
《算元嘉历术》一卷
《七曜历疏》一卷（李业兴撰。）
《七曜义疏》一卷（李业兴撰。）
《七曜术算》二卷（甄鸾撰。）
《七曜历疏》五卷（太史令张胄玄撰。）
《阴阳历术》一卷（赵㽗撰。梁有《朔气长历》二卷，皇甫谧撰；，《历章句》二卷，《月令七十二候》一卷，《三五历说图》一卷。亡。）
《杂注》一卷
《历注》一卷
《历记》一卷
《杂历》二卷
《杂历术》一卷（梁《三棋推法》一卷。）
《太史注记》六卷
《太史记注》六卷
《见行历》一卷
《八家历》一卷
《漏刻经》一卷（何承天撰。梁有后汉待诏太史霍融、何承天、杨伟等撰三卷，亡。）
《漏刻经》一卷（祖暅撰。）
《漏刻经》一卷（梁中书舍人朱史撰。）
《漏刻经》一卷（梁代撰。梁有《天监五年修漏刻事》一卷，亡。）
《漏刻经》一卷（陈太史令宋景撰。）
《杂漏刻法》十一卷（皇甫洪泽撰。）
《晷漏经》一卷
《九章术义序》一卷
《九章算术》十卷（刘徽撰。）
《九章算术》二卷（徐岳、甄鸾重述。）
《九章算术》一卷（李遵义疏。）
《九九算术》二卷（杨淑撰。）
《九章别术》二卷
《九章算经》二十九卷（徐岳、甄鸾等撰。）
《九章算经》二卷（徐岳注。）

《九章六曹算经》一卷
《九章重差图》一卷（刘徽撰。）
《九章推图经法》一卷（张峻撰。）
《缀术》六卷
《孙子算经》二卷
《赵𣈱算经》一卷
《夏侯阳算经》二卷
《张丘建算经》二卷
《五经算术录遗》一卷
《五经算术》一卷
《算经异义》一卷（张缵撰。）
《张去斤算疏》一卷
《算法》一卷
《黄钟算法》三十八卷
《算律吕法》一卷
《众家算阴阳法》一卷
《婆罗门算法》三卷
《婆罗门阴阳算历》一卷
《婆罗门算经》三卷

右一百部，二百六十三卷。

历数者，所以揆天道，察昏明，以定时日，以处百事，以辨三统，以知厄会，吉隆终始，穷理尽性，而至于命者也。《易》曰："先王以治历明时。"《书》叙："期，三百有六旬有六日，以闰月定四时，成岁。"《春秋传》曰："先王之正时也，履端于始，举正于中，归余于终。"又曰："闰以正时，时以序事，事以厚生，生民之道。"其在《周官》，则亦太史之职。小人为之，则坏大为小，削远为近，是以道术破碎而难知。

《黄帝飞鸟历》一卷（张衡撰。）
《黄帝四神历》一卷（吴范撰。）
《黄帝地历》一卷
《黄帝斗历》一卷
《黄石公北斗三奇法》一卷
《风角集要占》十二卷
《风角要占》三卷（梁八卷，京房撰。）
《风角占》三卷（梁有《侯公领中风角占》四卷。亡。）
《风角总占要决》十一卷（梁有《风角总集》一卷，《风角杂占要决》十二卷，亡。）
《风角杂占》四卷（梁有《风角杂占》十卷，亡。）
《风角要集》十卷
《风角要集》六卷（梁十一卷。）
《风角要集》一卷
《风角要候》十一卷（翼奉撰。）
《风角书》十二卷（梁十卷。）
《风角》七卷（章仇太翼撰。）
《风角占候》四卷（梁有《风角杂兵候》十三卷，亡。）
《风角镶历占》二卷（吕氏撰。）
《风角要候》一卷（章仇太翼撰。）
《兵法风角式》一卷

《战斗风角鸟情》三卷（梁有《风角五音六情经》十三卷，《风角兵候》十二卷。亡。）
《风角鸟情》一卷（翼氏撰。）
《风角鸟情》二卷（仅同临孝恭撰。）
《阴阳风角相动法》一卷（梁有《风角回风卒起占》五卷，《风角地辰》一卷，《风角望气》八卷，《风雷集占》一卷。）
《五音相动法》二卷
《五音相动法》一卷（梁有《风角五音占》五卷，京房撰，亡。）
《风角五音图》二卷
《风角杂占五音图》五卷（翼氏撰。梁十三卷，京房撰，翼奉撰。亡。）
《黄帝九宫经》一卷
《九宫经》三卷（郑玄注。梁有《黄帝四部九宫》五卷，亡。）
《九宫行棋经》三卷（郑玄注。）
《九宫行棋经》三卷
《九宫行棋法》一卷（房氏撰。）
《九州行棋立成法》一卷（王琛撰。）
《九宫行棋杂法》一卷
《九宫行棋法》一卷
《行棋新术》一卷
《九宫行棋钞》一卷
《九宫推法》一卷
《三元九宫立成》二卷
《九宫要集》一卷（豆卢晃撰。）
《九宫经解》二卷（李氏注。）
《九宫图》一卷
《九宫变图》一卷
《九宫八卦式蟠龙图》一卷
《九宫郡县录》一卷
《九宫杂书》十卷（梁有《太一九宫杂占》十二卷，亡。）
《射候》二卷
《太一飞鸟历》一卷（王琛撰。）
《太一飞鸟历》一卷
《太一飞鸟历》二卷
《太一十精飞鸟历》一卷
《太一飞鸟立成》一卷
《太一飞鸟杂决捕盗贼法》一卷
《太一三合五元要决》一卷（梁有《黄帝太一杂书》十六卷，《黄帝太一度厄秘术》八卷，《太一帝记法》八卷，《太一杂用》十四卷，《太一杂要》七卷，《杂太一经》八卷，亡。）
《太一龙首式经》一卷（董氏注。梁三卷。梁又有《式经》三十三卷，亡。）
《太一经》二卷（宋琨撰。）
《太一式杂占》十卷（梁二十卷。）
《太一九宫杂占》十卷
《黄帝飞鸟历》一卷
《黄帝集灵》三卷
《黄帝绛图》一卷
《黄帝龙首经》二卷
《黄帝式经三十六用》一卷（曹氏撰。）

《黄帝式用当阳经》二卷
《黄帝奄心图》一卷
《玄女式经要法》一卷
《黄帝阴阳遁甲》六卷
《遁甲决》一卷（吴相伍子胥撰。）
《遁甲文》一卷（伍子胥撰。）
《遁甲经要钞》一卷
《遁甲万一决》二卷
《遁甲九元九局立成法》一卷
《遁甲肘后立成囊中秘》一卷（葛洪撰。）
《遁甲囊中经》一卷
《遁甲囊中经疏》一卷
《遁甲立成》六卷
《遁甲叙三元玉历立成》一卷（郭弘远撰。）
《遁甲立成》一卷
《遁甲立成法》一卷（临孝恭撰。）
《遁甲穴隐秘处经》一卷
《黄帝九元遁甲》一卷（王琛撰。）
《黄帝出军遁甲式法》一卷
《遁甲法》一卷
《遁甲术》一卷
《阳遁甲用局法》一卷（临孝恭撰。）
《杂遁甲钞》四卷
《三元遁甲上图》一卷
《三元遁甲图》三卷
《遁甲九宫八门图》一卷
《遁甲开山图》三卷（荣氏撰。）
《遁甲返覆图》一卷（葛洪撰。）
《遁甲年录》一卷
《遁甲支手决》一卷
《遁甲肘后立成》一卷
《遁甲行日时》一卷
《遁甲孤虚记》一卷（伍子胥撰。）
《遁甲孤虚注》一卷
《东方朔岁占》一卷
《斗中孤虚图》一卷
《孤虚占》一卷
《遁甲九宫亭亭白奸书》一卷
《战斗博戏等法》一卷
《玉女反闭局法》三卷
《逆刺》一卷（京房撰。）
《逆刺占》一卷
《逆刺总决》一卷
《壬子决》一卷
《鸟情占》一卷（王乔撰。）
《鸟情逆占》一卷
《鸟情书》二卷
《鸟情杂占禽兽语》一卷
《占鸟情》二卷
《六情决》一卷（王琛撰。）

《六情鸟音内秘》一卷（焦氏撰。）
《孝经元辰决》九卷
《孝经元辰》二卷
《元辰本属经》一卷
《推元辰厄会》一卷
《元辰事》一卷
《元辰救生削死法》一卷
《推元辰要秘次序》一卷
《元辰章用》二卷
《杂推元辰要秘立成》六卷
《元辰立成谱》一卷
《方正百对》一卷（京房撰。）
《晋灾祥》一卷（京房撰。）
《灾祥集》七十六卷
《地形志》八十七卷（庾季才撰。）
《海中仙人占灾祥书》三卷
《周易占事》十二卷（汉魏郡太守京房撰。）
《遁甲》三卷（梁有《遁甲经》十卷，《遁甲正经》五卷，《太一遁甲》一卷，亡。）
《遁甲要用》四卷（葛洪撰。）
《遁甲秘要》一卷（葛洪撰。）
《遁甲要》一卷（葛洪撰。）
《遁甲》三十三卷（后魏信都芳撰。）
《三元遁甲》六卷（许昉撰。）
《三元遁甲》六卷（陈员外散骑常侍刘毗撰。）
《三元遁甲》二卷（梁《太一遁甲》一卷，《遁甲三元》三卷。）
《三元九宫遁甲》二卷（梁有《遁甲三元》三卷，亡。）
《三正遁甲》一卷（杜仲撰。）
《遁甲》三十五卷
《遁甲时下决》三十三卷
《阴阳遁甲》十四卷
《遁甲正经》三卷（梁五卷）
《遁甲经》十卷
《遁甲开山图》一卷（梁《遁甲开山经图》一卷。）
《遁甲九星历》一卷
《遁甲三奇》三卷
《遁甲推时要》一卷
《遁甲三元九甲立成》一卷
《杂遁甲》五卷（梁九卷。《遁甲经外篇》一百卷，《六甲隐图》并《遁甲图》二卷，亡。）
《阳遁甲》九卷（释智海撰。）
《阴遁甲》九卷
《武王须臾》二卷
《六壬式经杂占》九卷（梁有《六壬式经》三卷，亡。）
《六壬释兆》六卷
《破字要决》一卷
《桓安吴式经》一卷（梁有《杂式占》五卷，《式经杂要》、《决式立成》各九卷，《式王历》、《伍子胥式经章句》、《起射覆式》、《越相范蠡玉笥式》，各二卷，亡。）
《光明符》十二卷（录一卷，梁简文帝撰。）

《龟经》一卷（晋掌卜大夫史苏撰。梁有《史苏龟经》十卷；《龟决》二卷，葛洪撰；《管郭近要决》、《龟音色》、《九宫蓍龟序》各一卷；《龟卜要决》、《龟图五行九亲》各四卷；又《龟亲经》三十卷，周子曜撰。亡。）
《史苏沉思经》一卷
《龟卜五兆动摇决》一卷
《周易占》十二卷（京房撰。梁《周易妖占》十三卷，京房撰。）
《周易守林》三卷（京房撰。）
《周易集林》十二卷（京房撰。《七录》云伏万寿撰。）
《周易飞候》九卷（京房撰。梁有《周易飞候六日七分》八卷，亡。）
《周易飞候》六卷（京房撰。）
《周易四时候》四卷（京房撰。）
《周易错卦》七卷（京房撰。）
《周易混沌》四卷（京房撰。）
《周易委化》四卷（京房撰。）
《周易逆刺占灾异》十二卷（京房撰。）
《周易占》一卷（张浩撰。）
《周易杂占》十三卷
《周易杂占》十一卷
《周易杂占》九卷（尚广撰。梁有《周易杂占》八卷，武靖撰。亡。）
《易林》十六卷（焦赣撰。梁又本三十二卷。）
《易林变占》十六卷（焦赣撰。）
《易林》二卷（费直撰。梁五卷。）
《易内神筮》二卷（费直撰。梁有《周易筮占林》五卷，费直撰，亡。）
《易新林》一卷（后汉方士许峻等撰。梁十卷。）
《易灾条》二卷（许峻撰。）
《易决》一卷（许峻撰。梁有《易杂占》七卷，许峻撰，又《易要决》三卷，亡。）
《周易通灵决》二卷（魏少府丞管辂撰。）
《周易通灵要决》一卷（管辂撰。）
《周易集林律历》一卷（虞翻撰。梁有《周易筮占》二十四卷，晋征士徐苗撰，亡。）
《周易新林》四卷（郭璞撰。梁有《周易杂占》十卷，葛洪撰。亡。）
《周易新林》九卷（郭璞撰。梁有《周易林》五卷，郭璞撰，亡。）
《易洞林》三卷（郭璞撰。）
《周易新林》一卷
《周易新林》二卷
《易林》三卷（鲁洪度撰。）
《周易林》十卷（梁《周易林》三十三卷，录一卷。）
《易赞林》二卷
《易立成林》二卷（郭氏撰。）
《易立成》四卷
《易玄成》一卷
《周易立成占》三卷（颜氏撰。）
《神农重卦经》二卷
《文王幡音》一卷
《易三备》三卷

《易三备》一卷
《易占》三卷
《易射覆》二卷
《易射覆》一卷
《周易孔子通覆决》三卷（颜氏撰。）
《易林要决》一卷
《易要决》二卷（梁有《周易历》、《周易初学筮要法》各一卷。）
《周易髓脑》二卷
《易脑经》一卷（郑氏撰。）
《周易玄品》二卷
《易律历》一卷（虞翻撰。）
《易历》七卷
《易历决疑》二卷
《周易卦林》一卷
《洞林》三卷（梁元帝撰。）
《连山》三十卷（梁元帝撰。）
《杂筮占》四卷
《五兆算经》一卷
《十二灵棋卜经》一卷（梁有《管公明算占书》一卷，《五行杂卜经》十卷，亡。）
《京君明推偷盗书》一卷
《天皇大神气君注历》一卷
《太史公万岁历》一卷
《千岁历祠》一卷（任氏撰。）
《万岁历祠》二卷
《万年历二十八宿人神》一卷
《六甲周天历》一卷（孙僧化撰。）
《六十甲子历》八卷
《历祀》一卷
《田家历》十二卷
《三合纪饥穰》一卷
《师旷书》三卷
《海中仙人占灾祥书》三卷
《东方朔占》二卷
《东方朔书》二卷
《东方朔书钞》二卷
《东方朔历》一卷
《东方朔占候水旱下人善恶》一卷（梁有《择日书》十卷，《太岁所在占善恶书》一卷，亡。）
《杂忌历》二卷（魏光禄勋高堂隆撰。）
《百忌大历要钞》一卷
《百忌历术》一卷
《百忌通历法》一卷（梁有《杂百忌》五卷。亡。）
《历忌新书》十二卷
《太史百忌历图》一卷（梁有《太史百忌》一卷，亡。）
《杂杀历》九卷（梁有《秦灾异》一卷，后汉中郎郗萌撰；《后汉灾异》十五卷，《晋灾异簿》二卷，《宋灾异簿》四卷，《杂凶妖》一卷，《破书》、《玄武书契》各一卷。亡。）
《二仪历头堪余》一卷
《堪余历》二卷

《注历堪余》一卷
《地节堪余》二卷
《堪余历注》一卷
《堪余》四卷
《大小堪余历术》一卷（梁《大小堪余》三卷。）
《四序堪余》二卷（殷绍撰。梁有《堪余天赦书》七卷，《杂堪余》四卷，亡。）
《八会堪余》一卷
《杂要堪余》一卷
《元辰五罗算》一卷
《孝经元辰》四卷（梁有《五行元辰厄会》十三卷，《孝经元辰会》九卷，《孝经元辰决》一卷，亡。）
《元辰历》一卷
《杂元辰禄命》二卷
《洴河禄命》三卷（梁有《五行禄命厄会》十卷，亡。）
《乾坤气法》一卷（许辩撰。）
《易通统卦验玄图》一卷
《易通统图》二卷
《易新图序》一卷
《易通统图》一卷
《易八卦命录斗内图》一卷（郭璞撰。）
《易斗图》一卷（郭璞撰。）
《易八卦斗内图》二卷
《八卦斗内图》二卷（梁有《周易八卦五行图》、《周易斗中八卦绝命图》、《周易斗中八卦推游年图》各一卷，亡。）
《周易分野星图》一卷
《举百事略》一卷
《五姓岁月禁忌》一卷
《举百事要》一卷
《嫁娶经》四卷
《阴阳婚嫁书》四卷
《杂阴阳婚嫁书》三卷
《婚嫁书》二卷
《婚嫁黄籍科》一卷
《六合婚嫁历》一卷（梁《六合婚嫁书》及图，各一卷。）
《嫁娶迎书》四卷
《杂婚嫁书》六卷
《嫁娶阴阳图》二卷
《阴阳嫁娶图》二卷
《杂嫁娶房内图术》四卷
《九天嫁娶图》一卷
《六甲贯胎书》一卷
《产乳书》二卷
《产经》一卷
《推产妇何时产法》一卷（王琛撰。）
《推产法》一卷
《杂产书》六卷
《生产符仪》一卷
《产图》二卷
《杂产图》四卷

《拜官书》三卷
《临官冠带书》一卷
《仙人务子传神通黄帝登坛经》一卷
《坛经》一卷（四等撰。）
《登坛经》三卷
《五姓登坛图》一卷
《登坛文》一卷（梁有《二公地基》一卷，《杂地基立成》五卷，《八神图》二卷，《十二属神图》一卷，亡。）
《沐浴书》一卷（梁有《裁衣书》一卷，亡。）
《占梦书》三卷（京房撰。）
《占梦书》一卷（崔元撰。）
《竭伽仙人占梦书》一卷
《占梦书》一卷（周宣等撰。）
《新撰占梦书》十七卷（并目录。）
《梦书》十卷
《解梦书》二卷
《海中仙人占体瞤及杂吉凶书》三卷
《海中仙人占吉凶要略二卷》
《杂占梦书》一卷（梁有《师旷占》五卷，《东方朔占》七卷，《黄帝太一杂占》十卷，《和菀鸟鸣书》、《王乔解鸟语经》、《嚏书》、《耳鸣书》、《目瞤书》各一卷，《董仲舒请祷图》三卷，亡。）
《灶经》十四卷（梁简文帝撰。梁又有《祠灶书》一卷，《六甲祀书》二卷，又有《太玄禁经》、《白兽七变经》、《墨子枕中五行要记》、《淮南万毕经》、《淮南变化术》、《陶朱变化术》各一卷，《三五步刚》三十卷，《五行变化墨子》五卷，《淮南中经》四卷，《六甲隐形图》五卷，太史公《素王妙论》二卷，亡。）
《瑞应图》三卷
《瑞图赞》二卷（梁有孙柔之《瑞应图记》、《孙氏瑞应图赞》各三卷，亡。）
《祥瑞图》十一卷
《祥瑞图》八卷（侯亶撰。）
《芝英图》一卷
《祥异图》十一卷
《灾异图》一卷
《地动图》一卷
《张掖郡玄石图》一卷（高堂隆撰）
《张掖郡玄石图》一卷（孟众撰。梁有《晋玄石图》一卷，《晋德易天图》二卷，亡。）
《天镜》二卷
《乾坤镜》二卷（梁《天镜》、《地镜》、《日月镜》、《四规镜经》各一卷，《地镜图》六卷，亡。）
《望气书》七卷
《云气占》一卷（梁《望气相山川宝藏秘记》一卷，《仙宝剑经》二卷，亡。）
《地形志》八十卷（庾季才撰。）
《宅吉凶论》三卷
《相宅图》八卷
《五姓墓图》一卷（梁有《冢书》、《黄帝葬山图》各四卷，《五音相墓书》五卷，《五音图墓书》九十一卷，《五姓图山龙》及《科墓葬不传》各一卷，《杂相墓书》四十五卷，亡。）
《相书》四十六卷

《相经要录》二卷（萧吉撰。《相经》三十卷，钟武隶撰；《相书》十一卷，樊、许、唐氏《武王相书》一卷，《杂相书》九卷，《相书图》七卷。亡。）
《相手板经》六卷（梁《相手板经》、《受版图》、韦氏《相板印法指略抄》、魏征东将军程申伯《相印法》各一卷，亡。）
《大智海》四卷
《白泽图》一卷
《相马经》一卷（梁有《伯乐相马经》、《阙中铜马法》、《周穆王八马图》、《齐侯大夫宁戚相牛经》、《王良相牛经》、《高堂隆相牛经》、《淮南八公相鹄经》、《浮丘公相鹤书》、《相鸭经》、《相鸡经》、《相鹅经》、《相贝经》、《祖㫉权衡记》、《称物重率术》各二卷，《刘潜泉图记》三卷，亡。）

右二百七十二部，合一千二十二卷。

五行者，金、木、水、火、土，五常之形气者也。在天为五星，在人为五藏，在目为五色，在耳为五音，在口为五味，在鼻为五臭。在上则出气施变，在下则养人不倦。故《传》曰："天生五材，废一不可。"是以圣人推其终始，以通神明之变，为卜筮以考其吉凶，占百事以观于来物，睹形法以辨其贵贱。《周官》则分在保章、冯相、卜师、筮人、占梦、眡祲，而太史之职，实司总之。小数者才得其十觕，便以细事相乱，以惑于世。

《黄帝素问》九卷（梁八卷。）
《黄帝甲乙经》十卷（音一卷。梁十二卷。）
《黄帝八十一难》二卷（梁有《黄帝众难经》一卷，吕博望注，亡。）
《黄帝针经》九卷（梁有《黄帝针灸经》十二卷，徐悦、龙衔素《针经并孔穴蝦蟆图》三卷，《杂针经》四卷，程天祚《针经》六卷，《灸经》五卷，《曹氏灸方》七卷，秦承祖《偃侧杂针灸经》三卷，亡。）
《徐叔向针灸要钞》一卷
《玉匮针经》一卷
《赤乌神针经》一卷
《岐伯经》十卷
《脉经》十卷（王叔和撰。）
《脉经》二卷（梁《脉经》十四卷，又《脉生死要诀》二卷；又《脉经》六卷，黄公兴撰；《脉经》六卷，秦承祖撰；《脉经》十卷，康普思撰。亡。）
《黄帝流注脉经》一卷（梁有《明堂流注》六卷，亡。）
《明堂孔穴》五卷（梁《明堂孔穴》二卷，《新撰针灸穴》一卷，亡。）
《明堂孔穴图》三卷
《明堂孔穴图》三卷（梁有《偃侧图》八卷，又《偃侧图》二卷。）
《神农本草》八卷（梁有《神农本草》五卷，《神农本草属物》二卷，《神农明堂图》一卷，《蔡邕本草》七卷，《华佗弟子吴普本草》六卷，《陶隐居本草》十卷，《随费本草》九卷，《秦承祖本草》六卷，《王季璞本草经》三卷，《李谙之本草经》、《谈道术本草经钞》各一卷，《宋大将军参军徐叔向本草病源合药要钞》五卷，《徐叔向等四家体疗杂病本草要钞》十卷，《王末钞小儿用药本草》二卷，《甘浚之痈疽耳眼本草要钞》九卷，《陶弘景本草经集注》七卷，《赵赞本草经》一卷，《本草经轻行》、《本草经利用》各一卷，亡。）
《神农本草》四卷（雷公集注。）
《甄氏本草》三卷
《桐君药录》三卷（梁有《云麾将军徐滔新集药录》四卷，《李谙之药录》六卷，《药法》四十二卷，《药律》三卷，《药性》《药对》各二卷，《药目》三卷，《神农采药经》二卷，《药忌》一卷，亡。）
《太清草木集要》二卷（陶隐居撰。）
《张仲景方》十五卷（仲景，后汉人。梁有《黄素药方》二十五卷，亡。）
《华佗方》十卷（吴普撰。佗，后汉人。梁有《华佗内事》五卷，又《耿奉方》六卷，亡。）
《集略杂方》十卷
《杂药方》一卷（梁有《杂药方》四十六卷。）
《杂药方》十卷
《寒食散论》二卷（梁有《寒食散汤方》二十卷，《寒食散方》一十卷，《皇甫谧、曹翕论寒食散方》二卷，亡。）
《寒食散对疗》一卷（释道洪撰。）
《解寒食散方》二卷（释智斌撰。梁《解散论》二卷。）
《解寒食散论》二卷（梁有《徐叔向解寒食散方》六卷，《释慧义寒食解杂论》七卷，亡。）
《杂散方》八卷（梁有《解散方》、《解散论》各十三卷，《徐叔向解散消息节度》八卷，《范氏解散方》七卷，《解释慧义解散方》一卷，亡。）
《汤丸方》十卷
《杂丸方》十卷（梁有《百病膏方》十卷，《杂汤丸散酒煎薄帖膏汤妇人少小方》九卷，《羊中散杂汤丸散酒方》一卷，《疗下汤丸散方》十卷。）
《石论》一卷
《医方论》七卷（梁有《张仲景辨伤寒》十卷，《疗伤寒身验方》、《徐文伯辨伤寒》各一卷，《伤寒总要》二卷，《支法存申苏方》五卷，《王叔和论病》六卷，《张仲景评病要方》一卷，《徐叔向、谈道述、徐悦体疗杂病疾源》三卷，《甘浚之痈疽部党杂病疾源》三卷，《府藏要》三卷，亡。）
《肘后方》六卷（葛洪撰。梁二卷。陶弘景补阙肘后百一方》九卷，亡。）
《姚大夫集验方》十二卷
《范东阳方》一百五卷（录一卷。范汪撰。梁一百七十六卷。梁又有《阮河南药方》十六卷，阮文叔撰；《释僧深药方》三十卷，《孔中郎杂药方》二十九卷，《宋建平王典术》一百二十卷；《羊中散药方》三十卷，羊欣撰；《褚澄杂药方》二十卷，齐吴郡太守褚澄撰。亡。）
《秦承祖药方》四十卷（见三卷。梁有《阳眄药方》二十八卷，《夏侯氏药方》七卷，《王季琰药方》一卷，《徐叔向杂疗方》二十二卷，《徐叔向杂病方》六卷，《李谙之药方》一卷，《徐文伯药方》二卷，亡。）
《胡洽百病方》二卷（梁有《治卒病方》一卷；《徐奘要方》一卷，无锡令徐奘撰；《辽东备急方》三卷，都尉臣广上；《殷荆州要方》一卷，殷仲堪撰。亡。）
《俞氏疗小儿方》四卷（梁有《范氏疗妇人药方》十一卷，《徐叔向疗少小百病杂方》三十七卷，《疗少小杂方》二十卷，《疗少小杂方》二十九卷，《范氏疗小儿药方》一卷，《王末疗小儿杂方》十七卷，亡。）

《徐嗣伯落年方》三卷（梁有《徐叔向疗脚弱杂方》八卷，《徐文伯辨脚弱方》一卷，《甘浚之疗痈疽金创要方》十四卷，《甘浚之疗痈疽毒惋杂病方》三卷，《甘伯齐疗痈疽金创方》十五卷。亡。）

《陶氏效验方》六卷（梁五卷。梁又有《疗目方》五卷，《甘浚之疗耳眼方》十四卷，《神枕方》一卷，《杂戎狄方》一卷，宋武帝撰；《摩诃出胡国方》十卷，摩诃胡沙门撰；又《范晔上香方》一卷，《杂香膏方》一卷。亡。）

《彭祖养性经》一卷

《养生要集》十卷（张湛撰。）

《玉房秘决》十卷

《墨子枕内五行纪要》一卷（梁有《神枕方》一卷，疑此即是。）

《如意方》十卷

《练化术》一卷

《神仙服食经》十卷

《杂仙饵方》八卷

《服食诸杂方》二卷（梁有《仙人水玉酒经》一卷。）

《老子禁食经》一卷

《崔氏食经》四卷

《食经》十四卷（梁有《食经》二卷，又《食经》十九卷；《刘休食方》一卷，齐冠军将军刘休撰。亡。）

《食馔次第法》一卷（梁有《黄帝杂饮食忌》二卷。）

《四时御食经》一卷（梁有《太官食经》五卷，又《太官食法》二十卷，《食法杂酒食要方白酒》并《作物法》十二卷，《家政方》十二卷，《食图》、《四时酒要方》、《白酒方》、《七日面酒法》、《杂酒酿要法》、《杂藏酿法》、《杂酒食要法》、《酒》并《饮食方》、《鲊及铛蟹方》、《羹臛法》、《俎腠胊法》、《北方生酱法》各一卷，亡。）

《疗马方》一卷（梁有《伯乐疗马经》一卷，疑与此同。）

《黄帝素问》八卷（全元起注。）

《脉经》二卷（徐氏撰。）

《华佗观形察色并三部脉经》一卷

《脉经决》二卷（徐氏新撰。）

《脉经钞》二卷（许建吴撰。）

《黄帝素问女胎》一卷

《三部四时五藏辨诊色决事脉》一卷

《脉经略》一卷

《辨病形证》七卷

《五藏决》一卷

《论病源候论》五卷（目一卷，吴景贤撰。）

《服石论》一卷

《痈疽论方》一卷

《五藏论》五卷

《疟论并方》一卷

《神农本草经》三卷

《本草经》四卷（蔡英撰。）

《药目要用》二卷

《本草经略》一卷

《本草》二卷（徐太山撰。）

《本草经类用》三卷

《本草音义》三卷（姚最撰。）

《本草音义》七卷（甄立言撰。）

《本草集录》二卷

《本草钞》四卷

《本草杂要决》一卷

《本草要方》三卷（甘浚之撰。）

《依本草录药性》三卷（录一卷。）

《灵秀本草图》六卷（原平仲撰。）

《芝草图》一卷

《入林采药法》二卷

《太常采药时月》一卷

《四时采药及合目录》四卷

《药录》二卷（李密撰。）

《诸药异名》八卷（沙门行矩撰。本十卷，今阙。）

《诸药要性》二卷

《种植药法》一卷

《种神芝》一卷

《药方》二卷（徐文伯撰。）

《解散经论并增损寒食节度》一卷

《张仲景疗妇人方》二卷

《徐氏杂方》一卷

《少小方》一卷

《疗小儿丹法》一卷

《徐太山试验方》二卷

《徐文伯疗妇人瘕》一卷

《徐太山巾箱中方》三卷

《药方》五卷（徐嗣伯撰。）

《堕年方》二卷（徐太山撰。）

《效验方》三卷（徐氏撰。）

《杂要方》一卷

《玉函煎方》五卷（葛洪撰。）

《小品方》十二卷（陈延之撰。）

《千金方》三卷（范世英撰。）

《徐王方》五卷

《徐王八世家传效验方》十卷

《徐氏家传秘方》二卷

《药方》五十七卷（后魏李思祖撰。本百一十卷。）

《禀丘公论》一卷

《太一护命石寒食散》二卷（宋尚撰。）

《皇甫士安依诸方撰》一卷

《序服石方》一卷

《服玉方法》一卷

《刘涓子鬼遗方》十卷（龚庆宣撰。）

《疗痈经》一卷

《疗三十六瘘方》一卷

《王世荣单方》一卷

《集验方》十卷（姚僧垣撰。）

《集验方》十二卷

《备急单要方》三卷（许澄撰。）

《药方》二十一卷（徐辨卿撰。）

《名医集验方》六卷

《名医别录》三卷（陶氏撰。）
《删繁方》十三卷（谢士泰撰。）
《吴山居方》三卷
《新撰药方》五卷
《疗痈疽诸疮方》二卷（秦政应撰。）
《单复要验方》二卷（释莫满撰。）
《释道洪方》一卷
《小儿经》一卷
《散方》二卷
《杂散方》八卷
《疗百病杂丸方》三卷（释昙鸾撰。）
《疗百病散》三卷
《杂汤方》十卷（成毅撰。）
《杂疗方》十三卷
《杂药酒方》十五卷
《赵婆疗漯方》一卷
《议论备豫方》一卷（于法开撰。）
《扁鹊陷冰丸方》一卷
《扁鹊肘后方》三卷
《疗消渴众方》一卷（谢南郡撰。）
《论气治疗方》一卷（释昙鸾撰。）
《梁武帝所服杂药方》一卷
《大略丸》五卷
《灵寿杂方》二卷
《经心录方》八卷（宋侠撰。）
《黄帝养胎经》一卷
《疗妇人产后杂方》三卷
《黄帝明堂偃人图》十二卷
《黄帝针灸虾蟆忌》一卷
《明堂虾蟆图》一卷
《针灸图要决》一卷
《针灸图经》十一卷（本十八卷。）
《十二人图》一卷
《针灸经》一卷
《扁鹊偃侧针灸图》三卷
《流注针经》一卷
《曹氏灸经》一卷
《偃侧人经》二卷（秦承祖撰。）
《华佗枕中灸刺经》一卷
《谢氏针经》一卷
《殷元针经》一卷
《要用孔穴》一卷
《九部针经》一卷
《释僧匡针灸经》一卷
《三奇六仪针要经》一卷
《黄帝十二经脉明堂五藏人图》一卷
《老子石室兰台中治癫符》一卷
《龙树菩萨药方》四卷
《西域诸仙所说药方》二十三卷（目一卷。本二十五卷。）
《香山仙人药方》十卷

《西域波罗仙人方》三卷
《西域名医所集要方》四卷（本十二卷。）
《婆罗门诸仙药方》二十卷
《婆罗门药方》五卷
《耆婆所述仙人命论方》二卷（目一卷。本三卷。）
《乾陀利治鬼经》十卷
《新录乾陀利治鬼方》四卷（本五卷，阙。）
《伯乐治马杂病经》一卷
《治马经》三卷（俞极撰，亡。）
《治马经》四卷
《治马经目》一卷
《治马经图》二卷
《马经孔穴图》一卷
《杂撰马经》一卷
《治马牛驼骡等经》三卷（目一卷。）
《香方》一卷（宋明帝撰。）
《杂香方》五卷
《龙树菩萨和香法》二卷
《食经》三卷（马琬撰。）
《会稽郡造海味法》一卷
《论服饵》一卷
《淮南王食经》并目百六十五卷（大业中撰。）
《膳羞养疗》二十卷
《金匮录》二十三卷（目一卷。京里先生撰。）
《练化杂术》一卷（陶隐居撰。）
《玉衡隐书》七十卷（目一卷。周弘让撰。）
《太清诸丹集要》四卷（陶隐居撰。）
《杂神丹方》九卷
《合丹大师口诀》一卷
《合丹节度》四卷（陶隐居撰。）
《合丹要略序》一卷（孙文韬撰。）
《仙人金银经并长生方》一卷
《狐刚子万金决》二卷（葛仙公撰。）
《杂仙方》一卷
《神仙服食经》十卷
《神仙服食神秘方》二卷
《神仙服食药方》十卷（抱朴子撰。）
《神仙饵金丹沙秘方》一卷
《卫叔卿服食杂方》一卷
《金丹药方》四卷
《杂神仙丹经》十卷
《杂神仙黄白法》十二卷
《神仙杂方》十五卷
《神仙服食杂方》十卷
《神仙服食方》五卷
《服食诸杂方》二卷
《服饵方》三卷（陶隐居撰。）
《真人九丹经》一卷
《太极真人九转还丹经》一卷
《练宝法》二十五卷（目三卷。本四十卷，阙。）

《太清璇玑文》七卷（冲和子撰。）
《陵阳子说黄金秘法》一卷
《神方》二卷
《狐子杂决》三卷
《太山八景神丹经》一卷
《太清神丹中经》一卷
《养生注》十一卷（目一卷。）
《养生术》一卷（翟平撰。）
《龙树菩萨养性方》一卷
《引气图》一卷
《道引图》三卷（立一，坐一，卧一。）
《养身经》一卷
《养生要术》一卷
《养生服食禁忌》一卷
《养生传》二卷
《帝王养生要方》二卷（萧吉撰。）
《素女秘道经》一卷（并《玄女经》。）
《素女方》一卷
《彭祖养性》一卷
《郯子说阴阳经》一卷
《序房内秘术》一卷（葛氏撰。）
《玉房秘决》八卷
《徐太山房内秘要》一卷
《新撰玉房秘决》九卷
《四海类聚方》二千六百卷
《四海类聚单要方》三百卷

右二百五十六部，合四千五百一十卷。

医方者，所以除疾疢，保性命之术者也。天有阴阳风雨晦明之气，人有喜怒哀乐好恶之情。节而行之，则和平调理，专壹其情，则溺而生疢。是以圣人原血脉之本，因针石之用，假药物之滋，调中养气，通滞解结，而反之于素。其善者，则原脉以知政，推疾以及国。《周官》：医师之职"掌聚诸药物，凡有疾者治之"，是其事也。鄙者为之，则反本伤性。故曰："有疾不治，恒得中医。"

凡诸子，合八百五十三部，六千四百三十七卷。

《易》曰："天下同归而殊涂，一致而百虑。"儒、道、小说，圣人之教也，而有所偏。兵及医方，圣人之政也，所施各异。世之治也，列在众职，下至衰乱，官失其守。或以其业游说诸侯，各崇所习，分镳并骛。若使总而不遗，折之中道，亦可以兴化致治者矣。《汉书》有《诸子》、《兵书》、《数术》、《方伎》之略，今合而叙之，为十四种，谓之子部。

卷三十五　　志第三十

经籍四 集 道经 佛经

《楚辞》十二卷（并目录。后汉校书郎王逸注。）
《楚辞》三卷（郭璞注。梁有《楚辞》十一卷，宋何偃删王逸注，亡。）
《楚辞九悼》一卷（杨穆撰。）
《参解楚辞》七卷（皇甫遵训撰。）
《楚辞音》一卷（徐邈撰。）
《楚辞音》一卷（宋处士诸葛氏撰。）
《楚辞音》一卷（孟奥撰。）
《楚辞音》一卷
《楚辞音》一卷（释道骞撰。）
《离骚草木疏》二卷（刘杳撰。）

右十部，二十九卷。（通计亡书，十一部，四十卷。）

《楚辞》者，屈原之所作也。自周室衰乱，诗人寝息，谄佞之道兴，讽刺之辞废。楚有贤臣屈原，被谗放逐，乃著《离骚》八篇，言己离别愁思，申杼其心，自明无罪，因以讽谏，冀君觉悟，卒不省察，遂赴汨罗死焉。弟子宋玉，痛惜其师，伤而和之。其后，贾谊、东方朔、刘向、扬雄，嘉其文彩，拟之而作。盖以原楚人也，谓之"楚辞"。然其气质高丽，雅致清远，后之文人，咸不能逮。始汉武帝命淮南王为之章句，且受诏，食时而奏之，其书今亡。后汉校书郎王逸，集屈原已下，迄于刘向，逸又自为一篇，并叙而注之，今行于世。隋时有释道骞，善读之，能为楚声，音韵清切，至今传《楚辞》者，皆祖骞公之音。

楚兰陵令《荀况集》一卷（残缺。梁二卷。）
楚大夫《宋玉集》三卷
《汉武帝集》一卷（梁二卷。）
《汉淮南王集》一卷（梁二卷。又有《贾谊集》四卷，《晁错集》三卷，汉弘农都尉《枚乘集》二卷，录各一卷，亡。）
汉中书令《司马迁集》一卷
汉太中大夫《东方朔集》二卷（梁有汉光禄大夫《吾丘寿王集》二卷，亡。）
汉孝文园令《司马相如集》一卷
汉胶西相《董仲舒集》一卷（梁二卷。又有汉太常《孔臧集》二卷，亡。）
汉骑都尉《李陵集》二卷（梁有汉丞相《魏相集》二卷，录一卷；左冯翊《张敞集》一卷，录一卷。亡。）
汉谏议大夫《王褒集》五卷
汉谏议大夫《刘向集》六卷（梁有汉射声校尉《陈汤集》二卷，丞相《韦玄成集》二卷，亡。）
汉谏议大夫《谷永集》二卷（梁有凉州刺史《杜邺集》二卷，骑都尉《李寻集》二卷，亡。）
汉司空《师丹集》一卷（梁三卷，录一卷。

汉光禄大夫《息夫躬集》一卷
汉太中大夫《扬雄集》五卷
汉太中大夫《刘歆集》五卷
汉成帝《班婕妤集》一卷（梁有《班昭集》三卷，王莽建新大尹《崔篆集》一卷，保成师友《唐林集》一卷，中谒者《史岑集》二卷，后汉《东平王苍集》五卷，《桓谭集》五卷，亡。）
后汉司隶从事《冯衍集》五卷
后汉徐令《班彪集》二卷（梁五卷。又有司徒掾《陈元集》一卷，《王隆集》二卷，云阳令《朱勃集》二卷，后汉处士《梁鸿集》二卷，亡。）
后汉车骑从事《杜笃集》一卷
后汉车骑司马《傅毅集》二卷（梁五卷。）
后汉大将军护军司马《班固集》十七卷（梁有魏郡太守《黄香集》二卷，亡。）
后汉长岑长《崔骃集》十卷
后汉侍中《贾逵集》一卷（梁二卷。）
后汉校书郎《刘騊駼集》一卷（梁二卷，录一卷。又有乐安相《李尤集》五卷，大鸿胪《窦章集》二卷，亡。）
后汉济北相《崔瑗集》六卷（梁五卷。）
后汉《刘珍集》二卷（录一卷。）
后汉河间相《张衡集》十一卷（梁十二卷，又一本十四卷。又有郎中《苏顺集》二卷，录二卷；后汉太傅《胡广集》二卷，录一卷。亡。）
后汉黄门郎《葛龚集》六卷（梁五卷，一本七卷。）
后汉司空《李固集》十二卷（梁十卷。）
后汉南郡太守《马融集》九卷（梁有外黄令《高彪集》二卷，录一卷；《王逸集》二卷，录一卷；司徒掾《桓麟集》二卷，录一卷。亡。）
后汉徵士《崔琦集》一卷（梁二卷。又有《郦炎集》二卷，录二卷；陈相《边韶集》一卷，录一卷，益州刺史《朱穆集》二卷，录一卷。亡。）
后汉京兆尹《延笃集》一卷（梁二卷，录一卷。又有司农卿《皇甫规集》五卷，太常卿《张奂集》二卷，录一卷；《王延寿集》三卷；五原太守《崔寔集》二卷，录一卷；上计《赵壹集》二卷，录一卷。亡。）
后汉谏议大夫《刘陶集》三卷（梁二卷，录一卷。又有外黄令《张升集》二卷，录一卷；《侯瑾集》二卷，《卢植集》二卷，议郎《廉品集》二卷。亡。）
后汉司空《荀爽集》一卷（梁三卷，录一卷。）
后汉野王令《刘梁集》三卷（梁二卷，录一卷。又有《郑玄集》二卷，录一卷，亡。）
后汉左中郎将《蔡邕集》十二卷（梁有二十卷，录一卷。又有尚书令《士孙瑞集》二卷，亡。）
后汉太山太守《应劭集》二卷（梁四卷。又有别部司马《张超集》五卷，亡。）
后汉少府《孔融集》九卷（梁十卷，录一卷。）
后汉侍御史《虞翻集》二卷（梁三卷，录一卷。）
后汉讨房长史《张纮集》一卷（梁二卷，录一卷。梁有后汉处士《祢衡集》二卷，亡。）
后汉尚书右丞《潘勖集》二卷（梁有录一卷，亡。）
后汉丞相仓曹属《阮瑀集》五卷（梁有录一卷，亡。）
魏太子文学《徐干集》五卷（梁有录一卷，亡。）

魏太子文学《应玚集》一卷（梁有五卷，录一卷，亡。）
后汉丞相军谋掾《陈琳集》三卷（梁十卷，录一卷。）
魏太子文学《刘桢集》四卷（录一卷。）
后汉丞相主簿《繁钦集》十卷（梁录一卷，亡。）
后汉丞相主簿《杨修集》一卷（梁二卷，录一卷。）
后汉侍中《王粲集》十一卷（梁有魏国郎中令《路粹集》二卷，录一卷，行御史大夫《袁涣集》五卷，录一卷；魏国奉常《王修集》二卷。亡。）
后汉尚书《丁仪集》一卷（梁二卷，录一卷。）
后汉黄门郎《丁廙集》一卷（梁二卷，录一卷。梁又有妇人后汉黄门郎秦嘉妻《徐淑集》一卷，后汉董祀妻《蔡文姬集》一卷，傅石甫妻《孔氏集》一卷，亡。）
《魏武帝集》二十六卷（梁三十卷，录一卷。梁又有《武皇帝逸集》十卷。亡。）
《魏武帝集新撰》十卷
《魏文帝集》十卷（梁二十三卷。）
《魏明帝集》七卷（梁五卷，或九卷，录一卷。梁又有《高贵乡公集》四卷，亡。）
魏《陈思王曹植集》三十卷（梁又有司徒《华歆集》二卷，亡。）
魏司徒《王朗集》三十四卷（梁三十卷。司空《陈群集》五卷，亡。）
魏给事中《邯郸淳集》二卷（梁有录一卷。又有《刘廙集》二卷，侍中《吴质集》五卷，新城太守《孟达集》三卷，魏徵士《管宁集》三卷，录一卷，亡。）
魏光禄勋《高堂隆集》六卷（梁十卷，录一卷。又有光禄勋《刘邵集》二卷，亡。）
魏散骑常侍《缪袭集》五卷（梁有录一卷。又有散骑常侍《王象集》一卷；光禄大夫《韦诞集》三卷，录一卷，散骑常侍《廉元集》五卷；游击将军《卞兰集》二卷，录一卷；隰阳侯《李康集》一卷，陈郡太守《孙该集》二卷，录一卷；尚书《傅巽集》二卷，录一卷。亡。）
魏章武太守《殷褒集》一卷（梁二卷。）
魏司空《王昶集》五卷（梁有录一卷。）
魏卫将军《王肃集》五卷（梁有录一卷。又有《桓范集》二卷，中领军《曹羲集》五卷，录一卷，亡。）
魏尚书《何晏集》十一卷（梁十卷，录一卷。）
魏卫尉卿《应璩集》十卷（梁有录一卷。又有《王弼集》五卷，录一卷；中书令《刘阶集》二卷；太常卿《傅嘏集》二卷，录一卷，乐安太守《夏侯惠集》二卷，录一卷。亡。）
魏校书郎《杜挚集》二卷（梁有《毌丘俭集》二卷，录一卷；征东军司马《江奉集》二卷。亡。）
魏太常《夏侯玄集》三卷（梁有车骑将军《钟毓集》五卷，录一卷，亡。）
魏步兵校尉《阮籍集》十卷（梁十三卷，录一卷。）
魏中散大夫《嵇康集》十三卷（梁十五卷，录一卷。又有魏徵士《吕安集》二卷，录一卷，亡。）
魏司徒《钟会集》九卷（梁十卷，录一卷。）
魏汝南太守《程晓集》二卷（梁录一卷。）
蜀丞相《诸葛亮集》二十五卷（梁二十四卷。又有蜀司徒《许靖集》二卷，录一卷；征北将军《夏侯霸集》二卷。亡。）
吴辅义中郎将《张温集》六卷（梁有《士燮集》五卷，亡。）
吴偏将军《骆统集》十卷（梁有录一卷。又有太子少傅《薛综集》三卷，录一卷，亡。）

吴选曹尚书《暨艳集》二卷（梁三卷，录一卷。又有《姚信集》二卷，录一卷；《谢承集》四卷。今亡。）

吴人《杨厚集》二卷（梁又有录一卷。）

吴丞相《陆凯集》五卷（梁有录一卷。）

吴侍中《胡综集》二卷（梁有录一卷。又有东观令《华核集》五卷，录一卷，亡。）

吴侍中《张俨集》一卷（梁二卷，录一卷。又有《韦昭集》二卷，录一卷，亡。）

吴中书令《纪骘集》三卷（梁有录一卷。又有《陆景集》一卷，亡。）

《晋宣帝集》五卷（梁有录一卷。）

《晋文帝集》三卷

《齐王攸集》二卷（梁三卷。）

晋《王沈集》五卷（梁有《郑袤集》二卷，亡。）

晋宗正《嵇喜集》一卷（残缺。梁二卷，录一卷。）

晋散骑常侍《应贞集》一卷（梁五卷。）

晋司隶校尉《傅玄集》十五卷（梁五十卷，录一卷，亡。）

晋著作郎《成公绥集》九卷（残缺。梁十卷。又有《裴秀集》三卷，录一卷，亡。）

晋金紫光禄大夫《何桢集》一卷（梁五卷。又有《袁准集》二卷，录一卷，亡。）

晋少傅《山涛集》九卷（梁五卷，录一卷，又一本十卷。齐奉朝请裴津注。又梁有《向秀集》二卷，录一卷，平原太守《阮种集》二卷，录一卷；《阮侃集》五卷，亡。）

晋太傅《羊祜集》一卷（残缺。梁二卷，录一卷。又有《蔡玄通集》五卷，太宰《贾充集》五卷；《荀勖集》三卷，录一卷，亡。）

晋征南将军《杜预集》十八卷

晋辅国将军《王浚集》一卷（残缺。梁二卷，录一卷。）

晋征士《皇甫谧集》二卷（录一卷。）

晋侍中《程咸集》三卷（梁有光禄大夫《刘毅集》二卷，录一卷；晋侍中《庾峻集》二卷，录一卷。亡。）

晋巴西太守《却正集》一卷

晋散骑常侍《薛莹集》三卷（梁又有散骑常侍《陶浚集》二卷，录一卷，亡。）

晋通事郎《江伟集》六卷（梁有《宣舒集》五卷；散骑常侍《曹志集》二卷，录一卷，《邹湛集》三卷，录一卷，亡。）

晋汝南太守《孙毓集》六卷

晋处士《杨泉集》二卷（录一卷。梁有司徒《王浑集》五卷，冀州刺史《王深集》五卷，亡。）

晋徵士《闵鸿集》三卷（梁有光禄大夫《裴楷集》二卷，录一卷。亡。）

晋司空《张华集》十卷（梁十卷。）

晋尚书仆射《裴頠集》九卷（梁有太子中庶子《许孟集》三卷，录一卷；太宰《何劭集》二卷，录一卷；光禄大夫《刘颂集》三卷，录一卷；《刘寔集》二卷，录一卷，亡。）

晋散骑常侍《王佑集》三卷（录一卷。梁有晋骠骑将军《王济集》二卷，亡。）

《华峤集》八卷（梁二卷。）

晋秘书丞《司马彪集》四卷（梁三卷，录一卷。又有尚书《庾儵集》二卷，录一卷，国子祭酒《谢衡集》二卷。亡。）

晋汉中太守《李虔集》一卷（梁二卷，录一卷。）

晋司隶校尉《傅咸集》十七卷（梁三十卷，录一卷。又有太子中庶子《枣据集》二卷，录一卷；《刘宝集》三卷，亡。）

晋冯翊太守《孙楚集》六卷（梁十二卷，录一卷。）

晋散骑常侍《夏侯湛集》十卷（梁有录一卷。又有弋阳太守《夏侯淳集》二卷，散骑侍郎《王赞集》五卷，亡。）

晋卫尉卿《石崇集》六卷（梁有录一卷。）

晋尚书郎《张敏集》二卷（梁五卷。又有黄门郎《伏伟集》一卷，亡。）

晋黄门郎《潘岳集》十卷

晋太常卿《潘尼集》十卷

晋顿丘太守《欧阳建集》二卷（梁有宗正《刘许集》二卷，录一卷；散骑常侍《李重集》二卷，光禄大夫《乐广集》二卷，录一卷；《阮浑集》三卷，亡。）

晋侍中《嵇绍集》二卷（录一卷。梁有钱唐令《杨建集》九卷，长沙相《盛彦集》五卷，左长史《杨乂集》三卷，录一卷，亡。）

晋尚书《卢播集》一卷（梁二卷，录一卷。又有《栾肇集》五卷，录一卷；南中郎长史《应亨集》二卷。亡。）

晋国子祭酒《杜育集》二卷

晋太常卿《挚虞集》九卷（梁十卷，录一卷。又秘书监《缪微集》二卷，录一卷，亡。）

晋齐王府记室《左思集》二卷（梁有五卷，录一卷。又有晋豫章太守《夏靖集》二卷，录一卷；吴王文学《郑丰集》二卷，录一卷；大司马东曹掾《张翰集》二卷，录一卷，清河王文学《陈略集》二卷，录一卷；扬州从事《陆冲集》二卷，录一卷，亡。）

晋平原内史《陆机集》十四卷（梁四十七卷，录一卷，亡。）

晋清河太守《陆云集》十二卷（梁十卷。又有少府丞《孙极集》二卷，录一卷，亡。）

晋中书郎《张载集》七卷（梁一本二卷，录一卷。）

晋黄门郎《张协集》三卷（梁四卷。）

晋著作郎《束晳集》七卷（梁五卷，录一卷。又有征南司马《曹摅集》三卷，录一卷，散骑常侍《江统集》十卷，录一卷，著作郎《胡济集》五卷。亡。）

晋中书令《卞粹集》一卷（梁五卷。又有光禄勋《闾丘冲集》二卷，录一卷，亡。）

晋太傅从事中郎《庾敳集》一卷（梁五卷，录一卷。又有太子中舍人《阮瞻集》二卷，录一卷；太子洗马《阮修集》二卷，录一卷；广威将军《裴邈集》二卷，录一卷。亡。）

晋太傅主簿《郭象集》二卷（梁五卷，录一卷。又有广州刺史《嵇含集》十卷，录一卷，亡。）

晋安丰太守《孙惠集》八卷（梁十一卷，录一卷。又有松滋令《蔡洪集》二卷，录一卷，亡。）

晋平北将军《牵秀集》四卷（梁三卷，录一卷。又有车骑从事中郎《蔡克集》二卷，录一卷；游击将军《索靖集》三卷；陇西太守《阎纂集》二卷，录一卷；秦州刺史《张辅集》二卷，录一卷；交趾太守《殷巨集》二卷，录一卷；太子洗马《陶佐集》五卷，录一卷；东晋鄱阳太守《虞溥集》二卷，录一卷；益阳令《吴商集》五卷；《仲长敖集》二卷；晋太常卿《刘弘集》三卷，录一卷；开府《山简集》二卷，录一卷；兖州刺史《宗岱集》二卷；侍中《王峻集》二卷，录一卷；济阳内史《王旷集》五卷，录一卷。亡。）

晋散骑常侍《枣嵩集》一卷（梁二卷，录一卷。又有襄阳太守《枣腆集》二卷，录一卷，亡。）

晋太尉《刘琨集》九卷（梁十卷。）

《刘琨别集》十二卷

晋司空从事中郎《卢谌集》十卷（梁有录一卷。）

晋秘书丞《傅畅集》五卷（梁有录一卷。又有《晋明帝集》五卷，录一卷；《简文帝集》五卷，录一卷；《孝武帝集》二卷，录一卷；《彭城王纮集》二卷，《谯烈王集》九卷，录一卷。亡。）

晋会稽王《司马道子集》八卷（梁九卷。又有镇东从事中郎《傅毅集》五卷，亡。）

晋衡阳内史《曾瑰集》三卷（梁四卷，录一卷。又有骠骑将军《顾荣集》五卷，录一卷，亡。）

晋司空《贺循集》十八卷（梁二十卷，录一卷。又有散骑常侍《张亢集》二卷，录一卷；车骑长史《贾彬集》三卷，录一卷。亡。）

晋光禄大夫《卫展集》十二卷（梁十五卷。又有东晋太尉《荀组集》三卷，录一卷，亡。）

晋秘书郎《张委集》九卷（梁五卷。又有关内侯《傅珉集》一卷，光禄大夫《周顗集》二卷，录一卷。亡。）

晋太常《谢鲲集》六卷（梁二卷。）

晋骠骑将军《王廙集》十卷（梁三十四卷，录一卷。又有《华谭集》二卷；亡。）

晋御史中丞《熊远集》十二卷（梁五卷，录一卷。又有湘州秀才《谷俭集》一卷；大鸿胪《周嵩集》三卷，录一卷。亡。）

晋弘农太守《郭璞集》十七卷（梁十卷，录一卷。）

晋《张骏集》八卷（残缺。）

晋大将军《王敦集》十卷（梁有吴兴太守《沈充集》三卷；散骑常侍《傅纯集》二卷，录一卷。亡。）

晋光禄大夫《梅陶集》九卷（梁二十卷，录一卷。又有金紫光禄大夫《荀邃集》二卷，录一卷，亡。）

晋散骑常侍《王鉴集》九卷（梁五卷。又有晋著作佐郎《王涛集》五卷；廷尉卿《阮放集》十卷，录一卷；宗正卿《张俊集》五卷，录一卷；汝南太守《应硕集》二卷，金紫光禄大夫《张闿集》二卷，录一卷；扬州从事《陆沈集》二卷，录一卷；骠骑将军《卞壶集》二卷，录一卷，光禄勋《钟雅集》一卷，卫尉卿《刘超集》二卷；卫将军《戴邈集》五卷，录一卷；光禄大夫《荀崧集》一卷，亡。）

晋大将军《温峤集》十卷（梁录一卷。）

晋侍中《孔坦集》十七卷（梁五卷，录一卷。又有《臧冲集》一卷，晋镇南大将军《应詹集》五卷，亡。）

晋太仆卿《王峤集》八卷（梁有卫尉《荀阎集》一卷，镇北将军《刘隗集》二卷；大司马《陶侃集》二卷，录一卷。亡。）

晋丞相《王导集》十一卷（梁十卷。录一卷。）

晋太尉《郗鉴集》十卷（录一卷。）

晋太尉《庾亮集》二十一卷（梁二十卷。又有《虞预集》十卷，录一卷；平越司马《黄整集》十卷。亡。）

晋护军长史《庾怿集》十三卷（梁十卷，录一卷。）

晋司空《庾冰集》七卷（梁二十卷，录一卷。）

晋给事中《庾阐集》九卷（梁十卷。）

晋著作郎《王隐集》十卷（梁二十卷。）

晋散骑常侍《干宝集》四卷（梁五卷。）

晋太常卿《殷融集》十卷（梁有卫尉《张虞集》十卷，光禄大夫《诸葛恢集》五卷，录一卷。亡。）

晋车骑将军《庾翼集》二十二卷（梁二十卷，录一卷。）

晋司空《何充集》四卷（梁五卷。又有御史中丞《郝默集》五卷，征西谘议《甄述集》十二卷，武昌太守《徐彦则集》十卷，亡。）

晋散骑常侍《王愆期集》七卷（梁十卷，录一卷。又有司徒左长史《王濛集》五卷；丹阳尹《刘惔集》二卷，录一卷；益州刺史《袁乔集》七卷。亡。）

晋尚书令《顾和集》五卷（梁有录一卷。又有尚书仆射《刘遐集》五卷，徵士《江惇集》三卷，录一卷；魏兴太守《荀述集》一卷；平南将军《贺翘集》五卷，《李轨集》八卷。亡。）

晋《李充集》二十二卷（梁十五卷，录一卷。）

晋司徒《蔡谟集》十七卷（梁四十三卷。）

晋扬州刺史《殷浩集》四卷（梁五卷，录一卷。又有吴兴孝廉《钮滔集》五卷，录一卷；宣城内史《刘系之集》五卷，录一卷。亡。）

《庾赤玉集》四卷

晋寻阳太守《庾统集》八卷（梁有骠骑司马《王修集》二卷，录一卷，卫将军《谢尚集》十卷，青州刺史《王浃集》二卷。亡。）

晋西中郎将《王胡之集》十卷（梁五卷，录一卷。）

晋中书令《王洽集》五卷（录一卷。梁有宜春令《范保集》七卷，徵士《范宣集》十卷，录一卷；建安太守《丁纂集》四卷，录一卷。亡。）

晋金紫光禄大夫《王羲之集》九卷（梁十卷，录一卷。）

晋散骑常侍《谢万集》十六卷（梁十卷。）

晋司徒长史《张凭集》五卷（梁有录一卷。梁有高凉太守《杨方集》二卷，亡。）

晋徵士《许询集》三卷（梁八卷，录一卷。）

晋征西将军《张望集》十卷（梁十二卷，录一卷。）

晋余姚令《孙统集》二卷（梁九卷，录一卷。又有晋陵令《戴元集》三卷，录一卷。亡。）

晋卫尉卿《孙绰集》十五卷（梁二十五卷。）

晋太常《江逌集》九卷（梁有《谢沈集》十卷，亡。）

晋《李颙集》十卷（录一卷。）

晋光禄勋《曹毗集》十卷（梁十五卷，录一卷。又有郡主簿《王篯集》五卷，亡。）

晋沙门《支遁集》八卷（梁十三卷。又有《刘彧集》十六卷，亡。）

张重华酒泉太守《谢艾集》七卷（梁八卷。又有抚军长史《蔡系集》二卷；护军将军《江彪集》五卷，录一卷。亡。）

晋《范汪集》一卷（梁十卷。）

晋尚书仆射《王述集》八卷（梁又有《王度集》五卷，录一卷；中领军《庾龢集》二卷，录一卷，将作大匠《喻希集》一卷，吴兴太守《孔严集》五卷，录一卷。亡。）

晋大司马《桓温集》十一卷（梁有四十三卷。又有《桓温要集》二十卷，录一卷，豫章太守《车灌集》五卷，录一卷。亡。）

晋尚书仆射《王坦之集》七卷（梁五卷，录一卷，亡。）

晋左光禄《王彪之集》二十卷（梁有录一卷。）

晋中书郎《郗超集》九卷（梁十卷。又有南中郎《桓嗣集》五卷，平固令《邵毅集》五卷，录一卷；太学博士《滕辅集》五卷，录一卷。亡。）

晋苻坚丞相《王猛集》九卷（录一卷。梁有《顾夷集》五卷，散骑常侍《郑袭集》四卷，抚军掾《刘畅集》一卷，亡。）

晋太常卿《韩康伯集》十六卷（梁有黄门郎《范启集》四卷；豫章太守《王恪集》十卷；零陵太守《陶混集》七卷，海盐令《祖抚集》三卷，吴兴太守《殷康集》五卷，录一卷。亡。）

晋太傅《谢安集》十卷（梁十卷，录一卷。又有中军参军《孙嗣集》三卷，录一卷，司徒左长史《刘袞集》三卷。亡。）

晋御史中丞《孔欣时集》八卷（梁七卷。）

晋《伏滔集》十一卷（并目录。梁五卷，录一卷。）

晋荥阳太守《习凿齿集》五卷

晋秘书监《孙盛集》五卷（残缺。梁十卷，录一卷。）

晋东阳太守《袁宏集》十五卷（梁二十卷，录一卷。又有晋黄门郎《顾淳集》一卷，寻阳太守《熊鸣鹄集》十卷，车骑司马《谢韶集》三卷，金紫光禄大夫《王献之集》十卷，录一卷，琅邪内史《袁质集》二卷，录一卷，太宰从事中郎《袁邵集》五卷，录一卷，车骑长史《谢朗集》六卷，录一卷，车骑将军《谢颉集》十卷，录一卷。亡。）

晋新安太守《郗愔集》四卷（残缺。梁五卷。又有吴郡功曹《陆法之集》十九卷，亡。）

晋太常卿《王珉集》十卷（梁六卷。）

晋中散大夫《罗含集》三卷（梁有太宰长史《庾蒨集》二卷，大司马参军《庾悠之集》三卷，司徒右长史《庾凯集》二卷，亡。）

晋国子博士《孙放集》一卷（残缺。梁十卷。）

晋湘东太守《庾肃之集》十卷（录一卷。梁有晋北中郎参军《苏彦集》十卷，太子左率《王肃之集》三卷，录一卷，黄门郎《王徽之集》八卷，微士《谢敷集》五卷，录一卷，太常卿《孔汪集》十卷，《陈统集》七卷，太常《王恺集》十五卷；右将军《王忱集》五卷，录一卷；太常《殷允集》十卷。亡。）

晋微士《戴逵集》九卷（残缺。梁十卷，录一卷。又有晋光禄大夫《孙厥集》十卷，尚书左丞《徐禅集》六卷，亡。）

晋太子前率《徐邈集》九卷（并目录。梁二十卷，录一卷。）

晋给事中《徐乾集》二十一卷（并目录。梁二十卷，录一卷。又有晋冠军将军《张玄之集》五卷，录一卷；员外常侍《荀世之集》八卷，《袁山松集》十卷，黄门郎《魏逖之集》五卷，骠骑参军《卞湛集》五卷，金紫光禄大夫《褚爽集》十六卷，录一卷。亡。）

晋豫章太守《范宁集》十六卷（梁有晋余杭令《范弘之集》六卷，亡。）

晋司徒《王绚集》十一卷（并目录。梁十卷，录一卷，亡。）

晋处士《薄萧之集》九卷（梁十卷。又有晋安北参军《薄要集》九卷，《薄邕集》七卷，延陵令《唐迈之集》十一卷，录一卷。亡。）

晋《孙恩集》五卷（梁有晋殿中将军《傅绰集》十五卷，骁骑将军《弘戎集》十六卷，御史中丞《魏叔齐集》十五卷，司徒右长史《刘宁之集》五卷。）

晋临海太守《辛德远集》五卷（梁四卷。又有晋车骑参军《何瑾之集》十一卷，太保《王恭集》五卷，录一卷；《殷觊集》十卷，录一卷。亡。）

晋荆州刺史《殷仲堪集》十二卷（并目录。梁十卷，亡。）

晋骠骑长史《谢景重集》一卷

晋《桓玄集》二十卷（梁有晋丹阳尹《卞范之集》五卷，录一卷；光禄勋《卞承之集》十卷，录一卷。亡。）

晋东阳太守《殷仲文集》七卷（梁五卷。）

晋司徒《王谧集》十卷（录一卷。梁有晋光禄大夫《伏系之集》十卷，录一卷，亡。）

晋右军参军《孔璠集》二卷

晋卫军谘议《湛方生集》十卷（录一卷。）

晋光禄大夫《祖台之集》十六卷（梁二十卷。）

晋通直常侍《顾恺之集》七卷（梁二十卷。）

晋太常卿《刘瑾集》九卷（梁五卷。）

晋左仆射《谢混集》三卷（梁五卷。）

晋秘书监《滕演集》十卷（录一卷。）

晋司徒长史《王诞集》二卷（梁有晋太尉咨议《刘简之集》十卷，亡。）

晋丹阳太守《袁豹集》八卷（梁十卷，录一卷。又有晋庐江太守《殷遵集》五卷，录一卷；兴平令《荀轨集》五卷。亡。）

晋西中郎长史《羊徽集》九卷（梁十卷，录一卷。）

晋国子博士《周祗集》十一卷（梁二十卷，录一卷。又有晋相国主簿《殷阐集》十卷，录一卷；太常《傅迪集》十卷。亡。）

晋始安太守《卞裕集》十三卷（梁十五卷。又有晋《韦公艺集》六卷，亡。）

晋《毛伯成集》一卷

晋沙门《支昙谛集》六卷

晋沙门《释惠远集》十二卷

晋姚苌沙门《释僧肇集》一卷

晋《王茂略集》四卷

晋《曹毗集》四卷

晋《宗钦集》二卷（梁有晋中军功曹《殷旷之集》五卷，太学博士《魏说集》十三卷，征西主簿《丘道护集》五卷，录一卷；柴桑令《刘遗民集》五卷，录一卷，《郭澄之集》十卷，微士《周续之集》一卷，《孔瞻集》九卷。亡。）

晋江州刺史王凝之妻《谢道韫集》二卷（梁有妇人司徒王浑妻《钟夫人集》五卷，《晋武帝左九嫔集》四卷，晋太宰贾充妻《李扶집》一卷，晋武平都尉陶融妻《陈窈集》一卷，晋都水使者妻《陈玢集》五卷，晋海西令刘臻妻《陈珍集》七卷，晋刘柔妻《王邵之集》十卷，晋散骑常侍傅优妻《辛萧集》一卷，晋松阳令钮滔母《孙琼集》二卷，晋成公道贤妻《庞馥集》一卷，晋宣城太守何殷妻《徐氏集》一卷。亡。）

《宋武帝集》十二卷（梁二十卷，录一卷。）

《宋文帝集》七卷（梁十卷，亡。）

《宋孝武帝集》二十五卷（梁三十一卷，录一卷。又有《宋废帝景和集》十卷，录一卷，《明帝集》三十三卷。亡。）

宋《长沙王道怜集》十卷（录一卷。梁有《宋临川王道规集》四卷，录一卷，亡。）

《宋临川王义庆集》八卷

《宋江夏王义恭集》十一卷（梁十五卷，录一卷。又有《江夏王集别本》十五卷；宋《衡阳王义季集》十卷，录一卷。亡。）

宋《南平王铄集》五卷（梁有宋《竟陵王诞集》二十卷，《建平王休度集》十卷，《新渝惠侯义宗集》十二卷，散骑常侍《祖柔之集》二十卷。亡。）

宋豫章太守《谢瞻集》三卷（梁有宋征虏将军《沈林子集》七卷，亡。）

宋太常卿《孔琳之集》九卷（并目录，梁十卷，录一卷。）

宋《王叔之集》七卷（梁十卷，录一卷。）

宋太中大夫《徐广集》十五卷（录一卷。）

宋秘书监《卢繁集》一卷（残缺。梁十卷，录一卷。）
宋侍中《孔宁子集》十一卷（并目录。梁十五卷，录一卷。）
宋建安太守《卞瑾集》十卷（梁十卷。）
宋太常卿《蔡廓集》九卷（并目录。梁十卷，录一卷。又有宋《王韶之集》二十四卷，亡。）
宋尚书令《傅亮集》三十一卷（梁二十卷，录一卷。又有宋征南长史《孙康集》十卷，左军长史《范述集》三卷，亡。）
宋太常卿《郑鲜之集》十三卷（梁二十卷，录一卷。）
宋徵士《陶潜集》九卷（梁五卷，录一卷。又有《张野集》十卷，宋零陵令《陶阶集》八卷，东莞太守《张元瑾集》八卷；光禄大夫《王昙首集》二卷，录一卷，亡。）
宋太常卿《范泰集》十九卷（梁二十卷，录一卷。）
宋中书郎《荀昶集》十四卷（梁十五卷，录一卷。又有《卞伯玉集》五卷，录一卷；中散大夫《羊欣集》七卷。亡。）
宋司徒《王弘集》一卷（梁二十卷，录一卷。又有宋金紫光禄大夫《沈演集》十卷，广平太守《范凯集》八卷，亡。）
宋沙门《释惠琳集》五卷（梁九卷，录一卷。又有宋《范晏集》十四卷，亡。）
宋司徒府参军《谢惠连集》六卷（梁五卷，录一卷。又有宋太常《谢弘微集》二卷，亡。）
宋临川内史《谢灵运集》十九卷（梁二十卷，录一卷。）
宋给事中《丘深之集》七卷（梁十五卷。又有义成太守《祖仚之集》五卷，荆州西曹《孙韶集》十卷，《殷淳集》二卷，扬州刺史《殷景仁集》九卷，国子博士《姚涛之集》二十卷，录一卷，《周祗集》十一卷。亡。）
《殷阐之集》一卷
宋徵士《宗景集》十六卷（梁十五卷。）
宋徵士《雷次宗集》十六卷（梁二十九卷，录一卷。）
宋奉朝请《伍缉之集》十二卷（梁有宋南蛮主簿《卫令元集》八卷、《范晔集》十五卷，录一卷，抚军谘议《范广集》一卷；右光禄大夫《王敬弘集》五卷，录一卷；《任豫集》六卷，亡。）
宋御史中丞《何承天集》二十卷（梁三十二卷，亡。）
宋太中大夫《裴松之集》十三卷（梁二十一卷。又有《王韶之集》十九卷，宋光禄大夫《江湛集》四卷，亡。）
宋太尉《袁淑集》十一卷（并目录。梁十卷，录一卷。）
宋秘书监《王微集》十卷（梁有录一卷。又有宋太子舍人《王僧谦集》二卷，金紫光禄大夫《王僧绰集》一卷，征北行参军《顾迈集》二十卷，鱼复令《陈超之集》十卷，平南将军《何长瑜集》八卷，亡。）
宋员外郎《荀雍集》二卷（梁四卷。又有宋国子博士《范演集》八卷，钱唐令《顾昱集》六卷，临成令《韩浚之集》八卷，南阳太守《沈亮之集》七卷，国子博士《孔欣集》九卷，临海令《江玄叔集》四卷，尚书郎《刘馥集》十一卷，太子中舍人《张演集》八卷，南昌令《蔡眅之集》三卷，太学博士《顾雅集》十三卷，巴东太守《孙仲之集》十一卷，太尉谘议参军《谢元集》一卷，南海太守《陆展集》九卷，棘阳令《山谦之集》十二卷，广州刺史《羊希集》九卷，员外常侍《周始之集》十一卷，主客郎《羊崇集》六卷，太子舍人《孔景亮集》三卷，亡。）
宋中书郎《袁伯文集》十一卷（并目录。梁有宋丞相谘议《蔡超集》七卷，亡。）
宋东中郎长史《孙缅集》八卷（并目录。梁十一卷。又有宋《贺道养集》十卷，太子洗马《谢登集》六卷，新安太守《张镜集》十卷；兼中书舍人《褚诠之集》八卷，录一卷。亡。）

宋特进《颜延之集》二十五卷（梁三十卷。又有《颜延之逸集》一卷，亡。）
宋东扬州刺史《颜竣集》十四卷（并目录。）
宋大司马录事《颜测集》十一卷（并目录。）
宋护军将军《王僧达集》十卷（梁有录一卷。又有国子博士《羊戎集》十卷，江宁令《苏宝生集》四卷，兖州别驾《范义集》十二卷，吴兴太守《刘瑀集》七卷，本郡孝廉《刘氏集》九卷，亡。）
宋会稽太守《张畅集》十二卷（残缺。梁十四卷，录一卷。又有宋司空《何尚之集》十卷，亡。）
宋吏部尚书《何偃集》十九卷（梁十六卷。又有庐江太守《周朗集》八卷，亡。）
宋侍中《沈怀文集》十二卷（残缺。梁十六卷。）
宋北中郎长史《江智深集》九卷（并目一卷。）
宋太子中庶子《殷琰集》七卷（梁又有宋武陵太守《袁顗集》八卷，《荀钦明集》六卷，安北参军《王询之集》五卷，越骑校尉《戴法兴集》四卷，亡。）
宋黄门郎《虞通之集》十五卷（梁二十卷。）
宋司徒左长史《沈勃集》十五卷（梁二十卷。）
宋金紫光禄大夫《谢庄集》十九卷（梁十五卷。又有宋金紫光禄大夫《谢协集》三卷，三巴校尉《张悦集》十一卷，扬州从事《贺颙集》十一卷，领军长史《孔迈集》八卷，抚军参军《贺弼集》十六卷，本州秀才《刘遂集》二卷，亡。）
宋《建平王景素集》十卷
宋征房记室参军《鲍照集》十卷（梁六卷。又有宋武康令《沈怀远集》十九卷，《裴驷集》六卷，删定郎《刘鲲集》五卷，宜都太守《费修集》十卷，亡。）
宋太中大夫《徐爰集》六卷（梁十卷。又有宋护军司马《孙勃集》六卷，右光禄大夫《张永集》十卷，阳羡令《赵绎集》十六卷，亡。）
宋《庾蔚之集》十六卷（梁二十卷。又有太子中舍人徵不就《王素集》十六卷，亡。）
宋豫章太守《刘愔集》八卷（梁十卷。又有宋起部《费镜运集》二十卷，光禄大夫《孙复集》十一卷，太尉从事中郎《蔡颐集》三卷，司空《刘勔集》二十卷，录一卷，青州刺史《明僧暠集》十卷，吴兴太守《萧惠开集》七卷，《沈宗之集》十卷，大司农《张辩集》十六卷，金紫光禄大夫《王瓒集》十五卷，录一卷，《郭坦之集》五卷，会稽主簿《辛湛之集》八卷，太子舍人《朱百年集》二卷，东海王常侍《鲍德远集》六卷，会稽郡丞《张缓集》六卷。亡。）
宋宁国令《刘荟集》七卷
宋江州从事《吴迈远集》一卷（残缺。梁八卷，亡。）
宋宛朐令《汤惠休集》三卷（梁四卷。又有南海太守《孙奉伯集》十卷，右将军《成元范集》十卷，奉朝请《虞喜集》十一卷，延陵令《唐思贤集》十五卷，《戴凯之集》六卷，亡。）
宋司徒《袁粲集》十一卷（并目录。梁九卷。又有妇人《牵氏集》一卷，宋后宫司仪《韩兰英集》四卷，亡。）
《齐文帝集》一卷（残缺。梁十一卷。又有齐《晋安王子懋集》四卷，录一卷；《随王子隆集》七卷，亡。）
齐《竟陵王子良集》四十卷（梁又有齐闻喜公《萧遥欣集》十一卷，领军谘议《刘祥集》十卷，亡。）
齐太宰《褚彦回集》十五卷（梁又有齐黄门侍郎《崔祖思集》二十卷，中军佐《钟蹈集》十二卷，余杭令《丘巨源集》十卷，录一卷。亡。）

齐太尉《王俭集》五十一卷（梁六十卷。又有齐东海太守《谢颢集》十六卷，《谢瀹集》十卷，豫州刺史《刘善明集》十卷，侍中《褚贲集》十二卷，徵士《刘虬集》二十四卷，司徒主簿徵不就《庾易集》十卷，《顾欢集》三十卷，《刘瓛集》三十卷，射声校尉《刘玭集》三卷，亡。）

齐中书郎《周颙集》八卷（梁十六卷。又有齐左侍郎《鲍鸿集》二十卷，录一卷；雍州秀才《韦瞻集》十卷，正员郎《刘怀慰集》十卷，录一卷；永嘉太守《江山图集》十卷，骠骑记室参军《荀宪集》十一卷。亡。）

齐前军参军《虞羲集》九卷（残缺。梁十一卷。又有平阳令《韦沈集》十卷，车骑参军《任文集》十一卷，《卞铄集》十六卷，《娄幼瑜集》六十六卷，长水校尉《祖冲之集》五十一卷，亡。）

齐中书郎《王融集》十卷

齐吏部郎《谢朓集》十二卷

《谢朓逸集》一卷（梁又有《王巾集》十一卷，亡。）

齐司徒左长史《张融集》二十七卷（梁十卷。又有张融《玉海集》十卷、《大泽集》十卷、《金波集》六十卷，又有齐羽林监《庾韶集》十卷，黄门郎《王僧佑集》十卷；太常卿《刘俊集》二十卷，录一卷；秘书《王寂集》五卷。亡。）

齐金紫光禄大夫《孔稚珪集》十卷

齐后军法曹参军《陆厥集》八卷（梁十卷。）

齐太尉《徐孝嗣集》十卷（梁七卷。又有侍中《刘暄集》十一卷，通直常侍《裴昭明集》九卷，《虞炎集》七卷，吏部郎《刘琐集》十卷，梁国从事中郎《刘绘集》十卷，亡。）

齐侍中《袁彖集》五卷（并录。）

齐中书郎《江㲻集》九卷（并录。）

齐平西谘议《宗躬集》十三卷

齐太子舍人《沈骑士集》六卷

《梁武帝集》二十六卷（梁三十二卷。）

《梁武帝诗赋集》二十卷

《梁武帝杂文集》九卷

《梁武帝别集目录》二卷

《梁武帝净业赋》三卷

《梁简文帝集》八十五卷（陆罩撰，并录。）

《梁元帝集》五十二卷

《梁元帝小集》十卷

梁《昭明太子集》二十卷（梁有《梁安成王集》三十卷，亡。）

梁《岳阳王督集》十卷

《梁王萧岿集》十卷

梁《邵陵王纶集》六卷

梁《武陵王纪集》八卷

梁《萧琮集》七卷（梁又有《安成炀王集》五卷，亡。）

梁司徒谘议《宗夬集》九卷（并录。）

梁国子博士《丘迟集》十卷（并录。梁十五卷，又有《谢朏集》十五卷，亡。）

梁金紫光禄大夫《江淹集》九卷（梁二十卷。）

《江淹后集》十卷

梁尚书仆射《范云集》十一卷（并录。）

梁太常卿《任昉集》三十四卷（梁有晋安太守《谢纂集》十卷，抚军将军《柳惔集》二十卷，中护军《柳恽集》十二卷，豫州刺史《柳憕集》六卷，尚书令《柳忱集》十三卷，义兴郡丞《何侗集》三卷，抚军中兵参军《韦温集》十卷，镇西录事参军《到洽集》十一卷，太子洗马《刘苞集》十卷，南徐州秀才《诸葛璩集》十卷，亡。）

梁特进《沈约集》一百一卷（并录。梁又有《谢绰集》十一卷，亡。）

梁中军府谘议《王僧孺集》三十卷

梁尚书左丞《范缜集》十一卷

梁护军将军《周舍集》二十卷（梁有秘书张炽《金河集》六十卷，《刘敲集》八卷，玄贞处士《刘讦集》一卷，亡。）

《梁萧洽集》二卷

梁隐居先生《陶弘景集》三十卷

《陶弘景内集》十五卷

梁徵士《魏道微集》三卷

梁黄门郎《张率集》三十八卷

梁南徐州治中《王冏集》三卷

梁都官尚书《江革集》六卷

梁奉朝请《吴均集》二十卷

梁光禄大夫《庾昙隆集》十卷（并录。）

梁仪同三司《徐勉前集》三十五卷

《徐勉后集》十六卷（并序录。）

梁吏部郎《王锡集》七卷（并录。）

梁尚书左仆射《王暕集》二十一卷

梁平西刑狱参军《刘孝标集》六卷

梁鸿胪卿《裴子野集》十四卷

梁仁威府长史《司马褧集》九卷

梁《萧子晖集》九卷

梁始兴内史《萧子范集》十三卷

梁建阳令《江洪集》二卷

梁镇西府记室《鲍畿集》八卷

梁尚书祠部郎《虞曘集》十卷

梁新田令《费昶集》三卷

梁《萧几集》二卷

梁东阳郡丞《谢瑱集》八卷

梁通直郎《谢琛集》五卷

梁仁威记室《何逊集》七卷（梁有安西记室《刘缓集》四卷，沙门《释智藏集》五卷，亡）。

梁太常卿《陆倕集》十四卷

梁廷尉卿《刘孝绰集》十四卷

梁都官尚书《刘孝仪集》二十卷

梁太子庶子《刘孝威集》十卷

梁东阳太守《王揖集》五卷

梁黄门郎《陆云公集》十卷

梁国子祭酒《萧子云集》十九卷

梁征西府长史《杨眺集》十一卷（并录。）

梁太子洗马《王筠集》十一卷（并录。）

王筠《中书集》十一卷（并录。）

王筠《临海集》十一卷（并录。）

王筠《左佐集》十一卷（并录。）

王筠《尚书集》九卷（并录。）

梁西昌侯《萧深藻集》四卷（并录。）

梁中书郎《任孝恭集》十卷
梁平北府长史《鲍泉集》一卷
梁雍州刺史《张缵集》十一卷（并录。）
梁尚书仆射《张绾集》十一卷（并录。）
梁度支尚书《庾肩吾集》十卷
梁太常卿《刘之遴前集》十一卷
《刘之遴后集》二十一卷
梁豫章世子侍读《谢郁集》五卷
梁安成蕃王《萧欣集》十卷
梁中书舍人《朱超集》一卷
梁护军将军《甄玄成集》十卷（并录。）
梁散骑常侍《沈君游集》十三卷。
梁《临安恭公主集》三卷（武帝女。）
梁征西记室范靖妻《沈满愿集》三卷
梁太子洗马徐悱妻《刘令娴集》三卷
《后魏孝文帝集》三十九卷
后魏司空《高允集》二十一卷
后魏司农卿《李谐集》十卷
后魏太常卿《卢元明集》十七卷
后魏司空祭酒《袁跃集》十三卷
后魏著作佐郎《韩显宗集》十卷
后魏散骑常侍《温子升集》三十九卷
后魏太常卿《阳固集》三卷
北齐特进《邢子才集》三十一卷
北齐尚书仆射《魏收集》六十八卷
北齐仪同《刘逖集》二十六卷
后周《明帝集》九卷
后周《赵王集》八卷
后周《滕简王集》八卷
后周仪同《宗懔集》十二卷（并录。）
后周沙门《释亡名集》十卷
后周小司空《王褒集》二十一卷（并录。）
后周少傅《萧㧑集》十卷
后周开府仪同《庾信集》二十一卷（并录。）
《陈后主集》三十九卷
《陈后主沈后集》十卷
陈大匠卿《杜之伟集》十二卷
陈金紫光禄大夫《周弘让集》九卷
陈《周弘让后集》十二卷
陈侍中《沈炯前集》七卷
陈《沈炯后集》十三卷
陈沙门《释标集》二卷
陈沙门《释洪偃集》八卷
陈沙门《释瑗集》六卷
陈沙门《释灵裕集》四卷
陈尚书仆射《周弘正集》二十卷
陈镇南府司马《阴铿集》一卷
陈左卫将军《顾野王集》十九卷
陈沙门《策上人集》五卷
陈尚书左仆射《徐陵集》三十卷

陈右卫将军《张式集》十四卷
陈尚书度支郎《张正见集》十四卷
陈司农卿《陆琰集》二卷
陈少府卿《陆玠集》十卷
陈光禄卿《陆瑜集》十一卷（并录。）
陈护军将军《蔡景历集》五卷
陈沙门《释皓集》六卷
陈御史中丞《褚玠集》十卷
陈安右府谘议《司马君卿集》二卷
陈著作佐郎《张仲简集》一卷。
《炀帝集》五十五卷
《王祐集》一卷
武阳太守《卢思道集》三十卷
金州刺史《李元操集》十卷
蜀王府记室《辛德源集》三十卷
太尉《杨素集》十卷
怀州刺史《李德林集》十卷
吏部尚书《牛弘集》十二卷
司隶大夫《薛道衡集》三卷
国子祭酒《何妥集》十卷
秘书监《柳誓集》五卷
开府《江总集》三十卷
《江总后集》二卷
记室参军《萧悫集》九卷
著作郎《魏彦深集》三卷
著作郎《诸葛颖集》十四卷
刘子政母《祖氏集》九卷
著作郎《王胄集》十卷

右四百三十七部，四千三百八十一卷。（通计亡书，合八百八十六部，八千一百二十六卷。）

别集之名，盖汉东京之所创也。自灵均已降，属文之士众矣，然其志尚不同，风流殊别。后之君子，欲观其体势，而见其心灵，故别聚焉，名之为集。辞人景慕，并自记载，以成书部。年代迁徙，亦颇遗散。其高唱绝俗者，略皆具存，今依其先后，次之于此。

《文章流别集》四十一卷（梁六十卷，志二卷，论二卷，挚虞撰。）
《文章流别志》、《论》二卷（挚虞撰。）
《文章流别本》十二卷（谢混撰。）
《续文章流别》三卷（孔宁撰。）
《集苑》四十五卷（梁六十卷。）
《集林》一百八十一卷（宋临川王刘义庆撰。梁二百卷。）
《集林钞》十一卷
《集钞》十卷（沈约撰。梁有《集钞》四十卷，丘迟撰，亡。）
《集略》二十卷
《撰遗》六卷（梁又有《零集》三十六卷，亡。）
《翰林论》三卷（李充撰。梁五十四卷。）
《文苑》一百卷（孔逭撰。）
《文苑钞》三十卷

《文选》三十卷（梁昭明太子撰。）
《词林》五十八卷
《文海》五十卷
《吴朝士文集》十卷（梁十三卷。又有《汉书文府》三卷，亡。）
《巾箱集》七卷（梁有《文章志录杂文》八卷，谢沈撰，又《名士杂文》八卷，亡。）
《妇人集》二十卷（梁有《妇人集》三十卷，殷淳撰。又有《妇人集》十一卷，亡。）
《妇人集钞》二卷
《杂文》十六卷（为妇人作。）
《文选音》三卷（萧该撰。）
《文心雕龙》十卷（梁兼东宫通事舍人刘勰撰。）
《文章始》一卷（姚察撰。梁有《文章始》一卷，任昉撰；《四代文章记》一卷，吴郡功曹张防撰。亡。）
《赋集》九十二卷（谢灵运撰。梁又有《赋集》五十卷，宋新渝惠侯撰；《赋集》四十卷，宋明帝撰；《乐器赋》十卷；《伎艺赋》六卷。亡。）
《赋集钞》一卷
《赋集》八十六卷（后魏秘书丞崔浩撰。）
《续赋集》十九卷（残缺。）
《历代赋》十卷（梁武帝撰。）
《皇德瑞应赋颂》一卷（梁十六卷。）
《五都赋》六卷（并录。张衡及左思撰。）
《杂都赋》十一卷（梁《杂赋》十六卷。又《东都赋》一卷，孔道作；《二京赋音》二卷，李轨、綦毋邃撰；《齐都赋》二卷并音，左思撰；《相风赋》七卷，傅玄等撰；《迦维国赋》二卷，晋右军行参军虞downloading纪撰；《遂志赋》十卷；《乘舆赭白马》二卷。亡。）
《述征赋》一卷
《神雀赋》一卷（后汉傅毅撰。）
《杂赋注本》三卷（梁有郭璞注《子虚上林赋》一卷，薛综注张衡《二京赋》二卷，晁矫注《二京赋》一卷，傅巽注《二京赋》二卷，张载及晋侍中刘逵、晋怀令卫权注左思《三都赋》三卷，綦毋邃注《三都赋》三卷，项氏注《幽通赋》，萧广济注木玄虚《海赋》一卷，徐爰注《射雉赋》一卷，亡。）
《献赋》十八卷
《围棋赋》一卷（梁武帝撰。）
《观象赋》一卷
《洛神赋》一卷（孙壑注。）
《枕赋》一卷（张君祖撰。）
《二都赋音》一卷（李轨撰。）
《百赋音》十卷（宋御史褚诠之撰。梁有《赋音》二卷，郭微之撰；《杂赋图》十七卷。亡。）
《大隋封禅书》一卷
《上封禅书》二卷（梁有《杂封禅文》八卷，《秦帝刻石文》一卷，宋会稽太守褚淡撰，亡。）
《集雅篇》五卷
《靖恭堂颂》一卷（晋凉王李皓撰。梁有《颂集》二十卷，王僧绰撰；《木连理颂》二卷，太元十九年群臣上。亡。）
《诗集》五十卷（谢灵运撰。梁五十一卷。又有宋侍中张敷、袁淑补谢灵运《诗集》一百卷；又《诗集》百卷，并例、录二卷，颜峻撰；《诗集》四十卷，宋明帝撰；《杂诗》七十九卷，江邃撰；《杂诗》二十卷，宋太子洗马刘和注；《二晋杂诗》二十卷；《古

今五言诗美文》五卷，荀绰撰；《诗钞》十卷。亡。）
《诗集钞》十卷（谢灵运撰。梁有《杂诗钞》十卷，录一卷，谢灵运撰，亡。）
《古诗集》九卷
《六代诗集钞》四卷（梁有《杂言诗钞》五卷，谢朏撰，亡。）
《诗英》九卷（谢灵运撰。梁十卷。又有《文章英华》三十卷，梁昭明太子撰，亡。）
《今诗英》八卷
《古今诗苑英华》十九卷（梁昭明太子撰。）
《诗缵》十三卷
《众诗英华》一卷
《诗类》六卷
《玉台新咏》十卷（徐陵撰。）
《百志诗》九卷（干宝撰。梁五卷。又有《古游仙诗》一卷，应贞注应璩《百一诗》八卷；《百一诗》二卷，晋蜀郡太守李虔撰。亡。）
齐《释奠会诗》一十卷
《齐宴会诗》十七卷
《青溪诗》三十卷（齐宴会作。梁有魏、晋、宋《杂祖伐宴会诗集》二十一部，一百四十三卷，亡，今略其数。）
《西府新文》十一卷（并录。梁萧淑撰。）
《百国诗》四十三卷
《文林馆诗府》八卷（后齐文林馆作。）
《诗评》三卷（钟嵘撰，或曰《诗品》。）
《古乐府》八卷
《文会诗》三卷（陈仁威记室徐伯阳撰。）
《五岳七星回文诗》一卷（梁有《杂诗图》一卷，亡。）
《毛伯成诗》一卷（伯成，东晋征西参军。）
《春秋宝藏诗》四卷（张朏撰。）
《江淹拟古》一卷（罗潜注。）
《乐府歌辞钞》一卷
《歌录》十卷
《古歌录钞》二卷
《晋歌章》八卷（梁十卷。）
《吴声歌辞曲》一卷（梁二卷。又有《乐府歌诗》二十卷，秦伯文撰；《乐府歌诗》十二卷，《乐府三校歌诗》十卷，《乐府歌辞》九卷；《太乐歌诗》八卷，《歌辞》四卷，张永记《魏宴乐歌辞》七卷，《晋歌章》十卷；又《晋歌诗》十八卷，《晋宴乐歌辞》十卷，荀勖撰；《宋太始祭高禖歌辞》十一卷，《齐三调雅辞》五卷；《古今九代歌诗》七卷，张湛撰；《三调相和歌辞》五卷，《三调诗吟录》六卷；《奏鞞铎舞曲》二卷，《管弦录》一卷，《伎录》一卷；《太乐备问钟铎律奏雅歌》四卷，郝生撰；《回文集》十卷，谢灵运撰；又《回文诗》八卷，《织锦回文诗》一卷，符坚秦州刺史窦氏妻苏氏作；《颂集》二十卷，王僧绰撰；《木连理颂》二卷，晋太元十九年群臣上；又有鼓吹、清商、乐府、宴乐、高禖、鞞、铎等《歌辞舞录》，凡十部）
《陈郊庙歌辞》三卷（并录。徐陵撰。）
《乐府新歌》十卷（秦王记室崔子发撰。）
《乐府新歌》二卷（秦王司马殷僧首撰）
《古今箴铭集》十四卷（张湛撰。录一卷。梁有《箴集》十六卷，《杂诫箴》二十四卷，《女箴》一卷，《女史箴图》一卷，又有《铭集》十一卷，又陆少玄撰《佛像杂铭》十三卷，释僧祐撰

《箴器杂铭》五卷，亡。）
《众贤诫集》十卷（残缺。梁有《诫林》三卷，綦毋邃撰；《四帝诫》三卷，王诞撰；《杂家诫》七卷，《诸家杂诫》九卷，《集诫》二十二卷。亡。）
《诸葛武侯诫》一卷、《女诫》一卷
《女诫》一卷（曹大家撰。）
《女鉴》一卷（梁有《女训》十六卷。）
《妇人训诫集》十一卷（并录。梁十卷。宋司空徐湛之撰。）
《娣姒训》一卷（冯少胄撰。）
《贞顺志》一卷
《赞集》五卷（谢庄撰。）
《画赞》五卷（汉明帝殿阁画，魏陈思王赞。梁五十卷。又有《诔集》十五卷，谢庄撰。）
《七集》十卷（谢灵运集。）
《七林》十卷（梁十二卷，录二卷。卞景撰。梁有又《七林》三十卷，音一卷，亡。）
《七悟》一卷（颜之推撰。梁有《吊文集》六卷，录一卷；《吊文》二卷，亡。）
《碑集》二十九卷
《杂碑集》二十九卷
《杂碑集》二十二卷（梁有《碑集》十卷，谢庄撰；《释氏碑文》三十卷，梁元帝撰；《杂碑》二十二卷，《碑文》十五卷，晋将作大匠陈勰撰；《碑文》十卷，车灌撰；又有《羊祜堕泪碑》一卷，《桓宣武碑》十卷，《长沙景王碑文》三卷，《荆州杂碑》三卷，《雍州杂碑》四卷，《广州刺史碑》十二卷，《义兴周处碑》一卷，《太原王氏家碑诔颂赞铭集》二十六卷；《诸寺碑文》四十六卷，释僧祐撰；《杂祭文》六卷，《众僧行状》四十卷，释僧祐撰。亡。）
《设论集》二卷（刘楷撰。梁有《设论集》三卷，东晋人撰；《客难集》二十卷，亡。）
《论集》七十三卷
《杂论》十卷
《明真论》一卷（晋兖州刺史宗岱撰。）
《东西晋兴亡论》一卷
《陶神论》五卷
《正流论》一卷
《黄芳引连珠》一卷
《梁武连珠》一卷（沈约注。）
《梁武帝制旨连珠》十卷（梁邵陵王纶注。）
《梁武帝制旨连珠》十卷（陆缅注。梁有《设论连珠》十卷，谢灵运撰《连珠集》五卷，陈证撰《连珠》十五卷；又《连珠》一卷，陆机撰，何承天注；又班固《典引》一卷，蔡邕注。亡。）
《梁代杂文》三卷
《诏集区分》四十一卷（后周兽门学士宗干撰。）
《魏朝杂诏》二卷（梁有《汉高祖手诏》一卷，亡。）
《录魏吴二志诏》二卷（梁有《三国诏诰》十卷，亡。）
《晋咸康诏》四卷
《晋朝杂诏》九卷（梁有《晋杂诏》百卷，录一卷。又有《晋杂诏》二十八卷，录一卷；又《晋诏》六十卷，《晋文王》、《武帝杂诏》十二卷。亡。）
《录晋诏》十四卷（梁有《晋武帝诏》十二卷，《成帝诏草》十七卷，《康帝诏草》十卷，《建元直诏》三卷，《永和副诏》九卷，

《升平、隆和、兴宁副诏》十卷，《泰元、咸宁、宁康副诏》二十二卷，《隆安直诏》五卷，《元兴大亨副诏》三卷，亡。）
《晋义熙诏》十卷（梁有《义熙副诏》十卷，《义熙以来至于大明诏》三十卷，《晋宋杂诏》四卷，又《晋宋杂诏》八卷，王韶之撰；又《杂诏》十四卷，《班五条诏》十卷。亡。）
《宋永初杂诏》十三卷（梁有《诏集》百卷，起汉讫宋；《武帝诏》四卷，宋《元熙诏令》五卷，《永初二年五年诏》三卷，《永初已来中书杂诏》二十卷。亡。）
《宋孝建诏》一卷（梁有《宋景平诏》三卷，亡。）
《宋元嘉副诏》十五卷（梁有《宋元嘉诏》六十二卷，又《宋孝武诏》五卷，《宋大明诏》七十卷，《宋永光、景和诏》五卷，《宋泰始、泰豫诏》二十二卷，《宋义嘉伪诏》一卷，《宋元徽诏》十三卷，《宋升明诏》四卷，亡。）
《齐杂诏》十卷
《齐中兴二年诏》三卷（梁有《齐建元诏》五卷，《永明诏》三卷，《武帝中诏》十卷，《齐隆昌、延兴、建武诏》九卷，《齐建武二年副诏》九卷，《梁天监元年至七年诏》十二卷，《天监九年、十年诏》二卷，亡。）
《后魏诏集》十六卷
《后周杂诏》八卷
《杂诏》八卷
《杂赦书》六卷
《陈天嘉诏草》三卷
《霸朝集》三卷（李德林撰。）
《皇朝诏集》九卷
《皇朝陈事诏》十三卷（梁有《杂九锡文》四卷，亡。）
《上法书表》一卷（虞和撰。）
《梁中表》十一卷（梁邵陵王撰。梁有《汉名臣奏》三十卷；《魏名臣奏》三十卷，陈长寿撰；《魏杂事》七卷，《晋诸公奏》十一卷，《杂表奏驳》三十五卷，《汉丞相匡衡、大司马王凤奏》五卷，《刘隗奏》五卷，《孔群奏》二十二卷，《晋金紫光禄大夫周闵奏事》四卷，《晋中丞刘邵奏事》六卷，《中丞司马无忌奏事》十三卷，《中丞虞谷奏事》六卷，《中丞高崧奏事》五卷，又《诸弹事》等十四部。亡。）
《杂露布》十二卷（梁有《杂檄文》十七卷，《魏武帝露布文》九卷，亡。）
《山公启事》三卷
《范宁启事》三卷（梁十卷。梁有《杂荐文》十二卷，《荐文集》七卷，亡。）
《善文》五十卷（杜预撰。）
《杂集》一卷（殷仲堪撰。）
《梁、魏、周、齐、陈皇朝聘使杂启》九卷
《政道集》十卷
《书集》八十八卷（晋散骑常侍王履撰。梁八十卷，亡。）
《书林》十卷
《杂逸书》六卷（梁二十二卷。徐爰撰。《应璩书林》八卷，夏赤松撰；《抱朴君书》一卷，葛洪撰；《蔡司徒书》三卷，蔡谟撰；《前汉杂笔》十卷，《吴晋杂笔》九卷，《吴朝文》二十四卷，《李氏家书》八卷，晋左将军《王镇恶与刘丹阳书》一卷，亡。）
《后周与齐军国书》二卷
《高澄与侯景书》一卷
《策集》一卷（殷仲堪撰。）

《策集》六卷（梁有《孝秀对策》十二卷，亡。）
《宋元嘉策孝秀文》十卷
《诽谐文》三卷
《诽谐文》十卷（袁淑撰。梁有《续诽谐文集》十卷，又有《诽谐文》一卷，沈宗之撰；《任子春秋》一卷，杜嵩撰；《博阳秋》一卷，宋零陵令辛邕之撰。亡。）
《法集》百七卷（梁沙门释宝唱撰。）

右一百七部，二千二百一十三卷。（通计亡书，合二百四十九部，五千二百二十四卷。）

总集者，以建安之后，辞赋转繁，众家之集，日以滋广，晋代挚虞苦览者之劳倦，于是采摘孔翠，芟剪繁芜，自诗赋下，各为条贯，合而编之，谓为《流别》。是后文集总钞，作者继轨，属辞之士，以为覃奥，而取则焉。今次其前后，并解释评论，总于此篇。

凡集五百五十四部，六千六百二十二卷。（通计亡书，合一千一百四十六部，一万三千三百九十卷。）

文者，所以明言也。古者登高能赋，山川能祭，师旅能誓，丧纪能诔，作器能铭，则可以为大夫。言其因物骋辞，情灵无拥者也。唐歌虞咏，商颂周雅，叙事缘情，纷纶相袭，自斯已降，其道弥繁。世有浇淳，时移治乱，文体迁变，邪正或殊。宋玉、屈原，激清风于南楚，严、邹、枚、马，陈盛藻于西京，平子艳发于东都，王粲独步于漳滏。爰逮晋氏，见称潘、陆，并黼藻相辉，宫商间起，清辞润乎金石，精义薄乎云天。永嘉已后，玄风既扇，辞多平淡，文寡风力。降及江东，不胜其弊。宋、齐之世，下逮梁初，灵运高致之奇，延年错综之美，谢玄晖之藻丽，沈休文之富溢，辉焕斌蔚，辞义可观。梁简文之在东宫，亦好篇什，清辞巧制，止乎衽席之间，雕琢蔓藻，思极闺闱之内。后生好事，递相放习，朝野纷纷，号为宫体。流宕不已，讫于丧亡。陈氏因之，未能全变。其中原则兵乱积年，文章道尽。后魏文帝，颇效属辞，未能变俗，例皆淳古。齐宅漳滨，辞人间起，高言累句，纷纭络绎，清辞雅致，是所未闻。后周草创，干戈不戢，君臣戮力，专事经营，风流文雅，我则未暇。其后南平汉沔，东定河朔，讫于有隋，四海一统，采摘南之杞梓，收会稽之箭竹，辞人才士，总萃京师。属以高祖少文，炀帝多忌，当路执权，逮相摈压。于是握灵蛇之珠，韫荆山之玉，转死沟壑之内者，不可胜数，草泽怨刺，于兹兴焉。古者陈诗观风，斯亦所以关乎盛衰者也。班固有《诗赋略》，凡五种，今引而伸之，合为三种，谓之集部。

凡四部经传三千一百二十七部，三万六千七百八卷。（通计亡书，合四千一百九十一部，四万九千四百六十七卷。）

经戒三百一部，九百八卷。饵服四十六部，一百六十七卷。房中十三部，三十八卷。符录十七部，一百三卷。

右三百七十七部，一千二百一十六卷。

道经者，云有元始天尊，生于太元之先，禀自然之气，冲虚凝远，莫知其极。所以说天地沦坏，劫数终尽，略与佛经同。以为天尊之体，常存不灭。每至天地初开，或在玉京之上，或在穷桑之野，授以秘道，谓之开劫度人。然其开劫非一度矣，故有延康、赤明、龙汉、开皇，是其年号。其间相去经四十一亿万载。所度皆诸天仙上品，有太上老君、太上丈人、天真皇人五方天帝及诸仙官，转共承受，世人莫之豫也。所说之经，亦禀元一之气，自然而有，非所造为，亦与天尊常在不灭。天地不坏，则蕴而莫传，劫运若开，其文自见。凡八字，尽道体之奥，谓之天书。字方一丈，八角垂芒，光辉照耀，惊心眩目，虽诸仙，不能省视。天尊之开劫也，乃命天真皇人，改啴天音而辩析之。自天真以下，至于诸仙，展转节级，以次相授。诸仙得之，始授世人。然以天尊经历年载，始一开劫，受法之人，得而宝秘，亦有年限，方始传授。上品则年久，下品则年近。故今授道者，经四十九年，始得授人。推其大旨，盖亦归于仁爱清静，积而修习，渐致长生，自然神化，或白日登仙，与道合体。其受道之法，初受《五千文箓》，次受《三洞箓》，次受《洞玄箓》，次受《上清箓》。箓皆素书，纪诸天曹官属佐吏之名有多少，又有诸符，错在其间，文章诡怪，世所不识。受者必先洁斋，然后赍金环一，并诸赞币，以见于师。师受其赞，以箓授之，仍剖金环，各持其半，云以为约。弟子得箓，缄而佩之。

其洁斋之法，有黄箓、玉箓、金箓、涂炭等斋。为坛三成，每成皆置绵蕝，以为限域。傍各开门，皆有法象。斋者亦有人数之限，以次入于绵蕝之中，鱼贯面缚，陈说愆咎，告白神祇，昼夜不息，或一二七日而止。其斋数之外有人者，并在绵蕝之外，谓之斋客，但拜谢而已，不面缚焉。而又有诸消灾度厄之法，依阴阳五行数术，推人年命书之，如章表之仪，并具赞币，烧香陈读。云奏上天曹，请为除厄，谓之上章。夜中于星辰之下，陈设酒脯饼饵币物，历祀天皇太一，祀五星列宿，为书如上章之仪以奏之，名之为醮。又以木为印，刻星辰日月于其上，吸气执之，以印疾病，多有愈者。又能登刀入火而焚敕之，使刃不能割，火不能热。而又有诸服饵、辟谷、金丹、玉浆、云英，蠲除滓秽之法，不可殚记。云自上古黄帝、帝喾、夏禹之传，并遇神人，咸受道箓，年代既远，经史无闻焉。

推寻事迹，汉时诸子，道书之流有三十七家，大旨皆去健羡，处冲虚而已，无上天官符箓之事。其《黄帝》四篇，《老子》二篇，最得深旨。故ణ陶弘景者，隐于句容，好阴阳五行，风角星算，修辟谷导引之法，受道经符箓，武帝素与之游。及禅代之际，弘景取图谶之文，合成"景梁"字以献之，由是恩遇甚厚。又撰《登真隐诀》，以证古有神仙之事；又言神丹可成，服之则能长生，与天地永毕。帝令弘景试合神丹，竟不能就，乃言中原隔绝，药物不精故也。帝以为然，敬之尤甚。然武帝弱年好事，先受道法，及即位，犹自上章，朝士受道者众。三吴及边海之际，信之逾甚。陈武世居吴兴，故亦奉焉。后魏之世，嵩山道士寇谦之，自云尝遇真人成公兴，后遇太上老君，授谦之为天师，而又赐之《云中音诵科诫》二十卷。又使玉女授其服气导引之法，遂得辟谷，气盛体轻，颜色鲜丽。弟子十余人，皆得其术。其后又遇神人李谱，云是老君玄孙，授其图箓真经，劾召百神，六十余卷，及销炼金丹云英八石玉浆之法。太武始光之初，奉其书而献之。帝使谒者，奉玉帛牲牢，祀嵩岳，迎致其余弟子，于代都东南起坛宇，给道士百二十余人，显扬其法，宣布天下。太武亲备法驾而受符箓焉。自是道业大行，每帝即位，必受符箓，以为故事，刻天尊及诸仙之象而供养焉。迁洛已后，置道场于南郊之傍，方二百步。正月、十月之十五日，并有道士哥人百六人，拜而祠焉。后齐神武帝迁邺，遂罢之。文襄之世，更置馆宇，选其精至者使居焉。后周承魏，崇奉道法，每帝受箓，如魏之旧，寻与佛法俱灭，开皇初又兴，高祖雅信佛法，于道士蔑如也。大业中，道士以术进者甚众。其所以讲经，由以《老子》为本，次讲《庄子》及《灵宝》、《升玄》之属。其余众经，或言传之神人，篇卷非一。自云天尊姓乐名静信，例皆浅俗，故世甚疑之。其术业优者，行诸符禁，往往神验。而金丹玉液长生之事，历代糜费，不可胜纪，竟无效焉。今考其经目之数，附之于此。

大乘经六百一十七部，二千七十六卷。（五百五十八部，一千六百九十七卷，经。五十九部，三百七十九卷，疏。）小乘经四百八十七部，八百五十二卷。杂经三百八十部，七百一十六卷。（杂经目残缺，其见数如此。）杂疑经一百七十二部，三百三十六卷。大乘律五十二部，九十一卷。小乘律八十部，四百七十二卷。（七十七部，四百九十卷，律。二部，二十三卷，讲疏。）杂律二十七部，四十六卷。大乘论三十五部，一百四十一卷。（三十部，九十四卷，论。十五部，四十七卷，疏。）小乘论四十一部，五百六十七卷。（二十一部，四百九十一卷，论。十部，七十六卷，讲疏。）杂论五十一部，四百三十七卷。（三十二部，二百九十九卷，论。九部，一百三十八卷，讲疏。）记二十部，四百六十四卷。

右一千九百五十部，六千一百九十八卷。

佛经者，西域天竺之迦维卫国净饭王太子释迦牟尼所说。释迦当周庄王之九年四月八日，自母右胁而生，姿貌奇异，有三十二相，八十二好。舍太子位，出家学道，勤行精进，觉悟一切种智，而谓之佛，亦曰佛陀，亦曰浮屠，皆胡言也。华言译之为净觉。其所说云，人身虽有生死之异，至于精神则恒不灭。此身之前，则经无量身矣。积而修习，精神清净，则成佛道。天地之外，四维上下，更有天地，亦无终极，然皆有成有败。一成一败，谓之一劫。自此天地已前，则有无量劫矣。每劫必有诸佛得道，出世教化，其数不同。今此劫中，当有千佛。自初至于释迦，已七佛矣。其次当有弥勒出世，必经三会，演说法藏，开度众生。由其道者，有四等之果。一曰须陀洹，二曰斯陀含，三曰阿那含，四曰阿罗汉。至罗汉者，则出入生死，去来隐显，而不为累。阿罗汉已上，至菩萨者，深见佛性，以至成道。每佛灭度，遗法相传，有正、象、末三等淳醨之异。年岁远近，亦各不同。末法已后，众生愚钝，无复佛教，而业行转恶，年寿渐短，经数百千载间，乃至朝生夕死。然后有大水、大火、大风之灾，一切除去之，而更立生人，又归淳朴，谓之小劫。每一小劫，则一佛出世。

初，天竺中多诸外道，并事水火毒龙，而善诸变幻。释迦之苦行也，是诸邪道，并来嬲恼，以乱其心，而不能得。及佛道成，尽皆摧伏，并为弟子。弟子，男曰桑门，译言息心，而总曰僧，译言行乞。女曰比丘尼。皆剃落须发，释累辞家，相与和居，治心修净，行乞以自资，而防心摄行。僧至二百五十戒，尼五百戒。俗人信凭佛法者，男曰优婆塞，女曰优婆夷，皆去杀、盗、淫、妄言、饮酒，是为五诫。释迦在世教化四十九年，乃至天龙人鬼并来听法，弟子得道，以百千万亿数。然后于拘尸那城娑罗双树间，以二月十五日，入般涅槃。涅槃亦曰泥洹，译言灭度，亦言常乐我净。初释迦说法，以人之性识根业各差，故有大乘小乘之说。至是谢世，弟子大迦叶与阿难等五百人，追共撰述，缀以文字，集载为十二部。后数百年，有罗汉菩萨，相继著论，赞明其义。然佛所说，我灭度后，正法五百年，像法一千年，末法三千年，其义如此。

推寻典籍，自汉已上，中国未传。或云久以流布，遭秦之世，所以埋灭。其后张骞使西域，盖闻有浮屠之教。哀帝时，博士弟子秦景使伊存口授浮屠经，中土闻之，未之信也。后汉明帝夜梦金人飞行殿庭，以问于朝，而傅毅以佛对。帝遣郎中蔡愔及秦景使天竺求之，得佛经四十二章及释迦立像。并与沙门摄摩腾、竺法兰东还。愔之来也，以白马负经，因立白马寺于洛城雍门西以处之。其经缄于兰台石室，而又画像于清凉台及显节陵上。章帝时，楚王英以崇敬佛法闻，西域沙门，赍佛经而至者甚众。永平中，法兰又译《十住经》。其余传译，多未能通。至桓帝时，有安息国沙门安静，赍经至洛，翻译最为通解。灵帝时，有月支沙门支谶、天竺沙门竺佛朔等，并翻佛经。而支谶所译《泥洹经》二卷，学者以为大得本旨。汉末，太守竺融，亦崇佛法。三国时，有西域沙门康僧会，赍佛经至吴译之，吴主孙权，甚大敬信。魏黄初中，中国人始依佛戒，剃发为僧。先是西域沙门来此，译《小品经》，首尾乖舛，未能通解。甘露中，有朱仕行者，往西域，至于阗国，得经九十章，晋元康中，至邺译之，题曰《放光般若经》。太始中，有月支沙门竺法护，西游诸国，大得佛经，至洛翻译，部数甚多。佛教东流，自此而盛。

石勒时，常山沙门卫道安，性聪敏，诵经日至万余言。以胡僧所译《维摩》《法华》，未尽深旨，精思十年，心了神悟，乃正其乖舛，宣扬解释。时中国纷扰，四方隔绝，道安乃率门徒，南游新野，欲令玄宗所在流布，分遣弟子，各趋诸方。法性诣扬州，法和入蜀，道安与慧远之襄阳。后至长安，苻坚甚敬之。道安素闻天竺沙门鸠摩罗什，思通法门，劝坚致之。什亦闻安令问，遥拜致敬。姚苌弘始二年，罗什至长安，时道安卒后已二十载矣，什深慨恨。什之来也，大译经论，道安所正，与什所译，义如一，初无乖舛。

初，晋元熙中，新丰沙门智猛，策杖西行，到华氏城，得《泥洹经》及《僧祇律》，东至高昌，译《泥洹》为二十卷。后有天竺沙门昙摩罗谶复赍胡本，来至河西。沮渠蒙逊遣使至高昌取猛本，欲相参验，未还而蒙逊破灭。姚苌弘始十年，猛本始至长安，译为三十卷。昙摩罗谶又译《金光明》等经。时胡僧至长安者数十辈，惟鸠摩罗什才德最优。其所译则《维摩》、《法华》、《成实论》等诸经，及昙无忏所译《金光明》，昙摩罗忏译《泥洹》等经，并为大乘之学。而什又译《十诵律》，天竺沙门佛陀耶舍译《长阿含经》及《四方律》，兜伕勒沙门昙摩难提译《增一阿含经》，昙摩耶舍译《阿毗昙论》，并为小乘之学。其余经论，不可胜记。自是佛法流通，极于四海矣。东晋隆安中，又有罽宾沙门僧伽提婆译《增一阿含经》及《中阿含经》。义熙中，沙门支法领从于阗国得《华严经》三万六千偈，至金陵宣译。又有沙门法显，自长安游天竺，经三十余国，随有经律之处，学其书语，译而写之。还至金陵，与天竺禅师跋罗参共辩定，谓《僧祇律》，学者传之。

齐梁及陈，并有外国沙门。然所宣译，无大名部可为法门者。梁武大崇佛法，于华林园中，总集释氏经典，凡五千四百卷。沙门宝唱撰《经目录》。又后魏时，太武帝西征长安，以沙门多违佛律，群聚秽乱，乃诏有司，尽坑杀之，焚破佛像。长安僧徒，一时歼灭。自余征镇，豫闻诏书，亡匿得免者十一二。文成之世，又使修复。熙平中，遣沙门慧生使西域，采诸经律，得一百七十部。永平中，又有天竺沙门菩提留支，大译佛经，与罗什相埒。其《地持》、《十地论》，并为大乘学者所重。后齐迁邺，佛法不改。至周武帝时，蜀郡沙门卫元嵩上书，称僧徒猥滥，武帝出诏，一切废毁。

开皇元年，高祖普诏天下；任听出家，仍令计口出钱，营造经像。而京师及并州、相州、洛州等诸大都邑之处，并官写一切经，置于寺内；而又别写，藏于秘阁。天下之人，从风而靡，竞相景慕，民间佛经，多于六经数十百倍。大业时，又令沙门智果，于东都内道场撰诸经目，分别条贯，以佛所说经为三部；一曰大乘，二曰小乘，三曰杂经。其余似后人假托为之者，别为一部，谓之疑经。又有菩萨及诸深解奥义、赞明佛理者，名之为论，及戒律并有大、小及中三部之别。又所学者，录其当时行事，名之为记。凡十一种。今举其大数，列于此篇。

右道、佛经二千三百二十九部，七千四百一十四卷。

道、佛者，方外之教，圣人之远致也。俗士为之，不通其指，多离以迂怪，假托变幻乱于世，斯所以为弊也。故中庸之教，是所罕言，然亦不可诬也。故录其大纲，附于四部之末。

大凡经传存亡及道、佛，六千五百二十部，五万六千八百八十一卷。

卷三十六　　　　列传第一

后　妃

夫阴阳肇分，乾坤定位，君臣之道斯著，夫妇之义存焉。阴阳和则裁成万物，家道正则化行天下，由近及远，自家刑国，配天作合，不亦大乎！兴亡是系，不亦重乎！是以先王慎之，正其本而严其防。后之继体，靡克丰修，

甘心柔曼之容，罔念幽闲之操。成败攸属，安危斯在。故皇、英降而虞道隆，任、姒归而姬宗盛，妹、妲致夏、殷之衅，褒、赵结周、汉之祸。爰历晋、宋，实繁有徒。皆位以宠升，荣非德进，恣行淫僻，莫顾礼仪，为枭为鸱，败不旋踵。后之优俪宸极，正位居中，罕蹈平昜之途，多遵覆车之辙。虽鸠之德，千载寂寥；牝鸡之晨，殊邦接响。窈窕淑女，靡有求于痦痱；铿锵环佩，鲜克嗣于徽音。永念前修，叹深彤管。览载籍于既往，考行事于当时，存亡得失之机，盖亦多矣。故述《皇后列传》，所以垂戒将来。

然后妃之制，夏、殷以前略矣。周公定礼，内职始备列焉。秦、汉以下，代有沿革，品秩差次，前史载之详矣。齐、梁以降，历魏暨周，废置益损，参差不一。周宣嗣位，不率典章，衣袆翟、称中宫者，凡有五。夫人以下，略无定数。高祖思革前弊，大矫其违，唯皇后正位，傍无私宠，妇官称号，未详备焉。开皇二年，著内官之式，略依《周礼》，省减其数。嫔三员，掌教四德，视正三品。世妇九员，掌宾客祭祀，视正五品。女御三十八员，掌女工丝枲，视正七品。又采汉、晋旧仪，置六尚、六司、六典，递相统摄，以掌宫掖之政。一曰尚宫，掌导引皇后及闺阁廪赐。管司令三人，掌图籍法式，纠察宣奏；典琮三人，掌琮玺器玩。二曰尚仪，掌礼仪教学。管司乐三人，掌音律之事；典赞三人，掌导引内外命妇朝见。三曰尚服，掌服章宝藏。管司饰三人，掌簪珥花严；典栉三人，掌巾栉膏沐。四曰尚食，掌进膳先尝。管司医三人，掌方药卜筮；典器三人，掌樽彝器皿。五曰尚寝，掌帏帐床褥。管司筵三人，掌铺设洒扫；典执三人，掌扇伞灯烛。六曰尚工，掌营造百役。管司制三人，掌衣服裁缝；典会三人，掌财帛出入。六尚各三员，视从九品，六司视勋品，六典视流外二品。初，文献皇后功参历试，外预朝政，内擅宫闱，怀嫉妒之心，虚嫔妾之位，不设三妃，防其上逼。自嫔以下，置六十员。加又抑损服章，降其品秩。至文献崩后，始置贵人三员，增嫔至九员，世妇二十七员，御女八十一员。贵人等关掌宫闱之务，六尚已下，皆分隶焉。

炀帝时，后妃嫔御，无厘妇职，唯端容丽饰，陪从宴游而已。帝又参详典故，自制嘉名，著之于令。贵妃、淑妃、德妃，是为三夫人，品正第一。顺仪、顺容、顺华、修仪、修容、修华、充仪、充容、充华，是为九嫔，品正第二。婕妤一十二员，品正第三，美人、才人一十五员，品正第四，是为世妇。宝林二十四员，品正第五；御女二十四员，品正第六；采女三十七员，品正第七，是为女御。总一百二十，以叙于宴寝。又有承衣刀人，皆趋侍左右，并无员数，视六品已下。

时又增置女官，准尚书省，以六局管二十四司。一曰尚宫局，管司言，掌宣传奏启；司簿，掌名录计度；司正，掌格式推罚，司闱，掌门阁管钥。二曰尚仪局，管司籍，掌经史教学，纸笔几案；司乐，掌音律；司宾，掌宾客；司赞，掌礼仪赞相导引。三曰尚服局，管司玺，掌琮玺符节；司衣，掌衣服；司饰，掌汤沐巾栉玩弄；司仗，掌仗卫戎器。四曰尚食局，管司膳，掌膳羞；司酝，掌酒醴醯醢；司药，掌医巫药剂；司饎，掌廪饩柴炭。五曰尚寝局，

管司设，掌床席帷帐，铺设洒扫；司舆，掌舆辇伞扇，执持羽仪；司苑，掌园籞种植，蔬菜瓜果；司灯，掌火烛。六曰尚工局，管司制，掌营造裁缝；司宝，掌金玉珠玑钱货；司彩，掌缯帛；司织，掌织染。六尚二十二司，员各二人，唯司乐、司膳员各四人。每司又置典及掌，以贰其职。六尚十人，品从第五；司二十八人，品从第六；典二十八人，品从第七；掌二十八人，品从第九。女使流外，量局闲剧，多者十人已下，无定员数。联事分职，各有司存焉。

文献独孤皇后，河南洛阳人，周大司马、河内公信之女也。信见高祖有奇表，故以后妻焉，时年十四。高祖与后相得，誓无异生之子。后初亦柔顺恭孝，不失妇道。后姊为周明帝后，长女为周宣帝后，贵戚之盛，莫与为比，而后每谦卑自守，世以为贤。及周宣帝崩，高祖居禁中，总百揆，后使人谓高祖曰："大事已然，骑兽之势，必不得下，勉之！"高祖受禅，立为皇后。

突厥尝与中国交市，有明珠一箧，价值八百万，幽州总管阴寿白后市之。后曰："非我所须也。当今戎狄屡寇，将士罢劳，未若以八百万分赏有功者。"百僚闻而毕贺。高祖甚宠惮之。上每临朝，后辄与上方辇而进，至阁乃止。使宦官伺上，政有所失，随则匡谏，多所弘益。候上退朝而同反燕寝，相顾欣然。后早失二亲，常怀感慕，见公卿有父母者，每为致礼焉。有司奏以《周礼》百官之妻，命于王后，宪章在昔，请依古制。后曰："以妇人与政，或从此渐，不可开其源也。"不许。后每谓诸公主曰："周家公主，类无妇德，失礼于舅姑，离薄人骨肉，此不顺事，尔等当诫之。"大都督崔长仁，后之中外兄弟也，犯法当斩。高祖以后之故，欲免其罪。后曰："国家之事，焉可顾私！"长仁竟坐死。后异母弟陀，以猫鬼巫蛊咒诅于后，坐当死。后三日不食，为之请命曰："陀若蠢政害民者，妾不敢言。今坐为妾身，敢请其命。"陀于是减死一等。后每与上言及政事，往往意合，宫中称为二圣。

后颇仁爱，每闻大理决囚，未尝不流涕。然性尤妒忌，后宫莫敢进御。尉迟迥女孙有美色，先在宫中。上于仁寿宫见而悦之，因此得幸。后伺上听朝，阴杀之。上由是大怒，单骑从苑中而出，不由径路，入山谷间二十余里。高颎、杨素等追及上，扣马苦谏。上太息曰："吾贵为天子，而不得自由！"高颎曰："陛下岂以一妇人而轻天下！"上意少解，驻马良久，中夜方始还宫。后俟上于阁内，及上至，后流涕拜谢，颎、素等和解之。上置酒极欢，后自此意颇衰折。初，后以高颎是父之家客，甚见亲礼。至是，闻颎谓己为一妇人，因此衔恨。又以颎夫人死，其妾生男，益不善之，渐加谮毁，上亦每事唯后言是用。后见诸王及朝士有妾孕者，必劝上斥之。时皇太子多内宠，妃元氏暴薨，后意太子爱妾云氏害之。由是讽上黜高颎，竟废太子，立晋王广，皆后之谋也。

仁寿二年八月甲子，月晕四重，己巳，太白犯轩辕。其夜，后崩于永安宫，时年五十。葬于太陵。其后，宣华夫人陈氏、容华夫人蔡氏俱有宠，上颇惑之，由是发疾。及危笃，谓侍者曰："使皇后在，吾不及此"云。

宣华夫人陈氏，陈宣帝之女也。性聪慧，姿貌无双。及陈灭，配掖庭，后选入宫为嫔。时独孤皇后性妒，后宫罕得进御，唯陈氏有宠。晋王广之在藩也，阴有夺宗之计，规为内助，每致礼焉。进金蛇、金驼等物，以取媚于陈氏。皇太子废立之际，颇有力焉。及文献皇后崩，进位为贵人，专房擅宠，主断内事，六宫莫与为比。及上大渐，遗诏拜为宣华夫人。

初，上寝疾于仁寿宫也，夫人与皇太子同侍疾。平旦出更衣，为太子所逼，夫人拒之得免，归于上所。上怪其神色有异，问其故。夫人泫然曰："太子无礼。"上恚曰："畜生何足付大事，独孤诚误我！"意谓献皇后也。因呼兵部尚书柳述、黄门侍郎元岩曰："召我儿！"述等将呼太子，上曰："勇也。"述、岩出阁为敕书讫，示左仆射杨素。素以其事白太子，太子遣张衡入寝殿，遂令夫人及后宫同侍疾者，并出就别室。俄闻上崩，而未发丧也。夫人与诸宫相顾曰："事变矣！"皆色动股栗。晡后，太子遣使者赍金合子，帖纸于际，亲署封字，以赐夫人。夫人见之惶惧，以为鸩毒，不敢发。使者促之，于是乃发，见合中有同心结数枚。诸宫人咸悦，相谓曰："得免死矣！"陈氏恚而却坐，不肯致谢。诸宫人共逼之，乃拜使者。其夜，太子烝焉。及炀帝嗣位之后，出居仙都宫。寻召入，岁余而终，时年二十九。帝深悼之，为制《神伤赋》。

容华夫人蔡氏，丹阳人也。陈灭之后，以选入宫，为世妇。容仪婉嫕，上甚悦之。以文献皇后故，希得进幸。及后崩，渐见宠遇，拜为贵人，参断宫掖之务，与陈氏相亚。上寝疾，加号容华夫人。上崩后，自请言事，亦为炀帝所烝。

炀帝萧皇后，梁明帝岿之女也。江南风俗，二月生子者不举。后以二月生，由是季父岌收而养之。未几，岌夫妻俱死，转养舅氏张轲家。然轲甚贫窭，后躬亲劳苦。炀帝为晋王时，高祖将为王选妃于梁，遍占诸女，诸女皆不吉。岿迎后于舅氏，令使者占之，曰："吉。"于是遂策为王妃。

后性婉顺，有智识，好学解属文，颇知占候。高祖大善之，帝甚宠敬焉。及帝嗣位，诏曰："朕祗承丕绪，宪章在昔，爱建长秋，用承飨荐。妃萧氏，凤翥成训，妇道克修，宜正位轩闱，式弘柔教，可立为皇后。"帝每游幸，后未尝不随从。时后帝失德，心知不可，不敢厝言，因为《述志赋》以自寄。其词曰：

承积善之余庆，备箕帚于皇庭。恐修名之不立，将负累于先灵。乃夙夜而匪懈，实寅惧于玄冥。虽自强而不息，亮愚蒙之所滞。思竭节于天衢，才退心而弗逮。实庸薄之多幸，荷隆宠之嘉惠。赖天高而地厚，属王道之升平。均二仪之覆载，与日月而齐明。乃春生而夏长，等品物而同荣。愿立志于恭俭，私自竞于诚盈。孰有念于知足，苟无希于滥名。惟至德之弘深，情不迩于声色。感怀旧之余恩,求故剑于宸极。叨不世之殊盼,谬非才而奉职。何宠禄之逾分,抚胸襟而未识。虽沐浴于恩光,内惭惶而累息。顾微躬之寡昧,思令淑之良难。实不逞于启处,将何情而自安!若临深而履薄,心战栗其如寒。夫居高而必危,虑处满而防溢。知恣夸之非道,乃摄生于冲谧。嗟宠辱之易惊,尚无为而抱一。履谦光而守志,且愿安乎容膝。珠帘玉箔之奇,金屋瑶台之美,虽时俗之崇丽,盖吾人之所鄙。愧缔绤之不工,岂丝竹之喧耳。知道德之可尊,明善恶之由己。荡嚣烦之俗虑,乃伏膺于经史。综箴诫以训心,观女图而作轨。遵古贤之令范,冀福禄之能绥。时循躬而三省,觉今是而昨非。嗟黄老之损思,信为善之可归。慕周姒之遗风,美虞妃之圣则。仰先哲之高才,贵至人之休德。质菲薄而难踪,心恬愉而去惑。乃平生之耿介,实礼义之所遵。虽生知之不敏,庶积行以成仁。惧达人之盖寡,谓何求而自陈。诚索志之难写,同绝笔于获麟。

及帝幸江都,臣下离贰,有宫人白后曰:"外闻人人欲反。"后曰:"任汝奏之。"宫人言于帝,帝大怒曰:"非所宜言!"遂斩之。后人复白后曰:"宿卫者往往偶语谋反。"后曰:"天下事一朝至此,势已然,无可救也。何用言之,徒令帝忧烦耳。"自是无复言者。及宇文氏之乱,随军至聊城。化及败,没于窦建德。突厥处罗可汗遣使迎后于洺州,建德不敢留,遂入于虏庭。大唐贞观四年,破灭突厥,乃以礼致之,归于京师。

史臣曰:二后,帝未登庸,早俪宸极,恩隆好合,始终不渝。文献德异鸤鸠,心非均一,擅宠移嫡,倾覆宗社,惜哉!《书》曰:"牝鸡之晨,惟家之索。"高祖之不能敦睦九族,抑有由矣。萧后初归藩邸,有辅佐君子之心,炀帝得不以道,便谓人无忠信。父子之间,尚怀猜阻,夫妇之际,其何有焉!暨乎国破家亡,窜身无地,飘流异域,良足悲矣!

卷三十七　　　列传第二

李穆子浑　穆兄子询　询弟崇　崇子敏

李穆,字显庆,自云陇西成纪人,汉骑都尉窦之后也。陵没匈奴,子孙代居北狄,其后随魏南迁,复归汧、陇。祖斌,以都督镇高平,因家焉。父文保,早卒,及穆贵,赠司空。穆风神警俊,倜傥有奇节。周太祖首建义旗,穆便委质,释褐统军。永熙末,奉迎魏武帝,授都督,封永平县子,邑三百户。又领乡兵,累以军功进爵为伯。从太祖击齐师于芒山,太祖临阵堕马,穆突围而进,以马策击太祖而詈,授以从骑,溃围俱出。贼见其轻侮,谓太祖非贵人,遂缓之,以故得免。既而与穆相对泣,顾谓左右曰:"成我事者,其此人乎!"即令抚慰关中,所至克定,擢授武卫将军、仪同三司,进封安武郡公,增邑一千七百户,赐以铁券,恕其十死。寻加开府,领侍中。初,芒山之败,穆以骢马授太祖。太祖于是既内骢马尽以赐之,封穆姊妹皆为郡县君,宗从舅氏,颁赐各有差。转太仆。从于谨破江陵,增邑千户,进位大将军。击曲沔蛮,破之,授原州刺史,拜嫡子惇为仪同三司。穆以二兄贤、远并为佐命功臣,而子弟布列清显,穆深惧盈满,辞不受拜。太祖不许。俄迁雍州刺史,兼小冢宰。周元年,增邑三千户,通前三千七百户。又别封一子为升迁伯。穆让兄子孝轨,许之。

宇文护执政,穆兄远及其子植俱被诛,穆当从坐。先是,穆知植非保家之主,每劝远除之,远不能用。及远临刑,泣谓穆曰:"显庆,吾不用汝言,以至于此,将复奈何!"穆以此获免,除名为民,及其子弟亦免官。植弟浙州刺史基,当坐戮,穆请以二子代基之命,护义而两释焉。未几,拜开府仪同三司、直州刺史,复爵安武郡公。武成中,子弟免官爵者悉复之。寻除少保,进位大将军。岁余,拜小司徒,进位柱国,转大司空。奉诏筑通洛城。天和中,进爵申国公,持节绥集东境,筑武申、旦郢、慈涧、崇德、安民、交城、鹿卢等诸镇。建德初,拜太保。岁余,出为原州总管。数年,进位上柱国,转并州总管。大象初,加邑至九千户,拜大左辅,总管如故。

高祖作相,尉迥之作乱也,遣使招穆。穆锁其使,上其书。穆子士荣,以穆所居天下精兵处,阴劝穆反。穆深拒之,乃奉十三环金带于高祖,盖天子之服也。穆寻以天命有在,密表劝进。高祖既受禅,下诏曰:"公既旧德,且又父党,敬惠来旨,义有无违。便以今月十三日恭膺天命。"俄而穆来朝,高祖降坐礼之,拜太师,赞拜不名,真食成安县三千户。于是穆子孙虽在襁褓,悉拜仪同,其一门执象笏者百余人。穆之贵盛,当时无比。穆上表乞骸骨,诏曰:"朕初临宇内,方藉嘉猷,养老乞言,实怀虚想。七十致仕,本为常人。至若吕尚以期颐佐周,张苍以华皓相汉,高才命世,不拘恒礼,迟得此心,留情规训。公年既耆旧,筋力难烦,今勒所司,敬阙朝集。如有大事,须共谋谟,别遣侍臣,就第询访。"

时太史奏云,当有移都之事。上以初受命,甚难之。穆上表曰:

帝王所居,随时兴废,天道人事,理有存焉。始自三皇,暨夫两汉,有一世而屡徙,无革命而不迁。曹、马同洛水之阳,魏、周共长安之内,此之四代,盖闻之矣。曹则三家鼎立,马则四海寻分,有魏及周,甫得平定,事乃不暇,非曰师古。往者周运将穷,祸生华裔,庙堂冠带,屡睹奸回,士有苞藏,人稀柱石。四海万国,皆纵豺狼,不叛不侵,百城罕一。伏惟陛下膺期诞圣,秉箓受图,始晦君人之德,俯从将相之重。内翦群凶,崇朝大定,外诛巨猾,不日肃清。变大乱之民,成太平之俗,百灵符命,兆庶讴歌。幽显乐推,日月填积,方屈箕、颍之志,始顺内外之请。自受命神宗,弘道设教,陶冶与阴阳合德,覆育共天地齐旨。万物开辟之初，八表光华之旦，视听以革，风俗且移。至若帝室天居，未议经创，非所谓发明大造，光赞惟新。自汉已来，为丧乱之地，爰从近代，累叶所都。未尝谋龟问筮，瞻星定鼎，何以副圣主之规，表大随之德？窃以神州之广，福地之多，将为皇家兴庙建寝，上玄之意，当别有之。伏愿远顺天人，取决卜筮，时改都邑，光宅区夏。任子来之民，垂无穷之业，应神宫于辰极，顺和气于天壤，理康物阜，永隆长世。臣日薄桑榆，位高轩冕，经邦论道，自顾缺然。丹赤所怀，无容嘿默。

上素嫌台城制度迮小，又宫内多鬼妖，苏威尝劝迁，上不纳。遇太史奏状，意乃惑之。至是，省穆表，上曰："天道聪明，已有征应，太师民望，复抗此请，则可矣。"遂从之。岁余，下诏曰："礼制凡品，不拘上智，法备小人，不防君子。太师、上柱国、申国公，器宇弘深，风猷遐旷，社稷佐命，公为称首，位极帅臣，才为人杰，万顷不测，百炼弥精。乃无伯玉之非，岂有颜回之贰，故以自居寥廓，弗关宪网。然王者作教，惟旌善人，去法弘道，示崇年德。自今已后，虽有愆罪，但非谋逆，纵有百死，终不推问。"

开皇六年薨于第，年七十七。遗令曰："吾荷国恩，年宦已极，启足归泉，无所复恨。竟不得陪玉銮于岱宗，预金泥于梁甫，眷眷光景，其在斯乎！"诏遣黄门侍郎监护丧事，赠马四匹，粟麦二千斛，布绢一千匹。赠使持节、冀定赵相瀛毛魏卫洛怀十州诸军事、冀州刺史。谥曰明。赐以石椁、前后部羽葆鼓吹、辒辌车。百僚送之郭外。诏遣太常卿牛弘赍哀册，祭以太牢。孙筠嗣。

筠父惇，字士献，穆长子也。仕周，官至安乐郡公、凤州刺史，先穆卒。筠幼以穆功，拜仪同。开皇八年，以嫡孙袭爵。仁寿初，叔父浑忿其吝啬，阴遣兄子善衡贼杀之。求盗不获，高祖大怒，尽禁其亲族。初，筠与从父弟瞿昙有隙，时浑有力，遂证瞿昙杀之。瞿昙竟坐斩，而善衡获免。四年，议立嗣。邳公苏威奏筠不义，骨血相杀，请绝其封。上不许。惇弟怡，官至仪同，早卒，赠渭州刺史。

怡弟雅，少有识量。周保定中，屡以军功封西安县男，拜大都督。天和中，从元定征江西，时诸军失利，遂没于陈。后得归国，拜开府仪同三司，领左右军。其年，从太子西征吐谷浑，雅率步骑二千，督军粮于洮河，为贼所蹑，相持数日。雅患之，遂与伪和，房备稍解，纵奇兵击破之。赐奴婢百口，封一子为侯。后拜齐州刺史，俄征还京。数载，授瀛州刺史。高祖作相，镇灵州以备胡。还授大将军，迁荆州总管，加邑八百户。开皇初，进爵为公。

雅弟恒，官至盐州刺史，封阳曲侯。恒弟荣，官至合州刺史、长城县公。荣弟直，官至车骑将军、归政县侯。直弟雄，官至柱国、密国公、骠骑将军。雄弟浑，最知名。

浑字金才，穆第十子也。姿貌瑰伟，美须髯。起家周左侍上士。尉迥反于邺，时穆在并州，高祖虑其为迥所诱，遣浑乘驿往布腹心。穆遽令浑入京，奉熨斗于高祖，曰："愿执威柄以熨安天下也。"高祖大悦。又遣浑诣韦孝宽所

而述穆意焉。适遇平邺，以功授上仪同三司，封安武郡公。开皇初，进授城府骠骑将军。晋王广出藩，浑以骠骑领亲信，从往扬州。仁寿元年，从左仆射杨素为行军总管，出夏州北三百里，破突厥阿勿俟斤于纳远川，斩首五百级。进位大将军，拜左武卫将军，领太子宗卫率。

初，穆孙筠卒，高祖议立嗣，浑规欲立之，谓其妻兄太子左卫率宇文述曰："若得袭封，当以国赋之半每岁奉公。"述利之，因入白皇太子曰："立嗣以长，不则以贤。今申明公嗣绝，遍观其子孙，皆无赖，不足以当荣宠。唯金才有勋于国，谓非此人无可以袭封者。"太子许之，竟奏高祖，封浑为申国公，以奉穆嗣。大业初，转右骁卫将军。六年，有诏追改穆封为郕国公，浑仍袭焉。累加光禄大夫。九年，迁右骁卫大将军。

浑既绍父业，日增豪侈，后房曳罗绮者以百数。二岁之后，不以俸物与述。述大患之，因醉，乃谓其友人于象贤曰："我竟为金才所卖，死且不忘！"浑亦知其言，由是结隙。后帝讨辽东，有方士安伽陀，自言晓图谶，谓帝曰："当有李氏应为天子。"劝尽诛海内凡姓李者。述知之，因诬构浑于帝曰："伽陀之言信有征矣。臣与金才凤亲，闻其情趣大异。常日数共李敏、善衡等，日夜屏语，或终夕不寐。浑大臣也，家代隆盛，身捉禁兵，不宜如此。愿陛下察之。"帝曰："公言是矣，可觅其事。"述乃遣武贲郎将裴仁基表告浑反，即日发宿卫千余人付述，掩浑等家，遣左丞元文都、御史大夫裴蕴杂治之。案问数日，不得其反状，以实奏闻。帝不纳，更遣述穷治之。述入狱中，召出敏妻宇文氏谓之曰："夫人，帝甥也，何患无贤夫！李敏、金才，名当妖谶，国家杀之，无可救也。夫人当自求全，若用语，身当不坐。"敏妻曰："不知所出，惟尊长教之。"述曰："可言李家谋反，金才尝告敏云：'汝应图箓，当为天子。今主上好兵，劳扰百姓，此亦天亡隋时也，正当共汝取之。若复渡辽，吾与汝必为大将，每军二万余兵，固以五万人矣。又发诸房子侄，内外亲娅，并募从征。吾家子弟，决为主帅，分领兵马，散在诸军，伺候间隙，首尾相应。吾与汝前发，袭取御营，子弟响起，各杀军将。一日之间，天下足定矣。'"述口自传授，令敏妻写表，封云上密。述持入奏之，曰："已得金才反状，并有敏妻密表。"帝览之泣曰："吾宗社几倾，赖亲家公而获全耳。"于是诛浑、敏等宗族三十二人，自余无少长，皆徙岭外。

浑从父兄威，开皇初，以平蛮功，官至上柱国、黎国公。

询字孝询。父贤，周大将军。询沉深有大略，颇涉书记。仕周纳言上士，俄转内史上士，兼掌吏部，以干济闻。建德三年，武帝幸云阳宫，拜司卫上士，委以留府事。周卫王直作乱，焚肃章门，询于内益火，故贼不得入。帝闻而善之，拜仪同三司，迁长安令。累迁英果中大夫。屡以军功，加位大将军，赐爵平高郡公。

高祖为丞相，尉迥作乱，遣韦孝宽击之，以询为元帅长史，委以心膂。军至永桥，诸将不一，询密启高祖，请重臣监护。高祖遂令高颎监军，与颎同心协力，唯询而已。及平尉迥，进位上柱国，改封陇西郡公，赐帛千匹，加以

口马。

开皇元年,引杜阳水灌三趾原,询督其役,民赖其利。寻检校襄州总管事。岁余,拜隰州总管。数年,以疾征还京师,中使顾问不绝。卒于家,时年四十九,上悼惜者久之。谥曰襄。有子元方嗣。

崇字永隆,英果有筹算,胆力过人。周元年,以父贤勋,封回乐县侯。时年尚小,拜爵之日,亲族相贺,崇独泣下。贤怪而问之,对曰:"无勋于国,而幼少封侯,当报主恩,不得终于孝养,是以悲耳。"贤由此大奇之。起家州主簿,非其所好,辞不就官,求为将兵都督。随宇文护伐齐,以功最,擢授仪同三司。寻除小司金大夫,治军器监。建德初,迁少侍伯大夫,转少承御大夫,摄太子宫正。周武帝平齐,引参谋议,以勋加授开府,封襄阳县公,邑一千户。寻改封广宗县公,转太府中大夫,历工部中大夫,迁右司驭。高祖为丞相,迁左司武上大夫,加授上开府仪同大将军。寻为怀州刺史,进爵郡公,加邑至二千户。尉迥反,遣使招之。崇初欲相应,后知叔父穆以并州附高祖,慨然太息曰:"合家富贵者数十人,值国有难,竟不能扶倾继绝,复何面目处天地间乎!"韦孝宽亦疑之,与俱卧起。其兄询时为元帅长史,每讽谕之,崇由是亦归心焉。及破尉惇,拜大将军。既平尉迥,授徐州总管,寻进位上柱国。

开皇三年,除幽州总管。突厥犯塞,崇辄破之。奚、霫、契丹等慑其威略,争来内附。其后突厥大为寇掠,崇率步骑三千拒之,转战十余日,师人多死,遂保于砂城。突厥围之。城本荒废,不可守御,晓夕力战,又无所食,每夜出掠贼营,复得六畜,以继军粮。突厥畏之,厚为其备,每夜中结阵以待之。崇军苦饥,出辄遇敌,死亡略尽,迟明奔还城者,尚且百许人,然多伤重,不堪更战。突厥意欲降之,遣使谓崇曰:"若来降者,封为特勤。"崇知必不免,令其士卒曰:"崇丧师徒,罪当死,今日效命以谢国家。待看吾死,且可降贼,方便散走,努力还乡。若见至尊,道崇此意。"乃挺刃突贼,复杀二人。贼乱射之,卒于阵,年四十八。赠豫郧申永浍亳六州诸军事、豫州刺史,谥曰壮。子敏嗣。

敏字树生。高祖以其父死王事,养宫中者久之。及长,袭爵广宗公,起家左千牛。美姿仪,善骑射,歌舞管弦,无不通解。开皇初,周宣帝后封乐平公主,有女娥英,妙择婚对,敕贵公子弟集弘圣宫者,日以百数。公主亲在帷中,并令自序,并试技艺。选不中者,辄引出之。至敏而合意,竟为姻媾。敏假一品羽仪,礼如尚帝之女。后将侍宴,公主谓敏曰:"我以四海与至尊,唯一女夫,当为汝求柱国。若授馀官,汝慎无谢。"及进见上,上亲御琵琶,遣敏歌舞。既而大悦,谓公主曰:"李敏何官?"对曰:"一白丁耳。"上因谓敏曰:"今授汝仪同。"敏不答。上曰:"不满尔意邪?今授汝开府。"敏又不谢。上曰:"公主有大功于我,我何得向其女婿而惜官乎!今授卿柱国。"敏乃拜而蹈舞。遂于坐发诏授柱国,以本官宿卫。后避讳,改封经城县公,邑一千户。历蒲、豳、金、华、敷州刺史,多不莅职,常留京师,往来宫内,侍从游宴,赏赐超于功臣。后幸仁寿宫,以为岐州刺史。

大业初,转卫尉卿。乐平公主之将薨也,遗言于炀帝曰:"妾无子息,唯有一女。不自忧死,但深怜之。今汤沐邑,乞回与敏。"帝从之。竟食五千户,摄屯卫将军。杨玄感反后城大兴,敏之策也。转将作监,从征高丽,领新城道军将,加光禄大夫。十年,帝复征辽东,遣敏于黎阳督运。时或言敏一名洪儿,帝疑"洪"字当谶,尝面告之,冀其引决。敏由是大惧,数与金才、善衡等屏人私语。宇文述知而奏之,竟与浑同诛,年三十九。其妻宇文氏,后数月亦赐鸩而终。

梁 睿

梁睿,字恃德,安定乌氏人也。父御,西魏太尉。睿少沉敏,有行检。周太祖时,以功臣子养宫中者数年。其后命诸子与睿游处,同师共业,情契甚欢。七岁,袭爵广平郡公,累加仪同三司,邑五百户。寻为本州大中正。魏恭帝时加开府,改封为五龙郡公,拜渭州刺史。周闵帝受禅,征为御伯。未几,出为中州刺史,镇新安,以备齐。齐人来寇,睿辄挫之,帝甚嘉叹。拜大将军,进爵蒋国公,入为司会。后从齐王宪拒齐将斛律明月于洛阳,每战有功,迁小冢宰。武帝时,历敷州刺史、凉安二州总管,俱有惠政,进位柱国。

高祖总百揆,代王谦为益州总管。行至汉川而谦反,遣兵攻始州,睿不得进。高祖命睿为行军元帅,率行军总管于义、张威、达奚长儒、梁升、石孝义步骑二十万讨之。时谦遣开府李三王等守通谷,睿使张威击破之,擒数千人,进至龙门。谦将赵俨、秦会拥众十万,据岭为营,周亘三十里。睿令将士衔枚出自间道,四面奋击,力战破之。蜀人大骇,睿鼓行而进。谦将敬豪守剑阁,梁岩拒平林,并惧而来降。谦又令高阿那肱、达奚甚等以盛兵攻利州。闻睿将至,甚分兵据开远。睿顾谓将士曰:"此虏据要,欲遏吾兵势,吾当出其不意,破之必矣。"遣上开府拓拔宗趣剑阁,大将军宇文复诣巴西,大将军赵达水军入嘉陵。睿遣张威、王伦、贺若震、于义、韩相贵、阿那惠等分道攻甚,自午及申,破之。甚奔归于谦。睿进逼成都,谦令达奚甚、乙弗虔城守,亲率精兵五万,背城结阵。睿击之,谦不利,将入城,甚、虔以城降,拒谦不内。谦将麾下三十骑遁走,新都令王宝执之。睿斩谦于市,剑南悉平。进位上柱国,总管如故。赐物五千段,奴婢一千口,金二千两,银三千两,食邑千户。

睿时威振西川,夷、獠归附,唯南宁酋帅爨震恃远不宾。睿上疏曰:"窃以远抚长驾,王者令图,易俗移风,有国恒典。南宁州,汉世牂柯之地,近代已来,分置兴古、云南、建宁、朱提四郡。户口殷众,金宝富饶,二河有骏马、明珠,益宁出盐井、犀角。晋太始七年,以益州旷远,分置宁州。至伪梁南宁州刺史徐文盛,被湘东征赴荆州,属东夏尚阻,未遑远略。土民爨瓒遂窃据一方,国家遥授刺史。其子震,相承至今。而震臣礼多亏,贡赋不入,每年奉献,不过数十匹马。其处去益,路止一千,朱提北境,即与戎州接界。如闻彼人苦其苛政，思被皇风。伏惟大丞相匡赞圣朝，宁济区宇，绝后光前，方垂万代，辟土服远，今正其时。幸因平蜀士众，不烦重兴师旅，押獠既讫，即请略定南宁。自卢、戎已来，军粮须给，过此即于蛮夷征税，以供兵马。其宁州、朱提、云南、西爨，并置总管州镇。计彼熟蛮租调，足供城防食储。一则以肃蛮夷，二则裨益军国。今谨件宁州郡县及事意如别。有大都督杜神敬，昔曾使彼，具所谙练，今并送往。"书未答，又请曰："窃以柔远能迩，著自前经，拓土开疆，王者所务。南宁州，汉代牂柯之郡，其地沃壤，多是汉人，既饶宝物，又出名马。今若往取，仍置州郡，一则远振威名，二则有益军国。其处与交、广相接，路乃非遥。汉代开此，本为讨越之计。伐陈之日，复是一机，以此商量，决谓须取。"高祖深纳之，然以天下初定，恐民心不安，故未之许。后竟遣史万岁讨平之，并因睿之策也。

睿威惠兼著，民夷悦服，声望逾重，高祖阴惮之。薛道衡从军在蜀，因入接宴，说睿曰："天下之望，已归于隋。"密令劝进，高祖大悦。及受禅，顾待弥隆。睿复上平陈之策，上善之，下诏曰："公英风震动，妙算纵横，清荡江南，宛然可见。循环三复，但以欣然。公既上才，若管戎律，一举大定，固在不疑。但朕初临天下，政道未洽，恐先穷武事，未为尽善。昔公孙述、隗嚣，汉之贼也，光武与其通和，称为皇帝。尉佗之于高祖，初犹不臣。孙晧之答晋文，书尚云白。或寻款服，或即灭亡。王者体大，义存遵养，虽陈国来朝，未尽藩节，如公大略，诚须责罪，尚欲且缓其诛，宜知此意。淮海未灭，必兴师旅，若命水袭，终当相属。想以身许国，无足致辞也。"睿乃止焉。

睿时见突厥方强，恐为边患，复陈镇守之策十余事，上书奏之曰："窃以戎狄作患，其来久矣。防遏之道，自古为难。所以周无上算，汉收下策，以其倏来忽往，云屯雾散，强则骋其犯塞，弱又不可尽除故也。今皇祚肇兴，宇内宁一，唯有突厥种类，尚为边梗。此臣所以废寝与食，痛瘝思之。昔匈奴未平，去病辞宅，先零尚在，充国自劾。臣才非古烈，而志追昔士。谨件安置北边城镇烽候，及人马粮贮战守事意如别，谨并图上呈，伏惟裁览。"上嘉叹久之，答以厚意。

睿时自以周代旧臣，久居重镇，内不自安，屡请入朝，于是征还京师。及引见，上为之兴，命睿上殿，握手极欢。睿退谓所亲曰："功遂身退，今其时也。"遂谢病于家，阖门自守，不交当代。上赐以版舆，每有朝觐，必令三卫舆上殿。睿初平王谦之始，自以威名太盛，恐为时所忌，遂大受金贿以自秽。由是勋簿多不以实，诣朝堂称屈者，前后百数。上令有司案验其事，主者多获罪。睿惶惧，上表陈谢，请归大理。上慰谕遣之。

十五年，从上至洛阳而卒，时年六十五。谥曰襄。子洋嗣，官历嵩、徐二州刺史、武贲郎将。大业六年，诏追改封睿为戴公，命以洋袭焉。

史臣曰：李穆、梁睿，皆周室功臣，高祖业初基，俱受腹心之寄。故穆首登师傅，睿终膺殊宠，观其见机而动，抑亦民之先觉。然方魏朝之贞烈，有愧王陵，比晋室之忠臣，终惭徐广。穆之子孙，特为隆盛，朱轮华毂，凡数十人，见忌当时，祸难遝及，得之非道，可不戒欤！

卷三十八　　　　　列传第三

刘　昉

刘昉，博陵望都人也。父孟良，大司农。从魏武入关，周太祖以为东梁州刺史。昉性轻狡，有奸数。周武帝时，以功臣子入侍皇太子。及宣帝嗣位，以技佞见狎，出入宫掖，宠冠一时。授大都督，迁小御正，与御正中大夫颜之仪并见亲信。及帝不念，召方及之仪俱入卧内，属以后事。帝喑不复能言。昉见静帝幼冲，不堪负荷。然昉素知高祖，又以后父之故，有重名于天下，遂与郑译谋，引高祖辅政。高祖固让，不敢当。昉曰："公若为，当速为之；如不为，昉自为也。"高祖乃从之。

及高祖为丞相，以昉为司马。时宣帝弟汉王赞居禁中，每与高祖同帐而坐。昉饰美妓进于赞，赞甚悦之。昉因说赞曰："大王先帝之弟，时望所归。孺子幼冲，岂堪大事！今先帝初崩，群情尚扰，王且归第。待事宁之后，入为天子，此万全之计也。"赞时年未弱冠，性识庸下，闻昉之说，以为信然，遂从之。高祖以昉有定策之功，拜上大将军，封黄国公，与沛国公郑译皆为心膂。前后赏赐巨万，出入以甲士自卫，朝野倾瞩，称为黄、沛。时人为之语曰："刘昉牵前，郑译推后。"昉自恃其功，颇有骄色。然性粗疏，溺于财利，富商大贾，朝夕盈门。

于时尉迥起兵，高祖令韦孝宽讨之。至武陟，诸将不一。高祖欲遣昉、译一人往监军，因谓之曰："须得心膂以统大军，公等两人，谁当行者？"昉自言未尝为将，译又以母老为请，高祖不怿，而高颎请行，遂遣之。由是恩礼渐薄。又王谦、司马消难相继而反，高祖忧之，忘寝与食。昉逸游纵酒，不以职司为意，相府事物，多所遗落。高祖深衔之，以高颎代为司马。是后益见疏忌。及受禅，进位柱国，改封舒国公，闲居无事，不复任使。昉自以佐命元功，中被疏远，甚不自安。后遇京师饥，上令禁酒，昉使妾赁屋，当垆沽酒。治书侍御史梁毗劾奏昉曰："臣闻处贵则戒之以奢，持满则守之以约。昉位列群公，秩高庶尹，縻爵稍久，厚禄已淹，正当戒满归盈，鉴斯止足，何乃规曲蘖之润，竞锥刀之末，身昵酒徒，家为逋薮？若不纠绳，何以肃厉！"有诏不治。昉郁郁不得志。时柱国梁士彦、宇文忻俱失职怨望，昉并与之交，数相来往。士彦妻有美色，昉因与私通，士彦不之知也，情好弥协，遂相与谋反，许推士彦为帝。后事泄，上穷治之。昉自知不免，默无所对。下诏诛之，曰：

朕君临四海，慈爱为心。加以起自布衣，入升皇极，公卿之内，非亲则友，位虽差等，情皆旧人。护短全长，恒思覆育，每殷勤戒约，言无不尽。天之历数，定于杳冥，岂虑苞藏之心，能为国家之害？欲使其长守富贵，不触刑书故也。上柱国、邢国公梁士彦，上柱国、杞国公宇文忻，柱国、舒国公刘昉等，朕受命之初，并展勋力，酬勋报效，荣高禄重。待之既厚，爱之实隆，朝夕宴言，备知朕意。但心如溪壑，志等豺狼，不荷朝恩，忽谋逆乱。士彦爰始幼来，恒自诬罔，称有相者，云其应箓，年过六十，必据九五。初平尉迥，暂临相州，已有反心，彰于行路。朕即遣人代之，不声其罪。入京之后，逆意转深。忻、昉之徒，言相扶助。士彦许率僮仆，克期不远，欲于蒲州起事，即断河桥，捉黎阳之关，塞河阳之路，劫调布以为牟甲，募盗贼而为战士，就食之人，亦云易集。轻忽朝廷，嗤笑官人，自谓一朝奋发，无人当者。其第二子刚，每常苦谏，第三子叔谐，固深劝奖。朕既闻知，犹恐枉滥，乃授晋部之任，欲验蒲州之情。士彦得以欣然，云是天赞，忻及昉等，皆贺时来。忻往定邺城，自矜不已，位极人臣，犹恨赏薄。云我欲反，何虑不成。怒色忿言，所在流布。朕深念其功，不计其礼，任以武候，授以领军，寄之爪牙，委之心腹。忻密为计，树党宫闱，多奏亲友，入参宿卫。朕推心待物，言必依许。为而弗止，心迹渐彰，仍解禁兵，令其改悔。而志规不逞，愈结于怀，乃与士彦情意偏厚，要请神明，誓不负约。俱营贼逆，逢则交谋，委彦河东，自许关右，蒲津之事，即望从征，两军结东西之旅，一举合连横之势，然后北破晋阳，还图宗社。昉入佐相府，便为非法，三度事发，二度其妇自论。常云姓是"卯金刀"，名是"一万日"，刘氏应王，为万日天子。朕训之导之，示其利害，每加宽宥，望其修改。口请自新，志存如旧，亦与士彦情好深重，逆节奸心，尽探肝鬲。尝共士彦论太白所犯，问东井之间，思秦地之乱，访轩辕之里，愿宫掖之灾。唯待蒲坂事兴，欲在关内应接。残贼之策，千端万绪。惟忻及昉，名位并高，宁肯北面曲躬，臣于士彦，乃是各怀不逊，图成乱阶，一得扰攘之基，方逞吞并之事。人之奸诈，一至于此！虽国有常刑，罪在不赦，朕载思草创，咸著厥诚，情用愍然，未忍极法。士彦、忻、昉，身为谋首，叔谐赞成父意，义实难容，并已处尽。士彦、忻、昉兄弟叔侄，特恕其命，有官者除名。士彦小男女、忻母妻女及小男并放。士彦、叔谐妻妾及资财田宅，忻、昉妻妾及资财田宅，悉没官。士彦、昉儿年十五以上远配。上仪同薛摩儿，是士彦交旧，上柱国府户曹参军事裴石达，是士彦府僚，反状决心，巨细皆委。薛摩儿闻语，仍相应和，俱不申陈，宜从大辟。问即承引，颇是恕心，可除名免死。朕握图当箓，六载于斯，政事徒勤，淳化未洽，兴言轸念，良深叹愤！"

临刑，至朝堂，宇文忻见高颎，向之叩头求哀。昉勃然谓忻曰："事形如此，何叩头之有！"于是伏诛，籍没其家。后数日，上素服临射殿，尽取昉、忻、士彦三家资物置于前，令百僚射取之，以为鉴诫云。

郑　译

郑译，字正义，荥阳开封人也。祖琼，魏太常。父道邕，魏司空。译颇有学识，兼知钟律，善骑射。译从祖开府文宽，尚魏平阳公主，则周太祖元后之妹也。主无子，太祖令译后之。由是译少为太祖所亲，恒令与诸子游集。年十余岁，尝诣相府司录李长宗，长宗于众中戏之。译敛容谓长宗曰："明公位望不轻，瞻仰斯属，辄相玩狎，无乃丧德也。"长宗甚异之。文宽后诞二子，译复归本生。

周武帝时，起家给事中士，拜银青光禄大夫，转左侍上士。与仪同刘昉恒侍帝侧。译时丧妻，帝命译尚梁安固公主。及帝亲总万机，以为御正下大夫，俄转太子宫尹。时太子多失德，内史中大夫乌丸轨每劝帝废太子而立秦王，由是太子恒不自安。其后诏太子西征吐谷浑，太子乃阴谓译曰："秦王，上爱子也。乌丸轨，上信臣也。今吾此行，得无扶苏之事乎？"译曰："愿殿下勉著仁孝，无失子道而已。勿为他虑。"太子然之。既破贼，译以功最，赐爵开国子，邑三百户。后坐亵狎皇太子，帝大怒，除名为民。太子复召之，译戏狎如初。因言于太子曰："殿下何时可得据天下？"太子悦而益昵之。及帝崩，太子嗣位，是为宣帝。超拜开府、内史下大夫，封归昌县公，邑一千户，委以朝政。俄迁内史上大夫，进封沛国公，邑五千户，以其子善愿为归昌公，元璹为永安县男，又监国史。译颇专权，时帝幸东京，译擅取官材，自营私第，坐是复除名为民。刘昉数言于帝，帝复召之，顾待如初。诏领内史事。

初，高祖与译有同学之旧，译又素知高祖相表有奇，倾心相结。至是，高祖为宣帝所忌，情不自安，尝在永巷私于译曰："久愿出藩，公所悉也。敢布心腹，少留意焉。"译曰："以公德望，天下归心，欲求多福，岂敢忘也。谨即言之。"时将遣译南征，译请元帅。帝曰："卿意如何？"译对曰："若定江东，自非懿戚重臣无以镇抚。可令隋公行，且为寿阳总管以督军事。"帝从之。乃下诏以高祖为扬州总管，译发兵俱会寿阳以伐陈。行有日矣，帝不念，遂与御正下大夫刘昉谋，引高祖入受顾托。既而译宣诏，文武百官皆受高祖节度。时御正中大夫颜之仪与宦者谋，引大将军宇文仲辅政。仲已至御坐，译知之，遽率开府杨惠及刘昉、皇甫绩、柳裘俱入。仲与之仪见译等，愕然，逡巡欲出，高祖因执之。于是矫诏复以译为内史上大夫。明日，高祖为丞相，拜译柱国、相府长史、治内史上大夫事。及高祖为大冢宰，总百揆，以译兼领天官都府司会，总六府事。出入卧内，言无不从，赏赐玉帛不可胜计。每出入，以甲士从。拜其子元璹为仪同。时尉迥、王谦、司马消难等作乱，高祖逾加亲礼。俄而进位上柱国，恕以十死。

译性轻险，不亲职务，而赃货狼籍。高祖阴疏之，然以其有定策功，不忍废放，阴敕官属不得白事于译。译犹坐厅事，无所关预。译惧，顿首求解职，高祖宽谕之，接以恩礼。及上受禅，以上柱国公归第，赏赐丰厚。进子元琦爵城皋郡公，邑二千户，元洵永安男。追赠其父及亡兄二人并为刺史。译自以被疏，阴呼道士章醮以祈福助，其婢奏译厌盅左道。上谓译曰："我不负公，此何意也？"译无以对。译又与母别居，为宪司所劾，由是除名。下诏曰："郑译嘉谋良策，寂尔无闻，鬻狱卖官，沸腾盈耳。若留之于世，在人为不道之臣，戮之于朝，入地为不孝之鬼。有累幽显，无以置之，宜赐以《孝经》，令其熟读。"仍遣与母共居。

未几，诏译参撰律令，复授开府、隆州刺史。请还治疾，有诏征之，见于醴泉宫。上赐宴甚欢，因谓译曰："贬退已久，情相矜愍。"于是复爵沛国公，位上柱国。上顾谓侍臣曰："郑译与朕同生共死，间关危难，兴言念此，何日忘之！"译因奉觞上寿。上令内史令李德林立作诏书，高颎戏谓译曰："笔干。"译答曰："出为方岳，杖策言归，不得一钱，何以润笔。"上大笑。未几，诏译参议乐事。译以周代七声废缺，自大隋受命，礼乐宜新，更修七始之义，名曰《乐府声调》，凡八篇。奏之，上嘉美焉。俄迁岐州刺史。在职岁余，复奉诏定乐于太常，前后所论乐事，语在《音律志》。上劳译曰："律令则公定之，音乐则公正之。礼乐律令，公居其三，良足美也。"于是还岐州。开皇十一年，以疾卒官，时年五十二，上遣使吊祭焉。谥曰达。子元琦嗣。炀帝初立，五等悉除，以译佐命元功，诏追改封译莘公，以元琦袭。

元琦初为骠骑将军，后转武贲郎将，数以军功进位右光禄大夫，迁右候卫将军。大业末，出为文城太守。及义兵起，义将张伦略地至文城，元琦以城归之。

柳裘

柳裘，字茂和，河东解人，齐司空世隆之曾孙也。祖惔，梁尚书左仆射。父明，太子舍人、义兴太守。裘少聪慧，弱冠有令名，在梁仕历尚书郎、驸马都尉。梁元帝为魏军所逼，遣裘请和于魏。俄而江陵陷，遂入关中。周明、武间，自麟趾学士累迁太子侍读，封昌乐县侯。后除天官府都上士。宣帝即位，拜仪同三司，进爵为公，转御饰大夫。及帝不念，留侍禁中，与刘昉、韦谟、皇甫绩同谋，引高祖入总万机。高祖固让不许。裘进曰："时不可再，机不可失，今事已然，宜早定大计。天与不取，反受其咎，如更迁延，恐贻后悔。"高祖从之。进位上开府，拜内史大夫，委以机密。及尉迥作乱，天下骚动，并州总管李穆颇怀犹豫，高祖令裘往喻之。裘见穆，盛陈利害，穆甚悦，遂归心于高祖。以奉使功，赐彩三百匹，金九环带一腰。时司马消难阻兵安陆，又令喻之，未到而消难奔陈。高祖即令裘随便安集淮南，赐马及杂物。开皇元年，进位大将军，拜许州刺史。在官清简，吏民怀之。复转曹州刺史。其后上思裘定策功，欲加荣秩，将征之，顾问朝臣曰："曹州刺史何当入朝？"或对曰："即今冬也。"帝乃止。裘寻卒，高祖伤惜者久之，谥曰安。子惠童嗣。

皇甫绩 韦谟

皇甫绩，字功明，安定朝那人也。祖穆，魏陇东太守。父道，周湖州刺史、雍州都督。绩三岁而孤，为外祖韦孝宽所鞠养。尝与诸外兄博奕，孝宽以其惰业，督以严训，愍绩孤幼，特舍之。绩叹曰："我无庭训，养于外氏，不能克躬励己，何以成立？"深自感激，命左右自杖三十。孝宽闻而对之流涕。于是精心好学，略涉经史。周武帝为鲁公时，引为侍读。建德初，转宫尹中士。武帝尝避暑云阳宫，时宣帝为太子监国。卫刺王作乱，城门已闭，百僚多有通者。绩闻难赴之，于玄武门遇皇太子，太子下楼执绩手，悲喜交集。帝闻而嘉之，迁小宫尹。宣政初，录前后功，封义阳县男，拜畿伯下大夫，累转御正下大夫。宣帝崩，高祖总己，绩有力焉，语在《郑译传》。加位上开府，转内史中大夫，进封郡公，邑千户。寻拜大将军。开皇元年，出为豫州刺史，增邑通前二千五百户。寻拜都官尚书。后数载，转晋州刺史，将之官，稽首而言曰："臣实庸鄙，无益于国，每思犯难以报国恩。今伪陈尚存，以臣度之，有三可灭。"上问其故，绩答曰："大吞小，一也；以有道伐无道，二也；纳叛臣萧岩，于我有词，三也。陛下若命鹰扬之将，臣请预戎行，展丝发之效。"上嘉其壮志，劳而遣之。及陈平，拜苏州刺史。

高智慧等作乱江南，州民顾子元发兵应之，因以攻绩，相持八旬。子元素感绩恩，于冬至日遣使奉牛酒。绩遗子元书曰："皇帝握符受箓，合极通灵，受揖让于唐、虞，弃干戈于汤、武。东逾蟠木，方朔所未穷；西尽流沙，张骞所不至。玄漠黄龙之外，交臂来王；葱岭、榆关之表，屈膝请吏。曩者伪陈独阻声教，江东士民困于荼毒。皇天辅仁，假手朝廷，聊申薄伐，应时瓦解。金陵百姓，死而复生，吴、会臣民，白骨还肉。唯当怀音感德，行歌击壤，岂宜自同吠主，翻成反噬。卿非吾民，何须酒礼？吾是隋将，何容外交？易子析骸，未能相告，况是足食足兵，高城深堑，坐待强援，绰有余力。何劳踵轻敌之俗，作虚伪之辞，欲阻诚臣之心，徒惑骁雄之志。以此见期，必不可得。卿宜善思活路，晓谕黎元，能早改迷，失道非远。"子元得书，于城下顿首陈谢。杨素援兵至，合击破之。拜信州总管、十二州诸军事。俄以病乞骸骨，诏征还京，赐以御药，中使相望，顾问不绝。卒于家，时年五十二。谥曰安。子偲嗣。大业之世，官至尚书主爵郎。

韦谟者，京兆人也。仕周内史大夫。高祖以谟有定策之功，累迁上柱国，封普安郡公。开皇初，卒于蒲州刺史。

卢贲

卢贲，字子徵，涿郡范阳人也。父光，周开府、燕郡公。贲略涉书记，颇解钟律。周武帝时，袭爵燕郡公，邑一千九百户。后历鲁阳太守、太子小宫尹、仪同三司。平齐有功，增邑四百户，转司武上士。时高祖为大司武，贲知高祖为非常人，深自推结。宣帝嗣位，加开府。

及高祖初被顾托，群情未一，乃引贲置于左右。高祖将之东第，百官皆不知所去。高祖潜令贲部伍仗卫，因召公卿而谓曰："欲求富贵者，当相随来。"往往偶语，欲有去就。贲严兵而至，众莫敢动。出崇阳门，至东宫，门者拒不内。贲谕之，不去，瞋目叱之，门者遂却。既而高祖得入。贲恒典宿卫，后承问，进说曰："周历已尽，天人之望，实归明公，愿早应天顺民也。天与不取，反受其咎。"高祖甚然之。及受禅，命贲清宫，因典宿卫。贲于是奏改周代旗帜，更为嘉名。其青龙、驺虞、朱雀、玄武、千秋、万岁之旗，皆贲所创也。寻拜散骑常侍，兼太子左庶子、左领军、右将军。

时高颎、苏威共掌朝政，贲甚不平之。柱国刘昉时被疏忌，贲因讽昉及上柱国元谐、李询、华州刺史张宾等，谋黜颎、威，五人相与辅政。又以晋王上之爱子，谋行废立。复私谓皇太子曰："贲将数说殿下，恐为上所谴，愿察区区之心。"谋泄，上穷治其事。昉等委罪于宾、贲，公卿奏二人坐当死。上以龙潜之旧，不忍加诛，并除名为民。宾未几卒。

岁余，贲复爵位，检校太常卿。贲以古乐宫悬七八，损益不同，历代通儒，议无定准，于是上表曰："殷人以上，通用五音，周武克殷，得鹑火、天驷之应，其音用七。汉兴，加应钟，故十六枚而在一簴。郑玄注《周礼》，二八十六为簴。此则七八之义，其来远矣。然世有沿革，用舍不同，至周武帝，复改悬七，以林钟为宫。夫乐者，治之本也，故移风易俗，莫善于乐，是以吴札观而辨兴亡。然则乐也者，所以动天地，感鬼神，情发于声，治乱斯应。周武以林钟为宫，盖将亡之征也。且林钟之管，即黄钟下生之义。黄钟，君也，而生于臣，明为皇家九五之应。又阴者臣也，而居君位，更显国家登极之祥。斯实冥数相符，非关人事。伏惟陛下握图御宇，道迈前王，功成作乐，焕乎襄策。臣闻五帝不相沿乐，三王不相袭礼，此盖随时改制，而不失雅正者也。"上竟从之，即改七悬八，以黄钟为宫。诏贲与仪同杨庆和删定周、齐音律。

未几，拜邺州刺史，寻转虢州刺史。后迁怀州刺史，决沁水东注，名曰利民渠，又派入温县，名曰温润渠，以溉舄卤，民赖其利。后数年，转齐州刺史。民饥，谷米踊贵，闭人粜而自粜之。坐是除名为民。

后从幸洛阳，上从容谓贲曰："我始为大司马时，卿以布腹心于我。及总百揆，频繁左右，与卿足为恩旧。卿若无过者，位与高颎齐。坐以凶人交构，由是废黜。言念畴昔之恩，复当牧伯之位，何乃不思报效，以至于此！吾不忍杀卿，是屈法申私耳。"贲俯伏陈谢，诏复本官。后数日，对诏失旨，又自叙功绩，有怨言。上大怒，顾谓群臣曰："吾将与贲一州，观此不可复用。"后皇太子为其言曰："此辈并有佐命之功，虽性行轻险，诚不可弃。"上曰："我抑屈之，全其命也。微刘昉、郑译及贲、柳裘、皇甫绩等，则我不至此。然此等皆反覆子也。当周宣帝时，以无赖得幸，及帝大渐，颜之仪等请以宗王辅政，此辈行诈，顾命于我。我将为治，又欲乱之。故昉谋大逆于前，译为巫蛊于后。如贲之徒，皆不满志。任则不逊，致之则怨，

自难信也，非我弃之。众人见此，或有窃议，谓我薄于功臣，斯不然矣。"苏威进言："汉光武欲全功臣，皆以列侯奉朝请。至尊仁育，复用此道以安之。"上曰："然。"遂废于家，是岁卒，年五十四。

史臣曰：高祖肇基王业，昉、译实启其谋，当轴执钧，物无异论。不能忘身急病，以义断恩，方乃难求全，偷安怀禄。暨夫帝迁明德，义非简在，盐梅之寄，自有攸归。言追昔款，内怀觖望，耻居吴、耿之末，羞与绛、灌为伍。事君尽礼，既阙于宿心，不爱其亲，遽彰于物议。其在周也，靡忠贞之节，其奉隋也，愧竭命之诚。非义掩其前功，畜怨兴其后衅，而望不陷刑辟，保贵全生，难矣。柳裘、皇甫绩、卢贲，因人成事，协规不二，大运光启，莫参枢要。斯固在人欲其悦己，在我欲其骂人，理自然也。晏婴有言："一心可以事百君，百心不可以事一君。"于昉、译见之矣。

卷三十九　　　　列传第四

于义 子宣道

于义，字慈恭，河南洛阳人也。父谨，从魏武帝入关，仕周，官至太师，因家京兆。义少矜严，有操尚，笃志好学。大统末，以父功，赐爵平昌县伯，邑五百户。起家直阁将军。其后改封广都县公。周闵帝受禅，增邑六百户。累迁安武太守，专崇德教，不尚威刑。有郡民张善安、王叔儿争财相讼，义曰："太守德薄不胜任之所致，非其罪也。"于是取家财，倍与二人，喻而遣去。善安等各怀耻愧，移贯他州。于是风教大洽。其以德化人，皆此类也。进封建平郡公。明、武世，历西兖、瓜、邵三州刺史。数从征伐，进位开府。宣帝嗣位，政刑日乱，义上疏谏。时郑译、刘昉以恩幸当权，谓义不利于己，先恶之于帝。帝览表色动，谓侍臣曰："于义谤讪朝廷也。"御正大夫颜之仪进曰："古先哲王立诽谤之木，置敢谏之鼓，犹惧不闻过。于义之言，不可罪也。"帝乃解。及高祖作相，王谦构逆，高祖将击之，问将于高颎。颎答曰："于义素有经略，可为元帅。"高祖初然之。刘昉进曰："梁睿位望素重，不可居义之下。"高祖乃止。于是以睿为元帅，义为行军总管。谦将达奚甚拥众据开远，义将左军击破之。寻拜潼州总管，赐奴婢五百口，杂彩三千段，超拜上柱国。时义兄翼为太尉，弟智、兄子仲文并上柱国，大将军已上十余人，称为贵威。岁余，以疾免职，归于京师。数月卒，时年五十。赠豫州刺史，谥曰刚。赙物千段，粟米五百石。子宣道、宣敏，并知名。

宣道字元明，性谨密，不交非类。仕周，释褐左侍上士。以父功，赐爵成安县男，邑二百户。后转小承御上士。高祖为丞相，引为外兵曹，寻拜仪同。及践阼，迁内史舍

人,进爵为子。丁父忧,水浆不入口者累日。献皇后命中使敦谕,岁余,起令视事。免丧,拜车骑将军,兼左卫长史,舍人如故。后六岁,迁太子左卫副率,进位上仪同。卒,年四十二。子志宁,早知名,出继叔父宣敏。

宣敏字仲达,少沉密,有才思。年十一,诣周赵王招,王命之赋诗。宣敏为诗,甚有幽贞之志。王大奇之,坐客莫不嗟赏。起家右侍上士,迁千牛备身。高祖践阼,拜奉车都尉,奉使抚慰巴蜀。及还,上疏曰:

臣闻开盘石之宗,汉室于是惟永;建维城之固,周祚所以灵长。昔秦皇置牧守而罢诸侯,魏后昵谄邪而疏骨肉,遂使宗社移于他族,神器传于异姓。此事之明,甚于观火。然山川设险,非亲勿居。且蜀土沃饶,人物殷阜,西通邛僰,南属荆巫。周德之衰,兹土遂成戎首;炎政失御,此地便为祸先。是以明者防于无形,治者制其未乱,方可庆隆万世,年逾七百。伏惟陛下日角龙颜,膺乐推之运,参天贰地,居揖让之期,亿兆宅心。百神受职,理须树建藩屏,封植子孙,继周、汉之宏图,改秦、魏之覆轨,抑近习之权势,崇公族之本枝。但三蜀、三齐,古称天险,分王戚属,今正其时。若使利建合宜,封树得所,巨猾息其非望,奸臣杜其邪谋。盛业洪基,同天地之长久,英声茂实,齐日月之照临。臣虽学谢多闻,然情深体国,辄申管见,战灼惟深。

帝省表嘉之,谓高颎曰:"于氏世有人焉。"竟纳其言,遣蜀王秀镇于蜀。宣敏常以盛满之诫,昔贤所重,每怀静退,著《述志赋》以见其志焉。未几,卒官,时年二十九。

阴寿 子世师 骨仪

阴寿,字罗云,武威人也。父嵩,周夏州刺史。寿少果烈,有武干,性谨厚,敦然诺。周世屡以军功,拜仪同。从武帝平齐,进位开府,赐物千段,奴婢百口,女乐二十人。及高祖为丞相,引寿为掾。尉迥作乱,高祖以韦孝宽为元帅击之,令寿监军。时孝宽有疾,不能亲总戎事,每卧帐中,遣妇人传教命。三军纲纪,皆取决于寿。以功进位上柱国。寻以行军总管镇幽州,即拜幽州总管,封赵国公。时有高宝宁者,齐氏之疏属也,为人桀黠,有筹算,在齐久镇黄龙。及齐灭,周武帝拜为营州刺史,甚得华夷之心。高祖为丞相,遂连结契丹、靺鞨举兵反。高祖以中原多故,未遑进讨,以书喻之而不得。开皇初,又引突厥攻围北平。至是,令寿率步骑数万,出卢龙塞以讨之。宝宁求救于突厥。时卫王爽等诸将数道北征,突厥不能援。宝宁弃城奔于碛北,黄龙诸县悉平。寿班师,留开府成道昂镇之。宝宁遣其子僧伽率轻骑掠城下而去。寻引契丹、靺鞨之众来攻,道昂苦战连日乃退。寿患之,于是重购宝宁,又遣人阴间其所亲任者赵世模、王威等。月余,世模率其众降,宝宁复走契丹,为其麾下赵修罗所杀,北边遂安。赐物千段。未几,卒官,赠司空。子世师嗣。

世师少有节概,性忠厚,多武艺。弱冠,以功臣子拜仪同,累迁骠骑将军。炀帝嗣位,领东都瓦工监。后三岁,

拜张掖太守。先是,吐谷浑及党项羌屡为侵掠,世师至郡,有来寇者,亲自捕击,辄擒斩之,深为戎狄所惮。入为武贲郎将。辽东之役,出襄平道。明年,帝复击高丽,以本官为涿郡留守。于时盗贼蜂起,世师逐捕之,往往克捷。及帝还,大加旌劳,拜楼烦太守。时帝在汾阳宫,世师闻始毕可汗将为寇,劝帝幸太原。帝不从,遂有雁门之难。寻迁左翊卫将军,与代王留守京师。及义军至,世师自以世荷隋恩,又藩邸之旧,遂勒兵拒守。月余,城陷,与京兆郡丞骨仪等见诛,时年五十三。

骨仪,京兆长安人也。性刚鲠,有不可夺之志。开皇初,为侍御史,处法平当,不为势利所回。炀帝嗣位,迁尚书右司郎。于时朝政渐乱浊,货赂公行,凡当枢要之职,无问贵贱,并家累金宝。天下士大夫莫不变节,而仪励志守常,介然独立。帝嘉其清苦,超拜京兆郡丞,公方弥著。时刑部尚书卫玄兼领京兆内史,颇行诡道,辄为仪所执正。玄虽不便之,不能伤也。及义兵至,而玄恐祸及己,遂称老病,无所干预。仪与世师同心协契,父子并诛,其后遂绝。世师有子弘智等,以年幼获全。

窦荣定

窦荣定,扶风平陵人也。父善,周太仆。季父炽,开皇初,为太傅。荣定沈深有器局,容貌瑰伟,美须髯,便弓马。魏文帝时,为千牛备身。周太祖见而奇之,授平东将军,赐爵宜君县子,邑三百户。后从太祖与齐人战于北芒,周师不利,荣定与汝南公宇文神庆帅精骑二千邀击之,齐师乃却。以功拜上仪同。后从武元皇帝引突厥木杆侵齐之并州,赐物三百段。袭爵永富县公,邑千户,进位开府,除忠州刺史。从武帝平齐,加上开府,拜前将军,侍飞中大夫。其妻则高祖姊安成长公主也。高祖少小与之情契甚厚,荣定亦知高祖有人君之表,尤相推结。及高祖作相,领左右宫伯,使镇守天台,总统露门内两箱仗卫,常宿禁中。遇尉迥初平,朝廷颇以山东为意,乃拜荣定为洛州总管以镇之。前后赐缣四千匹,西凉女乐一部。

高祖受禅,来朝京师。上顾谓群臣曰:"朕少恶轻薄,性相近者,唯窦荣定而已。"赐马三百匹,部曲八十户而遣之。坐事除名,高祖以长公主之故,寻拜右武候大将军。上数幸其第,恩赐甚厚。每令尚食局日供羊一口,珍味称是。以佐命功,拜上柱国、宁州刺史。未几,复为右武候大将军。寻除秦州总管,赐吴乐一部。突厥沙钵略寇边,以为行军元帅,率九总管,步骑三万,出凉州。与虏战于高越原,两军相持,其地无水,士卒渴甚,至刺马血而饮,死者十有二三。荣定仰天太息。俄而澍雨,军乃复振。于是进击,数挫其锋,突厥惮之,请盟而去。赐缣万匹,进爵安丰郡公,增邑千六百户。复封子宪为安康郡公,赐缣五千匹。岁余,拜右武卫大将军,俄转左武卫大将军。上欲以为三公,荣定上书曰:"臣每观西朝卫、霍,东都梁、邓,幸托葭莩,位极台铉,宠积骄盈,必致倾覆。向使前贤,少自贬损,远避权势,推而不居,则天命可保,何覆宗之有!臣每览前修,实为畏惧。"上于是乃止。前后赏

赐，不可胜计。开皇六年卒，时年五十七。上为之废朝，令左卫大将军元旻监护丧事，赗缣三千匹。上谓侍臣曰："吾每欲致荣定于三事，其人固让不可。今欲赠之，重违其志。"于是赠冀州刺史、陈国公，谥曰懿。子抗嗣。

抗美容仪，性通率，长于巧思。父卒之后，恩遇弥隆，所赐钱帛金宝，亦以巨万。抗官至定州刺史，复检校幽州总管。炀帝即位，汉王谅构逆，以为抗与通谋，由是除名，以其弟庆袭封陈公焉。

庆亦有姿仪，性和厚，颇工草隶。初封永富郡公，官至河东太守、卫尉卿。大业之末，出为南郡太守，为盗贼所害。

庆弟班，亦工草隶，颇解钟律。官历颍川、南郡、扶风太守。

元景山

元景山，字邳岳，河南洛阳人也。祖燮，魏安定王。父琰，宋安王。景山少有器局，干略过人。周闵帝时，从大司马贺兰祥击吐谷浑，以功拜抚军将军。其后数从征伐，累迁仪同三司，赐爵文昌县公，授豐川防主。后与齐人战于北邙，斩级居多，加开府，迁建州刺史，进封宋安郡公，邑三千户。从武帝平齐，每战有功，拜大将军，改封平原郡公，邑二千户，赐女乐一部，帛六千匹，奴婢二百五十口，牛羊数千。

治亳州总管。先是，州民王回洛、张季真等聚结亡命，每为劫盗。前后牧守不能制。景山下车，逐捕之，回洛、季真挺身奔江南。禽其党人数百人，皆斩之。法令明肃，盗贼屏迹，称为大治。陈人张景遵以淮南内属，为陈将任蛮奴所攻，破其数栅。景山发谯、颍兵援之，蛮奴引军而退。征为候正。宣帝嗣位，从上柱国韦孝宽经略淮南。郧州总管宇文亮谋图不轨，以轻兵袭孝宽。孝宽窘迫，未得整阵，为亮所薄。景山率铁骑三百出击，破之，斩亮传首。以功拜亳州总管。

高祖为丞相，尉迥称兵作乱。荥州刺史宇文胄与迥通谋，阴以书讽动景山。景山执其使，封书诣相府。高祖甚嘉之，进位上大将军。司马消难之以郧州入陈也，陈遣其将樊毅、马杰等来援。景山率轻骑五百驰赴之。毅等惧，掠居民而遁。景山追之，一日一夜行三百余里，与毅战于漳口，二合皆克。毅等退保甑山镇。其城邑为消难所陷者，悉平之。拜安州总管，进位柱国，前后赐帛二千匹。时桐柏山蛮相聚为乱，景山复击平之。

高祖受禅，拜上柱国。明年，大举伐陈，以景山为行军元帅，率行军总管韩延、吕哲出汉口。遣上开府邓孝儒将劲卒四千，攻陈甑山镇。陈人遣其将陆纶以舟师来援。孝儒逆击，破之。陈将鲁达、陈纪以兵守溳口，景山复遣兵击走之。陈人大骇，甑山、沌阳二镇守将皆弃城而遁。景山将济江，会陈宣帝卒，有诏班师。景山大著威名，甚为敌人所惮。后数载，坐事免，卒于家。时年五十五。赠梁州总管，赐缣千匹，谥曰襄。子成寿嗣。

成寿便弓马，起家千牛备身。以上柱国世子，拜仪同。

后为秦王库真车骑。炀帝嗣位，征为左亲卫郎将。杨玄感之乱也，从刑部尚书卫玄击之，以功进位正议大夫，拜西平通守。

源雄

源雄，字世略，西平乐都人也。祖怀、父纂，俱为魏陇西王。雄少宽厚，伟姿仪。在魏起家秘书郎，寻加征虏将军。属其父为高氏所诛，雄脱身而遁，变姓名，西归长安。周太祖见而器之，赐爵陇西郡公。后从武帝伐齐，以功授开府，改封朔方郡公，拜冀州刺史。时以突厥寇边，徙雄为平州刺史以镇之。未几，检校徐州总管。

及高祖为丞相，尉迥作乱，时雄家累在相州，迥潜以书诱之，雄卒不顾。高祖遗雄书曰："公妻子在邺城，虽言离隔，贼徒覆灭，聚会非难。今日已后，不过数旬之别，迟能开慰，无以累怀。徐部大蕃，东南襟带，密迩吴寇，特须安抚。藉公英略，委以边谋，善建功名，用副朝委也。"迥遣其将毕义绪据兰陵，席毗陷昌虑、下邑。雄遣徐州刺史刘仁恩击义绪，仪同刘弘、李琰讨席毗，悉平之。

陈人见中原多故，遣其将陈纪、萧摩诃、任蛮奴、周罗睺、樊毅等侵江北，西自江陵，东距寿阳，民多应之，攻陷城镇。雄与吴州总管于顗、扬州总管贺若弼、黄州总管元景山等击走之，悉复故地。东潼州刺史曹孝达据州作乱，雄遣兵袭斩之。进位上大将军，拜徐州总管。后数岁，转怀州刺史，寻迁朔州总管。突厥有来寇掠，雄辄捕斩之，深为北夷所惮。

伐陈之役，高祖下册书曰："於戏！唯尔上大将军、朔方公雄，识悟明允，风神果毅。往牧徐方，时逢寇逆，建旆马邑，安抚北蕃。嘉谋绝外境之虞，挺剑息韦辅之望。沙漠以北，俱荷威恩，吕梁之间，罔不怀惠。但江淮蕞尔，有陈僭逆，今将董率戎旅，清彼东南，是用命尔为行军总管。往钦哉！"于是从秦王俊出信州道。及陈平，以功进位上柱国。赐子崇爵端氏县伯，褒为安化县伯，赐物五段，复镇朔州。二岁，上表乞骸骨，征还京师，卒于家，时年七十。

子崇嗣，官至仪同。大业中，自上党赞治入为尚书虞部郎。及天下盗起，将兵讨北海，与贼力战而死，赠正议大夫。

豆卢勣 子毓 勣兄通

豆卢勣，字定东，昌黎徒河人也。本姓慕容，燕北地王精之后也。中山败，归魏，北人谓归义为"豆卢"，因氏焉。祖苌，魏柔玄镇大将。父宁，柱国、太保。勣初生时，周太祖亲幸宁家称庆，时遇新破齐师，太祖因字之曰定东。勣聪悟，有器局。少受业国子学，略涉文艺。魏大统十二年，太祖以勣勋臣子，封义安县侯。周闵帝受禅，授稍伯下大夫、开府仪同三司，改封丹阳郡公，邑千五百户。明帝时，为左武伯中大夫。勣自以经业未通，请解职游露门学。帝嘉之，敕以本官就学。未几，齐王宪纳勣妹为妃，恩礼逾厚。

会武帝嗣位，拜邛州刺史。未之官，渭源烧当羌因饥馑作乱，以勋有才略，转渭州刺史。甚有惠政，华夷悦服，德泽流行，大致祥瑞。鸟鼠山俗呼为高武陇，其下渭水所出，其山绝壁千寻，由来乏水，诸羌苦之。勋马足所践，忽飞泉涌出。有白鸟翔止厅前，乳子而后去，又白狼见于襄武。民为之谣曰："我有丹阳，山出玉浆。济我民夷，神乌来翔。"百姓因号其泉为玉浆泉。后丁父艰，毁瘠过礼。天和二年，授邵州刺史，袭爵楚国公。复征为天官府司会，历信、夏二州总管、相州刺史。以母忧还京。宣帝大象二年，拜利州总管，进位上大将军。月余，拜柱国。

高祖为丞相，益州总管王谦作乱。勋婴城固守，谦遣其将达奚甚、高阿那肱、乙弗虔等众十万攻之，起土山，凿城为七十余穴，堰江水以灌之。勋时战士不过二千，昼夜相拒。经四旬，势渐迫。勋于是出奇兵击之，斩数千级，降二千人。梁睿军且至，贼因而解去。高祖遣开府赵仲卿劳之，诏曰："勋器识优长，气调英远，总驭藩部，风化已行。巴蜀称兵，奄来围逼，入守出战，大摧凶丑。贞节雄规，厥功甚茂，可使持节、上柱国。赐一子爵中山县公。"

开皇二年，突厥犯塞，以勋为北道行军元帅以备边。岁余，拜夏州总管。上以其家世贵盛，勋效克彰，甚重之。后为汉王谅纳勋女为妃，恩遇弥厚。七年，诏曰："上柱国、楚国公勋，蜀人寇乱之日，称兵犯顺，固守金汤，隐如敌国。嘉猷大节，其劳已多，可食始州临津县邑千户。"十年，以疾征还京师，诏诸王并至勋第，中使顾问，道路不绝。其年卒，时年五十五。上悼惜者久之，特加赠赠，鸿胪监护丧事，谥曰襄。子贤嗣，官至显州刺史、大理少卿、武贲郎将。贤弟毓。

毓字道生，少英果，有气节。汉王谅出镇并州，毓以妃兄为王府主簿。从赵仲卿北征突厥，以功授仪同三司。及高祖崩，炀帝即位，征谅入朝。谅纳谘议王颋之谋，发兵作乱。毓苦谏不从，因谓弟懿曰："吾匹马归朝，自得免祸。此乃身计，非为国也。今且伪从，以思后计。"毓兄显州刺史贤言于帝曰："臣弟毓素怀志节，必不从乱，但逼凶威，不能克遂。臣请从军，与毓为表里，谅不足图也。"帝以为然，许之。贤密遣家人赍敕书至毓所，与之计议。谅出城，将往介州，令毓与总管属朱涛留守。毓谓涛曰："汉王构逆，败不旋踵，吾岂坐受夷灭，孤负家国邪！当与卿出兵拒之。"涛惊曰："王以大事相付，何得有是语！"因拂衣而去。毓追斩之。时谅司马皇甫诞前以谏谅被囚，毓于是出诞，与之协计，及开府、盘石侯宿勤武，开府宇文永昌，仪同成端、长孙恺，车骑、安成侯元世雅，原武令皇甫文颢等，闭城拒谅。部分未定，有人告谅，谅袭击之。毓见谅至，绐其众曰："此贼军也。"谅攻城南门，毓时遣稽胡守堞，稽胡不识谅，射之，箭下如雨。谅复至西门，守兵皆并州人，素识谅，即开门纳之。毓遂见害，时年二十八。及谅平，炀帝下诏曰："襃显名节，有国通规，加等饰终，抑推令典。毓深识大义，不顾姻亲，出于万死，首建奇策。去逆归顺，殉义亡身，追加荣命，宜优恒礼。可赠大将军，封正义县公，赐帛二千匹，谥曰愍。"

子愿师嗣，寻拜仪同三司。大业初，行新令，五等并除。未几，帝复下诏曰："故大将军、正义愍公毓，临节能固，捐生殉国，成为令典，没世不忘。象贤无坠，德隆必祀，改封雍丘愍侯。"复以愿师承袭。大业末，授千牛左右。

通字平东，勋之兄也，一名会。弘厚有器局。在周，少以父功，赐爵临贞县侯，邑千户。寻授大都督，俄迁仪同三司。大冢宰宇文护引之令督亲信兵，改封沃野县公，邑四千七百户。后加开府，历武贲中大夫、北徐州刺史。及高祖为丞相，尉迥作逆，遣其所署莒州刺史乌丸尼率众来攻。通逆击，破之。赐物八百段，进位大将军。开皇初，进爵南陈郡公。寻征入朝，以本官典宿卫。岁余，出拜定州刺史。后转相州刺史。尚高祖妹昌乐长公主，自是恩礼渐隆。迁夏州总管、洪州总管。所在之职，并称宽惠。十七年，卒官，年五十九。谥曰安。有子宽。

贺若谊

贺若谊字道机，河南洛阳人也。祖伏连，魏云州刺史。父统，右卫将军。谊性刚果，有干略。在魏以功臣子赐爵容城县男。累迁直阁将军、大都督、通直散骑常侍、尚食典御。周太祖据有关中，引之左右。尝使诣杏城，属茹茹种落携贰，屯于河表。谊因譬以祸福，诱令归附，降者万余口。太祖深奇之，赐金银百两。齐遣其舍人杨畅结好于茹茹，太祖恐其并力，为边境之患，使谊聘茹茹。谊因啖以厚利，茹茹信之，遂与周连和，执畅付谊。太祖嘉之，拜车骑大将军、仪同三司、略阳公府长史。周闵帝受禅，除司射大夫，改封霸城县子，转左宫伯，寻加开府。后历灵邵二州刺史，原信二州总管，俱有能名。其兄敦，为金州总管，以谗毁伏诛。坐是免职。

武帝亲总万机，召谊治熊州刺史。平齐之役，谊率兵出函谷，先据洛阳，即拜洛州刺史，进封建威县侯。齐范阳王高绍义之奔突厥也，谊以兵追之，战于马邑，遂擒绍义。以功进位大将军。高祖为丞相，拜亳州总管，驰驿之部。西遏司马消难，东拒尉迥。申州刺史李慧反，谊讨之，进爵范阳郡公，授上大将军。

开皇初，入为右武候将军。河间王弘北征突厥，以谊为副元帅。军还，转左武候大将军。坐事免。岁余，拜华州刺史，俄转敷州刺史，改封海陵郡公，复转泾州刺史。时突厥屡为边患，朝廷以谊素有威名，拜灵州刺史，进位柱国。谊时年老，而筋力不衰，犹能重铠上马，甚为北夷所惮。数载，上表乞骸骨，优诏许之。谊家富于财，于郊外构一别庐，多植果木。每邀宾客，列女乐，游集其间。卒于家，时年七十七。子举袭爵。

庶长子协，官至骠骑将军。协弟祥，奉车都尉。祥弟与，车骑将军。谊兄子弼，别有传。

史臣曰：于义、窦荣定等，或南阳姻亚，或丰邑旧游，运属时来，俱宜力用。以劳定国，以功懋赏，保其禄位，贻厥子孙。析薪克荷，崇基弗坠，盛矣！豆卢毓遇屯剥之机，亡身殉义；阴世师遭天之所废，舍命不渝。使夫死者有知，足以无愧君亲矣。

卷四十　　　　列传第五

梁士彦 子刚　梁默

梁士彦，字相如，安定乌氏人也。少任侠，不仕州郡。性刚果，喜正人之是非。好读兵书，颇涉经史。周世以军功拜仪同三司。武帝将有事东夏，闻其勇决，自扶风郡守除九曲镇将，进位上开府，封建威县公，齐人甚惮焉。寻迁熊州刺史。后从武帝拔晋州，进位柱国，除使持节、晋绛二州诸军事、晋州刺史。及帝还后，齐后主亲总六军而围之。独守孤城，外无声援，众皆震惧，士彦慷慨自若。贼尽锐攻之，楼堞皆尽，城雉所存，寻仞而已。或短兵相接，或交马出入。士彦谓将士曰："死在今日，吾为尔先！"于是勇烈齐奋，呼声动地，无不一当百。齐师少却。乃令妻妾军民子女，昼夜修城，三日而就。帝率六军亦至，齐师解围，营于城东十余里。士彦见帝，持帝须而泣曰："臣几不见陛下！"帝亦为之流涕。时帝以将士疲倦，意欲班师。士彦叩马谏曰："今齐师遁，众心皆动，因其惧也而攻之，其势必举。"帝从之，大军遂进。帝执其手曰："余之有晋州，为平齐之基。若不固守，则事不谐矣。朕无前虑，惟恐后变，善为我守之。"及齐平，封郕国公，进位上柱国、雍州主簿。宣帝即位，除东南道行台、使持节、徐州总管、三十二州诸军事、徐州刺史。与乌丸轨擒陈将吴明彻、裴忌于吕梁，别破黄陵，略定淮南地。

高祖作相，转亳州总管、二十四州诸军事。尉迥之反也，以为行军总管，从韦孝宽击之。至河阳，与迥军相对。令家僮梁默等数人为前锋，士彦以其徒继之，所当皆破。乘胜至草桥，迥众复合，进战，大破之。及围邺城，攻北门而入，驰启西门，纳宇文忻之兵。

及迥平，除相州刺史。高祖忌之，未几，征还京师，闲居无事。自恃元功，甚怀怨望，遂与宇文忻、刘昉等谋作乱。将率僮仆，于享庙之际，因车驾出，图以发机。复欲于蒲州起事，略取河北，捉黎阳关，塞河阳路，劫调布以为牟甲，募盗贼以为战士。其甥裴通预知其谋而奏之。高祖未发其事，授晋州刺史，欲观其意。士彦欣然谓昉等曰："天也！"又请仪同薛摩儿为长史，高祖从之。后与公卿朝谒，高祖令左右执士彦、忻、昉等于行间，诘之曰："尔等欲反，何敢发此意？"初犹不伏，捕薛摩儿适至，于是庭对之。摩儿具论始末，云："第二子刚垂泣苦谏，第三子叔谐："作猛兽要须成斑。"士彦失色，顾谓摩儿曰："汝杀我！"于是伏诛，时年七十二。

有子五人。操字孟德，出继伯父，官至上开府、义乡县公、长宁王府骠骑，早卒。刚字永固，弱冠授仪同，以平尉迥勋，加开府。击突厥有功，进位上大将军、通政县公、泾州刺史。士彦之诛也，以谏获免，徙瓜州。叔谐官至上仪同、广平县公、车骑将军。志远为安定伯，务为建威伯，皆坐士彦诛。

梁默者，士彦之苍头，骁武绝人。士彦每从征伐，常与默陷阵。仕周，致位开府。开皇末，以行军总管从杨素北征突厥，进位大将军。汉王谅之反也，复以行军总管从杨素讨平之，加授柱国。大业五年，从炀帝征吐谷浑，遇贼力战而死，赠光禄大夫。

宇文忻

宇文忻，字仲乐，本朔方人，徙京兆。祖莫豆于，魏安平公。父贵，周大司马、许国公。忻幼而敏慧，为儿童时，与群辈游戏，辄为部伍，进止行列，无不用命，有识者见而异之。年十二，能左右驰射，骁捷若飞。恒谓所亲曰："自古名将，唯以韩、白、卫、霍为美谈，吾察其行事，未足多尚。若使与仆并时，不令竖子独擅高名也。"其少小慷慨如此。年十八，从周齐王宪讨突厥有功，拜仪同三司，赐爵兴固县公。韦孝宽之镇玉壁也，以忻骁勇，请与同行。屡有战功，加位开府、骠骑将军，进爵化政郡公，邑二千户。

从武帝伐齐，攻拔晋州。齐后主亲驭六军，兵势甚盛，帝惮之，欲旋师。忻谏曰："以陛下之圣武，乘敌人之荒纵，何往不克！即使齐人更得令主，君臣协力，虽汤、武之势，未易平也。今主暗臣愚，兵无斗志，虽有百万之众，实为陛下奉耳。"帝从之，战遂大克。及帝攻陷并州，先胜后败，帝为贼所窘，左右皆犴，帝挺身而遁，诸将多劝帝还。忻勃然而进曰："自陛下克晋州，破高纬，乘胜逐北，以至于此。致令伪主奔波，关东响振，自古行兵用师，未有若斯之盛也。昨日破城，将士轻敌，微有不利，何为怀。丈夫当死中求生，败中取胜。今者破竹，其势已成，奈何弃之而去？"帝纳其言，明日复战，遂拔晋阳。及齐平，进位大将军，赐物千段。寻与乌丸轨破陈将吴明彻于吕梁，进位柱国，赐奴婢二百口，除豫州总管。

高祖龙潜时，与忻情好甚协，及为丞相，恩顾弥隆。尉迥作乱，以忻为行军总管，从韦孝宽击之。时兵屯河阳，诸军莫敢先进。帝令高颎驰驿监军，与颎谋进取者，唯忻而已。迥遣子惇，盛兵武陟，忻先锋击走之。进临相州，迥遣精甲三千伏于野马冈，欲邀官军。忻以五百骑袭之，斩获略尽。进至草桥，迥又拒守，忻率奇兵击破之，直趋邺下。迥背城结阵，与官军大战，官军不利。时邺城士女观战者数万人，忻与高颎、李询等议曰："事急矣，当以权道破之。"于是击所观者，大嚣而走，转相腾藉，声如雷霆。忻乃传呼曰："贼败矣！"众军复振，齐力急击之，迥军大败。及平邺城，以功加柱国，赐奴婢二百口，牛马羊万计。高祖顾谓忻曰："尉迥倾山东之众，运百万之师，公举无遗策，战无全阵，诚天下之英杰也。"进封英国公，增邑三千户。自是以后，每参帷幄，出入卧内，禅代之际，忻有力焉。后拜右领军大将军，恩顾弥重。

忻妙解兵法，驭戎齐整，当时六军有一善事，虽非忻所建，在下辄相谓曰："此必英公法也。"其见推服如此。

后改封杞国公。上尝欲令忻率兵击突厥，高颎言于上曰："忻有异志，不可委以大兵。"乃止。忻既佐命功臣，频经将领，有威名于当世。上由是微忌焉，以谴去官。忻与梁士彦昵狎，数相往来，士彦时亦怨望，阴图不轨。忻谓士彦曰："帝王岂有常乎？相扶即是。公于蒲州起事，我必从征。两阵相当，然后连结，天下可图也。"谋泄伏诛，年六十四，家口籍没。

忻兄善，弘厚有武艺。仕周，官至上柱国、许国公。高祖受禅，遇之甚厚，拜其子颖为上仪同。及忻诛，并废于家。善未几卒。颖至大业中为司农少卿。及李密逼东都，叛归于密。忻弟恺，别有传。

王　谊

王谊，字宜君，河南洛阳人也。父显，周凤州刺史。谊少慷慨，有大志，便弓马，博览群言。周闵帝时，为左中侍上士。时大冢宰宇文护执政，势倾王室，帝拱默无所关预。有朝士于帝侧微为不恭，谊勃然而进，将击之。其人惶惧请罪，乃止。自是朝士无敢不肃。岁余，迁御正大夫。丁父艰，毁瘁过礼，庐于墓侧，负土成坟。岁余，起拜雍州别驾，固让，不许。武帝即位，授仪同，累迁内史大夫，封杨国公。从帝伐齐，至并州，帝既入城，反为齐人所败，左右多死。谊率麾下骁雄赴之，帝赖以全济。时帝以六军挫衄，将班师。谊固谏，帝从之。及齐平，授相州刺史。未几，复征为大内史。汾州稽胡为乱，谊率兵击之。帝弟越王盛、谯王俭虽为总管，并受谊节度。其见重如此。及平贼而还，赐物五千段，封一子开国公。帝临崩，谓皇太子曰："王谊社稷臣，宜处以机密，不须远任也。"

皇太子即位，是为宣帝。惮谊刚正，出为襄州总管。及高祖为丞相，转为郑州总管。司马消难举兵反，高祖以谊为行军元帅，率四总管讨之。军次近郊，消难惧而奔陈。于时北至商洛，南拒江淮，东西二千余里，巴蛮多叛，共推渠帅兰雒州为主。雒州自号河南王，以附消难，北连尉迥。谊率行军总管李威、冯晖、李远等分讨之，旬月皆平。高祖以谊前代旧臣，甚加礼敬，遣使劳问，冠盖不绝。以第五女妻其子奉孝，寻拜大司徒。谊自以与高祖有旧，亦归心焉。

及上受禅，顾遇弥厚，上亲幸其第，与之极欢。太常卿苏威立议，以为户口滋多，民田不赡，欲减功臣之地以给民。谊奏曰："百官者，历世勋贤，方蒙爵土，一旦削之，未见其可。如臣所虑，正恐朝臣功德不建，何患人田有不足？"上然之，竟寝威议。开皇初，上将幸岐州。谊谏曰："陛下初临万国，人情未洽，何用此行？"上戏之曰："吾昔与公位望齐等，一朝屈节为臣，或当耻愧。是行也，震扬威武，欲以服公心耳。"谊笑而退。寻奉使突厥，上嘉其称旨，进封鄠国公。

未几，其子奉孝卒。逾年，谊上表，言公主少，请除服。御史大夫杨素劾谊曰："臣闻丧服有五，亲疏异节，丧制有四，降杀殊文。王者之所常行，故曰不易之道也。是以贤者不得逾，不肖者不得不及。而仪同王奉孝既尚兰陵公主，奉孝以去年五月身丧，始经一周，而谊便请除释。窃以虽曰王姬，终成下嫁之礼，公则主之，犹在移天之义。况复三年之丧，自上达下，及期释服，在礼未详。然夫妇则人伦攸始，丧纪则人道至大，苟不重之，取笑君子。故钻燧改火，责以居丧之速；朝祥暮歌，讥以忘哀之早。然谊虽不自强，爵位已重，欲为无礼，其可得乎？乃薄俗伤教，为父则不慈；轻礼易丧，致妇于无义。若纵而不正，恐伤风俗，请付法推科。"有诏勿治，然恩礼稍薄。谊颇怨望。或告谊谋反，上令案其事。主者奏谊有不逊之言，实无反状。上赐酒而释之。于时上柱国元谐亦颇失意，谊数与相往来，言论丑恶。胡僧告之，公卿奏谊大逆不道，罪当死。上见谊，怆然曰："朕与公旧为同学，甚相怜愍，将奈国法何？"于是下诏曰："谊，有周之世，早豫人伦，朕共游庠序，遂相亲好。然性怀险薄，巫觋盈门，鬼言怪语，称神道圣。朕受命之初，深存诫约，口云改悔，心实不悛。乃说四天王神道，谊应受命，书有谊谶，天有谊星，桃、鹿二川，岐州之下，岁在辰巳，兴帝王之业。密令卜问，伺殿省之灾。又说其身是明王，信用左道，所在诖误，自言相表，当王不疑。此而赦之，将或为乱，禁暴除恶，宜伏国刑。"上复令大理正赵绰谓谊曰："时命如此，将若之何！"于是赐死于家，时年四十六。

元　谐

元谐，河南洛阳人也，家代贵盛。谐性豪侠，有气调。少与高祖同受业于国子，甚相友爱。后以军功，累迁大将军。及高祖为丞相，引致左右。谐白高祖曰："公无党援，譬如水间一堵墙，大危矣。公其勉之。"尉迥作乱，遣兵寇小乡，令谐击破之。及高祖受禅，上顾谐笑曰："水间墙竟何如也？"于是赐宴极欢。进位上大将军，封乐安郡公，邑千户。奉诏参修律令。

时吐谷浑寇凉州，诏谐为行军元帅，率行军总管贺娄子干、郭竣、元浩等步骑数万击之。上敕谐曰："公受朝寄，总兵西下，本欲自宁疆境，保全黎庶，非是贪无用之地，害荒服之民。王者之师，意在仁义。浑贼若至界首者，公宜晓示以德，临之以教，谁敢不服也！"时贼将定城王钟利房率骑三千渡河，连结党项。谐率兵出鄯州，趣青海，邀其归路。吐谷浑引兵拒谐，相遇于丰利山。贼铁骑二万，与谐大战，谐击走之。贼驻兵青海，遣其太子可博汗以劲骑五万来掩官军。谐逆击，败之，追奔三十余里，俘斩万计，虏大震骇。于是移书谕以祸福，其名王十七人、公侯十三人各率其所部来降。上大悦，下诏曰："褒善畴庸，有闻前载，谐识用明达，神情警悟，文规武略，誉流朝野。申威拓土，功成疆场，深谋大节，实简朕心。加礼延代，宜隆赏典。可柱国，别封一子县公。"谐拜宁州刺史，颇有威惠。然刚愎，好排诋，不能取媚于左右。尝言于上曰："臣一心事主，不曲取人意。"上曰："宜终此言。"后以公事免。

时上柱国王谊有功于国，与谐俱无任用，每相往来。胡僧告谐、谊谋反，上按其事，无逆状，上慰谕而释之。

未几，谊伏诛，谐渐被疏忌。然以龙潜之旧，每预朝请，恩礼无亏。及上大宴百僚，谐进曰："陛下威德远被，臣请突厥可汗为候正，陈叔宝为令史。"上曰："朕平陈国，以伐罪吊人，非欲夸诞取威天下。公之所奏，殊非朕心。突厥不知山川，何能警候！叔宝昏醉，宁堪驱使！"谐默然而退。后数岁，有人告谐与从父弟上开府滂、临泽侯田鸾、上仪同祁绪等谋反。上令案其事。有司奏："谐谋令祁绪勒党项兵，即断巴蜀。时广平王雄、左仆射高颎二人用事，谐欲潜去之，云：'左执法星动已四年矣，状一奏，高颎必死。'又言：'太白犯月，光芒相照，主杀大臣，杨雄必当之。'谐尝与滂同谒上，谐私谓滂曰：'我是主人，殿上者贼也。'因令滂望气，滂曰：'彼云似蹲狗走鹿，不如我辈有福德云。'"上大怒，谐、滂、鸾、绪并伏诛，籍没其家。

王世积

王世积，阐熙新囶人也。父雅，周使持节、开府仪同三司。世积容貌魁岸，腰带十围，风神爽拔，有杰人之表。在周有军功，拜上仪同，封长子县公。高祖为丞相，尉迥作乱，从韦孝宽击之，每战有功，拜上大将军。高祖受禅，进封宜阳郡公。高颎美其才能，甚善之。尝密谓颎曰："吾辈俱周之臣子，社稷沦灭，其若之何？"颎深拒其言。未几，授蕲州总管。平陈之役，以舟师自蕲水趣九江，与陈将纪瑱战于蕲口，大破之。既而晋王广已平丹阳，世积于是移书告谕，遣千金公权始璋略取新蔡。陈江州司马黄偲弃城而遁，始璋入据其城。世积继至，陈豫章太守徐璒、庐陵太守萧廉、浔阳太守陆仲容、巴山太守王涌、太原太守马颕、齐昌太守黄正始、安成太守任瓘等，及鄱阳、临川守将，并诣世积降。以功进位柱国、荆州总管，赐绢五千段，加之宝带，邑三千户。后数岁，桂州人李光仕作乱，世积以行军总管讨平之。上遣都官员外郎辛凯卿驰劳之。及还，进位上柱国，赐物二千段。上甚重之。

世积见上性忌刻，功臣多获罪，由是纵酒，不与执政言及时事。上以为有酒疾，舍之宫内，令医者疗之。世积诡称疾愈，始得就第。及起辽东之役，世积与汉王并为行军元帅，至柳城，遇疾疫而还。拜凉州总管，令骑士七百人送之官。未几，其亲信安定皇甫孝谐有罪，吏捕之，亡抵世积。世积不纳，由是有憾。孝谐竟配防桂州，事总管令狐熙。熙又不之礼，甚困穷，因微幸上变，称："世积尝令道人相其贵不，道人答曰：'公当为国主。'谓其妻曰：'夫人当为皇后。'又将之凉州，其所亲谓世积曰：'河西天下精兵处，可以图大事也。'世积曰：'凉州土旷人稀，非用武之国。'"由是被征入朝，按其事。有司奏："左卫大将军元旻、右卫大将军元胄、左仆射高颎，并与世积交通，受其名马之赠。"世积竟坐诛，旻、胄等免官，拜孝谐为上大将军。

虞庆则

虞庆则，京兆栎阳人也。本姓鱼。其先仕于赫连氏，遂家灵武，代为北边豪杰。父祥，周灵武太守。庆则幼雄毅，性倜傥，身长八尺，有胆气，善鲜卑语，身被重铠，带两鞬，左右驰射，本州豪侠皆敬惮之。初以弋猎为事，中便折节读书，常慕傅介子、班仲升为人。仕周，释褐中外府行参军，稍迁外兵参军事，袭爵沁源县公。宣政元年，授仪同大将军，除并州总管长史。二年，授开府。时稽胡数为反叛，越王盛、内史下大夫高颎讨平之。将班师，颎与盛谋，须文武干略者镇遏之。表请庆则，于是即拜石州总管。甚有威惠，境内清肃，稽胡慕义而归者八千余户。

开皇元年，进位大将军，迁内史监、吏部尚书、京兆尹，封彭城郡公，营新都总监。二年冬，突厥入寇，庆则为元帅讨之。部分失所，士卒多寒冻，堕指者千余人。偏将达奚长儒率骑兵二千人别道邀贼，为虏所围，甚急，庆则案营不救。由是长儒孤军独战，死者十八九。上不之责也。寻迁尚书右仆射。

后突厥主摄图将内附，请一重臣充使，于是上遣庆则诣突厥所。摄图恃强，初欲亢礼，庆则责以往事，摄图不服。其介长孙晟又说谕之，摄图及弟叶护皆拜受诏，因即称臣朝贡，请永为藩附。初，庆则出使，高祖敕之曰："我欲存立突厥，彼送公马，但取五三匹。"摄图见庆则，赠马千匹，又以女妻之。上以庆则勋高，皆无所问。授上柱国，封鲁国公，食任城县千户。诏以彭城公回授第二子义。

高祖平陈之后，幸晋王第，置酒会群臣。高颎等奉觞上寿，上因曰："高颎平江南，虞庆则降突厥，可谓茂功矣。"杨素曰："皆由至尊威德所被。"庆则曰："杨素前出兵武牢、硖石，若非至尊威德，亦无克理。"遂与互相长短。御史欲弹之，上曰："今日计功为乐，宜不须劾。"上观群臣宴射，庆则进曰："臣蒙赉酒食，令尽乐，御史在侧，恐醉而被弹。"上赐御史酒，因遣出之。庆则奉觞上寿，极欢。上谓诸公曰："饮此酒，愿我与诸公等子孙常如今日，世守富贵。"九年，转为右卫大将军，寻改为右武候大将军。

开皇十七年，岭南人李贤据州反，高祖议欲讨之。诸将二三请行，皆不许。高祖顾谓庆则曰："位居宰相，爵乃上公，国家有贼，遂无行意，何也？"庆则拜谢恐惧，上乃遣焉。为桂州道行军总管，以妇弟赵什柱为随府长史。什柱先与庆则爱妾通，恐事彰，乃宣言曰："庆则不欲此行。"遂闻于上。先是，朝臣出征，上皆宴别，礼赐遣之。及庆则南讨辞上，上色不悦，庆则由是怏怏不得志。暨平贤，至潭州临桂镇，庆则观眺山川形势，曰："此诚险固，加以足粮，若守得其人，攻不可拔。"遂使什柱驰诣京奏事，观上颜色。什柱至京，因告庆则谋反。上案验之，庆则于是伏诛。拜什柱为柱国。

庆则子孝仁，幼豪侠任气，起家拜仪同，领晋王亲信。坐父事除名。炀帝嗣位，以藩邸之旧，授候卫长史，兼领金谷监，监禁苑。有巧思，颇称旨。九年，伐辽，授都水丞，充使监运，颇有功。然性奢华，以骆驼负函盛水养鱼而自给。十一年，或告孝仁谋图不轨，遂诛之。其弟澄道，东宫通事舍人，坐除名。

元 胄

元胄，河南洛阳人也，魏昭成帝之六代孙。祖顺，魏濮阳王。父雄，武陵王。胄少英果，多武艺，美须眉，有不可犯之色。周齐王宪见而壮之，引致左右，数从征伐。官至大将军。高祖初被召入，将受顾托，先呼胄，次命陶澄，并委以腹心，恒宿卧内。及为丞相，每典军在禁中，又引弟威俱入侍卫。周赵王招知高祖将迁周鼎，乃要高祖就第。赵王引高祖入寝室，左右不得从，唯杨弘与胄兄弟坐于户侧。赵王谓其二子员、贯曰："汝当进瓜，我因刺杀之。"及酒酣，赵王欲生变，以佩刀子刺瓜，连睐高祖，将为不利。胄进曰："相府有事，不可久留。"赵王诃之曰："我与丞相言，汝何为者！"叱之使却。胄瞋目愤气，扣刀入卫。赵王问其姓名，胄以实对。赵王曰："汝非昔事齐王者乎？诚壮士也！"因赐之酒，曰："吾岂有不善之意邪？卿何猜警如是！"赵王伪吐，将入后阁，胄恐其为变，扶令上坐，如此者再三。赵王称喉干，命胄就厨取饮，胄不动。会滕王逌后至，高祖降阶迎之，胄与高祖耳语曰："事势大异，可速去。"高祖犹不悟，谓曰："彼无兵马，复何能为？"胄曰："兵马悉他家物，一先下手，大事便去。胄不辞死，死何益耶？"高祖复入坐。胄闻屋后有被甲声，遽请曰："相府事殷，公何得如此？"因扶高祖下床，趣而去。赵王将追之，胄以身蔽户，王不得出。高祖及门，胄自后而至。赵王恨不时发，弹指出血。及诛赵王，赏赐不可胜计。

高祖受禅，进位上柱国，封武陵郡公，邑三千户。拜左卫将军，寻迁右卫大将军。高祖从容曰："保护朕躬，成此基业，元胄功也。"后数载，出为豫州刺史，历亳、浙二州刺史。时突厥屡为边患，朝廷以胄素有威名，拜灵州总管，北夷甚惮焉。后复征为右卫大将军，亲顾益密。尝正月十五日，上与近臣登高，时胄下直，上令驰召之。及胄见，上谓曰："公与外人登高，未若就朕胜也。"赐宴极欢。晋王广每致礼焉。房陵王之废也，胄豫其谋。上正穷治东宫事，左卫大将军元旻苦谏，杨素乃潜之。上大怒，执旻付仗。胄时当下直，不去，因奏曰："臣不下直者，为防元旻耳。"复以此言激怒上，上遂诛旻，赐胄帛千匹。蜀王秀之得罪，胄坐与交通，除名。

炀帝即位，不得调。时慈州刺史上官政坐事徙岭南，将军丘和亦以罪废。胄与和有旧，因数从之游。胄尝酒酣谓和曰："上官政壮士也，今徙岭表，得无大事乎？"因自抚腹曰："若是公者，不徒然矣。"和明日奏之，胄竟坐死。于是征政为骁卫将军，拜和代州刺史。

史臣曰：昔韩信愆垓下之期，则项王不灭；英布无淮南之举，则汉道未隆。以二子之勋庸，咸愤怨而殂戮，况乃无古人之殊绩，而怀悖逆之心者乎！梁士彦、宇文忻皆一时之壮士也，遭云雷之会，并以勇略成名，遂贪天之功以为己力。报者倦矣，施者未厌，将生厉阶，求逞其欲，及兹颠坠，自取之也。王谊、元谐、王世积、虞庆则、元胄，或契阔艰厄，或绸缪恩旧，将安将乐，渐见遗忘，内怀怏怏，矜伐不已。虽时主之刻薄，亦言语以速祸乎？然高祖佐命元功，鲜有终其天命，配享清庙，寂寞无闻。斯盖草创帝图，事出权道，本异同心，故久而逾薄。其牵牛蹊田，虽则有罪，夺之非道，能无怨乎？皆深文巧诋，致之刑辟，高祖沉猜之心，固已甚矣。求其余庆，不亦难哉！

卷四十一　　　　列传第六

高 颎

高颎，字昭玄，一名敏，自云渤海蓨人也。父宾，背齐归周，大司马独孤信引为僚佐，赐姓独孤氏。及信被诛，妻子徙蜀。文献皇后以宾父之故吏，每往来其家。宾后官至郫州刺史，及颎贵，赠礼部尚书、渤海公。

颎少明敏，有器局，略涉书史，尤善词令。初，孩孺时，家有柳树，高百尺许，亭亭如盖。里中父老曰："此家当出贵人。"年十七，周齐王宪引为记室。武帝时，袭爵武阳县伯，除内史上士，寻迁下大夫。以平齐功，拜开府。寻从越王盛击隰州叛胡，平之。高祖得政，素知颎强明，又习兵事，多计略，意欲引之入府，遣邗国公杨惠谕意。颎承旨欣然曰："愿受驱驰。纵令公事不成，颎亦不辞灭族。"于是为相府司录。时长史郑译、司马刘昉并以奢纵被疏，高祖弥属意于颎，委以心膂。尉迥之起兵也，遣子惇率步骑八万，进屯武陟。高祖令韦孝宽击之，军至河阳，莫敢先进。高祖以诸将不一，令崔仲方监之，仲方辞父在山东。时颎又见刘昉、郑译并无去意，遂自请行，深合上旨，遂遣颎。颎受命便发，遣人辞母，云忠孝不可两兼，欧歌就路。至军，为桥于沁水，贼于上流纵火栰，颎预为土狗以御之。既渡，焚桥而战，大破之。遂至邺下，与迥交战，仍共宇文忻、李询等设策，因平尉迥。军还，侍宴于卧内，上撤御帷以赐之。进位柱国，改封义宁县公，迁相府司马，任寄益隆。

高祖受禅，拜尚书左仆射，兼纳言，进封渤海郡公，朝臣莫与为比，上每呼为独孤而不名也。颎深避权势，上表逊位，让于苏威。上欲成其美，听解仆射。数日，上曰："苏威高蹈前朝，颎能推举。吾闻进贤受上赏，宁可令去官！"于是命颎复位。俄拜左卫大将军，本官如故。时突厥屡为寇患，诏颎镇遏缘边。及还，赐马百余匹，牛羊千计。领新都大监，制度多出于颎。颎每坐朝堂北槐树下以听事，其树不依行列，有司将伐之。上特命勿去，以示后人。其见重如此。又拜左领军大将军，余官如故。母忧去职，二旬起令视事。颎流涕辞让，优诏不许。

开皇二年，长孙览、元景山等伐陈，令颎节度诸军。会陈宣帝薨，颎以礼不伐丧，奏请班师。萧岩之叛也，诏颎绥集江汉，甚得人和。上尝问颎取陈之策，颎曰："江北地寒，田收差晚，江南土热，水田早熟。量彼收获之际，微征士马，声言掩袭。彼必屯兵御守，足得废其农时。彼既聚兵，我便解甲，再三若此，贼以为常。后更集兵，彼必不信，犹豫之顷，我乃济师，登陆而战，兵气益倍。又江南土薄，舍多竹茅，所有储积，皆非地窖。密遣行人，因风纵火，待彼修立，复更烧之。不出数年，自可财力俱尽。"上行其策，由是陈人益敝。九年，晋王广大举伐陈，以颎为元帅长史，三军谘禀，皆取断于颎。及陈平，晋王欲纳陈主宠姬张丽华。颎曰："武王灭殷，戮妲己。今平陈国，不宜取丽华。"乃命斩之，王甚不悦。及军还，以功加授上柱国，进爵齐国公，赐物九千段，定食千乘县千五百户。上因劳之曰："公伐陈后，人言公反，朕已斩之。君臣道合，非青蝇所间也。"颎又逊位，诏曰："公识鉴通远，器略优深，出参戎律，廓清淮海，入司禁旅，实委心腹。自朕受命，常典机衡，竭诚陈力，心迹俱尽。此则天降良辅，翊赞朕躬，幸无词费也。"其优奖如此。

是后右卫将军庞晃及将军卢贲等，前后短颎于上。上怒之，皆被疏黜。因谓颎曰："独孤公犹镜也，每被磨莹，皎然益明。"未几，尚书都事姜晔、楚州行参军李君才并奏称水旱不调，罪由高颎，请废黜之。二人俱得罪而去，亲礼逾密。上幸并州，留颎居守。及上还京，赐缣五千匹，复赐行宫一所，以为庄舍。其夫人贺拔氏寝疾，中使顾问，络绎不绝。上亲幸其第，赐钱百万，绢万匹，复赐以千里马。上尝从容命颎与贺若弼言及平陈事，颎曰："贺若弼先献十策，后于蒋山苦战破贼。臣文吏耳，焉敢与大将军论功！"帝大笑，时论嘉其有让。寻以其子表仁取太子勇女，前后赏赐不可胜计。时荧惑入太微，犯左执法。术者刘晖私言于颎曰："天文不利宰相，可修德以禳之。"颎不自安，以晖言奏。上厚加赏慰。突厥犯塞，以颎为元帅，击贼破之。又出白道，进图入碛，遣使请兵。近臣缘此言颎欲反，上未有所答，颎亦破贼而还。

时太子勇失爱于上，潜有废立之意。谓颎曰："晋王妃有神凭之，言王必有天下，若之何？"颎长跪曰："长幼有序，其可废乎！"上默然而止，独孤皇后知颎不可夺，阴欲去之，夫人卒，后言于上曰："高仆射老矣，而丧夫人，陛下何能不为之娶！"上以后言谓颎，颎流涕谢曰："臣今已老，退朝之后，唯斋居读佛经而已。虽陛下垂哀之深，至于纳室，非臣所愿。"上乃止。至是，颎爱妾产男，上闻之极欢，后甚不悦。上问其故，后曰："陛下当复信高颎邪？始陛下欲为颎娶，颎心存爱妾，面欺陛下。今其诈已见，陛下安得信之！"上由是疏颎。会议伐辽东，颎固谏不可。上不从，以颎为元帅长史，从汉王征辽东，遇霖潦疾疫，不利而还。后言于上曰："颎初不欲行，陛下强遣之，妾固知其无功矣。"又上以汉王年少，专委军于颎。颎以任寄隆重，每怀至公，无自疑之意。谅所言多不用，甚衔之。及还，谅泣言于后曰："儿幸免高颎所杀。"上闻之，弥不平。俄而上柱国王世积以罪诛，当推核之际，乃

有宫禁中事，云于颎处得之。上欲成颎之罪，闻此大惊。时上柱国贺若弼、吴州总管宇文弼、刑部尚书薛胄、民部尚书斛律孝卿、兵部尚书柳述等明颎无罪，上逾怒，皆以之属吏。自是朝臣莫敢言者。颎竟坐免，以公就第。未几，上幸秦王俊第，召颎侍宴。颎歔欷悲不自胜，独孤皇后亦对之泣，左右皆流涕。上谓颎曰："朕不负公，公自负也。"因谓侍臣曰："我于高颎胜儿子，虽或不见，常似目前。自其解落，瞑然忘之，如本无高颎。不可以身要君，自云第一也。"

顷之，颎国令上颎阴事，称："其子表仁谓颎曰：'司马仲达初托疾不朝，遂有天下。公今遇此，焉知非福！'"于是上大怒，囚颎于内史省而鞫之。宪司复奏颎他事，云："沙门真觉尝谓颎云：'明年国有大丧。'尼令晖复云：'十七、十八年，皇帝有大厄。十九年不可过。'"上闻而益怒，顾谓群臣曰："帝王岂可力求！孔子以大圣之才，作法垂世，宁不欲大位邪？天命不可耳。颎与子言，自比晋帝，此何心乎？"有司请斩颎。上曰："去年杀虞庆则，今兹斩王世积，如更诛颎，天下其谓我何？"于是除名为民。颎初为仆射，其母诫之曰："汝富贵已极，但有一砍头耳，尔宜慎之！"颎由是常恐祸变。及此，颎欢然无恨色，以为得免于祸。

炀帝即位，拜为太常。时诏收周、齐故乐人及天下散乐。颎奏曰："此乐久废。今或征之，恐无识者。徒弃本逐末，递相教习。"帝不悦。帝时侈靡，声色滋甚，又起长城之役。颎甚病之，谓太常丞李懿曰："周天元以好乐而亡，殷鉴不遥，安可复尔！"时帝遇启民可汗恩礼过厚，颎谓太府卿何稠曰："此虏颇知中国虚实、山川险易，恐为后患。"复谓观王雄曰："近来朝廷殊无纲纪。"有人奏之，帝以为谤讪朝政，于是下诏诛之，诸子徙边。

颎有文武大略，明达世务。及蒙任寄之后，竭诚尽节，进引贞良，以天下为己任。苏威、杨素、贺若弼、韩擒等，皆颎所推荐，各尽其用，为一代名臣。自余立功立事者，不可胜数。当朝执政将二十年，朝野推服，物无异议。治致升平，颎之力也，论者以为真宰相。及其被诛，天下莫不伤惜，至今称冤不已。所有奇策密谋及损益时政，颎皆削稿，世无知者。

其子盛道，官至莒州刺史，徙柳城而卒。次弘德，封应国公，晋王府记室。次表仁，封渤海郡公，徙蜀郡。

苏威 子夔

苏威，字无畏，京兆武功人也。父绰，魏度支尚书。威少有至性，五岁丧父，哀毁有若成人。周太祖时，袭爵美阳县公，仕郡功曹。大冢宰宇文护见而礼之，以其女新兴主妻焉。见护专权，恐祸及己，逃入山中，为叔父所逼，卒不获免。然威每屏居山寺，以讽读为娱。未几，授使持节、车骑大将军、仪同三司，改封怀道县公。武帝亲总万机，拜稍伯下大夫。前后所授，并辞疾不拜。有从父妹者，适河南元雄。雄先与突厥有隙，突厥入朝，请雄及其妻子，将甘心焉。周遂遣之。威曰："夷人昧利，可以赂动。"遂

标卖田宅,罄家所有以赎雄,论者义之。宣帝嗣位,就拜开府。

高祖为丞相,高颎屡言其贤,高祖亦素重其名,召之。及至,引入卧内,与语大悦。居月余,威闻禅代之议,遁归田里。高颎请追之,高祖曰:"此不欲预吾事,且置之。"及受禅,征拜太子少保。追赠其父为邳国公,邑三千户,以威袭焉。俄兼纳言、民部尚书。威上表陈让,诏曰:"舟大者任重,马骏者远驰。以公有兼人之才,无辞多务也。"威乃止。

初,威父在西魏,以国用不足,为征税之法,颇称为重。既而叹曰:"今所为者,正如张弓,非平世法也。后之君子,谁能弛乎?"威闻其言,每以为己任。至是,奏减赋役,务从轻典,上悉从之。渐见亲重,与高颎参掌朝政。威见宫中以银为幔钩,因盛陈节俭之美以谕上。上为之改容,雕饰旧物,悉命除毁。上尝怒一人,将杀之,威入阁进谏,不纳。上怒甚,将自出斩之,威当上前不去。上避之而出,威又遮止。上拂衣而入。良久,乃召威谢曰:"公能若是,吾无忧矣。"于是赐马二匹,钱十余万。寻复兼大理卿、京兆尹、御史大夫,本官悉如故。

治书侍御史梁毗以威领五职,安繁恋剧,无举贤自代之心,抗表劾威。上曰:"苏威朝夕孜孜,志存远大,举贤有阙,何遽迫之!"顾谓威曰:"用之则行,舍之则藏,唯我与尔有是夫!"因谓朝臣曰:"苏威不值我,无以措其言;我不得苏威,何以行其道?杨素才辩无双,至若斟酌古今,助我宣化,非威之匹也。苏威若逢乱世,南山四皓,岂易屈哉!"其见重如此。

未几,拜刑部尚书,解少保、御史大夫之官。后京兆尹废,检校雍州别驾。时高颎与威同心协赞,政刑大小,无不筹之,故革运数年,天下称治。俄转民部尚书,纳言如故。属山东诸州民饥,上令威赈恤之。后二载,迁吏部尚书。岁余,兼领国子祭酒。隋承战争之后,宪章踳驳,上令朝臣厘改旧法,为一代通典。律令格式,多威所定,世以为能。九年,拜尚书右仆射。其年,以母忧去职,柴毁骨立。上敕威曰:"公德行高人,情寄殊重,大孝之道,盖同俯就。必须抑割,为国惜身。朕之于公,为君为父,宜依朕旨,以礼自存。"未几,起令视事,固辞,优诏不许。明年,上幸并州,命与高颎同总留事。俄追诣行在所,使决民讼。

威子夔,少有盛名于天下,引致宾客,四海士大夫多归之。后议乐事,夔与国子博士何妥各有所持。于是夔、妥俱为一议,使百僚署其所同。朝廷多附威,同夔者十八九。妥恚曰:"吾席间函丈四十余年,反为昨暮儿之所屈也!"遂奏威与礼部尚书卢恺、吏部侍郎薛道衡、尚书右丞王弘、考功侍郎李同和等共为朋党,省中呼王弘为世子,李同和为叔,言二人如威之子弟也。复言威以曲道任其从父弟彻、肃等冒为官。又国子学请荡阴人王孝逸为书学博士,威属卢恺,以为其府参军。上令蜀王秀、上柱国虞庆则等杂治之,事皆验。上以《宋书·谢晦传》中朋党事令威读之。威惶惧,免冠顿首。上曰:"谢已晚矣。"于是免威官爵,以开府就第。知名之士坐威得罪者百余人。未几,上曰:"苏威德行者,但为人所误耳。"命之通籍。岁余,复爵邳公,拜纳言。从祠太山,坐不敬免。俄而复位。上谓群臣曰:"世人言苏威诈清,家累金玉,此妄言也。然其性狠戾,不切世要,求名太甚,从己则悦,违之必怒,此其大病耳。"寻令持节巡抚江南,得以便宜从事。过会稽,逾五岭而还。时突厥都蓝可汗屡为边患,复使威至可汗所,与结和亲。可汗即遣使献方物。以勤劳,进位大将军。仁寿初,复拜尚书右仆射。上幸仁寿宫,以威总留后事。及上还,御史奏威职事多不理,请推之。上怒,诘责威。威拜谢,上亦止。后上幸仁寿宫,不豫,皇太子自京师来侍疾,诏威留守京师。

炀帝嗣位,加上大将军。及长城之役,威谏止之。高颎、贺若弼等之诛也,威坐与相连,免官。岁余,拜鲁郡太守。俄召还,参预朝政。未几,拜太常卿。其年从征吐谷浑,进位左光禄大夫。帝以威先朝旧臣,渐加委任。后岁余,复为纳言。与左翊卫大将军宇文述、黄门侍郎裴矩、御史大夫裴蕴、内史侍郎虞世基参掌朝政,时人称为"五贵"。及辽东之役,以本官领左武卫大将军,进位光禄大夫,赐爵宁陵侯。其年,进封房公。威以年老,上表乞骸骨。上不许,复以本官参掌选事。明年,从征辽东,领右御卫大将军。

杨玄感之反也,帝引威帐中,惧见于色,谓威曰:"此小儿聪明,得不为患乎?"威曰:"夫识是非,审成败者,乃所谓聪明。玄感粗疏,非聪明者,必无所虑。但恐寖成乱阶耳。"威见劳役不息,百姓思乱,微以此讽帝,帝竟不寤。从还至涿郡,诏威安抚关中。以威孙尚辇直长儇为副。其子鸿胪少卿夔,先为关中简黜大使,一家三人,俱奉使关右,三辅荣之。岁余,帝下手诏曰:"玉以洁润,丹紫莫能渝其质;松表岁寒,霜雪不能凋其采。可谓温仁劲直,性之然乎!房公威器怀温裕,识量弘雅,早居端揆,备悉国章,先皇旧臣,朝之宿齿。栋梁社稷,弼谐朕躬,守文奉法,卑身率礼。昔汉之三杰,辅惠帝者萧何;周之十乱,佐成王者邵奭。国之宝器,其在得贤,参燮台阶,具瞻斯允。虽复事藉论道,终期献替,铨衡时务,朝寄为重,可开府仪同三司,余并如故。"威当时见尊重,朝臣莫与为比。

后从幸雁门,为突厥所围,朝廷危惧。帝欲轻骑溃围而出,威谏曰:"城守则我有余力,轻骑则彼之所长。陛下万乘之主,何宜轻脱!"帝乃止。突厥俄亦解围而去。车驾至太原,威言于帝曰:"今者盗贼不止,士马疲敝。愿陛下还京师,深根固本,为社稷之计。"帝初然之,竟用宇文述等议,遂往东都。时天下大乱,威知事不可改,意甚患之。属帝问侍臣盗贼事,宇文述曰:"盗贼信少,不足为虑。"威不能诡对,以身隐于殿柱。帝呼威而问之。威对曰:"臣非职司,不知多少,但患其渐近。"帝曰:"何谓也?"威曰:"他日贼据长白山,今者近在荥阳、汜水。"帝不悦而罢。寻属五月五日,百僚上馈,多以珍玩。威献《尚书》一部,微以讽帝,帝弥不平。后复问伐辽东事,威对愿赦群盗,遣讨高丽,帝益怒。御史大夫裴蕴希旨,令白衣张行本奏威昔在高阳典选,滥授人官,畏怯突厥,请还京师。帝令案其事。及狱成，下诏曰："威立性朋党，好为异端，怀挟诡道，徼幸名利，诋诃律令，谤讪台省。昔岁薄伐，奉述先志，凡预切问，各尽胸臆；而威不以开怀，遂无对命。启沃之道，其若是乎！资敬之义，何其甚薄！"于是除名为民。后月余，有人奏威与突厥阴图不轨者，大理簿责威。威自陈奉事二朝三十余载，精诚微浅不能上感，咎衅屡彰，罪当万死。帝悯而释之。其年从幸江都宫，帝将复用威。裴蕴、虞世基奏言昏耄羸疾。帝乃止。

宇文化及之弑逆也，以威为光禄大夫、开府仪同三司。化及败，归于李密。未几密败，归东都，越王侗以为上柱国、邳公。王充僭号，署太师。威自以隋室旧臣，遭逢丧乱，所经之处，皆与时消息，以求容免。及大唐秦王平王充，坐于东都阊阖门内，威请谒见，称老病不能拜起。王遣人数之曰："公隋朝宰辅，政乱不能匡救，遂令品物涂炭，君弑国亡。见李密、王充，皆拜伏舞蹈。今既老病，无劳相见也。"寻归长安，至朝堂请见，又不许。卒于家。时年八十二。

威治身清俭，以廉慎见称。每至公议，恶人异己，虽或小事，必固争之。时人以为无大臣之体。所修格令章程，并行于当世，然颇伤奇碎，论者以为非简允之法。及大业末年，尤多征役，至于论功行赏，威每承望风旨，辄寝其事。时群盗蜂起，郡县有表奏诣阙者，又诃诘使人，令减贼数。故出师攻讨，多不克捷。由是为物议所讥。子夔。

夔字伯尼，少聪敏，有口辩。八岁诵诗书，兼解骑射。年十三，从父至尚书省，与安德王雄驰射，赌得雄骏马而归。十四诣学，与诸儒论议，词致可观，见者莫不称善。及长，博览群言，尤以钟律自命。初不名夔，其父改之，颇为有识所哂。起家太子通事舍人。杨素甚奇之，素每戏威曰："杨素无儿，苏夔无父。"后与沛国公郑译、国子博士何妥议乐，因而得罪，议寝不行。著《乐志》十五篇，以见其志。数载，迁太子舍人。后加武骑尉。仁寿末，诏天下举达礼乐之源者，晋王昭时为雍州牧，举夔应之。与诸州所举五十余人谒朝，高祖望夔谓侍臣："唯此一人，称吾所举。"于是拜晋王友。炀帝嗣位，迁太子洗马，转司朝谒者。以父免职，夔亦去官。后历尚书职方郎、燕王司马。辽东之役，夔领宿卫，以功拜ુ朝散大夫。时帝方勤远略，蛮夷朝贡，前后相属。帝尝从容谓宇文述、虞世基等曰："四夷率服，观礼华夏，鸿胪之职，须归令望。宁有多才艺，美容仪，可以接对宾客者为之乎？"咸以夔对。帝然之，即日拜鸿胪少卿。其年，高昌王曲伯雅来朝，朝廷妻以公主。夔有雅望，令主婚焉。其后弘化、延安等数郡盗贼蜂起，所在屯结，夔奉诏巡抚关中。突厥之围雁门也，夔领城东面事。夔为驾楼车箱兽圈，一夕而就。帝见而善之，以功进位通议大夫。坐父事，除名为民。复丁母忧，不胜哀而卒，时年四十九。

史臣曰：齐公霸图伊始，早预经纶，鱼水冥符，风云玄感。正身直道，弼谐兴运，心同契合，言听计从。东夏克平，南国底定，参谋帷幄，决胜千里。高祖既复禹迹，思布尧心，舟楫是寄，盐梅斯在。兆庶赖以康宁，百僚资

而辑睦，年将二纪，人无间言。属高祖将废储宫，由忠信而得罪；逮炀帝方逞浮侈，以忤时而受戮。若使遂无猜衅，克终厥美，虽未可参纵稷、契，足以方驾萧、曹。继之实难，惜矣！邳公周道云季，方事幽贞，隋室龙兴，首应旌命。绸缪任遇，穷极荣宠；久处机衡，多所损益，罄竭心力，知无不为。然志尚清俭，体非弘旷，好同恶异，有乖直道，不存易简，未为通德。历事二帝，三十余年，虽废黜当时，终称遗老。君邪而不能正言，国亡而情均众庶。予违汝弼，徒闻其语；疾风劲草，未见其人。礼命阙于兴王，抑亦此之由也。夔志识沉敏，方雅可称，若天假之年，足以不亏堂构矣。

卷四十二　　　　列传第七

李德林 子百药

李德林，字公辅，博陵安平人也。祖寿，湖州户曹从事。父敬族，历太学博士、镇远将军。魏孝静帝时，命当世通人正定文籍，以为内校书，别在直阁省。德林幼聪敏，年数岁，诵左思《蜀都赋》，十余日便度。高隆之见而嗟叹，遍告朝士，云："若假其年，必为天下伟器。"邺京人士多就宅观之，月余，日中车马不绝。年十五，诵五经及古今文集，日数千言。俄而该博坟典，阴阳纬候，无不通涉。善属文，辞核而理畅。魏收尝对高隆之谓其父曰："贤子文笔终当继温子升。"隆之大笑曰："魏常侍殊已嫉贤，何不近比老彭，乃远求温子！"年十六，遭父艰，自驾灵舆，反葬故里。时正严冬，单衰跣足，州里人物由是敬慕。博陵豪族有崔谌者，仆射之兄，因休假还乡，车服甚盛。将从其宅诣德林赴吊，相去十余里，从者数十骑，稍稍减留。比至德林门，才余五骑，云不得令李生怪人燻灼。德林居贫辘轲，母氏多疾，方留心典籍，无复宦情。其后，母病稍愈，逼令仕进。

任城王湝为定州刺史，重其才，召入州馆。朝夕同游，殆均师友，不为君民礼数。尝语德林云："窃闻蔽贤蒙显戮。久令君沈滞，吾独得润身，朝廷纵不见尤，亦惧明灵所谴。"于是举秀才入邺，于时天保八年也。王因遗尚书令杨遵彦书云："燕赵固多奇士，此言诚不为谬。今岁所贡秀才李德林者，文章学识，固不待言，观其风神器宇，终为栋梁之用。至如经国大体，是贾生、晁错之俦；雕虫小技，殆相如、子云之辈。今虽唐、虞君世，俊父盈朝，然修大厦者，岂厌夫良材之积也？吾尝见孔文举《荐祢衡表》云：'洪水横流，帝思俾乂。'以正平比夫大禹，常谓拟谕非伦。今以德林言之，便觉前言甚大。"遵彦即命德林制《让尚书令表》，援笔立成，不加治点。因大相赏异，以示吏部郎中陆卬。卬云："已大见其文笔，浩浩如长河东注。比来所见，后生制作，乃涓浍之流耳。"卬仍命其子乂与德林周旋，戒之曰："汝每事宜师此人，以

为模楷。"时遵彦铨衡，深慎选举，秀才擢第，罕有甲科。德林射策五条，考皆为上，授殿中将军。既是西省散员，非其所好，又以天保季世，乃谢病还乡，阖门守道。乾明初，遵彦奏追德林入议曹。皇建初，下诏搜扬人物，复追赴晋阳。撰《春思赋》一篇，代称典丽。是时长广王作相，居守在邺。敕德林还京，与散骑常侍高元海等参掌机密。王引授丞相府行参军。未几而王即帝位，授奉朝请，寓直舍人省。河清中，授员外散骑侍郎，带斋帅，仍别直机密省。天统初，授给事中，直中书，参掌诏诰。寻迁中书舍人。武平初，加通直散骑侍郎。又敕与中书侍郎宋士素、副侍中赵彦深别典机密。寻丁母艰去职，勺饮不入口五日。因发热病，遍体生疮，而哀泣不绝。诸士友陆骞、宋士素，名医张子彦等，为合汤药。德林不肯进，遍体洪肿，数日间，一时顿差，身力平复。诸人皆云孝感所致。太常博士巴叔仁表上其事，朝廷嘉之。才满百日，夺情起复，德林以羸病属疾，请急罢归。

魏收与阳休之论《齐书》起元事，敕集百司会议。收与德林书曰："前者议文，总诸事意，小如混漫，难可领解。今便随事条列，幸为留怀，细加推逐。凡言或者，皆是敌人之议。既闻人说，因而探论耳。"德林复书曰："即位之元，《春秋》常义。谨按鲁君息姑不称即位，亦有元年，非独即位得称元年也。议云受终之元，《尚书》之古典。谨按《大传》，周公摄政，一年救乱，二年伐殷，三年践奄，四年建侯卫，五年营成周，六年制礼作乐，七年致政成王。论者或以舜、禹受终，是为天子。然则周公以臣礼而死，此亦称元，非独受终为帝也。蒙示议文，扶病省览，荒情迷识，暂得发蒙。当世君子，必无横议，唯应阁笔赞成而已。辄谓前二条有益于议，仰见议中不录，谨以写呈。"收重遗书曰："惠示二事，感佩殊深。以鲁公诸侯之事，昨小为疑。息姑不书即位，舜、禹亦不言即位。息姑虽摄，尚得书元，舜、禹之摄称元，理也。周公居摄，乃云一年救乱，似不称元。自无《大传》，不得寻讨。一之与元，其事何别？更有所见，幸请论之。"德林答曰：

"摄之与相，其义一也。故周公摄政，孔子曰"周公相成王"；魏武相汉，曹植曰"如虞翼唐"。或云高祖身未居摄，灼然非理。摄者专赏罚之名，古今事殊，不可以体为断。陆机见舜肆类上帝，班瑞群后，便云舜有天下，须格于文祖也，欲使晋之三主异于舜摄。窃以为舜若尧死，狱讼不归，便是夏朝之益，何得不须格于文祖也？若使用王者之礼，便曰即真，则周公负扆朝诸侯，霍光行周公之事，皆真帝乎？斯不然矣。必知高祖与舜摄不殊，不得从士衡之谬。

或以为书元年者，当时实录，非追书也。大齐之兴，实由武帝，谦匮受命，岂直史也？比观论者闻追举受命之元，多有河汉，但言追数受命之岁，情或安之。似所怖者元字耳，事类朝三，是许其一年，不许其元年也。案《易》"黄裳元吉"，郑玄注云："如舜试天子，周公摄政。"是以试摄不殊。《大传》虽无元字，一之与元，无异义矣。《春秋》不言一年一月者，欲使人君体元以居正，盖史之婉辞，非一与元别也。

汉献帝死，刘备自尊崇。陈寿蜀人，以魏为汉贼。宁肯蜀主未立，已云魏武受命乎？士衡自尊本国，诚如高议，欲使三方鼎峙，同为霸名。习氏《汉晋春秋》，意在是也。至司马炎兼并，许其帝号。魏之君臣，吴人并以为戮贼，亦宁肯当涂之世，云晋有受命之征？史者，编年也，故鲁号《纪年》。墨子又云，吾见《百国春秋》。史又有无事而书年者，是重年验也。若欲高祖事事谦冲，即须号令皆推魏氏。便是编魏年，纪魏事，此即魏末功臣之传，岂复皇朝帝纪者也。

陆机称纪元立断，或以正始，或以嘉平。束皙议云，赤雀白鱼之事。恐晋朝之议，是并论受命之元，非止代终之断也。公议云陆机不议元者，是所未喻，愿更思之。陆机以刊木著于《虞书》，鱼黎见于商典，以蔽晋朝正始、嘉平之议，斯又谬矣。唯可二代相涉，两史并书，必不得以后朝创业之迹，断入前史。若然，则世宗、高祖皆天保以前，唯入魏氏列传，不作齐朝帝纪，可乎？此既不可，彼复何证！

是时中书侍郎杜台卿上《世祖武成皇帝颂》，齐主以为未尽善，令和士开以颂示德林。宣旨云："台卿此文，未当朕意。以卿有大才，须叙盛德，即宜速作，急进本也。"德林乃上颂十六章并序，文多不载。武成览颂善之，赐名马一匹。三年，祖孝徵入为侍中，尚书左仆射赵彦深出为兖州刺史。朝士有先为孝徵所待遇者，间德林，云是彦深党与，不可仍掌机密。孝徵曰："德林久滞绛衣，我常恨彦深待贤未足。内省文翰，方以委之。"寻当有佳处分，不宜妄说。"寻除中书侍郎，仍诏修国史。齐主留情文雅，召入文林馆。又令与黄门侍郎颜之推二人同判文林馆事。五年，敕令与黄门侍郎李孝贞、中书侍郎李若别掌宣传。寻除通直散骑常侍，兼中书侍郎。隆化中，假仪同三司。承光中，授仪同三司。

及周武帝克齐，入邺之日，敕小司马唐道和就宅宣旨慰喻，云："平齐之利，唯在于尔。朕本畏尔逐齐王东走，今闻犹在，大以慰怀，宜即入相见。"道和引之入内，遣内史宇文昂访问齐朝风俗政教、人物善恶，即留内省，三宿乃归。仍遣从驾至长安，授内史上士。自此以后，诏诰格式，及用山东人物，一以委之。武帝尝于云阳宫作鲜卑语谓群臣云："我常日唯闻李德林名，及见其与齐朝作诏书移檄，我正谓其是天上人。岂意今日得其驱使，复为我作文书，极为大异。"神武公纥豆陵毅答曰："臣闻明王圣主，得骐麟凤凰为瑞，是圣德所感，非力能致之。瑞物虽来，不堪使用。如李德林来受驱策，亦陛下圣感致，有大才用，无所不堪，胜于骐麟凤凰远矣。"武帝大笑曰："诚如公言。"宣政末，授御正下大夫。大象初，赐爵成安县男。

宣帝大渐，属高祖初受顾命，邗国公杨惠谓德林曰："朝廷赐令总文武事，经国任重，非群才辅佐，无以克成大业。今欲与公共事，必不得辞。"德林闻之甚喜，乃答云："德林虽庸愞，微诚亦有所在。若曲相提奖，必望以死奉公。"高祖大悦，即召与语。刘昉、郑译初矫诏召高祖受顾命辅少主，总知内外兵马事。诸卫既奉敕，并受高祖节度。郑译、刘昉议，欲授高祖冢宰，郑译自摄大司马，刘昉又求小冢宰。高祖私问德林曰："欲何以见处？"德林云："即宜作大丞相，假黄钺，都督内外诸军事。不尔，无以压众心。"及发丧，便即依此。以译为相府长史，带内史上大夫，昉但为丞相府司马。译、昉由是不平。以德林为丞相府属，加仪同大将军。未几而三方构乱，指授兵略，皆与之参详。军书羽檄，朝夕填委，一日之中，动逾百数。或机速竞发，口授数人，文意百端，不加治点。郧公韦孝宽为东道元帅，师次永桥，为沁水泛长，兵未得度。长史李询上密启云："大将梁士彦、宇文忻、崔弘度并受尉迟迥饷金，军中恇恇，人情大异。"高祖得询启，深以为忧，与郑译议，欲代此三人。德林独进计云："公与诸将，并是国家贵臣，未相伏驭，今以挟令之威，使得之耳。安知后所遣者，能尽腹心，前所遣人，独致乖异？又取金之事，虚实难明，即令换易，彼将惧罪，恐其逃逸，便须禁锢。然则郧公以下，必有惊疑之意。且临敌代将，自古所难，乐毅所以辞燕，赵括以之败赵。如愚所见，但遣公一腹心，明于智略，为诸将旧来所信服者，速至军所，使观其情伪。纵有异志，必不敢动。"丞相大悟曰："若公不发此言，几败大事。"即令高颎驰驿往军所，为诸将节度，竟成大功。凡厥谋谟，多此类也。进授丞相府从事内郎。禅代之际，其相国总百揆、九锡殊礼诏策笺表玺书，皆德林之辞也。高祖登阼之日，授内史令。

初，将受禅，虞庆则劝高祖尽灭宇文氏，高颎、杨惠亦依违从之。唯德林固争，以为不可。高祖作色怒云："君读书人，不足平章此事。"于是遂尽诛之。自是品位不加，出于高、虞之下，唯依班例授上仪同，进爵为子。开皇元年，敕令与太尉任国公于翼、高颎等同修律令。事讫奏闻，别赐九环金带一腰，骏马一匹，赏损益之多也。格令班后，苏威每欲改易事条。德林以为格式已颁，义须画一，纵令小有蹉驳，非必蠹政害民者，不可数有改张。威又奏置五百家乡正，即令理民间辞讼。德林以为本废乡官判事，为其里闾亲戚，剖断不平，今令乡正专治五百家，恐为害更甚。且今时吏部，总选人物，天下不过数百县，于六七百万户内，诠简数百县令，犹不能称其才，乃欲于一乡之内，选一人能治五百家者，必恐难得。又即时要荒小县，有不至五百家者，复不可令两县共管一乡。敕令内外群官，就东宫会议。自皇太子以下，多从德林议。苏威又言废郡，德林语之云："修令时，公何不论废郡为便？今令才出，其可改乎！"然高颎同威之议，称德林狠戾，多所固势。由是高祖尽依威议。

五年，敕令撰录作相时文翰，勒成五卷，谓之《霸朝杂集》。序其事曰：

窃以阳乌垂曜，微藿倾心，神龙腾举，飞云触石。圣人在上，幽显冥符，故称比屋可封，万物斯睹。臣皇基草创，便豫驱驰，遂得参可封之民，为万物之一，其为嘉庆，固以多也。若夫帝臣王佐，应运挺生，接踵于朝，谅有之矣。而班尔之妙，曲木变容，朱蓝所染，素丝改色。二十二臣，功成尽美；二十八将，效力于时。种德积善，岂皆比于稷、契，计功称伐，非

悉类于耿、贾。书契已还，立言立事，质非殆庶，何世无之。盖上禀睿后，旁资群杰，牧商鄙贱，屠钓幽微，化为侯王，皆由此也。有教无类，童子羞于霸功；见德思齐，狂夫成于圣业。治世多士，亦因此焉。烟雾可依，腾蛇与蛟龙俱远，栖息有所，苍蝇同骐骥之速。因人成事，其功不难。自此而谈，虽非上智，事受命之主，委质为臣，遇高世之才，连官接席，皆可以翊亮天地，流名钟鼎，何必苍颉造书，伊尹制命，公旦操笔，老聃为史，方可叙帝王之事，谈人鬼之谋乎？至若臣者，本惭宾实，非勋非德，厕轩冕之流，无学无才，处艺文之职。若不逢休运，非遇天恩，光大含弘，博约文礼，万官百辟，才悉兼人，收拙里闾，退仕乡邑，不种东陵之瓜，岂过南阳之掾，安得出入阊阖之闱，趋走太微之庭，履天子之阶，侍圣皇之侧，枢机帷幄，沾及荣宠者也！昔岁木行将季，谅闇在辰，火运肇兴，群官总己。有周典八柄之所，大隋纳百揆之日，两朝文翰，臣兼掌之。时溥天之下，三方构乱，军国多务，朝夕填委。簿领纷纭，羽书交错，或速均发弩，或事大滔天，或日有万几，或几有万事。皇帝内明外顺，经营区宇，吐无穷之术，运不测之神，幽赞两仪，财成万类。咨谋台阁，晓喻公卿，训率土之滨，责反常之贼。三军奉律，战胜攻取之方；万国承风，安上治民之道。让受终之礼，报群臣之令，有宪章古昔者矣，有随事作故者矣。千变万化，譬彼悬河；寸阴尺日，不弃光景。大则天壤不遗，小则毫毛无失。远寻三古，未闻者尽闻；遂听百王，未见者皆见。发言吐论，即成文章，臣染翰操牍，书记而已。昔放勋之化，老人睹而未知；孔丘之言，弟子闻而不达。愚情禀圣，多必乖舛。加以奏阁趋墀，盈怀满袖，手披目阅，堆案积几。心无别虑，笔不暂停，或毕景忘餐，或连宵不寐，以勤补拙，不遑自处。其有词理疏谬，遗漏阙疑，皆天旨训诱，神笔改定。运筹建策，通幽达冥，从命者获安，违命者悉祸。悬测万里，指期来事，常如目见，固乃神知。变大乱而致大平，易可诛而为淳粹，化成道洽，其在人文，尽出圣怀，用成典诰，并非臣意所能至此。伯禹矢谟，成汤陈誓，汉光数行之札，魏武《接要》之书，济时拯物，无以加也。属神器大宝，将迁明德，天道人心，同谋归往。周静南面，每诏褒扬，在位诸公，各陈本志，玺书表奏，群情赐委。臣寰海之内，咸曰一民，乐推之心，切于黎献，欣然从命，辄不敢辞。比夫潘勖之册魏王，阮籍之劝晋后，道高前世，才谢往人，内手扪心，凤宵惭惕。檄书露板，及以诸文，有臣所作之，有臣润色之。唯是愚思，非奏定者，虽词乖黼藻，而理归霸德，文有可忽，事不可遗。前奉敕旨，集纳麓已还，至于受命文笔，当时制述，条目甚多，今日收撰，略为五卷云尔。

高祖省读讫，明旦谓德林曰："自古帝王之兴，必有异人辅佐。我昨读《霸朝集》，方知感应之理。昨宵恨夜长，不能早见公面。必令公贵与国始终。"于是追赠其父

恒州刺史。未几，上曰："我本意欲深荣之。"复赠定州刺史、安平县公，谥曰孝，以德林袭焉。德林既少有才名，重以贵显，凡制文章，动行于世。或有不知者，谓为古人焉。

德林以梁士彦及元谐之徒频有逆意，大江之南，抗衡上国。乃著《天命论》上之，其辞曰：

粤若遂古，玄黄肇辟，帝王神器，历数有归。生其德者天，应其时者命，确乎不变，非人力所能为也。龙图鸟篆，号谥遗迹，疑而难信，缺而未详者，靡得而明焉。其在典文，焕乎缃素，钦明至德，莫盛于唐、虞，贻谋长世，莫过于文、武。大隋神功积于文王，天命显于唐叔。昔邑姜方娠，梦帝谓己："余命而子曰虞，将与之唐，而蕃育其子孙。"及生，有文在其手曰"虞"，遂以命之。成王灭唐而封太叔。又唐叔之封也，箕子曰："其后必大。"《易》曰："崇高富贵，莫大于帝王。"《老子》谓："域内四大，王居一焉。"此则名虞与唐，美兼二圣，将令其后必大，终致唐、虞之美，蕃育子孙，用享无穷之祚。

逮皇家建国，初号大兴，箕子必大之言，于兹乃验。天之眷命，悬属圣朝，重耳区区，岂足云也！有娀玄鸟，商以兴焉；姜嫄巨迹，周以兴焉；邑姜梦帝，隋以兴焉。古今三代，灵命如一，本枝种德，奕叶丕基。佐高帝而灭楚，立宣皇以定汉。东京太尉，关西孔子，生感遗鳣之集，殁降巨鸟之奇，累仁积善，大申休命。太祖挺生，庇民匡主，立殊勋于魏室，建盛业于周朝。启翼轸之国，肇炎精之纪，爰受厥命，陟配彼天。皇帝载诞之初，神光满室，具兴王之表，韫大圣之能。或气或云，荫映于廊庙；如天如日，临照于轩冕。内明外顺，自险获安，岂非万福扶持，百禄攸集。有周之末，朝野骚然，降志执均，镇卫宗社。明神飨其德，上帝付其民，诛奸逆于九重，行神化于四海。于斯时也，尉迥据有齐累世之都，乘新国易乱之俗，驱驰蛇豕，连合纵横，地乃九州陷三，民则十分拥六。王谦乘连率之威，凭全蜀之险，兴兵举众，震荡江山，鸩毒巴、庸，蚕食秦、楚。此二房也，穷凶极逆，非欲割鸿沟之地，闭剑阁之门，皆将长戟强弩，睥睨宸极。从漳河而达负海，连岱岳而距华阳，迫胁荆蛮，吐纳江汉。佐斗嫁祸，纷若猬毛，曝骨履肠，间不容砺。尔乃奉殪戎之命，运先天之略，不出户庭，推毂分阃，一麾以定三方，数旬而清万国。荡涤天壤之速，规摹指画之神，造化以来，弗之闻也。光熙前绪，罔有不服，烟云改色，钟石变音，三灵顾望，万物影响。木运告尽，褰裳克让，天历在躬，推而弗有。百辟庶尹，四方岳牧，稽图谶之文，顺亿兆之请，披肝沥胆，昼歌夜吟，方屈箕颍之高，式允幽明之愿。基命宥密，如恒如升，推帝居歆，创业垂统。殊徽号，改服色，建都邑，叙彝伦，薄赋轻徭，慎刑恤狱，除繁苛之政，兴清静之风，去无用之官，省相监之职。奇才间出，盛德无隐，星精云气，共趋走于阶墀，山神海灵，咸禀理于台阁。东渐日谷，西被月川，教暨北溟之表，声加南海之外。悠悠沙漠，区域万里，蠢蠢百蛮，莫之与竞。五帝所不化，三王所未宾，屈膝顿颡，尽为臣妾。殊方异类，书契不传，梯山越海，贡琛奉贽，欣欣如也。巢居穴处，化以宫室；不火不粒，训以庖厨。礼乐合天地之同，律吕节寒暑之候，制作详垂衣之后，淳粹得神农之前。遨游文雅之场，出入杳冥之极，合神谟鬼，通幽洞微。群物岁成，含生日用，饮和气以自得，沐玄泽而不知也。丹雀为使，玄龟载书，甘露自天，醴泉出地。神禽异兽，珍木奇草，望风观海，应化归风。备休祥于图牒，罄幽遐而戾止。犹且父天子民，兢兢翼翼，至矣大矣，七十四帝，曷可同年而语哉！

若夫天下之重，不可妄据，故唐之许由，夏之伯益，怀道立事，人授而弗可也。轩初四帝，周余六王，藉世因基，自取而不得也。孟轲称仲尼之德过于尧、舜，著述成帝者之事，弟子备王佐之才，黑不代苍，泣麟叹凤，栖栖汲汲，虽圣达而莫许也。蚩尤则黄帝抗衡，共工则黑帝勍敌，项羽诛秦摧汉，宰割神州，角逐争驱，尽威力而无就也。其余欻起妖妄，曾何足数！贼子逆臣，所以为乱，皆由不识天道，不悟人谋，牵逐鹿之邪说，谓飞鼋而为鼎。若使四凶争八元之诚，三监同九臣之志，韩信、彭越深明帝子之符，孙述、隗嚣妙识真人之出，尉迥同讴歌之类，王谦比狱讼之民，福禄蝉联，胡可穷也！而违天逆物，获罪人神。呜呼！此前事之大戒矣。诛夷烹醢，历代共尤，僭逆凶邪，时烦狱吏，其可不戒慎哉！盖积恶既成，心自绝于善道，物类相感，理必至于诛戮。天夺其魄，鬼恶其盈故也。大帝聪明，群臣正直，耳目滥于率土，赏罚参于国朝，辅助一人，覆育兆庶。岂有食人之禄，受人之荣，包藏祸心而不殄尽者也？必当执法未处其罪，司命已除其籍。自古明哲，虑远防微，执一心，持一德，立功坐树，上书削藁，位尊而心逾下，禄厚而志弥约，宠盛思之以惧，道高守之以恭，克念于此，则奸回不至。事乃畏天，岂惟爱礼，谦光满覆，义在知几，吉凶由人，妖不自作。

众星共极，在天成象。凤沙则主虽愚蔽，民尽知归；有苗则始为跋扈，终而大服。汉南诸国，见一面以从殷；河西将军，率五郡以归汉。故能招信顺之助，保太山之安。彼陈国者，盗窃江外，民少一郡，地减半州，遇受命之主，逢太平之日，自可献土衔璧，乞同溥天。乃复养丧家之疹，遵颠覆之轨，越趄吴越，仍为匪民。虽时属大道，偃兵舞鏚，然国家当混一之运，金陵是殄灭之期，有命不恒，断可知矣。房风之戮，元龟匪遥；孙皓之侯，守株难得。迷而未觉，谅可愍焉。斯故未辩玄天之心，不闻君子之论也。

德林自隋有天下，每赞平陈之计。八年，车驾幸同州，德林以疾不从。敕书追之，书后御笔注云："伐陈事意，宜自随也。"时高颎因使入京，上语颎曰："德林若患未堪行，宜自至宅，取其方略。"高祖以之付晋王广。后从驾还，在途中，高祖以马鞭南指云："待平陈讫，会以七宝装严公，使自山东无及之者。"及陈平,授柱国、郡公,实封八百户,赏物三千段。晋王广已宣敕讫,有人说高颎曰:"天子画策,晋王及诸将戮力之所致也。今乃归功于李德林,诸将必当愤惋,且后世观公有若虚行。"颎入言之,高祖乃止。

初,大象末,高祖以逆人王谦宅赐之,文书已出,至地官府,忽复改赐崔谦。上语德林曰:"夫人欲得,将与其舅。于公无形迹,不须争之,可自选一好宅。若不称意,当为营造,并觅庄店作替。"德林乃奏取逆人高阿那肱卫国县市店八十坞为王谦宅替。九年,车驾幸晋阳,店人上表诉称:"地是民物,高氏强夺,于内造舍。"上命有司料还价直。遇追苏威自长安至,奏云:"高阿那肱是乱世宰相,以谄媚得幸,枉取民地,造店赁之。德林诬调,妄奏自入。"李圆通、冯世基等又进云:"此店收利如食千户,请计日追赃。"上因责德林,德林请勘逆人文簿及本换宅之意,上不听,乃悉追店给所住者。自是益嫌之。十年,虞庆则等于关东诸道巡省使还,并奏云:"五百家乡正,专理辞讼,不便于民。党与爱憎,公行贿赂。"上仍令废之。德林复奏云:"此事臣本以为不可。然置来始尔,复即停废,政令不一,朝成暮毁,深非帝王设法之义。臣望陛下若于律令辄欲改张,即以军法从事。不然者,纷纭未已。"高祖遂发怒,大诟之:"尔欲将我作王莽邪?"初,德林称父为太尉谘议,以取赠官,李元操与陈茂等阴奏之曰:"德林之父终于校书,妄称谘议。"上甚衔之。至是,复庭议忤意,因数之曰:"公为内史,典朕机密,比不可豫计议者,以公不弘耳。宁自知乎?朕方以孝治天下,恐斯道废阙,故立五教以弘之。公言孝由天性,何须设教。然则孔子不当说《孝经》也。又罔冒取店,妄加父官,朕实忿之而未能发。今当以一州相遣耳。"因出为湖州刺史。德林拜谢曰:"臣不敢复望内史令,请预散参。待陛下登封告成,一观盛礼,然后收拾丘园,死且不恨。"上不许,转怀州刺史。在州逢亢旱,课民掘井溉田,空致劳扰,竟无补益,为考司所贬。岁余,卒官,时年六十一。赠大将军、廉州刺史,谥曰文。及将葬,敕令羽林百人,并鼓吹一部,以给丧事。赠物三百段,粟千石,祭以太牢。

德林美容仪,善谈吐,齐天统中,兼中书侍郎,于宾馆受国书。陈使江总目送之曰:"此即河朔之英灵也。"器量沉深,时人未能测,唯任城王湝、赵彦深、魏收、陆印大相钦重,延誉之言,无所不及。德林少孤,未有字,魏收谓之曰:"识度天才,必至公辅,吾辈以此字卿。"从官以后,即典机密,性重慎,尝公古人不言温树,何足称也。少以才学见知,及位望稍高,颇伤自任,争名之徒,更相潜毁,所以运属兴王,功参佐命,十余年间竟不徙级。所撰文集,勒成八十卷,遭乱亡失,见五十卷行于世。敕撰《齐史》未成。

有子曰百药,博涉多才,词藻清赡。释巾太子通事舍人,后迁太子舍人、尚书礼部员外郎,袭爵安平县公,桂州司马。炀帝恶其初不附己,以为步兵校尉。大业末,转建安郡丞。

史臣曰:德林幼有操尚,学富才优,誉重邺中,声飞关右。王基缔构,协赞谋猷,羽檄交驰,丝纶间发,文诰之美,时无与二。君臣体合,自致青云,不患莫己知,岂徒言也!

卷四十三　　　　列传第八

河间王弘 子庆

河间王弘,字辟恶,高祖从祖弟也。祖爱敬,早卒。父元孙,少孤,随母郭氏养于舅族。及武元皇帝与周太祖建义关中,元孙时在邺下,惧为齐人所诛,因假外家姓为郭氏。元孙死,齐为周所并,弘始入关,与高祖相得。高祖哀之,为买田宅。弘性明悟,有文武干略。数从征伐,累迁开府仪同三司。高祖为丞相,常置左右,委以心腹。高祖诣周赵王宅,将及于难,弘时立于户外,以卫高祖。寻加上开府,赐爵永康县公。及上受禅,拜大将军,进爵郡公。寻赠其父为柱国、尚书令、河间郡公。其年立弘为河间王,拜右卫大将军。岁余,进授柱国。时突厥屡为边患,以行军元帅率众数万,出灵州道,与虏相遇,战,大破之,斩数千级。赐物二千段,出拜宁州总管,进位上柱国。弘在州,治尚清静,甚有恩惠。后数载,征还京师。未几,拜蒲州刺史,得以便宜从事。时河东多盗贼,民不得安。弘奏为盗者百余人,投之边裔,州境帖然,号为良吏。每晋王广入朝,弘辄领扬州总管,及晋王归藩,弘复还蒲州。在官十余年,风教大洽。炀帝嗣位,征还,拜太子太保。岁余,薨。大业六年,追封郇王。子庆嗣。

庆倾曲,善候时变。帝时猜忌骨肉,滕王纶等皆被废放,唯庆获全。累迁荥阳郡太守,颇有治绩。及李密据洛口仓,荥阳诸县多应密,庆勒兵拒守。密频遣攻之,不能克。岁余,城中粮尽,兵势日蹙。密因遗庆书曰:

自昏狂嗣位,多历岁年,剥削生民,涂炭天下。璇室瑶台之丽,未极骄奢;糟丘酒池之荒,非为淫乱。今者共举义旗,勘剪凶虐,八方同德,万里俱来,莫不期入关以亡秦,争渡河而灭纣。东穷海、岱,南洎江、淮,凡厥遗人,承风慕义,唯荥阳一郡,王独守迷。夫微子纣之元兄,族实为重,项伯籍之季父,戚乃非疏,然犹去朝歌而入周,背西楚而归汉。岂不眷恋宗祊,留连骨肉,但识宝鼎之将移,知神器之先改。而王之先代,家住山东,本姓郭氏,乃非杨族。止为宿与隋朝先有勋旧,遂得预沾盘石,名在葭莩。娄敬之与汉高,殊非血胤,吕布之于董卓,良异天亲。芝焚蕙叹,事不同此。又王之昏主,心若豺狼,仇忿同胞,有逾沉、阋,惟勇及谅,咸罄甸师,况乃族类为非,何能自保!为王计者,莫若举城从义,开门送款,安若太山,高枕而卧,长守富贵,足为美谈,乃至子孙,必有余庆。今王世充屡被摧蹙,自救无聊,偷存晷漏，讵能支久？段达、韦津，东都自固，何暇图人？世充朝亡，达便夕灭。又江都荒湎，流宕忘归，内外崩离，人神怨愤。上江米船，皆被抄截，士卒饥馁，半菽不充，事切析骸，义均煮弩。举烽火于骊山，诸侯莫至；浮胶船于汉水，还日未期。王独守孤城，绝援千里，馈粮之计，仅有月余，敌卒之多，才盈数百，有何恃赖，欲相拒抗！求枯鱼于市肆，即事非虚，因归雁以运粮，竟知何日。然城中豪杰，王之腹心，思杀长吏，将为内启。正恐祸生匕首，衅发萧墙，空以七尺之躯，悬赏千金之购，可为寒心，可为酸鼻者也。幸能三思，自求多福。

于时江都败问亦至，庆得书，遂降于密，改姓为郭氏。密为王世充所破，复归东都，更为杨氏，越王侗不之责也。及侗称制，拜宗正卿。世充将篡，庆首为劝进。世充既僭伪号，降爵郇国公，庆复为郭氏。世充以兄女妻之，署荥州刺史。及世充将败，庆欲将其妻同归长安，其妻谓之曰："国家以妾奉箕帚于公者，欲以申厚意，结公心耳。今叔父穷迫，家国阽危，而公不顾婚姻，孤负付属，为全身之计，非妾所能责公也。妾若至长安，则公家一婢耳，何用妾为！愿得送还东都，君之惠也。"庆不许。其妻遂沐浴靓妆，仰药而死。庆归大唐，为宜州刺史、郇国公，复姓杨氏。其嫡母元太妃，年老，两目失明，王世充以庆叛己而斩之。

杨处纲

杨处纲，高祖族父也。生长北边，少习骑射。在周尝以军功拜上仪同。高祖受禅，赠其父钟葵为柱国、尚书令、义城县公，以处纲袭焉。授开府，督武候事。寻为太子宗卫率，转左监门郎将。后数载，起授右领军将军。处纲虽无才艺，而性质直，在官强济，亦为当时所称。寻拜蒲州刺史，吏民悦之。进位大将军。后迁秦州总管，卒官。谥曰恭。

弟处乐，官至洛州刺史。汉王谅之反也，朝廷以为有二心，废锢不齿。

杨子崇

杨子崇，高祖族弟也。父盆生，赠荆州刺史。子崇少好学，涉猎书记，有风仪，爱贤好士。开皇初，拜仪同，以车骑将军恒典宿卫。后为司门侍郎。炀帝嗣位，累迁候卫将军，坐事免。未几，复令检校将军事。从帝幸汾阳宫，子崇知突厥必为寇患，屡请早还京师，帝不纳。寻有雁门之围。及贼退，帝怒之曰："子崇怯懦，妄有陈请，惊动我众心，不可居爪牙之寄。"出为离石郡太守，治有能名。自是突厥屡寇边塞，胡贼刘六儿复拥众劫掠郡境，子崇上表请兵镇遏。帝复大怒，下书令子崇巡行长城。子崇出百余里，四面路绝，不得进而归。时百姓饥馑，相聚为盗，子崇前后捕斩数千人。岁余，朔方梁师都、马邑刘武周等各称兵作乱，郡中诸胡复相啸聚。子崇患之，言欲朝集，遂与心腹数百人自孟门关乘还京师。辎重半济，遇河西诸县各杀长吏，叛归师都，道路隔绝，子崇退归离石。所将左右，既闻太原有兵起，不复入城，遂各叛去。子崇悉收叛者父兄斩之。后数日，义兵夜至城下，城中豪杰复出应之。城陷，子崇为仇家所杀。

观德王雄 弟达

观德王雄，初名惠，高祖族子也。父绍，仕周，历八州刺史、傥城县公，赐姓叱吕引氏。雄美姿仪，有器度，雍容闲雅，进止可观。周武帝时，为太子司旅下大夫。帝幸云阳宫，卫王直作乱，以其徒袭肃章门，雄逆拒破之。进位上仪同，封武阳县公，邑千户。累迁右司卫上大夫。大象中，进爵邘国公，邑五千户。高祖为丞相，雍州牧毕王贤谋作难，雄时为别驾，知其谋，以告高祖。贤伏诛，以功授柱国、雍州牧，仍领相府虞候。周宣帝葬，备诸王有变，令雄率六千骑送至陵所。进位上柱国。

高祖受禅，除左卫将军，兼宗正卿。俄迁右卫大将军，参预朝政。进封广平王，食邑五千户，以邘公别封一子。雄请封弟士贵，朝廷许之。或奏高颎朋党者，上诘雄于朝。雄对曰："臣忝卫宫闱，朝夕左右，若有朋附，岂容不知！至尊钦明睿哲，万机亲览，颎用心平允，奉法而行。此乃爱憎之理，惟陛下察之。"高祖深然其言。雄时贵宠，冠绝一时，与高颎、虞庆则、苏威称为"四贵"。

雄宽容下士，朝野倾瞩。高祖恶其得众，阴忌之，不欲其典兵马。乃下册书，拜雄为司空，曰："维开皇九年八月朔壬戌，皇帝若曰：於戏！惟尔上柱国、左卫大将军、宗正卿、广平王，风度宽弘，位望隆显，爰司禁旅，绵历十载。入当心腹，外任爪牙，驱驰轩陛，勤劳著绩。念旧庸勋，礼秩加等。公辅之寄，民具尔瞻，宜竭乃诚，副兹名实，是用命尔为司空。往钦哉！光应宠命，得不慎欤！"外示优崇，实夺其权也。雄无职务，乃闭门不通宾客。寻改封清漳王。仁寿初，高祖曰："清漳之名，未允声望。"命职方进地图，上指安德郡以示群臣曰："此号足为名德相称。"于是改封安德王。

大业初，授太子太傅。及元德太子薨，检校郑州刺史事。岁余，授怀州刺史。寻拜京兆尹。帝亲征吐谷浑，诏雄总管浇河道诸军。及还，改封观王。上表让曰："臣早逢兴运，预班末属，有命有时，藉风云之会，无才无德，滥公卿之首。蒙先皇不次之赏，荷陛下非分之恩，久蒙台槐，宠盈常满，岂可仍叨匪服，重窃鸿名！臣实面墙，敢缘往例，臣诚昧宠，交惧身责。昔刘贾封王，岂备三阶之任，曹洪上将，宁超五等之爵？况臣衮章逾于帝子，京尹亚于皇枝，锡士作藩，钮金开国，于臣何以自处，在物谓其乖分。是以露款执愚，祈恩固守。伏愿陛下曲留慈照，特鉴丹诚。频触宸严，伏增流汗。"优诏不许。

辽东之役，检校左翊卫大将军，出辽东道。次泸河镇，遘疾而薨，时年七十一。帝为之废朝，鸿胪监护丧事。有司考行，请谥曰懿。帝曰："王道高雅俗，德冠生人。"乃赐谥曰德。赠司徒、襄国武安渤海清河上党河间济北高密济阴长平等十郡太守。

子恭仁，位至吏部侍郎。恭仁弟綝，性和厚，颇有文学。历义州刺史、淮南太守。及父薨，起为司隶大夫。辽东之役，帝令綝于临海顿别有所督。杨玄感之反也，玄感弟玄纵自帝所逃赴其兄，路逢綝。綝避人偶语久之，既别而复相就者数矣。司隶刺史刘休文奏之。时綝兄吏部侍郎恭仁将兵于外，帝以是寝之，未发其事。綝尤惧，发病而卒。綝弟续，仕至散骑侍郎。

雄弟达，字士达，少聪敏，有学行。仕周，官至仪同、内史下大夫，遂宁县男。高祖受禅，拜给事黄门侍郎，进爵为子。时吐谷浑寇边，诏上柱国元谐为元帅，达为司马。军还，兼吏部侍郎，加开府。岁余，转内史侍郎，出为鄜、郑、赵三州刺史，俱有能名。平陈之后，四海大同，上差品天下牧宰，达为第一，赐杂彩五百段，加以金带，擢拜工部尚书，加位上开府。达为人弘厚，有局度。杨素每言曰："有君子之貌，兼君子之心者，唯杨达耳。"献皇后及高祖山陵制度，达并参预焉。

炀帝嗣位，转纳言，仍领营东都副监，帝甚信重之。辽东之役，领右武卫将军，进位左光禄大夫，卒于师，时年六十二。帝叹惜者久之，赠吏部尚书、始安侯。谥曰恭。赠物三百五十段。

史臣曰：高祖始迁周鼎，众心未附，利建同姓，维城宗社，是以河间、观德，咸启山河。属乃葭莩，地非宠逼，故高位厚秩，与时终始。杨庆二三其德，志在苟生，变本宗如反掌，弃慈母如遗迹，及身而绝，宜其然矣。观王位登台衮，庆流后嗣，保兹宠禄，实仁厚之所致乎！

卷四十四　　列传第九

滕穆王瓒 嗣王纶

滕穆王瓒，字恒生，一名慧，高祖母弟也。周世以太祖军功封竟陵郡公，尚武帝妹顺阳公主，自右中侍上士迁御伯中大夫。保定四年，改为纳言，授仪同。瓒贵公子，又尚公主，美姿仪，好书爱士，甚有令名于当世，时人号曰杨三郎。武帝甚亲爱之。平齐之役，诸王咸从，留瓒居守，帝谓之曰："六府事殷，一以相付。朕将遂事东方，无西顾之忧矣。"其见亲信如此。宣帝即位，迁吏部中大夫，加上仪同。未几，帝崩，高祖入禁中，将总朝政，令废太子勇召之，欲有计议。瓒素与高祖不协，闻召不从，曰："作隋国公恐不能保，何乃更为族灭事邪？"高祖作相，迁大将军。寻拜大宗伯，典修礼律。进位上柱国、邵国公。瓒见高祖执政，群情未一，恐为家祸，阴有图高祖之计，高祖每优容之。及受禅，立为滕王。后拜雍州牧。上数与同坐，呼为阿三。后坐事去牧，以王就第。

瓒妃宇文氏，先时与独孤皇后不平，及此郁郁不得志，阴有咒诅。上命瓒出之，瓒不忍离绝，固请。上不得已，从之，宇文氏竟除属籍。瓒由是忤旨，恩礼更薄。开皇十一年，从幸栗园，暴薨，时年四十二。人皆言其遇鸩以毙。子纶嗣。

纶字斌籀，性弘厚，美姿容，颇解钟律。高祖受禅，封邵国公，邑八千户。明年，拜邵州刺史。晋王广纳妃于梁，诏纶致礼焉，甚为梁人所敬。纶以穆王之故，当高祖之世，每不自安。炀帝即位，尤被猜忌。纶忧惧不知所为，呼术者王琛而问之。琛答曰："王相禄不凡。"乃因曰："滕即腾也，此字足为善应。"有沙门惠恩、崛多等，颇解占候，纶每与交通，常令此三人为度星法。有人告纶怨望咒诅，帝命黄门侍郎王弘穷治之。弘见帝方怒，遂希旨奏纶厌蛊恶逆，坐当死。帝令公卿议其事，司徒杨素等曰："纶希冀国灾，以为身幸。原其怀恶之由，积自家世。惟皇运之始，四海同心，在于孔怀，弥须协力。其先乃离阻大谋，弃同即异，父悖于前，子逆于后，非直觊觎朝廷，便是图危社稷。为恶有状，其罪莫大，刑兹无赦，抑有旧章，请依前律。"帝以公族不忍，除名为民，徙始安。诸弟散徙边郡。大业七年，亲征辽东，纶欲上表，请从军自效，为郡司所遏。未几，复徙朱崖。及天下大乱，为贼林仕弘所逼，携妻子窜于儋耳。后归大唐，为怀化县公。

纶弟坦，字文籀，初封竟陵郡公，坐纶徙长沙。坦弟猛，字武籀，徙衡山。猛弟温，字明籀，初徙零陵。温好学，解属文，既而作《零陵赋》以自寄，其辞哀思。帝见而怒之，转徙南海。温弟诜，字弘籀，前亦徙零陵。帝以其修谨，袭封滕王，以奉穆王嗣。大业末，薨于江都。

道悼王静

道悼王静，字贤籀，滕穆王瓒之子也。出继叔父嵩。嵩在周代，以太祖军功，赐爵兴城公，早卒。高祖践位，追封道王，谥曰宣。以静袭焉。卒，无子，国除。

卫昭王爽 嗣王集

卫昭王爽，字师仁，小字明达，高祖异母弟也。周世，在襁褓中，以太祖军功，封同安郡公。六岁而太祖崩，为献皇后之所鞠养，由是高祖于诸弟中特宠爱之。十七为内史上士。高祖执政，拜大将军、秦州总管。未之官，转授蒲州刺史，进位柱国。及受禅，立为卫王。寻迁雍州牧，领左右将军。俄迁右领军大将军，权领并州总管。岁余，进位上柱国，转凉州总管。爽美风仪，有器局，治甚有声。

其年，以爽为行军元帅，步骑七万以备胡。出平凉，无虏而还。明年，大举北伐，又为元帅。河间王弘、豆卢勣、窦荣定、高颎、虞庆则等分道而进，俱受爽节度。爽亲率李充节等四将出朔州，遇沙钵略可汗于白道，接战，大破之，虏获千余人，驱马牛羊巨万。沙钵略可汗中重创而遁。高祖大悦，赐爽真食梁安县千户。六年，复为元帅，步骑十五万，出合川。突厥遁逃而返。明年，征为纳言。

高祖甚重之。

未几，爽寝疾，上使巫者薛荣宗视之，云众鬼为厉。爽令左右驱逐之。居数日，有鬼物来击荣宗，荣宗走下阶而毙。其夜爽薨，时年二十五。赠太尉、冀州刺史。子集嗣。

集字文会，初封遂安王，寻袭封卫王。炀帝时，诸侯王恩礼渐薄，猜防日甚。集忧惧不知所为，乃呼术者俞普明章醮以祈福助。有人告集咒诅，宪司希旨，锻成其狱，奏集恶逆，坐当死。天子下公卿议其事，杨素等曰："集密怀左道，厌蛊君亲，公然咒诅，无惭幽显。情灭人理，事悖先朝，是君父之罪人，非臣子之所赦，请论如律。"时滕王纶坐与相连，帝不忍加诛，乃下诏曰："纶、集以附尊之华，犹子之重，縻之好爵，匪由德进。正应与国升降，休戚是同，乃包藏妖祸，诞纵邪僻。在三之义，爱敬俱沦；急难之情，孔怀顿灭。公卿议既如此，览以潸然。虽复王法无私，恩从义断，但法隐公族，礼有亲亲。致之极辟，情所未忍。"于是除名为民，远徙边郡。遇天下大乱，不知所终。

蔡王智积

蔡王智积，高祖弟整之子也。整周明帝时，以太祖军功，赐爵陈留郡公。寻授开府、车骑大将军。从武帝平齐，至并州，力战而死。及高祖作相，赠柱国、大司徒、冀定瀛相怀卫赵贝八州刺史。高祖受禅，追封蔡王，谥曰景。以智积袭焉。又封其弟智明为高阳郡公，智才为开封县公。寻拜智积为开府仪同三司，授同州刺史，仪卫资送甚盛。顷之，以修谨闻，高祖善之。在州未尝嬉戏游猎，听政之暇，端坐读书，门无私谒。有侍读公孙尚仪，山东儒士，府佐杨君英、萧德言，并有文学，时延于座，所设唯饼果，酒才三酌。家有女妓，唯年节嘉庆，奏于太妃之前，其简静如此。昔高祖龙潜时，景王与高祖不睦，其太妃尉氏又与独孤皇后不相谐，以是智积常怀危惧，每自贬损。高祖知其若是，亦哀怜之。人或劝智积治产业者，智积曰："昔平原露朽财帛，苦其多也。吾幸无可露，何更营乎？"有五男，止教读《论语》、《孝经》而已，亦不令交通宾客。或问其故，智积答曰："卿非知我者。"其意恐儿子有才能，以致祸也。开皇二十年，征还京第，无他职任，阖门自守，非朝觐不出。

炀帝即位，滕王纶、卫王集并以逸构得罪，高阳公智明亦以交游夺爵，智积逾惧。大业七年，授弘农太守，委政僚佐，清静自居。及杨玄感作乱，自东都引军而西，智积谓官属曰："玄感闻大军将至，欲西图关中。若成其计，则根本固矣。当以计縻之，使不得进。不出一旬，自可擒耳。"及玄感军至城下，智积登陴詈辱之，玄感怒甚，留攻之。城门为贼所烧，智积乃更益火，贼不得入。数日，宇文述等援军至，合击破之。

十二年，从驾江都，寝疾。帝时疏薄骨肉，智积每不自安，及遇患，不呼医。临终，谓所亲曰："吾今日始知得保首领没于地矣。"时人哀之。有子道玄。

史臣曰：周建懿亲，汉开盘石，内以敦睦九族，外以辑宁亿兆，深根固本，崇奖王室。安则有以同其乐，衰则有以恤其危，所由来久矣。魏、晋以下，多失厥中，不遵王度，各徇所私。抑之则势齐于匹夫，抗之则权侔于万乘，矫枉过正，非一时也。得失详乎前史，不复究而论焉。高祖昆弟之恩，素非笃睦，闺房之隙，又不相容。至于二世承基，其弊愈甚。是以滕穆暴薨，人皆窃议；蔡王将没，自以为幸。唯卫王养于献后，故任遇特隆，而诸子迁流，莫知死所，悲夫！其锡以茅土，称为盘石，行无甲兵之卫，居与氓隶为伍。外内无虞，颠危不暇，时逢多难，将何望焉！

卷四十五　　　列传第十

文四子

高祖五男，皆文献皇后之所生也。长曰房陵王勇，次炀帝，次秦孝王俊，次庶人秀，次庶人谅。

房陵王勇，字睍地伐，高祖长子也。周世，以太祖军功封博平侯。及高祖辅政，立为世子，拜大将军、左司卫，封长宁郡公。出为洛州总管、东京小冢宰，总统旧齐之地。后征还京师，进位上柱国、大司马，领内史御正，诸禁卫皆属焉。高祖受禅，立为皇太子，军国政事及尚书奏死罪已下，皆令勇参决之。上以山东民多流冗，遣使按检，又欲徙民北实边塞。勇上书谏曰："窃以导俗当渐，非可顿革，恋土怀旧，民之本情，波进流离，盖不获已。有齐之末，主暗时昏，周平东夏，继以威虐，民不堪命，致有逃亡，非厌家乡，愿为羁旅。加以去年三方逆乱，赖陛下仁圣，区宇肃清，锋刃虽屏，疮痍未复。若假以数岁，沐浴皇风，逃窜之徒，自然归本。虽北夷猖獗，尝犯边烽，今城镇峻峙，所在严固，何待迁配，以致劳扰。臣以庸虚，谬当储贰，寸诚管见，辄以尘闻。"上览而嘉之，遂寝其事。是后时政不便，多所损益，上每纳之。上尝从容谓群臣曰："前世皇王，溺于嬖幸，废立之所由生。朕傍无姬侍，五子同母，可谓真兄弟也。岂若前代多诸内宠，孽子忿诤，为亡国之道邪！"

勇颇好学，解属词赋，性宽仁和厚，率意任情，无矫饰之行。引明克让、姚察、陆开明等为之宾友。勇尝文饰蜀铠，上见而不悦，恐致奢侈之渐，因而诫之曰："我闻天道无亲，唯德是与，历观前代帝王，未有奢华而得长久者。汝当储后，若不上称天心，下合人意，何以承宗庙之重，居兆民之上？吾昔日衣服，各留一物，时复看之，以自警戒。今以刀子赐汝，宜识我心。"

其后经冬至，百官朝勇，勇张乐受贺。高祖知之，问朝臣曰："近闻至节，内外百官相率朝东宫，是何礼也？"太常少卿辛亶对曰："于东宫是贺，不得言朝。"高祖曰：

"改节称贺,正可三数十人,逐情各去。何因有司征召,一时普集,太子法服设乐以待之?东宫如此,殊乖礼制。"于是下诏曰:"礼有等差,君臣不杂,爰自近代,圣教渐亏,俯仰逐情,因循成俗。皇太子虽居上嗣,义兼臣子,而诸方岳牧,正冬朝贺,任土作贡,别上东宫,事非典则,宜悉停断。"自此恩宠始衰,渐生疑阻。时高祖令选宗卫侍官,以入上台宿卫。高颎奏称,若尽取强者,恐东宫宿卫太劣。高祖作色曰:"我有时行动,宿卫须得雄毅。太子毓德东宫,左右何须强武?此极敝法,甚非我意。如我商量,恒于交番之日,分向东宫上下,团伍不别,岂非好事?我熟见前代,公不须仍踵旧风。"盖疑高颎男尚勇女,形于此言,以防之也。

勇多内宠,昭训云氏,尤称嬖幸,礼匹于嫡。勇妃元氏无宠,尝遇心疾,二日而薨。献皇后意有他故,甚责望勇。自是云昭训专擅内政,后弥不平,颇遣人伺察,求勇罪过。晋王知之,弥自矫饰,姬妾但备员数,唯共萧妃居处。皇后由是薄勇,愈称晋王德行。其后晋王来朝,车马侍从,皆为俭素,敬接朝臣,礼极卑屈,声名籍甚,冠于诸王。临还扬州,入内辞皇后,因进言曰:"臣镇守有限,方违颜色,臣子之恋,实结于心。一辞阶闼,无由侍奉,拜见之期,杳然未日。"因哽咽流涕,伏不能兴。皇后亦曰:"汝在方镇,我又年老,今者之别,有切常离。"又泫然泣下,相对歔欷。王曰:"臣性识愚下,常守平生昆弟之意,不知何罪,失爱东宫,恒蓄盛怒,欲加屠陷。每恐谗谮生于投杼,鸠毒遇于杯勺,是用勤忧积念,惧履危亡。"皇后忿然曰:"睍地伐渐不可耐,我为伊索得元家女,望隆基业,竟不闻作夫妻,专宠阿云,使有如许豚犬。前新妇本无病痛,忽尔暴亡,遣人投药,致此夭逝。事已如是,我亦不能穷治,何因复于汝处发如此意?我在尚尔,我死后,当鱼肉汝乎?每思东宫竟无正嫡,至尊千秋万岁之后,遣汝等兄弟向阿云儿前再拜问讯,此是几许大苦痛邪!"晋王又拜,鸣咽不能止,皇后亦悲不自胜。此别之后,知皇后意移,始构夺宗之计。因引张衡定策,遣宇公宇文述深交杨约,令喻旨于越国公素,具言皇后此语。素瞿然曰:"但不知皇后如何?必如所言,吾又何为者!"后数日,素入侍宴,微称晋王孝悌恭俭,有类至尊,用此揣皇后意。皇后泣曰:"公言是也。我儿大孝顺,每闻至尊及我遣内使到,必迎于境首。言及违离,未尝不泣。又其新妇亦大可怜,我使婢去,常与之同寝共食。岂若睍地伐共阿云相对而坐,终日酣宴,昵近小人,疑阻骨肉。我所以益怜阿麽者,常恐暗地杀之。"素既知意,因盛言太子不才。皇后遂遗素金,始有废立之意。

勇颇知其谋,忧惧,计无所出。闻新丰王王辅贤能占候,召而问之。辅贤曰:"白虹贯东宫门,太白袭月,皇太子废退之象也。"以铜铁五兵造诸厌胜。又于后园之内作庶人村,屋宇卑陋,太子时于中寝息,布衣草褥,冀以当之。高祖知其不安,在仁寿宫,使杨素观勇。素至东宫,偃息未入,勇束带待之,故久不进,以激怒勇。勇衔之,形于言色。素还,言勇怨望,恐有他变,愿深防察。高祖闻素谮毁,甚疑之。皇后又遣人伺觇东宫,纤介事皆闻奏,因加媒糵,构成其罪。高祖惑于邪议,遂疏忌勇。乃于玄武门达至德门量置候人,以伺动静,皆随事奏闻。又东宫宿卫之人,侍官已上,名藉悉令属诸卫府,有健儿者,咸屏去之。晋王又令段达私于东宫幸臣姬威,遗以财货,令取太子消息,密告杨素。于是内外喧谤,过失日闻。段达胁姬威曰:"东宫罪过,主上皆知之矣,已奉密诏,定当废立。君能奉之,则大富贵。"威遂许诺。

九月壬子,车驾至自仁寿宫,翌日,御大兴殿,谓侍臣曰:"我新还京师,应开怀欢乐,不知何意,翻郁然愁苦?"吏部尚书牛弘对曰:"由臣等不称职,故至尊忧劳。"高祖既数闻逸谮,疑朝臣皆具委,故有斯问,冀闻太子之愆。弘为此对,大乖本旨。高祖因作色谓东宫官属曰:"仁寿宫去此不远,而令我每还京师,严备仗卫,如入敌国。我为患利,不脱衣卧,昨夜欲得近厕,故在后房,恐有警急,还移就前殿。岂非尔辈欲坏我国家邪?"于是执唐令则等数人,付所司讯鞫。令杨素陈东宫事状,以告近臣。素显言之曰:"臣奉敕向京,令皇太子检校刘居士余党。太子奉诏,乃作色奋厉,骨肉飞腾,语臣云:'居士党尽伏法,遣我何处穷讨?尔作右仆射,委寄不轻,自检校,何关我事?'又云:'若大事不遂,我先被诛。今作天子,竟乃令我不如诸弟。一事以上,不得自由。'因长叹回视云:'我大觉身妨。'"高祖曰:"此儿不堪承嗣久矣。皇后恒劝我废之,我以布素时生,复是长子,望其渐改,隐忍至今。勇昔从南兖州来,语卫王云:'阿娘不与我一好妇女,亦是可恨。'因指皇后侍儿曰:'是皆我物。'此言几许异事。其妇初亡,即以斗帐安余老妪。新妇初亡,我深疑使马嗣明药杀。我曾责之,便怼曰:'会杀元孝矩。'此欲害我而迁怒耳。初,长宁诞育,朕与皇后共抱养之,自怀彼此,连遣来索。且云定兴女,在外私合而生,想此由来,何必是其体胤!昔晋太子取屠家女,其儿即好屠割。今倓非类,便乱宗社。又刘金骕谄佞人也,呼定兴作亲家翁,定兴愚人,受其此语。我前解金骕者,为其此事。勇尝引曹妙达共定兴女同宴,妙达在外说云:'我今得劝妃酒。'直以其诸子偏庶,畏人不服,故逆纵之,欲收天下之望耳。我虽德惭尧、舜,终不以万姓付不肖子也。我恒畏其加害,如防大敌,今欲废之,以安天下。"

左卫大将军、五原公元旻谏曰:"废立大事,天子无二言,诏旨若行,后悔无及。逸言罔极,惟陛下察之。"旻辞直争强,声色俱厉,上不答。

是时姬威又抗表告太子非法。高祖谓威曰:"太子事迹,宜皆尽言。"威对曰:"皇太子由来共臣语,唯意在骄奢,欲将从樊川以至于散关,总规为苑。兼云:'昔汉武帝将起上林苑,东方朔谏之,赐朔黄金百斤,几许可笑。我实无金辄赐此等。若有谏者,正当斩之,不过杀百许人,自然永息。'前苏孝慈解左卫率,皇太子奋髯扬肘曰:'大丈夫会当有一日,终不忘之,决当快意。'又宫内所须,尚书多执法不与,便怒曰:'仆射以下,吾会戮一二人,使知慢我之祸。'又于苑内筑一小城,春夏秋冬,作役不辍,营起亭殿,朝造夕改。每云:'至尊嗔我多侧庶,高纬、陈叔宝岂是孽子乎?'尝令师姥卜吉凶,语臣曰:'至尊忌在十八年，此期促矣。'"高祖泫然曰："谁非父母生，乃至于此！我有旧使妇女，令看东宫，奏我云：'勿令广平王至皇太子处。东宫憎妇，亦广平macro之。'元赞亦知其阴恶，劝我于左藏之东，加置两队。初平陈后，宫人好者悉配春坊，如闻不知厌足，于外更有求访。朕近览《齐书》，见高欢纵其儿子，不胜忿愤，安可效尤邪！"于是勇及诸子皆被禁锢，部分收其党与。杨素舞文巧诋，锻炼以成其狱。勇由是遂败。

居数日，有司承素意，奏言左卫元旻身备宿卫，常曲事于勇，情存附托，在仁寿宫，裴弘将勇书于朝堂与旻，题封云勿令人见。高祖曰："朕在仁寿宫，有纤小事，东宫必知，疾于驿马。怪之甚久，岂非此徒耶？"遣武士执旻及弘付法治其罪。

先是，勇尝从仁寿宫参起居还，途中见一枯槐，根干蟠错，大且五六围，顾左右曰："此堪作何器用？"或对曰："古槐尤堪取火。"于时卫士皆佩火燧，勇因令匠者造数千枚，欲以分赐左右。至是，获于库。又药藏局贮艾数斛，亦搜得之。大将为怪，以问姬威。威曰："太子此意别有所在。比令长宁王已下，诣仁寿宫还，每尝急行，一宿便至。恒饲马千匹，云径往捉城门，自然饿死。"素以威言诘勇，勇不服曰："窃闻公家马数万匹，勇忝备位太子，有马千匹，乃是反乎？"素又发泄东宫服玩，似加雕饰者，悉陈之于庭，以示文武群官，为太子之罪。高祖遣将诸物示勇，以诮诘之。皇后又责之罪。高祖使使责问勇，勇不服。太史令袁充进曰："臣观天文，皇太子当废。"上曰："玄象久见矣，群臣无敢言者。"于是使人召勇。勇见使者，惊曰："得无杀我耶？"高祖戎服陈兵，御武德殿，集百官，立于东面，诸亲立于西面，引勇及诸子列于殿庭。命薛道衡宣废勇之诏曰："太子之位，实为国本，苟非其人，不可虚立。自古储副，或有不才，长恶不悛，仍令守器，皆由情溺宠爱，失于至理，致使宗社倾亡，苍生涂地。由此言之，天下安危，系乎上嗣，大业传世，岂不重哉！皇太子勇，地则居长，情所钟爱，初登大位，即建春宫，冀德业日新，隆兹负荷。而性识庸暗，仁孝无闻，昵近小人，委任奸佞，前后愆衅，难以具纪。但百姓者，天之百姓，朕恭天命，属当安育，虽欲爱子，实畏上灵，岂敢以不肖之子而乱天下？勇及其男女为王、公主者，并可废为庶人。顾惟兆庶，事不获已，兴言及此，良深愧叹！"令薛道衡谓勇曰："尔之罪恶，人神所弃，欲求不废，其可得耶？"勇再拜而言曰："臣合尸之都市，为将来鉴诫，幸蒙哀怜，得全性命。"言毕，泣下沾襟，既而舞蹈而去。左右莫不悯默。又下诏曰：

自古以来，朝危国乱，皆邪臣佞媚，凶党扇惑，致使祸及宗社，毒流兆庶。若不标明典宪，何以肃清天下！左卫大将军、五原郡公元旻，任掌兵卫，委以心膂，陪侍左右，恩宠隆渥，乃包藏奸伏，离间君亲，崇长厉阶，最为魁首。太子左庶子唐令则，策名储贰，位长宫僚，诣曲取容，音技自进，躬亲执乐，亲教内人，赞成骄侈，导引非法。太子家令邹文腾，专行左道，偏被亲昵，心腹委付，巨细关知，占问国家，希

觊灾祸。左卫率司马夏侯福，内事谄谀，外作威势，凌侮上下，亵浊宫闱。典膳监元淹，谬陈爱憎，开示怨隙，妄起讪谤，潜行离阻，进引妖巫，营事厌祷。前史部侍郎萧子宝，往居省阁，旧非宫臣，禀性浮躁，用怀轻险，进画奸谋，要射荣利，经营间构，开造祸端。前主玺下士何竦，假托玄象，妄说妖怪，志图祸乱，心在速发，兼制奇器异服，皆竦规摹，增长骄奢，糜费百姓。凡此七人，为害乃甚，并处斩，妻妾子孙皆悉没官。车骑将军阎毗、东郡公崔君绰、游骑尉沈福宝、瀛州民章仇太翼等四人，所为之事，皆是悖恶，论其状迹，罪合极刑。但朕情存好生，未能尽戮，可并特免死，各决杖一百，身及妻子资财田宅，悉以没官。副将作大匠高龙义，豫追番丁，辄配东宫使役，营造亭舍，进入春坊。率更令晋文建，通直散骑侍郎、判司农少卿事元衡，料度之外，私自出给，虚破丁功，擅割园地。并处尽。

于是集群官于广阳门外，宣诏以戮之。广平王雄答诏曰："至尊为百姓割骨肉之恩，废黜无德，实为大庆，天下幸甚！"乃移勇于内史省，立晋王广为皇太子，仍以勇付之，复囚于东宫。赐杨素物三千段，元胄、杨约并千段，杨难敌五百段，皆鞫勇之功赏也。

时文林郎杨孝政上书谏曰："皇太子为小人所误，宜加训诲，不宜废黜。"上怒，挞其胸。寻而贝州长史裴肃表称："庶人罪黜已久，当克己自新，请封一小国。"高祖知勇之黜也，不允天下之情，乃征肃入朝，具陈废立之意。

时勇自以废非其罪，频请见上，面申冤屈。而皇太子遏之，不得闻奏。勇于是升树大叫，声闻于上，冀得引见。素因奏言："勇情志昏乱，为癫鬼所著，不可复收。"上以为然，卒不得见。素诬陷经营，构成其罪，类皆如此。

高祖寝疾于仁寿宫，征皇太子入侍医药，而奸乱宫闱，事闻于高祖。高祖抵床曰："枉废我儿！"因遣追勇。未及发使，高祖暴崩，秘不发丧。遽收柳述、元岩，系于大理狱，伪为高祖敕书，赐庶人死。追封房陵王，不为立嗣。

勇有十男：云昭训生长宁王俨、平原王裕、安城王筠，高良娣生安平王嶷、襄城王恪，王良媛高阳王该、建安王韶，成姬生颍川王煚，后宫生孝实、孝范。

长宁王俨，勇长子也。诞乳之初，以报高祖，高祖曰："此即皇太孙，何乃生不得地？"云定兴奏曰："天生龙种，所以因云而出。"时人以为敏对。六岁，封长宁郡王。勇败，亦坐废黜。上表乞宿卫，辞情甚切，高祖览而悯焉。杨素进言："伏愿圣心同于蟹手，不宜复留意。"炀帝践极，俨常从行，卒于道，实鸩之也。诸弟分徙岭外，仍敕在所皆杀焉。

秦孝王俊，字阿祗，高祖第三子也。开皇元年立为秦王。二年春，拜上柱国、河南道行台尚书令、洛州刺史，时年十二。加右武卫大将军，领关东兵。三年，迁秦州总管。陇右诸州尽隶焉。俊仁恕慈爱，崇敬佛道，请为沙门，上不许。六年，迁山南道行台尚书令。伐陈之役，以为山

南道行军元帅，督三十总管，水陆十余万，屯汉口，为上流节度。陈将周罗睺、荀法尚等，以劲兵数万屯鹦鹉洲，总管崔弘度请击之。俊虑杀伤，不许。罗睺亦相率而降。于是遣使奉章诣阙，垂泣谓使者曰："谬当推毂，愧无尺寸之功，以此多惭耳。"上闻而善之。授扬州总管四十四州诸军事，镇广陵。岁余，转并州总管二十四州诸军事。初颇有令问，高祖闻而大悦，下书奖励焉。其后俊渐奢侈，违犯制度，出钱求息，民吏苦之。上遣使按其事，与相连坐者百余人。俊犹不悛，于是盛治宫室，穷极侈丽。俊有巧思，每亲运斤斧，工巧之器，饰以珠玉。为妃作七宝幂篱，又为水殿，香涂粉壁，玉砌金阶。梁柱楣栋之间，周以明镜，间以宝珠，极荣饰之美。每与宾客妓女弦歌于其上。俊颇好内，妃崔氏性妒，甚不平之，遂于瓜中进毒。俊由是遇疾，征还京师。上以其奢纵，免官，以王就第。左武卫将军刘升谏曰："秦王非有他过，但费官物营廨舍而已。臣谓可容。"上曰："法不可违。"升固谏，上忿然作色，升乃止。其后杨素复进谏曰："秦王之过，不应至此，愿陛下详之。"上曰："我是五儿之父，若如公意，何不别制天子儿律？以周公之为人，尚诛管、蔡，我诚不及周公远矣，安能亏法乎？"卒不许。

俊疾笃，未能起，遣使奉表陈谢。上谓其使曰："我戮力关塞，创兹大业，作训垂范，庶臣下守之而不失。汝为吾子，而欲败之，不知何以责汝！"俊惭怖，疾甚。大都督皇甫统上表，请复王官，不许。岁余，以疾笃，复拜上柱国。二十年六月，薨于秦邸。上哭之数声而已。俊所为侈丽之物，悉命焚之。敕送终之具，务从俭约，以为后法也。王府僚佐请立碑，上曰："欲求名，一卷史书足矣，何用碑为？若子孙不能保家，徒与人作镇石耳。"

妃崔氏以毒王之故，下诏废绝，赐死于其家。子浩，崔氏所生也。庶子湛。群臣议曰："《春秋》之义，母以子贵，子以母贵。贵既如此，罪则可知。故汉时栗姬有罪，其子便废，郭后被废，其子斯黜。大既然矣，小亦宜同。今秦王二子，母皆罪废，不合承嗣。"于是以秦国官为丧主。俊长女永丰公主，年十二，遭父忧，哀慕尽礼，免丧，遂϶鱼肉。每至忌日，辄流涕不食。有开府王延者，性忠厚，领亲信兵十余年，俊甚礼之。及俊有疾，延恒在阁下，衣不解带。俊薨，勺饮不入口者数日，羸顿骨立。上闻而悯之，赐以御药，授骠骑将军，典宿卫。俊葬之日，延号恸而绝。上嗟异之，令通事舍人吊祭焉。诏葬延于俊墓侧。

炀帝即位，立浩为秦王，以奉孝王嗣。封湛为济北侯。后以浩为河阳都尉。杨玄感作逆之际，左翊卫大将军宇文述勒兵讨之。至河阳，修启于浩，浩复诣述营，兵相往复。有司劾浩，以诸侯交通内臣，竟坐废免。宇文化及杀逆之始，立浩为帝。化及败于黎阳，北走魏县，自僭伪号，因而害之。湛骁果，有胆烈。大业初，为荥阳太守，坐浩免，亦为化及所害。

庶人秀，高祖第四子也。开皇元年，立为越王。未几，徙封于蜀，拜柱国、益州刺史、总管，二十四州诸军事。

二年，进位上柱国、西南道行台尚书令，本官如故。岁余而罢。十二年，又为内史令、右领军大将军。寻复出镇于蜀。

秀有胆气，容貌瑰伟，美须髯，多武艺，甚为朝臣所惮。上每谓献皇后曰："秀必以恶终。我在当无虑，至兄弟必反。"兵部侍郎元衡使于蜀，秀深结于衡，以左右为请。既还京师，请益左右，上不许。大将军刘恰之讨西爨也，高祖令上开府杨武通将兵继进。秀使嬖人万智光为武通行军司马，上以秀任非其人，谴责之。因谓群臣曰："坏我法者，必在子孙乎？譬如猛兽，物不能害，反为毛间虫所损食耳。"于是遂分秀所统。

秀渐奢侈，违犯制度，车马被服，拟于天子。及太子勇以谗毁废，晋王广为皇太子，秀意甚不平。皇太子恐秀终为后变，阴令杨素求其罪而谮之。仁寿二年，征还京师，上见，不与语。明日，使使让之。秀谢曰："忝荷国恩，出临藩岳，不能奉法，罪当万死。"皇太子及诸王流涕庭谢。上曰："顷者秦王糜费财物，我以父道训之。今秀蠹害生民，当以君道绳之。"于是付执法者。开府庆整谏曰："庶人勇既废，秦王已薨，陛下儿子无多，何至如是？然蜀王性甚耿介，今被重责，恐不自全。"上大怒，欲断其舌。因谓群臣曰："当斩秀于市，以谢百姓。"乃令杨素、苏威、牛弘、柳述、赵绰等推治之。太子阴作偶人，书上及汉王姓字，缚手钉心，令人埋之华山下，令杨素发之。又作檄文曰："逆臣贼子，专弄威柄，陛下唯守虚器，一无所知。"陈甲兵之盛，云"指期问罪"。置秀集中，因以闻奏。上曰："天下宁有是耶！"于是废为庶人，幽内侍省，不得与妻子相见，令给獠婢二人驱使。与相连坐者百余人。

秀既幽逼，愤懑不知所为，乃上表曰："臣以多幸，联庆皇枝，蒙天慈鞠养，九岁荣贵，唯知富乐，未尝忧惧。轻恣愚心，陷兹刑网，负深山岳，甘心九泉。不谓天恩尚假余漏，至如今者，方知愚心不可纵，国法不可犯，抚膺念咎，自新莫及。犹望分身竭命，少答慈造，但以灵祇不祐，福禄消尽，夫妇抱恩，不相胜致。只恐长辞明世，永归泉壤，伏愿慈恩，赐垂矜愍，残息未尽之间，希与爪子相见。请赐一穴，令骸骨有所。"爪子即其爱子也。上因下诏数其罪曰：

汝地居臣子，情兼家国，庸、蜀要重，委以镇之。汝乃干纪乱常，怀恶乐祸，睥睨二宫，伫迟灾衅，容纳不逞，结构异端。我有不和，汝便觇候，望我不起，便有异心。皇太子汝兄也，次当建立，汝假托妖言，乃云不终其位。妄称鬼怪，又道不得入宫，自言骨相非人臣，德业堪承重器，妄道清城出圣，欲以己当之，诈称益州龙见，托言吉兆。重述木易之姓，更治成都之宫；妄说禾乃之名，以当八千之运。横生京师妖异，以证父兄之灾；妄造蜀地征祥，以符己身之箓。汝岂不欲得国家恶也，天下乱也，辄造白玉之珽，又为白羽之箭，文物服饰，岂似有君，鸠集左道，符书厌镇。汉王于汝，亲则弟也，乃画其形像，书其姓名，缚手钉心，枷锁纽械。仍云请西岳华山慈父圣母神兵九亿万骑，收杨谅魂神，闭在华山下，勿令散荡。我之于汝，亲则父也，复云请西岳华山慈父圣母，赐为开化杨坚夫妻，回心欢喜。又画我形像，缚手撮头，仍云请西岳神兵收杨坚魂神。如此形状，我今不知杨谅、杨坚是汝何亲也？苞藏凶慝，图谋不轨，逆臣之迹也；希父之灾，以为身幸，贼子之心也；怀非分之望，肆毒心于兄，悖弟之行也；嫉妒于弟，无恶不为，无孔怀之情也；违犯制度，坏乱之极也；多杀不幸，豺狼之暴也；剥削民庶，酷虐之甚也；唯求财货，市井之业也；专事妖邪，顽嚚之性也；弗克负荷，不材之器也。凡此十者，灭天理，逆人伦，汝皆为之，不祥之甚也，欲免祸患，长守富贵，其可得乎！

后复听与其子同处。

炀帝即位，禁锢如初。宇文化及之弑逆也，欲立秀为帝，群议不许。于是害之，并其诸子。

庶人谅，字德章，一名杰，开皇元年，立为汉王。十二年，为雍州牧，加上柱国、右卫大将军。岁余，转左卫大将军。十七年，出为并州总管，上幸温汤而送之。自山以东，至于沧海，南拒黄河，五十二州尽隶焉。特许以便宜，不拘律令。十八年，起辽东之役，以谅为行军元帅，率众至辽水，遇疾疫，不利而还。十九年，突厥犯塞，以谅为行军元帅，竟不临戎。高祖甚宠爱之。谅自以所居天下精兵处，以太子谗废，居常怏怏，阴有异图。遂讽高祖云："突厥方强，太原即为重镇，宜修武备。"高祖从之。于是大发工役，缮治器械，贮纳于并州。招佣亡命，左右私人，殆将数万。王頍者，梁将王僧辩之子也，少倜傥，有奇略，为谅咨议参军。萧摩诃者，陈氏旧将。二人俱不得志，每郁郁思乱，并为谅所亲善。

及蜀王以罪废，谅愈不自安。会高祖崩，征之不赴，遂发兵反。总管司马皇甫诞切谏，谅怒，收系之。王頍说谅曰："王所部将吏家属，尽在关西，若用此等，即宜长驱深入，直据京都，所谓疾雷不及掩耳。若但欲割据旧齐之地，宜任东人。"谅不能专定，乃兼用二策，唱言曰："杨素反，将诛之。"闻喜人总管府兵曹裴文安说谅曰："井陉以西，是王掌握之内，山东士马，亦为我有，宜悉发之。分遣赢兵，屯守要路，仍令随方略地。率其精锐，直入蒲津。文安请为前锋，王以大军继后，风行电击，顿于霸上，咸阳以东可指麾而定。京师震扰，兵不暇集，上下相疑，群情离骇，我即陈兵号令，谁敢不从，旬日之间，事可定矣。"谅大悦。于是遣所署大将军余公理出太谷，以趣河阳。大将军綦良出滏口，以趣黎阳。大将军刘建出井陉，以略燕民。柱国乔钟葵出雁门。署文安为柱国，纥单贵、王聃、大将军茹茹天保、侯莫陈惠直指京师。未至蒲津百余里，谅忽改图，令纥单贵断河桥，守蒲州，而召文安。文安至曰："兵机诡速，本欲出其不意。王既不行，文安又退，使彼计成，大事去矣。"谅不对。以王聃为蒲州刺史，裴文安为晋州，薛粹为绛州，梁菩萨为潞州，韦道正为韩州，张伯英为泽州。炀帝遣杨素率骑五千，袭王聃、纥单贵于蒲州，破之。于是率步骑四万趣太原。谅使赵子

开守高壁，杨素击走之。谅大惧，拒素于蒿泽。属天大雨，谅欲旋师，王頍谏曰："杨素悬军，士马疲弊，王以锐卒亲戎击之，其势必举。今见敌而还，示人以怯，阻战士之心，益西军之气，愿王必勿还也。"谅不从，退守清源。素进击之，谅勒兵与官军大战，死者万八千人。谅退保并州，杨素进围之。谅穷蹙，降于素。百僚奏谅罪当死，帝曰："朕终鲜兄弟，情不忍言，欲屈法恕谅一死。"于是除名为民，绝其属籍，竟以幽死。子颢，因而禁锢，宇文化及弑逆之际，遇害。

史臣曰：高祖之子五人，莫不终其天命，异哉！房陵资于骨肉之亲，笃以君臣之义，经纶缔构，契阔夷险，抚军监国，凡二十年，虽三善未称，而视膳无阙。恩宠既变，谗言间之，顾复之慈，顿隔于人理，父子之道，遂灭于天性。隋室将亡之效，众庶皆知之矣。《慎子》有言曰："一兔走街，百人逐之，积兔于市，过者不顾。"岂其无欲哉？分定故也。房陵分定久矣，高祖一朝易之，开逆乱之源，长觊觎之望。又维城肇建，崇其威重，恃宠而骄，厚自封植，进之既逾制，退之不以道。俊以忧卒，实此之由。俄属天步方艰，谗人已胜，尺布斗粟，莫肯相容。秀窥岷蜀之阻，谅起晋阳之甲，成兹乱常之衅，盖亦有以动之也。《棠棣》之诗徒赋，有鼻之封无期，或幽囚于图圄，或颠殒于鸩毒。本根既绝，枝叶毕剪，十有余年，宗社沦陷。自古废嫡立庶，覆族倾宗者多矣，考其乱亡之祸，未若有隋之酷。《诗》曰："殷鉴不远，在夏后之世。"后之有国有家者，可不深戒哉！

卷四十六　　列传第十一

赵 煚

赵煚，字贤通，天水西人也。祖超宗，魏河东太守。父仲懿，尚书左丞。煚少孤，养母至孝。年十四，有人盗伐其父墓中树者，煚对之号恸，因执送官。见魏右仆射周惠达，长揖不拜，自述孤苦，涕泗交集，惠达为之陨涕，叹息者久之。及长，深沉有器局，略涉书史。周太祖引为相府参军事。寻从破洛阳。及太祖班师，煚请留抚纳亡叛，太祖从之。煚于是帅所领与齐人前后五战，斩郡守、镇将、县令五人，虏获甚众，以功封平定县男，邑三百户。累转中书侍郎。

闵帝受禅，迁陕州刺史。蛮酋向天王聚众作乱，以兵攻信陵、秭归。煚勒所部五百人，出其不意，袭击破之，二郡获全。时周人于江南岸置安蜀城以御陈，属霖雨数旬，城颓者百余步。蛮酋郑南乡叛，引陈将吴明彻欲掩安蜀。议者皆观煚益修守御，煚曰："不然，吾自有以安之。"乃遣使说诱江外生蛮向武阳，令乘虚掩袭所居，获其南乡父母妻子。南乡闻之，其党各散，陈兵遂退。明年，吴明

彻屡为寇患,𪟝勒兵御之,前后十六战,每挫其锋。获陈裨将覃冏、王足子、吴朗等三人,斩首百六十级。以功授开府仪同三司,迁荆州总管长史。入为民部中大夫。

武帝出兵巩、洛,欲收齐河南之地。𪟝谏曰:"河南洛阳,四面受敌,纵得之,不可以守。请从河北,直指太原,倾其巢穴,可一举以定。"帝不纳,师竟无功。寻从上柱国于翼率众数万,自三鸦道以伐陈,克陈十九城而还。以谗毁,功不见录,除益州总管长史。未几,入为天官司会,累迁御正上大夫。𪟝与宗伯斛斯徵不协,徵后出为齐州刺史,坐事下狱,自知罪重,遂逾狱而走。帝大怒,购之甚急。𪟝上密奏曰:"徵自以负罪深重,惧死遁逃,若不北窜匈奴,则南投吴越。徵虽愚陋,久历清显,奔彼敌国,无益圣朝。今者炎旱为灾,可因兹大赦。"帝从之。徵赖而获免,𪟝卒不言。

高祖为丞相,加上开府,复拜天官都司会。俄迁大宗伯。及践阼,𪟝授玺绂,进位大将军,赐爵金城郡公,邑二千五百户,拜相州刺史。朝廷以𪟝晓习故事,征拜尚书右仆射。视事未几,以忤旨,寻出为陕州刺史,俄转冀州刺史,甚有威德。𪟝尝有疾,百姓奔驰,争为祈祷,其得民情如此。冀州俗薄,市井多奸诈,𪟝为铜斗铁尺,置之于肆,百姓便之。上闻而嘉焉,颁告天下,以为常法。尝有人盗𪟝田中蒿者,为吏所执。𪟝曰:"此乃刺史不能宣风化,彼何罪也。"慰谕而遣之,令人载蒿一车以赐盗者。盗者愧恧,过于重刑。其以德化民,皆此类也。上幸洛阳,𪟝来朝,上劳之曰:"冀州大藩,民用殷实,卿之为政,深副朕怀。"开皇十九年卒,时年六十八。子义臣嗣,官至太子洗马。后同杨谅反,诛。

赵 芬

赵芬,字士茂,天水西人也。父演,周秦州刺史。芬少有辩智,颇涉经史。周太祖引为相府铠曹参军,历记室,累迁熊州刺史。抚纳降附,得二千户,加开府仪同三司。大冢宰宇文护召为中外府掾,俄迁吏部下大夫。芬性强济,所居之职,皆有声绩。武帝亲览万机,拜内史下大夫,转御正。芬明习故事,每朝廷有所疑议,众不能决者,芬辄为评断,莫不称善。后为司会,申国公李穆之讨齐也,引为行军长史,封淮安县男,邑五百户。复出为淅州刺史,转东京小宗伯,镇洛阳。

高祖为丞相,尉迥与司马消难阴谋往来,芬察知之,密白高祖。由是深见亲委,迁东京左仆射,进爵邵公。开皇初,罢东京官,拜尚书左仆射,与郧国公王谊修律令。俄兼内史令,上甚信任之。未几,以老病出拜蒲州刺史,加金紫光禄大夫,仍领关东运漕,赐钱百万、粟五千石而遣之。后数年,上表乞骸骨,征还京师,赐以二马轺车,几杖被褥,归于家,皇太子又致巾帔。后数年,卒。上遣使致祭,鸿胪监护丧事。

子元恪嗣,官至扬州总管司马,左迁候卫长史。少子元楷,与元恪皆明干世事。元楷大业中为历阳郡丞,与庐江郡丞徐仲宗皆竭百姓之产以贡于帝。仲宗迁南郡丞,元楷超拜江都郡丞,兼领江都宫使。

杨 尚 希

杨尚希,弘农人也。祖真,魏天水太守。父承宾,商、直、浙三州刺史。尚希龆龀而孤。年十一,辞母请受业长安。涿郡卢辩见而异之,令入太学,专精不倦,同辈皆共推伏。周太祖尝亲临释奠,尚希时年十八,令讲《孝经》,词旨可观。太祖奇之,赐姓普六茹氏,擢为国子博士。累转舍人。仕明、武世,历太学博士、太子宫尹、计部中大夫,赐爵高都县侯,东京司宪中大夫。宣帝时,令尚希抚慰山东、河北,至相州而帝崩,与相州总管尉迥发丧于馆。尚希出谓左右曰:"蜀公哭不哀而视不安,将有他计。吾不去,将及于难。"遂夜中从捷径而遁。迟明,迥方觉,分数十骑自驿路追之,不及,遂归京师。高祖以尚希宗室之望,又背迥而至,待之甚厚。及迥屯兵武陟,遣尚希督宗室兵三千人镇潼关。寻授司会中大夫。

高祖受禅,拜度支尚书,进爵为公。岁余,出为河南道行台兵部尚书,加银青光禄大夫。尚希时见天下州郡过多,上表曰:"自秦并天下,罢侯置守,汉、魏及晋,邦邑屡改。窃见当今郡县,倍多于古,或地无百里,数县并置,或户不满千,二郡分领。具僚以众,资费日多;吏卒人倍,租调岁减。清干良才,百分无一,动须数万,如何可觅?所谓民少官多,十羊九牧。琴有更张之义,瑟无胶柱之理。今存要去闲,并小为大,国家则不亏粟帛,选举则易得贤才,敢陈管见,伏听裁处。"帝览而嘉之,于是遂罢天下诸郡。寻拜瀛州刺史,未之官,奉诏巡省淮南。还除兵部尚书。俄转礼部尚书,授上仪同。

尚希性弘厚,兼以学业自通,甚有雅望,为朝廷所重。上时每旦临朝,日侧不倦,尚希谏曰:"周文王以忧勤损寿,武王以安乐延年。愿陛下举大纲,责成宰辅,繁碎之务,非人主所宜亲也。"上欢然曰:"公爱我者。"尚希素有足疾,上谓之曰:"蒲州出美酒,足堪养病,屈公卧治之。"于是出拜蒲州刺史,仍领本州宗团骠骑。尚希在州,甚有惠政,复引瀴水,立堤防,开稻田数千顷,民赖其利。开皇十年卒官,时年五十七。谥曰平。子旻嗣,后改封丹水县公,官至安定郡丞。

长 孙 平

长孙平,字处均,河南洛阳人也。父俭,周柱国。平美容仪,有器干,颇览书记。仕周,释褐卫王侍读。时武帝逼于宇文护,谋与卫王诛之,王前后常使平往来通意于帝。及护伏诛,拜开府、乐部大夫。宣帝即位,置东京官属,以平为小司寇,与小宗伯赵芬分掌六府。高祖龙潜时,与平情好款洽,及为丞相,恩礼弥厚。尉迥、王谦、司马消难并称兵内侮,高祖深以淮南为意。时贺若弼镇寿阳,恐其怀二心,遣平驰驿往代之。弼果不从,平麾壮士执弼,送于京师。

开皇三年,征拜度支尚书。平见天下州县多罹水旱,百姓不给，奏令民间每秋家出粟麦一石已下，贫富差等，储之闾巷，以备凶年，名曰义仓。因上书曰："臣闻国以民为本，民以食为命，劝农重谷，先王令轨。古者三年耕而余一年之积，九年作而有三年之储，虽水旱为灾，而民无菜色，皆由劝导有方，蓄积先备者也。去年亢阳，关右饥馁，陛下运山东之粟，置常平之官，开发仓廪，普加赈赐，大德鸿恩，可谓至矣。然经国之道，义资远算，请勒诸州刺史、县令，以劝农积谷为务。"上深嘉纳。自是州里丰衍，民多赖焉。

后数载，转工部尚书，名为称职。时有人告大都督邴绍非毁朝廷为愤愤者，上怒，将斩之。平进谏曰："川泽纳污，所以成其深；山岳藏疾，所以就其大。臣不胜至愿，愿陛下弘山海之量，茂宽裕之德。鄙谚曰：'不痴不聋，未堪作大家翁。'此言虽小，可以喻大。邴绍之言，不应闻奏，陛下又复诛之，臣恐百代之后，有亏圣德。"上于是赦绍。因敕群臣，诽谤之罪，勿复以闻。

其后突厥达头可汗与都蓝可汗相攻，各遣使请援。上使平持节宣谕，令其和解，赐缣三百匹，良马一匹而遣之。平至突厥所，为陈利害，遂各解兵。可汗赠平马二百匹。及还，平进所得马，上尽以赐之。未几，遇遣，以尚书检校汴州事。岁余，除汴州刺史。其后历许、贝二州，俱有善政。邺都俗薄，旧号难治，前后刺史多不称职。朝廷以平所在善称，转相州刺史。甚有能名。在州数年，会正月十五日，百姓大戏，画衣裳为鳌甲之象，上怒而免之。俄而念平镇淮南时事，进位大将军，拜太常卿，判吏部尚书事。仁寿中卒官。谥曰康。

子师孝，性轻狡好利，数犯法。上以其不克负荷，遣使吊平国官。师孝后为渤海郡主簿，属大业之季，政教陵迟，师孝恣行贪浊，一郡苦之。后为王世充所害。

元 晖

元晖，字叔平，河南洛阳人也。祖琛，魏恒、朔二州刺史。父翌，尚书左仆射。晖须眉如画，进止可观，颇好学，涉猎书记。少得美名于京下，周太祖见而礼之，命与诸子游处，每同席共砚，情契甚厚。弱冠，召补相府中兵参军，寻迁武伯下大夫。于时突厥屡为寇患，朝廷将结和亲，令晖赍锦彩十万，使于突厥。晖说以利害，申国厚礼，可汗大悦，遣其名王随献方物。俄拜仪同三司、宾部下大夫。保定初，大冢宰宇文护引为长史，会齐人来结婚好，以晖多才辩，与千乘公崔睦俱使于齐。迁振威中大夫。武帝之娉突厥后也，令晖致礼焉。加开府，转司宪大夫。及平关东，使晖安集河北，封公宁子，邑四百户。

高祖总百揆，加上开府，进爵为公。开皇初，拜都官尚书，兼领太仆。奏请决杜阳水灌三畤原，溉舄卤之地数千顷，民赖其利。明年，转左武候将军，太仆卿如故。寻转兵部尚书，监漕渠之役。未几，坐事免。顷之，拜魏州刺史，颇有惠政。在任数年，以疾去职。岁余，卒于京师，时年六十。上嗟悼久之，敕鸿胪监护丧事。谥曰元。子肃嗣，官至光禄少卿。肃弟仁器，性明敏，官至日南郡丞。

韦 师

韦师，字公颖，京兆杜陵人也。父瑱，周骠骑大将军。师少沉谨，有至性。初就学，始读《孝经》，舍书而叹曰："名教之极，其在兹乎！"少丁父母忧，居丧尽礼，州里称其孝行。及长，略涉经史，尤工骑射。周大冢宰宇文护引为中外府记室，转宾曹参军。师雅知诸蕃风俗及山川险易，其有夷狄朝贡，师必接对，论其国俗，如视诸掌。夷人惊服，无敢隐情。齐王宪为雍州牧，引为主簿，本官如故。及武帝亲总万机，转少府大夫。及平高氏，诏师安抚山东，徙为宾部大夫。

高祖受禅，拜吏部侍郎，赐爵井陉侯，邑五百户。数年，迁河北道行台兵部尚书，诏为山东河南十八州安抚大使。奏事称旨，赐钱三百万，兼领晋王广司马。其族人世康，为吏部尚书，与师素怀胜负。于时晋王为雍州牧，盛存望第，以司空杨雄、尚书左仆射高颎并为州都督，引师为主簿。而世康弟世约为法曹从事。世康恚恨不能食，又耻世约在师之下，召世约数之曰："汝何故为从事？"遂杖之。

后从上幸醴泉宫，上召师与左仆射高颎、上柱国韩擒等，于卧内赐宴，令各叙旧事，以为笑乐。平陈之役，以本官领元帅掾，陈国府藏，悉委于师，秋毫无所犯，称为清白。后上为长宁王俨纳其女为妃。除汴州刺史，甚有治名，卒官。谥曰定。子德政嗣，大业中，仕至给事郎。

杨 异

杨异，字文殊，弘农华阴人也。祖钧，魏司空。父俭，侍中。异美风仪，沉深有器局。髫龀就学，日诵千言，见者奇之。九岁丁父忧，哀毁过礼，殆将灭性。及免丧之后，绝庆吊，闭户读书。数年之间，博涉书记。周闵帝时，为宁都太守，甚有能名。赐爵昌乐县子。后数以军功，进为侯。高祖作相，行济州事。及践阼，拜宗正少卿，加上开府。蜀王秀之镇益州也，朝廷盛选纲纪，以异方直，拜益州总管长史，赐钱二十万、缣三百匹、马五十匹而遣之。寻迁西南道行台兵部尚书。数载，复为宗正少卿。未几，擢拜刑部尚书。岁余，出除吴州总管，甚有能名。时晋王广镇扬州，诏令异每岁一与王相见，评论得失，规讽疑阙。数载，卒官，时年六十二。子虔逊。

苏孝慈 兄子沙罗

苏孝慈，扶风人也。父武周，周兖州刺史。孝慈少沉谨，有器干，美容仪。周初为中侍上士。后拜都督，聘于齐，以奉使称旨，迁大都督。其年又聘于齐，还授宣纳上士。后从武帝伐齐，以功进位开府，赐爵文安县公，邑千五百户。寻改封临水县公，增邑千二百户，累迁工部上大夫。

高祖受禅，进爵安平郡公，拜太府卿。于时王业初基，百度伊始，征天下工匠，纤微之巧，无不毕集。孝慈总其事，世以为能。俄迁大司农，岁余，拜兵部尚书，待遇逾密。时皇太子勇颇知时政，上欲重宫官之望，多令大臣领其职。于是拜孝慈为太子右卫率，尚书如故。明年，上于陕州置常平仓，转输京下。以渭水多沙，流乍深乍浅，漕运者苦之，于是决渭水为渠以属河，令孝慈督其役。渠成，上善之。又领太子右庶子，转授左卫率，仍判工部、民部二尚书，称为干理。数载，进位大将军，转工部尚书，率如故。先是，以百僚供费不足，台省府寺咸置廨钱，收息取给。孝慈以为官民争利，非兴化之道，上表请罢之，请公卿以下给职田各有差，上并嘉纳焉。开皇十八年，将废太子，惮其在东宫，出为淅州刺史。太子以孝慈去，甚不平，形于言色。其见重如此。仁寿初，迁洪州总管，俱有惠政。共后桂林山越相聚为乱，诏孝慈为行军总管，击平之。其年卒官。有子会昌。

孝慈兄子沙罗，字子粹。父顺，周眉州刺史。沙罗仕周，释褐都督。后从韦孝宽破尉迥，以功授开府仪同三司，封通秦县公。开皇初，蜀王秀镇益州，沙罗以本官从，拜资州刺史。八年，冉崇羌作乱，攻汶山、金川二镇，沙罗率兵击破之，授邛州刺史。后数载，检校利州总管事。从史万岁击西爨，累战有功，进位大将军，赐物千段。寻检校益州总管长史。会越巂人王奉举兵作乱，沙罗与段文振讨平之，赐奴婢百口。会蜀王秀废，吏案奏沙罗云："王奉为奴所杀，秀乃诈称左右斩之。又调熟獠，令出奴婢，沙罗隐而不奏。"由是除名，卒于家。有子康。

李　　雄

李雄，字毗卢，赵郡高邑人也。祖楒，魏太中大夫。父徽伯，齐陕州刺史，陷于周，雄因随军入长安。雄少慷慨，有大志。家世并以学业自通，雄独习骑射。其兄子旦让之曰："弃文尚武，非士大夫之素业。"雄答曰："窃览自古诚臣贵仕，文武不备而能济其功业者鲜矣。雄虽不敏，颇观前志，但不守章句耳。既文且武，兄何病焉！"子旦无以应之。

周太祖时，释褐辅国将军。从达奚武平汉中，定兴州，又讨汾州叛胡，录前后功，拜骠骑大将军、仪同三司。闵帝受禅，进爵为公，迁小宾部。其后复从达奚武与齐人战于芒山，诸军大败，雄所领独全。武帝时，从陈王纯迎后于突厥，进爵奚伯，拜碳州刺史。数岁，征为本府中大夫。寻出为凉州总管长史。从滕王逌破吐谷浑于青海，以功加上仪同。宣帝嗣位，从行军总管韦孝宽略定淮南。雄以轻骑数百至碳石，说下十余城，拜豪州刺史。

高祖总百揆，征为司会中大夫。以淮南之功，加位上开府。及受禅，拜鸿胪卿，进爵高都郡公，食邑二千户。后数年，晋王广出镇并州，以雄为河北行台兵部尚书。上谓雄曰："吾儿既少，更事未多，以卿兼文武才，今推诚相委，吾无北顾之忧矣。"雄顿首而言曰："陛下不以臣之不肖，寄臣以重任。臣虽愚固，心非木石，谨当竭诚效命，以答鸿恩。"歔欷流涕，上慰谕而遣之。雄当官正直，侃

然有不可犯之色，王甚敬惮，吏民称焉。岁余，卒官。子公挺嗣。

张 煚 刘仁恩 郭均 冯世基

张煚，字士鸿，河间郑人也。父羡，少好学，多所通涉，仕魏为荡难将军。从武帝入关，累迁银青光禄大夫。周太祖引为从事中郎，赐姓叱罗氏。历司职大夫，雍州治中、雍州刺史、仪同三司，赐爵虞乡县公。复入为司成中大夫，典国史。周代公卿，类多武将，唯羡以素业自通，甚为当时所重。后以年老，致仕于家。及高祖受禅，钦其德望，以书征之曰："朕初临四海，思存政术，旧齿名贤，实怀勤伫。仪同昔在周室，德业有闻，虽云致仕，犹克壮年。即宜入朝，用副虚想。"及谒见，敕令勿拜，扶升殿，上降榻执手，与之同坐，宴语久之，赐以几杖。会迁都龙首，羡上表劾以俭约，上优诏答之。俄而卒，时年八十四。赠沧州刺史，谥曰定。撰《老子》、《庄子》义，名曰《道言》，五十二篇。

煚好学，有父风。在魏释褐奉朝请，迁员外侍郎。周太祖引为外兵曹。闵帝受禅，加前将军。明、武世，历膳部大夫、冢宰司录，赐爵北平县子，邑四百户。宣帝时，加仪同，进爵为伯。高祖为丞相，煚深自推结，高祖以其有干用，甚亲遇之。及受禅，拜尚书右丞，进爵为侯。俄迁太府少卿，领营新都监丞。丁父忧去职，柴毁骨立。未期，起令视事，固让不许，授仪同三司，袭爵虞乡县公，增邑通前千五百户。寻迁太府卿，拜民部尚书。晋王广为扬州总管，授煚司马，加银青光禄大夫。煚性和厚，有识度，甚当时之誉。后拜冀州刺史，晋王广频表请之，复为晋王长史，检校蒋州事。及晋王为皇太子，复为冀州刺史，进位上开府，吏民悦服，称为良二千石。仁寿四年卒官，时年七十四。子慧宝，官至绛郡丞。

开皇时有刘仁恩者，不知何许人也，倜傥有文武干用。初为毛州刺史，治绩号天下第一，擢拜刑部尚书。又以行军总管从杨素伐陈，与素破陈将吕仲肃于荆门，仁恩之计居多，授上大将军，甚有当时之誉。冯翊郭均、上党冯世基，并明悟有干略，相继为兵部尚书。代人厍狄俠，性弘厚，有局度，官至民部尚书。此四人俱显名于当世，然事行阙落，史莫能详。

史臣曰：二赵明习故事，当世所推，及居端右，无闻殊绩。固知人之才器，各有分限，大小异宜，不可逾量。长孙平谏赦诽谤之罪，可谓仁人之言，高祖悦而从之，其利亦已博矣。元晖以明敏显达，韦师以清白成名，杨尚希、杨异，宗室之英，誉望隆重，苏孝慈、李雄、张煚，内外所履，咸称贞干，并任开皇之初，盖当时之选也。

卷四十七　　列传第十二

韦世康 弟洸　艺　冲　从父弟寿

韦世康，京兆杜陵人也，世为关右著姓。祖旭，魏南幽州刺史。父夐，隐居不仕，魏、周二代，十征不出，号为逍遥公。世康幼而沉敏，有器度。年十岁，州辟主簿。在魏，弱冠为直寝，封汉安县公，尚周文帝女襄乐公主，授仪同三司。后仕周，自典祠下大夫历沔、硖二州刺史。从武帝平齐，授司州总管长史。于时东夏初定，百姓未安，世康绥抚之，士民胥悦。岁余，入为民部中大夫，进位上开府，转司会中大夫。

尉迥之作乱也，高祖忧之，谓世康曰："汾、绛旧是周、齐分界，因此乱阶，恐生摇动。今以委公，善为吾守。"因授绛州刺史，以雅望镇之，阖境清肃。世康性恬素好古，不以得丧干怀。在州尝慨然有止足之志，与子弟书曰："吾生因绪余，夙沾缨弁，驱驰不已，四纪于兹。亟登衮命，频莅方岳，志除三惑，心慎四知，以不贪而为宝，处膏脂而莫润。如斯之事，颇为时悉。今毫虽未及，壮年已谢，霜早梧楸，风先蒲柳。眼暗更剧，不见细书，足疾弥增，非可趋走。禄岂须多，防满则退，年不待暮，有疾便辞。况娘春秋已高，温清宜奉，晨昏有阙，罪在我躬。今世穆、世文并从戎役，吾与世冲复婴远任，陟岵瞻望，此情弥切，桓山之悲，倍深常恋。意欲上闻，乞遵养礼，未访汝等，故遽此及。兴言远慕，感咽难胜。"诸弟报以事恐难遂，于是乃止。

在任数年，有惠政，奏课连最，擢为礼部尚书。世康寡嗜欲，不慕贵势，未尝以位望矜物。闻人之善，若己有之，亦不显人过咎，以求名誉。寻进爵上庸郡公，加邑至二千五百户。其年转吏部尚书，余官如故。四年，丁母忧去职。未期，起令视事，世康固请，乞终私制，上不许。世康之在吏部，选用平允，请托不行。开皇七年，将事江南，议重方镇，拜襄州刺史。坐事免。未几，授安州总管，寻迁为信州总管。十三年，入朝，复拜吏部尚书。前后十余年间，多所进拔，朝廷称为廉平。尝因休暇，谓子弟曰："吾闻功遂身退，古人常道。今年将耳顺，志在悬车，汝辈以为云何？"子福嗣答曰："大人澡身浴德，名立官成，盈满之诫，先哲所重。欲追踪二疏，伏奉尊命。"后因侍宴，世康再拜陈让曰："臣无尺寸之功，位亚台铉。今犬马齿衰，不益明时，恐先朝露，无以塞责。愿乞骸骨，退避贤能。"上曰："朕夙夜庶几，求贤若渴，冀与公共治天下，以致太平。今之所请，深乖本望，纵令筋骨衰谢，犹屈公卧治一隅。"于是出拜荆州总管。时天下唯置四大总管，并、扬、益三州，并亲王临统，唯荆州委于世康，时论以为美。世康为政简静，百姓爱悦，合境无讼。十七年，卒于州，时年六十七。上闻而痛惜之，赠赗甚厚。赠大将军，谥曰文。

世康性孝友，初以诸弟位并隆贵，独季弟世约宦途不达，共推父时田宅尽以与之，世多其义。

长子福子，官至司隶别驾。次子福嗣，仕至内史舍人，后以罪黜。杨玄感之作乱也，以兵逼东都，福嗣从卫玄战于城北，军败，为玄感所擒，令作文檄，辞甚不逊。寻背玄感还东都，帝衔之不已，车裂于高阳。少子福奖，通事舍人，在东都与玄感战没。

洸字世穆，性刚毅，有器干，少便弓马。仕周，释褐直寝上士。数从征伐，累迁开府，赐爵卫国县公，邑千二百户。高祖为丞相，从季父孝宽击尉迥于相州，以功拜柱国，进封襄阳郡公，邑二千户。时突厥寇边，皇太子屯咸阳，令洸统兵出原州道，与虏相遇，击破之。寻拜江陵总管。未几，以母疾征还。俄拜安州总管。伐陈之役，领行军总管。及陈平，拜江州总管，率步骑二万，略定九江。陈豫章太守徐璒据郡持两端，洸遣开府吕昂、长史冯世基以兵相继而进。既至城下，璒伪降，其夜率所部二千人袭击昂。昂与世基合击，大破之，擒璒于阵。高梁女子冼氏率众迎洸，遂进图岭南。上遗洸书曰："公鸿勋大业，名高望重，率将戎旅，抚慰彼方，风行电扫，咸应稽服。若使干戈不用，兆庶获安，方副朕怀，是公之力。"至广州，说陈渝州都督王猛下之，岭表皆定。上闻而大悦，许以便宜从事。洸所绥集二十四州，拜广州总管。岁余，番禺夷王仲宣聚众为乱，以兵围洸，洸勒兵拒之，中流矢而卒。赠上柱国，赐绵绢万段，谥曰敬。子协嗣。

协字钦仁，好学，有雅量。起家著作佐郎，后转秘书郎。开皇中，其父在广州有功，上令协赍诏书劳问，未至而父卒。上以其父身死王事，拜协柱国。后历定、息、秦三州刺史，皆有能名，卒官。

艺字世文，少受业国子。周武帝时，数以军功致位上仪同，赐爵修武县侯，邑八百户。授左旅下大夫。出为魏郡太守。及高祖为丞相，尉迥阴图不轨，朝廷微知之，遣艺季父孝宽驰往代迥。孝宽将至邺，因诈病，止传舍，从迥求药，以察其变。迥遣艺迎孝宽。孝宽问迥所为，艺党于迥，不以实答。孝宽怒，将斩之，艺惧，乃言迥反状。孝宽于是将西通，每至亭驿，辄尽驱传马而去。复谓驿司曰："蜀公将至，宜速具酒食。"迥寻遣骑追孝宽，追人至驿，辄逢盛馔，又无马，遂迟留不进，孝宽与艺由是得免。高祖以孝宽故，弗问艺之罪，加授上开府，即从孝宽击迥。及破尉惇，平相州，皆有力焉。以功进位上大将军，改封武威县公，邑千户。以修武县侯别封一子。高祖受禅，进封魏兴郡公。岁余，拜齐州刺史。为政清简，士庶怀惠。在职数年，迁营州总管。艺容貌瑰伟，每夷狄参谒，必整仪卫，盛服以见之，独坐满一榻。番人畏惧，莫敢仰视。而大治产业，与北夷贸易，家资巨万，颇为清论所讥。开皇十五年卒官，时年五十八。谥曰怀。

冲字世冲，少以名家子，在周释褐卫公府礼曹参军。后从大将军元定渡江伐陈，为陈人所虏，周武帝以币赎而还之。帝复令冲以马千匹使于陈，以赎开府贺拔华等五十人及元定之柩而还。冲有辞辩，奉使称旨，累迁少御伯下大夫,加上仪同。于时稽胡屡为寇乱,冲自请安集之,因拜汾州刺史。高祖践阼,征为兼散骑常侍,进位开府,赐爵安固县侯。岁余,发南汾州胡千余人北筑长城,在涂皆亡。上呼冲问计,冲曰:"夷狄之性,易为反覆,皆由牧宰不称之所致也。臣请以理绥静,可不劳兵而定。"上然之,因命冲绥怀叛者。月余皆至,并赴长城,上下书劳勉之。寻拜石州刺史,甚得诸胡欢心。以母忧去职。俄而起为南宁州总管,持节抚慰。复遣柱国王长述以兵继进。冲上表固让。诏曰:"西南夷裔,屡有生梗,每相残贼,朕甚愍之,已命戎徒,清抚边服。以开府器干堪济,识略英远,军旅事重,故以相任。知在艰疚,日月未多,金革夺情,盖有通式。宜自抑割,即膺往旨。"冲既至南宁,渠帅爨震及西爨首领皆诣府参谒。上大悦,下诏褒扬之。其兄子伯仁,随冲在府,掠人之妻,士卒纵暴,边人失望。上闻而大怒,令蜀王秀治其事。益州长史元岩,性方正,案冲无所宽贷,冲竟坐免。其弟太子洗马世约,潜岩于皇太子。上谓太子曰:"古人有沽酒酸而不售者,为噬犬耳。何用世约乎?适累汝也。"世约遂除名。后数载,令冲检校括州事。时东阳贼帅陶子定、吴州贼帅罗慧方并聚众为乱,攻围婺州永康、乌程诸县,冲率兵击破之。改封义丰县候,检校泉州事。寻拜营州总管。冲容貌都雅,宽厚得众心。怀抚靺鞨、契丹,皆能致其死力。奚、霫畏惧,朝贡相续。高丽尝入寇,冲率兵击走之。仁寿中,高祖为豫章王暕纳冲女为妃,征拜民部尚书。未几,卒,时年六十六。少子挺,最知名。

寿字世龄。父孝宽,周上柱国、郧国公。寿在周,以贵公子,早有令誉,为右侍上士,迁千牛备身。赵王为雍州牧,引为主簿。寻迁少御伯。武帝亲征高氏,拜京兆尹,委以后事。以父军功,赐爵永安县侯,邑八百户。高祖为丞相,以其父平尉迥,拜仪同三司,进封滑国公,邑五千户。俄以父丧去职。高祖受禅,起令视事,寻迁恒、毛二州刺史,颇有治名。开皇十年,以疾征还,卒于家,时年四十二。谥曰定。仁寿中,高祖为晋王昭纳其女为妃。以其子保岱嗣。

寿弟霶,位至太常少卿,安邑县伯。津,位至内史侍郎,判民部尚书事。

世康从父弟操,字元节,刚简有风概。仕周,致位上开府、光州刺史。高祖为丞相,以平尉迥功,进位柱国,封平桑郡公,历青、荆二州总管,卒官。谥曰静。

柳机 子述 机弟旦 肃 从弟雄亮 从子謇之 族弟昂 昂子调

柳机,字匡时,河东解人也。父庆,魏尚书左仆射。机伟仪容,有器局,颇涉经史。年十九,周武帝时为鲁公,引为记室。及帝嗣位,自宣纳上士累迁少纳言、太子宫尹,封平齐县公。从帝平齐,拜开府,转司宗中大夫。宣帝时,迁御正上大夫。机见帝失德,屡谏不听,恐祸及己,托于郑译,阴求出外,于是拜华州刺史。及高祖作相,征还京师。时周代旧臣皆劝禅让,机独义形于色,无所陈请。俄拜卫州刺史。及践阼,进爵建安郡公,邑二千四百户,征为纳言。机性宽简,有雅望,然当近侍,无所损益,又好

饮酒,不亲细务,在职数年,复出为华州刺史。奉诏每月朝见。寻转冀州刺史。后征入朝,以其子述尚兰陵公主,礼遇益隆。

初,机在周,与族人文城公昂俱历显要。及此,机、昂并为外职,杨素时为纳言,方用事,因上赐宴,素戏机曰:"二柳俱摧,孤杨独耸。"坐者欢笑,机竟无言。未几,还州。前后作牧,俱称宽惠。后数年,以疾征还京师,卒于家,时年五十六。赠大将军、青州刺史,谥曰简。子述嗣。

柳述,字业隆,性明敏,有干略,颇涉文艺。少以父荫,为太子亲卫。后以尚主之故,拜开府仪同三司、内史侍郎。上于诸婿中,特所宠敬。岁余,判兵部尚书事。丁父艰去职。未几,起摄给事黄门侍郎事,袭爵建安郡公。仁寿中,判吏部尚书事。述虽职务修理,为当时所称,然不达大体,暴于驭下,又怙宠骄豪,无所降屈。杨素时称贵幸,朝臣莫不慴惮,述每陵侮之,数于上前面折素短。判事有不合素意,素或令述改之,辄谓将命者曰:"语仆射,道尚书不肯。"素由是衔之。俄而杨素亦被疏忌,不知省务。述任寄逾重,拜兵部尚书,参掌机密。述自以无功可纪,过叨匪服,抗表陈让。上许之,令摄兵部尚书事。上于仁寿宫寝疾,述与杨素、黄门侍郎元岩等侍疾宫中。时皇太子无礼于陈贵人,上知而大怒,因令述召房陵王。述与元岩出外作敕书,杨素闻之,与皇太子协谋,便矫诏执述、岩二人,持以属吏。及炀帝嗣位,述竟坐除名,与公主离绝。徙述于龙川郡。公主请与述同徙,帝不听,事见《列女传》。述在龙川数年,复徙宁越,遇瘴疠而死,时年三十九。

旦字匡德,工骑射,颇涉书籍。起家周左侍上士,累迁兵部下大夫。顷之,益州总管王谦起逆,拜为行军长史,从梁睿讨平之,以功授仪同三司。开皇元年,加授开府,封新城县男,迁授掌设骠骑。历罗、浙、鲁三州刺史,并有能名。大业初,拜龙川太守。民居山洞,好相攻击,旦为开设学校,大变其风。帝闻而善之,下诏褒美。四年,征为太常少卿,摄判黄门侍郎事。卒官,年六十一。子夑,官至河内掾。

肃字匡仁,少聪敏,闲于占对。起家周齐王文学。武帝见而异之,召拜宣纳上士。高祖作相,引为宾曹参军。开皇初,授太子洗马。陈使谢泉来聘,以才学见称,诏肃宴接,时论称其华辩。转太子内舍人,迁太子仆。太子废,坐除名为民。大业中,帝与段达语及庶人罪恶之状,达云:"柳肃在宫,大见疏斥。"帝问其故,答曰:"学士刘臻,尝进章仇太翼于宫中,为巫蛊事。肃知而谏曰:'殿下帝之冢子,位当储贰,诚不至孝,无患见疑。刘臻书生,鼓摇唇舌,适足以相诖误,愿殿下勿纳之。'庶人不怿,他日谓臻曰:'汝何故漏泄,使柳肃知之,令面折我?'自是后言皆不用。"帝曰:"肃横除名,非其罪也。"召守礼部侍郎,转工部侍郎,大见亲任。每行幸辽东,常委之于涿郡留守。十一年卒,时年六十二。

雄亮字信诚。父桧,仕周华阳太守。遇黄众宝作乱,攻陷华阳,桧为贼所害。雄亮时年十四,哀毁过礼,阴有

复仇之志。武帝时,众宝率其所部归于长安,帝待之甚厚。雄亮手斩众宝于城中,请罪阙下,帝特原之。寻治梁州总管记室,迁湖城令,累迁内史中大夫,赐爵汝阳县子。司马消难作乱江北,高祖令雄亮聘于陈,以结邻好。及还,会高祖受禅,拜尚书考功侍郎,寻迁给事黄门侍郎。尚书省凡有奏事,雄亮多所驳正,深为公卿所惮。俄以本官检校太子左庶子,进爵为伯。秦王俊之镇陇右也,出为秦州总管府司马,领山南道行台左丞,卒官,时年五十一。有子赞。

謇之字公正。父蔡年,周顺州刺史。謇之身长七尺五寸,仪容甚伟,风神爽亮,进止可观。为童儿时,周齐王宪尝遇謇之于途,异而与语,大奇之。因奏入国子,以明经擢第,拜宗师中士,寻转守庙下士。武帝尝有事太庙,謇之读祝文,音韵清雅,观者属目。帝善之,擢为宣纳上士。及高祖作相,引为田曹参军,仍谘典签事。开皇初,拜通事舍人,寻迁内史舍人,历兵部、司勋二曹侍郎。朝廷以謇之有雅望,善谈谑,又饮酒至石不乱,由是每梁、陈使至,辄令謇之接对。后迁光禄卿。出入十余年,每参掌敷奏。会吐谷浑来降,朝廷以宗女光化公主妻之,以謇之兼散骑常侍,送公主于西域。俄而突厥启民可汗求结和亲,复令謇之送义成公主于突厥。謇之前后奉使,得二国所赠马千余匹,杂物称是,皆散之宗族,家无余财。仁寿中,出为肃州刺史,寻转息州刺史,俱有惠政。后二岁,以母忧去职。炀帝践阼,复拜光禄少卿。大业初,启民可汗自以内附,遂畜牧于定襄、马邑间,帝使謇之谕令出塞。及还,奏事称旨,拜黄门侍郎。时元德太子初薨,朝野注望,皆以齐王当立。帝方重王府之选,大业三年,车驾还京师,拜为齐王长史。帝法服临轩,备仪卫,命齐王立于西朝堂之前,北面。遣吏部尚书牛弘、内史令杨约、左卫大将军宇文述等,从殿廷引謇之诣齐王所,西面立。牛弘宣敕谓齐王曰:"我昔阶缘恩宠,启封晋阳,出藩之初,时年十二。先帝立我于西朝堂,乃令高颎、虞庆则、元旻等,从内送王子相于我。于时诫我曰:'以汝幼冲,未更世事,今令子相作辅于汝,事无大小,皆可委之。无得昵近小人,疏远子相。若从我言者,有益于社稷,成立汝名行。如不用此言,唯国及身,败无日矣。'吾受敕之后,奉以周旋,不敢失坠。微子相之力,吾无今日矣。若与謇之从事,一如子相也。"又敕謇之曰:"今以卿作辅于齐,善思匡救之理,副朕所望。若齐王德业修备,富贵自当钟卿一门。若有不善,罪亦相及。"时齐王正擅宠,左右放纵,乔令则之徒,深见昵狎。謇之虽知其罪失,不能匡正。及王得罪,謇之竟坐除名。帝幸辽东,召謇之检校燕郡事。及帝班师,至燕郡,坐供顿不给,配戍岭南。卒于洭口,时年六十。子威明。

昂字千里。父敏,有高名,好礼笃学,治家如官。仕周,历职清显。开皇初,为太子太傅。昂有器识,干局过人。周武帝时,为大内史,赐爵文城郡公,致位开府,当涂用事,百僚皆出其下。宣帝嗣位,稍被疏远,然不离本职。及高祖为丞相,深自结纳。高祖大悦,以为大宗伯。昂受拜之日,遂得偏风,不能视事。高祖受禅,昂疾愈,加上开府,拜潞州刺史。昂见天下无事,可以劝学行礼,因上表曰:

臣闻帝王受命,建学制礼,故能移既往之风,成惟新之俗。自魏道将谢,分割九区,关右、山东,久为战国,各逞权诈,俱殉干戈,赋役繁重,刑政严急。盖救焚拯溺,无暇从容,非朝野之愿,以至于此。晚世因循,遂成希慕,俗化浇敝,流宕忘反,自非天然上哲,挺生于时,则儒雅之道,经礼之制,衣冠民庶,莫肯用心。世事所以未清,轨物由兹而坏。伏惟陛下禀灵上帝,受命昊天,合三阳之期,膺千祀之运。往者周室频毁,区宇沸腾,圣策风行,神谋电发,端坐廊庙,荡涤万方,俯顺幽明,君临四海。择万古之典,无善不为;改百王之弊,无恶不尽。至若因情缘义,为其节文,故以三百三千,事高前代。然下土黎献,尚未尽行。臣谬蒙奖策,从政藩部,人庶轨仪,实见多阙,儒风以坠,礼教犹微,是知百姓之心,未能顿变。仰惟深思远虑,情念下民,渐被以俭,使至于道。臣恐业淹事缓,动延年世。若行礼劝学,道教相催,必当靡然向风,不远而就。家知礼节,人识义方,比屋可封,辄谓非远。

上览而善之,因下诏曰:

建国重道,莫先于学,尊主庇民,莫先于礼。自魏氏不竞,周、齐抗衡,分四海之民,斗二邦之力,递为强弱,多历年所。务权诈而薄儒雅,重干戈而轻俎豆,民不见德,唯争是闻。朝野以机巧为师,文吏用深刻为法,风浇俗弊,化之然也。虽复建立庠序,兼启黉塾,业非时贵,道亦不行。其间服膺儒术,盖有之矣,彼众我寡,未能移俗。然其维持名教,奖饰彝伦,微相弘益,赖斯而已。王者承天,休咎随化,有礼则祥瑞必降,无礼则妖孽兴起。人禀五常,性灵不一,有礼则阴阳合德,无礼则禽兽其心。治国立身,非礼不可。朕受命于天,财成万物,去华夷之乱,求风化之宜。戒奢崇俭,率先百辟,轻徭薄赋,冀以宽弘。而积习生常,未能惩革,闾阎士庶,吉凶之礼,动悉乖方,不依制度。执宪之职,似塞耳而无闻,莅民之官,犹蔽目而不察。宣扬朝化,其若是乎?古人之学,且耕且养。今者民丁非役之日,农亩时候之余,若敦以学业,劝以经礼,自可家慕大道,人希至德。岂止知礼节,识廉耻,父慈子孝,兄恭弟顺者乎?始自京师,爰及州郡,宜祗朕意,劝学行礼。

自是天下州县皆置博士习礼焉。

昂在州,甚有惠政,数年,卒官。

子调,起家秘书郎,寻转侍御史。左仆射杨素尝于朝堂见调,因独言曰:"柳条通体弱,独摇不须风。"调敛板正色曰:"调信无可取者,公不当以为侍御史;调信有可取,不应发此言。公当具瞻之秋,枢机何可轻发!"素甚奇之。炀帝嗣位,累迁尚书左司郎。时王纲不振,朝士多赃货,唯调清素守常,为时所美。然于干用,非其所长。

史臣曰:韦氏自居京兆,代有人物。世康昆季,余庆所钟，或入处礼闱，或出总方岳，朱轮接轸，旌旆成阴，在周暨隋，勋庸并茂，盛矣！建安风韵闲雅，望重当时。述恃宠骄人，终致倾败。旦屡有惠政，肃每存诚谠。雄亮名节自立，忠正见称，謇之神情开爽，颇为疏放。文城历仕二朝，咸见推重，献书高祖，遂兴学校，言能弘道，其利博哉！

卷四十八　　　列传第十三

杨素 弟约　从父文思　文纪

　　杨素，字处道，弘农华阴人也。祖暄，魏辅国将军、谏议大夫。父敷，周汾州刺史，没于齐。素少落拓，有大志，不拘小节，世人多未之知，唯从叔祖魏尚书仆射宽深异之，每谓子孙曰："处道当逸群绝伦，非常之器，非汝曹所逮也。"后与安定牛弘同志好学，研精不倦，多所通涉。善属文，工草隶，颇留意于风角。美须髯，有英杰之表。周大冢宰宇文护引为中外记室，后转礼曹，加大都督。武帝亲总万机，素以其父守节陷齐，未蒙朝命，上表申理，帝不许。至于再三，帝大怒，命左右斩之。素乃大言曰："臣事无道天子，死其分也。"帝壮其言，由是赠敷为大将军，谥曰忠壮。拜素为车骑大将军、仪同三司，渐见礼遇。帝命素为诏书，下笔立成，词义兼美。帝嘉之，顾谓素曰："善自勉之，勿忧不富贵。"素应声答曰："臣但恐富贵来逼臣，臣无心图富贵。"

　　及平齐之役，素请率父麾下先驱。帝从之，赐以竹策，曰："朕方欲大相驱策，故用此物赐卿。"从齐王宪与齐人战于河阴，以功封清河县子，邑五百户。其年授司城大夫。明年，复从宪拔晋州。宪屯兵鸡栖原，齐主以大军至，宪惧而宵遁，为齐兵所蹑，众多败散。素与骁将十余人尽力苦战，宪仅而获免。其后每战有功。及齐平，加上开府，改封成安县公，邑千五百户，赐以粟帛、奴婢、杂畜。从王轨破陈将吴明彻于吕梁，治东楚州事。封弟慎为义安侯。陈将樊毅筑城于泗口，素击走之，夷毅所筑。宣帝即位，袭父爵临贞县公，以弟约为安成公。寻从韦孝宽徇淮南，素别下盱眙、钟离。

　　及高祖为丞相，素深自结纳。高祖甚器之，以素为汴州刺史。行至洛阳，会尉迥作乱，荥州刺史宇文胄据武牢以应迥，素不得进。高祖拜素大将军，发河内兵击胄，破之。迁徐州总管，进位柱国，封清河郡公，邑二千户。以弟岳为临贞公。高祖受禅，加上柱国。开皇四年，拜御史大夫。其妻郑氏性悍，素忿之曰："我若作天子，卿定不堪为皇后。"郑氏奏之，由是坐免。

　　上方图江表，先是，素数进取陈之计，未几，拜信州总管，赐钱百万、锦千段、马二百匹而遣之。素居永安，造大舰，名曰五牙，上起楼五层，高百余尺，左右前后置六拍竿，并高五十尺，容战士八百人，旗帜加于上。次曰黄龙，置兵百人。自余平乘、舴艋等各有差。及大举伐陈，以素为行军元帅，引舟师趣三硖。军至流头滩，陈将戚欣以青龙百余艘、屯兵数千人守狼尾滩，以遏军路。其地险峭，诸将患之。素曰："胜负大计，在此一举。若昼日下船，彼则见我，滩流迅激，制不由人，则吾失其便。"乃以夜掩之。素亲率黄龙数千艘，衔枚而下，遣开府王长袭引步卒从南岸击欣别栅，令大将军刘仁恩率甲骑趣白沙北岸，迟明而至，击之，欣败走。悉虏其众，劳而遣之，秋毫不犯，陈人大悦。素率水军东下，舟舻被江，旌甲曜日。素坐平乘大船，容貌雄伟，陈人望之惧曰："清河公即江神也。"陈南康内史吕仲肃屯岐亭，正据江峡，于北岸凿岩，缀铁锁三条，横截上流，以遏战船。素与仁恩登陆俱发，先攻其栅。仲肃军夜溃，素徐去其锁。仲肃复据荆门之延洲。素遣巴蜑卒千人，乘五牙四艘，以柏橹碎贼十余舰，遂大破之，俘甲士二千余人，仲肃仅以身免。陈主遣其信州刺史顾觉镇安蜀城，荆州刺史陈纪镇公安，皆慑而退走。巴陵以东，无敢守者。湘州刺史、岳阳王陈叔慎遣使请降。素下至汉口，与秦孝王会。及还，拜荆州总管，进爵郢国公，邑三千户，真食长寿县千户。以其子玄感为仪同，玄奖为清河郡公。赐物万段，粟万石，加以金宝，又赐陈主妹及女妓十四人。素言于上曰："里名胜母，曾子不入。逆人王谊，前封于郢，臣不愿与之同。"于是改封越国公。寻拜纳言。岁余，转内史令。

　　俄而江南人李稜等聚众为乱，大者数万，小者数千，共相影响，杀害长吏。以素为行军总管，帅众讨之。贼朱莫问自称南徐州刺史，以盛兵据京口。素率舟师入自杨子津，进击破之。晋陵顾世兴自称太守，与其都督鲍迁等复来拒战。素逆击破之，执迁，虏三千余人。进击无锡贼帅叶略，又平之。吴郡沈玄侩、沈杰等以兵围苏州，刺史皇甫绩频战不利。素率众援之，玄侩势迫，走投南沙贼帅陆孟孙。素击孟孙于松江，大破之，生擒孟孙、玄侩。黝、歙贼帅沈雪、沈能据栅自固，又攻拔之。浙江贼帅高智慧自号东扬州刺史，船舰千艘，屯据要害，兵甚劲。素击之，自旦至申，苦战而破。智慧逃入海，素蹑之，从余姚泛海趣永嘉。智慧来拒战，素击走之，擒获数千人。贼帅汪文进自称天子，据东阳，署其徒蔡道人为司空，守乐安。进讨，悉平之。又破永嘉贼帅沈孝彻。于是步道向天台，指临海郡，逐捕遗逸寇。前后百余战，智慧遁守闽越。

　　上以素久劳于外，诏令驰传入朝。加子玄感官为上开府，赐彩物三千段。素以余贼未殄，恐为后患，又自请行。乃下诏曰："朕忧劳百姓，日昃忘食，一物失所，情深纳隍。江外狂狡，妄构妖逆，虽经殄除，民未安堵。犹有贼首凶魁，逃亡山洞，恐其聚结，重扰苍生。内史令、上柱国、越国公素，识达古今，经谋长远，比曾推毂，旧著威名，宜任以大兵，总为元帅，宣布朝风，振扬威武，擒剪叛亡，慰劳黎庶。军民事务，一以委之。"素复乘传至会稽。先是，泉州人王国庆，南安豪族也，杀刺史刘弘，据州为乱，诸亡贼皆归之。自以海路艰阻，非北人所习，不设备伍。素泛海掩至，国庆遑遽，弃州而走，余党散入海岛，或守溪洞。素分遣诸将，水陆追捕。乃密令人谓国庆曰："尔之罪状，计不容诛。唯有斩送智慧，可以塞责。"国庆于是执送智慧，斩于泉州。自余支党，悉来降附，江南大定。上遣左领军将军独孤陀至浚仪迎劳。比到京师，问者日至。拜素子玄奖为仪同，赐黄金四十斤，加银瓶，实以金钱，缣三千段，马二百匹，羊二千口，公田百顷，宅一区。代苏威为尚书右仆射，与高颎专掌朝政。

素性疏而辩，高下在心，朝臣之内，颇推高颎，敬牛弘，厚接薛道衡，视苏威蔑如也。自余朝贵，多被陵轹。其才艺风调，优于高颎，至于推诚体国，处物平当，有宰相识度，不如颎远矣。

寻令素监营仁寿宫，素遂夷山堙谷，督役严急，作者多死，宫侧时闻鬼哭之声。及宫成，上令高颎前视，奏称颇伤绮丽，大损人丁，高祖不悦。素尤惧，计无所出，即于北门启独孤皇后曰："帝王法有离宫别馆，今天下太平，造此一宫，何足损费！"后以此理谕上，上意乃解。于是赐钱百万，锦绢三千段。

十八年，突厥达头可汗犯塞，以素为灵州道行军总管，出塞讨之，赐物二千段，黄金百斤。先是，诸将与虏战，每虑胡骑奔突，皆以戎车步骑相参，舆鹿角为方阵，骑在其内。素谓人曰："此乃自固之道，非取胜之方也。"于是悉除旧法，令诸军为骑阵。达头闻之大喜，曰："此天赐我也。"因下马仰天而拜，率精骑十余万而至。素奋击，大破之，达头被重创而遁，杀伤不可胜计，群虏号哭而去。优诏褒扬，赐缣二万匹，及万钉宝带。加子玄感位大将军，玄奖、玄纵、积善并上仪同。

素多权略，乘机赴敌，应变无方，然大抵驭戎严整，有犯军令者立斩之，无所宽贷。每将临寇，辄求人过失而斩之，多者百余人，少不下十数。流血盈前，言笑自若。及其对阵，先令一二百人赴敌，陷阵则已，如不能陷阵而还者，无问多少，悉斩之。又令三二百人复进，还如向法。将士股栗，有必死之心，由是战无不胜，称为名将。素时贵幸，言无不从，其从素征伐者，微功必录，至于他将，虽有大功，多为文吏所谴却。故素虽严忍，士亦以此愿从焉。

二十年，晋王广为灵朔道行军元帅，素为长史。王卑躬以交素。及为太子，素之谋也。

仁寿初，代高颎为尚书左仆射，赐良马百匹，牝马二百匹，奴婢百口。其年，以素为行军元帅，出云州击突厥，连破之。突厥退走，率骑追蹑，至夜而及之。将复战，恐贼越逸，令其骑稍后。于是亲将两骑，并降突厥二人，与虏并行，不之觉也。候其顿舍未定，趣后骑掩击，大破之。自是突厥远遁，碛南无复寇庭。以功进子玄感位为柱国，玄纵为淮南郡公。赏物二万段。

及献皇后崩，山陵制度，多出于素。上善之，下诏曰：

君为元首，臣则股肱，共治万姓，义同一体。上柱国、尚书左仆射、仁寿宫大监、越国公素，志度恢弘，机鉴明远，怀佐时之略，包经国之才。王业初基，霸图肇建，策名委质，受脤出师，擒剪凶魁，克平虢、郑。频承庙算，扬旃江表，每禀戎律，长驱塞阴，南指而吴越肃清，北临而獯猃摧服。自居端揆，参赞机衡，当朝正色，直言无隐。论文则词藻纵横，语武则权奇间出。既文且武，唯朕所命，任使之处，夙夜无怠。献皇后奄离六宫，远日云及，茔兆安厝，委素经营。然葬事依礼，唯卜泉石，至如吉凶，不由于此。素义存奉上，情深体国，欲使幽明俱泰，宝祚无穷。以为阴阳之书，圣人所作，祸福之理，特须审慎。乃遍历川原，亲自占择，纤介不善，即更寻求，志图元吉，孜孜不已。心力备尽，人灵协赞，遂得神皋福壤，营建山陵。论素此心，事极诚孝，岂与夫平戎定寇比其功业？非唯廊庙之器，实是社稷之臣，若不加褒赏，何以申兹劝励？可别封一子义康郡公，邑万户，子子孙孙，承袭不绝。余如故。

并赐田三十顷，绢万段，米万石，金钵一，实以金，银钵一，实以珠，并绫锦五百段。

时素贵宠日隆，其弟约、从父文思、弟文纪，及族父异，并尚书列卿。诸子无汗马之劳，位至柱国、刺史。家僮数千，后庭妓妾曳绮罗者以千数。第宅华侈，制拟宫禁。有鲍亨者，善属文，殷胄者，工草隶，并江南士人，因高智慧没为家奴。亲戚故吏，布列清显，素之贵盛，近古未闻。炀帝初为太子，忌蜀王秀，与素谋之，构成其罪，后竟废黜。朝臣有违忤者，虽至诚体国，如贺若弼、史万岁、李纲、柳彧等，素皆阴中之。若有附会及亲戚，虽无才用，必加进擢。朝廷靡然，莫不畏附。唯兵部尚书柳述，以帝婿之重，数于上面前折素。大理卿梁毗，抗表上言素作威作福。上渐疏忌之，后因出敕曰："仆射国之宰辅，不可躬亲细务，但三五日一度向省，评论大事。"外示优崇，实夺之权也。终仁寿之末，不复通判省事。上赐王公以下射，素箭为第一，上手以外国所献金精盘，价直巨万，以赐之。四年，从幸仁寿宫，宴赐重叠。

及上不豫，素与兵部尚书柳述、黄门侍郎元岩等入阁侍疾。时皇太子入居大宝殿，虑上有不讳，须豫防拟，乃手自为书，封出问素。素录出事状以报太子。宫人误送上所，上览而大恚。所宠陈贵人又言太子无礼。上遂发怒，欲召庶人勇。太子谋之于素，素矫诏追东宫兵士帖上台宿卫，门禁出入，并取宇文述、郭衍节度，又令张衡侍疾。上以此日崩，由是颇有异论。

汉王谅反，遣茹茹天保来据蒲州，烧断河桥。又遣王聃子率数万人并力拒守。素将轻骑五千袭之，潜于渭口肯济，迟明击之，天保败走，聃子惧而以城降。有诏征还。初，素将行也，计日破贼，皆如所量。帝于是以素为并州道行军总管、河北安抚大使，率众数万讨谅。时晋、绛、吕三州并为谅城守，素各以二千人縻之而去。谅遣赵子开拥众十余万，策绝径路，屯据高壁，布阵五十里。素令诸将以兵临之，自引奇兵潜入霍山，缘崖谷而进，直指其营，一战破之，杀伤数万。谅所署介州刺史梁修罗屯介休，闻素至，惧，弃城而走。进至清源，去并州三十里，谅率其将王世宗、赵子开、萧摩诃等，众以十万，来拒战。又击破之，擒萧摩诃。谅退保并州，素进兵围之，谅穷蹙而降，余党悉平。帝遣素弟修武公约赍手诏劳素曰：

我有隋之御天下也，于今二十有四年，虽复外夷侵叛,而内难不作,修文偃武,四海晏然。朕以不天,衔恤在疚,号天叩地,无所逮及。朕本以藩王,谬膺储两,复以庸虚,篡承鸿业。天下者,先皇之天下也,所以战战兢兢,弗敢失坠,况复神器之重,生民之大哉!贼谅包藏祸心,自幼而长,羊质兽心,假托名誉,不奉国讳,先图叛逆,违君父之命,成莫大之罪。诳惑良善,委任奸回,称兵内侮,毒流百姓。私假署置,擅相谋戮,小加大,少凌长,民怨神怒,众叛亲离,为恶不同,同归于乱。朕寡兄弟,犹未忍及言,是故开关门而待寇,捋干戈而不发。朕闻之,天生蒸民,为之置君,仰惟先旨,每以子民为念,朕岂得枕伏苦庐,颠而不救也!大义灭亲,《春秋》高义,周旦以诛二叔,汉启乃戮七藩,义在兹乎?事不获已,是以授公戎律,问罪太原。且逆子贼臣,何代不有,岂意今者,近出家国。所叹荼毒甫尔,便及此事。由朕不能和兄弟,不能安苍生,德泽未弘,兵戈先动,贼乱者止一人,涂炭者乃众庶。非唯寅畏天威,亦乃孤负付嘱,薄德厚耻,愧乎天下。

公乃先朝功臣,勋庸克茂。至如皇基草创,百物惟始,便匹马归朝,诚识兼知。汴部郑州,风卷秋箨,荆南塞北,若火燎原,早建殊勋,夙著诚节。及献替朝端,具瞻惟允,爰弼朕躬,以济时难,昔周勃、霍光,何以加也!贼乃窃据蒲州,关梁断绝,公以少击众,指期平殄。高壁据岭,抗拒官军,公以深谋,出其不意,雾廓云除,冰消瓦解,长驱北迈,直趣巢窟。晋阳之南,蚁徒数万,谅不量力,犹欲举斧。公以棱威外讨,发愤于内,忘身殉义,亲当矢石。兵刃暂交,鱼溃鸟散,僵尸蔽野,积甲若山。谅遂守穷城,以拒钺铖。公董率骁勇,四面攻围,使其欲战不敢,求走无路,智力俱尽,面缚军门。斩将搴旗,伐叛柔服,元恶既除,东夏清晏,嘉庸茂绩,于是乎在。昔武安平赵,淮阴定齐,岂若公远而不劳,速而克捷者也!朕殷忧谅暗,不得亲御六军,未能问道于上痒,遂使勤劳于行阵。言念于此,无忘寝食。公乃建累世之元勋,执一心之确志。古人有言曰:"疾风知劲草,世乱有诚臣。"公得之矣。乃铭之常鼎,岂止书勋竹帛哉!功绩克谐,哽叹无已。稍冷,公如宜。军旅务殷,殊当劳虑,故遣公弟,指宣往怀。迷塞不次。

素上表陈谢曰:

臣自惟虚薄,志不及远,州郡之职,敢惮勤劳,卿相之荣,无阶觊望。然时逢昌运,王业惟始,虽涓流赴海,诚心屡竭,轻尘集岳,功力盖微。徒以南阳里闬,丰沛子弟,高位重爵,荣显一时。遂复入处朝端,出总戎律,受文武之任,预帷幄之谋。岂臣才能,实由恩泽。欲报之德,义极昊天。伏惟陛下照离之明,养继天之德,牧臣于疏远,照臣以光晖,南服降枉道之书,春宫奉肃成之旨。然草木无识,尚荣枯候时,况臣有心,实自效无路。尽夜回徨,寝食惭惕,常惧朝露奄至,虚负圣慈。贼谅包藏祸心,有自来矣,因幸国哀,便肆凶逆,兴兵晋、代,摇荡山东。陛下拔臣于凡流,授臣以戎律,蒙心膂之寄,禀平乱之规。萧王赤心,人皆以死,汉皇大度,天下争归,妖寇廓清,岂臣之力!曲蒙使臣弟约赍诏书问劳,高旨峻笔,有若天临,洪恩大泽,便同海运。悲欣惭惧,五情振越,虽百殒微躯,无以一报。

其月还京师,因从驾幸洛阳,以素领营东京大监。以平谅之功,拜其子万石、仁行、侄玄挺皆仪同三司,赉物五万段,绮罗千匹,谅之妓妾二十人。大业元年,迁尚书令,赐东京甲第一区,物二千段。寻拜太子太师,余官如故。前后赏锡,不可胜计。明年,拜司徒,改封楚公,真食二千五百户。其年,卒官。谥曰景武,赠光禄大夫、太尉公、弘农河东绛郡临汾文城河内汲郡长平上党西河十郡太守。给辒车,班剑四十人,前后部羽葆鼓吹,粟麦五千石,物五千段。鸿胪监护丧事。帝又下诏曰:"夫铭功彝器,纪德丰碑,所以垂名迹于不朽,树风声于没世。故楚景武公素,茂绩元勋,劬劳王室,竭尽诚节,协赞朕躬。故以道迈三杰,功参十乱。未臻遐寿,遽揖清徽。春秋递代,方绵岁祀,式播雕篆,用图勋德,可立碑宰隧,以彰盛美。"素尝以五言诗七百字赠番州刺史薛道衡,词气宏拔,风韵秀上,亦为一时盛作。未几而卒,道衡叹曰:"人之将死,其言也善,岂若是乎!"有集十卷。

素虽有建立之策及平杨谅功,然特为帝所猜忌,外示殊礼,内情甚薄。太史言隋分野有大丧,因改封于楚。楚与隋同分,欲以此厌当之。素寝疾之日,帝每令名医诊候,赐以上药。然密问医人,恒恐不死。素又自知名位已极,不肯服药,亦不将慎,每语弟约曰:"我岂须更活耶?"素贪冒财货,营求产业。东、西二京,居宅侈丽,朝毁夕复,营缮无已。爰及诸方都会处,邸店、水硙并利田宅以千百数,时议以此鄙之。子玄感嗣,别有传。诸子皆坐玄感诛死。

约字惠伯,素异母弟也。在童儿时,尝登树堕地,为查所伤,由是竟为宦者。性好沉静,内多谲诈,好学强记。素友爱之,凡有所为,必先筹于约而后行之。在周末,以素军功,赐爵安成县公,拜上仪同三司。高祖受禅,授长秋卿。久之,为邵州刺史,入为宗正少卿,转大理少卿。

时皇太子无宠,而晋王广规欲夺宗,以素幸于上,而雅信约。于是用张衡计,遣宇文述大以金宝赂遗于约,因通王意,说之曰:"夫守正履道,固人臣之常致,反经合义,亦达者之令图。自古贤人君子,莫不与时消息,以避祸患。公之兄弟,功名盖世,当涂用事,有年岁矣。朝臣为足下家所屈辱者,可胜数哉!又储宫以所欲不行,每切齿于执政。公虽自结于人主,而欲危公者固亦多矣。主上一旦弃群臣,公亦何以取庇?今皇太子失爱于皇后,主上素有废黜之心,此公所知也。今若请立晋王,在贤兄之口耳。诚能因此时建大功,王必镂铭于骨髓,斯则去累卵之危,成太山之安也。"约然之,因以白素。素本凶险,闻之大喜,乃抚掌而对曰:"吾之智思,殊不及此,赖汝起予。"约知其计行,复谓素曰:"今皇后之言,上无不用,宜因机会,早自结托,则匪唯长保荣禄,传祚子孙,又晋王倾身礼士,声名日盛,躬履节俭,有主上之风,以约料之，必能安天下。兄若迟疑，一旦有变，令太子用事，恐祸至无日矣。"素遂行其策，太子果废。

及晋王入东宫，引约为左庶子，改封修武县公，进位大将军。及素被高祖所疏，出约为伊州刺史。入朝仁寿宫，遇高祖崩，遣约入朝，易留守者，缢杀庶人勇，然后陈兵集众，发高祖凶问。炀帝闻之曰："令兄之弟，果堪大任。"即位数日，拜内史令。约有学术，兼达时务，帝甚任之。后数载，加位右光禄大夫。

后帝在东都，令约诣京师享庙，行至华阴，见其兄墓，遂柱道拜哭，为宪司所劾，坐是免官。未几，拜淅阳太守。其兄子玄感，时为礼部尚书，与约恩义甚笃。既怆分离，形于颜色，帝谓之曰："公比忧瘁，得非为叔邪？"玄感再拜流涕曰："诚如圣旨。"帝亦思约废立功，由是征入朝。未几，卒，以素子玄挺后之。

文思字温才，素从叔也。父宽，魏左仆射，周小冢宰。文思在周，年十一，拜车骑大将军、仪同三司、散骑常侍。寻以父功，封新丰县子，邑五百户。天和初，治武都太守，十姓獠反，文思讨平之，复治冀州事。党项羌叛，文思率州兵讨平之。进击资中、武康、隆山生獠及东山獠，并破之。后从陈王攻齐河阴城，又从武帝攻拔晋州，以勋进授上仪同三司，改封永宁县公，增邑至千户。寿阳刘叔仁作乱，从清河公宇文神举讨之，战于砖井，在阵生擒叔仁。又别从王谊破贼于鲤鱼栅。其后累以军功，迁果毅右旅下大夫。高祖为丞相，从韦孝宽拒尉迥于武陟。迥遣其将李俊围怀州，与行军总管宇文述击走之。破尉惇、平邺城，皆有功，进授上大将军，改封洛川县公。寻拜隆州刺史。开皇元年，进爵正平郡公，加邑二千户。后为魏州刺史，甚有惠政，及去职，吏民思之，为立碑颂德。转冀州刺史。炀帝嗣位，征为民部尚书。转纳言，改授右光禄大夫。从幸江都宫，以足疾不堪上奏，复授民部尚书，加位左光禄大夫。卒官，时年七十。谥曰定。初，文思当袭父爵，自以非嫡，遂让封于弟文纪，当世多之。

文纪字温范，少刚正，有器局。在周袭爵华山郡公，邑二千七百户。自在侍上士累迁车骑大将军、仪同三司、安州总管长史。将兵迎陈降将李瑗于齐安，与陈将周法尚军遇，击走之。以功进授开府，入为虞部下大夫。高祖为丞相，改封汾阴县公。从梁睿讨王谦，以功进授上大将军。前后增邑三千户。拜资州刺史。入为宗正少卿，坐事除名。后数载，复其爵位，拜熊州刺史。改封上明郡公。除宗正卿。兼给事黄门侍郎，判礼部尚书事。仁寿二年，迁荆州总管。岁余，卒官，时年五十八。谥曰恭。

史臣曰：杨素少而轻侠，俶傥不羁，兼文武之资，包英奇之略，志怀远大，以功名自许。高祖龙飞，将清六合，许以腹心之寄，每当推毂之重。扫妖氛于牛斗，江海无波，摧骁骑于龙庭，匈奴远遁。考其夷凶静乱，功臣莫居其右，览其奇策高文，足为一时之杰。然专以智诈自立，不由仁义之道，阿谀时主，高下其心。营构离宫，陷君于奢侈；谋废冢嫡，致国于倾危。终使宗庙丘墟，市朝霜露，究其祸败之源，实乃素之由也。幸而得死，子为乱阶，坟土未干，阖门诛戮，丘陇发掘，宗族诛夷。则知积恶余殃，信

非徒语。多行无礼必自及，其斯之谓欤！约外示温柔，内怀狡算，为蛇画足，终倾国本，俾无遗育，宜哉！

卷四十九　　　列传第十四

牛　弘

牛弘，字里仁，安定鹑觚人也，本姓寮氏。祖炽，郡中正。父允，魏侍中、工部尚书、临泾公，赐姓为牛氏。弘初在襁褓，有相者见之，谓其父曰："此儿当贵，善爱养之。"及长，须貌甚伟，性宽裕，好学博闻。在周，起家中外府记室、内史上士。俄转纳言上士，专掌文翰，甚有美称。加威烈将军、员外散骑侍郎，修起居注。其后袭封临泾公。宣政元年，转内史下大夫，进位使持节、大将军，仪同三司。开皇初，迁授散骑常侍、秘书监。弘以典籍遗逸，上表请开献书之路，曰：

经籍所兴，由来尚矣。爻画肇于庖羲，文字生于苍颉。圣人所以弘宣教导，博通古今，扬于王庭，肆于时夏。故尧称至圣，犹考古道而言；舜其大智，尚观古人之象。《周官》外史掌三皇五帝之书，及四方之志。武王问黄帝、颛顼之道，太公曰："在《丹书》。"是知握符御历，有国有家者，曷尝不以《诗》、《书》而为教，因礼乐而成功也。昔周德既衰，旧经紊弃。孔子以大圣之才，开素王之业，宪章祖述，制《礼》刊《诗》，正五始而修《春秋》，阐《十翼》而弘《易》道。治国立身，作范垂法。及秦皇驭宇，吞灭诸侯，任用威力，事不师古，始下焚书之令，行偶语之刑。先王坟籍，扫地皆尽。本既先亡，从而颠覆。臣以图谶言之，经典盛衰，信有征数。此则书之一厄也。汉兴，改秦之弊，敦尚儒术，建藏书之策，置校书之官，屋壁山岩，往往间出。外有太常、太史之藏，内有延阁、秘书之府。至孝成之世，亡逸尚多，遣谒者陈农求遗书于天下，诏刘向父子雠校篇籍。汉之典文，于斯为盛。及王莽之末，长安兵起，宫室图书，并从焚烬。此则书之二厄也。光武嗣兴，尤重经诰，未及下车，先求文雅。于是鸿生巨儒，继踵而集，怀经负帙，不远斯至。肃宗亲临讲肆，和帝数幸书林，其兰台、石室，鸿都、东观，秘牒填委，更倍于前。及孝献移都，吏民扰乱，图书缣帛，皆取为帷囊。所收而西，裁七十余乘。属西京大乱，一时燔荡。此则书之三厄也。魏文代汉，更集经典，皆藏在秘书、内外三阁，遣秘书郎郑默删定旧文。时之论者，美其朱紫有别。晋氏承之，文籍尤广。晋秘书监荀勖定魏《内经》，更著《新簿》。虽古文旧简，犹云有缺，新章后录，鸠集已多，足得恢弘正道，训范当世。属刘、石凭陵，京华覆灭，朝章国典，从而失坠。此则书之四厄也。永嘉之后，寇窃竞兴。因河据洛，跨秦带

赵。论其建国立家，虽传名号，宪章礼乐，寂灭无闻。刘裕平姚，收其图籍，五经子史，才四千卷，皆赤轴青纸，文字古拙。僭伪之盛，莫过二秦，以此而论，足可明矣。故知衣冠轨物，图画记注，播迁之余，皆归江左。晋、宋之际，学艺为多，齐、梁之间，经史弥盛。宋秘书丞王俭，依刘氏《七略》，撰为《七志》。梁人阮孝绪，亦为《七录》。总其书数，三万余卷。及侯景渡江，破灭梁室，秘省经籍，虽从兵火，其文德殿内书史，宛然犹存。萧绎据有江陵，遣将破平侯景，收文德之书，及公私典籍，重本七万余卷，悉送荆州。故江表图书，因斯尽萃于绎矣。及周师入郢，绎悉焚之于外城，所收十才一二。此则书之五厄也。后魏爰自幽方，迁宅伊、洛，日不暇给，经籍阙如。周氏创基关右，戎车未息。保定之始，书止八千，后加收集，方盈万卷。高氏据有山东，初亦采访，验其本目，残缺犹多。及东魏初平，获其经史，四部重杂，三万余卷。所益旧书，五千而已。今御书单本，合一万五千余卷，部帙之间，仍有残缺。比梁之旧目，止有其半。至于阴阳河洛之篇，医方图谱之说，弥复为少。臣以经书自仲尼已后，迄于当今，年逾千载，数遭五厄，兴集之期，属膺圣世。伏惟陛下受天明命，君临区宇，功无与二，德冠往初。自华夏分离，彝伦攸斁，其间虽霸王递起，而世难未夷，欲崇儒业，时或未可。今土宇迈于三王，民黎盛于两汉，有人有时，正在今日。方当大弘文教，纳俗升平，而天下图书，尚有遗逸，非所以仰协圣情，流训无穷者也。臣史籍是司，寝兴怀惧。昔陆贾奏汉祖云"天下不可马上治之"，故知经邦立政，在于典谟矣。为国之本，莫此攸先。今秘藏见书，亦足披览，但一时载籍，须令大备。不可王府所无，私家乃有。然士民殷杂，求访难知，纵有知者，多怀吝惜，必须勒之以天威，引之以微利。若猥发明诏，兼开购赏，则异典必臻，观阁斯积，重道之风，超于前世，不亦善乎！伏愿天鉴，少垂照察。

上纳之，于是下诏：献书一卷，赍缣一匹。一二年间，篇籍稍备。进爵奇章郡公，邑千五百户。

三年，拜礼部尚书，奉敕修撰《五礼》，勒成百卷，行于当世。弘请依古制修立明堂，上议曰：

窃谓明堂者，所以通神灵，感天地，出教化，崇有德。《孝经》曰："宗祀文王于明堂，以配上帝。"《祭义》云："祀于明堂，教诸侯孝也。"黄帝曰合宫，尧曰五府，舜曰总章，布政兴治，由来尚矣。《周官·考工记》曰："夏后氏世室，堂修二七，广四修一。"郑玄注云："修十四步，其广益以四分修之一，则堂广十七步半也。""殷人重屋，堂修七寻，四阿重屋。"郑云："其修七寻，广九寻也。""周人明堂，度九尺之筵，南北七筵，五室，凡室二筵。"郑云："此三者，或举宗庙，或举王寝，或举明堂，互言之，明其同制也。"马融、王肃、干宝所注，与郑亦异，今不具出。汉司徒马宫议云："夏后氏世室，室显于堂，故命以室。殷人重屋，屋显于堂，故命以屋。周人明堂，堂大于夏室，故命以堂。夏后氏益其堂之广百四十四尺，周人明堂，以为两序间大夏后氏七十二尺。"若据郑玄之说，则夏室大于周堂，如依马宫之言，则周堂大于夏室。后王转文，周大为是。但宫之所言，未详其义。此皆去圣久远，礼文残缺，先儒解说，家异人殊。郑注《玉藻》亦云："宗庙路寝，与明堂同制。"《王制》曰："寝不逾庙。"明大小是同。今依郑玄注，每室及堂，止有一丈八尺，四壁之外，四尺有余。若以宗庙论之，祫享之时，周人旅酬六尸，并后稷为七，先公昭穆二尸，先王昭穆二尸，合十一尸，三十六主，及君北面行事于二丈之堂，愚不及此。若以正寝论之，便须朝宴。据《燕礼》："诸侯宴，则宾及卿大夫脱屦升坐。"是知天子宴，则三公九卿并须升堂。《燕义》又云："席，小卿次上卿。"言皆侍席。止于二筵之间，岂得行礼？若以明堂论之，总享之时，五帝各于其室。设青帝之位，须于木室之内，少北西面。太昊从食，坐于其西，近南北面。祖宗配享者，又于青帝之南，稍退西面。丈八之室，神位有三，加以笾豆簠簋，牛羊之俎，四海九州美物咸设，复须席上升歌，出樽反坫，揖让升降，亦以隘矣。据兹而说，近是不然。

案刘向《别录》及马宫、蔡邕等所见，当时有《古文明堂礼》、《王居明堂礼》、《明堂图》、《明堂大图》、《明堂阴阳》、《太山通义》、《魏文侯孝经传》等，并说古明堂之事。其书皆亡，莫得而正。今《明堂月令》者，郑玄云："是吕不韦著，《春秋十二纪》之首章，礼家钞合为记。"蔡邕、王肃云："周公所作《周书》内有《月令》第五十三，即此也。各有证明，文多不载。束晳以为夏时之书。"刘献云："不韦鸠集儒者，寻于圣王月令之事而记之，不韦安能独为此记？"今案不得全称《周书》，亦未可即为秦典，其内杂有虞、夏、殷、周之法，皆圣王仁恕之政也。蔡邕具为章句，又论之曰："明堂者，所以宗祀其祖以配上帝也。夏后氏曰世室，殷人曰重屋，周人曰明堂。东曰青阳，南曰明堂，西曰总章，北曰玄堂，内曰太室。圣人南面而听，向明而治，人君之位莫不正焉。故虽有五名，而主以明堂也。制度之数，各有所依。堂方一百四十四尺，坤之策也；屋圆楣径二百一十六尺，乾之策也。太庙明堂方六丈，通天屋径九丈，阴阳九六之变，且圆盖方覆，九六之道也。八闼以象卦，九室以象州，十二宫以应日辰。三十六户，七十二牖，以四户八牖乘九室之数也。户皆外设而不闭，示天下以不藏也。通天屋高八十一尺，黄钟九九之实也。二十八柱布四方，四方七宿之象也。堂高三尺，以应三统，四向五色，各象其行。水阔二十四丈，象二十四气，于外以象四海。王者之大礼也。"观其模范天地，则象阴阳，必据古文，义不虚出。今若直取《考工》，不参《月令》，青阳总章之号不得而称，九月享帝之礼不得用。汉代二京所建，与此说悉同。

建安之后，海内大乱，京邑焚烧，宪章泯绝。魏氏三方未平，无闻兴造。晋则侍中裴頠议曰："尊祖配天，其义明著，而庙宇之制，理据未分。宜可直为一殿，以崇严父之祀，其余杂碎，一皆除之。"宋、齐已还，咸率兹礼。此乃世乏通儒，时无思术，前王盛事，于是不行。后魏代都所造，出自李冲，三三相重，合为九室。檐不覆基，房间通街，穿凿处多，迄无可取。及迁宅洛阳，更加营构，五九纷竞，遂至不成，宗配之事，于焉靡托。

今皇猷遐阐，化覃海外，方建大礼，垂之无穷。弘等不以庸虚，谬当议限。今检明堂必须五室者何？《尚书帝命验》曰："帝者承天立五府，赤曰文祖，黄曰神斗，白曰显纪，黑曰玄矩，苍曰灵府。"郑玄注曰："五府与周之明堂同矣。"且三代相沿，多有损益，至于五室，确然不变。夫室以祭天，天实有五，若立九室，四无所用。布政视朔，自依其辰。郑司农云："十二月分在青阳等左右之位。"不云居室。郑玄亦言："每月月于其时之堂而听政焉。"《礼图》画个，皆在堂偏，是以须为五室。明堂必须上圆下方者何？《孝经援神契》曰："明堂者，上圆下方，八窗四达，布政之宫。"《礼记·盛德篇》曰："明堂四户八牖，上圆下方。"《五经异义》称讲学大夫淳于登亦云："上圆下方。"郑玄同之。是以须为圆方。明堂必须重屋者何？案《考工记》，夏言"九阶，四旁两夹窗，门堂三之二，室三之一。"殷、周不言者，明一同夏制。殷言"四阿重屋"，周承其后不言屋，制亦尽同可知也。"其"殷人重屋"之下，本无五室之文，郑注云："五室者，亦据夏以知之。"明周不云重屋，因殷则有，灼然可见。《礼记·明堂位》曰："太庙天子明堂。"言鲁为周公之故，得用天子礼乐，鲁之太庙与周之明堂同。又曰："复庙重檐，刮楹达向，天子之庙饰。"郑注："复庙，重屋也。"据庙既重屋，明堂亦不疑矣。《春秋》文公十三年："太室屋坏。"《五行志》曰："前堂曰太庙，中央曰太室，屋其上重者也。"服虔亦云："太室，太庙太室之上屋也。"《周书·作洛篇》曰："乃立太庙宗宫路寝明堂，咸有四阿反坫，重亢重廊。"孔晁注曰："重亢累栋，重廊累屋也。"依《黄图》所载，汉之宗庙皆为重屋。此去古犹近，遗法尚在，是以须为重屋。明堂必须为辟雍者何？《礼记·盛德篇》云："明堂者，明诸侯尊卑也。外水曰辟雍。"《明堂阴阳录》曰："明堂之制，周圜行水，左旋以象天，内有太室以象紫宫。"此明堂有水之明文也。然马宫、王肃以为明堂、辟雍、太学同处，蔡邕、卢植亦以为明堂、灵台、辟雍、太学同实异名。邕云："明堂者，取其宗祀之清貌，则谓之清庙，取其正室，则曰太室，取其堂，则曰明堂，取其四门之学，则曰太学，取其周水圜如璧，则曰璧雍。其实一也。"其言别者，《五经通义》曰："灵台以望气，明堂以布政，辟雍以养老教学。"三者不同。袁准、郑玄亦以为别。历代所疑，岂能辄定？今据《郊祀志》云："欲治明堂，未晓其制。济南人公玉带上黄帝时《明堂图》，一殿无壁，盖之以茅，水圜宫垣，天子从之。"以此而言，其来いう久。汉中元二年，起明堂、辟雍、灵台于洛阳，并别处。然明堂亦有壁水，李尤《明堂铭》云"流水洋洋"是也。以此须有辟雍。

夫帝王作事，必师古昔，今造明堂，须以《礼经》为本。形制依于周法，度数取于《月令》，遗阙之处，参以余书，庶使该详沿革之理。其五室九阶，上圆下方，四阿重屋，四旁两门，依《考工记》、《孝经》说。堂方一百四十四尺，屋圆楣径二百一十六尺，太室方六丈，通天屋径九丈，八达二十八柱，堂高三尺，四向五色，依《周书·月令》论。殿垣方在内，水周如外，水内径三百步，依《太山盛德记》、《觐礼经》。仰观俯察，皆有则象，足以尽诚上帝，祗配祖宗，弘风布教，作范于后矣。弘等学不稽古，辄申所见，可否之宜，伏听裁择。

上以时事草创，未遑制作，竟寝不行。

六年，除太常卿。九年，诏改定雅乐，又作乐府歌词，撰定圆丘五帝凯乐，并议乐事。弘上议云：

谨案《礼》，五声、六律、十二管还相为宫。《周礼》奏黄钟，歌大吕，奏太簇，歌应钟，皆为旋相为宫之义。蔡邕《明堂月令章句》曰："孟春月则太簇为宫，姑洗为商，蕤宾为角，南吕为徵，应钟为羽，大吕为变宫，夷则为变徵。他月仿此。"故先王之作律吕也，所以辩天地四方阴阳之声。扬子云曰："声生于律，律生于辰。"故律吕配五行，通八风，历十二辰，行十二月，循环转运，义无停止。譬如立春木王火相，立夏火王土相，季夏余分，土王金相，立秋金王水相，立冬水王木相。还相为宫者，谓当其王月，名之为宫。今若十一月不以黄钟为宫，十三月不以太簇为宫，便是春木不王，夏王不相，岂不阴阳失度，天地不通哉？刘歆《钟律书》云："春宫秋律，百卉必凋；秋宫春律，万物必荣；夏宫冬律，雨雹必降；冬宫夏律，雷必发声。"以斯而论，诚为不易。且律十二，今直为黄钟一均，唯用七律，以外五律，竟复何施？恐失圣人制作本意。故须依礼作还相为宫之法。

上曰："不须作旋相为宫，且作黄钟一均也。"弘又论六十律不可行：

谨案《续汉书·律历志》，元帝遣韦玄成问京房于乐府，房对："受学故小黄令焦延寿。六十律相生之法，以上生下，皆三生二，以下生上，皆三生四。阳下生阴，阴上生阳，终于中吕，而十二律毕矣。中吕上生执始，执始下生去灭，上下相生，终于南事，六十律毕矣。十二律之变至于六十，犹八卦之变至于六十四也。冬至之声，以黄钟为宫，太簇为商，姑洗为角，林钟为徵，南吕为羽，应钟为变宫，蕤宾为变徵。此声气之元，五音之正也。故各统一日。其余以次运行，当日者各自为宫，而商徵以类从焉。"房又曰："竹声不可以度调，故作准以定数。准之状如瑟，长一丈而十三弦，隐间九尺，以应黄钟之律九寸。中央一弦，下画分寸，以为六十律清浊之节。"执始之类，皆房自造。房云受法于焦延寿，未知延寿所承也。至元和年，待诏候钟律殷彤上言："官无晓六十律以准调音者。故待诏严崇具以准法教其子宣，愿召宣补学官，主调乐器。"大史丞弘试宣十二律，其二中，其四不中，其六不知何律，宣遂罢。自此律家莫能为准施弦。熹平年，东观召典律者太子舍人张光问准意。光等不知，归阅旧藏，乃得其器，形制如房书，犹不能定其弦缓急，故史官能辨清浊者遂绝。其可以相传者，唯大榷常数及候气而已。据此而论，京房之法，汉世已不能行。沈约《宋志》曰："详案古典及今音家，六十律无施于乐。"《礼》云"十二管还相为宫"，不言六十。《封禅书》云："大帝使素女鼓五十弦瑟而悲，破为二十五弦。"假令六十律为乐，得成亦所不用。取"大乐必易，大礼必简"之意也。

又议曰：

案《周官》云："大司乐掌成均之法。"郑众注云："均，调也。乐师主调其音。"《三礼义宗》称："《周官》奏黄钟者，用黄钟为调，歌大吕者，用大吕为调。奏者谓堂下四悬，歌者谓堂上所歌。但一祭之间，皆用二调。"是知据宫称调，其义一也。明六律六吕迭相为宫，各自为调。今见行之乐，用黄钟之宫，乃以林钟为调，与古典有违。晋内书监荀勖依典记，以五声十二律还相为宫之法，制十二笛。黄钟之笛，正声应黄钟，下徵应林钟，以姑洗为清角。大吕之笛，正声应大吕，下徵应夷则。以外诸均，例皆如是。然今所用林钟，是勖下徵之调。不取其正，先用其下，于理未通，故须改之。

上甚善其义，诏弘与姚察、许善心、何妥、虞世基等正定新乐，事在《音律志》。是后议置明堂，诏弘条上故事，议其得失，事在《礼志》。上甚敬重之。

时杨素恃才矜贵，轻侮朝臣，唯见弘未尝不改容自肃。素将击突厥，诣太常与弘言别。弘送素至中门而止，素谓弘曰："大将出征，故来叙别，何相送之近乎？"弘遂揖而退。素笑曰："奇章公可谓其智可及，其愚不可及也。"亦不以屑怀。

寻授大将军，拜吏部尚书。时高祖又令弘与杨素、苏威、薛道衡、许善心、虞世基、崔子发等并召诸儒，论新礼降杀轻重。弘所立议，众咸推之。仁寿二年，献皇后崩，三公已下不能定其仪注。杨素谓弘曰："公旧学，时贤所仰，今日之事，决在于公。"弘了不辞让，斯须之间，仪注悉备，皆有故实。素叹曰："衣冠礼乐，尽在此矣，非吾所及也！"弘以三年之丧，祥禫具有降杀，期服十一月而练者，无所象法，以闻于高祖，高祖纳焉。下诏除期练之礼，自弘始也。弘在吏部，其选举先德行而后文才，务在审慎。虽致停缓，所有进用，并多称职。吏部侍郎高孝基，鉴赏机晤，清慎绝伦，然爽俊有余，迹似轻薄，时宰多以此疑之。唯弘深识其真，推心委任。隋之选举，于斯为最。时论弥服弘识度之远。

炀帝之在东宫也，数有诗书遗弘，弘亦有答。及嗣位之后，尝赐弘诗曰："晋家山吏部，魏世卢尚书，莫言先哲异，奇才并佐余。学行敦时俗，道素乃冲虚，纳言云阁上，礼仪皇运初。彝伦欣有叙，垂拱事端居。"其同被赐诗者，至于文词赞扬，无如弘美。大业二年，进位上大将军。三年，改为右光禄大夫。从拜恒岳，坛场珪币，埋时牲牢，并弘所定。还下太行，炀帝尝引入内帐，对皇后赐以同席饮食。其礼遇亲重如此。弘谓其诸子曰："吾受非常之遇，荷恩深重。汝等子孙，宜以诚敬自立，以答恩遇之隆也。"六年，从幸江都。其年十一月，卒于江都郡，时年六十六。帝伤惜之，赠甚厚。归葬安定，赠开府仪同三司、光禄大夫、文安侯，谥曰宪。

弘荣宠当世，而车服卑俭，事上尽礼，待下以仁，讷于言而敏于行。上尝令其宣敕，弘至阶下，不能言，退还拜谢，云："并忘之。"上曰："传语小辩，故非宰臣任也。"愈称其质直。大业之世，委遇弥隆。性宽厚，笃志于学，虽职务繁杂，书不释手。隋室旧臣，始终任信，悔吝不及，唯弘一人而已。有弟曰弼，好酒而酗，尝因醉，射杀弘驾车牛。弘来还宅，其妻迎谓之曰："叔射杀牛矣。"弘闻之，无所怪问，直答云："作脯。"坐定，其妻又曰："叔忽射杀牛，大是异事！"弘曰："已知之矣。"颜色自若，读书不辍。其宽和如此。有文集十三卷行于世。

长子方大，亦有学业，官至内史舍人。次子方裕，性凶险无人心，从幸江都，与裴虔通等同谋弑逆，事见《司马德戡传》。

史臣曰：牛弘笃好坟籍，学优而仕，有淡雅之风，怀旷远之度，采百王之损益，成一代之典章，汉之叔孙，不能尚也。绸缪省闼，三十余年，夷险不渝，始终无际。虽开物成务，非其所长，然澄之不清，混之不浊，可谓大雅君子矣。子实不才，崇基不构，干纪犯义，以坠家风，惜哉！

卷五十　　　　列传第十五

宇文庆

宇文庆，字神庆，河南洛阳人也。祖金殿，魏征南大将军，仕历五州刺史、安吉侯。父显和，夏州刺史。庆沉深有器局，少以聪敏见知。周初，受业东观，颇涉经史。既而谓人曰："书足记姓名而已，安能久事笔砚，为腐儒之业！"于时文州民夷相聚为乱，庆应募从征。贼据保岩谷，径路悬绝，庆束马而进，袭破之，以功授都督。卫王直之镇山南也，引为左右。庆善射，有胆气，好格猛兽，直甚壮之。稍迁车骑大将军、仪同三司、柱国府掾。及诛宇文护，庆有谋焉，进授骠骑大将军，加开府。后从武帝攻河阴，先登攀堞，与贼短兵接战，良久，中石乃坠，绝而后苏。帝劳之曰："卿之余勇，可以贾人也。"复从武帝拔晋州。其后齐师大至，庆与宇文宪轻骑而觇，卒与贼相遇，为贼所窘。宪挺身而遁，庆退据汾桥，众贼争进，庆引弓射之，所中人马必倒，贼乃稍却。及破高纬，拔高壁，克并州，下信都，禽高湝，功并居最。周武帝诏曰："庆勋庸早著，英望华远，出内之绩，简在朕心。戎车自西，俱总行阵，东夏荡定，实有茂功。高位缛礼，宜崇荣册。"于是进位大将军，封汝南郡公，邑千六百户。寻以行军总管击延安反胡，平之，拜延州总管。俄转宁州总管。高祖为丞相，复以行军总管南征江表。师次白帝，征还，以劳进位上大将军。高祖与庆有旧，甚见亲待，令督丞相军事，委以心腹。寻加柱国。开皇初，拜左武卫将军，进位上柱国。数年，出除凉州总管。岁余，征还，不任以职。

初，上潜龙时，尝从容与庆言及天下事，上谓庆曰："天元实无积德，视其相貌，寿亦不长。加以法令繁苛，耽恣声色，以吾观之，殆将不久。又复诸侯微弱，各令就国，曾无深根固本之计。羽翮既剪，何能及远哉！尉迥贵戚，早著声望，国家有衅，必为乱阶。然智量庸浅，子弟轻佻，贪而少惠，终致亡灭。司马消难反覆之虏，亦非池内之物，变成俄顷，但轻薄无谋，未能为害，不过自窜江南耳。庸、蜀险隘，易生艰阻，王谦愚蠢，素无筹略，但恐为人所误，不足为虞。"未几，上言皆验。及此，庆恐上遗忘，不复收用，欲见旧蒙恩顾，具录前言为表而奏之曰："臣闻智侔造化，二仪无以隐其灵；明同日月，万象不能藏其状。先天弗违，实圣人之体道；未萌见兆，谅达节之神机。伏惟陛下特挺生知，徇齐诞御，怀五岳其犹轻，吞八荒而不梗，蕴妙见于胸襟，运奇谟于掌握。臣以微贱，早逢天眷，不以庸下，亲蒙推赤。所奉成规，纤毫弗舛，寻惟圣虑，妙出蓍龟，验一人之庆有征，实天子之言无戏。臣亲闻亲见，实荣实喜。"上省表大悦，下诏曰："朕之与公，本来亲密，怀抱委曲，无所不尽。话言岁久，尚能记忆，今览表奏，方悟昔谈。何谓此言，遂成实录。古人之先知祸福，明可信也，朕言之验，自是偶然。公乃不忘，弥表诚节，深感至意，嘉尚无已。"自是上每加优礼。卒于家。

子静礼，初为太子千牛备身，寻尚高祖女广平公主，授仪同，安德县公，邑千五百户，后为熊州刺史。先庆卒。

子协，历武贲郎将、右翊卫将军，宇文化及之乱遇害。

协弟晶，字婆罗门，大业之世，少养宫中。后为千牛左右，炀帝甚亲昵之。每有游宴，晶必侍从，至于出入卧内，伺察六宫，往来不限门禁，其恩幸如此。时人号曰宇文三郎。晶与宫人淫乱，至于妃嫔公主，亦有丑声。萧后言于帝，晶闻而惧，数日不敢见。其兄协因奏曰："晶今已壮，不可在宫掖。"帝曰："晶安在？"协曰："在朝堂。"帝不之罪，因召入，待之如初。宇文化及弑逆之际，晶时在玄览门，觉变，将入奏，为门司所遏，不得时进。会日瞑，宫门闭，退还所守。俄而难作，晶与五十人赴之，为乱兵所害。

李礼成

李礼成，字孝谐，陇西狄道人也。凉王暠之六世孙。祖延实，魏司徒。父彧，侍中。礼成年七岁，与姑之子兰陵太守荥阳郑颢随魏武帝入关。颢母每谓所亲曰："此儿平生未尝回顾，当为重器耳。"及长，沉深有行检，不妄通宾客。魏大统中，释褐著作郎，迁太子洗马、员外散骑常侍。周受禅，拜平东将军、散骑常侍。于时贵公子皆竞习弓马，被服多为军容。礼成虽善骑射，而从容儒服，不失素望。后以军功拜车骑大将军、仪同三司，赐爵修阳县侯，拜迁州刺史。时朝廷有所征发，礼成度是蛮夷不可扰，扰必为乱，上表固谏。周武帝从之。伐齐之役，从帝围晋阳，礼成以兵击南门，齐将席毗罗率精甲数千拒帝，礼成力战，击退之。加开府，进封冠军县公，拜北徐州刺史。未几，征为民部中大夫。

礼成妻窦氏早没，知高祖有非常之表，遂聘高祖妹为继室，情契甚欢。及高祖为丞相，进位上大将军，迁司武上大夫，委以心膂。及受禅，拜陕州刺史，进封绛郡公，赏赐优洽。寻征为左卫将军，迁右武卫大将军。岁余，出拜襄州总管，称有惠政。后数载，复为左卫大将军。时突厥屡为寇患，缘边要害，多委重臣，由是拜宁州刺史。岁余，以疾征还京师，终于家。其子世师，官至度支侍郎。

元孝矩 弟褒

元孝矩，河南洛阳人也。祖修义，父子均，并为魏尚书仆射。孝矩西魏时袭爵始平县公，拜南丰州刺史。时见周太祖专政，将危元氏，孝矩每慨然有兴复社稷之志，阴谓昆季曰："昔汉氏有诸吕之变，朱虚、东牟，卒安刘氏。今宇文之心，路人所见，颠而不扶，焉用宗子？盍将图之？"为兄则所遏，孝矩乃止。其后周太祖为兄子晋公护娶孝矩妹为妻，情好甚密。及闵帝受禅，护总百揆，孝矩之宠益隆。及护诛，坐徙蜀。数战，征还京师，拜益州总管司马，转司宪大夫。

高祖重其门地，娶其女为房陵王妃。及高祖为丞相，拜少冢宰，进位柱国，赐爵洵阳郡公。时房陵王镇洛阳，及上受禅，立为皇太子，令孝矩代镇。既而立其女为皇太子妃，亲礼弥厚。俄拜寿州总管，赐孝矩玺书曰："扬、越氛祲，侵轶边鄙，争桑兴役，不识大猷。以公志存远略，今故镇边服，怀柔以礼，称朕意焉。"时陈将任蛮奴等屡寇江北，复以孝矩领行军总管，屯兵于江上。后数载，自以年老，筋力渐衰，不堪军旅，上表乞骸骨。转泾州刺史，高祖下书曰："知执谦拐，请归初服。恭膺宝命，实赖元功，方欲委裘，寄以分陕，何容便请高蹈，独为君子者乎！若以边务烦，即宜徙节泾郡，养德卧治也。"在州岁余，卒官，年五十九。谥曰简。子无竭嗣。

孝矩兄子文都，见《诚节传》。孝矩次弟雅，字孝方，有文武干用。开皇中，历左领左右将军、集沁二州刺史，封顺阳郡公。季弟褒，最知名。

褒字孝整，便弓马，少有成人之量。年十岁而孤，为诸兄所鞠养。性友悌，善事诸兄。诸兄议欲别居，褒泣谏不得，家素富，多金宝，褒无所受，脱身而出，为州里所称。及长，宽仁大度，涉猎书史。仕周，官至开府、北平县公、赵州刺史。及高祖为丞相，从韦孝宽击尉迥，以功超拜柱国，进封河间郡公，邑二千户。开皇二年，拜安州总管。岁余，徙原州总管。有商人为贼所劫，其人疑同宿者而执之，褒察其色冤而辞正，遂舍之。商人诣阙讼褒受金纵贼，上遣使穷治之。使者簿责褒曰："何故利金而舍盗也？"褒便即引咎，初无异词。使者与褒俱诣京师，遂坐免官。其盗寻发于他所，上谓褒曰："公朝廷旧人，位望隆重，受金舍盗非善事，何至自诬也？"对曰："臣受委一州，不能息盗贼，臣之罪一也。州民为人所谤，不付法司，悬即放免，臣之罪二也。率率愚诚，无顾形迹，不恃文书约束，至令为物所疑，臣之罪三也。臣有三罪，何所逃责？臣又不言受赂，使者复将有所穷究，然则缧绁横及良善，重臣之罪，是以自诬。"上叹异之，称为长者。十四年，以行军总管屯兵备边。辽东之役，复以行军总管从汉王至柳城而还。仁寿初，嘉州夷、獠为寇，褒率步骑二万击平之。炀帝即位，拜冀州刺史，寻改为齐郡太守，吏民安之。及兴辽东之役，郡官督事者前后相属，有西曹掾当行，诈疾，褒诘之，掾理屈，褒杖之，掾遂大言曰："我将诣行在所，欲有所告。"褒大怒，因杖百余，数日而死，坐是免官。卒于家，时年七十三。

郭　　荣

　　郭荣，字长荣，自云太原人也。父徽，魏大统末为同州司马。时武元皇帝为刺史，由是与高祖有旧。徽后官至洵州刺史、安城县公。及高祖受禅，拜太仆卿，数年，卒官。荣容貌魁岸，外疏内密，与其交者多爱之。周大冢宰宇文护引为亲信。护察荣谨厚，擢为中外府水曹参军。时齐寇屡侵，护令荣于汾州观贼形势。时汾州与姚襄镇相去悬远，荣以为二城孤迥，势不相救，请于州镇之间更筑一城，以相控摄，护从之。俄而齐将段孝先攻陷姚襄、汾州二城，唯荣所立者独能自守。护作浮桥，出兵渡河，与孝先战。孝先于上流纵大筏以击浮桥，护令荣督便水者引取其筏。以功授大都督。护又以稽胡数为寇乱，使荣绥集之。荣于上郡、延安筑周昌、弘信、广安、招远、咸宁等五城，以遏其要路，稽胡由是不能为寇。武帝亲总万机，拜宣纳中士。后从帝平齐，以战功，赐马二十匹，绵绢六百段，封平阳县男，迁司水大夫。
　　荣少与高祖亲狎，情契极欢，尝与高祖夜坐月下，因从容谓荣曰："吾仰观玄象，俯察人事，周历已尽，我其代之。"荣深自结纳。宣帝崩，高祖总百揆，召荣，抚其背而笑曰："吾言验未？"即拜相府乐曹参军。俄以本官复领蕃部大夫。高祖受禅，引为内史舍人，以龙潜之旧，进爵蒲城郡公，加位上仪同。累迁通州刺史。仁寿初，西南夷、獠多叛，诏荣领八州诸军事行军总管，率兵讨之。岁余悉平，赐奴婢三百余口。

　　炀帝即位，入为武候骠骑将军，以严正闻。后数岁，黔安首领田罗驹阻清江作乱，夷陵诸郡，民夷多应者，诏荣击平之。迁左候卫将军。从帝西征吐谷浑，拜银青光禄大夫。辽东之役，以功进位左光禄大夫。明年，帝复事辽东，荣以为中国疲敝，万乘不宜屡动，乃言于帝曰："戎狄失礼，臣下之事。臣闻千钧之弩不为鼷鼠发机，岂有亲辱大驾以临小寇？"帝不纳。复从军攻辽东城，荣亲蒙矢石，昼夜不释甲胄百余日。帝每令人窥诸将所为，知荣如是，帝大悦，每劳勉之。九年，帝至东都，谓荣曰："公年德渐高，不宜久涉行阵，当与公一郡，任所选也。"荣不愿违离，顿首陈让，辞情哀苦，有感帝心，于是拜为右候卫大将军。后数日，帝谓百僚曰："诚心纯至如郭荣者，固无比矣。"其见信如此。杨玄感之乱，帝令驰守太原。明年，复从帝至柳城，遇疾，帝令存问动静，中使相望。卒于怀远镇，时年六十八。帝为之废朝，赠兵部尚书，谥曰恭，赠物千段。有子福善。

庞　　晃

　　庞晃，字元显，榆林人也。父虬，周骠骑大将军。晃少以良家子，刺史杜达召补州都督。周太祖既有关中，署晃大都督，领亲信兵，常置左右。晃因徙居关中。后迁骠骑将军，袭爵比阳侯。卫王直出镇襄州，晃以本官从。寻与长湖公元定击江南，孤军深入，遂没于阵。数年，卫王直遣晃弟车骑将军元俊赍绢八百匹赎焉，乃得归朝。拜上仪同，赐彩二百段，复事卫王。
　　时高祖出为随州刺史，路经襄阳，卫王令晃诣高祖。晃知高祖非常人，深自结纳。及高祖去官归京师，晃迎见高祖于襄邑。高祖甚欢，晃因白高祖曰："公相貌非常，名在图箓。九五之日，幸愿不忘。"高祖笑曰："何妄言也！"顷之，有一雄雉鸣于庭，高祖命晃射之，曰："中则有赏。然富贵之日，持以为验。"晃既射而中，高祖抚掌大笑曰："此是天意，公能感之而中也。"因以二婢赐之，情契甚密。武帝时，晃为常山太守，高祖为定州总管，屡相往来。俄而高祖转亳州总管，将行，意甚不悦。晃因白高祖曰："燕、代精兵之处，今若动众，天下不足图也。"高祖握晃手曰："时未可也。"晃亦转为车骑将军。及高祖为扬州总管，奏晃同行。既而高祖为丞相，进晃位开府，命督左右，甚见亲待。及践阼，谓晃曰："射雉之符，今日验不？"晃再拜曰："陛下应天顺民，君临宇内，犹忆曩时之言，不胜庆跃。"上笑曰："公之此言，何得忘也！"寻加上开府，拜右卫将军，进爵为公，邑千五百户。河间王弘之击突厥也，晃以行军总管从至马邑。别路出贺兰山，击贼破之，斩首千余级。
　　晃性刚悍，时广平王雄当涂用事，势倾朝廷，晃每陵侮之。尝于军中卧，见雄不起，雄甚衔之。复与高颎有隙，二人屡潜晃。由是宿卫十余年，官不得进。出为怀州刺史，数岁，迁原州总管。仁寿中卒官，年七十二。高祖为之废朝，赠物三百段，米三百石，谥曰敬。子长寿，颇知名，官至骠骑将军。

李　安

李安，字玄德，陇西狄道人也。父蔚，仕周为朔燕恒三州刺史、襄武县公。安美姿仪，善骑射。周天和中，释褐右侍上士，袭爵襄武公。俄授仪同、少师右上士。高祖作相，引之左右，迁职方中大夫。复拜安弟悊为仪同。安叔父梁州刺史璋，时在京师，与周赵王谋害高祖，诱悊为内应。悊谓安曰："寝之则不忠，言之则不义，失忠与义，何以立身？"安曰："丞相父也，其可背乎？"遂阴白之。及赵王等伏诛，将加官赏，安顿首而言曰："兄弟无汗马之劳，过蒙奖擢，合门竭节，无以酬谢。不意叔父无状，为凶党之所蛊惑，覆宗绝嗣，其甘若荠。蒙全首领，为幸实多，岂可将叔父之命以求官赏？"于是俯伏流涕，悲不自胜。高祖为之改容曰："我为汝特存璋子。"乃命有司罪止璋身，高祖亦为安隐其事而不言。寻授安开府，进封赵郡公，悊上仪同、黄台县男。

高祖即位，授安内史侍郎，转尚书左丞、黄门侍郎。平陈之役，以为杨素司马，仍领行军总管，率蜀兵顺流东下。时陈人屯白沙，安谓诸将曰："水战非北人所长。今陈人依险泊船，必轻我而无备。以夜袭之，贼可破也。"诸将以为然。安率众先锋，大破陈师。高祖嘉之，诏书劳曰："陈贼之意，自言水战为长，险隘之间，弥谓官军所惮。开府亲将所部，夜动舟师，摧破贼徒，生擒房众，益官军之气，破贼人之胆，副朕所委，闻以欣然。"进位上大将军，除郢州刺史。数日，转邓州刺史。安请为内职，高祖重违其意，除左领左右将军。俄迁右领军大将军，复拜悊开府仪同三司、备身将军。兄弟俱典禁卫，恩信甚重。八年，突厥犯塞，以安为行军总管，从杨素击之。安别出长川，会虏渡河，与战破之。仁寿元年，出安为宁州刺史，悊为卫州刺史。安子琼，悊子玮，始自襁褓，乳养宫中，至是年八九岁，始命归家。其见亲顾如是。

高祖尝言及作相时事，因愍安兄弟灭亲奉国，乃下诏曰："先王立教，以义断恩，割亲爱之情，尽事君之道，用能弘奖大节，体此至公。往者周历既穷，天命将及，朕登庸惟始，王业初基，承此浇季，实繁奸究。上大将军、宁州刺史、赵郡公李安，其叔璋潜结藩枝，扇惑犹子，包藏不逞，祸机将发。安与弟开府仪同三司、卫州刺史、黄台县男悊，深知逆顺，披露丹心，凶谋既彰，罪人斯得。朕每念诚节，嘉之无已，畴庸册赏，宜不逾时。但以事涉其亲，犹有疑惑，欲使安等名教之方，自处有地，朕常为思审，遂致淹年。今更详按圣典，求诸往事，父子天性，诚孝犹不并立，况复family侄恩轻，情礼本有差降，忘私奉国，深得正理，宜录旧勋，重弘赏命。"于是拜安、悊俱为柱国，赐缣各五千匹，马百匹，羊千口。复以悊为备身将军，进封顺阳郡公。安谓亲族曰："虽家门获全，而叔父遭祸，今奉此诏，悲愧交怀。"因歔欷悲感，不能自胜。先患水病，于是疾甚而卒，时年五十三。谥曰怀。子琼嗣。少子孝恭，最有名。悊后坐事除名，配防岭南，道病卒。

史臣曰：宇文庆等，龙潜惟旧，畴昔亲姻，或素尽平生之言，或早有腹心之托。沾云雨之余润，照日月之末光，骋步天衢，与时升降。高位厚秩，贻厥后昆，优矣！晶幼养宫中，未闻教义，炀帝爱之不以礼，其能不及于此乎？安、悊之于高祖，未有君臣之分，陷其骨肉，使就诛夷，大义灭亲，所闻异于此矣。虽有悲悼，何损于愆。

卷五十一　　列传第十六

长孙览 从子炽　炽弟晟

长孙览，字休因，河南洛阳人也。祖稚，魏太师、假黄钺、上党文宣王。父绍远，周小宗伯、上党郡公。览性弘雅，有器量，略涉书记，尤晓钟律。魏大统中，起家东宫亲信。周明帝时，为大都督。武帝在藩，与览亲善，及即位，弥加礼焉，超拜车骑大将军。每公卿上奏，必令省读。览有口辩，声气雄壮，凡所宣传，百僚属目，帝每嘉叹之。览初名善，帝谓之曰："朕以万机，委卿先览。"遂赐名焉。及诛宇文护，以功进封薛国公。其后历小司空。从平齐，进位柱国，封第二子宽管国公。宣帝时，进位上柱国、大司徒，俄历同、泾二州刺史。高祖为丞相，转宜州刺史。

开皇二年，将有事于江南，征为东南道行军元帅，统八总管出寿阳，水陆俱进。师临江，陈人大骇。会陈宣帝卒，览欲乘衅遂灭之，监军高颎以礼不伐丧而还。上尝命览与安德王雄、上柱国元谐、李充、左仆射高颎、右卫大将军虞庆则、吴州总管贺若弼等同宴，上曰："朕昔在周朝，备展诚节，但苦猜忌，每致寒心。为臣若此，竟何情赖？朕之于公，义则君臣，恩犹父子。朕当与公共享终吉，罪非谋逆，一无所问。朕亦知公至诚，特付太子，宜数参见之，庶得渐相亲爱。柱臣素望，实属于公，宜识朕意。"其恩礼如此。又为蜀王秀纳览女为妃。其后以母忧去职。岁余，起令复位。俄转泾州刺史，所在并有政绩。卒官。子洪嗣。仕历宋顺临三州刺史、司农少卿、北平太守。

炽字仲光，上党文宣王稚之曾孙也。祖裕，魏太常卿、冀州刺史。父兕，周开府仪同三司、熊绛二州刺史、平原侯。炽性敏慧，美姿仪，颇涉群书，兼长武艺。建德初，武帝尚道法，尤好玄言，求学兼经史、善于谈论者，为通道馆学士。炽应其选，与英俊并游，通涉弥博。建德二年，授雍州仓城令，寻转盩厔令。频宰二邑，考绩连最，迁峭郡守。入为御正上士。高祖作相，擢为丞相府功曹参军，加大都督，封阳平子县，邑二百户。迁稍伯下大夫。其年王谦反，炽从信州总管王长述溯江而上。以炽为前军，破谦一镇，定楚、合等五州，擒伪总管荆山公元振，以功拜仪同三司。及高祖受禅，炽率官属先入清宫，即日授内史舍人、上仪同三司。寻以本官摄判东宫右庶子，出入两宫，甚被委遇。加以处事周密，高祖每称美之。授左领军长史，持节,使于东南道三十六州,废置州郡,巡省风俗。还授太子仆,加谏议大夫,摄长安令。与大兴令梁毗俱为称职。然毗以严正闻,炽以宽平显,为政不同,部内各化。寻领右常平监,迁雍州赞治,改封饶良县子。迁鸿胪少卿。后数岁,转太常少卿,进位开府仪同三司。复持节为河南道二十八州巡省大使,于路授吏部侍郎。大业元年,迁大理卿,复为西南道大使,巡省风俗。擢拜户部尚书。吐谷浑寇张掖,令炽率精骑五千击走之,追至青海而还,以功授银青光禄大夫。六年,幸江都宫,留炽于东都居守,仍摄左候卫将军事。其年卒官,时年六十二。谥曰静。子安世,通事谒者。

　　晟字季晟,性通敏,略涉书记,善弹工射,趫捷过人。时周室尚武,贵游子弟咸以相矜,每共驰射,时辈皆出其下。年十八,为司卫上士。初未知名,人弗之识也,唯高祖一见,深嗟异焉,乃携其手而谓人曰:"长孙郎武艺逸群,适与其言,又多奇略。后之名将,非此子邪?"

　　宣帝时,突厥摄图请婚于周,以赵王招女妻之。然周与摄图各相夸竞,妙选骁勇以充使者,因遣晟副汝南公宇文神庆送千金公主至其牙。前后使人数十辈,摄图多不礼,见晟而独爱焉,每共游猎,留之竟岁。尝有二雕,飞而争肉,因以两箭与晟曰:"请射取之。"晟乃弯弓驰往,遇雕相攫,遂一发而双贯焉。摄图喜,命诸子弟贵人皆相亲友,冀昵近之,以学弹射。其弟处罗侯号突利设,尤得众心。而为摄图所忌,密托心腹,阴与晟盟。晟与之游猎,因察山川形势,部众强弱,皆尽知之。时高祖作相,晟以状白高祖。高祖大喜,迁奉车都尉。

　　至开皇元年,摄图曰:"我周家亲也,今隋公自立而不能制,复何面目见可贺敦乎"?因与高宝宁攻陷临渝镇,约诸面部落谋共南侵。高祖新立,由是大惧,修筑长城,发兵屯北境,命阴寿镇幽州,虞庆则镇并州,屯兵数万人以为之备。晟先知摄图、玷厥、阿波、突利等叔侄兄弟各统强兵,俱号可汗,分居四面,内怀猜忌,外示和同,难以力征,易可离间,因上书曰:"臣闻丧乱之极,必致升平,是故上天启其机,圣人成其务。伏惟皇帝陛下当百王之末,膺千载之期,诸夏虽安,戎场尚梗,兴师致讨,未是其时,弃于度外,又复侵扰。故宜密运筹策,渐以攘之,计失则百姓不宁,计得则万代之福。吉凶所系,伏愿详思。臣于周末,忝充外使,匈奴倚伏,实所具知。玷厥之于摄图,兵强而位下,外名相属,内隙已彰,鼓动其情,必将自战。又处罗侯者,摄图之弟,奸多而势弱,曲取于众心,国人爱之,因为摄图所忌,其心殊不自安,迹示弥缝,实怀疑惧。又阿波首鼠,介在其间,颇畏摄图,受其牵率,唯强是与,未有定心。今宜远交而近攻,离强而合弱,通使玷厥,说合阿波,则摄图回兵,自防右地。又引处罗,遣连奚、霫,则摄图分众,还备左方。首尾猜嫌,腹心离阻,十数年后,承衅讨之,必可一举而空其国矣。"上省表大悦,因召与语。晟复口陈形势,手画山川,写其虚实,皆如指掌。上深嗟异,皆纳用焉。因遣太仆元晖出伊吾道,使诣玷厥,赐以狼头纛,谬为钦敬,礼数优优。玷厥使来,引居摄图使上。反间既行,果相猜贰。授晟车骑将军,出

黄龙道,赍币赐奚、霫、契丹等,遣为向导,得至处罗侯所,深布心腹,诱令内附。

　　二年,摄图四十万骑自兰州入,至于周盘,破达奚长儒军,更欲南入。玷厥不从,引兵而去。时晟又说染干诈告摄图曰:"铁勒等反,欲袭其牙。"摄图乃惧,回兵出塞。

　　后数月,突厥大入,发八道元帅分出拒之。阿波至凉州,与窦荣定战,贼帅累北。时晟为偏将,使谓之曰:"摄图每来,战皆大胜。阿波才入,便即致败,此乃突厥之耻,岂不内愧于心乎?且摄图之与阿波,兵势本敌。今摄图日胜,为众所崇,阿波不利,为国生辱。摄图必当因以罪归于阿波,成其夙计,灭北牙矣。愿自量度,能御之乎?"阿波使至,晟又谓之曰:"今达头与隋连和,而摄图不能制。可汗何不依附天子,连结达头,相合为强,此万全之计。岂若丧兵负罪,归就摄图,受其戮辱邪?"阿波纳之,因留塞上,使人随晟入朝。时摄图与卫王军遇,战于白道,败走至碛。闻阿波怀贰,乃掩北牙,尽获其众而杀其母。阿波还无所归,西奔玷厥,乞师十余万,东击摄图,复得故地,收散卒数万,与摄图相攻。阿波频胜,其势益张。摄图又遣使朝贡,公主自请改姓,乞为帝女,上许之。

　　四年,遣晟副虞庆则使于摄图,赐公主姓为杨氏,改封大义公主。摄图奉诏,不肯起拜,晟进曰:"突厥与隋俱是大国天子,可汗不起,安敢违意。但可贺敦为帝女,则可汗是大隋女婿,奈何无礼,不敬妇公乎?"摄图乃笑谓其达官曰:"须拜妇公,我从之耳。"于是乃拜诏书。使还称旨,授仪同三司、左勋卫骑将军。

　　七年,摄图死,遣晟持节拜其弟处罗侯为莫何可汗,以其子雍闾为叶护可汗。处罗侯因晟奏曰:"阿波为天所灭,与五六千骑在山谷间,伏听诏旨,当取之以献。"乃召文武议焉。乐安公元谐曰:"请就彼枭首,以惩其恶。"武阳公李充曰:"请生将入朝,显戮以示百姓。"上谓晟曰:"于卿何如?"晟对曰:"若突厥背诞,须齐之以刑。今其昆弟自相夷灭,阿波之恶,非负国家,因其困穷,取而为戮,恐非招远之道,不如两存之。"上曰:"善。"八年,处罗侯死,遣晟往吊,仍赍陈国所献宝器以赐雍闾。

　　十三年,流人杨钦亡入突厥,诈言彭公刘昶共宇文氏女谋欲反隋,称遣其来,密告公主。雍闾信之,乃不修职贡。又遣晟出使,微观察焉。公主见晟,乃言辞不逊,又遣所私胡人安遂迦共钦计议,扇惑雍闾。晟至京师,具以状奏。又遣晟往索钦,雍闾欲勿与,谬答曰:"检校客内,无此色人。"晟乃货其达官,知钦所在,夜掩获之,以示雍闾,因发公主私事,国人大耻。雍闾执遂迦等,并以付晟。上大喜,加授开府,仍遣入藩,莅杀大义公主。雍闾又表请婚,金议将许之。晟又奏曰:"臣观雍闾,反覆无信,特共玷厥有隙,所以依倚国家。纵与为婚,终当必叛。今若得尚公主,承藉威灵,玷厥、染干必又受其征发。强而更反,后恐难图。且染干者,处罗侯之子也,素有诚款,于今两代。臣前与相见,亦乞通婚,不许之,招令南徙,兵少力弱,易可抚驯,使敌雍闾,以为边捍。"上曰:"善。"又遣慰喻染干,许尚公主。

十七年，染干遣五百骑随晟来逆女，以宗女封安义公主以妻之。晟说染干率众南徙，居度斤旧镇。雍闾疾之，亟来抄略。染干伺知动静，辄遣奏闻，是以贼来每先有备。

十九年，染干因晟奏，雍闾作攻具，欲打大同城。诏发六总管，并受汉王节度，分道出塞讨之。雍闾大惧，复共达头同盟，合力掩袭染干，大战于长城下。染干败绩，杀其兄弟子侄，而部落亡散。染干与晟独以五骑连夜南走，至旦，行百余里，收得数百骑，乃相与谋曰："今兵败入朝，一降人耳，大隋天子岂礼我乎？玷厥虽来，本无冤隙，若往投之，必相存济。"晟知其怀贰，乃密遣从者入伏远镇，令速举烽。染干见四烽俱发，问晟曰："城上然烽何也？"晟绐之曰："城高地迥，必遥见贼来。我国家法，若贼少举二烽，来多举三烽，大逼举四烽，使见贼多而又近耳。"染干大惧，谓其众曰："追兵已逼，且可投城。"既入镇，晟留其达官执室以领其众，自将染干驰驿入朝。帝大喜，进授左勋卫骠骑将军，持节护突厥。晟遣降虏觇候雍闾，知其牙内屡有灾变，夜见赤虹，光照数百里，天狗陨，雨血三日，流星坠其营内，有声如雷。每夜自惊，言隋师且至。并遣奏知，仍请出讨突厥。都速等归染干，前后至者男女万余口，晟安置之。由是突厥悦附。寻以染干为意利珍豆启人可汗，赐射于武安殿。选善射者十二人，分为两朋。启人曰："臣由长孙大使得见天子，今日赐射，愿入其朋。"许之。给晟箭六侯，发皆入鹿，启人之朋竟胜。时有鸢群飞，上曰："公善弹，为我取之。"十发俱中，并应丸而落。是日百官获赉，晟独居多。寻遣领五万人，于朔州筑大利城以处染干。安义公主死，持节送义城公主，复以妻之。晟又奏："染干部落归者既众，虽在长城之内，犹被雍闾抄略，往来辛苦，不得宁居。请徙五原，以河为固，于夏、胜两州之间，东西至河，南北四百里，掘为横堑，令处其内，任情放牧，免于抄略，人必自安。"上并从之。

二十年，都蓝大乱，为其部下所杀。晟因奏请曰："今王师临境，战数有功，贼内携离，其主被杀，乘此招诱，必并来降，请遣染干部下分头招慰。"上许之，果尽来附。达头恐怖，又大集兵。诏晟部领降人，为秦川行军总管，取晋王广节度出讨。达头与王相抗，晟进策曰："突厥饮泉，易可行毒。"因取诸药毒水上流，达头人畜饮之多死，于是大惊曰："天雨恶水，其亡我乎？"因夜遁。晟追之，斩首千余级，俘百余口，六畜数千头。王大喜，引晟入内，同宴极欢。有突厥达官来降，时亦预坐，说言突厥之内，大畏长孙总管，闻其弓声，谓为霹雳，见其走马，称为闪电。王笑曰："将军震怒，威行域外，遂与雷霆为比，一何壮哉！"师旋，授上开府仪同三司，复遣还大利城，安抚新附。

仁寿元年，晟表奏曰："臣夜登城楼，望见碛北有赤气，长百余里，皆如雨足，下垂被地。谨验兵书，此名洒血，其下之国必且破亡。欲灭匈奴，宜在今日。"诏杨素为行军元帅，晟为受降使者，送染干北伐。二年，军次北河，值贼帅思力俟斤等领兵拒战，晟与大将军梁默击走之，转战六十余里，贼众多降。晟又教染干分遣使者，往

北方铁勒等部招携取之。三年，有铁勒、思结、伏利具、浑、斛萨、阿拔、仆骨等十余部，尽背达头，请来降附。达头众大溃，西奔吐谷浑。晟送染干安置于碛口。

事毕，入朝，遇高祖崩，匿丧未发。炀帝引晟于大行前委以内卫宿卫，知门禁事，即日拜左领军将军。遇杨谅作逆，敕以本官为相州刺史，发山东兵马，与杨素等共经略之。晟辞曰："有男行布，今在逆地，忽蒙此任，情所不安。"帝曰："公著勤诚，朕之所悉。今相州之地，本是齐都，人俗浇浮，易可摇扰。傥生变动，贼势即张，思所以镇之，非公莫可。公体国之深，终不可以儿害义，故用相委，公其勿辞。"于是遣捉相州。谅破，追还，转武卫将军。

大业三年，炀帝幸榆林，欲出塞外，陈兵耀武，经突厥中，指于涿郡。仍恐染干惊惧，先遣晟往喻旨，称述帝意。染干听之，因召所部诸国，奚、霫、室韦等种落数十酋长咸萃。晟以牙中草秽，欲令染干亲自除之，示诸部落，以明威重，乃指帐前草曰："此根大香。"染干遽嗅之曰："殊不香也。"晟曰："天子行幸所在，诸侯躬亲洒扫，耘除御路，以表至敬之心。今牙中芜秽，谓是留香草耳。"染干乃悟曰："奴罪过。奴之骨肉，皆天子赐也，得效筋力，岂敢有辞？特以边人不知法耳，赖将军恩泽而教导之。将军之惠，奴之幸也。"遂拔所佩刀，亲自芟草，其贵人及诸部争放效之。乃发榆林北境，至于其牙，又东达于蓟，长三千里，广百步，举国就役而开御道。帝闻晟策，乃益嘉焉。后除淮阳太守，未赴任，复为右骁卫将军。

五年，卒，时年五十八。帝深悼惜之，赠赠甚厚。后突厥围雁门，帝叹曰："向使长孙晟在，不令匈奴至此！"晟好奇计，务功名。性至孝，居忧毁瘠，为朝士所称。贞观中，追赠司空、上柱国、齐国公，谥曰献。少子无忌嗣。

其长子行布，亦多谋略，有父风。起家汉王谅库真，甚见亲狎。后遇谅于并州起逆，率众南拒官军，乃留行布城守，遂与豆卢毓等闭门拒谅，城陷，遇害。次子恒安，以兄功授鹰扬郎将。

史臣曰：长孙氏爰自代阴，来仪京洛，门传钟鼎，家誓山河。汉代八王，无以方其茂绩；张氏七叶，不能譬此重光。览独擅雄辨，炽早称爽俊，俱司礼阁，并统师旅，且公且侯，文武不坠。晟体资英武，兼包奇略，因机制变，怀彼戎夷。倾巢尽落，屈膝稽颡，塞垣绝鸣镝之旅，渭桥有单于之拜。惠流边朔，功光王府，保兹爵禄，不亦宜乎！

卷五十二　　列传第十七

韩擒虎 弟僧寿 洪

韩擒，字子通，河南东垣人也，后家新安。父雄，以

武烈知名,仕周,官至大将军、洛虞等八州刺史。擒少慷慨,以胆略见称,容貌魁岸,有雄杰之表。性又好书,经史百家皆略知大旨。周太祖见而异之,令与诸子游集。后以军功,拜都督、新安太守,稍迁仪同三司,袭爵新义郡公。武帝伐齐,齐将独孤永业守金墉城,擒说下之。进平范阳,加上仪同,拜永州刺史。陈人逼光州,擒以行军总管击破之。又从宇文忻平合州。高祖作相,迁和州刺史。陈将甄庆、任蛮奴、萧摩诃等共为声援,频寇江北,前后入界。擒屡挫其锋,陈人夺气。

开皇初,高祖潜有吞并江南之志,以擒有文武才用,夙著声名,于是拜为庐州总管,委以平陈之任,甚为敌人所惮。及大举伐陈,以擒为先锋。擒率五百人宵济,袭采石,守者皆醉,擒遂取之。进攻姑熟,半日而拔,次于新林。江南父老素闻其威信,来谒军门,昼夜不绝。陈人大骇,其将樊巡、鲁世真、田瑞等相继降之。晋王广上状,高祖闻而大悦,宴赐群臣。晋王遣行军总管杜彦与擒合军,步骑二万,陈叔宝遣领军蔡徵守朱雀航,闻擒将至,众惧而溃。任蛮奴为贺若弼所败,弃军降于擒。擒以精骑五百,直入朱雀门。陈人欲战,蛮奴扨之曰:"老夫尚降,诸君何事!"众皆散走。遂平金陵,执陈主叔宝。时贺若弼亦有功。乃下诏于晋王曰:"此二公者,深谋大略,东南逼寇,朕本委之,静地恤民,悉如朕意。九州不一,已数百年,以名臣之功,成太平之业,天下盛事,何用过此!闻以欣然,实深庆快。平定江表,二人之力也。"赐物万段。又下优诏于擒、弼曰:"申国威于万里,宣朝化于一隅,使东南之民俱出汤火,数百年寇旬日廓清,专是公之功也。高名塞于宇宙,盛业光于天壤,逖听前古,罕闻其匹。班师凯入,诚知非远,相思之甚,寸阴若岁。"及至京,弼与擒争功于上前,弼曰:"臣在蒋山死战,破其锐卒,擒其骁将,震扬威武,遂平陈国。韩擒略不交阵,岂臣之比!"擒曰:"本奉明旨,令臣与弼同时合势,以取伪都。弼乃敢先期,逢贼遂战,致令将士伤死甚多。臣以轻骑五百,兵不血刃,直取金陵,降任蛮奴,执陈叔宝,据其府库,倾其巢穴。弼至夕,方扣北掖门,臣启关而纳之。斯乃救罪不暇,安得与臣相比!"上曰:"二将俱合上勋。"于是进位上柱国,赐物八千段。有司劾擒放纵士卒,淫污陈宫,坐此不加爵邑。

先是,江东有谣歌曰:"黄斑青骢马,发自寿阳涘。来时冬气末,去日春风始。"皆不知所谓。擒本名豹,平陈之际,又乘青骢马,往反时节与歌相应,至是方悟。其后突厥来朝,上谓之曰:"汝闻江南有陈国天子乎?"对曰:"闻之。"上命左右引突厥诣擒前,曰:"此是执得陈国天子者。"擒厉然顾之,突厥惶恐,不敢仰视,其有威容如此。别封寿光县公,食邑千户。以行军总管屯金城,御备胡寇,即拜凉州总管。俄征还京,上宴之内殿,恩礼殊厚。无何,其邻母见擒门下仪卫甚盛,有同王者,母异而问之。其中人曰:"我来迎王。"忽然不见。又有人疾笃,忽惊走至擒家曰:"我欲谒王。"左右问曰:"何王也?"答曰:"阎罗王。"擒子弟欲挞之,擒止之曰:"生为上柱国,死作阎罗王,斯亦足矣。"因寝疾,数日竟卒,时年五十五。

子世谔嗣。

世谔倜傥骁捷,有父风。杨玄感之作乱也,引世谔为将,每战先登。及玄感败,为吏所拘。时帝在高阳,送诣行所。世谔日令守者市酒殽以酣畅,扬言曰:"吾死在朝夕,不醉何为!"渐以酒诱守者,守者狎之,遂饮令致醉。世谔因得逃奔山贼,不知所终。

僧寿字玄庆,擒母弟也,亦以勇烈知名。周武帝时,为侍伯中旅下大夫。高祖得政,从韦孝宽平尉迥,每战有功,授大将军,封昌乐公,邑千户。开皇初,拜安州刺史。时擒为庐州总管,朝廷不欲同在淮南,转为熊州刺史。后转蔚州刺史,进爵广陵郡公。寻以行军总管击突厥于鸡头山,破之。后坐事免。数岁,复拜蔚州刺史。突厥甚惮之。十七年,屯兰州以备胡。明年,辽东之役,领行军总管,还,检校灵州总管事。从杨素击突厥,破之,进位上柱国,改封江都郡公。炀帝即位,又改封新蔡郡公。自是之后,不复任用。大业五年,从幸太原。有京兆人达奚通妾王氏,能清歌,朝臣多相会观之,僧寿亦豫焉,坐是除名。寻令复位。八年,卒于京师,时年六十五。有子孝基。

洪字叔明,擒季弟也。少骁勇,善射,膂力过人。仕周侍伯上士,后以军功拜大都督。高祖为丞相,从韦孝宽破尉迥于相州,加上开府,甘棠县侯,邑八百户。高祖受禅,进爵为公。寻授骠骑将军。开皇九年,平陈之役,授行军总管。及陈平,晋王广大猎于蒋山,有猛兽在围中,众皆惧。洪驰马射之,应弦而倒。陈氏诸将,列观于侧,莫不叹伏焉。王大喜,赐缣百匹。寻以功加柱国,拜蒋州刺史。数岁,转廉州刺史。时突厥屡为边患,朝廷以洪骁勇,检校朔州总管事。寻拜代州总管。仁寿元年,突厥达头可汗犯塞,洪率蔚州刺史刘隆、大将军李药王拒之。遇房于恒安,众寡不敌,洪四面搏战,身被重创,将士沮气。房悉众围之,矢下如雨。洪伪与房和,围少解。洪率所领溃围而出,死者大半,杀房亦倍。洪及药王除名为民,隆竟坐死。炀帝北巡,至恒安,见白骨被野,以问侍臣。侍臣曰:"往者韩洪与房战处也。"帝悯然伤之,收葬骸骨,命五郡沙门为设佛供,拜洪陇西太守。未几,朱崖民王万昌作乱,诏洪击平之。以功加位金紫光禄大夫,领郡如故。俄而万昌弟仲通复叛,又诏洪讨平之。师未旋,遇疾而卒,时年六十三。

贺若弼

贺若弼,字辅伯,河南洛阳人也。父敦,以武烈知名,仕周为金州总管,宇文护忌而害之。临刑,呼弼谓之曰:"吾必欲平江南,然此心不果,汝当成吾志。且吾以舌死,汝不可不思。"因引锥刺弼舌出血,诫以慎口。弼少慷慨有大志,骁勇便弓马,解属文,博涉书记,有重名于当世。周齐王宪闻而敬之,引为记室。未几,封当亭县公,迁小内史。周武帝时,上柱国乌丸轨言于帝曰:"太子非帝器,臣亦尝与贺若弼论之。"帝呼弼问之,弼知太子不可动摇,恐祸及己,诡对曰:"皇太子德业日新,未睹其阙。"帝默然。弼既退,轨让其背己,弼曰:"君不密则失臣,臣不密则失身，所以不敢轻议也。"及宣帝嗣位，轨竟见诛，弼乃获免。寻与韦孝宽伐陈，攻拔数十城，弼计居多。拜寿州刺史，改封襄邑县公。高祖为丞相，尉迥作乱邺城，恐弼为变，遣长孙平驰驿代之。

高祖受禅，阴有并江南之志，访可任者。高颎曰："朝臣之内，文武才干，无若贺若弼者。"高祖曰："公得之矣。"于是拜弼为吴州总管，委以平陈之事，弼忻然以为己任。与寿州总管源雄并为重镇。弼遗雄诗曰："交河骠骑幕，合浦伏波营，勿使骐骥上，无我二人名。"

献取陈十策，上称善，赐以宝刀。开皇九年，大举伐陈，以弼为行军总管。将渡江，酹酒而咒曰："弼亲承庙略，远振国威，伐罪吊民，除凶剪暴，上天长江，鉴其若此。如使福善祸淫，大军利涉；如事有乖违，得葬江鱼腹中，死且不恨。"先是，弼请缘江防人每交代之际，必集历阳。于是大列旗帜，营幕被野。陈人以为大兵至，悉发国中士马。既知防人交代，其众复散。后以为常，不复设备。及此，弼以大军济江，陈人弗之觉也。袭陈南徐州，拔之，执其刺史黄恪。军令严肃，秋毫不犯。有军士于民间沽酒者，弼立斩之。进屯蒋山之白土冈，陈将鲁达、周智安、任蛮奴、田瑞、樊毅、孔范、萧摩诃等以劲兵拒战。田瑞先犯弼军，弼击走之。鲁达等相继递进，弼军屡却。弼揣知其骄，士卒且惰，于是督厉将士，殊死战，遂大破之。麾下开府员明擒摩诃至，弼命左右牵斩之。摩诃颜色自若，弼释而礼之。从北掖门而入。时韩擒已执陈叔宝，弼至，呼叔宝视之。叔宝惶惧流汗，股栗再拜。弼谓之曰："小国之君，当大国卿，拜，礼也。入朝不失作归命侯，无劳恐惧。"既而弼惎恨不获叔宝，功在韩擒之后，于是与擒相诟，挺刃而出。上闻弼有功，大悦，下诏褒扬，语在《韩擒传》。晋王以弼先期决战，违军命，于是以弼属吏。上驿召之，及见，迎劳曰："克定三吴，公之功也。"命登御坐，赐物八千段，加位上柱国，进爵宋国公，真食襄邑三千户，加以宝剑、宝带、金瓮、金盘各一，并雉尾扇、曲盖，杂彩二千段，女乐二部，又赐陈叔宝妹为妾。拜右领军大将军，寻转右武候大将军。

弼时贵盛，位望隆重，其兄隆为武都郡公，弟东为万荣郡公，并刺史、列将。弼家珍玩不可胜计，婢妾曳绮罗者数百，时人荣之。弼自谓功名出朝臣之右，每以宰相自许。既而杨素为右仆射，弼仍为将军，甚不平，形于言色，由是免官，弼怨望愈甚。后数年，下弼狱，上谓之曰："我以高颎、杨素为宰相，汝每倡言，云此二人惟堪啖饭耳，是何意也？"弼曰："颎，臣之故人，素，臣之舅子，臣并知其为人，诚有此语。"公卿奏弼怨望，罪当死。上惜其功，于是除名为民。岁余，复其爵位。上亦忌之，不复任使，然每宴赐，遇之甚厚。开皇十九年，上幸仁寿宫，宴王公，诏弼为五言诗，词意愤怨，帝览而容之。尝遇突厥入朝，上赐之射，突厥一发中的。上曰："非贺若弼无能当此。"于是命弼。弼再拜祝曰："臣若赤诚奉国者，当一发破的。如其不然，发不中也。"既射，一发而中。上大悦，顾谓突厥曰："此人天赐我也！"

炀帝之在东宫，尝谓弼曰："杨素、韩擒、史万岁三人，俱称良将，优劣何如？"弼曰："杨素是猛将，非谋将；韩擒是斗将，非领将；史万岁是骑将，非大将。"太子曰："然则大将谁也？"弼拜曰："唯殿下所择。"弼意自许为大将。及炀帝嗣位，尤被疏忌。大业三年，从驾北巡，至榆林。帝时为大帐，其下可坐数千人，召突厥启民可汗飨之。弼以为大侈，与高颎、宇文弼等私议得失，为人所奏，竟坐诛，时年六十四。妻子为官奴婢，群从徙边。

子怀亮，慷慨有父风，以柱国世子拜仪同三司。坐弼为奴，俄亦诛死。

史臣曰：夫天地未泰，圣哲启其机，疆场尚梗，爪牙宣其力。周之方、邵，汉室韩、彭，代有其人，非一时也。自晋衰微，中原幅裂，区宇分隔，将三百年。陈氏凭长江之地险，恃金陵之余气，以为天限南北，人莫能窥。高祖爰应千龄，将一函夏。贺若弼慷慨，申必取之长策，韩擒奋发，贾余勇以争先，势甚疾雷，锋逾骇电。隋氏自此一戎，威加四海。稽诸天道，或时有废兴，考之人谋，实二臣之力。其俶傥英略，贺若居多，武毅威雄，韩擒称重。方于晋之王、杜，勋庸绰有余地。然贺若功成名立，矜伐不已，竟颠殒于非命，亦不密以失身。若念父临终之言，必不及于斯祸矣。韩擒累世将家，威声动俗，敌国既破，名遂身全，幸也。广陵、甘棠，咸有武艺，骁雄胆略，并为当时所推，赳赳干城，难兄难弟矣。

卷五十三　　列传第十八

达奚长儒

达奚长儒，字富仁，代人也。祖俟，魏定州刺史。父庆，骠骑大将军、仪同三司。长儒少怀节操，胆烈过人。十五袭爵乐安公。魏大统中，起家奉车都尉。周太祖引为亲信，以质直恭勤，授大都督。数有战功，假辅国将军，累迁使持节、抚军将军、通直散骑常侍。平蜀之役，恒为先锋，攻城野战，所当必破之。除车骑大将军、仪同三司，增邑三百户。天和中，除渭南郡守，迁骠骑大将军、开府仪同三司。从武帝平齐，迁上开府，进爵成安郡公，邑千二百户，别封一子县公。宣政元年，除左前军勇猛中大夫。后与乌丸轨属陈将吴明彻于吕梁，陈遣骁将刘景率劲勇七千来为声援，轨令长儒逆拒之。长儒于是取车轮数百，系以大石，沉之清水，连毂相次，以待景军。景至，船舰碍轮不得进，长儒乃纵奇兵，水陆俱发，大破之，俘数千人。及获吴明彻，以功进位大将军。寻授行军总管，北巡沙塞，卒与虏遇，接战，大破之。高祖作相，王谦举兵于蜀，沙氏上柱国杨永安扇动利、兴、武、文、沙、龙等六州以应谦，诏长儒击破之。谦二子自京师亡归其父，长儒并捕斩之。高祖受禅，进位上大将军，封蕲春郡公，邑二千五百户。

开皇二年，突厥沙钵略可汗并弟叶护及潘那可汗众十余万，寇掠而南，诏以长儒为行军总管，率众二千击之。遇于周槃，众寡不敌，军中大惧，长儒慷慨，神色愈烈。为虏所冲突，散而复聚，且战且行，转斗三日，五兵咸尽，士卒以拳殴之，手皆见骨，杀伤万计，虏气稍夺，于是解去。长儒身被五创，通中者二；其战士死伤者十八九。突厥本欲大掠秦、陇，既逢长儒，兵皆力战，虏意大沮，明日，于战处焚尸恸哭而去。高祖下诏曰："突厥猖狂，辄犯边塞，犬羊之众，弥亘山原。而长儒受任北鄙，式遏寇贼，所部之内，少将百倍，以昼通宵，四面抗敌，凡十有四战，所向必摧。凶徒就戮，过半不反，锋刃之余，亡魂窜迹。自非英威奋发，奉国情深，抚御有方，士卒用命，岂能以少破众，若斯之伟？言念勋庸，宜隆名器，可上柱国，余勋回授一子。其战亡将士，皆赠官三转，子孙袭之。"

其年，授宁州刺史，寻转鄜州刺史，母忧去职。长儒性至孝，水浆不入口五日，毁悴过礼，殆将灭性，天子嘉叹。起为夏州总管三州六镇都将事，匈奴惮之，不敢窥塞。以病免。又除襄州总管，在职二年，转兰州总管。高祖遣凉州总管独孤罗、原州总管元褒、灵州总管贺若谊等发卒备胡，皆受长儒节度。长儒率众出祁连山北，西至蒲类海，无虏而还。复转荆州总管三十六州诸军事，高祖谓之曰："江陵要害，国之南门，今以委公，朕无虑也。"岁余，卒官。谥曰威。子焘，大业时，官至太仆少卿。

贺娄子干

贺娄子干，字万寿，本代人也。随魏氏南迁，世居关右。祖道成，魏侍中、太子太傅。父景贤，右卫大将军。子干少以骁武知名。周武帝时，释褐司水上士，称为强济。累迁小司水，以勤劳，封思安县子，俄授使持节、仪同大将军。大象初，领军器监，寻除秦州刺史，进爵为伯。

及尉迥作乱，子干与宇文司录从韦孝宽讨之。遇贼围怀州，子干与宇文述等击破之。高祖大悦，手书曰："逆贼尉迥，敢遣蚁众，作寇怀州。公受命诛讨，应机荡涤，闻以嗟赞，不易可言。丈夫富贵之秋，正在今日，善建功名，以副朝望也。"其后每战先登，及破邺城，与崔弘度逐迥至楼上。进位上开府，封武川县公，邑三千户，以思安县伯别封子皎。

开皇元年，进爵巨鹿郡公。其年，吐谷浑寇凉州，子干以行军总管从上柱国元谐击之，功最优，诏褒美。高祖虑边塞未安，即令子干镇凉川。明年，突厥寇兰川，子干率众拒之，至可洛峐山，与贼相遇。贼众甚盛，子干阻川为营，贼军不得水数日，人马甚敝，纵击，大破之。于是册授子干为上大将军曰："於戏！敬听朕命。唯尔器量闲明，志情强果，任经武将，勤绩有闻。往岁凶丑未宁，屡惊疆场，拓土静乱，殊有厥劳。是用崇兹赏典，加此车服，往钦哉！祇承荣册，可不慎欤！"征授营新都副监，寻拜工部尚书。其年，突厥复犯塞，以行军总管从窦荣定击之。子干别路破贼，斩首千余级，高祖嘉之，遣通事舍人曹威赍优诏劳勉之。子干请入朝，诏令驰驿奉见。吐谷浑复寇边，西方多被其害，命子干讨之。驰驿至河西，发五州兵，入掠其国，杀男女万余口，二旬而还。高祖以陇西频被寇掠，甚患之。彼俗不设村坞，敕子干勒民为堡，营田积谷，以备不虞。子干上书曰："比者凶寇侵扰，荡灭之期，匪朝伊夕。伏愿圣虑，勿以为怀。今臣在此，观机而作，不得准诏行事。且陇西、河右，土旷民稀，边境未宁，不可广为田种。比见屯田之所，获少费多，虚役人功，卒逢践暴。屯田疏远者，请皆废省。但陇右之民以畜牧为事，若更屯聚，弥不获安。只可严谨斥候，岂容集人聚畜。请要路之所，加其防守。但使镇戍连接，烽候相望，民虽散居，必谓无虑。"高祖从之。俄而房寇岷、洮二州，子干勒兵赴之，贼闻而遁去。

高祖以子干晓习边事，授榆关总管十镇诸军事。岁余，拜云州刺史，甚为房所惮。后数年，突厥雍虞闾遣使请降，并献羊马。诏以子干为行军总管，出西北道应接之。还拜云州总管，以突厥所献马百匹、羊千口以赐之，乃下书曰："自公守北门，风尘不警。突厥所献，还以赐公。"母忧去职。朝廷以榆关重镇，非子干不可，寻起视事。十四年，以病卒官，时年六十。高祖伤惜者久之，赙缣千匹，米麦千斛，赠怀、魏等四州刺史，谥曰怀。子善柱嗣，官至黔安太守。

子干兄诠，亦有才器，位至银青光禄大夫、鄯纯深三州刺史、北地太守、东安郡公。

史万岁

史万岁，京兆杜陵人也。父静，周沧州刺史。万岁少英武，善骑射，骁捷若飞。好读兵书，兼精占候。年十五，值周、齐战于芒山，万岁时从父入军，旗鼓正相望，万岁令左右趣治装急去。俄而周师大败，其父由是奇之。武帝时，释褐侍伯上士。及平齐之役，其父战没，万岁以忠臣子拜开府仪同三司，袭爵太平县公。

尉迥之乱也，万岁从梁士彦击之。军次冯翊，见群雁飞来，万岁谓士彦曰："请射行中第三者。"既射之，应弦而落，三军莫不悦服。及与迥军相遇，每战先登。邺城之阵，官军稍却，万岁谓左右曰："事急矣，吾当破之。"于是驰马奋击，杀数十人，众亦齐力，官军乃振。及迥平，以功拜上大将军。

尔朱勣以谋反伏诛，万岁颇相关涉，坐除名，配敦煌为戍卒。其戍主甚骁武，每单骑深入突厥中，掠取羊马，辄大克获。突厥无众寡莫之敢当。其人深自矜负，数骂辱万岁。万岁患之，自言亦有武用。戍主试令驰射而工，戍主笑曰："小人定可。"万岁请弓马，复掠突厥中，大得六畜而归。戍主始善之，每与同行，辄入突厥数百里，名慑北夷。窦荣定之击突厥也，万岁诣辕门请自效。荣定数闻其名，见而大悦。因遣人谓突厥曰："士卒何罪过，令杀之，但当各遣一壮士决胜负耳。"突厥许诺，因遣一骑挑战。荣定遣万岁出应之，万岁驰斩其首而还。突厥大惊，不敢复战，遂引军而去。由是拜上仪同，领车骑将军。平陈之役，又以功加上开府。

及高智慧等作乱江南，以行军总管从杨素击之。万岁率众二千，自东阳别道而进，逾岭越海，攻陷溪洞不可胜数。前后七百余战，转斗千余里，寂无声问者十旬，远近皆以万岁为没。万岁以水陆阻绝，信使不通，乃置书竹筒中，浮之于水。汲者得之，以言于素。素大悦，上其事。高祖嗟叹，赐其家钱十万，还拜左领军将军。先是，南宁夷爨翫来降，拜昆州刺史，既而复叛。遂以万岁为行军总管，率众击之。入自蜻蛉川，经弄栋，次小勃弄、大勃弄，至于南中。贼前后屯据要害，万岁皆击破之。行数百里，见诸葛亮纪功碑，铭其背曰："万岁之后，胜我者过此。"万岁令左右倒其碑而进。渡西二河，入渠滥川，行千余里，破其三十余部，虏获男女二万余口。诸夷大惧，遣使请降，献明珠径寸。于是勒石颂美隋德。万岁遣使驰奏，请将翫入朝，诏许之。翫阴有二心，不欲诣阙，因赂万岁以金宝，万岁于是舍翫而还。蜀王时在益州，知其受赂，遣使将索之。万岁闻之悉以所得金宝沉之于江，索无所获。以功进位柱国。晋王广虚衿敬之，待以交友之礼。上知为所善，令万岁督晋府军事。明年，翫复反，蜀王秀奏万岁受赂纵贼，致生边患，无大臣节。上令穷治其事，事皆验，罪当死。上数之曰："受金放贼，重劳士马。朕念将士暴露，寝不安席，食不甘味，卿岂社稷臣也？"万岁曰："臣留爨翫者，恐其州有变，留以镇抚。臣还至泸水，诏书方到，由是不将入朝，实不受赂。"上以万岁心有欺隐，大怒曰："朕以卿为好人，何乃官高禄重，翻为国贼也？"顾有司曰："明日将斩之。"万岁惧而服罪，顿首请命。左仆射高颎、左卫大将军元旻等进曰："史万岁雄略过人，每行兵用师之处，未尝不身先士卒，尤善抚御，将士乐为致力，虽古名将未能过也。"上意少解，于是除名为民。岁余，复官爵。寻拜河州刺史，复领行军总管以备胡。

开皇末，突厥达头可汗犯塞，上令晋王广及杨素出灵武道，汉王谅与万岁出马邑道。万岁率柱国张定和、大将军李药王、杨义臣等出塞，至大斤山，与虏相遇。达头遣使问曰："隋将为谁？"候骑报："史万岁也。"突厥复问曰："得非敦煌戍卒乎？"候骑曰："是也。"达头闻之，惧而引去。万岁驰追百余里乃及，击大破之，斩数千级，逐北入碛数百里，虏遁逃而还。杨素害其功，因谮万岁云："突厥本降，初不为寇，来于塞上畜牧耳。"遂寝其功。万岁数抗表陈状，上未之悟。会上从仁寿宫初还京师，废皇太子，穷东宫党与。上问万岁所在，万岁实在朝堂，杨素见上方怒，因曰："万岁谒东宫矣。"以激怒上。上谓为信然，令召万岁，时所将士卒在朝称冤者数百人，万岁谓之曰："吾今日为汝极言于上，事当决矣。"既见上，言将士有功，为朝廷所抑，词气愤厉，忤于上。上大怒，令左右摞杀之。既而悔，追之不及，因下诏罪万岁曰："柱国、太平公万岁，拔擢委任，每总戎机。往以南宁逆乱，令其出讨。而昆州刺史爨翫包藏逆心，为民兴患。朕备有成敕，令将入朝。万岁扔多受金银，违敕令住，致爨翫寻为反逆，更劳师旅，方始平定。所司检校，罪合极刑，舍过念功，恕其性命，年月未久，即复本官。近复总戎，进讨蕃裔。突厥达头可汗领其凶众，欲相拒抗，既见军威，便即奔退，兵不血刃，贼徒瓦解。如此称捷，国家盛事，朕欲成其勋庸，复加褒赏。而万岁、定和通簿之日，乃怀奸诈，妄称逆面交兵，不以实陈，怀反覆之方，弄国家之法。若竭诚立节，心无虚罔者，乃为良将，至如万岁，怀诈要功，便是国贼，朝宪难亏，不可再舍。"死之日，天下士庶闻者，识与不识，莫不冤惜。

万岁为将，不治营伍，令士卒各随所安，无警夜之备，虏亦不敢犯。临阵对敌，应变无方，号为良将。有子怀义。

刘方　冯昱　王㧑　李充　杨武通　陈永贵　房兆

刘方，京兆长安人也。性刚决，有胆气。仕周承御上士，寻以战功拜上仪同。高祖为丞相，方从韦孝宽破尉迥于相州，以功加开府，赐爵河阴县侯，邑八百户。高祖受禅，进爵为公。开皇三年，从卫王爽破突厥于白道，进位大将军。其后历甘、瓜二州刺史，尚未知名。仁寿中，会交州俚人李佛子作乱，据越王故城，遣其兄子大权据龙编城，其别帅李普鼎据乌延城。左仆射杨素言方有将帅之略，上于是诏方为交州道行军总管，以度支侍郎敬德亮为长史，统二十七营而进。方法令严肃，军容齐整，有犯禁者，造次斩之。然仁而爱士，有疾病者，亲自抚养。长史敬德亮从军至尹州，疾甚，不能进，留之州馆。分别之际，方哀其危笃，流涕鸣咽，感动行路。其有威惠如此，论者称为良将。至都隆岭，遇贼二千余人来犯官军，方遣营主宋纂、何贵、严愿等击破之。进兵临佛子，先令人谕以祸福，佛子惧而降，送于京师。其有桀黠者，恐于后为乱，皆斩之。

寻授驩州道行军总管，以尚书右丞李纲为司马，经略林邑。方遣钦州刺史宁长真、驩州刺史李晕、上开府秦雄以步骑出越常，方亲率大将军张愻、司马李纲舟师趣比景。高祖崩，炀帝即位，大业元年正月，军至海口。林邑王梵志遣兵守险，方击走之。师次阇黎江，贼据南岸立栅，方盛陈旗帜，击金鼓，贼惧而溃。既渡江，行三十里，贼乘巨象，四面而至。方以弩射象，象中创，却蹂其阵，王师力战，贼奔于栅，因攻破之，俘馘万计。于是济区粟，度六里，前后逢贼，每战必擒。进至大缘江，贼据险为栅，又击破之。迳马援铜柱，南行八日，至其国都。林邑王梵志弃城奔海，获其庙主金人，污其宫室，刻石纪功而还。士卒脚肿，死者十四五。方在道遇患而卒，帝甚伤惜之，乃下诏曰："方肃承庙略，恭行天讨，饮冰湎迈，视险若夷。摧锋直指，出其不意，鲸鲵尽殪，巢穴咸倾，役不再劳，肃清海外。致身王事，诚绩可嘉，可赠上柱国、卢国公。"子通仁嗣。

开皇时，有冯昱、王㧑、李充、杨武通、陈永贵、房兆，俱为边将，名显当时。昱、㧑，并不知何许人也。昱多权略，有武艺。高祖初为丞相，以行军总管与王谊、李威等讨叛蛮，平之，拜柱国。开皇初，又以行军总管屯乙弗泊以备胡。突厥数万骑来掩之，昱力战累日，众寡不敌，竟为虏所败，亡失数千人，杀虏亦过当。其后备边数年，每战常大克捷。㧑骁勇善射，高祖以其有将帅才，每以行军总管屯兵江北，御陈寇。数有战功，为陈人所惮。伐陈之役，及高智慧反，攻讨皆有殊绩。官至柱国、白水郡公。充，陇西成纪人也。少慷慨，有英略。开皇中，频以行军总管击突厥有功，官至上柱国、武阳郡公，拜朔州总管，甚有威名，为虏所惮。后有人潜其谋反，征还京师，上遣怒之。充性素刚，遂忧愤而卒。武通，弘农华阴人，性果烈，善驰射。数以行军总管讨西南夷，每有功，封白水郡公，拜左武卫大将军。时党项羌屡为边患，朝廷以其有威名，历岷、兰二州总管以镇之。后与周法尚讨嘉州叛獠，法尚军初不利，武通率数千人，为贼断其归路。武通于是束马悬车，出贼不意，频战破之。贼知其孤军无援，倾部落而至。武通转斗数百里，为贼所拒，四面路绝。武通轻骑接战，坠马，为贼所执，杀而啖之。永贵，陇右胡人也，本姓白氏，以勇烈知名。高祖甚亲爱之，数以行军总管镇边，每战必单骑陷阵。官至柱国、兰利二州总管，封北陈郡公。兆，代人也，本姓屋引氏，刚毅有武略。频为行军总管击胡，以功官至柱国、徐州总管。并史失其事。

史臣曰：长儒等结发从戎，俱有骁雄之略；总统师旅，各擅御侮之功。长儒以步卒二千抗十万之虏，师歼矢尽，勇气弥厉，壮哉！子干西涉青海，北临玄塞，胡夷慑惮，烽候无警，亦有可称。万岁实怀智勇，善抚士卒，人皆乐死，师不疲劳。北却匈奴，南平夷、獠，兵锋所指，威惊绝域。论功杖气，犯忤贵臣，偏听生奸，死非其罪，人皆痛惜，有李广之风焉。刘方号令无私，治军严肃，克剪林邑，遂清南海，徼外百蛮，无思不服。凡此诸将，志烈过人，出当推毂之重，入受爪牙之寄，虽马伏波之威行南裔，赵充国之声动西羌，语事论功，各一时也。

卷五十四　　列传第十九

王长述

王长述，京兆霸城人也。祖罴，魏太尉。父庆远，周淮州刺史。长述幼有仪范，年八岁，周太祖见而异之，曰："王公有此孙，足为不朽。"解褐员外散骑侍郎，封长安县伯。累迁抚军将军、银青光禄大夫、太子舍人。长述早孤，少为祖罴所养，及罴薨，居丧过礼，有诏褒异之。免丧，袭封扶风郡公，邑三千户。除中书舍人，修起居注，改封龙门郡公。从于谨平江陵有功，增邑五百户。周受禅，又增邑通前四千七百户。拜宾部大夫。出为晋州刺史，转玉壁总管长史。寻授司宪大夫，出拜广州刺史。甚有威惠，吏人怀之，在任数年，蛮夷归之者三万余户。朝议嘉之，就拜大将军。后历襄、仁二州总管，并有能名。及高祖为丞相，授信州总管，部内夷、獠犹有未宾，长述讨平之，进位上大将军。王谦作乱益州，遣使致书于长述，因执其使，上其书，又陈取谦之策。上大悦，前后赐黄金五百两，

授行军总管，率众讨谦。以功进位柱国。开皇初，复献平陈之计，修营战舰，为上流之师。上善其能，频加赏劳，下书曰："每览高策，深相嘉叹，命将之日，当以公为元帅也。"后数岁，以行军总管击南宁，未至，道病卒。上甚伤惜之，令使者吊祭，赠上柱国、冀州刺史，谥曰庄。子谟嗣。谟弟轨，大业末，东郡通守。少子文楷，起部郎。

李衍

李衍，字拔豆，辽东襄平人也。父弼，周太师。衍少专武艺，慷慨有志略。周太祖时，释褐千牛备身，封怀仁县公。加开府，改封普宁县公，迁义州刺史。寻从韦孝宽镇玉壁城，数与贼战，敌人惮之。及平齐，以军功进授大将军，改封真乡郡公，拜左宫伯，赐杂彩三百匹，奴婢二十口，赐子仲威爵浮阳郡公。后历定、郦二州刺史。及王谦作乱，高祖以衍为行军总管，从梁睿击平之。进位上大将军，赐缣二千匹。开皇元年，又以行军总管讨叛蛮，平之。进位柱国，赐帛二千匹。寻检校利州总管事。明年，突厥犯塞，以行军总管率众讨之，不见虏而还。转介州刺史。后数年，朝廷将有事江南，诏衍于襄州道营战船。及大举伐陈，授行军总管，从秦王俊出襄阳道，以功赐帛三千匹，米六百石。拜安州总管，颇有惠政，岁余，以疾还京师，卒于家，时年五十七。子仲威嗣。

衍弟子长雅，尚高祖女襄国公主，袭父纶爵，为河阳郡公。开皇初，拜将军、散骑常侍，历内史侍郎、河州刺史、检校秦州总管。

衍从孙密，别有传。

伊娄谦

伊娄谦，字彦恭，本鲜卑人也。其先代为酋长，随魏南迁。祖信，中部太守。父灵，相、隆二州刺史。谦性忠直，善辞令。仕魏为直阁将军。周受禅，累迁宣纳上士，使持节、车骑大将军。武帝将伐齐，引入内殿，从容谓曰："朕将有事戎马，何者为先？"谦对曰："愚臣诚不足以知大事，但伪齐僭擅，跋扈不恭，沈溺倡优，耽昏曲糵。其折冲之将斛律明月已毙，逸人之口，上下离心，道路仄目。若命六师，臣之愿也。"帝大笑，因使谦与小司寇拓拔伟聘齐观衅。帝寻发兵。齐主知之，令其仆射阳休之责谦曰："贵朝盛夏征兵，马首何向？"谦答曰："仆凭式之始，未闻兴师。设复西增白帝之城，东益巴丘之戍，人情恒理，岂足怪哉！"谦参军高遵以情输于齐，遂拘留谦不遣。帝克并州，召谦劳之曰："朕之举兵，本俟卿还；不图高遵中为叛逆，乖朕宿心，遵之罪也。"乃执遵付谦，任令报复。谦顿首请赦之，帝曰："卿可聚众唾面，令知愧也。"谦跪曰："以遵之罪，又非唾面之责。"帝善其言而止。谦竟待遵如初。其宽厚仁恕，皆此类也。寻赐爵济阳县伯，累迁前驱中大夫。大象中，进爵为侯，加位开府。高祖作相，授亳州总管，俄征还京。既平王谦，谦耻与逆人同名，因尔称字。高祖受禅，以彦恭为左武候将军，俄拜大将军，

进爵为公。数年，出为泽州刺史，清约自处，甚得人和。以疾去职，吏人攀恋，行数百里不绝。数岁，卒于家，时年七十。子杰嗣。

田仁恭

田仁恭，字长贵，平凉长城人也。父弘，周大司空。仁恭性宽仁，有局度。在周以明经为掌式中士。后以父军功赐爵鹑阴子。大冢宰宇文护引为中外兵曹。后数载，复以父功拜开府仪同三司，迁中外府掾。从护征伐，数有战功，改封襄武县公，邑五百户。从武帝平齐，加授上开府，进封浙阳郡公，增邑二千户，拜幽州总管。宣帝时，进爵雁门郡公。高祖为丞相，征拜小司马，进位大将军。从韦孝宽破尉迟迥于相州，拜柱国。高祖受禅，进上柱国，拜太子太师，甚见亲重，尝幸其第，宴饮极欢，礼赐殊厚。奉诏营庙社，进爵观国公，增邑通前五千户。未几，拜右武卫大将军。岁余，卒官，时年四十七。赠司空，谥曰敬。子世师嗣。次子德懋，在《孝义传》。

时有任城郡公王景、鲜虞县公谢庆恩，并官至上柱国。大义公辛遵及其弟韶，并官至柱国。高祖以其俱佐命功臣，特加崇贵，亲礼与仁恭等。事皆亡失云。

元亨

元亨，字德良，一名孝才，河南洛阳人也。父季海，魏司徒、冯翊王，遇周、齐分隔，季海遂仕长安。亨时年数岁，与母李氏在洛阳。齐神武帝以亨父在关西，禁锢之。其母则魏司空李冲之女也，素有智谋，遂诈称冻馁，请就食于荥阳。齐人以其去关西尚远，老妇弱子，不以为疑，遂许之。李氏阴托大豪李长寿，携亨及孤侄八人，潜行草间，得至长安。周太祖见而大悦，以亨功臣子，甚优礼之。亨年十二，魏恭帝在储宫，引为交友。释褐千牛备身。大统末，袭爵冯翊王，邑千户。授拜之日，悲恸不能自胜。俄迁通直散骑常侍，历武卫军、勋州刺史，改封平凉王。周闵帝受禅，例降为公。明、武时，历陇州刺史、御正大夫、小司马。宣帝时，为洛州刺史。高祖为丞相，遇尉迟迥作乱，洛阳人梁康、邢流水等举兵应迥。旬日之间，众至万余。州治中王文舒潜与梁康相结，将图亨。亨阴知其谋，乃选关中兵，得二千人为左右，执文舒斩之，以兵袭击梁康、邢流水，皆破之。高祖受禅，征拜太常卿，增邑七百户。寻出为卫州刺史，加大将军。卫土俗薄，亨以威严镇之，在职八年，风化大洽。后以老病，表乞骸骨，吏人诣阙上表，请留卧治。上嗟叹者久之。其年，亨以笃疾，重请还京，上令使者致医药，问动静，相望于道。岁余，卒于家，时年六十九。谥曰宣。

杜整

杜整，字皇育，京兆杜陵人也。祖盛，魏直阁将军、颍川太守。父辟，渭州刺史。整少有风概，九岁丁父忧，

哀毁骨立，事母以孝闻。及长，骁勇有膂力，好读孙、吴《兵法》。魏大统末，袭爵武乡侯。周太祖引为亲信。后事宇文护子中山公训，甚被亲遇。俄授都督。明帝时，为内侍上士，累迁仪同三司，拜武州刺史。从武帝平齐，加上仪同，进爵平原县公，邑千户，入为勋曹中大夫。高祖为丞相，进位开府。及受禅，加上开府，进封长广郡公，俄拜左武卫将军。在职数年，以母忧去职，起令视事。开皇六年，突厥犯塞，诏遣卫王爽总戎北伐，以整为行军总管兼元帅长史。至合川，无虏而还。整密进取陈之策，上善之，于是以行军总管镇襄阳。寻病卒，时年五十五。高祖闻而伤之，赠帛四百匹，米四百石，谥曰襄。子楷嗣。官至开府。

整弟肃，亦少有志行。开皇初，为通直散骑常侍、北地太守。

李彻

李彻，字广达，朔方岩绿人也。父和，开皇初为柱国。彻性刚毅，有器干，伟容仪，多武艺。大冢宰宇文护引为亲信，寻授殿中司马，累迁奉车都尉。护以彻谨厚有才具，甚礼之。护子中山公训为蒲州刺史，护令彻以本官从焉。未几，拜车骑大将军、仪同三司。武帝时，从皇太子西征吐谷浑，以功赐爵同昌县男，邑三百户。后从帝拔晋州。及帝班师，彻与齐王宪屯鸡栖原。齐主高纬以大军至，宪引兵西上，以避其锋。纬遣其骁将贺兰豹子率劲骑蹑宪，战于晋州城北。宪师败，彻与杨素、宇文庆等力战，宪军赖以获全。复从帝破齐师于汾北，乘胜下高壁，拔晋阳，擒高湝于冀州，俱有力焉。录前后功，加开府，别封蔡阳县公，邑千户。宣帝即位，从韦孝宽略定淮南，每为先锋。及淮南平，即授淮州刺史，安集新附，甚得其欢心。高祖受禅，加上开府，转云州刺史。岁余，征为左武卫将军。及晋王广之镇并州也，朝廷妙选正人有文武才干者，为之僚佐。上以彻前代旧臣，数持军旅，诏彻总晋王府军事，进爵齐安郡公。时蜀王秀亦镇益州，上谓侍臣曰："安得文同王子相，武如李广达者乎？"其见重如此。

明年，突厥沙钵略可汗犯塞，上令卫王爽为元帅，率众击之，以彻为长史。遇虏于白道，行军总管李充言于爽曰："周、齐之世，有同战国，中夏力分，其来久矣。突厥每侵边，诸将辄以全军为计，莫能死战。由是突厥胜多败少，所以每轻中国之师。今者沙钵略悉国内之众，屯据要险，必轻我而无备，精兵袭之，可破也。"爽从之。诸将多以为疑，唯彻奖成其计，请与同行。遂与充率精骑五千，出其不意，掩击大破之。沙钵略弃所服金甲，潜草中而遁。以功加上大将军。沙钵略因此屈膝称藩。未几，沙钵略为阿拔所侵，上疏请援。以彻为行军总管，率精骑一万赴之。阿拔闻而遁去。及军还，复领行军总管，屯平凉以备胡寇，封安道郡公。开皇十年，进位柱国。及晋王广转牧淮海，以彻为扬州总管司马，改封德广郡公。寻徙封城阳郡公。其后突厥犯塞，彻复领行军总管击破之。

左仆射高颎之得罪也，以彻素与颎相善，因被疏忌，

不复任使。后出怨言，上闻而召之，入卧内赐宴，言及平生，因遇鸩而卒。大业中，其妻宇文氏为孽子安远诬以咒诅，伏诛。

崔彭

崔彭，字子彭，博陵安平人也。祖楷，魏殷州刺史。父谦，周荆州总管。彭少孤，事母以孝闻。性刚毅，有武略，工骑射。善《周官》、《尚书》，略通大义。周武帝时，为侍伯上士，累转门正上士。及高祖为丞相，周陈王纯镇齐州，高祖恐纯为变，遣彭以两骑征纯入朝。彭未至齐州三十里，因诈病，止传舍，遣人谓纯曰："天子有诏书至王所，彭苦疾，不能强步，愿王降临之。"纯疑有变，多将从骑至彭所。彭出传舍迎之，察纯有疑色，恐不就征，因诈纯曰："王可避人，将密有所道。"纯麾从骑，彭又曰："将宣诏，王可下马。"纯遽下，彭顾其骑士曰："陈王不从诏征，可执也。"骑士因执而锁之。彭乃大言曰："陈王有罪，诏征入朝，左右不得辄动。"其从者愕然而去。高祖见而大悦，拜上仪同。及践阼，迁监门郎将，兼领右卫长史，赐爵安阳县男。数岁，转车骑将军，俄转骠骑，恒典宿卫。性谨密，在省闼二十余年，每当上在仗，危坐终日，未尝有惰之容，上甚嘉之。上每谓彭曰："卿当上日，我寝处自安。"又尝曰："卿弓马固以绝人，颇知学不？"彭曰："臣少爱《周礼》、《尚书》，每于休沐之暇，不敢废也。"上曰："试为我言之。"彭因说君臣戒慎之义，上称善。观者以为知言。后加上开府，迁备身将军。

上尝宴达头可汗使者于武德殿，有鸢鸣于梁上。上命彭射之，既发而中。上大悦，赐钱一万。及使者反，可汗复遣使于上曰："请得崔将军一与相见。"上曰："此必善射闻于房庭，所以来请耳。"遂遣之。及至匈奴中，可汗召善射者数十人，因掷肉于野，以集飞鸢，遣其善射者射之，多不中。复请彭射之，彭连发数矢，皆应弦而落，突厥相顾，莫不叹服。可汗留彭不遣百余日，上赂以缯彩，然后得归。仁寿末，进爵安阳县公，邑二千户。

炀帝即位，迁左领军大将军。从幸洛阳，彭督后军。时汉王谅初平，余党往往屯聚，令彭率众数万镇遏山东，复领慈州事。帝以其清，赐绢五百匹。未几而卒，时年六十三。帝遣使吊祭，赠大将军，谥曰肃。子宝德嗣。

史臣曰：王长述等，或出总方岳，或入司禁旅，咸著声绩，以功名终，有以取之也。伊娄谦志量弘远，不念旧恶，请赦高遵之罪，有国士之风焉。崔彭巡警岩廊，毅然难犯，御侮之寄，有足称乎！

卷五十五　　列传第二十

杜彦

杜彦，云中人也。父迁，属葛荣之乱，徙家于幽。彦性勇果，善骑射。仕周，释褐左侍上士，后从柱国陆通击陈将吴明彻于土州，破之。又击叛蛮，克仓埠、白杨二栅，并斩其渠帅。进平鄩州贼帅樊志，以战功拜大都督。寻迁仪同，治隆山郡事。明年，拜陇州刺史，赐爵永安县伯。高祖为丞相，从韦孝宽击尉迥于相州，每战有功，赐物三千段，奴婢三十口。进位上开府，改封襄武县侯，拜魏郡太守。开皇初，授丹州刺史，进爵为公。后六岁，征为左武卫将军。平陈之役，以行军总管与新义公韩擒相继而进。军至南陵，贼屯据江岸，彦遣仪同樊子盖率精兵击破其栅，获船六百余艘。渡江，击南陵城，拔之，擒其守将许翼。进至新林，与擒合军。及陈平，赐物五千段，粟六千石，进位柱国，赐子宝安爵昌阳县公。高智慧等之作乱也，复以行军总管从杨素讨之，别解江州围。智慧余党往往屯聚，保投溪洞，彦水陆兼进，攻锦山、阳父、若、石壁四洞，悉平之，皆斩其渠帅。贼李陁拥众数千，据彭山，彦袭击破之，斩陁，传其首。又击徐州、宜丰二洞，悉平之。赐奴婢百余口。拜洪州总管，甚有治名。

岁余，云州总管贺娄子干卒，上悼惜者久之，因谓侍臣曰："榆林国之重镇，安得子干之辈乎？"后数日，上曰："吾思可以镇榆林者，莫过杜彦。"于是征拜云州总管。突厥来寇，彦辄擒斩之，北夷畏惮，胡马不敢至塞。后数年，朝廷复追录前功，赐子宝虔爵承县公。十八年，辽东之役，以行军总管从汉王至营州。上以彦晓习军旅，令总统五十营事。及还，拜朔州总管。突厥复寇云州，上令杨素击走之，是后犹恐为边患，以彦素为突厥所惮，复拜云州总管。未几，以疾征还，卒，时年六十。子宝虔，大业末，文城郡丞。

高劢

高劢，字敬德，渤海蓨人也，齐太尉、清河王岳之子也。幼聪敏，美风仪，以仁孝闻，为齐显祖所爱。年七岁，袭爵清河王。十四为青州刺史，历右卫将军、领军大将军、祠部尚书、开府仪同三司，改封乐安王。性刚直，有才干，甚为时人所重。斛律明月雅敬之，每有征伐，则引之为副。迁侍中、尚书右仆射。及后主为周师所败，劢奉太后归邺。时宦官放纵，仪同苟子溢尤称宠幸，劢将斩之以徇。太后救之，乃释。刘文殊窃谓劢曰："子溢之徒，言成祸福，何得如此！"劢攘袂曰："今者西寇日侵，朝贵多叛，正由此辈弄权，致使衣冠解体。若得今日杀之，明日受诛，无所恨也。"文殊甚愧。既至邺，劢劝后主："五品已上家累，悉置三台之上，因胁之曰：'若战不捷，则烧之。'此辈惜妻子，必当死战，可败也。"后主不从，遂弃邺东遁。劢恒后殿，为周军所得。武帝见之，与语，大悦，因问齐亡所由。劢发言流涕，悲不自胜，帝亦为之改容。授开府仪同三司。

高祖为丞相，谓劢曰："齐所以亡者，由任邪佞。公父子忠良，闻于邻境，宜善自爱。"劢再拜谢曰："劢亡齐末属，世荷恩荣，不能扶危定倾，以致沦覆。既蒙获宥，恩幸已多，况复滥叨名位，致速官谤。"高祖甚器之，以劢检校扬州事。后拜楚州刺史，民安之。先是，城北有伍子胥庙，其俗敬鬼。祈祷者必以牛酒，至破产业。劢叹曰："子胥贤者，岂宜损百姓乎？"乃告谕所部，自此遂止，百姓赖之。

七年，转光州刺史，上取陈五策，又上表曰："臣闻夷凶翦暴，王者之懋功；取乱侮亡，往贤之雅诰。是以苗民逆命，爰兴两阶之舞；有扈不宾，终召六师之伐。皆所以宁一宇内，匡济群生者也。自昔晋氏失驭，天network 绝维，群凶为乱猬起，三方因而鼎立。陈氏乘其际运，拔起细微，蒨顼纵其长蛇，窃据吴会。叔宝肆其昏虐，毒被江陵。数年已来，荒悖滋甚。牝鸡司旦，昵近奸回，尚方役徒，积骸千数，疆场防守，长戍三年。或微行暴露，沉湎王侯之宅；或奔驰骏骑，颠坠康衢之首。有功不赏，无辜获戮，烽燧日警，未以为虞，耽淫靡嫚，不知纪极。天厌乱德，妖实人兴，或空里时有大声，或行路共传鬼怪，或刳人肝以祠天狗，或自舍身以厌妖讹。民神怨愤，灾异荐发，天时人事，昭然可知。臣以庸才，猥蒙朝寄，频历藩任，与其邻接，密迩仇雠，知其动静，天讨有罪，此即其时。若戎车雷动，戈船电迈，臣难驽怯，请效鹰犬。"高祖览表嘉之，答以优诏。及大举伐陈，以劢为行军总管，从宜阳公王世积下陈江州。以功拜上开府，赐物三千段。

陇右诸羌数为寇乱，朝廷以劢有威名，拜洮州刺史。下车大崇威惠，民夷悦附，其山谷间生羌相率诣府称谒，前后至者，数千余户。豪猾屏迹，路不拾遗，在职数年，称为治理。后遇吐谷浑来寇，劢遇疾不能拒战，贼遂大掠而去。宪司奏劢亡失户口，又言受羌馈遗，竟坐免官。后卒于家，时年五十六。子士廉，最知名。

尔朱敞

尔朱敞，字乾罗，秀容契胡人，尔朱荣之族子也。父彦伯，官至司徒、博陵王。齐神武帝韩陵之捷，尽诛尔朱氏，敞小，随母养于宫中。及年十二，自窦而走，至于大街，见童儿群戏者，敞解所著绮罗金翠之服，易衣而遁。追骑寻至，初不识敞，便执绮衣儿。比究问知非，会日已暮，由是得免。遂入一村，见长孙氏媪踞胡床而坐。敞再拜求哀，长孙氏愍之，藏于复壁。三年，购之愈急，迹且至，长孙氏曰："事急矣，不可久留。"资而遣之。遂诈为道士，变姓名，隐嵩山，略涉经史。数年之间，人颇异之。尝独坐岩石之下，泫然而叹曰："吾岂终于此乎？伍子胥独何人也！"于是间行微服，西归于周。太祖见而礼之，拜大都督、行台郎中，封灵寿县伯，邑千五百户。迁通直散骑常侍，转车骑大将军、仪同三司，进爵为侯。保定中，迁使持节、骠骑大将军、开府仪同三司。天和中，增邑五百户，历信、临、熊、潼四州刺史，进爵为公。武帝东征，上表求从，许之。攻城陷阵，所当皆破，进位上开府。除南光州刺史，入为护军大将军。岁余，转胶州刺史。于是迎长孙氏及弟置于家，厚赀给之。高祖受禅，改封边城郡公。黔安蛮叛，命敞讨平之。师旋，拜金州总管。寻转徐州总管。在职数年，号为明肃，民吏惧之。后以年老，上表乞骸骨，赐二马轺车，归于河内，卒于家，时年七十二。子最嗣。

周摇

周摇，字世安，其先与后魏同源，初为普乃氏，及居洛阳，改为周氏。曾祖拔拔，祖右肱，俱为北平王。父恕延，历行台仆射、南荆州总管。摇少刚果，有武艺，性谨厚，动遵法度。仕魏，官至开府仪同三司。周闵帝受禅，赐姓车非氏，封金水郡公。历凤、楚二州刺史，吏民安之。从帝平齐，每战有功，超授柱国，进封夔国公。未几，拜晋州总管。时高祖为定州总管，文献皇后自京师诣高祖，路经摇所，主礼甚薄。既而白后曰："公廨甚富于财，限法不敢辄费。又王臣无得效私。"其质直如此。高祖以其奉法，每嘉之。及为丞相，徙封济北郡公，寻拜豫州总管。高祖受禅，复姓周氏。开皇初，突厥寇边，燕、蓟多被其患，前总管李崇为虏所杀，上思所以镇之，临朝曰："无以加周摇也。"拜为幽州总管六州五十镇诸军事。摇修鄣塞，谨斥候，边民以安。后六载，徙为寿州。初，自以年老，乞骸骨，上召之。既引见，上劳之曰："公积行累仁，历仕三代，克终富贵，保兹遐寿，良足善也。"赐坐褥，归于第。岁余，终于家，谥曰恭，时年八十四。

独孤楷

独孤楷，字修则，不知何许人也，本姓李氏。父屯，从齐神武帝与周师战于沙苑，齐师败绩，因为柱国独孤信所擒，配为士伍，给使信家，渐得亲近，因赐姓独孤氏。楷少谨厚，便弄马槊，为宇文护执刀，累转车骑将军。其后数从征伐，赐爵广阿县公，邑千户，拜右侍下大夫。周末，从韦孝宽平淮南，以功赐子景云爵西阿县公。高祖为丞相，进授开府，每督亲信兵。及受禅，拜右监门将军，进封汝阳郡公。数岁，迁右卫将军。仁寿初，出为原州总管。时蜀王秀镇益州，上征之，犹豫未发。朝廷恐秀生变，拜楷益州总管，驰传代之。秀果有异志，楷讽谕久之，乃就路。楷察秀有悔色，因勒兵为备。秀至兴乐，去益州四十余里，将反袭楷，密令左右觇所为，知楷不可犯而止。楷在益州，甚有惠政，蜀中父老于今称之。炀帝即位，转并州总管。遇疾丧明，上表乞骸骨。帝曰："公先朝旧臣，历职二代，高风素望，卧以镇之，无劳躬亲簿领也。"遣其长子凌云监省郡事。其见重如此。数载，转长平太守，未视事而卒。谥曰恭。子凌云、平云、彦云，皆知名。楷弟盛，见《诚节传》。

乞伏慧

乞伏慧，字令和，马邑鲜卑人也。祖周，魏银青光禄大夫，父纂，金紫光禄大夫，并为第一领民酋长。慧少慷慨有大节，便弓马，好鹰犬。齐文襄帝时，为行台左丞，加荡寇将军，累迁右卫将军、太仆卿，自永宁县公封宜民郡王。其兄贵和又以军功为王，一门二王，称为贵显。周武平齐，授使持节、开府仪同大将军，拜伎飞右旅下大夫，转熊渠中大夫。高祖为丞相，从韦孝宽击尉惇于武陟，所当皆破，授大将军，赐物八百段。及平尉迥，进位柱国，赐爵西河郡公，邑三千户，赍物二千三百段。请以官爵让兄，朝廷不许，论者义之。高祖受禅，拜曹州刺史。曹土旧俗，民多奸隐，户口簿帐，恒不以实。慧下车按察，得户数万。迁凉州总管。先是，突厥屡为寇抄，慧于是严警烽燧，远为斥候，虏亦素惮其名，竟不入境。岁余，转齐州刺史，得隐户数千。迁寿州总管。其年，左转杞州刺史，在职数年，迁徐州总管。时年逾七十，上表求致仕，不许。俄转荆州总管，又领潭、桂二州总管三十一州诸军事。其俗轻剽，慧躬行朴素以矫之，风化大洽。曾见人以篝捕鱼者，出绢买而放之，其仁心如此。百姓美之，号其处曰西河公篝。转秦州总管。炀帝即位，为天水太守。大业五年，征吐谷浑，郡滨西境，民苦劳役，又遇帝西巡，坐为道不整，献食疏薄，帝大怒，命左右斩之。见其无发，乃释，除名为民。卒于家。

张威

张威，不知何许人也。父琛，魏弘农太守。威少倜傥有大志，善骑射，膂力过人。在周，数从征伐，位至柱国、京兆尹，封长寿县公，邑千户。王谦作乱，高祖以威为行军总管，从元帅梁睿击之。军次通谷，谦守将李三王拥劲兵拒守，睿以威为先锋。三王初闭垒不战，威令人詈侮以激怒之，三王果出阵。威令壮士奋击，三王军溃，大兵继至，于是擒斩四千余人。进至开远，谦将赵俨众十万，连营三十里。威凿山通道，自西岭攻其背，俨遂败走。追至成都，与谦大战，威将中军。及谦平，进位上柱国，拜泸州总管。高祖受禅，历幽、洛二州总管，改封晋熙郡公。寻拜河北道行台仆射，后督晋王军府事。数年，拜青州总管，赐钱八十万，米五百石，杂彩三百段。威在青州，颇治产业，遣家奴于民间鬻芦菔根，其奴candies侵扰百姓。上深加谴责，坐废于家。后从上祠太山，至洛阳，上谓威曰："自朕之有天下，每委公以重镇，可谓推赤心矣。何乃不修名行，唯利是视？岂直孤负朕心，亦且累卿名德。"因问威曰："公所执笏今安在？"威顿首曰："臣负罪亏宪，无颜复执，谨藏于家。"上曰："可持来。"威明日奉笏以见，上曰："公虽不遵法度，功效实多，朕不忘之。今还公笏。"于是复拜洛州刺史，后封睆城郡公。寻转相州刺史，卒官。有子植，大业中，至武贲郎将。

和洪

和洪，汝南人也。少有武力，勇烈过人。周武帝时，数从征伐，以战功累迁车骑大将军、仪同三司。时龙州蛮任公忻、李国立等聚众为乱，刺史独孤义不能御。朝议以洪有武略，代善为刺史。月余，擒公忻、国立，皆斩首枭之，余党悉平。从帝攻河阴，洪力战，陷其西门。帝壮之，赏物千段。复从帝平齐，进位上仪同，赐爵北平侯，邑八百户，拜为勋曹下大夫。柱国王轨之擒吴明彻也，洪有功焉，加位开府，迁折冲中大夫。尉迥作乱相州，以洪为行军总管，从韦孝宽击之。军至河阳，迥遣兵围怀州，洪与总管宇文述等击走之。又破尉惇于武陟。及平相州，每战有功，拜柱国，封广武郡公，邑二千户。前后赐物万段，奴婢五十口，金银各百挺，牛马百匹。时东夏初平，物情尚梗，高祖以洪有威名，令领冀州事，甚得人和。数岁，征入朝，为漕渠总管监，转拜泗州刺史。属突厥寇边，诏洪为北道行军总管，击走虏，至碛而还。后迁徐州总管，卒，时年六十四。

侯莫陈颖

侯莫陈颖，字遵道，代人也。与魏南迁，世为列将。父崇，魏、周之际，历职显要，官至大司空。颖少有器量，风神警发，为时辈所推。魏大统末，以父军功赐爵广平侯，累迁开府仪同三司。周武帝时，从滕王逌击龙泉、文城叛胡，与柱国豆卢勣各帅兵分路而进。颖悬军五百余里，破其三栅。先是，稽胡叛乱，辄略边人为奴婢。至是诏胡敢有压匿良人者诛，籍没其妻子。有人言为胡村所隐匿者，勣将诛之，颖谓勣曰："将在外，君命有所不行。诸胡固非悉反，但相迫胁为乱耳。大兵临之，首乱者知惧，胁从者思降。今渐加抚慰，自可不战而定。如即诛之，转相惊恐，为难不细。未若召其渠帅，以隐匿者付之，令自归首，则群胡可安。"勣从之。群胡感悦，争来降附，北土以安。迁司武，加振威中大夫。高祖为丞相，拜昌州刺史。会受禅，竟不行，加上开府，进爵升平郡公。俄拜延州刺史。数年，转陈州刺史。平陈之役，以行军总管从秦王俊出鲁山道。属陈将荀法尚、陈纪降，颖与行军总管段文振度江安集初附。寻拜饶州刺史，未之官，迁瀛州刺史，甚有惠政。在职数年，坐与秦王俊交通免官。百姓将送者，莫不流涕，因相与立碑，颂颖德。未几，检校汾州事，俄拜邢州刺史。仁寿中，吏部尚书牛弘持节巡抚山东，以颖为第一。高祖嘉叹，优诏褒扬。时朝廷以岭南刺史、县令多贪鄙，蛮夷怨叛，妙简清吏以镇抚之，于是征颖入朝。及进见，上与颖言及平生，以为欢笑。数日，进位大将军，拜桂州总管十七州诸军事，赐物而遣之。及到官，大崇恩信，民夷悦服，溪洞生越，多来归附。炀帝即位，颖兄梁国公芮坐事徙边，朝廷恐颖不自安，征归京师。数年，拜恒山太守。其年，岭南、闽越多不附，帝以颖前在桂州有惠政，为南土所信伏，复拜南海太守。后四岁，卒官。谥曰定。子虔会，最知名。

史臣曰：杜彦东夏、南服，屡有战功，作镇朔垂，胡尘不起。高劢死亡之际，志气懔然，疾彼奸邪，致兹余庆。尔朱敞幼有权奇，终能止足，崇基坠而复构，不亦仁且智乎！周摇以质实见知，独孤以恤人流誉，乞伏慧能以国让，侯莫陈所居治理，或知牧人之道，或践仁义之路，皆有可称焉。慧以供帐不厚，至于放黜，并结发登朝，出入三代，终享禄位，不夭性龄，盖其任心而行，不为矫饰之所致也。

卷五十六　　列传第二十一

卢恺

卢恺，字长仁，涿郡范阳人也。父柔，终于魏中书监。恺性孝友，神情爽悟，略涉书记，颇解属文。周齐王宪引为记室。其后袭爵容城伯，邑千一百户。从宪伐齐，恺说柏杜镇下之。迁小吏部大夫，增邑七百户。染工上士王神欢者，尝以赂自进，冢宰宇文护擢为计部下大夫。恺谏曰："古者登高能赋，可为大夫，求贤审官，理须详慎。今神欢出自染工，更无殊异，徒以家富自通，遂与搢绅并列，实恐惟鹈之刺，闻之外境。"护竟寝其事。建德中，增邑二百户。岁余，转内史下大夫。武帝在云阳宫，敕诸屯简老牛，欲以享士。恺进谏曰："昔田子方赎老马，君子以为美谈。向奉明敕，欲以老牛享士，有亏仁政。"帝美其言而止。转礼部大夫，为聘陈使副。先是，行人多从其国礼，及恺为使，一依本朝，陈人莫能屈。四年秋，李穆攻拔轵关、柏崖二镇，命恺作露布，帝读之大悦，曰："卢恺文章大进，荀景倩故是令君之子。"寻授襄州总管司录，转治中。大象元年，征拜东京吏部大夫。开皇初，加上仪同三司，除尚书吏部侍郎，进爵为侯，仍摄尚书左丞。每有敷奏，侃然正色，虽逢喜怒，不改其常。帝嘉恺有吏干，赐钱二十万，并赍杂彩三百匹，加散骑常侍。八年，上亲考百僚，以恺为上。恺固让，不敢受，高祖曰："吏部勤干，旧所闻悉。今者上考，佥议攸同，当仁不让，何愧之有！皆在朕心，无劳饰让。"岁余，拜礼部尚书，摄吏部尚书事。会国子博士何妥与右仆射苏威不平，奏威阴事。恺坐与相连，上以恺属吏。宪司奏恺曰："房恭懿者，尉迟迥之党，不当仕进。威、恺二人曲相荐达，累转为海州刺史。又吏部预选者甚多，恺不即授官，皆注色而遣。威之从父弟彻、肃二人，并以乡正征诣吏部。彻文状后至而先任用，肃左足挛蹇，才用无算，恺以威故，授晋请郎。恺之朋党，事甚明白。"上大怒曰："恺敢将天官以为私惠！"恺免冠顿首曰："皇太子将以通事舍人苏夔为舍人，夔即苏威之子，臣以夔未当迁，固启而止。臣若与威有私，岂当如此！"上曰："苏威之子，朝廷共知，卿乃固执，以

徼身幸。至所不知者，便行朋附，奸臣之行也。"于是除名为百姓。未几，卒于家。自周氏以降，选无清浊，及恺摄吏部，与薛道衡、陆彦师等甄别士流，故涉党固之谮，遂及于此。子义恭嗣。

令狐熙

令狐熙，字长熙，燉煌人也，代为西州豪右。父整，仕周，官至大将军、始、丰二州刺史。熙性严重，有雅量，虽在私室，终日俨然。不妄通宾客，凡所交结，必一时名士。博览群书，尤明《三礼》，善骑射，颇知音律。起家以通经为吏部上士，寻授帅都督、辅国将军，转夏官府都上士，俱有能名。以母忧去职，殆不胜丧。其父戒之曰："大孝在于安亲，义不绝嗣。吾今见存，汝又只立，何得过尔毁顿，贻吾忧也！"熙自是稍加饘粥。服阕，除小驾部，复丁父忧，非杖不起，人有闻其哭声，莫不为之下泣。河阴之役，诏令墨缞从事，还授职方下大夫，袭爵彭阳县公，邑二千一百户。及武帝平齐，以留守功，增邑六百户。进位仪同，历司勋、吏部二曹中大夫，甚有当时之誉。高祖受禅之际，熙以本官行纳言事。寻除司徒左长史，加上仪同，进爵河南郡公。时吐谷浑寇边，以行军长史从元帅元谐讨之，以功进位上开府。会蜀王秀出镇于蜀，纲纪之选，咸属正人，以熙为益州总管长史。未之官，拜沧州刺史。时山东承齐之弊，户口簿籍类不以实。熙晓谕之，令自归首，至者一万户。在职数年，风教大洽，称为良二千石。开皇四年，上幸洛阳，熙来朝，吏民恐其迁易，悲泣于道。及熙复还，百姓出境迎谒，欢叫盈路。在州获白乌、白獐、嘉麦，甘露降于庭前柳树。八年，徙为河北道行台度支尚书，吏民追思，相与立碑颂德。及行台废，授并州总管司马。后征为雍州别驾。寻为长史，迁鸿胪卿。后以本官兼吏部尚书，往判五曹尚书事，号为明干，上甚任之。及上祠太山还，次汴州，恶其殷盛，多有奸侠，于是以熙为汴州刺史。下车禁游食，抑工商，民有向街开门者杜之，船客停于郭外星居者，勒为聚落，侨人逐令归本，其有滞狱，并决遣之，令下禁止，称为良政。上闻而嘉之，顾谓侍臣曰："邺都天下难理处也。"敕相州刺史豆卢通，令习熙之法。其年来朝，考绩为天下之最，赐帛三百匹，颁告天下。上以岭南夷、越数为反乱，征拜桂州总管十七州诸军事，许以便宜从事，刺史以下官得承制补授。给帐内五百人，赐帛五百匹，发传送其家累，改封武康郡公。熙至部，大弘恩信，其溪洞渠帅更相谓曰："前时总管皆以兵威相胁，今者乃以手教相谕，我辈其可违乎？"于是相率归附。先是，州县生梗，长吏多不得之官，寄政于总管府。熙悉遣之，为建城邑，开设学校，华夷感敬，称为大化。时有宁猛力者，与陈后主同日生，自言貌有贵相，在陈日，已据南海，平陈后，高祖因而抚之，即拜安州刺史。然骄倨，恃其阻险，未尝参谒。熙手书谕之，申以交友之分。其母有疾，熙复遗以药物。猛力感之，诣府请谒，不敢为非。熙以州县多有同名者，于是奏改安州为钦州，黄州为峰州，利州为智州，德州为骥州，东宁为融州，上

皆从之。在职数年，上表曰："臣忝寄岭表，四载于兹，犬马之年，六十有一。才轻任重，愧惧兼深，常愿收拙避贤，稍免官谤。然所管遐旷，绥抚尤难，虽未能顿革夷风，颇亦渐识皇化。但臣夙患消渴，比更增甚，筋力精神，转就衰迈。昔在壮齿，犹不如人，况今年疾俱侵，岂可犹当重寄！请解所任。"优诏不许，赐以医药。熙奉诏，令交州渠帅李佛子入朝。佛子欲为乱，请至仲冬上道，熙意在羁縻，遂从之。有人诣阙讼熙受佛子赂而舍之，上闻而固疑之。既而佛子反问至，上大怒，以为信然，遣使者锁熙诣阙。熙性素刚，郁郁不得志，行至永州，忧愤发病而卒，时年六十三。上怒不解，于是没其家财。及行军总管刘方擒佛子送于京师，言熙实无赃货，上乃悟，于是召其四子，听预仕焉。少子德棻，最知名。

薛胄

薛胄，字绍玄，河东汾阴人也。父端，周蔡州刺史。胄少聪明，每览异书，便晓其义。常叹训注者不会圣人深旨，辄以意辩之，诸儒莫不称善。性慷慨，志立功名。周明帝时，袭爵文城郡公。累迁上仪同，寻拜司金大夫，后加开府。高祖受禅，擢拜鲁州刺史，未之官，检校庐州总管事。寻除兖州刺史。及到官，系囚数百，胄剖断旬日便了，图圄空虚。有陈州人向道力者，伪作高平郡守，将之官，胄遇诸途，察其有异，将留诘之。司马王君馥固谏，乃听诣郡。既而悔之，即遣主簿追禁道力。有部人徐俱罗者，尝任海陵郡守，先是已为道力伪代之。比至秩满，公私不悟。俱罗遂语君馥曰："向道力以经代俱罗为郡，使君岂容疑之？"君馥以俱罗所陈，又固请胄。胄呵君馥曰："吾已察知此人诈也。司马容奸，当连其坐！"君馥乃止。遂往收之，道力惧而引伪。其发奸摘伏，皆此类也，时人谓为神明。先是，兖州城东沂、泗二水合而南流，泛滥大泽中，胄遂积石堰之，使决令西注，陂泽尽为良田。又通转运，利尽淮海，百姓赖之，号为薛公丰兖渠。胄以天下太平，登封告禅，帝王盛烈，遂遣博士登太山，观古迹，撰《封禅图》及仪上之。高祖谦让不许。后转郢州刺史，前后俱有惠政。征拜卫尉卿，寻转大理卿，持法宽平，名为称职。后迁刑部尚书。时左仆射高颎稍被疏忌，及王世积之诛也，颎事与相连，上因此欲成颎罪。胄明雪之，正议其狱。由是忤旨，械系之，久而得免。检校相州事，甚有能名。会汉王谅作乱并州，遣伪将綦良东略地，攻逼慈州。刺史上官政请援于胄，胄畏谅兵锋，不敢拒，良又引兵攻胄，胄欲以计却之，遣亲人鲁世范说良曰："天下事未可知，胄为人臣，去就须得其所，何遽相攻也？"良于是释去，进图黎阳。及良为史祥所攻，弃军归胄。朝廷以胄怀贰心，锁诣大理。相州吏人素怀其恩，诣阙理胄者百余人，胄竟坐除名，配防岭南，道病卒。有子筠、献，并知名。

宇文弼

宇文弼，字公辅，河南洛阳人也，其先与周同出。祖直力觐，魏巨鹿太守。父珍，周宕州刺史。弼慷慨有大节，博学多通，仕周为礼部上士。尝奉使邓至国及黑水、龙涸诸羌，前后降附三十余部。及还，奉诏修定《五礼》，书成奏之，赐公田十二顷，粟百石。累迁少吏部，擢八人为县令，皆有异绩，时以为知人。转内史都上士。武帝将出兵河阳以伐齐，谋及臣下，弼进策曰："齐氏建国，于今累叶，虽曰无道，藩屏之寄，尚有其人。今之用兵，须择其地。河阳冲要，精兵所聚，尽力攻围，恐难得志。如臣所见，彼汾之曲，戍小山平，攻之易拔。用武之地，莫过于此，愿陛下详之。"帝不纳，师竟无功。建德五年，大举伐齐，卒用弼计。弼于是募三辅豪侠少年数百人以为别队，从帝攻拔晋州。身被三创，苦战不息，帝奇而壮之。后从帝平齐，以功拜上仪同，封武威县公，邑千五百户，赐物千五百段，奴婢百五十口，马牛羊千余头，拜司州总管司录。宣帝嗣位，迁上守庙大夫。时突厥寇甘州，帝令侯莫陈昶率兵击之，弼为监军。谓昶曰："黠虏之势，来如激矢，去若绝弦，若欲追躜，良为难及。且宜选精骑，直趋祁连之西。贼若收军，必自蓼泉之北，此地险隘，兼复下湿，度其人马，三日方度，缓辔追讨，何虑不及？彼劳我逸，破之必矣。若邀此路，真上策也。"昶不能用之，西取合黎，大军行迟，虏已出塞。其年，弼又率兵从梁士彦攻拔寿阳，寻改封安乐县公，增邑六百户，赐物六段，加以口马。除浍州刺史，俄转南司州刺史。后司马消难之奔陈也，弼追之不及。遇陈将樊毅，战于漳口，自旦及午，三战三捷，虏获三千人。除黄州刺史，寻转南定州刺史。开皇初，以前功封平昌县公，加邑一千二百户，入为尚书右丞。时西羌内附，诏弼持节安集之，置盐泽、蒲昌二郡而还。迁尚书左丞，当官正色，为百僚所惮，三年，突厥寇甘州，以行军司马从元帅窦荣定击破之。还除太仆少卿，转吏部侍郎。平陈之役，杨素出信州道，令弼持节为诸军节度，仍领行军总管。刘仁恩之破陈将吕仲肃也，弼有谋焉。加开府，擢拜刑部尚书，领太子虞候率。上尝亲临释奠，弼与博士论议，词致清远，观者属目。上大悦，顾谓侍臣曰："朕今睹周公之制礼，见宣尼之论孝，实慰朕心。"于是颁赐各有差。时朝廷以晋阳为重镇，并州总管必属亲王，其长史、司马亦一时高选。前长史王韶卒，以弼有文武干用，出为并州长史。俄以父艰去职，寻诏起之。十八年，辽东之役，授元帅汉王府司马，仍寻领行军总管。军还之后，历朔、代、吴三州总管，皆有能名。炀帝即位，征拜刑部尚书，仍持节巡省河北。还除泉州刺史。岁余，复拜刑部尚书，寻转礼部尚书。弼既以才能著称，历职显要，声望甚重，物议时谈，多见推仰，帝颇忌之。时帝渐好声色，尤勤远略，弼谓高颎曰："昔周天元好声色而国亡，以今方之，不亦甚乎？"又言："长城之役，幸非急务。"有人奏之，竟坐诛死，时年六十二，天下冤之。所著辞赋二十余万言，为《尚书》、《孝经注》行于时。有子俭、瑗。

张衡

张衡，字建平，河内人也。祖嶷，魏河阳太守。父光，周万州刺史。衡幼怀志尚，有骨鲠之风。年十五，诣太学受业，研精覃思，为同辈所推。周武帝居太后忧，与左右出猎，衡露发舆榇，扣马切谏。帝嘉焉，赐衣一袭，马一匹，擢拜汉王侍读。衡又就沈重受《三礼》，略究大旨。累迁掌朝大夫。高祖受禅，拜司门侍郎。及晋王广为河北行台，衡历刑部、度支二曹郎。后以台废，拜并州总管掾。及王转牧扬州，衡复为掾，王甚亲任之。衡亦竭虑尽诚事之，夺宗之计，多衡所建也。以母忧去职，岁余，起授扬州总管司马，赐物三百段。开皇中，熙州李英林聚众反，署置百官，以衡为行军总管，率步骑五万人讨平之。拜开府，赐奴婢一百三十口，物五百段，金银杂畜称是。及王为皇太子，拜衡右庶子，仍领给事黄门侍郎。炀帝嗣位，除给事黄门侍郎，进位银青光禄大夫，俄迁御史大夫，甚见亲重。大业三年，帝幸榆林郡，还至太原，谓衡曰："朕欲过公宅，可为朕作主人。"衡于是驰至河内，与宗族具牛酒。帝上太行，开直道九十里，以抵其宅。帝悦其山泉，留宴三日，因谓衡曰："往从先皇拜太山之始，途经洛阳，瞻望于此，深恨不得相过，不谓今日得谐宿愿。"衡俯伏辞谢，奉斛上寿。帝益欢，赐其宅傍田三十顷，良马一匹，金带，缥彩六百段，衣一袭，御食器一具。衡固让，帝曰："天子所至称幸者，盖为此也，不足为辞。"衡复献食于帝，帝令颁赐公卿，下至卫士，无不沾洽。衡以藩邸之旧，恩宠莫与为比，颇自骄贵。明年，帝幸汾阳宫，宴从官，特赐绢五百匹。时帝欲大汾阳宫，令衡与纪弘整具图奏之。衡承间进谏曰："比年劳役繁多，百姓疲敝，伏愿留神，稍加折损。"帝意甚不平。后尝目衡谓侍臣曰："张衡自谓由其计画，令我有天下也。"时齐王暕失爱于上，帝密令人求暕罪失。有人谮暕违制，将伊阙令皇甫诩从之汾阳宫。又录前幸涿郡及祠恒岳时，父老谒见者衣冠多不整。帝遣衡以宪司皆不能举正，出为榆林太守。明年，帝复幸汾阳宫，衡督役筑楼烦城，因而谒帝。帝恶衡不损瘦，以为不念咎，因谓衡曰："公甚肥泽，宜且还郡。"衡复之榆林。俄而敕衡督役江都宫。有人诣衡讼宫监者，衡不为理，还以讼书付监，其人大为监所困。礼部尚书杨玄感使至江都，其人诣玄感称冤。玄感固以衡为不可。及与衡相见，未有所言，又先谓玄感曰："薛道衡真为枉死。"玄感具上其事，江都丞王世充又奏衡频减顿具。帝于是发怒，锁衡诣江都市，将斩之，久而乃释，除名为民，放还田里。帝每令亲人觇衡所为。八年，帝自辽东还都，衡妾言衡怨望，谤讪朝政，竟赐尽于家。临死大言曰："我为人作何物事，而望久活！"监刑者塞耳，促令杀之。义宁中，以死非其罪，赠大将军、南阳郡公，谥曰忠。有子希玄。

杨汪

杨汪，字元度，本弘农华阴人也，曾祖顺，徙居河东。父琛，仪同三司，及汪贵，追赠平乡县公。汪少凶疏，好与人群斗，拳所殴击，无不颠踣。长更折节勤学，专精《左氏传》，通《三礼》。解褐周冀王侍读，王甚重之，每曰："杨侍读德业优深，孤之穆生也。"其后问《礼》于沈重，受《汉书》于刘臻，二人推许之曰："吾弗如也。"由是知名，累迁夏官府都上士。及高祖居相，引知兵事，迁掌朝下大夫。高祖受禅，赐爵平乡县伯，邑二百户。历尚书司勋兵部二曹侍郎、秦州总管长史，名为明干。迁尚书左丞，坐事免。后历荆、洛二州长史，每听政之暇，必延生徒讲授，时人称之。数年，高祖谓谏议大夫王达曰："卿为我觅一好左丞。"达遂私于汪曰："我当荐君为左丞，若事果，当以良田相报也。"汪以达所言奏之，达竟以获罪，卒拜汪为尚书左丞。汪明习法令，果于剖断，当时号为称职。炀帝即位，守大理卿。汪视事二日，帝将亲省囚徒。其时系囚二百余人，汪通宵究审，诘朝而奏，曲尽事情，一无遗误，帝甚嘉之。岁余，拜国子祭酒。帝令百僚就学，与汪讲论，天下通儒硕学多萃焉，论难锋起，皆不能屈。帝令御史书其问答奏之，省而大悦，赐良马一匹。大业中，为银青光禄大夫。及杨玄感反河南，赞治裴弘策出师御之，战不利，弘策出还，遇汪而屏人交语。既而留守樊子盖斩弘策，以状奏汪，帝疑之，出为梁郡通守。后李密已逼东都，其徒频寇梁郡，汪勒兵拒之，频挫其锐。炀帝崩，王世充推越王侗为主，征拜吏部尚书，颇见亲委。及世充僭号，汪复用事，世充平，以凶党诛死。

史臣曰：卢恺谏说可称，令狐熙所居而治，薛胄执宪平允，宇文弼声望攸归，张衡以鲠正立名，杨汪以学业自许。然皆有善始，鲜克令终，九仞之基，俱倾于一篑，惜哉！夫忠为令德，施非其人尚或不可，况托足邪径，而又不得其人者欤！语曰："无为权首，将受其咎。"又曰："无始祸，无召乱。"张衡既召乱源，实为权首，动不以顺，其能不及于此乎？

卷五十七　　列传第二十二

卢思道 从父兄昌衡

卢思道，字子行，范阳人也。祖阳乌，魏秘书监。父道亮，隐居不仕。思道聪爽俊辩，通侻不羁。年十六，遇中山刘松，松为人作碑铭，以示思道。思道读之，多所不解，于是感激，闭户读书，师事河间邢子才。后思道复为文，以示刘松，松又不能甚解。思道乃喟然叹曰："学之有益，岂徒然哉！"因就魏收借异书，数年之间，才学兼著。然不持操行，好轻侮人。齐天保中，《魏史》未出，思道先已诵之，由是大被笞辱。前后屡犯，因而不调。其后左仆射杨遵彦荐之于朝，解褐司空行参军，长兼员外散骑侍郎，直中书省。文宣帝崩，当朝文士各作挽歌十首，择其善者而用之。魏收、阳休之、祖孝徵等不过得一二首，唯思道独得八首。故时人称为"八米卢郎"。后漏泄省中语，出为丞相西阁祭酒，历太子舍人、司徒录事参军。每居官，多被谴辱。后以擅用库钱，免归于家。尝于蓟北怅然感慨，为五言诗为见意，人以为工。数年，复为京畿主簿，历主客郎、给事黄门侍郎，待诏文林馆。周武帝平齐，授仪同三司，追赴长安，与同辈阳休之等数人作《听蝉鸣篇》，思道所为，词意清切，为时人所重。新野庾信遍览诸同作者，而深叹美之。未几，以母疾还乡，遇同郡祖英伯及从兄昌期、宋护等举兵作乱，思道预焉。周遣柱国宇文神举讨平之，罪当法，已在死中。神举素闻其名，引出之，令作露布。思道援笔立成，文无加点，神举嘉而宥之。后除掌教上士。高祖为丞相，迁武阳太守，非其好也。为《孤鸿赋》以寄其情曰：

余志学之岁，自乡里游京师，便见识知音，历受群公之眷。年登弱冠，甫就朝列，谈者过误，遂窃虚名。通人杨令君、邢特进已下，皆分庭致礼，倒屣相接，翦拂吹嘘，长其光价。而才本驽拙，性实疏懒，势利货殖，淡然不营。虽笼绊朝市且三十载，而独往之心未始去怀抱也。摄生舛和，有少气疾。分符坐啸，作守东原。洪河之湄，沃野弥望，嚣务既屏，鱼鸟为邻。有离群之鸿，为罗者所获，野人驯养，贡之于余。置诸池庭，朝夕赏玩，既用销忧，兼以轻疾。《大易》称"鸿渐于陆"，羽仪盛也。《扬子》曰"鸿飞冥冥"，骞翥高也。《淮南》云"东归碣石"，违涝暑也。平子赋曰"南寓衡阳"，避祁寒也。若其雅步清音，远心高致，鹓鸾以降，罕见其俦，而铩翮墙阴，偶影独立，嗾喋粃粺，鸡鹜为伍，不亦伤乎！余五十之年，忽焉已至，永言身事，慨然多绪，乃为之赋，聊以自慰云。其词曰：

惟此孤鸿，擅奇羽虫，实禀清高之气，远生辽碣之东。麃毛将落，和鸣顺风，壮冰云厚，矫翅排空。出岛屿之绵邈，犯霜露之溟濛，惊绲鱼之密网，畏落雁之虚弓。若其斗柄东指，女夷司月，乃遥集于寒门，遂轻举于玄阙。至如天高气肃，摇落在时，既啸俦于淮浦，亦弄吭于江湄。摩赤霄以凌厉，乘丹气之威夷，溯商飙之裊裊，玩阳景之迟迟。彭蠡方春，洞庭初绿，理翮整翰，群浮侣浴。振雪羽而临风，掩霜毛而候旭，餍江湖之菁藻，饫原野之菽粟。行离离而高逝，响嗈嗈而相续，洁冰国之冰纨，皓密山之华玉。若乃晨沐清露，安趾徐步，夕息芳洲，延颈乘流，违寒竞逐，浮沉水宿；避暑言归，绝漠云飞。望玄鹄而为侣，比朱鹭而相依，倦天衢之冥漠，降河渚之芳菲。忽值罗人设网，虞者悬机，永辞寥廓，蹈迹重围。始则窘束笼樊，忧悍刀俎，糜躯绝命，恨失其所。终乃驯狎园庭，栖托池籞，稻粱为惠，恣其容与。于是禽羽宛颈，屏气销声，灭烟霞之高想，冈江海之幽情。何时骧首奋翼，上凌太清，骞翥鼓舞，远薄层城。恶禽视而不贯，小鸟顾而相轻，安控地而无耻，岂冲天之复荣！若夫图南之羽，伟而去羡，栖睫之虫，微而不贱，各遂性于天壤，弗企怀以交战。不听咸池之乐，不飨太牢之荐，匹晨鸡而共饮，偶野凫以同膳。匪扬声以显闻，宁校体而求见，聊寓形乎沼沚，且夷心于溏淀。齐荣辱以晏如，承君子之余眄。

开皇初，以母老，表请解职，优诏许之。思道自恃才地，多所陵轹，由是官途沦滞。既而又著《劳生论》，指切当时，其词曰：

《庄子》曰："大块劳我以生。"诚哉斯言也！余年五十，羸老云至，追惟畴昔，勤矣厥生。乃著兹论，因言时云尔。

罢郡屏居，有客造余者，少选之顷，盱衡而言曰："生者天地之大德，人者有生之最灵，所以作配两仪，称贵群品，妍蚩愚智之辨，天悬壤隔，行己立身之异，入海登山。今吾子生于右地，九叶卿族，天授俊才，万夫所仰，学综流略，慕孔门之游、夏，辞穷丽则，拟汉日之卿、云。行藏有节，进退以礼，不诡不骄，无愠无怿，偃仰贵贱之间，从容语默之际，何其裕也！下走所欣羡焉。"

余莞尔而笑曰："未之思乎？何所言之过也！子其清耳，请为左右陈之。夫人之生也，皆未若无生。在余之生，劳亦勤止，纨绮之年，伏膺教义，规行矩步，从善而登。巾冠之后，濯缨受署，缠锁仁义，笼绊朝市。失翘陆之本性，丧江湖之远情，沦此风波，溺于倒踬，忧劳总至，事非一绪。何则？地胄高华，既致嫌于管库，才识美茂，亦受嫉于愚庸。笃学强记，聋瞽于焉侧目，清言河泻，木讷所以疾心。岂徒虫惜春浆，鸱吝腐鼠，相江都而永叹，傅长沙而不归，固亦鲁值臧仓，楚逢靳尚，赵壹为之哀歌，张升于是恸哭。有齐之季，不遇休明，申胠就鞿，屏迹无地。段珪、张让，金贝是视，贾谧、郭淮，腥臊可餍。淫刑以逞，祸近池鱼，耳听恶来之谗，足践龙逄之血。周氏末叶，仍值僻王，敛笏升阶，汗流浃背，莒客之踵跻焦原，匹兹非险，齐人之手执马尾，方此未危。若乃羊肠、句注之道，据鞍振策，武落、鸡田之外，栉风沐雨，三旬九食，不敢称弊，此之为役，盖其小小者耳。今泰运肇开，四门以穆，冕旒司契于上，夔、龙佐命于下，岐伯、善卷，耻徇幽忧，卞随、务光，悔从木石。余年在秋方，已迫知命，情礼宜退，不获晏安。一叶从风，无损邓林之攒植，双凫退飞，不亏渤澥之游泳。耕田凿井，晚息晨兴，候南山之朝云，揽北堂之明月。氾胜九谷之书，观其节制，崔实四人之令，奉以周旋。晨荷蓑笠，白屋黄冠之伍，夕谈谷稼，沾体涂足之伦。浊酒盈樽，高歌满席，恍兮惚兮，天地一指。此野人之乐也，子或以是羡余乎？"

客曰："吾子之事，既闻之矣。他人有心，又请论其梗概。"余答曰："云飞泥沉，卑高异等，圆行方止，动息殊致。是以摩霄运海，轻翅罗于薮泽，五衢四照，忽斤斧于山林。余晚值昌辰，遂其弱尚，观人事之陨获，睹时路之遭危。玄冬修夜，静言长想，可以累叹悼心，流涕酸鼻。人之百年，脆促已甚，奔驹流电，不可为辞。顾慕周章，数纪之内，穷通荣辱，事无足道。而有识者鲜，无识者多，褊隘凡近，轻险躁薄。居家则人面兽心，不孝不义，出门则诂谀谗佞，无愧无耻。退身知足，忘伯阳之炯戒，陈力就列，弃周任之格言。悠悠远古，斯患已积，迄于近代，此蠹尤深。范卿扮让之风，搢绅不嗣，《夏书》昏垫之罪，执政所安。朝露未晞，小车盈董、石之巷，夕阳且落，皂盖填阎、窦之里。皆如脂如韦，俯偻佝僂，哫訾求媚，舐痔自亲。美言谄笑，助其愉乐，诈泣佞哀，恤其丧纪。近通旨酒，远贡文蛇，艳姬美女，委如脱屣，金铣玉华，弃同遗迹。及邓通失路，一簪之赂无余，梁冀就诛，五侯之贵将起。向之求官买职，晚谒晨趋，刺促望尘之旧游，伊优上堂之夜客，始则亡魂褫魄，若牛兄之遇兽，心战色沮，似叶公之见龙；俄而抵掌扬眉，高视阔步，结侣弃廉公之第，携手哭圣卿之门。华毂生尘，来如激矢，雀罗暂设，去等绝弦。饴蜜非甘，山川未阻，千变万化，鬼出神入。为此者皆衣冠士族，或有艺能，不耻不仁，不畏不义，靡愧友朋，莫惭妻子。外呈厚貌，内蕴百心，蘸则纡青佩紫，牧州典郡，冠帻劫人，厚自封殖。妍歌妙舞，列鼎撞钟，耳倦丝桐，口饫珍旨。虽素论以为非，而时宰之不责，末俗蚩蚩，如此之敝。余则违时薄宦，屏息穷居，甚耻驱驰，深畏乾没。心若死灰，不营势利，家无儋石，不费囊钱。偶影联官，将数十载，驽拙致笑，轻生所以告劳也。真人御宇，斫雕为朴，人知荣辱，时反邕熙。风力上宰，内敷文教，方、邵重臣，外扬武节。被之大道，洽以淳风，举心以才，爵无滥授。禀斯首鼠，不预衣簪，阿党比周，扫地俱尽，轻薄之俦，灭影窜迹。砥石变成瑜瑾，莨莠化为芝兰。曩之扇俗搅时，骇耳秽目，今悉不闻不见，莫余敢侮。《易》曰：'圣人作而万物睹'，斯之谓乎！"

岁余，被征，奉诏郊劳陈使。顷之，遭母忧，未几，起为散骑侍郎，奏内史侍郎事。于时议置六卿，将除大理。思道上奏曰："省有驾部，寺留太仆，省有刑部，寺除大理，斯则重畜产而贱刑名，诚为未可。"又陈殿庭非杖罚之所，朝臣犯笞罪，请以赎论，上悉嘉纳之。是岁，卒于京师，时年五十二。上甚惜之，遣使吊祭焉。有集三十卷，行于时。子赤松，大业中，官至河东长史。

昌衡字子均。父道虔，魏尚书仆射。昌衡小字龙子，风神淡雅，容止可法，博涉经史，工草行书。从弟思道，小字释奴，宗中俱称英妙。故幽州人为之语曰："卢家千里，释奴、龙子。"年十七，魏济阴王元晖业召补太尉参军事，兼外兵参军。齐氏受禅，历平恩令、太子舍人。寻为仆射祖孝徵所荐，迁尚书金部郎。孝徵每曰："吾用卢子均为尚书郎，自谓无愧幽州矣。"其后兼散骑侍郎，迎劳周使。武帝平齐，授司玉中士，与大宗伯斛斯徵修礼令。开皇初，拜尚书祠部侍郎。高祖尝大集群下，令自陈功绩，人皆竞进，昌衡独无所言。左仆射高颎目而异之。陈使贺彻、周坟相继来聘，朝廷每令昌衡接对之。未几，出为徐州总管长史，甚有能名。吏部尚书苏威考之曰："德为人表，行为士则。"论者以为美谈。尝行至浚仪，所乘马为他牛所触，因致死。牛主陈谢，求还价直，昌衡谓之曰："六畜相触，自关常理，此岂人情也，君何谢？"拒而不受。性宽厚不校，皆此类也。转寿州总管长史。总管宇文述甚敬之，委以州务。岁余，迁金州刺史。仁寿中，奉诏持节为河南道巡省大使，及还，以奉使称旨，授仪同三司，赐物三百段。昌衡自以年在悬车，表乞骸骨，优诏不许。大业初，征为太子左庶子，行诣洛阳，道卒，时年七十二。子宝素、宝胤。

李孝贞

李孝贞，字元操，赵郡柏人人也。父希礼，齐信州刺史，世为著姓。孝贞少好学，能属文。在齐释褐司徒府参军事。简静不妄通宾客，与从兄仪曹郎中骞、太子舍人季节、博陵崔子武、范阳卢询祖为断金之契。后以射策甲科拜给事中。于时黄门侍郎高乾和亲要用事，求婚于孝贞。孝贞拒之，由是有隙，阴谮之，出为太尉府外兵参军。后历中书舍人、博陵太守、司州别驾，复兼散骑常侍、聘周使副，还除给事黄门侍郎。周武帝平齐，授仪同三司、少典祀下大夫。宣帝即位，转史部下大夫。高祖为丞相，尉迥作乱相州，孝贞从韦孝宽击之，以功授上仪同三司。开皇初，拜冯翊太守，为犯庙讳，于是称字。后数岁，迁蒙州刺史，吏民安之。自此不复留意于文笔，人问其故，慨然叹曰："五十之年，倏焉而过，鬓垂素发，筋力已衰，宦意文情，一时尽矣，悲夫！"然每暇日，辄引宾客弦歌对酒，终日为欢。征拜内史侍郎，与内史李德林参典文翰。然孝贞无干剧之用，颇称不理，上遣怒之，敕御史劾其事，由是出为金州刺史。卒官。所著文集二十卷，行于世。有子允玉。

孝贞弟孝威，亦有雅望，大业中，官至大理少卿。

薛道衡

薛道衡，字玄卿，河东汾阴人也。祖聪，魏济州刺史。父孝通，常山太守。道衡六岁而孤，专精好学。年十三，讲《左氏传》，见子产相郑之功，作《国侨赞》，颇有词致，见者奇之。其后才名益著，齐司州牧、彭城王浟引为兵曹从事。尚书左仆射弘农杨遵彦，一代伟人，见而嗟赏。授奉朝请。吏部尚书陇西辛术与语，叹曰："郑公业不亡矣。"河东裴谳目之曰："自鼎迁河朔，吾谓关西孔子罕值其人，今复遇薛君矣。"武成作相，召为记室，及即位，累迁太尉府主簿。岁余，兼散骑常侍，接对周、陈二使。武平初，诏与诸儒修定《五礼》，除尚书左外兵郎。陈使傅𰻝聘齐，以道衡兼主客郎接对之。𰻝赠诗五十韵，道衡和之，南北称美。魏收曰："傅𰻝所谓以蚓投鱼耳。"待诏文林馆，与范阳卢思道、安平李德林齐名友善。复以本官直中书省，寻拜中书侍郎，仍参太子侍读。后主之时，渐见亲用，于时颇有附会之讥。后与侍中斛律孝卿参预政事，道衡具陈备周之策，孝卿不能用。及齐亡，周武引为御史二命士。后归乡里，自州主簿入为司禄上士。

高祖作相，从元帅梁睿击王谦，摄陵州刺史。大定中，授仪同，摄邛州刺史。高祖受禅，坐事除名。河间王弘北征突厥，召典军书，还除内史舍人。其年，兼散骑常侍，聘陈主使。道衡因奏曰："江东蕞尔一隅，僭擅遂久，实由永嘉已后，华夏分崩。刘、石、符、姚、慕容、赫连之辈，妄窃名号，寻亦灭亡。魏氏自北徂南，未遑远略。周、齐两立，务在兼并，所以江表逋诛，积有年祀。陛下圣德天挺，光膺宝祚，比隆三代，平一九州，岂容使区区之陈，久在天网之外？臣今奉使，请责以称藩。"高祖曰："朕且含养，置之度外，勿以言辞相折，识朕意焉。"江东雅好篇什，陈主尤爱雕虫，道衡每有所作，南人无不吟诵焉。及八年伐陈，授淮南道行台尚书吏部郎，兼掌文翰。王师临江，高颎夜坐幕下，谓之曰："今段之举，克定江东已不？君试言之。"道衡答曰："凡论大事成败，先须以至理断之。《禹贡》所载九州，本是王者封域。后汉之季，群雄竞起，孙权兄弟遂有吴、楚之地。晋武受命，寻即吞并，永嘉南迁，重此分割。自尔已来，战争不息，否终斯泰，天道之恒。郭璞有云：'江东偏王三百年，还与中国合。'今数将满矣。以运数而言，其必克一也。有德者昌，无德者亡，自古兴灭，皆由此道。主上躬履恭俭，忧劳庶政，叔宝峻宇雕墙，酣酒荒色。上下离心，人神同愤，其必克二也。为国之体，在于任寄，彼之公卿，备员而已。拔小人施文庆委以政事，尚书令江总唯事诗酒，本非经略之才，萧摩诃、任蛮奴是其大将，一夫之用耳。其必克三也。我有道而大，彼无德而小，量其甲士，不过十万。西自巫峡，东至沧海，分之则势悬而力弱，聚之则守彼而失此。其必克四也。席卷之势，其在不疑。"颎忻然曰："君言成败，事理分明，吾今豁然矣。本以才学相期，不意筹略乃尔。"还除吏部侍郎。后坐抽擢人物，有言其党苏威，任人有意故者，除名，配防岭表。晋王广时在扬州，阴令人讽道衡从扬州路，将奏留之。道衡不乐王府，用汉王谅之计，遂出江陵道而去。寻有诏征还，直内史省。晋王由是衔之，然爱其才，犹颇见礼。后数岁，授内史侍郎，加上仪同三司。

道衡每至构文，必隐坐空斋，蹋壁而卧，闻户外有人便怒，其沉思如此。高祖每曰："薛道衡作文书称我意。"然诫之以迂诞。后高祖善其称职，谓杨素、牛弘曰："道衡老矣，驱使勤劳，宜使其朱门陈戟。"于是进位上开府，赐物百段。道衡辞以无功，高祖曰："尔久劳阶陛，国家大事，皆尔宣行，岂非尔功也？"道衡久当枢要，才名益显，太子诸王争相与交，高颎、杨素雅相推重，声名籍甚，无竞一时。

仁寿中，杨素专掌朝政，道衡既与素善，上不欲道衡久知机密，因出检校襄州总管。道衡久蒙驱策，一旦违离，不胜悲恋，言之哽咽。高祖怆然改容曰："尔光阴晚暮，侍奉诚劳。朕欲令尔将摄，兼抚萌俗。今尔之去，朕如断一臂。"于是赍物三百段，九环金带，并时服一袭，马十匹，慰勉遣之。在任清简，吏民怀其惠。

炀帝嗣位，转番州刺史。岁余，上表求致仕。帝谓内史侍郎虞世基曰："道衡将至，当以秘书监待之。"道衡既至，上《高祖文皇帝颂》，其词曰：

太始太素，荒茫造化之初；天皇地皇，杳冥书契之外。其言绝，其迹远，言谈所不诣，耳目所不追。至于入穴登巢，鹑居𪃹饮，不殊于羽族，取类于毛群，亦何贵于人灵，何用于心识？羲、轩已降，爰暨唐、虞，则乾象而施法度，观人文而化天下，然后帝王之位可重，圣哲之道为尊。夏后、殷、周之国，禹、汤、文、武之主，功济生民，声流《雅颂》，然陵替于三五，惭德于干戈。秦居闰位，任刑名为政本，汉执灵图，杂霸道而为业。当涂兴而三方峙，典午末而四海乱。九州封域，窟穴鲸鲵之群；五都遗黎，蹴踏戎马之足。虽玄行定嵩、洛，木运据崤、函，未正沧海之流，讵息昆山之燎！协千龄之旦暮，当万叶之一朝者，其在大隋乎？

粤若高祖文皇帝，诞圣降灵，则赤光照室，韬神晦迹，则紫气腾天。龙颜日角之奇，玉理珠衡之异，著在图箓，彰乎仪表。而帝系灵长，神基崇峻，类邰、岐之累德，异丰、沛之勃起。俯膺历试，纳揆宾门，位长六卿，望高百辟，犹重华之为太尉，若文命之任司空。苍历将尽，率土糜沸，玉弩惊天，金芒照野。奸雄挺祸，据河朔而连海岱；猾长纵恶，杜白马而塞成皋。庸、蜀逆命，凭铜梁之险；郧、黄贲诞，引金陵之寇。三川已震，九鼎将飞。高祖龙跃凤翔，濡足授手，应赤伏之符，受玄狐之箓，命百下百胜之将，动九天九地之师，平共工而殄蚩尤，剪狡狯而戮齿齿。不烦二十八将，无假五十二征，曾未逾时，妖逆咸殄，廓氛雾于区宇，出黎元于涂炭。天柱倾而还正，地维绝而更纽。殊方稽颡，识牛马之内向；乐师伏地，惧钟石之变声。万姓所以乐推，三灵于是改卜。坛场已备，犹弘五让之心；亿兆难违，方从四海之请。光临宝祚，展礼郊丘，舞六代而降天神，陈四圭而飨上帝，乾坤交泰，品物咸亨。酌前王之令典，改易徽号；因庶萌之子来，移创都邑。天文上当朱鸟，地理下据黑龙，正位辨方，揆影于日月，内宫外座，取法于辰象。悬政教于魏阙，朝群后于明堂，除旧布新，移风易俗。天街之表，地脉之外，玁狁孔炽，其来自久，横行十万，樊哙于是失辞，提步五千，李陵所以陷没。周、齐两盛，竞结旄头，娉狄后于漠北，未足息其侵扰，倾珍藏于山东，不能止其贪暴。炎灵启祚，圣皇驭宇，运天策于帷扆，播神威于沙朔，柳室、毡裘之长，皆为臣隶，瀚海、蹛林之地，尽充池苑。三吴、百越，九江五湖，地分南北，天隔内外，谈黄旗紫盖之气，恃龙蟠兽据之险，恒有僭伪之君，妄窃帝王之号。时经五代，年移三百，爰降皇情，永怀大道，愍彼黎献，独为匪人。今上利建在唐，则哲居代，地凭宸极，天纵神武，受脤出车，一举平定。于是八荒无外，九服大同，四海为家，万里为宅。乃休牛散马，偃武修文。

自华夏乱离，绵积年代，人造战争之具，家习浇伪之风，圣人之遗训莫存，先王之旧典咸坠。爰命秩宗，刊定《五礼》，申敕大予，改正六乐。玉帛樽俎之仪，节文乃备；金石匏革之奏，雅俗始分。而留心政术，垂神听览，早朝晏罢，废寝忘食，忧百姓之未安，惧一物之失所。行先王之道，夜思待旦；革百王之弊，朝不及夕。见一善事，喜彰于容旨；闻一愆犯，叹深于在予。薄赋轻徭，务农重谷，仓廪有红腐之积，黎萌无阻饥之虑。天性弘慈，圣心恻隐，恩加禽兽，胎卵于是获全，仁沾草木，牛羊所以勿践。至于宪章重典，刑名大辟，申法而屈情，决断于俄顷，故能彝伦攸叙，上下齐肃。左右绝谄谀之路，缙绅无势力之门。小心翼翼，敬事于天地；终日乾乾，诚慎于亢极。陶黎萌于德化，致风俗于太康，公卿庶尹，退迩岳牧，金以天平地成，千载之嘉会，登封降禅，百王之盛典，宜其金泥玉检，展礼介丘，飞声腾实，常为称首。天子为而不恃，成而不居，冲旨凝邈，固辞弗许。而虽休勿休，上德不德，更乃洁诚岱岳，逊谢愆咎。方知六十四卦，谦抑之道为尊，七十二君，告成之义为小，巍巍荡荡，无得以称焉。而深诚至德，感达于穹壤，和气薰风，充溢于宇宙。二仪降福，百灵荐祉，日月星象，风云草树之祥，山川玉石，鳞介羽毛之瑞，岁见月彰，不可胜纪。至于振古所未有，图籍所不载，目所不见，耳所未闻。古语称圣人作，万物睹，神灵滋，百宝用，此其效矣。

既而游心姑射，脱屣之志已深，铸鼎荆山，升天之驾遂远。凡在黎献，具惟帝臣，慕深考妣，哀缠弓剑，涂山幽峻，无复玉帛之礼，长陵寂寞，空见衣冠之游。若乃降精熛怒，飞名帝箓，开运握图，创业垂统，圣德也；拨乱反正，济国宁人，六合八纮，同文共轨，神功也；玄酒陶匏，云和孤竹，禋祀上帝，尊极配天，大孝也；偃伯戢戈，正礼裁乐，纳民寿域，驱俗福林，至政也。张四维而临万宇，俾三皇而并五帝，岂直锱铢周、汉，么麼魏、晋而已。虽五行之舞，每陈于清庙，九德之歌，无绝于乐府，而玄功畅洽，不局于形器，懿业远大，岂尽于揄扬。

臣轻生多幸，命偶兴运，趋事紫宸，驱驰丹陛，一辞天阙，奄隔鼎湖，空有攀龙之心，徒怀蝼蚁之意。庶凭毫翰，敢希赞述！昔埋海之禽不增于大地，泣河之士非益于洪流，尽其心之所存，望其力之所逮，辄缘斯义，不觉斐然。乃作颂曰：

悠哉邈古，邈矣季世，四海九州，万王千帝。三代之后，其道逾替，爰逮金行，不胜其弊。戎狄猾夏，群凶纵愿，窃号淫名，十有余国。怙威逞暴，悖礼乱德，五岳尘飞，三象雾塞。玄精启历，发迹幽方，并吞寇伪，独擅雄强。载祀二百，比祚前王，江湖尚阻，区域未康。句吴闽越，河朔渭浂，九县瓜分，三方鼎跱。狙诈不息，干戈竞起，东夏虽平，乱离瘼矣。五运协期，千龄肇昌，赫矣高祖，人灵攸赞。圣德迥生，神谋独断，瘅恶彰善，夷凶静难。宗伯撰仪，太史练日，孤竹之管，云和之瑟。展礼上玄，飞烟太一，珪璧朝会，山川望秩。占揆星景，移建邦畿，下凭赤壤，上协紫微。布政衢室，悬法象魏，帝宅天府，固本崇威。匈河瀚海，龙荒狼望，种落陆梁，时犯亭障。皇威远慑，帝德遐畅，稽颡归诚，称臣内向。吴越提封，斗牛星象，积有年代，自称君长。大风未缴，长鲸漏网，授钺天人，豁然清荡。戴日戴斗，太平太蒙，礼教周被，书轨大同。复禹之迹，成舜之功，礼以安上，乐以移风。忧劳庶绩，矜育黔首，三面解罗，万方引咎。纳民轨物，驱时仁寿，神化隆平，生灵熙阜。虔心恭己，奉天事地，协气横流，休征绍至。坛场望幸，云亭虚位，推而不居，圣道弥粹。齐迹姬文，登发嗣圣，道类汉光，传庄宝命。知来藏往，玄览幽镜，鼎业灵长，洪基隆盛。崆峒问道，汾射窅然，御辩遐逝，乘云上仙。哀缠率土，痛感穹玄，流泽万叶，用教百年。尚想睿图，永惟圣则，道洽幽显，仁沾动植。爻象不陈，乾坤将息，微臣作颂，用申罔极。

帝览之不悦，顾谓苏威曰："道衡致美先朝，此《鱼藻》之义也。"于是拜司隶大夫，将置之罪。道衡不悟。司隶刺史房彦谦素相善，知必及祸，劝之杜绝宾客，卑辞下气，而道衡不能用。会议新令，久不能决，道衡谓朝士曰："向使高颎不死，令决当久行。"有人奏之，帝怒曰："汝忆高颎邪？"付执法者勘之。道衡自以非大过，促宪司早断。暨于奏日，冀帝赦之，敕家人具馔，以备宾客来候者。及奏，帝令自尽。道衡殊不意，未能引诀。宪司重奏，缢而杀之，妻子徙且末。时年七十。天下冤之。有集七十卷，行于世。

有子五人，收最知名，出继族父孺。孺清贞孤介，不交流俗，涉历经史，有才思，虽不为大文，所有诗咏，词致清远。开皇中，为侍御史、扬州总管司功参军。每以方直自处，府僚多不便之。及满，转淯阳令、襄城郡掾，卒官。所经并有惠政。与道衡偏相友爱，收初生，即与孺为后，养于孺宅。至于成长，殆不识本生。太常丞胡仲操曾在朝堂，就孺借刀子割爪甲。孺以仲操非雅士，竟不与之。其不肯安父，清介独行，皆此类也。

道衡兄弟迈，官至选部郎，从父弟道实，官至礼部侍郎、离石太守，并知名于世。从子德音，有隽才，起家为游骑尉。佐魏澹修《魏史》，史成，迁著作佐郎。及越王侗称制东都，王世充之僭号也，军书羽檄，皆出其手。世充平，以罪伏诛。所有文笔，多行于时。

史臣曰：二三子有齐之季，皆以辞藻著闻，爰历周、隋，咸见推重。李称一代俊伟，薛则时之令望，握灵蛇以俱照，骋逸足以并驱，文雅纵横，金声玉振。静言扬榷，卢居二子之右。李、薛纡青拖紫，思道官涂寥落，虽穷通有命，抑亦不护细行之所致也。

卷五十八　　列传第二十三

明克让

明克让，字弘道，平原鬲人也。父山宾，梁侍中。克让少好儒雅，善谈论，博涉书史，所览将万卷。《三礼》礼论，尤所研精，龟策历象，咸得其妙。年十四，释褐湘东王法曹参军。时舍人朱异在仪贤堂讲《老子》，克让预焉。堂边有修竹，异令克让咏之。克让揽笔辄成，其卒章曰："非君多爱赏，谁贵此贞心。"异甚奇之。仕历司徒祭酒、尚书都官郎中、散骑侍郎，兼国子博士、中书侍郎。梁灭，归于长安，周明帝引为麟趾殿学士，俄授著作上士，转外史下大夫，出为卫王友，历汉东、南陈二郡守。武帝即位，复征为露门学士，令与太史官属正定新历。拜仪同三司，累迁司调大夫，赐爵历城县伯，邑五百户。高祖受禅，拜太子内舍人，率军更令，进爵为侯。太子以师道处之，恩礼甚厚。每有四方珍味，辄以赐之。于时东宫盛征天下才学之士，至于博物洽闻，皆出其下。诏与太常牛弘等修礼议乐，当朝典故多所裁正。开皇十四年，以疾去官，加通直散骑常侍。卒，年七十。上甚伤惜焉，赗物五百段，米三百石。太子又赠绢布二千匹，钱十万，朝服一具，给棺椁。著《孝经义疏》一部，《古今帝代记》一卷，《文类》四卷，《续名僧记》一卷，集二十卷。

子余庆，官至司门郎。越王侗称制，为国子祭酒。

魏澹

魏澹，字彦深，巨鹿下曲阳人也。祖鸾，魏光州刺史。父季景，齐大司农卿，称为著姓，世以文学自业。澹年十五而孤，专精好学，博涉经史，善属文，词采赡逸。齐博陵王济闻其名，引为记室。及琅邪王俨为京畿大都督，以澹为铠曹参军，转殿中侍御史。寻与尚书左仆射魏收、吏部尚书阳休之、国子博士熊安生同修《五礼》。又与诸学士撰《御览》，书成，除殿中郎中、中书舍人。复与李德林俱修国史。周武帝平齐，授纳言中士。及高祖受禅，出为行台礼部侍郎。寻为散骑常侍、聘陈主使。还除太子舍人。废太子勇深礼遇之，屡加优锡，令注《庾信集》，复撰《笑苑》、《词林集》，世称其博物。数年，迁著作郎，仍为太子学士。

高祖以魏收所撰书褒贬失实，平绘为《中兴书》事不伦序，诏澹别成《魏史》。澹自道武下及恭帝，为十二纪，七十八传，别为史论及例一卷，并《目录》合九十二卷。澹之义例与魏收多所不同：

其一曰，臣闻天子者，继天立极，终始绝名。故《谷梁传》曰："太上不名。"《曲礼》曰："天子不言出，诸侯不生名。"诸侯尚不生名，况天子乎！若为太子，必须书名。良由子者对父生称，父前子名，礼之意也。是以桓公六年九月丁卯，子同生，《传》曰："举以太子之礼。"杜预注云："桓公子庄公也。"十二公唯子同是嫡夫人之长子，备用太子之礼，故史书之于策。即位之日，尊成君而不名，《春秋》之义，圣人之微旨也。至如马迁，周之太子并皆言名，汉之储两俱没其讳，以尊汉卑周，臣子之意也。窃谓虽立此理，恐非其义。何者？《春秋》、《礼记》，太子必书名，天王不言出。此仲尼之褒贬，皇王之称谓，非当时与异代遂为优劣也。班固、范晔、陈寿、王隐、沈约参差不同，尊卑失序。至于魏收，讳储君之名，书天子之字，过又甚焉。今所撰史，讳皇帝名，书太子字，欲以尊君卑臣，依《春秋》之义也。

其二曰，五帝之圣，三代之英，积德累功，乃文乃武，贤圣相承，莫过周室，名器不及后稷，追谥止于三王，此即前代之茂实，后人之龟镜也。魏氏平文以前，部落之君长耳。太祖远追二十八帝，并极崇高，违尧舜宪章，越周公典礼。但道武出自结绳，未师典诰，当须南、董直笔，裁而正之。反更饰非，言是观过，所谓决渤澥之水，复去堤防，襄陵之灾，未可免也。但力微天女所诞，灵异绝世，尊为始祖，得礼之宜。平文、昭成雄据塞表，英风渐盛，图南之业，基自此始。长孙斤之乱也，兵交御坐，太子授命，昭成获免。道武此时，后缗方娠，宗庙复存，社稷有主，大功大孝，实在献明。此之三世，称谥可也。自兹以外，未之敢闻。

其三曰，臣以为南巢桀亡，牧野纣灭，斩以黄钺，悬首白旗，幽王死于骊山，厉王出奔于彘，未尝隐讳，直笔书之，欲以劝善惩恶，贻诫将来者也。而太武、献文并皆非命，前史乃纪，不异天年，言论之间，颇露首尾。杀主害君，莫知名姓，逆臣贼子，何所惧也！君子之过，如日月之食，圆首方足，孰不瞻仰？况复兵交御坐，矢及王屋，而可隐没者乎！今所撰史，分明直书，不敢回避。且隐、桓之死，闵、昭杀逐，丘明据实叙于经下，况复悬隔异代而致依违哉！

其四曰，周道陵迟，不胜其敝，楚子亲问九鼎，吴人来征百牢，无君之心，实彰行路，夫子刊经，皆书曰卒。自晋德不竞，宇宙分崩，或帝或王，各自署置。当其生日，聘使往来，略如敌国，及其终也，书之曰死，便同庶人。存没顿殊，能无怀愧！今所撰史，诸国凡处华夏之地者，皆书曰卒，同之吴、楚。

其五曰，壶遂发问，马迁答之，义已尽矣。后之述者，仍未领悟。董仲舒、司马迁之意，本云《尚书》者，隆平之典，《春秋》者，拨乱之法，兴衰理异，制作亦殊。治定则直叙钦明，世乱则辞兼显晦，分路命家，不相依放。故云"周道废，《春秋》作焉，尧、舜盛，《尚书》载之"是也。"汉兴以来，改正朔，易服色，臣力诵圣德，仍不能尽，余所谓述故事，而君比之《春秋》，谬哉"。然则纪传之体出自《尚书》，不学《春秋》，明矣。而范晔云："《春秋》者，文既总略，好失事形，今之拟作，所以为短。纪传者，史、班之所变也，网罗一代，事义周悉，适之后学，此焉为优，故继而述之。"观晔此言，岂直非圣人之无法，又失马迁之意旨。孙盛自谓钻仰具体而放之。魏收云："鲁史既修，达者贻则，子长自拘纪传，不存师表，盖泉源所由，地非企及。"虽复逊辞畏圣，亦未思纪传所由来也。

澹又以为司马迁创立纪传以来，述者非一，人无善恶，皆为立论。计在身行迹，具在正书，事既无奇，不足惩劝。再述乍同铭颂，重叙唯觉繁文。案丘明亚圣之才，发扬圣旨，言"君子曰"者，无非甚泰，其间寻常，直书而已。今所撰史，窃有慕焉，可为劝戒者，论其得失，其无损益者，所不论也。

澹所著《魏书》，甚简要，大矫收、绘之失。上览而善之。未几，卒，时年六十五。有《文集》三十卷行于世。子信言，颇知名。

澹弟彦玄，有文学，历扬州总管府记室、洧州司马。有子满行。

陆爽 侯白

陆爽，字开明，魏郡临漳人也。祖顺宗，魏南青州刺史。父概之，齐霍州刺史。爽少聪敏，年九岁就学，日诵二千余言。齐尚书仆射杨遵彦见而异之，曰："陆氏代有人焉。"年十七，齐司州牧、清河王岳召为主簿。擢殿中侍御史，俄兼治书，累转中书侍郎。及齐灭，周武帝闻其名，与阳休之、袁叔德等十余人俱征入关。诸人多将辎重，爽独载书数千卷。至长安，授宣纳上士。高祖受禅，转太子内直监，寻迁太子洗马。与左庶子宇文恺等撰《东宫典记》七十卷。朝廷以其博学有口辩，陈人至境，常令迎劳。开皇十一年，卒官，时年五十三，赠上仪同、宣州刺史，赐帛四匹。

子法言，敏学有家风，释褐承奉郎。初，爽之为洗马，尝奏高祖云："皇太子诸子未有嘉名，请依《春秋》之义，更立名字。"上从之。及太子废，上追怒爽云："我孙制名，宁不自解？陆爽乃尔多事！扇惑于勇，亦由此人。其身虽故，子孙并宜屏黜，终身不齿。"法言竟坐除名。

爽同郡侯白，字君素，好学有捷才，性滑稽，尤辩俊。举秀才，为儒林郎。通侻不持威仪，好为诽谐杂说，人多爱狎之，所在之处，观者如市。杨素甚狎之。素尝与牛弘退朝，白谓素曰："日之夕矣。"素大笑曰："以我为牛羊下来邪？"高祖闻其名，召与语，甚悦之，令于秘书修国史。每将擢之，高祖辄曰："侯白不胜官"而止。后给五品食，月余而死，时人伤其薄命。著《旌异记》十五卷，行于世。

杜台卿

杜台卿，字少山，博陵曲阳人也。父弼，齐卫尉卿。台卿少好学，博览书记，解属文。仕齐奉朝请，历司空西阁祭酒、司徒户曹、著作郎、中书黄门侍郎。性儒素，每以雅道自居。及周武帝平齐，归于乡里，以《礼记》、《春秋》讲授子弟。开皇初，被征入朝。台卿尝采《月令》，触类而广之，为书名《玉烛宝典》十二卷。至是奏之，赐绢二百匹。台卿患聋，不堪吏职，请修国史。上许之，拜著作郎。十四年，上表请致仕，敕以本官还第。数载，终于家。有集十五卷，撰《齐记》二十卷，并行于世。无子。

有兄蕤，学业不如台卿，而干局过之。仕至开州刺史。子公赡，少好学，有家风，卒于安阳令。公赡子之松，大业中，为起居舍人。

辛德源

辛德源，字孝基，陇西狄道人也。祖穆，魏平原太守。父子馥，尚书右丞。德源沉静好学，年十四，解属文。及长，博览书记，少有重名。齐尚书仆射杨遵彦、殿中尚书辛术皆一时名士，见德源，并虚襟礼敬，因同荐之于文宣帝。起家奉朝请，后为兼员外散骑侍郎，聘梁使副。后历冯翊、华山二王记室。中书侍郎刘逖上表荐德源曰："弱龄好古，晚节逾厉，枕藉六经，渔猎百氏。文章绮艳，体调清华，恭慎表于闺门，谦抑著于朋执。实后进之辞人，当今之雅器。必能效节一官，骋足千里。"由是除员外散骑侍郎，累迁比部郎中，复兼通直散骑常侍。聘于陈，及还，待诏文林馆，除尚书考功郎中，转中书舍人。及齐灭，仕周为宣纳上士。因取急留相州，会尉迥作乱，以为中郎。德源辞不获免，遂亡去。高祖受禅，不得调者久之，隐于林虑山，郁郁不得志，著《幽居赋》以自寄，文多不载。德源素与武阳太守卢思道友善，时相往来。魏州刺史崔彦武奏德源潜为交结，恐其有奸计。由是谪令从军讨南宁，岁余而还。秘书监牛弘以德源才学显著，奏与著作郎王劭同修国史。德源每于务隙撰《集注春秋三传》三十卷，注扬子《法言》二十三卷。蜀王秀闻其名而引之，居数岁，奏以为掾。后转谘议参军，卒官。有集二十卷，又撰《政训》、《内训》各二十卷。有子素臣、正臣，并学涉有文义。

柳䛒

柳䛒，字顾言，本河东人也，永嘉之乱，徙家襄阳。祖惔，梁侍中。父晖，都官尚书。䛒少聪敏，解属文，好读书，所览将万卷。仕梁，释褐著作佐郎。后萧詧据荆州，以为侍中，领国子祭酒、吏部尚书。及梁国废，拜开府、通直散骑常侍，寻迁内史侍郎。以无吏干去职，转晋王谘议参军。王好文雅，招引才学之士诸葛颖、虞世南、王胄、朱玚等百余人以充学士，而䛒为之冠。王以师友处之，每有文什，必令其润色，然后示人。尝朝京师还，作《归藩赋》，命䛒为序，词甚典丽。初，王属文，为庾信体，及见䛒已后，文体遂变。仁寿初，引䛒为东宫学士，加通直散骑常侍，检校洗马，甚见亲待。每召入卧内，与之宴谑。䛒尤俊辩，多在侍从，有所顾问，应答如响。性又嗜酒，言杂诽谐，由是弥为太子之所亲狎。以其好内典，令撰

《法华玄宗》，为二十卷，奏之。太子览而大悦，赏赐优洽，侪辈莫与为比。炀帝嗣位，拜秘书监，封汉南县公。帝退朝之后，便命入阁，言宴讽读，终日而罢。帝每与嫔后对酒，时逢兴会，辄遣命之至，与同榻共席，恩若友朋。帝犹恨不能夜召，于是命匠刻木偶人，施机关，能坐起拜伏，以像于晋。帝每在月下对酒，辄令宫人置之于座，与相酬酢，而为欢笑。从幸扬州，遇疾卒，年六十九。帝伤惜者久之，赠大将军，谥曰康。撰《晋王北伐记》十五卷，有集十卷，行于世。

许善心

许善心，字务本，高阳北新城人也。祖懋，梁太子中庶子、始平、天门二郡守、散骑常侍。父亨，仕梁至给事黄门侍郎，在陈历羽林监、太中大夫、卫尉卿，领大著作。善心九岁而孤，为母范氏所鞠养。幼聪明有思理，所闻辄能诵记，多闻默识，为当世所称。家有旧书万余卷，皆遍通涉。十五解属文，笺上父友徐陵，陵大奇之，谓人曰："才调极高，此神童也。"起家除新安王法曹。太子詹事江总举秀才，对策高第，授度支郎中，转侍郎，补撰史学士。祯明二年，加通直散骑常侍，聘于隋。遇高祖伐陈，礼成而不获反命，累表请辞。上不许，留紫宾馆。及陈亡，高祖遣使告之。善心衰服号哭于西阶之下，藉草东向，经三日。敕书唁焉。明日，有诏就馆，拜通直散骑常侍。赐衣一袭。善心哭尽哀，入房改服，复出北面立，垂涕再拜受诏。明日乃朝，伏泣于殿下，悲不能兴。上顾左右曰："我平陈国，唯获此人。既能怀其旧君，即是我诚臣也。"敕以本官直门下省，赐物千段，皂马二十匹。从幸太山，还授虞部侍郎。

十六年，有神雀降于含章闼，高祖召百官赐宴，告以此瑞。善心于座请纸笔，制《神雀颂》，其词曰：

臣闻观象则天，乾元合其德，观法审地，域大表其尊。雨施云行，四时所以生杀，川流岳立，万物于是裁成。出震乘离之君，纪凤司风之后，玉锤玉斗而降，金版金縢以传。并陶冶性灵，含煦动植，眇玄珠于赤水，寂明镜乎虚堂。莫不景福氤氲，嘉贶骈集，驰声南董，越响《云》《韶》。粤我皇帝之君临，阐大方，抗太极，负凤邸，据龙图。不言行焉，摄提建指，不肃清焉，喉铃启闭。括地复夏，截海萦商，就望体其尊，登咸昌其会。绵区浃宇，遐至迩安，腾实飞声，直畅傍施。无体之礼，威仪布政之宫，无声之乐，缀兆总章之观。上庠养老，躬问百年，下土字民，心为百姓。月栖日浴，热坂寒门，吹鳞羽之荒，赤蛇青马之裔，解辫请吏，削衽承风。岂止呼韩北场，颇勒狼居之岫，熄慎南境，近表不耐之城。故使天弗爱道，地宁吝宝，川岳展异，幽明效灵。狎素游颖，团膏漱醴，半景青赤，孳历亏盈。足足怀仁，般般扰义，祥祐之来若此，升隆之化如彼。而登封盛典，云亭伫白检之仪，致治成功，柴燎靡玄珪之告。虽奉常定礼，武骑草文，天子抑而未行，推而不有。允恭克让，其在斯乎？七十二君，信蔑如也！故神禽显贶，玄应特昭，白爵主铁豸之奇，赤爵衔丹书之贵。班固《神爵》之颂，履武戴文，曹植《嘉爵》之篇，栖庭集廗。未若于飞武帐，来贺文榱，刷采青蒲，将翱赤阙。玉几朝御，取玩轩楹之间，金门旦开，兼留晕翟之鉴。终古旷世，未或前闻，福召冥征，得之兹日。岁次上章，律谐大吕，玄枵会节，玄英统时。至尊未明求衣，晨兴于含章之殿。爰有瑞爵，翱翔而下。载行载止，当宸宁而徐前，来集来仪，承轩墀而顾步。夫瑞者符也，明主之休征；雀者爵也，圣人之大宝。谨案《考异邮》云："轩辕有黄爵赤头，立日傍。"占云："土精之应。"又《礼稽命征》云："祭祀合其宜，则黄爵集。"昔汉集泰畤之殿，魏下文昌之宫，一见雍丘之祠，三入平东之府，并旁观回瞩，事陋人微，奚足称矣。抑又闻之，不刳胎剖卵，则鸾凤驯鸣；不漉浸焚原，则螭龙盘蜿。是知陛下止杀，故飞走宅心，皇慈好生，而浮潜育德。臣面奉纶绋，垂示休祥，预承嘉宴，不胜藻跃。李虔僻处西土，陆机少长东隅，微臣惭于往贤，逢时盛乎曩代，辄竭庸琐，敢献颂云：

太素式肇，大德资生，功玄不器，道要无名。质文鼎革，沿习因成，祥图瑞史，赫赫明明。天保大定，于铄我君，武义乃武，文教惟文。横塞宇宙，旁凝射汾，轩物重造，姚风再薰。焕发王策，昭彰帝道，御地七神，飞天五老。山祇吐秘，河灵孕宝，黑羽升坛，青鳞伏皂。丹乌流火，白雉从风，栖阿德劭，鸣岐祚隆。未如神爵，近贺王宫，五灵何有，百福攸同。孔图献赤，荀文表白，节节奇音，行行瑞迹。化玉韡扆，衔环陛载，上天之命，明神所格。绥应在旐，伊臣预焉，永缉韦素，方流管弦。颂歌不足，蹈儛无宣，臣拜稽首，亿万斯年。

颂成，奏之，高祖甚悦，曰："我见神雀，共皇后观之。今旦召公等入，适述此事，善心于座始知，即能成颂，文不加点，笔不停毫，常闻此言，今见其事。"因赐物二百段。十七年，除秘书丞。于时秘藏图籍尚多淆乱，善心放阮孝绪《七录》，更制《七林》，各为总叙，冠于篇首。又于部录之下，明作者之意，区分其类例焉。又奏追李文博、陆从典等学者十许人，正定经史错谬。仁寿元年，摄黄门侍郎。二年，加摄太常少卿，与牛弘等议定礼乐，秘书丞、黄门，并如故。四年，留守京师。高祖崩于仁寿宫，炀帝秘丧不发，先易留守官人，出除岩州刺史。逢汉王谅反，不之官。

大业元年，转礼部侍郎，奏荐儒者徐文远为国子博士，包恺、陆德明、褚徽、鲁世达之辈并加品秩，授为学官。其年，副纳言杨达为冀州道大使，以称旨，赐物五百段。左卫大将军宇文述每日借本部兵数十人以供私役，常半日而罢。摄御史大夫梁毗奏劾之。上方以腹心委述，初付法推，千余人皆称被役。经二十余日，法官候伺上意，乃言役不满日，其数虽多，不合通计，纵令有实，亦当无罪。诸兵士闻之，更云初不被役。上欲释之，付议虚实，百僚咸议为虚。善心以为述于仗卫之所抽兵私役，虽不满日，阙于宿卫，与常役所部，情状乃殊。又兵多下番，散还本府，分道追至，不谋同辞。今殆一月，方始翻覆，奸状分明，此何可舍。苏威、杨汪等二十余人，同善心之议，其余皆议免罪。炀帝可免罪之奏。后数月，述潛善心曰："陈叔宝卒，善心与周罗睺、虞世基、袁充、蔡徵等同往送葬。善心为祭文，谓为陛下，敢于今日加叔宝尊号。"召问有实，自援古例，事得释，而帝甚恶之。又太史奏帝即位之年，与尧时符合，善心议，以国哀甫尔，不宜称贺。述讽御史劾之，左迁给事郎，降品二等。四年，撰《方物志》奏之。七年，从至涿郡，帝方自御戎以东讨，善心上封事忤旨，免官。其年复征为守给事郎。九年，摄左翊卫长史，从渡辽，授建节尉。帝尝言及高祖受命之符，因问鬼神之事，敕善心与崔祖濬撰《灵异记》十卷。

初，善心父诸著《梁史》，未就而殁。善心述成父志，修续家书，其《序传》末，述制作之意曰：

谨案太素将萌，洪荒初判，乾仪资始，辰象所以正时，《《载厚生，品物于焉播气。参三才而育德，肖二统而降灵。有人民焉，树之君长，有贵贱矣，为其宗极。保上天之眷命，膺下土之乐推，莫不执大方，振长策，感召风云，驱驰英俊。干戈揖让，取之也殊功，鼎玉龟符，成之也一致。革命创制，竹素之道稍彰，纪事记言，笔墨之官渐著。炎农以往，存其名而漏其迹，黄轩以来，晦其文而显其用。登丘纳麓，具训诰及典谟，贯昂入房，传夏正与殷祀。洎辨方正位，论时训功，南北左右，兼四名之别，梼杌乘车，擅一家之称。国恶虽讳，君举必书，故贼子乱臣，天下大惧，元龟明镜，昭然可察。及三郊递袭，五胜相沿，俱称百谷之主，并以四海自任，重光累德，何世无哉！

逮有梁之君临天下，江左建国，莫斯为盛。受命在于一君，继统乎四主，克昌四十八载，余祚五十六年。武皇帝出自诸生，爰升宝历，拯百王之弊，救万姓之危，反浇季之末流，登上皇之独道。朝多君子，野无遗贤，礼乐必备，宪章咸举。弘深慈于不杀，济大忍于无刑，荡荡巍巍，可为称首。属阴戎入颍，羯胡侵洛，沸腾磛黩，三季所未闻，扫地滔天，一元之巨厄。廊庙有序，翦成狐兔之场，珪帛有仪，碎夫犬羊之手。福善积而身祸，仁义在而国亡。岂天道欤？岂人事欤？尝别论之，在《序论》之卷。

先君昔在前代，早怀述作，凡撰《齐书》为五十卷；《梁书》纪传，随事勒成，及阙而未就者，《目录》注为一百八卷。梁室交变，坟籍销尽。冢壁皆残，不准无所盗，帷囊同毁，陈农何以求！秦儒既坑，先王之道将坠，汉臣徒请，口授之文亦绝。所撰之书，一时亡散。有陈初建，诏为史官，补阙拾遗，心识口诵。依旧目录，更加修撰，且成百卷，已有六帙五十八卷，上秘阁讫。

善心早婴荼蓼，弗荷薪构，太建之末，频抗表闻，至德之初，蒙授史任。方愿油素采访，门庭记录，俯励弱才，仰成先志；而单宗少强近，虚室类原、颜，退屏无所交游，栖迟不求进益。假班嗣之书，徒闻其语，给王隐之笔，未见其人。加以庸琐凉能，孤陋末学，忝职郎署，兼撰《陈史》，致此书延时，未即成绩。祯明二年，以台郎入聘，值本邑沦覆，他乡播迁，行人失时，将命不复。望都亭而长恸，迁别馆而悬壶。家史旧书，在后焚荡。今止有六十八卷在，又并缺落失次。自入京已来，随见补葺，略成七十卷。《四帝纪》八卷，《后妃》一卷，《三太子录》一卷，为一帙十卷。《宗室王侯列传》一帙十卷。《具臣列传》二帙二十卷。《外戚传》一卷，《孝德传》一卷，《诚臣传》一卷，《文苑传》二卷，《儒林传》二卷，《逸民传》一卷，《数术传》一卷，《藩臣传》一卷，合一帙十卷。《止足传》一卷，《列女传》一卷，《权幸传》一卷，《羯贼传》二卷，《逆臣传》二卷，《叛臣传》二卷，《叙传论述》一卷，合一帙十卷。凡称史臣者，皆先君所言，下称名案者，并善心补阙。别为《叙论》一篇，托于《叙传》之末。

十年，又从至怀远镇，加授朝散大夫。突厥围雁门，摄左亲卫武贲郎将，领江南兵宿卫殿省。驾幸江都郡，追叙前勋，授通议大夫。诏还本品，行给事郎。十四年，化及杀逆之日，隋官尽诣朝堂谒贺，善心独不至。许弘仁驰告之曰："天子已崩，宇文将军摄政，合朝文武莫不咸集。天道人事，自有终始，何预于叔而低徊若此！"善心怒之，不肯随去。弘仁反走上马，泣而言曰："将军于叔全无恶意，忽自求死，岂不痛哉！"还告唐奉义，以状白化及，遣人就宅执至朝堂。化及令释之，善心不舞蹈而出。化及目送之曰："此人大负气。"命捉将来，骂云："我好欲放你，敢如此不逊！"其党辄牵曳，因遂害之，时年六十一。及越王称制，赠左光禄大夫、高阳县公，谥曰文节。

善心母范氏，梁太子中舍人孝才之女，少寡养孤，博学有高节。高祖知之，敕尚食每献时新，常遣分赐。尝诏范入内，侍皇后讲读，封永乐郡君。及善心遇祸，范年九十有二，临丧不哭，抚柩曰："能死国难，我有儿矣。"因卧不食，后十余日亦终。

李文博

博陵李文博，性贞介鲠直，好学不倦，至于教义名理，特所留心。每读书至治乱得失，忠臣列十，未尝不反覆吟玩。开皇中，为羽骑尉，特为吏部侍郎薛道衡所知，恒令在听事帷中披检书史，并察己行事。若遇治政善事，即抄撰记录，如选用疏谬，即委之臧否。道衡每得其语，莫不欣然从之。后直秘书内省，典校坟籍，守道居贫，晏如也。虽衣食乏绝，而清操逾厉，不妄通宾客，恒以礼法自处，侪辈莫不敬惮焉。道衡知其贫，每延于家，给以资费。文博商略古今，治政得失，如指诸掌，然无吏干。稍迁校书郎。后出为县丞，遂得下考，数岁不调。道衡为司隶大夫，遇之于东都尚书省，甚嗟憫之，遂奏为从事。因为齐王司马李纲曰："今日遂遇文博，得奏用之。"以为欢笑。其见赏知音如此。在洛下，曾诣房玄龄，相送于衢路。玄龄谓之曰："公生平志尚，唯在正直，今既得为从事，故应有会素心。比来激浊扬清,所为多少?"文博遂奋臂厉声曰:"夫清其流者必洁其源,正其末者须端其本。今治源混乱,虽日免十贪郡守,亦何所益!"其謇直疾恶,不知忌讳,皆此类也。于时朝政浸坏,人多赃贿,唯文博不改其操,论者以此贵之。遭离乱播迁,不知所终。

初,文博在内校书,虞世基子亦在其内,盛饰容服,而未有所却。文博因从容问之年纪,答云:"十八。"文博乃谓之曰:"昔贾谊当此之年,议论何事?君今徒事仪容,故何为者!"又秦孝王妃生男,高祖大喜,颁赐群官各有差。文博家道屡空,人谓其悦,乃云:"赏罚之设,功过所归,今王妃生男,于群官何事,乃妄受赏也!"其循名责实,录过计功,必使赏罚不滥,功过无隐者皆尔。文博本为经学,后读史书,于诸子及论尤所该洽。性长议论,亦善属文,著《治道集》十卷,大行于世。

史臣曰:明克让、魏澹等,或博学洽闻,词藻赡逸,既称燕赵之俊,实曰东南之美。所在见宝,咸取禄位,无往非命,盖亦道有存焉。澹之《魏书》,时称简正,条例详密,足传于后。此外诸子,各有记述,虽道或小大,皆志在立言,美矣。

卷五十九　　列传第二十四

炀　三　子

炀帝三男,萧皇后生元德太子昭、齐王暕,萧嫔生赵王杲。

元德太子昭,炀帝长子也,生而高祖命养宫中。三岁时,于玄武门弄石师子,高祖与文献后至其所。高祖适患腰痛,举手凭后,昭因避去,如此者再三。高祖叹曰:"天生长者,谁复教乎!"由是大奇之。高祖尝谓曰:"当为尔娶妇。"昭应声而泣。高祖问其故,对曰:"汉王未婚时,恒在至尊所,一朝娶妇,便则出外。惧将违离,是以啼耳。"上叹其有至性,特钟爱焉。

年十二,立为河南王。仁寿初,徙为晋王,拜内史令,兼左卫大将军。后三年,转雍州牧。炀帝即位,便幸洛阳宫,昭留守京师。大业元年,帝遣使者立为皇太子。昭有武力,能引强弩。性谦冲,言色恂恂,未尝忿怒。有深嫌可责者,但云"大不是"。所膳不许多品,帷席极于俭素。臣吏有老父母者,必亲问其安否,岁时皆有惠赐。其仁爱如此。明年,朝于洛阳。后数月,将还京师,愿得少留,帝不许,拜请无数。体素肥,因致劳疾。帝令巫者视之,云:"房陵王为祟。"未几而薨。诏内史侍郎虞世基为哀册文曰:

维大业二年七月癸丑朔二十三日,皇太子薨于行宫。粤三年五月庚辰朔六日,将迁座于庄陵,礼也。

蜃绋宵载,鹤关晓辟,肃文物以具陈,俨宾从而其

昔。皇帝悼离方之云晦,嗟震宫之亏象,顾守器以长怀,临登馂而兴想。先远戒日,占谋允从,庭彝彻祖,阶阢收重,抗铭旌以启路,动徐轮于振容。揆行度名,累德彰谥,爰诏史册,式遵典志,俾浚哲之徽猷,播长久乎天地。其辞曰:

宸基峻极,帝绪会昌。体元袭圣,仪耀重光。气秀春陆,神华令阳。居周轶诵,处汉韬庄。有纵生知,诞膺惟睿。性道觿日,几深绮岁。降迹大成,俯情多艺。树亲建国,命懿作藩。威蕤先路,鸟奕渠门。庸服有纪,分器惟尊。风高楚殿,雅盛梁园。睿后膺储,天人协顺。本茂条远,基崇体峻。改王参墟,奄有唐、晋。在贵能谦,居冲益慎。封畿千里,阊阖九重。神州王化,禁旅军容。瞻言偃草,高视折冲。帷扆清秘,亲贤允属。泛景风澜,飞华螭玉。挥翰泉涌,敷言藻缛。式是便烦,思谋启沃。洪惟积德,丰衍繁祉。粤自天孙,光升元子。绿车逮事,翠缨奉祀。肃穆满容,仪形让齿。礼乐交畅,爱敬兼资。优游养德,恭已有仪。南山聘隐,东序尊师。有粹神仪,深穆其度。显显观德,温温审谕。炯戒齐箴,留连王赋。入监出抚,日就月将。冲情玉裕,令问金相。宜绥景福,永作元良。神理冥漠,天道难究。仁不必寿,善或愆祐。遽瑶山之颓坏,忽桂宫之毁构。痛结幽明,悲缠宇宙。恸皇情之深悯,摧具僚其如疚。呜呼哀哉!回环气朔,荏苒居诸。沾零露于瑶圃,下申霜于玉除。夜漏尽兮空阶曙,晓月悬兮帷殿虚。呜呼哀哉!将宁甫窆,长违望苑。渡渭涘于造舟,遵长平之修坂。望鹤驾而不追,顾龙楼而日远。呜呼哀哉!永隔存没,长分古今。去荣华于人世,即潜邃之幽深。霏夕烟而稍起,惨落景而将沉。听哀挽之凄楚,杂灌木之悲吟。纷徒御而流袂,歆缨弁以沾衿。呜呼哀哉!九地黄泉,千年白日。虽金石之能久,终天壤乎长毕。敢图芳于篆素,永飞声而腾实。

帝深追悼。

有子三人,韦妃生恭皇帝,大刘良娣生燕王倓,小刘良娣生越王侗。

燕王倓字仁安。敏慧美姿仪,炀帝于诸孙中特所钟爱,常置左右。性好读书,尤重儒素,非造次所及,有若成人。良娣早终,每至忌日,未尝不流涕呜咽。帝由是益以奇之。宇文化及弑逆之际,倓觉变,欲入奏,恐露其事,因与梁公萧钜、千牛宇文皛等穿芳林门侧水窦而入。至玄武门,诡奏曰:"臣卒中恶,命县俄顷,请得面辞,死无所恨。"冀以见帝,为司宫者所遏,竟不得闻。俄而难作,为贼所害,时年十六。

越王侗字仁谨,美姿仪,性宽厚。大业二年,立为越王。帝每巡幸,侗常留守东都。杨玄感作乱之际,与民部尚书樊子盖拒之。及玄感平,朝于高阳,拜高阳太守。俄以本官复留守东都。十三年,帝幸江都,复令侗与金紫光禄大夫段达、太府卿元文都、摄民部尚书韦津、右武卫将军皇甫无逸等总留台事。宇文化及之弑逆也,文都等议,以侗元德太子之子,属最为近,于是乃共尊立,大赦,改

元曰皇泰。谥帝曰明，庙号世祖。追尊元德太子为孝成皇帝，庙号世宗。尊其母刘良娣为皇太后。以段达为纳言、右翊卫大将军、摄礼部尚书，王世充亦纳言、左翊卫大将军、摄吏部尚书，元文都内史令、左骁卫大将军，卢楚亦内史令，皇甫无逸兵部尚书、右武卫大将军，郭文懿内史侍郎，赵长文黄门侍郎，委以机务，为金书铁券，藏之宫掖。于时洛阳称段达等为"七贵"。

未几，宇文化及立秦王子浩为天子，来次彭城，所经城邑多从逆党。侗惧，遣使者盖琮、马公政招怀李密。密遂遣使请降，侗大悦，礼其使甚厚。即拜密为太尉、尚书令、魏国公，令拒化及。下书曰：

我大隋之有天下，于兹三十八载。高祖文皇帝圣略神功，载造区夏。世祖明皇帝则天法地，混一华戎。东暨蟠木，西通细柳，前逾丹徼，后越幽都。日月之所临，风雨之所至，圆首方足，禀气食苗，莫不尽入提封，皆为臣妾。加以宝贶毕集，灵瑞咸臻，作乐制礼，移风易俗。智周寰海，万物咸受其赐，道济天下，百姓用而不知。世祖往因历试，统临南服，自居皇极，顺兹望幸。所以往岁省方，展礼肆觐，停銮驻跸，按驾清道，八屯如昔，七萃不移。岂意衅起非常，逮于轩陛，灾生不意，延及冕旒。奉讳之日，五情崩陨，攀号荼毒，不能自胜。

且闻之，自古代有屯剥，贼臣逆子，无世无之。至如宇文化及，世传庸品。其父述，往属时来，早沾厚遇，赐以婚媾，置之公辅，位尊九命，禄重万钟，礼极人臣，荣冠世表。徒承海岳之恩，未有涓尘之益。化及以此下材，凤蒙顾盼，出入外内，奉望阶墀。昔陪藩国，统领禁卫，及从升皇祚，陪列九卿。但本性凶狠，恣其贪秽，或交结恶党，或侵掠货财，事重刑篇，状盈狱简。在上不遗簪履，恩加草芥，至至死宰，每蒙恕免。三经除解，寻复本职，再徙边裔，仍即追还。生成之恩，昊天罔极，奖擢之义，人事罕闻。化及枭獍为心，禽兽不若，纵毒兴祸，倾覆行宫。诸王兄弟，一时残酷，痛暴行路，世不忍言。有穷之在夏时，犬戎之于周代，衅辱之极，亦未是过。朕所以刻骨崩心，饮胆尝血，瞻天视地，无处容身。

今王公卿士，庶僚百辟，咸以大宝鸿名，不可颠坠，元凶巨猾，须早夷殄，翼戴朕躬，嗣守宝位。顾惟寡薄，志不逮此。今者出麤屦而杖旄钺，释衰麻而摄甲胄，衔冤誓众，忍泪治兵，指日遣征，以平大盗。且化及伪立秦王之子，幽遏比于囚拘，其身自称霸相，专擅拟于九五。履践禁御，据为宫闱，昂首扬眉，初无惭色。衣冠朝望，外惧凶威，志士诚臣，内皆愤怨。以我义师，顺彼天道，枭夷丑族，匪夕伊朝。

太尉、尚书令、魏公丹诚内发，宏略外举，率勤王之师，讨违天之逆。果毅争先，熊罴竞逐，金鼓振慑，若火焚毛，锋刃纵横，如汤沃雪。魏公志在匡济，投袂前驱，朕亲御六军，星言继进。以此众战，以斯顺举，擘山可以动，射石可以入。况拥此人徒，皆有离德，京都侍卫，西忆乡家，江左淳民，南思邦邑，

比来表书骆驿，人信相寻。若王师一临，旧章暂睹，自应解甲倒戈，冰销叶散。且闻化及自恣，天夺其心，杀戮不辜，挫辱人士，莫不道路仄目，号天局地。朕今复仇雪耻，枭辕者一人，拯溺救焚，所哀者士庶。唯天鉴孔殷，祐我宗社，亿兆感义，俱会朕心。枭戮元凶，策勋饮至，四海交泰，称朕意焉。兵术军机，并受魏公节度。

密见使者，大悦，北面拜伏，臣礼甚恭。密遂东拒化及。"七贵"颇不协，阴有相图之计。未几，元文都、卢楚、郭文懿、赵长文等为世充所杀，皇甫无逸通归长安。世充诣侗所陈谢，辞情哀苦。侗以为至诚，命之上殿，被发为盟，誓无贰志。自是侗无所关预。侗心不能平，遂与记室陆士季谋图世充，事不果而止。及世充破李密，众望益归之，遂自为郑王，总百揆，加九锡，备法物，侗不能禁也。段达、云定兴等十人入见于侗曰："天命不常，郑王功德甚盛，愿陛下揖让告禅，遵唐、虞之迹。"侗闻之怒曰："天下者，高祖之天下，东都者，世祖之东都。若隋德未衰，此言不可发；必天命有改，亦何论于禅让！公等或先朝旧臣，绩宣上代，或勤王立节，身服轩冕，忽有斯言，朕复当何所望！"神色懔然，侍卫者莫不流汗。既而退朝，对良娣而泣。世充更使人谓侗曰："今海内未定，须得长君。待四方乂安，复子明辟，必若前盟，义不违负。"侗不得已，逊位于世充，遂被幽于含凉殿。世充僭伪号，封为潞国公，邑五千户。

月余，宇文儒童、裴仁基等谋诛世充，复尊立侗，事泄，并见害。世充兄世恽因劝世充害侗，以绝民望。世充遣其侄行本赍鸩诣侗所曰："愿皇帝饮此酒。"侗知不免，请与母相见，不许。遂布席焚香礼佛，咒曰："从今以去，愿不生帝王尊贵之家。"于是仰药。不能时绝，更以帛缢之。世充伪谥为恭皇帝。

齐王暕，字世朏，小字阿孩。美容仪，疏眉目，少为高祖所爱。开皇中，立为豫章王，邑千户。及长，颇涉经史，尤工骑射。初为内史令。仁寿中，拜扬州总管沿淮以南诸军事。炀帝即位，进封齐王，增邑四千户。大业二年，帝初入东都，盛陈卤簿，暕为军导。寻转豫州牧。俄而元德太子薨，朝野注望，咸以暕当嗣。帝又敕吏部尚书牛弘妙选官属，公卿由是多进子弟。明年，转雍州牧，寻徙河南尹、开府仪同三司。元德太子左右二万余人悉隶于暕，宠遇益隆，自乐平公主及诸戚属竞来致礼，百官称谒，填咽道路。

暕颇骄恣，昵近小人，所行多不法，遣乔令则、刘虔安、裴该、皇甫谌、库狄仲锜、陈智伟等求声色狗马。令则等因此放纵，访人家有女者，辄矫暕命呼之，载入暕宅，因缘藏隐，恣行淫秽，而后遣之。仲锜、智伟二人诣陇西，挝炙诸胡，责其名马，得数匹以进于暕。暕复还主，仲锜等诈言王赐，将归于家，暕不之知也。又乐平公主尝奏帝，言柳氏女美者，帝未有所答。久之，主复以柳氏进于暕，暕纳之。其后帝问主柳氏女所在，主曰："在齐王所。"帝不悦。暕于东都营第，大门无故而崩，听事梁中折，识

者以为不祥。其后从帝幸榆林,暕督后军步骑五万,恒与帝相去数十里而舍。会帝于汾阳宫大猎,诏暕以千骑入围。暕大获麋鹿以献,而帝未有得也,乃怒从官,皆言为暕左右所遏,兽不得前。帝于是发怒,求暕罪失。

时制县令无故不得出境,有伊阙令皇甫诩幸于暕,违禁将之汾阳宫。又京兆人达奚通有妾王氏善歌,贵游宴聚,多或要致,于是展转亦出入王家。御史韦德裕希旨劾暕,帝令武士千余大索暕第,因穷治其事。暕妃韦氏者,民部尚书冲之女也,早卒,暕遂与妃姊元氏妇通,遂产一女,外人皆不得知。阴引乔令则于第内酣宴,令则称庆,脱暕帽以为欢乐。召相工令遍视后庭,相工指妃姊曰:"此产子者当为皇后。王贵不可言。"时国无储副,暕自谓次当得立。又以元德太子有三子,内常不安,阴挟左道,为厌胜之事。至是,事皆发,帝大怒,斩令则等数人,妃姊赐死,暕府僚皆斥之边远。时赵王杲犹在孩孺,帝谓侍臣曰:"朕唯有暕一子,不然者,当肆诸市朝,以明国宪也。"暕自是恩宠日衰,虽为京尹,不复关预时政。帝恒令武贲郎将一人监其府事,暕有微失,武贲辄奏之。帝亦常虑暕生变,所给左右,皆以老弱,备员而已。暕每怀危惧,心不自安。又帝在江都宫,元会,暕具法服将朝,无故有血从裳中而下。又坐斋中,见群鼠数十,至前而死,视皆无头。暕意甚恶之。俄而化及作乱,兵将犯跸,帝闻,顾谓萧后曰:"得非阿孩邪?"其见疏忌如此。化及复令人捕暕,暕时尚卧未起,贼既进,暕惊曰:"是何人?"莫有报者,暕犹谓帝令捕之,因曰:"诏使且缓。儿不负国家。"贼于是曳至街而斩之,及其二子亦遇害。暕竟不知杀者为谁。时年三十四。

有遗腹子政道,与萧后同入突厥,处罗可汗号为隋王,中国人没入北蕃者,悉配之以为部落,以定襄城处之。及突厥灭,归于大唐,授员外散骑侍郎。

赵王杲,小字季子。年七岁,以大业九年封赵王。寻授光禄大夫,拜河南尹。从幸淮南,诏行江都太守事。杲聪令,美容仪,帝有所制词赋,杲多能诵之。性至孝,常见帝风动不进膳,杲亦终日不食。又萧后当灸,杲请先尝炷,后不许之,杲泣请曰:"后所服药,皆蒙尝之。今灸,愿听尝炷。"悲咽不已。后竟为其停灸,由是尤爱之。后遇化及反,杲在帝侧,号恸不已。裴虔通使贼斩之于帝前,血湔御服。时年十二。

史臣曰:元德太子雅性谨重,有君人之量,降年不永,哀哉!齐王敏慧可称,志不及远,颇怀骄僣,故炀帝疏而忌之。心无父子之亲,貌展君臣之敬,身非积善,国有余殃。至令赵及燕、越皆不得其死,悲夫!

卷六十　　　列传第二十五

崔仲方

崔仲方,字不齐,博陵安平人也。祖孝芬,魏荆州刺史。父宣猷,周小司徒。仲方少好读书,有文武才干。年十五,周太祖见而异之,令与诸子同就学。时高祖亦在其中,由是与高祖少相款密。后以明经为晋公宇文护参军事,寻转记室,迁司玉大夫,与斛斯徵、柳敏等同修礼律。后以军功,授平东将军、银青光禄大夫,赐爵石城县男,邑三百户。时武帝阴有灭齐之志,仲方献二十策,帝大奇之。后与少内史赵芬删定格式。寻从帝攻晋州,齐之亚将崔景嵩请为内应,仲方与段文振等登城应接,遂下晋州,语在《文振传》。又令仲方说翼城等四城,下之。授仪同,进爵范阳县侯。后以行军长史从郯公王轨擒陈将吴明彻于吕梁,仲方计策居多。宣帝嗣位,为少内史,奉使淮南而还。

会帝崩,高祖为丞相,与仲方相见,握手极欢,仲方亦归心焉。其夜上便宜十八事,高祖并嘉纳之。又见众望有归,阴劝高祖应天受命,高祖从之。及受禅,上召仲方与高颎议正朔服色事。仲方曰:"晋为金行,后魏为水,周为木。皇家以火承木,得天之统。又圣躬载诞之初,有赤光之瑞,车服旗牲,并宜用赤。"又劝上除六官,请依汉、魏之旧。上皆从之。进位上开府,寻转司农少卿,进爵安固县公。令发丁三万,于朔方、灵武筑长城,东至黄河,西拒绥州,南至勃出岭,绵亘七百里。明年,上复令仲方发丁十五万,于朔方已东缘边险要筑数十城,以遏胡寇。

丁父艰去职。未期,起为虢州刺史。上书论取陈之策曰:

臣谨案晋太康元年岁在庚子,晋武平吴,至今开皇六年,岁次丙午,合三百七载。《春秋宝乾图》云:"王者三百年一蠲法。"今年三百之期,可谓备矣。陈氏草窃,起于丙子,至今丙午,又子午为冲,阴阳之忌。昔史赵有言曰:"陈,颛顼之族,为水,故岁在鹑火以灭。"又云:"周武王克商,封胡公满于陈。"至鲁昭公九年,陈灾,裨灶曰:"岁五及鹑火而后陈亡,楚克之。"楚,祝融之后也,为火正,故夏灭陈。陈承舜后,舜承颛顼,虽太岁左行,岁星右转,鹑火之岁,陈族再亡,戊午之年,妫虞运尽。语迹虽殊,考事无别。皇朝五运相承,感火德而王,国号为隋,与楚同分。楚是火正,午为鹑火,未为鹑首,申为实沉,酉为大梁。既当周、秦、晋、赵之分,若当此分发兵,将得岁之助,以今量古,陈灭不疑。臣谓午未申酉,并是数极。盖闻天时不如地利,地利不如人和,况主圣臣良,兵强国富,动植回心,人神叶契。陈既主昏于上,民蔽于下,险无百二之固,众非九国之师。夏癸、殷辛尚不能立，独此岛夷而稽天讨！伏度朝廷自有宏谟，但刍荛所见，冀申萤爝。今唯须武昌已下，蕲、和、滁、方、吴、海等州更帖精兵，密营渡计。益、信、襄、荆、基、郢等州速造舟楫，多张形势，为水战之具。蜀、汉二江，是其上流，水路冲要，必争之所。贼虽于流头、荆门、延州、公安、巴陵、隐矶、夏首、蕲口、盆城置船，终聚汉口、峡口，以水战大决。若贼必以上流有军，令精兵赴援者，下流诸将即须择便横渡。如拥众自卫，上江水军鼓行以前。虽恃九江五湖之险，非德无以为固，徒有三吴、百越之兵，无恩不能自立。

上览而大悦，转基州刺史，征入朝。仲方因面陈经略，上善之，赐以御袍袴，并杂彩五百段，进位开府而遣之。及大举伐陈，以仲方为行军总管，率兵与秦王会。及陈平，坐事免。未几，复位。后数载，转会州总管。时诸羌犹未宾附，诏令仲方击之，与贼三十余战，紫祖、四邻、望方、涉题、干碉、小铁围山、白男王、弱水等诸部悉平。赐奴婢一百三十口，黄金三十斤，杂物称是。

仁寿初，授代州总管，在职数年，被征入朝。会上崩，汉王谅余党据吕州不下，炀帝令周罗睺攻之，中流矢卒，乃令仲方代总其众，月余拔之。进位大将军，拜民部尚书，寻转礼部尚书。后三载，坐事免。寻为国子祭酒，转太常卿。朝廷以其衰老，出拜上郡太守。未几，以母忧去职。岁余，起为信都太守，上表乞骸骨，优诏许之。寻卒于家，时年七十六。子民寿，官至定陶令。

于仲文 兄顗 从父弟玺

于仲文，字次武，建平公义之兄子也。父寔，周大左辅、燕国公。仲文少聪敏，髫龀就学，耽阅不倦。其父异之曰："此儿必兴吾宗矣。"九岁，尝于云阳宫见周太祖，太祖问曰："闻儿好读书，书有何事？"仲文对曰："资父事君，忠孝而已。"太祖甚嗟叹之。其后就博士李祥受《周易》、《三礼》。略通大义。及长，倜傥有大志，气调英拔，当时号为名公子。起家为赵王属，寻迁安固太守。有任、杜两家各失牛，后得一牛，两家俱认，州郡久不能决。益州长史韩伯俊曰："于安固少聪察，可令决之。"仲文对曰："此易解耳。"于是令二家各驱牛群至，乃放所认者，遂向任氏群中。又阴使人微伤其牛，任氏嗟惋，杜家自若。仲文于是诃诘杜氏，杜氏服罪而去。始州刺史屈突尚，宇文护之党也，先坐事下狱，无敢绳者。仲文至郡穷治，遂竟其狱。蜀中为之语曰："明断无双有于公，不避强御有次武。"未几，征为御正下大夫，封延寿郡公，邑三千五百户。数从征伐，累勋授仪同三司。宣帝时，为东郡太守。

高祖为丞相，尉迟作乱，遣将檀让收河南之地。复使人诱致仲文，仲文拒之。迥怒其不同己，遣仪同宇文威攻之。仲文迎击，大破威众，斩首五百余级。以功授开府。迥又遣其将宇文胄渡石济，宇文威、邹绍自白马，二道俱进，复攻仲文。贼势逾盛，人情大骇，郡人赫连僧伽、敬子哲率众应迥。仲文自度不能支，弃妻子，将六十余骑，开城西门，溃围而遁。为贼所追，且战且行，所从骑战死者十七八。仲文仅而获免，达于京师。迥于是屠其三子一女。高祖见之，引入卧内，为之下泣。赐彩五百段，黄金二百两，进位大将军，领河南道行军总管。给以鼓吹，驰传诣洛阳发兵，以讨檀让。时韦孝宽拒迥于永桥，仲文诣孝宽有所计议。时总管宇文忻颇有自疑之心，因谓仲文曰："公新从京师来，观执政意何如也？尉迥诚不足平，正恐事宁之后，更有藏弓之虑。"仲文惧忻生变，因谓之曰："丞相宽仁大度，明识有余，苟能竭诚，必心无贰。仲文在京三日，频见三善，以此为观，非寻常人也。"忻曰："三善如何？"仲文曰："有陈万敌者，新从贼中来，即令其弟难敌召募乡曲，从军讨贼。此其有大度一也。上士宋谦，奉使勾检，谦缘此求他罪。丞相责之曰：'入网者自可推求，何须别访，以亏大体。'此其不求人私二也。言及仲文妻子，未尝不潸泫。此其有仁心三也。"忻自此遂安。

仲文军至汴州之东倪坞，与迥将刘子昂、刘浴德等相遇，进击破之。军次蓼堤，去梁郡七里，让拥众数万，仲文以赢师挑战。让悉众来拒，仲文伪北，让军颇骄。于是遣精兵左右翼击之，大败让军，生获五千余人，斩首七百级。进攻梁郡，迥守将刘子宽弃城遁走。仲文追击，擒斩数千人，子宽仅以身免。初，仲文在蓼堤，诸将皆曰："军自远来，士马疲敝，不可决胜。"仲文令三军趣食，列阵大战。既而破贼，诸将皆请曰："前兵疲不可交战，竟而克胜，其计安在？"仲文笑曰："吾所部将士皆山东人，果于速进，不宜持久。乘势击之，所以制胜。"诸将皆以为非所及也。进击曹州，获迥所署刺史李仲康及上仪同房劲。檀让以余众屯城武，别将高士儒以万人屯永昌。仲文诈移书州县曰："大将军至，可多积粟。"让仲文未能卒至，方槌牛享士。仲文知其怠，选精骑袭之，一日便至，遂拔城武。迥将席毗罗，众十万，屯于沛县，将攻徐州。其妻子在金乡。仲文遣人诈为毗罗使者，谓金乡城主徐善净曰："檀让明日午时到金乡，将宣蜀公令，赏赐将士。"金乡人谓为信然，皆喜。仲文简精兵，伪建迥旗帜，倍道而进。善净望见仲文军且至，以为檀让，乃出迎谒。仲文执之，遂取金乡。诸将多劝屠之，仲文曰："此城是毗罗起兵之所，当宽其妻子，其兵可自归。如即屠之，彼望绝矣。"众皆称善。于是毗罗恃众来薄官军，仲文背城结阵，去军数里，设伏于麻田中。两阵才合，伏兵发，俱曳柴鼓噪，尘埃张天。毗罗军大溃，仲文乘之，贼皆投洙水而死，为之不流。获檀让，槛送京师，河南悉平。毗罗匿荥阳人家，执斩之，传首阙下。勒石纪功，树于泗上。

入朝京师，高祖引入卧内，宴享极欢。赐杂彩千余段，妓女十人，拜柱国、河南道大行台。属高祖受禅，不行。未几，其叔父太尉翼坐事下狱，仲文亦为吏所簿，于狱中上书曰：

臣闻春生夏长，天地平分之功，子孝臣诚，人伦不易之道。曩者尉迥逆乱，所在影从。臣任处关河，地居冲要，尝胆枕戈，誓以必死。迥时购臣位大将军、邑万户。臣不顾妻子，不爱身命，冒白刃，溃重围，三男一女,相继沦没,披露肝胆,驰赴阙庭。蒙陛下授臣以高官,委臣以兵革。于时河南凶寇,狼顾鸱张,臣以羸兵八千,扫除氛祲。摧刘宽于梁郡,破檀让于蓼堤,平曹州,复东郡、安城、武定、永昌,解亳州围,殄徐州贼。席毗十万之众,一战土崩,河南蚁聚之徒,应时戡定。当群凶问鼎之际,黎元乏主之辰,臣第二叔翼先在幽州,总驭燕、赵,南邻群寇,北捍旄头,内外安抚,得免罪戾。臣第五叔智建牙黑水,与王谦为邻,式遏蛮陬,镇绥蜀道。臣兄颉作牧淮南,坐制勍敌,乘机剿定,传首京师。王谦窃据二江,叛换三蜀。臣第三叔义受脤庙庭,龚行天讨。自外父叔兄弟,皆当文武重寄,或衔命危难之间,或侍卫钩陈之侧,合门诚款,冀有可明。伏愿垂泣辜之恩,降云雨之施,追草昧之始,录涓滴之功,则寒灰更然,枯骨生肉,不胜区区之至,谨冒死以闻。

上览表,并翼俱释之。

未几,诏仲文率兵屯白狼塞以备胡。明年,拜行军元帅,统十二总管以击胡。出服远镇,遇虏,破之,斩首千余级,六畜巨万计。于是从金河出白道,遣总管辛明瑾、元滂、贺兰志、吕楚、段谐等二万人出盛乐道,趋那颉山。至护军川北,与虏相遇,可汗见仲文军容齐肃,不战而退。仲文率精骑五千,逾山追之,不及而还。上以尚书文簿繁杂,吏多奸计,令仲文勘录省中事。其所发擿甚多,上嘉其明断,厚加劳赏焉。上每忧转运不给,仲文请决渭水,开漕渠。上然之,使仲文总其事。及伐陈之役,拜行军总管,以舟师自章山出汉口。陈鄂州刺史荀法尚、鲁山城主诞法澄、邓沙弥等请降,秦王俊皆令仲文以兵纳之。高智慧等作乱江南,复以行军总管讨之。时三军乏食,米粟踊贵,仲文私粜军粮,坐除名。明年,复官爵,率兵屯马邑以备胡。数旬而罢。

晋王广以仲文有将领之才,每常属意,至是奏之,乃令督晋王军府事。后突厥犯塞,晋王为元帅,以仲文将前军,大破贼而还。仁寿初,拜太子右卫率。炀帝即位,迁右翊卫大将军,参掌文武选事。从帝讨吐谷浑,进位光禄大夫,甚见亲幸。辽东之役,仲文率军指乐浪道。军次乌骨城,仲文简羸马驴数千,置于军后。既而率众东过,高丽出兵掩袭辎重,仲文回击,大破之。至鸭绿水,高丽将乙支文德诈降,来入其营。仲文先奉密旨,若遇高元及文德者,必擒之。至是,文德来,仲文将执。时尚书右丞刘士龙为慰抚使,固止之。仲文遂舍文德。寻悔,遣人绐文德曰:"更有言议,可复来也。"文德不从,遂济。仲文选骑渡水追之,每战破贼。文德遗仲文诗曰:"神策究天文,妙算穷地理。战胜功既高,知足愿云止。"仲文答书谕之,文德烧栅而遁。时宇文述以粮尽欲还,仲文议以精锐追文德,可以有功。述固止之,仲文怒曰:"将军仗十万之众,不能破小贼,何颜以见帝!且仲文此行也,固无功矣。"述因厉声曰:"何以知无功?"仲文曰:"昔周亚夫之为将也,见天子军容不变。此决在一人,所以功成名遂。今者人各其心,何以赴敌!"初,帝以仲文有计画,令诸军咨禀节度,故有此言。由是述等不得已而从之,遂行。

东至萨水,宇文述以兵馁退归,师遂败绩。帝以属吏,诸将皆委罪于仲文。帝大怒,释诸将,独系仲文。仲文忧恚发病,困笃方出之,卒于家,时年六十八。撰《汉书刊繁》三十卷、《略览》三十卷。有子九人,钦明最知名。

颉字元武,身长八尺,美须眉。周大冢宰宇文护见而器之,妻以季女。寻从父勋赐爵新野郡公,邑三千户。授大都督,迁车骑大将军、仪同三司。其后累以军功,授上开府,历左、右宫伯,鄢州刺史。大象中,以水军总管从韦孝宽经略淮南。颉率开府元绍贵、上仪同毛猛等,以舟师自颍口入淮。陈防主潘深弃栅而走,进与孝宽攻拔寿阳。复引师围硖石,守将许约惧而降,颉乃拜东广州刺史。

尉迥之反也,时总管赵文表与颉素不协,颉将图之,因卧阁内,诈得心疾,谓左右曰:"我见两三人至我前者,辄大惊,即欲斫之,不能自制也。"其有宾客候问者,皆令去左右。颉渐称危笃,文表往候之,令从者至大门而止,文表独至颉所。颉欻然而起,抽刀斫杀之,"因唱言曰:"文表与尉迥通谋,所以斩之。"其麾下无敢动者。时高祖以尉迥未平,虑颉复生边患,因而劳勉之,即拜吴州总管。陈将钱茂和率数千人袭江阳,颉逆击走之。陈复遣将陈纪、周罗睺、燕合儿等袭颉,颉拒之而退,赐彩数百段。

高祖受禅,文表弟诣阙称兄无罪。上令案其事,太傅窦炽等议颉当死。上以门著勋绩,特原之,贬为开府。后袭爵燕国公,邑万六千户。寻以疾免。开皇七年,拜泽州刺史。数年,免职,卒于家。子世虔嗣。

玺字伯符。父翼,仕周为上柱国、幽州总管、任国公。高祖为丞相,尉迥作乱,遣人诱翼。翼锁其使,送之长安,高祖甚悦。及高祖受禅,翼入朝,上为之降榻,握手极欢。数日,拜为太尉。岁余,卒,谥曰穆。

玺少有器干,仕周,起家右侍上士。寻授仪同,领右羽林,迁少胥附。武帝时,从齐王宪破齐师于洛阳,以功赐爵丰宁县子,邑五百户。寻从帝平齐,加开府,改封黎阳县公,邑千二百户,授职方中大夫。及宣帝嗣位,转右勋曹中大夫。寻领右忠义。高祖为丞相,加上开府。及受禅,进位大将军,拜汴州刺史,甚有能名。上闻而善之,优诏褒扬,赐帛百匹。寻加上大将军,进爵郡公。转邵州刺史,在州数年,甚有恩惠。后检校江陵总管,州人张愿等数十人,诣阙上表,请留玺。上嘉叹良久,令还邵州,父老相贺。寻迁洛州刺史,复为熊州刺史,并有惠政。以疾征还京师。仁寿末,卒于家,谥曰静。有子志本。

段文振

段文振,北海期原人也。祖寿,魏沧州刺史。父威,周洮、河、甘、渭四州刺史。文振少有膂力,胆气过人,性刚直,明达时务。初为宇文护亲信,护知其有干用。擢授中外府兵曹。后武帝攻齐海昌王尉相贵于晋州,其亚将侯子钦、崔景嵩为内应。文振杖槊登城,与崔仲方等数十人先登。文振随景嵩至相贵所,拔佩刀劫之,相贵不敢动,城遂下。帝大喜,赐物千段。进拔文侯、华谷、高壁三城,皆有力焉。及攻并州,陷东门而入,齐安德王延宗惧而出降。录前后勋，将拜高秩，以逸毁获遣，因授上仪同，赐爵襄国县公，邑千户。进平邺都，又赐绮罗二千匹。后从滕王逌击稽胡，破之。历相州别驾、扬州总管长史。入为天官都上士，从韦孝宽经略淮南。

俄而尉迥作乱，时文振老母妻子俱在邺城，迥遣人诱之，文振不顾，归于高祖。高祖引为丞相掾，领宿卫骠骑。司马消难之奔陈也，高祖令文振安集淮南，还除卫尉少卿，兼内史侍郎。寻以行军长史从达奚震讨叛蛮，平之，加上开府。岁余，迁鸿胪卿。卫王爽北征突厥，以文振为长史，坐勋簿不实免官。后为石、河二州刺史，甚有威惠，迁兰州总管，改封龙岗县公。突厥犯塞，以行军总管击破之，逐北至居延塞而还。九年，大举伐陈，以文振为元帅秦王司马，别领行军总管。及平江南，授扬州总管司马。寻转并州总管司马，以母忧去职。未几，起令视事，固辞不许。后数年，拜云州总管，寻为太仆卿。十九年，突厥犯塞，文振以行军总管拒之，遇达头可汗于沃野，击破之。文振先与王世积有旧，初，文振北征，世积遗以驼马。比还，世积以罪被诛，文振坐与交关，功遂不录。明年，率众出灵州道以备胡，无虏而还。越巂蛮叛，文振击平之，赐奴婢二百口。仁寿初，嘉州獠作乱，文振以行军总管讨之。引军出谷间，为贼所袭，前后阻险，不得相救，军遂大败。文振复收散兵，击其不意，竟破之。文振性素刚直，无所降下，初，军次益州，谒蜀王秀，貌颇不恭，秀甚衔之，及此，奏文振师徒丧败。右仆射苏威与文振有隙，因而谮之，坐是除名。及秀废黜，文振上表自申理，高祖慰谕之，授大将军。寻拜灵州总管。

炀帝即位，征为兵部尚书，待遇甚重。从征吐谷浑，文振督兵屯雪山，连营三百余里，东接杨义臣，西连张寿，合围浑主于覆袁川。以功进位右光禄大夫。帝幸江都，以文振行江都郡事。文振见高祖时容纳突厥启民居于塞内，妻以公主，赏赐重叠；及大业初，恩泽弥厚。文振以狼子野心，恐为国患，乃上表曰："臣闻古者远不间近，夷不乱华，周宣外攘戎狄，秦帝筑城万里，盖远图良算，弗可忘也。窃见国家容受启民，资其兵食，假以地利。如臣愚计，窃又未安。何则？夷狄之性，无亲而贪，弱则归投，强则反噬，盖其本心也。臣学非博览，不能远见，且闻晋朝刘曜，梁代侯景，近事之验，众所共知。以臣量之，必为国患。如臣之计，以时喻遣，令出塞外。然后明设烽候，缘边镇防，务令严重，此乃万岁之长策也。"时兵曹郎斛斯政专掌兵事，文振知政险薄，不可委以机要，屡言于帝，帝并弗纳。

及辽东之役，授左候卫大将军，出南苏道。在道疾笃，上表曰："臣以庸微，幸逢圣世，滥蒙奖擢，荣冠侪伍。而智能无取，叨窃已多，言念国恩，用忘寝食。常思效其鸣吠，以报万分，而摄养乖方，疾患遂笃。抱此深愧，永归泉壤，不胜余恨，轻冀管穴。窃见辽东小丑，未服天刑，远降六师，亲劳万乘。但夷狄多诈，深须防拟，口陈降款，心怀背叛，诡伏多端，勿得便受。水潦方降，不可淹迟，唯愿严勒诸军，星驰速发，水陆俱前，出其不意，则平壤孤城，势可拔也。若倾其本根，余城自克。如不时定，脱遇秋霖，深为艰阻，兵粮又竭，强敌在前，靺鞨出后，迟疑不决，非上策也。"后数日，卒于师。帝省表，悲叹久之，赠光禄大夫、尚书右仆射、北平侯，谥曰襄。赐物一千段，粟麦二千石，威仪鼓吹，送至墓所。有子十人。

长子诠，官至武牙郎将。次纶，少以侠气闻。文振弟文操，大业中，为武贲郎将，性甚刚严。帝令督秘书省学士。时学士颇存儒雅，文操辄鞭挞之，前后或至千数，时议者鄙之。

史臣曰：仲方兼资文武，雅有筹算，伐陈之策，信为深远矣。声绩克举，夫岂徒言哉！仲文博涉书记，以英略自许，尉迥之乱，遂立功名。自兹厥后，屡当推毂。辽东之役，实丧师徒。斯乃大树将颠，盖亦非战人之罪也。文振少以胆略见重，终怀壮夫之志，时进谠言，频称谅直。其取高位厚秩，良有以也。

卷六十一　　　列传第二十六

宇文述 云定兴

宇文述，字伯通，代郡武川人也。本姓破野头，役属鲜卑俟豆归，后从其主为宇文氏。父盛，周上柱国。述少骁锐，便弓马。年十一时，有相者谓述曰："公子善自爱，后当位极人臣。"周武帝时，以父军功，起家拜开府。述性恭谨沈密，周大冢宰宇文护甚爱之，以本官领护亲信。及帝亲总万机，召为左宫伯，累迁英果中大夫，赐爵博陵郡公，寻改封濮阳郡公。

高祖为丞相，尉迥作乱相州，述以行军总管率步骑三千，从韦孝宽击之。军至河阳，迥遣将李俊攻怀州，述别击俊军，破之。又与诸将击尉惇于永桥，述先锋陷阵，俘馘甚众。平尉迥，每战有功，超拜上柱国，进爵褒国公，赐缣三千匹。开皇初，拜右卫大将军。平陈之役，复以行军总管率众三万，自六合而济。时韩擒、贺若弼两军趣丹阳，述进据石头，以为声援。陈主既擒，而萧瓛、萧岩据东吴之地，拥兵拒守。述领行军总管元契、张默言等讨之，水陆兼进。落丛公燕荣以舟师自海至，亦受述节度。上下诏曰："公鸿勋大业，名高望重，奉国之诚，久所知悉。金陵之寇，既已清荡，而吴会之地，东路为遥，萧岩、萧瓛，并在其处。公率将戎旅，抚慰彼方，扬振国威，宣布朝化。以公明略，乘胜而往，风行电扫，自当稽服。若使干戈不用，黎庶获安，方副朕怀，公之力也。"陈永新侯陈君范自晋陵奔瓛，并军合势。见述军且至，瓛惧，立栅于晋陵城东，又绝塘道，留兵拒述。瓛自义兴入太湖，图掩述后。述进破其栅，回兵击瓛，大败之，斩瓛司马曹勒叉。前军复陷吴州，瓛以余众保包山，燕荣击破之。述进至奉公埭，萧岩、陈君范等以会稽请降。述许之，二人面缚路左，吴会悉平。以功拜一子开府，赐物三千段，拜安州总管。

时晋王广镇扬州，甚善于述，欲述近己，因奏为寿州刺史总管。王时阴有夺宗之志，请计于述，述曰："皇太子失爱已久，令德不闻于天下。大王仁孝著称，才能盖世，数经将领，深有大功。主上之与内宫，咸所钟爱，四海之望，实归于大王。然废立者，国家之大事，处人父子骨肉之间，诚非易谋也。然能移主上者，唯杨素耳。素之谋者，唯其弟约。述雅知约，请朝京师，与约相见，共图废立。"晋王大悦，多赉金宝，资述入关。述数请约，盛陈器玩，与之酣畅，因而共博，每佯不胜，所赍金宝尽输之。约所得既多，稍以谢述。述因曰："此晋王之赐，令述与公为欢乐耳。"约大惊曰："何为者？"述因为王申意。约然其说，退言于素，素亦从之。于是素每与述谋事。晋王与述情好益密，命述子士及尚南阳公主，前后赏赐不可胜计。及晋王为皇太子，以述为左卫率。旧令，率官第四品，上以述素贵，遂进率品为第三，其见重如此。

炀帝嗣位，拜左卫大将军，改封许国公。大业三年，加开府仪同三司，每冬正朝会，辄给鼓吹一部。从幸榆林，时铁勒契弊歌棱攻败吐谷浑，其部携散，遂遣使请降求救。帝令述以兵屯西平之临羌城，抚纳降附。吐谷浑见述拥强兵，惧不敢降，遂西遁。述领鹰扬郎将梁元礼、张峻、崔师等追之，至曼头城，攻拔之，斩三千余级。乘胜至赤水城，复拔之。其余党走屯丘尼川，述进击，大破之，获其王公、尚书、将军二百人，前后虏男女四千口而还。浑主南走雪山，其故地皆空。帝大悦。明年，从帝西幸，巡至金山，登燕支，述每为斥候。时浑贼复寇张掖，进击走之。还至江都宫，敕述与苏威常典选举，参预朝政。述时贵重，委任与苏威等，其亲爱则过之。帝所得远方贡献及四时口味，辄见班赐，中使相望于道。述善于供奉，俯仰折旋，容止便辟，宿卫咸取则焉。又有巧思，凡有所装饰，皆出人意表。数以奇服异物进献宫掖，由是帝弥悦焉。时述贵幸，言无不从，势倾朝廷。左卫将军张瑾与述连官，尝有评议，偶不中意，述张目叱之，瑾惶惧而走，文武百僚莫敢违忤。然性贪鄙，知人有珍异之物，必求取之。富商大贾及陇右诸胡子弟，述皆接以恩意，呼之为儿。由是竞加馈遗，金宝累积。后庭曳罗绮者数百，家僮千余人，皆控良马，被服金玉。述之宠遇，当时莫与为比。

及征高丽，述为扶余道军将。临发，帝谓述曰："礼，七十者行役以妇人从，公宜以家累自随。古称妇人不入军，谓临战时耳。至于营垒之间，无所伤也。项籍虞姬，即其故事。"述与九军至鸭绿水，粮尽，议欲班师。诸将多异同，述又不测帝意。会乙支文德来诣其营，述先与于仲文俱奉密旨，令诱执文德。既而缓纵，文德逃归，语在《仲文传》。述内不自安，遂与诸将渡水追之。时文德见述军中多饥色，欲疲述众，每斗便北。述一日之中七战皆捷，既恃骤胜，又内逼群议，于是遂进，东济萨水，去平壤城三十里，因山为营。文德复遣使伪降，请述曰："若旋师者，当奉高元朝行在所。"述见士卒疲敝，不可复战，又平壤险固，卒难致力，遂因其诈而还。众半济，贼击后军，于是大溃，不可禁止，九军败绩，一日一夜，还至鸭绿水，行四百五十里。初，渡辽九军三十万五千人，及还至辽东城，唯二千七百人。帝大怒，以述等属吏。至东都，除名为民。明年，帝有事辽东，复述官爵，待之如初。从至辽东，与将军杨义臣率兵复临鸭绿水。会杨玄感作乱，帝召述班师，令驰驿赴河阳，发诸郡兵以讨玄感。时玄感逼东都，闻述军将至，惧而西遁，将图关中。述与刑部尚书卫玄、左御卫将军来护儿、武卫将军屈突通等蹑之。至阌乡皇天原，与玄感相及。述与来护儿列阵当其前，遣屈突通以奇兵击其后，大破之，遂斩玄感，传首行在所。赐物数千段。复从东征，至怀远而还。

突厥之围雁门，帝惧，述请溃围而出。樊子盖固谏不可，帝乃止。及围解，车驾次太原，议者多劝帝还京师，帝有难色。述因奏曰："从官妻子多在东都，便道向洛阳，自潼关而入可也。"帝从之。是岁，至东都，述又观望帝意，劝幸江都，帝大悦。述江都遇疾，中使相望，帝将亲临视之，群臣苦谏乃止。遂遣司宫魏氏问述曰："必有不讳，欲何所言？"述二子化及、智及，时并得罪于家，述因奏曰："化及臣之长子，早预藩邸，愿陛下哀怜之。"帝闻，泫然曰："吾不忘也。"及薨，帝为之废朝，赠司徒、尚书令、十郡太守，班剑四十人，辒辌车，前后部鼓吹，谥曰恭，帝令黄门侍郎裴矩祭以太牢，鸿胪监护丧事。子化及，别有传。

云定兴者，附会于述。初，定兴女为皇太子勇昭训，及勇废，除名配少府。定兴先得昭训明珠络帐，私赂于述，自是数共交游。定兴每时节必有赂遗，并以音乐干述。述素好著奇服，炫耀时人。定兴为制马鞯，于后角上缺方三寸，以露白色。世轻薄者争放学之，谓为许公缺势。又遇天寒，定兴曰："入内宿卫，必当耳冷。"述曰："然。"乃制裌头巾，令深袘耳。又学之，名为许公袘势。述大悦曰："云兄所作，必能变俗。我闻作事可法，故不虚也。"后帝将事四夷，大造兵器，述荐之，因敕少府工匠并取其节度。述欲为之求官，谓定兴曰："兄所制器仗并合上心，而不得官者，为长宁兄弟犹未死耳。"定兴曰："此无用物，何不劝上杀。"述因奏曰："房陵诸子，年并成立。今欲动兵征讨，若将从驾，则守掌为难；若留一处，又恐不可。进退无用，请早处分。"帝从之，因鸩杀长宁，又遣以下七弟分配岭表，仍遣间使于路尽杀之。五年，大阅军实，帝称甲仗为佳。述奏曰："并云定兴之功也。"擢授少府丞。寻代何稠为少监，转卫尉少卿，迁左御卫将军，仍知少府事。十一年，授左屯卫大将军。

凡述所荐达，皆至大官。赵行枢以太常乐户，家财亿计，述谓为儿，多受其贿。称其骁勇，起家为折冲郎将。

郭　　衍

郭衍，字彦文，自云太原介休人也。父以舍人从魏武帝入关，其后官至侍中。衍少骁武，善骑射。周陈王纯引为左右，累迁大都督。时齐氏未平，衍奉诏于天水募人，以镇东境，得乐徙千余家，屯于陕城。拜使持节、车骑大将军、仪同三司。每有寇至，辄率所领御之，一岁数告捷，颇为齐人所惮。王益亲任之。建德中，周武帝出幸云阳，衍朝于行所，时议欲伐齐，衍请为前锋。攻河阴城，授仪同大将军。武帝围晋州，虑齐兵来援，令衍从陈王守千里径。又从武帝与齐主大战于晋州，追齐师至高壁，败之。仍从平并州，以功加授开府，封武强县公，邑一千二百户，赐姓叱罗氏。宣政元年，为右中军熊渠中大夫。

尉迥之起逆，从韦孝宽战于武陟，进战于相州。先是，迥遣弟子勤为青州总管，率青、齐之众来助迥。迥败，勤与迥子惇、祐等欲东奔青州。衍将精骑一千追破之，执祐于阵，勤遂遁走，而惇乃逃逸。衍至济州，入据其城，又击其余党于济北，累战破之，执送京师。超授上柱国，封武山郡公。赏物七千段。密劝高祖杀周室诸王，早行禅代。由是大被亲昵。开皇元年，敕复旧姓为郭氏。突厥犯塞，以衍为行军总管，领兵屯于平凉。数岁，虏不入。征为开漕渠大监。部率水工，凿渠引渭水，经大兴城北，东至于潼关，漕运四百余里。关内赖之，名之曰富民渠。五年，授瀛州刺史。遇秋霖大水，其属县多漂没，民皆上高树，依大冢。衍亲备船筏，并赍粮拯救之，民多获济。衍先开仓赈恤，后始闻奏。上大善之，选授朔州总管。所部有恒安镇，北接蕃境，常劳转运。衍乃选沃饶地，置屯田，岁剩粟万余石，民免转输之劳。又筑桑乾镇，皆称旨。十年，从晋王广出镇扬州。遇江表构逆，命衍为总管，领精锐万人先屯京口。于贵洲南与贼战，败之，生擒魁帅，大获舟楫粮储，以充军实，乃讨东阳、永嘉、宣城、黟、歙诸洞，尽平之。授蒋州刺史。

衍临下甚踞，事上奸谄。晋王爱昵之，宴赐隆厚。迁洪州总管。王有夺宗之谋，托衍心腹，遣宇文述以情告之。衍大喜曰："若所谋事果，自可为皇太子。如其不谐，亦须据淮海，复梁、陈之旧。副君酒客，其如我何？"王因召衍，阴共计议。又恐人疑无故来往，托以衍妻患瘿，王妃萧氏有术能疗之。以状奏高祖，高祖听衍共妻向江都，往来无度。衍又诈称桂州俚反，王乃奏衍行兵讨之。由是大修甲仗，阴养士卒。及王入为太子，征授左监门率，转左宗卫率。高祖于仁寿宫将大渐，太子与杨素矫诏，令衍、宇文述领东宫兵，帖上台宿卫，门禁并由之。及上崩，汉王起逆，而京师空虚，使衍驰还，总兵居守。大业元年，拜左武卫大将军。帝幸江都，令衍统左军，改授光禄大夫。又从讨吐谷浑，出金山道，纳绛二万余户。衍能揣上意，阿谀顺旨。帝每谓人曰："唯有郭衍，心与朕同。"又尝劝帝取乐，五日一视事，无得效高祖空自劬劳。帝从之，益称其孝顺。初，新令行，衍封爵从例除。六年，以恩幸封真定侯。七年，从往江都，卒。赠左卫大将军，赙赐甚厚，谥曰襄。长子臻，武牙郎将。次子嗣本，孝昌县令。

史臣曰：謇謇匪躬，为臣之高节，和而不同，事君之常道。宇文述、郭衍以水济水，如脂如韦，便辟足恭，柔颜取悦。君所谓可，亦曰可焉，君所谓不，亦曰不焉。无所是非，不能轻重，默默苟容，偷安高位，甘素餐之责，受彼己之讥。此固君子所不为，亦丘明之深耻也。

卷六十二　　　列传第二十七

王　韶

王韶，字子相，自云太原晋阳人也，世居京兆。祖谐，原州刺史。父谅，早卒。韶幼而方雅，颇好奇节，有识者异之。在周累以军功官至车骑大将军、仪同三司。复转军正。武帝既拔晋州，意欲班师，韶谏曰："齐失纪纲，于兹累世，天奖王室，一战而扼其喉。加以主昏于上，民惧于下，取乱侮亡，正在今日。方欲释之而去，以臣愚固，深所未解，愿陛下图之。"帝大悦，赐缣一百匹。及平齐氏，以功进位开府，封晋阳县公，邑五百户，赐口马杂畜以万计。迁内史中大夫。宣帝即位，拜丰州刺史，改封昌乐县公。高祖受禅，进爵项城郡公，邑二千户。转灵州刺史，加位大将军。

晋王广之镇并州也，除行台右仆射，赐彩五百匹。韶性刚直，王甚惮之，每事谘询，不致违失法度。韶尝奉使检行长城，其后王穿池起三山，韶既还，自锁而谏，王谢而罢之。高祖闻而嘉叹，赐金百两，并后宫人四。平陈之役，以本官为元帅府司马，帅师趣河阳，与大军会。既至寿阳，与高颎支度军机，无所壅滞。及克金陵，韶即镇焉。晋王广班师，留韶于石头防遏，委以后事，岁余。征还，高祖谓公卿曰："晋王以幼稚出藩，遂能克平吴、越，绥静江湖，子相之力也。"于是进位柱国，赐奴婢三百口，绵绢五千段。

开皇十一年，上幸并州，以其称职，特加劳勉。其后，上谓韶曰："自朕至此，公须鬓渐白，无乃忧劳所致？柱石之望，唯在于公，努力勉之！"韶辞谢曰："臣比衰暮，殊不解作官人。"高祖曰："是何意也？不解者，是未用心耳。"韶对曰："臣昔在昏季，犹且用心，况逢明圣，敢不罄竭！但神化精微，非愚蹇所逮。加以今年六十有六，桑榆云晚，比于畴昔，昏忘又多。岂敢自宽，以速身累，恐以衰暮，亏紊朝纲耳。"上劳而遣之。秦王俊为并州总管，仍为长史。岁余，驰驿入京，劳敝而卒，时年六十八。高祖甚伤惜之，谓秦王使者曰："语尔王，我前令子相缓来，如何乃遣驰驿？杀我子相，岂不由汝邪？"言甚凄怆。使有司为之立宅，曰："往者何用宅为，但以表我深心耳。"又曰："子相受我委寄，十有余年，终始不易，宠章未极，舍我而死乎！"发言流涕。因命取子相封事数十纸，传示群臣。上曰："其直言匡正，裨益甚多，吾每披寻，未尝释手。"炀帝即位，追赠司徒、尚书令、灵豳等十州刺史、魏国公。子士隆嗣。

士隆略知书计，尤便弓马，慷慨有父风。大业之世，颇见亲重，官至备身将军，改封耿公。数令讨击山贼，往往有捷。越王侗称帝，士隆率数千兵自江、淮而至。会王世充僭号，甚礼重之，署尚书右仆射。士隆忧愤，疽发背卒。

元　岩

元岩，字君山，河南洛阳人也。父祯，魏敷州刺史。岩好读书，不治章句，刚鲠有器局，以名节自许，少与渤海高颎、太原王韶同志友善。仕周，释褐宣威将军、武贲给事。大冢宰宇文护见而器之，以为中外记室。累迁内史中大夫，昌国县伯。宣帝嗣位，为政昏暴，京兆郡丞乐运乃舆榇诣朝堂，陈帝八失，言甚切至。帝大怒，将戮之。朝臣皆恐惧，莫有救者。岩谓人曰："臧洪同日，尚可俱死，其况比干乎！若乐运不免，吾将与之俱毙。"诣阁请见，言于帝曰："乐运知书奏必死，所以不顾身命者，欲取后世之名。陛下若杀之，乃成其名，落其术内耳。不如劳而遣之，以广圣度。"运因获免。后帝将诛乌丸轨，岩不肯署诏。御正颜之仪切谏不入，岩进继之，脱巾顿颡，三拜三进。帝曰："汝欲党乌丸轨邪？"岩曰："臣非党轨，正恐滥诛失天下之望。"帝怒，使阉竖搏其面，遂废于家。

高祖为丞相，加位开府、民部中大夫。及受禅，拜兵部尚书，进爵平昌郡公，邑二千户。岩性严重，明达世务，每有奏议，侃然正色，庭净而折，无所回避。上及公卿，皆敬惮之。时高祖初即位，每惩周代诸侯微弱，以致灭亡，由是分王诸子，权侔王室，以为磐石之固，遣晋王广镇并州，蜀王秀镇益州。二王年并幼稚，于是盛选贞良有重望者为之僚佐。于时岩与王韶俱以骨鲠知名，物议称二人才具侔于高颎，由是拜岩为益州总管长史，韶为河北道行台右仆射。高祖谓之曰："公宰相大器，今屈辅我儿，如曹参相齐之意也。"及岩到官，法令明肃，吏民称焉。蜀王性好奢侈，尝欲取獠口以为阉人，又欲生剖死囚，取胆为药。岩皆不奉教，排阁切谏，王辄谢而止，惮岩为人，每循法度。蜀中狱讼，岩所裁断，莫不悦服。其有得罪者，相谓曰："平昌公与吾罪，吾何怨焉。"上甚嘉之，赏赐优洽。十三年，卒官，上悼惜久之。益州父老，莫不殒涕，于今思之。岩卒之后，蜀王竟行其志，渐致非法，造浑天仪、司南车、记里鼓，凡所被服，拟于天子。又共妃出猎，以弹弹人，多捕山獠，以充宦者。僚佐无能谏止。及秀得罪，上曰："元岩若在，吾儿岂有是乎！"子弘嗣。仕历给事郎、司朝谒者、北平通守。

刘行本

刘行本，沛人也。父瑰，仕梁，历职清显。行本起家武陵国常侍。遇萧修以梁州北附，遂与叔父璠同归于周，寓居京兆之新丰。每以讽读为事，精力忘疲，虽衣食乏绝，晏如也。性刚烈，有不可夺之志。周大冢宰宇文护引为中外府记室。武帝亲总万机，转御正中士，兼领起居注。累迁掌朝下大夫。周代故事，天子临轩，掌朝典笔砚，持至御坐，则承御大夫取以进之。及行本为掌朝，将进笔于帝，承御复欲取之。行本抗声谓承御曰："笔不可得。"帝惊视问之，行本言于帝曰："臣闻设官分职，各有司存。臣既不得佩承御刀，承御亦焉得取臣笔。"帝曰："然。"因令二司各行所职。及宣帝嗣位，多失德，行本切谏忤旨，出为河内太守。

高祖为丞相，尉迥作乱，进攻怀州。行本率吏民拒之，拜仪同，赐爵文安县子。及践阼，征拜谏议大夫，检校治书侍御史。未几，迁黄门侍郎。上尝怒一郎，于殿前笞之。行本进曰："此人素清，其过又小，愿陛下少宽假之。"上不顾。行本于是正当上前曰："陛下不以臣不肖，置臣左右。臣言若是，陛下安得不听？臣言若非，当致之于理，以明国法，岂得轻臣而不顾也！臣所言非私。"因置笏于地而退，上敛容谢之，遂原所笞者。于时天下大同，四夷内附，行本以党项羌密迩封域，最为后服，上表劾其使者曰："臣闻南蛮遵校尉之统，西域仰都护之威。比见西羌鼠窃狗盗，不父不子，无君无臣，异类殊方，于斯为下。不悟羁縻之惠，讵知含养之恩，狼戾为心，独乖正朔。使人近至，请付推科。"上奇其志焉。雍州别驾元肇言于上曰："有一州吏，受人馈钱三百文，依律合杖一百。然臣下车之始，与其为约。此吏故违，请加徒一年。"行本驳之曰："律令之行，并发明诏，与民约束。今肇乃敢重其教命，轻忽宪章。欲申己言之必行，忘朝廷之大信，亏法取威，非人臣之礼。"上嘉之，赐绢百匹。

在职数年，拜太子左庶子，领治书如故。皇太子虚襟敬惮。时唐令则亦为左庶子，太子昵狎之，每令以弦歌教内人。行本责之曰："庶子当匡太子以正道，何有嬖昵房帷之间哉！"令则甚惭而不能改。时沛国刘臻、平原明克让、魏郡陆爽并以文学为太子所亲。行本怒其不能调护，每谓三人曰："卿等正解读书耳。"时左卫率长史夏侯福为太子所昵，尝于阁内与太子戏。福大笑，声闻于外。行本时在阁下闻之，待其出，行本数之曰："殿下宽容，赐汝颜色。汝何物小人，敢为亵慢！"因付执法者治之。数日，太子为福致请，乃释之。太子尝得良马，令福乘而观之。太子甚悦，因欲令行本复乘。行本不从，正色而进曰："至尊策臣于庶子之位者，欲令辅导殿下以正道，非为殿下作弄臣也。"太子惭而止。复以本官领大兴令，权贵惮其方直，无敢至门者。由是请托路绝，法令清简，吏民怀之。未几，卒官，上甚伤惜之。及太子废，上曰："嗟乎！若使刘行本在，勇当不及于此。"无子。

梁　毗

梁毗，字景和，安定乌氏人也。祖越，魏泾、豫、洛三州刺史，邴阳县公。父茂，周沧、兖二州刺史。毗性刚謇，颇有学涉。周武帝时，举明经，累迁布宪下大夫。平齐之役，以毗为行军总管长史，克并州，毗有力焉。除为别驾，加仪同三司。宣政中，封泾阳县子，邑四百户。迁武藏大夫。高祖受禅，进爵为侯。开皇初，置御史官，朝廷以毗鲠正，拜治书侍御史，名为称职。寻转大兴令，迁雍州赞治。毗既出宪司，复典京邑，直道而行，无所回避，颇失权贵心，由是出为西宁州刺史，改封邯郸县侯。在州十一年。先是，蛮夷酋长皆服金冠，以金多者为豪俊，由此递相陵夺，每寻干戈，边境略无宁岁。毗患之。后因诸酋长相率以金遗毗，于是置金坐侧，对之恸哭而谓之曰："此物饥不可食，寒不可衣。汝等以此相灭，不可胜数。今将此来，欲杀我邪？"一无所纳，悉以还之。于是蛮夷感悟，遂不相攻击。高祖闻而善之，征为散骑常侍、大理卿。处法平允，时人称之。岁余，进位上开府。

毗见左仆射杨素贵宠擅权，百僚震慑，恐为国患，因上封事曰："臣闻臣无有作威福。臣之作威福，其害乎而家，凶乎而国。窃见左仆射、越国公素，幸遇愈重，权势日隆，搢绅之徒，属其视听。忤意者严霜夏零，阿旨者膏雨冬澍，荣枯由其唇吻，废兴候其指麾。所私皆非忠谠，所进咸是亲戚，子弟布列，兼州连县。天下无事，容息异图，四海稍虞，必为祸始。夫奸臣擅命，有渐而来。王莽资之于积年，桓玄基之于易世，而卒殄汉祀，终倾晋祚。季孙专鲁，田氏篡齐，皆载典诰，非臣臆说。陛下若以素为阿衡，臣恐其心未必伊尹也。伏愿揆鉴古今，量为处置，俾洪基永固，率土幸甚。轻犯天颜，伏听斧锧。"高祖大怒，命有司禁止，亲自诘之。毗极言曰："素既擅宠，作威作福，将领之处，杀戮无道。又太子及蜀王罪废之日，百僚无不震悚，惟素扬眉奋肘，喜见容色，利国家有事以为身幸。"毗发言謇謇，有诚亮之节，高祖无以屈也，乃释之。素自此恩宠渐衰。但素任寄隆重，多所折挫，当时朝士无不慑伏，莫有敢与相是非。辞气不挠者，独毗与柳彧及尚书右丞李纲而已。后上不复专委于素，盖由察毗之言也。

炀帝即位，迁刑部尚书，并摄御史大夫事。奏劾宇文述私役部兵，帝议免述罪，毗固诤，因忤旨，遂令张衡代为大夫。毗忧愤，数月而卒。帝令吏部尚书牛弘吊之，赠缣五百匹。

子敬真，大业之世，为大理司直。时帝欲成光禄大夫鱼俱罗之罪，令敬直治其狱，遂希旨陷之极刑。未几，敬真有疾，见俱罗为之厉，数日而死。

柳　　彧

柳彧，字幼文，河东解人也。七世祖卓，随晋南迁，寓居襄阳。父仲礼，为梁将，败归周，复家本土。彧少好学，颇涉经史。周大冢宰宇文护引为中外府记室，久而出为宁州总管掾。武帝亲总万机，彧诣阙求试。帝异之，以为司武中士。转郑令。平齐之后，帝大赏从官，留京者不预。彧上表曰："今太平告始，信赏宜明，酬勋报劳，务先有本。屠城破邑，出自圣规，斩将搴旗，必由神略。若负戈擐甲，征扞勤劳，至于镇抚国家，宿卫为重。俱禀成算，非专己能，留从事同，功劳须等。皇太子以下，实有守宗庙之功。昔萧何留守，茅土先于平阳，穆之居中，没后犹蒙优策。不胜管见，奉表以闻。"于是留守并加泛级。

高祖受禅，累迁尚书虞部侍郎，以母忧去职。未几，起为屯田侍郎，固让弗许。时制三品已上，门皆列戟。左仆射高颎子弘德封应国公，申牒请戟。彧判曰："仆射之子更不异居，父之戟槊已列门外。尊有压卑之义，子有避父之礼，岂容外门既设，内阁又施！"事竟不行，颎闻而叹伏。后迁治书侍御史，当朝正色，甚为百僚之所敬惮。上嘉其婞直，谓彧曰："大丈夫当立名于世，无容容而已。"赐钱十万，米百石。

于时刺史多任武将，类不称职。彧上表曰："方今天下太平，四海清谧，共治百姓，须任其才。昔汉光武一代明哲，起自布衣，备知情伪，与二十八将披荆棘，定天下，及功成之后，无所职任。伏见诏书，以上柱国和干子为杞州刺史，其人年垂八十，钟鸣漏尽。前任赵州，暗于职务，政由群小，贿赂公行，百姓吁嗟，歌谣满道。乃云：'老禾不早杀，余种秽良田。'古人有云：'耕当问奴，织当问婢。'此言各有所能也。干子弓马武用，是其所长，治民莅职，非其所解。至尊思治，无忘寝兴，如谓优老尚年，自可厚赐金帛，若令刺举，所损殊大。臣死而后已，敢不竭诚。"上善之，干子竟免。有应州刺史唐君明，居母丧，娶雍州长史库狄士文之从父妹。彧劾之曰："臣闻天地之位既分，夫妇之礼斯著，君亲之义生焉，尊卑之教攸设。是以孝惟行本，礼实身基，自国刑家，率由斯道。窃以爱敬之情，因心至切，丧纪之重，人伦所先。君明钻燧虽改，在文无变，忽劬劳之痛，成宴尔之亲，冒此苴缞，命彼媮翟。不义不昵，《春秋》载其将亡，无礼无仪，诗人欲其遄死。士文赞务神州，名位通显，整齐风教，四方是则，弃二姓之重匹，违六礼之轨仪。请禁锢终身，以惩风俗。"二人竟坐得罪。隋承丧乱之后，风俗颓坏，彧多所矫正，上甚嘉之。又见上勤于听受，百僚奏请，多有烦碎，因上疏谏曰："臣闻自古圣帝，莫过唐、虞，象地则天，布政施化，不为丛脞，是谓钦明。语曰：'天何言哉，四时行焉。'故知人君出令，诫在烦数。是以舜任五臣，尧咨四岳，设官分职，各有司存，垂拱无为，天下以治。所谓劳于求贤，逸于任使。又云：'天子穆穆，诸侯皇皇。'此言君臣上下，体裁有别。比见四海一家，万机务广，事无大小，咸关圣听。陛下留心治道，无惮疲劳，亦由群官俱罪，不能自决，取判天旨。闻奏过多，乃至营造细小之事，出给轻微之物，一日之内，酬答百司，至乃日旰忘食，夜分未寝，动以文簿，忧劳圣躬。伏愿思臣至言，少减烦务，以怡神为意，以养性为怀，思武王安乐之义，念文王勤忧之理。若其经国大事，非臣下裁断者，伏愿详决，自余细务，责成所司，则圣体尽无疆之寿，臣下蒙覆育之赐也。"上览而嘉之。后以忤旨免。未几，复令视事，因谓彧曰："无改尔心。"以其家贫，敕有司为之筑宅。因曰："柳彧正直士，国之宝也。"其见重如此。

右仆射杨素当途显贵，百僚慑惮，无敢忤者。尝以少谴，敕送南台。素恃贵，坐彧床。彧从外来，见素如此，于阶下端笏整容谓素曰："奉敕治公之罪。"素遽下。彧据案而坐，立素于庭，辨诘事状。素由是衔之。彧时方为上所信任，故素未有以中之。

彧见近代以来，都邑百姓每至正月十五日，作角抵之戏，递相夸竞，至于糜费财力，上奏请禁绝之，曰："臣闻昔者明王训民治国，率履法度，动由礼典。非法不服，非道不行。道路不同，男女有别，防其邪僻，纳诸轨度。

窃见京邑，爰及外州，每以正月望夜，充街塞陌，聚戏朋游。鸣鼓聒天，燎炬照地，人戴兽面，男为女服，倡优杂技，诡状异形。以秽嫚为欢娱，用鄙亵为笑乐，内外共观，曾不相避。高棚跨路，广幕陵云，袨服靓妆，车马填噎。肴醑肆陈，丝竹繁会，竭赀破产，竞此一时。尽室并孥，无问贵贱，男女混杂，缁素不分。秽行因此而生，盗贼由斯而起。浸以成俗，实有由来，因循敝风，曾无先觉。非益于化，实损于民。请颁行天下，并即禁断。康哉《雅》、《颂》，足美盛德之形容，鼓腹行歌，自表无为之至乐。敢有犯者，请以故违敕论。"诏可其奏。是岁，持节巡省河北五十二州，奏免长吏赃污不称职者二百余人，州县肃然，莫不震惧。上嘉之，赐绢布二百匹、毡三十领，拜仪同三司。岁余，加员外散骑常侍，治书如故。仁寿初，复持节巡省太原道十九州。及还，赐绢百五十匹。

或尝得博陵李文博所撰《治道集》十卷，蜀王秀遣人求之。或送之于秀，秀复赐或奴婢十口。及秀得罪，杨素奏或以内臣交通诸侯，除名为民，配戍怀远镇。行达高阳，有诏征还。至晋阳，值汉王谅作乱，遣使驰召或，将与计事。或为使所逼，初不知谅反，将入城而谅反形已露。或度不得免，遂诈中恶不食，自称危笃。谅怒，囚之。及谅败，杨素奏或心怀两端，以候事变，迹虽不反，心实同逆，坐徙敦煌。杨素卒后，乃自申理，有诏征还京师，卒于道。有子绍，为介休令。

赵 绰

赵绰，河东人也，性质直刚毅。在周初为天官府史，以恭谨恪勤，擢授夏官府下士。稍以明干见知，累转内史中士。父艰去职，哀毁骨立，世称其孝。既免丧，又为掌教中士。高祖为丞相，知其清正，引为录事参军。寻迁掌朝大夫，从行军总管是云晖击叛蛮，以功拜仪同，赐物千段。高祖受禅，授大理丞。处法平允，考绩连最，转大理正。寻迁尚书都官侍郎，未几转刑部侍郎。治梁士彦等狱，赐物三百段，奴婢十口，马二十匹。每有奏谳，正色侃然，上嘉之，渐见亲重。上以盗贼不禁，将重其法。绰进谏曰："陛下行尧、舜之道，多存宽宥。况律者天下之大信，其可失乎！"上忻然纳之，因谓绰曰："若更有闻见，宜数陈之也。"迁大理少卿。故陈将萧摩诃，其子世略在江南作乱，摩诃当从坐。上曰："世略年未二十，亦何能为！以其名将之子，为人所逼耳。"因赦摩诃。绰固谏不可，上不能夺，欲绰去而赦之，固命绰退食。绰曰："臣奏狱未决，不敢退朝。"上曰："大理其为朕特赦摩诃也。"因命左右释之。刑部侍郎辛亶，尝衣绯裈，俗云利于官，上以为厌蛊，将斩之。绰曰："据法不当死，臣不敢奉诏。"上怒甚，谓绰曰："卿惜辛亶而不自惜也？"命左仆射高颎将绰斩之，绰曰："陛下宁可杀臣，不得杀辛亶。"至朝堂，解衣当斩，上使人谓绰曰："竟何如？"对曰："执法一心，不敢惜死。"上拂衣而入，良久乃释之。明日，谢绰，劳勉之，赐物三百段。时上禁行恶钱，有二人在市，以恶钱易好者，武候执以闻，上令悉斩之。绰进谏曰："此人坐

当杖，杀之非法。"上曰："不关卿事。"绰曰："陛下不以臣愚暗，置在法司，欲妄杀人，岂得不关臣事？"上曰："撼大木不动者，当退。"对曰："臣望感天心，何论动木！"上复曰："啜羹者，热则置之。天子之威，欲相挫耶？"绰拜而益前，诃之不肯退。上遂入。治书侍御史柳彧复上奏切谏，上乃止。上以绰有诚直之心，每引入阁中，或遇上与皇后同榻，即呼绰坐，评论得失。前后赏赐万计。其后进位开府，赠其父为蔡州刺史。时河东薛胄为大理卿，俱名平恕。然胄断狱以情，而绰守法，俱为称职。上每谓绰曰："朕于卿无所爱惜，但卿骨相不当贵耳。"仁寿中卒官，时年六十三。上为之流涕，中使吊祭，鸿胪监护丧事。有二子，元方、元袭。

裴 肃

裴肃，字神封，河东闻喜人也。父侠，周民部大夫。肃少刚正有局度，少与安定梁毗同志友善。仕周，释褐给事中士，累迁御正下大夫。以行军长史从韦孝宽征淮南。属高祖为丞相，肃闻而叹曰："武帝以雄才定六合，坟土未干，而一朝迁革，岂天道欤！"高祖闻之，甚不悦，由是废于家。开皇五年，授膳部侍郎。后二岁，迁朔州总管长史，转贝州长史，俱有能名。仁寿中，肃见皇太子勇、蜀王秀、左仆射高颎俱废黜，遣使上书曰："臣闻事君之道，有犯无隐，愚情所怀，敢不闻奏。窃见高颎以天挺良才，元勋佐命，陛下光宠，亦已优隆。但鬼瞰高明，世疵俊异，侧目求其长短者，岂可胜言哉！愿陛下录其大功，忘其小过。臣又闻之，古先圣帝，教而不诛，陛下至慈，度越前圣。二庶人得罪已久，宁无革心？愿陛下弘君父之慈，顾天性之义，各封小国，观其所为。若能迁善，渐更增益，如或不悛，贬削非晚。今者自新之路永绝，愧悔之心莫见，岂不哀哉！"书奏，上谓杨素曰："裴肃忧我家事，此亦至诚也。"于是征肃入朝。皇太子闻之，谓左庶子张衡曰："使勇自新，欲何为也？"衡曰："观肃之意，欲令如吴太伯、汉东海王耳。"皇太子甚不悦。顷之，肃至京师，见上于含章殿，上谓肃曰："吾贵为天子，富有四海，后宫宠幸，不过数人，自勇以下，并皆同母，非为憎爱，轻事废立。"因言勇不可复收之意。既而罢遣之。未几，上崩。炀帝嗣位，不得调者久之，肃亦杜门不出。后执政者以岭表荒遐，遂希旨授肃永平郡丞，甚得民夷心。岁余，卒，时年六十二。夷、獠思之，为立庙于鄣江之浦。有子尚贤。

史臣曰：猛兽之处山林，藜藿为之不采；正臣之立朝廷，奸邪为之折谋。皆志在匡躬，义形于色，岂惟纲纪由其隆替，抑亦社稷系以存亡者也。晋、蜀二王，帝之爱子，擅以权宠，莫拘宪令，求其恭肃，不亦难乎！元岩、王韶，任当彼相，并见严惮，莫敢为非，謇谔之风，有足称矣。行本正色于房陵，梁毗抗言于杨素，直辞鲠气，懔焉可想。赵绰之居大理，囹圄无冤，柳彧之处宪台，奸邪自肃。然不畏强御，梁毗其有焉，邦之司直，行本、柳彧近之矣。

裴肃朝不坐，宴不预，忠诚慷慨，犯忤龙鳞，固知嫠妇忧宗周之亡，处女悲太子之少，非徒语也。方诸前载，有阎纂之风焉。

卷六十三　　列传第二十八

樊子盖

樊子盖，字华宗，庐江人也。祖道则，梁越州刺史。父儒，侯景之乱奔于齐，官至仁州刺史。子盖解褐武兴王行参军，出为慎县令，东汝、北陈二郡太守，员外散骑常侍，封富阳县侯，邑五百户。周武帝平齐，授仪同三司，治郢州刺史。高祖受禅，以仪同领乡兵，后除枞阳太守。平陈之役，以功加上开府，改封上蔡县伯，食邑七百户，赐物三千段，粟九千斛。拜辰州刺史，俄转嵩州刺史。母忧去职。未几，起授齐州刺史，固让，不许。其年，转循州总管，许以便宜从事。十八年入朝，奏岭南地图，赐以良马杂物，加统四州，令还任所，遣光禄少卿柳謇之饯于霸上。

炀帝即位，征还京师，转凉州刺史。子盖言于帝曰："臣一居岭表，十载于兹，犬马之情，不胜恋恋。愿趋走阙庭，万死无恨。"帝赐物三百段，慰谕遣之，授银青光禄大夫、武威太守，以善政闻。大业三年入朝，帝引之内殿，特蒙褒美。乃下诏曰："设官之道，必在用贤，安人之术，莫如善政。龚、汲振德化于前，张、杜垂清风于后，共治天下，实资良守。子盖干局通敏，操履清洁，自剖符西服，爱惠为先，抚导有方，宽猛得所。处脂膏不润其质，酌贪泉岂渝其性，故能治绩克彰，课最之首。凡厥在位，莫匪王臣，若能人思奉职，各展其效，朕将冕旒垂拱，何忧不治哉！"于是进位金紫光禄大夫，赐物千段，太守如故。五年，车驾西巡，将入吐谷浑。子盖以彼多郁气，献青木香以御雾露。及帝还，谓之曰："人道公清，定如此不？"子盖谢曰："臣安敢言清，止是小心不敢纳贿耳。"由此赐之口味百余斛，又下诏曰："导德齐礼，实惟共治，惩恶劝善，用明黜陟。朕亲巡河右，观省人风，所历郡县，访采治绩，罕遵法度，多蹈刑网。而金紫光禄大夫、武威太守樊子盖，执操清洁，处涅不渝，立身雅正，临人以简。威惠兼举，宽猛相资，故能畏而爱之，不严斯治。实字人之盛绩，有国之良臣，宜加褒显，以弘奖励。可右光禄大夫，太守如故。"赐缣千匹，粟麦二千斛。子盖又自陈曰："臣自南裔，即适西垂，常为外臣，未居内职。不得陪属车，奉丹陛，溘死边城，没有遗恨。惟陛下察之。"帝曰："公侍朕则一人而已，委以西方则万人之敌，宜识此心。"六年，帝避暑陇川宫，又云欲幸河西。子盖倾望銮舆，愿巡郡境，帝知之，下诏曰："卿凤怀恭顺，深执诚心，闻朕西巡，欣然望幸。丹款之至，甚有可嘉。宜保此纯诚，克终其美。"是岁，朝于江都宫，帝谓之曰："富贵不还故乡，真衣绣夜行耳。"敕庐江郡设三千人会，赐米麦六千石，使谒坟墓，宴故老。当时荣之。还除民部尚书。时处罗可汗及高昌王款塞，复以子盖检校武威太守，应接二蕃。

辽东之役，征摄左武卫将军，出长岑道。后以宿卫不行。进授左光禄大夫，尚书如故。其年帝还东都，以子盖为涿郡留守。九年，车驾复幸辽东，命子盖为东都留守。属杨玄感作逆，来逼王城，子盖遣河南赞治裴弘策逆击之，返为所败，遂斩弘策以徇。国子祭酒杨汪小有不恭，子盖又将斩之。汪拜谢，顿首流血，久乃释免。于是三军莫不战栗，将吏无敢仰视。玄感每尽锐攻城，子盖徐设备御，至辄摧破，故久不能克。会来护儿等救至，玄感解去。子盖凡所诛杀者数万人。

又检校河南内史。车驾至高阳，追诣行在所。既而引见，帝逆劳之曰："昔高祖留萧何于关西，光武委寇恂以河内，公其人也。"子盖谢曰："臣任高重器小，宁可窃誉两贤！但以陛下威灵，小盗不足除耳。"进位光禄大夫，封建安侯，尚书如故。赐缣三千匹，女乐五十人。子盖固让，优诏不许。帝顾谓子盖曰："朕遣越王留守东都，示以皇枝盘石；社稷大事，终以委公。特宜持重，戈甲五百人而后出，此亦勇夫重闭之义也。无赖不轨者，便诛锄之。凡可施行，无劳形迹。今为公别造玉麟符，以代铜兽。"又指越、代二王曰："今以二孙委公与卫文昇耳。宜选贞良宿德有方幅者教习之。动静之节，宜思其可。"于是赐以良田、甲第。十年冬，车驾还东都，帝谓子盖曰："玄感之反，神明故以彰公赤心耳。析珪进爵，宜有令谟。"是日下诏，进爵为济公，言其功济天下，特为立名，无此郡国也。赐缣三千匹，奴婢二十口。后与苏威、宇文述陪宴积翠亭，帝亲以金杯属子盖酒，曰："良算嘉谋，俟公后动，即以此杯赐公，用为永年之瑞。"并绮罗百匹。

十一年，从驾汾阳宫。至于雁门，车驾为突厥所围，频战不利。帝欲以精骑溃围而出，子盖谏曰："陛下万乘之主，岂宜轻脱，一朝狼狈，虽悔不追。未若守城以挫其锐，四面征兵，可立而待。陛下亦何所虑，乃欲身自突围！"因垂泣，"愿暂停辽东之役，以慰众望。圣躬亲出慰抚，厚为勋格，人心自奋，不足为忧。"帝从之。其后援兵稍至，虏乃引去。纳言苏威追论勋格太重，宜在斟酌。子盖执奏不宜失信。帝曰："公欲收物情邪？"子盖默然不敢对。从驾还东都。时绛郡贼敬槃陀、柴保昌等阻兵数万，汾、晋苦之。诏令子盖进讨。于时人物殷阜，子盖善恶无所分别，汾水之北，村坞尽焚之。百姓大骇，相率为盗。其有归首者，无少长悉坑之。拥数万之众，经年不能破贼，有诏征还。又将兵击宜阳贼，以疾停，卒于京第，时年七十有二。上悲伤者久之，顾谓黄门侍郎裴矩曰："子盖临终有何语？"矩对曰："子盖病笃，深恨雁门之耻。"帝闻而叹息，令百官就吊，赐缣三百匹，米五百斛，赠开府仪同三司，谥曰景。会葬者万余人。武威民吏闻其死，莫不嗟痛，立碑颂德。

子盖无他权略，在军持重，未尝负败，临民明察，下莫敢欺。然严酷少恩，果于杀戮，临终之日，见断头鬼前后重沓为之厉云。

史　祥

史祥，字世休，朔方人也。父宁，周少司徒。祥少有文武才干，仕周太子车右中士，袭爵武遂县公。高祖践阼，拜仪同，领交州事，进爵阳城郡公。祥在州颇有惠政。后数年，转骠骑将军。伐陈之役，从宜阳公王世积，以舟师出九江道，先锋与陈人合战，破之，进拔江州。上闻而大悦，下诏曰："朕以陈叔宝世为僭逆，挺虐生民，故命诸军，救彼涂炭。小寇狼狈，顾恃江湖之险，遂敢泛舟楫拟抗王师。公亲率所部，应机奋击，沉溺俘获，厥功甚茂。又闻师旅进取江州。行军总管、襄邑公贺若弼既获京口，新义公韩擒寻克姑熟。骠骑既渡江岸，所在横行。晋王兵马即入建业，清荡吴、越，旦夕非远。骠骑高才壮志，是朕所知，善为经略，以取大赏，使富贵功名永垂竹帛也。"进位上开府。寻拜蕲州总管，未几，征拜左领左右将军。后以行军总管从晋王广击突厥于灵武，破之。迁右卫将军。

仁寿中，率兵屯弘化以备胡。炀帝时在东宫，遗祥书曰：

将军总戎塞表，胡房清尘，秣马休兵，犹事校猎，足使李广惭勇，魏尚愧能，冠彼二贤，独在吾子。昔余滥举，推毂治兵，振皇灵于塞外，驱犬羊乎大漠。于时同行军旅，契阔戎旃，望龙城而冲冠，睇狼居而发愤。将军英图不世，猛气无前，但物不遂心，俛俛从事。每一思此，我劳如何。将军宿心素志，早同胶漆，久而敬之，方成鱼水。近者陪随銮驾，言旋上京，本即述职南蕃，宣条下国，不悟皇曲发，备位少阳，战战兢兢，如临冰谷。至如建节边境，征伐四方，塞帷作牧，绥抚百姓，上禀成规，下尽臣节，是所愿也，是所甘心。仰慕前修，庶得自效。谬其入守神器，元良万国，身轻负重，何以克堪！所望故人，匡其不逮。比监国多暇，养疾闲宫，厌北阁之端居，罢南皮之驰射。博望之苑，既乏名贤，飞盖之园，理乖终宴。亲朋远矣，琴书寂然，想望吾贤，疢如疾首。

祥答书曰：

行人戾止，奉所赐况，恩纪绸缪，形于文墨。不悟飞雪增冰之地，忽载三阳，鼍嶂韦韝之乡，俄闻九奏。精骇思越，莫知启处。祥少不学军旅，长遇升平，幸以先人绪余，备职宿卫。惧驽骞无致远之用，朽薄非折冲之材，岂欲追踪古人，语其优劣？曩者王师薄伐，天人受脤，绝漠扬旌，威震海外。当此之时，猛将如云，谋夫如雨。至若祥者，列于卒伍，预闻指踪之规，得免逗遛之责，循涯揣分，实为幸甚。爰以情喻雷、陈，事方刘、葛，信圣人之屈已，非庸人之拟议。何则？川泽之大，污潦攸归，松柏之高，茑萝斯托。微心眷眷，孟侯所知也。抑惟体元良之德，焕重离之晖，三善克修，万邦以正。斯固道高周诵，契叶商皓，岂是管蠡所能窥测！伏承监国多暇，养德怡神，咀嚼六经，逍遥百氏。追西园之爱客，眷南皮之出游，畴昔之恩，无忘造次。祥自忝式遏，载罹寒暑，身在边隅，情驰魏阙。每至清风夕起，朗月孤照，想鸣驺之启路，思托乘于后车。塞表京华，山川悠远，瞻望浮云，伏增凄结。

太子甚亲遇之。

炀帝即位，汉王谅发兵作乱，遣其将綦良自滏口徇黎阳，塞白马津，余公理自太行下河内。帝以祥为行军总管，军于河阴，久不得济。祥谓军吏曰："余公理轻而无谋，才用素不足称，又新得志，谓其众可恃。恃众必骄。且河北人先不习兵，所谓拥市人而战。以吾筹之，不足图也。"乃令军中修攻具，公理使谍知之，果屯兵于河阳内城以备祥。祥于是舣船南岸，公理聚甲以当之。祥乃简精锐于下流潜渡，公理率众拒之。祥至须水，两军相对，公理未成列，祥纵击，大破之。东趣黎阳讨綦良等。良列阵以待，兵未接，良弃军而走。于是其众大溃，祥纵兵乘之，杀万余人。进位上大将军，赐缣彩七千段，女妓十人，良马二十匹。转太仆卿。帝尝赐祥诗曰："伯奭朝寄重，夏侯亲遇深。贵耳唯闻古，贱目讵知今，早摽劲草质，久有背淮心。扫逆黎山外，振旅河之阴。功已书王府，留情《太仆箴》。"祥上表辞谢，帝降手诏曰："昔岁劳公问罪河朔，贼尔日塞两关之路，据仓阻河，百姓胁从，人亦众矣。公竭诚奋勇，一举克定。《诗》不云乎：'丧乱既平，既安且宁。'非英才大略，其孰能与于此邪！故聊示所怀，亦何谢也。"

寻迁鸿胪卿。时突厥启民可汗请朝，帝遣祥迎接之。从征吐谷浑，祥率众出间道击虏，破之，俘男女千余口。赐奴婢六十人，马三百匹。进位左光禄大夫，拜左骁卫将军。及辽东之役，出蹋顿道，不利而还。由是除名为民。俄拜燕郡太守，被贼高开道所围，祥称疾不视事。及城陷，开道甚礼之。会开道与罗艺通和，送祥于涿郡，卒于途。

有子义隆，永年令。祥兄云，字世高，弟威，字世仪，并有干局。云官至莱州刺史、武平县公，威官至武贲郎将、武当县公。

元　寿

元寿，字长寿，河南洛阳人也。祖敦，魏侍中、邵陵王。父宝，周凉州刺史。寿少孤，性仁孝，九岁丧父，哀毁骨立，宗族乡党咸异之。事母以孝闻。及长，方直，颇涉经史。周武成初，封隆城县侯，邑千户，保定四年，改封仪陇县侯，授仪同三司。开皇初，议伐陈，以寿有思理，奉使于淮浦监修船舰，以强济见称。四年，参督漕渠之役，授尚书主爵侍郎。八年，从晋王伐陈，除行台左丞，兼领元帅府属。及平陈，拜尚书左丞。高祖尝于苑观射，文武并从焉。开府萧摩诃妻患且死，奏请遣子向江南收其家产，御史见而不言。寿奏劾之曰：

臣闻天道不言，功成四序，圣皇垂拱，任在百司。御史之官，义存纠察，直绳莫举，宪典谁寄？今月五日，銮舆徙跸，亲临射苑，开府仪同三司萧摩诃幸厕朝行，预观盛礼，奏称请遣子世略暂往江南重收家产。妻安遇患,弥留有日,安若长逝,世略不合此行。窃以人伦之义,伉俪为重,资爱之道,乌鸟弗亏。摩诃远念资财,近忘匹好,又命其子舍危慭之母,为聚敛之行。一言才发,名教顿尽。而兼殿内侍御史臣韩微之等,亲所闻见,竟不弹纠。若知非不举,事涉阿纵;如不以为非,岂关理识?谨按仪同三司、太子左庶子、检校治书侍御史臣刘行本,出入宫省,备蒙任遇,摄职宪台,时月稍久,庶能整肃缨冕,澄清风教。而在法司,亏失宪体,瓶罄罍耻,何所逃慝!臣谬膺朝寄,忝居左辖,无容寝默,谨以状闻。其行本、微之等,请付大理。

上嘉纳之。寻授太常少卿。数年,拜基州刺史,在任有公廉之称。入为太府少卿。进位开府。炀帝嗣位,汉王谅举兵反,左仆射杨素为行军元帅,寿为长史。寿每遇贼,为士卒先,以功授大将军,迁太府卿。四年,拜内史令,从帝西讨吐谷浑。寿率众屯金山,东西连营三百余里,以围浑主。及还,拜右光禄大夫。七年,兼左翊卫将军,从征辽东,行至涿郡,遇疾卒,时年六十三。帝悼惜焉,哭之甚恸。赠尚书右仆射、光禄大夫,谥曰景。

子敏,颇有才辩,而轻险多诈。寿卒后,帝追思之,擢敏为守内史舍人,而交通博徒,数漏泄省中语。化及之反也,敏创其谋,伪授内史侍郎,为沈光所杀。

杨义臣

杨义臣,代人也,本姓尉迟氏。父崇,仕周为仪同大将军,以兵镇恒山。时高祖为定州总管,崇知高祖相貌非常,每自结纳,高祖甚亲待之。及为丞相,尉迥作乱,崇以宗族之故,自囚于狱,遣使请罪。高祖下书慰谕之,即令驰驿入朝,恒置左右。开皇初,封秦兴县公。岁余,从行军总管达奚长儒击突厥于周盘,力战而死。赠大将军、豫州刺史,以义臣袭崇官爵。时义臣尚幼,养于宫中,年未弱冠,奉诏宿卫如千牛者数年,赏赐甚厚。上尝从容言及恩旧,顾义臣嗟叹久之,因下诏曰:"朕受命之初,群凶未定,明识之士,有足可怀。尉义臣与尉迥,本同骨肉,既狂悖作乱鄴城,其父崇时在常山,典司兵甲,与迥邻接,又是至亲,知逆顺之理,识天人之意,即陈丹款,虑染恶徒,自执有司,请归相府。及北夷内侵,横戈敌刽,轻生重义,马革言旋。操128存亡,事贯幽显,虽高官大赏,延及于世,未足表松筠之志,彰钖义之门。义臣可赐姓杨氏,赐钱三万贯,酒三十斛,米麦各百斛,编之属籍,为皇从孙。"未几,拜陕州刺史。义臣性谨厚,能驰射,有将领之才,由是上甚重之。其后突厥达头可汗犯塞,以行军总管率步骑三万出白道,与贼遇,战,大破之。明年,突厥又寇边,雁门、马邑多被其患。义臣击之,虏遂出塞,因而追之,至大斤山,与虏相遇。时太平公史万岁军亦至,义臣与万岁合军击虏,大破之,万岁为杨素所陷而死,义臣功竟不录。仁寿初,拜朔州总管,赐以御甲。

炀帝嗣位,汉王谅作乱并州。时代州总管李景为汉王将乔钟葵所围,诏义臣救之。义臣率马步二万,夜出西陉,

迟明行数十里。钟葵觇见义臣兵少,悉众拒之。钟葵亚将王拔骁勇,善用矛,射之者不能中,每以数骑陷阵。义臣患之,募能当拔者。车骑将军杨思恩请当之。义臣见思恩气貌雄勇,顾之曰:"壮士也!"赐以卮酒。思恩望见拔立于阵后,投觞于地,策马赴之。再往不克,义臣复选骑士十余人从之。思恩遂突击,杀数人,直至拔麾下。短兵方接,所从骑士退,思恩为拔所杀。拔遂乘之,义臣军北者十余里。于是购得思恩尸,义臣哭之甚恸,三军莫不下泣。所从骑士皆腰斩。义臣自以兵少,悉取军中牛驴,得数千头,复令兵数百人,人持一鼓,潜驱之涧谷间,出其不意。义臣晡后复与钟葵军战,兵初合,命驱牛驴者疾进。一时鸣鼓,尘埃张天,钟葵军不知,以为伏兵发,因而大溃,纵击破之。以功进位上大将军,赐物二千段,杂彩五百段,女妓十人,良马二十匹。寻授相州刺史。后三岁,征为宗正卿。未几,转太仆卿。从征吐谷浑,令义臣屯琵琶峡,连营八十里,南接元寿,北连段文振,合围浑主于覆袁川。其后复征辽东,以军将指肃慎道。至鸭绿水,与乙支文德战,每为先锋,一日七捷。后与诸军俱败,竟坐免。俄而复位。明年,以为军副,与大将军宇文述趣平壤。至鸭绿水,会杨玄感作乱,班师,检校赵郡太守。妖贼向海公聚众作乱,寇扶风、安定间,义臣奉诏击平之。寻从帝复征辽东,进位左光禄大夫。时渤海高士达,清河张金称并相聚为盗,众已数万,攻陷郡县。帝遣将军段达讨之,不能克。诏义臣率辽东还兵数万击之,大破士达,斩金称。又收合降贼,入豆子䴚,讨格谦,擒之,以状闻奏。帝恶其威名,遽追入朝,贼由是复盛。义臣以功进位光禄大夫,寻拜礼部尚书。未几,卒官。

卫 玄

卫玄,字文升,河南洛阳人也。祖悦,魏司农卿,父掷,侍中、左武卫大将军,玄少有器识,周武帝在藩,引为记室。迁给事上士,袭爵兴势公,食邑四千户。转宣纳下大夫。武帝亲总万机,拜益州总管长史,赐以万钉宝带。稍迁开府仪同三司、太中大夫,治内史事,仍领京兆尹,称为强济。宣帝时,以忤旨免官。高祖作相,检校熊州事。和州蛮反,玄以行军总管击平之。及高祖受禅,迁淮州总管,进封同轨郡公,坐事免。未几,拜岚州刺史。会起长城之役,诏玄监督之。俄检校朔州总管事。后为卫尉少卿。仁寿初,山獠作乱,出为资州刺史以镇抚之。玄既到官,时獠攻围大牢镇,玄单骑造其营,谓群獠曰:"我是刺史,衔天子诏安养汝等,勿惊惧也。"诸贼莫敢动。于是说以利害,渠帅感悦,解兵而去。前后归附者十余万口。高祖大悦,赐缣二千匹,除遂州总管,仍令剑南安抚。炀帝即位,复征为卫尉卿。夷、獠攀恋,数百里不绝。玄晓之曰:"天子诏征,不可久住。"因与之诀,夷、獠各挥涕而去。岁余,迁工部尚书。其后拜魏郡太守,尚书如故。帝谓玄曰:"魏郡名都,冲要之所,民多奸宄,是用烦公。此郡去都,道里非远,宜数往来,询谋朝政。"赐物五百段而遣之。未几,拜右候卫大将军,检校左候卫事。大业八年,

转刑部尚书。辽东之役,检校右御卫大将军,率师出增地道。时诸军多不利,玄独全众而还。拜金紫光禄大夫。九年,车驾幸辽东,使玄与代王侑留守京师,拜为京兆内史,尚书如故。许以便宜从事,敕代王待以师傅之礼。

会杨玄感围逼东都,玄率步骑七万援之。至华阴,掘杨素冢,焚其骸骨,夷其茔域,示士卒以必死。既出潼关,议者恐峣、函有伏兵,请于陕县沿流东下,直趣河阳,以攻其背。玄曰:"以吾度之,此计非竖子所及。"于是鼓行而进。既度谷口,卒如其量。于是遣武贲郎将皇峣为疑军于南道,玄以大兵直趣城北。玄感逆拒之,且战且行,屯军金谷。于军中扫地而祭高祖曰:"刑部尚书、京兆内史臣卫文升,敢昭告于高祖文皇帝之灵:自皇家启运,三十余年,武功文德,渐被海外。杨玄感孤负圣恩,躬为蛇豕,蜂飞蚁聚,犯我王略。臣二世受恩,一心事主,董率熊罴,志枭凶逆。若社稷灵长,宜令丑徒冰碎,如或大运去矣,幸使老臣先死。"词气抑扬,三军莫不涕咽。时众寡不敌,与贼频战不利,死伤大半。玄感尽锐来攻,玄苦战,贼稍却,进屯北芒。会宇文述、来护儿等援兵至,玄感惧而西遁。玄遣通议大夫斛斯万善、门于直阁庞玉前锋追之,及于阌乡,与宇文述等合击破之。车驾至高阳,征诣行在所。帝劳之曰:"社稷之臣也。使朕无西顾之忧。"乃下诏曰:"近者妖氛充斥,扰动关、河,文升率励义勇,应机响赴,表里奋击,摧破凶丑,宜升荣命,式弘赏典。可右光禄大夫。"赐以良田、甲第,资物巨万。还镇京师,帝谓之曰:"关右之任,一委于公。公安,社稷乃安;公危,社稷亦危。出入须有兵卫,坐卧恒宜自牢,勇夫重闭,此其义也。今特给千兵,以充侍从。"赐以玉麟符。十一年,诏玄安抚关中。时盗贼蜂起,百姓饥馑,玄竟不能救恤,而官方坏乱,货贿公行。玄自以年老,上表乞骸骨,帝使内史舍人封德彝驰谕之曰:"京师国本,王业所基,宗庙园陵所在,藉公耆旧,卧以镇之。朕为国计,义无相许,故遣德彝口陈指意。"玄乃止。义师入关,自知不能守,忧惧称疾,不知政事。城陷,归于家。义宁中卒,时年七十七。

子孝则,官至通事舍人、兵部承务郎,早卒。

刘权

刘权,字世略,彭城丰人也。祖轨,齐罗州刺史。权少有侠气,重然诺,藏亡匿死,吏不敢过门。后更折节好学,动循法度。初为州主簿,仕齐,释褐奉朝请、行台郎中。及齐灭,周武帝以为假淮州刺史。高祖受禅,以车骑将军领乡兵。后从晋王广平陈,以功进授开府仪同三司,赐物三千段。宋国公贺若弼甚礼之。开皇十二年,拜苏州刺史,赐爵宗城县公。于时江南初平,物情尚扰,权抚以恩信,甚得民和。炀帝嗣位,拜卫尉卿,进位银青光禄大夫。大业五年,从征吐谷浑,权率众出伊吾道,与贼相遇,击走之。逐北至青海,虏获千余口,乘胜至伏俟城。帝复令权过曼头、赤水,置河源郡、积石镇,大开屯田,留镇西境。在边五载,诸羌怀附,贡赋岁入,吐谷浑余烬远遁,道路无壅。征拜司农卿。加位金紫光禄大夫。寻为南海太守。行至鄱阳,会群盗起,不得进,诏令权召募讨之。权率兵与贼相遇,不与战,先乘单舸诣贼营,说以利害。群贼感悦,一时降附,帝闻而嘉之。既至南海,甚有异政。数岁,遇盗贼群起,数来攻郡,豪帅多愿推权为首,权竟尽力固守以拒之。子世彻又密遣人赍书诣权,称四方扰乱,英雄并起,时不可失,讽令举兵。权召集佐僚,对斩其使,竟无异图,守之以死。卒官,时年七十。

世彻倜傥不羁,颇为时人所许。大业末,群雄并起,世彻所至之处,辄为所忌,多拘禁之,后竟为兖州贼帅徐圆朗所杀。

权从父烈,字子将,美容仪,有器局,官至鹰扬郎将。有子德威,知名于世。

史臣曰:子盖雅有干局,质性严敏,见义而勇,临机能断,保全都邑,勤亦懋哉!杨谅干纪,史祥著独克之效,群盗侵扰,义臣致三捷之功,此皆名重当年,声流后叶者也。元寿弹奏行本,有意存夫名教,然其计功称伐,犹居义臣之后,端揆之赠,不已优乎?文升东都解围,颇亦宣力,西京居守,政以贿成,鄙哉鄙哉,夫何足数!刘权淮楚旧族,早著雄名,属扰攘之辰,居尉佗之地,遂能拒子邪计,无所觊觎,虽谢勤王之谋,足为守节之士矣。

卷六十四　　　列传第二十九

李圆通

李圆通,京兆泾阳人也。父景,以军士隶武元皇帝,因与家僮黑女私,生圆通。景不之认,由是孤贱,给使高祖家。及为隋国公,擢授参军事。初,高祖少时,每宴宾客,恒令圆通监厨。圆通性严整,左右婢仆咸所敬惮。唯世子乳母恃宠轻之,宾客未供,每有干请,圆通不许,或辄持去。圆通大怒,叱厨人挝之数十,叫呼之声彻于阁内,僚吏左右代其失色。宾去之后,高祖具知之,召圆通,命坐赐食,从此独善之,以为堪当大任。高祖作相,赐封怀昌男。久之,授帅都督,进爵新安子,委以心膂。圆通多力劲捷,长于武用。周氏诸王素惮高祖,每伺高祖之隙,图为不利,赖圆通保护,获免者数矣。高祖深感之,由是参预政事。授相国外曹,仍领左亲信。寻授上仪同。高祖受禅,拜内史侍郎,领左卫长史,进爵为伯。历左右庶子、给事黄门侍郎、尚书左丞,摄刑部尚书,深被任信。后以左丞领左翊卫骠骑将军。伐陈之役,圆通以行军总管从杨素出信州道,以功进位大将军,进封万安县侯,拜扬州总管长史。寻转并州总管长史。秦孝王仁柔自善,少断决,府中事多决于圆通。入为司农卿、治粟内史,迁刑部尚书。后数岁,复为并州长史。孝王以奢侈得罪,圆通亦坐免官。寻检校刑部尚书事。仁寿中,以勋旧进爵郡公。炀帝嗣位,拜兵部尚书。帝幸扬州,以圆通留守京师。判宇文述田以还民，述诉其受赂。帝怒而征之，见帝于洛阳，坐是免官。圆通忧惧发疾而卒。赠柱国，封爵悉如故。子孝常，大业末，为华阴令。

陈茂

陈茂，河东猗氏人也。家世寒微，质直恭谨，为州里所敬。高祖为隋国公，引为僚佐，遇待与圆通等。每令典家事，未尝不称旨，高祖善之。后从高祖与齐师战于晋州，贼甚盛，高祖将挑战，茂固止不得，因捉马鞯。高祖忿之，拔刀斫其额，流血被面，词气不挠。高祖感而谢之，厚加礼敬。其后官至上士。高祖为丞相，委以心膂。及受禅，拜给事黄门侍郎，封魏城县男，每典机密。在官十余年，转益州总管司马，迁大府卿，进爵为伯。后数载，卒官。子政嗣。

政字弘道，倜傥有文武大略，善钟律，便弓马。少养宫中，年十七，为太子千牛备身。时京师大侠刘居士重政才气，数从之游。圆通子孝常与政相善，并与居士交结。及居士下狱诛，政与孝常当从坐，上以功臣子，挞之二百而赦之。由是不得调。炀帝时，授协律郎，迁通事谒者，兵曹承务郎。帝美其才，甚重之。宇文化及之乱也，以为太常卿。后归大唐，卒于梁州总管。

张定和

张定和，字处谧，京兆万年人也。少贫贱，有志节。初为侍官。会平陈之役，定和当从征，无以自给。其妻有嫁时衣服，定和将鬻之，妻靳固不与，定和于是遂行。以功拜仪同，赐帛千匹，遂弃其妻。是后数以军功加上开府、骠骑将军。从上柱国李充击突厥，先登陷阵，虏刺之中颈，定和以草塞创而战，神气自若，虏遂败走。上闻而壮之，遣使者赍药，驰诣定和所劳问之。进位柱国，封武安县侯，赏物二千段，良马二匹，金百两。炀帝嗣位，拜宜州刺史，寻转河内太守，颇有惠政。岁余，征拜左屯卫大将军。从帝征吐谷浑，至覆袁川。时吐谷浑主与数骑而遁，其名王诈为浑主，保车我真山，帝命定和率师击之。既与贼相遇，轻其众少，呼之令降，贼不肯下。定和不被甲，挺身登山，贼伏兵于岩谷之下，发矢中之而毙。其亚将柳武建击贼，悉斩之。帝为流涕，赠光禄大夫。时旧爵例除，于是复封武安侯，谥曰壮武。赠绢千匹，米千石。子世立嗣，寻拜为光禄大夫。

张奫

张奫，字文懿，自云清河人也，家于淮阴。好读兵书，尤便刀楯。周世，乡人郭子翼密引陈寇，奫父双欲率子弟击之，犹豫未决。奫赞成其谋，竟以破贼，由是以勇决知名。起家州主簿。高祖作相，授大都督，领乡兵。贺若弼之镇寿春也，恒为间谍，平陈之役，颇有功焉。进位开府仪同三司，封文安县子，邑八百户，赐物二千五百段，粟二千五百石。岁余，率水军破逆贼笪子游于京口、薛子建于和州。征入朝，拜大将军。高祖命升御坐而宴之，谓奫曰："卿可为朕儿，朕为卿父。今日聚集，示无外也。"其后赐绮罗千匹，绿沉甲、兽文具装。寻从杨素征江表，别破高智慧于会稽、吴世华于临海。进位上大将军，赐奴婢六十口，缣彩三百匹。历抚、显、齐三州刺史，俱有能名。开皇十八年，为行军总管，从汉王谅征辽东。诸军多物故，奫众独全。高祖善之，赐物二百五十段。仁寿中，迁潭州总管，在职三年卒。有子孝廉。

麦铁杖

麦铁杖，始兴人也。骁勇有膂力，日行五百里，走及奔马。性疏诞使酒，好交游，重信义，每以渔猎为事，不治产业。陈太建中，结聚为群盗，广州刺史欧阳頠俘之以献，没为官户，配执御伞。每罢朝后，行百余里，夜至南徐州，逾城而入，行光火劫盗。旦还，及时仍又执伞。如此者十余度，物主识之，州以状奏。朝士见铁杖每旦恒在，不之信也。后数告变，尚书蔡徵曰："此可验耳。"于仗下时，购以百金，求人送诏书与南徐州刺史。铁杖出应募，赍敕而往，明旦及奏事。帝曰："信然，为盗明矣。"惜其勇捷，诫而释之。

陈亡后，徙居清流县。遇江东反，杨素遣铁杖头戴草束，夜浮渡江，觇贼中消息，具知反报。后复更往，为贼所擒。逆帅李棱遣兵仗三十人卫之，缚送高智慧。行至庆亭，卫者憩食，哀其馁，解手以给其餐。铁杖取贼刀，乱斩卫者，杀之皆尽，悉割其鼻，怀之以归。素大奇之。后叙战勋，不及铁杖，遇素驰驿归于京师，铁杖步追之，每夜则同宿。素见而悟，特奏授仪同三司。以不识书，放还乡里。成阳公李彻称其骁武，开皇十六年，征至京师，除车骑将军，仍从杨素北征突厥，加上开府。炀帝即位，汉王谅反于并州，又从杨素击之，每战先登。进位柱国。寻除莱州刺史，无治名。后转汝南太守，稍习法令，群盗屏迹。后因朝集，考功郎窦威嘲之曰："麦是何姓？"铁杖应口对曰："麦豆不殊，那忽相怪！"威赧然，无以应之，时人以为敏慧。寻除右屯卫大将军，帝待之逾密。

铁杖自以荷恩深重，每怀竭命之志。及辽东之役，请为前锋，顾谓医者吴景贤曰："大丈夫性命自有所在，岂能艾炷灸颏，瓜蒂歕鼻，治黄不差，而卧死儿女手中乎？"将渡辽，谓其三子曰："阿奴当备浅色黄衫。吾荷国恩，今是死日。我既被杀，尔当富贵。唯诚与孝，尔其勉之。"及济，桥未成，去东岸尚数丈，贼大至。铁杖跳上岸，与贼战，死。武贲郎将钱士雄、孟金叉亦死之，左右更无及者。帝为之流涕，购得其尸，下诏曰："铁杖志气骁果，夙著勋庸，陪麾问罪，先登陷阵，节高义烈，身殒功存。兴言至诚，追怀伤悼，宜赠殊荣。用彰饰终。可赠光禄大夫、宿国公。谥曰武烈。"子孟才嗣。寻授光禄大夫。孟才有二弟，仲才、季才，俱拜正议大夫。赠赙巨万，赐辒辌车，给前后部羽葆鼓吹。平壤道败将宇文述等百余人皆为执绋，王公已下送至郊外，士雄赠左光禄大夫、右屯卫将军、武强侯，谥曰刚。子杰嗣。金又赠右光禄大夫，子善谊袭官。

孟才字智棱，果烈有父风。帝以孟才死节将子，恩赐殊厚，拜武贲郎将。及江都之难，慨然有复仇之志。与武牙郎钱杰素交友，二人相谓曰："吾等世荷国恩，门著诚节。今贼臣弑逆，社稷沦亡，无节可纪，何面目视息世间哉！"于是流涕扼腕，遂相与谋，纠合恩旧，欲于显福宫邀击宇文化及。事临发，陈藩之子谦知其谋而告之，与其党沈光俱为化及所害，忠义之士哀焉。

沈　光

沈光，字总持，吴兴人也。父君道，仕陈吏部侍郎，陈灭，家于长安。皇太子勇引署学士。后为汉王谅府掾，谅败，除名。光少骁捷，善戏马，为天下之最。略综书记，微有词藻，常慕立功名，不拘小节。家甚贫窭，父兄并以佣书为事，光独跃弛，交通轻侠，为京师恶少年之所朋附。人多赠遗，得以养亲，每致甘食美服，未尝困匮。初建禅定寺，其中幡竿高十余丈，适遇绳绝，非人力所及，诸僧患之。光见而谓僧曰："可持绳来，当相为上耳。"诸僧惊喜，因取而与之。光以口衔索，拍竿而上，直至龙头。系绳毕，手足皆放，透空而下，以掌拒地，倒行数十步。观者骇悦，莫不嗟异，时人号为"肉飞仙"。

大业中，炀帝征天下骁果之士以伐辽左，光预焉。同类数万人，皆出其下。光将诣行在所，宾客送至灞上者百余骑。光酹酒而誓曰："是行也，若不能建立功名，当死于高丽，不复与诸君相见矣。"及从帝攻辽东，以冲梯击城，竿长十五丈，光升其端，临城与贼战，短兵接，杀十数人。贼竞击之而坠，未及于地，适遇竿有垂绠，光接而复上。帝望见，壮异之，驰召与语，大悦，即日拜朝请大夫，赐宝刀良马，恒致左右，亲顾渐密。未几，以为折冲郎将，赏遇优重。帝每推食解衣以赐之，同辈莫与为比。

光自以荷恩深重，思怀竭节。及江都之难，潜构义勇，将为帝复仇。先是，帝宠昵官奴，名为给使，宇文化及以光骁勇，方任之，令其总统，营于禁内。时孟才、钱杰等阴图化及，因谓光曰："我等荷国厚恩，不能死难以卫社稷，斯则古人之所耻也。今又俯首事仇，受其驱率，有靦面目，何用生为？吾必欲杀之，死无所恨，公义士也，肯从我乎？"光泣下沾衿，曰："是所望于将军也。仆领给使数百人，并荷先帝恩遇，今在化及内营。以此复仇，如鹰鹯之逐鸟雀。万世之功，在此一举，愿将军勉之。"孟才为将军，领江淮之众数千人，期以营将发时，晨起袭化及。光语泄，陈谦告其事。化及大惧曰："此麦铁杖子也，沈光者，并勇决不可当，须避其锋。"是夜即与腹心走出营外，留人告司马德戡等，遣勒兵马，逮捕孟才。光闻营内喧声，知事发，不及被甲，即袭化及营，空无所获。值舍人元敏，数而斩之。遇德戡兵入，四面围合。光大呼溃围，给使齐奋，斩首数十级，贼皆披靡。德戡辄复遣骑，持弓弩，翼而射之。光身无介胄，遂为所害。麾下数百人皆斗而死，一无降者。时年二十八。壮士闻之，莫不为之陨涕。

来护儿

来护儿，字崇善，江都人也。幼而卓诡，好立奇节。初读《诗》，至"击鼓其镗，踊跃用兵"、"羔裘豹饰，孔武有力"，舍书而叹曰："大丈夫在世当如是。会为国灭贼以取功名，安能区区久事陇亩！"群辈惊其言而壮其志。护儿所住白土村，密迩江岸。于时江南尚阻，贺若弼之镇寿州也，常令护儿为间谍，授大都督。平陈之役，护儿有功焉，进位上开府。从杨素击高智慧于浙江，而贼据岸为营，周亘百余里，船舰被江，鼓噪而进。素令护儿率数百轻舸径登江岸，直掩其营，破之。时贼前与素战不胜，归无所据，因而溃散。智慧将逃于海，护儿追至泉州，智慧穷蹙，遁走闽、越。进位大将军，除泉州刺史。时有盛道延拥兵作乱，侵扰州境，护儿进击，破之。又从蒲山公李宽破汪文进于婺、歙，进位柱国。仁寿三年，除瀛州刺史，赐爵黄县公，邑三千户。寻加上柱国，除右御卫将军。炀帝即位，迁右骁卫大将军，帝甚亲重之。大业六年，从驾江都，赐物千段，令上先人冢，宴父老，州里荣之。数岁，转右翊卫大将军。辽东之役，护儿率楼船，指沧海，入自浿水，去平壤六十里，与高丽相遇。进击，大破之，乘胜直造城下，破其郛郭。于是纵军大掠，稍失部伍，高元弟建武募敢死士五百人邀击之。护儿因却，屯营海浦，以待期会。后知宇文述等败，遂班师。明年，又出沧海道，师次东莱，会杨玄感作逆黎阳，进逼巩、洛，护儿勒兵与宇文述等击破之。封荣国公，邑二千户。十年，又帅师度海，至卑奢城，高丽举国来战，护儿大破之，斩首千余级。将趣平壤，高元震惧，遣使执叛臣斛斯政，诣辽东城下，上表请降。帝许之，遣人持节诏护儿旋师。护儿集众曰："三度出兵，未能平贼，此还也，不可重来。今高丽困弊，野无青草，以我众战，不日克之。吾欲进兵，径围平壤，取其伪主，献捷而归。"答表请行，不肯奉诏。长史崔君肃固争，不许。护儿曰："贼势破矣，专以相任，自足办之。吾在阃外，事合专决，岂容千里禀听成规！俄顷之间，动失机会，劳而无功，故其宜也。吾宁征得高元，还而获谴，舍此成功，所不能矣。"君肃告众曰："若从元帅，违拒诏书，必当闻奏，皆获罪也。"诸将惧，尽劝还，方始奉诏。十三年，转为左翊卫大将军，进位开府仪同三司，任委逾密，前后赏赐不可胜计。江都之难，宇文化及忌而害之。

长子楷，以父军功授散骑郎、朝散大夫。楷弟弘，仕至果毅郎将、金紫光禄大夫。弘第整，武贲郎将、右光禄大夫。整尤骁勇，善抚士众，讨击群盗，所向皆捷。诸贼甚惮之，为作歌曰："长白山头百战场，十十五五把长枪，不畏官军十万众，只畏荣公第六郎。"化及反，皆遇害，唯少子恒、济获免。

鱼俱罗

鱼俱罗，冯翊下邽人也。身长八尺，膂力绝人，声气雄壮，言闻数百步。弱冠为亲卫，累迁大都督。从晋王广平陈，以功拜开府，赐物一千五百段。未几，沈玄憎、高智慧等作乱江南，杨素以俱罗勇，请与同行。每战有功，加上开府、高唐县公，拜叠州总管。以母忧去职。还至扶风，会杨素率兵将出灵州道击突厥，路逢俱罗，大悦，遂奏与同行。及遇贼，俱罗与数骑奔击，瞋目大呼，所当皆披靡，出左入右，往返若飞。以功进位柱国，拜丰州总管。初，突厥数入境为寇，俱罗辄擒斩之，自是突厥畏惧屏迹，不敢畜牧于塞上。

初，炀帝在藩，俱罗弟赞以左右从，累迁大都督。及帝嗣位，拜车骑将军。赞性凶暴，虐其部下，令左右炙肉，遇不中意，以签刺瞎其眼。有温酒不适者，立断其舌。帝以赞藩邸之旧，不忍加诛，谓近臣曰："弟既如此，兄亦可知。"因召俱罗，谴责之，出赞于狱，令自为计。赞至家，饮药而死。帝恐俱罗不自安，虑生边患，转为安州刺史。岁余，迁赵郡太守。后因朝集，至东都，与将军梁伯隐有旧，数相往来。又从郡多将杂物以贡献，帝不受，因遗权贵。御史劾俱罗以郡将交通内臣，帝大怒，与伯隐俱坐除名。

未几，越巂飞山蛮作乱，侵掠郡境。诏俱罗白衣领将，并率蜀郡都尉段钟葵讨平之。大业九年，重征高丽，以俱罗为碣石道军将。及还，江南刘元进作乱，诏俱罗将兵向会稽诸郡逐捕之。于时百姓思乱，从盗如市，俱罗击贼帅朱燮、管崇等，战无不捷。然贼势浸盛，败而复聚。俱罗度贼非岁月可平，诸子并在京、洛，又见天下渐乱，终恐道路隔绝。于时东都饥馑，谷食踊贵，俱罗遣家仆将船米至东都粜之，益市财货，潜迎诸子。朝廷微知之，恐其有异志，发使案验。使者至，前后察问，不得其罪。帝复令大理司直梁敬真就锁将诣东都。俱罗相表异人，目有重瞳，阴为帝之所忌。敬真希旨，奏俱罗师徒败衄，于是斩东都市，家口籍没。

陈棱

陈棱，字长威，庐江襄安人也。祖硕，以渔钓自给。父岘，少骁勇，事章大宝为帐内部曲。告大宝反，授谯州刺史。陈灭，废于家。高智慧、汪文进等作乱江南，庐江豪杰亦举兵相应，以岘旧将，共推为主。岘欲拒之，棱谓岘曰："众乱既作，拒之祸且及己。不如伪从，别为后计。"岘然之。时柱国李彻军至当涂，岘潜使棱至彻所，请为内应。彻上其事，拜上大将军、宣州刺史，封谯郡公，邑一千户，诏彻应接之。彻军未至，谋泄，为其党所杀，棱仅以获免。上以其父之故，拜开府，寻领乡兵。炀帝即位，授骠骑将军。大业三年，拜武贲郎将。后三岁，与朝请大夫张镇周发东阳兵万余人，自义安泛海，击流求国，月余而至。流求人初见船舰，以为商旅，往往诣军中贸易。棱率众登岸，遣镇周为先锋。其主欢斯渴剌兜遣兵拒战，镇周频击破之。棱进至低没檀洞，其小王欢斯老模率兵拒战，棱击败之，斩老模。其日雾雨晦冥，将士皆惧，棱刑白马以祭海神。既而开霁，分为五军，趣其都邑。渴剌兜率众数千逆拒，棱遣镇周又先锋击走之。棱乘胜逐北，至其栅，渴剌兜背栅而阵。棱尽锐击之，从辰至未，苦斗不息。渴剌兜自以军疲，引入栅。棱遂填堑，攻破其栅，斩渴剌兜，获其子岛槌，虏男女数千而归。帝大悦，进棱位右光禄大夫，武贲如故，镇周金紫光禄大夫。辽东之役，以宿卫迁左光禄大夫。明年，帝复征辽东，棱为东莱留守。杨玄感之作乱也，棱率众万余人击平黎阳，斩玄感所署刺史元务本。棱寻奉诏于江南营战舰。至彭城，贼帅孟让众将十万，据都梁宫，阻淮为固。棱潜于下流而济，至江都，率兵袭让，破之。以功进位光禄大夫。赐爵信安侯。后帝幸江都宫，俄而李子通据海陵，左才相掠淮北，杜伏威屯六合，众各数万。帝遣棱率宿卫兵击之，往往克捷。超拜右御卫将军。复渡清江，击宣城贼。俄而帝以弑崩，宇文化及引军北上，召棱守江都。棱集众缟素，为炀帝发丧，备仪卫，改葬于吴公台下，衰杖送丧，恸感行路，论者深义之。棱后为李子通所陷，奔杜伏威，伏威忌之，寻而见害。

王 辩 斛斯万善

王辩，字警略，冯翊蒲城人也。祖训，以行商致富。魏世，出粟助给军粮，为假清河太守。辩少习兵书，尤善骑射，慷慨有大志。在周以军功授帅都督。开皇初，迁大都督。仁寿中，迁车骑将军。汉王谅之作乱也，从杨素讨平之，赐爵武宁县男，邑三百户。后三岁，迁尚舍奉御。从征吐谷浑，拜朝请大夫。数年，转鹰扬郎将。辽东之役，以功加通议大夫，寻迁武贲郎将。及山东盗贼起，上谷魏刀儿自号历山飞，众十余万，劫掠燕、赵。帝引辩升御榻，问以方略。辩论取贼形势，帝称善，曰："诚如此计，贼何足忧也。"于是发从行步骑三千，击败之，赐黄金二百两。明年，渤海贼帅高士达自号东海公，众以万数。复令辩击之，屡挫其锐。帝在江都宫，闻而驰召之。及引见，礼赐甚厚，复令往信都经略。士达于是复战，破之，优诏褒显。时贼帅郝孝德、孙宣雅、时季康、窦建德、魏刀儿等，往往屯聚，大至十万，小至数千，寇掠河北。辩进兵击之，所往皆捷，深为群贼所惮。及翟让寇徐、豫，辩进，频击走之。让寻与李密屯据洛口仓，辩与王世充讨密，阻洛水相持经午。辩率诸将攻败密，因薄其营，战破外栅。密诸营已有溃者，乘胜将入城，世充不知，恐将士劳倦，于是鸣角收兵，翻为密徒所乘。官军大溃，不可救止。辩至洛水，桥已坏，不得渡，遂涉水，至中流，为溺人所引坠马。辩时身被重甲，败兵前后相蹈藉，不能复上马，竟溺死焉。时年五十六。三军莫不痛惜之。

河南斛斯万善，骁勇果毅，与辩齐名。大业中，从卫玄讨杨玄感，频战有功。及玄感败走，万善与数骑追及之，玄感窘迫自杀。由是知名，拜武贲郎将。突厥始毕之围雁门也，万善奋击之，所向皆破。每贼至，辄出当其锋，或下马坐地，引强弓射贼，所中皆殪。由是突厥莫敢逼城，十许日竟退，万善之力也。其后频讨群盗，累功至将军。时有将军鹿愿、范贵、冯孝慈，俱为将帅，数从征讨，并有名于世。然事皆亡失，故史官无所述焉。

史臣曰：楚、汉未分，绛、灌所以宣力；曹、刘竞逐，关、张所以立名。然则名立资草昧之初，力宣候经纶之会，攀附鳞翼，世有之矣。圆通、护儿之辈，定和、铁杖之伦，皆一时之壮士，困于贫贱。当其郁抑未遇，亦安知其有鸿鹄之志哉！终能振拔污泥之中，腾跃风云之上，符马革之愿，快生平之心，非遇其时，焉能至于此也！俱罗欲加之罪，非其咎衅，王辩殒身勍敌，志实勤王。陈棱缟素发丧，哀感行路，义之所动，固已深乎！孟才、钱杰、沈光等，感恩怀旧，临难忘生，虽功无所成，其志有可称矣。

卷六十五　　列传第三十

周　罗　睺

周罗睺，字公布，九江寻阳人也。父法暠，仕梁冠军将军、始兴太守、通直散骑常侍、南康内史、临蒸县侯。罗睺年十五，善骑射，好鹰狗，任侠放荡，收聚亡命，阴习兵书。从祖景彦诫之曰："吾世恭谨，汝独放纵，难以保家。若不丧身，必将灭吾族。"罗睺终不改。陈宣帝时，以军功授开远将军、句容令。后从大都督吴明彻与齐师战于江阳，为流矢中其左目。齐师围明彻于宿预也，诸军相顾，莫有斗心。罗睺跃马突进，莫不披靡。太仆卿萧摩诃因而副之，斩获不可胜计。进师徐州，与周将梁士彦战于彭城，摩诃临阵坠马，罗睺进救，拔摩诃于重围之内，勇冠三军。明彻之败也，罗睺全众而归，拜光远将军、钟离太守。十一年，授使持节、都督霍州诸军事。平山贼十二洞，除右军将军、始安县伯，邑四百户，总管检校扬州内外诸军事。赐金银三千两，尽散之将士，分赏骁雄。陈宣帝深叹美之。出为晋陵太守，进爵为侯，增封一千户。除太仆卿，增封并前一千六百户。寻除雄信将军，使持节、都督豫章十郡诸军事、豫章内史。狱讼庭决，不关吏手，民怀其惠，立碑颂德焉。至德中，除持节、都督南川诸军事。江州司马吴世兴密奏罗睺甚得人心，拥众岭表，意在难测，陈主惑焉。萧摩诃、鲁广达等保明之。外有知者，或劝其反，罗睺拒绝之。军还，除太子左卫率，信任逾重，时参宴席。陈主曰："周左率武将，诗每前成，文士何为后也？"都官尚书孔范对曰："周罗睺执笔制诗，还如上马入阵，不在人后。"自是益见亲礼。出督湘州诸军事，还拜散骑常侍。

晋王广之伐陈也，都督巴峡缘江诸军事，以拒秦王俊，军不得渡，相持逾月。遇丹阳陷，陈主被擒，上江犹不下，晋王广遣陈主手书命之，罗睺与诸将大临三日，放兵士散，然后乃降。高祖慰谕之，许以富贵。罗睺垂泣而对曰："臣荷陈氏厚遇，本朝沦亡，无节可纪。陛下所赐，获全为幸，富贵荣禄，非臣所望。"高祖甚器之。贺若弼谓之曰："闻公郢、汉捉兵，即知扬州可得。王师利涉，果如所量。"罗睺答曰："若得与公周旋，胜负未可知也。"其年秋，拜上仪同三司，鼓吹羽仪，送之于宅。先是，陈裨将羊翔归降于我，使为乡导，位至上开府，班在罗睺上。韩擒于朝堂戏之曰："不知机变，立在羊翔之下，能无愧乎？"罗睺答曰："昔在江南，久承令问，谓公天下节士。今日所言，殊匪诚臣之论。"擒有愧色。其年冬，除豳州刺史，俄转泾州刺史，母忧去职。未期，复起，授豳州刺史，并有能名。

十八年，起辽东之役，征为水军总管。自东莱泛海，趣平壤城，遭风，船多飘没，无功而还。十九年，突厥达头可汗犯塞，从杨素击之。虏众甚盛，罗睺白素曰："贼阵未整，请击之。"素许焉，与轻勇二十骑直冲虏阵，从申至酉，短兵屡接，大破之。进位大将军。仁寿元年，为东宫右虞候率，赐爵义宁郡公，食邑一千五百户。俄转右卫率。炀帝即位，授右武候大将军。汉王谅反，诏副杨素讨平之，进授上大将军。其年冬，帝幸洛阳。陈主卒，罗睺请一临哭，帝许之。缞绖送至墓所，葬还，释服而后入朝。帝甚嘉尚，世论称其有礼。时谅余党稽胡晋、绛等三州未下，诏罗睺行绛、晋、吕三州诸军事，进兵围之。为流矢所中，卒于师，时年六十四。送柩还京，行数里，无故舆马自止，策之不动，有飘风旋绕焉。绛州长史郭雅稽颡咒曰："公恨小寇未平邪？寻即除殄，无为恋恨。"于是风静马行，见者莫不悲叹。其年秋七月，子仲隐梦见罗睺曰："我明日当战。"其灵坐所有弓箭刀剑，无故自动，若人带持之状。绛州城陷，是其日也。赠柱国、右翊卫大将军，谥曰壮。赠物千段。子仲安，官至上开府。

周　法　尚

周法尚，字德迈，汝南安成人也。祖灵起，梁直阁将军、义阳太守、庐桂二州刺史。父炅，定州刺史、平北将军。法尚少果劲有风概，好读兵书。年十八，为陈始兴王中兵参军，寻加伏波将军。其父卒后，监定州事，督父本兵。数有战功，迁使持节、贞毅将军、散骑常侍，领齐昌郡事，封山阴县侯，邑五千户。以其兄武昌县公法僧代为定州刺史。

法尚与长沙王叔坚不相能，叔坚言其将反。陈宣帝执禁法僧，发兵欲取法尚。其下将吏皆劝之归北，法尚犹豫未决。长史殷文则曰："乐毅所以辞燕，良由不犯已。事势如此，请早裁之。"法尚遂归于周。宣帝甚优宠之，拜开府、顺州刺史，封归义县公，邑千户。赐良马五匹，女妓五人，彩物五百段，加以金带。陈将樊猛济江讨之，法尚遣部曲督韩明诈为背己，奔于陈，伪告猛曰："法尚部兵不愿降北，人皆窃议，尽欲叛还。若得军来，必无斗者，自当于阵倒戈耳。"猛以为然，引师急进。法尚乃阳为畏惧，自保于江曲。猛陈兵挑战，法尚先伏轻舸于浦中，又伏精锐于古村之北，自张旗帜，迎流拒之。战数合，伪退登岸，投古村，猛舍舟逐之，法尚又疾走。行数里，与村北军合，复前击猛。猛退走赴船，既而浦中伏舸取其舟楫，建周旗帜。猛于是大败，仅以身免，虏八千人。

高祖为丞相，司马消难作乱，阴遣上开府段珣率兵阳为助守，因欲夺其城。法尚觉其诈，闭门不纳，珣遂围之。于时仓卒，兵散在外，因率吏士五百人守拒二十日。外无救援，自度力不能支，遂拔所领，弃城遁走。消难虏其母弟及家累三百人归于陈。高祖受禅，拜巴州刺史，破三鵶叛蛮于铁山，复从柱国王谊击走陈寇。迁衡州总管四州诸军事，改封谯郡公，邑二千户。后上幸洛阳，召之，及引见，赐金钿酒钟一双，彩五百段，良马十五匹，奴婢三百口，给鼓吹一部。法尚固辞，上曰："公有大功于国，特给鼓吹者，欲令公乡人知朕之宠公也。"固与之。岁余，转黄州总管。上降密诏，使经略江南，伺候动静。及伐陈之役，以行军总管隶秦孝王，率舟师三万出于樊口。陈城州刺史熊门超出师拒战，击破之，擒超于阵。转鄂州刺史，寻迁永州总管，安集岭南，赐缣五百段，良马五匹，仍给黄州兵三千五百人为帐内。陈桂州刺史钱季卿、南康内史柳璩、西衡州刺史邓暠、阳山太守毛爽等前后诣法尚降。陈定州刺史吕子廓据山洞反，法尚引兵逾岭，子廓兵众日散，与千余人走保岩险，其左右斩之而降。赐彩五百段，奴婢五十口，并银瓮宝带，良马四匹。十年，寻转桂州总管，仍为岭南安抚大使。

后数年入朝，以本官宿卫。赐彩三百段，米五百石，绢五百匹。未几，桂州人李光仕举兵作乱，令法尚与上柱国王世积讨之。法尚驰往桂州，发岭南兵，世积出岳州，征岭北军，俱会于尹州。光仕来逆战，击走之。世积所部多遇瘴，不能进，顿于衡州，法尚独讨之。光仕帅劲兵保白石洞，法尚捕得其弟光略、光度，大获家口。其党有来降附，辄以妻子还之。居旬日，降者数千人。法尚遣兵列阵，以当光仕，亲率奇兵，蔽林设伏。两阵始交，法尚驰击其栅，栅中人皆走散，光仕大溃，追斩之。赐奴婢百五十口，黄金百五十两，银百五十斤。仁寿中，遂州獠叛，复以行军总管讨平之。嶲州乌蛮叛，攻陷州城，诏令法尚便道击之。军将至，贼弃州城，散走山谷间，法尚捕不能得。于是遣使慰谕，假以官号，伪班师，日行二十里。军再舍，潜遣人觇之，知其首领尽归栅，聚饮相贺。法尚选步骑数千人，袭击破之，获其渠帅数千人，虏男女万余口。赐奴婢百口，物三百段，蜀马二十匹。军还，检校潞州事。

炀帝嗣位，转云州刺史。后三岁，转定襄太守，进位金紫光禄大夫。时帝幸榆林，法尚朝于行宫。内史令元寿言于帝曰："汉武出塞，旌旗千里。今御营之外，请分为二十四军，日别遣一军发，相去三十里，旗帜相望，钲鼓相闻，首尾连注，千里不绝。此亦出师之盛者也。"法尚曰："不然，兵亘千里，动间山川，卒有不虞，四分五裂。腹心有事，首尾未知，道阻且长，难以相救。虽是故事，此乃取败之道也。"帝不怿曰："卿意以为何如？"法尚曰："结为方阵，四面外距，六宫及百官家口并住其间。若有变起，当头分抗，内引奇兵，出外奋击，车为壁垒，重设钩陈，此与据城理亦何异！若战而捷，抽骑追奔，或战不利，屯营自守。臣谓牢固万全之策也。"帝曰："善。"因拜左武卫将军，赐良马一匹，绢三百匹。

明年，黔安夷向思多反，杀将军鹿愿，围太守萧造，法尚与将军李景分路讨之。法尚击思多于清江，破之，斩首三千级。还，从讨吐谷浑，法尚别出松州道，逐捕亡散，至于青海。赐奴婢一百口，物二百段，马七十匹。出为敦煌太守，寻领会宁太守。辽东之役，以舟师指朝鲜道，会杨玄感反，与将军宇文述，来护儿等破之。以功进右光禄大夫，赐物九百段。时有齐郡人王薄、孟让等举兵为盗，众十余万，保长白山。频战，每挫其锐。赐奴婢百口。明年，复临沧海，在军疾甚，谓长史崔君肃曰："吾再临沧海，未能利涉，时不我与，将辞人世。立志不果，命也如何！"言毕而终，时年五十九。赠武卫大将军，谥曰僖。有子六人。长子绍基，灵寿令，少子绍范，最知名。

李　景

李景，字道兴，天水休官人也。父超，周应、戎二州刺史。景容貌奇伟，膂力过人，美须髯，骁勇善射。平齐之役，颇有力焉，授仪同三司。以平尉迥，进位开府，赐爵平寇县公，邑千五百户。开皇九年，以行军总管从王世积伐陈，陷阵有功，进位上开府，赐奴婢六十口，物千五百段。及高智慧等作乱江南，复以行军总管从杨素击之。别平仓岭，还授鄜州刺史。十七年，辽东之役，为马军总管。及还，配事汉王。高祖奇其壮武，使祖而观之，曰："卿相表当位极人臣。"寻从史万岁击突厥于大斤山，别路邀贼，大破之。后与上明公杨纪送义成公主于突厥，至恒安，遇突厥来寇。时代州总管韩洪为虏所败，景率所领数百人援之。力战三日，杀虏甚众，赐物三千段，授韩州刺史。以事王故，不之官。仁寿中，检校代州总管。汉王谅作乱并州，景发兵拒之。谅遣刘嵩袭景，战于城东。升楼射之，无不应弦而倒。选壮士击之，斩获略尽。谅复遣岚州刺史乔钟葵率劲勇三万攻之。景战士不过数千，加以城池不固，为贼冲击，崩毁相继。景且战且筑，士卒皆殊死斗，屡挫贼锋。司马冯孝慈、司法参军吕玉并骁勇善战，仪同三司侯莫陈乂多谋画，工拒守之术。景知将士可用，其后推诚于此三人，无所关预，唯在阁持重，时出抚循而已。月余，朔州总管杨义臣以兵来援，合击，大破之。先是，景府内井中甃上生花如莲，并有龙见，时变为铁马甲士。又有神人长数丈见于城下，其迹长四尺五寸。景问巫，对曰："此是不祥之物，来食人血耳。"景大怒，推出之。旬日而兵至，死者数万焉。景寻被征入京，进位柱国，拜右武卫大将军，赐缣九千匹，女乐一部，加以珍物。

景智略非所长，而忠直为时所许，帝甚信之。击叛蛮向思多，破之，赐奴婢八十口。明年，击吐谷浑于青海，破之，进位光禄大夫。赐奴婢六十口，缣二千匹。五年，车驾西巡，至天水，景献食于帝。帝曰："公，主人也。"赐坐齐王暕之上。至陇川宫，帝将大猎，景与左武卫大将军郭衍俱有难言，为人所奏。帝大怒，令左右操之，竟以坐免。岁余，复位，与宇文述等参掌选举。明年，攻高丽武厉城，破之，赐爵苑丘侯，物一千段。八年，出浑弥道。九年，复出辽东。及旋师，以景为殿。高丽追兵大至，景击走之。赉物三千段,进爵滑国公。杨玄感之反也,朝臣子弟多预焉,而景独无关涉。帝曰:"公诚直天然,我之梁栋也。"赐以美女。帝每呼李大将军而不名,其见重如此。十二年,帝令景营辽东战具于北平,赐御马一匹,名师子骢。会幽州贼杨仲绪率众万余人来攻北平,景督兵击破之,斩仲绪。于时盗贼蜂起,道路隔绝,景遂召募,以备不虞。武贲郎将罗艺与景有隙,遂诬将景反。帝遣其子慰谕之曰:"纵人言公窥天阙,据京师,吾无疑也。"后为高开道所围,独守孤城,外无声援,岁余,士卒患脚肿而死者十将六七,景抚循之,一无离叛。辽东军资多在其所,粟帛山积,既逢离乱,景无所私焉。及帝崩于江都,辽西太守邓暠率兵救之,遂归柳城。后将还幽州,在道遇贼,见害。契丹、靺鞨素感其恩,闻之莫不流涕,幽、燕人士于今伤惜之。有子世谟。

慕容三藏

慕容三藏,燕人也。父绍宗,齐尚书左仆射、东南道大行台。三藏幼聪敏,多武略,颇有父风。仕齐,释褐太尉府参军事,寻迁备身都督。武平初,袭爵燕郡公,邑八百户。其年,败周师于孝水,又破陈师于寿阳,转武卫将军。又败周师于河阳,授武卫大将军。又转右卫将军,别封范阳县公,食邑千户。周师入邺也,齐后主失守东道,委三藏等留守邺宫。齐之王公以下皆降,三藏犹率麾下抗拒周师。及齐平,武帝引见,恩礼甚厚,诏曰:"三藏父子诚节著闻,宜加荣秩。"授开府仪同大将军。其年,稽胡叛,令三藏讨平之。开皇元年,授吴州刺史。九年,奉诏持节凉州道黜陟大使。其年,岭南酋长王仲宣反,围广州,诏令柱国、襄阳公韦洸为行军总管,三藏为副。至广州,与贼交战,洸为流矢所中,卒,诏令三藏检校广州道行军事。十年,贼众四面攻围,三藏固守月余。城中粮少矢尽,三藏以为不可持久,遂自率骁锐,夜出突围击之。贼众败散,广州获全。以功授大将军,赐奴婢百口,加以金银杂物。十二年,授廓州刺史。州极西界,与吐谷浑邻接,奸宄犯法者皆迁配彼州,流人多有逃逸。及三藏至,招纳绥抚,百姓爱悦,缅负日至,吏民歌颂之。高祖闻其能,屡有劳问。其年,当州畜产繁挚,获醍醐奉献,赉物百段。十三年,州界连云山响,称万年者三,诏颁郡国,仍遣使醮于山所。其日景云浮于上,雉兔驯坛侧,使还具以闻,上大悦。十五年,授叠州总管。党项羌时有翻叛,三藏随便讨平之,部内夷夏咸得安辑。仁寿元年,改封河内县男。大业元年,授和州刺史。三年,转任淮南郡太守,所在有惠政。其年,改授金紫光禄大夫。大业七年卒。

三藏从子遐,为澶水丞,汉王反,抗节不从,以诚节闻。

薛世雄

薛世雄,字世英,本河东汾阴人也,其先寓居关中。父回,字道弘,仕周,官至泾州刺史。开皇初,封舞阴郡公,领漕渠监,以年老致事,终于家。世雄为儿童时,与群辈游戏,辄画地为城郭,令诸儿为攻守之势,有不从令者,世雄辄挞之,诸儿畏惮,莫不齐整。其父见而奇之,谓人曰:"此儿当兴吾家矣。"年十七,从周武帝平齐,以功拜帅都督。开皇时,数有战功,累迁仪同三司、右亲卫车骑将军。炀帝嗣位,番禺夷、獠相聚为乱,诏世雄讨平之。迁右监门郎将。从帝征吐谷浑,进位通议大夫。

世雄性廉谨,凡所行军破敌之处,秋毫无犯,帝由是嘉之。帝尝从容谓群臣曰:"我欲举好人,未知诸君识不?"群臣咸曰:"臣等何能测圣心。"帝曰:"我欲举者薛世雄。"群臣皆称善。帝复曰:"世雄廉正节概,有古人之风。"于是超拜右翊卫将军。岁余,以世雄为玉门道行军大将,与突厥启民可汗连兵击伊吾。师次玉门,启民可汗背约,兵不至,世雄孤军度碛。伊吾初谓隋军不能至,皆不设备,及闻世雄兵已度碛,大惧,请降,诣军门上牛酒。世雄遂于汉旧伊吾城东筑城,号新伊吾,留银青光禄大夫王威以甲卒千余人戍之而还。天子大悦,进位正议大夫,赐物二千段。辽东之役,以世雄为沃沮道军将,与宇文述同败绩于平壤。还次白石山,为贼所围百余重,四面矢下如雨。世雄以赢师为方阵,选劲骑二百先犯之,贼稍却,因而纵击,遂破之而还。所亡失多,竟坐免。明年,帝复征辽东,拜右候卫将军,兵指蹋顿道。军至乌骨城,会杨玄感作乱,班师。帝至柳城,以世雄为东北道大使,行燕郡太守,镇怀远。于时突厥颇为寇盗,缘边诸郡多苦之,诏世雄发十二郡士马,巡塞而还。十年,复从帝至辽东,迁左御卫大将军,仍领涿郡留守。未几,李密逼东都,中原骚动,诏世雄率幽、蓟精兵将击之。军次河间,营于郡城南,河间诸县并集兵,依世雄大军为营,欲讨窦建德。建德将家口通,自选精锐数百,夜来袭之。先犯河间兵,溃奔世雄营。时遇雾雰晦冥,莫相辨识,军不得成列,皆腾栅而走,于是大败。世雄与左右数十骑遁入河间城,惭恚发病,归于涿郡,未几而卒,时年六十三。有子万述、万淑、万钧、万彻,并以骁武知名。

王仁恭

王仁恭,字元实,天水上邽人也。祖建,周凤州刺史。父猛,鄀州刺史。仁恭少刚毅修谨,工骑射。弱冠,州补主簿,秦孝王引为记室,转长道令,迁车骑将军。从杨素击突厥于灵武,以功拜上开府,赐物三千段。以骠骑将军典蜀王军事。山獠作乱,蜀王命仁恭讨破之,赐奴婢三百口。及蜀王以罪废,官属多罹其患。上以仁恭素质直,置而不问。炀帝嗣位,汉王谅举兵反,从杨素击平之。以功进位大将军,拜吕州刺史,赐帛四千匹,女妓十人。岁余,转卫州刺史,寻改为汲郡太守,有能名。征入朝,帝呼上殿,劳勉之,赐杂彩六百段,良马二匹。迁信都太守,汲郡吏民扣马号哭于道,数日不得出境,其得人情如此。辽东之役,以仁恭为军将。及帝班师,仁恭为殿,遇贼,击走之。进授左光禄大夫,赐绢六千段,马四十匹。明年,复以军将指扶余道,帝谓之曰:"往者诸军多不利,公独以一军破贼。古人云，败军之将不可以言勇，诸将其可任乎？今委公为前军，当副所望也。"赐良马十匹，黄金百两。仁恭遂进军，至新城，贼数万背城结阵，仁恭率劲骑一千击破之。贼婴城拒守，仁恭四面攻围。帝闻而大悦，遣舍人诣军劳问，赐以珍物。进授光禄大夫，赐绢五千匹。会杨玄感作乱，其兄子武贲郎将仲伯预焉，仁恭由是坐免。寻而突厥屡为寇患，帝以仁恭宿将，频有战功，诏复本官，领马邑太守。其年，始毕可汗率骑数万来寇马邑，复令二特勤将兵南过。时郡兵不满三千，仁恭简精锐逆击，破之。其二特勤众亦溃，仁恭纵兵乘之，获数千级，并斩二特勤。帝大悦，赐缣三千匹。其后突厥复入定襄，仁恭率兵四千掩击，斩千余级，大获六畜而归。于时天下大乱，百姓饥馁，道路隔绝，仁恭颇改旧节，受纳货贿，又不敢辄开仓廪，赈恤百姓。其麾下校尉刘武周与仁恭侍婢奸通，恐事泄，将为乱，每宣言郡中曰："父老妻子冻馁，填委沟壑，而王府君闭仓不救百姓，是何理也！"以此激怒众，吏民颇怨之。其后仁恭正坐厅事，武周率其徒数十人大呼而入，因害之，时年六十。武周于是开仓赈给，郡内皆从之，自称天子，署置百官，转攻傍郡。

权武

权武，字武挥，天水人也。祖超，魏秦州刺史。父袭庆，周开府，从武元皇帝与齐师战于并州，被围百余重。袭庆力战矢尽，短兵接战，杀伤甚众，刀矛皆折，脱胄掷地，向贼大骂曰："何不来斫头也！"贼遂杀之。武以忠臣子，起家拜开府，袭爵齐郡公，邑千二百户。武少果劲，勇力绝人，能重甲上马。尝倒投于井，未及泉，复跃而出，其拳捷如此。从王谦破齐服龙等五城，增邑八百户。平齐之役，攻陷邺州，别下六城，以功增邑三百户。宣帝时，拜劲捷右旅上大夫，进位上开府。高祖为丞相，引置左右。及受禅，增邑五百户。后六岁，拜浙州刺史。伐陈之役，以行军总管从晋王出六合，还拜豫州刺史。在职数年，以创业之旧，进位大将军，检校潭州总管。其年，桂州人李世贤作乱，武以行军总管与武候大将军虞庆则击平之。庆则以罪诛，功竟不录，复还于州。多造金带，遗岭南酋领，其人复答以宝物，武皆纳之，由是致富。后武晚生一子，与亲客宴集，酒酣，遂擅赦所部内狱囚。武常以南越边远，治从其俗，务适便宜，不依律令，而每言当今法急，官不可为。上令有司案其事，皆验。上大怒，命斩之。武于狱中上书，言其父为武元皇帝战死于马前，以此求哀。由是除名为民。仁寿中，复拜大将军，封邑如旧。未几，授太子右卫率。炀帝即位，拜右武卫大将军，坐事免，授桂州刺史。俄转始安太守。久之，征拜右屯卫大将军，寻坐事除名。卒于家。有子弘。

吐万绪

吐万绪，字长绪，代郡鲜卑人也。父通，周郢州刺史。绪少有武略，在周，起家抚军将军，袭爵元寿县公。数从征伐，累迁大将军、少司武。高祖受禅，拜襄州总管，进封谷城郡公，邑二千五百户。寻转青州总管，颇有治名。岁余，突厥寇边，朝廷以绪有威略，徙为朔州总管，甚为北夷所惮。其后高祖潜有吞陈之志，转徐州总管，令修战具。及大举济江，以绪领行军总管，与西河公纥豆陵、洪景屯兵江北。及陈平，拜夏州总管。晋王广之在藩也，颇见亲遇，及为太子，引为左虞候率。炀帝嗣位，汉王谅时镇并州，帝恐其为变，拜绪晋、绛二州刺史，驰传之官。绪未出关，谅已遣兵据蒲坂，断河桥，绪不得进。诏绪率兵从杨素击破之，拜左武候将军。大业初，转光禄卿。贺若弼之遇谴也，引绪为证，绪明其无罪，由是免官。岁余，守东平太守。未几，帝幸江都，路经其境，迎谒道傍。帝命升龙舟，绪因顿首陈谢往事。帝大悦，拜金紫光禄大夫，太守如故。辽东之役，请为先锋，帝嘉之，拜左屯卫大将军，率马步数万指盖马道。及班师，留镇怀远，进位左光禄大夫。时刘元进作乱江南，以兵攻润州，帝征绪讨之。绪率众至杨子津，元进自茅浦将渡江，绪勒兵击走。绪因济江，背水为栅。明旦，元进来攻，又大挫之，贼解润州围而去。绪进屯曲阿，元进复结栅拒。绪挑之，元进出战，阵未整，绪以骑突之，贼众遂溃，赴江水而死者数万。元进挺身夜通，归保其垒。伪署仆射朱燮、管崇等屯于毗陵，连营百余里。绪乘势进击，复破之，贼退保黄山。绪进军围之，贼穷蹙请降，元进、朱燮仅以身免。于阵斩管崇及其将军陆颛等五千余人，收其子女三万余口，送江都宫。进解会稽围。元进复据建安，帝令进讨之，绪以士卒疲敝，请息甲待至来春。帝不悦，密令求绪罪失，有司奏绪怯懦违诏，于是除名为民，配防建安。寻有诏征诣行在所，绪郁郁不得志，还至永嘉，发疾而卒。

董纯

董纯，字德厚，陇西成纪人也。祖和，魏太子左卫率。父昇，周柱国。纯少有膂力，便弓马。在周仕历司御上士、典驭下大夫，封固始县男，邑二百户。从武帝平齐，以功拜仪同，进爵大兴县侯，增邑通前八百户。高祖受禅，进爵汉曲县公，累迁骠骑将军。后以军功进位上开府。开皇末，以劳旧擢拜左卫将军，寻改封顺政县公。汉王谅作乱并州，以纯为行军总管、河北道安抚副使，从杨素击平之。以功拜柱国，进爵为郡公，增邑二千户。转左备身将军，赐女妓十人，缣彩五千匹。数年，转左骁卫将军、彭城留守。齐王暕之得罪也，纯坐与交通，帝庭遣之曰："汝阶缘宿卫，以至大官，何乃附傍吾儿，欲相离间耶？"纯曰："臣本微贱下才，过蒙奖擢，先帝察臣小心，宠逾涯分，陛下重加收采，位至将军。欲竭余年，报国恩耳。比数诣齐王者，徒以先帝、先后往在仁寿宫，置元德太子及齐王于膝上，谓臣曰：'汝好看此二儿，勿忘吾言也。'臣奉诏之后，每于休暇出入，未尝不诣王所。臣诚不敢忘先帝之言。于时陛下亦侍先帝之侧。"帝改容曰："诚有斯旨。"于是舍之。后数日，出为汶山太守。岁余，突厥寇边，朝廷以纯宿将，转为榆林太守。虏有至境，纯辄击却之。会彭城贼帅张大彪、宗世模等众至数万,保悬薄山,寇掠徐、兖。帝令纯讨之。纯初闭营不与战,贼屡挑之不出,贼以纯为怯,不设备,纵兵大掠。纯选精锐击之,合战于昌虑,大破之,斩首万余级,筑为京观。贼魏骐驎众万余人,据单父,纯进击,又破之。及帝重征辽东,复以纯为彭城留守。东海贼彭孝才众数千,掠怀仁县,转入沂水,保五不及山。纯以精兵击之,擒孝才于阵,车裂之,余党各散。时百姓思乱,盗贼日益,纯虽频战克捷,所在蜂起。有人谮纯怯懦,不能平贼,帝大怒,遣使锁纯诣东都。有司见帝怒甚,遂希旨致纯死罪,竟伏诛。

赵才

赵才,字孝才,张掖酒泉人也。祖隗,魏银青光禄大夫、乐浪太守。父寿,周顺政太守。才少骁武,便弓马,性粗悍,无威仪。周世为舆正上士。高祖受禅,屡以军功迁上仪同三司。配事晋王,及王为太子,拜右虞候率。炀帝即位,转左备身骠骑,后迁右骁卫将军。帝以才藩邸旧臣,渐见亲待。才亦恪勤匪懈,所在有声。岁余,转右候卫将军。从征吐谷浑,以为行军总管,率卫尉卿刘权、兵部侍郎明雅等出合河道,与贼相遇,击破之,以功进位金紫光禄大夫。及辽东之役,再出碣石道,还授左候卫将军。俄迁右候卫大将军。时帝每有巡幸,才恒为斥候,肃遏奸非,无所回避。在途遇公卿妻子有违禁者,才辄丑言大骂。多所援及,时人虽患其不逊,然才守正,无如之何。十年驾幸汾阳宫,以才留守东都。十二年,帝在洛阳,将幸江都。才见四海土崩,恐为社稷之患,自以荷恩深重,无容坐看亡败,于是入谏曰:"今百姓疲劳,府藏空竭,盗贼蜂起,禁令不行。愿陛下还京师,安兆庶,臣虽愚蔽,敢以死请。"帝大怒,以才属吏。旬日,帝意颇解,乃令出之。帝遂幸江都,待遇逾昵。时江都粮尽,将士离心,内史侍郎虞世基、秘书监袁充等多劝帝幸丹阳。帝廷议其事,才极陈入京之策,世基盛言渡江之便。帝默然无言,才与世基相忿而出。宇文化及弑逆之际,才时在苑北,化及遣骁果席德方矫诏追之。才闻诏而出,德方命其徒执之,以诣化及。化及谓才曰:"今日之事,只得如此,幸勿为怀。"才默然不对。化及忿才无言,将杀之,三日乃释。以本官从事,郁郁不得志。才尝劝化及宴饮,请劝其同谋逆者一十八人杨士览等酒,化及许之。才执杯曰:"十八人止可一度作,勿复余处更为。"诸人默然不对。行至聊城,遇疾。俄而化及为窦建德所破,才复见虏。心弥不平,数日而卒,时年七十三。

仁寿、大业间,有兰兴浴、贺兰蕃,俱为武候将军,刚严正直,不避强御,咸以称职知名。

史臣曰:罗睺、法尚、李景、世雄、慕容三藏并以骁武之姿,当有事之日,致兹荣贵,自取之也。仁恭初在汲郡,以清能显达,后居马邑,以贪吝败亡,鲜克有终,惜矣!吐万绪、董纯各以立效当年,取斯高秩。绪请息兵见责,纯遭潜毁被诛。大业之季,盗可尽乎!淫刑暴逞,能不及焉!赵才虽人而无仪,志在强直,固拒世基之议,可谓不苟同矣。权武素无行检,不拘刑宪,终取黜辱,宜哉。

卷六十六　　　列传第三十一

李谔

李谔,字士恢,赵郡人也。好学,解属文。仕齐为中书舍人,有口辩,每接对陈使。周武帝平齐,拜天官都上士,谔见高祖有奇表,深自结纳。及高祖为丞相,甚见亲待,访以得失。于时兵革屡动,国用虚耗,谔上《重谷论》以讽焉。高祖深纳之。及受禅,历比部、考功二曹侍郎,赐爵南和伯。谔性公方,明达世务,为时论所推。迁治书侍御史,上谓群臣曰:"朕昔为大司马,每求外职,李谔陈十二策,苦劝不许,朕遂决意在内。今此事业,谔之力也。"赐物二千段。

谔见礼教凋敝,公卿薨亡,其爱妾侍婢,子孙辄嫁卖之,遂成风俗。谔上书曰:"臣闻追远慎终,民德归厚,三年无改,方称为孝。如闻朝臣之内,有父祖亡没,日月未久,子孙无赖,便分其妓妾,嫁卖取财。有一于兹,实损风化。妾虽微贱,亲承衣履,服斩三年,古今通式。岂容遽褫缞绖,强傅铅华,泣辞灵几之前,送付他人之室。凡在见者,犹致伤心,况乎人子,能堪斯忍?复有朝廷重臣,位望通贵,平生交旧,情若弟兄,及其亡没,杳同行路,朝闻其死,夕规其妾,方便求娉,以得为限,无廉耻之心,弃友朋之义。且居家理治,可移于官,既不正私,何能赞务?"上览而嘉之。五品以上妻妾不得改醮,始于此也。

谔又以属文之家,体尚轻薄,递相师效,流宕忘反,于是上书曰:

臣闻古先哲王之化民也,必变其视听,防其嗜欲,塞其邪放之心,示以淳和之路。五教六行为训民之本,《诗》《书》《礼》《易》为道义之门。故能家复孝慈,人知礼让,正俗调风,莫大于此。其有上书献赋,制诔镌铭,皆以褒德序贤,明勋证理。苟非惩劝,义不徒然。降及后代,风教渐落。魏之三祖,更尚文词,忽君人之大道,好雕虫之小艺。下之从上,有同影响,竞骋文华,遂成风俗。江左齐、梁,其弊弥甚,贵贱贤愚,唯务吟咏。遂复遗理存异,寻虚逐微,竞一韵之奇,争一字之巧。连篇累牍,不出月露之形,积案盈箱,唯是风云之状。世俗以此相高,朝廷据兹擢士。禄利之路既开,爱尚之情愈笃。于是闾里童昏,贵游总卯,未窥六甲,先制五言。至如羲皇、舜、禹之典,伊、傅、周、孔之说,不复关心,何尝入耳。以傲诞为清虚,以缘情为勋绩,指儒素为古拙,用词赋为君子。故文笔日繁,其政日乱,良由弃大圣之轨模,构无用以为用也。损本逐末,流遍华壤,递相师祖,久而愈扇。及大隋受命,圣道聿兴,屏黜轻浮,遏止华伪,自非怀经抱质,志道依仁,不得引预搢绅,参厕缨冕。开皇四年,普诏天下,公私文翰,并宜实录。其年九月,泗州刺史司马幼之文表华艳,付所司治罪。自是公卿大臣,咸知正路,莫不钻仰坟集,弃绝华绮,择先王之令典,行大道于兹世。如闻外州远县,仍钟敝风,选吏举人,未遵典则,至有宗党称孝,乡曲归仁,学必典谟,交不苟合,则摈落私门,不加收齿;其学不稽古,逐俗随时,作轻薄之篇章,结朋党而求誉,则选充吏职,举送天朝。盖由县令、刺史未行风教,犹挟私情,不存公道。臣既忝宪司,职当纠察。若闻风即劾,恐挂网者多,请勒诸司,普加搜访,有如此者,具状送台。

谔又以当官者好自矜伐,复上奏曰:

臣闻舜戒禹云:"汝惟不矜,天下莫与汝争能;汝惟不伐,天下莫与汝争功。"言偃又云:"事君数,斯辱矣,朋友数,斯疏矣。"此皆先哲之格言,后王之轨辙。然则人臣之道,陈力济时,虽勤比大禹,功如师望,亦不得厚自矜伐,上要君父。况复功无足纪,勤不补过,而敢自陈勋绩,轻干听览!世之丧道,极于周代,下无廉耻,上使之然。用人唯信其口,取士不观其行。矜夸自大,便以干济蒙擢;谦恭静退,多以恬默见遗。是以通表陈诚,先论己之功状;承颜敷奏,亦道臣最用心。自衒自媒,都无惭耻之色;强干横请,唯以干没为能。自隋受命,此风顿改,耕夫贩妇,无不革心,况乃大臣,仍遵敝俗!如闻刺史入京朝觐,乃有自陈勾检之功,喧诉阶墀之侧,言辞不逊,高自称誉,上黩冕旒,特为难恕,凡如此辈,具状送台,明加罪黜,以惩风轨。

上以谔前后所奏颁示天下,四海靡然向风,深革其弊。谔在职数年,务存大体,不尚严猛,由是无刚謇之誉,而潜有匡正多矣。邳公苏威以临道店舍,乃求利之徒,事业污杂,非敦本之义,遂奏高祖,约遣归农,有愿依旧者,所在州县录附市籍,仍撤毁旧店,并令远道,限以时日。正值冬寒,莫敢陈诉。谔因别使,见其如此,以为四民有业,各附所安,逆旅之与旗亭,自古非同一概,即附市籍,于理不可,**且行旅之所依托,岂容一朝而废,徒为劳扰**,于事非宜,遂专决之,并令依旧,使还诣阙,然后奏闻。高祖善之曰:"体国之臣,当如此矣。"以年老,出拜通州刺史,甚有惠政,民夷悦服。后三岁,卒官,有子四人。大体、大钧,并官至尚书郎。世子大方袭爵,最有材品,大业初,判内史舍人。帝方欲任之,遇卒。

鲍宏

鲍宏,字润身,东海郯人也。父机,以才学知名。事梁,官至治书侍御史。宏七岁而孤,为兄泉之所爱育。年十二,能属文,尝和湘东王绎诗,绎嗟赏不已,引为中记室,迁镇南府谘议、尚书水部郎,转通直散骑侍郎。江陵既平,归于周。明帝甚礼之,引为麟趾殿学士。累迁遂伯下大夫,与杜子晖聘于陈,谋伐齐也。陈遂出兵江北以侵齐。帝尝问宏取齐之策,宏对云:"我强齐弱,势不相侔。齐主昵近小人,政刑日紊,至尊仁惠慈恕,法令严明。事等建瓴,何忧不克。但先皇往日出师洛阳,彼有其备,每不克捷。如臣计者,进兵汾、潞,直掩晋阳,出其不虞,以为上策。"帝从之。及定山东,除少御正,赐爵平遥县伯,邑六百户,加上仪同。高祖作相,奉使山南。会王谦举兵于蜀,路次潼州,为谦将达奚惎所执,逼送成都,竟不屈节。谦败之后,驰传入京,高祖嘉之,赐以金带。及受禅,加开府,除利州刺史,进爵为公。转邛州刺史,秩满还京。时有尉义臣者,其父崇不从尉迥,后复与突厥战死,上嘉之,将赐姓为金氏。访及群下,宏对曰:"昔项伯不同项羽,汉高赐姓刘氏,秦真父能死难,魏武赐姓曹氏。如臣愚见,请赐以皇族。"高祖曰:"善。"因赐义臣姓为杨氏。后授均州刺史,以目疾免,卒于家,时年九十六。初,周武帝敕宏修《皇室谱》一部,分为《帝绪》、《疏属》、《赐姓》三篇。有集十卷,行于世。

裴政

裴政,字德表,河东闻喜人也。高祖寿孙,从宋武帝徙家于寿阳,历前军长史、庐江太守。祖邃,梁侍中、左卫将军、豫州大都督。父之礼,廷尉卿。政幼明敏,博闻强记,达于时政,为当时所称。年十五,辟邵陵王府法曹参军事,转起部郎、枝江令。湘东王之临荆州也,召为宣惠府记室,寻除通直散骑侍郎。侯景作乱,加壮武将军,帅师随建宁侯王琳进讨之。擒贼帅宋子仙,献于荆州。及平侯景,先锋入建邺,以军功连最封夷陵侯。征授给事黄门侍郎,复帅师副王琳拒萧纪,破之硖口。加平越中郎将、镇南府长史。及周师围荆州,琳自桂林来赴难,次于长沙。政请从间道先报元帝。至百里洲,为周人所获,萧詧谓政曰:"我武皇帝之孙也,不可为尔君乎?尔亦何烦殉身于七父?若从我计,则贵及子孙;如或不然,分腰领矣。"政诡曰:"唯命。"詧锁之,送至城下,使谓元帝曰:"王僧辩闻台城被围,已自为帝。王琳孤弱,不复能来。"政许之。既而告城中曰:"援兵大至,各思自勉。吾以间使被擒,当以碎身报国。"监者击其口,终不易辞。詧怒,命趣行戮。蔡大业谏曰:"此民望也。若杀之,则荆州不可下矣。"因得释。会江陵陷,与城中朝士俱送于京师。周文帝闻其忠,授员外散骑侍郎,引事相府。命与卢辩依《周礼》建六卿,设公卿大夫士,并撰次朝仪,车服器用,多遵古礼,革汉、魏之法,事并施行。寻拜刑部下大夫,转少司宪。政明习故事,又参定《周律》。能饮酒,至数斗不乱。簿案盈几,剖决如流,用法宽平,无有冤滥。囚徒犯极刑者,乃许其妻子入狱就之,至冬,将行决,皆曰:"裴大夫致我于死,死无所恨。"其处法详平如此。又善钟律,尝与长孙绍远论乐,语在《音律志》。宣帝时,以忤旨免职。

高祖摄政,召复本官。开皇元年,转率更令,加位上仪同三司。诏与苏威等修定律令。政采魏、晋刑典,下至齐、梁，沿革轻重，取其折衷。同撰著者十有余人，凡疑滞不通，皆取决于政。进位散骑常侍，转左庶子，多所匡正，见称纯悫。东宫凡有大事，皆以委之。右庶子刘荣，性甚专固。时武职交番，通事舍人赵元恺作辞见帐，未及成。太子有旨，再三催促，荣语元恺云："但尔口奏，不须造帐。"及奏，太子问曰："名帐安在？"元恺曰："禀承刘荣，不听造帐。"太子即以诘荣，荣便拒讳，云"无此语"。太子付政推问。未及奏状，有附荣者先言于太子曰："政欲陷荣，推事不实。"太子召责之，政奏曰："凡推事有两，一察情，一据证，审其曲直，以定是非。臣察刘荣，位高任重，纵令实语元恺，盖是纤介之愆。计理而论，不须隐讳。又察元恺受制于荣，岂敢以无端之言妄相点累。二人之情，理正相似。元恺引左卫率崔茜等为证，茜等款状悉与元恺符同。察情既敌，须以证定。臣谓荣语元恺，事必非虚。"太子亦不罪荣，而称政平直。

政好面折人短，而退无后言。时云定兴数入侍太子，为奇服异器，进奉后宫，又缘女宠，来往无节。政数切谏，太子不纳。政因谓定兴曰："公所为者，不合礼度。又元妃暴薨，道路籍籍，此于太子非令名也。愿公自引退，不然将及祸。"定兴怒，以告太子，太子益疏政，由是出为襄州总管。妻子不之官，所受秩奉，散给僚吏。民有犯罪者，阴悉知之，或竟岁不发，至再三犯，乃因都会时，于众中召出，亲案其罪，五人处死，流徙者甚众，合境惶慄，令行禁止，小民苏息，称为神明。尔后不修图圄，殆无争讼。卒官，年八十九。著《承圣降录》十卷。及太子废，高祖追忆之曰："向遣裴政、刘行本在，共匡弼之，犹应不令至此。"子南金，仕至膳部郎。

柳　庄

柳庄，字思敬，河东解人也。祖季远，梁司徒从事中郎。父遐，霍州刺史。庄少有远量，博览坟籍，兼善辞令。济阳蔡大宝有重名于江左，时为岳阳王萧詧谘议，见庄便叹曰："襄阳水镜，复在于兹矣。"大宝遂以女妻之，俄而詧辟为参军，转法曹。及詧称帝，还署中书舍人，历给事黄门侍郎、吏部郎中、鸿胪卿。及高祖辅政，萧岿令庄奉书入关。时三方构难，高祖惧岿有异志，及庄还，谓庄曰："孤昔以府州从役江陵，深蒙梁主殊眷。今主幼时艰，猥蒙顾托，中夜自省，我怀惭惧。梁主奕叶重光，委诚朝廷，而今已后，方见松筠之节。君还本国，幸申孤此意于梁主也。"遂执庄手而别。时梁之将帅咸潜请兴师，与尉迥等为连衡之势，进可以尽节于周氏，退可以席卷山南。唯岿疑为不可。会庄至自长安，具申高祖结托之意，遂言于岿曰："昔袁绍、刘表、王凌、诸葛诞之徒，并一时之雄杰也。及据要害之地，拥哗阋之群，功业莫建，而祸不旋踵者，良由魏武、晋氏挟天子，保京都，仗大义以为名，故能取威定霸。今尉迥虽曰旧将，昏毫已甚，消难、王谦，常人之下者，非有匡合之才。况山东、庸、蜀从化日近，周室之恩未洽，在朝将相，多为身计，竞效节于杨氏。以臣料之，迥等终当覆灭，隋公必移周国。未若保境息民，以观其变。"岿深以为然，众议遂止。未几，消难奔陈，迥及谦相次就戮，岿谓庄曰："近者若从众人之言，社稷已不守矣。"

高祖践阼，庄又入朝，高祖深慰勉之。及为晋王广纳妃于梁，庄因是往来四五反，前后赐物数千段。萧琮嗣位，迁太府卿。及梁国废，授开府仪同三司，寻除给事黄门侍郎，并赐以田宅。庄明习旧章，雅达政事，凡所驳正，帝莫不称善。苏威为纳言，重庄器识，常奏帝云："江南人有学业者，多不习世务，习世务者，又无学业。能兼之者，不过于柳庄。"高颎亦与庄甚厚。庄与陈茂同官，不能降意，茂见上及朝臣多属意于庄，心每不平，常谓庄为轻已。帝与茂有旧，曲被引召，数陈庄短。经历数载，潜愬颇行。尚书省尝奏犯罪人依法合流，而上处以大辟。庄奏曰："臣闻张释之有言，法者天子所与天下共也。今法如是，更重之，是法不信于民心。方今海内无事，正是示信之时，伏愿陛下思释之之言，则天下幸甚。"帝不从，由是忤旨。俄属尚药进丸药不称旨，茂因密奏庄不亲监临，帝遂怒。十一年，徐璒等反于江南，以行军总管长史随军讨之。璒平，即授饶州刺史，甚有治名。后数载卒官，年六十二。

源　师

源师，字践言，河南洛阳人也。父文宗，有重名于齐，开皇初，终于莒州刺史。师早有声望，起家司空府参军事，稍迁尚书左外兵郎中，又摄祠部。后属孟夏，以龙见请雩。时高阿那肱为相，谓真龙出见，大惊喜，问龙所在，师整容报曰："此是龙星初见，依礼当雩祭郊坛，非谓真龙别有所降。"阿那肱忿然作色曰："何乃干知星宿！"祭竟不行。师出而窃叹曰："国家大事，在祀与戎。礼既废也，何能久乎？齐亡无日矣。"七年，周武帝平齐，授司赋上士。高祖受禅，除魏州长史，入为尚书考功侍郎，仍摄吏部。朝章国宪，多所参定。十七年，历尚书左右丞，以明干著称。时蜀王秀颇违法度，乃以师为益州总管司马。俄而秀被征，秀恐京师有变，将谢病不行。师数劝之不可违命，秀作色曰："此自我家事，何预卿也！"师垂涕对曰："师荷国厚恩，忝参府幕，僚吏之节，敢不尽心。但比年以来，国家多故，秦孝王寝疾，奄至薨殂，庶人二十年太子，相次沦废。圣上之情，何以堪处！而有敕追王，已淹时月，今乃迁延未去，百姓不识王心，傥生异议，内外疑骇，发雷霆之诏，降一介之使，王何以自明？愿王自计之。"秀乃从征。秀废之后，益州官属多相连坐，师以此获免。后加仪同三司。炀帝即位，拜大理少卿。帝在显仁宫，敕宫外卫士不得辄离所守。有一主帅，私令卫士出外，帝付大理绳之。师据律奏徒，帝令斩之，师奏曰："此人罪诚难恕，若陛下初便杀之，自可不关文墨。既付有司，义归恒典，脱宿卫近侍者更有此犯，将何以加之？"帝为止。转刑部侍郎。师居职强明，有口辩，而无廉平之称。未几，卒官。有子崐玉。

郎 茂

郎茂，字蔚之，恒山新市人也。父基，齐颍川太守。茂少敏慧，七岁诵《骚》、《雅》，日千余言。十五师事国子博士河间权会，受《诗》、《易》、《三礼》及玄象、刑名之学。又就国子助教长乐张率礼受《三传》群言，至忘寝食。家人恐茂成病，恒节其灯烛。及长，称为学者，颇解属文。年十九，丁父忧，居丧过礼。仕齐，解褐司空府行参军。会陈使傅縡来聘，令茂接对之。后奉诏于秘书省刊定载籍。迁保城令，有能名，百姓为立《清德颂》。及周武平齐，上柱国王谊荐之，授陈州户曹。属高祖为亳州总管，见而悦之，命掌书记。时周武帝为《象经》，高祖从容谓茂曰："人主之所为也，感天地，动鬼神，而《象经》多纠法，将何以致治？"茂窃叹曰："此言岂常人所及也！"乃阴自结纳，高祖亦亲礼之。后还家为州主簿。高祖为丞相，以书召之，言及畴昔，甚欢。授卫州司录，有能名。寻除卫国令。时有系囚二百，茂亲自究审数日，释免者百余人。历年辞讼，不诣州省。魏州刺史元晖谓茂曰："长史言卫国民不敢申诉者，畏明府耳。"茂进曰："民犹水也，法令为堤防。堤防不固，必致奔突，苟无决溢，使君何患哉？"晖无以应之。有民张元预，与从父弟思兰不睦。丞尉请加严法，茂曰："元预兄弟，本相憎疾，又坐得罪，弥益其忿，非化民之意也。"于是遣县中耆旧更往敦谕，道路不绝。元预等各生感悔，诣县顿首请罪。茂晓之以义，遂相亲睦，称为友悌。

茂自延州长史转太常丞，迁民部侍郎。时尚书右仆射苏威立条章，每岁责民间五品不逊。或答者乃云："管内无五品之家。"不相应领，类多如此。又为余粮簿，拟有无相赡。茂以为繁纡不急，皆奏罢之。数岁，以母忧去职。未期，起令视事。又奏身死王事者，子不退田，品官年老不减地，皆发于茂。茂性明敏，剖决无滞，当时以吏干见称。仁寿初，以本官领大兴令。炀帝即位，迁雍州司马，寻转太常少卿。后二岁，拜尚书左丞，参掌选事。茂工法理，为世所称。时工部尚书宇文恺、右翊卫大将军于仲文竞河东银窟。茂奏劾之曰："臣闻贵贱殊礼，士农异业，所以人知局分，家识廉耻。宇文恺位望已隆，禄赐优厚，拔葵去织，寂尔无闻，求利下交，曾无愧色。于仲文大将，宿卫近臣，趍侍阶庭，朝夕闻道，虞、芮之风，抑而不慕，分铢之利，知而必争。何贻范庶僚，示民轨物！若不纠绳，将亏政教。"恺与仲文竟坐得罪。茂撰《州郡图经》一百卷奏之，赐帛三百段，以书付秘府。

于时帝每巡幸，王纲已紊，法令多失。茂既先朝旧臣，明习世事，然善自谋身，无謇谔之节。见帝忌刻，不敢措言，唯窃叹而已。以年老，上表乞骸骨，不许。会帝亲征辽东，以茂为晋阳宫留守。其年，恒山赞治王文同与茂有隙，奏茂朋党，附下罔上。诏遣纳言苏威、御史大夫裴蕴杂治之。茂素与二人不平，因深文巧诋，成其罪状。帝大怒，及其弟司隶别驾楚之皆除名为民，徙且末郡。茂怡然受命，不以为忧。在途作《登垅赋》以自慰，词义可观。

复附表自陈，帝颇悟。十年，追还京兆，岁余而卒，时年七十五。有子知年。

高 构

高构，字孝基，北海人也。性滑稽，多智，辩给过人，好读书，工吏事，弱冠，州补主簿。仕齐河南王参军事，历徐州司马、兰陵、平原二郡太守。齐灭后，周武帝以为许州司马。高祖受禅，转冀州司马，甚有能名。征拜比部侍郎，寻转民部。时内史侍郎晋平东与兄子长茂争嫡，尚书省不能断，朝臣三议不决。构断而合理，上以为能，召入内殿，劳之曰："我闻尚书郎上应列宿，观卿才识，方知古人之言信矣。嫡庶者，礼教之所重，我读卿判数遍，词理慊当，意所不能及。"赐米百石。由是知名。寻迁雍州司马，以明断见称。岁余，转吏部侍郎，号为称职。复徙雍州司马，坐事左转盩厔令，甚有治名。上善之，复拜雍州司马，又为吏部侍郎，以公事免。炀帝立，召令复位。时为吏部者，多以不称职去官，唯构最有能名，前后典选之官，皆出其下。时人以构好剧谈，颇谓轻薄，然其内怀方雅，特为吏部尚书牛弘所重。后以老病解职，弘时典选，凡将有所擢用，辄遣人就第问其可不。河东薛道衡才高当世，每称构有清鉴，所为文笔，必先以草呈构，而后出之。构有所诋诃，道衡未尝不嗟伏。大业七年，终于家，时年七十二。所举杜如晦、房玄龄等，后皆自致公辅，论者称构有知人之鉴。

开皇中，昌黎豆卢寔为黄门侍郎，称为慎密。河东裴术为右丞，多所纠正。河东士燮、平原东方举、安定皇甫律道，俱为刑部，并执法平允。弘农刘士龙、清河房山基为考功，河东裴镜民为兵部，并称明干。京兆韦焜为民曹，屡进谠言。南阳韩则为延州长史，甚有惠政。此等事行遗阙，皆有吏干，为当时所称。

张 虔 威

张虔威，字元敬，清河东武城人也。父晏之，齐北徐州刺史。虔威性聪敏，涉猎群书。其世父暠之谓人曰："虔威，吾家千里驹也。"年十二，州补主簿。十八为太尉中兵参军，后累迁太常丞。及齐亡，仕周为宣纳中士。高祖得政，引为相府典签。开皇初，晋王广出镇并州，盛选僚佐，以虔威为刑狱参军，累迁为属。王甚美其才，与河内张衡俱见礼重，晋邸称为"二张"焉。及王为太子，迁员外散骑侍郎、太子内舍人。炀帝即位，授内史舍人、仪同三司。寻以藩邸之旧，加开府。寻拜谒者大夫，从幸江都，以本官摄江都赞治，称为干理。虔威尝在途见一遗囊，恐其主求失，因令左右负之而行。后数日，物主来认，悉以付之。淮南太守杨绰尝与十余人同来谒见，帝问虔威曰："其首立者为谁？"虔威下殿就视而答曰："淮南太守杨绰。"帝谓虔威曰："卿为谒者大夫，而乃不识参见人，何也？"虔威对曰："臣非不识杨绰，但虑不审，所以不敢轻对。石建数马足，盖慎之至也。"帝甚嘉之。其廉慎皆此类也。于时帝数巡幸，百姓疲敝，虔威因上封事以谏。帝不悦，自此见疏。未几，卒官。有子爽，仕至兰陵令。

虔威弟虔雄，亦有才器。秦孝王俊为秦州总管，选为法曹参军。王尝亲案囚徒，虔雄误不持状，口对百余人，皆尽事情，同辈莫不叹服。后历寿春、阳城二县令，俱有治绩。

荣毗 兄建绪

荣毗，字子谌，北平无终人也。父权，魏兵部尚书。毗少刚鲠有局量，涉猎群言，仕周，释褐汉王记室，转内史下士。开皇中，累迁殿内监。时以华阴多盗贼，妙选长吏，杨素荐毗为华州长史，世号为能。素之田宅，多在华阴，左右放纵，毗以法绳之，无所宽贷。毗因朝集，素谓之曰："素之举卿，适以自罚也。"毗答曰："奉法一心者，但恐累公所举。"素笑曰："前者戏耳。卿之奉法，素之望也。"时晋王在扬州，每令人密觇京师消息。遣张衡于路次往往置马坊，以畜牧为辞，实给私人也。州县莫敢违，毗独遏绝其事。上闻而嘉之，赉绢百匹，转蒲州司马。汉王谅之反也，河东豪杰以城应谅。刺史丘和觉，遁归关中。长史渤海高义明谓毗曰："河东要害，国之东门，若失之，则为难不细。城中虽复恟恟，非悉反也。但收桀黠者十余人斩之，自当立定耳，"毗然之。义明驰马追和，将与协计。至城西门，为反者所杀，毗亦被执。及谅平，拜治书侍御史，帝谓之曰："今日之举，马坊之事也。无改汝心。"帝亦敬之。毗在朝侃然正色，为百僚所惮。后以母忧去职，岁余，起令视事，寻卒官。赠鸿胪少卿。

毗兄建绪，性甚亮直，兼有学业。仕周为载师下大夫、仪同三司。及平齐之始，留镇邺城，因著《齐纪》三十卷。建绪与高祖有旧，及为丞相，加位开府，拜息州刺史。将之官，时高祖阴有禅代之计，因谓建绪曰："且踌躇，当共取富贵。"建绪自以周之大夫，因义形于色曰："明公此旨，非仆所闻。"高祖不悦，建绪遂行。开皇初来朝，上谓之曰："卿亦悔不？"建绪稽首曰："臣位非徐广，情类杨彪。"上笑曰："朕虽不解书语，亦知卿此言不逊也。"历始、洪二州刺史，俱有能名。

陆知命

陆知命，字仲通，吴郡富春人也。父敦，陈散骑常侍。知命性好学，通识大体，以贞介自持，释褐陈始兴王行参军，后历太学博士、南狱正。及陈灭，归于家，会高智慧等作乱于江左，晋王广镇江都，以其三吴之望，召令讽谕反者。知命说下贼十七城，得其渠帅陈正绪、萧思行等三百余人，以功拜仪同三司，赐以田宅，复用其弟恪为沔阳令。知命以恪非百里才，上表陈让，朝廷许之。时见天下一统，知命劝高祖都洛阳，因上《太平颂》以讽焉。文多不载。数年不得调，诣朝堂上表，请使高丽，曰："臣闻圣人当扆，物色刍荛，匹夫奔踶，或陈狂瞽。伏愿暂辍旒纩，览臣所谒。昔轩辕驭历，既缓凤沙之诛，虞舜握图，犹稽有苗之伐，陛下当百代之末，膺千载之期，四海廓清，三边底定，唯高丽小竖，狼顾燕垂。王度含弘，每怀遵养者，良由恶杀好生，欲谕之以德也。臣请以一节，宣示皇风，使彼君臣面缚阙下。"书奏，天子异之。岁余，授普宁镇将。人或言其正直者，由是待诏于御史台。炀帝嗣位，拜治书侍御史，侃然正色，为百僚所惮，帝甚敬之，后坐事免。岁余，复职。时齐王暕颇骄纵，昵近小人，知命奏劾之。暕竟得罪，百僚震栗。辽东之役，为东暆道受降使者，卒于师，时年六十七。赠御史大夫。

房彦谦

房彦谦，字孝冲，本清河人也，七世祖谌，仕燕太尉掾，随慕容氏迁于齐，子孙因家焉。世为著姓。高祖法寿，魏青、冀二州刺史，壮武侯。曾祖伯祖，齐郡、平原二郡太守。祖翼，宋安太守，并世袭爵壮武侯。父熊，释褐州主簿，行清河、广川二郡守。彦谦早孤，不识父，为母兄之所鞠养。长兄彦询，雅有清鉴，以彦谦天性颖悟，每奇之，亲教读书。年七岁，诵数万言，为宗党所异。十五，出后叔父子贞，事所继母，有逾本生，子贞哀之，抚养甚厚。后丁所继母忧，勺饮不入口者五日。事伯父乐陵太守豹，竭尽心力，每四时珍果，口弗先尝。遇期功之戚，必疏食终礼，宗从取则焉。其后受学于博士尹琳，手不释卷，遂通涉五经。解属文，工草隶，雅有词辩，风概甚高。年十八，属广宁王孝珩为齐州刺史，辟为主簿。时禁网疏阔，州郡之职，尤多纵弛，及彦谦在职，清简守法，州境肃然，莫不敬惮。及周师入邺，齐主东奔，以彦谦为齐州治中。彦谦痛本朝倾覆，将纠率忠义，潜谋匡辅。事不果而止。齐亡，归于家。周帝遣柱国辛遵为齐州刺史，为贼帅辅带剑所执。彦谦以书谕之，带剑惭惧。送遵还州，诸贼并各归首。及高祖受禅之后，遂优游乡曲，誓无仕心。

开皇七年，刺史韦艺固荐之，不得已而应命。吏部尚书卢恺一见重之，擢授承奉郎，俄迁监察御史。后属陈平，奉诏安抚泉、括等十州，以衔命称旨，赐物百段，米百石，衣一袭，奴婢七口。迁秦州总管录事参军。尝因朝集，时左仆射高颎定考课，彦谦谓颎曰："书称三载考绩，黜陟幽明，唐、虞以降，代有其法。黜陟合理，褒贬无亏，便是进必得贤，退皆不肖，如或舛谬，法乃虚设。比见诸州考校，执见不同，进退多少，参差不类。况复爱憎肆意，致乖平坦，清介孤直，未必高名，卑谄巧官，翻居上等，直为真伪混淆，是非瞀乱。宰贵既不精练，斟酌取舍，曾经驱使者，多以蒙识获成，未历台省者，皆为不知被退。又四方悬远，难可详悉，唯量准人数，半破半成。徒计官员之少多，莫顾善恶之众寡，欲求允当，其道无由。明公鉴达幽微，平心遇物，今所考校，必无阿枉，脱有前件数事，未审何以裁之？唯愿远布耳目，精加采访，褒秋毫之善，贬纤介之恶，非但直有光至治，亦足标奖贤能。"词气侃然，观者属目。颎为之动容，深当嗟赏。因历问河西、陇右官人景行，彦谦对之如响，颎顾谓诸州总管、刺史曰："与公言，不如独与秦州考使语。"后数日，颎言于上，上弗能用。以秩满，迁长葛令，甚有惠化，百姓号为慈父。仁寿中，上令持节使者巡行州县，察长吏能不，以彦谦为天下第一，超授都州司马。吏民号哭相谓曰："房明府今去，吾属何用生为！"其后百姓思之，立碑颂德。都州久无刺史，州务皆归彦谦，名有异政。

内史侍郎薛道衡，一代文宗，位望清显，所与交结，皆海内名贤。重彦谦为人，深加友敬，及兼襄州总管，辞翰往来，交错道路。炀帝嗣位，道衡转牧番州，路经彦谦所，留连数日，屑涕而别。黄门侍郎张衡，亦与彦谦相善。于时帝营东都，穷极侈丽，天下失望。又汉王构逆，罹罪者多，彦谦见衡当涂而不能匡救，以书谕之曰：

窃闻赏者所以劝善，刑者所以惩恶，故疏贱之人，有善必赏，尊贵之戚，犯恶必刑，未有罚则避亲，赏则遗贱者也。今诸州刺史，受委宰牧，善恶之间，上达本朝，慅悼宪章，不敢急慢。国家祗承灵命，作民父母，刑赏曲直，升闻于天，贪畏照临，亦宜谨肃。故文王曰："我其夙夜，畏天之威。"以此而论，虽州国有殊，高下悬邈，然忧民慎法，其理一也。至如并州衅逆，须有甄明。若杨谅实以诏命不通，虑宗社危逼，征兵聚众，非为干纪，则当原其本情，议其刑罚，上副圣主友于之意，下晓愚民疑惑之心；若审知内外无虞，嗣后纂统，而好乱乐祸，妄有觊觎，则管、蔡之诛，当在于谅，同恶相济，无所逃罪，枭悬孥戮，国有常刑。其间乃有情非协同，力不自固，或被拥逼，沦陷凶威，遂使籍没流移，恐为冤滥。恢恢天网，岂其然乎？罪疑从轻，斯义安在？昔叔向置鬵狱之死，晋国所嘉，释之断犯跸之刑，汉文称善。羊舌宁不爱弟，廷尉非苟违君，但以执法无私，不容轻重。且圣人大宝，是曰神器，苟非天命，不可妄得。故蚩尤、项籍之骁勇，伊尹、霍光之权势，李老、孔丘之才智，吕望、孙武之兵术，吴、楚连磐石之据，产、禄承母后之基，不应历运之兆，终无帝王之位。况乎蕞尔一隅，蜂扇蚁聚，杨谅之愚鄙，群小之凶慝，而欲凭陵畿甸，觊幸非望者哉！开辟已降，书契云及，帝皇之迹，可得而详。自非积德累仁，丰功厚利，孰能道洽幽显，义感灵祇！是以古之哲王，昧旦丕显，履冰在念，御朽竞怀。逮叔世骄荒，曾无戒惧，肆于民上，骋嗜奔欲，不可具载，请略陈之。

曩者齐、陈二国，并居大位，自谓与天地合德，日月齐明，罔念忧虞，不恤刑政。近臣怀宠，称善而隐恶，史官曲笔，掩瑕而录美。是以民庶呼嗟，终闭塞于视听，公卿虚誉，日敷陈于左右。法网严密，刑辟日多，徭役烦兴，老幼疲苦。昔郑有子产，齐有晏婴，楚有叔敖，晋有士会。凡此小国，尚足名臣，齐、陈之疆，岂无良佐？但以执政壅蔽，怀私徇躯，忘国忧家，外同内忌。设有正直之士，才堪干持，于己非宜，即加摈压；倘遇谄佞之辈，行多秽匿，于我有益，遂蒙荐举。以此求贤，何从而至！夫贤材者，非尚膂力，岂系文华，唯须正身负戴，确乎不动。譬栋之处屋，如骨之在身，所谓栋梁骨鲠之材也。齐、陈不任

骨鲠，信近逸谀，天高听卑，监其淫僻，故总收神器，归我大隋。向使二国祇敬上玄，惠恤鳏寡，委任方直，斥远浮华，卑菲为心，恻隐为务，河朔强富，江湖险隔，各保其业，民不思乱，泰山之固，弗可动也。然而寝卧积薪，宴安鸩毒，遂使禾黍生庙，雾露沾衣，吊影抚心，何嗟及矣！故诗云："殷之未丧师，克配上帝。宜鉴于殷，骏命不易。"万机之事，何者不须熟虑哉！

伏惟皇帝望云就日，仁孝凤彰，锡社分珪，大成规矩。及总统淮海，盛德日新，当璧之符，遐迩金属。赞历甫尔，宽仁已布，率土苍生，翘足而喜。并州之乱，变起仓卒，职由杨谅诡惑，诖误吏民，非有构怨本朝，弃德从贼者也。而有司将帅，称其愿反，非止诬陷良善，亦恐大点皇猷。足下宿为重寄，早预心膂，粤自藩邸，柱石见知。方当书名竹帛，传芳万古，稷、契、伊、吕，彼独何人？既属明时，须存謇谔，立当世之大诫，作将来之宪范。岂容曲顺人主，以爱亏刑，又使胁从之徒，横贻罪谴？忝蒙眷遇，辄写微诚，野人愚瞽，不知忌讳。

衡得书叹息，而不敢奏闻。

彦谦知王纲不振，遂去官隐居不仕，将结构蒙山之下，以求其志。会置司隶官，盛选天下知名之士。朝廷以彦谦公方宿著，时望所归，征授司隶刺史。彦谦亦慨然有澄清天下之志，凡所荐擢，皆人伦表式。其有弹射，当之者曾无怨言。司隶别驾刘炫，陵上侮下，评以为直，刺史惮之，皆为之拜。唯彦谦执志不挠，亢礼长揖，有识嘉之。炫亦不敢为恨。大业九年，从驾渡辽，监扶余道军。其后隋政渐乱，朝廷靡然，莫不变节。彦谦直道守常，介然孤立，颇为执政者之所嫉，出为泾阳令。未几，终于官，时年六十九。

彦谦居家，每子侄定省，常为讲说督勉之，亹亹不倦。家有旧业，资产素殷，又前后居官，所得俸禄，皆以周恤亲友，家无余财，车服器用，务存素俭。自少及长，一言一行，未尝涉私，虽致屡空，怡然自得。尝从容独笑，顾谓其子玄龄曰："人皆因禄富，我独以官贫。所遗子孙，在于清白耳。"所有文笔，恢廓闲雅，有古人之深致。又善草隶，人有得其尺牍者，皆宝玩之。太原王邵，北海高构，蒋乂李纲，河东柳彧、薛孺，皆一时知名雅澹之上，彦谦并与为友。虽冠盖成列，而门无杂宾。体资文雅，深达政务，有识者咸以远大许之。初，开皇中，平陈之后，天下一统，论者咸云将致太平。彦谦私谓所亲赵郡李少通曰："主上性多忌克，不纳谏争。太子卑弱，诸王擅威，在朝唯行苛酷之政，未施弘大之体。天下虽安，方忧危乱。"少通初谓不然，及仁寿、大业之际，其言皆验。大唐驭宇，追赠徐州都督、临淄县公。谥曰定。

史臣曰：大厦云构，非一木之枝；帝王之功，非一士之略。长短殊用，大小异宜，榱桷栋梁，莫可弃也。李谔等或文能遵义，或才足干时，识用显于当年，故事留于台阁。参之有隋多士，取其开物成务，皆廊庙之根桢，亦

北辰之众星也。

卷六十七　　列传第三十二

虞世基

虞世基，字茂世，会稽余姚人也。父荔，陈太子中庶子。世基幼沉静，喜愠不形于色，博学有高才，兼善草隶。陈中书令孔奂见而曰："南金之贵，属在斯人。"少傅徐陵闻其名，召之，世基不往。后因公会，陵一见而奇之，顾谓朝士曰："当今潘、陆也。"因以弟女妻焉。仕陈，释褐建安王法曹参军事，历祠部殿中二曹郎、太子中舍人。迁中庶子、散骑常侍、尚书左丞。陈主尝于莫府山校猎，令世基作《讲武赋》，于坐奏之曰：

夫玩居常者，未可论匡济之功；应变通者，然后见帝王之略。何则？化有文质，进让殊风，世或浇淳，解张累务。虽复顺纪合符之后，望云就日之君，且修战于版泉，亦治兵于丹浦。是知文德武功，盖因时而并用，经邦创制，固与俗而推移。所以树鸿名，垂大训，拱揖百灵，包举六合，其唯圣人乎！

鹑火之岁，皇上御宇之四年也。万物交泰，九有乂安，俗跻仁寿，民资日用。然而足食足兵，犹载怀于履薄；可久可大，尚懔乎于御朽。至如昆吾远照，肃慎奇瑑，史不绝书，府无虚月。贝胄雍弧之用，犀渠阙巩之殿，铸名剑于尚方，积雕戈于武库。熊罴百万，貔豹千群，利尽五材，威加四海。爰于农隙，有事春蒐，舍爵策勋，观使臣之以礼，沮劝赏罚，乃示民以知禁。盛矣哉，信百王之不易，千载之一时也！昔上林从幸，相如于是颂德，长杨校猎，子云退而为赋。虽则体物缘情，不同年而语矣，英声茂实，盖可得而言焉。其辞曰：

惟则天以稽古，统资始于群分。膺录图而出震，树司牧以为君。既济宽而济猛，亦乃武而乃文。北怨劳乎殷履，南伐盛于唐勋。彼周干与夏戚，粤可得而前闻。我大陈之创业，乃拨乱而为武。戡定艰难，平壹区宇。从喋喋之乐推，爰苍苍而再补。故累仁以积德，谅重规而袭矩。惟皇帝之休烈，体徇齐之睿哲。敷九畴而咸叙，奄四海而有截。既搜扬于帝难，又文思之安安。幽明请吏，俊乂在官。御璇玑而七政辨，朝玉帛而万国欢。昧旦丕显，未明思治。道轇往而知来，功参天而两地。运圣人之上德，尽生民之能事。于是礼畅乐和，刑清政肃。西暨析支，东渐蟠木。罄图谍而效祉，漏川泉而褆福。在灵知而必臻，亦何思而不服。虽至治之隆平，犹戒国而强兵。选羽林于六郡，诏骠张于五营。兼折冲而余勇，咸重义而轻生。遂乃因农隙以教民，在春蒐而习战。命司马以示法，帅掌固而清甸。导訇旬以前驱，伏钩陈而后殿。抗鸟旌于析羽，饰鱼文于被练。尔乃革轩按辔，玉虬齐鞅。屯左矩以启行，击右钟而传响。交云罕之掩映，纷剑骑而来往。指摄提于斗极，洞闾阖之弘敞。跨玄武而东临，款黄山而北上。隐圆阙之迢递，届方泽之垲爽。于斯时也，青春晚候，朝阳明岫。日月光华，烟云吐秀。澄波澜于江海，静氛埃于宇宙。乘舆乃御太一之玉堂，授军令于紫房。蕴龙韬之妙算，誓武旅于戎场。锐金颜于庸蜀，躏铁骑于渔阳。彀神弩而持满，覆天弧而并张。曳虹旗之正正，振夔鼓之锽锽。八陈肃而成列，六军俨以相望。拒飞梯于紫带，耸楼车于武冈。或掉鞅而直指，乍交绥而弗伤。裁应变而蛇击，俄蹈厉以鹰扬。中小枝于戟刃，彻蹲杙于甲裳。聊七纵于孟获，乃两擒于卞庄。始轩轩而鹤举，遂离离以雁行。振川谷而横八表，荡海岳而耀三光。谅窈冥之不测，羌进退而难状。亦有投石扛鼎，超乘挟辀。冲冠耸剑，铁楯铜头。熊渠殆凶，武勇操牛。虽任鄙与贲、育，故无得而为仇。九攻既决，三略已周。鸣镯振响，风卷电收。于是勇爵班，金奏设，登元、凯而陪位，命方、邵而就列。三献式序，八音未阕。舞干戚而有豫，听鼓鞞而载悦。俾挟纩与投醪，咸忘躯而殉节。方席卷而横行，见王师之有征。登燕山而戮封豕，临瀚海而斩长鲸。望云亭而载踌，礼升中而告成。实皇王之神武，信荡荡而难名者也。

陈主嘉之，赐马一匹。及陈灭归国，为通直郎，直内史省。贫无产业，每佣书养亲，怏怏不平。尝为五言诗以见意，情理凄切，世以为工，作者莫不吟咏。未几，拜内史舍人。

炀帝即位，顾遇弥隆。礼书监河东柳顾言博学有才，罕所推谢，至是与世基相见，叹曰："海内当共推此一人，非吾侪所及也。"俄迁内史侍郎，以母忧去职，哀毁骨立。有诏起令视事，拜见之日，殆不能起，帝令左右扶之。哀其羸瘠，诏令进肉，世基食辄悲哽，不能下。帝使谓之曰："方相委任，当为国惜身。"前后敦劝者数矣。帝重其才，亲礼逾厚，专典机密，与纳言苏威、左翊卫大将军宇文述、黄门侍郎裴矩、御史大夫裴蕴等参掌朝政。于时天下多事，四方表奏日有百数。帝方凝重，事不庭决，入阁之后，始召世基口授节度。世基至省，方为敕书，日且百纸，无所遗谬。其精审如是。辽东之役，进位金紫光禄大夫。后从幸雁门，帝为突厥所围，战士多败。世基劝帝重为赏格，亲自抚循，又下诏停辽东之事。帝从之，师乃复振。及围解，勋格不行，又下伐辽之诏。由是言其诈众，朝野离心。

帝幸江都，次巩县，世基以盗贼日盛，请发兵屯洛口仓，以备不虞。帝不从，但答云："卿是书生，定犹怔怯。"于时天下大乱，世基知帝不可谏止，又以高颎、张衡等相继诛戮，惧祸及己，虽居近侍，唯诺取容，不敢忤意。盗贼日甚，郡县多没。世基知帝恶数闻之，后有告败者，乃抑损表状，不以实闻。是后外间有变，帝弗之知也。尝遣太仆杨义臣捕盗于河北，降贼数十万，列状上闻。帝叹曰："我初不闻贼顿如此，义臣降贼何多也！"世基对曰："鼠窃虽多，未足为虑。义臣克之，拥兵不少，久在阃外，此最非宜。"帝曰："卿言是也。"遽追义臣，放其兵散。又越王侗遣太常丞元善达间行贼中，诣江都奏事，称李密有众百万，围逼京都，贼据洛口仓，城内无食，若陛下速还，乌合必散，不然者，东都决没。因歔欷呜咽，帝为之改容。世基见帝色忧，进曰："越王年小，此辈诳之。若如所言，善达何缘来至？"帝乃勃然怒曰："善达小人，敢廷辱我！"因使经贼中，向东阳催运，善达遂为群盗所杀。此后外人杜口，莫敢以贼闻奏。

世基貌沉审，言多合意，是以特见亲爱，朝臣无与比。其继室孙氏，性骄淫，世基惑之，恣其奢靡。雕饰器服，无复素士之风。孙复携前夫子夏侯俨入世基舍，而顽鄙无赖，为其聚敛。鬻官卖狱，贿赂公行，其门如市，金宝盈积。其弟世南，素国士，而清贫不立，未曾有所赡。由是为论者所讥，朝野咸共疾怨。宇文化及杀逆也，世基乃见害焉。

长子肃，好学多才艺，时人称有家风。弱冠早没。肃弟熙，大业末为符玺郎。次子柔、晦，并宣义郎。化及将乱之夕，宗人虞伋知而告熙曰："事势以然，吾将济卿南渡，且得免祸，同死何益！"熙谓伋曰："弃父背君，求生何地？感尊之怀，自此诀矣。"及难作，兄弟竞请先死，行刑人于是先世基杀之。

裴 蕴

裴蕴，河东闻喜人也。祖之平，梁卫将军。父忌，陈都官尚书，与吴明彻同没于周，赐爵江夏郡公，在隋十余年而卒。蕴性明辩，有吏干。在陈仕历直阁将军、兴宁令。蕴以其父在北，阴奉表于高祖，请为内应。及陈平，上悉阅江南衣冠之士，次至蕴，上以为夙有向化之心，超授仪同。左仆射高颎不悟上旨，进谏曰："裴蕴无功于国，宠逾伦辈，臣未见其可。"上又加蕴上仪同，颎复进谏，上曰："可加开府。"颎乃不敢复言，即日拜开府仪同三司，礼赐优洽。历洋、直、棣三州刺史，俱有能名。大业初，考绩连最。炀帝闻其善政，征为太常少卿。初，高祖不好声技，遣牛弘定乐，非正声清商及九部四儛之色，皆罢遣从民。至是，蕴揣知帝意，奏括天下周、齐、梁、陈乐家子弟，皆为乐户。其六品已下，至于民庶，有善音乐及倡优百戏者，皆直太常。是后异技淫声咸萃乐府，皆置博士弟子，递相教传，增益乐人至三万余。帝大悦，迁民部侍郎。

于时承高祖和平之后，禁网疏阔，户口多漏。或年及成丁，犹诈为小，未至于老，已免租赋。蕴历为刺史，素知其情，因是条奏，皆令貌阅。若一人不实，则官司解职，乡正里长皆远流配。又许民相告，若纠得一丁者，令被纠之家代输赋役。是岁大业五年也，诸郡计帐，进丁二十四万三千，新附口六十四万一千五百。帝临朝览状，谓百官曰："前代无好人，致此罔冒。今进民户口皆以实者，全由裴蕴一人用心。古语云，得贤而治，验之信矣。"由是渐见亲委，拜京兆赞治，发摘纤毫，吏民慑惮。

未几，擢授御史大夫，与裴矩、虞世基参掌机密。蕴善候伺人主微意，若欲罪者，则曲法顺情，锻成其罪。所欲宥者，则附从轻典，因而释之。是后大小之狱皆以付蕴，宪部大理莫敢与夺，必禀承进止，然后决断。蕴亦机辩，所论法理，言若悬河，或重或轻，皆由其口，剖析明敏，时人不能致诘。杨玄感之反也，帝遣蕴推其党与，谓蕴曰："玄感一呼而从者十万，益知天下人不欲多，多即相聚为盗耳。不尽加诛，则后无以劝。"蕴由是乃峻法治之，所戮者数万人，皆籍没其家。帝大称善，赐奴婢十五口。司隶大夫薛道衡以忤意获谴，蕴知帝恶之，乃奏曰："道衡负才恃旧，有无君之心。见诏书每下，便腹非私议，推恶于国，妄造祸端。论其罪名，似如隐昧，源其情意，深为悖逆。"帝曰："然。我少时与此人相随行役，轻我童稚，共高颎、贺若弼等外擅威权，自知罪当诛调。及我即位，怀不自安，赖天下无事，未得反耳。公论其逆，妙体本心。"于是诛道衡。又帝问苏威以讨辽之策，威不愿帝复行，且欲令帝知天下多贼，乃诡答曰："今者之役，不愿发兵，但诏赦群盗，自可得数十万。遣关内奴贼及山东历山飞、张金称等头别为一军，出辽西道，诸河南贼王薄、孟让等十余头并给舟楫，浮沧海道，必喜于免罪，竞务立功，一岁之间，可灭高丽矣。"帝不怿曰："我去尚犹未克，鼠窃安能济乎？"威出后，蕴奏曰："此大不逊，天下何处有许多贼！"帝悟曰："老革多奸，将贼胁我。欲搭其口，但隐忍之，诚极难耐。"蕴知上意，遣张行本奏威罪恶，帝付蕴推鞠之，乃处其死。帝曰："未忍便杀。"遂父子及孙三世并除名。蕴又欲重己权势，令虞世基奏罢司隶刺史以下官属，增置御史百余人。于是引致奸黠，共为朋党，郡县有不附者，阴中之。于时军国多务，凡是兴师动众，京都留守，及与诸蕃互市，皆令御史监之。宾客附隶，遍于郡国，侵扰百姓，帝弗之知也。以渡辽之役，进位银青光禄大夫。及司马德戡将为乱，江阳长张惠绍夜驰告之。蕴共惠绍谋，欲矫诏发郭下兵民，尽取荣公来护儿节度，收在外逆党宇文化及等，仍发羽林殿脚，遣范富娄等入自西苑，取梁公萧钜及燕王处分，扣门援帝。谋议已定，遣报虞世基。世基疑反者不实，抑其计。须臾，难作，蕴叹曰："谋及播郎，竟误人事。"遂见害。子恪为尚辇直长，亦同日死。

裴 矩

裴矩，字弘大，河东闻喜人也。祖他，魏都官尚书。父讷之，齐太子舍人。矩襁褓而孤，及长好学，颇爱文藻，有智数。世父让之谓矩曰："观汝神识，足成才士，欲求宦达，当资干世之务。"矩始留情世事。齐北平王贞为司州牧，辟为兵曹从事，转高平王文学。及齐亡，不得调。高祖为定州总管，召补记室，甚亲敬之。以母忧去职。高祖作相，遣使者驰召之，参相府记室事。及受禅，迁给事郎，奏舍人事。伐陈之役，领元帅记室。既破丹阳，晋王广令矩与高颎收陈图籍。明年，奏诏巡抚岭南，未行而高智慧、汪文进等相聚作乱，吴、越道闭，上难遣矩行。矩请速进，上许之。行至南康，得兵数千人。时俚帅王仲宣逼广州，遣其所部将周师举围东衡州。矩与大将军鹿愿赴之，贼立九栅，屯大庾岭，共为声援。矩进击破之，贼惧，释东衡州，据原长岭。又击破之，遂斩师举，进军自南海援广州。仲宣惧而溃散。矩所绥集者二十余州，又承制署其渠帅为刺史、县令。及还报，上大悦，命升殿劳苦之，顾谓高颎、杨素曰："韦洸将二万兵，不能早度岭，朕每患其兵少。裴矩以三千敝卒，径至南康。有臣若此，朕亦何忧！"以功拜开府，赐爵闻喜县公，赍物二千段。除民部侍郎，寻迁内史侍郎。

时突厥强盛，都蓝可汗妻大义公主，即宇文氏之女也，由是数为边患。后因公主与从胡私通，长孙晟先发其事，矩请出使说都蓝，显戮宇文氏。上从之。竟如其言，公主见杀。后都蓝与突利可汗构难，屡犯亭鄣，诏太平公史万岁为行军总管，出定襄道，以矩为行军长史，破达头可汗于塞外。万岁被诛，功竟不录。上以启民可汗初附，令矩抚慰之，还为尚书左丞。其年，文献皇后崩，太常旧无仪注，矩与牛弘据齐礼参定之。转吏部侍郎，名为称职。炀帝即位，营建东都，矩职修府省，九旬而就。时西域诸蕃，多至张掖，与中国交市。帝令矩掌其事。矩知帝方勤远略，诸商胡至者，矩诱令言其国俗山川险易，撰《西域图记》三卷，入朝奏之。其序曰：

臣闻禹定九州，导河不逾积石；秦兼六国，设防止及临洮。故知西胡杂种，僻居遐裔，礼教之所不及，书典之所罕传。自汉氏兴基，开拓河右，始称名号者，有三十六国，其后分立，乃五十五王。仍置校尉、都护，以存招抚。然叛服不恒，屡经征战，后汉之世，频废此官。虽大宛以来，略知户数，而诸国山川，未有名目。至如姓氏风土，服章物产，全无纂录，世所弗闻。复以春秋递谢，年代久远，兼并诛讨，互有兴亡。或地是故邦，改从今号，或人非旧类，因袭昔名。兼复部民交错，封疆移改，戎狄音殊，事难穷验。于阗之北，葱岭以东，考于前史，三十余国。其后更相屠灭，仅有十存。自余沦没，扫地俱尽，空有丘墟，不可记识。皇上膺天育物，无隔华夷，率土黔黎，莫不慕化。风行所及，日入以来，职贡皆通，无远不至。臣既因抚纳，监知关市，寻讨书传，访采胡人，或有所疑，即详众口。依其本国服饰仪形，王及庶人，各显容止，即丹青模写，为《西域图记》，共成三卷，合四十四国。仍别造地图，穷其要害。从西顷以去，北海之南，纵横所亘，将二万里。谅由富商大贾，周游经涉，故诸国之事，罔不遍知。复有幽荒远地，卒访难晓，不可凭虚，是以致阙。而二汉相踵，西域为传，户民数十，即称国王，徒有名号，乃乖其实。今者所编，皆余千户，利尽西海，多产珍异。其山居之属，非有国名，及部落小者，多亦不载。发自敦煌，至于西海，凡为三道，各有襟带。北道从伊吾，经蒲类海铁勒部突厥可汗庭，度北流河水，至拂菻国，达于西海。其中道从高昌、焉耆、龟兹、疏勒、度葱岭，又经䥽汗、苏对沙那国、康国、曹国、何国、大小安国、穆国，至波斯，达于西海。其南道从鄯善，于阗，朱俱波、喝槃陀，度葱岭，又经护密、吐火罗、挹怛、

忛延、漕国，至北婆罗门，达于西海。其三道诸国，亦各自有路，南北交通。其东女国、南婆罗门国等，并随其所往，诸处得达。故知伊吾、高昌、鄯善，并西域之门户也。总凑敦煌，是其咽喉之地。以国家威德，将士骁雄，泛濛汜而扬旌，越昆仑而跃马，易如反掌，何往不至！但突厥、吐浑分领羌胡之国，为其拥遏，故朝贡不通。今并因商人密送诚款，引领翘首，愿为臣妾。圣情含养，泽及普天，服而抚之，务存安辑。故皇华遣使，弗动兵车，诸蕃即从，浑、厥可灭。混一戎夏，其在兹乎！不有所记，无以表威化之远也。

帝大悦，赐物五百段，每日引矩至御坐，亲问西方之事。矩盛言胡中多诸宝物，吐谷浑易可并吞。帝由是甘心，将通西域，四夷经略，咸以委之。转民部侍郎，未视事，迁黄门侍郎。帝复令矩往张掖，引致西蕃，至者十余国。大业三年，帝有事于恒岳，咸来助祭。帝将巡河右，复令矩往敦煌。矩遣使说高昌王麴伯雅及伊吾吐屯设等，啖以厚利，导使入朝。及帝西巡，次燕支山，高昌王、伊吾等及西蕃胡二十七国，谒于道左。皆令佩金玉，被锦罽，焚香奏乐，歌儛喧噪。复令武威、张掖士女盛饰纵观，骑乘填咽，周亘数十里，以示中国之盛。帝见而大悦。竟破吐谷浑，拓地数千里，并遣兵戍之。每岁委输巨亿万计，诸蕃慑惧，朝贡相续。帝谓矩有绥怀之略，进位银青光禄大夫。其冬，帝至东都，矩以蛮夷朝贡者多，讽帝令都下大戏。征四方奇技异艺，陈于端门街，衣锦绮、珥金翠者以十数万。又勒百官及民士女列坐棚阁而纵观焉。皆被服鲜丽，终月乃罢。又令三市店肆皆设帷帐，盛列酒食，遣掌蕃率蛮夷与民贸易，所之处，悉令邀延就坐，醉饱而散。蛮夷嗟叹，谓中国为神仙。帝称其至诚，顾谓宇文述、牛弘曰："裴矩大识朕意，凡所陈奏，皆朕之成算。未发之顷，矩辄以闻。自非奉国用心，孰能若是！"帝遣将军薛世雄城伊吾，令矩共往经略。矩讽谕西域诸国曰："天子为蕃人交易悬远，所以城伊吾耳。"咸以为然，不复来竞。及还，赐钱四十万。矩又白状，令反间射匮，潜攻处罗，语在《突厥传》。后处罗为射匮所迫，竟随使者入朝。帝大悦，赐矩以貂裘及西域珍器。

从帝巡于塞北，幸启民帐。时高丽遣使先通于突厥，启民不敢隐，引之见帝。矩因奏状曰："高丽之地，本孤竹国也。周代以之封于箕子，汉世分为三郡，晋氏亦统辽东。今乃不臣，别为外域，故先帝疾焉，欲征之久矣。但以杨谅不肖，师出无功。当陛下之时，安得不事，使此冠带之境，仍为蛮貊之乡乎？今其使者朝于突厥，亲见启民，合国从化，必惧皇灵之远畅，虑后伏之先亡。胁令入朝，当可致也。"帝曰："如何？"矩曰："请面诏其使，放还本国，遣语其王，令速朝觐。不然者，当率突厥，即日诛之。"帝纳焉。高元不用命，始建征辽之策。王师临辽，以本官领武贲郎将。明年，复从至辽东。兵部侍郎斛斯政亡入高丽，帝令矩兼掌兵事。以前后渡辽之役，进位右光禄大夫。于时皇纲不振，人皆变节，左翊卫大将军宇文述、内史侍郎虞世基等用事，文武多以贿闻。唯矩守常，无赃秽之响，以是为世所称。

还至涿郡，帝以杨玄感初平，令矩安集陇右。因之会宁，存问曷萨那部落，遣阙达度设寇吐谷浑，颇有虏获，部落致富。还而奏状，帝大赏之。后从师至怀远镇，诏护北蕃军事。矩以始毕可汗部众渐盛，献策分其势，将以宗女嫁其弟叱吉设，拜为南面可汗。叱吉不敢受，始毕闻而渐怨。矩又言于帝曰："突厥本淳，易可离间，但由其内多有群胡，尽皆桀黠，教导之耳。臣闻史蜀胡悉尤多奸计，幸于始毕，请诱杀之。"帝曰："善。"矩因遣人告胡悉曰："天子大出珍物，今在马邑，欲共蕃内多作交关。若前来者，即得好物。"胡悉贪而信之，不告始毕，率其部落，尽驱六畜，星驰争进，冀先互市。矩伏兵马邑下，诱而斩之。诏报始毕曰："史蜀胡悉忽领部落走来至此，云背可汗，请我容纳。突厥既是我臣，彼有背叛，我当共杀。今已斩之，故令往报。"始毕亦知其状，由是不朝。十一年，帝北巡狩，始毕率骑数十万，围帝于雁门。诏令裴矩与虞世基每宿朝堂，以待顾问。及围解，从至东都。属射匮可汗遣其犹子，率西蕃诸胡朝贡，诏矩宴接之。

寻从幸江都宫。时四方盗贼蜂起，郡县上奏者不可胜计。矩言之，帝怒，遣矩诣京师接候戍客，以疾不行。及义兵入关，帝令虞世基就宅问矩方略。矩曰："太原有变，京畿不静，遥为处分，恐失事机。唯愿銮舆早还，方可平定。"矩复起视事。俄而骁卫大将军屈突通败问至，矩以闻，帝失色。矩素勤谨，未尝忤物，又见天下方乱，恐为身祸，其待遇人，多过其所望，故虽至厮役，皆得其欢心。时从驾骁果数有逃散，帝忧之，以问矩。矩答曰："方今车驾留此，已经二年。骁果之徒，尽无家口，人无匹合，则不能久安。臣请听兵士于此纳室。"帝大喜曰："公定多智，此奇计也。"因令矩检校，为将士等娶妻。矩召江都境内寡妇及未嫁女，皆集宫监，又召将帅及兵等恣其所取。因听自首，先有奸通妇女及尼、女冠等，并即配之。由是骁果等悦，咸相谓曰："裴公之惠也。"

宇文化及之乱，矩晨起趋朝，至坊门，遇逆党数人，控矩马诣孟景所。贼皆曰："不关裴黄门。"既而化及从百余骑至，矩迎拜，化及慰谕之。令矩参定仪注，推秦王子浩为帝，以矩为侍内，随化及至河北。及僭帝位，以矩为尚书右仆射，加光禄大夫，封蔡国公，为河北道安抚大使。及宇文氏败，为窦建德所获，以矩隋代旧臣，遇之甚厚。复以为吏部尚书，寻转尚书右仆射，专掌选事。建德起白群盗，未有节文，矩为制定朝仪。旬月之间，宪章颇备，拟于王者。建德大悦，每谘访焉。及建德渡河讨孟海公，矩与曹旦等于洺州留守。建德败于武牢。群帅未知所属，曹旦长史李公淹、大唐使人魏徵等说旦及齐善行令归顺。旦等从之，乃令矩与徵、公淹领旦及八玺，举山东之地归于大唐。授左庶子，转詹事、民部尚书。

史臣曰：世基初以雅澹著名，兼以文华见重，亡国羁旅，特蒙任遇。参机衡之职，预帷幄之谋，国危未尝思安，君昏不能纳谏。方更鬻官卖狱，黩货无厌，颠陨厥身，亦其所也。裴蕴素怀奸险，巧于附会，作威作福，唯利是视，灭亡之祸，其可免乎？裴矩学涉经史，颇有干局，至于恪勤匪懈，夙夜在公，求诸古人，殆未之有。与闻政事，多历岁年，虽处危乱之中，未亏廉谨之节，美矣。然承望风旨，与时消息，使高昌入朝，伊吾献地，聚粮且末，师出玉门，关右骚然，颇亦矩之由也。

卷六十八　　列传第三十三

宇文恺

宇文恺，字安乐，杞国公忻之弟也。在周，以功臣子，年三岁，赐爵双泉伯，七岁，进封安平郡公，邑二千户。恺少有器局。家世武将，诸兄并以弓马自达，恺独好学，博览书记，解属文，多伎艺，号为名父公子。初为千牛，累迁御正中大夫、仪同三司。高祖为丞相，加上开府中大夫。及践阼，诛宇文氏，恺初亦在杀中，以其与周本别，兄忻有功于国，使人驰赦之，仅而得免。后拜营宗庙副监、太子左庶子。庙成，别封甑山县公，邑千户。及迁都，上以恺有巧思，诏领营新都副监。高颎虽总大纲，凡所规画，皆出于恺。后决渭水达河，以通运漕，诏恺总su其事。后拜莱州刺史，甚有能名。兄忻被诛，除名于家，久不得调。会朝廷以鲁班故道久绝不行，令恺修复之。既而上建仁寿宫，访可任者，右仆射杨素言恺有巧思，上然之，于是检校将作大匠。岁余，拜仁寿宫监，授仪同三司，寻为将作少监。文献皇后崩，恺与杨素营山陵事，上善之，复爵安平郡公，邑千户。炀帝即位，迁都洛阳，以恺为营东都副监，寻迁将作大匠。恺揣帝心在宏侈，于是东京制度穷极壮丽。帝大悦之，进位开府，拜工部尚书。及长城之役，诏恺规度之。时帝北巡，欲夸戎狄，令恺为大帐，其下坐数千人。帝大悦，赐物千段。又造观风行殿，上容侍卫者数百人，离合为之，下施轮轴，推移倏忽，有若神功。戎狄见之，莫不惊骇。帝弥悦焉，前后赏赍，不可胜纪。

自永嘉之乱，明堂废绝，隋有天下，将复古制，议者纷然，皆不能决。恺博考群籍，奏《明堂议表》曰：

臣闻在天成象，房心为布政之宫，在地成形，丙丁居正阳之位。观云告月，顺生杀之序；五室九宫，统人神之际。金口木舌，发令兆民；玉瓒黄琮，式严宗祀。何尝不矜庄展宁，尽妙思于规摹，凝睟冕旒，致子来于矩矱。

伏惟皇帝陛下，提衡握契，御辩乘乾，减五登三，复上皇之化，流凶去暴，丕下武之绪。用百姓之异心，驱一代以同域，康哉康哉，民无能而名矣。故使天符地宝，吐醴飞甘，造物资生，澄源反朴。九围清谧，四表削平，袭我衣冠，齐其文轨。茫茫上玄，陈珪璧之敬；肃肃清庙，感霜露之诚。正金奏《九韶》、《六茎》之乐，定石渠五官、三雍之礼。乃卜瀍西，爰谋洛食，辨方面势，仰禀神谋，敷土浚川，为民立极。兼聿遵先言，表置明堂，爰诏下臣，占星揆日。于是采嵩山之秘简，披汶水之灵图，访通议于残亡，购《冬官》于散逸。总集众论，勒成一家。昔张衡浑象，以三分为一度，裴秀舆地，以二寸为千里。臣之此图，用一分为一尺，推而演之，冀轮奂有序。而经构之旨，议者殊途，或以绮井为重屋，或以圆楣为隆栋，各以臆说，事不经见。今录其疑难，为之通释，皆出证据，以相发明。议曰：

臣恺谨案《淮南子》曰："昔者神农之治天下也，甘雨以时，五谷蕃植，春生夏长，秋收冬藏，月省时考，终岁献贡，以时尝谷，祀于明堂。明堂之制，有盖而无四方，风雨不能袭，燥湿不能伤，迁延而入之。"臣恺以为上古朴略，创立典刑。《尚书帝命验》曰："帝者承天立五府，以尊天重象。赤曰文祖，黄曰神斗，白曰显纪，黑曰玄矩，苍曰灵府。"注云："唐、虞之天府，夏之世室，殷之重屋，周之明堂，皆同矣。"《尸子》曰："有虞氏曰总章。"《周官·考工记》曰："夏后氏世室，堂脩二七，博四脩一。"注云："脩南北之深也。夏度以步，今堂脩十四步，其博益以四分脩之一，则明堂博十七步半也。"臣恺按，三王之世，夏最为古，从质尚文，理应渐就宽大，何因夏室乃大殷堂？相形为论，理恐不尔。《记》云："堂脩七，博四脩一"，若夏度以步，则应脩七步。注云"今堂脩十四步"，乃是增益《记》文。殷、周二堂独无加字，便是其义，类例不同。山东《礼》本辄加二七之字，何得殷无加寻之文，周阙增筵之义？研核其趣，或是不然。雠校古书，并无"二"字，此乃桑间俗儒信情加减。《黄图议》云："夏后氏益其堂之大一百四十四尺，周人明堂以为两杼间。"马宫之言，止论堂之一面，据此为准，则三代堂基并方，得为上圆之制。诸书所说，并云下方，郑注《周官》，独为此义，非直与古违异，亦乃乖背礼文。寻文求理，深恐未惬。《尸子》曰："殷人阳馆。"《考工记》曰："殷人重屋，堂脩七寻，堂崇三尺，四阿重屋。"注云：其脩七寻，五丈六尺，放夏周则其博九寻，七丈二尺。又曰："周人明堂，度九尺之筵，东西九筵。南北七筵。堂崇一筵。五室，凡二筵。"《礼记·明堂位》曰："天子之庙，复庙重檐。"郑注云："复庙，重屋也。"注《玉藻》云："天子庙及露寝，皆如明堂制。"《礼图》云："于内室之上，起通天之观，观八十一尺，得宫之数，其声浊，君之象也。"《大戴礼》曰："明堂者，古有之。凡九室，一室有四户八牖。以茅盖，上圆下方，外水曰璧雍。赤缀户，白缀牖。堂高三尺，东西九仞，南北七筵。其宫方三百步。凡人民疾、六畜疫、五谷灾，生于天道不顺。天道不顺，生于明堂不饰。故有天灾，则饰明堂。"《周书·明堂》曰："堂方百一十二尺，高四尺，阶博六尺三寸。室居内，方百尺，室内方六十尺。户高八尺，博四尺。"《作洛》曰："明堂太庙露寝，咸有四阿，重亢重廊。"孔氏注云："重亢累栋，重廊累屋也。"《礼图》曰："秦明堂九室十二阶，各有所居。"《吕氏春秋》曰："有十二堂。"

与《月令》同，并不论尺丈。臣恺案，十二阶虽不与《礼》合，一月一阶，非无理思。《黄图》曰："堂方百四十四尺，法坤之策也，方象地。屋圆楣径二百一十六尺，法乾之策也，圆象天。太室九宫，法九州。太室方六丈，法阴之变数。十二堂法十二月，三十六户法极阴之变数，七十二牖法五行所行日数。八达象八风，法八卦。通天台径九尺，法乾以九覆六。高八十一尺，法黄钟九九之数。二十八柱象二十八宿。堂高三尺，上阶三等，法三统。堂四向五色，法四时五行。殿门去殿七十二步，法五行所行。门堂长四丈，取太室三之二。垣高无蔽目之照，牖六尺，其外倍之。殿垣方，在水内，法地阴也。水四周于外，象四海，圆法阳也。水阔二十四丈，象二十四气。水内径三丈，应《觐礼经》。"武帝元封二年，立明堂汶上，无室。其外略依此制。《泰山通议》今亡，不可得而辨也。

元始四年八月，起明堂、辟雍长安城南门，制度如仪。一殿，垣四面，门八观，水外周，堤壤高四尺，和会筑作三旬。五年正月六日辛未，始郊太祖高皇帝以配天。二十二日丁亥，宗祀孝文皇帝于明堂以配上帝，及先贤、百辟、卿士有益者，于是秩而祭之。亲扶三老五更，祖而割牲，跪而进之。因班时令，宣恩泽。诸侯王、宗室、四夷君长、匈奴、西国侍子，悉奉贡助祭。

《礼图》曰："建武三十年作明堂，明堂上圆下方，上圆法天，下方法地，十二堂法日辰，九室法九州。室八牖，八九七十二，法一时之王。室有二户，二九十八户，法土王十八日。内堂正坛高三尺，土阶三等。"胡伯始注《汉官》云："古清庙盖以茅，今盖以瓦，瓦下藉茅，以存古制。"《东京赋》曰："乃营三宫，布政颁常。复庙重屋，八达九房。造舟清池，惟水决决。"薛综注云："复重庿覆，谓屋平覆重栋也。"《续汉书·祭祀志》云："明帝永平二年，祀五帝于明堂，五帝坐各处其方，黄帝在未，皆如南郊之位。光武位在青帝之南，少退西面，各一犊；奏乐如南郊。"臣恺按《诗》云，《我将》祀文王于明堂，"我将我享，维牛维羊"。据此则备太牢之祭。今云一犊，恐与古殊。自晋以前，未有鸱尾，其圆墙璧水，一依本图。《晋起居注》裴頠议曰："尊祖配天，其义明著，庙宇之制，理据未分。直可为一殿，以崇严祀，其余杂碎，一皆除之。"臣恺案，天垂象，圣人则之。辟雍之星，既有图状，晋堂方构，不合天文。既阙重楼，又无璧水，空堂乖五室之义，直殿违九阶之文。非古欺天，一何过甚！后魏于北台城南造圆墙，在璧水外，门在水内迴立，不与墙相连。其堂上九室，三三相重，不依古制，室间通巷，违舛处多。其室皆用墼累，极成褊陋。后魏《乐志》曰："孝昌二年立明堂，议者或言九室，或言五室，诏断从五室。后元又执政，复改为九室，遭乱不成。"《宋起居注》曰："孝武帝大明五年立明堂，其墙宇规范，拟则太庙，唯十二间，以应期数。依汉《汶上图仪》，设五帝位。太祖文皇帝对牲，鼎俎笾豆，一依庙礼。"梁武即位之后，移宋时太极殿以为明堂。无室，十二间。《礼疑议》云："祭用纯漆俎瓦樽，文于郊，质于庙。止一献，用清酒。"平陈之后，臣得目观，遂量步数，记其尺丈。犹见基内有焚烧残柱，毁斫之余，入地一丈，俨然如旧。柱下以樟木为趾，长丈余，阔四尺许，两两相并。瓦安数重。宫城处所，乃在郭内。虽湫隘卑陋，未合规摹，祖宗之灵，得崇严祀。周、齐二代，阙而不修，大飨之典，于焉靡托。

自古明堂图惟有二本，一是宗周，刘熙、阮谌、刘昌宗等作，三图略同。一是后汉建武三十年作，《礼图》有本，不详撰人。臣远寻经传，傍求子史，研究众说，总撰今图。其样以木为之，下为方堂，堂有五室，上为圆观，观有四门。

帝可其奏。会辽东之役，事不果行。以渡辽之功，进位金紫光禄大夫。其年卒官，时年五十八。帝甚惜之。谥曰康。撰《东都图记》二十卷、《明堂图议》二卷、《释疑》一卷，见行于世。子儒童，游骑尉。少子温，起部承务郎。

阎毗

阎毗，榆林盛乐人也。祖进，魏本郡太守。父庆，周上柱国、宁州总管。毗七岁，袭爵石保县公，邑千户。及长，仪貌矜严，颇好经史。受《汉书》于萧该，略通大旨。能篆书，工草隶，尤善画，为当时之妙。周武帝见而悦之，命尚清都公主。宣帝即位，拜仪同三司，授千牛左右。高祖受禅，以技艺侍东宫，数以雕丽之物取悦于皇太子，由是甚见亲待，每称之于上。寻拜车骑，宿卫东宫。上尝遣高颎大阅于龙台泽，诸军部伍多不齐整，唯毗一军法制肃然。颎言之于上，特蒙赐帛。俄兼太子宗卫率长史，寻加上仪同。太子服玩之物，多毗所为。及太子废，毗坐杖一百，与妻子俱配为官奴婢。后二岁，放免为民。炀帝嗣位，盛修军器，以毗性巧，谙练旧事，诏典其职。寻授朝请郎。毗立议，辇辂车舆，多所增损，语在《舆服志》。擢拜起部郎。

帝尝大备法驾，嫌属车太多，顾谓毗曰："开皇之日，属车十有二乘，于事亦得。今八十一乘，以牛驾车，不足以益文物。朕欲减之，从何为可？"毗对曰："臣初定数，共宇文恺参详故实，据汉胡伯始、蔡邕等议，属车八十一乘，此起于秦，遂为后式。故张衡赋云'属车九九'是也。次及法驾，三分减一，为三十六乘。此汉制也。又据宋孝建时，有司奏议，晋迁江左，惟设五乘，尚书令、建平王宏曰：'八十一乘，议兼九国，三十六乘，无所准凭。江左五乘，俭不中礼。但帝王文物，旗旆之数，爰及冕玉，皆同十二。今宜准此，设十二乘。'开皇平陈，因以为法。今宪章往古，大驾依秦，法驾依汉，小驾依宋，以为差等。"帝曰："何用秦法乎？大驾宜三十六，法驾宜用十二，小驾除之。"毗研精故事，皆此类也。

长城之役，毗总其事。及帝有事恒岳，诏毗营立坛场。寻转殿内丞，从幸张掖郡。高昌王朝于行所，诏毗持节迎劳，遂将护入东都。寻以母忧去职。未期，起令视事。将兴辽东之役，自洛口开渠，达于涿郡，以通运漕。毗督其役。明年，兼领右翊卫长史，营建临朔宫。及征辽东，以本官领武贲郎将，典宿卫。时众军围辽东城，帝令毗诣城下宣谕，贼弓弩乱发，所royal 马中流矢，毗颜色不变，辞气抑扬，卒事而去。寻拜朝请大夫，迁殿内少监，又领将作少监事。后复从帝征辽东，会杨玄感作逆，帝班师，兵部侍郎斛斯政奔辽东，帝令毗率骑二千追之，不及。政据高丽柏崖城，毗攻之二日，有诏征还。从至高阳，暴卒，时年五十。帝甚悼惜之，赠殿内监。

何稠 刘龙 黄亘 亘弟衮

何稠，字桂林，国子祭酒妥之兄子也。父通，善斫玉。稠性绝巧，有智思，用意精微。年十余岁，遇江陵陷，随妥入长安。仕周御饰下士。及高祖为丞相，召补参军，兼掌细作署。开皇初，授都督，累迁御府监，历太府丞。稠博览古图，多识旧物。波斯尝献金绵锦袍，组织殊丽。上命稠为之。稠锦既成，逾所献者，上甚悦。时中国久绝琉璃之作，匠人无敢厝意，稠以绿瓷为之，与真不异。寻加员外散骑侍郎。

开皇末，桂州俚李光仕聚众为乱，诏稠召募讨之。师次衡岭，遣使者谕其渠帅洞主莫崇解兵降款。桂州长史王文同锁崇以诣稠所。稠诈宣言曰："州县不能绥养，致边民扰叛，非崇之罪也。"乃命释之，引崇共坐，并从者四人，为设酒食而遣之。崇大悦，归洞不设备。稠至五更，掩入其洞，悉发伏兵，以临剑贼。象州逆帅杜条辽、罗州逆帅庞靖等相继降款。分遣建州开府梁昵讨叛夷罗寿，罗州刺史冯暄讨贼帅李大檀，并平之，传首军门。承制署首领为州县官而还，众皆悦服。有钦州刺史宁猛力，帅众迎军。初，猛力倔强山洞，欲图为逆，至是惶惧，请身入朝。稠以其疾笃，因示无猜贰，遂放还州，与之约曰："八九月间，可诣京师相见。"稠还奏状，上意不怪。其年十月，猛力卒，上谓稠曰："汝不前将猛力来，今竟死矣。"稠曰："猛力共臣为约，假令身死，当遣子入侍。越人性直，其子必来。"初，猛力临终，诫其子长真曰："我与大使为约，不可失信于国士。汝葬我讫，即宜上路。"长真如言入朝，上大悦曰："何稠著信蛮夷，乃至于此。"以勋授开府。

仁寿初，文献皇后崩，与宇文恺参典山陵制度。稠性少言，善候上旨，由是渐见亲昵。及上疾笃，谓稠曰："汝既曾葬皇后，今我方死，宜好安置。属此何益，但不能忘怀耳。魂其有知，当相见于地下。"上因揽太子颈谓曰："何稠用心，我付以后事，动静当共平章。"

大业初，炀帝将幸扬州，谓稠曰："今天下大定，朕承洪业，服章文物，阙略犹多。卿可讨阅图籍，营造舆服羽仪，送至江都也。"其日，拜太府少卿。稠于是营黄麾三万六千人仗，及车舆辇辂、皇后卤簿、百官仪服，依期而就，送于江都。所役工十万余人，用金银钱物巨亿计。帝使兵部侍郎明雅、选部郎薛迈等勾核之，数年方竟，毫厘无舛。稠参会今古，多所改创。魏、晋以来，皮弁有缨而无笄导。稠曰："此古田猎之服也。今服以入朝，宜变其制。"故弁施象牙簪导，自稠始也。又从省之服，初无佩绶，稠曰："此乃晦朔小朝之服。安有人臣谒帝而去印绶，兼无佩玉之节乎？"乃加兽头小绶及佩一只。旧制，五辂于辕上起箱，天子与参乘同在箱内。稠曰："君臣同所，过为相逼。"乃广为盘舆，别构栏楯，侍臣立于其中。于内复起须弥平坐，天子独居其上。自余麾幢文物，增损极多，事见《威仪志》。帝复令稠造戎车万乘，钩陈八百连，帝善之，以稠守太府卿。后三岁，兼领少府监。辽东之役，摄右屯卫将军，领御营弩手三万人。时工部尚书宇文恺造辽水桥不成，师不得济，右屯卫大将军麦铁杖因而遇害。帝遣稠造桥，二日而就。初，稠制行殿及六合城，至是，帝于辽左与贼相对，夜中施之。其城周回八里，城及女垣合高十仞，上布甲士，立仗建旗。四隅置阙，面别一观，观下三门，迟明而毕。高丽望见，谓若神功。是岁，加金紫光禄大夫。明年，摄左屯卫将军，从至辽左。

十二年，加右光禄大夫，从幸江都。宇文化及作乱，以为工部尚书。化及败，陷于窦建德，建德复以为工部尚书、舒国公。建德败，归于大唐，授将作少匠，卒。

开皇时，有刘龙者，河间人也。性强明，有巧思。齐后主知之，令修三爵台，甚称旨，因而历职通显。及高祖践阼，大见亲委，拜右卫将军，兼将作大匠。迁都之始，与高颎参掌制度，代号为能。

大业时，有黄亘者，不知何许人也，及其弟衮，俱巧思绝人。炀帝每令其兄弟直少府将作。于时改创多务，亘、衮每参典其事。凡有所为，何稠先令亘、衮立样，当时工人皆称其善，莫能有所损益。亘官至朝散大夫，衮官至散骑侍郎。

史臣曰：宇文恺学艺兼该，思理通赡，规矩之妙，参纵班、尔，当时制度，咸取则焉。其起仁寿宫，营建洛邑，要求时幸，穷侈极丽，使文皇失德，炀帝亡身，危乱之源，抑亦此之由。至于考览书传，定《明堂图》，虽意过其通，有足观者。毗、稠巧思过人，颇习旧事，稽前王之采章，成一代之文物。虽失之于华盛，亦有可传于后焉。

卷六十九　　列传第三十四

王　劭

王劭，字君懋，太原晋阳人也。父松年，齐通直散骑侍郎。劭少沈默，好读书。弱冠，齐尚书仆射魏收辟参开府军事，累迁太子舍人，待诏文林馆。时祖孝徵、魏收、阳休之等尝论古事，有所遗忘，讨阅不能得，因呼劭问之。劭具论所出，取书验之，一无舛误。自是大为时人所许，称其博物。后迁中书舍人。齐灭，入周，不得调。高祖受禅，授著作佐郎。以母忧去职，在家著《齐书》。时制禁私撰史，为内史侍郎李元操所奏。上怒，遣使收其书，览而悦之。于是起为员外散骑侍郎，修起居注。劭以古有钻燧改火之义，近代废绝，于是上表请变火，曰："臣谨案《周官》，四时变火，以救时疾。明火不数变，时疾必兴。圣人作法，岂徒然也！在晋时，有以洛阳火渡江者，代代事之，相续不灭，火色变青。昔师旷食饭，云是劳薪所爨。晋平公使视之，果然车辋。今温酒及炙肉，用石炭、柴火、竹火、草火、麻荄火，气味各不同。以此推之，新火旧火，理应有异。伏愿远遵先圣，于五时取五木以变火，用功甚少，救益方大。纵使百姓习久，未能顿同，尚食内厨及东宫诸王食厨，不可不依古法。"上从之。劭又言上有龙颜戴干之表，指示群臣。上大悦，赐物数百段。拜著作郎。

劭上表言符命曰：

昔周保定二年，岁在壬午，五月五日，青州黄河变清，十里镜澈，齐氏以为己瑞，改元曰河清。是月，至尊以大兴公始作隋州刺史，历年二十，隋果大兴。臣谨案《易坤灵图》曰："圣人受命，瑞先见于河。河者最浊，未能清也。"窃以灵贶休祥，理无虚发，河清启圣，实属大隋。午为鹑火，以明火德，仲夏火王，亦明火德。月五日五，合天数地数，既得受命之辰，允当先见之兆。开皇初，邵州人杨令怘近河，得青石图一，紫石图一，皆隐起成文，有至尊名，下云："八方天心。"永州又得石图，剖为两段，有杨树之形，黄根紫叶。汝水得神龟，腹下有文曰："天卜杨兴。"安邑掘地，得古铁版，文曰："皇始天年，赉杨铁券，王兴。"同州得石龟，文曰："天子延千年，大吉。"臣以前之三石，不异龙图。何以用石？石体久固，义与上名符合。龟腹七字，何以著龟？龟亦久固，兼是神灵之物。孔子叹河不出图，洛不出书，今于大隋圣世，图书屡出。建德六年，亳州大周村有龙斗，白者胜，黑者死。大象元年夏，荥阳汴水北有龙斗，初见白气属天，自东方历阳武而来。及至，白龙也，长十许丈。有黑龙乘云而至，两相薄，乍合乍离，自午至申，白龙升天，黑龙坠地。谨案：龙，君象也。前斗于亳州周村者，盖象至尊以龙斗之岁为亳州总管，遂代周有天下。后斗于荥阳者，"荥"字三火，明火德之盛也。白龙从东方来，历阳武者，盖象至尊将登帝位，从东第入自崇阳门也。西北升天者，当乾位天门。《坤灵图》曰："圣人杀龙。"龙不可得而杀，皆盛气也。又曰："泰姓商名宫，黄色，长八尺，六十世，河龙以正月辰见，白龙与S黑龙斗，白龙陵，故泰人有命。"谨案：此言皆为大隋而发也。圣人杀龙者，前后龙死是也。姓商者，皇家于五姓为商也。名宫者，武元皇帝讳于五声为宫。黄色者，隋色尚黄。长八尺者，武元皇帝身长八尺。河龙以正月辰见者，泰正月卦，龙见之所，于京师为辰地。白龙与黑龙斗者，亳州荥阳龙斗是也。胜龙所以白者，杨姓纳音为商，至尊又辛酉岁生，位皆在西方，西方色白也。死龙所以黑者，周色黑。所以称五者，周闵、明、武、宣、靖凡五帝。赵、陈、代、越、滕五王，一时伏法，亦当五数。白龙陵者,陵犹胜也。郑玄说:"陵当为除。"凡斗能去敌曰除。臣以泰人有命者,泰之为言通也,大也,明其人道通德大,有天命也。《乾凿度》曰:"泰表戴干。"郑玄注云:"表者,人形体之彰识也。干,盾也。泰人之表戴干。"臣伏见至尊有戴干之表,益知泰人之表不爽毫厘。《坤灵图》所云,字字皆验。《纬书》又称"汉四百年",终如其言,则知六十世亦必然矣。昔宗周卜世三十,今则倍之。

《稽览图》云:"太平时,阴阳和合,风雨咸同,海内不偏,地有阻险,故风有迟疾。虽太平之政,犹有不能均同,唯平均乃不鸣条,故欲风于亳。亳者,陈留也。"谨案:此言盖明至尊者为陈留公世子,亳州总管,遂受天命,海内均同,不偏不党,以成太平之风化也。在大统十六年,武元皇帝改封陈留公。是时齐国有《秘记》云:"天王陈留入并州。"齐王高洋为是诛陈留王彭乐。其后武元皇帝果将兵入并州。周武帝时,望气者云亳州有天子气,于是杀亳州刺史纥豆陵恭,至尊代之。又陈留老子祠有枯柏,世传云老子将度世,云待枯柏生东南枝回指,当有圣人出,吾道复行。至齐,枯柏从下生枝,东南上指。夜有三童子相与歌曰:"老子庙前古枯树,东南状如伞,圣主从此去。"及至尊牧亳州,亲至祠树之下。自是柏枝回抱,其枯枝渐指西北,道教果行。校考众事,太平主出于亳州陈留之地,皆如所言。《稽览图》又云:"治道得,则阴物变为阳物。"郑玄注云:"葱变为韭亦是。"谨案:自六年以来,远近山石,多变为玉,石为阴,玉为阳。又左卫园中葱皆变为韭。

上览之大悦,赐物五百段。未几,劭复上书曰:

《易乾凿度》曰:"随上六,拘系之,乃从维之,王用享于西山。随者二月卦,阳德施行,藩决难解,万物随阳而出。故上六欲九五拘系之,维持之,明被阳化而阴随从之也。"《易稽览图》:"坤六月,有子女,任政,一年,传为复。五月贫之从东北来立,大起土邑,西北地动星坠,阳卫。屯十一月神人从中山出,赵地动。北方三十日,千里马数至。"谨案:"凡此《易》纬所言,皆是大隋符命。随者二月之卦,明大隋以二月即皇帝位也。阳德施行者,明杨氏之德教施行于天下也。藩决难解者,明当时藩郡皆是通决,险难皆解散也。万物随阳而出者,明天地间万物尽随杨氏而出见也。上六欲九五拘系之者,五为王,六为宗庙,明宗庙神灵欲令登九五之位,帝王拘民以礼,系民以义也。"拘民以礼",系民以义",此二句亦是《乾凿度》之言。维持之者,明能以纲维持正天下也。被阳化而欲阴随之者,明阴类被杨氏之风化,莫不随从。阴谓臣下也。王用享于西山者,盖明至尊常以岁二月幸西山仁寿宫也。凡四称随,三称阳,欲美隋杨也,丁宁之至也。坤六月者,坤位在未,六月建未,言至尊以六月生也。有子女任政者,言乐平公主是皇帝之女,而为周后,任理内政也。一年传为复者,复是坤之一世卦,阳气初生,言周宣帝崩后一年,传位与杨氏也。五月贫之

从东北来立者,"贫之"当为"真人",字之误也。言周宣帝以五月崩,真人革命,当在此时,至尊谦让而逆天意,故逾年乃立。昔为定州总管,在京师东北,本而言之,故曰真人从东北来立。大起土邑者,大起即大兴,言营大兴城邑也。西北地动星坠者,盖天意去周授隋,故变动也。阳卫者,言杨氏得天卫助。屯十一月神人从中山出者,此卦动而大亨作,故至尊以十一月被授亳州总管,将从中山而出也。赵地动者,中山为赵地,以神人将去,故变动也。北方三十日者,盖至尊从北方将往亳州之时,停留三十日也。千里马者,盖至尊旧所乘骐骥马也。屯卦震下坎上,震于马作足,坎于马为美脊,是故骐骥马脊有肉鞍,行则先作弄四足也。数至者,言历数至也。

《河图帝通纪》曰:"形瑞出,变矩衡。赤应随,叶灵皇。"《河图皇参持》曰:"皇辟出,承元讫。道无为,治率。被遂矩,戏作术。开皇色,握神日。投辅提,象不绝。立皇后,翼不格。道终始,德优劣。帝任政,河曲出。叶辅嬉,烂可述。"谨案:凡此《河图》所言,亦是大隋符命。形瑞出、变矩衡者,矩,法也,衡,北斗星名,所谓璇玑玉衡者也。大隋受命,形兆之瑞始出,天象则为之变动。北斗主天之法度,故曰矩衡。《易》纬"伏戏矩衡神",郑玄注亦以为法玉衡之神。与此《河图》矩衡义同。赤应隋者,言赤帝降精,感应而生隋也。故隋以火德为赤帝天子。叶灵皇者,叶,合也,言大隋德合上灵天皇大帝也。又年号开皇,与《灵宝经》之开皇年相合,故曰叶灵皇。皇壁出者,皇,大也,辟,君也,大君出盖谓至尊受命出为天子也。承元讫者,言承周天元终讫之运也。道无为、治率者,治下脱一字,言大道无为,治定天下率从。被遂矩、戏作术者,矩,法也。昔遂皇握机矩,伏戏作八卦之术,言大隋被服三皇之法术也。遂皇机矩,语见《易》纬。开皇色者,言开皇年易服色也。握神日者,握持群神,明照如日也。又开皇以来日渐长,亦其义。投辅提者,言投授政事于辅佐,使之提挈也。象不绝者,法象不废绝也。立皇后,翼不格者,格,至也,言本立太子以为皇家后嗣,而其辅翼之人不能至于善也。道终始、德优劣者,言前东宫道终而德劣,今皇太子道始而德优也。帝任政,河曲出者,言皇帝亲任政事,而邵州河滨得石图也。叶辅嬉、烂可述者,叶,合也,嬉,兴也,言群臣合心辅佐,以兴政治,烂然可纪述也。所以于《皇参持》、《帝通纪》二篇陈大隋符命者,明皇道帝德,尽在隋也。

上大悦,以劭为至诚,宠锡日隆。时有人于黄凤泉浴,得二白石,颇有文理,遂附致其文以为字,复言有诸物象而上奏曰:"其大玉有日月星辰,八卦五岳,及二麟双凤,青龙朱雀,驺虞玄武,各当其方位。又有五行、十日、十二辰之名,凡二十七字,又有'天门地户人门鬼门闭'九字。又有却非及二鸟,其鸟皆人面,则《抱朴子》所谓'千秋万岁'也。其小玉亦有五岳、却非、虬犀之象。二玉俱有仙人玉女乘云控鹤之象。别有异状诸神,不可尽

识,盖是风伯、雨师、山精、海若之类。又有天皇大帝、皇帝及四帝坐,钩陈、北斗、三公、天将军、土司空、老人、天仓、南河、北河、五星、二十八宿,凡四十五宫。诸本无行伍,然往往偶对。于大玉则有皇帝姓名,并临南面,与日字正鼎足。复有老人星,盖明南面象日而长寿也。皇后二字在西,上有月形,盖明象月也。于次玉则皇帝名与九千字次比,两杨字与万年字次比,隋与吉字正并,盖明长久吉庆也。"劭复回互其字,作诗二百八十篇奏之。上以为诚,赐帛千匹。劭于是采民间歌谣,引图书谶纬,依约符命,捃摭佛经,撰为《皇隋灵感志》,合三十卷,奏之。上令宣示天下。劭集诸州朝集使,洗手焚香,闭目而读之,曲折其声,有如歌咏。经涉旬朔,遍而后罢。上益喜,赏赐优洽。

仁寿中,文献皇后崩,劭复上言曰:"佛说人应生天上,及上品上生无量寿国之时,天佛放大光明,以香花妓乐来迎之。如来以明星出时入涅盘。伏惟大行皇后圣德仁慈,福善祯符,备诸秘记,皆云是妙善菩萨。臣谨案:八月二十二日,仁寿宫内再雨金银之花。二十三日,大宝殿后夜有神光。二十四日卯时,永安宫北有自然种种音乐,震满虚空。至夜五更中,奄然如寐,便即升遐,与经文所说,事皆符验。臣又以愚意思之,皇后迁化,不在仁寿、大兴宫者,盖避至尊常居正处也。在永安宫者,象京师之永安门,平生所出入也。后升遐后二日,苑内夜有钟声三百余处,此则生天之应显然也。"上览而且悲且喜。

时蜀王秀以罪废,上顾谓劭曰:"嗟乎!吾有五子,三子不才。"劭进曰:"自古圣帝明王,皆不能移不肖之子。黄帝有二十五子,同姓者二,余各异德。尧十子,舜九子,皆不肖。夏有五观,周有三监。"上然其言。其后上梦欲上高山而不能得,崔彭捧脚,李盛扶肘得上,因谓彭曰:"死生当与尔俱。"劭曰:"此梦大吉。上高山者,明高崇大安,永如山也。彭犹彭祖,李犹李老,二人扶侍,实为长寿之征。"上闻之,喜见容色。其年,上崩。未几,崔彭亦卒。

炀帝嗣位,汉王谅作乱,帝不忍加诛。劭上书曰:"臣闻黄帝灭炎,盖云母弟,周公诛管,信亦天伦。叔向戮叔鱼,仲尼谓之遗直,石碏杀石厚,丘明以为大义。此皆经籍明文,帝王常法。今陛下置此逆贼,度越前圣,含弘宽大,未有以谢天下。谨案贼谅毒被生民者也。是知古者同德则同姓,异德则异姓,故黄帝有二十五子,其得姓者十有四人,唯青阳、夷鼓,与黄帝同为姬姓。谅既自绝,请改其氏。"劭以此求媚,帝依违不从。迁秘书少监,数载,卒官。

劭在著作将二十年,专典国史,撰《隋书》八十卷。多录口敕,又采迂怪不经之语及委巷之言,以类相从,为其题目,辞义繁杂,无足称者,遂使隋代文武名臣列将善恶之迹,堙没无闻。初撰《齐志》为编年体,二十卷,复为《齐书》纪传一百卷,及《平贼记》三卷。或文词鄙野,或不轨不物,骇人视听,大为有识所嗤鄙。然其采摘经史谬误,为《读书记》三十卷,时人服其精博。爰自志学,暨乎暮齿,笃好经史,遗落世事。用思既专,性颇恍忽,

每至对食,闭目凝思,盘中之肉,辄为仆从所啖。劭弗之觉,唯责肉少,数罚厨人。厨人以情白劭,劭依前闭目,伺而获之,厨人方免笞辱。其专固如此。

袁充

袁充,字德符,本陈郡阳夏人也。其后寓居丹阳。祖昂,父君正,俱为梁侍中。充少警悟,年十余岁,其父党至门,时冬初,充尚衣葛衫。客戏充曰:"袁郎子缔兮绤兮,凄其以风。"充应声答曰:"唯缔与绤,服之无斁敄。"以是大见嗟赏。仕陈,年十七,为秘书郎。历太子舍人、晋安王文学、吏部侍郎、散骑常侍。及陈灭,归国,历蒙、郿二州司马。充性好道术,颇解占候,由是领太史令。时上将废皇太子,正穷治东宫官属,充见上雅信符应,因希旨进曰:"比观玄象,皇太子当废。"上然之。充复表奏,隋兴已后,日影渐长,曰:"开皇元年,冬至影一丈二尺七寸二分,自尔渐短。至十七年,冬至影一丈二尺六寸三分。四年冬至,在洛阳测影,一丈二尺八寸八分。二年,夏至影一尺四寸八分,自尔渐短。至十六年,夏至影一尺四寸五分。《周官》以土圭之法正日影,日至之影尺有五寸。郑玄云:'冬至之影一丈三尺。'今十六年夏至之影,短于旧影五分,十七年冬至之影,短于旧影三寸七分。日去极近则影短而日长,去极远则影长而日短,行内道则去极近,外道则去极远。《尧典》云:'日短星昴,以正仲冬。'据昴星昏中,则知尧时仲冬,日在须女十度。以历数推之,开皇已来冬至,日在斗十一度,与唐尧之代去极相近。谨案《春秋元命包》云:'日月出内道,璇玑得常,天帝崇灵,圣王祖功。'京房《别对》曰:'太平日行上道,升平行次道,霸世行下道。'伏惟大隋启运,上感乾元,影短日长,振古未之有也。"上大悦,告天下。将作役功,因加程课,丁匠苦之。仁寿初,充言上本命与阴阳律吕合者六十余条而奏之,因上表曰:"皇帝载诞之初,非止神光瑞气,嘉祥应感,至于本命行年,生月生日,并与天地日月、阴阳律吕运转相符,表里合会。此诞圣之异,宝历之元。今与物更新,改年仁寿。岁月日子,还共诞圣之时并同,明合天地之心,得仁寿之理。故知洪基长算,永永无穷。"上大悦,赏赐优崇,侪辈莫之比。

仁寿四年甲子岁,炀帝初即位,充及太史丞高智宝奏言:"去岁冬至,日影逾长,今岁皇帝即位,与尧受命年合。昔唐尧受命四十九年,到上元第一纪甲子,天正十一月庚戌冬至,陛下即位,其年即当上元第一纪甲子,天正十一月庚戌冬至,正与唐尧同。自放勋以来,凡经八上元,其间绵代,未有仁寿甲子之合。谨案:第一纪甲子,太一在一宫,天目居武德,阴阳历数并得符consistent。唐尧丙辰生,丙子年受命,止合三五,未若己丑甲子,支干并当六合。允一元三统之期,合五纪九章之会,共帝尧同其数,与皇唐比其踪。信所谓皇哉唐哉,唐哉皇哉者矣。"仍讽齐王暕率百官拜表奉贺。其后荧惑守太微者数旬,于时缮治宫室,征役繁重,充上表称"陛下修德,荧惑退舍"。百僚毕贺。帝大喜,前后赏赐将万计。时军国多务,充候帝意

欲有所为，便奏称天文见象，须有改作，以是取媚于上。大业六年，迁内史舍人。从征辽东，拜朝请大夫、秘书少监。其后天下乱，帝初罹雁门之厄，又盗贼益起，帝心不自安。充复假托天文，上表陈嘉瑞，以媚于上曰：

臣闻皇天辅德，皇天福谦，七政斯齐，三辰告应。伏惟陛下握录图而驭黔首，提万善而化八纮，以百姓为心，匪以一人受庆，先天罔违所欲，后天必奉其时。是以初膺宝历，正当上元之纪，乾之初九，又与天命符会。斯则圣人冥契，故能动合天经。谨按去年已来，玄象星瑞，毫厘无爽，谨录尤异，上天降祥、破突厥等状七事：

其一，去八月二十八日夜，大流星如斗，出王良北，正落突厥营，声如崩墙。其二，八月二十九日夜，复有大流星如斗，出羽林，向北流，正当北方。依占，频二夜流星坠贼所，贼必败散。其三，九月四日夜，频有两星大如斗，出北斗魁，向东北流。依占，北斗主杀伐，贼必败。其四，岁星主福德，频行京、都二处分野。依占，国家之福。其五，七月内，荧惑守羽林，九月七日已退舍。依占，不出三日，贼必败散。

其六，去年十一月二十日夜，有流星赤如火，从东北向西南，落贼帅卢明月营，破其橦车。其七，十二月十五日夜，通汉镇北有赤气亘北方，突厥将亡之应也。依勘《城录》，河南洛阳并当甲子，与乾元初九爻及上元甲子符合。此是福地，永无所虑。旋观往政，侧闻前古，彼则异时间出，今则一朝总萃。岂非天赞有道，助歼凶孽，方清九夷于东嶽，沉五狄于北溟，告成岱岳，无为汾水。

书奏，帝大悦，超拜秘书令，亲待逾昵。帝每欲征讨，充皆预知之，乃假托星象，奖成帝意，在位者皆切患之。宇文化及弑逆之际，并诛充，时年七十五。

史臣曰：王劭爱自幼童，迄乎白首，好学不倦，究极群书。搢绅洽闻之士，无不推其博物。雅好著述，久在史官，既撰《齐书》，兼修隋典。好诡怪之说，尚委巷之谈，文词鄙秽，体统繁杂。直愧南、董，才无迁、固，徒烦翰墨，不足观采。袁充少在江左，初以警悟见称，委质隋朝，更以玄象自命。并要求时幸，干进务入。劭经营符瑞，杂以妖讹，充变动星占，谬增昏影。厚诬天道，乱常悔众，刑兹勿舍，其在斯乎！且劭为河朔清流，充乃江南望族，干没荣利，得不以道，颓其家声，良可叹息。

卷七十　　列传第三十五

杨玄感 _{李子雄 赵元淑 斛斯政 刘元进}

杨玄感，司徒素之子也。体貌雄伟，美须髯。少时晚成，人多谓之痴，其父每谓所亲曰："此儿不痴也。"及长，好读书，便骑射。以父军功，位至柱国，与其父俱为第二品，朝会则齐列。其后高祖命玄感降一等，玄感拜谢曰："不意陛下宠臣之甚，许以公延获展私敬。"初拜郢州刺史，到官，潜布耳目，察长吏能不。其有善政及赃污者，纤介必知之，往往发其事，莫敢欺隐。吏民敬服，皆称其能。后转宋州刺史，父忧去职。岁余，起拜鸿胪卿，袭爵楚国公，迁礼部尚书。性虽骄倨，而爱重文学，四海知名之士多趋其门。自以累世尊显，有盛名于天下，在朝文武多是父之将吏，复见朝纲渐紊，帝又猜忌日甚，内不自安，遂与诸弟潜谋废帝，立秦王浩。及从征吐谷浑，还至大斗拔谷，时从官狼狈，玄感欲袭击行宫。其叔慎谓玄感曰："士心尚一，国未立衅，不可图也。"玄感乃止。时帝好征伐，玄感欲立威名，阴求将领。谓兵部尚书段文振曰："玄感世荷国恩，宠逾涯分，自非立效边裔，何以塞责！若方隅有风尘之警，庶得执鞭行阵，少展丝发之功。明公兵革是司，敢布心腹。"文振因言于帝，帝嘉之，顾谓群臣曰："将门必有将，相门必有相，故不虚也。"于是赉物千段，礼遇益隆，颇预朝政。

帝征辽东，命玄感于黎阳督运。于时百姓苦役，天下思乱，玄感遂与武贲郎将王仲伯、汲郡赞治赵怀义等谋议，欲令帝所军众饥馁，每为逗留，不时进发。帝迟之，遣使者逼促，玄感扬言曰："水路多盗贼，不可前后而发。"其弟武贲郎将玄纵、鹰扬郎将万硕并从幸辽东，玄感潜遣人召之。时将军来护儿以舟师自东莱将入海，趣平壤城，军未发。玄感无以动众，乃遣家奴伪为使者，从东方来，谬称护儿失军期而反。玄感遂入黎阳县，闭城大索男夫。于是取帆布为牟甲，署官属，皆准开皇之旧。移书傍郡，以讨护儿为名，各令发兵，会于仓所。以东光县尉元务本为黎州刺史，赵怀义为卫州刺史，河内郡主簿唐祎为怀州刺史。有众且一万，将袭洛阳。唐祎至河内，驰往东都告之。越王侗、民部尚书樊子盖等大惧，勒兵备御。修武县民相率守临清关，玄感不得济，遂于汲郡南渡河，从乱者如市。数日，屯兵上春门，众至十余万。子盖令河南赞治裴弘策拒之，弘策战败。瀍、洛父老竞致牛酒。玄感屯兵尚书省，每誓众曰："我身为上柱国，家累巨万金，至于富贵，无所求也。今者不顾破家灭族者，但为天下解倒悬之急，救黎元之命耳。"众皆悦，诣辕门请自效者，日有数千。与樊子盖书曰：

夫建忠立义，事有多途，见机而作，盖非一揆。昔伊尹放太甲于桐宫，霍光废刘贺于昌邑，此并公度内，不能一二披陈。高祖文皇帝诞膺天命，造兹区宇，在璇玑以齐七政，握金镜以驭六龙，无为而至化流，垂拱而天下治。今上纂承宝历，宜固洪基，乃自绝于天，殄民败德。频年肆眚，盗贼于是滋多，所在修治，民力为之凋尽。荒淫酒色，子女必被其侵，耽玩鹰犬，禽兽皆离其毒。朋党相扇，货贿公行，纳邪佞之言，杜正直之口。加以转输不息，徭役无期，士卒填沟壑，骸骨蔽原野。黄河之北，则千里无烟，江淮之间，则鞠为茂草。玄感世荷国恩，位居上将，先公奉遗诏曰："好子孙为我辅弼之，恶子孙为我屏黜之。"所以上禀先旨，下顺民心，废此淫昏，更立明哲。四海同心，九州响应，士卒用命，如赴私仇，民庶相趋，义形公道。天意人事，较然可知。公独守孤城，势何支久！愿以黔黎在念，社稷为心，勿拘小礼，自贻伊戚，谁谓国家，一旦至此，执笔潸泫，言无所具。

遂进逼都城。

刑部尚书卫玄，率众数万，自关中来援东都。以步骑二万渡瀍、涧挑战，玄感伪北。玄逐之，伏兵发，前军尽没。后数日，玄复与玄感战，兵始合，玄感诈令人大呼曰："官军已得玄感矣。"玄军稍怠，玄感与数千骑乘之，于是大溃，拥八千人而去。玄感骁勇多力，每战亲运长矛，身先士卒，暗呜叱咤，所当者莫不震慑。论者方之项羽。又善抚驭，士乐致死，由是战无不捷。玄军日蹙，粮又尽，乃悉众决战，阵于北邙，一日之间，战十余合。玄感弟玄挺中流矢而毙，玄感稍却。樊子盖复遣兵攻尚书省，又杀数百人。帝遣武贲郎将陈棱攻元务本于黎阳，武卫将军屈突通屯河阳，左翊大将军宇文述发兵继进，右骁卫大将军来护儿复来赴援。玄感请计于前民部尚书李子雄，子雄曰："屈突通晓习兵事，若一渡河，则胜负难决，不如分兵拒之。通不能济，则樊、卫失援。"玄感然之，将拒通。子盖知其谋，数击其营，玄感不果进。通遂济河，军于破陵。玄感为两军。西抗卫玄，东拒屈突通。子盖复出兵，于是大战，玄感军频北。复请计于子雄，子雄曰："东都援军益至，我师屡败，不可久留。不如直入关中，开永丰仓以赈贫乏，三辅可指麾而定。据有府库，东面而争天下，此亦霸王之业。"会华阴诸杨请为乡导，玄感遂释洛阳，西图关中，宣言曰："我已破东都，取关西矣。"宇文述等诸军蹑之。至弘农宫，父老遮说玄感曰："宫城空虚，又多积粟，攻之易下。进可绝敌人之食，退可割宜阳之地。"玄感以为然，留攻之。三日城不下，追兵遂至。玄感西至阌乡，上盘豆，布阵亘五十里，与官军且战且行，一日三败。复阵于董杜原，诸军击之，玄感大败，独与十余骑窜林木间，将奔上洛。追骑至，玄感叱之，皆惧而返走。至葭芦戍，玄感窘迫，独与弟积善步行。自知不免，谓积善曰："事败矣。我不能受人戮辱，汝可杀我。"积善抽刀斫杀之，因自刺，不死，为追兵所执，与玄感首俱送行在所，磔其尸于东都市三日，复脔而焚之。余党悉平。其弟玄奖为义阳太守，将归玄感，为郡丞周旋玉所杀。玄纵弟万硕，自帝所逃归，至高阳，止传舍，监事许华与郡兵执之，斩于涿郡。万硕弟民行，官至朝请大夫，斩于长安。并具枭磔。公卿请改玄感姓为枭氏，诏可之。

初，玄感围东都也，梁郡人韩相国举兵应之，玄感以为河南道元帅。旬月间，众十余万，攻剽郡县。至于襄城，遇玄感败，兵渐溃散，为吏所执，传首东都。

李子雄，渤海蓨人也。祖伯贵，魏谏议大夫。父桃枝，东平太守。与乡人高仲密同归于周，官至冀州刺史。子雄少慷慨有壮志，弱冠从周武帝平齐，以功授帅都督。高祖作相，从韦孝宽破尉迥于相州，拜上开府，赐爵建昌县公。高祖受禅，为骠骑将军。伐陈之役，以功进位大将军，历郴、江二州刺史，并有能名。仁寿中，坐事免。汉王谅之作乱也，炀帝将发幽州兵以讨之。时窦抗为幽州总管，帝恐其有二心，问可任者于杨素。素进子雄，授大将军，拜廉州刺史，驰至幽州，止传舍，召募得千余人。抗恃素贵，不时相见。子雄遣人谕之。后二日，抗从铁骑二千，来诣子雄所。子雄伏甲，请与相见，因擒抗。遂发幽州兵步骑三万，自井陉以讨谅。时谅遣大将军刘建略地燕、赵，正攻井陉，相遇于抱犊山下，力战，破之。迁幽州总管，寻征拜民部尚书。

子雄明辩有器干，帝甚任之。新罗尝遣使朝贡，子雄至朝堂与语，因问其冠制所由。其使者曰："皮弁遗象。安有大国君子而不识皮弁也！"子雄因曰："中国无礼，求诸四夷。"使者曰："自至已来，此言之外，未见无礼。"宪司以子雄失词，奏劾其事，竟坐免。俄而复职，从幸江都。帝以仗卫不整，顾子雄部伍之。子雄立指麾，六军肃然。帝大悦曰："公真武侯才也。"寻转右武侯大将军，后坐事除名。辽东之役，帝令从军自效，因从来护儿自东平将指沧海。会杨玄感反于黎阳，帝疑之，诏锁子雄送行在所。子雄杀使者，亡归玄感。玄感每请计于子雄，语在《玄感传》。及玄感败，伏诛，籍没其家。

博陵赵元淑，父世模，初事高宝宁，后以众归周，授上开府，寓居京兆之云阳。高祖践阼，恒典宿卫。后从晋王伐陈，先锋遇贼，力战而死。朝廷以其身死王事，以元淑袭父本官，赐物二千段。元淑性疏诞，不治产业，家徒壁立。后数岁，授骠骑将军。将之官，无以自给。时长安富人宗连，家累千金，仕周为三原令。有季女，慧而有色，连独奇之，每求贤夫，闻元淑如是，请与相见。连有风仪，美谈笑，元淑亦异之。及至其家，服玩居处拟于将相。酒酣，奏女乐，元淑所未见也。元淑辞出，连曰："公子有暇，可复来也。"后数日，复造之，宴乐更侈。如此者再三，因谓元淑曰："知公子素贫，老夫当相济。"因问元淑所须，尽买与之。临别，元淑再拜致谢，连复拜曰："鄙人窃不自量，敬慕公子。今有一女，愿为箕帚妾，公子意何如？"元淑感愧，遂娉为妻。连复送奴婢二十口、良马十余匹，加以缣帛锦绮及金宝珍玩。元淑遂为富人。及炀帝嗣位，汉王谅作乱，元淑从杨素击平之。以功进位柱国，拜德州刺史，寻转颍川太守，并有威惠。因入朝，会司农不时纳诸郡租谷，元淑奏之。帝谓元淑曰："如卿意者，几日当了？"元淑曰："如臣意不过十日。"帝即日拜元淑为司农卿，纳天下租，如言而了。帝悦焉。礼部尚书杨玄感潜有异志，以元淑可与共乱，遂与结交，多遗金宝。辽东之役，领将军典宿卫，加授光禄大夫，封葛公。明年，帝复征高丽，以元淑镇临渝。及玄感作乱，其弟玄纵自帝所逃归，路经临渝。元淑出其小妻魏氏见玄纵，对宴极欢，因与通谋，并授玄纵赂遗。及玄感败，人有告其事者，帝以属吏。元淑言与玄感结婚，所得金宝则为财娉，实无他故。魏氏复言初不受金。帝亲临问，卒无异辞。帝大怒，谓侍臣曰："此则反状，何劳重问！"元淑及魏氏俱斩于涿郡，籍没其家。

河南斛斯政，祖椿，魏太保、尚书令、常山文宣王。父恢，散骑常侍、新蔡郡公。政明悟有器干，初为亲卫，后以军功授仪同,甚为杨素所礼。大业中,为尚书兵曹郎。政有风神,每奏事,未尝不称旨。炀帝悦之,渐见委信。杨玄感兄弟俱与之交。辽东之役,兵部尚书段文振卒,侍郎明雅复以罪废,帝弥属意。寻迁兵部侍郎。于时外事四夷,军国多务,政处断辩速,称为干理。玄感之反也,政与通谋。及玄纵等亡归,亦政之计也。帝在辽东,将班师,穷治玄纵党与。内不自安,遂亡奔高丽。明年,帝复东征,高丽请降,求执送政。帝许之,遂锁政而还。至京师,以政告庙,左翊卫大将军宇文述奏曰:"斛斯政之罪,天地所不容,人神所同忿。若同常刑,贼臣逆子何以惩肃?请变常法。"帝许之。于是将政出金光门,缚政于柱,公卿百僚并亲击射,脔割其肉,多有啖者。啖后烹煮,收其余骨,焚而扬之。

余杭刘元进,少好任侠,为州里所宗。两手各长尺余,臂垂过膝。炀帝兴辽东之役,百姓骚动,元进自以相表非常,阴有异志,遂聚众,合亡命。会帝复征辽东,征兵吴会,士卒皆相谓曰:"去年吾辈父兄从帝征者,当全盛之时,犹死亡太半,骸骨不归;今天下已罢敝,是行也,吾属其无遗类矣。"于是多有亡散,郡县捕之急。既而杨玄感起于黎阳,元进知天下思乱,于是举兵应之。三吴苦役者莫不响至,旬月众至数万。将渡江,而玄感败。吴郡朱燮、晋陵管崇亦举兵,有众七万,共迎元进,奉以为主。据吴郡,称天子,燮、崇俱为仆射,署置百官。毗陵、东阳、会稽、建安豪杰多执长吏以应之。帝令将军吐万绪、光禄大夫鱼俱罗率兵讨焉。元进西屯茅浦,以抗官军,频战互有胜负。元进退保曲阿,与朱燮、管崇合军,众至十万。绪进军逼之。相持百余日,为绪所败,保于黄山。绪复破之,燮战死,元进引趣建安,休兵养士。二将亦以师老,顿军自守。俄而二将俱得罪,帝令江都郡丞王世充发淮南兵击之,有大流星坠于江都,未及地而南逝,磨拂竹木皆有声,至吴郡而落于地。元进恶之,令掘地,入二丈,得一石,径丈余。后数日,失石所在。世充既渡江,元进将兵拒战,杀千余人,世充窘急,退保延陵栅。元进遣兵,人各持茅,因风纵火。世充大惧,将弃营而遁。遇反风,火转,元进之众惧烧而退。世充简锐卒掩击,大破之,杀伤太半,自是频战辄败。元进谓管崇曰:"事急矣,当以死决之。"于是出挑战,俱为世充所杀。其众悉降,世充坑之于黄亭涧,死者三万人。其余党往往保险为盗。其后董道冲、沈法兴、李子通等乘此而起,战争不息,逮于隋亡。

李 密 裴仁基

李密,字法主,真乡公衍之从孙也。祖耀,周邢国公。父宽,骁勇善战,干略过人,自周及隋,数经将领,至柱国、蒲山郡公,号为名将。密多筹算,才兼文武,志气雄远,常以济物为己任。开皇中,袭父爵蒲山公,乃散家产,周赡亲故,养客礼贤,无所爱吝。与杨玄感为刎颈之交。后更折节,下帷耽学,尤好兵书,诵皆在口。师事国子助教包恺,受《史记》、《汉书》,励精忘倦,恺门徒皆出其下。大业初,授亲卫大都督,非其所好,称疾而归。

及杨玄感在黎阳,有逆谋,阴遣家僮至京师召密,令与弟玄挺等同赴黎阳。玄感举兵而密至,玄感大喜,以为谋主。玄感谋计于密,密曰:"愚有三计,惟公所择。今天子出征,远在辽外,地去幽州,悬隔千里。南有巨海之限,北有胡戎之患,中间一道,理极艰危。今公拥兵,出其不意,长驱入蓟,直扼其喉。前有高丽,退无归路,不过旬月,赍粮必尽。举麾一召,其众自降,不战而擒,此计之上也。又关中四塞,天府之国,有卫文昇,不足为意。今宜率众,经城勿攻,轻赍鼓行,务早西入。天子虽还,失其襟带,据险临之,故当必克,万全之势,此计之中也。若随近逐便,先向东都,唐祎告之,理当固守。引兵攻战,必延岁月,胜负殊未可知,此计之下也。"玄感曰:"不然。公之下计,乃上策矣。今百官家口并在东都,若不取之,安能动物?且经城不拔,何以示威?"密计遂不行。玄感既至东都,皆捷,自谓天下响应,功在朝夕。及获韦福嗣,又委以腹心,是以军旅之事,不专归密。福嗣既非同谋,因战被执,每设筹画,皆持两端。后使作檄文,福嗣固辞不肯。密揣知其情,因谓玄感曰:"福嗣元非同盟,实怀观望。明公初起大事,而奸人在侧,听其是非,必为所误矣。请斩谢众,方可安辑。"玄感曰:"何至于此!"密知言之不用,退谓所亲曰:"楚公好反而不欲胜,如何?吾属今为虏矣!"后玄感将西入,福嗣竟亡归东都。

时李子雄劝玄感速称尊号,玄感以问于密。密曰:"昔陈胜自欲称王,张耳谏而被外,魏武将求九锡,荀彧止而见疏。今者密欲正言,还恐追踪二子,阿谀顺意,又非密之本图。何者?兵起已来,虽复频捷,至于郡县,未有从者。东都守御尚强,天下救兵益至,公当身先士众,早定关中。乃欲急自尊崇,何示不广也!"玄感笑而止。及宇文述、来护儿等军且至,玄感谓密曰:"计将安出?"密曰:"元弘嗣统强兵于陇右,今可扬言其反,遣使迎公,因此入关,可得给众。"玄感遂以密谋号令其众,因引西入。至陕县,欲围弘农宫,密谏之曰:"公今诈众入西,军事在速,况乃追兵将至,安可稽留!若前不得据关,退无所守,大众一散,何以自全?"玄感不从,遂围之,三日攻不能拔,方引而西。至于阌乡,追兵遂及。

玄感败,密间行入关,与玄感从叔询相随,匿于冯翊询妻之舍。寻为邻人所告,遂捕获,囚于京兆狱。是时炀帝在高阳,与其党俱送帝所。在途谓其徒曰:"吾等之命,同于朝露,若至高阳,必为葅醢。今道中犹可为计,安得行就鼎镬,不规逃避也?"众咸然之。其徒多有金,密令出示使者曰:"吾等死日,此金并留付公,幸用相瘗。其余即皆报德。"使者利其金,遂相然许。及出关外,防禁渐弛,密请通市酒食,每宴引喧哗竟夕,使者不以为意。行次邯郸,夜宿村中,密等七人皆穿墙而遁,与王仲伯亡抵平原贼帅郝孝德。孝德不甚礼之,备遭饥馑,至削树皮而食。仲伯潜归天水,密诣淮阳,舍于村中,变姓名称刘智远,聚徒教授。经数月,密郁郁不得志,为五言诗曰:"金风荡初节,玉露凋晚林。此夕穷途士,空轸郁陶心。眺听良多感,慷慨独沾襟。沾襟何所为?怅然怀古意。秦俗犹未平，汉道将何冀！樊哙市井徒，萧何刀笔吏。一朝时运合，万古传名器。寄言世上雄，虚生真可愧。"诗成而泣下数行。时人有怪之者，以告太守赵他。县捕之，密乃亡去，抵其妹夫雍丘令丘君明。后君明从子怀义以告，帝令捕密，密得遁去，君明竟坐死。

会东郡贼帅翟让聚党万余人，密归之，其中有知密是玄感亡将，潜劝让害之。密大惧，乃因王伯当以策干让。让遣说诸小贼，所至辄降下，让始敬焉，召与计事。密谓让曰："今兵众既多，粮无所出，若旷日持久，则人马困敝，大敌一临，死亡无日。未若直趣荥阳，休兵馆谷，待士马肥充，然可与人争利。"让从之，于是破金堤关，掠荥阳诸县，城堡多下之。荥阳太守郇王庆及通守张须陁以兵讨让。让数为须陁所败，闻其来，大惧，将远避之。密曰："须陁勇而无谋，兵又骤胜，既骄且狠，可一战而擒。公但列阵以待，保为公破之。"让不得已，勒兵将战，密分兵千余人于林木间设伏。让与战不利，军稍却，密发伏自后掩之，须陁众溃。与让合击，大破之，遂斩须陁于阵。让于是令密建牙，别统所部。密复说让曰："昏主蒙尘，播荡吴越，狸毛竞起，海内饥荒。明公以英桀之才，而统骁雄之旅，宜当廓清天下，诛剪群凶，岂可求食草间，常为小盗而已！今东都士庶，中外离心，留守诸官，政令不一，明公亲率大众，直掩兴洛仓，发粟以赈穷乏，远近孰不归附！百万之众，一朝可集，先发制人，此机不可失也。"让曰："仆起陇亩之间，望不至此。必如所图，请君先发，仆领诸军，便为后殿。得仓之日，当别议之。"密与让领精兵七千人，以大业十三年春，出阳城，北逾方山，自罗口袭兴洛仓，破之。开仓恣民所取，老弱缒负，道路不绝。

越王侗武贲郎将刘长恭率步骑二万五千讨密，密一战破之，长恭仅以身免。让于是推密为主。密城洛口周回四十里以居之。房彦藻说下豫州，东都大惧。让上密号为魏公。密初辞不受，诸将等固请，乃从之。设坛场，即位，称元年，置官属，以房彦藻为左长史，邴元真右长史，杨德方左司马，郑德韬右司马。拜让司徒，封东郡公。其将帅封拜各有差。长白山贼孟让掠东都，烧丰都市而归。密攻下巩县，获县长柴孝和，拜为护军。武贲郎将裴仁基以武牢归密，因遣仁基与孟让率兵二万余人袭回洛仓，破之，烧天津桥，遂纵兵大掠。东都出兵乘之，仁基等大败，仅以身免。密复亲率兵三万逼东都，将军段达、武贲郎将高毗、刘长恭等出兵七万拒之，战于故都，官军败走，密复下回洛仓而据之。俄而德韬、德方俱死，复以郑颋为左司马，郑虔象为右司马。柴孝和说密曰："秦地阻山带河，西楚背之而亡，汉高都之而霸。如愚意者，令仁基固洛口，翟让守洛口，明公亲简精锐，西袭长安，百姓孰不郊迎，必当有征无战。既克京邑，业固兵强，方更长驱崤、函，扫荡京、洛，传檄指挥，天下可定。但今英雄竞起，实恐他人我先，一朝失之，噬脐何及！"密曰："君之所图，仆亦思之久矣，诚为上策。但昏主尚在，从兵犹众，我之所部，并山东人，既见未下洛阳，何肯相随西入！诸将出于群盗，留之各竞雌雄。若然者，殆将败矣。"孝和曰："诚如公言，非所及也。大军既未可西出，请间行观隙。"密

从之。孝和与数十骑至陕县，山贼归之者万余人。密时兵锋甚锐，每入苑，与官军连战。会密为流矢所中，卧于营内，后数日，东都出兵击之，密众大溃，弃回洛仓，归洛口。孝和之众闻密退，各分散而去。孝和轻骑归密。帝遣王世充率江淮劲卒五万来讨密，密逆拒之，战不利。柴孝和溺死于洛水，密甚伤之。世充营于洛西，与密相拒百余日。武阳郡丞元宝藏、黎阳贼帅李文相、洹水贼帅张升、清河贼帅赵君德、平原贼帅郝孝德并归于密，共袭破黎阳仓，据之。周法明举江、黄之地以附密，齐郡贼帅徐圆朗、任城大侠徐师仁、淮阳太守赵他等前后款附，以千百数。

翟让所部王儒信劝让为大冢宰，总统众务，以夺密权。让兄宽复谓让曰："天子止可自作，安得与人？汝若不能作，我当为之。"密闻其言，有图让之计。会世充列阵而至，让出拒之，为世充所击退者数百步。密与单雄信等率精锐赴之，世充败走。让欲乘胜进破其营，会日暮，密固止之。明日，让与数百人至密所，欲为宴乐。密具馔以待之，其所将左右，各分令就食。诸门并设备，让不之觉也。密引让入坐，有好弓，出示让，遂令让射。让引满将发，密遣壮士蔡建自后斩之，殒于床下。遂杀其兄宽及王儒信，并其从者亦有死焉。让所部将徐世勣，为乱兵所斫中，重创，密遽止之，仅而得免。单雄信等皆叩头求哀，密并释而慰谕之。于是率左右数百人诣让本营。王伯当、邴元真、单雄信等入营，告以杀让之意，众无敢动者。乃令徐世勣、单雄信、王伯当分统其众。

未几，世充夜袭仓城，密逆拒破之，斩武贲郎将费青奴。世充复移营洛北，南对巩县，其后遂于洛水造浮桥，悉众以击密。密与千骑拒之，不利而退。世充因薄其城下，密简锐卒数百人，分为三队出击。官军稍却，自相陷溺，死者数万人，武贲郎将杨威、王辩、霍世举、刘长恭、梁德重、董智通等诸将率皆没于阵。世充仅而获免，不敢还东都，遂走河阳。其夜雨雪尺余，众随之者，死亡殆尽。密于是修金墉故城居之，众三十余万。复来攻上春门，留守韦津出拒战，密击败之，执津于阵。其党劝密即尊号，密不许。及义师围东都，密出军争之，交绥而退。

俄而宇文化及杀逆，率众自江都北指黎阳，兵十余万。密乃自率步骑二万拒之。会越王侗称尊号，遣使者授密太尉、尚书令、东南道大行台、行军元帅、魏国公，令先平化及，然后入朝辅政。密遣使报谢焉。化及与密相遇，密知其军少食，利在急战，故不与交锋，又遏其归路，使不得西。密遣徐世勣守仓城，化及攻之，不能下。密与化及隔水而语，密数之曰："卿本匈奴皂隶破野头耳，父兄子弟并受隋室厚恩，富贵累世，至妻公主，光荣隆显，举朝莫二。荷国士之遇者，当须国士报之，岂容主上失德，不能死谏，反因众叛，躬行杀虐，诛及子孙，傍立支庶，擅自尊崇，欲规篡夺，污辱妃后，枉害无辜？不追诸葛瞻之忠诚，乃为霍禹之恶逆。天地所不容，人神所莫祐。拥逼良善，将欲何之！今若速来归我，尚可得全后嗣。"化及默然，俯视良久，乃嗔目大言曰："共你论相杀事，何须作书语邪？"密谓从者曰："化及庸懦如此，忽欲图为帝王，斯乃赵高、圣公之流，吾当折杖驱之耳。"化及盛修

攻具，以逼黎阳仓城，密领轻骑五百驰赴之。仓城兵又出相应，焚其攻具，经夜火不灭。密知化及粮且尽，因伪与和，以敝其众。化及不之悟，大喜，恣其兵食，冀密馈之。会密下有人获罪，亡投化及，具言密情，化及大怒。其食又尽，乃渡永济渠，与密战于童山之下，自辰达酉。密为流矢所中，顿于汲县。化及掠汲郡，北趣魏县，其将陈智略、张童仁等所部兵归于密者，前后相继。初，化及以辎重留于东郡，遣其所署刑部尚书王轨守之。至是，轨举郡降密，以轨为滑州总管。密引兵而西，遣记室参军李俭朝于东都，执杀炀帝人于弘达以献越王侗。侗以俭为司农少卿，使之反命，召密入朝。密至温县，闻世充已杀元文都、卢楚等，乃归金墉。

世充既得擅权，乃厚赐将士，缮治器械，人心渐锐。然密兵少衣，世充乏食，乃请交易。密初难之，邴元真等各求私利，递来劝密，密遂许焉。初，东都绝粮，人归密者，日有数百。至此，得食，而降人益少，密方悔而止。密虽据仓，无府库，兵数战不获赏，又厚抚初附之兵，于是众心渐怨。时遣邴元真守兴洛仓。元真起自微贱，性又贪鄙，宇文温疾之，每谓密曰："不杀元真，公难未已。"密不答，而元真知之，阴谋叛密。扬庆闻而告密，密固疑焉。会世充悉众来决战，密留王伯当守金墉，自引精兵就偃师，北阻邙山以待之。世充军至，令数百骑渡御河，密遣裴行俨率众逆之。会日暮，暂交而退，行俨、孙长乐、程咬金等骁将十数人皆遇重创，密甚恶之。世充夜潜济师，诘朝而阵，密方觉之，狼狈出战，于是败绩，与万余人驰向洛口。世充夜围偃师，守将郑颋为其部下所翻，以城降世充。密将入洛口仓城，元真已遣人潜引世充矣。密阴知之而不发其事，因与众谋，待世充之兵半济洛水，然后击之。及世充军至，密候骑不时觉，比将出战，世充军悉已济矣。密自度不能支，引骑而遁。元真竟以城降于世充。

密众渐离，将如黎阳。人或谓密曰："杀翟让之际，徐世勣几至于死。今创犹未复，其心安可保乎？"密乃止。时王伯当弃金墉，保河阳，密以轻骑自武牢渡河以归之，谓伯当曰："兵败矣！久苦诸君，我今自刎，请以谢众。"众皆泣，莫能仰视。密复曰："诸君幸不相弃，当共归关中。密身虽愧无功，诸君必保富贵。"其府掾柳燮对曰："昔盆子归汉，尚食均输，明公与长安宗族有畴昔之遇，虽不陪起义，然而阻东都，断隋归路，使唐国不战而据京帅，此亦公之功也。"众咸曰："然。"密遂归大唐，封邢国公，拜光禄卿。

河东裴仁基，字德本。祖伯凤，周汾州刺史。父定，上仪同。仁基少骁武，便弓马。开皇初，为亲卫。平陈之役，先登陷阵，拜仪同，赐物千段。以本官领汉王谅府亲信。炀帝嗣位，谅举兵作乱，仁基苦谏。谅大怒，囚之于狱。及谅败，帝嘉之，超拜护军。数岁，改授武贲郎将，从将军李景讨叛蛮向思多于黔安，以功进位银青光禄大夫，赐奴婢百口，绢五百匹。击吐谷浑于张掖，破之，加授金紫光禄大夫。斩获寇掠鞑靼，拜左光禄大夫。从征高丽，进位光禄大夫。

帝幸江都，李密据洛口，令仁基为河南道讨捕大使，据武牢以拒密。及荥阳通守张须陁为密所杀，仁基悉收其众，每与密战，多所斩获。时隋大乱，有功者不录。仁基见强寇在前，士卒劳敝，所得军资，即用分赏。监军御史萧怀静每抑止之，众咸怨怒。怀静又阴持仁基长短，欲有所奏劾。仁基惧，遂杀怀静，以其众归密。密以为河东郡公。其子行俨，骁勇善战，密复以为绛郡公，甚相委昵。王世充以东都食尽，悉众诣偃师，与密决战。密问计于诸将，仁基对曰："世充尽锐而至，洛下必虚，可分兵守其要路，令不得东。简精兵三万，傍河西出，以逼东都。世充却还，我且按甲，世充重出，我又逼。如此则彼有余力，彼劳奔命，兵法所谓'彼出我归，彼归我出，数战以疲之，多方以误之'者也。"密曰："公知其一，不知其二。东都兵马有三不可当：器械精，一也；决计而来，二也；食尽求斗，三也。我按甲蓄力，以观其敝，彼求斗不得，欲走无路，不过十日，世充之首可悬于麾下。"单雄信等诸将轻世充，皆请战，仁基苦争不得。密难违诸将之言，战遂大败，仁基为世充所虏。世充以其父子并骁锐，深礼之，以兄女妻行俨。及僭尊号，署仁基为礼部尚书，行俨为左辅大将军。行俨每有攻战，所当皆披靡，号为"万人敌"。世充惮其威名，颇加猜防。仁基知其意，不自安，遂与世充所署尚书左丞宇文儒童、尚食直长陈谦、秘书丞崔德本等谋反，令陈谦于上食之际，持匕首以劫世充，行俨以兵应于阶下，指麾事定，然后出越王侗以辅之。事临发，将军张童仁知其谋而告之，俱为世充所杀。

史臣曰：古先帝王之兴也，非夫至德深仁格于天地，有丰功博利，弘济艰难，不然，则其道无由矣。自周邦不竞，隋运将隆，武元、高祖并著大功于王室，平南国，摧东夏，总百揆，定三方，然后变讴歌，迁宝鼎。于时匈奴骄倨，勾吴不朝，既争长于黄池，亦饮马于清渭。高祖内绥外御，日不暇给，委心膂于俊杰，寄折冲于爪牙，文武争驰，群策毕举。服猾夏之虏，扫黄旗之寇，峻五岳以作镇，环四海以为池，厚泽被于域中，余威震于殊俗。炀帝蒙故业，践丕基，阻伊、洛而固崤、函，跨两都而总万国。矜历数之在己，忽王业之艰难，不务以道恤人，将以申威海外。运拒谏之智，骋饰非之辩，耻辙迹之未远，忘德义之不修。于是凿通渠，开驰道，树以柳杞，隐以金槌。西出玉门，东逾碣石，堙山埋谷，浮河达海。民力凋尽，徭戍无期，率土之心，鸟惊鱼溃。方西规奄蔡，南讨流求，亲总八狄之师，屡践三韩之域。自以威行万物，顾指无违，又躬为长君，功高曩列，宠不假于外戚，权不逮于群下，足以辚轹轩、唐，奄吞周、汉，子孙万代，人莫能窥，振古以来，一君而已。遂乃外疏猛士，内忌忠良，耻有盗窃之声，恶闻丧乱之事。出师命将，不料众寡，兵以力屈者，以畏懦受显诛，竭诚克胜者，以功高蒙隐戮。或殪锋刃之下，或殒鸩毒之中。赏不可以有功求，刑不可以无罪免，畏首畏尾，进退维谷。彼山东之群盗，多出厮役之中，无尺土之资，十家之产，岂有陈涉亡秦之志，张角乱汉之谋哉！皆苦于上欲无厌，下不堪命，饥寒交切，救死萑蒲，莫识旌旗什伍之容，安知行师用兵之势！但人自为战，众怒难犯，故攻无完城，野无横阵，星离棋布，以千百数。豪杰因其机以动之，乘其势而用之，虽有勇敢之士，明智之将，连踵复没，莫之能御。炀帝魂褫气慑，望绝两京，谋窜身于江湖，袭永嘉之旧迹。既而祸生毂下，衅起舟中，思早告而莫追，唯请死而获可。身弃南巢之野，首悬白旗之上，子孙剿绝，宗庙为墟。

夫以开皇之初，比于大业之盛，度土地之广狭，料户口之众寡，算甲兵之多少，校仓廪之虚实，九鼎之譬鸿毛，未喻轻重，培塿之方嵩岱，曾何等级！论地险则辽隧未拟于长江，语人谋则勾丽不侔于陈国。高祖扫江南以清六合，炀帝事辽东而丧天下。其故何哉？所为之迹同，所用之心异也。高祖北却强胡，南并百越，十有余载，戎车屡动，民亦劳止，不为无事。然其动也，思以安之，其劳也，思以逸之。是以民致时雍，师无怨讟，诚在于爱利，故其兴也勃焉。炀帝嗣承平之基，守已安之业，肆其淫放，虐用其民，视亿兆如草芥，顾群臣如寇仇，劳近以事远，求名而丧实。兵缠魏阙，贴危弗图，围解雁门，慢游不息。天夺之魄，人益其灾，群盗并兴，百殃俱起，自绝民神之望，故其亡也忽焉。讯之古老，考其行事，此高祖之所由兴，而炀帝之所以灭者也，可不谓然乎！其隋之得失存亡，大较与秦相类。始皇并吞六国，高祖统一九州，二世虐用威刑，炀帝肆行猜毒，皆祸起于群盗，而身殒于匹夫。原始要终，若合符契矣。

玄感宰相之子，荷国重恩，君之失德，当竭股肱。未议致身，先图问鼎，遂假伊、霍之事，将肆莽、卓之心。人神同疾，败不旋踵，兄弟就菹醢之诛，先人受焚如之酷，不亦甚乎！李密遭会风云，夺其鳞翼，思封函谷，将割鸿沟。期月之间，众数十万，破化及，摧世充，声动四方，威行万里。虽运乖天眷，事屈兴王，而义协人谋，雄名克振，壮矣！然志性轻狡，终致颠覆，其度长挈大，抑陈、项之季孟欤？

卷七十一　　　列传第三十六

诚 节

《易》称："圣人大宝曰位，何以守位曰仁。"又云："立人之道曰仁与义。"然而士之立身成名，在乎仁义而已。故仁道不远，则杀身以成仁，义重于生，则捐生而取义。是以龙逢投躯于夏癸，比干竭节于商辛，申蒯断臂于齐庄，弘演纳肝于卫懿。爰建汉之纪信、栾布，晋之向雄，嵇绍，凡在立名之士，莫不庶几焉。至于临难忘身，见危授命，虽斯文不坠，而行之盖寡，固知士之所重，信在兹乎！非夫内怀铁石之心，外负凌霜之节，孰能安之若命，赴蹈如归者也。皇甫诞等，当扰攘之际，践必死之机，白刃临颈，确乎不拔，可谓岁寒贞柏，疾风劲草，千载之后，懔懔如生。岂独闻彼伯夷，懦夫立志，亦冀将来君子，有所庶几。故掇采所闻，为《诚节传》。

刘 弘

刘弘，字仲远，彭城丛亭里人，魏太常卿芳之孙也。少好学，有行检，重节概。仕齐行台郎中、襄城、沛郡、谷阳三郡太守、西楚州刺史。及齐亡，周武帝以为本郡太守。尉迥之乱也，遣其将席毗掠徐、兖。弘勒兵拒之，以功授仪同、永昌太守、齐州长史。志在立功，不安佐职。平陈之役，表请从军，以行军长史从总管吐万绪度江。以功加上仪同，封濩泽县公，拜泉州刺史。会高智慧作乱，以兵攻州，弘城守百余日，救兵不至。前后出战，死亡太半，粮尽无所食，与士卒数百人煮犀甲腰带，及剥树皮而食之，一无离叛。贼知其饥饿，欲降之，弘抗节弥厉。贼悉众来攻，城陷，为贼所害。上闻而嘉叹者久之，赐物二千段。子长信，袭其官爵。

皇甫诞 陶模 敬钊

皇甫诞，字玄虑，安定乌氏人也。祖和，魏胶州刺史。父璠，周隋州刺史。诞少刚毅，有器局。周毕王引为仓曹参军。高祖受禅，为兵部侍郎。数年，出为鲁州长史。开皇中，复入为比部、刑部二曹侍郎，俱有能名。迁治书侍御史，朝臣无不肃惮。上以百姓多流亡，令诞为河南道大使以检括之。及还，奏事称旨，上甚悦，令判大理少卿。明年，迁尚书右丞，俄以母忧去职。未期，起令视事。寻转尚书左丞。时汉王谅为并州总管，朝廷盛选僚佐，前后长史、司马，皆一时名士。上以诞公方著称，拜并州总管司马，总府政事，一以谘之，谅甚敬焉。及炀帝即位，征谅入朝，谅用谘议王颇之谋，发兵作乱。诞数谏止，谅不纳。诞因流涕曰："窃料大王兵资，无敌京师者，加以君臣位定，逆顺势殊，士马虽精，难以取胜。愿王奉诏入朝，守臣子之节，必有松、乔之寿，累代之荣。如更迁延，陷身叛逆，一挂刑书，为布衣黔首不可得也。愿察区区之心，思万全之计，敢以死请。"谅怒而囚之。及杨素将至，谅屯清源以拒之。谅主簿豆卢毓出诞于狱，相与协谋，闭城拒谅。谅袭击破之，并抗节而遇害。帝以诞亡身徇国，嘉悼者久之，下诏曰："褒显名节，有国通规，加等饰终，抑惟令典。并州总管司马皇甫诞，性理淹通，志怀审正，效官赞务，声绩克宣。值狂悖构祸，凶威孔炽，确殉单诚，不从妖逆。虽幽絷寇手，而雅志弥厉，遂潜与义徒据城抗拒。众寡不敌，奄致非命。可赠柱国，封弘义公，谥曰明。"子无逸嗣。

无逸寻为淯阳太守，政甚有声。《大业令》行，旧爵例除，以无逸诚义之后，赐爵平舆侯。入为刑部侍郎，守右武卫将军。

初，汉王谅之反也，州县莫不响应，有岚州司马陶模、繁畤令敬钊，并抗节不从。

陶模，京兆人也。性明敏，有器干。仁寿初，为岚州司马。谅既作乱，刺史乔钟葵发兵将赴逆，模拒之曰："汉王所图不轨，公荷国厚恩，致位方伯，谓当竭诚效命以答慈造，岂有大行皇帝梓宫未掩，翻为厉阶！"钟葵失色曰："司马反邪？"临之以兵，辞气不挠，葵义而释之。军吏进曰："若不斩模，何以压众心？"于是囚之于狱，悉掠取资财，分赐党与。及谅平，炀帝嘉之，拜开府，授大兴令。杨玄感之反也，率兵从卫玄击之，以攻进位银青光禄大夫，卒官。

敬钊字积善，河东蒲坂人也。父约，周布宪中大夫。钊仁寿中为繁畤令，甚有能名。及贼至，力战城陷。贼帅墨弼掠其资产而临之以兵，钊辞气不挠。弼义而止之，执送于伪将乔钟葵所。钟葵释之，署为代州总管司马，钊正色拒之，至于再三。钟葵忿然曰："受官则可，不然当斩！"钊答曰："忝为县宰，遭逢逆乱，进不能保境，退不能死节，为辱已多，何乃复以伪官相迫也？死生唯命，余非所闻。"钟葵怒甚，熟视钊曰："卿不畏死邪？"复将杀之。会杨义臣军至，钟葵遽出战，因而大败，钊遂得免。大业三年，炀帝避暑汾阳宫，代州长史柳铨、司马崔宝山上其状，付有司将加褒赏，会虞世基奏格而止。后迁朝邑令，未几，终。

游元

游元，字楚客，广平任人，魏五更明根之玄孙也。父宝藏，位至太守。元少聪敏，年十六，齐司徒徐显秀引为参军事。周武帝平齐之后，历寿春令、谯州司马，俱有能名。开皇中，为殿内侍御史。晋王广为扬州总管，以元为法曹参军，父忧去职。后为内直监。炀帝嗣位，迁尚书度支郎。辽东之役，领左骁卫长史，为盖牟道监军，拜朝请大夫，兼治书侍御史。宇文述等九军败绩，帝令元按其狱。述时贵幸，其子士及又尚南阳公主，势倾朝廷。遣家僮造元，有所请属。元不之见。他日，数述曰："公地属亲贤，腹心是寄，当咎身责己，以勖事君，乃遣人相造，欲何所道？"按之愈急，仍以状劾。帝嘉其公正，赐朝服一袭。九年，奉使于黎阳督运，杨玄感作逆，乃谓元曰："独夫肆虐，天下士大夫肝脑涂地，加以陷身绝域之所，军粮断绝，此亦天亡之时也。我今亲率义兵，以诛无道，卿意如何？"元正色答曰："尊公荷国宠灵，功参佐命，高官重禄，近古莫俦，公之弟兄，青紫交映，当谓竭诚尽节，上答鸿恩。岂意坟土未干，亲图反噬，深为明公不取，愿思祸福之端。仆有死而已，不敢闻命。"玄感怒而囚之，屡胁以兵，竟不屈节，于是害之。帝甚嘉叹，赠银青光禄大夫，赐缣五百匹。拜其子仁宗为正议大夫、弋阳郡通守。

冯慈明

冯慈明，字无佚，信都长乐人也。父子琮，仕齐官至尚书右仆射。慈明在齐，以戚属之故，年十四，为淮阳王开府参军事。寻补司州主簿，进除中书舍人。周武平齐，授帅都督。高祖受禅，开三府官，除司空司仓参军事。累迁行台礼部侍郎。晋王广为并州总管，盛选僚属，以慈明为司士。后历吏部员外郎，兼内史舍人。炀帝即位，以母忧去职。帝以慈明始事藩邸，后更在台，意甚衔之，至是谪为伊吾镇副。未官，转交阯郡丞。大业九年，被征入朝。时兵部侍郎斛斯政亡奔高丽，帝见慈明，深慰勉之。俄拜尚书兵曹郎，加位朝请大夫。十三年，摄江都郡丞事。李密之逼东都也，诏令慈明安集瀍、洛，追兵击密。至鄢陵，为密党崔枢所执。密延慈明于坐，劳苦，因而谓曰："隋祚已尽，区宇沸腾，吾躬率义兵，所向无敌，东都危急，计日将下。今欲率四方之众，问罪于江都，卿以为何如？"慈明答曰："慈明直道事人，有死而已，不义之言，非所敢对。"密不悦，冀其后改，厚加礼焉。慈明潜使人奉表江都，及致书东都留守，论贼形势。密知其状，又义而释之。出至营门，贼帅翟让怒曰："尔为使人，为我所执，魏公相待至厚，曾无感戴，宁有畏乎？"慈明勃然曰："天子使我来，正欲除尔辈，不图为贼党所获。我岂从汝求活耶？欲杀但杀，何须骂詈！"因谓群贼曰："汝等本无恶心，因饥馑逐食至此。官军至，早为身计。"让益怒，于是乱刀斩之。时年六十八。梁郡通守杨汪上状，帝叹惜之，赠银青光禄大夫。拜其二子惇、怦俱为尚书承务郎。王充推越王侗为主，重赠柱国、户部尚书、昌黎郡公，谥曰壮武。

长子忱，先在东都，王充破李密，忱亦在军中，遂遣奴负父尸枢诣东都，身不自送。未几，又盛花烛纳室。时论丑之。

张须陀

张须陀，弘农阌乡人也。性刚烈，有勇略。弱冠从史万岁讨西爨，以功授仪同，赐物三百段。炀帝嗣位，汉王谅作乱并州，从杨素击平之，加开府。大业中，为齐郡丞。会兴辽之役，百姓失业，又属岁饥，谷米踊贵，须陀将开仓赈给，官属咸言："须待诏敕，不可擅与。"须陀曰："今帝在远，遣使往来，必淹岁序。百姓有倒悬之急，如待报至，当委沟壑矣。吾若以此获罪，死无所恨。"先开仓而后上状，帝知之而不责也。明年，贼帅王薄聚结亡命数万人，寇掠郡境。官军击之，多不利。须陀发兵拒之，薄遂引军南，转掠鲁郡。须陀蹑之，及于岱山之下。薄恃骤胜，不设备。须陀选精锐，出其不意击之，薄众大溃，因乘胜斩首数千级。薄收合亡散，得万余人，将北度河。须陀追之，至临邑，复破之，斩五千余级，获六畜万计。时天下承平日久，多不习兵，须陀独勇决善战。又长于抚驭，得士卒心，论者号为名将。薄复北战，连豆子航贼孙宣雅、石秪阇、郝孝德等众十余万攻章丘。须陀遣舟师断其津济，亲率马步二万袭击，大破之，贼徒散走。既至津梁，复为舟师所拒，前后狼狈，获其家累辎重不可胜计，露布以闻。帝大悦，优诏褒扬，令使者图画其形容而奏之。其年，贼裴长才、石子河等众二万，奄至城下，纵兵大掠。须陀未暇集兵，亲率五骑与战。贼竞赴之，围百余重，身中数创，勇气弥厉。会城中兵至，贼稍却，须陀督军复战，长才败走。后数旬，贼帅秦君弘、郭方预等合军围北海，兵锋甚锐，须陀谓官属曰："贼自恃强，谓我不能救，吾今速去，破之必矣。"于是简精兵，倍道而进，贼果无备，击大破之，斩数万级，获辎重三千两。司隶刺史裴操之上状，帝遣使劳问之。十年，贼左孝友众将十万，屯于蹲狗山。须陀列八风营以逼之，复分兵扼其要害。孝友窘迫，面缚来降。其党解象、王良、郑大彪、李宛等众各万计，须陀悉讨平之，威振东夏。以功迁齐郡通守，领河南道十二郡黜陟讨捕大使。俄而贼卢明月众十余万，将寇河北，次祝阿，须陀邀击，杀数千人。贼吕明星、帅仁泰、霍小汉等众各万余，扰济北，须陀进军击走之。寻将兵拒东郡贼翟让，前后三十余战，每破走之。转荥阳通守。时李密说让取洛口仓，让惮须陀，不敢进。密劝之，让遂与密率兵逼荥阳，须陀拒之。让惧而退，须陀乘之，逐北十余里。时李密先伏数千人于林木间，邀击须陀军，遂败绩。密与让合军围之，须陀溃围辄出，左右不能尽出，须陀跃马入救之。来往数四，众皆败散，乃仰天曰："兵败如此，何面见天子乎？"乃下马战死。时年五十二。其所部兵，尽夜号哭，数日不止。越王侗遣左光禄大夫裴仁基招抚其众，移镇武牢。帝令其子元备总父兵，元备时在齐郡，遇贼，竟不果行。

杨善会

杨善会，字敬仁，弘农华阴人也。父初，官至毗陵太守。善会大业中为鄃令，以清正闻。俄而山东饥馑，百姓相聚为盗，善会以左右数百人逐捕之，往皆克捷。其后贼帅张金称众数万，屯于县界，屠城剽邑，郡县莫能御。善会率励所领，与贼搏战，或日有数合，每挫其锋。炀帝遣将军段达来讨金称，善会进计于达，达不能用，军竟败焉。达深谢善会。后复与贼战，进止一以谋之，于是大克。金称复引渤海贼孙宣雅、高士达等众数十万，破黎阳而还，军锋甚盛。善会以劲兵千人邀击，破之，擢拜朝请大夫、清河郡丞。金称稍更屯聚，以轻兵掠冠氏。善会与平原通守杨元弘步骑数万众，袭其本营。武贲郎将王辩军亦至，金称释冠氏来援，因与辩战，不利，善会选精锐五百赴之，所当皆靡，辩军复振。贼退守本营，诸军各还。于时山东思乱，从盗如市，郡县微弱，陷没相继。能抗贼者，唯善会而已。前后七百余阵，未尝负败，每恨众寡悬殊，未能灭贼。会太仆杨义臣讨金称，复为贼所败，退保临清。取善会之策，频与决战，贼乃退走。乘胜遂破其营，尽俘其众。金称将数百人遁逃，后归漳南，招集余党。善会追捕斩之，传首行在所。帝赐以尚方甲矟弓剑，进拜清河通守。其年，从杨义臣斩漳南贼帅高士达，传首江都宫，帝下诏褒扬之。士达所部有窦建德，自号长乐王，来攻信都。临清贼王安阻兵数千，与建德相影响。善会袭安斩之。建德既下信都，复扰清河，善会逆拒之，反为所败，婴城固守。贼围之四旬，城陷，为贼所执。建德释而礼之，用为贝州刺史。善会骂之曰："老贼何敢拟议国士！恨吾力劣，不能擒汝等。我岂是汝屠酤儿辈，敢欲更相吏邪？"临之以兵，辞气不挠。建德犹欲活之，为其部下所请，又知终不为己用，于是害之。清河士庶莫不伤痛焉。

独孤盛

独孤盛，上柱国楷之弟也。性刚烈，有胆气。炀帝在藩，盛以左右从，累迁为车骑将军。及帝嗣位，以藩邸之旧，渐见亲待，累转为右屯卫将军。宇文化及之作乱也，裴虔通引兵至成象殿，宿卫者皆释仗而走。盛谓虔通曰："何物兵？形势太异也！"虔通曰："事势已然，不预将军事。将军慎无动。"盛大骂曰："老贼是何物语！"不及被甲，与左右十余人逆拒之，为乱兵所杀。越王侗称制，赠光禄大夫、纪国公，谥曰武节。

元文都

元文都，洵阳公孝矩之兄子也。父孝则，周小冢宰、江陵总管。文都性鲠直，明辩有器干。仕周为右侍上士。开皇初，授内史舍人，历库部、考功二曹郎，俱有能名。擢为尚书左丞，转太府少卿。炀帝嗣位，转司农少卿、司隶大夫，寻拜御史大夫，坐事免。未几，授太府卿，帝渐任之，甚有当时之誉。大业十三年，帝幸江都宫，诏文都与段达、皇甫无逸、韦津等同为东都留守。及帝崩，文都与达、津等共推越王侗为帝。侗署文都为内史令、开府仪同三司、光禄大夫、左骁卫大将军、摄右翊卫将军、鲁国公。既而宇文化及立秦王浩为帝，拥兵至彭城，所在响震。文都讽侗遣使通于李密。密于是请降，因授官爵，礼其使甚厚。王充不悦，因与文都有隙。文都知之，阴有诛充之计。侗复以文都领御史大夫，充固执而止。卢楚说文都曰："王充外军一将耳，本非留守之徒，何得预吾事！且洛口之败，罪不容诛，今者敢怀跋扈，宰制时政，此而不除，方为国患。"文都然之，遂怀奏入殿。事临发，有人以告充。充时在朝堂，惧而驰还含嘉城，谋作乱。文都频遣呼之，充称疾不赴。至夜作乱，攻东太阳门而入，拜于紫微观下。侗遣人谓之曰："何为者？"充曰："元文都、卢楚谋相杀害，请斩文都，归罪司寇。"侗见兵势渐盛，度终不免，谓文都曰："公自见王将军也。"文都迁延而泣，侗遣其署将军黄桃树执文都以出。文都顾谓侗曰："臣今朝亡，陛下亦当夕及。"侗恸哭而遣之，左右莫不悯默。出至兴教门，充令左右乱斩之，诸子并见害。

卢楚

卢楚，涿郡范阳人也。祖景祚，魏司空掾。楚少有才学，鲠急口吃，言语涩难。大业中，为尚书右司郎，当朝正色，甚为公卿所惮。及帝幸江都，东都官僚多不奉法，楚每存纠举，无所回避。越王侗称尊号，以楚为内史令、左备身将军、摄尚书左丞、右光禄大夫，封涿郡公，与元文都等同心戮力以辅幼主。及王充作乱，兵攻太阳门，武卫将军皇甫无逸斩关逃难，呼楚同去。楚谓之曰："仆与元公有约，若社稷有难，誓以俱死，今舍去不义。"及兵入，楚匿于太官署，贼党执之，送于充所。充奋袂令斩之，于是锋刃交下，肢体糜碎。

刘子翊

刘子翊，彭城丛亭里人也。父偏，齐徐州司马。子翊少好学，颇解属文，性刚謇，有吏干。仕齐殿中将军。开皇初，为南和丞，累转秦州司法参军事。十八年，入考功，尚书右仆射杨素见而异之，奏为侍御史。时永宁令李公孝四岁丧母，九岁外继，其后父更别娶后妻，至是而亡。河间刘炫以无抚育之恩，议不解任。子翙驳之曰：

《传》云："继母如母，与母同也。"当以配父之尊，居母之位，齐杖之制，皆如亲母。又"为人后者，为其父母期"。报期者，自以本生，非殊亲之与继也。父虽自处傍尊之地，于子之情，犹须隆其本重。是以令云："为人后者，为其父母并解官，申其心丧。父卒母嫁，为父后者虽不服，亦申心丧。其继母嫁不解官。"此专据嫁者生文耳。将知继母在父之室，则制同亲母。岂谓非有抚育之恩，同之行路，何服之有乎？服既有之，心丧焉可独异？三省令旨，其义甚明。今言令许不解，何其甚谬！且后人者为其父母期，未有变隔以亲继，亲继既等，故知心丧不殊。《服问》云："母出则为继母之党服。"岂不以出母族绝，推而远之，继母配父，引而亲之乎？子思曰："为伋也妻，是为白也母。有为伋也妻，是不为白也母。"定其服以名重，情因父亲，所以圣人敦之以孝慈，弘之以名义。是使子以名服，同之亲母，继以义报，等之已生。如谓继母之来，在子出之后，制有浅深者，考之经传，未见其文。譬出后之人，所后者初亡，后之者始至，此复可以无抚育之恩而不服重乎？昔长沙人王毖，汉末为上计诣京师，既而吴、魏隔绝，毖于内国更娶，生子昌。毖死后为东平相，始知吴之母亡，便情系居重，不摄职事。于时议者，不以为非。然则继母之与前母，于情无别。若要以抚育始生服制，王昌复何足云乎？又晋镇南将军羊祐无子，取弟子伊为子。祐薨，伊不服重，祐妻表闻，伊辞曰："伯生存养己，伊不敢违。然无父命，故还本生。"尚书彭权议："子之出养，必由父命，无命而出，是为叛子。"于是下诏从之。然则心服之制，不得缘恩而生也。

论云："礼者称情而立文，仗义而设教。"还以此义，谕彼之情。称情者，称如母之情，仗义者，仗为子之义。名义分定，然后能尊父顺名，崇礼笃敬。苟以母养之恩始成母子，则恩由彼至，服自己来，则慈母如母，何得待父命也？又云："继母慈母，本实路人，临己养己，同之骨血。"若如斯言，子不由父，纵有恩育，得如母乎？其慈继虽在三年之下，而居齐期之上，礼有伦例，服以称情。继母本以名服，岂藉恩之厚薄也。至于兄弟之子犹子也，私昵之心实殊，礼服之制无二。彼言"以"轻"如"重，自以不同。此谓如重之辞，即同重法，若使轻重不等，何得为"如"？律云"准枉法"者，但准其罪，"以枉法论"者，即同真法。律以弊刑，礼以设教，准者准拟之名，以者即真之称。"如""以"二字，义用不殊，礼律两文，所防是一。将此明彼，足见其义，取譬伐柯，何远之有。

又论云："取子为后者，将以供承桃庙，奉养已身，不得使宗子归其故宅，以子道事本父之后妻也。"然本父后妻，因父而得母称，若如来旨，本父亦可无心丧乎？何直父之后妻。论又云："礼言旧君，其尊岂复君乎？已去其位，非复纯臣，须言'旧'以殊之。别有所重，非复纯孝，故言'其'已见之。目以其父之文，是名异也。"此又非通论。何以言之？"其""旧"训殊，所用亦别，旧者易新之称，其者因彼之辞，安得以相类哉？至如《礼》云："其父析薪，其子不克负荷。"《传》云："卫侯小，其君在焉。"若其父而有异，其君复有异乎？斯不然矣，斯不然矣。今炫敢违礼乖令，侮圣干法，使出后之子，无情于本生，名义之分，有亏于风俗。徇饰非于明世，强媒糵于礼经，虽欲扬己露才，不觉言之伤理。

事奏，竟从子翙之议。仁寿中，为新丰令，有能名。大业三年，除大理正，甚有当时之誉。擢授治书侍御史，每朝廷疑议，子翙为之辩析，多出众人意表。从幸江都。值天下大乱，帝犹不悟，子翙因侍切谏，由是忤旨，令子翙为丹阳留守。寻遣于上江督运，为贼吴棋子所虏。子翙说之，因以众首。复遣领吏贼清江。遇炀帝被杀，贼知而告之。子翙弗信，斩所言者。贼又欲请以为主，子翙不从。群贼执子翙至临川城下，使告城中，云"帝已崩"。子翙反其言，于是见害，时年七十。

尧君素<small>陈孝意 张季珣 松赟</small>

尧君素，魏郡汤阴人也。炀帝为晋王时，君素以左右从。及嗣位，累迁鹰击郎将。大业之末，盗贼蜂起，人多流亡，君素所部独全。后从骁卫大将军屈突通拒义兵于河东。俄而通引兵南通，以君素有胆略，署领河东通守。义师遣将吕绍宗、韦义节等攻之，不克。及通军败，至城下呼之。君素见通，歔欷流涕，悲不自胜，左右皆哽咽，通亦泣下沾衿，因谓君素曰："吾军已败，义旗所指，莫不响应。事势如此，卿当早降，以取富贵。"君素答曰："公当爪牙之寄，为国大臣，主上委公以关中，代王付公以社稷，国祚隆替，悬之于公。奈何不思报效，以至于此。纵不能远惭主上，公所乘马，即代王所赐也，公何面目乘之哉！"通曰："吁！君素，我力屈而来。"君素曰："方今力犹未屈，何用多言。"通惭而退。时围甚急，行李断绝，君素乃为木鹅，置表于颈，具论事势，浮之黄河，沿流而下。河阳守者得之，达于东都。越王侗见而叹息，于是承制拜君素为金紫光禄大夫，密遣行人劳苦之。监门直阁庞玉、武卫将军皇甫无逸前后自东都归义，俱造城下，为陈利害。大唐又赐金券，待以不死。君素卒无降心。其妻又至城下谓之曰："隋室已亡，天命有属，君何自苦，身取祸败。"君素曰："天下事非妇人所知。"引弓射之，应弦而倒。君素亦知事必不济，然要在守死不易，每言及国家，未尝不歔欷。尝谓将士曰："吾是藩邸旧臣，累蒙奖擢，至于大义，不得不死。今谷支数年，食尽此谷，足知天下之事。必若隋室倾败，天命有归，吾当断头以付诸君也。"时百姓苦隋日久，及逢义举，人有息肩之望。然君素善于统领，下不能叛。岁余，颇得外生口，城中微知江都倾覆。又粮食乏绝，人不聊生，男女相食，众心离骇。白虹降于府门，兵器之端，夜皆光见。月余，君素为左右所害。

河东陈孝意，少有志尚，弱冠以贞介知名。大业初，为鲁郡司法书佐,郡内号为廉平。太守苏威尝欲杀一囚,孝意固谏,至于再三,威不许。孝意因解衣,请先受死。良久,威意乃解,谢而遣之,渐加礼敬。及威为纳言,奏孝意为侍御史。后以父忧去职,居丧过礼,有白鹿驯扰其庐,时人以为孝感之应。未期,起授雁门郡丞。在郡菜食斋居,朝夕哀临,每一发声,未尝不绝倒,柴毁骨立,见者哀之。于时政刑日紊,长吏多赃污,孝意清节弥厉,发奸擿伏,动若有神,吏民称之。炀帝幸江都,马邑刘武周杀太守王仁恭,举兵作乱。孝意率兵与武贲郎将王智辩讨之,战于下馆城,反为所败。武周遂转攻傍郡,百姓凶凶,将怀叛逆。前郡丞杨长仁、雁门令王确等,并桀黠,为无赖所归,谋应武周。孝意阴知之,族灭其家,郡中战栗,莫敢异志。俄而武周引兵来攻,孝意拒之,每致克捷。但孤城独守,外无声援,孝意执志,誓以必死。每遣使江都,道路隔绝,竟无报命。孝意亦知帝必不反,每旦暮向诏敕库俯伏流涕,悲动左右。围城百余日,粮尽,为校尉张伦所杀,以城归武周。

京兆张季珣,父祥,少为高祖所知,其后引为丞相参军事。开皇中,累迁并州司马。仁寿末,汉王谅举兵反,遣其将刘建略地燕、赵。至井陉,祥勒兵拒守,建攻之,复纵火烧其郭下。祥见百姓惊骇,其城侧有西王母庙,祥登城望之再拜,号泣而言曰:"百姓何罪,致此焚烧!神其有灵,可降雨相救。"言讫,庙上云起,须臾骤雨,其火遂灭。士卒感其至诚,莫不用命。城围月余,李雄援军至,贼遂退走。以功授开府,历汝州刺史、灵武太守,入为都水监,卒官。季珣少慷慨有志节。大业末,为鹰击郎将,其府据箕山为固,与洛口连接。及李密、翟让攻陷仓城,遣人呼之。季珣骂密极口,密怒,遣兵攻之,连年不能克。时密众数十万在其城下,季珣四面阻绝,所领不过数百人,而执志弥固,誓以必死。经三年,资用尽,樵苏无所得,撤屋而爨,人皆穴处,季珣抚巡,一无离叛。粮尽,士卒羸病不能拒战,遂为所陷。季珣坐听事,颜色自若,密遣兵擒送之。群贼曳季珣令拜密,季珣曰:"吾虽为败军之将,犹是天子爪牙之臣,何容拜贼也!"密壮而释之。翟让从之求金不得,遂杀之,时年二十八。

其弟仲琰,大业末为上洛令。及义兵起,率吏人城守,部下杀之以归义。仲琰弟琮,为千牛左右,字文化及之乱遇害。季珣家素忠烈,兄弟俱死国难,论者贤之。

北海松赟,性刚烈,重名义,为石门府队正。大业末,有贼杨厚拥徒作乱,来攻北海县,赟从郡兵讨之。赟轻骑觇贼,为厚所获,厚令赟谓城中,云郡兵已破,宜早归降。赟伪许之。既至城下,大呼曰:"我是松赟,为官军觇贼,邂逅被执,非力屈也。今官军大来,并已至矣,贼徒寡弱,且暮擒剪,不足为忧。"贼以刀筑赟口,引之而去,殴击交下。赟骂厚曰:"老贼何敢致辱贤良,祸且自及也!"言未卒,贼已斩断其腰。城中望之,莫不流涕扼腕,锐气益倍。北海卒完。炀帝遣户曹郎郭子贱讨厚,破之,以赟亡身殉节,嗟悼不已,上表奏之。优诏褒扬,赠朝散大夫、本郡通守。

史臣曰:古人以天下至大,方身则小,生为重矣,比义则轻。然则死有重于太山,生有理全者也,生有轻于鸿毛,死与义合者也。然死不可追,生无再得,故处不失节,所以为难矣。杨谅、玄感、李密反形已成,凶焰方炽,皇甫诞、游元、冯慈明临危不顾,视死如归,可谓勇于蹈义矣。独孤盛、元文都、卢楚、尧君素岂不知天之所废,人不能兴,甘就菹醢之诛,以徇忠贞之节。虽功未存于社稷,力无救于颠危,然视彼苟免之徒,贯三光而洞九泉矣。须陀、善会有温序之风,子翊、松赟蹈解扬之烈。国家昏乱有忠臣,诚哉斯言也。

卷七十二　　列传第三十七

孝　义

《孝经》云:"夫孝,天之经也,地之义也,人之行也。"《论语》云:"君子务本,本立而道生。孝悌也者,其为仁之本与!"《吕览》云:"夫孝,三皇、五帝之本务,万事之纲纪也。执一术而百善至,百邪去,天下顺者,其唯孝乎!"然则孝之为德至矣,其为道远矣,其化人深矣。故圣帝明王行之于四海,则与天地合其德,与日月齐其明。诸侯卿大夫行之于国家,则永保其宗社,长守其禄位。匹夫匹妇行之于闾阎,则播微烈于当年,扬休名于千载。此皆资纯至以感物,故圣哲之所重。田翼、郎方贵等,阙稽古之学,无俊伟之才,并能任其自然,情无矫饰。笃于天性,勤其四体,竭股肱之力,尽爱敬之心,自足膝下之欢,忘怀轩冕之贵。不言之化,人神通感。虽或位登台辅,爵列王侯,禄积万钟,马逾千驷,死之日,曾不得与斯人之徒隶齿。孝之大也,不其然乎!故述其所行,为《孝义传》。

陆彦师

陆彦师,字云房,魏郡临漳人。祖希道,魏定州刺史。父子彰,中书监。彦师少有行检,为邦族所称。长而好学,解属文。魏襄城王元旭引为参军事。以父艰去职,哀毁殆不胜丧。与兄卬庐于墓次,负土成坟。公卿重之,多就墓侧存问,晦朔之际,车马不绝。齐文宣闻而嘉叹,旌表其间,号其所住为孝终里。中书令河间邢邵表荐之,未报,彭城王㳽为司州牧,召补主簿。后历中外府东阁祭酒。兄卬当袭父始平侯,以彦师昆弟中最幼,表让封焉。彦师固辞而止。时称友悌孝义,总萃一门。迁中书舍人,寻转通直散骑侍郎。每陈使至,必令高选主客,彦师所接对者,前后六辈。历中书黄门侍郎,以不阿宦者,遇谮,出为中山太守,有惠政。数年,征为吏部郎中。周武平齐,授载师下大夫。宣帝时,转少纳言,赐爵临水县男,奉使幽、蓟。俄而高祖为丞相,彦师遇疾,请假还邺。尉迥将为乱,彦师微知之,遂委妻子,潜归长安。高祖嘉之,授内史下大夫，拜上仪同。高祖受禅，拜尚书左丞，进爵为子。彦师素多病，未几，以务剧疾动，乞解所职，有诏听以本官就第。岁余，转吏部侍郎。隋承周制，官无清浊，彦师在职，凡所任人，颇甄别于士庶，论者美之。后复以病出为汾州刺史，卒官。

田德懋

田德懋，观国公仁恭之子也。少以孝友著名。开皇初，以父军功赐爵平原郡公，授太子千牛备身。丁父艰，哀毁骨立，庐于墓侧，负土成坟。上闻而嘉之，遣员外散骑侍郎元志就吊焉。复降玺书曰："皇帝谢田德懋。知在穷疚，哀毁过礼，倚庐墓所，负土成坟。朕孝理天下，思弘名教，复与汝通家，情义素重，有闻孝感，嘉叹兼深。春日暄和，气力何似？宜自抑割，以礼自存也。"并赐缣二百匹，米百石。复下诏表其闾间。后历太子舍人、义州司马。大业中，为给事郎、尚书驾部郎，卒官。

薛濬

薛濬，字道赜，刑部尚书、内阳公胄之从祖弟也。父琰，周渭南太守。濬少丧父，早孤，养母以孝闻。幼好学，有志行，寻师于长安。时初平江陵，何妥归国，见而异之，授以经业。周天和中，袭爵虞城侯，历纳言上士、新丰令。开皇初，擢拜尚书虞部侍郎，寻转考功侍郎。帝闻濬事母至孝，以其母老，赐舆服机杖，四时珍味，当时荣之。后其母疾，濬貌甚忧瘁，亲故弗之识也。暨丁母艰，诏鸿胪监护丧事，归葬夏阳。于时隆冬极寒，濬衰绖徒跣，冒犯霜雪，自京及乡，五百余里，足冻堕指，疮血流离，朝野为之伤痛。州里赗助，一无所受。寻起令视事，濬屡陈诚款，请终丧制，优诏不许。及至京，上见其毁瘠过甚，为之改容，顾谓群臣曰："吾见薛濬哀毁，不觉悲感伤怀。"嗟异久之。濬竟不胜丧，病且卒。其弟谟时为晋王府兵曹参军事，在扬州，濬遗书与谟曰：

吾以不造，幼丁艰酷，穷游约处，屡绝箪瓢。晚生早孤，不闻《诗》《礼》，赖奉先人贻厥之训，获禀母氏圣善之规，负笈裹粮，不惮艰远，从师就业，欲罢不能。砥行厉心，困而弥笃，服膺教义，爰至长成。自释耒登朝，于兹二十三年矣。虽官非闻达，而禄喜逮亲，庶保期颐，得终色养。何图精诚无感，讽酷荐臻，兄弟俱被夺情，苦庐靡申哀诉。是用扣心泣血，陨气摧魂者也。既而创巨衅深，不胜荼毒，启手启足，幸及全归。使夫死而有知，得从先人于地下矣，岂非至愿哉。但念尔伶俜孤宦，远在边服，顾此恨恨，如何可言。适已有书，冀得与汝面决，忍死待汝，已历一旬。汝既未来，便成今古，缅然永别，为恨何言。勉之哉，勉之哉！

书成而绝，时年四十二。有司以闻，高祖为之屑涕，降使赍册书吊祭曰："皇帝咨故考功侍郎薛濬：於戏！惟尔操履贞о，器业详敏，允膺列宿，勤誉克彰。及遘私艰，奄从毁灭。嘉尔诚孝，感于朕怀，莫酹有加，抑惟朝典。故遣使人，指申往命，魂而有灵，歆兹荣渥。呜呼哀哉！"

濬性清俭，死之日，家无遗资。濬初为童儿时，与宗中诸儿游戏于涧滨。见一黄蛇有角及足，召群儿共视，了无见者。濬以为不祥，归大忧悴。母逼而问之，濬以实对。时有胡僧诣宅乞食，濬母怖而告之，僧曰："此乃儿之吉应。且是儿也，早有名位，然寿不过六七耳。"言终而出，忽然不见，时咸异之。既而终于四十二，六七之言，于是验矣。子乾福，武安郡司仓书佐。

王颁

王颁，字景彦，太原祁人也。祖神念，梁左卫将军。父僧辩，太尉。颁少倜傥，有文武干局。其父平侯景，留颁质于荆州，遇元帝为周师所陷，颁因入关。闻其父为陈武帝所杀，号恸而绝，食顷乃苏，哭泣不绝声，毁瘠骨立。至服阕，常布衣蔬食，藉藁而卧。周明帝嘉之，召授左侍上士，累迁汉中太守，寻拜仪同三司。开皇初，以平蛮功，加开府，封蛇丘县公。献取陈之策，上览而异之，召与相见，言毕而歔欷，上为之改容。及大举伐陈，颁自请行，率徒数百人，从韩擒先锋夜济。力战被伤，恐不堪复斗，悲感呜咽。夜中因睡，梦有人授药，比寤而创不痛，时人以为孝感。及陈灭，颁密召父时士卒，得千余人，对之涕泣。其间壮士或问颁曰："郎君来破陈国，灭其社稷，仇耻已雪，而悲哀不止者，将为霸先早死，不得手刃之邪？请发其丘垄，断榇焚骨，亦可申孝心矣。"颁顿颡陈谢，额尽流血，答之曰："其为帝王，坟茔甚大，恐一宵发掘，不及其尸，更至明朝，事乃彰露，若之何？"诸人请具锹锸，一旦皆萃。于是夜发其陵，剖棺，见陈武帝须并不落，其本皆出自骨中。颁遂焚榇取灰，投水而饮之。既而自缚，归罪于晋王。王表其状，高祖曰："朕以义平陈，王颁所为，亦义之道也，朕何忍罪之！"舍而不问。有司录其战功，将加柱国，赐物五千段，颁固辞曰："臣缘国威灵，得雪怨耻，本心徇私，非是为国，所加官赏，终不敢当。"高祖从之。拜代州刺史，甚有惠政。母忧去职。后为齐州刺史，卒官，时年五十二。弟颂，见《文学传》。

杨庆

杨庆，字伯悦，河间人也。祖玄，父刚，并以至孝知名。庆美姿仪，性辩慧。年十六，齐国子博士徐遵明见而异之。及长，颇涉书记。年二十五，郡察孝廉，以侍养不行。其母有疾，不解襟带者七旬。及居母忧，哀毁骨立，负土成坟。齐文宣帝表其门闾，赐帛三十匹，绵十屯，粟五十石。高祖受禅，屡加褒赏，擢授仪同三司，版授平阳太守。年八十五，终于家。

郭儁

郭儁，字弘乂，太原文水人也。家门雍睦，七叶共居，犬豕同乳，乌鹊通巢，时人以为义感之应。州县上其事，上遣平昌公宇文弼诣其家劳问之。治书御史柳彧巡省河北，表其门闾。汉王谅为并州总管，闻而嘉叹，赐兄弟二十余人衣各一袭。

田 翼

田翼，不知何许人也。性至孝，养母以孝闻。其后母卧疾岁余，翼亲易燥湿，母食则食，母不食则不食。母患暴痢，翼谓中毒，遂亲尝恶。及母终，翼一恸而绝，其妻亦不胜哀而死，乡人厚共葬之。

纽 回

纽回，字孝政，河东安邑人也。性至孝，周武成中，父母丧，庐于墓侧，负土成坟。庐前生麻一株，高丈许，围之合拱，枝叶郁茂，冬夏恒青。有乌栖其上，回举声哭，乌即悲鸣，时人异之。周武帝表其闾，擢授甘棠令。开皇初卒。

子士雄，少质直孝友，丧父，复庐于墓侧，负土成坟。其庭前有一槐树，先甚郁茂，及士雄居丧，树遂枯死。服阕还宅，死树复荣。高祖闻之，叹其父子至孝，下诏褒扬，号其所居为累德里。

刘士儁

刘士儁，彭城人也。性至孝，丁母丧，绝而复苏者数矣。勺饮不入口者七日，庐于墓侧，负土成坟，列植松柏。狐狼驯扰，为之取食。高祖受禅，表其门闾。

郎方贵

郎方贵，淮南人也。少有志尚，与从父弟双贵同居。开皇中，方贵尝因出行遇雨，淮水泛长，于津所寄渡，船人怒之，挝方贵臂折。至家，其弟双贵惊问所由，方贵具言之。双贵恚恨，遂向津殴击船人致死。守津者执送之县官，案问其状，以方贵为首，当死，双贵从坐，当流。兄弟二人争为首坐，县司不能断，送诣州。兄弟各引咎，州不能定，二人争欲赴水而死。州状以闻，上闻而异之，特原其罪，表其门闾，赐物百段，后为州主簿。

翟普林

翟普林，楚丘人也。性仁孝，事亲以孝闻。州郡辟命，皆固辞不就，躬耕色养，乡邻谓为楚丘先生。后父母疾，亲易燥湿，不解衣者七旬。大业初，父母俱终，哀毁殆将灭性。庐于墓侧，负土为坟，盛冬不衣缯絮，唯著单缞而已。家有一乌犬，随其在墓，若普林哀临，犬亦悲号，见者嗟异焉。有二鹊巢其庐前柏树，每入其庐，驯狎无所惊惧。大业中，司隶巡察，奏其孝感，擢授孝阳令。

李德饶

李德饶，赵郡柏人人也。祖彻，魏尚书右丞。父纯，开皇中为介州长史。德饶少聪敏好学，有至性，宗党咸敬之。弱冠为校书郎，仍直内史省，参掌文翰。转监察御史，纠正不避贵戚。大业三年，迁司隶从事，每巡四方，理雪冤枉，褒扬孝悌。虽位秩未通，其德行为当时所重。凡与交结，皆海内髦彦。性至孝，父母寝疾，辄终日不食，十旬不解衣。及丁忧，水浆不入口五日，哀恸呕血数升。及送葬之日，会仲冬积雪，行四十余里，单缞徒跣，号踊几绝。会葬者千余人，莫不为之流涕。后甘露降于庭树，有鸠巢其庐。纳言杨达巡省河北，诣其庐吊慰之，因改所居村名孝敬村，里为和顺里。后为金河长，未之官，值群盗蜂起，贼帅格谦、孙宣雅等十余头，聚众于渤海。时有敕许其归首，谦等惧不敢降，以德饶信行有闻，遣使奏曰："若使德饶来者，即相率归首。"帝于是遣德饶往渤海慰谕诸贼。行至冠氏，会他盗攻陷县城，德饶见害。

其弟德侻，性重然诺。大业末，为离石郡司法书佐，太守杨子崇特礼之。及义兵起，子崇遇害，弃尸城下，德侻赴哭尽哀，收瘗之。至介休，诣义师，请葬子崇。大将军嘉之，因赠子崇官，令德侻为使者，往离石礼葬子崇焉。

华 秋

华秋，汲郡临河人也。幼丧父，事母以孝闻。家贫，佣赁为养。其母遇患，秋容貌毁悴，须鬓顿改，州里咸嗟异之。及母终之后，遂绝栉沐，发尽秃落。庐于墓侧，负土成坟，有人欲助之者，秋辄拜而止之。大业初，调狐皮，郡县大猎。有一兔，人逐之，奔入秋庐中，匿秋膝下。猎人至庐所，异而免之。自尔此兔常宿庐中，驯其左右。郡县嘉其孝感，俱以状闻。炀帝降使劳问，表其门闾。后群盗起，常往来庐之左右，咸相诫曰："勿犯孝子。"乡人赖秋而全者甚众。

徐孝肃

徐孝肃，汲郡人也。宗族数千家，多以豪侈相尚，唯孝肃性俭约，事亲以孝闻。虽在幼齿，宗党间每有争讼，皆至孝肃所平论之，为孝肃所短者，无不引咎而退。孝肃早孤，不识父，及长，问其母父状，因求画工，图其形像，构庙置之而定省焉，朔望享祭。养母至孝，数十年，家人未见其有忿恚之色。及母老疾，孝肃亲易燥湿，忧悴数年，见者无不悲悼。母终，孝肃茹蔬饮水，盛冬单缞，毁瘠骨立。祖父母、父母墓皆负土成坟，庐于墓所四十余载，被发徒跣，遂以身终。

其弟德备，聪敏，通涉五经，河朔间称为儒者。德备终，子处默又庐于墓侧，奕叶称孝焉。

史臣曰：昔者弘爱敬之理，必籍王公大人，近古敦孝友之情，多茅屋之下。而彦师、道瓛，或家传缨冕，或身誓山河，遂乃负土成坟，致毁灭性。虽乖先王之制，亦观过以知仁矣。郎贵昆弟，争死而身全，田翼夫妻，俱丧而名立，德饶仁怀群盗，德侻义感兴王，亦足称也。纽回、刘儁之伦，翟林、华秋之辈，或茂草嘉树荣枯于庭宇，或走兽翔禽驯狎于庐墓，非夫孝悌之至，通于神明者乎！

卷七十三　　列传第三十八

循　吏

古之善牧人者，养之以仁，使之以义，教之以礼，随其所便而处之，因其所欲而与之，从其所好而劝之。如父母之爱子，如兄之爱弟，闻其饥寒为之哀，见其劳苦为之悲，故人敬而悦之，爱而亲之。若子产之理郑国，子贱之居单父，贾琮之牧冀州，文翁之为蜀郡，皆可以恤其灾患，导以忠厚，因而利之，惠而不费。其晖映千祀，声芳不绝，夫何为哉？用此道也。然则五帝、三王不易人而化，皆在所由化之而已。故有无能之吏，无不可化之人。高祖膺运抚图，除凶静乱，日旰忘食，思迈前王。然不敦诗书，不尚道德，专任法令，严察临下。吏存苟免，罕闻宽惠，乘时射利者，多以一切求名。既炀帝嗣兴，志存远略，车辙马迹，将遍天下，纲纪弛紊，四维不张。其或善于侵渔，强于剥割，绝亿兆之命，遂一人之求者，谓之奉公，即时升擢。其或顾名节，存纲纪，抑夺攘之心，以从百姓之欲者，则谓之附下，旋及诛夷。夫吏之侵渔，得其所欲，虽重其禁，犹或为之。吏之清平，失其所欲，虽崇其赏，犹或不为。况于上赏其奸，下得其欲，求得廉洁，不亦难乎！彦光等立于严察之朝，属昏狂之主，执心平允，终行仁恕，余风遗爱，没而不忘，宽惠之音，足以传于来叶。故列其行事，以系《循吏》之篇尔。

梁彦光

梁彦光，字修芝，安定乌氏人也。祖茂，魏秦、华二州刺史。父显，周邢州刺史。彦光少岐嶷，有至性，其父每谓所亲曰："此儿有风骨，当兴吾宗。"七岁时，父遇笃疾，医云饵五石可愈。时求紫石英不得。彦光忧瘁不知所为，忽于园中见一物，彦光所不识，怪而持归，即紫石英也。亲属咸异之，以为至孝所感。魏大统末，入太学，略涉经史，有规检，造次必以礼。解褐秘书郎，时年十七。周受禅，迁舍人上士。武帝时，累迁小驭下大夫。母忧去职，毁瘁过礼。未几，起令视事，帝见其毁甚，嗟叹久之，频蒙慰谕。后转小内史下大夫。建德中，为御正下大夫。从帝平齐，以功授开府、阳城县公，邑千户。宣帝即位，拜华州刺史，进封华阳郡公，增邑五百户，以阳城公转封一子。寻进位上大将军，迁御正上大夫。俄拜柱国、青州刺史，属帝崩，不之官。及高祖受禅，以为岐州刺史，兼领岐州宫监，增邑五百户，通前二千户。甚有惠政，嘉禾连理，出于州境。开皇二年，上幸岐州，悦其能，乃下诏曰："赏以劝善，义兼训物。彦光操履平直，识用凝远，布政岐下，威惠在人，廉慎之誉，闻于天下。三载之后，自当迁陟，恐其匮乏，且宜旌善。可赐粟五百斛，物三百段，御伞一枚，庶使有感朕心，日增其美。四海之内，凡曰官人，慕高山而仰止，闻清风而自励。"未几，又赐钱五万。后数岁，转相州刺史。彦光前在岐州，其俗颇质，以静镇之，合境大化，奏课连最，为天下第一。及居相部，如岐州法。邺都杂俗，人多变诈，为之作歌，称其不能理化。上闻而谴之，竟坐免。岁余，拜赵州刺史，彦光言于上曰："臣前待罪相州，百姓呼为戴帽饧。臣自分废黜，无复衣冠之望，不谓天恩复垂收采。请复为相州，改弦易调，庶有以变其风俗，上答隆恩。"上从之，复为相州刺史。豪猾者闻彦光自请而来，莫不嗤笑。彦光下车，发摘奸隐，有若神明，于是狡猾之徒，莫不潜窜，合境大骇。初，齐亡后，衣冠士人多迁关内，唯技巧、商贩及乐户之家移实州郭。由是人情险诐，妄起风谣，诉讼官人，万端千变。彦光欲革其弊，乃用秩俸之物，招致山东大儒，每乡立学，非圣哲之书不得教授。常以季月召集之，亲临策试。有勤学异等、聪令有闻者，升堂设馔，其余并坐廊下。有好争讼、惰业无成者，坐之庭中，设以草具。及大成，当举行宾贡之礼，又于郊外祖道，并以财物资之。于是人皆克励，风俗大改。有滏阳人焦通，性酗酒，事亲礼阙，为从弟所讼。彦光弗之罪，将至州学，令观于孔子庙。于时庙中有韩伯瑜，母杖不痛，哀母力弱，对母悲泣之像，通遂感悟，既悲且愧，若无自容。彦光训谕而遣之。后改过励行，卒为善士。以德化人，皆此类也。吏人感悦，略无争讼。后数岁，卒官，时年六十。赠冀、定、青、瀛四州刺史，谥曰襄。子文谦嗣。

文谦弘雅有父风，以上柱国嫡子，例授仪同。开皇十五年，拜上州刺史。炀帝即位，转饶州刺史。岁余，为鄱阳太守，称为天下之最。征拜户部侍郎。辽东之役，领武贲郎将，寻以本官兼检校太府、卫尉二少卿。明年，又领武贲郎将，为卢龙道军副。会杨玄感作乱，其弟武贲郎将玄纵先隶文谦，玄感反问未至而玄纵逃走，文谦不之觉，坐是配防桂林而卒，时年五十六。

少子文让，初封阳城县公，后为鹰扬郎将。从卫玄击杨玄感于东都，力战而死，赠通议大夫。

樊叔略

樊叔略，陈留人也。父欢，仕魏为南兖州刺史、阿阳侯。属高氏专权，将谋兴复之计，为高氏所诛。叔略时在髫龀，遂被腐刑，给使殿省。身长九尺，志气不凡，颇为高氏所忌。内不自安，遂奔关西。周太祖见而器之，引置左右。寻授都督，袭爵为侯。大冢宰宇文护执政，引为中尉。叔略多计数，晓习时事，护渐委信之，兼督内外。累迁骠骑大将军、开府仪同三司。护诛后，齐王宪引为园苑监。时宪素有吞关东之志，叔略因事数进兵谋，宪甚奇之。建德五年，从武帝伐齐，叔略部率精锐，每战身先士卒。以功加上开府，进封清乡县公，邑千四百户。拜汴州刺史，号为明决。宣帝时，于洛阳营建东京，以叔略有巧思，拜营构监，宫室制度，皆叔略所定。功未就而帝崩。尉迥之乱，高祖令叔略镇大梁。迥将宇文威来寇，叔略击走之。以功拜大将军，复为汴州刺史。高祖受禅，加位上大将军，进爵安定郡公。在州数年，甚有声誉。邺都俗薄，号曰难化，朝廷以叔略所在著称，迁相州刺史，政为当时第一。上降玺书褒美之，赐物三百段，粟五百石，班示天下。百姓为之语曰："智无穷，清乡公。上下正，樊安定。"征拜司农卿，吏人莫不流涕，相与立碑颂其德政。自为司农，凡种植，叔略别为条制，皆出人意表。朝廷有疑滞，公卿所未能决者，叔略辄为评理。虽无学术，有所依据，然师心独见，暗与理合。甚为上所亲委，高颎、杨素亦礼遇之。叔略虽为司农，往往参督九卿事。性颇豪侈，每食必方丈，备水陆。十四年，从祠太山，行至洛阳，上令录囚徒。具状将奏，晨起，至狱门，于马上暴卒，时年五十九。上悼惜久之，赠亳州刺史，谥曰襄。

赵 轨

赵轨，河南洛阳人也。父肃，魏廷尉卿。轨少好学，有行检。周蔡王引为记室，以清苦闻。迁卫州治中。高祖受禅，转齐州别驾，有能名。其东邻有桑，葚落其家，轨遣人悉拾还其主，诫其诸子曰："吾非以此求名，意者非机杼之物，不愿侵人。汝等宜以为诫。"在州四年，考绩连最。持节使者郃阳公梁子恭状上，高祖嘉之，赐物三百段，米三百石，征轨入朝。父老相送者各挥涕曰："别驾在官，水火不与百姓交，是以不敢以壶酒相送。公清若水，请酌一杯水奉饯。"轨受而饮之。既至京师，诏与奇章公牛弘撰定律令格式。时卫王爽为原州总管，上见爽年少，以轨所在有声，授原州总管司马。在道夜行，其左右马逸入田中，暴人禾。轨驻马待明，访禾主酬直而去。原州人吏闻之，莫不改操。后数年，迁硖州刺史，抚绥萌夷，甚有恩惠。寻转寿州总管长史。芍陂旧有五门堰，芜秽不修。轨于是劝课人吏，更开三十六门，灌田五千余顷，人赖其利。秩满归乡里，卒于家，时年六十二。子弘安、弘智，并知名。

房 恭 懿

房恭懿，字慎言，河南洛阳人也。父谟，齐吏部尚书。恭懿性沉深，有局量，达于从政。仕齐，释褐开府参军事，历平恩令、济阴守，并有能名。会齐亡，不得调。尉迥之乱，恭懿预焉，迥败，废于家。开皇初，吏部尚书苏威荐之，授新丰令，政为三辅之最。上闻而嘉之，赐物四百段，恭懿以所得赐分给穷乏。未几，复赐米三百石，恭懿又以赈贫人。上闻而止之。时雍州诸县令每朔朝谒，上见恭懿，必呼至榻前，访以理人之术。苏威重荐之，超授泽州司马，有异绩，赐物百段，良马一匹。迁德州司马，在职岁余，卢恺复奏恭懿政为天下之最。上甚异之，复赐百段，因谓诸州朝集使曰："如房恭懿志存体国，爱养我百姓，此乃上天宗庙之所佑助，岂朕寡薄能致之乎！朕即拜为刺史。岂止为一州而已，当今天下模范之，卿等宜师学也。"上又曰："房恭懿所在之处，百姓视之如父母。朕若置之而不赏，上天宗庙其当责我。内外官人宜知我意。"于是下诏曰："德州司马房恭懿出宰百里，毗赞二藩，善政能官，标映伦伍。班条按部，实允金墨，委以方岳，声实俱美。可使持节海州诸军事、海州刺史。"未几，会国子博士何

妥奏恭懿尉迥之党，不当仕进，威、恺二人朋党，曲相荐举。上大怒，恭懿竟得罪，配防岭南。未几，征还京师，行至洪州，遇患卒。论者于今冤之。

公孙景茂

公孙景茂，字元蔚，河间阜城人也。容貌魁梧，少好学，博涉经史。在魏，察孝廉，射策甲科，为襄城王长史，兼行参军。迁太常博士，多所损益，时人称为书库。后历高唐令、大理正，俱有能名。及齐灭，周武帝闻而召见，与语器之，授济北太守。以母忧去职。

开皇初，诏征入朝，访以政术，拜汝南太守。郡废，转曹州司马。在职数年，以老病乞骸骨，优诏不许。俄迁息州刺史，法令清静，德化大行。时属平陈之役，征人在路，有疾病者，景茂撤减俸禄，为馈粥汤药，分赈济之，赖全活者以千数。上闻而嘉之，诏宣告天下。十五年，上幸洛阳，景茂谒见，时年七十七。上命升殿坐，问其年几。景茂以实对。上哀其老，嗟叹久之。景茂再拜曰："吕望八十而遇文王，臣逾七十而逢陛下。"上甚悦，赐物三百段。诏曰："景茂修身洁己，耆宿不亏，作牧化人，声绩显著。年终考校，独为称首，宜升戎秩，兼进藩条。可上仪同三司，伊州刺史。"明年，以疾征，吏人号泣于道。及疾愈，复乞骸骨，又不许，转道州刺史。悉以秩俸买牛犊鸡猪，散惠孤弱不自存者。好单骑巡人，家至户入，阅视百姓产业。有修理者，于都会时乃褒扬称述。如有过恶，随即训导，而不彰也。由是人行义让，有无均通，男子相助耕耘，妇人相从纺绩。大村或数百户，皆如一家之务。其后请政事，上优诏听之。仁寿中，上明公杨纪出使河北，见景茂神力不衰，还以状奏。于是就拜淄州刺史，赐以马舆，便道之官。前后历职，皆有德政，论者称为良牧。大业初卒官，年八十七。谥曰康。身死之日，诸州人吏赴丧者数千人，或不及葬，皆望坟恸哭，野祭而去。

辛 公 义

辛公义，陇西狄道人也。祖徽，魏徐州刺史。父季庆，青州刺史。公义早孤，为母氏所养，亲授书传。周天和中，选良家子任太学生，以勤苦著称。武帝时，召入露门学，令受道义。每月集御前令与大儒讲论，数被嗟异，时辈慕之。建德初，授宣纳中士。从平齐，累迁掌治上士、扫寇将军。高祖作相，授内史上士，参掌机要。开皇元年，除主客侍郎，摄内史舍人事，赐爵安阳县男，邑二百户。每陈使来朝，常奉诏接宴。转驾部侍郎，使往江陵安辑边境。七年，使句检诸马牧，所获十余万匹。高祖喜曰："唯我公义，奉国罄心。"从军平陈，以功除岷州刺史。土俗畏病，若一人有疾，即合家避之，父子夫妻不相看养，孝义道绝，由是病者多死。公义患之，欲变其俗。因分遣官人巡检部内，凡有疾病，皆以床舆来，安置厅事。暑月疫时，病人或至数百，厅廊悉满。公义亲设一榻，独坐其间，终日连夕，对之理事。所得秩俸，尽用市药，为迎医疗之，躬劝其饮食，于是悉差，方召其亲戚而谕之曰："死生由命，不关相着。前汝弃之，所以死耳。今我聚病者，坐卧

其间，若言相染，那得不死，病儿复差！汝等勿复信之。"诸病家子孙惭谢而去。后人有遇病者，争就使君，其家无亲属，因留养之。始相慈爱，此风遂革，合境之内呼为慈母。后迁牟州刺史，下车，先至狱中，因露坐牢侧，亲自验问。十余日间，决断咸尽，方还大厅。受领新讼，皆不立文案，遣当直佐僚一人，侧坐讯问。事若不尽，应须禁者，公义即宿厅事，终不还阁。人或谏之曰："此事有程，使君何自苦也！"答曰："刺史无德可以导人，尚令百姓系于囹圄，岂有禁人在狱而心自安乎？"罪人闻之，咸自款服。后有欲争讼者，其乡闾父老遽相晓曰："此盖小事，何忍勤劳使君。"讼者多两让而止。时山东霖雨，自陈、汝至于沧海，皆苦水灾。境内犬牙，独无所损。山出黄银，获之以献。诏水部郎娄崱就公义祷焉。乃闻空中有金石丝竹之响。仁寿元年，追充扬州道黜陟大使。豫章王暕恐其部内官僚犯法，未入州境，预令属公义。公义答曰："奉诏不敢有私。"及至扬州，皆无所纵舍，暕衔之。及炀帝即位，扬州长史王弘入为黄门侍郎，因言公义之短，竟去官。吏人守阙诉冤，相继不绝。后数岁，帝悟，除内史侍郎。丁母忧。未几，起为司隶大夫，检校右御卫武贲郎将。从征至柳城郡卒，时年六十二。子融。

柳俭 郭绚 敬肃

柳俭，字道约，河东解人也。祖元璋，魏司州大中正、相华二州刺史。父裕，周闻喜令。俭有局量，立行清苦，为州里所敬，虽至亲昵，无敢狎侮。周代历宣纳上士、畿伯大夫。及高祖受禅，擢拜水部侍郎，封率道县伯。未几，出为广汉太守，甚有能名。俄而郡废。时高祖初有天下，励精思政，妙简良能，出为牧宰，以俭仁明著绩，擢拜蓬州刺史。狱讼者庭遣，不为文书，约束佐史，从容而已。狱无系囚。蜀王秀时镇益州，列上其事，迁邛州刺史。在职十余年，蕃夷悦服。蜀王秀之得罪也，俭坐与交通，免职。及还乡里，乘敝车羸马，妻子衣食不赡，见者咸叹服焉。炀帝嗣位，征之。于时以功臣任职，牧州领郡者，并带戎资，唯俭起自良吏。帝嘉其绩，用特授朝散大夫，拜弘化太守，赐物一百段而遣之。俭清节逾励。大业五年入朝，郡国毕集，帝谓纳言苏威、吏部尚书牛弘曰："其中清名天下第一者为谁？"威等以俭对。帝又问其次，威以涿郡丞郭绚、颍川郡丞敬肃等二人对。帝赐俭帛二百匹，绚、肃各一百匹。令天下朝集使送至郡邸，以旌异焉。论者美之。及大业末，盗贼蜂起，数被攻逼。俭抚结人夷，卒无离叛，竟以保全。及义兵至长安，尊立恭帝，俭与留守李粲缟素于州，南向恸哭。既而归京师，相国赐俭物三百段，就拜上大将军。岁余，卒于家，时年八十九。

郭绚，河东安邑人也。家素寒微。初为尚书令史，后以军功拜仪同，历数州司马长史，皆有能名。大业初，刑部尚书宇文弼巡省河北，引绚为副。炀帝将有事于辽东，以涿郡为冲要，访可任者。闻绚有干局，拜涿郡丞，吏人悦服。数载，迁为通守，兼领留守。及山东盗贼起，绚逐捕之，多所克获。时诸郡无复完者，唯涿郡独全。后将兵击窦建德于河间，战死，人吏哭之，数月不息。

敬肃，字弘俭，河东蒲坂人也。少以贞介知名，释褐州主簿。开皇初，为安陵令，有能名，擢拜秦州司马，转幽州长史。仁寿中，为卫州司马，俱有异绩。炀帝嗣位，迁颍川郡丞。大业五年，朝东都，帝以司隶大夫薛道衡为天下群官之状。道衡状称肃曰："心如铁石，老而弥笃。"时左翊卫大将军宇文述当途用事，其邑在颍川，每有书属肃。肃未尝开封，辄令使者持去。述宾客有放纵者，以法绳之，无所宽贷。由是述衔之。八年，朝于涿郡，帝以其年老有治名，将擢为太守者数矣，辄为述所毁，不行。大业末，乞骸骨，优诏许之。去官之日，家无余财。岁余，终于家，时年八十。

刘旷

刘旷，不知何许人也。性谨厚，每以诚恕应物。开皇初，为平乡令，单骑之官。人有争讼者，辄丁宁晓以义理，不加绳劾，各自引咎而去。所得俸禄，赈施穷乏。百姓感其德化，更相笃励，曰："有君如此，何得为非！"在职七年，风教大洽，狱中无系囚，争讼绝息，囹圄尽皆生草，庭可张罗。及去官，吏人无少长，号泣于路，将送数百里不绝。迁为临颍令，清名善政，为天下第一。尚书左仆射高颎言其状，上召之，及引见，劳之曰："天下县令固多矣，卿能独异于众，良足美也！"顾谓侍臣曰："若不殊奖，何以为劝！"于是下优诏，擢拜莒州刺史。

王伽

王伽，河间章武人也。开皇末，为齐州行参军，初无足称。后被州使送流囚李参等七十余人诣京师。时制，流人并枷锁传送。伽行次荥阳，哀其辛苦，悉呼而谓之曰："卿辈既犯国刑，亏损名教，身婴缧绁，此其职也。今复重劳援卒，民独不愧于心哉！"参等辞谢。伽曰："汝等虽犯宪法，枷锁亦大辛苦。吾欲与汝等脱去，行至京师总集，能不违期不？"皆拜谢曰："必不敢违。"伽于是悉脱其枷，停援卒，与期曰："某日当至京师，如致前却，吾当为汝受死。"舍之而去。流人咸悦，依期而至，一无离叛。上闻而惊异之，召见与语，称善久之。于是悉召流人，并令携负妻子俱入，赐宴于殿庭而赦之。乃下诏曰："凡在有生，含灵禀性，咸知好恶，并识是非。若临以至诚，明加劝导，则俗必从化，人皆迁善。往以海内乱离，德教废绝，官人无慈爱之心，兆庶怀奸诈之意，所以狱讼不息，浇薄难治。朕受命上天，安养万姓，思遵圣法，以德化人，朝夕孜孜，意在于此。而伽深识朕意，诚心宣导。参等感悟，自赴宪司。明是率土之人非为难教，良是官人不加晓示，致令陷罪，无由自新。若使官尽王伽之俦，人皆李参之辈，刑厝不用，其何远哉！"于是擢伽为雍令，政有能名。

魏德深

魏德深，本巨鹿人也。祖冲，仕周为刑部大夫、建州刺史，因家弘农。父毗，郁林令。德深初为文帝挽郎，后历冯翊书佐、武阳司户书佐，以能迁贵乡长。为政清净，不严而治。会与辽东之役，征税百端，使人往来，责成郡县。于时王纲弛紊，吏多赃贿，所在征敛，下不堪命。唯德深一县，有无相通，不竭其力，所求皆给，百姓不扰，称为大治。于时盗贼群起，武阳诸城多被沦陷，唯贵乡独全。郡丞元宝藏受诏逐捕盗贼，每战不利，则器械必尽，辄征发于人，动以军法从事，如此者数矣。其邻城营造，皆聚于厅事，吏人递相督责，昼夜喧嚣，犹不能济。德深各问其所欲任，随便修营，官府寂然，恒若无事。唯约束长吏，所修不须过胜余县，使百姓劳苦。然在下各自竭心，常为诸县之最。寻转馆陶长，贵乡吏人闻之，相与言及其事，皆欷歔流涕，语不成声。及将赴任，倾城送之，号泣之声，道路不绝。既至馆陶，阖境老幼皆如见其父母。有猾人员外郎赵君实，与郡丞元宝藏深相交结，前后令长未有不受其指麾者。自德深至县，君实屏处于室，未尝辄敢出门。逃窜之徒，归来如市。贵乡父老冒涉艰险，诣阙请留德深，有诏许之。馆陶父老复诣郡相讼，以贵乡文书为诈。郡不能决。会持节使者韦霁、杜整等至，两县诣使讼之，乃断从贵乡。贵乡吏人歌呼满道，互相称庆。馆陶众庶合境悲哭，因而居住者数百家。宝藏深害其能。会越王侗征兵于郡，宝藏遂令德深率兵千人赴东都。俄而宝藏以武阳归李密。德深所领，皆武阳人也，以本土从贼，念其亲戚，辄出都门东向恸哭而反。人或谓之曰："李密兵马近在金墉，去此二十余里。汝必欲归，谁能相禁，何为自苦如此！"其人皆垂泣曰："我与魏明府同来，不忍弃去，岂以道路艰难乎！"其得人心如此。后与贼战，没于阵，贵乡、馆陶人庶至今怀之。

时有栎阳令渤海高世衡、萧令彭城刘高、城皋令弘农刘炽，俱有恩惠。大业之末，长吏多赃污，衡、高及炽清节逾厉，风教大洽，狱无系囚，为吏人所称。

史臣曰：古语云，善为水者，引之使平，善化人者，抚之使静。水平则无损于堤防，人静则不犯于宪章。然则易俗移风，服教从义，不资于明察，必藉于循良者也。彦光等皆内怀直道，至诚待物，故得所居而化，所去见思。至于景茂之遏恶扬善，公义之抚视疾病，刘旷之化行所部，德深之爱结人心，虽信臣、杜诗、郑浑、朱邑，不能继也。《诗》云："恺悌君子，人之父母。"岂徒言哉！恭懿所在尤异，屡简帝心，追既往之一眚，遂流亡于道路，惜乎！柳俭去官，妻子不赡，赵轨秩满，酌水饯离，清矣！

卷七十四　　列传第三十九

酷　吏

夫为国之体有四焉：一曰仁义，二曰礼制，三曰法令，四曰刑罚。仁义礼制，政之本也，法令刑罚，政之末也。无本不立，无末不成。然教化远而刑罚近，可以助化而不可以专行，可以立威而不可以繁用。《老子》曰："其政察察，其人缺缺。"又曰："法令滋章，盗贼多有。"然则令之烦苛，吏之严酷，不能致理，百代可知。考览前载，有时而用之矣。昔秦任狱吏，赭衣满道。汉革其风，矫枉过正。禁网疏阔，遂漏吞舟，大奸巨猾，犯义侵礼。故刚克之吏，摧拉囚邪，一切禁奸，以救时弊，虽垂教义，或有所取焉。高祖膺期，平一江左，四海九州，服教从义。至于威行郡国，力折公侯，乘传赋人，探丸斫吏者，所在蔑闻焉。无曩时之弊，亦已明矣。士文等功不足纪，才行无闻，遭遇时来，叨窃非据，肆其褊性，多行无礼，君子小人，咸罹其毒。凡厥所莅，莫不憯然。居其下者，视之如蛇虺，过其境者，逃之如寇仇。与人之恩，心非好善，加人之罪，事非疾恶。其所笞辱，多在无辜，察其所为，豺狼之不若也。无禁奸除猾之志，肆残虐幼贱之心，君子恶之，故编为《酷吏传》也。

库狄士文

库狄士文，代人也。祖干，齐左丞相。父敬，武卫将军、肆州刺史。士文性孤直，虽邻里至亲莫与通狎。少读书。在齐袭封章武郡王，官至领军将军。周武帝平齐，山东衣冠多迎周师，唯士文闭门自守。帝奇之，授开府仪同三司、随州刺史。高祖受禅，加上开府，封湖陂县子，寻拜贝州刺史。性清苦，不受公料，家无余财。其子常啖官厨饼，士文枷之于狱累日，杖之一百，步送还京。僮隶无敢出门，所买盐菜，必于外境。凡有出入，皆封署其门，亲旧绝迹，庆吊不通。法令严肃，吏人股战，道不拾遗。有细过，必深文陷害。尝入朝，遇上置酒高会，赐公卿入左藏，任取多少。人皆极重，士文独口衔绢一匹，两手各持一匹。上问其故，士文曰："臣口手俱满，余无所须。"上异之，别加赏物，劳而遣之。士文至州，发摘奸隐，长吏尺布升粟之赃，无所宽贷。得千余人而奏之，上悉配防岭南，亲戚相送，哭泣之声遍于州境。至岭南，遇瘴疠死者十八九，于是父母妻子唯哭士文。士文闻之，令人捕捉，挝捶盈前，而哭者弥甚。有京兆韦焜为贝州司马，河东赵达为清河令，二人并苛刻，唯长史有惠政。时人为之语曰："刺史罗刹政，司马蝮蛇瞋，长史含笑判，清河生吃人。"上闻而叹曰："士文之暴，过于猛兽。"竟坐免。未几，以为雍州长史，士文谓人曰："我向法深，不能窥候要贵，必死此官矣。"及下车，执法严正，不避贵戚，宾客莫敢至门，人多怨望。士文从父妹为齐氏嫔，有色，齐灭之后，赐薛国公长孙览为妾。览妻郑氏性妒，谮之于文献后，后令览离绝。士文耻之，不与相见。后应州刺史唐君明居母忧，娉以为妻，由是士文、君明并为御史所劾。士文性刚，在狱数日，愤恚而死。家无余财，有子三人，朝夕不继，亲友无内之者。

田式

田式，字显标，冯翊下邽人也。祖安兴，父长乐，仕魏，俱为本郡太守。式性刚果，多武艺，拳勇绝人。周明帝时，年十八，授都督，领乡兵。后数载，拜渭南太守，政尚严猛，吏人重足而立，无敢违法者。迁本郡太守，亲故屏迹，请托不行。武帝闻而善之，进位仪同三司，赐爵信都县公,擢拜延州刺史。从帝平齐,以功加上开府,徙为建州刺史,改封梁泉县公。高祖总百揆,尉迥作乱邺城,从韦孝宽击之。以功拜大将军,进爵武山郡公。及受禅,拜襄州总管,专以立威为务。每视事于外,必盛气以待其下,官属股栗,无敢仰视。有犯禁者,虽至亲昵,无所容贷。其女婿京兆杜宁,自长安省之,式诫宁无出入。宁久之不得还,窃上北楼,以畅羁思。式知之,笞宁五十。其所爱奴,尝诣式白事,有虫上其衣衿,挥袖拂去之。式以为慢己,立棒杀之。或僚吏奸赃,部内劫盗者,无问轻重,悉禁地牢中,寝处粪秽,令其苦毒,自非身死,终不得出。每赦书到州,式未暇读,先召狱卒,杀重囚,然后宣示百姓。其刻暴如此。由是为上所遣,除名为百姓。式惭恚不食,妻子至其所,辄怒,唯侍僮二人给使左右。从家中索椒,欲以自杀,家人不与。阴遣所侍僮诣市买毒药,妻子又夺而弃之。式恚卧。其子信时为仪同,至式前流涕曰:"大人既是朝廷旧臣,又无大过。比见公卿放等者多矣,旋复升用,大人何能久乎?乃至于此!"式欻然而起,抽刀斫信,信遽走避之,刃中于阙。上知之,以式为罪己之深,复其官爵。寻拜广州总管,卒官。

燕荣

燕荣,字贵公,华阴弘农人也。父偘,周大将军。荣性刚严,有武艺,仕周为内侍上士。从武帝伐齐,以功授开府仪同三司,封高邑县公。高祖受禅,进位大将军,封落丛郡公,拜晋州刺史。从河间王弘击突厥,以功拜上柱国,迁青州总管。荣在州,选绝有力者为伍伯,吏人过之者,必加诘问,辄楚挞之,创多见骨。奸盗屏迹,境内肃然。他州县人行经其界者,畏若寇仇,不敢休息。上甚善之。后因入朝觐,特加劳勉。荣以母老,请每岁入朝,上许之。及辞,上赐宴于内殿,诏王公作诗以饯之。伐陈之役,以为行军总管,率水军自东莱傍海,入太湖,取吴郡。既破丹阳,吴人共立萧瓛为主,阻兵于晋陵,为宇文述所败,退保包山。荣率精甲五千蹑之,瓛败走,为荣所执,晋陵、会稽悉平。检校扬州总管。寻征为右武候将军。突厥寇边,以为行军总管,屯幽州。母忧去职。明年,起为幽州总管。荣性严酷,有威容,长史见者,莫不惶惧自失。范阳卢氏,代为著姓,荣皆署为吏卒以屈辱之。鞭笞左右,动至千数,流血盈前,饮啖自若。尝按部,道次见丛荆,堪为笞棰,命取之,辄以试人。人或自陈无咎,荣曰:"后若有罪,当免尔。"及后犯细小,将挞之,人曰:"前日被杖,使君许有罪宥之。"荣曰:"无过尚尔,况有过邪!"榜棰如旧。荣每巡省管内,闻官人及百姓妻女有美色,辄舍其室而淫之。贪暴放纵日甚。是时元弘嗣被除为幽州长史,惧为荣所辱,固辞。上知之,敕荣曰:"弘嗣杖十已上罪,皆须奏闻。"荣忿曰:"竖子何敢弄我!"于是遣弘嗣监纳仓粟,扬得一糠一秕,辄罚之。每笞虽不满十,然一日之中,或至三数。如是历年,怨隙日构,荣遂收付狱,禁绝其粮。弘嗣饥馁,抽衣絮,杂水咽之。其妻诣阙称冤,上遣考功侍郎刘士龙驰驿鞫问。案荣虐毒非虚,又赃秽狼籍,遂征还京师,赐死。先是,荣家寝室无故有蛆数斛,

从地坟出。未几,荣死于蛆出之处。有子询。

赵仲卿

赵仲卿,天水陇西人也。父刚,周大将军。仲卿性粗暴,有膂力,周齐王宪甚礼之。从击齐,攻临秦、统戎、威远、伏龙、张壁等五城,尽平之。又击齐将段孝先于姚襄城,苦战连日,破之。以功授大都督,寻典宿卫。平齐之役,以功迁上仪同,兼赵郡太守。入为畿伯中大夫。王谦作乱,仲卿使在利州,即与总管豆卢勣发兵拒守。为谦所攻,仲卿督兵出战,前后一十七阵。及谦平,进位大将军,封长垣县公,邑千户。高祖受禅,进爵河北郡公。开皇三年,突厥犯塞,以行军总管从河间王弘出贺兰山。仲卿别道俱进,无虏而还。复镇平凉,寻拜石州刺史。法令严猛,纤微之失,无所容舍,鞭笞长史,辄至二百。官人战栗,无敢违犯,盗贼屏息,皆称其能。迁兖州刺史,未之官,拜朔州总管。于时塞北盛兴屯田,仲卿总管统之。微有不理者,仲卿辄召主掌,挞其胸背,或解衣倒曳于荆棘中。时人谓之猛兽。事多克济,由是收获岁广,边戍无馈运之忧。会突厥启民可汗求婚于国,上许之。仲卿因是间其骨肉,遂相攻击。十七年,启民窘迫,与隋使长孙晟投通汉镇。仲卿率骑千余驰援之,达头不敢逼。潜遣人诱致启民所部,至者二万余家。其年,从高颎指白道以击达头。仲卿率兵三千为前锋,至族蠡山,与虏相遇,交战七日,大破之。追奔至乞伏泊,复破之,虏千余口,杂畜万计。突厥悉众而至,仲卿为方阵,四面拒战。经五日,会高颎大兵至,合击之,虏乃败走。追度白道,逾秦山七百余里。时突厥降者万余家,上命仲卿处之恒安。以功进位上柱国,赐物三千段。朝廷虑达头掩袭启民,令仲卿屯兵二万以备之,代州总管韩洪、永康公李药王、蔚州刺史刘隆等,将步骑一万镇恒安。达头骑十万来寇,韩洪军大败,仲卿自乐宁镇邀击,斩首虏千级。明年,督役筑金河、定襄二城,以居启民。时有表言仲卿酷暴者,上令御史王伟按之,并实,惜其功不罪也。因劳之曰:"知公清正,为下所恶。"赐物五百段。仲卿益恣,由是免官。仁寿中,检校司农卿。蜀王秀之得罪,奉诏往益州穷按之。秀宾客经过之处,仲卿必深文致法,州县长吏坐者太半。上以为能,赏婢奴五十口,黄金二百两,米粟五千石,奇宝杂物称是。炀帝嗣位,判兵部、工部二曹尚书事。其年,卒,时年六十四。谥曰肃。赠物五百段。子弘嗣。

崔弘度 弟弘昇

崔弘度,字摩诃衍,博陵安平人也。祖楷,魏司空。父说,周敷州刺史。弘度膂力绝人,仪貌魁岸,须面甚伟。性严酷。年十七,周大冢宰宇文护引为亲信。寻授都督,累转大都督。时护子中山公训为蒲州刺史,令弘度从焉。尝与训登楼,至上层,去地四五丈,俯临之,训曰:"可畏也。"弘度曰:"此何足畏!"歘然掷下,至地无损伤。训以其拳捷,大奇之。后以战勋,授仪同。从武帝灭齐,进位上开府,邺县公,赐物三千段,粟麦三千石,奴婢百口,杂畜千计。寻从汝南公宇文神举破卢昌期于范阳。宣帝嗣

位，从郧国公韦孝宽经略淮南。弘度与化政公宇文忻、司水贺娄子干至肥口，陈将潘琛率兵数千来拒战，隔水而阵。忻遣弘度谕以祸福，琛至夕而遁。进攻寿阳，降陈守将吴文立，弘度功最。以前后勋，进位上大将军，袭父爵安平县公。及尉迥作乱，以弘度为行军总管，从韦孝宽讨之。弘度募长安骁雄数百人为别队，所当无不披靡。弘度妹先适迥子为妻，及破邺城，迥窘迫升楼，弘度直上龙尾追之。迥弯弓将射弘度，弘度脱兜鍪谓迥曰："相识不？今日各图国事，不得顾私。以亲戚之情，谨遏乱兵，不许侵辱。事势如此，早为身计，何所待也？"迥掷弓于地，骂大丞相极口而自杀。弘度顾其弟弘昇曰："汝可取迥头。"弘昇遂斩之，进位上柱国。时行军总管例封国公，弘度不时杀迥，致纵恶言，由是降爵一等，为武乡郡公。开皇初，突厥入寇，弘度以行军总管出原州以拒之。虏退，弘度进屯灵武。月余而还，拜华州刺史。纳其妹为秦孝王妃。寻迁襄州总管。弘度素贵，御下严急，动行捶罚，吏人慑气，闻其声，莫不战栗。所在之处，令行禁止，盗贼屏迹。梁王萧琮来朝，上以弘度为江陵总管，镇荆州。弘度未至，而琮叔父严拥居人以叛，弘度追之不及。陈人惮弘度，亦不敢窥荆州。平陈之役，以行军总管从秦孝王出襄阳道。及陈平，赐物五千段。高智慧等作乱，复以行军总管出泉门道，隶于杨素。弘度与素，品同而年长，素每屈下之，一旦隶素，意甚不平，素言多不用。素亦优容之。及还，检校原州事，仍领行军总管以备胡，无虏而还，上甚礼之，复以其弟弘昇女为河南王妃。仁寿中，检校太府卿。自以一门二妃，无所降下，每诫其僚吏曰："人当诚恕，无得欺诳。"皆曰："诺。"后尝食鳖，侍者八九人，弘度一一问之曰："鳖美乎？"人惧之，皆云："鳖美。"弘度大骂曰："佣奴何敢诳我？汝初未食鳖，安知其美？"俱杖八十。官属百工见之者，莫不流汗，无敢欺隐。时有屈突盖为武候骠骑，亦严刻，长安为之语曰："宁饮三升酢，不见崔弘度。宁茹三升艾，不逢屈突盖。"然弘度理家如官，子弟斑白，动行捶楚，闺门整肃，为当时所称。未几，秦王妃以罪诛，河南王妃复被废黜。弘度忧愤，谢病于家，诸弟乃与之别居，弥不得志。炀帝即位，河南王为太子，帝将复立崔妃，遣中使就第宣旨。使者诣弘昇家，弘度不之知也。使者返，帝曰："弘度有何言？"使者曰："弘度称有疾不起。"帝默然，其事竟寝。弘度忧愤，未几，卒。

弘昇字上客，在周为右侍上士。尉迥作乱相州，与兄弘度击之，以功拜上仪同。寻加上开府，封黄台县侯，邑八百户。高祖受禅，进爵为公，授骠骑将军。宿卫十余年，以勋旧迁蕲州刺史。数岁，转郑州刺史。后以戚属之故，待遇愈隆，迁襄州总管。及河南王妃罪废，弘昇亦免官。炀帝即位，历冀州刺史、信都太守，进位金紫光禄大夫，转涿郡太守。辽东之役，检校左武卫大将军事，指平壤。与宇文述等同败绩，奔还，发病而卒，时年六十。

元弘嗣

元弘嗣，河南洛阳人也。祖刚，魏渔阳王。父经，周渔阳郡公。弘嗣少袭爵，十八为左亲卫。开皇九年，从晋王平陈，以功授上仪同。十四年，除观州总管长史，在州专以严峻任事，吏人多怨之。二十年，转幽州总管长史。于时燕荣为总管，肆虐于弘嗣，每被笞辱。弘嗣心不伏，荣遂禁弘嗣于狱，将杀之。及荣诛死，弘嗣为政，酷又甚之。每推鞫囚徒，多以酢灌鼻，或椓弋其下窍，无敢隐情，奸伪屏息。仁寿末，授木工监，修营东都。大业初，炀帝潜有取辽东之意，遣弘嗣往东莱海口监造船。诸州役丁苦其捶楚，官人督役，昼夜立于水中，略不敢息，自腰以下，无不生蛆，死者十三四。寻迁黄门侍郎，转殿内少监。辽东之役，进位金紫光禄大夫。明年，帝复征辽东，会奴贼寇陇右，诏弘嗣击之。及玄感作乱，逼东都，弘嗣屯兵安定。或告之谋应玄感者，代王侑遣使执之，送行在所。以无反形当释，帝疑不解，除名，徙日南，道死，时年四十九。有子仁观。

王文同

王文同，京兆颍阳人也。性明辩，有干用。开皇中，以军功拜仪同，寻授桂州司马。炀帝嗣位，征为光禄少卿，以忤旨，出为恒山郡丞。有一人豪猾，每持长吏长短，前后守令咸惮之。文同下车，闻其名，召而数之。因令左右刻木为大橛，埋之于庭，出尺余，四角各埋小橛。令其踏心于木橛上，缚四支于小橛，以棒殴其背，应时溃烂。郡中大骇，吏人相视慑气。及帝征辽东，令文同巡察河北诸郡。文同见沙门斋戒菜食者，以为妖妄，皆收系狱。比至河间，召诸郡官人，小有迟违者，辄皆覆面于地而箠杀之。求沙门相聚论价，及长老共为佛会者数百人，文同以为聚结惑众，尽斩之。又悉裸僧尼，验有淫状非童男女者数千人，复将杀之。郡中士女号哭于路，诸郡惊骇，各奏其事。帝闻而大怒，遣使者达奚善意驰锁之，斩于河间，以谢百姓，仇人剖其棺，脔其肉而啖之，斯须咸尽。

史臣曰：御之良者，不在于烦策，政之善者，无取于严刑。故虽宽猛相资，德刑互设，然不严而化，前哲所重。士文等远属钦明，时无桀黠，未闲道德，实怀残忍。贼人肌体，同诸木石，轻人性命，甚于刍狗。长恶不悛，鲜有不及，故或身婴罪戮，或忧恚颠陨。凡百君子，以为有天道焉。呜呼！后来之士，立身从政，纵不能为子高门以待封，其可令母扫墓而望丧乎？

卷七十五　列传第四十

儒　林

儒之为教大矣，其利物博矣。笃父子，正君臣，尚忠节，重仁义，贵廉让，贱贪鄙，开政化之本源，凿生民之耳目，百王损益，一以贯之。虽世或污隆，而斯文不坠，经邦致治，非一时也。涉其流者，无禄而富，怀其道者，无位而尊。故仲尼顿挫于鲁君，孟轲抑扬于齐后，荀卿见珍于强楚，叔孙取贵于隆汉。其余处环堵以骄富贵，安陋巷而轻王公者，可胜数哉！自晋室分崩，中原丧乱，五胡交争，经籍道尽。魏氏发迹代阴，经营河朔，得之马上，兹道未弘。暨夫太和之后，盛修文教，搢绅硕学，济济盈朝，缝掖巨儒，往往杰出，其雅诰奥义，宋及齐、梁不能尚也。南北所治，章句好尚，互有不同。江左《周易》则王辅嗣，《尚书》则孔安国，《左传》则杜元凯。河、洛《左传》则服子慎，《尚书》、《周易》则郑康成。《诗》则并主于毛公，《礼》则同遵于郑氏。大抵南人约简，得其英华，北学深芜，穷其枝叶。考其终始，要其会归，其立身成名，殊方同致矣。爰自汉、魏，硕学多清通，逮乎近古，巨儒必鄙俗。文、武不坠，弘之在人，岂独愚蔽于当今，而皆明哲于往昔？在乎用与不用，知与不知耳。然纛之弱谐庶绩，必举德于鸿儒，近代左右邦家，咸取士于刀笔。纵有学优入室，勤逾刺股，名高海内，擢第甲科，若命偶时来，未有望于青紫，或数将运蹇，必委弃于草泽。然则古之学者，禄在其中，今之学者，困于贫贱。明达之人，志识之士，安肯滞于所习，以求贫贱者哉？此所以儒罕通人，学多鄙俗者也。昔齐列康庄之第，多士如林，燕起碣石之宫，群英自远。是知俗易风移，必由上之所好，非夫圣明御世，亦无以振斯颓俗矣。自正朔不一，将三百年，师说纷纶，无所取正。高祖膺期纂历，平一寰宇，顿天网以掩之，贲旌帛以礼之，设好爵以縻之，于是四海九州强学待问之士，靡不毕集焉。天子乃整万乘，率百僚，遵问道之仪，观释奠之礼。博士罄悬河之辩，侍中竭重席之奥，考正亡逸，研核异同，积滞群疑，涣然冰释。于是超擢奇隽，厚赏诸儒，京邑达乎四方，皆启黉校。齐、鲁、赵、魏，学者尤多，负笈追师，不远千里，讲诵之声，道路不绝。中州儒雅之盛，自汉、魏以来，一时而已。及高祖暮年，精华稍竭，不悦儒术，专尚刑名，执政之徒，咸非笃好。既仁寿间，遂废天下之学，唯存国子一所，弟子七十二人。炀帝即位，复开庠序，国子郡县之学，盛于开皇之初。征辟儒生，远近毕至，使相与讲论得失于东都之下，纳言定其差次，一以闻奏焉。于时旧儒多已凋亡，二刘拔萃出类，学通南北，博极今古，后生钻仰，莫之能测。所制诸经义疏，搢绅咸师宗之。既而外事四夷，戎马不息，师徒怠散，盗贼群起，礼义不足以防君子，刑罚不足以威小人，空有建学之名，而无弘道之实。其风渐坠，以至灭亡，方领矩步之徒，亦多转死沟壑。凡有经籍，自此皆湮没于煨尘矣。遂使后进之士不复闻《诗》、《书》之言，皆怀攘夺之心，相与陷于不义。《传》曰："学者将植，不学者将落。"然则盛衰是系，兴亡攸在，有国有家者可不慎欤！诸儒有身没道存，遗风可想，皆采其余论，缀之于此篇云。

元善

元善，河南洛阳人也。祖叉，魏侍中。父罗，初为梁州刺史，及叉被诛，奔于梁，官至征北大将军、青冀二州刺史。善少随父至江南，性好学，遂通涉五经，尤明《左氏传》。及侯景之乱，善归于周。武帝甚礼之，以为太子宫尹，赐爵江阳县公。每执经以授太子。开皇初，拜内史侍郎，上每望之曰："人伦仪表也。"凡有敷奏，词气抑扬，观者属目。陈使袁雅来聘，上令善就馆受书，雅出门不拜。善论旧事有拜之仪，雅不能对，遂拜，成礼而去。后迁国子祭酒。上尝亲临释奠，命善讲《孝经》。于是敷陈义理，兼之以讽谏。上大悦曰："闻江阳之说，更起朕心。"赉绢百匹，衣一袭。善之通博，在何妥之下，然以风流酝藉，俯仰可观，音韵清朗，听者忘倦，由是为后进所归。妥每怀不平，心欲屈善。因善讲《春秋》，初发题，诸儒毕集。善私谓妥曰："名望已定，幸无相苦。"妥然之。及就讲肆，妥遂引古今滞义以难，善多不能对。善深衔之，二人由是有隙。善以高颎有宰相之具，尝言于上曰："杨素粗疏，苏威怯懦，元胄、元旻，正似鸭耳。可以付社稷者，唯独高颎。"上初然之，及颎得罪，上以善之言为颎游说，深责望之。善忧惧，先患消渴，于是疾动而卒，时年六十。

辛彦之

辛彦之，陇西狄道人也。祖世叙，魏凉州刺史。父灵辅，周渭州刺史。彦之九岁而孤，不交非类，博涉经史，与天水牛弘同志好学。后入关，遂家京兆。周太祖见而器之，引为中外府礼曹，赐以衣马珠玉。时国家草创，百度伊始，朝贵多出武人，修定仪注，唯彦之而已。寻拜中书侍郎。及周闵帝受禅，彦之与少宗伯卢辩专掌仪制。明、武时，历职典祀，太祝、乐部、御正四曹大夫，开府仪同三司。奉使迎突厥皇后还，赉马二百匹，赐爵龙门县公，邑千户。寻进爵五原郡公，加邑千户。宣帝即位，拜少宗伯。高祖受禅，除太常少卿，改封任城郡公，进位上开府。寻转国子祭酒。岁余，拜礼部尚书，与秘书监牛弘撰《新礼》。吴兴沈重名为硕学，高祖尝令彦之与重论议，重不能抗，于是避席而谢曰："辛君所谓金城汤池，无可攻之势。"高祖大悦。后拜随州刺史。于时州牧多贡珍玩，唯彦之所贡，并供祭之物。高祖善之，顾谓朝臣曰："人安得无学！彦之所贡，稽古之力也。"迁潞州刺史，前后俱有惠政。彦之又崇信佛道，于城内立浮图二所，并十五层。开皇十一年，州人张元暴死，数日乃苏，云游天上，见新构一堂，制极崇丽。元问其故，人云潞州刺史辛彦之有功德，造此堂以待之。彦之闻而不悦。其年卒官。谥曰宣。彦之撰《坟典》一部，《六官》一部，《祝文》一部，《礼要》一部，《新礼》一部，《五经异义》一部，并行于世。有子仲龛，官至猗氏令。

何妥 萧该 包恺

何妥，字栖凤，西城人也。父细胡，通商入蜀，遂家郫县，事梁武陵王纪，主知金帛，因致巨富，号为西州大贾。妥少机警，八岁游国子学，助教顾良戏之曰："汝既姓何，是荷叶之荷，为是河水之河？"应声答曰："先生姓顾，是眷顾之顾，是新故之故？"众咸异之。十七，以技巧事湘东王，后知其聪明，召为诵书左右。时兰陵萧眘亦有俊才，住青杨巷，妥住白杨头，时人为之语曰："世有两俊，白杨何妥，青杨萧眘。"其见美如此。江陵陷，周武帝尤重之，授太学博士。宣帝初欲立五后，以问儒者辛彦之，对曰："后与天子匹体齐尊，不宜有五。"妥驳曰："帝喾四妃，舜又二妃，亦何常数？"由是封襄城县伯。高祖受禅，除国子博士，加通直散骑常侍，进爵为公。妥性劲急，有口才，好是非人物。时纳言苏威尝言于上曰："臣先人每诫臣云，唯读《孝经》一卷，足可立身治国，何用多为！"上亦然之。妥进曰："苏威所学，非止《孝经》。厥父若信有此言，威不从训，是其不孝。若无此言，面欺陛下，是其不诚。不诚不孝，何以事君！且夫子有云：'不读《诗》无以言，不读《礼》无以立。'岂容苏绰教子独反圣人之训乎？"威时兼领五职，上甚亲重之，妥因奏威不可信任。又以掌天文律度，皆不称职，妥又上八事以谏：

其一事曰：臣闻知人则哲，惟帝难之。孔子曰："举直错诸枉则民服，举枉错诸直则民不服。"由此言之，政之治乱，必慎所举，故进贤受上赏，蔽贤蒙显戮。察今之举人，良异于此，无论谄直，莫择贤愚。心欲崇高，则起家喉舌之任；意须抑屈，必白首郎署之官。人之不服，实由于此。臣闻爵人于朝，与士共之，刑人于市，与众弃之。伏见留心狱讼，爱人如子，每应决狱，无不询访群公，刑之不滥，君之明也。刑既如此，爵亦宜然。若有懋功简在帝心者，便可擢用。自斯以降，若选重官，必须参以众议，勿信一人之举；则上不偏私，下无怨望。

其二事曰：孔子云："是察阿党，则罪无掩蔽。"又曰："君子周而不比，小人比而不周。"所谓比者，即阿党也。谓心之所爱，既已光华荣显，犹加提挈；心之所恶，既已沈滞屈辱，薄言必怒。提挈既成，必相掩蔽，则欺上之心生矣；屈辱既加，则有怨恨，谤讟之言出矣。伏愿广加逖访，勿使朋党路开，威恩自任。有国之患，莫大于此。

其三事曰：臣闻舜举十六族，所谓八元、八恺也。计其贤明，理优今日，犹复择才授任，不相侵滥，故得四门雍穆，庶绩咸熙。今官员极多，用人甚少，有一人身上乃兼数职，为是国无人也？为是人不善也？今万乘大国，髦彦不少，纵有明哲，无由自达。东方朔言曰："尊之则为将，卑之则为虏。"斯言信矣。今当官之人，不度德量力，既无吕望、傅说之能，自负傅岩、滋水之气，不虑忧深责重，唯畏总领不多，安斯宠任，轻彼权轴，好致颠蹶，实此之由。《易》曰："鼎折足，覆公𫗧，其形渥，凶。"言不胜其任也。臣闻穷力举重，不能为用。伏愿更任贤良，分才参掌，使各行有余力，则庶事康哉。

其四事曰：臣闻《礼》云："析言破律，乱名改作，执左道以乱政者杀。"孔子曰："仍旧贯，何必改作。"伏见比年以来，改作者多矣。至如范威漏刻，十载不成，赵翊尺秤，七年方决。公孙济迂诞医方，费逾巨万，徐道庆回互乎午，糜耗饮食。常明破律，多历岁时；王渲乱名，曾无纪极。张山居未知星位，前

已蹂藉太常；曹魏祖不识北辰，今复辚轹太史。莫不用其短见，便自夸毗，邀射名誉，厚相诬罔。请今日已后，有如此者，若其言不验，必加重罚，庶令有所畏忌，不敢轻奏狂简。

其余文多不载。时苏威权兼数司，先尝隐武功，故妥言自负傅岩、滋水之气，以此激上。书奏，威大衔之。十二年，威定考文学，又与妥更相诃诋。威勃然曰："无何妥，不虑无博士！"妥应声曰："无苏威，亦何忧无执事！"由是与威有隙。其后上令妥考定钟律，妥又上表曰：

臣闻明则有礼乐，幽则有鬼神，然则动天地，感鬼神，莫近于礼乐。又云乐至则无怨，礼至则不争，揖让而治天下者，礼乐之谓也。臣闻乐有二，一曰奸声，二曰正声。夫奸声感人而逆气应之，逆气成象而淫乐兴焉。正声感人而顺气应之，顺气成象而和乐兴焉。故乐行而伦清，耳目聪明，血气和平，移风易俗，天下皆宁。孔子曰："放郑声，远佞人。"故郑、卫、宋、赵之声出，内则发疾，外则伤人。是以宫乱则荒，其君骄；商乱则陂，其官坏；角乱则忧，其人怨；徵乱则哀，其事勤；羽乱则危，其财匮。五者皆乱，则国亡无日矣。魏文侯问子夏曰："吾端冕而听古乐则欲寐，听郑、卫之音而不知倦，何也？"子夏对曰："夫古乐者，始奏以文，复乱以武，修身及家，平均天下。郑、卫之音者，奸声以乱，溺而不止，猱杂子女，不知父子。今君所问者乐也，所爱者音也。夫乐与音，相近而不同，为人君者，谨审其好恶。"案圣人之作乐也，非止苟悦耳目而已矣。欲使在宗庙之内，君臣同听之则莫不和敬；在乡里之内，长幼同听之则莫不和顺；在闺门之内，父子同听之则莫不和亲。此先王立乐之方也。故知声而不知音者，禽兽是也，知音而不知乐者，众庶是也。故黄钟大吕，弦歌干戚，僮子皆能儛之。能知乐者，其唯君子！不知声者，不可与言音，不知音者，不可与言乐，知乐则几于道矣。纣为无道，太师抱乐器以奔周。晋君德薄，师旷固惜清徵。

上古之时，未有音乐，鼓腹击壤，乐在其间。《易》曰："先王作乐崇德，殷荐之上帝，以配祖考。"至于黄帝作《咸池》，颛顼作《六茎》，帝喾作《五英》，尧作《大章》，舜作《大韶》，禹作《大夏》，汤作《大濩》，武王作《大武》，从夏以来，年代久远，唯有名字，其声不可得闻。自殷至周，备于《诗》《颂》。故自圣贤已下，多习乐者，至如伏羲减瑟，文王足琴，仲尼击磬，子路鼓瑟，汉高击筑，元帝吹箫。汉高祖之初，叔孙通因秦乐人制宗庙之乐。迎神于庙门，奏《嘉至》之乐，犹古降神之乐也。皇帝入庙门，奏《永至》之乐，以为行步之节，犹古《采荠》、《肆夏》也。乾豆上荐，奏《登歌》之乐，犹古清庙之歌也。《登歌》再终，奏《休成》之乐，美神飨也。皇帝就东厢坐定，奏《永安》之乐，美礼成也。其《休成》、《永至》二曲，叔孙通所制也。汉高祖庙奏《武德》、《文始》、《五行》之儛，当春秋时，陈公子完

奔齐，陈是舜后，故齐有《韶》乐，孔子在齐闻《韶》，三月不知肉味是也。秦始皇灭齐，得齐《韶》乐。汉高祖灭秦，《韶》传于汉，高祖改名《文始》，以示不相袭也。《五行僢》者，本周《大武》乐也，始皇改曰《五行》。及于孝文，复作四时之僢，以示天下安和，四时顺也。孝景采《武德僢》以为《昭德》，孝宣又采《昭德》以为《盛德》，虽变其名，大抵皆因秦旧事。至于魏、晋，皆用古乐。魏之三祖，并制乐辞。自永嘉播越，五都倾荡，乐声南度，是以大备江东。宋、齐已来，至于梁代，所行乐事，犹皆传古，三雍四始，实称大盛。及侯景篡逆，乐师分散，其四僢、三调，悉变伪齐。齐氏虽知传受，得曲而不用之于宗庙朝廷也。臣少好音律，留意管弦，年虽耆老，颇皆记忆。及东土克定，乐人悉返，访其逗遛，果云是梁人所教。今三调、四僢并皆有手，虽不能精熟，亦颇具雅声。若令教习传授，庶得流传古乐。然后取其会归，撮其指要，因循损益，更制嘉名。歌盛德于当今，传雅正于来叶，岂不美与！谨具录三调、四舞曲名，又制歌辞如别。其有声曲流宕，不可以陈于殿庭者，亦悉附之于后。

书奏，别敕太常取妥节度。于是作清、平、瑟三调声，又作八佾、《鞞》《铎》《巾》《拂》四舞。先是，太常所传宗庙雅乐，数十年唯作大吕，废黄钟。妥又以深乖古意，乃奏请用黄钟。诏下公卿议，从之。俄而妥子蔚为秘书郎，有罪当刑，上哀之，减死论。是后恩礼渐薄。六年，出为龙州刺史。时有负笈游学者，妥皆为讲说教授之。为《刺史箴》，勒于州门外。在职三年，以疾请还，诏许之。复知学事。时上方使苏夔在太常，参议钟律。夔有所建议，朝士多从之，妥独不同，每言夔之短。高祖下其议，朝臣多排妥。妥复上封事，指陈得失，大抵论时政损益，并指斥当世朋党。于是苏威及吏部尚书卢恺、侍郎薛道衡等皆坐得罪。除伊州刺史，不行，寻为国子祭酒。卒官。谥曰肃。撰《周易讲疏》十三卷，《孝经义疏》三卷，《庄子义疏》四卷，及与沈重等撰《三十六科鬼神感应等大义》九卷，《封禅书》一卷，《乐要》一卷，文集十卷，并行于世。

兰陵萧该者，梁鄱阳王恢之孙也。少封攸侯。梁荆州陷，与何妥同至长安。性笃学，《诗》、《书》、《春秋》、《礼记》并通大义，尤精《汉书》，甚为贵游所礼。开皇初，赐爵山阴县公，拜国子博士。奉诏与妥正定经史，然各执所见，递相是非，久而不能就，上谴而罢之。该后撰《汉书》及《文选》音义，咸为当时所贵。

东海包恺，字和乐。其兄愉，明《五经》，恺悉传其业。又从王仲通受《史记》、《汉书》，尤称精究。大业中，为国子助教。于时《汉书》学者，以萧、包二人为宗匠。聚徒教授，著录者数千人，卒，门人为起坟立碣焉。

房晖远

房晖远，字崇儒，恒山真定人也。世传儒学。晖远幼有志行，治《三礼》、《春秋三传》、《诗》、《书》、《周易》，兼善图纬，恒以教授为务。远方负笈而从者，动以千计。

齐南阳王绰为定州刺史，闻其名，召为博士。周武帝平齐，搜访儒俊，晖远首应辟命，授小学下士。及高祖受禅，迁太常博士。太常卿牛弘每称为五经库。吏部尚书韦世康荐之，为太学博士。寻与沛公郑译修正乐章。丁母忧，解任。后数岁，授殄寇将军，复为太常博士。未几，擢为国子博士。会上令国子生通一经者，并悉荐举，将擢用之。既策问讫，博士不能时定臧否。祭酒元善怪问之，晖远曰："江南、河北，义例不同，博士不能遍涉。学生皆持其所短，称己所长，博士各各自疑，所以久而不决也。"祭酒因令晖远考定，晖远览笔便下，初无疑滞。或有不服者，晖远问其所传义疏，辄为始末诵之，然后出其所短，自是无敢饰非者。所试四五百人，数日便决，诸儒莫不推其通博，皆自以为不能测也。寻奉诏预修令式。高祖尝谓群臣曰："自古天子有女乐乎？"杨素以下莫知所出，遂言无女乐。晖远进曰："臣闻'窈窕淑女，钟鼓乐之'，此即王者房中之乐，著于《雅颂》，不得言无。"高祖大悦。仁寿中卒官，时年七十二，朝廷嗟惜焉，赗赙甚厚，赠员外散骑常侍。

马 光

马光，字荣伯，武安人也。少好学，从师数十年，昼夜不息，图书谶纬，莫不毕览，尤明《三礼》，为儒者所宗。开皇初，高祖征山东义学之士，光与张仲让、孔笼、窦士荣、张黑奴、刘祖仁等俱至，并授太学博士，时人号为六儒。然皆鄙野无仪范，朝廷不之贵也。士荣寻病死。仲让未几告归乡里，著书十卷，自云此书若奏，我必为宰相。又数言玄象事。州县列上其状，竟坐诛。孔笼、张黑奴、刘祖仁未几亦被谴去。唯光独存。尝行释奠，高祖亲幸国子学，王公以下毕集。光升座讲礼，启发章门。已而诸儒生以次论难者十余人，皆当时硕学，光剖析疑滞，虽辞非俊辨，而理义弘赡，论者莫测其浅深，咸共推服，上嘉而劳焉。山东《三礼》学者，自熊安生后，唯宗光一人。初，教授瀛、博间，门徒千数，至是多负笈从入长安。后数年，丁母忧归乡里，遂有终焉之志。以疾卒于家，时年七十三。

刘 焯

刘焯，字士元，信都昌亭人也。父洽，郡功曹。焯犀额龟背，望高视远，聪敏沈深，弱不好弄。少与河间刘炫结盟为友，同受《诗》于同郡刘轨思，受《左传》于广平郭懋常，问《礼》于阜城熊安生，皆不卒业而去。武强交津桥刘智海家素多坟籍，焯与炫就之读书，向经十载，虽衣食不继，晏如也。遂以儒学知名，为州博士。刺史赵煚引为从事，举秀才，射策甲科。与著作郎王劭同修国史，兼参议律历，仍直门下省，以待顾问。俄除员外将军。后与诸儒于秘书省考定群言。因假还乡里，县令韦之业引为功曹。寻复入京，与左仆射杨素、吏部尚书牛弘、国子祭酒苏威、国子祭酒元善、博士萧该、何妥、太学博士房晖远、崔宗德、晋王文学崔赜等于国子共论古今滞义前贤所不通者。每升座，论难锋起，皆不能屈，杨素等莫不服其精博。六年，运洛阳《石经》至京师，文字磨灭，莫能知者，奉敕与刘炫等考定。后因国子释奠，与炫二人论义，深挫诸儒，咸怀妒恨，遂为飞章所谤，除名为民。于是优游乡里，专以教授著述为务，孜孜不倦。贾、马、王、郑所传章句，多所非是。《九章算术》、《周髀》、《七曜历书》十余部，推步日月之经，量度山海之术，莫不核其根本，穷其秘奥。著《稽极》十卷，《历书》十卷，《五经述议》，并行于世。刘炫聪明博学，名亚于焯，故时人称二刘焉。天下名儒后进，质疑受业，不远千里而至者，不可胜数。论者以为数百年已来，博学通儒，无能出其右者。然怀抱不旷，又啬于财，不行束脩者，未尝有所教诲，时人以此少之。废太子勇闻而召之，未及进谒，诏令事蜀王，非其好也，久之不至。王闻而大怒，遣人枷送于蜀，配之军防。其后典校书籍。王以罪废，焯又与诸儒修定礼律，除云骑尉。炀帝即位，迁太学博士，俄以疾去职。数年，复被征以待顾问，因上所著《历书》，与太史令张胄玄多不同，被驳不用。大业六年卒，时年六十七。刘炫为之请谥，朝廷不许。

刘　炫

　　刘炫，字光伯，河间景城人也。少以聪敏见称，与信都刘焯闭户读书，十年不出。炫眸子精明，视日不眩，强记默识，莫与为俦。左画方，右画圆，口诵，目数，耳听，五事同举，无有遗失。周武帝平齐，瀛州刺史宇文亢引为户曹从事。后刺史李绘署礼曹从事，以吏干知名。岁余，奉敕与著作郎王劭同修国史。俄直门下省，以待顾问。又与诸术者修天文律历，兼于内史省考定群言，内史令博陵李德林甚礼之。炫虽遍直三省，竟不得官，为县司责其赋役。炫自陈于内史，内史送诣吏部，吏部尚书韦世康问其所能。炫自为状曰："《周礼》、《礼记》、《毛诗》、《尚书》、《公羊》、《左传》、《孝经》、《论语》孔、郑、王、何、服、杜等注，凡十三家，虽义有精粗，并堪讲授。《周易》、《仪礼》、《谷梁》，用功差少。史子文集，嘉言美事，咸诵于心。天文律历，穷核微妙。至于公私文翰，未尝假手。"吏部竟不详试，然在朝知名之士十余人，保明炫所陈不谬，于是除殿内将军。

　　时牛弘奏请购求天下遗逸之书，炫遂伪造书百余卷，题为《连山易》、《鲁史记》等，录上送官，取赏而去。后有人讼之，经赦免死，坐除名，归于家，以教授为务。太子勇闻而召之，既至京师，敕令事蜀王秀，迁延不往。蜀王大怒，枷送益州。既而配为帐内，每使执杖为门卫。俄而释之，典校书史。炫因拟屈原《卜居》，为《筮涂》以自寄。

　　及蜀王废，与诸儒修定《五礼》，授旅骑尉。吏部尚书牛弘建议，以为礼诸侯绝傍期，大夫降一等。今之上柱国，虽不同古诸侯，比大夫可也，官在第二品，宜降傍亲一等。议者多以为然。炫驳之曰："古之仕者，宗一人而已，庶子不得进。由是先王重适，其宗子有分禄之义。族人与宗子虽疏远，犹服缌三月，良由受其恩也。今之仕者，位以才升，不限适庶，与古既异，何降之有。今之贵者，多忽近亲，若或降之，民德之疏，自此始矣。"遂寝其事。开皇二十年，废国子四门及州县学，唯置太学博士二人，学生七十二人。炫上表学校不宜废，情理甚切，高祖不纳。开皇之末，国家殷盛，朝野皆以辽东为意。炫以为辽东不可伐，作《抚夷论》以讽焉，当时莫有悟者。及大业之季，三征不克，炫言方验。

　　炀帝即位，牛弘引炫修律令。高祖之世，以刀笔吏类多小人，年久长奸，势使然也。又以风俗陵迟，妇人无节。于是立格，州县佐史，三年而代之，九品妻无得再醮。炫著论以为不可，弘竟从之。诸郡置学官，及流外给廪，皆发自于炫。弘尝从容问炫曰："案《周礼》士多而府史少，今令史百倍于前，判官减则不济，其故何也？"炫对曰："古人委任责成，岁终考其殿最，案不重校，文不繁悉，府史之任，掌要目而已。今之文薄，恒虑覆治，锻炼若其不密，万里追证百年旧案，故谚云："老吏抱案死"。古今不同，若之相悬也，事繁政弊，职此之由。"弘又问："魏、齐之时，令史从容而已，今则不遑宁舍，其事由何？"炫对曰："齐氏立州不过数十，三府行台，递相统领，文书行下，不过十条。今州三百，其繁一也。往者州唯置纲纪，郡置守丞，县唯令而已。其所具僚，则长官自辟，受诏赴任，每州不过数十。今则不然，大小之官，悉由吏部，纤介之迹，皆属考功，其繁二也。省官不如省事，省事不如清心。官事不省而望从容，其可得乎？"弘甚善其言而不能用。纳言杨达举炫博学有文章，射策高第，除太学博士。岁余，以品卑去任，还至长平，奉敕追诣行在所。或言其无行，帝遂罢之，归于河间。于时群盗蜂起，谷食踊贵，经籍道息，教授不行。炫与妻子相去百里，声问断绝，郁郁不得志，乃自为赞曰：

　　通人司马相如、扬子云、马季长、郑康成等，皆自叙风徽，传芳来叶。余岂敢仰均先达，贻笑后昆。徒以日迫桑榆，大命将近，故友飘零，门徒雨散，溘死朝露，埋魂朔野，亲故莫照其心，后人不见其迹，殆及余喘，薄言胸臆，贻及行迈，传示州里，使夫将来俊哲知余鄙志耳。余从绾发以来，迄于白首，婴孩为慈亲所恕，棰楚未尝加，从学为明师所矜，榎楚弗及之。暨乎敦叙邦族，交结等夷，重物轻身，先人后己。昔在幼弱，乐参长者，爱及耆艾，数接后生。学则服而不厌，诲则劳而不倦，幽情寡适，心事方违。内省生平，顾循终始，其大幸有四，其深恨有一。性本愚蔽，家业贫窭，为父兄所饶，屦缙绅之末，遂得博览典诰，窥涉今古，小善著于丘园，虚名闻于邦国，其幸一也。隐显人间，沈浮世俗，数忝徒劳之职，久执城旦之书，名不挂于白简，事不染于丹笔，立身立行，惭恧实多，启手启足，庶几可免，其幸二也。以此庸虚，屡动神眷，以此卑贱，每升天府，齐镳骥騄，比翼鹓鸿，整绅素于凤池，记言动于麟阁，参谒宰辅，造请群公，厚礼殊恩，增荣改价，其幸三也。昼漏方尽，大橐已嗟，退反初服，归骸故里，玩文史以怡神，阅鱼鸟以散虑，观省野物，登临园沼，缓步代车，无罪为贵，其幸四也。仰休明之盛世，慨道教之陵迟，蹈先儒之逸轨，伤群言之芜秽，驰骛坟典，厘改僻谬，修撰始毕，图事适成，天违人愿，途不我与。世路未夷，学校尽废，道不备于当时，业不传于身后。衔恨泉壤，实在兹乎？其深恨一也。

时在郡城，粮饷断绝，其门人多随盗贼，哀炫穷乏，诣郡城下索炫，郡官乃出炫与之。炫为贼所将，过城下堡。未几，贼为官军所破，炫饥饿无所依，复投县城。长吏意炫与贼相知，恐为后变，遂闭门不纳。是时夜冰寒，因此冻馁而死，时年六十八。其后门人谥曰宣德先生。

炫性躁竞，颇俳谐，多自矜伐，好轻侮当世，为执政所丑，由是官途不遂。著《论语述议》十卷，《春秋攻昧》十卷，《五经正名》十二卷，《孝经述议》五卷，《春秋述议》四十卷，《尚书述议》二十卷，《毛诗述议》四十卷，《注诗序》一卷，《算术》一卷，并行于世。

褚辉

吴郡褚辉，字高明，以《三礼》学称于江南。炀帝时，征天下儒术之士，悉集内史省，相次讲论，辉博辩，无能屈者，由是擢为太学博士。撰《礼疏》一百卷。

顾彪

余杭顾彪，字仲文，明《尚书》、《春秋》。炀帝时为秘书学士，撰《古文尚书疏》二十卷。

鲁世达

余杭鲁世达，炀帝时为国子助教，撰《毛诗章句义疏》四十二卷，行于世。

张冲

吴郡张冲，字叔玄。仕陈为左中郎将，非其好也，乃覃思经典，撰《春秋义略》，异于杜氏七十余事，《丧服义》三卷，《孝经义》三卷，《论语义》十卷，《前汉音义》十二卷。官至汉王侍读。

王孝籍

平原王孝籍，少好学，博览群言，遍治五经，颇有文干。与河间刘炫同志友善。开皇中，召入秘书，助王劭修国史。劭不之礼，在省多年，而不免输税。孝籍郁郁不得志，奏记于吏部尚书牛弘曰：

窃以毒螫瘭肤，则申旦不寐，饥寒切体，亦卒岁无聊。何则？痛苦难以安，贫穷易为戚。况怀抱之内，冰火铄脂膏，腠理之间，风霜侵骨髓，安可齰舌缄唇，吞声饮气，恶呻吟之响，忍酸辛之酷哉！伏惟明尚书公动哀矜之色，开宽裕之怀，咳唾足以活枯鳞，吹嘘可用飞穷羽。芬椒兰之气，暖布帛之词，许小人之请，闻大君之听。虽复山川不远，鬼神在兹，信而有征，言无不履，犹恐拯溺迟于援手，救经缓于扶足。待越人之舟楫，求鲁匠之云梯，则必悬于槁树之枝，没于深渊之底矣。夫以一介贫人，七年直省，课役不免，庆赏不沾，卖贡禹之田，供释之之费，有弱子之累，

乏强兄之产。加以老母在堂，光阴迟暮，寒暑违阙，关山超远，啮臂为期，前途逾邈，倚闾之望，朝夕已勤。谢相如之病，无官可以免，发梅福之狂，非仙所能避。愁疾甚于厉鬼，人生异夫金石。营魂且散，恐箧于无征，赉恨入冥，则虚缘恩顾，此乃王稽所以致言，应侯为之不乐也。潜鬓发之内，居眉睫之间，子野未曾闻，离朱所不见，沈沦东观，留滞南史，终无荐引，永同埋瘗。三世不移，虽由寂寞，十年不调，实乏知己。夫不世出者，圣明之君也，不万一者，诚贤之臣也。以夫不世出而逢不万一，此小人所以为明尚书幸也。坐人物之源，运铨衡之柄，反披狐白，不好缊衣，此小人为明尚书不取也。昔荆玉未剖，刖卞和之足，百里未用，碎禽息之首。居得言之地，有能用之资，增耳目之明，无手足之戁，惮而弗为，孰知其解！夫官或不称其能，士或未申其屈，一夫窃议，语流天下。劳不见图，安能无望！傫病未及死，狂还克念，汗穷愁之简，属离忧之词，记志于前修，通心于来哲，使千载之下，哀其不遇，追咎执事，有点清尘，则不肖之躯，死生为累，小人之罪，方且未刊。愿少加怜愍，留心无忽！

弘亦知其有学业，而竟不得调。后归乡里，以教授为业，终于家。注《尚书》及《诗》，遭乱零落。

史臣曰：古语云："容体不足观，勇力不足恃，族姓不足道，先祖不足称，然而显闻四方，流声后胤者，其唯学乎？"信哉斯言也。晖远、荣伯之徒，笃志不倦，自求诸己，遂能闻道下风，称珍席上。或聚徒千百，或服冕乘轩，见重明时，实惟稽古之力也。江阳从容雅望，风韵闲远，清谈高论，籍甚当年；彦之敦经悦史，砥身砺行，志存典制，动蹈规矩；何妥通涉俊爽，神情警悟，雅有口才，兼擅词笔，然讦以为直，失儒者之风焉；刘焯道冠缙绅，数穷天象，既精且博，洞幽究微，铭深致远，源流不测，数百年来，斯人而已；刘炫学实通儒，才堪成务，九流七略，无不该览，虽探赜索隐，不逮于焯，裁成义说，文雅过之。并道亚生知，时不我与，或才登于下士，或馁弃于沟壑，惜矣。子夏有言："死生有命，富贵在天。"天之所与者聪明，所不与者贵仕，上圣且犹不免，焯、炫其如命何！

卷七十六　　列传第四十一

文　学

《易》曰："观乎天文，以察时变，观乎人文，以化成天下。"《传》曰："言，身之文也，言而不文，行之不远。"故尧曰则天，表文明之称，周云盛德，著焕乎之美。然则文之为用，其大矣哉！上所以敷德教于下，下所以达情志

于上，大则经纬天地，作训垂范，次则风谣歌颂，匡主和民。或离逖放逐之臣，涂穷后门之士，道轗轲而未遇，志郁抑而不申，愤激委约之中，飞文魏阙之下，奋迅泥滓，自致青云，振沈溺于一朝，流风声于千载，往往而有。是以凡百君子，莫不用心焉。自汉、魏以来，迄乎晋、宋，其体屡变，前哲论之详矣。暨永明、天监之际，太和、天保之间，洛阳、江左，文雅尤盛。于时作者，济阳江淹、吴郡沈约、乐安任昉、济阴温子昇、河间邢子才、巨鹿魏伯起等，并学穷书圃，思极人文，缛彩郁于云霞，逸响振于金石。英华秀发，波澜浩荡，笔有余力，词无竭源。方诸张、蔡、曹、王，亦各一时之选也。闻其风者，声驰景慕，然彼此好尚，互有异同。江左宫商发越，贵于清绮，河朔词义贞刚，重乎气质。气质则理胜其词，清绮则文过其意，理深者便于时用，文华者宜于咏歌，此其南北词人得失之大较也。若能掇彼清音，简兹累句，各去所短，合其两长，则文质斌斌，尽善尽美矣。梁自大同之后，雅道沦缺，渐乖典则，争驰新巧。简文、湘东，启其淫放，徐陵、庾信，分路扬镳。其意浅而繁，其文匿而彩，词尚轻险，情多哀思。格以延陵之听，盖亦亡国之音乎！周氏吞并梁、荆，此风扇于关右，狂简斐然成俗，流宕忘反，无所取裁。高祖初统万机，每念雕为朴，发号施令，咸去浮华。然时俗词藻，犹多淫丽，故宪台执法，屡飞霜简。炀帝初习艺文，有非轻侧之论，暨乎即位，一变其风。其《与越公书》、《建东都诏》、《冬至受朝诗》及《拟饮马长城窟》，并存雅体，归于典制。虽意在骄淫，而词无浮荡，故当时缀文之士，遂得依而取正焉。所谓能言者未必能行，盖亦君子不以人废言也。爰自东帝归秦，逮乎青盖入洛，四隩咸暨，九州攸同，江汉英灵，燕赵奇俊，并该天网之中，俱为大国之宝。言刈其楚，片善无遗，润木圆流，不能十数，才之难也，不其然乎！时之文人，见称当世，则范阳卢思道、安平李德林、河东薛道衡、赵郡李元操、巨鹿魏澹、会稽虞世基、河东柳䛒、高阳许善心等，或鹰扬河朔，或独步汉南，俱骋龙光，并驱云路，各有本传，论而叙之。其潘徽、万寿之徒，或学优而不切，或才高而无贵仕，其位可得而卑，其名不可埋没，今总之于此，为《文学传》云。

刘臻

刘臻，字宣挚，沛国相人也。父显，梁寻阳太守。臻年十八，举秀才，为邵陵王东阁祭酒。元帝时，迁中书舍人。江陵陷没，复归萧詧，以为中书侍郎。周冢宰宇文护辟为中外府记室，军书羽檄，多成其手。后为露门学士，授大都督，封饶阳县子，历蓝田令、畿伯下大夫。高祖受禅，进位仪同三司。左仆射高颎之伐陈也，以臻随军，典文翰，进爵为伯。皇太子勇引为学士，甚亵狎之。臻无吏干，又性恍惚，耽悦经史，终日覃思，至于世事，多所遗忘。有刘讷者亦任仪同，俱为太子学士，情好甚密。臻住城南，讷住城东，臻尝欲寻讷，谓从者曰："汝知刘仪同家乎？"从者不知寻讷，谓臻还家，答曰："知。"于是引之而去，既扣门，臻尚未悟，谓至讷家。乃据鞍大呼曰："刘仪同可出矣。"其子迎门，臻惊曰："此汝亦来耶？"其子答曰："此是大人家。"于是顾盼，久之乃悟，叱从者曰："汝大无意，吾欲造刘讷耳。"性好噉蚬，以音同父讳，呼为扁螺。其疏放多此类也。精于《两汉书》，时人称为汉圣。开皇十八年卒，年七十二。有集十卷行于世。

王頍

王頍，字景文，齐州刺史頒之弟也。年数岁，值江陵陷，随诸兄入关。少好游侠，年二十，尚不知书。为其兄顗所责怒，于是感激，始读《孝经》、《论语》，尽夜不倦。遂读《左传》、《礼》、《易》、《诗》、《书》，乃叹曰："书无不可读者！"勤学累载，遂遍通五经，究其旨趣，大为儒者所称。解缀文，善谈论。年二十二，周武帝引为露门学士。每有疑决，多頍所为。而頍性识甄明，精力不倦，好读诸子，偏记异书，当代称为博物。又晓兵法，益有纵横之志，每叹不逢时，常以将相自许。开皇五年，授著作佐郎。寻令于国子讲授。会高祖亲临释奠，国子祭酒元善讲《孝经》，頍与相论难，词义锋起，善往往见屈。高祖大奇之，超授国子博士。后坐事解职，配防岭南。数载，授汉王谅府谘议参军，王甚礼之。时谅见房陵及秦、蜀二王相次废黜，潜有异志。頍遂阴劝谅缮治兵甲。及高祖崩，谅遂举兵反，多頍之计也。頍后数进奇策，谅不能用。杨素至蒿泽，将战，頍谓其子曰："气候殊不佳，兵必败。汝可随从我。"既而兵败，頍将归突厥，至山中，径路断绝，知必不免，谓其子曰："吾之计数，不减杨素，但坐言不见从，遂至于此。不能坐受擒执，以成竖子名也。吾死之后，汝慎勿过亲故。"于是自杀，瘗之石窟中。其子数日不得食，遂过其故人，竟为所擒。杨素求頍尸，得之，斩首，枭于太原。时年五十四。撰《五经大义》三十卷，有集十卷，并因兵乱，无复存者。

崔儦

崔儦，字岐叔，清河武城人也。祖休，魏青州刺史。父仲文，齐高阳太守。世为著姓。儦年十六，太守请为功曹，不就。少与范阳卢思道、陇西辛德源同志友善。每以读书为务，负恃才地，忽略世人。大署其户曰："不读五千卷书者，无得入此室。"数年之间，遂博览群言，多所通涉。解属文，在齐举秀才，为员外散骑侍郎，迁殿中侍御史。寻与熊安生、马敬德等议《五礼》，兼修律令。寻兼散骑侍郎，聘于陈。使还，待诏文林馆。历殿中、膳部、员外三曹郎中。儦与顿丘李若俱见称重，时人为之语曰："京师灼灼，崔儦、李若。"齐亡，归乡里，仕郡为功曹，州补主簿。开皇四年，征授给事郎，寻兼内史舍人。后数年，兼通直散骑常侍，聘于陈，还授员外散骑侍郎。越国公杨素时方贵幸，重儦门地，为子玄纵娶其女为妻。聘礼甚厚。亲迎之始，公卿满座，素令骑迎儦，儦故敝其衣冠，骑驴而至。素推令上座，儦有轻素之色，礼甚倨，言又不逊。素忿然，拂衣而起，竟罢座。后数日，儦方来谢，素待之如初。仁寿中，卒于京师，时年七十二。子世济。

诸葛颖

诸葛颖，字汉，丹阳建康人也。祖铨，梁零陵太守。父规，义阳太守。颖年八岁，能属文，起家梁邵陵王参军事，转记室。侯景之乱，奔齐，待诏文林馆。历太学博士、太子舍人。周武平齐，不得调，杜门不出者十余年。习《周易》、图纬、《仓》、《雅》、《庄》、《老》，颇得其要。清辩有俊才，晋王广素闻其名，引为参军事，转记室。及王为太子，除药藏监。炀帝即位，迁著作郎，甚见亲幸。出入卧内，帝每赐之曲宴，辄与皇后嫔御连席共榻。颖因间隙，多所谮毁，是以时人谓之"冶葛"。后录恩旧，授朝散大夫。帝常赐颖诗，其卒章曰："参翰长洲苑，侍讲肃成门。名理穷研核，英华恣讨论。实录资平允，传芳导后昆。"其见待遇如此。后征吐谷浑，加正议大夫。后从驾北巡，卒于道，年七十七。

颖性褊急，与柳䛒每相忿閧，帝屡责怒之而犹不止，于后帝亦薄之。有集二十卷，撰《銮驾北巡记》三卷、《幸江都道里记》一卷、《洛阳古今记》一卷、《马名录》二卷，并行于世。有子嘉会。

孙万寿

孙万寿，字仙期，信都武强人也。祖宝，魏散骑常侍。父灵晖，齐国子博士。万寿年十四，就阜城熊安生受五经，略通大义，兼博涉子史。善属文，美谈笑，博陵李德林见而奇之。在齐，年十七，奉朝请。高祖受禅，滕穆王引为文学，坐衣冠不整，配防江南。行军总管宇文述召典军书。万寿本书生，从容文雅，一旦从军，郁郁不得志，为五言诗赠京邑知友曰：

贾谊长沙国，屈平湘水滨。江南瘴疠地，从来多逐臣。粤余非巧宦，少小拙谋身。欲飞无假翼，思鸣不值晨。如何载笔士，翻作负戈人！飘飘如木偶，弃置同刍狗。失路乃西浮，非狂亦东走。晚岁出函关，方春度京口。石城临兽据，天津望牛斗。牛斗盛妖氛，枭獍已成群。郗超初入幕，王粲始从军。裹粮楚山际，被甲吴江汶。吴江一浩荡，楚山何纠纷。惊波上溅日，乔木下临云。击越恒资辩，喻蜀几飞文。鲁连唯救患，吾彦不争勋。羁游岁月久，归思常摇曼。非关不树萱，岂为无杯酒！数载辞乡县，三秋别亲友。壮志后风云，衰鬓先蒲柳。心绪乱如丝，空怀畴昔时。昔时游帝里，弱岁逢知已。旅食南馆中，飞盖西园里。河间本好书，东平唯爱士。英辩接天人，清言洞名理。凤池时寓直，麟阁常游止。胜地盛宾僚，丽景相携招。舟泛昆明水，骑指渭津桥。被除临灞岸，供帐出东郊。宜城酝始熟，阳翟曲新调。绕树乌啼夜，雏麦雉飞朝。细尘梁下落，长袖掌中娇。欢娱三乐至，怀抱百忧销。梦想犹如昨，寻思久寂寥。一朝牵世网，万里逐波潮。回轮常自转，悬旆不堪摇。登高视衿带，乡关白云外。回首望孤城，愁人益不平。华亭宵鹤唳，幽谷早莺鸣。断绝心难续，惆怅魂屡惊。群纪通家好，邹鲁故乡情。若值南飞雁，时能访死生。

此诗至京，盛为当时之所吟诵，天下好事者多书壁而玩之。后归乡里，十余年不得调。仁寿初，征拜豫章王长史，非其好也。王转封于齐，即为齐王文学。当时诸王官属多被夷灭，由是弥不自安，因谢病免。久之，授大理司直，卒于官，时年五十二。有集十卷行于世。

王贞

王贞，字孝逸，梁郡陈留人也。少聪敏，七岁好学，善《毛诗》、《礼记》、《左氏传》、《周易》，诸子百家，无不毕览。善属文词，不治产业，每以讽读为娱。开皇初，汴州刺史樊叔略引为主簿，后举秀才，授县尉，非其好也。谢病于家。炀帝即位，齐王暕镇江都，闻其名，以书召之曰：

夫山藏美玉，光照廊庑之间，地蕴神剑，气浮星汉之表。是知毛遂颖脱，义感平原，孙慧文词，来迁东海。顾循寡薄，有怀髦彦，籍甚清风，为日久矣，未获披觌，良深伫迟。比高天流火，早应凉飙，陵云仙掌，方承清露，想摄卫攸宜，与时休适。前园后圃，从容丘壑之情，左琴右书，萧散烟霞之外。茂陵谢病，非无《封禅》之文，彭泽遗荣，先有《归来》之作。优游儒雅，何乐如之！余属当藩屏，宣条扬、越，坐棠听讼，事绝咏歌，攀桂摘词，眷言高遁。至于扬旌北渚，飞盖西园，托乘乏应、刘，置醴阙申、穆，背淮之宾，徒闻其语，趋燕之客，罕值其人。卿道冠鹰扬，声高凤举，儒墨泉海，词章苑囿，栖迟衡泌，怀宝迷邦，徇兹独善，良以於邑。今遣行人，具宣往意，侧望起予，甚于饥渴，想便轻举，副此虚心。无信投石之谈，空慕凿坏之逸，书不尽言，更惭词费。

及贞至，王以客礼待之，朝夕遣问安不。又索文集，贞启谢曰：

属贺德仁宣教，须少来所有拙文。昔公旦之才艺，能事鬼神，夫子之文章，性与天道，雅志传于游、夏，余波鼓于屈、宋，雕龙之迹，具在风骚，而前贤后圣，代相师祖。赏逐时移，出门分路，变清音于正始，体高致于元康，咸言坐握蛇珠，谁许独为麟角。孝逸生于战争之季，长于风尘之世，学无半古，才不逮人。往属休明，寸阴已昃，虽居可封之屋，每怀贫贱之耻。适鄢郢而迷涂，入邯郸而失步，归来反覆，心灰遂寒。岂谓横议过实，虚尘睿览，枉高车以载鼷，费明珠以弹雀，遂得裹粮三月，重高门之余地，背淮千里，望章台之后尘。与悬黎而并肆，将骏骥而同皁，终朝击缶，匪黄钟之所谐，日暮却行，何前人之能及！顾想平生，触涂多感，但以积年沈痼，遗忘日久，拙思所存，才成三十三卷。仰而不至，方见学仙之远，窥而不睹，始知游圣之难。咫尺天人，周章不暇，怖甚真龙之降，惭过白豕之归，伏纸陈情，形神悚越。

齐王览所上集，善之，赐良马四匹。贞复上《江都赋》，王赐钱十万贯，马二匹。未几，以疾甚还乡里，终于家。

虞 绰 辛大德

虞绰，字士裕，会稽余姚人也。父孝曾，陈始兴王谘议。绰身长八尺，姿仪甚伟，博学有俊才，尤工草隶。陈左卫将军傅縡有盛名于世，见绰词赋，叹谓人曰："虞郎之文，无以尚也！"仕陈为太学博士，迁永阳王记室。及陈亡，晋王广引为学士。大业初，转为秘书学士，奉诏与秘书郎虞世南、著作佐郎庾自直等撰《长洲玉镜》等书十余部。绰所笔削，帝未尝不称善，而官竟不迁。初为校书郎，以藩邸左右，加宣惠尉。迁著作佐郎，与虞世南、庾自直、蔡允恭等四人常居禁中，以文翰待诏，恩盼隆洽。从征辽东，帝舍临海顿，见大鸟，异之，诏绰为铭。其辞曰：

维大业八年，岁在壬申，夏四月丙子，皇帝底定辽碣，班师振旅，龙驾南辕，鸾旗西迈，行宫次于柳城县之临海顿焉。山川明秀，实仙都也。旌门外设，款跨重阜，帐殿周施，降望大壑。息清跸，下轻舆，警百灵，绥万福，践素砂，步碧汕。同轩皇之襄野，迈汉宗于河上，想汾射以开襟，望瀛瀛而载仁。肓然齐肃，貌属殊庭，兼以圣德遐宣，息别风与淮雨，休符潜感，表重润于夷波。璧日晒光，卿云舒采，六合开朗，十洲澄镜。少选之间，倏焉灵感，忽有祥禽，皎同鹤鹭，出自霄汉，翻然双下。高逾一丈，长乃盈寻，靡霜晖于羽翮，激丹华于骍距。鸾翔凤跱，鹊起鸿骞，或蹶或啄，载飞载止，徘徊驯扰，咫尺乘舆。不藉挥琴，非因拊石，乐我君德，是用来仪。斯固类仙人之骐骥，冠羽族之宗长，西王青鸟，东海赤雁，岂可同年而语哉！窃以铭基华岳，事乖灵异，纪迹邹山，义非尽美，犹方册不泯，遗文可观。况盛德成功，若斯懿铄，怀真味道，加此感通，不镌名山，安用铭异！臣拜稽首，敢勒铭云：

来苏兴怨，帝自东征，言复禹绩，乃御轩营。六师薄伐，三韩肃清，龚行天罚，赫赫明明。文德上畅，灵武外薄，车徒不扰，苛慝靡作。凯歌载路，成功允铄，反旂还轩，遵林并壑。停舆海瀁，驻骅岩阯，肓想遐凝，貌属千里。金台银阙，云浮岳峙，有感斯应，灵禽效祉。飞来清汉，俱集华泉，好音玉响，皓质冰鲜。狎仁驯德，习习翩翩，绝迹无泯，于万斯年。

帝览而善之，命有司勒于海上。以渡辽功，授建节尉。绰恃才任气，无所降下。著作郎诸葛颍以学业幸于帝，绰每轻侮之，由是有隙。帝尝问绰于颍，颍曰："虞绰粗人也。"帝领之。时礼部尚书杨玄感称为贵倨，虚襟礼之，与结布衣之友。绰数从之游。其族人虞世南诫之曰："上性猜忌，而君过厚玄感。若与绝交者，帝知君改悔，可以无咎；不然，终当见祸。"绰不从。寻有告绰以禁内兵书借玄感，帝甚衔之。及玄感败后，籍没其家，妓妾并入宫。帝因问之，玄感平常时与何人交往，其妾以虞绰对。帝令大理卿郑善果穷治其事，绰曰："羁旅薄游，与玄感文酒谈款，实无他谋。"帝怒不解，徙绰且末。绰至长安而亡，吏逮之急，于是潜渡江，变姓名，自称吴卓。游东阳，抵信安令天水辛大德，大德舍之。岁余，绰与人争田相讼，因有识绰者而告之，竟为吏所执，坐斩江都，时年五十四。所有词赋，并行于世。

大德为令，诛翦群盗，甚得民和。与绰俱为使者所执，其妻泣曰："每谏君无匿学士，今日之事，岂不哀哉！"大德笑曰："我本图脱长者，反为人告之，吾罪也。当死以谢绰。"会有诏，死罪得以击贼自效。信安吏民诣使者叩头曰："辛君人命所悬，辛君若去，亦无信安矣。"使者留之以讨贼。帝怒，斩使者，大德获全。

王 胄

王胄，字承基，琅邪临沂人也。祖筠，梁太子詹事。父祥，陈黄门侍郎。胄少有逸才，仕陈，起家鄱阳王法曹参军，历太子舍人、东阳王文学。及陈灭，晋王广引为学士。仁寿末，从刘方击林邑，以功授帅都督。大业初，为著作佐郎，以文词为炀帝所重。帝常自东都还京师，赐天下大酺，因为五言诗，诏胄和之。其词曰："河洛称朝市，崤函实奥区。周营曲阜作，汉建奉春谟。大君苞二代，皇居盛两都。招摇正东指，天驷乃西驱。展轸齐玉轪，式道耀金吾。千门驻罕罼，四达俨车徒。是节春之暮，神皋华实敷。皇情感时物，睿思属枌榆。诏问百年老，恩隆五日酺。小人荷熔铸，何由答大炉。"帝览而善之，因谓侍臣曰："气高致远，归之于胄；词清体润，其在世基；意密理新，推庾自直。过此者，未可以言诗也。"帝所有篇什，多令继和。与虞绰齐名，同志友善，于时后进之士咸以二人为准的。从征辽东，进授朝散大夫。胄性疏率不伦，自恃才大，郁郁于薄宦，每负气陵傲，忽略时人。为诸葛颍所嫉，屡谮之于帝，帝爱其才而不罪。礼部尚书杨玄感虚襟与交，数游其第。及玄感败，与虞绰俱徙边。胄遂亡匿，潜还江左，为吏所捕，坐诛，时年五十六。所著词赋，多行于世。

胄兄眘，字元恭，博学多通。少有盛名于江左。仕陈，历太子洗马、中舍人。陈亡，与胄俱为学士。炀帝即位，授秘书郎，卒官。

庾自直

庾自直，颍川人也。父持，陈羽林监。自直少好学，沉静寡欲。仕陈，历豫章王府外兵参军、宣惠记室。陈亡，入关，不得调。晋王广闻之，引为学士。大业初，授著作佐郎。自直解属文，于五言诗尤善。性慎，不妄交游，特为帝所爱。帝有篇章，必先示自直，令其诋诃。自直所难，帝辄改之，或至于再三，俟其称善，然后方出。其见亲礼如此。后以本官知起居舍人事。化及作逆，以之北上，自载露车中，感激发病卒。有文集十卷行于世。

潘 徽

潘徽，字伯彦，吴郡人也。性聪敏，少受《礼》于郑灼，受《毛诗》于施公，受《书》于张冲，讲《庄》、《老》于张讥，并通大义。尤精三史。善属文，能持论。陈尚书令江总引致文儒之士，徽一诣总，总甚敬之。释褐新蔡王国侍郎，选为客馆令。隋遣魏澹聘于陈，陈人使徽接对之。澹将返命，为启于陈主曰："敬奉弘慈，曲垂饯送。"徽以为"伏奉"为重，"敬奉"为轻，却其启而不奏。澹立议曰："《曲礼》注曰：'礼主于敬。'《诗》曰：'维桑与梓，必恭敬止。'《孝经》曰：'宗庙致高。'又云：'不敬其亲，谓之悖礼。'孔子敬天之怒，成汤圣敬日跻。宗庙极重，上天极高，父极尊，君极贵，四者咸同一敬，五经未有异文，不知以敬为轻，竟何所据？"徽难之曰："向所论敬字，本不全以为轻，但施用处殊，义成通别。《礼》主于敬，此是通言，犹如男子'冠而字之'，注云'成人敬其名也'。《春秋》有冀缺，夫妻亦云'相敬'。既于子则有敬名之义，在夫亦有敬妻之说，此可复并谓极重乎？至若'敬谢诸公'，固非尊地，'公子敬爱'，止施宾友，'敬问'、'敬报'，弥见雷同，'敬听'、'敬酬'，何关贵隔！当知敬之为义，虽是不轻，但敬之于语，则有时混漫。今云'敬奉'，所以成疑。聊举一隅，未为深据。"澹不能对，遂从而改焉。及陈灭，为州博士，秦孝王俊闻其名，召为学士。尝从俊朝京师，在途，令徽为马上为赋，行一驿而成，名曰《述恩赋》。俊览而善之。复令为《万字文》，并遣撰集字书，名为《韵纂》。徽为序曰：

文字之来尚矣。初则羲皇出震，观象纬以法天，次则史颉佐轩，察蹄迹而取地。于是八卦爰始，爻文斯作，绳用既息，坟籍生焉。至如龙策授河，龟威出洛，绿绨白检、述勋、华之运，金绳玉字，表殷、夏之符，衔甲示于姬坛，吐卷征于孔室，莫不理包远迩，迹会幽明，仰协神功，俯照人事。其制作也如彼，其祥瑞也如此，故能宣流万代，正名百物，为生民之耳目，作后王之模范，颂美形容，垂芬篆素。暨大隋之受命也，追踪三五，并曜参辰，外振武功，内修文德。飞英声而勒嵩岱，彰大定而铭钟鼎。春秋羽，盛礼乐于胶庠，省俗观风，采歌谣于唐卫。我秦王殿下，降灵霄极，禀秀天机，质润珪璋，文兼黼黻。楚诗早习，颇属怀于言志，沛《易》先通，每留神于索隐。尊儒好古，三雍之对已道，博物多能，百家之工弥洽。遨游必名教，渔猎唯图史。加以降情引汲，择善含微，筑馆招贤，攀枝仁异。剖连城于井里，贲束帛于丘园，薄技无遗，片言便赏。所以人加脂粉，物竞琢磨，俱报稻粱，各施鸣吠。于时岁次鹑火，月躔夷则，骖驾务隙，灵光意静。前临竹沼，却倚桂岩，泉石莹仁智之心，烟霞发文彩之致，宾僚雾集，教义风靡。乃讨论群艺，商略众书，以为小学之家，尤多舛杂，虽复周礼汉律，务在贯通，而巧说邪辞，递生同异。且文讹篆隶，音谬楚夏，《三苍》、《急就》之流，微存章句，《说文》、《字林》之属，唯别体形。至于寻声推韵，良为疑混，酌古会今，未臻功要。末有李登《声类》、吕静《韵集》，始判清浊，才分宫羽，而全无引据，过伤浅局，诗赋所须，卒难为用。遂躬纡睿旨，摽摘是非，撮举文纲，裁断篇部，总会旧辙，创立新意，声别相从，即随注释。详之诂训，证以经史，备包《骚》《雅》，博牵子集，汗简云毕，题为《韵纂》。

凡三十卷，勒成一家。方可藏彼名山，副诸石室，见群玉之为浅，鄙悬金之不定。爰命末学，制其都序。徽业术已寡，思理弥殚，心若死灰，文惭生气。徒以犬马识养，飞走怀仁，敢执颠沛之辞，遂操狂简之笔。而齐鲁富经学，楚郑多良士，西河之彦，幸不诮于索居，东里之才，请能加于润色。

未几，俊薨，晋王广复引为扬州博士，令与诸儒撰《江都集礼》一部。复令徽作序曰：

礼之为用至矣。大与天地同节，明与日月齐照，源开三本，体合四端。巢居穴处之前，即萌其理，龟文鸟迹以后，稍显其事。虽情存简易，意非玉帛，而夏造殷因，可得知也。至如秩宗三礼之职，司徒五礼之官，邦国以和，人神惟敬，道德仁义，非此莫成，进退俯仰，去兹安适！若玺印涂，犹防止水，岂直譬彼耕耨，均斯粉泽而已哉！自世属坑焚，时移汉、魏，叔孙通之硕解，高堂隆之博识，专门者雾集，制作者风驰，节文颇备，枝条互起。皇帝负扆垂旒，辨方正位，纂勋华之历象，缀文武之宪章。车书之所会通，触垫斯应，云雨之所沾润，无思不凭。东探石窦之符，西蠹羽陵之策，鸣銮太室，偃伯灵台，乐备五常，礼兼八代。上柱国、太尉、扬州总管、晋王握珪璋之宝，履神明之德，隆化赞杰，藏用显仁。地居周邵，业冠河楚，允文允武，多才多艺。戎衣而笼关塞，朝服而扫江湖，收杞梓之才，辟康庄之馆。加以佃渔六学，网罗百氏，继餐下之绝轨，弘泗上之沦风，颐无隐而不探，事有难而必综。至于采标绿错，华垂丹篆，刑名长短，儒墨是非，书囿翰林之域，理窟谈丛之内，谒者所求之余，侍医所校之逸，莫不澄泾辨渭，拾珠弃蚌。以为质文递改，损益不同，《明堂》、《曲台》之记，南宫、东观之说，郑、王、徐、贺之答，崔、谯、何、庾之论，简牍虽盈，菁华盖鲜。乃以宣条暇日，听讼余晨，娱情窥宝之乡，凝相观涛之岸，总括油素，躬披细缃，芟芜刈楚，振领提纲，去其繁杂，撮其指要，勒成一家，名曰《江都集礼》。凡十二帙，一百二十卷，取方月数，用比星周，军国之义存焉，人伦之纪备矣。昔者龟、蒙令后，睢、涣名藩，诚复出警入跸，拟乘舆之制度，建镳载旐，用天子之礼乐。求诸述作，未闻兹典。方可韬之颍水，副彼名山，见刻石之非工，嗤悬金之已陋。是知《沛王通论》，不独擅于前修，《宁朔新书》，更追惭于往册。徽幸栖仁岳，忝游圣海，谬承恩奖，敢叙该博之致云。

炀帝嗣位，诏徽与著作佐郎陆从典、太常博士褚亮、欧阳询等助越公杨素撰《魏书》，会素薨而止。授京兆郡博士。杨玄感兄弟甚重之，数相来往。及玄感败，凡交关多罹其患。徽以玄感故人，为帝所不悦，有司希旨，出徽为西海郡威定县主簿。意甚不平，行至陇西，发病卒。

杜正玄 弟正藏

杜正玄，字慎徽，其先本京兆人，八世祖曼，为石赵从事中郎，因家于邺。自曼至正玄，世以文学相授。正玄尤聪敏，博涉多通。兄弟数人，俱未弱冠，并以文章才辩籍甚三河之间。开皇末，举秀才，尚书试方略，正玄应对如响，下笔成章。仆射杨素负才傲物，正玄抗辞酬对，无所屈挠，素甚不悦。久之，会林邑献白鹦鹉，素促召正玄，使者相望。及至，即令作赋。正玄仓卒之际，援笔立成。素见文不加点，始异之。因令更拟诸杂文笔十余条，又皆立成，而辞理华赡，素乃叹曰："此真秀才，吾不及也！"授晋王行参军，转豫章王记室，卒官。弟正藏。

正藏字为善，尤好学，善属文。弱冠举秀才，授纯州行参军，历下邑正。大业中，学业该通，应诏举秀才，兄弟三人俱以文章一时诣阙，论者荣之。著碑诔铭颂诗赋百余篇。又著《文章体式》，大为后进所宝，时人号为文轨，乃至海外高丽、百济，亦共传习，称为《杜家新书》。

常得志

京兆常得志，博学善属文，官至秦王记室。及王薨，过故宫，为五言诗，辞理悲壮，甚为时人所重。复为《兄弟论》，义理可称。

尹式

河间尹式，博学解属文，少有令问。仁寿中，官至汉王记室，王甚重之，及汉王败，式自杀。其族人正卿、彦卿俱有俊才，名显于世。

刘善经

河间刘善经，博物洽闻，尤善词笔。历仕著作佐郎、太子舍人。著《酬德传》三十卷，《诸刘谱》三十卷，《四声指归》一卷，行于世。

祖君彦

范阳祖君彦，齐尚书仆射孝徵之子也。容貌短小，言辞讷涩，有才学。大业末，官至东平郡书佐。郡陷为翟让，因为李密所得。密甚礼之，署为记室，军书羽檄，皆成于其手。及密败，为王世充所杀。

孔德绍

会稽孔德绍，有清才，官至景城县丞。窦建德称王，署为中书令，专典书檄。及建德败，伏诛。

刘斌

南阳刘斌，颇有词藻，官至信都郡司功书佐。窦建德署为中书舍人。建德败，复为刘䦷中书侍郎，与刘䦷亡归突厥，不知所终。

史臣曰：魏文有言"古今文人，类不护细行，鲜能以名节自立"，信矣！王胄、虞绰之辈，崔儦、孝逸之伦，或矜气负才，遗落世事，或学优命薄，调高位下，心郁抑而孤愤，志盘桓而不定，啸傲当世，脱略公卿。是知跅弛见遗，嫉邪忤物，不独汉阳赵壹、平原祢衡而已。故多离谗悔，鲜克有终。然其学涉稽古，文词辩丽，并邓林之一枝，昆山之片玉矣。有隋总一寰宇，得人为盛，秀异之贡，不过十数。正玄昆季三人预焉，华萼相耀，亦为难兄难弟矣。

卷七十七　　列传第四十二

隐 逸

自肇有书契，绵历百王，虽时有盛衰，未尝无隐逸之士。故《易》称"遁世无闷"，又曰"不事王侯"；《诗》云"皎皎白驹，在彼空谷"；《礼》云"儒有上不臣天子，下不事王侯"；语曰"举逸民，天下之人归心焉"。虽出处殊途，语默异用，各言其志，皆君子之道也。洪崖兆其始，箕山扇其风，七人作乎周年，四皓兆乎汉日，魏、晋以降，其流逾广。其大者则轻天下，细万物，其小者则安苦节，甘贱贫。或与世同尘，随波澜以俱逝，或违时矫俗，望江湖而独往。狎玩鱼鸟，左右琴书，拾遗粒而织落毛，饮石泉而荫松柏。放情宇宙之外，自足怀抱之中，然皆欣欣于独善，鲜汲汲于兼济。而受命哲王，守文令主，莫不束帛交驰，蒲轮结辙，奔走岩谷，唯恐不逮者，何哉？以其道虽未弘，志不可夺，纵无舟楫之功，终有贤贞之操。足以立懦夫之志，息贪竞之风，与夫苟得之徒，不可同年共日。所谓无用以为用，无为而无不为者也。故叙其人，列其行，以备《隐逸篇》云。

李士谦

李士谦，字子约，赵郡平棘人也。髫龀丧父，事母以孝闻。母曾呕吐，疑为中毒，因跪而尝之。伯父魏岐州刺史玚，深所嗟尚，每称曰："此儿吾家之颜子也。"年十二，魏广平王赞辟开府参军事。后丁母忧，居丧骨立。有姊适宋氏，不胜哀而死。士谦服阕，舍宅为伽蓝，脱身而出。诣学请业，研精不倦，遂博览群籍，兼善天文术数。齐吏部尚书辛术召署员外郎，赵郡王睿举德行，皆称疾不就。和士开亦重其名，将讽朝廷，擢为国子祭酒。士谦知而固辞，得免。隋有天下，毕志不仕。自以少孤，未尝饮酒食肉，口无杀害之言。至于亲宾来萃，辄陈樽俎，对之危坐，终日不倦。李氏宗党豪盛，每至春秋二社，必高会极欢，无不沉醉喧乱。尝集士谦所，盛馔盈前，而先为设黍，谓群从曰："孔子称黍为五谷之长，荀卿亦云食先黍稷，古人所尚，容可违乎？"少长肃然，不敢驰惰，退而相谓曰："既见君子，方觉吾徒之不德也。"士谦闻而自责曰："何乃为人所疏，顿至于此！"家富于财，躬处节俭，每以振施为务。州里有丧事不办者，士谦辄奔走赴之，随乏供济。有兄弟分财不均，至相阋讼，士谦闻而出财，补其少者，令与多者相埒。兄弟愧惧，更相推让，卒为善士。有牛犯其田者，士谦牵置凉处饲之，过于本主。望见盗刈其禾黍者，默而避之。其家僮尝执盗粟者，士谦慰谕之曰："穷困所致，义无相责。"遽令放之。其奴尝与乡人董震因醉角力，震扼其喉，毙于手下。震惶惧请罪，士谦谓之曰："卿本无杀心，何为相谢！然可远去，无为吏之所拘。"性宽厚，皆此类也。其后出粟数千石，以贷乡人，值年谷不登，债家无以偿，皆来致谢。士谦曰："吾家余粟，本图振赡，岂求利哉！"于是悉召债家，为设酒食，对之燔契，曰："债了矣，幸勿为念也。"各令罢去。明年大熟，债家争来偿谦，谦拒之，一无所受。他年又大饥，多有死者，士谦罄竭家资，为之糜粥，赖以全活者将万计。收埋骸骨，所见无遗。至春，又出粮种，分给贫乏。赵郡农民德之，抚其子孙曰："此乃李参军遗惠也。"或谓士谦曰："子多阴德。"士谦曰："所谓阴德者何？犹耳鸣，己独闻之，人无知者。今吾所作，吾子皆知，何阴德之有！"

士谦善谈玄理，尝有一客在坐，不信佛家应报之义，以为外典无闻焉。士谦喻之曰："积善余庆，积恶余殃，高门待封，扫墓望丧，岂非休咎之应邪？佛经云轮转五道，无复穷已，此则贾谊所言，千变万化，未始有极，忽然为人之谓也。佛道未东，而贤者已知其然矣。至若鲧为黄熊，杜宇为鹈鴂，褒君为龙，牛哀为兽，君子为鹄，小人为猿，彭生为豕，如意为犬，黄母为鼋，宣武为鳖，邓艾为牛，徐伯为鱼，铃下为乌，书生为蛇，羊祜前身，李氏之子，此非佛家变受异形之谓邪？"客曰："邢子才云，岂有松柏后身化为樗栎，仆以为然。"士谦曰："此不类之谈也。变化皆由心而作，木岂有心乎？"客又问三教优劣，士谦曰："佛，日也；道，月也；儒，五星也。"客亦不能难而止。

士谦平生时为咏怀诗，辄毁弃其本，不以示人。又尝论刑罚，遗文不具，其略曰："帝王制法，沿革不同，自可损益，无为顿改。今之赃重者死，是酷而不惩也。语曰：'人不畏死，不可以死恐之。'愚谓此罪宜从肉刑，刖其一趾，再犯者断其右腕。流刑刖去右手三指，又犯者下其腕。小盗宜黥，又犯落其所用三指，又不悛下其腕，无不止也。无赖之人，窜之边裔，职为乱阶，适所以召戎矣，非求治之道也。博弈淫游，盗之萌也，禁而不止，黥之则可。"有识者颇以为得治体。

开皇八年，终于家，时年六十六。赵郡士女闻之，莫不流涕曰："我曹不死，而令李参军死乎！"会葬者万余人。乡人李景伯等以士谦道著丘园，条其行状，诣尚书省请先生之谥，事寝不行，遂相与树碑千墓。

其妻范阳卢氏，亦有妇德，及夫终后，所有赗赠，一无所受，谓州里父老曰："参军平生好施，今虽殒殁，安可夺其志哉！"于是散粟五百石以赈穷乏。

崔 廓 子赜

崔廓，字士玄，博陵安平人也。父子元，齐燕州司马。廓少孤贫而母贱，由是不为邦族所齿。初为里佐，屡逢屈辱，于是感激，逃入山中。遂博览书籍，多所通涉，山东学者皆宗之。既还乡里，不应辟命。与赵郡李士谦为忘言之友，每相往来，时称崔、李。及士谦死，廓哭之恸，为之作传，输之秘府。士谦妻卢氏寡居，每有家事，辄令人谘廓取定。郭尝著论，言刑名之理，其义甚精，文多不载。大业中，终于家，时年八十。有子曰赜。

赜字祖濬，七岁能属文，容貌短小，有口才。开皇初，秦孝王荐之，射策高第，诏与诸儒定礼乐，授校书郎。寻转协律郎，太常卿苏威雅重之。母忧去职，性至孝，水浆不入口者五日。征为河南、豫章二王侍读，每更日来往二王之第。及河南为晋王，转记室参军，自此去豫章。王重之不已，遗赜书曰：

昔汉氏西京，梁王建国，平台、东苑，慕义如林。马卿辞武骑之官，枚乘罢弘农之守。每览史传，尝切怪之，何乃脱略官荣，栖迟藩邸？以今望古，方知雅志。彼二子者，岂徒然哉！足下博闻强记，钩深致远，视汉臣之三箧，似涉蒙山，对梁相之五车，若吞云梦。吾兄钦贤重士，敬爱忘疲，先筑郭隗之宫，常置穆生之醴。今者重开土宇，更誓山河，地方七百，牢笼曲阜，城兼七十，包举临淄，大启南阳，方开东阁。想得奉飞盖，曳长裾，藉玳筵，蹑珠履，歌山桂之偃蹇，赋池竹之檀栾。其崇贵也如彼，其风流也如此，幸甚幸甚，何乐如之！高视上京，有怀德祖，才谢天人，多惭子建，书不尽意，宁俟繁辞。

赜答曰：

一昨伏奉教书，荣贶非恒，心灵自失。若乃理高《象》、《系》，管辂思而不解，事富《山海》，郭璞注而未详。至于五色相宣，八音繁会，凤鸣不足喻，龙章莫之比。吴札之论《周颂》，讵尽揄扬，郢客之奏《阳春》，谁堪赴节！伏惟令王殿下，禀润天潢，承辉日观，雅道贵于东平，文艺高于北海。汉则马迁、萧望，晋则裴楷、张华，鸡树腾声，鹓池播美，望我清尘，悠然路绝。祖濬燕南赘客，河朔惰游，本无意于希颜，岂有心于慕蔺！未尝聚萤映雪，悬头刺股，读《论》唯取一篇，披《庄》不过盈尺。复况桑榆渐暮，藜藿屡空，举烛无成，穿杨尽弃。但以燕求马首，薛养鸡鸣，谬齿鸿仪，虚班骥皂。挟太山而超北海，比报德而非难，埋昆仑以为池，匹酬恩而反易。忽属周桐锡瑞，唐水承家，门有将相，树宜桃李。真龙将下，谁好有名，滥吹先逃，何须别听！但慈旨抑扬，损上益下，江海所以称王，丘陵为之不逮。曹植傥预闻高论，则不限令名，杨修若切在下风，亦讵亏淳德。无任荷戴之至，谨奉启以闻。

豫章得书，赍米五十石，并衣服钱帛。时晋邸文翰，多成其手。王入东宫，除太子斋帅，俄迁舍人。及元德太子薨，以疾归于家。后征授起居舍人。大业四年，从驾汾阳宫，次河阳镇。蓝田令王昙于蓝田山得一玉人，长三尺四寸，著大领衣，冠帻，奏之。诏问群臣，莫有识者，赜答曰："谨按汉文已前，未有冠帻，即是文帝以来所制作也。臣见魏大司农卢元明撰《嵩高山庙记》云，有神人，以玉为形，像长数寸，或出或隐，出则令世延长。伏惟陛下应天顺民，定鼎嵩洛，岳神自见，臣敢称庆。"因再拜，百官毕贺，天子大悦，赐缣二百匹。从驾登太行山，诏问赜曰："何处有羊肠坂？"赜对曰："臣按《汉书·地理志》，上党壶关县有羊肠坂。"帝曰："不是。"又答曰："臣按皇甫士安撰《地书》云，太原北九十里有羊肠坂。"

帝曰："是也。"因谓牛弘曰："崔祖濬所谓问一知二。"五年，受诏与诸儒撰《区宇图志》二百五十卷，奏之。帝不善之，更令虞世基、许善心为六百卷。以父忧去职，寻起令视事。辽东之役，授鹰扬长史，置辽东郡县名，皆赜之议也。奉诏作《东征记》。九年，除越王长史。于时山东盗贼蜂起，帝令抚慰高阳、襄国，归首者八百余人。十二年，从驾江都。宇文化及之弑帝也，引为著作郎，称疾不起。在路发疾，卒于彭城，时年六十九。

赜与洛阳元善、河东柳䛒、太原王劭、吴兴姚察、琅邪诸葛颖、信都刘焯、河间刘炫相善，每因休假，清谈竟日。所著词赋碑志十余万言，撰《洽闻志》七卷，《八代四科志》三十卷，未及施行，江都倾覆，咸为煨烬。

徐　则

徐则，东海郯人也。幼沈静，寡嗜欲。受业于周弘正，善三玄，精于议论，声擅都邑，则叹曰："名者实之宾，吾其为宾乎！"遂怀栖隐之操，杖策入缙云山。后学数百人，苦请教授，则谢而遣之。不娶妻，常服巾褐。陈太建时，应召来憩于至真观。期月，又辞入天台山，因绝谷养性，所资唯松水而已，虽隆冬冱寒，不服绵絮。太博徐陵为之刊山立颂。初在缙云山，太极真人徐君降之曰："汝年出八十，当为王者师，然后得道也。"晋王广镇扬州，知其名，手书召之曰："夫道得众妙，法体自然，包涵二仪，混成万物，人能弘道，道不虚行。先生履德养空，宗玄齐物，深明义味，晓达法门。悦性冲玄，怡神虚白，餐松饵术，栖息烟霞。望赤城而待风云，游玉堂而驾龙凤，虽复藏名台岳，犹且腾实江淮，藉甚嘉猷，有劳寤寐。钦承素道，久积虚襟，侧席幽人，梦想岩穴。霜风已冷，海气将寒，偃息茂林，道体休念。昔商山四皓，轻举汉庭，淮南八公，来仪藩邸。古今虽异，山谷不殊，市朝之隐，前贤已说，导凡述圣，非先生而谁！故遣使人，往彼延请，想无劳束带，贲然来思，不待蒲轮，去彼空谷。希能屈已，伫望披云。"则谓门人曰："吾今年八十一，王来召我，徐君之旨，信而有征。"于是遂诣扬州。晋王将请受道法，则辞以时日不便。其后夕中，命侍者取香火，如平常朝礼之仪。至于五更而死，支体柔弱如生，停留数旬，颜色无变。晋王下书曰："天台真隐东海徐先生，虚确居宗，冲玄成德，齐物处外，检行安身。草褐蒲衣，餐松饵术，栖隐灵岳，五十余年。卓矣仙才，飘然胜气，千寻万顷，莫测其涯。寡人钦承道风，久餐德素，频遣使乎，远此延屈，冀得虔受上法，式建良缘。至此甫尔，未淹旬日，厌尘羽化，反真灵府。身体柔软，颜色不变，经方所谓尸解地仙者哉！诚复师礼未申，而心许有在，虽忘怛化，犹怆于怀，丧事所资，随须供给。霓裳羽盖，既且腾云，空椁余衣，讵藉坟垄！但杖舄犹存，示同俗法，宜遣使人，送还天台定葬。"是时自江都至于天台，在道多见则徒步，云得放还。至其旧居，取经书道法，分遗弟子，仍令净扫一房，曰："若有客至，宜延之于此。"然后跨石梁而去，不知所之。须臾，尸柩至，方知其灵化。时年八十二。晋王闻而益异之，赠物千段，遣画工图其状貌，令柳䛒为之赞曰："可道非

道，常道无名。上德不德，至德无盈。玄风扇矣，而有先生。凤炼金液，怡神玉清。石髓方软，云丹欲成。言追葛稚，将侣茅嬴。我王遥属，爰感灵诚。柱下暂启，河上沉精。留符告信，化杖飞声。永思灵迹，曷用摅情？时披素绘，如临赤城。"

时有建安宋玉泉、会稽孔道茂、丹阳王远知等，亦行辟谷，以松水自给，皆为炀帝所重。

张文诩

张文诩，河东人也。父琚，开皇中为洹水令，以清正闻。有书数千卷，教训子侄，皆以明经自达。文诩博览文籍，特精《三礼》，其《周易》、《诗》、《书》及《春秋三传》，并皆通习。每好郑玄注解，以为通博，其诸儒异说，亦皆详究焉。高祖引致天下名儒硕学之士，其房晖远、张仲让、孔笼之徒，并延之于博士之位。文诩时游太学，晖远等莫不推伏之，学内翕然，咸共宗仰。其门生多诣文诩，请质凝滞，文诩辄博引证据，辨说无穷，唯其所择。治书侍御史皇甫诞一时朝彦，恒执弟子之礼。适至南台，遽饰所乘马，就学邀迎。文诩每牵马步进，意在不因人以自致也。右仆射苏威闻其名而召之，与语，大悦，劝令从官。文诩意不在仕，固辞焉。仁寿末，学废，文诩策杖而归，灌园为业。州郡频举，皆不应命。事母以孝闻。每以德化人，乡党颇移风俗。尝有人夜中窃刈其麦者，见而避之，盗因感悟，弃麦而谢。文诩慰谕之，自誓不言，固令持去。经数年，盗者向乡人说之，始为远近所悉。邻家筑墙，心有不直，文诩因毁旧堵以应之。文诩尝有腰疾，会医者自言善禁，文诩令禁之，遂为刃所伤，至于顿伏床枕。医者叩头请罪，文诩遽遣之，因为其隐，谓妻子曰："吾昨风眩，落坑所致。"其掩人之短，皆此类也。州县以其贫素，将加振恤，辄辞不受。每闲居无事，从容长叹曰："老冉冉而将至，恐修名之不立！"以如意击几，皆有处所，时人方之闵子骞、原宪焉。终于家，年四十。乡人为立碑颂，号曰张先生。

史臣曰：古之所谓隐逸者，非伏其身而不见也，非闭其言而不出也，非藏其智而不发也。盖以恬淡为心，不皦不昧，安时处顺，与物无私者也。士谦等忘怀缨冕，毕志丘园，隐不违亲，贞不绝俗，不教而劝，虚往实归，爱之如父母，怀之如亲戚，非有自然之纯德，其孰能至于斯乎？然士谦闻誉不喜，文诩见伤无愠，徐则志在沉冥，不可亲疏，莫能贵贱，皆抱朴之士矣。崔廓感于屈辱，遂以肥遁见称，祖濬文籍之美，足以克隆先构，父子虽动静殊方，其于成名一也，美哉！

卷七十八　　列传第四十三

艺　术

夫阴阳所以正时日，顺气序者也；卜筮所以决嫌疑，定犹豫者也；医巫所以御妖邪，养性命者也；音律所以和人神，节哀乐者也；相术所以辩贵贱，明分理者也；技巧所以利器用，济艰难者也。此皆圣人无心，因民设教，救恤灾患，禁止淫邪。自三五哲王，其所由来久矣。然昔之言阴阳者，则有箕子、神灶、梓慎、子韦；晓音律者，则师旷、师挚、伯牙、杜夔；叙卜筮，则史扁、史苏、严君平、司马季主；论相术，则内史叔服、姑布子卿、唐举、许负；语医，则文挚、扁鹊、季咸、华佗；其巧思，则奚仲、墨翟、张平子、马德衡。凡此诸君者，仰观俯察，探赜索隐，咸诣幽微，思侔造化，通灵入妙，殊才绝技。或弘道以济时，或隐身以利物，深不可测，固无得而称焉。近古涉乎斯术者，鲜有存夫贞一，多肆其淫僻，厚诬天道。或变乱阴阳，曲成君欲，或假托神怪，荧惑民心。遂令时俗妖讹，不获返其真性，身罹灾毒，莫得寿终而死。艺成而下，意在兹乎？历观经史百家之言，无不存夫艺术，或叙其玄妙，或记其迂诞，非徒用广异闻，将以明乎劝戒。是以后来作者，或相祖述，故今亦采其尤著者，列为《艺术篇》云。

庾季才　子质　卢太翼　耿询

庾季才，字叔奕，新野人也。八世祖滔，随晋元帝过江，官至散骑常侍，封遂昌侯，因家于南郡江陵县。祖诜，梁处士，与宗人易齐名。父曼倩，光禄卿。季才幼颖悟，八岁诵《尚书》，十二通《周易》，好占玄象。居丧以孝闻。梁庐陵王绩辟荆州主簿，湘东王绎重其术艺，引授外兵参军。西台建，累迁中书郎，领太史，封宜昌县伯。季才固辞太史，元帝曰："汉司马迁历世尸掌，魏高堂隆犹领此职，不无前例，卿何惮焉。"帝亦颇明犀历，因共仰观，从容谓季才曰："朕犹虑祸起萧墙，何方可息？"季才曰："顷天象告变，秦将入郢，陛下宜留重臣，作镇荆陕，整旆还都，以避其患。假令羯寇侵蠡，止失荆湘，在于社稷，可得无虑。必久停留，恐非天意也。"帝初然之，后与吏部尚书宗懔等议，乃止。俄而江陵陷灭，竟如其言。

周太祖一见季才，深加优礼，令参掌太史。每有征讨，恒预侍从。赐宅一区，水田十顷，并奴婢牛羊什物等，谓季才曰："卿是南人，未安北土，故有此赐者，欲绝卿南望之心。宜尽诚事我，当以富贵相ObamaCare。"初，郢都之陷也，衣冠士人多没为贱。季才散所赐物，购求亲故。文帝问："何能若此？"季才曰："仆闻魏克襄阳，先昭异度，晋平建业，喜得士衡。伐国求贤，古之道也。今郢都覆败，君信有罪，搢绅何咎，皆为贱隶？鄙人羁旅，不敢献言，诚切哀之，故赎购耳。"太祖乃悟曰："吾之过也。微君遂失天下之望！"因出令免梁俘为奴婢者数千口。

武成二年，与王褒、庾信同补麟趾学士。累迁稍伯大夫、车骑大将军、仪同三司。其后大冢宰宇文护执政，谓季才曰："比日天道，有何征祥？"季才对曰："荷恩深厚，若不尽言，便同木石。顷上台有变，不利宰辅，公宜归政天子，请老私门。此则自享期颐，而受旦、奭之美，子孙藩屏，终保维城之固。不然者，非复所知。"沈吟久之，谓季才曰："吾本意如此，但辞未获免耳。公既王官，可依朝例，无烦别参寡人也。"自是渐疏，不复别见。及护灭之后，阅其书记，武帝亲自临检，有假托符命，妄造异端者，皆致诛戮。唯得季才书两纸，盛言纬候灾祥，宜反政归权。帝谓少宗伯斛斯徵曰："庾季才至诚谨悫，甚得人臣之礼。"因赐粟三百石，帛二百段。迁太史中大夫，诏撰《灵台秘苑》，加上仪同，封临颍伯，邑六百户。宣帝嗣位，加骠骑大将军、开府仪同三司，增邑三百户。

及高祖为丞相，尝夜召季才而问曰："吾以庸虚，受兹顾命，天时人事，卿以为何如？"季才曰："天道精微，难可意察，切以人事卜之，符兆已定。季才纵言不可，公岂复得为箕、颍之事乎？"高祖默然久之，因举首曰："吾今譬犹骑兽，诚不得下矣。"因赐杂彩五十匹，绢二百段，曰："愧公此意，宜善为思之。"大定元年正月，季才言曰："今月戊戌平旦，青气如楼阙，见于国城之上，俄而变紫，逆风西行。《气经》云：'天不能无云而雨，皇王不能无气而立。'今王气已见，须即应之。二月日出卯入酉，居天之正位，谓之二八之门。日者，人君之象，人君正位，宜用二月。其月十三日甲子，甲为六甲之始，子为十二辰之初，甲数九，子数又九，九为天数。其日即是惊蛰，阳气壮发之时。昔周武王以二月甲子定天下，享年八百，汉高帝以二月甲午即帝位，享年四百，故知甲子、甲午为得天数。今二月甲子，宜应天受命。"上从之。

开皇元年，授通直散骑常侍。高祖将迁都，夜与高颎、苏威二人定议，季才旦而奏曰："臣仰观玄象，俯察图记，龟兆允袭，必有迁都。且尧都平阳，舜都冀土，是知帝王居止，世代不同。且汉营此城，经今将八百岁，水皆咸卤，不甚宜人。愿陛下协天人之心，为迁徙之计。"高祖愕然，谓颎等曰："是何神也！"遂发诏施行，购绢三百段，马两匹，进爵为公。谓季才曰："朕自今已后，信有天道矣。"于是令季才与其子质撰《垂象》《地形》等志。上谓季才曰："天地秘奥，推测多途，执见不同，或致差舛。朕不欲外人干预此事，故使公父子共为之也。"书成奏之，赐米千石，绢六百段。九年，出为均州刺史。策书始降，将就藩，时议以季才术艺精通，有诏还委旧任。季才以年老，频表去职，每降优旨不许。会张胄玄历行，及袁充言日影长。上以问季才，季才因言充谬。上大怒，由是免职，给半禄归第。所有祥异，常使人就家访焉。仁寿三年卒，时年八十八。

季才局量宽弘，术业优博，笃于信义，志好宾游。常吉日良辰，与琅琊王褒、彭城刘毂、河东裴政及宗人信等，为文酒之会。次有刘臻、明克让、柳䛒之徒，虽为后进，亦申游款。撰《灵台秘苑》一百二十卷，《垂象志》一百四十二卷，《地形志》八十七卷，并行于世。

庾质，字行修，少而明敏，早有志尚。八岁诵梁世祖《玄览》、《言志》等十赋，拜童子郎。仕周齐炀王记室。开皇元年，除奉朝请，历鄢陵令，迁陇州司马。大业初，授太史令。操履贞悫，立言忠鲠，每有灾异，必指事面陈。而炀帝性多忌刻，齐王暕亦被猜嫌。质子俭时为齐王属，帝谓质曰："汝不能一心事我，乃使儿事齐王，何向背如此邪？"质曰："臣事陛下，子事齐王，实是一心，不敢有二。"帝怒不解，由是出为合水令。八年，帝亲伐辽东，征诣行在所。至临渝谒见，帝谓质曰："朕承先旨，亲事高丽，度其土地人民，才当我一郡，卿以为克不？"质对曰："以臣管窥，伐之可克，切有愚见，不愿陛下亲行。"帝作色曰："朕今总兵至此，岂可未见贼而自退也？"质又曰："陛下若行，虑损军威。臣犹愿安驾此，命骁将勇士指授规模，倍道兼行，出其不意。事宜在速，缓必无功。"帝不悦曰："汝既难行，可住此也。"及师还，授太史令。九年，复征高丽，又问质曰："今段复何如？"对曰："臣实愚迷，犹执前见。陛下若亲动万乘，糜费实多。"帝怒曰："我自行尚不能克，直遣人去，岂有成功也！"帝遂行。既而礼部尚书杨玄感据黎阳反，兵部侍郎斛斯政奔高丽，帝大惧，遽而西还，谓质曰："卿前不许我行，当为此耳。今者玄感其成事乎？"质曰："玄感地势虽隆，德望非素，因百姓之劳苦，冀侥幸而成功。今天下一家，未易可动。"帝曰："荧惑入斗如何？"对曰："斗，楚之分，玄感之所封也。今火色衰谢，终必无成。"十年，帝自西京将往东都，质谏曰："比岁伐辽，民实劳敝，陛下宜镇抚关内，使百姓毕力归农。三五年间，令四海少得丰实，然后巡省，于事为宜。陛下思之。"帝不悦，质辞疾不从。帝闻之，怒，遣使驰传，锁质诣行在所。至东都，诏令下狱，竟死狱中。

子俭，亦传父业，兼有学识。仕历襄武令、元德太子学士、齐王属。义宁初，为太史令，时有卢太翼、耿询，并以星历知名。

卢太翼，字协昭，河间人也，本姓章仇氏。七岁诣学，日诵数千言，州里号曰神童。及长，闲居昧道，不求荣利。博综群书，爱及佛道，皆得其精微。尤善占候算历之术。隐于白鹿山，数年徙居林虑山茱萸涧。请业者自远而至，初无所拒，后惮其烦，逃于五台山。地多药物，与弟子数人庐于岩下，萧然绝世，以为神仙可致。皇太子勇闻而召之，太翼知太子必不为嗣，谓所亲曰："吾拘逼而来，不知所税驾也！"及太子废，坐法当死，高祖惜其才而不害，配为官奴。久之，乃释。其后目盲，以手摸书而知其字。仁寿末，高祖将避暑仁寿宫，太翼固谏不纳，至于再三。太翼曰："臣愚岂敢饰词，但恐是行銮舆不反。"高祖大怒，系之长安狱，期满而斩之。高祖至宫寝疾，临崩，谓皇太子曰："章仇翼，非常人也，前后言事，未尝不中。吾来日道当不反，今果至此，尔宜释之。"及炀帝即位，汉王谅反，帝以问之。答曰："上稽玄象，下参人事，何所能为？"未几，谅果败。帝常从容言及天下氏族，谓太翼曰："卿姓章仇，四岳之胄，与卢同源。"于是赐姓为卢氏。大业九年，从驾至辽东，太翼言于帝曰："黎阳有兵气。"后数日而玄感反书闻，帝甚异之，数加赏赐。太翼所言天文之事，不可称数，关诸秘密，世莫得闻。后数载，卒于洛阳。

耿询，字敦信，丹阳人也。滑稽辩给，伎巧绝人。陈后主之世，以客从东衡州刺史王勇于岭南。勇卒，询不归，遂与诸越相结，皆得其欢心。会郡俚反叛，推询为主。柱国王世积讨擒之，罪当诛。自言有巧思，世积释之，以为家奴。久之，见其故人高智宝以玄象直太史，询从之受天文算术。询创意造浑天仪，不假人力，以水转之，施于暗室中，使智宝外候天时，合如符契。世积知而奏之，高祖配询为官奴，给使太史局。后赐蜀王秀，从往益州，秀甚信之。及秀废，复当诛，何稠言于高祖曰："耿询之巧，思若有神，臣诚为朝廷惜之。"上于是特原其罪。询作马上刻漏，世称其妙。炀帝即位，进欹器，帝善之，放为良民。岁余，授右尚方署监事。七年，车驾东征，询上书曰："辽东不可讨，师必无功。"帝大怒，命左右斩之，何稠苦谏得免。及平壤之败，帝以询言为中，以询守太史丞。宇文化及弑逆之后，从至黎阳，谓其妻曰："近观人事，远察天文，宇文必败，李氏当王，吾知所归矣。"询欲去之，为化及所杀。著《鸟情占》一卷，行于世。

韦鼎

韦鼎，字超盛，京兆杜陵人也。高祖玄，隐于商山，因而归宋。祖睿，梁开府仪同三司。父正，黄门侍郎。鼎少通脱，博涉经史，明阴阳逆刺，尤善相术。仕梁，起家湘东王法曹参军。遭父忧，水浆不入口者五日，哀毁过礼，殆将灭性。服阕，为邵陵王主簿。侯景之乱，鼎兄昂卒于京城，鼎负尸出，寄于中兴寺。求棺无所得，鼎哀愤恸哭，忽见江中有物，流至鼎所，鼎切异之。往见，乃新棺也，因以充殓。元帝闻之，以为精诚所感。侯景平，司徒王僧辩以为户曹属，历太尉掾、大司马从事、中书侍郎。

陈武帝在南徐州，鼎望气知其当王，遂寄孥焉。因谓陈武帝曰："明年有大臣诛死，后四岁，梁其代终，天之历数当归舜后。昔周灭殷氏，封妫满于宛丘，其裔子孙因为陈氏。仆观明公天纵神武，继绝统者，无乃是乎！"武帝阴有图僧辩意，闻其言，大喜，因而定策。及受禅，拜黄门侍郎，俄迁司农卿、司徒右长史、贞威将军，领安右晋安王长史、行府国事，转廷尉卿。太建中，为聘周主使，加散骑常侍。寻为秘书监、宣远将军，转临海王长史，行吴兴郡事。入为太府卿。至德初，鼎尽质货田宅，寓居僧寺。友人大匠卿毛彪问其故，答曰："江东王气尽于此矣。吾与尔当葬长安。期运将及，故破产耳。"

初，鼎之聘周也，尝与高祖相遇，鼎谓高祖曰："观公容貌，故非常人，而神监深远，亦非群贤所逮也。不久必大贵，贵则天下一家，岁一周天，老夫当委质。公相不可言，愿深自爱。"及陈平，上驰召之，授上仪同三司，待遇甚厚。上每与公王宴赏，鼎恒预焉。高祖尝从容谓之曰："韦世康与公相去远近？"鼎对曰："臣宗族分派，南北孤绝，自生以来，未尝访问。"帝曰："公百世卿族，何得尔也。"乃命官给酒肴,遣世康与鼎还杜陵,乐饮十余日。鼎乃考校昭穆,自楚太傅孟以下二十余世,作《韦氏谱》七卷。时兰陵公主寡,上为之求夫,选亲卫柳述及萧玚等以示于鼎。鼎曰:"玚当封侯,而无贵妻之相,述亦通显,而守位不终。"上曰:"位由我耳。"遂以主降述。上又问鼎:"诸儿谁得嗣?"答曰:"至尊、皇后所最爱者,即当与之,非臣敢预知也。"上笑曰:"不肯显言乎?"

开皇十二年,除光州刺史,以仁义教导,务弘清静。州中有土豪,外修边幅,而内行不轨,常为劫盗。鼎于都会时谓之曰:"卿是好人,那忽作贼?"因条其徒党谋议逗留,其人惊惧,即自首伏。又有人客游,通主家之妾,及其还去,妾盗珍物,于夜亡,寻于草中为人所杀。主家知客与妾通,因告客杀之。县司鞫问,具得奸状,因断客死。狱成,上于鼎,鼎览之曰:"此客实奸,而杀非也。乃某寺僧该妾盗物,令奴杀之,赃在某处。"即放此客,遣掩僧,并获赃物。自是部内肃然不言,咸称其有神,道无拾遗。寻追入京,以年老多病,累加优赐。顷之,卒,年七十九。

来 和

来和,字弘顺,京兆长安人也。少好相术,所言多验。大冢宰宇文护引之左右,由是出入公卿之门。初为夏官府下士,累迁少卜上士,购爵安定乡男。迁畿伯下大夫,进封洹水县男。高祖微时,来诣相和,和待人去,谓高祖曰:"公当王有四海。"及为丞相,拜仪同,既受禅,进爵为子。开皇末,和上表自陈曰:

臣早奉龙颜,自周代天和三年已来,数蒙陛下顾问,当时具言至尊膺图受命,光宅区宇。此乃天授,非由人事所及。臣无劳效,坐致五品,二十余年。臣是何人,敢不惭惧!愚臣不任区区之至,谨录陛下龙潜之时,臣有所言一得,书之秘府,死无所恨。昔陛下在周,尝与大富公窦荣定语臣曰:"我闻有行声,即识其人。"臣当时即言公眼如曙星,无所不照,当王有天下,愿忍诛杀。建德四年五月,周武帝在云阳宫,谓臣曰:"诸公皆汝所识,隋公相禄何如?"臣报武帝曰:"隋公止是守节人,可镇一方。若为将领,阵无不破。"臣即于宫东南奏闻。陛下谓臣,此语不忘。明年,乌丸轨言于武帝曰:"隋公非人臣。"帝寻以问臣,臣知帝有疑,臣诡报曰:"是节臣,更无异相。"于时王谊、梁彦光等知臣此语。大象二年五月,至尊从永巷东门入,臣在永巷门东,北面立,陛下问臣曰:"我无灾障不?"臣奏陛下曰:"公骨法气色相应,天命已有付属。"未几,遂总百揆。

上览之大悦,进位开府,购物五百段,米三百石,地十顷。

和同郡韩则,尝诣相和,和谓之曰:"后四五当得大官。"人初不知所谓。则至开皇十五年五月而终,人问其故,和曰:"十五年为三五,加以五月为四五。大官,椁也。"和言多此类。著《相经》四十卷。

道士张宾、焦子顺、雁门人董子华,此三人,当高祖龙潜时,并私谓高祖曰:"公当为天子,善自爱。"及践阼,以宾为华州刺史,子顺为开府,子华为上仪同。

萧　吉　杨伯丑　临孝恭　刘祐

萧吉,字文休,梁武帝兄长沙宣武王懿之孙也。博学多通,尤精阴阳算术。江陵陷,遂归于周,为仪同。宣帝时,吉以朝政日乱,上书切谏,帝不纳。及隋受禅,进上仪同,以本官太常考定古今阴阳书。吉性孤峭,不与公卿相沉浮,又与杨素不协,由是摈落于世,郁郁不得志。见上好征祥之说,欲干没自进,遂矫其迹为悦媚焉。开皇十四年上书曰:"今年岁在甲寅,十一月朔旦,以辛酉为冬至。来年乙卯,正月朔旦,以庚申为元日,冬至之日,即在朔旦。《乐汁图征》云:'天元十一月朔旦冬至,圣王受享祚。'今圣主在位,居天元之首,而朔旦冬至,此庆一也。辛酉之日,即是至尊本命,辛德在丙,此十一月建丙子。酉德在寅,正月建寅为本命,与月德合,而居元朔之首,此庆二也。庚申之日,即是行年,乙德在庚,卯德在申,来年乙卯,是行年与岁合德,而在元旦之朝,此庆三也。《阴阳书》云:'年命与岁月合德者,必有福庆。'《洪范传》云:'岁之朝,月之朝,日之朝,主王者。'经书并谓三长应之者,延年福吉。况乃甲寅蔀首,十一月阳之始,朔旦冬至,是圣王上元。正月是正阳之月,岁之首,月之先。朔旦是岁之元,月之朝,日之先,嘉辰之会。而本命为九元之先,行年为三长之首,并与岁月合德。所以《灵宝经》云:'角音龙精,其祚日强。'来岁年命纳音俱角,历之与经,如合符契。又甲寅、乙卯,天地合也,甲寅之年,以辛酉冬至,来年乙卯,以甲子夏至。冬至阳始,郊天之日,即是至尊本命,此庆四也。夏至阴始,祀地之辰,即是皇后本命,此庆五也。至尊德并乾之覆育,皇后仁同地之载养,所以二仪元气,并会本辰。"上览之大悦,赐物五百段。

房陵王时为太子,言东宫多鬼魅,鼠妖数见。上令吉诣东宫,禳邪气。于宣慈殿设神坐,有回风从艮地鬼门来,扫太子坐。吉以桃汤苇火驱逐之,风出宫门而止。又谢土,于未地设坛,为四门,置五帝坐。于时至寒,有虾蟆从西南来,入人门,升赤帝坐,还从人门而出。行数步,忽然不见。上大异之,赏赐优洽。又上言太子当不安位,时上阴欲废立,得其言是之。由此每被顾问。

及献皇后崩,上令吉卜择葬所,吉历筮山原,至一处,云"卜年二千,卜世二百",具图而奏之。上曰:"吉凶由人,不在于地。高纬父葬,岂不卜乎?国寻灭亡。正如我家墓田,若云不吉,朕不当为天子;若云不凶,我弟不当战没。"然竟从吉言。吉表曰:"去月十六日,皇后山陵西北,鸡未鸣前,有黑云方圆五六百步,从地属天。东南又有旌旗车马帐幕,布满七八里,并有人往来检校,部伍甚整,日出乃灭,同见者十余人。谨案《葬书》云:'气王与姓相生,大吉。'今黑气当冬王,与姓相生,是大吉利,子孙无疆之候也。"上大悦。其后上将亲临发殡,吉复奏上曰:"至尊本命辛酉,今岁斗魁及天冈,临卯酉,谨按《阴阳书》,不得临丧。"上不纳。退而告族人萧平仲曰:

"皇太子遣宇文左率深谢余云:'公前称我当为太子,竟有其验,终不忘也。今卜山陵,务令我早立。我立之后,当以富贵相报。'吾记之曰:'后四载,太子御天下。'今山陵气应,上又临丧,兆益见矣。且太子得政,隋其亡乎!当有真人出治之矣。吾前给云卜二千者,是三十字也;卜世二百者,取三十二运也。吾言信矣,汝其志之。"

及炀帝嗣位,拜太府少卿,加位开府。尝行经华阴,见杨素冢上有白气属天,密言于帝。帝问其故,吉曰:"其候素家当有兵祸,灭门之象。改葬者,庶可免乎!"帝后从容谓杨玄感曰:"公家宜早改葬。"玄感亦微知其故,以为吉祥,托以辽东未灭,不遑私门之事。未几而玄感以反族灭,帝弥信之。后岁余,卒官。著《金海》三十卷,《相经要录》一卷,《宅经》八卷,《葬经》六卷,《乐谱》二十卷及《帝王养生方》二卷,《相手版要决》一卷,《太一立成》一卷,并行于世。

时有杨伯丑,临孝恭、刘祐,俱以阴阳术数知名。

杨伯丑,冯翊武乡人也。好读《易》,隐于华山。开皇初,被征入朝,见公卿不为礼,无贵贱皆汝之。人不能测也。高祖召与语,竟无所答。上赐之衣服,至朝堂,舍之而去。于是被发阳狂,游行市里,形体垢秽,未尝栉沐。尝有张永乐者,卖卜京师,伯丑每从之游。永乐为卦有不能决者,伯丑辄为分析爻象,寻幽入微。永乐嗟服,自以为非所及也。伯丑亦开肆卖卜。有人尝失子,就伯丑筮者。卦成,伯丑曰:"汝子在怀远坊南门道东北壁上,有青裙女子抱之,可往取也。"如言果得。或者有金数两,夫妻共藏之,于后失金,其夫意妻有异志,将逐之。其妻称冤,以诣伯丑,为筮之曰:"金在矣。"悉呼其家人,指一人曰:"可取金来!"其人赧然,应声而取。道士韦知常诣伯丑问吉凶,伯丑曰:"汝勿东北行,必不得已,当早还。不然者,杨素斩汝头。"未几,上令知常事汉王谅。俄而上崩,谅举兵反,知常逃归京师。知常先与杨素有隙,及素平并州,先访知常,将斩之,赖此获免。又人有失马,来诣伯丑卜者。时伯丑为皇太子所召,在涂遇之,立为作卦,卦成,曰:"我不遑为卿占之,卿且向西市东壁门南第三店,为我买鱼作脍,当得马矣。"其人如此言,须臾,有一人牵所失马而至,遂擒之。崖州尝献径寸珠,其使者阴易之,上心疑焉,召伯丑令筮。伯丑曰:"有物出自水中,质圆而色光,是大珠也。今为人所隐。"具言隐者姓名容状。上如言薄责之,果得本珠。上奇之,赐帛二十四。国子祭酒何妥尝诣之论《易》,闻妥之言,俟然而笑曰:"何用郑玄、王弼之言乎!"久之,微为辨答,所说辞义,皆异先儒之旨,而思理玄妙,故论者以为天然独得,非常人所及也。竟以寿终。

临孝恭,京兆人也。明天文算术,高祖甚亲遇之。每言灾祥之事,未尝不中,上因令考定阴阳。官至上仪同。著《欹器图》三卷,《地动铜仪经》一卷,《九宫五墓》一卷,《遁甲月令》十卷,《元辰经》十卷,《元辰厄》一百九卷,《百怪书》十八卷,《禄命书》二十卷,《九宫龟经》一百一十卷,《太一式经》三十卷,《孔子马头易卜书》一卷,并行于世。

刘祐,荥阳人也。开皇初,为大都督,封索卢县公。其所占候,合如符契,高祖亲亲之。初与张宾、刘晖、马显定历。后奉诏撰兵书十卷,名曰《金韬》,上善之。复著《阴策》二十卷,《观台飞候》六卷,《玄象要记》五卷,《律历术文》一卷,《婚姻志》三卷,《产乳志》二卷,《式经》四卷,《四时立成法》一卷,《安历志》十二卷,《归正易》十卷,并行于世。

张胄玄

张胄玄,渤海蓨人也。博学多通,尤精术数。冀州刺史赵䛆荐之,高祖征授云骑尉,直太史,参议律历事。时辈多出其下,由是太史令刘晖等甚忌之。然晖言多不中,胄玄所推步甚精密,上异之。令杨素与术数人立议六十一事,皆旧法久难通者,令晖与胄玄等辩析之。晖杜口无所答,胄玄通者五十四焉。由是擢拜员外散骑侍郎,兼太史令,赐物千段,晖及党与八人皆斥逐之。改定新历,言前历差一日,内史通事颜敏楚上言曰:"汉时落下闳改《颛顼历》作《太初历》,云后当差一日。八百年当有圣者定之。计今相去七百一十年,术者举其成数,圣者之谓,其在今乎!"上大悦,渐见亲用。

胄玄所为历法,与古不同者有三事:

其一,宋祖冲之于岁周之末,创设差分,冬至渐移,不循旧轨。每四十六年,却差一度。至梁虞𠚳门历法,嫌冲之所差太多,因以一百八十六年冬至移一度。胄玄以此二术,年限悬隔,追检古注,所失极多,遂折中两家,以为度法。冬至所宿,岁别渐移,八十三年却行一度,则上合尧时日永星火,次符汉宿起牛初。明其前后,并皆密当。

其二,周马显造《丙寅元历》,有阴阳转法,加减章分,进退蚀余,乃推定日,创开此数。当时术者,多不能晓。张宾因而用之,莫能考正。胄玄以为加时先后,逐气参差,就月为断,于理未可。乃因二十四气列其盈缩所出,实由日行迟则月逐日易及,令合朔加时早,日行速则月逐日少迟,令合朔加时晚。检前代加时早晚,以为损益之率。日行自秋分已后至春分,其势速,计一百八十二日而行一百八十度。自春分已后至秋分,日行迟,计一百八十二日而行一百七十六度。每气之下,即其率也。

其三,自古诸历,朔望值交,不问内外,入限便食。张宾立法,创有外限,应食不食,犹未能明。胄玄以日行黄道,岁一周天,月行月道,二十七日有余一周天。月道交络黄道,每行黄道内十三日有奇而出,又行黄道外十三日有奇而入,终而复始,月经黄道,谓之交,朔望去交前后各十五度已下,即为当食。若月行内道,则在黄道之北,食多有验。月行外道,在黄道之南也,虽遇正交,无由掩映,食多不验。遂因前法,别立定限,随交远近,逐气求差,损益食分,事皆明著。

其超古独异者有七事:

其一,古历五星行度皆守恒率,见伏盈缩,悉无格准。胄玄推之,各得其真率,合见之数,与古不同。其差多者,至加减三十许日。即如荧惑平见在雨水气,即均加二十九日，见在小雪气，则均减二十五日。虽减平见，以为定见。诸星各有盈缩之数，皆如此例，但差数不同。特其积候所知，时人不能原其意旨。

其二，辰星旧率，一终再见，凡诸古历，皆以为然，应见不见，人未能测。胄玄积候，知辰星一终之中，有时一见，及同类感召，相随而出。即如辰星平晨见在雨水气者，应见即不见，若平晨见在启蛰气者，去日十八度外，三十六度内，晨有木火土金一星者，亦相随见。

其三，古历步术，行有定限，自见已后，依率而推。进退之期，莫知多少。胄玄积候，知五星迟速留退真数皆与古法不同，多者至差八十余日，留回所在亦差八十余度。即如荧惑前疾初见在立冬初，则二百五十日行一百七十度，定见在夏至初，则一百七十日行九十二度。追步天验，今古皆密。

其四，古历食分，依平即用，推验多少，实数罕符。胄玄积候，知月从木、火、土、金四星行有向背。月向四星即速，背之则迟，皆十五度外，乃循本率。遂于交分，限其多少。

其五，古历加时，朔望同术。胄玄积候，知日食所在，随方改变，傍正高下，每处不同。交有浅深，迟速亦异，约时立差，皆会天象。

其六，古历交分即为食数，去交十四度者食一分，去交十三度食二分，去交十度食三分。每近一度，食益一分，当交即食既。其应少反多，应多反少，自古诸历，未悉其原。胄玄积候，知当交之中，月掩日不能毕尽，其食反少，去交五六时，月在日内，掩日便尽，故食乃既。自此已后，更远者其食又少。交之前后在冬至皆尔。若近夏至，其率又差。所立食分，最为详密。

其七，古历二分，昼夜皆等。胄玄积候，知其有差，春秋二分，昼多夜漏半刻，皆由日行迟疾盈缩使其然也。

凡此胄玄独得于心，论者服其精密。大业中卒官。

许智藏

许智藏，高阳人也。祖道幼，尝以母疾，遂览医方，因而究极，世号名医。诫其诸子曰："为人子者，尝膳视药，不知方术，岂谓孝乎？"由是世相传授。仕梁，官至员外散骑侍郎。父景，武陵王谘议参军。智藏少以医术自达，仕陈为散骑侍郎。及陈灭，高祖以为员外散骑侍郎，使诣扬州。会秦孝王俊有疾，上驰召之。俊夜中梦其亡妃崔氏泣曰："本来相迎，比闻许智藏将至，其人若到，当必相苦，为之奈何？"明夜，俊又梦崔氏曰："妾得计矣，当入灵府中以避之。"及智藏至，为俊诊脉，曰："疾已入心，郎当发痫，不可救也。"果如言，俊数日而薨。上奇其妙，赉物百段。炀帝即位，智藏时致仕于家，帝每有所苦，辄令中使就询访，或以辇迎入殿，扶登御床。智藏为方奏之，用无不效。年八十，卒于家。

宗人许澄，亦以医术显。父奭，仕梁太常丞、中军长史。随柳仲礼入长安，与姚僧垣齐名，拜上仪同三司。澄有学识，传父业，尤尽其妙。历尚药典御、谏议大夫，封贺川县伯。父子俱以艺术名重于周、隋二代。史失事，故附见云。

万　宝　常　王令言

万宝常，不知何许人也。父大通，从梁将王琳归于齐。后复谋还江南，事泄，伏诛。由是宝常被配为乐户，因而妙达钟律，遍工八音。造玉磬以献于齐。又尝与人方食，论及声调。时无乐器，宝常因取前食器及杂物，以箸扣之，品其高下，宫商毕备，谐于丝竹，大为时人所赏。然历周洎隋，俱不得调。开皇初，沛国公郑译等定乐，初为黄钟调。宝常虽为伶人，译等每召与议，然言多不用。后译乐成奏之，上召宝常，问其可不，宝常曰："此亡国之音，岂陛下之所宜闻！"上不悦。宝常因极言声哀怨淫放，非雅正之音，请以水尺为律，以调乐器。上从之。宝常奉诏，遂造诸乐器，其声率下郑译调二律。并撰《乐谱》六十四卷，具论八音旋相为宫之法，改弦移柱之变。为八十四调，一百四十四律，变化终于一千八百声。时人以《周礼》有旋宫之义，自汉、魏已来，知音者皆不能通，见宝常特创其事，皆哂之。至是，试令为之，应手成曲，无所凝滞，见者莫不嗟异。于是损益乐器，不可胜纪，其声雅淡，不为时人所好，太常善声者多排毁之。又太子洗马苏夔以钟律自命，尤忌宝常。夔父威，方用事，凡言乐者，皆附之而短宝常。数诣公卿怨望，苏威因诘宝常，所为何所传受。有一沙门谓宝常曰："上雅好符瑞，有言征祥者，上皆悦之。先生当言就胡僧受学，云是佛家菩萨所传音律，则上必悦。先生所为，可以行矣。"宝常然之，遂如其言以答威。威怒曰："胡僧所传，乃是四夷之乐，非中国所宜行也。"其事竟寝。宝常尝听太常所奏乐，泫然而泣。人问其故，宝常曰："乐声淫厉而哀，天下不久相杀将尽。"时四海全盛，闻其言者皆谓为不然。大业之末，其言卒验。

宝常贫无子，其妻因其卧疾，遂窃其资物而逃。宝常饥馁，无人赡遗，竟饿而死。将死也，取其所著书而焚之，曰："何用此为？"见者于火中探得数卷，见行于世，时论哀之。

开皇之世，有郑译、何妥、卢贲、苏夔、萧吉，并讨论坟籍，撰著乐书，皆为当世所用。至于天然识乐，不及宝常远矣。安马驹、曹妙达、王长通、郭令乐等，能造曲，为一时之妙，又习郑声，而宝常所为，皆归于雅。此辈虽公议不附宝常，然皆心服，谓以为神。

时有乐人王令言，亦妙达音律。大业末，炀帝将幸江都，令言之子尝从，于户外弹胡琵琶，作翻调《安公子曲》。令言时卧室中，闻之大惊，蹶然而起曰："变，变！"急呼其子曰："此曲兴自早晚？"其子对曰："顷来有之。"令言遂歔欷流涕，谓其子曰："汝慎无行，帝必不返。"子问其故，令言曰："此曲宫声往而不反，宫者君也，吾所以知之。"帝竟被杀于江都。

史臣曰：阴阳卜祝之事，圣人之教在焉，虽不可以专行，亦不可得而废也。人能弘道，则博利时俗，行非其义，则咎悔及身，故昔之君子所以戒乎妄作。今韦、来之骨法气色，庾、张之推步盈虚，虽落下、高堂、许负、朱建，不能尚也。伯丑龟策，近知鬼神之情，耿询浑仪，不差辰象之度，宝常声律，动应宫商之和，虽不足远拟古人，皆一时之妙也。许氏之运针石，世载可称，萧吉之言阴阳，近于诬诞矣。

卷七十九　列传第四十四

外　戚

历观前代外戚之家，乘母后之权以取高位厚秩者多矣，然而鲜有克终之美，必罹颠覆之患，何哉？皆由乎无德而尊，不知纪极，忽于满盈之戒，罔念高危之咎，故鬼瞰其室，忧必及之。夫其诚素艰难，功宣社稷，不以谦冲自牧，未免颠踬之祸，而况道不足以济时，仁不足以利物，自矜于己，以富贵骄人者乎？此吕、霍、上官、阎、梁、窦、邓所以继踵而亡灭者也。昔文皇潜跃之际，献后便相推毂，炀帝大横方兆，萧妃密勿经纶，是以恩礼绸缪，始终不易。然内外亲戚，莫预朝权，昆弟在位，亦无殊宠。至于居擅玉堂，家称金穴，晖光戚里，重灼四方，将三司以比仪，命五侯而同拜者，终始一代，寂无闻焉。考之前王，可谓矫其弊矣。故虽时经扰攘，无有陷于不义，市朝迁贸，而皆得以保全。比夫凭藉宠私，阶缘恩泽，乘其非据，旋就颠陨者，岂可同日而言哉！此所谓爱之礼，能改覆车。辄叙其事，为《外戚传》云。

高祖外家吕氏

高祖外家吕氏，其族盖微，平齐之后，求访不知所在。至开皇初，济南郡上言，有男子吕永吉，自称有姑字苦桃，为杨忠妻。勘验知是舅子，始追赠外祖双周为上柱国、太尉、八州诸军事、青州刺史，封齐郡公，谥曰敬，外祖母姚氏为齐敬公夫人。诏书改葬，于齐州立庙，置守冢十家。以永吉袭爵，留在京师。大业中，授上党郡太守，性识庸劣，职务不理。后去官，不知所终。

永吉从父道贵，性尤顽贵，言词鄙陋。初自乡里征入长安，上见之悲泣。道贵略无戚容，但连呼高祖名，云："种未定不可偷，大似苦桃姊。"是后数犯忌讳，动致违忤，上甚耻之。乃命高颎厚加供给，不许އ对朝士。拜上仪同三司，出为济南太守，令即之任，断其入朝。道贵还至本郡，高自崇重，每与人言，自称皇舅。数将仪卫出入闾里，从故人游宴，官民咸苦之。后郡废，终于家，子孙无闻焉。

独孤罗 弟陀

独孤罗，字罗仁，云中人也。父信，初仕魏为荆州刺史。武帝之入关也，信弃父母妻子西归长安，历职显贵，罗由是遂为高氏所囚。信后仕周为大司马。及信为宇文护所诛，罗始见释，寓居中山，孤贫无以自给。齐将独孤永业以宗族之故，见而哀之，为买田宅，遗以资畜。初，信入关之后，复娶二妻，郭氏生子六人，善、穆、藏、顺、陀、整，崔氏生献皇后。及齐亡，高祖为定州总管，献皇后遣人寻罗，得之，相见悲不自胜，侍御者皆泣。于是厚遗车马财物。未几，周武帝以罗功臣子，久沦异域，征拜楚安郡太守。以疾去官，归于京师。诸弟见罗少长贫贱，每轻侮之，不以兄礼事也。然性长者，亦不与诸弟校竞长短，后由是重之。及高祖为丞相，拜仪同，常置左右。既受禅，下诏追赠罗父信官爵曰："褒德累行，往代通规，追远慎终，前王盛典。故柱国信，风宇高旷，独秀生民，睿哲居宗，清猷映世。宏谋长策，道著于弼谐，纬义经仁，事深于拯济。方当宣风廊庙，亮采台阶，而运属艰危，功高弗赏，眷言令范，事切于心。今景运初开，椒闱肃建，载怀涂山之义，无忘褒、纪之典。可赠太师、上柱国、冀定等十州刺史、赵国公，邑万户。"诸弟以罗母没齐，先无夫人之号，不当承袭。上以问后，后曰："罗诚嫡长，不可诬也。"于是袭爵赵国公。以其弟善为河内郡公，穆为金泉县公，藏为武平县公，陀为武喜县公，整为千牛备身。擢拜罗为左领左右将军，寻迁左卫将军，前后赏赐不可胜计。久而出为凉州总管，进位上柱国。仁寿中，征拜左武卫大将军。炀帝嗣位，改封蜀国公。未几，卒官，谥曰恭。

子纂嗣，仕至河阳郡尉。纂弟武都，大业末，亦为河阳郡尉。庶长子开远，宇文化及之弑逆也，裴虔通率贼入成象殿，宿卫兵士皆从逆，开远时为千牛，与独孤盛力战于阁下，为贼所执，贼义而舍之。善后官至柱国。卒，子览嗣，仕至左候卫将军，大业末卒。

独孤陀，字黎邪。仕周胥附上士，坐父徙蜀郡十余年。宇文护被诛，始归长安。高祖受禅，拜上开府、右领左右将军。久之，出为鄀州刺史，进位上大将军，累转延州刺史。好左道。其妻母先事猫鬼，因转入其家。上微闻而不之信也。会献皇后及杨素妻郑氏俱有疾，召医者视之，皆曰："此猫鬼疾也。"上以陀后之异母弟，陀妻杨素之异母妹，由是意陀所为，阴令其兄穆以情喻之。上又避左右讽陀，陀言无有。上不悦，左转迁州刺史。出怨言。上令左仆射高颎、纳言苏威、大理正皇甫孝绪、大理丞杨远等杂治之。陀婢徐阿尼言，本从陀母家来，常事猫鬼。每以子日夜祀之。言子者鼠也。其猫鬼每杀人者，所死家财物潜移于畜猫鬼家。陀尝从家中素酒，其妻曰："无钱可酤。"陀因谓阿尼曰："可令猫鬼向越公家，使我足钱也。"阿尼便咒之归。数日，猫鬼向素家。十一年，上初从并州还，陀于园中谓阿尼曰："可令猫鬼向皇后所，使多赐吾物。"阿尼复咒之，遂入宫中。杨远乃于门下外省遣阿尼呼猫鬼。阿尼于是夜中置香粥一盆，以匙扣而呼之曰："猫女可来，无住宫中。"久之，阿尼色正青，若被牵曳者，云猫鬼已至。上以其事下公卿，奇章公牛弘曰："妖由人兴，杀其人可以绝矣。"上令以犊车载陀夫妻，将赐死于其家。陀弟司勋侍中整诣阙求哀，于是免陀死，除名为民，以其妻杨氏为尼。先是，有人讼其母为人猫鬼所杀者，上以为妖妄，怒而遣之。及此，诏诛被讼行猫鬼家。陀未几而卒。

炀帝即位，追念舅氏，听以礼葬，乃下诏曰："外氏衰祸，独孤陀不幸早世，迁卜有期。言念渭阳之情，追怀伤切，宜加礼命，允备哀荣。可赠正议大夫。"帝意犹不已，复下诏曰："舅氏之尊，戚属斯重，而降年弗永，凋落相继。缅惟先往，宜崇徽秩。复赠银青光禄大夫。"有二子：延福、延寿。

随弟整，官至幽州刺史，大业初卒，赠金紫光禄大夫，平乡侯。

萧岿 子琮 琮弟瓛

萧岿，字仁远，梁昭明太子统之孙也。父詧，初封岳阳王，镇襄阳。侯景之乱，其兄河东王誉与其叔父湘东王绎不协，为绎所害。及绎嗣位，詧称藩于西魏，乞师请讨绎。周太祖以詧为梁主，遣柱国于谨等率骑五万袭绎，灭之。詧遂都江陵，有荆郡、其西平州延袤三百里之地，称皇帝于其国，车服节文一同王者。仍置江陵总管，以兵戍之。詧薨，岿嗣立，年号天保。岿俊辩有才学，兼好内典。周武帝平齐之后，岿来贺，帝享之甚欢。亲弹琵琶，令岿起舞，岿曰："陛下亲御五弦，臣敢不同百兽！"高祖受禅，恩礼弥厚，遣使赐金五百两、银千两、布帛万匹、马五百匹。岿来朝，上甚敬焉，诏岿位在王公之上。岿被服端丽，进退闲雅，天子瞩目，百僚倾慕。赏赐以亿计。月余归藩，帝亲饯于浐水之上。后备礼纳其女为晋王妃，又欲以其子玚尚兰陵公主。由是渐见亲待。献皇后言于上曰："梁主通家，腹心所寄，何劳猜防也。"上然之，于是罢江陵总管，岿专制其国。岁余，岿又来朝，赐缣万匹，珍玩称是。及还，上亲执手曰："梁主久滞荆楚，未复旧都，故乡之念，良轸怀抱。朕当振旅长江，相送旋反耳。"岿拜谢而去。其年五月，寝疾，临终上表曰："臣以庸暗，曲荷天慈，宠冠外藩，恩逾连山，爱及子女，尚主婚王。每愿躬擐甲胄，身先士卒，扫荡逋寇，上报明时。而摄生乖舛，遘罹笃疾，属纩在辰，顾阴待谢。长违圣世，感恋鸣咽，遗嗣孤藐，特乞降慈。伏愿圣躬与山岳同固，皇基等天日俱永，臣虽九泉，实无遗恨。"并献所服金装剑，上览而嗟悼焉。岿在位二十三年，年四十四薨，梁之臣子谥曰孝明皇帝，庙号世宗。子琮嗣。岿著《孝经》、《周易义记》及《大小乘幽微》十四卷，行于世。

琮字温文，性宽仁，有大度，倜傥不羁，博学有文义。兼善弓马，遣人伏地著帖，琮驰马射之，十发十中，持帖者亦不惧。初封东阳王，寻立为梁太子。及嗣位，上赐玺书曰："负荷堂构，其事甚重，虽穷忧劳，常须自力。辑谐内外，亲任才良，秉遵世业，是所望也。彼之疆守，咫尺陈人，水潦之时，特宜警备。陈氏比日虽复朝聘相寻，疆场之间犹未清肃，唯当特我必不可干，勿得轻人而不设备。朕与梁国，积世相知，重以亲姻，情义弥厚。江陵之地，朝寄非轻，为国为民，深宜抑割，恒加馔粥，以礼自存。"又赐梁之大臣玺书，诫勉之。时琮年号广运，有识者曰："运之为字，军走也，吾君其奔走乎？"其年，琮遣大将军戚昕以舟师袭陈公安，不克而还。征琮叔父岑入朝，拜为大将军，封怀义公，因留不遣。复置江陵总管以监之。琮所署大将军许世武密以城召陈将宜黄侯陈纪，谋泄，琮诛之。后二岁，上征琮入朝，率其臣下二百余人朝

于京师，江陵父老莫不陨涕相谓曰："吾君其不反矣！"上以琮来朝，遣武乡公崔弘度将兵戍之。军至都州，琮叔父岩及弟瓛等惧弘度掩袭之，遂引陈人至城下，虏居民而叛，于是废梁国。上遣左仆射高颎安集之，曲赦江陵死罪，给民复十年。梁二主各给守墓十户。拜琮为柱国，赐爵莒国公。炀帝嗣位，以皇后之故，甚见亲重。拜内史令，改封梁公。琮之宗族，缌麻以上，并随才擢用，于是诸萧昆弟布列朝廷。琮性淡雅，不以职务自婴，退朝纵酒而已。内史令杨约与琮同列，帝令约宣旨诫励，约复以私情喻之。琮答曰："琮若复事事，则何异于公哉！"约笑而退。约兄素，时为尚书令，见琮嫁从父妹于钳耳氏，因谓琮曰："公，帝王之族，望高戚美，何乃适妹钳耳氏乎？"琮曰："前已嫁妹于侯莫陈氏，此复何疑！"素曰："钳耳，羌也，侯莫陈，虏也，何得相比！"素意以虏优羌劣。琮曰："以羌异虏，未之前闻。"素惭而止。琮虽羁旅，见北间豪贵，无所降下。尝与贺若弼深相友善，弼既被诛，复有童谣曰："萧萧亦复起。"帝由是忌之，遂废于家，未几而卒。赠左光禄大夫。子铉，襄城通守。复以琮弟子钜为梁公。钜小名藏，炀帝甚昵之，以为千牛，与宇文皛出入宫掖，伺察内外。帝每有游宴，钜未尝不从焉，遂于宫中多行淫秽。江都之变，为宇文化及所杀。

瓛字钦文，少聪敏，解属文。在梁为荆州刺史，颇有能名。崔弘度以兵至都州，瓛惧，与其叔父岩奔于陈。陈主以为侍中、安东将军、吴州刺史，甚得物情，三吴父老皆曰："吾君子也。"及陈亡，吴人推瓛为主。吴人见梁武、简文及詧、岿等兄弟并第三而践尊位，瓛自以岿之第三子也，深自矜负。有谢异者，颇知废兴，梁、陈之际，言无不验，江南人甚敬信之。及陈主被擒，异奔于瓛，由是益为众所归。褒国公宇文述以兵讨之，瓛遣王褒守吴州，自将拒述。述遣兵别道袭吴州，褒惧，衣道士服，弃城而遁。瓛众闻之，悉无斗志，与述一战而败。瓛将左右数人逃于太湖，匿于民家，为人所执，送于述所，斩之长安，时年二十一。

弟璟，为朝请大夫、尚衣奉御。玚，历卫尉卿、秘书监、陶丘侯。瑀，历内史侍郎、河池太守。

史臣曰：三五哲王，防深虑远，舅甥之国，罕执钧衡，母后之家，无闻倾败。爰及汉、晋，颠覆继轨，皆由乎进不以礼，故其毙亦速。若使独孤权侔吕、霍，必败于仁寿之前，萧氏势均梁、窦，岂全于大业之后！今或不陨旧基，或更隆先构，岂非处之以道，不预权宠之所致乎！

卷八十　　列传第四十五

列女

自昔贞专淑媛，布在方策者多矣。妇人之德，虽在于

温柔,立节垂名,咸资于贞烈。温柔,仁之本也;贞烈,义之资也。非温柔无以成其仁,非贞烈无以显其义。是以诗书所记,风俗所在,图像丹青,流声竹素,莫不守约以居正,杀身以成仁者也。若文伯、王陵之母,白公、杞植之妻,鲁之义姑,梁之高行,卫君灵主之妾,夏侯文宁之女,或抱信以含贞,或蹈忠而践义,不以存亡易心,不以盛衰改节,其修名彰于既往,徽音传于不朽,不亦休乎!或有王公大人之妃偶,肆情于淫僻之俗,虽衣绣衣,食珍膳,坐金屋,乘玉辇,不入彤管之书,不沾良史之笔,将草木以俱落,与麋鹿而同死,可胜道哉!永言载思,实庶姬之耻也。观夫今之静女,各励松筠之操,甘于玉折而兰摧,足以无绝今古。故述其雅志,以纂前代之列女云。

兰陵公主

兰陵公主,字阿五,高祖第五女也。美姿仪,性婉顺,好读书,高祖于诸女中特所钟爱。初嫁仪同王奉孝,卒,适河东柳述,时年十八。诸姊并骄贵,主独折节遵于妇道,事舅姑甚谨,遇有疾病,必亲奉汤药。高祖闻之大悦。由是述渐见宠遇。初,晋王广欲以主配其弟萧玚,高祖初许之,后遂适述,晋王因不悦。及述用事,弥恶之。高祖既崩,述徙岭表。炀帝令主与述离绝,将改嫁之。公主以死自誓,不复朝谒,上表请免主号,与述同徙。帝大怒曰:"天下岂无男子,欲与述同徙耶?"主曰:"先帝以妾适于柳家,今其有罪,妾当从坐,不愿陛下屈法申恩。"帝不从,主忧愤而卒,时年三十二。临终上表曰:"昔共姜自誓,著美前诗,鄎妫不言,传芳往诰。妾虽负罪,窃慕古人。生既不得从夫,死乞葬于柳氏。"帝览之愈怒,竟不哭,乃葬主于洪渎川,资送甚薄。朝野伤之。

南阳公主

南阳公主者,炀帝之长女也。美风仪,有志节,造次必以礼。年十四,嫁于许国公宇文述子士及,以谨肃闻。及述病且卒,主视调饮食,手自奉上,世以此称之。及宇文化及杀逆,主随至聊城,而化及为窦建德所败,士及自济北西归大唐。时隋代衣冠并在其所,建德引见之,莫不惶惧失常,唯主神色自若。建德与语,主自陈国破家亡,不能报怨雪耻,泪下盈襟,声辞不辍,情理切至。建德及观听者莫不为之动容陨涕,咸肃然敬异焉。及建德诛化及,时主有一子,名禅师,年且十岁。建德遣武贲郎将于士澄谓主曰:"宇文化及躬行杀逆,人神所不容。今将族灭其家,公主之子,法当从坐,若不能割爱,亦听留之。"主泣曰:"武贲既是隋室贵臣,此事何须见问!"建德竟杀之。主寻请建德削发为尼。及建德败,将归西京,复与士及遇于东都之下,主不与相见。士及就之,立于户外,请复为夫妻。主拒之曰:"我与君仇家。今恨不能手刃君者,但谋逆之日,察君不预知耳。"因与告绝,诃令速去。士及固请,主怒曰:"必欲就死,可相见也。"士及见其言切,知不可屈,乃拜辞而去。

襄城王恪妃

襄城王恪妃者,河东柳氏女也。父旦,循州刺史。妃姿仪端丽,年十余,以良家子合法相,娉以为妃。未几而恪被废,妃修妇道,事之愈敬。炀帝嗣位,恪复徙边,帝令使者杀之于道。恪与辞诀,妃曰:"若王死,妾誓不独生。"于是相对恸哭。恪既死,棺敛讫,妃谓使者曰:"妾誓与杨氏同穴。若身死之后得不别埋,君之惠也。"遂抚棺号恸,自经而卒。见者莫不为之涕流。

华阳王楷妃

华阳王楷妃者,河南元氏之女也。父岩,性明敏,有气干。仁寿中,为黄门侍郎,封龙涸县公。炀帝嗣位,坐与柳述连事,除名为民,徙南海。后会赦,还长安。有人谮岩逃归,收而杀之。妃有姿色,性婉顺,初以选为妃。未几而楷被幽废,妃事楷逾谨,每见楷有忧惧之色,辄陈义理以慰谕之,楷甚敬焉。及江都之乱,楷遇宇文化及之逆,以妃赐其党元武达。武达初以宗族之礼,置之别舍,后因醉而逼之。妃自誓不屈,武达怒,挞之百余,辞色弥厉。因取砺自毁其面,血泪交下,武达释之。妃谓其徒曰:"我不能早死,致令将见侵辱,我之罪也。"因不食而卒。

谯国夫人

谯国夫人者,高凉冼氏之女也。世为南越首领,跨据山洞,部落十余万家。夫人幼贤明,多筹略,在父母家,抚循部众,能行军用师,压服诸越。每劝亲族为善,由是信义结于本乡。越人之俗,好相攻击,夫人兄南梁州刺史挺,恃其富强,侵掠傍郡,岭表苦之。夫人多所规谏,由是怨隙止息,海南、儋耳归附者千余洞。梁大同初,罗州刺史冯融闻夫人有志行,为其子高凉太守宝娉以为妻。融本北燕苗裔,初,冯弘之投高丽也,遣融大父业以三百人浮海归ithm,因留于新会。自业及融,三世为守牧,他乡羁旅,号令不行。至是,夫人诚约本宗,使从民礼。每共宝参决辞讼,首领有犯法者,虽是亲族,无所舍纵。自此政令有序,人莫敢违。遇侯景反,广州都督萧勃征兵援台。高州刺史李迁仕据大皋口,遣召宝。宝欲往,夫人止之曰:"刺史无故不合召太守,必欲诈君共为反耳。"宝曰:"何以知之?"夫人曰:"刺史被召援台,乃称有疾,铸兵聚众,而后唤君。今者若往,必留质,追君兵众。此意可见,愿且无行,以观其势。"数日,迁仕果反,遣主帅杜平虏率兵入灨石。宝知之,遽告,夫人曰:"平虏,骁将也,领兵入灨石,即与官兵相拒,势未得还。迁仕在州,无能为也。若君自往,必有战斗。宜遣使诈之,卑辞厚礼,云身未敢出,欲遣妇往参。彼闻之喜,必无防备。于是我将千余人,步担杂物,唱言输赕,得至栅下,贼必可图。"宝从之,迁仕大喜,觇夫人众皆担物,不设备。夫人击之,大捷。迁仕遂走,保于宁都。夫人总兵与长城侯陈霸先会于灨石。还谓宝曰:"陈都督大可畏,极得众心。我观此人必能平贼,君宜厚资之。"

及宝卒,岭表大乱,夫人怀集百越,数州晏然。至陈永定二年，其子仆年九岁，遣帅诸首领朝于丹阳，起家拜阳春郡守。后广州刺史欧阳纥谋反，召仆至高安，诱与为乱。仆遣使归告夫人，夫人曰："我为忠贞，经今二代，不能惜汝，辄负国家。"遂发兵拒境，帅百越酋长迎章昭达。内外逼之，纥徒溃散。仆以夫人之功，封信都侯，加平越中郎将，转石龙太守。诏使持节册夫人为中郎将、石龙太夫人，赉绣幰油络驷马安车一乘，给鼓吹一部，并麾幢旌节，其卤簿一如刺史之仪。至德中，仆卒。后遇陈国亡，岭南未有所附，数郡共奉夫人，号为圣母，保境安民。

高祖遣总管韦洸安抚岭外，陈将徐璒以南康拒守。洸至岭下，逡巡不敢进。初，夫人以扶南犀杖献于陈主，至此，晋王广遣陈主遗夫人书，谕以国亡，令其归化，并以犀杖及兵符为信，夫人见杖，验知陈亡，集首领数千，尽日恸哭。遣其孙魂帅众迎洸，入至广州，岭南悉定。表魂为仪同三司，册夫人为宋康郡夫人。未几，番禺人王仲宣反，首领皆应之，围洸于州城，进兵屯衡岭。夫人遣孙暄帅师救洸。暄与逆党陈佛智素相友善，故迟留不进。夫人知之，大怒，遣使执暄，系于州狱。又遣孙盎出讨佛智，战克，斩之。进兵至南海，与鹿愿军会，共败仲宣。夫人亲被甲，乘介马，张锦伞，领彀骑，卫诏使裴矩巡抚诸州，其苍梧首领陈坦、冈州冯岑翁、梁化邓马头、藤州李光略、罗州庞靖等皆来参谒。还令统其部落，岭表遂定。高祖异之，拜盎为高州刺史，仍敕出暄，拜罗州刺史。追赠宝为广州总管、谯国公，册夫人为谯国夫人。以宋康邑回授仆妾洗氏。仍开谯国夫人幕府，置长史以下官属，给印章，听发部落六州兵马，若有机急，便宜行事。降敕书曰："朕抚育苍生，情均父母，欲使率土清净，兆庶安乐。而王仲宣等辄相聚结，扰乱彼民，所以遣往诛翦，为百姓除害。夫人情在奉国，深识正理，遂令孙盎斩获佛智，竟破群贼，甚有大功。今赐夫人物五千段。暄不进怠，诚合罪责，以夫人立此诚效，故特原免。夫人宜训导子孙，敦崇礼教，遵奉朝化，以副朕心。"皇后以首饰及宴服一袭赐之，夫人并盛于金箧，并梁、陈赐物各藏于一库。每岁时大会，皆陈于庭，以示子孙，曰："汝等宜尽赤心向天子。我事三代主，唯用一好心。今赐物具存，此忠孝之报也，愿汝皆思念之。"

时番州总管赵讷贪虐，诸俚獠多有亡叛。夫人遣长史张融上封事，论安抚之宜，并言讷罪状，不可以招怀远人。上遣推讷，得其赃贿，竟致于法。降敕委夫人招慰亡叛。夫人亲载诏书，自称使者，历十余州，宣述上意，谕诸俚獠，所至皆降。高祖嘉之，赐夫人临振县汤沐邑，一千五百户。赠仆为崖州总管、平原郡公。仁寿初，卒，赗物一千段，谥为诚敬夫人。

郑善果母

郑善果母者，清河崔氏之女也。年十三，出适郑诚，生善果。而诚讨尉迥，力战死于阵。母年二十而寡，父彦穆欲夺其志，母抱善果谓彦穆曰："妇人无再见男子之义。且郑君虽死，幸有此儿。弃儿为不慈，背死为无礼。宁当割耳截发，以明素心。违礼灭慈，非敢闻命。"善果以父死

王事，年数岁，拜使持节、大将军，袭爵开封县公，邑一千户。开皇初，进封武德郡公。年十四，授沂州刺史，转景州刺史，寻为鲁郡太守。

母性贤明，有节操，博涉书史，通晓治方。每善果出听事，母恒坐胡床，于阁后察之。闻其剖断合理，归则大悦，即赐之坐，相对谈笑。若行事不允，或妄嗔怒，母乃还堂，蒙被而泣，终日不食。善果伏于床前，亦不敢起。母方起谓之曰："吾非怒汝，乃愧汝家耳。吾为汝家妇，获奉洒扫，如汝先君，忠勤之士也，在官清恪，未尝问私，以身徇国，继之以死，吾亦望汝副其此心。汝既年小而孤，吾寡妇耳，有慈无威，使汝不知礼训，何可负荷忠臣之业乎？汝自童子承袭茅土，位至方伯，岂汝身致之邪？安可不思此事而妄加嗔怒，心缘骄乐，堕于公政！内则坠尔家风，或亡失官爵，外则亏天子之法，以取罪戾。吾死之日，亦何面目见汝先人于地下乎？"

母恒自纺绩，夜分而寐。善果曰："儿封侯开国，位居三品，秩俸幸足，母何自勤如是邪？"答曰："呜呼！汝年已长，吾谓汝知天下之理，今闻此言，故犹未也。至于公事，何由济乎？今此秩俸，乃是天子报尔先人之徇命也。当须散赡六姻，为先君之惠，妻子奈何独擅其利，以为富贵哉！又丝枲纺织，妇人之务，上自王后，下至大夫士妻，各有所制。若堕业者，是为骄逸。吾虽不知礼，其可自败名乎？"自初寡，便不御脂粉，常服大练。性又节俭，非祭礼宾客之事，酒肉不妄陈于前。静室端居，未尝辄出门阁。内外姻戚有吉凶事，但厚加赠遗，皆不诣其家。非自手作及庄园禄赐所得，虽亲族礼遗，悉不许入门。

善果历任州郡，唯内自出馔，于廨中食之，公廨所供，皆不许受，悉用修治廨宇及分给僚佐。善果亦由此克己，号为清吏。炀帝遣御史大夫张衡劳之，考为天下最。征授光禄卿。其母卒后，善果为大理卿，渐骄恣，清公平允遂不如畴昔焉。

孝女王舜

孝女王舜者，赵郡王子春之女也。子春与从兄长忻不协，属齐灭之际，长忻与其妻同谋杀子春。舜时年七岁，有二妹，粲年五岁，璠年二岁，并孤苦，寄食亲戚。舜抚育二妹，恩义甚笃。而舜阴有复仇之心，长忻殊不为备。姊妹俱长，亲戚欲嫁之，辄拒不从。乃密谓其二妹曰："我无兄弟，致使父仇不复。吾辈虽是女子，何用生为？我欲共汝报复，汝意如何？"二妹皆垂泣曰："唯姊所命。"是夜，姊妹各持刀逾墙而入，手杀长忻夫妻，以告父墓。因诣县请罪，姊妹争为谋首，州县不能决。高祖闻而嘉叹，特原其罪。

韩觊妻

韩觊妻者，洛阳于氏女也，字茂德，父实，周大左辅。于氏年十四，适于觊。虽生长膏腴，家门鼎盛，而动遵礼度，躬自俭约，宗党敬之。年十八，觊从军战没，于氏哀毁骨立，恸感行路。每至朝夕奠祭，皆手自捧持。及免丧，其父以其幼少无子，将嫁之。誓无异志。复令家人敦喻，

于氏尽夜涕泣，截发自誓。其父喟然伤感，遂不夺其志焉。因养夫之孽子世隆为嗣，身自抚育，爱同己生，训导有方，卒能成立。自孀居已后，唯时或归宁，至于亲族之家，绝不来往。有尊卑就省谒者，送迎皆不出户庭。蔬食布衣，不听声乐，以此终身。高祖闻而嘉叹，下诏褒美，表其门闾，长安中号为节妇阙。终于家，年七十二。

陆让母

陆让母者，上党冯氏女也。性仁爱，有母仪，让即其孽子也。仁寿中，为番州刺史，数有聚敛，赃货狼籍，为司马所奏。上遣使按之皆验，于是囚诣长安，亲临问。让称冤，上复令治书侍御史抚按之，状不易前。乃命公卿百僚议之，咸曰"让罪当死"。诏可其奏。让将就刑，冯氏蓬头垢面诣朝堂数让曰："无汗马之劳，致位刺史，不能尽诚奉国，以答鸿恩，而反违犯宪章，赃货狼籍。若言司马诬汝，百姓百官不应亦皆诬汝。若言至尊不怜愍汝，何故治书覆汝？岂诚臣？岂孝子？不诚不孝，何以为人！"于是流涕呜咽，亲持盂粥劝让令食。既而上求哀，词情甚切，上憝然为之改容。献皇后甚奇其意，致请于上。治书侍御史柳彧进曰："冯氏母德之至，有感行路。如或杀之，何以为劝？"上于是集京城士庶于朱雀门，遣舍人宣诏曰："冯氏以嫡母之德，足为世范，慈爱之道，义感人神，特宜矜免，用奖风俗。让可减死，除名为民。"复下诏曰："冯氏体备仁慈，凤闲礼度。孽让非其所生，往犯宪章，宜从极法。躬自诣阙，为之请命，匍匐顿颡。朕哀其义，特免死辜。使天下妇人皆如冯者，岂不闺雍睦，风俗和平！朕每嘉叹不能已。宜标扬优赏，用章有德。可赐物五百段。"集诸命妇，与冯相识，以宠异之。

刘昶女

刘昶女者，河南长孙氏之妇也。昶在周，尚公主，官至柱国、彭国公，数为将帅，位望隆显。与高祖有旧。及受禅，甚亲任，历左武卫大将军、庆州总管。其子居士，为太子千牛备身，聚徒任侠，不遵法度，数得罪。上以昶故，每辄原之。居士转恣，每大言曰："男儿要当鬓头反缚，䉶篠上作獠舞。"取公卿子弟膂力雄健者，辄将至家，以车轮括其颈而棒之。殆死能不屈者，称为壮士，释而与交。党与三百人，其趫捷者号为饿鹘队，武力者号为蓬转队。每韝鹰继犬，连骑道中，殴击路人，多所侵夺。长安市里无贵贱，见之者皆辟易，至于公卿妃主，莫敢与校者。其女则居士之姊也，每垂泣诲之，殷勤恳恻。居士不改，至破家产。昶年老，奉养甚薄。其女时寡居，哀昶如此，每归宁于家，躬勤纺绩，以致其甘脆。有人告居士与其徒游长安城，登故未央殿基，南向坐，前后列队，意有不逊，每相约曰："当为一死耳。"又时有人言居士遣使引突厥令南寇，当于京师应之。上谓昶曰："今日之事，当复如何？"昶犹恃旧恩，不自引咎，直前曰："黑白在于至尊。"上大怒，下昶狱，捕居士党与，治之甚急。宪司又奏昶事母不孝。其女知昶必不免，不食者数日，每亲调饮食，手自捧持，诣大理饷其父。见狱卒，长跪以进，歔欷呜咽，见者

伤之。居士坐斩，昶竟赐死于家。诏百僚临视。时其女绝而复苏者数矣，公卿慰谕之。其女言父无罪，坐子以及于祸。词情哀切，人皆不忍闻见。遂布衣蔬食以终其身。上闻而叹曰："吾闻衰门之女，兴门之男，固不虚也！"

钟士雄母

钟士雄母者，临贺蒋氏女也。士雄仕陈为伏波将军。陈主以士雄岭南酋帅，虑其反覆，每质蒋氏于都下。及晋王广平江南，以士雄在岭表，欲以恩义致之，遣蒋氏归临贺。既而同郡虞子茂、钟文华等作乱，举兵攻城，遣人召士雄，士雄将应之。蒋氏谓士雄曰："我前在扬都，备尝辛苦。今逢圣化，母子聚集，没身不能上报，焉得为逆哉！汝若禽兽其心，背德忘义者，我当自杀于汝前。"士雄于是遂止。蒋氏复为书与子茂等，谕以祸福。子茂不从，寻为官军所败。上闻蒋氏，甚异之，封为安乐县君。

时尹州寡妇胡氏者，不知何氏妻也，甚有志节，为邦族所重。当江南之乱，讽谕宗党，皆守险不从叛逆，封为密陵郡君。

孝妇覃氏

孝妇覃氏者，上郡钟氏妇也。与其夫相见未几而夫死，时年十八。事后姑以孝闻。数年之间，姑及伯叔皆相继而死，覃氏家贫，无以葬。于是躬自节俭，昼夜纺绩，蓄财十年，而葬八丧，为州里所敬，上闻而赐米百石，表其门闾。

元务光母

元务光母者，范阳卢氏女也。少好读书，造次以礼。盛年寡居，诸子幼弱，家贫不能就学，卢氏每亲自教授，勖以义方，世以此称之。仁寿末，汉王谅举兵反，遣将綦良往山东略地。良以务光为记室。及良败，慈州刺史上官政簿籍务光之家，见卢氏，悦而逼之，卢氏以死自誓。政为人凶悍，怒甚，以烛烧其身。卢氏执志弥固，竟不屈节。

裴伦妻

裴伦妻，河东柳氏女也，少有风训。大业末，伦为渭源令。属薛举之乱，县城为贼所陷，伦遇害。柳氏年四十，有二女及儿妇三人，皆有美色。柳氏谓之曰："我辈遭逢祸乱，汝父已死，我自念不能全汝。我门风有素，义不受辱于群贼，我将与汝等同死，如何？"其女等皆垂泣曰："唯母所命。"柳氏遂自投于井，其女及妇相继而下，皆重死于井中。

赵元楷妻

赵元楷妻者，清河崔氏之女也。父儃，在《文学传》。家有素范，子女皆遵礼度。元楷父为仆射，家富于财，重其门望，厚礼以聘之。元楷甚敬崔氏，虽在宴私，不妄言笑，进止容服，动合礼仪。化及之反也，元楷随至河北，将归长安。至滏口，遇盗攻掠，元楷仅以身免。崔氏为贼所拘，贼请以为妻，崔氏谓贼曰："我士大夫女，为仆射

子妻，今日破亡，自可即死。遣为贼妇，终必不能。"群贼毁裂其衣，形体悉露，缚于床簣之上，将凌之。崔氏惧为所辱，诈之曰："今力已屈，当听处分，不敢相违，请解缚。"贼遽释之。崔因著衣，取贼佩刀，倚树而立曰："欲杀我，任加刀锯。若觅死，可来相逼！"贼大怒，乱射杀之。元楷后得杀妻者，支解之，以祭崔氏之柩。

史臣曰：夫称妇人之德，皆以柔顺为先，斯乃举其中庸，未臻其极者也。至于明识远图，贞心峻节，志不可夺，唯义所在，考之图史，亦何世而无哉！兰陵主质迈寒松，南阳主心逾匪石，洗媪孝女之忠壮，崔、冯二母之诚恳，足使义勇惭其志烈，兰玉谢其贞芳。襄城、华阳之妃，裴伦、元楷之妇，时逢艰阻，事乖好合，甘心同穴，颠沛靡它，志励冰霜，言逾皎日，虽《诗》咏共姜之自誓，《传》述伯姬之守死，其将复何以加焉！

卷八十一　　列传第四十六

东　夷

高　丽

高丽之先，出自夫余。夫余王尝得河伯女，因闭于室内，为日光随而照之，感而遂孕，生一大卵，有一男子破壳而出，名曰朱蒙。夫余之臣以朱蒙非人所生，咸请杀之，王不听。及壮，因从猎，所获居多，又请杀之。其母以告朱蒙，朱蒙弃夫余东南走。遇一大水，深不可越。朱蒙曰："我是河伯外孙，日之子也。今有难，而追兵且及，如何得渡？"于是鱼鳖积而成桥，朱蒙遂渡，追骑不得济而还。朱蒙建国，自号高句丽，以高为氏。朱蒙死，子闾达嗣。至其孙莫来兴兵，遂并夫余。至裔孙位宫，以魏正始中入寇西安平，毌丘俭拒破之。位宫玄孙之子曰昭列帝，为慕容氏所破，遂入丸都，焚其宫室，大掠而还。昭列帝后为百济所杀。其曾孙琏，遣使后魏。琏六世孙汤，在周遣使朝贡，武帝拜汤上开府、辽东郡公、辽东王。高祖受禅，汤复遣使诣阙，进授大将军，改封高丽王。岁遣使朝贡不绝。

其国东西二千里，南北千余里。都于平壤城，亦曰长安城，东西六里，随山屈曲，南临浿水。复有国内城、汉城，并其都会之所，其国中呼为"三京"。与新罗每相侵夺，战争不息。官有太大兄，次大兄，次小兄，次对卢，次意侯奢，次乌拙，次太大使者，次大使者，次小使者，次褥奢，次翳属，次仙人，凡十二等。复有内评、外评、五部褥萨。人皆皮冠，使人加插鸟羽。贵者冠用紫罗，饰以金银。服大袖衫，大口袴，素皮带，黄革履。妇人裙襦加襈。兵器与中国略同。每春秋校猎，王亲临之。人税布五匹，谷五石。游人则三年一税，十人共细布一匹，租户一石，次七斗，下五斗。反逆者缚之于柱，爇而斩之，籍没其家。盗则偿十倍。用刑既峻，罕有犯者。乐有五弦、琴、筝、筚篥、横吹、箫、鼓之属，吹芦以和曲。每年初，聚戏于浿水之上，王乘腰舆，列羽仪以观之。事毕，王以衣服入水，分左右为二部，以水石相溅掷，喧呼驰逐，再三而止。俗好蹲踞。洁净自喜，以趋走为敬，拜则曳一脚，立各反拱，行必摇手。性多诡伏。父子同川而浴，共室而寝。妇人淫奔，俗多游女。有婚嫁者，取男女相悦，然即为之，男家送猪酒而已，无财聘之礼。或有受财者，人共耻之。死者殡于屋内，经三年，择吉日而葬。居父母及夫之丧，服皆三年，兄弟三月。初终哭泣，葬则鼓儛作乐以送之。埋讫，悉取死者生时服玩车马置于墓侧，会葬者争取而去。敬鬼神，多淫祠。

开皇初，频有使入朝。及平陈之后，汤大惧，治兵积谷，为守拒之策。十七年，上赐汤玺书曰：

朕受天命，爱育率土，委王海隅，宣扬朝化，欲使圆首方足，各遂其心。王每遣使人，岁常朝贡，虽称藩附，诚节未尽。王既人臣，须同朕德，而乃驱逼靺鞨，固禁契丹。诸藩顿颡，为我臣妾，忿善人之慕义，何毒害之情深乎？太府工人，其数不少，王必须之，自可闻奏。昔年潜行财货，利动小人，私将弩手，逃窜下国。岂非修理兵器，意欲不臧，恐有外闻，故为盗窃？时命使者，抚尉王藩，本欲问彼人情，教彼政术。王乃坐之空馆，严加防守，使其闭目塞耳，永无闻见。有何阴恶，弗欲人知，禁制官司，畏其访察？又数遣马骑，杀害边人，屡驰奸谋，动作邪说，心在不宾。朕于苍生，悉如赤子，赐王土宇，授王官爵，深恩殊泽，彰著遐迩。王专怀不信，恒自猜疑，常遣使人，密觇消息，纯臣之义，岂若是也？盖当由朕训导不明，王之愆违，一已宽恕，今日以后，必须改革。守藩臣之节，奉朝正之典，自化尔藩，勿忤他国，则长享富贵，实称朕心。彼之一方，虽地狭人少，然普天之下，皆为朕臣。今若黜王，不可虚置，终须更选官属，就彼安抚。王若洒心易行，率由宪章，即是朕之良臣，何劳别遣才彦也？昔帝王作法，仁信为先，有善必赏，有恶必罚，四海之内，具闻朕旨。王若无罪，朕忽加兵，自余藩国，谓朕何也！王必虚心，纳朕此意，慎勿疑惑，更怀异图。往者陈叔宝代在江阴，残害人庶，惊动我烽候，抄掠我边境。朕前后诫敕，经历十年，彼则恃长江之外，聚一隅之众，悖狂骄傲，不从朕言。故命将出师，除彼凶逆，来往不盈旬月，兵骑不过数千，历代逋寇，一朝清荡，遐迩乂安，人神胥悦。闻王叹恨，独致悲伤，黜陟幽明，有司是职，罪王不为陈灭，赏王不为陈存，乐祸好乱，何为尔也？王谓辽水之广，何如长江？高丽之人，多少陈国？朕若不存含育，责王前愆，命一将军，何待多力！殷勤晓示，许王自新耳。宜得朕怀，自求多福。

汤得书惶恐，将奉表陈谢，会病卒。子元嗣立。高祖使使拜元为上开府、仪同三司，袭爵辽东郡公，赐衣一袭。元奉表谢恩，并贺祥瑞，因请封王。高祖优册元为王。

明年，元率靺鞨之众万余骑寇辽西，营州总管韦冲击走之。高祖闻而大怒，命汉王谅为元帅，总水陆讨之，下诏黜其爵位。时馈运不继，六军乏食，师出临渝关，复遇疾疫，王师不振。及次辽水，元亦惶惧，遣使谢罪，上表称"辽东粪土臣元"云云。上于是罢兵，待之如初，元亦岁遣朝贡。炀帝嗣位，天下全盛，高昌王、突厥启人可汗并亲诣阙贡献，于是征元入朝。元惧藩礼颇阙。大业七年，帝将讨元之罪，车驾渡辽水，上营于辽东城，分道出师，各顿兵于其城下。高丽率兵出拒，战多不利，于是皆婴城固守。帝令诸军攻之，又敕诸将："高丽若降者，即宜抚纳，不得纵兵。"城将陷，贼辄言请降，诸将奉旨不敢赴机，先令驰奏。比报至，贼守御亦备，随出拒战。如此者再三，帝不悟。由是食尽师老，转输不继，诸军多败绩，于是班师。是行也，唯于辽水西拔贼武厉逻，置辽东郡及通定镇而还。九年，帝复亲征之，乃敕诸军以便宜从事，诸将分道攻城，贼势日蹙。会杨玄感作乱，反书至，帝大惧，即日六军并还。兵部侍郎斛斯政亡入高丽，高丽具知事实，悉锐来追，殿军多败。十年，又发天下兵，会盗贼蜂起，人多流亡，所在阻绝，军多失期。至辽水，高丽亦困弊，遣使乞降，囚送斛斯政以赎罪。帝许之，顿于怀远镇，受其降款。仍以俘囚军实归。至京师，以高丽使者亲告于太庙，因拘留之。仍征元入朝，元竟不至。帝敕诸军严装，更图后举，会天下大乱，遂不克复行。

百 济

百济之先，出自高丽国。其国王有一侍婢，忽怀孕，王欲杀之，婢云："有物状如鸡子，来感于我，故有娠也。"王舍之。后遂生一男，弃之厕溷，久而不死，以为神，命养之，名曰东明。及长，高丽王忌之，东明惧，逃至淹水，夫余人共奉之。东明之后，有仇台者，笃于仁信，始立其国于带方故地。汉辽东太守公孙度以女妻之，渐以昌盛，为东夷强国。初以百家济海，因号百济。历十余代，代臣中国，前史载之详矣。开皇初，其王余昌遣使贡方物，拜昌为上开府、带方郡公、百济王。

其国东西四百五十里，南北九百余里，南接新罗，北拒高丽。其都曰居拔城。官有十六品：长曰左平，次大率，次恩率，次德率，次杆率，次奈率，次将德，服紫带；次施德，皂带；次固德，赤带；次李德，青带；次对德以下，皆黄带；次文督，次武督，次佐军，次振武，次克虞，皆用白带。其冠制并同，唯奈率以上饰以银花。长史三年一交代。畿内为五部，部有五巷，士人倨焉。五方各有方领一人，方佐贰之。方有十郡，郡有将。其人杂有新罗、高丽、倭等，亦有中国人。其衣服与高丽略同。妇人不加粉黛，女辫发垂后，已出嫁则分为两道，盘于头上。俗尚骑射，读书史，能吏事，亦知医药、蓍龟、占相之术。以两手据地为敬。有僧尼，多寺塔。有鼓角、箜篌、筝、竽、箎、笛之乐，投壶、围棋、樗蒲、握槊、弄珠之戏。行宋《元嘉历》，以建寅月为岁首。国中大姓有八族，沙氏、燕氏、刀氏、解氏、贞氏、国氏、木氏、苗氏。婚娶之礼，略同于华。丧制如高丽。有五谷、牛、猪、鸡，多不火食。厥田下湿，人皆山居。有巨栗。每以四仲之月，王祭天及五帝之神。立其始祖仇台庙于国城，岁四祠之。国西南人

岛居者十五所，皆有城邑。

平陈之岁，有一战船漂至海东牦牟罗国，其船得还，经于百济，昌资送之甚厚，并遣使奉表贺平陈。高祖善之，下诏曰："百济王既闻平陈，远令奉表，往复至难，若逢风浪，便致伤损。百济王心迹淳至，朕已委知。相去虽远，事同言面，何必数遣使来相体悉。自今以后，不须年别入贡，朕亦不遣使往，王宜知之。"使者舞蹈而去。开皇十八年，昌使其长史王辩那来献方物，属兴辽东之役，遣使奉表，请为军导。帝下诏曰："往岁为高丽不供职贡，无人臣礼，故命将讨之。高元君臣恐惧，畏服归罪，朕已赦之，不可致伐。"厚其使而遣之。高丽颇知其事，以兵侵掠其境。

昌死，子余宣立，死，子余璋立。大业三年，璋遣使者燕文进朝贡。其年，又遣使者王孝邻入献，请讨高丽。炀帝许之，令觇高丽动静。然璋内与高丽通和，挟诈以窥中国。七年，帝亲征高丽，璋使其臣国智牟来请军期。帝大悦，厚加赏锡，遣尚书起部郎席律诣百济，与相知。明年，六军渡辽，璋亦严兵于境，声言助军，实持两端。寻与新罗有隙，每相战争。十年，复遣使朝贡。后天下乱，使命遂绝。

其南海行三月，有牦牟罗国，南北千余里，东西数百里，土多獐鹿，附庸于百济。百济自西行三日，至貊国云。

新 罗

新罗国，在高丽东南，居汉时乐浪之地，或称斯罗。魏将毋丘俭讨高丽，破之，奔沃沮。其后复归故国，留者遂为新罗焉。故其人杂有华夏、高丽、百济之属，兼有沃沮、不耐、韩獩之地。其王本百济人，自海逃入新罗，遂王其国。传祚至金真平，开皇十四年，遣使贡方物。高祖拜真平为上开府、乐浪郡公、新罗王。其先附庸于百济，后因百济征高丽，高丽人不堪戎役，相率归之，遂致强盛，因袭百济，附庸于迦罗国。

其官有十七等：其一曰伊罚干，贵如相国；次伊尺干，次迎干，次破弥干，次大阿尺干，次阿尺干，次乙吉干，次沙咄干，次及伏干，次大奈摩干，次奈摩，次大舍，次小舍，次吉士，次大乌，次小乌，次造位。外有郡县。其文字、甲兵同于中国。选人壮健者悉入军，烽、戍、逻俱有屯管部伍。风俗、刑政、衣服，略与高丽、百济同。每正月旦相贺，王设宴会，班赉群官。其日拜日月神。至八月十五日，设乐，令官人射，赏以马布。其有大事，则聚群官详议而定之。服色尚素。妇人辫发绕头，以杂彩及珠为饰。婚嫁之礼，唯酒食而已，轻重随贫富。新婚之夕，女先拜舅姑，次即拜夫。死有棺敛，葬起坟陵。王及父母妻子丧，持服一年。田甚良沃，水陆兼种。其五谷、果菜、鸟兽物产，略与华同。大业以来，岁遣朝贡。新罗地多山险，虽与百济构隙，百济亦不能图之。

靺 鞨

靺鞨，在高丽之北，邑落俱有酋长，不相总一。凡有

七种：其一号粟末部，与高丽相接，胜兵数千，多骁武，每寇高丽中。其二曰伯咄部，在粟末之北，胜兵七千。其三曰安车骨部，在伯咄东北。其四曰拂涅部，在伯咄东。其五号号室部，在拂涅东。其六曰黑水部，在安车骨西北。其七曰白山部，在粟末东南。胜兵并不过三千，而黑水部尤为劲健。自拂涅以东，矢皆石镞，即古之肃慎氏也。所居多依山水，渠帅曰大莫弗瞒咄，东夷中为强国。有徒太山者，俗甚敬畏，上有熊罴豹狼，皆不害人，人亦不敢杀。地卑湿，筑土如堤，凿穴以居，开口向上，以梯出入。相与偶耕，土多粟麦穄。水气咸，生盐于木皮之上。其畜多猪。嚼米为酒，饮之亦醉。妇人服布，男子衣猪狗皮。俗以溺洗手面，于诸夷最为不洁。其俗淫而妒，其妻外淫，人有告其夫者，夫辄杀妻，杀而后悔，必杀告者，由是奸淫之事终不发扬。人皆射猎为业，角弓长三尺，箭长尺有二寸。常以七八月造毒药，傅矢以射禽兽，中者立死。

开皇初，相率遣使贡献。高祖诏其使曰："朕闻彼土人庶多能勇捷，今来相见，实副朕怀。朕视尔等如子，尔等宜敬朕如父。"对曰："臣等僻居一方，道路悠远，闻内国有圣人，故来拜觐。既蒙劳赐，亲奉圣颜，下情不胜欢喜，愿得长为奴仆也。"其国西北与契丹相接，每相劫掠。后因其使来，高祖诫之曰："我怜念契丹与尔无异，宜各守土境，岂不安乐？何为辄相攻击，甚乖我意！"使者谢罪。高祖因厚劳之，令宴饮于前。使者与其徒皆起舞，其曲折多战斗之容。上顾谓侍臣曰："天地间乃有此物，常作用兵意，何其甚也！"然其国与隋悬隔，唯粟末、白山为近。

炀帝初与高丽战，频败其众，渠帅度地稽率其部来降。拜为右光禄大夫，居之柳城，与边人来往。悦中国风俗，请被冠带，帝嘉之，赐以锦绮而褒宠之。及辽东之役，度地稽率其徒以从，每有战功，赏赐优厚。十三年，从帝幸江都，寻放归柳城。在途遇李密之乱，密遣兵邀之，前后十余战，仅而得免。至高阳，复没于王须拔。未几，遁归罗艺。

流求国

流求国，居海岛之中，当建安郡东，水行五日而至。土多山洞。其王姓欢斯氏，名渴剌兜，不知其由来有国代数也。彼土人呼之为可老羊，妻曰多拔荼。所居曰波罗檀洞，堑栅三重，环以流水，树棘为藩。王所居舍，其大一十六间，雕刻禽兽。多斗镂树，似橘而叶密，条纤如发然下垂。国有四五帅，统诸洞，洞有小王。往往有村，村有鸟了帅，并以善战者为之，自相树立，理一村之事。男女皆以白纻绳缠发，从项后盘绕至额。其男子用鸟羽为冠，装以珠贝，饰以赤毛，形制不同。妇人以罗纹白布为帽，其形正方。织斗镂皮并杂色纻及杂毛以为衣，制裁不一。缀毛垂螺为饰，杂色相间，下垂小贝，其声如佩，缀珰施钏，悬珠于颈。织藤为笠，饰以毛羽。有刀、矟、弓、箭、剑、鈹之属。其处少铁，刃皆薄小，多以骨角辅助之。编纻为甲，或用熊豹皮。王乘木兽，令左右舆之而行，导从不过数十人。小王乘机，镂为兽形。国人好相攻击，人皆

骁健善走，难死而耐创。诸洞各为部队，不相救助。两阵相当，勇者三五人出前跳噪，交言相骂，因相击射。如其不胜，一军皆走，遣人致谢，即共和解。收取斗死者，共聚而食之，仍以髑髅将向王所。王则赐之以冠，使为队帅。无赋敛，有事则均税。用刑亦无常准，皆临事科决。犯罪皆断于鸟了帅；不伏，则上请于王，王令臣下共议定之。狱无枷锁，唯用绳缚。决死刑以铁锥，大如箸，长尺余，钻顶而杀之。轻罪用杖。俗无文字，望月亏盈以纪时节，候草药枯以为年岁。

人深目长鼻，颇类于胡，亦有小慧。无君臣上下之节、拜伏之礼。父子同床而寝。男子拔去髭鬓，身上有毛之处皆亦除去。妇人以墨黥手，为虫蛇之文。嫁娶以酒肴珠贝为娉，或男女相悦，便相匹偶。妇人产乳，必食子衣，产后以火自炙，令汗出，五日便平复。以木槽中暴海水为盐，木汁为酢，酿米面为酒，其味甚薄。食皆用手。偶得异味，先进尊者。凡有宴会，执酒者必待呼名而后饮。上王酒者，亦呼王名。衔杯共饮，颇同突厥。歌呼蹋蹄，一人唱，众皆和，音颇哀怨。扶女子上膊，摇手而舞。其死者气将绝，举至庭，亲宾哭泣相吊。浴其尸，以布帛缠之，裹以苇草，亲土而殡，上不起坟。子为父者，数月不食肉。南境风俗少异，人有死者，邑里共食之。

有熊罴豺狼，尤多猪鸡，无牛羊驴马。厥田良沃，先以火烧而引水灌之。持一插，以石为刃，长尺余，阔数寸，而垦之。土宜稻、梁、䵄、黍、麻、豆、赤豆、胡豆、黑豆等，木有枫、栝、樟、松、楩、楠、杉、梓、竹、藤、果、药，同于江表，风土气候与岭南相类。

俗事山海之神，祭以酒肴，斗战杀人，便将所杀人祭其神。或依茂树起小屋，或悬髑髅于树上，以箭射之，或累石系幡以为神主。王之所居，壁下多聚髑髅以为佳。人间门户上必安兽头骨角。

大业元年，海师何蛮等，每春秋二时，天清风静，东望依希，似有烟雾之气，亦不知几千里。三年，炀帝令羽骑尉朱宽入海求访异俗，何蛮言之，遂与蛮俱往，因到流求国。言不相通，掠一人而返。明年，帝复令宽慰抚之，流求不从，宽取其布甲而还。时倭国使来朝，见之曰："此夷邪久国人所用也。"帝遣武贲郎将陈棱、朝请大夫张镇州率兵自义安浮海击之。至高华屿，又东行二日至鼊屿，又一日便至流求。初，棱将南方诸国人从军，有崑崙人颇解其语，遣人慰谕之，流求不从，拒逆官军。棱击走之，进至其都，频战皆败，焚其宫室，虏其男女数千人，载军实而还。自尔遂绝。

倭国

倭国，在百济、新罗东南，水陆三千里，于大海之中依山岛而居。魏时译通中国。三十余国，皆自称王。夷人不知里数，但计以日。其国境东西五月行，南北三月行，各至于海。其地势东高西下。都于邪靡堆，则《魏志》所谓邪马台者也。古云去乐浪郡境及带方郡并一万二千里，在会稽之东，与儋耳相近。汉光武时，遣使入朝，自称大夫。安帝时，又遣使朝贡，谓之倭奴国。桓、灵之间，其

国大乱，递相攻伐，历年无主。有女子名卑弥呼，能以鬼道惑众，于是国人共立为王。有男弟，佐卑弥理国。其王有侍婢千人，罕有见其面者，唯有男子二人给王饮食，通传言语。其王有宫室楼观，城栅皆持兵守卫，为法甚严。自魏至于齐、梁，代与中国相通。

开皇二十年，倭王姓阿每，字多利思北孤，号阿辈鸡弥，遣使诣阙。上令所司访其风俗。使者言倭王以天为兄，以日为弟，天未明时出听政，跏趺坐，日出便停理务，云委我弟。高祖曰："此太无义理。"于是训令改之。王妻号鸡弥，后宫有女六七百人。名太子为利歌弥多弗利。无城郭。内官有十二等：一曰大德，次小德，次大仁，次小仁，次大义，次小义，次大礼，次小礼，次大智，次小智，次大信，次小信，员无定数。有军尼一百二十人，犹中国牧宰。八十户置一伊尼翼，如今里长也。十伊尼翼属一军尼。其服饰，男子衣裙襦，其袖微小，履如屦形，漆其上，系之于脚。人庶多跣足。不得用金银为饰。故时衣横幅，结束相连而无缝。头亦无冠，但垂发于两耳上。至隋，其王始制冠，以锦彩为之，以金银镂花为饰。妇人束发于后，亦衣裙襦，裳皆有襈。撮竹为梳，编草为荐，杂皮为表，缘以文皮。有弓、矢、刀、矟、弩、𢶐、斧，漆皮为甲，骨为矢镝。虽有兵，无征战。其王朝会，必陈设仪仗，奏其国乐。户可十万。

其俗杀人强盗及奸皆死，盗者计赃酬物，无财者没身为奴。自余轻重，或流或杖。每讯究狱讼，不承引者，以木压膝，或张强弓，以弦锯其项。或置小石于沸汤中，令所竞者探之，云理曲者即手烂。或置蛇瓮中，令取之，云曲者即螫手矣。人颇恬静，罕争讼，少盗贼。乐有五弦、琴、笛。男女多黥臂点面文身，没水捕鱼。无文字，唯刻木结绳。敬佛法，于百济求得佛经，始有文字。知卜筮，尤信巫觋。每至正月一日，必射戏饮酒，其余节略与华同。好棋博、握槊、樗蒲之戏。气候温暖，草木冬青，土地膏腴，水多陆少。以小环挂鸬鹚项，令入水捕鱼，日得百余头。俗无盘俎，藉以檞叶，食用手哺之。性质直，有雅风。女多男少，婚嫁不取同姓，男女相悦者即为婚。妇入夫家，必先跨犬，乃与夫相见。妇人不淫妒。死者敛以棺椁，亲宾就尸歌舞，妻子兄弟以白布制服。贵人三年殡于外，庶人卜日而瘗。及葬，置尸船上，陆地牵之，或以小舆。有阿苏山，其石无故火起接天者，俗以为异，因行祷祭。有如意宝珠，其色青，大如鸡卵，夜则有光，云鱼眼精也。新罗、百济皆以倭为大国，多珍物，并敬仰之，恒通使往来。

大业三年，其王多利思北孤遣使朝贡。使者曰："闻海西菩萨天子重兴佛法，故遣朝拜，兼沙门数十人来学佛法。"其国书曰"日出处天子致书日没处天子无恙"云云。帝览之不悦，谓鸿胪卿曰："蛮夷书有无礼者，勿复以闻。"明年，上遣文林郎裴清使于倭国。度百济，行至竹岛，南望𨈭罗国，经都斯麻国，迥在大海中。又东至一支国，又至竹斯国，又东至秦王国，其人同于华夏，以为夷洲，疑不能明也。又经十余国，达于海岸。自竹斯国以东，皆附庸于倭。倭王遣小德阿辈台，从数百人，设仪仗，鸣鼓角来迎。后十日，又遣大礼，哥多毗，从二百余骑郊劳。既至彼都，其王与清相见，大悦，曰："我闻海西有大隋，礼义之国，故遣朝贡。我夷人僻在海隅，不闻礼义，是以稽留境内，不即相见。今故清道饰馆，以待大使，冀闻大国惟新之化。"清答曰："皇帝德并二仪，泽流四海，以王慕化，故遣行人来此宣谕。"既而引清就馆。其后清遣人谓其王曰："朝命既达，请即戒涂。"于是设宴享以遣清，复令使者随清来贡方物。此后遂绝。

史臣曰：广谷大川异制，人生其间异俗，嗜欲不同，言语不通，圣人因时设教，所以达其志而通其俗也。九夷所居，与中夏悬隔，然天性柔顺，无犷暴之风，虽绵邈山海，而易以道御。夏、殷之代，时或来王。暨箕子避地朝鲜，始有八条之禁，疏而不漏，简而可久，化之所感，千载不绝。今辽东诸国，或衣服参冠冕之容，或饮食有俎豆之器，好尚经术，爱乐文史，游学于京都者，往来继路，或亡没不归。非先哲之遗风，其孰能致于斯也？故孔子曰："言忠信，行笃敬，虽蛮貊之邦行矣。"诚哉斯言。其俗之可采者，岂徒楛矢之贡而已乎？自高祖抚有周余，惠此中国，开皇之末，方事辽左，天时不利，师遂无功。二代承基，志包宇宙，频践三韩之域，屡发千钧之弩。小国惧亡，敢同困兽，兵连不戢，四海骚然，遂以土崩，丧身灭国。兵志有之曰："务广德者昌，务广地者亡。"然辽东之地，不列于郡县久矣。诸国朝正奉贡，无阙于岁时，二代震而矜之，以为人莫若己，不能怀以文德，遽动干戈。内恃富强，外思广地，以骄取怨，以怒兴师。若此而不亡，自古未之闻也。然则四夷之戒，安可不深念哉！

卷八十二　　列传第四十七

南蛮

南蛮杂类，与华人错居，曰蜒，曰獽，曰俚，曰獠，曰𤞚，俱无君长，随山洞而居，古先所谓百越是也。其俗断发文身，好相攻讨，浸以微弱，稍属于中国，皆列为郡县，同之齐人，不复详载。大业中，南荒朝贡者十余国，其事迹多湮灭而无闻。今所存录，四国而已。

林　邑

林邑之先，因汉末交阯女子徵侧之乱，内县功曹子区连杀县令，自号为王。无子，其甥范熊代立，死，子逸立。日南人范文因乱为逸仆隶，遂教之筑宫室，造器械。逸其信任，使文将兵，极得众心。文因间其子弟，或奔或徙。及逸死，国无嗣，文自立为王。其后范佛为晋扬威将军戴桓所破。宋交州刺史檀和之将兵击之，深入其境。至梁、陈，亦通使往来。

其国延袤数千里，土多香木金宝，物产大抵与交阯同。以砖为城，蜃灰涂之，东向户。尊官有二：其一曰西那婆帝，其二曰萨婆地歌。其属官三等：其一曰伦多姓，次歌伦致帝，次乙他伽兰。外官分为二百余部。其长官曰弗罗，次曰可轮，如牧宰之差也。王戴金花冠，形如章甫，衣朝霞布，珠玑璎珞，足蹑革履，时复锦袍。良家子侍卫者二百许人，皆执金装刀。有弓、箭、刀、矟，以竹为弩，傅毒于矢。乐有琴、笛、琵琶、五弦，颇与中国同。每击鼓以警众，吹蠡以即戎。

其人深目高鼻，发拳色黑。俗皆徒跣，以幅布缠身。冬月衣袍。妇人椎髻。施椰叶席。每有婚媾，令媒者赍金银钏、酒二壶、鱼数头至女家。于是择日，夫家会亲宾，歌舞相对。女家请一婆罗门，送女至男家，婿盥手，因牵女授之。王死七日而葬，有官者三日，庶人一日。皆以函盛尸，鼓舞导从，舆至水次，积薪焚之。收其余骨，王则内金瓮中，沉之于海，有官者以铜瓮，沉之于海口；庶人以瓦，送之于江。男女皆截发，随丧至水次，尽哀而止，归则不哭。每七日，然香散花，复哭，尽哀而止。尽七七而罢，至百日、三年，亦如之。人皆奉佛，文字同于天竺。

高祖既平陈，乃遣使献方物，其后朝贡遂绝。时天下无事，群臣言林邑多奇宝者。仁寿末，上遣大将军刘方为驩州道行军总管，率钦州刺史宁长真、驩州刺史李晕、开府秦雄步骑万余及犯罪者数千人击之。其王梵志率其徒乘巨象而战，方军不利。方于是多掘小坑，草覆其上，因以兵挑之。梵志悉众而阵，方与战，伪北，梵志逐之，至坑所，其众多陷，转相惊骇，军遂乱。方纵兵击之，大破之。频战辄败，遂弃城而走。方入其都，获其庙主十八枚，皆铸金为之，盖其有国十八叶矣。方班师，梵志复其故地，遣使谢罪，于是朝贡不绝。

赤　土

赤土国，扶南之别种也。在南海中，水行百余日而达所都。土色多赤，因以为号。东波罗剌国，西婆罗娑国，南诃罗旦国，北拒大海，地方数千里。其王姓瞿昙氏，名利富多塞，不知有国近远。称其父释王位出家为道，传位于利富多塞，在位十六年矣。有三妻，并邻国王之女也。居僧祇城，有门三重，相去各百许步。每门图画飞仙、仙人、菩萨之像，县金花铃毦，妇女数十人，或奏乐，或捧金花。又饰四妇人，容饰如佛塔边金刚力士之状，夹门而立。门外者持兵仗，门内者执白拂。夹道垂素网，缀花。王宫诸屋悉是重阁，北户，北面而坐。坐三重之榻。衣朝霞布，冠金花冠，垂杂宝璎珞。四女子立侍，左右兵卫百余人。王榻后作一木龛，以金银五香木杂钿之。龛后悬一金光焰，夹榻又树二金镜，镜前并陈金瓮，瓮前各有金香炉。当前置一金伏牛，牛前树壹宝盖，盖左右皆有宝扇。婆罗门等数百人，东西重行，相向而坐。其官有萨陀迦罗一人，陀拏达义二人，迦利蜜迦三人，共掌政事；俱罗末帝一人，掌刑法。每城置那邪迦一人，钵帝十人。

其俗等皆穿耳剪发，无跪拜之礼。以香油涂身。其俗敬佛，尤重婆罗门。妇人作髻于项后。男女通以朝霞、朝云杂色布为衣。豪富之室，恣意华靡，唯金锁非王赐不得服用。每婚嫁，择吉日，女家先期五日，作乐饮酒，父执女手以授婿，七日乃配焉。既婚则分财别居，唯幼子与父同居。父母兄弟死则剔发素服，就水上构竹木为棚，棚内积薪，以尸置上。烧香建幡，吹蠡击鼓以送之，纵火焚薪，遂落于水。贵贱皆同。唯国王烧讫，收灰贮以金瓶，藏于庙屋。冬夏常温，雨多霁少，种植无时，特宜稻、穄、白豆、黑麻，自余物产，多同于交阯。以甘蔗作酒，杂以紫瓜根。酒色黄赤，味亦香美。亦名椰浆为酒。

炀帝即位，募能通绝域者。大业三年，屯田主事常骏、虞部主事王君政等请使赤土。帝大悦，赐骏等帛各百匹，时服一袭而遣。赍物五千段，以赐赤土王。其年十月，骏等自南海郡乘舟，昼夜二旬，每值便风。至焦石山而过，东南泊陵伽钵拔多洲，西与林邑相对，上有神祠焉。又南行，至师子石，自是岛屿连接。又行二三日，西望见狼牙须国之山，于是南达鸡笼岛，至赤土之界。其王遣婆罗门鸠摩罗以舶三十艘来迎，吹蠡击鼓，以乐隋使，进金锁以缆骏船。月余，至其都，王遣其子那邪迦请与骏等礼见。先遣人送金盘，贮香花并镜镊，金合二枚，贮香油，金瓶八枚，贮香水，白叠布四条，以拟供使者盥洗。其日未时，那邪迦又将象二头，持孔雀盖以迎使人，并致金花、金盘以藉诏函。男女百人奏蠡鼓，婆罗门二人导路，至王宫。骏等奉诏书上阁，王以下皆坐。宣诏讫，引骏等坐，奏天竺乐。事毕，骏等还馆，又遣婆罗门就馆送食，以草叶为盘，其大方丈。因谓骏曰："今是大国中人，非复赤土国矣。饮食疏薄，愿为大国意而食之。"后数日，请骏等入宴，仪卫导从如初见之礼。王前设两床，床上并设草叶盘，方一丈五尺，上有黄白紫赤四色之饼，牛、羊、鱼、鳖、猪、蝳蝐之肉百余品。延骏升床，从者坐于地席，各以金钟置酒，女乐迭奏，礼遗甚厚。寻遣那邪迦随骏贡方物，并献金芙蓉冠、龙脑香。以铸金为多罗叶，隐起成文以为表，金函封之，令婆罗门以香花奏蠡鼓而送之。既入海，见绿鱼群飞水上。浮海十余日，至林邑东南，并山而行。其海水阔千余步，色黄气腥，舟行一日不绝，云是大鱼粪也。循海北岸，达于交阯。骏以六年春与那邪迦于弘农谒帝，大悦，赐骏等物二百段，俱授秉义尉，那邪迦等官赏各有差。

真　腊

真腊国，在林邑西南，本扶南之属国也。去日南郡舟行六十日，而南接车渠国，西有朱江国。其王姓刹利氏，名质多斯那。自其祖渐已强盛，至质多斯那，遂兼扶南而有之。死，子伊奢那先代立。居伊奢那城，郭下二万余家。城中有一大堂，是王听政之所。总大城三十，城有数千家，各有部帅，官名与林邑同。其王三日一听朝，坐五香七宝床，上施宝帐。其帐以文木为竿，象牙、金钿为壁，状如小屋，悬金光焰，有同于赤土。前有金香炉，二人侍侧。王着朝霞古贝，瞒络腰腹，下垂至胫，头戴金宝花冠，被真珠璎珞，足履革屣，耳悬金珰。常服白叠，以象牙为屩。若露发，则不加璎珞。臣人服制，大抵相类。有五大臣，一曰孤落支，二曰高相凭，三曰婆何多陵，四曰舍摩陵，五曰羇多娄,及诸小臣。朝于王者,辄以阶下三稽首。王唤上阶,则跪,以两手抱膊,绕王环坐。议政事讫,跪伏而去。阶庭门阁,侍卫有千余人,皆甲持仗。其国与参半、朱江二国和亲,数与林邑、陀桓二国战争。其人行止皆持甲仗,若有征伐,因而用之。其俗非王正妻子,不得为嗣。王初立之日,所有兄弟并刑残之,或去一指,或劓其鼻,别处供给,不得仕进。

人形小而色黑。妇人亦有白者。悉拳发垂耳,性气捷劲。居处器物,颇类赤土。以右手为净,左手为秽。每旦澡洗,以杨枝净齿,读诵经咒。又澡洒乃食,食罢还用杨枝净齿,又读经咒。饮食多苏酪、沙糖、秔粟、米饼。欲食之时,先取杂肉羹与饼相和,手擩而食。娶妻者,唯送衣一具,择日遣媒人迎妇。男女二家各八日不出,昼夜燃灯不息。男婚礼毕,即与父母分财别居。父母死,小儿未婚者,以余财与之。若婚毕,财物入官。其丧葬,儿女皆七日不食,剔发而哭,僧尼、道士、亲故皆来聚会,音乐送之。以五香木烧尸,收灰以金银瓶盛,送于大水之内。贫者或用瓦,而以彩色画之。亦有不焚,送尸山中,任野兽食者。

其国北多山阜,南有水泽,地气尤热,无霜雪,饶瘴疠毒虫蠚。土宜粱稻,少黍粟,果菜与日南、九真相类。异者有婆那娑树,无花,叶似柿,实似冬瓜;菴罗树,花叶似枣,实似李;毗野树,花似木瓜,叶似杏,实似楮;婆田罗树,花叶实并似枣而小异;歌毕他树,花似林檎,叶似榆而厚大,实似李,其大如升。自余多同九真。海中有鱼名建同,四足,无鳞,其鼻如象,吸水上喷,高五六十尺。有浮胡鱼,其形似鱛,嘴如鹦鹉,有八足。多大鱼,半身出水,望之如山。

每五六月中,毒气流行,即以白猪、白牛、白羊于城西门外祠之。不然者,五谷不登,六畜多死,人众疾疫。近都有陵伽钵婆山,上有神祠,每以兵五千人守卫之。城东有神名婆多利,祭用人肉。其王年别杀人,以夜祀祷,亦有守卫者千人。其敬鬼如此。多奉佛法,尤信道士,佛及道士并立像于馆。

大业十二年,遣使贡献,帝礼之甚厚,其后亦绝。

婆利

婆利国,自交阯浮海,南过赤土、丹丹,乃至其国。国界东西四月行,南北四十五日行。王姓刹利邪伽,名护滥那婆。官曰独诃邪挈,次曰独诃氏挈。国人善投轮刀,其大如镜,中有窍,外锋如锯,远以投人,无不中。其余兵器,与中国略同。俗类真腊,物产同于林邑。其杀人及盗,截其手,奸者锁其足,期年而止。祭祀必以月晦,盘贮酒肴,浮之流水。每十一月,必设大祭。海出珊瑚。有鸟名舍利,解人语。大业十二年,遣使朝贡,后遂绝。于时南荒有丹丹、盘盘二国,亦来贡方物,其风俗物产,大抵相类云。

史臣曰:《礼》云:"南方曰蛮,有不火食者矣。"《书》称:"蛮夷猾夏。"《诗》曰:"蠢尔蛮荆。"种类实繁,代为纷梗。自秦并二楚,汉平百越,地穷丹徼,景极日南,水陆可居,咸为郡县。暨乎境分吴、蜀,时经晋、宋,道有污隆,服叛不一。高祖受命,克平九宇。炀帝纂业,威加八荒。甘心远夷,志求珍异,故师出于流求,兵加于林邑,威振殊俗,过于秦、汉远矣。虽有荒外之功,无救域中之败,《传》曰:"非圣人,外宁必内忧。"诚哉斯言也!

卷八十三　　列传第四十八

西 域

汉氏初开西域,有三十六国,其后分立五十五王,置校尉、都护以抚纳之。王莽篡位,西域遂绝。至于后汉,班超所通者五十余国,西至西海,东西四万里,皆来朝贡,复置都护、校尉以相统摄。其后或绝或通,汉朝以为劳弊中国,其官时废时置。暨魏、晋之后,互相吞灭,不可详焉。炀帝时,遣侍御史韦节、司隶从事杜行满使于西蕃诸国。至罽宾,得玛瑙杯,王舍城,得佛经,史国得十舞女、师子皮、火鼠毛而还。帝复令闻喜公裴矩于武威、张掖间往来以引致之。其有君长者四十四国。矩因其使者入朝,啖以厚利,令其转相讽谕。大业年中,相率而来朝者三十余国,帝因置西域校尉以应接之。寻属中国大乱,朝贡遂绝。然事多亡失,今所存录者,二十国焉。

吐谷浑

吐谷浑,本辽西鲜卑徒河涉归子也。初,涉归有二子,庶长曰吐谷浑,少曰若洛廆。涉归死,若洛廆代统部落,是为慕容氏。吐谷浑与若洛廆不协,遂西度陇,止于甘松之南,洮水之西,南极白兰山,数千里之地,其后遂以吐谷浑为国氏焉。当魏、周之际,始称可汗。都伏俟城,在青海西十五里。有城郭而不居,随逐水草。官有王公、仆射、尚书、郎中、将军。其主以皂为帽,妻戴金花。其器械衣服略与中国同。其王公贵人多戴幂䍦,妇人裙襦辫发,缀以珠贝。国无常税。杀人及盗马者死,余坐则征物以赎罪。风俗颇同突厥。丧有服制,葬讫而除。性皆贪忍。有大麦、粟、豆。青海周回千余里,中有小山,其俗至冬辄放牝马于其上,言得龙种。吐谷浑尝得波斯草马,放入海,因生骢驹,能日行千里,故时称青海骢。多牦牛,饶铜、铁、朱砂。地兼鄯善、且末。西北有流沙数百里,夏有热风,伤毙行旅。风之将至,老驼预知之,则引项而鸣,聚立,以口鼻埋沙中。人见则知,以毡拥蔽口鼻而避其患。

其主吕夸,在周数为边寇,及开皇初,以兵侵弘州。高祖以弘州地旷人梗,因而废之,遣上柱国元谐率步骑数万击之。贼悉发国中兵,自曼头至于树敦,甲骑不绝。其所署河西总管、定城王钟利房及其太子可博汗,前后来拒战。谐频击破之,俘斩甚众。吕夸大惧,率其亲兵远遁。

其名王十三人，各率部落而降。上以其高宁王移兹裒素得众心，拜为大将军，封河南王，以统降众，自余官赏各有差。未几，复来寇边，旭州刺史皮子信出兵拒战，为贼所败，子信死之。汶州总管梁远以锐卒击之，斩千余级，奔退。俄而入寇廓州，州兵击走之。

吕夸在位百年，屡因喜怒废其太子而杀之。其后太子惧见废辱，遂谋执吕夸而降，请兵于边吏。秦州总管、河间王弘请将兵应之，上不许。太子谋泄，为其父所杀，复立其少子嵬王诃为太子。叠州刺史杜粲请因其衅而讨之，上又不许。六年，嵬王诃复惧其父诛之，谋率部落万五千人户将归国，遣使诣阙，请兵迎接。上谓侍臣曰："浑贼风俗，特异人伦，父既不慈，子复不孝。朕以德训人，何有成其恶逆也！吾当教之以养方耳。"乃谓使者曰："朕受命于天，抚育四海，望使一切生人皆以仁义相向。况父子天性，何得不相亲爱也！吐谷浑主既是嵬王之父，嵬王是吐谷浑主太子，父有不是，子须陈谏。若谏而不从，当令近臣亲戚内外讽谕。必不可，泣涕而道之。人皆有情，必当感悟。不可潜谋非法，受不孝之名。溥天之下，皆是朕臣妾，各为善事，即称朕心。嵬王既有好意，欲来投朕，朕唯教嵬王为臣子之法，不可远遣兵马，助为恶事。"嵬王乃止。八年，其名王拓拔木弥请以千余家归化。上曰："溥天之下，皆曰朕臣，虽复荒遐，未识风教，朕之抚育，俱以仁孝为本。浑贼昏狂，妻子怀怖，并思归化，自救危亡。然叛夫背父，不可收纳。又其本意，正自避死，若今遣拒，又复不仁。若更有意信，但宜慰抚，任其自拔，不须出兵马应接之。其妹夫及甥欲来，亦任其意，不劳劝诱也。"是岁河南王移兹裒死，高祖令其弟树归袭统其众。平陈之后，吕夸大惧，遁逃保险，不敢为寇。

十一年，吕夸卒，子伏立。使其兄子无素奉表称藩，并献方物，请以女备后庭。上谓滕王曰："此非至诚，但急计耳。"乃谓无素曰："朕知浑主欲令女事朕，若依来请，他国闻之，便当相学。一许一塞，是谓不平。若许之，又非好法。朕情存安养，欲令遂性，岂可聚敛子女以实后宫乎？"竟不许。十二年，遣刑部尚书宇文弼抚慰之。十六年，以光化公主妻伏，伏上表称公主为天后，上不许。明年，其国大乱，国人杀伏，立其弟伏允为主。使使陈废立之事，并谢专命之罪，且请依俗尚主，上从之。自是朝贡岁至，而常访国家消息，上甚恶之。

炀帝即位，伏允遣其子顺来朝。时铁勒犯塞，帝遣将军冯孝慈出敦煌以御之，孝慈战不利。铁勒遣使谢罪，请降，帝遣黄门侍郎裴矩慰抚，讽令击吐谷浑以自效。铁勒许诺，即勒兵袭吐谷浑，大败之。伏允东走，保西平境。帝复令观王雄出浇河，许公宇文述出西平以掩之，大破其众。伏允遁逃，部落来降者十万余口。六畜三十余万。述追之急，伏允惧，南遁于山谷间。其故地皆空，自西平临羌城以西，且末以东，祁连以南，雪山以北，东西四千里，南北二千里，皆为隋有。置郡县镇戍，发天下轻罪徙居之。于是留顺不之遣。伏允无以自资，率其徒数千骑客于党项。帝立顺为主，送出玉门，令统余众，以其大宝王尼洛周为辅。至西平，其部下杀洛周，顺不果入而还。大业末，

天下大乱，伏允复其故地，屡寇河右，郡县不能御焉。

党　项

党项羌者，三苗之后也。其种有宕昌、白狼，皆自称弥猴种。东接临洮、西平，西拒叶护，南北数千里，处山谷间。每姓别为部落，大者五千余骑，小者千余骑。织牦牛尾及毡羺毛以为屋。服裘褐，披毡，以为上饰。俗尚武力，无法令，各为生业，在战阵则相屯聚。无徭赋，不相往来。牧养牦牛、羊、猪以供食，不知稼穑。其俗淫秽蒸报，于诸夷中最为甚。无文字，但候草木以记岁时。三年一聚会，杀牛羊以祭天。人年八十以上死者，以为令终，亲戚不哭，少而死者，则云大枉，共悲哭之。有琵琶、横吹、击缶为节。魏、周之际，数来扰边。高祖为丞相时，中原多故，因此大为寇掠。蒋公梁睿既平王谦，请因还师以讨之，高祖不许。开皇四年，有千余家归化。五年，拓拔宁丛等各率众诣旭州内附，授大将军，其部下各有差。十六年，复寇会州，诏发陇西兵以讨之，大破其众。又相率请降，愿为臣妾，遣子弟入朝谢罪。高祖谓之曰："还语尔父兄，人生须有定居，养老长幼。而乃乍还乍走，不羞乡里邪！"自是朝贡不绝。

高　昌

高昌国者，则汉车师前王庭也，去敦煌十三日行。其境东西三百里，南北五百里，四面多大山。昔汉武帝遣兵西讨，师旅顿敝，其中尤困者因住焉。其地有汉时高昌垒，故以为国号。初，蠕蠕立阚伯周为高昌王。伯周死，子义成立，为从兄首归所杀，首归自立为高昌王，又为高车阿伏至罗所杀，以敦煌人张孟明为主。孟明为国人所杀，更以马儒为王，以巩顾、麴嘉二人为左右长史。儒又通使后魏，请内属。内属人皆恋土，不愿东迁，相与杀儒，立嘉为王。嘉字灵凤，金城榆中人，既立，又臣于茹茹。及茹茹主为高车所杀，嘉又臣于高车。属焉耆为挹怛所破，众不能自统，请主于嘉。嘉遣其第二子为焉耆王，由是始大，益为国人所服。嘉死，子坚立。

其都城周回一千八百四十步，于坐室画鲁哀公问政于孔子之像。国内有城十八。官有令尹一人，次公二人，次左右卫，次八长史，次五将军，次八司马，次侍郎、校郎、主簿、从事、省事。大事决之于王，小事长子及公评断，不立文记。男子胡服，妇人裙襦，头上作髻。其风俗政令与华夏略同。地多石碛，气候温暖，谷麦再熟，宜蚕，多五果。有草名为羊刺，其上生蜜，而味甚佳。出赤盐如朱，白盐如玉。多蒲陶酒。俗事天神，兼信佛法。国中羊马牧于隐僻之处，以避外寇，非贵人不知其所。北有赤石山，山北七十里有贪汗山，夏有积雪。此山之北，铁勒界也。从武威西北，有捷路，度沙碛千余里，四面茫然，无有蹊径。欲往者，寻有人畜骸骨而去。路中或闻歌哭之声，行人寻之，多致亡失，盖魑魅魍魉也。故商客往来，多取伊吾路。开皇十年，突厥破其四城，有二千人来归中国。坚死，子伯雅立。其大母本突厥可汗女，其父死，突厥令依其俗，伯雅不从者久之。突厥逼之，不得已而从。

炀帝嗣位，引致诸蕃。大业四年，遣使贡献，帝待其使甚厚。明年，伯雅来朝。因从击高丽，还尚宗女华容公主。八年冬归蕃，下令国中曰："夫经国字人，以保存为贵，宁邦缉政，以全济为大。先者以国处边荒，境连猛狄，同人无咎，被发左衽。今大隋统御，宇宙平一，普天率土，莫不齐向。孤既沐浴和风，庶均大化，其庶人以上皆宜解辫削衽。"帝闻而甚善之，下诏曰："彰德嘉善，圣哲所隆，显诚遂良，典谟贻则。光禄大夫、弁国公、高昌王伯雅识量经远，器怀温裕，丹款夙著，亮节遐宣。本自诸华，历祚西壤，昔因多难，沦迫獯戎，数穷毁冕，鬻为胡服。自我皇隋平一宇宙，化偃九围，德加四表，伯雅逾沙忘阻，奉贽来庭，观礼容于旧章，慕威仪之盛典。于是袭缨解辫，削衽曳裾，变夷从夏，义光前载。可赐衣冠之具，仍班制造之式。并遣使人部领将送。被以采章，复见车服之美，弃彼毡毛，还为冠带之国。"然伯雅先臣铁勒，而铁勒恒遣重臣在高昌国，有商胡往来者，则税之送于铁勒。虽有此令取悦中华，然竟畏铁勒而不敢改也。自是岁令使人贡其方物。

康　国

康国者，康居之后也。迁徙无常，不恒故地，然自汉以来相承不绝。其王本姓温，月氏人也。旧居祁连山北昭武城，因被匈奴所破，西逾葱岭，遂有其国。支庶各分王，故康国左右诸国并以昭武为姓，示不忘本也。王字代失毕，为人宽厚，甚得众心。其妻突厥达度可汗女也。都于萨宝水上阿禄迪城。城多众居。大臣三人共掌国事。其王索发，冠七宝金花，衣绫罗锦绣白叠。其妻有髻，幪以皂巾。丈夫剪发锦袍。名为强国，而西域诸国多归之。米国、史国、曹国、何国、安国、小安国、那色波国、乌那曷国、穆国皆归附之。有胡律，置于袄祠，决罚则取而断之。重罪者族，次重者死，贼盗截其足。人皆深目高鼻，多须髯。善于商贾，诸夷交易，多凑其国。有大小鼓、琵琶、五弦、箜篌、笛。婚姻丧制与突厥同。国立祖庙，以六月祭之，诸国皆来助祭。俗奉佛，为胡书。气候温，宜五谷，勤修园蔬，树木滋茂。出马、驼、骡、驴、封牛、黄金、硇沙、 香、阿萨那香、瑟瑟、 皮、氍毹、锦叠。多蒲陶酒，富家或致千石，连年不败。大业中，始遣使贡方物，后遂绝焉。

安　国

安国，汉时安息国也。王姓昭武氏，与康国王同族，字设力登。妻，康国王女也。都在那密水南，城有五重，环以流水。宫殿皆为平头。王坐金驼座，高七八尺。每听政，与妻相对，大臣三人评理国事。风俗同于康国。唯妻其姊妹，及母子递相禽兽，此为异也。炀帝即位之后，遣司隶从事杜行满使于西域，至其国，得五色盐而返。

国之西百余里有毕国，可千余家。其国无君长，安国统之。大业五年，遣使贡献，后遂绝焉。

石　国

石国，居于药杀水，都城方十余里。其王姓石，名涅。国城之东南立屋，置座于中，正月六日、七月十五日以王父母烧余之骨，金瓮盛之，置于床上，巡绕而行，散以花香杂果，王率臣下设祭焉。礼终，王与夫人出就别帐，臣下以次列坐，享宴而罢。有粟麦，多良马。其俗善战，曾贰于突厥，射匮可汗兴兵灭之，令特勤甸职摄其国事。南去钹汗六百里，东南去瓜州六千里。甸职以大业五年遣使朝贡，其后不复至。

女　国

女国，在葱岭之南，其国代以女为王。王姓苏毗，字末羯，在位二十年。女王之夫，号曰金聚，不知政事。国内丈夫唯以征伐为务。山上为城，方五六里，人有万家。王居九层之楼，侍女数百人，五日一听朝。复有小女王，共知国政。其俗贵妇人，轻丈夫，而性不妒忌。男女皆以彩色涂面，一日之中，或数度变改之。人皆被发，以皮为鞋，课税无常。气候多寒，以射猎为业。出鍮石、朱砂、麝香、牦牛、骏马、蜀马。尤多盐，恒将盐向天竺兴贩，其利数倍。亦数与天竺及党项战争。其女王死，国中则厚敛金钱，求死者族中之贤女二人，一为女王，次为小王。贵人死，剥取皮，以金屑和骨肉置于瓶内而埋之。经一年，又以其皮内于铁器埋之。俗事阿修罗神。又有树神，岁初以人祭，或用猕猴。祭毕，入山祝之，有一鸟如雌雉，来集掌上，破其腹而视之，有粟则年丰，沙石则有灾，谓之鸟卜。开皇六年，遣使朝贡，其后遂绝。

焉　耆

焉耆国，都白山之南七十里，汉时旧国也。其王姓龙，字突骑。都城方二里。国内有九城，胜兵千余人。国无纲维。其俗奉佛书，类婆罗门。婚姻之礼有同华夏。死者焚之，持服七日。男子剪发。有鱼盐蒲苇之利。东去高昌九百里，西去龟兹九百里，皆沙碛。东南去瓜州二千二百里。大业中，遣使贡方物。

龟　兹

龟兹国，都白山之南百七十里，汉时旧国也。其王姓白，字苏尼咥。都城方六里。胜兵者数千。俗杀人者死，劫贼断其一臂，并刖一足。俗与焉耆同。王头系彩带，垂之于后，坐金师子座，土多稻、粟、菽、麦，饶铜、铁、铅、 皮、氍毹、硇沙、盐绿、雌黄、胡粉、安息香、良马、封牛。东去焉耆九百里，南去于阗千四百里，西去疏勒千五百里，西北去突厥牙六百余里，东南去瓜州三千一百里。大业中，遣使贡方物。

疏　勒

疏勒国，都白山南百余里，汉时旧国也。其王字阿弥厥。手足皆六指。产子非六指者，即不育。都城方五里。国内有大城十二，小城数十，胜兵者二千人。王戴金师子冠。土多稻、粟、麻、麦、铜、铁、锦、雌黄，每岁常供送于突厥。南有黄河，西带葱岭，东去龟兹千五百里，西去钹汗国千里，南去朱俱波八九百里，东北去突厥牙千余里，东南去瓜州四千六百里。大业中，遣使贡方物。

于阗

于阗国，都葱岭之北二百余里。其王姓王，字卑示闭练。都城方八九里。国中大城有五，小城数十，胜兵者数千人。俗奉佛，尤多僧尼，王每持斋戒。城南五十里有赞摩寺者，云是罗汉比丘比卢旃所造，石上有辟支佛徒跣之迹。于阗西五百里有比摩寺，云是老子化胡成佛之所。俗无礼义，多贼盗淫纵。王锦帽，金鼠冠，妻戴金花。其王发不令人见。俗云，若见王发，年必俭。土多麻、麦、粟、稻、五果，多园林，山多美玉。东去鄯善千五百里，南去女国三千里，西去朱俱波千里，北去龟兹千四百里，东北去瓜州二千八百里。大业中，频遣使朝贡。

钹汗

钹汗国，都葱岭之西五百余里，古渠搜国也。王姓昭武，字阿利柒。都城方四里。胜兵数千人。王坐金羊床，妻戴金花。俗多朱砂、金、铁。东去疏勒千里，西去苏对沙那国五百里，西北去石国五百里，东北去突厥牙二千余里，东去瓜州五千五百里。大业中，遣使贡方物。

吐火罗

吐火罗国，都葱岭西五百里，与挹怛杂居。都城方二里。胜兵者十万人，皆习战。其俗奉佛。兄弟同一妻，迭寝焉，每一人入房，户外挂其衣以为志。生子属其长兄。其山穴中有神马，每岁牧牝马于穴所，必产名驹。南去漕国千七百里，东去瓜州五千八百里。大业中，遣使朝贡。

挹怛

挹怛国，都乌浒水南二百余里，大月氏之种类也。胜兵者五六千人。俗善战。先时国乱，突厥遣通设字诘强领其国。都城方十余里。多寺塔，皆饰以金。兄弟同妻。妇人有一夫者，冠一角帽，夫兄弟多者，依其数为角。南去曹国千五百里，东去瓜州六千五百里。大业中，遣使贡方物。

米国

米国，都那密水西，旧康居之地也。无王。其城主姓昭武，康国王之支庶，字闭拙。都城方二里。胜兵数百人。西北去康国百里，东去苏对沙那国五百里，西南去史国二百里，东去瓜州六千四百里。大业中，频贡方物。

史国

史国，都独莫水南十里，旧康居之地也。其王姓昭武，字遴遮，亦康国王之支庶也。都城方二里。胜兵千余人。俗同康国。北去康国二百四十里，南去吐火罗五百里，西去那色波国二百里，东北去米国二百里，东去瓜州六千五

百里。大业中，遣使贡方物。

曹国

曹国，都那密水南数里，旧是康居之地。国无主，康国王令子乌建领之。都城方三里。胜兵千余人。国中有得悉神，自西海以东诸国并敬事之。其神有金人焉，金破罗阔丈有五尺，高下相称。每日以驼五头、马十匹、羊一百口祭之，常有千人食之不尽。东南去康国百里，西去何国百五十里，东去瓜州六千六百里。大业中，遣使贡方物。

何国

何国，都那密水南数里，旧是康居之地也。其王姓昭武，亦康国王之族类，字敦。都城方二里。胜兵千人。其王坐金羊座。东去曹国百五十里，西去小安国三百里，东去瓜州六千七百五十里。大业中，遣使贡方物。

乌那曷

乌那曷国，都乌浒水西，旧安息之地也。王姓昭武，亦康国种类，字佛食。都城方二里。胜兵数百人。王坐金羊座。东北去安国四百里，西北去穆国二百余里，东去瓜州七千五百里。大业中，遣使贡方物。

穆国

穆国，都乌浒河之西，亦安息之故地，与乌那曷为邻。其王姓昭武，亦康国王之种类也，字阿滥密。都城方三里，胜兵二千人。东北去安国五百里，东去乌那曷二百余里，西去波斯国四千余里，东去瓜州七千七百里。大业中，遣使贡方物。

波斯

波斯国，都达曷水之西苏蔺城，即条支之故地也。其王字库萨和。都城方十余里。胜兵二万余人，乘象而战。国无死刑，或断手刖足，没家财，或剃去其须，或系排于项，以为标异。人年三岁已上，出口钱四文。妻其姊妹。人死者，弃尸于山，持服一月。王著金花冠，坐金师子座，傅金屑于须上以为饰。衣锦袍，加璎珞于其上。土多良马、大驴、师子、白象、大鸟卵、真珠、颇黎、兽魄、珊瑚、瑠璃、码碯、水精、瑟瑟、呼洛羯、吕腾、火齐、金刚、金、银、鍮石、铜、镔铁、锡、锦叠、细布、氍毹、氀毾、护那、越诺布、檀、金缕织成、赤麂皮、朱沙、水银、薰陆、郁金、苏合、青木等诸香，胡椒、荜拨、石蜜、半蜜、千年枣、附子、诃黎勒、无食子、盐绿、雌黄。突厥不能至其国，亦羁縻之。波斯每遣使贡献。西去海数百里，东去穆国四千余里，西北去拂菻四千五百里，东去瓜州万一千七百里。炀帝遣云骑尉李昱使通波斯，寻遣使随昱贡方物。

漕国

漕国，在葱岭之北，汉时罽宾国也。其王姓昭武，字顺达，康国王之宗族。都城方四里。胜兵者万余人。国法

严整，杀人及贼盗皆死。其俗淫祠。葱岭山有顺天神者，仪制极华，金银鍱为屋，以银为地，祠者日有千余人。祠前有一鱼脊骨，其孔中通，马骑出入。国王戴金鱼头冠，坐金马座。土多稻、粟、豆、麦；饶象，马，封牛，金，银，镔铁，氍毹，朱砂，青黛，安息、青木等香，石蜜，半蜜，黑盐，阿魏，没药，白附子。北去帆延七百里，东去劫国六百里，东北去瓜州六千六百里。大业中，遣使贡方物。

附　国

附国者，蜀郡西北二千余里，即汉之西南夷也。有嘉良夷，即其东部，所居种姓自相率领，土俗与附国同，言语少殊，不相统一。其人并无姓氏。附国王字宜缯。其国南北八百里，东南千五百里，无城栅，近川谷，傍山险。俗好复仇，故垒石为碉而居，以避其患。其碉高至十余丈，下至五六丈，每级丈余，以木隔之。基方三四步，碉上方二三步，状似浮图。于下级开小门，从内上通，夜必关闭，以防贼盗。国有二万余家，号令自王出。嘉良夷政令系之酋帅，重罪者死，轻罪罚牛。人皆轻捷，便于击剑。漆皮为牟甲，弓长六尺，以竹为弦。妻其群母及嫂，儿弟死，父兄亦纳其妻。好歌舞，鼓簧，吹长笛。有死者，无服制，置尸高床之上，沐浴衣服，被以牟甲，覆以兽皮。子孙不哭，带甲舞剑而呼云："我父为鬼所取，我欲报冤杀鬼。"自余亲戚哭三声而止。妇人哭，必以两手掩面。死家杀牛，亲属以猪酒相遗，共饮啖而瘗之。死后十年而大葬，其葬必集亲宾，杀马动至数十匹。立其祖父神而事之。其俗以皮为帽，形圆如钵，或带幂罱。衣多毛毼皮裘，全剥牛脚皮为靴。项系铁锁，手贯铁钏。王与酋帅，金为首饰，胸前悬一金花，径三寸。其土高，气候凉，多风少雨。土宜小麦、青稞。山出金、银，多白雉。水有嘉鱼，长四尺而鳞细。

大业四年，其王遣使素福等八人入朝。明年，又遣其弟子宜林率嘉良夷六十人朝贡。欲献良马，以路险不通，请开山道以修职贡。炀帝以劳人不许。

嘉良有水，阔六七十丈，附国有水，阔百余丈，并南流，用皮为舟而济。

附国南有薄缘夷，风俗亦同。西有女国。其东北连山，绵亘数千里，接于党项。往往有羌：大、小左封，昔卫，葛延，白狗，向人，望族，林台，春桑，利豆，迷桑，婢药，大硖，白兰，叱利摸徒，那鄂，当迷，渠步，桑悟，千碉，并在深山穷谷，无大君长。其风俗略同于党项，或役属吐谷浑，或附附国。大业中，来朝贡。缘西南边置诸道总管，以遥管之。

史臣曰：自古开远夷，通绝域，必因宏放之主，皆起好事之臣。张骞凿空于前，班超投笔于后，或结之以重宝，或慑之以利剑，投躯万死之地，以要一旦之功，皆由主尚来远之名，臣殉轻生之节。是知上之所好，下必有甚者也。炀帝规摹宏侈，掩吞秦、汉，裴矩方进《西域图记》以荡其心，故万乘亲出玉门关，置伊吾、且末，而关右暨于流沙，骚然无聊生矣。若使北狄无虞，东夷告捷，必将修轮台之戍，筑乌垒之城，求大秦之明珠，致条支之鸟卵，往来转输，将何以堪其敝哉！古者哲王之制，方五千里，务安诸夏，不事要荒。岂威不能加，德不能被？盖不以四夷劳中国，不以无用害有用也。是以秦戍五岭，汉事三边，或道殣相望，或户口减半。隋室恃其强盛，亦狼狈于青海。此皆一人失其道，故亿兆罹其毒。若使思即叙之义，固辞都护之请，返其千里之马，不求白狼之贡，则七戎九夷，候风重译，虽无辽东之捷，岂及江都之祸乎！

卷八十四　　　　列传第四十九

北　狄

突　厥

突厥之先，平凉杂胡也，姓阿史那氏。后魏太武灭沮渠氏，阿史那以五百家奔茹茹，世居金山，工于铁作。金山状如兜鍪，俗呼兜鍪为"突厥"，因以为号。或云，其先国于西海之上，为邻国所灭，男女无少长尽杀之。至一儿，不忍杀，刖足断臂，弃于大泽中。有一牝狼，每衔肉至其所，此儿因食之，得以不死。其后遂与狼交，狼有孕焉。彼邻国者，复令人杀此儿，而狼在其侧。使者将杀之，其狼若为神所凭，欻然至于海东，止于山上。其山在高昌西北，下有洞穴，狼入其中，遇得平壤茂草，地方二百余里。其后狼生十男，其一姓阿史那氏，最贤，遂为君长，故牙门建狼头纛，示不忘本也。有阿贤设者，率部落出于穴中，世臣茹茹。至大叶护，种类渐强。当后魏之末，有伊利可汗，以兵击铁勒，大败之，降五万余家，遂求婚于茹茹。茹茹主阿那瓌大怒，遣使骂之。伊利斩其使，率众袭茹茹，破之。卒，弟逸可汗立，又破茹茹。病且卒，舍其子摄图，立其弟俟斗，称为木杆可汗。木杆勇而多智，遂击茹茹，灭之，西破挹怛，东走契丹，北方戎狄悉归之，抗衡中夏。后与西魏师入侵东魏，至于太原。

其俗畜牧为事，随逐水草，不恒厥处。穹庐毡帐，被发左衽，食肉饮酪，身衣裘褐，贱老贵壮。官有叶护，次设特勤，次俟利发，次吐屯发，下至小官，凡二十八等，皆世为之。佩角弓、鸣镝、甲、矟、刀、剑。善骑射，性残忍。无文字，刻木为契。候月将满，辄为寇抄。谋反叛杀人者皆死，淫者割势而腰斩之。斗伤人目者偿之以女，无女则输妇财，折支体以输马，盗者则偿赃十倍。有死者，停尸帐中，家人亲属多杀牛马而祭之，绕帐号呼，以刀剺面，血泪交下，七度而止。于是择日置尸马上而焚之，取灰而葬。表木为茔，立屋其中，图画死者形仪及其生时所经战阵之状。尝杀一人，则立一石，有至千百者。父兄死，子弟妻其群母及嫂。五月中，多杀羊马以祭天，男子好樗蒲，女子踏鞠，饮马酪取醉，歌呼相对。敬鬼神，信巫觋，重兵死而耻病终，大抵与匈奴同俗。

木杆在位二十年，卒，复舍其子大逻便而立其弟，是为佗钵可汗。佗钵以摄图为尔伏可汗，统其东面，又以其弟褥但可汗子为步离可汗，居西方。时佗钵控弦数十万，中国惮之，周、齐争结姻好，倾府藏以事之。佗钵益骄，每谓其下曰："我在南两儿常孝顺，何患贫也！"齐有沙门惠琳，被掠入突厥，因谓佗钵曰："齐国富强者，为有佛法耳。"遂说以因缘果报之事。佗钵闻而信之，建一伽蓝，遣使聘于齐氏，求《净名》、《涅槃》、《华严》等经，并《十诵律》。佗钵亦躬自斋戒，绕塔行道，恨不生内地。在位十年，病且卒，谓其子菴罗曰："吾闻亲莫过于父子。吾兄不亲其子，委地于我。我死，汝当避大逻便也。"及佗钵卒，国中将立大逻便，以其母贱，众不服。菴罗母贵，突厥素重之。摄图最后至，谓国中曰："若立菴罗者，我当率兄以事之；如立大逻便，我必守境，利刃长矛以相待矣。"摄图长而且雄，国人皆惮，莫敢拒者，竟以菴罗为嗣。大逻便不得立，心不服菴罗，每遣人骂辱之。菴罗不能制，因以国让摄图。国中相与议曰："四可汗之子，摄图最贤。"因迎立之，号伊利俱卢设莫何始波罗可汗，一号沙钵略。治都斤山。菴罗降居独洛水，称第二可汗。大逻便乃请沙钵略曰："我与尔俱可汗子，各承父后。尔今极尊，我独无位，何也？"沙钵略患之，以为阿波可汗，还领所部。

沙钵略勇而得众，北夷皆归附之。及高祖受禅，待之甚薄，北夷大怨。会营州刺史高宝宁作乱，沙钵略与之合军，攻陷临渝镇。上敕缘边修保鄣，峻长城，以备之，仍命重将出镇幽、并。沙钵略妻，宇文氏之女，曰千金公主，自伤宗祀绝灭，每怀复隋之志，日夜言之于沙钵略。由是悉众为寇，控弦之士四十万。上令柱国冯昱屯乙弗泊，兰州总管叱李长叉守临洮，上柱国李崇屯幽州，达奚长儒据周盘，皆为虏所败。于是纵兵自木硖、石门两道来寇，武威、天水、安定、金城、上郡、弘化、延安六畜咸尽。天子震怒，下诏曰：

往者魏道衰敝，祸难相寻，周、齐抗衡，分割诸夏。突厥之虏，俱通二国。周人东虑，恐齐好之深，齐氏西虞，惧周交之厚。谓虏意轻重，国逐安危，非徒并有大敌之忧，思减一边之防。竭生民之力，供其来往，倾府库之财，弃于沙漠，华夏之地，实为劳扰。犹复劫剥烽戍，杀害吏民，无岁月而不有也。恶积祸盈，非止今日。朕受天明命，子育万方，愍彼下之劳，除既往之弊。以为厚敛兆庶，多惠豺狼，未尝感恩，资而为贼，违天地之意，非帝王之道。节之以礼，不为虚费，省徭薄赋，国用有余。因入贼之物，加赐将士，息道路之民，务于耕织。清边制胜，成策在心。凶丑愚暗，未知深旨，将大定之日，比战国之时，乘昔世之骄，结今时之恨。近者尽其巢窟，俱犯北边，朕分置军旅，所在邀截，望其深入，一举灭之。而远镇偏师，逢而摧翦，未及南上，遽已奔北，应弦染锷，过半不归。且彼渠帅，其数凡五，昆季争长，父叔相猜，外示弥缝，内乖心腹，世行暴虐，家法残忍。东夷诸国，尽挟其仇，西戎群长，皆有宿怨。突厥之北，契丹之徒，切齿磨牙，常伺其便。达头前攻酒泉，其后于阗、波斯、挹怛三国一时即叛。沙钵略近趣周盘，

其部内薄孤、束纥罗寻亦翻动。往年利稽察大为高丽、靺鞨所破，娑毗设又为纥支可汗所杀。与其为邻，皆愿诛剿。部落之下，尽异纯民，千种万类，仇敌怨偶，泣血衔心，衔悲积恨。圆首方足，皆人类也，有一于此，更切朕怀。彼地咎征妖作，年将一纪，乃兽为人语，人作神言，云其国亡，讫而不见。每冬雷震，触地火生，种类资给，惟藉水草。去岁四时，竟无雨雪，川枯蝗暴，卉木烧尽，饥疫死亡，人畜相半。旧居之所，赤地无依，迁徙漠南，偷存晷刻。斯盖上天所忿，驱就齐斧，幽明合契，今也其时。故选将治兵，羸粮聚甲，义士奋发，壮夫肆愤，愿取名王之首，思挞单于之背，云归雾集，不可数也。东极沧海，西尽流沙，纵百胜之兵，横万里之众；亘朔野之追踪，望天崖而一扫。此则王恢所说，其犹射痈，何敌能当，何远不服！但皇王旧迹，北止幽都，荒遐之表，文轨所弃。得其地不可而居，得其民不忍皆杀，无劳兵革，远规溟海。诸将今行，义兼令育，有降者纳，有违者死。异域殊方，被其拥抑，放听复旧。广辟边境，严治关塞，使其不敢南望，永服神威。卧鼓息烽，暂劳终逸，制御夷狄，义在斯乎！何用侍子之朝，宁劳渭桥之拜。普告海内，知朕意焉。

于是以河间王弘、上柱国豆卢勣、窦荣定、左仆射高颎、右仆射虞庆则并为元帅，出塞击之。沙钵略率阿波、贪汗二可汗等来拒战，皆败走遁去。时房饥甚，不能得食，于是粉骨为粮，又多灾疫，死者极众。既而沙钵略以阿波骁悍，忌之，因其先归，袭击其部，大破之，杀阿波之母。阿波还无所归，西奔达头可汗。达头者，名玷厥，沙钵略之从父也，旧为西面可汗。既而大怒，遣阿波率兵而东，各落归之者将十万骑，遂与沙钵略相攻。又有贪汗可汗，素睦于阿波，沙钵略夺其众而废之，贪汗亡奔达头。沙钵略从弟地勤察别统部落，与沙钵略有隙，复以众叛归阿波。连兵不已，各遣使诣阙，请和求援，上皆不许。会千金公主上书，请为一子之例，高祖遣开府徐平和使于沙钵略。晋王广时镇并州，请因其衅而乘之，上不许。沙钵略遣使致书曰："辰年九月十日，从天生大突厥天下贤圣天子伊利俱卢设莫何始波罗可汗致书大隋皇帝：使人开府徐平和至，辱告言语，具闻也。皇帝是妇父，即是翁，此是女夫，即是儿例。两境虽殊，情义是一。今重叠亲旧，子子孙孙，乃至万世不断，上天为证，终不违负。此国所有羊马，都是皇帝畜生，彼有缯彩，都是此物，彼此有何异也！"高祖报书曰："大隋天子贻书大突厥伊利俱卢设莫何沙钵略可汗：得书，知大有好心向此也。既是沙钵略妇翁，今日看沙钵略共儿子不异。既以亲旧厚意，常使之外，今特别遣大臣虞庆则往彼看女，复看沙钵略也。"沙钵略陈兵，列其宝物，坐见庆则，称病不能起，且曰："我父伯以来，不向人拜。"庆则责而喻之。千金公主私谓庆则曰："可汗豺狼性，过与争，将啮人。"长孙晟说谕之，摄图辞屈，乃顿颡跪受玺书，以戴于首。既而大惭，其群下因相聚恸哭。庆则又遣称臣，沙钵略谓其属曰："何名为臣？"报曰："隋国称臣，犹此称奴耳。"沙钵略曰："得作

大隋天子奴，虞仆射之力也。"赠庆则马千匹，并以从妹妻之。

时沙钵略既为达头所困，又东畏契丹，遣使告急，请将部落度漠南，寄居白道川内，有诏许之。诏晋王广以兵援之，给以衣食，赐以车服鼓吹。沙钵略因而击阿波，破擒之。而阿拔国部落乘虚掠其妻子。官军为击阿拔，败之，所获悉与沙钵略。沙钵略大喜，乃立约，以碛为界，因上表曰：

大突厥伊利俱卢设始波罗莫何可汗臣摄图言：大使尚书右仆射虞庆则至，伏奉诏书，兼宣慈旨，仰惟恩信之著，逾久愈明，徒知负荷，不能答闻。伏惟大隋皇帝之有四海，上契天心，下顺民望，二仪之所覆载，七曜之所照临，莫不委质来宾，回首面内。实万世之一圣，千年之一期，求之古昔，未始闻也。突厥自天置以来，五十余载，保有沙漠，自王蕃隅。地过万里，士马亿数，恒力兼戎夷，抗礼华夏，在于北狄，莫与为大。顷者气候清和，风云顺序，意以华夏其有大圣兴焉。况乎被沾德义，仁化所及，礼让之风，自朝满野。窃以天无二日，土无二王，伏惟大隋皇帝，真皇帝也。岂敢阻兵恃险，偷窃名号，今便感慕淳风，归心有道，屈膝稽颡，永为藩附。虽复南瞻魏阙，山川悠远，北面之礼，不敢废失。当今侍子入朝，神马岁贡，朝夕恭承，唯命是视。至于削衽解辫，革音从律，习俗已久，未能改变。阖国同心，无不衔荷，不任下情欣慕之至。谨遣第七儿臣窟含真等奉表以闻。

高祖下诏曰："沙钵略称雄漠北，多历世年，百蛮之大，莫过于此。往虽与和，犹是二国，今作君臣，便成一体。情深义厚，朕甚嘉之。荷天之休，海外有截，岂朕薄德所能致此！已敕有司肃告郊庙，宜普颁天下，咸使知闻。"自是诏答诸事并不称其名以异之。其妻大贺敦，周千金公主，赐姓杨氏，编之属籍，改封大义公主。策拜窟含真为柱国，封安国公，宴于内殿，引见皇后，赏劳甚厚。沙钵略大悦，于是岁时贡献不绝。七年正月，沙钵略遣其子入贡方物，因请猎于恒、代之间，又许之，仍遣人赐其酒食。沙钵略率部落再拜受赐。沙钵略一日手杀鹿十八头，赍尾舌以献。还至紫河镇，其牙帐为火所烧，沙钵略恶之，月余而卒。上为废朝三日，遣太常吊祭焉。赠物五千段。

初，摄图以其子雍虞闾性懦，遗令立其弟叶护处罗侯；雍虞闾遣使迎处罗侯，将立之。处罗侯曰："我突厥自木杆可汗以来，多以弟代兄，以庶夺嫡，失先祖之法，不相敬畏。汝当嗣位，我不惮拜汝也。"雍虞闾又遣使谓处罗侯曰："叔与我父，共根连体，我是枝叶。宁有我作主，令根本反同枝叶，令叔父之尊下我卑稚！又亡父之命，其可废乎！愿叔勿疑。"相让者五六，处罗侯竟立，是为叶护可汗。以雍虞闾为叶护。遣使上表言状，上赐之鼓吹幡旗。处罗侯长颐偻背，眉目疏朗，勇而有谋，以隋所赐旗鼓西征阿波。敌人以为得隋兵所助，多来降附，遂生擒阿波。既而上书请阿波死生之命，上下其议。左仆射高颎进曰："骨肉相残，教之蠹也。存养以示宽大。"上曰：

"善。"颎因奉觞进曰："自轩辕以来，獯粥多为边患。今远穷北海，皆为臣妾，此之盛事，振古未闻，臣敢再拜上寿。"其后处罗侯又西征，中流矢而卒，其众奉雍虞闾为主，是为颉伽施多那都蓝可汗。雍虞闾遣使诣阙，赐物三千段。每岁遣使朝贡。时有流人杨钦亡入突厥中，谬云彭国公刘昶与宇文氏谋反，令大义公主发兵扰边。都蓝执钦以闻，并贡茹布、鱼胶。其弟钦羽设部落强盛，都蓝忌而击之，斩首于阵。其年，遣其母弟褥但特勤献于阗玉杖，上拜褥但为柱国、康国公。明年，突厥部落大人相率遣使贡马万匹，羊二万口，驼、牛各五百头。寻遣使请缘边置市，与中国贸易，诏许之。

平陈之后，上以陈叔宝屏风赐大义公主，主心恒不平，因书屏风为诗，叙陈亡自寄。其辞曰："盛衰等朝暮，世道若浮萍。荣华实难守，池台终自平。富贵今何在？空事写丹青。杯酒恒无乐，弦歌讵有声！余本皇家子，飘流入虏庭。一朝睹成败，怀抱忽纵横。古来共如此，非我独申名。唯有《明君曲》，偏伤远嫁情。"上闻而恶之，礼赐益薄。公主复与西面突厥泥利可汗连结，上恐其为变，将图之。会主与所从胡私通，因发其事，下诏废黜。恐都蓝不从，遣奇章公牛弘以美妓四人以啖之。时沙钵略子曰染干，号突利可汗，居北方，遣使求婚。上令裴矩谓之曰："当杀大义主者，方许婚。"突利以为然，复潜之，都蓝因发怒，遂杀公主于帐。都蓝与达头可汗有隙，数相征伐，上和解之，各引兵而去。

十七年，突利遣使来逆女，上舍之太常，教习六礼，妻以宗女安义公主。上欲离间北夷，故特厚其礼，遣牛弘、苏威、斛律孝卿相继为使，突厥前后遣使入朝三百七十辈。突利本居北方，以尚主之故，南徙度斤旧镇，锡赉优厚。雍虞闾怒曰："我大可汗也，反不如染干！"于是朝贡遂绝，数为边患。十八年，诏晋王秀出灵州道以击之。明年，又遣汉王谅为元帅，左仆射高颎率将军王瞀、上柱国赵仲卿并出朔州道，右仆射杨素率柱国李彻、韩僧寿出灵州，上柱国燕荣出幽州，以击之。雍虞闾与玷厥举兵攻染干，尽杀其兄弟子侄，遂度河，入蔚州。染干夜以五骑与隋使长孙晟归朝。上令染干与雍虞闾使者因头特勤相辩诘，染干辞直，上乃厚待之。雍虞闾弟都速六弃其妻子，与突利归朝，上嘉之。敕染干与都速六樗蒲，稍稍输以宝物，用慰其心。夏六月，高颎、杨素击玷厥，大破之。拜染干为意利珍豆启民可汗，华言"意智健"也。启民上表谢恩曰："臣既蒙竖立，复改官名，昔日奸心，今悉除去，奉事至尊，不敢违法。"上于朔州筑大利城以居之。是时安义主已卒，上以宗女义成公主妻之，部落归者甚众。雍虞闾又击之，上复令入塞。雍虞闾侵掠不已，迁于河南，在夏、胜二州之间，发徒掘堑数百里，东西拒河，尽为启民畜牧之地。于是遣越国公杨素出灵州，行军总管韩僧寿出庆州，太平公史万岁出燕州，大将军姚辩出河州，以击都蓝。师未出塞，而都蓝为其麾下所杀，达头自立为步迦可汗，其国大乱。遣太平公史万岁出朔州以击之，遇达头于大斤山，虏不战而遁，追斩首虏二千余人。晋王广出灵州，达头遁逃而去。寻遣其弟子俟利伐从碛东攻启民。上又发兵助启民守要路，俟利伐退走入碛。启民上表陈谢曰："大隋圣人莫缘可汗，怜养百姓，如天无不覆也，如地无不载也。诸姓蒙威恩，赤心归服，并将部落归投圣人可汗来也。或南入长城，或住白道，人民羊马，遍满山谷。染干譬如枯木重起枝叶，枯骨重生皮肉，千万世长与大隋典羊马也。"

仁寿元年，代州总管韩洪为房所败于恒安，废为庶人。诏杨素为云州道行军元帅，率启民北征。斛薛等诸姓初附于启民，至是而叛。素军河北，值突厥阿勿思力俟斤等南度，掠启民男女六千口、杂畜二十余万而去。素率上大将军梁默轻骑追之，转战六十余里，大破俟斤，悉得人畜以归启民。素又遣柱国张定和、领军大将军刘昇别路邀击，并多斩获而还。兵既渡河，贼复掠启民部落，素率骠骑范贵于窟结谷东南奋击，复破之，追奔八十余里。是岁，泥利可汗及叶护俱被铁勒所败。步迦寻亦大乱，奚、霫五部内徙，步迦奔吐谷浑。启民遂有其众，岁遣朝贡。

大业三年四月，炀帝幸榆林，启民及义成公主来朝行宫，前后献马三千匹。帝大悦，赐物万二千段。启民上表曰："已前圣人先帝莫缘可汗存在之日，怜臣，赐臣安义公主，种种无少短。臣种末为圣人先帝怜养，臣兄弟妒恶，相共杀臣，臣当时无处去，向上看只见天，下看只见地，实忆圣人先帝言语，投命去来。圣人先帝见臣，大怜臣，死命养活，胜于往前，遣臣作大可汗坐著也。其突厥百姓，死者以外，还聚作百姓也。至尊今还如圣人先帝，捉天下四方坐著也。还养活臣及突厥百姓，实无少短。臣今忆想圣人及至尊养活事，具奏不可尽，并至尊圣心里在。臣今非是旧日边地突厥可汗，臣即是至尊臣民，至尊怜臣时，乞依大国服饰法用，一同华夏。臣今率部落，敢以上闻，伏愿天慈，不违所请。"表奏，帝下其议，公卿请依所奏。帝以为不可，乃下诏曰："先王建国，夷夏殊风，君子教民，不求变俗。断发文身，咸安其性，旃裘卉服，各尚所宜，因而利之，其道弘矣。何必化诸削衽，縻以长缨，岂遂性之至理，非包含之远度。衣服不同，既辨要荒之叙，庶类区别，弥见天地之情。"仍玺书答启民，以为碛北未静，犹须征战，但使好心孝顺，何必改变衣服也。帝法驾御千人大帐，享启民及其部落酋长三千五百人，赐物二十万段，其下各有差。复下诏曰："德合天地，覆载所以弗遗，功格区宇，声教所以咸洎。至于梯山航海，请受正朔，袭冠解辫，同彼臣民。是故《王会》纳贡，义彰前册，呼韩入臣，待以殊礼。突厥意利珍豆启民可汗志怀沈毅，世修藩职。往者挺身违难，拔足归仁，先朝嘉此款诚，授以徽号。资其甲兵之众，收其破灭之余，复祀于既亡之国，继绝于不存之地。斯固施均亭育，泽渐要荒者矣。朕以薄德，祗奉灵命，思播远猷，光融令绪，是以亲巡朔野，抚宁藩服。启民深委诚心，入奉朝觐，率其种落，拜首轩墀，言念丹款，良以嘉尚。宜隆荣数，式优恒典。可赐路车、乘马、鼓吹、幡旗，赞拜不名，位在诸侯王上。"帝亲巡云内，溯金河而东，北幸启民所居。启民奉觞上寿，跪伏甚恭。帝大悦，赋诗曰："鹿塞鸿旗驻，龙庭翠辇回。毡帐望风举，穹庐向日开。呼韩顿颡至，屠耆接踵来。索辫擎膻肉，韦

鞲献酒杯。何如汉天子，空上单于台。"帝赐启民及主金瓮各一，及衣服被褥锦彩，特勤以下各有差。先是，高丽私通使启民所，启民推诚奉国，不敢隐境外之交。是日，将高丽使人见，敕令牛弘宣旨谓之曰："朕以启民诚心奉国，故亲至其所。明年当往涿郡。尔还日，语高丽王知，宜早来朝，勿自疑惧。存育之礼，当同于启民。如或不朝，必将启民巡行彼土。"使人甚惧。启民仍扈从入塞，至定襄，诏令归藩。

明年，朝于东都，礼赐益厚。是岁，疾终，上为之废朝三日，立其子咄吉世，是为始毕可汗。表请尚公主，诏从其俗。十一年，来朝于东都。其年，车驾避暑汾阳宫，八月，始毕率其种落入寇，围帝于雁门。诏诸郡发兵赴行在所，援军方至，始毕引去。由是朝贡遂绝。明年，复寇马邑，唐公以兵击走之。隋末乱离，中国人归之者无数，遂大强盛，势陵中夏。迎萧皇后，置于定襄。薛举、窦建德、王世充、刘武周、梁师都、李轨、高开道之徒，虽僭尊号，皆北面称臣，受其可汗之号。使者往来，相望于道也。

西　突　厥

西突厥者，木杆可汗之子大逻便也。与沙钵略有隙，因分为二，渐以强盛。东拒都斤，西越金山，龟兹、铁勒、伊吾及西域诸胡悉附之。大逻便为处罗侯所执，其国立鞅素特勤之子，是为泥利可汗。卒，子达漫立，号泥撅处罗可汗。其母向氏，本中国人，生达漫而泥利卒，向氏又嫁其弟婆实特勤。开皇末，婆实共向氏入朝，遇达头乱，遂留京师，每舍之鸿胪寺。处罗可汗居无恒处，然多在乌孙故地。复立二小可汗，分统所部。一在石国北，以制诸胡国。一居龟兹北，其地名应娑。官有俟发、阎洪达，以评议国事，自余与东国同。每五月八日，相聚祭神，岁遣重臣向其先世所居之窟致祭焉。

当大业初，处罗可汗抚御无道，其国多叛，与铁勒屡相攻，大为铁勒所败。时黄门侍郎裴矩在敦煌引致西域，闻国乱，复知处罗思其母氏，因奏之。炀帝遣司朝谒者崔君肃赍书慰谕之。处罗甚踞，受诏不肯起。君肃谓处罗曰："突厥本一国也，中分为二，自相仇敌。每岁交兵，积数十年而莫能相灭者，明知启民与处罗国其势敌耳。今启民举其部落，兵且百万，入臣天子，甚有丹诚者，何也？但以切恨可汗而不能独制，故卑事天子，以借汉兵，连二大国，欲灭可汗耳。百官兆庶咸请许之，天子弗违，师出有日矣。顾可汗母向氏，本中国人，归在京师，处于宾馆。闻天子之诏，惧可汗之灭，且夕守阙，哭泣悲哀。是以天子怜焉，为其辍策。向夫人又匍匐谢罪，因请发使以召可汗，令入内属，乞加恩礼，同于启民。天子从之，故遣使到此。可汗若称藩拜诏，国乃永安，而母得延寿；不然者，则向夫人为诳天子，必当取戮而传首房庭。发大隋之兵，资北蕃之众，左提右挈，以击可汗，死亡则无日矣。奈何惜两拜之礼，剿慈母之命，吝一句称臣，丧匈奴国也！"处罗闻之，矍然而起，流涕再拜，跪受诏书。君肃又说处罗曰："启民内附，先帝嘉之，赏赐极厚，故致兵强国富。今

可汗后附，与之争宠，须深结于天子，自表至诚。既以道远，未得朝觐，宜立一功，以明臣节。处罗曰："如何？"君肃曰："吐谷浑者，启民少子莫贺咄设之母家也。今天子又以义成公主妻之启民，启民畏天子之威而与之绝。吐谷浑亦因憾汉故，职贡不修。可汗若请诛之，天子必许。汉击其内，可汗攻其外，破之必矣。然后身自入朝，道路无阻，因见老母，不亦可乎？"处罗大喜，遂遣使朝贡。

帝将西狩，六年，遣侍御史韦节召处罗，令与车驾会于大斗拔谷。其国人不从，处罗谢使者，辞以他故。帝大怒，无如之何。适会其酋长射匮遣使来求婚，裴矩因奏曰："处罗不朝，恃强大耳。臣请以计弱之，分裂其国，即易制也。射匮者，都六之子，达头之孙，世为可汗，君临西面。今闻其失职，附隶于处罗，故遣使来，以结援耳。愿厚礼其使，拜为大可汗，则突厥势分，两从我矣。"帝曰："公言是也。"因遣裴矩朝夕至馆，微讽谕之。帝于仁凤殿召其使者，言处罗不顺之意，称射匮有好心，吾将立为大可汗，令发兵诛处罗，然后当为婚也。帝取桃竹白羽箭一枝以赐射匮，因谓之曰："此事宜速，使疾如箭也。"使者返，路经处罗，处罗爱箭，将留之，使者谲而得免。射匮闻而大喜，兴兵袭处罗，处罗大败，弃妻子，将左右数千骑东走。在路又被劫掠，遁于高昌东，保时罗漫山。高昌王麹伯雅上状，帝遣裴矩将向氏亲要左右，驰至玉门关晋昌城。矩遣向氏使诣处罗所，论朝廷弘养之义，丁宁晓谕之，遂入朝，然每有怏怏之色。以七年冬，处罗朝于临朔宫，帝享之。处罗稽首谢曰："臣总西面诸蕃，不得早来朝拜，今参见迟晚，罪责极深，臣心里悚惧，不能道尽。"帝曰："往者与突厥相侵扰，不得安居。今四海既清，与一家无异，朕皆欲存养，使遂性灵。譬如天上止有一个日照临，莫不宁帖；若有两个三个日，万物何以得安？比者亦知处罗总摄事繁，不得早来相见。今日见处罗，怀抱豁然欢喜，处罗亦当豁然，不烦在意。"明年元会，处罗上寿曰："自天以下，地以上，日月所照，唯有圣人可汗。今是大日，愿圣人可汗千岁万岁常如今日也。"诏留其羸弱万余口，令其弟达度阙牧畜会宁郡。处罗从征高丽，赐号为曷萨那可汗，赏赐甚厚。十年正月，以信义公主嫁焉，赐锦彩袍千具，彩万匹。帝将复其故地，以辽东之役，故未遑也。每从巡幸。江都之乱，随化及至河北。化及将败，奔归京师，为北蕃突厥所害。

铁　　勒

铁勒之先，匈奴之苗裔也，种类最多。自西海之东，依据山谷，往往不绝。独洛河北有仆骨、同罗、韦纥、拔也古、覆罗并号俟斤，蒙陈、吐如纥、斯结、浑、斛薛等诸姓，胜兵可二万。伊吾以西，焉耆之北，傍白山，则有契弊、薄落职、乙咥、苏婆、那曷、乌讙、纥骨、也咥、于尼讙等，胜兵可二万。金山西南，有薛延陀、咥勒儿、十槃、达契等，一万余兵。康国北，傍阿得水，则有诃咥、曷截、拨忽、比干、具海、曷比悉、何嵯苏、拨也未渴达等，有三万许兵。得嶷海东西，有苏路羯、三索咽、蔑促、隆忽等诸姓，八千余。拂菻东则有恩屈、阿兰、北褥九离、伏嗢昏等，近二万人。北海南则都波等。虽姓氏各别，总谓为铁勒。并无君长，分属东、西两突厥。居无恒所，随水草流移。人性凶忍，善于骑射，贪婪尤甚，以寇抄为生。近西边者，颇为艺植，多牛羊而少马。自突厥有国，东西征讨，皆资其用，以制北荒。

开皇末，晋王广北征，纳启民，大破步迦可汗，铁勒于是分散。大业元年，突厥处罗可汗击铁勒诸部，厚税敛其物，又猜忌薛延陀等，恐为变，遂集其魁帅数百人尽诛之。由是一时反叛，拒处罗，遂立俟利发俟斤契弊歌楞为易勿真莫何可汗，居贪汗山。复立薛延陀内俟斤字也咥为小可汗。处罗可汗既败，莫何可汗始大。莫何勇毅绝伦，甚得众心，为邻国所惮，伊吾、高昌、焉耆诸国悉附之。

其俗大抵与突厥同，唯丈夫婚毕，便就妻家，待产乳男女，然后归舍，死者埋殡之，此其异也。大业三年，遣使贡方物，自是不绝云。

奚

奚本曰库莫奚，东部胡之种也。为慕容氏所破，遗落者窜匿松、漠之间。其俗甚为不洁，而善射猎，好为寇钞。初臣于突厥，后稍强盛，分为五部：一曰辱纥王，二曰莫贺弗，三曰契箇，四曰木昆，五曰室得。每部俟斤一人为其帅。随逐水草，颇同突厥。有阿会氏，五部中为盛，诸部皆归之。每与契丹相攻击，虏获财畜，因而得赏。死者以苇薄裹尸，悬之树上。自突厥称藩之后，亦遣使入朝，或通或绝，最为无信。大业时，岁遣使贡方物。

契　　丹 室韦

契丹之先，与库莫奚异种而同类，并为慕容氏所破，俱窜于松、漠之间。其后稍大，居黄龙之北数百里。其俗颇与靺鞨同。好为寇盗。父母死而悲哭者，以为不壮。但以其尸置于山树之上，经三年之后，乃收其骨而焚之。因醉而祝曰："冬月时，向阳食。若我射猎时，使我多得猪鹿。"其无礼顽嚚，于诸夷最甚。当后魏时，为高丽所侵，部落万余口求内附，止于白貔河。其后为突厥所逼，又以万家寄于高丽。开皇四年，率诸莫贺弗来谒。五年，悉其众款塞，高祖纳之，听居其故地。六年，其诸部相攻击，久不止，又与突厥相侵，高祖使使责让之。其国遣使诣阙，顿颡谢罪。其后契丹别部出伏等背高丽，率众内附。高祖纳之，安置于渴奚那颉之北。开皇末，其别部四千余家背突厥来降。上方与突厥和好，重失远人之心，悉令给粮还本，敕突厥抚纳之。固辞不去。部落渐众，遂北徙逐水草，当辽西正北二百里，依托纥臣水而居。东西亘五百里，南北三百里，分为十部。兵多者三千，少者千余，逐寒暑，随水草畜牧。有征伐，则酋帅相与议之，兴兵动众合符契。突厥沙钵略可汗遣吐屯潘垤统之。

室韦，契丹之类也。其南者为契丹，在北者号室韦，分为五部，不相总一，所谓南室韦、北室韦、钵室韦、深末怛室韦、大室韦。并无君长，人民贫弱，突厥常以三吐屯总领之。

南室韦在契丹北三千里，土地卑湿，至夏则移向西北贷勃、欠对二山，多草木，饶禽兽，又多蚊蚋，人皆巢居，以避其患。渐分为二十五部，每部有余莫弗瞒咄，犹酋长也。死则子弟代立，嗣绝则择贤豪而立之。其俗丈夫皆被发，妇人盘发，衣服与契丹同。乘牛车，蘧篨为屋，如突厥毡车之状。渡水则束薪为筏，或以皮为舟者。马则织草为鞯，结绳为辔。寝则屈为屋，以蘧篨覆上，移则载行。以猪皮为席，编木为藉。妇女皆抱膝而坐。气候多寒，田收甚薄，无羊，少马，多猪牛。造酒食啖，与靺鞨同俗。婚嫁之法，二家相许，婿辄盗妇将去，然后送牛马为娉，更将归家。待有娠，乃相随还舍。妇人不再嫁，以为死人之妻难以共居。部落共为大棚，人死则置尸其上。居丧三年，年唯四哭。其国无铁，取给于高丽。多貂。

南室韦北行十一日至北室韦，分为九部落，绕吐纥山而居。其部落渠帅号乞引莫贺咄，每部有莫何弗三人以贰之。气候最寒，雪深没马。冬则入山，居土穴中，牛畜多冻死。饶獐鹿，射猎为务，食肉衣皮。凿冰，没水中而网射鱼鳖。地多积雪，惧陷坑阱，骑木而行。俗皆捕貂为业，冠以狐狢，衣以鱼皮。

又北行千里，至钵室韦，依胡布山而住，人众多北室韦，不知为几部落。用桦皮盖屋，其余同北室韦。

从钵室韦西南四日行，至深末怛室韦，因水为号也。冬月穴居，以避太阴之气。

又西北数千里，至大室韦，径路险阻，语言不通。尤多貂及青鼠。

北室韦时遣使贡献，余无至者。

史臣曰：四夷之为中国患也久矣，北狄尤甚焉。种落实繁，迭雄边塞，年代邈邈，非一时也。五帝之世，则有獯粥焉；其在三代，则猃狁焉；逮乎两汉，则匈奴焉；当涂、典午，则乌丸、鲜卑焉；后魏及周，则蠕蠕、突厥焉。此其酋豪，相继互为君长者也。皆以畜牧为业，侵钞为资，倏来忽往，云飞鸟集。智谋之士，议和亲于庙堂之上，折冲之臣，论奋击于塞垣之下。然事无恒规，权无定势，亲疏因其强弱，服叛在其盛衰。衰则款塞顿颡，盛则弯弓寇掠，屈申异态，强弱相反。正朔所不及，冠带所不加，唯利是视，不顾盟誓。至是莫能救让，骄黠凭陵，和亲约结之谋，行师用兵之事，前史论之备矣，故不详而究焉。及蠕蠕衰微，突厥始大，至于木杆，遂雄朔野。东极东胡旧境，西尽乌孙之地，弯弓数十万，列处于代阴，南向以临周、齐。二国莫之能抗，争言盟好，求结和亲。乃与周合从，终亡齐国。高祖迁鼎，厥徒孔炽，负其众力，将蹈秦郊。内自相图，遂以乖乱，达头可汗远遁，启民愿保塞下。于是推亡固存，返其旧地，助平余烬，部众遂强。卒于仁寿，不侵不叛，暨乎始毕，未亏臣礼。炀帝抚之非道，始有雁门之围。俄属群盗并兴，于此寔以雄盛，豪杰虽建名号，莫不请好息民。于是分置官司，总统中国，子女玉帛，相继于道，使者之车，往来结辙。自古蕃夷骄僭，未有若斯之甚也。及圣哲膺期，扫除氛祲，暗于时变，犹怀旅拒。肆其群丑，屡赞亭鄣，残毁我云、代，摇荡我太原，肆掠于泾阳，饮马于渭汭。圣上奇谋潜运，神机密动，遂使百世不羁之虏一举而灭，瀚海龙庭之地，画为九州，幽都穷发之民，隶于编户，实帝皇所不及，书契所未闻。由此言之，虽天道有盛衰，亦人事之工拙也。加以为而弗恃，有而弗居，类天地之含容，同阴阳之化育，斯乃大道之行也，固无得而称焉。

卷八十五　　　列传第五十

夫肖形天地，人称最灵，以其知父子之道，识君臣之义，异夫禽兽者也。传曰："人生在三，事之如一。"然则君臣父子，其道不殊，父不可以不父，子不可以不子，君不可以不君，臣不可以不臣。故曰君犹天也，天可仇乎！是以有罪归刑，见危授命，竭忠贞以立节，不临难而苟免。故闻其风者，怀夫慷慨，千载之后，莫不愿以为臣。此其所以生荣死哀，取贵前哲者矣。至于委质策名，代卿世禄，出受心膂之寄，人参帷幄之谋，身处机衡，肆赵高之奸宄，世荷权宠，行王莽之桀逆，生灵之所仇疾，犬豕不食其余。虽荐社污宫，彰必诛之衅，斫棺焚骨，明篡杀之咎，可以惩夫既往，未足深诫将来。昔孔子修《春秋》，而乱臣贼子知惧，抑使之求名不得，欲盖而彰者也。今故正其罪名，以冠于篇首，庶后之君子，见作者之意焉。

宇文化及 弟智及 司马德戡 裴虔通

宇文化及，左翊卫大将军述之子也。性凶险，不循法度，好乘肥挟弹，驰骛道中，由是长安谓之轻薄公子。炀帝为太子时，常领千牛，出入卧内；累迁至太子仆。数以受纳货贿，再三免官。太子嬖昵之，俄而复职。又以其弟士及尚南阳公主。化及由此益骄，处公卿间，言辞不逊，多所陵轹。见人子女狗马珍玩，必请托求之。常与屠贩者游，以规其利。炀帝即位，拜太仆少卿，盖恃旧恩，贪冒尤甚。大业初，炀帝幸榆林，化及与弟智及违禁与突厥交市。帝大怒，囚之数月，还至青门外，欲斩之而后入城，解衣辫发，以公主故，久之乃释，并智及并赐述为奴。述薨后，炀帝追忆之，遂起化及为右屯卫将军，智及为将作少监。

是时李密据洛口，炀帝惧，留淮左，不敢还都。从驾骁果多关中人，久客羁旅，见帝无西意，谋欲叛归。时武贲郎将司马德戡总领骁果，屯于东城，风闻兵士欲叛，未之审，遣校尉元武达阴问骁果，知其情，因谋构逆。共所善武贲郎将元礼、直阁裴虔通互相扇惑曰："今闻陛下欲筑宫丹阳，势不还矣。所部骁果莫不思归，人人耦语，并谋逃去。我欲言之，陛下性忌，恶闻兵走，即恐先事见诛。今知而不言，其后事发，又当族灭我矣。进退为戮，将如之何？"虔通曰："上实尔，诚为公忧之。"德戡谓两人曰："我闻关中陷没，李孝常以华阴叛，陛下收其二弟，将尽杀之。吾等家属在西，安得无此虑也！"虞通曰："我子弟已壮，诚不自保，正恐旦暮及诛，计无所出。"德戡曰："同相忧，当共为计耳。骁果若走，可与俱去。"虞通等曰："诚如公言，求生之计，无以易此。"因递相招诱。又转告内史舍人元敏、鹰扬郎将孟秉，符玺郎李覆、牛方裕、直长许弘仁、薛良，城门郎唐奉义，医正张恺等，日夜聚博，约为刎颈之交，情相款昵，言无回避，于座中辄论叛计，并相然许。时李孝质在禁，令骁果守之，中外交通，所谋益急。赵行枢者，乐人之子，家产巨万，先交智及，勋侍杨士览者，宇文甥，二人同告智。智及素狂悖，闻之喜，即共见德戡，期以三月十五日举兵同叛，劫十二卫武马，虏掠居人财物，结党西归。智及曰："不然。当今天实丧隋，英雄并起，同心叛者已数万人，因行大事，此帝王业也。"德戡然之。行枢、薛良请以化及为主，相约既定，方告化及。化及性本驽怯，初闻大惧，色动流汗，久之乃定。

义宁二年三月一日，德戡欲宣言告众，恐以人心未一，更思谲诈以胁骁果，谓许弘仁、张恺曰："君是良医，国家任使，出言惑众，众必信。君可入备身府，告识者，言陛下闻说骁果欲叛，多酿毒酒，因享会尽鸩杀之，独与南人留此。"弘仁等宣布此言，骁果闻之，递相告语，谋叛逾急。德戡知计既行，遂以十日总召故人，谕以所为。众皆伏曰："唯将军命！"其夜，奉义主闭城门，乃与虞通相知，诸门皆不下钥。至夜三更，德戡于东城内集兵，得数万人，举火与城外相应。帝闻有声，问是何事。虞通伪曰："草坊被烧，外人救火，故喧器耳。"中外隔绝，帝以为然。孟秉、智及于城外得千余人，劫候卫武贲冯普乐，共布兵分捉郭下街巷。至五更中，德戡授虞通兵，以换诸门卫士。虞通因自开门，领数百骑，至成象殿，杀将军独孤盛。武贲郎将元礼遂引兵进，宿卫者皆走。虞通进兵，排左阁，驰入永巷，问："陛下安在？"有美人出，方指云："在西阁。"从往执帝。帝谓虞通曰："卿非我故人乎！何恨而反？"虞通曰："臣不敢反，但将士思归，奉陛下还京师耳。"帝曰："与汝归。"虞通因勒兵守之。至旦，孟秉以甲骑迎化及。化及未知事果，战栗不能言，人有来谒之者，但低头据鞍，答云"罪过"。时士及在公主第，弗之知也。智及遣家僮庄桃树就第杀之，桃树不忍，执诣智及，久之乃见释。化及至城门，德戡迎谒，引入朝堂，号为丞相。令将帝出江都门以示群贼，因复杀入。遣令狐行达弑帝于宫中，又执朝臣不同己者数十人及诸外戚，无少长害之，唯留秦孝王子浩，立以为帝。十余日，夺江都人舟楫，从水路西归。至显福宫，宿公麦孟才、折冲郎将沈光等谋击化及，反为所害。化及于是入据六宫，其自奉养，一如炀帝故事。每于帐中南面端坐，人有白事者，默然不对。下牙时，方收取启状，共奉义、方裕、良、恺等参决之。行至徐州，水路不通，复夺人车牛，得二千两，并载宫人珍宝。其戈甲戎器，悉令军士负之。道远疲极，三军始怨。德戡失望，窃谓行枢曰："君大谬误我。当今拨乱，必藉英贤，化及庸暗，君小在侧，事将必败，当若之何？"行枢曰："在我等尔，废之何难！"因共李本、宇文导师、尹正卿等谋，以后军万余兵袭杀化及，更立德戡为主。弘仁

知之，密告化及，尽收捕德戡及其支党十余人，皆杀之。引兵向东郡，通守王轨以城降之。

元文都推越王侗为主，拜李密为太尉，令击化及。密遣徐勣据黎阳仓。化及渡河，保黎阳县，分兵围勣。密壁清淇，与勣以烽火相应。化及每攻仓，密辄引兵救之。化及数战不利，其将军于弘达为密所擒，送于侗所，镬烹之。化及粮尽，渡永济渠，与密决战于童山，遂入汲郡求军粮，又遣使拷掠东郡吏民以责米粟。王轨怨之，以城归于李密。化及大惧，自汲郡将率众图以北诸州。其将陈智略率岭南骁果万余人，张童儿率江东骁果数千人，皆叛归李密。化及尚有众二万，北走魏县。张恺等与其将陈伯谋去之，事觉，为化及所杀。腹心稍尽，兵势日蹙，兄弟更无他计，但相聚酣宴，奏女乐。醉后，因尤智及曰："我初不知，由汝为计，强来立我。今所向无成，士马日散，负杀主之名，天下所不纳。今者灭族，岂不由汝乎？"持其两子而泣。智及怒曰："事捷之日，都不赐尤，及其将败，乃欲归罪。何不杀我以降建德？"兄弟数相斗阋，言无长幼，醒而复饮，以此为恒。其众多亡，自知必败，化及叹曰："人生故当死，岂不一日为帝乎？"于是鸩杀浩，僭皇帝位于魏县，国号许，建元为天寿，署置百官。攻元宝藏于魏州，四旬不克，反为所败，亡失千余人。乃东北趣聊城，将招携海曲诸贼。时遣士及徇济北，求馈饷。大唐遣淮安王神通安抚山东，并招化及。化及不从，神通进兵围之，十余日不克而退。窦建德悉众攻之。先是，齐州贼帅王薄闻其多宝物，诈来投附。化及信之，与共居守。至是，薄引建德入城，生擒化及，悉虏其众。先执智及、元武达、孟秉、杨士览、许弘仁，皆斩之。乃以辒车载化及之河间，数以杀君之罪，并二子承基、承趾皆斩之，传首于突厥义成公主，枭于庭。士及自济北西归长安。

智及幼顽凶，好与人群斗，所共游处，皆不逞之徒，相聚斗鸡，习放鹰狗。初以父功赐爵濮阳郡公。蒸淫丑秽，无所不为。其妻长孙，妒而告述，述虽为隐，而大忿之，纤芥之忿，必加鞭笞。弟士及恃尚主，又轻忽之。唯化及每事营护，父再三欲杀，辄救免之，由是颇相亲昵。遂劝化及遣人入蕃，私为交易。事发，当诛，述独证智及罪恶，而为化及请命。帝因两释。述将死，抗表言其凶勃，必且破家。帝后思述，授智及将作少监。其江都杀逆之事，智及之谋也，化及为丞相，以为左仆射，领十二卫大将军。化及僭号，封齐王。窦建德破聊城，获而斩之，并其党十余人，皆暴尸枭首。

司马德戡，扶风雍人也。父元谦，仕周为都督。德戡幼孤，以屠豕自给。有桑门释粲，通德戡母和氏，遂抚教之，因解书计。开皇中，为侍官，渐迁至大都督。从杨素出讨汉王谅，充内营左右，进止便僻，俊辩多奸计，素大善之。以勋授仪同三司。大业三年，为鹰扬郎将。从讨辽左，进位正议大夫，迁武贲郎将。炀帝甚昵之。从至江都，领左右备身骁果万人，营于城内。因隋末大乱，乃率骁果谋反，语在化及事中。既获炀帝，与其党孟秉等推化及为丞相。化及首封德戡为温国公，邑三千户，加光禄大夫，仍统本兵，化及意甚忌之。后数日，化及署诸将，分配士

卒，乃以德戡为礼部尚书，外示美迁，实夺其兵也。由是愤怨，所获赏物皆赂于智及，智及为之言。行至徐州，舍舟登陆，令德戡将后军，乃与赵行枢、李本、尹正卿、宇文导师等谋袭化及，遣人使于孟海公，结为外助。迁延未发，以待使报。许弘仁、张恺知之，以告化及，因遣其弟士及阳为游猎，至于后军。德戡不知事露，出营参谒，因命执之，并其党与。化及责之曰："与公戮力共定海内，出于万死。今始事成，愿得同守富贵，公又何为反也？"德戡曰："本杀昏主，苦其毒害。推立足下，而又甚之。逼于物情，不获已也。"化及不对，命送至幕下，缢而杀之，时年三十九。

裴虔通，河东人也。初，炀帝为晋王，以亲信从，稍迁至监门校尉。炀帝即位，擢旧左右，授宣惠尉，迁监门直阁。累从征役，至通议大夫。与司马德戡同谋作乱，先开宫门，骑至成象殿，杀将军独孤盛，擒帝于西阁。化及以虔通为光禄大夫、莒国公。化及引兵之北也，令镇徐州。化及败后，归于大唐，即授徐州总管，转辰州刺史，封长蛇男。寻以隋朝杀逆之罪，除名，徙于岭表而死。

王　充 段达

王充，字行满，本西域人也。祖支颓耨，徙居新丰。颓耨死，其妻少寡，与仪同王粲野合，生子曰琼，粲遂纳之以为小妻。其父收幼孤，随母嫁粲，粲爱而养之，因姓王氏，官至怀、汴二州长史。充卷发豺声，沉猜多诡诈，颇窥书传，尤好兵法，晓龟策推步盈虚，然未尝为人言也。开皇中，为左翊卫，后以军功解仪同，授兵部员外。善敷奏，明习法律，而舞弄文墨，高下其心。或有驳难之者，充利口饰非，辞义锋起，众虽知其不可而莫能屈，称为明辩。炀帝时，累迁至江都郡丞。时帝数幸江都，充善候人主颜色，阿谀顺旨，每入言事，帝善之。又以郡丞领江都宫监，乃雕饰池台，阴奏远方珍物以媚于帝，由是益昵之。

大业八年，隋始乱，充内怀徼幸，卑身礼士，阴结豪俊，多收众心。江淮间人素轻悍，又属盗贼群起，人多犯法，有系狱抵罪者，充皆枉法出之，以树私恩。及杨玄感反，吴人朱燮、晋陵人管崇起兵江南以应之，自称将军，拥众十余万。帝遣将军吐万绪、鱼俱罗讨之，不能克。充募江都万余人，击频破之。每有克捷，必归功于下，所获军实，皆推与士卒，身无所受。由此人争为用，功最居多。十年，齐郡贼帅孟让自长白山寇掠诸郡，至盱眙，有众十余万。充以兵拒之，而赢师示弱，保都梁山为五栅，相持不战。后因其懈弛，出兵奋击，大破之，乘胜尽灭贼，让以数十骑遁去，斩首万人，六畜、军资莫不尽获。帝以充有将帅才略，始遣领兵，讨计小盗，所向皆破之。然性矫伪，诈为善，能自勤苦，以求声誉。十一年，突厥围帝于雁门，充尽发江都人，将往赴难。在军中，反首垢面，悲泣无度，晓夜不解甲，藉草而卧。帝闻之，以为爱己，益信任之。

十二年，迁为江都通守。时厌次人格谦为盗数年，兵十余万，在豆子航中。充帅师破斩之，威振群贼。又击卢明月，破之于南阳，斩首数万，虏获极多。后还江都，帝大悦，自执杯酒以赐之。时充又知帝好内，乃言江淮良家有美女，并愿备后庭，无由自进。帝逾喜，因密令阅视诸女，姿质端丽合法相者，取正库及应入京物以娉纳之。所用不可胜计，帐上云敕别用，不显其实。有合意者，则厚赏充；或不中者，又以费之。后令以船送东京，而道路贼起，使者苦役，于淮泗中沉船溺之者，前后十数。或有发露，充为秘之，又遽简阅以供进。是后益见亲昵。

遇李密攻陷兴洛仓，进逼东都，官军数却，光禄大夫裴仁基以武牢降于密，帝恶之，大发兵，将讨焉。发中诏遣充为将军，于洛口以拒密，前后百余战，互有胜负。充乃引军渡洛水，逼仓城。李密与战，充败绩，赴水溺死者万余人。时天寒大雪，兵士既渡水，衣皆沾湿，在道冻死者又数万人，比至河阳，才以千数。充自系狱请罪，越王侗遣使赦之，召令还都。收合亡散，复得万余人，屯于含嘉城中，不敢复出。

宇文化及杀帝于江都，充与太府卿元文都、将军皇甫无逸、右司郎卢楚奉侗为主。侗以充为吏部尚书，封郑国公。及侗取元文都、卢楚之谋，拜李密为太尉、尚书令，密遂称臣，复以兵拒化及于黎阳，遣使告捷。众皆悦，充独谓其麾下诸将曰："文都之辈，刀笔吏耳。吾观其势，必为李密所擒。且吾军人每与密战，杀其父兄子弟，前后已多，一旦为之下，吾属无类矣。"出此言以激怒其众。文都知而大惧，与楚等谋，将充入内，伏甲而杀之。期有日矣，将军段达遣其女婿张志以楚谋告之。充夜勒兵围宫城，将军费曜、田世阇等与战于东太阳门外。曜军败，充遂攻门而入，无逸以单骑遁走。获楚，杀之。时宫门尚闭，充令扣门言于侗曰："元文都等欲执皇帝降于李密，段达知而以告臣。臣非敢谋反，诛反者耳。"文都闻变入，奉侗于乾阳殿，陈兵卫之。令侗帅乘城以拒难，兵败，又获文都杀之。侗命开门以纳充，充悉遣人代宿卫者，乃入谒，顿首流涕而言曰："文都等无状，谋相屠害，事急为此，不敢背国。"侗与之盟。充寻遣韦节等讽侗，令拜为尚书左仆射、总督内外诸军事。又授其兄恽为内史令，入居禁中。

未几，李密破化及还，其劲兵良马多战死，士卒皆倦。充欲乘其敝而击之，恐人不一，乃假托鬼神，言梦见周公，乃立祠于洛水之上，遣巫宣言周公欲令仆射急讨李密，当有大功，不则兵皆疫死。充兵多楚人，俗信妖妄，故出此言以惑之。众请战。充简练精勇，得二万余人，马千余，迁营于洛水南。密军偃师北山上。时密新得志于化及，有轻充之心，不设壁垒。充夜遣二百余骑潜入北山，伏溪谷中，令军秣马蓐食。既而宵济，人奔马驰，迟明而薄密。密出兵应之，阵未成列而两军合战，其伏兵蔽山而上，潜登北原，乘高下驰，压密营。营中乱，无能拒者，即入纵火。密军大惊而溃，降其将张童儿、陈智略，进下偃师。初，充兄伟及子玄应随化及至东郡，密得而囚之于城中，至是，尽获之。又执密长史邴元真妻子、司马郑虔象之母及诸将子弟，皆抚慰之，各令潜呼其父兄。兵次洛口，邴元真、郑虔象等举仓城以应之。密以数十骑遁逸，充悉收其众。而东尽于海，南至于江，悉来归附。充又令韦节讽侗，拜为太尉，署置官属，以尚书省为其府。寻自称郑王。遣其将高略帅师攻寿安，不利而旋。又帅师攻围谷州，三日而退。明年，自称相国，受九锡备物，是后不朝侗矣。

有道士桓法嗣者，自言解图谶，充昵之。法嗣乃以《孔子闭房记》，画作丈夫持一干以驱羊。法嗣云："杨，隋姓也。干一者，王字也。居羊后，明相国代隋为帝也。"又取庄子《人间世》、《德充符》二篇上之，法嗣释曰："上篇言世，下篇言充，此即相国名矣。明当德被人间，而应符命为天子也。"充大悦曰："此天命也。"再拜受之。即以法嗣为谏议大夫。充又罗取杂鸟，书帛系其颈，自言符命而散放之。或有弹射得鸟而来献者，亦拜官爵。既而废侗于别宫，僭即皇帝位，建元曰开明，国号郑。大唐遣秦王率众围之，充频出兵，战辄不利，都外诸城相继降款。充窘迫，遣使请救于窦建德，建德率精兵援之。师至武牢，为秦王所破，擒建德以诣城下。充将溃围而出，诸将莫有应之者，自知潜窜无所，于是出降。至长安，为仇人独孤修德所杀。

段达，武威姑臧人也。父严，周朔州刺史。达在周，年始三岁，袭爵襄垣县公。及长，身长八尺，美须髯，便弓马。高祖为丞相，以大都督领亲信兵，常置左右。及践阼，为左直斋，累迁车骑将军，兼晋王参军。高智惠、李积等之作乱也，达率众一万，击定方、滁二州，赐缣千段，迁进仪同。又破汪文进等于宣州，加开府，赐奴婢五十口，绵绢四千段。仁寿初，太子左卫副率。大业初，以蕃邸之旧，拜左翊卫将军。征吐谷浑，进位金紫光禄大夫。帝征辽东，百姓苦役，平原祁孝德、清河张金称等并聚众为群盗，攻陷城邑，郡县不能御。帝令达击之，数为金称等所挫，亡失甚多。诸贼轻之，号为段姥。后用郕令杨善会之计，更与贼战，方致克捷。还京师，以公事坐免。明年，帝征辽东，以达留守涿郡。俄复拜左翊卫将军。高阳魏刀儿聚众十余万，自号历山飞，寇掠燕赵。达率涿郡通守郭绚击败之。于时盗贼既多，官军恶战，达不能因机决胜，唯持重自守，顿兵馈粮，多无克获，时皆谓之为怯慑。十二年，帝幸江都宫，诏达与太府卿元文都留守东都。李密据洛口，纵兵侵掠城下，达与监门郎将庞玉、武牙郎将霍举率内兵出御之。颇有功，迁左骁卫大将军。王充之败也，密复进据北芒，来至上春门，达与判左丞郭文懿、尚书韦津出兵拒之。达见贼盛，不阵而走，为密所乘，军大溃，津没于阵。由是贼势日盛。及帝崩于江都，达与元文都等推越王侗为主，署开府仪同三司，兼纳言，封陈国公。元文都等谋诛王充也，达阴告充，为之内应。及事发，越王侗执文都于充，充甚德于达，特见崇重。既破李密，达等劝越王加充九锡备物，寻讽令禅让。充僭尊号，以达为司徒。及东都平，坐诛，妻子籍没。

史臣曰：化及庸愞下才，负恩累叶，王充斗筲小器，遭逢时幸，俱蒙奖擢，礼越旧臣。既属崩剥之期，不能致身竭命，乃因利乘便，先图干纪，率群不逞，职为乱阶，拔本塞源，裂冠毁冕。或躬为戎首，或亲行鸩毒，衅深指鹿，事切食蹯，天地所不容，人神所同愤。故枭獍凶魁，

相寻殖戮，蛇豕丑类，继踵诛夷，快忠义于当年，垂炯戒于来叶。呜呼，为人臣者可不殷鉴哉！可不殷鉴哉！

附　录

宋本原跋

《隋书》自开皇、仁寿时，王劭纂书八十卷，以类相从，定为篇目。至于编年纪传，并阙其体。唐武德五年，起居舍人令狐德棻奏请修《五代史》。（五代谓梁、陈、齐、周、隋也。）十二月，诏中书令封德彝、舍人颜师古修《隋史》，绵历数载，不就而罢。贞观三年，续诏秘书监魏徵修《隋史》，左仆射房乔总监。徵又奏于中书省置秘书内省，令前中书侍郎颜师古、给事中孔颖达、著作郎许敬宗撰《隋史》。徵总知其务，多所损益，务存简正。序、论皆徵所作。凡成帝纪五，列传五十。十年正月壬子，徵等诣阙上之。十五年，又诏左仆射于志宁、太史令李淳风、著作郎韦安仁、符玺郎李延寿同修《五代史志》。凡勒成十志三十卷。显庆元年五月己卯，太尉长孙无忌等诣朝堂上进，诏藏秘阁。后又编第入《隋书》，其实别行，亦呼为《五代史志》。（案魏徵本传，贞观七年为侍中，十年，《五代史》成，加光禄大夫，进封郑国公。俄请逊位，拜特进。今诸本并云特进。又《经籍志》四卷，独云侍中、郑国公魏徵撰。《无忌传》又云，永徽三年，始受诏监修，疑当时先已刊修，无忌因成书而进。今纪传题以徵，志以无忌，从众本所载也。纪传亦有题太子少师许敬宗撰。案《敬宗传》，贞观八年，除著作郎，修国史，迁中书舍人。十年，左授洪州司马。龙朔三年，始拜太子少师。与今录年月官位不同，疑后人所益。房乔、志宁初并受诏。又《李延寿传》云，被诏与著作佐郎敬播同修《五代史志》。按延寿贞观三年与颜师古同被敕修《隋史》，其年以内忧去职。今诸本并不载乔等名位。《天文》《律历》《五行》三志，皆淳风独作。《五行志序》，诸本云褚遂良作。案本传末尝受诏撰述，疑只为一序，今故略其名氏。）天圣二年五月十一日上。御药供奉蓝元用奉传圣旨，赍禁中《隋书》一部，付崇文院。至六月五日，敕差官校勘，（时命臣绶、臣烨提点，右正言、直史馆张观等校勘。观寻为度支判官，续命黄鉴代之。）仍内出版式雕造。

旧唐书

后晋·刘　昫等撰

二萬年

吕晋·改文 沈乾若·譯

旧唐书目录

卷一　本纪第一	
高祖……………………………………1	
卷二　本纪第二	
太宗上…………………………………4	
卷三　本纪第三	
太宗下…………………………………8	
卷四　本纪第四	
高宗上…………………………………12	
卷五　本纪第五	
高宗下…………………………………16	
卷六　本纪第六	
则天皇后………………………………20	
卷七　本纪第七	
中宗……………………………………23	
睿宗……………………………………26	
卷八　本纪第八	
玄宗上…………………………………29	
卷九　本纪第九	
玄宗下…………………………………36	
卷十　本纪第十	
肃宗……………………………………41	
卷十一　本纪第十一	
代宗……………………………………47	
卷十二　本纪第十二	
德宗上…………………………………57	
卷十三　本纪第十三	
德宗下…………………………………65	
卷十四　本纪第十四	
顺宗……………………………………73	
宪宗上…………………………………74	
卷十五　本纪第十五	
宪宗下…………………………………80	
卷十六　本纪第十六	
穆宗……………………………………87	
卷十七上　本纪第十七上	
敬宗……………………………………94	
文宗上…………………………………97	
卷十七下　本纪第十七下	
文宗下…………………………………99	
卷十八上　本纪第十八上	
武宗……………………………………109	
卷十八下　本纪第十八下	
宣宗……………………………………115	
卷十九上　本纪第十九上	

懿宗……………………………………122	
卷十九下　本纪第十九下	
僖宗……………………………………130	
卷二十上　本纪第二十上	
昭宗……………………………………138	
卷二十下　本纪第二十下	
哀帝……………………………………149	
卷二十一　志第一	
礼仪一…………………………………155	
卷二十二　志第二	
礼仪二…………………………………162	
卷二十三　志第三	
礼仪三…………………………………169	
卷二十四　志第四	
礼仪四…………………………………174	
卷二十五　志第五	
礼仪五…………………………………180	
卷二十六　志第六	
礼仪六…………………………………188	
卷二十七　志第七	
礼仪七…………………………………195	
卷二十八　志第八	
音乐一…………………………………200	
卷二十九　志第九	
音乐二…………………………………203	
卷三十　志第十	
音乐三…………………………………209	
卷三十一　志第十一	
音乐四…………………………………216	
卷三十二　志第十二	
历一……………………………………221	
卷三十三　志第十三	
历二……………………………………225	
卷三十四　志第十四	
历三……………………………………236	
卷三十五　志第十五	
天文上…………………………………250	
卷三十六　志第十六	
天文下…………………………………253	
卷三十七　志第十七	
五行……………………………………259	
卷三十八　志第十八	
地理一…………………………………265	
卷三十九　志第十九	

地理二……………………………………279
卷四十　志第二十
　　地理三……………………………………297
卷四十一　志第二十一
　　地理四……………………………………312
卷四十二　志第二十二
　　职官一……………………………………332
卷四十三　志第二十三
　　职官二……………………………………338
卷四十四　志第二十四
　　职官三……………………………………348
卷四十五　志第二十五
　　舆服………………………………………362
卷四十六　志第二十六
　　经籍上……………………………………368
卷四十七　志第二十七
　　经籍下……………………………………384
卷四十八　志第二十八
　　食货上……………………………………401
卷四十九　志第二十九
　　食货下……………………………………407
卷五十　志第三十
　　刑法………………………………………411
卷五十一　列传第一
　后妃上
　　高祖太穆皇后窦氏………………………417
　　太宗文德皇后长孙氏……………………417
　　贤妃徐氏…………………………………418
　　高宗废后王氏……………………………418
　　　良娣萧氏………………………………418
　　中宗和思皇后赵氏………………………418
　　中宗韦庶人………………………………419
　　上官昭容…………………………………419
　　睿宗肃明皇后刘氏………………………420
　　睿宗昭成皇后窦氏………………………420
　　玄宗废后王氏……………………………420
　　玄宗贞顺皇后武氏………………………420
　　玄宗杨贵妃………………………………420
卷五十二　列传第二
　后妃下
　　玄宗元献皇后杨氏………………………421
　　肃宗张皇后………………………………421
　　肃宗韦妃…………………………………422
　　肃宗章敬皇后吴氏………………………422
　　代宗睿贞皇后沈氏………………………422
　　代宗崔妃…………………………………422
　　代宗贞懿皇后独孤氏……………………422
　　德宗昭德皇后王氏………………………423
　　德宗韦贤妃………………………………423
　　顺宗庄宪皇后王氏………………………423

　　宪宗懿安皇后郭氏………………………424
　　宪宗孝明皇后郑氏………………………424
　　女学士尚宫宋氏…………………………424
　　穆宗恭僖皇后王氏………………………424
　　敬宗郭贵妃………………………………425
　　穆宗贞献皇后萧氏………………………425
　　穆宗宣懿皇后韦氏………………………425
　　武宗王贤妃………………………………425
　　宣宗元昭皇后晁氏………………………425
　　懿宗惠安皇后王氏………………………425
　　昭宗积善皇后何氏………………………425
卷五十三　列传第三
　　李密………………………………………426
卷五十四　列传第四
　　王世充……………………………………430
　　窦建德……………………………………432
卷五十五　列传第五
　　薛举………………………………………434
　　　子仁杲…………………………………434
　　李轨………………………………………434
　　刘武周……………………………………435
　　　苑君璋…………………………………436
　　高开道……………………………………436
　　刘黑闼……………………………………436
　　徐圆朗……………………………………437
卷五十六　列传第六
　　萧铣………………………………………437
　　杜伏威……………………………………438
　　辅公祏……………………………………438
　　　阚棱……………………………………439
　　　王雄诞…………………………………439
　　沈法兴……………………………………439
　　李子通……………………………………439
　　　朱粲……………………………………440
　　　林士弘…………………………………440
　　　张善安…………………………………440
　　罗艺………………………………………440
　　梁师都……………………………………441
　　　刘季真…………………………………441
　　　李子和…………………………………441
卷五十七　列传第七
　　裴寂………………………………………442
　　刘文静……………………………………443
　　　弟文起　文静子树义　树艺…………444
　　李孟尝……………………………………444
　　刘世龙……………………………………444
　　赵文恪……………………………………444
　　张平高……………………………………444
　　李思行……………………………………444
　　李高迁……………………………………444

许世绪 …… 444
　　　刘师立 …… 444
　　　钱九陇 …… 445
　　　樊兴 …… 445
　　　公孙武达 …… 445
　　　庞卿恽 …… 445
　　　张长逊 …… 445
　　　李安远 …… 445
卷五十八　列传第八
　　　唐俭 …… 445
　　　长孙顺德 …… 446
　　　刘弘基 …… 446
　　　殷峤 …… 447
　　　刘政会 …… 447
　　　柴绍 …… 447
　　　　平阳公主 …… 448
　　　　马三宝 …… 448
　　　武士彟 …… 448
　　　　兄士棱　士逸 …… 448
卷五十九　列传第九
　　　屈突通 …… 448
　　　　子寿　诠　诠子仲翔 …… 449
　　　任瓌 …… 449
　　　丘和 …… 450
　　　　子行恭　行恭子神勣 …… 450
　　　许绍 …… 450
　　　　嫡孙力士　力士子钦明　绍次子智仁　少子圉师 …… 450
　　　李袭志 …… 451
　　　　弟袭誉　兄子怀俨 …… 451
　　　姜謩 …… 451
　　　　子行本　行本子简　简子晞　简弟柔远　柔远子皎
　　　　皎子庆初 …… 451
卷六十　列传第十
　　宗室
　　太祖诸子　代祖诸子
　　　永安王孝基 …… 453
　　　淮安王神通 …… 453
　　　　子道彦　孝察　孝同　孝慈　孝友
　　　　孝节　孝义　孝逸 …… 453
　　　襄邑王神符 …… 454
　　　长平王叔良 …… 454
　　　襄武王琛 …… 454
　　　河间王孝恭 …… 454
　　　　子晦　孝恭弟瑊　瑰 …… 455
　　　庐江王瑗 …… 455
　　　　王君廓 …… 455
　　　淮阳王道玄 …… 456
　　　江夏王道宗 …… 456
　　　陇西王博义 …… 456
卷六十一　列传第十一
　　　温大雅 …… 457
　　　　子无隐　弟彦博　大有　彦博子振　挺
　　　　大雅弟大有 …… 457
　　　陈叔达 …… 458
　　　窦威 …… 458
　　　　子恽　兄子轨　轨子奉节　轨子琮　从子抗
　　　　抗子衍　静　静子迿　抗季子诞　诞子孝慈
　　　　孝慈子希玠　诞少子孝谌　抗季弟玡 …… 458
卷六十二　列传第十二
　　　李纲 …… 460
　　　　子少植　少植子安仁 …… 461
　　　郑善果 …… 461
　　　　从兄元璹 …… 461
　　　杨恭仁 …… 461
　　　　子思训　思训孙睿交　恭仁弟续孙执柔
　　　　执柔子滔　执柔弟执一　恭仁少弟师道
　　　　师道兄子思玄 …… 462
　　　皇甫无逸 …… 462
　　　李大亮 …… 462
　　　　族孙迥秀 …… 463
卷六十三　列传第十三
　　　封伦 …… 464
　　　萧瑀 …… 464
　　　　子锐　兄子钧　钧子瓘　钧兄子嗣业 …… 466
　　　裴矩 …… 466
　　　宇文士及 …… 467
卷六十四　列传第十四
　　高祖二十二子
　　　隐太子建成 …… 467
　　　卫王玄霸 …… 469
　　　巢王元吉 …… 469
　　　楚王智云 …… 469
　　　荆王元景 …… 470
　　　汉王元昌 …… 470
　　　酆王元亨 …… 470
　　　周王元方 …… 470
　　　徐王元礼 …… 470
　　　韩王元嘉 …… 470
　　　彭王元则 …… 471
　　　郑王元懿 …… 471
　　　霍王元轨 …… 471
　　　虢王凤 …… 471
　　　道王元庆 …… 471
　　　邓王元裕 …… 472
　　　舒王元名 …… 472
　　　鲁王灵夔 …… 472
　　　江王元祥 …… 472
　　　密王元晓 …… 472
　　　滕王元婴 …… 472
卷六十五　列传第十五

高士廉 ……………………………………… 473
　子履行　真行 ……………………………… 474
长孙无忌 ……………………………………… 474
卷六十六　列传第十六
　房玄龄 ……………………………………… 476
　　子遗直　遗爱 …………………………… 478
　杜如晦 ……………………………………… 478
　　弟楚客　叔淹 …………………………… 479
卷六十七　列传第十七
　李靖 ………………………………………… 479
　　弟客师　客师孙令问　令问孙彦芳 …… 481
　李勣 ………………………………………… 481
　　孙敬业 …………………………………… 482
卷六十八　列传第十八
　尉迟敬德 …………………………………… 483
　秦叔宝 ……………………………………… 485
　程知节 ……………………………………… 485
　段志玄 ……………………………………… 485
　张公谨 ……………………………………… 486
　　子大素　大安 …………………………… 486
卷六十九　列传第十九
　侯君集 ……………………………………… 486
　张亮 ………………………………………… 487
　薛万彻 ……………………………………… 488
　　兄万均 …………………………………… 488
　盛彦师 ……………………………………… 488
　卢祖尚 ……………………………………… 489
　刘世让 ……………………………………… 489
　刘兰 ………………………………………… 489
　李君羡 ……………………………………… 489
卷七十　列传第二十
　王珪 ………………………………………… 490
　戴胄 ………………………………………… 491
　　兄子至德 ………………………………… 491
　岑文本 ……………………………………… 491
　　兄子长倩　长倩子羲 …………………… 492
　　格辅元 …………………………………… 493
　杜正伦 ……………………………………… 493
卷七十一　列传第二十一
　魏徵 ………………………………………… 493
卷七十二　列传第二十二
　虞世南 ……………………………………… 497
　李百药 ……………………………………… 499
　　子安期 …………………………………… 500
　褚亮 ………………………………………… 500
　　李玄道 …………………………………… 501
　　李守素 …………………………………… 502
卷七十三　列传第二十三
　薛收 ………………………………………… 502
　　兄子元敬　收子元超　元超从子稷 …… 502

姚思廉 ………………………………………… 503
颜师古 ………………………………………… 503
　弟相时 ……………………………………… 504
令狐德棻 ……………………………………… 504
　邓世隆 ……………………………………… 505
　顾胤 ………………………………………… 505
　李延寿 ……………………………………… 505
　李仁实 ……………………………………… 505
孔颖达 ………………………………………… 505
　司马才章 …………………………………… 505
　王恭 ………………………………………… 505
　马嘉运 ……………………………………… 505
卷七十四　列传第二十四
　刘洎 ………………………………………… 506
　马周 ………………………………………… 507
　崔仁师 ……………………………………… 509
　　孙湜　湜弟液　液子论　液弟涤 ……… 509
卷七十五　列传第二十五
　苏世长 ……………………………………… 510
　　子良嗣 …………………………………… 511
　韦云起 ……………………………………… 511
　孙方质 ……………………………………… 511
　孙伏伽 ……………………………………… 511
　张玄素 ……………………………………… 512
卷七十六　列传第二十六
　太宗诸子
　　恒山王承乾 ……………………………… 514
　　楚王宽 …………………………………… 515
　　吴王恪 …………………………………… 515
　　　子成王千里　孙信安王祎 …………… 515
　　濮王泰 …………………………………… 515
　　庶人祐 …………………………………… 516
　　蜀王愔 …………………………………… 517
　　蒋王恽 …………………………………… 517
　　越王贞 …………………………………… 517
　　　子琅邪王冲 …………………………… 518
　　纪王慎 …………………………………… 518
　　江王嚣 …………………………………… 518
　　代王简 …………………………………… 518
　　赵王福 …………………………………… 518
　　曹王明 …………………………………… 518
卷七十七　列传第二十七
　韦挺 ………………………………………… 518
　　子待价　弟万石 ………………………… 519
　杨纂 ………………………………………… 519
　　族子弘礼　弘武　弘武子元亨　元禧　元祎 … 519
　刘德威 ……………………………………… 520
　　子审礼 …………………………………… 520
　阎立德 ……………………………………… 520
　　弟立本 …………………………………… 521

柳亨 ································· 521
　　族子范　兄子奭　亨孙涣　泽 ········· 521
崔义玄 ································ 522
　　子神庆 ····························· 523

卷七十八　列传第二十八
于志宁 ································ 523
高季辅 ································ 525
张行成 ································ 525
　　族孙易之　昌宗 ··················· 526

卷七十九　列传第二十九
祖孝孙 ································ 527
傅仁均 ································ 527
傅奕 ·································· 528
李淳风 ································ 528
吕才 ·································· 529

卷八十　列传第三十
褚遂良 ································ 531
韩瑗 ·································· 533
来济 ·································· 534
上官仪 ································ 534

卷八十一　列传第三十一
崔敦礼 ································ 534
卢承庆 ································ 534
刘祥道 ································ 535
李敬玄 ································ 536
李义琰 ································ 536
孙处约 ································ 536
乐彦玮 ································ 537
赵仁本 ································ 537

卷八十二　列传第三十二
许敬宗 ································ 537
李义府 ································ 538
　　少子湛 ····························· 539

卷八十三　列传第三十三
郭孝恪 ································ 539
张俭 ·································· 540
苏定方 ································ 540
薛仁贵 ································ 541
程务挺 ································ 542
张士贵 ································ 542
赵道兴 ································ 542

卷八十四　列传第三十四
刘仁轨 ································ 543
郝处俊 ································ 544
裴行俭 ································ 545
　　子光庭 ····························· 546

卷八十五　列传第三十五
唐临 ·································· 547
　　孙绍 ······························ 547
张文瓘 ································ 548

兄文琮　从弟文收 ···················· 548
徐有功 ································ 548

卷八十六　列传第三十六
高宗中宗诸子
燕王忠 ································ 549
原王孝 ································ 550
泽王上金 ······························ 550
许王素节 ······························ 550
孝敬皇帝弘 ···························· 550
　　裴居道 ····························· 551
章怀太子贤 ···························· 551
　　子邠王守礼 ························· 551
懿德太子重润 ·························· 552
庶人重福 ······························ 552
节愍太子重俊 ·························· 552
殇帝重茂 ······························ 553

卷八十七　列传第三十七
裴炎 ·································· 553
刘祎之 ································ 553
魏玄同 ································ 554
李昭德 ································ 555

卷八十八　列传第三十八
韦思谦 ································ 557
　　子承庆　嗣立 ····················· 557
陆元方 ································ 560
　　子象先 ····························· 560
苏瑰 ·································· 560
　　子颋 ······························ 561

卷八十九　列传第三十九
狄仁杰 ································ 562
　　族曾孙兼谟 ························· 564
王方庆 ································ 564
姚璹 ·································· 566
　　弟珽 ······························ 566

卷九十　列传第四十
王及善 ································ 567
杜景俭 ································ 568
朱敬则 ································ 568
杨再思 ································ 569
李怀远 ································ 569
　　子景伯　景伯子彭年 ··············· 570
豆卢钦望 ······························ 570
张光辅 ································ 570
史务滋 ································ 570
崔元综 ································ 570
周允元 ································ 570

卷九十一　列传第四十一
桓彦范 ································ 571
敬晖 ·································· 572
崔玄暐 ································ 572

张柬之	573
袁恕己	574

卷九十二　列传第四十二
魏元忠	574
韦安石	577
子陟　斌　斌子况　从父兄子抗　从祖兄子巨源	578
赵彦昭	580
萧至忠	580
宗楚客	580
纪处讷	581

卷九十三　列传第四十三
娄师德	581
王孝杰	581
唐休璟	582
张仁愿	582
薛讷	583
王晙	583

卷九十四　列传第四十四
苏味道	585
李峤	585
崔融	586
卢藏用	587
徐彦伯	588

卷九十五　列传第四十五
睿宗诸子
让皇帝宪	588
惠庄太子㧑	590
惠文太子范	590
惠宣太子业	590
隋王隆悌	591

卷九十六　列传第四十六
姚崇	591
宋璟	593

卷九十七　列传第四十七
刘幽求	595
钟绍京	595
郭元振	595
张说	597
子均　垍	599
陈希烈	599

卷九十八　列传第四十八
魏知古	599
卢怀慎	600
子奂	601
源乾曜	602
从孙光裕　光裕子洧	602
李元纮	602
杜暹	603
韩休	603
裴耀卿	604
孙佶	604

卷九十九　列传第四十九
崔日用	605
从兄日知	605
张嘉贞	605
弟嘉祐	606
萧嵩	606
子华	607
张九龄	607
仲方	608
李适之	608
子季卿	608
严挺之	608

卷一百　列传第五十
尹思贞	609
李杰	610
解琬	610
毕构	610
苏珦	611
子晋	611
郑惟忠	611
王志愔	611
卢从愿	612
李朝隐	613
裴漼	613
从祖弟宽	614
王丘	614

卷一百一　列传第五十一
李乂	615
薛登	615
韦凑	616
从子虚心　虚舟	617
韩思复	618
曾孙佽	618
张廷珪	618
王求礼	619
辛替否	619

卷一百二　列传第五十二
马怀素	621
褚无量	621
刘子玄	622
兄知柔　子贶　悚　汇　秩　迅　迥	623
徐坚	624
元行冲	624
吴兢	625
韦述	625
弟迪　迪	626
萧颖士	626
母煚	626
殷践猷	626

卷一百三 列传第五十三		卷一百八 列传第五十八		
郭虔瓘	626	韦见素	645	
张嵩	627	子谔 益 益子颀	645	
郭知运	627	崔圆	645	
子英杰	627	崔涣	646	
王君㚟	627	子纵	646	
贾师顺	628	杜鸿渐	646	
张守珪	628	卷一百九 列传第五十九		
牛仙客	628	冯盎	647	
王忠嗣	628	阿史那社尔	647	
卷一百四 列传第五十四		子道真 叔祖苏尼失 苏尼失子忠	647	
高仙芝	630	契苾何力	648	
封常清	630	黑齿常之	648	
哥舒翰	632	李多祚	649	
卷一百五 列传第五十五		李嗣业	649	
宇文融	633	白孝德	650	
韦坚	634	卷一百一十 列传第六十		
杨慎矜	635	李光弼	650	
王铁	635	王思礼	652	
卷一百六 列传第五十六		邓景山	653	
李林甫	636	辛云京	653	
杨国忠	638	卷一百一十一 列传第六十一		
张暐	639	崔光远	653	
王琚	639	房琯	654	
王毛仲	640	子孺复 从子式	655	
陈玄礼	641	张镐	655	
卷一百七 列传第五十七		高适	655	
玄宗诸子		畅璀	656	
靖德太子琮	641	卷一百一十二 列传第六十二		
庶人瑛	641	李暠	657	
棣王琰	642	族弟齐物 齐物子复 晜族弟若水	657	
庶人瑶	642	李麟	657	
靖恭太子琬	642	李国贞	658	
庶人琚	642	子锜	658	
夏悼王一	642	李岘	658	
仪王璲	642	弟峄 岘	658	
颖王璬	642	李巨	659	
怀哀王敏	643	子则之	659	
永王璘	643	卷一百一十三 列传第六十三		
寿王瑁	643	苗晋卿	660	
延王玢	643	裴冕	660	
盛王琦	644	裴遵庆	661	
济王环	644	子向 向子寅 寅子枢	661	
信王瑝	644	卷一百一十四 列传第六十四		
义王玭	644	鲁炅	662	
陈王珪	644	裴茙	662	
丰王珙	644	来瑱	663	
恒王瑱	644	周智光	663	
凉王璿	644	卷一百一十五 列传第六十五		
汴哀王璥	644	崔器	664	

赵国珍	664
崔瓘	664
敬括	665
韦元甫	665
魏少游	665
卫伯玉	665
李承	665

卷一百一十六　列传第六十六

肃宗代宗诸子

越王係	666
承天皇帝倓	666
卫王佖	667
彭王仅	667
兖王僴	667
泾王侹	667
郓王荣	667
襄王僙	667
杞王倕	667
召王偲	667
恭懿太子佋	667
定王侗	668
淮阳王僖	668
昭靖太子邈	668
均王遐	668
睦王述	668
丹王逾	668
恩王连	668
韩王迥	668
简王遘	668
益王迺	668
隋王迅	668
荆王选	668
蜀王溯	668
忻王造	668
韶王暹	668
嘉王运	668
端王遇	668
循王遹	668
恭王通	668
原王逵	668
雅王逸	668

卷一百一十七　列传第六十七

严武	669
郭英乂	669
崔宁	669
弟宽　密　从孙蠡　蠡子荛　从孙黯	670
严震	671
严砺	671

卷一百一十八　列传第六十八

元载	672
王昂	673
李少良	673
郜谟	673
王缙	673
杨炎	674
黎干	675
刘忠翼	675
庾准	675

卷一百一十九　列传第六十九

杨绾	676
崔祐甫	678
子植　植再从兄俊	679
常衮	679

卷一百二十　列传第七十

郭子仪	680
子曜　晞　暖　曙　晤　映　晞子钢	
暖子钊　釴　钊子仲文　族弟幼明　子昕	684

卷一百二十一　列传第七十一

仆固怀恩	686
梁崇义	689
李怀光	689

卷一百二十二　列传第七十二

张献诚	690
弟献恭　献甫　献恭子煦	690
路嗣恭	691
子恕	691
曲环	691
崔汉衡	691
杨朝晟	692
樊泽	692
李叔明	692
裴胄	692

卷一百二十三　列传第七十三

刘晏	693
第五琦	694
班宏	695
王绍	695
李巽	695

卷一百二十四　列传第七十四

薛嵩	696
弟崿　嵩子平　嵩族子雄	696
令狐彰	696
子建　运　通	697
田神功	697
弟神玉	698
侯希逸	698
李正己	698
子纳　纳子师古　师道　宗人洧	698

卷一百二十五　列传第七十五

张镒	700

冯河清 …… 701	卷一百三十三　列传第八十三
刘从一 …… 701	李晟 …… 723
萧复 …… 701	子愿 愬 听 宪 凭 恕 慇 …… 726
柳浑 …… 702	王佖 …… 728
卷一百二十六　列传第七十六	卷一百三十四　列传第八十四
李揆 …… 702	马燧 …… 729
李涵 …… 703	子畅 燧兄炫 …… 731
陈少游 …… 703	浑瑊 …… 732
卢慈 …… 704	子镐 鏋 …… 733
裴谞 …… 704	卷一百三十五　列传第八十五
卷一百二十七　列传第七十七	卢杞 …… 734
姚令言 …… 705	子元辅 …… 735
张光晟 …… 705	白志贞 …… 735
源休 …… 705	裴延龄 …… 735
乔琳 …… 706	韦渠牟 …… 737
张涉 …… 706	李齐运 …… 738
蒋镇 …… 706	李实 …… 738
洪经纶 …… 706	韦执谊 …… 738
彭偃 …… 706	王叔文 …… 738
卷一百二十八　列传第七十八	王伾 …… 739
段秀实 …… 707	程异 …… 739
子伯伦 …… 708	皇甫镈 …… 739
颜真卿 …… 708	弟镛 …… 741
子頵 硕 曾孙弘式 …… 710	卷一百三十六　列传第八十六
卷一百二十九　列传第七十九	窦参 …… 741
韩滉 …… 710	从子申 …… 741
子皋 弟洄 …… 712	齐映 …… 742
张延赏 …… 712	刘滋 …… 742
子弘靖 弘靖子文规 次宗 …… 713	从兄赞 …… 742
卷一百三十　列传第八十	卢迈 …… 743
王玙 …… 714	崔损 …… 743
道士李国祯 …… 714	齐抗 …… 743
李泌 …… 715	卷一百三十七　列传第八十七
子繁 …… 716	徐浩 …… 744
顾况 …… 716	赵涓 …… 744
崔造 …… 716	子博宣 …… 744
关播 …… 716	刘太真 …… 744
李元平 …… 717	李纾 …… 745
卷一百三十一　列传第八十一	邵说 …… 745
李勉 …… 717	于邵 …… 745
李皋 …… 718	崔元翰 …… 745
子象古 道古 …… 719	于公异 …… 745
卷一百三十二　列传第八十二	吕渭 …… 746
李抱玉 …… 719	子温 恭 俭 让 …… 746
李抱真 …… 720	郑云逵 …… 746
王虔休 …… 721	李益 …… 746
卢从史 …… 721	李贺 …… 746
李芄 …… 721	卷一百三十八　列传第八十八
李澄 …… 722	赵憬 …… 747
族弟元素 …… 722	韦伦 …… 748

贾耽 …… 748
　　姜公辅 …… 749
卷一百三十九　列传第八十九
　　陆贽 …… 750
卷一百四十　列传第九十
　　韦皋 …… 757
　　　刘辟 …… 758
　　张建封 …… 758
　　卢群 …… 759
卷一百四十一　列传第九十一
　　田承嗣 …… 760
　　　侄悦　子绪　绪子季安 …… 761
　　田弘正 …… 762
　　　子布　牟　群　布子在宥 …… 763
　　张孝忠 …… 764
　　　子茂昭　茂昭子克勤　弟茂宗　茂和 …… 765
　　陈楚 …… 765
卷一百四十二　列传第九十二
　　李宝臣 …… 766
　　　子惟岳　惟诚　惟简　惟简子元本 …… 767
　　王武俊 …… 767
　　　子士真　士平　士则　士真子承宗　承元 …… 768
　　王廷凑 …… 770
　　　子元逵　元逵子绍鼎　绍懿　绍鼎子景崇
　　　景崇子镕 …… 771
卷一百四十三　列传第九十三
　　李怀仙 …… 772
　　朱希彩 …… 772
　　朱滔 …… 772
　　刘怦 …… 773
　　　子济　澭　济子总 …… 773
　　程日华 …… 774
　　　子怀直　怀直子权 …… 774
　　李全略 …… 774
　　　子同捷 …… 774
卷一百四十四　列传第九十四
　　尚可孤 …… 775
　　李观 …… 775
　　戴休颜 …… 775
　　阳惠元 …… 776
　　李元谅 …… 776
　　韩游瑰 …… 776
　　贾隐林 …… 777
　　杜希全 …… 777
　　尉迟胜 …… 778
　　邢君牙 …… 778
　　杨朝晟 …… 778
　　张敬则 …… 779
卷一百四十五　列传第九十五
　　刘玄佐 …… 779
　　　子士宁　士干 …… 779
　　李万荣 …… 779
　　董晋 …… 780
　　陆长源 …… 780
　　刘全谅 …… 780
　　李忠臣 …… 781
　　李希烈 …… 781
　　吴少诚 …… 782
　　　弟少阳　少阳子元济 …… 782
卷一百四十六　列传第九十六
　　薛播 …… 784
　　鲍防 …… 784
　　李自良 …… 784
　　李说 …… 784
　　严绶 …… 785
　　萧昕 …… 785
　　杜亚 …… 785
　　王纬 …… 786
　　李若初 …… 786
　　于颀 …… 786
　　卢徵 …… 786
　　杨凭 …… 786
　　郑元 …… 786
　　杜兼 …… 786
　　裴玢 …… 787
　　薛伾 …… 787
卷一百四十七　列传第九十七
　　杜黄裳 …… 787
　　高郢 …… 787
　　　子定 …… 788
　　杜佑 …… 788
　　　子式方　从郁　式方子悰　从郁子牧 …… 789
卷一百四十八　列传第九十八
　　裴垍 …… 790
　　李吉甫 …… 791
　　李藩 …… 792
　　权德舆 …… 793
　　　子璩 …… 794
卷一百四十九　列传第九十九
　　于休烈 …… 794
　　　子肃　肃子敖　敖子琮 …… 795
　　令狐峘 …… 795
　　归崇敬 …… 796
　　　子登　登子融 …… 797
　　奚陟 …… 798
　　张荐 …… 798
　　　子又新　希复　希复子读 …… 798
　　蒋乂 …… 798
　　　子系　伸 …… 799
　　柳登 …… 799

弟冕　子璟 ······ 799
　　沈传师 ······ 800
　　　子询 ······ 801
卷一百五十　列传第一百
德宗顺宗诸子
　　舒王谊 ······ 801
　　通王谌 ······ 802
　　虔王谅 ······ 802
　　肃王详 ······ 802
　　文敬太子谞 ······ 802
　　资王谦 ······ 802
　　代王谟 ······ 802
　　昭王诚 ······ 802
　　钦王谔 ······ 802
　　珍王诚 ······ 802
　　郯王经 ······ 803
　　均王纬 ······ 803
　　溆王纵 ······ 803
　　莒王纾 ······ 803
　　密王绸 ······ 803
　　郇王综 ······ 803
　　邵王约 ······ 803
　　宋王结 ······ 803
　　集王缃 ······ 803
　　冀王绒 ······ 803
　　和王绮 ······ 803
　　衡王绚 ······ 803
　　钦王绩 ······ 803
　　会王纁 ······ 803
　　福王绾 ······ 803
　　珍王繥 ······ 803
　　抚王纮 ······ 803
　　岳王绲 ······ 803
　　袁王绅 ······ 803
　　桂王纶 ······ 803
　　翼王绰 ······ 803
　　蕲王缉 ······ 803
卷一百五十一　列传第一百一
　　高崇文 ······ 804
　　　子承简 ······ 804
　　伊慎 ······ 804
　　朱忠亮 ······ 805
　　刘昌裔 ······ 805
　　范希朝 ······ 805
　　王锷 ······ 805
　　　子稷 ······ 806
　　阎巨源 ······ 806
　　孟元阳 ······ 806
　　赵昌 ······ 806
卷一百五十二　列传第一百二

　　马璘 ······ 806
　　郝廷玉 ······ 807
　　王栖曜 ······ 807
　　　子茂元 ······ 807
　　刘昌 ······ 808
　　　子士泾 ······ 808
　　李景略 ······ 808
　　张万福 ······ 808
　　高固 ······ 809
　　郝玼 ······ 809
　　段佐 ······ 809
　　史敬奉 ······ 809
　　野诗良辅 ······ 809
卷一百五十三　列传第一百三
　　姚南仲 ······ 810
　　刘迺 ······ 810
　　　子伯刍　孙宽夫　端夫　曾孙允章 ······ 811
　　袁高 ······ 811
　　段平仲 ······ 811
　　薛存诚 ······ 811
　　　子廷老　廷老子保逊　保逊子昭纬 ······ 812
　　卢坦 ······ 812
卷一百五十四　列传第一百四
　　孔巢父 ······ 812
　　　从子戣　戡　戢 ······ 813
　　许孟容 ······ 813
　　吕元膺 ······ 814
　　刘栖楚 ······ 815
　　张宿 ······ 815
　　熊望 ······ 815
　　柏耆 ······ 815
卷一百五十五　列传第一百五
　　穆宁 ······ 816
　　　子赞　质　员　赏 ······ 816
　　崔邠 ······ 817
　　　弟郾　郸　郸 ······ 817
　　窦群 ······ 817
　　　兄常　牟　弟庠　巩 ······ 818
　　李逊 ······ 818
　　　弟建 ······ 818
　　薛戎 ······ 819
　　　弟放 ······ 819
卷一百五十六　列传第一百六
　　于頔 ······ 819
　　韩弘 ······ 820
　　　子公武　弘弟充　李质 ······ 821
　　王智兴 ······ 821
　　　子晏平　晏宰 ······ 822
卷一百五十七　列传第一百七
　　王翃 ······ 822

兄翊 …………………………………… 822
　　郗士美 ………………………………… 822
　　李郇 …………………………………… 823
　　辛祕 …………………………………… 824
　　马摠 …………………………………… 824
　　韦弘景 ………………………………… 824
　　王彦威 ………………………………… 824
卷一百五十八　列传第一百八
　　武元衡 ………………………………… 825
　　　从父弟儒衡 ………………………… 826
　　郑余庆 ………………………………… 826
　　　子浣　浣子允谟　茂休　处诲　从谠 … 827
　　韦贯之 ………………………………… 828
　　　兄绶　弟缙　子澳 ………………… 829
卷一百五十九　列传第一百九
　　卫次公 ………………………………… 830
　　郑絪 …………………………………… 830
　　　子祗德　祗德子颢 ………………… 830
　　韦处厚 ………………………………… 830
　　崔群 …………………………………… 832
　　路随 …………………………………… 832
　　　父泌 ………………………………… 832
卷一百六十　列传第一百一十
　　韩愈 …………………………………… 833
　　张籍 …………………………………… 835
　　孟郊 …………………………………… 835
　　唐衢 …………………………………… 836
　　李翱 …………………………………… 836
　　宇文籍 ………………………………… 836
　　刘禹锡 ………………………………… 837
　　柳宗元 ………………………………… 837
　　韦辞 …………………………………… 838
卷一百六十一　列传第一百一十一
　　李光进 ………………………………… 838
　　　弟光颜 ……………………………… 838
　　乌重胤 ………………………………… 839
　　王沛 …………………………………… 840
　　　子逢 ………………………………… 840
　　李珙 …………………………………… 840
　　李祐 …………………………………… 840
　　董重质 ………………………………… 840
　　杨元卿 ………………………………… 840
　　　子延宗 ……………………………… 841
　　刘悟 …………………………………… 841
　　　子从谏　孙稹 ……………………… 841
　　刘沔 …………………………………… 842
　　石雄 …………………………………… 842
卷一百六十二　列传第一百一十二
　　潘孟阳 ………………………………… 843
　　李翛 …………………………………… 843
　　王遂 …………………………………… 843
　　曹华 …………………………………… 843
　　韦绶 …………………………………… 844
　　郑权 …………………………………… 844
　　卢士玫 ………………………………… 844
　　韩全义 ………………………………… 844
　　高霞寓 ………………………………… 845
　　高瑀 …………………………………… 845
　　崔戎 …………………………………… 845
　　陆亘 …………………………………… 845
　　张正甫 ………………………………… 846
　　　子毅夫　毅夫子祎 ………………… 846
卷一百六十三　列传第一百一十三
　　孟简 …………………………………… 846
　　胡证 …………………………………… 846
　　崔元略 ………………………………… 847
　　　子铉　铉子沆　元略弟元受　元式　元儒 … 847
　　杜元颖 ………………………………… 848
　　崔弘礼 ………………………………… 848
　　李虞仲 ………………………………… 848
　　王质 …………………………………… 848
　　卢简辞 ………………………………… 848
　　　兄简能　弟弘正　简求　简能子知猷
　　　简求子嗣业　汝弼 ………………… 849
卷一百六十四　列传第一百一十四
　　王播 …………………………………… 850
　　　弟炎　起　起子龟　龟子荛　炎子铎　子式 … 851
　　李绛 …………………………………… 852
　　杨於陵 ………………………………… 854
卷一百六十五　列传第一百一十五
　　韦夏卿 ………………………………… 855
　　王正雅 ………………………………… 855
　　　族孙凝 ……………………………… 855
　　柳公绰 ………………………………… 855
　　　子仲郢　孙璧　玭　弟公权　伯父子华
　　　子华子公度 ………………………… 856
　　崔玄亮 ………………………………… 858
　　温造 …………………………………… 858
　　　子璋 ………………………………… 859
　　郭承嘏 ………………………………… 860
　　殷侑 …………………………………… 860
　　孙盈孙 ………………………………… 860
　　徐晦 …………………………………… 861
卷一百六十六　列传第一百一十六
　　元稹 …………………………………… 861
　　　庞严 ………………………………… 864
　　白居易 ………………………………… 864
　　白行简　白敏中 ……………………… 868
卷一百六十七　列传第一百一十七
　　赵宗儒 ………………………………… 869

窦易直 …… 869
李逢吉 …… 870
段文昌 …… 870
　子成式 …… 871
宋申锡 …… 871
李程 …… 872

卷一百六十八　列传第一百一十八
韦温 …… 872
　萧祐 …… 873
独孤郁 …… 873
　弟朗 …… 873
钱徽 …… 873
　子可复 …… 874
高钅至 …… 874
　弟铢 锴 …… 874
冯宿 …… 875
　弟定 审 …… 875
封敖 …… 875

卷一百六十九　列传第一百一十九
李训 …… 876
郑注 …… 877
王涯 …… 877
王璠 …… 878
贾𫗧 …… 879
舒元舆 …… 879
郭行余 …… 879
罗立言 …… 879
李孝本 …… 879

卷一百七十　列传第一百二十
裴度 …… 880

卷一百七十一　列传第一百二十一
李渤 …… 885
张仲方 …… 886
裴潾 …… 887
　张皋 …… 888
李中敏 …… 888
李甘 …… 888
高元裕 …… 888
　兄少逸 …… 888
李汉 …… 888
李景俭 …… 889

卷一百七十二　列传第一百二十二
令狐楚 …… 889
　弟定 子绪 绹 绹子滈 …… 891
牛僧孺 …… 892
　子蔚 䕘 蔚子徽 …… 893
萧俛 …… 893
　弟杰 俶 从弟仿 仿子廪 …… 894
李石 …… 895
　弟福 …… 896

卷一百七十三　列传第一百二十三
郑覃 …… 896
　弟朗 …… 897
陈夷行 …… 897
李绅 …… 898
　吴汝纳 …… 899
李回 …… 899
李珏 …… 899
李固言 …… 900

卷一百七十四　列传第一百二十四
李德裕 …… 900
　子烨 …… 905

卷一百七十五　列传第一百二十五
宪宗二十子 …… 905
穆宗五子 …… 906
敬宗五子 …… 906
文宗二子 …… 907
武宗五子 …… 907
宣宗十一子 …… 907
懿宗八子 …… 908
僖宗二子 …… 908
昭宗十子 …… 908
　嗣襄王煴 …… 908
朱玫 …… 908
王行瑜 …… 908

卷一百七十六　列传第一百二十六
李宗闵 …… 909
杨嗣复 …… 910
　子授 损 技 拭 扐 …… 911
杨虞卿 …… 911
　弟汉公 从兄汝士 …… 911
马植 …… 912
李让夷 …… 912
魏谟 …… 912
周墀 …… 913
崔龟从 …… 913
郑肃 …… 914
卢商 …… 914

卷一百七十七　列传第一百二十七
崔慎由 …… 914
　弟安潜 伯父能 能子彦曾 慎由子胤 …… 915
崔珙 …… 917
　兄琯 弟瑨 璪 玙 玙子澹 澹子远 弟球 …… 917
卢钧 …… 918
裴休 …… 918
杨收 …… 918
　兄发 子钜 镳 弟严 严子涉 注 …… 918
韦保衡 …… 920
路岩 …… 920
夏侯孜 …… 920

刘瞻 ……921	子从训 ……939
刘瑑 ……921	罗弘信 ……939
曹确 ……921	子威 ……939
毕诚 ……921	**卷一百八十二　列传第一百三十二**
杜审权 ……922	王重荣 ……940
子让能　彦林　弘徽 ……922	子珂 ……940
刘邺 ……923	王处存 ……941
豆卢瑑 ……924	弟处直 ……941
卷一百七十八　列传第一百二十八	诸葛爽 ……941
赵隐 ……924	高骈 ……941
弟骘　子光逢　光裔　光胤 ……924	毕师铎 ……944
张袆 ……925	秦彦 ……944
子文蔚　济美　贻宪 ……925	时溥 ……945
李蔚 ……925	朱瑄 ……945
崔彦昭 ……926	弟瑾 ……945
郑畋 ……926	**卷一百八十三　列传第一百三十三**
卢携 ……928	**外戚**
王徽 ……928	独孤怀恩 ……946
卷一百七十九　列传第一百二十九	窦德明 ……946
萧遘 ……929	侄怀贞　族弟孝谌　孝谌子希瓘　希球
孔纬 ……930	希瑊　希瑊从父弟维鍌 ……946
韦昭度 ……931	长孙敞 ……946
崔昭纬 ……932	从父弟操 ……947
张浚 ……932	赵持满 ……947
朱朴 ……933	武承嗣 ……947
郑綮 ……933	子延秀　从父弟三思　三思子崇训　从祖弟懿宗
刘崇望 ……934	攸暨　攸暨妻太平公主　从父弟攸绪 ……948
兄崇龟　弟崇鲁　崇谟 ……934	薛怀义 ……950
徐彦若 ……934	韦温 ……950
陆扆 ……935	王仁皎 ……951
柳璨 ……935	子守一 ……951
卷一百八十　列传第一百三十	吴溆 ……951
朱克融 ……936	弟凑 ……951
李载义 ……936	窦觎 ……952
杨志诚 ……936	柳晟 ……952
张仲武 ……936	王子颜 ……952
子直方 ……937	**卷一百八十四　列传第一百三十四**
张允伸 ……937	**宦官**
张公素 ……937	杨思勖 ……953
李可举 ……937	高力士 ……953
李全忠 ……937	李辅国 ……954
子匡威　匡筹 ……937	程元振 ……954
卷一百八十一　列传第一百三十一	鱼朝恩 ……954
史宪诚 ……938	刘希暹 ……955
子孝章 ……938	贾明观 ……955
何进滔 ……938	窦文场 ……955
子弘敬 ……938	霍仙鸣 ……955
韩允忠 ……939	俱文珍 ……955
子简 ……939	吐突承璀 ……955
乐彦祯 ……939	王守澄 ……956

田令孜 …… 956
杨复光 …… 956
杨复恭 …… 957

卷一百八十五上　列传第一百三十五上
良吏上
韦仁寿 …… 958
陈君宾 …… 959
张允济 …… 959
李桐客 …… 959
李素立 …… 959
　孙至远　至远子畲 …… 959
薛大鼎 …… 959
贾敦颐 …… 960
　弟敦实 …… 960
李君球 …… 960
崔知温 …… 960
高智周 …… 960
田仁会 …… 961
　子归道 …… 961
韦机 …… 961
　孙岳　岳子景骏 …… 961
权怀恩 …… 962
　叔祖万纪 …… 962
冯元常 …… 962
　弟元淑 …… 962
薛伾 …… 962
王方翼 …… 962
薛季昶 …… 963

卷一百八十五下　列传第一百三十五下
良吏下
裴怀古 …… 963
张知謇 …… 964
　兄知玄　知晦　弟知泰　知默 …… 964
杨元琰 …… 964
倪若水 …… 964
李浚 …… 964
阳峤 …… 964
宋庆礼 …… 965
姜师度 …… 965
强循 …… 965
　和逢尧 …… 965
潘好礼 …… 966
杨茂谦 …… 966
杨玚 …… 966
崔隐甫 …… 966
李尚隐 …… 966
吕諲 …… 967
萧定 …… 967
蒋沇 …… 967
薛珏 …… 967

李惠登 …… 968
任迪简 …… 968
范传正 …… 968
袁滋 …… 968
薛苹 …… 968
阎济美 …… 969

卷一百八十六上　列传第一百三十六上
酷吏上
来俊臣 …… 969
周兴 …… 970
傅游艺 …… 970
丘神勣 …… 970
索元礼 …… 970
侯思止 …… 971
万国俊 …… 971
来子珣 …… 971
王弘义 …… 971
郭霸 …… 972
吉顼 …… 972

卷一百八十六下　列传第一百三十六下
酷吏下
姚绍之 …… 972
周利贞 …… 972
王旭 …… 973
吉温 …… 973
　王钧 …… 974
　严安之 …… 974
　卢铉 …… 974
罗希奭 …… 974
毛若虚 …… 974
敬羽 …… 974
　裴升 …… 974
　毕曜 …… 974

卷一百八十七上　列传第一百三十七上
忠义上
夏侯端 …… 975
刘感 …… 975
常达 …… 975
罗士信 …… 976
吕子臧 …… 976
张道源 …… 976
　族子楚金 …… 976
李公逸 …… 976
张善相 …… 976
李玄通 …… 976
敬君弘 …… 976
冯立 …… 977
谢叔方 …… 977
王义方 …… 977
成三郎 …… 977

尹元贞	978
高睿	978
子仲舒	978
崔琳	978
王同皎	978
周憬	978
苏安恒	978
俞文俊	979
王求礼	979
燕钦融	979
郎岌	979
安金藏	979

卷一百八十七下　列传第一百三十七下
忠义下

李憕	980
子源　彭　彭孙景让	980
张介然	981
崔无诐	981
卢奕	981
蒋清	981
颜杲卿	981
子泉明	982
薛愿	982
庞坚	982
张巡	982
姚誾	983
许远	983
程千里	983
袁光庭	983
邵真	983
符璘	984
赵晔	984
石演芬	984
张名振	984
张伾	984
甄济	984
刘敦儒	985
高沐	985
贾直言	985
庾敬休	985
辛谠	985

卷一百八十八　列传第一百三十八
孝友

李知本	986
张志宽	986
刘君良	986
宋兴贵	986
张公艺	986
王君操	986
周智寿	987

智爽	987
许坦	987
王少玄	987
赵弘智	987
陈集原	987
元让	987
裴敬彝	987
裴守真	987
子子余	988
李日知	988
崔沔	988
陆南金	989
弟赵璧	989
张琇	989
兄瑝	989
梁文贞	989
李处恭	990
张义贞	990
吕元简	990
崔衍	990
丁公著	990
罗让	990

卷一百八十九上　列传第一百三十九上
儒学上

徐文远	991
陆德明	992
曹宪	992
许淹	992
李善	992
公孙罗	992
欧阳询	992
子通	992
朱子奢	992
张士衡	993
贾公彦	993
李玄植	993
张后胤	993
盖文达	993
宗人文懿	993
谷那律	993
萧德言	993
许叔牙	994
子子儒	994
敬播	994
刘伯庄	994
子之宏	994
秦景通	994
罗道琮	994

卷一百八十九下　列传第一百三十九下
儒学下

邢文伟	994
高子贡	995
郎余令	995
路敬淳	995
王元感	995
王绍宗	995
韦叔夏	996
祝钦明	996
郭山恽	997
柳冲	997
卢粲	997
尹知章	998
孙季良	998
徐岱	998
苏弁	998
兄衮　冕	998
陆质	998
冯伉	999
韦表微	999
许康佐	999

卷一百九十上　列传第一百四十上
文苑上

孔绍安	999
子祯	1000
孙若思	1000
袁朗	1000
弟承序　利贞	1000
孙谊	1000
贺德仁	1000
庾抱	1000
蔡允恭	1001
郑世翼	1001
谢偃	1001
崔信明	1001
张蕴古	1001
刘胤之	1002
弟子延祐　兄子藏器	1002
张昌龄	1002
崔行功	1002
孟利贞	1002
董思恭	1003
元思敬	1003
徐齐聃	1003
杜易简	1003
从祖弟审言	1003
卢照邻	1003
杨炯	1003
王勃	1004
兄勔　勮	1004
骆宾王	1005

邓玄挺	1005

卷一百九十中　列传第一百四十中
文苑中

郭正一	1005
元万顷	1005
范履冰	1005
苗神客	1005
周思茂	1005
胡楚宾	1005
乔知之	1005
弟侃　备	1005
刘希夷	1005
刘允济	1006
富嘉谟	1006
吴少微	1006
谷倚	1006
员半千	1006
丘悦	1006
刘宪	1006
王适	1006
司马锽	1006
梁载言	1006
沈佺期	1007
陈子昂	1007
阎丘均	1008
宋之问	1008
阎朝隐	1008
王无竞	1009
李适	1009
尹元凯	1009
贾曾	1009
子至	1009
许景先	1010
贺知章	1010
贺朝万	1011
齐融	1011
张若虚	1011
邢巨	1011
包融	1011
李登之	1011
席豫	1011
徐安贞	1011
齐浣	1011
王浣	1011
李邕	1011
孙逖	1012
子成	1013

卷一百九十下　列传第一百四十下
文苑下

李华	1013

萧颖士 …………………………… 1013
　　　李翰 …………………………… 1013
　　陆据 …………………………… 1013
　　崔颢 …………………………… 1013
　　王昌龄 …………………………… 1013
　　孟浩然 …………………………… 1013
　　元德秀 …………………………… 1013
　　王维 …………………………… 1014
　　李白 …………………………… 1014
　　杜甫 …………………………… 1014
　　吴通玄 …………………………… 1015
　　　兄通微 …………………………… 1015
　　王仲舒 …………………………… 1015
　　崔咸 …………………………… 1015
　　唐次 …………………………… 1016
　　　子扶 持 持子彦谦 …………………………… 1016
　　刘蕡 …………………………… 1016
　　李商隐 …………………………… 1020
　　温庭筠 …………………………… 1020
　　薛逢 …………………………… 1020
　　　子廷珪 …………………………… 1020
　　李拯 …………………………… 1020
　　李巨川 …………………………… 1021
　　司空图 …………………………… 1021

卷一百九十一　列传第一百四十一
　方伎
　　崔善为 …………………………… 1022
　　薛颐 …………………………… 1022
　　甄权 …………………………… 1022
　　　弟立言 …………………………… 1022
　　宋侠 …………………………… 1022
　　许胤宗 …………………………… 1022
　　乙弗弘礼 …………………………… 1023
　　袁天纲 …………………………… 1023
　　孙思邈 …………………………… 1023
　　明崇俨 …………………………… 1024
　　张憬藏 …………………………… 1024
　　李嗣真 …………………………… 1024
　　张文仲 …………………………… 1024
　　　李虔纵 …………………………… 1024
　　韦慈藏 …………………………… 1024
　　尚献甫 …………………………… 1024
　　　裴知古 …………………………… 1025
　　孟诜 …………………………… 1025
　　严善思 …………………………… 1025
　　金梁凤 …………………………… 1025
　　张果 …………………………… 1026
　　叶法善 …………………………… 1026
　　僧玄奘 …………………………… 1026
　　神秀 …………………………… 1026
　　慧能 …………………………… 1027
　　普寂 …………………………… 1027
　　义福 …………………………… 1027
　　一行 …………………………… 1027
　　泓师 …………………………… 1027
　　桑道茂 …………………………… 1027

卷一百九十二　列传第一百四十二
　隐逸
　　王绩 …………………………… 1028
　　田游岩 …………………………… 1028
　　史德义 …………………………… 1028
　　王友贞 …………………………… 1028
　　卢鸿一 …………………………… 1029
　　王希夷 …………………………… 1029
　　卫大经 …………………………… 1029
　　李元恺 …………………………… 1029
　　王守慎 …………………………… 1029
　　徐仁纪 …………………………… 1029
　　孙处玄 …………………………… 1029
　　白履忠 …………………………… 1029
　　王远知 …………………………… 1030
　　潘师正 …………………………… 1030
　　刘道合 …………………………… 1030
　　司马承祯 …………………………… 1030
　　吴筠 …………………………… 1031
　　孔述睿 …………………………… 1031
　　　子敏行 …………………………… 1031
　　阳城 …………………………… 1031
　　崔觐 …………………………… 1032

卷一百九十三　列传第一百四十三
　列女
　　李德武妻裴氏 …………………………… 1032
　　杨庆妻王氏 …………………………… 1033
　　　独孤师仁乳母王氏 …………………………… 1033
　　杨三安妻李氏 …………………………… 1033
　　魏衡妻王氏 …………………………… 1033
　　樊会仁母敬氏 …………………………… 1033
　　绛州孝女卫氏 …………………………… 1033
　　濮州孝女贾氏 …………………………… 1033
　　郑义宗妻卢氏 …………………………… 1033
　　刘寂妻夏侯氏 …………………………… 1033
　　楚王灵龟妃上官氏 …………………………… 1033
　　杨绍宗妻王氏 …………………………… 1033
　　于敏直妻张氏 …………………………… 1034
　　冀州女子王氏 …………………………… 1034
　　樊彦琛妻魏氏 …………………………… 1034
　　邹保英妻奚氏 …………………………… 1034
　　　古玄应妻高氏 …………………………… 1034
　　宋庭瑜妻魏氏 …………………………… 1034
　　崔绘妻卢氏 …………………………… 1034

奉天县窦氏二女 …… 1034
卢甫妻李氏 …… 1034
　王泛妻裴氏 …… 1034
邹待征妻薄氏 …… 1034
李湍妻 …… 1034
董昌龄母杨氏 …… 1034
韦雍妻兰陵县君萧氏 …… 1035
衡方厚妻武昌县君程氏 …… 1035
女道士李玄真 …… 1035
孝女王和子 …… 1035
　郑神佐女 …… 1035

卷一百九十四上　列传第一百四十四上
突厥上 …… 1035
卷一百九十四下　列传第一百四十四下
突厥下 …… 1041
卷一百九十五　列传第一百四十五
回纥 …… 1044
卷一百九十六上　列传第一百四十六上
吐蕃上 …… 1049
卷一百九十六下　列传第一百四十六下
吐蕃下 …… 1055
卷一百九十七　列传第一百四十七
南蛮　西南蛮
　林邑 …… 1061
　婆利 …… 1061
　盘盘 …… 1061
　真腊 …… 1061
　陀洹 …… 1061
　诃陵 …… 1061
　堕和罗 …… 1061
　堕婆登 …… 1061
　东谢蛮 …… 1061
　西赵蛮 …… 1062
　牂柯蛮 …… 1062
　南平獠 …… 1062
　东女国 …… 1062
　南诏蛮 …… 1063
　骠国 …… 1064
卷一百九十八　列传第一百四十八
西戎
　泥婆罗 …… 1064
　党项羌 …… 1065
　高昌 …… 1065

　吐谷浑 …… 1066
　焉耆 …… 1067
　龟兹 …… 1067
　疏勒 …… 1068
　于阗 …… 1068
　天竺 …… 1068
　罽宾 …… 1069
　康国 …… 1069
　波斯 …… 1069
　拂菻 …… 1070
　大食 …… 1070
卷一百九十九上　列传第一百四十九上
东夷
　高丽 …… 1071
　百济 …… 1073
　新罗 …… 1074
　倭国 …… 1076
　日本 …… 1076
卷一百九十九下　列传第一百四十九下
北狄
　铁勒 …… 1076
　契丹 …… 1077
　奚 …… 1078
　室韦 …… 1079
　靺鞨 …… 1079
　渤海靺鞨 …… 1080
　霫 …… 1081
　乌罗浑 …… 1081
卷二百上　列传第一百五十上
　安禄山 …… 1081
　　子庆绪 …… 1082
　高尚 …… 1083
　孙孝哲 …… 1083
　史思明 …… 1083
　　子朝义 …… 1084
卷二百下　列传第一百五十下
　朱泚 …… 1085
　黄巢 …… 1086
　秦宗权 …… 1088
附录
　重刻《旧唐书》序 …… 1088
　重刻《唐书》序 …… 1089
　明重刻《旧唐书》闻序 …… 1089

旧 唐 书

卷一　　　　本纪第一

高　祖

高祖神尧大圣大光孝皇帝姓李氏，讳渊。其先陇西狄道人，凉武昭王暠七代孙也。暠生歆。歆生重耳，仕魏为弘农太守。重耳生熙，为金门镇将，领豪杰镇武川，因家焉。仪凤中，追尊宣皇帝。熙生天锡，仕魏为幢主。大统中，赠司空。仪凤中，追尊光皇帝。皇祖讳虎，后魏左仆射，封陇西郡公，与周文帝及太保李弼、大司马独孤信等以功参佐命，当时称为"八柱国家"，仍赐姓大野氏。周受禅，追封唐国公，谥曰襄。至隋文帝作相，还复本姓。武德初，追尊景皇帝，庙号太祖，陵曰永康。皇考讳昞，周安州总管、柱国大将军，袭唐国公，谥曰仁。武德初，追尊元皇帝，庙号世祖，陵曰兴宁。

高祖以周天和元年生于长安，七岁袭唐国公。及长，倜傥豁达，任性真率，宽仁容众，无贵贱咸得其欢心。隋受禅，补千牛备身。文帝独孤皇后，即高祖从母也，由是特见亲爱，累转谯、陇、岐三州刺史。有史世良者，善相人，谓高祖曰："公骨法非常，必为人主，愿自爱，勿忘鄙言。"高祖颇以自负。大业初，为荥阳、楼烦二郡太守，征为殿内少监。九年，迁卫尉少卿。辽东之役，督运于怀远镇。及杨玄感反，诏高祖驰驿镇弘化郡，兼知关右诸军事。高祖历试中外，素树恩德，及是结纳豪杰，众多款附。时炀帝多所猜忌，人怀疑惧。会有诏征高祖诣行在所，遇疾未谒。时甥王氏在后宫，帝问曰："汝舅何迟？"王氏以疾对，帝曰："可得死否？"高祖闻之益惧，因纵酒沉湎，纳贿以混其迹焉。十一年，炀帝幸汾阳宫，命高祖往山西、河东黜陟讨捕。师次龙门，贼帅母端儿帅众数千薄于城下。高祖从十余骑击之，所射七十发，皆应弦而倒，贼乃大溃。十二年，迁右骁卫将军。

十三年，为太原留守，郡丞王威、武牙郎将高君雅为副。群贼蜂起，江都阻绝，太宗与晋阳令刘文静首谋，劝举义兵。俄而马邑校尉刘武周据汾阳宫举兵反，太宗与王威、高君雅将集兵讨之。高祖乃命太宗与刘文静及门下客长孙顺德、刘弘基各募兵，旬日间众且一万，密遣使召世子建成及元吉于河东。威、君雅见兵大集，恐高祖为变，相与疑惧，请高祖祈雨于晋祠，将为不利。晋阳乡长刘世龙知之，以告高祖，高祖阴为之备。五月甲子，高祖与威、君雅视事，太宗密严兵于外，以备非常。遣开阳府司马刘政会告威等谋反，即斩之以徇，遂起义兵。甲戌，遣刘文静使于突厥始毕可汗，令率兵相应。六月甲申，命太宗将兵徇西河，下之。癸巳，建大将军府，并置三军，分为左右：以世子建成为陇西公、左领大都督，左统军隶焉；太宗为燉煌公、右领大都督，右统军隶焉。裴寂为大将军府长史，刘文静为司马，石艾县长殷开山为掾，刘政会为属，长孙顺德、刘弘基、窦琮等分为左右统军。开仓库以赈穷乏，远近响应。秋七月壬子，高祖率兵西图关中，以元吉为镇北将军、太原留守。癸丑，发自太原，有兵三万。丙辰，师次灵石县，营于贾胡堡。隋武牙郎将宋老生屯霍邑以拒义师。会霖雨积旬，馈运不给，高祖命旋师，太宗切谏乃止。有白衣老父诣军门曰："余为霍山神使谒唐皇帝曰：'八月雨止，路出霍邑东南，吾当济师。'"高祖曰："此神不欺赵无恤，岂负我哉！"八月辛巳，高祖引师趋霍邑，斩宋老生，平霍邑。丙戌，进下临汾郡及绛郡。癸巳，至龙门，突厥始毕可汗遣康稍利率兵五百人、马二千匹，与刘文静会于麾下。隋骁卫大将军屈突通镇河东，津梁断绝，关中向义者颇以为阻。河东水滨居人，竞进舟楫，不谋而至，前后数百人。

九月壬寅，冯翊贼帅孙华、土门贼帅白玄度各率其众送款，并具舟楫以待义师。高祖令华与统军王长谐、刘弘基引兵渡河。屈突通遣其武牙郎将桑显和率众数千，夜袭长谐，义师不利。太宗以游骑数百掩其后，显和溃散，义军复振。丙辰，冯翊太守萧造以郡来降。戊午，高祖亲率众围河东，屈突通自守不出，乃命攻城，不利而还。文武将吏请高祖领太尉，加置僚佐，从之。华阴令李孝常以永丰仓来降。庚申，高祖率军济河，舍于长春宫。三秦士庶至者日以千数，高祖礼之，咸过所望，人皆喜悦。丙寅，遣陇西公建成、司马刘文静屯兵永丰仓，兼守潼关，以备他盗。太宗率刘弘基、长孙顺德等前后兵万人，自渭北徇三辅，所至皆下。高祖从父弟神通起兵鄠县，柴氏妇举兵于司竹，至是并与太宗会。鄠县贼帅丘师利、李仲文，鏊屋贼帅何潘仁等，合众数万来降。乙亥，命太宗自渭汭屯兵阿城，陇西公建成自新丰趣霸上。高祖率大军自下邽西上，经炀帝行宫园苑，悉罢之，宫女放还亲属。冬十月辛巳，至长乐宫，有众二十万。京师留守刑部尚书卫文升、右翊卫将军阴世师、京兆郡丞滑仪挟代王侑以拒义师。高祖遣使至城下，谕以匡复之意，再三皆不报。诸将固请围城。十一月丙辰，攻拔京城。卫文升先已病死，以阴世师、滑仪等拒义兵，并斩之。癸亥，率百僚，备法驾，立代王侑为天子，遥尊炀帝为太上皇，大赦，改元为义宁。甲子，隋帝诏加高祖假黄钺、使持节、大都督内外诸军事、大丞相，进封唐王，总录万机。以武德殿为丞相府，改教为令。以陇西公建成为唐国世子；太宗为京兆尹，改封秦公；姑臧公元吉为齐公。十二月癸未，丞相府置长史、司录已下官僚。金城贼帅薛举寇扶风，命太宗为元帅击之。遣赵郡公孝恭招慰山南，所至皆下。癸巳，太宗大破薛举之众于扶风。屈突通自潼关奔东都，刘文静等追擒于阌乡，虏其众数万。河池太守萧瑀以郡降。丙午，遣云阳令詹俊、武功县正李仲衮徇巴蜀，下之。

二年春正月戊辰，世子建成为抚宁大将军、东讨元帅，太宗为副，总兵七万，徇地东都。二月，清河贼帅窦建德僭称长乐王。吴兴人沈法兴据丹阳起兵。三月丙辰，右屯卫将军宇文化及弑隋太上皇于江都宫，立秦王浩为帝，自称大丞相。徙封太宗为赵国公。戊辰，隋帝进高祖相国，总百揆，备九锡之礼。唐国置丞相以下，立皇高祖已下四庙于长安通义里第。夏四月辛卯，停竹使符，颁银菟符于诸郡。戊戌，世子建成及太宗自东都班师。五月乙巳，天子诏高祖冕十有二旒，建天子旌旗，出警入跸。王后、王女爵命之号，一遵旧典。戊午，隋帝诏曰：

天祸隋国，大行太上皇遇盗江都，酷甚望夷，衅深骊北。悯予小子，奄造丕愆，哀号永感，心情糜溃。仰惟荼毒，仇复靡申，形影相吊，罔知启处。相国唐王，膺期命世，扶危拯溺，自北徂南，东征西怨。致九合于诸侯，决百胜于千里。纠率夷夏，大庇氓黎，保乂朕躬，繄王是赖。德侔造化，功格苍昊，兆庶归心，历数斯在，屈为人臣，载违天命。在昔虞、夏，揖让相推，苟非重华，谁堪命禹。当今九服崩离，三灵改卜，大运去矣，请避贤路。兆谋布德，顾己莫能，私僮命驾，须归藩国。予本代王，及予而代，天之所废，岂其如是！庶凭稽古之圣，以诛四凶；幸值惟新之恩，预充三恪。雪冤耻于皇祖，守禋祀为孝孙，朝闻夕殒，及泉无恨。今遵故事，逊于旧邸，庶官群辟，改事唐朝。宜依前典，趋上尊号，若释重负，感泰兼怀。假手真人，俾除丑逆，济济多士，明知朕意。仍敕有司，凡有表奏，皆不得以闻。

遣使持节、兼太保、刑部尚书、光禄大夫、梁郡公萧造，兼太尉、司农少卿裴之隐奉皇帝玺绶于高祖。高祖辞让，百僚上表劝进，至于再三，乃从之。隋帝逊于旧邸。改大兴殿为太极殿。

甲子，高祖即皇帝位于太极殿，命刑部尚书萧造兼太尉，告于南郊，大赦天下，改隋义宁二年为唐武德元年。官人百姓，赐爵一级。义师所行之处，给复三年。罢郡置州，改太守为刺史。丁卯，宴百官于太极殿，赐帛有差。东都留守官共立隋越王侗为帝。壬申，命相国长史裴寂等修律令。六月甲戌，太宗为尚书令，相国府长史裴寂为尚书右仆射，相国府司马刘文静为纳言，隋民部尚书萧瑀、相国府司录窦威并为内史令。废隋《大业律令》，颁新格。己卯，备法驾，迎皇高祖宣简公已下神主，祔于太庙。追谥妃窦氏为太穆皇后，陵曰寿安。庚辰，立世子建成为皇太子。封太宗为秦王，齐国公元吉为齐王。封宗室蜀国公孝基为永安王，柱国公道玄为淮阳王，长平公叔良为长平王，郑国公神通为永康王，安吉公神符为襄邑王，柱国德良为长乐王，上开府道素为竟陵王，上柱国博乂为陇西王，奉慈为渤海王。诸州总管加号使持节。癸未，封隋帝为酅国公。薛举寇泾州，命秦王为西讨元帅征之。改封永康王神通为淮安王。壬辰，加秦王雍州牧，余官如故。辛丑，内史令窦威卒。秋七月丙午，刑部尚书萧造为太子太保。追封皇子玄霸为卫王。西突厥遣使内附。秦王与薛举大战于泾州，我师败绩。

八月壬午，薛举死，其子仁杲复僭称帝，命秦王为元帅以讨之。丁亥，诏曰："隋太常卿高颎、上柱国贺若弼，并抗节不阿，矫枉无挠；司隶大夫薛道衡、刑部尚书宇文弼、左翊卫将军董纯，并怀忠抱义，以陷极刑；宜从褒饰，以慰泉壤。颎可赠上柱国、郯国公，弼赠上柱国、杞国公，各令有司加谥；道衡赠上开府、临河县公，弼赠上开府、平昌县公，纯赠柱国、狄道县公。"又诏曰："隋右骁卫大将军李金才、左光禄大夫李敏，并鼎族高门，元功世胄，横受屠杀，朝野称冤。然李氏将兴，天祚有应，冥契深隐，妄肆诛夷。朕受命君临，志存刷荡，申冤雪荐，无忘痛痒。金才可赠上柱国、申国公，敏可赠柱国、观国公。又前代酷滥，子孙被流者，并放还乡里。"凉州贼帅李轨以其地来降，拜凉州总管，封凉王。九月乙巳，亲录囚徒，改银菟符为铜鱼符。辛未，追谥隋太上皇为炀帝。宇文化及至魏州，鸩杀秦王浩，僭称天子，国号许。冬十月壬申朔，日有蚀之。李密率众来降。封皇从父弟襄武公琛为襄武王，黄台公瑗为庐江王。癸巳，诏行傅仁均所造《戊寅历》。十一月己酉，以京师谷贵，令四面入关者，车马牛驴各给课米，充其自食。秦王大破薛仁杲于浅水原，降之，陇右平。乙巳，凉王李轨僭称天子于凉州。诏颁五十三条格，以约法缓刑。十二月壬申，加秦王太尉、陕东道大行台。丁丑，封上柱国李孝常为义安王。庚子，李密反于桃林，行军总管盛彦师追讨斩之。

二年春正月乙卯，初令文官遭父母丧者听去职。黄门侍郎陈叔达兼纳言。二月丙戌，诏天下诸宗人无职任者，不在徭役之限，每州置宗师一人，以相统摄。丁酉，窦建德攻宇文化及于聊城，斩之，传首突厥。闰月辛丑，刘武周侵我并州。己酉，李密旧将徐世勣以黎阳之众及河南十郡降，授黎州总管，封曹国公，赐姓李氏。庚戌，上微行都邑，以察讹俗，即日还宫。甲寅，贼帅朱粲杀我使散骑常侍段确，奔洛阳。夏四月乙巳，王世充篡越王侗位，僭称天子，国号郑。辛亥，李轨为其伪尚书安兴贵所执以降，河右平。突厥始毕可汗死。五月己卯，郿国公蕡，追崇为隋帝，谥曰恭。六月戊戌，令国子学立周公、孔子庙，四时致祭，仍博求其后。癸亥，尚书右仆射裴寂为晋州道行军总管，以讨刘武周。秋七月壬申，置十二军，以关内诸府分隶焉。王世充遣其将罗士信侵我谷州，士信率其众来降。西突厥叶护可汗及高昌并遣使朝贡。九月辛未，贼帅李子通据江都，僭称天子，国号吴。沈法兴据毗陵，僭称梁王。丁丑，和州贼帅杜伏威遣使来降，授和州总管、东南道行台尚书令，封楚王。裴寂与刘武周将宋金刚战于介州，我师败绩，右武卫大将军姜宝谊死之。并州总管、齐王元吉惧武周所逼，奔于京师，并州陷。乙未，京师地震。冬十月己亥，封幽州总管罗艺为燕郡王，赐姓李氏。黄门侍郎杨恭仁为纳言。杀民部尚书、鲁国公刘文静。乙卯，秦王世民讨刘武周，军于蒲州，为诸军声援。壬子，刘武周进陷晋州。甲子，上亲祠华岳。十一月丙子，窦建德陷黎阳，尽有山东之地。淮安王神通、左武候大将军李世勣皆没于贼。十二月丙申，永安王孝基、工部尚书独孤怀恩、总管于筠为刘武周将宋金刚掩袭，并没焉。甲辰，狩于华山。壬子，大风拔木。

三年春正月辛巳，幸蒲州，命祀舜庙。癸巳，至自蒲州。甲午，李世勣自窦建德所自拔归国。建德僭称夏王。二月丁酉，京师西南地有声如山崩。庚子，幸华阴。工部尚书独孤怀恩谋反，伏诛。三月癸酉，西突厥叶护可汗、高昌王麴伯雅遣使朝贡。突厥贡多支巨鸟。己卯，改纳言为侍中，内史令为中书令，给事郎为给事中。甲戌，内史侍郎封德彝兼中书令。封贼帅刘孝真为彭城王，赐姓李氏。夏四月壬寅，至自华阴。于益州置行台尚书省。甲寅，加秦王益州道行台尚书令。秦王大破宋金刚于介州，金刚与刘武周俱奔突厥，遂平并州。伪总管尉迟敬德、寻相以介州降。六月壬辰，徙封楚王杜伏威为吴王，赐姓李氏，加授东南道行台尚书令。丙午，亲录囚徒。封皇子元景为赵王，元昌为鲁王，元亨为酆王；皇孙承宗为太原王，承道为安陆王，承乾为恒山王，恪为长沙王，泰为宜都王。秋七月壬戌，命秦王率诸军讨王世充。遣皇太子镇蒲州，以备突厥。丙申，突厥杀刘武周于白道。冬十月庚子，怀戎贼帅高开道遣使降，授蔚州总管，封北平郡王，赐姓李氏。

四年春正月丁卯，窦建德行台尚书令胡大恩以大安镇来降，封定襄郡王，赐姓李氏。辛巳，命皇太子总统诸军讨稽胡。三月，徙封宜都王泰为卫王。窦建德来援王世充，攻陷我管州。夏四月甲寅，封皇子元方为周王，元礼为郑王，元嘉为宋王，元则为荆王，元茂为越王。初置都护府官员。五月己未，秦王大破窦建德之众于武牢，擒建德，河北悉平。丙寅，王世充举东都降，河南平。秋七月

甲子，秦王凯旋，献俘于太庙。丁卯，大赦天下。废五铢钱，行开元通宝钱。斩窦建德于市；流王世充于蜀，未发，为仇人所害。甲戌，建德余党刘黑闼据漳南反。置山东道行台尚书省于洺州。八月，兖州总管徐圆朗举兵反，以应刘黑闼，僭称鲁王。冬十月己丑，加秦王天策上将，位在王公上，领司徒、陕东道大行台尚书令；齐王元吉为司空。乙巳，赵郡王孝恭平荆州，获萧铣。十一月甲申，于洺州置大行台，废洺州都督府。庚寅，焚东都紫微宫乾阳殿。会稽贼帅李子通以其地来降。十二月丁卯，命秦王及齐王元吉讨刘黑闼。壬申，徙封宋王元嘉为徐王。

五年春正月丙申，刘黑闼据洺州，僭称汉东王。三月丁未，秦王破刘黑闼于洺水上，尽复所陷州县，黑闼亡奔突厥。蔚州总管、北平王高开道叛，寇易州。夏四月庚戌，秦王还京师，高祖迎劳于长乐宫。壬申，代州总管、定襄郡王大恩为虏所败，战死。六月，刘黑闼引突厥寇山东。置谏议大夫官员。秋七月丁亥，吴王伏威来朝。隋汉阳太守冯盎以南越之地来降，岭表悉定。八月辛亥，以洺、荆、并、幽、交五州为大总管府。改封恒山王承乾为中山王。葬隋炀帝于扬州。丙辰，突厥颉利寇雁门。己未，进寇朔州。遣皇太子及秦王讨击，大败之。冬十月癸酉，遣齐王元吉击刘黑闼于洺州。时山东州县多为黑闼所守，所在杀长吏以应之。行军总管、淮阳王道玄与黑闼战于下博，道玄败没。十一月甲申，命皇太子率兵讨刘黑闼。丙申，幸宜州，简阅将士。十二月丙辰，校猎于华池。庚申，至自宜州。皇太子破刘黑闼于魏州，斩之，山东平。

六年春正月，吴王杜伏威为太子太保。二月辛亥，校猎于骊山。三月乙未，幸昆明池，宴百官。夏四月已未，旧宅改为通义宫，曲赦京城系囚，于是置酒高会，赐从官帛各有差。癸酉，以尚书右仆射、魏国公裴寂为左仆射，中书令、宋国公萧瑀为右仆射，侍中、观国公杨恭仁为吏部尚书。秋七月，突厥颉利寇朔州，遣皇太子及秦王屯并州以备之。八月壬子，东南道行台仆射辅公祏据丹阳反，僭称宋王，遣赵郡王孝恭及岭南道大使、永康县公李靖讨之。丙寅，吐谷浑内附。九月丙子，突厥退，皇太子班师。改东都为洛州。高开道引突厥寇幽州。冬十月，幸华阴。十一月，校猎于沙苑。十二月乙巳，以奉义监为龙跃宫，武功宅为庆善宫。甲寅，至自华阴。

七年春正月己酉，封高丽王高武为辽东郡王，百济王扶余璋为带方郡王，新罗王金真平为乐浪郡王。二月，高开道为部将张金树所杀，以其地降。丁巳，幸国子学，亲临释奠。改大总管府为大都督府。吴王伏威薨。三月戊寅，废尚书省六司侍郎，增吏部郎中秩正四品，掌选事。戊戌，赵郡王孝恭大破辅公祏，擒之，丹阳平。夏四月庚子，大赦天下，颁行新律令。以天下大定，诏遭父母丧者听终制。五月，造仁智宫于宜州之宜君县。李世勣讨徐圆朗，平之。六月辛丑，幸仁智宫。秋七月甲午，至自仁智宫。嶲州地震山崩，江水咽流。八月戊辰，突厥寇并州，京师戒严。壬午，突厥退。乙未，京师解严。冬十月丁卯，幸庆善宫。癸酉，幸终南山，谒老子庙。十一月戊辰，校猎于高陵。庚午，至自庆善宫。

八年春二月己巳，亲录囚徒，多所原宥。夏四月，造太和宫于终南山。六月甲子，幸太和宫。突厥寇定州，命皇太子往幽州，秦王往并州，以备突厥。八月，并州道总管张公谨与突厥战于太谷，王师败绩，中书令温彦博没于贼。九月，突厥退。冬十月辛巳，幸宜氏陂校猎，因幸龙跃宫。十一月辛卯，幸宜州。庚子，讲武于同官县。改封蜀王元轨为吴王，汉王元庆为陈王。加授秦王中书令，齐王元吉侍中。天策上将府司马宇文士及权检校侍中。十二月辛酉，至自宜州。

九年春正月丙寅，命州县修城隍，备突厥。尚书左仆射、魏国公裴寂为司空。二月庚申，加齐王元吉为司徒。戊寅，亲祠社稷。三月辛卯，幸昆明池。夏五月辛巳，以京师寺观不甚清净，诏曰：

  释迦阐教，清净为先，远离尘垢，断除贪欲。所以弘宣胜业，修植善根，开导愚迷，津梁品庶。是以敷演经教，检约学徒，调忏身心，舍诸染著，衣服饮食，咸资四辈。

  自觉王迁谢，像法流行，末代陵迟，渐以亏滥。乃有猥贱之侣，规自尊高，浮惰之人，苟避徭役。妄为剃度，托号出家，嗜欲无厌，营求不息。出入闾里，周旋阛阓，驱策田产，聚积货物。耕织为生，估贩成业，事同编户，迹等齐人。进违戒律之文，退无礼典之训。至乃亲行劫掠，躬自穿窬，造作妖讹，交通豪猾。每罹宪网，自陷重刑，黩乱真如，倾毁妙法。譬兹粮莠，有秽嘉苗；类彼淤泥，混夫清水。又伽蓝之地，本曰净居，栖心之所，理尚幽寂。近代以来，多立寺舍，不求闲旷之境，唯趋喧杂之方。缮采崎岖，栋宇殊拓，错舛隐匿，诱纳奸邪。或有接延鄽邸，邻近屠酤，埃尘满室，膻腥盈道。徒长轻慢之心，有亏崇敬之义。且老氏垂化，实贵冲虚，养志无为，遗情物外。全真守一，是谓玄门，驱驰世务，尤乖宗旨。

  朕膺期驭宇，兴隆教法，志思利益，情在护持。欲使玉石区分，薰莸有辨，长存妙道，永固福田，正本澄源，宜从沙汰。诸僧、尼、道士、女冠等，有精勤练行、守戒律者，并令大寺观居住，给衣食，勿令乏短。其不能精进、戒行有阙、不堪供养者，并令罢遣，各还桑梓。所司明为条式，务依法教，违制之事，悉宜停断。京城留寺三所，观二所。其余天下诸州，各留一所。余悉罢之。

事竟不行。

六月庚申，秦王以皇太子建成与齐王元吉同谋害己，率兵诛之。诏立秦王为皇太子，继统万机，大赦天下。八月癸亥，诏传位于皇太子。尊帝为太上皇，徙居弘义宫，改名太安宫。

贞观八年三月戊戌，高祖宴西突厥使者于两仪殿，顾谓长孙无忌曰："当今蛮夷率服，古未尝有。"无忌上千万岁寿。高祖大悦，以酒赐太宗。太宗又奉觞上寿，流涕而言曰："百姓获安，四夷咸附，皆奉遵圣旨，岂臣之力！"于是太宗与文德皇后互进御膳，并上服御衣物，一同家人常礼。是岁，阅武于城西，高祖亲自临视，劳将士而还。

置酒于未央宫，三品已上咸侍。高祖命突厥颉利可汗起舞，又遣南越酋长冯智戴咏诗，既而笑曰："胡、越一家，自古未之有也。"太宗奉觞上寿曰："臣早蒙慈训，教以文道；爰从义旗，平定京邑。重以薛举、武周、世充、建德，皆上禀睿算，幸而克定。三数年间，混一区宇。天慈崇宠，遂蒙重任。今上天垂祐，时和岁阜，被发左衽，并为臣妾。此岂臣智力，皆由上禀圣算。"高祖大悦，群臣皆呼万岁，极夜方罢。

九年五月庚子，高祖大渐，下诏："既殡之后，皇帝宜于别所视军国大事。其服轻重，悉从汉制，以日易月。园陵制度，务从俭约。"是日，崩于太安宫之垂拱前殿，年七十。群臣上谥曰大武皇帝，庙号高祖。十月庚寅，葬于献陵。高宗上元元年八月，改上尊号曰神尧皇帝。天宝十三载二月，上尊号神尧大圣大光孝皇帝。

史臣曰：有隋季年，皇图板荡，荒主燀燎原之焰，群盗发逐鹿之机，殄暴无厌，横流靡救。高祖审独夫之运去，知新主之勃兴，密运雄图，未伸龙跃。而屈己求可汗之援，卑辞答李密之书，决神机而速若疾雷，驱豪杰而从如偃草。泊讴谣允属，揖让受终，刑名大划于烦苛，爵位不逾于莲轴。由是攫金有耻，伏莽知非，人怀汉道之宽平，不责高皇之慢骂。然而优柔失断，浸润得行，诛文静则议法不从，酬裴寂则曲恩太过。奸佞由之贝锦，嬖幸得以掇蜂。献公遂间于申生，小白宁怀于召忽。一旦兵交爱子，矢集申孙。匈奴寻犯于便桥，京邑咸忧于左衽。不有圣子，王业殆哉！

赞曰：高皇创图，势若摧枯。国运神武，家难圣谟。言生床笫，祸切肌肤。《鸤鸠》之咏，无损于吾。

卷二　　本纪第二

太宗上

太宗文武大圣大广孝皇帝讳世民，高祖第二子也。母曰太穆顺圣皇后窦氏。隋开皇十八年十二月戊午，生于武功之别馆。时有二龙戏于馆门之外，三日而去。高祖之临岐州，太宗时年四岁。有书生自言善相，谒高祖曰："公贵人也，且有贵子。"见太宗，曰："龙凤之姿，天日之表，年将二十，必能济世安民矣。"高祖惧其言泄，将杀之，忽失所在，因采"济世安民"之义以为名焉。太宗幼聪睿，玄鉴深远，临机果断，不拘小节，时人莫能测也。

大业末，炀帝于雁门为突厥所围，太宗应募救援，隶屯卫将军云定兴营。将行，谓定兴曰："必赍旗鼓以设疑兵。且始毕可汗举国之师，敢围天子，必以国家仓卒无援。我张军容，令数十里幡旗相续，夜则钲鼓相应，虏必谓救兵云集，望尘而遁矣。不然，彼众我寡，悉军来战，必不能支矣。"定兴从焉。师次崞县，突厥候骑驰告始毕曰：

王师大至。由是解围而遁。及高祖之守太原，太宗时年十八。有高阳贼帅魏刀儿，自号历山飞，来攻太原，高祖击之，深入贼阵。太宗以轻骑突围而进，射之，所向皆披靡，拔高祖于万众之中。适会步兵至，高祖与太宗又奋击，大破之。时隋祚已终，太宗潜图义举，每折节下士，推财养客，群盗大侠，莫不愿效死力。及义兵起，乃率兵略徇西河，克之。拜右领大都督，右三军皆隶焉，封燉煌郡公。

大军西上贾胡堡，隋将宋老生率精兵二万屯霍邑，以拒义师。会久雨粮尽，高祖与裴寂议，且还太原，以图后举。太宗曰："本兴大义以救苍生，当须先入咸阳，号令天下；遇小敌即班师，将恐从义之徒一朝解体。还守太原一城之地，此为贼耳，何以自全！"高祖不纳，促令引发。太宗遂号泣于外，声闻帐中。高祖召问其故，对曰："今兵以义动，进战则必克，退还则必散。众散于前，敌乘于后，死亡须臾而至，是以悲耳。"高祖乃悟而止。八月己卯，雨霁，高祖引师趣霍邑。太宗恐老生不出战，乃将数骑先诣其城下，举鞭指麾，若将围城者，以激怒之。老生果怒，开门出兵，背城而阵。高祖与建成合阵于城东，太宗及柴绍阵于城南。老生麾兵疾进，先薄高祖，而建成坠马，老生乘之，高祖与建成军咸却。太宗自南原率二骑驰下峻坂，冲断其军，引兵奋击，贼众大败，各舍仗而走。悬门发，老生引绳欲上，遂斩之，平霍邑。至河东，关中豪杰争走赴义。太宗请进师入关，取永丰仓以赈穷乏，收群盗以图京师，高祖称善。太宗以前军济河，先定渭北。三辅吏民及诸豪猾诣军门请自效者日以千计，扶老携幼，满于麾下。收纳英俊，以备僚列，远近闻者，咸自托焉。师次于泾阳，胜兵九万，破胡贼刘鷂子，并其众。留殷开山、刘弘基屯长安故城。太宗自趣司竹，贼帅李仲文、何潘仁、向善志等皆来会，顿于阿城，获兵十三万。长安父老赍牛酒诣辕门者不可胜纪，劳而遣之，一无所受。军令严肃，秋毫无所犯。寻与大军平京城。高祖辅政，受唐国内史，改封秦国公。会薛举以劲卒十万来逼渭滨，太宗亲击之，大破其众，追斩万余级，略地至于陇坻。

义宁元年十二月，复为右元帅，总兵十万徇东都。及将旋，谓左右曰："贼见吾还，必相追蹑。"设三伏以待之。俄而隋将段达率万余人自后而至，度三王陵，发伏击之，段达大败，追奔至于城下。因于宜阳、新安置熊、谷二州，戍之而还。徙封赵国公。高祖受禅，拜尚书令、右武候大将军，进封秦王，加授雍州牧。

武德元年七月，薛举寇泾州，太宗率众讨之，不利而旋。九月，薛举死，其子仁杲嗣立。太宗又为元帅以击仁杲，相持于折墌城，深沟高垒者六十余日。贼众十余万，兵锋甚锐，数来挑战，太宗按甲以挫之。贼粮尽，其将牟君才、梁胡郎来降。太宗谓诸将军曰："彼气衰矣，吾当取之。"遣行军庞玉先阵于浅水原南以诱之，贼将宗罗睺并军来拒，玉军几败。既而太宗亲御大军，奄自原北，出其不意。罗睺望见，复回师相拒。太宗将骁骑数十入贼阵，于是王师表里齐奋，罗睺大溃，斩首数千级，投涧谷而死者不可胜计。太宗率左右二十余骑追奔，直趣折墌以乘之。仁杲大惧，婴城自守。将夕，大军继至，四面合围。诘朝，仁杲请降，俘其精兵万余人、男女五万口。既而诸将奉贺，因问曰："始大王野战破贼，其主尚保坚城，王无攻具，轻骑腾逐，不待步兵，径薄城下，咸疑不克，而竟下之，何也？"太宗曰："此以权道迫之，使其计不暇发，以故克也。罗睺恃往年之胜，兼复养锐日久，见吾不出，意在相轻。今喜吾出，悉兵来战，虽击破之，擒杀盖少。若不急蹑，还走投城，仁杲收而抚之，则便未可得矣。且其兵众皆陇西人，一败披退，不及回顾，散归陇外，则折墌自虚，我军随而迫之，所以惧而降也。此可谓成算，诸君尽不见耶？"诸将曰："此非凡人所能及也。"获贼兵精骑甚众，还令仁杲兄弟及贼帅宗罗睺、翟长孙等领之。太宗与之游猎驰射，无所间然。贼徒荷恩慑气，咸愿效死。时李密初附，高祖令密驰传迎太宗于豳州。密见太宗天姿神武，军威严肃，惊悚叹服，私谓殷开山曰："真英主也。不如此，何以定祸乱乎？"凯旋，献捷于太庙。拜太尉、陕东道行台尚书令，镇长春宫，关东兵马并受节度。寻加左武候大将军、凉州总管。

宋金刚之陷浍州也，其锋甚锐。高祖以王行本尚据蒲州，吕崇茂反于夏县，晋、浍二州相继陷没，关中震骇，乃手敕曰："贼势如此，难与争锋，宜弃河东之地，谨守关西而已。"太宗上表曰："太原王业所基，国之根本，河东殷实，京邑所资。若举而弃之，臣窃愤恨。愿假精兵三万，必能平殄武周，克复汾、晋。"高祖于是悉发关中兵以益之，又幸长春宫亲送太宗。

二年十一月，太宗率众趣龙门关，履冰而渡之，进屯柏壁，与贼将宋金刚相持。寻而永安王孝基败于夏县，于筠、独孤怀恩、唐俭并为贼将寻相、尉迟敬德所执，将还浍州。太宗遣殷开山、秦叔宝邀之于美良川，大破之，相等仅以身免，悉虏其众，复归柏壁。于是诸将咸请战，太宗曰："金刚悬军千里，深入吾地，精兵骁将，皆在于此。武周据太原，专倚金刚以为捍。士卒虽众，内实空虚，意在速战。我坚营蓄锐以挫其锋，粮尽计穷，自当遁走。"

三年二月，金刚竟以众馁而遁，太宗追之至介州。金刚列阵，南北七里，以拒官军。太宗遣总管李世勣、程咬金、秦叔宝当其北，翟长孙、秦武通当其南。诸军战小却，为贼所乘。太宗率精骑击之，冲其阵后，贼众大败，追奔数十里。敬德、相率众八千来降，还令敬德督之，与军营相参。屈突通惧其为变，骤以为请。太宗曰："昔萧王推赤心置人腹中，并能毕命，今委任敬德，又何疑也。"于是刘武周奔于突厥，并、汾悉复旧地。诏就军加拜益州道行台尚书令。七月，总率诸军攻王世充于洛邑，师次谷州。世充率精兵三万阵于慈涧，太宗以轻骑挑之。时众寡不敌，陷于重围，左右咸惧。太宗命左右先归，独留后殿。世充骁将单雄信数百骑夹道来逼，交抢竞进，太宗几为所败。太宗左右射之，无不应弦而倒，获其大将燕颀。世充乃拔慈涧之镇归于东都。太宗遣行军总管史万宝自宜阳南据龙门，刘德威自太行东围河内，王君廓自洛口断贼粮道。又遣黄君汉夜从孝水河中下舟师袭回洛城，克之。黄河已南，莫不响应，城堡相次来降。大军进屯邙山。九月，太宗以五百骑先观战地，卒与世充万余人相遇，会战，复破之，斩首三千余级，获大将陈智略，世充仅以身免。其所署筠州总管杨庆遣使请降，遣李世勣率师出辗辕道安抚其众。荥、汴、洧、豫九州相继来降。世充遂求救于窦建德。

四年二月，又进屯青城宫。营垒未立，世充众二万自方诸门临谷水而阵。太宗以精骑阵于北邙山，令屈突通率步卒五千渡水以击之，因诫通曰："待兵交即放烟，吾当率骑军南下。"兵才接，太宗以骑冲之，挺身先进，与通表里相应。贼众殊死战，散而复合者数焉。自辰及午，贼众始退。纵兵乘之，俘斩八千人，于是进营城下。世充不敢复出，但婴城自守，以待建德之援。太宗遣诸军掘堑，匝布长围以守之。吴王杜伏威遣其将陈正通、徐召宗率精兵二千来会于军所。伪郑州司马沈悦以武牢降，将军王君廓应之，擒其伪荆王王行本。会窦建德以兵十余万来援世充，至于酸枣。萧瑀、屈突通、封德彝皆以腹背受敌，恐非万全，请退师谷州以观之。太宗曰："世充粮尽，内外离心，我当不劳攻击，坐收其敝。建德新破孟海公，将骄卒惰，吾当进据武牢，扼其襟要。贼若冒险与我争锋，破之必矣。如其不战，旬日间世充当自溃。若不速进，贼入武牢，诸城新附，必不能守。二贼并力，将若之何？"通又请解围就险以候其变，太宗不许。于是留通辅齐王元吉以围世充，亲率步骑三千五百人趣武牢。

建德自荥阳西上，筑垒于板渚，太宗屯武牢，相持二十余日。谍者曰："建德伺官军刍尽，候牧马于河北，因将袭武牢。"太宗知其谋，遂牧马河北以诱之。诘朝，建德果悉众而至，陈兵汜水，世充将郭士衡阵于其南，绵亘数里，鼓噪，诸将大惧。太宗将数骑升高丘以望之，谓诸将曰："贼起山东，未见大敌。今度险而嚣，是无政令；逼城而阵，有轻我心。我按兵不出，彼乃气衰，阵久卒饥，必将自退，追而击之，无往不克。吾与公等约，必以午时后破之。"建德列阵，自辰至午，兵士饥倦，皆坐列，又争饮水，逡巡敛退。太宗曰："可击矣！"亲率轻骑追而诱之，众继至。建德回师而阵，未及整列，太宗先登击之，所向皆靡。俄而众军合战，嚣尘四起。太宗率史大奈、程咬金、秦叔宝、宇文歆等挥幡而入，直突出其阵后，张我旗帜。贼顾见之，大溃。追奔三十里，斩首三千余级，房其众五万，生擒建德于阵。太宗数之曰："我以干戈问罪，本在王世充，得失存亡，不预汝事，何故越境，犯我兵锋？"建德股栗而言曰："今若不来，恐劳远取。"高祖闻而大悦，手诏曰："隋氏分崩，崤函隔绝。两雄合势，一朝清荡。兵既克捷，更无死伤。无愧为臣，不忧其父，并汝功也。"乃将建德至东都城下。世充惧，率其官属二千余人诣军门请降，山东悉平。太宗入据宫城，令萧瑀、窦轨等封守府库，一无所取，令记室房玄龄收隋图籍。于是诛其同恶段达等五十余人，柱被囚禁者悉释之，非罪诬戮者祭而诔之。大飨将士，班赐有差。高祖令尚书左仆射裴寂劳军中。

六月，凯旋。太宗亲披黄金甲，陈铁马一万骑，甲士三万人，前后部鼓吹，俘二伪主及隋氏器物辇辂献于太庙。高祖大悦，行饮至礼以享焉。高祖以自古旧官不称殊功，乃别表徽号，用旌勋德。十月，加号天策上将、陕东道大行台，位在王公上。增邑二万户，通前三万户。赐金辂一乘，衮冕之服，玉璧一双，黄金六千斤，前后部鼓吹及九部之乐，班剑四十人。于时海内渐平，太宗乃锐意经籍，开文学馆以待四方之士。行台司勋郎中杜如晦等十有八人为学士，每更直阁下，降以温颜，与之讨论经义，或夜分而罢。未几，窦建德旧将刘黑闼举兵反，据洺州。十二月，太宗总戎东讨。五年正月，进军肥乡，分兵绝其粮道，相持两月。黑闼窘急求战，率步骑二万，南渡洺水，晨压官军。太宗亲率精骑，击其马军，破之，乘胜蹂其步卒，贼大溃，斩首万余级。先是，太宗遣遏洺水上流使浅，令黑闼得渡。及战，乃令决堰，水大至，深丈余，贼徒既败，赴水者皆溺死焉。黑闼与二百余骑北走突厥，悉房其众，河北平。时徐圆朗阻兵徐、兖，太宗回师讨平之，于是河、济、江、淮诸郡邑皆平。十月，加左右十二卫大将军。

七年秋，突厥颉利、突利二可汗自原州入寇，侵扰关中。有说高祖云："只为府藏子女在京师，故突厥来，若烧却长安而不都，则胡寇自止。"高祖乃遣中书侍郎宇文士及行山南可居之地，即欲移都。萧瑀等皆以为非，然终不敢犯颜正谏。太宗独曰："霍去病，汉廷之将帅耳，犹且志灭匈奴。臣忝备藩维，尚使гни尘不息，遂令陛下议欲迁都，此臣之责也。幸乞听臣一申微效，取彼颉利。若一两年间不系其颈，徐建移都之策，臣当不敢复言"。高祖怒，仍遣太宗将三十余骑行划。还日，固奏必不可移都，高祖遂止。八年，加中书令。

九年，皇太子建成、齐王元吉谋害太宗。六月四日，太宗率长孙无忌、尉迟敬德、房玄龄、杜如晦、宇文士及、高士廉、侯君集、程知节、秦叔宝、段志玄、屈突通、张士贵等于玄武门诛之。甲子，立为皇太子，庶政皆断决。太宗乃纵禁苑所养鹰犬，并停诸方所进珍异，政尚简肃，天下大悦。又令百官各上封事，备陈安人理国之要。已巳，令曰："依礼，二名不偏讳。近代已来，两字兼避，废阙已多，率意而行，有违经典。其官号、人名、公私文籍，有'世民'两字不连续者，并不须讳。"罢幽州大都督府。辛未，废陕东道大行台，置洛州都督府，废益州道行台，置益州大都督府。壬午，幽州大都督庐江王瑗谋逆，废为庶人。乙酉，罢天策府。七月壬辰，太子左庶子高士廉为侍中，右庶子房玄龄为中书令，尚书右仆射萧瑀为尚书左仆射，吏部尚书杨恭仁为雍州牧，太子左庶子长孙无忌为吏部尚书，右庶子杜如晦为兵部尚书，太子詹事宇文士及为中书令，封德彝为尚书右仆射。

八月癸亥，高祖传位于皇太子，太宗即位于东宫显德殿。遣司空、魏国公裴寂告于南郊。大赦天下。武德元年以来责情流配者并放还。文武官五品已上先无爵者赐爵一级，六品已下加勋一转。天下给复一年。癸酉，放掖庭宫女三千余人。甲戌，突厥颉利、突利寇泾州。乙亥，突厥进寇武功，京师戒严。丙子，立妃长孙氏为皇后。已卯，突厥寇高陵。辛巳，行军总管尉迟敬德与突厥战于泾阳，大破之，斩首千余级。癸未，突厥颉利至于渭水便桥之北，遣其酋帅执失思力入朝为觇，自张形势，太宗命囚之。亲出玄武门，驰六骑幸渭水上，与颉利隔津而语，责以负约。俄而众军继至，颉利见军容既盛，又知思力就拘，由是大惧，遂请和，诏许焉。即日还宫。乙酉，又幸便桥，与颉利刑白马设盟，突厥引退。九月丙戌，颉利献马三千匹、羊万口，帝不受，令颉利归所掠中国户口。丁未，引诸卫骑兵统将等习射于显德殿庭，谓将军已下曰："自古突厥与中国更有盛衰。若轩辕善用五兵，即能北逐獯鬻；周宣驱驰方、召，亦能制胜太原。至汉、晋之君，逮于隋代，不使兵士素习干戈，突厥来侵，莫能抗御，致遗中国生民涂炭于寇手。我今不使汝等穿池筑苑，造诸淫费，农民恣令逸乐，兵士唯习弓马，庶使汝斗战，亦望汝前无横敌。"于是每日引数百人于殿前教射，帝亲自临试，射中者随赏弓刀、布帛。朝臣多有谏者，曰："先王制法，有以兵刃至御所者刑之，所以防萌杜渐，备不虞也。今引神卒之人，弯弧纵矢于轩陛之侧，陛下亲在其间，正恐祸出非意，非所以为社稷计也。"上不纳。自是后，士卒皆为精锐。壬子，诏私家不得辄立妖神，妄设淫祀，非礼祠祷，一皆禁绝。其龟易五兆之外，诸杂占卜，亦皆停断。长孙无忌封齐国公，房玄龄邢国公，尉迟敬德吴国公，杜如晦蔡国公，侯君集潞国公。冬十月丙辰朔，日有蚀之。癸亥，立中山王承乾为皇太子。癸酉，裴寂食实封一千五百户，长孙无忌、王君廓、尉迟敬德、房玄龄、杜如晦一千三百户，长孙顺德、柴绍、罗艺、赵郡王孝恭一千二百户，侯君集、张公谨、刘师立一千户，李世勣、刘弘基九百户，高士廉、宇文士及、秦叔宝、程知节七百户，安兴贵、安修仁、唐俭、窦轨、屈突通、萧瑀、封德彝、刘义节六百户，钱九陇、樊世兴、公孙武达、李孟常、段志玄、庞卿恽、张亮、李药师、杜淹、元仲文四百户，张长逊、张平高、李安远、李子和、秦行师、马三宝三百户。十一月庚寅，降宗室封郡王者并为县公。十二月癸酉，亲录囚徒。是岁，新罗、龟兹、突厥、高丽、百济、党项并遣使朝贡。

贞观元年春正月乙酉，改元。辛丑，燕郡王李艺据泾州反，寻为左右所斩，传首京师。庚午，以仆射窦轨为益州大都督。三月癸巳，皇后亲蚕。尚书左仆射、宋国公萧瑀为太子少师。丙午，诏："齐故尚书仆射崔季舒、给事黄门侍郎郭遵、尚书右丞封孝琰等，昔仕邺中，名位通显，志存忠谠，抗表极言，无救社稷之亡，遂见龙逄之酷。其季舒子刚、遵子云、孝琰子君遵，并以门遭时遣，淫刑滥及。宜从褒奖，特异常伦，可免内侍，量才别叙。"夏四月癸巳，凉州都督、长乐王幼良有罪伏诛。六月辛巳，尚书右仆射、密国公封德彝薨。壬辰，太子少保宋国公萧瑀为尚书左仆射。是夏，山东诸州大旱，令所在赈恤，无出今年租赋。秋七月壬子，吏部尚书、齐国公长孙无忌为尚书右仆射。八月戊戌，贬侍中、义兴郡公高士廉为安州大都督。户部尚书裴矩卒。是月，关东及河南、陇右沿边诸州霜害秋稼。九月辛酉，命中书侍郎温彦博、尚书右丞魏徵等分往诸州赈恤。中书令、郯国公宇文士及为殿中监。御史大夫、检校吏部尚书、参预朝政、安吉郡公杜淹署位。十二月壬午，上谓侍臣曰："神仙事本虚妄，空有其名。秦始皇非分爱好，遂为方士所诈，乃遣童男女数千人随徐福入海求仙药，方士避秦苛虐，因留不归。始皇犹海侧踟蹰以待之，还至沙丘而死。汉武帝为求仙，乃将女嫁道术人，事既无验，便行诛戮。据此二事，神仙不烦妄求也。"尚书左仆射、宋国公萧瑀坐事免。戊申，利州都督义安王孝常、右武卫将军刘德裕等谋反，伏诛。是岁，关中饥，至有鬻男女者。

二年春正月辛丑，尚书右仆射、齐国公长孙无忌为开府仪同三司。徙封汉王恪为蜀王，卫王泰为越王，楚王祐为燕王。复置六侍郎，副六尚书事，并置左右司郎中各一人。前安州大都督、赵王元景为雍州牧，蜀王恪为益州大都督，越王泰为扬州大都督。二月丙戌，靺鞨内属。三月戊申朔，日有蚀之。丁卯，遣御史大夫杜淹巡关内诸州。出御府金宝，赎男女自卖者还其父母。庚午，大赦天下。夏四月己卯，诏骸骨暴露者，令所在埋瘗。丙申，契丹内属。初诏天下州县并置义仓。夏州贼帅梁师都为其从父弟洛仁所杀，以城降。五月，大雨雹。六月庚寅，皇子治生，宴五品以上，赐帛有差，仍赐天下是日生者粟。辛卯，上谓侍臣曰："君虽不君，臣不可以不臣。裴虔通，炀帝旧左右也，而亲为乱首。朕方崇奖敬义，岂可犹使宰民训俗。"诏曰：

天地定位，君臣之义以彰；卑高既陈，人伦之道斯著。是用笃厚风俗，化成天下。虽复时经治乱，主或昏明，疾风劲草，芬芳无绝，剖心焚体，赴蹈如归。夫岂不爱七尺之躯，重百年之命？谅由君臣义重，名教所先，故能明大节于当时，立清风于身后。至如赵高之殒二世，董卓之鸩弘农，人神所疾，异代同愤。况凡庸小竖，有怀凶悖，遐观典策，莫不诛夷。辰州刺史、长蛇县男裴虔通，昔在隋代，委质晋藩，炀帝以旧邸之情，特相爱幸。遂乃志蔑君亲，潜图弑逆，密伺间隙，招结群丑，长戟流矢，一朝窃发。天下之恶，孰云可忍！宜其夷宗焚首，以彰大戮。但年代异时，累逢赦令，可特免极刑，除名削爵，迁配驩州。

秋七月戊申，诏："莱州刺史牛方裕、绛州刺史薛世良、广州都督府长史唐奉义、隋武牙郎将高元礼，并于隋代俱蒙任用，乃协契宇文化及，构成弑逆。宜依裴虔通，除名配流岭表。"太宗谓侍臣曰："天下愚人，好犯宪章，凡赦宥之恩，唯及不轨之辈。古语曰：'小人之幸，君子之不幸。''一岁再赦，好人喑哑。'凡养稂莠者伤禾稼，惠奸宄者贼良人。昔文王作罚，刑兹无赦。又蜀先主尝谓诸葛亮曰：'吾周旋陈元方、郑康成间，每见启告理乱之道备矣，曾不语赦也。'夫小人者，大人之贼，故朕有天下已来，不甚放赦。今四海安静，礼义兴行，非常之恩，施不可数，将恐愚人常冀侥幸，唯欲犯法，不能改过。"八月甲戌朔，幸朝堂，亲览冤屈。自是，上以军国无事，每日视膳于西宫。癸巳，公卿奏曰："依礼，季夏之月，可以居台榭。今隆暑未退，秋霖方始，宫中卑湿，请营一阁以居之。"帝曰："朕有气病，岂宜下湿。若遂来请，糜费良多。昔汉文帝将起露台，而惜十家之产。朕德不逮于汉帝，而所费过之，岂谓为民父母之道也。"竟不许。是月，河南、河北大霜，人饥。九月丙午，诏曰："尚齿重旧，先王以之垂范；还章解组，朝臣于是克终。释菜合乐之仪，东胶西序之制，养老之义，遗文可睹。朕恭膺大宝，宪章故实，乞言尊事，弥切深衷。然情存今古，世踵浇季，而策名就列，或乖大体。至若筋力将尽，桑榆且迫，徒竭凫兴之勤，未悟夜行之罪。其有心惊止足，行堪激励，谢事公门，收骸闾里，能以礼让，固可嘉焉。内外文武群官年高致仕、抗表去职者，参朝之日，宜在本品见任之上。"丁未，谓侍臣曰："妇人幽闭深宫，情实可愍。隋氏末年，求采无已，至于离宫别馆，非幸御之所，多聚宫人，皆竭人财力，朕所不取。且洒扫之余，更何所用？今将出之，任求伉俪，非独以惜费，亦人得各遂其性。"于是遣尚书左丞戴胄、给事中杜正伦等，于掖庭宫西门简出之。冬十月庚辰，御史大夫、安吉郡公杜淹卒。戊子，杀瀛州刺史卢祖尚。十一月辛酉，有事于圆丘。十二月壬午，黄门侍郎王珪为侍中。

　　三年春正月辛亥，契丹渠帅来朝。戊午，谒太庙。癸亥，亲耕籍田。辛未，司空、魏国公裴寂坐事免。二月戊寅，中书令、邢国公房玄龄为尚书左仆射，兵部尚书、检校侍中、蔡国公杜如晦为尚书右仆射，刑部尚书、检校中书令、永康县公李靖为兵部尚书，右丞魏徵为守秘书监，参预朝政。夏四月辛巳，太上皇徙居大安宫。甲子，太宗始于太极殿听政。五月，周王元方薨。六月戊寅，以旱，亲录囚徒。遣长孙无忌、房玄龄等为祈雨于名山大川，中书舍人杜正伦等往关内诸州慰抚。又令文武官各上封事，极言得失。已卯，大风折木。秋八月已巳朔，日有蚀之。薛延陀遣使朝贡。九月癸丑，诸州置医学。冬十一月丙午，西突厥、高昌遣使朝贡。庚申，以并州都督李世勣为通汉道行军总管，兵部尚书李靖为定襄道行军总管，以击突厥。十二月戊辰，突利可汗来奔。癸未，杜如晦以疾辞位，许之。癸丑，诏建义以来交兵之处，为义士勇夫殒身戎阵者各立一寺，命虞世南、李伯药、褚亮、颜师古、岑文本、许敬宗、朱子奢等为之碑铭，以纪功业。是岁，户部奏言：中国人自塞外来归及突厥前后内附、开四夷为州县者，男女一百二十余万口。

卷三　　　　　　本纪第三

太宗下

　　四年春正月乙亥，定襄道行军总管李靖大破突厥，获隋皇后萧氏及炀帝之孙正道，送至京师。癸巳，武德殿北院火。二月已亥，幸温汤。甲辰，李靖又破突厥于阴山，颉利可汗轻骑远遁。丙午，至自温汤。甲寅，大赦，赐酺五日。民部尚书戴胄以本官检校吏部尚书，参预朝政。太常卿萧瑀为御史大夫，与宰臣参议朝政。御史大夫、西河郡公温彦博为中书令。三月庚辰，大同道行军副总管张宝相生擒颉利可汗，献于京师。甲申，尚书右仆射、蔡国公杜如晦薨。甲午，以俘颉利告于太庙。夏四月丁酉，御顺天门，军吏执颉利以献捷。自是西北诸蕃咸请上尊号为"天可汗"，于是降玺书册命其君长，则兼称之。秋七月甲子朔，日有蚀之。上谓房玄龄、萧瑀曰："隋文何等主？"对曰："克己复礼，勤劳思政，每一坐朝，或至日昃。五品已上，引之论事。宿卫之人，传餐而食。虽非性体仁明，亦励精之主也。"上曰："公得其一，未知其二。此人性至察而心不明。夫心暗则照有不通，至察则多疑于物。自以欺孤寡得之，谓群下不可信任，事皆自决，虽劳神苦形，未能尽合于理。朝臣既知上意，亦复不敢直言，宰相已下，承受而已。朕意不然。以天下之广，岂可独断一人之虑？朕方选天下之才，为天下之务，委任责成，各尽其用，庶几于理也。"因令有司："诏敕不便于时，即宜执奏，不得顺旨施行。"八月丙午，诏三品已上服紫，五品已上服绯，六品七品以绿，八品九品以青；妇人从夫色。甲寅，兵部尚书、代国公李靖为尚书左仆射。九月庚午，令收瘗长城之南骸骨，仍令致祭。壬午，令古明王圣帝、贤臣烈士坟墓无得刍牧，春秋致祭。冬十月壬辰，幸陇州，曲赦陇、岐二州，给复一年。辛丑，校猎于贵泉谷。甲辰，校猎于鱼龙川，自射鹿，献于大安宫。甲子，至自陇州。戊寅，制决罪人不得鞭背，以明堂孔穴针灸之所。兵部尚书侯君集参议朝政。十二月辛亥，开府仪同三司、淮安王神通薨。甲寅，高昌王麴文泰来朝。是岁，断死刑二十九人，几致刑措。东至于海，南至于岭，皆外户不闭，行旅不赍粮焉。

　　五年正月癸酉，大蒐于昆明池，蕃夷君长咸从。丙子，亲献禽于大安宫。已卯，幸左藏库，赐三品已上帛，任其轻重。癸未，朝集使请封禅。二月已酉，封皇弟元裕为郐王，元名为谯王，灵夔为魏王，元祥为许王，元晓为密王。庚戌，封皇子愔为梁王，贞为汉王，恽为郯王，治为晋王，慎为申王，嚣为江王，简为代王。夏四月壬辰，代王简薨。以金帛购中国人因隋乱没突厥者男女八万人，尽还其家属。六月甲寅，太子少师、新昌县公李纲薨。秋八月甲辰，遣使毁高丽所立京观，收隋人骸骨，祭而葬之。戊申，初令天下决死刑必三覆奏，在京诸司五覆奏，其日尚食进蔬食，内教坊及太常不举乐。九月乙丑，赐群官大射于武德殿。冬十月，右卫大将军、顺州都督、北平郡王阿史那什钵苾卒。十二月壬寅，幸温汤。癸卯，猎于骊山。丙午，赐新丰高年帛有差。戊申，至自温汤。

　　六年春正月乙卯朔，日有蚀之。二月丙戌，置三师官员。戊子，初置律学。三月戊辰，幸九成宫。六月已亥，郑王元亨薨。辛亥，江王嚣薨。冬十月乙卯，至自九成宫。十二月辛未，亲录囚徒，归死罪者二百九十人于家，令明年秋末就刑。其后应期毕至，诏悉原之。是岁，党项羌前后内属者三十万口。

　　七年春正月戊子，诏曰："宇文化及弟智及、司马德戡、裴虔通、孟景、元礼、杨览、唐奉义、牛方裕、元敏、薛良、马举、元武达、李孝本、李孝质、张恺、许弘仁、令狐行达、席德方、李覆等，大业季年，咸居列职，或恩结一代，任重一时；乃包藏凶慝，罔思忠义，爰在江都，遂行弑逆，罪百阎、赵，衅深枭獍。虽事是前代，岁月已久，而天下之恶，古今同弃，宜置重典，以励臣节。其子孙并宜禁锢，勿令齿叙。"是日，上制《破阵乐舞图》。辛丑，赐京城酺三日。丁卯，雨土。乙酉，薛延陀遣使来朝。庚寅，秘书监、检校侍中魏徵为侍中。癸巳，直太史、将仕郎李淳风铸浑天黄道仪，奏之，置于凝晖阁。夏五月癸未，幸九成宫。八月，山东、河南三十州大水，遣使赈恤。冬十月庚申，至自九成宫。十一月丁丑，颁新定《五经》。壬辰，开府仪同三司、齐国公长孙无忌为司空。十二月丙辰，狩于少陵原，诏以少牢祭杜如晦、杜淹、李纲之墓。

八年正月癸未，右卫大将军阿史那吐苾卒。辛丑，右屯卫大将军张士贵讨东、西五洞反獠，平之。壬寅，命尚书右仆射李靖、特进萧瑀杨恭仁、礼部尚书王珪、御史大夫韦挺、鄜州大都督府长史皇甫无逸、扬州大都督府长史李袭誉、幽州大都督府长史张亮、凉州大都督李大亮、右领军大将军窦诞、太子左庶子杜正伦、绵州刺史刘德威、黄门侍郎赵弘智使于四方，观省风俗。二月乙巳，皇太子加元服。丙午，赐天下酺三日。三月庚辰，幸九成宫。五月辛未朔，日有蚀之。丁丑，上初服翼善冠，贵臣服进德冠。七月，始以云麾将军阶为从三品。陇右山崩，大蛇屡见。山东、河南、淮南大水，遣使赈恤。八月甲子，有星孛于虚、危，历于氐，十一月上旬乃灭。九月丁丑，皇太子来朝。冬十月，右骁卫大将军、褒国公段志玄击吐谷浑，破之，追奔八百余里。甲子，至自九成宫。十一月辛未，右仆射、代国公李靖以疾辞官，授特进。丁亥，吐谷浑寇凉州。己丑，吐谷浑拘我行人赵德楷。十二月辛丑，命特进李靖、兵部尚书侯君集、刑部尚书任城王道宗、凉州都督李大亮等为大总管，各帅师分道以讨吐谷浑。壬子，越王泰为雍州牧。乙卯，帝从太上皇阅武于城西。是岁，龟兹、吐蕃、高昌、女国、石国遣使朝贡。

九年春三月，洮州羌叛，杀刺史孔长秀。壬午，大赦。每乡置长一人，佐二人。乙酉，盐泽道总管高甑生大破叛羌之众。庚寅，敕天下户立三等，未尽升降，置为九等。夏四月壬寅，康国献狮子。闰月丁卯，日有蚀之。癸巳，大总管李靖、侯君集、李大亮、任城王道宗破吐谷浑于牛心堆。五月乙未，又破之于乌海，追奔至柏海。副总管薛万均、薛万彻又破之于赤水源，获其名王二十人。庚子，太上皇崩于大安宫。壬子，李靖平吐谷浑于西海之上，获其王慕容伏允。以其子慕容顺光降，封为西平郡王，复其本国。秋七月甲寅，增修太庙为六室。冬十月庚寅，葬高祖太武皇帝于献陵。戊申，祔于太庙。辛丑，左仆射、魏国公房玄龄加开府仪同三司，余如故。十二月甲戌，吐谷浑西平郡王慕容顺光为其下所弑，遣兵部尚书侯君集率师安抚之，仍封顺光子诺曷钵为河源郡王，使统其众。右光禄大夫、宋国公萧瑀依旧特进，复令参预朝政。

十年春正月壬子，尚书左仆射房玄龄、侍中魏徵上梁、陈、齐、周、隋五代史，诏藏于秘阁。癸丑，徙封赵王元景为荆王，鲁王元昌为汉王，郑王元礼为徐王，徐王元嘉为韩王，荆王元则为彭王，滕王元懿为郑王，吴王元轨为霍王，幽王元凤为虢王，陈王元庆为道王，魏王灵夔为燕王，蜀王恪为吴王，越王泰为魏王，燕王祐为齐王，梁王愔为蜀王，郯王恽为蒋王，汉王贞为越王，申王慎为纪王。夏六月，以侍中魏徵为特进，仍知门下省事。壬申，中书令温彦博为尚书右仆射。甲戌，太常卿、安德郡公杨师道为侍中。己卯，皇后长孙氏崩于立政殿。冬十一月庚寅，葬文德皇后于昭陵。十二月壬申，吐谷浑河源郡王慕容诺曷钵来朝。乙亥，亲录京师囚徒。是岁，关内、河东疾病，命医赍药疗之。

十一年春正月丁亥朔，徙邺王元裕为邓王，谯王元名为舒王。癸巳，加魏王泰为雍州牧、左武候大将军。庚子，颁新律令于天下。作飞山宫。甲寅，房玄龄等进所修《五礼》。诏所司行用之。

二月丁巳，诏曰：

夫生者天地之大德，寿者修短之一期。生有七尺之形，寿以百龄为限，含灵禀气，莫不同焉，皆得之于自然，不可以分外企也。是以《礼记》云："君即位而为椑"。庄周云："劳我以形，息我以死。"岂非圣人远鉴，通贤深识？末代已来，明辟盖寡，靡不矜黄屋之尊，虑白驹之过，并多拘忌，有慕遐年。谓云车易乘，羲轮可驻，异轨同趣，其蔽甚矣。

有隋之季，海内横流，豺狼肆暴，吞噬黔首。朕投袂发愤，情深拯溺，扶翼义师，济斯涂炭。赖苍昊降鉴，股肱宣力，提剑指麾，天下大定。此朕之宿志，于斯已毕。犹恐身后之日，子子孙孙，习于流俗，犹循常礼，加四重之榇，伐百祀之木，劳扰百姓，崇厚园陵。今预为此制，务从俭约，于九嵕之山，足容棺而已。积以岁月，渐而备之。木马涂车，土桴苇籥，事合古典，不为时用。

又佐命功臣，或义深舟楫，或谋定帷幄，或身摧行阵，同济艰危，克成鸿业，追念在昔，何日忘之！使逝者无知，咸归寂寞；若营魂有识，还如畴曩，居止相望，不亦善乎！汉氏使封相陪陵，又给以东园秘器，笃终之义，恩意深厚，古人岂非我哉！自今已后，功臣密戚及德业佐时者，如有薨亡，宜赐茔地一所，及以秘器，使窀穸之时，丧事无阙。所司依此营备，称朕意焉。

甲了，幸洛阳宫，命祭汉文帝。三月丙戌朔，日有蚀之。丁亥，车驾至洛阳。丙申，改洛州为洛阳宫。辛亥，大蒐于广城泽。癸丑，还宫。夏四月甲子，震乾元殿前槐树。丙寅，诏河北、淮南举孝悌淳笃，兼闲时务；儒术该通，可为师范；文辞秀美，才堪著述；明识政体，可委字人；并志行修立，为乡闾所推者，给传诣洛阳宫。六月甲寅，尚书右仆射、虞国公温彦博薨。丁巳，幸明德宫。己未，定制诸王为世封刺史。戊辰，定制勋臣为世封刺史。改封任城王道宗为江夏郡王，赵郡王孝恭为河间郡王。己巳，改封许王元祥为江王。秋七月癸未，大霪雨。谷水溢入洛阳宫，深四尺，坏左掖门，毁官寺十九所；洛水溢，漂六百家。庚寅，诏以灾命百官上封事，极言得失。丁酉，车驾还宫。壬寅，废明德宫及飞山宫之玄圃院，分给遭水之家,仍赐帛有差。丙午,修老君庙于亳州,宣尼庙于兖州,各给二十户享祀焉。凉武昭王复近墓二十户充守卫,仍禁刍牧樵采。九月丁亥,河溢,坏陕州河北县,毁河阳中潬。幸白司马坂以观之,赐遭水之家粟帛有差。冬十一月辛卯,幸怀州。乙未,狩于济源。丙午,车驾还宫。十二月辛酉,百济王遣其太子隆来朝。

十二年春正月乙未,吏部尚书高士廉等上《氏族志》一百三十卷。壬寅,松、丛二州地震,坏人庐舍,有压死者。二月乙卯,车驾还京。癸亥,观砥柱,勒铭以纪功德。甲子,夜郎獠反,夔州都督齐善行讨平之。乙丑,次陕州,自新桥幸河北县,祀夏禹庙。丁卯,次柳谷顿,观盐池。戊寅,以隋鹰扬郎将尧君素忠于本朝,赠蒲州刺史,仍录其子孙。闰二月庚辰朔,日有蚀之。丙戌,至自洛阳宫。夏五月壬申,银青光禄大夫、永兴县公虞世南卒。六月庚子,初置玄武门左右飞骑。秋七月癸酉,吏部尚书、申国公高士廉为尚书右仆射。冬十月己卯,狩于始平,赐高年粟帛有差。乙未,至自始平。己亥,百济遣使贡金甲雕斧。十二月辛巳,右武候将军上官怀仁大破山獠于壁州。

十三年春正月乙巳朔,谒献陵。曲赦三原县及行从大辟罪。丁未,至自献陵。戊午,加房玄龄为太子少师。二月丙子,停世袭刺史。三月乙丑,有星孛于毕、昴。夏四月戊寅,幸九成宫。甲申,阿史那结社尔犯御营,伏诛。壬寅,云阳石燃者方丈,昼如灰,夜则有光,投草木于上则焚,历年而止。自去冬不雨至于五月。甲寅,避正殿,令五品以上上封事,减膳罢役,分使赈恤,申理冤屈,乃雨。六月丙申,封皇弟元婴为滕王。秋八月辛未朔,日有蚀之。庚辰,立右武候大将军、化州都督、怀化郡王李思摩为突厥可汗,率所部建牙于河北。冬十月甲申,至自九成宫。十一月辛亥,侍中、安德郡公杨师道为中书令。十二月丁丑,吏部尚书、陈国公侯君集为交河道行军大总管,帅师伐高昌。乙亥,封皇子福为赵王。壬午,巂州都督王志远有罪,伏诛。诏于洛、相、幽、徐、齐、并、秦、蒲等州并置常平仓。己丑,吐谷浑河源郡王慕容诺曷钵来逆女。壬辰,狩于咸阳。是岁,滁州言:"野蚕食槲叶,成茧大如柰,其色绿,凡六千五百七十石。"高丽、新罗、西突厥、吐火罗、康国、安国、波斯、疏勒、于阗、焉耆、高昌、林邑、昆明及荒服蛮酋,相次遣使朝贡。

十四年春正月庚子,初命有司读时令。甲寅,幸魏王泰宅。赦雍州及长安狱大辟罪已下。二月丁丑,幸国子学,亲释奠,赦大理、万年系囚,国子祭酒以下及学生高第精勤者加一级,赐帛有差。庚辰,左骁卫将军、淮阳王道明送弘化公主归吐谷浑。壬午,幸温汤。辛卯,至自温汤。乙未,诏以梁皇侃、褚仲都,周熊安生、沈重,陈沈文阿、周弘正、张讥,隋何妥、刘焯、刘炫等前代名儒,学徒多行其义,命求其后。三月戊午,置宁朔大使,以护突厥。夏五月壬戌,徙封燕王灵夔为鲁王。六月乙酉,大风拔木。己丑,薛延陀遣使求婚。乙未,滁州野蚕成茧,凡收八千三百石。八月庚午,新作襄城宫。癸巳,交河道行军大总管侯君集平高昌,以其地置西州。九月癸卯,曲赦西州大辟罪。乙卯,于西州置安西都护府。冬十月己卯,诏以赠

司空、河间元王孝恭,赠陕东道大行台尚书右仆射、郧节公殷开山,赠民部尚书、渝襄公刘政会等配飨高祖庙庭。闰月乙未,幸同州。甲辰,狩于尧山。庚戌,至自同州。丙辰,吐蕃遣使献黄金器千斤以求婚。十一月甲子朔,日南至。有事于圆丘。十二月丁酉,交河道旋师。吏部尚书、陈国公侯君集执高昌王麴智盛,献捷于观德殿,行饮至之礼,赐酺三日。乙卯,高丽世子相权来朝。

十五年春正月丁卯,吐蕃遣其国相禄东赞来逆女。丁丑,礼部尚书、江夏王道宗送文成公主归吐蕃。辛巳,幸洛阳宫。三月戊申,幸襄城宫。庚午,发襄城宫。夏四月辛卯,诏以来年二月有事泰山,所司详定仪制。五月壬申,并州僧道及老人等抗表,以太原王业所因,明年登封已后,愿时临幸。上于武成殿赐宴,因从容谓侍臣曰:"朕少在太原,喜群聚博戏,暑往寒逝,将三十年矣。"时会中有旧识上者,相与道旧以为笑乐。因谓之曰:"他人之言,或有面谀。公等朕之故人,实以告朕,即日政教,于百姓何如?人间得无疾苦耶?"皆奏:"即日四海太平,百姓欢乐,陛下力也。臣等余年,日惜一日,但眷恋圣化,不知疾苦。"因固请过并州。上谓曰:"飞鸟过故乡,犹踯躅徘徊;况朕于太原起义,遂定天下,复少小游观,诚所不忘。岱礼若毕,或冀与公等相见。"于是赐物各有差。丙子,百济王扶余璋卒。诏立其世子扶余义慈嗣其父位,仍封为带方郡王。六月戊申,诏天下诸州,举学综古今及孝悌淳笃、文章秀异者,并以来年二月总集泰山。己酉,有星孛于太微,犯郎位。丙辰,停封泰山,避正殿以思咎,命尚食减膳。秋七月甲戌,李星灭。冬十月辛卯,大阅于伊阙。壬辰,幸嵩阳。辛丑,还宫。十一月壬戌,废乡长。壬申,还京师。癸酉,薛延陀以同罗、仆骨、回纥、鞢鞨、霫之众度漠,屯于白道川。命营州都督张俭统所部兵压其东境;兵部尚书李勣为朔方行军总管,右卫大将军李大亮为灵州道行军总管,凉州都督李袭誉为凉州道行军总管,分道以御之。十二月戊子朔,至自洛阳宫。甲辰,李勣及薛延陀战于诺真水,大破之,斩首三千余级,获马万五千匹,薛延陀跳身而遁。勣旋破突厥思结于五台县,虏其男女千余口,获羊马称是。

十六年春正月辛未,诏在京及诸州死罪囚徒,配西州为户;流人未达前所者,徙防西州。兼中书侍郎、江陵子岑文本为中书侍郎,专知机密。夏六月辛卯,诏复隐王建成曰隐太子,改封海陵剌王元吉曰巢剌王。秋七月戊午,司空、赵国公无忌为司徒,尚书左仆射、梁国公玄龄为司空。九月丁巳,特进、郑国公魏徵为太子太师,知门下省事如故。冬十一月丙辰,狩于岐山。辛酉,使祭隋文帝陵。丁卯,宴武功士女于庆善宫南门。酒酣,上与父老等涕泣论旧事,老人等递起为舞,争上万岁寿,上各下一杯。庚午,至自岐州。十二月癸卯,幸温汤。甲辰,狩于骊山,时阴寒晦冥,围兵断绝。上乘高望见之,欲舍其罚,恐亏军令,乃回辔入谷以避之。是岁,高丽大臣盖苏文弑其君高武,而立武兄子藏为王。

十七年春正月戊辰,右卫将军、代州都督刘兰谋反,腰斩。太子太师、郑国公魏徵薨。戊申,诏图画司徒、赵

国公无忌等勋臣二十四人于凌烟阁。三月丙辰,齐州都督齐王祐杀长史权万纪、典军韦文振,据齐州自守,诏兵部尚书李勣、刑部尚书刘德威发兵讨之。兵未至,兵曹杜行敏执之而降,遂赐死于内侍省。丁巳,荧惑守心前星,十九日而退。夏四月庚辰朔,皇太子有罪,废为庶人。汉王元昌、吏部尚书侯君集并坐与连谋,伏诛。丙戌,立晋王治为皇太子,大赦,赐酺三日。丁亥,中书令杨师道为吏部尚书。己丑,加司徒、赵国公长孙无忌太子太师,司空、梁国公房玄龄太子太傅,特进、宋国公萧瑀太子太保,兵部尚书、英国公李勣为太子詹事,仍同中书门下三品。庚寅,上亲谒太庙,以谢承乾之过。癸巳,魏王泰以罪降爵为东莱郡王。五月乙丑,手诏举孝廉茂才异能之士。六月己卯朔,日有蚀之。壬午,改葬隋恭帝。丁酉,尚书右仆射高士廉请致仕,诏以为开府仪同三司、同中书门下三品。闰月戊午,薛延陀遣其兄子突利设献马五万匹、牛驼一万、羊十万以请婚,许之。丙子,徙封东莱郡王泰为顺阳王。秋七月庚辰,京城讹言云:"上遣枨枨取人心肝,以祠天狗。"递相惊悚。上遣使遍加宣谕,月余乃止。丁酉,司空、太子太傅、梁国公房玄龄以母忧罢职。八月,工部尚书、郧国公张亮为刑部尚书,参预朝政。九月癸未,徙庶人承乾于黔州。冬十月丁巳,房玄龄起复本职。十一月己卯,有事于南郊。壬午,赐天下酺三日。以凉州获瑞石,曲赦凉州,并录京城及诸州系囚,多所原宥。

十八年春正月壬寅,幸温汤。夏四月辛亥,幸九成宫。秋八月甲子,至自九成宫。丁卯,散骑常侍清苑男刘洎为侍中,中书侍郎江陵子岑文本、中书侍郎马周并为中书令。九月,黄门侍郎褚遂良参预朝政。冬十月辛丑朔,日有蚀之。甲辰,初置太子司议郎官员。甲寅,幸洛阳宫。安西都护郭孝恪帅师灭焉耆,执其王突骑支送行在所。十一月壬寅,车驾至洛阳宫。庚子,命太子詹事、英国公李勣为辽东道行军总管,出柳城,礼部尚书、江夏郡王道宗副之;刑部尚书、郧国公张亮为平壤道行军总管,以舟师出莱州,左领军常何、泸州都督左难当副之。发天下甲士,召募十万,并趣平壤,以伐高丽。十二月辛丑,庶人承乾死。

十九年春二月庚戌,上亲统六军发洛阳。乙卯,诏皇太子留定州监国;开府仪同三司、申国公高士廉摄太子太傅,与侍中刘洎、中书令马周、太子少詹事张行成、太子右庶子高季辅五人同掌机务;以吏部尚书、安德郡公杨师道为中书令。赠殷比干为太师,谥曰忠烈,命所司封墓,葺祠堂,春秋祠以少牢,上自为文以祭之。三月壬辰,上发定州,以司徒、太子太师兼检校侍中、赵国公长孙无忌,中书令岑文本、杨师道从。夏四月癸卯,誓师于幽州城南,因大飨六军以遣之。丁未,中书令岑文本卒于师。癸亥,辽东道行军大总管、英国公李勣攻盖牟城,破之。五月丁丑,车驾渡辽。甲申,上亲率铁骑与李勣会围辽东城,因烈风发火弩,斯须城上屋及楼皆尽,麾战士登许,乃拔之。六月丙辰,师至安市城。丁巳,高丽别将高延寿、高惠真帅兵十五万来援安市,以拒王师。李勣率兵奋击,上自高峰引军临之,高丽大溃,杀获不可胜纪。延寿等以其众降,

因名所幸山为驻跸山,刻石纪功焉。赐天下大酺二日。秋七月,李勣进军攻安市城,至九月不克,乃班师。冬十月丙辰,入临渝关,皇太子自定州迎谒。戊午,次汉武台,刻石以纪功德。十一月辛未,幸幽州。癸酉,大飨,还师。十二月戊申,幸并州。侍中、清苑男刘洎以罪赐死。是岁,薛延陀真珠毗伽可汗死。

二十年春正月,上在并州。丁丑,遣大理卿孙伏伽、黄门侍郎褚遂良等二十二人,以六条巡察四方,黜陟官吏。庚辰,曲赦并州,宴从官及起义元从,赐粟帛、给复有差。三月己巳,车驾至京师。己丑,刑部尚书、郧国公张亮谋反,诛。闰月癸巳朔,日有蚀之。夏四月甲子,太子太师、赵国公长孙无忌,太子太傅、梁国公房玄龄,太子太保、宋国公萧瑀各辞调护之职,诏许之。六月,遣兵部尚书、固安公崔敦礼,特进、英国公李勣击破薛延陀于郁督军山北,前后斩首五千余级,虏男女三万余人。秋八月甲子,封皇孙忠为陈王。己巳,幸灵州。庚午,次泾阳顿。铁勒回纥、拔野古、同罗、仆骨、多滥葛、思结、阿跌、契苾、跌结、浑、斛薛等十一姓各遣使朝贡,奏称:"延陀可汗不事大国,部落乌散,不知所之。奴等各有分地,不能逐延陀去,归命天子,乞置汉官。"诏遣会灵州。九月甲辰,铁勒诸部落俟斤、颉利发等遣使相继而至灵州者数千人,来贡方物,因请置吏,咸请至尊为可汗。于是北荒悉平,为五言诗勒石以序其事。辛亥,灵州地震有声。冬十月,前太子太保、宋国公萧瑀贬商州刺史。丙戌,至自灵州。

二十一年春正月壬辰,开府仪同三司、申国公高士廉薨。丁酉,诏以来年二月有事泰山。甲寅,赐京师酺三日。二月壬申,诏以左丘明、卜子夏、公羊高、谷梁赤、伏胜、高堂生、戴圣、毛苌、孔安国、刘向、郑众、杜子春、马融、卢植、郑康成、服子慎、何休、王肃、王辅嗣、杜元凯、范宁等二十一人,代用其书,垂于国胄,自今有事于太学,并命配享宣尼庙堂。丁丑,皇太子于国学释菜。夏四月乙丑,营太和宫于终南之上,改为翠微宫。五月戊子,幸翠微宫。六月癸亥,司徒、赵国公无忌加授扬州都督。秋七月庚子,建玉华宫于宜君县之凤凰谷。庚戌,至自翠微宫。八月壬戌,诏以河北大水,停封禅。辛未,骨利干国遣使贡名马。丁酉,封皇子明为曹王。冬十一月癸卯,徙封顺阳王泰为濮王。十二月戊寅,左骁卫大将军阿史那社尔、右骁卫大将军契苾何力、安西都护郭孝恪、司农卿杨弘礼为昆山道行军大总管,以伐龟兹。是岁,堕婆登、乙利、鼻林送、都播、羊同、石、波斯、康国、吐火罗、阿悉吉等远夷十九国,并遣使朝贡。又于突厥之北于回纥部落,置驿六十六所,以通北荒焉。

二十二年春正月庚寅,中书令马周卒。司徒、赵国公无忌兼检校中书令,知尚书门下二省事。己亥,刑部侍郎崔仁师为中书侍郎,参知机务。戊戌,幸温汤。戊申,还宫。二月,前黄门侍郎褚遂良起复黄门侍郎。中书侍郎崔仁师除名,配流连州。癸丑,西番沙钵罗叶护率众归附,以其侯斤屈裴禄为忠武将军,兼大俟斤。戊午,以结骨部置坚昆都督。乙亥,幸玉华宫,乙卯,赐所经高年笃疾粟

帛有差。己卯，蒐于华原。四月甲寅，磧外蕃人争牧马出界，上亲临断决，然后咸服。丁巳，右武候将军梁建方击松外蛮，下其部落七十二所。五月庚子，右卫率长史王玄策击帝那伏帝国，大破之，获其王阿罗那顺及王妃、子等，虏男女万二千人，牛马二万余以诣阙。使方士那罗迩娑婆于金飚门造延年之药。吐蕃赞普击破中天竺国，遣使献捷。六月癸酉，特进、宋国公萧瑀薨。秋七月癸卯，司空、梁国公房玄龄薨。八月己酉朔，日有蚀之。九月己亥，黄门侍郎褚遂良为中书令。十月癸亥，至自玉华宫。十一月戊戌，眉、邛、雅三州獠反，右卫将军梁建方讨平之。庚子，契丹帅窟哥、奚帅可度者并率其部内属。以契丹部为松漠都督，以奚部置饶乐都督。十二月乙卯，增置殿中侍御史、监察御史各二员，大理寺置平事十员。闰月丁丑朔，昆山道总管阿史那社尔降处密、处月，破龟兹大拨等五十城，虏数万口，执龟兹王诃黎布失毕以归，龟兹平，西域震骇。副将薛万彻劝于阗王伏阇信入朝。癸未，新罗王遣其相伊赞千金春秋及其子文王来朝。是岁，新罗女王金善德死，遣册立其妹真德为新罗王。

二十三年春正月辛亥，俘龟兹王诃黎布失毕及其相那利等，献于社庙。二月丙戌，置瑶池都督府，隶安西都护府。丁亥，西突厥肆叶护阿可汗遣使来朝。三月丙辰，置丰州都督府。自去冬不雨，至于此月己未乃雨。辛酉，大赦。丁卯，敕皇太子于金液门听政。是月，日赤无光。四月己亥，幸翠微宫。五月戊午，太子詹事、英国公李勣为叠州都督。辛酉，开府仪同三司、卫国公李靖薨。己巳，上崩于含风殿，年五十二。遗诏皇太子即位于柩前，丧纪宜用汉制。秘不发丧。庚午，遣旧将统飞骑劲兵从皇太子先还京，发六府甲士四千人，分列于道及安化门，翼从乃入；大行御马舆，从官御衣如常。壬申，发丧。六月甲戌朔，殡于太极殿。八月丙子，百僚上谥曰文皇帝，庙号太宗。庚寅，葬昭陵。上元元年八月，改上尊号曰文武圣皇帝。天宝十三载二月，改上尊号为文武大圣大广孝皇帝。

史臣曰：臣观文皇帝，发迹多奇，聪明神武。拔人物则不私于党，负志业则咸尽其才。所以屈突、尉迟，由仇敌而愿倾心膂；马周、刘洎，自疏远而卒委钧衡。终平泰阶，谅由斯道。尝试论之：础润云兴，虫鸣螽跃。虽尧、舜之圣，不能用梼杌、穷奇而治平；伊、吕之贤，不能为夏桀、殷辛而昌盛。君臣之际，遭遇斯难，以至抉目剖心，虫流筋擢，良由遭值之异也。以房、魏之智，不逾于丘、轲，遂能尊主庇民者，遭时也。或曰：以太宗之贤，失爱于昆弟，失教于诸子，何也？曰：然，舜不能仁四罪，尧不能训丹朱，斯前志也。当神尧任逸之年，建成忌功之日，苟除畏逼，孰顾分崩，变故之兴，间不容发，方惧"毁巢"之祸，宁虞"尺布"之谣？承乾之愚，圣父不能移也。若文皇自定储于哲嗣，不骋志于高丽；用人如贞观之初，纳谏比魏徵之日。况周发、周成之世袭，我有遗妍；较汉文、汉武之恢弘，彼多惭德。迹其听断不惑，从善如流，千载可称，一人而已！

赞曰：昌、发启国，一门三圣。文定高位，友于不令。

管、蔡既诛，成、康道正。贞观之风，到今歌咏。

卷四　本纪第四

高　宗　上

高宗天皇大圣大弘孝皇帝，讳治，太宗第九子也，母曰文德顺圣长孙皇后。以贞观二年六月，生于东宫之丽正殿。五年，封晋王。七年，遥授并州都督。幼而岐嶷端审，宽仁孝友。初授《孝经》于著作郎萧德言，太宗问曰："此书中何言为要？"对曰："夫孝，始于事亲，中于事君，终于立身。君子之事上，进思尽忠，退思补过，将顺其美，匡救其恶。"太宗大悦曰："行此，足以事父兄，为臣子矣。"及文德皇后崩，晋王时年九岁，哀慕感动左右，太宗屡加慰抚，由是特深宠异。寻拜右武候大将军。十七年，皇太子承乾废，魏王泰亦以罪黜，太宗与长孙无忌、房玄龄、李勣等计议，立晋王为皇太子。太宗每视朝，常令在侧，观决庶政，或令参议，太宗数称其善。十八年，太宗将伐高丽，命太子留镇定州。及驾发有期，悲啼累日，因请飞驿递表起居，并递敕垂报，并许之。飞表奏事，自此始也。及军旋，太子从至并州。时太宗患痈，太子亲吮之，扶辇步从数日。二十三年五月己巳，太宗崩。庚午，以礼部尚书、兼太子少师、黎阳县公于志宁为侍中，太子少詹事、兼尚书左丞张行成为兼侍中，检校刑部尚书、太子右庶子、兼吏部侍郎、摄户部尚书高季辅为兼中书令，检校吏部尚书，太子左庶子、高阳县男许敬宗兼礼部尚书。辛未，还京。

六月甲戌朔，皇太子即皇帝位，时年二十二。诏曰："大行皇帝奄弃普天，痛贯心灵，若置汤火。思遵大孝，不敢灭身，永慕长号，将с逮及。粤以孤眇，属当元嗣，思励空薄，康济黎元。敬顺惟新，仰昭先德，宜布凯泽，被乎亿兆。可大赦天下。内外文武赐勋官一级。诸年八十以上赉以粟帛。雍州及诸州比年供军劳役尤甚之处，并给复一年。"辛巳，改民部尚书为户部尚书。叠州都督、英国公勣为特进、检校洛州刺史，仍于洛阳宫留守。癸未，诏司徒、扬州都督、赵国公无忌为太尉兼检校中书令，知尚书门下二省事，余并如故，赐物三千段。癸巳，特进、英国公勣为开府仪同三司、同中书门下三品。秋七月丙午，有司请改治书侍御史为御史中丞，诸州治中为司马，别驾为长史，治礼郎为奉礼郎，以避上名。以贞观时不讳先帝二字，不许，有司奏曰："先帝二名，礼不偏讳。上既单名，臣子不合指斥。"上乃从之。己酉，于阗王伏阇信来朝。八月癸酉朔，河东地震，晋州尤甚，坏庐舍，压死者五千余人。三日又震。诏遣使存问，给复二年，压死者赐绢三匹。以开府仪同三司、英国公勣为尚书左仆射、同中书门下三品。仆射始带同中书门下。庚寅，葬太宗于昭陵。九月甲寅，加授鄜州刺史、荆王元景为司徒，前安州都督、吴王恪为司空兼梁州刺史。丙寅，赠太尉、梁国公玄龄，赠司徒、申国公士廉，赠左仆射、蒋国公屈突通，并可配食太宗庙庭。冬十一月甲子，以瑶池都督阿史那贺鲁为左骁卫大将军。乙丑，晋州地又震。是冬无雪。

永徽元年春正月辛丑朔，上不受朝，诏改元。壬寅，御太极殿，受朝而不会。丙午，立妃王氏为皇后。丁未，以陈王忠为雍州牧。二月辛卯，封皇子孝为许王，上金为杞王，素节为雍王。夏四月己巳朔，晋州地又震。五月丁未，上谓群臣曰："朕谬膺大位，政教不明，遂使晋州之地屡有震动。良由赏罚失中，政道乖方。卿等宜各进封事，极言得失，以匡不逮。"吐火罗遗使献大鸟如驼，食铜铁，上遣献于昭陵。吐蕃赞普死，遣右武卫将军鲜于匡济赍玺书往吊祭。六月庚辰，晋州地震。秋七月丙寅，以旱，亲录京城囚徒。九月癸卯，右骁卫郎将高侃执车鼻可汗诣阙，献于社庙及昭陵。己未，尚书左仆射、英国公勣固请解职，许之，令以开府仪同三司同中书门下三品。十一月己未，中书令、河南郡公褚遂良左授同州刺史。十二月，瑶池都督、沙钵罗叶护阿史那贺鲁以府叛，自称可汗，总有西域之地。是岁，雍、绛、同等九州旱蝗，齐、定等十六州水。

二年春正月戊戌，诏曰："去岁关辅之地，颇弊蝗螟，天下诸州，或遭水旱，百姓之间，致有罄乏。此由朕之不德，兆庶何辜？矜物罪己，载深忧悒。今献岁肇春，东作方始，粮廪或空，事资赈给。其遭虫水处有贫乏者，得以正、义仓赈贷。雍、同二州，各遣郎中一人充使存问，务尽哀矜之旨，副朕万眷之心。"乙巳，黄门侍郎、平昌县公宇文节加银青光禄大夫，依旧同中书门下三品。守中书侍郎柳奭为中书侍郎，依旧同中书门下三品。夏四月乙酉，秩太庙令及献、昭二陵令从五品，丞从七品。五月壬辰，开府仪同三司及京官文武职事四品、五品，并给随身鱼。六月辛酉，开府仪同三司、襄邑王神符薨。秋七月丁未，贺鲁寇陷金岭城、蒲类县，遣武候大将军梁建方、右骁卫大将军契苾何力为弓月道总管以讨之。八月乙丑，大食国始遣使朝献。己巳，侍中、燕国公于志宁为尚书左仆射，侍中兼刑部尚书、北平县公张行成为尚书右仆射，并同中书门下三品，犹不入衔。中书令兼检校吏部尚书、蓨县公高季辅为侍郎。九月癸巳，改九成宫为万年宫，废玉华宫以为佛寺。闰月辛未，颁新定律、令、格、式于天下。冬十月辛卯，晋州地震。十一月辛酉，有事于南郊。戊辰，定襄地震。丁丑，以高昌故地置安西都护府。白水蛮寇麻州，命左领军将军赵孝讨平之。

三年春正月癸亥，以去秋至于是月不雨，上避正殿，降天下死罪及流罪递减一等，徒以下咸宥之。弓月道总管梁建方、契苾何力等大破处月朱耶孤注于牢山，斩首九千级，房渠帅六千，俘生口万余，获牛马杂畜七万。丙寅，太尉、赵国公无忌以旱请逊位，不许。己巳，同州刺史、河南郡公褚遂良为吏部尚书、同中书门下三品。丙子，亲祠太庙。丁亥，籍于千亩，赐群官帛有差。三月辛巳，黄门侍郎、平昌县公宇文节为侍中，中书侍郎柳奭为中书令。庚申，幸观德殿，赐文武群官大射。夏四月庚寅，左

领军将军赵孝祖大破白水蛮大勃律。甲午，澧州刺史、彭王元则薨。五月庚辰，诏以周司沐大夫裴融，齐侍中崔季舒，给事黄门侍郎裴泽，尚书左丞封孝琰，隋仪同三司豆卢毓，御史中丞游楚客等，并门挺忠鲠，其子孙各宜甄擢。秋七月丁巳，立陈王忠为皇太子，大赦天下，五品已上子为父后者赐勋一转，大酺三日。乙丑，左仆射于志宁兼太子少师，右仆射张行成兼太子少傅，侍中高季辅兼太子少保，侍中宇文节兼太子詹事。丁丑，上问户部尚书高履行："去年进户多少？"履行奏称："进户总一十五万。"又问曰："隋日有几户？今见有几户？"履行奏："隋开皇中有户八百七十万，即今见有户三百八十万。"九月丁巳，改太子中允为内允，中书舍人为内史舍人，诸率府中郎将改为旅贲郎将，以避太子名。冬十月戊戌，幸同安大长公主第，又幸高阳长公主第，即日还宫。十一月乙亥，驳马国遣使朝贡。庚寅，弘化公主自吐谷浑来朝。十二月癸巳，濮王泰薨。

四年春正月癸丑朔，上临轩，不受朝，以濮王泰在殡故也。丙子，新除房州刺史、驸马都尉房遗爱，司徒、秦州刺史、荆王元景，司空、安州刺史、吴王恪，宁州刺史、驸马都尉薛万彻，岚州刺史、驸马都尉柴令武谋反。二月乙酉，遗爱、万彻、令武等并伏诛；元景、恪、巴陵、高阳公主并赐死。左骁卫大将军、安国公执失思力配流嶲州，侍中兼太子詹事、平昌县公宇文节配流桂州。戊子，特进、太常卿、江夏王道宗配流桂州，恪母弟蜀王愔废为庶人。己亥，绛州刺史、徐王元礼加授司徒，开府仪同三司、英国公勣为司空。三月壬子朔，颁孔颖达《五经正义》于天下，每年明经令依此考试。丙辰，上御观德殿，陈逆人房遗爱等口马资财为五垛，引王公、诸亲、蕃客及文武九品已上射。夏四月戊子，林邑国王遣使来朝，贡驯象。壬寅，以旱避正殿，减膳，亲录系囚，遣使分省天下冤狱，诏文武官极言得失。八月己亥，陨石十八于同州之冯翊，有声如雷。九月壬寅，尚书右仆射、北平县公张行成薨。甲戌，吏部尚书、河南郡公褚遂良为尚书右仆射，依旧知政事。冬十月庚子，幸新丰之温汤。甲辰，曲赦新丰。乙巳，至自温汤。戊申，睦州女子陈硕贞举兵反，自称文佳皇帝，攻陷睦州属县。婺州刺史崔义玄、扬州都督府长史房仁裕各率众讨平之。十一月癸丑，兵部尚书、固安县公崔敦礼为侍中。颁新律疏于天下。十二月庚子，侍中兼太子少保、蓨县公高季辅卒。

五年春三月戊午，幸万年宫。辛未，曲赦所经州县系囚。以工部尚书阎立德领丁夫四万筑长安罗郭。夏四月，守黄门侍郎、颍川县公韩瑗，守尚书侍郎来济，并加银青光禄大夫，依旧同中书门下三品。闰五月丁丑夜，大雨，水涨暴溢，漂溺麟游县居人及当番卫士，死者三千余人。六月，恒州大雨，滹沱河泛溢，溺五千余家。癸丑，蒲州汾阴县暴雨，漂溺居人，浸坏庐舍。癸亥，中书令柳奭兼吏部尚书。丙寅，河北诸州大水。七月辛巳，有小鸟如雀，生大鸟如鸠于万年宫皇帝旧宅。八月，大理奏决死囚，总管七十余人。辛亥，诏自今已后，五品已上有薨亡者，随身鱼并不须追收。辛未，吐蕃使人献马百匹及大拂庐可高

五丈,广袤各二十七步。九月丁酉,至自万年宫。冬十一月癸酉,筑京师罗郭,和雇京兆百姓四万一千人,板筑三十日而罢,九门各施观。十二月癸丑,倭国献琥珀、玛碯,琥珀大如斗,玛碯大如五斗器。戊午,发京师谒昭陵,在路生皇子贤。己未,敕二年一定户。

六年春正月壬申朔,亲谒昭陵,曲赦醴泉县民,放今年租赋。陵所宿卫将军、郎将进爵一等,陵令、丞加阶赐物。甲戌,至自昭陵。于陵侧建佛寺。庚寅,封皇子弘为代王,贤为潞王。二月乙巳,皇太子忠加元服,内外文武职事五品已上为父后者,赐勋一级。大酺三日。三月,营州都督程名振破高丽于贵端水。嘉州辛道让妻一产四男。壬戌,昭仪武氏著《内训》一篇。夏五月癸未,命左屯卫大将军、卢国公程知节等五将军帅师出葱山道以讨贺鲁。黄门侍郎、颍川郡公韩瑗为侍中,中书侍郎、南阳男来济为中书令。兼吏部尚书、河东县男柳奭贬遂州刺史。六月,大食国遣使朝贡。秋七月乙亥,侍中、固安县公崔敦礼为中书令。乙酉,均天下州县公廨。八月,尚药奉御蒋孝璋员外特置,仍同正。员外同正,自蒋孝璋始也。己酉,大理更置少卿一员。先是大雨,道路不通,京师米价暴贵,出仓粟粜之,京师东西二市置常平仓。九月庚午,尚书右仆射、河南郡公褚遂良以谏立武昭仪,贬授潭州都督。乙酉,洛州大水,毁天津桥。冬十月己酉,废皇后王氏为庶人,立昭仪武氏为皇后,大赦天下。十一月丁卯朔,临轩,命司空勣、左仆射志宁册皇后,文武群官及番夷之长,奉朝皇后于肃义门。十一月己巳,皇后见于庙。癸酉,追赠后父故工部尚书、应国公、赠并州都督武士彟为司空。丙子,淄州高苑县吴文威妻魏氏一产四男,三见育。癸巳,应国夫人杨氏改封代国夫人。十二月,遣礼部尚书、高阳县男许敬宗每日待诏于武德殿西门。

七年春正月辛未,废皇太子忠为梁王,立代王弘为皇太子。壬申,大赦,改元为显庆。文武九品已上及五品已下子为父后者,赐勋官一转。大酺三日。甲子,尚书左仆射兼太子少师、燕国公于志宁兼太子太傅,侍中韩瑗、中书令来济、礼部尚书许敬宗,并为太子宾客。始有宾客也。御玄武门,劳葱山道大总管程知节。二月庚寅,名《破阵乐》为《神功破阵乐》。辛亥,赠司空武士彟为司徒、周国公。三月辛巳,皇后祀先蚕于北郊。丙戌,户部侍郎杜正伦为守黄门侍郎、同中书门下三品。夏四月戊申,御安福门,观僧玄奘迎御制并书慈恩寺碑文,导从以天竺法仪,其徒甚盛。五月己卯,太尉长孙无忌进史官所撰梁、陈、周、齐、隋《五代史志》三十卷。弘文馆学士许敬宗进所撰《东殿新书》二百卷,上自制序。六月,岐州刺史、潞王贤为雍州牧。秋七月癸未,中书令兼检校太子詹事、固安县公崔敦礼为太子少师、同中书门下三品。改户部尚书为度支尚书,侍郎亦然。八月丙申,太子少师崔敦礼卒。左卫大将军程知节与贺鲁所部歌逻禄获剌颉发及处月预支俟斤等战于榆幕谷,大破之,斩首千级余,获驼马牛羊万计。九月癸酉,初诏户满三万已上为上州,二万已上为中州;先为上州、中州者各依旧。皇后制《外戚诫》。庚辰,括州海水泛溢,坏安固、永嘉二县,损四千余家。辛

巳,初制都督及上州各置执刀十五人,中州、下州十人。癸未,初置骠骑大将军,官为从一品。程知节与贺鲁男咥运战,斩首数千级,进至怛笃城,俘其部落户口及货物巨积。冬十一月乙丑,皇子显生,诏京官、朝集使各加勋级。十二月乙酉,置算学。左屯卫大将军程知节坐讨贺鲁逗留,追贼不及,减死免官。罢兰州都督,鄯州置都督。

二年春正月庚寅,幸洛阳。命右屯卫将军苏定方等四将军为伊丽道将军,帅师以讨贺鲁。二月辛酉,入洛阳宫,曲赦洛州。庚午,封皇第七子显为周王,徙封许王素节为郇王。三月甲子,中书侍郎李义府为中书令兼检校御史大夫,黄门侍郎杜正伦兼度支尚书,依旧同中书门下三品。夏五月丙申,幸明德宫。秋七月丁亥,还洛阳宫。八月丁卯,侍中、颍川县公韩瑗左授振州刺史,中书令兼太子詹事、南阳侯来济左授台州刺史,皆坐谏立武昭仪为皇后,救褚遂良之贬也。礼部尚书、高阳郡公许敬宗为侍中,以立武后之功也。九月庚寅,度支尚书杜正伦为中书令。冬十月戊戌,亲讲武于许、郑之郊,曲赦郑州。遣使祭郑大夫国侨、汉太丘长陈寔墓。十二月乙卯,还洛阳宫。庚午,改"昬""叶"字。丁卯,手诏改洛阳宫为东都,洛州官员阶品并准雍州。废谷州,以福昌等四县,并怀州河阳、济源、温,郑州氾水并隶洛州。己巳,中书省置起居舍人两员,品同起居郎。庚午,以周王显为洛州牧。壬午,分散骑常侍为左右各两员,其右散骑常侍隶中书省。

三年春正月戊子,太尉、赵国公无忌等修《新礼》成,凡一百三十卷,二百五十九篇,诏颁于天下。二月丁巳,车驾还京。壬午,亲录囚徒,多所原宥。苏定方攻破西突厥沙钵罗可汗贺鲁及咥运、阙啜。贺鲁走石国,副将萧嗣业追擒之,收其人畜前后四十余万。甲寅,西域平,以其地置濛池、崑陵二都护府。复于龟兹国置安西都护府,以高昌故地为西州。置怀化大将军正三品,归化将军从三品,以授初附首领,仍分隶诸卫。六月,程名振攻高丽。九月,废书、算、律学。有司奏请造排车七百乘,拟行幸载排城;上以为劳民,乃于旧顿置院墙焉。冬十一月乙酉,兼中书令、皇太子宾客兼检校御史大夫、河间郡公李义府左授普州刺史,兼中书令、皇太子宾客、襄阳郡公杜正伦左授横州刺史。中书侍郎李友益除名,配流巂州。戊戌,侍中许敬宗权检校中书令。戊子,侍中、皇太子宾客、权检校中书令、高阳郡公许敬宗为中书令,宾客已下如故;大理卿辛茂将为侍中。鸿胪卿萧嗣业于石国取贺鲁至,献于昭陵。甲辰,开府仪同三司、鄂国公尉迟敬德薨。

四年春二月乙亥,上亲策试举人,凡九百人,惟郭待封、张九龄五人居上第,令待诏弘文馆,随仗供奉。三月,以左骁卫大将军、郕国公契苾何力往辽东经略。夏四月己未,太子太傅、尚书左仆射、燕国公于志宁为太子太师,仍同中书门下三品。乙丑,黄门侍郎许圉师同中书门下三品。丙戌,太子太师、同中书门下三品、燕国公于志宁免官,放还私第。戊戌,太尉、扬州都督、赵国公无忌带扬州都督于黔州安置,依旧准一品供给。五月丙申,兵部尚书任雅相、度支尚书卢承庆并参知政事。秋七月壬子,普州刺史李义府为吏部尚书,同中书门下三品。冬十月乙

巳，皇太子加元服，大赦天下，文武五品已上子孙为父祖后者加勋官一级，大酺三日。闰十月戊寅，幸东都，皇太子监国。戊戌，至东都。十一月，以中书侍郎许圉师为散骑常侍、检校侍中。戊午，兼侍中辛茂将卒。癸亥，以邢国公苏定方为神丘道总管，刘伯英为昆夷道总管。

五年春正月甲子，幸并州。二月辛巳，至并州。丙戌，宴从官及诸亲、并州官属父老，赐帛有差。曲赦并州及管内诸州。义旗初举事五品已上身已殁坟墓在并州者，令所司致祭。佐命功臣子孙及大将军府僚佐已下今见存者，赐阶级有差，量才处分。起义之徒职事一品已下，赐物有差。年八十已上，版授刺史、县令。佐命功臣食别封身已殁者，为后子孙各加两阶。赐酺三日。甲午，祠旧宅，以武士彟、殷开山、刘政会配食。

三月丙午，皇后宴亲族邻里故旧于朝堂，命妇妇人入会于内殿，及皇室诸亲赐帛各有差，及从行文武五品以上。制以皇后故乡并州长史、司马各加勋级。又皇后亲预会，每赐物一千段，期亲五百段，大功已下及无服亲、邻里故旧有差。城内及诸妇女年八十已上，各版授郡君，仍赐物等。己酉，讲武于并州城西，上御天阁，引群臣临观。辛亥，发神丘道军伐百济。丁巳，左右领始改左右千牛。夏四月戊寅，车驾还东都，造八关宫于东都苑内。癸亥，至自并州。五月壬戌，幸八关宫，改为合璧宫。六月庚午朔，日有蚀之。辛卯，诏文武五品已上四科举人。甲午，驾还东都。秋七月乙巳，废梁王忠为庶人，徙于黔州。戊辰，度支尚书、同中书门下三品卢承庆以罪免。八月庚辰，苏定方等讨平百济，面缚其王扶余义慈。国分为五部，郡三十七，城二百，户七十六万，以其地分置熊津等五都督府。曲赦神丘、昆夷道总管已下，赐天下大酺三日。九月戊午，赐英国公勋墓茔一所。冬十月丙子，代国夫人杨氏改荣国夫人，品第一，位在王公母妻之上。十一月戊戌朔，邢国公苏定方献百济王扶余义慈、太子隆等五十八人俘于则天门，责而宥之。乙卯，狩于许、郑之郊。十二月己卯，至自许州。

六年春正月乙卯，于河南、河北、淮南六十七州募得四万四千六百四十六人，往平壤带方道行营。二月乙未，以益、绵等州皆言龙见，改元。曲赦洛州。龙朔元年三月丙申朔，改元。壬戌，幸合璧宫。夏五月丙申，命左骁卫大将军、凉国公契苾何力为辽东道大总管，左武卫大将军、邢国公苏定方为平壤道大总管，兵部尚书、同中书门下三品、乐安县公任雅相为浿江道大总管，以伐高丽。是日，皇后请禁天下妇人为俳优之戏，诏从之。甲子晦，日有蚀之。六月庚寅，中书令许敬宗等进《累璧》六百三十卷，目录四卷。秋七月癸卯，车驾还东都。八月丙戌，令诸州举孝行尤著及累叶义居可以励风俗者。九月甲辰，以河南县大女张年百三岁，亲幸其第。又幸李勣之第。天宫寺是高祖潜龙时旧宅，上周历殿宇，感怆久之，度僧二十人。皇上至许圉师第。壬子，徙封潞王贤为沛王。是日，以雍州牧、幽州都督、沛王贤为扬州都督，左武候大将军，牧如故。以洛州牧、周王显为并州都督。是日，敕中书门下五品已上诸司长官、尚书省侍郎并诸亲三等以上，并诣

沛王宅设宴礼，奏《九部乐》。礼毕，赐帛杂彩等各有差。冬十月丁卯，狩于陆浑。癸酉，还宫。是岁，新罗王金春秋卒，其子法敏嗣立。

二年春正月乙巳，太府寺更置少卿一员，分两京检校。丙午，东都初置国子监，并加学生等员，均分于两都教授。二月甲子，改京诸司及百官名：尚书省为中台，门下省为东台，中书省为西台，左右仆射为左右匡政，左右丞为肃机，侍中为左相，中书令为右相，自余各以义训改之。又改六宫内职名。甲戌，司戎太常伯、浿江道总管、乐安县公任雅相卒于军。三月甲申，自东都还京。癸丑，幸同州。苏定方破高丽于苇岛，又进攻平壤城，不克而还。夏四月庚申朔，至自东都。辛巳，造蓬莱宫成，徙居之。五月丙申，左侍极许圉师为左相。乙巳，复置律、书、算三学。

六月己未朔，皇子旭轮生。乙丑，初令道士、女冠、僧、尼等，并尽礼致拜其父母。乙亥，制蓬莱宫诸门殿亭等名。秋七月丁亥朔，以东宫诞育满月，大赦天下，赐酺三日。八月甲午，右相许敬宗乞骸骨。壬寅，许敬宗为太子少师，同东西台三品，仍知西台事。九月，司礼少常伯孙茂道奏称：“八品、九品旧令著青，乱紫，非卑品所服，望令著碧。”诏从之。戊寅，前吏部尚书、河间郡公李义府起复为司列太常伯，同东西台三品。冬十月丁酉，幸温汤，皇太子弘监国。丁未，至自温汤。庚戌，西台侍郎上官仪同东西台三品。十一月辛未左相许圉师下狱。癸酉，封皇第四子旭轮为殷王。十二月辛丑，改魏州为冀州大都督府，改冀州为魏州。又以并、扬、荆、益四都督府并为大都督府。沛王贤为扬州大都督，周王显为并州大都督，殷王旭轮遥领冀州大都督。左相许圉师解见任。

三年春正月，左武卫大将军郑仁泰等帅师讨铁勒余种，尽平之。乙丑，司列太常伯李义府为右相。二月丙戌，陇、雍、同、岐等十五州户口，征修蓬莱宫。癸巳，置太子左右谕德及桂坊大夫等官员，改司经局为桂坊馆，崇贤馆罢隶左春坊。丁酉，减京官一月俸，助修蓬莱宫。庚戌，诏曰："天德施生，阳和在节，言念幽圄，载恻分宵。虽复每有哀矜，犹恐未免枉滥。在京系囚应流死者，每日将二十人过。"于是亲自临问，多所原宥，不尽者令皇太子录之。诏以书学隶兰台，算学隶秘阁，律学隶详刑寺。改燕然都护府为瀚海都护府，瀚海都护府为云中都护府。二月，前左相许圉师左迁虔州刺史。太子弘撰《瑶山玉彩》成，书凡五百卷。夏四月乙丑，右相李义府下狱。戊子，李义府除名，配流巂州。丙午，幸蓬莱宫新起含元殿。秋八月癸卯，彗星见于左摄提。戊申，诏百僚极言正谏。命司元太常伯窦德玄、司刑太常伯刘祥道等九人为持节大使，分行天下。仍令内外官五品已上各举所知。冬十月丙申，绛州麟见于介山。丙午，含元殿前麟趾见。十一月癸酉，雨冰。十二月庚子，诏改来年正月一日为麟德元年。

麟德元年春正月甲子，改云中都护府为单于大都护府，官品同大都督府。二月丁亥，加授殷王旭轮单于大都护。戊子，幸万年宫。三月辛亥，展大射礼。丁卯，长女追封安定公主，谥曰思，其卤簿鼓吹及供葬所须，并如亲

王之制,于德业寺迁于崇敬寺。夏四月,卫州刺史、道王元庆薨。五月,许王孝薨。乙卯,于昆明之弄栋川置姚州都督府。秋八月丙子朔,至自万年宫,便幸旧宅。己卯,降万年县系囚,因幸大慈恩寺。壬午,还蓬莱宫。戊子,兼司列太常伯、检校沛王府长史、城阳县侯刘祥道兼右相,大司宪窦德玄兼司元太常伯、检校左相。九月己卯,诏曰:"周京兆尹、左右宫伯大将军、司卫上将军、少冢宰、广陵郡公宇文孝伯,忠亮存心,贞坚表志。淫刑既逞,方纳谏而求仁;忍忌将加,甘捐躯而徇节。年载虽久,风烈犹生,宜峻徽章,式旌胤胄。其孙左威卫长史思纯,可加授朝散大夫。"十二月丙戌,杀西台侍郎上官仪。戊子,庶人忠坐与仪交通,赐死。右相、城阳县侯刘祥道为司礼太常伯。太子右中护检校西台侍郎乐彦玮、西台侍郎孙处约同知政事。是冬无雪。

二年春正月壬午,幸东都。丁酉,幸合璧宫。戊子,虑雍、洛二州及诸司囚。甲子,以发向泰山,停选。三月甲寅,兼司戎太常伯、永安郡公姜恪同东西台三品。辛未,东都造乾元殿成。闰月癸酉,日有蚀之。四月丙午,曲赦桂、广、黔三都督府管内大辟罪已上。丙寅,讲武邙山之阳,御城北楼观之。戊辰,左侍极、仍检校大司成、嘉兴县子陆敦信为检校右相,其大司成宜停。西台侍郎孙处约、乐彦玮并停知政事。五月辛卯,以秘阁郎中李淳风造历成,名《麟德历》,颁之。以司空、英国公李勣,少师、高阳郡公许敬宗,右相、嘉兴县子陆敦信,左相、钜鹿男窦德玄为检校封禅使。六月,鄜州大水,坏城邑。秋七月,邓王元裕薨。冬十月戊午,皇后请封禅,司礼太常伯刘祥道上疏请封禅。癸亥,高丽王高藏遣其子福男来朝。丁卯,将封泰山,发自东都。是岁大稔,米斗五钱,粺麦不列市。十一月丙子,次于原武,以少牢祭汉将纪信墓,赠骠骑大将军。庚寅,华州刺史、燕国公于志宁卒。十二月丙午,御齐州大厅。乙卯,命有司祭泰山。丙辰,发灵岩顿。

卷五　　　　　本纪第五

高　宗　下

麟德三年春正月戊辰朔,车驾至泰山顿。是日亲祀昊天上帝于封祀坛,以高祖、太宗配飨。己巳,帝升山行封禅之礼。庚午,禅于社首,祭皇地祇,以太穆太皇太后、文德皇太后配飨;皇后为亚献,越国太妃燕氏为终献。辛未,御降禅坛。壬申,御朝觐坛受朝贺。改麟德三年为乾封元年,诸行从文武官及朝觐华戎岳牧、致仕老人朝朔望者,三品已上赐爵二等,四品已下、七品以上加阶,八品已下加一阶,勋一转。诸老人百岁已上版授下州刺史,妇人郡君;九十、八十节级。齐州给复一年半,管岳县二年。所历之处,无出今年租赋。乾封元年正月五日已前,大赦天下,赐酺七日。癸酉,宴群臣,陈《九部乐》,赐物有差,日昳而罢。丙子,皇太子弘设会。丁丑,以前恩薄,普进爵及勋员等。男子赐古爵。兖州界置紫云、仙鹤、万岁观,封峦、非烟、重轮三寺。天下诸州署观、寺一所。丙戌,发自泰山。甲午,次曲阜县,幸孔子庙。追赠太师,增修祠宇,以少牢致祭。其褒圣侯德伦子孙,并免赋役。二月己未,次亳州。幸老君庙,追号曰太上玄元皇帝,创造祠堂。其庙置令、丞各一员。改谷阳县为真源县,县内宗姓特给复一年。夏四月甲辰,车驾至自泰山,先谒太庙而后入。五月庚寅,改铸乾封泉宝钱。六月壬寅,高丽莫离支盖苏文死。其子男生继其父位,为其弟男建所逐,使其子献诚诣阙请降,诏左骁卫大将军契苾何力率兵以应接之。秋七月乙丑,徙封殷王旭轮为豫王。庚午,左侍极、检校右相、嘉兴子陆敦信缘老病乞辞机揆,拜大司成,兼知左侍极。大司宪兼检校右中护刘仁轨兼右相、检校右中护。八月辛丑,兼司元太常伯、兼检校左相、钜鹿男窦德玄卒。丁未,杀司卫少卿武惟良、淄州刺史武怀运,仍改姓蝮氏。冬十月己酉,命司空、英国公勣为辽东道行军大总管,以伐高丽。

二年春正月丁丑,以去冬至于是月无雨雪,避正殿,减膳,亲录囚徒。罢乾封钱,复行开元通宝钱。二月戊戌,涪陵郡王愔薨。辛丑,改万年宫依旧名九成宫。夏六月乙卯,西台侍郎杨武,西台侍郎、道国公、检校太子左中护戴至德,正谏议大夫、检校东台侍郎、安平郡公李安期,东台侍郎张文瓘,并同东西台三品。秋八月己丑朔,日有蚀之。丙辰,东台侍郎李安期出为荆州大都督府长史。

三年春正月庚寅,诏缮工大监兼瀚海都护刘审礼为西域道安抚大使。壬子,以右相刘仁轨为辽东道副大总管。二月戊午,辽东道破薛贺水五万人,阵斩首五千余级,获生口三万余人,器械牛马不可胜计。丙寅,以明堂制度历代不同,汉、魏以还,弥更讹舛,遂增损古今,新制其图。下诏大赦,改元为总章元年。二月戊寅,幸九成宫。己卯,分长安、万年置乾封、明堂二县,分理于京城之中。癸未,皇太子弘释奠于国学。赠颜回太子少师,曾参太子少保。夏四月丙辰,有彗星见于毕、昴之间。乙丑,上避正殿,减膳,诏内外群官各上封事,极言过失。于是群臣上言:"星虽孛而光芒小,此非国眚,不足上劳圣虑,请御正殿,复常馔。"帝曰:"朕获奉宗庙,抚临亿兆,谪见于天,诚朕之不德也,当责躬修德以禳之。"群臣复进曰:"星孛于东北,此高丽将灭之征。"帝曰:"高丽百姓,即朕之百姓也。既为万国之主,岂可推过于小蕃!"竟不从所请。乙亥,彗星灭。辛巳,西台侍郎杨武卒。秋八月癸酉,至于九成宫。九月癸巳,司空、英国公勣破高丽,拔平壤城,擒其王高藏及其大臣男建等以归。境内尽降,其城一百七十,户六十九万七千,以其地为安东都护府,分置四十二州。

二年春正月,封诸王嫡子皆为郡王。二月,东台侍郎、同东西台三品兼知左史事张文瓘署位,始入衔。三月,东台侍郎郝处俊同东西台三品。癸酉,皇后亲祀先蚕。夏四月乙酉,幸九成宫。置司列少常伯、司戎少常伯各两员。五月庚子,移高丽户二万八千二百,车一千八十乘,牛三千三百头,马二千九百匹,驼六十头,将入内地,莱、营二州般次发遣,量配于江、淮以南及山南、并、凉以西诸州空闲处安置。六月戊申朔,日有蚀之。括州大风雨,海水泛溢永嘉、安固二县城郭,漂百姓居六千八百四十三区,溺杀人九千七十、牛五百头,损田苗四千一百五十顷。冀州大水,漂坏居人庐舍数千家。并遣使赈给。秋七月,剑南益、泸、巂、茂、陵、邛、雅、绵、翼、维、始、简、资、荣、隆、果、梓、普、遂等一十九州旱,百姓乏绝,总三十六万七千六百九十户,遣司珍大夫路励行存问赈贷。癸巳,冀州大都督府奏,自六月十三日夜降雨,至二十日水深五尺,其夜暴水深一丈已上,坏屋一万四千三百九十区,害田四千四百九十六顷。遣右卫大将军、凉国公契苾何力为驾海道行军大总管。秋八月甲戌,改瀚海都护府为安北都护府。九月己亥,发自九成宫。壬寅,停华林顿,大蒐于岐。乙巳,至岐州。高祖初仕隋为扶风太守,故曲赦岐州管内。高祖时胥徒随材擢用,赐高年衣物粟帛各有差。冬十月丁巳,至自九成宫。十一月庚辰,发九州人夫,转发太原仓米粟入京。丁亥,徙封豫王旭轮为冀王,仍令单名轮。十二月戊申,司空、太子太师、英国公勣薨。是冬无雪。

三年春正月丁丑,右相、乐成男刘仁轨致仕。辛卯,列辽东地为州县。二月戊申,以旱,亲录囚徒,祈祷名山大川。癸丑,日色出如赭。三月甲戌朔,大赦天下,改元为咸亨元年。三月丁丑,改造蓬莱宫为含元殿。壬辰,太子少师、同东西台三品许敬宗致仕。夏四月,吐蕃寇陷白州等一十八州,又与于阗合众袭龟兹拨换城,陷之。罢安西四镇。辛亥,以右威卫大将军薛仁贵为逻娑道行军大总管,右卫员外大将军阿史那道真、左卫将军郭待封为副,领兵五万以击吐蕃。庚午,幸九成宫。雍州大雨雹。五月丙戌,诏曰:"诸州县孔子庙堂及学馆有破坏并先来未造者,遂使生徒无肄业之所,先师阙奠祭之仪,久致飘露,深非敬本。宜令所司速事营造。"六月壬寅朔,日有蚀之。秋七月戊子,前西台侍郎李敬玄起复本职,仍依旧同东西台三品。薛仁贵、郭待封至大非川,为吐蕃大将论钦陵所袭,大败,仁贵等并坐除名。吐谷浑全国尽没,唯慕容诺曷钵及其亲信数千帐内属,仍徙于灵州界。八月甲子,至自九成宫。梁州都督、赵王福薨。丙寅,以久旱,避正殿,尚食减膳。九月甲申,卫国夫人杨氏薨,赠鲁国夫人,谥曰忠烈。闰月壬子,故赠司徒、周忠孝公士彠赠太尉、太子太师、太原郡王,赠鲁国忠烈太夫人赠太原王妃。甲寅,葬太原王妃,京官文武九品已上及外命妇,送至便桥宿次。冬十月癸酉,大雪,平地三尺余,行人冻死者赠帛给棺木。令雍、同、华州贫窭之家,有年十五已下不能存活者,听一切任人收养为男女,充驱使,皆不得将为奴婢。丙申,太子右中护兼摄正谏大夫、同东西台三品赵仁本为左肃机,罢知政事。十二月庚寅,诸司及百官名复旧名。是岁,天下四十余州旱及霜虫,百姓饥乏,关中尤甚。诏令任往诸州逐食,仍转江南租米以赈给之。

二年春正月乙巳,幸东都。留皇太子弘于京监国,令侍臣戴至德、张文瓘、李敬玄等辅之。唯以阎立本、郝处俊从。甲子,至东都。二月丁亥,雍州人梁金柱请出钱三千贯赈济贫人。夏四月戊子,大风折木。六月戊寅,左散骑常侍兼检校秘书、太子宾客、周国公武敏之以罪复本姓贺兰氏,除名,流雷州。丁亥,以旱,亲录囚徒。秋九月,地震。司徒、潞州刺史、徐王元礼薨。冬十月,搜扬明达礼乐之士。十一月甲午朔,日有蚀之。庚戌,幸许、汝等州教习。癸酉,冬狩,校猎于许州叶县昆水之阳。十二月丙戌,还东都。

三年春正月辛丑,发梁、益等一十八州兵,募五千三百人,遣右卫副率梁积寿往姚州击叛蛮。辛未,制雍、洛二州人听任本州官。二月己卯,侍中、永安郡公姜恪卒于河西镇守。夏四月戊寅,幸合璧宫。壬午,于水南教旗。上问中书令阎立本、黄门侍郎郝处俊:"伊尹负鼎俎于汤,应是补缉时政,不知铸鼎所缘,复在何国?将为国之重器,历代传宝?"阎立本以古义对。五月乙未,五品已上改赐新鱼袋,并饰以银;三品已上各赐金装刀子、砺石一具。六月丙子,于洛州柏崖置仓。八月壬子,特进、高阳郡公许敬宗卒。九月乙卯,冀州大都督府复为魏州,魏州复为冀州。壬寅,沛王贤徙封雍王。冬十月己未,皇太子监国。壬戌,车驾还京师。乙亥,中书侍郎、同中书门下三品、道国公戴至德加兼户部尚书,黄门侍郎、同中书门下三品张文瓘检校大理卿,黄门侍郎、甄山县公、同中书门下三品郝处俊为中书侍郎,兼检校吏部侍郎、同中书门下三品李敬玄为吏部侍郎,并依旧同中书门下三品。十一月戊子朔,日有蚀之。甲辰,至东都。十二月癸卯,太子左庶子刘仁轨同中书门下三品。是冬,左监门大将军高侃大败新罗之众于横水。

四年春正月甲午,诏咸亨初收养为男女及驱使者,听量酬衣食之直,放还本处。丙辰,绛州刺史、郑王元懿薨。二月壬午,以左金吾将军裴居道女为皇太子弘妃。夏四月丙子,幸九成宫。闰五月丁卯,燕山道总管李谨行破高丽叛党于瓠卢河之西,高丽平壤余众遁入新罗。秋七月庚午,九成宫太子新宫成,上召五品已上诸亲宴太子宫,极欢而罢。辛巳,婺州暴雨,水泛溢,漂溺居民六百家,诏令赈给。八月辛丑,上疟疾,令太子受诸司启事。己酉,大风毁太庙鸱吻。冬十月壬午,中书令、博陵县子阎立本卒。乙未,皇太子弘纳妃毕,曲赦岐州,大酺三日。庚子,还京师。乙巳,至自九成宫。十一月丙寅,上制乐章,有《上元》、《二仪》、《三才》、《四时》、《五行》、《六律》、《七政》、《八风》、《九宫》、《十洲》、《得一》、《庆云》之曲,诏有司诸大祠享即奏之。十二月丙午,弓月、疏勒二国王入朝请降。

五年春二月壬午,遣太子左庶子、同中书门下三品刘仁轨为鸡林道大总管,以讨新罗,仍令卫尉卿李弼、右领大将军李谨行副之。三月辛亥朔,日有蚀之。己巳,皇后祀先蚕。夏四月辛卯,以尚辇奉御、周国公武承嗣为宗正卿。五月己未,诏:"春秋二社,本以祈农,如闻此外别为邑会。此后除二社外,不得聚集,有司严加禁止。"六月壬寅,太白入东井。秋八月辛辰,追尊宣简公为宣皇帝,懿王为光皇帝,太祖武皇帝为高祖神尧皇帝,太宗文皇帝为文武圣皇帝,太穆皇后为太穆神皇后,文德皇后为文德圣皇后。皇帝称天皇,皇后称天后。改咸亨五年为上元元年,大赦。戊戌,敕文武官三品已上服紫,金玉带;四品深绯,五品浅绯,并金带;六品深绿,七品浅绿,并银带;八品深青,九品浅青,鍮石带;庶人服黄,铜铁带。一品已下文官,并带手巾、算袋、刀子、砺石,武官欲带亦听之。九月辛亥,百僚具新服,上宴之于麟德殿。癸丑,追复长孙无忌官爵,仍以其曾孙翼袭封赵国公,许归葬于昭陵先逝之坟。十一月丙午朔,幸东都。己酉,狩于华山之曲武原。戊辰,至东都。十二月,蒋王恽薨。戊子,于阗王伏阇雄来朝。辛卯,波斯王卑路斯来朝。壬寅,天后上意见十二条,请王公百僚皆习《老子》,每岁明经一准《孝经》、《论语》例试于有司。又请子父在为母服三年。虢王凤薨。

二年春正月甲寅,荧惑犯房。壬戌,支汗郡王献碧玻璃。丙寅,以于阗为毗沙都督府,以尉迟伏阇雄为毗沙都督,分其境内为十州,以伏阇雄有击吐蕃功故也。庚午,龟兹王白素稽献银颇罗。辛未,吐蕃遣其大臣论吐浑弥来请和,不许。二月,鸡林道行军大总管大破新罗之众于七重城,斩获甚众。新罗遣使入朝献方物,伏罪。赦之,复其王金法敏官爵。三月丁未,日色如赫。丁巳,天后亲蚕于邙山之阳。时帝风疹不能听朝,政事皆决于天后。自诛上官仪后,上每视朝,天后垂帘于御座后,政事大小皆预闻之,内外称为"二圣"。帝欲下诏令天后摄国政,中书侍郎郝处俊谏止之。夏四月,分括州永嘉、永固二县置温州,析临海县为乐安、永宁二县。辛巳,周王显妃赵氏以罪幽死。己亥,皇太子弘薨于合璧宫之绮云殿。时帝幸合璧宫,是日还东都。五月己亥,追谥太子弘为孝敬皇帝。六月戊寅,以雍王贤为皇太子,大赦。秋七月辛亥,洛州复置缑氏县,以管孝敬皇帝恭陵。慈州刺史、杞王上金坐事,于澧州安置。八月庚辰,太子左庶子、同中书门下三品、乐成侯刘仁轨为左仆射,依旧监修国史。中书门下三品、大理卿张文瓘为侍中。中书侍郎、同三品、甄山公郝处俊为中书令,监修国史如故。吏部侍郎、检校太子左庶子、监修国史李敬玄吏部尚书兼太子左庶子、同中书门下三品,依前监修国史。左丞许圉师为户部尚书。九月丙午,宰相刘仁轨、戴至德、张文瓘、郝处俊并兼太子宾客。冬十月,析永州营道、江华、唐兴三县置道州。壬午,星孛于角、亢之南,长五尺。十二月丁亥,龟兹王白素稽献名马。

三年春正月戊戌,徙封冀王轮为相王。二月甲戌,移安东都护府于辽东。乙亥,坚昆献名马。丁亥,幸汝州之温汤。三月癸卯,黄门侍郎来恒、中书侍郎薛元超并同中书门下三品。甲辰,还东都。闰三月己巳朔,吐蕃入寇鄯、廓、河、芳等四州。乙酉,洛州牧、周王显为洮河道行军元帅,领工部尚书刘审礼等十二总管;并州都督、相王轮为凉州道行军元帅,领左卫将军契苾何力等军,以讨吐蕃。二王竟不行。戊午,敕制比用白纸,多为虫蠹,今后尚书省下诸司、州、县,宜并用黄纸。其承制敕之司,量为卷轴,以备披检。庚寅,车驾还京。夏四月戊申,至自

东都。甲寅,中书侍郎李义琰同中书门下三品。戊午,幸九成宫。六月癸丑,黄门侍郎高智周同中书门下三品。秋七月,彗起东井,指北河,渐东北,长三丈,扫中台,指文昌宫,五十八日方灭。八月乙未,吐蕃寇叠州。庚子,以星变,避殿,减膳,放京城系囚,令文武官各上封事言得失。壬寅,置南选使,简补广、交、黔等州官吏。青、齐等州海泛溢,又大雨,漂溺居人五千家,遣使赈恤之。九月甲子朔,车驾还京。丙申,邺王素节削户三分之二,于袁州安置。癸丑,于北京置金邻州。十一月丁卯,敕新造《上元舞》,圆丘、方泽、享太庙用之,余祭则停。壬申,以陈州言凤凰见于宛丘,改上元三年曰仪凤元年,大赦。庚寅,吏部尚书李敬玄为中书令。十二月丙申,皇太子贤上所注《后汉书》,赐物三万段。戊午,遣使分道巡抚:宰相来恒河南道,薛元超河北道,左丞崔知悌等江南道。

二年春正月乙亥,上躬籍田于东郊。庚辰,京师地震。壬辰,幸司竹园,即日还宫。二月丁巳,工部尚书高藏授辽东都督,封朝鲜郡王,遣归安东府,安辑高丽余众;司农卿扶余隆熊津州都督,封带方郡王,令往安辑百济余众。仍移安东都护府于新城以统之。夏四月,以河南、河北旱,遣使赈给。八月,徙封周王显为英王,改名哲。乙巳,太白犯轩辕。十二月乙卯,敕关内、河东诸州召募勇敢,以讨吐蕃。诏京文武职事官三品已上,每年各举文武才能堪任将帅牧守者一人。是冬无雪。

三年四月丁亥朔,以旱,避正殿,亲录囚徒,悉原之。戊申,大赦,改来年正月一日为通乾。癸丑,泾州献二小儿,连心异体,年四岁。五月壬戌,幸九成宫。以相王轮为洛州牧。秋七月丁巳,宴近臣亲于咸亨殿。上谓霍王元轨曰:"去冬无雪,今春少雨,自避暑此宫,甘雨频降,夏麦丰熟,秋稼滋荣。又得敬玄表奏,吐蕃入龙支,张虔勖与之战,一日两阵,斩馘极多。又太史奏,七月朔,太阳合亏而不亏。此盖上天垂祐,宗社降灵,岂虚薄所能致此!又男轮最小,特所留爱,比来与选新妇,多不称情;近纳刘延景女,观其极有孝行,复是私衷一喜。思与叔等同为此欢,各宜尽醉。"上因赋七言诗效柏梁体,侍臣并和。九月丁巳,还京师。辛酉,至自九成宫。癸亥,侍中张文瓘卒。丙寅,洮河道行军大总管中书令李敬玄、左卫大将军刘审礼等与吐蕃战于青海之上,王师败绩,审礼被俘。上以蕃寇为患,问计于侍臣中书舍人郭正一等,咸以备边不深讨为上策。十月丙午,徐州刺史、密王元晓薨。闰十月戊寅,荧惑犯钩钤。十一月乙未,昏雾四塞,连夜不解。丙申,雨木冰。壬子,黄门侍郎、同中书门下三品来恒卒。十二月,诏停明年"通乾"之号,以反语不善故也。

四年正月辛未,户部尚书、平恩县公许圉师卒。己酉,幸东都。庚戌,尚书右仆射、道国公戴至德薨。二月壬戌,吐蕃赞普卒,遣使吊祭之。乙丑,东都饥,官出糙米以救饥人。夏四月戊午,荧惑入羽林星。左丞崔知悌为户部尚书,中书令郝处俊为侍中。五月壬午,盗杀正谏大夫明崇俨。丙戌,皇太子贤监国。戊戌,造紫桂宫于渑池之西。

六月辛亥，制大赦天下，改仪凤四年为调露元年。秋七月己卯朔，诏以今年冬至有事嵩岳，礼官学士详定仪注。八月丁巳，侍中郝处俊、左庶子高智周、黄门侍郎崔知温、给事中刘景先兼修国史。九月壬午，吏部侍郎裴行俭讨西突厥，擒其十姓可汗阿史那都支及别帅李遮匐以归。冬十月，单于大都护府突厥阿史德温傅及奉职二部率相反叛，立阿史那泥熟匐为可汗，二十四州首领并叛。遣单于大都护长史萧嗣业、将军花大智、李景嘉等讨之。与突厥战，为贼所败。嗣业配流桂州。壬子，令将军曹怀舜率兵往恒州守井陉，崔献往绛州守龙门，以备突厥。庚申，前诏封嵩山，宜停。癸亥，吐蕃文成公主遣其大臣论塞调傍来告丧，请和亲，不许。遣郎将宋令文使吐蕃，会赞普之葬。十一月戊寅朔，左庶子、同三品高智周罢知政事。癸未，以吏部侍郎裴行俭为礼部尚书，赏擒都支、遮匐之功也。甲辰，裴行俭为定襄道大总管，与营州都督周道务等兵十八万，并西军程务挺、东军李文暕等，总三十万以讨突厥。甲寅，临轩试应岳牧举人。

二年春正月乙酉，宴诸王、诸司三品已上、诸州都督刺史于洛城南门楼，奏新造《六合还淳》之舞。二月丙午，诏曰："故符玺郎李延寿撰《正典》一部，辞殚雅正，虽已沦亡，功犹可录，宜赐其家绢五十匹。"壬子，霍王元轨率文武百僚，请出一月俸料助军，以讨突厥。癸丑，幸汝州温汤。丁巳，至少室山。戊午，亲谒少姨庙。赐故玉清观道士王远知谥曰升真先生，赠太中大夫。又幸隐士田游岩所居。己未，幸嵩阳观及启母庙，并命立碑。又幸逍遥谷道士潘师正所居。甲子，自温汤还东都。三月，裴行俭大破突厥于黑山，擒其首领奉职。伪可汗泥熟匐为其部下所杀，传首来降。夏四月乙丑，幸紫桂宫。戊辰，黄门侍郎裴炎、崔知温、中书侍郎王德真并同中书门下三品。五月癸未，荧惑犯舆鬼。丁酉，太白经天。秋七月，吐蕃寇河源，屯于良非川。河西镇抚大使李敬玄与吐蕃将赞婆战于湟中，官军败绩。时左武卫将军黑齿常之力战，大破蕃军，遂擢为河源军经略大使；令李敬玄镇鄯州，为之援。丙申，江王元祥薨。是月，突厥余众围云州，中郎将程务挺击破之。八月丁未，自紫桂宫还东都。丁巳，鄯州都督李敬玄左迁衡州刺史。甲子，废皇太子贤为庶人，幽于别所，乙丑，立英王哲为皇太子。改调露二年为永隆元年，赦天下，大酺三日。太子左庶子、同中书门下三品张大安坐庶人左迁普州刺史。九月，河南、河北诸州大水，遣使赈恤，溺死者官给棺椁，其家赐物七段。冬十月壬寅，苏州刺史曹王明封零陵郡王，于黔州安置，坐附庶人贤也。己酉，自东都还京。十一月朔，日有蚀之。洛州饥，减价官粜，以救饥人。

二年春正月，突厥寇原、庆等州。乙亥，命将军李知十、王杲等分兵御之。癸巳，遣礼部尚书裴行俭为定襄道大总管，率师讨突厥温傅部落。己亥，诏雍、岐、华、同民户宜免两年地税，河南、河北遭水处一年。上诏雍州长史李义玄曰："朕思还淳返朴，示天下以质素。如闻游手堕业，此类极多，时稍不丰，便致饥馑。其异色绫锦，并花间裙衣等，糜费既广，俱害女工。天后，我之匹敌，常

著七破间裙，岂不知更有靡丽服饰？务遵节俭也。其紫服赤衣，闾阎公然服用。兼商贾富人，厚葬越礼。卿可严加捉搦，勿使更然。"二月丙午，皇太子亲行释奠礼。三月辛卯，左仆射、同三品刘仁轨兼太子少傅。侍中郝处俊为太子少保，罢知政事。五月丙戌，定襄道总管曹怀舜与突厥史伏念战于横水，官军大败。怀舜减死，配流岭南。六月壬子，故江王元祥男皞以犯名教，斩于大理寺后园。七月，太平公主出降薛绍，赦京城系囚。闰七月丁未，黄门侍郎裴炎为侍中，黄门侍郎崔知温、中书侍郎薛元超并为中书令。庚申，上以服饵，令皇太子监国。丙寅，雍州大风害稼，米价腾踊。是月，裴行俭大破突厥史伏念之众，伏念为程务挺急追，遂执温傅来降，行俭于是尽平突厥余党。行俭执伏念、温傅，振旅凯旋。八月丁卯朔，河南、河北大水，许遭水处往江、淮已南就食。丁亥，户部尚书崔知悌卒。辛卯，改交州为安南都护府。九月丙申，彗星见于天市，长五尺。冬十月丙寅朔，日有蚀之。乙丑，改永隆二年为开耀元年。曲赦定襄军及缘征突厥官吏兵募等。丙寅，斩阿史那伏念及温傅等五十四人于都市。丁亥，新罗王金法敏薨，仍以其子政袭位。十一月癸卯，徙庶人贤于巴州。十二月，吐火罗献金衣一领，上不受。辛未，太子少保、甄山县公郝处俊薨。

永淳元年正月乙未朔，以年饥，罢朝会。关内诸府兵，令于邓、绥等州就谷。二月癸未，以太子诞皇孙满月，大赦。改开耀二年为永淳元年，大酺三日。戊午，立皇孙重照为皇太孙，欲开府置僚属。吏部郎中王方庆曰："按周礼，有嫡子无嫡孙。汉、魏已来，皇太子在，不立太孙，但封王耳。晋立愍怀太子子或为太孙，齐立文惠太子子昭业为太孙，便居东宫；而皇太子在而立太孙，未有前例。"上曰："自我作古，可乎？"曰："可。"然竟不立府僚。是春，关内旱，日色如赭。四月甲子朔，日有蚀之。丙寅，幸东都。皇太子京师留守，命刘仁轨、裴炎、薛元超等辅之。上以谷贵，减侍从兵，士庶无者多步蹀于路。辛未，以裴行俭为金牙道行军大总管，与将军阎怀旦等三总管兵分道讨十姓突厥阿史那车薄。行俭未行而卒。安西副都护王方翼破车薄、咽面，西域平。戊寅，次渑池之紫桂宫。乙酉，至东都。丁亥，黄门侍郎郭待举、兵部侍郎岑长倩、中书侍郎郭正一、吏部侍郎魏玄同并同中书门下同承受进止平章事。上谓参知政事崔知温曰："待举等历任尚浅，且令预闻政事，未可即与卿等同名称。"自是外司四品已下知政事者，遂以平章为名。五月壬寅，置东都苑总监。自丙午连日澍雨，洛水溢，坏天津及中桥、立德、弘教、景行诸坊，溺居民千余家。六月，关中初雨，麦苗涝损，后旱，京兆、岐、陇螟蝗食苗并尽，加以民多疫疠，死者枕藉于路，诏所在官司埋瘗。丁丑，以岐州刺史苏良嗣为雍州长史。京师人相食，寇盗纵横。秋七月己亥，造奉天宫于嵩山之阳，仍置嵩阳县。又于蓝田造万全宫。庚申，零陵王明薨。是秋，山东大水，民饥。吐蕃寇柘、松、翼等州。冬十月甲子，京师地震。丙寅，黄门侍郎刘景先平章事。十二月，南天竺、于阗各献方物。突厥余党阿史那骨笃禄等招合残众，据黑沙城，入寇并州北境。

二年春正月甲午朔，幸奉天宫，遣使祭嵩岳、少室、箕山、具茨等山，西王母、启母、巢父、许由等祠。二月甲午，洛州长史李仲玄为宗正卿。庚午，突厥寇定州、妫州之境。己卯，左领军卫大将军薛仁贵卒。三月庚寅，突厥阿史那骨笃禄、阿史德元珍等围单于都护府。丙午，彗见五车北，二十五日而灭。癸丑，中书令崔知温卒。夏四月己巳，还东都。甲申，绥州部落稽白铁余据城平县反，命将军程务挺将兵讨之。五月庚寅，幸芳桂宫，阴雨，还东都。突厥寇蔚州，杀刺史李思俭，丰州都督崔智辨率师出朝那山掩击之，为贼所败，遂寇岚州。秋七月己丑，封皇孙重福为唐昌郡王。甲辰，相王轮改封豫王，更名旦。己丑，令唐昌郡王重福为京留守，刘仁轨副之。召皇太子至东都。己巳，河水溢，坏河阳城，水面高于城内五尺，北至盐坎，居人庐舍漂没皆尽，南北并坏。庚戌，荧惑入舆鬼，犯质星。十一月，皇太子来朝。癸亥，幸奉天宫。时天后自封岱之后，劝上封中岳。每下诏草仪注，即岁饥、边事警急而止。至是复行封中岳礼，上疾而止。上苦头重不可忍，侍医秦鸣鹤曰："刺头微出血，可愈。"天后帷中言曰："此可斩，欲刺血于人主首耶！"上曰："吾苦头重，出血未必不佳。"即刺百会，上曰："吾眼明矣。"戊戌，命将军程务挺为单于道安抚大使，以招讨总管讨山贼元珍、骨笃禄、贺鲁等。诏皇太子监国，裴炎、刘齐贤、郭正一等于东宫同平章事。丁未，自奉天宫还东都。上疾甚，宰臣已下并不得谒见。十二月己酉，诏改永淳二年为弘道元年。将宣赦书，上欲亲御则天门楼，气逆不能上马，遂召百姓于殿前宣之。礼毕，上问侍臣曰："民庶喜否？"曰："百姓蒙赦，无不感悦。"上曰："苍生虽喜，我命危笃。天地神祇若延吾一两月之命，得还长安，死亦无恨。"是夕，帝崩于真观殿，时年五十六。宣遗诏："七日而殡，皇太子即位于柩前。园陵制度，务从节俭。军国大事有不决者，取天后处分。"群臣上谥曰天皇大帝，庙号高宗。文明元年八月庚寅，葬于乾陵。天宝十三载，改谥曰天皇大弘孝皇帝。

史臣曰：大帝往在藩储，见称长者；暨升旒扆，顿异明哉。虚襟似纳于触鳞，下诏无殊于扇暍。既荡情于帷薄，遂忽意于基扃。惑麦斛之佞言，中宫被毒；听赵师之诬说，元舅衔冤。忠良自是胁肩，奸佞于焉得志。卒致盘维尽戮，宗社为墟。古所谓一国为一人兴，前贤为后愚废，信矣哉！

赞曰：藉文鸿业，仅保余位。封岱礼天，其德不类。伏戎于寝，构堂终坠。自蕴祸胎，邦家殄瘁。

卷六 本纪第六

则天皇后

则天皇后武氏，讳曌，并州文水人也。父士彟，隋大业末为鹰扬府队正。高祖行军于汾、晋，每休止其家。义旗初起，从平京城。贞观中，累迁工部尚书、荆州都督，封应国公。

初，则天年十四时，太宗闻其美容止，召入宫，立为才人。及太宗崩，遂为尼，居感业寺。大帝于寺见之，复召入宫，拜昭仪。时皇后王氏、良娣萧氏频与武昭仪争宠，互谗毁之，帝皆不纳。进号宸妃。永徽六年，废王皇后而立武宸妃为皇后。高宗称天皇，武后亦称天后。后素多智计，兼涉文史。帝自显庆已后，多苦风疾，百司表奏，皆委天后详决。自此内辅国政数十年，威势与帝无异，当时称为"二圣"。

弘道元年十二月丁巳，大帝崩，皇太子显即位，尊天后为皇太后。既将篡夺，是日自临朝称制。庚午，加授泽州刺史、韩王元嘉为太尉，豫州刺史、滕王元婴为开府仪同三司，绛州刺史、鲁王灵夔为太子太师，相州刺史、越王贞为太子太傅，安州都督、纪王慎为太子太保。元嘉等地尊望重，恐其生变，故进加虚位，以安其心。甲戌，刘仁轨为尚书左仆射，岑长倩为兵部尚书，魏玄同为黄门侍郎，并依旧知政事。刘齐贤为侍中，裴炎为中书令。

嗣圣元年春正月甲申朔，改元。二月戊午，废皇帝为庐陵王，幽于别所，仍改赐名哲。己未，立豫王轮为皇帝，令居于别殿。大赦天下，改元文明。皇太后仍临朝称制。庚午，废皇太孙重照为庶人。太常卿兼豫王府长史王德真为侍中，中书侍郎、豫王府司马刘祎之同中书门下三品。三月，庶人贤死于巴州。夏四月，滕王元婴薨。改封毕王上金为泽王，葛王素节为许王。丁丑，迁庐陵王哲于均州。闰五月，礼部尚书武承嗣同中书门下三品。秋七月，突厥骨咄禄、元珍寇朔州，命左威卫大将军程务挺拒之。彗星见西北方，长二丈余，经三十三日乃灭。九月，大赦天下，改元为光宅。旗帜改从金色，饰以紫，画以杂文。改东都为神都，又改尚书省及诸司官名。初置右肃政御史台官员。故司空李勣孙柳州司马徐敬业伪称扬州司马，杀长史陈敬之，据扬州起兵，自称上将，以匡复为辞。冬十月，楚州司马李崇福率所部三县以应敬业。命左玉铃卫大将军李孝逸为大总管，率兵三十万以讨之。杀内史裴炎。丁酉，追削敬业父祖官爵，复其本姓徐氏。十二月，前中书令薛元超卒。杀左威卫大将军程务挺。

垂拱元年春正月，以敬业平，大赦天下，改元。刘仁轨薨。三月，迁庐陵王哲于房州。颁下亲撰《垂拱格》于天下。夏四月，内史骞味道左授青州刺史。五月，秋官尚书裴居道为内史，纳言王德真配流象州，冬官尚书苏良嗣为纳言。诏内外文武九品已上及百姓,咸令自举。是夏大旱。

二年春正月,皇太后下诏,复政于皇帝。以皇太后既非实意,乃固让。皇太后仍依旧临朝称制,大赦天下。初令都督、刺史并准京官带鱼。三月,初置匦于朝堂,有进书言事者听投之,由是人间善恶事多所知悉。夏四月,岑长倩为内史。六月,苏良嗣为文昌左相,天官尚书韦待价为文昌右相,并同凤阁鸾台三品。右肃政御史大夫韦思谦为纳言。

三年春正月,封皇子成义为恒王,隆基为楚王,隆范为卫王,隆业为赵王。二月,韦思谦请致仕,许之。夏四月,裴居道为纳言,夏官侍郎张光辅为凤阁侍郎、同凤阁鸾台平章事。庚午,刘祎之赐死于家。秋八月,地官尚书魏玄同检校纳言。

四年春二月,毁乾元殿,就其地造明堂。山东、河南甚饥乏,诏司属卿王及善、司府卿欧阳通、冬官侍郎狄仁杰巡抚赈给。夏四月,魏王武承嗣伪造瑞石,文云:"圣母临人,永昌帝业。"令雍州人唐同泰表称获之洛水。皇太后大悦,号其石为"宝图",擢授同泰游击将军。五月,皇太后加尊号曰圣母神皇。秋七月,大赦天下。改"宝图"曰"天授圣图",封洛水神为显圣,加位特进,并立庙。就水侧置永昌县。天下大酺五日。八月壬寅,博州刺史、琅邪王冲据博州起兵,命左金吾大将军丘神勣为行军总管讨之。庚戌,冲父豫州刺史、越王贞又举兵于豫州,与冲相应。九月,命内史岑长倩、凤阁侍郎张光辅、左监门大将军鞠崇裕率兵讨之。丙寅,斩贞及冲等,传首神都,改姓虺氏。曲赦博州。韩王元嘉、鲁王灵夔、元嘉子黄国公譔、灵夔子左散骑常侍范阳王蔼、霍王元轨及子江都王绪、故蒋王元凤子东莞公融坐与贞通谋,元嘉、灵夔自杀,元轨配流黔州,譔等伏诛,改姓虺氏。自是宗室诸王相继诛死者,殆将尽矣。其子孙年幼者咸配流岭外,诛其亲党数百余家。十二月己酉,神皇拜洛水,受"天授圣图",是日还宫。明堂成。

永昌元年春正月,神皇亲享明堂,大赦天下,改元,大酺七日。三月,张光辅为内史,武承嗣为纳言。夏四月,诛蒋王恽、道王元庆、徐王元礼、曹王明等诸子孙,徙其家属于巂州。五月,命文昌右相韦待价为安息道大总管以讨吐蕃。六月,令文武官五品已上各举所知。秋七月,纪王慎被诬告谋反,载以槛车,流于巴州,改姓虺氏。韦待价坐迟留不进,士卒多饥馑而死,配流绣州。八月,左肃政御史大夫王本立同凤阁鸾台三品。辛巳,诛内史张光辅。九月,纳言魏玄同赐死于家。冬十月,春官尚书范履冰、凤阁侍郎邢文伟并同凤阁鸾台平章事。改羽林军百骑为千骑。

载初元年春正月,神皇亲享明堂,大赦天下。依周制建子月为正月,改永昌元年十一月为载初元年正月,十二月为腊月,改旧正月为一月,大酺三日。神皇自以"曌"字为名,遂改诏书为制书。春一月,苏良嗣为特进,武承嗣为文昌左相,岑长倩为文昌右相,裴居道为太子少傅,并依旧同凤阁鸾台三品。凤阁侍郎武攸宁为纳言,邢

文伟为内史。秋七月,杀豫章王亶,迁其父舒王元名于和州。有沙门十人伪撰《大云经》,表上之,盛言神皇受命之事。制颁于天下,令诸州各置大云寺,总度僧千人。丁亥,杀随州刺史泽王上金、舒州刺史许王素节并其子数十人。九月九日壬午,革唐命,改国号为周。改元为天授,大赦天下,赐酺七日。乙酉,加尊号曰圣神皇帝,降皇帝为皇嗣。丙戌,初立武氏七庙于神都。追尊神皇父赠太尉、太原王士㸅为孝明皇帝。兄子文昌左相承嗣为魏王,天官尚书三思为梁王,堂侄懿宗等十二人为郡王。司宾卿史务滋为纳言,凤阁侍郎宗秦客为内史。给事中傅游艺为鸾台侍郎,仍依旧知凤阁鸾台平章事。令史务滋等十人分道存抚天下。改内外官所佩鱼并作龟。冬十月,改并州文水县为武兴县,依汉丰、沛例,百姓子孙相承给复。

二年正月,亲祀明堂。春三月,改唐太庙为享德庙。夏四月,令释教在道法之上,僧尼处道士女冠之前。六月,命岑长倩率诸军讨吐蕃。左肃政御史大夫格辅元为地官尚书,鸾台侍郎乐思晦并同凤阁鸾台平章事。秋七月,徙关内雍、同等七州户数十万以实洛阳。分京兆置鼎、稷、鸿、宜四州。夏官尚书欧阳通知纳言事。九月,傅游艺下狱死。右羽林卫大将军、建昌王攸宁为纳言,洛州司马狄仁杰为地官侍郎、同凤阁鸾台平章事。冬十月,制官人者咸令自举。杀文昌左相岑长倩、纳言欧阳通、地官尚书格辅元。

三年正月,亲祀明堂。春一月,冬官尚书杨执柔同凤阁鸾台平章事。三月,五天竺国并遣使朝贡。四月,大赦天下,改元为如意,禁断天下屠杀。秋七月,大雨,洛水泛溢,漂流居人五千余家,遣使巡问赈贷。八月,魏王承嗣为特进,建昌王攸宁为冬官尚书,杨执柔为地官尚书,并罢知政事。秋官侍郎崔元琮为鸾台侍郎,夏官侍郎李昭德为凤阁侍郎,检校天官侍郎姚璹为文昌左丞,地官侍郎李元素为文昌右丞,并同凤阁鸾台平章事。九月,大赦天下,改元为长寿。改用九月为社,大酺七日。并州改置北都。冬十月,武威军总管王孝杰大破吐蕃,复龟兹、于阗、疏勒、碎叶镇。

二年春一月,亲享明堂。癸亥,杀皇嗣妃刘氏、窦氏。腊月,改封皇孙成器为寿春郡王,恒王成义为衡阳郡王,隆基为临淄郡王,卫王隆范为巴陵郡王,隆业为彭城郡王。春二月,尚方监裴匪躬坐潜谒皇嗣,腰斩于都市。秋九月,上加金轮圣神皇帝号,大赦天下,大酺七日。辛丑,司宾卿豆卢钦望为内史,文昌右丞韦巨源同凤阁鸾台平章事,秋官侍郎陆元方为鸾台侍郎、同凤阁鸾台平章事。

三年春一月,亲享明堂。三月,凤阁侍郎李昭德检校内史,鸾台侍郎苏味道同凤阁鸾台平章事。韦巨源为夏官侍郎,依旧知政事。四月,夏官尚书王孝杰同凤阁鸾台三品。五月,上加尊号为越古金轮圣神皇帝,大赦天下,改元为延载,大酺七日。秋八月,司宾少卿姚璹为纳言。左肃政御史中丞杨再思为鸾台侍郎,洛州司马杜景俭为凤阁侍郎,仍并同凤阁鸾台平章事。梁王武三思劝率诸蕃酋长奏请大征敛东都铜铁,造天枢于端门之外,立颂以纪上之功业。九月,内史李昭德左授钦州南宾县尉。冬十月,

文昌右丞李元素为凤阁鸾台平章事。

证圣元年春一月,上加尊号曰慈氏越古金轮圣神皇帝,大赦天下,改元,大酺七日。戊子,豆卢钦望、韦巨源、杜景俭、苏味道、陆元方并左授赵、鄜、集、绥等州刺史。丙申夜,明堂灾,至明而并从煨烬。庚子,以明堂灾告庙,手诏责躬,令内外文武九品已上各上封事,极言正谏。春二月,上去慈氏越古尊号。秋九月,亲祀南郊,加尊号天册金轮圣神皇帝,大赦天下,改元为天册万岁,大辟罪已下及犯十恶常赦所不原者,咸赦除之,大酺九日。

万岁登封元年腊月甲申,上登封于嵩岳,大赦天下,改元,大酺九日。丁亥,禅于少室山。己丑,又制内外官三品已上通前赐爵二等,四品已下加两阶。洛州百姓给复二年,登封、告成县三年。癸巳,至自嵩岳。甲午,亲谒太庙。春三月,重造明堂成。夏四月,亲享明堂,大赦天下,改元为万岁通天,大酺七日。以天下大旱,命文武官九品以上极言时政得失。五月,营州城傍契丹首领松漠都督李尽忠与其妻兄归诚州刺史孙万荣杀都督赵文翙,举兵反,攻陷营州。尽忠自号可汗。乙丑,命鹰扬将军曹仁师、右金吾大将军张玄遇、右武威大将军李多祚、司农少卿麻仁节等二十八将讨之。秋七月,命春官尚书、梁王三思为安抚大使,纳言姚璹为之副。制改李尽忠为尽灭,孙万荣为万斩。秋八月,张玄遇、曹仁师、麻仁节与李尽灭战于西硖石黄獐谷,官军败绩,玄遇、仁节并为贼所虏。九月,命右武卫大将军、建安王攸宜为大总管以讨契丹。并州长史王方庆为鸾台侍郎,与殿中监李道广并同凤阁鸾台平章事。吐蕃寇凉州,都督许钦明为贼所执。庚申,王方庆为凤阁侍郎,仍依旧知政事。李尽灭死,其党孙万斩代领其众。冬十月,孙万斩攻陷冀州,刺史陆宝积死之。十一月,又陷瀛州属县。

二年正月,亲享明堂。凤阁侍郎李元素、夏官侍郎孙元亨坐与綦连耀谋反,伏诛。原州都督府司马娄师德为凤阁侍郎、同凤阁鸾台平章事。春二月,王孝杰、苏宏晖等率兵十八万与孙万斩战于硖石谷,王师败绩,孝杰没于阵,宏晖弃甲而遁。夏四月,铸九鼎成,置于明堂之庭,前益州大都督府长史王及善为内史。五月,命右金吾大将军、河内王懿宗为大总管,右肃政御史大夫娄师德为副大总管,右武威卫大将军沙吒忠义为前军总管,率兵二十万以讨孙万斩。六月,内史李昭德、司仆少卿来俊臣以罪伏诛。孙万斩为其家奴所杀,余党大溃。魏王承嗣、梁王三思并同凤阁鸾台三品。秋八月,纳言姚璹为益州大都督府长史。九月,以契丹李尽灭等平,大赦天下,改元为神功,大酺七日。娄师德为纳言。冬十月,前幽州都督狄仁杰为鸾台侍郎,司刑卿杜景俭为凤阁侍郎,并同凤阁鸾台平章事。

圣历元年正月,亲享明堂,大赦天下,改元,大酺九日。春三月,召庐陵王哲于房州。夏五月,禁天下屠杀。突厥默啜上言,有女请和亲。秋七月,令淮阳王武延秀往突厥,纳默啜女为妃。遣右豹韬卫大将军阎知微摄春官尚书,赴房庭。八月,突厥默啜以延秀非唐室诸王,乃因于别所,率众与阎知微入寇妫、檀等州。命司属卿高平王重规、右武威卫大将军沙吒忠义、幽州都督张仁亶、右羽林卫大将军李多祚等率兵二十万逆击,乃放延秀还。己丑,默啜攻陷定州,刺史孙彦高死之,焚烧百姓庐舍,遇害者数千人。魏王承嗣卒。庚子,梁王三思为内史,狄仁杰为纳言。九月,建昌王攸宁同凤阁鸾台平章事。默啜攻陷赵州,刺史高睿遇害。丙子,庐陵王哲为皇太子,令依旧名显,大赦天下,大酺五日。令纳言狄仁杰为河北道行军元帅。辛巳,皇太子谒太庙。天官侍郎苏味道凤阁侍郎、同凤阁鸾台平章事。癸未,默啜尽杀所掠赵、定州男女万余人,从五回道而去,所至残害,不可胜纪。冬十月,夏官侍郎姚元崇、麟台少监李峤并同凤阁鸾台平章事。是月,阎知微自突厥叛归,族诛之。

二年春二月,封皇嗣旦为相王。初为宠臣张易之及其弟昌宗置控鹤府员员,寻改为奉宸府,班在御史大夫下。左肃政御史中丞魏元忠为凤阁侍郎,吉顼为天官侍郎,并同凤阁鸾台平章事。戊子,幸嵩山,过王子晋庙。丙申,幸缑山。丁酉,至自嵩山。夏四月,吐蕃大论赞婆来奔。秋七月,上以春秋高,虑皇太子、相王与梁王武三思、定王武攸宁等不协,令立誓文于明堂。八月,王及善为文昌左相,豆卢钦望为文昌右相,仍并同凤阁鸾台三品。冬十月乙亥,幸福昌县。王及善薨。

三年正月戊寅,梁王三思为特进,天官侍郎吉顼配流岭表。腊月辛巳,封皇太子男重润为邵王。狄仁杰为内史。戊寅,幸汝州之温汤。甲戌,至自温汤、造三阳宫于嵩山。春三月,李峤为鸾台侍郎,知政事如故。夏四月戊申,幸三阳宫。五月癸丑,上以所疾康复,大赦天下,改元为久视,停金轮等尊号,大酺五日。六月,魏元忠为左肃政御史大夫,仍旧知政事。是夏大旱。秋七月,至自三阳宫。天官侍郎张锡为凤阁侍郎、同凤阁鸾台平章事;其甥凤阁鸾台平章事李峤为成均祭酒,罢知政事。壬寅,制曰:"隋尚书令杨素,昔在本朝,早荷殊遇。禀凶邪之德,有诡佞之才,惑乱君上,离间骨肉。摇动冢嫡,宁唯握蛊之祸;诱扇后主,卒成请蹯之衅。隋室丧亡,盖惟多僻,究其萌兆,职此之由。生为不忠之人,死为不义之鬼,身虽幸免,子竟族诛。斯则奸逆之谋,是为庭训;险薄之行,遂成门风。刑戮虽加,枝胤仍在,何得肩随近侍,齿列朝行?朕接统百王,恭临四海,上嘉贤佐,下恶贼臣。常欲从容于万机之余,褒贬于千载之外,况年代未远,耳目所存者乎!其杨素及兄弟子孙已下,并不得令任京官及侍卫。"九月,内史狄仁杰卒。冬十月甲寅,复旧正朔,改一月为正月,仍以为岁首,正月依旧为十一月,大赦天下。韦巨源为地官尚书,文昌左丞韦安石为鸾台侍郎、同凤阁鸾台平章事。丁卯,幸新安,曲赦其县。壬申,至自新安。十二月,开屠禁,诸祠祭令依旧用牲牢。

大足元年春正月,制改元。二月,鸾台侍郎李怀远同凤阁鸾台平章事。三月,姚元崇为凤阁侍郎,依旧知政事。丙申,凤阁侍郎张锡坐赃配循州。夏四月,幸三阳宫。命左肃政御史大夫魏元忠为总管以备突厥。天官侍郎顾琮同凤阁鸾台平章事。六月,夏官侍郎李迥秀同凤阁鸾台平章事。辛未，曲赦告成县。秋七月甲戌，至自三阳宫。九月，邵王重润为易之谗构，令自死。冬十月，幸京师，大赦天下，改元为长安。

二年春正月，突厥寇盐、夏等州，杀掠人吏。秋九月乙丑，日有蚀之，不尽如钩，京师及四方见之。冬十月，日本国遣使贡方物。十一月，相王旦为司徒。戊子，亲祀南郊，大赦天下。

三年春三月壬戌，日有蚀之。夏四月庚子，相王旦表让司徒，许之。改文昌台为中台。李峤知纳言事。六月，宁州雨，山水暴涨，漂流二千余家，溺死者千余人。秋七月，杀右金吾大将军唐休璟。秋九月，正谏大夫朱敬则同凤阁鸾台平章事。戊申，相王旦为雍州牧。是月，御史大夫兼知政事、太子右庶子魏元忠为张昌宗所谮，左授端州高要尉。京师大雨雹，人畜有冻死者。冬十月丙寅，驾还神都。乙酉，至自京师。

四年春正月，造兴泰宫于寿安县之万安山。天官侍郎韦嗣立为凤阁侍郎、同凤阁鸾台平章事。朱敬则请致仕，许之。三月，进封平恩郡王重福为谯王，夏官侍郎宗楚客同凤阁鸾台平章事。夏四月，韦安石知纳言事，李峤知内史事。丙子，幸兴泰宫。六月，天官侍郎崔玄暐同凤阁鸾台平章事，李峤为国子祭酒，知政事如故。七月丙戌，杨再思为内史。甲午，至自兴泰宫。宗楚客左授原州都督。八月，姚元崇为司仆卿，知政事；韦安石检校扬州大都督府长史。冬十月，秋官侍郎张柬之同凤阁鸾台平章事。十一月，李峤为地官尚书，张柬之为凤阁鸾台平章事。自九月至于是，日夜阴晦，大雨雪，都中人有饥冻死者，令官司开仓赈给。

神龙元年春正月，大赦，改元。上不豫，制自文明元年已后得罪人，除扬、豫、博三州及诸逆魁首，咸赦除之。癸亥，麟台监张易之与弟司仆卿昌宗反，皇太子率左右羽林军桓彦范、敬晖等，以羽林兵入禁中诛之。甲辰，皇太子监国，总统万机，大赦天下。是日，上传皇帝位于皇太子，徙居上阳宫。戊申，皇帝上尊号曰则天大圣皇帝。冬十一月壬寅，则天将大渐，遗制祔庙、归陵，令去帝号，称则天大圣皇后；其王、萧二家及褚遂良、韩瑗等子孙亲属当时缘累者，咸令复业。是日，崩于上阳宫之仙居殿，年八十三，谥曰则天大圣皇后。二年五月庚申，祔葬于乾陵。睿宗即位，诏依上元年故事，号为天后，未几，追尊为大圣天后，改号为则天皇太后。太后尝召文学之士周思茂、范履冰、卫敬业，令撰《玄览》及《古今内范》各百卷，《青宫纪要》、《少阳政范》各三十卷，《维城典训》、《凤楼新诫》、《孝子列女传》各二十卷，《内范要略》、《乐书要录》各十卷，《百僚新诫》、《兆人本业》各五卷，《臣轨》两卷，《垂拱格》四卷，并文集一百二十卷，藏于秘阁。

史臣曰：治乱，时也，存亡，势也。使桀、纣在上，虽十尧不能治；使尧、舜在上，虽十桀不能乱；使懦夫女子乘时得势，亦足坐制群生之命，肆行不义之威。观夫武氏称制之年，英才接轸，靡不痛心于家索，扼腕于朝危，竟不能报先帝之恩，卫吾君之子。俄至无辜被陷，引颈就诛，天地为笼，去将安所？悲夫！昔掩鼻之谗，古称其毒；人彘之酷，世以为冤。武后夺嫡之谋也，振喉绝襁褓之儿，疽醢碎椒涂之骨，其不道也甚矣，亦奸人妒妇之恒态也。然犹泛延谠议，时礼正人。初虽牝鸡司晨，终能复子明辟，飞语辩元忠之罪，善言慰仁杰之心，尊时宪而抑幸臣，听忠言而诛酷吏。有旨哉，有旨哉！

赞曰：龙鬟易貌，丙殿昌储。胡为穹昊，生此夔魖？夺攘神器，秽亵皇居。穷妖白首，降鉴何如。

卷七　　本纪第七

中宗　睿宗

中宗大和圣昭孝皇帝讳显，高宗第七子，母曰则天顺圣皇后。显庆元年十一月乙丑，生于长安。明年封周王，授洛州牧。仪凤二年，徙封英王，改名哲，授雍州牧。永隆元年，章怀太子废，其年立为皇太子。弘道元年十二月，高宗崩，遗诏皇太子柩前即帝位。皇太后临朝称制，改元嗣圣。元年二月，皇太后废帝为庐陵王，幽于别所。其年五月，迁于均州，寻徙居房陵。圣历元年，召还东都，立为皇太子，依旧名显。时张易之与弟昌宗潜图逆乱。神龙元年正月，凤阁侍郎张柬之、鸾台侍郎崔玄暐、左羽林将军敬晖、右羽林将军桓彦范、司刑少卿袁恕己等定策率羽林兵诛易之、昌宗，迎皇太子监国，总司庶政。大赦天下。凤阁侍郎韦承庆、正谏大夫房融、司礼卿崔神庆等下狱。甲辰，命地官侍郎樊忱往京师告庙陵。司刑少卿兼相王府司马袁恕己为凤阁鸾台平章事。

乙巳，则天传位于皇太子。丙午，即皇帝位于通天宫，大赦天下，唯易之党与不在原限。为周兴、来俊臣所枉陷者，咸令雪免。内外文武官加两阶，三品已上加爵二等，入五品等特减四考。大酺五日。以并州牧相王旦及太平公主有诛易之兄弟功，相王加号安国相王，进拜太尉、同凤阁鸾台三品；公主加号镇国太平公主，仍赐实封，通前满五千户。皇亲先被配没者，子孙令复属籍，仍量叙官爵。出宫女三千。丁未，天后徙居上阳宫。庚戌，凤阁侍郎同凤阁鸾台平章事张柬之为夏官尚书、同凤阁鸾台三品，封汉阳郡公；鸾台侍郎兼检校太子右庶子、同凤阁鸾台平章事崔玄暐为守内史，封博陵郡公；袁恕己同凤阁鸾台三品，封南阳郡公。敬晖为纳言、平阳郡公；桓彦范为纳言、谯郡公：并加银青光禄大夫，赐实封五百户。右羽林大将军、辽国公李多祚进封辽阳郡王，赐实封六百户；内直郎、驸马都尉王同皎为云麾将军、右千牛将军、琅邪郡公，食实封五百户。并赏诛张易之兄弟功。其余封各有差。上天后尊号为则天大圣皇帝。

二月甲寅，复国号，依旧为唐。社稷、宗庙、陵寝、郊祀、行军旗帜、服色、天地、日月、寺宇、台阁、官名，并依永淳已前故事。神都依旧为东都,北都为并州大都督府,老君依旧为玄元皇帝。诸州百姓免今年租税,房州百姓给复三年。改左右肃政台为左右御史台。韦承庆贬高要尉,房融配流钦州。中书令韦再思为户部尚书、同中书门下三品、京留守;太仆卿、同中书门下三品姚元之出为亳州刺史。已未,封堂兄左金吾将军、郁林郡公千里为成纪郡王,左金吾卫大将军,实封五百户。令贡举人停习《臣轨》,依旧习《老子》。甲子,立妃韦氏为皇后,大赦天下,内外官陪位者赐勋一转,大酺三日。后父故豫州刺史玄贞为上洛郡王,后母崔氏赠上洛郡王妃。初,韩王元嘉、霍王元轨等自垂拱以来皆遭非命,是日追复官爵,令备礼改葬,有胤嗣者即令承袭,无胤嗣听取亲为后。诏九品已上及朝集使极言朝政得失,兼举贤良方正直言极谏之士。丙寅,左散骑常侍、谯王重福贬濮州员外刺史,不知州事。特进、太子宾客、梁王武三思为司空、同中书门下三品,加实封五百户,通前一千五百户。丁卯,右散骑常侍、定安郡王、驸马都尉武攸暨封定王,为司徒,更加实封四百户,通前一千户。辛未,上往观风殿朝天后。太尉、安国相王旦固让太尉及知政事,遂从其请。甲戌,国子祭酒祝钦明同中书门下三品。黄门侍郎、知侍中事韦安石为刑部尚书,罢知政事。丙子,诸州置寺、观一所,以"中兴"为名。丁丑,武三思固让司空、同中书门下三品,武攸暨固让司徒、封王,许之。改封义兴郡王重俊为卫王,北海郡王重茂为温王。三月辛巳,追复故司空、英国公李勣官爵,令所司为起坟改葬。甲申,制文明以来破家臣僚所有子孙,并还资荫。其扬州构逆徒党,唯徐敬业一房不在免限,余并原宥。丁亥,废左右司员外郎。其酷吏刘光业、王德寿、王处贞、屈贞筠、刘景阳等五人,虽已身死,官爵并宜追夺;景阳见在,贬禄州乐单尉。丘神勣、来子珣、万国俊、周兴、来俊臣、鱼承晔、王景昭、索元礼、傅游艺、王弘义、张知默、裴籍、焦仁亶、侯思止、郭霸、李敬仁、皇甫文备、陈嘉言等虽已身死,并宜除名。唐奉一配流,李秦授、曹仁哲并改与岭南远恶处。已丑,中书侍郎兼检校相王府长史、南阳郡公袁恕已为中书令,兼检校安国相王府长史。诏曰:"君臣朝序,贵贱之礼斯殊;兄弟大伦,先后之仪亦异。圣人之制,率由斯道。朕临兹宝极,位在崇高。负责当阳,虽受宗枝之敬;退朝私谒,仍用家人之礼。近代以来,罕遵轨度,王及公主,曲致私情,姑叔之尊,拜于子侄,违法背礼,情用恻然。自今已后,宜从革弊。安国相王某及镇国太平公主更不得辄拜卫王重俊兄弟及长宁公主姊妹等。宜告宗属,知朕意焉。"先是,诸王及公主皆以亲为贵,天子之子,诸姑叔见之必先致拜,若致书则称为启事。上志欲敦睦亲族,故下制革之。庚寅,卫王重俊上洛州牧。王乘驷马车,卤簿从;诸王公已下、中书门下五品已上及诸亲并祖送,礼仪甚盛。事毕,赐物有差。辛卯,以故司仆少卿徐有功执法平恕,追赠越州都督,并授一子官。戊戌,左右千牛卫各置大将军一员。罢奉宸府官员。以安北大都护、安国相王旦为左右千牛大将军,每大朝会内供奉。丙午,改秋社依旧用仲秋。戊申,相王旦于太常厅上。王公诸亲祖送,卫尉张设,光禄造食。

礼毕,赐物如卫王上洛州牧之仪。

夏四月乙丑,端州尉魏元忠为卫尉卿、同中书门下三品。甲戌,左庶子韦安石为吏部尚书,太子宾客李怀远为右散骑常侍,右庶子唐休璟为辅国大将军,右庶子崔玄暐为特进、检校益州大都督府长史、判都督事,右庶子、西留守、户部尚书、弘农郡公杨再思为检校扬州大都督府长史、判都督事,少詹事兼侍读、国子祭酒祝钦明为刑部尚书;并依前知政事,以上在春宫故僚也。乙亥,张柬之为中书令。戊寅,追赠邵王重润为懿德太子。同官县大雨雹,燕雀多死,漂溺居人四百家,遣使赈给。五月壬午,迁武氏七庙神主于西京崇尊庙。东都创置太庙社稷。戊子,制依旧以周、隋为二王后。壬辰,封成纪郡王千里为成王。癸巳,侍中敬晖封为平阳郡王;侍中桓彦范扶阳郡王,赐姓韦氏;中书令张柬之汉阳郡王;中书令袁恕己南阳郡王;特进崔玄暐海陵郡王;并加授特进,罢知政事。吏部尚书韦安石为兼中书令,兵部尚书魏元忠为兼侍中。丙申,皇后表请天下士庶为出母为三年服,年二十二成丁,五十九免役。癸卯,降梁王武三思为德静郡王,定王武攸暨为乐寿郡王,河内王武懿宗等十余人并降为国公。甲辰,特进、芮国公豆卢钦望为尚书左仆射,辅国大将军、酒泉郡公唐休璟为尚书右仆射;依旧同中书门下三品。丙午,制以邹鲁之邑百户为太师、隆道公宣尼采邑,用供荐享。又授裔孙褒圣侯崇基朝散大夫,仍许子孙传袭。六月丁丑,河北十七州大水,漂没人居。癸亥,尚书左仆射豆卢钦望,军国重事中书门下可共平章;检校中书令韦安石中书令,兼检校吏部尚书;检校侍中魏元忠兼检校兵部尚书;杨再思兼户部尚书,兼检校中书令。丁卯,祔孝敬皇帝神主于太庙。庙号义宗,非礼也。戊辰,洛水暴涨,坏庐舍二千余家,溺死者甚众。秋七月辛巳,太子宾客韦巨源同中书门下三品。乙未,以特进、汉阳郡王张柬之为襄州刺史,仍不知州事。八月戊申,以水灾,令文武官九品以上直言极谏。河南洛阳百姓被水兼损者给复一年。甲子,追册故妃赵氏为恭皇后,尊孝敬妃裴氏为哀皇后。乙亥,上亲祔太祖景皇帝、献祖光皇帝、世祖元皇帝、高祖神尧皇帝、皇祖太宗文武皇帝、皇考高宗天皇大帝、皇兄义宗孝敬皇帝神主于太庙。皇后庙见。丁丑,御洛城门观斗象。九月壬午,亲祀明堂,大赦天下。禁《化胡经》及婚娶之家父母亲亡停丧成礼。天下大酺三日。戊戌,太子宾客韦巨源为礼部尚书,依旧知政事。冬十月癸亥,幸龙门香山寺。乙丑,幸新安。改弘文馆为修文馆。辛未,魏元忠为中书令,杨再思为侍中。十一月戊寅,加皇帝尊号曰应天,皇后尊号曰顺天。壬午,皇帝、皇后亲谒太庙,告受徽号之意,大赦天下,赐酺三日。已丑,御洛城南门楼观泼寒胡戏。辛丑,卫王重俊为左卫大将军,遥领扬州大都督;温王重茂为右卫大将军,遥领并州大都督。十二月壬寅,则天皇太后崩。

二年春正月丙申,护则天灵驾还京。戊戌,吏部尚书李峤同中书门下三品,中书侍郎于惟谦同中书门下平章事。闰月丙午朔,置公主府官员。乙卯,以特进敬晖、桓彦范、袁恕已等三人为滑、洺、豫刺史。二月乙未,刑部尚书韦巨源同中书门下三品。遣十使巡察风俗。丙申，僧会范、道士史崇玄等十余人授官封公，以赏造圣善寺功也。三月甲辰，中书令韦安石为户部尚书，罢知政事。户部尚书苏瑰为侍中、京留守。乙巳，黄雾四塞。唐休璟请致仕，许之。庚戌，杀光禄卿、驸马都尉王同皎。壬子，洛阳城东七里许，地色如水，侧近树木、往来车马历影见水中，经月余乃灭。是月，大置员外官，自京诸司及诸州佐凡二千余人，超授阉官七品已上及员外者千余人。壬戌，赠后父韦玄贞太师、益州都督。夏四月甲戌，又赠玄贞为郧王，玄贞弟四人并赠郡王。己卯，左散骑常侍、同中书门下三品李怀远请致仕，许之。辛巳，洛水暴涨，坏天津桥。六月戊寅，特进、朗州刺史、平阳郡王敬晖贬崖州司马，特进、亳州刺史、扶阳郡王桓彦范泷州司马，特进、郢州刺史袁恕己窦州司马，特进、均州刺史、博陵郡王崔玄暐白州司马，特进、襄州刺史、汉阳郡王张柬之新州司马，并员外置，长任，旧官封爵并追夺。秋七月丙午，立卫王重俊为皇太子。丙寅，中书令兼检校兵部尚书齐国公魏元忠为尚书右仆射兼中书令，仍知兵部事；吏部尚书李峤为中书令；刑部尚书韦巨源为吏部尚书，依旧同中书门下三品。庚午，礼部尚书祝钦明为中丞萧至忠所劾。前左散骑常侍李怀远为左散骑常侍、同中书门下三品、东都留守。九月，祝钦明贬青州刺史。壬寅，幸白马寺。戊午，左散骑常侍李怀远卒。壬寅，置户部侍郎一员。冬十月己卯，车驾还京师。戊戌，至自东都。十一月乙巳，大赦天下，行从文武官赐勋一转。改河南为合宫，洛阳为永昌，嵩阳为登封，阳城为告成。戊午，兼秘书郑普思坐妖逆配流儋州，其党与皆伏诛。十二月己卯，突厥默啜寇灵州鸣沙县，灵武军大总管沙吒忠义逆击之，官军败绩，死者三万。丁巳，突厥进寇原、会等州，掠陇右牧马万余而去。甲申，募能斩默啜者，封授诸大卫大将军。丙戌，以突厥犯边，京师亢旱，令减膳彻乐。河北水，大饥，命侍中苏瑰存抚赈给。丙申，特进、尚书左仆射、兼安国相王府长史、芮国公豆卢钦望为开府仪同三司，依旧平章军国重事；尚书右仆射兼中书令、知兵部事、齐国公魏元忠为尚书左仆射兼中书令，仍兼知兵部事。是冬，牛大疫。

三年春正月庚子朔，不受朝会，丧未再期也。庚戌，以默啜寇边，制募猛士武艺超绝者，各令自举，内外群官各进破灭突厥之策。丙辰，以旱，亲录囚徒。己巳，遣武攸暨、武三思往乾陵祈雨于则天皇后，既而雨降，上人感悦。二月辛未，制武氏崇恩庙依旧享祭，仍置五品令、七品丞，其昊陵、顺陵置令、丞如庙。壬午，赠太师、郧王庙号褒德，陵号荣先，置六品令、八品丞。庚寅，改中兴寺、观为龙兴，内外不得言"中兴"。辛卯，幸安乐公主宅。三月丙子，吐蕃赞普遣大臣悉董热献方物。是春，自京师至山东疾疫，民死者众。河北、河南大旱。夏四月辛巳，以嗣雍王守礼女为金城公主，出降吐蕃赞普。庚寅，幸荐福寺，曲赦雍州。五月戊戌，左屯卫大将军兼检校洛州长史张仁亶为朔方道大总管，以备突厥。丙午，突厥默啜杀我行人臧思言。六月丁卯朔，日有蚀之。戊子，姚巂道讨击使、侍御史唐九征击姚州叛蛮，破之，俘虏三千计，

遂于其处勒石纪功焉。是夏，山东、河北二十余州旱，饥馑疾疫死者数千计，遣使赈恤之。秋七月庚子，皇太子重俊与羽林将军李多祚等，率羽林千骑兵三百余人，诛武三思、武崇训，遂引兵自肃章门斩关而入。帝惶遽登玄武楼，重俊引兵至下，上自临轩谕之，众遂散去，杀李多祚。重俊出奔至鄠县，为部下所杀。癸卯，大赦天下。八月丙子，改玄武门为神武门，楼为制胜楼。丙戌，左仆射兼中书令魏元忠请致仕，授特进。九月丁酉，兵部尚书、郢国公宗楚客，左卫将军兼太府卿纪处讷并同中书门下三品；吏部侍郎兼左御史台中丞萧至忠为黄门侍郎兼左御史中丞、同中书门下三品；中书侍郎、东海郡公于惟谦国子祭酒，罢知政事。庚子，上皇帝尊号曰应天神龙，皇后尊号曰顺天翊圣，大赦天下，改元为景龙。两京文武官，三品已上赐爵一级，四品已下加一阶，外官赐勋一转。景龙元年九月甲辰，特进魏元忠左授务川尉，言与重俊通谋也。庚辰，侍中兼左御史大夫杨再思为中书令，吏部尚书韦巨源、太府卿纪处讷并为侍中，侍中苏瑰为吏部尚书。壬戌，改左右羽林卫千骑为万骑，仍分为左右。冬十月壬午，彗见于西，月余而灭。壬午，皇后上《神武颂》，令两京及四大都督府皆刻之于石。十二月乙丑朔，日有蚀之。丁丑，京师雨土。

二年春正月丙申，沧州雨雹，大如鸡卵。二月辛未，幸左金吾大将军、陈国公陆颂宅。皇后自言衣箱中裙上有五色云起，令画工图之，以示百僚，乃大赦天下。癸未夜，天保星坠西南，有声如雷，野雉皆雊。乙酉，帝与后服有庆云之瑞，大赦天下。内外五品已上母妻各加邑号一等，无妻者听授女；天下妇人八十已上，版授乡、县、郡等君。三月丙子，朔方道大总管张仁亶筑受降城于河上。夏四月庚午，左散骑常侍、乐寿郡王、驸马都尉武攸暨让郡王，改封楚国公。癸未，修文馆增置大学士八员，直学士十二员。己丑，幸长乐公主庄，即日还宫。六月丁亥，改太史局为太史监，罢隶秘书省。秋七月辛卯，台州地震。癸巳，左屯卫大将军、摄右御史台大夫、朔方道行营大总管、韩国公张仁亶同中书门下三品。有赤气竟天，其光烛地，经三日乃止。九月甲戌，黄雾昏浊。冬十一月庚申，突厥首领娑葛叛，自立为可汗，遣弟遮弩率众犯塞。己卯，以安乐公主出降，假皇后仗出于禁中，以盛其仪，帝及后御安福楼以观之。礼毕，大赦天下，赐酺三日。癸未，安西都护牛师奖与娑葛战于火烧城，师奖败绩，没于阵。是冬，西京吏部置两侍郎铨试，东都又置两铨，恣行嘱请。又有斜封授官，预用秋阙。

三年春正月丁卯，黄雾四塞。癸酉，幸荐福寺。乙亥，宴侍臣及近亲于梨园亭。二月己丑，幸玄武门，与近臣观宫女大酺，既而左右分曹，共争胜负。上又遣宫女为市肆，鬻卖众物，令宰臣及公卿为商贾，与之交易，因为忿争，言辞猥亵。上与后观之，以为笑乐。壬寅，侍中、舒国公韦巨源为尚书左仆，并同中书门下三品。戊午，兵部尚书、郢国公宗楚客中书令，中书侍郎、鄦国公萧至忠为侍中，太府卿韦嗣立为兵部尚书、同中书门下三品，中书侍郎、检校吏部侍郎崔湜同中书门下平章事，兵部侍郎

赵彦昭为中书侍郎、同中书门下平章事。庚申,日赤紫色,无光。戊寅,礼部尚书兼扬州大都督、曹国公韦温为太子少保兼扬州大都督、同中书门下三品。太常少卿郑愔检校吏部侍郎郑愔同中书门下平章事。夏五月丙戌,崔湜、郑愔坐赃,湜贬襄州刺史,愔贬江州司马。六月癸丑,太白昼见于东井。庚子,以经籍多缺,使天下搜括。壬寅,以旱,避正殿,减膳,亲录囚徒。癸卯,尚书右仆射杨再思薨。秋七月乙卯朔,镇军大将军、右骁卫将军、兼知太史事迦叶志忠配流柳州。丙辰,娑葛遣使来降。辛酉,幸梨园亭,宴侍臣学士。皇后表请诸妇人不因夫子而加邑号者,许同见任职事官,听子孙用荫,从之。壬戌,安福门外设无遮斋,三品已上行香。癸亥,御承庆殿,录囚徒。壬午,遣使册骁卫大将军、兼卫尉卿、金河王突骑施守忠为归化可汗。八月乙酉,特进、行中书令、赵国公李峤为特进、同中书门下三品,侍中、酂国公萧至忠为中书令,特进、郧国公韦安石为侍中。庚寅,诸州各置司田参军一员。吐蕃赞普遣使勃禄星奉进国信,赞普祖娑进物,及上中宫、安国相王、太平公主有差。壬辰,遣十使巡察天下。有星孛于紫宫。令特进佩鱼。散职佩鱼,自此始也。乙未,亲送朔方军总管、韩国公张仁亶于通化门外,上制序赋诗。乙巳,幸安乐公主山亭,宴侍臣、学士,赐缯帛有差。九月壬戌,幸九曲亭子,宴侍臣、学士。戊辰,吏部尚书、怀县公苏瑰为尚书右仆射、同中书门下三品。冬十月庚寅,幸安乐公主金城新宅,宴侍臣、学士。十一月乙丑,亲祀南郊,皇后登坛亚献,左仆射舒国公韦巨源为终献。大赦天下,见系囚徒及十恶咸赦除之,杂犯流人并放之。京文武三品已上赐爵一等,四品已下加一阶,京官及应袭岳牧入三品五品减考,高年版授。大酺三日。壬申,幸见子陵。甲戌,开府仪同三司、芮国公豆卢钦望薨。吐蕃赞普遣其大臣尚赞吐来逆女。十二月壬戌,前尚书右仆射、宋国公唐休璟为太子少师、同中书门下三品。甲子,上幸新丰之温汤。庚子,幸兵部尚书韦嗣立庄,封嗣立为逍遥公,上亲制序赋诗,便游白鹿观。甲辰,曲赐新丰县,百姓给复一年,行从官赐勋一转。是日幸骊山。乙巳,至自温汤。乙酉,令诸司长官向醴泉坊看泼胡王乞寒戏。

四年春正月乙卯,于化度寺门设无遮大斋。丙寅上元夜,帝与皇后微行观灯,因幸中书令萧至忠之第。是夜,放宫女数千人看灯,因此多有亡逸者。丁卯夜,又微行看灯。丁丑,命左骁卫大将军、河源军使杨矩为送金城公主入吐蕃使。己卯,幸始平,送金城公主归吐蕃。二月壬午,曲赦咸阳、始平,改始平为金城县。便幸长安令王光辅马嵬北原庄。癸未,至自金城。庚戌,令中书门下供奉官五品已上、文武三品已上并学士等,自芳林门入,集于梨园球场,分朋拔河,帝与皇后、公主亲往观之。三月甲寅,幸临渭亭修禊饮,赐群官柳棬以辟恶。丙辰,游宴桃花园。庚申,京师雨木冰,井溢。壬戌,赐宰臣已下内样巾子。夏四月丁亥,上游樱桃园,引中书门下五品已上诸司长官学士等入芳林园尝樱桃,便令马上口摘,置酒为乐。乙未,幸隆庆池,结彩为楼,宴侍臣,泛舟戏乐,因幸礼部尚书窦希宅。五月辛酉,秘书监、嗣虢王邕改封汴王。乙丑,皇后请加嗣王三品。丁卯,前许州司兵参军燕钦融上书,言皇后干预国政,安乐公主、武延秀、宗楚客等同危宗社。帝怒,召钦融廷见,扑杀之。时安乐公主志欲皇后临朝称制,而求立为皇太女,自是与后合谋进鸩。

六月壬午,帝遇毒,崩于神龙殿,年五十五。秘不发丧,皇后亲总庶政。癸未,以刑部尚书裴谈、工部尚书张锡并同中书门下三品,依旧东都留守。吏部尚书张嘉福、中书侍郎岑羲、吏部侍郎崔湜并同中书门下平章事。又命左右金吾卫大将军赵承恩、右监门大将军薛简帅兵五百人往均州,备谯王重福。立温王重茂为皇太子。甲申,发丧于太极殿,宣遗制。皇太后临朝,大赦天下,改元为唐隆。见系囚徒常赦所不免者咸赦除之,长流任放归田里,负犯痕瘕咸从洗涤。内外官三品已上赐爵一级,四品已下加一阶。以安国相王旦为太子太师。进封雍王守礼为邠王,寿春郡王成器为宋王,宗正卿晋封新兴王。丁亥,皇太子即帝位于柩前,时年十六。皇太后韦氏临朝称制,大赦天下,常赦所不原者咸赦除之。内外兵马诸亲掌,仍令韦温总知。时召诸府折冲兵五万人分屯京城,列为左右营,诸韦子侄分统之。壬辰,遣使诸道巡抚,纪处讷关内道,张嘉福河北道,岑羲河南道。庚子夜,临淄王讳举兵诛诸韦、武,皆枭首于安福门外,韦太后为乱兵所杀。九月丁卯,百僚上谥曰孝和皇帝,庙号中宗。十一月己酉,葬于定陵。天宝十三载二月,改谥曰大和大圣大昭孝皇帝。

史臣曰:廉士可以律贪夫,贤臣不能辅孱主。诚以志昏近习,心无远图,不知创业之难,唯取当年之乐。孝和皇帝越自负扆,迁于房陵,崎岖瘴疠之乡,契阔幽囚之地。所以张汉阳徘徊于克复,狄梁公哽咽以奏论,遂得生还,庸非己力。泪涤除金虎,再握璇衡,不能罪己以谢万方,而更漫游以隳八政。纵艳妻之煽党,则桀、枭争衡;信妖女以挠权,则彝伦失序。桓、敬由之覆族,节愍所以兴戈,竟以元首之尊,不免齐眉之祸。比汉、晋之惠、盈辈为优,苟非继以命世之才,则土德去也。

睿宗玄真大圣大兴孝皇帝,讳旦,高宗第八子,中宗母弟。龙朔二年六月己未,生于长安。其年封殷王,遥领冀州大都督、单于大都护、右金吾卫大将军。及长,谦恭孝友,好学,工草隶,尤爱文字训诂之书。乾封元年,徙封豫王。总章二年,徙封冀王。上初名旭轮,至是去"旭"字。上元二年,徙封相王,拜右卫大将军。仪凤三年,迁洛牧,改名旦,徙封豫王。嗣圣元年,则天临朝,废中宗为庐陵王,立豫王为皇帝,仍临朝称制。及革命,改国号为周,降帝为皇嗣,令依旧名轮,徙居东宫,其具仪一比皇太子。圣历元年,中宗自房陵还。帝数称疾不朝,请让位于中宗。则天遂立中宗为皇太子,封帝为相王,又改名旦,授太子右卫率。长安中,拜司徒、右羽林卫大将军。自则天初临朝及革命之际,王室屡有变故,帝每恭俭退让,竟免于祸。神龙元年,以诛张易之昆弟功,进号安国相王,迁太尉,加实封。其年立为皇太弟,固辞不受。

景龙四年夏六月,中宗崩,韦庶人临朝,引用其党,分握政柄，忌帝望实素高，潜谋危害。庚子夜，临淄王讳与太平公主子薛崇简、前朝邑尉刘幽求、长上果毅麻嗣宗、苑总监钟绍京等率兵入北军，诛韦温、纪处讷、宗楚客、武延秀、马秦客、叶静能、赵履温、杨均等，诸韦、武党及皆诛之。辛丑，帝挟少帝御安福门楼慰谕百姓，大赦天下，见系囚徒常赦所不免者咸赦除之。内外文武官三品已上赐爵一级，四品已下加一阶，亲皇三等已上加两阶，四等已下及诸亲勋勉三转，天下百姓免今年田租之半。进封临淄王为平王，以薛崇简为立节郡王。钟绍京为中书侍郎，刘幽求为中书舍人，并参知机务，加实封。其余封赏有差。遣使分行诸道宣谕，仍令往均州慰劳谯王。壬寅，左千牛中郎将、宋王成器为左卫大将军，司农少卿同正员、衡阳王成义为右卫大将军，太府少卿同正员、巴陵王隆范为左羽林军大将军，太仆少卿同正员、彭城王隆业为右羽林卫大将军。黄门侍郎李日知同中书门下三品。癸卯，殿中兼知内外闲厩、检校龙武右军、仍押左右厢万骑平王讳同中书门下三品。中书侍郎、颍川郡公钟绍京为中书令。中书令、酂国公萧至忠为许州刺史，兵部尚书、逍遥公韦嗣立为宋州刺史，中书侍郎赵彦昭为绛州刺史，萧、韦、赵特置位。诛吏部尚书张嘉福于怀州。其日，王公百僚上表，咸以国家多难，宜立长君，以帝众望所归，请即尊位。

甲辰，少帝诏曰："自古帝王，必有符命，兄弟相及，存诸典礼。朕以孤藐，遭家艰难，顾兹蒙识，未洽治途。茫茫四海，将何所属，累圣丕基，若坠于地。王室多难，义择长君，思与群公，推崇明圣。叔父相王，高宗之子，昔以天下，让于先帝，孝友宽简，彰信兆人。神龙之初，已有明旨，将立太弟，以为副君。为王恳辞，未行册命，所以东宫虚位，至于历年。彻缀在辰，祸变仓卒，后掖称制，计立冲人。钦奉前怀，愿遵理命。上申天圣之旨，下遂苍生之心；俯稽图纬之文，仰跂祖宗之烈。择今日，请叔父相王即皇帝位。朕退守本藩，归于旧邸。凡百卿士，敬承朕言，克赞我天人之休期，光我有唐之勋业。布告遐迩，咸使闻知。"相王上表，让曰："臣以宗社事重，家国情深，诛锄巨逆，奉戴嗣主。今承制旨，猥推宸极。在臣虚薄，不敢祗膺！循环震惊，无任感哽！"制答曰："皇极大宝，天下至公，王者临之，盖非获已。王先圣旧意，苍生推仰，龙光紫宸，贵允朕望。请遵前旨，勿或推让。"于是少帝逊于别宫。是日即皇帝位，御承天门楼，大赦天下，常赦所不免并原之。内外官四品已上加一阶，相王府官吏加两阶。流人长流、长任未还者并放还。立功人王承晔已下千余人，赐爵秩有差。封少帝为温王。其日，景云见。乙巳，中书令钟绍京为户部尚书、越国公，实封五百户；中书舍人刘幽求为尚书左丞、徐国公，实封五百户：并依前知政事。左卫大将军、宋王成器为太子太师、雍州牧、扬州大都督，加实封二百户。宫人比来取百姓子女入宫者，放还其家。丙午，新除太常少卿薛稷为黄门侍郎，参知机务。丁未，许州刺史、梁县侯姚元之为兵部尚书、同中书门下三品，兵部尚书韦嗣立为中书令。追削武三思、武崇训官爵。戊申，萧至忠、韦嗣立、赵彦昭、崔湜并停刺史。衡阳王成义封申王，巴陵王隆范封岐王，彭城王隆业封薛王。己酉，镇国太平公主加实封五百户，通前一万户。

秋七月癸丑，兵部侍郎兼知雍州长史崔日用为黄门侍郎，参知机务。丙辰，则天大圣皇后依旧号为天后。追谥雍王贤为章怀太子，庶人重俊曰节愍太子。复敬晖、桓彦范、崔玄暐、张柬之、袁恕己、成王千里、李多祚等官爵。丁巳，河南、洛阳、华州并依旧名。以洛州长史宋璟为检校吏部尚书、同中书门下三品，中书侍郎岑羲为右散骑常侍。壬戌，以萧至忠为晋州刺史，韦嗣立为许州刺史，赵彦昭为宋州刺史，兵部尚书姚元之兼太子右庶子，吏部尚书宋璟兼太子左庶子。癸亥，吏部侍郎崔湜为尚书右丞，罢知政事。甲子，右仆射许国公苏瑰、兵部尚书姚元之、吏部尚书宋璟、右常侍判刑部尚书岑羲副充使册定陵。丙寅，姚元之兼中书令。丁卯，苏瑰为尚书左仆射，仍旧同中书门下三品。宋国公唐休璟致仕。右武卫大将军、摄右御史大夫、同中书门下三品，韩国公张仁亶右卫大将军。戊辰，崔日用为雍州长史，薛稷为右散骑常侍，并停知机务。特进、同中书门下三品、赵国公李峤为怀州刺史。废司田参军。己巳，册平王为皇太子。大赦天下，改元为景云。内外官九品已上及子为父后者各加勋一转，自神龙以来直谏枉遭非命者咸令式墓，天下州县名目天授以来改为"武"字者并令复旧。废武氏崇恩庙，其昊陵、顺陵并去陵名。

景云元年七月己巳，制自今授左右仆射、侍中、中书令、六尚书已上官听让，其余停让。追废皇后韦氏为庶人，安乐公主为悖逆庶人。丁丑，改太史监为太史局，隶秘书省。八月癸巳，新除集州刺史、谯王重福潜入东都构逆，州县讨平之。先是，中宗时官爵渝滥，因依妃、主墨敕而授官者，谓之斜封，至是并令罢免。癸卯，改门下坊为左春坊，典书坊为右春坊，左右羽林卫依旧为左右羽林军。九月庚戌，封皇太子男嗣直为许昌郡王，嗣谦为真定郡王。冬十月甲申，诏孝敬皇帝神主先祔太庙，有违古义，于东都别立义宗庙。丁未，姚元之为中书令，兼检校兵部尚书。十一月己酉，葬孝和皇帝于定陵。辛亥，太子太师、宋王成器为尚书左仆射。苏瑰为太子少傅，侍中、郧国公韦安石为太子少保，改封郇国公，并罢知政事。戊辰，宋王成器为司徒，兼领扬州大都督。庚午，太子少傅苏瑰薨。

是岁，韦庶人、悖逆庶人并以礼改葬，武三思父子剖棺戮尸。二年春正月丁未朔，以山陵日近，不受朝贺。癸丑，改泉州为闽州，置都督府，改武荣州为泉州。突厥默啜遣使请和亲，许之。己未，太仆卿郭元振、中书侍郎张说并同中书门下平章事。甲子，改封温王重茂为襄王，迁于集州。乙丑，追尊皇后刘氏为肃明皇后，墓曰惠陵；德妃窦氏为昭成皇后，墓曰靖陵。二月丁丑，令皇太子监国。甲辰，姚元之左授申州刺史，宋璟左授楚州刺史。韦安石为侍中。丙戌，刘幽求为户部尚书，罢知政事。戊子，诏中宗时斜封官并许依旧。庚申，复置太子左右谕德、太子左右赞善，各置两员。戊戌，郭元振为兵部尚书，仍依旧同中书门下平章事。己未，改修文馆为昭文馆。黄门侍郎李日知为左台御史大夫，依旧同中书门下三品。夏四月庚辰，张说为兵部侍郎，依旧同中书门下平章事。癸未，分瀛州置鄚州。诏以释典玄宗，理均迹异，拯人化俗，教则功齐。自今每缘法事集会，僧尼、道士、女冠等宜齐行道集。甲申，韦安石为中书令；宋王成器为太子宾客，仍依旧遥领扬州大都督。丙申，李日知为侍中。壬寅，大赦天下，重福徒党放雪。京官四品已下加一阶，外官赐勋一转，三品已上各赐爵一级。天下滥度僧尼、道士、女冠并依旧。又令内外官依上元元年九品已上文武官，咸带手巾算袋，武官咸带七事鞊鞢并足。其腰带一品至五品并用金，六品七品并用银，八品九品并用鍮石。鱼袋着紫者金装，着绯者银装。景龙三年已前逋悬并放免。天下大酺五日。

五月庚戌，复武氏昊陵、顺陵，仍量置官属，太平公主为武攸暨请也。庚申，韦安石加开府仪同三司。辛丑，改西城公主为金仙公主，昌隆公主为玉真公主，仍置金仙、玉真两观。壬戌，殿中监窦怀贞为左台御史大夫、同中书门下平章事。六月壬午，依汉代故事，分置二十四都督府。闰六月，初置十道按察使。秋七月，新置都督府并停。唯雍洛州长史、扬益荆州四大都督府长史阶为三品。八月乙卯，诏以兴圣寺是高祖旧宅，有柿树，天授中枯死，至是重生，大赦天下。其谋杀、劫杀、造伪头首并免死配流岭南，官典受赃者特从放免。天下大酺三日。丁巳，皇太子释奠于太学。己巳，韦安石为尚书右仆射、同中书门下三品兼太子宾客，礼部尚书窦希玠为太子少傅。庚午，改左右屯卫为左右威卫，左右宗卫率府为左右司御府，浑仪监为太史监。九月丁卯，窦怀贞为侍中。冬十月甲辰，吏部尚书刘幽求为侍中，散骑常侍魏知古同中书门下三品，太子詹事崔湜为中书侍郎、同中书门下三品，中书侍郎陆象先同中书门下平章事。韦安石为尚书左仆射、东都留守，侍中李日知为户部尚书，兵部尚书郭元振为吏部尚书，侍中兼检校左台御史大夫窦怀贞为左台御史大夫，兵部侍郎兼左庶子张说为尚书左丞：罢知政事。十一月戊寅，改太史监为太史局，依旧隶秘书省。改王师为傅。

三年春正月辛未朔，亲谒太庙。癸酉，上始释惨服，御正殿受朝贺。甲戌，并、汾、绛三州地震，坏人庐舍。辛巳，南郊。戊子，躬耕籍田。己丑，大赦天下，改元为太极。内外官四品已下加一阶，三品已上加爵一级。孔宣父祠庙，本州取侧近三十户以供洒扫。天下大酺五日，特赐老人九十已上绯衫牙笏，八十已上绿衫木笏。乙未，户部尚书岑羲、左台御史大夫窦怀贞并同中书门下三品。二月丁酉，秘书增少监一员，光禄、大理、鸿胪、太府、卫尉、宗正各增置少卿一员，少府监、将作监增置少监一员，国子监增置司业一员，左右台各增置中丞一员。雍洛二州、并益荆州四大都督府各增置司马一员，仍分为左右司马。丁亥，皇太子释奠于国学。追赠颜回为太子太师，曾参为太子太保。每年春秋释奠，以四科弟子、曾参从祀，列于二十二贤之上。辛酉，废右御史台官员。己巳，颁新格式于天下。夏四月辛丑，制曰：

朕闻措刑由于用刑，去杀存乎必杀。明罚峻典，自古而然；立制齐人，于是乎在。自我朝建国，仅将百年，天下和平，其来已久。往承隋季，守法颇专；比袭时安，持纲日缓。况朕薄德，甚莫逮先；惟大难理，远不如昔。粤从守位，三载于兹，庶务烦劳，不损昏景。尝谓自我作则，感而成化；痛乎迷俗忘返，不威罔惩。将至纯风，先归重典。比者赃贿不息，渝滥公行，放心未宁，禁犯无惧。此焉暂革，期于承平，遂割小慈，以崇大体。自今已后，造伪头首者斩，仍没一房资财，同用荫者并停夺。非头首者绞。其承前造伪人，限十日内首使尽。官典主司枉法受赃一匹已上，先决杖一百。其缘赃及恶状被解及与替者，非选时不得辄入京城。纵家贯在京，不得辄至朝堂，妄有披诉。如有此色，并决杖仍加贬斥。其先在京城者，限三日内勒还。上下官僚辄缘私情相嘱者，其受嘱人宜封状奏闻。成器已下，朕自决罚。其余王公已下，并解见任官，三五年间不须齿录。其进状人别加褒赏。御史宜令分察诸司。

五月戊寅，亲祀北郊。辛未，大赦天下，改元为延和。桓彦范、敬晖、崔玄暐、张柬之、袁恕己等，特还其子孙实封二百户。天下大酺五日。六月癸丑，户部尚书岑羲为侍中。乙卯，追尊则天皇后曰天后圣帝。庚申，幽州都督孙佺率左骁卫将军李楷洛、左威卫将军周以悌等，将兵三万，与奚首领李大辅战于硎山，为贼所败，佺没于阵。壬戌，魏知古为户部尚书，仍依旧同中书门下三品。秋七月庚午，窦怀贞为尚书右仆射，平章军国重事。己卯，上观乐于安福门，以烛继昼，经日乃止。八月庚子，帝传位于皇太子，自称太上皇帝，五日一度受朝于太极殿，自称曰朕，三品已上除授及大刑狱，并自决之，其处分事称诰、令。皇帝每日受朝于武德殿，自称曰予，三品已下除授及徒罪并令决之，其处分事称制、敕。甲辰，大赦天下，改元为先天。八月戊申，皇帝子许昌王嗣直改封郯王，真定王嗣谦为郢王。己酉，以宋王成器为司空，依旧遥领扬州大都督。庚戌，窦怀贞为尚书左仆射、同中书门下三品，仍兼御史大夫；刘幽求为尚书右仆射，依旧同中书门下三品；魏知古为侍中；崔湜为中书令：并监修国史。丁巳，立皇帝妃王氏为皇后。癸亥，刘幽求配流封州。九月丁卯朔，日有蚀之。甲申，封皇帝子嗣升为陕王。冬十月庚子，皇帝亲谒太庙，礼毕，御延喜门，大赦天下。壬寅，祔昭成皇后、肃明皇后神主于仪坤庙。癸卯，皇帝幸新丰之温汤，校猎于渭川。十二月丁未，诰禁人屠杀犬鸡。戊午，改箕州为仪州。

二年春正月，敕河北诸州团结兵马，皆令本州刺史押掌。乙亥，吏部尚书兼太子右谕德、酂国公萧至忠为中书令。上元日夜，上皇御安福门观灯，出内人连袂踏歌，纵百僚观之，一夜方罢。二月丙申，改隆州为阆州，始州为剑州。分冀州置深州。初，有僧婆陀请夜开门然灯百千炬，三日三夜。皇帝御延喜门观灯纵乐，凡三日夜。左拾遗严挺之上疏谏之，乃止。三月辛卯，皇后祀先蚕。癸巳，制敕表状、书奏、笺牒年月等数，作一十、三十、四十字。夏六月丙辰，兵部尚书、朔方道行军大总管郭元振加同中书门下三品。秋七月甲子，太平公主与仆射窦怀贞、侍中岑羲、中书令萧至忠、左羽林大将军常元楷等谋逆，事觉，皇帝率兵诛之。穷其党与，太子少保薛稷、左散骑常侍贾膺福、右羽林将军李慈、李钦、中书舍人李猷、中书令崔湜、尚书左丞卢藏用、太史令傅孝忠、僧惠范等皆诛之。兵部尚书郭元振从上御承天门楼，大赦天下，自大辟罪已下，无轻重咸赦除之。翌日，太上皇诰曰："朕将高居无为，自今后军国刑政一事以上，并取皇帝处分。"

开元四年夏六月甲子，太上皇帝崩于百福殿，时年五十五。秋七月己亥，上尊谥曰大圣贞皇帝，庙曰睿宗。冬十月庚午，葬于桥陵。天宝十三载二月，改谥曰玄真大圣大兴孝皇帝。

史臣曰：法不一则奸伪起，政不一则朋党生，上既启其泉源，下胡息于奔竞。观夫天后之时，云委于二张之第；孝和之世，波注于三王之门。献奇则除设盈庭，纳贿则斜封满路，咸以进趋相轨，奸利是图，如火投泉，安得无败？洎景龙继统，污俗廓清，然犹投杼于乘舆之间，抵掌于太平之日。以至书频告变，上不自安，宫臣致御魅之科，天子慊巡边之诏。彼既弯弓而射我，我则号泣以行刑。此虽镇国之尤，亦是临轩之失。夫君人孝爱，锡之以典刑，纳之于轨物，俾无僭逼，下绝觊觎，自然治道惟新，乱阶不作。孝和既已失之，玄真亦未为得。

赞曰：孝和、玄真，皆肖先人。率情背礼，取乐于身。夷涂不履，覆辙攸遵。扶持圣嗣，赖有贤臣。

卷八　本纪第八

玄宗　上

玄宗至道大圣大明孝皇帝讳隆基，睿宗第三子也，母曰昭成顺圣皇后窦氏。垂拱元年秋八月戊寅，生于东都。性英断多艺，尤知音律，善八分书。仪范伟丽，有非常之表。三年闰七月丁卯，封楚王。天授三年十月戊戌，出阁，开府置官属，年始七岁。朔望车骑至朝堂，金吾将军武懿宗忌上严整，诃排仪仗，因欲折之。上叱之曰："吾家朝堂，干汝何事？敢迫吾骑从！"则天闻而特加宠异之。寻却入阁。长寿二年腊月丁卯，改封临淄郡王。圣历元年，出阁，赐第于东都积善坊。大足元年，从幸西京，赐宅于兴庆坊。长安中，历右卫郎将、尚辇奉御。神龙元年，迁卫尉少卿。景龙二年四月，兼潞州别驾。十二月，加银青光禄大夫。州境有黄龙白日升天。尝出畋，有紫云在其上，后从者望而得之。前后符瑞凡十九事。四年，中宗将祀南郊，来朝京师。将行，使术士韩礼筮之，蓍一茎子然独立。礼惊曰："蓍立，奇瑞非常也，不可言。"属中宗末年，王室多故，上常阴引材力之士以自助。上所居宅外有水池，浸溢顷余，望气者以为龙气。四年四月，中宗幸其第，因游其池，彩结为楼船，令巨象踏之。

至六月，中宗暴崩，韦后临朝称制。韦温、宗楚客、纪处讷等谋倾社稷，以睿宗介弟之重，先谋不利。道士冯道力、处士刘承祖皆善于占兆，诣上布诚款。上所居里名隆庆，时人语讹以"隆"为"龙"；韦庶人称制，改元又为唐隆，皆协御名。上益自负，乃与太平公主谋之，公主喜，以子崇简从。上乃与崇简、朝邑尉刘幽求、长上折冲麻嗣宗、押万骑果毅葛福顺、李仙凫、宝昌寺僧普润等定策诛之。或曰："先启大王。"上曰："我拯社稷之危，赴君父之急，事成福归于宗社，不成身死于忠孝，安可先请，忧怖大王乎！若请而从，是王与危事；请而不从，则吾计失矣。"遂以庚子夜率幽求等数十人自苑南入，总监钟绍京又率丁匠百余以从。分遣万骑往玄武门杀羽林将军韦播、高嵩，持首而至，众欢叫大集。攻白兽、玄德等门，斩关而进，左万骑自左入，右万骑自右入，合于凌烟阁前。时太极殿前有宿卫梓宫万骑，闻噪声，皆披甲应之。韦庶人惶惑走入飞骑营，为乱兵所害。于是分遣诛韦氏之党，比明，内外扑捕，皆斩之。乃驰谒睿宗，谢不先启请之罪。睿宗遽前抱上而泣曰："宗社祸难，由汝安定，神祇万姓，赖汝之力也。"拜殿中监、同中书门下三品，兼押左右万骑，进封平王。

睿宗即位，与侍臣议立皇太子，佥曰："除天下之祸者，享天下之福；拯天下之危者，受天下之安。平王有圣德，定天下，又闻成器已下咸有推让，宜膺主鬯，以副群心。"睿宗从之。丙午，制曰：

舜去四凶而功格天地，武有七德而戡定黎人，故知有大勋者必受神明之福，仗高义者必为七鬯之主。朕恭临宝位，亭育寰区，以万物之心为心，以兆人之命为命。虽承继之道，咸以冢嫡居尊；而无私之怀，必推功业为首。然后可保安社稷，永奉宗祧。第三子平王基孝而克忠，义而能勇。比以朕居藩邸，虔守国彝，贵戚中人，都无引接。群邪害正，凶党实繁，利口巧言，谗说罔极。韦温、延秀，朋党竞起；晋卿、楚客，交构其间。潜结回邪，排挤端善，潜贮兵甲，将害朕躬。基密闻其期，先难奋发，推身鞠旅，众应如归，呼吸之间，凶渠殄灭。安七庙于几坠，拯群臣于将殒。方舜之功过四，比武之德逾七。灵祇望在，昆弟乐推。一人元良，万邦以定。为副君者，非此而谁？可立为皇太子。有司择日，备礼册命。

七月己巳，睿宗御承天门，皇太子诣朝堂受册。是日有景云之瑞，改元为景云，大赦天下。

二年，又制曰："惟天生烝人，牧以元后；维皇立国，副以储君。将以保绥家邦，安固后嗣者也。朕纂承洪业，钦奉宝图，夜分不寝，日昃忘倦。茫茫四海，惧一人之未周；蒸蒸万姓，恐一物之失所。虽卿士竭诚，守宰宣化，缅怀庶域，仍未小康。是以求下人之变风，遵先朝之故事。皇太子基仁孝因心，温恭成德，深达礼体，能辨皇猷，宜令监国，俾尔为政。其六品以下除授及徒罪已下，并取基处分。"延和元年六月，凶党因术人闻睿宗曰："据玄象，帝座及前星有灾，皇太子合作天子，不合更居东宫矣。"睿宗曰："传德避灾，吾意决矣。"七月壬午，制曰：

朕以寡昧，虔奉鸿休，本殊王季之贤，早达延陵之节。昔在圣历，已让皇嗣之尊；爰暨神龙，终辞太弟之授。岂唯衣冠所睹，抑亦兆庶咸知。顷属国步不夷，时艰主幼，大业有缀旒之惧，宝位深坠地之忧，议迫公卿，遂司契篆，日慎一日，以至于今。一纪之劳，勤亦至矣；万方之俗，化渐行矣。将成宿愿，脱屣寰区。昔尧之禅舜，唯能是与，禹以命启，匪私其亲，神器之重，允归公授。皇太子基有大功于天地，定祉危于社稷，温文既习，圣敬克跻。委之监国，已移岁年，时政益明，庶工惟序。朕之知子，庶不负时，历数在躬，宜陟元后。可令即皇帝位，有司择日授册。朕方比迹洪古，希风太皇，神与化游，思与道合，无为无事，岂不美欤！王公百僚，宜识朕意。

上意惶惧，驰见叩头，请所以传位之旨。睿宗曰："吾因汝功业得宗社。今帝座有眚，思欲逊避，唯圣德大勋，始转祸为福。易位于汝，吾知晚矣。"上始居武德殿视事，三品以下除授及定罪皆自决之。

先天二年七月三日，尚书左仆射窦怀贞、侍中岑羲、中书令萧至忠、崔湜、雍州长史李晋、左羽林大将军常元楷、右羽林将军李慈等与太平公主同谋，期以其月四日以羽林军作乱。上密知之，因中旨告岐王范、薛王业、兵部尚书郭元振、将军王毛仲，取闲厩马及家人三百余人，率太仆少卿李令问、王守一、内侍高力士、果毅李守德等亲信十数人，出武德殿，入虔化门。枭常元楷、李慈于北阙。擒贾膺福、李猷于内客省以出。执萧至忠、岑羲于朝，皆斩之。睿宗明日下诏曰："朕将高居无为，自今军国政刑一事已上，并取皇帝处分。"上御承天门楼，下制曰：

朕承累圣之洪休，荷重光之积庆。昔因多难，内属构屯，宝位深坠地之忧，神器有缀旒之惧。事殷家国，义感神祇，吟啸风云，龚行雷电，致君亲于尧、舜，济黔首于休和。遂以孟秋，允升储贰；旋承内禅，继体宸居。拜首之请空勤，让立之诚莫展，恭临亿兆，二载于兹。上禀圣谟，下凝庶绩，八荒同轨，瀛海无波。不谓奸慝潜谋，萧墙窃发。逆贼窦怀贞等并以庸妄，权齿朝廷，毫发之效未申，丘山之衅仍积，共成枭獍，将肆奸回。太上皇圣断宏通，英谋独运，命朕率岐王范、薛王业等躬事诛锄。齐斧一麾，凶渠尽殪。太阳朗耀，澄氛霭于天衢；高风顺吐，厉肃杀于秋序。神灵协赞，夷夏相欢，四族之愿既清，七百之祚方永。爰承后命，载阐休期，总军国之大猷，施云雨之鸿泽。承乾之道，既光被于无垠；作解之恩，思式覃于品物。当与亿兆，同此惟新。可大赦天下，大辟罪已下咸赦除之。加邠王守礼实封三百户，宋王成器、申王成义各加实封一千户，岐王范、薛王业各加实封七百户。文武官三品以下赐爵一级，四品已下各加一阶。内外官人被诸道按察使及御史所摘伏，咸宜洗涤；选日依次叙用。

丁卯，崔湜、卢藏用除名，长流岭表。壬申，王琚为银青光禄大夫、户部尚书，封赵国公，实封三百户；姜皎银青光禄大夫、工部尚书，封楚国公，实封五百户；李令问银青光禄大夫、殿中监，实封三百户；王毛仲辅国大将军、左武卫大将军、检校内外闲厩兼知监牧使、霍国公，实封五百户；王守一银青光禄大夫、太常卿同正员，进封晋国公，实封五百户；并赏其定策功。琚、皎、令问固让。癸丑，中书侍郎陆象先为益州大都督府长史兼剑南道按察兵马使，尚书左丞张说为检校中书令。甲戌，令毁天枢，取其铜铁充军国杂用。庚辰，王琚为中书侍郎，加实封二百户；姜皎殿中监，仍充内外闲厩使，加实封二百户；李令问殿中少监、知尚食事，加实封二百户。己丑，周孝明高皇帝依旧追赠太原王，宜去帝号；孝明皇后宜称太原王妃；昊陵、顺陵并称太原王及妃墓。八月壬辰，封州流人刘幽求为尚书左仆射、知军国重事、徐国公，仍依旧实封七百户。制曰："凡有刑人，国家常法。掩骼埋胔，王者用心。自今已后，辄有屠割刑人骨肉者，依法科残害之罪。"九月，司空兼扬州大都督、宋王成器为太尉兼扬州大都督，益州大都督兼右金吾大将军、申王成义为司徒兼益州大都督，单于大都护兼左金吾大将军、邠王守礼为司空。癸丑，封华岳神为金天王。九月丁卯，宋王成器为开府仪同三司，尚书左仆射刘幽求同中书门下三品，检校中书令、燕国公张说为中书令，特进王仁皎为开府仪同三司。己卯，宴王公百僚于承天门，令左右于楼下撒金钱，许中书门下五品已上官及诸司三品已上官争拾之，仍赐物有差。郭元振兼御史大夫。丙戌，又置右御史台。冬十一月甲申，幸新丰之温汤。癸卯，讲武于骊山。兵部尚书、代国公郭元振坐亏失军容，配流新州；给事中、摄太常少卿唐绍以军礼有失，斩于纛下。甲辰，畋猎于渭川。同州刺史、梁国公姚元之为兵部尚书、同中书门下三品。乙巳，至自温汤。十一月乙丑，幽求兼知侍中。戊子，上加尊号为开元神武皇帝。十二月庚寅朔，大赦天下，改元为开元，内外官赐勋一转。改尚书左、右仆射为左、右丞相，中书省为紫微省，门下省为黄门省，侍中为监。雍州为京兆府，洛州为河南府，长史为尹，司马为少尹。国初以来宰相及食实封功臣子孙，一应沉弃未承恩者，令量才擢用。开元元年十二月己亥，禁断泼寒胡戏。癸丑，尚书左丞相兼门监刘幽求为太子少保，罢知政事；紫微令为张说为相州刺史。甲寅，门下侍郎卢怀慎同紫微黄门平章事。

二年春正月，关中自去秋至于是月不雨，人多饥乏，遣使赈给。制求直谏昌言弘益政理者。名山大川，并令祈祭。丙寅，紫微令姚崇上言请检责天下僧尼，以伪滥还俗者二万余人。甲申，并州大都督府长史兼检校左卫大将军薛讷同紫微黄门三品，仍总兵以讨奚、契丹。二月，突厥默啜遣其子同俄特勤率众寇北庭都护府，右骁卫将军郭虔瓘击败之，斩同俄于城下。己酉，以旱，亲录囚徒。改太史监罢隶秘书省。闰月癸亥，令道士、女冠、僧尼致拜父母。丁卯，复置十道按察使。己未，突厥默啜妹婿火拔颉利发石失毕与其妻来奔，封燕山郡王，授左卫员外大将军。紫微侍郎、赵国公王琚左授泽州刺史，赐实封一百户，余并停。丁亥，刘幽求为睦州刺史。三月甲辰，青州刺史、郇国公韦安石为沔州别驾；太子宾客、逍遥公韦嗣立为岳州别驾；特进致仕李峤先随子在衮州，又贬滁州别驾；并员外置。去年九月有诏毁天枢,至今春始。夏五月辛亥,黄门监魏知古工部尚书,罢知政事。六月丁巳,开府仪同三司、宋王成器为岐州刺史,司徒、申王成义为幽州刺史,司空、邠王守礼为虢州刺史;委务于上佐。内出珠玉锦绣等服玩,又令于正殿前焚之。乙丑,兵部尚书致仕、韩国公张仁愿卒。七月,薛讷与副将杜宾客、崔宣道等总兵六万自檀州道遇贼于滦河,为贼所败。讷等屏甲遁归,减死,除名为庶人。辛未,光禄卿窦希瑊为太子太傅。房州刺史、襄王重茂薨于梁州,谥曰殇帝。丙午,昭文馆学士柳冲、太子左庶子刘子玄刊定《姓族系录》二百卷,上之。以兴庆里旧邸为兴庆宫。诸王傅并停。京官所带跨巾算袋,每朝参日着,外官衙日着,余日停。吐蕃寇临洮军,又游寇兰州、渭州,掠群牧,起薛讷摄左羽林将军、陇右防御使,率杜宾客、郭知运、王晙、安思顺以御之。太常卿、岐王范为华州刺史,秘书监、薛王业为同州刺史。八月戊午,西天竺国遣使献方物。九月戊申,幸新丰之温泉。甲寅,制曰:"自古帝王皆以厚葬为诫,以其无益亡者,有损生业故也。近代以来,共行奢靡,递相仿效,浸成风俗,既竭家产,多至凋弊。然则魂魄归天,明精诚之已远,卜宅于地,盖思慕之所存。古者不封,未为非达。且墓为真宅,自便有房,今乃别造田园,名为下帐,又冥器等物,皆竞骄侈。失礼违令,殊非所宜;戮尸暴骸,实由于此。承前虽有约束,所司曾不申明,丧葬之家,无所依准。宜令所司据品令高下,明为节制:冥器等物,仍定色数及长短大小;园宅下帐,并宜禁绝。坟墓茔域,务遵简俭;凡诸送终之具,并不得以金银为饰。如有违者,先决杖一百。州县长官不能举察,并贬授远官。"冬十月戊午,至自温泉。薛讷破吐蕃于渭州西界武阶驿,斩首一万七十级,马七万七匹,牛羊四万头。丰安军使郎将、判将军王海宾先锋力战,死之。十一月庚寅,葬殇帝于武功西原。十二月乙丑,封皇子嗣真为郯王,嗣初为鄂王,嗣玄为鄄王。时右威卫中郎将周庆立为安南市舶使,与波斯僧广造奇巧,将以进内。监选使、殿中侍御史柳泽上书谏,上嘉纳之。

三年春正月丁亥,立郢王嗣谦为皇太子,降死罪已下,大酺三日。癸卯,黄门侍郎卢怀慎为检校黄门监。甲辰,工部尚书魏知古卒。二月,禁断天下采捕鲤鱼。十姓部落左厢五咄六啜、右厢五弩失毕五俟斤,及高丽莫离支高文简、都督跌跌思太等,各率其众自突厥相继来奔,前后总二千余帐。析许州、唐州置仙州。夏四月,岐王范兼虢州刺史,薛王业兼幽州刺史。六月,山东诸州大蝗,飞则蔽景,下则食苗稼,声如风雨。紫微令姚崇奏请差御史下诸道,促官吏遣人驱扑焚瘗,以救秋稼,从之。是岁,田收有获,人不甚饥。秋七月,刑部尚书李日知卒。冬十月甲寅,制曰:"朕听政之暇,常览史籍,事关理道,实所留心,中有阙疑,时须质问。宜选耆儒博学一人,每日入内侍读。"以光禄卿马怀素为左散骑常侍,与右散骑常侍褚无量并充侍读。甲子,幸郿县之凤泉汤。十一月己卯,至自凤泉汤。乙酉,幸新丰之温汤。丁亥,妖贼崔子岩等入相州作乱。戊子,州司讨平之。甲午,至自温汤。十二月庚午,以军器使为军器监,置官员。是冬无雪。

四年春正月癸未,尚衣奉御长孙昕恃以皇后妹婿,与其妹夫杨仙玉殴击御史大夫李杰,上令朝堂斩昕以谢百官。以阳和之月不可行刑,累表陈请,乃命杖杀之。丁亥,宋王成器、申王成义以"成"字犯昭成皇后谥号,于是成器改名宪,成义改为㧑。刑部尚书、中山郡公李乂卒。二月丙辰,幸新丰之温汤。丁卯,至自温汤。以关中旱,遣使祈雨于骊山,应时澍雨。令以少牢致祭,仍禁断樵采。夏六月庚寅,月蚀既。癸亥,太上皇崩于百福殿。辛未,京师、华、陕三州大风拔木。癸酉,突厥可汗默啜为九姓拔曳固所杀,斩其首送于京师。默啜兄子小杀继立为可汗。是夏,山东、河南、河北蝗虫大起,遣使分捕而瘗之。其回纥、同罗、霫、勃曳固、仆固五部落来附,于大武军北安置。秋七月丙申,分巂、雅二州置黎州。冬十月癸丑,户部尚书、新除太子詹事毕构卒。庚午,葬睿宗大圣贞皇帝于桥陵。以同州蒲城县为奉先县,隶京兆府。十一月丁亥,徙中宗神主于西庙。甲午,尚书左丞源乾曜为黄门侍郎、同紫微黄门平章事。辛丑,黄门监兼吏部尚书卢怀慎卒。十二月乙卯,幸新丰之温汤。其夜,定陵寝殿灾。乙丑,至自温汤。尚书、广平郡公宋璟为吏部尚书兼黄门监,紫微侍郎、许国公苏颋同紫微黄门平章事。兵部尚书兼紫微令、梁国公姚崇为开府仪同三司,黄门侍郎、安阳男源乾曜守京兆尹,并罢知政事。停十道采访使。

五年春正月壬寅朔,上以丧制不受朝贺。癸卯寅时,太庙屋坏,移神主于太极殿,上素服避正殿,辍朝五日,日昃亲祭享。辛亥,幸东都。戊辰,昏雾四塞。二月甲戌,至自东都,大赦天下,唯谋反大逆不在赦限,余并宥之。河南百姓给复一年,河南、河北遭涝及蝗虫处,无出今年地租。武德、贞观以来勋臣子孙无位者,访求其后奏闻;有嘉遁幽栖养高不仕者,州牧各以名荐。三月庚戌,于柳城依旧置营州都督府。丁巳,以辛景初女封为固安县主,妻于奚首领饶乐郡王大酺。夏四月己丑,皇帝第九子嗣一薨,追封夏王,谥曰悼。甲午,以则天拜洛受图坛及碑文并显圣侯庙,初因唐同泰伪造瑞石文所建,令即废毁。六月壬午,巩县暴雨连月,山水泛滥,毁郭邑庐舍七百余家,人死者七十二。氾水同日漂坏近河百姓二百余家。秋七月甲子,诏曰:"古者操皇纲执大象者,何尝不上稽天道,下顺人极,或变通以随时,爰损益以成务。且衢室创制,度堂以筵。因之以礼神,是光孝德,用之以布政,盖称视朔,先王所以厚人伦感天地者也。少阳有位,上帝斯歆,此则神贵于不黩,礼殷于至敬。今之明堂,俯邻宫掖,比之严祝,有异肃恭,苟非宪章,将何轨物?由是礼官博士公卿大臣广参群议,钦若前古,宜存露寝之式,用罢辟雍之号。可改为乾元殿,每临御依正殿礼。"九月壬寅,改紫微省依旧为中书省,黄门省为门下省,黄门监为侍中。冬十月丙子,京师修太庙成。丁丑,诏以故越王贞死非其罪,封故许王男琳为嗣越王,以继其后。戊寅,祔神主于太庙。十一月己亥,契丹首领松漠郡王李失活来朝,以宗女为永乐公主以妻之。司徒兼邓州刺史、申王㧑兼虢州刺史。

六年春正月丙辰朔,以未经大祥,不受朝贺。辛酉,禁断天下诸州恶钱,行二铢四分已上好钱,不堪用者并即销破复铸。将作大匠韦凑上疏,请迁孝敬神主,别立义宗庙。以太子少师兼许州刺史、岐王范兼郑州刺史。二月甲戌,礼币征嵩山隐士卢鸿。夏五月乙未,孝敬哀皇后祔于恭陵。契丹松漠郡王李失活卒。六月甲申,瀍水暴涨,坏人庐舍,溺杀千余人。乙酉,制以故侍中桓彦范、敬晖、故中书令兼吏部尚书张柬之、故特进崔玄暐、故中书令袁恕己配飨中宗庙庭,故司空苏瑰、故左丞相太子少保郴州刺史刘幽求配飨睿宗庙庭。秋七月己未,秘书监马怀素卒。九月乙未,遣工部尚书刘知柔持节往河南道存问。冬十月丙申,车驾还京师。十一月辛卯,至自东都。丙申,亲谒太庙,回御承天门,诏:"七庙元皇帝已上三祖枝孙有失官序者,各与一人五品京官。内外官三品已上有庙者,各赐物三十段,以备修祭服及俎豆。"赐文武官有差。乙巳,传国八玺依旧改称宝,符玺郎为符宝郎。十二月,以开府仪同三司兼泽州刺史、宋王宪为泾州刺史,司徒兼豳州刺史、申王㧑为绛州刺史,以太子少师兼郑州刺史、岐王范为岐州刺史,以太子少保兼卫州刺史、薛王业为虢州刺史。

七年春正月,吐蕃遣使朝贡。三月丁酉,左武卫大将军、霍国公王毛仲加特进。渤海靺鞨郡王大祚荣死,其子武艺嗣位。夏四月癸酉,开府仪同三司王仁皎薨。五月己丑朔,日有蚀之。秋七月丙辰,制以亢阳日久,上亲录囚徒,多所原免。诸州委州牧、县宰量事处置。八月癸丑,敕:"周公制礼,历代不刊;子夏为传,孔门所受。逮及诸家,或变例。与其改作,不如好古。诸服纪宜一依旧文。"九月甲子,改昭文馆依旧为弘文馆。宋王宪徙封宁王。冬十月,于东都来庭县廨置义宗庙。辛卯,幸新丰之温汤。癸卯,至自温汤。戊寅,皇太子诣国学行齿胄礼,陪位官及学生赐物有差。十二月丙戌,置弘文、崇文两馆雠校书郎官员。

八年春正月甲子朔,皇太子加元服。乙丑,皇太子谒太庙。丙寅,会百官于太极殿,赐物有差。壬申,右散骑常侍、舒国公褚无量卒。己卯,侍中宋璟为开府仪同三司,中书侍郎苏颋为礼部尚书,并罢知政事。京兆尹源乾曜为黄门侍郎,并州大都督府长史张嘉贞为中书侍郎,并同中书门下平章事。二月丁酉,皇子敏薨,追封怀王,谥曰哀。夏五月丁卯,源乾曜为侍中,张嘉贞为中书令。南天竺国遣使献五色鹦鹉。六月壬寅夜,东都暴雨,谷水泛涨。新安、渑池、河南、寿安、巩县等处庐舍荡尽,共九百六十一户,溺死者八百一十五人。许、卫等州掌闲番兵溺者一千一百四十八人。秋九月,突厥欲谷寇甘、凉等州,凉州都督杨敬述为所败,掠契苾部落而归。以御史大夫王晙为兵部尚书兼幽州都督,黄门侍郎韦抗为御史大夫、朔方总管以御之。甲子,太子少师兼岐州刺史、岐王范兼太子太傅,太子少保兼虢州刺史、薛王业为太子太保,余并如故。冬十月辛巳,幸长春宫。壬午,畋于下邽。十一月乙丑,至自长春宫。辛未,突厥寇凉州,杀人掠羊马数万计而去。

九年春正月丙辰,改蒲州为河中府,置中都。丙寅,幸新丰之温汤。夏四月庚寅,兰池州叛胡显首伪称叶护康待宾、安慕容,为多览杀大将军何黑奴,伪将军石神奴、康铁头等,据长泉县,攻陷六胡州。兵部尚书王晙发陇右诸军及河东九姓掩讨之。甲戌,上亲策试应制举人于含元殿,谓曰:"古有三道,今减二策。近无甲科,朕将存其上第,务收贤俊,用宁军国。"仍令有司设食。秋七月戊申,罢中都,依旧为蒲州。己酉,王晙破兰池州叛胡,杀三万五千骑。丙辰,扬、润等州暴风,发屋拔树,漂损公私船舫一千余只。辛酉,集诸酋长,斩康待宾。先天中,重修三九射礼,至是,给事中许景先抗疏罢之。九月己巳朔,日有蚀之。丁未,开府仪同三司、梁国公姚崇薨。丁巳,御丹凤楼,宴突厥首领。庚申,幸中书省。癸亥,右羽林将军、权检校并州大都督府长史、燕国公张说为兵部尚书、同中书门下三品。冬十一月丙辰,左散骑常侍元行冲上《群书目录》二百卷,藏之内府。庚午冬至,大赦天下。内外官九品已上加一阶,三品已上加爵一等。自六月二十日、七月三日匡卫社稷食实封功臣,坐事削除官爵,中间有生有死,并量加收赠。致仕官合俸鱼者听其终身。赐酺三日。十二月乙酉,幸新丰之温汤。壬午,至自温汤。是冬无雪。

十年春正月丁巳,幸东都。甲子,省王公已下视品官参佐及京三品已上官伏身职员。乙丑,停天下公廨钱,其官人料以税户钱充,每月准旧分例数给。戊申,内外官职田,除公廨园田外,并官收,给还逃户及贫下户欠丁田。二月戊寅,至东都。三月戊申,诏自今内外官有犯赃至解免已上,纵逢赦免,并终身勿齿。夏四月丁酉,封契丹首领松漠都督李郁于为松漠郡王,奚首领饶乐都督李鲁苏为饶乐郡王。五月,东都大雨,伊、汝等水泛涨,漂坏河南府及许、汝、仙、陈等州庐舍数千家,溺死者甚众。闰五月壬申,兵部尚书张说往朔方军巡边。戊寅,敕诸番充质宿卫子弟,并放还国。六月辛丑,上训注《孝经》,颁于天下。癸卯,以余姚县主女慕容氏为燕郡公主,出降奚首领饶乐郡王李鲁苏。己巳,增置京师太庙为九室,移孝和皇帝神主以就正庙。秋八月丙戌,岭南按察使裴伷先上言安南贼帅梅叔鸾等攻围州县,遣骠骑将军兼内侍杨思勖讨之。丁亥,遣户部尚书陆象先往汝、许等州存抚赈给。丙申,博、棣等州黄河堤破,漂损田稼。九月,张说擒康愿子于木盘山。诏移河曲六州残胡五万余口于许、汝、唐、邓、仙、豫等州,始空河南朔方千里之地。甲戌,秘书监、楚国公姜皎坐事,诏杖之六十,配流钦州,死于路。都水使者刘承祖配流雷州。乙亥,制曰:"朕君临宇内,子育黎元。内修睦亲,以叙九族;外协庶政,以济兆人。勋戚加优厚之恩,兄弟展友于之至。务崇敦本,克慎明德。今小人作孽,已伏宪章,恐不逞之徒,犹未能息。凡在宗属,用申惩诫:自今已后,诸王、公主、驸马、外戚家,除非至亲以外,不得出入门庭,妄说言语。所以共存至公之道,永协和平之义,克固藩翰,以保厥休。贵戚懿亲,宜书座右。"又下制,约百官不得与卜祝之人交游来往。乙卯夜,京兆人权梁山伪称襄王男,自号光帝,与其党权楚璧,以屯营兵数百人,自景风、长乐等门斩关入宫城构逆。至晓兵败，斩梁山，传首东都。废河阳柏崖仓。冬十月癸丑，乾元殿依旧题为明堂。甲寅，幸寿安之故兴泰宫。畋猎于土宜川。庚申，至自兴泰宫。波斯国遣使献狮子。十一月乙未，初令宰相共食实封三百户。十二月，停按察使。

十一年春正月丁卯，降都城见禁囚徒，流、死罪减一等，余并原之。己巳，北都巡狩，敕所至处存问高年、鳏寡惸独、征人之家；减流、死罪一等，徒以下放免。庚辰，幸并州、潞州，宴父老，曲赦大辟罪已下，给复五年。别改其旧宅为飞龙宫。辛卯，改并州为太原府，官吏补授，一准京兆、河南两府。百姓给复一年，贫户复二年，元从户复五年。武德功臣及元从子孙，有才堪文武未有官者，委府县搜扬，具以名荐。上亲制《起义堂颂》及书，刻石纪功于太原府之南街。戊申，次晋州。坛场使、中书令张嘉贞贬为幽州刺史。壬子，祠后土于汾阴之脽上，升坛行事官三品已上加一爵，四品已上加一阶，陪位官赐勋一转。改汾阴为宝鼎县。癸亥，兵部尚书张说兼中书令。三月庚午，车驾至京师，制所经州、府、县无出今年地税，京城见禁囚徒并原免之。夏四月丙辰，迁祔中宗神主于太庙。癸亥，张说正除中书令，吏部尚书、中山公王晙为兵部尚书，同中书门下三品。五月己巳，北都置军器监官员。王晙为朔方节度使，兼知河北郡、陇右、河西兵马使。六月，王晙赴朔方军。秋八月戊申，尊八代祖宣皇帝庙号献祖，光皇帝庙号懿祖，始祔于太庙之九室。九月己巳，颁上撰《广济方》于天下，仍令诸州各置医博士一人。春秋二时释奠，诸州宜依旧用牲牢，其属县用酒醴而已。冬十月丁酉，幸新丰之温泉宫。甲寅，至自温泉。十一月戊寅，亲祀南郊，大赦天下，见禁囚徒死罪至徒流已下免除之。升坛行事及供奉官三品已上赐爵一级，四品转一阶。武德以来实封功臣、知政宰辅冗屈者，所司具以状闻。赐酺三日，京城五日。是月，自京师至于山东、淮南大雪，平地三尺余。丁亥，废军器监官员，少府监加置少监一人以充之。十二月甲寅，幸凤泉汤。戊申，至自凤泉汤。庚申，王晙授蕲州刺史。

十二年春正月。夏四月，封故泽王上金男义珣为嗣泽王。嗣许王璀左授鄂州别驾，以弟璆为上金嗣故也。癸卯，嗣汀王袆降为信安郡王，嗣蜀王㻑为广汉郡王，嗣密王彻为濮阳郡王，嗣曹王臻为济国公，嗣赵王琚为中山郡王，武阳郡王堪为澧国公。袆等并自神龙之后外继为王，以璀利泽王之封，尽令归宗改封焉。秋七月壬申，月蚀既。己卯，废皇后王氏为庶人。后弟太子少保、驸马都尉守一贬为泽州别驾，至蓝田，赐死。户部尚书、河东伯张嘉贞贬台州刺史。冬十一月庚申，幸东都，至华阴，上制岳庙文，勒之于石，立于祠南之道周。戊寅，至自东都。庚辰，司徒、申王㧑薨，追谥曰惠庄太子。五溪首领覃行璋反，遣镇军大将军兼内侍杨思勖讨平之。闰十二月丙辰朔，日有蚀之。

十三年春正月乙酉，以幽州都督府为大都督府。戊子，降死罪为流，流已下罪悉原之。分遣御史中丞蒋钦绪等往十道疏决囚徒。二月戊午，幸龙门，即日还宫。乙亥，初置圹骑，分隶十二司。丙子，改廓州为邠州，郑州为莫州，梁州为褒州，沅州为巫州，舞州为鹤州，泉州为福州，以避文相类及声相近者。三月甲午，皇太子嗣谦改名鸿；郯王嗣直改名潭，徙封庆王，陕王嗣升改名浚，徙封忠王；鄫王嗣真改名洽，徙封棣王；鄂王嗣初改名涓，徙封郎王；嗣玄改名㳋，封荣王。又第八子㳫封为光王，第十二男潍封为仪王，第十三男浭封为颍王，第十六男泽封为永王，第十八男清封为寿王，第二十男泂封为延王，第二十一男沐封为盛王，第二十二男溢封为济王。丙申，御史大夫程行谌奏："周朝酷吏来子珣、万国俊、王弘义、侯思止、郭霸、焦仁亶、张知默、李敬仁、唐奉一、来俊臣、周兴、丘神勣、索元礼、曹仁哲、王景昭、裴籍、李秦授、刘光业、王德寿、屈贞筠、鲍思恭、刘景阳、王处贞等二十三人，残害宗枝，毒陷良善，情状尤重，子孙不许仕宦。陈嘉言、鱼承晔、皇甫文备、傅游艺四人，情状虽轻，子孙不许近任。请依开元二年二月五日敕。"夏四月丁巳，改集仙殿为集贤殿，丽正殿书院改集贤殿书院；内五品已上为学士，六品已下为直学士。癸酉，令朝集使各举所部孝悌文武，集于泰山之下。五月庚寅，妖贼刘定高率其党夜犯通洛门，尽擒斩之。六月乙亥，废都西市。冬十月癸丑，新造铜仪成，置于景运门内，以示百官。辛酉，东封泰山，发自东都。十一月丙戌，至兖州岱宗顿。丁亥，致斋于行宫。己丑，日南至，备法驾登山，仗卫罗列岳下百余里。诏行从留于谷口，上与宰臣、礼官升山。庚寅，祀昊天上帝于上坛，有司祀五帝百神于下坛。礼毕，藏玉册于封祀坛之石䃭，然后燔柴。燎发，群臣称万岁，传呼自山顶至岳下，震动山谷。上还斋宫，庆云见，日抱戴。辛卯，祀皇地祇于社首，藏玉册于石䃭，如封祀坛之礼。壬辰，御帐殿受朝贺，大赦天下，流人未还者放还。内外官三品已上赐爵一等，四品已下赐一阶，登山官封赐一阶，褒圣侯官才与处分。封泰山神为天齐王，礼秩加三公一等，近山十里，禁其樵采。赐酺七日。侍中源乾曜为尚书左丞相兼侍中，中书令张说为尚书右丞相兼中书令。甲午，发岱岳。丙申，幸孔子宅，亲设奠祭。十二月己巳，至东都。时累岁丰稔，东都米斗十钱，青、齐米斗五钱。是冬，分吏部为十铨，敕礼部尚书苏颋、刑部尚书韦抗、工部尚书卢从愿等分掌选事。

十四年春正月癸亥，改封契丹松漠郡王李召固为广化王，奚饶乐郡王李鲁苏为奉诚王，封宗室外甥女二人为公主，各以妻之。二月庚戌朔，邕州獠首领梁大海、周光等据宾、横等州叛，遣骠骑大将军兼内侍杨思勖讨之。三月壬寅，以国甥东华公主降于契丹李召固。夏四月癸丑，御史中丞宇文融与御史大夫崔隐甫弹尚书右丞相、兼中书令张说，鞫于尚书省。丁巳，户部侍郎李元纮同中书门下平章事。庚申，张说停兼中书令。丁卯，太子少师、岐王范薨，册赠惠文太子。辛丑，于定、恒、莫、易、沧等五州置军以备突厥。五月癸卯，户部进计帐，今年管户七百六万九千五百六十五，管口四千一百四十一万九千七百一十二。六月戊午，大风，拔木发屋，毁端门鸱吻，都城门等及寺观鸱吻落者殆半。上以旱、暴风雨，命中外群官上封事,指言时政得失,无有所隐。秋七月癸丑夜,瀍水暴涨入漕,漂没诸州租船数百艘,溺者甚众。九月己丑,检校黄门侍郎兼碛西副大都护杜暹同中书门下平章事。是秋,十五州言旱及霜,五十州言水,河南、河北尤甚,苏、同、常、福四州漂坏庐舍,遣御史中丞宇文融检覆赈给之。冬十月,废麟州。庚申,幸汝州广庆汤。己巳,还东都。十一月甲戌,突厥遣使来朝。辛丑,渤海靺鞨遣其子义信来朝,并献方物。十二月丁巳,幸寿安之方秀川。己未,日色赤如赭。壬戌,还东都。

十五年春正月戊寅,制草泽有文武高才,令诣阙自举。庚子,太史监复为太史局,依旧隶秘书省。辛丑,凉州都督王君㚟破吐蕃于青海之西,虏辎车、马羊而还。二月,遣左监门将军黎敬仁往河北赈给贫乏,时河北牛畜大疫。己巳,尚书右丞相张说、御史大夫崔隐甫、中丞宇文融以朋党相构,制说致仕,隐甫免官侍母,融出迁魏州刺史。夏五月,晋州大水,漂损居人庐舍。癸酉,以庆王潭为凉州都督兼河西诸军节度大使,忠王浚为单于大都护、朔方节度大使,棣王洽为太原冀北牧、河北诸军节度大使,鄂王涓为幽州都督、河北节度大使,荣王滉为京兆牧、陇右节度大使,光王涺为广州都督、五府节度大使,仪王潍为河南牧,颍王澐为安东都护、平卢军节度大使,永王泽为荆州大都督,寿王清为益州大都督、剑南节度大使,延王洄为安西大都护、碛西节度大使,盛王沐为扬州大都督,并不出阁。秋七月甲戌,雷震兴教门楼两鸱吻,栏槛及柱灾。礼部尚书苏颋卒。庚寅,鄜州洛水泛涨,坏人庐舍。辛卯,又坏同州冯翊县廨宇,及溺死者甚众。丙申,改武临县为颍阳县。己亥,赦都城系囚,死罪降从流,徒已下罪悉免之。九月丙子,吐蕃寇瓜州,执刺史田元献及王君㚟父寿,杀掠人吏,尽取军资仓粮而去。丙戌,突厥毗伽可汗使其大臣梅录啜来朝。闰月庚子,突骑施苏禄、吐蕃赞普围安西,副大都护赵颐贞击走之。庚申,车驾发东都,还京师。回纥部落杀王君㚟于甘州之巩笔驿。制检校吏部尚书萧嵩兼判凉州事,总兵以御吐蕃。是秋,六十三州水,十七州霜旱;河北饥,转江淮之南租米百万石以赈给之。冬十月己卯,至自东都。十二月乙亥,幸温泉宫。丙戌,至自温泉宫。

十六年春正月庚子,始听政于兴庆宫。春、泷等州獠首领泷州刺史陈行范、广州首领冯仁智、何游鲁叛,遣骠骑大将军杨思勗讨之。壬寅,安西副大都护赵颐贞败吐蕃于曲子城。甲子,黑水靺鞨遣使来朝献。秋七月,吐蕃寇瓜州,刺史张守珪击破之。乙巳,检校兵部尚书萧嵩、鄯州都督张志亮攻拔吐蕃大门城,斩获数千级,收其资畜而还。丙辰,新罗王金兴光遣使贡方物。八月己巳,特进张说进《开元大衍历》,诏命有司颁行之。辛卯,萧嵩又遣杜宾客击吐蕃于祁连城,大破之,获其大将一人,斩首五千级。九月丙午,以久雨,降死罪从流,徒已下原之。冬十月己卯,幸温泉宫。己丑,至自温泉宫。十一月癸巳朔,检校兵部尚书、河西节度判凉州事萧嵩为兵部尚书、同中书门下平章事,余如故。十二月丁卯,幸温泉宫。丁丑,至自温泉宫。

十七年二月丁卯,巂州都督张审素攻破蛮;拔昆明城及盐城,杀获万人。庚子,特进张说复为尚书左丞相,同州刺史陆象先为太子少保。甲寅,礼部尚书、信安王祎帅众攻拔吐蕃石堡城。夏四月癸亥,令中书门下分就大理、京兆、万年、长安等狱疏决囚徒。制天下系囚死罪减一等,余并宥之。丁亥,大风震电,蓝田山崩。五月癸巳,复置十道按察使。右散骑常侍徐坚卒。六月甲戌,尚书左丞相源乾曜停兼侍中,黄门侍郎杜暹为荆州大都督府长史,中书侍郎李元纮为曹州刺史。兵部尚书萧嵩兼中书令。户部侍郎兼鸿胪卿宇文融为黄门侍郎,兵部侍郎裴光庭为中书侍郎,并同中书门下平章事。秋七月辛丑,工部尚书张嘉贞卒。八月癸亥,上以降诞日,宴百僚于花萼楼下。百僚表请以每年八月五日为千秋节,王公已下献镜及承露囊,天下诸州咸令宴乐,休暇三日,仍编为令,从之。丙寅,越州大水,漂坏廨宇及居人庐舍。己卯,中书侍郎裴光庭兼御史大夫,依旧知政事。乙酉,尚书右丞相、开府仪同三司兼吏部尚书宋璟为尚书左丞相,尚书左丞相源乾曜为太子少傅。九月壬子,宇文融左迁汝州刺史,俄又贬昭州平乐尉。壬寅,裴光庭为黄门侍郎,依旧知政事。冬十月戊午朔,日有蚀之,不尽如钩。癸未,睦州献竹实。庚申,前太子宾客元行冲卒。十一月庚申,亲飨九庙。辛卯,发京师,谒桥陵。丙申,上望陵涕泣、左右并哀感。制奉先县同赤县,以所管万三百户供陵寝,三府兵马供宿卫,曲赦县内大辟罪已下。戊戌,谒定陵。己亥,谒献陵。壬寅,谒昭陵。乙巳,谒乾陵。戊申,车驾还宫。大赦天下,流移人并放还,左降官移近处。百姓无出今年地税之半。每陵取侧近六乡供陵寝。内外官三品已上加爵一等,四品已下赐一阶,五品已上清官父母亡者,依级赐官及邑号。十二月辛酉,幸温泉宫。乙丑,校猎渭滨。壬申,至自温泉宫。是冬无雪。

十八年春正月辛卯,黄门侍郎裴光庭为侍中,依旧兼御史大夫。左丞相张说加开府仪同三司。丙午,幸薛王业宅,即日还宫。二月丙寅,大雨雪,俄而雷震,左飞龙厩灾。三月辛卯,改定州县上中下户口之数,依旧给京官职田。夏四月乙卯,筑京城外郭城,凡十月而功毕。壬戌,幸宁亲公主第,即日还宫。乙丑,裴光庭兼吏部尚书。是春,命侍臣及百僚每旬暇日寻胜地宴乐,仍赐钱令所司供帐造食。丁卯,侍臣已下宴于春明门外宁王宪之园池,上御花萼楼邀其回骑,便令坐饮,递起为舞,颁赐有差。五月,契丹衙官可突干杀其主李召固,率部落降于突厥,奚部落亦随西叛。奚王李鲁苏来奔,召固妻东华公主陈氏及鲁苏妻东光公主韦氏并奔投平卢军。制幽州长史赵含章率兵讨之。六月庚申,命左右丞相、尚书及中书门下五品已上官,举才堪边任及刺史者。甲子,彗星见于五车。癸酉,有星孛于毕、昴。丙子,命单于大都护、忠王浚为河北道行军元帅,御史大夫李朝隐、京兆尹裴伷先为副,率十八总管以讨契丹及奚等。事竟不行。壬午,东都瀍、洛泛涨,坏天津、永济二桥及提象门外仗舍,损居人庐舍千余家。闰月甲申,分幽州置蓟州。己丑,令范安及、韩朝宗就瀍、洛水源疏决,置门以节水势。辛卯,礼部奏请千秋节休假三日，及村间社会，并就千秋节先赛白帝，报田祖，然后坐饮，从之。秋七月庚辰，幸宁王宪第，即日还宫。八月丁亥，上御花萼楼，以千秋节百官献贺，赐四品已上金镜、珠囊、缣彩，赐五品已下束帛有差。上赋八韵诗，又制《秋景诗》。辛亥，幸永穆公主宅，即日还宫。九月，先是高户捉官本钱；乙卯，御史大夫李朝隐奏请薄税百姓一年租钱充，依旧高户及典正等捉，随月收利，供官人税钱。冬十月，吐蕃遣其大臣名悉猎献方物，请降，许之。庚寅，幸岐州之凤泉汤。癸卯，至自凤泉汤。十一月丁卯，幸新丰温泉宫。十二月戊子，丰州刺史袁振坐妖言下狱死。戊申，尚书左温泉宫。十二月戊子，丰州刺史袁振坐妖言下狱死。戊申，尚书左丞相、燕国公张说薨。是岁，百僚及华州父老累表请上尊号内请加"圣文"两字，并封西岳，不允。

十九年春正月壬戌，开府仪同三司、霍国公王毛仲贬为瀼州别驾，中路赐死，党与贬黜者十数人。辛卯，遣鸿胪卿崔琳入吐蕃报聘。丙子，亲耕于兴庆宫龙池。己卯，禁采捕鲤鱼。天下州府春秋二时社及释奠，停牲牢，唯用酒醴，永为常式。二月甲午，以崔琳为御史大夫。三月乙酉朔，崔琳使于吐蕃。夏四月壬午，于京城置礼院。丙申，令两京及天下诸州各置太公尚父庙，以张良配飨，春秋二时仲月上戊日祭之。五月壬戌，五岳各置老君庙。六月乙酉，大风拔木。秋八月辛巳，降天下死罪从流，徒已下悉原之。九月辛未，吐蕃遣其国相论尚他硨来朝。冬十月丙申，幸东都。十一月丙辰，至自东都。甲子，太子少傅源乾曜薨。十二月，巂州都督张审素以劫制使监察御史杨汪伏诛。是冬，浚苑内洛水，六十余日而罢。戊戌，裴光庭上《瑶山往则》、《维城前轨》各一卷，上令赐太子、诸王各一本。

二十年春正月乙卯，以礼部尚书、信安王祎率兵讨契丹。丁巳，幸长芬公主宅；乙丑，幸薛王业宅；并即日还宫。二月己未，敕文武选人，承前例三月三十日为例，然开选门，比团甲进官至夏来。自今已后，选门并正月内开，团甲二月内讫。分命宰相录京城诸狱系囚。三月，信安王祎与幽州长史赵含章大破奚、契丹于幽州之北山。夏四月乙亥，宴百僚于上阳东州，醉者赐以床褥，肩舆而归，相属于路。癸巳，改造天津桥，毁皇津桥，合为一桥。五月癸卯，寒食上墓，宜编入五礼，永为恒式。辛亥，金仙长公主薨。戊辰，信安王献奚、契丹之俘，上御应天门受之。六月丁丑，单于大都护、河北东道行军元帅、忠王浚加司徒，都护如故；副大使信安王祎加开府仪同三司。庚寅，幽州长史赵含章坐盗用库物，左监门员外将军杨元方受含章馈饷，并于朝堂决杖，流瀼州，皆赐死于路。其月，遣范安及于长安广花萼楼，筑夹城至芙蓉园。秋七月戊辰，幸宁王宪宅，即日还宫。八月辛未朔，日有蚀之。己卯，户部尚书王晙卒。九月乙巳，中书令萧嵩等奏上《开元新礼》一百五十卷，制所司行用之。渤海靺鞨寇登州，杀刺史韦俊，命左领军将军盖福顺发兵讨之。冬十月丙戌，命巡幸所至，有贤才未闻达者举之。仍令中书门下疏决囚徒。辛卯，至潞州之飞龙宫，给复三年，兵募丁防先差未发者，令改出余州。辛丑，至北都。癸丑，曲赦太原，给复三年。十一月庚午，祀后土于雁上，大赦天下，左降官量移近处。内外文武官加一阶，开元勋臣尽假紫及绯。大酺三日。十二月壬申，至京师。

其年户部计户七百八十六万一千二百三十六，口四千五百四十三万一千二百六十五。

二十一年春正月庚子朔，制令士庶家藏《老子》一本，每年贡举人量减《尚书》、《论语》两条策，加《老子》策。乙巳，迁祔肃明皇后神主于庙，毁仪坤庙。丁巳，幸温泉宫。己未，命工部尚书李嵩使于吐蕃。癸亥，至自温泉宫。三月乙巳，侍中裴光庭薨。甲寅，尚书右丞韩休为黄门侍郎、同中书门下平章事。闰月，幽州道副总管郭英杰等讨契丹，为所败于都山之下，英杰死之。夏四月丁巳，以久旱，命太子少保陆象先、户部尚书杜暹等七人往诸道宣慰赈给，及令黜陟官吏，疏决囚徒。丁酉，宁王宪为太尉，薛王业为司徒，庆王潭为太子太师，忠王浚为开府仪同三司，棣王洽为太子少傅，鄂王涓为太子太保。五月甲申，皇太子纳妃薛氏。制天下死罪降从流，流已下释放。京文武官赐勋一转。秋七月乙丑朔，日有蚀之。九月壬午，封皇子溢为济王，沔为信王，泚为义王，漼为陈王，澄为丰王，潓为恒王，泑为凉王，滔为深王。冬十月庚戌，幸温泉宫。十一月戊子，尚书右丞相宋璟以年老请致仕，许之。十二月丁未，兵部尚书、徐国公萧嵩为尚书右丞相，黄门侍郎韩休为兵部尚书，并罢知政事。京兆尹裴耀卿为黄门侍郎，前中书侍郎张九龄起复旧官，并同中书门下平章事。是岁，关中久雨害稼，京师饥，诏出太仓米二百万石给之。

二十二年春正月癸亥朔，制古圣帝明皇、岳、渎、海镇用牲牢，余并以酒醴充奠。己巳，幸东都。辛未，太府卿严挺之、户部侍郎裴宽于河南存问赈给。乙酉，怀、卫、邢、相等五州乏粮，遣中书舍人裴敦复巡问，量给种子。己丑，至东都。二月壬寅，秦州地震，廨宇及居人庐舍崩坏殆尽，压死官吏以下四十余人，殷殷有声，仍连震不止。命尚书右丞相萧嵩往祭山川，并遣使存问赈恤之，压死之家给复一年，一家三人已上死者给复二年。辛亥，初置十道采访处置使。征恒州张果先生，授银青光禄大夫，号曰通玄先生。三月，没京兆商人任令方资财六十余万贯。壬午，欲令不禁私铸钱，遣公卿百僚详议可否。众以为不可，遂止。四月乙未，伊西、北庭且依旧为节度。废太庙署，以太常寺奉宗庙。庚子，唐州界准胜州例立表，测候日晷影长短。乙巳，诏京都见禁囚徒，令中书门下及留守检校覆降罪，天下诸州委刺史。丁未，眉州皇山下江水中得宝鼎。甲寅，北庭都护刘涣谋反，伏诛。五月戊子，黄门侍郎裴耀卿为侍中，中书侍郎张九龄为中书令，黄门侍郎李林甫为礼部尚书、同中书门下平章事。关中大风拔木，同州尤甚。是夏，上自于苑中种麦，率皇太子已下躬自收获，谓太子等曰："此将荐宗庙，是以躬亲，亦欲令汝等知稼穑之难也。"因分赐侍臣，谓曰："比岁令人巡检苗稼，所对多不实，故自种植以观其成；且《春秋》书麦禾，岂非古人所重也！"六月己未，遣左金吾将军李佺于赤岭与吐蕃分界立碑。七月己巳，司徒、薛王业薨，追谥为惠宣太子。甲申，遣中书令张九龄充河南开稻田使。八月，先是驾至东都，遣侍中裴耀卿充江淮、河南转运使，河口置输场。壬寅，于输场东置河阴县。又遣张九龄于许、豫、陈、亳等州置水屯。九月壬申，改饶乐都督府为奉诚都督府。辛巳，移登州平海军于海口安置。冬十月甲辰，试司农卿陈思问以赃私配流瀼州。十二月戊子朔，日有蚀之。乙巳，幽州长史张守珪发兵讨契丹，斩其王屈烈及其大臣可突干于阵，传首东都，余叛奚皆散走山谷。立其酋长李过折为契丹王。是岁，突厥毗伽可汗死。断京城乞儿。

二十三年春正月己亥，亲耕籍田，上加至九推而止，卿已下终其亩。大赦天下。京文武官及朝集采访使三品已下加一爵，四品已下加一阶，外官赐勋一转。其才有霸王之略、学究天人之际、及堪将帅牧宰者，令五品以上清官及刺史各举一人。致仕官量与改职，依前致仕。赐酺三日。三月丁卯，殿中侍御史杨万顷为仇人所杀。夏五月戊寅，宗子请率月俸于兴庆宫建龙池，上《圣德颂》。秋七月丙子，皇太子鸿改名瑛，庆王直已下十四王并改名。又封皇子玼为义王，珪为陈王，珙为丰王，琪为恒王，璲为凉王，潍为汴王。其荣王琬已下并开府置官属，各食实封二千户。八月戊子，制鳏寡惸独免今年地税之半，江淮已南有遭水处，本道使赈给之。九月戊申，移泗州就临淮县置。冬十月辛亥，移隶伊西、北庭都护属四镇节度。突骑施寇北庭及安西拨换城。十一月壬申朔，日有蚀之。十二月，新罗遣使朝献。

二十四年春正月，吐蕃遣使献方物。北庭都护盖嘉运率兵击突骑施，破之。三月乙未，始移考功贡举，遣礼部侍郎掌之。夏六月丙午，京兆醴泉妖人刘志诚率众为乱，将趋京城，咸阳官吏烧便桥以断其路，俄而散走，京兆府尽擒斩之。是夏大热，道路有喝死者。秋七月庚子，太子太保陆象先卒。辛丑，李林甫为兵部尚书，依旧知政事。己巳，初置寿星坛，祭老人星及角、亢等七宿。八月戊申朔，加亲舅小功服，舅母缌麻服，堂舅袒免。己亥，深王滔薨。九月壬午，改尚书主爵曰司封。冬十月戊申，车驾发东都，还西京。甲子，至华州，曲赦行在系囚。丁丑，至自东都。十一月壬寅，侍中裴耀卿为尚书左丞相，中书令张九龄为尚书右丞相，并罢知政事。兵部尚书李林甫兼中书令，殿中监牛仙客兵部尚书、同中书门下三品。尚书右丞相萧嵩为太子太师，工部尚书韩休为太子少保。十二月戊申，太子太师、庆王琮为司徒。丙寅，牛仙客知门下省事。

卷九　　　本纪第九

玄宗下

开元二十五年春正月壬午，制："朕猥集休运，多谢哲王，然而哀矜之情，小大必慎。自临寰宇，子育黎烝，未尝行极刑，起大狱。上玄降鉴，应以祥和，思协平邦之典，致之仁寿之域。自今有犯死刑，除十恶罪，宜令中书门下与法官详所犯轻重，具状奏闻。崇德尚齿，三代丕义；敦风劝俗，五教攸先。其曾任五品已上清资官以礼去职者，所司具录名奏，老疾不堪厘务者与致仕。道士、女冠宜隶宗正寺，僧尼令祠部检校。百司每旬节休假，并不须入曹司，任游胜为乐。宣示中外，知朕意焉。"癸卯，道士尹愔为谏议大夫、集贤学士兼知史馆事。二月，新罗王金兴光卒，其子承庆嗣位，遣赞善大夫邢璹摄鸿胪少卿，往吊祭，册立之。壬子，加宗正丞一员。戊午，罢江淮运，停河北运。癸酉，张守珪破契丹余众于捺禄山，杀获甚众。三月乙卯，河西节度使崔希逸自凉州南率众入吐蕃界二千余里。己亥，希逸至青海西郎佐素文子觜，与贼相遇，大破之，斩首二千余级。夏四月庚戌，陈、许、豫、寿四州开稻田。辛酉，监察御史周子谅上书忤旨，搒之殿庭，朝堂决杖死之。甲子，尚书右丞相张九龄以曾荐引子谅，左授荆州长史。乙丑，皇太子瑛、鄂王瑶、光王琚并废为庶人。太子妃兄驸马都尉薛锈长流瀼州，至蓝田驿赐死。六月壬戌，荧惑犯房，至心星越度而过。秋七月己卯，大理少卿徐岵奏："天下今岁断死刑五十八，几致刑措，鸟巢寺之狱。"上特推功元辅，庚辰，封李林甫为晋国公，牛仙客为豳国公。己卯，敕诸陵庙并隶宗正寺，其宗正寺官员，自今并以宗枝为之。九月壬申，颁新定《令》、《式》、《格》及《事类》一百三十卷于天下。冬十月，制自今年每年立春日迎春于东郊，其夏及秋冬如常。以十二月朔日于正殿受朝，读时令。十一月壬申，幸温泉宫。丁丑，开府仪同三司、广平郡公宋璟薨。十二月丙午，惠妃武氏薨，追谥为贞顺皇后，葬于敬陵。吐蕃使其大臣属卢论莽藏来朝贡。

二十六年春正月乙亥，工部尚书牛仙客为侍中。丁丑，亲迎气于东郊，祀青帝。制天下系囚，死罪流岭南，余并放免。镇兵都还。京兆府新开稻田，并散给贫人。百官赐勋绢。长安、万年两县各与本钱一千贯，收利供驲，仍付杂驲。天下州县，每乡一学，仍择师资，令其教授。诸乡贡每年令就国子监谒先师，明经加口试。内外八品已下及草泽有博学文辞之士，各委本司本州闻荐。二月辛卯，以李林甫遥领陇右节度使。甲辰，禁大寒食以鸡卵相馈送。庚申，葬贞顺皇后于敬陵。乙卯，以牛仙客遥领河东道节度使。辛酉，废仙州，分其属县隶许、汝等州。三月己巳朔，减秘书省校书、正字官员。丙子，有星孛于紫微垣中，历斗魁十余日，因阴云不见。己酉，河南、洛阳两县亦借本钱一千贯，收利充人吏课役。癸未，京兆地震。吐蕃寇河西，左散骑常侍崔希逸击破之；鄯州都督杜希望又攻拔新罗城，制以其城为威戎军。夏四月己亥朔，始令太常卿韦韬读时令于宣政殿，百僚于殿上列坐而听之。五月乙酉，以李林甫遥领河西节度使，兼判梁州事。庚寅，幸咸宜公主宅。六月庚子，立忠王玙为皇太子。秋七月己巳，册皇太子，大赦天下，常赦所不免者咸赦除之。内外文武官及五品已上为父后者各赐勋一转。忠王府官及侍讲加一阶。赐酺三日。庚辰，分越州置明州。九月丙申朔，日有蚀之。庚子，于旧六胡州地置宥州。益州长史王昱率兵攻吐蕃，安戎城为贼所据，官军大败，昱弃甲而遁，兵士死者数千人。冬十月戊寅，幸温泉宫。是岁渤海靺鞨王大武艺死，其子钦茂嗣立，遣使吊祭，册立之。其冬，两京建行宫，造殿宇各千余间。润州刺史齐浣开伊娄河于扬州南瓜洲浦。析左右羽林军置左右龙武军，以左右万骑营隶焉。

二十七年春正月乙巳，大雨雪。二月己巳，加尊号开元圣文神武皇帝，大赦天下，常赦所不免者咸赦除之，开元已来诸色痕瘕人咸从洗涤，左降官量移近处。百姓免今年租税。三品已上赐爵一级，四品已上加一阶。宗庙荐飨，自今已后并用宗子。赐酺五日。夏四月丁丑，废洮州隶兰州，改临州为洮州。乙酉，太子少傅窦瑱为开府仪同三司，吏部尚书李暠为太子少傅。丁酉，侍中牛仙客为兵部尚书兼侍中；兵部尚书兼中书令李林甫为吏部尚书，依旧兼中书令。以东宫内侍隶内侍省为署。五月癸卯，置龙武军官员。先是，郑国公主之子薛诱与其党李谈、崔治、石如山同于京城杀人，或利其财，或违其志，即白日椎杀，煮而食之。其夏事发，皆决杀于京兆府门，诱以国亲流瀼州，赐死于城东驿。六月甲戌，内常侍牛仙童坐赃，决杀之。幽州节度使、兼御史大夫张守珪以贿贬为括州刺史。太子太师、徐国公萧嵩以尝赂仙童，左授青州刺史。秋七月辛丑，荧惑犯南斗。北庭都护盖嘉运以轻骑袭破突骑施于碎叶城，杀苏禄，威震西陲。八月，吐蕃寇白草、安人等。甲申，制追赠孔宣父为文宣王，颜回为兖国公，余十哲皆为侯，夹坐。后嗣褒圣侯改封为文宣公。九月，皇太子改名绍。汴州刺史齐浣请开汴河下流，自虹县至淮阴北合于淮，逾时而功毕。因弃沙壅旧路，行者弊之，寻而新河之水势湍急，遂填塞矣。前刑部尚书致仕崔隐甫卒。冬十月，将改作明堂。讹言官取小儿埋于明堂之下，以为厌胜。村野童儿藏于山谷，都城骚然，咸言兵至。上恶之，遣主客郎中王佶往东都及诸州宣慰百姓，久之定。冬十月，毁东都明堂之上层，改拆下层为乾元殿。戊戌，幸温泉宫。辛丑，至自温泉宫。十二月，东都副留守、太子宾客崔沔卒。以益州司马章仇兼琼权剑南节度等使。是岁，盖嘉运大破突骑施之众，擒其王吐火仙，送于京师。二十八年春正月，两京路及城中苑内种果树。癸巳，幸温泉宫。庚子，至自温泉宫。壬寅，以望日御勤政楼宴群臣，连夜烧灯，会大雪而罢，因命自今常以二月望日夜为之。三月丁亥朔，日有蚀之。壬子，权判益州长史章仇兼琼拔吐蕃安戎城，分兵镇守之。夏五月乙未，太子少师韩休、太子少傅李暠卒。六月，怀州刺史、信安王祎为太子少师。庚寅，太子宾客李肇隐卒。秋七月壬寅，追尊宣皇帝陵名曰建初，光皇帝陵名曰启运，仍置官员。九月，魏州刺史卢晖开通济渠，自石灰窠引流至州城而西，却注魏桥。九月庚寅，封皇孙俶等十九人为郡王。冬十月甲子，幸温泉宫。辛巳，至自温泉宫。乙酉夜，东都新殿后佛光寺灾。吐蕃寇安戎城。十一月，牛仙客停遥兼朔方、河东节度使。十二月乙卯，突骑施酋长莫贺达干率众内属。己未，礼部

尚书杜暹卒。是岁，金城公主薨，吐蕃遣使来告丧。其时频岁丰稔，京师米斛不满二百，天下义安，虽行万里不持兵刃。

二十九年春正月丁丑，制两京、诸州各置玄元皇帝庙并崇玄学，置生徒，令习《老子》、《庄子》、《列子》、《文子》，每年准明经例考试。内外官有伯叔兄弟子侄堪任刺史、县令，所司亲自保荐。禁九品已下清资官置客舍邸店车坊、士庶厚葬。三月，吐蕃、突厥各遣使来朝。丙午，风霾，日色无影。夏四月庚戌朔。丙辰，以太原裴仙先为工部尚书。韦虚心卒。亲王已下及内外官各赐钱令宴乐。壬午，以左右金吾大将军裴宽为太原尹、北都留守。秋七月乙卯，洛水泛涨，毁天津桥及上阳宫仗舍。洛、渭之间，庐舍坏，溺死者千余人。突厥登利可汗死。北州刺史王斛斯为幽州节度使；幽州节度副使安禄山为营州刺史，充平卢军节度副使，押两番、渤海、黑水四府经略使。九月，大雨雪，稻禾偃折，又霖雨月余，道途阻滞。是秋，河北博、洺等二十四州言雨水害稼，命御史中丞张倚往东都及河北赈恤。壬申，御兴庆门，试明《四子》人姚子产、元载等。冬十月丙申，幸温泉宫。戊戌，分遣大理卿崔翘等八人往诸道黜陟官吏。十一月庚戌，司空、邠王守礼薨。辛酉，至自温泉宫。己巳，雨木冰，凝寒冻冽，数日不解。辛未，太尉、宁王宪薨，谥为让皇帝，葬于惠陵。十二月丁酉，吐蕃入寇，陷廓州达化县及振武军石堡城，节度使盖嘉运不能守。女国王赵曳夫及佛逝国王、日南国王遣其子来朝献。

天宝元年春正月丁未朔，大赦天下，改元，常赦不原咸赦除之。百姓所欠负租税及诸色并免之。前资官及白身人有儒学博通、文辞秀逸及军谋武艺者，所在各以名荐。京文武官才堪为刺史者各令封状自举。改黄钺为金钺。内外官各赐勋两转。甲寅，陈王府参军田同秀上言："玄元皇帝降见于丹凤门之通衢，告临灵符在尹喜之故宅。"上遣使就函谷故关尹喜台西发得之，乃置玄元庙于大宁坊。陕郡太守李齐物先凿三门，辛未，渠成放流。二月丁亥，上加尊号为开元天宝圣文神武皇帝。辛卯，亲享玄元皇帝于新庙。甲午，亲享太庙。丙申，合祭天地于南郊。制天下囚徒，罪无轻重并释放。流人移近处，左降官依资叙用，身死贬处者量加追赠。枉法赃十五匹当绞，今加至二十匹。庄子号为南华真人，文子号为通玄真人，列子号为冲虚真人，庚桑子号为洞虚真人。其四子所著书改为真经。崇玄学置博士、助教各一员，学生一百人。桃林县改为灵宝县。改侍中为左相，中书令为右相，左右丞相依旧为仆射，又黄门侍郎为门下侍郎。东都为东京，北都为北京，天下诸州改为郡，刺史改为太守。陕州河北县为平陆县。老幼版授，文武官三品已上加一爵，四品已下加一阶。庚子，平卢节度使安禄山进阶骠骑大将军。夏六月庚寅，武功山水暴涨，坏人庐舍，溺死数百人。秋七月癸卯朔，日有蚀之。辛未，左相、豳国公牛仙客卒。八月丁丑，刑部尚书、兼御史大夫李适之为左相。丁亥，突厥阿布思及默啜可汗之孙、登利可汗之女相与率其党属来降。壬辰，吏部尚书兼右相李林甫加尚书左仆射，左相李适之兼兵部

尚书,左仆射裴耀卿为尚书右仆射。九月辛卯,上御花萼楼,出宫女宴毗伽可汗妻可敦及男女等,赏赐不可胜纪。丙寅,改天下县名不稳及重名一百一十处。两京玄元庙改为太上玄元皇帝宫,天下准此。冬十月丁酉,幸温泉宫。辛丑,改骊山为会昌山,仍于秦坑儒之所立祠宇,以祀遭难诸儒。新成长生殿名曰集灵台,以祀天神。十一月己巳,至自温泉宫。是岁,命陕郡太守韦坚引浐水开广运潭于望春亭之东,以通河、渭;京兆尹韩朝宗又分渭水入自金光门,置潭于西市之两衡,以贮材木。是冬无冰。其年,天下郡府三百六十二,县一千五百二十八,乡一万六千八百二十九。户部进计帐,今年管户八百五十二万五千七百六十三,口四千八百九十万九千八百。

二年春正月丙辰,追尊玄元皇帝为大圣祖玄元皇帝,两京崇玄学改为崇玄馆,博士为学士。三月壬子,亲祀玄元庙以册尊号。制追尊圣祖玄元皇帝父周上御史大夫敬曰先天太上皇,母益寿氏号先天太后,仍于谯郡本乡置庙。尊咎繇为德明皇帝。改西京玄元庙为太清宫,东京为太微宫,天下诸郡为紫极宫。韦坚开广运潭毕功,盛陈舟舰。丙寅,上幸广运楼以观之,即日还宫。夏六月甲戌夜,雷震东京应天门观灾,延烧至左、右延福门,经日不灭。七月癸丑,致仕礼部尚书王丘卒。丙辰,尚书右仆射裴耀卿薨。九月,太子少保崔琳卒。辛酉,谯郡紫极宫改为太清宫。冬十月戊辰,太子太保、信安王祎卒。戊寅,幸温泉宫。十一月乙卯,至自温泉宫。十二月己亥,东京应天门改为乾元门。戊申,幸温泉宫。丙辰,至自温泉宫。十二月乙酉,太子宾客贺知章请度为道士还乡。是冬无雪。

三载正月丙辰朔,改年为载。赦见禁囚徒。庚子,遣左右相已下祖别贺知章于长乐坡,上赋诗赠之。壬寅,幸温泉宫。二月己巳,还京。丁丑,封让皇帝男琳为嗣宁王,故邠王守礼男承宁为嗣邠王,让帝男琦为嗣申王,惠宣太子男珍为嗣岐王,琪为嗣薛王。庚寅,皇太子绍改名亨。是月,河南尹裴敦复卒。闰月辛亥,有星如月,坠于东南,坠后有声。京师讹言官遣棖捕人肝以祭天狗。人相恐,畿县尤甚,发使安之。三月庚午,武威郡上言:番禾县天宝山有醴泉涌出,岭石化为瑞莲,远近贫乏者取以给食。改番禾为天宝县。癸酉,制天下见禁囚徒死罪降流,流已下并原之。夏四月,南海太守刘巨鳞击破海贼吴令光,永嘉郡平。敕两京、天下州郡取官物铸金铜天尊及佛各一躯,送开元观、开元寺。五月戊寅,长安令柳升坐赃,于朝堂决杀之。秋八月丙午,九姓拔悉密叶护攻杀突厥乌苏米施可汗,传首京师。庚申,内外文武官六品已下,自今已后,赴任之后,计载终满二百日已上,许其成考。冬十月癸巳,幸温泉宫。丁未,改史国为来威国。十一月癸卯,还京。癸丑,每载依旧取正月十四日、十五日、十六日开坊市门燃灯,永以为常式。玉真公主先为女道士,让号及实封,赐名持盈。十二月甲午,分新丰县置会昌县。甲寅,亲祀九宫贵神于东郊,礼毕,大赦天下。百姓十八已上为中男,二十三已上成丁。每岁庸调,八月起征,可延至九月。诏天下民间家藏《孝经》一本。

四载春三月甲申,宴群臣于勤政楼。壬申,封外孙独孤氏女为静乐公主,出降契丹松漠都督李怀节;封外孙杨氏女为宜芳公主,出降奚饶乐都督李延宠。秋八月甲辰,册太真妃杨氏为贵妃。是月,河南睢阳、淮阳、谯等八郡大水。九月,契丹及奚酉长各杀公主,举部落叛。陇右节度使皇甫惟明与吐蕃战于石堡城,官军不利,副将褚直廉等死。冬十月,于单于都护府置金河县,安北都护府置阴山县。丁酉,幸温泉宫。壬子,以会昌县为同京县。十二月戊戌,还京。

五载春正月癸酉,刑部尚书韦坚贬括苍太守;陇右节度使皇甫惟明贬播川太守,寻决死于黔中。乙亥,敕大小县令准畿官吏三选听集。《礼记·月令》改为《时令》。封中岳令为中天王,南岳为司天王,北岳为安天王。天下山水,名称或同,义且不经,多因于里谚,宜令所司各据图籍改定。丙子,遣礼部尚书席豫、左丞崔翘、御史中丞王铱等七人分行天下,黜陟官吏。夏四月庚寅,左相、渭源伯李适之为太子少保,罢知政事。丁酉,门下侍郎陈希烈同中书门下平章事。五月庚申,敕令后每至旬节休假,中书门下文武百僚不须入朝,外官不须衙集。癸卯,停郡县差丁白直课钱。六月,敕三伏内令宰相昼时还宅。秋七月丙子,韦坚为李林甫所构,配流临封郡,赐死。坚妹皇太子妃听离,坚外甥嗣薛王琄贬夷陵郡别驾,女婿巴陵太守卢幼临长流合浦郡。太子少保李适之贬宜春太守,到任,饮药死。八月,以户部侍郎郭虚己为御史大夫、剑南节度使。九月壬子,于太清宫刻石为李林甫、陈希烈像,侍于圣容之侧。冬十月丁酉,幸温泉宫。改临淄郡为济南郡。十一月已巳,还京。十二月辛未,赞善大夫杜有邻、著作郎王曾、左骁卫兵曹柳勣等为李林甫所构,并下狱死。

六载正月辛巳朔,北海太守李邕、淄川太守裴敦复并以事连王曾、柳勣,遣使就杀之。丁亥,亲享太庙。戊子,亲祀圜丘,礼毕,大赦天下,除绞、斩刑,但决重杖。于京城置三皇、五帝庙,以时享祭。其章怀、节愍、惠庄、惠文、惠宣等太子,宜与隐太子、懿德太子同为一庙。每日立仗食及设仗于庭,此后并宜停废。五岳既已封王,四渎当升公位,封河渎为灵源公,济渎为清源公,江渎为广源公,淮渎为长源公。三月戊戌,南海太守彭果坐赃,决杖,长流溱溪郡,死于路。夏四月戊午,门下侍郎陈希烈为左相兼兵部尚书。癸酉,复置军器监。自五月不雨至秋七月。乙酉,以旱,命宰相、台寺、府县录系囚,死罪决杖配流,徒已下特免。庚寅始雨。冬十月戊申,幸温泉宫,改为华清宫。十一月乙亥,户部侍郎杨慎矜及兄少府少监慎余与弟洛阳令慎名,并为李林甫及御史中丞王铱所构,下狱死。十二月丙辰,工部尚书陆景融卒。壬戌,还京。

七载春正月己卯,礼部尚书席豫卒。己亥,韦绍奏御案褥袱幄等望去紫用赤黄,从之。三月乙酉,大同殿柱产玉芝,有神光照殿。群臣请加皇帝尊号曰开元天宝圣文神武应道,许之。夏四月辛丑,以高力士为骠骑大将军。五月壬午,上御兴庆宫,受册徽号,大赦天下,百姓免来载租庸。三皇以前帝王,京城置庙,以时致祭。其历代帝王肇迹之处未有祠宇者,所在各置一庙。忠臣、义士、孝妇、烈女德行弥高者，亦置祠宇致祭。赐酺三日。六月，范阳节度使安禄山赐实封及铁券。秋八月己亥朔，改千秋节为天长节。壬子，改万年县为咸宁县。冬十月庚午，幸华清宫，封贵妃姊二人为韩国、虢国夫人。十二月戊戌，言玄元皇帝见于华清宫之朝元阁，乃改为降圣阁。改会昌县为昭应县，会昌山为昭应山；封山神为玄德公，仍立祠宇。辛酉，还京。

八载春正月甲申，赐京官绢，备春时游赏。二月戊申，引百官于左藏库纵观钱币，赐绢而归。三月，朔方节度使张齐丘于中受降城北筑横塞城。夏四月，咸宁太守赵奉璋决杖而死，著作郎韦子春贬端溪尉，李林甫陷之也。幸华清宫观风楼。五月辛巳，于开远门外作振旅亭。戊子，南海太守刘巨鳞坐赃，决死之。六月，大同殿又产玉芝一茎。陇右节度使哥舒翰攻吐蕃石堡城，拔之。闰月己丑，改石堡城为神武军。剑南索磨川新置都护府，宜以保宁为名。丙寅，上亲谒太清宫，册圣祖玄元皇帝尊号为圣祖大道玄元皇帝。高祖、太宗、高宗、中宗、睿宗五帝，皆加"大圣皇帝"之字；太穆、文德、则天、和思、昭成皇后，皆加"顺圣皇后"之字。群臣上皇帝尊号为开元天地大宝圣文神武应道皇帝。丁卯，上御含元殿受册，大赦天下。自今每至禘祫，并于太清宫圣祖前序昭穆。初，太白山人李浑言太白山金星洞有帝福寿玉版石记，求得之，乃封太白山为神应公，金星洞为嘉祥公，所管华阳县为贞符县。戊辰，太子太师、徐国公萧嵩薨。丁亥，南衙立仗马宜停，省进马官。秋八月戊子，郡别驾宜停，下郡置长史。冬十月丙寅，幸华清宫。十一月丁巳，幸御史中丞杨钊庄。

九载春正月庚寅朔，与岁次同始，受朝于华清宫。己亥，还京。庚戌，群臣请封西岳，从之。二月壬午，御史中丞宋浑坐赃及奸，长流高要郡。三月庚戌，改瓯使为献纳。辛亥，西岳庙灾。时久旱，制停封西岳。夏五月庚寅，以旱，录囚徒。乙卯，安禄山进封东平郡王。节度使封王，自此始也。秋七月己亥，国子监置广文馆，领生徒为进士业者。九月乙卯，处士崔昌上《五行应运历》，以国家合承周、汉，请废周、隋不合为二王后。冬十一月庚寅，幸华清宫。己丑，制自今告献太清宫及太庙改为朝献，巡陵为朝拜，告宗庙为奏，天地享祀文改昭告为昭荐，以告者临下之义故也。辛卯，幸杨国忠亭子。辛丑，立周武王、汉高祖庙于京城，司置官吏。十二月乙亥，还京。

十载春正月乙酉朔。壬辰，朝献太清宫。癸巳，朝飨太庙。甲午，有事于南郊，合祭天地，礼毕，大赦天下。太庙置内官，供洒扫诸陵庙。己亥，改传国宝为承天大宝。丁未，李林甫领安北副大都护、朔方节度使。庚戌，大风，陕郡运船失火，烧米船二百余只，人死者五百计。癸丑，分遣嗣吴王祗等十三人祭岳渎海镇。二月丁巳，安禄山兼云中太守、河东节度使。夏四月，剑南节度使鲜于仲通将兵六万讨云南，与云南王阁罗凤战于泸川，官军大败，死于泸水者不可胜数。五月丁亥，改诸卫幡旗绯色者为赤黄，以符土运。秋八月乙卯，广陵郡大风，潮水覆船数千艘。丙辰，京城武库灾，烧器械四十七万事。是秋，霖雨积旬，墙屋多坏，西京尤甚。冬十月辛亥，幸华清宫。十一月乙未，幸杨国忠宅。丙午，兵部侍郎、兼御史中丞杨国忠兼领剑南节度使。

十一载春正月辛亥，还京。二月癸酉，禁恶钱，官出好钱以易之。既而商旅不便，诉于国忠，乃止之。三月，朔方节度副使、奉信王阿布思与安禄山同讨契丹，布思与禄山不协，乃率其部下叛归漠北。丙午，制今后每月朔望，宜令荐食于太庙，每室一牙盘，仍五日一开室门洒扫。改吏部为文部，兵部为武部，刑部为宪部，其部内诸司有部字者并改，将作大匠、少匠为大、少二监。夏四月，御史大夫兼京兆尹王鉷赐死，坐弟銲与凶人邢縡谋逆故也。杨国忠兼京兆尹。五月戊申，庆王琮薨，赠靖德太子。六月戊子，东京大风，拔树发屋。八月己丑，幸左藏库，赐群臣帛有差。九月甲寅，改诸卫士为武士。冬十月戊寅，幸华清宫。十一月乙卯，尚书左仆射兼右相、晋国公李林甫薨于行在所。庚申，御史大夫兼蜀郡长史杨国忠为右相兼文部尚书。十二月甲戌，杨国忠奏请两京选人铨日便定留放，无长名。己亥，还京。

十二载春正月壬子，杨国忠于尚书省注官，注讫，于都堂对左相与诸司长官唱名。二月庚辰，选人郑怤等二十余人以国忠铨注无滞，设斋于勤政殿下，立碑于尚书省门。癸未，追削故右相李林甫在身官爵，男将作监岫、宗党李复道等五十人皆流贬，国忠诬奏林甫阴结叛胡阿布思故也。夏五月乙酉，以魏、周、隋依旧为三恪及二王后，复封韩、介、酅等公。辛亥，太庙诸陵署依旧隶太常寺。七月壬子，天下齐人不得乡贡，须补国子学生然后贡举。八月，京城霖雨，米贵，令出太仓米十万石，减价粜与贫人。仍令中书门下就京兆、大理疏决囚徒。九月己亥朔，陇右节度使、凉国公哥舒翰进封西平郡王，食实封五百户。冬十月戊申，幸华清宫。和雇京城丁户一万三千人筑兴庆宫墙，起楼观。至十二月，改横塞城为天德军。庚寅，行从官宪部尚书张筠等请上尊号为开元天地大宝圣文神武孝德证道皇帝。

十三载春正月丁酉朔，上御华清宫之观风楼，受朝贺。己亥，安庆绪献俘于行在，帝引见于禁中，赏赐巨万。乙巳，加安禄山尚书左仆射，赐实封千户，奴婢十房，庄、宅各一区；又加闲厩、五坊、宫苑、陇右群牧都使，以武部侍郎吉温为副。丙午，还京。二月癸酉，上亲朝献太清宫，上玄元皇帝尊号曰大圣祖高上大道金阙玄元天皇大帝。甲戌，亲飨太庙，上高祖谥曰神尧大圣大光孝皇帝，太宗谥曰太宗文武大圣大广孝皇帝，高宗谥曰高宗天皇大圣大弘孝皇帝，中宗谥曰中宗大和大圣大昭孝皇帝，睿宗谥曰睿宗玄真大圣大兴孝皇帝。乙亥，御兴庆殿受徽号，礼毕，大赦天下。左降官遭父母忧，放归。献陵等五署改为台，令、丞各升一阶。文武三品已上赐爵一级，四品已下加一阶。赐酺三日。戊寅，右相兼文部尚书杨国忠守司空，余如故。甲申，司空杨国忠受册，天雨黄土，沾于朝服。禄山奏前后讨契丹立功将士跳荡等，请超三资，告身仍望好写；于是超授将军者五百余人，中郎将者二千余人。三月丁酉，太常卿张垍贬卢溪郡司马，垍兄宪部尚书均贬建安太守。丙午，御跃龙殿门张乐宴群臣，赐右相绢一千五百匹，彩罗三百匹，彩绫五百匹；左相绢三百匹，彩罗绫各五十匹；余三品八十匹，四品五品六十匹，六品七品四十匹，极欢而罢。壬戌，御勤政楼大酺。北庭都护程千里生擒阿布思献于楼下，斩之于朱雀街。乙丑，左羽林上将军封常清权北庭都护、伊西节度使。万春公主出降杨朏。夏五月，荧惑守心五十余日。六月乙丑朔，日有蚀之，不尽如钩。侍御史、剑南留后李宓率兵击云南蛮于西洱河，粮尽军旋，马足陷桥，为阁罗凤所擒，举军皆没。废济阳郡，以所领五县隶东平郡。秋八月丁亥，以久雨，左相、许国公陈希烈为太子太师，罢知政事；文部侍郎韦见素为武部尚书，同中书门下平章事。是秋，霖雨积六十余日，京城垣屋颓坏殆尽，物价暴贵，人多乏食，令出太仓米一百万石，开十场贱粜以济贫民。东都瀍、洛暴涨，漂没一十九坊。上御勤政楼试四科制举人，策外加诗赋各一首。制举加诗赋，自此始也。冬十月壬寅，幸华清宫。贬河东太守韦陟为桂岭尉，武部侍郎吉温为澧阳郡长史。乙巳，开府仪同三司、毕国公窦珑薨。戊午，还京。其载，户部计今年见管州县户口：管郡总三百二十一，县一千五百三十八，乡一万六千八百二十九；户九百六十一万九千二百五十四，三百八十万六千五百四十不课，五百三十万一千四十四课；口五千二百八十八万四百八十八，四千五百二十一万八千四百八十不课，七百六十六万二千八百课。

十四载春三月丙寅，宴群臣于勤政楼，奏《九部乐》，上赋诗效柏梁体。癸未，遣给事中裴士淹等巡抚河南、河北、淮南等道。八月壬辰，上亲录囚徒。冬十月壬辰，幸华清宫。甲午，颁《御注老子》并《义疏》于天下。十一月戊午朔，始宁太守罗希奭以停止张博济决杖而死，吉温自缢于狱。丙寅，范阳节度使安禄山率蕃、汉之兵十余万，自幽州南向诣阙，以诛杨国忠为名，先杀太原尹杨光翙于博陵郡。壬申，闻于行在所。癸酉，以郭子仪为灵武太守、朔方节度使。封常清自安西入奏，至行在。甲戌，以常清为范阳、平卢节度使、兼御史大夫，令募兵三万以御逆胡。戊寅，还京。以羽林大将军王承业为太原尹，以卫尉卿张介然为陈留太守、河南节度采访使，以金吾将军程千里为潞州长史，并令讨贼。甲申，以京兆牧、荣王琬为元帅，命高仙芝副之，于京城召募，号曰天武军，其众十万。丙戌，高仙芝进军，上御勤政楼送之。十二月丙戌朔，禄山于灵昌郡渡河。辛卯，陷陈留郡，杀张介然。甲午，陷荥阳郡，杀太守崔无诐。丙申，封常清与贼战于成皋罂子谷，官军败绩，常清奔于陕郡。丁酉，禄山陷东京，杀留守李憕、中丞卢奕、判官蒋清。时高仙芝镇陕郡，弃城西保潼关。常山太守颜杲卿与长史袁履谦、贾深等杀贼将李钦凑，执贼将何千年、高邈送京师。辛丑，诏皇太子统兵亲讨。以永王璘为山南节度使，以江陵长史源洧副之；颍王璬为剑南节度使，以蜀郡长史崔圆副之。二王不出阁。丙午，斩封常清、高仙芝于潼关，以哥舒翰为太子先锋兵马元帅，领河、陇兵募守潼关以拒之。辛亥，荣王琬薨，赠靖恭太子。

十五载春正月乙卯，御宣政殿受朝。其日，禄山僭号于东京。庚申，以李光弼为云中太守、河东节度使。壬戌，贼将蔡希德陷常山郡，执太守颜杲卿、长史袁履谦，杀民吏万余，城中流血。甲子，哥舒翰进位尚书左仆射、同中书门下平章事。乙丑，贼将安庆绪犯潼关，哥舒翰击退之。乙巳，加平原太守颜真卿户部侍郎，奖守城也。二月丙戌，李光弼、郭子仪将兵东出井陉，与贼将史思明战，大破之，进取郡县十余。丙辰，诛工部尚书安思顺。三月壬午朔，以河东节度使李光弼为御史大夫、范阳节度使。乙酉，以平原太守颜真卿为河北采访使。己亥，改常山郡为平山郡，房山县为平山县，鹿泉县为获鹿县，鹿成县为束鹿县。夏四月丙午，以赞善大夫来瑱为颍川太守、招讨使。五月戊午，南阳太守鲁炅与贼将武令珣战于滍水上，官军大败，为贼所虏，进寇我南阳。诏嗣虢王巨自蓝田出师救南阳。六月癸未朔，颜真卿破贼将袁知泰于堂邑，北海太守贺兰进明收信都。庚寅，哥舒翰将兵八万与贼将崔乾祐战于灵宝西原，官军大败，死者十六七。其日，李光弼与贼将史思明战于常山东嘉山，大破之，斩获数万计。辛卯，哥舒翰至潼关，为其帐下火拔归仁以左右数十骑执之降贼，关门不守，京师大骇，河东、华阴、上洛等郡皆委城而走。甲午，将谋幸蜀，乃下诏亲征，仗下后，士庶恐骇，奔走于路。乙未，凌晨自延秋门出，微雨沾湿，扈从惟宰相杨国忠、韦见素、内侍高力士及太子、亲王、妃主、皇孙已下多从之不及。平明渡便桥，国忠欲断桥。上曰："后来者何以能济？"命缓之。辰时，至咸阳望贤驿置顿，官吏骇散，无复储供。上憩于宫门之树下，亭午未进食。俄有父老献麨，上谓之曰："如何得饭？"于是百姓献食相继。俄又尚食持御膳至，上颁给从官而后食。是夕次金城县，官吏已遁，令魏方进男允招诱，俄得智藏寺僧进刍粟，行及方给。丙辰，次马嵬驿，诸卫顿军不进。龙武大将军陈玄礼奏曰："逆胡指阙，以诛国忠为名，然中外群情，不无嫌怨。今国步艰阻，乘舆震荡，陛下宜徇群情，为社稷大计，国忠之徒，可置之于法。"会吐蕃使二十一人遮国忠告诉于驿门，众呼曰："杨国忠连蕃人谋逆！"兵士围驿四合。及诛杨国忠、魏方进一族，兵犹未解。上令高力士诘之，回奏曰："诸将既诛国忠，以贵妃在宫，人情恐惧。"上即命力士赐贵妃自尽。玄礼等见上请罪，命释之。丁酉，将发马嵬驿，朝臣唯韦见素一人，乃命见素子京兆府司录谞为御史中丞，充置顿使。议其所向，军士或言河、陇，或言灵武、太原，或言还京为便。韦谞曰："还京，须有捍贼之备，兵马未集，恐非万全，不如且幸扶风，徐图所向。"上询于众，咸以为然。及行，百姓遮路乞留皇太子，愿戮力破贼，收复京城，因留太子。戊戌，次扶风县。己亥，次扶风郡。军士各怀去就，咸出丑言，陈玄礼不能制。会益州贡春彩十万匹，上悉命置于庭，召诸将谕之曰："卿等国家功臣，陈力久矣，朕之优奖，常亦不轻。逆胡背恩，事须回避。甚知卿等不得别父母妻子，朕亦不及亲辞九庙。"言发涕流。又曰："朕须幸蜀，路险狭，人若多往，恐难供承。今有此彩，卿等即宜分取，各图去就。朕自有子弟中官相随，便与卿等诀别。"众咸俯伏涕泣曰："死生愿从陛下。"上曰："去住任卿。"自此悖乱之言稍息。

庚子，以司勋郎中、剑南节度留后崔圆为蜀郡长史、剑南节度副大使。以颍王璬为剑南节度大使，以监察御史宋若思为御史中丞充置顿使，韦谔为巡阁道使，并令先发。辛丑，发扶风郡，是夕，次陈仓。壬寅，次散关。分部下为六军，颍王璬先行，寿王瑁等分统六军，前后左右相次。丙午，次河池郡，崔圆奏剑南岁稔民安，储供无阙，上大悦，授圆中书侍郎、同中书门下平章事，蜀郡长史、剑南节度如故。以前华州刺史魏犀为梁州长史。秋七月癸丑朔。壬戌，次益昌县，渡吉柏江，有双鱼夹舟而跃，议者以为龙。甲子，次普安郡，宪部侍郎房琯自后至，上与语甚悦，即日拜为吏部尚书、同中书门下平章事。丁卯，诏以皇太子玙充天下兵马元帅，都统朔方、河东、河北、平卢等节度兵马，收复两京；永王璘江陵府都督，统山南东路、黔中、江南西路等节度大使；盛王琦广陵郡大都督，统江南东路、淮南、河南等路节度大使；丰王珙武威郡都督，领河西、陇石、安西、北庭等路节度大使。初，京师陷贼，车驾仓皇出幸，人未知所向，众心震骇，及闻是诏，远近相庆，咸思效忠于兴复。庚午，次巴西郡，太守崔涣奉迎。即日以涣为门下侍郎、同中书门下平章事。以韦见素为左相。庚辰，车驾至蜀郡，扈从官吏军士到者一千三百人，宫女二十四人而已。八月癸未朔，御朝都府衙，宣诏曰："朕以薄德，嗣守神器，每乾乾惕厉，勤念生灵，一物失所，无忘罪已。聿来四纪，人亦小康，推心于人，不疑于物。而奸臣凶竖，弃义背恩，割剥黎元，扰乱区夏，皆朕不明之过也。今巡抚巴蜀，训厉师徒，仍令太子诸王蒐集重镇，诛夷凶丑，以谢昊穹；思与群臣重弘理道，可大赦天下。"癸巳，灵武使至，始知皇太子即位。丁酉，上用灵武册称上皇，诏称诰。己亥，上皇临轩册肃宗，命宰臣韦见素、房琯使灵武，册命曰："朕称太上皇，军国大事先取皇帝处分，后奏朕知。候克复两京，朕当怡神姑射，偃息大庭。"

明年九月，郭子仪收复两京。十月，肃宗遣中使啖廷瑶入蜀奉迎。丁卯，上皇发蜀郡。十一月丙申，次凤翔郡。肃宗遣精骑三千至扶风迎卫。十二月丙午，肃宗具法驾至咸阳望贤驿迎奉。上皇御宫之南楼，肃宗拜庆楼下，呜咽流涕不自胜，为上皇徒步控辔，上皇抚背止之，即骑马前导。丁未，至京师，文武百僚、京城士庶夹道欢呼，靡不流涕。即日御大明宫之含元殿，见百僚，上皇亲自抚问。人人感咽。时太庙为贼所焚，权移神主于大内长安殿，上皇谒庙请罪，遂幸兴庆宫。三载二月，肃宗与群臣奉上皇尊号曰太上至道圣皇帝。乾元三年七月丁未，移幸西内之甘露殿。时阉宦李辅国离间肃宗，故移居西内。高力士、陈玄礼等迁谪，上皇浸不自怿。

上元二年四月甲寅，崩于神龙殿，时年七十八。群臣上谥曰至道大圣大明孝皇帝，庙号玄宗。初，上皇亲拜五陵，至桥陵，见金粟山岗有龙盘凤翥之势，复近先茔，谓侍臣曰："吾千秋后宜葬此地，得奉先陵，不忘孝敬矣。"至是，追奉先旨以创寝园，以广德元年三月辛酉葬于泰陵。

史臣曰：孔子称"王者必世而后仁"。李氏自武后移国三十余年，朝廷罕有正人，附丽无非险辈。持苞苴而请谒，奔走权门；效鹰犬以飞驰，中伤端士。以致斫丧王室，屠害宗枝。骨鲠大臣，屡遭诬陷，舞文酷吏，坐致显荣。礼仪无复兴行，刑政坏于犬马，端揆有阿党之语，冕旒有和事之名，朋比成风，廉耻都尽。

我开元之有天下也，纠之以典刑，明之以礼乐，爱之以慈俭，律之以轨仪。黜前朝徼幸之臣，杜其奸也；焚后庭珠翠之玩，戒其奢也；禁女乐而出宫嫔，明其教也；赐酺赏而放哇淫，惧其荒也；叙友于而敦骨肉，厚其俗也；蒐兵而责帅，明军法也；朝集而计最，校吏能也。庙堂之上，无非经济之才；表著之中，皆得论思之士。而又旁求宏硕，讲道艺文。昌言嘉谟，日闻于献纳；长辔远驭，志在于升平。贞观之风，一朝复振。于斯时也，烽燧不惊，华戎同轨。西蕃君长，越绳桥而竞款玉关；北狄酋渠，捐毳幕而争趋雁塞。象郡、炎州之玩，鸡林、鲲海之珍，莫不结辙于象胥，骈罗于典属。膜拜丹墀之下，夷歌立仗之前，可谓冠带百蛮，车书万里。天子乃觉云台之义，草泥金之札，然后封日观，禅云亭，访道于穆清，怡神于玄牝，与民休息，比屋可封。于时垂髫之倪，皆知礼让；戴白之老，不识兵戈。虏不敢乘月犯边，士不敢弯弓报怨。"康哉"之颂，溢于八纮。所谓"世而后仁"，见于开元者矣。年逾三纪，可谓太平。

于戏！国无贤臣，圣亦难理；山有猛虎，兽不敢窥。得人者昌，信不虚语。昔齐桓公行同禽兽，不失霸主之名；梁武帝静比桑门，竟被台城之酷。盖得管仲则淫不害霸，任朱异则善不救亡。开元之初，贤臣当国，四门俱穆，百度唯贞，而释、老之流，颇以无为请见。上乃务清净，事薰修，留连轩后之文，舞咏伯阳之说，虽稍移于勤倦，亦未至于怠荒。俄而朝野怨咨，政刑纰缪，何哉？用人之失也。自天宝已还，小人道长。如山有朽坏，虽大必亏；木有蠹虫，其荣易落。以百口百心之谗谄，蔽两目两耳之聪明，苟非铁肠石心，安得不惑！而献可替否，靡闻姚、宋之言；妒贤害功，但有甫、忠之奏。豪猾因兹而睥睨，明哲于是乎卷怀，故禄山之徒，得行其伪。厉阶之作，匪降自天，谋之不臧，前功并弃。惜哉！

赞曰：开元握图，永鉴前车。景气融朗，昏氛涤除。政才勤倦，妖集廷除。先民之言，"靡不有初"。

卷十　　本纪第十

肃宗

肃宗文明武德大圣大宣孝皇帝讳亨，玄宗第三子，母曰元献皇后杨氏。景云二年乙亥生。初名嗣升，二岁封陕王，五岁拜安西大都护、河西四镇诸蕃落大使。上仁爱英悟，得之天然；及长，聪敏强记，属辞典丽，耳目之所听览，不复遗忘。

开元十五年正月，封忠王，改名浚。五月，领朔方大使、单于大都护。十八年，奚、契丹犯塞，以上为河北道元帅，信安王祎为副，帅御史大夫李朝隐、京兆尹裴伷先等八总管兵以讨之。仍命百僚设次于光顺门，与上相见。左丞相张说退谓学士孙逖、韦述曰："尝见太宗写真图，忠王英姿颖发，仪表非常，雅类圣祖，此社稷之福也。"二十年，诸将大破奚、契丹，以上遥统之功，加司徒。二十三年，改名玙。二十五年，皇太子瑛得罪。二十六年六月庚子，立上为皇太子，改名绍。后有言事者云：绍与宋太子名同，改今名。初，太子瑛得罪，上召李林甫议立储贰，时寿王瑁母武惠妃方承恩宠，林甫希旨，以瑁对。及立上为太子，林甫惧不利己，乃起韦坚、柳勣之狱，上几危者数四。后又杨国忠依倚妃家，恣为褒秽，惧上英武，潜谋不利，为患久之。

天宝十三载正月，安禄山来朝，上尝密奏，云禄山有反相。玄宗不听。十四载十一月，禄山果叛，称兵诣阙。十二月丁未，陷东京。辛丑，制太子监国，仍遣上亲总诸军进讨。时禄山以诛杨国忠为名，由是军民切齿于杨氏。国忠惧，乃与贵妃谋间其事，上遂不行。乃召河西节度使哥舒翰为皇太子前锋兵马元帅，令率众二十万守潼关。

明年六月，哥舒翰为贼所败，关门不守，国思讽玄宗幸蜀。丁酉，至马嵬顿，六军不进，请诛杨氏。于是诛国忠，赐贵妃自尽。车驾将发，留上在后宣谕百姓。众泣而言曰："逆胡背恩，主上播越，臣等生于圣代，世为唐民，愿戮力一心，为国讨贼，请从太子收复长安。"玄宗闻之曰："此天启也。"乃令高力士与寿王瑁送太子内人及服御等物，留后军厩马从上。令力士口宣曰："汝好去！百姓属望，慎勿违之。莫以吾为意。且西戎北狄，吾尝厚之，今国步艰难，必得其用，汝其勉之！"上回至渭北，便桥已断，水暴涨，无舟楫；上号令水滨百姓，归者三千余人。渭水可涉，又遇潼关散卒，误以为贼，与之战，士众多伤。乃收其余众北上，军既济，其后皆溺，上喜，以为天之佑。时从上惟广平、建宁二王及四军将士，才二千人。自奉天而北，夕次永寿，百姓遮道献牛酒。有白云起西北，长数丈，如楼阁之状，议者以为天子之气。戊戌，至新平郡。时昼夜奔驰三百余里，士众器械亡失过半，所存之众，不过一旅。己亥，至安定郡，斩新平太守薛羽、保定太守徐毂，以其弃郡也。庚子，至乌氏驿，彭原太守李遵谒见，率兵士奉迎，仍进衣服粮糗。上至彭原，又募得甲士四百，率私马以助军。辛丑，至平凉郡，蒐阅监牧公私马，得数万匹，官军益振。时贼据长安，知上治兵河西。三辅百姓皆曰："吾太子大军即至！"贼望西北尘起，有时奔走。戊申，扶风人康景龙杀贼宣慰使薛总等二百余人，陈仓令薛景仙率众收扶风郡守之。由是关辅豪右皆谋杀贼，贼故不敢侵轶。

上在平凉，数日之间未知所适，会朔方留后杜鸿渐、魏少游、崔漪等遣判官李涵奉笺迎上，备陈兵马招集之势，仓储库甲之数，上大悦。鸿渐又发朔方步骑数千人于白草顿奉迎。时河西行军司马裴冕新授御史中丞赴阙，遇上于平凉，亦劝上治兵于灵武以图进取，上然之。上初发平凉，有彩云浮空，白鹤前引，出军之后，有黄龙自上所憩屋腾空而去。上行至丰宁南，见黄河天堑之固，欲整军北渡，以保丰宁，忽大风飞沙，跬步之间，不辨人物，及回军趋灵武，风沙顿止，天地廓清。七月辛酉，上至灵武，时魏少游预备供帐，无不毕备。裴冕、杜鸿渐等从容进曰："今寇逆乱常，毒流函谷，主上倦勤大位，移幸蜀川。江山阻险，奏请路绝，宗社神器，须有所归。万姓颙颙，思崇明圣，天意人事，不可固违。伏愿殿下顺其乐推，以安社稷，王者之大孝也。"上曰："俟平寇逆，奉迎銮舆，从容储闱，侍膳左右，岂不乐哉！公等何急也？"冕等凡六上笺。辞情激切，上不获已，乃从。是月甲子，上即皇帝位于灵武。礼毕，冕等跪进曰："自逆贼凭陵，两京失守，圣皇传位陛下，再安区宇，臣稽首上千万岁寿。"群臣舞蹈称万岁。上流涕歔欷，感动左右。即日奏其事于上皇。是日，御灵武南门，下制曰：

朕闻圣人畏天命，帝者奉天时。知皇灵眷命，不敢违而去之；知历数所归，不获已而当之。在昔帝王，靡不由斯而有天下者也。乃者羯胡乱常，京阙失守，天未悔祸，群凶尚扇。圣皇久厌大位，思传眇身，军兴之初，已有成命，予恐不德，罔敢祗承。今群工卿士金曰："孝莫大于继德，功莫盛于中兴。"朕所以治兵朔方，将殄寇逆，务以大者，本其孝乎。须安兆庶之心，敬顺群臣之请，乃以七月甲子，即皇帝位于灵武。敬崇徽号，上尊圣皇曰上皇天帝，所司择日昭告上帝。朕以薄德，谬当重位，既展承天之礼，宜覃率土之泽，可大赦天下，改元至德。内外文武官九品已上加两阶、赐两转，三品已上赐爵一级。

以朔方度支副使、大理司直杜鸿渐为兵部郎中，朔方节度判官崔漪为吏部郎中，并知中书舍人。以御史中丞裴冕为中书侍郎、同中书门下平章事。河西兵马使周佖为河西节度使、陇右兵马使彭元晖为陇右节度使，前蒲州刺史吕崇贲为关内节度使兼顺化郡太守。以陈仓县令薛景仙为扶风太守，以陇右节度使郭英乂为天水郡太守。改灵武郡为大都督府，上县为望，中县为上。丁卯，逆胡害霍国长公主、永王妃侯莫陈氏、义王妃阎氏、陈王妃韦氏、信王妃任氏、驸马杨朏等八十余人于崇仁之街。甲戌，贼党同罗部五千余人自西京出降朔方军。己卯，京兆尹崔光远、长安令苏震等率府县官吏大呼于西市，杀贼数千级，然后来赴行在。诏改扶风为凤翔郡。

八月壬午，朔方节度使郭子仪、范阳节度使李光弼破贼于常山郡之嘉山。上以治兵收京城，诏子仪等旋师，子仪、光弼率所统步骑五万至自河北。诏以子仪为兵部尚书，依前灵州大都督府长史；光弼为户部尚书，兼太原尹、北京留守；同中书门下平章事。回纥、吐蕃遣使继至，请和亲，愿助国讨贼，皆复赐遣之。是日，上皇至成都，大赦。癸巳，上所奉表始达成都。丁酉，上皇逊位称诰，遣左相韦见素、文部尚书房琯、门下侍郎崔涣等奉册书赴灵武。九月戊辰，上南幸彭原郡。封故邠王守礼男承寀为**燉煌王**，令使回纥和亲，册回纥可汗女为毗伽公主，仍令仆固怀恩送承寀至回纥部。内官边令诚背上皇投贼,至是复来见,上命斩之。丙子,至顺化郡,韦见素、房琯、崔涣等自蜀郡赍上册书及传国宝等至。己卯,斩潼关败将李承光于纛下。十月辛巳朔,日有蚀之,既。癸未,彭原郡以军兴用度不足,权卖官爵及度僧尼。上素知房琯名,至是琯请为兵马元帅收复两京,许之,仍令兵部尚书王思礼为副。分兵为三军,杨希文、刘贵哲、李光进等各将一军,其众五万。辛丑,琯与贼将安守忠战于陈涛斜,官军败绩,杨希文、刘贵哲等降于贼,琯亦奔还。平原太守颜真卿以食尽援绝,弃城渡河,于是河北郡县尽陷于贼。十一月辛亥,河西地震有声,圮裂庐舍,张掖、酒泉尤甚。戊子,回纥引军来赴难,与郭子仪同破贼党同罗部三千余众于河上。诏宰相崔涣巡抚江南,补授官吏。十二月戊子,以王思礼为关内节度。彭原郡百姓复二载,郡同六雄,县升紧、望。以秦州都督郭英乂为凤翔太守,谏议大夫高适为广陵长史、淮南节度兼采访使。贼将阿史那承庆攻陷颍川郡,执太守薛愿、长史庞坚。甲辰,江陵大都督府永王璘擅领舟师下广陵。

二载春正月庚戌朔,上在彭原受朝贺。是日通表入蜀贺上皇。上皇在蜀,每得上表疏,讯其使者,知上涕恋晨省,乃下诰曰:"至和育物,大孝安亲,古之哲王,必由斯道。朕往在春宫,尝事先后,问安靡阙,视膳无违。及同气天伦,联华棣萼,居尝共被,食必分甘。今皇帝奉而行之,未尝失坠,每有衔命而来,戒途将发,必肃恭拜跪,涕泗涟洏,左右侍臣,罔不感动。间者抱戴、赤雀、白狼之瑞,接武荐臻,此皆皇帝圣敬之符,孝友之感也。故能诞敷德教,横于四海,信可以光宅寰宇,永绥黎元者哉!其天下有至孝友悌行著乡闾堪旌表者,郡县长官采听闻奏,庶孝子顺孙沐于玄化也。"甲寅,以襄阳太守李峘为蜀郡长史、剑南节度使,将作少监魏仲犀为襄阳、山南道节度使,永王傅刘汇为丹阳太守兼防御使。以宪部尚书李麟同中书门下平章事。上皇遣平章事崔圆奉诰赴彭原。乙卯,逆胡安禄山为其子庆绪所杀。辛酉,于江宁县置金陵郡,仍置军,分人以镇之。甲子,幸保定郡。丙寅,武威郡九姓商胡安门物等叛,杀节度使周佖,判官崔称率众讨平之。是日,蜀郡健儿贾秀等五千人谋逆,上皇御蜀郡南楼,将军席元庆等讨平之。二月戊子,幸凤翔郡。文城太守武威郡九姓齐庄破贼五千余众。上议大举收复两京,尽括公私马以助军。给事中李广署云"无马",大夫崔光远劾之,贬广江华太守。节度使李光弼大破贼将蔡希德之众于城下,斩首七万,军资器杖称是。朔方节度使郭子仪大破贼将崔乾祐于潼关,收河东郡。永王璘兵败,奔于岭外,至大庾岭,为洪州刺史皇甫侁所杀。二月癸亥,河西自去冬地震,至是方止。辛酉,以左相韦见素、平章事裴冕为左右仆射,并罢知政事。以前宪部尚书为致仕苗晋卿为左相。吐蕃遣使和亲,遣给事中南巨川报命。癸亥大雨,至癸酉不止,诏疏理刑狱,甲戌方止。夏四月戊寅朔,以郭子仪为司空,兼副元帅,统诸节度;李光弼为司徒。乙酉,太史奏岁星、太白、荧惑集于东井。五月癸丑,郭子仪与贼将安守忠战于清渠,官军败绩,子仪退保武功。丁

巳,房琯为太子少师,罢知政事。以谏议大夫张镐为中书侍郎、同中书门下平章事。以武部侍郎杜鸿渐为河西节度。庚申,诰追赠故妃杨氏为元献皇太后,上母也。甲子,郭子仪以失律让司空,许之。七月庚寅夜,蜀郡军人郭千仞谋逆,上皇御玄英楼,节度使李峘讨平之。丁巳,贼将安武臣陷陕郡,民无遗类。八月甲申,以黄门侍郎崔涣为余杭太守、江东采访防御使。己丑,以平章事张镐兼河南节度、采访处置等使。灵昌太守许叔冀为贼所攻,援兵不至,拔众投睢阳郡。癸巳,大阅诸军,上御城楼以观之。丁酉,改雍县为凤翔县,陈仓为宝鸡县。闰八月辛未,贼将遣寇凤翔,崔光远行军司马王伯伦、判官李椿率众捍贼。贼退,乘胜至中渭桥,杀贼守桥众千人,追击入苑中。时贼大军屯武功,闻之烧营而去。伯伦与贼血战而死,李椿力穷被执,然自是贼不敢西侵。九月丁丑,上党节度使程千里与贼挑战,为贼将蔡希德所擒。燉煌王承寀自回纥使还,拜宗正卿;纳回纥公主为妃,回纥封为叶护,持四节,与回纥叶护太子率兵四千助国讨贼。叶护入见,宴赐加等。丁亥,元帅广平王统朔方、安西、回纥、南蛮、大食之众二十万,东向讨贼。壬寅,与贼将安守忠、李归仁等战于香积寺西北,贼军大败,斩首六万级,贼帅张通儒弃京城东走。癸卯,广平王收西京。甲辰,捷书至行在,百僚称贺,即日告捷于蜀。上皇遣裴冕入京,启告郊庙社稷。冬十月乙巳朔,以崔光远为京兆尹。诏曰:"缘京城初收,要安百姓,又洒扫宫阙,奉迎上皇。以今月十九日还京,应缘供顿,务从减省。"吐蕃寇陷西平郡。癸丑,贼将尹子奇陷睢阳,害张巡、姚訚、许远。贼自香积之败,悉众保陕郡,广平王统郭子仪等进攻,与贼战于陕西之新店,贼众大败,斩首十万级,横尸三十里。庚申,安庆绪与其党奔河北。壬戌,广平王入东京,陈兵天津桥南,士庶欢呼路侧。陷贼官伪署侍中陈希烈、中书令张垍等三百余人素服待罪。癸亥,上自凤翔还京,仍遣太子太师韦见素入蜀迎上皇,凤翔郡给复五载。丙寅,至望贤宫,得东京捷书至,上大喜。丁卯,入长安。士庶涕泣拜忭曰:"不图复见吾君!"上亦为之感恻。九庙为贼所焚,上素服哭于庙三日,入居大明宫。是日,上发蜀郡。己巳,文武胁从官免冠徒跣,朝堂待罪,禁之府狱,命中丞崔器劾之。回纥叶护自东京还,宴之于宣政殿,便辞还蕃。乃封叶护为忠义王,约每年送绢二万匹,至朔方王便交授。十一月壬申朔,上御丹凤楼,下制曰:"我国家出震乘乾,立极开统。讴歌历数,启圣千龄;文物声名,握图六叶。安禄山夷狄贱类,粗立边功,遂肆凶残,变起仓卒,而毒流四海,涂炭万灵。朕兴言痛愤,提戈问罪,灵武聚一旅之众,全凤翔合百万之师,亲总元戎,扫清群孽。广平王俶受委元帅,能振天声;郭子仪决胜无前,克成大业。兼回纥叶护、云南子弟、诸蕃兵马,力战平凶,势若摧枯,易同破竹。朕早承圣训,尝读礼经,义切奉先,恐不克荷。今复宗庙于函洛,迎上皇于巴蜀;导銮舆而反正,朝寝门而问安;寰宇载宁,朕愿毕矣。且复人将有主,敬当天地之心;兴岂在予,实凭社稷之祐。今两京无虞,三灵通庆,可以昭事,宜在覃恩,待上皇到日,当取处分。"是时河

南、河东诸郡县皆平。宫省门带"安"字者改之。伪御史大夫严庄来降。新成九庙神主,上亲告享。十二月丙午,上皇自至蜀,上至望贤宫奉迎。上皇御宫南楼,上望楼辟易,下马趋进楼前,再拜蹈舞称庆。上皇下楼,上匍匐捧上皇足,涕泗呜咽,不能自胜。遂扶侍上皇御殿,亲自进食;自御马以进,上皇上马,又躬揽辔而行,止之后退。上皇曰:"吾享国长久,吾不知贵,见吾子为天子,吾知贵矣。"上乘马前导,自开远门至丹凤门,旗帜烛天,彩棚夹道。士庶舞忭路侧,皆曰:"不图今日再见二圣!"百僚班于含元殿庭,上皇御殿,左相苗晋卿率百辟称贺,人人无不感咽。礼毕,上皇诣长乐殿谒九庙神主,即日幸兴庆宫。上请归东宫,上皇遣高力士再三慰譬而止。受贼伪署左相陈希烈、达奚珣等二百余人并禁于杨国忠宅鞫问。甲寅,以左相苗晋卿为中书侍郎、同中书门下平章事。十二月戊午朔,上御丹凤门,下制大赦。蜀郡灵武元从功臣太子太师、豳国公韦见素,内侍、齐国公高力士,右龙武大将军陈玄礼,各加实封三百户。田良丘、张崇俊、杜休祥各加二百户。右仆射裴冕冀国公,殿中监李辅国成国公,宗正卿李遵郑国公,兼进封邑。广平王俶封楚王,加实封二千户。左仆射、朔方节度郭子仪加司徒,进封代国公,实封一千户。兵马使仆固怀恩封丰国公,右金吾将军李嗣业封虢国公,司徒兼太原尹李光弼蓟国公,关内节度王思礼霍国公,淮南节度来瑱颍国公,南阳太守鲁炅岐国公,仍并加实封。京兆尹崔光远邠国公,开府李光进范阳郡公,左相苗晋卿为侍中、封韩国公,宪部尚书、平章事李麟褒国公,中书侍郎崔圆为中书令、赵国公,中书侍郎张镐南阳县公。近日所改百司额及郡名官名,一依故事。改蜀郡为南京,凤翔府为西京,西京改为中京,蜀郡改为成都府。凤翔府官僚并同三京名号。其李憕、卢奕、颜杲卿、袁履谦、许远、张巡、张介然、蒋清、庞坚等即与追赠,访其子孙,厚其官爵。文武三品已上赐爵一级,四品已下加一阶。赐酺五日。进封南阳王系为赵王,新城王仅为彭王,颍川王侗为兖王。第七男佋为泾王,第九男僙封襄王,第十男佋封兴王,第十一男僴封杞王,第十二男侗封定王。甲子,上皇御宣政殿,授上传国玺,上于殿下涕泣而受之。己丑,贼将伪范阳节度使史思明以其兵众八万之籍,与伪河东节度使高秀岩并表送降。庚午,制:"人臣之节,有死无二;为国之体,叛而必诛。况乎委质贼廷,宴安逆命,耽受宠禄,淹延岁时,不顾恩义,助其效用,此其可宥,法将何施?达奚珣等或受任台辅,位极人臣;或累叶宠荣,姻联戚里;或历践台阁,或职通中外。夫以犬马微贱之畜,犹知恋主;龟蛇蠢动之类,皆能报恩。岂曰人臣,曾无感激?自逆胡作乱,倾覆邦家,凡在黎元,皆含怨愤,杀身殉国者,不可胜数。此等黔首,犹不背国恩。受任于枭獍之间,密谋于豺虺之辈,静言此情,何可放宥?达奚珣等一十八人,并宜处斩;陈希烈等七人,并赐自尽;前大理卿张均特宜免死,配流合浦郡。"是日斩达奚珣等于子城西南隅独柳树,仍集百僚往观之。

三载正月甲戌朔。戊寅,上皇御宣政殿,册皇帝尊号曰光天文武大圣孝感皇帝。上以徽号中有"大圣"二字,上表固让,不允。乙酉,敕:"因乱所失库物,先差使搜检,如闻下吏因便扰人,其搜检使一切并停,务令安辑。"内出宫女三千人。庚寅,大阅诸军于含元殿庭,上御栖鸾阁观之。庚子,册良娣张氏为淑妃。二月癸卯朔,贼将伪淄青节度能元皓以其地请降,用为河北招讨使,并其子昱并授官爵。乙巳,上御兴庆宫,奉册上皇徽号曰太上至道圣皇大帝。丁未,御明凤门,大赦天下,改至德三载为乾元元年。成都、灵武扈从功臣三品已上与一子官,五品已下与一子出身,六品已下量与改转。死王事、陷贼不受伪命而死者,并与追赠。陷贼官先推鞫者,例减罪一等。今后医卜入仕者,同明法例处分。三月癸酉朔。甲戌,元帅楚王俶改封成王。乙亥,山南东道、河南、淮南、江南皆置节度使。辛卯,以岁饥,禁酤酒,麦熟之后,任依常式。太史监为司天台,取承宁坊张守珪宅置,仍补官员六十人。夏四月癸卯,以太子少师、嗣虢王巨为东京留守、河南尹,充京畿采访处置使。己酉,册淑妃张氏为皇后。辛亥,九庙成,备法驾自长安殿迎九庙神主入新庙。甲寅,上亲享九庙,遂有事于圆丘,即日还宫。翌日,御明凤门,大赦天下。戊辰,上进炼石英金灶于兴庆宫。五月壬申朔,回纥、黑衣大食各遣使朝贡,至阁门争长,诏其使各从左右门入。壬午,诏:"近缘狂寇乱常,诸道分置节度,盖总管内征发、文牒往来,仍加采访,转滋烦扰。其诸道先置采访、黜陟二使宜停。"癸未夜,月掩心前星。戊子,以河南节度、中书侍郎、平章事张镐为荆州大都督府长史、本州防御使,以礼部尚书崔光远为河南节度。庚寅,立成王俶为皇太子。以荆州长史季广琛赴河南行营会计讨贼于河北。己未,中书令崔圆为太子少师,刑部尚书、同平章事李麟为太子少傅,并罢知政事。以太常少卿、知礼仪事王玙为中书侍郎、同中书门下平章事。丙申,燉煌王承寀薨。六月辛丑朔,吐火罗、康国遣使朝贡。己酉,初置太一神坛于圆丘东。是日,命宰相王玙摄行祠事。癸丑夜,月入南斗魁。戊午,诏:"三司所推劾受贼伪官等,恩泽频加,科条递减,原其事状,稍近平人,所推问者,并宜释放。"秋七月辛未朔,吐火罗叶护乌利多并九国首领来朝,助国讨贼,上令赴朔方行营。丙戌,初铸新钱,文曰"乾元重宝",用一当十,与开元通宝同行用。丁亥,制上第二女宁国公主出降回纥英武威远毗伽可汗。八月壬寅,以青徐等五州节度使季广琛兼许州刺史,河南节度使崔光远兼汴州刺史。以青州刺史许叔冀兼滑州刺史,充青滑六州节度使。甲辰,上皇诞节,上皇宴百官于金门门楼。朔方节度使郭子仪、河东节度使李光弼、关内节度使王思礼来朝,加子仪中书令,光弼侍中,思礼兵部尚书,余如故。九月庚午朔,右羽林大将军赵泚为蒲州刺史、蒲同虢三州节度使,贝州刺史能元皓为齐州刺史、齐兖郓等州防御使。庚寅,大举讨安庆绪于相州。命朔方节度郭子仪、河东节度李光弼、关内潞州节度使王思礼、淮西襄阳节度鲁炅、兴平节度李奂、滑濮节度许叔冀、平卢兵马使董秦、北庭行营节度使李嗣业、郑蔡节度使季广琛等九节度之师,步骑二十万,以开府鱼朝恩为观军容使。癸巳,广州奏大食国、波斯国兵众攻城，刺史韦利见弃城而遁。十月乙未，以凤翔尹李齐物为刑部尚书，以濮州刺史张方须为广州都督、五府节度使。郭子仪奏破贼十万于卫州，获安庆绪弟庆和，进收卫州。甲寅，上皇幸华清宫，上送于灞上。许叔冀奏："卫州妇人侯四娘、滑州妇人唐四娘、某州妇人王二娘相与歃血，请赴行营讨贼。"皆补果毅。壬申，王思礼破贼二万于相州。十一月丁丑，郭子仪收魏州，得伪署刺史萧华于州狱，诏复以华为刺史。是日，上皇至自华清宫，上迎于灞上。上自控上皇马辔百余步，诰止之，乃已。十二月癸卯，以河南节度崔光远为魏州刺史，遣萧华赴相州行营。甲辰，以升州刺史韦黄裳为苏州刺史、浙西节度使。庚戌，以户部尚书李峘充淮南、浙西观察使、处置节度使。丙寅，立春，上御宣政殿，读时令，常参官五品已上升殿序坐而听之。时王师围相州，庆绪食尽，求于史思明，率众来援。丁卯，思明复陷魏州，刺史崔光远出奔。

二年春正月己巳朔，上御含元殿，受尊号曰乾元大圣光天文武孝感皇帝。是日，史思明自称燕王于魏州，僭立年号。丁丑，上亲祀九宫贵神，斋宿于坛所。戊寅，有事于籍田，上行九推，礼官奏太过，上曰："朕劝农天下，所恨不终千亩耳。"癸未夜，月掩岁星。乙丑，以御史中丞崔寓都统浙江、淮南节度处置使。丙申，开府仪同三司、卫尉卿、怀州北庭行营节度使、虢国公李嗣业卒于相州行营。庚子，以太子少师崔圆充东京留守，判尚书省事。二月壬子望，月蚀既。百官请加皇后张氏尊号曰"翊圣"，上以月蚀阴德不修而止。贬东京留守、嗣虢王巨以遂州刺史，苛政也。丙辰，月犯心大星。壬戌，遣侍中苗晋卿、王玙分录囚徒。三月丁卯朔。己巳，皇后祀先蚕于苑中。壬申，相州行营郭子仪等与贼史思明战，王师不利，九节度兵溃，子仪断河阳桥，以余众保东京。辛卯，以卫尉卿荔非元礼为怀州刺史，权镇西、北庭行营节度使；以滑州刺史许叔冀充滑、汴、曹、宋等州节度使；以郓州刺史尚衡为徐州刺史，充亳、颖等州节度使。甲午，以兵部侍郎吕諲同中书门下平章事，以太子宾客薛景仙为凤翔尹、本府防御使。乙未，侍中苗晋卿为太子太傅，平章事王玙为刑部尚书，并罢知政事。以京兆尹李峘为吏部尚书，礼部侍郎李揆为中书侍郎，与户部侍郎第五琦等并同中书门下平章事。丙申，以郭子仪为东畿、山南东、河南等道节度、防御兵马元帅，权东京留守，判尚书省事。以河西节度副使来瑱为陕州刺史，充虢华节度、潼关防御团练等使。四月丁酉朔，王思礼奏于潞城县东直千岭破贼万人。壬寅，诏以寇孽未平，务怀抑损，"自今以后，朕常膳及服御等物，并从节减，诸作坊造坊并停。"比缘军国务殷，或宣口敕处分。今后非宜宣，并不得行用，中外诸务，各归有司。英武军及六军诸使，比因论竟便行追摄。今后须经台府，如处断不平，具状闻奏。自文武五品已上正官各举贤良方正、直言极谏一人，任自封进。两省官十日一上封事。御史台欲弹事，不须进状，仍服豸冠。残妖未殄，国步犹难，共体至公，以康庶政。朕推诚御物，与众共之，思与苍生，臻夫至道。宣示中外，知朕意焉。"甲辰，以

邓州刺史鲁炅为郑州刺史，充陈、郑、颍、亳节度使；以徐州刺史尚衡为青州刺史，充青、淄、密、登、莱、沂、海等州节度使；以商州刺史、兴平军节度李奂兼豫、许、汝等州节度使。乙巳，第五琦依旧判度支、租庸等使。史思明僭号于魏州。贬季广琛宣州刺史。崔光远为太子少保。癸亥，以久旱徙市，雩祈雨。五月辛巳，贬宰相李峴蜀州刺史。丁亥，上御宣政殿试文经邦国等四科举人。乃以汝州刺史刘展为滑州刺史，以平卢军节度都知兵马使董秦为濮州刺史。六月乙未朔，以右仆射裴冕为御史大夫、成都尹，持节充剑南节度副大使、本道观察使；以邠州刺史房琯为太子宾客；以饶州刺史颜真卿为升州刺史，充浙江西道节度使。己巳，以明州刺史吕延之为越州刺史，充浙江东道节度使；以右羽林大将军彭元曜为郑州刺史，充陈、郑、申、光、寿等州节度使。秋七月乙丑朔，以礼部尚书韦陟充东京留守。太子少傅、充国公李麟卒。辛巳，制以赵王系为天下兵马元帅，司空兼侍中李光弼为副。丁亥，以兵部尚书、潞州大都督府长史、潞沁节度、霍国公王思礼兼太原尹，充北京留守、河东节度副大使。刑部尚书王玙为蒲州刺史，充蒲、同、绛三州节度使。八月乙亥，襄州偏将康楚元逐刺史王政，据城自守。丙辰，宁国公主自回纥还宫。副元帅李光弼兼幽州大都督府长史、河北节度等使。九月甲午，襄州贼张嘉延袭破荆州，澧、朗、复、郢、硖、归等州官吏皆弃城奔窜。戊辰，新铸大钱，文如乾元重宝，而重其轮，用一当五十，以二十二斤成贯。丁亥，以太子少保崔光远充荆、襄等州招讨使，右羽林大将军王仲升充申、安、沔等州节度使，右羽林将军李抱玉为郑州刺史、郑陈颍亳四州节度使。庚寅，逆胡史思明陷洛阳，副元帅李光弼守河阳，汝、郑、滑等州陷贼。冬十月丁酉，制亲征史思明，竟不行。乙巳，李光弼奏破贼于城下。壬戌，宰相吕諲起复，依前平章事。十一月甲子朔，商州刺史韦伦破康楚元，荆襄平。庚午，户部侍郎、同平章事第五琦贬忠州长史，御史大夫贺兰进明贬溱州司马。十二月癸巳朔，神策将军卫伯玉破贼于陕东疆子坂。甲寅，以御史大夫史翙为襄州刺史，充山南东道节度、观察处置等使。

三年春正月癸亥朔。辛巳，李光弼进位太尉、兼中书令，余如故。以杭州刺史侯令仪为升州刺史，充浙江西道节度兼江宁军使。戊子，以朔方节度使郭子仪兼邠宁、鄜坊两道节度使。二月癸巳朔，以右丞崔寓为蒲州刺史，充蒲、同、晋、绛等州节度使。庚戌，第五琦除名，长流夷州。癸丑，以太子少保崔光远为凤翔尹、秦陇节度使。三月壬申，以京兆尹李若幽为成都尹、剑南节度使。甲申，以蒲州为河中府，其州县官吏所置，同京兆、河南二府。四月甲午，李光弼奏破贼于怀州、河阳。甲辰，以礼部尚书、东京留守韦陟为吏部尚书，太子宾客房琯为礼部尚书。以太子宾客、平章事张镐为左散骑常侍，太子宾客崔涣为大理卿。是岁饥，米斗至一千五百文。戊申，襄州军乱，杀节度使史翙，部将张维瑾据州叛。丁巳夜，彗出东方，在娄、胃间，长四尺许。戊午，以右丞萧华为河中尹、兼御史中丞，充同、晋、绛等州节度、观察处置使。

己未，以陕州刺史来瑱为襄州刺史，充山南东道襄邓等十州节度、观察处置等使。庚申，以右羽林大将军郭英乂为陕州刺史、陕西节度、潼关防御等使。闰四月辛酉朔，彗出西方，其长数丈。壬戌，以礼部尚书房琯为晋州刺史。甲子，制彭王仅充河西节度大使，充王侗北庭节度大使，泾王侹陇右节度大使，杞王倕陕西节度大使，兴王佋凤翔节度大使，蜀王偲邠宁节度大使，并不出阁。丁卯，太原尹王思礼进位司空。甲戌，天下兵马元帅、赵王系改封越王。己卯，以星文变异，上御明凤门，大赦天下，改乾元为上元。追封周太公望为武成王，依文宣王例置庙。时大雾，自四月雨至闰月末不止。米价翔贵，人相食，饿死者委骸于路。壬午，以刑部尚书王玙为太常卿，右散骑常侍韩择木为礼部尚书。五月庚寅朔。丙午，以太子太傅、韩国公苗晋卿为侍中。壬子，黄门侍郎、同中书门下三品吕𬤊为太子宾客，罢知政事。癸丑，以河南尹刘晏为户部侍郎，勾当度支、铸钱、盐铁等使。是夜，月掩昴。六月乙丑，诏先铸重棱钱一当五十，宜减当三十文；开元宜一当十。七月己丑朔。丁未，上皇自兴庆宫移居西内。丙辰，开府高力士配流巫州；内侍王承恩流播州，魏悦流溱州；左龙武大将军陈玄礼致仕。丙辰，御史大夫崔器卒。八月辛未，吏部尚书韦陟卒。丁丑，以太子宾客吕𬤊为荆州大都督府长史，澧朗硖忠五州节度观察处置等使。己卯，以将作监王昂为河中尹、本府晋绛等州节度使。丁亥，赠故兴王佋为恭懿太子。九月甲午，以荆州为南都，州曰江陵府，官吏制置同京兆。其蜀郡先为南京，宜复为蜀郡。十月壬申，以庐州刺史赵良弼为越州刺史，充浙江东道节度使；青州刺史殷仲卿为淄州刺史，淄沂沧德棣等州节度使。甲申，以兵部侍郎尚衡为青州刺史、青登等州节度使。十一月乙巳，李光弼奏收怀州。宋州刺史刘展赴镇扬州，扬州长史邓景山以兵拒之，为展所败，展进陷扬、润、升等州。十二月庚辰，以右羽林军大将军李鼎为凤翔尹、兴凤陇等州节度使。癸未夜，岁星掩房。

二年春正月丁亥朔。辛卯，温州刺史季广琛为宣州刺史，充浙江西道节度使。甲午，上不康，皇后张氏刺血写佛经。甲寅，诏府县、御史台、大理疏理系囚，死罪降从流，流已下并释放。乙卯，平卢军兵马使田神功生擒刘展，扬、润平。二月己未，党项寇宝鸡，入散关，陷凤州，杀刺史萧愤，凤翔李鼎邀击之。癸亥，以凤翔崔光远为成都尹、剑南节度、度支营田观察处置等使，以太子詹事、赵国公崔圆为扬州大都督府长史、淮南节度观察等使。辛未夜，月有蚀之，既。戊寅，李光弼率河阳之军五万，与史思明之众战于北邙，官军败绩。光弼、仆固怀恩走保闻喜，鱼朝恩、卫伯玉走保陕州，河阳、怀州共陷贼，京师戒严。癸未，中书侍郎、同中书门下三品李揆贬为袁州长史。以前河中尹萧华为中书侍郎、同平章事，集贤殿崇文馆大学士，兼修国史。三月甲子，史朝义率众夜袭我陕州，卫伯玉逆击，败之。戊戌，史思明为其子朝义所杀。李光弼以失律让太尉、中书令，许之，授侍中、河中尹、晋绛等州节度观察使。夏四月乙亥朔，嗣岐王珍得罪，废为庶人，于溱州安置。连坐窦如玢、崔昌处斩，驸马都尉杨洄、薛履谦赐自尽，左散骑常侍张镐贬辰州司户长任。己未，以吏部侍郎裴遵庆为黄门侍郎、同中书门下平章事。青州刺史尚衡、兖州刺史能元皓并奏破贼。壬午，梓州刺史段子璋叛，袭破遂州，杀刺史嗣虢王巨。东川节度使李奂战败，奔成都。五月甲午，思明伪将滑州刺史令狐彰以滑州归朝，授彰御史中丞，依前滑州刺史、滑魏德贝相六州节度使。乙未，剑南节度使崔光远率师与李奂击败段子璋于绵州，擒子璋杀之。绵州平。李光弼来朝，进位太尉、兼侍中，充河南副元帅，都统河南、淮南、山南东道五道行营节度，镇临淮。北京留守、守司空、太原尹、河东节度副大使、霍国公王思礼卒。辛丑，以鸿胪卿、赵国公管崇嗣为太原尹、兼御史大夫，充北京留守、河东节度副大使。壬子，太子少傅、宗正卿李齐物卒。六月癸丑朔。己卯，以凤翔尹李鼎为鄜州刺史、陇右节度营田等使。秋七月癸未朔，日有蚀之，既。大星皆见。甲辰，延英殿御座梁上生玉芝，一茎三花，上制《玉灵芝诗》。八月癸丑朔，以中官李辅国守兵部尚书，于尚书省上，命宰臣百官送之，酣宴竟日。自七月霖雨，至是方止，墙宇多坏，漉鱼道中。辛巳，以殿中监李若幽为户部尚书，充朔方镇北西北庭陈郑等州节度使，镇绛州，赐名国贞。九月壬午朔。壬辰，以太子宾客、集贤殿学士、昌黎伯韩择木为礼部尚书。壬寅，制：朕获守丕业，敢忘谦冲，欲垂范而自我，亦去华而就实。其"乾元大圣光天文武孝感"等尊崇之称，何德以当之？钦若昊天，定时成岁，《春秋》五始，义在体元，惟以纪年，更无润色。至于汉武，饰以浮华，非前王之茂典，岂永代而作则。自今已后，朕唯称皇帝，其年号但称元年，去上元之号。其以今北庭潞仪𨽻等州行营、本管节度观察等事，移镇绛州。壬申，嗣宁王琳薨。癸酉，河南副元帅李光弼破贼于许州城下，收复许州。建辰月庚辰朔。壬午，诏天下见禁系囚，无轻重一切释放。丙戌夜，月有白冠。癸巳，以襄州刺史来瑱为安州刺史，充淮西申、安、蕲、黄、沔等十六州节度使。甲午，党项奴刺寇梁州，刺史李勉弃郡走。丙申，党项寇奉天。上不康，百僚于佛寺斋僧。丁未，诏左降官、流人一切放还。戊申，中书侍郎、平章事、徐国公萧华为礼部尚书，罢知政事。以尚书户部侍郎元载同中书门下平章事，以礼部尚书韩择木为太子太保。建巳月庚戌朔。壬子，楚州刺史崔侁献定国宝玉十三枚：一曰玄黄天符，如笏，长八寸，阔三寸，上圆下方，近圆有孔，黄玉也。二曰玉鸡，毛文悉备，白玉也。三曰谷璧，白玉也，径可五六寸，其文粟粒无雕镂之迹。四曰西王母白环，二枚，白玉也，径六七寸。五曰碧色宝，圆而有光。六曰如意宝珠，形圆如鸡卵，光如月。七曰红靺鞨，大如巨栗，赤如樱桃。八曰琅玕珠，二枚，长一寸二分。九曰玉玦，形如玉环，四分缺一。十曰玉印，大如半手，斜长，理如鹿形，陷入印中，以印物则鹿形著焉。十一曰皇后采桑钩，长五六寸，细如箸，屈其末，似真金，又似银。十二曰雷公石斧，长四寸，阔二寸，无孔，细致如青玉。十三宝置于日中，皆白气连天。侁表云："楚州寺尼真如者，恍惚上升，见天帝。帝授以十三宝，曰：'中国有灾，宜以第二宝镇之。'"甲寅，太上至道圣皇天帝崩于西内神龙殿。上自仲春不豫，闻上皇登遐，不胜哀悸，因兹大渐。乙丑，诏皇太子监国。又曰："上天降宝，献自楚州，因以体元，叶乎五纪。其元年宜改为宝应，建巳月为四月，余月并依常数，仍依旧以正月一日为岁首。"丁卯，宣遗诏。是日，上崩于长生殿，年五十二。群臣上谥曰文明武德大圣大宣孝皇帝，庙号肃宗。宝应二年三月庚午，葬于建陵。

史臣曰：臣每读《诗》至许穆夫人闻宗国之颠覆，周大夫伤宫室之黍离，其辞情于邑，赋谕勤恳，未尝不废书兴叹。及观天宝失驭，流离奔播，又甚于诗人之于邑也。当其戎羯负恩，奄为豨突，豺豕遽兴于彀下，胡越宁虑于舟中，借人之戈，持之反刺，变生于不意也。所幸太王去国，豳人不忘于周君；新莽据图，黔首仍思于汉德。是以宣皇帝蒙六圣之遗业，因百姓之乐推。号令朔方，旬日而车徒云合；旋师右辅，期月而关、陇砥平。故两都再复于銮舆，九庙复歆于黍稷。观其迎上皇于蜀道，陈拜庆于望贤，父子于是感伤，行路为之陨涕。昔太公迎王，或从家令之言；而西伯事亲，靡息寝门之问。曾参、孝己，足以拟伦。然而道屈知几，志微远略。残妖未殄，宜先恢复之谋；余烬才收，何暇升平之礼。方听王玙伏奏，辅国赞成，绀辕躬籍于春郊，翠幰先蚕于茧馆、或御殿晓宣时令，或登坛宿礼贵神。礼即宜然，时何暇给。钟悬未移于簨簴，思明已陷于洛阳，是知祝史畸人，安能及远。犹赖大臣宣力，诸将效忠，旄头终陨于三川，杲日重明于六合。比平王之迁洛，我则英雄；论元帝之渡江，彼诚么麽。宁亲复国，肃乃休哉！

赞曰：犬羊犯顺，辇辂播迁。凶徒竟毙，景祚重延。星驰蜀道，雨泣望贤。孝宣之谥，谁曰不然？

卷十一　　　　本纪第十一

代　宗

代宗睿文孝武皇帝讳豫，肃宗长子，母曰章敬皇太后吴氏。以开元十四年十二月十三日生于东都上阳宫。初名俶，年十五封广平王。玄宗诸孙百余，上为嫡皇孙。宇量弘深，宽而能断。喜惧不形于色。仁孝温恭，动必由礼。幼而好学，尤专《礼》、《易》，玄宗钟爱之。

禄山之乱，京城陷贼，从肃宗蒐兵灵武，以上为天下兵马元帅。时朝廷草创，兵募寡弱，上推心示信，招怀流散，比至彭原，兵众数万。及肃宗回幸凤翔，时房琯、郭子仪继战不利，贼锋方锐，屡来寇袭。上选求勇干，频挫其锋，圣虑遑宁，士心大振。及师进讨，百官辞送，步出阙门，方始乘马。回纥叶护王子率兵入助，勇冠诸蕃，上接以优恩，结为兄弟，故香积之战，贼徒大败，遂委西京而遁。虽子仪、嗣业之奋命，由上恩信结于士心，故人思

自效。既收京城，令行禁止，民庶按堵，秋毫不犯，耆老欢迎，对之歔欷。闻贼残众犹保陕郊，即日长驱，东趋虢洛。新店之役，一战大捷，庆绪之党，十歼七八。数旬之间，河南底定，两都恢复，二圣回銮，统率之功，推而不受。肃宗还京，大赦，改封楚王。乾元元年三月，改封成王。四月庚寅，立为皇太子，改名豫。上元末年，两宫不豫，太子往来侍疾，躬尝药膳，衣不解带者久之，及承监国之命，流涕从之。

宝应元年四月，肃宗大渐，所幸张皇后无子，后惧上功高难制，阴引越王系于宫中，将图废立。乙丑，皇后矫诏召太子。中官李辅国、程元振素知之，乃勒兵于凌霄门，俟太子至，即卫从太子入飞龙厩以俟其变。是夕，勒兵于三殿，收捕越王系及内官朱光辉、马英俊等禁锢之，幽皇后于别殿。丁卯，肃宗崩，元振等始迎上于九仙门，见群臣，行监国之礼。己巳，即皇帝位于柩前。甲戌，诏："国之大事，戎马为先，朝有旧章，亲贤是属。故求诸必当，用制于中权；存乎至公，岂惭于内举。特进、奉节郡王适可天下兵马元帅。"乙亥，以兵部尚书、判元帅行军、闲厩等使李辅国进号尚父，飞龙闲厩副使程元振为右监门将军。流宦官朱光辉、啖庭瑶、陈仙甫等于黔中。五月己卯朔，以李辅国为司空兼中书令，余如故。辛卯，制曰："三年之丧，天下达礼，苟或变革，何以教人？朕遭此闵凶，攀号罔极，公卿固请，俾听朝务，斩焉缞绖，痛贯心灵，岂可便议公除，遽移谅闇。昨见所司仪注，今月十三日大祥，十五日从吉。仰凭遗制，又欲抑予，窃惟哀思，深谓未可。其百僚并以此释服，朕将继此丁之道，《素冠》之诗，恭默再周，不忍权夺。凡庶在位，宜悉哀怀。"宰臣苗晋卿等三上表请依遗制，方听政。丙戌，嗣鲁王宇改封郓王，奉节郡王适进封鲁王，李光弼进封临淮王。贬礼部尚书萧华为陕州司马。改行乾元钱。重棱小钱一当二，重棱大钱一当三。丙申，以户部侍郎元载同中书门下平章事，充度支转运使。改乾元大小钱并一当一。丁酉，御丹凤楼，大赦。子仪、光弼、李光进诸节度使并加实封。四月十七日立功人并号"宝应功臣"。内外文武官三品已上进爵，四品已下加阶。诸州防御使并停。内外官三考一转。益昌郡王遹进封郑王，延庆郡王迥进封韩王。故庶人皇后王氏、故庶人太子瑛、鄂王瑶、光王琚并宜复封号。棣王琰、永王璘并与昭雪。建昌王追封齐王，崇恩王追封卫王，灵昌王追封郓王。壬寅，以来瑱复为襄州刺史、山南东道节度使。六月己酉朔，百僚临于西宫，上不视朝。自是每朔望皆如之，迄于山陵。凡人臣有事辞见，先临西宫，然后诣朝。改豫州为蔡州，避上名也。侍中苗晋卿以老疾，请三日一入中书，从之。己未，罢尚父李辅国判元帅行军及兵部尚书、闲厩等使。辅国请逊位。辛酉，以辅国为博陆王，罢中书令，许朝朔望。壬申，以通州刺史刘晏为户部侍郎、兼御史大夫、京兆尹，充度支转运盐铁诸道铸钱等使。秋七月己卯朔。辛巳，观军容使鱼朝恩封冯翊郡开国公，宦官程元振为镇军大将军、保定郡开国公。乙酉，襄州刺史裴茙长流费州，赐死于蓝田驿。庚寅，诏不许匦使阅投匦人文状，赐道州司马敬羽自尽。来瑱

自襄州来朝。郭子仪自河中来朝。八月己酉朔。自七月不雨,至此月癸丑乃雨。庚午夜,西北有赤光亘天,贯紫微,渐移东北,弥漫半天。贬太子少傅李遵为袁州刺史。台州贼袁晁陷台州,连陷浙东州县。九月丁丑朔,鲁王适改封雍王。以山南东道节度使来瑱为兵部尚书,同中书门下平章事,节度如故。程元振进封邠国公。丙申,右仆射、山陵使裴冕贬施州刺史。戊戌,回纥登里可汗率众来助我讨逆,令御史大夫尚衡宣慰之。甲午,太州至陕州二百余里黄河清,澄澈见底。甲午,秘书监韩颖、中书舍人刘烜配流岭表,寻赐死,坐狎昵李辅国也。冬十月辛酉,诏天下兵马元帅雍王统河东、朔方及诸道行营、回纥等兵十余万讨史朝义,会军于陕州。加朔方行营节度使、大宁郡王仆固怀恩同中书门下平章事。丁卯夜,盗杀李辅国于其第,窃首而去。戊辰,元帅雍王率诸军进发,留郭英乂、鱼朝恩镇陕州。壬申,王师次洛阳北郊。甲戌,战于横水,贼大败,俘斩六万计。史朝义奔冀州。乙亥,雍王奏收东京、河阳、汴、郑、滑、相、魏等州。乙酉,陕西节度使郭英乂权知东京留守。丁酉,伪恒州节度使张忠志以赵、定、深、恒、易五州归顺,以忠志检校礼部尚书、恒州刺史,充成德军节度使,赐姓名曰李宝臣。于是河北州郡悉平。贼范阳尹李怀仙斩史朝义首来献,请降。十二月庚戌,太子太师、邠国公韦见素薨。辛未,仆固怀恩为尚书左仆射、兼中书令、灵州大都督府长史、河北副元帅。邛州新置镇南军。是岁,江东大疫,死者过半。吐蕃陷我临、洮、秦、成、渭等州。

二年春正月丁亥朔。甲午,户部尚书、兼御史大夫、都统淮南节度观察等使、越国公李峘卒。国子祭酒、兼御史大夫、京兆尹刘晏为吏部尚书、同中书门下平章事,度支诸使如故。壬寅,制开府仪同三司、行兵部尚书、同中书门下平章事,充山南东道节度观察处置等使、上柱国、颍国公来瑱削在身官爵,长流播州,寻赐死于路。闰月戊申,以史朝义下降将李宝臣为检校礼部尚书、兼御史大夫、恒州刺史、清河郡王,充成德军节度使;薛嵩为检校刑部尚书、相州刺史、相卫等州节度使;李怀仙检校兵部尚书、兼侍中、武威郡王、幽州节度使;田承嗣检校户部尚书、魏州刺史、雁门郡王、魏博等州都防御使。二月甲午,回纥登里可汗辞归蕃。三月甲辰朔,襄州右兵马使梁崇义杀大将李昭,据城自固,仍授崇义襄州刺史、山南东道节度使。丁未,袁僓破袁晁之众于浙东。玄宗、肃宗归祔山陵。自三月一日废朝,至于晦日,百僚素服诣延英门通名起居。四月戊寅朔,太州依旧为华州,太阴县为华阴县。庚辰,河南副元帅李光弼奏生擒袁晁,浙东州县尽平。辛巳,属臣请上尊号。五月癸卯朔。丙寅,尚书省试制举人,命左右丞、侍郎对试,赐食如旧仪。太常卿杜鸿渐奏:"婚葬合给卤簿,望于国立大功及二等已上亲则给,余不在给限。"从之。六月癸酉朔。癸未,以陈郑泽潞节度使李抱玉检校司空,封武威郡王;河中节度使王昂检校刑部尚书,封邠国公;同华节度使李怀让检校工部尚书;同日入省,宰相送上。甲申,以前淮西节度使王仲升为右羽林大将军,兼御史大夫。六军将军兼大夫,自仲升始也。甲午,观军容使鱼朝恩自陕州入朝。上御达礼门,命公卿百僚观兵马。同华节度使李怀让自杀,为程元振所构。秋七月壬寅朔。戊申,群臣上尊号曰宝应元圣文武皇帝,御含元殿受册。壬子,御宣政殿宣制,改元曰广德,大赦天下,常赦不原者咸赦除之。安禄山、史思明亲族应在诸道,一切原免不问。民户三丁免一丁庸,租税依旧每亩二升。男子二十成丁,五十八老。元帅雍王兼尚书令,河北副元帅仆固怀恩加太保,回纥登里可汗进徽号。功臣皆赐铁券,藏名太庙,画像凌烟阁。刺史、县令自今后改转,刺史以三年为限,县令四年为限,员外及摄试,不得厘务。丁巳,仆固玚兼御史大夫,充朔方行营节度。是月,吐蕃大寇河、陇,陷我秦、成、渭三州,入大震关,陷兰、廓、河、鄯、洮、岷等州,尽有陇右之地。八月,以荆南节度使李岘为宗正卿。九月壬戌朔,仆固怀恩拒命于汾州,遣宰臣裴遵庆往宣抚之。己丑,吐蕃寇泾州,刺史高晖以城降,因为吐蕃乡导。冬十月庚午朔。辛未,高晖引吐蕃寇京畿,寇奉天、武功、盩厔等县。蕃军自司竹园渡渭,循南山而东。丙子,驾幸陕州,上出苑门,射生将王献忠率四百骑叛,胁丰王已下十王归京。从官多由南山诸谷赴行在。郭子仪收合散卒,屯于商州。丁丑,次华州,官吏藏窜,无复储拟。会鱼朝恩领神策军自陕来迎驾,乃幸朝恩军。戊寅,吐蕃入京师,立广武王承宏为帝,仍逼前翰林学士于可封为制封拜。辛巳,车驾至陕州。子仪在商州会六军使张知节、乌崇福、长孙全绪等率兵继至,军威遂振。旧将王甫诱聚京城恶少,齐击街鼓于朱雀街,蕃军震慑,狼狈奔溃。庚寅,子仪收京城。壬辰,以宰臣元载判天下元帅行军司马,京兆尹、兼吏部侍郎严武为黄门侍郎,朗州刺史第五琦为京兆尹、兼御史大夫。癸巳,以郭子仪为京留守。高晖闻吐蕃溃,以三百骑东奔至潼关,为关守李伯越所杀。十一月辛丑朔,太常博士柳伉上疏,以蕃寇犯京师,罪由程元振,请斩之以谢天下。上甚嘉纳,以元振有保护之功,削在身官爵,放归田里。十二月甲辰,宦官市舶使吕太一逐广南节度使张休,纵下大掠广州。丁亥,车驾发陕州还京。辛卯,鄂州大风,火发江中,焚船三千艘,焚居人庐舍二千家。甲午,上至自陕州。乙未,以侍中苗晋卿为太保,黄门侍郎、同平章事裴遵庆为太子少傅,并罢知政事;宗正卿、梁国公李岘为黄门侍郎、同中书门下平章事。丙申,放广武王承宏于华州,一切不问。丁酉,朔方行营节度使仆固玚为帐下枭首来献。怀恩闻玚死,烧营遁入吐蕃。朝臣称贺,上不悦,曰:"朕之凉德,信不及人,致勋臣颠覆,用增愧恧,何至贺焉!"程元振自三原县衣妇人服入京城,京兆府擒之以闻,乃下御史台鞫问。吐蕃陷松州、维州、云山城、笼城。

二年春正月己亥朔。壬寅,御史台以程元振狱状闻,配流溱州。既行,追念旧勋,特矜遐裔,令于江陵府安置。甲辰,复置京畿观察使,以御史中丞领之。癸卯,尚书右丞颜真卿为刑部尚书、兼御史大夫,充朔方宣慰使。癸亥,吏部尚书、同平章事、度支转运使刘晏为太子宾客,黄门侍郎、同平章事李岘为太子詹事,并罢知政事。以前右散骑常侍王缙为黄门侍郎,太常卿杜鸿渐为兵部侍郎,并同中书门下平章事。罢度支使,以户部侍郎第五琦专判度支及诸道盐铁、转运、铸钱等使。甲子,元帅、尚书令雍王三上章让皇太子。第五琦奏诸道置常平仓使司,量置本钱和籴,许之。丁卯,司徒、兼中书令郭子仪充河东副元帅、河中等处观察,兼云州大都督、单于镇北大都护。二月己巳朔,册天下兵马元帅、尚书令、雍王适为皇太子。癸酉,上亲荐献太清宫、太庙。乙亥,祀昊天上帝于圆丘,即日还宫。戊寅,以澧州刺史裴冕为左仆射兼御史大夫,充东都、河南、江南、淮南转运使。乙未,第五琦开决汴河。五月丁酉朔。戊午,敕中书、门下两省加置散骑常侍四员,官为正三品。庚申,罢岁贡孝悌力田、童子等科。甲子,禁钿作珠翠等,委所司切加捉搦。癸未,制:"太保、兼中书令、灵州大都督府长史、单于镇北副大都护、充朔方节度、关内度支营田盐池押诸蕃部落副大使、知节度事、六城水运使、河北副元帅、上柱国、大宁郡王仆固怀恩,先任灵州大都督府长史、单于镇北副元帅、朔方节度使宜并停,其太保、兼尚书令、大宁郡王如故。"七月乙酉,河南副元帅、太尉、兼侍中、临淮王李光弼薨于徐州,废朝三日。判度支第五琦兼京兆尹、御史大夫。八月丁卯,宰臣王缙为侍中,持节都统河南、淮西、淮南、山南东道节度行营事,进封太原郡公。固让侍中,从之。宰相杜鸿渐判门下省事。癸巳,王缙兼领东京留守。九月乙未朔。丙申,诏征河中兵讨吐蕃,将发,是夜军众喧噪,劫节度使崔寓家财及民家财产殆尽,皆重装而行,吏不能禁。自七月大雨未止,京城米斗值一千文。蝗食田。丙午,河东节度使辛云京检校尚书右仆射、同中书门下平章事、太原尹、北京留守。己酉,江南西道观察,洪州刺史张镐卒。辛亥,河东副元帅、中书令、汾阳郡王郭子仪加太尉,充北道邠宁、泾原、河西已东通和吐蕃及朔方招抚使;陈郑、泽潞节度使李抱玉进位司徒,充南道通和吐蕃使、凤翔秦陇临洮已东观察使。子仪三表恳让太尉,许之。己未,剑南节度严武攻拔吐蕃当狗城,破蕃军七万。尚书左丞杨绾知东京选,礼部侍郎贾至知东都举。两都分举选,自此始也。辛酉,以太子詹事李岘为吏部尚书、兼御史大夫,知江南东西及福建道选事,并观农宣慰使。仍命洪州刺史李勉副知选事。是秋,蝗食田殆尽,关辅尤甚。米斗千钱。冬十月丙寅,仆固怀恩引吐蕃二万寇邠州,节度使白孝德闭城拒守。丁卯,寇奉天,京师戒严。先锋郭晞斩贼营于邠州西,俘斩数百计。子仪屯泾阳,蕃军挑战,子仪不出。甲申,河南尹苏震卒。剑南严武收吐蕃盐川城。十一月乙未,怀恩与蕃军自溃,京师解严。丁未,子仪自泾阳入觐,诏宰臣百僚迎之于开远门,上御安福寺待之。十二月乙丑,加子仪关内、河中副元帅兼尚书令,吏部侍郎畅璀为左散骑常侍、河中尹。子仪三表让尚书令,词情恳切,优诏从之。丁卯夜,星流如雨。戊辰,子仪于都省领副元帅事,宰臣百僚送,仍令射生五百骑戎服自光范门送至省门。右仆射郭英乂以乐迎之。是日便赴奉天。是岁,户部计帐,管户二百九十三万三千一百二十五,口一千六百九十二万三百八十六。

永泰元年春正月癸巳朔,制曰:

叶五纪者,建号以体元;授四时者,布和而顺气。天心可见,人欲是从,爰立大中之道,式受惟新之命。朕嗣膺下武,获主万方,顾以薄德,乘兹昊运,戎麾问罪,今已十年。钦至策勋,惟凶渠之授首;劳师黩武,岂人主之用心。军役屡兴,干戈未戢,茫茫士庶,毙于锋镝。皇穹以朕为子,苍生以朕为父,至德不能被物,精诚不能动天。俾我生灵,沦于沟壑,非朕之咎,孰之过欤?朕所以驭朽悬旌,坐而待曙,劳怀罪己之念,延想安人之策。亦惟群公卿士,百辟庶僚,咸听朕命,协宣乃力,履清白之道,还淳素之风。率是黎元,归于仁寿,君臣一德。何以尚兹。乃者刑政不修,惠化未洽,既尽财力,良多抵犯,静惟哀矜,实忝于怀。今将大振纲维,益明惩劝,肇举改元之典,弘敷在宥之泽,可大赦天下,改广德三年为永泰元年。

是日雪盈尺。戊申,泽潞李抱玉兼凤翔陇右节度使,兼南道通和吐蕃、凤翔、秦陇、临洮已东观察处置等使。仍命四镇行营节度使马璘为副和吐蕃使。癸丑,罢岐州之凤翔县,并入天兴县。乙卯,左散骑常侍高适卒。戊午,剑南节度使严武加检校吏部尚书,山南节度使张献诚加检校工部尚书。以前太子少保王玙为太子少师,前袁州刺史李遵为太子少保,听朝朔望。二月甲子夜,雷霆震击。丁丑,内出宫女千人,品官六百人守洛阳宫。戊寅,党项羌寇富平;焚定陵寝殿。庚辰,仪王璲薨。诸陵署复隶太常寺。戊子,河西党项永、定等十二州部落内属,请置宜、芳等十五州,许之。三月壬辰朔,诏左仆射裴冕、右仆射郭英乂、太子少傅裴遵庆、检校太子少保白志贞、太子詹事臧希让、左散骑常侍畅璀、检校刑部尚书王昂、高升、检校工部尚书崔涣、吏部侍郎李季卿王延昌、礼部侍郎贾至、泾王傅吴令瑶等十三人,并集贤院待诏。上以勋臣罢节制者,京师无职事,乃合于禁门书院,间以文儒公卿,宠之也。仍特给饩本钱三千贯。庚子夜,降霜,木有冰。岁饥,米斗千钱,诸谷皆贵。丙午,凤翔李抱玉让司徒,从之,授左仆射、同平章事。庚戌,吐蕃请和。诏宰臣元载、杜鸿渐与蕃使同盟于兴唐寺。辛亥,大风拔木。是春大旱,京师米贵,斛至万钱。夏四月己巳,乃雨。戊子,太保兼仕苗晋卿薨。庚寅,剑南节度使、检校吏部尚书严武卒。五月癸丑,以尚书右仆射、定襄郡王郭英乂为成都尹、御史大夫,充剑南节度使。是月麦稔。判度支第五琦奏请十亩税一亩,效古什一而征,从之。六月癸亥,吏部尚书李岘南选回,至江陵,贬衢州刺史。自春无雷,至此月甲申,大风而雷。代州置代北军,平州置柳城,析通州石鼓县置巴渠县。秋七月辛卯朔,淄青节度使侯希逸为副将李怀玉所逐。制以郑王邈为平卢、淄青节度大使,令怀玉权知留后事。以久旱,遣近臣分录京城诸狱系囚。甲午,升平公主出降驸马都尉郭暧。庚子,雨。时久旱,京师米斗一千四百,他谷食称是。八月乙亥,河南道副元帅、泾原节度使马璘封扶风郡王。九月辛卯,太白经天。丁酉,仆固怀恩死于灵州之鸣沙县。时怀恩诱吐蕃数十万寇邠州，客将尚品息赞磨、尚悉东赞等寇奉天、醴泉，党项羌、浑、奴剌寇同州及奉天，逼凤翔府、盩厔县，京师戒严。时以星变，羌虏入寇，内出《仁王佛经》两舆付资圣、西明二佛寺，置百尺高座讲之。及奴房寇逼京畿，方罢讲。己酉，郭子仪自河中至，进屯泾阳，李忠臣屯东渭桥，李光进屯云阳，马璘、郝玉屯便桥，骆奉仙、李伯越屯盩厔，李抱玉屯凤翔，周智光屯同州，杜冕屯坊州。上亲率六军屯苑内。庚戌，下诏亲征。内官鱼朝恩上言，请括私马，京城男子悉皂衣团结，塞京城二门之一。士庶大骇，有逾垣凿窦出城者，吏不能禁。自丙午至甲寅大雨，平地水流。丁巳，吐蕃大掠京畿男女数万计，焚庐舍而去。同华节度周智光以兵追击于澄城，破贼万计。冬十月己未，复讲《仁王经》于资圣寺。吐蕃至邠州，与回纥相遇，复合从入寇。辛酉，逼奉天。癸亥，党项攻同州，焚州民庐舍。丁丑，郭子仪说谕回纥，令与吐蕃疑贰。庚辰，子仪先锋将白元光合回纥军击吐蕃之众于灵台县之西原，斩首五万级，俘获人畜凡三百里不绝。辛巳，京师解严。壬午，仆固怀恩大将仆固名臣以千骑来降。诏税百官钱；市绢十万以赏回纥。乙酉，回纥首领胡禄都督来朝。癸卯，朔方将李遖自奏收灵武郡。丁亥，分宣、饶、歙户口于秋浦县置池州，分信州弋阳置贵溪县。闰十月辛卯，以京兆少尹黎干为京兆尹。丙午，封朔方大将孙守亮等九人为异姓王，李国臣等十三人为同姓王。丁未，百僚上表，以军兴急于粮饷，请纳职田以助费，从之。戊申，进封渭北节度使李光进为武威郡王。以刑部侍郎路嗣恭检校工部尚书、兼御史大夫、灵州大都督府长史，充关内副元帅，兼知朔方节度等使。剑南节度使郭英乂为其检校西山兵马使崔旰所杀，邛州柏茂林、泸州杨子琳、剑南李昌巙皆起兵讨旰，蜀中乱。十一月，宰臣河南都统王缙请减诸道军资钱四十万贯修洛阳宫，从之。十二月己酉，敕："如闻诸州承本道节度、观察使牒，科役百姓，致户口凋弊，此后委转运使察访以闻。"

二年春正月丁巳朔，大雪平地二尺。壬申，减子孙袭实封者半租，永为常式。乙酉，制：

治道同归，师氏为上，化人成俗，必务于学。俊造之士，皆从此途，国之贵游，罔不受业。修文行忠信之教，崇祗庸孝友之德，尽其师道，乃谓成人。然后扬于王庭，敷以政事，征之以理，任之以官，置于周行，莫匪邦彦，乐得贤也，其在兹乎！朕志承理体，尤重儒术，先王设教，敢不虔行。顷以戎狄多虞，急于经略，太学空设，诸生盖寡。弦诵之地，寂寥无声，函丈之间，殆将不扫，上庠及此，甚用闵焉。今宇县乂宁，文武并备，方投戈而讲艺，俾释菜以行礼。使四科咸进，六艺复兴，神人以和，风化浸美，日用此道，将无间然。其诸道节度、观察、都防御等使，朕之腹心，久镇方面，眷其子弟，为奉义方，修德立身，是资艺业。恐干戈之后，学校尚微，僻居远方，无所咨禀，负经来学，宜京京师。其宰相朝官、六军诸将子弟，欲得习学，可并补国子学生。其中身虽有官，欲附学读书者亦听，其学官委中书门下选行业堪为师范者充。其学生员数，所习经业，供承粮料，增修学馆，委本司条奏以闻。

丙戌，以户部尚书刘晏充东都京畿、河南、淮南、江南东西道、湖南、荆南、山南东道转运、常平、铸钱、盐铁等使，以户部侍郎第五琦充京畿、关内、河东、剑南西道转运、常平、铸钱、盐铁等使。至是天下财赋，始分理焉。二月丁亥朔，释奠于国学，赐宰臣百官飨钱五百贯，于国学食。壬辰，镇南都护依旧为安南都护府。乙未，贬刑部尚书颜真卿为峡州员外别驾，以不附元载，载陷之于罪也。壬子，命黄门侍郎、同平章事杜鸿渐兼成都尹，持节充山南西道、剑南东川等道副元帅，仍充剑南西川节度使，以平郭英乂之乱也。以四镇行营节度使马璘兼邠州刺史。癸丑，以山南西道节度使、梁州刺史张献诚兼充剑南东川节度观察使，邛州刺史柏茂林充邛南防御使，剑南西山兵马使崔旰为茂州刺史、充剑南西山防御使，从杜鸿渐请也。三月辛未，张献诚与崔旰战于梓州，为旰所败，仅以身免。夏四月辛亥，诏尚书省郎中授中州刺史，员外郎授下州刺史，为之定制。五月丙辰，税青苗地钱使、殿中侍御韦允裔诸道税地回。是岁得钱四百九十万贯。自乾元已来，天下用兵，百官俸钱折，乃议于天下地亩青苗上量税钱，命御史府差使征之，以充百官俸料，每年据数均给之，岁以为常式。六月戊戌，以淮南节度使崔圆检校尚书右仆射。自春旱，此月庚子始雨。丁未，日重轮。其夜，月重轮。秋七月辛酉，检校兵部尚书、衢州刺史李岘卒。自五月大雨，洛水泛溢，漂溺居人庐舍二十坊。河南诸州水。加荆南节度使卫伯玉检校工部尚书。癸未，太庙二室芝草生。八月丁亥，国子监释奠复用牲牢。上元二年，诏诸祠献熟，至是鱼朝恩请复旧制。壬寅，以茂州刺史崔旰为成都尹，兼御史大夫、剑南西川节度行军司马，邛南防御使、邛州刺史柏茂林为邛南节度使，从杜鸿渐所请也。癸卯，太子少保裴遵庆为吏部尚书，吏部尚书崔寓为太子少傅。甲辰，以开府仪同三司、右监卫大将军、观军容宣慰处置使、神策军兵马使、上柱国、冯翊郡开国公鱼朝恩加内侍监，判国子监事，充鸿胪礼宾等使，进封郑国公。辛亥，以检校礼部尚书裴士淹充礼仪使。九月庚申，京兆尹黎干以京城薪炭不给，奏开漕渠，自南山谷口入京城，至荐福寺东街，北抵景风、延喜门入苑，阔八尺，深一丈。渠成，是日上幸安福门以观之。丙子，宣州刺史李侁坐赃二十四万贯，集众杖死，籍没其家。冬十月癸卯朔。己丑，宗正卿吴王祗奏上《皇室永泰新论》二十卷，太常博士柳芳撰。和蕃使杨济与蕃使论位藏等来朝。丙申，令宰臣宴论位藏于中书省。十一月甲寅，乾陵令于陵署得赤兔以献。丙辰，诏：

古者量其国用，而立税典，必于经费，由之重轻。公田之籍，可谓通制；履亩而税，斯诚弊法。所期折中，以便于时。亿兆不康，君孰与足？故爱人之体，先以博施；富国之源，必均节用。朕自临宸极，比属艰难，尝欲阐淳朴之风，守冲俭之道，每念黎庶，思致和平。而边事犹殷，戎车屡驾，军兴取给，皆出邦畿。九伐之师，尚勤王略；千金之费，重困吾人。乃者遵冉有之言，守周公之制，什而税一，务于行古。今则编户流亡，而垦田减税，计量入之数，甚倍征之法。纳隍之惧，当宁轸怀。虑失三农，忧深万姓，务从省约，稍冀蠲除。用申勤恤之怀，以救悍鷙之弊。京兆府今年合征八十二万五千石数内，宜减放一十七万五千石。青苗地头钱宜三分取一。在京诸司官员久不请俸，颇闻艰辛。其诸州府县官，及折冲府官职田，据苗子多少，三分取一，随处粜货，市轻货以送上都，纳青苗钱库，以助均给百官。

甲子，日长至，上御含元殿，下制大赦天下，改永泰二年为大历元年。十二月己亥，彗起匏瓜，其长尺余，犯宦者星。癸卯，同华节度使周智光专杀陕州监军张志斌、前虢州刺史庞充，据华州谋叛。是冬无雪。

二年春正月壬子朔，丁巳，密诏灵内、河东副元帅郭子仪治兵讨周智光。壬戌，贬智光为澧州刺史。甲子，以兵部侍郎张仲光为华州刺史、潼关防御使，大理卿敬括为同州刺史、长春宫等使。是日，周智光帐下将斩智光并子元耀、元干三首，传之以献。己巳，诏潼关置兵三千。癸酉，诏：

> 天文著象，职在于畴人，谶纬不经，蠹深于疑众。盖有国之禁，非私家所藏。虽神灶明征，子产尚推人事；王彤必验，景略犹置于典刑。况动皆诡谬，率是矫诬者乎！故圣人以经籍之义，资理化之本，侧言曲学，实紊大猷，去左道之乱政，俾彝伦而攸叙。自四方多故，一纪于兹，或有妄庸，辄陈休咎，假造符命，私习星历。共肆穷夕之辩，相传委巷之谈，作伪多端，顺非饶泽。荧惑州县，讹误闾阎，坏纪挟邪，莫逾于此。其玄象器局、天文图书、《七曜历》《太一雷公式》等，私家不合辄有。今后天下诸州府，切宜禁断。本处分明榜示，严加捉搦，先藏蓄此等书者，敕到十日内送官，本处长吏集众焚毁。限外隐藏为人所告者，先决一百，留禁奏闻。所告人有官即与超资注拟，无官者给赏钱五百贯。两京委御史台处分。各州方面勋臣，洎百僚庶尹，罔不诚亮王室，简于朕心，无近憸人，慎乃有位，端本静末，其诚之哉！

丁丑，升魏州为大都督府，戊寅，敕："同、华两州，顷因盗据，民力雕残，宜给复二年，一切蠲免。"庚辰，禁王公、宗子、郡县主之家，不得与军将婚姻交好，委御史台察访弹奏。二月壬午，幸昆明池踏青。丙戌，封华州牙将姚怀为感义郡王，李延俊为承化郡王，以斩智光之功也。郭子仪自河中来朝。癸卯，宰臣元载、王缙、左仆射裴冕、户部侍郎第五琦、京兆尹黎干各出钱三十万，置宴于子仪之第。三月辛亥夜，大风。丁巳，河中府献玄狐。汴宋节度使田神功来朝。戊辰，贬太子少保李遵永州司马，坐赃也。甲戌，鱼朝恩宴子仪、宰相、节度、度支使、京兆尹于私第。乙亥，子仪亦宴于其第。戊寅，田神功宴于其第。时以子仪元臣，寇难渐平，蹈舞王化，乃置酒连宴。酒酣，皆起舞。公卿大臣列坐于席者百人。子仪、朝恩、神功一宴费至十万贯。夏四月己亥，以江南西道都团练观察等使、洪州刺史李勉为京兆尹，刑部侍郎魏少游为

洪州刺史、兼御史大夫、江西观察团练等使。庚子，宰臣内侍鱼朝恩与吐蕃同盟于兴唐寺。丙午，加田神功检校右仆射。癸酉，以工部侍郎徐浩为广州刺史、岭南节度观察使。六月戊戌，山南、剑南副元帅杜鸿渐自蜀入朝。壬寅，荆南节度使卫伯玉封城阳郡王。癸卯，御史大夫王翊卒。秋七月戊申朔，以右散骑常侍于休烈为检校工部尚书、知省事。时方面勋臣升八座者多非正员。朝命正员者以知省事为名。以中书舍人张延赏检校河南尹。丙寅，以剑南西川节度行军司马崔旰为剑南西川节度观察等使，遂州刺史杜济为剑南东川节度观察等使。以杭州刺史张伯仪为安南都护。癸酉，析道州延唐县置大历县。甲戌酉时，有白气竟天。八月庚辰，凤翔节度使李抱玉来朝。壬午，月入氐。丙戌，渤海朝贡。辛卯，潭、衡水灾。丙申，月犯毕。壬寅，太常卿、驸马都尉姜庆初得罪，赐自尽。敕陵庙署复隶宗正寺。九月戊申朔，岁星守东井七日。甲寅，吐蕃寇灵州，进寇邠州。诏子仪率师三万，自河中镇泾阳，京师戒严。戊午夜，白雾起西北竟天。子仪移镇奉天。乙丑昼，有大流星出于午，没于亥。命左丞李涵宣慰河北。荧惑犯南斗。辛未，鞑靼使来朝。桂州山獠陷州城，刺史李良遁去。十月戊寅，灵州奏破吐蕃二万，京师解严。甲申，减京官职田三分之一，给军粮。乙酉，醴泉出于栎阳，饮之愈疾。回纥、党项使来朝。癸卯，上御紫宸殿。策试茂才异行、安贫乐道、孝悌力田、高蹈不仕等四科举人。十一月庚申，改黄门侍郎依旧为门下侍郎。诏曰："春秋以九命作上公。而谓之宰臣者，三公之职。汉制：中书令出纳诏命，典司枢密；侍中上殿称制，参议政事。魏、晋已还，益重其任。职有关于公府，事不系于尚书，虽陈启沃之谋，未专宰臣之称，所以委遇斯大，品秩非崇。至于国朝，实执其政，当左辅右弼之寄，总代天理物之名，典领百僚，陶熔景化。岂可具瞻之地，命数不加。固当进以等威，副其金属。其侍中、中书令宜升入正二品，门下、中书侍郎升入正三品。"壬戌夜，月晕南北河、东井，镇星入舆鬼，久之方散。甲子，月去轩辕一尺。己丑，率百官京城士庶出钱以助军。壬申，京师地震，自东北来，其声如雷。十二月甲申，凤翔李抱玉来朝。丁酉，太原节度使辛云京来朝。荧惑入壁垒。戊戌黑气如尘，竟北方。是秋，河东、河南、淮南、浙江东西、福建等道五十五州奏水灾。

三年春正月丙午朔。辛亥，剑南西山置乾州，管招武、宁远二县。壬子夜，月掩毕。甲子，册新罗国王金乾运母为太妃。甲戌，以工部侍郎蒋涣为尚书左丞、浙西团练观察使，苏州刺史韦元甫为尚书右丞。左丞李涵、右丞贾至并为兵部侍郎。乙亥，永和公主薨。二月己卯，以常州刺史李栖筠为苏州刺史、兼御史中丞、浙西团练观察使。壬午，邠宁节度使马璘来朝。三月乙巳朔，日有蚀之。壬申，割恒州行唐县置泒州，以灵寿、恒阳隶之。夏四月戊寅，以山南西道节度使、邓国公张献诚为检校户部尚书，以疾辞位也。右羽林将军张献恭为梁州刺史、兼御史中丞，充山南西道节度观察使。兄献诚所荐也。壬寅，滑亳节度使令狐彰加检校工部尚书。剑南西川节度使、兼御史大夫崔

旰来朝。五月戊申,加崔旰检校右散骑常侍。乙卯,追谥故齐王倓为承天皇帝,兴信公主亡女张氏为恭顺皇后,祔葬。辛酉,改桂州临源县为全义县。癸酉,以左散骑常侍崔昭为京兆尹。是日地震。戊辰,以剑南西川节度使崔旰检校工部尚书,改名宁。宁为柏茂林、杨子琳所攻,宁既入朝,子琳乘虚袭据成都府。朝廷忧之,即日诏宁还成都。庚午,以邛州刺史鲜于叔明为梓州刺史,充剑南东川节度使。六月戊子,承天皇帝祔奉天皇帝庙,同殿异室,庚寅,太子少师王玙卒。壬辰,幽州节度使、检校侍中、幽州大都督府长史李怀仙为麾下兵马使朱希彩所杀。庚子,淮南节度使、检校尚书左仆射、知省事、扬州大都督府长史、赵国公崔圆卒。闰月己酉,郭子仪加司徒。庚申,宰臣充河南副元帅王缙兼幽州节度使。以尚书右丞韦元甫扬州大都督府长史,兼御史大夫,充淮南节度观察等使。丁卯,以幽州节度副使、试太常卿朱希彩知幽州留后。遣兵部侍郎李涵兼御史大夫,使河北宣慰,以幽州乱故也。庚午,相州薛嵩、魏州田承嗣、恒州李宝臣并加左右仆射。七月壬申,崔宁弟宽支破杨子琳,收复成都府。是月,五星并聚于东井,占曰:中国之利也。乙亥,王缙赴镇州。八月己未,月掩毕。辛酉,月入东井。壬戌,吐蕃十万寇灵武。荧惑犯太微垣。丁卯,吐蕃寇邠州,京师戒严。戊辰,邠宁节度使马璘破吐蕃二万于邠州。御史大夫崔涣为税地青苗钱使。给百官俸钱不平,诏尚书左丞蒋涣按鞫,贬崔涣为道州刺史。庚午,河东节度使、检校左仆射、太原尹、同中书门下平章事辛云京卒。门下侍郎、同中书门下平章事、兼幽州长史、持节、河南副元帅、都统河南淮西山南东道诸节度行营、兼幽州卢龙等军节度使、太微宫使、弘文馆大学士、兼东都留守、齐国公王缙兼太原尹、北都留守,充河东军节度,余官使并如故。辛未,以门下侍郎、同中书门下平章事、山剑副元帅、太清宫使、崇玄馆大学士杜鸿渐兼东都留守。九月壬申,郭子仪自河中移镇奉天。岁星入舆鬼。丁丑,济王环薨。荧惑入太微垣。壬午,吐蕃寇灵州。甲申,以尚书左丞蒋涣为华州刺史,充镇国军潼关防御使。丙戌,检校户部尚书、知省事、邓国公张献诚卒。丁亥,工部尚书赵国珍卒。庚寅,以前华州刺史张重光为尚书左丞。壬辰,灵州将白元光破吐蕃二万于灵武。戊戌,灵武奏破吐蕃六万,百僚称贺,京师解严。冬十月甲寅,朔方留后、灵武大都督府长史常谦光加检校工部尚书。乙未,以京兆尹李勉为广州刺史,充岭南节度使。丁卯,子仪自奉天来朝。十一月丁亥,幽州留后朱希彩为幽州长史,充幽州卢龙节度使,癸巳,加廊下百官厨料,增旧分五分之一。十二月壬寅,道州刺史崔涣卒。己酉,以邠宁节度使马璘为泾原节度,移镇泾州,其邠宁割隶朔方军。邠州将吏以烧马坊为乱,兵马使段秀实斩其凶首八人,方定。

四年春正月庚午朔。甲戌,大风。乙亥,大雪,平地盈尺。甲申,日有蚀之。子仪回河中。戊子,敕有司定王公士庶每户税钱,分上、中、下三等。宗室颍州刺史李岵专杀,法司以议亲,宜赐自尽。乙未,福建观察使李承昭请徙汀州于长汀县之白石村,从之。黑衣大食国使朝贡。

二月乙巳,以泸州刺史杨子琳为陕州刺史。乙卯,宰臣杜鸿渐让山剑副元帅,从之。丙辰夜,地震,有声如雷者三。辛酉,以湖南都团练观察使、衡州刺史韦之晋为潭州刺史。因是徙湖南军于潭州。江西团练使魏少游来朝。三月壬申,诏:

> 夫计人而置官,度事而赋任,因时立制,损益在焉。吏足以理人,人足以奉吏,则官称其禄,禄当其秩,然后上下相乐,公私不匮。昔汉光武时及魏太和中,并减吏员,兼省乡邑,致理之道,此其一隅。今连岁治戎,天下凋瘵,京师近甸,烦苦尤重,比屋流散,念之恻然。人寡吏多,困于供费,欲其苏息,不可得也,设令廉耻守分,以奉科条,犹有禄廪之烦,役使之弊;而况贪猾纵欲,而动逾典章,作威以虐下,厚敛以润己者乎!古者县置大夫一员,足以为治,奚必贰佐分掌而后治耶?且京畿户口,减耗大半,职员如旧,何以堪之?岂可以重困之人,供不给之费。使人不倦,其在变通,制事之宜,式从省便。其京兆府长安、万年宜各减丞一员,尉两员,余县各减丞、尉一员。余委吏部条件处分。

吏部尚书裴遵庆为右仆射,刘晏改吏部尚书。庚寅,江西团练使魏少游封赵国公。丙申复置仙州。夏四月壬寅,陕州虢邑县复为安邑县,虢州天平县复为湖城县。五月丙戌,京师地震。辛卯,以仆固怀恩女为崇徽公主,嫁回纥可汗,仍命兵部侍郎李涵往册命。六月丁酉,以太子詹事臧希让检校工部尚书,充渭北节度;以渭北节度李光进为太子太保。辛亥,升辰州为都督府,析辰、巫、溪、锦、业等州置团练观察使。秋七月己巳,以澧州刺史崔瓘为潭州刺史、湖南都团练观察使。癸未,以天下刑官滥刑,诏:

> 至理之代,先德后刑,上欢然而临下,下欣然而奉上,祸乱不作,法令可施。去圣久远,薄于教化,简书填委,狱讼烦兴。苛吏舞文,冤人致辟,思欲刷耻改行,厥路无由,岂天地父母慈爱之意也!朕主三灵之重,托群后之上,夕惕若厉,不敢荒宁。内访卿士,外咨方岳,日不暇给,八年于兹,而大道淳风,郁而不振。四郊多垒,连岁备边,师旅在外,役费尤广,赋役转输,疾耗吾人,困竭无聊,穷斯滥矣。下庶暗昧,不见刑网,戎士在军,未习法令,犯禁抵罪,其徒实繁。狴犴之间,未详事实,吏议不决,动淹时月,伤沮和气,屡彰咎征。此皆朕之不明,教之未至。上失其道而绳下以刑,敢不罪己以答灾眚。人者君之支体,害之则君有所伤;刑者教之辅助,失之则人无所措。虑有冤滥,惨然忧伤,用明慎罚之典,俾弘在宥之泽。其天下见禁囚,死罪降从流,流已下释放。左降、流人、移隶等,委所司奏听进止。如闻州县官比来率意恣行粗杖,不依格令,致使殒毙,深可哀伤。频有处分,仍闻乖越。自今已后,非灼然蠹害,不得辄加非理,所司严加纠察以闻。

先是,皇姨弟薛华因酒色之忿,手刃三人,弃尸于井,事发系狱,赐自尽,故有是诏。八月丙申朔。自夏四月连雨至此月，京城米斗八百文。官出米二万石，减估而粜，以惠贫民。己卯，虎入长寿坊元载家庙，射生将周皓引弩毙之。冬十月乙卯，以汝州刺史孟皞为京兆尹。十一月辛未，禁畿内弋猎。乙亥，门下侍郎、同中书门下平章事、卫国公杜鸿渐卒。丙子，以左仆射、冀国公裴冕同中书门下平章事，充东都留守，河南淮南淮西山南东道副元帅。十二月乙未，敕左右补阙、拾遗、内供奉员左右各置两员，余罢之。戊戌，裴冕卒。辛酉，敕京兆府税宜分作两等，上等每亩税一斗，下等税六升，能耕垦荒地者税二升。

五年春正月乙丑朔。辛卯，以陕州节度使皇甫温判凤翔尹，充凤翔、河陇节度使；凤翔节度使李抱玉判梁州事，充山南西道节度使。壬申，河南尹张延赏兼御史大夫，充东都留守。罢河南、淮西、淮南、山南东道副元帅，所管军隶东都留守。二月戊戌，李抱玉移镇盐屋，凤翔军忿，纵兵大掠，数日乃止。己亥。废仙州，以襄城、叶县隶汝州。诏罢鱼朝恩观军容使。己巳，朝恩自缢而死。戊寅，诏定京兆府户税。夏税，上田亩税六升，下田四升。秋税，上田亩税五升，下田三升。荒田开垦者二升。己丑，敕：

唐虞之际，内有百揆，庶政惟和。至于宗周，六卿分职，以倡九牧。《书》曰："龙作纳言，帝命惟允。"《诗》云："仲山甫，王之喉舌。"皆尚书之任也。虽西汉以二府分理，东京以三公总务；至于领录天下之纲，综核万事之要，邦国善否，出纳之由，莫不处正于会府也。令、仆以综详朝政，丞、郎以弥纶国典，法天地而分四序，配星辰而统五行，元本于是乎在。九卿之职，亦中台之辅助，小大之政，多所关决。自王室多难，一纪于兹，东征西伐，略无宁岁。内外荐费，征求调发，皆迫于国计，切于军期，率于权便裁之，新书从事，且救当时之急，殊非致理之道。今外虞既平，罔不率俾，天时人事，表里相符。将明画一之法，大布惟新之命，陶甄化源，去末归本。

魏、晋有度支尚书，校计军国之用，国朝但以郎官署领，办集有余。时艰之后，方立使额，参佐既众，簿书转烦，终无弘益，又失事体。其度支使及关内、河东、山南西道、剑南西川转运常平盐铁等使宜停。礼仪之本，职在奉常，往年置使，因循未改，有乖旧制，实旷司存。委太常卿自举本职，其使宜停。汉朝丞相与公卿已下五日一决事，帝亲断可否。且国之安危，不独注于将相；考之埋乱，固亦在于庶官。尚书、侍郎、左右丞及九卿，参领要重，朕所亲倚，固当朝夕进见，以之匡益也。并宜详校所掌，具陈损益，如非时宜，须有奏议，亦听诣阁请对，当亲览其意，择善而从。

朕受昊天之成命，承累圣之鸿业，齐心涤虑，夙夜忧劳。顾以不敏不明，薄于德化，致使旧章多废，至理未弘，其心愧耻，终食三叹。虽诏书屡下，以申振恤，且朝典未举，犹深郁悼。思与百辟卿士，励精于理，俾国经王道，可举而行，各宜承式，以恭尔位。诸州置屯亦宜停。

于是悉以度支之务委于宰相。辛卯，以兵部侍郎贾至为京兆尹。以京西兵马使李忠臣为凤翔尹，代皇甫温。温移镇陕州。夏四月庚子，湖南都团练使崔瓘为其兵马使臧玠所杀，玠据潭州为乱，澧州刺史杨子琳、道州刺史裴虬、衡州刺史杨济出军讨玠。乙巳夜，岁星入轩辕。丙午，复置先农、马祖坛，祀之。丁未，封幽州节度使朱希彩为高密郡王。己未夜，彗起五车，长三丈。庚申，宰臣太原尹王缙入朝。五月辛未，刑部侍郎黎干为桂州刺史、桂管防御经略招讨观察等使。己卯夜，彗起北方，其色白。庚辰，贬礼仪使、礼部尚书裴士淹为虔州刺史，户部侍郎、判度支第五琦为饶州刺史。皆鱼朝恩党也。元载既诛朝恩，下制罢使，仍放黜之。癸未，以羽林大将军辛京杲为潭州刺史、湖南观察使。甲申，西北白气竟天。徙置当、悉、柘、静、恭五州于山险要害地，备吐蕃也。六月己未，彗星始灭，赦天下见禁囚徒。秋七月丁卯，以浙东观察使、越州刺史、御史大夫薛兼训为检校工部尚书、太原尹、北都留守，充河东节度使。是月，京城斗米千文。八月辛卯，宰臣元载上疏请置中都于河中府，秋杪行幸，春中还京，以避蕃戎侵寇之患。疏入不报。载疏大旨以关辅、河东等十州户税入奉京师，创置精兵五万，以威四方。辞多捭阖，欲权归于己也。九月丁丑，以宣、歙、池等州都团练观察使、宣州刺史、兼御史中丞陈少游充浙江东道团练观察使。吐蕃寇永寿。汴州田神功来朝。十二月乙未，改巫州为溆州，业州为蒋州。

六年春正月己未朔。戊寅，于鄜州之鄜城置肃戎军。二月乙酉，御史大夫敬括卒。夏四月丁巳，上御宣政殿试制举人，至夕，策未成者，令太官给烛，俾尽其才。己未，澧州刺史杨子琳来朝，赐名猷。丁丑，改果州为充州。戊寅，诏："纂组文绣，正害女红。今师旅未息，黎元空虚，岂可使淫巧之风，有亏常制。其绫锦花文所织盘龙、对凤、麒麟、狮子、天马、辟邪、孔雀、仙鹤、芝草、万字、双胜、透背、及大䌷绵、竭凿、六破已上、并宜禁断。其长行高丽白锦、大小花绫锦，任依旧例织造。有司明行晓谕。"五月癸卯，以河南尹张延赏为御史大夫。秋七月乙巳，月掩毕。八月乙卯，淮南节度使韦元甫卒。丙辰，以东都副留守常休明为检校左散骑常侍、河阳三城使。夏旱，此月己未始雨。庚午，以御史大夫张延赏为扬州大都督府长史、淮南节度使。丙午，以苏州刺史、浙江观察使李栖筠为御史大夫。丁丑，获白兔于太极殿之内廊。庚辰夜，月入紫微垣。九月壬辰夜，荧惑犯哭星。自八月连雨，害秋稼。戊申，于轮台置静塞军。辛亥，荧惑入壁垒。冬十月壬午，沧州置横海军。十一月己亥，文单国王婆弥来朝，献驯象十一。壬寅夜，月入太微，又掩氐。十二月己未，江西观察使、检校刑部尚书魏少游卒。庚午，制以文单王婆弥为开府仪同三司、试殿中监。是岁春旱，米斛至万钱。

七年春正月癸未朔。戊子，于魏州顿邱县置澶州。以顿邱县之观城店置观城县，以张之清丰店置清丰县，并割魏州之临黄县，并隶澶州。以贝州临清县之张桥店置永济县。乙未，月犯轩辕。庚子，以检校户部尚书路嗣恭为洪州刺史、兼御史大夫、江西观察使。辛丑，太常卿杨绾兼充礼仪使。甲辰，回纥使出鸿胪寺劫掠坊市，吏不能禁止，复三百骑犯金光、朱雀等门。是日皇城诸门皆闭，慰谕之方止。二月丙寅，以兵部侍郎李涵为苏州刺史、兼御史中丞，充浙西观察使。镇星临太微。戊戌夜，月掩天关。三月壬辰，诏谏议大夫置四员为定。夏四月甲寅，回纥王子李秉义卒，归国宿卫赐名也。五月乙酉，雨雹，大风折树。丙戌夜，月入太微。辛卯，徙忻州之七圣容于太原府之紫极宫。乙未，诏：

> 跻于道者，化淳而刑措；善于理者，纲举而网疏。朕涉道未弘，烛理多昧，常亦遐想太古，高揖玄风，保合太和，在宥天下，盖德薄而未臻也。是用因时以设教，便俗以立防，务尽平恕，用申哀恤，又化浅而多犯也。加以边虞未戢，徭赋适繁，荒废之际，寇攘斯起。遂令圜土嘉石之下，积有系囚；竹章牙简之中，困于法吏。属盛阳之候，大暑方蒸，仍念犴牢，何堪郁灼？所以汨伤和气，感致咎征，天道人事，岂相远也！如闻天下诸州，或愆时雨，首种不入，宿麦未登。哀我矜人，何时不恐？皆由朕过，益用惧焉。惕然忧嗟，深自负责。所以减膳彻乐，别居斋宫，祷于神明，冀获嘉应。仲夏之月，静事无为，以助晏阴，以弘长养。断薄决小，已过于麦秋；继长增高，宜顺乎天意。可大赦天下，见禁囚徒，罪无轻重，一切释放。

癸亥，以检校礼部尚书蒋涣充东都留守。六月庚戌朔，有司言日蚀，阴云不见。丁丑，诏诫薄葬，不得造假花果及金手脱宝钿等物。秋七月癸巳，回纥蕃客夺长安县乡邵说所乘马，人吏不能禁。八月庚戌，赐北庭都护曹令忠姓名曰李元忠。九月乙未，工部尚书于休烈卒。冬十月壬子，上畋于苑中，矢一发贯二兔，从臣皆贺。辛未，以权知幽州卢龙节度留后朱泚检校左散骑常侍，充幽州卢龙节度使。丙子，以太府卿吕崇贲为广州都督，充岭南节度使。十一月庚辰，诏：自顷蕃戎入寇，巴南屡多征役。其巴、蓬、渠、集、壁、充、通、开等州，宜放二年租庸。甲申，以福建观察使李承昭为礼部尚书，华州刺史李琦为福州刺史、福建都团练观察使。辛卯，以岭南节度李勉为工部尚书。十二月丙寅，雨土。是夜，长星出于参。辛未，滑州置永平军。壬子，禁铸铜器。癸酉，大雪。是秋稔。回纥、吐蕃、大食、渤海、室韦、靺鞨、契丹、奚、牂柯、康国、石国并遣使朝贡。

八年春正月丁丑朔，壬午，昭义军节度、检校右仆射、相州刺史薛嵩卒。癸卯，敕天下青苗地头钱每亩十五文，率京畿三十文，自今一例十五文。京官三品已上郎官御史，每年各举一人堪为刺史县令者。二月甲子，御史大夫李栖筠弹吏部侍郎徐浩。丁卯，幽州节度使朱泚加检校户部尚书，封怀宁郡王。徐浩、薛邕违格，并停知选事。壬申，永平军节度使、检校右仆射、滑州刺史、霍国公令狐彰卒，遗表荐刘晏、李勉代己。三月丙子，以工部尚书李勉兼御史大夫、滑州刺史，充永平军节度、滑亳观察等使。夏四月戊申，乾陵上仙观天尊殿有双鹊衔紫泥补殿之隙缺，凡十五处。戊午，以太仆卿吴仲孺为鄂州刺史、鄂岳沔等州团练观察使。五月乙酉，贬吏部侍郎徐浩明州别驾，薛邕歙州刺史，京兆尹杜济杭州刺史，皆坐典选也。以太府卿于颀为京兆尹。辛卯，郑王逸薨，赠昭静太子。壬辰，曲赦京城系囚。癸卯，诏赦天下系囚，死罪降从流，流已下并放。六月陇州华亭县置义宁军。癸亥，户部侍郎、判度支韩滉奏安邑盐池生乳盐。是夏，城奉天以备蕃寇。秋七月己卯，太白入东井。乙未，月掩毕。八月丙寅，诏吏部尚书刘晏知三铨选事。己未，吐蕃寇灵武。庚午，灵武奏蕃军退去。辛未，幽州节度使朱泚弟滔率五千骑来朝，请河西助防。诏千骑迓于国门，许自皇城南面出开远门，赴泾州行营。九月癸酉，临晋公主薨。壬午，岭南节度使、广州刺史吕崇贲为部将哥舒晃所杀。癸未，晋州男子郁谟以麻辫发，持竹筐及苇席，哭于东市，请进三十字，如不称旨，请裹尸于席筐。上召见，赐衣，馆之禁中。内二字曰"监团"，欲去诸道监军、团练使也。丁亥，贬左巡使、殿中侍御史杨护，以其抑郁谟而不上闻也。戊子，诏京官五品以上各上封事，言政得失。己丑夜，太白入太微。甲午，东都留守蒋琼兼知东都贡举。戊戌，以辰、锦观察使李昌巙为桂州刺史、桂管防御观察使。大鸟见武功，肉翅狐首，四足有爪，爪长四尺三寸，毛赤如蝙蝠，群鸟随而噪之。神策将张日芬射毙以献。冬十月癸卯，魏博田承嗣加同平章事。丁巳夜，月掩毕。吐蕃寇泾州、邠州。甲子，子仪先锋将浑瑊与吐蕃战于宜禄，我师不利。瑊与泾原马璘极力追蹑，蕃军溃去。乙丑，以江西观察使路嗣恭为广州刺史，充岭南节度使，封翼国公。以浙东观察使、越州刺史陈少游为扬州大都督府长史，充淮南节度使。戊辰，郭子仪奏破吐蕃十万，百僚称贺。己卯夜，月入羽林。癸巳，月入太微。十一月壬寅朔。庚戌，汴宋节度使田神功来朝。辛酉，淮西节度使李忠臣来朝。十二月癸酉，月入羽林。是冬无雪。是岁大有年。

九年春正月庚子朔。壬寅，汴宋节度使、太子少师、检校尚书右仆射、兼御史大夫、汴州刺史田神功卒。澧朗两州镇遏使、澧州刺史杨猷擅浮江而下，至鄂州。诏许赴汝州，遂溯汉而上，复、鄂、襄等州皆闭城拒之。二月己丑，以田神功弟玉权知汴宋留后。癸巳，郭子仪自邠州来朝，李抱玉自凤翔来朝。三月丙午，禁畿内渔猎采捕，自正月至五月晦，永为常式。戊子，以澧州刺史杨猷为洮州刺史。夏四月丁丑，月入太微。己卯，以桂管观察使黎干为京兆尹、兼御史大夫。甲申，中书舍人常衮率两省官一十八人诣阁请论事，诏三人各尽所怀。乙酉，诏郭子仪等大阅兵师以备吐蕃。壬辰，诏赦大辟以下系囚，无轻重释放。乙未，华阳公主薨，上悲惜之，累日不听朝，宰臣抗疏陈请。五月庚戌，废沸州。庚申，诏度支使支七十万贯、转运使五十万贯和籴，岁丰谷贱也。乙丑，诏：

> 四海之内，方协大宁，西戎无厌，独阻王命，不可忘战，尚劳边事。朕顷以兵革之后，军国空耗，躬率节俭，务勤农桑。上玄储休，仍岁大稔，益用多愧，不知其然。虽属此人和，近于家给，而边谷未实，戎备犹虚。因其天时，思致丰积，将设平籴，以之馈军。然以中都所供，内府不足，粗充常人之数，岂齐倍余之收。其在方面荩臣，成兹大计。共佐公家之急，以

资塞下之储。每道岁有防秋兵马,其淮南四千人,浙西三千人,魏博四千人,昭义二千人,成德三千人,山南东道三千人,荆南二千人,湖南三千人,山南西道二千人,剑南西川三千人,东川二千人,鄂岳一千五百人,宣歙三千人,福建一千五百人。其岭南、浙东、浙西,亦合准例。恐路远往来增费,各委本道每年取当使诸色杂钱及回易利润,赃赎钱等,每人计二十贯。每道据合配防秋人数多少,都计钱数,市轻货送纳上都,以备和籴,仍以秋收送毕。

泾原节度使马璘来朝。丙寅,加马璘尚书左仆射、知省事。璘讽将士进状求宰相,故有是授。幽州节度使朱泚遣弟滔奉表请自入朝,兼自率五千骑防秋。许之,诏所司筑第待之。六月己卯,月掩南斗。庚辰,月入太微。秋七月甲辰,月掩房,又入羽林。久旱,京兆尹黎干历祷诸祠,未雨。又请祷文宣庙,上曰:"丘之祷久矣。"八月辛未,以虢州刺史宋晦为同州刺史,充长春宫营田等使。戊寅,以陕州大都督府长史皇甫温为越州刺史,充浙东观察使。辛卯,月掩轩辕。九月庚子,幽州节度使朱泚来朝。乙巳,渭北节度使、坊州刺史臧希让卒。是秋大雨。冬十月壬申,信王瑝薨。乙亥,梁王璿薨。以前宣州刺史季广琛为右散骑常侍。十一月戊戌,大雪。平地盈尺。庚子,以商州刺史李国清为陕州大都督府长史,充陕州观察使。十二月庚寅,以中书舍人杨炎、秘书少监韦肇并为吏部侍郎,中书舍人常衮为礼部侍郎。壬辰,赦京系囚,死罪降从流,流已下并释放。

十年春正月乙未朔。己酉,昭义牙将裴志清逐其帅薛嵩,薛嵩奔洺州,上章待罪。志清率众归田承嗣。壬寅,寿王瑁薨。乙未,朱泚抗表乞留京师,西征吐蕃,请以弟滔权为幽州留后,许之。以昭义将薛择为相州刺史,薛雄为卫州刺史,薛坚为洺州刺史,皆嵩之族人也。戊申,遣使慰谕田承嗣,令各守封疆,承嗣不奉诏。壬子,充州复为果州。癸丑,田承嗣盗取洺州,又破卫州。二月乙丑,盗杀卫州刺史薛雄。丙寅,罢辰、锦、溪、奖、溆五州经略使,复隶黔中。辛未,制第四子述封睦王,充岭南节度度支营田、五府经略观察处置等大使。第五子逾可封郴王,充渭北郞坊等州节度大使。第六子连封恩王。第七子韩王迥可充汴宋节度大使。第八子遘可封鄜王。第十三子造封忻王,充昭义节度大使。第十四子暹封韶王。十五子运封嘉王。十六子遇封端王。十七子遹封循王。十八子通封恭王。十九子达封原王。二十子逸封雅王。并可开府仪同三司,不出阁。丙子,以华州刺史李承昭为相州刺史,知昭义兵马留后。时承嗣尽盗入相、卫所管四州之地,自署长史。是日河阳军乱,逐城使常休明,迫牙将王惟恭为留后,军士大掠数日,休明奔东都。甲申,以平卢淄青节度观察海运押新罗渤海两蕃等使、检校工部尚书、青州刺史李正己检校尚书左仆射;前陇右节度副使、陇州刺史马燧为商州刺史,充本州防御使。三月甲午,陕州军乱,逐观察使李国清,纵兵大掠。国清卑词遍拜将士,方免祸,一夕而定。乙巳,薛嵩、常休明至阙下,素服待罪。丁未,以左散骑常侍孟皞为华州刺史,充潼关防御使。庚戌,荧惑入壁垒。四月,太常寺奏:诸州府所用斗秤,当寺给铜斗秤,州府依样制造而行,从之。乙丑,制:魏博节度使、开府仪同三司、太尉、检校尚书左仆射、同中书门下平章事、魏博大都督府长史、上柱国、雁门郡王田承嗣可贬永州刺史。仍诏河东、镇冀、幽州、淄青、淮西、滑亳、汴宋、泽潞、河阳道出师进讨。甲申,大雨雹,暴风拔树,飘屋瓦,落鸱吻,人震死者十之二,京畿损稼者七县。五月乙未,田承嗣部将霍荣国以磁州归。癸卯,剑南置昌州。罢两都贡举,都集上都,停童子科。六月辛未,田承嗣遣其党裴志清攻围冀州,为李宝臣所败。秋七月己未,户部尚书畅璀卒。杭州大风,海水翻潮,溺州民五千家,船千艘。八月丁卯,田承嗣上表请束身归朝。戊子夜,月入太微。己丑,田承嗣将卢子期攻磁州。九月戊戌,荆南节度使卫伯玉来朝。壬寅,宥京城系囚。戊申,回纥白昼杀人于市,吏捕之,拘于万年狱。其首领赤心持兵入县,劫囚而出,斫伤狱吏。月晕,荧惑犯昴、五车、参、东井等星。癸丑,吐蕃寇陇州,凤翔李抱玉击退之。戊午,幽州节度使朱泚镇奉天。冬十月辛酉,日有蚀之。癸亥,以商州刺史马燧检校左散骑常侍、河阳三城使。甲子,昭义节度使李承昭与卢子期战于磁州清水县,大破之,生擒子期以献。丙寅,贵妃独孤氏薨,追赠曰贞懿皇后。己丑,尚书右仆射裴遵庆卒。十一月辛亥,新平公主薨。丁酉,田承嗣所署瀛州刺史吴希光以城降。丁未,路嗣恭攻破广州,擒哥舒晃,斩首以献。

十一年春正月庚寅朔,田承嗣上表请罪。壬辰,遣谏议大夫杜亚宣慰魏州,许其自新。辛亥,剑南节度使崔宁奏大破吐蕃二十万,斩首万级,生擒首领一千一百五十人,献于阙下。二月癸亥,荆南节度使卫伯玉卒于京师。戊子,河阳军复乱,大掠三日,监军使冉廷兰率兵斩其乱首。方定。戊申,昌乐公主薨。辛亥,御史大夫李栖筠卒。夏四月戊午朔。丙子,以浙西观察使、苏州刺史、御史大夫李涵知台事,充京畿观察使。己卯,以前淮南节度使、扬州大都督府长史、御史大夫张延赏为江陵尹、兼御史大夫,充荆南节度使。五月癸巳,以永平军节度使李勉为汴州刺史,充汴宋等八州节度观察留后。时汴将李灵耀专杀濮州刺史孟鉴,北连田承嗣。故命勉兼领汴州。授灵耀濮州刺史,灵耀不受诏。六月戊戌,以李灵耀为汴州刺史,充节度留后。秋七月戊子夜,暴澍雨,平地水深盈尺,沟渠涨溢,坏坊民千二百家。庚寅,田承嗣兵寇滑州,李勉拒战而败。八月丙寅,幽州节度使朱泚加同中书门下平章事。李灵耀据汴州叛。甲申,命淮西李忠臣、滑州李勉、河阳马燧三镇兵讨之。闰月丁酉,太白经天。九月乙丑,李忠臣等兵进营郑州,灵耀之众来薄战。淮西兵乱,乃退军于荥泽。戊辰,淄青李正己奏取郓、濮二州。冬十月乙酉,忠臣等军破贼于中牟,进军,又败贼于汴州郭外,乃攻之。乙丑,承嗣遣侄悦率兵三万援灵耀。丙午,淮西、河阳之师合击田悦营,其众大败,悦脱身北走。灵耀闻悦之败,弃城遁走。汴州平。丁未,滑将杜如江生擒灵耀而献。十二月丁亥,加平卢淄青节度使、检校尚书左仆射、青州刺史、饶阳王李正己为检校司空、同中书门下平章事,成德军节度使、太子太傅、检校尚书左仆射、陇西郡王李宝臣检校司空、同中书门下平章事。庚寅,泾原节度使、检校尚书左仆射、知省事、扶风郡王马璘卒。丁酉,以泾原节度副使、试太常卿、张掖郡王段秀实权知河东节度留后,北都留守薛兼训病故也。昭义节度使李承昭抗表称疾,以泽潞行军司马李抱真权知磁、邢兵马留后。庚戌,加淮西节度、检校右仆射、安州刺史、西平郡王李忠臣检校司空、同中书门下平章事,仍兼汴州刺史。

十二年春正月甲寅朔。辛酉,以四镇北庭泾原节度副使、知节度使事、张掖郡王段秀实为泾州刺史、兼御史大夫,充本州团练使。月掩轩辕。渤海使献日本国舞女十一人。癸酉夜,月掩心前大星,又入南斗魁。京师旱,分命祈祷。二月戊子,淄青节度使李正己之子纳为青州刺史,充淄青节度留后。丁未,以朗州刺史李国清为黔州刺史、经略招讨观察使。三月乙卯,河西陇右副元帅、凤翔怀泽潞秦陇等州节度观察等使、兵部尚书、同中书门下平章事、潞州大都督府长史、知凤翔府事、上柱国、凉国公李抱玉卒。壬戌,月入太微。癸亥,以太原少尹、河东节度行军司马、权知河东留后鲍防为太原尹、御史大夫,充北都留守、河东节度使。戊辰夜,月逼心前星。庚午,左降官永州刺史田承嗣复授魏博节度使,官并如故。承嗣侄悦,子绾绪纶并复旧官。庚辰,宰相元载、王缙得罪下狱,命吏部尚书刘晏讯鞫之。辛巳,制:中书侍郎、平章事元载赐自尽,门下侍郎、平章事王缙贬括州刺史。夏四月壬午,以朝议大夫、守太常卿、兼修国史杨绾为中书侍郎,尚书礼部侍郎、集贤院学士常衮为门下侍郎,并同中书门下平章事。癸未,以右庶子潘炎为礼部侍郎。贬吏部侍郎杨炎为道州司马,元载党也。谏议大夫、知制诰韩洄王定包佶徐璜,户部侍郎赵纵,大理少卿裴翼,太常少卿王纮,起居舍人韩会等十余人,皆坐元载贬官也。给事中杜亚使魏州,赐田承嗣铁券。癸巳,以前秘书监李揆为睦州刺史。揆故宰相,为元载所忌,二十年流落丐食江湖间,载诛,方得为郡。又召颜真卿于湖州,亦载所忌斥外也。乙未,月掩心前星。丁酉,西川破吐蕃于望汉城,擒蕃将大笼官论器然以献。壬寅,以前商州刺史乌崇福为安南都护、本管经略使。渤海、奚、契丹、室韦、靺鞨并遣使朝贡。己酉,加京官料钱,文武班诸司共二千七百九十六员,文官一千八百五十四员,武官九百四十二员,岁加给一十五万六千贯,并旧给凡二十六万贯。以关内副元帅、兵马使浑瑊兼邠州刺史。五月辛亥。罢天下州团练守捉使名。甲寅,诸道邸务在上都名曰留后,改为进奏院。丙辰夜,月入太微。辛酉,贬刑部尚书王昂连州刺史,昂至万州卒。庚午,敕毁元载祖、父坟,剖棺弃骸,焚毁私庙于大宁里。甲戌,以前安南都护张伯仪为广州刺史、兼御史大夫,充岭南节度使。六月癸巳,时小旱,上斋居祈祷,圣体不康,是日不视朝。秋七月戊午,罢润州丹阳军、苏州长洲军。己巳,中书侍郎、同中书门下平章事、集贤殿崇文馆大学士、兼修国史杨绾卒。八月癸巳,赐东川节度使鲜于叔明姓李氏。癸卯,宰臣让赐食。先是元载、王缙辅政,每日赐食,因为故事。至是,常衮等上表云:"飧

钱已多,更颁御膳,胡颜自安,乞停赐食。"从之。甲辰,以湖州刺史颜真卿为刑部尚书。乙巳,以久雨宥常参百僚,不许御史点班。九月乙卯,许以庶人礼葬元载。辛酉,以泾原节度副使段秀实为四镇北庭行营、泾原郑颍等节度使。庚午,吐蕃寇坊州,掠党项羊马而去。是秋,宋、亳、陈、滑等州水。冬十月丁亥,户部侍郎、判度支韩滉言解县两池生瑞盐,乃置祠,号宝应灵庆池。壬寅夜,月掩昂,又入太微。乙巳,以滑州牙将刘洽为宋州刺史。京兆尹黎干奏水损田三万一千顷。度支使韩滉奏所损不多。兼渭南令刘藻曲附滉,亦云部内田不损。差御史赵计检渭南田,亦附滉云不损。上曰:"水旱咸均,不宜渭南独免。"复命御史朱敖检之,渭南损田三千顷。上叹息曰:"县令职在字人,不损亦宜称损,损而不闻,岂有恤隐之意耶!刘藻、赵计皆贬官。十一月癸丑,太白临哭星。乙卯夜,月入羽林。癸酉,以右散骑常侍萧昕为工部尚书。刑部尚书颜真卿献所著《韵海镜源》三百六十卷。十二月丁亥,西川崔宁奏于西山破吐蕃十万,斩首八千,生擒九百人。己亥,天下仙洞灵迹禁樵捕。庚子,以幽州节度使朱泚兼陇右节度副大使,权知河西、泽潞行营兵马事。京兆尹请修六门堰,许之。

十三年春正月戊申朔。辛酉,坏白渠碾硙八十余所,以夺农溉田也。壬戌,刑部尚书、鲁郡公颜真卿三抗章乞致仕,不允。淄青节度使李正己请附属籍,从之。戊辰,回纥寇太原,鲍防与之战,我师不利。朱泚徙封遂宁郡王。二月庚辰,代州都督张光晟击回纥,战于羊武谷,破之,北人乃安。己亥,吐蕃寇灵武。甲辰,太仆寺佛堂有小脱空金刚右臂忽有黑汗滴下,以纸承之,色类血。三月甲戌,河阳将士劫回纥辎重,因与相斗,纵兵大掠,久之方定。四月丁亥,以浙西观察留后李道昌为苏州刺史、兼御史中丞,充浙西都团练观察使。己丑,以前浙西观察使李涵为御史大夫。甲辰,吐蕃寇灵州,朔方留后常谦光击败之。五月戊午,宦官刘清潭赐名忠翼。六月戊戌,陇右节度使朱泚于军士赵贵家得猫鼠同乳不相害,笼而献之。秋七月壬子,中书舍人崔祐甫知吏部选事。癸丑,剑南节度使崔宁加检校司空,东川李叔明加检校工部尚书。辛未,吐蕃寇盐州、庆州。八月甲戌朔,成德军节度使李宝臣抗章请复本姓张氏,从之。冬十月丁酉,葬贞懿皇后于庄陵。十一月丁卯,日长至,有司祀昊天上帝于南郊,上不视朝故也。十二月丙戌,以吏部尚书刘晏为左仆射,判使如故。以给事中杜亚为洪州刺史、兼御史中丞,充江西观察使。以江西观察使路嗣恭为兵部尚书。是岁,郴州黄芩山崩,压死者有数百人。

十四年春正月壬寅朔。壬戌,以楚州刺史李泌为澧州刺史。二月癸未,魏博七州节度使、太尉、检校尚书左仆射、同中书门下平章事、魏州大都督府长史田承嗣卒。甲申,以魏博中军兵马使、左司马田悦兼御史中丞,充魏博节度留后。三月丁未,汴宋节度使李忠臣为麾下将族侄李希烈所逐,忠臣狼狈归朝。上以忠臣立功于国,乃授检校司空、同平章事。庚戌,以河南尹严郢为京兆尹,河中少尹、知府事赵惠伯为河南尹。辛酉,以前容管经略使、容

州刺史王翃为河中少尹、知府事。夏四月癸未，成德军节度使张宝臣复请姓李，从之。五月癸卯，上不康，至辛亥，不视朝。北都留守鲍防以北庭归朝。辛酉，诏皇太子监国。是夕，上崩于紫宸之内殿。遗诏皇太子柩前即位。壬戌，迁神柩于太极殿，发丧。八月庚申，群臣上尊谥曰睿文孝武皇帝，庙号代宗。十月己酉，葬于元陵。十二月丁酉，祔于太庙。

史臣曰：呜呼，治道之失也，若河决金堤，火炎昆岗，虽神禹之乘四载，玄冥之洒八瀛，亦不能埋洪涛而扑烈焰者，何也？良以势既坏而不能遽救也。观夫开元之治也，则横制六合，骏奔百蛮；及天宝之乱也，天子不能守两都，诸侯不能安九牧。是知有天下者，治道其可忽乎！明皇之失驭也，则禄山暴起于幽陵；至德之失驭也，则思明再陷于河洛；大历之失驭也，则怀恩乡导于犬戎。自三盗合从，九州羹沸，军士膏于原野，民力殚于转输，室家相吊，人不聊生，而子仪号泣于用兵，元载殷忧于避狄。然而代宗皇帝少属乱离，老于军旅，识人间之情伪，知稼穑之艰难，内有李、郭之效忠，外有昆戎之幸利。遂得凶渠传首，叛党革心，关辅载宁，獯戎渐弭。至如稔辅国之恶，议元振之罪，去朝恩之权，不以酷刑，俾之自咎，亦立法念功之旨也。罪已以伤仆固，彻乐而悼辅功，惩缙、载之奸回，重衮、绾之儒雅，修己以禳星变，侧身以谢咎征，古之贤君，未能上此。而犹有李灵耀作梗，田承嗣负恩，命将出军，劳师弊赋者，盖阳九之未泰，岂君道之过欤！

赞曰：群盗方梗，诸戎竞侵。猛士尝胆，忠臣痛心。扫除沴气，敷衍德音。延洪纳祉，帝虑何深。

卷十二　　　本纪第十二

德 宗 上

德宗神武孝文皇帝讳适，代宗长子，母曰睿真皇后沈氏。天宝元年四月癸巳，生于长安大内之东宫。其年十二月，拜特进，封奉节郡王。代宗即位之年五月，以上为天下兵马元帅，改封鲁王。八月，改封雍王。时史朝义据东都，十月，遣上会诸军于陕州，大举讨贼。十一月，破贼于洛阳，进收东都，河南平定。朝义走河北。分命诸将追之，俄而贼将李怀仙斩朝义首以献，河北平。以元帅功拜尚书令，食实封二千户，与郭子仪等八人图形凌烟阁。广德二年二月，立为皇太子。

大历十四年五月辛酉，代宗崩。癸亥，即位于太极殿。闰月壬申，贬中书舍人崔祐甫为河南少尹。甲戌，贬门下侍郎、平章事常衮为潮州刺史。召崔祐甫为门下侍郎、同中书门下平章事。丙子，诏诸州府、新罗、渤海岁贡鹰鹞皆停。戊寅，诏山南枇杷、江南柑橘，岁一贡以供宗庙，余贡皆停。庚寅，以兵部尚书路嗣恭为东都留守，以常州刺史萧复为潭州刺史、湖南团练观察使。辛巳，罢邕府岁贡奴婢。癸未，改括州为处州，括苍县为丽水县。停梨园使及伶官之冗食者三百人，留者皆隶太常。剑南岁贡春酒十斛，罢之。甲申，以司徒、兼中书令、河中尹、灵州大都督、单于镇北大都护充关内河东副元帅、朔方节度、关内支度盐池六城水运大使、押诸蕃部落、管内及河阳等道观察使、上柱国、汾阳郡王、山陵使、食实封一千九百户郭子仪可加号尚父，守太尉，余官如故，加实封通前二千户，月给一千五百人粮、马二百匹草料。以朔方都虞候李怀光为河中尹，邠、宁、庆、晋、绛、慈、隰等州节度观察使；以朔方右留后常谦光兼灵州大都督，西受降城、定远军、天德、盐、夏、丰节度等使；以朔方左留后、单于副都护浑瑊为单于大都护，振武军、东中二受降城、镇北及绥、银、麟、胜等军州节度营田使。丙戌，诏禁天下不得贡珍禽异兽，银器勿以金饰。丁亥，诏文单国所献舞象三十二，令放荆山之阳，五坊鹰犬皆放之，出宫女百余人。己丑，以右羽林大将军吴希光检校散骑常侍、兼御史中丞，充渭北鄜坊丹延都团练观察使。辛卯，以河阳三城镇遏使马燧检校工部尚书，兼太原尹、御史大夫、北都留守、河东节度使。壬辰，以河东节度留后鲍防为京畿观察使；陈州刺史李芃检校太常少卿，为河阳三城镇遏使。癸巳，以寿州刺史杜亚为江西观察使。甲午，册太尉子仪。自开元以来，册礼多废，天宝中杨国忠册司空，至是行子仪之册。以江西观察使杜亚为陕州长史，充转运使。丙申，诏兵部侍郎黎干豺若豺狼，特进刘忠翼掩义隐贼，并除名长流。既行，俱赐死。丁酉，以京畿观察使鲍防为福州刺史、福建都团练观察使。以户部侍郎、判度支韩滉为太常卿，吏部尚书刘晏判度支盐铁转运等使。初，晏与滉分掌天下财赋，至是晏都领之。六月己亥朔，御丹凤楼，大赦天下，罪无轻重，咸赦除之。内外文武三品已上赐爵一级，四品已下加一阶，致仕官同见任，百姓为户者赐古稀一级。加李正己司徒、太子太傅，崔宁、李勉本官同平章事。天下进献，事缘郊祀陵庙所须，依前勿阙，余并停。诸州刺史上佐今后准式入计。诸州刺史、常参官，父在未有官，量与五品致仕官；父亡殁，与追赠。自至德已来到敕，或因人奏，或临事颁行，差互不同，使人疑感，中书门下与详定官决，取堪久长行用者编入格条。自今更不得奏置寺观及度人。庚子，封元子诵为宣王，次子谟为舒王，湛为通王，谅为虔王，详为肃王，并加开府仪同三司。乙巳，封皇弟逦为益王，迅为随王。丙午，举先天故事，非供奉侍卫之官，自文武六品已上清望官，每日二人更直待制，以备顾问，乃以延英南药院故地为廨。癸丑，诏皇族五服等已上居四方者，家一人赴山陵，县次给食。己未，扬州每年贡端午日江心所铸镜，幽州贡麝香，皆罢之。辛酉，罢宣歙池、鄂岳沔二都团练观察使，陕虢都防御使，以其地分隶诸道。复置东都京畿观察使，以御史中丞为之。壬戌，处州刺史王缙、湖州刺史第五琦皆为太子宾客，睦州刺史李揆为国子祭酒，并留司东都。中官邵光超送淮西旌节，李希烈遗缣七百匹，事发，杖六十，配流。由是中官不敢受赂。癸亥，诏中书门下、御史台五品已上，诸司三品已上长官,各举可任刺史县令者一人,中书门下量才进拟,有犯坐举主。秋七月戊辰朔,日有蚀之。礼仪使、吏部尚书颜真卿奏:"列圣谥号,文字繁多,请以初谥为定。"兵部侍郎袁傪议云:"陵庙玉册已刻,不可轻改。"罢。傪妄奏,不知玉册皆刻初谥而已。庚午,诏:邕州所奏金坑,诚为润国,语人以利,非朕素怀。其坑任人开采,官不得禁。辛未,以吏部侍郎房宗偃为御史中丞、东都畿观察使。罢右银台门客省岁给廪料万二千斛。自永泰已来,或四方奏计未遣者,或上书言事忤旨者,及蕃客未报者,常数百人,于客省给食,横费已甚,故罢之。壬申,毁元载、马璘、刘忠翼之第,以其雄侈逾制也。癸酉,减宫中服御常贡者千数。丁丑,复置厩马随仗于月华门外。已卯,诏王公卿士不得与民争利,诸节度观察使于扬州置回易邸,并罢之。庚辰,诏鸿胪寺,蕃客入京,各服本国之服。罢商州岁贡稀胶。辛卯,罢天下榷酒。丁酉,诏国用未给。其宜王已下开府俸料皆罢讫。八月甲辰,以门下侍郎、平章事崔祐甫为中书侍郎、平章事,以道州司马同正杨炎为门下侍郎、平章事,以怀州刺史乔琳为御史大夫、同平章事、京畿观察使。乙巳,遣太常少卿韦伦使吐蕃,以蕃俘五百人还之,修好也。癸亥,诏人死亡于外以棺柩还城者勿禁。九月甲戌,以淮西节度为淮宁军。辛巳,以检校刑部尚书白孝德为太子少傅。丙戌,秘书少监邵说为吏部侍郎,给事中刘迺为兵部侍郎,中书舍人令狐峘为礼部侍郎。冬十月丁酉朔,吐蕃合南蛮之众号二十万,三道寇茂州、扶、文、黎、雅等州,连陷郡邑。发兵四千助蜀,大破之。已酉,葬代宗于元陵。戊午,九成宫贡立兽炭炉,襄州贡种蔗翁之工,皆罢之。散官豢猪三千头给贫民。十一月辛未,以鸿胪卿贾耽为梁州刺史、山南西道节度观察使。丁丑,以陕州长史杜亚为河中尹、河中晋绛慈隰都防御观察使。壬午,御史大夫、平章事乔琳为工部尚书,罢知政事。加剑南西川节度观察度支营田等使、检校司空、平章事、成都尹崔宁兼御史大夫、京畿观察使。癸巳,加崔宁兼灵州大都督、单于镇北大都护、朔方节度等使、出镇坊州。以荆南节度使、检校礼部尚书、兼江陵尹、御史大夫张延赏检校兵部尚书兼成都尹、御史大夫、剑南西川节度度支营田观察等使。以朔方节度虞候杜希全为灵州留后;以鄜州刺史张光晟单于振武军使、东中二受降城绥银鄜胜等军州留后;延州刺史李建为鄜坊丹延留后。杨炎素恶崔宁,虽授以三镇,仍署此三人为留后,夺宁之权也,人皆愤之。十二月已亥,南选使可以专达,勿复以御史临之。乙卯,制:宣王某可立为皇太子。丙寅晦,日有蚀之。诏元日朝会不得奏祥瑞事。

建中元年春正月丁卯朔,御含元殿,改元建中,群臣上尊号曰圣神文武皇帝。已巳,上朝太清宫。庚午,谒太庙。辛未,有事于郊丘。是日还宫,御丹凤门,大赦天下。自艰难以来,征赋名目颇多。今后除两税外,辄率一钱,以枉法论。常参官、诸道节度观察防御等使、都知兵马使、刺史、少尹、畿赤令、大理司直评事等,授讫三日内,于四方馆上表让一人以自代。其外官委长吏附送其表,付中书门下。每官阙,以举多者授之。王府六品以上官及诸州县有司可可省及诸官减者,量事废省。天下子为父后者赐勋两转。已巳,福建观察使鲍防、湖南观察使萧复让宪官,从之。自兵兴已来,方镇重任必兼台省长官,以至外府僚佐,亦带台省衔。至是除韩滉苏州刺史,杜亚河中少尹,而领都团练观察使,不带台省兼官。自是诸道非节度而兼宪官者皆让。甲午,诏:"东都河南江淮山南东道等转运租庸青苗盐铁等使、尚书左仆射刘晏,顷以兵车未息,权立使名,久勤元老,集我庶务,悉心瘁力,垂二十年,朕以征税多门,乡邑凋耗,听于群议,思有变更,将置时和之理,宜复有司之制。晏所领使宜停,天下钱谷委金部、仓部,中书门下拣两司郎官,准格式调掌。"是月,浚丰州陵阳渠。二月丙申,遣黜陟使十一人分行天下。癸卯,以户部郎中韩洄为谏议大夫,以泾原节度使段秀实为司农卿。已酉,贬尚书左仆射刘晏为忠州刺史。癸丑,昭义军节度留后李抱真为本道节度使。甲寅,贬史馆修撰、礼部侍郎令狐峘郴州司马,右补阙柳冕巴州司户。日本国朝贡。癸亥,朱泚兼四镇北庭行军、泾原节度使。三月丙寅,礼仪使奏东都太庙阙木主,请造。诏下议之,不决。庚午,监察御史张著以法冠弹中丞严郢浚陵阳渠匿诏不行,消郢官,著獬豸朱衣。辛未,左散骑常侍、翰林学士张涉放归田里。甲戌,以前司农卿庚准为江陵尹、兼御史中丞、荆南节度使。癸巳,以谏议大夫韩洄为户部侍郎、判度支。时将贬刘晏,罢使名,归尚书省本司。今又命洄判度支,令金部郎中杜佑权勾当江淮水陆运使,一如刘晏、韩滉之则,盖杨炎之排晏也。夏四月乙未朔,泾原裨将刘文喜据城叛。已亥,地震。辛未,命江西观察使崔昭册命回纥可汗。戊申,以福建观察使鲍防为洪州刺史、江西团练观察使。癸丑,上诞日,不纳中外之贡,唯李正已、田悦各献缣三万匹,诏付度支。妃父王景先、驸马高怡献金铜像,上曰:"有何功德?非吾所为。"退还之。壬戌,以衡州刺史、嗣曹王皋为潭州刺史、湖南团练观察使,御史中丞元全柔为杭州刺史。五月甲子朔。戊辰,以太常少卿韦伦为太常卿,复使吐蕃。已卯,右金吾卫大将军李通为黔州刺史、黔中经略招讨观察盐铁等使,潮州刺史常衮为福建观察使。泾原将刘光国杀刘文喜降,泾州平。六月甲午朔,中书侍郎、同中书门下平章事崔祐甫卒。辛丑,筑奉天城。加试殿中监刘海宾兼御史中丞,封乐平郡王。海宾泾州将,赏杀刘文喜也。乙卯,京兆尹源休使回纥,册武义成功可汗。秋七月丁丑,罢内出盂兰盆,不命僧为入道场。壬申,以鸿胪寺左右威远营隶金吾。已丑,忠州刺史刘晏赐自尽。八月甲午,振武军使张光晟杀领蕃回纥首领突董统等千人,收驼马千余,缯锦十万匹。乃征光晟归朝,以彭令芳代之。乙未,河中晋绛观察使杜亚为睦州刺史。丁未,加朱泚中书令,余官使并如故。以舒王谟为泾原节度大使,尚书右丞孟皞为泾州刺史、知留后。东爨乌蛮宁来朝贡。丁巳,遥尊上母沈氏曰皇太后。戊午,以吏部尚书颜真卿为太子少师,依前礼仪使。改封嗣舒王藻为嗣郢王。九月戊辰,判度支韩洄奏请于商州红崖冶洛源监置十炉铸钱,江淮七监每铸一千费二千文,请皆罢,从之。已卯,雷。冬十月甲午,贬尚书左丞薛邕为连山尉,坐赃也。乙巳，太子少傅、昌化郡王白孝德卒。庚寅，以睦王述为奉迎皇太后使，工部尚书乔琳为副。十一月辛酉朔，朝集使及贡使见于宣政殿。兵兴已来，四方州府不上计，内外不朝会者二十有五年，至此始复旧制。州府朝集者一百七十三人，诏每令分番二人待诏。乙丑，赠敬晖等五王官，又赠张九龄司徒，钟绍京太子太傅。戊寅，诸王有官者初令出阁就班。又出嫁岳阳等一十县主，皆在诸王院久而未适人者，上悉命以礼出降。十二月辛卯，韦伦使回，与吐蕃宰相论钦明思等五十五人同至，献方物，修好也。丁酉，令详定国初以来将相功臣房玄龄等一百八十七人，据功绩分为三等。是岁，户部计帐，户总三百八万五千七十有六，赋入一千三百五万六千七十贯，盐利不在此限。

二年春正月庚申朔。戊辰，成德军节度、恒定等州观察使、司空、兼太子太傅、同中书门下平章事、恒州刺史、陇西郡王李宝臣卒。丙子，以汴宋滑亳陈颍泗节度使、检校吏部尚书、同平章事李勉为永平军节度、汴滑陈等州观察等使；以兵部尚书、东都留守路嗣恭为郑汝陕河阳三城节度、东畿观察等使；以宋州刺史刘洽为宋亳颍节度使。以郑州隶永平军。自去年十月无雪，至甲申方雨雪。丁亥，检校户部尚书张献恭为东都留守。以河南尹赵惠伯为河中尹、河中晋绛慈隰都防御观察使，以前郑州刺史于颀为河南尹。二月乙未，以御史中丞卢杞为御史大夫、京畿观察使，以桂管观察使李昌巙为江陵尹、兼御史大夫、荆南节度等使。以前荆南节度使庾准为左丞。甲辰，以容州刺史卢岳为桂州防御观察使。乙巳，以门下侍郎杨炎为中书侍郎、同中书门下平章事，以御史大夫卢杞为门下侍郎、同中书门下平章事。丙午，以宋亳节度为宣武军。丁未，以御史中丞袁高为京畿观察使。乙卯，振武军乱，杀其帅彭令芳、监军刘惠光。三月庚申朔，筑汴州城。初，大历中李正己有淄、青、齐、海、登、莱、沂、密、德、棣、曹、濮、徐、兖、郓十五州之地，李宝臣有恒、定、易、赵、深、冀、沧七州之地，田承嗣有魏、博、相、卫、洺、贝、澶七州之地，梁崇义有襄、邓、均、房、复、郢六州之地，各聚兵数万。始因叛乱得位，虽朝廷宠待加恩，心犹疑贰，皆连衡盘结以自固。朝廷增一城，浚一池，便飞语有辞，而诸盗完城缮甲，略无宁日。至是田悦初禀命，刘文喜殄除，群凶震惧。又奏计者还，都无赐与，既归，皆构怨言。先是汴州以城隘不容众，请广之。至是筑城，正己、田悦移兵于境为备，故诏分汴、宋、滑为三节度，移京西防秋兵九万二千人以镇关东。又于郾城置溵州。辛巳，以汾州刺史王翃为振武军使，东中二受降城镇北绥银麟胜等州留后。以万年令崔汉衡为殿中少监，使吐蕃。夏四月己酉朔，省洏州。庚寅，襄州梁崇义兼同中书门下平章事。己亥，省燕州、顺化州。乙卯，并平琴州为党州。丁巳，贬礼部侍郎于邵桂州刺史，御史中丞袁高韶州长史。五月丙寅，以军兴十一而税。己巳，以淮宁军节度使李希烈充汉南北诸道都知兵马招抚处置等使，封南平王。庚寅，以浙江西道为镇海军。加苏州刺史韩滉检校礼部尚书、润州刺史，充镇海军节度使、浙江东西道观察等使。

以御史中丞一员为理匦使，谏议大夫一员知匦使；给事中、中书舍人为监考使。辛丑，尚父、中书令、汾阳郡王郭子仪薨。丙午，以检校秘书少监郑叔则为御史中丞、东都畿观察使。壬子，以怀、郑、河阳节度副使李芃为河阳三城、怀州节度使，仍割东畿五县隶焉。秋七月戊子朔，诏曰："二庭四镇，统任西夏五十七蕃、十姓部落，国朝以来，相奉率职。自关、陇失守，东西阻绝，忠义之徒，泣血相守，慎固封略，奉遵礼教，皆侯伯守将交修共理之所致也。伊西、北庭节度观察使李元忠可北庭大都护，四镇节度留后郭昕可安西大都护、四镇节度观察使。"自河、陇陷虏，伊西、北庭为蕃戎所隔，间者李嗣业、荔非元礼、孙志直、马璘辈皆遥领其节度使名。初，李元忠、郭昕为伊西北庭留后，隔绝之后，不知存亡，至是遣使历回纥诸蕃入奏，方知音信，上嘉之。其伊西、北庭将士叙官，仍超七资。庚申，以中书侍郎、平章事杨炎为左仆射，以前永平军节度使张镒为中书侍郎、同中书门下平章事。司空、淮阳郡王侯希逸卒，丁丑，以河中尹关播为给事中，同州刺史李承为河中尹、晋绛都防御观察使。辛巳，以邠宁节度使李怀光兼灵州大都督、单于镇北大都护、朔方节度使。以鄜坊丹延观察留后李建徽为坊州刺史、鄜坊丹延都团练观察使。壬午，以幽州陇右节度使、中书令朱泚为太尉。田悦攻寇临洺，守将张伾城守。八月辛卯，平卢淄青节度观察使、司徒、太子太保、同中书门下平章事李正己卒。庚戌，以中书舍人卫晏为御史中丞、京畿观察使。壬子，淮宁军节度使李希烈攻襄阳，诛梁崇义，斩其同恶三十余人。九月辛酉，以易州刺史张孝忠为恒州刺史，充成德军节度观察使。壬戌，加李希烈同中书门下平章事。癸亥，兵部尚书、冀国公路嗣恭卒。甲子，以晋绛观察使李承为襄州刺史、山南东道节度观察等使。戊辰，以杭州刺史元全柔为黔中经略招讨观察等使。冬十月乙酉，尚书左仆射杨炎贬崖州司马，寻赐死。戊申，加宣武军节度使刘洽御史大夫。徐州刺史李洧弃其帅李纳，以州来降。十一月辛未，宣武节度刘洽与神策将曲环大破李纳之众于徐州。己巳，诏："成德军节度都知兵马使、恒州刺史、袭陇西郡王李惟岳，以其父宝臣有忠劳于王室，惟岳隳坠父业，蔑弃国恩，缞绖之中，擅掌戎务。外结凶党，益固奸谋，不孝不忠，宜肆原野。削尔在身官爵。"乙亥，贬户部侍郎、判度支韩洄蜀州刺史，以江淮转运使、度支郎中杜佑代判度支、户部事。丁丑，以陕州长史李齐为河中尹，充河中晋绛防御观察使；以商州刺史姚明扬为陕州长史、本州防御、陆运使；以权盐铁使、户部郎中包佶充江淮水陆运使。李纳将海州刺史王涉以州降。十二月庚寅，河中节度使马燧检校左仆射，泽潞节度使李抱真检校兵部尚书，赏破田悦之功也。丙申，太子宾客王缙卒。

三年春正月乙卯朔。丙寅，幽州节度使朱滔、张孝忠破李惟岳之兵于束鹿。辛未，诏供御及太子诸王常膳有司宜减省之，于是宰臣上言，减堂厨百官月俸，请三分省一以助军，从之。庚辰，追封皇叔僖为宋王，赠皇弟选荆王。闰月丙申，以文宣王三十七代孙齐贤为兖州司功，袭文宣公。辛丑，复置具员簿。甲辰，成德军兵马使王武俊杀李惟岳，传首京师。庚戌，马燧、李抱真、李芃破田悦兵于洹水，进攻魏州。二月戊午，惟岳将定州刺史杨政义以州降。加朱滔检校司徒，以张孝忠检校兵部尚书、易定沧三州节度使，以检校太子宾客王武俊检校秘书监、恒州刺史、恒冀都团练观察使，康日知为赵州刺史、深赵都团练观察使。三月丁亥，赠故卫尉卿颜杲卿司徒，故常山太守袁履谦左散骑常侍，故许州长史庞坚右散骑常侍，故巩县主簿蒋清礼部侍郎。赠故骁卫将军、代国公安金藏兵部尚书，授其子承恩庐州长史。乙未，以徐州刺史李洧为徐、沂、海团练观察使。戊戌，田悦洺州刺史田昂以城降。以岭南节度使张伯仪检校兵部尚书，兼江陵尹、御史大夫、荆南节度等使；以容管经略使元琇为广州刺史、岭南节度使。丙午，贬京兆尹卢甚为抚州长史。夏四月，李纳守德州将李士真、守棣州将李长卿皆以城降。庚申，先陷蕃僧尼将士八百人自吐蕃而还。壬戌，封朱滔为通义郡王。朱滔、王武俊与田悦合从而为叛。太常博士韦都宾、陈京以军兴庸调不给，请借京城富商钱，大率每商留万贯，余并入官，不一二十大商，则国用济矣。判度支杜佑曰："今诸道用兵，月费度支钱一百余万贯，若获五百万贯，才可支给数月。"甲子，诏京兆尹、长安万年令大索京畿富商，刑法严峻，长安令薛苹荷校乘车，于坊市搜索，人不胜鞭笞，乃至自缢。京师嚣然，如被盗贼。搜括既毕，计其所得才八十万贯，少尹韦祯又取僦柜质库法拷索之，才及二百万。丁丑，彭王傅徐浩卒，赠太子少师。戊寅，以中书侍郎、平章事张镒兼凤翔尹、陇右节度使，以代朱泚。加泚实封五百户，赐窦氏名园、泾水上腴田及锦彩金银器，以安其意，时滔叛故也。壬午，贬御史大夫严郢为费州长史，杖杀左巡使、殿中侍御史郑詹。郢岁余卒。五月丙戌，增两税、盐榷钱，两税每贯增二百，盐每斗增一百。丁亥，贬太子詹事邵说归州刺史，卒于贬所。辛卯，诏朔方节度使李怀光率神策及朔方军东讨。丙申，诏："故伊西北庭节度使杨休明、故河西节度使周鼎、故西州刺史李琇璋、故瓜州刺史张铣等，寄崇方镇，时属殷忧，固守西陲，以抗戎虏。殁身异域，多历岁年，以迨于兹，旅榇方旋，诚深追悼，宜加宠赠，以贲幽泉。休明可赠司徒，鼎赠太保，琇璋赠户部尚书，铣赠兵部侍郎。"皆陇右牧守，至德已来陷吐蕃而殁故，至是西蕃通和，方得归葬也。丁酉，加河东节度使、检校左仆射马燧同平章事，泽潞李抱真检校右仆射，河阳李芃检校兵部尚书，神策营招讨使李晟右散骑常侍，赏破田悦功也。乙巳，贬户部侍郎、判度支杜佑为苏州刺史，以中书舍人赵赞为户部侍郎、判度支。辛亥，易定节度赐名义武军。六月丁巳，尚书左丞庾准卒。甲子，京师地震。以左散骑常侍李涵为入回纥吊祭使，京兆少尹源休为光禄卿。戊寅，以前衢州刺史赵涓为尚书左丞，右庶子柳载为右丞。辛未，朱滔、王武俊兵救田悦，至魏州北。是日李怀光兵亦至，马燧、抱真、李芃等盛军容迓怀光。朱滔等虑其掩袭，遽出兵，怀光与之接战于连簴山之西，王师不利，各还营垒。贼乃壅河决水，绝我粮道。秋七月甲申，以前振武军使王翃为京兆尹，以兵部郎中杨真为御史中丞，京畿观察使。以括

率商户，人情不安，癸巳，诏除已收纳入库外，一切停，已贮纳者仍明置簿历，各给文牒，后准元数却还。甲午，以前同州刺史萧复为兵部侍郎。庚子，马燧、李怀光、李抱真、李芃等四节度兵退保魏桥。朱滔、王武俊、田悦之众亦屯于魏桥东南，与官军隔河对垒。自五月不雨，甲辰始雨。宣武节度李勉为检校司徒，怀宁李希烈检校司空，邠宁李怀光同平章事，李芃封开阳郡王。八月丁未，初分置汴东西水陆运两税盐铁事，从户部侍郎、判度支赵赞奏也。戊午，太子宾客第五琦卒于位。辛酉，以泾原节度留后姚令言为泾原节度使。戊辰，以江淮盐铁使、太常少卿包佶为汴东水陆运两税盐铁使。己巳，加剑南西川节度使张延赏检校吏部尚书。甲戌，以大理少卿崔纵为汴西水陆运两税盐铁使。丁丑，以礼仪使、太子少师颜真卿为太子太师。庚辰，徐、海、沂等团练使李洧卒。江淮讹言有毛人捕人，食其心，人情大恐。九月丁亥，以李洧部将高承宗为徐州刺史、徐海沂都团练使。判度支赵赞上言，请为两都、江陵、成都、扬、汴、苏、洪等州署常平轻重本钱，上至百万贯，下至十万贯，收贮斛斗匹段丝麻，候贵则下价出卖，贱则加估收籴，权轻重以利民。从之。赞乃于诸道津要置吏税商货，每贯税二十文，竹木茶漆皆什一税一，以充常平之本。己亥夜，有猛兽入宣阳里，伤二人，诘朝获之。冬十月辛亥，以湖南观察使嗣曹王皋为洪州刺史、江西节度使。丙辰，以吏部侍郎关播为中书侍郎、同平章事。都官员外郎樊泽使吐蕃回，与蕃相尚结赞约来年正月望日会盟清水。丙子，肃王详薨。十一月己卯，以山南西道节度使贾耽检校工部尚书、兼襄州刺史、御史大夫、山南东道节度使，以兴凤团练使严震为梁州刺史、山南西道节度使。甲午，以前山南东道节度使李承为潭州刺史、湖南观察使。是月，朱滔、田悦、王武俊于魏县军垒各相推奖，僭称王号。滔称大冀王，武俊称赵王，悦称魏王。又劝李纳称齐王。僭署官名如国初亲王行台之制。丁丑，李希烈自称天下都元帅、太尉、建兴王，与朱滔等四盗胶固为逆。

四年春正月戊寅朔。丁亥，凤翔节度使张镒与吐蕃宰相尚结赞同盟于清水。庚寅，李希烈陷汝州，执州将李元平而去，东都震骇。甲午，遣颜真卿宣慰李希烈军。戊戌，以龙武大将军哥舒曜为东都畿汝节度使，率凤翔、邠宁、泾原等军，东讨希烈。丙午，福建观察使常衮卒。二月戊申，于河阳三城置河阳军节度。乙卯，哥舒曜收汝州。丁丑，以工部侍郎蒋镇充礼仪使。三月己卯，复置沔州。癸未，以左散骑常侍孟皞为福建都团练观察使。辛卯，嗣曹王皋击李希烈将陈质之众，败之，收复黄州。丁酉，荆南张伯仪与贼战，败绩。嗣曹王收复蕲州。夏四月庚申，以永平宣武河阳等军节度都统、检校司徒、平章事李勉为淮西招讨使，襄阳帅贾耽、江西嗣曹王等为之副。甲子，京师地震，生黄白毛，长尺余。丙子，哥舒曜进军至颍桥，大震雷，人死者十之三四，乃退保襄城。五月辛巳夜，京师地震。乙酉，颍王璬薨。乙巳，滑、濮二州黄河清。滑州马生角。六月庚戌，初税屋间架、除陌钱。时马燧、李怀光、李抱真、李芃屯魏县，李晟屯易定，李勉、陈少游、

哥舒曜屯怀汝间，神策诸军皆临贼境。凡诸道之军出境，仰给于度支，谓之食出界粮，月费钱一百三十万贯，判度支赵赞巧法聚敛，终不能给。至是又税屋，所由吏秉笔持算，入人庐舍而抄计，峻法绳之，愁叹之声，遍于天下。秋七月甲申，以国子祭酒李揆为礼部侍郎，复其爵。甲午，以李揆为左仆射、兼御史大夫，为入吐蕃会盟使。八月丁未，李希烈率众三万攻哥舒曜于襄城。湖南观察使李承卒。九月戊寅，龙见于汝州之城濠。丙戌，李勉将唐汉臣、刘德信丧师于扈涧，汴军自此不振，东都危急。冬十月丙午，诏泾原节度使姚令言率泾原之师救哥舒曜。丁未，泾原军出京城，至浐水，倒戈谋叛，姚令言不能禁。上令载缯彩二车，遣晋王往慰谕之，乱兵已阵于丹凤阙下，促神策军拒之，无一人至者。与太子诸王妃主百余人出苑北门，右龙武军使令狐建方教射于军中，闻难，聚射士得四百人扈从。其夕至咸阳，饭数匕而过。戊申，至奉天。己酉，元帅都虞候浑瑊以子弟家属至，乃以瑊为行在都虞候，神策军使白志贞为行在都知兵马使，以令狐建为中军鼓角使，金吾将军侯仲庄为奉天防城使。乱兵既剽京城，屯于白华，乃于晋昌里迎朱泚为帅，称太尉，居含元殿。上以奉天隘，欲幸凤翔，壬子，凤翔军乱，杀节度使张镒，乃止。癸丑，李希烈陷襄城，哥舒曜走洛阳。乙卯，赐检校司空崔宁死。丁巳，以吏部尚书萧复，刑部侍郎刘从一、谏议大夫姜公辅并以本官同中书门下平章事。邠宁节度韩游瑰与论惟明率兵三千至，才入奉天，贼军亦至，乃出拒之，王师不利。贼乘胜攻门，自卯至午，杀伤殆半，会有草车在门外，浑瑊令焚之，贼众遂退。癸巳，泚贼三面攻城，浑瑊力战御之，方退。大将吕希倩死之。贼自丁未攻城，至己巳二十余日，矢石不绝。十一月乙亥，以陇右节度判官、陇州留后、殿中侍御史韦皋为陇州刺史、兼御史大夫、奉义军节度使。灵武留后杜希全、盐州刺史戴休颜、夏州刺史时常春合兵六千来援，至漠谷，为贼所败而退。贼由是攻城愈急，矢石雨下，死伤者众，人心危蹙，上与浑瑊对泣。朱泚据乾陵作乐，下瞰城中，词多侮慢。戊子，贼造云桥，攻东北隅，兵仗不能及，城中忧恐，相顾失色。浑瑊预为地道，及云桥傅城，脚陷不得进，瑊命焚之，风回焰转，桥焚而贼退。朔方节度李怀光遣兵马使张韶奉表，言大军将至，乃令昇韶巡城，叫呼欢声动地，贼不之测，疑惧缓攻。癸巳，怀光军次醴泉，是夜贼解围而去。神策将李晟自定州率师赴难，军于渭桥。甲午，以商州都虞候王仙鹤权商州防御使。十二月壬戌，贬门下侍郎、平章事卢杞为新州司马，贬行在都知兵马使白志贞为恩州司马，户部侍郎、判度支赵赞为播州司马。癸亥，以京兆少尹裴腆判度支。甲子，以湖南观察留后赵憬为湖南观察使。乙丑，以祠部员外郎陆贽为考功郎中，金部员外郎吴通微为职方郎中，翰林学士如故。以侍御史吴通玄为起居舍人，充翰林学士。己巳，以河中尹李齐运为宗正卿。庚午，李希烈陷汴州。以右庶子崔纵为京兆尹。癸酉，以中书侍郎、平章事关播为刑部尚书，司封郎中杜黄裳为给事中。命给事中孔巢父淄青宣慰，华州刺史董晋河北宣慰。

兴元元年春正月癸酉朔，上在奉天行宫受朝贺。诏曰：

立政兴化，必在推诚；忘己济人，不吝改过。朕嗣服丕构，君临万邦，失守宗祧，越在草莽。不念率德，诚莫追于既往；永言思咎，期有复于将来。明征其义，以示天下。小子惧德不嗣，罔敢怠荒。然以长于深宫之中，暗于经国之务，积习易溺，居安忘危。不知稼穑之艰难，不恤征戍之劳苦。致泽靡下究，情不上通，事既壅隔，人怀疑阻。犹昧省己，遂用兴戎，征师四方，转饷千里。赋车籍马，远近骚然；行赍居送，众庶劳止。力役不息，田莱多荒。暴令峻于诛求，疲民空于杼轴，转死沟壑，离去乡里，邑里丘墟，人烟断绝。天谴于上而朕不寤，人怨于下而朕不知。驯致乱阶，变起都邑，贼臣乘衅，肆逆滔天，曾莫愧畏，敢行凌逼。万品失序，九庙震惊，上累于祖宗，下负于蒸庶。痛心靦面，罪实在予，永言愧悼，若坠泉谷。赖天地降祐，人祇协谋，将相竭诚，爪牙宣力，群盗斯屏，皇维载张。将弘远图，必布新令。朕晨兴夕惕，惟省前非。乃者公卿百僚用加虚美，以"圣神文武"之号，被蒙暗昧之躬，固辞不获，俯遂群议。昨因内省，良所矍然。自今已后，中外书奏不得言"圣神文武"之号。

今上元统历，献岁发祥，宜革纪年之号，式敷在宥之泽，可大赦天下，改建中五年为兴元元年。李希烈、田悦、王武俊、李纳，咸以勋旧，继守藩维，朕抚驭乖方，致其疑惧，皆由上失其道而下罹其灾。一切并与洗涤，复其爵位，待之如初，仍即遣使宣谕。朱滔以泚连坐，路远必不同谋，永念旧勋，务存弘贷，如能效顺，亦与维新。朱泚反易天常，盗窃名器，暴犯陵寝，所不忍言，获罪祖宗，朕不敢赦。除泚外，并从原宥。应赴奉天并进收京城将士，并赐名"奉天定难功臣"，身有过犯，减罪三等，子孙过犯，减罪二等。先税除陌、间架等钱，竹木茶漆等税，并停。奉天升为赤县。

分命朝臣诸道宣谕。以奉天行营都团练使杨惠元检校工部尚书。丙戌，以吏部侍郎萧复为门下侍郎、同平章事，以吏部侍郎卢翰为兵部侍郎、同平章事。戊子，命宰臣萧复往山南、荆南、湖南、江西、鄂岳、浙江东西、福建等道宣慰。己丑，以京兆尹裴腆为户部侍郎、判度支。丙申，以山南东道行军司马樊泽为襄州刺史、山南东道节度使；以浑瑊为行在都知兵马使；以前赵州观察使康日知兼同州刺史，充奉诚军节度使。辛丑，诏六军各置统军一员，秩从二品；左右常侍各加一员；太子宾客各加四员。二月戊寅，诏故司农卿张掖王段秀实赠太尉，谥曰忠烈，赐实封五百户。赠滑州兵马使贾隐林左仆射，以滑州刺史李澄兼汴州刺史、汴滑节度使。是日，李晟自咸阳移兵东渭桥，避怀光也。晟以怀光反状已明，请上幸蜀。王武俊效顺，加中书门下平章事，兼幽州节度使，令讨朱滔。吐蕃遣使来朝，请以兵助国讨逆，乃令御史大夫于颀入蕃宣谕之。甲子，加李怀光太尉，仍赐铁券，赦三死罪。怀光怒曰：

"凡人臣反逆,乃赐铁券,今赐怀光,是反必矣!"乃投之于地。上命翰林学士陆贽晓谕之。是日人心恐骇。怀光夺杨惠元、李建徽所将兵,惠元被害。丁卯,车驾幸梁州,留戴休颜守奉天,以御史中丞齐映为沿路置顿使。李晟大集兵赋,以收复为己任。李怀光患之,移军泾阳,连朱泚,欲同灭晟。晟卑词厚意,致书谕之,冀其感悟,怀光颇增愧惧。三月甲申,以秘书监崔汉衡为上都留守,右散骑常侍于顾为京兆尹。是日,怀光烧营,走归河中。其将孟涉、段威勇等千人奔归李晟。丙戌,以前饶州刺史杜佑为广州刺史、岭南节度使,加神策节度使李晟兼京畿渭北鄜坊丹延节度观察使。庚寅,车驾次城固。唐安公主薨,上爱女,悼惜之甚。壬申,至梁州。丁丑,宣武节度使刘洽加同平章事。己亥,以行在都知兵马使浑瑊检校左仆射、同平章事、灵州大都督,充朔方节度使、邠宁振武永平奉天行营副元帅。是日,诏授李怀光太子太保,其余官职并罢。泾州乱,牙将田希鉴杀其帅冯河清,自称留后。四月辛丑朔。时士未给春衣,上犹夹服,汉中早热,左右请御暑服,上曰:"将士未易冬服,独御春衫可乎!"俄而贡物继至,先给诸军而始御之。壬寅,诏奉天随从将士并赐号"元从功臣。"以邠宁兵马使韩游瑰为邠宁节度使。尚书左丞赵涓卒。己巳,以陕虢防遏使唐朝臣为河中尹、河中同晋绛节度使,御史大夫李齐运兼京兆尹。魏博行军司马田绪杀其帅田悦,诏赠悦太尉,以绪为魏州长史、魏博节度观察使。甲寅,以谏议大夫、平章事姜公辅为左庶子,加剑南节度使张延赏同平章事,以前山南东道节度使贾耽为工部尚书。甲子,入蕃使、左仆射李揆卒于凤州。乙丑,浑瑊与吐蕃将论莽罗之众破贼将韩旻之众于武功,斩首万级。丙寅,加李纳平章事。丁卯,义王玼薨。五月,淮南节度使陈少游加检校司徒,东川节度使李叔明太子太傅,镇海军韩滉检校右仆射。癸酉,泾王侹薨。徐沂海团练使高承宗卒,以其子明应知徐州事。丙子,李抱真、王武俊破朱滔于经城东南,斩首三万级,擒伪相朱良祐、李俊以献。朱滔遁归幽州。癸未,岳州李兼、黔南元全柔、桂管卢岳加御史大夫,岳加中丞。庚寅,李纳上章禀命,乃赠李正己太尉。壬辰,商州尚可孤破贼于蓝田。乙未,安西四镇节度使郭昕、北庭都护李元忠加左右仆射。是夜,李晟自渭北移军于光泰门外。贼来薄,我军争奋击,大败之,蹙入光泰门,斩馘数千计,贼党恸哭而入白华。戊辰,列阵于光泰门外。遣骑将史万顷往神麑村,开苑墙二百余步,贼树栅当之。我军争栅,云合电击,与贼血战,贼党大败,追击至白华,朱泚、姚令言率众万余遁去。晟收复京城。是日,浑瑊与戴休颜亦破贼三千于咸阳,韩游瑰追朱泚于泾州。六月庚子朔,升恒州为大都督府。癸卯,赠神策兵马使杨惠元右仆射。是日,李晟上《收京城露布》,上览之,涕下沾襟。泾州田希鉴斩姚令言,幽州军士韩旻于彭原斩朱泚,并传首至行在。乙巳,遣吏部侍郎班宏入京宣谕。己酉,加李晟司徒、兼中书令,实封一千户;骆元光、尚可孤加检校左右仆射,皆实封五百户。以泾州将田希鉴为泾州刺史、泾原节度使。癸丑,诏以梁州为兴元府,南郑县为赤畿,官名品制视京

兆、河南,百姓给复二年,见任官员加两阶,耆老与版授,南郑县令赐绯。加兴元尹严震检校右仆射,赐实封一百户。加浑瑊侍中,实封八百户;韩游瑰检校左仆射,实封四百户;戴休颜检校右仆射,实封二百户。考功郎中、知制诰陆贽,司封郎中、知制诰吉中孚,并为谏议大夫;水部员外郎顾少连为礼部郎中;并依前充翰林学士。行在左右厢兵马使令狐建、时常春并加散骑常侍。丙辰,斩伪相李忠臣,籍没其家。李晟奏受贼伪署同恶抵法之家,所没财物、牛马、奴婢,请以赏军士。从之。戊午,车驾还京,发兴元,是日大雨,及入斜谷,晴霁,从官将士欢然以为天助。秋七月丙子,车驾次凤翔府,诏放管内今年秋税;耆寿侍老八十已上,各与版授刺史,赐紫,其余版授上佐,赐绯;府、县置顿官,考满日放选。受伪署官乔琳、蒋镇、张光晟、李通、蒋鉴伏诛。朱泚害郡王、王子、王孙七十七人于马璘宅,丁丑,令所司具凶礼收殓于净域寺。庚辰,诏:

> 李怀光往因职任,颇著干能,朕嗣位之初,首加拔擢,托为心膂,授以节旄。顷岁河朔不宁,俾令征讨,任兼将相,恩极丘山。及朱泚猖狂,扰乱京邑,怀光回军赴难,宗社再宁,保佑朕躬,厥功甚茂。故元帅、河中之权,太尉、中书之秩,仍加实封,爰及宗亲,人臣之荣,孰可为比?非朕于怀光不厚,岂朕报怀光不崇!贼寇未除,猜嫌已构,受朱泚奸凶之说,听张伾罔惑之言,曾不沈思,遂生疑阻,交通逆孽,残害忠良。朕志在推诚,事皆掩覆,礼遇转厚,委任益隆。怀光都不改图,愈深不轨。敕书慰问将士,怀光并不令宣;三军咸欲收城,怀光并不令出。自云已共朱泚定约,不能更事国家。朕以眇身,获承鸿业,务全大计,移幸山南,仓皇之间,备历危险。据其罪状,情实难容,然以解围奉天,其功不细,昨又遣男璀谢罪,请束身归朝,朕悯其知过之心,念其赴难之效,以功赎罪,务在优恩。今遣给事中孔巢父赍先授怀光太子太保敕牒,往河中宣谕,三日内便与怀光同赴上都,如欲家口同行,亦听怀光自便。朕必能保全终始,宠待如初。

> 朔方将士,尝立大功,子仪再收京城,咸是此军之效,昨远从河朔,赴难奉天,逆贼畏威,望风争遁,永言劳绩,朕不暂忘。将士各竭忠谋,中遭迫胁,朕每念及,痛心自咎。比者君臣阻隔,只为怀光一人,怀光既请入朝,尚舍其罪,况诸将士并是功臣,各宜坦然,勿更忧虑。先赐官封,一切如旧。

壬午,至自兴元。时浑瑊、韩游瑰、戴休颜以其众扈从,李晟、骆元光、尚可孤以其众奉迎,步骑十余万,旌旗连亘数十里,都民僧道,欢呼感泣。李晟见于三桥,自陈收城迟晚之咎,伏地请罪,上慰劳遣之。丁亥,河中宣慰使孔巢父、中官啖守盈并为怀光所害。辛卯,御丹凤楼,大赦天下。赐李晟永崇里第,女乐八人。甲午,命宰臣诸将送晟入新赐第。教坊乐,京兆府供帐食馔,鼓吹导从,京城以为荣观。八月辛丑,诏所司为赠太尉段秀实树碑立庙。淄青节度使承前带陆海运、押新罗渤海两蕃等

使，宜令李纳兼之。癸卯，加司徒、中书令、合川郡王李晟兼凤翔尹，充凤翔陇右节度等使，泾原四镇北庭行营兵马副元帅，改封西平郡王。河东保宁军节度使、太原尹、北都留守、检校司徒、平章事、北平郡王马燧为奉诚军晋绛慈隰节度行营兵马副元帅；以灵盐节度使、侍中、兼灵州大都督、楼烦郡王浑瑊为河中尹、晋绛节度使、河中同陕虢等州及管内行营兵马副元帅，改封咸宁郡王。时方命瑊与马燧各出师讨怀光故也。甲辰，以金吾大将军杜希全为灵州大都督、西受降城天德军灵盐夏节度营田等使；以同绛节度使唐朝臣为鄜坊丹延等州节度使；以保义军节度使、凤翔尹李楚琳为金吾大将军；以奉义军节度使、陇州刺史韦皋为左金吾卫大将军。戊申，以奉天行营节度戴休颜为左龙武统军。己酉，以延王玢、随王迅、西平长公主薨，废朝。己未，前湖州刺史袁高为给事中。九月庚午，宗正卿李琬卒。赐浑瑊大宁里第，并女乐五人，诏宰臣诸将赐米馈赠如送李晟入第故事。壬午，赠故右仆射致仕李涵太子太保。乙亥，王武俊加检校司徒，李抱真检校司空，并赐实封五百户，赏破朱滔之功也。甲申，以前岭南节度使元琇为户部侍郎、判度支。丁亥，上顾谓宰臣曰："今大盗虽除，时犹多难，宜广延纳，以达下情。近日谏官都无论奏，自今每正衙及延英坐日常令朝臣三两人奏时政得失，庶有弘益也。"是秋，螟蝗蔽野，草木无遗。冬十月乙丑，马燧收绛州。戊辰，令中官窦文场、王希迁监左右神策军都知兵马使。闰月庚午，诏："朕临御万方，失于君道，兵革不息，于今五年。闵众庶之劳，悔征伐之事。而李希烈蔑义弃德，反道虐人。朕哀彼生灵，陷于涂炭。敬存拯物，不惮屈身，故于岁首特布新令，赦其殊死，待以至诚。使臣才及于郊坼，巨猾已闻其僭窃。酷烈滋甚，吞噬无厌。将相大臣，咸怀愤激，继陈章疏，固请讨除。朕以所行天诛，本去人害，兵戈既接，玉石难分。言念勋臣，横遭胁制，虽思改革，厥路无由。受污终身，衔冤没代，沦胥以逼，诚可痛伤。岂孽自一夫，而毒流万姓，为人父母，宁不愧怀！宜令诸道节度使明行晓谕，罪止元凶，胁制之徒，一切不问。"唐朝臣奏收永乐县。癸酉，以右龙武大将军李观为泾州刺史、泾原节度使。乙亥，诏宋亳、淄青、泽潞、河东、恒冀、幽、易定、魏博等八节度，螟蝗为害，蒸民饥馑，每节度赐米五万石，河阳、东畿各赐三万石，所司般运，于楚州分付。丁丑，李晟至泾州，诛节度使田希鉴，罪其杀冯河清也。戊子，希烈将李澄以滑州归国。甲午，以李澄为汴州刺史、汴滑节度使，封武威郡王。神策行营节度使、检校尚书右仆射、冯翊郡王尚可孤卒。十一月癸＜日＞，宋亳节度使刘洽与曲环破希烈之众于陈州，俘斩三万级，生擒贼将翟崇晖以献。戊午，刘洽大破希烈之众，擒其伪相郑贲等五人以献。希烈遁归蔡州，汴州平。乙丑，宰相萧复三上章乞罢免，许之。十二月乙亥，淮南节度使、检校司空、平章事陈少游卒。赠萧定太子太师。以寿州刺史张建封为濠寿都团练使。庚辰，以刑部侍郎杜亚为扬州长史、淮南节度使。戊子，以吏部郎中崔造为给事中。辛卯，以谏议大夫陆贽为中书舍人，依前翰林学士。诏翰林学士朝服班序，宜同诸司官知制诰例。

贞元元年正月丁酉朔，御含元殿受朝贺，礼毕，宣制大赦天下，改元贞元。戊戌，大风雪，寒。去秋螟蝗，冬旱，至是雪，寒甚，民饥冻死者踣于路。丁未，以饶州刺史卢慈为福州刺史、福建观察使。癸丑，始闻太子太师、鲁郡公颜真卿为希烈所害，追赠司徒，废朝五日，谥曰文忠，乃特授男颎、硕等官。壬戌，以吉州长史卢杞为澧州别驾，寻卒。二月丙寅朔，遣工部尚书贾耽、侍郎刘太真分往东都、两河宣慰。河南、河北饥，米斗千钱。癸未，李抱真、严震来朝。寒食节，上与诸将击鞠于内殿。丙戌，以检校秘书监金良相为检校太尉、使持节、大都督、鸡林州刺史、宁海军使，袭封新罗王。辛卯，大雨。三月丙申朔，以蜀州刺史韩洄为兵部侍郎，以汴东水陆运等使、左庶子包佶为刑部侍郎。辛丑，户部侍郎、判度支元琇兼诸道水陆运使。丁未，李希烈陷南阳，杀守将黄金岳。甲寅，诏宰臣宣谕御史，今后上封弹奏，人自陈论，不得群署章疏。戊午，宣武帅刘洽检校司空；以汴滑节度使李澄为滑州刺史，充郑滑节度使。加李纳司空。夏四月乙丑朔，普王谊改封舒王。癸酉，鄂岳观察使李谦为洪州刺史、江西都团练观察使。丁丑，以江西节度史嗣曹王皋为江陵尹、荆南节度使。己卯，改滑州永平军名曰义成。江陵度支院失火，烧租赋钱谷百余万。时关东大饥，赋调不入，由是国用益窘。关中饥民蒸蝗虫而食之。汴帅刘洽赐名玄佐。五月癸卯，分命朝臣祷群神以祈雨。蝗自海而至，飞蔽天，每下则草木及畜毛无复孑遗。谷价腾踊。辛酉，以河阳都知兵马使雍希颜为河阳怀都团练使。六月丙子，以兵部侍郎韩洄为京兆尹。辛巳，刘玄佐兼汴州刺史。壬午，以工部尚书贾耽兼御史大夫、东都留守、都畿汝州防御使，以汴州刺史薛珏为河南尹。辛卯，以左金吾卫大将军韦皋检校户部尚书，兼成都尹、御史大夫、剑南西川节度观察使。以国子祭酒董晋为左金吾卫大将军。幽州朱滔卒，赠司徒。秋七月甲午朔，河东节度使马燧自河中行营来朝。庚子，大风拔树。辛丑，以左散骑常侍李泌为陕州长史、陕虢都防御观察陆运使。丙午，以镇海军、浙江东西道节度使韩滉检校尚书左仆射、同平章事、江淮转运使，以河南尹薛珏为河南水陆运使。戊申，马燧还行营。辛亥，加检校工部尚书王士真为德棣都团练观察使。壬子，以前涿州刺史、兼御史中丞刘怦为幽州长史、御史大夫、幽州卢龙节度副大使，兼知节度管理度支营田观察、押奚契丹经略卢龙等军使。丁巳，以左散骑常侍柳浑为兵部侍郎。庚申，以谏议大夫高参为中书舍人。关中蝗食草木都尽，旱甚，灞水将竭，井多无水。有司计度支钱谷，才可支七旬。甲子，诏："夫人事失于下，则天变形于上，咎征之作，必有由然。自顷已来，灾诊仍集，雨泽不降，绵历三时，虫蝗继臻，弥亘千里。菽粟翔贵，稼穑枯瘁，嗷嗷蒸人，聚泣田亩，兴言及此，实切痛伤。遍祈百神，曾不获应，方悟祷祠非救灾之术，言词非谢谴之诚。忧心如焚，深自刻责。得非刑法舛缪，忠良郁湮，暴赋未蠲，劳师縻息。事或无益，而重为烦费；任或非当，而横肆侵蠹。有一于兹，足伤和气。本其所以，罪实在予，万姓何辜，重罹饥殍。所宜出次贬食，节用缓刑，侧身增修，以谨天戒。朕自今视朝不御正殿，有司供膳并宜减省，不急之务，一切停罢。除诸军将士外，应食粮人诸色用度，本司本使长官商量减罢，以救凶荒。俟岁丰登，即令复旧。"甲子，李怀光大将尉珪以焦篱堡降。丁卯，怀光将徐庭光以长春宫兵六千人降。甲戌，朔方大将牛名俊斩李怀光，传首阙下。马燧收复河中。丁丑，始雨。己卯，诏："朕诚信未著，抚御失宜，致使功臣陷于诛戮，谓之克敌，能不愧心！然以怀光一家，在法无舍；念其昔居将相，尝寄腹心。罪虽挂于刑书，功已藏于王府。以干纪之迹，固合灭身；以赴难之勋，所宜有后。宜以怀光男一人为嗣，赐庄宅各一区。仍还怀光尸首，任其收葬。怀光妻、诸儿女递送澧州，委李皋逐便安置，使得存立。其出嫁女、诸亲并释放。陷贼将士，一切并与洗雪。河中、绛百姓，给复一年。北平王马燧、咸宁王浑瑊并与一子五品正员官。燧可侍中，瑊可检校司空。骆元光、韩游瑰、唐朝臣各赐实封二百户，与一子六品正员官。昨河中行营将士，共赐二十万端匹以充宴赏，放归本道。"新除中书侍郎、平章事张延赏为尚书左仆射。时宰相刘从一病，诏征延赏。李晟与延赏有隙，自凤翔上表论之。延赏罢镇西川还，行至兴元，改授左仆射。戊子，前河阳节度使、检校尚书左仆射、开阳郡王李芃卒。九月己亥，幽州节度刘怦病，请以子济权知军州事，从之。癸卯，以牛名俊为丹州刺史。御史大夫崔纵奏："准制勘会内外官员，商量有省停减，详议闻奏者。伏以兵戎未息，仕进颇多，在官者既合序迁，有功者又颁褒赏。比来每至选集，不免据阙留人，尝叹遗才，仍招怨望。况有恩诏，甄录功劳，诸道叙优，人数甚广，见须处置，不可稽留。今若停减冗员，实恐未便于事，非但承优者无官可授，抑又叙进者无路可容，本冀便人，翻成敛怨。事仍旧贯，以适时宜，更待事平，然后经度。"制从之。乙巳，上御正殿，策贤良方正、能直言极谏等三科举人。辛亥，宰相刘从一以疾辞任，授户部尚书。庚申，刘从一卒。幽州节度使刘怦卒。辛巳，以权知幽州卢龙军府事刘济为幽州长史、兼御史大夫、幽州卢龙节度观察、押奚契丹两蕃等使。丙戌，浑瑊自河中来朝。十一月癸巳朔，山南严震来朝。癸卯，上亲祀昊天上帝于圆丘。时河中浑瑊、泽潞李抱真、山南严震、同华骆元光、邠宁韩游瑰、鄜坊唐朝臣、奉诚康日知等大将侍祠。郊坛毕，还宫，御丹凤楼，大赦天下。丁丑，诏文武常参官共赐钱七百万贯，以岁凶谷贵，衣冠窘之故也。十二月戊辰，诏延英视事日，令常参官七人引对，陈时政得失。自是群官互进，有不达理道者，因多诋讦，不适时宜，上亦优容遣之。

二年春正月壬辰朔，以岁饥罢元会，礼也。丙申，诏以民饥，御膳之费减半，宫人月共粮米都一千五百石，飞龙马减半料；台郎御史与兼官出为畿赤令。庚子，大雪，平地尺馀。壬寅，以散骑常侍刘滋、给事中崔造、中书舍人齐映并守本官，同中书门下平章事。门下侍郎、平章事卢翰为太子宾客。丁未，以礼部侍郎鲍防为京兆尹，京兆尹韩洄为刑部侍郎，国子祭酒包佶知礼部贡举。以江陵少尹李复为容州刺史、本管经略使。癸丑，以御史大夫崔纵为吏部侍郎。谏议大夫、知制诰、翰林学士吉中孚为户部侍郎、判度支两税，元琇判诸道盐铁、榷酒。诏宰相齐映判兵部，李勉判刑部，刘滋判吏部、礼部，崔造判户部、工部。甲寅，诏天下两税钱物，委本道观察使、刺史差人送上都；其先置诸道水陆转运使及度支巡院、江淮转运等使并停。时崔造专政，改易钱谷，职事多蹉缪；造寻以忧病归第。二月癸亥，山南樊泽奏破希烈将杜文朝之众五千，擒文朝以献。乙丑，鹿入含元殿，卫士执之。甲戌，户部侍郎元琇为尚书左丞，京兆少尹李竦为户部侍郎、判盐铁榷酒。三月壬寅，滑州李澄奏破希烈之众于郑州。乙巳，以司农卿李模为黔中观察使。四月丙寅，淮西李希烈为其牙将陈仙奇所酖，并诛其妻子，仙奇以淮西归顺。戊辰，以前黔中观察使元全柔为湖南观察使。辛巳，陕州观察使李泌奏卢氏山冶出瑟瑟，请禁以充贡奉。上曰："瑟瑟不产中土，有则与民共之，任人采取。"甲申，诏以淮西牙将陈仙奇为蔡州刺史、淮西节度使，都统刘玄佐、李澄、曲环、李皋、贾耽、张建封各与一子正员官，赏平淮、蔡功也。丁未，以剑南东川节度使李叔明为太子太傅，以东川兵马使王叔邕为梓州刺史、剑南东川节度使。五月丙申，自癸巳大雨至于兹日，饥民俟麦将登，又此霖澍，人心甚恐，米斗复千钱。丁酉，以伊西北庭节度留后杨袭古为北庭大都护、伊西北庭节度度支营田瀚海等使。己亥，百僚请上复常膳；是时民久饥困，食新麦过多，死者甚众。伊西北庭节度使李元忠卒，赠司空。辛酉，大风雨，街陌水深数尺，人有溺死者。癸未，横海军使、沧州刺史程日华卒，以其子怀直权知军州事。秋七月戊子，黔中观察使理所复在黔州。辛卯，以开州别驾白志贞为果州刺史。乙未，福建观察卢惎卒。己酉，以虔王谅为申、光、随、蔡节度大使，以淮西兵马使吴少诚为蔡州刺史、知节度留后，加东都留守贾耽东都畿唐、汝、邓等防御观察使，以陇右行营节度使曲环为陈许节度使。戊午，以鄜坊节度唐朝臣为单于大都护、振武绥银节度使，右金吾大将军论惟明为鄜州刺史、鄜坊都防御观察使。己巳，以金吾大将军董晋为尚书右丞。庚辰，右散骑常侍蒋沇卒。丙戌，吐蕃寇泾、陇、邠、宁，诸镇守闭壁自固，京师戒严。遣河中节度骆元光镇咸阳。九月，诏："左右金吾及十六卫将军，故事皆择勋臣，出镇方隅，入居侍从。自天宝艰难之后，卫兵虽然废阙，将军品秩尤高。此诚文武勋臣出入转迁之地，宜增禄秩，以示优崇。并宜加给料钱及随身粮课，仍举故事，置武班朝参，其廊下食亦宜加给。其十六卫各置上将军一人，秩从二品；左右金吾上将军，俸料次于六统军支给。欲求致理，必藉兼才，文武递迁，不全限隔。自今内外文武缺官，于文武班中量才望相参用。仍依故事，于本卫量置卫兵。所司条件以闻。"丁酉，义成军节度、郑滑观察等使、检校尚书左仆射、滑州刺史、武威郡王李澄卒。以东都畿、唐、邓、汝等防御观察使贾耽检校尚书右仆射，兼滑州刺史、义成军节度、郑滑等州观察使。戊戌，以吏部侍郎崔纵检校礼部尚书、东都留守、东都畿唐邓汝防御观察使。己亥，敕左右卫上将军、大将军并于衙内宿。乙巳，吐蕃寇好畤，京师戒严。李晟部将王佖击吐蕃于汧阳城，败其中军。辛亥，寇凤翔，李晟出师御之，一夕而退。冬十月壬午，奏关内、河中，河南等道秋夏两税、青苗等钱，悉折纳粟麦，兼加估收籴以便民，从之。是月，李晟破吐蕃摧沙堡。十一月甲午，册淑妃王氏为皇后。乙未，两浙节度使韩滉来朝。丁酉，册皇后王氏。是日后崩，谥曰昭德。辛丑，吐蕃陷盐州。壬寅，刘玄佐、曲环、鄂岳卢玄卿并来朝。十二月丁巳，以韩滉兼度支、诸道盐铁转运使。吐蕃陷夏州，又陷银州。庚申，以给事中、同平章事崔造为右庶子。贬尚书右丞、度支元琇为雷州司户，为韩滉诬奏，人以为非罪，谏官屡论之。辛未，凤翔李晟来朝。壬申，京城畿内榷酒，每斗榷钱一百五十文，罢酒户差役，从度支奏也。

三年春正月丙戌朔。壬寅，以左仆射张延赏同中书门下平章事。乙巳，礼部侍郎薛播卒。辛亥，以户部侍郎李竦为鄂岳观察使。壬子，以兵部侍郎柳浑同中书门下平章事；刘滋守本官，罢知政事；中书舍人、平章事齐映贬夔州刺史。戊寅，度支盐铁转运使、镇海军节度、浙江东西道观察等使、检校左仆射、同中书门下平章事、晋国公韩滉卒，赠太傅。以果州刺史白志贞为润州刺史、兼御史大夫、浙西观察使，宣州刺史皇甫政为越州刺史、浙东观察使。三月庚寅，诏今年朝集使宜停。丙午，凤翔陇右元帅副兵马使吴诜为福建观察使，凤翔都虞候邢君牙为凤翔尹、本府团练使。丁未，制凤翔陇右泾原四镇北庭管内兵马副元帅、凤翔陇右道节度使、奉天靖难功臣、司徒兼中书令、凤翔尹、上柱国、西平郡王、食实封一千五百户李晟可太尉兼中书令。庚戌，以晟甥元帅兵马使王佖为右威卫上将军。辛亥，河东马燧来朝。时蕃相尚结赞使大将论颊热卑辞厚意告马燧，请两国同盟和好，上疑其不诚，不允，故燧自将论颊热入朝，盛言蕃相请盟，可以保信。上乃从之，许盟于平凉。夏四月庚申，诏："蕃寇虽退，疆理犹虞，安边之策，必有良算，宜令常参官各陈边事，随所见封进以闻。"入蕃使崔翰奏于蕃中诱问给役者，求蕃国人马真数，云凡五万九千余人，马八万六千匹，可战者仅三万人，余悉老幼。庚午，御麟德殿，试《定难乐曲》，马燧所献。五月丁亥，以侍中浑瑊为吐蕃清水会盟使，兵部尚书崔汉衡副之；瑊与骆元光率师二万往会盟所。丁酉，以左丞畅悦为湖南观察使。戊戌，左右神策、左右龙武各加将军一员。丙午，以岭南节度使杜佑为尚书右丞，以容管经略使李复为广州刺史、岭南节度使。蕃相尚结赞请改会盟之所于原州之土梨树，神策将马有麟奏："土梨地多险陇，恐蕃军隐伏；不如平凉川，其地坦平，又近泾州。"乃改盟于平凉川。十月，东都、河南、江陵、汴州、扬州大水，漂民庐舍。闰月乙卯，以国子司业裴肯为潭州刺史、湖南观察使。戊午，陕虢李泌献瑞麦，一茎五穗。庚申，诏省州县官员，上州留上佐、录事、参军、司户、司士各一员，中州上佐、录事、参军、司户、司兵各一员，下州上佐、录事、司户各一员，京兆河南两府司录、判司及四赤丞、簿、尉量留一半，诸赤畿县留令、丞、尉各一员。时宰相张延赏请减官收俸料以助军讨吐蕃故也。壬戌，日有黑晕，自辰及申方散。癸亥，以荆南节度使、检校户部尚书、嗣曹王皋为襄州刺史、山南东道节度、襄邓郢安随唐等州观察使，以山南东道节度使樊泽为江陵尹、荆南节度使。辛未，侍中浑瑊与吐蕃宰相尚结赞同盟于平凉，为蕃兵所劫，瑊狼狈遁而获免，崔汉衡已下将吏陷没者六十余人。癸酉，遣使赍书以让结赞，蕃界不受。戊寅，枉矢坠于虚危。辛巳，以少府监卢岳为陕虢观察使。是月，太白昼见，凡四十余日。六月丙戌，以检校司徒、侍中马燧为司徒兼侍中，以赞吐蕃之盟失策而罢兵柄也。以陕虢观察使李泌为中书侍郎、平章事，以左龙武将军李自良为检校工部尚书、太原尹、河东节度使。乙巳，浙西观察使白志贞卒。是月，吐蕃驱盐、夏二州居民，焚其州城而去。七月甲寅，浑瑊自盟所来，素服待罪，释之。乙卯，诏："朕顷缘兴师备边，资用不给，遂权议减官，以务集事。近闻授官者皆已随牒之任，扶老携幼，尽室而行。俸禄未请，归还无所，衣冠之弊，流寓何依？其先敕所减官员，并宜仍旧。"初既减员，内外咨怨张延赏。李泌初入相，乃讽谏官论之，乃下此诏。丙辰，平凉陷蕃官员崔汉衡已下各与一子正员官。以左羽林大将军韩潭为夏州刺史、夏绥银等州节度使。壬申，赐骆元光姓曰李元谅。尚书左仆射、同中书门下平章事张延赏薨，赠太保。癸酉，复置吏部小选。八月辛巳朔，日有蚀之。丁亥，陷蕃兵部尚书崔汉衡得还。已丑，以兵部侍郎、平章事柳浑为散骑常侍，罢知政事。壬申，以给事中王纬为润州刺史、浙西观察使，常州刺史刘赞为宣州刺史、宣歙池观察使。戊戌，贬前门下侍郎、同平章事萧复为太子左庶子，饶州安置，坐宗人位、佩、儒、偲、鼎等连部国长公主奸事也。戊辰，吐蕃犯塞，诸军戒严。九月丁巳，吐蕃大掠汧阳、吴山、华亭界民庶，徙于安化峡西。庚申，左庶子崔造卒。癸亥，回纥可汗遣使合阙将军请昏于我，许以咸安公主降之。丙寅，吐蕃陷华亭，又陷泾州之连云堡。甲戌，吐蕃退，俘掠邠、泾、陇等州民户殆尽。自是蕃寇常至泾、陇。冬十月，吐蕃修原州城，屯据之。丁亥，太子太傅李叔明卒。丙戌，神策将魏循上言："射生将韩钦绪等十余人与资敬寺妖僧李广弘同谋不轨，广弘自言当为人主，约十月十日大举，已署置将相名目。"诏捕劾之，连坐死者百余人；钦绪游瑰之子，特赦之。是月，复降鱼书停刺史务。十一月丁丑，以湖南观察使赵憬为给事中。是夜，京师地震者三，鸟巢散落。壬申，禁商人不得以口马兵械市于党项。辛丑，鄜坊节度使论惟明卒。是岁，作玄英观于大明宫北垣。

卷十三 本纪第十三

德 宗 下

贞元四年春正月庚戌朔，上御丹凤楼，制曰："朕以菲薄，托于王公之上，恭承天地之序，虔奉祖宗之训，遐想至理,思臻大和。而诚不感物,化不柔远,声教犹郁,征赋仍繁。顷者务于安人,不惮屈己,与西蕃结好,申以齐盟。而戎心不厌,背义亏信,劫胁士庶,屡犯封疆,元元何辜,皆朕之失。乃者辇毂之下,凶狂结构,上帝垂祐,悉自伏诛,刑以止杀,谅非获已。今三阳布和,万物资始,思与群公兆庶,惟新政理,宜敷在宥之泽,以覃作解之恩。可大赦天下,大辟已下罪咸赦除之。"是日质明,含元殿前阶基栏槛坏损三十余间,压死卫士十余人。京师地震,辛亥又震,壬子又震。壬戌,以左龙武大将军王栖曜为麟州刺史、鄜坊丹延节度使。丁卯,京师地震,戊辰又震,庚午又震。以宣武军行营节度使刘昌为泾州刺史、四镇北庭行军泾原等州节度使。癸酉,京师地震。甲戌,以华州潼关节度使李元谅兼陇右节度使、临洮军使。乙亥,地震,金、房尤甚,江溢山裂,庐舍多坏,居人露处。陈留雨木如大指,长寸余,有孔通中,下而植于地,凡十里许。辛巳,李泌以京官俸薄,请取中外给用除陌钱,及阙官俸外一分职田、额内官俸,及刺史执刀司马军事等钱,令户部别库贮之,以给京官月俸,令御史中丞窦参专掌之。岁得钱三百万贯,谓之户部别处钱,朝臣岁支不过五十万,常有二百余万以资国用。壬午,地震,甲申又震,乙酉又震,丙申又震。甲辰,太仆郊牛生犊六足,又豕生两首四足。筑延喜门北复道属永春门。泾原刘昌复筑连云堡。戊辰,鹿入京师市门。甲寅,地震。宴群臣于麟德殿,设《九部乐》,内出舞马,上赋诗一章,群臣属和。己未,地震。丁卯,有司条奏省官,其左右常侍、太子宾客请依前置四员,从之。庚午,地震。诏泾原刘昌于平凉会盟所收被害将士骸骨,葬于浅水原,为二冢,立石堠志之,题曰怀忠冢。辛未,地震。中书省梧树有鹊以泥为巢。癸巳,以太子左庶子畅悦为桂管观察使。改左右射生为左右神威军。福建兵乱,逐观察使吴诜。丁未,陇右李元谅筑良原城。丁巳,右龙武统军张伯仪卒。辛酉,以吉州刺史张庭为安南都护、本管经略使。升郓州为大都督府。壬戌,加置谏议大夫八员,分中书四员为右,门下四员为左。检校左庶子萧复卒于饶州。丙寅,地震,丁卯,又震。月犯岁星。辛未,太子宾客吴凑为福建观察使。乙亥,荧惑、岁、镇三星聚营室,凡二十日。是月,吐蕃寇泾、邠、宁、庆、鄜等州,焚彭原县,边将闭城自固。贼驱人畜三万计,凡二旬而退。吐蕃入寇以秋冬,今盛暑而来,华人陷蕃者道之也。六月丁丑,鄂岳观察使李涚卒。乙酉,以尚书左丞杜佑为陕州长史、陕虢观察使。征夏县处士先除著作郎阳城为谏议大夫。城以褐衣诣阙,上赐之章服而后召。乙丑,桂管都防御观察使畅悦卒。乙未,以谏议大夫何士干为鄂、岳、沔、蕲、黄等州都团练观察使。乙亥,封皇子、皇弟邕王谅等七人为王,兼卿、监、祭酒等官。癸卯,荧惑退行入羽林。秋七月庚戌,以左金吾将军张献甫为邠宁节度使;陈许防御兵马使韩全义检校工部尚书,充长武城及诸军行营节度使。癸丑,邠宁军因韩游瑰受代,惮张献甫之严,乘其无帅,纵兵大掠,仍胁监军杨明义奏请范希朝为帅。都虞候杨朝晟斩其乱首二百余人,方定。朝命仍以希朝副献甫。己未,奚、室韦寇振武军。壬戌,诏以太

尉、中书令、西平郡王李晟长子愿为银青光禄大夫、太子宾客,赐勋上柱国,与晟门并列戟。乙丑,以前抚州刺史戴叔伦为容州刺史、兼御史中丞、本管经略使。丁丑,以兵部尚书崔汉衡为晋州刺史、晋慈隰观察使。壬申,诏:"嗣王、郡王朝会,班位在本官班之上。左右庶子准令在左右丞侍郎之下、诸司四品之上,今在少卿之下,非也,宜改之。"乙亥,以苏州刺史孙晟为桂州刺史、桂管观察使。荆河自陕州至河阴,水色如墨,流入汴口,至汴州,一宿而复。又汴河管内乌皆入田绪、李纳之境,衔柴为城,方十余里,高二三尺,绪、纳恶而去之,信宿复如之,乌口皆流血。八月,以权判吏部侍郎吉中孚为中书舍人。乙酉,检校司徒、兼太子太师、汧国公李勉薨。甲午,京师地震,其声如雷。九月丙午,诏:"比者卿士内外,左右朕躬,朝夕公门,勤劳庶务。今方隅无事,烝庶小康,其正月晦日、三月三日、九月九日三节日,宜任文武百僚选胜地追赏为乐。每节宰相及常参官共赐钱五百贯文,翰林学士一百贯文,左右神威、神策等军每厢共赐钱五百贯文,金吾、英武、威远诸卫将军共赐钱二百贯文,客省奏事共赐钱一百贯文,委度支每节前五日支付,永为常式。"戊申,晋慈隰观察使崔汉衡加都防御使名。癸丑,赐百僚宴于曲江亭,仍作《重阳赐宴诗》六韵赐之。群臣毕和,上品其优劣,以刘太真、李纾为上等,鲍防、于邵为次等,张濛、殷亮等二十人又次之。唯李晟、马燧、李泌三宰相之诗不加优劣。庚申,吐蕃寇邠、宁、坊等州。冬十月,诏中书门下选常参官曾为牧宰有理行者以名闻。宰臣奏于顾、董晋等十二人前任有治迹,诏顾等于左右丞厅各言政要,左右丞条奏,上乃御宣政殿亲试其言而后用之。丙戌,以右神策将军李长荣为河阳三城怀州团练使,仍赐名元。戊子,回纥公主将妾媵六十余人、马二千匹来迎咸安公主,命刑部尚书关播送公主归蕃。十二月辛巳,少府监李观卒。

五年春正月壬辰朔。乙卯,诏:"四序嘉辰,历代增置,汉崇上巳,晋纪重阳,或说禳除,虽因旧俗,与众共乐,咸合当时。朕以春方发生,候及仲月,勾萌毕达,天地和同,俾其昭苏,宜助畅茂。自今宜以二月一日为中和节,以代正月晦日,备三令节数,内外官司休假一日。"宰臣李泌请中和节日令百官进农书,司农献穜稑之种,王公戚里上春服,士庶以刀尺相问遗,村社作中和酒,祭勾芒以祈年谷,从之。丁卯,右散骑常侍宜城县子柳浑卒。二月己丑,贬京兆尹郑叔则为永州长史。戊戌,以沧景留后程怀直为沧景观察使。庚子,以大理卿董晋为门下侍郎、同中书门下平章事;以御史中丞窦参为中书侍郎、平章事兼转运使;以户部侍郎班宏为户部尚书,依前度支转运副使。三月甲辰,中书侍郎、同平章事李泌卒。乙卯,以兵部郎中姚南仲为御史中丞,司农卿薛珏为京兆尹,以大理卿李速为黔州刺史、黔州观察使。癸亥,以资州刺史庞复为安南都护、本管经略使。丙寅,贬礼部侍郎刘太真为信州刺史。以给事中杜黄裳为河南尹。戊辰,诏以李怀光外孙燕八八为右卫率府胄曹参军,赐姓名曰李承绪,仍赐钱千贯,俾自营居业。夏四月乙未,以太子少师萧昕为工部

尚书,致仕,给半禄、料,永为常式。初,致仕官只给半禄,无料,上加之以待老臣,半料自昕始也。五月戊辰,宋州麦一茎九岐者百余本。六月乙未,以光禄卿裴腆为桂管观察使。秋七月,以嗣滕王湛然为太子宾客、入回纥使。八月辛未,以同州刺史窦觐为户部侍郎。九月壬戌,诏以褚遂良已下至李晟等二十七人,图形于凌烟阁,以继国初功臣之像。冬十月丙午,西川韦皋奏与东蛮合力大破吐蕃于故巂州,擒其将臧遮遮。自是吐蕃挫锐,竟复巂州。庚午,百僚请复徽号,不允。己丑,易定节度使、检校司空、平章事张孝忠以擅出兵袭蔚州,降检校司空为左仆射。桂管观察、御史中丞孙晟卒。癸巳,以户部侍郎窦觐为扬州长史、兼御史大夫、淮南节度使。十二月庚午,回纥汨咄禄长寿天亲毗伽可汗卒。辛未,以淮南节度使杜亚为东都留守,畿汝州都防御使,兵部侍郎裴谞为河南尹,司农卿李翼为陕虢都防御观察使。壬申,以陕虢观察使杜佑检校礼部尚书,兼扬州长史、淮南节度使。

六年春正月戊辰朔。戊申,大雪。二月戊辰朔,百僚会宴于曲江亭,上赋《中和节群臣赐宴》七韵。是日,百僚进《兆人本业》三卷,司农献黍粟各一斗。岐州无忧王寺有佛指骨寸余,先是取来禁中供养,乙亥,诏送还本寺。丙戌,以中书舍人陆贽权兵部侍郎。甲午,以吏部侍郎刘滋为吏部尚书。丁酉,王武俊守棣州为赵镐以郡归李纳,武俊怒,以兵攻之。三月庚子,百僚宴于曲江亭,上赋《上巳诗》一篇赐之。壬寅,浑瑊自河中来朝。戊午,牂柯蛮来朝。甲子,以旱,日色如血,无光。夏四月甲辰,大风雷。闰月庚申,太白、辰星聚东井。戊午,始雨。五月丙寅朔,上御紫宸殿受朝。上以是月一阴生,臣子道长,父子必以是朔面焉,故取朔日受朝。壬午,以宁州刺史范希朝为单于大都护、麟胜节度使。是夏,淮南、浙东西、福建等道旱,井泉多涸,人渴乏,疫死者众。秋七月丙寅,淮南节度使窦觐卒。癸酉,复呼亲王母曰太妃,公主母曰太仪。八月丁未,工部尚书致仕鲍防卒。九月乙丑,收诸道进奏院官印,悉毁之。己卯,诏:"十一月八日,有事于南郊太庙,行从官吏将士等,一切并令自备食物。其诸司先无公厨者,以本司阙职充。其王府官,度支量给廪物。其仪仗礼物,并仰御史搏节处分。"冬十月己亥,文武百僚京城道俗抗表请徽号,上曰:"朕以春夏亢旱,粟麦不登,朕精诚祈祷,获降甘雨,既致丰穰,告谢郊庙。朕倘因禋祀而受徽号,是有为为之。勿烦固请也。"辛亥,回纥吊祭使、鸿胪卿郭锋复命,回纥遣达北勒梅录将军来,告九姓回纥登里逻没密施俱录忠贞毗伽可汗之丧。十一月庚午,日南至,上亲祀昊天上帝于郊丘。礼毕还宫,御丹凤楼宣赦,见禁囚徒减罪一等,立仗将士及诸军兵,赐十八万段匹。今后刺史、县令以四考为限。青州李纳以棣州还王武俊,并其兵士三千。是岁,吐蕃陷我北庭都护府,节度使杨袭古奔西州。回纥大相颉干迦斯给袭古,请合军收复北庭,乃杀袭古,安西因是阻绝,唯西州犹固守之。回纥亦为吐蕃所逼,取浮图川,乃迁部落羊马于牙帐之南以避之。

七年春正月壬戌朔。己巳,襄王僙薨。庚辰,以湖南观察使裴冑为洪州刺史、江西观察使,以常州刺史李衡为潭州刺史、湖南观察使。蔡州置汝南县。黑衣大食遣使朝贡。以中书舍人韩皋御史中丞。二月己巳,泾原帅刘昌复筑平凉城。城去故原州一百五十里,本原之属县,地当御戎之冲要。昌复浃辰而功毕,分兵戍之,边患稍弭。庚子,侍中浑瑊自河中来朝。三月辛酉,陈许节度使曲环奏请权停当道冗官,待一二年后,民力稍给,则复之。壬戌,左龙武统军戴休颜卒。甲子,泾原节度使刘昌筑胡谷堡,改名彰义堡。堡在平凉西三十五里,亦御戎之要地。壬申,诏:"顷来赐衣,文彩不常,非制也。朕今思之,宜有定制,节度使宜以鹘衔绶带,观察使宜以雁衔威仪。"威仪,瑞草也。关辅牛疫死,十亡五六。上遣中使以诸道两税钱买牛,散给畿民无牛者。辛巳,诏神威、神策六军将士自相讼,军司推劾;与百姓相讼,委府县推劾;小事移牒,大事奏取处分,军司、府县不得相侵。癸未,义武军节度使、检校司空、平章事张孝忠卒。夏四月庚子,太子少师致仕萧昕卒。汴州献白乌。戊午,诏:"仲夏之时,万物敷畅,阳德方茂,阴事始承。昔者观于法象,因天地交会之序,为父子相见之仪,沿习成风,古今不易。王者制事,在于因人,酌其情而用中,顺其俗以为礼。咸觏之义,既行于父子之间;资事之情,岂隔于君臣之际。申恩卿士,自我为初。起今年五月朔,御正殿,召见文武百官,外官因朝奏,咸听就列。仍编礼式,以为常典。"己未,安南首领杜英翰叛,攻都护府,都护高正平忧死。五月庚申朔,上御宣政殿见百官,从新制也。辛未,置柔远军于安南都护府。甲申,端王遇薨。许州献白乌。戊子,以衡州刺史齐映为桂管观察使。六月庚子朔。乙巳,太常卿崔纵卒。秋七月庚午,以信州刺史郑叔则为福建观察使。癸酉,上幸章敬寺,赋诗九韵,皇太子与群臣毕和,题之寺壁。戊寅,以邕王源为义武军节度使、易定观察等大使,以定州刺史张升云为留后。庚辰,以虔州刺史赵昌为安南都护、经略招讨使。八月己丑,以翰林学士归从敬为工部尚书。甲午,给事中郑瑜为中书舍人。丙申,贬宗正卿李翰为雅王傅;翰林学士陆贽为兵部侍郎。罢学士。庚戌,夏州奏开延化渠,引乌水入库狄泽,溉田二百顷。九月庚申,兵部尚书致仕马炫卒。冬十月癸丑,每御延英令诸司官长二人奏本司事。寻又敕常参官每一日二人引对,访以政事,谓之巡对。十一月乙丑,令常参官趋朝入阁,不得奔走。周亲已下丧者禁惨服,朝会须服本色绫袍金玉带。丁酉,以前福建观察使吴凑为陕州长史、陕虢观察使。是冬无雪。

八年春正月丙辰朔。癸酉,罢桂管经略招讨使。二月丁亥,许州人李狗儿持杖入含元殿,击栏槛,又格擒者,诛之。庚子,京师雨土。己酉,吏部尚书李纾卒。乙丑,山南东道节度使、检校户部尚书嗣曹王皋薨。庚午,宣武军节度使、司徒、平章事刘玄佐卒。癸酉,剑南西川节度使韦皋奏请,有当道闲员官吏,增其俸禄,从之。己亥,以湖南观察使李衡为洪州刺史、江西观察使。襄州军乱,掠府库民财殆尽,都将徐诚斩其乱首杨清潭,方止。丙子,以荆南节度使樊泽为襄州刺史、山南东道节度使,以江西观察使裴胄为江陵尹、荆南节度使。以户部尚书班宏判度支，户部侍郎张滂为诸道盐铁转运使。己卯，以陕虢观察使吴凑为汴州刺史、宣武军节度、汴宋等州观察使。辛巳，以同州刺史姚南仲为陕虢观察使。壬午，以左庶子李充为京兆尹，以苏州刺史李抗为潭州刺史、湖南观察使。夏四月丁丑，贬左金吾大将军嗣虢王则之为昭州司马，左谏议大夫、知制诰吴通玄为泉州司马，给事中窦申道州司马。戊子，以雅王傅李翰为金吾卫大将军。翰前为窦参所恶贬官，至是参败，上遽召翰，口授将军，便令金吾仗上事，翌日除书下。庚寅，以汴州长史刘士宁为汴州刺史、宣武军节度使。时吴凑行次氾水，闻其有变而还。乙未，贬中书侍郎、平章事窦参为郴州别驾，窦申景州司户。寻杖杀申。诸窦皆贬。以尚书左丞赵憬、兵部侍郎陆贽为中书侍郎、同中书门下平章事。丁酉，韦皋请十二而税，以给官吏，从之。丙午，以东都、河南、淮南、江南、岭南、山南东道两税等物，令户部侍郎张滂主之；以河内、河东、剑南、山南西道等财，户部尚书、判度支班宏主之。一遵大历故事，如刘晏、韩滉分掌焉。给事中韦夏卿左迁常州刺史，坐交诸窦也。是月，吐蕃寇灵州。五月乙卯朔，上御宣政殿受朝。丙辰，初增税京兆青苗亩三钱，以给掌闲驭骑。戊午，以光禄少卿崔穆为黔州观察使。己未，大风，吹坏庐舍、门阙。丙寅，以大理卿王翃为福建观察使。戊辰，初令授台省官者各具举主于授官诏。先是郎官缺，左右丞举之，御史缺，大夫、中丞举之，诏书不具所举。及赵憬、陆贽为相，建议郎官不宜专于左右丞，宜令尚书、丞、郎各举其可，诏书具所举官名，御史亦如之，异日考殿最以举主能否。从之。癸酉，平卢淄青节度使、检校司徒、平章事李纳卒。癸未，前太仆少卿刘士干有罪赐死，刘玄佐养子也。六月，吐蕃寇泾州。秋七月甲寅朔，户部尚书、判度支萧国公班宏卒。以桂管观察使齐映为洪州刺史、江西观察使；以翰林学士归崇敬为兵部尚书，致仕。辛巳，大雨。八月乙丑，以天下水灾，分命朝臣宣抚赈贷。河南、河北、山南、江淮凡四十余州大水，漂溺死者二万余人。辛卯，以青州刺史李师古为郓州大都督府长史、平卢淄青等州节度观察海运陆运、押新罗渤海两蕃等使。丁未，诏以岁凶罢九日赐宴。九月丁巳，韦皋攻吐蕃之维州，获蕃种论莽热以献。贬太子宾客于邵江州别驾，寻卒。乙亥，以太子宾客薛珏为岭南节度使。冬十月己亥，追封故皇弟遄为均王。庚戌，复命金吾置门籍。十一月壬子朔，日有蚀之。己巳，贬右庶子姜公辅泉州别驾。严震奏破吐蕃于芳州。壬申，诏自今死刑勿决，先杖。十二月庚寅，诏赐遭水县乏绝户米三十万石。丁未，以给事中李巽为潭州刺史、湖南观察使。闰月癸酉，门下省奏："邮驿条式，应给纸券。除门下外，诸使诸州不得给往还券，至所诣州府纳之，别给俾还朝。常参官在外除授及分司假宁往来，并给券。"从之。甲戌，牂柯、室韦、靺鞨皆遣使朝贡。

九年春正月庚辰朔，朝贺毕，上赋《退朝观仗归营诗》。乙酉，剑南东川节度使王叔邕来朝。癸卯，初税茶，岁得钱四十万贯，从盐铁使张滂所奏。茶之有税，自此始也。甲辰，禁卖剑铜器。天下有铜山，任人采取，其铜官买，除铸镜外，不得铸造。二月庚戌朔。先是宰相以三节赐宴，府县有供帐之弊，请以宴钱分给，各令诸司选胜宴会，从之。是日中和节，宰相宴于曲江亭，诸司随便，自是分宴焉。易定留守张升云为义武军节度使。辛酉，诏复筑盐州城。贞元三年，城为吐蕃所毁，自是塞外无堡障，犬戎入寇，既城之后，边患息焉。三月己亥，以驾部郎中、知制诰张式为虢州刺史。夏四月辛酉，地震，有声如雷，河中、关辅尤甚，坏城壁庐舍，地裂水涌。五月庚申，废诸州府执刀。甲辰，以义成军节度使、检校右仆射贾耽为左仆射、同中书门下平章事，以尚书左丞卢迈本官同平章事。以郑州刺史李融为滑州刺史、义成军节度使。乙巳，韦皋奏，遣军出西山，破吐蕃峨和城、定廉城、通鹤军，凡平堡五十余所。是日以蕃俘器仗来献。丙戌，以门下郎、平章事董晋为礼部尚书，罢知政事。甲寅，加韦皋检校右仆射，以司农少卿裴延龄为户部侍郎、判度支。庚申，以给事中李衡为户部侍郎、诸道盐铁转运使。秋七月乙未，敕县令以四考为限，无替者宜至五考。庚子，以信州刺史孙公器为邕管经略使。故事，宰相秉笔决事，每人十日一易。至是贾耽、赵憬、陆贽、卢迈同平章政事，百僚有所关白，更相让而不言。始诏令旬日秉笔，后诏每日更秉笔。剑南西山羌女国王汤立志、哥邻王董卧庭、白狗王罗陀忽、弱水王董避和、逋租王弟邓告知、南水王偕尚悉曩等六国君王，自来朝贡。六国初附吐蕃，韦皋出西山讨吐蕃，故六蛮内附，各授官秩遣之。八月庚戌，太尉、中书令、西平郡王李晟薨，赠太师，废朝五日。己巳，皇太子长男广陵王淳纳妃郭氏。九月己卯，罢九日宴，以太师晟丧也。冬十月己酉，侍中马燧对于延英。燧足疾，诏令不拜，行仆于地，命宦者扶持之。上谓之曰："前日卿与太尉俱来，今公独至。"因歔欷泣下。及燧退，上送及阶。癸酉，环王国献犀牛，上令见于太庙。十一月乙酉，日南至，上亲郊圆丘。是日还宫，御丹凤楼，制曰："朕以寡德，祗膺大宝，励精理道，十有五年。凤夜惟寅，罔敢自逸，小大之务，莫不祗勤。皇灵怀顾，宗社垂祐，年谷丰阜，荒服会同，远至迩安，中外咸若。永惟多祐，实荷玄休。是用虔奉礼章，躬荐郊庙，克展因心之敬，获申报本之诚。庆感滋深，悚惕惟励，大福所赐，岂独在予，思与万方，均其惠泽，可大赦天下。"辛卯，华州潼关镇国军、陇右节度使李元谅卒于良原，以其部将阿史那叙统元谅之众，戍良原。壬寅，河南尹、东都留守裴谞卒。甲辰，制以冬荐官，宜令尚书丞、郎于都堂访以理术，试时务状，考其通否及历任考课事迹，定为三等，并举主姓名。仍令御史一人为监试。如授官后政事能否，委御史台、观察使以闻，而殿最举主。十二月丙午朔，制："今后使府判官、副使、行军已下，使罢后，如是检校五品以上官，不合集于吏部选，任准罢使郎官、御史例，冬季闻奏。"丙辰，宣武军乱，逐节度使刘士宁。壬戌，以通王谌为宣武军节度使，以宣武军节度副使李万荣为汴州刺史、宣武军节度、汴宋等州观察留后。朔方灵盐节度副大使、太子少师、检校左仆射、馀姚郡王杜希全卒。

十年春正月乙亥朔。乙酉，以虔王谅为朔方灵盐丰节度大使,以朔方等道行军司马李栾为留后。壬辰,南诏异牟寻大破吐蕃于神川,使来献捷。己亥,昭义节度使、检校司空、平章事李抱真请降官,乃授检校左仆射。时抱真病,巫祝言宜降爵,故有是请。二月丙午,以瀛州刺史刘澭为秦州刺史、陇右经略军使、理普润县,仍以普润军为名。乙卯,以给事中齐抗为河南尹。乙丑,义成军节度使、郑滑观察使李融卒。丁卯,诏:"君臣之际,义莫重焉,每闻薨殂,良深悼恻。应文武朝臣薨卒者,其月俸料宜全给,仍更准本官一月俸料,以为赙赠。"三月乙亥,黄雾四塞,日无光。以华州刺史李复为滑州刺史、义成军节度使。沧州程怀直来朝,赐安业坊宅,妓一人,复令还镇。庚辰,南诏异牟寻攻收吐蕃铁桥已东城垒一十六,擒其王五人,降其民众十万口。壬申,以同州刺史卢征为华州刺史、潼关防御、镇国军等使。辛丑,以延州刺史李如暹所部蕃落赐名曰安塞军,以如暹为军使。夏四月戊辰,地震,癸丑复震。恒州奏见巨人迹。以云南告捷使高细龙为左武卫将军。是月,太白昼见。有大鸟飞集宫中,食杂骨。是春霖雨,罕有晴日。六月壬寅朔。昭义军节度使、检校左仆射、同中书门下平章事、义阳王李抱真卒,诏以其将王延贵权知昭义军事。癸丑,以祠部郎中袁滋兼御史中丞,为册南诏使。甲寅,以辰州刺史房孺复为容管经略使。丙寅,韦皋奏西山峨和城击破吐蕃城栅,斩首二千八百级。庚午,度支使裴延龄兼灵、盐等州盐池井榷使。辛未晦,有水鸟集于左藏库,是夜暴雨,大风折木。秋七月壬申朔,以邕王谅为昭义军节度使,以昭义军押衙王延贵为潞府左司马,充昭义节度留后,赐名虔休。抱真别将权知洺州事元谊不悦虔休为留后,据洺州叛,阴结田绪。庚辰,赐南诏异牟寻金印银窠,其文曰"贞元册南诏印"。先是,吐蕃以金印授南诏,韦皋因其旧而请之。汴州军乱,攻节度留后李万荣,不胜而溃,万荣悉捕杀其孥。己亥,前汴州节度使刘士宁宜于郴州安置,钦州守镇黄少卿叛,攻邕管经略使孙公器,又陷钦、横、浔、贵等州。吐蕃大将论乞髯、阳没藏、悉诺律以其家内附,授归义将军。因置四品已下武官,以授四夷归附者,仍准怀化大将军已下俸钱。九月辛未朔,以袁州刺史董镇为邕管经略使。戊子,赐百僚九日宴,上赋诗赐之。辛卯。南诏献铎槊、浪人剑、吐蕃印八纽。戊戌,定州张升云改名茂昭。冬十月癸卯,御宣政殿,试贤良方正、能直言极谏等举人。壬戌,刑部尚书刘滋卒。十一月乙酉,诸道盐铁转运使张滂为卫尉卿,以浙西观察使王纬为诸道盐铁转运使。庚寅,秘书监致仕穆宁卒。十二月庚子朔。壬戌,贬中书侍郎、平章事陆贽为太子宾客。

十一年春正月庚午朔。乙亥,岭南节度使薛珏卒。乙未,以秘书少监王础为黔中经略观察使,卫尉少卿武少仪为邕管经略使。丙申,以邕管经略使王锷为广州刺史、岭南节度使。二月癸卯,以衢州刺史李若初为福建观察使。乙巳,册渤海大钦茂之子嵩邻为渤海郡王、忽汗州都督。乙卯,于泾州彰信堡置潘原县。甲子,九姓回纥骨咄禄毗伽奉诚可汗卒。三月庚午,司徒兼侍中马燧以疾请罢侍中,不许。辛未,赐宰臣两省供奉官宴于曲江亭。乙丑,以吏部侍郎郑瑜为河南、淮南水陆转运使。丙申,诸州准例荐隐居丘园不求闻达蔡广成等九人,各授试官,令给公乘,到京日量才叙用。夏四月,旱。壬戌,贬太子宾客陆贽为忠州别驾,京兆尹李充信州长史,卫尉卿张滂汀州长史。癸亥,以兵部侍郎韩皋为京兆尹。甲子,赐南诏敕书,始列中书三官奉宣行,复旧制也。丙寅,幽州刘济奏大破奚王啜剌等六万余众。五月丁卯朔。庚午,命有司虑囚,旱故也。丁丑,以宣武留后李万荣为汴州刺史、宣武节度副使、知节度事。以昭义军节度留后王虔休为潞州大都督府长史、昭义军节度副大使、知节度事、管内度支营田、潞泽磁邢洺观察使。又以朔方留后李栾为灵州大都督府长史、朔方灵盐丰夏四州受降定远城天德军节度副大使、知节度事、管内度支营田观察押蕃落等使。甲申,河东节度使、检校工部尚书、太原尹李自良卒。庚寅,遣使册九姓回纥腾里罗羽录没密施合胡六骨咄禄毗伽怀信可汗。癸巳,以通王谌为河东节度使,以河东行军司马李悦为河东节度营田观察留后、北都副留守。甲午,初铸河东监军印。监军有印,自王定远始也。六月,河阳献白乌。甲辰,晋慈隰观察使崔汉衡卒。癸巳,以绛州刺史姚齐梧为晋慈隰都防御观察使。秋七月丙寅朔,右谏议大夫阳城为国子司业。河东监军王定配流崖州,坐专杀也。辛卯,江西观察使、洪州刺史齐映卒。八月辛亥,司徒兼侍中、北平郡王马燧薨,赠太傅。丙辰,以楚州刺史路寰为洪州刺史、江西观察使。闰月己丑,国子司业裴澄表上《乘舆月令》十一卷,《礼典》十二卷。九月己卯,赐宰臣两省供奉官宴于曲江,赋诗六韵赐之。丁巳,加韦皋统押近界诸蛮及西山八国、云南安抚等使。沧州大将程怀信逐其帅程怀直。冬十月丁丑,以虔王谅为横海军节度大使,以兵马使程怀信为留后。十一月丙申,日南至,不受朝贺,以司徒马燧葬也。辛丑,太常定马燧谥曰"景武",上曰:"景,太祖谥也,改庄武可也。"己酉,潭州献赤乌。十二月戊辰,上猎苑中,戎多杀,止行三驱之礼,劳士而还。

十二年春正月甲午朔。庚子,元谊、李文通率洺州兵五千、民五万家东奔田绪。壬子,以前沧州节度使程怀直为左龙武统军。乙丑,成德军节度使、检校司徒、兼侍中浑瑊兼中书令;兴元节度使严震、魏博田绪、西川韦皋并加检校左右仆射、同中书门下平章事。于是方镇皆叙进兼官。上制《贞元广利药方》五百八十六首,颁降天下。三月癸巳朔。甲午,韦皋奏收降蛮七千户,得吐蕃所赐金字告身五十五片。乙巳,以户部侍郎裴延龄为户部尚书。戊申,以兵部尚书董晋充东都留守、判东都尚书省、东畿汝州都防御使。四月壬戌朔。戊辰,左右十军使奏:去年冬车驾幸诸营,欲于银台亭子门外立碑以纪圣迹。从之。庚午,魏博节度使、度支营田观察使,检校左仆射、平章事、魏州长史、驸马都尉、雁门郡王田绪卒。庚辰,上降诞日,命沙门、道士加文儒官讨论三教,上大悦。五月辛卯朔。丙申,鄜宁节度使张献甫卒。甲辰,以鄜宁都虞候杨朝晟为鄜州刺史、鄜宁庆节度使。银夏节度使韩潭让所授礼部尚书,乞雪崔宁,许其家收葬。丁巳,驸马郭暖、王士平、暧弟煦、暄,坐代宗忌辰饮宴,贬官归第。六月壬戌，故巂州司户窦参，许其家收葬。乙丑，初置左右护军中尉监、中护军监，以授宦官。以左右神策军使窦文场、霍仙鸣为左右神策护军中尉监，以左右神威军使张尚进、焦希望为左右神威中护军监。辛巳，宣歙观察使、宣州刺史刘赞卒。七月乙未，以东都留守、兵部尚书董晋检校左仆射、同中书门下平章事、汴州刺史、宣武军节度使、宋亳颍观察使。时李万荣病，万荣子迺自署为兵马使，军人又逐迺，汴州乱，故命董晋帅之。以太子宾客王翊为东都留守、判东都尚书省事、东畿汝都防御使。是日，汴州节度使李万荣卒。八月辛未朔，日有蚀之。己巳，以前魏博节度副使田季安为魏州长史、魏博节度观察等使。庚午，增修望仙门、广夹城、十王宅、六王宅。癸酉，以虢州刺史崔衍为宣、歙、池观察使，以乞髯子汤忠义为归德将军。丙子，以汝州刺史陆长源为宣武行军司马。丙戌，门下侍郎、平章事赵憬薨。九月甲午，以河东行军司马李景略为丰州刺史、天德军丰州西受降城都防御使。丙午，户部尚书、判度支裴延龄卒。庚戌，幸鱼藻宫，即日还内。壬子，吐蕃寇庆州。冬十月壬戌，诏以京畿旱，放租税。甲戌，谏议大夫崔损、给事中赵宗儒并同中书门下平章事，俱赐金紫。以少府监崔穆为晋州刺史、晋慈隰观察使。十一月辛卯，昭义王虔休造《诞圣乐曲》以献。十二月己未，大雪平地二尺，竹柏多死。环王国所献犀牛，甚珍爱之，是冬亦死。上著《刑政箴》一首。癸未，回纥、南诏、剑南西山国女国王并来朝贺。

十三年春正月戊子朔。庚寅，太子少师致仕关播卒。壬寅，吐蕃赞普遣使修好，塞上以闻，上以犬戎负约，不受其使。东都尚书省火。二月丁巳，赐宰臣、两省供奉官宴于曲江亭。乙亥，度支郎中苏弁为户部侍郎、判度支，兵部郎中王绍判户部。三月戊子，造会庆亭于麟德殿前。乙巳，以福建都团练使李若初为明州刺史、浙东观察使，以婺州刺史柳冕为福建观察使。夏四月壬戌，上幸兴庆宫龙堂祈雨。乙丑，大雪。庚午，义成军节度使、郑滑观察营田、检校左仆射、滑州刺史李复卒。己卯，以大理卿于頔为陕州长史、陕虢观察使。庚辰，以陕虢都防御转运等使姚南仲为滑州刺史、义成军节度、郑滑观察使。五月丙戌朔，韦皋收复巂州，画图来上。壬子，以库部郎中、翰林学士郑余庆为工部侍郎、知吏部选事。六月己卯朔，以衡州刺史陈云为邕管经略使。辛巳，引龙首渠水自通化门入，至太清宫前。壬午，韦皋奏于巂州破吐蕃，生擒大笼官七人，马畜器械不可胜纪。秋七月丙戌，宰相卢迈请告累月，四表避相位，是日，命宰臣问疾于卢迈私第。己丑，右神策中尉霍仙鸣病，赐马十匹，令于诸寺斋僧。壬辰，浚湖渠、鱼藻池，深五尺。乙未，地震。甲辰，以兵部郎中、判户部王绍为户部侍郎。乙丑，诏今后嗣王薨葬，所司并供卤簿，永为常式。八月丁巳，诏京兆尹韩皋修昆明池石炭、贺兰两堰兼湖渠。壬午，容管经略使房孺复卒。九月己丑，卢迈恳让相位，乃授太子宾客。辛卯九日，宴宰臣百官于曲江，上赋诗以赐。己未，江西观察使路裒卒。甲辰，升定州为大都督府。以湖南观察使李巽为江州刺史、江西观察使，以礼部侍郎吕渭为潭州刺史、

湖南观察使。冬十月癸丑朔，以前滁州刺史房济为容管经略使。丙辰，黔中观察使奏："溪州人户诉，被前刺史魏从琚于两税外，每年加进朱砂一千斤、水银二百驮，户民疾苦，请停。"从之。淮西吴少诚擅开淘刁河、汝河，诏使不能禁。癸酉，宰相贾耽以疾避相位，不允。丁丑，徐泗节度使张建封来朝，上嘉之，次日于延英召对。癸巳，赠太傅马燧祔庙，命所司供少牢祭，仍给卤簿，从宅至庙。十二月庚辰，右龙武统军韩游瑰卒。

十四年春正月壬午朔。庚寅，诏诸道州府应贞元八年至十一年两税及榷酒钱，在百姓腹内者，总五百六十万七千贯，并除放。甲午，敕："比来朝官或相过从，金吾皆上闻。其间如是亲故，或尝同僚，伏腊岁时，须有还往，亦人伦常礼，今后不须奏闻。"因张建封奏议也。二月壬子朔。戊午，上御麟德殿，宴文武百僚，初奏《破阵乐》，遍奏《九部乐》，及宫中歌舞妓十数人列于庭。先是上制《中和乐舞曲》，是日奏之，日晏方罢。比诏二月一日中和节宴，以雨雪，改用此日。上又赋《中春麟德殿宴群臣诗》八韵，群臣颁赐有差。乙亥，赐光蔡节度曰彰义军。三月丙申，右神策行营节度、凤翔陇右观察使、检校尚书右仆射、凤翔尹邢君牙卒。以右神策将军张昌为凤翔尹、右神策行营节度、凤翔陇右节度使，仍改名敬则。夏四月乙丑，以左谏议大夫、平章事崔损为修奉八陵使。先是昭陵寝殿为火所焚，至是献、昭、乾、定、泰五陵各造屋三百八十间，桥、元、建三陵据阙补造。五月庚辰朔。甲午，前东都留守、东畿汝都防御使、检校吏部尚书杜亚卒。丙午，户部侍郎、判度支苏弁为太子詹事。上特召度支郎中于頔于延英，兼御史中丞，赐金紫，令判度支。闰月庚申，以左神策行营节度韩全义为夏州刺史，兼盐、夏、绥、银节度使，以代韩潭。甲子，贬太子詹事苏弁为汀州司户，兄赞善大夫衮为永州司户，前京兆府士曹冕为信州司户。六月癸卯，太子宾客卢迈卒。乙巳，以旱俭，出太仓粟赈贷。秋七月，以吉州刺史杜春为邕管经略使。乙卯，贬京兆尹韩皋为抚州司马。召右金吾将军吴凑于延英，面授京兆尹，即令入府视事。是夏，热甚。壬申，以给事中、同中书门下平章事赵宗儒为太子左庶子，以谏议大夫、平章事崔损为门下侍郎、平章事，以工部侍郎郑余庆为中书侍郎、同平章事。左神策护军中尉霍仙鸣卒。丁丑，以宦者第五守亮代仙鸣为中尉。己卯，左右神策置统军，品秩奉给视六军统军例。甲午，崔损修奉八陵寝宫毕，群臣于宣政殿行称贺。浙西观察使、润州刺史王纬卒。九月丁未朔。己酉，山南东道节度使、检校尚书右仆射、襄州刺史樊泽卒。乙卯，以同州刺史崔宗为陕州大都督府长史、陕虢观察水陆转运使，以浙东观察李若初为润州刺史、浙西观察使及诸道盐铁转运使，又以常州刺史裴肃为越州刺史、浙东观察使。丙辰，以陕虢观察使于頔为襄州刺史、山南东道节度使。丁卯，杞王倕薨。以太常卿杜确为同州刺史、本州防御、长春宫使。癸酉，谏议大夫田登奏言："兵部武举人持弓挟矢，数千百人入皇城，恐非所宜。"上闻之瞿然，乃命停武举。冬十月癸酉，以岁凶谷贵，出太仓粟三十万石，开场粜以惠民。庚子，夏州韩全义奏破吐

蕃盐州。十一月己未，韦皋进《开西南蛮事状》十卷，叙开复南诏之由。十二月戊子，太子少师致仕郢国公韦伦卒。癸酉，出东都含嘉仓粟七万石，开场粜以惠河南饥民。己亥，南诏异牟寻遣使贺正旦。明州镇将栗锽杀刺史卢云。

十五年春正月丙午朔。甲寅，雅王逸薨。甲戌，浙西观察使李若初卒。二月，罢中和节宴会，年凶故也。丁丑，宣武军节度使、检校左仆射、平章事、汴州刺史董晋卒。乙酉，以行军司马陆长源检校礼部尚书、汴州刺史、御史大夫、宣武军节度度支营田、汴宋亳颍观察等使。以常州刺史李锜为润州刺史、浙西观察使及诸道盐铁转运使。是日，汴州军乱，杀陆长源及节度判官孟叔度、丘颖，军人脔而食。监军俱文珍以宋州刺史刘逸准久为汴之大将，以书招之，俾静乱。乙丑，以宋州刺史刘逸准检校工部尚书、兼汴州刺史、宣武军节度使，仍赐名全谅。乙未，裴肃奏于台州擒栗锽以献，斩于独柳树。癸卯，罢三月群臣宴赏，岁饥也。出太仓粟十八万石，粜于京畿诸县。三月甲寅，吴少诚寇唐州，杀监军邵国朝，掠居民千余而去。丁巳，以度支郎中、兼中丞于颀为户部侍郎，依前判度支。戊午，昭义军节度使、检校工部尚书王虔休卒。戊辰，以河阳三城节度使李元为潞州长史、昭义军节度、泽潞磁邢氵名观察使，以河阳节度押衙衡济为怀州刺史、河阳三城怀州节度使。辛未，太子少师致仕于颀卒。壬申，于易州满城县置永清军。癸酉，令江淮岁运米二百万石。虽有是命，然岁运不过四十万石。四月丁丑，以久旱，令阴阳人法术祈雨。壬午，内侍省加置内给事二员。癸未，以安州刺史伊慎为安黄节度营田观察使。庚寅，应京城内外诸军县镇职员官，见共五万八千二百七十一人，宜令每人赐粟一石。乙未，特进、兵部尚书归崇敬卒。五月甲辰朔。戊辰，宗正卿嗣吴王巘薨。六月己卯，黔中观察使、御史中丞王础卒。癸巳，山南西道节度使、检校尚书左仆射、平章事严震卒。秋七月乙巳，以兴州刺史、兴元都虞候严砺为兴元尹、兼御史大夫、山南西道节度支营田观察等使。丙午，故唐安公主赐谥曰庄穆。公主赐谥，自唐安始也。丁未，以王础卒，废朝一日。观察使卒废朝，自础始也。戊午，贬谏议大夫苗拯万州刺史，左拾遗李繁播州参军，以私议除拜严砺不当而无章疏，而伪言累上疏故也。郑、滑大水。八月壬申朔。丙申，陈许节度使、检校尚书右仆射、许州刺史曲环卒。丁酉，以洋州刺史韦士宗为黔中观察使。丙午，以陈许兵马使、前陈州刺史上官涗为许州刺史、陈许节度使。吴少诚谋逆滋甚，陷临颍，进围许州。庚戌，宣武军节度使、检校工部尚书、汴州刺史刘全谅卒。丙辰，制："吴少诚非次擢用，授以节旄，秩居端揆之荣，任总列城之重。期申报效，奉我典章，而秉心匪彝，自底不类。凶狡成性，扇构多端，擅动甲兵，暴越封壤。寿州茶园，辄纵凌夺；唐州诏使，潜构杀伤。干犯国章，罪在无赦。朕以王者之德，在乎好生；人君之体，务于含垢。宁屈已以宥罪，不残人以兴师。以上稽宗社之威，外抑忠贤之请，庶有悛革，尚议优容。幸邻境之丧，逞贪乱之志，焚略县邑，残暴吾民。朕尤冀知非，为之忍

耻，亟颁恩命，未许出师。至乃攻逼许州，肆其蛮毒，恣行杀戮，流害黎蒸。恶稔祸盈，人神共弃。兴言致讨，实悼于怀。宜令诸道各出师徒，掎角齐进。吴少诚在身官爵，并宜削夺。"已巳，自今中和、重阳二节，每节只禁屠一日。辛酉，以大理评事宣武军都知兵马使韩弘检校工部尚书，兼汴州刺史、御史大夫、宣武军节度使。冬十月己丑，邕王源薨。吏部侍郎奚陟卒。十一月乙巳，冬至，罢朝会，兵兴也。壬子，襄王于頔奏，于朗山破淮西贼三千人。十二月庚午，朔方等道副元帅、河中绛州节度使、检校司徒、兼奉朔中书令浑瑊薨。乙未，战淮西贼于小溵河，王师不利，诸军自溃。丁酉，以同州刺史杜确为河中尹、河中绛州观察使。

十六年春正月庚子朔。乙巳，恒冀、定州、许、河阳四镇之师与贼战，皆不利而退。南诏献《奉圣乐舞曲》，上阅于麟德殿前。二月己酉，以左神策行营、银夏节度等使韩全义为蔡州行营招讨使，陈许节度使上官涗副之。己丑，左龙武统军程怀直卒。己酉，华州刺史、潼关防御、镇国军使卢征卒。壬子，以尚书右丞袁滋为华州刺史、潼关防御、镇国军使。夏四月丁亥，黔中知宴设吏傅近逐观察使韦士宗。己丑，以义成军节度使姚南仲为右仆射。以权知新罗国事金俊邕袭祖开府检校太尉、鸡林州都督、新罗国王。辛卯，以义成军行军司马卢群为滑州刺史、兼御史中丞、义成军节度使。壬申，检校兵部尚书、京兆尹吴凑卒。五月戊戌朔，以雨罢朝。庚戌，韩全义与蔡贼将吴少诚战于溵水南，王师败绩。徐泗濠节度使、检校尚书右仆射、徐州刺史张建封卒。壬子，徐州军乱，不纳行军司马韦夏卿，迫建封子愔为留后。丙寅，韦士宗却入黔州。丁卯，以吏部侍郎顾少连为京兆尹。六月丙午，郓州李师古、淮南杜佑并加同平章事，以佑兼领徐、泗、濠节度，以前赣州参军张愔起复骁卫将军，兼徐州刺史、御史中丞、本州团练使、知徐州留后。秋七月，湖南观察使吕渭卒。八月癸酉，以河中尹王口为潭州刺史、湖南观察使。九月，宥吴少诚。驸马都尉郭暧卒。义成军节度使卢群卒。丙午，前太常卿裴郁卒。戊辰，以左丞李元素为滑州刺史、兼御史大夫、义成军节度使。庚戌，贬中书侍郎、同中书门下平章事郑余庆为郴州司马，户部侍郎、判度支于颀为泉州司户。以户部侍郎王绍判度支，以户部郎中崔从质为户部侍郎。癸酉，吴少诚贼迫官军溵水营下营，韩全义退保陈州，诸军散还本道，官军不振。以河南少尹张式为河南尹、水陆转运使。庚申，以太常卿齐抗为中书侍郎、同平章事。癸亥，以虔王谅为徐州节度使，张愔为留后。冬十月辛未，兴元严砺希监军旨，诬奏流人通州别驾崔河图，长流崖州，赐死，人士伤之。吴少诚引兵归蔡州，上表待罪。戊子，诏雪吴少诚，复其官爵。乙丑，河东节度使、检校礼部尚书、太原尹、兼御史大夫、北都留守李悦卒。甲午，以河东行军司马郑儋检校工部尚书、太原尹、河东节度使。十一月癸卯，泗州、濠州宜隶淮南观察使。戊申，以太府卿韦渠牟为太常寺卿。十二月戊寅，罢吏部复考判官及礼部别头贡举。

十七年春正月甲午朔。甲寅，韩全义自蔡州行营还，

诏归镇华州。二月癸巳朔，赐群臣宴于曲江亭，上赋《中和节赐宴曲江诗》六韵赐之。丁酉，雨雹。己亥，雨霜。戊申夜，雷震，雨雹。庚戌，大雨雪兼雹。三月乙丑，赐群臣宴于曲江亭。己巳，黔中观察使韦士宗复为三军所逐。癸酉，衢州刺史郑式瞻进绢五千匹，银二千两，上曰："式瞻犯赃，已诏御史按问，所进宜付左藏库。"丁丑，省天下州府别驾、司马、田曹、参军；京兆、河南、太原三府外，诸State府判司双曹者省一。夏四月丁未，始命驸马及郡县主婿无子者，养男不用母荫。辛亥，以谏议大夫裴佶为黔中观察使。五月壬戌朔，日有蚀之。乙酉，邠宁节度使、检校工部尚书、邠州刺史杨朝晟卒。丙戌，以工部侍郎赵植为广州刺史、兼御史大夫、岭南节度使。六月戊戌，以定平镇兵马使李朝寀检校工部尚书，兼邠州刺史、朔方邠宁庆节度使；以中官杨志廉为右神策护军中尉。浙西人崔善真诣阙上书，讼浙西观察使李锜罪状。上览奏不悦，令械善真送于李锜。为凿坑待善真，既至，和械推而埋之。由是锜恣横叛。乙酉，以邠宁兵马使高固为邠州刺史、兼御史大夫、邠宁庆节度使。丁巳，成德军节度使、恒冀深赵德棣观察等使、恒州大都督府长史、检校太尉、中书令、琅邪郡王王武俊薨，赠太师，谥曰忠烈。秋七月戊寅，吐蕃寇盐州。辛巳，以前成德军节度副使、检校工部尚书、知恒府事、清河郡王王士真起复授恒州长史、充成德军节度使。乙酉，太常卿韦渠牟卒。己丑，吐蕃陷麟州，杀刺史郭锋，毁城垒而去。八月戊午，以河东行军司马严绶检校工部尚书、兼太原尹、御史大夫、河东节度使。九月壬戌，韦皋奏大破吐蕃于雅州。戊辰，群臣宴曲江，上赋《九日赐宴曲江亭诗》六韵赐之。丁丑，礼部尚书李齐运卒。冬十月，加韦皋检校司徒、中书令，封南康郡王，赏破吐蕃功也。戊午，盐州刺史杜彦先委城奔庆州。辛未，宰相贾耽上《海内华夷图》及《古今郡国县道四夷述》四十卷。甲戌，翰林待诏戴少平死十六日复生。庚戌，以京兆尹顾少连为吏部尚书，以吏部侍郎韦夏卿为京兆尹。淮南节度使杜佑进《通典》，凡九门，共二百卷。

十八年春正月戊午朔，大雨雪，罢朝贺。乙丑，骠国王遣使悉利移来朝贡，并献其国乐十二曲与乐工三十五人。乙亥，韦皋以所擒蕃相论莽热来献。庚辰，以常州刺史贾全为越州刺史、浙东观察使。二月戊子朔，赐群臣宴于马璘之山池。三月癸未，以剑南东川行军司马李康为梓州刺史、兼御史大夫、剑南东川节度使。乙丑，赐群臣宴于马璘之山池。己巳，以蕲州刺史郑绅为鄂州刺史、鄂岳蕲沔观察使。癸酉，以浙东团练副使齐总为衢州刺史，总以横赋进奉蒙恩，给事中许孟容封还制书。丙戌，以河中行军司马郑元为河中尹、兼御史大夫、河中绛节度使。五月癸亥，以窦群为左拾遗。庚辰，以祠部员外郎裴泰为检校兵部郎中，充安南都护、本管经略使。六月癸巳，以吏部尚书顾少连为兵部尚书、东都留守、东都畿汝防御使。前东都留守、检校礼部尚书王翃卒。秋七月庚辰，蔡、申、光三州春水夏旱，赐帛五万段，米十万石，盐三千石。八月壬寅，以邕管经略使徐申为广州刺史、岭南节度使。甲辰，以岭南节度掌书记、试大理评事张正元为邕州刺史、御史中丞、邕管经略使，给事中许孟容以非次迁授，封还诏书。丁未，以户部侍郎、判度支王绍为户部尚书、判度支。九月乙卯朔，以太常少卿杨凭为潭州刺史、湖南观察使。癸亥，赐群臣宴于马璘山池，上赋《九日赐宴诗》六韵赐之。冬十月丁亥，以刑部尚书王锷为淮南节度副使兼行军司马。己酉，鄜坊丹延节度使、检校礼部尚书王栖耀卒。十一月丙辰，以同州刺史刘公济为鄜州刺史、鄜坊丹延节度使。十二月乙巳，贬大理卿李正臣为卫尉少卿，正臣为御史弹劾下狱，不堪其辱而死。戊申，黎州蛮、牂柯使入朝。

十九年春正月癸丑朔。二月壬午朔，赐宴马璘山池。丁亥，修含元殿。赐安黄节度曰奉义军。丙申，以桂管留后韦武为桂州刺史、桂管观察使。己亥，安南经略使裴泰为州将王季元所逐。甲辰，淮南节度使杜祐来朝。三月壬子朔，以杜祐检校司空、同中书门下平章事、太清宫使。以淮南行军司马王锷检校尚书右仆射，兼扬州大都督府长史、淮南节度使。丁卯，以今年孟夏禘祫，前议太祖、懿、献之位未决，至此禘祭，方正太祖东向之位，已下列序昭穆。其献祖、懿祖祔于德明、兴圣之庙，每禘祫年就本室飨。乙亥，以司农卿李实为京兆尹。夏四月乙未，泾原节度使刘昌奏请移全原州于平凉城，从之。戊戌，百官以祔庙毕，蹈舞称贺。五月辛亥，荆南节度使、检校工部尚书、江陵尹裴胄卒。乙未，以荆南行军司马裴筠为江陵尹、兼御史大夫、荆南节度使。甲子，四镇北庭行军泾原节度使、检校右仆射、泾州刺史刘昌卒。甲戌，以泾原节度留后段佑为泾州刺史、兼御史大夫、四镇北庭行军泾原节度使。乙亥，吐蕃遣使论频热入朝。甲辰，以陈许行军司马刘昌裔检校工部尚书，兼许州刺史、陈许节度使。自正月至是未雨，分命祈祷山川。秋七月戊午，以关辅饥，罢吏部选、礼部贡举。己未，中书侍郎、平章事齐抗为太子宾客，病免也。甲戌，始雨。乙亥，尚书右仆射姚南仲薨。贷京畿民麦种。八月乙未，大雨霖。冬十月乙未，以太子宾客韦夏卿为东都留守、东都畿汝都防御使。闰月丁亥，门下侍郎、同平章事崔损卒。十一月戊寅朔，以盐州兵马使李兴干为盐州刺史，许专达于上，不隶夏州。丙午，振、武、麟、胜节度使范希朝来朝。戊午，以振武行军司马阎巨源检校工部尚书，兼单于大都护、振武麟胜节度使。庚申，以太常卿高郢为中书侍郎、同中书门下平章事。壬申，监察御史崔邃入台近，不练故事，违式入右神策军。上怒，笞四十，配流崖州。

二十年春正月丁丑朔。丙申，天德军防御团练使、丰州刺史李景略卒，以其判官任迪简代领其任。己亥，以鄜、坊、丹、延节度使刘公济为工部尚书，以其行军司马裴玢代领其任。二月丙午朔，罢中和节宴，岁俭也。庚戌，大雷震，雨雹。三月甲申，以吐蕃赞普卒，废朝。己亥，以国子祭酒赵昌为安南都护、御史大夫、本管经略使。夏四月辛酉，太子宾客齐抗卒。丙寅，吐蕃使臧河南观察使论乞冉等五十四人来朝贡。陈许节度赐号忠武军。五月甲戌朔，罢御宣政殿。乙亥，以史馆修撰、秘书监张荐为工部侍郎、兼御史大夫，充入吐蕃吊祭使。七月癸酉朔，大雨雹。辛卯，福建观察使柳冕奏置万安监牧于泉州界，置群牧五，悉索部内马牛羊近万头匹，监吏主之。八月戊申，以房州刺史郗士美为黔中观察使。己未，以昭义兵马使卢从史为检校工部尚书，兼潞州长史、昭义军节度、泽潞磁邢洺观察使。九月庚辰，赐群臣宴于马璘山池。冬十月甲辰，于景州南皮县置唐昌军。辛亥，易定节度使张茂昭来朝。十一月丁酉，以监察御史李程、秘书正字张聿、蓝田县尉王涯并为翰林学士。十二月，吐蕃、南诏、日本国并遣使朝贡。庚午，以桂管防御使颜证为桂州刺史、桂管观察使。

二十一年春正月辛未朔，御含元殿受朝贺。是日，上不康。丙子，以浙东观察判官凌准为翰林学士，癸巳，会群臣于宣政殿，宣遗诏：皇太子宜于柩前即位。是日，上崩于会宁殿，享寿六十四。甲午，迁神柩于太极殿。丙申，发丧，群臣缟素。皇太子即位。永贞元年九月丁卯，群臣上谥曰神武孝文，庙号德宗。十月己酉，葬于崇陵，昭德皇后王氏祔焉。

史臣曰：德宗皇帝初总万机，励精治道。思政若渴，视民如伤。凝旒延纳于谠言，侧席思求于多士。其始也，去无名之费，罢不急之官；出永巷之嫔嫱，放文单之驯象；减太官之膳，诫服玩之奢；解鹰犬而放伶伦，止榷酤而绝贡奉。百神咸秩，五典克从，御正殿而策贤良，辍廷臣而治畿甸。此皆前王之能事，有国之大猷，率是而行，夫何敢议。加以天才秀茂，文思雕华。洒翰金銮，无愧淮南之作；属辞铅椠，何惭陇坻之书。文雅中兴，复高前代，《二南》三祖，岂盛于兹。然而王霸迹殊，淳醨代变，揆时而理，斟酌斯难。苟于交丧之秋，轻取鄙夫之论，历观近世，靡不败亡。德宗在藩龀齿青之年，曾为统帅；及出震承乾之日，颇负经纶。故从初黜郭令戎权，非次听杨炎谬计，遂欲混同华裔，束缚奸豪，南行襄汉之诛，北举恒阳之伐。出车云扰，命将星繁，罄国用不足以馈军，竭民力未闻于破贼。一旦德音扫地，愁叹连营，果致五盗僭拟于天王，二朱凭陵于宗社，奉天之窘，可为涕零，罪已之言，补之何益。所赖忠臣戮力，否运再昌。虽知非竟逐于杨炎，而受佞不忘于卢杞。用延赏之私怨，夺李晟之兵符；取延龄之奸谋，罢陆贽之相位，知人则哲，其若是乎！贞元之辰，吾道穷矣。

赞曰：聪明文思，惟睿作圣。保奸伤善，听断不令。御历三九，适逢天幸。赐宴之辰，徒矜篇咏。

卷十四　　　　本纪第十四

顺宗　宪宗上

顺宗至德大圣大安孝皇帝讳诵，德宗长子，母昭德皇后王氏。上元二年正月生于长安之东内。大历十四年六月，封宣王。建中元年正月丁卯，立为皇太子。

贞元二十一年正月癸巳，德宗崩，丙申，即位于太极殿。上自二十年九月风病，不能言，暨德宗不豫，诸王亲戚皆侍医药，独上卧病不能侍。德宗弥留，思见太子，涕咽久之。大行发丧，人情震惧。上力疾衰服，见百僚于九仙门。既即位，知社稷有奉，中外始安。庚子，群臣上书请听政。二月辛丑朔。甲申，以河阳三城行军司马元韶为怀州刺史、河阳怀州节度使。丙午，罢翰林医工、相工、占星、射覆、冗食者四十二人。己酉，以易定张茂昭兼同平章事，以来朝，故宠之。是夜，太白犯昴。辛卯，以吏部郎中韦执谊为尚书左丞、同中书门下平章事。辛酉，贬京兆尹李实通州长史，寻卒。壬子，淄青李师古以兵寇滑之东鄙，闻国丧也。甲寅，释仗内囚严怀志、吕温等一十六人。平凉之盟陷蕃，久之得还，以习蕃中事，不欲令外，故囚之仗内，至是方释之。日本国王并妻还蕃，赐物遣之。壬寅，以太子侍书、翰林待诏王伾为左散骑常侍，充翰林学士。以前司功参军、翰林待诏王叔文为起居舍人，充翰林学士。以鸿胪卿王权为京兆尹。甲子，御丹凤楼，大赦天下。诸道除正敕率税外，诸色榷税并宜禁断；除上供外，不得别有进奉。百姓九十已上，赐米二石，绢两匹，版授上佐、县君，仍令本部长吏就家存问；百岁已上，赐米五石，绢二匹，绵一屯，羊酒，版授下州刺史、郡君。戊辰，以开府仪同三司、检校太尉、使持节、大都督鸡林州诸军事、鸡林州刺史、上柱国、新罗王金重熙兼宁海军使，以重熙母和氏为太妃，妻朴氏为妃。三月庚午，出宫女三百人于安国寺，又出掖庭教坊女乐六百人于九仙门，召其亲族归之。戊寅，以韦皋兼检校太尉，李师古、刘济兼检校司空，张茂昭司徒。丙戌，检校司空、同平章事杜佑为度支盐铁使。戊子，徐州节度赐名武宁军。蔡州吴少诚兼同平章事。以翰林学士王叔文为度支盐铁转运副使。杜佑虽领使名，其实叔文专总。宰相贾耽兼检校司空，郑瑜吏部尚书，高郢刑部尚书，韦执谊中书侍郎，镇冀王士真、淮南王锷、魏博田季安皆检校司空。癸巳，诏册广陵郡王淳为皇太子，改名纯。夏四月壬寅，制第十弟谔封钦王，第十一弟诫封珍王。男建康郡王涣封郯王，改名经；洋川郡王沔封均王，改名纬；临淮郡王洵封溆王，改名纵；弘农郡王浼封莒王，改名纾；汉东郡王泳封密王，改名绸；晋陵郡王湜封郇王，改名总；高平郡王溆封邵王，改名约；云安郡王滋封宋王，改名结；宣城郡王淮封集王，改名缃；德阳郡王湑封冀王，改名绿；河东郡王滆封和王，改名绮。十七男绚封衡王，十九男缅封会王，二十男绾封福王，二十一男纮封抚王，二十三男绳封岳王，二十四男绅封衰王，二十五男纶封桂王，二十七男𬘘封翼王，弥臣国嗣王道勿礼封弥臣国王。西平郡王晟男左羽林大将军愿袭封岐公，食邑三千户。戊申，诏以册太子礼毕，赦京城系囚，大辟降从流，流以下减一等。以给事中陆质、中书舍人崔枢并为太子侍读。庚戌，封太子男宁、宽、宥、察、寰、寮等六人为郡王，并食邑三千户。癸丑，赠入吐蕃使、工部侍郎、兼御史大夫张荐礼部尚书。丙寅，罢万安监牧。戊辰，以杭州刺史韩皋为尚书右丞。五月己巳，以右金吾卫大将军范希朝为右神策统军,充左右神策、京西诸城镇行营兵马节度使。丁丑,以邕管经略使韦丹为河南少尹,以万年县令房启为容管经略招讨使。癸未,以郴州司马郑余庆为尚书左丞。甲辰,以检校司空、忽汗州都督、渤海国王大嵩璘检校司徒。承徽王氏、赵氏可昭仪,崔氏、杨氏可充仪,王氏可昭媛,王氏可昭容,牛氏可修仪,张氏可美人。以右丞韩皋为鄂岳沔蕲都团练观察使。丁亥,升襄州为大都督府。临汉县仍徙于邓城。辛卯,以盐铁转运使副王叔文为户部侍郎。六月丙申,诏二十一年十月已前百姓所欠诸色课利、租赋、钱帛,共五十二万六千八百四十一贯、石、匹、束,并宜除免。七月戊辰朔,吐蕃使论悉诺来朝贡。丙子,郓州李师古加检校侍中。赠故忠州别驾陆贽兵部尚书,谥曰宣;赠故道州刺史阳城为左散骑常侍。戊寅,以户部侍郎潘孟阳为度支盐铁转运使副。丙戌,关东蝗食田稼。癸巳,横海军节度使、沧州刺史程怀信卒,以其子副使执恭起复沧州刺史、横海军节度使。甲午,度支使杜佑奏:"太仓见米八十万石,贮来十五年,东渭桥米四十五万石,支诸军皆不悦。今岁丰阜,请权停北河转运,于滨河州府和籴二十万石,以救农伤之弊。"乃下百僚议,议者同异不决而止。乙未,诏:"朕承九圣之烈,荷万邦之重。顾以寡德,涉道未明,虔恭寅畏,惧不克荷。恐上坠祖宗之训,下贻卿士之忧,夙夜祗勤,如临渊谷。而积疾未复,至于经时,怡神保和,常所不暇。永惟四方之大,万务之殷,不躬不亲,虑有旷废。加以山陵有日,霖潦逾旬,是用徵于朕心,以答天戒。其军国政事,宜令皇太子勾当。"时上久疾,不复延纳宰臣共论大政。事无巨细皆决于李忠言、王伾、王叔文。物论喧杂,以为不可。藩镇屡上笺于皇太子,指三竖之挠政,故有是诏。以太常卿杜黄裳为门下侍郎,左金吾卫大将军袁滋为中书侍郎,并同中书门下平章事;郑珣瑜为吏部尚书,高郢刑部尚书,并罢知政事。皇太子见百僚于朝堂。丙申,皇太子于麟德殿西亭见奏事官。八月丁酉朔。庚子,诏:"惟皇天佑命烈祖,诞受方国,九圣储祉,万邦咸休。肆予一人,获缵丕业,严恭守位,不遑暇逸。而天佑不降,疾恙无瘳,将何以奉宗庙之灵,展郊禋之礼!畴咨庶尹,对越上玄,内愧于朕心,上畏于天命。夙夜祗栗,深惟永图。一日万机,不可以久旷;天工人代,不可以久违。皇太子纯睿哲温乂,宽和仁惠,孝友之德,敬爱之诚,通乎神明,格于上下。是用法皇王至公之道,遵父子传归之制,付之重器,以抚兆人。必能宣祖宗之重光,荷天地之休命,奉若成宪,永绥四方。宜令皇太子即皇帝位,朕称太上皇,居兴庆宫,制称诰。"辛丑,诰:"有天下传归于子,前王之制也。钦若大典,斯为至公,式扬耿光,用体文德。朕获奉宗庙,临御万方,降疾不瘳,庶政多阙。乃命元子,代予守邦,爰以令辰,光膺册礼,宜以今月九日册皇帝于宣政殿。国有大命,恩俾惟新,宜因纪元之庆,用覃在宥之泽。宜改贞元二十一年为永贞元年。自贞元二十一年八月五日已前,天下死罪降从流,流以下递减一等。"诰立良娣王氏为太上皇后,良媛董氏为太上皇德妃。壬寅,贬右散骑常侍王伾为开州司马,前户部侍郎、度支盐铁转运使王叔文为渝州司户。

元和元年正月丙寅朔,皇帝率百僚上太上皇尊号曰应乾圣寿。甲申,太上皇崩于兴庆宫之咸宁殿,享年四十六岁。六月乙卯,皇帝率群臣上大行太上皇谥曰至德大圣大安孝皇帝,庙号顺宗。秋七月壬申,葬于丰陵。

史臣韩愈曰:顺宗之为太子也,留心艺术,善隶书。德宗工为诗,每赐大臣方镇诗制,必命书之。性宽仁有断,礼重师傅,必先致拜。从幸奉天,贼泚逼迫,常身先禁旅,乘城拒战,督励将士,无不奋激。德宗在位岁久,稍不假权宰相。左右幸臣如裴延龄、李齐运、韦渠牟等,因间用事,刻下取功,而排陷陆贽、张滂辈,人不敢言,太子从容论争,故卒不任延龄、渠牟为相。尝侍宴鱼藻宫,张水嬉,彩舰雕靡,宫人引舟为櫂歌,丝竹间发,德宗欢甚,太子引诗人"好乐无荒"为对。每于敷奏,未尝以颜色假借宦官。居储位二十年,天下阴受其赐。惜乎寝疾践阼,近习弄权;而能传政元良,克昌运祚,贤哉!

宪宗圣神章武孝皇帝讳纯,顺宗长子也,母曰庄宪王太后。大历十三年二月生于长安之东内。六七岁时,德宗抱置膝上,问曰:"汝谁子,在吾怀?"对曰:"是第三天子。"德宗异而怜之。贞元四年六月,封广陵王。顺宗即位之年四月,册为皇太子。七月乙未,权勾当军国政事。

八月丁酉朔,受内禅。乙巳,即皇帝位于宣政殿。先是,连月霖雨,上即位之日晴霁,人情欣悦。丙午,升平公主进女口十五人,上曰:"太上皇不受献,朕何敢违!其还郭氏。"丁未,始御紫宸对百僚。己酉,以道州刺史路恕为邕管经略使。庚戌,荆南献龟二,诏曰:"朕以寡昧,纂承丕业,永思理本,所宝惟贤。至如嘉禾神芝,奇禽异兽,盖王化之虚美也。所以光武形于诏令,《春秋》不书祥瑞,朕诚薄德,思及前人。自今已后,所有祥瑞,但令准式申报有司,不得上闻;其奇禽异兽,亦宜停进。"癸丑,剑南西川节度使、检校太尉、中书令、南康郡王韦皋薨。甲寅,以常州刺史穆赞为宣歙池观察使,以前宣歙观察使崔衍为工部尚书。己未,以中书侍郎、平章事袁滋为剑南东西两川、山南西道安抚大使,时韦皋卒,刘辟据蜀邀节钺故也。辛酉,太上皇诰册良娣王氏为太上皇后。癸亥,以朝请大夫、守尚书左丞、轻车都尉、赐紫金鱼袋郑余庆同中书门下平章事。丙寅,以饶州刺史李吉甫为考功郎中,夔州刺史唐次为吏部郎中,并知制诰。九月丁卯朔。己巳,罢教坊乐人授正员官之制。辛未,河阳三城节度使元韶卒。癸酉,以陈州刺史孟元阳为怀州刺史、河阳三城孟怀节度使。丙子,敕申光蔡、陈许两道比遭亢旱,宜加赈恤,申、光、蔡赈米十万石,陈、许五万石。丁丑,前户部侍郎蔡弁卒。襄州于頔进鹰,诏还之。己卯,京西神策行营节度行军司马韩泰贬抚州刺史,司封郎中韩晔贬池州刺史,礼部员外郎柳宗元贬邵州刺史,屯田员外郎刘禹锡贬连州刺史,坐交王叔文也。辛巳,给事中陆质卒。冬十月丙申朔。丁酉,集百僚发曾太皇太后沈氏哀于肃章门外。检校司空兼右仆射、同中书门下平章事、魏国公贾耽卒。戊戌,以宰臣剑南安抚使袁滋检校吏部尚书、同中书门下平章事、成都尹、剑南西川节度观察等使，以西川行军司马刘辟为给事中。舒王谊薨。庚子，南诏使赵迦宽来赴山陵。浙东观察使贾全卒。辛丑，吐蕃使论乞缕贡助山陵金银衣服。太常上大行曾太皇太后沈氏谥曰睿真皇后。丙午，以华州刺史杨於陵为越州刺史、浙东观察使。丁未，改桂州纯化县为慕化县，蒙州纯义县为正义县。乙酉，葬德宗皇帝于崇陵。甲寅，以刑部尚书高郢为华州刺史、潼关防御、镇国军使，御史中丞李鄘为京兆尹。贬京兆尹王权为雅王傅。久雨，京师盐贵，出库盐二万石，粜以惠民。乙巳，祔睿真皇后神主、德宗皇帝神主于太庙。壬申，贬正议大夫、中书侍郎、平章事韦执谊为崖州司马，以交王叔文也。润、池、扬、楚、湖、杭、睦、江等州旱。贬剑南西川节度使袁滋为吉州刺史，以其慰抚三川逗留不进故也。以左骁卫将军李演为夏州刺史、夏绥银等州节度使，以右庶子武元衡为御史中丞。已卯，再贬抚州刺史韩泰为虔州司马，河中少尹陈谏台州司马，邵州刺史柳宗元为永州司马，连州刺史刘禹锡朗州司马，池州刺史韩晔饶州司马，和州刺史凌准连州司马，岳州刺史程异郴州司马，皆坐交王叔文也。初贬刺史，物议罪之，故再加贬窜。辛巳，宣、抚、和、郴、鄂、袁、衢七州旱。壬午，吏部尚书郑珣瑜卒。甲申，以湖南观察使杨凭为洪州刺史、江西观察使，以虢州刺史薛苹为潭州刺史、湖南观察使。鄂、岳、婺、衡等州旱。癸巳，宣歙观察使穆赞卒。十二月丙申朔。庚子，以东都留守韦夏卿为太子少保，以兵部尚书王绍为东都留守。壬寅，改淳州为峦州，还淳县为清溪县，淳风县为从化县，姓淳于者改姓于。甲辰，襄阳于頔加平章事。丙申，月犯毕。己酉，以新除给事中、西川行军司马刘辟为成都尹、剑南西川节度使。岁星犯太微西垣。庚戌，金州复析汉阴县置石泉县。壬子，以右谏议大夫韦丹为梓州刺史，充剑南东川节度使，以常州刺史路应为宣州刺史、宣歙池观察使。壬戌，以朝请大夫、守中书舍人、翰林学士、上柱国郑絪为中书侍郎、同平章事、集贤殿学士。以考功郎中、知制诰李吉甫为中书舍人，以考功员外郎裴垍为考功郎中、知制诰，并充翰林学士。

元和元年春正月丙寅朔，皇帝率群臣于兴庆宫奉上太上皇尊号曰应乾圣寿太上皇。丁卯，御含元殿受朝贺。礼毕，御丹凤楼，大赦天下，改元曰元和。自正月二日昧爽已前，大辟罪已下，常赦不原者，咸赦除之。辛未，以鄂岳沔观察使韩皋为鄂、岳、蕲、安、黄等州节度使。丁丑，太子少保韦夏卿卒。辛巳，以兴元元从功臣、右神策护军使副薛盈珍为右神策护军中尉。壬午，成德军节度使、检校司空王士真同中书门下平章事。癸未，诏以太上皇旧恙愆和，亲侍药膳，起今月十六日已后，权不听政。以左神策长武城防秋都知兵马使高崇文检校工部尚书，充神策行营节度使。甲申，太上皇崩于兴庆宫，迁殡于太极殿，发丧。乙酉，宰相杜佑摄冢宰，杜黄裳为礼仪使，右仆射伊慎大明宫留守，视事于尚书省。壬辰，复置斜谷路馆驿。戊子，制："剑南西川，疆界素定，藩镇守备，各有区分。顷因元臣薨谢，邻藩不睦，刘辟乃因虚构隙，以忿结仇，遂劳王军，兼害百姓。朕志存含垢，务欲安人，

遣使谕宣，委之旄钺。如闻道路拥塞，未息干戈，轻肆攻围，拟图吞并。为君之体，义在胜残，命将兴师，盖非获已。宜令兴元严砺、东川李康掎角应接，神策行营节度使高崇文、神策兵马使李元奕率步骑之师，与东川、兴元之师类会进讨。其粮料供饷，委度支使差官以闻。"甲午，高崇文之师由斜谷路，李元奕之师由骆谷路，俱会于梓潼。辛卯，群臣请听政。二月乙未朔，以度支郎中敬宽为山剑行营粮料使。严砺奏收剑州。乙丑，入朝奚王梅落可银青光禄大夫、检校司空，封饶乐郡王，放还蕃。癸卯，赠宣武军节度使陆长源为右仆射，赠故吉州刺史姜公辅礼部尚书。甲辰，以钱少，禁用铜器。癸丑，以魏博田季安同平章事。戊戌，谓宰臣曰："前代帝王，或怠于听政，或躬决繁务，其道何如。"杜黄裳对曰："帝王之务，在于修己简易，择贤委任，宵旰以求民瘼，从人以厚下，固不宜怠肆安逸。然事有纲领小大，当务知其远者大者；至如簿书讼狱，百吏能否，本非人主所自任也。昔秦始皇自程决事，见嗤前代；诸葛亮王霸之佐，二十罚以上皆自省之，亦为敌国所消，知不久堪；魏明帝欲省尚书拟事，陈矫言其不可；隋文帝日旰听政，令卫士传餐，文皇帝亦笑其烦察。为人主之体固不可代下司职，但择人委任，责其成效，赏罚必信，谁不尽心。《传》称帝舜之德曰：'夫何为哉？恭己南面而已！'诚以能举十六相，去四凶也。岂与劳神疲体自任耳目之主同年而语哉！但人主常势，患在不能推诚，人臣之弊，患在不能自竭。由是上疑下诈，礼貌亏，欲求致理，自然难致。苟无此弊，何患不至于理。"上称善久之。以京兆尹李鄘为尚书右丞，以金吾大将军郑云逵为京兆尹。三月乙丑朔。戊辰，诏常参官寒食拜墓，在畿内听假日往还，他州府奏取进止。辛未，御史中丞武元衡奏："中书门下御史台五品已上官、尚书省四品已上、诸司正三品已上、从三品职事官、东都留守、转运盐铁节度观察使、团练防御招讨经略等使、河南尹、同华州刺史、诸卫将军三品已上官除授，皆入阁谢，其余官许于宣政南班拜讫便退。"诏曰："如此例中有加使及职掌并准此。"又"兵部、吏部、礼部贡院官员，每举选限内，有十月至二月不奉朝参。若称事繁，则中书门下、御史台、度支、京兆府公事至重，朝谒如常。况旬节已赐归休，又许分日，一月之内，才奉十日朝参，甚暑甚寒，又蒙矜放。臣求故实，以为干颜任中丞日尝论其事，举对甚详，伏请准贞元十二年四月二十七日敕，永为常式。"从之。丙子，严砺收梓州。丁丑，制削夺刘辟在身官爵。先是韩全义入朝，令其甥杨惠琳知留后，俄有诏除李演为节度，代全义。演赴任，惠琳据城叛，诏发河东、天德兵诛之。辛巳，夏州兵马使张承金斩惠琳，传首以献。壬辰，大行太上皇德妃董氏卒。以右神策行营节度高崇文检校兵部尚书、梓州刺史、剑南东川节度。戊戌，以安南经略副使张舟为安南都护、本管经略使。己亥，以前剑南东川节度使韦丹为晋绛观察使。壬寅，以前安南经略使赵昌为广州刺史、岭南节度使。癸卯，前岭南节度使徐申卒。丙午，命宰臣监试制举人于尚书省，以制举人先朝所征，不欲亲试也。丁未，以检校司空、平章事杜佑为司徒，所司备礼册拜，平章事

如故；罢领度支、盐铁、转运等使，从其让也，仍以兵部侍郎李巽代领其任。戊申，以陇右经略使、秦州刺史刘澭为保义军节度使。赈浙东米十万石。己未，武元衡奏，常参官兼御史大夫、中丞者，准检校省官例，立在本品同类之上。壬戌，邵王约薨。武元衡奏："正衙待制官，本置此官以备问。比来正衙多不奏事。自今后请以尚书省六品以上职事官、东宫师傅宾詹、王傅等，每坐日令两人待制，退朝，诏于延英候对。"从之。五月甲子朔。丁卯，京兆尹郑云逵卒。辛未，以兵部侍郎韦武为京兆尹兼御史大夫。壬申，贬剑南东川节度使李康为雷州司马。陈、许、蔡等州旱。以横海军留后程执恭横海军节度使。庚辰，左丞、同平章事郑余庆为太子宾客，罢知政事。辛卯，册太上皇后王氏为皇太后。六月癸巳朔，以册太后礼毕，赦天下系囚，死罪降从流，流以下递减一等。文武内外官加母邑号，太后诸亲，量与优给。丙申，册德宗充容武氏为崇陵德妃。大风折树。丁酉，高崇文破贼万人于鹿头关。加幽州刘济侍中，淄青李师古检校司徒。癸卯，高崇文收汉州。闰六月壬子朔，淄青李师古卒。戊辰，以秘书监董叔经为京兆尹。壬午，谏议大夫去左、右字，只置四员。以前司封员外郎韦况为谏议大夫。甲申，吐蕃论勃藏来朝贡。秋七月壬辰朔。壬寅，葬顺宗于丰陵。己酉，太子少保致仕韩全义卒。八月辛酉朔。癸亥，以左卫大将军李愿检校礼部尚书、夏州刺史，充夏、绥、银节度使。甲子，郇王母王昭仪、宋王母赵昭仪、郯王母张昭训、衡王母阎昭训等，各以其王并为太妃。以许氏为美人，尹氏、段氏为才人。浔阳公主母崔昭训为太妃。韩全义子进女乐八人，诏还之。丁卯，封王子平原郡王宁为邓王，同安郡王宽为澧王，建安郡王宥为遂王，彭城郡王察为深王，高密郡王寰为洋王，文安郡王寮为绛王，第十男审为建王。己巳，以建王审为郓州大都督、平卢淄青节度使；以节度副使李师道权知郓州事，充节度留后。乙亥，册妃郭氏为贵妃。灵武李栾奏，黄河岸塌处得古钱三千三百，其形小，方孔，三足。壬午，左降官韦执谊、韩泰、陈谏、柳宗元、刘禹锡、韩晔、凌准、程异等八人，纵逢恩赦，不在量移之限。癸未，京兆尹董叔经卒。甲申，御史台奏，常参官在城未上及在外未到、假故等，在外未到，计水陆程外，满百日，并停解，从之。丙戌，以尚书右丞李郾为京兆尹。九月辛卯朔。癸卯，诏自今后两省官每坐日一人对。丙午，以太子宾客郑余庆为国子祭酒。辛亥，高崇文奏收成都，擒刘辟以献。癸丑，以山人李渤为左拾遗，征不至。甲子，易定张茂昭来朝。丙寅，以剑南东川节度使、检校兵部尚书、梓州刺史、封渤海郡王高崇文检校司空、兼成都尹、御史大夫，充剑南西川节度副大使、知节度事、管内度支营田观察使、处置统押近界诸蛮及西山八国兼云南安抚等使，仍改封南平郡王，食邑三千户。戊戌，以山南西道节度使严砺为梓州刺史、剑南东川节度使；以将作监柳晟检校工部尚书，兼兴元尹，充山南西道节度使。庚辰，以吉州刺史袁滋为御史大夫，充义成军节度使。壬午，以淄青节度留后李师道检校工部尚书，兼郓州大都督府长史，充平卢淄青节度副大使、知节度事。丙戌，以渤海国

王大嵩璘检校太尉。戊子，斩刘辟并子超郎等九人于独柳树下。十一月庚寅朔。己巳，以简王傅王权为河南尹。丁未，以司农卿李上公为陕州大都督府长史，充陕虢观察使。甲申，以武宁军节度张愔为工部尚书，以东都留守王绍检校右仆射，兼徐州刺史、武宁军节度使、徐泗濠等州观察等使。庚戌，以吏部侍郎赵宗儒为东都留守、东畿汝防御使，以国子祭酒郑余庆为河南尹。甲寅，以给事中刘宗经为华州刺史、潼关防御、镇国军使。丙辰，以内常侍吐突承璀为神策护军中尉。十二月丙申朔，太常奏隐太子、章怀、懿德、节愍、惠庄、惠文、惠宣、靖恭、昭靖以下九太子陵，代数已远，官额空存，今请陵户外并停。乙亥，工部尚书张愔卒。丙戌，新罗、渤海、牂牁、回纥各遣使朝贡。

二年春正月己丑朔，上亲献太清宫、太庙。辛卯，祀昊天上帝于郊丘，是日还宫，御丹凤楼，大赦天下。先是，将及大礼，阴晦浃辰，宰臣请改日，上曰："郊庙事重，斋戒有日，不可遽更。"享献之辰，景物晴霁，人情欣悦。丁酉，司徒杜佑辞知政事。诏令每月三度入朝，便于中书商量政事。庚子，回纥请于河南府、太原府置摩尼寺，许之。乙巳，以门下侍郎、同平章事、南阳郡开国公杜黄裳检校司空、同平章事，兼河中尹、河中晋绛等州节度使。停诸陵留守。己卯，以户部侍郎、赐绯鱼袋武元衡为门下侍郎、同平章事、赐紫金鱼袋，以中书舍人、翰林学士李吉甫为中书侍郎、同平章事。丁巳，停中和、重阳二节赐宴；其上巳宴，仍旧赐之。二月辛酉，诏僧尼道士全隶左右街功德使，自是祠部司封不复关奏。丙寅，左右羽林军应管月番飞骑总五千六百一十三人，并停。己巳，起居舍人郑随次对，面受进止；令宣与两省供奉官，自今已后，有事即进状，次对官宜停。庚午，司天造新历成，诏题为《元和观象历》。壬申夜，月掩岁星。丁丑，寒食节，宴群臣于麟德殿，赐物有差。壬午，以第五国翚为右神策军中尉。三月辛卯，赐群臣宴于曲江亭。癸卯，判度支李巽为兵部尚书，依前判度支盐铁转运使。夏四月甲子，禁铅锡钱。以右金吾卫大将军范希朝为检校司空、灵州长史、朔方灵盐节度使。戊寅，近置英武军额，宜停。庚辰，岭南节度使赵昌进琼、管、儋、振、万、安六州《六十二洞归降图》。六月丁巳朔，始置百官待漏院于建福门外。故事，建福、望仙等门，昏而闭，五更而启，与诸坊同时。至德中有吐蕃囚自金吾仗亡命，因敕晚开门，宰相待漏于太仆寺车坊。至是始令有司据班品置院。戊午，凤翔节度使张敬则卒。乙丑，五坊色役户及中书门下两省纳课陪厨户及捉钱人，并归府县色役。己巳，停舒、庐、滁、和四州团练使额。癸酉，东都庄宅使织造户，并委府县收管，乙亥，停润州丹阳军额。丙子，左神策军新筑夹城，置玄化门晨耀楼。辛巳，以京兆尹李郾为凤翔尹、凤翔陇右节度使。蔡州水，平地深七八尺。秋七月丙戌朔，敕刑部侍郎许孟容等删定《开元格后敕》。丁亥，敕外命妇朝谒皇太后，多有前却，今后诸亲委宗正寺，百官母妻委台司，如有违越者，夫子夺一月俸，频不到，有司具状奏闻。戊子，录配享功臣之后，得苏瑰孙系，用为京兆府司录；崔玄暐孙

元方、张说孙啗,并为监察御史;狄仁杰后玄范,为右拾遗;敬晖孙元亮,袁恕己孙德师,相次叙用。癸巳,太仆寺丞令狐丕进亡父峘所撰《代宗实录》四十卷,诏赠峘工部尚书。八月丙辰朔。辛酉,宰相武元衡兼判户部事。壬戌,刑部奏改《律》卷第八为《斗竞律》。甲子,以职方员外郎王洁为岭南选补使,监察御史崔元方监之。甲戌,中书奏:"先停诸道奏祥瑞。伏以所献祥瑞,皆缘腊飨、告庙、元会奏闻,今后诸大瑞随表闻奏,中瑞、下瑞申有司,其元日奏祥瑞,请依令式。"从之。辛巳,封杜黄裳为邠国公,于頔为燕国公。没著僧惟良阐等四百五十人自著中还。九月乙酉,密王绸薨。十月己酉,以浙西节度使李锜为左仆射;以御史大夫李元素为润州刺史,镇海军、浙西节度使。庚申,李锜据润州反,杀判官王澹、大将赵琦。时锜诈请入朝,署澹为留后,因讽兵士乱,杀澹、琦,遂令苏、常、杭、湖、睦五州戍将杀刺史,修石头故城,谋欲僭窃。壬戌,诏:"李锜属列宗枝,任居方伯,穷赫奕之贵,饱绸缪之恩。待以亲贤,报之以逆节;授其师旅,用之以乱常。屡献表章,亟请朝会,初则诈疾,后乃纵兵。僚佐以献规受屠,王臣以传命见胁。朕切于含垢,未忍发明,累降中人,令遣前旨。无轺车之戒路,有祲气之滔天。加以日逞淫刑,月兴暴赋。朕为人父母,闻甚恻然,顾惟纪纲,焉敢废坠!李锜在身官爵,并宜削夺。"以淮南节度使王锷充诸道行营招讨使,内官薛尚衍为监军,率汴、徐、鄂、淮南、宣歙之师,取宣州路进讨。丁卯,以门下侍郎、平章事武元衡检校吏部尚书、兼门下侍郎、平章事、成都尹、充剑南西川节度使,仍封临郡公。将行,上御安福门慰劳之。癸酉,润州大将张子良、李奉仙等执李锜以献。辛巳,锜从父弟宋州刺史铦、通事舍人铦坐贬岭外。十一月甲申,斩李锜于独柳树下,削锜属籍。丙戌,以擒李锜,润州牙将张子良为左金吾卫将军,封南阳郡王;田少卿、李奉仙等为羽林将军,并封公。甲辰,诏司徒杜祐筋力未衰,起今后每日入中书视事。十二月甲寅,宰相李吉甫封赞皇侯。丙辰,上谓宰臣曰:"朕览国书,见文皇帝行事,少有过差,谏臣论诤,往复数四。况朕之寡昧,涉道未明,今后事或未当,卿等每事十论,不可一二而止。"丁巳,东都国子监增置学生一百人。癸亥,御史台奏:"文武常参官准乾元元年三月十四日敕,如有朝堂相吊慰及跪拜、待漏行立失序,语笑喧哗;入衙入阁,执笏不端,行立迟慢;立班不正,趋拜失仪,言语微喧,穿班穿仗,出入阁门,无故离位;廊下饮食,行坐失仪喧闹;入朝及退朝不从正衙出入;非公事入中书等;每犯夺一月俸。班列不肃,所由指摘,犹或饰非,即具闻奏贬责。臣等商量,于旧条每罚各减一半,所贵有犯必举。"从之。丙寅,以剑南西川节度使高崇文检校司空、同平章事,兼邠州刺史,邠宁庆节度使,充京西诸军都统。壬申,礼部举人,罢试口义,试墨义十条,五经通五,明经通六,即放进士。举人曾为官司科罚,曾任州县小吏,虽有艺能,长吏不得举送,违者举送官停任,考试官贬黜。丙子,令宰臣宣敕:"百僚游宴过从钱别,此后所由不得奏报,务从欢泰。保义军节度使刘澭卒。己卯,史官李吉甫撰《元和国计簿》,总计天下方镇凡四十八,管州府二百九十五,县一千四百五十三,户二百四十四万二百五十四,其凤翔、鄜坊、邠宁、振武、泾原、银夏、灵盐、河东、易定、魏博、镇冀、范阳、沧景、淮西、淄青十五道,凡七十一州,不申户口。每岁赋入倚办,止于浙江东西、宣歙、淮南、江西、鄂岳、福建、湖南等八道,合四十九州,一百四十四万户。比量天宝供税之户,则四分有一。天下兵戎仰给县官者八十三万余人,比量天宝士马,则三分加一,率以两户资一兵。其他水旱所损,征科发敛,又在常役之外。吉甫都纂其事,成书十卷。是岁,吐蕃、回纥、奚、契丹、渤海、牂柯、南诏并朝贡。

三年春正月癸未朔。癸巳,群臣上尊号曰睿圣文武皇帝。御宣政殿受册,礼毕,移仗御丹凤楼,大赦天下。庚子,泾原段祐请修临泾城,在泾州北九十里,扼犬戎之冲要,诏从之。戊申,罢左右神威军,合为一,号天威军。二月丙申,宰相李吉甫进封赵国公。己丑,以武昌军节度使韩皋为润州刺史、镇海军节度、浙西观察使。辛未,赠故布衣崔善真睦州司马,忠谏而死于李锜也。癸丑,以鄜坊节度使裴玢为兴元尹、山南西道节度使。丙子,以右金吾卫大将军路恕为鄜州刺史、鄜坊节度使。戊寅,咸安大长公主卒于回纥。三月癸巳,郁王总薨。庚子,以定平镇兵马使朱士明为四镇、北庭、泾原等州节度使。乙巳,御宣政殿试制科举人。夏四月癸丑,中使郭里旻酒醉犯夜,杖杀之,金吾薛伾、巡使韦缳皆贬逐。赐朱士明名曰忠亮。乙丑,贬翰林学士王涯虢州司马,时涯甥皇甫湜与牛僧孺、李宗闵并登贤良方正科第三等,策语太切,权幸恶之,故涯坐亲累贬之。壬申,大风毁含元殿栏槛二十七间。乙亥,以岭南节度使赵昌为江陵尹、荆南节度使,以户部侍郎杨於陵为广州刺史、岭南节度使。丁丑,以荆南节度使裴均为左仆射、判度支。敕五月一日御殿受朝贺礼宜停。己卯,裴均于尚书省都堂上仆射。其送印及呈孔目唱案授案,皆尚书郎为之,文武三品已上升阶列坐,四品五品及郎官、御史拜于厅下,然后召御史中丞、左右丞、侍郎升阶答拜。虽修故事行之,议者论其太过。五月壬辰,兵部请复武举,从之。甲午,敕东都畿、汝州都防御使及副使宜停,所管将士三千七百三十人,随畿、汝界分留守及汝州防御使分掌之。辛丑,右仆射裴均请取荆南杂钱万贯修尚书省,从之。丙午,正衙册九姓回纥可汗为登啰里汩蜜施合毗伽保义可汗。六月戊辰,诏以钱少,欲设畜钱之令,先告谕天下商贾畜钱者,并令逐便市易,不得畜钱。天下银坑,不得私采。癸亥,以邕管将黄少卿为归顺州刺史,弟少高、少温并授官,西原蛮酋也,贞元中屡寇邕管,至是归款。乙丑,罢江淮私堰埭二十二,从转运使奏也。甲戌,以河南尹郑余庆为东都留守。丁丑,沙陀、突厥七百人携其亲属归振武节度使范希朝,乃授其大首领曷勒河波阴山府都督。秋七月辛丑朔,日有蚀之。己亥,复以度支安邑、解县两池留后为榷盐使。丁未,涪州复隶黔中道。八月庚申,复置东都防御兵七百人。九月己丑,淮南节度使王锷来朝。庚寅,以山南东道节度使于頔守司空、同平章事;以右仆射裴均检校左仆射、同平章事、襄州长史，充山南东道节度使；加宣武韩弘同平章事。丙申，以户部侍郎裴垍为中书侍郎、同平章事。戊戌，以中书侍郎、平章事李吉甫检校兵部尚书、兼中书侍郎、平章事、扬州大都督府长史、淮南节度使。以淮南节度使王锷检校司徒、河中尹、河中晋绛慈隰节度使。河中节度使、检校司空、同平章事邠国公杜黄裳卒。是秋，京师大雨。十月己酉朔。癸亥，以太常卿高郢为御史大夫。甲子，以御史中丞窦群为湖南观察使，既行，改为黔中观察使。群初为李吉甫擢用，及持宪，反倾吉甫，吉甫劾其阴事，故贬之。丁卯，度支使下判案官，以四员为定。十一月甲午，横海军节度使程执恭来朝。十二月庚戌，以临泾县为行原州，命镇将郝玼为刺史。自玼镇临泾，西戎不敢犯塞。甲子，南诏异牟寻卒。辛未，以谏议大夫段平仲使南诏吊祭，仍立其子骠信苴蒙阁劝为南诏王。是岁，淮南、江南、江西、湖南、山南东道旱。

夏四月丙子朔。戊寅，国子祭酒冯伉卒。壬午，裴均进银器一千五百两，以违敕，付左藏库。甲申，令皇太子居少阳院。武功人张英奴撰《回波辞》惑众，杖杀之。丙申，抚州山人张洪骑牛冠履，献书于光顺门，书不足采，遣之。庚子，制故太尉、西平郡王李晟宜编附属籍。以太常卿李元素为户部尚书、判度支，以商州刺史元义方为福建观察使。甲辰，以兵部侍郎权德舆为太常卿，仍赐金紫。以御史大夫高郢为兵部尚书，以刑部郎中、侍御史知杂李夷简为御史中丞。五月丙午朔。辛酉，刑部尚书郑元卒。丁卯，盐铁使、吏部尚书李巽卒。六月乙亥朔。丁丑，以河东节度使李鄘为刑部尚书，诸道盐铁转运使；以灵盐节度使范希朝为太原尹、北都留守、河东节度使；以右卫上将军王佖为灵州大都督府长史、灵盐节度使。辛丑，五岭已北银坑任人开采，禁钱不过岭南。秋七月乙巳朔，御制《前代君臣事迹》十四篇，书于六扇屏风。是月，出书屏以示宰臣，李藩等表谢之。丁未，渭南暴水，坏庐舍二百余户，溺死六百人，命府司赈给。乙卯，右羽林统军高固卒。壬戌，御史中丞李夷简弹京兆尹杨凭前为江西观察使时赃罪，贬凭临贺尉。戊辰，以尚书右丞许孟容为京兆尹，赐金紫。八月甲戌朔。癸未，兖州鱼台县移置于黄台市。丙申，安南都护张舟奏破环王国三万余人，获战象、兵械，并王子五十九人。癸卯，赠太师裴冕宜配享代宗庙庭，赠太师李晟、赠太尉段秀实宜配享德宗庙庭。九月甲辰朔。庚戌，以成德军都知兵马使、镇州右司马王承宗起复检校工部尚书，充成德军节度使；以德州刺史薛昌朝检校左常侍，充保信军节度、德棣等州观察使。昌朝，嵩之子，婚于王氏，时为德州刺史。朝廷以承宗难制，乃割二州为节度，以授昌朝。制下，承宗以兵劫昌朝归镇州。丁卯，邠宁节度使、检校司空、同平章事高崇文卒。冬十月癸酉朔。以右羽林统军阎巨源为邠州刺史、邠宁庆节度使，以少府监崔颐为同州刺史、本州防御、长春宫等使。癸未，诏："成德军节度使王承宗顷在苫庐，潜窥戎镇。而内外以事君之礼，叛而必诛；分土之仪，专则有辟。朕念其先祖尝有茂勋，贷以私恩，抑以公议。使臣旁午以告谕，孽童俯伏以陈诚，愿献两州，期无二事。朕亦

收其后效，用以曲全，授节制于旧疆，齿勋贤于列位。况德、棣本非成德所管，昌朝又是承宗懿亲，俾抚近邻，斯诚厚泽，外虽两镇，内是一家。而承宗象恭怀奸，肖貌稔恶，欺裴武于得位之后，囚昌朝于授命之中。加以表疏之间，悖慢斯甚，义士之所兴叹，天地之所不容。恭行天诛，盖示朝典，承宗在身官爵，并宜削夺。"以神策左军中尉吐突承璀为镇州行营招讨处置等使，以龙武将军赵万敌为神策先锋将，内官宋惟澄、曹进玉、马朝江等为行营馆驿粮料等使。京兆尹许孟容与谏官面论，征伐大事，不可以内官为将帅，补阙独孤郁其言激切。诏旨只改处置为宣慰，犹存招讨之名。己丑，诏军进讨，其王武俊、士真坟墓，军士不得樵采，其士平、士则各守本官，仍令士则各袭武俊之封。庚寅，册邓王宁为皇太子。癸巳，以册储，肆赦系囚，死罪降从流，流以下递降一等。文武常参官、外州府长官为父后者，赐勋两转。工部侍郎归登、给事中吕元膺为皇太子诸王侍读。己亥，吐突承璀军发京师，上御通化门劳遣之。十一月癸卯朔，浙西苏、润、常州旱俭，赈粜二万石。甲子，河南尹杜兼卒。己巳，彰义军节度使、检校司空、同平章事吴少诚卒。十二月壬申朔，以户部侍郎张弘靖为陕府长史、陕虢观察运等使，赐金紫。以陕虢观察使房式为河南尹。中丞李夷简奏："诸州府于两税外违格科率，请诸道盐铁、转运、度支、巡院察访报台司，以凭举奏。"从之。

五年春正月壬寅朔，己巳，浙西观察使韩皋以杖决安吉令孙澥致死，有乖典法，罚一月俸料。二月辛未朔。戊子，礼院奏东宫殿阁名及宫臣姓名，与太子名同者改之，其上台官列、王冥爵土无例辄改，从之。东台监察御史元稹摄河南尹房式为台，擅令停务，贬江陵府士曹参军。三月辛丑朔，宰相杜佑与同列宴于樊川别墅，上遣中使赐酒馔。乙巳，以御史中丞李夷简为户部侍郎、判度支，以兵部侍郎王播为御史中丞。癸巳，以太子宾客郑絪检校礼部尚书、广州刺史、岭南节度使。己未，制以遂王宥为彰义军节度使，以申州刺史吴少阳为申光蔡节度留后。甲子，大风折木。丁卯，宰相于頔请依杜佑例一月三朝，从之。夏四月庚午朔。癸酉，户部尚书李元素卒。甲申，镇州行营招讨使吐突承璀执昭义节度使卢从史，载从史送京师。丁亥，河东范希朝奏破贼于木刀沟。福州复置侯官、长乐二县，建州置乐县。壬申，以昭义都知兵马使、潞州左司马乌重胤为怀州刺史、河阳三城怀州节度使，以河阳节度使孟元阳为潞州长史、昭义军节度、泽潞磁邢洺观察使。戊戌，贬前昭义节度使卢从史为驩州司马。五月庚子朔。乙巳，昭义军三千人夜溃奔魏州。右神策军使段佑卒。庚申，吐蕃使论思即热朝贡，并归郏叔矩、路泌之柩。六月庚午朔。戊寅，以太府卿李少和为洪州刺史、江西观察使。奚、回纥、室韦寇振武。癸巳，应给食实封例，节度使兼宰相，每食实封百户，岁给八百端匹，若是绢，加给绵六百两；节度使不兼宰相，每百户给四百端匹；使诸卫大将军，每百户给三百五十端匹。秋七月己亥朔。庚子，王承宗遣判官崔遂上表自首，请输常赋，朝廷除授官吏。丁未，诏昭洗王承宗，复其官爵，待之如初。诸道

行营将士，共赐物二十八万四百三十端匹。时招讨非其人，诸军解体，而藩邻观望养寇，空为逗挠，以弊国赋。而李师道、刘济亟请昭雪，乃归罪卢从史而宥承宗，不得已而行之也。幽州刘济加中书令，魏博田季安加司徒，淄青李师道加仆射，并以罢兵加赏也。乙卯，幽州节度使刘济为其子总鸩死。庚申，以虔州刺史马总为安南都护、本管经略使。八月乙巳朔。乙亥，上顾谓宰臣曰："神仙之事信乎？"李藩对曰："神仙之说，出于道家；所宗《老子》五千文为本。《老子》指归，与经无异。后代好怪之流，假托老子神仙之说。故秦始皇遣方士载男女入海求仙，汉武帝嫁女与方士求不死药，二主受惑，卒无所得。文皇帝服胡僧长生药，遂致暴疾不救。古诗云：'服食求神仙，多为药所误。'诚哉是言也。君人者，但务求理，四海乐推，社稷延永，自然长年也。"上深然之。以浙东观察使薛苹为润州刺史、浙西观察使，以常州刺史李逊为越州刺史、浙东观察使。以都官郎中韦贯之为中书舍人，起居舍人裴度为司封员外郎、知制诰。癸巳，以邓州刺史崔咏为邕州刺史、本管经略使。九月戊戌朔。辛亥，以吐突承璀复为左军中尉。谏官以承璀建谋讨伐无功，请行朝典。上宥之，降承璀为军器使。乃以内官程文干为左军中尉。壬戌，以瀛州刺史刘总起复受幽州长史，充幽州卢龙军节度使。癸亥，以兵部尚书高郢为右仆射致仕。丙寅，制以正议大夫、守太常卿、上柱国、襄武县开国侯、赐紫金鱼袋权德舆可守礼部尚书、同中书门下平章事。丁卯，翰林学士独孤郁守本官起居，以妻父权德舆在中书，避嫌也。冬十月戊辰朔，以京兆尹许孟容为兵部侍郎，以中丞王播代孟容，又以吕元膺代播。升平大长公主薨。庚辰，宰相裴垍进所撰《德宗实录》五十卷，赐垍锦彩三百匹、银器等，史官蒋武、韦处厚等颁赐有差。辛巳，定州将杨伯玉诱三军为乱，拘行军司马任迪简。别将张佐元杀伯玉，迪简谋归朝，三军惧，乃杀佐元。壬辰，制以迪简检校工部尚书、定州长史，充义武军节度观察、北平军等使。甲午，以前义武军节度、检校太尉、兼太子太傅、同平章事张茂昭检校太尉、兼中书令、河中尹，充河中、晋、绛、慈、隰节度使。十一月戊戌朔，浙西奏当镇旧有丹阳军，今请并为镇海军，从之。庚子，右金吾卫大将军伊慎降为右卫将军，以行赂三十万与中尉第五从直，求为河东节度故也。甲辰，会王缅薨。庚戌，以前河中节度使王锷检校司空、兼太子太傅、太原尹、北都留守、河东节度使。以代州刺史阿跌光进为单于大都护、振武麟胜节度度支营田观察押蕃落等使。庚申，以中书侍郎、平章事裴垍为兵部尚书。以前保信军节度使、德州刺史薛昌朝为右武卫将军。前为王承宗虏之，囚于镇州，至是归朝故也。丙寅，吏部郎中柳公绰献《太医箴》，上深喜纳，遣中使抚劳之。十二月丁卯朔。癸酉，诸道盐铁转运使、刑部尚书李鄘检校吏部尚书，兼扬府长史，充淮南节度使。以河南尹房式为宣州刺史、宣歙池观察、采石军等使。以前宣歙观察使卢坦为刑部侍郎，充诸道盐铁转运使。壬午，以吏部郎中柳公绰为御史中丞。以前御史中丞吕元膺为鄂州刺史、鄂岳沔蕲安黄等州观察使。以鄂岳观察使郗士美为河南尹。新授谏议大夫蒋武请改名乂。以吏部侍郎崔邠为太常卿。

六年春正月丙寅朔。丙申，以彰义军留后吴少阳检校工部尚书，充彰义军节度、申光蔡等州观察使。敕谏议大夫孟简、给事中刘伯刍、工部侍郎归登、右补阙萧俛等于丰泉寺翻译《大乘本生心地观音经》。庚申，以淮南节度使、中书侍郎、同平章事、赵国公李吉甫复知政事、集贤殿大学士、监修国史。二月丙寅朔。壬申，门下侍郎、同平章事李藩为太子詹事。藩与吉甫不叶，吉甫既用事，故罢藩相位。丙子，河中节度使、检校太尉、中书令张茂昭卒。以太府卿裴次元为福建观察使。已丑，忻王造薨。癸巳，以陕虢观察使张弘靖检校礼部尚书、河中尹、晋绛慈等州节度使，以右丞卫次公为陕府长史、陕虢观察使。以中书舍人、翰林学士李绛为户部侍郎。以京畿民贫，贷常平义仓粟二十四万石，诸道州府依此赈贷。三月乙未朔，以河南尹郗士美检校工部尚书，兼潞府长史、昭义军节度使。丁未，以检校右仆射严绶为江陵尹、荆南节度使。河东旧使锡钱，民颇为弊，宜于蔚州置五炉铸钱。乙卯，畿内军镇牧放，驸马贵族略获，并不得带兵仗，恐杂盗也。夏四月乙丑朔。戊辰，兵部尚书裴垍为太子宾客，以谏议大夫裴堪为同州防御使。庚午，以户部侍郎、判度支李夷简检校礼部尚书、襄州大都督府长史、山南东道节度使；以刑部侍郎、盐铁转运使卢坦为户部侍郎、判度支，京兆尹王播为刑部侍郎，充诸道盐铁转运使；以福建观察使元义方为京兆尹。癸酉，以张茂昭家妓四十七人归定州。已卯，月近房。以前荆南节度使赵宗儒为刑部尚书。东都留守郑余庆为兵部尚书，依前留守。王播奏：江淮河岭已南、充郓等盐院，元和五年都收卖盐价钱六百九十八万五千五百贯。校量未改法已前四倍抬估，虚钱一千七百四十六万三千七百贯。除盐本外，付度支收管。从之。辛卯，户部奏置巡官。五月甲午朔，取受王承宗钱物人品官王伯恭杖死。庚子，以左金吾卫将军李惟简检校户部尚书、凤翔尹、陇右节度使。丙午，前山南东道节度使、检校左仆射、平章事裴均卒。壬子，以振武节度阿跌光进凤彰诚节，久立茂勋，宜赐姓李氏。弟洺州刺史光颜，已从别敕处分。六月甲子朔，减教坊乐人衣粮。丁卯，中书门下奏：

官省则事省，事省则人清；官烦则事烦，事烦则人浊。清浊之由，在官之烦省。国家自天宝已后，中原宿兵，见在军士可使者八十余万。其余浮为商贩，度为僧道，杂入色役，不归农桑者，又十有五六。则是天下常以三分劳筋苦骨之人，奉七分坐衣待食之辈。今内外官给俸料者不下一万余员，其间有职出异名，奉离本局，府寺旷废，簪组因循者甚众。况敛财日寡而授禄至多，设官有限而入色无数，九流安得不杂，万物安得不烦。汉初置郡不过六十，文景酝化，百王莫先，则官少不必政紊，郡多不必事理。今天下三百郡，一千四百县。故有一邑之地，虚设群司，一乡之甿，徒分县职，所费至广，所制全轻。伏请敕吏兵部侍郎、郎中、给事中、中书舍人各一人，错综利病，详定废置，吏员可并省者并省之，州县可并合者并合之，每年入仕者可停减者停减。此则利广而易求，官少而易理，稍减冗食，足宽疲氓。又国家旧章，依品制俸，官一品月俸三十千，其余职田禄米，大约不过千石，自一品以下，多少可知。艰难已来，禁网渐弛，于是增置使额，厚请俸钱。故大历中权臣月俸有至九千贯者，列郡刺史无大小给售千贯。常衮为相，始立限约，至李泌又量其闲剧，随事增加，时谓通济，理难减削。然犹有名存职废，额去俸存，闲剧之间，厚薄顿异。将为永式，须立常规。"从之。乃命给事中段平仲、中书舍人韦贯之、兵部侍郎许孟容、户部侍郎李绛等详定减省。甲申，以御史中丞柳公绰为湖南观察使。丁亥，太白近右执法。戊子，赐御史中丞窦易直绯鱼袋。秋七月癸巳朔，尚书右仆射致仕高郢卒。庚申，赠银青光禄大夫、太子宾客裴垍太子少傅。八月癸亥朔，户部侍郎李绛奏："诸州阙官职田禄米，及见任官抽一分职田，请所在收贮，以备水旱赈贷。"从之。乙丑，以天德军防御使张煦为夏州刺史、夏绥银等州节度使。丁卯，荆南先制永安军，宜停。辛巳，以常州刺史崔芃为洪州刺史、江西观察使。九月癸巳朔，以蜀州刺史崔能为黔中观察使。戊戌，富平县人梁悦为父复仇，杀秦杲，投狱请罪。特赦免死，决杖一百，配流循州。职方员外郎韩愈献议执奏之。减诸司流外总一千七百六十九人。贬黔中观察使窦群为开州刺史，以为政烦苛，辰、锦二州蛮叛故也。冬十月，以前夏州节度使李愿检校兵部尚书、徐州刺史，充武宁军节度使。戊辰，以户部尚书韩皋为东都留守，判东都尚书省事。以太子詹事李藩为华州刺史、潼关防御、镇国军使。以东都留守郑余庆为吏部尚书。己巳，诏："朕于百执事、群有司，方澄源流，以责实效。转运重务，专委使臣，每道有院，分督其任；今陕路漕引悉归中都，而尹守职名尚仍旧贯。又诸道都团练使，足修武备以靖一方；而别置军额，因加吏禄，亦既虚设，颇为浮费。思去烦以循本，期省事以使人。其河南水陆运、陕府陆运、润州镇海军、宣州采石军、越州义胜军、洪州南昌军、福州靖海军等使额，并宜停。所收使已下俸料一事以来，委本道充代百姓阙额两税，仍具数奏闻。"戊寅，诏："王者之牧黎元也，爱之如子，视之如伤。苟或风雨不时，稼穑不稔，则必除烦就简，惜力重劳，以图便安，以阜生业。况邦畿之内，百役所丛，虽勤恤之令亟行，而供亿之制犹广。重以经夏炎旸，自秋霖澍，南亩亏播植之功，西成失丰登之望。内乏口食，外牵王徭，岂惟转输之虞，虑有饿殍之患。斯盖理道犹郁，和气未通，永言于兹，良所咎叹。京兆府每年所配折粜粟二十五万石宜放。于百姓有粟情愿折纳者，时估外特加优饶。今春所贷义仓粟，方属岁饥，容至丰熟岁送纳。元和五年已前诸色遭租并放。百官职田，其数甚广，今缘水潦，诸处道路不通，宜令所在贮纳，度支支用，令百官据数于太仓请受。遭水旱处，通计所损，便与除破，不得检覆。为理之本，在乎安人。咨尔尹京宰邑之臣，实为亲人阜俗之寄，必当询其疾苦，奉我诏条，恤隐为心，无息于事，罔或徇利以剥下，吐刚而茹

柔，使闾井咸安，悍鳌获济。各勉忠孝，宜悉朕怀。"丙戌，以谏议大夫孔戣为皇太子诸王侍读。十一月壬辰朔。癸巳，新授华州刺史李藩卒。乙巳，以工部尚书赵昌检校兵部尚书，兼华州刺史，充潼关防御、镇国军等使。十二月癸亥朔。壬申，诏委宗正卿选人门嫁十六宅诸王女，仍封为县主。甲申，京兆尹元义方、户部侍郎判度支卢坦以违令立戟，罚一月俸，收夺所请门戟。己丑，制以朝议郎、守尚书户部侍郎、骁骑尉、赐紫金鱼袋李绛为朝议大夫、守中书侍郎、同中书门下平章事。闰十二月辛卯朔，右卫上将军伊慎卒。辛亥，皇太子宁薨，谥曰惠昭，废朝三日。国典无太子薨礼，国子司业裴茝精礼学，特赐于西内定仪。

卷十五　　本纪第十五

宪　宗　下

元和七年春正月辛酉朔，己巳，以刑部尚书赵宗儒检校吏部尚书、兴元尹、山南西道节度使。庚午，以兵部尚书王绍判户部事。辛未，以京兆尹元义方为鄜州刺史、鄜坊丹延观察使，以司农卿李铦为京兆尹。是夜，月掩荧惑。壬申，废信州永丰县、越州山阴县、衢州盈川县。癸酉，振武河溢，毁东受降城。二月庚寅朔。壬辰，诏以去秋旱歉，赈京畿粟三十万石；其元和六年春赈贷百姓粟二十四万石，并宜放免。辛丑，尚书省重定左、右仆射上事仪注。壬寅，以兵部侍郎许孟容为河南尹。辛亥，山南西道节度使裴玢卒。癸丑，入蕃使不得与私觌正员官，量别支给以充私觌。旧使绝域者，许卖正员官十余员，取货以备私觌，虽优假远使，殊非典法，故革之。敕："钱重物轻，为弊颇甚，详求适变，将以便人。所贵缗货通行，里闾宽恤。宜令群臣各随所见利害状以闻。"三月己未朔。辛酉，以惠昭太子葬，罢曲江上巳宴。庚午，以旱，敕诸司疏决系囚。夏四月戊子朔。癸巳，敕天下州府民户，每田一亩，种桑二树，长吏逐年检计以闻。辛亥，盐铁使王播奏元和六年卖盐铁，除峡内井盐外，计收六百八十五万九千二百贯。五月戊午朔。庚申，上谓宰臣曰："卿等累言吴越去年水旱，昨有御史自江淮回，言不至为灾，人非甚困。"李绛对曰："臣得两浙、淮南状，继言歉旱。方隅授任，皆朝廷信重之臣。御史非良，或容希媚，此正当奸佞之臣。况推诚之道，君人大本，任大臣以事，不可以小臣言间之。伏望明示御史姓名，正之典刑。"上曰："卿言是也。朝廷大体，以恤人为本，一方不稔，即宜赈救，济其饥寒，况可疑之也！向者不思而有此问，朕言过矣。"绛等拜贺。癸亥，荧惑近太微右执法。六月丁亥朔，舒州桐城梅天陂内，有黄白二龙，自陂中乘风雷跃起，高二百尺，行六里，入浮塘陂。癸巳，以金紫光禄大夫、守司徒、同平章事、崇文馆大学士、太清宫使、上柱国、岐国公杜佑

为光禄大夫，守太保致仕，宜朝朔望，佑累表恳请故也。己亥，月近南斗魁第四星。镇州甲仗库一十三间灾，兵仗都尽。王承宗常蓄叛谋，至是始畏天罚，凶气稍夺，仍杀主库吏百余人。乙丑，以兵部员外郎王涯知制诰。乙亥，制立遂王宥为皇太子，改名恒。己卯，以新罗大宰相金彦升为开府仪同三司、检校太尉、使持节、大都督鸡林州诸军事、鸡林州刺史，兼宁海军使、上柱国，封新罗国王；仍册彦升妻贞氏为妃。八月丁亥朔，新除新罗国大宰相金崇斌等三人，宜令本国准例赐载。戊戌，魏博节度使田季安卒。辛丑，废蓬州宕渠县。甲辰，宣歙观察使房式卒。丙午，以苏州刺史范传正为宣歙观察使。戊申，制："诸州府五品已上官替后，委本道长官量其才行、官业、资历，每年冬季一度闻荐。其罢使郎官、御史，许朝臣每年冬季准此闻荐，诸使府参佐、检校官，从元授官日月计，如是五品已上官及台省官，经三十个月外，任与转改；余官经三十六个月奏转改。如未经考便有事故及停替官，本限之外更加十个月，即任申奏。"辛亥，以左龙武大将军薛平为滑州刺史、义成军节度使。冬十月乙未，魏博三军举其衙将田兴知军州事。时田季安死，子怀谏年十一，为副大使、知军府事，军政一决于家僮蒋士则，数易大将，军情不安。因田兴入衙，兵环而劫请，兴顿仆于地，军众不散。兴曰："欲听吾命，勿犯副大使。"众曰："诺。"但杀蒋士则等十数人而止。即日移怀谏于外，令朝京师。甲辰，以魏博都知兵马使、兼御史中丞、沂国公田兴为银青光禄大夫、检校工部尚书，兼魏州大都督府长史，充魏博节度使。庚戌，澧王宽改名恽，深王察改名悰，洋王寰改名忻，绛王寮改名悟，建王审改名恪。以郑滑节度使袁滋为户部尚书。十一月丙辰朔，乙丑，诏："田兴以魏博请命，宜令司封郎中、知制诰裴度往彼宣慰，赐三军赏钱一百五十万贯，以河阴院诸道合进内库物充。六州百姓给复一年，兼赦管内见系囚徒。"及度至魏州，田兴礼待甚恭，乃请度至六州诸县宣达朝旨。辛未，太保致仕杜佑卒。东川观察使潘孟阳奏龙州武安县嘉禾生，有麟食之。麟之来，群鹿环之，光彩不可正视。使画工图之以献。乙亥，以给事中李逢吉、司勋员外郎李巨并充皇太子诸王侍读。戊寅，吏部尚书郑余庆请复置吏部考官三员，吏部郎中杨於陵执奏以为不便。乃诏考官韦颛等三人只考及第科目人，其余吏部侍郎自定。己卯，江西观察使崔芃卒。辛巳，以前魏博节度副使田怀谏为右监门卫将军，赐宅一区、刍粟等。甲申，以同州刺史裴堪为江西观察使。十二月丙戌朔，以吏部尚书郑余庆为太子少傅。丙辰，左拾遗独孤郁以自娶妇，进状借礼会院，贬国子主簿分司。戊戌，以京兆尹裴向为同州防御使。己亥，魏博奏管内州县官员二百五十三员，请吏部铨注。

八年春正月乙卯朔。庚午，册大言义为渤海国王，授秘书监、忽汗州都督。辛未，制以正议大夫、守礼部尚书、同平章事、上柱国、扶风郡开国公权德舆守礼部尚书，罢知政事。癸未，以山南东道节度使李夷简检校户部尚书、成都尹，充剑南西川节度使。以户部尚书袁滋检校兵部尚书、襄州刺史，充山南东道节度使。二月乙酉朔。辛卯，田兴改名弘正。宰相李吉甫进所撰《元和郡国图》三十卷，又进《六代略》三十卷，又为《十道州郡图》五十四卷。宰相于頔男太常丞敏专杀梁正言奴，弃溷中。事发，頔与男季友素服待罪。贬頔恩王傅。于敏长流雷州，锢身发遣。殿中少监、驸马都尉于季友诳罔公主，藏隐内人，转授凶兄，移贮外舍，伤风黩礼，莫大于兹，宜削夺所任官，令在家修省。赞善大夫于正、秘书丞于方并停见任，皆頔之子也。捕获受于頔赂为致出镇人梁正言，及交构权贵僧鉴虚，并付京兆府杖死。甲子，以剑南西川节度使、银青光禄大夫、检校吏部尚书、兼门下侍郎、同平章事、上柱国、临淮郡开国公、食邑二千户武元衡复入中书知政事，兼崇玄馆大学士、太清宫使。辛未，上以久旱，亲于禁中求雨，是夜，澍雨沾足。丙子，大风坏崇陵寝殿鸱尾，折门戟六。夏四月癸未朔。乙酉，以邕管经略使房启为桂管观察使，以开州刺史窦群为邕管经略使。丙戌，以钱重货轻，出库钱五十万贯，令两常平仓收市布帛，每段匹于旧估加十之一。鄜坊观察使元义方卒，辛卯，以将作监薛伾为鄜坊观察使。乙未，长安西市豕生三耳八足二尾。僧鉴虚为大崇文纳赂四万五千贯与宰相杜黄裳，共引致人永乐县令吴凭，付钱与黄裳男载。敕吴凭配流昭州，黄裳、崇文已薨殁，所用钱不须勘问，杜载释放。辛亥，赐魏博田弘正钱二十万贯，收市军粮。庚申，河中尹张弘靖奏修古舜城。六月辛巳朔。时积雨，延英不开十五日。是日，上谓宰臣曰："今后每三日，雨亦对来。"乙酉，工部尚书致仕裴佶卒。丙戌，以东都留守韩皋检校吏部尚书，兼许州刺史，充忠武军节度使。庚寅，京师大风雨，毁屋飘瓦，人多压死。所在川渎暴涨，行人不通。辛丑，出宫人二百车，任从所适，以水灾故也。壬寅，宰臣武元衡李吉甫李绛、旧相郑余庆权德舆各奉诏令进旧诗。秋七月辛亥朔。癸丑，以权德舆检校吏部尚书、东都留守。丁卯，以振武节度使李光进为灵州大都督府长史、灵武节度使。癸酉，命中尉彭中献修兴唐观，壮其规制，北拒禁城，开复道以通行幸。是夜，月近五诸侯。丁丑，新授桂管观察使房启降为太仆少卿。启初拜桂管，启吏略吏部主者，私得官告以授启。俄有诏命中使赍告牒与启，曰："受之五日矣。"上怒，杖吏部令史，罚郎官，启亦即降。以安南都护马总为桂管观察使，以江州刺史张勔为安南都护、本管经略招讨使。鄜坊观察使薛伾卒。八月辛巳朔。癸未，以蕲州刺史裴行立为安南都护、本管经略招讨使，以张勔耄年也。丁亥，以司农卿裴武为鄜坊观察使。庚寅，诏毁家徇国故徐州刺史李洧等一十家子孙，并宜甄奖。甲午，太白近轩辕。辛丑，以东川节度使潘孟阳为户部侍郎、判度支，卢坦为梓州刺史、剑南东川节度使。乙巳，废天武军，并入神策军。九月庚戌朔。丙辰，淄青李师道进鹘十二，命还之。戊午，赐群臣宴于曲江。乙丑，诏："比闻岭南五管并福建、黔中等道，多以南口饷遗，及于诸处博易，骨肉离析，良贱难分。此后严加禁止，如违，长吏必当科问。"淮西吴少阳献马三百匹。丙寅，诏："减死戍边，前代美政，量其远迹，亦有便宜。今后两京、关内、河南、河东、河北、淮南、山南东西道州府，除大辟罪外，轻犯不得配流天德五城。"戊辰,以给事中窦易直为陕虢防御使,仍赐金紫。壬申,以恩王傅㚉颀为太子宾客。以前朔方灵盐节度使王佖为右卫将军。将相出入,翰林草制,谓之白麻。至佖,奏罢中书草制,因为例也。太常习乐,始复用大鼓。冬十月庚辰朔。己丑,荧惑近太微西垣南首星。庚寅,以湖南观察使柳公绰为岳、鄂、沔、蕲、安、黄观察使。辛卯,泾原节度使朱忠亮卒。壬辰,汴州韩弘进所撰《圣朝万岁乐谱》,共三百首。己巳,以宗正少卿李道古为黔中观察使,以苏州刺史张正甫为湖南观察使。丙申,以大雪放朝,人有冻踣者,雀鼠多死。戊戌,以神策普润镇使苏光荣为泾州刺史、四镇北庭行军泾原节度使。翰林学士、司封员外郎韦弘景守本官,以草光荣诏漏叙功勋故也。壬辰,振武奏回纥千骑至鸊鹈泉。十一月庚戌朔。丙辰,以福建观察使裴次元为河南尹。丙寅,以盐州隶夏州。自夏州至丰州,初置八驿。丁卯,以泗州刺史薛謇为福建观察使。右龙武统军刘昌裔卒。癸酉,昭义郗士美奏诸军就食于临洺。京畿水、旱、霜,损田三万八千顷。十二月庚辰朔,以京兆尹李铦为廊坊观察使,以代裴武入为京兆尹。辛巳,敕:"应赐王公、公主、百官等庄宅、碾硙、店铺、车坊、园林等,一任贴典货卖,其所缘税役,便令府县收管。"敕:"张茂昭立功河朔,举族归朝,义烈之风,史册收载。如闻身殁之后,家无余财,追怀旧勋,特越常典,宜岁赐绢二千匹,春秋二时支给。"群臣上表,请立德妃郭氏为皇后。丙戌,以桂管观察使马总为广州刺史、岭南节度使,以邕管经略使崔咏为桂管观察使。庚寅,以夔州刺史马平阳为邕管经略使。振武军乱,逐其帅李进贤,屠其家。乃夏州节度使张煦代进贤,率兵二千赴镇,许便宜击断。丙午,以金吾卫将军田进为夏州刺史、夏绥银节度使。以河溢浸滑州羊马城之半,滑州薛平、魏博田弘正征役万人,于黎阳界开古黄河道,南北长十四里,东西阔六十步,深一丈七尺,决旧河水势,滑人遂无水患。

九年春正月己酉朔。乙卯,大雾加雪。李吉甫累表辞相位,不许。乙亥,张煦入单于都护府,诛作乱军士苏国珍等二百五十二人。二月己卯朔,户部侍郎、判度支潘孟阳兼京北五城营田使。丁丑,贬前振武节度使李进贤为通州刺史,监军路朝见配役于定陵。丁未,诏以岁饥,放关内元和八年已前逋租钱粟,赈常平义仓粟三十万石。丙申,赐振武绢二万匹。丁酉,月近心大星。癸卯,制朝议大夫、守中书侍郎、同平章事、上柱国、高邑男李绛守礼部尚书,累表辞相位故也。三月己酉朔。丙辰,禤州地震,昼夜八十震,压死者百余人。庚申,妖人梁叔高自广州来,授书与吏部侍郎杨於陵,使为己辅。於陵执之以告,杀之。辛酉,以太子少傅郑余庆检校右仆射、兴元尹、山南西道节度使,代赵宗儒为御史大夫。丁卯,陨霜杀桑。召大理卿裴棠棣男损、前昭应令杜式方男悰见于麟德殿前,各赐绯,许尚公主。夏四月戊寅朔。庚寅,诏赠太师咸宁王浑瑊宜配享德宗庙庭。五月丁未朔,以岭南节度使郑絪为工部尚书。庚申,移宥州于经略军,郭下置延恩县,隶夏州观察使。是月旱,谷贵,出太仓粟七十万石,开六场粜以惠饥民。乙丑,桂王纶薨。以旱,免京畿夏税十三万石、青苗钱五万贯。六月丙子朔。戊寅,以天德军经略使周怀乂卒,废朝一日。经略使废朝,自怀乂始也。庚辰,以义武军节度副使浑镐检校工部尚书,兼定州大都督府长史,充义武军节度使、易定观察使、北平军等使。丙戌,以左龙武将军燕重旰为丰州刺史、天德军丰州西城中城都防御押蕃落等使。乙未,置礼宾院于长兴里之北。丙申,以左丞孔戣为华州刺史、潼关防御、镇国军等使。壬寅,制河中、晋、绛、慈、隰等州节度使张弘靖守刑部尚书、同中书门下平章事。秋七月丙午朔。乙未,以御史大夫赵宗儒检校尚书右仆射,兼河中尹、河中晋绛等州节度使。戊辰,以太子司议郎杜悰为银青光禄大夫、殿中少监、驸马都尉,尚岐阳公主。闰八月乙巳朔。辛酉,以河阳节度使乌重胤兼汝州刺史。壬戌,以中书舍人王涯、屯田郎中韦绶为皇太子诸王侍读。己巳,加田弘正检校右仆射,赏三军钱二十万贯。九月甲戌朔,以洺州刺史李光颜为陈州刺史、忠武军都知兵马使。丙戌,以山南东道节度使袁滋检校兵部尚书,兼江陵尹、荆南节度使。以荆南节度使严绶检校司空、襄州刺史、山南东道节度使。己丑,月掩轩辕。淮西节度使吴少阳卒,其子元济匿丧,自总兵柄,乃焚劫舞阳等四县。朝廷遣使吊祭,拒不内纳。壬辰,真腊国朝贡。戊戌,加河东节度使王锷检校司空、同平章事,以给事中孟简为越州刺史、浙东观察使。赠吴少阳尚书右仆射。冬十月甲辰朔。丙午,金紫光禄大夫、中书侍郎、同平章事、集贤大学士、监修国史、上柱国、赵国公李吉甫卒。甲寅,以刑部员外郎令狐楚为职方员外郎、知制诰。壬戌,以忠武军节度使韩皋为吏部尚书,以忠武军节度副使兼陈州刺史李光颜为许州刺史、忠武军节度使。甲子,制:"朕嗣膺宝位,于兹十年。每推至诚,以御方寓,庶以仁化,臻于太和,宵衣旰食,意属于此。今淮西一道,未达朝经。擅自继袭,肆行寇掠。将士等迫于受制,非是本心。思去三面之罗,庶遵两阶之义。宜以山南东道节度使严绶兼充申光蔡等州招抚使。"仍命内常侍崔潭峻为监军。戊辰,以尚书左丞吕元膺检校工部尚书、东都留守。旧例,命留守赐旗甲,与方镇同,及元膺受命,不赐。谏官援华、汝、寿三州例有赐,居守之重,不宜独阙,上曰:"此三处亦宜停赐。"十一月甲戌朔。甲申,以吏部尚书韩皋为太子宾客。甲午,以御史中丞胡证为单于大都护、振武麟胜等军节度使。丁酉,太子太傅范希朝卒。戊戌,以中书舍人裴度为御史中丞;以左金吾大将军郭钊检校工部尚书、邠州刺史,充邠宁节度使;以职方员外郎、知制诰令狐楚为翰林学士。十二月甲辰朔。丁未,振武节度使张煦卒。辛亥,邠宁节度使、检校右仆射阎巨源卒。癸丑,兵部尚书王绍卒。己未,右羽林统军孟元阳卒。丙寅,太子少保赵昌卒。戊辰,制以中大夫、守尚书右丞、上骑都尉、赐紫金鱼袋韦贯之本官同中书门下平章事。

十年春正月癸酉朔。乙酉,宣武军节度使韩弘守司徒,平章事并如故。丙申,严绶帅师次蔡州界。己亥,制削夺吴元济在身官爵。庚子,桂管奏移富州治于故城。二月癸卯朔。甲辰,严绶军为贼所袭,败于磁丘,退守唐州。

田弘正子布、韩弘子公武各率师隶李光颜讨贼。辛亥，以礼部尚书李绛为华州潼关防御镇军等使。壬戌，河东防秋将刘辅杀丰州刺史燕重旰。己巳，以羽林将军李汇为泾原节度使。三月壬申朔，以右金吾将军李奉仙为丰州刺史、天德军西城中城都防御使。己卯，以剑南西川节度行军司马李程为兵部郎中、知制诰。乙酉，以虔州司马韩泰为漳州刺史，以永州司马柳宗元为柳州刺史，饶州司马韩晔为汀州刺史，朗州司马刘禹锡为播州刺史，台州司马陈谏为封州刺史。御史中丞裴度以禹锡母老，请移近处，乃改授连州刺史。赠故太常卿崔郓礼部尚书。李光颜破贼于南顿。辛亥，盗焚河阴转运院，凡烧钱帛二十万贯匹、米二万四千八百石、仓室五十五间。防院兵五百人营于县南，盗火发而不救，吕元膺召其将杀之。自盗火发河阴，人情骇扰。壬戌，以长安县令徐俊为邕管经略使。五月辛未朔，辛巳，御史中丞裴度兼刑部侍郎。时度自淮西行营宣慰还，所言军机，多合上旨，故以兼官宠之。丙申，李光颜大破贼党于洄曲。自征兵讨贼，凡十余镇之师，环于申、蔡，未立战功。裴度使还，奏曰："臣观诸将，惟光颜见义能勇，必能立功。"至是告捷，京师相贺，上尤赏度之知人。六月辛丑朔。癸卯，镇州节度使王承宗遣盗夜伏于靖安坊，刺宰相武元衡，死之；又遣盗于通化坊刺御史中丞裴度，伤首而免。是日，京城大骇，自京师至诸门加卫兵；宰相导从加金吾骑士，出入则毂弦露刃，每过里门，呵索甚喧；公卿持事柄者，以家僮兵仗自随。武元衡死数日，未获贼。兵部侍郎许孟容请见，奏曰："岂有国相横尸路隅，不能擒贼！"因洒泣极言，上为之愤叹。乃诏京城诸道，能捕贼者赏钱万贯，仍与五品官，敢有盖藏，全家诛戮。乃积钱二万贯于东西市。京城大索，公卿节将复壁重橑者皆搜之。庚戌，神策将士王士则、王士平以盗名上言，且言王承宗所使，乃捕得张晏等八人诛之。乙丑，制以朝议郎、守御史中丞、兼刑部侍郎、飞骑尉、赐紫金鱼袋裴度为朝请大夫、守刑部侍郎、同中书门下平章事。秋七月庚午朔，灵武节度使李光进卒。辛未，以神策军长武城使杜叔良为朔方、灵盐、定远城节度观察使。甲戌，诏："成德军节度使王承宗，自涤瑕疵，累加奖拔，列在维藩之任，待以忠正之徒。谓怀君父之恩，克励人臣之节。而动思弃命，恣逞非心，傲狠反常，横辱无畏。以其先祖，尝立忠勋，每念含容，庶闻悛革，曾不知阴谋逆状，久则逾彰。凶德祸机，盈而自覆。乃敢轻肆指斥，妄陈表章，潜遣奸人，内怀兵刃，贼杀元辅，毒伤宪臣，纵其凶残，无所顾望。推穷事迹，罪状昭明，周览谳词，良用惊叹。宜令绝其朝贡，其所部博野、乐寿两县本属范阳，宜却隶刘总。驸马都尉王承系、太子赞善王承迪、丹王府司马王承荣等，并宜远郡安置。"先是，承宗上表怨咎武元衡，留中不报。又肆指斥，上使持其表以示百官，群臣皆请问罪。丙戌，泾原节度使李汇卒，以寿州作监王潜为泾州刺史、四镇北庭泾原节度使。乙未，以京兆尹裴武为司农卿，以捕贼弛慢故也。八月己亥朔，日有蚀之。丙寅，诃陵国遣使献僧祇僮及五色鹦鹉、频伽鸟并异香名宝。丁未，淄青节度使李师道阴与嵩山僧圆净谋反，勇士数百人伏于东都进奏院，乘洛城无兵，欲窃发焚烧宫殿而肆行剽掠。小将杨进、李再兴告变，留守吕元膺乃出兵围之，贼突围而出，入嵩岳，山棚尽擒之。讯其首，僧圆净主谋也。僧临刑叹曰："误我事，不得使洛城流血！"九月癸酉，以宣武军节度使韩弘充淮西行营兵马都统。丁酉，以太子宾客韩皋为兵部尚书。冬十月庚子，始析山南东道为两节度，以户部侍郎李逊为襄州刺史，充襄、复、郢、均、房节度使；以右羽林将军高霞寓为唐州刺史，充唐、随、邓节度使。刑部尚书权德舆奏请行用新删定《敕格》三十卷，从之。壬子，以太子宾客于頔为户部尚书。十一月戊辰，诏出内库缯绢五十五万匹供军。乙亥，以山南东道节度使严绶为太子少保。戊寅，盗焚献陵寝宫。诏发振武兵二千，会义武军以讨王承宗。十二月壬寅夜，太白犯镇星。甲辰，李愿击败李师道之众九千，斩首二千级。壬子，东都留守吕元膺请募置三河子弟以卫宫城。甲寅，越州复置山阴县。庚申，新造指南车、记里鼓。出宫人七十二人置京城寺观，有家者归之。乙丑，河东节度使王锷卒。是岁，渤海、新罗、奚、契丹、黑水、南诏、牂柯并遣使朝贡。

十一年春正月丁卯朔，以宿师于野，不受朝贺。己巳，以中书侍郎、平章事张弘靖检校吏部尚书，兼太原尹、北都留守、河东节度使。戊寅，诏群臣曰："今用兵已久，利害相半。其攻守之宜，罚宥之要，宜各具议状以闻。"庚辰，翰林学士钱徽、萧俛各守本官，以上疏请罢兵故也。癸未，削夺王承宗在身官爵，所袭封邑赐观王俊子金吾将军士平。令河东、河北道诸镇加兵讨计。甲申，盗断建陵门戟四十七竿。甲子，李光颜奏破贼。二月癸卯，吐蕃赞普卒。以中书舍人、权知礼部贡举、赐绯鱼袋李逢吉为门下侍郎、同平章事，赐紫金鱼袋。以内库绢四万匹赏幽、魏将士。甲寅，以华州刺史李绛为兵部尚书。丙辰，月掩心。戊午，南诏蛮酋龙蒙盛卒。三月庚午，皇太后崩于兴庆宫之咸宁殿。是日，群臣发丧于西宫两仪殿，以宰臣裴度为礼仪使，吏部尚书韩皋为大明宫留守，设次于中书。辛未，敕诸司公事，宜权取中书门下处分。癸酉，分命朝官告哀于天下。甲戌，见群臣于紫宸门外庑下。己卯，以宰臣李逢吉充大行皇太后山陵使。出内库缯帛五万匹充奉山陵。己丑，月近镇星。夏四月壬寅，西川节度使李夷简遣使告哀于南诏。后丧，边镇告四夷，旧制也。庚戌，贬户部侍郎、判度支杨於陵为郴州刺史，坐供军有阙也。丁巳，以徐、宿饥，赈粟八万石。五月丁卯夜，辰、岁二宿合于东井。宥州军乱，逐刺史骆怡。壬申，李光颜破贼于凌云栅。六月甲辰，高霞寓败于铁城，退保新兴期，是日人情悚骇，宰相奏对，多请罢兵。上曰："胜负兵家常势，不可以一将失利，便沮成计。今但议用兵方略，朝廷庶务，制置可否耳。"是夜，月掩心月星。庚戌，田弘正军讨王承宗，次于南宫。辛酉，群臣上大行皇太后谥曰庄宪。秋七月丁丑，贬随、唐节度使高霞寓为归州刺史。以河南尹郑权为襄州刺史，充山南东道节度使；以荆南节度使袁滋为唐州刺史、彰义军节度使、申光唐蔡随邓州观察使，权以唐州为理所；以华州刺史裴武为江陵尹，充荆南节度使。戊寅，以随州刺史杨旻为唐州刺史，充行营都知兵马使。以滋儒者，故复以旻将其兵。壬午，宣武军奏破贼。八月壬寅，以宰臣韦贯之为吏部侍郎，罢知政事。贯之以淮西、河北两处用兵，劳于供饷，请缓承宗而专讨元济，与裴度争论上前故也。戊申，容州奏飓风海水毁州城。甲申，祔庄宪皇后于丰陵。九月丁卯，饶州奏浮梁、乐平二县，五月内暴雨水溢，失四千七百户，溺死者一百七十人。丙子，新除吏部侍郎韦贯之再贬湖南观察使。辛未，贬吏部侍郎韦顗为陕州刺史，刑部郎中李正辞为金州刺史，度支郎中薛公干为房州刺史，屯田郎中李宣为忠州刺史，考功郎中韦处厚为开州刺史，礼部员外郎崔韶为果州刺史，并为补阙张宿所构，言与贯之朋党故也。乙酉，蔡州军前奏拔凌云栅。冬十月丁巳，以刑部尚书权德舆检校吏部尚书，兼兴元尹，充山南西道节度使。丙寅，幽州刘总加平章事，郓州李师道加检校司空。师道闻拔凌云栅，乃惧，伪贡款诚，故有是命。庚午，以司农卿王遂为宣州刺史、宣歙池观察使，以京兆尹李鄘为润州刺史、浙西观察使。以遂、鄘常历计司，能聚敛，方藉供军，故有斯授。壬申，敕诸道奏事官，非急切不得乘驿马。丁丑，出内库钱五十万贯供军。戊寅夜，月犯岁。辛巳，命内常侍梁守谦监淮西行营诸军。仍以空名告身五百通及金帛付之。戊子夜，土、火合于虚、危。十二月丙午，以易州刺史陈楚为定州刺史、义武军节度使。丁未，以翰林学士、尚书工部侍郎、知制诰王涯为中书侍郎、同平章事。甲寅，以闲厩宫苑使李愬检校左散骑常侍，兼邓州刺史，充唐、随、邓等州节度使。初置淮颍水运使，运扬子院米，自淮阴溯流至寿州，四十里入颍口，又溯流至颍州沈丘界，五百里至于项城，又溯流五百里入溵河，又三百里输于郾城。得米五十万石，菽一千五百万束。省汴运七万六千贯。己未，邕管奏黄洞贼屠岩州。未央宫及飞龙草场火。京畿水害田，润、常、湖、衢、陈、许大水。是岁冬雷，桃、杏花。回鹘、靺鞨、奚、契丹、牂牁、渤海等朝贡。

十二年春正月辛酉朔，以用兵不受朝贺。癸未，贬义武军节度使浑镐为循州刺史，坐讨贼失律也。甲申，贬唐、邓节度袁滋为抚州刺史，以上疏请罢兵故也。乙酉夜，星见而雨。戊子夜，彗出毕南，长丈余，指西南，凡三日，南近参旗而没。二月壬申，出内库绢布六十九万段匹、银五千两，付度支供军。庚子，敕京城居人五家相保，以搜奸慝。时王承宗、李师道欲阻用兵之势，遣人折陵庙之戟，焚刍藁之积，流矢下书，恐骇京国，故搜索以防奸。及贼平，复得淄青簿领，中有赏蒲、潼关吏案，乃知容奸者关吏也，搜索不足以为防。庚申，敕宜于许汝行营侧近置行郾城，以处贼中归降人户。甲寅，岳鄂团练使李道古师攻申州，克罗城，贼力战，道古之众大败。三月壬戌，昭义郗士美兵败于柏乡，兵士死者千人。戊辰，沧州程执恭改名权。太常定李吉甫谥曰"敬宪"，度支郎中张仲方非之，上怒，贬为遂州司马。赐吉甫谥曰忠。丁丑，月犯心后星。癸未，贼将吴秀琳以文城栅兵三千降李愬。夏四月辛卯，李光颜破贼三万于郾城，杀其卒什二三，获马千匹、器甲三万。辛丑，驸马都尉于季友居嫡母丧，与进士刘师服欢宴夜饮。季友削官爵，笞四十，忠州安置；师服

笞四十，配流连州；于顗不能训子，削阶。己酉，出太仓粟二十五万石粜于西京，以惠饥民。庚戌，敕改蔡州吴房县为遂平县，移置于文城栅南新城内。丁卯，贼郾城守将邓怀金与县令董昌龄以郾城降。甲戌，渭南雨雹，中人有死者。丙子，诏权罢河北行营，专讨淮、蔡。五月庚寅朔。癸巳，随唐节度使李愬奏败贼于吴房，获贼将李佑。己亥，以尚书左丞许孟容为东都留守，充都畿防御使。时东畿民户供军尤苦，车数千乘相错于路，牛皆馈军，民户多以驴耕。己酉，作蓬莱池周廊四百间。六月己未朔，以卫尉卿程异为盐铁使，代王播。时异为盐铁使副，自江南收拾到供军钱一百八十五万以进，故得代播。壬戌，贼吴元济上表，请束身归朝。时连破三栅，贼势迫蹙，实欲归朝，而制于左右，故不果行。乙酉，京师大雨，含元殿一柱倾，市中水深三尺，坏坊民二千家。秋七月戊子朔。壬辰，诏以定州饥，募人入粟受官及减选、超资。河北水灾，邢、洺尤甚，平地或深二丈。甲辰，户部尚书于顗请致仕，不允。岭南节度使崔咏卒。乙酉，敕："今后左降官及责授正员官等，宜从到任经五考满，许量移；如未满五考遇恩赦者，从节文处分；如犯十恶大逆、赃贿缘坐，奏取进止。"庚戌，以国子祭酒孔戣为广州刺史、岭南节度使。丙辰，制以中书侍郎、平章事裴度守门下侍郎、同平章事、使持节蔡州诸军事、蔡州刺史，充彰义军节度、申光蔡观察处置等使，仍充淮西宣慰处置使。以朝散大夫、守尚书户部侍郎、上护军、赐紫金鱼袋崔群为中书侍郎、同中书门下平章事。以刑部侍郎马总兼御史大夫，充淮西行营诸军宣慰副使；以太子右庶子韩愈兼御史中丞，充彰义军行军司马；以司勋员外郎李正封、都官员外郎冯宿、礼部员外郎李宗闵皆兼侍御史，为判官书记：从度出征。诏以郾城为行蔡州治所。八月戊午朔。庚申，裴度发赴行营，敕神策军三百人卫从，上御通化门劳遣之。度望门再拜，衔涕而辞，上赐之犀带。以河南尹辛秘为潞府长史、昭义军节度使，代郗士美。以士美为工部尚书，孟简为户部侍郎。戊辰，以同州刺史张正甫为河南尹。甲申，裴度至郾城。九月丁亥朔。戊子，出内库罗绮、犀玉、金带之具，送度支估计供军。甲午，御史台奏："同制除官，承前以名字高下为班位先后。或名在前身在外，及到，却在旧人之上。今请以上日为先后。"敕曰："名在前，上日在后，未逾月，不在此限。行立班次，即宜以敕内前后为定。"戊戌，剑南东川节度卢坦卒。己亥，贬京兆尹窦易直为金州刺史，以鞫狱得赃不实故也。辛丑，以御史中丞为京兆尹。壬寅，以湖南观察使韦贯之为太子詹事分司。乙巳，以刑部郎中知杂崔元略为御史中丞。丁未，以朝议大夫、门下侍郎、同平章事李逢吉检校兵部尚书、使持节梓州诸军事、梓州刺史，充剑南东川节度副大使，知节度事。庚子，以抚州刺史袁滋为湖南观察使。冬十月壬申，裴度往洄口观板筑五沟，贼遽至，注矢挺刃将及度，而李光颜，田布扼其归路，大败之。是日，度几陷。癸酉，内出《元和辩谤略》三卷付史馆。甲申，以淮南节度使、检校左仆射李鄘为门下侍郎、同中书门下平章事，以左丞卫次公代鄘为淮南节度使。己卯，随、唐节度使李愬率师入蔡州，执吴元济以

献,淮西平。甲申,诏:"淮西立功将士,委韩弘、裴度条疏奏闻。淮西军人,一切不问。宜准元敕给复二年。"十一月丙戌朔,御兴安门受淮西之俘。以吴元济徇两市,斩于独柳树;妻沈氏,没入掖庭;弟二人、子三人,配流,寻诛之;判官刘协等七人处斩。录平淮西功:随唐节度使、检校左散骑常侍李愬检校尚书左仆射、襄州刺史,充山南东道节度、襄邓随唐复郢均房等州观察等使;加宣武军节度使韩弘兼侍中;忠武军节度使李光颜、河阳节度使乌重胤并检校司空。以宣武军都虞候韩公武检校左散骑常侍、鄜州刺史、鄜坊丹延节度使,以魏博行营兵马使田布为右金吾卫将军,皆赏破贼功也。甲午,恩王连薨。以蔡州郾城为溵州,析上蔡、西平、遂平三县隶焉。戊申,以淮西宣慰副使、刑部侍郎马总为彰义军节度留后。十二月壬戌,以彰义军节度、淮西宣慰处置使、门下侍郎、同平章事裴度守本官,赐上柱国、晋国公、食邑三千户;以蔡州留后马总检校工部尚书、蔡州刺史、彰义军节度使、溵州颍陈许节度使。丙子,以右庶子韩愈为刑部侍郎。是岁,河南、河北水。

十三年春正月乙酉朔,御含元殿受朝贺,礼毕,御丹凤楼,大赦天下。己丑,以文宣王三十八代孙孔惟晊袭文宣公。庚寅,敕李师道频献表章,披露恳诚,宜令谏议大夫张宿往彼宣慰。辛亥,以礼部尚书王播为成都尹、剑南西川节度使。二月乙亥,御麟德殿,宴群臣,大合乐,凡三日而罢,颁赐有差。三月庚寅,以前剑南西川节度使李夷简为御史大夫。丙申,以同州刺史郑絪为东都留守、都畿汝防御使。庚子,以御史大夫李夷简为门下侍郎、同平章事。宰相李鄘守户部尚书,罢知政事。丁未,以太子少师郑余庆为左仆射。辛亥,诏:"百司职田,多少不均,为弊日久,宜令逐司各收职田草粟都数,自长官以下,除留阙官物外分给。"至银台告罪,请献德、棣二州,兼入管内租税。壬戌,前东都留守许孟容卒。庚辰,诏复王承宗官爵。以华州刺史郑权为德州刺史、横海军节度、德棣沧景等州观察使。五月乙酉,凤翔节度使李惟简卒。乙未,月近心后星。丙辰,以忠武军节度使李光颜为滑州刺史、义成军节度使,以彰义军节度使马总为许州刺史、忠武军节度使、陈许溵蔡观察使。戊戌,以山南东道节度使李愬为凤翔尹、凤翔陇右节度使,辛丑,知渤海国务大仁秀检校秘书监、忽汗州都督,册为渤海国王。丙午,以户部侍郎孟简检校工部尚书、襄州刺史、山南东道节度使。六月癸丑朔,日有食之。乙丑,湖南观察使袁滋卒。丁丑,以沧景节度使程权为邠州刺史、邠宁节度使。出内库绢三十万匹、钱三十万贯,付度支供军。秋七月癸未,以新除凤翔节度使李愬为徐州刺史、武宁军节度使。甲申,以田弘正检校司空。乙酉,诏削夺淄青节度使李师道在身官爵,仍令宣武、魏博、义成、武宁、横海等五镇之师,分路进讨。辛丑,以门下侍郎、同平章事李夷简检校左仆射、同平章事、扬州大都督府长史、淮南节度使。己酉,诏诸道节度使先带度支营田使名者,并罢之。庚戌,以左仆射郑余庆为凤翔陇右节度使。八月壬子,以中书侍郎平章事王涯为兵部侍郎,罢知政事。戊午,以尚书右丞崔从为兴

元尹、山南西道节度使。甲戌,太白近左执法。乙亥,敕应同司官有大功已上亲者,但非连判及勾检之官并官长,则不在回避改换之限。时刑部员外郎杨嗣复以父于陵除户部侍郎,遂以近例避嫌,请出省,不从,因有是敕。丁丑,木、金、水三宿聚于轸。戊寅,前山南西道节度使权德舆卒。九月甲申,以左卫将军高霞寓为单于大都护、振武麟胜节度使。甲辰,以户部侍郎、判度支皇甫镈同中书门下平章事,依前判度支。以卫尉卿充诸道盐铁转运使程异为工部侍郎、同中书门下平章事,依前充使。是时,上切于财赋,故用聚敛之臣居相位。诏下,群情惊骇,宰臣裴度、崔群极谏,不纳。二人请退。荧惑近哭星。丁未,出内库绢十万匹给东军。冬十月甲寅,吐蕃寇宥州。壬戌,灵武奏破吐蕃二万于定远城。癸亥,前淮南节度使卫次公卒。甲子,平凉镇遏兵马使郝玼奏收复原州,破吐蕃二万。是夜,月近昴。丙子,以左金吾卫大将军薛平检校刑部尚书、滑州刺史,充义成军节度使;以义成军节度使李光颜为许州刺史,充忠武军节度使、陈许观察等使。十一月辛巳朔,夏州破吐蕃五万。灵武奏攻破吐蕃长乐州罗城。丁亥,以山人柳泌为台州刺史,为上于天台山采仙药故也。制下,谏官论之,不纳。壬寅,以河阳节度使乌重胤为沧州刺史、横海军节度、沧景德棣观察等使。丁未,以华州刺史令狐楚为怀州刺史,充河阳三城、怀、孟节度使。十二月辛巳,敕左右龙武军六军及威远营应纳课户共一千八百人衣粮并停,仍付府县收管。戊寅,军前擒到李师道将夏侯澄等四十七人,诏并释付魏博及义成军收管,要还贼中者,则量事优给放还。上顾谓宰臣曰:"人臣事君,但力行善事,自致公望,何乃好树朋党?朕甚恶之!"裴度对曰:"君子小人,未有无徒者。君子之徒,则同心同德;小人之徒,是为朋党。"上曰:"他人之言,亦与卿等相似,岂易辩之哉?"度曰:"君子小人,观其所行,当自区别矣。"上曰:"凡好事口说则易,躬行则难。卿等即言之,须行之,勿空口说。"度等谢曰:"陛下处分,可谓至矣,臣等敢不激励。然天下之人,从陛下所行,不从陛下所言,臣等亦愿陛下每言之则行之。"上颇欣纳。是岁,回纥、南诏蛮、渤海、高丽、吐蕃、奚、契丹、诃陵国并朝贡。

十四年春正月庚辰朔,以东师宿野,不受朝贺。壬午,复置仗内教坊于延政里。丁亥徐州军破贼二万于金乡。迎凤翔法门寺佛骨至京师,留禁中三日,乃送诣寺,王公士庶奔走舍施如不及。刑部侍郎韩愈上疏极陈其弊。癸巳,贬愈为潮州刺史。丙申,魏博军破贼五万于东阿。辛巳,斩前沧州刺史李宗奭于独柳树。朝廷初除郑权沧州,宗奭拒诏不受代,既而为三军所逐,乃入朝,故诛之。癸卯夜,月近南斗魁。丙午,魏博军破贼万人于阳谷。二月己酉朔,以商州刺史严谟为黔中观察使。乙卯,敕淄青行营诸军,所至收下城邑,不得妄行伤杀,及焚烧庐舍,掠夺民财,开发丘墓,宜严加止绝。以镇、冀水灾,赐王承宗绫绢万匹。辛酉,襄阳节度使孟简举郾乡镇遏使赵洁为郾乡县令,有亏常式,罚一月俸料。壬戌,田弘正奏,今月九日,淄青都知兵马使刘悟斩李师道并男二人首请降,师道所管十二州平。甲子,上御宣政殿受贺。己巳,上御兴安门

受田弘正所献贼俘，群臣贺于楼下。庚午，制以淄青兵马使、金紫光禄大夫、试殿中监、兼监察御史刘悟检校工部尚书、滑州刺史，充义成军节度使，封彭城郡王，食邑三千户，赐钱二万贯、庄宅各一区。癸酉，田弘正加检校司徒、同中书门下平章事。三月己卯朔。丁酉，上以齐、鲁初平，宴群臣于麟德殿，赐物有差。戊子，以华州刺史马总郓、濮、曹等州观察等使；己丑，以义成军节度使薛平为青州刺史，充平卢军节度、淄青齐登莱等州观察等使；以淄青四面行营供军使王遂为沂州刺史，充沂、海、兖、密等州都团练观察等使；析李师道所据十二州为三镇也。庚寅，浙西观察使李鄘卒。辛卯，李师道妻魏氏并男没入掖庭，堂弟师贤师智、侄弘昇配流。乙未，以中书舍人卫中行华州刺史、潼关防御、镇国军等使。辛丑，上顾谓宰臣曰："听受之间，大是难事。推诚选任，所谓委寄，必合尽心；及至所行，临事不无偏党。朕临御已来，岁月斯久，虽不明不敏，然渐见物情，每于行为，务欲详审。比令学士集前代昧政之事，为《辩谤略》，每欲披阅，以为鉴诫耳。"崔群对曰："无情曲直，辩之至易；稍怀欺诈，审之实难。故孔子有众好众恶之论，浸润肤受之说，盖以暧昧难辩故也。若择贤而任之，待之以诚，纠之以法，则人自归公，孰敢行伪？陛下详观载籍，以广聪明，实天下幸甚。"丁未，以抚州司马令狐通为右卫将军。给事中崔植封还制书，言通前刺史寿州，用兵失律，未宜奖用。上令宰臣谕植，以通父彰有功，不忍遂弃其子，其制方行。夏四月戊申朔。乙卯，太白顺行近东井。戊午，以刑部尚书李愿为凤翔尹，充凤翔、陇右节度使。丙寅，诏："诸道节度、都团练、防御、经略等使所管支郡，除本军州外，别置镇遏、守捉、兵马者，并合属刺史。如刺史带本州团练、防御、镇遏等使，其兵马额便隶此使。如别无使，即属军事。其有边于溪洞连接蕃蛮之处，特建城镇，不关州郡者，不在此限。"辛未，工部侍郎、同平章事、诸道盐铁转运等使程异卒。丙子，制金紫光禄大夫、门下侍郎、同中书门下平章事，兼弘文馆大学士、上柱国、晋国公、食邑三千户裴度可检校左仆射、兼门下侍郎、平章事、太原尹、北都留守，充河东节度、观察、处置等使。五月戊寅朔，以刑部侍郎柳公绰充盐铁转运等使。庚辰，以楚州刺史李听为夏州刺史、夏绥银宥等州节度使。丙戌，以河东节度使、检校吏部尚书、同平章事张弘靖为吏部尚书，以忠武军节度使李光颜为邠、宁、庆节度使，仍以忠武军六千人赴镇。庚寅，以工部尚书郗士美检校刑部尚书，许州刺史，充忠武军节度使。是夜，月近心大星。己亥，置临海监牧，命淮南节度使兼之。敕李师古妻裴氏，女宜娘于邓州安置，李宗奭妻韦氏放出掖庭。坐李师道族人殁没，上愍之，宥以轻典。以宣歙观察使窦易直为润州刺史，充浙西观察使。韩弘进助平淄青绢二十万匹，女乐十人。女乐还之。六月丁未朔。癸丑，以福建观察使元锡为宣州刺史、宣歙池观察使。庚申，以户部侍郎归登为工部尚书。以郑州刺史裴乂为福州刺史、福建观察使。辛酉，敕定州大都督府复上州。甲子，以前兵部尚书李绛检校吏部尚书、河中尹，充河中、晋、绛、慈、隰观察使。癸酉，诏左金吾大将军胡证充京西北巡边使，所经镇戍，与守将审量利害，具事实奏闻。秋七月丁丑朔。戊寅，汴州韩弘来朝。己卯，左散骑常侍致仕薛苹卒。乙酉夜，月掩心大星。辛巳，群臣上尊号曰元和圣文神武法天应道皇帝。是日，御宣政殿受册，礼毕，御丹凤楼，大赦天下。京畿今年秋税、青苗、榷酒等钱，每贯量放四百文；元和五年已前逋租赋并放。甲午，韩弘进缣绢二十八万匹，银器二百七十事。丁酉，以河阳三城怀州节度使、朝议郎、使持节怀州诸军事、守怀州刺史、兼御史大夫、赐紫金鱼袋令狐楚可朝议大夫、守中书侍郎、同中书门下平章事。壬寅，以永州刺史韦正武为邕管经略使。癸卯，以前黔中观察使魏义通为怀州刺史、河阳三城怀孟节度使。沂州军乱，杀节度使王遂。甲辰，以棣州刺史曹华为沂州刺史，充沂、海、兖、密等州都团练观察使。乙巳，罢晋州防御使。八月丁未朔。乙酉，制宣武军节度副大使、知节度事、汴宋亳颍等州观察处置等使、开府仪同三司、守司徒、兼侍中、汴州刺史、上柱国、许国公、食邑三千户韩弘可守司徒、兼中书令，弘坚辞戎镇故也。癸丑，以吏部尚书张弘靖为检校尚书左仆射、同平章事、汴州刺史、宣武军节度使。甲寅，于襄州谷城县置临汉监以牧马，仍令山南东道节度使兼充监牧使。戊午，王承宗进位检校左仆射。己未，田弘正来朝。上谓宰臣曰："天下事重，一日不可旷废。若遇连假不坐，有事即诣延英请对。"崔群以残暑方甚，目同列来退。上止之曰："数日一见卿等，时虽暑热，朕不为劳。"久之方罢。丁亥，宴田弘正与大将判官二百人于麟德殿，赐物有差。戊辰，陈许节度使、检校刑部尚书郗士美卒。九月丙子朔。戊寅，考功郎中萧祐进古画、古书二十卷。斩沂州乱首王弁于东市。癸未，以国子祭酒李逊检校礼部尚书、许州刺史、忠武军节度、陈许溵蔡等观察使。庚寅，贬右卫大将军田缙为衡王傅。缙前镇夏州，私用军粮四万石，强取党项羊马，致党项引吐蕃入寇故也。甲午，以太子少师郑余庆兼判国子祭酒。辛丑，以田弘正兄相州刺史田融检校刑部尚书，兼太子宾客，分司东都。甲辰，以魏博节度使、光禄大夫、检校司徒、同平章事、兼魏州大都督长史、上柱国、沂国公、食邑三千户田弘正依前检校司徒、兼侍中，赐实封三百户。时弘正三上表乞留阙庭，不许。乙巳，上顾谓宰臣曰："朕读《玄宗实录》，见开元初锐意求理，至十六年已后，稍似懒倦，开元未又不及中年，何也？"崔群对曰："玄宗少历民间，身经迍难，故即位之初，知人疾苦，躬勤庶政。加之姚崇、宋璟、苏颋、卢怀慎等守正之辅，孜孜献纳，故致治平。及后承平日久，安于逸乐，渐远端士，而近小人。宇文融以聚敛媚上心，李林甫以奸邪惑上意，加之以国忠，故及于乱。愿陛下以开元初为法，以天宝末为戒，即社稷无疆之福也。"时皇甫镈以谄刻欺蔽在相位，故群因奏以讽之。冬十月丙午朔。壬戌，安南军乱，杀都护李象古，并家属、部曲千余人皆遇害。丙寅，以唐州刺史桂仲武为安南都护，潮州刺史韩愈为袁州刺史。是月，吐蕃寇盐州。十一月乙亥朔，以户部侍郎李鄘为太子宾客、东都留守。辛卯，灵武大将史敬奉破吐蕃于盐州城下，赐敬奉实封五十户赏之。丁酉，以原王傅郑权为右金吾大将军，充右街使。上服方士柳泌金丹药，起居舍人裴潾上表切谏，以"金石含酷烈之性，加烧炼则火毒难制。若金丹已成，且令方士自服一年，观其效用，则进御可也。"上怒。己亥，贬裴潾为江陵令。十二月乙巳朔。庚戌，国子祭酒郑余庆奏见任文官一品至九品，外使兼京正员官者，每月于所请料钱每贯抽十文，修国子监，从之。乙卯，以谏议大夫、守中书侍郎、同中书门下平章事、上柱国、赐紫金鱼袋崔群为潭州刺史、兼御史大夫，充湖南观察使。为皇甫镈所谮。及群被贬，人皆切齿于镈。

十五年春正月甲戌朔，上以饵金丹小不豫，罢元会。庚辰，镇冀观察使王承宗奏镇冀深赵等州，每州请置录事参军一员，判司三员，每县请置令一员，从之。壬午，以前湖南观察使崔俊权知户部侍郎、判度支。丙戌，沂、海四州观察使府移置于兖州，改观察使曹华为兖州刺史。乙未，命邠宁李光颜修筑盐州城。此月七日已后，昼常阴晦，微雨雪，夜则晴明，凡十七日方澄霁。丙申，月犯心大星，光彩相及。废齐州丰齐县入长清，废全节县入历城，废亭山县入章丘县。义成军节度使刘悟来朝。戊戌，上对悟于麟德殿。上自服药不佳，数不视朝，人情恟惧，及悟出道上语，京城稍安。庚子，以少府监韩璀为鄜州刺史、鄜坊节度使。是夕，上崩于大明宫之中和殿，享年四十三。时以暴崩，皆言内官陈弘志弑逆，史氏讳而不书。辛丑，宣遗诏。壬寅，移仗西内。五月丁酉，群臣上谥曰圣神章武孝皇帝，庙号宪宗。庚申，葬于景陵。

史臣蒋系曰：宪宗嗣位之初，读列圣实录，见贞观、开元故事，竦慕不能释卷，顾谓丞相曰："太宗之创业如此，玄宗之致理如此，既览国史，乃知万倍不如先圣。当先圣之代，犹须宰执臣僚同心辅弼，岂朕今日独能为理哉！"自是延英议政，昼漏率下五六刻方退。自贞元十年已后，朝廷威福日削，方镇权重。德宗不委政宰相，人间细务，多自临决，奸佞之臣，如裴延龄辈数人，得以钱谷数术进，宰相备位而已。及上自藩邸监国，以至临御，讫于元和，军国枢机，尽归之于宰相。由是中外咸理，纪律再张，果能剪削乱阶，诛除群盗。睿谋英断，近古罕俦，唐室中兴，章武而已。任昇、镈之聚敛，逐群、度于藩方，政道国经，未至衰紊。惜乎服食过当，阉竖窃发，苟天假之年，庶几于理矣！

赞曰：贞元失驭，群盗箕踞。章武赫斯，削平啸聚。我有宰衡，耀德观兵。元和之政，闻于颂声。

卷十六　　本纪第十六

穆　宗

穆宗睿圣文惠孝皇帝讳恒，宪宗第三子，母曰懿安皇后郭氏。贞元十一年七月，生于大明宫之别殿。初名宥，元和元年八月，进封遂王。五年三月，领彰义军节度大使。七年十月，册为皇太子，改今讳。

十五年正月庚子，宪宗崩。丙午，即皇帝位于太极殿东序。是日，召翰林学士段文昌杜元颖沈传师李肇、侍读薛放丁公著对于思政殿，并赐金紫。丁未，集群臣班于月华门外。贬门下侍郎、同平章事皇甫镈为崖州司户。戊申，上见宰臣于紫宸门外。辛亥，以朝议郎、守御史中丞、飞骑尉、袭徐国公、赐绯鱼袋萧俛为朝散大夫、守中书；舍人、翰林学士、武骑尉、赐紫金鱼袋段文昌为中书侍郎；同平章事。上始御延英对宰臣。诏曰："山人柳泌轻怀左道。上惑先朝。固求牧人，贵欲惑众，自知虚诞，仍更遁逃。僧大通医方不精，药术皆妄。既延祸衅，俱是奸邪。邦国固有常刑，人神所宜共弃，付京兆府决杖处死。"金吾将军李道古贬循州司马。宪宗末年，锐于服饵，皇甫镈与李道古荐术人柳泌、僧大通待诏翰林。泌于台州为上炼神丹，上服之，日加躁渴，遂弃万国。甲寅，二王后介国公宇文仲达卒，有司举旧典葬之。以监察御史李德裕、右拾遗李绅、礼部员外郎庾敬休并守本官，充翰林学士。丁巳，以剑南东川节度使李逢吉为襄州刺史，充山南东道节度使；以吏部侍郎王涯检校礼部尚书、梓州刺史，充剑南东川节度使。己未，改恒岳为镇岳，恒州为镇州，定州恒阳县为曲阳县。恒王房子孙改为派王房。丙寅，以右神策大将军张维清为单于大都护，充振武麟胜节度使。丁卯，上及群臣皆释服从吉。戊辰，群臣始朝于宣政衙。是夜地震。庚午，册大行皇帝贵妃郭氏为皇太后。贬谏议大夫李景俭为建州刺史。二月癸酉朔。丁丑，御丹凤楼，大赦天下。宣制毕，陈俳优百戏于丹凤门内，上纵观之。丁亥，幸左神策军观角抵及杂戏，日昃而罢。癸巳，罢邕管经略使，所管州县隶邕府。甲午，以桂管观察使裴行立为安南都护，充本管经略使。乙未，以太仆卿杜式方为桂州刺史，充桂管观察使。丙申，丹王逾薨。丁酉，敕入回纥使宜与私觌正员官十三员，入吐蕃使与八员。庚子，太子宾客吕元膺卒。辛丑，以户部侍郎杨於陵为户部尚书。壬寅，敕举贤良方正、直言极谏等科目人，宜令中书门下尚书省四品已上于尚书省同试。三月癸卯朔，赠皇太后父郭暧太傅，母虢国大长公主赠齐国大长公主。壬子，召侍讲学士韦处厚、路随于太液亭讲《毛诗·关雎》、《尚书·洪范》等篇。既罢，并赐绯鱼袋。左右军中尉马进潭、梁守谦、魏弘简等请立门戟，从之。以太子詹事分司东都韦贯之为河南尹。丁巳，御史中丞崔植奏："元和十二年敕，御史台三院御史据除拜上日为先后，未上日不得计月数。又准其年九月十七日敕，逾一个月不在此限，行立班次，即宜以敕内先后为定。臣观此后敕未便事宜，请自今后三院御史职事行立，一切依敕文先后为定，除拜上日便为月数。"从之。戊午，吏部尚书赵宗儒奏："先奉敕，先朝所放制科举人，令与中书门下四品已上官同于尚书省就试者。臣伏以制科所设，本在亲临，南省策试，亦非旧典。今覃恩既毕，庶政惟新，况山陵日近，公务繁迫，待问之士，就试非多。臣等商量，恐须停罢。"从之。罢申州岁贡茶。乙丑，以皇太后兄司农卿郭钊为刑部尚书兼司农卿，右金吾卫大将军郭钊检校工部尚书。丁卯，贬太子宾客留司东都孟简为吉州员外司马。戊辰夜，大风雹。夏四月壬申朔。丁丑，澧王宽薨。乙酉，三恪鄎国公杨造卒。丁亥，敕："内侍省见管高品官白身，都四千六百一十八人，除官员一千六百九十六人外，其余单贫，无屋室居止，宜每人加衣粮半分。"五月壬寅朔。癸卯，诏："以国用不足，应天下两税、盐利、榷酒、税茶及户部阙官、除陌等钱，兼诸道杂榷税等，应合送上都及留州、留使、诸道支用、诸司使职掌人课料等钱，并每贯除旧垫陌外，量抽五十文。仍委本道、本司、本使据数逐季收计。其诸道钱便差纲部送付度支收管，待国用稍充，即依旧制。其京百司俸料，文官已抽修国学，不可重有抽取；武官所给料薄，亦不在抽取之限。"壬子，诏："入景陵玄宫合供千味食，鱼肉肥鲜，恐致熏秽，宜令尚药局以香药代食。"庚申，葬宪宗于景陵。六月辛未朔。丁丑，以司徒、兼中书令韩弘为河中尹，充河中晋绛慈隰等州节度使。安南都护桂仲武奏诛贼首杨清，收复安南府。戊寅，以金吾将军李佑检校左散骑常侍，兼夏州刺史，充夏绥银宥节度使，代李听。以听为灵州大都督府长史，充朔方灵盐节度使。以中书舍人王仲舒为洪州刺史、御史中丞，充江西观察使。己卯，放京兆府今年夏青苗钱八万三千五百六十贯，宜委令狐楚，以楚山陵用不尽绫绢，准实估付京兆府，代所放青苗钱。庚辰，加邠、宁、庆节度使李光颜特进，以城盐州之功也。以考功员外、史馆修撰李翱为朗州刺史，坐与李景俭相善故也。癸未，并兖州莱芜县入乾封县。己丑，工部尚书归登卒。壬辰，诏："帝王所重者国体，所切者人情。苟得其体，必臻于大和；如失其情，是由于小利。况设官求理，颁禄责功，教既有常，宁宜就减。近以每岁经费，量入数少，外官俸料，据数收贯。朕再三思度，终所未安。今则岁属丰登，兵方偃息，自宜克已以足用，何得剥下以为谋。临轩载怀，实所增愧。其今年五月敕应给用钱每贯抽五十文，都计一百五十万贯，宜并停抽。"仍出内库钱三十七万五千贯，付度支给用。初，宪宗用兵，擢皇甫镈为相，苛敛剥下，人皆咎之，以至谴逐。至是宰臣创抽贯之利，制下，人情不悦，故罢之。癸巳，皇太后移居兴庆宫，皇帝与六宫侍从大合宴于南内，回幸右军，颁赐中尉等有差。自是凡三日一幸左右军及御宸晖、九仙等门，观角抵、杂戏。秋七月辛丑朔。壬寅，以河中、晋、绛观察使李绛为兵部尚书。甲辰，以大理卿孔戢为潭州刺史、湖南观察使。乙巳，诏："皇太后就安长乐，朝夕承颜，慈训所加，庆感兼极。今月六日是朕载诞之辰，奉迎皇太后于宫中上寿。朕既深欢慰，欲与臣下同之。其日，百僚、命妇宜于光顺门进名参贺，朕于光顺门内殿与百僚相见，永为常式。"非典也。郓曹濮等州节度赐号天平军，从马总奏也。丙午，敕：乙巳诏书载诞受贺仪宜停。先是，左丞韦绶奏行之，宰臣以古无降诞受贺之礼，奏罢之。丁未，苑内假山毁，压死役者七人。自五月不雨，至此月壬子始雨。甲寅，御新成永安殿观百戏，极欢而罢。乙卯，敕自今后新除节度、观察使到任日，具见在钱帛、斛斗、器械数目分析以闻。安南都护裴行立卒。是日，上幸安国寺观盂兰盆。邕管经略使杨旻卒。平卢军新加押新罗、渤海两蕃使，赐印一面，许置巡官一人。新作宝庆殿。庚申夜，荧惑入羽林。壬戌，盛饰安国、慈恩、千福、开业、章敬等寺，纵吐蕃使者观之。丙寅，以新成永安殿，与中宫贵主密宴у乐之，嫔妃皆预。丁卯，以门下侍郎、平章事令狐楚为宣州刺史、兼御史大夫，充宣、歙、池观察使。楚为山陵使，纵吏宰羋刻下，不给工徒价钱，积留钱十五万贯，为羡余以献，故及于贬。八月庚午朔。辛未，兵部尚书杨於陵上百僚钱货轻重之议，取天下两税、榷酒、盐利等，悉以布帛任土所产物充税，并不征见钱，则物渐重，钱渐轻，农人见免贱卖匹段。请中书门下、御史台诸司官长重议施行。从之。癸酉，太子少傅致仕李鄘卒。甲戌，安南都护桂仲武斩叛将杨清首以献，收复安南府。乙亥，赐教坊钱五千贯，充息利本钱。御勤政楼，问人疾苦。前江西观察使裴次元卒。己卯，月掩牵牛。同州雨雪，害秋稼。京兆府户曹参军韦正牧专知景陵工作，刻削厨料充私用，计赃八千七百贯文；石作专知官奉仙县令宰羋刻削，计赃一万三千贯，并宜决重杖处死。壬辰，幸鱼藻池，发神策军二千人浚鱼藻池。戊戌，以朝议郎、守御史中丞、武骑尉、赐紫金鱼袋崔植为朝散大夫，守中书侍郎、同中书门下平章事。己亥，宣歙观察使令狐楚再贬衡州刺史。九月庚子朔，改河北税盐使为榷盐使。辛丑，大合乐于鱼藻宫，观竞渡。又召李愬、李光颜入朝，欲于重阳日宴群臣。拾遗李珏等上疏谏云："元朔未改，园陵尚新。虽易月之期，俯从人欲；而三年之制，犹服心丧。夫遏密弛禁，盖为齐人；合乐内庭，事将未可。"不听。乙巳，以驾部郎中、知制诰李宗闵为中书舍人。宋州大水，损田六千顷。戊申，以重阳节宴郭钊兄弟、贵戚、主婿等于宣和殿。己酉，大雨三日，至是雨雪，树木无风而摧仆者十五六。以吏部侍郎崔群为御史大夫。沧、景水，损田。戊午，加河东节度使、金紫光禄大夫、检校尚书右仆射、兼门下侍郎、同平章事、太原尹、北都留守、上柱国、晋国公、食邑三千户裴度守司空、门下侍郎、同平章事。以邠宁节度使、检校司空、邠州刺史、上柱国、武威郡开国公、食邑二千户李光颜并同中书门下平章事。又以武宁军节度、徐泗濠等州观察等使、检校尚书右仆射、徐州刺史、上柱国、凉国公、食邑三千户李愬为同中书门下平章事、潞州大都督府长史，充昭义军节度、泽潞磁邢洺观察处置等使。夏州奏移宥州于长泽县置。辛酉，宴李光颜、李愬于麟德殿，颁赐优厚。以袁州刺史韩愈为朝散大夫、守国子祭酒，复赐金紫。丙寅，以御史大夫崔群检校兵部尚书、徐州刺史，充武宁军节度、徐泗宿濠观察等使；以将作监崔能为广州刺史，充岭南节度使。丁卯，以兵部尚书李绛为御史大夫。戊辰，以前岭南节度使孔戣为吏部侍郎。冬十月庚午朔，阇婆国遣使朝贡。庚辰，宰相与吐蕃使于中书议事。京百司共赐钱一万贯，仰御史台据员额大小、公事闲剧均之。成德军节度使王承宗卒，其弟承元上表请朝廷命帅，遣起居舍人柏耆宣慰之。辛巳，金公亮修成指南车、记里鼓车。壬午，吐蕃寇泾州，命中尉梁守谦将神策军四千人及八镇兵赴援。乙酉，以魏博等州节度观察等使、光禄大夫、检校司徒、兼侍中、魏博大都督府长史、上柱国、沂国公、食邑三千户、实封三百户田弘正可检校司徒、兼中书令、镇州大都督府长史、成德军节度、镇冀深赵等州观察处置等使。以镇冀深赵等观察度支使、朝议郎、试金吾卫青曹参军兼监察御史王承元可银青光禄大夫、检校工部尚书、使持节滑州诸军事、守滑州刺史、御史大夫、充义成军节度、郑滑等州观察等使。以昭义节度使、检校尚书左仆射、同中书门下平章事李愬可本官，为魏州大都督府长史，充魏博等州节度、观察等使。以义成军节度使刘悟依前检校右仆射、兼潞州大都督府长史，充昭义节度、泽潞邢洺磁等州观察等使。以左金吾将军田布为检校左散骑常侍、兼怀州刺史、御史大夫，充河阳三城怀节度使。乙酉，泾州奏吐蕃退去。时夏州节度使田缙贪猥，侵刻党项羌，羌引西蕃入寇，赖郝玼、李光颜奋命拒之，方退。丁亥，西川奏吐蕃侵雅州，令发兵镇守。东川节度使王涯陈破吐蕃策，言以厚赂北蕃，俾入西蕃，据地得人多少赏之。十一月乙亥朔。癸卯，制：「朕闻帝王丕宅四海，子育群生，如天无不覆，如日无不烛。乃眷冀方，初丧戎帅，念乎三军之事，洎于四州之人。或怀忠积诚，而思用莫展；或灾荒兵役，而望恤何阶。今则昌运一开，诚节咸著。王承元首陈章疏，愿赴阙庭。永念父兄之忠，克固君臣之义，已加殊奖，别委重藩。又念成德军将士等，叶谋向义，丹款载申，咸欲效其器能，各宜列之爵秩。大将史重归、牛元翼已超授宠荣，今更都加厚赐。宜令谏议大夫郑覃往镇州宣慰，赐钱一百万贯。王泽所洽，天网方恢，宥过释冤，与人休泰。其管内见禁囚徒，罪无轻重，并宜释放。朕以武俊之勋劳，光于彝鼎；士真之恭恪，继被节旄。承宗感恩，亦克立效。永言十代之宥，俾赐一门之荣。承宗兄弟已授官爵，其承宗葬事亦差官监视，务令周厚。」丁未，封王承宗祖母李氏为晋国太夫人。辛亥，田弘正奏王承元以今月九日领兵二千人赴镇滑州。成德军征赏钱颇急，乃命柏耆先往谕之。以华州刺史卫中行为陕州长史，充陕虢观察使；以宗正卿李翱为华州刺史、潼关防御、镇国军使。乙卯，上幸金吾将军郭鉥城南庄，鉥以庄为献。戊午，诏曰：「朕来日暂往华清宫，至暮却还。」御史大夫李绛、常侍崔元略已下伏延英门切谏。上曰：「朕已成行，不烦章疏。」谏官等三论列。是日，田弘正奏今月十六日入镇州讫。己未，上由复道出城幸华清宫，左右中尉掕仗，六军诸使、诸王、驸马千余人从，至晚还宫。癸亥，检校司徒、兼太子少师郑余庆卒。以渭州刺史、泾原行营兵马使、保定郡王郝玼为庆州刺史。玼勇将，深入吐蕃接战，朝廷恐失勇将，故移之内地。十二月己巳朔。戊寅，召故女学士宋若华妹若昭入宫掌文奏。壬午，幸右军击鞠，遂败于城西。丙戌，前昭义军节度使辛秘卒。己丑，以库部郎中、知制诰牛僧孺为御史中丞。岭南奏崖州司户参军皇甫镈卒。丙申，以司门员外郎白居易为主客郎中、知制诰。是岁，计户帐，户总二百三十七万五千四百，口总一千五百七十六万。定、盐、夏、剑南东西川、岭南、黔中、邕管、容管、安南合九十七州不申户帐。

长庆元年正月己亥朔，上亲荐献太清宫、太庙。是日，法驾赴南郊。日抱珥，宰臣贺于前。辛丑，祀昊天上帝于圆丘，即日还宫，御丹凤楼，大赦天下。改元长庆。内外文武及致仕官三品已上赐爵一及，四品已下加一阶，陪位白身人赐勋两转，应缘大礼移仗宿卫御楼兵仗将士，普恩之外，赐勋爵有差。仍准旧例，赐钱物二十万四千九百六十端匹。礼毕，群臣于楼前称贺。仗退，上朝太后于兴庆宫。壬寅，夏州节度使奏浙东、湖南等道防秋兵不习边事，请留其兵甲，归其人。灵武节度使李听奏请于淮南、忠武、武宁等道防秋兵中取三千人衣赐月粮，赐当道自召募一千五百人马骁勇者以备边。仍令五十人为一社，每一马死，社人共补之，马永无阙。从之。癸卯，以河阳、怀节度使田布为泾州刺史，充四镇北庭行营、泾原节度使，以刑部尚书兼司农卿郭钊检校户部尚书、怀州刺史，充河阳三城、怀节度使。以泾原节度使王潜检校兵部尚书、江陵尹，充荆南节度使。乙巳，鄜坊节度使韩璀改名充。己酉，以前检校大理少卿、驸马都尉刘士泾为太仆卿。给事中韦弘景、薛存庆封还诏书，上谕之曰：「士泾父昌有边功，久为少列十余年，又以尚云安公主，朕欲加恩，制官敕下。」制命始行。翰林学士、司勋员外郎李德裕上疏曰：「臣见国朝故事，驸马国之亲密，不合与朝廷要官往来，开元中禁止尤切。近日驸马多至宰相及要官宅，此辈无他才可以延接，唯是漏泄禁密、交通中外。伏望宣示驸马等，今后有事任至中书见宰臣，此外不得至宰臣及台省官私第。」从之。戊午夜，星孛于翼。壬戌，制朝议大夫、守门下侍郎、同中书门下平章事徐国公萧俛为尚书右仆射，累表乞罢政事故也。癸亥，以左散骑常侍崔元略为黔州刺史，充黔中观察使。丁卯，星孛于辰，近太微西垣南第一星。二月戊辰朔。癸酉，以尚书右仆射萧俛为吏部尚书。甲戌，以检校右仆射兼吏部尚书韩皋守右仆射。乙亥夜，太白犯昴。丙子，上观杂伎乐于麟德殿，欢甚，顾谓给事中丁公著曰：「比闻外间公卿士庶时为欢宴，盖时和民安，甚慰予心。」公著对曰：「诚有此事。然臣之愚见，风俗如此，亦不足嘉。百司庶务，渐恐劳烦圣虑。」上曰：「何至于是？」对曰：「夫宾宴之礼，务达诚敬，不继以淫。故诗人美『乐且有仪』，讥其屡舞。前代名士良辰宴聚，或清谈赋诗，投壶雅歌，以杯酌献酬，不至于乱。国家自天宝已后，风俗奢靡，宴席以喧哗沉湎为乐。而居重位、秉大权者，优杂倡肆于公吏之间，曾无愧耻。公私相效，渐以成俗。由是物务多废。独圣心求理，安得不劳宸虑乎！陛下宜颁训令，禁其过差，则天下幸甚。」时上荒于酒乐，公著因对讽之，颇深嘉纳。己卯，幽州节度使刘总奏请去位落发为僧。又请分割幽州所管郡县为三道，请支三军赏设钱一百万贯。壬申，以中书侍郎、平章事段文昌检校刑部尚书、同平章事、成都尹，充剑南西川节度等使，以朝散大夫、尚书户部侍郎、知制诰、翰林学士、上柱国、建安县开国男杜元颖守本官、同中书门下平章事。以剑南西川节度使王播为刑部尚书，充盐铁转运使。乙酉，天平军节度使马总奏：「当道见管军士三万三千五百人，从去年正月已后，情愿居农者放，逃亡者不捕。」先是，平定河南，及王承元去镇州，宰臣萧俛等不顾远图，乃献销兵之议，请密诏天下军镇,每年限百人内破八人逃死,故总有是奏。丁亥夜,月犯岁星,在尾十三度。辛卯,寒食节,宴群臣于麟德殿,颁赐有差。壬辰,刑部侍郎李建卒。癸巳,九姓回纥毗伽保义可汗卒。三月丁酉朔,浙东奏移明州于鄞县置。刘总进马一万五千匹。甲辰,郑滑节度使王承元祖母晋国太夫人李氏来朝,既见上,令太后于南内。丁未,宗正寺奏:"准贞元二十一年敕,宗子陪位,放五百七十人出身。准今年敕放三百人。伏缘人数至多,不沾恩泽,乞降特恩,更放二百人出身。"从之。平卢薛平奏:海贼掠卖新罗人口于缘海郡县,请严加禁绝,俾夷俗怀恩。从之。戊申,罢京西、京北和籴使,扰人故也。罢河北榷盐法,许约计课利都数付榷盐院。庚戌,以左丞韦绶为礼部尚书。是夜,太白近五车。辛亥,命给事中韦弘庆充幽州宣慰使,左拾遗狄兼谟副之。盐铁使王播奏江淮盐估每斗加五十文,兼旧三百文。癸丑,以幽州卢龙节度副大使、知节度事、押奚、契丹两蕃经略等使、检校司空、同中书门下平章事、楚国公刘总可检校司徒、兼侍中、天平军节度、郓曹濮等州观察等使。以宣武军节度使、检校右仆射、同平章事张弘靖为检校司空、同平章事、兼幽州大都督府长史,充幽州卢龙军节度使。从刘总所奏故也。以凤翔节度使李愿检校司空、汴州刺史,充宣武军节度使;以邠宁节度使李光颜为凤翔尹,依前检校司空、平章事,充凤翔陇右节度使。以右卫大将军高霞寓检校工部尚书、邠州刺史,充邠宁节度使。谏官上疏论霞寓败军左谪,未宜拜方镇。不从。乙卯,以权知京兆尹卢士玫为瀛州刺史,充瀛莫等州都团练观察使。从刘总奏析置也。丁巳,制:"刘总已极上台,仍移重镇,兄弟子侄,各授官荣,大将宾僚,亦宜超擢。幽州百姓给复一年,赐三军赏设钱一百万贯。令宣慰使薛存庆与弘靖会支给。"戊午,封皇弟憕为郓王,悦为琼王,询为沔王,怿为婺王,愔为茂王,怡为光王,协为淄王,憺为衢王,愫为澶王,皇子湛为景王,涵为江王,凑为漳王,溶为安王,瀍为颍王。以兵部侍郎柳公绰为京兆尹、兼御史大夫。己未,以屯田员外郎李德裕为考功郎中,左补阙李绅为司勋员外郎,并依前知制诰、翰林学士。敕今年钱徽下进士及第郑朗等一十四人,宜令中书舍人王起、主客郎中知制诰白居易等重试以闻。甲子,刘总请以私第为佛寺,乃遣中使赐寺额曰"报恩"。幽州奏刘总坚请为僧,又赐以僧衣,赐号大觉。总是夜遁去,幽州人不知所之。乙丑,以漳州刺史韩泰为郴州刺史,汀州刺史韩晔为永州刺史,循州刺史陈谏为道州刺史,量移也。夏四月丙寅朔,授刘总弟约及总男等一十一人官,内五人为刺史,余朝班环卫。庚午,易定奏刘总已为僧,三月二十七日卒于当界道。赠太尉。甲戌,秘书监蒋乂卒。丙子,以前天平军节度使马总复为天平节度使。丁丑,诏:"国家设文学之科,本求才实,苟容侥幸,则异至公。访闻近日浮薄之徒,扇为朋党,谓之关节,干扰主司,每岁策名,无不先定。永言败俗,深用兴怀。郑朗等昨令重试,意在精核艺能,不于异常之中,固求深僻题目,贵令所试成就,以观学艺浅深。孤竹管是祭天之乐,出于《周礼》正经,阅其呈试之文,都不知其本事。辞律

鄙浅,芜累何多。亦令宣示钱徽,庶其深自怀愧。诚宜尽弃,以警将来。但以四海无虞,人心方泰,用弘宽假,式示殊恩。孔温业、赵存约、窦洵直所试粗通,与及第;卢公亮等十一人可落下。自今后礼部举人,宜准开元二十五年敕,及第人所试杂文并策,送中书门下重覆。"贬礼部侍郎钱徽为江州刺史,中书舍人李宗闵为剑州刺史,右补阙杨汝士为开州开江令。戊寅,宰臣崔植、杜元颖奏请,坐日所有群臣献替,事关礼体,便随日撰录,号为《圣政纪》,岁终付史馆。从之。事亦不行。丙戌,正衙命使册九姓回纥为登罗羽录没密施句主录毗伽可汗。辛卯,以衡州刺史令狐楚为郢州刺史,吉州司马孟简为睦州刺史。壬辰,诏百辟卿士宜各徇公,勿为朋党。甲午,以张弘靖入幽州,受朝贺。中书门下奏燕、蓟八州平,准礼宜告陵庙,从之。五月丙申朔。戊戌,以刑狱淹滞,立程:凡大事,大理寺三十五日详断讫,申刑部,三十日闻奏;中事,大理寺三十日,刑部二十五日;小事,大理寺二十五日,刑部二十日。所断罪二十件已上为大,十件已上为中,十件已下为小。刑部四覆官、大理六丞每月常须二十日入省寺,其厨料令户部加给。从中丞牛僧孺奏也。己亥,贬考功员外郎李渤为虔州刺史,以前书宰相辞太过,宰相杜元颖等奏贬之。癸卯,幽州大将李参已下十八人并为刺史及诸卫将军。己酉,右散骑常侍致仕柳登卒。辛亥,造百尺楼于宫中。壬子,加茶榷,旧额百文,更加五十文,从王播奏。拾遗李珏上疏论其不可,疏奏不报。丙辰,建王审薨。丁巳,沧州先置景州于弓高县,置归化县于福城草市,并宜停废。壬戌,幽州宣慰使给事中薛存庆卒于镇州。癸亥,敕先置潋州于鄌城,宜废;其鄌城上蔡、西平、遂平两县复隶蔡州。皇妹太和公主出降回纥登罗骨没施合毗伽可汗。甲子,命金吾大将军胡证充送公主入回纥使,兼册可汗。又以太府卿李锐为入回纥婚礼使。六月乙丑朔。辛未,吐蕃犯青塞堡。甲申,赐御史中丞牛僧孺金紫。秋七月乙未朔。壬寅,月掩房次相。壬子,群臣上尊号曰文武孝德皇帝。是日,上受册于宣政殿,礼毕,御丹凤楼,大赦天下。甲寅,幽州监军使奏:"今月十日军乱,囚节度使张弘靖别馆。害判官韦雍、张宗元、崔仲卿、郑塤。军人取朱滔子洄为留后。"丁巳,贬张弘靖为太子宾客分司。己未,再贬弘靖为吉州刺史。朱洄自以年老,令军人立其子克融为留后。初,刘总归朝,籍其军中素难制者送归阙庭,克融在籍中。宰相崔植、杜元颖素不知兵,心无远虑,谓两河无虞,不复祸乱矣,遂奏刘总所籍大将并勒还幽州,故克融为乱,复失河北矣。庚申,以昭义军节度使刘悟检校司空,兼幽州大都督府长史,充幽州卢龙军节度副大使、知节度事。以国子祭酒韩愈为兵部侍郎。辛酉,太和长公主发赴回纥,上以半仗御通化门临送,群臣班于章敬寺前。八月甲子朔。己巳,镇州监军宋惟澄奏:七月二十八日夜军乱,节度使田弘正并家属将佐三百余口并遇害。军人推裨将王廷凑为留后。辛未,以左金吾将军杨元卿为泾州刺史,充四镇北庭行军、泾原节度使。敕公卿大臣至中书议幽、镇讨伐之谋。癸酉,王廷凑遣盗杀冀州刺史王进岌,据其郡。乙亥,以前泾原节度使田布起复检

校工部尚书,兼魏州大都督府长史,充魏博节度使。己卯,以深州刺史、本州团练使牛元翼充深冀节度使。辛巳夜,太白近轩辕左角。冀州刺史吴暐潜为幽州兵所逐。瀛州兵乱,囚观察使卢士玫。瀛州寻为幽州兵所据。乙丑,以河东节度裴度充幽、镇两道招抚使。庚寅,以建州刺史李景俭为谏议大夫。壬辰夜,太白近太微西垣。癸巳,镇州出兵围深州。九月甲午朔。丁酉,废兴州鸣水县。戊戌夜,太白近太微右执法。壬寅,大雨震霆。乙巳,相州兵乱,杀刺史邢楚。丙午,令内常侍段文政监领郑滑、河东、许三道兵,救援深州。吐蕃请盟,许之。辛亥夜,月近天关。壬子,幽州贼掠易州涞水、遂城、满城。癸丑,以前魏博节度使李愬为太子少保。癸酉,魏博节度使田布奏,出师五千赴贝州行营。冬十月甲子朔。丙寅,太中大夫、守刑部尚书、骑都尉王播可中书侍郎、同中书门下平章事,依前充盐铁转运使。以河东节度使裴度充镇州四面行营都招讨使。以左领军卫大将军杜叔良充深冀诸道行营节度使。戊辰,以深冀节度使牛元翼为镇州大都督府长史,充成德军节度、镇冀深赵等州节度使。辛未,以中书舍人、知制举王起为礼部侍郎,兵部郎中杨嗣复为库部郎中、知制诰。壬申,以东都留守郑絪为吏部尚书。以吏部尚书李绛检校右仆射,判东都尚书省事、东都留守、都畿防御使。以工部尚书丁公著检校左散骑常侍,兼越州刺史、御史中丞,充浙东观察使。乙亥,沂州刺史王智兴为武宁军节度副使。丁丑,裴度奏,自将兵取故关路进讨。朱克融兵寇蔚州。戊寅,王廷凑兵寇贝州。易州刺史柳公济奏,于白石岭破燕军三千。沧州乌重胤奏,于饶阳破贼。工部尚书韦贯之卒。壬午,以尚书主客郎中、知制诰白居易为中书舍人。河东节度使裴度三上章,论翰林学士元稹与中官知枢密魏弘简交通,倾乱朝政。以稹为工部侍郎,罢学士。弘简为弓箭库使。甲申,以京兆尹、御史大夫柳公绰为吏部侍郎。丙戌,以深冀行营节度使杜叔良为沧州刺史、横海军节度使,以代乌重胤;授重胤检校司徒、兴元尹,充山南西道节度使。时上急于诛贼,杜叔良出征日面辞,奏云:"臣必旦夕破贼。"重胤善将知兵,以贼势未可卒平,用兵稍缓,故有是拜。丁亥,前浙东观察使薛戎卒。戊子,魏博田布奏,自率全师进讨。太子少保李愬卒。己丑,以户部侍郎、判度支崔俊为工部尚书、判度支。以山南西道节度使崔从为尚书左丞;以秘书监许季同为华州刺史,充潼关防御、镇国军使。辛卯,昭义刘悟奏,自将兵次临城。十一月甲午朔,裴度奏破贼于会星镇。朱克融兵大寇定州,节度使陈楚出师拒战,破贼二万。乙巳,徐州崔群奏,遣节度副使王智兴率师赴行营。戊申,以司农卿裴武为镇州行营供军使。戊午,上御宣政殿,试制科举人。辛酉,淄青牙将马延釜谋逆,节度使薛平觉其谋而诛之。诏中书舍人白居易、缮部郎中陈岵、考功员外郎贾𫗧同考制策。十二月甲子朔。丙寅,以前容管经略使留后严公素为容州刺史、容管经略使。丁卯,贬谏议大夫李景俭为楚州刺史。庚午,杜叔良之军与贼战于博野,为贼所败,七千人陷贼,叔良仅免。乙亥,敕诸道除上供外,留州留使钱内每贯割二百文以助军用,贼平后仍旧。定州陈楚破朱克融贼二万于望都。戊寅,以凤翔节度使李光颜为忠武军节度使,代李逊,仍兼深冀行营节度。以李逊为凤翔节度使。贬员外郎独孤朗韶州刺史,起居舍人温造朗州刺史,司勋员外郎李肇澧州刺史,刑部员外郎王镒鄂州刺史,坐与李景俭于史馆同饮,景俭乘醉见宰相谩骂故也。兵部郎中知制诰冯宿、库部郎中知制诰杨嗣复各罚一季俸料,亦坐与景俭同饮,然先起,不贬官。辛巳,李光颜赴镇,百僚饯于章敬寺。上御通化门临送,赐玉带名马。仍敕神策副使杨承和充深冀行营都监押。壬午,出内库钱五万贯以助军。乙酉,以幽州都知兵马使朱克融检校右散骑常侍,充幽州卢龙军节度使,其拘囚张弘靖、杀害府僚之罪,一切释放。时朝议以克融能保全弘靖,王廷凑杀害弘正,可赦燕而诛赵,故有是诏。是岁,天下户计二百三十七万五千八百五,口一千五百七十六万二千四百三十二,元不进户军州不在此内。

二年春正月癸巳朔,以用兵罢元会。乙未,以夔州刺史王承弁为安南都护、本管经略招讨使。丁酉,朱克融陷沧州弓高县,贼攻下博,兼邀饷道车六百乘而去。庚子,魏博兵自溃于南宫县。戊申,魏博牙将史宪诚夺师,田布伏剑而卒。己酉,以魏博中军先锋兵马使史宪诚检校工部尚书,兼魏州大都督府长史,充魏博节度使。是日,大风霾。庚戌,以德州刺史王日简为沧州刺史,充横海军节度、沧德棣观察等使,以代叔良。壬子,贬叔良为归州刺史,以献计诛幽镇无功,而兵败丧所持旌节也。甲寅,以工部尚书、判度支崔俊检校礼部尚书,兼凤翔尹,充凤翔陇右节度使。以鸿胪卿、兼御史大夫张平叔判度支。复以弓高县为景州。青州奏海冻二百里。乙卯,以前凤翔节度使李逊为刑部尚书。己未,刑部尚书李逊卒。庚子,以充、沂、密观察使曹华为节度使;以天德军防御使李进诚兼灵州刺史,充朔方、灵盐、定远城等州节度使;以晋州刺史李岵为丰州刺史,充天德军、丰州、东西受降城都防御使。内出缯帛八万匹以助军。权停岭南、黔中今年选补。二月癸亥朔。甲子,诏雪王廷凑,仍授镇州大都督府长史、御史大夫,充成德军节度、镇冀深赵等州观察等使。三军将士,待之如初。仍令兵部侍郎韩愈往彼宣谕。以前吉州刺史张弘靖为抚州刺史。弘靖初贬官,尚在幽州,拘留半岁,克融授节,始得还,故有是命。丙寅,以前成德军节度使牛元翼检校工部尚书、襄州刺史,充山南东道节度观察、临汉监牧等使。丁卯,以考功郎中、知制诰李德裕为中书舍人,依前翰林学士。癸酉,以鄜坊节度使韩充为义成军节度使,以代王承元。以承元为鄜坊节度使。甲戌夜,火、木星相近。沧州节度使王日简赐姓名李全略。辛巳,以正议大夫、守中书侍郎、同中书门下平章事、武骑尉、赐紫金鱼袋崔植为刑部尚书,罢知政事。以工部侍郎元稹守本官、同平章事。以翰林学士、中书舍人李德裕为御史中丞;司勋员外郎、知制诰李绅为中书舍人,依前翰林学士。右庶子王仲周以奉使缓命,贬台州刺史。癸未,以深冀行营诸军节度、忠武军节度使李光颜为沧州刺史、横海军节度使,兼忠武军节度、深冀行营并如故;以横海军节度使李全略为德州刺史、德棣等州节度。丙戌,以兵部郎中、知制诰冯宿检校左庶子,充山南东道节度副使,权知襄州军府事,以牛元翼在深州重围故也。丁亥,以河东节度使、司空、兼门下侍郎、平章事裴度守司徒、平章事,充东都留守、判东都尚书省事、都畿汝防御使、太微宫等使;以前灵武节度使李听为太原尹、北都留守、河东节度使。三月壬辰朔,诏曰:"武班之中,淹滞颇久。又诸荐送大将,或随节度使归朝。自今已后,宜令神策六军军使及南衙常参武官,各具历任送中书门下,索立大功及有才器者,量加奖擢。常参官依月限改转,诸道军府带监察已上官者,限三周年即与改转。军士死王事者,三周年内不得停衣粮。先于留州留使钱内每贯割二百文助军,今后不用抽取。"上于驭军之道,未得其要,常云宜姑息戎臣。故即位之初,倾府库颁赏之,长行所获,人至巨万,非时赐与,不可胜纪。故军旅益骄,法令益弛,战则不克,国祚日危。洎颁此诏,方镇多以大将文符宾之富贾,曲为论奏,以取朝秩者,叠委于中书矣。名臣扼腕,无如之何。癸巳,以兵部尚书萧俛为太子少保,以前山南东道节度使李逢吉为兵部尚书。壬寅,左骁卫上将军张奉国卒。以鸿胪卿、判度支张平叔为户部侍郎充职。平叔以曲承恩顾,上疏请官自卖盐,可以富国强兵,陈利害十八条。诏下其疏,令公卿详议。中书舍人韦处厚随条诘难,固言不可,事遂不行。朱克融、王廷凑合兵攻深州,不解。裴度与书谕之,克融还镇,廷凑攻城亦缓,乃并加检校工部尚书。戊申,裴度来朝,对于麟德殿,伏奏龙墀,因叙河北用兵,鸣咽流涕,上改容慰劳之。壬子,以新授东都留守裴度为扬州大都督府长史,充淮南节度使。癸丑,徐州节度使崔群为其副使王智兴所逐,智兴自专军务。甲寅,以右仆射韩皋为左仆射,以前淮南节度使李夷简为右仆射。前东都留守李绛复拜旧官。丙辰,守司徒裴度正衙受册讫,谒太庙,赴尚书省上,宰臣百僚皆送。丁巳,以左丞崔从检校礼部尚书、鄜州刺史、鄜坊节度使,以代王承元。以承元为凤翔、陇节度使。戊午,司徒裴度复入中书知政事。以中书侍郎、平章事王播检校右仆射,兼扬州大都督府长史,充淮南节度使,依前兼诸道盐铁转运使。以凤翔节度使崔倰为河南尹。牛元翼率十余骑突围出深州来朝,深州大将臧平等一百八十人皆为王廷凑所杀。己未,以武宁军节度副使王智兴检校工部尚书,兼徐州刺史,充武宁军节度使。以德、棣节度使李全略复为沧州节度使,仍合沧、景、德、棣为一镇。李光颜还镇许州。夏四月辛酉朔,日有蚀之。甲子,左仆射韩皋赴省上,中使赐酒馔,宰臣百僚送,一如近式。云阳县角抵人张苍负羽林官骑康宪钱,宪往征之。苍乘醉打宪杀殒,宪男买德年十四,持木钟击苍首破,三日而卒。刑部奏覆,敕曰:"买德尚在童年,能知子道。虽杀人当死,为父可哀。若从沉命之科,恐失原情之意。可减死罪一等。"忻州刺史李寰守博野,王廷凑攻之不下。其李寰所领兵宜割属右神策,以寰为军使,以忻州军为名。庚辰,桂管观察使杜式方卒。癸未,以武宁军节度使崔群为秘书监,分司东都。翰林侍讲学士韦处厚、路随进所撰《六经法言》二十卷,赐锦彩二百匹、银器二百事,处厚改中书舍人,随改谏议大夫,并赐金紫。

丁亥,以秘书监严谱为桂管观察使。是夜,东北有流星,光彩烛地,殷殷有声,出天市垣,至郎位灭。五月辛卯朔。以德州刺史李景俭为谏议大夫。癸丑,太子少傅严绶卒。戊午,幽州朱克融上表进马万匹、羊十万口,先请其价赏军。陇山有异兽如猴,腰尾皆长,色青赤而猛鸷,见著人则跃而食之,遇汉人则否。六月庚申朔。甲子,司徒、平章事裴度守尚书右仆射,工部侍郎、平章事元稹为同州刺史。以正议大夫、守兵部尚书、轻车都尉李逢吉为门下侍郎、同中书门下平章事。乙丑,大风震电,坠太庙鸱吻,霹御史台树。丁卯,以易州刺史柳公济为定州刺史、义武军节度使。壬申,谏官论责裴度太重,元稹太轻,乃追稹制书,削长春宫使。戊寅,以前右仆射李夷简为太子少保,分司东都。戊子,复置邕管,以安南副使崔结为邕管经略使。秋七月己丑朔。丙申,宋王结薨,废朝。戊戌,汴州军乱,逐节度使李愿,立牙将李齐为留后。好畤县山水漂溺居人三百家。陈、许、蔡等州水。壬寅,出中书舍人白居易为杭州刺史。乙巳,诏南北省五品已上官议讨李齐。丙午,贬李愿为随州刺史。以郑、滑节度使韩充为汴州刺史、宣武军节度使、汴宋亳颍观察等使,郑、滑如故;以宣武军节度押衙李齐为右金吾卫将军。丁未,内出绫绢五十万匹付度支,以供军用。陈、许水灾,赈粟五万石。己酉,中使杨再昌使镇州。王廷凑奏:"奉诏取牛元翼家族,请至秋末发遣。其田弘正骸骨,寻访不知所在。"辛亥,以赠司徒、忠烈公李澄子源为谏议大夫,赐绯鱼袋。乙卯,敕:"员外郎知制诰二年后转郎中,又二年后转前行郎中,又一年即正除;谏议大夫知同前郎中;给事中并翰林学士别宣知者,不在此限。"以前义武军节度使陈楚为东都留守、判尚书省事、东畿汝防御使。本朝故事,东都留守罕用武臣,今用楚,以李齐抚汴、宋故也。八月己未朔,以绛州刺史崔弘礼为河南尹,兼东畿防御副使。给事中韦颖以弘礼望轻,封还诏书,上遣中使谕之,乃下。诏陈许李光颜将兵收汴州。戊辰,以左仆射韩皋为东都留守、判尚书省事、东畿汝防御使。以东都留守陈楚为河阳怀节度使。癸酉,韩充奏今月六日发军入汴州界,营于千塔。丙子,汴州监军姚文寿与兵马使李质同谋斩李齐及其党薛志忠、秦邻等。丁丑,韩充入汴州。以前东都留守李绛为华州刺史,充潼关防御、镇国军等使。浙东处州大水,溺居民。以兖海沂密节度使曹华为滑州刺史,充义成军节度、郑滑颍等州观察等使;以宋州刺史高承简为兖州刺史、兖海沂密等州节度使;以汴州防城兵马使李质为右金吾卫将军。颍州棣郑滑观察使。盐铁转运使王播进《开颍口图》。九月戊子朔,浙西大将王国清谋叛,观察使窦易直讨平之,同恶二百余人并诛之。韩充送李齐男道源、道枢、道渝等三人,斩于西市;齐妻马氏、小男道本、女汴娘配于掖庭。壬子,太子少师李夷简卒,赠太子太保。癸卯,以前河阳节度使郭钊为河中尹,兼河中、绛、隰等州节度使。御史中丞李德裕为润州刺史、兼御史大夫、浙江西道都团练观察处置等使,以代窦易直。以易直为吏部侍郎。加晋州刺史李寰为晋、慈等州都团练观察使。乙巳,敕团练防御州置判官一员,其副使推巡并停。辛亥,以吏部侍郎柳公绰为御史大夫。先有诏广芙蓉苑南面,居人庐舍坟墓并移之,群情骇扰。癸丑,降敕罢之。德州军乱,害刺史王稷,尽剽其家财奴仆。丁巳,以万州刺史李元喜为安南都护。阴山府沙陀突厥兵马使朱耶执宜来朝贡,赐官诰、锦彩、银器。冬十月戊午朔。壬戌,前河中晋、绛、慈、隰等州节度使、开府仪同三司、守司徒、中书令、河中尹、上柱国、许国公韩弘可守司徒、兼中书令。甲子夜,月掩牵牛中星。戊辰,兴元节度使乌重胤来朝,移授天平军节度使。己卯,以工部侍郎郑权为工部尚书,以前华州刺史许季同为工部侍郎。是日,上由复道幸咸阳,止于善因佛寺,施僧钱百万,咸阳令绢百匹。闰十月戊子朔,入回纥使金吾大将军胡证、副使光禄卿李宪、婚礼使卫尉卿李锐、副使宗正少卿李子鸿等,送太和公主自蕃中回。庚寅,以吏部尚书郑絪为太子少傅;以太常卿赵宗儒为吏部尚书;韦绶为兴元尹,充山南西道节度使。壬辰,右骁卫大将军韩公武卒,废朝。以户部尚书杨於陵为太常卿。丙申,回纥可汗遣使献国信四床、女口六人、葛禄口四人。己亥,敕翰林侍讲学士谏议大夫路随、中书舍人韦处厚,兼充史馆修撰《宪宗实录》,仍便日入史馆。《实录》未成,且许不入内署,仍放朝参。甲寅,诏:"江淮诸州旱损颇多,所在米价不免踊贵,眷言疲困,须议矜忧。宜委淮南、浙西东、宣歙、江西、福建等道观察使,各于当道有水旱处,取常平义仓斛斗,据时估减半价出粜,以惠贫民。"丙辰,以太子宾客令狐楚为陕、虢观察使。十一月丁巳朔。丁卯,尚书左丞庾承宣为陕、虢观察使。令狐楚复为太子宾客,分司东都。楚已至陕州视事一日,追改之。庚午,命景王率禁军五百骑,侍从皇太后幸华清宫,又幸石瓮寺。辛未,以前安南都护桂仲武为邕管经略使。癸酉,上幸华清宫迎太后,巡狩于骊山下,即日驰还,太后翌日方还。丙子,集王缃薨。庚辰,上与内官击鞠禁中,有内官欻然坠马,如物所击。上恐,罢鞠升殿,遽足不能履地,风眩就床。自是外不闻上起居者三日。是夜,月近房。十二月丁亥朔,诏五坊鹰隼并解放,猎具皆毁之。庚寅,宰臣李逢吉率百僚至延英门请见,上不许。中外与度等三上疏,请立皇太子。是夜,司徒、中书令韩弘卒。辛卯,上于紫宸殿御大绳床见百官,李逢吉奏景王成长,请立为皇太子,左仆射裴度又极言之。癸巳,诏景王为皇太子。淮南奏和州饥,乌江百姓杀县令以取官米。甲午,内出绢二百匹,赈两市癃残穷者。己未,两军容内司公主戚属之家,并以上疾痊平,诸寺为僧斋。仍敕在京诸司疏放系囚。丙午,上御宣政殿册皇太子。受册毕,百僚谒太子于东宫,太子举帘,执笏答拜,官僚拜则受之。丁未,判度支、户部侍郎张平叔贬通州刺史。是夜,月掩左角。己酉,以前天平军节度使马总检校左仆射、守户部尚书。庚戌,以吏部侍郎窦易直为户部侍郎、判度支。癸丑,以太子册礼毕,宣制赦囚徒。以前黔中观察使崔元略为鄂、岳、蕲、黄、安等州观察使。太子宾客孟简卒。乙卯,以前陕虢观察使卫中行为尚书右丞。是冬十月频雪,其后恒燠,水不冰冻,草木萌发,如正二月之后。

三年正月丁巳朔,上以疾不受朝贺。是日大风,昏翳竟日。嗣郢王佐宜于崖州安置,坐妄传禁中语也。敕不得买新罗人为奴婢,已在中国者即放归其国。礼部侍郎王起奏:当司所试贡举人,试讫申送中书,候覆讫下当司,然后大字放榜。从之。二月,天平军监军奏:节度使乌重胤病,牙将王赟割股肉以疗,河阳节度使陈楚奏:移使府于三城,未有门戟,欲移怀州门戟于河阳。从之。谏议大夫殷侑奏礼部贡举请置《三传》《三史》科,从之。户部尚书崔俊卒。三月丁巳,宰臣百僚赐宴于曲江亭。敕应御服及器用在淮南、两浙、宣歙等道合供进者,并端午诞节常例进献者,一切权停。其鹰犬之类,除备蒐狩外,并令解放。以牛僧孺同中书门下平章事。日晡晚后,有贼入通化门,斗死者一人,伤者六人。赐宣徽院供奉官钱自一百二十贯文已下有差。五月,山南西道奏移成州于宝井堡。山南东道节度使牛元翼卒。秘书少监李随奏请造当司图书印一面,从之。六月,宰相监修国史杜元颖奏:史官沈传师除镇湖南,其本分修史,便令将赴本任修撰。从之。敕京兆尹、御史大夫韩愈宜放台参,后不得为例。七月,国子祭酒韦乾庆卒。八月,郑、滑节度使曹华卒。检校尚书右仆射、户部尚书马总卒。兴元节度使韦绶卒。上由复道幸兴庆宫,至通化门,赐持盂僧绢二百匹。因幸五方,赐从官金银铤有差。九月,泽潞节度使刘悟进位平章事。赐宰臣百僚重九宴于曲江亭。南诏王丘佺进金碧文丝十有六品。十月,以京兆尹韩愈为兵部侍郎,以御史中丞李绅为江西观察使。宰相李逢吉与李绅不协,绅有时望,恐用为相。及绅为中丞,乃除韩愈为京兆尹、兼御史大夫,仍放台参。绅性峭直,屡上疏论其事,遂与愈辞理往复,逢吉乃两罢之。然绅出而愈留。宰相杜元颖罢知政事,除成都尹、剑南西川节度使。龙武统军陈楚卒。以兵部侍郎韩愈为吏部侍郎,新除江西观察使李绅为户部侍郎。绅既罢除江西,上令中使就第赐玉带,绅因除叙泣而请留,中使具奏,故与愈俱改官。召翰林学士庞严对,因赐金紫。赐内园使公廨本钱一万贯,军器使三千贯。杜元颖赴镇蜀,上御安福门饯,因赐皇城留守及金吾卫率等帛有差。十一月,上御通化门,观作毗沙门神,因赐绢五百匹。停浙东贡甜菜、海蚌。十二月,浙西观察使李德裕奏去管内淫祠一千一十五所。

四年正月辛亥朔,上御殿受朝如常仪。上饵金石之药,处士张皋上疏切谏,上悦,召之,求皋不获。泽潞判官贾直言新授谏议大夫,刘悟上表乞留,从之。礼部尚书致仕孔戣卒。辛未,上大渐,诏皇太子监国。壬申,上崩于寝殿,时年三十。群臣上谥曰睿圣文惠孝皇帝,庙号穆宗。十一月庚申,葬于光陵。

  史臣曰:臣观五运之推迁,百王之隆替,亦无常治,亦无常乱,在人而已,匪降自天。当轩黄御宇之秋,则百年无事;及商辛握图之日,则四海横流。昔章武皇帝痛国命之不行,惜朝纲之将坠,乃求贤俊,总揽英雄,果能扼大盗之喉,制奸臣之命。五十载已终之土,复入提封;百万户受弊之甿,重苏景化。元和之政,几致升平。鸱枭方革于好音,龙鼎俄伤于短祚。苟或时有平、勃之佐,继以文、景之才,则延凑、克融,自缩螳螂之臂;智兴、李齐,敢萌狗鼠之谋?强盗宁窥孟贲之金,饿隶不拾婴儿之饵。观夫孱主,可谓痛心,不知创业之艰难,不恤黎元之疾苦。谓威权在手,可以力制万方;谓觎觊在躬,可以坐驰九有。曾不知聚则万乘,散则独夫,朝作股肱,暮为仇敌。仲长子所谓"至于运徂势去,独不觉悟者,岂非富贵生不仁,沉溺致愚疾。存亡以之迭代,治乱从此周复。"诚哉是言也!

赞曰:惠王不令,败度乱政。骄僻偶全,实赖遗庆。皇皇上帝,为民立正。此何人哉,遽主鼎命。

卷十七上　　本纪第十七上

敬宗　文宗上

敬宗睿武昭愍孝皇帝讳湛,穆宗长子,母曰恭僖太后王氏。元和四年六月七日,生于东内之别殿。长庆元年三月,封景王。二年十二月,立为皇太子。四年正月壬申,穆宗崩。癸酉,皇太子即位枢前,时年十六。甲戌,左仆射韩皋卒。丙子,群臣准遗诏奉皇帝宝册,礼毕,诏赏神策诸军士人绢十匹、钱十千,畿内诸军镇绢十匹、钱五千,其余军镇颁给有差。内出绫绢三百万段以助赏给。穆宗初即位,在京军士人获五十千,在外军镇差降无几。至是,宰臣奏议请量国力颁赏,故差减于先朝,物议是之。群臣五上章请听政,从之。二月辛巳朔,上缞服见群臣于紫宸门外。壬午,渤海送备宿卫大聪睿等五十人入朝。癸未,贬户部侍郎李绅为端州司马。丙戌,贬翰林学士、驾部郎中、知制诰庞严为信州刺史,翰林学士、司封员外郎、知制诰蒋防为汀州刺史,皆绅之引用者。以右拾遗吴思为殿中侍御史,充入蕃告哀使。李绅之贬,李逢吉受贺,群官至中书,而思独不往,逢吉怒而斥为远使。戊子,河北告哀使、谏议大夫高允恭卒于东都。辛卯,敕没掖庭宫人、先配内园宫人,并宜放出,任其所适。己亥,册大行皇帝皇太后为太皇太后。庚子,西川节度使杜元颖进罨画打毬衣五百事,非礼也。辛丑,上始御紫宸殿受朝。既退,幸飞龙院,厚赐内官等物有差。以米贵,出太仓粟四十万石,于两市贱粜,以惠贫民。癸未夜,太白犯东井北辕。乙巳,上率群臣诣光顺门册皇太后。丁未,御中和殿击毬,赐教坊乐官绫绢三千五百匹。戊申,击毬于飞龙院。己酉,大合乐于中和殿,极欢而罢,内官颁赐有差。三月庚戌朔,贬司农少卿李肜吉州司马,以前为邓州刺史,坐赃百万,仍自刻德政碑故也。壬子,上御丹凤楼,大赦天下。京畿夏青苗钱并放,秋青苗钱每贯放二百文。天下常贡之外不得进献。六宅、十宅诸王女,宜令每年于选人中选择降嫁。今后户帐田亩,五年一定税。是日,风且雨。甲寅,始于延英对宰臣。丙辰,以尚书右丞韦颛为户部侍郎。戊午,礼仪使奏:"外命妇正旦及四始日旧行起居之礼,伏以礼烦则渎,请停。"从之。庚申,工部尚书胡证检校户部尚书、京兆尹。甲子,故山南东道节度使牛元翼家为王廷凑所害,上惜其冤横,伤悼久之,仍叹宰执非才,纵奸臣跋扈。翰林学士韦处厚奏曰:"理乱之本,非有他术,顺人则理,违人则乱。陛下当食叹息,恨无萧、曹。今有一裴度,尚不能用,此冯唐所以感悟汉文,虽有颇、牧不能用也。"以太子少保张弘靖为太子少师,分司东都太子宾客令狐楚为河南尹。丁卯,以刑部尚书段文昌判左丞事。戊辰,群臣入阁,日高犹未坐,有不任立而踣者。谏议大夫李渤出次白宰相,俄而始坐。班退,左拾遗刘栖楚极谏,头叩龙墀血流,上为之动容,仍赐绯鱼袋。编眄徐忠信阑入浴堂门,杖四十,配流天德。庚午,赐内教坊钱一万贯,以备游幸。是夜,太白犯东井北辕。甲戌,夏州节度使李祐奏:于塞外筑乌延、宥州、临塞、阴河、陶子等五城,以备蕃寇。又以党项为盗,于芦子关北木瓜岭筑垒,以扼其冲。乙亥,幸教坊,赐伶官绫绢三千五百匹。夏四月庚辰朔。甲申,以御史大夫王涯为户部尚书、兼御史大夫,充盐铁转运等使。壬辰,兵部侍郎武儒衡卒。丙申,贼张韶等百余人至右银台门,杀阍者,挥兵大呼,进至清思殿,登御榻而食,攻弓箭库。左神策军兵马使康艺全率兵入宫讨平之。是日,上闻其变,急幸左军。丁酉,上还宫,群臣称庆。谏议大夫李渤以上轻易致盗,言甚激切。己亥,九仙门等监共三十五人,并笞之。辛丑,染坊使田晟、段政直流天德,以张韶染坊役夫故也。诏雪吐突承璀之罪,令男士晔改葬。丙午,宰臣李逢吉封凉国公,牛僧孺封奇章县子。五月己酉朔。乙卯,制以正议大夫、尚书吏部侍郎、上柱国、渭源县开国男、食邑三百户、赐紫金鱼袋李程守本官、同中书门下平章事。以朝议郎、守尚书户部侍郎、兼御史大夫,判度支、上柱国、赐紫金鱼袋窦易直为朝散大夫,本官同中书门下平章事。判度支、户部侍郎韦颛赐金紫。已未,割富平县之丰水乡、下邽县之翟公乡、澄城县之抚道乡、白水县之会宾乡,以奉景陵。癸亥,以盐州刺史傅良弼为夏州节度使。东都、江陵监大转运留后并改为知院官,从其使王涯请也。六月己卯朔,以左神策大将康艺全为鄜坊节度使。辛巳,敕以霖雨命疏决京城系囚。庚辰,大风吹坏延喜、景风等门。工部侍郎张惟素卒。壬辰,以左金吾卫大将军窦愿检校司空,兼河中尹、御史大夫,充河中、绛、隰等州节度使。丙申,山南西道节度使、守司空裴度加同中书门下平章事。度之拜兴元也,为宰相李逢吉所排,不带平章事,李程、韦处厚日为度论于上前,故有是命。加陈许节度使李光颜守司徒。癸卯,太保张弘靖卒。己巳,浙西水坏太湖堤,水入州郭,漂民庐舍。丁未,以吏部尚书赵宗儒为太常卿,兵部尚书郑纲为吏部尚书。秋七月戊申朔。己酉,睦州、清溪等六县大雨,山谷发洪水泛溢,漂城郭庐舍。庚辰,以前河中节度使郭钊为兵部尚书。戊午,太子宾客许季同卒。辛酉,疏灵州特进渠,置营田六百顷。乙丑,郓、曹、濮暴雨水溢,坏城郭庐舍。丁卯,敕以谷贵,凡给百官俸内一半合给匹段,今宜给粟,每斗折钱五十文。辛未,以大理卿崔元略为京兆尹、兼御史大夫。甲戌,左金吾卫大将军李祐进马二百五十匹。御史温造于阁内奏弹祐罢使违敕进奉，祐趋出待罪，诏宥之。襄、均、复等州汉江溢，漂民庐舍。丙子，浙西观察使李德裕奏："诏令当道造盝子二十具，计用银一万三千两，金一百三十两，昨已进两具，用银一千三百两，当道在库贮备银无二三百两，皆百计收市，方成此两具。臣当道唯有留使钱五万贯，每事节俭支费，犹欠十三万贯不足。臣若因循不奏，则负陛下任使之恩；若分外诛求，又累陛下慈俭之德。伏乞宣令宰臣商议，何以遣臣得上不违宣索，下不阙军须，不困疲人，不敛物怨。"时有诏罢进奉，故德裕有是奏。八月丁酉朔。是夜，火犯土星。妖贼马文忠与品官季文德等凡一千四百人，将图不轨，皆杖一百处死。癸未，火犯东井。甲寅，诏于关内、关东折籴、和籴粟一百五十万石。陈、许、蔡、郓、曹、濮等州水害秋稼。丁亥，火入东井。已丑，以李橙孙宏为河南府兵曹参军，蒋清孙鄪为伊阳令，录忠臣后也。是夜，金犯轩辕右角。壬辰，江王府长史段铜上言，称前任龙州刺史，近郭有牛心山，山上有仙人李龙迁祠，颇灵应，玄宗幸蜀时，特立祠庙。上遣高品张士谦往龙州检行，回奏牛心山有掘断处。群臣言宜须修筑。时方冱寒，役民数万计，东川节度使李绛表诉之。甲子，以太常卿赵宗儒为太子少师。乙巳，宣武军节度韩充卒。九月丙午朔。丁未，波斯大商李苏沙进沉香亭子材，拾遗李汉谏云："沉香为亭子，不异瑶台、琼室。"上怒，优容之。庚戌，以河南尹令狐楚检校礼部尚书、汴州刺史、宣武军节度、宋、汴、亳观察等使。乙卯，罢理匦使。以谏议大夫李渤知匦，奏请置胥吏、添课料故也。戊午，加朱克融检校司空。诏浙西织造可幅盘绦繚绫一千匹。观察使李德裕上表论谏，不奉诏，乃罢之。已巳，以兵部侍郎王起为河南尹。甲子，吐蕃遣使求《五台山图》。已巳，浙西、淮南各进宣索银粧奁三具。冬十月丙子朔，宗正寺选尚县主婿和元亮等二十五人，各赐钱三十万，令备吉礼。辛巳，以吏部侍郎崔从为太常卿。庚子，岭南节度使郑权卒。辛丑，吐蕃贡牦牛、铸成银犀牛、羊、鹿各一。壬寅，以鄂岳观察使、检校兵部尚书崔植检校吏部尚书，兼广州刺史、御史大夫，充岭南节度观察经略使。以户部侍郎韦颛为御史中丞，兼户部侍郎；以御史中丞郑覃权知工部侍郎；以刑部侍郎韦弘景为吏部侍郎；以权知礼部侍郎李宗闵权知兵部侍郎；以工部侍郎于敖为刑部侍郎。十一月丙午朔。戊申，安南都护李元喜奏：黄家贼与环王国合势陷陆州，杀刺史葛维。苏、常、湖、岳、吉、潭、郴等七州水伤稼。庚申，葬穆宗于光陵。十二月乙亥朔。癸未，回纥、吐蕃、奚、契丹遣使朝贡。襄州柳公绰、沧州李全略、晋州李寰、滑州高承简并自尚书加检校右仆射。以前起居舍人刘栖楚为谏议大夫。淮南节度使王播厚赂贵要，求领盐铁使，谏议大夫独孤朗、张仲方、起居郎孔敏行、柳公权、宋申锡、补阙韦仁实、刘敦儒、拾遗李景让、薛廷老等伏延英抗疏论之。戊子夜，月掩东井。庚寅，加天平军节度使乌重胤同平章事。乙未，徐泗王智兴请置僧尼戒坛，浙西观察使李德裕奏状论其奸幸。时自宪宗朝有敕禁私度戒坛，智兴冒禁陈请，盖缘久不兴置，由是天下沙门奔走不及。智兴邀其厚

利，由是致富，时议丑之。丁酉，宰相牛僧孺进封奇章郡公，李程彭原郡公，窦易直晋阳郡公，并食邑三千户。吏部侍郎韩愈卒。

宝历元年春正月乙巳朔。辛亥，亲祀昊天上帝于南郊。礼毕，御丹凤楼，大赦，改元宝历元年。先是，鄠县令崔发坐误辱中官下狱，是日，与诸囚陈于金鸡竿下俟释放。忽有内官五十余人，环发而殴之，发破面折齿，台吏以席蔽之，方免。有诏复系于台中，宰相救之，方释。宰相牛僧孺累表乞解机务，帝许以郊礼后。乙卯，以僧孺检校礼部尚书、同平章事、鄂州刺史，充武昌军节度、鄂岳观察使。淮南节度使王播兼诸道盐铁转运使。于鄂州特置武昌军额，宠僧孺也。壬申，以给事中李渤为桂州刺史、兼御史中丞、桂管防御观察使。李德裕献《丹扆箴》六首，上深嘉之，命学士韦处厚优其答诏。辛卯，以前礼部郎中李翱为庐州刺史，以求知制诰，面数宰相李逢吉过故也。辛丑，江西观察使薛放卒。癸卯，以职方郎中、知制诰王璠为御史中丞。三月乙巳朔，以兵部尚书郭钊为梓州刺史、剑南东川节度使。壬子，宴群臣于三殿。戊辰夜，有流星长三丈，出紫微，入浊灭。辛未，以前桂管观察使殷侑为江西观察使。上御宣政殿试制举人二百九十一人，以中书舍人郑涵、吏部郎中崔瑨、兵部郎中李虞仲并充考制策官。夏四月甲戌朔，宰相凉国公李逢吉进封郑国公。以右神策大将军康志睦检校工部尚书，兼青州刺史、平卢军节度使。宣中书，以谏议大夫刘栖楚为刑部侍郎。丞郎宣授，自栖楚始也。郑涵等考定制举人。敕下后数日，上谓宰相曰："韦端符、杨鲁士皆涉物议，宜与外官。"乃授端符白水尉，鲁士城固尉。宰相请其罪名，不报。癸巳，群臣上徽号曰文武大圣广孝皇帝，御宣政殿受册。礼毕，御丹凤楼，大赦天下，大辟罪已下，无轻重咸赦除之。时李绅贬官。李逢吉恶绅，不欲绅量移，乃于赦书节文内，但言左降官已经量移，宜与量移近处，不言未量移者宜与量移。翰林学士韦处厚上疏论列云："不可为李绅一人与逢吉相恶，遂令近年流贬官皆不得量移，则乖旷荡之道也。"帝遽命追赦书添改之。乙亥，以剑南东川节度、检校司空李绛为左仆射。御史萧彻弹京兆尹、兼御史大夫崔元略违诏征畿内所放钱万七千贯，付三司勘鞫不虚。辛丑，敕削元略兼御史大夫。五月甲辰朔，以前平卢军节度使薛平检校左仆射、兼户部尚书。赐振武军钱一十四万贯，修筑东受降城。庚戌，幸鱼藻宫观竞渡。庚申，正衙命册册九姓回纥登里啰汩没密施毗伽昭礼可汗。丙寅，太子少傅致仕阎济美卒。丁卯，湖南观察使沈传师奏："当道先配吐蕃罗没等一十七人，准敕放还本国，今各得状，不愿还。"从之。庚午，以右金吾将军李文悦为丰州刺史、天德军防御使。安南李元喜奏移都护府于江北岸。六月壬申朔。乙酉，诏公主、郡主并不得进女口。丙戌，将作监张武均出为洋州刺史，坐赃犯也。诸司自身冯志谋等三百九人，并赐禄。丁亥，命品官田务丰领国信十二车赐回纥可汗及太和公主。已丑，河中节度使、检校司空李愿卒。乙未，以检校左仆射、兼户部尚书薛平检校司空、河中尹、河中节度使。秋七月癸卯朔，以忠武军节度使、守司徒、兼侍中

李光颜为太原尹、北京留守、河东节度使,以充海节度使王沛为许州刺史、忠武军节度使。荧惑犯右执法。甲辰,盐铁使王播进羡余绢一百万匹,仍请日进二万,计五十日方毕。播自掌盐铁,以正入钱进奉,以希宠固位,托称羡余,物议欲鸣鼓而攻之。乙酉,鄜坊水坏庐舍。癸丑,以右金吾卫大将军张茂宗为充、海、沂、密节度使。乙卯,正衙命使册司徒李光颜。丙辰,淄王傅分司元锡卒。己未,诏王播造竞渡船二十只供进,仍以船材京内造。时计其功,当半年转运之费。谏议大夫张仲方切谏,乃改进十只。辛酉,万年县典贾镇诬告故统军王伾男正谟等七人谋乱,诏杖杀之。甲子夜,月犯毕。乙丑,侍讲学士崔郾、高重进《纂要》十卷,赐锦彩二百匹。丁卯,以户部侍郎韦顗为吏部侍郎,京兆尹崔元略为户部侍郎。奉天县水坏庐舍。辛未,以左散骑常侍胡证为户部尚书、判度支。太子宾客分司卢士玫卒。闰七月壬午朔,以权知工部侍郎郑覃为京兆尹。甲申,拾遗李汉、舒元褒、薛廷老于阁内论曰:"伏见近日除授,往往不由中书进拟,多是内中宣出。臣恐纪纲浸坏,奸邪恣行,伏希详察。"上然之。诏度支进铜三千斤、金薄十万翻,修清思院新殿及升阳殿图障。丙戌,户部尚书致仕裴堪卒。戊子,以给事中卢元辅为工部侍郎。壬辰,以前河东节度使李听为义成军节度使。戊戌,以刑部尚书段文昌为兵部尚书,依前判左丞事。八月辛丑朔。戊申,以鄅国公杨造男元凑袭鄅国公,食邑三千户。两京、河西大稔,敕度支及籴折籴粟二百万石。乙卯夜,太白近房。戊午,遣中使往湖南、江南等道及天台山采药。时有道士刘从政者,说以长生久视之道,请于天下求访异人,冀获灵药。仍以从政为光禄少卿,号升玄先生。秋九月辛未朔。丁丑,卫尉卿刘遵古役人安再荣告前衰王府长史武昭谋害宰相李逢吉,诏三司鞠之。壬午,昭义节度使刘悟卒。癸未夜,太白犯南斗。丙戌夜,月犯右执法。丁酉,华州暴水伤稼。徐州王智兴奏,大将武华等四百人谋乱,并伏诛。十月庚子朔,河南尹王起奏,盗销钱为佛像者,请以盗铸钱论。丁巳,振武节度使张惟清以东受降城滨河,岁久雉堞摧坏,乃移置于绥远烽南,及是功成。己未,以崖州安置人嗣郢王佐为颍王府长史,分司东都,仍赐金紫。壬戌夜,太白近哭星。甲子,三司鞠武昭狱得实,武昭及弟汇、役人张少腾宜付京兆府决,河阳节度掌书记李仲言配流象州,汇流崖州,太学博士李涉流康州,皆坐武昭事也。十一月庚午朔。辛未,以御史中丞王璠为工部侍郎,以谏议大夫独孤朗为御史中丞。癸酉,镇星近东井。癸未,以殿中少监严公素为容管经略使。是夜,月犯东井。庚寅,车驾幸温汤,即日还宫。壬辰,以刑部侍郎刘栖楚为京兆尹。丙申,诏封皇子普为晋王。丁酉,吏部侍郎韦顗卒。十二月己亥朔。辛丑,以晋王普为昭义军节度副大使;以刘悟子将作监主簿以谏起复云麾将军、守金吾卫大将军同正、检校左散骑常侍、兼御史大夫,充昭义节度留后。戊申夜,月犯毕。其夜,北方有雾起,须臾遍天,雾上有赤气,久而方散。甲子,以左仆射李绛为太子少师,分司东都。戊辰,敕:"农功所切,实在耕牛,疲甿乏多,须议给赐。委度支往河东、振武、灵、夏等州市耕牛一万头,分给畿内贫下百姓。"是岁,淮南、浙西、宣、襄、鄂、潭、湖南等州旱灾伤稼。

二年春正月己巳朔。庚午,贬殿中侍御史王源植为昭州司马。时源植街行,为教坊乐伎所侮,导从呵之,遂成纷竞。京兆尹刘伯楚决责乐伎,御史中丞独孤朗论之太切,上怒,遂贬源植。辛未,湖南观察使沈传师奏:奉诏校寻叶靖能、罗光远文案,检寻不获。癸酉,右赞善大夫李光现与品官李重实争忿,以笏击重实流血,上以宗属,罚两月俸料。甲戌,以诸军丁夫二万入内穿池修殿。辛巳,兴元节度使裴度奏修斜谷路及馆驿皆毕功。壬辰,裴度来朝。甲午,以卫尉卿刘遵古为湖南观察使,以国子祭酒卫中行为福建观察使。丙申,盐铁使王播奏:"扬州城内,旧漕河水浅,舟船涩滞,输不及期程。今从阊门外古七里港开河,向东屈曲,取禅智寺桥,东通旧官河,计长一十九里。其功役所费,当使自方圆支遣。"从之。二月己亥朔。辛丑,容管经略使严公素奏:"当州普宁等七邑,请同广、昭、桂、贺四州例北选。"从之。丙午夜,月犯毕。丁未,以山南西道节度观察处置等使、光禄大夫、守司空、同中书门下平章事、兴元尹、上柱国、晋国公裴度守司空、同平章事,复知政事。丁巳寒食节,三殿宴群臣,自戌午至庚申方止。丙寅,正册司空裴度。丁卯,以礼部尚书王涯检校左仆射,为山南西道节度使。三月戊辰朔,命兴唐观道士孙准入翰林待诏。辛未,江西观察使殷侑请于洪州宝历寺置僧尼戒坛,敕殷侑故违制令,擅置戒坛,罚一季俸料。甲戌,赐宰臣百僚上巳宴于曲江亭。乙亥,右散骑常侍李翱卒。戊寅,幸鱼藻宫观竞渡。辛巳,以同州刺史萧俛为太子少保分司。壬午,以工部尚书裴武为同州刺史。癸未,岭南节度使崔植奏:"广、湖、封、雷、潘、辩等七州戍军。除折冲别将外,并请停。"从之。丙戌,昆明夷遣使朝贡。丁亥,敕册才人郭氏为贵妃。丙申,以吏部侍郎韦弘景为陕虢观察使。四月戊戌朔,横海军节度使李全略卒。壬寅,以右金吾卫大将军高承简为邠、宁、庆节度使。丙午,王廷凑检校司空。戊申,昭义节度使留后刘从谏检校工部尚书,充昭义节度副大使、知节度事。庚戌,鄂岳观察使牛僧孺奏:"当道沔州与鄂州隔江相对,才一里余,其州请并省,其汉阳、汉川两县隶鄂州。"从之。丙辰,右金吾卫大将军高霞寓卒。丙寅,先是王廷凑请于当道立圣德碑,是日,内出碑文赐廷凑。五月戊辰朔,上御宣和殿,对内人亲属一千二百人,并于教坊赐食,各颁锦彩。辛未,秘书省著作郎韦公肃注太宗所撰《帝范》十二篇进,特赐锦彩百匹。甲戌,以泾原节度杨元卿为河阳三城怀州节度使,以金吾卫大将军李祐为泾原节度使。是夜,月近太微星。浙西送到绝粒女道士施子微。戊寅,幸鱼藻宫观竞渡。庚辰,中使自新罗取鹰鹞回。幽州军乱,杀其帅朱克融及男延龄,军人立其第二子延嗣为留后。辛巳,神策军苑中古长安城中修汉未央宫,掘获白玉床一张,长六尺。癸未,山人杜景先于光顺门进状,称有道术;令中使押杜景先往淮南及江南、湖南、岭南诸州求访异人。甲申,以右丞丁公著为兵部侍郎,以前湖南观察使沈传师为尚书左丞。辛卯,赠朱克融司徒。甲午夜,荧惑犯昂。赐兴唐观道士刘从政修院钱二万贯。六月丁酉朔，赐御史中丞独孤朗金紫。丁巳，减放苑内役人二千五百。帝性好土木，自春至冬，兴作相继。庚申，郓州进驴打球人石定宽等四人。是夜，太白犯昂。辛酉，幸凝碧池，令兵士千余人于池中取大鱼，长大者送入新池。癸亥，以旱，命京城诸司疏理系囚。以延康坊官宅一区为诸王府司局。甲子，上御三殿，观两军、教坊、内园分朋驴鞠、角抵。戏酣，有碎首折臂者，至一更二更方罢。秋七月丙寅朔。乙亥，河中进力士八人。癸未，衡王绚薨。癸巳敕鄠县渼陂尚食管系，太仓广运潭复赐司农寺。八月丙申朔，以司空、平章事裴度判度支；以工部侍郎王播为河南尹，代王起；以起为吏部侍郎；以前福州观察使徐晦为工部侍郎。是夜，太白近太微。令供奉道士二十人随浙西处士周息元入内宫之山亭院，上问以道术，言识张果、叶静能。浙西观察使李德裕上疏言息元诞妄，无异于人。庚戌，以太府卿李宪为江西观察使。丁丑夜，月犯舆鬼。加京兆尹刘栖楚兼御史大夫。癸丑，以太常卿崔从检校吏部尚书、判东都尚书省事、兼御史大夫、东都留守、东畿汝都防御使。九月丁丑朔，大合宴于宣和殿，陈百戏，自甲戌至丙子方已。戊寅，河东节度使、守司徒、兼侍中李光颜卒。出内库钱万贯，令内园召募力士。幽州监军奏：都知兵马使李再义与弟再宁自杀朱延嗣并其家属三百余人，推再义为留后。壬申，宰相李程为北都留守、河东节度使。敕户部所管同州长春宫庄宅，宜令内庄宅使管系。冬十月乙未朔。乙亥，以幽州衙前都知兵马使李再义检校户部尚书，充卢龙军节度副大使、知节度事，仍赐名载义。壬戌，以中书舍人崔郾为礼部侍郎。十一月甲子朔，以太清宫道士赵归真充两街道门都教授博士。帝好深夜自捕狐狸，宫中谓之"打夜狐"。中官许遂振、李少端、鱼弘志以侍从不及削职。壬申，以户部尚书胡证检校兵部尚书，兼广州刺史，充岭南节度使。甲申，以右仆射、同平章事李逢吉检校司空、同平章事，兼襄州刺史，充山南东道节度使、临汉监牧使。乙酉，同州刺史裴武卒。己丑，诏朝官及方镇人家不得置私白身。癸巳，以前东都留守杨於陵为太子少傅。中官李奉义、王惟直、成守贞各杖三十，分配诸陵；宣徽使闾弘约、副使刘弘逸各杖二十。十二月甲午朔。辛丑，帝夜猎还宫，与中官刘克明、田务成、许文端打球，军将苏佐明、王嘉宪、石定宽等二十八人饮酒。帝方酣，入室更衣，殿上烛忽灭，刘克明等同谋害帝，即时殂十室内，时年十八。群臣上谥曰睿武昭愍孝皇帝，庙号敬宗。大和元年七月十三日葬于庄陵。

史臣曰：古人谓尧无子，舜无父，言其贤不肖之相远也。以文惠骄诞之性，继之以昭愍，固其宜也。而昭献、昭肃，英特不群，文足以纬邦家，武足以平祸乱。三子之操行顿异，其可道哉？宝历不君，国统几绝，天未降丧，幸赖裴度，复任弼谐。彼狡童兮，夫何足议！

文宗元圣昭献孝皇帝讳昂，穆宗第二子，母曰贞献皇后萧氏。元和四年十月十日生。长庆元年封江王。初名涵。宝历二年十二月八日，敬宗遇害，贼苏佐明等矫制立绛王勾当军国事。枢密使王守澄、中尉梁守谦率禁军讨贼，诛绛王，迎上于江邸。癸卯，见宰臣于阁内，下教处分军国事。甲辰，僧惟真、齐贤、正简，道士赵归真，并配流岭南，击球军将于登等六人令本军处置。宰臣百僚三上表劝进。乙巳，即位于宣政殿。丙午，上赴西宫成服。丁未，宰臣百僚上表请听政，三表，许之。道士纪处玄、杨冲虚，伎术人李元戢、王信等，并配流岭南。戊申，尊圣母为皇太后。己酉，敕凤翔、淮南先进女乐二十四人，并放归本道。庚戌，以正议大夫、尚书兵部侍郎、知制诰、充翰林学士、柱国、赐紫金鱼袋韦处厚为中书侍郎、同中书门下平章事。以翰林学士路随承旨，侍讲学士宋申锡充书诏学士。丙辰，以山南东道节度使柳公绰为刑部尚书。丁巳，为绛王举哀，废朝三日。庚申，诏：

君天下者，莫尚乎崇澹泊，予困穷，遵道以端本，推诚而达到。故圣祖之诫，以慈俭为宝；大《易》明训，垂简易之文。未有上约而下不丰，欲寡而求不给。朕以眇薄，遭逢内难，刷君父之仇耻，据亿兆之哀冤。而股肱大臣，群卿庶士，引义抗请，至于再三。以图宗社之安，以答华夷之望，俯从众欲，夙夜震兢。思所以克己复礼，修政安人，宵兴匪宁，旰食劳虑。夫俭过则酌之以礼，文胜则矫之以质。庶乎俗登太古，道洽生灵，仪刑家邦，以化天下。内庭宫人非职掌者，放三千人，任从所适。长春宫斛斗诸物，依前户部收管。鄠县、渼陂、凤翔府骆谷地还府县。教坊乐官、翰林待诏、伎术官并总监诸色职掌内冗员者共一千二百七十人，并宜停废。总监中一百二十四人先属诸军，并各归本司。余七百三人，勒纳牒身，放归本管。先供教坊女粮一百分，厢家及诸司新加衣粮三千分，并宜停给。五方鹰鹞并解放。今年新宣附度支衣粮小儿一百人，并停给。别诏宣索纂组雕镂不在常贡内者，并停。度支、盐铁、户部及州府百司应供宫禁年支一物已上，并准贞元元额为定。先造供禁中床榻以金筐瑟瑟宝钿者，悉宜停造。东头御马坊、球场，宜却还龙武军。其殿及亭子，所可毁拆，余舍赐本军。应行从处张陈，不得用花蜡结彩华饰。今年已来诸道所进音声女人，各具束帛放还。城外坟墓先有开斸以备行幸处，宜晓示百姓，任其修塞。其大逆魁首苏佐明等二十八人，并已处斩，宗族籍没。妖妄僧惟贞、道士赵归真等或假于卜筮，或托以医方，疑众挟邪，已从流窜。其情非奸恶，迹涉违误者，一切不问。凶徒既殄，寰宇伫康，载举令贤，用弘庶绩。布告中外，知朕意焉。

帝在藩邸，知两朝之积弊，此时厘革，出自宸衷，士民相庆，喜理道之复兴矣。壬戌，以前江西观察使殷侑为大理卿。

大和元年春正月癸亥朔。庚午，以御史中丞独孤朗为户部侍郎，以兵部尚书、权判左丞事段文昌为御史大夫。是夜，月掩毕大星。戊寅，以左散骑常侍李益为礼部尚书致仕，以京兆尹刘栖楚为桂管观察使。以前户部侍郎于敖为宣歙观察使，代崔群；以群为兵部尚书。癸未，以吏部侍郎庾承宣为京兆尹、兼御史大夫。丙申，复置两辅、六雄、十望、十紧、三十四州别驾。其诸色在京及内外诸军使等职事，并不在挟名限。己亥，以右散骑常侍、集贤殿学士、判院事张政甫为工部尚书。辛丑，以前广州节度使崔植为户部尚书，以太子少师、分司东都李绛检校司空，兼太常卿。乙巳，御丹凤楼，大赦，改元大和。甲寅，敕诸道节度观察使去任日，宜具交割状，仍限新使到任一月分析闻奏，以凭殿最。丙辰，以华州刺史钱徽为尚书右丞，以前河阳节度使崔弘礼为华州镇国军使。己未，以太子少保分司萧俛为检校右仆射，兼礼部尚书。庚申，以虔州刺史韩约为安南都护。三月庚戌朔，右军中尉梁守谦请致仕，以枢密使王守澄代之。戊寅，以前苏州刺史白居易为秘书监，仍赐金紫。壬午，幽州李载义奏故张弘靖判官家属凡一百九十人，并送赴阙。四月壬辰朔。癸巳，以太子少傅杨於陵守右仆射致仕，俸料全给。甲午，凤翔筑临泾城于汧阳县西北八十里。壬寅，毁升阳殿东放鸭亭；戊申，毁望仙门侧看楼十间：并敬宗所造也。以前亳州刺史张遵为邕管经略使。乙卯，以礼部尚书萧俛为太子少师分司。已未，忠武军节度使王沛卒。庚申，以太仆卿高瑀检校左散骑常侍，充忠武军节度。己巳，贬山南东道节度副使李续为涪州刺史，山南东道行军司马张又新为汀州刺史，李逢吉党也。五月壬戌朔。戊辰，诏："元首股肱，君臣象类，义深同体，理在坦怀。夫任则不疑，疑则不任。然自魏、晋已降，参用霸制，虚议搜索，因习尚存。朕方推表大信，置人心腹，庶使诸侯方岳，鼓洽道化，夷貊飞走，畅泳治功。况吾台宰，又何间焉。自今已后，紫宸坐朝，众僚既退，宰臣复进奏事，其监搜宜停。"丙子，以天平军节度使、守司徒、同中书门下平章事乌重胤为横海军节度使；以前摄横海军节度副使、检校国子祭酒、侍御史李同捷检校左散骑常侍，兼兖州刺史，充兖海沂密等州节度使。就加魏博史宪诚同平章事。甲申，淮南节度、盐铁、转运等使王播来朝。丙戌夜，荧惑犯右执法。六月辛卯朔，敕文武常参官朝参不到，据料钱多少，每贯罚二十五文。癸巳，以淮南节度副大使、知节度事、管内营田观察处置临海监牧等使，兼诸道盐铁转运等使、银青光禄大夫、检校司空、同中书门下平章事、扬州大都督府长史、上柱国、太原县开国伯、食邑七百户王播可尚书左仆射、同中书门下平章事，依前充诸道盐铁转运使。以御史大夫段文昌代播为淮南节度使。丙申，左司郎中、兼侍御史知杂温造权知御史中丞。癸卯，诏："元和、长庆中，皆因用兵，权以济事，所下制敕，难以通行。宜令尚书省取元和已来制敕，参详删定讫，送中书门下议定闻奏。"甲寅，以旱放系囚。七月辛酉朔。癸亥，太常卿李绛进封魏国公。李同捷除兖、海，不受诏，结幽镇谋叛。癸酉，葬敬宗于庄陵。辛巳，敕今年权于东都举选。徐州王智兴请全军讨李同捷。八月庚寅朔，以工部侍郎独孤朗为福建观察使，以太府卿裴弘泰为黔中经略使、观察使。左仆射致仕杨於陵让全给俸料，许之。庚子，诏削夺李同捷在身官爵，复以张茂宗为兖、海、沂、密节度使。辛丑，邠宁节度使高承简卒。壬寅，以刑部尚书柳公绰检校左仆射，充邠宁节

度使。戊申，以谏议大夫张仲方为福建观察使。癸丑，前福建观察使独孤朗卒。九月庚申朔。癸亥，以左神策军将军、知军事何文哲为鄜、坊、丹、延节度使。甲戌，以左神策大将军、知军事李泳为单于都护，充振武、麟胜节度使。丁丑，浙西观察使李德裕、浙东观察使元稹就加检校礼部尚书。壬午，桂管观察使刘栖楚卒。丙戌，以谏议大夫萧裕为桂管观察使。癸丑，兖州复置莱芜县。十一月己未朔。丙申，河中薛平奏虞乡县有白虎入灵峰观。天平、横海等军节度使、守司徒，同中书门下平章事乌重胤卒。庚辰，以保义军节度、晋慈等州观察处置等使李寰为横海军节度使。癸巳，以晋州、慈州复隶河中。癸巳，以左丞钱徽为华州刺史。丁酉，右金吾卫大将军王公亮为潭州刺史、湖南观察使。

二年春正月戊午朔。壬申，以右散骑常侍孔戢为京兆尹。二月丁亥朔，以兵部侍郎王起为陕虢观察使，代韦弘景；以弘景为尚书左丞。乙巳，以刑部侍郎卢元辅为兵部侍郎，秘书监白居易为刑部侍郎。庚戌，敕李绛所进则天太后删定《兆人本业》三卷，宜令所在州县写本散配乡村。三月丁巳朔，度支奏："京兆府奉先县界卤池侧近百姓，取水柏柴烧灰煎盐，每一石灰得盐一十二斤一两，乱法甚于咸土，请行禁绝。今后犯者据灰计盐，一如两池盐法条例科断。"从之。辛巳，上御宣政殿亲试制策举人。以左散骑常侍冯宿、太常少卿贾𫗧、库部郎中庞严为考制策官。闰三月丙戌朔，内出水车样，令京兆府造水车，散给缘郑白渠百姓，以溉水田。夏四月丙辰朔。壬午，以邕管经略使王茂元为容管经略使。五月乙酉朔。丁巳，命中使于汉阳公主及诸公主第宣旨："今后每遇对日，不得广插钗梳，不须著短窄衣服"。乙未，以吏部侍郎丁公著为礼部尚书。庚子，敕："应诸道进奉内库，四节及降诞进奉金花银器并篆组文缬杂物，并折充铤银及绫绢。其中有赐与所须，待五年后续有进止。"帝性恭俭，恶侈靡，庶人务敦本，故有是诏。帝与侍讲学士许康佐语及取蚺蛇胆，生剖其腹，为之恻然。乃诏度支曰："每年供进蚺蛇胆四两，桂州一两、贺州二两、泉州一两，宜于数内减三两，桂、贺、泉三州轮次岁贡一两。"帝自撰集《尚书》中君臣事迹，命画工图于太液亭，朝夕观览焉。王廷凑出兵侵邻藩，欲挠王师，以援李同捷，昭义刘从谏请出军讨之。六月乙卯朔，晋王普薨，赠为悼怀太子。陈州水，害秋稼。癸亥，四方馆请赐印，其文以"中书省四方馆"为名。辛酉，以吏部尚书郑絪为太子少保。辛巳，以灵武节度使李进诚为邠宁节度使，以天德军使李文悦为灵武节度使。乙酉，以前邠宁节度使柳公绰检校左仆射，兼刑部尚书。甲辰，诏宰臣集三署四品已上常参官，议讨王廷凑可否。是夜，彗西出摄提南，长二尺。八月甲寅朔。丁巳，以兵部侍郎卢元辅为华州镇国军使，以代钱徽；以徽为吏部尚书致仕。壬戌，京畿奉先等十七县水。九月甲申朔。丁亥，王智兴拔棣州。以新除横海军节度使李寰为夏州节度使。甲午，诏削夺王廷凑在身官爵，邻道接界随便进讨。以前夏州节度使傅良弼为横海军节度使。庚戌，安南军乱，逐都护韩约。冬十月癸丑朔。丁巳，罢扬州海陵监牧。以户

部尚书崔植为华州刺史、镇国军使。丙寅，岭南节度使胡证卒。辛未，以江西观察使李宪为岭南节度使。癸酉，以尚书右仆射、同平章事窦易直检校左仆射、同平章事，充山南东道节度使、临汉监牧等使，代李逢吉；以逢吉为宣武军节度使，代令狐楚；以楚为户部尚书。以右丞沈传师为江西观察使。己卯，以河南尹王璠为右丞，以左散骑常侍冯宿为河南尹。十一月癸未朔。乙酉，以右金吾卫大将军李祐为横海军节度使，新除傅良弼赴镇，卒于陕州故也。甲辰，禁中巳时昭德寺火，直宣政殿之东，至午未间，北风起，火势益甚，至暮稍息。十二月壬子朔。乙丑，魏博行营都知兵马使亓志绍率所部兵马二万人谋叛，欲杀史宪诚父子。壬申，中书侍郎、同平章事韦处厚暴卒。戊寅，诏以兵部侍郎、知制诰、充翰林学士路随为中书侍郎、同平章事。

三年春正月壬午朔。丙戌，亓志绍率兵回据永济县，其众分散入诸县邑。史宪诚告难，诏沧州行营兵士赴之。丁亥，京兆尹孔戣卒。庚寅，吏部尚书致仕钱徽卒。庚子，李听杀败亓志绍兵，志绍北走镇州。甲辰，以太常卿李绛检校司空，兼兴元尹、山南西道节度使。华州刺史、镇国军潼关防御使崔植卒。己酉，以前山南西道节度使王涯为太常卿。二月辛亥朔，以兵部尚书崔群为荆南节度使。甲寅，荆南节度使王潜卒。三月辛巳朔，以户部尚书令狐楚为东都留守。乙酉，敕兵戈未息，教坊每日祗候乐人宜权停。壬辰，易定节度使柳公济卒。以前东都留守崔从为户部尚书。夏四月庚午，王智兴奏部下将石雄摇扇军情，请行朝典，乃长流白州。五月己卯朔。甲申，柏耆斩李同捷于将陵，沧景平，李祐入沧州。丁亥，御兴安楼，受沧州所献。李祐送李同捷母、妻及男元达等赴阙，诏并宥之，令于湖南安置。贬沧德宣慰使、谏议大夫柏耆循州司户，宣慰判官、殿中侍御史沈亚之虔州南康尉，以擅入沧州取李同捷，诸镇所怒，奏论之也。丙申，横海军节度使李祐卒。以泾原节度使李岵为齐、德等州节度使，改名有裕。丁酉，以前义武军节度使傅毅为沧州刺史、横海军节度使。辛丑，以右金吾卫大将军张惟清检校司空，充泾原节度使；以左金吾卫大将军刘遵古为邠宁节度使。六月己酉朔。辛亥，以魏博节度使史宪诚检校司徒、兼侍中、河中尹，充河中晋绛节度使；以义成军节度使李听兼充魏博节度使；以魏博节度副使、检校工部尚书史孝章为相卫节度使。壬申，敕："元和四年敕禁铅锡钱皆纳官，许人纠告，一钱赏百钱，此为太过。此后以铅锡钱交易者，一贯以下，州府常行杖决脊杖二十；十贯以下决六十，徒三年；过十贯已上，集众决杀。能纠告者，一贯赏钱五十文。"秋七月己卯朔。癸未，中使刘弘逸送史宪诚旌节自魏州还，称六月二十六日夜，魏博军乱，杀史宪诚，立大将何进滔为留后，其新节度使李听入城不得。乙丑，河中节度使薛平依前河中节度使。乙未，岭南节度使李宪卒。兵部侍郎卢元辅卒。丁酉，以京兆尹崔护为御史大夫、广南节度使。戊戌，以大理卿李谅为京兆尹。乙巳，以礼部尚书、翰林侍讲学士丁公著检校户部尚书，兼润州刺史，充浙江西道观察使；以前浙西观察使、检校礼部尚书李德裕为兵部侍

郎。辛亥，魏博何进滔奏：准诏割相、卫三州，三军不受。壬子，诏以魏博衙内都知兵马使何进滔检校左散骑常侍，充魏博节度使。癸丑，以卫尉卿殷侑检校工部尚书，为齐德沧节度使。辛酉，京畿、奉先等九县旱，损田。播州流人卫中行卒，宋、亳水害稼。壬申，诏雪王廷凑，复官爵。甲戌，以吏部侍郎李宗闵同中书门下平章事。九月戊寅朔。辛巳，敕两军、诸司、内官不得著纱縠绫罗等衣服。帝性俭素，不喜华侈。驸马韦处仁戴夹罗巾，帝谓之曰："比慕卿门地清素，以之选尚。如此巾服，从他诸戚为之。唯卿非所宜也。"壬辰，以兵部侍郎李德裕检校户部尚书，兼滑州刺史、义成军节度使。戊戌，以前睦州刺史陆亘为越州刺史、浙东观察使，代元稹；以稹为尚书左丞，代韦弘景；以弘景为礼部尚书。冬十月戊申朔。己酉，江西沈传师奏：皇帝诞月，请为僧尼起方等戒坛。诏曰："不度僧尼，累有敕命。传师忝为藩守，合奉诏条，诱致愚妄，庸非理道，宜罚一月俸料。"丙辰，以前义成军节度使李听为太子少师。癸亥，以户部侍郎崔元略为户部尚书、判度支。以中书舍人韦辞为湖南观察使。十一月丁丑朔。庚辰，太子太傅郑絪卒。丙戌，敕前亳州刺史李繁于京兆府赐死。甲申，帝亲祀昊天上帝于南郊，礼毕，御丹凤门，大赦。节文禁止奇贡，云："四方不得以新样织成非常之物为献，机杼纤丽若花丝布缭绫之类，并宜禁断。敕到一月，机杼一切焚弃。刺史分忧，得以专达。事有违法，观察使然后奏闻。"丙申，西川奏南诏蛮入寇。甲辰，王智兴来朝。乙巳，以智兴守太傅，依前平章事、武宁军节度使，进封雁门郡王。十二月丁未朔，南蛮逼戎州，遣使起荆南、鄂岳、襄邓、陈许等道兵赴援蜀川。以剑南东川节度使郭钊为西川节度使，仍权东川事。壬子，贬剑南西川节度使杜元颖为韶州刺史。遣中使杨文端赍诏赐南蛮王蒙丰佑。蛮军陷邛、雅等州。戊午，以右领军卫大将军董重质充神策西川行营都知兵马使。西川奏蛮军陷成都府。东川奏蛮军入梓州西郭门下营。又诏促诸镇兵救援西川。己丑，以东都留守令狐楚检校右仆射、天平军节度使，代崔弘礼为东都留守。丁卯，贬杜元颖循州司马。乙巳，郭钊奏蛮军抽退，遣使赐蛮帅蒙筌巅国信。辛未，以太子少师李听为邠宁节度使。癸酉，以中丞温造为右丞，吏部郎中宇文鼎为中丞。

卷十七下　　本纪第十七下

文　宗　下

大和四年春正月丙子朔。辛卯，武昌军节度使牛僧孺来朝。丙戌，以左神策军大将军丘直方为鄜坊节度使。戊子，诏封长男永为鲁王。辛卯，以武昌节度使、鄂岳蕲黄安申等观察处置等使、金紫光禄大夫、检校吏部尚书、同中书门下平章事、上柱国、奇章郡开国公牛僧孺为兵部尚

书、同中书门下平章事。壬辰，以兵部侍郎崔郾为陕虢观察使。封鲁王母王氏为昭仪。癸巳，以前邠宁节度使刘遵古为剑南东川节度使。甲午，守左仆射、同平章事，诸道盐铁转运使王播卒。丙申，以太常卿王涯为吏部尚书，充诸道盐铁转运使。辛丑，以尚书左丞元稹检校户部尚书，充武昌军节度、鄂岳蕲黄安申等州观察使。癸卯，以前陕虢观察使王起为左丞。二月丙午朔。戊午，兴元军乱，节度使李绛举家被害，判官薛齐、赵存约死之。庚申，以左丞温造为兴元节度使。辛未，夏州节度使李寰卒。壬申，以神策行营节度使董重质为夏、绥、银、宥节度使。三月乙亥，以河东节度使李程检校左仆射、同平章事，兼河中尹、晋绛慈隰等州节度使，以刑部尚书柳公绰检校左仆射、太原尹、北都留守、河东节度使。丁丑，以前河中节度使薛平为太子太保。丁亥，以卫尉卿桂仲武为福建观察使。兴元温造奏：“害李绛贼首丘崟、丘铸及官健千人，并处斩讫。其亲刃绛者斩一百段，号令者三段，余并斩首。内一百首祭李绛，三十首祭死王事官僚，其余尸首并投于汉江。”己丑，诏兴元监军使杨叔元宜配流康州百姓，锢身递至配所。丁酉，监修国史、中书侍郎、平章事路随进所撰《宪宗实录》四十卷，优诏答之，赐史官等五人锦绣银器有差。癸卯，以淮南节度使段文昌检校尚书左仆射、同中书门下平章事，兼江陵尹，充荆南节度使；以前太子宾客崔从检校右仆射、扬州大都督府长史、淮南节度使。甲辰，以前荆南节度使崔群检校右仆射、兼太常卿。以中书舍人李虞仲为华州刺史，代严休复；以休复为右散骑常侍。夏四月乙巳朔。丙午，以右散骑常侍、翰林侍讲学士郑覃为工部尚书。丁未，兵部尚书致仕张贾卒。丁巳，贬前齐德沧景等州节度使李有裕为永州刺史，驰驿赴任。庚申，以尚书左丞王起为户部尚书、判度支，代崔元略；以元略检校吏部尚书，为东都留守。辛酉夜，月掩南斗第二星。壬戌，诏曰：“俭以足用，令出惟行，著在前经。斯为理本。朕自临四海，愍元元之久困，日昃忘食，宵兴疚怀。虽绝文绣之饰，尚愧茅茨之俭。亦谕卿士，形于诏条。如闻积习流弊，余风未革。车服第宅，相高以华靡之制；资用货宝，固启于贪冒之源。有司不禁，侈俗滋扇。盖朕教导之未敷，使兆庶昧于耻尚也。其何以足用行令，臻于致理欤！永念惭叹，追兹申敕。自今内外班列职位之士，各务素朴，弘兹国风。有儳差尤甚者，御史纠上。主者宣示中外，知朕意焉。”文宗承长庆、宝历奢靡之风，锐意惩革，躬行俭素，以率厉之。辛未，以前东都留守崔弘礼为刑部尚书。镇州王廷凑请修建初、启运二陵，从之。五月甲戌朔。丁丑，以旱命京城诸司疏理系囚。己卯，通化南北二门锁不可开，钥入，如有持之者。上令铁工破锁，时日已及辰矣。丁亥，改郓州东平县为天平县。戊子，敕度支每岁于西川织造绫罗锦八千一百六十七匹，令数内减二千五百十匹。六月癸卯朔。丁未，以守司徒、门下侍郎、平章事、上柱国、晋国公、食邑三千户、食实封三百户裴度为守司徒、平章军国重事；待疾损日，每三日、五日一度入中书。辛未夜，自一更至五更，大小星流旁午，观者不能数。壬申，诏：如闻诸司刑狱例多停滞，委尚书左右丞及监察御史纠举以闻。秋七月癸酉朔。癸未，诏以朝议郎、尚书右丞、上柱国、赐紫金鱼袋宋申锡为正议大夫、行尚书右丞、同中书门下平章事。乙酉，敕：“前行郎中知制诰者，约满一周年，即与正授；从谏大夫知者，亦宜准此；余依长庆二年七月二十七日敕处分。”振武奏云伽关，加镇兵千人。以吏部侍郎王璠为京兆尹、兼御史大夫，代李谅为桂管观察使。太原饥，赈粟三万石。赐十六宅诸王绫绢二万匹。丁酉，守司徒裴度上表辞册命，言：“臣此官已三度受册，有觍面目。”从之。八月壬寅朔。丙辰，鄜州水，溺居民三百余家。太原柳公绰奏云、代、蔚三州山谷间石化为面，人取食之。己未，宣歙观察使于敖卒。甲子，内出绫绢三十万匹，付户部充和籴。戊辰，幸梨园亭，会昌殿奏新乐。九月壬申朔。丁丑，以大理卿裴谊检校右散骑常侍，充江西观察使，代沈传师；以传师为宣歙观察使。内出绫三千匹，赐宥州筑城兵士。戊寅，舒州太湖、宿松、望江三县水，溺民户六百八十，诏以义仓赈贷。庚辰，吏部尚书王涯为右仆射，依前盐铁运使。壬午，以守司徒、平章军国重事、晋国公裴度守司徒、兼侍中，充山南东道节度使。以投来奚王茹羯为右骁卫将军同正。丙戌，以前山南东道节度使窦易直为尚书左仆射。戊子，吏部尚书致仕韦绶卒。己丑，淮南天长等七县水，害稼。丁酉，前丰州刺史、天德军使浑锷坐赃七千贯，贬袁州司马。冬十月壬寅朔。戊申，以东都留守崔元略检校吏部尚书，兼滑州刺史、义成军节度使，代李德裕；以德裕检校兵部尚书，兼成都尹。充剑南西川节度使。己酉，京师有熊入庄严寺。庚戌，以前刑部尚书崔弘礼为东都留守。甲寅，以前剑南西川节度使、检校司空郭钊为太常卿，代崔群为吏部尚书。丁卯，御史中丞宇文鼎奏：“今月十三日，宰臣宣旨，今后群臣延英奏事，前一日进状入来者。臣以寻常公事，不暇面论，但见表章，足以陈露。傥临时忽有公务，文字不足尽言，则咫尺天听，无路闻达。更俟后坐，动逾数辰，处置之间，便有不及。伏乞重赐宣示，限以状入者，并在卯前；如在卯后，听不收览。自然人各遵守，礼亦得中。”从之。十一月辛未朔。是夜，荧惑近左执法。癸巳，以左丞康承宣为兖、海、沂、密等州节度使。淮南大水及虫霜，并伤稼。十二月辛丑朔，沧州殷侑请废景州为景平县。己酉，义成军节度使崔元略卒。壬子，以左金吾卫大将军段嶷为义成军节度使。癸丑，湖南观察使韦辞卒。丙辰，以工部侍郎崔琯为京兆尹，代王璠为尚书左丞。癸亥，东都留守崔弘礼卒。以同州刺史高重为潭州刺史、兼御史中丞，充湖南观察使。甲子，左仆射致仕杨於陵卒，赠司空。丙寅，以前河南尹冯宿为工部侍郎。戊辰，以太子宾客分司白居易为河南尹，以代韦弘景；以弘景守刑部尚书、东都留守。闰十二月辛未朔。壬申，太常卿郭钊卒，赠司徒。壬辰，废齐州归化县地入临邑县。废景州，其县隶沧州刺史。是岁，京畿、河南、江南、荆襄、鄂岳、湖南等道大水，害稼，出官米赈给。

五年春正月庚子朔，以积阴浃旬，罢元会。丁巳，赐沧德节度使曰义昌军。太原旱，赈粟十万石。己未，诏方镇节度观察使请入觐者，先上表奏闻，候允则任进程。庚申，幽州军乱，逐其帅李载义，立后院副兵马使杨志诚为留后。癸亥，诏端午节辰，方镇例有进奉，其杂彩匹段，许进生白绫绢。己丑，以权知渤海国务大彝震检校秘书监、忽汗州都督、渤海国王。二月庚午朔。壬辰，以卢龙军节度使、守太保、同平章事李载义守太保、同中书门下平章事。时载义失守入朝，赐第于永宁里，给赐优厚。丙申，以桂管观察使李谅为岭南节度使。戊戌，神策中尉王守澄奏得军虞候豆卢著状，告宰相宋申锡与漳王谋反。即令追捕。庚子，诏贬宋申锡为太子右庶子。壬寅，左常侍崔玄亮及谏官等十四人伏奏玉阶："北军所告事，请不于内中鞫问，乞付法司。"帝曰："吾已谋于公卿矣，卿等且退。"崔玄亮泣涕陈谏久之，帝改容劳之曰："朕即与宰臣商议。"玄亮等方退。癸卯，诏漳王凑可降为巢县公，右庶子宋申锡开州司马同正。初，京师恟恟，以宰相实联亲王谋逆，三四日后，方知诬构。人士侧目于守澄、郑注，故谏官号泣论之，申锡方免其祸。己酉，敕以李载义入朝，于曲江亭赐宴，仍命宰臣百僚赴会。辛酉，以黔中观察使裴弘泰为桂管经略使，以前安州刺史陈正仪为黔中观察使。丁卯，紫宸奏事，宰相路随至龙墀，仆于地，令中人掖之。翌日，上疏陈退，识者嘉之。夏四月己巳朔，甲戌，以新罗王嗣子金景徽为开府仪同三司、检校太保，使持节鸡林州诸军事、鸡林州大都督、宁海军使、上柱国，封新罗王；仍封其母朴氏为新罗国太妃。丁亥，诏："史官记事，用戒当时，先朝旧制，并得随仗。其后宰臣撰时政记，因循斯久，废坠实多。自今后宰臣奏事，有关献替及临时处分稍涉政刑者，委中书门下丞一人随时撰录，每季送史馆，庶警朕阙，且复官常。"已丑，以李载义为山南西道节度，依前守太保、同平章事，代温造；以造为兵部侍郎。以幽州卢龙节度留后杨志诚检校工部尚书，为幽州卢龙节度使。五月戊戌朔，太庙第四室、第六室破漏，有司不时修葺，各罚俸。上命中使领工徒及以禁中修营材葺之。右补阙韦温上疏论曰："宗庙不葺，罪在有司弛慢，宜加重责。今有司止于罚俸，便委内臣葺修，是许百司之官公然废职。以宗庙之重，为陛下所私，则群官有司便同委弃，此臣窃为圣朝惜也。事关宗庙，皆载史册，苟非旧典，不可率然。伏乞更下诏书，复委所司营葺，则制度不紊，官业各修矣。"疏奏，帝嘉之，乃追止中使，命有司修奉。戊午，西川李德裕奏：南蛮放还先虏掠百姓、工巧、僧道约四千人还本道。辛酉，东都留守、刑部尚书韦弘景卒。丙寅，以京兆尹崔琯为尚书左丞。太常少卿庞严权知京兆尹。六月丁卯朔。戊寅，以霖雨涉旬，诏疏理诸司系囚。辛卯，苏、杭、湖南水害稼。甲午，东川奏：玄武江水涨二丈，梓州罗城漂人庐舍。秋七月丁酉朔。庚子，赠太子宾客李渤礼部尚书。辛丑，以兵部侍郎温造检校户部尚书，为东都留守。甲辰，以太子少师分司、上柱国、袭徐国公萧俛守左仆射致仕。剑南东、西两川水，遣使宣抚赈给。己未，以给事中罗让为福建观察使。八月丙寅朔。庚午，武昌军节度使、检校户部尚书元稹卒。辛未，贬刑部员外郎舒元舆为著作郎。元舆累上表请自效，并进文章，朝议责其躁进也。壬申，以河阳三城怀州节度使杨元卿为宣武军节度使，代李逢吉；以逢吉检校司徒、兼太子太师，充东都留守，代温造；以温造为河阳三城怀州节度使。戊寅，以陕虢观察使崔郾为鄂岳安黄观察使。甲申，以中书舍人崔咸为陕州防御使。诏陕州旧有都防御观察使额宜停，兵马属本州防御使。丙戌，京兆尹庞严卒。庚寅，以司农卿、驸马都尉杜悰为京兆尹。九月丙申朔。甲辰，贬太子左庶子郭求为婺王府司马，以其心疾，与同僚忿竞也。翰林学士薛廷老、李让夷皆罢职守本官。廷老在翰林，终日酣醉无仪检，故罢。让夷常推荐廷老，故坐累也。己未，以左仆射窦易直判太常卿。西川李德裕奏收复吐蕃所陷维州，差兵镇守。冬十月乙巳朔，以前绵州刺史郑绰为安南都护。戊寅，蛮寇巂州，陷二县。辛巳，沧州移清池县于南罗城内置。十一月乙未朔。庚戌，凤翔节度使王承元来朝。己未，以承元检校司空、青州刺史，充平卢军节度使。癸亥，以尚书左仆射、判太常卿事窦易直检校司空，为凤翔陇右节度使。十二月乙丑朔。戊寅，以左丞王璠兼判太常卿事。甲申，贬新除桂管观察使裴弘泰为饶州刺史，以除镇淹程不进，为宪司所纠故也。癸巳，以郑州刺史李翱为桂管观察使。是岁，淮南、浙江东西道、荆襄、鄂岳、剑南东川并水，害稼，请蠲秋租。是冬，京师大雨雪。

六年春正月乙未朔，以久雪废元会。戊戌，振武李泳招收得黑山外契苾部落四百七十三帐。壬子，诏："朕闻'天听自我人听，天视自我人视。'朕之菲德，涉道未明，不能调序四时，导迎和气。自去冬已来，逾月雨雪，寒风尤甚，颇伤于和。念兹庶町，或罹冻馁，无所假贷，莫能自存。中宵载怀，旰食兴叹，怵惕若厉，时予之辜。思弘惠泽，以顺时令。天下死罪囚，除官典犯赃、故意杀人外，并降从流，流已下递降一等。应京畿诸县，宜令以常平义仓斛斗赈恤。京城内鳏寡癃残无告不能自存者，委京兆尹量事济恤，具数以闻。言念赤子，视之如伤。天或警予，示此阴沴。扶躬夕惕，予甚悼焉。"群臣拜表上徽号。甲寅，司徒致仕薛平卒。二月甲子朔，以前义昌军节度使殷侑检校吏部尚书，充天平军节度、郓曹濮等州观察使，代令狐楚；以楚检校右仆射，兼太原尹、北都怀守、河东节度使。戊寅，苏、湖二州水，赈米二十二万石。以本州常平义仓斛斗给。庚辰，户部尚书、判度支王起请于邠宁、灵武置营田务，从之。己丑，寒食节，上宴群臣于麟德殿。是日，杂戏人弄孔子，帝曰："孔子，古今之师，安得侮渎。"亟命驱出。三月甲午朔。辛丑，以武宁军节度使、守太傅、同平章事王智兴兼侍中，充忠武军节度、陈许蔡观察等使。以邠宁节度使李听为武宁军节度、徐泗濠观察等使；以金吾卫大将军孟友亮为邠宁节度使。以前河东节度使柳公绰为兵部尚书。辛酉，以前忠武军节度使高瑀检校右仆射，充武宁军节度、徐泗濠观察等使。夏四月癸亥朔。乙丑，兵部尚书柳公绰卒。戊寅，以新除武宁军节度使李听为太子太保。五月癸巳朔。甲辰，西川修巂关城，又移嶲州于台登城。壬子，浙西丁公著奏杭州八县灾疫，赈米七万石。丁巳，以盐州刺史王晏平检校左散骑常侍、御史大夫，充灵盐节度使。己未，兴平县人上官兴因醉杀人而亡窜，官捕其父囚之，兴归，待罪有司。京兆尹杜悰、中丞宇文鼎以兴自首免父之囚，其孝可奖，请免死。诏两省参议，皆言杀人者死，古今共守，兴不可免。上竟从悰等议免死，决杖八十，配流灵州。庚申，诏："如闻诸道水旱害人，疾疫相继，宵旰罪己，兴寝疚怀。今长吏奏申，札瘥犹甚。盖教化未感于蒸人，精诚未格于天地，法令或爽，官吏为非。有一于兹，皆伤和气。并委中外臣僚，一一具所见闻奏，朕当亲览，无惮直言。其遭灾疫之家，一门尽殁者，官给凶器。其余据其人口遭疫多少，与减税钱。疫疾未定处，官给医药。诸道既有赈赐，国费复虑不充，其供御所须及诸公用，量宜节减，以救凶荒。"六月壬戌朔。丙寅，京兆尹杜悰兼御史大夫。戊寅，右仆射王涯奉敕，准令式条疏士庶衣服、车马、第舍之制度。敕下后，浮议沸腾。杜悰于敕内条件易施行者宽其限，事竟不行，公议惜之。秋七月辛卯朔。甲午，以谏议大夫王彦威、户部郎中杨汉公、祠部员外郎苏涤、右补阙裴休并充史馆修撰。故事，史官不过三员，或止两员，今四人并命，论者非之。戊申，原王逵薨。癸丑，以前灵武节度使李文悦为充、海、沂、密节度使。己未，以河中节度使李程为左仆射；以户部尚书、判度支王起检校吏部尚书，充河中晋、慈、隰节度使；以御史中丞、兼刑部侍郎宇文鼎为户部侍郎、判度支。八月辛酉朔，吏部尚书崔群卒。以驾部郎中、知制诰李汉为御史中丞。乙丑，以尚书右丞、判太常卿王璠检校礼部尚书、润州刺史、浙西观察使。庚午，山南东道节度使裴度来朝。壬申，以前浙西观察使丁公著为太常卿。甲戌，御史中丞李汉奏论仆射上事仪，不合受四品已下官拜。时左仆射李程将赴省上故也。诏曰："仆射上仪，近定所缘拜礼，皆约令文，已经施行，不合更改，宜准大和四年十一月十六日敕处分。"九月庚寅朔，淄青初定两税额，五州一十九万三千九百八十九贯，自此淄青始有上供。庚子，以太傅赵宗儒守司空致仕。辛丑，涿州置新城县，古督亢之地也。丁未，太常卿丁公著卒。庚戌，司空致仕赵宗儒卒。壬子，以右金吾卫将军史孝章为鄜州刺史、鄜坊丹延节度使。冬十月庚子朔。甲子，诏鲁王永宜册为皇太子。壬午，以左金吾卫将军李昌言检校左散骑常侍，充夏、绥、银、宥节度使。甲申，以谏议大夫王彦威为河中少尹，以其论上官兴狱太徼讦故也。十一月己丑朔。丁未，淮南节度使、检校右仆射崔从卒。乙卯，以荆南节度使段文昌为剑南西川节度使。依前检校左仆射、同平章事。十二月己未朔。乙丑，以中书侍郎、同平章事牛僧孺检校右仆射、同平章事、扬州大都督府长史，充淮南节度使。戊辰，内养王宗禹渤海使回，言渤海置左右神策军、左右三军一百二十司，画图以进。以尚书右丞崔琯为江陵尹、荆南都团练观察使。珍王诚薨。乙亥，昭义节度使刘从谏来朝。丁未，以前西川节度使李德裕为兵部尚书。责授循州司马杜元颖卒，赠湖州刺史。

七年春正月乙丑朔，御含元殿受朝贺。比年以用兵、雨雪，不行元会之仪。故书，吴蜀贡新茶，皆于冬中作法为之，上务恭俭，不欲道其物性，诏所供新茶，宜于立春后造。甲午，加刘从谏同平章事。襄州裴度奏请停临汉监牧，从之。此监元和十四年置，马三千二百匹，废百姓田四百余顷，停之为便。乙亥，以太府卿崔珙为广州刺史、岭南节度使。壬子，诏："朕承上天之眷佑，荷列圣之丕图，宵旰忧劳，不敢暇逸，思致康乂，八年于兹。而水旱流行，疫疾作沴，兆庶艰食，札瘥相仍。盖德未动天，诚未感物，一类失所，其过在予。载怀罪己之心，深轸纳隍之叹。如闻关辅、河东，去年亢旱，秋稼不登，今春作之时，农务又切，若不赈救，惧至流亡。京兆府赈粟十万石，河南府、河中府、绛州各赐七万石，同、华、陕、虢、晋等州各赐十万石，并以常平义仓物充。"以新除岭南节度使崔珙检校工部尚书，充武宁军节度使；以右金吾卫将军王茂元为岭南节度使。丙辰，以前武宁军节度使高瑀为刑部尚书。岭南五管及黔中等道选补使，宜权停一二年。二月己未朔。己巳，以吏部侍郎庾承宣为太常卿。癸酉，以宗正卿李诜为陕州防御使，代崔咸；以咸为右散骑常侍。己卯，麟德殿对吐蕃、渤海、牂柯、昆明等使。辛巳，御史台奏：均王傅王堪男祯，国忌日于私第科决罚人。诏曰："准令，国忌日禁饮酒、举乐。决罚人吏，都无明文。起今后从有此类，不须举奏。王祯宜释放。"丙戌，诏以银青光禄大夫、守兵部尚书、上柱国、赞皇县开国伯、食邑七百户李德裕以本官同中书门下平章事。三月戊子朔。庚寅，以前户部侍郎杨嗣复为尚书左丞。壬辰，以左散骑常侍张仲方为太子宾客分司。仲方为郎中时，常驳故相李吉甫谥，德裕秉政，仲方请告，因授之。己亥，岭南节度使李谅卒。辛丑，和王绮薨。复于埇桥置宿州，豁徐州符离县蕲县、泗州虹县隶之，以东都盐铁院官吴季真为宿州刺史。癸卯，以京兆尹、驸马都尉杜悰检校礼部尚书，充凤翔陇右节度。己酉，安南奏：蛮寇寇当管金龙州，当管生獠国、赤珠落国同出兵击蛮，败之。庚戌，出给事中杨虞卿为常州刺史，中书舍人张元夫汝州刺史。以太府卿韦长为京兆尹。丙辰，以散骑常侍严休复为河南尹。丁巳，以给事中萧澣为郑州刺史。夏四月戊午朔。辛酉，九姓回纥可汗卒。癸亥，前凤翔节度使、检校司空窦易直卒。癸酉，以同州刺史吴士智为江西观察使。以吏部侍郎高釴为同州刺史。庚辰，以工部侍郎李固言为右丞，中书舍人杨汝士为工部侍郎。壬子，以河南尹白居易为太子宾客，分司东都。甲申，以江西观察使裴谊为歙池观察使，代沈传师；以传师为吏部侍郎。以右金吾卫将军唐弘实使回纥，册九姓回纥爱登里罗汨没施合句录毗伽彰信可汗。五月丁亥朔。丁酉，以李听为凤翔陇右节度使，依前检校司徒、兼太子太保。癸卯，兴元李载义来朝。癸丑，以前邛州刺史刘旻为安南都护。六月丁巳朔。乙巳，以山南西道节度使李载义为太原尹、北都留守、河东节度使，依前守太保、同平章事。壬申，以御史中丞李汉为礼部侍郎，以工部尚书、翰林侍讲学士郑覃为御史大夫。甲戌，以刑部尚书高瑀为太子少保分司。乙亥，以中书侍郎、平章事李宗闵检校礼部尚书、同平章事，兼兴元尹、山南西道节度使。丁丑，以左金吾卫将军李从易为桂管观察使。己卯，以右神策大将军李用为邠宁节度使。河阳修防口堰，役工四万，溉济源、河内、温县、武德、武陟五县田五千余顷。

癸未，泾原节度使张惟清卒。乙酉，以前河东节度使令狐楚检校右仆射，兼吏部尚书。秋七月丙戌朔。丁亥，以右龙武统军康志睦为四镇北庭行军、泾原节度使。壬寅，以金紫光禄大夫、守尚书右仆射、诸道盐铁转运使、上柱国、代郡公、食邑二千户王涯可同中书门下平章事，领使如故。甲辰，右丞李固言等奏状，论仆射省中上事，不合受四品已下拜。敕旨宜准大和四年十一月十六日敕处分。乙巳，虢州刺史崔玄亮卒。以左丞杨嗣复检校礼部尚书，充剑南东川节度使；以户部侍郎庾敬休为左丞。己酉，以旱，命京城诸司疏决系囚。壬子，敕应任外官带一品正京官者，纵不知政事，其俸料宜兼给。癸丑，以左仆射李程检校司空，兼汴州刺史、宣武军节度使。甲寅，以旱徙市。左降官开州司马宋申锡卒，诏许归葬。闰七月乙卯朔，诏曰："朕嗣守丕图，覆妪生类，兢业寅畏，上承天休。而阴阳失和，膏泽愆候，害我稼穑，灾于黔黎。有过在予，敢忘咎责。从今避正殿，减供膳，停教坊乐，厩马量减刍粟，百司厨馔亦宜权减。阴阳郁堙，有伤和气，宜出宫女千人。五坊鹰犬量须减放。内外修造事非急务者，并停。"时久无雨，上心忧劳。诏下数日，雨泽沾洽，人心大悦。乙丑，以前宣武军节度杨元卿为太子太保。戊戌，以给事中崔戎为华州刺史。癸未，以太子宾客李绅检校左散骑常侍，兼越州刺史，充浙东观察使，代陆亘；以亘为宣歙观察使。

八月甲申朔，御宣政殿，册皇太子永。是日降诏："应犯死降从流，流已下递减一等。诸王自今年后相次出阁，授紧望已上州刺史佐。其十六宅诸县主，委吏部于选人中简择配匹，具以名闻。皇太子方从师傅传授《六经》，一二年后，当令齿胄国库，以兴坠典。宜令国子选名儒，置五经博士各一人。其公卿士族子弟，明年已后，不先入国学习业，不在应明经进士限。其进士举宜先试帖经，并略问大义，取经义精通者放及第。卿大夫者，下人之所视，远方之所仿，若非恭俭克己，廉直任人，而望其服从，固不可得。况朕不宝珠玉，不御纤华，逮于六宫，皆务俭薄。卿大夫得不叶朕此志，率先兆人？比年所颁制度，皆约国家令式，去其甚者，稍谓得中。而士大夫苟自便身，安于习俗，因循未革，以至于今。百官士族，起今年十月，其衣服舆马，并宜准大和六年十月七日敕，如有固违，重加黜责。文武常参官及诸州府长官子为父后者，赐勋两转。"癸巳，太子太保杨元卿卒。戊申，以京兆尹韦长兼御史大夫，以刑部尚书高瑀为忠武军节度使。九月甲寅朔。丙寅，侍御史李款阁内奏弹前邠州行军司马郑注，曰："注内通敕使，外连朝官，两地往来，卜射财货，昼伏夜动，干窃化权。人不敢言，道路以目，请付法司推劾情款。"旬日之中，谏章数十上，由是授注通王府司马、兼侍御史，充神策军判官，中外骇叹。甲寅，以前忠武军节度使王智兴依前守太傅、兼侍中、河中尹、河中晋绛慈隰节度使，代王起；以起为兵部尚书。冬十月癸未朔，扬州江都等七县水，害稼。壬辰，上降诞日，僧徒、道士讲论于麟德殿。翌日，御延英，上谓宰臣曰："降诞日设斋，起自近代。朕缘相承已久，未可便革，虽置斋会，唯对王源中等暂入殿

至僧道讲论，都不临听。"宰相路随等奏："诞日斋会，诚资景福，本非中国教法。臣伏见开元十七年张说、乾源曜请以诞日为千秋节，内外宴乐，以庆昌期，颇为得礼。"上深然之，宰臣因请十月十日为庆成节，上诞日也。从之。辛酉，润、常、苏、湖四州水，害稼。十一月癸丑朔。乙亥，泾源节度使康志睦卒。己卯，以左神策长武城使朱叔夜为泾州刺史，充泾原节度使。壬午，于银州置监牧。十二月癸未朔。己亥，刑部详定大理丞谢登新编《格后敕》六十卷，令删落详定为五十卷。庚子，幸望春宫，圣体不康。癸卯，平卢军节度、检校司空王承元卒。丁未，以河南尹严休复检校礼部尚书，充平卢军节度、淄青登莱棣观察等使。戊申，以给事中王质权知河南尹。以河东节度副使李石为给事中。

八年春正月癸丑朔。丁巳，圣体痊平，御太和殿见内臣。甲子，御紫宸殿见群臣。丙寅，修太庙。令太常卿庾承宣摄太尉，遍告九室，迁神主于便殿。癸酉，扬、楚、舒、庐、寿、滁、和七州去年水，损田四万余顷。二月壬午朔，日有蚀之。庚寅，诏以圣躬痊复，赦系囚，放逋赋，移流人。己亥，蔚州飞狐镇置铸钱院。三月壬子朔。甲寅，上巳，赐群臣宴于曲江亭。庚午，以山南东道节度使裴度充东都留守，依前守司徒、兼侍中；以东都留守李逢吉检校司徒、兼右仆射。癸酉，兖海节度使李文悦卒。丙子，以右丞李固言为华州刺史，代崔戎；以戎为兖海观察使。四月壬午朔。壬辰，集贤学士裴潾撰《通选》三十卷，以拟昭明太子《文选》，潾所取偏僻，不为时论所称。甲午，以宿州刺史吴季真为邕管经略使。乙巳，翰林学士、兵部侍郎王源中辞内职，乃以源中为礼部尚书。五月辛亥朔。己巳，修奉太庙毕，以吏部尚书令狐楚摄太尉，遍告神主，复正殿。飞龙神驹中厩火。六月庚辰朔。辛巳，徙市。壬午，大理卿刘遵古卒。壬辰，陈许节度使高瑀卒。甲午，以旱，诏诸司疏决系囚。丙申，以前凤翔节度使、驸马都尉杜悰起复检校户部尚书，充忠武军节度使。戊戌，宰臣王涯、路随奏请依旧制读时令。庚子，兖海观察使崔戎卒。辛丑，同州刺史高钺卒。戊申，以将作监、驸马都尉崔杞为兖海沂密观察使。秋七月庚戌朔。丙辰，以工部侍郎杨汝士为同州刺史。戊午，奉先、美原、栎阳等县雨，损夏麦。辛酉，定陵台大雨，震东廊，廊下地裂一百三十尺，诏宗正卿李仍叔启告修塞。癸亥，郯王经薨。己巳夜，月犯昴。壬申，以右金吾卫大将军段伯伦检校工部尚书，充福建观察使。堂帖中外臣僚，各举善《周易》学者。八月己卯朔，右龙武统军董重质卒。庚寅，太白犯荧惑。辛卯，诏故澧王大男汉可封东阳郡王，第二男源可封安陆郡王，第三男演可封临安郡王；故深王大男潭可封河内郡王，第二男淑可封吴兴郡王；故绛王大男洙可封新安郡王，第二男漨可封高平郡王；故洋王大男沛可封颍川郡王；淄王大男潾可封许昌郡王；沔王大男瀛可封晋陵郡王；郇王大男溥可封平阳郡王：仍并赐光禄大夫。丙申，罢诸色选举，岁旱故也。己亥，御写《周易》义五道示群臣，有人明此义者，三日内闻奏。时李仲言以《易》道惑

上，及下其义，人皆窃笑，卒无进言者。九月乙酉朔。辛亥夜，彗起太微，近郎位，西指，长丈余，西北行，凡九夜，越郎位西北五尺灭。癸丑，月入南斗。乙亥，宣州观察使陆亘卒。己未，宰臣李德裕进《御臣要略》及《柳氏旧闻》三卷。随州刺史杜师仁前刺吉州，坐赃计绢三万匹，赐死于家。故江西观察使裴谊乖于廉察，削所赠工部尚书。庚申，右军中尉王守澄宣召郑注，对于浴堂门，仍赐锦彩银器。是夜，彗出东方，长三尺，辉耀甚伟。辛酉，以权知河南尹王质为宣歙观察使。吏部尚书致仕张正甫卒。癸亥，以尚书吏部侍郎郑瀚为河南尹。甲子，郑注进《药方》一卷。庚午，安王溶、颍王璀皆检校兵部尚书。宰相路随册拜太子太师。辛巳，幽州节度使杨志诚、监军李怀仵悉为三军所逐，立其部将史元忠为留后。陕州、江西旱、无稼。己丑，秘书监崔威卒。庚寅，以山南西道节度使、检校礼部尚书、同平章事、上柱国、襄武县开国侯、食邑一千户李宗闵可中书侍郎、同中书门下平章事。辛卯，以中使田全操充皇太子见太师礼仪使。壬辰，召国子四门助教李仲言对于思政殿，赐绯。河南府、邓州、同州、扬州并奏旱虫伤损秋稼。甲午，以银青光禄大夫、守中书侍郎、平章事李德裕检校兵部尚书、同平章事、兴元尹、充山南西道节度使。以助教李仲言为国子《周易》博士，充翰林侍讲学士。皇太子见太师路随于崇明门。丙申，谏官上疏论李仲言不合奖任，上令中使宣谕谏官曰："朕留仲言禁中，顾问经义，敕命已行，不可遽改。"淮南、两浙、黔中水为灾，民户流亡，京师物价暴贵。庚子，诏郑注对于太和殿。以御史大夫郑覃为户部尚书。壬寅，翰林院宴李仲言，赐《法曲》弟子二十人奏乐以宠之。丙午，以新除兴元节度使李德裕为兵部尚书。十一月丁未朔。庚戌，以尚书左仆射致仕萧俛为太子太傅。辛亥，以左金吾卫大将军萧洪为河阳三城节度使。襄州水，损田。壬子，滁州奏清流等三县四月雨至六月，诸山发洪水，漂溺户万三千八百。癸丑，以礼部尚书王源中检校户部尚书，充山南西道节度使；以户部侍郎李汉为华州刺史、镇国军潼关防御使。成德军节度使王廷凑卒。以前河阳节度使温造为御史大夫。己卯，幽州节度使杨志诚被逐入朝，下御史台讯鞫。志诚在幽州，被服皆为龙凤，乃流之岭外，至商州杀之。乙亥，以兵部尚书李德裕检校右仆射，充镇海军节度、浙江西道观察等使。丙子，李仲言奏请改名训，从之。十二月丁丑朔。己卯，以昭义节度副使、检校库部员外郎、赐紫金鱼袋郑注为太仆卿。辛巳，以棣州刺史韩威为安南都护。癸未，以通王为幽州卢龙节度使，以权勾当幽州兵马史元忠为留后。甲申，许太子太傅萧俛致仕。是夜，月掩昴。己丑，以太子宾客分司张仲方为左散骑常侍，常州刺史杨虞卿为工部侍郎。己亥，以尚书左仆射李逢吉守司徒致仕。以宗正卿李仍叔为湖南观察使，代李翱；以翱为刑部侍郎，代裴潾；以潾为华州镇国军潼关防御使。昭成寺火。

九年春正月丁未朔。乙卯，以镇州左司马王元逵起复定远将军、守左金吾卫大将军、检校工部尚书，充成德军节度使、镇冀深赵观察等使。以太常卿庾成宣检校吏部尚书，充天平军节度使，代殷侑；以侑为刑部尚书。癸亥，巢县公凑薨，追封齐王。壬申，司徒致仕李逢吉卒。癸酉，以右散骑常侍舒元舆为陕州防御观察使。以前棣州刺史田早为安南都护。二月丙子朔。甲申，以司农卿王彦威兼御史大夫，充平卢军节度使。丁亥，发神策军一千五百人修淘曲江。如诸司有力，要于曲江置亭馆者，宜给与闲地。辛丑，冀王绹薨。癸卯，京师地震。甲辰，以幽州留后史元忠为卢龙节度使。乙巳，剑南西川节度使、检校左仆射、同平章事段文昌卒。庚申，以剑南东川节度使杨嗣复检校户部尚书，兼成都尹、西川节度使。乙丑，以岁饥，河北尤甚，赐魏博六州粟五万石，陈许、郓、曹濮三镇各赐糙米二万石。庚午，左丞庾敬休卒，废朝一日。诏曰："官至丞、郎，朕所亲委，不幸云亡者，宜为之废朝。自今丞、郎宜准诸司三品官例，罢朝一日。"夏四月丙子朔。丙戌，以桂管观察使李从易为广州刺史、岭南节度使。以镇海军节度使、浙西观察等使李德裕为太子宾客，分司东都。辛卯，以京兆尹贾餗为浙西观察使；以工部侍郎杨虞卿为京兆尹，仍赐金紫。以给事中韩佽为桂管观察使。丙申，以太子太师、门下侍郎、平章事路随为镇海军节度、浙西观察等使。戊戌，诏以新浙西观察使贾餗为中书侍郎、同中书门下平章事。庚子，诏银青光禄大夫、守太子宾客分司东都、上柱国、赞皇县开国伯、食邑七百户李德裕贬袁州长史。辛丑，大风，含元殿四鸱吻并皆落。坏金吾仗舍。废楼观城四十余所。壬寅，吏部侍郎沈传师卒。五月乙巳朔。丁未，以浙东观察使李绅为太子宾客，分司东都。乙卯，以给事中高铢为浙东观察使。戊午，以御史大夫温造为礼部尚书，以吏部侍郎李固言为御史大夫。辛酉，太和公主进马射女子七人、沙陀小儿二人。戊辰，以金吾大将军李玼为黔中观察使，以尚书右丞王璠为户部尚书、判度支。己巳，以户部尚书郑覃为秘书监。辛未，宰相王涯册拜司空。癸酉，以河中节度使王智兴为宣武军节度使，依前守太傅、兼侍中。

六月乙亥朔，西市火。以前宣武军节度使李程为河中节度使。庚寅夜，月掩岁。癸巳，以吏部尚书令狐楚为太常卿。丁酉，礼部尚书温造卒。京兆尹杨虞卿家人出妖言，下御史台。虞卿弟司封郎中汉公并男知进等八人挝登闻鼓称冤，敕虞卿归私第。己亥，以右神策大将军刘沔为泾原节度使。壬辰，诏以银青光禄大夫、守中书侍郎、同平章事、襄武县开国侯、食邑一千户李宗闵贬明州刺史，时杨虞卿坐妖言人归第，人皆以为冤诬，宗闵于上前极言论列，上怒，面数宗闵之罪，叱出之，故坐贬。秋七月甲申朔，贬京兆尹杨虞卿为虔州司马同正。丙午，以给事中李石权知京兆尹。戊申，填龙首池为鞠场，曲江修紫云楼。辛亥，诏以御史大夫李固言为门下侍郎、同平章事。壬子，再贬李宗闵为处州长史。癸丑，以司勋郎中、兼侍御史、知杂事舒元舆为御史中丞。贬吏部侍郎李汉为汾州刺史，刑部侍郎萧澣为遂州刺史。丁巳，诏不得度人为僧尼。戊午，贬工部侍郎、充皇太子侍读崔侑为洋州刺史，贬吏部郎中张讽虁州刺史，考功郎中、皇太子侍读苏涤忠州刺史，户部郎中杨敬之连州刺史。辛酉，以鄂岳观察使崔郾充浙西观察使，以国子祭酒高重为鄂岳观察使。壬戌，镇海军节度使路随卒。癸亥，贬侍御史李甘为封州司马，殿中侍御史苏特为潘州司户。甲子，以《周易》博士李训为兵部郎中、知制诰，依前充翰林侍讲学士。丁卯，天平军节度使庾承宣卒。以大理卿罗让为散骑常侍，以汝州刺史郭行余为大理卿。戊辰，以刑部尚书殷侑为天平军节度使，以吉州刺史裴泰为邕管经略使。八月甲戌朔，以户部侍郎李翱检校礼部尚书，充山南东道节度使，代王起；以起为兵部尚书，判户部事。丙子，又贬处州长史李宗闵为潮州司户。丁丑，以太仆卿郑注为工部尚书，充翰林侍讲学士。上幸左军龙首殿，因幸梨园，含元殿大合乐。戊寅，以秘书监郑覃为刑部尚书。贬翰林学士、守尚书户部侍郎、知制诰李珏为江州刺史，以鄜坊节度使史孝章为义成军节度使。甲申，以左神策军大将军赵儋为鄜坊节度使。甲午，贬中书舍人权璩为郑州刺史。丙申，内官杨承和于驩州安置，韦元素象州安置，王践言恩州安置，仰锢身递送。言李宗闵为吏部侍郎时，托驸马沈𬤊于宫人宋若宪处求宰相，承和、践言、元素居中导达故也。宗闵党杨虞卿、李汉、萧浣皆再贬。壬寅，贬中书舍人高元裕为阆州刺史。元裕以郑注除官制，说注医药之功，注衔之故也。以苏州刺史卢周仁为湖南观察使。九月癸卯朔，奸臣李训、郑注用事，不附己者，即时贬黜，朝廷悚震，人不自安。是日，下诏曰："朕承天之序，烛理未明，劳虑襟以求贤，励宽德以容众。顷者台辅乖弼谐之道，而具僚扇朋比之风，翕然相从，实斁彝宪。致使薰莸共器，贤不肖并驰，退迹者咸后时之夫，登门者有迎吠之客。缪戾之气，堙郁未平，而望阴阳顺时，疵疠不作，朝廷清肃，班列和安，自古及今，未尝有也。今既再申朝典，一变浇风，扫清朋附之徒，匡饬贞廉之俗，凡百卿士，惟新令猷。如闻周行之中，尚蓄疑惧，或有妄相指目，令不自安，今兹旷然，明喻朕意。应与宗闵、德裕或新或故及门生旧吏等，除今日已前放黜之外，一切不问。"辛亥，以太子宾客分司东都白居易为同州刺史，代杨汝士；以汝士为驾部侍郎。乙亥，以泾原节度使刘沔为振武麟胜节度使。丙辰，以权知御史中丞舒元舆为御史中丞，兼判刑部侍郎。庚申，以凤翔节度使李听为忠武军节度使。癸亥，令内养齐抱真将杖于青泥驿决杀前襄州监军陈弘志，以有弑逆之罪也。丁卯，以门下侍郎、同平章事李固言为兴元尹、山南西道节度使；以翰林侍讲学士、工部尚书郑注检校右仆射，充凤翔陇右节度使。戊辰，以右军中尉王守澄为左右神策观军容使，兼十二卫统军。己巳，诏以朝议郎、守御史中丞、兼刑部侍郎、赐紫金鱼袋舒元舆本官同中书门下平章事。朝议郎、守兵部郎中、知制诰、充翰林侍讲学士、赐绯鱼袋李训可守尚书礼部郎、同中书门下平章事，仍赐金紫。壬申，以刑部郎中、兼侍御史、知杂李孝本权知御史中丞。冬十月癸酉朔。乙亥，杜悰复为陈许节度使，李听为太子太保分司。内出曲江新造紫云楼彩霞亭额，左军中尉仇士良以百戏于银台门迎之。时郑注言秦中有灾，宜兴土功厌之，乃浚昆明、曲江二池。上好为诗，每诵杜甫《曲江行》云："江头宫殿锁千门，细柳新蒲为谁绿？"乃知天宝已前，曲江四岸皆有行宫台殿、百司廨署，思复升平故事，故为楼殿以壮之。王涯献榷茶之利，乃以涯为榷茶使。茶之有榷税，自涯始也。京兆、河南两畿旱。以吏部尚书令狐楚为左仆射，以刑部尚书郑覃为右仆射。辛巳，遣中使李好古赍醁赐王守澄，是日，守澄卒。壬午，赐群臣宴于曲江亭。癸未，以前广州节度使王茂元为泾原节度使。丁亥，礼部郎中钱可复、兵部员外郎李敬彝、驾部员外郎卢简能、主客员外郎萧杰、左拾遗卢茂弘等皆授凤翔使府判官，从郑注奏请也。乙未，以新受同州刺史白居易为太子少傅分司，以汝州刺史刘禹锡为同州刺史。己亥，以前河阳节度使萧洪为鄜坊节度使。淄青观察使王彦威请停管内县丞一十九员，从之。庚子，东都留守、特进、守司徒、侍中裴度进位中书令，余如故。以前山南西道节度使王源中为刑部尚书。十一月壬寅朔，乙巳，令内养冯叔良杀前徐州监军王守涓于中牟县。以左神策将军胡沐为容管经略使，以大理卿郭行余为邠宁节度使。丁未，鄜坊节度使赵儋卒。乙酉，左金吾卫大将军崔郛卒。癸丑，以左仆射令狐楚判太常卿事，右仆射郑覃判国子祭酒事。丁巳，以户部尚书、判度支王璠为太原尹、北都留守、河东节度使。戊午，以京兆尹李石为户部侍郎、判度支，以京兆少尹罗立言权知府事。己未，以太府卿韩约为左金吾卫大将军。壬戌，中尉仇士良率兵诛宰相王涯、贾𫗧、舒元舆、李训，新除太原节度王璠、郭行余、郑注、罗立言、李孝本，韩约等十余家，皆族诛。时李训、郑注谋诛内官，诈言金吾仗舍石榴树有甘露，请上观之。内官先至金吾仗，见幕下伏甲，遽扶帝辇入内，故训等败，流血涂地。京师大骇，旬日稍安。癸亥，诏以银青光禄大夫、尚书左仆射、上柱国、荥阳郡开国公郑覃以本官同中书门下平章事。乙丑，诏以朝议郎、守尚书户部侍郎、判度支李石可朝议大夫、本官同平章事。丁卯，以左神策大将军陈君奕为凤翔节度使。戊辰，以给事中李翊为御史中丞，左右军中尉仇士良、鱼志弘并兼上将军。十二月壬申朔，诸道盐铁转运榷茶使令狐楚奏榷茶不便于民，请停，从之。癸丑。太子太保张茂宗卒。甲子，敕左右省起居赍笔砚及纸于螭头下记言记事。丙子，以刑部尚书王源中为天平军节度使。丁丑，敕诸道府不得私置月日板。己卯，凤翔监军奏郑注判官钱可复等四人并处斩讫。庚辰，上御紫宸，谓宰相曰："坊市之间，人渐安未？"李石奏曰："人情虽安，然刑杀过多，致此阴沴。又闻郑注在凤翔招致兵募不少，今皆被刑戮，臣恐乘此生事，切宜原赦以安之。"上曰："然"郑覃又陈理道。上曰："我每思贞观、开元之时，观今日之事，往往愤气填膺耳。"癸未，仪仗使田全操巡边回，驰马入金光门，街市讹言相惊，纵横散走。赖金吾大将军陈君赏以其徒立望仙门下，至晚方定。丁亥，以权知京兆尹张仲方为华州防御使，以司农卿薛元赏权知京兆。左仆射令狐楚奏："方镇节度使等，具弩矟，带器仗，就尚书省兵部参辞，伏乞停罢。如须参谢，令具公服。"从之。时楚引训、注奸谋，用王璠、郭行余兵仗，遂云不宜以兵仗入省参辞，殊乖事体也。物议尤之。先是，宰相武元衡被害，宪宗出内库弓箭、陌刀赐左右街使，俟宰相入朝，以为翼从，及建福门退。至是亦停之。辛卯，置谏院印。

开成元年正月辛丑朔，帝常服御宣政殿受贺，遂宣诏大赦天下，改元开成。乙巳，御紫宸殿，宰臣李石奏曰："陛下改元御殿，人情大悦，全放京兆一年租赋，又停四节进奉，恩泽所该，实当要切。"帝曰："朕务行其实，不欲崇长空文。"石曰："赦书须内留一本，陛下时看之。又十道黜陟使发日，更付以公事根本，令向外与长吏详择施行，方尽利害之要。"丁未，以秘书监书缜为工部尚书。敕："杨承和、韦元素、王践言、崔潭峻顷遭诬陷，每用追伤，宜复官爵，听其归葬。"以银州刺史刘源为夏、绥、银、宥节度使。丙辰望，日有蚀之。二月辛未朔，以左散骑常侍罗让为江西观察使。乙亥夜四更，京师地震，屋瓦皆坠。丙申，左武卫大将军朱叔夜赐死于蓝田关。天德奏生退浑部落三千帐来投丰州。三月庚子朔。壬寅，以袁州长史李德裕为滁州刺史。庚申，幸龙首池，观内人赛雨，因赋《暮春喜雨诗》。昭义节度使刘从谏三上疏，问王涯罪之，内官仇士良闻之惕惧。是日，从谏遣焦楚长入奏，于客省进状，请面对。上召楚长慰谕遣之。夏四月庚午朔，以河南尹郑浣为左丞，以太子宾客分司东都李绅为河南尹。癸酉，以亳州刺史裴弘泰为义成军节度使，以谏议大夫李让夷兼权知起居舍人事。己卯，以潮州司户李宗闵为衡州司马，以江州刺史李珏为太子宾客分司。癸未，吏部侍郎李虞仲卒。辛卯，淄王协薨。甲午，诏以山南西道节度使、检校兵部尚书李固言为门下侍郎、同中书门下平章事；以左仆射、诸道盐铁转运使令狐楚检校左仆射，为山南西道节度使。丙申，李固言判户部事；李石判度支，兼诸道盐铁转运使。五月乙亥朔。癸卯，以翰林学士归融为御史中丞。丁未，以给事中郭承嘏为华州防御使。给事中卢载以承嘏公正守道，屡有封驳，不宜置之外郡，乃封还诏书。翊日，复以承嘏为给事中，乃以给事中卢钧代嘏守华州。乙卯，御紫宸，上谓宰臣曰："为政之道，自古所难。"李石对曰："朝廷法令行，则易。"丁巳，以尚书右丞郑肃为陕虢都防御观察使。前罢观察，复置之。以中书舍人唐扶为福建观察使。庚申，判国子祭酒宰臣郑覃奏："太学新置五经博士各一人，请依王府官例，赐以禄粟。"从之。丙寅，昭义奏开夷仪山路，通太原、晋州，从之。闰五月己巳朔。甲申，以河中节度使李程为左仆射、判太常卿事。乙酉，以太子太保分司李听为河中节度使。丙戌，乌集唐安寺，逾月方散。己丑，以神策大将军魏仲卿为朔方灵盐节度。湖南观察使卢周仁进羡余钱二万贯，杂物八万段；不受，还之，使贷贫下户征税。六月戊戌朔。癸亥，以河南尹李绅检校礼部尚书、汴州刺史，充宣武军节度使。秋七月戊辰朔，御史台奏："秘书省管新旧书五万六千四百七十六卷，长庆二年已前并无文案。大和五年已后，并不纳新书。今请创立簿籍，据阙添写卷数，逐月申台。"从之。辛未，以左金吾卫将军傅毅为鄜坊节度使。癸酉，宣武军节度使王智兴卒。辛卯，刑部尚书殷侑检校右仆射，充山南东道节度使。壬午，以滁州刺史李德裕为太子宾客。甲午，以金吾卫大将军陈君赏为平卢军节度使，代王彦威；以彦威为户部侍郎、判度支。丙申，湖南观察使卢周仁进羡余钱一十万贯，御史中丞归融弹其违制进奉，诏以周仁所进钱于河阴院收贮。八月戊戌朔。甲辰，诈称国舅人前鄜坊节度使萧洪宜长流驩州。戊申，以皇太后亲弟萧本为右赞善大夫。九月丁卯朔。庚辰，诏复故左降开州司马宋申锡正议大夫、尚书右丞、同平章事，仍以其子慎徽为城固尉。以饶州刺史马植为安南都护。辛巳，以寿州刺史高承恭为邕管经略使。辛卯，敕秘书省、集贤院应欠书四万五千二百六十一卷，配诸道缮写。冬十月丁酉朔。己酉，扬州江都七县水旱，损田。十一月丙寅朔。庚辰，浙西观察使崔郾卒。以太子宾客分司东都李德裕检校户部尚书，充浙西观察使。壬午，以兵部尚书、皇太子侍读王起兼判太常卿。甲申，以左仆射李程兼吏部尚书。忠武帅杜悰、天平帅王源中奏：当道常平义仓斛斗，除元额外，请别置十万石。十二月丙申朔，以京兆尹、兼御史大夫薛元赏为武宁节度、徐泗宿濠观察使，以户部侍郎、兼御史中丞归融为京兆尹，以给事中狄兼谟为御史中丞。己酉，岭南节度使李从易卒。庚戌，以华州刺史卢钧为广州刺史，充岭南节度使；以中书舍人崔龟从为华州防御使。辛亥，剑南东川节度使冯宿卒。壬子，太仆卿段伯伦卒。癸丑，以兵部侍郎杨汝士检校礼部尚书，充剑南东川节度使。己未，溆王纵薨。

二年春正月乙丑朔。丙寅，宣州观察使王质卒。乙亥，以吏部侍郎崔郸为宣歙观察使，以右丞郑浣为刑部尚书、判左丞事。庚寅，户部侍郎、判度支王彦威进所撰《供军图》，略序曰："至德、乾元之后，迄于贞元、元和之际，天下有观察者十，节度二十有九，防御者四，经略者三。掎角之师，犬牙相制，大都通邑，无不有兵，约计中外兵额至八十余万。长庆户口凡三百三十五万，而兵额又约九十九万，通计三户资奉一兵。今计天下租赋，一岁所入，总不过三千五百余万，而上供之数三之一焉。三分之中，二给衣赐，自留州留使兵士衣食之外，其余四十万众，仰给度支焉。"二月乙未朔。丙申，刑部侍郎郭承嘏卒。丙午夜，彗出东方，长七尺，在危初，西指。戊申，王彦威进所撰《唐典》七十卷，起武德，终永贞。庚戌，均王纬薨。辛酉夜，彗长丈余，直西行，稍南指，在虚九度半。壬戌夜，彗长二丈余，广三尺，在女九度，自是渐长阔。三月甲子朔，内出音声女妓四十八人，令归家。乙丑夜，彗星长五丈，歧分两尾，其一指氐，其一掩房。丙寅，罢曲江宴。是夜，彗长六丈，尾无歧，在亢七度。敕尚食使，自今每一日御食料分为十日，停内修造。戊辰夜，彗长八丈有余，西北行，东指，在张十四度。辛未，宣徽院《法曲》乐官放归。壬申，诏曰：

朕嗣丕构，对越上玄，虔恭寅畏，于今一纪。何尝不宵衣念道，昃食思贤，师周文之小心，慕《易·乾》之夕惕，惧德不类，贻列圣羞。将欲俗致和平，时无殃咎，然诚未格物，谪见于天，仰愧三灵，俯惭庶汇，思获攸济，浩无津涯。昔宋景发言，星因退舍；鲁僖纳谏，饥不害人。取鉴往贤，深惟自励。载轸在予之责，宜降恤幸之恩，式表殷忧，冀答昭诫。天下死罪降从流，流已下并释放，唯故杀人、官典犯赃、主掌钱谷贼盗，不在此限。诸州遭水旱处，并蠲租税。中外修造并停。五坊鹰隼悉解放。朕今素服避殿，彻乐减膳。近者内外臣僚，继贡章表，欲加徽号。夫道大为帝，朕膺此称，祗愧已多，矧钟星变之时，敢议名扬之美？非惩既往，且儆将来，中外臣僚，更不得上表奏请。表已在路，并宜速还。在朝群臣，方岳长吏，宜各上封事，极言得失，弼违纳诲，副我虚怀。"甲戌，以左仆射李程为山南东道节度使。壬午，以楚州刺史严誉为桂管观察使。甲申，以山南东道节度使殷侑为太子宾客分司。贞兴门外鹊巢于古冢。丁亥，邠宁节度使李用卒。戊子，以河南尹李珏为户部侍郎。己丑，以金吾大将军李直臣为邠宁节度使。壬辰，桂管观察使韩佽卒。以兵部侍郎裴潾为河南尹。夏四月甲午朔。戊戌，诏将仕郎、守尚书工部侍郎、知制诰，充翰林学士，兼皇太子侍读、上骑都尉、赐紫金鱼袋陈夷行可本官同中书门下平章事。丙子，以中书舍人敬昕为江西观察使。戊申，前江西观察使罗让卒。己酉，秘书监张仲方卒。丁卯，宰相李石奏定长定选格。庚申，太原节度史李载义卒。辛酉，诏置终南山神祠。蓬州复置蓬池、朗池二县。五月癸亥朔。乙丑，以东都留守裴度为太原尹、北都留守、河东节度使，依前守司徒、中书令。丙寅，户部侍郎李珏判本司事。以浙西观察使李德裕检校户部尚书，兼扬州大都督府长史，充淮南节度使。辛未，诏以前淮南节度使牛僧孺为检校司空、东都留守，以苏州刺史卢商为浙西观察使。壬申，上幸十六宅，与诸王宴乐。决十六宅宫市内官范文喜等三人，以供诸王食物不精故也。六月癸巳朔。丁酉，以成德军节度使王元逵为驸马都尉，尚寿安公主。己亥，以鸿胪卿李逵为天德军都防御使。庚子，吏部奏长定选格，请加置南曹郎中一人，别置印一面，以"新置南曹之印"为文，从之。丙午，河阳军乱，逐节度使李泳。戊申，以左金吾卫将军李执方为河阳三城怀州节度使。庚戌，以右金吾卫大将军崔珙为京兆尹。魏、博、泽、潞、淄、青、沧、德、兖、海、河南府等州并奏蝗害稼。郓州奏蝗得雨自死。丁亥，以御史中丞狄兼谟为刑部侍郎，以前京兆尹归融为秘书监，以给事中李翊为湖南观察使。秋七月壬戌朔。乙亥，以久旱徙市，闭坊门。甲申，以太府卿张贾为兖海观察使。诏除河北三镇外，诸州府不得以试衔奏官。郓州奏："当州先废天平、平阴两县，请复置平阴县，以制盗贼。"从之。乙酉，以蝗旱，诏遣司疏决系囚。己丑，遣使下诸道巡覆蝗虫。是日，京畿雨，群臣表贺。外州李绅奏蝗虫入境，不食田苗，诏书褒美，仍刻石于相国寺。八月壬辰朔。丁酉，彗出虚、危之间。振武奏突厥入寇营田。庚戌，诏昭仪王氏册为德妃，昭容杨氏册为贤妃。又诏："敬宗皇帝第二子休复、第三子执中、第四子言扬、第六子成美等，宜开列土之封，用申睦族之典。休复可封梁王，执中可封襄王，言扬可封纪王，成美可封陈王。皇第二男宗俭可封蒋王。"乙丑，房州刺史卢行简坐赃杖杀。己巳，以前湖南观察使卢行术为陕虢观察使。甲申，诏曰："庆成节朕之生辰，天下锡宴，庶同欢泰。不欲屠宰，用表好生，非

是信尚空门，将希无妄之福。恐中外臣庶不谕朕怀，广置斋筵，大集僧众，非独凋耗物力，兼恐致惑生灵。自今宴会蔬食，任陈脯醢，永为常例。"又敕："庆成节宜令京兆尹准上巳、重阳例，于曲江会文武百僚。延英奉觞宜权停。"戊子，以尚书户部侍郎、判度支王彦威为卫尉卿，分司东都。冬十月辛卯朔，诏改天后所撰《三教珠英》为《海内珠英》。戊戌，诏嘉王运、循王遹、通王谌并可光禄大夫、检校司空，赐勋上柱国，仍依百官例给料钱。安王溶、颍王瀍并给料钱。庚子，庆成节，赐群臣宴于曲江，上幸十六宅，与诸王宴乐。癸卯，宰臣判国子祭酒郑覃进《石壁九经》一百六十卷。时上好文，郑覃以经义启导，稍折文章之士，遂奏置五经博士，依后汉蔡伯喈刊碑列于太学，创立《石壁九经》，诸儒校正讹谬。上又令翰林勒字官唐玄度复校字体，又乖师法，故石经立后数十年，名儒皆不窥之，以为芜累甚矣。戊申，以门下侍郎、同平章事李固言为剑南西川节度使，依前同门下侍郎、平章事。甲寅，敕盐铁、户部、度支三使下监院官，皆郎官、御史为之。使虽更改，院官不得移替，如显有旷败，即具事以闻。己未，以前西川节度使杨嗣复为户部尚书，充诸道盐铁转运使。十一月辛酉朔。壬戌，以太子宾客分司东都殷侑为忠武军节度使。癸亥，狂病人刘德广突入含元殿，付京兆府杖杀。乙丑，京师地震。丁丑，兴元节度使令狐楚卒。丁亥，以刑部尚书郑浣为山南西道节度使。己丑，契丹朝贡。十二月庚寅朔。丙申，阁内对左右史裴素等。上自开成初复故事，每入阁，左右史执笔立于螭头之下，君臣论奏，得以备书，故开成政事最详于近代。壬寅，以前忠武军节度使杜悰为工部尚书、判度支。时悰既除官，久未谢恩，户部侍郎李珏奏杜悰为岐阳公主服假内。珏因言："比来驸马为公主行服三年，所以士族之家不愿为国戚者以此。"帝大骇其奏，即日诏曰："制服轻重，必资典礼，如闻往者驸马为公主行服三年，缘情之义，殊非故实，违经之制，今乃闻知。宜行期周，永为定制。"

三年春正月庚申朔。甲子，宰臣李石遇盗于亲仁里，中剑，断其马尾，又中流矢，不甚伤。是时，京城大恐，捕盗不获，既而知仇士良所为。乙丑，常参官入朝者九人而已，余皆潜窜，累日方安。丁卯，诏故齐王凑赠怀懿太子。戊申，以诸道盐铁转运使、正议大夫、守户部尚书、上柱国、宏农郡开国伯、食邑七百户、赐紫金鱼袋杨嗣复可本官同中书门下平章事，朝议郎、户部侍郎、判户部事、上柱国、赐紫金鱼袋李珏可本官同中书门下平章事，依前判户部事。丙子，以中书侍郎、同中书门下平章事李石为荆南节度使，依前中书侍郎、平章事。丁丑，以前荆南节度使韦长为河南尹。癸未，诏去秋蝗虫害稼处放逋赋，仍以本处常平仓赈贷。是日大雪。二月己丑朔。乙未，上谓宰臣曰："李宗闵在外数年，可别与一官。"郑覃、陈夷行曰："宗闵养成郑注，几覆朝廷，其奸邪甚于李林甫。"杨嗣复、李珏奏："大和末，宗闵、德裕同时得罪，二年之间，德裕再量移为淮南节度使，而宗闵尚在贬所。凡事贵得中，不可但徇私情。"上曰："与一郡可也。"丁酉，以衡州司马李宗闵为杭州刺史。庚子，吏部奏："去年所修

长定选格，或乖往例，颇不便人，不可久行，请却用旧格。"从之。乙巳，诏仆射、尚书、侍郎、左右丞、大卿监每遇坐日，宜令两人循次进对。丁未，以同州刺史孙简为陕虢观察使，代卢行术；以术为福王傅，分司东都。乙酉，礼部尚书许康佐卒。辛亥，左丞卢载为同州防御使。

三月己未朔。庚午，封故陈王第十九男俨为宣城郡王，故襄王第三男寀为乐平郡王。夏四月戊子朔。己丑，礼部尚书致仕徐晦卒。辛卯，户部侍郎崔龟从判本司事。诏曰："户部侍郎两员，今后先授上者，宜令判本司钱谷；如带平章事，判盐铁度支，兼中丞学士不在此限。"壬辰，以给事中裴衮为华州防御使。己酉，改《法曲》为《仙韶曲》，仍以伶官所处为仙韶院。兵部侍郎裴潾卒。癸丑，屯田郎中李衢、沔王府长史林赞等进所修《皇唐玉牒》一百五十卷。五月丁巳朔，敕礼部：贡院进士、举人，又限放三十人及第。辛酉，诏：前江西观察使吴士规坐赃，长流端州。庚午，月犯天心大星。癸未，以吏部侍郎高锴为鄂岳观察使，代高重；以重为兵部侍郎。六月丁未朔。辛酉，出宫人四百八十，送两街寺观安置。废晋州平阳院矾官，并归州县。癸丑，上御紫宸，对宰臣曰："币轻钱重如何？"杨嗣复曰："此事已久，不可遽变其法，法变则扰人。但禁铜器，斯得其要。"秋七月丙辰朔。壬戌，陈许节度使殷侑卒。甲子，以卫尉卿王彦威检校礼部尚书，充忠武军节度使；以右金吾卫大将军史孝章为邠宁节度使。戊辰，西川节度使李固言再上表，让门下侍郎及检校右仆射。八月丙戌朔。甲午，山南东道诸州大水，田稼漂尽。丁酉，诏："大河而南，幅员千里，楚泽之北，连亘数州。以水潦暴至，堤防溃溢，既坏庐舍，复损田苗。言念黎元，罹此灾沴，或生业荡尽，农功索然，困馁雕残，岂能自济。宜令给事中卢弘宣往陈许、郑滑、曹濮等道宣慰，刑部郎中崔璪往山南东道、鄂岳、蕲黄道宣慰。"己亥，嘉王运薨。魏博六州蝗食秋苗并尽。九月丙辰朔。辛酉，荆南李石让中书侍郎，乃改授检校兵部尚书。壬戌，上以皇太子慢游败度，欲废之，中丞狄兼谟垂涕切谏。是夜，移太子于少阳院，杀太子宫人左右数十人。戊辰，诏梁王等五人，先于北内，可却归十六宅。辛未，易定节度使张璠卒。壬申，以易州刺史李仲迁为定州刺史，充义武军节度使。戊寅，以东都留守牛僧孺为左仆射。辛巳，诏皇太子侍读窦宗直隔日入少阳院。冬十月乙酉朔，以尚书左丞崔璪检校户部尚书，充东都留守。易定军乱，不纳新使李仲迁，立张璠子元益为留后。己丑，以少府监张沼为黔中观察使。壬辰，以右金吾卫将军高霞寓为夏、绥、银、宥节度使。癸巳，以中书舍人李景让为华州防御使。甲午，庆成节，命中人以酒醢、《仙韶乐》赐群臣宴于曲江亭。丁酉，夏州节度使刘源卒。庚子，皇太子薨于少阳院，谥曰庄恪。乙巳，以左金吾将军郭旼为邠、宁、庆节度使。是夜，彗起于轸，其长三丈，东西指。己酉，前邠宁节度使史孝章卒。十一月乙卯朔，是夜，慧孛东西竟天。壬戌，诏曰："上天盖高，感应必由乎人事；寰宇虽广，理乱尽系于君心。从古已来，必然之义。朕嗣膺宝位，十有三年，常克己以恭虔，每推诚于众庶。将以导迎休应，渐致辑熙，期

克荷于宗祧，思保宁于华夏。而德有所未至，信有所未孚。灾气上腾，天文谪见，再周期月，重扰星躔。当求衣之时，睹垂象之变，兢惧惕厉，若蹈泉谷。是用举成汤之六事，念宋景之一言，详求谴告之端，采听销儆之术。必有精理，蕴于众情，冀屈法以安人，爰恤刑而原下。应京城诸道见系囚，自十二月八日已前，死罪降流，已下递减一等，十恶大逆、杀人劫盗、官典犯赃不在此限。今年遭水蝗虫处，并宜存抚赈给。"以沧州节度使李彦佐为郓、曹、濮节度使，以德州刺史、沧景节度副使刘约为义昌军节度使。癸亥，以宋州刺史唐弘实为邕管经略使。乙丑，天平军节度使王源中卒。庚午，以翰林学士丁居晦为御史中丞。壬申，以蔡州刺史韩威为定州刺史、义武军节度、北平军等使。十二月乙酉朔。辛丑，诏以河东节度使、开府仪同三司、守司徒、兼中书令、太原尹、北都留守、上柱国、晋国公、食邑三千户裴度可守司徒、中书令。以兵部侍郎狄兼谟为河东节度使。丙午，守太子太师、尚书右仆射、门下侍郎、国子祭酒、同平章事郑覃罢太子太师，仍三五日入中书。日本国贡珍珠绢。

四年春正月甲寅朔。丁巳，荧惑太白辰聚于南斗。丁卯夜，于咸泰殿观灯作乐，三宫太后诸公主等毕会。上性节俭，延安公主衣裾宽大，即令斥归，驸马窦浣待罪。诏曰："公主入参，衣服逾制，从夫之义，过有所归。浣宜夺两月俸钱。"闰月甲寅朔，以吏部侍郎郑肃检校礼部尚书、河中晋绛慈隰等州节度使，以苏州刺史李道枢为浙东观察使，以谏议大夫高元裕为御史中丞。丙申，以前河中节度使李听为太子太保。己亥，裴度自太原至，上令中人就第问疾。辛丑，以司农卿李珏为福建观察使，谏官论其不可，乃罢之。丙午，以大理卿卢贞为福建观察使。丁未，兴元节度使郑浣卒。戊申，阁婆国朝贡。二月癸酉朔。辛酉，以吏部侍郎归融检校礼部尚书，充山南西道节度使。丙寅，寒食节，上御通化门以观游人。戊辰，幸勤政楼观角抵、蹴鞠。三月癸未朔。乙酉，赐群臣上巳宴于曲江。是夜，月掩东井第三星。丙申，司徒、中书令裴度卒。癸酉，浙东观察使李道枢卒。以户部侍郎崔龟从为宣歙观察使，代崔郸；以郸为太常卿。以楚州刺史萧俶为浙东观察使。夏四月壬子朔，以右羽林统军李昌言为鄜坊节度使。壬戌，有獐出太庙。五月辛丑朔。丁亥，阁内上谓宰臣曰："新修《开元政要》如何？"杨嗣复曰："臣等未见。陛下欲以此书传示子孙，则宣付臣等，参定可否。缘开元政事与贞观不同，玄宗或好畋游，或好声色，选贤任能，未得尽美。撰述示后，所贵作程，岂容易哉！"丙申，郑覃、陈夷行罢知政事，覃守左仆射，夷行为吏部侍郎。丙午，邠宁节度使郭旼卒。天平、魏博、易定等管内蝗食秋稼。六月辛亥朔，以长武城使荷澈为邠宁节度使。庚申，上幸十六宅安王、颍王院宴乐，赐与颇厚。戊辰，以久旱，分命祠祷，每忧动于色。宰相等奏曰："水旱时数使然，乞不过劳圣虑。"上改容言曰："朕为人主，无德及天下，致兹灾旱，又谪见于天。若三日不雨，当退归南内，更选贤明以主天下。"宰臣呜咽流涕，各请策免。是夜，大雨沾霈。丁丑，襄阳山竹结实，其米可食。秋七

卷十八上　　本纪第十八上

武　宗

月庚辰朔，西蜀水，害稼。乙未夜，月犯荧惑。壬寅，以河南尹韦长为平卢军节度使，以刑部侍郎高锴为河南尹。甲辰，以大中大夫、守太常卿、上柱国、赐紫金鱼袋崔郸可本官同中书门下平章事。沧景、淄青大水。八月庚戌朔，以给事中姚合为陕虢观察使。辛亥，鄜王憬薨。丙辰，邢州废青山县，磁州移昭义县于固镇驿。癸亥，以左仆射牛僧孺检校司空、同平章事，兼襄州刺史，充山南东道节度使。辛未夜，流星出羽林，尾长八十余尺，灭后有声如雷。壬申，镇、冀四州蝗食稼，至于野草树叶皆尽。九月己卯朔。辛卯，以剑南东川节度杨汝士为吏部侍郎。丁酉夜，月掩东井第三星。辛丑，以吏部侍郎陈夷行为华州镇国军防御使，以苏州刺史李颖为江西观察使，以谏议大夫冯定为桂管观察使。甲辰，以京兆尹郑复为剑南东川节度使。丙午，以前江西观察使敬昕为京兆尹。冬十月己酉朔。戊午，庆成节，赐群臣宴于曲江亭。辛酉夜，星入斗魁。前桂管观察使严謩卒。丙寅，制以敬宗第六男陈王成美为皇太子。丁丑，太子太保李听卒。十一月己卯朔。壬申，前福建观察使唐扶卒。己亥，曲赦京城系囚。十二月己酉朔。癸丑，贬光禄卿、驸马都尉韦让为澧州长史。乙卯，乾陵火。以杭州刺史李宗闵为太子宾客，分司东都。辛酉，上不康，百僚赴延英起居。乙亥，宰臣入谒，见上于太和殿。是岁，户部计见管户四百九十九万六千七百五十二。

五年春正月戊寅朔，上不康，不受朝贺。己卯，诏立亲弟颍王瀍为皇太弟，权勾当军国事。皇太子成美复为陈王。辛巳，上崩于大明宫之太和殿，寿享三十三。群臣谥曰元圣昭献皇帝，庙号文宗。其年八月十七日，葬于章陵。

史臣曰：昭献皇帝恭俭儒雅，出于自然，承父兄奢弊之余，当阉寺挠权之际，而能以治易乱，代危为安。大和之初，可谓明矣。初，帝在藩时，喜读《贞观政要》，每见太宗孜孜政道，有意于兹。洎即位之后，每延英对宰臣，率漏下十一刻。故事，天子只日视事，帝谓宰辅曰：“朕欲与卿等每日相见，其辍朝、放朝，用双日可也。”时宪宗郭后居兴庆宫，曰太皇太后，敬宗母宝历太后及上母萧太后，时呼“三宫太后”。帝性仁孝，三宫问安，其情如一。尝内园进樱桃，所司启曰：“别赐三宫太后。”帝曰：“太后宫送物，焉得为赐。”遽取笔改赐为奉。宗正寺以祭器朽败，请易之，及有司呈进，命陈于别殿，具冠带面阅之，容色凄然。尤勤于政理，凡选内外群官，宰府进名，帝必面讯其行能，然后补除。中书用鸿胪卿张贾为衢州刺史，贾好博，朝辞日，帝谓之曰：“闻卿善长行。”对曰：“政事之余，聊与宾客为戏，非有所妨。”帝曰：“岂有好之而无妨也！”内外闻之悚然。而帝以累世变起禁闱，尤侧目于中官，欲尽除之。然训、注狂狡之流，制御无术，矢谋既误，几致颠危。所谓“有帝王之道，而无帝王之才”，虽旰食焦忧，不能弭患，惜哉！

赞曰：昭献统天，洪惟令德。心愤仇耻，志除凶愿。未殄夔魖，又生鬼蜮。天未好治，乱何由息。

武宗至道昭肃孝皇帝讳炎，穆宗第五子，母曰宣懿皇后韦氏。元和九年六月十二日生于东宫。长庆元年三月，封颍王，本名瀍。开成中加开府仪同三司、检校吏部尚书，依百官例，逐月给俸料。初，文宗追悔庄恪太子殂不由道，乃以敬宗子陈王成美为皇太子，开成四年冬十月宣制，未遑册礼。五年正月二日，文宗暴疾，宰相李珏、知枢密刘弘逸奉密旨，以皇太子监国。两军中尉仇士良、鱼弘志矫诏迎颍王于十六宅，曰：“朕自婴疾疹，有加无瘳，惧不能躬总万机，日厘庶政。稽于谟训，谋及大臣，用建亲贤，以贰神器。亲弟颍王瀍昔在藩邸，与朕常同师训，动成仪矩，性禀宽仁。俾奉昌图，必谐人欲。可立为皇太弟，应军国政事，便令权勾当。百辟卿士，中外庶臣，宜竭乃心，辅成予志。陈王成美先立为皇太子，以其年尚冲幼，未渐师资，比日重难，不遑册命，回践朱邸，式协至公，可复封陈王。”是夜，士良统兵士于十六宅迎太弟赴少阳院，百官谒见于东宫思贤殿。三日，仇士良收捕仙韶院副使尉迟璋杀之，屠其家。四日，文宗崩，宣遗诏：皇太弟宜于柩前即皇帝位，宰相杨嗣复摄冢宰。十四日，受册于正殿，时年二十七。陈王成美、安王溶殂于邸第。初，杨贤妃有宠于文宗，而庄恪太子母王妃失宠怨望，为杨妃所谮，王妃死，太子废。及开成末年，帝多疾无嗣，贤妃请以安王溶嗣，帝谋于宰臣李珏，珏非之，乃立陈王。至是，仇士良立武宗，欲归功于己，乃发安王旧事，故二王与贤妃皆死。二月，制穆宗妃韦氏追谥宣懿皇太后，帝之母也。上御正殿，降德音，以开府、右军中尉仇士良封楚国公，左军中尉鱼弘志为韩国公，太常卿崔郸、户部尚书判度支崔珙并本官同中书门下平章事。敕二月十五日玄元皇帝降生日宜为降圣节，休假一日。三月，诏宫人刘氏、王氏并为妃。敕朔望入阁对刑法官，是日非便，宜停。五月，中书奏：六月十二日，皇帝载诞之辰，请以其日为庆阳节。祔宣懿太后于太庙。初，武宗欲启穆宗陵祔葬，中书门下奏曰：“园陵已安，神道贵静。光陵二十余载，福陵则近又修崇。窃惟孝思，足彰严宗。今若再回合祔，须启二陵，或虑圣灵不安，未合先旨。又以阴阳避忌，亦有所疑。不移福陵，实协典礼。”乃止。就旧坟增筑，名曰福陵。又奏：“准今年二月八日赦文，应京诸司勒留官，令本处克留手力杂给与摄官者。臣等检详，诸省正官料钱绝少，杂给手力即多，今正官勒留，亦管公事，料钱少于杂给，刻下事未得中。臣等商量，其正官料钱杂给等钱，望每贯割留二百文与摄官，余并如旧。”从之。秋七月，制检校礼部尚书、华州刺史陈夷行复为中书侍郎、同平章事。八月十七日，葬文宗皇帝于章陵。知枢密刘弘逸、薛季稜率禁军护灵驾至陵所，二人素为文宗奖遇，仇士良恶之，心不自安，因是掌兵，欲倒戈诛士良、弘志。卤簿使兵部尚书王起、山陵使崔棱觉其谋，先谕卤簿诸军。是日弘逸、季棱伏诛。门下侍郎、同平章事杨嗣复检校吏部尚书、潭州刺史，充湖南都团练观察使；中书侍郎、同平章事李珏检校兵部尚书、桂州刺史，充桂管防御观察等使；御史中丞裴夷直为杭州刺史：皆坐弘逸、季棱党也。易定军乱，逐节度使陈君赏。君赏鸠合豪杰数百人，复入城，尽诛谋乱兵士，军城复安。九月，以淮南节度使、检校尚书左仆射李德裕为吏部尚书、同中书门下平章事，寻兼门下侍郎；以宣武军节度使、检校吏部尚书、汴州刺史李绅代德裕镇淮南。帝在藩时，颇好道术修摄之事，是秋，召道士赵归真等八十一人入禁中，于三殿修金箓道场。帝幸三殿，于九天坛亲受法箓。右拾遗王哲上疏，言王业之初，不宜崇信过当，疏奏不省。十一月，盐铁转运使奏江淮已南请复税茶，从之。魏博节度使何进滔卒，三军推其子重霸知留后事。

会昌元年正月壬寅朔。庚戌，有事于郊庙，礼毕，御丹凤楼，大赦，改元。二月壬寅，以淮南节度使、检校吏部尚书李绅为中书侍郎、同平章事。中书奏："南宫六曹皆有职分，各责官业，即事不因循。近者户部度支多是诸军奏请，本司郎吏束手闲居。今后请祗令本行分判，委中书门下简择公干才器相当者转授。"从之。车驾幸昆明池。赐仇士良纪功碑，诏右仆射李程为其文。三月，贬湖南观察使杨嗣复潮州司马，桂管观察使李珏端州司马，杭州刺史裴夷直驩州司户。宰臣李德裕进位司空。三月壬申，宰相李德裕、陈夷行、崔珙、李绅等奏："宪宗皇帝有恢复中兴之功，请为百代不迁之庙。"帝曰："所论至当。"续议之，事竟不行。赠故中书令、晋国公裴度太师。山南东道蝗害稼。造灵符应圣院于龙首池。四月辛丑，敕："《宪宗实录》旧本未备，宜令史官重修进内。其旧本不得注破，候新撰成同进。"时李德裕先请不迁宪宗庙，为议者沮之，复恐或书其父不善之事，故复请改撰实录，朝野非之。五月辛未，中书门下奏："据《六典》，隋置谏议大夫七人，从四品上。大历二年，门下侍郎为正三品，两省遂阙四品。建官之道，有所未周。诗云'衮职有阙，仲山甫补之'。周、汉大臣，愿入禁闼，补过拾遗。张衡为侍郎，常居帷幄，从容讽谏。此皆大臣之任，故其秩峻，其任重，则敬其官而行其道。况塞谭之地，宜老成之人，秩未优崇，则难用耆德。其谏议大夫望依隋氏旧制，升为从四品，分为左右，以备两省四品之阙。向后与丞郎出入选用，以重其选。又御史中丞为大夫之贰，缘大夫秩崇，官不常置，中丞为宪台之长。今寺监、少卿、少监、司业、少尹并为寺署之贰，皆为四品。中丞官名至重，见秩未崇，望升为从四品。"从之。六月，有秃鹙鸟集于禁苑。庚子夜五更，小流星五十余旁午流散。制以魏博兵马留后何重霸检校工部尚书、魏州大都督府长史，充天雄军节度使，仍赐名重顺。中书奏请依姚珽故事，宰相每月修时政记送史馆，从之。以衡山道士刘玄靖为银青光禄大夫，充崇玄馆学士，赐号广成先生，令与道士赵归真于禁中修法

箓。左补阙刘彦谟上疏切谏，贬彦谟为河南府户曹。敕："自前中外上封论事，有所纠举，则请留中。今后并云'请付御史台'，不得云'留中不下'。如事关军国，理须宥密，不在此限。如台司勘当后，若得事实，必奖奉公。苟涉加诬，必当反问。告示中外，明知此意。"七月已巳，北方有流星，经天良久。关东大蝗伤稼。襄、郧、江左大水。彗复出室壁之间。八月，回鹘乌介可汗遣使告难，言本国为黠戛斯所攻，故可汗死，今部人推为可汗。缘本国破散，今奉太和公主南投大国。时乌介至塞上，大首领嗢没斯与赤心宰相相攻，杀赤心，率其部下数千骑近西城。天德防御使旦牟以闻。乌介又令其相颉干迦斯上表，借天德城以安公主，仍乞粮储牛羊供给。诏金吾大将军王会、宗正少卿李师偃往其牙宣慰，令放公主入朝，赈粟二万石。九月，幽州军乱，逐其帅史元忠，推牙将陈行泰为留后。三军上章请符节，朝旨未许。十月，幽州雄武军使张绛遣军吏吴仲舒入朝，言行泰惨虐，不可处将帅之任，请以镇军加讨，许之。十月，诛行泰，遂以绛知兵马使。车驾校猎咸阳。十一月丁酉朔。壬寅夜，大星东北流，其光烛地，有声如雷，山崩石隐。其彗起于室，凡五十六日而灭。太和公主遣使入朝，言乌介自称可汗，乞行策命，缘初至漠南，乞降使宣慰，从之。十二月，中书门下奏修实录体例："旧录有载禁中之言。伏以君上与宰臣、公卿言事，皆须众所闻见，方可书于史册。且禁中之语，在外何知，或得之传闻，多涉于浮妄，便形史笔，实累鸿猷。今后实录中如有此色，并请刊削。又宰臣与公卿论事，行与不行，须有明据。或奏请允惬，必见褒称；或所论乖僻，因有惩责。在藩镇上表，必有批答，居要官启事者，自有著明，并须昭然在人耳目。或取舍存于堂案，或与夺形于诏敕，前代史书所载奏议，罔不由此。近见实录多载密疏，言不彰于朝听，事不显于当时，得自其家，未足为信。今后实录所载章奏，并须朝廷共知者，方得纪述，密疏并请不载。如此则理必可法，人皆向公，爱憎之志不行，褒贬之言必信。"从之。李德裕奏改修《宪宗实录》所载吉甫不善之迹，郑亚希旨削之。德裕更此条奏，以掩其迹。搢绅谤议，武宗颇知之。

二年春正月丙申朔，以抚王纮为开府仪同三司、幽州大都督府长史，充幽州卢龙节度大使。以雄武军使张绛检校左散骑常侍，兼幽州左司马，知两使留后，仍赐名仲武。中书奏百官就九宫坛本大祠，请降为中祠。宰相崔珙、陈夷行奏定左右仆射上事仪注。二月丙寅，中书奏："准元和七年敕，河东、凤翔、鄜坊、邠宁等道州县官，令户部加给课料钱岁六万二千五百贯。吏部出得平留官数百员，时以为当。自后户部支给零碎不时，观察使乃别将破用，徒有加给，不及官人，所以选人惮远，不乐注受。伏望令部都与实物，及时支遣。诸道委观察判官知给受，专判此案，随月支给，年终计帐申户部。又赴选官人多京债，到任填还，致其贪求，罔不由此。今年三铨，于前件州府得官者，许连状相保，户部各借两月加给料钱，至支时折下。所冀初官到任，不带息债，衣食稍足，可责清廉。"从之。太子太师致仕萧俛卒。牂柯、南诏蛮遣使入朝。三月，遣

使册回纥乌介可汗。以振武麟胜节度使、银青光禄大夫、检校尚书右仆射、单于大都护、兼御史大夫、彭城郡开国公、食邑二千户刘沔可检校右仆射,兼太原尹、北京留守,充河东节度、管内观察处置等使,代苻澈。时回纥在天德,命沔以太原之师讨之。四月乙丑朔,光禄大夫、守司空、兼门下侍郎、平章事李德裕,银青光禄大夫、守右仆射、门下侍郎、平章事崔珙,银青光禄大夫、中书侍郎、同平章事李绅,金紫光禄大夫、检校司徒、兼太子太保牛僧孺等上章,请加尊号曰仁圣文武至神大孝皇帝。戊寅,御宣政殿受册。是月九日雨,至十四日转甚,乃改用二十三日。时有纤人告中尉仇士良,言宰相作赦书,欲减削禁军衣粮马草料。士良怒曰:"必若有此,军人须至楼前作闹。"宰相李德裕等知之,请开延英诉其事。帝曰:"奸人之词也。"召两军中尉谕之曰:"赦书出自朕意,不由宰相,况未施行,公等安得此言?"士良惶恐谢之。是日晴霁。中书奏:"元日御含元殿,百官就列,唯宰相及两省官皆未开扇前立于栏槛之内,及扇开,便侍立于御前。三朝大庆,万邦称贺,唯宰相侍臣同介胄武夫,竟不拜至尊而退,酌于礼意,事未得中。臣等请御殿日昧爽,宰相、两省官斗班于香案前,俟扇开,通事赞两省官再拜,拜讫,升殿侍立。"从之。天德奏,回纥族帐侵扰部内。敕:"劝课种桑,比有敕命,如能增数,每岁申闻。比知并无遵行,恣加翦伐,列于鄽市,卖作薪蒸。自今州县所由,切宜禁断。"五月,敕庆阳节百官率醵外,别赐钱三百贯,以备素食合宴,仍令京兆府供帐,不用追集坊市乐人。天德军使田牟奏:回纥大将嗢没斯与多览将军将吏二千六百人请降,遣中人赍诏慰劳。宰相李德裕兼守司徒。太子太师致仕郑覃卒。六月甲子朔,火星犯木。丙寅,太白犯东井。回纥降将嗢没斯将吏二千六百余人至京师。制以嗢没斯检校工部尚书,充归义军使,封怀化郡王,仍赐姓名曰李思忠;以回纥宰相爱邪勿为归义军副使、检校右散骑常侍,赐姓名曰李弘顺。七月,岚州人田满川据郡叛,刘沔诛之。八月,回纥乌介可汗过天德,至榆头烽北,俘掠云、朔北川,诏刘沔出师守雁门诸关。回纥首领赋武降幽州,授左武卫将军同正。诏以回纥犯边,渐侵内地,或攻或守,于理何安?令少师牛僧孺、陈夷行与公卿集议可否以闻。僧孺曰:"今百僚议状,以固守关防,伺其可击则用兵。"宰相李德裕议:"以回纥所恃者嗢没、赤心耳,今已离叛,其强弱之势可见。戎人犷悍,不顾成败,以失二将,乘忿入侵,出师急击,破之必矣。守险示弱,虏无由退。击之为便。"天子以为然。乃征发许、蔡、汴、滑等六镇之师,以太原节度使刘沔为回纥南面招讨使;以张仲武为幽州卢龙节度使、检校工部尚书,封兰陵郡王,充回纥东面招讨使;以李思忠为河西党项都将,回纥西南面招讨使:皆会军于太原。制以皇子岘为益王,岐为兖王,皇长女为昌乐公主,第二女为寿春公主,第三女永宁公主。上御麟德殿,见室韦首领督热等十五人。太原奏回纥移帐近南四十里,索叛将嗢没斯,昨至横水俘虏,兼公主上表言食尽,乞赐牛羊事。赐乌介诏曰:

朕自临寰区,为人父母,唯以好生为德,不愿黩武为名。故自彼国不幸为黠戛斯所破,来投边境,已历岁年,抚纳之间,无所不至。初则念其饥歉,给以粮储;旋则知其破伤,尽还马价。前后遣使劳问,交驰道途。小小侵扰,亦尽不计。今可汗尚此近塞,未议还蕃。朝廷大臣,四方节镇,皆怀疑忿,尽请兴师,虽朕切务含弘,亦所未谕。一昨数使回来。皆言可汗只待马价,及令付之次,又闻所止屡迁,或侵掠云、朔等州,或劫夺羌、浑诸部,未知此意,终欲如何?若以未交马价,须近塞垣,行止之间,亦宜先告边将。岂有倏来忽往,迁徙不常。虽云随逐水草,动皆逼近城栅。遥揣深意,似恃姻好之情;每睹踪由,实为驰突之计。况到横水栅下,杀戮至多。蕃、浑牛羊,岂合驰掠;黎庶何罪,皆被伤夷。所以中朝大臣皆云:"回纥近塞,已是违盟;更戮边人,实背大义。"咸愿因此翦逐,以雪殂谢之冤。然朕志在怀柔,情深屈己,宁可汗之负德,终未忍于幸灾。石戒直久在京城,备知人实愤懑,发于诚恳,固请自行。嘉其深见事机,不能违阻。可汗审自问遂,速择良图,无至不悛,以贻后悔。

诏太原起室韦沙陀三部落、吐浑诸部,委石雄为前锋。易定兵千人守大同军,契苾通、何清朝领沙陀、吐浑六千骑趋天德,李思忠率回纥、党项之师屯保大栅。十月,吐蕃赞普卒,遣使论普热为朝告哀,诏将作少监李璟入蕃吊祭。帝幸泾阳,校猎白鹿原。谏议大夫高少逸、郑朗等于阁内论:"陛下校猎太频,出城稍远,万机废驰,星出夜归,方今用兵,且宜停止。"上优劳之。谏官出,谓宰相曰:"谏官甚要,朕时闻其言,庶几减过。"

三年春正月,以宿师于野,罢元会。敕新授银州刺史、本州押蕃落、银川监牧使何清朝可检校太子宾客、左龙武大将军,令分领沙陀、吐浑、党项之众赴振武,取刘沔处分。二月,先诏百官之家不得于京城置私庙者,其皇城南向六坊不得置,其闲僻坊曲即许依旧置。太原刘沔奏:"昨率诸道之师至大同军,遣石雄袭回鹘牙帐,雄大败回鹘于杀胡山,乌介可汗被创而走。已迎得太和公主至云州。"是日,御宣政殿,百僚称贺。制曰:

夫天之所废,难施继绝之恩;人之所弃,当用侮亡之道。朕每思前训,岂忘格言。回鹘比者自恃兵强,久为桀骜,凌虐诸者,结怨邻部。黠戛斯潜师彗扫,穹居瓦解,种族尽膏于原野,区落遂至于荆榛。今可汗逃走失国,窃号自立,远逾沙漠,寄命边陲。朕念其衰残,寻加赈岬。每陈章表,多诈谖之词;接我使臣,如全盛之日。无伤禽哀鸣之意,有因兽犹斗之心。去岁潜入朔川,大掠牛马;今春掩袭振武,逼近城池。可汗皆自率兵,首为寇盗,不耻破败,莫顾姻亲。河东节度使刘沔料敌伐谋,乘机制胜,发胡貉之骑以为前锋,搴翎侯之旗伐彼在穴。短兵麏于帐下,元恶抶于毂中。况乘匪六飞,众才一旅,储备已竭,计日可擒。太和公主居处不同,情义久绝。怀土多思,亟闻《黄鹄》之歌;失位自伤,宁免《绿衣》之叹。念其羁苦,常轸朕心。今已脱于豺狼,再见宫阙,上以摅宗庙之宿愤，次以慰太皇太后之深慈，永言归宁，良用欣感。其回纥既以破灭，义在翦除，宜令诸兵马使同进讨。河东立功将士已下，优厚赏给，续条疏处分。应在京外宅及东都修功德回纥，并勒冠带，各配诸道收管。其回纥及摩尼寺庄宅、钱物等，并委功德使与御史台及京兆府各差官点检收抽，不得容诸色人影占。如犯者并处极法，钱物纳官。摩尼寺僧委中书门下条疏闻奏。

以麟州刺史、天德行营副使石雄为银青光禄大夫、检校左散骑常侍、丰州刺史、御史大夫，充丰州西城中城都**防御**、本管押蕃落等使。刘沔检校尚书左仆射，张仲武检校尚书右仆射，余并如故。黠戛斯使注吾合素入朝，献名马二匹，言可汗已破回鹘，迎得太和公主归国，差人送公主入朝，愁回鹘残众夺之于路。帝遂遣中使送注吾合素往太原迎公主。时乌介可汗中箭，走投黑车子，诏黠戛斯出兵攻之。三月，太和公主至京师，百官班于章敬寺迎谒，仍令所司告宪宗、穆宗二室。四月，昭义节度使刘从谏卒，三军以从谏侄稹为兵马留后，上表请授节钺。寻遣使赍诏潞府，令稹护从谏之丧归洛阳。稹拒931旨。诏中书门下两省尚书御史台四品已上、武官三品已上，会议刘稹可诛可宥之状以闻。五月，敕诸道节度使置随身不得过六十人，**观察使不得过四十人**，经略、都护不得过三十人。筑望仙观于禁中。宰臣百僚进议状："以昆戎未殄，塞上用兵，不宜中原生事，潞府请以亲王遥领，令稹权知兵马事，以俟边上罢兵。"独李德裕以为泽潞内地，前时从谏许袭，已是失断，自后跋扈难制，规胁朝廷。以稹竖子，不可复践前车，讨之必矣。武宗性雄俊，曰："吾与德裕同之，保无后悔。"自是谏官上疏言不可用兵相继。六月，西内神龙寺灾。左军中尉楚国公仇士良卒，秋七月戊子，宰相奏："秋色已至，将议进军，幽州须早早回鹘，镇、魏须速诛刘稹，各须遣使谕旨，兼侦三镇军情。今日延英面奉圣旨，欲遣张贾充使。臣等续更商量，张贾干济有才，甚谙军中体势，然性刚负气，虑不安和，不如且命李回。若以台纲阙人，即兵部侍郎郑涯久为征镇判官，情甚精敏，虽无词辩，言事分明，官重事闲，最似相称。"上曰："不如令李回去。"即遣回奉使三镇。八月壬戌，火星自七月苍赤色，动摇井中，至是月十六日犯舆鬼。万年县东市火。黠戛斯使谛德伊斯难珠入朝。以右仆射、平章事陈夷行检校司空，兼河中尹、御史大夫，充河中节度、晋绛慈隰观察等使。九月，制：

定天下者，致风俗于大同；安生人者，齐法度于画一。虽晋之栾、赵，家有旧勋；汉之韩、黥，身为佐命。至于干乱纪律，罔不夷诛，禁暴除残，古今大义。

故昭义节度刘悟，顷居海岱，尝列爪牙。属师道阻兵，王师问罪，三面开网，一境离心，乘此危机，遂能归命。宪宗嘉其诚款，授以南燕；穆宗待以腹心，委之上党。招致死士，固护一方，迨于末年，已亏臣节。刘从谏生禀戾气，幼习乱风。因跋扈之资，以专封壤；恃纪纲之力，以袭兵符。暂展执珪之仪，终无

上绶之请。隙驹为喻，魏豹姑务于绝河；井蛙自居，孙述颇闻于恃险。诱获亡命，妄作妖言，中罔朝廷，潜图左道。接壤戎帅，屡奏阴谋，顾鬐龇之所矜，岂渊鱼之是察。洎乎沈痼，曾靡哀鸣，犹驻将尽之魂，恣行邪僻之志，罔知奋拔，自树狡童。中使授医，莫睹其朝服；近臣衔命，不入于垒门。逆节甚明，人神共弃。其赠官及先所授官爵、并刘稹在身官爵，宜并削夺。成德军节度使王元逵、魏博节度使何弘敬，或姻连王室，或任重藩维，恳陈一至之诚，愿扬九伐之命。吴汉任职，受诏而初无办严；卜式朴忠，未战而义形于色。况成德军尝以枭骑横阵，首破朱滔。战气方酣，再回鲁阳之日；鼓音不息，三周不注之山。魏博军顷以大旆涉河，竟歼师道。建十二郡之旗鼓，以列降人；削六十年之厉阶，尽归皇化。士传余勇，军有雄名，必能禀鄡侯之指纵，成葛亮之心伐。咨尔二帅，朕所注怀，元逵可本官充北面招讨泽潞使，弘敬充东面招讨泽潞使。

曩者列祖在藩，先天启圣。符瑞昭晰，彩绘焕于泗亭；銮辂巡游，金石刻于代邸。实谓可封之俗，久为仁寿之乡。寇难以来，颇著诚节，必非同恶，咸自新。其昭义旧将士及百姓等，如保初心，并赦而不问。如能舍逆效顺，以州郡兵众归降者，必厚加封赏。如能擒送刘稹者，别授土地，以报勋庸。顷随刘悟郓州旧将校子孙，既有义心，宜思改悔。如能感喻刘稹，束身归朝，必当待之如初，特与洗雪。尔等旧校，亦并酬劳。仍委夷行、刘沔、王茂元各进兵同力攻讨。其诸道进军，并不得焚烧庐舍，发掘坟墓，擒执百姓以为俘囚。桑麻田苗，各许本户为主。罪止元恶，务拯生灵。

于戏！蕃维大臣，抗疏于外；耄俊旧老，昌言于朝。戒朕以祖宗之法，不可私一族；刑赏之柄，所以正万邦。宜用甲兵，陈于原野。虽朕以恩不听，而群臣以义固争，询自金谋，谅非获已。布告中外，明体朕怀。

仍以徐泗节度使李彦佐为泽潞西南面招讨使。河阳节度使王茂元以本军屯万善。彦佐制下后逾月未出师，朝廷疑其持重，乃以天德军石雄为彦佐之副。刘稹牙将李丕降，用为忻州刺史。以陈许节度使王宰充泽潞南面招讨使。河阳节度使王茂元卒，赠司徒。王宰代茂元总万善之师。十月，宰相监修国史李绅、兵部郎中史馆修撰判馆事郑亚进重修《宪宗实录》四十卷，颁赐有差。晋绛行营副招讨石雄奏攻贼砦五。以河东节度使刘沔检校司空，兼滑州刺史、御史大夫，充义成军节度、郑滑濮观察等使。以荆南节度使、检校右仆射、同平章事李石可检校司空、平章事，兼太原尹、北都留守，充河东节度、管内观察等使。十一月，敕："中外官员，过为繁冗，量宜减省，以便军民。宜令吏部条疏合减员数以闻。"十二月，王宰奏收天井关。榆社行营都将王逢奏兵少，乞济师，诏太原军二千人赴之。初，刘沔破回鹘，留三千人戍横水，至是，李石以太原无兵，抽横水戍卒一千五百人以赴王逢。是月二十

八日，横水军至太原，请出军优给。旧例每一军绢二匹，时刘沔交代后，军库无绢。石以己绢益之。方可人给一匹，便催上路。军人以岁将除，欲候过岁，期既速，军情不悦。都头杨弁乘士卒流怨，激之为乱。

四年春正月乙酉朔，以泽潞用兵，罢元会。其日，杨弁逐太原节度使李石。敕："斋月断屠，出于释氏，国家创业，犹近梁、隋，卿相大臣，或沿兹弊。鼓刀者既获厚利，纠察者潜受请求。正月以万物生植之初，宜断三日。列圣忌断一日。仍准开元二十二年敕，三元日各断三日，余月不禁。"壬子，河东监军使吕义忠收复太原，生擒杨弁，尽斩其乱卒，百僚称贺。二月甲寅朔。丁巳，制河中晋、绛、慈、隰等州节度观察等使、中散大夫、检校左散骑常侍、河中尹、御史大夫、上柱国、博陵县开国男、食邑三百户崔元式可检校礼部尚书，兼太原尹、北都留守，充河东节度观察等使。戊午夜，太白犯镇星。辛酉，太原送杨弁与其同恶五十四人来献，斩于狗脊岭。三月，以晋绛副招讨石雄为泽潞西面招讨，以汾州刺史李丕为副。以道士赵归真为左右街道门教授先生。时帝志学神仙，师归真。归真乘宠，每对，排毁释氏，言非中国之教，蠹耗生灵，尽宜除去，帝颇信之。四月，王宰进军攻泽州。五月，以司农卿薛元赏为京兆尹。六月，金紫光禄大夫、尚书右仆射、中书侍郎、同平章事、判度支崔珙贬澧州刺史。癸丑，敕："谏官论事，所见不同，连状署名，事同纠率。此后凡论公事，各随己见，不得连署姓名。如有大政奏论，即可连署。"制追削故左军中尉仇士良先授官及赠官，其家财并籍没。士良死后，中人于其家得兵仗数千件，兼发士良宿罪故也。敕责授官银青光禄大夫、澧州刺史、上柱国、安平郡开国公、食邑二千户崔珙再贬恩州司马员外置，以珙领盐铁时欠宋滑院盐铁九十万贯。帝令度支、盐铁、转运合为一使。七月，以淮南节度使、检校司空杜悰守尚书右仆射、兼门下侍郎、同平章事，仍判度支，充盐铁转运等使。又制银青光禄大夫、守尚书右仆射、兼门下侍郎、同平章事、监修国史、上柱国、赵郡开国公、食邑二千户李绅可检校司空、平章事、扬州大都督府长史、淮南节度副大使、知节度事。吏部条奏中外合减官员一千一百一十四员。王元逵奏邢州刺史裴问、别将高元武以城降。洺州刺史王钊、磁州刺史安玉以城降何弘敬。山东三州平。潞州大将郭谊、张谷、陈扬廷遣人至王宰军，请杀稹以自赎。王宰以闻，乃诏石雄率军七千入潞州，谊斩刘稹首以迎雄，泽、潞为五州平。八月戊戌，王宰传稹首与大将郭谊等一百五十人，露布献于京师，上御安福门受俘，百僚楼前称贺。以魏博节度使、检校尚书右仆射、同平章事何弘敬进封庐江郡开国公，食邑二千户；以成德军节度使王元逵检校司空、兼太子太师、同平章事，进封太原郡开国公，食邑二千户。宰相李德裕守太尉，进封卫国公，加食邑一千户。以兵部侍郎、翰林学士承旨崔铉为中书侍郎、同平章事。河东节度使陈夷行卒。九月，以天德军使、晋绛行营招讨使石雄检校兵部尚书、河中尹、兼御史大夫、河中晋绛慈隰等州节度使。以前山南东道节度使卢钧检校尚书左仆射、潞州大都督府长史，充昭义军节度使、泽潞邢洺观察等使。以忠武军节度、陈许蔡等州观察处置等使、河阳行营诸军招讨使、金紫光禄大夫、检校尚书右仆射、兼御史大夫、上柱国、太原郡开国公、食邑二千户王宰检校司空、太原尹、北都留守，充河东节度、管内观察处置等使。制曰："逆贼郭谊等，狐鼠之妖，依丘穴而作固；牛羊之力，得水草而逾凶。久从叛臣，皆负逆气。刘从谏背德反义，掩贼藏奸，积其怙乱之谋，无非亲吏之计。刘公直、安全庆等各凭地险，屡抗王师，每肆悖言，罔怀革面。况郭谊、王协闻邢、洺归款，惧义旅覆巢，卖孽童以图全，据坚城而请命。昔伍被诣吏，不免就诛；延岑出降，终亦夷族。致之大辟，无所愧怀。"郭谊、刘公直、王协、安全庆、李道德、李佐尧、刘稹、稹母阿裴、稹弟曹九满郎君郎、妹四娘五娘、从兄洪卿汉卿周卿鲁卿匡尧、张谷男涯、解愁、陈扬廷弟宣、男丑奴、张溢男欢郎三宝、门客甄戈、伎术人郭谂蒋党、李训兄仲京、王涯侄孙羽、韩约男茂章茂宝、王璠男珪等，并处斩于独柳。敕以河阳三城镇遏使为孟州，割泽州隶焉，与怀、孟、泽为节度，号河阳。制以皇子峄为开府仪同三司、夏州刺史、朔方军节度大使。时党项叛，命亲王以制之。十月，车驾幸鄠县。十一月，幸云阳。十二月，敕："郊礼日近，狱囚数多，案款已成，多有翻覆。其两京天下州府见系囚，已结正及两度翻案伏款者，并令先事结断讫申。"时左仆射王起频年知贡举，每贡院考试讫，上榜后，更呈宰相取可否。后人数不多，宰相延英论言："主司试艺，不合取宰相与夺。比来贡举艰难，放人绝少，恐非弘访之道。"帝曰："贡院不会我意。不放子弟，即太过，无论子弟、寒门，但取实艺耳。"李德裕对曰："郑肃、封敖有好子弟，不敢应举。"帝曰："我比闻杨虞卿兄弟朋比贵势，妨平人道路。昨杨知至、郑朴之徒，并令落下，抑其太甚耳。"德裕曰："臣无名第，不合言进士之非。然臣祖天宝末以仕进无他伎，勉强随计，一举登第。自后不于私家置《文选》盖恶其祖尚浮华，不根艺实。然朝廷显官，须是公卿子弟。何者？自小便习举业，自熟朝廷间事，台阁仪范，班行准则，不教而自成。寒士纵有出人之才，登第之后，始得一班一级，固不能熟习也。则子弟成名，不可轻矣。"

五年春正月己酉朔，敕造望仙台于南郊坛。时道士赵归真特承恩礼，谏官上疏，论之延英。帝谓宰臣曰："谏官论赵归真，此意要卿等知。朕宫中无事，屏去声技，但要此人道话耳。"李德裕对曰："臣不敢言前代得失，只缘归真于敬宗朝出入宫掖，以此人情不愿陛下复亲近之。"帝曰："我尔时已识此道人，不知名归真，只呼赵炼师。在敬宗时亦无甚过。我与之言，涤烦尔。至于军国政事，唯卿等与次对官论，何须问道士。非直一归真，百归真亦不能相惑。"归真自以涉物论，遂举罗浮道士邓元起有长年之术，帝遣中使迎之。由是与衡山道士刘玄靖及归真胶固，排毁释氏，而拆寺之请行焉。宰臣李德裕杜悰李让夷崔铉、太常卿孙简等率文武百僚上徽号曰仁圣文武章天成功神德明道皇帝。辛亥，有事于郊庙，礼毕，御承天门，大赦天下。庚申，义安太后崩，敬宗之母也。遗令皇帝三日听政，十三日小祥，二十五日大祥，二十七日释服。

兵部尚书归融奏："事贵得中，礼从顺变，配祔之礼，宜有等差。请降服期，以日易月，十二日释服。内外臣僚，亦请以其日释服。陵园制度，请无降杀。"从之。以前太原节度使、检校司空李石以本官充东都留守。二月戊寅朔，太白掩昴之北侧。谏议大夫、权知礼部贡举陈商选士三十七人中第，物论以为请托，令翰林学士白敏中覆试，落张渎、李珏、薛忱、张觊、崔凛、王谌、刘伯刍等七人。三月，崔铉罢知政事，出为陕虢观察使。以御史中丞、兼兵部侍郎李回本官同平章事。夏四月，皇第四女封延庆公主，第五女封靖乐公主。敕祠部检括天下寺及僧尼人数。大凡寺四千六百，兰若四万，僧尼二十六万五百。宰相杜悰罢知政事。以户部侍郎、判户部崔元式同平章事。六月丙子，敕："汉、魏已来，朝廷大政，必下公卿详议，博求理道，以尽群情。所以政必有经，人皆向道。此后事关礼法，群情有疑者，令本司申尚书都省，下礼官参议。如是刑狱，亦先令法官详议，然后申刑部参覆。如郎官、御史有能驳难，或据经史故事，议论精当，即擢授迁改以奖之。如言涉浮华，都无经据，不在申闻。"神策complexes修望仙楼及廊舍五百三十九间功毕。秋七月庚子，敕并省天下佛寺。中书门下条疏闻奏："据令式，诸上州国忌日官吏行香于寺，其上州望各留寺一所，有列圣尊容，便令移于寺内；其下州寺并废。其上都、东都两街请留十寺，寺僧十人。"敕曰："上州合留寺，工作精妙者留之；如破落，亦宜废毁。其合行香日，官吏宜于道观。其上都、下都每街留寺两所，寺留僧三十人。上都左街留慈恩、荐福，右街留西明、庄严。"中书又奏："天下废寺，铜像、钟磬委盐铁使铸钱，其铁像委本州铸为农器，金、银、鍮石等像销付度支。衣冠士庶之家所有金、银、铜、铁之像，敕出后限一月纳官，如违，委盐铁使依禁铜法处分。其土、木、石等像合留寺内依旧。"又奏："僧尼不合隶祠部，请隶鸿胪寺。其大秦穆护等祠，释教既已厘革，邪法不可独存。其人并勒还俗，递归本贯充税户。如外国人，送还本处收管。"八月，制：

朕闻三代已前，未尝言佛，汉魏之后，像教浸兴。是由季时，传此异俗，因缘染习，蔓衍滋多。以至于蠹耗国风而渐不觉。诱惑人意，而众益迷。泊于九州山原，两京城阙，僧徒日广，佛寺日崇。劳人力于土木之功，夺人利于金宝之饰，遗君亲于师资之际，违配偶于戒律之间。坏法害人，无逾此道。且一夫不田，有受其饥者；一妇不蚕，有受其寒者。今天下僧尼，不可胜数，皆待农而食，待蚕而衣。寺宇招提，莫知纪极，皆云构藻饰，僭拟宫居。晋、宋、齐、梁，物力凋瘵，风俗浇诈，莫不由是而致也。况我高祖、太宗，以武定祸乱，以文理华夏，执此二柄，足以经邦，岂可以区区西方之教，与我抗衡哉！贞观、开元，亦尝厘革，划除不尽，流衍转滋。朕博览前言，旁求舆议，弊之可革，断在不疑。而中外诚臣，协予至意，条疏至当，宜在必行。惩千古之蠹源，成百王之典法，济人利众，予何让焉。其天下所拆寺四千六百余所，还俗僧尼二十六万五百人，收充两税户，拆招提、兰若四万余所，收膏腴上田数千万顷，收奴婢为两税户十五万人。隶僧尼属主客，显明外国之教。勒大秦穆护、祆三千余人还俗，不杂中华之风。于戏！前古未行，似将有待；及今尽去，岂谓无时。驱游惰不业之徒，已逾十万；废丹腹无用之室，何啻亿千。自此清净训人，慕无为之理；简易齐政，成一俗之功。将使六合黔黎，同归皇化。尚以革弊之始，日用不知，下制明廷，宜体予意。

制第六女封乐温公主，第七女封长宁公主。中书奏："伏见公主上表称'妾某者'，伏以臣妾之义，取其贱称；家人之礼，即宜区别。臣等商量，公主上表，请如长公主之例，并云'某邑公主几女上表'，郡、县主亦望依此例称谓。"从之。九月，火星犯上将。十月乙亥，中书奏："汜水县武牢关是太宗擒王世充、窦建德之地，关城东峰有二圣塑容，在一堂之内。伏以山河如旧，城垒犹存，威灵皆盛于轩台，风云疑还于丰沛。诚宜百代严奉，万邦式瞻。西汉故事，祖宗尝行幸处，皆令邦国立庙。今缘定觉寺例合毁拆。望取寺中大殿材木，于东峰上造一殿，四面置宫墙，伏望名为昭武庙，以盛圣祖武功之盛。委怀孟节度使差判官一人勾当。缘圣像年代已久，望令李石于东都拣好画手，就增严饰。初兴功日，望令东都差分司官一员荐告。"从之。十一月甲辰，敕："悲田养病坊，缘僧尼还俗，无人主持，恐残疾无以取给，两京量给寺田赈济。诸州府七顷至十顷，各于本管选耆寿一人勾当，以充粥料。"十二月，车驾幸咸阳。给事中韦弘质上疏，论中书权重，三司钱谷不合相府兼领。宰相奏论之曰：

臣等昨于延英对，恭闻圣旨常欲朝廷尊，臣下肃，此是陛下深究理本也。臣按《管子》云："凡国之重器，莫重于令。令重则君尊，君尊则国安。故国安在于奠君，尊君在于行令。君人之理，本莫要于出令。故曰：亏令者死，益令者死，不行令者死，不从令者死。又曰：令行于上，而下论可不可，是上失其威，下系于人也。"自大和已来，其风大弊，令出于上，非之于下。此弊不除，无以理国也。

昨韦弘质所论宰相不合兼领钱谷。臣等辄以事体陈闻。昔匡衡所以云："大臣者，国家之股肱，万姓所瞻仰，明王所慎择。"《传》曰："下轻其上，贱人图柄，则国家摇动，而人不静。"弘质受人教导，辄献封章，是则贱人图柄矣。萧望之汉朝名儒重德，为御史大夫，奏云："今首岁日月少光，罪在臣等，"上以望之意轻丞相，乃下侍中御史诘问。贞观中，监察御史陈师合上书云："人之思虑有限，一人不可兼总数职。"太宗曰："此人妄有毁谤，欲离间我君臣。"流师合于岭外。贾谊云："人主如堂，群臣如陛，陛高则堂高。"亦由将相重则君尊，其势然也。如宰相奸谋隐匿，则人人皆得上论。至于制置职业，固是人主之柄，非小人所得干议。古者朝廷之上，各守其官，思不出位。弘质贱人，岂得以非所宜言上渎明主，此是轻宰相挠时政也。昔东汉处士横议，遂有党锢事起，此事深要惩绝。伏望陛下详其奸诈，去其朋徒，则朝廷安静，制令肃然。臣等不胜感愤之至。"弘质坐贬官。又奏曰："天宝已前，中书除机密迁授之外，其他政事皆与中书舍人同商量。自艰难已来，务从权便，政颇去于台阁，事多系于军期，决遣万机，不暇博议。臣等商量，今后除机密公事外，诸侯表疏、百僚奏事、钱谷刑狱等事，望令中书舍人六人，依故事先参详可否，臣等议而奏闻。"从之。李德裕在相位日久，朝臣为其所抑者皆怨之。自崔铉、杜悰罢相后，中贵人上前言德裕太专，上意不悦，而白敏中之徒，教弘质论之，故有此奏。而德裕结怨之深，由此言也。

六年春正月癸卯朔。丁巳，左散骑常侍致仕冯定卒，赠工部尚书。己未，南诏、契丹、室韦、渤海、牂牁、昆明等国遣使入朝，对于麟德殿。兵部侍郎、判度支卢商奏："诸道兵讨伐党项，今差度支郎官一人往所在有粮料州郡，先计度支给。"从之。己丑，渤海王子大之尊入朝。东都太微宫修成玄元皇帝、玄宗、肃宗三圣容，遣右散骑常侍裴章往东都荐献。监察元寿奏前彭州刺史李铁买本州龙兴寺婢为乳母，违法，贬随州长史。二月壬申朔。癸酉，以时雨愆候，诏："京城天下系囚，除官典犯赃、持仗劫杀、忤逆十恶外，余罪递减一等，犯轻罪者并释放。征党项行营兵士，不得滥有杀伤。"丁丑，左拾遗王龟以父兴元节度使起年高，乞休官侍养，从之。是夜，月犯毕大星，相去三寸。庚辰，以夏州节度使米暨充东北道招讨党项使。壬午，右庶子吕让进状："亡兄温女，大和七年嫁左卫兵曹萧敏，生二男。开成三年，敏心疾乖忤，因而离婚。今敏日愈，却乞与民侄女配合。"从之。乙酉，前太子少保刘沔可太子太保致仕。前寿州刺史王镇贬潞州长史。丁亥夜，月色少光，至一更一点，犯荧惑，相去四寸。后良久，其光烛地，在轸七度。壬辰，以翰林学士、起居郎孙谷为兵部员外郎充职。以旱，停上巳曲江赐宴。敕："比缘钱重币轻，生人转困，今新加鼓铸，必在流行，通变救时，莫切于此。宜申先甲之令，儆居货之徒。京城诸道，宜起来年正月已后，公私行用，并取新钱。其旧钱权停三数年。如有违犯，同用铅锡钱例科断。其旧钱并没纳。"又敕："诸道铸钱，已有次第，须令旧钱流布，绢价值稍增。文武百僚俸料，起三月一日，并给见钱一半。先给匹段，对估时价，皆给见钱。"贬舒州刺史苏涤为连州刺史。涤李宗闵党，前自给事中为德裕所斥，累年郡守，至是李绅言其无政故也。以邠宁节度使高承恭充西南面招讨党项使。丙申夜，月掩牵南星，又犯岁星。丁酉，新罗使金国连入朝。辛丑夜，东北流星如桃，色赤，其光烛地，尾迹入大角，西流穿紫微垣。三月壬寅，上不豫，制改御名炎。帝重方士，颇服食修撮，亲受法箓。至是药躁，喜怒失常，疾既笃，旬日不能言。宰相李德裕等请见，不许。中外莫知安否，人情危惧。是月二十三日，宣遗诏，以皇太叔光王柩前即位。是日崩，时年三十三。谥曰至道昭肃孝皇帝，庙号武宗，其年八月，葬于端陵，德妃王氏祔焉。

史臣曰：开成中，王室浸卑，政由阉寺。及缀衣将变，储位遽移。昭肃以孤立维城，副兹当璧。而能雄谋勇断，振已去之威权；运策励精，拔非常之俊杰。属天骄失国，潞孽阻兵，不惑盈庭之言，独纳大臣之计。戎车既驾，乱略底宁，纪律再张，声名复振，足以蹈章武出师之迹，继元和戡乱之功。然后迂访道之车，筑礼神之馆，栖心玄牝，物色幽人，将致俗于大庭，欲希踪于姑射。于是削浮图之法，惩游隋之民，志欲矫步丹梯，求珠赤水。徒见萧衍、姚兴之谬学，不悟秦王、汉武之非求，盖惑于左道之言，偏斥异方之说。况身毒西来之教，向欲千祀，蛮蛮之民，习以成俗，畏其教甚于国法，乐其徒不异登仙。如文身祝发之乡，久习而莫知其丑；以吐火吞刀之戏，乍观而便以为神。安可正以《咸》《韶》，律之以章甫。加以笮融、何充之佞，代不乏人，非荀卿、孟子之贤，谁兴正论。一朝瘗残金狄，燔弃胡书，结怨于膜拜之流，犯怒于鄙夫之口。哲王之举，不骇物情，前代存而勿论，实为中道。欲革斯弊，以俟河清，昭肃明照，听斯弊矣。

卷十八下　　本纪第十八下

宣　　宗

宣宗圣武献文孝皇帝讳忱，宪宗第十三子，母曰孝明皇后郑氏。元和五年六月二十二日，生于大明宫。长庆元年三月，封光王，名怡。会昌六年三月一日，武宗疾笃，遗诏立为皇太叔，权勾当军国政事。翌日，柩前即帝位，改今名，时年三十七。帝外晦而内朗，严重寡言，视瞻特异。幼时宫中以为不慧。十余岁时，遇重疾沈缀，忽有光辉烛身，蹶然而兴，正身拱揖，如对臣僚。乳媪以为心疾。穆宗视之，扶其背曰："此吾家英物，非心恙也。"赐以玉如意、御马、金带。常梦乘龙升天，言之于郑后，乃曰："此不宜人知者，幸勿复言。"历大和、会昌朝，愈事韬晦，群居游处，未尝有言。文宗、武宗幸十六宅宴集，强诱其言，以为戏剧，谓之"光叔"。武宗气豪，尤不为礼。及监国之日，哀毁满容，接待群僚，决断庶务，人方见其隐德焉。四月辛未，释服，尊母郑氏曰皇太后。以兵部侍郎、翰林学士承旨白敏中守本官、同中书门下平章事；以特进、守太尉、门下侍郎、同平章事、上柱国、卫国公、食邑二千户李德裕检校太尉、同平章事、江陵尹、荆南节度使；以中散大夫、大理卿马植为金紫光禄大夫、刑部侍郎，充诸道盐铁等使。以成德军节度使王元逵检校太保，山南西道节度使王起检校司空，魏博节度使何弘敬、淮南节度使李绅并检校司空，剑南西川节度使崔郸检校尚书右仆射，同中书门下平章事并如故。东都留守李石奏修奉太庙毕，所司迎奉太微宫神主祔庙讫。东都太庙者，本武后家庙，神龙中中宗反正，废武氏庙主，立太祖已下神主祔之。安禄山陷洛阳，以庙为马厩，弃其神主，而协律郎严郢收而藏之。史思明再陷洛阳，寻又散失。贼平，东京留守卢正己又募得之。庙已焚毁，乃寄主于太微宫。大历十四年，留守路嗣恭奏重修太庙，以迎神主。诏百官参议，纷然不定，礼仪使颜真卿坚请归祔，不从。会昌五年，留守李石因太微宫正殿圮陊，以废弘敬寺为太庙，迎神主祔之。又下百僚议，皆言准故事，无两都俱置之礼，唯礼部侍郎陈商议云："周之文、武，有镐、洛二庙，今两都异庙可也。然不宜置主于庙，主宜依礼瘗于庙之北墉下。"事未行而武宗崩。宣宗即位，因诏有司迎太微宫寓主，祔废寺之新庙，而知礼者非之。制皇长男温可封郓王，二男泾可封雅王，第三男滋可封蕲王，第四男沂可封庆王。

五月，左右街功德使奏："准今月五日赦书节文，上都两街旧留四寺外，更添置八所。两所依旧名兴唐寺、保寿寺。六所请改旧名，宝应寺改为资圣寺，青龙寺改为护国寺，菩提寺改为保唐寺，清禅寺改为安国寺，法云尼寺改为唐安寺，崇敬尼寺改为唐昌寺。右街添置八所。西明寺改为福寿寺，庄严寺改为圣寿寺，旧留二所旧名，千福寺改为兴元寺，化度寺改为崇福寺，永泰寺改为万寿寺，温国寺改为崇圣寺，经行寺改为龙兴寺，奉恩寺改为兴福寺。"敕旨依奏。诛道士刘玄靖等十二人，以其说惑武宗，排毁释氏故也。今月五日赦书节文，吏部三铨选士，只凭资考，多匪实才，许观察使、刺史有奇才异政之士，闻荐试用。又观察使、刺史交代之时，册书所交户口如能增添至千户，即与超迁；如逃亡至七百户，罢后三年内不得任使。又徒流人在天德、振武等，管中量借粮种，俾令耕田以为业。以剑南东川节度使、检校礼部尚书卢商为兵部侍郎、同平章事。六月，以户部侍郎、充诸道盐铁转运使马植本官同平章事。七月，以兵部尚书李让夷为剑南东川节度使。十月，敕："太庙祫享，合以功臣配。其宪宗庙，以裴度、杜黄裳、李愬、高崇文等配享。"以荆南节度使李德裕为东都留守。十一月，有司享太庙，其穆宗室文曰"皇兄"。太常博士闵庆之奏："夫礼有尊尊，而不叙亲亲。祝文称弟未当，请改为'嗣皇帝'。"从之。京兆府奏："京师百司职田斛斗，请准会昌三年例，许人户自送纳京师，所冀州县无得欺隐。"从之。以江西观察使周墀为义成军节度使，郑滑观察等使。十二月，刑部尚书、判度支崔元式奏："准七月二日敕，绫纱绢等次弱匹段，并同禁断，不得织造。臣欲与盐铁户部三司同条疏，先勘左藏库，令分析出次弱匹段州府，即牒本道官搜索狭小机杼，令焚毁。其已纳到次弱匹段，具数以闻。"上从之。

大中元年春正月戊戌朔，宫苑使奏："皇帝致斋行事，内诸宫苑门共九十四所，并令锁闭，钥匙进内。候车驾还宫，则请领。"从之。戊申，皇帝有事于郊庙，礼毕，御丹凤门，大赦，改元，制条曰："古者郎官出宰，卿相治郡，所以重亲人之官，急为政之本。自浇风久扇，此道稍消，颇颜清途，便臻显贵。治人之术，未尝经心，欲使究百姓艰危，通天下利病，不可得也。为政之始，思厚儒风，轩墀近臣，盖备顾问，如其不知人疾苦，何以膺朕眷求？今后谏议大夫、给事中、中书舍人未曾任刺史、县令，或在任有赃累者，宰臣不得拟议。守宰亲人，职当抚字，三载考绩，著在格言。贞元年中，屡下明诏，县令五考，方得改移。近者因循，都不遵守，诸州或得三考，畿府罕及

二年，以此字人，若为成政？道涂郡吏有迎送之劳，乡里庶民无苏息之望。自今须满三十六个月，永为常式。"二月丁卯，制宪宗第十七子惕封彭王，第十八子憪为棣王；皇第五子泽为濮王，第六子润为鄂王。敕修百福殿。以检校太尉、东都留守李德裕为太子少保，分司东都；以给事中郑亚为桂州刺史、御史中丞、桂管防御观察等使。二月丁酉，礼部侍郎魏扶奏："臣今年所放进士三十三人，其封彦卿、崔琢、郑延休等三人，实有词艺，为时所称，皆以父兄见居重位，不得令中选。"诏令翰林学士承旨、户部侍郎韦琮重考覆，敕曰："彦卿等所试文字，并合度程，可放及第。有司考试，只在至公，如涉请托，自有朝典。今后但依常例放榜，不得别有奏闻。"帝雅好儒士，留心贡举。有时微行人间，采听舆论，以观选士之得失。每山池曲宴，学士诗什属和，公卿出镇，亦赋诗饯行。凡对臣僚，肃然拱揖，鲜有轻易之言。大臣或献章疏，即烧香盥手而览之。当时以大中之政有贞观之风焉。又敕："自今进士放榜后，杏园任依旧宴集，有司不得禁制。"武宗好巡游，故曲江亭禁人宴聚故也。闰三月，敕："会昌季年，并省寺宇。虽云异方之教，无损致理之源。中国之人，久行其道，厘革过当，事体未弘。其灵山胜境、天下州府，应会昌五年四月所废寺宇，有宿旧名僧，复能修创，一任住持，所司不得禁止。"四月，积庆太后萧氏崩，谥曰贞献，文宗母也。六月，以义成军节度使周墀为兵部侍郎、判度支。册黠戛斯王子为为英武诚明可汗，命鸿胪卿李业入蕃册拜。以金紫光禄大夫、守太子少保分司东都、上柱国、奇章郡开国公、食邑二千户牛僧孺守太子太师，银青光禄大夫、行太子宾客、上柱国、陇西郡开国公、食邑二千户李彦佐为太子太保。并依前分司。以左谏议大夫庾简休为虢州刺史，以正议大夫、行尚书考功郎中、知制诰、上柱国崔玙为中书舍人，以中散大夫、前湖州刺史、彭阳县开国男、食邑三百户令狐绹行尚书考功郎中、知制诰。秋七月，制以正议大夫、尚书户部侍郎、知制诰、翰林学士承旨、柱国、赐紫金鱼袋韦琮以本官同中书门下平章事。以太子少保分司东都、卫国公李德裕为人所讼，贬潮州司马员外置同正员。八月，工部尚书、中书侍郎、平章事卢商出为鄂岳观察使。神策军奏修百福殿成，名其殿曰雍和殿，楼曰亲亲楼，凡廊舍屋宇七百间，以会诸王子孙。九月，前永宁县尉吴汝纳诣阙称冤，言："弟湘会昌四年任扬州江都县尉，被节度使李绅诬奏湘赃罪，宰相李德裕曲情附绅，断臣弟湘致死。"诏下御史台鞫按。

二年春正月壬戌，宰臣率文武百僚上徽号曰圣敬文思和武光孝皇帝，御宣政殿受册讫，宣德音。神策军修左银台门楼、屋宇及南面城墙，至睿武楼。二月，制剑南西川节度、光禄大夫、检校吏部尚书、同平章事、成都尹、上柱国、陇西郡开国公、食邑二千户李回责授湖南观察使，桂州刺史、御史中丞、桂管防御观察使郑亚贬循州刺史，前淮南观察判官魏铦贬吉州司户，陆浑县令元寿贬韶州司户，殿中侍御史蔡京贬澧州司马。御史台奏：

据三司推勘吴湘狱，谨具逐人罪状如后：扬州都虞候卢行立、刘群，于会昌二年五月十四日，于阿颜

家吃酒，与阿颜母阿焦同坐，群自拟收阿颜为妻，妄称监军使处分，要阿颜进奉，不得嫁人，兼擅令人监守。其阿焦遂与江都县尉吴湘密约，嫁阿颜与湘。刘群与押军牙官李克勋即时遮拦不得，乃令江都百姓论湘取受，节度使李绅追湘下狱，计赃处死。具狱奏闻，朝廷疑其冤，差御史崔元藻往扬州按问，据湘虽有取受，罪不至死。李德裕党附李绅，乃贬元藻岭南，取淮南元申文案，断湘处死。今据三司使追崔元藻及淮南元推判官魏铏并关连人款状，淮南都虞候刘群、元推判官魏铏、典孙贞高利钱倚鼋嵩、江都县典沈颁陈宰、节度押牙白沙镇遏使傅义、左都虞候卢行立、天长县令张弘思、典张洙清陈遇、右厢子巡李行璠、典臣金弘举、送吴湘妻女至澧州取受钱物人潘宰、前扬府录事参军李公佐、元推官元寿吴珙翁恭、太子少保分司李德裕、西川节度使李回、桂管观察使郑亚等，伏候敕旨。

其月，敕：

李回、郑亚、元寿、魏铏已从别敕处分。李绅起此冤诉，本由不真，今既身殁，无以加刑。粗塞众情，量行削夺，宜追夺三任官告，送刑部注毁。其子孙稽于经义，罚不及嗣，并释放。李德裕先朝委以重权，不务绝其党庇，致使冤苦，直到于今，职尔之由，能无恨叹！昨以李威所诉，已经远贬。俯全事体，特为从宽，宜准去年敕令处分。张弘思、李公佐卑吏守官，制不由己，不能守正，曲附权臣，各削两任官。崔元藻曾受无辜之贬，合从洗雪之条，委中书门下商量处分。李恪详验款状，蠹害最深，以其多时，须议减等，委京兆府决脊杖十五，配流天德。李克勋欲收阿颜，决脊杖二十，配流砥州。刘群据其款状，合议痛刑，曾效职官，不欲决脊，决臀杖五十，配流岳州。其卢行立及诸典吏，委三司使量罪科放讫闻奏。

三月己酉，兵部侍郎、判度支周墀本官平章事。以礼部尚书、盐铁转运使马植本官同平章事。日本国王子入朝贡方物。王子善棋，帝令待诏顾师言与之对手。五月己未，日有蚀之。六月己丑，太皇太后郭氏崩，谥曰懿安，宪宗妃，穆宗之母也。户部侍郎、兼御史大夫、判度支崔龟从奏："应诸司场院官请却官本钱后，或有欺隐欠负，征理须足，不得苟从恩荡，以求放免。今后凡隐盗欠负，请如官典犯赃例处分。纵逢恩赦，不在免限。"从之。七月戊午，以前山南西道节度使高元裕为吏部尚书。八月戊子，朝散大夫、中书舍人、充翰林学士、上柱国、平阴县开国男、食实封三百户、赐紫金鱼袋毕诚为刑部侍郎。九月，敕："比有无良之人，于街市投匿名文书，及于箭上或旗幡上纵为奸言，以乱国法。此后所由切加捉搦，如获此色，便仰焚瘗，不得上闻。"十一月，兵部侍郎、判户部事魏扶奏："天下州府钱物、斛斗、文簿，并委录事参军专判，仍与长史通判，至交代时具数申奏。如无悬欠，量与减选注拟。"敕："路随等所修《宪宗实录》旧本，却仰施行。其会昌新修者，仰并进纳。如有钞录得，敕到并纳史馆，不得辄留，委州府严加搜捕。"以户部侍郎、判度支崔龟从本官同平章事。银青光禄大夫、门下侍郎、兼礼部尚书、同平章事韦琮为太子詹事，分司东都。

三年春正月丙寅，泾原节度使康季荣奏，吐蕃宰相论恐热以秦、原、安乐三州及石门等七关之兵民归国。诏太仆卿陆耽往喻旨，仍令灵武节度使朱叔明、邠宁节度使张君绪，各出本道兵马应接其来。以太常卿封敖检校兵部尚书，为兴元尹、山南西道节度使。三月乙卯，敕待诏官宜令与刑法官、谏官次对。银青光禄大夫、中书侍郎、同平章事、监修国史、上柱国、汝南县开国子、食邑五百户周墀检校刑部尚书，梓州刺史，充剑南东川节度使。四月，以正议大夫、守中书侍郎、同平章事、集贤殿大学士、赐紫金鱼袋马植为太子宾客，分司东都；以正议大夫、守御史大夫、上柱国、博陵县开国子、食邑五百户、赐紫金鱼袋崔铉可中书侍郎、平章事；正议大夫、行兵部侍郎、判户部事、上柱国、钜鹿县开国男、食邑五百户、赐紫金鱼袋魏扶可本官、平章事。五月，幽州节度使、检校司徒、平章事张仲武卒，三军以其子直方知留后事。六月癸未，五色云见于京师。敕：先经流贬罪人，不幸殁于贬所，有情非恶逆，任经刑部陈牒，许令归葬，绝远之处，仍量事官给棺椟。康季荣奏收复原州、石门驿藏木峡制胜六盘石峡等六关讫。邠宁张君绪奏，今月十三日收复萧关。御史台奏，义成军节度使韦让于怀真坊侵街造屋九间，已令毁拆讫。敕于萧关置武州，改长乐为威州。七月，三州七关军人百姓，皆河、陇遗黎，数千人见于阙下。上御延喜门抚慰，令其解辫，赐之冠带，共赐绢十五万匹。八月，凤翔节度使李玭奏收复秦州，制曰：

自昔皇王之有国也，曷尝不文以守成，武以集事，参诸二柄，归乎大宁。朕猥荷丕图，思弘景运，忧勤庶政，四载于兹。每念河、湟土疆，绵亘遐阔。自天宝末，犬戎乘我多难，无力御奸，遂纵腥膻，不远京邑。事更十叶，时近百年。进士试策，靡不竭其长策；朝廷下议，皆亦听其直词。尽以不生边事为永图，且守旧地为明理，荏苒于是，收复无由。今者天地储祥，祖宗垂佑，左衽款塞，边垒连降，刷耻建功，所谋必克。实枢衡妙算，将帅雄稜，副玄元不争之文，绝汉武远征之悔。瓯脱顿空于内地，斥堠全据于新封，莫大之休，指期而就。

况将士等栉沐风雨，暴露郊原，披荆棘而刁斗夜严，逐豺狼而穹庐晓破。动皆如意，古无与京，念此诚勤，宜加宠赏。泾原宜赐绢六万匹，灵武五万匹，凤翔、邠宁各四万匹，并以户部产业物色充，仍待季荣、叔明、李玭、君绪各回戈到镇，度支差脚支送。四道立功将士，各具名衔闻奏，当议甄酬。其秦、威、原三州及七关侧近，访闻田土肥沃，水草丰美，如百姓能耕垦种莳，五年内不加税赋。五年已后重定户籍，便任为永业。温池盐利，可赡边陲，委度支制置闻奏。凤翔、邠宁、灵武、泾原守镇将士，如能于本戍处耕垦营田，即度支给赐牛粮子种，每年量得斛斗，便充军粮，亦不限约定数。三州七关镇守官健，每人给衣粮两分，一分依常年例支给，一分度支加给,仍二年一替换。其家口委长吏切加安存。官健有庄田户籍者,仰州县放免差役。

秦州至陇州已来道路,要置堡栅,与秦州应接,委李玭与刘皋即便计度闻奏。如商旅往来,官健父兄子弟通传家信,关司并不得邀诘阻滞。三州七关刺史、关使,将来训练捍防有效能者,并与超序官爵。剑南西川沿边没蕃州郡,如力能收复,本道亦宜接借。三州七关创置戍卒,且要务静。如蕃人求市,切不得通;有来投降者,申取长吏处分。

呜呼!七关要害,三郡膏腴,候馆之残趾可寻,唐人之遗风尚在。追怀往事,良用兴嗟。夫取不在广,贵保其金汤;得必有时,讵计于迟速。今则便务修筑,不进干戈,必使足食足兵,有备无患,载洽亭育之道,永致生灵之安。中外臣僚,宜体朕意。

九月辛亥,西川节度使杜悰奏收复维州。制曰:

朕祗荷丕业,思平泰阶,将分邪正之源,冀使华夷胥悦。其有常登元辅,久奉武宗,深苞祸心,盗弄国柄,虽已行遣斥之典,而未塞亿兆之言,是议再举朝章,式遵彝宪。守潮州司马员外置同正员李德裕,早藉门地,叨践清华,累居将相之荣,唯以奸倾为业。当会昌之际,极公台之荣,骋谀佞而得君,遂恣横而持政,专权生事,妒贤害忠。动多诡异之谋,潜怀僭越之志。秉直者必弃,向善者尽排。诬贞良造朋党之名,肆谗构生加诸衅。计有逾于指鹿,罪实见其欺天。属者方处钧衡,曾无嫌避,委国史于爱婿之手,宠秘文于弱子之身,洎参信书,亦引亲昵。恭惟《元和实录》乃不刊之书,擅敢改张,罔有畏忌。夺他人之懿绩,为私门之令猷。又附李绅之曲情,断成吴湘之冤狱。凡彼簪缨之士,遏其取舍之途。骄居自夸,狡蠹无对,擢尔之发,数罪未穷。载窥罔上之由,益验无君之意。使天下之人,重足一迹,皆睿惧奉面,而慢易在心。为臣若斯,于法何逭。于戏!朕务全大体,久为含容,虽黜降其官荣,尚盖藏其丑状。而睥睨未已,竞惕无闻,积恶既彰,公议难抑。是宜移投荒服,以谢万邦。中外臣僚,当知予意。可崖州司户参军,所在驰驿发遣,纵逢恩赦,不在量移之限。

以起居郎庾道蔚、礼部员外郎李文儒并充翰林学士。

十月辛巳,京师地震,河西、天德、灵夏尤甚,戍卒压死者数千人。十一月,东川节度使郑涯、凤翔节度使李玭奏修文川谷路,自灵泉至白云置十一驿,下诏褒美。经年为雨所坏,又令封敖修斜谷旧路。以刑部侍郎韦有翼为御史中丞,以职方员外郎郑处诲兼御史杂任。幽州军乱,逐其留后张直方,军人推其衙将周綝为留后。十二月,追谥顺宗曰至德大圣大安孝皇帝,宪宗曰昭文章武大圣孝皇帝。初以河、湟收复,百僚请加徽号,帝曰:"河、湟收复,继成先志,朕欲追尊祖宗,以昭功烈。"白敏中等对曰:"非臣愚昧所能及。"至是,上御宣政殿行事,及册出,俯偻目送,流涕呜咽。崖州司户参军李德裕卒于贬所。

四年春正月,以追尊二圣,御正殿,大赦天下。徒流比在天德者,以十年为限,既遇鸿恩,例减三载。但使循环添换,边不阙人,次第放归,人无怨苦。其秦、原、威、武诸州、诸关,先准格徙流人,亦量与立限,止于七年,如要住者,亦听。诸州府县官如请工假,一月已下,权差诸厅判官;一月已上,即准勾当例,其课料等据数每贯刻二百文,与见判案官添给。有故意杀人者,虽已伤未死、已死更生,意欲伤杀,偶然得免,并同已杀人条处分。二月,皇女万寿公主出降右拾遗郑颢,以颢为银青光禄大夫、行起居郎、驸马都尉。三月己卯,刑部奏:"监临主守,应将官物私自贷使并贷借人,及以己物中纳官司者,并专知别主掌所由有犯赃,并同犯入己赃,不在原赦之限。"从之。以幽州节度副大使、检校工部尚书张直方为左金吾卫将军。四月,敕:"法司用刑,或持巧诈,分律两端,遂成其罪。既好吏得计,则黎庶何安?自今后应书罪定刑,宜直指其事,不得舞文,妄有援引。"又刑部奏:"准今年正月一日敕节文,据会昌元年三月二十六日敕,窃盗赃至一贯文处死,宜委所司重详定条目奏闻。臣等检校,并请准建中三年三月二十四日敕,窃盗赃满三匹已上决杀,如赃数不充,量请科放。"从之。七月丙子,大理卿刘濛奏:"古者悬法示人,欲使人从善远罪,至于不犯,以致刑措。准大和二年十月二十六日刑部侍郎高鉷条疏,准勘节目一十一件,下诸州府粉壁书于录事参军食堂,每申奏罪人,须依前件节目。岁月滋久,文字湮沦,州县推案,多违漏节目。今后请下诸道,令刻石置于会食之所,使官吏起坐观省,记忆条目,庶令案牍周详。"从之。八月,刑部侍郎、御史中丞魏谟奏:"诸道州府百姓诣台诉事,多差御史推劾,臣恐烦劳州县,先请差度支、户部、盐铁院官带宪衔者推劾。又各得三司使申称,院官人数不多,例专掌院务,课绩不办。今诸道观察使幕中判官,少不下五六人,请于其中带宪衔者委令推劾。如累推有劳,能雪冤滞,御史台阙官,便令奏用。"从之。九月,以朝请大夫、检校礼部尚书、孟州刺史、河阳三城节度使李拭为太原尹、北都留守、河东节度等使。幽州节度周綝卒,军人立其牙将张允伸为留后。十月,中书侍郎、平章事魏扶罢知政事。十一月己亥,敕:"收复成、维、扶等三州,建立已定,条令制置,一切合同。其已配到流人,宜准秦、原、威、武等州流例,七年放还。"以户部侍郎、判本司事令狐绹为兵部侍郎、同平章事。十二月,以华州刺史周敬复为光禄大夫、检校左散骑常侍,兼洪州刺史、江南西道团练观察使,赐金紫。

五年春正月甲戌,制皇第七子沼封怀王,第八子汭为昭王,第九子汶为康王。敕两京天下州府,起大中五年正月一日后,三年内不得杀牛。如郊庙享祀合用者,即以诸畜代。二月,户部侍郎裴休充诸道盐铁转运等使。四月癸卯,刑部侍郎刘瑑奏:据今年四月十三日已前,凡二百二十四年,杂制敕计六百四十六门,二千一百六十五条,议轻重,名曰《大中刑法统类》,欲行用之。五月,以太原尹、河东节度使李拭为凤翔节度使;李业检校户部尚书、太原尹、北都留守,充河东节度使;守司空、门下侍郎、太原郡开国伯、食邑一千户白敏中检校司徒、同平章事、邠州刺史，充邠宁节度观察、东面招讨党项等使；以户部侍郎、判户部事魏谟本官同平章事。七月，宰相监修国史崔龟从续柳芳《唐历》二十二卷上之。八月，敕："公主邑司擅行文牒，恐多影庇，有紊条章。今后公主除缘征封外，不得令邑司行文书牒府县，如缘公事，令邑司申宗正寺，与酌事体施行。"沙州刺史张义潮遣兄义泽以瓜、沙、伊、肃等十一州户口来献，自河、陇陷蕃百余年，至是悉复陇右故地。以义潮为瓜沙伊等州节度使。九月，敕："条疏刺史交代，须一一交割公事与知州官，方得离任。准会昌元年敕，刺史只禁科率官吏抑配人户，至于使州公廨及杂利润，天下州府皆有规制，不敢违越。缘未有明敕处分，多被无良人吏致使恐吓，或致言讼。起今后应刺史下担什物，及除替后资送钱物，但不率敛官吏，不科配百姓，一任各守州县旧例名目支给。如无公廨，不在资送之限。若辄有率配，以入己赃论。"以正议大夫、兵部侍郎、诸道盐铁转运使、上柱国、河东县开国子裴休守礼部尚书，进阶金紫；以前宣歙观察使、太中大夫、检校左散骑常侍裴谂权知兵部侍郎。十月己亥，京兆尹韦博奏："京畿富户为诸军影占，苟免府县色役，或有追呼，军府纷然。请准会昌三年十二月敕，诸军使不得强夺百姓入军。"从之。十一月，中书侍郎、兼吏部尚书、平章崔龟从检校尚书左仆射、汴州刺史，充宣武军节度使。沙州置归义军，以张义潮为节度使。太子詹事姚康献《帝王政纂》十卷；又撰《统史》三百卷，上自开辟，下尽隋朝，帝王美政、诏令、制置、铜盐钱谷损益、用兵利害，下至僧道是非，无不备载，编年为之。国子祭酒冯审奏："文宣王庙，始太宗立之，睿宗书额，武后窃政之日，改篆题'大周'二字，请削之。"从之。十二月，盗斫景陵神门戟，京兆尹韦博罚两月俸，贬宗正卿李文举睦州刺史，陵令吴阅岳州司马，奉先令裴让隋州司马。是岁，湖南大饥。

六年春正月戊辰，以陇州防御使薛逵为秦州刺史、天雄军使，兼秦、成两州经略使。二月，右卫大将军郑光以赐田请免租税。宰相魏谟奏曰："郑光以国舅之亲，赐田可也，免税无以劝蒸民。"敕曰："一依人户例供税。"三月，陇州刺史薛逵奏修筑定成关工毕。四月丁酉，敕："常平义仓斛斗，每年检勘，实水旱灾处，录事参军先勘人户多少，支给先贫下户，富户不在支给之限。"以礼部尚书、诸道盐铁转运等使裴休可本官同平章事。五月，敕："天下军府有兵马处，宜选会兵法能弓马等人充教练使，每年合教习时，常令教习。仍于其时申兵部。"御史台奏："诸色刑狱有关连朝官者，尚书省四品已上、诸司三品已上官，宜先奏取进止。如取诸色官状，即申中书取裁。"从之。秋七月丙辰，前淮南节度使、金紫光禄大夫、检校尚书左仆射、兼扬州大都督府长史、御史大夫、上柱国、赞皇郡开国公、食邑一千五百户李珏卒，赠司空。敕犯赃人平赃，据律以当时物价上旬估。请取所犯之处，其月内上旬时估平之。从之。检校司空、太子少师、上柱国、范阳郡开国公、食邑二千户卢钧可太原尹、北都留守、河东节度使。九月，敕起居郎转官月限，宜以二十个月。

七年春正月壬辰，金紫光禄大夫、守太子少傅分司、上柱国、晋陵郡开国公、食邑二千户归融卒，赠右仆射。宗正卿李文举贬睦州刺史。四月，以御史大夫郑朗为中书侍郎、同平章事。五月，左卫率府仓曹张戣集律令格式条件相类一千二百五十条，分一百二十一门，号曰《刑法统类》，上之。七月，以正议大夫、尚书左丞、上柱国、赐紫金鱼袋崔璪为刑部尚书，以银青光禄大夫、行兵部侍郎、知制诰、充翰林学士苏涤为尚书左丞，权知户部侍郎崔珙可权知兵部侍郎。十月，尚书左仆射、门下侍郎、平章事、太清宫使、弘文馆大学士崔铉进《续会要》四十卷，修撰官杨绍复、崔瑑、薛逢、郑言等，赐物有差。

八年春正月，陕州黄河清。二月，南蛮进犀牛，诏还之。三月，敕以旱诏使疏决系囚。宰相监修国史魏谟修成《文宗实录》四十卷，上之，修史官给事中卢耽、太常少卿蒋偕、司勋员外郎王沨、右补阙卢吉，颁赐银器、锦彩有差。以山南东道节度使、检校户部尚书、襄州刺史、上柱国、酒泉县开国子、食邑三百户李景让为吏部尚书。五月，以中书舍人、翰林学士韦澳为京兆尹；以户部侍郎、翰林学士承旨、上柱国、武功县开国子、食邑三百户苏涤检校兵部尚书，兼江陵尹、御史大夫，充荆南节度管内观察处置等使。七月，银青光禄大夫、守门下侍郎、同平章事魏谟兼户部尚书。八月，以司农卿郑助为检校右散骑常侍，兼夏州刺史、御史大夫、上柱国、荥阳县开国男、食邑三百户，夏绥银宥等州节度营田观察处置押蕃落安抚平夏党项等使。

九年春正月辛巳，银青光禄大夫、秘书监、许昌县开国男陈商卒，赠工部尚书。二月，中书侍郎、兼礼部尚书、同平章事裴休检校吏部尚书，兼汴州刺史、御史大夫，充宣武军节度使、汴宋亳颍观察处置等使。三月，试宏词举人，漏泄题目，为御史台所劾，侍郎裴谂改国子祭酒，郎中周敬复罚两月俸料，考试官刑部郎中唐枝出为处州刺史，监察御史冯颛罚一月俸料。其登科十人并落下。其吏部东铨委右丞卢懿权判。以吏部侍郎郑涯检校礼部尚书，兼定州刺史、御史大夫，充义武军节度、易定州观察处置、北平军等使。御史台据正月八日礼部贡院捉到明经黄绩之、赵弘成、全质等三人伪造堂印、堂帖，兼黄绩之伪著绯衫，将伪帖入贡院，令与举人虞蒸、胡简、党赞等三人及第，许得钱一千六百贯文。据勘黄绩之等罪款，具招造伪，所许钱未曾入手，便事败。奉敕并准法处死。主司以自获妇人，并放。七月，以河东节度使、检校司空、太原尹、北都留守、上柱国、范阳郡开国公、食邑二千户卢钧守尚书右仆射。八月，以门下侍郎、守尚书右仆射、监修国史、博陵县开国伯、食邑一千户崔铉检校司空、同平章事，兼扬州大都督府长史，充淮南副大使、知节度事。宣宗宴饯，赋诗以赐之。九月，昭义节度使、检校礼部尚书，兼潞州大都督府长史、御史大夫、上柱国、赐紫金鱼袋崔涓检校刑部尚书、太原尹、北都留守、御史大夫，充河东节度、管内观察处置等使。十一月，以河南尹刘瑑检校工部尚书、汴州刺史、兼御史大夫、充宣武军节度、宋亳汴颍观察处置等使。以中书舍人郑颢为礼部侍郎。

十年春正月乙巳，以正议大夫、华州刺史、潼关防御、镇国军等使、上柱国、陇西县开国男、食邑三百户、赐紫金鱼袋李讷检校左散骑常侍,兼越州刺史、御史大夫、浙江东道都团练观察等使。三月,中书门下奏:"据礼部贡院见置科目,《开元礼》、《三礼》、《三传》、《三史》、学究、道举、明算、童子等九科,近年取人颇滥,曾无实艺可采,徒添入仕之门。须议条疏,俾精事业。臣已于延英面论,伏奉圣旨,将文字来者。其前件九科,臣等商量,望起大中十年,权停三年,满后,至时赴科试者,令有司据所举人先进名,令中书舍人重覆问过。中有本业稍通,堪备朝廷顾问,即作等第进名,候敕处分。如有事业荒芜,不合送名数者,考官即议朝责。其童子近日诸道所荐送者,多年齿已过,伪称童子,考其所业,又是常流。起今日后,望令天下州府荐送童子,并须实年十一、十二已下,仍须精熟一经,问皆全通,兼自能书写者。如违制条,本道长吏亦议惩法。"从之。四月癸丑,以刑部郎中卢搏为庐州刺史,以给事中、渤海郡开国公、食邑二千户高少逸检校礼部尚书、华州刺史、潼关防御、镇国军等使。六月,以兵部郎中裴夷直为苏州刺史。九月,以中书舍人杜审权知礼部贡举。十月,以邠宁庆节度使、检校礼部尚书、邠州刺史、上柱国、赐紫金鱼袋毕诚为检校兵部尚书、潞州大都督府长史、御史大夫,充昭义节度副大使、知节度事、潞邢洺等州观察使。桂管观察使令狐定卒,赠礼部尚书。

十一年春正月,以银青光禄大夫、守吏部尚书、上柱国、酒泉县开国男、食邑三百户李景让为御史大夫;以朝请大夫、守御史中丞、兼尚书右丞、上柱国、赐紫金鱼袋夏侯孜为户部侍郎,判户部事;以朝散大夫、守京兆尹、上柱国、扶风县开国男、食邑三百户、赐紫金鱼袋韦澳检校工部尚书、孟州刺史、御史大夫,充河阳三城节度、孟怀泽观察处置等使。先是,车驾将幸华清宫,两省官进状论奏,诏曰:"朕以骊山近宫,真圣庙貌,未尝修谒,自谓阙然。今属阳和气清,中外事简,听政之暇,或议一行。盖崇礼敬之心,非以逸游为事。虽申敕命,兼虑劳人。卿等职备禁闱,志勤奉上,援据前古,列状上章,载陈恳到之词,深睹尽忠之节。已允来请,所奏咸知。"以剑南西川节度副大使、知节度事、管内观察处置统押近界诸蛮及西山八国云南安抚等使、特进、检校司徒、同中书门下平章事、兼成都尹、上柱国、太原郡开国公、食邑二千户白敏中以本官兼江陵尹,充荆南节度、管内观察处置等使。二月,以夏绥银宥节度使、通议大夫、检校左散骑常侍、夏州刺史、御史大夫、上柱国、荥阳县开国男、食邑三百户、赐紫金鱼袋郑助为检校工部尚书、邠州刺史,充邠宁庆节度、管内营田观察处置,兼充庆州南路救援、盐州及当道沿路镇寨粮料等使;以右金吾卫将军田在宾检校右散骑常侍,兼夏州刺史,代郑助为夏、绥、银、宥节度等使。以荆南节度使、银青光禄大夫、检校兵部尚书、兼江陵尹、御史大夫、上柱国、武功郡开国男、食邑三百户苏涤为太常卿。以银青光禄大夫、守门下侍郎、兼户部尚书、同平章事、监修国史、上柱国魏谟检校户部尚书、同平章事,兼成都尹,充剑南西川节度副大使、知节度事。以太中大夫、守工部尚书、上柱国、赐紫金鱼袋崔慎由为中书侍郎、同平章事。以成德军节度、镇冀深赵观察处置等使、起复云麾将军,守左金吾卫大将军同正、检校兵部尚书、镇州大都督府长史王绍鼎为银青光禄大夫、检校尚书右仆射,余官如故。以通议大夫、守中书门下侍郎、兼礼部尚书、同平章事、集贤殿大学士、上柱国、赐紫金鱼袋郑朗可监修国史。太中大夫、守工部尚书、同平章事、上柱国、赐紫金鱼袋崔慎由可集贤院大学士。三月,起复朝请大夫、深州刺史、御史大夫、兼成德军节度判官王绍懿可检校左散骑常侍、镇府左司马、知府事,充成德军节度副使,兼充都知兵马使。以成德军中军兵马使、银青光禄大夫、检校太子宾客、兼监察御史、上柱国王景胤可本官、深州刺史、本州团练守捉使。检校左散骑常侍、右神武大将军知军事王绍孚可落起复,依前右神武大将军。绍懿、绍孚,镇州王绍鼎之弟也。景胤,绍鼎子也。以朝请大夫、检校刑部尚书、华州刺史、上柱国、鄡县开国男、食邑三百户、赐紫金鱼袋萧俶为太子宾客,分司东都。四月,以职方郎中、知制诰裴坦为中书舍人。以朝议大夫、权知京兆尹崔郾为濮王傅,分司东都,以决杀府吏也;以江西观察使、洪州刺史、御史中丞、上柱国、赐紫金鱼袋张毅夫为京兆尹。以凤翔节度使、正议大夫、检校户部尚书、兼凤翔尹、上柱国、袭晋国公、食邑三千户、袭实封一百五十户裴识可许州刺史,充忠武军节度、陈许蔡观察等使;以吏部侍郎卢懿检校工部尚书、兼凤翔尹、御史大夫、凤翔陇右节度使;以中书舍人郑宪为洪州刺史、御史中丞、江南西道都团练观察处置等使,仍赐紫金鱼袋。以安南宣慰使、右千牛卫大将军宋涯为安南都护、御史中丞、本管经略招讨处置等使。以幽州节度使张允伸弟允中为荆州刺史,允千檀州刺史,允辛安塞军使,允举纳降军使,并兼御史中丞。以前邠宁节度使、朝议大夫、检校工部尚书、邠州刺史、上柱国、赐紫金鱼袋柳熹可检校礼部尚书、河南尹。五月,以职方郎中李玄为寿州刺史。六月,以朔方灵武定远等城节度使、朝散大夫、检校左散骑常侍、灵州大都督府长史、上柱国、赐紫金鱼袋刘潼为郑州刺史,驰驿赴任,以给边兵粮不及时也。以安南都护宋涯为容州刺史、容管经略招讨处置等使。制皇第三男灌封卫王,第十一男潍封广王。以朝散大夫、守尚书兵部侍郎、判度支、上柱国、彭城县开国男、食邑三百户、赐紫金鱼袋萧邺本官同平章事、判度支。以右监门将军、知内府省事、清河公崔巨淙为淮南监军。以特进、检校司空、兼太子太傅分司东都、上柱国、扶风郡开国公、食邑二千户杜悰本官判东都尚书省、兼御史大夫,充东都留守、东畿汝都防御使。七月,以飞龙使、宫闱局令王归长守内侍省内常侍,知省事,充内枢密使。责授邠州员外司马张直方为右骁卫大将军。八月,成德军节度使、检校尚书右仆射王绍鼎卒,赠司空,赙布帛三百段。以皇子昭王汭为开府仪同三司,守镇州大都督府长史、成德军节度、镇冀深赵观察等大使;以成德军节度副使、都知兵马使、左司马、知府事、御史中丞王绍懿为成德军副使留后。以义武军节度、易定观察等使、检校礼部尚书、定州刺史、上柱国、荥阳县开国男、食邑三百户郑涯检校户部尚书、汴州刺史、上柱国、充宣武军节度副大使、知节度事、宋亳观察、亳州太清宫等使；以四镇北庭行军、泾原渭武节度使、银青光禄大夫、检校右散骑常侍、泾州刺史、御史大夫、上柱国、范阳县开国男、食邑三百户卢简求可检校工部尚书、定州刺史、义武节度使、易定观察、北平军等使；以盐州防御押蕃落诸军防秋都知兵马使、度支乌池榷税等使、检校右散骑常侍、盐州刺史、上柱国、赐紫金鱼袋陆耽代简求为泾原节度使。以翰林学士、朝散大夫、中书舍人、赐紫金鱼袋曹确权知河南尹。汝州防御使令狐绪有善政，郡人诣阙请立德政碑颂。绪以弟绹在中书，上表乞寝，从之。以太常卿苏涤为兵部尚书，权知吏部铨事，以银青光禄大夫、守散骑常侍、上柱国、渤海郡开国伯、食邑七百户封敖为太常卿。是月，荧惑犯东井。九月，以秦州刺史李承勋为朝散大夫、检校工部尚书、泾州刺史，充四镇北庭泾原渭武节度等使；以礼部郎中杨知温充翰林学士；以中散大夫、尚书礼部侍郎、上柱国、赐紫金鱼袋杜审权为陕州大都督府长史、兼御史大夫、陕虢都防御观察处置等使；以银青光禄大夫、检校司空、兼太子太师、上柱国、范阳郡开国公、食邑二千户卢钧为检校司空、同中书门下平章事、兴元尹，充山南西道节度等使。右补阙陈嘏、左拾遗王谱、右拾遗薛廷杰上疏谏遣中使往罗浮山迎轩辕先生。诏曰："朕以万机事繁，躬亲庶务，访闻罗浮山处士轩辕集，善能摄生，年龄亦寿，乃遣使迎之，或冀有少保理也。朕每观前史，见秦皇、汉武为方士所惑，常以之为诫。卿等位当论列，职在谏司，阅示来章，深纳诚意。"仍谓崔慎由曰："为吾言于谏官，虽少翁、栾大复生，不能相感。如闻轩辕生高士，欲与之一言耳。"宰相郑朗累月请告，三章求免。是月乙未，彗出于房初度，长三尺。十月，制通议大夫、守中书侍郎、礼部尚书、同平章事、监修国史、上柱国、赐紫金鱼袋郑朗可检校尚书右仆射，兼太子少师。以山南西道节度使、中散大夫、检校礼部尚书、兴元尹、上柱国、赐紫金鱼袋蒋系权知刑部尚书，宰相崔慎由兼修国史，萧邺兼集贤殿大学士。以华州刺史高少逸为左散骑常侍，以苏州刺史裴夷直为华州刺史、潼关防御、镇国军等使，以太常少卿崔钧为苏州刺史。入回鹘册礼使、卫尉少卿王端章贬贺州司马，副使国子《礼记》博士李浔为郴州司马，判官河南府士曹李寂永州司马。端章等出塞，黑车子阻路而回故也。以成德军观察留后、御史中丞、赐紫金鱼袋王绍懿检校工部尚书，兼镇州大都督府长史、御史大夫，充成德军节度、镇冀深赵观察等使。以中书舍人李藩权知礼部贡院。十一月，太子少师郑朗卒，赠司空。银青光禄大夫、检校尚书左仆射、兼太子太保、充右羽林统军、御史大夫、上柱国、荥阳县开国男、食邑三百户郑光卒，辍朝三日，赠司徒，仍令百官奉慰。上之元舅也。宰相崔慎由为中书侍郎兼礼部尚书，尚书萧邺兼工部尚书，余并如故。十二月，以昭义军节度使、朝议大夫、检校工部尚书、上柱国、平阴县开国男、食邑三百户毕諴为太原尹、北都留守、河东节度使；朝议大夫、检校礼部尚书、兼太原尹、北都留守、上柱国、赐紫金鱼袋刘瑑为尚书户部侍郎、判度支。以翰林学士承旨、通议大夫、守

书户部侍郎、知制诰、上护军、赐紫金鱼袋蒋伸为兵部侍郎，充职。以金紫光禄大夫、守太子少保分司东都、上柱国、河东县开国男、食邑五百户裴休检校户部尚书，兼潞州大都督府长史、昭义军节度副大使、知节度事、潞磁邢洺观察等使。以正议大夫、行尚书兵部侍郎、上柱国、河东县开国男、食邑三百户、赐紫金鱼袋柳仲郢本官兼御史大夫，充诸道盐铁转运使。以正议大夫、检校户部尚书、兼太子宾客、上柱国、赐紫金鱼袋孔温业本官分司东都，以病请告故也。礼部郎中杨知温本官知制诰，充翰林学士。以幽州中军使、检校国子祭酒、幽府左司马、知府事、御史中丞张简本检校右散骑常侍，允伸之子也。以中散大夫、权知刑部尚书、上柱国、赐紫金鱼袋蒋系检校户部尚书、凤翔尹、御史大夫、凤翔陇右节度观察处置等使。是岁，舒州吴塘堰有众禽成巢，阔七尺，高七丈，而水禽、山鸟、鹰隼、燕雀之类，无不驯狎。又有鸟人面绿毛，爪喙皆绀色，其声曰"甘"，人呼为"甘虫"。

十二年春正月，以晋阳令郑液为通州刺史。罗浮山人轩辕集至京师，上召入禁中，谓曰："先生遐寿而长生可致乎？"曰："彻声色，去滋味，哀乐如一，德施周给，自然与天地合德，日月齐明，何必别求长生也。"留之月余，坚求还山。以前乡贡进士于琮为秘书省校书郎，寻尚皇女广德公主，改银青光禄大夫、守右拾遗、驸马都尉。以安南本管经略招讨处置使、朝散大夫、检校左散骑常侍、安南都护、御史大夫、赐紫金鱼袋李弘甫为宗正卿。以中大夫、守京兆尹、上柱国、赐紫金鱼袋张毅夫为鄂州刺史、御史大夫、鄂岳蕲黄申等州都团练观察使。以太中大夫、福州刺史、御史中丞、上柱国、赐紫金鱼袋杨发检校右散骑常侍、广州刺史、御史大夫，充岭南东道节度观察处置等使。以朝散大夫、守康王傅分司东都、上柱国、褒魏郡开国公、食邑二千户、赐紫金鱼袋王式为安南都护、兼御史中丞，充安南本管经略招讨处置等使。以朝请大夫、前守太子宾客分司东都、上柱国、鄠县开国男、食邑三百户、赐紫金鱼袋蒋俶守太子少保分司。以朝请大夫、检校左散骑常侍、右金吾大将军、充右街使、上柱国、袭太原郡开国公、食邑二千户、赐紫金鱼袋王镇为检校左散骑常侍、使持节、都督福州诸军事、兼福州刺史、御史大夫，充福建等州都团练观察处置等使。以翰林学士、朝议郎、守尚书司勋郎中、知制诰、赐绯鱼袋孔温裕为中书舍人，充职。以右骁卫上将军李正源守大内皇城留守。以朝议大夫、守尚书户部侍郎、判度支、上柱国、赐紫金鱼袋刘瑑本官同平章事，依前判度支。以太中大夫、守中书侍郎、兼礼部尚书、同平章事、监修国史、上柱国、赐紫金鱼袋崔慎由检校礼部尚书、梓州刺史、御史大夫、剑南东川节度副大使、知度事，代韦有翼；以有翼为吏部侍郎。二月，以前邕管经略招讨处置使、朝议郎、邕州刺史、御史中丞、赐紫金鱼袋段文楚为昭武校尉、右金吾卫将军；以朝议郎、守中书舍人、权知礼部贡举、上柱国、赐绯鱼袋李藩为尚书户部侍郎。以朝散大夫、守工部尚书、同平章事、充集贤殿大学士、上柱国、彭城县开国男、食邑三百户、赐紫金鱼袋萧邺为监修国史。以朝议大夫、守户部侍

郎、同平章事、判度支、上柱国、赐紫金鱼袋刘瑑可充集贤院学士。以渤海国王弟权知国务大虔晃为银青光禄大夫、检校秘书监、忽汗州都督,册为渤海国王。以兵部侍郎柳仲郢为刑部尚书。以朝议大夫、守尚书户部侍郎、判户部事、上柱国、赐紫金鱼袋夏侯孜为兵部侍郎,充诸道盐铁转运使;以朝请大夫、权知刑部侍郎、赐紫金鱼袋杜胜为户部侍郎、判户部事。以光禄大夫、守左领军卫大将军分司东都、上柱国、会稽县开国公、食邑一千五百户康季荣可检校尚书右仆射,兼左卫上将军分司。贬前利州刺史杜仓为贺州司户,蔡州刺史李丛邵州司马。以工部郎中、知制诰于德孙,库部郎中、知制诰苗恪,并可中书舍人,依前翰林学士。以前右金吾卫将军郑汉璋,前鸿胪少卿郑汉卿,并起复授本官,国舅光之子也。以银青光禄大夫、行给事中、驸马都尉卫洙为工部侍郎,前濮王傅分司皇甫权为康王傅分司。以库部员外郎、史馆修撰李涣为长安令。闰二月,以司农少卿卢籍为代州刺史,前江陵少尹杜恽为司农少卿。以河东马步都虞候段威为朔州刺史,充天宁军使,兼兴唐军沙陀三部落防遏都知兵马使。五月,以兵部侍郎、盐铁转运使夏侯孜本官同平章事。六月,南蛮攻安南府。八月,洪州贼毛合、宣州贼康全大攻掠郡县,诏两浙兵讨平之。十二月,太子少保魏谟卒,赠司徒。

十三年春正月,以虢陕观察使杜审权为户部侍郎、判户部事。三月,宰相萧邺罢知政事,守吏部尚书。四月,以翰林学士承旨、兵部侍郎、知制诰蒋伸本官同平章。五月,上不豫,月余不能视朝。八月七日,宣遗诏立郓王为皇太子,勾当军国事。是日,崩于大明宫,圣寿五十。诏门下侍郎、平章事令狐绹摄冢宰。群臣上谥曰圣武献文孝皇帝,庙号宣宗。十四年二月,葬于贞陵。

史臣曰:臣尝闻黎老言大中故事,献文皇帝器识深远,久历艰难,备知人间疾苦。自宝历已来,中人擅权,事多假借,京师豪右,大扰穷民。洎大中临驭,一之日权豪敛迹,二之日奸臣畏法,三之日阍寺詟气。由是刑政不滥,贤能效用,百揆四岳,穆若清风,十余年间,颂声载路。上宫中衣浣濯之衣,常膳不过数器,非母后侑膳,辄不举乐,岁或小饥,忧形于色。虽左右近民,未尝见愠惰之容。与群臣言,俨然煦接,如待宾僚,或有所陈闻,虚襟听纳。旧时人主所行,黄门先以龙脑、郁金藉地,上悉命去之。宫人有疾,医视之,既瘳,即袖金赐之,诫曰:"勿令敕使知,谓予私于侍者。"其恭俭好善如此。季年风毒,召罗浮山人轩辕集,访以治国治身之要,其伎术诡异之道,未尝措言。集亦有道之士也。十三年春,坚求还山。上曰:"先生少留一年,候于罗浮山别创一道馆。"集无留意,上曰:"先生舍我亟去,国有灾乎?朕有天下,竟得几年?"集取笔写"四十"字,而十字挑上,乃十四年也。兴替有数,其若是乎!而帝道皇猷,始终无缺,虽汉文、景不足过也。惜乎简藉遗落,旧事十无三四,吮墨挥翰,有所慊然。

赞曰:李之英主,实惟献文。秕粺尽去,淑慝斯分。河、陇归地,朔漠消氛。到今遗老,歌咏明君。

卷十九上　　本纪第十九上

懿　宗

懿宗昭圣恭惠孝皇帝讳漼,宣宗长子,母曰元昭皇太后晁氏。大和七年十一月十四日,生于藩邸。会昌六年十月,封郓王,本名温。大中十三年八月七日,宣遗诏立为皇太子监国,改今名。十三日,柩前即帝位,年二十七。帝姿貌雄杰,有异稠人。藩邸时常经重疾,郭淑妃侍医药,见黄龙出入于卧内。既间,妃以异告,帝曰:"慎勿复言。"又尝大雪数尺,而帝寝室之上独无,人皆异之。宣宗制《泰边陲乐曲词》有"海岳晏咸通"之句。又大中末,京城小儿叠布溃水,纽之向日,谓之拔晕。帝果以郓王即大位,以咸通为年号。九月,释服,追尊母后晁氏为太后,谥曰元昭。十月癸未,制以门下侍郎、守左仆射、同平章事令狐绹守司空,门下侍郎、兵部尚书、同平章事萧邺兼尚书右仆射,中书侍郎、礼部尚书、平章事夏侯孜兼兵部尚书,中书侍郎、平章事蒋伸兼工部尚书,并依前知政事。又以兵部侍郎郑颢为河南尹。以昭义军节度、潞邢磁洺观察等使、光禄大夫、检校吏部尚书、兼潞州大都督府长史、上柱国、河东县开国子、食邑五百户裴休为太原尹、北都留守、河东节度管内观察处置等使;以河中节度使、检校尚书左仆射毕諴为汴州刺史,充宣武军节度、宋亳观察等使。以中书舍人裴坦权知礼部贡举。十二月,以户部侍郎、翰林学士杜审权为检校礼部尚书、河中晋绛节度等使。

咸通元年春正月,上御紫宸殿受朝,对室韦使。二月,葬宣宗皇帝于贞陵。以右拾遗刘邺充翰林学士。以河中节度使杜审权为兵部侍郎、判度支,寻以本官同平章事;以门下侍郎、守司徒、同平章事令狐绹检校司徒、同平章事,出镇河中;尚书左仆射、诸道盐铁转运使杜悰同平章事。浙东观察使王式斩草贼仇甫,浙东郡邑皆平。八月,以河东节度使裴休为凤翔尹、凤翔陇右节度使,以凤翔陇右节度使、银青光禄大夫、检校刑部尚书卢简求为太原尹、北都留守、河东节度使。十一月丙午朔,丁未,上有事于郊庙,礼毕,御丹凤门,大赦,改元。以中书舍人薛耽权知贡举。

二年春二月,吏部尚书萧邺检校尚书右仆射、太原尹、北都留守、河东节度观察等使。郑滑节度使、检校工部尚书李福奏:"属郡颍州去年夏大雨,沈丘、汝阴、颍上等县平地水深一丈,田稼、屋宇淹没皆尽,乞蠲租赋。"从之。以中书侍郎兼工部尚书蒋伸兼刑部尚书,右仆射、门下侍郎杜悰为左仆射,依前知政事。四月,以前婺州刺史裴闵为颍州刺史,充本州团练镇遏等使。以驾部郎中王铎本官知制诰。八月,以中书舍人卫洙为工部侍郎。寻改银青光禄大夫、检校礼部尚书,兼滑州刺史、御史大夫、驸马都尉，充义成军节度、郑滑颍观察处置等使。洙奏状称："蒙恩除授滑州刺史，官号内一字与臣家讳音同，虽文字有殊，而声韵难别，请改授闲官者。"敕曰："嫌名不讳，著在礼文，成命已行，固难依允。"以兵部侍郎曹确判度支，以兵部员外郎杨知远、司勋员外郎穆仁裕试吏部宏词选人。九月，以前兵部侍郎、判度支毕諴为工部尚书、同平章事。蒋伸罢知政事。林邑蛮寇安南府，遣神策将军康承训率禁军及江西、湖南之兵赴援。

三年春正月，左仆射、门下侍郎、平章事杜悰率百僚上徽号曰睿文明圣孝德皇帝。五月，敕："岭南分为五管，诚已多年。居常之时，同资御捍，有事之际，要别改张。邕州西接南蛮，深据黄洞，控两江之犷俗，居数道之游民。比以委人太轻，军威不振，境连内地，不并海南。宜分岭南为东、西道节度观察处置等使，以广州为岭南东道，邕州为岭南西道，别择良吏，付之节旄。其所管八州，俗无耕桑，地极边远，近罹盗扰，尤甚凋残。将盛藩垣，宜添州县。宜割桂州管内龚州、象州，容州管内藤州、岩州，并隶岭南西道收管。"宰臣杜悰兼司空，毕諴兼兵部尚书。驾部郎中、知制诰王铎为中书舍人。以邕管经略使郑愚为广州刺史，充岭南东道节度观察处置等使；将军宋戎为岭南西道节度使。夏，淮南、河南蝗旱，民饥。南蛮陷交址，征诸道兵赴岭南。诏湖南水运，自湘江入澪渠，江西造切面粥以馈行营。湘、漓溯运，功役艰难，军屯广州乏食。润州人陈磻石诣阙上书，言："江西、湖南，溯流运粮，不济军师，士卒食尽则散，此宜深虑。臣有奇计，以馈南军。"天子召见，磻石因奏："臣弟听思曾任雷州刺史，家人随海船至福建，往来大船一只，可致千石，自福建装船，不一月至广州。得船数十艘，便可致三万石至广府矣。"又引刘裕海路进军破卢循故事。执政是之，以磻石为盐铁巡官，往杨子院专督海运。于是康承训之军皆不阙供。七月，徐州军乱，以浙东观察使王式检校工部尚书、徐州刺史、御史大夫、武宁军节度、徐泗濠观察等使。初，王智兴得徐州，召募凶豪之卒二千人，号曰银刀、雕旗、门枪、挟马等军，番宿衙城。自后浸骄，节度使姑息不暇。田牟镇徐日，每与骄卒杂坐，酒酣抚背，时把板为之唱歌。其徒日费万计。每有宾宴，必先厌食饫酒，祁寒暑雨，卮酒盈前，然犹喧噪邀求，动谋逐帅。前年寿州刺史温璋为节度使，骄卒素知璋严酷，深负忧疑。璋开怀抚谕，终为猜贰，给与酒食，未尝沥口，不期月而逐璋。上是以式代璋。时式以忠武、义成之师三千平定仇甫，便诏式率二镇之师渡淮。徐卒闻之，惧其势，无如之何。至大彭馆，方来迎谒。居三日，犒劳两镇兵令还，既掾甲执兵，即命环骄卒杀之。徐卒三千余人，是日尽诛，由是凶徒悉殄。九月，以户部侍郎李晦检校工部尚书，兼兴元尹、山南西道节度使。十一月，遣将军蔡袭率禁军三千，会诸道之师赴安南。以吏部侍郎郑处诲萧仿、吏部员外郎杨俨、户部员外郎崔彦昭等试宏词选人。十二月，以吏部侍郎萧仿权知礼部贡举。

四年春正月甲子朔。庚午，上有事于圆丘，礼毕，御丹凤楼，大赦。中外官宜准建中元年敕，授官后三日举一人自代。州牧令录上佐官，在任须终三考。河东节度使、检校刑部尚书卢简求以病求罢，诏以太子少师致仕归东都。以昭义节度使、检校礼部尚书、上柱国、赐紫金鱼袋刘潼为太原尹、北都留守、御史大夫，充河东节度观察处置等使。二月，以左散骑常侍李荀检校工部尚书、滑州刺史、义成军节度、郑滑观察等使。三月，以兵部侍郎、判度支杨收本官同平章事；以刑部侍郎曹汾为河南尹；以户部侍郎李蠙检校礼部尚书、潞州大都督府长史，充昭义节度、观察处置等使。四月，敕徐州罢防御使，为支郡，隶兖州。七月朔，制："安南寇陷之初，流人多寄溪洞。其安南将吏官健走至海门者人数不少，宜令宋戎、李良瑝察访人数，量事救恤。安南管内被蛮贼驱劫处，本户两税、丁钱等量放二年，候收复后别有指挥。其安南溪洞首领，素推诚节，虽蛮寇窃据城壁，而酋豪各守土疆。如闻溪洞之间，悉藉岭北茶药，宜令诸道一任商人兴贩，不得禁止往来。廉州珠池，与人共利。近闻本道禁断，遂绝通商，宜令本州任百姓采取，不得止约。其徐州银刀官健，其中先有逃窜者，累降敕旨，不令捕逐。其今年四月十八日，草贼头首已抵极法，其余徒党各自奔逃，所在更加捕逐。"是月，东都、许、汝、徐、泗等州大水，伤稼。初，大中末，安南都护李琢贪暴，侵刻獠民，群獠引林邑蛮攻安南府。三年，大征兵赴援，天下骚动。其年冬，蛮竟陷交州，赴安南诸军并令抽退，分保岭南东、西道。十一月，长安县尉、集贤校理令狐滈为左拾遗。制出，左拾遗刘蜕、起居郎张云上疏，论滈父绹秉权之日，广纳赂遗，受李琢赇，除安南，致生蛮寇，滈不宜居谏诤之列。时绹在淮南，上表论诉，乃贬云兴元少尹，蜕华阴令，滈改詹事司直。以中书舍人王铎权知礼部贡举，以兵部侍郎、判度支曹确同平章事，以中书侍郎、平章事毕諴检校吏部尚书、河中尹、晋绛慈隰节度使。就加幽州张允伸检校司徒。以兵部侍郎高璩本官同平章事，以户部侍郎裴寅判本司事。

五年春正月戊午朔，以用兵罢元会。谏议大夫裴坦上疏，论天下征兵，财赋方匮，不宜过兴佛寺，以困国力。优诏答之。二月，以兵部尚书牛丛检校兵部尚书，兼成都尹、剑南西川节度副大使、知节度事。徐州处置观察防御使。以门下侍郎、兵部尚书、平章事杜审权为润州刺史、浙江西道节度使。三月，以兵部郎中高湜、员外于怀试吏部，平判选人。四月，右仆射、平章事夏侯孜增爵五百户。以中书舍人王铎为礼部侍郎，以晋州刺史孟球检校工部尚书，兼徐州刺史。南蛮寇邕管，以秦州经略使高骈率禁军五千赴邕管，会诸道之师御之。五月丁酉，制：

> 朕以寡昧，获承高祖、太宗之丕构，六载于兹矣。罔畋游是娱，罔声色是纵，罔刑戮是滥，罔邪佞是惑。夙夜悚惕，以忧以勤，庶几乎八表用康，兆人以泰。而西戎款附，北狄怀柔，独惟南蛮，奸宄不率。侵陷交趾，突犯朗宁，爰及邕州，亦用攘寇。劳我士卒，兴吾甲兵，骚动黎元，役力飞挽，每一轸念，闵然疚怀。顾惟生人，罹此愁苦，宜布自天之泽，俾垂及物之仁。如闻湖南、桂州，是岭路系口，诸道兵马纲

运,无不经过,顿递供承,动多差配,凋伤转甚,宜有特恩。潭、桂两道各赐钱三万贯文,以助军钱,亦以充馆驿息利本钱。其江陵、江西、鄂州三道,比于潭、桂,徭配稍简,宜令本道观察使详其闲剧,准此例与置本钱。邕州已西黎、㟅界内,昨因蛮寇,互有杀伤,宜令本道收拾埋瘗,量设祭酹。

徐州土风雄劲,甲士精强,比以制驭乖方,频致骚扰。近者再置使额,却领四州,劳逸既均,人心甚泰。但闻比因罢节之日,或有被罪奔逃,虽朝廷频下诏书,并令一切不问,犹恐尚怀疑惧,未委招携,结聚山林,终成诖误。况边方未静,深藉人才,宜令徐泗团练使选拣召募官健三千人,赴邕管防戍。待岭外事宁之后,即与替代归还。仍每召满五百人,即差军将押送,其粮料赏给,所司准例处分。

淮南、两浙海运,房隔舟船,访闻商徒,失业颇甚,所由纵舍,为弊实深。亦有搬货财委于水次,无人看守,多至散亡,嗟怨之声,盈于道路。宜令三道据所搬米石数,牒报所在盐铁巡院,令和雇入海舸船,分付所司。通计载米数足外,辄不更有隔夺,妄称贮备。其小舸短船到江口,使自有船,不在更取商人舟船之限。如官吏妄行威福,必议痛刑。于戏!万方靡安,宁忘于罪己;百姓不足,敢怠于责躬。用伸钦恤之怀,式表忧勤之旨。

壬寅,制以中书侍郎、平章事杨收为门下侍郎、兼刑部尚书,以中书侍郎、平章事曹确兼工部尚书,兵部侍郎、平章事高璩为中书侍郎、知政事,余并如故。秋七月壬子,延资库使夏侯孜奏:

盐铁户部先积欠当使咸通四年已前延资库钱绢三百六十九万余贯匹。内户部每年合送钱二十六万四千一百八十贯匹,从大中十二年至咸通四年九月已前,除纳外,欠一百五十万五千七百一十四万贯匹。当使缘户部积欠数多,先具申奏,请于诸道州府场监院合纳户部所收八十文除陌钱内,割一十五文,属当使自收管。敕命星行,送纳稽缓。今得户部牒称,所收管除陌钱绢外,更有诸杂物货,延资库征收不便,请起今年合纳延资库钱绢一时便足。其已前积欠,候物力稍充,积渐填纳。其所割一十五文钱,即当司仍旧收管。又缘累岁以来,岭南用兵,多支户部钱物。当使不欲坚论旧欠,请依户部商量,合纳今年一年额色钱绢须足,明年即依旧制,三月、九月两限送纳毕。其以前积欠,仍令户部自立填纳期限者。

敕旨依之。十月丙辰,以中书舍人李蔚权知礼部贡举。十一月乙酉,以大同军防御使卢简方检校工部尚书、沧州刺史、御史大夫,充义昌军节度、沧济德观察等使。乙未,以兵部侍郎萧寘本官同中书门下平章事。

六年正月癸未朔。丁亥,制以河东节度使、检校刑部尚书孔温裕为郓州刺史、天平军节度、郓曹棣观察处置等使。二月,制以御史中丞徐商为兵部侍郎、同平章事。高璩罢知政事。以吏部尚书崔慎由、吏部侍郎郑从谠、吏部侍郎王铎、兵部员外郎崔谨张彦远等考宏词选人;金部员外郎张乂思、大理少卿董赓试拔萃选人。以给事中杨严为工部侍郎,寻召为翰林学士。四月,西川节度使牛丛奏于蛮界筑新城、安城、遏戎州功毕。时南诏蛮入寇姚、巂,陈许大将颜复成巂州新筑二城。其年秋,六姓蛮攻遏戎州,为复所败,退去。兵部侍郎、平章事徐商、萧寘转中书侍郎、知政事。五月,以左丞杨知温为河南尹,以神策大将军马举为秦州经略招讨使,以右金吾大将军李宴元为夏州刺史、朔方节度等使。安南都护高骈奏于邕管大败林邑蛮。七月,以右卫大将军薛绾检校工部尚书、徐州刺史,充徐泗团练观察防御等使。九月,以中书舍人赵隐权知礼部贡举;以吏部侍郎萧仿检校礼部尚书、滑州刺史、御史大夫,充义成军节度、郑滑颍观察等使。十二月,太皇太后郑氏崩,谥曰孝明。是岁秋,高骈自海门进军破蛮军,收复安南府。自李琢失政,交趾湮没十年,蛮军北寇邕容界,人不聊生,至是复故地。

七年春正月戊寅朔,以太皇太后丧罢元会。三月,成德军节度、镇冀深赵等州观察处置等使、金紫光禄大夫、检校司空、镇州大都督府长史、御史大夫、太原县开国伯、食邑七百户、袭食实封一百户王绍懿卒,赠司徒。绍鼎之弟,俱寿安公主之子也。三军推绍鼎子景崇知兵马留后事。就加幽州张允伸兼太保、平章事,进封燕国公。以吏部侍郎郑从谠检校礼部尚书、兼太原尹、北都留守、御史大夫、上柱国、荥阳县开国男、食邑三百户,充河东节度管内观察处置等使。四月,寿安公主上表请入朝,诏曰:"志兴奏汝以景崇未降恩命,欲来朝觐事,具悉。景崇素闻孝悌,颇有义方,洽三军爱戴之情,荷千里折冲之寄。缵乃旧服,绰有令猷,朝廷奖能,续有处分。缘孝明太后园寝有日,庶事且停,候衬庙礼成,当允诚请。"七月,沙州节度使张义潮进甘峻山青骹鹰四联、延庆节马二匹、吐蕃女子二人。僧县延进《大乘百法门明论》等。八月,镇州王景崇起复忠武将军、左金吾卫将军同正、检校右散骑常侍,兼镇州大都督府左司马、知府事、御史中丞,充成德军节度观察留后。上柱国、赐紫金鱼袋、中书侍郎、平章事徐商兼工部尚书。十月,沙州张义潮奏:差回鹘首领仆固俊与吐蕃大将尚恐热交战,大败蕃寇,斩尚恐热,传首京师。右仆射、门下侍郎、平章事夏侯孜检校司空、平章事,兼成都尹、剑南西川节度副大使、知节度事。安南高骈奏蛮寇悉平。十一月十日,御宣政殿,大赦,以复安南故也。以翰林学士承旨、户部侍郎路岩为兵部侍郎、同平章事。义成军节度萧仿就加检校兵部尚书,褒能政也。以礼部郎中李景温、吏部员外郎高湘试拔萃选人。

八年春正月壬寅朔。丁未,河中、晋、绛地大震,庐舍压仆伤人,有死者。三月,安南高骈奏:"南至邕管,水路湍险,巨石梗涂,令工人开凿讫,漕船无滞者。"降诏褒之。制以门下侍郎、兼户部尚书、平章事、上柱国、晋阳县开国男、食邑三百户、赐紫金鱼袋杨收检校兵部尚书,充浙江西道观察使;以浙西观察使杜审权守尚书左仆射;以兵部侍郎于悰本官同平章事。九月丁酉,延资库使曹确奏:

户部每年合送当使三月、九月两限绢二十一万四千一百匹,钱万贯,自大中八年已后,至咸通四年,积欠一百五十万五千七百余贯匹。前使杜悰申奏,请起咸通五年正月以后,于诸道州府场监院合送户部八十文除陌钱内,割十五文当使收管,以填积欠。续据户部牒称,州府除陌钱有折色零碎,请起咸通五年所合送延资库钱绢,逐年两限须足,其除陌十五文,当司仍旧收管。前使夏侯孜具事由申奏,且请依户部论请期限。其咸通五年钱绢,户部已送纳。自六年至八年,其钱绢依前不旋送纳,又积欠三十六万五千五百七贯匹者。伏以所置延资库,初以备边为名,至大中三年始改今号。若财货不充,则名额虚设。当制置之时,所令三司逐年分减送当使收管。元敕只有钱数,但令本司减割送库,不定色目。以此因循,渐隳旧制,年月既久,积欠渐多。既无计以征收,乃指色以取济,稍称备边名号,得遵元敕指挥。乃割户部除陌八十文内十五文收管,及户部请逐年送库,须且禀从。今既积欠又多,终虑不及期限。臣今酌量诸道州府场监院合送户部钱绢内分配,令勒留下合送延资库数目,令本处别为纲运,与户部纲同送上都,直纳延资库,则户部免有逋悬,不至累年积欠。从之。

十月丙寅,户部侍郎、判度支崔彦昭奏:当司应收管江、淮诸道州府咸通八年已前两税榷酒及支米价,并二十文除陌诸色属省钱,准旧例逐年商人投状便换。自南蛮用兵已来,置供军使,当司在诸州府场监钱,犹有商人便换,赍省司便换文牒至本州府请领,皆被诸州府称准供军使指挥占留。以此商人疑惑,乃致当司支用不充。乞下诸州府场监院依限送纳及给还商人,不得托称占留者。"敕旨从之。宰相、门下侍郎、户部尚书曹确兼吏部尚书,门下侍郎、礼部尚书路岩兼户部尚书,中书侍郎、工部尚书徐商兼刑部尚书,兵部侍郎、平章事于悰为中书侍郎。以中书舍人刘允章权知礼部贡举,以吏部侍郎卢匡、吏部侍郎李蔚、兵部员外郎薛崇、司勋员外郎崔殷梦考吏部宏词选人。

九年春正月丙申,以吏部侍郎李蔚检校刑部尚书、汴州刺史、御史大夫,充宣武节度、汴宋亳观察处置等使。幽州节度使张允伸就加检校太傅。以兵部员外郎焦浚、司勋员外郎李岳考宏词选人。七月戊戌,白虹横亘西方。其月,徐州赴桂林戍卒五百人,官健许佶、赵可立杀其将王仲甫,以粮料判官庞勋为都头,剽掠湘潭、衡山两县,有众千人,擅还本镇。九月辛卯朔。甲午,庞勋陷宿州,知州判官焦璐奔归于徐。乙未,庞勋陷徐州,杀节度使崔彦曾、判官焦璐、李税、温延皓、崔蕴、韦廷乂,惟免监军张道谨。遂出徐、宿官库钱帛,召募凶徒,不旬日其徒五万。勋抗表请罪,仍命群凶邀求节钺。上遣中使因而抚之。贼令别将梁伾守宿州,以姚周为柳子寨主,又遣刘行及、丁景琮、吴迥攻围泗州。十月,诏征河南、河东、山南诸道之师。贬浙西观察使杨收为端州司马同正,收弟前浙东观察使、越州刺史、御史中丞严为韶州刺史,检校工部尚书、洪州刺史、镇南节度、江南西道观察处置等使严譔长流岭南。贼攻泗州势急,淮南节度使令狐绹虑失泗口,为贼奔冲,乃令大将李湘赴援,为贼所诱,示弱乞降,乘其无备,为贼所袭,举军皆没。湘与都监郭厚本俱为贼所执,送徐州。十一月庚寅朔。丁酉戌时,妖星初出,如匹练亘空,化为云,没在楚分。吴迥既执李湘,乃令小将张行简、吴约攻滁州。城内无兵,有淮南游奕兵三百人在州界,见贼至,径来奔射,贼乘之,遂陷滁州。张行简执刺史高锡望,手刃之,屠其城而去。行简又进攻和州,刺史崔雍登城楼谓吴迥曰:"城中玉帛、女子不敢惜,只勿取天子城池。"贼许之,遂剽城中居民,杀判官张琢,以琢浚城壕故也。庞勋又令将刘赘攻濠州,陷之,囚刺史卢望回于回车馆,望回郁愤而死,仆妾数人皆为贼蒸而食之。十二月庚辰朔,将军戴可师率沙陀、吐浑部落二万人,于淮南与贼转战,贼党屡败,尽弃淮南之守。是岁,江、淮蝗食稼,大旱。庞勋奏:"当道先发戍岭南兵士三千人春冬衣,今欲差人送赴邕管。"鄂岳观察使刘允章上书言:"庞勋聚徒十万,今若遣人达岭表,如成卒与勋合势,则祸难非细。"寻诏庞勋止绝,兼令江、淮诸纪纲捕之。

十年春正月己未朔,以徐州用兵罢元会。癸亥,以右拾遗韦保衡为银青光禄大夫、守起居郎、驸马都尉,尚皇女同昌公主,出降之日,礼仪甚盛。以神武大将军王晏权检校工部尚书、徐州刺史、御史大夫,充武宁军节度、徐泗濠观察,兼徐州北路行营招讨等使,智兴之从子也;以将军朱克诚充北路招讨都虞候;王宥北路招讨前军使。以翰林学士、户部侍郎刘瞻守本官同平章事。中书侍郎、兼户部尚书、平章事蒋伸为太子太保,罢知政事,病免也。以门下侍郎、兼刑部尚书、同平章事徐商检校兵部尚书、江陵尹、荆南节度使。以右神策大将军、知军使、兼御史大夫、上柱国、龙阳县开国伯、食邑一千户康承训可金紫光禄大夫、检校刑部尚书、兼右神策大将军、御史大夫、上柱国、扶风郡开国公、食邑一千五百户,充徐泗行营都招讨使;又以将军宋邵为徐州南路行营招讨都虞候;将军史忠用为颍州行营都知兵马使;将军马瀍为徐州行营都知兵马使;将军董涛充庐州行营都知兵马使;将军戴可师充曹州行营招讨使;将军朱邪赤心充太原行营招讨使、沙陀三部落等军使;将军王建充淮泗行营招讨使;将军曹翔充兖海节度行营招讨使;将军马举为扬州都督府司马,充淮南行营招讨使;将军高罗锐为楚州刺史,本州行营招讨使;将军秦匡谟为濠州刺吏,本州行营招讨使,将军李播为宿州刺史,赴庐州行营招讨使;以将军孟彪为太仆卿,充都粮料使。凡十八将,分董诸道之兵七万三千一十五人,正月一日进军攻徐州。魏博何弘敬奏当道点检兵马一万三千赴行营。时贼将刘行及、丁景琮、吴迥攻围泗州,可师乘胜救之,屯于石梁驿。贼自退去,可师追击,生擒刘行及,贼保都梁城,乃断行及之指,悬于城下以示贼。贼登城拜曰:"见与都头谋归朝。"可师既知其窘,乃退军五里。其城西面有水,三面大军,贼乃夜中涉水而遁。明早开城门,惟病妪数人而已。王师入垒未整,翌日诘旦重雾,贼军大至,可师方大醉,单马奔出,为虹县人郭真所杀,一军尽没,惟忠武、太原、沙陀之骑军保全而退。副将王健为贼所擒,刘行及却为贼将吴迥所得,吴迥乃进军复围泗州。自是梯冲云合,内外不通。庞勋恃其骤胜,遣人上表,词语不恭,又与康承训书,指斥朝政。王晏权者,智兴之犹子也,故授以武宁节制以招之,以冀招怀。徐人怨王式之诛,相扇为乱,旬月招携,啖之以利,民□卒无革心者。康承训大军宿州,贼将梁伾出战屡败,乃授承训检校尚书右仆射,兼滑州刺史、义成军节度使。责授端州司马杨收长流驩州,与严譔并赐死于路;其党杨公庆、严季实、杨全益、史明、廉遂、何师玄、李孟勋、马全祐、李羽、王彦复等长流儋、崖、播等州;判官朱倜、常潾、阎均等配流岭南。以河中节度使、开府仪同三司、检校司徒、平章事、上柱国、谯郡开国公、食邑二千户夏侯孜为太子少保,分司东都。时南平蛮寇西川,责孜在蜀日失政也。

二月己丑,庞勋急攻泗州,遣牙将李员入城见刺史杜慆曰:"留后知中丞名族,不敢令军士失礼,但开城门,令百姓存活,无相疑也。"慆执而杀之。诏司农卿薛琼使淮南庐、寿、楚等州,点集乡兵以自固。四月,康承训奏大败柳子寨贼,诏监军杨玄价与康承训商量,拔汴河水以灌宿州。六月丁亥朔,戊戌,制曰:

动天地者莫若精诚,致和平者莫若修政。朕顾惟庸昧,托于王公之上,于兹十一年矣。祗荷丕构,寅畏小心,慕唐尧之钦若昊天,遵周王之昭事上帝。念兹凤夜,靡替虔恭,同驭朽之忧勤,思纳隍之轸虑。内戒奢靡,外罢畋游,匪敢期于雍熙,所自得于清净,止望寰区无事,稼穑有年。然而烛理不明,涉道唯浅,气多堙郁,诚未感通。旱暵是虞,虫螟为害,蛮蜑未宾于遐裔,寇盗复蠹于中原。尚驾戎车,益调兵食,俾黎元之重困,每宵旰而忘安。今盛夏骄阳,时雨久旷,忧勤兆庶,旦夕焦劳。内修香火以虔祈,外馨牲玉以精祷。仰俟玄贶,必致甘滋。而油云未兴,秋稼阙望,因兹愆忒,轸于诚怀。矧复暴政烦刑,强官酷吏,侵渔蠹耗,陷害孤茕,致有冤抑之人,构成灾沴之气。主守长吏,无忘奉公。伐叛兴师,盖非获已,除奸讨逆,必使当辜,苟或陷及平人,自然风雨愆候。凡行营将帅,切在审详,昭示恻悯之心,敬听勤恤之旨。应京城天下诸州府见禁囚徒,除十恶忤逆、官典犯赃、故意杀人、合造毒药、放火持仗、开劫坟墓及关连徐州逆党外,并宜量罪轻重,速令决遣,无久系留。雷雨不同,田畴方瘁,诚宜愍物,以示好生。其京城未降雨间,宜令坊市权断屠宰。昨陕虢中使回,方知蝗旱有损处,诸道长史,分忧共理,宜各推公,共思济物。内有饥歉,切在慰安,哀此蒸人,毋俾艰食。徐方寇孽未殄,师旅有征,凡合诛锄,审分淑慝,无令胁从横死,元恶偷生。宜申告伐之文,使知逆顺之理。于戏!每思禹、汤之罪己,其庶成、康之措刑。孰谓德信未孚,教化犹梗。咨尔多士,俾予一人,既引过在躬,亦渐几于理。布告中外,称朕意焉。

贼将郑镒急攻寿州,诏南面招讨使马举救之,贼解围而去。康承训悉兵攻贼小睢寨,不利而退。七月,康承训攻贼柳子寨,垂克而贼将王弘立救至,王师大败,承训退保宋州。庞勋乘胜自率徐州劲卒并攻泗州,留其都将许佶守徐州。诏南面招讨使马举为行营都招讨使,代承训诸军以援泗州。八月,和州防虞行官石侔等一百三十人状诉刺史崔雍,称:"贼初劫乌江县,雍令步奏官二人探知,雍犹不信,二人并被枷杻。续差人探见贼已去州十里。贼寻逼州城,崔雍与贼头吴约于鼓角楼上饮酒,许与贼州。又认军事判官李谯为亲弟,表状驱使官张立为男,只乞二人并身,其余将士一任处置。便令押衙李词等各脱下衣甲,防虞官健束手被斩者八百余人。行官石琼脱衣甲稍迟,便被崔雍遣贼处斩。其崔雍所有料钱并家口,累差人押送往采石,今在润州。岂有将一千人兵士之命,赎拔己之一身,不惟辜其神明,实亦生负圣主。兼科配军州官吏修葺城池,妄称出料钱修城者。"敕曰:"臣子之节,无如尽忠;士人之风,宜当远耻。崔雍任居牧守,贼犯州城,御捍曾不发言,从容乃与命酒。况石琼未脱衣甲,志在当锋,不能奖其赤诚,翻令擒送贼所。原其深意,与贼通和,臣节全亏,情状可见,欲行典宪,宜更推穷。其崔雍家口并在宣州,宜令宣歙观察使追崔雍收禁速勘,逐具事由申奏。"是月,马举率师解泗州之围,贼党遁去。敕曰:"当崔雍守郡之日,是庞勋肆逆之初。属狂寇奔冲,望风和好,置酒以邀贼将,启关而纳凶徒。城内不许持兵,皆令解甲,致使三军百姓,抆血相视,连头受诛。初闻奏陈,深骇观听。锡望守城而死,已有追荣;杜慆孤垒获全,寻加殊奖。既褒忠节,难赦罪人,玉石固分,惩劝斯在。将垂诫于四海,当何爱于一夫。其崔雍宜差内养孟公度专往宣州,赐自尽。"公度至,雍死于陵阳馆,其男党儿、归僧配流康州,锢身递送。司勋郎中崔原配柳州司户,比部员外郎崔福昭州司户,长安县令崔朗澧州司户,左拾遗崔庚连州司户,荆南观察支使崔序衡州司户,皆雍之亲党也。九月,贼宿州守将张玄稔以城降,有兵万人,马举率师赴之。庞勋闻之,以其众将攻玄稔。玄稔,贼之劲将也,遂与举合势,急围徐州。许佶登城拒守者三日,佶败走出。玄稔收复徐州,庞勋方来赴援,闻城已拔,欲南趋濠州,马举追及涣河,击败之,勋溺水而死。萧县主将又斩许佶首来降,徐寇悉平。初,庞勋据徐州,仓库素无贮蓄,乃令群凶四出,于扬、楚、庐、寿、滁、和、兖、海、沂、密、曹、濮等州界剽牛马挽运粮糗,以夜继昼。招致亡命,有众二十万,男女十五已上,皆令执兵,其人皆舒锄钩为兵,号曰"霍锥"。首尾周岁,十余郡生灵,受其酷毒,至是尽平。与玄稔诏曰:"去岁灾兴分野,毒起徐方,蕞尔庸夫,称兵犯命,招谕不复,猖狂罔悛,胁从三州之人,污染万姓之俗。逆顺之理,邪正坐分,果有忠臣,悉歼逆党,再清郡邑,不举干戈。此皆众人协心,阖州受福。但以首尾周岁,取制凶威,里间不安,农桑失业,言念于此,倍积忧怀。已有诏指挥,今授玄稔银青光禄大夫、检校右散骑常侍、兼右骁卫大将军、御史大夫,赐分帛五千匹、金橐一枚、盖碗一具、金腰带一条。军将张皋已下二十人,等第优给。今差高品李志承押领宣赐。"制曰:

朕以眇身，获承丕业，虔恭惕厉，十一载于兹。况荷十七圣之鸿休，绍三百年之庆祚，将求理本，敢忘宵衣。虽诚信未孚，而寅畏不息，既绝意于苑囿，固无心于畋游，业业兢兢，日慎一日。休征罔应，诊气潜生，南蛮将罢于战争，徐寇忽孤于惠养。招谕不至，虐暴滋深，窃弄干戈，擅攻州镇。将邀符印，辄恣凶残，不畏神祇，自贻覆灭。股肱之臣，以罪恶之难舍；腹心之众，谓悖逆之可诛。爰征甲兵，用救涂炭，上将宣力，内臣协心。选用皆得于良材，扫荡才及于周岁，诛干纪反常之嚻类，惩乱臣贼子之奸谋。

今则已及偃戈，重康黎庶。畴庸之典，在丝发以无私；懋赏之时，贵纤毫之必当。其四面行营节度使，既成茂勋，宜加酬奖，并取别敕处分。应诸道行营都将已下节级军将，各委本道具功劳名衔，分析闻奏，当续有处分。被坚执锐，冒涉寒暄，解甲櫜弓，还乡复业，颁缯帛之赐，免差役之征。应四面行营将士，今既平宁，宜令次第放归本道。其赏赐匹段，已从别敕处分，到本道后，仍令节度使各犒宴放归私第，便令歇息，未用差使。如行营人，并免差科色役；如本厢本将，今后有节级员阙，且以行营军健长材差置，用酬征伐之勤。临敌用命，力屈殒身，须慰伤魂，以彰忠节。超与职事，仍加任使。如无父兄子弟，即有妻女者，即委州使厚加赠恤，常令安抚。如是都将至都虞候阵亡者，与赠官。应阵亡将士有父兄子弟愿入军者，便令本道填替。如无父兄子弟，仍且与给衣粮三年。因战阵伤损手足永废者，终身不得停给。如将士被贼杀害者，委所在州县具事救接，重与改瘗，勿令暴露，兼与设祭。

王者以仁恕为本，拯济是谋，元恶既已诛锄，胁从宜从宽宥。除宠勋亲属及桂州回戈逆党，为贼胁从及因战阵拒敌官军，招谕不俊，惧法逃走，皆非本恶，盖锋刃所驱，今并释放，一切不问。应旧军将军吏节级所由，既已归还，征赋先宜蠲免。其徐、宿、濠、泗等州应合征秋夏两税及诸色差科色役，一事已上，宜放十年，已后蠲放三年，待三年后续议条疏处分。编甿失业，丘井无人，桑柘枌榆，鞠为茂草，应行营处百姓田宅产业为贼残毁烧焚者，今既平宁，并许识认，各还本主，诸色人不得妄有侵占。九原可作，十载不忘，尚禁樵苏，宁伤丘垅。应有先贤坟墓碑记为人所知，被贼毁废者，即与掩藏，仍量致祭。自用兵已来，郡邑皆罹攻劫，远念惊挠，尤在慰安。今遣右散骑常侍刘异、兵部郎中薛崇等往彼宣抚。于戏！朕以四海为家，兆人为子。一物失所，每轸纳隍之忧；一方未宁，常负贴危之戒。今元凶就戮，逆党诛夷，载戢干戈，永销氛祲，庶平妖气，允洽嘉祥。暨迩臣僚，当体予意。

制以徐州南面招讨使、检校尚书左仆射、右神武大将军、权知淮南节度事、扶风县开国伯、食邑一千户马举可检校司空，兼扬州大都督府长史、淮南节度副大使、知节度事；以右武卫大将军、徐州东南面招讨使曹翔检校兵部尚书、兼徐州刺史、御史大夫、徐泗濠团练防御等使；以前淮南节度使、检校司空、平章事、上柱国、凉国公、食邑三千户令狐绹为太子太保，分司东都。魏博节度使、检校太傅、同平章事何弘敬卒，三军立其子全皞为兵马留后。十一月，南诏蛮骠信坦绰酋龙率众二万寇巂州。定边军节度都头安再荣守清溪关，为贼所攻，再荣退保大渡河，北去清溪关二百里，隔水相射，凡九日八夜。定边军节度使窦滂勒兵拒之。十二月，骠信遣清平官十余人来伪和，与窦滂语次，蛮军船筏竞渡，忠武、武宁军兵士结阵抗之，接战自午及申，蛮军稍却。窦滂自缢于帐中，徐州将苗全绪解之，谓滂曰："都统何至于是，但安心，全绪与再荣、弘节等血战取胜。"全绪三人率兵而出，滂乃单骑宵遁。其夜，蛮军营于山下。全绪等谋曰："彼众我寡，若明日对阵，吾属败矣。可夜击之，令其军乱，自解去。"忠武、武宁之师乃夜入蛮军，弓弩乱发，蛮众大骇，全绪等三将保军而去。蛮军乘胜进攻西川城，朝廷以颜庆复为大渡河制置、剑南应接等使，宋威为行营都知兵马使，将兵数万，与忠武、武宁之师合，与蛮军战于汉州之毗桥，大捷，解西川之围。明日，蛮军遁走，西川平。以蜀王佶为开府仪同三司、成都尹、剑南西川节度副大使、知节度事，不出阁；以卢耽知节度事。诏河东节度使郑从谠赴阙。以义成军节度使、光禄大夫、检校尚书左仆射、同平章事、滑州刺史、上柱国、会稽县开国伯、食邑二千户康承训以本官兼太原尹、北都留守，充河东军节度使。以吏部侍郎杨知温、吏部侍郎于德孙李玄考官；司封员外郎卢莪、刑部侍郎杨戴考试宏词选人；以虞部郎中宋震、前昭应主簿胡德融考科目举人。诏以兵戈才罢，且务抚宁，其礼部贡举，宜权停一年，付中书行敕指挥，其两省官等，不用论奏。敕荆南节度使杜悰："据司天奏，有小字星气经历分野，恐有外夷兵水之患。缘边藩镇，最要提防，宜训习师徒，增筑城堡。凡关制置，具事以闻。"制以魏博节度使何全皞起复检校司空、同平章事。

十一年春正月甲寅朔，制尚书右仆射杜审权为检校司徒、河中尹、绛慈隰节度观察处置等使。丙午，制宰相、门下侍郎、吏部尚书曹确可兼尚书左仆射，门下侍郎、户部尚书路岩可兼右仆射，中书侍郎于悰可兼户部尚书、平章事刘瞻可中书侍郎、知政事。余并如故。己酉，制："河东节度使康承训，将门琐质，戎伍微才，曾不知兵，谬膺重禄。忧韬钤以效任，畜财恶以事君，几授钺于戎藩，尝执金以徼道，谓其尽节，委以专征。属者徐部匪宁，敢干纪律，俾护诸将，坐覆危巢。罄国币以佐军，颁王爵而赏士，而玩寇莫战，按甲不前，立法未学于穰苴，申令顿亏于孙子。况部伍不战，逼挠无谋，人数空多，军威何振。使农夫释耒，工女下机，始凝望于天诛，翻有思于贼至。洎元凶自溃，玄稔效忠，彭门洞开，尔功何有！而负恩已甚，渎货是求，叨荣苟幸于一时，遗患遂逾于积岁。爰行国典，俾傅戎藩，可蜀王傅，分司东都。"再贬恩州司马同正，驰驿发遣。以检校左散骑常侍、泗州刺史杜慆检校工部尚书，滑州刺史、义成军节度、郑滑观察等使。以河东行营沙陀三部落羌浑诸部招讨使、检校太子宾客、监察御史朱邪赤心为检校工部尚书、单于大都护、御史大夫、振武节度、麟胜等州观察等使,仍赐姓名曰李国昌。以吏部尚书萧邺、吏部侍郎于德孙、吏部侍郎杨知温考官;司勋员外郎李耀、礼部员外郎崔澹等考试应宏词选人。以河阳三城节度、孟怀泽观察使、中散大夫、检校礼部尚书、孟州刺史、御史大夫崔彦昭为金紫光禄大夫、检校刑部尚书、太原尹、北都留守、河东节度观察等使。以兵部侍郎、翰林学士承旨、扶风县开国子、食邑五百户、驸马都尉韦保衡本官同平章事。以兵部侍郎刘邺判度支。左仆射、门下侍郎、同平章事曹确以病求免,授检校司空、同平章事,兼润州刺史,充浙江西道观察等使。魏博节度使何全皞酷政,为衙军所杀,推其大将韩君雄为留后。四月癸未朔。戊子,敕:"去年属以用军之际,权停贡举一年,今既去戈,却宜仍旧。来年宜别许三十人及第,进士十人,明经二十人,已后不得援例。"八月辛巳朔。己酉,同昌公主薨,追赠卫国公主,谥曰文懿。主,郭淑妃所生,主以大中三年七月三日生,咸通九年二月二日下降。上尤钟念,悲惜异常。以待诏韩宗绍等医药不效,杀之,收捕其亲族三百余人,系京兆府。宰相刘瞻、京兆尹温璋上疏论谏行法太过,上怒,叱出之。九月丙辰,制以正议大夫、守中书侍郎、兼刑部尚书、同平章事、充集贤殿大学士、上柱国、彭城县开国侯、食邑一千户、赐紫金鱼袋刘瞻检校刑部尚书、同平章事,兼江陵尹,充荆南节度等使。翰林学士、户部侍郎、知制诰、上柱国、赐紫金鱼袋郑畋为梧州刺史;正议大夫、御史中丞、上柱国、赐紫金鱼袋孙瑝为汀州刺史;将仕郎、右谏议大夫、柱国、赐紫金鱼袋高湘为高州刺史;中散大夫、比部郎中、知制诰、柱国、赐紫金鱼袋杨知至为琼州司马;将仕郎、守礼部郎中魏筜为春州司马;朝议大夫、行兵部员外郎、判度支案、柱国张颜为播州司户;朝议大夫、行刑部员外郎、柱国崔颜融为雷州司户;并坐刘瞻亲善,为韦保衡所逐也。京兆尹温璋贬振州司马,制出之夜,璋仰药而死。刘瞻再贬驩州刺史。十月,以给事中薛能为京兆尹,以中书舍人高湜权知礼部贡举。十一月己酉朔。辛亥,制以礼部尚书王铎本官同平章事。丁卯,敕:"徐州地当沛野,军本骁雄,实为壮国之都,固协建侯之制。况山河素异,土俗甚殷,岂欲削卑,挫其繁盛。盖缘比因稔祸,或至乱常,罪由己招,孽非天作。桂林叛卒,继与逆谋,涂炭生灵,首尾周岁。杀伤黎庶,污染忠良,所不忍言,寻加剪灭,是以卑其镇额,隶彼藩方。近属大兵以来,饥年荐至,且闻军人百姓,深耻前非,愿行旧规,却希建节。朕每深轸念,思致小康,特示渥恩,复其军额。宜赐宣徽库绫绢十万匹,助其宴犒,必获周丰。其徐州都团练使改为感化军节度、徐宿濠泗等州观察处置等使。"以吏部侍郎郑从谠检校户部尚书,兼汴州刺史、御史大夫,充宣武军节度使,代李蔚;以蔚检校吏部尚书、扬州大都督府长史,兼淮南节度副大使、知节度事。

十二年春正月戊申,宰相路岩率文武百僚上徽号曰睿文英武明德至仁大圣广孝皇帝,御含元殿。册礼毕,大赦。辛酉,葬卫国公主于少陵原。先是,诏百僚为挽歌词,仍令韦保衡自撰神道碑,京兆尹薛能为外监护,供奉杨复璟为内监护,威仪甚盛,上与郭淑妃御延兴门哭送。幽州节度使张允伸病,请以子简会为节度副大使、权知兵马事,诏从之。三月,以吏部尚书萧邺、吏部侍郎归仁晦李当考官;司封郎中郑绍业、兵部员外郎陆勋等考试宏词选人。四月,以左仆射、门下侍郎、同平章事路岩检校司徒,兼成都尹、剑南西川节度等使。五月庚申,敕:"慎恤刑狱,大《易》格言。《语》曰:如得其情,即哀矜而勿喜。而狱吏苛刻,务在舞文,守臣因循,罕闻视事。以此械系之辈,溢于狴牢;追捕之徒,繁于简牍。实伤和气,因致沴氛。况时属焦蒸,化先茂育,并赦罪戾,式顺生成。应天下所禁系罪人,除十恶忤逆、故意杀人、合造毒药、持仗行劫、开发坟墓外,余并宜疏理释放。或信任人吏,多有生情系留,续察访得知,本道观察使判官、州府本曹官必加惩谴,以诫慢易。到后十日内,速疏理分析闻奏。"上幸安国寺,赐讲经僧沉香高座。七月辛丑,中书门下奏:

准今年六月十二日敕,厘革诸道及在京诸司奏官并请章服者。其诸道秦州县官同录、县令、录事、参军,或见任公事,败阙不理,切要替换,及前任实有劳效,并见有阙员,即任各举所知。每道奏请,仍不得过两人。其河东、潞府、邠宁、泾原、灵武、盐夏、振武、天德、鄜坊、沧德、易定、三川等道观察防御等使及岭南五管,每道每年除令、录外,许量奏簿、尉及中下州判司及县丞共三人。福州不在奏州县官限。其黔中所奏州县官及大将管内官,即任准旧例处分。在京诸司及诸道带职奏官,或非时金替,考限未满,并却与本资官。诸道节度及都团练防御使下将校奏转试官及宪御等,令诸节度事每年量许五人,都团练防御量许三人为定,不得更于其外奏请。其御史中丞已下,即准敕文条疏,须有军功,方可任用。自今后如显立战伐功劳者,任具事绩申奏,如检勘不虚,当别与商量处分,以外辄不得更有奏请。其幽、镇、魏三道望且准承前旧例处分。

敕旨从之。十二月,以检校户部尚书、汴州刺史、御史大夫、宣武军节度使郑从谠为广州刺史、岭南东道节度观察处置等使。

十三年春正月壬寅朔。甲戌,制以兵部侍郎、判度支刘邺本官同平章事。幽州卢龙等军节度使、检校司徒、同平章事、幽州大都督府长史、上柱国、燕国公、食邑三千户张允伸卒,赠太尉,谥曰忠烈。允伸镇幽州二十三年。二月,幽州牙将张公素夺留后张简会军政,自称留后。丁巳,制以尚书右仆射、门下侍郎、同平章事于琮检校司空、襄州刺史,充山南东道节度观察处置等使;以御史中丞赵隐为户部侍郎、本官同平章事。三月,以吏部尚书萧邺、吏部侍郎独孤云考官,职方郎中赵蒙、驾部员外郎李超考试宏词选人。试日,萧邺替差右丞孔温裕权判。五月庚午朔。辛未,敕检校尚书左仆射、守左羽林军统军、御史大夫张直方贬康州司马同正,以其部下为盗故也。乙亥,国子司业韦殷裕于阁门进状,论淑妃弟郭敬述阴事。上怒甚,即日下京兆府决杀殷裕,籍没其家。殷裕妻崔氏,音声人郑羽客、王燕客、婢微娘、红子等九人配入掖庭。阁门使田献铦夺紫，配于桥陵，阁门司闾敬直决十五，配南衙，为受殷裕文状故也。给事中杜裔休贬端州司马。中书舍人崔沆循州司户，殷裕妻兄也；太仆少卿崔元应州司户，殷裕妻父也；前河阴院官韦君卿为爱州崇平尉，殷裕季父也。以前大理正万俟谘为国子司业，前兴元少尹冯彭为普州刺史，前大理正阳窌为昌州刺史。丙子，制开府仪同三司、检校尚书左仆射、兼襄州刺史、御史大夫、充山南西道节度观察等使于琮可正议大夫、守普王傅，分司东都。辛巳，敕尚书左丞李当贬道州刺史，吏部侍郎王瓘贬漳州刺史，左散骑常侍李郁贬贺州刺史，前中书舍人封彦卿贬潮州司户，翰林学士承旨、兵部侍郎、知制诰张褟贬封州司马，右谏议大夫杨塾贬和州司户，工部尚书严祁贬郴州刺史，给事中李觊蕲州刺史，给事中张铎藤州刺史，左金吾卫大将军、充左街使李敬伸儋州司户，前青州刺史、平卢军节度使于涓为凉王府长史，分司东都；前湖南观察使于瑰为袁州刺史。涓、瑰，琮之兄也。于蔼、于蒇亦配流。自李当已下，皆于琮之亲党也，为韦保衡所逐。以天德防御使、检校左散骑常侍段文楚为云州刺史、大同军防御使。六月，义成军节度使、检校工部尚书杜慆奏：当管颍州僧道百姓举留刺史宗回，敕曰："回清干临人，自有月限，方藉绥辑，未议替移。"六月，中书门下奏：

今月十七日，延英面奉圣旨，令诫约天下州府，应有逃亡户口，其赋税差科，不得摊配见在人户上者。伏以诸道州府，或兵戈之后，灾沴之余，户口逃亡，田畴荒废，天不敷佑，人多艰危。乡闾屡困于征徭，帑藏因兹而耗竭，遂使从来经费色额，太半空系簿书。缓征敛则阙于供须，促期限则迫于贫苦。言念凋弊，劳乃忧勤，不降明文，孰知圣念。其逃亡户口赋税及杂差科等，须有承佃户人，方可依前应役。如将阙税课额，摊于见在人户，则转成逋债，重困黎元。或富者有连阡之田，贫者无立锥之地，欲令均一，固在公平。若令狡猾之徒，得以升降由已，望其完葺，不亦难乎！全由长吏竭诚，**方使疲甿渐泰**。臣等商量，令诸道州府准此条疏，应有逃亡户口赋税并杂色差科等，并不得辄更摊配于见存人户之上。务设法招**携**，多方抚御，乘兹丰稔，重获昭苏。苟致安宁，自当迁陟，不遵诏令，必举典刑。

从之。七月，以前义昌军节度使卢简方为太仆卿。十一月，以振武节度李国昌为检校右仆射、云州刺史、大同军防御等使。国昌恃功颇横，专杀长吏，朝廷不能平，乃移镇云中。国昌称病辞军务，乃以太仆卿卢简方检校刑部尚书、云州刺史，充大同军防御等使。上召简方于思政殿，谓之曰："卿以沧州节镇，屈转大同。然朕以沙陀、羌、浑挠乱边鄙，以卿曾在云中，惠及部落，且忍屈为朕此行，具达朕旨，安慰国昌，勿令有所猜嫌也。"是月，李国昌小男克用杀云中防御使段文楚，据云州，自称防御留后。制追谥宣宗为元圣至明成武献文睿智章仁神聪懿道大孝皇帝。

十四年春正月丙寅朔。御史中丞韦蟾奏：应诸州刺史除授，正衙辞谢后托故陈牒请假，实为容易。自今后如实有故为众所知者，三日外不在陈牒之限。应内外除官入京，合便朝谢，如遇假日，且合在都亭驿。近日多因请假，便归私家，既犯条章，颇乖礼敬。自今已后，望准故事，如未朝谢，须于都亭驿。如违越，台司勘当申奏。"从之。辛未，以云、朔暴乱，代北骚动，赐卢简方诏曰："李国昌久怀忠赤，显著功劳，朝廷亦三授土疆，两移旄节，其为宠遇，实寡比伦。昨者征发兵师，又令克让将领，惟嘉节义，同绝嫌疑。近知大同军不安，杀害段文楚，推国昌小男克用主领兵权。事虽出于一时，心岂忘于长久？段文楚若实刻剥，自结怨嫌，但可申论，必行朝典。遽至伤残性命，刳剔肌肤，惨毒凭凌，殊可惊骇。况忠烈之后，节义之门，致兹横亡，尤悚观听。若克用暂勿主兵务，束手待朝廷除人，则事出权宜，不足猜虑。若便图军柄，欲奄有大同，则患系久长，故难依允。料国昌输忠效节，必当已有指挥。知卿两任云中，恩及国昌父子，敬惮怀感，不同常人。宜悚与书题，深陈祸福，殷勤晓喻，劈析指宜。切令大节无亏，勿使前功并弃。"简方准诏谕之，国昌不奉诏。乃诏太原节度使崔彦昭、幽州节度使张公素帅师讨之。三月，以新除大同军使卢简方为单于大都护、振武节度、麟胜等州观察等使。时李国昌据振武。简方至岚州而卒。自是沙陀侵掠代北诸军镇。庚午，诏两街僧于凤翔法门寺迎佛骨，是日天雨黄土遍地。四月八日，佛骨至京，自开远门达安福门，彩棚夹道，念佛之音震地。上登安福门迎礼之，迎入内道场三日，出于京城诸寺。士女云合，威仪盛饰，古无其比。制曰："朕以寡德，缵承鸿业，十有四年。顷属寇猖狂，王师未息。朕忧勤在位，爱育生灵，遂乃尊崇释教，至重玄门，迎请真身，为万姓祈福。今观睹之众，隘塞路歧。载念狴牢，寝兴在虑，嗟我黎人，陷于刑辟。况渐当暑毒，系于缧绁，或积幽凝滞，有伤和气，或关连追扰，有妨农务。京畿及天下州府见禁囚徒，除十恶忤逆、故意杀人、官典犯赃、合造毒药、放火持仗、开发坟墓外，余罪轻重节级递减一等。其京城军镇，限两日内疏理讫闻奏；天下州府，敕到三日内疏理闻奏。"以吏部侍郎萧仿为兵部侍郎、同平章事。六月，帝不豫。七月癸亥朔。戊寅，疾大渐。庚午，制立普王俨为皇太子，权勾当军国政事。辛巳，遗诏曰：

朕祗事九庙，君临四海，夕惕如厉，宵分靡宁，必求政化之源，思建大中之道。至于怀柔夷貊，偃戢干戈，皆以德绥，亦自驯致，冀清净之为理，庶治平之可臻。自秋以来，忽尔婴疹，坐朝既阙，逾旬未瘳。六疾斯侵，万机多旷，医和无验，以至弥留。呜呼！数亦有穷，圣贤之所必同，明于斯言，是为达节。载申顾命，式叶典谟。皇太子权勾当军国事俨，性禀宽和，生知忠孝，德苞睿哲，圣表徇齐，必能扬祖宗之重光，荷邦家之丕构。宜令所司具礼，于枢前即皇帝位。以司空、门下侍郎、平章事韦保衡摄冢宰。军国务殷，岂可久旷，况易月之制，行之自古，皇帝宜三日而听政，二十七日释服。诸道节度、观察、团练、防御等使，及监军、诸州刺史，受寄至重，并不得离任赴哀。文武常参官朝晡之临，十五举音。宫中当临者，非时无得擅哭。天下人吏百姓告哀后出临三日，皆释服，勿禁食肉、饮酒、婚姻、祭祀，释服之后无禁当举。薄葬之礼，宜遵汉魏之文。其山陵制度，切在俭约，并不得以金银锦绣文饰丧具。五坊鹰犬等，除搜狩外，余并释放。其医官段瓘、赵妃、苻虔休、马及等并释放。咨尔将相卿士、中外臣僚，竭力尽忠，匡予令嗣，送往事居，无违朕志。

是日，崩于咸宁殿，圣寿四十一。百僚上谥曰睿文昭圣恭惠孝皇帝，庙号懿宗。十五年二月，葬于简陵。

史臣曰：臣常接咸通耆老，言恭惠皇帝故事。当大中时，四海承平，百职修举，中外无秕政，府库有余赀，年谷屡登，封疆无扰。恭惠始承丕构，颇亦励精，延纳谠言，尊崇耆德，数稔之内，洋洋颂声。然器本中庸，流于近习，所亲者巷伯，所昵者桑门。以蛊惑之侈言，乱骄淫之方寸，欲无怠忽，其可得乎！及衅结徐颜，奸生成卒。发五岭之转输，寰海动摇；征三蜀之捍防，蒸人荡覆。徐寇虽殄，河南几空。然犹削军赋而饰伽蓝，困民财而修净业，以谀佞为爱记，谓忠谏为妖言。争趋险诐之途，罕励贞方之节。见豕负涂之爱竖，非次宠升；燋头烂额之辅臣，无辜窜逐。是以干戈布野，虫旱弥年，佛骨才入于应门，龙辀已泣于苍野，报应无忒，斯其验欤！土德凌夷，祸阶于此。虽有文、景之英继，难以兴焉。自兹龟玉之不昌，固其宜矣。黄发遗叟，言之涕零。

赞曰：邦家治乱，在君听断。恭惠骄奢，贤良贬窜。凶竖当国，俭人满朝。奸雄乘衅，贻谋道消。

卷十九下　　本纪第十九下

僖　宗

僖宗惠圣恭定孝皇帝讳儇，懿宗第五子，母曰惠安皇后王氏。咸通三年五月八日生于东内。初封普王，名俨。十四年七月，懿宗大渐。其月十八日，制曰："朕守大器之重，居兆人之上，日慎一日，如履如临。旰昃劳怀，寝兴思理，涉道犹浅，导化未孚。而摄养乖方，寒暑成疚，实有虑于阙政，且无暇于怡神。恙未少瘳，日加浸剧，万务凡总，须有主张。考思旧章，谋于卿士，思阐鸿业，式建皇储。第五男普王俨改名儇，孝敬温恭，宽和博厚，日新令德，天假英姿，言皆中规，动必由礼。俾崇邦本，允协人心，宜立为皇太子，权勾当军国政事。咨尔中外卿士，洎于腹心之臣，敬保予胤，辅成乃志，各竭乃心，以安黎庶。布告中外，知朕意焉。"是日，懿宗崩。二十日，即皇帝位于柩前，时年十二。左军中尉刘行深、右军中尉韩文约居中执政，并封国公。八月，皇帝释服。册圣母王氏为皇太后。河南大水，自七月雨不止，至释服后方霁。九月，守司空、门下侍郎、平章事韦保衡贬贺州刺史。以岳州刺史于琮为太子少傅，缘琮贬逐者并放还。循州司户崔沆复为中书舍人，前户部侍郎、知制诰、翰林学士承旨郑畋为左散骑常侍，前兵部侍郎、知制诰、翰林学士张杨为太子宾客，前谏议大夫高湘复为谏议大夫，前宣歙观察使杨严复为给事中。十月，左仆射、门下侍郎、平章事刘邺检校左仆射、同平章事，兼扬州大都督府长史，充淮南节度观察副大使、知节度事。十一月，以光禄大夫、守太子少傅、驸马都尉于琮检校尚书左仆射，兼襄州刺史、御史大夫，充山南东道节度观察等使。十二月，雷震。义成军节度使、检校刑部尚书杜慆就加兵部尚书。

乾符元年春正月辛酉朔。乙丑，左仆射、门下侍郎、平章事萧仿兼右仆射。门下侍郎、吏部尚书、平章事王铎检校吏部尚书、同平章事，兼汴州刺史，充宣武军节度、宋亳观察等使。二月，葬懿宗于简陵。三月，以河东节度使、检校尚书右仆射崔彦昭为尚书兵部侍郎，充诸道盐铁转运等使。以银青光禄大夫、京兆尹、上柱国、岐山郡开国公、食邑三千户窦浣检校户部尚书、太原尹、北都留守、御史大夫，充河东节度管内观察处置等使。以中书侍郎、刑部尚书、同平章事赵隐检校吏部尚书、润州刺史、浙江西道都团练观察等使。四月，崔彦昭本官同平章事，领使如故。以前淮南节度使李蔚为吏部尚书。以天平军节度使、检校尚书右仆射、兼郓州刺史高骈检校司空、兼成都尹，充剑南西川节度副大使、知节度事。以右散骑常侍韦荷为吏部侍郎。前同州刺史崔璞为右散骑常侍。右领军卫上将军浑偘检校吏部尚书、左千牛卫上将军。以侍御史卢胤征为司封员外郎，判户部案。五月，以吏部侍郎郑畋为兵部侍郎、同平章事，户部侍郎、知制诰、翰林学士、赐紫金鱼袋卢携本官同平章事。太子右庶子李峄为太仆卿，侍御史裴渥为起居郎。以岭南东道节度使、检校刑部尚书郑从说为刑部尚书，以吏部侍郎韦荷检校礼部尚书、广州刺史、岭南东道节度使。七月，以礼部侍郎裴瓒为检校左散骑常侍、潭州刺史、御史大夫、湖南观察使；故湖南观察使李庚赠礼部尚书。十月，以中书舍人崔沆为中书侍郎，右谏议大夫崔胤为给事中。十一月丙戌朔。庚寅，上有事于宗庙，礼毕，御丹凤门，大赦，改元为乾符。宰相萧仿兼司空、弘文馆大学士、太清宫使，兵部侍郎崔彦昭为中书侍郎，兵部侍郎郑畋为集贤殿大学士。以宣慰沙陀六州部落、检校兵部尚书李钧为灵武节度，制曰："朕以沙陀骁勇，重累战功，六州蕃、浑，沐浴王化。念其出于猜贰，互有伤残，而克璋报仇，其意未已。被我君临之德，轸吾子育之心，爰择良能，俾之宣抚。惟尔先正，尝镇北门，待国昌以雄杰之才，置国昌于济活之地。既藉奕叶之旧，又怀任土之观。是用付以封疆，委之军旅，必集王事，无坠家声。"初钧父业镇太原，能安集代北部落。时李国昌父子据大同、振武，吐浑、契苾、幽州诸道之军攻之不利，故假钧灵武节钺，率师招谕之。以长安令李璧为谏议大夫，以吏部员外郎徐彦若为长安令。兵部郎中卢郜为楚州刺史。十二月，党项、回鹘寇边。以左司郎中崔原为兵部郎中，江州刺史李可仁为右司郎中。权知工部尚书牛蔚为礼部尚书,太子宾客于派为工部尚书。是冬,南诏蛮寇蜀,诏河西、河东、山南西道、东川征兵赴援。西川节度使高骈奏:"奉敕抽发长武、鄜州、河东等道兵士赴剑南行营者。伏以西川新军旧军差到已众,况蛮蜑小丑,必可枝梧。今以道路崎岖,馆驿穷困,更有军顿,立见流移,所谓望一处完全而百处俱破。且兵不在众而在于和,其左右神策长武镇、鄜州、河东所抽甲马兵士,人数不少,况备办军食,费损尤多。又缘三道藩镇,尽扼羌戎,边鄙未宁,望不差发。如已在道路,并请降敕勒回。"诏答曰:"蛮蜑如尚凭凌,固须倍兵御敌;若已奔退,即要并力追擒。方藉北军,助平南寇,其三处兵士,宜委高骈候到蜀日分布驱使。具务多多之办,宁乱整整之师。其河东一千二百人,令窦浣不要差发。"时骈捍蛮已退,长武兵士竟至蜀而还,议者惜其劳费而虚邀出入之赏也。右军中尉韩文约以疾乞休致,从之。

二年春正月乙酉朔。己丑,宰相崔彦昭率文武百僚上尊号,上御正殿受册。以知内枢密田令孜为右军中尉。南蛮骠信遣使乞盟,许之。以凤州刺史郭弘业为左金吾卫将军。库部郎中韦岫为泗州刺史,都官员外郎李频为建州刺史。二月,以兵部侍郎、充诸道盐铁转运使王凝为秘书监,以所补吏职罪也。以吏部侍郎裴坦为兵部侍郎,充诸道盐铁转运使。以翰林学士崔澹为中书舍人;翰林学士徐仁嗣为司封郎中,学士如故。以容管经略讨使高秦检校户部尚书,太府卿李峄为宗正卿,湖州刺史张搏为庐州刺史,库部员外郎杨堪为吏部员外郎。三月,以右补阙郑勤为起居郎,度支推官牛徽为右补阙。以户部郎中崔彦融为长安令,都官郎中杨知退为户部郎中。左司员外郎唐峤为刑部郎中,刑部员外郎毕绍颜为左司员外郎,侍御史郑顼为刑部员外郎。四月,海贼王郢攻剽浙西郡邑。以殿中侍御史李烛为礼部员外郎。以太子宾客张裼为吏部侍郎。前淮南节度使李蔚为太常卿,成德军节度使王景崇加开府仪同三司。秘书监萧岘为国子祭酒。汝州刺史崔彦冲为太子宾客分司。新除吏部侍郎张裼为京兆尹。东川点检兵马使吴行鲁可金紫光禄大夫、检校兵部尚书,兼梓州刺史、御史大夫,充剑南东川节度等使。以东川节度使、检校户部尚书崔充为河南尹;河南尹李晦检校左散骑常侍,兼歙州刺史、福建都团练观察使。以凤翔陇西节度使、检校司徒、同平章事、上柱国、京国公、食邑三千户令狐绹进封赵国公。五月,濮州贼首王仙芝聚于长垣县,其众三千,剽掠闾井,进陷濮州,俘丁壮万人。郓州节度使李种出兵击之,为贼所败。以殿中少监薛珰为卫州刺史,国子司业裴拙为洋州刺史,中书舍人崔沆为礼部侍郎,兵部郎中裴虔余为太常少卿。六月,以司勋员外郎薛迈为兵部郎中,户部员外郎郑就为司勋员外郎,仓部员外郎郑𦈎为户部员外郎,主客员外郎王镣为仓部员外郎。秋七月,以大理卿蔡行为丰州刺史、天德军都防御使,大理卿张彦远为大理卿。以京兆尹张裼检校户部尚书,兼郓州刺史、御史大夫,充天平军节度、郓曹濮观察等使。以左司勋员外郎杜贞符为都官郎中,吏部员外郎牛循为金州刺史,司封员外郎卢胤征为吏部员外郎。十月,以秘书少监李觌为谏议大夫,

以前大同军及云朔都防御营田供军等使李珰检校左散骑常侍、丰州刺史,充天德军丰州西城中城都防御使、本管押蕃落等使。以考功员外郎赵蕴为吏部员外郎,户部员外郎卢庄为起居员外郎,礼部员外郎萧遘为考功员外郎。十一月,以起居郎刘崇龟为礼部员外郎,殿中侍御史孔纶为户部员外郎。是月,雷震电。左仆射王铎兼门下侍郎、同平章事,复辅政。

三年春正月己卯朔,司空、门下侍郎、同平章事萧仿以病求免,罢为太子太傅。浙西奏诛王郢徒党。以左金吾卫大将军、右街使齐克让检校兵部尚书,兼兖沂海等州节度使。三月,以吏部尚书归仁晦、吏部侍郎孔晦、吏部侍郎崔芸试宏词选人,考功郎中崔庾、考功员外郎周仁举为考官。以太常卿李蔚本官同平章事。奉天镇上言金龙昼见,自河升天。门下侍郎崔彦昭太清宫使、弘文馆大学士,中书侍郎、刑部尚书、平章事郑畋监修国史。以右武卫大将军墨冲谦为左金吾卫大将军,以黎州刺史杜冈为雅州刺史。五月,以江西观察使独孤云为太子少傅,金州刺史束乡励为嘉州刺史。六月,敕福建观察使李播、荆州刺史杨权古、蔚州刺史王龟范、璧州刺史张赟、濮州刺史韦浦、施州刺史娄傅会、刑州刺史王回、抚州刺史崔理、黄州刺史计信卿等:"刺史亲人之官,苟不谙详,岂宜除授。比为朕养百姓,非独荣尔一身,每念疲羸,实所伤叹。李播等九人授官之时,众词不可;王回等三人到郡无政,惟务贪求。实污方州,并宜停任。"以检校右散骑常侍、卫尉卿李铎为太府卿,以凉王傅分司裴思谦为卫尉卿,抚王府长史刘允章凉王傅。主客郎中崔福为汾州刺史,荆南节度副使王恺为主客郎中。六月,以门下侍郎、刑部尚书、平章事、太清宫使、弘文馆大学士、判度支崔彦昭兼左仆射,中书侍郎郑畋兼门下侍郎,太常卿、平章事李蔚为中书侍郎。以歙州刺史萧蒙为右司员外郎,右司员外郎崔潼为歙州刺史。七月,草贼王仙芝寇掠河南十五州,其众数万。是月,贼逼颍、许,攻汝州,下之,虏刺史王镣。刑部侍郎刘承雍在郡,为贼所害。贼遂南攻唐、邓、安、黄等州。时关东诸州府兵不能讨贼,但守城而已。以户部郎中李节为驾部郎中,金部郎中王恺为户部郎中,主客郎中郑诚为金部郎中,金部员外郎张谯为主客郎中,屯田员外郎窦珣为金部员外郎,京兆司录赵晔为屯田员外郎。工部侍郎崔朗为同州刺史,左军辩仗使、左监门卫上将军西门思恭为右威卫上将军。以谏议大夫、知制诰魏笃为中书舍人。九月,以右丞崔莒权知吏部侍郎,礼部侍郎崔沆为尚书右丞,中书舍人高湘权知礼部侍郎,京兆尹杨知至为工部侍郎。兵部尚书、兼太常卿李珰检校尚书右仆射、太常;卫尉卿萧宽为鸿胪卿,充闲厩使。以宰相崔彦昭男保谦为秘书省校书郎。右仆射、门下侍郎、平章事崔彦昭加特进;门下侍郎、礼部尚书、平章事郑畋可特进。太中大夫、平章事卢携可银青光禄大夫;银青光禄大夫、平章事李蔚可金紫光禄大夫。以太府卿李峄检校工部尚书、滑州刺史、御史大夫,充义成军节度、郑滑颍观察处置等使。雅州自六月地震至七月未止,压伤人颇众。诏河南藩镇举兵讨贼。以刑部郎中李磎为户部郎中,分司东都;户部郎中

郑诚为刑部郎中。户部郎中、知制诰、翰林学士王徽为中书舍人，户部员外郎、翰林学士萧遘为户部郎中，学士并如故。谏议大夫赵蒙为给事中，商州刺史张同为谏议大夫。十一月，以司门员外郎郑荛为池州刺史，水部员外郎樊充为工部员外郎，汴宋度支使杜孺休为水部员外郎。太常少卿崔浑贬康州刺史，扬州左司马郑祥为澧州刺史，度支分巡院使李仲章为建州刺史。十二月，以右金吾卫将军张简会为左金吾大将军，充右街使；右龙武将军李弢为右金吾将军。前陕西虢观察使陆塘为太子宾客。

四年春正月癸酉朔。丁丑，降制赦天下系囚及徒流人放还。以谏议大夫李汤为给事中，以兵部郎中崔厚为谏议大夫。大理少卿王承颜为盐州刺史，明州刺史殷僧辩为大理卿。以吏部尚书郑从谠、吏部侍郎孔晦、吏部侍郎崔荛考宏词选人。三月，以开府、行内侍监致仕刘行深为内侍省观军容、守内侍监致仕。以判盐铁案、检校考功郎中郑潨为司封员外郎，充转运判官。兵部员外郎裴渥为蕲州刺史，职方员外郎卢澄为兵部员外郎。以草贼大寇河南、山南，诏曰：

乱常干纪，天地所不容；伐罪吊人，帝王之大典。历观往代，遍数前朝，其有怙众称兵，凭凶构孽，或疑迷于郡县，或残害于生灵。初则狐假鸱张，自谓骁雄莫敌；旋则鸟焚鱼烂，无非败破而终。盖以逆顺相悬，幽明共怒。近者庞勋拒命，王郢挺灾，结聚至多，猖狂颇甚，寻则身膏原野，家受诛夷。亦有方从叛乱，能自徊翔，移吉凶于反掌之间，变祸福于立谈之际。则诸葛爽今为刺史，朱实见存将军，弘霸郎受职于禁营，宋再雄策名于淮海，莫不身名光显，家族辉荣。近准诸道奏报，草贼稍众，江西、淮南、宋、亳、曹、颍，或攻郡县，或掠乡村。虽命兵师，且令招抚。朕以宽弘为理，慈愍居心，每念苍生，皆同赤子。恨不能均其衣食，令致荒饥，宁忍迫以锋铓，断其身首。如王仙芝及诸贼头领能洗心悔过，散卒休兵，所在州府投降，便令具名闻奏，朝廷当议奖升。如诸贼顽傲不悛，凶强自恃，即宜令诸道兵师掎角诛剪。若诸军全捕得一火草贼数至三百人已上者，超授将军，赏钱一千贯。如乡村有干勇才略，而能率合义徒，驱除草寇者，本处以闻，亦与重赏。如郑镒、汤群之辈，已为刺史，朝廷故不食言。敕到，宜令诸道明行宣谕，令知朕意。

青州节度使宋威上表："请步骑五千，特为一使，兼率本道兵士，所在讨贼，必立微功以酬圣奖。"优诏嘉之，乃授威诸道招讨草贼使，仍给禁兵三千，甲马五百匹。仍谕河南方镇曰："王仙芝本为盐贼，自号草军，南至寿、庐，北经曹、宋。半年烧劫，仅十五州；两火转斗，逾七千众。诸道发遣将士，同共讨除，日月渐深，烟尘未息。盖以递相观望，虚费粮粮，州县罄于供承，乡材泣于侵暴。今平卢军节度使宋威深愤崔蒲，请行诛讨。朕以威前时蜀部，破南诏之全军；比岁徐州，摧庞勋之大阵。官阶甚贵，可以统诸道之都头；骁勇素彰，足以破伏戎之草寇。今已授指挥诸道兵马招讨草贼使，候宋威到本道日，供给犒设，

并取以供钱支给。仍命指挥都头，凡攻讨进退，取宋威处分。"时贼渠王仙芝、尚君长在安州，宋威自青州与副使曹全晸进军攻讨，所在破贼。是月，冤朐贼黄巢聚万人攻郓州，陷之，逐节度使薛崇。五月，幽州节度使李茂勋上表乞致仕，以其男可举权知兵马事。制以寿王杰为开府仪同三司、幽州经略卢龙等军节度观察押奚契丹等使；以幽州节度副使、权知兵马事李可举检校左散骑常侍、幽州大都督府左司马，充幽州兵马留后。制以幽州卢龙节度使、检校工部尚书李茂勋守尚书左仆射致仕。以前绵州刺史皇甫镛为秘书少监，以陈州刺史许珂为睦州刺史，以右卫将军程可复为左卫大将军。黄巢贼陷沂州。六月，以宣歙观察使高骈检校司空，兼润州刺史、镇海军节度、苏常杭润观察处置、江淮盐铁转运、江西招讨等使。以汝州防御使李钧检校尚书右仆射、潞州大都督府长史，充昭义军节度、潞刑洺磁观察等使。幽州留后李可举请以本军讨沙陀三部落，从之。七月，黄巢自沂、海，其徒数万，趋颍、蔡，入查牙山，遂与王仙芝合。八月，贼陷随州，执刺史崔休征。群贼屯于白洑。是月，江州贼首柳彦璋聚徒陷江州，杀刺史陶祥。九月，以中书舍人崔澹权知贡举。沙陀大寇云、朔。十月，诏昭义节度李钧、幽州李可举、吐浑赫连铎白义诚、沙陀安庆薛葛部落合兵讨李国昌父子于蔚州。十一月，贼王仙芝率众渡汉，攻江陵，节度使杨知温婴城拒守。知温本非御侮之才，城无宿备，贼急攻之。十二月，贼陷江陵之郛，知温穷蹙，求援于襄阳，山南东道节度使李福悉其师援之。时沙陀军五百骑在襄阳，军次荆门，骑军击贼，败。贼尽焚荆南郭郛而去。

五年春正月丁酉朔，沙陀首领李尽忠陷遮虏军。太原节度使窦浣遣都押衙康传圭率河东土团二千人屯代州，将发，求赏呼噪，杀马步军使邓虔。窦浣自入军中安慰，仍借率富户钱五万贯以赏之。朝廷以浣非御侮才，以前昭义节度使曹翔检校尚书右仆射，兼太原尹、北都留守、河东节度使；又以左散骑常侍支谟为河东节度副使。二月，王仙芝余党攻江西，招讨使宋威出军屡败之，仍宣诏书谕仙芝。仙芝致书于威，求节钺，威伪许之。仙芝令其大将尚君长、蔡温玉奉表入朝，威乃斩君长、温玉以徇。仙芝怒，急攻洪州，陷其郛。宋威赴援，与贼战，大败之，杀仙芝，传首京师。尚君长弟尚让为黄巢党，以兄遇害，乃大驱河南、山南之民，其众十万，大掠淮南，其锋甚锐。侍中、晋国公王铎请自督众讨贼，天子以宋威失策杀君长，乃以王铎检校司徒、兼侍中、门下侍郎、江陵尹、荆南节度使，充诸道兵马都统。三月，王铎奏兖州节度使李系为统府左司马，兼潭州刺史，充湖南都团练观察使。黄巢之众再攻江西，陷虔、吉、饶、信等州，自宣州渡江，由浙东欲趋福建，以无舟船，乃开山洞五百里，由陆趋建州，遂陷闽中诸州。以吏部尚书郑从谠、吏部侍郎崔沆考宏词选人。七月，滑州、忠武、昭义诸道之师会于太原，大同军副使支谟为前锋，先趋行营。八月，沙陀陷岢岚军，曹翔自率军赴忻州。翔至军，中风而卒，诸军皆退。太原大惧，闭城门，昭义兵士为乱，劫坊市。九月，门下侍郎、吏部尚书、平章事李蔚检校尚书左仆射，充东都留守；以

吏部尚书郑从谠本官同平章事。十月，司空、平章事崔彦昭罢为太子太傅。十一月，制以河东宣慰使、权知代北行营招讨崔季康检校户部尚书，兼太原尹、北都留守，充河东节度、代北行营招讨使。沙陀攻石州，崔季康救之。十二月，季康与北面行营招讨使李钧，与沙陀李克用战于岢岚军之洪谷，王师大败，钧中流矢而卒。戊戌，至代州，昭义军乱，为代州百姓所杀殆尽。以中书舍人张读权知礼部贡举。

六年春正月辛卯朔，河东节度使崔季康自静乐县收合余众回军，军乱，杀孔目官石裕。季康委众遁归行营，衙将张锴、郭朏率其众归太原，兵士鼓噪，攻东门，入使衙，季康父子皆被害。三月，以吏部侍郎崔沆、崔澹试宏词选人，驾部郎中卢蕴、刑部郎中郑頊为考官。制以邠宁节度使李侃检校户部尚书，兼太原尹、北都留守，充河东节度等使。四月，黄巢陷桂管。五月，贼围广州，仍与广南节度使李岩、浙东观察使崔璆书，求保荐，乞天平节钺。璆、岩上表论之，诏公卿议其可否。宰相郑畋、卢携争论于中书，词语不逊，俱罢为太子宾客，分司东都。以吏部侍郎崔沆为户部侍郎，户部侍郎、翰林学士豆卢瑑为兵部侍郎，并本官同平章事。黄巢陷广州，大掠岭南郡邑。八月，制以特进、检校司空、东都留守李蔚为检校司徒、同平章事，兼太原尹、北都留守、河东节度观察，兼代北行营招讨供军等使。十月，制以镇海军节度、浙江西道观察处置等使高骈检校司徒、同平章事、扬州大都督府长史，充淮南节度副大使、知节度事、江淮盐铁转运、江南行营招讨等使，进封燕国公，食邑三千户。初，骈在浙西，遣大将张璘、梁缵等大破黄巢于浙东，贼进寇福建，逾岭表，故移镇扬州。时贼北逾大庾岭，朝廷授骈诸道行营兵马都统。太原节度使李蔚卒。以礼部侍郎张读权知左丞事。十一月，制以银青光禄大夫、检校右散骑常侍、河东行军司马、雁门代北制置等使、石岭镇北兵马、代北军等使、上柱国康传圭检校工部尚书，兼太原尹、北都留守、河东节度使。时传圭已率兵在代州，是月自行营赴任，两都虞候张锴、郭朏迎于鸟城驿，并杀之，军中震悚。又制以神策大将军周宝检校尚书左仆射，兼润州刺史、镇海军节度、浙江西道观察等使。以定州已来制置内闲厩宫苑等使、金紫光禄大夫、检校刑部尚书、上柱国、太原县开国伯、食邑七百户王处存检校户部尚书，兼定州刺史，充义武军节度、易定观察处置、北平军等使。十二月，制以河东马步军都虞候朱玫为代州刺史。以太子宾客分司卢携为兵部尚书、同平章事；太子宾客郑畋检校左仆射、凤翔尹，充凤翔节度使。

广明元年春正月乙卯朔，上御宣政殿，制曰：

朕祗膺宝祚，嗣守宸祧，夙夜一心，勤劳八载，实欲驱黎元于仁寿，致华夏之升平。而国步犹艰，群生寡遂，灾沴荐起，寇孽仍臻。窃弄干戈，连攻郡邑，虽输降款，未息狂谋。江右、海南，疮痍既甚，湖湘荆汉，耕织屡空。言念疲羸，良深轸恻。我心未济，天道如何。赖近者严敕师徒，稍闻胜捷，皆明圣之潜祐，宁非德以言功。属节变三阳，日当首岁，乃御正殿，爰命改元，况及发生，是宜在宥。自古继业守文之主，握图御宇之君，必自正月吉辰，发号施令。所以垂千年之懿范，固万代之洪基，莫不由斯道也。可改乾符七年为广明元年。

近日东南州府，频奏草贼结连。本是平人，迫于饥馑，驱之为盗，情不愿为。委所在长吏子细晓谕，如自首归降，保非诈伪，便须抚纳，不要勘问。如未倒戈，即登时剪扑。东南州府遭贼之处，农桑失业，耕种不时。就中广州、荆南、湖南，盗贼留驻，人户逃亡，伤夷最甚，自广明已前诸色税赋，宜令十分减四。其河中府、太原府遭贼寇掠处，亦宜准此。

吏部选人粟错及除驳放者，除身名渝滥欠考外，并以比远残阙收注。入仕之门，兵部最滥，全无根本，颇坏纪纲。近者武官多转入文官，依资除授，宜惩僭幸，以辨品流。自今后武官不得转入文官选改，所冀轮辕各适，秩序区分，其内司不在此限。

沙陀部落逾鹰门关，进逼忻州。

二月，沙陀逼太原，陷大谷。康传圭遣大将伊钊、张彦球、苏弘轸分兵拒之于秦城驿，为沙陀所败。传圭怒，斩苏弘轸。张彦球部下兵士为乱，倒戈攻太原，杀传圭，监军使周从寓安慰定之。是月，制以开府仪同三司、门下侍郎、兼兵部尚书、同平章事，充太清宫使、弘文馆大学士、延资库使、上柱国、荥阳郡开国公、食邑三千户郑从谠检校司空、同平章事，兼太原尹、北都留守，充河东节度、管内观察处置兼行营招讨供军等使。黄巢贼军自衡、永州下，频陷湖南、江西属郡。时都统王铎前锋都将李系守潭州，有众五万，并诸团结军号十万。贼自桂阳编木为筏数千，其众乘暴水沿湘而下，径至潭州，急攻其城，一日而陷。李系仅以身免，兵士五万皆为贼所杀，流尸塞江。贼将尚让乘胜沿流而下，进逼江陵。王铎闻系军败，乃弃城奔襄阳。别将刘汉宏大掠江陵之民，剽剥不胜其酷，士民亡窜山谷，江陵焚剽殆尽。半月余，贼众方至江陵。三月，贼悉众欲寇襄阳，江西招讨使曹全晸与襄阳节度使刘巨容谋拒之。时营于荆门，贼军一万屯于团林驿。全晸命巨容悉以精甲阵于林薄之中，自以骑军挑战，伪不胜而遁。贼大乘之，比至荆门，其徒不成列，巨容发伏击之，贼大溃而走。全晸铁骑急追之，比至江陵，十俘七八。黄巢、尚让以余众徒济江。全晸方渡江袭贼，遭诏至，以段彦谟为江西节度使，全晸乃还。贼遂率舟军东下，攻鄂州，陷其郛。全晸救至，贼遂转战江西，陷江西饶、信、杭、衢、宣、歙、池等十五州。全晸在江西。朝廷以王铎统众无功，乃授淮南节度使高骈为诸道兵马行营都统。骈令大将张璘渡江讨贼，屡捷。贼众疫疠，其将李罕之一军投淮南，其众稍沮。是月，沙陀寇忻、代，诏以汝州防御使诸葛爽为北面行营副招讨，率东都防御兵士赴代州。四月甲申朔，大雨雹，大风拔两京衔树十二三，东都长夏门内古槐十拔七八，宫殿鸱尾皆落。丁酉，制以检校吏部尚书、前太常卿、上柱国、陇西郡开国公、食邑三千户李琢为光禄大夫、检校尚书右仆射、御史大夫，充蔚朔等州诸道行营都招讨使；应东北面行营李孝昌、李元礼、诸葛爽、王重盈、朱玫等兵马及忻、代州土团，并取琢处分。以内常侍张存礼充都粮料使，判官崔铤充制置副使。六月，代北行营招讨使李琢、幽州节度使李可举、吐浑首领赫连铎等军讨李克用于云州。时克用令其大将军傅文达守蔚州，高文集守朔州。吐浑赫连铎遣人说高文集令归国，文集与沙陀首领李友金、萨葛部督米海万、安庆都督史敬存以前蔚州归款于李琢。时克用率众御燕军于雄武军。七月，沙陀三部落李友金等开门迎大军，克用闻之，亟来赴援，为李可举之兵追击，大败于药儿岭。李琢、赫连铎又击败于蔚州，降文达，李克用部下皆溃，独与国昌及诸兄弟北入达靼部。乃以吐浑都督赫连铎为云州刺史、大同军防御使，吐浑白义诚为蔚州刺史，萨葛米海万为朔州刺史，加李可举检校司徒、同平章事。八月，黄巢之众渡江寇淮南。是岁春末，贼在信州疫疠，其徒多丧。淮南将张璘急击之，贼惧，以金啖璘，仍致书高骈乞保命归国。骈信之，厚待其使，许求节钺。时昭义、武宁、义武等兵马数万赴淮南，骈欲收功于己，乃奏贼已将殄，不假诸道之师，并遣还北。贼知诸军已退，以求节钺不获，暴怒，与骈绝，请战。骈怒，令张璘整军击之，为贼所败，临阵杀璘。贼遂乘胜渡江，攻天长、六合等县，骈不能拒，但决陈登水自固而已。朝廷闻贼复振，大恐，诏河南诸道之师屯之溵水。官军大集，贼未北渡。时兖州节度使齐克让屯汝州。九月，徐州兵三千人赴溵水，途经许。许州节度使薛能前为徐帅，得军民情。徐军吏至，请馆，能以徐军怀惠，令馆于州内。许军惧徐人见袭，许州大将周岌自溵水以其戍卒还，逐薛能，自据其城。徐军已至河阴，闻许军乱，徐将时溥亦以戍兵还徐，逐节度使支详。齐克让惧兵见袭，亦还兖州。溵水诸军皆散。贼闻之，十月，乃悉众渡淮。黄巢自号率土大将军，其众富足，自淮已北整众而行，不剽财货，惟驱丁壮为兵耳。十一月辛亥朔。己巳，贼陷东都，留守刘允章率分司官属迎谒之，贼供顿而去，坊市晏然。壬申，陷虢州。丙子，攻潼关，守关诸将望风自溃。十二月庚辰朔。辛巳，贼据潼关。时左军中尉田令孜专政，宰相卢携曲事之，相与误谋，以至倾败。令孜恐众罪加己，请贬携官，命学士王徽、裴彻为相。甲申，宣制以户部侍郎、翰林学士王徽、裴彻本官同平章事。贬右仆射、门下侍郎、平章事卢携为太子宾客。携闻贼至，仰药而死。是日，上与诸王、妃、后数百骑，自子城由含光殿金光门出幸山南，文武百官僚之不知，并无从行者，京城晏然。是日晡晚，贼入京城，时右骁卫大将张直方率武官十余迎黄巢于坡头。壬辰，黄巢据大内，僭号大齐，称年号金统。悉陈文物，据丹凤门伪赦。以太常博士皮日休、进士沈云翔为学士。为伪赦书云："揖让之仪，废已久矣，窜遁之迹，良用忧然。朝臣三品已上并停见任，四品已下宜复旧位。"以赵章为中书令，尚让为太尉，崔璆为中书侍郎、平章事。时宰相豆卢瑑崔沆、故相左仆射刘邺、太子少师裴谂、御史中丞赵蒙、刑部侍郎李溥、故相于琮皆从驾不及，匿于闾里，为贼所捕，皆遇害。将作监郑綮、库部郎中郑义不臣贼，举家雉经而死。

中和元年春正月庚戌朔，车驾在兴元。以翰林学士承旨、尚书户部侍郎、知制诰萧遘为兵部侍郎，充诸道盐铁转运等使；寻以本官同平章事，领使如故。以宿州刺史刘汉宏为越州刺史、镇东军节度、浙江东道观察处置等使。诏太原节度使郑从谠发本道之师，与北面行营招讨副使诸葛爽、代州刺史北面行营马步都虞候朱玫、夏州将李思恭等行营诸军，并赴京师讨贼。河中马步都虞候王重荣逐其帅李都，自称留后。二月，代州北面行营都监押陈景思率沙陀、萨葛、安庆等三部落与吐浑之众三万赴援关中，次绛州。沙陀首领翟稽俘掠绛州叛还，景思知不可用，遣使诣行在，请赦李国昌父子，令讨贼以赎罪，从之。三月，陈景思赍诏入达靼，召李克用军屯蔚州，克用因大掠雁门已北军镇。以凤翔节度使郑畋守司空、门下侍郎、同平章事，充京西诸道行营都统，与泾原节度使程宗楚、秦州经略使仇公遇、鄜延节度使李孝昌、夏州节度使拓跋思恭等同盟起兵，传檄天下。黄巢遣大将林言、尚让率众数万寇凤翔，郑畋率师逆击，大败贼众于龙尾陂。四月，以前大同军防御使李克用检校工部尚书，兼代州刺史、雁门已北行营兵马节度等使。五月，李克用赴代州，遂悉蕃、汉兵万人南出石岭关，称准诏赴难长安。丁巳，沙陀军至太原，郑从谠供给粮料。辛酉，沙陀索发军赏钱，从谠与钱千贯，米千石。克用怒，纵兵大掠。从谠求援于振武，契苾通自率兵来赴，与沙陀战于晋王岭。沙陀败走，陷榆次、阳曲而退。是日大风，天雨土。特进、尚书右仆射赵隐卒，赠司空。六月，沙陀退还代州。车驾幸成都府，西川节度使陈敬瑄自来迎奉。七月丁未朔。乙卯，车驾至西蜀。丁巳，御成都府廨，改广明二年为中和元年，大赦天下。以兵部侍郎、判度支韦昭度本官同平章事。以侍中王铎检校太尉、中书令，兼滑州刺史、义成军节度、郑滑观察处置，兼充京城四面行营都统；以太子太保崔安潜为副。观军容使西门思恭为天下行营兵马都监押；中书侍郎、平章事、诸道盐铁转运等使韦昭度为供军使。时淮南节度使高骈为诸道行营都统，自车驾出幸，中使相继促骈起复，骈托以周宝、刘汉宏不利于己，迁延半岁，竟不出军，乃以铎为都统。以河中节度使王重荣为京城北面都统，义武军节度使王处存为京城东面都统，鄜延节度使李孝昌为京城西面都统，朔方军节度使拓跋思恭为京城南面都统。以忠武监军使杨复光为天下行营兵马都监，代西门思恭。许王铎以便宜从事。遣郎官、御史分行天下，征兵赴关内。八月，代北行营兵马使诸葛爽、朱玫、拓跋思恭等军屯渭桥。朱玫屯兴平，为贼将王瑶所击，退保奉天。诸葛爽降贼，伪署爽河阳节度使。许州牙将秦宗权奏破贼于汝州，乃授宗权蔡州防御使。昭义节度使高浔与贼将李详战于石桥，为贼所败，退归河中。贼乘胜陷同州。九月，泽潞高浔牙将刘广擅还据潞州。是月，浔天井关戍将孟方立率戍卒攻刘广，杀之。方立遂自称留后，仍移军镇于邢州。制以京城四面催阵使、守兵部尚书王徽检校左仆射，兼潞州大都督府长史，昭义节度、潞邢洺磁观察等使。贬高浔端州刺史。杨复光、王重荣以河西、昭义、忠武、义成之师屯武功。凤翔节度使郑畋以病征还行在，以凤翔大将李昌言代畋为节度使，兼京城西面行营都统。十月，青州军乱，逐节度使安师儒,立其行营将王敬武为留后。十二月,行营都统王铎率禁军、山南东川之师三万至京畿,屯于盩厔。

二年春正月甲辰朔,天下勤王之师,云合京畿,京师食尽。贼食树皮,以金玉买人于行营之师,人获数百万。山谷避乱百姓,多为诸军之所执卖。二月,泾原大将唐弘夫大败贼将林言于兴平,俘斩万计。王处存率军二万,径入京城,贼伪遁去。京师百姓迎处存,欢呼叫噪。是日军士无部伍,分占第宅,俘掠妓妾。贼自灞上分门复入,处存之众苍黄溃乱,为贼所败。黄巢怒百姓欢迎处存,凡丁壮皆杀之,坊市为之流血。自是诸军退舍,贼锋愈炽。三月,前蔚州刺史苏祐为沙陀所败,弃郡投镇州,至灵寿,部人为盗,祐为王景崇所杀。七月辛丑朔。丙午夜,西北方赤气,如绛虹竟天。贼将尚让攻宜君砦,雨雪盈尺,甚寒,贼兵冻死者十二三。八月庚子,贼同州防御使朱温杀其监军严实,与大将胡真、谢瞳等来降,王铎承制拜华州刺史、潼关防御、镇国军等使。魏博节度韩简自率军三万攻河阳,伪署节度使诸葛爽弃城而去,简遣大将守河桥而还。九月,贼以黄邺为华州刺史。初,贼以李详守华州,详与朱温素善,及温归河中,黄巢遣阉官后冗率功臣马千匹至华杀详,以邺代归。太原诸山桃杏有花实。十月,西北方无云而雷,名"天狗坠"。以岚州刺史汤群为怀州刺史,时群倚沙陀为援,朝廷疑而易之。郑从谠遣人传官告授群,群怒,杀使者,据城,内沙陀。魏博节度使韩简以兵攻郓州,节度使曹全晟拒之,为简所败,执而杀之。全晟大将朱瑄以余众保郓州,乞和于简,简舍之而去。十一月,沙陀李克用监军陈景思以部落之众一万七千骑自岚石州路赴河中。贼将李详下牙队斩华州守将叩明,王铎用其将军王遇为华州刺史。十二月已亥朔。庚戌,成德军节度、镇冀深赵观察处置等使、开府仪同三司、检校太尉、中书令、上柱国、常山郡王、食邑六千户王景崇卒,赠太傅,谥曰忠穆。遗表请以子镕缵继戎事,遂以镕为兵马留后。

三年春正月戊辰朔,车驾在成都府。雁门节度使、检校工部尚书李克用率师至河中。己巳,沙陀军进屯沙苑之乾坑。二月,沙陀攻华州,刺史黄邺出奔至石堤谷,追擒之。魏博节度使韩简再兴兵讨河阳,诸葛爽遣大将李罕之拒之于武陟,逆击之,魏军大败而还。大将乐彦祯先据魏州,韩简为部下所杀,推彦祯为留后。就加李克用检校尚书左仆射、忻代云蔚等州观察处置等使。三月丁卯朔。壬申,沙陀军与贼将赵璋、尚让战于成店,贼军大败,追奔至良天坡,横尸三十里;王重荣筑尸为京观。四月丁酉朔。庚子,沙陀、忠武、义成、义武等军趋长安,贼悉众拒之于渭桥,大败而还;李克用乘胜追之。己卯,黄巢收其残众,由蓝田关而遁。庚辰,收复京城。天下行营兵马都监杨复光上章告捷行在,曰:

顷者妖兴雾市,啸聚丛祠,而岳牧藩侯,备盗不谨。谓大同之运,常可容奸;谓无事之秋,纵其长恶。贼首黄巢,因得充盈窟穴,蔓延崔蒲,驱我蒸黎,徇其凶逆。展锄耰以成锋刃,杀耕牛以恣燔炮,魑魅昼行,虺蜴夜噬。自南海失守,湖外丧师,养虎灾深,驯枭逆大。物无不害,恶虺不为,豺狼贻朝市之忧,疮痏及腹心之痛。遂至毒流万姓,盗污两京,衣冠衔涂炭之悲,郡邑起丘墟之叹。万方共怒,十道齐攻,仗九庙之威灵,殄积年之凶丑。河中节度使王重荣神资壮烈,天赋机谋,誓立功名,志安家国。至于屯田待敌,率士当冲,收百姓十万余家,降贼党三万余众。法能持重,功遂晚成,久稽原野之刑,未决雷霆之怒。自收同、华,进逼京师,夕烽高照于国门,游骑频临于灞岸。既知四隅断绝,百计奔冲,如穷鸟触笼,似飞蛾赴焰。雁门节度使李克用神传将略,天付忠贞,机谋与武艺皆优,臣节共本心相称。杀贼无非手刃,入阵率以身先,可谓雄才,得名飞将。统领本军南下,与臣同力前驱,虽在寝兴,不忘寇孽。今月八日,遣衙队将前锋杨守宗、河中骑将白志迁、横野军使满存、蹑云都将丁行存、朝邑镇将康师贞、忠武牙头军使庞从等三十二都,随李克用自光泰门先入京师,力摧凶逆。又遣河中将刘让王瑰冀君武孙珙、忠武大将乔从遇、郑滑将韩从威、荆南大将申屠悰、沧州大将贾滔、易定大将张仲庆、寿州大将张行方、天德大将顾彦朗、左神策弩手甄君楚公孙佐、横冲军使杨守亮、蹑云都将高周彝、忠顺都将胡贞、绛州监军毛宣伯聂弘裕等七十都继进。贼尚为坚阵,来抗官军。李克用率励骁雄,整齐金革,叫噪而声将动瓦,喑呜而气欲吞沙。宽列戈矛,麾军夹击,自卯至申,凶徒大败。自望春宫鏖杀,至升阳殿合围,戈不滥挥,矢无虚发。其贼即时奔遁,散入商山,徒延漏刃之生,仁作饮头之器。伏自收平京国,三面皆立大功,若破敌摧锋,雁门实居其首。其余将佐,同效驱驰,兼臣所部二万余人,数岁栉风沐雨,既兹荡定,并录以闻。

报至,从官称贺。五月,制以河中节度使、检校尚书右仆射王重荣检校司空、同平章事,余如故。雁门已北行营节度、忻代蔚朔等州观察处置等使、检校尚书左仆射、代州刺史、上柱国、食邑七百户李克用检校司空、同平章事,兼太原尹、北京留守,充河东节度、管内观察处置等使。义武军节度使、检校司空王处存检校司徒、同平章事,余如故。以检校尚书右仆射、华州刺史、潼关防御等使朱温检校司空,兼汴州刺史、御史大夫,充宣武节度观察等使,仍赐名全忠。京城西北面行营都统、金紫光禄大夫、检校司空、邠州刺史、邠宁节度使朱玫就加同平章事,进封吴兴县侯,食邑一千户。鄜坊节度使、金紫光禄大夫、检校尚书右仆射东方逵就加同平章事。王铎罢行营都统,依前检校太师、中书令,进封晋国公,加食邑二千户,节度观察使如故。时中尉田令孜用事,自负帷幄之功,以铎用兵无功,而由杨复光建策召沙陀成破贼之效,欲权归北司,乃黜王铎而悦复光也。就加诸道行营兵马都监杨复光开府仪同三司、弘农郡开国公,食邑三千户,充同华等州管内制置使,仍赐号"资忠耀武匡国平难功臣。"六月乙未朔。甲子,杨复光卒于河中,其部下忠武八都都头鹿晏弘、晋晖、王建、韩建等各以其众散去。时复光兄复恭知内枢密，田令孜以复光立破贼功，惮而恶之，故贼平赏薄。及闻复光死，甚悦，复摈复恭，罢枢密为飞龙使。是月，黄巢围陈州，营于州北五里。初，贼出蓝田关，遣前锋将孟楷攻蔡州，刺史秦宗权以兵逆战，为楷所败，宗权势穷，与贼通和。孟楷移兵攻陈州，刺史赵犨示弱，伏兵击之，临阵斩楷。楷，贼之爱将，深惜之。黄巢怒，悉众攻陈州。时黄巢与宗权合从，纵兵四掠，远近皆罹其酷。时仍岁大饥，民无积聚，贼俘人为食，其炮炙处谓之"舂磨寨"，白骨山积，丧乱之极，无甚于斯。贼攻城急，徐州节度使时溥、许州周岌、汴州朱全忠皆出师护援之。七月，制以西川节度使、开府仪同三司、守太尉、同平章事、成都尹、上柱国、颍川郡王、食邑三千户、实封四百户陈敬瑄赐铁券。诏郑从谠赴行在。八月，李克用赴镇太原。制以前振武节度、检校司空、兼单于都护、御史大夫李国昌为检校司徒、代州刺史、雁门已北行营节度、蔚朔等州观察等使。十月，李国昌卒。十一月，蔡贼秦宗权围许州。十二月，诏河东李克用赴援陈许。忠武大将鹿晏弘陷兴元，逐节度使牛勖，自为留后。

四年春正月癸亥朔，车驾在成都府。二月，河东节度使李克用将出师援陈许，河阳节度使诸葛爽以兵屯泽州拒之。三月壬戌朔。甲戌，克用移军自河中南渡，东下洛阳。四月辛卯朔。甲寅，沙陀军次许州，节度使周岌、监军田从异以兵会战。贼将尚让屯太康，黄邺屯西华，稍有刍粟。己未，沙陀分兵攻太康、西华贼砦。庚申，尚让、黄邺遁去，官军得其刍粟，黄巢亦退保郾城。以兵部侍郎、判度支郑昌图以本官同平章事。五月辛酉朔。癸亥，沙陀追黄巢而北。丁卯，次尉氏。戊辰，大雨，平地水深三尺，沟河涨溢。贼至中牟，临汴河欲渡，沙陀遽至，贼大骇，其党分溃，杀伤溺死殆半。尚让一军降时溥，别将杨能、李谠、霍存、葛从周、张归霸等降朱全忠，李周、杨景彪以残众走封丘。己巳，沙陀渡汴河，趋封丘，黄巢兄弟悉力拒战，李克用击败之。获所俘男女五万口，牛马万余，并伪乘舆、法物、符印、宝货、戎仗等三万计。得巢幼子，年六岁。黄巢既败，以其残众东走。庚午，李克用以急蹑黄巢，一日夜行二百里，马疲乏死者殆半。宿冤朐，粮运不及，骑军至寡，乃与忠武监军田从异班师。甲戌，次汴州，节度使朱全忠馆克用于上源驿。全忠以克用兵力寡弱，大军在远，乃图之。是夜，置酒邮舍，克用既醉，全忠以兵围驿，纵火烧之。雷雨骤作，平地水深尺余，克用逾垣仅免。其部下三百余人及监军使史敬思、书记任珪皆被害。丙子，克用至许州，率本军还太原。庚辰，徐州将李师悦、陈景思率兵万人追黄巢于兖州。六月，郓州节度使朱瑄奏大败贼于合乡。秋七月已未朔。癸酉，贼将林言斩黄巢、黄揆、黄秉三人首级降时溥。初，徐将李师悦与贼战于瑕丘，贼殊死战，其众几尽。林言与巢走至太山狼虎谷之襄王村，惧追至并命，乃斩贼降师悦。壬午，捷书至行在，从官称贺。河东节度使李克用累表诉屈，请讨汴州。天子优诏和解之，就加克用阶特进，封陇西郡王以悦之。自是全忠、克用有寻戈之怨。九月，山南西道节度使鹿晏弘为禁军所讨，弃城拥众东出襄、邓，大掠许州。晏弘大将王建、韩建、张造、晋晖、李师泰各率本军归朝，田令孜以建等免复光故将，薄之，皆授诸卫将军，惟以王建为壁州刺史。十月，关东诸镇上章请车驾还京。十一月，鹿晏弘陷许州，杀周岌，自称留后，寻为秦宗权所攻。制以义成军节度、检校太师、中书令、上柱国、晋国公王铎为沧州刺史、义昌军节度、沧德观察处置等使。十二月丁亥朔，大明宫留守、权知京兆尹、御史大夫、京畿制置等使王徽与留司百官上表，请车驾还宫。诏以来年正月还京。新除沧德节度使王铎，为魏博节度使乐彦祯害之于漳南县之高鸡泊，行从三百余人皆遇害。

光启元年春正月丁巳朔，车驾在成都府。己卯，傅宗自蜀还京。二月丁亥朔。丙申，车驾次凤翔。三月丙辰朔。丁卯，车驾至京师。己巳，御宣政殿，大赦，改元光启。时李昌符据凤翔，王重荣据蒲、陕，诸葛爽据河阳、洛阳，孟方立据邢、洺，李克用据太原、上党，朱全忠据汴、滑，秦宗权据许、蔡，时溥据徐、泗，朱瑄据郓、齐、曹、濮，王敬武据淄、青，高骈据淮南八州，秦彦据宣、歙，刘汉宏据浙东，皆以专擅兵赋，递相吞噬，朝廷不能制。江淮转运路绝，两河、江淮赋不上供，但岁时献奉而已。国命所能制者，河西、山南、剑南、岭南西道数十州。大约郡将自擅，常赋殆绝，藩侯废置，不自朝廷，王业于是荡然矣。蔡贼秦宗权侵寇藩邻，制以徐州节度使时溥为钜鹿王，充蔡州四面行营兵马都统。宗权将秦贤攻汴、郑不已，以汴州刺史朱全忠为沛郡王，充蔡州西北面行营都统。杭州刺史董昌大败刘汉宏之众，进攻越、婺、台、明等州，下之。遂以昌为越州刺史，镇东军节度、浙江东道观察等使，以杭州大将钱镠为杭州刺史。闰三月，镇冀节度使王镕献耕牛千头，农具九千，兵仗十万。四月乙卯朔，以开府仪同三司、右金吾卫上将军、左街功德使、齐国公田令孜为左右神策十军使。时自蜀中护驾，令孜招募新军五十四都，都千人，左右神策各二十七都，分为五军，令孜总领其权。时军旅既众，南衙北司官属万余，三司转运无调发之所，度支惟以关畿税赋，支给不充，赏劳不时，军情咨怨。旧日安邑、解县两池榷盐税课，盐铁使特置盐官以总其事。自黄巢乱离，河中节度使王重荣兼领榷务，岁出课盐三千车以献朝廷。至是令孜以亲军阙供，计无从出，乃举广明前旧事，请以两池榷务归盐铁使，收利以赡禁军。诏下，重荣上章论诉，言河中地窘，悉籍盐课供军。五月，制以河中节度使、检校司徒、同平章事、河中尹、上柱国、琅邪郡王王重荣为检校太傅、同平章事，兼兖州刺史、充沂海节度观察处置等使，代齐克让。以克让检校司徒、兼定州刺史、御史大夫，充义武节度观察、北平军等使，代王处存。以处存依前检校太傅、同平章事、河中尹、河中晋慈隰节度观察等使。是月，宰臣萧遘率文武百僚上徽号曰至德光烈孝皇帝，御宣政殿受册，大赦。六月甲寅朔。丙辰，定州王处存奏："幽州节度使李可举、镇州节度使王镕各令大将率领兵士侵攻当道，臣并已杀退。"时李可举乘天子播越，中原大乱，以河朔三镇，休戚事同，惟易、定二郡为朝廷所有，乃同议攻处存以分其地。会燕将李全忠有夺帅之志，军情相疑。全忠方围易州，处存出奇骑以击之，燕军大败。是月，全忠收合残众攻幽州，李可举举室登楼自焚而死，全忠自称留后。沧州军乱，逐其帅杨全玫，立衙将卢彦威为留后。制以保銮都将、检校司徒，兼黔州刺史、黔中节度观察等使曹诚检校太保，兼沧州刺史，充义昌军节度、沧德观察等使。河中王重荣累表论列，数令孜离间方镇，令孜遣邠宁节度使朱玫会合鄘、延、灵、夏之师讨河中。九月，朱玫屯沙苑。王重荣求援于太原。十月，李克用率太原军南出阴地关。十一月，河中、太原之师与禁军对垒于沙苑。十二月辛亥朔。癸酉，官军合战，为沙陀所败，朱玫走还邠州。神策军溃散，遂入京师肆掠。乙亥，沙陀逼京师，田令孜奉僖宗出幸凤翔。初，黄巢据京师，九衢三内，宫室宛然。及诸道兵破贼，争货相攻，纵火焚剽，宫室居市闾里，十焚六七。贼平之后，令京兆尹王徽经年补葺，仅复安堵。至是，乱兵复焚，宫阙萧条，鞠为茂草矣。

二年春正月辛巳朔，车驾在凤翔。李克用旋师河中，与朱玫、王重荣同上表，请驾驻跸凤翔，仍数田令孜之罪。乃以飞龙使杨复恭复知中枢密事。戊子，田令孜迫乘舆请幸兴元。庚寅，车驾次宝鸡。授刑部尚书孔纬兼御史大夫，令率从官赴行在。时车驾夜出，宰相萧遘、裴彻、郑昌图及文武百僚不之知，扈从不及，故令孔纬促之。萧遘恶令孜弄权，再乱京国，因邠州奏事判官李松年至凤翔，乃令亟召朱玫迎奉。癸巳，朱玫引步骑五千至凤翔。令孜闻邠州军至，奉帝入散关，令禁军守灵璧。玫至，禁军溃散，遂长驱追驾至尊途驿。嗣襄王熅疾，为玫所得。时兴元节度使石君涉闻车驾入关，乃毁彻栈道，栅绝险要，车驾由他道仅达，为邠州军蹂问，崎岖危殆者数四。二月辛亥朔，以十军观军容使、开府田令孜为剑南西川节度监军，以内枢密使杨复恭为神策左军中尉。三月庚辰朔。壬午，兴元节度使石君涉弃城入朱玫军内。丙申，车驾至兴元。戊辰，以翰林学士承旨、兵部尚书、知制诰杜让能为兵部侍郎；刑部尚书、御史大夫孔纬为兵部侍郎，充诸道盐铁转运等使；并以本官同平章事。保銮都将李铤、杨守亮、杨守宗等败邠州军于凤翔。四月庚戌朔，是夜荧惑犯月角。壬子，朱玫、李昌符迫宰相萧遘等于凤翔驿舍，请嗣襄王熅权监军国事。玫自为大丞相，兼左右神策十军使。遂驱率文武百僚奉襄王还京师。五月己卯朔。庚辰，襄王僭即皇帝位，年号建贞。以萧遘初沮襄王监国之命，崇知故事，为太子少师。以朱玫为侍中、诸道盐铁转运使。以裴彻为门下侍郎、右仆射、同平章事、判度支。中书侍郎、刑部尚书、平章事郑昌图判户部事。萧遘移疾归河中之永乐。伪制加诸侯官爵。以淮南节度使、检校太尉、兼侍中高骈为太师、中书令、江淮盐铁转运、诸道行营兵马都统。又以淮南右都押衙、和州刺史吕用之检校兵部尚书，兼广州刺史、岭南东道节度。令户部侍郎柳涉往江淮宣谕，户部侍郎夏侯潭河北宣谕，诸藩节将多授其伪署，惟定州、太原、宣武、河中拒而不受。是月，星孛于箕尾，历北斗摄提。荆南、襄阳仍岁蝗旱，米斗三十千，人多相食。杨复恭兄弟在河中、太原有破贼连衡之旧，乃遣谏议大夫刘崇望赍诏宣谕，达复恭之旨。王重荣、李克用欣然听命，

寻遣使贡奉，献缣十万匹，愿杀朱玫自赎。崇望使还，君臣相贺。六月己酉朔，以扈跸都将杨守亮为金州刺史、金商节度、京畿制置使。守亮率师二万趋金州，与王重荣、李克用掎角进军。时朱玫遣将王行瑜率邠宁、河西之师五万屯凤州，保銮都将李铤、李茂贞、陈珮等抗之于大唐峰。七月戊寅朔，蔡贼秦宗权陷许州，杀鹿晏弘。以金商节度使杨守亮检校司徒，兼兴元尹，充山南西道节度等使。王行瑜急攻兴州，守亮出师击败之。八月，幽州节度使李全忠卒，三军立其子匡威为留后。九月，杨守亮复败邠州军于凤州，军容杨复恭密遣人说王行瑜，令谋归国。十月壬子朔，滑州军乱，逐其帅安师儒，推衙将张骁主留后军务。师儒奔汴州，朱全忠杀之，遂以兵屠滑，斩张骁以告行在，朝廷以汴帅全忠兼领义成军节度使。壬辰夜，白虹见西方。十一月，蔡贼孙儒陷郑州，刺史李璠遁免。儒引军攻河阳。十二月乙巳朔。是月，朱玫爱将王行瑜受密诏，自凤翔率众还长安。辛酉，行瑜斩朱玫及其党与数百人，纵兵大掠。是冬苦寒，九衢积雪，兵入之夜，寒冽尤剧，民吏剽剥之后，僵冻而死蔽地。裴彻、郑昌图及百官奉襄王奔河中，王重荣绐称迎奉，执拿熅斩之，械裴彻、郑昌图于狱，文武官僚遭戮者殆半。重荣函襄王首赴行在。刑部奏请御兴元城南门，阅俘馘受贺，下礼院定仪注。博士殷盈孙奏曰：

> 伏以伪熅违背宗社，僭窃乘舆，欺天之祸既盈，盗国之罪斯重，果至覆败，以就诛夷。九重之妖祲既除，万国之生灵共庆，宜陈贺礼，以显皇猷。然物议之间，有所未允。臣按礼经，公族有罪，狱既具，有司闻于公曰："某之罪在大辟。"君曰："赦之。"如是者三，有司走出致刑，君复使谓之曰："虽然，固当赦之。"有司曰："不及矣！"君为之素服不乐三月。《左传》：卫君在晋，卫臣元咺立卫君之弟叔武，卫君入国，叔武为前驱所杀，卫君哭之，左氏书焉。今伪熅，皇族也，虽犯殊死之罪，宜就屠戮，其可以朝群臣而受贺乎？臣以为熅胤系金枝，名标玉牒，追胁之际，不能守节效死，而乃甘心逆谋，罪实滔天，刑不可赦。已为军前处置，宜即黜为庶人，绝其属籍，其首级仍委所在以庶人礼收葬。大捷之庆，当以朱玫首级到日称贺，为得其宜。上不忝于宸衷，下无伤于物体，协礼经之旨，杜中外之疑。

遂罢贺礼。及朱玫传首至，乃御楼受俘馘。是月，蔡贼孙儒陷河阳，诸葛仲方奔归汴州，别将李罕之出据泽州，张全义据怀州。

三年春正月乙亥朔，车驾在兴元府。制以邠州都将王行瑜检校刑部尚书，兼邠州刺史、邠宁庆节度使。保銮都将李铤检校司空、黔州刺史、黔中节度观察使；扈跸都头李茂贞为检校尚书左仆射、洋州刺史、武定军节度使；扈跸都头杨守宗为金州刺史、金商节度等使；保銮都将陈珮检校尚书右仆射，为宣州刺史、宣歙观察使。兵部侍郎、诸道租庸使张浚本官同平章事。二月乙巳朔，润州牙将刘浩、度支使薛朗同谋逐其帅周宝，刘浩自称留后。三月乙亥朔。甲申，车驾还京，次凤翔。以宫室未完，节度使李

昌符请驻跸，以俟毕工。河中械送伪宰相裴彻、郑昌图，命斩之于岐山县。太子少师致仕萧遘赐死于永乐县。以特进、监修国史、门下侍郎、吏部尚书、平章事孔纬领诸道盐铁转运使。以集贤殿大学士、中书侍郎、兵部尚书、平章事杜让能进封襄阳郡公，增食邑三千户。四月甲辰朔，扬州牙将毕师铎自高邮率戍兵攻扬州，下之，囚高骈于别室，自总军政。蔡贼秦贤攻汴州，周列三十六砦。朱全忠乞师于兖郓，朱瑾率师来赴，屯封禅寺，朱瑄屯戎镇。五月甲戌朔，乙亥，秦宗权自率众来应秦贤。壬午，郓、兖、汴三镇之师大破蔡贼于边孝村，宗权退走。孙儒闻秦贤败，尽驱河阳之人杀之，投尸于河，焚烧闾井而去。王师收孟、洛、许、汝、怀、郑、陕、虢等州。诏以銮驾都头杨守宗权知许州事，汴将孟从益权知郑州事，诸葛爽旧将李罕之自泽州收河阳，怀州刺史张全义收洛阳。扬州牙将毕师铎召宣州观察使秦彦入扬州，推为节度使。六月癸卯朔，戊申，天威军都头杨守立与李昌符争道，麾下相欧。上命中使谕之，不止，是夜严兵为备。己酉，守立以兵攻昌符，战于通衢。昌符兵败，出保陇州，命銮驾都将李茂贞攻之。甲寅，河中牙将常行儒杀其帅王重荣，推重荣兄重盈为兵马留后。丙辰，太常礼院奏："太庙十一室，并祧庙八室，孝明太后等别庙三室，自车驾再幸山南，并经焚毁，神主失坠。今大驾还京，宜先葺宗庙神主，然后还宫。"遂诏修奉太庙使宰相郑延昌修奉。是时，宫室未完，国力方困，未暇举行旧制，延昌请权以少府监大厅为太庙。太庙凡十一室，二十三间，间十一架，今监五间，请添造成十一间，以备十一室之数。敕曰："敬依典礼。"七月壬申朔，陇州刺史薛知筹以城降李茂贞，遂拔陇州，斩李昌符、昌仁等，传首献于行在。丙子，制以武定军节度使、检校尚书左仆射，兼洋州刺史、御史大夫、上柱国、陇西郡公、食邑一千五百户李茂贞检校司空、同平章事，兼凤翔尹、凤翔陇右节度使。九月辛未朔，淮南节度使高骈为其牙将毕师铎所杀。杨行密急攻广陵，蔡贼秦宗权遣其将孙儒将兵三万渡淮，争扬州，城中食尽。十一月，秦彦、毕师铎溃围奔于孙儒军，行密入据扬州。秦彦引孙儒之兵攻广陵，行密遣使求援于朱全忠。制授全忠检校太尉、侍中，兼扬州大都督府长史，充淮南节度观察等使、行营兵马都统。汴将李璠率师至淮口以援之。十二月己巳朔，东川节度使顾彦朗、壁州刺史王建连兵五万攻成都，陈敬瑄告难于朝，诏中使谕之。

文德元年春正月己亥朔，车驾在凤翔。制故凤翔陇右节度观察处置等使、检校司徒、同平章事，兼凤翔尹、上柱国、荥阳郡开国公、食邑三千户郑畋赠司徒，谥曰文昭。蔡贼孙儒斩秦彦、毕师铎于高邮。二月己巳朔。壬午，车驾在凤翔至京师。魏博军乱。逐其帅乐彦祯。彦祯子相州刺史从训率众攻魏州，牙军立其小校罗宗弁为留后，出兵拒之。从训求援于汴，朱全忠遣将朱珍渡河赴之。戊子，上御承天门，大赦，改元文德。宰相韦昭度兼司空，孔纬、杜让能加左右仆射，进阶开府仪同三司，并赐号"持危启运保乂功臣"。张浚兼兵部尚书，进阶开府仪同三司。左右神策十军观军容使、左金吾卫上将军、左右街功德使、

上柱国、弘农郡开国公杨复恭进封魏国公，加食邑七千户，赐号"忠贞启圣定国功臣。"以保銮都将、黔中节度使李铤检校司徒、平章事，保銮都将陈珮检校司空、广州刺史、岭南东道节度使。藩镇诸侯，进秩有差。宰臣韦昭度率文武百僚上徽号曰圣文睿德光武弘孝皇帝。三月戊戌朔，正殿受册。庚子，上暴疾。壬寅，大渐。癸卯，宣制立弟寿王杰为皇太弟，勾当军国事。是夕，崩于武德殿，圣寿二十七，群臣上谥曰惠圣恭定孝皇帝，庙号僖宗。其年十二月，葬于靖陵。

史臣曰：恭帝冲年缵历，政在宦臣，惕励虔恭，殷忧重慎。属世道交丧，海县横流，赤眉摇荡于中原，黄屋流离于遐徼，黔黎涂炭，宗社丘墟。而犹藩垣多仗义之臣，心腹有尽忠之辅，驱驾豪杰，号令军戎，终诛伏莽之徒，大雪失邦之耻。而令孜一为谬计，几丧丕图，虽如线之仅存，固梦丝之莫救。茫茫禹迹，空悲文命之艰难；赫赫宗周，竟坠文王之基业。非僖皇失道之过，其土运之穷欤？悲夫！

赞曰：运历将穷，人君幼冲。尘飞巨盗，波骇群雄。天既降丧，人罕输忠。回銮返正，禁旅之功。

卷二十上　　本纪第二十上

昭　　宗

昭宗圣穆景文孝皇帝讳晔，懿宗第七子，母曰惠安太后王氏。以咸通八年二月二十二日生于东内。十三年四月，封寿王，名杰。乾符四年，授开府仪同三司、幽州大都督、幽州卢龙等军节度、押奚契丹、管内观察处置等使。帝于僖宗，母弟也，尤相亲睦。自艰难播越，尝随侍左右，握兵中要，皆奇而爱之。文德元年二月，僖宗暴不豫。时初复宫闱，人心倾瞩，遽闻被疾，军民骇愕。及大渐之夕，而未知所立。群臣以吉王最贤，又在寿王之上，将立之，唯军容杨复恭请以寿王监国。三月六日，宣遗诏立为皇太弟。八日，柩前即位，时年二十二。以司空韦昭度摄冢宰。己丑，见群臣，始听政。帝攻书好文，尤重儒术，神气雄俊，有会昌之遗风。以先朝威武不振，国命浸微，而尊礼大臣，详términos道术，意在恢张旧业，号令天下。即位之始，中外称之。四月戊辰朔。庚午，追谥圣母惠安太后曰恭献。乙亥，河南尹张全义以兵袭李罕之于河阳，罕之出据泽州。魏博衙军杀其帅乐彦祯于龙兴寺，又击乐从训，败之。从训以残众保洹水，为罗宗弁陷其城而杀之。壬午，蔡贼孙儒陷扬州，杨行密溃围而出，据宣州。孙儒自称淮南节度，仍率其众攻宣州。五月丁酉朔，制以宣武军节度使、检校侍中、沛郡王朱全忠为蔡州四面行营兵马都统。自秦贤、石璠败后，蔡贼渐弱，时溥方为全忠所忌，故移溥都统之命授全忠。壬寅，蔡贼将伪署荆襄节度使赵德谭遣使

归朝,愿讨贼自效,乃以德谭为蔡州四面行营副都统,德谭遂以荆襄之兵属全忠。六月丁卯朔,以川贼王建大乱,剑南陈敬瑄告难,制以开府仪同三司、守司空、门下侍郎、同平章事、太清宫使、弘文馆大学士、延资库使、上柱国、扶阳郡开国公、食邑二千户韦昭度检校司徒、门下侍郎、平章事,兼成都尹,充剑南西川节度副大使、知节度事,兼两川招抚制置等使。蔡州行营奏大破贼于龙陂,进军以逼贼城。七月丙申朔,泽州刺史李罕之引太原之师攻河阳,为汴将丁会所败,退还高平。九月乙未,汴将朱珍败时溥之师于埇桥,遂陷宿州,自是溥婴城不敢复出。汴将胡元琮急攻蔡州。十二月甲子朔,蔡州牙将申丛执秦宗权,挝折其足,乞降。诏中使宣谕,便以丛权知留后,比中使至,别将郭璠杀申丛,篡宗权,絷送汴州。蔡、申、光等州平。诏赐蔡州行营兵士钱二十五万贯,令度支逐近支给。是月,葬僖宗于靖陵。

龙纪元年春正月癸巳朔,上御武德殿受朝贺,宣制大赦,改元。中外文武臣僚进秩颁爵有差。以剑南西川节度、两川招抚制置使韦昭度检校司空,为东都留守;以翰林学士承旨、兵部侍郎、知制诰刘崇望本官同平章事;以刑部侍郎孙揆为京兆尹。二月癸亥朔。己丑,汴州行军司马李璠监送逆贼秦宗权并妻赵氏以献,上御延喜门受俘,百僚称贺,以之徇市,告庙社,斩于独柳。赵氏笞死。初,自诸侯收长安,黄巢东出关,与宗权合。巢贼虽平,而宗权之凶徒大集,西至金、商、陕、虢,南极荆、襄,东过淮甸,北侵徐、兖、汴、郑,幅员数十州。五六年间,民无耕织,千室之邑,不存一二,岁既凶荒,皆脍人而食,丧乱之酷,未之前闻。宗权既平,而朱全忠连兵十万,吞噬河南,兖、郓、青、徐之间,血战不解,唐祚以至于亡。中书奏请以二月二十二日为嘉会节,从之。三月壬辰朔,以右仆射、门下侍郎、同平章事孔纬守司空、太清宫使、弘文馆大学士、延资库使、领诸道盐铁转运等使,以右仆射、门下侍郎、集贤殿大学士杜让能为左仆射、监修国史、判度支,以中书侍郎、户部尚书、同平章事张浚为集贤殿大学士、判户部事。四月壬戌朔,以宣武淮南等节度副大使、知节度事、管内营田观察处置等使、开府仪同三司、检校太傅、兼侍中、扬州大都督府长史、汴州刺史、充蔡州四面行营都统、上柱国、沛郡王、食邑四千户朱全忠为检校太尉、中书令,进封东平工,仍赐赏军钱十万贯。五月壬辰朔,汉州刺史王建陷成都府,迁陈敬瑄于雅州,建自称西川兵马留后。复用田令孜为监军。六月辛酉朔,邢洺节度使孟方立卒,三军推其弟洺州刺史迁为留后,太原李克用出军攻之。杭州刺史钱镠攻宣州,下之,擒刘浩,剖心以祭周宝。七月,诏于杭州置武胜军,以镠为本军防御观察等使。十月己未朔,青州节度使王敬武卒。制以特进、太子少师、博陵郡开国侯、食邑一千户崔安潜检校太傅、兼侍中、青州刺史、平卢军节度观察、押新罗渤海两蕃等使。青州三军以敬武子师范权知州兵马事。十一月己丑朔,将有事于圆丘。改御名曰晔。辛亥,上宿斋于武德殿,宰相百僚朝服于位。时两军中尉杨复恭及两枢密皆朝服侍上,太常博士钱珝、李绰等奏论之曰:"皇帝赴斋宫,内臣皆服朝服。臣检国朝故事及近代礼令,并无内官朝服助祭之文。伏惟皇帝陛下承天御历,圣祚中兴,祗见宗祧,克陈大礼。皆禀高祖、太宗之成制,必循虞、夏、商、周之旧经,轩冕服章,式遵彝宪。礼院先准大礼使牒称得内侍省牒,要知内臣朝服品秩,礼院已准礼令报讫。今参详近朝事例,若内官及诸卫将军必须制冠服,即各依所兼正官,随资品依令式服本官之服。事存传听,且可俯从,然亦不分明著在礼令。乞圣慈允臣所奏。"状入,至晚不报。钱珝又进状曰:"臣今日巳时进状,论内官冠服制度,未奉圣旨。伏以陛下虔事郊禋,式遵彝范,凡关典礼,必守宪章。今陛下行先王之大礼,而内臣遂服先王之法服。来日朝献大圣祖,臣赞导皇帝行事,若侍臣服章有违制度,是为非礼,上渎祖宗,臣期不奉敕。臣谬当圣代,叨备礼官,获正朝仪,死且不朽,脂膏泥滓,是所甘心。"状入,降朱书御札曰:"卿等所论至当,事可从权。勿以小疵,遂妨大礼。"于是内四臣遂以法服侍祠。甲寅,圆丘礼毕,御承天门,大赦。十二月戊午,宰臣杜让能兼司空。

大顺元年春正月戊子朔,御武德殿受朝贺。宰臣百僚上徽号曰圣文睿德光武弘孝皇帝,礼毕,大赦,改元大顺。二月丁巳,宰臣兼国子祭酒孔纬以孔子庙经兵火,有司释奠无所,请内外文臣自观察使、制使下及令佐,于本官料钱上缗抽十文,助修国学,从之。宣武节度使朱全忠进位守中书令,加食邑千户,余如故。太原都将安金俊攻围邢州历年,城中食尽,邢洺观察使孟迁以城降,乃以孟迁之族归太原。克用以大将安建为邢洺留后。三月丁亥朔,朱全忠上表:"关东藩镇,请除用朝廷名德为节度观察使。如藩臣固位不受代,臣请以兵诛之。如王徽、裴璩、孔晦、崔安潜等皆缙绅名族,践历素高,宜用为徐郓青兖等道节度使。"从之。昭义节度使李克修卒,太原帅克用之弟也,三军推克修弟克恭知留后事。四月丙辰朔,李克用遣大将安金俊率师攻云州。赫连铎求援于幽州,李匡威出兵援之,战于蔚州,太原军大败,燕军执安金俊,献之于朝。李匡威、赫连铎、朱全忠等上表:"请因沙陀败亡,臣与河北三镇及臣所镇汴滑河阳之兵平定太原,愿朝廷命重臣一人都总戎事。"昭宗以太原于艰难时立兴复大功,心疑其事,下两省、御史台、尚书省四品已上官议。唯党全忠者言其可伐,不可者十之七,宰臣杜让能、刘崇望深以为不可。惟张浚议曰:"先朝再幸兴元,实沙陀之罪。比虑河北诸侯与之胶固,无以涤除。今两河大藩皆愿诛讨,不因其离贰而除之,是当断失断也。"孔纬曰:"浚言是也。"军容杨复恭曰:"先朝蒙犯霜露,播越草莽,七八年间,寝不安席,虽贼臣摇荡于外,亦由失制于中。陛下缵承,人心忻戴,不宜轻举干戈,为国生事。望优诏报全忠,且以柔服为辞。"上然之。全忠密遣浚之亲党赂浚,浚恃全忠之援,论奏不已,天子僶俛从之。五月,制特进、中书侍郎、兵部尚书、同平章事、集贤殿大学士、上柱国、河间郡开国伯、食邑七百户张浚为太原四面行营兵马都统,京兆尹孙揆副之。以华州节度使韩建为北面行营招讨都虞候、供军等使;以宣武节度使朱全忠为太原东南面招讨使;成德军节度使王镕为太原东面招讨使;幽州节度使李匡威为太原北面招讨使,云州防御使赫连铎副之。丙午,潞州军乱,杀其帅李克恭。监军使薛缏本函克恭首献之于朝,浚方起兵,朝廷称贺。壬子,都招讨使张浚、孙揆率神策诸军三千赴行营,昭宗御安喜门临送,诚誓之。六月乙卯,李克用大将权知邢洺兵马留后安建上表,请以三州归顺,遣中使往劳之。制以德州刺史、权知沧州兵马留后卢彦威检校尚书右仆射,兼沧州刺史、御史大夫,充义昌军节度、沧德观察处置等使。彦威,光启初逐其帅杨全玫,求旄节,朝廷以扈跸都将曹诚为沧德节度使,诚虽不至任,而彦威之请不行。至是,王镕、罗弘信因张浚用兵,为彦威论请,故有斯授。以京兆尹、行营兵马副招讨孙揆检校兵部尚书,兼潞州大都督府长史,充昭义节度副大使、知节度事。张浚会诸军于晋州,朱全忠选汴卒三千为张浚牙队。秋七月乙酉朔,王师屯于阴地,太原大将康君立以兵拒战。朱全忠遣大将葛从周率千骑入潞州,从周权充兵马留后。朱全忠奏已差兵士守潞州,请节度使孙揆赴镇。时中使韩归范押揆旌节、官告送至行营。丙申,揆建节,率兵二千,自晋州赴镇昭义。戊申,至长子县山谷中。太原骑将李存孝伏兵执揆与韩归范牙兵五百,俘送太原,余兵悉为存孝所杀。太原将康君立率兵二万攻潞州。九月甲申,幽州、云州蕃、汉兵三万攻雁门,太原将李存信、薛阿檀击败之。汴将葛从周弃上党,康君立入据之,克用以君立为泽潞兵马留后。十一月癸丑朔,太原将邢州刺史李存孝自恃擒孙揆功,合为昭义帅,怨克用授康君立。存孝自晋州率行营兵归邢州,据城上表归朝,仍致书与张浚、王镕求援。克用遣大将李存信、薛阿檀拒王师于阴地,三战三捷,由是河西鄜、夏、邠、岐之军渡河西归。韩建以诸军保平阳,存信追之,建军又败,建退保绛州。张浚以汴卒、禁军万人在晋州,存信攻之三日,相与谋曰:"张浚宰相,俘之无益,天子禁兵,不宜加害。如得平阳,于我无利。"遂退舍五十里而军。十二月壬午朔,张浚、韩建走晋、绛遁去,李存信收晋、绛,大掠河中四郡。丙寅,制特进、中书侍郎、平章事、太原四面行营都统张浚可检校兵部尚书,兼鄂州刺史、御史大夫,充鄂岳观察使。以开府仪同三司、守司徒、门下侍郎、同平章事、上柱国、鲁国公、食邑三千户、充诸道盐铁转运等使孔纬检校司徒,兼江陵尹、荆南节度观察处置使。庚午,新除鄂岳观察使张浚责授连州刺史,新除荆南节度使孔纬责授均州刺史,并驰驿赴任。太原军屯晋州,李克用遣中使韩归范还朝,因上表诉冤,言:"被贼臣张浚依倚朱全忠离间功臣,致削夺臣官爵。"朝廷欲令释憾,下群臣议其可否。左仆射韦昭度等议曰:

赏功罚否,前圣之令猷;含垢匿瑕,百王之垂训。是以雷解而羲文象德,网开而汤化归仁,用彼怀柔,式存彝范。上自轩农之代,下臻文武之朝,罔不允洽宽弘,以流霈泽。况国家德祖守成之日,宪宗致理之时,车轨一同,桑麻万里。烛龙外野,悉在梯航;火鼠穷郊,咸归正朔。然犹王承宗拥兵镇、冀,诏范希朝讨之,仍岁无功,卒行赦宥。而又朱滔以幽州之众,结田悦、李纳、王武俊之强,遣马燧等征之不克,旋

又宽之。以累圣之典谋睿哲,大朝之纪律文明,非不欲厉彼风驱,快其电扫。然且考《春秋》之义,稽楚、郑之文,或退而许平,或服而更舍,存于旧史,载彼新书。

李克用代漠强宗,阴山贵胤,呼吸而风云作气,指麾而草树成形。仰天指心,誓献秩訾之首;伏弢欧血,屡亲都护之营。所谓勇多上人,自匪穷来归我。及陛下圣考懿宗皇帝之朝,彭门失守,亲驱锐卒,首建殊功。而先帝即位之初,诸宫大扰,复提义旅,克静妖氛。其后封豕长蛇,荐食上国,继以子朝之乱,皆因重耳之盟,保大朝之宗祧,垂中兴于册简。盖圣王之御天下也,有勋可书,有绩可载,眚过不忘于十代,念功岂止于一时。天高听卑,请事斯语。且四海之内,创痏犹殷,九贡之邦,纲条未理。昨者遽起郯、岐之众,寻已退还;又征燕、蓟之师,俟闻内变。出于饷馈失期,资廥绝供,致此投戈,是乖借箸。盖下计之未熟,非圣谋之不臧。俶宸断重离,天机间出,录兹成款,散彼师徒,虚其念旧之怀,待以如初之礼。臣等所议,实以在斯。

抑又闻往者汉将赵充国欲因边境衰弱,出兵击之,于是魏相上书,画陈利害,且曰:"恃国家之大,矜人物之众,欲见威于敌者,谓之骄兵。兵骄者灭,非但人事,乃天道也。"又曰:"臣不知此兵何名者也。"兵出无名,事乃不成,汉宣纳之,竟罢其伐。伏惟皇帝陛下鉴往古用师之难,采列圣迁善之美,恩加区宇,信及豚鱼,则臣等不胜恳愿。况今汴、魏犹艰,幽、定方困,纵遣之调发,岂能集事!虚行号令,徒召寇雠,将以剿人,非唯辱国。且黠戛斯举勤王之众,推效命之诚,未能厉骑独攻,所望汉兵同力。令兹数镇,奔命不遑,难致济师,恐又生事。谕其渐当暑热,非利戎旃,悉力颁沾,遣还蕃部。重盈陈五郡之卒,益谨关防;王珙振两河之雄,更严旗鼓。然后奖其上表,哀以自陈,录彼前劳,责之后效。征神爵之往典,还日逐之故封。谕其已斥王恭,不使更疑晋帝,凡百臣子,实切乃诚。其克用在身官爵,并请却还,仍依前编入属籍。

从之。以翰林学士承旨、兵部侍郎崔昭纬本官同平章事,御史中丞徐彦若为户部侍郎、同平章事。尚书右仆射王徽卒,赠司空,谥曰贞。

二年春正月壬子朔,李克用急攻邢州。李存孝求援于王镕,镕出军援之,屯于尧山。克用自太原至,击败之,进围邢州。司徒、门下侍郎、平章事杜让能进位太尉、大清宫使、弘文馆大学士、延资库使、领诸道盐铁转运等使。以中书侍郎、吏部尚书、平章事刘崇望为门下侍郎、监修国史、判度支事,工部侍郎、平章事崔昭纬判户部事。二月辛巳,李克用复检校太师、中书令、太原尹、北都留守、河东节度观察处置等使。时张浚、韩建兵败后,为太原将李存信等所追,至是方自含山逾王屋,出河清,达于河阳。属河溢,无舟楫,建坏人庐舍,为木罂数百,方获渡,人多覆溺,休其徒于司徒庙。是役也,朝廷倚朱全忠及三

镇兵。全忠方连兵徐郓，乃求兵粮于镇、魏，全忠终不至行营。镇、魏倚太原为捍蔽，如破太原郡，恐危镇、魏，王镕、罗弘信亦不出师。唯邠、岐、华、鄜、夏乌合之众会晋州。兵未交而孙揆擒，燕卒败，所以河西、岐下之师望风溃散，而浚、建至败。全忠以镇、魏不助兵粮观望，遣庞师古将兵讨魏，陷十县，罗弘信乞盟，乃退。棣州刺史张蟾为青州将王师范所败。新授平卢节度使崔安潜自棣州归朝，复授太子少师。三月辛亥朔，以青州权知兵马留后王师范检校兵部尚书，兼青州刺史、御史大夫，充平卢军节度观察、押新罗渤海两蕃等使。淮南节度孙儒为宣州观察使杨行密所杀。初，行密扬州失守，据宣州，孙儒以兵攻围三年。是春，淮南大饥，军中疫疠死者十三四。是月，孙儒亦病，为帐下所执，降行密。行密乃并孙儒之众，复据广陵。六月，王镕出军援李存孝，克用大举讨镇州。七月，太原军出井陉，屯于常山镇，大掠镇、赵、深诸郡。幽州节度使李匡威自率步骑三万援王镕。八月，克用班师。九月丁未朔。乙卯，天子赐左军中尉杨复恭几杖，以大将军致仕。复恭怒，称病不受诏。十月丁丑朔。甲申，天威军使李顺节率禁兵讨杨复恭，复恭假子玉山军使杨守信以兵拒之，列阵于昌化里。昭宗登延喜楼，陈兵自卫以俟变。相持至晚，不战而退。是夜，守信乃拥其众卫复恭出京师，且战且行，出通化门，由七盘岭之商州，又令义儿张绾为后殿。永安都头安权追及绾，擒之而还。十一月，朱全忠上表，请移时溥节镇。是月，汴军陷宿州，乃授溥太子太师。溥将刘知俊降汴军。镇州王镕、幽州李匡威复谋攻定州以分其地，王处存求援于太原。十二月丙子朔，以光禄大夫、门下侍郎、右仆射、平章事、监修国史、判度支、上柱国、彭城县开国男刘崇望检校司空、同平章事，兼徐州刺史，充武宁军节度、徐宿观察制置使。时李顺节恃恩恣横，出入以兵仗自随，两军中尉刘景宣、西门君遂惧其窥图非望。丁亥，两中尉传诏召顺节，顺节以甲士三百自随，至银台门，门司传诏止从者。两中尉在仗舍邀顺节，坐次，令部将嗣光审斫顺节，头随剑落。其部下知顺节死，大噪出延喜门。是日，天威、捧日、登封三都乱，剽永宁里，至晚定定。户部尚书郑延昌为中书侍郎、平章事、判度支。

景福元年春正月丙午朔，上御武德殿受朝贺，大赦，改元景福。凤翔李茂贞、邠州王行瑜、华州韩建、同州王行约、秦州李茂庄等上表疏兴元杨守亮纳叛臣杨复恭，请同出本军讨伐，兼自备供军粮料，不取给于度支，只请加茂贞山南招讨使名。内臣皆不可其奏，昭宗亦以茂贞得山南之后有问鼎之志，诏久之不下。茂贞怒，与王行瑜不俟进止，发兵攻兴元。累请招讨之命，兼以宰相杜让能、中尉西门君遂书，词语诟詈，凌蔑王室，昭宗心不能容。二月丙子朔。庚寅，太原、易定之兵合势攻镇州，王镕复告难于幽州，李匡威率步骑三万赴之。时太原之众军于常山镇，易定之众军坚固镇，燕、赵之卒分拒之。三月，克用、处存敛军而退。四月乙亥，左军中尉西门君遂杀天威军使贾德晟，时德晟与李顺节俱掌天威军，顺节死，中尉恶德晟，诬奏杀之。是日，德晟部下千余骑出奔凤翔，自

是岐军益盛。五月甲辰，制以河南尹张全义检校司徒、同平章事，兼孟州刺史，充河阳三城节度、孟怀泽观察等使。七月，燕、赵之卒合势援邢州，太原大将李存信率军拒于尧山，王镕大败而还。十一月辛丑，凤翔、邠宁之众攻兴元府，陷之。山南西道节度使杨守亮与前左军中尉杨复恭、判官李巨川突围而遁，将奔太原。李茂贞表其子继密权知兴元府事。十二月辛未朔，华州节度使韩建奏于乾元县遇兴元溃散兵士，击败之。其杨守亮、杨复恭并已处斩讫，皆传首京师。

二年春正月辛丑朔，制以权知剑南东川兵马留后顾彦晖检校尚书右仆射，兼梓州刺史、御史大夫，充剑南东川节度观察等使。时王建连年攻彦晖，李茂贞欲与建争东川，故表请彦晖正授旄钺，示修好也。二月庚午朔，太原李克用以兵攻镇州，师出井陉，王镕惧，再求救于幽州。甲申，李匡威复来赴援，太原之军还邢州。三月庚子，制以捧日都头陈珮为广州刺史、岭南东道节度使，扈跸都头曹诚为黔州刺史、黔中节度使，耀德都头李铤为润州刺史、镇海军节度使，宣威都头孙惟晟为江陵尹、荆南节度使，并加特进、同平章事。各令赴镇，并落军权。时朝议以茂贞傲侮王命，武臣难制，欲用杜让能及亲王典禁兵，故罢五将之权，兼以平章事悦其心。太尉杜让能册拜，加食邑至六千户。是月，幽州节度使李匡威弟匡筹据幽州，自称留后，以符行营兵，兵皆还幽州。匡威既无归路，遣判官李贞抱入奏，请朝觐。王镕感匡威援助之惠，乃筑第于恒州，迎匡威处之。四月己巳，汴将王重师、牛存节陷徐州，节度使时溥举家自燔而死。朱全忠遣将庞师古守徐州。六月丁酉朔。乙卯，幽州节度使李匡威谋害王镕而夺其帅，恒州三军攻匡威，杀之。戊午，制太尉、门下侍郎、平章事、晋国公杜让能加食邑至九千户。门下侍郎、吏部尚书、平章事崔昭纬进阶光禄大夫，中书侍郎、平章事郑延昌兼刑部尚书，并加食邑至千户。以祠部郎中、知制诰陆扆为中书舍人，依前翰林学士。幽州节度使李匡筹遣使檄王镕，诘杀匡威之罪。二藩结怨，朱全忠遣判官韦震使幽州和解之。七月，李克用兴兵攻镇州，败王镕军于平山。镕惧，乞盟，请以兵粮助攻邢州，许之，克用遂旋军襄国。癸未，制以凤翔陇州节度使、检校太尉、中书令、凤翔尹、上柱国、岐王、食邑四千五百户李茂贞为兴元尹、山南西道节度等使。以中书侍郎、同平章事徐彦若检校尚书左仆射、同平章事，兼凤翔尹，充凤翔陇州节度使。时茂贞恃兵求兼领山南节度，昭宗久之不行，茂贞表章不逊，深诋时政，上不能容，将加兵问罪，故以彦若代之。八月丙申朔，以嗣覃王为京西招讨使，神策大将军李铤副之。九月丙寅朔，以武胜军防御使钱镠为镇海军节度、浙江西道观察处置等使，仍移镇海军额于杭州。乙亥，覃王率扈驾五十四军进攻岐阳，屯于兴平。李茂贞以兵逆战，屯于盩厔。壬午，岐军进迫兴平，王师自溃。茂贞乘胜逼京师，进屯三桥。甲申，昭宗御安福门，斩观军容使西门君遂、内枢密使李周潼，遣中使赐茂贞诏，令收兵归镇。茂贞陈兵临皋驿，数宰臣杜让能之罪，请诛之。制贬太尉、平章事、晋国公杜让能为雷州司户。十月乙未，

赐杜让能自尽,其弟户部侍郎弘徽坐让能赐死。十一月,制以凤翔节度使李茂贞守中书令,进封秦王,兼兴元尹、山南西道节度使。邠州节度使王行瑜赐号"尚父",赐铁券。以门下侍郎、吏部尚书、平章事、监修国史崔昭纬兼尚书左仆射,充诸道盐铁转运等使;以特进、行右仆射韦昭度为司空、门下侍郎、同平章事、弘文馆大学士、太清宫使、延资库使。中书侍郎、刑部尚书、平章事、判度支郑延昌罢知政事,守尚书左仆射,以病求罢故也。以新除凤翔节度使徐彦若复知政事。户部侍郎、判户部事王抟本官同平章事。

乾宁元年春正月乙丑朔,上御武德殿受朝,宣制大赦,改元乾宁。凤翔李茂贞来朝,大陈兵卫,献妓女三十人,宴之内殿,数日还藩。时茂贞有山南梁、洋、兴、凤、岐、陇、秦、泾、原等十五余郡,甲兵雄盛,凌弱王室,颇有问鼎之志。二月,汴人大败兖、郓之军于东阿,瑄、瑾势蹙,求援于太原,李克用出师援之。三月甲子朔,太原军攻邢州,陷之,执其逆将李存孝,槛送太原,裂之。克用以大将马师素权知邢洺团练事。五月,蔡贼孙儒部将刘建锋攻陷潭州,自称湖南节度使。以翰林学士、中书舍人陆扆为户部侍郎、知制诰,充职。六月壬辰,李克用攻陷云州,执大同防御使赫连铎,以其牙将薛志勤守云中。十月庚寅,以中书侍郎、平章事王抟为湖南节度使。以翰林学士承旨、礼部尚书、知制诰李磎为户部侍郎、同平章事。宣制之日,水部郎中、知制诰刘崇鲁出班而泣,言磎奸邪,党附内官,不可居辅弼之地,由是制命不行。戊申,制御史中丞崔胤为兵部侍郎、同平章事。是月,李克用以太原之众进攻幽州。十二月,幽州节度使李匡筹溃围而遁。克用陷幽州,以李匡威故将刘仁恭为幽州兵马留后。是月,李匡筹南奔赴关,至景城,为沧州节度使卢彦威所杀。

二年春正月己未朔,河中节度使、检校太师、中书令、河中尹、上柱国、琅邪郡王王重盈卒,三军立重荣子行军司马珂知留后事。二月己丑朔,王重盈子陕州节度使珙、绛州刺史瑶举兵讨王珂,兼上章诉珂冒姓,非重荣子。珂、珙争为蒲帅,上遣中使慰劳。三月,制以中书侍郎、同平章事崔胤检校尚书左仆射、同平章事、河中尹,充河中节度、晋绛慈隰观察处置等使。浙东节度使董昌僭号称罗平国,年称大圣,用婺州刺史蒋瑰为宰相,仍伪署官员。镇海军节度使钱镠请以本军进讨,从之。以翰林学士承旨、兵部侍郎、知制诰赵光逢为尚书左丞,依前充职。太原李克用上章言王重荣有功于国,其子珂宜承袭,请赐节钺。邠州王行瑜、凤翔李茂贞、华州韩建各上章,言珂蝼蚁,不宜缵袭,请以王珂为陕州,王珙为河中。天子以先允克用之奏,久之不下。五月丁巳朔。甲子,李茂贞、王行瑜、韩建等各率精甲数千人入觐,京师大恐,人皆亡窜,吏不能止。昭宗御安福门以俟之,三帅既至,拜舞楼下,昭宗临轩自谕之曰:"卿等藩侯,宜存臣节,称兵入朝,不由奏请,意在何也?"茂贞、行瑜汗流浃背,不能对,唯韩建陈叙入觐之由。上并召升楼,赐之卮酒,宴之于同文殿。茂贞、行瑜极言南北司相倾,深蠹时政,请诛其太甚者。

乃贬宰相韦昭度、李磎,寻杀之于都亭驿,杀内官数人而去。王行瑜留弟行约,茂贞留假子阎圭,各以兵二千人宿卫。时三帅同谋废昭宗立吉王,闻太原起军乃止,留兵宿卫而还。壬申,以责授均州司户孔纬、绣州司户张浚并为太子宾客。以翰林学士、户部侍郎、知制诰陆扆为兵部侍郎,充职。六月丁亥朔,以京兆尹、嗣薛王知柔兼户部尚书、判度支,兼诸道盐铁转运等使。壬辰,以太子宾客孔纬为吏部尚书,寻复开府仪同三司、守司空、门下侍郎、同平章事、弘文馆大学士、太清宫延资库使、上柱国、鲁郡开国公,食邑四千户、食实封二百户,仍号"持危启运保乂功臣。"时纬在华州,寻属太原军至而止。以太子宾客张浚复光禄大夫、行兵部尚书、上柱国、河间郡开国侯,食邑二千户。浚在长水,亦不至京师。复以王抟为中书侍郎、平章事。七月丙辰朔,李克用举军渡河,以讨王行瑜、李茂贞、韩建等称兵诣阙之罪。庚申,同州节度使王行实弃郡入京师,谓两军中尉骆全瓘、刘景宣曰:"沙陀十万至矣!请奉车驾幸邠州,且有城守。"时景宣附凤翔,癸亥夜,阎圭与刘景宣子继晟、同州王行实纵火剽东市,请上出幸。上闻乱,登承天门,遣诸王率禁兵御之。捧日都头李筠率本军侍卫楼上。阎圭以凤翔之卒攻李筠,矢及御座之楼扉。上惧,下楼与亲王、公主、内人数百幸永兴坊李筠营。扈跸都头李君实以兵继至,乃与筠两都兵士侍卫出启夏门,憩于华严寺,以候内人继至。其日晚,幸莎城镇。京师士庶从幸者数十万,比至南山谷口,暍死者三之一。至暮,为盗寇掠,恸哭之声,殷动山谷。权令京兆尹知柔中书事及随驾置顿使。信宿,宰相徐彦若、王抟、崔胤三人至,乃移石门镇之佛宫。仍令知枢密刘光裕、薛王知柔归京师制置,合禁军以备宫禁。丙寅,李克用遣牙将阎谭奉表奔问,奏屯军河中,候进止发赴邠州。丁卯,上遣内官张承业传诏克用军,便令监太原行营兵马,发赴新平。又令内官郗廷立传诏泾州,令张鐇起泾原之师会克用军。上在南山半月余,克用仍在河中,未至渭北。上惧凤翔兵士劫迁,乃令延王将御服、鞍马、玉器等至河中,宣谕曰:"朕以景宣、全瓘、行实、继鹏为表里之奸谋,纵干戈于双阙,烟尘倏忽,劫杀纵横。朕偶脱锋铓,遂移辇辂,所为巡幸,止在近郊。盖知卿统领雄师,驻临蒲坂,累飞书诏,继遣使人。期卿以社稷为忧,君亲在念,必思响应,速议龚行。岂谓将涉两旬,未有表来,忧虞是切,寝食不遑。岂忠义不切疚怀,而道途或有阻滞?今则专令亲信,恳托勋贤,故遣延王戒丕、丹王允与供奉官王鲁纡等宣示。卿宜便董貔貅,径临邠凤,荡平狄穴,以拯贴危,是所望也。"八月乙酉朔,延王至河中,克用已发前锋至渭北,又令史俨率五百骑赴行在侍卫。己丑,克用自至渭桥砦。癸巳,于梨园杀邠军数千,获其大将王令陶以献。又诏鄜州节度使李思孝本军进讨。丁酉,制以河东节度使、开府仪同三司、守太师、中书令、兼太原尹、北都留守、上柱国、陇西郡王李克用为邠宁四面行营都招讨使。夏州节度使李思谏充邠宁东北面招讨使,泾原节度使张鐇充邠宁西面招讨使,河中节度使王珂充行营供军粮料使。李茂贞闻之惧,斩阎圭、武秃子,传首行在,上章请罪。辛丑，制削夺王行瑜在身官爵。改授李克用邠宁四面行营都统。其大将盖寓李存信阎鄂、判官王让李袭吉等，并降诏锡赉。又以河中都监衷季贞充邠宁四面行营兵马都监押。壬寅，李克用遣子存贞奉表行在，请车驾还宫。答诏曰："昨延王回，言卿忧时体国，执礼输忠，接遇之间，周旋尽节。备知肺腑，识我恩荣，静惟尊主之心，果契知臣之分。朕欲取今月二十四日却复都城，冀兆庶，倚我勋德，有若长城，速伸蒇荡之谋，以慰黔黎之望。"癸卯，又令延王传诏，令克用发骑军三千赴三桥屯驻，以备回銮。辛亥，车驾还宫。壬子，司空、门下侍郎、平章事、监修国史、诸道盐铁转运使崔昭纬罢知政事，为太子宾客。以河中兵马留后王珂检校司空，兼河中尹、御史大夫，充护国军节度、河中晋绛慈隰观察等使；以幽州兵马留后刘仁恭检校司空，兼幽州大都督府长史，充幽州卢龙军节度、押奚契丹等使；以故左军中尉杨复恭开府、魏国公；并从克用奏请也。九月甲寅朔。丙辰，制光禄大夫、守尚书左仆射、门下侍郎、同平章事、监修国史、上柱国、东莞郡公徐彦若为司空、门下侍郎、同平章事、太清宫修奉太庙等使、弘文馆大学士、延资库使，充诸道盐铁转运等使。正议大夫、中书侍郎、同平章事王抟为金紫光禄大夫、户部尚书、门下侍郎、监修国史、判度支；正议大夫、中书侍郎、同平章事崔胤为金紫光禄大夫、兼礼部尚书、集贤殿大学士、判户部事。并赐号"扶危匡国致理功臣"。癸亥，司空、门下侍郎、平章事、太清宫修奉太庙等使、弘文馆大学士、延资库使、上柱国、鲁郡开国公孔纬卒，赠太尉。十月甲申朔，王师破贼梨园砦，俘斩万计，行瑜由是婴城自固。丁亥，制赦系囚，其节文曰："其有任崇柱石，位重台衡，或委以军权，或参谘宥密。竟因连谤，终至祸名，郁我好生，嗟乎强死。应大顺已来，有非罪而加削夺者，并复官资。其杜让能、西门君遂、李周潼已下，并与昭雪，还其爵秩。韦昭度顷处台司，每伸相业，王行瑜求拜尚书令，独能抑之，致于沉冤，谅由此事。李谿文章宏赡，迥出辈流，竟以朋党之间，挤于死地，凡在有识，孰不咨嗟。宜并与昭洗，仍复官爵。"又敕："太子宾客崔昭纬责授梧州司马，水部郎中、知制诰刘崇鲁贬崖州司户。又诏邠州行营都统曰："邠州节度副使崔铤，破贼之时，勿令漏网。铤与昭纬去年朋党，交结行瑜，构合祸胎，原由此贼。付四面行营军委。"是月，四面行营大集邠州。十一月癸未朔。壬寅，王行瑜与其妻子部曲五百余人溃围出奔，至庆州，行瑜为部下所杀，并其家二百口，并诣行营乞降，李克用遣牙将阎鄂献于京师。十二月甲申朔，昭宗御延喜门受俘馘，百僚楼前称贺。制以李克用守太师、中书令，进封晋王，食邑九千户，改赐"忠贞平难功臣。"是月，克用班师太原。制：皇第三子祤封棣王，第五子禊封虔王，第六子秖封沂王，第七子祎封遂王。

三年春正月癸丑朔，制以特进、户部尚书、兼京兆尹、嗣薛王知柔检校司徒，兼广州刺史、御史大夫，充清海军节度、岭南东道观察处置等使。以尚书右丞崔泽为凤州刺史。魏博罗弘信击败太原军于莘县。初，兖郓求援于太原，克用令蕃将史完府、何怀宝等千骑赴之。至是又令大将李存信屯于莘县，魏人常假其道，存信戢军不谨，或侵挠魏民。弘信怒，伏兵击之，其军宵溃。自是弘信南结于梁，与太原绝，兖郓已至俱陷。二月壬子朔，制以通王滋为开府仪同三司，判侍卫诸道军事。以银青光禄大夫、户部尚书、嘉兴县子、食邑五百户陆扆为兵部尚书。三月壬子朔，以考功员外郎、集贤殿学士杜德祥为工部郎中、知制诰。四月壬午朔，湖南军乱，杀其帅刘建锋，三军立其部将权知邵州刺史马殷为兵马留后。镇海军节度使钱镠攻越州，下之，斩董昌，平浙东。制加钱镠检校太尉、中书令。五月辛巳，责授梧州司马崔昭纬赐自尽。制金紫光禄大夫、户部尚书、门下侍郎、平章事、监修国史、上柱国、太原郡开国公王抟为检校尚书左仆射、同平章事，兼越州刺史，充镇东军节度、浙江东道观察处置等使。六月庚戌，李克用率沙陀、并、汾之众五万攻魏州，及其郡，大掠于其六郡，陷成安、洹水、临漳十余邑，报莘之怨也。凤翔李茂贞怨国家有朱玫之讨，绝朝贡，谋将诣阙，天子命覃王治兵以俟变。是月，茂贞上章，请以师入觐。上令通王、覃王、延王分统安圣、捧宸、保宁、宣化等四军，以卫近畿。丙寅，凤翔军犯京畿，覃王拒之于娄馆，接战不利。秋七月庚辰朔。壬辰，岐军逼京师，诸王率禁兵奉车驾将幸太原。癸巳，次渭北，华州韩建遣子充奉表起居，请驻跸华州，乃授建京畿都指挥、安抚制置、催促诸道纲运等使。诏谓建曰："启途之行，已在河东，今且幸鄂时。"甲午，次富平。韩建来朝，泣奏曰："藩臣倔强，非止茂贞。虽太原勤王，无宜巡幸。臣之镇守，控扼关畿，兵力虽微，足以自固。陛下若轻舍近畿，远巡极塞，去园陵宗庙，宁不痛心，失魏阙金汤，又非良算。若与驾渡河，必难再复，谋苟不臧，悔之宁及。愿陛下且驻三峰，以图恢复。"上亦泣下曰："朕难奈茂贞，忿不思难。卿言是也。"乙未，次下邽。丙申，驻跸华州，以衙城为行宫。时岐军犯京师，宫室廛间，鞠为灰烬，自中和已来葺构之功，扫地尽矣。乙巳，制以金紫光禄大夫、中书侍郎、兼礼部尚书、同平章事、集贤殿大学士、判户部事、上柱国、博陵县开国伯崔胤检校尚书左仆射，兼广州刺史、御史大夫，充清海军节度、岭南东道观察处置等使。丙午，制以翰林学士承旨、尚书左丞、知制诰、嘉兴县开国子、食邑五百户陆扆为户部侍郎、同平章事。八月己酉朔。甲寅，新除镇东军节度使钱镠权顿浙江东道学州事。戊午，制以户部侍郎、平章事陆扆为中书侍郎，兼判户部事。九月己卯朔，汴州朱全忠、河南尹张全义与关东诸侯俱上表，言秦中有灾，请车驾迁都洛阳。全忠、全义言臣上表率诸藩，缮治洛阳宫室。优诏答之。乙未，制新除清海军节度使崔胤复知政事。胤之出镇，朱全忠再表请论奏，言胤不宜去相位，故有是命。丁酉，制中书侍郎、集贤殿大学士、判户部事陆扆责授硖州刺史，崔胤怒扆代己，诬奏扆党庇茂贞故也。丙午，制以镇国军节度使韩建检校太尉，兼中书令，充修复宫阙、京畿制置、催促诸道纲运等使。以京兆尹孙偓为兵部侍郎、同平章事。十月戊申朔，以中书舍人、权知礼部贡举薛昭纬为礼部侍郎。壬子，制以兵部侍郎、平章事孙偓为中书侍郎，充凤翔行营招讨使。甲寅，偓于驿舍会诸将,以议进军。戊午,李茂贞上表章请罪,愿改事君之礼,继修职贡,仍献钱十五万,助修京阙。韩建左右之,师遂不行。十一月丁丑朔,以韩建兼领京兆尹、京城把截使。十二月丁未,李克用纵兵俘剽魏博诸郡邑。以前翰林学士承旨、尚书左丞、知制诰赵光远为御史中丞。太常礼院奏权立行庙,以备告飨,从之。

四年春正月丁丑朔,车驾在华州行宫,受群臣朝贺。癸未,汴将庞师古陷郓州,节度使朱瑄与妻荣氏溃围,瑄至中都,为野人所杀,荣氏俘于汴军。朱全忠署庞师古为郓州兵马留后。宰相孙偓罢知政事,守兵部尚书。二月丙午朔。戊申,汴将葛从周攻兖州,陷之,节度使朱瑾奔杨行密,其将康怀贞降从周,朱全忠署从周为兖州兵马留后。自是郓、齐、曹、棣、兖、沂、密、徐、宿、陈、许、郑、滑、濮等州皆没于全忠,唯王师范守青州,亦纳款于汴。已未,制朝议大夫、守右散骑常侍、上柱国、荥阳县男郑綮为礼部侍郎、同平章事。癸丑,责授硖州刺史陆扆为工部尚书。甲寅,华州防城将花重武告睦王已下八王欲谋杀韩建,移车驾幸河中。帝闻之骇然,召韩建谕之,建辞疾不敢行。帝即令通王已下诣建治所自陈。建奏曰:"今日未时,睦王、济王、韶王、通王、彭王、韩王、仪王、陈王等八人到臣治所,不测事由。臣酌量事体,不合与诸王相见,兼恐久在臣所,于事非宜。况睦王等与臣中外事殊,尊卑礼隔,至于事柄,未有相侵,忽然及门,意不可测。"又引晋室八王挠乱天下事,"请依旧制,令诸王在十六宅,不合典兵。其殿后捧日、扈跸等军人,皆坊市无赖之徒,不堪侍卫,伏乞放散,以宁众心。"昭宗不得已,皆从之。是日,囚八王于别第,殿后侍卫四军二万余人皆放散,杀捧日都头李筠于大云桥下,自是天子之卫士尽矣。丙辰,韩建上表,请封拜皇太子、亲王,以为维城之计。已未,制德王裕宜册为皇太子。辛酉,制第八男秘可封景王,第九男祚可封辉王,第十男祺可封祁王,第十一男禛可封雅王,第十二男祥可封琼王。三月丙子朔。戊寅,制韩建进封昌黎郡王,改赐"资忠靖国功臣"。以光禄大夫、兵部尚书、上柱国、河间郡开国侯、食邑二千户张浚为尚书左仆射,依前充租庸使。四月丙午朔,就加福建节度使王潮检校尚书右仆射。韩建献封事十条,其三,太子、诸王请置师傅教导。乃以太子宾客王摅为诸王侍读。宰相郑綮以病乞骸,乃罢知政事。五月乙亥朔,以国子博士朱朴为右谏议大夫、同平章事。七月甲戌,帝与学士、亲王登齐云楼,西望长安,令乐工唱御制《菩萨蛮》词,奏毕,皆泣下沾襟,覃王已下并有属和。八月甲辰朔,以工部尚书陆扆为兵部尚书。韩建与邠、岐三镇素无君之迹,及李克用诛行瑜,心常切齿。去岁车驾将幸河东,乃令延王戒丕使太原,见克用,陈省方之意。是月,延王自太原还。韩建奏曰:"自陛下即位已来,与近辅交恶,皆因诸王典兵,凶徒乐祸,遂致舆驾不安。比者臣奏罢兵权,实虑有不测之变。今闻延王、覃王尚苞阴计,愿陛下宸断不疑,制于未乱,即社稷之福也。"上曰:"岂至是耶!"居数日,以上无报,乃与知枢密刘季述矫制发兵,围十六宅。诸王惧,披发沿垣而呼曰:"官家救儿命!"或登屋沿树。是

日,通王、覃王已下十一王并其侍者,皆为建兵所拥,至石堤谷,无长少皆杀之,而建以谋逆闻。寻杀太子詹事马道殷、将作监许岩士,贬平章事朱朴,皆上所宠昵者。九月癸酉朔,以御史中丞狄归昌为尚书右丞。以刑部侍郎杨涉为吏部侍郎。制以镇海军节度使钱镠为镇海军节度、浙江东西道观察处置等使、杭州越州刺史、上柱国、吴王。冬十月癸卯朔,以华州节度使韩建兼同州刺史、匡国军节度使。朱全忠遣其将权徐州兵马留后庞师古、兖州留后葛从周率兖、郓、曹、濮、徐、宿、滑等兵士七万渡淮讨杨行密。制以太中大夫、前御史中丞裴贽为礼部尚书、知贡举。幽州节度使刘仁恭大败沙陀于安塞,李克用单骑仅免。十一月壬申朔。癸酉,淮南大将朱瑾潜出舟师袭汴军于清口,庞师古举军皆没,师古被执。时葛从周自霍丘渡淮,至濠州,闻师古败,乃退军,信宿至淠河,方渡而朱瑾至。是日杀伤溺死殆尽,还者不满千人,唯牛存节一军先渡获免。比至颍州,大雪寒冻,死者十五六。自古丧师之甚,无如此也。由是行密据有江、淮之间。以检校司空、权知兖州兵马事葛从周为兖州刺史,充泰宁军节度使;以颍州刺史王敬荛检校尚书右仆射,兼徐州刺史,充武宁军节度使:从全忠奏也。

光化元年春正月辛未朔,车驾在华州。以兵部侍郎崔远为户部侍郎、同平章事。诸道贡修宫阙钱,命京兆尹韩建入京城计度。朱全忠遣判官韦震奏事,求兼领郓州。时全忠军败之后,欲自大其权,以扼邻藩之变。幽州节度使刘仁恭恃安塞之捷,欲吞噬河朔,是月遣其子守文将兵袭沧州,节度使卢彦威弃城而遁,守文遂据之,自称留后。四月庚子,制淑妃何氏宜册为皇后。上幸陂岯寺,宴从官于韩建所献御庄。五月已巳朔,以立后大赦。汴将葛从周率众攻李克用邢、洺、磁等州,陷之。全忠署从周为三州兵马留后。六月己亥,帝幸西溪观竞渡。天下藩牧、文武百僚上表,请车驾还京。七月,汴将氏叔琮陷赵匡凝之随、唐、邓等州。敕升华州为兴德府,刺史为尹,左右司马为少尹,郑县为次赤,官员资望一同五府。封华岳庙为佑顺侯。八月戊戌朔。己未,车驾自华还京师。甲子,御端门,大赦,改元光化。九月戊辰朔,以御史中丞狄归昌为尚书左丞。制以镇国、匡国等军节度使韩建守太傅、中书令、兴德尹,封颍川郡王,赐铁券,并御写"忠贞"以遗之。建累上表辞王爵,乃改封许国公。魏博节度使罗弘信进封临清郡王。是月,弘信卒,赠太师,谥曰庄肃。衙军立其子副大使绍威知兵马事,寻赐之节钺。十月丁酉朔,河南尹张全义就加侍中。汴将朱友恭自江西行营还,过安州,杀刺史武渝,遣部将守之。汴将张存敬以兵袭蔡州,刺史崔洪纳款,请以弟贤质于汴,许之。十二月丙寅,李克用将潞州节度使薛志勤死,泽州刺史李罕之乘其无帅,袭潞取之,遣其子颢乞降于汴,全忠表罕之为节度使。

二年春正月乙未朔。丁未,以兵部尚书陆扆为兵部侍郎、同平章事。二月,蔡州刺史崔洪为衙兵所迫,同窜淮南。时洪以弟贤质于汴,汴人遣贤还蔡,征兵三千出征。蔡兵乱,杀贤,遂拥洪渡淮。朱全忠令其子友裕守蔡州。幽州节度使刘仁恭驱燕军十万,将兼赵、魏。是月陷贝州,

人无少长皆屠之，投尸清水，为之不流。遂进攻魏州。罗绍威求救于汴。三月，朱全忠遣大将张存敬率师援之，屯于内黄。葛从周自邢、洺率劲骑八百入魏州。燕将刘守文、单可及闻汴军在内黄，引军往击之。存敬设伏内黄东，大败燕军，俘斩三万，生擒单可及。刘守文以余众还魏州，为存敬、从周所乘，燕军复败，仁恭父子仅免。汴、魏合兵蹑之，赵人复邀之东境，自魏至沧五百里间，僵尸相枕。是春，有白气竟天如练，自西南彻东北，而旋有燕卒之败。四月，汴将氏叔琮由上党进军攻太原，出石会，为沙陀擒其前锋将陈章，叔琮乃退去。六月，制以昭义节度使、检校太尉、兼太师、侍中、潞州大都督府长史、陇西郡开国公、食邑三千户李罕之为孟州刺史，充河阳三城节度、孟怀观察等使；以检校司徒、孟州刺史、河阳节度使丁会为泽、潞等节度使：从全忠奏也。丁丑，李罕之至怀州，卒于传舍。陕州军乱，杀其帅王珙，立都将军李璠为留后。丁亥，制以前太常卿刘崇望为吏部尚书，兵部侍郎裴枢为吏部侍郎，户部侍郎薛昭纬为兵部侍郎。七月，青州守海州牛从毅拥郡人投淮南，行密遂有海州。十一月，陕州衙将朱简杀李璠，自称留后，降汴，全忠表简为帅守。

三年春正月庚子朔，以礼部尚书裴贽为刑部尚书。癸卯，朱全忠奏："本贯宋州砀山县，蒙恩升为辉州，其地卑湿，难葺庐舍，请移辉州治所于单父县。"从之，仍赐号为崇德军。四月戊午，汴、魏合军攻沧州，以报入郛之役，葛从周连陷沧德郡邑，王镕遣使和解于全忠，令刘仁恭修好，汴、魏班师。辛未，皇后、太子谒九庙。六月丁巳，朱全忠表陕州兵马留后朱简乡里同宗，改名友谦，乞真授节钺。从之。戊辰，特进、司空、门下侍郎、平章事、监修国史王抟贬崖州司户，寻赐死于蓝田驿，枢密使宋道弼、景务修并死。为崔胤所诬，言三人中外相结也。七月丁亥朔，兵部尚书刘崇望卒，赠司空。甲午，兵部郎中薛正表为右谏议大夫。以许州刺史朱友恭检校司徒，为义颍州刺史；以左武卫将军赵霖检校左仆射，为许州刺史；宣武押衙刘知俊检校右仆射，为郑州刺史：从全忠奏也。戊申，制以武贞节度、澧朗叙等州观察处置等使、开府仪同三司、检校司徒、同平章事、朗州刺史、上柱国、冯翊郡开国侯、食邑一千五百户雷满检校太保，封冯翊郡王，余如故。以武泰军节度、黔中观察处置等使、光禄大夫、检校尚书左仆射、黔州刺史、御史大夫、上柱国赵崇封天水县开国子，食邑五百户。庚戌，制昭义节度留后、光禄大夫、检校司空、上柱国孟迁为检校司徒，兼潞州大都府长史，充昭义节度副大使、知节度事、潞磁邢洺等州观察处置使，仍封平昌县男，食邑三百户，从李克用奏也。以金紫光禄大夫、守兵部尚书、上柱国、乐安郡开国公、食邑一千五百户孙储守兵部尚书，兼京兆尹。乙卯，制忠烈卫圣镇国功臣、剑南西川节度副大使、知节度事、管内营田观察处置统押近界诸蛮兼西山八国云南安抚制置等使、开府仪同三司、检校太尉、中书令、成都尹、上柱国、琅邪郡王、食邑三千户、实封一百户王建可兼剑南东川、武信军两道都指挥制置等使，加食邑一千户，余如故。时建攻下梓州顾彦晖，兼有东川洋、果、阆等州故也。

又以忠义军节度、山南东道管内观察处置三司水陆发运等使、开府仪同三司、检校太尉、中书令、兼襄州刺史、上柱国、南平王、食邑三千户赵匡凝可检校太师、兼中书令，加实封一百户。八月丙辰朔，朱全忠奏："先割汝州隶许州，请却还东都。河阳先管泽州，今缘蕃戎占据，得失不常，请权割河南府王屋、清河、巩三县隶河阳。"从之。癸亥，制忠贞平难功臣、河东节度、管内观察处置等使、开府仪同三司、守太师、兼中书令、北都留守、太原尹、上柱国、晋王、食邑九千户、食实封七百户李克用加实封一百户。丁卯，以朝请大夫、虞部郎中、知制诰、上柱国、赐紫金鱼袋颜荛为中书舍人。己巳，制前归义军节度副使、权知兵马留后、银青光禄大夫、检校国子祭酒、监察御史、上柱国张承奉为检校左散骑常侍，兼沙州刺史、御史大夫，充归义节度、瓜沙伊西等州观察处置押蕃落等使。庚辰，太原大将李嗣昭攻洺州、下之，执汴将朱绍宗。汴将葛从周率师赴之，嗣昭弃城而去。从周邀之于青山口，晋军大败，从周乘胜攻镇州。壬午，制荆南节度、忠万归夔涪峡等州观察处置水陆催运等使、开府仪同三司、检校太尉、兼中书令、江陵尹、上柱国、上谷郡王、食邑三千户成汭可检校太师、中书令，余如故。甲申，制扶危匡国致理功臣、特进、行尚书左仆射、兼门下侍郎、同平章事、监修国史、判度支、上柱国、清河郡开国公、食邑二千户崔胤可开府仪同三司，进封魏国公，加食邑一千户，余如故。九月丙戌朔，朱全忠引三镇之师攻镇州，王镕惧，遣判官周式、副大使王昭祚、主事梁公儒子弟为质于汴，出犒师绢十五万匹求盟，许之。张存敬遂自深、冀进军，攻瀛、莫，下郡邑二十，阻雨泥泞，不及幽州。遂西行陷祁州，大败中山将王处直军于沙河北，进屯怀德驿。遂攻定州，节度使王郜奔太原，衙将王处直斩孔目官梁汶，出缣二十万乞盟，许之。全忠遂署王处直为义武军留后。乙巳，制扶危匡国致理功臣、开府仪同三司、守太保、兼门下侍郎、平章事，充太清宫使、修奉太庙使、弘文馆大学士、延资库使、诸道盐铁转运等使、上柱国、齐国公、食邑五千户、食实封一百户徐彦若可检校太尉、同平章事，充清海军节度、岭南东道管内观察处置供军粮料等使。丙午，制光禄大夫、中书侍郎、兼吏部尚书、同平章事，充集贤殿大学士、判户部事、博陵郡开国公、食邑二千户崔远罢知政事，守本官。戊申，制左仆射、门下侍郎、平章事、监修国史、判度支崔胤充太清宫使、修奉太庙使、弘文馆大学士、延资库使，依前判度支，兼充诸道盐铁转运等使。光禄大夫、中书侍郎、兼户部尚书、同平章事、上柱国、吴郡开国公、食邑一千五百户陆扆为门下侍郎、户部尚书、监修国史。以正议大夫、守刑部尚书、上柱国、河东县开国男、食邑三百户、赐紫金鱼袋裴贽为中书侍郎，兼刑部尚书、同平章事，充集贤殿大学士。以银青光禄大夫、行尚书吏部侍郎、上柱国裴枢为中书侍郎、同平章事，判户部事。辛亥，以光禄大夫、尚书右仆射、租庸使张浚罢租庸使，守本官。十月丙辰朔。辛酉，以前清海军节度副使、朝散大夫、检校左散骑常侍、御史大夫、上柱国王溥守左散骑常侍，充盐铁副使。癸未，制以保义军节度留后、银青光禄大夫、检校户部尚书、兼御史大夫、上柱国朱友谦为金紫光禄大夫、检校尚书右仆射，兼陕州大都督府长史、御史大夫，充保义军节度、陕虢观察处置等使。十一月乙酉朔。庚寅，左右军中尉刘季述、王仲先废昭宗，幽于东内问安宫，请皇太子裕监国。时昭宗委崔胤以执政，胤恃全忠之助，稍抑宦官。而帝自华还宫后，颇以禽酒肆志，喜怒不常，自宋道弼等得罪，黄门尤惧。至是，上猎苑中，醉甚，是夜，手杀黄门、侍女数人。庚寅，日及辰巳，内门不开。刘季述诣中书谓宰相崔胤曰："宫中必有不测之事，人臣安得坐观？我等内臣也，可以便宜从事。"即以禁兵千人破关而入，问讯中人，具知其故。即出与宰臣谋曰："主上所为如此，非社稷之主也。废昏立明，具有故事，国家大计，非逆乱也。"即召百官署状，崔胤等不获已署之。季述、仲先与汴州进奏官程岩等十三人请对，对讫，季述上殿待罪次。左右军将士齐唱万岁声，遂突入宣化门，行至思政殿，便行杀戮，径至乞巧楼下。帝遽见兵士，惊堕床下，起而将去，季述、仲先掖而令坐。何皇后遽出拜曰："军容长官护官家，勿至惊恐，有事取军容商量。"季述即出百官合同状，曰："陛下倦临宝位，中外群情，愿太子监国，请陛下颐养于东宫。"帝曰："吾昨与卿等欢饮，不觉太过，何至此耶！"皇后曰："圣人依他军容语。"即于御前取国宝付季述，即时帝与皇后共一辇，并常所侍从十余内人赴东宫。入后，季述手自扃锁院门，日于窗中通食器。是日，迎皇太子监国，矫宣昭宗命称上皇。甲午，宣上皇制，太子登皇帝位，宰臣、百僚、方镇加爵进秩，又赐百僚银一千五百两、绢千匹、绵万两充救接，皆季述求媚于朝也。时朱全忠在定州行营，崔胤与前左仆射张浚告难于全忠，请以兵问罪，全忠自行营还大梁。十二月乙卯朔。癸未夜，护驾盐州都将孙德昭、周承诲、董彦弼以兵攻刘季述、王仲先，杀仲先，携其首诣东宫门，呼曰："逆贼王仲先已斩首讫，请陛下出宫慰谕兵士。"宫人破钥，帝与皇后方得出。

天复元年春正月甲申朔，昭宗反正，登长乐门楼，受朝贺。班未退，孙德昭执刘季述至楼前，上方诘责，已为乱棒击死，乃尸之于市。乙酉，制孙德昭检校司空，充静海军节度使。丙戌，宰相崔胤进位司空。己丑，朱全忠械程岩，折足槛送京师，戮之于市。制皇太子裕降为德王，改名祐。庚寅，制以孙德昭为安南节度、检校太保。以周承诲为邕州刺史、邕管节度经略使，以董彦弼为容州刺史、容管节度等使，并检校太保、同平章事。杀神策军使李师虔、徐彦回。敕曰："朕临御已来，十有四载，常慕好生之德，固无乐杀之心。昨季述等幽辱朕躬，迫胁太子。李师虔是逆贼亲厚，选来东内主持，动息之间，俾其侦伺。每有须索，皆不供承。要纸笔则恐作诏书，索锥刀则虑为利器，凌辱万状，出入搜罗。朕所御之衣，昼服夜濯，凝冽之际，寒苦难胜。嫔嫱公主，衾裯皆阙。缗钱则贯百不入，缯帛则尺寸难求。六辈同其主张，五人权其威势。若言状罪，翰墨难穷，若许生全，是为贷法，宜并处斩。"时朱全忠既服河朔三镇，欲窥图王室篡代之谋，以李克用在太原，惧其角逐。是月，全忠令大将张存敬率兵三万，

由含山袭河中王珂。晋州刺史张汉瑜、绛州刺史陶建不意贼至，城守无备，皆以郡降。存敬移兵围河中，王珂求救于太原，克用不能救，乃婴城谓存敬曰："吾与汴王有旧，俟王至即降。"二月甲寅朔。戊辰，朱全忠至河中，遂移王珂及兄璘、弟瓘举室徙于汴，以张存敬守河中。是月，制以全忠检校太师、守中书令，进封梁王。三月癸未朔，全忠引军归汴，奏："河中节度使岁贡课盐三千车，臣今代领池场，请加二千车，岁贡五千车。候五池完葺，则依平时供课额。"从之。四月癸丑朔，汴军大举攻太原，氏叔琮以兵三万由天井关进攻泽潞，节度使孟迁以上党降。叔琮长驱出围柏，营于洞涡驿。葛从周率赵、魏、中山之兵由土门入，陷承天军，与叔琮会。时属大雨，刍粮不给，汴将保众而还。甲戌，天子有事于宗庙。是日，御长乐门，大赦天下，改元天复。李茂贞自镇来朝，赐宴于寿春殿，进钱数万缗。时中尉韩全诲及北司与茂贞相善，宰相崔胤与朱全忠相善，四人各为表里。全忠欲迁都洛阳，茂贞欲迎驾凤翔，各有挟天子令诸侯之意。五月壬午朔。庚子，制门下侍郎、户部尚书、平章事陆扆加兵部尚书，进阶特进。壬寅，制以朱全忠兼河中尹、河中节度、晋绛慈隰观察处置、安邑解县两池榷盐制置等使。闰六月辛巳朔，制以河阳节度丁会依前检校司徒，兼潞州大都督府长史、昭义节度等使，代孟迁；以迁检校司徒，为河阳节度。全忠奏也。仍请于昭义节度官阶内落下邢、洺、磁三州，却以泽州为属郡，其河阳节度只以怀州为属郡，从之。全忠又奏请以齐州隶郓州，从之。十月己卯朔。戊戌，全忠引四镇之师七万赴河中，京师闻之大恐，豪民皆亡窜山谷。十一月己酉朔。壬子，中尉韩全诲与凤翔护驾都将李继诲奉车驾出幸凤翔。是日，汴军陷同州，执州将司马邺，华州节度使韩建遣判官李巨川送款。甲寅，汴军驻灵口。乙卯，全忠知帝出幸，乃回兵攻华州。大军驻赤水，全忠以亲兵驻西溪。韩建出降，乃署为忠武军节度使，以陈州为理所。丁巳，宰相崔胤令户部侍郎王溥至赤水砦，促全忠以兵迎驾。戊午，全忠自赤水趋长安，崔胤率文武百僚太子太师卢知猷已下迎全忠于坡头。庚申，汴军趋凤翔。戊辰，至岐下。全忠令判官李择、裴铸入城奏事，言："臣在河中，得崔胤书，言奉密诏令臣以兵士迎驾，臣不敢擅自迎銮。"昭宗怒胤矫命，连诏全忠以兵士还镇。辛未，全忠引军离凤翔，退攻邠州。甲戌，制扶危致理功臣、开府仪同三司、守司空、门下侍郎、平章事，充太清宫使、弘文馆大学士、延资库使、诸道盐铁转运等使、判度支、上柱国、魏国公、食邑五千户、食实封二百户崔胤可责授朝散大夫，守工部尚书。乙亥，邠州节度使李继徽以城降，全忠乃舍其孥于河中，以继徽从军。以汴军营于三原。十二月己卯，崔胤自长安至三原砦，与全忠谋攻凤翔。

二年春正月戊申朔，车驾在凤翔。全忠在三原，李克用遣大将周德威攻慈、隰、晋等州。全忠归河中，令其朱友宁率众五万屯绛州，大败太原军于蒲县西北，友宁乘胜追奔，陷汾州，进围太原。天子遣谏议大夫张祎至晋州谕全忠，令与太原通和。属友宁再战不利，乃还关西。四月丁丑，朱友宁总大军屯于兴平。五月，岐军出战，大

败于武功南之汉谷。全忠闻捷，自引汴军五万西征。六月，进营虢县。丁亥，进围凤翔，遣判官入城迎驾。九月，岐军出战，又败。十一月，鄜州节度使李周彝率众救凤翔。十二月癸酉，汴将孔勍乘虚袭下鄜州，获周彝妻子，周彝即以兵士来降。于是邠、宁、鄜、坊等州皆陷于汴军。茂贞惧，谋诛内官以解。

　　三年春正月癸卯朔，车驾在凤翔。甲辰，天子遣中使到全忠军，茂贞亦令军将郭启奇来达上欲还京之旨。丙午，青州牙将刘鄩陷全忠之兖州，又令牙将张厚入奏，是日，亦窃发于华州，杀州将娄敬思。上又令户部侍郎韩偓、赵国夫人宠颜宣谕于全忠军。辛亥，全忠令判官李振入奏，上令翰林学士姚洎宣宣，令全忠唤崔胤率文武百僚来迎驾。癸丑，上令礼部尚书苏循传诏，赐全忠玉带，仍令全忠处分蒋玄晖侍帝左右。丁巳，蒋玄晖与中使同押送中尉韩全诲、张弘彦已下二十人首级，告谕四镇兵士回銮之期。戊午，遣中使走马华州，追崔胤，胤托疾不至。甲子巳时，车驾出凤翔，幸全忠军。全忠素服待罪，泣下不自胜，上亲解玉带赐之。乙丑，次扶风，令朱友伦总京侍卫。丙寅，次武功。丁卯，次兴平，宰臣崔胤率百官迎谒。即日降制，以崔胤守司空、门下侍郎、平章事，复大清宫使、弘文馆大学士、延资库使、诸道盐铁转运使、判度支，魏国公封邑如故。戊辰，次咸阳。己巳，入京师。天子素服哭于太庙，改服冕旒，谒九庙。礼毕，御长乐楼，大赦，百僚称贺。全忠处左军。辛未，宴全忠于内殿，内弟子奏乐。是日，制内官第五可范已下七百人并赐死于内侍省，其诸道监军及小使，仰本道节度使处斩讫奏，从全忠、崔胤所奏也。帝悲惜之，自为奠文祭之。二月壬申朔。甲戌，制赐全忠"回天再造竭忠守正功臣"名。己卯，制以辉王祚充诸道兵马元帅。又制以回天再造竭忠守正功臣、宣武宣义天平护国等军节度使、汴宋亳辉河中晋绛慈隰郑滑颍郓齐曹等州观察处置等使、太清宫修葺宫阙制置支解县池场等使、开府仪同三司、检校太师、守中书令、河中尹、汴郓等州刺史、上柱国、梁王、食邑九千户、食实封六百户朱全忠可守太尉、中书令，充诸道兵马副元帅，进邑三千户。以宰臣崔胤守司徒、兼侍中，判六军十二卫。以吏部尚书、平章事裴枢检校右仆射、同平章事，兼广州刺史、清海军节度、岭南东道观察等使。甲戌，制以门下侍郎、兵部尚书、同平章事、监修国史陆扆责授沂王傅分司。己丑，上宴全忠于寿春殿。又令全忠与茂贞书，取平原公主。同州节度使赵翊、陕州节度使朱友谦来朝。制以朱友裕为华州刺史，充感化军节度使。乙未，会鞠于保宁殿，全忠得头筹，令内弟子送酒，仍面赐副元帅官告。以新除广州节度使裴枢为门下侍郎、吏部尚书、平章事、监修国史；以户部侍郎王溥同平章事。戊戌，全忠归大梁，上宴之内殿，置酒于延喜门。是日，全忠与四镇判官皆预席，上临轩泣别，又令中使走送御制《杨柳枝》词五首赐之。辛丑，平原公主至京师。三月壬寅朔，全忠引四镇之兵征王师范。先是，大将朱友宁、杨师厚前军临淄、青，师范求援于淮南，杨行密遣将王景仁帅众万人赴之。四月辛未朔，西川王建以兵攻秦、陇，乘茂贞之弱也，

仍遣判官韦庄入贡，修好于全忠。五月，制凤翔陇右四镇北庭行军、彰义军节度、泾原渭武观察处置押蕃落等使、开府仪同三司、守尚书令、兼侍中、凤翔尹、上柱国、秦王李茂贞可检校太师、守中书令。初，茂贞凌弱王室，朝廷姑息，加尚书令，及全忠方守太尉，茂贞惧，乞罢尚书令故也。崔胤奏："六军十二卫名额空存，实无兵士。京师侍卫，亦藉亲军。请每军量召募一千一百人，共置六千六百人。"从之。乃令六军诸卫副使、京兆尹郑元规立格招收于市。制以颍州刺史朱友恭检校司空，兼徐州刺史，充武宁军节度使，从全忠奏也。六月，青州、淮南军与汴人战于临淄，汴军大败，朱友宁战死，传首淮南。九月，汴将杨师厚大败青州军于临朐。荆南节度使成汭以舟师赴援鄂州，澧朗雷彦恭承虚袭陷江陵。汭军士闻之溃归，汭愤怒投水而死。赵匡凝遂以兵袭荆州，据之。辛巳，汴州护驾都将朱友伦击鞠坠马卒，全忠怒，杀同鞠将校数人。十一月丁酉朔，王师范以青州降杨师厚，全忠复令师范知青州事。邠州、凤翔兵士逼京畿。汴军屯河中。青州牙将刘鄩以兖州降葛从周，禀师范命也。全忠嘉之，署为元帅府都押衙，权知鄜州留后事。十二月丁卯朔。辛巳，制以礼部尚书独孤损为兵部侍郎、同平章事。丙申，制守司徒、侍中、太清宫使、弘文馆大学士、延资库使、判六军十二卫事、诸道盐铁转运使、判度支、上柱国、魏国公、食邑四千五百户崔胤责授太子宾客，守刑部尚书、兼京兆尹、六军诸卫副使郑元规责授循州司户。是日，汴州扈驾指挥使朱友谅杀胤及元规、皇城使王建勋、飞龙使陈班、阁门使王建袭、客省使王建义、前左仆射上柱国河间郡公张浚。全忠将逼车驾幸洛阳，惧胤、浚立异也。

　　天祐元年春正月丁酉朔，以翰林学士、左拾遗柳璨为右谏议大夫、同平章事，赐紫金鱼袋。己亥，制以兵部尚书崔远为中书侍郎、同平章事、集贤殿大学士。己酉，全忠率师屯河中，遣牙将寇彦卿奉表请车驾迁都洛阳。全忠令长安居人按籍迁居，彻屋木，自渭浮河而下，连甍号哭，月余不息。秦人大骂于路曰："国贼崔胤，召朱温倾覆社稷，俾我及此，天乎！天乎！"丁巳，车驾发京师。癸亥，次陕州，全忠迎谒于路。二月丙寅朔。乙亥，全忠辞赴洛阳，亲督工作。四月丙寅朔。癸巳，帝遣晋国夫人可证传诏谕全忠，言中宫诞蓐未安，取十月入洛阳宫。全忠意上迟留俟变，怒甚，谓牙将寇彦卿曰："亟往陕州，到日便促官家发来！"闰四月乙未朔。丁酉，车驾发陕州。壬寅，次谷水行宫。时崔胤所募六军兵士，胤死后亡散并尽，从上东迁者，唯诸王、小黄门十数，打球供奉内园小儿共二百余人。全忠在陕，仍虑此辈为变，欲尽去之，以汴卒为侍卫。至谷水顿，全忠令医官许昭远告内园等谋变，因会设幄，酒食次并坑，乃以谋逆闻。由是帝左右前后侍卫职掌，皆汴人也。甲辰，车驾由徽安门入，朱全忠、张全义、宰相裴枢独孤损前导。是日大风雨土，跬步不辨物色，日晡稍止。上谒太庙，礼毕还宫，御正殿宣劳从官卫士，受贺。乙巳，上御光政门，大赦，制曰：

　　乃眷中州，便侯伯会朝之路；运逢百六，顺古今禳避之宜。况建鼎旧京，我家二宅，辏辕通其左，

郑、郦引其前。周平王之东迁，更延姬姓；汉光武之定业，克茂刘宗。肇茸新都，祈天永命，皆因否运，复启昌期。或西避于戎狄，或载奸于妖孽。朕遭家不造，布德不明，十载已来，三罹播越。亦属灾缠秦、雍，叛起邠、岐。始幸石门，以避卫兵之乱；载迁华岳，仍惊畿邑之侵。忧危则矢及车舆，凌胁则火延宫庙。迨至逆连宫竖，构结奸凶，致刘季述幽朕于下宫，韩全诲劫予于右辅。莫匪兵围内殿，焰亘九重，皆思假武以容身，唯效指鹿而威众。矫宣天宪，欺蔑外藩，行书诏以任情，欲忠良而获罪。虽群方岳牧，协力匡扶，拘戎律于阻修，报朝恩而隔越。副元帅、梁王全忠以兼镇近辅，总兵四藩，远赴岐阳，躬迎大驾。辛勤百战，尽剿凶渠，营野三年，竟回銮辂。咸、镐载新其宫阙，让、珪绝类于阉徒，方崇再造之功，以正中兴之运。又邠岐结衅，巴蜀连兵，上负国恩，下隳邻好。焚宫烈火，更延燕于亲邻；却驾凶锋，复延侵于禁苑。抑又太一游处，并集六宫，罚星荧惑，久缠东井，玄象荐灾于秦分，地形无过于洛阳。爰有一二荩臣，洎四方同志，竭心王室，共誓嘉谋。魏镇定燕，航大河而毕至；陈徐潞蔡，辇巨轴以偕来。披荆棘而立朝廷，划灰烬而化棺衾。左郊桃而右社稷，肃尔崇严；前广殿而后重廊，蔼然华邃。公卿佥议，龟筮协从。甲子令年，孟夏初吉，备法驾而离陕分，列百官而入洛郊，观此殿繁，良多嘉慰。谢罪太庙，忧惕惊怀；登御端门，轸恻兴感。盖以一人寡祐，至万姓靡宁，工役艰疲，忠良尽瘁，克建再迁之业，冀延八百之基。宜覃涣汗之恩，俟此雍熙之庆，涤瑕荡垢，咸与惟新。可大赦天下，改天复四年为天祐元年，于戏！肆眚阛阓，即安宫闱。虽九庙几筵，已罔于新室，而诸陵松柏，遥隔于旧都。将务乂宁，难申绻慕。文武百辟，执事具僚，从我千里而来，端尔一心莅政。恩覃既往，效责从新，方当开国之初，必举慢官之罚。戊申，敕今后除留宣徽两院、小马坊、丰德庙、御厨、客省、阁门、飞龙、庄宅九使外，其余一停。内园冰井公事委河南尹，仍不差内夫人传宣。杀医官阎祐之、国子博士欧阳特，言星谶也。宰相裴枢兼右仆射、诸道盐铁转运等使、监修国史，户部尚书、门下侍郎、平章事独孤损判度支，中书侍郎、平章事柳璨判户部事。五月乙丑朔。丙寅，制河阳节度使张汉瑜同平章事。宴百僚于崇勋殿，上赞述全忠之功业，因言御楼前一日所司亡失赦书，赖元帅府收得副本施行，几失事矣，中书不得无过。裴枢等起待罪。中饮，帝更衣，召全忠曲宴阁中，全忠恳辞。帝曰："朕以全忠功业崇高，欲斋中款曲，以表庇赖耳。全忠既不欲来，即令敬翔来，朕与之言。"全忠令敬翔私退，奏曰："敬翔亦醉而出矣。"己巳，全忠辞赴大梁，宴于崇勋殿，是日雨甚。乙酉，翰林学士、左谏议大夫、知制诰沈栖远守本官，以病陈乞故也。丁亥，敕河南府畿县先减尉一员，可准京兆府例，复置县尉一员。癸巳，中书奏：准今年四月十一日敕文，陕州都督府改为兴唐府，其都督府长史宜改为尹，左右司马为少尹，录事为司录，陕县为次赤，余

为次畿。从之。六月甲午朔，邠州杨崇本侵掠关内，全忠遣朱友裕屯军于百仁村。丙申，通议大夫、中书舍人、赐紫金鱼袋杨注可充翰林学士。庚子，三佛齐国入朝使薄诃粟可宁远将军。丁未，制金紫光禄大夫、太子少傅卢绍可太子太保致仕。银青光禄大夫、太子少师、天水男、食邑三百户赵崇可检校右仆射。甲寅，以京兆少尹郑韬光为太常少卿，前侍御史韦说为右司员外郎，前进士姚顗为校书郎，前进士赵顾、刘明济、窦专并可秘书省校书郎正字，从柳璨奏也。荆南襄州忠义军节度、开府仪同三司、检校太师、中书令、江陵尹、襄州刺史、上柱国、楚王、食邑六千户赵匡凝宜备礼册命。七月癸亥朔，全忠率师讨邠、凤。甲子，自汴至洛阳，宴于文思球场。全忠入，百官或坐于廊下，全忠怒，笞通引官何凝。丙寅，制金紫光禄大夫、行御史中丞、上柱国韩仪责授棣州司马，侍御史归蔼责授登州司户，坐百官傲全忠也。甲戌，制以中大夫、中书舍人、上柱国、赐紫金鱼袋杜彦林为太中大夫、守御史中丞。丁丑，制以兵部郎中萧顷为吏部郎中，户部郎中徐绾为兵部郎中，司勋员外郎张茂枢为礼部郎中，监察御史郄殷象为右补阙。己卯，制武昌军节度、鄂岳蕲黄等州观察处置兼三司水陆发运淮南西面行营招讨等使、开府仪同三司、检校太师、中书令、西平王、食邑三千户杜洪加食邑一千户，实封二百户。庚寅，中书奏："西京旧有凌烟阁，图画功臣，今迁都洛阳，合议修建。副元帅梁王勋庸冠世，请凌烟阁之侧别创一阁，以表殊勋。"从之。八月壬辰朔。壬寅夜，朱全忠令左龙武统军朱友恭、右龙武统军氏叔琮、枢密使蒋玄晖弑昭宗于椒殿。自帝迁洛，李克用、李茂贞、西川王建、襄阳赵匡凝知全忠篡夺之谋，连盟举义，以兴复为辞。而帝英杰不群，全忠方事西讨，虑变起于中，故害帝以绝人望。帝自离长安、日忧不测，与皇后、内人唯沉饮自宽。是月壬寅，全忠令判官李振自河中至洛阳，与友恭等图之。是夜二鼓，蒋玄晖选龙武衙官史太等百人叩内门，言军前有急奏面见上。内门开，玄晖每门留卒十人，至椒殿院，贞一夫人启关，谓玄晖曰："急奏不应以卒来。"史太执贞一杀之，急趋殿下。玄晖曰："至尊何在？"昭仪李渐荣临轩谓玄晖曰："院使莫伤官家，宁杀我辈。"帝方醉，闻之遽起。史太持剑入椒殿，帝单衣旋柱而走，太追而弑之。渐荣以身护帝，亦为太所杀。复执何皇后，将害之。后求哀于玄晖，玄晖以全忠止令害帝，释后而去。帝殂，年三十八，群臣上谥曰圣穆景文孝皇帝，庙号昭宗。二年二月二十日，葬于和陵。

卷二十下　　本纪第二十下

哀　帝

哀皇帝讳柷，昭宗第九子，母曰积善太后何氏。景福元年九月三日，生于大内。乾宁四年二月，封辉王，名祚。天复三年二月，拜开府仪同三司，充诸道兵马元帅。天祐元年八月十二日，昭宗遇弑。翌日，蒋玄晖矫宣遗诏，曰："我国家化隋为唐，奄有天下，三百年之盛业，十八叶之耿光。朕自缵丕图，垂将二纪，虽恭勤无怠，属运数多艰。致寰宇之未宁，睹兵戈之屡起，赖勋贤协力，宗社再安。岂意宫闱之间，祸乱忽作，昭仪李渐荣、河东夫人裴贞一潜怀逆节，辄肆狂谋，伤痕既深，已及危革。万机不可以久旷，四海不可以乏君，神鼎所归，须有缵继。辉王祚幼彰岐嶷，长实端良，哀然不群，予所钟爱，必能克奉丕训，以安兆人。宜立为皇太子，仍改名柷，监军国事。于戏！孝爱可以承九庙，恭俭可以安万邦，无乐逸游，志康寰宇。百辟卿士，佑兹冲人，载扬我高祖、太宗之休烈。"是日迁神柩于西宫，文武百僚班慰于延和门外。其日午时，又矫宣皇太后令曰："予遭家不造，急变爰臻，祸生女职之徒，事起宫奚之辈。皇帝自罹锋刃，已至弥留，不及顾遗，号恸徒切。定大计者安社稷，纂丕图者择贤明，议属未亡人，须示建长策。承高祖之宝运，繄元勋之忠规，伏示股肱，以匡冲昧。皇太子柷宜于柩前即皇帝位，其哀制并依祖宗故事，中书门下准前处分。于戏！送往事居，古人令范，行今报旧，前哲格言。抆泪敷宣，言不能喻。"帝时年十三，乞且监国，柩前即位，宜差太常卿王溥充礼仪使，又令太子家令李能告哀于十六宅。丙午，大行皇帝大殓，皇太子柩前即皇帝位。己酉，矫制曰："昭仪李渐荣、河东夫人裴贞一，今月十一日夜持刃谋逆，惧罪投井而死，宜追削为悖逆庶人。"蒋玄晖夜既弑逆，诘旦宣言于外曰："夜来帝与昭仪博戏，帝醉，为昭仪所害。"归罪宫人，以掩弑逆之迹。然龙武军官健备传二夫人之言于市人。寻用史太为棣州刺史，以酬弑逆之功。庚戌，群臣上表请听政。甲寅，中书奏："皇帝九月三日降诞，请以其日为乾和节。"从之。乙丑，百僚赴西宫，殓讫，释服。皇帝见群臣于崇勋殿西廊下。中书帖：今月二十四日释服后，三日一度进名起居。丙辰，敕："朕奉太后慈旨，以两司纲运未来，百官事力多阙，且夕霜冷，深轸所怀。令于内库方圆银二千一百七十二两，充见任文武常参官救接，委御史台依品秩分俵。"是日，皇帝听政。丁巳，敕："乾和节方在哀疚，其内道场宜停。戊午，遣刑部尚书张祎告哀于河中，全忠号哭尽哀。庚申，敕："乾和节文武百僚诸军诸使诸道进奏官准故事于寺观设斋，不得宰杀，只许酒果脯醢。"辛酉，敕："三月二十三日嘉会节。伏以大行皇帝仙驾上升，灵山将卜，神既游于天际，节宜辍于人间。准故事，嘉会节宜停。"九月壬戌朔，百官素服赴西内临，进名奉慰。戊辰，大行皇帝大祥，百官素服赴西内临。己巳，敕右仆射、门下侍郎、礼部尚书、平章事裴枢宜充大行皇帝山陵礼仪使，门下侍郎、平章事独孤损宜充大行皇帝山陵使，兵部侍郎李燕充卤簿使，权知河南尹韦震充桥道使，宗正卿李克勤充按行使。庚午，皇帝释服从吉。中书门下奏："伏以陛下光继宝图，纂承丕绪，教道克申于先训，保任实自于慈颜。今则正位宸居，未崇徽号。伏以大行皇帝皇后母临四海，德冠六宫，推尊宜正于鸿名，敬上式光于睿孝，望上尊号曰皇太后。"奉敕宜依。又敕辉王府官属宜停。辛巳，山陵桥道使改差权河南尹张廷范，其顿递陵下应接等使，并令廷范兼之。庚寅，中书奏：太常寺止鼓两字"敌"上字犯御名，请改曰"肇"。从之。十月辛卯朔，日有蚀之，在心初度。壬辰，全忠自河中来朝，赴西内临祭讫，对于崇勋殿。甲午，敕检校太保、左龙武统军朱友恭可复本姓名李彦威，贬崖州司户同正。检校司徒、右龙武统军氏叔琮可贬贝州司户同正。又敕："彦威等主典禁兵，妄为扇动，既有彰于物论，兼亦系于军情。谪掾遐方，安能塞责？宜配充本州长流百姓，仍令所在赐自尽。"河南尹张廷范收彦威等杀之。临刑，大呼曰："卖我性命，欲塞天下之谤，其如神理何！操心若此，欲望子孙长世，可乎？"呼廷范，谓曰："公行当及此，勉自图之。"是日，全忠归大梁。丙申，制天平军节度使、检校太师、中书令，兼郓州刺史、上柱国、东平王、食邑七千户张全义本官兼河南尹、许州刺史、忠武军节度观察等使、判六军诸卫事。皇帝即位行事官、左丞杨涉进封开国伯，加食邑四百户。吏部侍郎赵光逢进开国公，加食邑三百户。右散骑常侍窦回、给事中孙续、户部郎中知制诰封舜卿等加勋阶。礼仪使、太常卿王溥与一子八品正员官。书宝册官吏部尚书陆扆、刑部尚书张祎，扆与一子八品正员官，祎加阶。太子太保卢绍牟。魏博罗绍威进救接百官绢千匹、绵三千两。十一月辛酉朔。癸酉午时，日有黄白晕，旁有青赤纻。杨行密攻光州，又急攻鄂州，杜洪遣使求援，全忠率师五万自颍州渡淮，至霍丘大掠以纾之，行密分兵来拒。乙酉，敕："据太常礼院奏，于十二月内择日册太后者。朕近奉慈旨，以山陵未毕，哀感方缠。凡百有司，且虔充奉，吉凶之礼，难以并施。太后册礼，宜俟山陵毕日，庶得桥山攀慕，彰尽节于群臣；兰殿承荣，展盛仪于朕志。情既获遂，礼实宜之。付所司。"己丑，岭南东道辨州宜改为勋州。十二月辛卯朔。癸卯，权知河南府尹、和王傅张廷范宜复本官。光禄大夫、检校司徒、河东县开国子、食邑五百户、充山陵副使、权知河南尹、天平军节度副使韦震权知郓州军州事。

二年春正月庚申朔，杨行密陷鄂州，执节度使杜洪，斩于扬州市。鄂、岳、蕲、黄等州入行密。全忠自霍丘还大梁。甲子，太常卿王溥上大行皇帝谥号、庙号，乃敕右仆射、平章事裴枢撰谥册，中书侍郎柳璨撰哀册。辛未，敕："朕祗荷丕图，仰惟先训，方迫遗弓之痛，俯临同轨之期。将展孝思，亲扶护卫。皇太后义深鸣凤，痛切攀龙，亦欲专奉灵舆，躬及园寝，兼尽追攉之道，用终克敬之仪。

其大行皇帝山陵发引日，朕随太后亲至陵所，付中书门下，宜体至怀。"群臣三表论谏，乃止。二月庚寅朔。壬辰，制以前知郓州军州事、检校尚书左仆射刘郾为右金吾卫大将军，充右街使。检校左仆射朱汉宾为右羽林统军。丙申，群臣告谥于西宫。己亥，敕："今月十一日，大行皇帝启攒宫。准故事，坊市禁音乐，至二十日掩玄宫毕，如旧。"庚子，启攒宫，文武百僚夕临于西宫。丁未，灵驾发引，濮王已下从，皇帝、太后长乐门外祭毕归大内。己酉，葬昭宗皇帝于和陵。庚戌，制以太常卿王溥为工部尚书。壬子，制以汝州刺史裴迪为刑部尚书。泰宁军节度、检校司空、兖州刺史、御史大夫葛从周检校司徒、兼右金吾上将军致仕，从周病风，不任朝谒故也。以左金吾上将军卢彦威为左威卫上将军。是月社日，枢密使蒋玄晖宴德王裕已下九王于九曲池，既醉，皆绞杀之，竟不知其瘗所。丙辰，左仆射裴贽等议迁庙，合迁顺宗一室，从之。己未，昭宗皇帝神主祔太庙，礼院奏昭宗庙乐，曰《咸宁之舞》。三月庚申朔。壬戌，制以前平卢军节度使、检校太傅、同平章事、兼青州刺史、上柱国、琅邪郡公、食邑二千五百户王师范为孟州刺史、河阳三城怀孟节度观察等使，从全忠奏也。甲子，制以特进、尚书右仆射、门下侍郎、同平章事、太清宫使、弘文馆大学士、延资库使、诸道盐铁转运使、判度支、上柱国、河东郡开国公、食邑二千户裴枢可守尚书左仆射。光禄大夫、门下侍郎、户部尚书、同平章事、监修国史、河南县开国子、食邑五百户独孤损可检校尚书左仆射、同平章事，兼安南都护，充静海军节度、安南管内观察处置等使。以光禄大夫、中书侍郎、同平章事、集贤殿大学士、上柱国、博陵郡开国公、食邑一千五百户崔远可守尚书右仆射。以正议大夫、中书侍郎、同平章事、判户部事、上柱国、河东县男、食邑三百户柳璨为门下侍郎、兼户部尚书、同平章事、太清宫使、弘文馆大学士、延资库使、诸道盐铁转运等使。以正议大夫、尚书吏部侍郎、上柱国、赐紫金鱼袋张文蔚为中书侍郎、同平章事、监修国史、判度支。以银青光禄大夫、行尚书左丞、上柱国、弘农县伯、食邑七百户杨涉为中书侍郎、同平章事、集贤殿大学士、判户部事。庚午，敕："朕以宰臣学士，文武百僚，常拘官局，空逐游从。今膏泽不愆，丰年有望，当兹韶景，宜示优恩。自今月十二日后至十六日，各令取便选胜追游。付所司。"壬申，以检校司徒、和王傅张廷范为太常卿。丁亥，敕："翰林学士、户部侍郎杨注是宰臣杨涉亲弟，兄既秉于枢衡，弟故难居禁密，可守本官，罢内职。"四月己丑朔。壬辰，敕河南府缑氏县今宜兼充和陵台令，仍升为赤县。癸巳，敕曰："文武二柄，国家大纲，东西两班，官职同体。咸因圣运，共列明廷，品秩相对于高卑，禄俸皆均于厚薄。不论前代，只考本朝。太宗皇帝以中外臣僚，文武参用，或自军卫而居台省，亦由衣冠而秉节旄，足明于武列文班，不令分清浊优劣。近代浮薄相尚，凌蔑旧章，假偃武以修文，竟弃本而逐末。虽蓝衫鱼简，当一见而便许升堂；纵拖紫腰金，若非类而无令接席。以是显扬荣辱，分别重轻，遽失人心，尽隳朝体。致其今日，实此之由，须议改更，渐期通济。文武百官，自一品以下，逐月所给料钱并须均匀，数目多少，一般支给。兼差使诸道，亦依轮次，既就公平，必期开泰。凡百臣庶，宜体朕怀。"和王傅张廷范者，全忠将吏也，以善音律，求为太常卿，全忠用之。宰相裴枢以廷范非乐卿之才，全忠怒，罢枢相位。柳璨希旨，又降此诏斥枢辈，故有白马之祸。丙午，前棣州刺史刘仁遇检校司空，兼兖州刺史、御史大夫，充泰宁军节度使。乙未，制左仆射裴枢、新除清海军节度使独孤损、河南尹张全义、工部尚书王溥、司空致仕裴贽、刑部尚书张祎，并赐一子八品正员官，以奉山陵之劳也。敕曰："朕以宿麦未登，时阳久亢，虑阙粢盛之备，轸予宵旰之怀。所宜避正位于宸居，减珍羞于常膳，谅惟眇质，深合罪躬。自今月八日已后，不御正殿，减常膳。付所司。"辛丑，侍御史李光庭都殿象、殿中丞张升崔昭矩、起居舍人卢仁炯卢鼎苏楷、吏部员外郎崔协、左补阙崔咸休、右补阙杜承昭罗衮、右拾遗韦象路德延，并宜赐绯鱼袋；兵部郎中韦乾美、比部郎中杨焕，皆赐紫金鱼袋；并以奉山陵之劳也。壬寅，敕："朕获荷丕图，仰遵慈训，爰崇徽号，已定礼仪，冀申为子之心，以展奉亲之敬。昨所司定今月二十五日行皇太后册礼。再奉慈旨，以宫殿未停工作，蒸暑不欲劳人，宜改吉辰，固难违命。册礼俟修大内毕功日，所司以闻。"癸卯，太清宫使柳璨奏修上清宫毕，请改为太清宫，从之。甲辰夜，彗起北河，贯文昌，其长三丈，在西北方。丁未，敕："设官分职，各有司存，铨衡既任于吏曹，除授宁烦于宰职。但所司注拟申到，中书过验酌量，苟或差舛，难可尽定。近年除授，其徒实繁，占选部之阙员，择公当之优便，遂致三铨注拟之时，皆旷职务。且以宰相之任，提举百司，唯务公平无私，方致渐臻有道。应天下州府令录，并委吏部三铨注拟。自天祐二年四月十一日已后，中书并不除授，或诸荐奏量留，即度可否施行。庶各司其局，免致亵黩，宰相提纲，永存事体。付所司。"辛亥，以彗字谪见，德音放京畿军镇诸司禁囚，除罪无轻重，递减一等，限三日内疏理闻奏。壬子，敕："朕以冲幼，克嗣丕基，业业兢兢，勤恭夕惕。彗星谪见，罪在朕躬。虽已降赦文，特行恩宥，起今月二十四日后，避正殿，减常膳，以明思过。付所司。"丙辰，敕："准向来事例，每贯抽除外，以八百五十文为贯，每陌八十五文。如闻坊市之中，多以八十为陌，更有除折，顿爽旧规。付河南府，市肆交易，并以八十五文为陌，不得更有改移。"戊午，敕："东上阁门，西上阁门，比常出入，以东上为先。大忌进名，即西上阁门为便。比因阉官擅权，乃以阴阳取位，不思南面，但启西门。迩来相承，未议更改，详其称谓，似爽旧规。自今年五月一日后，常朝出入，取东上阁门，或遇奉慰，即开西上阁门，永为定制。付所司。"又敕："朕以上天谪见，避殿责躬，不宜朔会朝正殿。其五月一日朝会，宜权停。"五月己未朔，以星变不视朝。敕曰："天文变见，合事祈禳，宜于太清宫置黄箓道场，三司支给斋料。"壬戌，敕："法驾迁都之日，洛京再建之初，虑怀土有类于新丰，权更名以变于旧制。妖星既出于雍分，高闳难效于秦余，宜改旧门之名，以壮卜年之永。延喜门改为宣仁门，重明门改为兴教门，长乐门改为光政门，光范门曰应天门，乾化门曰乾元门，宣政门曰敷政门，宣政殿曰贞观殿，日华门曰左延福门，月华门曰右延福门，万寿门曰万春门，积庆门曰兴善门，含章门曰膺福门，含清门曰延义门，金銮门曰千秋门，延和门曰章善门，保宁殿曰文思殿。其见在门名，有与西京门同名者，并宜复洛京旧门名。付所司。"乙酉夜，西北彗星长六七十丈，自轩辕大角及天市西垣，光辉猛怒，其长竟天。丙寅，有司修皇太后宫毕。中书奏："皇太后慈惠临人，宽仁驭物，早叶倪天之兆，克彰诞圣之符。今轮奂新宫，规摹旧典，崇训既征于信史，积善宜显于昌期。太后宫请以积善为名。"从之。又以将卜郊禋，预调雅乐，宜以太常卿张廷范充修乐悬使。丁卯，荆襄节度使赵匡凝奏为故俊成讷立祠宇，从之。已巳，太清宫使柳璨奏："近敕改易宫殿门名，窃以玄元皇帝庙，西京曰太清宫，东京曰太微宫，其太清宫请复为太微宫，臣便给入官阶。"从之。庚午，敕："所司定今年十月九日有事郊丘，其修制礼衣祭服宜令宰臣柳璨判，祭器宜令张文蔚、杨涉分判，仪仗车辂宜令太常卿张廷范判。"壬申，制新除静海军节度使、银青光禄大夫、检校尚书左仆射、同平章事、兼安南都护、河南郡开国侯、食邑一千户独孤损可责授朝散大夫，棣州刺史，仍令御史台发遣出京讫闻奏。敕曰："朕谬将眇质，叨荷丕图，常怀驭朽之心，每轸泣辜之念。谅于黜责，岂易施行。左仆射裴枢、右仆射崔远，虽罢机衡，尚居挨路，既处优崇之任，未伤进退之规。不能秉志安家，但恣流言谤国，颇兴物论，难抑朝章。须离八座之荣，尚付六条之政，勉思咎己，无至尤人。枢可责授朝散大夫、登州刺史，远可责授朝散大夫、莱州刺史，便发遣出京。"兵部郎中韦乾美贬沂州司户。甲戌，敕中书舍人封渭贬齐州司户，右补阙郑犨密州莒县尉，兵部员外卢协祁州司户，并员外置。乙亥，敕吏部尚书陆扆贬濮州司户，工部尚书王溥淄州司户。司天奏："旬朔已前，星文变见，仰观垂象，特轸圣慈。自今月八日夜已后，连遇阴雨，测候不得。至十三日夜一更三点，天色暂晴，景纬分明，妖星不见于碧虚，灾沴潜消于天汉矣。"敕曰："上天谪见，下土震惊，致夙夜之沈忧，恐生灵之多难。不居正殿，尽彻常羞，益务斋虔，以申禳祷。果致玄穹覆祐，孛彗消除，岂罪己之感通，免贻人于灾沴。式观陈奏，深慰诚怀。"丙子，敕户部郎中李仁俭贬和王府咨议，起居舍人卢仁炯安州司户，寿安尉、直弘文馆卢晏沧州东光尉。丁丑，陈许节度使张全义奏："得许州留后状申，自多事以来，许州权为列郡，今特创设角楼讫，请复为军额。"敕旨依旧置忠武军牌额。戊寅，宴群臣于崇勋殿，全忠与王镕、罗绍威冒宴也。庚辰，敕特进、检校司徒、守太保致仕赵崇可曹州司户，银青光禄大夫、兵部侍郎王赞可濮州司户。辛巳，敕责授登州刺史裴枢可陇州司户，责授棣州刺史独孤损可琼州司户，责授莱州刺史崔远可白州司户。壬午，敕司勋员外韦甄责授和王友，洛阳县令李光序责授左春坊典设郎。甲申，秘书监崔仁鲁可密州司户，国子祭酒崔澄陈州司户，太府少卿裴鍼徐州司户，卫尉少卿裴纾曹州南华尉，左补阙崔咸休宁

陵尉，司封员外薛镐辉州司户，前盐铁推官独孤宪临沂尉，秘书少监裴㧑郓州司户，长安尉、直史馆裴格符离尉，兵部郎中李象郑州司户，刑部员外卢荐范县尉。丙戌，颍州汝阴县人彭文妻产三男。丁亥，敕以翰林学士、尚书职方郎中张策兼充史馆修撰，修国史。六月戊子朔，敕："责授陇州司户裴枢、琼州司户独孤损、白州司户崔远、濮州司户陆扆、淄州司户王溥、曹州司户赵崇、濮州司户王赞等，皆受国恩，咸当重任。罔思罄竭，唯贮奸邪，虽已谪于遐方，尚难宽于国典。委御史台差人所在州县各赐自尽。"时枢等七人已至滑州，皆并命于白马驿，全忠令投尸于河。己丑，敕："君臣之间，进退以礼，矧于求旧，欲保初终，苟自摅于悔尤，亦须行于黜责。特进、守司空致仕、上柱国、河东县开国公、食邑二千户裴贽早以公望，常践台司，靡闻竭力以匡时，每务养恬而避事。洎从请老，不谓无恩，合慎枢机，动循规矩。虽云勇退，乃有后言，自为簿从之酋，颇失人臣之礼。谪居郡掾，用正朝纲，可责授青州司户。刑部郎中李煦可莱州司户。"辛卯，太微宫使柳璨奏："前使裴枢充宫使日，权奏请玄元观为太清宫，又别奏在京弘道观为太清宫，至今未有制置。伏以今年十月九日陛下亲事南禋，先谒圣祖庙，弘道观既未修葺，玄元观又在北山，若车驾出城，礼非便隐。今欲只留北邙山上老君庙一所，其玄元观请拆入都城，于清化坊内建置太微宫，以备车驾行事。"从之。壬辰，敕："诸道节度、观察、防御、刺史等，部内有新除朝官、前资朝官，敕到后三日内发遣赴阙，仍差人监送。所在州县不得停住，苟或稽违，必议贬黜。付所司。"癸巳，敕："卫尉少卿敬沼是裴贽之甥。常累于舅，或以明经挠文柄，或以私事窃权化。贽已左迁，尔又何逭！可贬徐州萧县尉。"丙申，敕："福建每年进橄榄子，比因阉竖出自闽中，牵于嗜好之间，遂成贡奉之典。虽嘉忠荩，伏恐烦劳。今后只供进蜡面茶，其进橄榄子宜停。"戊戌，敕："密县令裴练贬登州牟平尉，长水令崔仁略淄州高苑尉，福昌主簿陆㧑沂州新泰尉，泥水令独孤韬范县尉，并员外置，皆裴枢、崔远、陆扆宗党也。壬寅，湖南马殷奏，岳州洞庭、青草之侧，有古祠四所，先以荒圮，臣复修庙了毕，乞赐名额者。敕旨黄陵二妃祠曰懿节，洞庭君庙曰利涉侯，青草祠曰安流侯；三闾大夫祠，先以澧朗观察使雷满奏，已封昭灵侯，宜依天祐元年九月二十九日敕处分。丙午，全忠奏："得宰相柳璨记事，欲拆北邙山下玄元观移入都内，于清化坊取旧昭明寺基，建置太微宫，准备十月九日南郊行事。缘延资库盐铁并无物力，令臣商量者。臣已牒判六军诸卫张全义指挥工作讫。"优诏嘉之。丁未，敕："太子宾客柳逊尝为张浚租庸判官，又王溥监修日奏充判官，授工部侍郎，又与赵崇、裴贽为刎颈之交。昨裴枢等得罪之时，合当连坐，尚矜暮齿，且俾悬车，可本官致仕。"戊申，敕前司勋员外郎、赐绯鱼袋李延古责授卫尉寺主簿。七月戊午朔。辛酉，赐全忠《迎銮记功碑文》，立于都内。全忠进助郊礼钱三万贯。癸亥，再贬柳逊曹州司马。辛巳，敕全忠请铸河中、晋、绛诸县印，县名内有"城"字并落下，如密、郑、绛、蒲例，单名为文。壬午，宰臣柳璨、

礼部尚书苏循充皇太后册礼使。是日，于积善宫行礼毕，帝乘辇赴太后宫称贺。丙戌，太常礼院奏："每月朔望，皇帝赴积善宫起居，文武百官于宫门进名起居。"从之。八月丁亥朔。戊子，制中书舍人姚洎可尚书户部侍郎，充元帅府判官，从全忠奏也。洛苑使奏谷水屯地内嘉禾合颖。乙未，敕：伪称官阶人泉州晋江县应乡贡明经陈文巨招伏罪款，付河南府决杀。庚子，敕："汉代元勋，邓禹冠诸侯之上；晋朝重位，王导居百辟之先。皆道著匡扶，功宜寰宇，其于崇宠，迥异等伦。朕获以眇躬，重兴丕运，凡关制度，必法旧章，实仗勋贤，永安宗社。副元帅梁王正守太尉、中书令，忠武军节度使、河南尹张全义亦正守中书令，俱深倚注，咸正台衡。其朝廷册礼、告祀天地宗庙，其司空则差官摄行，太尉、侍中、中书令即宰臣摄行。今太尉副元帅任冠藩垣，每遇行礼之时，或不在京国，即事须差摄太尉行事。全义见居阙下，任正中枢，不可更差别官又摄中书令事。其太尉官，如梁王朝觐在京，便委行事，如却赴镇，即依前摄行。所合差中书令，便委全义以本官行礼。其侍中、司空、司徒即临时差官。付所司。"壬寅，敕："前太中大夫、尚书兵部侍郎、赐紫金鱼袋司空图俊造登科，朱紫升籍，既养高以傲世，类移山而钓名。志乐潋流，心轻食禄。匪夷匪惠，难居公正之朝；载省载思，当徇幽栖之志。宜放还中条山。"癸卯，敕太常卿张廷范宜充南郊礼仪使。丁未，制削夺荆襄节度使赵匡凝在身官爵。是月乙未，全忠遣大将杨师厚讨匡凝，收唐、邓、复、郢、随等州，全忠自率亲军赴之。荆襄之军，阵于汉水之阴。九月丁巳朔。辛酉，杨师厚于襄州西六十里阴谷江口伐竹木为浮梁。癸亥，梁成，引军渡江。甲子，赵匡凝率劲兵二万，阵于江之湄。师厚一战败之，遂乘胜躏之，阵于城下。是夜，匡凝挈其孥溃围遁去。乙丑，师厚入襄阳。丙寅，全忠继至。壬申，匡凝牙将王建武遣押牙常质以荆南降。言权知荆南军府事赵匡明今月十一日弃城上峡，奔蜀川。敕曰："梁王躬临貔武，收复荆、襄，拔岘首若转丸，平荆门如沃雪，连收两镇，并走二凶。乃眷勋庸，载深嘉注，宜赐诏奖饰。"内出宣旨："奶婆杨氏可赐号昭仪，奶婆王氏可封郡夫人，第二奶婆王氏先帝已封郡夫人，准杨氏例改封。"中书奏议言："乳母古无封夫人赐内职之例，近代因循，殊乖典故。昔汉顺帝以乳母宋氏为山阳君，安帝乳母王氏曰野王君，当时朝议非之。今国祚中兴，礼宜求旧。臣等商量，杨氏望赐号安圣君，王氏曰福圣君，第二王氏曰康圣君。"从之。己巳，敕武成王庙宜改为武明王。乙酉，敕先择十月九日有事郊丘，备物之间，有所未办，宜改用十一月十九日。十月丙戌朔，制梁王全忠可充诸道兵马元帅，别开府幕，加食邑通前一万五千户，实封一千五百户。金州冯行袭奏当道昭信军额内一字，与元帅全忠讳字同，乃赐号戎昭军。制削夺荆南留后赵匡凝官爵。丁亥，敕："洛城坊曲内，旧有朝臣诸司宅舍，经乱荒榛。张全义葺理已来，皆已耕垦，既供军赋，即系公田。或恐每有披论，认为世业，须烦按验，遂启幸门。其都内坊曲及畿内已耕植田土，诸色人并不得论认。如要业田，一任买置。凡论认者，不在给还之限。如

有本主元自差人勾当，不在此限。如荒田无主，即许识认。付河南府。"甲午，起居郎苏楷驳昭宗谥号曰："帝王御宇，由理乱以审污隆；宗祀配天，资谥号以定升降。故臣下君上皆不得而私也。伏以陛下顺考古道，昭彰至公，既当不讳之朝，宁阻上言之路。伏以昭宗皇帝睿哲居尊，恭俭垂化，其于善美，孰敢蔽亏。然而否运莫兴，至理犹郁，遂致四方多事，万乘频迁。始则阉竖猖狂，受幽辱于东内；终则嫔嫱悖乱，罹夭阏于中闱。其于易名，宜循考行。有司先定尊谥曰圣穆景文孝皇帝，庙号昭宗，敢言溢美，似异直书。按后汉和、安、顺帝，缘非功德，遂改宗称，以允臣下之请。今郊禋有日，祫祭惟时。将期允惬列圣之心，更下详议新庙之称。庶使叶先朝罪己之德，表圣主无私之明。"楷，礼部尚书循之子，凡劣无艺。乾宁二年应进士登第后，物论以为滥，昭宗命翰林学士陆扆、秘书监冯渥覆试黜落，永不许入举场。楷负愧衔怨。至是，全忠弑逆君上，柳璨陷害朝臣，乃与起居郎罗衮、起居舍人卢鼎连署驳议。楷目不知书，手仅能执笔，其文罗衮作也。时政出贼臣，哀帝不能制。太常卿张廷范改谥曰恭灵庄闵孝皇帝，庙号曰襄宗。全忠雄猜物鉴，自楷驳谥后，深鄙之，既传代之后，循、楷父子皆斥逐，不令在朝。丁未，所司改题昭宗神主，辍朝一日。癸丑，敕成德军宜改为武顺，管内藁城县曰藁平，信都曰尧都，栾城曰栾氏，阜城曰汉阜，临城为房子，避全忠祖、父名也。十一月乙卯朔，敕潞州潞城县改为潞子，黎城曰黎亭。全忠平荆襄后，遂引军将攻淮南。行次枣阳，阻雨，比至光州，道险涂潦，人马饥乏。休止十余日，乃趋固始。进军距寿州三十里，寿人闭壁不出，左右言师老不可用。是月丙辰，全忠自正阳渡淮而北，至汝阴。全忠深悔此行无益。丁卯，至大梁。时哀帝以此月十九日亲祠圜丘，中外百司礼仪法物已备。戊辰，宰相已下于南郊坛习仪，而裴迪自大梁回，言全忠怒蒋玄晖、张廷范、柳璨等谋延唐祚，而欲郊天改元。玄晖、柳璨大惧。庚午，敕曰："先定此月十九日亲礼南郊，虽定吉辰，改卜亦有故事。宜取来年正月上辛。付所司。"辛巳，制：回天再造竭忠守正功臣、诸道兵马元帅、宣武宣义天平护国等军节度观察处置、修宫阙制置、度支解县池场、亳州太清宫等使、开府仪同三司、守太尉、中书令、河中尹、汴滑郓等州刺史、上柱国、梁王、食邑一万五千户、实封一千五百户朱全忠可授相国，总百揆，其以宣武、宣义、天平、护国、天雄、武顺、忠武、佑国、河阳、义武、昭义、保义、戎昭、武定、泰宁、平卢、匡国、镇国、武宁、忠义、荆南二十一道为魏国，仍进封魏王，依前充诸道兵马元帅、太尉、中书令、宣武宣义天平护国等军节度观察处置等使，加食邑五千户，实封八千五百户，入朝不趋，剑履上殿，赞拜不名，兼备九锡之命，仍择日备礼册命。又制以杨师厚为襄州兵马留后，左龙武统军张慎思为武宁军兵马留后。壬午，中书门下奏："相国魏王总百揆，百司合呈纳本司印。其中书门下印，堂候王仁珪呈纳，中书公事，权追中书省印行遣。"从之。甲申，敕河南告成县改为阳邑，蔡州襄城改为苞孚，同州韩城改为韩原，绛州翼城改为浍川，郓州郓城改为万安，慈

州文城改为屈邑，泽州晋城改高都，阳城改为濩泽，安州应城改为应阳，洪州丰城改为吴高。全忠令判官司马邺让相国总百揆之命。十二月乙酉朔。戊子，诏蒋玄晖赍手诏赴魏国，不许陈让锡命。辛卯，制：正议大夫、门下侍郎、兼户部尚书、同平章事、太微宫使、弘文馆大学士、延资库使，充诸道盐铁转运等使、上柱国、河东县开国男、食邑三百户柳璨可光禄大夫，守司空，兼门下侍郎、同平章事、太微宫使、弘文馆大学士、延资库使，充诸道盐铁转运等使，进封河东县开国伯，通前食邑七百户，充魏国册礼使。制：相国魏王曾祖赠太傅茂琳追封魏王，谥宣宪；祖赠太师信追封魏王，谥武元；父赠尚书令诚追封魏王，谥文明。敕右常侍王钜、太常卿张廷范、给事中崔沂、工部尚书李克助、祠部郎中知制诰张茂枢、膳部员外知制诰杜晓、吏部郎中李光嗣、驾部郎中赵光胤、户部郎中崔协、比部郎中杨焕、左常侍孔拯、右谏议萧顾、左拾遗裴璆、右拾遗高济、职方郎中牛希逸、主客郎中萧蘧等，随册礼使柳璨魏国行事。先是，北院宣徽使王殷使寿州行营，构蒋玄晖于全忠，全忠怒，急归大梁。上令刑部尚书裴迪赍诏慰劳全忠，全忠忿恨，语极不逊，故行相国百揆之命以悦其心。蒋玄晖自至大梁陈诉，全忠怒犹不解。帝忧之。甲午，上召三宰相议其事，柳璨曰："人望归元帅，陛下揖让释负，今其时也。"帝曰："运祚去唐久矣，幸为元帅所延。今日天下，非予之天下，神器大宝，归于有德，又何疑焉。他人传于意不尽，卿自往大梁，备言此怀。"乃赐璨茶、药，便令进发。乙未，敕：枢密使蒋玄晖宜削在身官爵，送河南府处斩。丰德库使应顼、尚食使朱建武送河南府决杀。庚子，敕：枢密使及宣徽南院北院并停。其枢密公事，令王殷权知。其两院人吏，并勒归中书。其诸司诸道人，并不得到宣徽院。凡有公事，并于中书论请。其延义、千秋两门，只差小黄门三人勾当，其官健勒归本军。敕："魏王坚辞宠命，过示拘谦。朕以国史所书元帅之任，并以天下为名，爰自近年，改为诸道，既非旧制，须在正名。宜追制改为天下兵马元帅，余准诏旨处分。"辛丑，敕："汉宣帝中兴，五日一听朝，历代通规，永为常式。近代不循旧仪，辄隳制度，既奸邪之得计，致临视之失常，须守旧规，以循定制。宜每月只许一、五、九日开延英，计九度。其入阁日，仍于延英日一度指挥；如有大段公事，中书门下具榜子奏请开延英，不计日数。付所司。"又敕："宫嫔女职，本备内任，近年已来，稍失仪制。宫人出内宣命，采御参随视朝，乃失旧规，须为永制。今后每遇延英坐朝日，只令小黄门祗候引从，宫人不得擅出内门，庶循典仪，免至纷杂。"壬寅，戎昭军奏收复金州，兵火之后，井邑残破，请移理所于均州，从之。仍改为武定军。乙巳，汴州别驾蒋仲伸决杀，玄晖季父也。又敕："蒋玄晖身居密近，擅弄威权，鬻爵卖官，聚财营第，而苞藏悖逆，稔浸奸邪。虽都市已处于极刑，而屈法尚慊于众怒，更示焚弃之典，以惩显负之踪。宜追削为凶逆百姓，仍委河南府揭尸于都门外，聚众焚烧。"玄晖死后，王殷、赵殷衡等又谮于全忠云："内人相传，玄晖私侍积善宫，与柳璨、张廷范为盟誓之交，求兴唐祚。"戊申，全忠令知

枢密王殷害皇太后何氏于积善宫，又杀宫人阿秋、阿虔，言通导蒋玄晖。已酉，敕以太后丧，废朝三日。百官奉慰讫。又敕曰："皇太后居位承坤德，有愧母仪。近者凶逆诛夷，宫闱词连丑状，寻自崩变，以谢万方。朕以幼冲，君临区宇，虽情深号慕，而法难徇私，勉循秦、汉之规，须示追降之典。其遣黄门收所上皇太后宝册，追废为庶人，宜差官告郊庙。"庚戌，敕："朕以谬荷丕图，礼合亲谒郊庙，先定来年正月上辛用事。今以宫闱内乱，播于丑声，难以惭恶之容，入于祖宗之庙。其明年上辛亲谒郊庙宜停。"壬子，敕积善宫安福殿宜废。癸丑，敕光禄大夫、守司空、门下侍郎、平章事、太微宫使、弘文馆大学士、延资库使、诸道盐铁转运使柳璨责授朝议郎，守登州刺史。又敕："太常卿张廷范、太常少卿裴䂊温瓒、祠部郎中知制诰张茂枢等，蒋玄晖在枢密之时，与柳璨、张廷范共为朋扇，日相往来，假其游宴之名，别贮倾危之计。苟安重位，酷陷朝臣，既此阴谋，难宽大辟。柳璨已从别敕处分，廷范可责授莱州司户。裴䂊等常同聚会，固共苞藏，䂊可青州北海尉，瓒临淄尉，茂枢博昌尉，并员外置。"甲寅，敕："责授登州刺史柳璨，素矜检巧，每务回邪。幸以庸才，骤居重位，曾无显效，孤负明恩。诡谲多端，苞藏莫测，但结连于凶险，独陷害于贤良。罪既贯盈，理须窜殛。可贬密州司户，再贬长流崖州百姓，委御史台赐自尽。"是日斩于上东门外。又敕："张廷范性唯庸妄，志在回邪，不能保慎宠荣，而乃苞藏凶险。密交柳璨，深结玄晖，昼议宵行，欺天负地。神祇共怒，罪状难原。宜除名，委河南府于都市集众，以五车分裂。温瓒、裴䂊、张茂枢并除名，委于御史台所在赐自尽。柳璨弟瑀、珹，送河南府决杀。"

三年春正月乙卯朔，全忠以四镇之师七万，会河北诸军，屯于深州乐城。戊午，敕右拾遗柳瑗贬洺州鸡泽尉，璨疏属也。乙丑，全忠自汴河赴魏州。丙寅，制："定乱安国功臣、镇海镇东军节度、浙江东西道观察处置等使、淮南东面行营招讨营田安抚两浙盐铁制置发运等使、开府仪同三司、守侍中、兼中书令、杭越两州刺史、上柱国、吴王、食邑九千户、实封五百户钱镠，总临两镇，制抚三吴。道途阻艰，未行册命，宜令所司择日备礼。"已巳夜，魏博节度使罗绍威杀其衙内亲军八千人。戊午，全忠自内黄入魏州。是月，魏博衙外兵五万自历亭还，分据绍威贝、博等州，汴军攻围之。壬申，敕："相国总百揆魏王顷辞册命，宜令所司再行册礼。"辛巳，国子监奏："奉去年十一月五日敕文，应国学每年与诸道等一例解送两人，今监生郭应图等六十人连状论诉。"敕旨："取士之科，明经极重，每年人数，已有旧规，去夏条疏，盖防逾滥。今国子监、河南府俱有论奏，所试明经，宜令准常年例解送礼部，放人多少，酌量施行。但不徇嘱求，无致侥幸。付所司。"二月甲申朔，魏博节度使罗绍威宜许于本镇置三代私庙。癸卯，敕今年礼部所放进士，据依去年人数外，更放两人。三月甲寅朔。甲戌，敕："河中、昭义管内，俱有慈州，地里相去不远，称谓时闻错误，其昭义管内慈州宜改为惠州。"壬戌，全忠奏河中判官刘崇子匡图，今年进士登第，

遽列高科，恐涉群议，请礼部落下。戊寅，制元帅梁王可兼领诸道盐铁转运等使，判度支户部事，充三司都制置使。辛巳，敕贬西都留守判官、左谏议大夫郑贽崖州司户，寻赐死。四月甲申朔，日有蚀之，在胃十二度。戊申，魏博罗绍威奏："臣当管博州聊城县、武阳莘县武水博平高堂等五县，皆于黄河东岸，其乡村百姓渡河输税不便，与天平军管界接连，请割属郓。"从之。五月癸酉朔，追赠故荆南节度使成汭、鄂岳节度使杜洪官爵，仍于本州立祠庙，从全忠奏也。丙申，敕："天祐二年九月二十日于金州置戎昭军，割均、房二州为属郡。比因冯行袭叶赞元勋，克宣丕绩，用奖济师之效，遂行割地之权。今命帅得人，畴庸有秩，其戎昭军额宜停，其均、房二州却还山南东道收管。"六月癸未朔，甲申，敕："襄州近因赵匡凝作帅，请别立忠义军额，既非往制，固是从权。忠义军额宜停废，依旧为山南东道节度使。"己亥，权知唐州事卫审符奏，州郭凋残，又不居要路，请移理所于泌阳县，从之。制以京兆尹、佑国军节度使韩建为青州节度使，代王重师；以重师代建为京兆尹。壬寅，敕："文武百僚每月一度入阁于贞观殿。贞观大殿，朝廷正衙，遇正至之辰，受群臣朝贺。比来视朔，未正规仪，今后于崇勋殿入阁。付所司。"左拾遗、充史馆修撰裴玚以堂叔母危疾在济源，无兄弟侍疾，乞假宁省，从之。七月壬子朔，己未，全忠始自魏州归大梁，魏博六州平定。检校工部尚书、守宗正卿、嗣邠王震停见任，落下袭封，以请告于外也。辛未，皇妹永明公主薨，罢朝三日。八月甲辰，全忠复自汴州北渡河，攻沧州。乙未，魏博奏割贝州永济、广宗，相州临河、内黄、洹水、斥丘等六县隶魏州，从之。九月辛亥朔，丁卯，全忠大军至沧州，军于长芦。是月积阴霖雨不止，差官崇奉门。十月乙未，两浙钱镠请于本镇立三代私庙，从之。十一月庚戌朔。丙子，废牛羊司。御厨肉河南府供进，所有进到牛羊，便付河南府收管。十二月己卯朔，淮南伪署宣歙观察使、检校司徒王茂章可金紫光禄大夫、检校太保，从钱镠奏也。茂章背杨渥，以宣州降钱镠故也。己丑，全忠奏文武两班一、五、九朝日，元帅府排比廊飧。敕曰："百官入朝，两廊赐食，迁都之后，有司阙供。元帅梁王欲整大纲，复行故事，俾其班列，益认优隆，宜赐诏奖饰。"甲辰，河阳节度副使孙乘贬崖州司户，寻赐自尽。闰十二月己酉朔，福建百姓僧道诣阙，请为节度使王审知立德政碑，从之。乙丑，华州镇国节度观察处置等使额及兴德府名，并宜停废，复为华州刺史，充本州防御使，仍隶同州为支郡，所管华、商两州诸县，先升次赤，次畿并罢，宜依旧名。西都佑国军作镇巳来，未有属郡，其金州、商州宜隶为属郡。京兆府奉先县本属冯翊，栎阳连接下邽，奉先县宜却隶同州，栎阳宜隶华州。丙寅，夺西川节度使王建在身官爵。戊辰，李克用与幽州之众同攻潞州，全忠守将丁会以泽、潞降太原，克用以其子嗣昭为留后。甲戌，全忠烧长芦营旋军，闻潞州陷故也。乙亥，贬兴唐府少尹孙祕长流爱州，寻赐死，孙乘弟也。

四年春正月戊寅朔。壬寅，全忠自长芦至大梁，天子遣御史大夫薛贻矩赍诏慰劳。全忠自弑昭宗之后，岐、蜀、太原，连兵牵制，关西日削。幸罗绍威杀牙军，全获魏博六州。将行篡代，欲威临河朔，乃再兴师临幽、沧、冀仁恭父子乞盟，则与之相结，以固王镕、绍威之心。而自秋迄冬，攻沧州无功，及闻丁会失守，烧营遽还。路由魏州，罗绍威知失势，恐兵袭已，深赞篡夺之谋，他日如王受禅，必罄六州军赋以助大礼，全忠深感之。至大梁，会薛贻矩来，乃以臣礼见全忠。贻矩承间密陈禅代之谋，全忠心德之。贻矩还奏曰："元帅有受代意，陛下深体时事，去兹重负。"帝曰："此吾素怀也。"乃降诏元帅以二月行传禅之礼，全忠伪辞。二月壬子，诏文武百官以今月七日齐赴元帅府。癸丑，宰相百官辞，全忠以未断表为词。三月戊寅朔，全忠令大将李思安率兵三万，合魏博之众，攻掠幽州。思安顿兵临其郛，会仁恭子守光率兵赴援，思安乃还。庚寅，诏薛贻矩再使大梁，达传位之旨。甲辰，诏曰：

敕宰臣文武百辟，藩岳庶尹，明听朕言。夫大宝之尊，神器之重，傥非德充宇宙，功济黔黎，著重华纳麓之功，彰文命导川之绩，允熙帝载，克代天工，则何以统御万邦，照临八极。元帅梁王，龙颜瑞质，玉理奇文，以英谋睿武定寰瀛，以厚泽深仁抚华夏。神功至德，绝后光前，缇油罕纪其鸿勋，讴诵显归于至化。二十年之功业，亿兆众之推崇，迄无异言，远无异望。朕惟王圣德，光被八纮，宜顺玄穹，膺兹宝命。况天文符瑞，杂沓宣明，虞夏昌期，显于图箓。万机不可以久旷，天命不可以久违，神祇叶心，归于有德。朕敬以天下，传禅圣君，退居旧藩，以备三恪。今敕宰臣张文蔚、杨涉等率文武百僚，备法驾奉迎梁朝，勉厉肃恭，尊戴明主。冲人释兹重负，永为虞宾，获奉新朝，庆泰兼级。中外列辟，宜体朕怀。

乙酉，乃以中书侍郎、平章事张文蔚充册使，礼部尚书苏循为副。中书侍郎、平章事杨涉押传国宝使，翰林学士、中书舍人张策为副。御史大夫薛贻矩为押金宝使，左丞赵光逢为副。甲午，文蔚押文武百僚赴大梁。甲子，行事。册曰：

皇帝若曰：咨尔天下兵马元帅、相国总百揆梁王，朕每观上古之书，以尧舜为始者，盖以禅让之典垂于无穷。故封泰山，禅梁父，略可道者七十二君，则知天下至公，非一姓独有。自古明王圣帝，焦思劳神，惴若纳隍，坐以待旦，莫不居之则兢畏，去之则逸安。且轩辕非不明，放勋非不圣，尚欲游于姑射，休彼大庭。矧乎历数寻终，期运久谢，属于孤藐，统御万方者哉！况自懿祖之后，嬖幸乱朝，祸起有阶，政渐无象。天网幅裂，海水横流，四纪于兹，群生无庇。洎乎丧乱，谁其底绥。洎于小子，粤以幼年，继兹衰绪。岂兹冲昧，能守洪基？惟王明圣在躬，体于上哲。奋扬神武，戡定区夏，大功二十，光著册书。北越阴山，南逾瘴海，东至碣石，西暨流沙，怀生之伦，罔不悦附。矧予寡昧，危而获存。今则上察天文，下观人愿，是土德终极之际，乃金行兆应之辰。况十载之间，彗星三见，布新除旧，厥有明征，讴歌所归，属在睿德。今遣持节、银青光禄大夫、守中书侍郎、同中书门下平章事张文蔚等，奉皇帝宝绶，敬逊于位。于戏！天之历数在尔躬，允执其中，天禄永终。王其祗显大礼，享兹万国，以肃膺天命。

全忠建国，奉帝为济阴王，迁于曹州，处前刺史氏叔琮之第。时太原、幽州、凤翔、西川犹称天祐正朔。天祐五年二月二十一日，帝为全忠所害，时年十七，仍谥曰哀皇帝，以王礼葬于济阴县之定陶乡。中兴之初，方备礼改卜，遇国丧而止。明宗时就故陵置园邑，有司请谥曰昭宣光烈孝皇帝，庙号"景宗"。中书覆奏少帝行事，不合称宗，存谥而已。知礼者亦以宣、景之谥非宜，今只取本谥，载之于纪。

史臣曰：悲哉！土运之将亡也，五常殆尽，百怪斯呈，宇县瓜分，皇图瓦解。昭宗皇帝英猷奋发，志愤陵夷，旁求奇杰之才，欲拯沦胥之运。而世途多僻，忠义俱亡，极爵位以待贤豪，罄珍奇而托心腹。殷勤国士之遇，罕有托孤之贤，豢丰而犬豕转狩，肉饱而虎狼逾暴。五侯九伯，无非问鼎之徒；四岳十连，皆畜无君之迹。虽萧屏之臣扼腕，岩廊之辅痛心，空衔毁室之悲，宁救东邦之祸？及扶风西幸，洛邑东迁，如寄珠于盗跖之门，蓄水于尾闾之上，往而不返，夫何言哉！至若川竭山崩，古今同叹；虎争龙战，兴替无常。纵朏簋之不仁，亦攫金之有道。曹操请刑于椒壸，盖迫阴谋；马昭拒命于凌云，窘于见讨。诚知丑迹，得以为词，而全忠所行，止于残忍。况自岐迁洛，天子块然，六军尽斥于秦人，四面皆环于汴卒。冕旒如寄，纤芥为疑，迎銮未及于崇朝，传刃已闻于涂地。立嗣君于南面，毙母后于中闱，黄门与禁旅皆殚，宗室共衣冠并殪。复又盗钟掩耳，嫁祸于人。何九六之数穷，偶天人之道尽，目击斯乱，言之伤心。哀帝之时，政由凶族。虽挥让之令，有类于山阳；而凌逼之权，过逾于侯景。人道浸薄，阴隲难征，然以此受终，如何延永！

赞曰：勋华受命，揖让告终。逆取顺守，仁道已穷。暴则短祚，义则延洪。虞宾之祸，非止一宗。

卷二十一　　志第一

礼仪 一

《记》曰："人生而静，天之性也；感物而动，性之欲也。"欲无限极，祸乱生焉。圣人惧其邪放，于是作乐以和其性，制礼以检其情，俾俯仰有容，周旋中矩。故肆觐之礼立，则朝廷尊；郊庙之礼立，则人情肃；冠婚之礼立，则长幼序；丧祭之礼立，则孝慈著；蒐狩之礼立，则军旅振；享宴之礼立，则君臣笃。是知礼者，品汇之璇衡，人伦之绳墨，失之者辱，得之者荣，造物已还，不可须臾离也。五帝之时，斯为治本。类帝禋宗，吉礼也；遏音陶瓦，

凶礼也；班瑞肆觐，宾礼也；诛苗殛鲧，军礼也；厘降嫔虞，嘉礼也。故曰，修五礼五玉，尧、舜之事也。时代犹淳，节文尚简。及周公相成王，制五礼六乐，各有典司，其仪大备。暨幽、厉失道，平王东迁，周室浸微，诸侯侮法。男女失冠婚之节，《野麇》之刺兴焉；君臣废朝会之期，践土之讥著矣。葬则奢俭无算，军则狙诈不仁。数百年间，礼仪大坏。虽仲尼自卫返鲁，而有定礼之言，盖举周公之旧章，无救鲁邦之乱政。仲尼之世，礼教已亡。遭秦燔炀，遗文殆尽。

汉兴，叔孙通草定，止习朝仪。至于郊天祀地之文，配祖禋宗之制，柎石鸣球之备物，介丘璧水之盛猷，语则有之，未违措思。及世宗礼重儒术，屡访贤良，河间博洽古文，大搜经籍，有周旧典，始得《周官》五篇，《士礼》十七篇。王又鸠集诸子之说，为礼书一百四十篇。后仓二戴，因而删择，得四十九篇，此《曲台集礼》，今之《礼记》是也。然数百载不见旧仪，诸子所书，止论其意。百家纵胸臆之说，五礼无著定之文。故西汉一朝，曲台无制。郊上帝于甘泉，祀后土于汾阴。宗庙无定主，乐悬缺金石。巡狩非勋、华之典，封禅异陶匏之音。光武受命，始诏儒官草定仪注，经邦大典，至是粗备。汉末丧乱，又沦没焉。而卫宏、应仲远、王仲宣等掇拾遗散，裁志条目而已。东京旧典，世莫得闻。自晋至梁，继令条缵。鸿生钜儒，锐思绵蕞，江左学者，仿佛可观。隋氏平陈，寰区一统，文帝命太常卿牛弘集南北仪注，定《五礼》一百三十篇。炀帝在广陵，亦聚学徒，修《江都集礼》。由是周、汉之制，仅有遗风。

神尧受禅，未遑制作，郊庙宴享，悉用隋代旧仪。太宗皇帝践祚之初，悉兴文教，乃诏中书令房玄龄、秘书监魏徵等礼官学士，修改旧礼，定著《吉礼》六十一篇，《宾礼》四篇，《军礼》二十篇，《嘉礼》四十二篇，《凶礼》六篇，《国恤》五篇，总一百三十八篇，分为一百卷。玄龄等始与礼官述议，以为《月令》禡祭，唯祭天宗，谓日月而下。近代禡五天帝、五人帝、五地祇，皆非古典，今并除之。又依礼，有益于人则祀之。神州者国之所托，余八州则义不相及。近代通祭九州，今除八州等八座，唯祭皇地祇及神州，以正祀典。又汉建武中封禅，用元封时故事，封泰山于圜台上，四面皆立石阙，并高五丈。有方石再累，藏玉牒书。石检十枚，于四边检之，东西各三，南北各二。外设石封，高九尺，上加石盖。周设石距十八，如碑之状，去坛二步，其下石柎入地数尺。今案封禅者，本以成功告于上帝。天道贵质，故藉用藁秸，樽以瓦瓯。此法不在经诰，又乖醇素之道，定议除之。近又案梁甫是梁阴，代设坛于山上，乃乖处阴之义。今定禅礼改坛位于山北。又皇太子入学及太常行山陵、天子大射、合朔、陈五兵于太社、农隙讲武、纳皇后行六礼、四孟月读时令、天子上陵、朝庙、养老于辟雍之礼，皆周、隋所阙，凡增多二十九条。余并准依古礼，旁求异代，择其善者而从之。太宗称善，颁于内外行焉。

高宗初，议者以《贞观礼》节文未尽，又诏太尉长孙无忌、中书令杜正伦李义府、中书侍郎李友益、黄门侍郎

刘祥道许圉师、太子宾客许敬宗、太常少卿韦琨、太学博士史道玄、符玺郎孔志约、太常博士萧楚才孙自觉贺纪等重加缉定，勒成一百三十卷。至显庆三年奏上之，增损旧礼，并与令式参会改定，高宗自为之序。时许敬宗、李义府用事，其所损益，多涉希旨，行用已后，学者纷议，以为不及贞观。上元三年三月，下诏令依贞观年礼为定。仪凤二年，又诏显庆新修礼多有事不师古，其五礼并依周礼行事。自是礼司益无凭准，每有大事，皆参会古今礼文，临时撰定。然贞观、显庆二《礼》，皆行用不废。时有太常卿裴明礼，太常少卿韦万石相次参掌其事，又前后博士贺敳、贺纪、韦叔夏、裴守真等多所议定。则天时，以礼官不甚详明，特诏国子博士祝钦明及叔夏，每有仪注，皆令参定。叔夏卒后，博士唐绍专知礼仪，博学详练旧事，议者以为称职。先天二年，绍为给事中，以讲武失仪，得罪被诛。其后礼官张星、王琇又以元日仪注乖失，诏免官归家学问。

开元十年，诏国子司业韦绍为礼仪使，专掌五礼。十四年，通事舍人王喦上疏，请改撰《礼记》，削去旧文，而以今事编之。诏付集贤院学士详议。右丞相张说奏曰："《礼记》汉朝所编，遂为历代不刊之典。今去圣久远，恐难改易。今之五礼仪注，贞观、显庆两度所修，前后颇有不同，其中或未折衷。望与学士等更讨论古今，删改行用。"制从之。初令学士右散骑常侍徐坚及左拾遗李锐、太常博士施敬本等检撰，历年不就。说卒后，萧嵩代为集贤院学士，始奏起居舍人王仲丘撰成一百五十卷，名曰《大唐开元礼》。二十年九月，颁所司行用焉。

昊天上帝、五方帝、皇地祇、神州及宗庙为大祀，社稷、日月星辰、先代帝王、岳镇海渎、帝社、先蚕、释奠为中祀，司中、司命、风伯、雨师、诸星、山林川泽之属为小祀。大祀，所司每年预定日奏下。小祀，但移牒所由。若天子不亲祭享，则三公行事；若官缺，则职事三品已上摄三公行事。大祀散斋四日，致斋三日。中祀散斋三日，致斋二日。小祀散斋二日，致斋一日。散斋之日，昼理事如旧，夜宿于家正寝，不得吊丧问疾，不判署刑杀文书，不决罚罪人，不作乐，不预秽恶之事。致斋惟为祀事得行，其余悉断。若大祀，斋官皆于散斋之日，集于尚书省受誓戒，太尉读誓文。致斋之日，三公于尚书省安置；余官各于本司，若皇城内无本司，于太常郊社、太庙署安置。皆日未出前至斋所。至祀前一日，各从斋所昼漏上水五刻向祠所。接神之官，皆沐浴给明衣。若天子亲祠，则于正殿行致斋之礼。文武官服裤褶，陪位于殿庭。车驾及斋官赴祠祭之所，州县及金吾清所行之路，不得见诸凶秽及缞绖者，哭泣之声闻于祭所者权断，讫事依旧。斋官至祠所，太官惟设食。祭讫，依班序餕，讫，均胙，贵者不重，贱者不虚。中祀已下，惟不受誓戒，自余皆同大祀之礼。

武德初，定令：

每岁冬至，祀昊天上帝于圆丘，以景帝配。其坛在京城明德门外道东二里。坛制四成，各高八尺一寸，下成广二十丈，再成广十五丈，三成广十丈，四成广五丈。每祀则昊天上帝及配帝设位于平座，藉用藁秸，器用陶匏。五方上帝、日月、内官、中官、外官及众星，并皆从祀。其五方帝及日月七座，在坛之第二等；内五星已下官五十五座，在坛之第三等；二十八宿已下中官一百三十五座，在坛之第四等；外官百十二座，在坛下外壝之内；众星三百六十座，在外壝之外。其牲，上帝及配帝用苍犊二，五方帝及日月用方色犊各一，内官已下加羊豕各九。夏至，祭皇地祇于方丘，亦以景帝配。其坛在宫城之北十四里。坛制再成，下成方十丈，上成五丈。每祀则地祇及配帝设位于坛上，神州及五岳、四镇、四渎、四海、五方、山林、川泽、丘陵、坟衍、原隰，并皆从祀。神州在坛之第二等。五岳已下三十七座，在坛下外壝之内。丘陵等三十座，在壝外。其牲，地祇及配帝用犊二，神州用黝犊一，岳镇已下加羊豕各五。

孟春辛日，祈谷，祀感帝于南郊，元帝配，牲用苍犊二。孟夏之月，雩祀昊天上帝于圆丘，景帝配，牲用苍犊二。五方上帝、五人帝、五官并从祀，用方色犊十。季秋，祀五方上帝于明堂，元帝配，牲用苍犊二。五人帝、五官并从祀，用方色犊十。孟冬，祭神州于北郊，景帝配，牲用黝犊二。

贞观初，诏奉高祖配圆丘及明堂北郊之祀，元帝专配感帝，自余悉依武德。永徽二年，又奉太宗配祀于明堂，有司遂以高祖配五天帝，太宗配五人帝。

显庆元年，太尉长孙无忌与礼官等奏议曰：

臣等谨寻方册，历考前规，宗祀明堂，必配天帝，而伏羲五代，本配六郊，预入明堂，自缘从祀。今以太宗作配，理有未安。伏见永徽二年七月，诏建明堂，伏惟陛下天纵圣德，追奉太宗，已遵严配。时高祖先在明堂，礼司致惑，竟未迁祀，率意定仪，遂便著令。乃以太宗皇帝降配五人帝，虽复亦在明堂，不得对越天帝，深乖明诏之意，又与先典不同。

谨案《孝经》云："孝莫大于严父，严父莫大于配天。昔者周公宗祀文王于明堂，以配上帝"。伏惟诏意，义在于斯。今所行令，殊为失旨。又寻汉、魏、晋、宋历代礼仪，并无父子同配明堂之义。唯《祭法》云："周人禘喾而郊稷，祖文王而宗武王。"郑玄注云："禘、郊、祖、宗，谓祭祀以配食也。禘谓祭昊天于圆丘，郊谓祭上帝于南郊，祖、宗谓祭五帝、五神于明堂也。"寻郑此注，乃以祖、宗合为一祭，又以文、武共在明堂，连席配祀，良为谬矣。故王肃驳曰："古者祖有功而宗有德，祖、宗自是不毁之名，非谓配食于明堂者也。审如郑义，则《孝经》当言祖祀文王于明堂，不得言宗祀也。凡宗者，尊也。周人既祖其庙，又尊其祀，孰谓祖于明堂者乎？"郑引《孝经》以解《祭法》，而不晓周公本意，殊非仲尼之义旨也。又解"宗武王"云："配勾芒之类，是谓五神，位在堂下。"武王降位，失君叙矣。

又案《六韬》曰："武王伐纣，雪深丈余，五车二马，行无辙迹，诣营求谒。武王怪而问焉，太公对曰：'此必五方之神，来受事耳。'遂以其名召入，各以其职命焉。既而克殷，风调雨顺。"岂有生来受职，殁则配之，降尊故卑，理不然矣。故《春秋外传》曰："禘、郊、祖、宗、报五者，国之典祀也。"《传》言五者，故知各是一事，非谓祖、宗合祀于明堂也。

臣谨上考殷、周，下泊贞观，并无一代两帝同配于明堂。南齐萧氏以武、明昆季并于明堂配食，事乃不经，未足援据。又检武德时令，以元皇帝配于明堂，兼配感帝。至贞观初缘情革礼，奉祀高祖配于明堂，奉迁世祖专配感帝。此即圣朝故事已有递迁之典，取法宗庙，古之制焉。伏惟太祖景皇帝构室有周，建绝代之丕业；启祚汾、晋，创历圣之洪基。德迈发生，道符立极。又世祖元皇帝潜鳞韫庆，屈道事周，导浚发之灵源，肇光宅之垂裕。称祖清庙，万代不迁。请停配祀，以符古义。伏惟高祖太武皇帝躬受天命，奄有神州，创制改物，体元居正，为国始祖，抑有旧章。昔者炎汉高帝，当涂太祖，皆以受命，例并配天。请遵故实，奉祀高祖于圆丘，以配昊天上帝。伏惟太宗文皇帝道格上元，功清下浃，拯率土之涂炭，协大造于生灵，请准诏书，宗祀于明堂，以配上帝。又请依武德故事，兼配感帝作主。斯乃二祖德隆，永不迁庙；两圣功大，各得配天。远协《孝经》，近申诏意。

二年七月，礼部尚书许敬宗与礼官等又奏议：

据祠令及新礼，并用郑玄六天之议，圆丘祀昊天上帝，南郊祭太微感帝，明堂祭太微五帝。谨按郑玄此义，唯据纬书，所说六天，皆谓星象，而昊天上帝，不属穹苍。故注《月令》及《周官》，皆谓圆丘所祭昊天上帝为北辰星曜魄宝。又说《孝经》"郊祀后稷以配天"及明堂严父配天，皆为太微五帝。考其所说，舛谬特深。按《周易》云："日月丽于天，百谷草木丽于地。"又云："在天成象，在地成形。"足明辰象非天，草木非地。《毛诗传》云："元气昊大，则称昊天。远视苍苍，则称苍天。"此则苍昊为体，不入星辰之例。且天体各一，是曰两仪。天尚无二，焉得有六？是以王肃群儒，咸驳此义。又检太史《圆丘图》，昊天上帝座外，别有北辰座，与郑义不同。得太史令李淳风等状，昊天上帝图位自在坛上，北辰自在第二等，与北斗并列，为星官内座之首，不同郑玄据纬书所说。此乃羲和所掌，观象制图，推步有征，相沿不谬。

又按《史记天官书》等，太微宫有五帝者，自是五精之神，五星所奉。以其是人主之象，故况之曰帝。亦如房心为天王之象，岂是天乎！《周礼》云："兆五帝于四郊。"又云："祀五帝则掌百官之誓戒。"惟称五帝，皆不言天。此自太微之神，本非昊之祭。又《孝经》惟云"郊祀后稷"，无别祀圆丘之文。王肃等以为郊即圆丘，圆丘即郊，犹王城、京师，异名同实。符合经典，其义甚明。而今从郑说，分为两祭，圆丘之外，别有南郊，违弃正经，理深未允。且检吏部式，惟有南郊陪位，更不别载圆丘。式文既遵王肃，祠令仍行郑义，令、式相乖，理宜改革。

又《孝经》云"严父莫大于配天"，下文即云："周公宗祀文王于明堂，以配上帝。"则是明堂所祀，正在配天，而以为但祭星官，反违明义。又按《月令》："孟春之月，祈谷于上帝。"《左传》亦云："凡祀，启蛰而郊，郊而后耕。故郊祀后稷，以祈农事。"然则启蛰郊天，自以祈谷，谓为感帝之祭，事甚不经。今请宪章姬、孔，考取王、郑，四郊迎气，存太微五帝之祀；南郊明堂，废纬书六天之义。其方丘祭地之外，别有神州，谓之北郊，分地为二，既无典据，理又不通，亦请合为一祀，以符古义。仍并条附式令，永垂后则。

敬宗等又议笾、豆之数曰："按今光禄式，祭天地、日月、岳镇、海渎、先蚕等，笾、豆各四。祭宗庙，笾、豆各十二。祭社稷、先农等，笾、豆各九。祭风师、雨师，笾、豆各二。寻自式文，事深乖谬。社稷多于天地，似不贵多。风雨少于日月，又不贵少。且先农、先蚕，俱为中祭，或六或四，理不可通。又先农之神，尊于释奠，笾、豆之数，先农乃少，理既差舛，难以因循。谨按《礼记·郊特牲》云：'笾、豆之荐，水土之品，不敢用亵味而贵多品，所以交于神明之义也。'此即祭祀笾、豆，以多为贵。宗庙之数，不可逾郊。今请大祀同为十二，中祀同为十，小祀同为八，释奠准中祀。自余从座，并请依旧式。"诏并可之，遂附于礼令。

乾封初，高宗东封回，又诏依旧祀感帝及神州。司礼少常伯郝处俊等奏曰：

显庆新礼，废感帝之祀，改为祈谷。昊天上帝，以高祖太武皇帝配。检旧礼，感帝以世祖元皇帝配。今既奉敕仍旧复祈谷为感帝，以高祖太武皇帝配神州，又高祖依新礼见配圆丘昊天上帝及方丘皇地祇，若更配感帝神州，便恐有乖古礼。按《礼记·祭法》云："有虞氏禘黄帝而郊喾，夏后氏亦禘黄帝而郊鲧，殷人禘喾而郊冥，周人禘喾而郊稷。"郑玄注云："禘谓祭昊天于圆丘也。祭上帝于南郊曰郊"。又按《三礼义宗》云，"夏正郊天者，王者各祭所出帝于南郊"，即《大传》所谓"王者禘其祖之所自出，以其祖配之"是也。此则禘须远祖，郊须始祖。今若禘郊同用一祖，恐于典礼无所据。其神州十月祭者，十月以阴用事，故以此时祭之，依检更无故实。按《春秋》"启蛰而郊"，郑玄注《礼》云："三王之郊，一用夏正。"又《三礼义宗》云："祭神州法，正月祀于北郊。"请依典礼，以正月祭者。请集奉常博士及司成博士等总议定奏闻。其灵台、明堂，检旧礼用郑玄义，仍祭五方帝，新礼用王肃义。

又下诏依郑玄义祭五天帝，其雩及明堂，并准敕祭祀。于是奉常博士陆遵楷、张统师、权无二、许子儒等议称："北郊之月，古无明文。汉光武正月辛未，始建北郊。咸和中议，北郊同用正月，然皆无指据。武德来礼令即用十月，为是阴用事，故于时祭之。请依旧十月致祭。"

乾封二年十二月，诏曰：

夫受命承天，崇至敬于明祀；膺图纂箓，昭大孝于严配。是以荐鲦鳎于清庙，集振鹭于西雍，宣《雅》、《颂》于太师，明肃恭于考室。用能纪配天之盛业，嗣积德之鸿休，永播英声，长为称首。周京道丧，秦坐政乖，礼乐沦亡，典经残灭。遂使汉朝博士，空说六宗之文；晋代鸿儒，争陈七祀之议。或同昊天于五帝，分感帝于五行。自兹以降，递相祖述，异论纷纭，是非莫定。

朕以寡薄，嗣膺丕绪，肃承禋祀，明发载怀，虔奉宗祧，瘝寐兴感。每惟宗庙之重，尊配之仪，思革旧章，以申诚敬。高祖太武皇帝抚运膺期，创业垂统，拯庶类于涂炭，寘怀生于仁寿。太宗文皇帝德光齐圣，道极几神，执锐被坚，栉风沐雨，劳形以安百姓，屈己而济四方，泽被区中，恩覃海外。乾坤所以交泰，品物于是咸亨。掩玄阙而开疆，指青丘而作镇。巍巍荡荡，无得名焉。《礼》曰："化人之道，莫急于礼。礼有五经，莫重于祭。祭者，非物自外至也，自内生于心也。是以惟贤者乃能尽祭之义。"况祖功宗德，道冠百王；尽圣穷神，业高千古。自今以后，祭圆丘、五方、明堂、感帝、神州等祠，高祖太武皇帝、太宗文皇帝崇配，仍总祭昊天上帝及五帝于明堂。庶因心致敬，获展虔诚，宗祀配天，永光鸿烈。

仪凤二年七月，太常少卿韦万石奏曰："明堂大享，准古礼郑玄义，祀五天帝，王肃义，祀五行帝。《贞观礼》依郑玄义祀五天帝，显庆已来新修礼祀昊天上帝。奉乾封二年敕配五帝，又奉制兼祀昊天上帝。伏奉上元三年三月敕，五礼并依贞观年礼为定。又奉去年敕，并依周礼行事。今用乐须定所祀之神，未审依古礼及《贞观礼》，为复依见行之礼？"时高宗及宰臣并不能断，依违久而不决。寻又诏尚书省及学者详议，事仍不定。自此明堂大享，兼用贞观、显庆二《礼》。

则天临朝，垂拱元年七月，有司议圆丘、方丘及南郊、明堂严配之礼。成均助教孔玄义奏议曰：

谨按《孝经》云："孝莫大于严父，严父莫大于配天。"明配尊大，昊天是也。物之大者，莫若于天，推父比天，与之相配，行孝之大，莫过于此，以明尊配之极也。又《易》云："先王以作乐崇德，殷荐之上帝，以配祖考。"郑玄注："上帝，天帝也。"故知昊天之祭，合祖考并配。请奉太宗文武圣皇帝、高宗天皇大帝配昊天上帝于圆丘，义符《孝经》、《周易》之文。神尧皇帝肇基王业，应天顺人，请配感帝于南郊，义符《大传》之文。又《祭法》云："祖文王而宗武王。"祖，始也；宗，尊也。所以名祭为尊始者，明一祭之中，有此二义。又《孝经》云："宗祀文王于明堂。"文王言祖，而云宗者，亦是通武王之义。故明堂之祭，配以祖考。请奉太宗文武圣皇帝、高宗天皇大帝配祭于明堂，义符《周易》及《祭法》之文也。

太子右谕德沈伯仪曰：

谨按《礼》："有虞氏禘黄帝而郊喾，祖颛顼而宗尧。夏后氏禘黄帝而郊鲧，祖颛顼而宗禹。殷人禘喾而郊冥，祖契而宗汤。周人禘喾而郊稷，祖文王而宗武王。"郑玄注云："禘、郊、祖、宗，谓祭祀以配食也。禘谓祭昊天于圆丘，祭上帝于南郊曰郊，祭五帝、五神于明堂曰祖、宗。"伏寻严配之文，于此最为详备。虞、夏则退颛顼而郊喾，殷人则舍契而郊冥。去取既多，前后乖次。得礼之序，莫尚于周。禘喾郊稷，不间于二王；明堂宗祀，始兼两配。咸以文王、武王父子殊别，文王为父，上主五帝；武王对父，下配五神。《孝经》曰："严父莫大于配天，则周公其人也。昔者周公宗祀文王于明堂，以配上帝。"不言严武王以配天，则武王虽在明堂，理未齐于配祭；既称宗祀，义独主于尊严。虽同两祭，终为一主。故《孝经纬》曰"后稷为天地主，文王为五帝宗"也。必若一神两祭便，则五祭十祠，荐献频繁，礼亏于数。此则神无二主之道，礼崇一配之义。窃寻贞观、永徽，共尊专配；显庆之后，始创兼尊。必以顺古而行，实谓从周为美。高祖神尧皇帝请配圆丘、方泽，太宗文武圣皇帝请配南郊、北郊。高宗天皇大帝德迈九皇，功开万宇，制礼作乐，告禅升中，率土共休，普天同赖，窃惟莫大之孝，理当配祀五天。

凤阁舍人元万顷、范履冰等议曰：

伏惟高祖神尧皇帝凿乾构象，辟土开基。太宗文武圣皇帝绍绂披元，循机阐极。高宗天皇大帝弘祖宗之大业，廓文武之宏规。三圣重光，千年接旦。神功睿德，罄图牒而难称；盛烈鸿猷，超古今而莫拟。岂徒锱铢尧、舜，糠秕殷、周而已哉！谨案见行礼，昊天上帝等祠五所，咸奉高祖神尧皇帝、太宗文武圣皇帝兼配。今议者引《祭法》、《周易》、《孝经》之文，虽近稽古之辞，殊失因心之旨。但子之事父，臣之事君，孝以成志，忠而顺美。窃以兼配之礼，特禀先圣之怀，爰取训于前规，遂申情于大孝。《诗》云："昊天有成命，二后受之。"《易》曰："殷荐之上帝，以配祖考。"敬寻厥旨，本合斯义。今若远撼遗文，近乖成典，拘常不变，守滞莫通，便是臣黜于君，遽易郊丘之位，下非于上，靡遵弓剑之心。岂所以申太后哀感之诚，徇皇帝孝思之德！慎终追远，良谓非宜。严父配天，宁当若是？仅据见行礼，高祖神尧皇帝、太宗文武圣皇帝，今既先配五祠，理当依旧无改。高宗天皇大帝齐尊曜魄，等邃含枢，阐三叶之宏基，开万代之鸿业。重规叠矩，在功烈而无差；享帝郊天，岂祀配之有别。请奉高宗天皇大帝历配五祠。

制从万顷议。自是郊丘诸祠皆以三祖配。

及则天革命，天册万岁元年，加号为天册金轮大圣皇帝，亲享南郊，合祭天地。以武氏始祖周文王追尊为始祖文皇帝，后考应国公遵为无上孝明高皇帝，亦以二祖同配，如乾封之礼。其后长安年，又亲享南郊，合祭天地及诸郊丘，并以配焉。

中宗即位，神龙元年九月，亲享昊天上帝于东都之明堂，以高宗天皇大帝崇配，其仪亦依乾封故事。至景龙三年十一月，亲祀南郊，初将定仪注，国子祭酒祝钦明希旨上言后亦合助祭，遂奏议曰："谨按《周礼》：'天神曰祀，地祇曰祭，宗庙曰享。'又《内司服》：'职掌王后之六服，凡祭祀，供后之衣服。'又《祭统》曰：'夫祭也者，必夫妇亲之。'据此诸文，即知皇后合助皇帝祀天神祭地祇明矣。望请别修助祭仪注同进。"上令宰相与礼官详其事。太常博士唐绍、蒋钦绪建议云："皇后南郊助祭，于礼不合。但钦明所执，是紊宗庙礼，非祭天地礼。按汉、魏、晋、宋及后魏、齐、梁、隋等历代史籍，兴王令主，郊天祀地，代有其礼，史不阙书，并不见皇后助祭之事。又高祖神尧皇帝、太宗文武圣皇帝、高宗天皇大帝南郊祀天，并无皇后助祭之礼。"尚书右仆射韦巨源又协同钦明之议，上遂以皇后为亚献，仍补大臣李峤等女为齐娘，执笾豆焉。

时十一月十三日乙丑，冬至，阴阳人卢雅、侯艺等奏请促冬至就十二日甲子以为吉会。时右台侍御史唐绍奏曰："礼所以冬至祀圆丘于南郊，夏至祭方泽于北郊者，以其日行躔次，极于南北之际也。日北极当晷度循半，日南极当晷度环周。是日一阳爻生，为天地交际之始。故《易》曰：'《复》，其见天地之心乎！'即冬至卦象也。一岁之内，吉莫大焉。甲子但为六旬之首，一年之内，隔月常遇，既非大会，晷运未周，唯总六甲之辰，助四时而成岁。今欲避环周以取甲子，是背大吉而就小吉也。"太史令傅孝忠奏曰："准《漏刻经》，南陆北陆并日校一分，若用十二日，即欠一分。未南极，即不得为至。"上曰："俗谚云，'冬至长于岁'，亦不可改。"竟依绍议以十三日乙丑祀圆丘。

睿宗太极元年正月，初将有事南郊，有司立议，惟祭昊天上帝而不设皇地祇位。谏议大夫贾曾上表曰：

微臣详据典礼，谓宜天地合祭。谨按《礼祭法》曰："有虞氏禘黄帝而郊喾，夏后氏禘黄帝而郊鲧。"传曰：大祭曰禘。然则郊之与庙，俱有禘祭。禘庙，则祖宗之主俱合于太祖之庙；禘郊，则地祇群望俱合于圆丘，以始祖配享。皆有事而大祭，异于常祀之义。《礼大传》曰："不王不禘。"故知王者受命，必行禘礼。《虞书》曰："月正元日，舜格于文祖，肆类于上帝，禋于六宗，望于山川，遍于群神。"此则受命而行禘礼者也。言"格于文祖"，则余庙之享可知矣。言"类于上帝"，则地祇之合可知矣。且山川之祀，皆属于地，群望尚遍，况地祇乎！《周官》"以六律、六吕、五声、八音、六舞、大合乐，以致神祇，以和邦国，以谐万人。"又"凡六乐者，六变而致象物及天神"，此则禘郊合天神、地祇、人鬼而祭之乐也。

《三辅故事》汉祭圆丘仪：昊天上帝位正南面，后土位兆亦南面而少东。又《东观汉记》云："光武即位，为坛于鄗之阳，祭告天地，采用元始故事。二年正月，于洛阳城南依鄗为圆坛，天地位其上，皆南向西上。"按两汉时自有后土及北郊祀，而此已于圆丘设地位，明是禘祭之仪。又《春秋说》云："王者一岁七祭，天地合食于四孟，别于分、至。"此复天地自常有同祭之义。王肃云："孔子言兆圆丘于南郊，南郊即圆丘，圆丘即南郊也。"又云："祭天而地配。"此亦郊祀合祭之明说。惟郑康成不论禘当合祭，而分昊天上帝为二神，专凭纬文，事匪经见。又其注《大传》"不王不禘"义，则云："正岁之首，祭感帝之精，以其祖配。"注《周官·大司乐》圆丘，则引《大传》之禘以为冬至之祭。递相矛盾，未足可依。

伏惟陛下膺箓居尊，继文在历，自临宸极，未亲郊祭。今之南郊，正当禘礼，固宜合祀天地，咸秩百神，答受命之符，彰致敬之道。岂可不崇盛礼，同彼常郊，使地祇无位，未从禘享！今请备设皇地祇并从祀等座，则礼得稽古，义合缘情。然郊丘之祀，国之大事，或失其情，精禋将阙。臣术不通经，识惭博古，徒以昔谬礼职，今忝谏曹，正议是司，敢陈忠悫。事有可采，惟断之圣虑。

制令宰臣召礼官详议可否。礼官国子祭酒褚无量、国子司业郭山恽等咸请依曾所奏。时又将亲享北郊，竟寝曾之表。

玄宗即位，开元十一年十一月，亲享圆丘。时中书令张说为礼仪使，卫尉少卿韦绦为副，说建议请以高祖神尧皇帝配祭，始罢三祖同配之礼。至二十年，萧嵩为中书令，改撰新礼。祀天一岁有四，祀地有二。冬至，祀昊天上帝于圆丘，高祖神尧皇帝配，中官加为一百五十九座，外官减为一百四座。其昊天上帝及配帝二座，每座笾、豆各用十二，簋、簠、甑、俎各一。上帝则太樽、著樽、牺樽、象樽、壶樽各二，山罍六。配帝则不设太樽及壶樽，减山罍之四，余同上帝。五方帝座则笾、豆各十，簋、簠、甑、俎各一，太樽二。大明、夜明，笾、豆各八，余同五方帝。内官每座笾、豆二，簋、俎各一。内官已上设樽于十二阶之间。内官每道间著樽二，中官牺樽二，外官著樽二，众星壶樽二。正月上辛，祈谷，祀昊天上帝于圆丘，以高祖配，五方帝从祀。其上帝、配帝，笾、豆等同冬至之数。五方帝，太樽、著樽、牺樽、山罍各一，笾、豆等亦同冬至之数。孟夏，雩祀昊天上帝于圆丘，以太宗配，五方帝及太昊等五帝、勾芒等五官从祀。其上帝、配帝、五方帝，笾、豆各八，簋、簠、甑、俎各一。五官每座笾、豆各二，簋、簠及俎各一。季秋，大享于明堂，祀昊天上帝，以睿宗配，其五方帝、五人帝、五官从祀。笾、豆之数，同于雩祀。夏至，礼皇地祇于方丘，以高祖配，其从祀神州已下六十八座，同贞观之礼。地祇、配帝，笾、豆如圆丘之数。神州，笾、豆各四，簋、簠、甑、俎各一。五岳、四镇、四海、四渎、五方、山林、川泽等三十七座，每座笾、豆各二，簋、簠各一。五方五帝、丘陵、坟衍、原隰等三十座，笾、豆、簋、簠、甑、俎各一。立冬，祭神州于北郊，以太宗配。二座笾、豆各十二，簋、簠、甑、俎各一。自冬至圆丘已下，余同贞观之礼。

时起居舍人王仲丘既掌知修撰，仍建议曰：

按《贞观礼》，正月上辛，祀感帝于南郊，《显庆礼》，祀昊天上帝于圆丘以祈谷。《左传》曰："郊而后耕。"《诗》曰:"《噫嘻》,春夏祈谷于上帝。"《礼记》亦曰:"上辛祈谷于上帝。"则祈谷之文,传于历代,上帝之号,允属昊天。而郑康成云:"天之五帝递王,王者之兴,必感其一,因其所感,别祭尊之。故夏正之月,祭其所生之帝于南郊,以其祖配之。故周祭灵威仰,以后稷配之,因以祈谷。"据所说祀感帝之意,本非祈谷。先儒所说,事恐难凭。今祈谷之礼,请准礼修之。且感帝之祀,行之自久。《记》曰:"有其举之,莫可废也。"请于祈谷之坛,遍祭五方帝。夫五帝者,五行之精。五行者,九谷之宗也。今请二礼并行,六神咸祀。

又按《贞观礼》,孟夏雩祀五方上帝、五人帝、五官于南郊,《显庆礼》,则雩祀昊天上帝于圆丘。且雩祀上帝,盖为百谷祈甘雨。故《月令》云:"命有司大雩帝,用盛乐,以祈谷实。"郑玄云:"雩上帝者,天之别号,允属昊天,祀于圆丘,尊天位也。"然雩祀五帝既久,亦请二礼并行,以成大雩帝之义。

又《贞观礼》,季秋祀五方帝、五官于明堂,《显庆礼》,祀昊天上帝于明堂。准《孝经》曰:"郊祀后稷以配天,宗祀文王于明堂,以配上帝。"先儒以为天是感精之帝,即太微五帝,此即皆是星辰之例。且上帝之号,皆属昊天,郑玄所引,皆云五帝。《周礼》曰:"王将旅上帝,张毡案,设皇邸。祀五帝,张大次小次。"由此言之,上帝之与五帝,自有差等,岂可混而为一乎!《孝经》云:"严父莫大于配天。"其下文即云:"宗祀文王于明堂,以配上帝。"郑玄注云:"上帝者,天之别名,神无二主,故异其处。"孔安国云:"帝亦天也。"

然则禋享上帝,有合经义。而五方皆祀,行之已久,有其举之,难于即废。亦请二礼并行,以成《月令》大享帝之义。

天宝十载五月已前,郊祭天地,以高祖神尧皇帝配座,故将祭郊庙,告高祖神尧皇帝室。宝应元年,杜鸿渐为太常卿礼仪使,员外郎薛颀、归崇敬等议:以神尧为受命之主,非始封之君,不得为太祖以配天地。太祖景皇帝始受封于唐,即殷之契,周之后稷也。请以太祖景皇帝郊祀配天地,告请宗庙,亦太祖景皇帝酌献。谏议大夫黎干议,以太祖景皇帝非受命之君,不合配享天地。二年五月,干进议状为十诘难曰:

集贤校理润州别驾归崇敬议状及礼仪使判官水部员外郎薛颀等称:禘谓冬至祭天于圆丘,周人则以远祖帝喾配,今欲以景皇帝为始祖,配昊天于圆丘。

臣干诘曰:《国语》曰:"有虞氏、夏后氏俱禘黄帝,商人禘舜,周人禘喾。"俱不言祭昊天于圆丘,一也。《诗·商颂》曰:"《长发》,大禘也。"又不言祭昊天于圆丘,二也。《诗·周颂》曰:"《雍》,禘太祖也。"又不言祭昊天于圆丘,三也。《礼记·祭法》曰:"有虞氏、夏后氏俱禘黄帝,殷人、周人俱禘喾。"又不言祭昊天于圆丘,四也。《礼记·大传》曰:"不王不禘。王者禘其祖之所自出,以其祖配之。"又不言祭昊天于圆丘,五也。《尔雅·释天》曰:"禘,大祭也。"又不言祭昊天于圆丘,六也。《家语》云:"凡四代帝王之所郊,皆以配天也。其所谓禘者,皆五年大祭也。"又不言祭昊天于圆丘,七也。卢植云:"禘,祭名。禘者谛也,事尊明谛,故曰禘。"又不言祭昊天于圆丘,八也。王肃云:"禘谓于五年大祭之时。"又不言祭昊天于圆丘,九也。郭璞云:"禘,五年之大祭。"又不言祭昊天于圆丘,十也。

臣干谓禘是五年宗庙之大祭,《诗》、《礼》经传,文义昭然。今略举十诘以明之。臣惟见《礼记·祭法》及《礼记·大传》、《商颂·长发》等三处郑玄注,或称祭昊天,或云祭灵威仰。臣精详典籍,更无以禘为祭昊天于圆丘及郊祭天者。审如禘是祭之最大,则孔子说《孝经》为万代百王法,称周公大孝,何不言禘祀带喾于圆丘以配天,而反言"郊祀后稷以配天"?是以《五经》俱无其说,圣人所以不言。轻议大典,亦何容易。犹恐不悟,今更作十难。

其一难曰:《周颂》:"《雍》,禘祭太祖也。"郑玄笺云:"禘,大祭。太祖,文王也。"《商颂》云:"《长发》,大禘也。"玄又笺云:"大禘,祭天也。"夫商、周之《颂》,其文互说。或云禘太祖,或云大禘,俱是五年宗庙之大祭,详览典籍,更无异同。惟郑玄笺《长发》,乃称是郊祭天。详玄之意,因此《商颂》禘如《大传》云大祭,如《春秋》"大事于太庙",《尔雅》"禘大祭",虽云大祭,亦是宗庙之祭,可得便称祭天乎?若如所说,大禘即云郊祭天,称禘即是祭宗庙。又《祭法》说虞、夏、商、周禘黄帝与喾《大传》"不王不禘",禘上俱无大字,玄何因复称祭天乎?又《长发》文亦不歌喾与感生帝,故知《长发》之禘,而非禘喾及郊祭天明矣。殷、周五帝之大祭,群经众史及鸿儒硕学,自古立言著论,序之详矣,俱无以禘为祭天。何弃周、孔之法言,独取康成之小注,便欲违经非圣,诬乱祀典,谬哉!

其二难曰:《大传》称"礼,不王不禘,王者禘其祖之所自出,以其祖配之,诸侯及其太祖"者,此说王者则当禘。其谓《祭法》,虞、夏、殷、周禘黄帝及喾,"不王则不禘,所当禘其祖之所自出",谓虞、夏出黄帝,殷、周出帝喾,以近祖配而祭之。自出之祖,既无宗庙,即是自外至者,故同之天地神祇,以祖配而祀之。自出之说,非但于父,在母亦然。《左传》子产云:"陈则我周之自出。"此可得称出于太微五帝乎?故曰"不王不禘,王者禘其祖之所自出,以其祖配之",此之谓也。及诸侯之禘,则降于王者,不得祭自出之祖,只及太祖而已。故曰"诸侯及其太祖",此之谓也。郑玄错乱,分禘为三:注《祭法》云"禘谓祭昊天于圆丘",一也。注《大传》称"郊祭天,以后稷配灵威仰",笺《商颂》又称"郊祭天",二也。注《周颂》云"禘大祭,大于四时之祭，而小于祫，太祖谓文王"，三也。禘是一祭，玄析之为三，颠倒错乱，皆率胸臆，曾无典据，何足可凭。

其三难曰：虞、夏、殷、周已前，禘祖之所自出，其义昭然。自汉、魏、晋已还千余岁，其礼遂阙。又郑玄所说，其言不经，先儒弃之，未曾行用。愚以为错乱之义，废弃之注，不足以正大典。

其四难曰：所称今《三礼》行于代者，皆是郑玄之学，请据郑学以明之。曰虽云据郑学，今欲以景皇帝为始祖之庙以配天，复与郑义相乖。何者？《王制》云："天子七庙。"玄云："此周礼也。"七庙者，太祖及文、武之祧与亲庙四也。殷则六庙，契及汤与二昭二穆也。据郑学，夏不以鲧及颛顼、昌意为始祖，昭然可知也。而欲引稷、契为例，其义又异是。爰稽遂古洎今，无以人臣为始祖者，惟殷以契，周以稷。夫稷、契者，皆天子元妃之子，感神而生。昔帝喾次妃简狄，有娀氏之女，吞玄鸟之卵，因生契。契长而佐禹治水，有大功。舜乃命契作司徒，百姓既和，遂封于商。故《诗》曰："天命玄鸟，降而生商，宅殷土芒芒。"此之谓也。后稷者，其母有邰氏之女曰姜嫄，为帝喾妃，出野履巨迹，歆然有孕，生稷。稷长而勤于稼穑，尧闻，举为农师，天下得其利，有大功，舜封于邰，号曰后稷。唐、虞、夏之际，皆有令德。故《诗》曰："履帝武敏歆，居然生子，即有邰家室。"此之谓也。舜、禹有天下，稷、契在其间，量功比德，抑其次也。舜授职，则播百谷，敷五教。禹让功，则平水土，宅百揆。故《国语》曰："圣人之制祀也，功施于人则祀之，以死勤事则祀之。"契为司徒而人辑睦，稷勤百谷而死，皆居前代祀典，子孙有天下，得不尊而祖之乎？

其五难曰：既遵郑说，小德配寡，遂以后稷只配一帝，尚不得全配五帝。今以景皇帝特配昊天，于郑义可乎？

其六难曰：众难臣云：上帝与五帝，一也。所引《春官》：祀天旅上帝，祀地旅四望。旅训众，则上帝是五帝。臣曰，不然。旅虽训众，出于《尔雅》，及为祭名，《春官》训陈，注有明文。若如所言，旅上帝便成五帝，则季氏旅于泰山，可得便是四镇耶？

其七难曰：所云据郑学，则景皇帝亲尽，庙主合祧，却欲配祭天地，错乱祖宗。夫始祖者，经纶草昧，体大则天，所以正元气广大，万物之宗尊，以长至阳气萌动之始日，俱祀于南郊。夫万物之始，天也。人之始，祖也。日之始，至也。扫地而祭，质也。器用陶匏，性也。牲用犊，诚也。兆于南郊，就阳位也。至尊至质，不敢同于先祖，礼也。故《白虎通》曰："祭天岁一，何？天至尊至质，事之不敢亵黩，故因岁之阳气始达而祭之。"今国家一岁四祭之，黩莫大焉。上帝、五帝，其祀遂阙，怠亦甚矣。黩与怠，皆礼之失，不可不知。夫亲有限，祖有常，圣人制礼，君子不以情变易。国家重光累圣，历祀百数，岂不知

景皇帝始封于唐。当时通儒议功度德，尊神尧克配彼天，宗太宗以配上帝。神有定主，为日已久。今欲黜神尧配合枢纽，以太宗配上帝，则紫微五精，上帝佐也，以子先父，岂礼意乎！非止神祇错位，亦以祖宗乖序，何以上称皇天祖宗之意哉！若夫神尧之功，太宗之德，格于皇天上帝，臣以为郊祀宗祀，无以加焉。

其八难曰：欲以景皇帝为始祖，既非造我区宇，经纶草昧之主，故非夏始祖禹、殷始祖契、周始祖稷、汉始祖高帝、魏始祖武皇帝、晋始祖宣帝、国家始祖神尧皇帝同功比德，而忽升于宗祀圜丘之上，为昊天匹，曾谓圜丘不如林放乎？

其九难曰：昨所言魏文帝丕以武帝操为始祖，晋武帝炎以宣帝懿为始祖者。夫孟德、仲达者，皆人杰也。拥天下之强兵，挟汉、魏之微主，专制海内，令行草偃，服衮冕，陈轩悬，天子决事于私第，公卿列拜于道左，名虽为臣，势实凌君。后主因之而业帝，前王由之而禅代，子孙尊而祖之，不亦可乎？

其十难曰：所引商、周、魏、晋，既不当矣，则景皇帝不为始祖明矣。我神尧拔出群雄之中，廓清隋室，拯生人于涂炭，则夏禹之勋不足多；成帝业于数年之间，则汉祖之功不足比。夏以大禹为始祖，汉以高帝为始祖，则我唐以神尧为始祖，法夏则汉，于义何嫌？今欲革皇天之祀，易太祖之庙，事之大者，莫大于斯，曾无按据，一何寡陋，不愧于心，不畏于天乎！

以前奉诏，令诸司各据礼经定议者。臣干忝窃朝列，官以谏为名，以直见知，以学见达，不敢不罄竭以裨万一。昨十四日，具以议状呈宰相，宰相令朝臣与臣论难。所难臣者，以臣所见独异，莫不腾辞飞辩，竞欲碎臣理，钳臣口。剖析毫厘，分别异同，序坟典之凝滞，指字传之乖谬，事皆归根，触物不碍。但臣言有宗尔，岂辩者之流也。又归崇敬、薛颀等援引郑学，欲芜祀典，臣为明辩，迷而不复。臣辄作十诘十难，援据坟籍，昭然可知。庶郊禘事得其真，严配不失其序，皇灵降祉，天下蒙赖。臣亦何顾不蹈鼎镬？谨敢闻达，伏增悚越。

议奏，不报。

至二年春夏旱。言事者云：太祖景皇帝追封于唐，高祖实受命之祖，百神受职，合依高祖。今不得配享天地，所以神不降福，以致愆阳。代宗疑之，诏百僚会议。太常博士独孤及献议曰：

礼，王者禘其祖之所自出，以其祖配之。凡受命始封之君，皆为太祖。继太祖已下六庙，则以亲尽迭毁。而太祖之庙，虽百代不迁。此五帝、三王所以尊祖敬宗也。故受命于神宗，禹也，而夏后氏祖颛顼而郊鲧。缵禹黜夏，汤也，而殷人郊冥而祖契。革命作周，武王也，而周人郊稷而祖文王。则明自古必以首封之君，配昊天上帝。唯汉氏崛起丰沛，丰公太公，皆无位无功，不可以为祖宗，故汉以高皇帝为太祖，其先细微也。非足为后代法。

伏惟太祖景皇帝以柱国之任，翼周弼魏，肇启王业，建封于唐。高祖因之，以为有天下之号，天所命也。亦如契之封商，后稷之封邰。禘郊祖宗之位，宜在百代不迁之典。郊祀太祖，宗祀高祖，犹周之祖文王而宗武王也。今若以高祖创业，当跻其祀，是弃三代之令典，尊汉氏之末制，黜景皇帝之大业，同丰公太公之不祀，反古违道，失孰大焉？夫追尊景皇，庙号太祖，高祖、太宗所以崇尊之礼也。若配天之位既异，则太祖之号宜废，祀之不修，庙亦当毁。尊祖报本之道，其坠于地乎！汉制，擅议宗庙，以大不敬论。今武德、贞观宪章未改，国家方将敬祀事，和神人，禘郊之间，恐非所宜。臣谨稽礼文，参诸往制，请仍旧典。

竟依归崇敬等议，以太祖配享天地。

广德二年正月十六日，礼仪使杜鸿渐奏："郊、太庙，大礼，其祝文自今已后，请依唐礼，板上墨书。其玉简金字者，一切停废。如允臣所奏，望编为常式。"敕曰："宜行用竹简。"

贞元元年十一月十一日，德宗亲祀南郊。有司进图，敕付礼官详酌。博士柳冕奏："开元定礼，垂之不刊。天宝改作，起自权制，此皆方士谬妄之说，非礼典之文，请一准《开元礼》。"从之。其年十月二十七日，诏："郊祀之义，本于至诚。制礼定名，合从事实，使名实相副，则尊卑有伦。五方配帝，上古哲王，道济烝人，礼著明祀。论善计功，则朕德不类，统天御极，朕位攸同。而于祝文称臣以祭，既无益于诚敬，徒有渎于等威。前京兆府司录参军高佩上疏陈请，其理精详。朕重变旧仪，访于卿士，申明大义，是用释然。宜从改正，以敦至礼。自今已后，祀五方配帝祝文，并不须称臣。其余礼数如旧。"

六年十一月八日，有事于南郊。诏以皇太子为亚献，亲王为终献。上问礼官："亚献、终献合受誓诫否？"吏部郎中柳冕曰："准《开元礼》，献官前七日于内受誓诫。辞云：'各扬其职，不供其事，国有常刑。'今以皇太子为亚献，请改旧辞，云'各扬其职，肃奉常仪'。"从之。

十五年四月，术士匡彭祖上言："大唐土德，千年合符，请每于四季月郊祀天地。"诏礼官儒者议。归崇敬曰："准礼，立春日迎春于东郊，祭青帝。立夏日迎夏于南郊，祭赤帝。立秋后十八日，迎黄灵于中地，祭黄帝。秋、冬各于其方。黄帝于五行为土，王在四季，土生于火，用事于木，而祭于秋，三季则否。汉、魏、周、隋，共行此礼。国家土德乘时，亦以每岁六月土王之日，祀黄帝于南郊，以后土配，合于典礼。彭祖凭候纬之说，据阴阳之书，事涉不经，恐难行用。"乃寝。

元和十五年十二月，将有事于南郊。穆宗问礼官："南郊卜日否？"礼院奏："伏准礼令，祠祭皆卜。自天宝已后，凡欲郊祀，必先朝太清宫，次日飨太庙，又次日祀南郊。相循至今，并不卜日。"从之。及明年正月，南郊礼毕，有司不设御榻，上立受群臣庆贺。及御楼仗退，百僚复不于楼前贺，乃受贺于兴庆宫。二者阙礼，有司之过也。

卷二十二　　　　　　志第二

礼　仪　二

隋文帝开皇中，将作大匠宇文恺依《月令》造明堂木样以献。帝令有司于京城安业里内规兆其地，方欲崇建，而诸儒争论不定，竟议罢之。炀帝时，恺复献明堂木样并议状，属迁都兴役，事又不就。终于隋代，季秋大享，恒在雩坛设祀。

高祖受禅，不遑创仪。太宗平定天下，命儒官议其制。贞观五年，太子中允孔颖达以诸儒立议违古，上言曰："臣伏寻前敕，依礼部尚书卢宽、国子助教刘伯庄等议，以为'从昆仑道上层祭天'。又寻后敕云：'为左右阁道，登楼设祭。'臣检六艺群书百家诸史，皆名基上曰堂，楼上曰观，未闻重楼之上而有堂名。《孝经》云：'宗祀文王于明堂'。不云明楼、明观，其义一也。又明堂法天，圣王示俭，或有剪蒿为柱，茸茅作盖。虽复古今异制，不可恒然，犹依大典，惟在朴素。是以席惟稿秸，器尚陶匏，用茧粟以贵诚，服大裘以训俭，今若飞楼架道，绮阁凌云，考古之文，实堪疑虑。按《郊祀志》：汉武明堂之制，四面无壁，上覆以茅。祭五帝于上座，祀后土于下防。臣以上座正为基上，下防惟是基下。既云无四壁，未审伯庄以何知上层祭神，下有五室？且汉武所为，多用方士之说，违经背正，不可师祖。又卢宽等议云：'上层祭天，下堂布政，欲使人神位别，事不相干。'臣以古者敬重大事，与接神相似，是以朝觐祭祀，皆在庙堂，岂有楼上祭祖，楼下视朝？阁道升楼，路便窄隘，乘辇则接神不敬，步往则劳勤圣躬。侍卫在旁，百司供奉。求之典诰，全无此理。臣非敢固执愚见，以求己长。伏以国之大典，不可不慎。乞以臣言下群臣详议。"侍中魏徵议曰："稽诸古训，参以旧图，其上圆下方，复庙重屋，百虑一致，异轸同归。洎当涂膺箓，未遑斯礼；典午聿兴，无所取则。裴頠以诸儒持论，异端蜂起，是非舛互，靡所适从，遂乃以人废言，止为一殿。宋、齐即仍其旧，梁、陈遵而不改。虽严配有所，祭享不匮，求之典则，道实未弘。夫孝因心生，礼缘情立。心不可极，故备物以表其诚；情无以尽，故饰宫以广其敬。宣尼美意，其在兹乎！臣等亲奉德音，令参大议，思竭尘露，微增山海。凡圣人有作，义重随时，万物斯睹，事资通变。若据蔡邕之说，则至理失于文繁；若依裴頠所为，则又伤于质略。求之情理，未允厥中。今之所议，非无用舍。请为五室重屋，上圆下方，既体有则象，又事多故实。下室备布政之居，上堂为祭天之所，人神不杂，礼亦宜之。其高下广袤之规，几筵尺丈之制，则并随时立法，因事制宜。自我而作，何必师古。廓千载之疑议，为百王之懿范。不使泰山之下，惟闻黄帝之法；汶水之上，独称汉武之图。则通乎神明，庶几可俟，子来经始，成之不日。"

议犹未决。

十七年五月，秘书监颜师古议曰：

明堂之制，爰自古昔，求之简牍，全文莫睹。始之黄帝，降及有虞，弥历夏、殷，迄于周代，各立名号，别创规模。众说舛驳，互执所见，巨儒硕学，莫有详通。斐然成章，不知裁断。究其指要，实布政之宫也。徒以战国纵横，典籍废弃，暴秦酷烈，经礼湮亡。今之所存，传记杂说，用为准的，理实芜昧。然《周书》之叙明堂，纪其四面，则有应门、雉门，据此一堂，固是王者之常居耳。其青阳、总章、玄堂、太庙及左个、右个，与四时之次相同，则路寝之义，足为明证。又《文王居明堂》之篇："带以弓韣，祠于高禖。下九门磔禳以御疾疫，置梁除道以利农夫，令国有酒以合三族。"凡此等事，皆合《月令》之文。观其所为，皆在路寝者也。《戴礼》："昔周公朝诸侯于明堂之位，天子负斧扆南向而立。明堂也者，明诸侯之尊卑也。"《周官》又云："周人明堂，度九尺之筵，东西九筵，堂一筵。"据其制度，即大寝也。《尸子》亦曰："黄帝曰合宫，有虞氏曰总章，殷曰阳馆，周曰明堂。"斯皆路寝之征，知非别处。大戴所说，初有近郊之言，复称文王之庙，进退无据，自为矛盾。原夫负扆受朝，常居出入，既在皋库之内，亦何云于郊野哉？《孝经传》云"在国之阳"，又无里数。

汉武有怀创造，询于搢绅，言论纷然，终无定据，乃立于汶水之上而宗祀焉，明其不拘远近，无择方面。孝成之代，表行城南，虽有其文，厥功靡立。平帝元始四年，大议营创。孔牢等乃以为明堂、辟雍、太学，其实一也，而有三名。金褒等又称经传无文，不能分别同异。中兴之后，蔡邕作论，复云明堂太庙，一物二名。郑玄则曰："在国之阳，三里之外。"淳于登又云："三里之外，七里之内，丙巳之地。"颍容《释例》亦云："明堂太庙，凡有八名，其体一也。"苟立同异，竞为巧说，并出自胸怀，曾无师祖。审夫功成作乐，理定制礼，草创从宜，质文递变。旌旗冠冕，古今不同，律度权衡，前后不一，随时之义，断可知矣。假如周公旧章，犹当择其可否；宣尼彝则，尚或补其阙漏。况郑氏臆说，淳于瞍闻，匪异守株，何殊胶柱？愚谓不出埠壥，迩按宫闱，事允事宜，谅无所惑。但当上遵天旨，祗奉德音，作皇代之明堂，永贻范于来叶。区区碎议，皆略而不论。

又上表曰："明堂之制，陛下已发德音，久令详议。但以学者专固，人人异言，损益不同，是非竞定。臣愚以为五帝之后，两汉已前，高下方圆，皆不相袭。惟在陛下圣情创造，即为大唐明堂，足以传于万代，何必论户牖之多少，疑阶庭之广狭？若恣儒者互说一端，久无断决，徒稽盛礼，昔汉武欲草封禅仪，博望诸生，所说不同，莫知孰是。唯御史大夫倪宽劝上自定制度，遂成登封之礼。臣之愚诚，亦望陛下斟酌繁省，为其节文，不可谦拒，以淹大典。"寻以有事辽海，未暇营创。

永徽二年七月二日，敕曰："上玄幽赞，处崇高而不言；皇王提象，代神功而理物。是知五精降德，爰应帝者之尊；九室垂文，用纪配天之业。且合宫、灵府，创鸿规于上代；太室、总章，标茂范于中叶。虽质文殊制，奢俭异时，然其立天中，作人极，布政施教，其归一揆。朕嗣膺下武，丕承上烈，思所以答眷上灵，聿遵孝享，而法宫旷礼，明堂寝构。今国家四表无虞，人和岁稔，作范垂训，今也其时。宜令所司与礼官学士等考核故事，详议得失，务依典礼，造立明堂。庶旷代阙文，获申于兹日；因心展敬，永垂于后昆。其明堂制度，令诸曹尚书及左右丞侍郎、太常、国子秘书官、弘文馆学士同共详议。"

于是太常博士柳宣依郑玄义，以为明堂之制，当为五室。内直丞孔志约据《大戴礼》及卢植、蔡邕等义，以为九室。曹王友赵慈皓、秘书郎薛文思等各造明堂图。诸儒纷争，互有不同。上初以九室之议为是，乃令所司详定形制及辟雍门阙等。

明年六月，内出九室样，仍更令有司损益之。有司奏言：

内样：堂基三重，每基阶各十二。上基方九雉，八角，高一尺。中基方三百尺，高一筵。下基方三百六十尺，高一丈二尺。上基象黄琮，为八角，四面安十二阶。请从内样为定。基高下仍请准周制高九尺，其方共作司约准一百四十八尺。中基下基，望并不用。又内样：室各方三筵，开四闼、八窗。屋圆楣径二百九十一尺。按季秋大飨五帝，各在一室，商量不便，请依两汉季秋合飨，总于太室。若四时迎气之祀，则各于其方之室。其安置九室之制，增损明堂故事，三三相重。太室在中央，方六丈。其四隅之室，谓之左右房，各方二丈四尺。当太室四面，青阳、明堂、总章、玄堂等室，各长六丈，以应太室；阔二丈四尺，以应左右房。室间并通巷，各广一丈八尺。其九室并巷在堂上，总方一百四十四尺，法坤之策。屋圆楣、楢、櫼，或为未允。请据郑玄、卢植等说，以前梁为楣，其径二百一十六尺，法乾之策。圆柱旁出九室四隅，各七尺，法天以七纪。柱外余基，共作司约准面各余一丈一尺。内样：室别四闼、八窗，检与古同，请依为定。其户依古外设而不开。内样：外有柱三十六，每柱十梁。内有七间，柱根以上全梁高三丈，梁以上至屋峻起，计高八十一尺。上圆下方，飞檐应规，请依内样为定。其屋盖形制，仍望据《考工记》改为四阿，并依礼加重檐，准太庙安鸱尾。堂四向五色，请依《周礼》白盛为便。其四向各随方色。请施四垣及四门。

辟雍，按《大戴礼》及前代说，辟雍多无水广、内径之数。蔡邕云："水广二十四丈，四周于外。"《三辅黄图》云"水广四周"，与蔡邕不异，仍云"水外周堤"。又张衡《东京赋》称"造舟为梁"。《礼记·明堂位》、《阴阳录》云："水左旋以象天。"商量水广二十四丈，恐伤于阔，今请减为二十四步，垣外量取周足。仍依故事造舟为梁，其外周以圆堤，并取《阴阳》"水行左旋"之制。

殿垣，按《三辅黄图》，殿垣四周方在水内，高不蔽日，殿门去殿七十二步。准今行事陈设，犹恐窄小。其方垣四门去堂步数，请准太庙南门去庙基远近为制。仍立四门八观，依太庙门别各安三门，施玄阑，四角造三重魏阙。

此后群儒纷竞，各执异议。尚书左仆射于志宁等请为九室，太常博士唐眴等请为五室。高宗令于观德殿依两议张设，亲与公卿观之。帝曰："明堂之礼，自古有之。议者不同，未果营建。今设两议，公等以何者为宜？"工部尚书阎立德对曰："两议不同，俱有典故。九室似暗，五室似明。取舍之宜，断在圣恩。"上以五室为便，议又不定，由是且止。

至乾封二年二月，详宜略定，乃下诏曰："朕以寡薄，忝承丕绪。奉二圣之遗训，抚亿兆以初临，驭朽兢怀，推沟在念。而上玄垂祐，宗社降休，岁稔时和，人殷俗阜。车书混一，文轨大同。检玉泥金，升中告禅，百蛮执贽，万国来庭，朝野欢娱，华夷胥悦。但为郊禋严配，未安太室，布政施行，犹阙合宫。朕所以日昃忘疲，中宵辍寝，讨论坟籍，错综群言，采三代之精微，探九皇之至颐，斟酌前载，制造明堂。栋宇方圆之规，虽兼故实；度筵陈俎之法，独运财成。宣诸内外，博考详议，求其长短，冀广异闻。而鸿生硕儒，俱称尽善，搢绅士子，并奏该通。创此宏模，自我得古。因心既展，情礼获伸，永言宗祀，良深感慰。宜命有司，及时起作，务从折中，称朕意焉。"于是大赦天下，改元为总章，分万年置明堂县。明年三月，又具规制广狭，下诏曰：

合宫听朔，阐皇轩之茂范；灵府通和，敷帝勋之景化。殷人阳馆，青珪备礼，姬氏玄堂，彤璋合献。虽运殊骊翰，时变质文，至于立天中，建皇极，轨物施教，其归一揆。考图汶上，仅存公玉之仪；度室圭蹽，才纪中元之制。属炎精坠驾，璇宫毁篝，四海沦于沸鼎，九土陷于涂原。高祖太武皇帝杖钺唐郊，收铃雍野，纳祥符于苍水，受灵命于丕山。飞沈泳沫，动植游源。太宗文皇帝盟津光誓，协降火而登坛；丰谷断蛇，应屯云而鞠旅。封金岱岭，昭累圣之鸿勋；勒石丸都，成文考之先志。固可以作化明堂，显庸太室。傍罗八柱，周建四门，木工不琢，土事无文，丰约折衷，经始勿亟，阙文斯备，大礼聿修。

其明堂院每面三百六十步，当中置堂。按《周易》乾之策二百一十有六，坤之策一百四十有四，总成三百六十，故方三百六十步。当中置堂，处二仪之中，定三才之本，构兹一宇，临此万方。自降院每面三门，同为一宇，徘徊五间。按《尚书》，一期有四时，故四面各一所开门；每时有三月，故每一所开三门；一期十有二月，故周回总十二门。所以面别一门，应兹四序，既一时而统三月，故一舍而置三门。又《周易》三为阳数，二为阴数，合而为五，所以每门舍五间。院四隅各置重楼，其四埔各依本方色。按《淮南子》，地有四维，故四楼。又按《月令》，水、火、金、木、土五方各异色，故其墙各依本方之色。

基八面，象八方。按《周礼》"黄琮礼地"。郑玄注：琮者，八方之玉，以象地形，故以祀地。则知地形八方。又按《汉书》，武帝立八觚坛以祀地。登地之坛，形象地，故令为八方之基，以象地形。基高一丈二尺，径二百八十尺。按《汉书》，阳为六律，阴为六吕。阳与阴合，故高一丈二尺。又按《周易》，三为阳数，八为阴数。三八相乘，得二百四十尺。按《汉书》，九会之数有四十，合为二百八十，所以基径二百八十尺。故以交通天地之和，错综阴阳之数。以明阳不独运，资阴而以助成；阴不孤行，待阳唱而方应。阴阳两顺，天地咸亨，则百宝斯兴，九畴攸序。基每面三阶，周回十二阶，每阶为二十五级。按《汉书》，天有三阶，故每面三阶；地有十二辰，故周回十二阶。又按《文子》，从凡至圣，有二十五等，故每阶二十五级。所以应符星而设阶，法台耀以疏陛，上拟霄汉之仪，下则地辰之数。又列兹重级，用准圣凡。象皇极之高居，俯庶类而临耀。

基之上为一堂，其宇上圆。按《道德经》：天得一以清，地得一以宁，侯王得一以为天下贞。又曰：道生一，一生二，二生三，三生万物。又按《汉书》：太极元气，函三为一。又曰：天子以四海为家。故置一堂以象元气，并取四海为家之义。又按《周礼》，"苍璧礼天"。郑玄注：璧圆以象天。故为宇上圆。堂每面九间，各广一丈九尺。按《尚书》，地有九州，故立九间。又按《周易》，阴数十，故间别一丈九尺，所以规模厚地，准则阴阳，法二气以通基，置九州于一宇。堂周回十二门，每门高一丈七尺，阔一丈三尺。按《礼记》，一岁有十二月，所以置十二门。又按《周易》，阴数十，阳数七，故高一丈七尺；又曰阳数五，阴数八，故阔一丈三尺。所以调兹玉烛，应彼金辉，叶二气以循环，逐四序而迎节。堂周回二十四窗，高一丈三尺，阔一丈一尺，二十三楣，二十四明。按《史记》，天有二十四气，故置二十四窗。又按《书》，一年十二月，并象闰，故高一丈三尺。又按《周易》，天数一，地数十，故阔一丈一尺；又天数九，地数十，并四时成二十三，故二十三楣。又按《周易》，八纯卦之本体，合二十四爻，故有二十四明。列牖疏窗，象风候气，远周天地之数，曲准阴阳之和。

堂心八柱，各长五十五尺。按《河图》，八柱承天，故置八柱。又按《周易》，大衍之数五十有五，故长五十五尺。耸兹八柱，承彼九间，数该大衍之规，形符立极之制。且柱为阴数，天实阳元，柱以阴气上升，天以阳和下降，固阴阳之交泰，乃天地之相承。堂心之外，置四柱为四辅。按《汉书》，天有四辅星，故置四柱以象四星。内以八柱承天，外象四辅明化，上交下泰，表里相成，叶台耀以分辉，契编珠而拱极。八柱四辅之外，第一重二十柱。按《周易》，天数五，地数十，并五行之数合而为二十，故置二十柱。体二仪而立数，叶五位以裁规，式符立极之功，允应刚柔之道。八柱四辅之外，第二重二十八柱。按《史记》，天有二十八宿，故有二十八柱。所以仰则乾图，上符景宿，考编珠而纪度，观列宿以迎时。八柱四辅之外，第三重三十二柱。按《汉书》，有八节、八政、八风、八音，四八三十二柱。调风御节，万物资以化成；布政流音，九区仰而贻则。外面周回三十六柱。按《汉书》，一期三十六旬，故法之以置三十六柱。所以象岁时而致用，顺寒暑以通微，璇玑之度无愆，玉历之期永契。八柱之外，修短总有三等。按《周易》，天、地、人为三才，故置柱长短三等。所以拟三才以定位，高下相形；体万物以资生，长短兼运。八柱之外，都合一百二十柱。按《礼记》，天子置三公、九卿、二十七大夫、八十一元士，合为一百二十，是以置一百二十柱。分职设官，翊化资于多士；开物成务，构厦藉于群材。其上槛周回二百四柱。按《周易》，坤之策一百四十有四，又《汉书》，九会之数有六十，故置二百四柱。所以采坤策之玄妙，法甲乙之精微，环回契辰象之规，结构准阴阳之数。又基以象地，故叶策于坤元；柱各依方，复规模于甲子。

重楣，二百一十六条。按《周易》，乾之策二百一十有六，故置二百一十六条。所以规模《易》象，拟法乾元，应大衍之深玄，叶神策之至数。大小节级拱，总六千三百四十五。按《汉书》，会月之数，六千三百四十五，故置六千三百四十五枚。所以远采三统之文，傍符会月之数，契金仪而调节，偶璇历以和时。重干，四百八十九枚。按《汉书》，章月二百三十五，闰月周回二百五十四，总成四百八十九，故置四百八十九枚。所以法履端之奥义，象举正之芳猷，规模历象，发明章、闰。下柳，七十二枚。按《易纬》，有七十二候，故置七十二枚。所以式模芳位，取规贞候，契至和于昌历，偶神数于休期。上柳，八十四枚。按《汉书》，九会之数有七十八。又按《庄子》：六合之外，圣人存而不论。司马彪注：天地四方为六合。总成八十四，故置八十四枚。所以模范二仪，包罗六合，准会阴阳之数，周通气候之源。枅，六十枚。按《汉书》，推太岁之法有六十，故置六十枚。所以兼该历数，包括阴阳，采甲乙之深微，穷辰子之玄奥。连栱，三百六十枚。按《周易》，当期之日，三百有六十，故置三百六十枚。所以叶周天之度，准当期之日，顺平分而成岁，应暑运以循环。小梁，六十枚。按《汉书》，有六十甲子，故置六十枚。构此虹梁，返规凤历，傍竦四孛之制，遥符六甲之源。棒，二百二十八枚。按《汉书》，章中二百二十八，故置二百二十八枚。所以应长历之规，象中月之度，广综阴阳之数，傍通寒暑之和。方衡，一十五重。按《尚书》，五行生数一十有五，故置十五重。结栋分间，法五行而演秘；疏楹叠构，叶生数以成规。南北大梁，二根。按《周易》太极生两仪，故置二大梁。轨范乾坤，模拟天地，象玄黄之合德，表覆载以生成。阳马，三十六道。按《易纬》，有三十六节，故置三十六道。所以显兹嘉节，契此贞辰，分六气以燮阴阳，环四象

而调风雨。椽，二千九百九十根。按《汉书》，月法二千三百九十二，通法五百九十八，共成二千九百九十。所以偶推步之规，合通法之数。是知疏椽构宇，则大壮之架斯隆，积月成年，则会历之规无爽。大栀，两重，重别三十六条，总七十二。按《淮南子》，太平之时，五日一风，一年有七十二风，故置七十二条。所以通规瑞历，叶数祥风，遥符淳俗之年，远则休征之契。飞檐椽，七百二十九枚。按《汉书》，从子至午，其数七百二十九，故置七百二十九枚。所以采辰象之宏模，法周天之至数。且午为阴本，子实阳源，子午分时，则生成之道自著；阴阳合德，则覆载之义兹隆。

堂檐，径二百八十八尺。按《周易》，乾之策二百一十六，《易纬》云，年有七十二候，合为二百八十八，故径二百八十八尺。所以仰叶乾策，远承贞候，顺和气而调序，拟圆盖以照临。堂上栋，去基上面九十尺。按《周易》，天数九，地数十，以九乘十，数当九十，故去基上面九十尺。所以上法圆清，下仪方载，契阴阳之至数，叶交泰之贞符。又以兹天九，乘于地十，象阳唱而阴和，法乾施而坤成。檐，去地五十五尺。按《周易》，大衍之数五十有五，故去地五十五尺。所以拟大《易》之嘉数，通惟神之至赜，道合万象，理贯三才。上以清阳玉叶覆之。按《淮南子》，清阳为天，合以清阳之色。

诏下之后，犹群议未决。终高宗之世，未能创立。

则天临朝，儒者屡上言请创明堂。则天以高宗遗意，乃与北门学士议其制，不听群言。垂拱三年春，毁东都之乾元殿，就其地创之。四年正月五日，明堂成。凡高二百九十四尺，东西南北各三百尺。有三层：下层象四时，各随方色；中层法十二辰，圆盖，盖上盘九龙捧之；上层法二十四气，亦圆盖。亭中有巨木十围，上下通贯，栭、栌、橕、藉以为本，亘之以铁索。盖为鸑鷟，黄金饰之，势若飞翥。刻木为瓦，夹纻漆之。明堂之下施铁渠，以为辟雍之象。号万象神宫。因改河南县为合宫县。诏曰：

黄轩御历，朝万方于合宫；丹陵握符，咨四岳于衢室。有虞辑瑞，总章之号既存；大禹锡珪，重屋之名攸建。殷人受命，置阳馆以辨方；周室凝图，立明堂以经野。用能范围三极，幽赞五神，展尊祖之怀，申宗祀之典。爰从汉、魏，迨及周、隋、经始之制虽兴，修广之规未备。朕以庸昧，虔膺厚托，受寄于缀衣之夕，荷顾于仍几之前。伏以高宗往年，已属意于阳馆，故京辅之县，预纪明堂之名；改元之期，先著总章之号。朕于乾封之际，已奉表上尘，虽简宸心，未违荣构。今以鼎郊胜壤，圭邑奥区，处天地之中，顺阴阳之序，舟车是凑，贡赋攸均，爰藉子来之功，式遵奉先之旨。

夫明堂者，天子宗祀之堂，朝诸侯之位也。开乾坤之奥策，法气象之运行，故能使灾害不生，祸乱不作。眷言盛烈，岂不美欤！比者鸿儒礼官，所执各异，咸以为明堂者，置之三里之外，七里之内，在国阳明

之地。今既俯迩宫掖，恐黩灵祇，诚乃布政之居，未为宗祀之所。朕乃为丙巳之地，去宫室遥远，每月所居，因时飨祭，常备文物，动有烦劳，在于朕怀，殊非所谓。今故裁基紫掖，辟宇彤闱，经始肇兴，成之匪日。但敬事天地，神明之德乃彰；尊祀祖宗，严恭之志方展。若使惟云布政，负扆临人，则茅宇土阶，取适而已，岂必劳百姓之力，制九筵而御哉！诚以获执颜繁，虔奉宗庙故也。时既沿革，莫或相遵，自我作古，用适于事。今以上堂为严配之所，下堂为布政之居，光敷礼训，式展诚敬。来年正月一日，可于明堂宗祀三圣，以配上帝。宜令礼官、博士、学士、内外明礼者，详定仪礼，务从典要，速以奏闻。

永昌元年正月元日，始亲享明堂，大赦改元。其月四日，御明堂布政，颁九条以训于百官。文多不载。翌日，又御明堂，飨群臣，赐缣缛有差。自明堂成后，纵东都妇人及诸州父老入观，兼赐酒食，久之乃止。吐蕃及诸夷以明堂成，亦各遣使来贺。载初元年冬正月庚辰朔，日南至，复亲飨明堂，大赦改元，用周正。翼日，布政于群后。其年二月，则天又御明堂，大开三教。内史邢文伟讲《孝经》，命侍臣及僧、道士等以次论议，日昃乃罢。

天授二年正月乙酉，日南至，亲祀明堂，合祭天地，以周文王及武氏先考、先妣配，百神从祀，并于坛位次第布席以祀之。于是春官郎中韦叔夏奏曰：“谨按明堂大享，唯祀五帝。故《月令》云：'是月也，大享帝。'则《曲礼》所云'大享不问卜'，郑玄注云'谓遍祭五帝于明堂，莫适卜'是也。又按《祭法》云：'祖文王而宗武王。'郑玄注云：'祭五帝、五神于明堂曰祖、宗。'故《孝经》云：'宗祀文王于明堂，以配上帝。'据此诸文，明堂正礼，唯祀五帝，配以祖宗及五帝、五官神等，自外余神，并不合预。伏惟陛下追远情深，崇禋志切，于明堂享祀，加昊天上帝、皇地祇，重之以先帝、先后配享，此乃补前王之阙典，弘严配之虔诚。往以神都郊坛未建，乃于明堂之下，广祭众神，盖从权时，非不刊之礼也。谨按礼经：其内官、中官、五岳、四渎诸神，并合从祀于二至。明堂总奠，事乃不经。然则宗祀配天之亲，杂与小神同荐，于严敬之道，理有不安。望请每岁元日，惟祀天地大神，配以帝后。其五岳以下，请依礼于冬、夏二至，从祀方丘、圜丘，庶不烦黩。”从之。时则天又于明堂后造天堂，以安佛像，高百余尺。始起建构，为大风振倒。俄又重营，其功未毕。证圣元年正月丙申夜，佛堂灾，延烧明堂，至曙，二堂并尽。寻时又无云而雷，起自西北。则天欲责躬避正殿。宰相**姚璹**曰：“此实人火，非是天灾。至如成周宣榭，卜代逾长；汉武建章，盛德弥永。今明堂是布政之所，非宗祀也。”则天乃御端门观酺宴，下诏令文武九品已上各上封事，极言无有所隐。左拾遗刘承庆上疏曰：

臣闻自古帝王，皆有美恶，休祥所以昭其德，灾变所以知其咎，天道之常理，王者之常事。然则休祥屡臻，不可矜功而自满；灾变奄降，不可轻忽而靡惊。故殷宗以桑谷生朝，怀惧而自省，妖不胜德，遂立中兴之功；辛纣以雀生大鸟，恃福而自盈，祥不胜骄，终至倾亡之祸。故知灾变之生，将以觉悟明主，扶持大业，使盛而不衰。理须祗畏神心，惊惧天诫，饬身正事，业业兢兢，则凶往而吉来，转祸而为福。昔殷汤祷身而降雨，成王省事以反风，宋公忧荧惑之灾，而应三舍之寿，高宗惩雊鼎之异，而享百年之福，此其类也。

自陛下承天理物，至道事神，美瑞嘉祥，浮臻狎委，非臣所能尽述。日者变生人火，损及宫宇，惊惕圣心，震动黎庶。臣谨按《左传》曰：“人火曰火，天火曰灾。”人火因人而兴，故指火体而为称；天火不知何起，直以所灾言之。其名虽殊，为害不别。又《汉书·五行志》曰：“火失性则自上而降，及滥焰妄起，灾宗庙，烧宫馆。”自上而降，所谓天火；滥焰妄起，所谓人火。其来虽异，为患实同。王者举措营为，必关幽显。幽为天道，显为人事，幽显迹通，天人理合。今工匠宿藏其火，本无放燎之心；明堂教化之宫，复非延火之所。孽煨潜扇，倏忽成灾，虽则因人，亦关神理。臣愚以为火发既先从麻主，后及总章，意将所营佛舍，恐劳而无益。但崇其教，即是津梁，何假绀宫，言存汲引？既僻在明堂之后，又前逼牲牢之筵，兼以厥构崇大，功多难毕。立像弘法，本拟利益黎元，伤财役人，却且烦劳家国。承前大风摧木，天诫已显；今者毒焰冥炽，人孽弥彰。圣人动作，必假天人之助，一兴功役，二者俱违，厥应昭然，殆将缘此。

臣以为明堂是正阳之位，至尊所居，展礼班常，崇化立政，玉帛朝会，神灵依凭。营之可曰大功，损之实非轻事，既失宿禋之所，复伤孝理之情。陛下昨降明制，犹申寅畏之旨，群僚理合兢畏震悚，勉力司存，岂合承恩耽乐，安然酺宴？又下人感荷圣德，睹变憎惶，神体克宁，岂非深悦。但以火气初止，尚多惊惧，余忧未息，遽以欢事遏之。臣恐忧喜相争，伤于情理。故传曰：“可忧而为乐，取忧之道。”又古者有火，祭四墉。四墉，积阴之气，祈之以禳火灾。火，阳之气，欢乐阳事，火气方胜，不可复兴阳事。臣闻灾变之兴，至圣不免，聿修其德，来患可禳。陛下垂制博访，许陈至理。而左史张鼎以为"今既火流王屋，弥显大周之祥"，通事舍人逄敏奏称，"当弥勒初成佛道时，有天魔烧宫，七宝台须臾散坏。"斯实诣妄之邪言，实非君臣之正论。晻昧王化，无益万机。夫天道虽高，其察弥近；神心虽寂，其听弥聪。交际皇王，事均影响。今大风烈火，遣告相仍，实天人丁宁，匡谕圣主，便鸿基盆固，天禄永终之意也。伏愿陛下乾乾在虑，翼翼为怀，若涉巨川，如承大祭，审其致灾之理，详其降咎之由，无晢天人之心，而兴不急之役。则兆人蒙赖，福禄靡穷，幸甚，幸甚。

则天寻令依旧规制重造明堂，凡高二百九十四尺，东西南北广三百尺。上施宝凤，俄以火珠代之。明堂之下，圜绕施铁渠，以为辟雍之象。天册万岁二年三月，重造明堂成，号为通天宫。四月朔日，又行亲享之礼，大赦，改元为万岁通天。翼日，则天御通天宫之端扆殿，命有司读时令，布政于群后。其年，铸铜为九州鼎，既成，置于明堂之庭，各依方位列焉。神都鼎高一丈八尺，受一千八百石。冀州鼎名武兴，雍州鼎名长安，兖州名日观，青州名少阳，徐州名东原，扬州名江都，荆州名江陵，梁州名成都。其八州鼎高一丈四尺，各受一千二百石。司农卿宗晋卿为九鼎使，都用铜五十六万七百一十二斤。鼎上图写本州山川物产之像，仍令工书人著作郎贾膺福、殿中丞薛昌容、凤阁主事李元振、司农录事钟绍京等分题之，左尚方署令曹元廓图画之。鼎成，自玄武门外曳入，令宰相、诸王率南北衙宿卫兵十余万人，并仗内大牛、白象共曳之。则天自为《曳鼎歌》，令相唱和。其时又造大仪钟，敛天下三品金，竟不成。九鼎初成，欲以黄金千两涂之。纳言姚璹曰："鼎者神器，贵于质朴，无假别为浮饰。臣观其状，光有五彩辉焕错杂其间，岂待金色为之炫耀？"乃止。其年九月，又大享于通天宫。以契丹破灭，九鼎初成，大赦。改元为神功。

圣历元年正月，又亲享及受朝贺。寻制：每月一日于明堂行告朔之礼。司礼博士辟闾仁谓奏议曰：

谨按经史正文，无天子每月告朔之事。惟《礼记·玉藻》云："天子听朔于南门之外。"《周礼·天官·太宰》："正月之吉，布政于邦国都鄙。"干宝注云："周正建子之月，告朔日也。"此即《玉藻》之听朔矣。今每岁首元日，于通天宫受朝，读时令，布政事，京官九品以上，诸州朝集使等咸列于庭，此则听朔之礼毕，而合于《周礼》、《玉藻》之文矣。而郑玄注《玉藻》"听朔"，以秦制月令有五帝五官之事，遂云："凡听朔，必特牲告其时帝及其神，配以文王、武王。"此郑注之误也。故汉魏至今莫之用。按《月令》云"其帝太昊，其神勾芒"者，谓宣布时令，告示下人，其各词云其帝其神耳。所以为敬授之文，欲使人奉其时而务其业。每月有令，故谓之《月令》，非谓天子月朔日以祖配帝而祭告。其每月告朔者，诸候之礼也。故《春秋左氏传》曰："公既视朔，遂登观台。"又郑注《论语》云："礼，人君每月告朔于庙，有祭谓之朝享。鲁自文公始不视朔。"是诸候之礼明矣。今王者行之，非所闻也。按郑所谓告其帝者即太昊等五人帝，其神者即重黎等五行官。虽并功施于人，列在祀典，无天子每月拜祭告朔之文。臣等谨检《礼论》及《三礼义宗》、《江都集礼》、《贞观礼》、《显庆礼》及祠令，并无天子每月告朔之事。若以三代无明堂，故无告朔之礼，则《江都集礼》、《贞观礼》、《显庆礼》及祠令，著祀五方上帝于明堂，即《孝经》"宗祀文王于明堂"也。此则无明堂而著其享祭，何为告朔独阙其文？若以君有明堂即合告朔，则周、秦有明堂，而经典正文，无天子每月告朔之事。臣等历观今古，博考载籍，既无其礼，不可习非。望请停每月一日告朔之祭，以正国经。窃以天子之尊，而用诸侯之礼，非所谓颁告朔、令诸侯、使奉而行之之义也。

凤阁侍郎王方庆又奏议曰：

谨按明堂，天子布政之宫也。盖所以顺天气，统万物，动法于两仪，德被于四海者也。夏曰世室，殷曰重屋，姬曰明堂，此三代之名也。明堂，天子太庙，所以宗祀其祖，以配上帝。东曰青阳，南曰明堂，西曰总章，北曰玄堂，中曰太室。虽有五名，而以明堂为主。汉代达学通儒，咸以明堂、太庙为一。汉左中郎将蔡邕立议，亦以为然。取其宗祀，则谓之清庙；取其正室，则谓之太室；取其向阳，则谓之明堂；取其建学，则谓之太学；取其圜水，则谓之辟雍。异名而同事，古之制也。天子以孟春正月上辛日，于南郊总受十二月之政，还藏于祖庙，月取一政班于明堂。诸侯孟春之月，朝于天子，受十二月之政藏于祖庙，月取一政而行之。盖所以和阴阳、顺天道也。如此则祸乱不作，灾害不生矣。故仲尼美而称之曰："明王之以孝理天下也。"人君以其礼告庙，则谓之告朔；听视此月之政，则谓之视朔，亦曰听朔。虽有三名，其实一也。

今礼官议称"经史正文无天子每月告朔之事"者。臣谨按《春秋》："文公六年闰十月，不告朔。"《谷梁传》曰："闰，附月之余日，天子不以告朔。"《左氏传》云："闰月不告朔，非礼也。闰以正时，时以作事，事以厚生，生人之道，于是乎在矣。不告闰朔，弃时政也。"臣据此文，则天子闰月亦告朔矣。宁有他月而废其礼者乎？博考经籍，其文甚著。何以明之？《周礼·太史》职云："颁告朔于邦国。闰月，告王居门终月。"又《礼记·玉藻》云："闰月则合门左扉，立于其中。"并是天子闰月而行告朔之事也。

礼官又称："《玉藻》，'天子听朔于南门之外。'《周礼·天官·太宰》，'正月之吉，布政于邦国都鄙。'干宝注云，'周正建子之月，告朔日也。'此即《玉藻》之听朔矣。今每岁首元日，通天宫受朝，读时令，布政事，京官九品以上、诸州朝集使等咸列于庭，此听朔之礼毕，而合于《周礼》、《玉藻》之文矣。《礼论》及《三礼义宗》、《江都集礼》、《贞观礼》、《显庆礼》及祠令，无王者告朔之事"者。臣谨按《玉藻》云："玄冕而朝日于东门之外，听朔于南门之外。"郑注云："朝日，春分之时也。东门、南门，皆谓国门也。明堂在国之阳，每月就其时之堂而听朔焉，卒事，反宿于路寝。凡听朔，必以特牲告其时帝及其神，配以文王、武王。"臣谓今岁首元日，通天宫受朝，读时令及布政，自是古礼孟春上辛，受十二月之政藏于祖庙之礼耳，而月取一政，班于明堂，其义昭然，犹未行也。即如礼官所言，遂阙其事。

臣又按《礼记·月令》，天子每月居青阳、明堂、总章、玄堂，即是每月告朔之事。先儒旧说，天子行事，一年十八度入明堂：大享不问卜，一入也；每月告朔，十二入也；四时迎气，四入也；巡狩之年，一入也。今礼官立义，王惟岁首一入耳，与先儒既异，臣不敢同。郑玄云："凡听朔告其帝。"臣愚以为告朔之日，则五方上帝之一帝也。春则灵威仰，夏则赤熛怒，秋则白招拒，冬则叶光纪，季月则含枢纽也，并以始祖而配之焉。人帝及神，列在祀典，亦于其月而享祭之。鲁自文公始不视朔，子贡见其礼废，欲去其羊，孔子以羊存犹可识其礼，羊亡其礼遂废，故云："尔爱其羊，我爱其礼。"

汉承秦灭学，庶事草创，明堂、辟雍，其制遂阙。汉武帝封禅，始造明堂于太山，既不立于京师，所以无告朔之事。至汉平帝元始中，王莽辅政，庶几复古，乃建明堂、辟雍焉。帝祫祭于明堂，诸侯王、列侯、宗室子弟九百余人助祭毕，皆益户、赐爵及金帛、增秩、补吏各有差。汉末丧乱，尚传其礼。爰至后汉，祀典仍存。明帝永平二年，郊祀五帝于明堂，以光武配，祭牲各一犊，奏乐如南郊。董卓西移，载籍湮灭，告朔之礼，于此而坠。暨于晋末，戎马生郊，礼乐衣冠，扫地总尽。元帝过江，是称狼狈，礼乐制度，南迁盖寡，彝曲残缺，无复旧章，军国所资，临事议之。既阙明堂，宁论告朔。宋朝何承天纂集其文，以为《礼论》，虽加编次，事则阙如。梁代崔灵恩撰《三礼义宗》，但捃摭前儒，因循故事而已。隋大业中，炀帝命学士撰《江都集礼》，只抄撮《礼论》，更无异文。《贞观》、《显庆礼》及祠令不言告朔者，盖为历代不传，其文遂阙，各有由绪，不足依据。今礼官引为明证，在臣诚实有疑。

陛下肇建明堂，聿遵古典，告朔之礼，犹阙旧章，钦若稽古，应须补葺。若每月听政于明堂，事亦烦数，孟月视朔，恐不可废。

上又命奉常广集众儒，取方庆、仁谐所奏，议定得失。当时大儒成均博士吴扬吾、太学博士郭山恽曰："臣等谨按《周礼》、《礼记》及《三传》，皆有天子告朔之礼。夫天子颁告朔于诸侯，秦政焚灭《诗》、《书》，由是告朔礼废。今明堂肇建，总章新立，绍百王之绝轨，树万代之鸿规，上以严配祖宗，下以敬授人时，使人知礼乐，道适中和，灾害不生，祸乱不作。今若因循颂朔，每月依行，礼贵随时，事须沿革。望依王方庆议，用四时孟月日及季夏于明堂修复告朔之礼，以颁天下。其帝及神，亦请依方庆用郑玄义，告五时帝于明堂上。则严配之道，通于神明；至孝之德，光于四海。"制从之。

长安四年，始制："元日明堂受朝，停读时令。"中宗即位，神龙元年九月，亲享明堂，合祭天地，以高宗配。礼毕，曲赦京师。明年驾入京，于季秋大享，复就圆丘行事，迄于睿宗之世。

开元二年八月，太子宾客薛谦光献《九鼎铭》。其蔡州《鼎铭》，天后御撰，曰："羲、农首出，轩、昊膺期。唐、虞继踵，汤、禹乘时。天地光宅，域中雍熙。上天降鉴，方建隆基。"紫微令姚崇奏曰："圣人启运，休兆必彰。请宣付史馆。"从之。五年正月，幸东都，将行大享之礼。太常少卿王仁忠、博士冯宗陈贞节等议，以武氏所造明堂，有乖典制，奏议曰：

明堂之建，其所从来远矣！自天垂象，圣人则之。蒿柱茅檐之规，上圆下方之制，考之大数，不逾三七

之间，定之方中，必居丙巳之地者，岂非得房心布政之所，当太微上帝之宫乎？故仰叶俯从，正名定位，人神不杂，各司其序，则嘉应响至，保合太和。

昔汉氏承秦，经籍道息，旁求湮坠，详究难明。孝武初，议立明堂于长安城南，遭窦太后不好儒术，事乃中废。孝成之代，又欲立于城南，议其制度，莫之能决。至孝平元始四年，始创造于南郊，以申严配。光武中元元年，立于国城之南。自魏、晋迄于梁朝，虽规制或殊，而所居之地，常取丙巳者，斯盖百王不易之道也。

高宗天皇大帝纂承平之运，崇朴素之风，四夷来宾，九有咸乂。永徽三年，诏礼官学士议明堂制度，群儒纷竞，各执异端，久之不决，因而遂止者，何也？非谓财不足、力不堪也。将以周、孔既遥，礼经且紊，事不师古，或爽天心，难用作程，神不孚祐者也。则天太后总禁闱之政，藉轩台之威，属皇室中圮之期，蹑和、熹从权之制。以为乾元大殿，承庆小寝，当正阳亭午之地，实先圣听断之宫。表顺端闱，储精营室，爰从朝享，未始临御。乃起工徒，挽令摧覆。既毁之后，雷声隐然，众庶闻之，或以为神灵感动之象也。于是增土木之丽，因府库之饶，南街北阙，建天枢大仪之制；乾元遗趾，兴重阁层楼之业。烟焰蔽日，梁柱排云，人斯告劳，天实贻诫。煴烬甫尔，遽加修复。况乎地殊丙巳，未答灵心，迹匪膺期，乃申严配。事昧彝典，神不昭格。此其不可者一也。又明堂之制，木不镂，土不文。今体式乖宜，违经紊礼，雕镂所及，穷侈极丽。此其不可者二也。高明爽垲，事资虔敬，密迩宫掖，何以祈天？人神杂扰，不可放物。此其不可者三也。况两京上都，万方取则，而天子阙当阳之位，听政居便殿之中，职司其忧，岂容沉默。当须审考历之计，择烦省之宜，不便者量事改修，可因者随宜适用，削彼明堂之号，克复乾元之名，则当宁无偏，人识其旧矣。

诏令所司详议奏闻。

刑部尚书王志愔等奏议，咸以此堂所置，实乖典制，多请改削，依旧造乾元殿。乃下诏曰："古之操皇纲、执大象者，何尝不上稽天道，下顺人极，或变通以随时，爰损益以成务。且衢室创制，度堂以筵，用之以礼神，是光孝享，用之以布政，盖称视朔，先王所以厚人伦、感天地者也。少阳有位，上帝斯歆，此则神贵于不黩，礼殷于至敬。今之明堂，俯邻宫掖，此之严祀，有异肃恭，苟非宪章，将何轨物？由是礼官博士、公卿大夫，广参群议，钦若前古，宜存露寝之式，用罢辟雍之号。可改为乾元殿，每临御宜依正殿礼。"自是驾在东都，常以元日冬至于乾元殿受朝贺。季秋大享祀，依旧于圆丘行事。

十年，复题乾元殿为明堂，而不行享祀之礼。二十五年，驾在西京，诏将作大匠康𫐐素往东都毁之。𫐐素以毁拆劳人，乃奏请且拆上层，卑于旧制九十五尺。又去柱心木，平座上置八角楼，楼上有八龙，腾身捧火珠。又小于旧制，周围五尺，覆以真瓦，取其永逸。依旧为乾元殿。

卷二十三　　志第三

礼　仪　三

　　封禅之礼，自汉光武之后，旷世不修。隋开皇十四年，晋王广率百官抗表，固请封禅。文帝令牛弘、辛彦之、许善心等创定仪注。至十五年，行幸兖州，遂于太山之下，为坛设祭，如南郊之礼，竟不升山而还。

　　贞观六年，平突厥，年谷屡登，群臣上言请封泰山。太宗曰："议者以封禅为大典。如朕本心，但使天下太平，家给人足，虽阙封禅之礼，亦可比德尧、舜；若百姓不足，夷狄内侵，纵修封禅之仪，亦何异于桀、纣？昔秦始皇自谓德洽天心，自称皇帝，登封岱宗，奢侈自矜。汉文帝竟不登封，而躬行俭约，刑措不用。今皆称始皇为暴虐之主，汉文为有德之君。以此而言，无假封禅。礼云，'至敬不坛'，扫地而祭，足表至诚，何必远登高山，封数尺之土也！"侍中王珪对曰："陛下发德音，明封禅本末，非愚臣之所及。"秘书监魏徵曰："隋末大乱，黎民遇陛下，始有生望。养之则至仁，劳之则未可。升中之礼，须备千乘万骑，供帐之费，动役数州。户口萧条，何以能给？"太宗深嘉徵言，而中外章表不已。上问礼官两汉封山仪注，因遣中书侍郎杜正伦行太山上七十二帝坛迹。是年两河水潦，其事乃寝。至十一年，群臣复劝封山，始议其礼。于是国子博士刘伯庄、睦州刺史徐令言等，各上封祀之事，互设疑议，所见不同。多言新礼中封禅仪注，简略未周。太宗敕秘书少监颜思古、谏议大夫朱子奢等，与四方名儒博物之士参议得失。议者数十家，递相驳难，纷纭久不决。于是左仆射房玄龄、特进魏徵、中书令杨师道，博采众议堪行用而与旧礼不同者奏之。

　　其议昊天上帝坛曰："将封先祭，义在告神，且备谒敬之仪，方展庆成之礼。固当于坛下阯，预申齐洁。赞飨已毕，然后登封。既表重慎之深，兼示行事有渐。今请祭于泰山下，设坛以祀上帝，以景皇帝配享。坛长十二丈，高一丈二尺。"又议制玉牒曰："金玉重宝，质性贞坚，宗祀郊禋，皆充器币，岂嫌华美，实贵精确。况乎三神壮观，万代鸿名，礼极殷崇，事资藻缛。玉牒玉检，式韫灵奇，传之无穷，永存不朽。今请玉牒长一尺三寸，广厚各五寸。玉检厚二寸，长短阔狭一如玉牒。其印齿请幂玺大小，仍缠以金绳五周。"又议玉策曰："封禅之祭，严配作主，皆奠玉策，肃奉虔诚。今玉策四枚，各长一尺三寸，广一寸五分，厚五分。每策五简，俱以金编。其一奠上帝，一奠太祖座，一奠皇地祇，一奠高祖座。"又议金匮曰："登配之策，盛以金匮，归格艺祖之庙室。今请长短令容玉策，高广各六寸。形制如今之表函。缠以金绳，封以金泥，印以受命玺。"又议方石再累曰："旧藏玉牒，止用石函，亦犹盛书箧笥，所以或呼石箧。今请方石三枚，以为再累。其十枚石检，刻方石四边而立之。缠以金绳，封以石泥，印以受命玺。"又议泰山上圜坛曰："四出开道，坛场通义，南面入升，于事为允。今请介丘上圆坛广五丈，高九尺，用五色土加之。四面各设一阶。御位在坛南，升自南阶，而就上封玉牒。"又议圆坛上土封曰："凡言封者，皆是积土之名。利建分封，亦以班社立号。谓之封禅，厥义可知。今请于圜坛之上，安置方石，玺缄既毕，加土筑以为封。高一丈二尺，而广二丈，以五色土益封，玉牒藏于其内。祀禅之土，其封制亦同此。"又议玉玺曰："谨详前载方石缄封，玉检金泥，必资印玺，以为秘固。今请依令用受命玺以封石检。其玉检既与石检大小不同，请更造玺一枚，方一寸二分，文同受命玺，以封玉牒。石检形制，依汉建武故事。"又议立碑曰："勒石纪号，显扬功业，登封降禅，肆觐之坛，立碑纪之。"又议设告至坛曰："既至山下，礼行告至，柴于东方上帝，望秩遍礼群神。今请其坛方八十一尺，高三尺，陛仍四出。其禅方坛及余仪式，请从今礼。仍请柴祭、望秩，同时行事。"又议废石阙及大小距石曰："距石之设，意取牢固，本资实用，岂云雕饰。今既积土厚封，足与天长地久。其小距环坛，石阙回建，事非经诰，无益礼义，烦而非要，请从减省。"

　　太宗从其议，仍令附之于礼。

　　十五年，下诏，将有事于泰山，复令公卿诸儒详定仪注。太常卿韦挺、礼部侍郎令狐德棻为封禅使，参考其议。时论者又执异见，颜师古上书申明前议。太宗览其奏，多依师古所陈为定。车驾至洛阳宫，会有彗星之变，乃下诏罢其事。

　　高宗即位，公卿数请封禅，则天既立为皇后，又密赞之。麟德二年二月，车驾发京，东巡狩，诏礼官、博士撰定封禅仪注：

　　有司于乾封元年正月戊辰朔。先是，有司斋戒。于前祀七日平旦，太尉誓百官于行从中台，云："来月一日封祀，二日登封泰山，三日禅社首，各扬其职，不供其事，国有常刑。"上斋于行宫四日，致斋三日。近侍之官应从升者，及从事群官、诸方客使，各本司公馆清斋一宿。前祀一日，诸卫令其属：未后一刻，设黄麾半仗于外壝之外，与乐工人俱清斋一宿。

　　有司于太岳南四里为圆坛，三成、十二阶，如圆丘之制。坛上饰以青，四面各依方色，并造燎坛及壝三重。又造玉策三枚，皆以金绳连编玉简为之。每简长一尺二寸，广一寸二分，厚三分，刻玉填金为字。又为玉匮一，以藏正座玉策，长一尺三寸。并玉检方五寸，当绳处刻为五道，当封玺处刻深二分，方一寸二分。又为金匮二，以藏配座玉策，制度如玉匮。又为黄金绳以缠金玉匮，各五周。为金泥、玉匮、金匮。为玉玺一枚，方一寸二分，文同受命玺，封玉匮、金匮。又为石䃭，以藏玉匮。用方石再累，各方五尺，厚一尺，刻方石中令容玉匮。䃭旁施检处，皆刻深三寸三分，阔一尺。当绳处皆刻深三分，阔一寸五分。为石检十枚，以检石䃭，皆长三尺，阔一尺，厚七寸。皆刻为印齿三道，深四寸。当封玺处方五寸，当通绳处阔一寸五分。皆有小石盖，制与检刻处相应，以检撅封泥。其检立于礛旁，南方、北方各三，东方、西方各二，去礛隅皆七寸。又为金绳以缠石礛，各五周，径三分。为石泥以泥石礛，其泥，末石和方色土为之。为距石十二枚，分距礛隅，皆再累，各阔二尺，长一丈，斜刻其首，令与礛隅相应。

泰山之上，设登封之坛，上径五丈，高九尺，四出陛。坛上饰以青，四面依方色。一墝，随地之宜。其玉牒、玉匮、石礛、石检、距石，皆如封祀之制。又为降禅坛于社首山上，方坛八隅，一成八陛，如方丘之制。坛上饰以黄，四面依方色。三墝，随地之宜。其玉策、玉匮、石礛、石检、距石等，亦同封祀之制。

至其年十二月，车驾至山下。及有司进奏仪注，封祀以高祖、太宗同配，禅社首以太穆皇后、文德皇后同配，皆以公卿充亚献、终献之礼。于是皇后抗表曰：

伏寻登封之礼，远迈古先，而降禅之仪，窃为未允。其祭地祇之日，以太后昭配，至于行事，皆以公卿。以妾愚诚，恐未周备。何者？乾坤定位，刚柔之义已殊；经义载陈，中外之仪斯别。瑶坛作配，既合于方祇；玉豆荐芳，实归于内职。况推尊先后，亲飨琼筵，岂有外命宰臣，内参裸祭？详于至理，有紊徽章。但礼节之源，虽兴于昔典，而升降之制，尚缺于遥图。且往代封岳，虽云显号，或因时省俗，意在寻仙；或以情觊名，事深以己。岂如化被乎四表，推美于神宗；道冠乎二仪，归功于先德。宁可仍遵旧轨，靡创彝章？

妾谬处椒闱，叨居兰掖。但以职惟中馈，道属于蒸、尝；义切奉先，理光于蘋、藻。罔极之思，载结于因心；祇肃之怀，实深于明祀。但妾早乖定省，已阙侍于晨昏；今属崇禋，岂敢安于帷帝。是故驰情夕寝，眷嬴里而翘魂；叠虑宵兴，仰深郊而耸念。伏望展礼之日，总率六宫内外命妇，以亲奉奠。冀申如在之敬，式展虔拜之仪。积此微诚，已淹气序。既属銮舆将警，奠璧非赊，辄效丹心，庶神大礼。冀圣朝垂则，永播于芳规；萤烛末光，增辉于日月。

于是祭地祇、梁甫，皆以皇后为亚献，诸王大妃为终献。

丙辰，前罗文府果毅李敬贞论封禅须明水实樽："《淮南子》云：'方诸见月，则津而为水。'高诱注云：'方诸，阴燧，大蛤也。熟摩拭令热，以向月，则水生。以铜盘受之，下数石。'王充《论衡》云：'阳燧取火于日，方诸取水于月，相去甚远，而火至水来者，气感之验也。'《汉旧仪》云：'八月饮酎，车驾夕牲，以鉴诸取水于月，以阳燧取火于日。'《周礼·考工记》云：'金有六齐。金锡半，谓之鉴燧之齐。'郑玄注云：'鉴燧，取水火于日月之器也。'准郑此注，则水火之器，皆以金锡为之。今司宰有阳燧，形如圆镜，以取明火；阴鉴形如方镜，以取明水。但比年祠祭，皆用阳燧取火，应时得；以阴鉴取水，未有得者，常用井水替明水之处。"奉敕令礼司研究。敬贞因说先儒是非，言及明水，乃云："《周礼》金锡相半，自是造阳燧法，郑玄错解以为阴鉴之制。依古取明水法，合用方诸，引《淮南子》等书，用大蛤也。"又称："敬贞曾八九月中，取蛤一尺二寸者依法试之。自人定至夜半，得水四五斗。"奉常奏曰："封禅祭祀，即须明水实樽。敬贞所陈，检有故实。"又称：先经试验确执，望请差敬贞自取蚌蛤，便赴太山与所司对试。"

是日，制曰："古今典制，文质不同，至于制度，随世代沿革，唯祀天地，独不改张，斯乃自处于厚，奉天以薄。又今封禅，即用玉牒金绳，器物之间，复有瓦樽秸席，一时行礼，文质顿乖，驳而不伦，深为未惬。其封祀、降禅所设上帝、后土位，先设稿秸、瓦瓬、瓢杯等物，并宜改用裀褥罍爵，每事从文。其诸郊祀，亦宜准此。"于是昊天上帝之座褥以苍，皇地祇褥以黄，配帝及后褥以紫，五方上帝及大明、夜明席皆以方色，内官已下席皆以莞。

三年正月，帝亲享昊天上帝于山下，封祀之坛，如圆丘之仪。祭讫，亲封玉策，置石礛，聚五色土封之。圆径一丈二尺，高九尺。其日，帝率侍臣已下升泰山。翌日，就山上登封之坛封玉策讫，复还山下之斋宫。其明日，亲祀皇地祇于社首山上，降禅之坛，如方丘之仪。皇后为亚献，越国太妃燕氏为终献。翌日，上御朝觐坛以朝群臣，如元日之仪。礼毕，宴文武百僚，大赦改元。初，上亲享于降禅之坛，行初献之礼毕，执事者皆趋而下。宦者执帷，皇后率六宫以升，行礼。帷帝皆以锦绣为之。百僚在位瞻望，或窃议焉。于是诏立登封、降禅、朝觐之碑，各于坛所。又诏名封祀坛为舞鹤台，介丘坛为万岁台，降禅坛为景云台，以纪当时所见之瑞焉。

高宗既封泰山之后，又欲遍封五岳。至永淳元年，于洛州嵩山之南，置崇阳县。其年七月，敕其所造奉天宫。二年正月，驾幸奉天宫。至七月，下诏将以其年十一月封禅于嵩岳。诏国子司业李行伟、考工员外郎贾大隐、太常博士韦叔夏裴守贞辅抱素等详定仪注。于是议：

立封祀坛，如圆丘之制。上饰以玄，四面依方色。为圆坛，三成，高二丈四尺，每等高六尺。坛上径一十六步，三等各阔四步。设十二陛，陛皆上阔八尺，下阔一丈四尺。为三重墝，距外墝三十步，内墝距五十步。燎坛在坛东南外墝之内，高三尺，方一丈五尺，南出陛。登封坛，圆径五丈，高九尺。四出陛，为一墝，饰以五色，准封祀。禅祭坛，上饰以金，四面依方色，为八角方坛，再成，高一丈二尺，每等高四尺。坛上方十六步，每等广四步，设八陛。其上坛陛皆广八尺，中等陛皆广一丈，下等陛皆广一丈二尺。为三重墝之大小，准封祀。为埋坎，在坛之未地外墝之内，方深取足容物，南出陛。朝觐坛，于行宫之前为坛。宫方三分。墝二，在南。坛方二十四丈，高九尺，南面两陛，余三百各一陛。封祀、登封，五色土封石礛为圆封，上径一丈二尺，下径三丈，高九尺。禅祭，五色土封为八角方封，大小准封祀制度。所用尺寸，准历东封，并用古制。诸坛并筑土为之，礼无用石之文。并度影以定方位。登封、降禅,四出陛各当四方之中,陛各上广七尺,下广一丈二尺。封祀玉帛料,有苍璧,四圭有邸,圭璧。禅祭有黄琮,两圭有邸,无圭璧。

又定登封、降禅、朝觐等日。准礼,冬至祭天于圜丘,其封祀请用十二日。准东封祀故事,十二日登封,十三日禅祭,十四日朝觐。若有故,须改登封已下期日,在礼无妨。

又辇舆料云:封祀、登封,皇帝出乘玉辂,还乘金辂。皇太子往还金辂。禅祭,皇帝、太子如封祀。又衣服料云:东封祠祭日,天皇服衮冕,近奉制,依《贞观礼》服大裘。

又云:衮冕服一具,斋服之;通天冠服一具,回服之;翼善冠服一具,马上服之。皇太子衮冕服。又斋则服远游冠,受朝则公服远游冠服,马上则进德冠服。

当时又令详求射牛之礼。行伟、守贞等议曰:"据《周礼》及《国语》,郊祀天地,天子自射其牲。汉武唯封太山,令侍中儒者射牛行事。至于余祀,亦无射牲之文。但亲享射牲,虽是古礼,久从废省。据封禅礼,祀日,未明十五刻,宰人以銮刀割牲,质明而行事。比銮驾至时,牢牲总毕,天皇唯奠玉帛献而已。今若祀前一日射牲,事即伤早。祀日方始射牲,事又伤晚。若依汉武故事,即非亲射之仪,事不可行。"诏从之。寻属高宗不豫,遂罢封禅之礼。

则天证圣元年,将有事于嵩山,先遣使致祭以祈福助,下制,号嵩山为神岳,尊嵩山神为天中王,夫人为灵妃。嵩山旧有夏启及启母、少室阿姨神庙,咸令预祈祭。至天册万岁二年腊月甲申,亲行登封之礼。礼毕,便大赦,改元万岁登封,改嵩阳县为登封县,阳成县为告成县。粤三日丁亥,禅于少室山。又二日己丑,御朝觐坛朝群臣,咸如乾封之仪。则天以封禅日为岳神祇所祐,遂尊神岳天中王为神岳天中皇帝,灵妃为天中皇后,夏后启为齐圣皇帝;封启母神为玉京太后,少室阿姨神为金阙夫人;王子晋为升仙太子,别为立庙。登封坛南有槲树,大赦日于其杪置金鸡树。则天自制《升中述志碑》,树于坛之丙地。

玄宗开元十二年,文武百僚、朝集使、皇亲及四方文学之士,皆以理化升平,时谷屡稔,上书请修封禅之礼并献赋颂者,前后千有余篇。玄宗谦冲不许。中书令张说又累日固请,乃下制曰:

自古受命而王者,曷尝不封泰山,禅梁父,答厚德,告成功。三代之前,罔不由此。越自魏、晋,以迄周、隋,帝典阙而大道隐,王纲弛而旧章缺,千载寂寥,封崇莫嗣。物极而复,天祚我唐,武、文二后,应图受箓。洎于高宗,重光累盛,承至理,登介丘,怀百神,震六合,绍殷、周之统,接虞、夏之风。中宗弘懿铄之休,睿宗沐粹精之道,巍巍荡荡,无得而称者也。

朕昔难多难,禀略先朝,虔奉慈旨,嗣膺丕业。是用创九庙以申孝敬,礼二郊以展严禋,宝菽粟于水火,捐珠玉于山谷。兢兢业业,非敢追美前王;日慎一日,实以奉遵遗训。至于巡狩大典,封禅鸿名,顾惟寡薄,未遑时迈,十四载于兹矣。今百谷有年,五材无眚,刑罚不用,礼义兴行,和气氤氲,淳风澹泊。蛮夷戎狄,殊方异类,重译而至者,日月于阙廷;奇兽神禽,甘露嘉醴,穷祥极瑞,朝夕于林籔。王公卿士,罄乃诚于中;鸿生硕儒,献其书于外。莫不以神祇合契,亿兆同心。斯皆烈祖圣考,垂裕余庆。故朕赖宗庙之介福,敢以眇身,颛其克让。是以敬奉群议,弘此大猷,以光我高祖之丕图,以绍我高祖之鸿烈。永言陟配,追感载深。可以开元十三年十一月十日,式遵故实,有事太山。所司与公卿诸儒详择典礼,预为备具,勿广劳人,务存节约,以称朕意。

于是诏中书令张说、右散骑常侍徐坚、太常少卿韦縚、秘书少监康子元、国子博士侯行果等,与礼官于集贤书院刊撰仪注。

玄宗初以灵山好静,不欲喧繁,与宰臣及侍讲学士对议,用山下封祀之仪。于是张说谓徐坚、韦縚等曰:"乾封旧仪,禅社首,享皇地祇,以先后配飨。王者父天而母地,当今皇母位,亦当往帝之母也,子配母飨,亦有何嫌?而以皇后配地祇,非古之制也。天监孔明,福善如响。乾封之礼,文德皇后配皇地祇,天后为亚献,越国太妃为终献。宫闱接神,有乖旧典。上玄不祐,遂有天授易姓之事,宗社中圮,公族诛灭,皆由此也。景龙之季,有事圆丘,韦氏为亚献,皆以妇人升坛执笾豆,渫黩穹苍,享祀不洁。未及逾年,国有内难,终献皆受其咎,掌座斋郎及女人执祭者,多亦夭卒。今主上尊天敬神,事资革正。斯礼以睿宗大圣贞皇帝配皇地祇,侑神作主。"乃定议奏闻。上从之。

旧礼:郊祀既毕,收取玉帛牲体,置于柴上,然后燔于燎坛之上,其坛于神坛之左。显庆中,礼部尚书许敬宗等因修改旧礼,乃奏曰:

谨按祭祀之礼,周人尚臭,祭天则燔柴,祭地则瘞血,宗庙则焫萧灌鬯,皆贵气臭,同以降神。礼经明白,义释甚详。委柴在祭神之初,理无所惑。是以《三礼义宗》等并云:"祭天以燔柴为始,然后行正祭。祭地以瘞血为先,然后行正祭。"又《礼论》说太常贺循上言:"积柴旧在坛南,燎祭天之牲,用犊左胖,汉仪用头,今郊用胁之九个。太宰令奉牲胁,太祝令奉圭璧,俱奠燎薪之上。"此即晋氏故事,亦无祭末之文。既云汉仪用牲头,头非神俎之物,且祭末俎皆升右胖之胁。唯有《三礼》、贺循既云用祭天之牲左胖,复云今仪用胁九个,足明燔柴所用,与升俎不同。是知自在祭初,别燔牲体,非于祭末,烧神余馔。此则晋氏以前,仍遵古礼。唯周、魏以降,妄为损益。缘告庙之币,事毕瘗埋,因改燔柴,将为祭末。事无典实,礼阙降神。

又燔柴、正祭,牲、玉皆别。苍璧苍犊之流,柴之所用;四圭骍犊之属,祀之所须。故郊天之有四圭,犹祀庙之有圭瓒。是以《周官·典瑞》,文势相因,并事毕收藏,不在燔例。而今新礼引用苍璧,不顾圭瓒,遂亦俱燔,义既有乖,理难因袭。又燔柴作乐,俱以降神,则处置之宜,须相依准。柴燔在左,作乐在南，求之礼情，实为不类。且《礼论》说积柴之处在神坛之南，新体以为坛左，文无典故。请改燔为祭始，位乐悬之南，外壝之内。其阴祀瘗埋，亦请准此。

制可之。自是郊丘诸祀，并先焚而后祭。

及玄宗将作封禅之礼，张说等参定仪注，徐坚、康子元等建议曰：

臣等谨按显庆年修礼官长孙无忌等奏改燔柴在祭前状称"祭祀之礼，必先降神。周人尚臭，祭天则燔柴"者。臣等按礼，迎神之义，乐六变则天神降，八变则地祇出，九变则鬼神可得而礼矣。则降神以乐，《周礼》正文，非谓燔柴以降神也。案尚臭之义，不为燔之先后。假如周人尚臭，祭天则燔柴，容或燔臭先以迎神。然则殷人尚声，祭天亦燔柴，何声可燔先迎神乎？又按显庆中无忌等奏称"晋氏之前，犹遵古礼。周、魏以降，妄为损益"者。今按郭璞《晋南郊赋》及注《尔雅》："祭后方燔。"又按《宋志》所论，亦祭后方燔。又检南齐、北齐及梁郊祀，亦饮福酒后方燔。又检后周及隋郊祀，亦先祭后燔。据此，即周遵后燔，晋不先燎。无忌之事，义乃相乖。

又按《周礼·大宗伯》职："以玉作六器，以礼天地四方。"《注》云："礼为始告神时荐于神座也。"下文云："以苍璧礼天，以黄琮礼地，皆有牲币，各如其器之色。"又《礼器》云："有以少为贵者，祭天特牲。"是知苍璧之与苍牲，俱各奠之神座，理节不惑。又云："四圭有邸，以祀天、旅上帝。"即明祀昊天上帝之时，以旅五方天帝明矣。其青圭、赤璋、白琥、玄璜，自是立春、立夏、立秋、立冬之日，各于其方迎气所用，自分别矣。今按显庆所改新礼，以苍璧与苍牲、苍币，俱用先燔。苍璧既已燔矣，所以遂加四圭有邸，奠之神座。苍牲既已燔矣，所以更加骍牲，充其实俎。混昊天于五帝，同用四圭；失特牲之明文，加为二犊。深乖礼意，事乃无凭。

考功员外郎赵冬曦、太学博士侯行果曰："先焚者本以降神，行之已久。若从祭义，后焚为定。"中书令张说执奏曰："徐坚等所议燔柴前后，议有不同。据祭义及贞观、显庆已后，既先燔，若欲正失礼，求祭义，请从《贞观礼》。如且因循不改，更请从《显庆礼》。凡祭者，以心为主，心至则通于天地，达于神祇。既有先燔、后燎，自可断于圣意，圣意所至，则通于神明。燔之先后，臣等不敢裁定。"玄宗令依后燔及先奠之仪。是后太常卿宁王宪奏请郊坛时祭，并依此先奠璧而后燔柴、瘗埋，制从之。

时又有四门助教施敬本驳奏旧封禅礼八条，其略曰：

旧礼，侍中跪取匜沃盥，非礼也。夫盥手洗爵，人君将致洁而尊神，故能使小臣为之。今侍中，大臣也，而沃盥于人君；太祝，小臣也，乃诏祝于天神。是接天神以小臣，奉人君以大臣，故非礼。按《周礼·大宗伯》曰："郁人，下士二人，赞祼事。"则沃盥此职也。汉承秦制，无郁人之职，故使近臣为之。魏、晋至今，因而不改。然则汉礼，侍中行之则可矣，今

以侍中为之，则非也。汉侍中，其始也微。高帝时籍孺为之，惠帝时闳孺为之，留侯子辟强年十五为之。至后汉，楼坚以议郎拜侍中，邵阖自侍中迁步兵校尉，秩千石，少府卿之属也。少府卿秩中二千石，丞秩千石，侍中与少府丞班同。魏代苏则为之。旧侍中亲省起居，故谓之"执兽子。"吉茂见谓之曰，"仕进不止执兽子"，是言其为亵臣也。今侍中，名则古官，人非昔任，掌同燮理，寄实盐梅，非复汉、魏"执兽子"之班，异乎《周礼》郁人之职。行舟不息，坠剑方遥，验刻而求，可谓谬矣。

夫祝以传命，通主人之意以荐于神明，非贱职也。故两君相见，则卿为上傧。况天人之际，其肃恭之礼，以两君为喻，不亦大乎！今太祝，下士也，非所以重命而尊神之义也。然则周、汉太祝，是礼矣。何者？按《周礼·大宗伯》曰："太祝，下大夫二人，上士四人，掌六祝之辞。"大宗伯为上卿，今礼部尚书、太常卿比也；小宗伯中大夫，今侍郎、少卿比也；太祝下大夫，今郎中、太常丞比也；上士四人，今员外郎、太常博士之比也。故可以处天人之际，致尊极之辞矣。又汉太祝令，秩六百石，与太常博士同班。梁太祝令，与南台御史同班。今太祝下士之卑，而居下大夫之职，斯又刻舟之论，不异于前矣。

又曰：

旧礼，谒者引太尉升坛亚献，非礼也。谒者已贱，升坛已重，是微者用之于古，而大体实变之于今也。按《汉官仪》："尚书御史台官属有谒者仆射一人，秩六百石，铜印青绶；谒者三十五人，以郎中满岁称给事，未满岁称灌谒者。又按《汉书·百官公卿表》：光禄勋官属有郎中、员外，秩比二千石；有谒者，掌宾赞受事，员七十人，秩比六百石。古之谒者，秩异等，今谒者班微，以之从事，可谓疏矣。

又曰：

旧礼，尚书令奉玉牒，今无其官，请以中书令从事。按汉武帝时，张安世为尚书令，游宴后宫，以宦者一人出入帝命，改为中书谒者令。至成帝，罢宦者，用士人。魏黄初改秘书，置中书监令。旧尚书并掌制诰，既置中书官，而制诰枢密皆掌焉。则自魏以来，中书是汉朝尚书之职。今尚书令奉玉牒，是用汉礼，其官既阙，故可以中书令主之。

议奏，玄宗令张说、徐坚召敬本与之对议详定，说等奏曰："敬本所议，其中四条，先已改定。有不同者，望临时量事改摄。"制从之。

十三年十一月丙戌，至泰山，去山趾五里，西去社首山三里。丁亥，玄宗服衮冕于行宫，致斋于供帐前殿。己丑，日南至，大备法驾，至山下。玄宗御马而登，侍臣从。先是玄宗以灵山清洁，不欲多人上，欲初献于山上坛行事，亚献、终献于山下坛行事。因召礼官学士贺知章等入讲仪注，因问之，知章等奏曰："昊天上帝，君位；五方时帝，臣位；帝号虽同，而君臣异位。陛下享君位于山上，群臣祀臣位于山下，诚足以垂范来叶，为váo礼之大者也。

礼成于三，初献、亚、终，合于一处。"玄宗曰："朕正欲如是，故问卿耳。"于是敕三献于山上行事，其五方帝及诸神座于山下坛行事。玄宗因问："玉牒之文，前代帝王，何故秘之？"知章对曰："玉牒本是通于神明之意。前代帝王，所求各异，或祷年算，或思神仙，其事微密，是故莫知之。"玄宗曰："朕今此行，皆为苍生祈福，更无秘请。宜将玉牒出示百僚，使知朕意。"其辞曰："有唐嗣天子臣某，敢昭告于昊天上帝。天启李氏，运兴土德。高祖、太宗，受命立极。高宗升中，六合殷盛。中宗绍复，继体不定。上帝眷佑，锡臣忠武。底绥内难，推戴圣父。恭承大宝，十有三年。敬若天意，四海晏然。封祀岱岳，谢成于天。子孙百禄，苍生受福。"

庚寅，祀昊天上帝于山上封台之前坛，高祖神尧皇帝配享焉。邠王守礼亚献，宁王宪终献。皇帝饮福酒。癸巳，中书令张说进称："天赐皇帝太一神策，周而复始，永绥兆人。"帝拜稽首。山上作圆台四阶，谓之封坛。台上有方石再累，谓之石𥐛。玉牒、玉策，刻玉填金为字，各盛以玉匮，束以金绳，封以金泥，皇帝以受命宝印之。纳二玉匮于𥐛中，金泥𥐛际，以"天下同文"之印封之。坛东南为燎坛，积柴其上。皇帝就望燎位，火发，群臣称万岁，传呼下山下，声动天地。山下坛祀，群臣行事已毕，皇帝未离位，命中书门下曰："朕以薄德，恭膺大宝。今封祀初建，云物休佑，皆是卿等辅弼之力。君臣相保，勉副天心，长如今日，不敢矜怠。"中书令张说跪言："圣心诚恳，宿斋山上。昨夜则息风收雨，今朝则天清日暖，复有祥风助乐，卿云引燎，灵迹盛事，千古未闻。陛下又思慎终如初。长福万姓，天下幸甚。"

先是车驾至岳西来苏顿，有大风从东北来，自午至夕，裂幕折柱，众恐。张说倡言曰："此必是海神来迎也。"及至岳下，天地清晏。玄宗登山，日气和煦。至斋次日入后，劲风偃人，寒气切骨。玄宗因不食，次前露立，至夜半，仰天称："某身有过，请即降罚。若万人无福，亦请某为当罪。兵马辛苦，乞停风寒。"应时风止，山气温暖。时从山上布兵至于山坛，传呼辰刻及诏命来往，斯须而达。夜中燃火相属，山下望之，有如连星自地属天。其日平明，山上清迥，下望山下，休气四塞，登歌奏乐，有祥风自南而至，丝竹之声，飘若天外。及行事，日扬火光，庆云纷郁，遍满天际。群臣并集于社首山帷宫之次，以候銮驾，遥望紫烟憧憧上达，内外欢噪。玄宗自山上使赴社首斋次，辰巳间至，日色明朗，庆云不散。百辟及蕃夷争前迎贺。辛卯，享皇地祇于社首之泰折坛，睿宗大圣贞皇帝配祀。五色云见，日重轮。藏玉策于石𥐛，如封坛之仪。壬辰，玄宗御朝觐之帐殿，大备陈布。文武百僚，二王后，孔子后，诸方朝集使，岳牧举贤良及儒生、文士上赋颂者，戎狄夷蛮胡朝献之国，突厥颉利发，契丹、奚等王、大食、谢䫻、五天十姓，昆仑、日本、新罗、靺鞨之侍子及使，内臣之番，高丽朝鲜王，百济带方王，十姓摩阿史那兴昔可汗，三十姓左右贤王，日南、西竺、鳖齿、雕题、牂柯、乌浒之酋长，咸在位。制曰：

朕闻天监唯后，后克奉天，既合德以受命，亦推功而复始。厥初作者七十二君，道洽迹著，时至符出，皆用事于介丘，升中于上帝。人神之望，盖有以塞之，皇王之序，可得而言。朕接统千岁，承光五叶，惟祖宗之德在人，惟天地之灵作主。往者内难，幽赞而集大勋；间无外虞，守成而缵旧服。未尝不乾乾终日，思与公卿大夫上下协心，求至理，以弘我烈圣，其庶乎馨香。今九有大宁，群氓乐业，时必敬授而不夺，物亦顺成而无夭。懋建皇极，幸致太和。洎乃幽遐，率由感被。戎狄不至，唯文告而来庭，麟凤已臻，将觉情而在薮。以故凡百执事，亟言大封。顾惟不德，切欲勿议。伏以先圣储祉，与天同功，荷传符以在今，敢侑神而无报。大篇斯在，朕何让焉。遂奉遵高宗之旧章，宪乾封之令典，时迈东土，柴告岱岳，精意上达，肸蚃来应，信宿行事，云物呈祥。登降之礼斯毕，严配之诚获展。百神群望，莫不怀柔，四方诸侯，莫不来庆，斯是天下之介福，邦家之耿光也。无穷之休祉，岂独在予；非常之惠泽，亦宜逮下。可大赦天下。封泰山神为天齐王，礼秩加三公一等，仍令所管崇饰祠庙，环山十里，禁其樵采。给近山二十户复，以奉祠神。

玄宗制《纪太山铭》，御书勒于山顶石壁之上。其辞曰：

朕宅帝位，十有四载，顾惟不德，懵于至道，任夫难任，安夫难安，兹朕未知获戾于上下，心之浩荡，若涉大川。赖上帝垂休，先后储庆，宰相庶尹，交修皇极，四海会同，五典敷畅，岁云嘉熟，人用大和。百辟金谋，唱余封禅，谓孝莫大于严父，礼莫盛于告天，天符既至，人望既积，固请不已，固辞不获。肆余与夫二三臣，稽虞《典》，绎汉制，张皇六师，震慑九宇。旌旗有列，士马无哗，肃肃邕邕，翼翼溶溶，以至岱宗，顺也。

《尔雅》曰："泰山为东岳。"《周官》曰："兖州之镇山。"实万物之始，故称岱焉；其位居五岳之伯，故称宗焉。自昔王者受命易姓，于是乎启天地，荐成功，序图录，纪氏号。朕统承先王，兹率厥典，实欲报玄天之眷命，为苍生而祈福，岂敢高视千古，自比九皇哉！故设坛场于山下，受群方之助祭；躬封燎于山上，冀一献之通神。斯亦因高崇天，就广增地之义也。

乃仲冬庚寅，有事东岳，类于上帝，配我高祖。在天之神，罔不毕降。粤翌日，禅于社首，佑我圣考，祀于皇祇。在地之神，罔不咸举。暨壬辰，觐群后，上公进曰："天子膺天符，纳介福。群臣拜稽首，呼万岁。庆既欢同，乃陈诫以德。大浑协度，彝伦攸叙，三事百揆，时乃之功。万物由庚，兆人允植，列牧众宰，时乃之功。一二兄弟，笃行孝友，锡类万国，时唯休哉！我儒制礼，我史作乐，天地扰顺，时唯休哉！蛮夷戎狄，重译来贡，累圣之化，朕何慕焉。五灵百宝，日来月集，会昌之运，朕何惑焉。凡今而后，儆乃在位，一王度，齐象法，权旧章，补缺政，存易简，去烦苛。思立人极，乃见天则。

於戏！天生蒸人，惟后时乂，能以美利利天下，事天明矣。地德载物，惟后时相，能以厚生生万人，事地察矣。天地明察，鬼神著矣。惟我艺祖文考，精爽在天，其曰"懿尔幼孙，克享上帝。惟帝时若，馨香其下"，丕乃曰"有唐氏文武之曾孙隆基，诞锡新命，缵我旧业，永保天禄，子孙其承之"。余小子敢对扬上帝之休命，则亦与百执事尚绥兆人，将多于前功，而慭彼后患。一夫不获，万方其罪予。一心有终，上天其知我。朕惟宝行三德，曰慈、俭、谦。慈者，覆无疆之言；俭者，崇将来之训；自满者人损，自谦者天益。苟如是，则轨迹易循，基构易守。磨石璧，刻金石，冀后人之听辞而见心，观末而知本。铭曰：

维天生人，立君以理，维君受命，奉天为子。代去不留，人来无已，德凉者灭，道高斯起。赫赫高祖，明明太宗，爰革隋政，奄有万邦。罄天张宇，尽地开封，武称有截，文表时邕。高宗稽古，德施周溥，茫茫九夷，削平一鼓。礼备封禅，功齐舜禹，岩巍岱宗，卫我神主。中宗绍运，旧邦惟新，睿宗继明，天下归仁。恭己南面，氤氲化淳，告成之礼，留诸后人。缅余小子，重基五圣，匪功伐高，匪德矜盛。钦若祀典，丕承永命，至诚动天，福我万姓。古封太山，七十二君，或禅亭亭，或禅云云。其迹不见，其名可闻，祗遹文祖，光昭旧勋。方士虚诞，儒书不足，佚后求仙，诬神检玉。秦灾风雨，汉污编录，德未合天，或承之辱。道在观政，名非从欲，铭心绝岩，播告群岳。

于是中书令张说撰《封祀坛颂》、侍中源乾曜撰《社首坛颂》、礼部尚书苏颋撰《朝觐坛颂》以纪德。

玄宗乙酉岁生，以华岳当本命。先天二年七月正位，八月癸丑，封华岳神为金天王。开元十年，因幸东都，又于华岳祠前立碑，高五十余尺。又于岳上置道士观，修功德。至天宝九载，又将封禅于华岳，命御史大夫王铁开凿险路以设坛场，会祠堂灾而止。

卷二十四　　　　志第四

礼　仪　四

武德、贞观之制，神祇大享之外，每岁立春之日，祀青帝于东郊，帝宓羲配，勾芒、岁星、三辰、七宿从祀。立夏，祀赤帝于南郊，帝神农氏配，祝融、荧惑、三辰、七宿从祀。季夏土王日，祀黄帝于南郊，帝轩辕配，后土、镇星从祀。立秋，祀白帝于西郊，帝少昊配，蓐收、太白、三辰、七宿从祀。立冬，祀黑帝于北郊，帝颛顼配，玄冥、辰星、三辰、七宿从祀。每郊帝及配座，用方色犊各一，笾、豆各四，簠、簋各二，甒、俎各一。勾芒已下五星及三辰、七宿，每宿牲用少牢，每座笾、豆、簠、簋、甒、俎各一。孟夏之月，龙星见，零五方上帝于零坛，五帝配于上，五官从祀于下。牲用方色犊十，笾豆已下，如郊祭之数。帝喾，祭于顿丘。唐尧，契配，祭于平阳。虞舜，咎繇配，祭于河东。夏禹，伯益配，祭于安邑。殷汤，伊尹配，祭于偃师。周文王，太公配，祭于酆。周武王，周公、召公配，祭于镐。汉高祖，萧何配，祭于长陵。三年一祭，以仲春之月。牲皆用太牢。祀官以当界州长官，有故，遣上佐行事。

五岳、四镇、四海、四渎，年别一祭，各以五郊迎气日祭之。东岳岱山，祭于兖州；东镇沂山，祭于沂州；东海，于莱州；东渎大淮，于唐州。南岳衡山，于衡州；南镇会稽，于越州；南海，于广州；南渎大江，于益州。中岳嵩山，于洛州。西岳华山，于华州；西镇吴山，于陇州；西海、西渎大河，于同州。北岳恒山，于定州；北镇医无闾山，于营州；北海、北渎大济，于洛州。其牲皆用太牢，笾、豆各四。祀官以当界都督刺史充。

仲春、仲秋二时戊日，祭太社、太稷，社以勾龙配，稷以后稷配。社、稷各用太牢一，牲色并黑，笾、豆、簠、簋各二，俎、俎各三。春分，朝日于国城之东；秋分，夕月于国城之西。各用方色犊一，笾、豆各四，簠、簋、甒、俎各一。孟春吉亥，祭帝社于藉田，天子亲耕；季春吉巳，祭先蚕于公桑，皇后亲桑。并用太牢，笾、豆各九。将蚕日，内侍省预奉移所司所事。诸祭祀卜日，皆先卜上旬；不吉，次卜中旬、下旬。筮日亦如之。其先蚕一祭，节气若晚，即于节气后取日。立春后丑，祀风师于国城东北；立夏后申，祀雨师于国城西南；立秋后辰，祀灵星于国城东南；立冬后亥，祀司中、司命、司人、司禄于国城西北。各用羊一，笾、豆各二，簠、簋各一。季冬晦，堂赠傩，磔牲于宫门及城四门，各用雄鸡一。仲春，祭马祖；仲夏，祭先牧；仲秋，祭马社；仲冬，祭马步。并于大泽，用刚日。牲各用羊一，笾、豆各二，簠、簋各一。季冬藏冰，仲春开冰，并用黑牡、秬黍，祭司寒之神于冰室，笾、豆各二，簠、簋、俎各一。其开冰，加以桃弧棘矢，设于神座。

季冬寅日，蜡祭百神于南郊。大明、夜明，用犊二，笾、豆各四，簠、簋、甒、俎各一。神农氏及伊耆氏，各用少牢一，笾、豆各四，簠、簋、甒、俎各一。后稷及五方、十二次、五官、五方田畯、五岳、四镇、四海、四渎以下，方别各用少牢一，当方不熟者则阙之。其日祭井泉于川泽之下，用羊一。卯日祭社稷于社宫，辰日腊享于太庙，用牲皆准时祭。井泉用羊二。二十八宿，五方之山林、川泽，五方之丘陵、坟衍、原隰，五方之鳞、羽、倮、毛、介，五方之水墉、坊、邮表畷，五方之猫、於菟及龙、麟、朱鸟、白虎、玄武，方别各用少牢一，各座笾、豆、簠、簋、俎各一。蜡祭凡一百八十七座。当方年谷不登，则阙其祀。蜡祭之日，祭五方井泉于山泽之下，用羊一，笾、豆各二，簠、簋、及俎各一。蜡之明日，又祭社稷于社宫，如春秋二仲之礼。

显庆中，更定笾、豆之数，始一例。大祀笾、豆各十二，中祀各十，小祀各八。

京师孟夏以后旱，则祈雨，审理冤狱，赈恤穷乏，掩骼埋胔。先祈岳镇、海渎及诸山川能出云雨，皆于北郊望而告之。又祈社稷，又祈宗庙，每七日皆一祈。不雨，还从岳渎。旱甚，则大雩，秋分后不雩。初祈后一旬不雨，即徙市，禁屠杀，断伞扇，造土龙。雨足，则报祀。祈用酒醢，报准常祀，皆有司行事。已齐未祈而雨，及所经祈者，皆报祀。若霖雨不已，崇祭城诸门，门别三日，每日一崇。不止，乃祈山川、岳镇、海渎；三日不止，祈社稷、宗庙。其州县，崇城门；不止，祈界内山川及社稷。三崇、一祈，皆准京式，并用酒脯醢。国城门报用少牢，州县城门用一特牲。

太宗贞观三年正月，亲祭先农，躬御耒耜，藉于千亩之甸。初，晋时南迁，后魏来自云、朔，中原分裂，又杂以獯戎，代历周、隋，此礼久废，而今始行之，观者莫不骇跃。于是秘书少监岑文本献《藉田颂》以美之。初，议藉田方面所在，给事中孔颖达曰："礼，天子藉田于南郊，诸侯于东郊。晋武帝犹于东南。今于城东置坛，不合古礼。"太宗曰："礼缘人情，亦何常之有。且《虞书》云'平秩东作'，则是尧、舜敬授人时，已在东矣。又乘青辂、推黛耜者，所以顺于春气，故知合在东方。且朕见居少阳之地，田于东郊，盖其宜矣。"于是遂定。自后每岁常令有司行事。则天时，改藉田坛为先农。神龙元年，礼部尚书祝钦明与礼官等奏曰："谨按经典，无先农之文。《礼记·祭法》云：'王自为立社，曰王社。'先儒以为社在藉田，《诗》之《载芟篇序》云'春藉田而祈社稷'是也。永徽年中犹名藉田，垂拱已后删定，改为先农。先农与社，本是一神，频有改张，以惑人听。其先农坛请改为帝社坛，以应礼经王社之义。其祭先农既改为帝社坛，仍准令用孟春吉亥祠后土，以勾龙氏配。"制从之。于是改先农为帝社坛，于坛西立帝稷坛，礼同太社、太稷，其坛不备方色，所以异于太社也。睿宗太极元年，亲祀先农，躬耕帝藉。礼毕，大赦，改元。

玄宗开元二十二年冬，礼部员外郎王仲丘又上疏请行藉田之礼。二十三年正月，亲祀神农于东郊，以勾芒配。礼毕，躬御耒耜于千亩之甸。时有司进仪注："天子三推，公卿九推，庶人终亩。"玄宗欲重劝耕藉，遂进耕五十余步，尽垅乃止。礼毕，辇还斋宫，大赦。侍耕、执牛官皆等级赐帛。玄宗开元二十六年，又亲往东郊迎气，祀青帝，以勾芒配，岁星及三辰七宿从祀。其坛本在春明门外，玄宗以祀所隘狭，始移于浐水之东面，而值望春宫。其坛一成，坛上及四面皆青色。勾芒坛在东南。岁星已下各为一小坛，在青帝坛之北。亲祀之时，有瑞雪，坛下侍臣及百僚拜贺称庆。

肃宗乾元二年春正月丁丑，将有事于九宫之神，兼行藉田礼。自明凤门出，至通化门，释辂而入辇，行宿斋于宫。戊寅，礼毕，将耕藉，先至于先农之坛。因阅耒耜，有雕刻文饰，谓左右曰："田器，农人执之，在于朴素，岂文饰乎？"乃命彻之。下诏曰："古之帝王，临御天下，莫不务农敦本，保俭为先，盖用勤身率下也。属东耕启候，爰事藉田，将欲劝彼蒸人，所以执兹耒耜。如闻有司所造农器，妄加雕饰，殊匪典章。况绀辕缥轭，固前王有制，崇奢尚靡，谅为政所疵。靖言思之，良用叹息，岂朕法尧舜、重茅茨之意耶！其所造雕饰者宜停。仍令有司依农用常式，即别改造，庶万方黎庶，知朕意焉。"翌日己卯，致祭神农氏，以后稷配享。肃宗冕而朱纮，躬秉耒耜而九推焉。礼官奏陛下合三推，今过礼。肃宗曰："朕以身率下，自当过之，恨不能终于千亩耳。"既而伫立久之，观公卿、诸侯、王公已下耕毕。

太宗贞观十四年春正月庚子，命有司读春令，诏百官之长，升太极殿列坐而听之。开元二十六年，玄宗命太常卿韦縚每月进《月令》一篇。是后每孟月视日，玄宗御宣政殿，侧置一榻，东面置案，命韦縚坐而读之。诸司官长，亦升殿列座而听焉。岁余，罢之。乾元元年十二月丙寅立春，肃宗御宣政殿，命太常卿于休烈读春令。常参官五品已上正员，并升殿预坐而听之。旧仪，岳渎已下，祝版御署讫，北面再拜。证圣元年，有司上言曰："伏以天子父天而母地，兄日而姊月，于礼应敬，故有再拜之仪。谨按五岳视三公，四渎视诸侯，天子无拜公侯之礼，臣愚以为失尊卑之序。其日月已下，请依旧仪。五岳已下，署而不拜。"制可，从之。

贞观之礼，无祭先代帝王之文。显庆二年六月，礼部尚书许敬宗等奏曰："谨案《礼记·祭法》云：'圣王之制祀也，法施于人则祀之，以死勤事则祀之，以劳定国则祀之，能御大灾则祀之，能捍大患则祀之。'又：'尧、舜、禹、汤、文、武，有功烈于人，及日月星辰，人所瞻仰；非此族也，不在祀典'。准此，帝王合与日月同例，常加祭享，义在报功。爰及隋代，并遵斯典。汉高祖祭法无文，但以前代迄今，多行秦、汉故事。始皇无道，所以弃之。汉祖典章，法垂于后。自隋已下，亦在祠例。伏惟大唐稽古垂化，网罗前典，唯此一礼，咸秩未申。今请聿遵故事，三年一祭。以仲春之月，祭唐尧于平阳，以契配；祭虞舜于河东，以咎繇配；祭夏禹于安邑，以伯益配；祭殷汤于偃师，以伊尹配；祭周文王于酆，以太公配；祭武王于镐，以周公、召公配；祭汉高祖于长陵，以萧何配。"

玄宗开元二十二年正月，诏曰："古圣帝明王、岳渎海镇，用牲牢，余并以酒脯充奠祀。"二十三年正月，诏："自今已后，明衣绢布，并祀前五日预给。"丁酉，诏："自今已后，有大祭，宜差丞相、特进、开府、少保、少傅、尚书、御史大夫摄行事。"天宝六载正月，诏："三皇、五帝，于京城置令、丞。"七载五月，诏："三皇已前帝王，宜于京城共置庙官。历代帝王肇迹之处，德业可称者，忠臣义士、孝妇烈女，所在亦置一祠宇。晋阳真人等并追赠，得道仙人处，度道士永修香火。"九载九月，处士崔昌上《大唐五行应运历》，以王者五十代而一千年，请国家承周、汉，以周、隋为闰。十一月，敕："唐承汉后，其周武王、汉高祖同置一庙并官吏。"十二载九月，以魏、周、隋依旧为二王后，封韩公、介、鄘公等，仍旧五庙。

天宝六载正月，诏大祭祀驿牲，量减其数。肃宗上元元年闰四月，改元，制以岁俭，停中小祠享祭。至其年仲秋，复祠文宣于太学。永泰二年，春夏累月亢旱，诏大臣裴冕等十余人，分祭川渎以祈雨。礼仪使右常侍于休烈请依旧祠风伯、雨师于国门旧坛，复为中祠，从之。

　　高祖武德二年，国子立周公、孔子庙。七年二月己酉，诏："诸州有明一经已上未被升擢者，本属举送，具以名闻，有司试策，皆加叙用。其吏民子弟，有识性明敏，志希学艺，亦具名申送，量其差品，并即配学。州县及乡，并令置学。"丁酉，幸国子学，亲临释奠。引道士、沙门有学业者，与博士杂相驳难，久之乃罢。

　　贞观十四年三月丁丑，太宗幸国子学，亲观释奠。祭酒孔颖达讲《孝经》，太宗问颖达曰："夫子门人，曾、闵俱称大孝，而今独为曾说，不为闵说，何耶？"对曰："曾孝而全，独为曾能达也。"制旨驳之曰："朕闻《家语》云：曾晳使曾参锄瓜，而误断其本，晳怒，援大杖以击其背，手仆地，绝而复苏。孔子闻之，告门人曰：'参来勿内。'既而曾子请焉，孔子曰：'舜之事父母也，使之，常在侧；欲杀之，乃不得。小棰则受，大杖则走。今参于父，委身以待暴怒，陷父于不义，不孝莫大焉。'由斯而言，孰愈于闵子骞也？"颖达不能对。太宗又谓侍臣："诸儒各生异意，皆非圣人论孝之本旨也。孝者，善事父母，自家刑国，忠于其君，战陈勇，朋友信，扬名显亲，此之谓孝。具在经典，而论者多离其文，迥出事外，以此为教，劳而非法，何谓孝之道耶！"二十一年，诏曰："左丘明、卜子夏、公羊高、谷梁赤、伏胜、高堂生、戴圣、毛苌、孔安国、刘向、郑众、杜子春、马融、卢植、郑玄、服虔、何休、王肃、王弼、杜预、范甯、贾逵总二十二座，春秋二仲，行释奠之礼。"初，以儒官自为祭主，直云博士姓名，昭告于先圣。又州县释奠，亦以博士为主。敬宗等又奏曰：

　　按《礼记·文王世子》："凡学，春官释奠于其先师。"郑注云："官，谓《诗》、《书》、《礼》、《乐》之官也。"彼谓四时之学，将习其道，故儒官释奠，各于其师。既非国学行礼，所以不及先圣。至于春、秋二时合乐之日，则天子视学，命有司典秩，即总祭先圣、先师焉。秦、汉释奠，无文可检。至于魏武，则使太常行事。自晋、宋已降，时有亲行，而学官主祭，全无典实。且名称国学，乐用轩悬，樽俎威仪，盖皆官备，在于臣下，理不合专。况凡在小神，犹皆遣使行礼，释奠既准中祀，据理必须禀命。今请国学释奠，令国子祭酒为初献，祝辞称"皇帝谨遣"，仍令司业为亚献，国子博士为终献。其州学，刺史为初献，上佐为亚献，博士为终献。县学，令为初献，丞为亚献，博士既无品秩，请主簿及尉通为终献。若有阙，并以次差摄。州县释奠，既请各刺史、县令亲献主祭，望准祭社，同给明衣。修附礼令，以为永则。

　　高宗显庆二年七月，礼部尚书许敬宗等议："依令，周公为先圣，孔子为先师。又《礼记》云：'始立学，释奠于先圣。'郑玄注云：'若周公、孔子也。'且周公践极，功比帝王，请配武王。以孔子为先圣。"二年，废书、算、律学。龙朔二年正月，东都置国子监丞、主簿、录事各一员，四门助教博士、四门生三百员、四门俊士二百员。二月，复置律及书、算学。三年，以书隶兰台，算隶秘阁局，律隶详刑寺。乾封元年正月，高宗东封还，次邹县顿，祭宣父，赠太师。总章元年二月，皇太子弘幸国学，释奠，赠颜回太子少师，曾参太子少保。仪凤三年五月，诏："自今已后，《道德经》并为上经，贡举人皆须兼通。其余经及《论语》，任依常式。"则天天授三年，追封周公为褒德王，孔子为隆道公。则天长寿二年，自制《臣轨》两卷，令贡举人为业，停《老子》。神龙元年，停《臣轨》，复习《老子》。以邹、鲁百户封隆道公，谥曰文宣。睿宗景云二年八月丁巳，皇太子释奠于太学。太极元年正月，诏："孔宣父祠庙，令本州修饰，取侧近三十户以供洒扫。"

　　开元七年十月戊寅，皇太子诣国学，行齿胄之礼。开元十一年，春秋二时释奠，诸州宜依旧用牲牢，其属县用酒脯而已。十九年正月，春秋二时社及释奠，天下州县等停牲牢，唯用酒脯，永为常式。二十四年三月，始移贡举，遣礼部侍郎姚奕请进士帖《左传》、《礼记》，通五及第。二十五年三月，敕："明经自今已后，贴十通五已上；口问大义十条，取通六已上；仍答时务策三道，取粗有文理者及第。进士停帖小经，宜准明经例试大经，帖十通四，然后试杂文及策，讫，封所试杂文及策，送中书、门下详覆。"二十六年正月，敕："诸州乡贡见讫，令引就国子监谒先师，学官为之开讲，质问疑义，有司设食。弘文、崇文两馆学生及监内得举人，亦听预焉。"其日，祀先圣已下，如释奠之礼。青宫五品已下及朝集使，就监观礼，遂为常式，每年行之至今。

　　初，开元八年，国子司业李元瓘奏称："先圣孔宣父庙，先师颜子配座，今其像立侍，配享合坐。十哲弟子，虽复列像庙堂，不预享祀。谨检祠令：何休、范甯等二十二贤，犹沾从祀，望请春秋释奠，列享在二十二贤之上。七十子，请准旧都监堂图形于壁，兼为立赞，庶敦劝儒风，光崇圣烈。曾参等道业可崇，独受经于夫子，望准二十二贤预飨。"敕改颜生等十哲为坐像，悉预从祀。曾参大孝，德冠同列，特为塑像，坐于十哲之次。图画七十子及二十二贤于庙壁上。以颜子亚圣，上亲为之赞，以书于石。闵损已下，令当朝文士分为之赞。二十七年八月，又下制曰：

　　弘我王化，在乎儒术。孰能发挥此道，启迪含灵，则生人已来，未有如夫子者也。所谓自天攸纵，将圣多能，德配乾坤，身揭日月。故能立天下之大本，成天下之大经，美政教，移风俗，君君臣臣，父父子子，人到于今受其赐。不其猗欤！于戏！楚王莫封，鲁公不用，俾夫大圣，才列陪臣，栖迟旅人，固可知矣。年祀浸远，光灵益彰，虽代有褒称，而未为崇峻，不副于实，人其谓何？

　　朕以薄德，祗膺宝命，思阐文明，广被华夏。时则异于今古，情每重于师资。既行其教，合旌厥德。爰申盛礼，载表徽猷。夫子既称先圣，可追谥为文宣王。宜令三公持节册命，应缘册及祭，所司速择日，并撰仪注进。其文宣陵并旧宅立庙，量加人洒扫，用展诚敬。其后嗣可封文宣公。至如辨方正位，著自礼经，苟非得所，何以示则？昔缘周公南面，夫子西坐，今位既有殊，坐岂如旧，宜补其坠典，永作成式。自今已后，两京国子监，夫子皆南面而坐，十哲等东西列侍。天下诸州亦准此。

且门人三千，见称十哲，包夫众美，实越等夷。畅玄圣之风规，发人伦之耳目，并宜褒赠，以宠贤明。颜子渊既云亚圣，须优其秩，可赠兖公。闵子骞可赠费侯，冉伯牛可赠郓侯，冉仲弓可赠薛侯，冉子有可赠徐侯，仲子路可赠卫侯，宰子我可赠齐侯，端木子贡可赠黎侯，言子游可赠吴侯，卜子夏可赠魏侯。又夫子格言，参也称鲁，虽居七十之数，不载四科之目。顷虽异于十哲，终或殊于等伦，允稽先旨，俾循旧位。庶乎礼得其序，人焉式瞻，宗洙泗之丕烈，重胶庠之雅范。

又赠曾参、颛孙师等六十七人皆为伯。于是正宣父坐于南面，内出王者衮冕之服以衣之。遣尚书左丞相裴耀卿就国子庙册赠文宣王。册毕，所司奠祭，亦如释奠之仪，公卿已下预观礼。又遣太子少保崔琳就东都庙以行册礼，自是始用宫悬之乐。春秋二仲上丁，令三公摄行事。

天宝元年，明经、进士习《尔雅》。九载七月，国子监置广文馆，知进士业，博士、助教各一人，秩同太学博士。十二载七月，诏天下举人不得充乡贡，皆补学生。四门俊士停。

宝应二年六月，敕令州县每岁察秀才孝廉，取乡闾有孝悌廉耻之行荐焉。委有司以礼待之，试其所通之学，《五经》之内，精通一经，兼能对策，达于理体者，并量行业授官。其明经、进士并停。国子学道举，亦宜准此。因杨绾之请也。诏下朝臣集议，中书舍人贾至议，请依绾奏。有司奏曰："窃以今年举人等，或旧业既成，理难速改，或远州所送，身已在途，事须收奖。其今秋举人中有情愿旧业举试者，亦听。明年已后，一依新敕。"后绾议竟不行。自至德后，兵革未息，国学生不能廪食，生徒尽散，堂庑颓坏，常借兵健居止。至永泰二年正月，国子祭酒萧昕上言："崇儒尚学，以正风教，乃王化之本也。"其月二十九日，敕曰：

理道同归，师氏为上，化人成俗，必务于学。俊造之士，皆从此途，国之贵游，罔不受业。修文行忠信之教，崇祗庸孝友之德，尽其师道，乃谓成人。兼复扬于王廷，考以政事，征之以礼，任之以官。置于周行，莫匪邦彦，乐得贤也，其在兹乎！

朕志求理体，尤重儒术，先王大教，敢不底行。顷以戎狄多难，急于经略，太学空设，诸生盖寡。弦诵之地，寂寥无声，函丈之间，殆将不扫。上序及此，甚用悯焉。今宇县攸宁，文武兼备，方拔戈而讲艺，俾释菜而行礼。四科咸进，六艺复兴，神人以和，风化浸美。日用此道，将无间然。

其诸道节度、观察、都防御使等，朕之腹心，久镇方面。眷其子弟，各奉义方，修德立身，事资括羽。恐干戈之后，学校尚微，僻居远方，无所咨禀。山东寡学，质疑必就于马融；关西盛名，尊儒乃称于杨震。负经来学，当集京师。并宰相、朝官及神策六军军将子弟欲习业者，自今已后，并令补国子生。欲其业重籯金，器成琢玉，日新厥德，代不乏贤。其中身虽有官，欲附学读书者，亦听。其学官，委中书、门下即简择行业堪为师范者充。学生员数多少，所习经业，考试等第，并所供粮料，及学馆破坏，要量事修理，各委本司作条件闻奏。务须详悉，称朕意焉。

及二月朔上丁释奠，萧昕又奏：诸宰相元载、杜鸿渐、李抱玉及常参官、六军军将就国子学听讲论，赐钱五百贯。令京兆尹黎干造食。集诸儒、道、僧，质问竟日。此礼久废，一朝能举。八月，国子学成祠堂、论堂、六馆院及官吏所居厅宇，用钱四万贯，拆曲江亭子瓦木助之。四日，释奠，宰相、常参官、军将尽会于讲堂，京兆府置食，讲论。军容使鱼朝恩说《易》，又于论堂画《周易》镜图。自至德二载收两京，唯元正含元殿受朝贺，设宫悬之乐，虽郊庙大祭，只有登歌乐，亦无文、武二舞。其时军容使鱼朝恩知监事，庙庭乃具宫悬之乐于讲堂前，又有教坊乐府杂伎，竟日而罢。二十五日，诏曰："古者设官分土，所以输悃报功。总内署之纲，事密于清禁；弘上庠之教，德润于鸿业。赋开千乘，礼序九宾。必资兼济之能，用协至公之选。开府仪同三司、兼右监门卫大将军、仍知观军容宣慰处置使、知内侍省事、内飞龙闲厩使、内弓箭库使、知神策军兵马使、上柱国、冯翊郡开国公鱼朝恩，温良恭俭，宽柔简廉，长才博达，敏识高妙。学究儒玄之秘，谋穷遁甲之精。百行资身，一心奉上。自王室多故，云雷经始，五原之北，以先启行；三河之表，爰整其旅。成师必胜，每合于韬钤；料敌无遗，可征于蓍蔡。关洛既定，幽燕复开，海外有截，厥功惟茂。历事三圣，始终竭力。顷东都扈跸，释位勤王，时当缀旒，节见披棘，下江助我，甲令先书，社稷之卫，邦家是赖。及边陲罢警，戎务解严，方奖励于《易》象。才兼文武，所谓勋贤，亦既任能，斯焉命赏，宜膺朝典，式副公议。可行内侍监，判国子监事，充鸿胪礼宾等使，封郑国公，食邑三千户。"二十四日，于国子监。诏宰相及中书门下官、诸司常参官、六军军将送上。京兆府造食，内教坊音乐，竿木浑脱，罗列于论堂前。朝恩辞以中官不合知南衙曹务，宰相、仆射、大夫皆劝之，朝恩固辞，乃奏之。宰相引就食。奏乐，中使送酒及茶果，赐充宴乐，竟日而罢。元载奏状。又使中使宣敕云："朝恩既辞不止，但任知学生粮料。"是日，宰相军将已下子弟三百余人，皆衣紫衣，充学生房，设食于廊下。贷钱一万贯，五分收钱，以供监官学生之费。俄又请青苗地头钱百文资课以供费同。旧例，两京国子监生二千余人，弘文馆、崇文馆、崇玄馆学生，皆廪饲之。十五载，上都失守，此事废绝。乾元元年，以兵革未息，又诏罢州县学生，以俟丰岁。

则天垂拱四年四月，雍州永安人唐同泰伪造瑞石于洛水，献之。其文曰："圣母临人，永昌帝业。"于是号其石为"宝图"，赐百官宴乐，赐物有差。授同泰为游击将军。其年五月下制，欲亲拜洛受"宝图。"先有事于南郊，告谢昊天上帝。令诸州都督、刺史并诸亲，并以拜洛前十日集神都。于是则天加尊号为圣母神皇。大赦天下。改"宝图"为"天授圣图"，洛水为永昌。封其神为显圣侯，加特进，禁渔钓，祭享齐于四渎。所出处号曰圣图泉，于泉侧置永昌县。又以嵩山与洛水接近，因改嵩山为神岳，授太师、使持节、神岳大都督、天中王，禁断刍牧。其天中王及显圣侯，并为置庙。又先于氾水得瑞石，因改氾水县为广武县。至其年十二月，则天亲拜洛受图，为坛于洛水之北，中桥之左。皇太子皆从。内外文武百僚、蛮夷酋长，各依方位而立。珍禽奇兽，并列于坛前。文物卤簿，自有唐已来，未有如此之盛者也。礼毕，即日还宫。神都父老勒碑于拜洛坛前，号曰"天授圣图之表。"开元五年，左补阙卢履冰上言曰："则天皇后拜洛受图坛及碑文，云垂拱四年唐同泰得石，文云'圣母临人，永昌帝业'之所建。因改元为永昌，仍置永昌县。县既寻废，同泰亦已贬官，唯碑坛独立。准天枢、颂台之例，不可更留。"始令所司毁之，其显圣侯庙亦寻毁拆。

开元二十九年正月已丑，诏两京及诸州各置玄元皇帝庙一所，并置崇玄学。其生徒令习《道德经》及《庄子》、《列子》、《文子》等，每年准明经例举送。至闰四月，玄宗梦京师城南山趾有天尊之像，求得之于盩厔楼观之侧。至天宝元年正月癸丑，陈王府参军田同秀称于京永昌街空中见玄元皇帝，以"天下太平，圣寿无疆"之言传于玄宗，仍云桃林县县故关令尹喜宅傍有灵宝符。发使求之，十七日，献于含元殿。于是置玄元庙于太宁坊，东都于积善坊旧邸。二月丁亥，御含元殿，加尊号为开元天宝圣文神武皇帝。辛卯，亲祔玄元庙。丙申，诏：《古今人表》，玄元皇帝升入上圣。庄子号南华真人，文子号通玄真人，列子号冲虚真人，庚桑子号洞虚真人。改《庄子》为《南华真经》，《文子》为《通玄真经》，《列子》为《冲虚真经》，《庚桑子》为《洞虚真经》。亳州真源县先天太后及玄元庙各置令一人。两京崇玄学各置博士、助教，又置学生一百员。桃林县改为灵宝县。田同秀与五品官。四月，诏崇文习《道德经》。七月，陇西李氏燉煌、姑臧、绛郡、武阳四房隶于宗正寺。九月，两京玄元庙改为太上玄元庙，天下准此。十月，改新丰骊山为会昌山，仍于秦坑儒之所立祠宇。新作长生殿改为集灵台。

二年正月丙辰，加玄元皇帝尊号"大圣祖"三字，崇玄学改为崇玄馆，博士为学士，助教为直学士，更置大学士员。三月壬子，亲谒玄元宫，圣祖母益寿氏号先天太后，仍于谯郡置庙。尊皋繇为德明皇帝，凉武昭王为兴圣皇帝。西京玄元庙为太清宫，东京为太微宫，天下诸州为紫极宫。九月，谯郡紫极宫宜准西京为太清宫，先天太皇及太后庙亦并改为宫。三载三月，两京及天下诸郡于开元观、开元寺，以金铜铸玄元等身天尊及佛各一躯。七载二月，于大同殿修功德处，玉芝两茎生于柱础上。五月，玄宗御兴庆殿，授册尊号曰开元天宝圣文神武应道皇帝。十二月，以玄元皇帝见于朝元阁，改为降圣阁。改会昌县为昭应县，改会昌山为昭应山。封昭应山神为玄德公，立祠宇。

初，太清宫成，命工人于太白山采白石，为玄元圣容，又采白石为玄宗圣容，侍立于玄元之右。皆依王者衮冕之服，缯彩珠玉为之。又于像设东刻白石为李林甫、陈希烈之形。及林甫犯事，又刻石为杨国忠之形，而瘗林甫之石。及希烈、国忠贬，尽毁瘗之。

八载六月，玉芝产于大同殿。先是，太白山人李浑称于金星洞仙人见，语老人云，有玉版石记符"圣上长生久视。"令御史中丞王鉷入山洞，求而得之。闰六月四日，玄宗朝太清宫，加圣祖玄元皇帝尊号曰圣祖大道玄元皇帝，高祖、太宗、高宗、中宗、睿宗尊号并加"大圣"字，皇后并加"顺圣"字。五日，玄宗御含元殿，加尊号曰开元天宝圣文神武应道皇帝。大赦。自今已后，每至禘祫，并于太清宫圣祖前设位序昭穆。太白山封神应公，金星洞改嘉祥洞，所管华阳县改为真符县。两京及十道一大郡，置真符玉芝观。九载十月，先是，御史大夫王鉷奏称太白山人王玄翼见玄元皇帝于宝山洞中。乃遣王鉷、张均、王倕、韦济、王翼、王岳灵于洞中得玉石函《上清护国经》、宝券、纪箓等，献之。十一月，制："承前宗庙，皆称告享。自今已后，每亲告献太清、太微宫，改为朝献，有司行事为荐献。亲告享宗庙改为朝享，有司行事为荐享。亲巡陵改为朝陵，有司行事为拜陵。应诸事告宗庙者，并改为表。其郊天、后土及享祠祝文云'敢昭告'者，并改为'敢昭荐'。"十载正月，有事于南郊，于坛所大赦。制："自今已后，摄祭南郊，荐献太清宫，荐享太庙，其太尉行事前一日，于致斋所具羽仪卤簿，公服引入，亲授祝版，乃赴清斋所。"

汾阴后土之祀，自汉武帝后废而不行。玄宗开元十年，将自东都北巡，幸太原，便还京，乃下制曰："王者承事天地以为主，郊享泰尊以通神。盖燔柴泰坛，定天位也；瘗埋泰折，就阴位也。将以昭格灵祇，克崇严配。爰逮秦、汉，稽诸祀典，立甘泉于雍畤，定后土于汾阴，遗庙巍然，灵光可烛。朕观风唐、晋，望秩山川，肃恭明神，因致禋敬，将欲为人求福，以辅升平。今此神符，应于嘉德。行幸至汾阴，宜以来年二月十六日祠后土，所司准式。"

先是，脽上有后土祠，尝为妇人塑像，则天时移河西梁山神塑像，就祠中配焉。至是，有司送梁山神像于祠外之别室，内出锦绣衣服，以上后土之神，乃更加装饰焉。又于祠堂院外设坛，如皇地祇之制。及所司起作，获宝鼎三枚以献，十一年二月，上亲祠于坛上，亦如方丘仪。礼毕，诏改汾阴为宝鼎。亚献邠王守礼、终献宁王宪已下，颁赐各有差。二十年，车驾又从东都幸太原，还京。中书令萧嵩上言："去十一年亲祠后土，为祈谷，自是神明昭格，累年丰登。有祈必报，礼之大者。且汉武亲祠脽上，前后数四，伏请准旧祀后土，行赛之礼。"上从之。其年十一月至宝鼎，又亲祠以申赛谢。礼毕，大赦。仍令所司刊石祠所，上自为其文。

开元二十四年七月乙巳，初置寿星坛，祭老人星及角、亢等七宿。天宝三年，有术士苏嘉庆上言："请于京东朝日坛东，置九宫贵神坛，其坛三成，成三尺，四阶。其上依位置九坛，坛尺五寸，东南曰招摇，正东曰轩辕，东北曰太阴，正南曰天一，中央曰天符，正北曰太一，西南曰摄提，正西曰咸池，西北曰青龙。五为中，戴九履一，左三右七，二四为上，六八为下，符于遁甲。四孟月祭，尊为九宫贵神，礼次昊天上帝，而在太清宫太庙上。用牲牢、璧币，类于天地神祇。"玄宗亲祀之。如有司行事，即宰相为之。肃宗乾元三年正月，又亲祀之。初，九宫神位，四时改位，呼为飞位。乾元之后，不易位。

大和二年八月，监察御史舒元舆奏："七月十八日，祀九宫贵神，臣次合监祭，职当检察礼物。伏见祝版九片，臣伏读既竟，窃见陛下亲署御名及称臣于九宫之神。臣伏以天子之尊，除祭天地、宗庙之外，无合称臣者。王者父天母地，兄日姊月，此以九宫为目，是宜分方而守其位。臣又观其名号，乃太一、天一、招摇、轩辕、咸池、青龙、太阴、天符、摄提也。此九神，于天地犹子男也，于日月犹侯伯也。陛下尊为天子，岂可反臣于天之子男耶？臣窃以为过。纵阴阳家流言其合祀，则陛下当合称皇帝遣某官致祭于九宫之神，不宜称臣与名。臣实愚瞽，不知其可。伏缘行事在明日鸡初鸣时，成命已行，臣不敢滞。伏乞圣慈异日降明诏礼官详议，冀明万乘之尊，无所亏降，悠久惧典，因此可正。"诏都省议，皆如元舆之议。乃降为中祠，祝版称皇帝，不署。

会昌元年十二月，中书门下奏："准天宝三载十月六日敕，'九宫贵神，实司水旱，功佐上帝，德庇下人。冀嘉谷岁登，灾害不作。每至四时初节，令中书门下往摄祭'者。准礼，九宫次昊天上帝，坛在太清宫、太庙上，用牲牢、璧币，类于天地。天宝三载十二月，玄宗亲祠。乾元二年正月，肃宗祭祀。伏自累年已来，水旱愆候，恐是有司祷请，诚敬稍亏。今属孟春，合修祀典，望至明年正月祭日，差宰臣一人祷请。向后四时祭，并请差仆射、少师、少保、尚书、太常卿等官，所冀稍重其事，以申严敬。臣等十一月二十五日已于延英面奏，伏奉圣旨令检仪注进来者。今欲祭时，伏望令有司崇饰旧坛，务于严洁。"敕旨依奏。

二年正月四日，太常礼院奏："准监察御史关牒：'今月十三日，祀九宫贵神，已敕宰相崔珙摄太尉行事，合受誓诫，及有司徒、司空否？'伏以前件祭本称大祀，准大和三年七月二十四日敕，降为中祀。昨据敕文，只称崇饰旧坛，务于严洁，不令别进仪注，有改移。伏恐不合却用大祀礼料，伏候裁旨。"中书门下奏曰：

臣准天宝三载十月六日敕，"九宫贵神，实司水旱。"臣等仰睹，既经两朝亲祠，必是祈请有征，况自大和已来，水旱愆候，陛下常忧稼穑，每念烝黎。臣等合副圣心，以修坠典。伏见大和三年礼官状云："纵司水旱兵荒，品秩不过列宿。今者五星悉是从祀，日月犹在中祀。"窃详其意，以星辰不合比于天官。曾不知统而言之，则为天地，在于辰象，自有尊卑。谨按后魏王钧《志》："北辰第二星，盛而常明者，乃为元星露居，天帝常居，始由道奥而为变通之迹。又天皇大帝，其精曜魄宝，盖万神之秘图，河海之命纪皆禀焉。"据兹说即昊天上帝也。天一掌八气、九精之政令，以佐天极。征明而有常，则阴阳序，大运兴。太一掌十有六神之法度，以辅人极。征明而得中，则

神人和而王道升平。又北斗有权、衡二星，天一、太一参居其间，所以财成天地，辅相神道也。若一概以列宿论之，实为浅近。按《汉书》曰："天神贵者太一，佐曰五帝。"古者天子以春秋祭太一，列于祀典，其来久矣。今五帝犹为大祀，则太一无宜降祀，稍重其祀，固为得所。刘向有言曰："祖宗所立神祇旧典，诚未易动。"又曰："古今异制，经无明文，至尊至重，难以疑说正也。"其意不欲非祖宗旧典。以刘向之博通，尚难于改作，况臣等学不究于天人，识尤懵于祀典，欲为参酌，恐未得中。伏望更令太常卿与学官同详定，庶获明据。

从之。

检校左仆射太常卿王起、广文博士卢就等献议曰：

伏以九宫贵神，位列星座；往因致福，诏立祠坛。降至尊以称臣，就东郊以亲拜。在祀典虽云过礼，庇群生岂患无文，思福黔黎，特申严奉，诚圣人屈己以安天下之心也。厥后祝史不明，精诚亦怠，礼官建议，降处中祠。今圣德忧勤，期臻寿域，兵荒水旱，瘠瘵轸怀，爰命台臣，缵兴坠典。

伏惟九宫所称之神，即太一、摄提、轩辕、招摇、天符、青龙、咸池、太阴、天一者也。谨按《黄帝九宫经》及萧吉《五行大义》："一宫，其神太一，其星天蓬，其卦坎，其行水，其方白。二宫，其神摄提，其星天芮，其卦坤，其行土，其方黑。三宫，其神轩辕，其星天冲，其卦震，其行木，其方碧。四宫，其神招摇，其星天辅，其卦巽，其行木，其方绿。五宫，其神天符，其星天禽，其卦离，其行土，其方黄。六宫，其神青龙，其星天心，其卦乾，其行金，其方白。七宫，其神咸池，其星天柱，其卦兑，其行金，其方赤。八宫，其神太阴，其星天任，其卦艮，其行土，其方白。九宫，其神天一，其星天英，其卦离，其行火，其方紫。"观其统八卦，运五行，土飞于中，数转于极，虽敬事迎厘，不闻经见，而范围亭育，有助昌时，以此两朝亲祀而臻百祥也。然以万物之精，上为列星，星之运行，必系于物。贵而居者，则必统八气，总万神，干权化于混茫，赋品汇于阴隲，与天地日月，诚相参也。岂得縶赖于敷祐，而屈降于等夷？

又据太尉摄祀九宫贵神旧仪：前七日，受誓诫于尚书省，散斋四日，致斋三日。牲用犊。祝版御署，称嗣天子臣。圭币乐成。比类中祠，则无等级。今据《江都集礼》及《开元礼》：蜡祭之日，大明、夜明二座及朝日、夕月，皇帝致祝，皆率称臣。若以为非泰坛配祀之时，得主日报天之义。卑缘厌屈，尊用德伸，不以著在中祠，取类常祀。此则中祠用大祠之义也。又据太社、太稷，开元之制，列在中祠。天宝三载二月十四日敕，改为大祠，自后因循，复用前礼。长庆三年正月，礼官献议，始准前敕，称为大祠。唯御署祝文，称天子谨遣某官某昭告。文义以为殖物粒人，则宜增秩，致祝称祷，有异方丘，不以伸为大祠，遂屈尊称。此又大祠用中祠之礼也。参之日月既如彼，考

之社稷又如此，所谓功钜者因之以殊礼，位称者不敢易其文，是前圣后儒陟降之明征也。今九宫贵神，既司水旱，降福禳灾，人将赖之，追举旧章，诚为得礼。然以立祠非古，宅位有方，分职既异其司存，致祝必参乎等列。求之折中，宜有变通，稍重之仪，有以为比。伏请自今已后，却用大祠之礼，誓官备物，无有降差。唯御署祝文，以社稷为本，伏缘已称臣于天帝，无二尊故也。

敕旨依之，付所司。

天宝十载四月二十九日，移黄帝坛于子城内坤地，将亲祠祭，坛成而止。

玄宗先天二年，封华岳神为金天王。开元十三年，封泰山神为天齐王。天宝五载，封中岳神为中天王，南岳神为司天王，北岳神为安天王。六载，河渎封灵源公，济渎封清源公，江渎封广源公，淮渎封长源公。十载正月，四海并封为王。遣国子祭酒嗣吴王祗祭东海天齐王，太子家令嗣鲁王宇祭南岳司天王，秘书监崔秀贤祭中岳中天王，国子祭酒班景倩祭西岳金天王，宗正少卿李成裕祭北岳安天王；卫尉少卿李浣祭江渎广源公，京兆少尹拿恒祭河渎灵源公，太子左谕德柳儇祭淮渎长源公，河南少尹豆卢回祭济渎清源公；太子率更令嗣道王鍊祭沂山东安公，吴郡太守赵居贞祭会稽山永兴公，大理少卿李积祭吴岳山成德公，颍王府长史甘守默祭霍山应圣公，范阳司马毕炕祭医无闾山广宁公；太子中允李随祭东海广德王，义王府长史张九章祭南海广利王，太子中允柳奕祭西海广润王，太子洗马李齐荣祭北海广泽王。取三月十七日一时礼册。

玄宗御极多年，尚长生轻举之术。于大同殿立真仙之像，每中夜凤兴，焚香顶礼。天下名山，令道士、中官合炼醮祭，相继于路。投龙奠玉，造精舍，采药饵，真诀仙踪，滋于岁月。

肃宗至德二载春，在凤翔，改汧阳郡吴山为西岳，增秩以祈灵助。及上元二年，圣躬不康，术士请改吴山为华山，华山为泰山，华州为泰州，华阳县为太阴县。宝应元年，复旧。

则天长安三年，令天下诸州宜教人武艺，每年准明经进士例申奏。开元十九年，于两京置太公尚父庙一所，以汉留侯张良配飨。天宝六载，诏诸州武举人上省，先谒太公庙，拜将帅亦告太公庙。至肃宗上元元年闰四月，又尊为武成王，选历代良将为十哲。

高宗显庆元年三月辛巳，皇后武氏有事于先蚕。玄宗先天二年三月辛卯，皇后王氏祀先蚕。肃宗乾元二年三月己巳，皇后张氏祠先蚕于苑内，内外命妇同采焉。

旧仪，大祭祀，宫悬、轩悬奏之于庭，登歌于堂上。自至德二载克复两京后，乐工不备，时又艰食，诸坛庙祭享，空有登歌，无坛下、庭中乐及二舞。旧仪，凡祭享，有司行事，则太尉奠瓒币，司徒捧俎，司空扫除，太尉初献，太常卿亚献，光禄卿终献。自上元后，南郊、九宫神坛、太庙，备此五官，余即太常卿摄司空，光禄卿摄司徒，贵省于事。旧仪，有协律郎立于阼阶上，麾竿以节乐，今无协律之位。旧仪，光禄欲为祭馔，将阳燧望日取火，谓之

明火。太牢皆栈饲于廪牺署，以至充腯。临祭视其充瘦，谓之省牲，肃宗上元二年九月，改元为元年，诏："圆丘方泽，依恒存一太牢。皇庙诸祠，临时献熟。"今昊天上帝、太庙，一牢，羊豕各三，余祭尽随事办供以备礼。明火、栈饲之礼，亦不暇矣。

卷二十五　　志第五

礼　仪　五

唐礼：四时各以孟月享太庙，每室用太牢。季冬蜡祭之后，以辰日腊享于太庙，用牲如时祭。三年一祫，以孟冬。五年一禘，以孟夏。又时享之日，修七祀于太庙西门内之道南：司命、户以春，灶以夏；门、厉以秋，行以冬，中霤则于季夏迎气日祀之。若品物时新堪进御者，所司先送太常，与尚食相知，简择精好者，以滋味与新物相宜者配之。太常卿奉荐于太庙，不出神主。仲春荐冰，亦如之。

武德元年五月，备法驾迎宣简公、懿王、景皇帝、元皇帝神主，祔于太庙，始享四室。贞观九年，高祖崩，将行迁祔之礼，太宗命有司详议庙制。谏议大夫朱子奢建议曰：

按汉丞相韦玄成奏立五庙，诸侯亦同五。刘子骏议开七祖，邦君降二。郑司农蠲玄成之辙，王子雍扬国师之波，分涂并驱，各相师祖，咸玩其所习，好同恶异。遂令历代祧祀，多少参差，优劣去取，曾无画一。《传》称"名位不同，礼亦异数。"《易》云"卑高以陈，贵贱位矣"。岂非别嫌疑，慎微远，防陵僭，尊君卑佐，升降无杵，所贵礼者，义在兹乎！若使天子诸侯，俱立五庙，便是贱可以同贵，臣可以滥主，名器无准，冠屦同归，礼亦异数，义将安设？《戴记》又称：礼有以多为贵者，天子七庙，诸侯五庙。"若天子五庙，才与子男相埒，以多为贵，何所表乎？愚以为诸侯立高祖以下，并太祖五庙，一国之贵也。天子立高祖以上，并太祖七庙，四海之尊也。降杀以两，礼之正焉。前史所谓"德厚者流光，德薄者流卑"，此其义也。伏惟圣祖在天，山陵有日，祔祖严配，大事在斯。宜依七庙，用崇大礼。若亲尽之外，有王业之所基者，如殷之玄王，周之后稷，尊为始祖。倘无其例，请三昭三穆，各置神主，太祖一室，考而虚位。将待七百之祚，递迁方处，庶上依晋、宋，傍惬人情。

于是八座奏曰：

臣闻揖让受终之后，革命创制之君，何尝不崇亲亲之义，笃尊尊之道，虔奉祖宗，致敬郊庙。自义乖阙里，学灭秦庭，儒雅既丧，经籍湮殄。虽两汉纂修绝业，魏、晋敦尚斯文，而宗庙制度，典章散逸，习

所传而竟偏说，执浅见而起异端。自昔迄兹，多历年代，语其大略，两家而已。祖郑玄者则陈四庙之制，述王肃者则引七庙之文，贵贱混而莫辩，是非纷而不定。

陛下至德自然，孝思罔极，孺慕逾匹夫之志，制作穷圣人之道，诚宜定一代之宏规，为万世之彝则。臣奉述睿旨，讨论往载，纪七庙者实多，称四祖者盖寡。校其得失，昭然可见。《春秋谷梁传》及《礼记》、《王制》、《祭法》、《礼器》、《孔子家语》，并云："天子七庙，诸侯五庙，大夫三庙，士二庙。"《尚书》曰："七世之庙，可以观德。"至于孙卿、孔安国、刘歆、班彪父子、孔晁、虞喜、干宝之徒，或学推硕儒，或才称博物，商较今古，咸以为然。故其文曰："天子三昭三穆，与太祖之庙而七。"晋、宋、齐、梁，皆依斯义，立亲庙六，岂非有国之茂典，不刊之休烈乎？若使违群经之明文，从累代之疑议，背子雍之笃论，尊康成之旧学，则天子之礼，下逼于人臣，诸侯之制，上僭于王者，非所谓尊卑有序，名位不同者也。况复礼由人情，自非天坠，大孝莫重于尊亲，厚本莫先于严配。数尽四庙，非贵多之道；祀逮七世，得加隆之心。是知德厚者流光，乃可久之高义；德薄者流卑，实不易之令范。臣等参议，请依晋、宋故事，立亲庙六，其禘祫之制，式遵旧典。庶承宗之道，兴于理定之辰；尊祖之义，成于孝治之日。

制从之。于是增修太庙，始崇祔弘农府君及高祖神主，并旧四室为六室。

二十三年，太宗崩，将行崇祔之礼，礼部尚书许敬宗奏言："弘农府君庙应迭毁。谨按旧仪，汉丞相韦玄成以为毁主瘗埋。但万国宗飨，有所从来，一旦瘗埋，事不允惬。晋博士范宣意欲别立庙宇，奉征西等主安置其中。方之瘗埋，颇叶情理，事无典故，亦未足依。又议者或言毁主藏于天府，祥瑞所藏，本非斯意。今谨准量，去祧之外，犹有坛墠，祈祷所及，窃谓合宜。今时庙制，与古不同，共基别室，西方为首。若在西夹之中，仍处尊位，祈祷则祭，未绝祇享，方诸旧仪，情实可安。弘农府君庙远亲杀，详据旧章，礼合迭毁。臣等参议，迁奉神主，藏于夹室，本情笃教，在理为弘。"从之。其年八月庚子，太宗文皇帝神主祔于太庙。

文明元年八月，奉高宗神主祔于太庙中，始迁宣皇帝神主于夹室。垂拱四年正月，又于东都立高祖、太宗、高宗三庙，四时享祀，如京庙之仪。别立崇先庙以享武氏祖考。则天寻又令所司议立崇先庙室数，司礼博士、崇文馆学士周悰希旨，请立崇先庙为七室，其皇室太庙，减为五室。春官侍郎贾大隐奏曰："臣窃准秦、汉皇太后临朝称制，并据礼经正文，天子七庙，诸侯五庙。盖百王不易之义，万代常行之法，未有越礼违古而擅裁仪注者也。今周悰别引浮议，广述异文，直崇临朝权仪，不依国家常度，升崇先之庙而七，降国家之庙而五。臣闻皇图广辟，寰崇宗社之尊；帝业弘基，实等山河之固。伏以天步多艰，时逢遏密，代天理物，自古有之。伏惟皇太后亲承顾托，

忧勤黎庶，纳孝慈之请，垂矜抚之怀，实所谓光显大猷，恢崇圣载。其崇先庙室，合同诸侯之数，国家宗庙，不合辄有移变。臣之愚直，并依正礼，周悰之请，实乖古仪。"则天由是且止。

天授二年，则天既革命称帝，于东都改制太庙为七庙室，奉武氏七代神主，祔于太庙。改西京太庙为享德庙，四时唯享高祖已下三室，余四室令所司闭其门，废其享祀之礼。又改西京崇先庙为崇尊庙，其享祀如太庙之仪。万岁登封元年腊月，封嵩山回，亲谒太庙。明年七月，又京崇尊庙为太庙，仍改太庙署为清庙台，加官员，崇其班秩。圣历二年四月，又亲祀太庙，曲赦东都城内。

中宗即位，神龙元年正月，改享德庙依旧为京太庙。五月，迁武氏七庙神主于西京之崇尊庙，东都创置太庙。太常博士张齐贤建议曰：

昔孙卿子云："有天下者事七代，有一国者事五代。"则天子七庙，古今达礼。故《尚书》称"七代之庙，可以观德"。《祭法》称"王立七庙，一坛一墠"。《王制》云："天子七庙，三昭三穆，与太祖之庙而七。"莫不尊始封之君谓之太祖。太祖之庙，百代不迁。祫祭之礼，毁庙之主，陈于太祖，未毁庙之主，皆升合食于太祖之室。太祖东向，昭南向，穆北向。太祖者，商之玄王、周之后稷是也。太祖之外，更无始祖。但商自玄王以后，十有四代，至汤而有天下。周自后稷已后，十有七代，至武王而有天下。其间代数既远，迁庙亲庙，皆出太祖之后，故得合食有序，尊卑不差。其后汉高祖受命，无始封祖，即以高皇帝为太祖。太上皇高帝之父，立庙享祀，不在昭穆合食之列，为尊于太祖故也。魏武创业，文帝受命，亦即以武帝为太祖。其高皇、太皇、处士君等并为属尊，不在昭穆合食之列。晋宣创业，武帝受命，亦即以宣帝为太祖。其征西、豫章、颍川、京兆府君等并为属尊，不在昭穆合食之列。历兹已降，至于有隋，宗庙之制，斯礼不改。故宇文氏以文皇帝为太祖，隋室以武元皇帝为太祖。国家诞受天命，累叶重光。景皇帝始封唐公，实为太祖。中间代数既近，列在三昭三穆之内，故皇家太庙，唯有六室。其弘农府君、宣、光二帝，尊于太祖，亲尽则迁，不在昭穆合食之数。

今皇极再造，孝思匪宁。奉二月二十九日敕："七室已下，依旧号尊崇。"又奉三月一日敕："既立七庙，须尊崇始祖，速令详定"者。伏寻礼经，始祖即是太祖，太祖之外，更无始祖。周朝太祖之外，以周文王为始祖，不合礼经。或有引《白虎通义》云"后稷为始祖、文王为太祖、武王为太宗"，及郑玄注《诗·雝》序云"太祖谓文王"以为说者。其义不然。何者？彼以礼"王者祖有功，宗有德，周人祖文王而宗武王"，故谓文王为太祖耳，非祫祭群主合食之太祖。

今之议者，或有欲立凉武昭王为始祖者，殊为不可。何者？昔在商、周，稷、卨始封，汤、武之兴，祚由稷、卨，故以稷、卨为太祖，即皇家之景帝是也。

凉武昭王勋业未广，后主失国，土宇不传。景皇始封，实基明命。今乃舍封唐之盛烈，崇西凉之远构，考之前古，实乖典礼。魏氏不以曹参为太祖，晋氏不以殷王卬为太祖，宋氏不以楚元王为太祖，齐、梁不以萧何为太祖，陈、隋不以胡公、杨震为太祖，则皇家安可以凉武昭王为太祖乎？汉之东京，大议郊祀，多以周郊后稷，汉当郊尧。制下公卿议，议者多同，帝亦然之。杜林正议，独以为"周室之兴，祚由后稷。汉业特起，功不缘尧。祖宗故事，所宜因循。"竟从林议。又传称，"欲知天上，事问长人"，以其近之。武德、贞观之时，主圣臣贤，其去凉武昭王，盖亦近于今矣。当时不立者，必不可立故也。今既年代浸远，方复立之，是非三祖二宗之意。实恐景皇失职而震怒，武昭虚位而不答，非社稷之福也。

宗庙事重，禘祫礼崇，先王以之观德。或者不知其说，既灌而往，孔子不欲观之。今朝命惟新，宜应慎礼，祭如神在，理不可诬。请准敕加太庙为七室，享宣皇帝以备七代，其始祖不合别有尊崇。

太常博士刘承庆、尹知章又议云：

谨按《王制》："天子七庙，三昭三穆，与太祖之庙而七。"此载籍之明文，古今之通制。皇唐稽考前范，详采列辟，崇建宗灵，式遵斯典。但以开基之主，受命之君，王迹有浅深，太祖有远近。汤、文祚基稷、禼，太祖代远，出乎昭穆之上，故七庙可全。若夏继唐、虞，功非由鲧；汉除秦、项，力不因尧。及魏、晋经图，周、隋拨乱，皆勋隆近代，祖业非远，受命始封之主，不离昭穆之亲，故肇立宗祊，罕闻全制。夫太祖以功建，昭穆以亲崇，有功百代而不迁，亲尽七叶而当毁。或以太祖代浅，庙数非备，更于昭穆之上，远立合迁之君，曲从七庙之文，深乖迭毁之制。

皇家千龄启旦，百叶重光。景皇帝浚德基唐，代数犹近，号虽崇于太祖，亲尚列于昭穆，且临六室之位，未申七代之尊。是知太庙当六，未合有七。故先朝惟有宣、光、景、元、神尧、文武六代亲庙。大帝登遐，神主升祔于庙室，以宣皇帝代数当满，准礼复迁。今止有光皇帝已下六代亲庙，非是天子之庙数不当有七，本由太祖有远近之异，故初建有多少之殊。敬惟三后临朝，代多儒雅，神祊事重，礼岂虚存，规模可沿，理难变革。宣皇既非始祖，又庙无祖宗之号，亲尽既迁，其庙不合重立。若礼终运往，建议复崇，实违《王制》之文，不合先朝之旨。请依贞观之故事，无改三圣之宏规，光崇六室，不亏古议。

时有制令宰相更加详定，礼部尚书祝钦明等奏言："博士三人，自分两议：'张齐贤以始同太祖，不合更祖昭王；刘承庆以《王制》三昭三穆，不合重崇宣帝。臣等商量，请依张齐贤以景皇帝为太祖，依刘承庆尊崇六室。"制从之。寻有制以孝敬皇帝为义宗，升祔于太庙。其年八月，崇祔光皇帝、太祖景皇帝、代祖元皇帝、高祖神尧皇帝、太宗文武圣皇帝、皇考高宗天皇大帝、皇兄义宗孝敬皇帝于东都之太庙，躬行享献之礼。

二年，驾还京师，太庙自是亦崇享七室，仍改武氏崇尊庙为崇恩庙。明年二月，复令崇恩庙一依天授时享祭。时武三思用事，密令安乐公主讽中宗，故有此制。寻又特令武氏崇恩庙斋郎取五品子充。太常博士杨孚奏言："太庙斋郎，承前只七品已下子。今崇恩庙斋郎既取五品子，即太庙斋郎作何等级？"上曰："太庙斋郎亦准崇恩庙置。"孚奏曰："崇恩庙为太庙之臣，太庙为崇恩庙之君，以臣准君，犹为僭逆，以君准臣，天下疑惧。孔子曰：'名不正则言不顺，言不顺则事不成，事不成则礼乐不兴，礼乐不兴则刑罚不中，刑罚不中则人无所措手足。故君子名之必可言也。'伏愿无惑邪言，以为乱始。"其事乃寝。崇恩庙至睿宗践祚，乃废毁之。

景云元年冬，将葬中宗孝和皇帝于定陵，中书令姚元之、吏部尚书宋璟奏言："准礼，大行皇帝山陵事终，即合祔庙。其太庙第七室，先祔皇兄义宗孝敬皇帝、哀皇后裴氏神主。伏以义宗未登大位，崩后追尊，神龙之初，乃特令迁祔。《春秋》之义，国君即位未逾年者，不合列叙昭穆。又古者祖宗各别立庙，孝敬皇帝恭陵既在洛州，望于东都别立义宗之庙，迁祔孝敬皇帝、哀皇后神主，命有司以时享祭，则不违先旨，又协古训，人神允穆，进退得宜。在此神主，望入夹室安置。伏愿陛下以礼断恩。"制从之。及既葬，祔中宗孝和皇帝、和思皇后赵氏神主于太庙。其义宗即于东都从善里建庙享祀。时又追尊昭成、肃明二皇后，于亲仁里别置仪坤庙，四时享祭。

开元四年，睿宗崩，及行祔庙之礼，太常博士陈贞节、苏献等奏议曰："谨按孝和皇帝在庙，七室已满。今睿宗大圣真皇帝是孝和之弟，甫及仲冬，礼当祔迁。但兄弟入庙，古则有焉，递迁之礼，昭穆须正。谨按《礼论》，太常贺循议云：'兄弟不相为后也。故殷之盘庚，不序于阳甲，而上继于先君；汉之光武，不嗣于孝成，而上承于元帝。'又曰：'晋惠帝无后，怀帝承统，怀帝自继于世祖，而不继于惠帝。其惠帝当同阳甲、孝成，别出为庙。'又曰：'若兄弟相代，则共是一代，昭穆位同。至其当迁，不可兼毁二庙。'此盖礼之常例也。《荀卿子》曰，'有天下者事七代'，谓从祢已上也。尊者统广，故恩及远祖。若傍容兄弟，上毁祖考，此则天子有不得全事于七代之义矣。孝和皇帝有中兴之功，而无后嗣，请同殷之阳甲、汉之成帝，出为别庙，时祭不亏，大袷之辰，合食太祖。奉睿宗神主升祔太庙，上继高宗，则昭穆永贞，献祼长序。"制从之。初令以仪坤庙为中宗庙，寻又改造中宗庙于太庙之西。贞节等又以肃明皇后不合与昭成皇后配祔睿宗，奏议曰："礼，宗庙父昭子穆，皆有配座，每室一帝一后，礼之正仪。自夏、殷而来，无易兹典。伏惟昭成皇后，有太姒之德，已配食于睿宗；则肃明皇后，无启母之尊，自应别立一庙。谨按《周礼》云'奏夷则，歌小吕，以享先妣'者，姜嫄是也。姜嫄是帝喾之妃，后稷之母，特为立庙，名曰閟宫。又《礼论》云，晋伏系之议云：'晋简文郑宣后既不配食，乃筑宫于外，岁时就庙享祭而已。'今肃明皇后无祔配之位，请同姜嫄、宣后，别庙而处，四时享祭如旧仪。"制从之。于是迁昭成皇后神主祔于睿宗之室，惟留肃明神主于仪坤庙。

时太常卿姜皎复与礼官上表曰："臣闻敬宗尊祖，享德崇恩，必也正名，用光时宪，礼也。伏见太庙中则天皇后配高宗天皇大帝，题云'天后圣帝武氏'。伏寻昔居宠秩，亲承顾托，因揽大政，事乃从权。神龙之初，已去帝号。岑羲等不闲政体，复题帝名。若又使帝号长存，恐非圣朝通典。夫七庙者，高祖神尧皇帝之庙也。父昭子穆，祖德宗功，非夫帝子天孙，乘乾出震者，不得升祔于斯矣。但皇后祔庙，配食高宗，位号旧章，无宜称帝。今山陵日近，升祔非遥，请申陈告之仪，因除'圣帝'之字，直题云'则天皇后武氏'。"诏从之。时既别造义宗庙，将作大匠韦凑上疏曰："臣闻王者制礼，是曰规模；规模之兴，实资师古；师古之道，必也正名；惟名与实，固当相副。其在宗庙，礼之大者，岂可失哉！礼，祖有功而宗有德。祖宗之庙，百代不毁。故殷太甲曰太宗，太戊曰中宗，武丁曰高宗。周宗文王、武王。汉则文帝为太宗，武帝为世宗。其后代有称宗，皆以方制海内，德泽可宗，列于昭穆，期于不毁。祖宗之义，不亦大乎！况孝敬皇帝位止东宫，未尝南面，圣道诚冠于储副，德教不被于寰瀛，立庙称宗，恐非合体。况别起寝庙，不入昭穆，稽诸祀典，何义称宗？而庙号义宗，称之万代。以臣庸识，窃谓不可。望更令有司详定，务合于礼。"于是太常请以本谥"孝敬"为庙称。从之。

五年正月，玄宗将行幸东都，而太庙屋坏，乃奉七庙神主于太极殿。玄宗素服避正殿，辍朝三日，亲谒神主于太极殿，而后发幸东都。乃敕有司修太庙。明年，庙成，玄宗还京，行亲祔之礼。时有司撰仪注，以祔祭之日车驾发宫中，玄宗谓宋璟、苏颋曰："祭必先斋，所以齐心也。据仪注，祭之日发大明宫，又以质明行事，纵使侵星而发，犹是移辰方到，质明之礼，其可及乎？又朕不宿斋宫，即安正殿，情所不敢。宜于庙所设斋宫，五日赴行宫宿斋，六日质明行事，庶合于礼。"璟等称圣情深至，请即奉行。诏有司改定仪注。六日，玄宗自斋宫步诣太庙，入自东门，就立位。乐奏九成，升自阼阶，行祼献之礼。至睿宗室，俯伏呜咽，侍臣莫不流涕。

有河南府人孙平子诣阙上言："中宗孝和皇帝既承大统，不合迁于别庙。"玄宗令宰相召平子与礼官对定可否，太常博士苏献等固执前议。平子口辩，所引咸有经据，献等不能屈。时苏颋知政事，以献是其从祖之兄，颇党助之，平子之议竟不得行。平子论竟不已，遂谪平子为康州都城尉，仍差使领送至任，不许东西。平子之任，寻卒。时虽贬平子，议者深以其言为是。至十年正月，下制曰："朕闻王者乘时以设教，因事以制礼，沿革以从宜为本，取舍以适会为先。故损益之道有殊，质文之用斯异。且夫至德之谓孝，所以通乎神明；大事之谓祀，所以虔乎宗庙。国家握纪命历，重光累盛，四方由其继明，七代可以观德。朕嗣守丕业，祗奉睿图，聿怀昭事，罔不怵祀。尝览古典，询诸旧制，远则夏、殷事异，近则汉、晋道殊，虽礼文之不一，固严敬之无二。朕以为立爱自亲始，教人睦也；立敬自长始，教人顺也。是知朕率于礼，缘于情，或教以道

存，或礼从时变，将因宜以创制，岂沿古而限今。况恩以降杀而疏，庙以迁毁而废。虽式瞻古训，礼则不违；而永言孝思，情所未足。享尝则止，岂爱崇而礼备；有祷而祭，非德盛而流永。其祧室宜列为正室，使亲而不尽，远而不祧，庙以貌存，宗犹尊立。俾四时式荐，不间于毁主；百代靡迁，匪惟于始庙。所谓变以合礼，动而得中，严配之典克崇，肃雍之美兹在。又兄弟继及，古有明文。今中宗神主，犹居别处，详求故实，当宁不安，移就正庙，用章大典。仍创立九室，宜令所司择日启告移迁。"

十一年春，玄宗还京师，下制曰："崇建宗庙，礼之大者；聿追孝飨，德莫至焉。今宗以立尊，亲无迁序，永惟严配，致用躅洁，栋宇式崇，祼奠斯授。顾兹薄德，获承禋祀，不躬不亲，曷展诚敬？宜用八月十九日祗见九室。"于是追尊宣皇帝为献祖，复列于正室，光皇帝为懿祖，并还中宗神主于太庙。及将亲祔，会雨而止。乃令所司行事。其京师中宗旧庙，便毁拆之。东都旧庙，始移孝敬神主祔焉。其从善里孝敬旧庙，亦令毁拆。二十一年，玄宗又特令迁肃明皇后神主祔于睿宗之室，仍以旧仪坤庙为肃明观。

大历十四年十月，代宗神主将祔，礼仪使颜真卿以元皇帝代数已远，准礼合祧，请迁于西夹室。其奏议曰：《王制》："天子七庙，三昭三穆，与太祖之庙而七。"又《礼器》云："有以多为贵者，天子七庙。"又《伊尹》曰："七代之庙，可以观德。"此经典之明证也。七庙之外，则曰："去祧为坛，去坛为墠"。故历代儒者，制迭毁之礼，皆亲尽宜毁。伏以太宗文皇帝，七代之祖；高祖神尧皇帝，国朝首祚，万叶所承；太祖景皇帝，受命于天，始封于唐，元本皆在不毁之典。代祖元皇帝，地非开统，亲在七庙之外。代宗皇帝升祔有日，元皇帝神主，礼合祧迁。或议者以祖宗之名，难于迭毁。昔汉朝近古，不敢以私灭公，故前汉十二帝，为祖宗者四而已。至后汉渐违经意，子孙以推美为先。自光武已下，皆有庙号，则祖宗之名，莫不建也。安帝信谗，害大臣，废太子，及崩，无上宗之奏，后自建武以来无毁者，因以陵号称宗。至桓帝失德，尚有宗号。故初平中，左中郎蔡邕以和帝以下，功德无殊，而有过差，不应为宗。余非宗者，追尊三代，皆奏毁之。是知祖有功，宗有德，存至公之义，非其人不居，盖三代立礼之本也。自东汉已来，则此道衰矣。魏明帝自称烈祖，论者以为逆自祖宗。故近代此名悉为庙号，未有子孙践祚而不祖宗先王者。以此明之，则不得独据两字而为不合祧迁之证。假令传祚百代，岂可上崇百代以为孝乎？请依三昭三穆之义，永为通典。

宝应二年，升祔玄宗、肃宗，则献祖、懿祖已从迭毁。伏以代宗睿文孝皇帝卒哭而祔，则合上迁一室。元皇帝代数已远，其神主准礼当祧，至禘祫之时，然后享祀。

于是祧元皇帝于西夹室，祔代宗神主焉。

永贞元年十一月，德宗神主将祔，礼仪使杜黄裳与

礼官王泾等请迁高宗神主于西夹室。其议曰："自汉、魏已降，沿革不同。古者祖有功，宗有德，皆不毁之名也。自东汉、魏、晋，迄于陈、隋，渐违经意，子孙以推美为先，光武已下，皆有祖宗之号。故至于迭毁亲尽，礼亦迭迁，国家九庙之尊，皆法周制。伏以太祖景皇帝受命于天，始封元本，德同周之后稷也。高祖神尧皇帝国朝首祚，万叶所承，德同周之文王也。太宗文皇帝应天靖乱，垂统立极，德同周武王也。周人郊后稷而祖文王、宗武王，圣唐郊景皇帝、祖高祖而宗太宗，皆在不迁之典。高宗皇帝今在三昭三穆之外，谓之亲尽，新主入庙，礼合迭迁，藏于从西第一夹室，每至祫袷之月，合食如常。"于是祧高宗神主于西夹室，祔德宗神主焉。

元和元年七月，顺宗神主将祔，有司疑于迁毁，太常博士王泾建议曰：

礼经"祖有功，宗有德"，皆不毁之名也。惟三代行之。汉、魏已降，虽曰祖宗，亲尽则迁，无功亦毁，不得行古之道也。昔夏后氏十五代，祖颛顼而宗禹。殷人十七代，祖契而宗汤。周人三十六王，以后稷为太祖，祖文王而宗武王。圣唐德厚流广，远法殷、周，奉景皇帝为太祖，祖高祖而宗太宗，皆在百代不迁之典。故代宗升祔，迁代祖也；德宗升祔，迁高宗也。今顺宗升祔，中宗在三昭三穆之外，谓之亲尽，迁于太庙夹室，礼则然矣。

或谏者以则天太后革命，中宗复而兴之，不在迁藏之例，臣窃未谕也。昔者高宗晏驾，中宗奉遗诏，自储副而陟元后。则天太后临朝，废为庐陵王。圣历元年，太后诏复立为皇太子。属太后圣寿延长，御下日久，奸臣擅命，紊我纪度。敬晖、桓彦范等五臣，俱唐旧臣，匡辅王室，翊中宗而承大统。此乃子继父业，是中宗得之而且失之；母授子位，是中宗失之而复得之。二十年间，再为皇太子，复践皇帝位，失之在己，得之在己，可谓革命中兴之义殊也。又以周、汉之例推之，幽王为犬戎所灭，平王东迁，周不以平王为中兴不迁之庙，其例一也。汉吕后专权，产、禄秉政，文帝自代邸而立之，汉不以文帝为中兴不迁之庙，其例二也。霍光辅宣帝，再盛基业，而不以宣帝为不迁之庙，其例三也。伏以中宗孝和皇帝，于圣上为六代伯祖，尊非正统，庙亦亲尽。爰及周、汉故事，是与中兴功德之主不同，奉迁夹室，固无疑也。

是月二十四日，礼仪使杜黄裳奏曰："顺宗皇帝神主已升祔太庙，告祧之后，即合递迁。中宗皇帝神主，今在三昭三穆之外，准礼合迁于太庙从西第一夹室，每至祫袷之日，合食如常。"于是祧中宗神主于西夹室，祔顺宗神主焉。

有司先是以山陵将毕，议迁庙之礼。有司以中宗为中兴之君，当百代不迁之位。宰臣召史官蒋武问之，武对曰："中宗以弘道元年于高宗柩前即位，时春秋已壮矣。及母后篡夺，神器潜移。其后赖张柬之等同谋，国祚再复。此盖同于反正，恐不得号为中兴之君。凡非我失之，自我复之，谓之中兴，汉光武、晋元帝是也。自我失之，因人复

之，晋孝惠、孝安是也。今中宗于惠、安二帝事同，即不可为不迁之主也。"有司又云："五王有再安社稷之功，今若迁中宗庙，则五王永绝配享之例。"武曰："凡配享功臣，每至祫袷年方合食太庙，居常即无享礼。今迁中宗神主，而祫袷之年，毁庙之主并陈于太庙，此同五王配食，与前时如一也。"有司不能答。

十五年四月，礼部侍郎李建奏上大行皇帝谥曰圣神章武孝皇帝，庙号宪宗。先是，河南节度使李夷简上议曰："王者祖有功，宗有德。大行皇帝截蔓寇逆，累有武功，庙号合称祖。陛下正当决在宸断，无信龌龊书生也。"遂诏下公卿与礼官议其可否。太常博士王彦威奏议："大行庙号，不宜称祖，宜称宗。"从之。其月，礼部奏："准贞观故事，迁庙之主，藏于夹室西壁南北三间。第一间代祖室，第二间高宗室，第三间中宗室。伏以山陵日近，睿宗皇帝祧迁有期，夹室西壁三室外，无置室处。准《江都集礼》：'古者迁庙之主，藏于太室北壁之中。'今请于夹室北壁，以西为上，置睿宗皇帝神主石室。"制从之。

长庆四年正月，礼仪使奏："谨按《周礼》：'天子七庙，三昭三穆，与太祖之庙而七。'《荀卿子》曰：'有天下者祭七代，有一国者祭五代。'则知天子上祭七庙，典籍通规。祖功宗德，不在其数。国朝九庙之制，法周之文。太祖景皇帝，始为唐公，肇基天命，义同周之后稷。高祖神尧皇帝，创业经始，代隋为唐，义同周之文王。太宗文皇帝，神武应期，造有区夏，义同周之武王。其下三昭三穆，谓之亲庙，四时常飨，一如礼文。今以新主入庙，玄宗明皇帝在三昭三穆之外，是亲尽之祖，虽有功德，礼合祧迁，祫袷之岁，则从合食。"制从之。

开成五年，礼仪使奏："谨按天子七庙，祖功宗德，不在其中。国朝制度，太庙九室。伏以太祖景皇帝受封于唐，高祖、太宗，创业受命，有功之主，百代不迁。今文宗元圣昭献皇帝升祔有时，代宗睿文孝武皇帝是亲尽之祖，礼合祧迁，每至祫袷，合食如常。"从之。

会昌元年六月，制曰："朕近因载诞之日，展承颜之敬，太皇太后谓朕曰：'天子之孝，莫大于丕承；人伦之义，莫大于嗣续。穆宗睿圣文惠孝皇帝厌代已久，星霜屡迁，祢宫旷合食之礼，惟帝深濡露之感。宣懿皇太后，长庆之际，德冠后宫，凤表沙麓之祥，实茂河洲之范。先朝恩礼之厚，中壶莫偕。况诞我圣君，缵承昌运，已协华于先帝，方延祚于后昆。思广贻谋，庶弘博爱，爰从旧典，以慰孝思。当以宣懿皇太后祔太庙穆宗睿圣文惠孝皇帝之室。率是彝训，其敬承之。'朕祗奉慈旨，载深感咽。宜令宣示中外，咸使闻知。"

会昌六年五月，礼仪使奏：

武宗昭肃皇帝祔庙，并合祧迁者。伏以自敬宗、文宗、武宗兄弟相及，已历三朝。昭穆之位，与承前不同。所可疑者，其事有四：一者，兄弟昭穆同位，不相为后；二者，已祧之主，复入旧庙；三者，庙数有限，无后之主，则宜出置别庙；四者，兄弟既不相为后，昭为父道，穆为子道，则昭穆同班，不合异位。

据《春秋》"文公二年，跻僖公"。何休云："跻，

升也，谓西上也。惠公与庄公当同南面西上，隐、桓与闵、僖当同北面西上。"孔颖达亦引此义释经。又贺循云："殷之盘庚，不序阳甲；汉之光武，上继元帝。"晋元帝、简文，皆用此义毁之，盖以昭穆位同，不可兼毁二庙故此。《尚书》曰："七代之庙，可以观德。"且殷家兄弟相及，有至四帝不及祖祢，何容更言七代，于理无矣。二者，今已兄弟相及，同为一代，矫前之失，则合复祔代宗神主于太庙。或疑已祧之主，不合更入太庙者。按晋代元、明之时，已迁豫章、颍川矣，及简文即位，乃元帝之子，故复豫章、颍川二神主于庙。又国朝中宗已祔太庙，至开元四年，乃出置别庙，至十年，置九庙，而中宗神主复祔太庙。则已迁复入，亦可无疑。三者，庙有定数，无后之主，出置别庙者。按魏、晋之初多同庙，盖取上古清庙一宫，尊远神祇之义。自后晋武所立之庙，虽云七主，而实六代，盖景、文同庙故也。又按鲁立姜嫄、文王之庙，不计昭穆，以尊尚功德也。晋元帝上继武帝，而惠、怀、愍三帝，时贺循等诸儒议，以为别立庙，亲远义疏，都邑迁异，于理无嫌也。今以文宗弃代才六年，武宗宿迩复土，遽移别庙，不齿祖宗，在于有司，非所宜议。四者，添置庙之室。按《礼论》，晋太常贺循云："庙以容主为限，无拘常数。"故晋武帝时，庙有七主六代。至元帝、明帝，庙皆十室。及成、康、穆三帝，皆至十一室。自后虽迁故祔新，大抵以七代为准，而不限室数。伏以江左大儒，通赜睹奥，事有明据，固可施行。今若不行是议，更以迭毁为制，则当上不及高曾未尽之亲，下有忍臣子恩义之道。

今备讨古今，参校经史，上请复代宗神主于太庙，以存高曾之亲。下以敬宗、文宗、武宗同为一代，于太庙东间添置两室，定为九代十一室之制，以全臣子恩敬之义，庶协大顺之宜，得变礼之正，折古今之纷互，立群疑之枘指。俾因心广孝，永烛于皇明；昭德事神，无亏于圣代。

敕曰："宗庙事重，实资参详。宜令尚书省、两省、御史台四品以上官、大理卿、京兆尹等集议以闻。"尚书左丞郑涯等奏议曰："夫礼经垂则，莫重于严配，必参损益之道，则合典礼之文。况有明征，是资折衷。伏自敬宗、文宗、武宗三朝嗣位，皆以兄弟，考之前代，理有显据。今谨详礼院所奏，并上稽古文，旁据史氏，协十迪变，允谓得宜。臣等商议，请依礼官所议。"从之。

大中三年十一月，制追尊宪宗、顺宗谥号，事下有司。太常博士李稠奏请改造宪宗、顺宗神主，改题新谥。上疑其事，诏都省集议。右司郎中杨发、都官员外郎刘彦模等奏："考寻故事，无别造神主改题之例。"事在《杨发传》。时宰臣奏："改造改题，并无所据，酌情顺理，题则为宜。况今士族之家，通行此例，虽尊卑有异，而情理则同。望就神主改题，则为通允。"依之。

黄巢犯长安，僖宗避狄于成都府。中和元年夏四月，有司请享太祖已下十一室，诏公卿议其仪。太常卿牛丛与儒者同议其事。或曰："王者巡狩，以迁庙主行。如无迁庙之主，则祝奉币帛皮珪告于祖祢，遂奉以出，载于斋车，每舍奠焉。今非巡狩，是失守宗庙。夫失守宗庙，则当罢宗庙之事。"丛疑之。将作监王偐、太子宾客李匡乂、虞部员外郎袁皓建议同异。及左丞崔厚为太常卿，遂议立行庙。以玄宗幸蜀时道宫玄元殿之前，架幄幕为十一室。又无神主，题神版位而行事。达礼者非之，以为止之可也。明年，乃特造神主以祔行庙。

光启元年十二月二十五日，僖宗再幸宝鸡。其太庙十一室并祧庙八室及孝明太皇太后等别庙三室等神主，缘室法物，宗正寺官属奉之随驾鄠县，为贼所劫，神主、法物皆遗失。三年二月，车驾自兴元还京，以宫室未备，权驻凤翔。礼院奏：皇帝还宫，先谒太庙。今宗庙焚毁，神主失坠，请准礼例修奉者。礼院献议曰："按《春秋》：'新宫灾，三日哭。'《传》曰：'新宫，宣公庙也。三日哭，礼也。'按《国史》，开元五年正月二日，太庙四室摧毁，时神主皆存，迎奉于太极殿安置，玄宗素服避正殿。宝应元年，肃宗还京师，以宗庙为贼所焚，于光顺门外设次，向庙哭。历检故事，不见百官奉慰之仪。然上既素服避殿，百官奉慰，亦合情礼。窃询故事，比附更详，恐须宗正寺具宗庙焚毁及神主失坠事由奏，皇帝素服避殿，受慰讫，辍朝三日，下诏委少府监择日依礼新造列圣神主。如此方似合宜。伏缘采栗须十一月，渐恐迟晚。"修奉使宰相郑延昌具议，中书门下奏曰："伏以前年冬再有震惊，俄然巡幸，主司宗祝，迫以苍黄。伏缘移跸凤翔，未敢陈奏。今则将回銮辂，皆举典章，清庙再营，孝思咸备。伏请降敕，命所司参详典礼修奉。"敕曰："朕以凉德，祗嗣宝图，不能上承天休，下正人纪，兵革竞兴于宇县，车舆再越于藩垣，宗庙震惊，烝尝废阙。敬修典礼，倍切哀摧。宜付所司。"又修奉太庙使宰相郑延昌奏："太庙大殿十一室、二十三间、十一架，功绩至大，计料支费不少。兼宗庙制度有数，难为损益。今不审依元料修奉，为复更有商量？请下礼官详议。"太常博士殷盈孙奏议言："如依元料，难以速成，况帑藏方虚，须资变礼。窃以至德二年，以新修太庙未成，其新造神主，权于长安殿安置，便行祫告之礼，如同宗庙之仪，以俟庙成，方为迁祔。今京城除充大内及正衙外，别无殿宇。伏闻先有诏旨，欲以少府监大厅权充太庙。其厅五间，伏缘十一室于五间之中陈设隘狭，请更接续修建，成十一间，以备十一室荐祫之所。其三太后庙，即于少府监取西南屋三间，以备三室告祫之所。"敕旨从之。

大顺元年，将行禘祭，有司请以三太后神主祔祫于太庙。三太后者，孝明太皇太后郑氏，宣宗之母也；恭僖皇太后王氏，敬宗之母也；贞献皇太后萧氏，文宗之母也。三后之崩，皆作神主，有故不当入太庙。当时礼官建议并置别庙，每年五享，及三年一祫，五年一禘，皆于本庙行事，无奉神主入太庙之文。至是乱离之后，旧章散失，礼院凭《曲台礼》，欲以三太后祔享太庙。博士殷盈孙献议非之，曰：

臣谨按三太后，宪宗、穆宗之后也。二帝已祔太庙，三后所以立别庙者，不可入太庙故也。与帝在位,皇后别庙不同。今有司悮用王彦威《曲台礼》,祔别庙太后于太庙,乖戾之甚。臣窃究事体,有五不可。

《曲台礼》云:"别庙皇后,禘祫于太庙,祔于祖姑之下。"此乃皇后先崩,已造神主,夫在帝位,如昭成、肃明、元献、昭德之比。昭成、肃明之崩也,睿宗在位。元献之崩也,玄宗在位。昭德之崩也,肃宗在位。四后于太庙未有本室,故创别庙,当为太庙合食之主,故禘祫乃奉以入飨。其神主但题云"某谥皇后",明其后太庙有本室,即当迁祔,帝方在位,故皇后暂立别庙耳。本是太庙合食之祖,故禘祫乃升,太庙未有位,故祔祖姑之下。今恭僖、贞献二太后,皆穆宗之后。恭僖,会昌四年造神主,合祔穆宗庙室。时穆宗庙已祔武宗母宣懿皇后神主,故为恭僖别立庙,其神主直题云皇太后,明其终安别庙,不入太庙故也。贞献太后,大中元年作神主,立别庙,其神主亦题为太后,并与恭僖义同。孝明,咸通五年作神主,合祔宪宗庙室。宪宗庙已祔穆宗之母懿安皇后,故孝明亦别立庙,是懿宗祖母,故题其主为太皇太后。与恭僖、贞献亦同,帝在位,后先作神主之例。今以别庙太后神主,禘祭升享太庙,一不可也。《曲台礼・别庙皇后禘祫于太庙仪注》云:"内常侍奉别庙皇后神主,入置于庙庭,赤黄褥位。奏云'某谥皇后禘祫祔享太庙',然后以神主升。"今即须奏云"某谥太皇太后"。且太庙中皇后神主二十一室,今忽以太皇太后入列于昭穆,二不可也。若但云"某谥皇后",则与所题都异,神何依凭?此三不可也。《古今礼要》云:"旧典,周立姜嫄别庙,四时祭荐,及禘祫于七庙,皆祭。惟不入太祖庙为别配。魏文思甄后,明帝母,庙及寝依姜嫄之庙,四时及禘皆与诸庙同。"此旧礼明文,得以为证。今以别庙太后禘祫于太庙,四不可也。所以置别庙太后,以孝明不可与懿安并祔宪宗之室,今禘享乃处懿安之舅姑之上,此五不可也。

且祫,合祭也。合犹不入太祖之庙,而况于禘乎?窃以为并皆禘于别庙为宜。且恭僖、贞献二庙,比在朱阳坊,禘、祫赴太庙,皆须备法驾,典礼甚重,仪卫至多。咸通之时,累遇大飨,耳目相接,岁代未遥,人皆见闻,事可询访,非敢以臆断也。

或曰:"以三庙故禘、祫于别庙,或可矣,而将来有可疑焉。谨案睿宗亲尽已祧,今昭成、肃明二后同在夹室,如或后代宪、穆亲尽而祧,三太后神主其得不入夹室乎?若遇禘、祫,则如之何?对曰:此又大误也。三太后庙若亲尽合祧,但当闵而不享,安得处于夹室。禘、祫则就别庙行之,历代已来,何尝有别庙神主复入太庙夹室乎?禘、祫,礼之大者,无宜错失。

宰相孔纬曰:"博士之言是也。昨礼院所奏仪注,今已敕下,大祭日迫,不可遽改,且依行之。"于是遂以三太后祔祫太庙。达礼者讥其大谬,至今未正。

会昌六年十一月,太常博士任畴上言:"去月十七日,飨德明、兴圣庙,得庙直候论状,称懿祖室在献祖室之上,当时虽以为然,便依行事,犹牒报监察使及宗正寺,请过祭详窥玉牒,如有不同,即相知闻奏。尔后伏检《高祖神尧皇帝本纪》,伏审献祖为懿祖之昭,懿祖为献祖之穆,昭穆之位,天地极殊。今庙室夺伦,不即陈奏,然尚为苟且,罪不容诛。仍敕修撰朱俦、检讨王皞研精详复,得报称:'天宝二年,制追尊咎繇为德明皇帝,凉武昭王为兴圣皇帝。十载,立庙。至贞元十九年,制从给事中陈京、右仆射姚南仲等一百五十人之议,以为禘、祫是祖宗以序之祭,凡国者必尊太祖。今国家以景皇帝为太祖,太祖之上,施于禘、祫,不可为位。请按德明、兴圣庙共成四室,祔迁献、懿二祖。'谨寻俦等所报,即当时表奏,并献居懿上。伏以国之大事,宗庙为先,禘、祫之礼,不当失序。四十余载,理难寻诘。伏祈圣鉴,即垂诏敕,具礼迁正。"其月,畴又奏曰:"伏闻今月十三日敕,以臣所奏献、懿祖二室倒置事,宜令礼官集议闻奏者。臣去月十七日,缘遇太庙祫飨太祖景皇帝已下群主,准贞元十九年所祔献、懿祖于德明庙,共为四室。准元敕,各于本室行享礼。审知献祖合居懿祖之上,昭穆方正。其时亲见献祖之室,倒居懿祖之下。于后遍校图籍,实见差殊,遂敢闻奏。今奉敕宜令礼官集议闻奏者。臣得奉礼郎李冈、太祝柳仲年、协律郎诸葛畋李潼、检讨官王皞、修撰朱俦、博士闵庆之等七人状称:'谨按《高祖神尧皇帝本纪》及皇室图谱,并武德、贞观、永徽、开元已来诸礼著在甲令者,并云献祖宣皇帝是神尧之高祖,懿祖光皇帝是神尧皇帝之曾祖,以高曾辨之,则献祖是懿祖之父,懿祖是献祖之子。即博士任畴所奏倒列不虚。臣等伏乞即垂诏敕,具礼迁正。'"其事遂行。

僖宗自兴元还京,夏四月,将行禘祭,有司引旧仪:"禘德明、兴圣二庙,及懿祖、献祖神主祔兴圣、德明庙,通为四室。"黄巢之乱,庙已焚毁,及是将禘,俾议其仪。博士殷盈孙议曰:"臣以德明等四庙,功非创业,义止追封,且于皇帝年代极遥,昭穆甚远。可依晋韦泓'屋毁乃已'之例,因而废之。"敕下百僚都省会议,礼部员外薛昭纬奏议曰:

伏以礼贵从宜,过犹不及,祀有常典,理当据经。谨按德明追尊,实为邈远,征诸历代,莫有其伦。自古典礼该详,无逾周室。后稷实始封之祖,文王乃建极之君,且不闻后稷之前,别议立庙。以至二汉则可明征刘累,梁、魏则近有萧、曹,稽彼简书,并无追号。追于兴圣,事非有据。盖以始王于凉,遂列为祖。类长沙于后汉之代,等楚元于宋高之朝,悉无尊祀之名,足为宪章之验。重以献祖、懿祖,皆非宗有德而祖有功,亲尽宜祧,理当毁瘗,迁于二庙,亦出一时。且武德之初,议宗庙之事,神尧听之,太宗参之,硕学通儒,森然在列,而不议立皋陶、凉武昭之庙,盖知其非所宜立也。尊太祖、代祖为帝,而以献祖为宣简公,懿祖为懿王,卒不加帝号者,谓其亲尽则毁明矣。《春秋左氏传》:"孔子在陈,闻鲁庙灾。曰:'其桓僖乎？'已而果然。"盖以亲尽不毁，宜致天灾，炯然之征，不可忽也。据太常礼院状所引至德二年克复后不作弘农府君庙神主，及晋韦泓"屋朽乃已"之议，颇为明据，深协礼经。其兴圣等四室，请依礼院之议。

奉敕敬依典礼，付所司。

开元二十二年正月，制以笾、豆之荐，或未能备物，宜令礼官学士详议具奏。太常卿韦绍请"宗庙之奠，每室笾、豆各加十二。又今之酬献酒爵，制度全小，仅无一合，执持甚难，请稍令广大。其郊祀奠献，亦准此。仍望付尚书省集众官详议，务从折衷。"于是兵部侍郎张均及职方郎中韦述等建议曰：

谨按《礼·祭统》曰："凡天之所生，地之所长，苟可荐者，莫不咸在。水草陆海，三牲八簋，昆虫之异，草木之实，阴阳之物，皆备荐矣。"圣人知孝子之情深，而物类之无限，故为之节制，使祭有常礼，物有其品，器有其数。上自天子，下至公卿，贵贱差降，无相逾越，百代常行无易之道也。又按《周礼·膳夫》，"掌王之食饮膳羞：食用六谷，膳用六牲，饮用六清，羞用百有二十品，珍用八物，酱用百有二十瓮"，则与祭祀之物，丰省本殊。《左传》曰："享以训恭俭，宴以示慈惠，恭俭以行礼，慈惠以布政。"又曰："享有体荐，宴有折俎。"杜预曰："享有体荐，爵盈而不饮，豆干而不食，宴则相与食之。"享之与宴，犹且异文，祭奠所陈，固不同矣。又按《周礼》，笾人、豆人，各掌四笾、四豆之实，供祭祀与宾客，所用各殊。据此数文，祭奠不同常时，其来久矣。

且人之嗜好，本无凭准，宴私之馔，与时迁移。故圣人一切同归于古，虽平生所嗜，非礼亦不荐也；平生所恶，是礼即不去也。《楚语》曰："屈到嗜芰，有疾，召宗老而属曰：'祭我必以芰。'及卒，宗老将荐芰，屈建命去之，曰：'祭典有之，国君有牛享，大夫有羊馈，士有豚犬之奠，庶人有鱼炙之荐，笾豆脯醢，则上下安之。不羞珍异，不陈庶侈，不以私欲干国之典'遂不用。"此则礼外之食，前贤不敢荐也。今欲取甘旨之物，肥浓之味，随所有者皆充祭用，苟逾旧制，其何限焉。虽笾豆有加，岂能备也？

《传》曰："大羹不致，粢食不凿，昭其俭也。"《书》曰："黍稷非馨，明德惟馨。"事神在于虔诚，不求厌饫。三年一禘，不欲黩也。三献而终，礼有成也。《风》有《采蘋》、《采蘩》，《雅》有《行苇》、《泂酌》，守以忠信，神其舍诸！若以今之珍馔，平生所习，求神无方，何必师古。簠簋可去，而盘盂杯案当在御矣。《韶》《濩》可息，而筝篌笛笙当在奏矣。凡斯之流，皆非正物，或兴于近代，或出于蕃夷，耳目之娱，本无则象，用之宗庙，后嗣何观？欲为永式，恐未可也。且自汉已降，诸陵皆有寝宫，岁时朔望，荐以常馔，此既常行，亦足尽至孝之情矣。宗庙正礼，宜仍典故，率情变革，人情所难。

又按旧制，一升曰爵，五升曰散。《礼器》称："宗庙之祭，贵者献以爵，贱者献以散。"此明贵小贱

大，示之节俭。又按《国语》，观射父曰："郊禘不过茧栗，蒸尝不过把握。"夫神，以精明临人者也，所求备物，不求丰大。苟失于礼，虽多何为？岂可舍先王之遗法，徇一时之所尚，废弃礼经，以从流俗。裂冠毁冕，将安用之！且君子爱人以礼，不求苟合，况在宗庙，敢忘旧章。请依古制，庶可经久。

礼部员外郎杨仲昌议曰："谨按《礼》曰：'夫祭不欲烦，烦则黩；亦不欲简，简则怠。'又郑玄云：'人生尚亵食，鬼神则不然。神农时虽有黍稷，犹未有酒醴。及后圣作为醴酪，犹存玄酒，示不忘古。'《春秋》曰：'蘋蘩蕰藻之菜，潢污行潦之水，可羞于王公，可荐于鬼神。'又曰：'大羹不和，粢食不凿。'此明君人者，有国奉先，敬神严享，岂肥浓以为尚，将俭约以表诚。则陆海之物，鲜肥之类，既乖礼文之情，而变作者之法，皆充祭用，非所详也。《易》曰：'樽酒簋贰，用缶，纳约自牖。'此明祭存简易，不在繁奢。所以一樽之酒，贰簋之奠，为明祀也。抑又闻之，夫义以出礼，礼以体政，违则有紊，是称不经。荐肥浓则亵味有登，加笾爵则事乖师古。与其别行新制，宁如谨守旧章？"时太子宾客崔沔、户部郎中杨伯成、左卫兵曹刘秩等皆建议以为请依旧礼，不可改易。于是宰臣等具沔、述等议以奏。玄宗曰："朕承祖宗休德，至于享祀粢盛，实思丰洁，礼物之具，谅在昭忠。其非芳洁不应法制者，亦不可用。"以是更令太常量加品味。韦绍又奏："请每室加笾、豆各六，每四时异品，以当时新果及珍羞同荐。"制可之。又酬献酒爵，玄宗令用龠升一升，合于古义，而多少适中。自是常依行焉。

后汉世祖光武皇帝葬于原陵，其子孝明帝追思不已。永平元年，乃率诸侯王、公卿，正月朝于原陵，亲奉先后阴氏妆奁箧笥悲恸，左右侍臣，莫不呜咽。梁武帝父丹阳尹顺之，追尊为太祖文帝，先葬丹徒，亦尊为建陵。武帝即大位后，大同十五年，亦朝于建陵，有紫云荫覆陵上，食顷方灭。梁主著单衣介帻，设次而拜，望陵流哭，泪之所沾，草皆变色。陵傍有枯泉，至时而水流香洁。因谓侍臣曰，陵阴石虎，与陵俱创二百余年，恨小，可更造碑石柱麟，并二陵中道门为三闼。园陵职司，并赐一级。奉辞诸陵，哭踊而拜。周太祖文帝葬于成陵，其子明帝初立，元年十二月，谒于成陵。

高祖神尧葬于献陵，贞观十三年正月乙巳，太宗朝于献陵。先是日，宿卫设黄麾仪周卫陵寝，全是质明，七庙子孙及诸侯百僚、蕃夷君长皆陪列于司马门内。皇帝至小次，降舆纳履，哭于阙门，西面再拜，恸绝不能兴。礼毕，改服入于寝宫，亲执馔，阅视高祖及先后服御之物，匍匐床前悲恸。左右侍御者莫不歔欷。初，甲辰之夜，大雨雪。及皇帝入废院，悲号哽咽，百辟哀恸，是时雪益甚，寒风暴起，有苍云出于山陵之上，俄而流布，天地晦冥。至礼毕，皇帝出自寝宫，步过司马门北，泥行二百余步，于是风静雪止，云气歇灭，天色开霁。观者窃议，以为孝感之所致焉。是日曲赦三原县及从官力士等，大辟已下，已发觉，未发觉，皆释其罪。免民一年租赋。有八十已上，及孝子顺孙、义夫节妇、鳏寡孤独、有笃疾者，赐物各有差。

宿卫陵邑中郎将、卫士斋员及三原令以下，各赐爵一级。丁未，至自献陵。己酉，朝于太极殿。庚子，会群臣，奏《功成庆善》及《破阵》之乐。

玄宗开元十七年十一月丙申，亲谒桥陵。皇帝望陵涕泣，左右并哀感。进奉先县同赤县，以所管万三百户供陵寝，三府兵马供卫，曲赦县内大辟罪已下。戊戌，谒定陵。己亥，谒献陵。壬寅，谒昭陵。己巳，谒乾陵。戊申，车驾还宫。大赦天下，流移人并放还，左降官移近处，百姓无出今年地税之半。每陵取侧近六乡以供陵寝。皇帝初至桥陵，质明，柏树甘露降，曙后祥烟遍空。皇帝谒昭陵，陪葬功臣尽来受飨，风吹飐飏，若神祇之所集。陪位文武百僚皆闻先圣叹息、功臣蹈舞之声，皆以为至孝所感。天宝二年八月，制："自今已后，每至九月一日，荐衣于陵寝。"十三载，改献、昭、乾、定、桥五陵署为台，其署令改为台令，加旧一级。

卷二十六　　　　　　志第六

礼仪六

建中元年三月，礼仪使上言："东都太庙阙木主，请造以祔。"初，武后于东都立高祖、太宗、高宗三庙。至中宗已后，两京太庙，四时并飨。至德乱后，木主多亡缺未祔。于是议者纷然，而大旨有三：其一曰，必存其庙，遍立群主，时飨之。其二曰，建庙立主，存而不祭，若皇舆时巡，则就飨焉。其三曰，存其庙，瘗其主，驾或东幸，则饰斋车奉京师群主之往。议者皆不决而罢。

贞元十五年四月，膳部郎中归崇敬上疏："东都太庙，不合置木主。谨按典礼。虞主用桑，练主用栗，重作栗主，则埋桑主。所以神无二主，犹天无二日，土无二王也。今东都太庙，是则天皇后所建，以置武氏木主。中宗去其主而存其庙，盖将以备行幸迁奉之所也。且殷人屡迁，前八后五，前后迁都一十三度，不可每都而别立神主也。议者或云：'东都神主，已曾虔奉而礼之，岂可以一朝废之乎？'且虞祭则立桑主而虞祀，练祭则立栗主而埋桑主，岂桑主不曾虔祀，而乃埋之？又所阙之主，不可更作，作之不时，非礼也。"

长庆元年二月，分司官库部员外郎李渤奏："太微宫神主，请归祔太庙。"敕付东都留守郑絪商量闻奏。絪奏云："臣谨详三代典礼，上稽高祖、太宗之制度，未尝有并建两庙、并飨二主之礼。天授之际，祀典变革。中宗初复旧物，未暇详考典章，遂于洛阳创兴庙。是行迁都之制，实非建国之仪。及西归上都，因循未废。德宗嗣统，坠典克修，东都九庙，不复告飨。谨按《礼记》，仲尼答曾子问曰：'天无二日，土无二王，尝、禘、郊、社，尊无二上。'所以明二主之非礼也。陛下接千载之大统，扬累圣之耿光，宪章先王，垂法后嗣。况宗庙之礼，至尊至重，违经黩祀，时谓不钦。特望择三代令典，守高祖、太宗之宪度，鉴神龙权宜之制，遵建中矫正之礼，依经复古，允属圣明。伏以太微宫光皇帝三代，睿宗圣文孝武皇帝神主，参考经义，不合祔飨。至于迁置神主之礼，三代以降，经无明文。伏望委中书门下与公卿礼官质正详定。"敕付所司。

太常博士王彦威等奏议曰：

谨按国初故事，无两都并建宗庙、并行飨祭之礼。伏寻《周书》《召诰》、《洛诰》之说，实有祭告丰庙、洛庙之文，是则周人两都并建宗祧，至则告飨。然则两都皆祭祖考，礼祀并兴。自神龙复辟，中宗嗣位，庙既偕作，飨亦并行。天宝末，两都倾陷，神主亡失。肃宗既复旧物，但建庙作主于上都。其东都神主，大历中始于人间得之，遂寓于太微宫，不复祔飨。

臣等谨按经传，王者之制，凡建居室，宗庙为先，庙必有主，主必在庙。是则立庙两都，盖行古之道，主必在庙，实依礼经。今谨参详，理合升祔。谨按光皇帝是追王，高宗、中宗、睿宗是祧庙之主，其神主合藏于太庙从西第一夹室。景皇帝是始封不迁之祖，其神主合藏于太庙从西第一室。高祖、太宗、玄宗、肃宗、代宗是创业有功亲庙之祖。伏准《江都集礼》：'正庙之主，藏于太室之中。'《礼记》：'君庙之主，有故则聚而藏诸祖庙。'伏以德宗之下，神主未作，代宗之上，后主先亡，若归本室，有虚神主。事虽可据，理或未安。今高祖已下神主，并合藏于太祖之庙，依旧准故事不飨。如陛下肆觐东后，移幸洛阳，自非祧主，合归本室。其余阙主，又当特作，而祔飨时祭，禘、祫如仪。臣又按国家追王故事，太祖之上，又有德明、兴圣、懿祖别庙。今光皇帝神主，即懿祖也。伏缘东都先无前件庙宇，光皇帝神主今请权祔于太庙夹室，居元皇帝之上。如驾在东都，即请准上都式营建别庙，作德明、兴圣、献祖神主，备礼升祔。又于太庙夹室奉迎光皇帝神主归别庙第四室，禘、祫如仪。

或问曰："礼，作栗主，瘗桑主。汉、魏并有瘗桑之议，大历中亦瘗孝敬皇帝神主，今祔而不瘗，如之何？"答曰："作主依神，理无可埋，汉魏瘗藏，事非允惬。孝敬尊非正统，庙废而主独存，从而瘗藏，为叶情理。"

又问："古者巡狩，必载迁主，今东都主又祔于庙。"答曰："古者师行以迁主，无则主命，自非迁祖之主，别无出庙之文。凡邑有宗庙先君之主曰都，则两都宗庙，各宜有主。"

又问曰："古者作主，必因虞、练，若主必归祔，则室不可虚，则当补已亡之主，创当祔之主。礼经无说，如之何？"答曰："虞、练作主，礼之正也。非时作主，事之权也。王者遭时为法，因事制宜，苟无其常，则思其变。如驾或东幸，庙仍虚主，即准肃宗广德二年上都作主故事，特作阙主而祔。盖主不可阙，故礼贵从宜，《春秋》之义，变而正之者。"臣伏思祖宗之主，神灵所凭，寓于太微，不入宗庙，据经复本，允属圣明。

至是下尚书省集议，而郎吏所议，与彦威多同。丞郎则各执所见，或曰"神主合藏于太微宫；"或云"并合埋瘗"；或云"阙主当作"；或云"舆驾东幸，即载上都神主而东"。咸以意言，不本经据。竟以纷议不定，遂不举行。

会昌五年八月，中书门下奏："东都太庙九室神主，共二十六座，自禄山叛后，取太庙为军营，神主弃于街巷，所司潜收聚，见在太微宫内新造小屋之内。其太庙屋室并在，可以修崇。大和中，太常博士议，以为东都不合置神主，车驾东幸，即载主而行。至今因循，尚未修建。望令尚书省集公卿及礼官、学官详议。如不要更置，须有收藏去处。如合置，望以所拆大寺材木修建。既是宗室官居守，便望令充修东都太庙使，勾当修缮。"奉敕宜依。

六年三月，太常博士郑路等奏："东都太微宫神主二十座，去年二月二十九日礼院分析闻奏讫。伏奉今月七日敕，'此礼至重，须遵典故，宜令礼官、学官同议闻奏'者。臣今与学官等详议讫，谨具分析如后：献祖宣皇帝、宣庄皇后、懿祖光皇帝、光懿皇后、文德皇后、高宗天皇大帝、则天皇后、中宗大圣大昭孝皇帝、和思皇后、昭成皇后、孝敬皇帝、孝敬哀皇后已前十二座，亲尽迭毁，宜迁诸太庙，祔于兴圣庙。禘祫之岁，乃一祭之。东都无兴圣庙可祔，伏请且权藏于太庙夹室。未题神主十四座，前件神主既无题号之文，难伸祝告之礼。今与礼官等商量，伏请告迁之日，但瘗于旧太微宫内空闲之地。恭酌事理，庶协从宜。"制可。

太常博士段瑰等三十九人奏议曰：

礼之所立，本于诚敬；庙之所设，实在尊严。既曰荐诚，则宜统一。昔周之东西有庙，亦可征其所由。但缘卜洛之初，既须营建，又以迁业未决，因议两留。酌其事情，匪务为广，祭法明矣。

伏以东都太庙，废已多时，若议增修，稍乖前训。何者？东都始制寝庙于天后、中宗之朝，事出一时，非贞观、开元之法，前后因循不废者，亦踵镐京之文也。《记》曰："祭不欲数，数则烦。"天宝之中，两京悉为寇陷，西都庙貌如故，东都因此散亡。是知九庙之灵，不欲歆其烦祀也。自建中不葺之后，弥历岁年。今若庙貌惟新，即须室别有主。旧主虽在，大半合祧，必几筵而存，所谓宜祧不祧也。孔子曰，"当七庙五庙，无虚主也"，谓庙不得无主者也。旧主如有留去，新庙便合创添。谨按《左传》云："祔练作主。"又戴圣云："虞而立几筵。"如或过时成之，便是以凶干吉。创添既不典，虚庙又非仪。考诸礼文，进退无守。

或曰"汉于郡国置宗庙凡百余所，今止东西立庙，有何不安"者。当汉氏承秦焚烧之余，不识典故，至于庙制，率意而行。比及元、成二帝之间，贡禹、韦玄成等继出，果有正论，竟从毁除。足知汉初不本于礼经，又安可程法也？或曰"几筵不得复设，庙寝

何妨修营，候车驾时巡，便合于所载之主"者。究其终始，又得以论之。昨者降敕参详，本为欲收旧主，主既不立，庙何可施？假令行幸九州；一一皆立庙乎？愚以为庙不可修，主宜藏瘗，或就瘗于坎室，或瘗于两阶间，此乃百代常行不易之道也。

其年九月敕："段瑰等详议，东都不可立庙。李福等别状，又有异同。国家制度，须合典礼，证据未一，则难建立。宜并令赴都省对议，须归至当。"

工部尚书薛元赏等议：

伏以建中时，公卿奏请修建东都太庙，当时之议，大旨有三：其一曰，必存其庙，备立其主，时飨之日，以他官摄行。二曰，建庙立主，存而不祭，皇舆时巡，则就飨焉。三曰，存其庙，瘗其主。臣等立其三议，参酌礼经，理宜存庙，不合置主。

谨按《礼·祭义》曰："建国之神位，右社稷而左宗庙。"《礼记》云："君子将营宫室，宗庙为先。"是知王者建邦设都，必先宗庙、社稷。况周武受命，始都于丰，成王相宅，又卜于洛，烝祭岁于新邑，册周公于太室。故《书》曰："戊辰，王在新邑，烝祭岁。王入太室裸。"成王厥后复立于丰，虽成洛邑，未尝久处。逮于平王，始定东迁。则周之丰、镐，皆有宗庙明矣。又按，曾子问"庙有二主"，夫子对以"天无二日，土无二王，尝、禘、郊、社，尊无二上，未知其为礼"者。昔齐桓公作二主，夫子讥之，以为伪主。是知二主不可并设，亦明矣。夫圣王社以厚本，立庙以尊祖，所以京邑必有宗社。今国家定周、秦之两地，为东西之两宅，辟九衢而立宫阙，设百司而严拱卫，取法玄象，号为京师。既严帝宅，难虚神位，若无宗庙，何谓皇都？然依人者神，在诚者祀，诚非外至，必由中出，理合亲敬，用交神明。位宜存于两都，庙可偕立；诚难专于二祭，主不并设。

或以《礼》云"七庙五庙无虚主"，是谓不可无主。所以天子巡狩，亦有所尊，尚饰斋车，载迁主以行。今若修庙瘗主，则东都太庙，九室皆虚，既违于经，须征其说。臣复探赜礼意，因得尽而论之。所云"七庙五庙无虚主"，是谓见飨之庙不可虚也。今之两都，虽各有庙，禘祫飨献，斯皆亲奉于上京，神主几筵，不可虚陈于东庙。且《礼》云："唯圣人为能飨帝，孝子为能飨亲。"昔汉韦玄成议废郡国祀，亦曰："立庙京师，躬亲承事，四海之内，各以其职来祭。"人情礼意，如此较然。二室既不并居，二庙岂可偕祔？但所都之国，见飨之庙，既无虚室，则叶通经议者，又欲置主不飨，以俟巡幸。昔鲁作僖公之主，不于虞、练之时，《春秋》书而讥之。合祔之主，作非其时，尚为所讥。今若置不合祔之主，不因时而作，违经越礼，莫甚于此。岂有九室合飨之主，而有置而不飨之文？两庙始创于周公，二主获讥于夫子。自古制作，皆范周孔，旧典犹在，足可明征。臣所以言东都庙则合存，主不合置。今将修建庙宇，诚不亏于典礼。其见在太微宫中六主，请待东都建修太庙毕，具

礼迎置于西夹室,闵而不飨,式彰陛下严祀之敬,以明圣朝尊祖之义。

吏部郎中郑亚等五人议:"据礼院奏,以为东都太庙既废,不可复修,见在太微宫神主,请瘗于所寓之地。有乖经训,不敢雷同。臣所以别进议状,请修祔主,并依典礼,兼与建中元年礼仪使颜真卿所奏事同。臣与公卿等重议,皆以为庙固合修,主不可瘗,即与臣等别状意同。但众议犹疑东西二庙,各设神主,恐涉庙有二主之义,请修庙虚室,以太微宫所寓神主藏于夹室之中。伏以六主神位,内有不祧之宗,今用迁庙之仪,犹未合礼。臣等犹未敢署众状,盖为阙疑。"

太学博士直弘文馆郑遂等七人议曰:"夫论国之大事,必本乎正而根乎经,以臻于中道。圣朝以广孝为先,以得礼为贵,而臣下敢不以经对。三论六故,已详于前议矣。再捧天问,而陈乎诸家之说,求于典训,考乎大中,庙有必修之文,主无可瘗之理。何则?正经正史,两都之庙可征。《礼》称'天子不卜处太庙','择日卜建国之地,则宗庙可知'。则废庙之说,恐非所宜废。谨按《诗》、《书》、《礼》三经及汉朝两史,两都并设庙,而载主之制,久已行之。敢不明征而去文饰,援据经文,不易前见。东都太庙,合务修崇,而旧主当瘗,请于太微宫所藏之所。皇帝有事于洛,则奉斋车载主以行。"

太常博士顾德章议曰:

夫礼虽缘情,将明厥要,实在得中,必过礼而求多,则反亏于诚敬。伏以神龙之际,天命有归,移武氏庙于长安,即其地而置太庙,以至天宝初复,不为建都。而设议曰:"中宗立庙于东都,无乖旧典。"征其意,不亦谬乎?

又曰"东都太庙,至于睿宗、玄宗,犹奉而不易"者。盖缘尝所尊奉,不敢辄废也。今则废已多时,犹循莫举之典也。又曰"虽贞观之始,草创未暇,岂可谓此事非开元之法"者。谨按定《开元六典》敕曰:"听政之暇,错综古今,法以《周官》,作为《唐典》。览其本末,千载一朝。《春秋》谓考古之法也。行之可久,不曰然欤?"此时东都太庙见在,《六典》序两都宫阙,西都具太庙之位,东都则存而不论,足明事出一时,又安得曰"开元之法"也?又三代礼乐,莫盛于周。昨者论议之时,便宜细大,取法于周,迁而立庙。今立庙不因迁,何美之而不能师之也?又曰"建国神位,右社稷而左宗庙,君子将营宫室,宗庙为先"者。谨按《六典》,永昌中则天以东都为神都。尔后渐加营构,营室百司,于是备矣。今之宫室百司,乃武氏改命所备也。上都已建国立宗庙,不合引言。又曰:"东都洛阳祭孝宣等五帝,长安祭孝成等三帝"。以此为置庙之例,则大非也。当汉两处有庙,所祭之帝各别。今东都建庙作主,与上都尽同,概而论之,失之甚者。又曰"今或东洛复太庙,有司同日侍祭,以此为数,实所未解"者。谨按天宝三载诏曰:"顷四时有事于太庙,两京同日。自今已后,两京各宜别择日。"载在祀典,可得而详。且立庙造主,所

以祭神,而曰存而勿祀,出自何经?"当七庙五庙无虚主",而欲立虚庙,法于何典?前称庙貌如故者,即指建中之中,就有言,以为国之先也。前以非时不造主者,谓见有神主,不得以非时而造主。若江左至德之际,主并散亡,不可拘以例也。或曰"废主之瘗,请在太微宫"者。谨按天宝二年敕曰:"古之制礼,祭用质明,义兼取于尚幽,情实缘于既没。我圣祖澹然常在,为道之宗,既殊有尽之期,宜展事生之礼。自今已后,每至圣祖宫有昭告,宜改用卯时"者。今欲以主瘗于宫所,即与此敕全乖。又曰:"主不合瘗,请藏夹室"者。谨按前代藏主,颇有异同。至如夹室,宜用以序昭穆也。今庙主俱不中礼,则无禘祫之文。又曰君子将营宫室,以宗庙为先,则建国营宫室而宗庙必设。东都既有宫室,而太庙不合不营。凡以论之,其义斯胜。而西周、东汉,并曰两都,其各有宗庙之证,经史昭然,又得以极思于扬榷。《诗》曰:"其绳则直,缩板以载,作庙翼翼。"《大雅》"瓜瓞",言丰庙之作也。又曰:"于穆清庙,肃雍显相。"洛邑既成,以率文王之祀。此《诗》言洛之庙也。《书》曰:"成王既至洛,烝祭岁,文王骍牛一。"又曰"祼于太室",康王又居丰,"命毕公保厘东郊。"岂有无庙而可烝祭,非都而设保厘?则《书》东西之庙也。逮于后汉卜洛,西京之庙亦存。建武二年,于洛阳立庙,而成、哀、平三帝祭于西京。十八年,亲幸长安,行禘礼。当时五室列于洛都,三帝留于京庙,行幸之岁,与合食之期相会,不奉斋车,又安可以成此礼?则知两庙周人成法,载主以行,汉家通制。或以当虚一都之庙为不可,而引"七庙无虚主"之文。《礼》言一都之庙,室不虚主,非为两都各庙而不可虚也。既联出征之辞,更明载主之意,因事而言,理实相统,非如诗人更可断章以取义也。古人求神之所非一,奉神之意无二,故废桑主,重作栗主,既事埋之,以明其一也。

或又引《左氏传》筑郿凡例,谓"有宗庙先君之主曰都",而立建主之论。按鲁庄公二十八年冬,筑郿,《左传》为筑发凡例,《谷梁》讥因薮泽之利,《公羊》称避凶年造邑之嫌。三传异同,左氏为短。何则?当春秋二百年间,鲁凡城二十四邑,唯郿一邑称筑,其二十三邑,岂皆有宗庙先君之主乎?执此为建主之端,又非通论。或又曰:"废主之瘗,何以在于太微宫所藏之所;宜舍故依新,前已列矣。"按瘗主之位有三:或于北墉之下,或在西阶之间,庙之事也。其不当立之主,但随其所以瘗之。夫主瘗乎当立之庙,斯不然矣。以在所而言,则太微宫所藏之所,与汉之寝园无异。历代以降,建一都者多,两都者少。今国家崇东西之宅,极严奉之典,而以各庙为疑,合以建都故事,以相度正,即周、汉是也。今详议所征,究其年代,率皆一都之时,岂可以拟议,亦孰敢献酬于其间?详考经旨,古人谋寝必及于庙,未有设寝而不立庙者。国家承隋氏之弊,草创未暇,后虽建于垂

拱，而事有所合。其后当干戈宁戢之岁，文物大备之朝，历于十一圣，不议废之。岂不以事虽出于一时，庙有合立之理，而不可一一革也。今洛都之制，上自宫殿楼观，下及百辟之司，与西京无异。銮舆之至也，虽厮役之贱，必归其所理也。岂先帝之主，独无其所安乎？时也，虞主尚瘗，废主宜然。或以马融、李舟二人称"寝无伤于偕立，庙不妨于暂虚"，是则马融、李舟，可法于宣尼矣。以此拟议，乖当则深。

或称"凡邑有宗庙先君之主曰都，无曰邑，邑曰筑，都曰城"者，谨按春秋二百四十年间，惟郿一邑称筑。如城郎、费之类，各有所因，或以他防，或以自固，谓之尽有宗庙，理则极非。或称"圣主有复古之功，简册有考文之美，五帝不同乐，三王不同礼，遭时为法，因事制宜"。此则改作有为，非有司之事也。如有司之职，但合一一据经；变礼从时，则须俟明诏也。

凡不修之证，略有七条：庙立因迁，一也；已废不举，二也；庙不可虚，三也；非时不造主，四也；合载迁主行，五也；尊无二上，六也；《六典》不书，七也。谨按文王迁丰立庙，武王迁镐立庙，成王迁洛立庙，今东都不因迁而欲立庙，是违因迁立庙也。谨按《礼记》曰："凡祭，有其废之，莫敢举也。有其举之，莫敢废也。"今东都太庙，废已八朝，若果立之，是违已废不举也。谨按《礼记》曰："当七庙五庙无虚主。"今欲立虚庙，是违庙不可虚也。谨按《左传》："丁丑，作僖公主。书不时也。"《记》又曰："过时不祭，礼也。"合礼之祭，过时犹废，非礼之主，可以作乎？今欲非时作主，是违非时不作主也。谨按《曾子问》："古者师行必以迁庙主行乎？孔子曰：天子巡狩，必以迁庙主行，载于斋车，言必有尊也。今也取七庙之主以行，则失之矣。"皇氏云："迁庙主者，载迁一室之主也。"今欲载群庙之主以行，是违载迁之主也。谨按《礼记》曰："天无二日，土无二王。尝、禘、郊、社，尊无二上也。"今欲两都建庙作主，是违尊无二上也。谨按《六典》序两都宫阙及庙宇，此时东都有庙不载，是违《六典》不书也。遍考书传，并不合修。浸以武德、贞观之中，作法垂范之日，文物大备，儒彦毕臻，若可修营，不应议不及矣。《记》曰：乐由天作，礼以地制。天之体，动也。地之体，止也。"此明乐可作，礼难变也。伏惟陛下诚明载物，庄敬御天，孝方切于祖宗，事乃求于根本。再令集议，俾定所长。臣实职司，敢不条白以对。

德章又有上中书门下及礼院详议两状，并同载于后。其一曰：

伏见八月六日敕，欲修东都太庙，令会议事。此时已有议状，准礼不合更修。尚书丞郎已下三十八人，皆同署状。德章官在礼寺，实忝司存，当圣上严禋敬事之时，会相公尚古黜华之日，脱国之祀典，有乖礼文，岂唯受责于旷官，窃惧贻耻于明代。所以勤勤恳恳，将不言而又言也。

昨者异同之意，尽可指陈。一则以有都之名，便合立庙；次同欲崇修庙宇，以候时巡。殊不知庙不合虚，主惟载一也。谨按贞观九年诏曰："太原之地，肇基王业，事均丰、沛，义等宛、谯，约礼而言，须议立庙。"时秘书监颜师古议曰："臣傍观祭典，遍考礼经，宗庙皆在京师，不于下土别置。昔周之丰、镐，实为迁都，乃是因事便营，非云一时别立。"太宗许其奏，即日而停。由是而言，太原岂无都号，太原尔时犹废，东都不立可知。且庙室惟新，即须有主，主既藏瘗，非虚而何？是有都立庙之言，不攻而自破矣。又按《曾子问》曰："古者师行，必以迁庙主行乎？孔子曰：天子巡狩，必以迁庙主行，载于斋车，言必有尊也。今也取七庙之主以行，则失矣。"皇氏云："迁庙主者，惟载新迁一室之主也。"未祧之主，无载行之文。假使候时巡，自可修营一室，议构九室，有何依凭？

夫宗庙，尊事也，重事也，至尊至重，安得以疑文定论。言苟不经，则为擅议。近者敕旨，凡以议事，皆须一一据经。若无经文，任以史证。如或经史皆不据者，不得率意而言。则立庙东都，正经史无据，果从臆说，无乃前后相违也。《书》曰："三人占，则从二人之言。"会议者四十八人，所同者六七人耳，比夫二三之喻，又何其多也！夫尧、舜之为帝，迄今称咏之者，非有他术异智者，以其有贤臣辅翼，能顺考古道。故尧之书曰："若稽古帝尧。"《孔氏传》曰："能顺考古道。"傅说佐殷之君，亦曰："事不师古，匪说攸闻。"考之古道既如前，验之国章又如此，将求典实，无以易诸。伏希必本正经，稍抑浮议，踵皋、夔之古道，法周、孔之遗文，则天下守贞之儒，实所幸甚。其余已具前议。

其二曰：

夫宗庙之设，主于诚敬，旋观典礼，贰则非诚。是以匪因迁都，则不别立庙宇。《记》曰："天无二日，土无二王，尝、禘、郊、社，尊无二上。"又曰："凡祭，有其废之，莫敢举也。有其举之，莫敢废也。"则东都太庙，废已多时，若议增修，稍违前志。何者？圣历、神龙之际，武后始复明辟，中宗取其庙易置太庙焉，本欲权固人心，非经久之制也。伏以所存神主，既请祧藏，今庙室惟新，即须有主。神主非时不造，庙寝又无虚议，如修复以俟时巡，惟载一主，备在方册，可得而详。又引经中义有数等，或是弟子之语，或是他人之言。今庙不可虚，尊无二上，非时不造主，合载一主行，皆太圣祖及宣尼亲所发明者，比之常据，不可同涂。又丘明修《春秋》，悉以君子定褒贬，至陈泄以忠获罪，晋文以臣召君，于此数条，不复称君子，将评得失，特以宣尼断之。《传》曰："危疑之理，须圣言以明也。"或以东都不同他都，地有坛社宫阙，欲议权葺，似是无妨。此则酌于意怀，非曰经据。但以遍讨今古，无有坛社立庙之证，用以为说，实所未安。谨按上自殷、周，傍稽故实，除因迁都之制曰："自古议礼，皆酌人情。必稷嗣知几，贾生达识，方可发挥大政，润色皇猷，其他管窥，盖不足数。公卿之议，实可施行，德章所陈，最为浅近，岂得苟申独见，妄有异同？事贵酌中，理宜从众。宜令有司择日修崇太庙，以留守李石充使勾当。"六年三月，择日既定，礼官既行，旋以武宗登遐，其事遂寝。宣宗即位，竟迎太微宫神主祔东都太庙，禘祫之礼，尽出神主合食于太祖之前。

《贞观礼》：祫享，功臣配享于庙庭，禘享则不配。当时令文，祫禘之日，功臣并得配享。贞观十六年，将行禘祭，有司请集礼官学士等议，太常卿韦挺等一十八人议曰："古之王者，富有四海，而不朝夕上膳于宗庙者，患其礼过也。故曰：'春秋祭祀，以时思之。'至于臣有大功享禄，其后孝子率礼，洁粢丰盛，禴、祀、烝、尝，四时不辍，国家大祫，又得配焉。所以昭明其勋，尊显其德，以劝嗣臣也。其禘及时享，功臣皆不应预。故周礼六功之官，皆配大烝而已。先儒皆取大烝为祫祭。高堂隆、庾蔚之等多遵郑学，未有将为时享。又汉、魏祫祀，皆在十月，晋朝礼官，欲用孟秋殷祭，左仆射孔安国启弹，坐免者不一。梁初误禘功臣，左丞何佟之驳议，武帝允而依行。降洎周、齐，俱遵此礼。窃以五年再殷，合诸天道，一大一小，通人雅论，小则人臣不预，大则兼及功臣。今礼禘无功臣，诚谓礼不可易。"乃诏改令从礼。至开元中改修礼，复令禘祫俱以功臣配飨焉。

高宗上元三年十月，将祫享于太庙。时议者以《礼纬》"三年一祫，五年一禘"《公羊传》云"五年而再殷祭"，议交互莫能断决。太学博士史璨等议曰："按《礼记正义》引郑玄《禘祫志》云：'《春秋》：僖公三十三年十二月薨。文公二年八月丁卯，大享于太庙。《公羊传》云：大享者何？祫也。'是三年丧毕，新君二年当祫，明年当禘于群庙。僖公、宣公八年皆有禘，则后禘去前禘五年。以此定之，则新君二年祫，三年禘。自尔已后，五年而再殷祭，则六年当祫，八年当禘。又昭公十年，齐归薨，至十三年丧毕当祫，为平丘之会，冬，公如晋。至十四年祫，十五年禘，《传》云'有事于武宫'是也。至十八年祫，二十年禘。二十三年祫，二十五年禘。昭公二十五年'有事于襄宫'是也。如上所云，则禘后已隔三年祫，已后隔二年禘。此则有合礼经，不违《传》义。"自此依璨等议为定。

开元六年秋，睿宗丧毕，祫享于太庙。自后又相承三年一祫，五年一禘，各自计年，不相通数。至二十七年，凡经五禘、七祫。其年夏禘讫，冬又当祫。太常议曰：

禘祫二礼，俱为殷祭，祫为合食祖庙，禘谓谛序尊卑。申先君逮下之慈，成群嗣奉亲之孝，事异常享，有时行之。然而祭不欲数，数则黩；亦不欲疏，疏则怠。故王者法诸天道，制祀典焉。烝尝象时，禘祫如闰。五岁再闰，天道大成，宗庙法之，再为殷祭者也。谨按《礼记·王制》、《周官·宗伯》，郑玄注解，高堂所议，并云"国君嗣位，三年丧毕，祫于太祖。明年禘于群庙。自尔已后，五年再殷，一祫一禘。"汉、魏故事，贞观实录，并用此礼。又按《礼纬》及《鲁礼禘祫注》云，三年一祫，五年一禘，所谓五年而再殷祭也。又按《白虎通》及《五经通义》，许慎《异义》、何休《春秋》、贺循《祭议》，并云三年一禘。何也？以为三年一闰，天道小备，五年再闰，天道大备故也。此则五年再殷，通计其数，一祫一禘，迭相乘矣。今太庙禘祫，各自数年，两岐俱下，不相通计。或比年频合，或同岁再序，一禘之后，并为再祫，或五年之内，骤有三殷。法天象闰之期，既违其度；五岁再殷之制，数又不同。求之礼文，颇为乖失。

说者或云："禘祫二礼，大小不侔，祭名有殊，年数相舛。祫以三纪，抵小而合；禘以五断，至十而周。有兹参差，难以通计。"窃以三祫五禘之说，本出《礼纬》，五岁再殷之数，同在其篇，会通二文，非相诡也。盖以禘后置祫，二周有半，举以全数，谓之三年，譬如三年一闰，只用三十二月也。其禘祫异称，各随四时，秋冬为祫，春夏为禘。祭名虽异，为殷则同，譬如礿、祠、烝、尝，其体一也。郑玄谓祫大禘小，传或谓祫小禘大，肆陈之间，或有增减，通计之义，初无异同。盖象闰之法，相传久矣。惟晋代陈舒有三年一殷之议，自五年、八年又十一、十四，寻其议文所引，亦以象闰为言。且六岁再殷，何名象闰？五年一禘，又奚所施？矛盾之说，固难凭也。

夫以法天之度，既有指归，稽古之理，若兹昭著。禘祫二祭，通计明矣。今请以开元二十七年己卯四月禘，至辛巳年十月祫，至甲申年四月又禘，至丙戌年十月又祫，至己丑年四月又禘，至辛卯年十月又祫。自此五年再殷，周而复始。又禘祫之说，非唯一家，五年再殷之文，既相师矣，法天象闰之理，大抵亦同。而禘后置祫，或近或远，盈缩之度，有二法焉：郑玄宗高堂，则先三而后二；徐邈之议，则先二而后三。谨按郑氏所注，先三之法，约三祫五禘之文，存三岁五年之位。以为甲年既禘，丁年当祫，已年又禘，壬年又祫，甲年又禘，丁年又祫，周而复始，以此相承。祫后去禘，十有八月而近，禘后去祫，三十二月而遥，分析不均，粗于算矣。假如攻乎异端，置祫于秋，则三十九月为前，二十一月为后，虽小有愈，其间尚偏。窃据本文，皆云象闰，二闰相去，则平分矣。两殷之序，何不等耶？且又三年之言，本举全数，二周有半，实准三年，于此置祫，不违文矣，何必拘滞隔三正乎？盖千虑一失，通儒之蔽也。徐氏之议，有异于是，研核周审，最为可凭。以为二禘相去，为月六十，中分三十，置一祫焉。若甲年夏禘，丙年冬祫，有象闰法，毫厘不偏。三年一祫之文，既无乖越；五岁再殷之制，疏数有均。校之诸儒，义实长久。今请依定二殷，预推祭月，周而复始。

礼部员外郎崔宗之驳下太常，令更详议，令集贤学士陆善经等更加详核，善经亦以其议为允。于是太常卿韦縚奏曰："礼有禘祫，俱称殷祭，二法更用，鳞次相承。或云五岁再殷，一禘一祫。或云三年一祫，五年一禘。法天象闰，大趣皆同。皆以太庙禘祫，计年有差，考于经传，微有所乖。顷在四月，已行禘享，今指孟冬，又申祫仪，合食礼频，恐违先典。伏以陛下能事毕举，旧物咸甄，宗祏祗慎之时，经训申明之日。臣等忝在持礼，职司讨论，辄据旧文，定其伦序。请以今年夏禘，便为殷祭之源，自此之后，禘、祫相代，五年再殷，周而复始。其今年冬祫，准礼合停，望令所司，但行时享，即严禋不黩，庶合旧仪。"制从之。

旧仪，天宝八载闰六月六日敕文："禘祫之礼，以存序位，质文之变，盖取随时。国家系本仙宗，业承圣祖，重熙累盛，既锡无疆之休，合享登神，思弘不易之典。自今已后，每禘祫并于太清宫圣祖前设位序正，上以明陟配之礼，钦若玄象，下以尽虔祭之诚，无违至道。比来每缘禘祫，时享则停，事虽适于从宜，礼或亏于必备。已后每缘禘祫，其常享以素馔，三焚香以代三献。"

建中二年九月四日，太常博士陈京上疏言："今年十月，祫享太庙，并合缌迁庙献祖、懿祖二神主。《春秋》之义，毁庙之主，陈于太祖，未毁庙之主，皆升合食于太祖。太祖之位，在西而东向，其下子孙，昭穆相对，南北为别，初无毁庙迁主不享之文。征是礼也，自于周室，而国朝祀典，当与周异。且周以后稷配天，为始封之祖，而下乃立庙。庙毁主迁，皆在太祖之后。禘祫之时，无先于太庙太祖者。正太祖东向之位，全其尊而不疑。然今年十月祫飨太庙，伏请据魏、晋旧制为比，则构筑别庙。东晋以征西等四府君为别庙，至禘祫之时，则于太庙正太祖之位以申其尊，别庙祭高皇、太皇、征西等四府君以叙其亲。伏以国家若用此义，则宜别为献祖、懿祖立庙，禘祫祭之，以重其亲；则太祖于太庙遂居东向，以全其尊。伏以德明、兴圣二皇帝，曩立庙，至禘祫之时，常用缌礼，今则别庙合制，使就兴圣庙藏祔为宜。"敕下尚书省百僚集议。礼仪使太子少师颜真卿议曰："议者或云，献祖、懿祖亲远庙迁，不当祫享，宜永閟于西夹室。又议者云，二祖宜同祫享，于太祖并昭穆，而空太祖东向之位。又议者云，二祖若同祫享，即太祖之位永不得正，宜奉迁二祖神主祔藏于德明皇帝庙。臣伏以三议俱未为允。且礼经残缺，既无明据，儒者能为义类，斟酌其中，则可举而行之，盖协于正也。伏惟太祖景皇帝以受命始封之功，处百代不迁之庙，配天崇享，是极尊严。且至禘祫之时，暂居昭穆之位，屈己申孝，敬奉祖宗，缘齿族之礼，广尊先之道，此实太祖明神烝烝之本意，亦所以化被天下，率循孝悌也。请依晋蔡谟等议，至十月祫享之日奉献祖神主居东向之位，自懿祖、太祖洎诸祖宗，遵左昭右穆之列。此有彰国家重本尚顺之明义，足为万代不易之令典也。又议者请奉二祖神主于德明皇帝庙，行祫祭之礼。夫祫，合也。故《公羊传》云：'大事者何？祫也。'若祫祭不陈于太庙而享于德明庙，是乃分食也，岂谓合食乎？名实相乖，深失礼意，固不可行也。"

贞元七年十一月二十八日，太常卿裴郁奏曰："禘、祫之礼，殷、周以迁庙皆出太祖之后，故得合食有序，尊卑不差。及汉高受命，无始封祖，以高皇帝为太祖。太上皇，高帝之父，立庙享祀，不在昭穆合食之列，为尊于太祖故也。魏武创业，文帝受命，亦即以武帝为太祖。其高皇、太皇、处士君等，并为属尊，不在昭穆合食之列。晋宣创业，武帝受命，亦即以宣帝为太祖。其征西、颍川等四府君，亦为属尊，不在昭穆合食之列。国家诞受天命，累圣重光。景皇帝始封唐公，实为太祖。中间世数既近，于三昭三穆之内，故皇家太庙，惟有六室。其弘农府君、宣、光二祖，尊于太祖，亲尽则迁，不在昭穆之数。著在礼志，可举而行。开元中，加置九庙，献、懿二祖皆在昭穆，是以太祖景皇帝未得居东向之尊。今二祖已祧，九室惟序，则太祖之位又安可不正？伏以太祖上配天地，百代不迁，而居昭穆，献、懿二祖，亲尽庙迁，而居东向，征诸故实，实所未安。请下百僚金议。"敕旨依。

八年正月二十三日，太子左庶子李嵘等七人议曰：

《王制》："天子七庙，三昭三穆，与太祖而七。"周制也。七者，太祖及文王、武王之祧，与亲庙四也。太祖，后稷也。殷则六庙，契及汤与二昭二穆。夏则五庙，无太祖，禹与二昭二穆而已。晋朝博士孙钦议云："王者受命太祖及诸侯始封之君，其已前神主，据已上数过五代即毁其庙，禘祫不复及也。禘祫所及者，谓受命太祖之后，迭毁主升藏于二祧者也。虽百代，禘祫及之。"伏以献、懿二祖，太祖以前亲尽之主也。拟三代以降之制，则禘祫不及矣。代祖神主，则太祖已下毁庙之主，则《公羊传》所谓"已毁庙之主，陈于太祖"者是也。谨按汉永光四年诏，议罢郡国庙及亲尽之祖，丞相韦玄成议太上、孝惠庙，皆亲尽宜毁，太上庙主宜瘗于园，孝惠主迁于太祖庙。奏可。太上，则太祖已前之主，瘗于园，禘祫不及故也，则今献、懿二祖之比也。孝惠迁于太祖庙，明太祖已下子孙，则禘祫所及，则今代祖元皇帝神主之比也。自魏、晋及宋、齐、陈、隋相承，始受命之君皆立庙，虚太祖之位。自太祖之后至七代君，则太祖东向位，乃成七庙。太祖以前之主，魏明帝则迁处士主置于园邑，岁时使令丞奉荐，世数犹近故也。至东晋明帝崩，以征西等三祖迁入西除，名之曰祧，以准远庙。至康帝崩，穆帝立，于是京兆迁入西除，同谓之祧，如前之礼，并禘祫所不及。

国朝始飨四庙，宣、光并太祖、世祖神主祔于庙。贞观九年，将祔高祖于太庙，朱子奢请准礼立七庙，其三昭三穆，各置神主。太祖，依晋宋以来故事，虚其位，待递迁方处之东向位。于是始祔弘农府君及高祖为六室，虚太祖之位而行禘祫。至二十三年，太宗祔庙，弘农府君乃藏于西夹室。文明元年，高宗祔庙，始迁宣皇帝于西夹室。开元十年，玄宗特立九庙，于是追尊宣皇帝为献祖，复列于正室，光皇帝为懿祖，以备九室。禘祫犹虚太祖之位。祝文于三祖不称臣,明全庙数而已。至德二载克复后,新作九庙神主,遂不造弘农府君神主,明禘祫不及故也。至宝应二年,祔玄宗、肃宗于庙,迁献、懿二祖于西夹室,始以太祖当东向位,以献、懿二祖为是太祖以前亲尽神主,准礼禘祫不及,凡十八年。至建中二年十月,将祫飨,礼仪使颜真卿状奏:合出献、懿二祖神主行事,其布位次第及东面尊位,请准东晋蔡谟等议为定。遂以献祖当东向,以懿祖于昭位南向,以太祖于穆位北向,以次左昭右穆,陈列行事。且蔡谟当时虽有其议,事竟不行,而我唐庙祧,岂可为准?嵘伏以尝、禘、郊、社,尊无二上,瘗毁迁藏,礼有义断。以献、懿为亲尽之主,太祖已当东向之尊,一朝改移,实非典故。谓宜复先朝故事,献、懿神主藏于西夹室,以类《祭法》所谓"远庙为祧,去祧为坛,**去坛为墠**,坛、墠有祷则祭,无祷乃止。"太祖既昭配天地,位当东向之尊。庶上守贞观之首制,中奉开元之成规,下遵宝应之严式,符合经义,不失旧章。

吏部郎中柳冕等十二人议曰:

天子受命之君,诸侯始封之祖,皆为太祖。故虽天子,必有尊也,是以尊太祖焉;故虽诸侯,必有先也,亦以尊太祖焉。故太祖已下,亲尽而毁。洎秦灭学,汉不及礼,不列昭穆,不建迭毁。晋失之,宋因之。于是有违五庙之制,于是有虚太祖之位。夫不列昭穆,非所以示人有序也;不建迭毁,非所以示人有杀也;违五庙之制,非所以示人有别也;虚太祖之位,非所以示人有尊也。此礼之所由废。按《礼》:"父为士,子为天子,祭以天子,葬以士。"今献祖祧也,懿祖亦祧也,唐未受命,犹士礼也。是故高祖、太宗以天子之礼祭之,不敢以太祖之位易之。今而易之,无乃乱先王之序乎?昔周有天下,追王太王、王季以天子之礼,及其祭也,亲尽而毁之。汉有天下,尊太上皇以天子之礼,及其祭也,亲尽而毁之。唐有天下,追王献、懿二祖以天子之礼,及其祭也,亲尽而毁之。则不可代太祖之位明矣。

又按《周礼》有先公之祧,有先王之祧。先公之迁主,藏乎后稷之庙,其周未受命之祧乎?先王之迁主,藏乎文王之庙,其周已受命之祧乎?故有二祧,所以异庙也。今献祖已下之祧,犹先公也;太祖已下之祧,犹先王也。请筑别庙以居二祖,则行周之礼,复古之道。故汉之礼,因于周也;魏之礼,因于汉也;隋之礼,因于魏也。皆立三庙,有二祧。又立私庙四于南阳,亦后汉制。以为人之子,事大宗降其私亲,故私庙所以奉本宗也。太庙所以尊正统也。虽古今异时,文质异礼,而知礼之情,与问礼之本者,莫不通其变,酌而行之。故上致其崇,则太祖属尊乎上矣;下尽其杀,则祧主亲尽于下矣;中处其中,则王者主祧于中矣。

工部郎中张荐等议曰:"昔殷、周以稷、禼始封,为不迁之祖,其毁庙之主,皆稷、禼之后,所以昭、穆合祭,尊卑不差。如夏后氏以禹始封,遂为不迁之祖。故夏五庙,禹与二昭二穆而已。据此则鲧之亲尽,其主已迁。左氏既称'禹不先鲧',足明迁毁之主,虽属尊于始封祖者,亦在合食之位矣。又据晋、宋、齐、梁、北齐、周、隋史,其太祖已下,并同禘祫,未尝限断迁毁之主。伏以南北八代,非无硕学巨儒,宗庙大事,议必精博,验于史册,其礼佥同。又详魏、晋、宋、齐、梁、北齐、周、隋故事,及《贞观》、《显庆》、《开元礼》所述,禘祫并虚东向。既行之已久,实群情所安。且太祖处清庙第一之室,其神主虽百代不迁,永歆烝尝,上配天地,于郊庙无不正矣。若至禘、祫之时,暂居昭穆之列,屈已申孝,以奉祖祢,岂非伯禹烝烝敬鲧之道欤?亦是魏、晋及周、隋之太祖,不敢以卑厌尊之义也。议者或欲迁二祖于兴圣庙,及请别置筑室,至禘祫年飨之。夫祫,合也。此乃分食,殊乖礼意。又欲藏于西夹室,永不及祀,无异汉代瘗园,尤为不可。辄敢征据正经,考论旧史,请奉献、懿二祖与太祖并从昭穆之位,而虚东向。"

司勋员外郎裴枢议曰:"礼之必立宗子者,盖为收其族人,东向之主,亦犹是也。若祔于远庙,无乃中有一间,等上不伦。西位常虚,则太祖永厌于昭穆;异庙别祭,则祫飨何主乎合食?永阕比于姜嫄,则推祥谋而无事。《礼》云:'亲亲故尊祖,尊祖故敬宗,敬宗故收族,所以宗庙严,社稷重。'由是言也,太祖之上复有追尊之祖,则亲亲尊祖之义,无乃乖乎?太庙之外,轻置别祭之庙,则宗庙无乃不严,社稷无乃不重乎?且汉丞相韦玄成请瘗于园,晋征士虞喜请瘗于庙两阶之间。喜又引左氏说,古者先王日祭于祖考,月祀于曾高,时享及二祧,岁祫及坛墠,终禘及郊宗石室。是谓郊宗之上,复有石室之祖,斯最近矣。但当时议所居石室,未有准的。喜请于夹室中,愚以为石室可据,然所以处之之道未安。何者?夹室谓居太祖之下毁主,非是安太祖之上藏主也。未有卑处正位,尊在傍居。考理即心,恐非允协。今若建石室于园寝,迁神主以永安,采汉、晋之旧章,仍禘祫之一祭,修古礼之残缺,为国朝之典故,庶乎《春秋》变礼之正,动也中者焉。"

考功员外郎陈京议曰:"京前为太常博士,已于建中二年九月四日,奏议祫飨献、懿二祖所安之位,请下百僚博采所疑。其时礼仪使颜真卿因是上状,与京议异,京议未行。伏见去年十一月二十八日诏下太常卿裴郁所奏,大抵与京议相会。伏以兴圣皇帝,则献祖之曾祖,懿祖之高祖。夫以曾孙祔列于曾、高之庙,岂礼之不可哉?实人情之大顺也。"

京兆少尹韦武议曰:"凡三年一祫,五年一禘。祫则群庙大合,禘则各序其祧。谓主迁弥远,祧室既修,当祫之岁,当献祖居于东向,而懿祖序其昭穆,以极所亲。若行禘礼,则太祖复筵于西,以众主列其左右。是则于太祖不为降屈,于献祖无所厌卑。考礼酌情,谓当行此为胜。"

同官县尉仲子陵议曰:"今儒者乃援'子虽齐圣,不先父食'之语，欲令已祧献祖，权居东向，配天太祖，屈居昭穆，此不通之甚也。凡左氏'不先食'之言，且以正文公之逆祀，儒者安知非夏后庙数未足之时，而言禹不先鲧乎！且汉之禘、祫，盖不足征。魏、晋已还，太祖皆近，是太祖之上，皆有迁主。历代所疑，或引《閟宫》之诗而永閟，或因虞主之义而瘗园，或缘远庙为祧以筑宫，或言太祖实卑而虚位。惟东晋蔡谟凭左氏'不先食'以为说，欲令征西东向。均之数者，此最不安。且蔡谟此议，非晋所行。前有司不本谟改筑之言，取征西东向之一句为万代法，此其不可甚也。臣又思之，永閟瘗园，则臣子之心有所不安；权虚正位，则太祖之尊无时而定。则别筑一室，义差可安。且兴圣之于献祖，乃曾祖也，昭穆有序，飨祀以时。伏请奉献、懿二祖迁于德明、兴圣庙，此其大顺也。或以祫者合也，今二祖别庙，是分食也，何合之为？臣以为德明、兴圣二庙，每禘祫之年，亦皆飨荐，是亦分食，奚疑于二祖乎？"

其月二十七日，吏部郎中柳冕上《禘祫义证》，凡一十四道，以备顾问，并议奏闻。至三月十二日，祠部奏郁等议状。

至十一年七月十二日，敕："于顾等议状，所请各殊，理在讨论，用求精当。宜令尚书省会百僚与国子监儒官，切磋旧状，定可否，仍委所司具事件闻奏。"其月二十六日，左司郎中陆淳奏曰："臣寻七年百僚所议，虽有一十六状，总其归趣，三端而已。于顾等一十四状，并云复太祖之位。张荐状则云并列昭穆，而虚东飨之位。韦武状则云当祫之岁，献祖居于东向，行禘之礼，太祖复筵于西。谨按礼经及先儒之说，复太祖之位，位既正也，义在不疑。太祖之位既正，懿、献二主，当有所归。详考十四状，其意有四：一曰藏诸夹室，二曰置之别庙，三曰迁于园寝，四曰祔于兴圣。藏诸夹室，是无飨献之期，异乎周人藏于二祧之义，礼不可行也。置之别庙，始于魏明之说，实非《礼经》之文。晋义熙九年，虽立此义，已后亦无行者。迁于园寝，是乱宗庙之仪，既无所凭，殊乖经义，不足征也。惟有祔于兴圣之庙，禘祫之岁乃一祭之，庶乎亡于礼者之礼，而得变之正也。"

十九年三月，给事中陈京奏："禘是大合祖宗之祭，必尊太祖之位，以正昭穆。今年遇禘，伏恐须定向来所议之礼。"敕曰："禘祫之礼，祭之大者，先有众议，犹未精详，宜令百僚会议以闻。"时左仆射姚南仲等献议状五十七封，诏付都省再集百僚议定闻奏。户部尚书王绍等五十五人奏议："请奉迁献祖、懿祖神主祔德明、兴圣庙，请别增两室奉安神主。缘二十四日禘祭，修庙未成，请于德明、兴圣庙垣内权设幕屋为二室，暂安神主。候增修庙室成，准礼迁祔神主入新庙。每至禘祫年，各于本室行飨礼。"从之。是月十五日，迁献祖、懿祖神主权祔德明、兴圣庙之幕殿。二十四日，飨太庙。自此景皇帝始居东向之尊，元皇帝已下依左昭右穆之列矣。二祖新庙成，敕曰："奉迁献祖、懿祖神主，正太祖景皇帝之位，虔告之礼，当任重臣。宜令检校司空平章事杜佑摄太尉，告太清宫；门下侍郎平章事崔损摄太尉，告太庙。"又诏曰：

"国之大事，式在明禋。王者孝飨，莫重于禘祭，所以尊祖而正昭穆也。朕承列圣之休德，荷上天之眷命，虔奉牲币，二十五年。永惟宗庙之位，禘尝之序，夙夜祗栗，不敢自专。是用延访公卿，稽参古礼，博考群议，至于再三。敬以令辰，奉迁献祖宣皇帝神主、懿祖光皇帝神主，祔于德明、兴圣皇帝庙。太祖景皇帝正东向之位。宜令所司循礼，务极精严，祗肃祀典，载深感惕。咨尔中外，宜悉朕怀。"

会昌六年十月，太常礼院奏："禘祫祝文称号，穆宗皇帝、宣懿皇后韦氏、敬宗皇帝、文宗皇帝、武宗皇帝，缘从前序亲亲，以穆宗皇帝室称为皇兄，未合礼文。得修撰官朱俦等状称：'礼叙尊尊，不叙亲亲。陛下于穆宗、敬宗、武宗三室祝文，恐须但称嗣皇帝臣某昭告于某宗。'臣等同考礼经，于义为允。"从之。贞元十二年，祫祭太庙。近例，祫祭及亲拜郊，皆令中使一人引伐国宝至坛所，所以昭示武功。至是上以伐国大事，中使引之非宜，乃令礼官一人，就内库监领至太庙焉。

旧仪，高祖之庙，则开府仪同三司淮安王神通、礼部尚书河间王孝恭、陕东道大行台右仆射郧国公殷开山、吏部尚书渝国公刘政会配飨。太宗之庙，则司空梁国公房玄龄、尚书右仆射莱国公杜如晦、尚书左仆射申国公高士廉配飨。高宗之庙，则司空英国公李勣、尚书左仆射北平县公张行成、中书令高唐县公马周配飨。中宗之庙，则侍中平阳郡王敬晖、侍中扶阳郡王桓彦范、中书令南阳郡王袁恕已配享。睿宗之庙，则太子太傅许国公苏瑰、尚书左丞相徐国公刘幽求配飨。

天宝六载正月，诏：京城章怀、节愍、惠庄、惠文、惠宣太子，与隐太子、懿德太子同为一庙，呼为七太子庙，以便于祀享。太庙配飨功臣，高祖室加裴寂、刘文静，太宗室加长孙无忌、李靖、杜如晦，高宗室加褚遂良、高季辅、刘仁轨，中宗室加狄仁杰、魏元忠、王同皎等十一人。大祭祀，骍犊减数。十载，太庙置内官。十一载闰三月，制："自今已后，每月朔望日，宜令尚食造食，荐太庙，每室一牙盘，内官享荐。仍五日一开室门洒扫。"其后又有玄宗子静德太子庙，肃宗子恭懿太子庙。孝敬庙在东京太庙院内，贞顺皇后、让皇帝庙在京中。余皆四时致祭。

卷二十七　　　　志第七

礼仪七

贞观十四年，太宗因修礼官奏事之次，言及丧服，太宗曰："同爨尚有缌麻之恩，而嫂叔无服。又舅之与姨，亲疏相似，而服纪有殊，理未为得。宜集学者详议。余有亲重而服轻者，亦附奏闻。"于是侍中魏徵、礼部侍郎令狐德棻等奏议曰：

臣闻礼所以决嫌疑，定犹豫，别同异，明是非者也。非从天降，非从地出，人情而已矣。夫亲族有九，服术有六，随恩以薄厚，称情以立文。然舅之与姨，虽为同气，论情度义，先后实殊。何则？舅为母之本族，姨乃外戚他族，求之母族，姨不在焉，考之经典，舅诚为重。故周王念齐，每称舅甥之国；秦伯怀晋，实切《渭阳》之诗。在舅服止一时，为姨居丧五月，徇名丧实，逐末弃本。盖古人之情，或有未达，所宜损益，实在兹乎！

《记》曰："兄弟之子，犹子也。盖引而进之也；嫂叔之不服，盖推而远之也。"礼：继父同居，则为之期；未尝同居，则不为服。从母之夫，舅之妻，二夫人相为服。或曰，同爨缌。然则继父之徒，并非骨肉，服重由乎同爨，恩轻在乎异居。故知制服虽系于名，亦缘恩之厚薄者也。或有长年之嫂，遇孩童之叔，劬劳鞠养，情若新生，分饥共寒，契阔偕老。譬同居之继父，方他人之同爨，情义之深浅，宁可同日而言哉！在其生也，爱之同于骨肉；及其死也，则曰推而远之。求之本原，深所未谕。若推而远之为是，则不可生而共居；生而共居之为是，则不可死而同行路。重其生而轻其死，厚其始而薄其终，称情立文，其义安在？且事嫂见称，载籍非一。郑仲虞则恩礼甚笃，颜弘都则竭诚致感，马援则见之必冠，孔伋则哭之为位。此并躬践教义，仁深孝友，察其所尚之旨，岂非先觉者欤？但于其时，上无哲王，礼非下之所议，遂使深情郁乎千载，至理藏于万古，其来久矣，岂不惜哉！

今属钦明在辰，圣人有作，五礼详洽，一物无遗。犹且永念慎终，凝神遐想。以为尊卑之叙，虽焕乎大备；丧纪之制，或情理未周。爰命秩宗，更详考正。臣等奉遵明旨，触类旁求，采摭群经，讨论传记。或引兼名实，无文之礼咸秩，敦睦之情毕举，变薄俗于既往，垂笃义于将来，信六籍所不能谈，超百王而独得者也。诸儒所守，互有异同，详求厥中，申明圣旨。

谨按曾祖父母旧服齐衰三月，请加为齐衰五月。嫡子妇旧服大功，请加为期。众子妇小功，今请与兄弟子妇同为大功九月。嫂叔旧无服，今请服小功五月报。其弟妻及夫兄，亦小功五月。舅服缌麻，请与从母同服小功。

制可之。

显庆二年九月，修礼官长孙无忌等又奏曰："依古丧服，甥为舅缌麻，舅报甥亦同此制。贞观年中，八座议奏：'舅服同姨，小功五月。'而今律疏，舅报于甥，服犹三月。谨按旁尊之服，礼无不报，已非正尊，不敢降也。故甥为从母五月，从母报甥小功，甥为舅缌麻，舅亦报甥三月，是其义矣。今甥为舅使同从母之丧，则舅宜进甥以同从母之报。修律疏人不知礼意，舅报甥服，尚止缌麻，于例不通，礼须改正。今请修改律疏，舅报甥亦小功。"又曰："庶母古礼缌麻，新礼无服。谨按庶母之子，即是己昆季，为之杖期，而己与之无服。同气之内，吉凶顿殊，求之礼情，深非至理。请依典故，为服缌麻。"制又之。

龙朔二年八月，所司奏："司文正卿萧嗣业，嫡继母改嫁身亡，请申心制。据令，继母改嫁及为长子，并不解官。"既而有敕："虽云嫡母，终是继母，据礼缘情，须有定制。付所司议定奏闻。"司礼太常伯陇西郡王博乂等奏称：

缅寻《丧服》，母名斯定，嫡、继、慈、养，皆在其中。惟出母制，特言出妻之子，明非己母，则皆无服。是以令云母嫁，又云出妻之子。出言其子，以著所生，嫁即言母，通包养、嫡，俱当解任，并合心丧。其不解者，惟有继母之嫁。继母为名，正据前妻之子；嫡于诸孽，礼无继母之文。甲令今既见行，嗣业理申心制。然奉敕议定，方垂永则，令有不安，亦须厘正。窃以嫡、继、慈、养，皆非所生，并同行路。嫁虽比出稍轻，于父终为义绝。继母之嫁，既殊亲母，慈、嫡义绝，岂合心丧？望请凡非所生，父卒而嫁，为父后者无服，非承重者杖期，并不心丧，一同继母。有符情礼，无玷彝章。又心丧之制，惟施服屈，杖期之服，不应解官。而令文三年齐斩，亦人心丧之例；杖期解官，又有妻丧之舛。又依礼，庶子为其母缌麻三月。既是所生母服，准例亦合解官。令文漏而不言，于事终须修附。既与嫡母等嫁同一令条，总议请改，理为允惬者。

依集文武官九品已上议。得司卫正卿房仁裕等七百三十六人议，请一依今礼状，嗣业不解官。得右金吾卫将军薛孤吴仁等二十六人议，请解嗣业官，不同司礼状者。母非所生，出嫁义绝，仍令解职，有紊缘情。杖期解官，不甄妻服，三年齐斩，谬曰心丧。庶子为母缌麻，漏其中制。此并令文疏舛，理难因袭。依房仁裕等议，总加修附，垂之不朽。其礼及律疏有相关涉者，亦请准此改正。嗣业既非嫡母改醮，不合解官。

诏从之。

上元元年，天后上表曰："至如父在为母服止一期，虽心丧三年，服由尊降。窃谓子之于母，慈爱特深，非母不生，非母不育。推燥居湿，咽苦吐甘，生养劳瘁，恩斯极矣！所以禽兽之情，犹知其母，三年在怀，理宜崇报。若父在为母服止一期，尊父之敬虽周，报母之慈有阙。且齐斩之制，足为差减，更令周以一期，恐伤人子之志。今请父在为母终三年之服。"高宗下诏，依议行焉。开元五年，右补阙卢履冰上言："准礼，父在为母一周除灵，三年心丧。则天皇后请同父没之服，三年然始除灵。虽则权行，有紊彝典。今陛下孝理天下，动合礼经，请仍旧章，庶叶通典。"于是下制令百官详议；并舅及嫂叔服不依旧礼，亦合议定。刑部郎中田再思建议曰：

乾尊坤卑，天一地二，阴阳之位分矣，夫妇之道配焉。至若死丧之威，隆杀之等，礼经五服之制，齐斩有殊，考妣三年之丧，贵贱无隔，以报免怀之慈，以酬罔极之恩者也。

稽之上古，丧期无数，暨乎中叶，方有岁年。

《礼》云："五帝殊时，不相沿乐；三王异代，不相袭礼。"《白虎通》云："质文再而变，正朔三而复。"自周公制礼之后，孔父刊经已来，爰殊厌降之仪，以标服纪之节。重轻从俗，斟酌随时。故知礼不从天而降，不由地而出也，在人消息，为适时之中耳。春秋诸国，鲁最知礼，以周公之后，孔子之邦矣。晋韩起来聘，言"周礼尽在鲁矣。"齐仲孙来盟，言"鲁犹秉周礼。"尚有子张问高宗谅阴三年，子思不听其子服出母，子游谓同母异父昆弟之服大功，子夏谓合从齐衰之制。此等并四科之数，十哲之人，高步孔门，亲承圣训，及遇丧事，犹此致疑，即明自古已来，升降不一者也。

三年之制，说者纷然。郑玄以为二十七月，王肃以为二十五月。又改葬之服，郑云服缌三月，王云讫葬而除。又继母出嫁，郑云皆服，王云从于继育，乃为之服。又无服之殇，郑云子生一月，哭之一日；王云以哭之一日易服之月。郑、王祖经述传，各有异同；荀挚采古求遗，互为损益。方知去圣渐远，残缺弥多。故曰会礼之家，名为聚讼，宁有定哉！而父在为母三年，行之已逾四纪，出自高宗大帝之代，不从则天皇后之朝。大帝御极之辰，中宫献书之日，往时参议，将可施行，编之于格，服之已久。前王所是，疏而为律；后王所是，著而为令。何必乖先帝之旨，阻人子之情，亏纯孝之心，背彝义之本？有何妨于圣化，有何紊于彝伦，而欲服之周年，与伯叔母齐乎，与姑姊妹同焉？夫三年之丧，如白驹之过隙，君子丧亲，有终身之忧，何况再周乎！夫礼者，体也，履也，示之以迹。孝者，畜也，养也，因之以心。小人不耻不仁，不畏不义。服之有制，使愚人企及；衣之以衰，使见之摧痛。以此防人，人犹有朝死而夕忘者；以此制人，人犹有释服而从吉者。方今渐归古朴，须敦孝义，抑贤引愚，理资宁戚，食稻衣锦，所不忍闻。

若以庶事朝仪，一依周礼，则古之人臣见君也，公卿大夫贽羔雁、珪璧，今何故不依乎？周之用刑也，墨、劓、宫、刖，今何故不行乎？周则侯、甸、男、卫，朝聘有数，今何故不行乎？周则不五十不仕，七十不入朝，今何故不依乎？周则井、邑、丘、甸，以立征税，今何故不行乎？周则分土五等，父死子及，今何故不行乎？周则冠冕衣裳，乘车而战，今何故不行乎？周则三老五更，胶庠养老，今何故不行乎？诸如此例，不可胜述。何独孝思之事，爱一年之服于其母乎？可为痛心，可为恸哭者！

《诗》云："哀哀父母，生我劬劳。"《礼》云："父之亲子也，亲贤而下无能；母之亲子也，贤则亲之，无能则怜之。"阮嗣宗晋代之英才，方外之高士，以为母重于父。据齐斩升数，粗细已降，何忍服之节制，减至于周？岂后代之士，尽惭于古。循古未必是，依今未必非也。又同爨服缌，礼经明义。嫂叔远别，同诸路人。引而进之，触类而长。犹子咸衣苴枲，季父不服缌麻，推远之情有余，睦亲之义未足。又母之昆弟，情切《渭阳》，翟酺讼舅之冤，甯氏宅甥之相，我之出也，义亦殷焉。不同从母之尊，遂降小功之服，依诸古礼，有爽俗情。今贬舅而亲姨，是陋今而荣古。此并太宗之制也，行之百年矣，辄与刊复，实用有疑。于是纷议不定。履冰又上疏曰："《礼》：父在，为母十一月而练，十三月而祥，十五月而禫，心丧三年。上元中，则天皇后上表，请同父没之服，亦未有行。至垂拱年中，始编入格，易代之后，俗乃通行。臣开元五年，频请仍旧。恩敕并嫂叔舅姨之服，亦付所司详议。诸司所议，同异相参。所司惟执齐斩之文，又曰亦合典礼。窃见新修之格，犹依垂拱之伪，致有祖父母安存，子孙之妻亡没，下房筵几，亦立再周，甚无谓也。据《周易·家人》卦云：'利女贞，女正位于内，男正位于外。男女正，天地之大义。家人有严君焉，父母之谓也。父父、子子、兄兄、弟弟、夫夫、妇妇，家道正而天下正矣。'《礼》：'女在室，以父为天；出嫁，以夫为天。'又：'在家从父，出嫁从夫，夫死从子。'本无自专抗尊之法。即《丧服四制》云：'天无二日，土无二王，国无二君，家无二尊，以一理之也。故父在为母服周者，避二尊也。'伏惟陛下正持家国，孝理天下，而不断在宸衷，详正此礼，无随末俗，顾念儿女之情。臣恐后代复有妇夺夫政之败者。"

疏奏未报。履冰又上奏曰：

臣闻夫妇之道，人伦之始。尊卑法于天地，动静合于阴阳，阴阳和而天地生成，夫妇正而人伦式序。自家刑国，牝鸡无晨，四德之礼不愆，三从之义斯在。即《丧服四制》云："天无二日，土无二王，国无二君，家无二尊，以一理之也。故父在为母服周者，见无二尊也。"准旧仪，父在为母一周除灵，再周心丧。父必三年而后娶者，达子之志焉。岂先圣无情于所生，固有意于家国者矣。原夫上元肇年，则天已潜秉政，将图僭篡，预自崇先。请升慈爱之丧，以抗尊严之礼，虽齐斩之仪不改，而几筵之制遂同。数年之间，尚未通用。天皇晏驾，中宗蒙尘。垂拱之末，果行圣母之伪符；载初之元，遂启易代之深衅。孝和虽名反正，韦氏复效晨鸣。孝和非意暴崩，韦氏旋即称制。不蒙陛下英算，宗庙何由克复？《易》云："臣弑其君，子弑其父，非一朝一夕之故。"其斯之谓矣。臣谨寻礼意，防杜实深，若不早图刊正，何以垂戒于后？所以薄言礼教，请依旧章，恩敕通明，蒙付所司详议。

且臣所献者，盖请正夫妇之纲，岂忘母子之道。诸议多不讨其本源，所非议者，大凡不论罔极之恩；丧也宁戚；禽兽识母而不识父；秦燔书后礼经残缺，后儒缀集，不足可凭；岂得与伯叔母服同，岂得与姑姊妹制等；三王不相袭礼，五帝不相沿乐；齐斩足为升降，岁年何忍不同：此并道听途说之言，未习先王之旨，又安足以议经邦理俗之礼乎？臣请据经义以明之。所云"罔极之恩"者，春秋祭祀，以时思之。君子有终身之忧，霜露之感，岂止一二周之服哉！故圣人恐有朝死而夕忘，曾鸟兽之不若，为立中制，使贤不肖共成文理而已。所云"丧也宁戚"者，孔子答林放之问。至如太奢太俭，太易太戚，皆非礼中。苟不得中，名为俱失，不如太俭太戚焉。毁而灭性，犹愈于朝死夕忘焉。此论临丧毁之容，岂比于同宗异姓之服？所云"禽兽识母而不识父"者，禽兽群居而聚麀，而无家国之礼，少虽知亲爱其母，长不解尊严其父。引此为谕，则亦禽兽之不若乎！所云"秦燔书后礼经残缺，后儒缵集，不足可凭"者，人间或有遗逸，岂亦家户到而燔之？假若尽燔，苟不可信，则坟典都谬，庠序徒立，非圣之谈，复云安属？所云"与伯叔姑姊服同"者，伯叔姑姊有筵杖之制、三年心丧乎？所云"五帝不相沿乐，三王不相袭礼"，诚哉是言！此是则天怀私苞祸之情，岂可复相沿乐袭礼乎？所云"齐斩足为升降"者，母齐父斩，不易之礼。

按《三年问》云："将由修饰之君子与，三年之丧，若驷之过隙，遂之，则是无穷也。然则何以周也？曰：至亲以周断。是何也？曰：天地则已易矣，四时则已变矣，其在天地之中者，莫不更始焉，以是象之也。然则何以三年？曰：加重焉耳。"故父加至再周，父在为母加三年心丧。今者还同父没之制，则尊厌之律安施？《丧服四制》又曰："凡礼之大体，体天地，法四时，则阴阳，顺人情，故谓之礼。"訾之者是不知礼之所由生。非徒不识礼之所由制，亦恐未达孝子之通义。

臣谨按《孝经》，以明陛下孝治之合至德要道，请论世俗訾礼之徒。夫至德谓孝悌，要道谓礼乐。"移风易俗，莫善于乐，安上治民，莫善于礼。"又《礼》有"无体之礼，无声之乐。"按《孝经·援神契》云："天子孝曰就，就之为言成也。天子德被天下，泽及万物，始终成就，则其亲获安，故曰就也。诸侯孝曰度，度者法也。诸侯居国，能奉天子法度，得不危溢，则其亲获安，故曰度也。卿大夫孝曰誉，誉之为言名也。卿大夫言行布满，能无恶称，誉达遐迩，则其亲获安，故曰誉也。士孝曰究，究者以明审为义。士始升朝，辞亲入仕，能审资父事君之礼，则其亲获安，故曰究也。庶人孝曰畜，畜者含畜之义。庶人含情受朴，躬耕力作，以畜其德，则其亲获安，故曰畜也。"陛下以韦氏构逆，中宗降祸，宸衷哀愤，睿情卓烈。初无一旅之众，遂殄九重之妖，定社稷于贴危，拯宗枝于涂炭。此陛下孝悌之至，通于神明，光于四海，无所不通。使诸侯得守其法度，卿大夫得尽其言行，士得资亲以事君，庶人得用天而分地。此陛下无体之礼，以安上理人也。上元以来，政由武氏，文明之后，法在凶人。贼害宗亲，诛灭良善，勋阶岁累，醨赦年频。佞之则荣华，正之则迁谪。神龙、景云之际，其事尤繁，先天、开元之间，斯弊都革。此陛下之无声之乐，以移风易俗也。

臣前状单略，议者未识臣之悬诚。谨具状重进，请付中书门下商量处分。臣言若谠，然敢侧足于轩墀；臣言不忠，伏请窜迹于荒裔。

左散骑常侍元行冲奏议曰："天地之性，惟人最灵者，盖以智周万物，惟睿作圣，明贵贱，辨尊卑，远嫌疑，分情理也。是以古之圣人，征性识本，缘情制服，有申有厌。天父、天夫，故斩衰三年，情理俱尽者，因心立极也。生则齐体，死则同穴，比阴阳而配合，同两仪而成化。而妻丧杖期，情礼俱杀者，盖以远嫌疑，尊乾道也。父为嫡子三年斩衰，而不去职者，盖尊祖重嫡，崇礼杀情也。资于事父以事君，孝莫大于严父。故父在，为母罢职齐周而心丧三年，谓之尊厌者，则情申而礼杀也。斯制也，可以异于飞走，别于华夷。羲、农、尧、舜，莫之易也；文、武、周、孔，同所尊也。今若舍尊厌之重，亏严父之义，略纯索之嫌，贻非圣之责，则事不师古，有伤名教矣。姨兼从母之名，即母之女党，加于舅服，有理存焉。嫂叔不服，避嫌疑也。若引同爨之缌，以忘推远之迹，既乖前圣，亦谓难从。谨详三者之疑，并请依古为当。"自是百僚议竟不决。

至七年八月，下敕曰："惟周公制礼，当历代不刊；况子夏为《传》，乃孔门所受。格条之内，有父在为母齐衰三年，此有为而为，非尊厌之义。与其改作，不如师古，诸服纪宜一依《丧服》文。"自是卿士之家，父在为母行服不同：或既周而禫，禫服六十日释服，心丧三年者；或有既周而禫，禫服终三年者；或有依上元之制，齐衰三年者。时议者是非纷然，元行冲谓人曰："圣人制厌降之礼，岂不知母恩之深也，以尊祖贵祢，欲其远别禽兽，近异夷狄故也。人情易摇，浅识者众。一紊其度，其可止乎！"二十年，中书令萧嵩与学士改修定五礼，又议请依上元敕，父在为母齐衰三年为定。及颁礼，乃一依行焉。

二十三年，藉田礼毕，下制曰："服制之纪，或有所未通，宜令礼官学士详议闻奏。"太常卿韦绦奏曰："谨按《仪礼·丧服》：舅，缌麻三月。从母，小功五月。《传》曰：可以小功，以名加也。堂姨舅、舅母，恩所不及。外祖父母。小功五月。《传》曰：何以小功，以尊加也。舅，缌麻三月，并是情亲而服属疏者。外祖正尊，同于从母之服。姨舅一等，服则轻重有殊。堂姨舅亲即未疏，恩绝不相为服。亲舅母来承外族，同爨之礼不加。窃以古意犹有所未畅者也。且为外祖小功，此则正尊情甚亲而服属疏者也，请加至大功九月。姨舅傍类，亲既无别，服宜齐等，请为舅加至小功五月。堂姨舅服降一等，亲舅母从服之例，先无制服之文，并望加至袒免。臣闻礼以饰情，服从义制，或有沿革，损益可明。事体既大，理资详审。望付尚书省集众官吏详议，务从折衷，永为典则。"

于是太子宾客崔沔建议曰："窃闻大道既隐，天下为家。圣人因之，然后制礼。礼教之设，本为正家，家道正而天下定矣。正家之道，不可以贰，总一定议，理归本宗。父以尊崇，母以厌降，岂忘爱敬，宜存伦序。是以内有齐斩，外服皆缌麻，尊名所加，不过一等，此先王不易之道也。前圣所志，后贤所传，其来久矣。昔辛有适伊川，见被发而祭于野者，曰：'不及百年，此其戎乎？其礼先亡矣'！贞观修礼，时改旧章，渐广《渭阳》之恩，不遵洙、泗之典。及弘道之后，唐隆之间，国命再移于外族矣。礼亡征兆，傥或斯见，天人之际，可不诚哉！开元初，补阙卢履冰尝进状论丧服轻重，敕令佥议。于时群议纷挐，各安积习，太常礼部，奏依旧定。陛下运稽古之思，发独断之明，至开元八年，特降别敕，一依古礼。事符故实，人知向方，式固宗盟，社稷之福。更图异议，窃所未详。愿守八年明旨，以为万代成法。"

职方郎中韦述议曰：

天生万物，惟人最灵。所以尊尊亲亲，别生分类，存则尽其爱敬，没则尽其哀戚。缘情而制服，考事而立言，往圣讨论，亦已勤矣。上自高祖，下至玄孙，以及其身，谓之九族。由近而及远，称情而立文，差其轻重，遂为五服。虽则或以义降，或以名加，教有所从，理不逾等。百王不易，三代可知，日月同悬，咸所仰也。自微言既绝，大义复乖，虽文质有迁，而必遵此制。

谨按《仪礼·丧服传》曰："外亲之服皆缌麻。"郑玄谓："外亲，异姓。正服不过缌麻。"外祖父母，小功五月，以尊加也。从母，小功五月，以名加也。舅甥外孙、中外昆弟，依本服缌麻三月。若以匹敌，外祖则祖也，舅则伯叔父之别也。姨舅伯叔，则父母之恩不殊，而独杀于外氏，圣人之心，良有以也。《丧服传》曰："禽兽知母而不知父。"野人曰，父母何算焉。都邑之士，则知尊祢矣。大夫及学士，则知尊祖也。诸侯及其太祖，天子及其始祖。圣人究天道而厚于祖祢，系姓族而亲其子孙，近则别其贤愚，远则异于禽兽。由此言之，母党比于本族，不可同贯明矣。且家无二尊，丧无二斩，人之所奉，不可贰也。特重于大宗者，降其小宗；为人后者，减其父母之服；女子出嫁，杀其本家之丧。盖所存者远，所抑者私也。今若外祖及舅更加服一等，堂舅及姨列于服纪之内，则中外之制，相去几何？废礼徇情，所务者末。古之制作者知人情之易摇，恐失礼之将渐，别其同异，轻重相悬，欲使后来之人，永不相杂。微旨斯在，岂徒然哉！且五服有上杀之义，必循源本，方及条流。伯叔父母本服大功九月，从父昆弟亦大功九月，并以上出于祖，其服不得过于祖也。从祖祖父母、从祖父母、从祖昆弟，皆小功五月；以出于曾祖，服不得过于曾祖也。族祖祖父母、族祖父母、族祖昆弟，皆缌麻三月，以其出于高祖，其服不得过于高祖也。堂舅姨既出于外曾祖，若为之制服，则外曾祖父母及外伯叔祖父母，亦宜制服矣。外祖加至大功九月，则外曾祖合至小功，外高祖合至缌麻。若举此而舍彼，事则不均；弃亲而录疏，理则不顺。推而广之，是与本族无异矣。服皆有报，则堂外甥、外曾孙、侄女之子，皆须制服矣。

圣人岂薄其骨肉，背其恩爱。情之亲者，服制乃轻，盖本于公者薄于私，存其大者略其细，义有所断，不得不然。苟可加也，亦可减也，往圣可得而非，则礼经可得而隳矣。先王之制，谓之彝伦，奉以周旋，犹恐失坠，一紊其叙，庸可止乎？且旧章沦胥，为日已久矣。所存者无几，又欲弃之，虽曰未达，不知其可。请依《仪礼·丧服》为定。

礼部员外郎杨仲昌议曰："谨按《仪礼》曰：'外服皆缌。'又曰：'外祖父母以尊加，从母以名加，并为小功五月。'其为舅缌，郑文贞公魏徵已议同从母例，加至小功五月讫。今之所加，岂异前旨？虽文贞贤也，而周、孔圣也，以贤改圣，后学何从？堂舅姨、堂舅母，并升为袒免，则何以祖述礼经乎？如以外祖父母加至大功，则岂无加报于外孙乎？如外孙为报，服大功，则本宗庶孙，何等而相浅乎？傥必如是，深所不便。窃恐内外乖序，亲疏夺伦，情之所沿，何所不至，理必然也。昔子路有姊之丧而不除，孔子问之，子路对曰：'吾寡兄弟而不忍也。'子曰：'先王制礼，行道之人皆不忍也。'子路闻而除之。此则圣人因言以立训，援事抑情之明例也。礼不云乎，无轻议礼。明其蟠于天地，并彼日月，贤者由之，安敢小有损益也！况夫《丧服》之纪，先王大猷，奉以周旋，以匡人道。一辞宁措，千载是遵，涉于异端，岂曰弘教。伏望各依正礼，以厚儒风。太常所谓增加，愚见以为不可。"又户部郎中杨伯成、左监门录事参军刘秩并同是议，与沔等略同。议奏，上又手敕侍臣等曰："朕以为亲姨舅既服小功，则舅母于舅有三年之服，服是受我而厚，以服制情，则舅母之服，不得全降于舅也，宜服缌麻。堂姨舅古今未制服，朕思敦睦九族，引而亲之，宜服袒免。又郑玄注《礼记》云'同爨缌'，若比堂姨舅于同爨，亲则厚矣。又《丧服传》云，'外亲之服皆缌'，是亦不隔于堂姨舅也。若以所服不得过本，而须为外曾祖父母及外伯叔祖父母制服，亦何伤乎？是皆亲亲敦本之意，卿等更熟详之。"

侍中裴耀卿、中书令张九龄、礼部尚书李林甫等奏曰："外族之亲，礼无厌降。外甥既为舅母制服，舅母还合报之。夫外甥既为报服，则与夫之姨舅，以类是同，外甥之妻，不得无服。所增者颇广，所引者渐疏。微臣愚蒙，犹有未达。"玄宗又手制答曰："从服有六，此其一也。降杀之制，礼无明文。此皆自身率亲，用为制服。所有存抑，尽是推恩。朕情有未安，故令详议，非欲苟求变古，以示不同。卿等以为'外族之亲，礼无厌降，报服之制，所引甚疏'。且姨舅者，属从之至近也，以亲言之，则亦姑伯之匹敌也。岂有所引者疏，而降所亲者服？又妇，从夫者也。夫之姨舅，夫既有服，从夫而服，由是睦亲。实欲令不肖者企及，贤者俯就。卿等宜熟详之。"耀卿等奏曰："陛下体至仁之德，广推恩之道，将弘引进，以示睦亲，再发德音，更令详议。臣等按《大唐新礼》：亲舅加至小功，与从母同服。此盖当时特命，不以轻重递增，盖不欲参于本宗，慎于变礼者也。今圣制亲姨舅小功，更制舅母缌麻，堂姨舅祖免等服，取类《新礼》，垂示将来，通于物情，自我作则。群儒风议，徒有稽留。并望准制施行。"制从之。天宝六载正月，出嫁母宜终服三年。

卷二十八　　　　志第八

音　乐　一

乐者，太古圣人治情之具也。人有血气生知之性，喜怒哀乐之情。情感物而动于中，声成文而应于外。圣王乃调之以律度，文之以歌颂，荡之以钟石，播之以弦管，然后可以涤精灵，可以袪怨思。施之于邦国则朝廷序，施之于天下则神祇格，施之于宾宴则君臣和，施之于战阵则士民勇。

三五之代，世有厥官，故虞廷振干羽之容，周人立弦诵之教。泊苍精道丧，战国尘飞，礼乐出于诸侯，《雅》、《颂》沦于衰俗。齐竽燕筑，俱非皦绎之音；东缶西琴，各写哇淫之状。乃至播鼗入汉，师挚寝弦。延陵有自郐之讥，孔子起闻《韶》之叹。及始皇一统，傲视百王。钟鼓满于秦宫，无非郑、卫；歌舞陈于汉庙，并匪《咸》、《韶》。而九成、六变之容，八佾、四悬之制，但存其数，罕达其情。而制氏所传，形容而已。武、宣之世，天子弘儒，采夜诵之诗，考从臣之赋，朝吟兰殿，暮奏竹宫，乃命协律之官，始制礼神之曲。属河间好古，遗籍充庭，乃约《诗·颂》而制乐章，体《周官》而为舞节。自兹相袭，代易其辞，虽流管磬之音，恐异《茎》、《英》之旨。其后卧听桑、濮，杂以《兜离》，孤竹、空桑，无复旋宫之义；崇牙树羽，惟陈备物之仪。烦手即多，知音盖寡。自永嘉之后，咸、洛为墟，礼坏乐崩，典章殆尽。江左掇其遗散，尚有治世之音。而元魏、宇文，代雄朔漠，地不传于清乐，人各习其旧风。虽得两京工胥，亦置四厢金奏。殊非入耳之玩，空有作乐之名。隋文帝家世士人，锐兴礼乐，践祚之始，诏太常卿牛弘、祭酒辛彦之增修雅乐。弘集伶官，措思历载无成，而郊庙侑神，黄钟一调而已。开皇九年平陈，始获江左旧工及四悬乐器，帝令廷奏之，叹曰："此华夏正声也，非吾此举，世何得闻。"乃调五音为五夏、二舞、登歌、房中等十四调，宾、祭用之。隋氏始有雅乐，因置清商署以掌之。既而协律郎祖孝孙依京房旧法，推五音十二律为六十音，又六之，有三百六十音，旋相为宫，因定庙乐。诸儒论难，竟不施用。隋世雅音，惟清乐十四调而已。隋末大乱，其乐犹全。

高祖受禅，擢祖孝孙为吏部郎中，转太常少卿，渐见亲委。孝孙由是奏请作乐。时军国多务，未遑改创，乐府尚用隋氏旧文。武德九年，始命孝孙修定雅乐，至贞观二年六月奏之。太宗曰："礼乐之作，盖圣人缘物设教，以为撙节，治之隆替，岂此之由？"御史大夫杜淹对曰："前代兴亡，实由于乐。陈将亡也，为《玉树后庭花》；齐将亡也，而为《伴侣曲》。行路闻之，莫不悲泣，所谓亡国之音也。以是观之，盖乐之由也。"太宗曰："不然，夫音声能感人，自然之道也。故欢者闻之则悦，忧者听之则悲，悲欢之情，在于人心，非由乐也。将亡之政，其民必苦，然苦心所感，故闻之则悲耳，何有乐声哀怨，能使悦者悲乎？今《玉树》、《伴侣》之曲，其声具存，朕当为公奏之，知公必不悲矣。"尚书右丞魏徵进曰："古人称：'礼云礼云，玉帛云乎哉！乐云乐云，钟鼓云乎哉！'乐在人和，不由音调。"太宗然之。孝孙又奏：陈、梁旧乐，杂用吴、楚之音；周、齐旧乐，多涉胡戎之伎。于是斟酌南北，考以古音，作为大唐雅乐。以十二律各顺其月，旋相为宫。按《礼记》云，"大乐与天地同和"，故制十二和之乐，合三十一曲，八十四调。祭圜丘以黄钟为宫，方泽以林钟为宫，宗庙以太簇为宫。五郊、朝贺、飨宴，则随月用律为宫。初，隋但用黄钟一宫，惟扣七钟，余五钟虚悬而不扣。及孝孙建旋宫之法，皆遍扣钟，无复虚悬者矣。祭天神奏《豫和》之乐，地祇奏《顺和》，宗庙奏《永和》。天地、宗庙登歌，俱奏《肃和》。皇帝临轩，奏《太和》。王公出入，奏《舒和》。皇帝食举及饮酒，奏《休和》。皇帝受朝，奏《政和》。皇太子轩悬出入，奏《承和》。元日、冬至皇帝礼会登歌，奏《昭和》。郊庙俎入，奏《雍和》。皇帝祭享酌酒、读祝文及饮福、受胙，奏《寿和》。五郊迎气，各以月律而奏其音。又郊庙祭享，奏《化康》、《凯安》之舞。《周礼》旋宫之义，亡绝已久，时莫能知，一朝复古，自此始也。及孝孙卒后，协律郎张文收复采《三礼》，言孝孙虽创其端，至于郊禋用乐，事未周备。诏文收与太常掌礼乐官等更加厘改。于是依《周礼》，祭昊天上帝以圆钟为宫，黄钟为角，太簇为徵，姑洗为羽，奏《豫和》之舞。若封太山，同用此乐。若地祇方丘，以函钟为宫，太簇为角，姑洗为徵，南吕为羽，奏《顺和》之舞。禅梁甫，同用此乐。祫禘宗庙，以黄钟为宫，大吕为角，太簇为徵，应钟为羽，奏《永和》之舞。五郊、日月星辰及类于上帝，黄钟为宫，奏《豫和》之曲。大蜡、大报，以黄钟、太簇、姑洗、蕤宾、夷则、无射等调奏《豫和》、《顺和》、《永和》之曲。明堂、雩，以黄钟为宫，奏《豫和》之曲。神州、社稷、藉田，宜以太簇为宫，雨师以姑洗为宫，山川以蕤宾为宫，并奏《顺和》之曲。飨先妣，以夷则为宫，奏《永和》之舞。大飨宴，奏姑洗、蕤宾二调。皇帝郊庙食举，以月律为宫，并奏《休和》之曲。皇帝郊庙出入，奏《太和》之乐，临轩出入，奏《舒和》之乐，并以姑洗为宫。皇帝大射，姑洗为宫，奏《驺虞》之曲。皇太子奏《狸首》之曲。皇太子轩悬，姑洗为宫，奏《永和》之曲。凡奏黄钟，歌大吕；奏太簇，歌应钟；奏姑洗，歌南吕；奏蕤宾，歌林钟；奏夷则，歌中吕；奏无射，歌夹钟。黄钟蕤宾为宫，其乐九变；大吕、林钟为宫，其乐八变。太簇、夷则为宫，其乐七变。夹钟、南吕为宫，其乐六变。姑洗、无射为宫，其乐五变。中吕、应钟为宫，其乐四变。天子十二钟，上公九，侯伯七，子男五，卿六，大夫四，士三。及成，奏之。太宗称善，于是加级颁赐各有差。

十四年，敕曰："殷荐祖考，以崇功德，比虽加以诚洁，而庙乐未称。宜令所司详诸故实，制定奏闻。"八座议曰："七庙观德，义冠于宗祀；三祖在天，式章于严配。致敬之情允洽，大孝之道宜宣。是以八佾具陈，肃仪形于缀兆；四悬备展，被鸿徽于雅音。考作乐之明义，择皇王之令典，前圣所履，莫大于兹。伏惟皇帝陛下，天纵感通，率由冥极。孝理昭懿，光被于八埏；爱敬纯深，追崇于百叶。永言锡祚，斯弘颂声，钟律革音，播铿锵于飨荐；羽龠成列，申蹈厉于烝尝。爰诏典司，乃加隆称，循声核实，敬阐尊名。窃以皇灵滋庆，浚源长委，迈吞燕之生商，轶扰龙之肇汉，盛韬光于九二，渐发迹于三分。高祖缩地补天，重张区宇，反魂肉骨，再造生灵。恢恢帝图，与二仪而合大；赫赫皇道，共七曜以齐明。虽复圣迹神功，不可得而窥测；经文纬武，敢有寄于名言。敬备乐章，式昭彝范。皇祖弘农府君、宣简公、懿王三庙乐，请同奏《长发》之舞。太祖景皇帝庙乐，请奏《大基》之舞。世祖元皇帝庙乐，请奏《大成》之舞。高祖大武皇帝庙乐，请奏《大明》之舞。文德皇后庙乐，请奏《光大》之舞。七庙登歌，请每室别奏。"制可之。二十三年，太尉长孙无忌、侍中于志宁议太宗庙乐曰："《易》曰：'先王作乐崇德，殷荐之上帝，以配祖考。'请乐名《崇德》之舞。"制可之。后文德皇后庙，有司据礼停《光大》之舞，惟进《崇德》之舞。

光宅元年九月，高宗庙乐，以《钧天》为名。中宗庙乐，奏《太和》之舞。开元六年十月敕，睿宗庙奏《景云》之舞。二十九年六月，太常奏："准十二年东封太山日所定雅乐，其乐曰《元和》六变，以降天神。《顺和》八变，以降地祇。皇帝行，用《太和》之乐。其封太山也，登歌、奠玉币，用《肃和》之乐；迎俎，用《雍和》之乐；酌献、饮福，用《寿和》之乐；送文、迎武，用《舒和》之乐；亚献、终献，用《凯安》之乐；送神，用夹钟宫《元和》之乐。禅社首也，送神用林钟宫《顺和》之乐。享太庙也，迎神用《永和》之乐；献祖宣皇帝酌献用《光大》之舞，懿祖光皇帝酌献用《长发》之舞，太祖景皇帝酌献用《大政》之舞，世祖元皇帝酌献用《大成》之舞，高祖神尧皇帝酌献用《大明》之舞，太宗文皇帝酌献用《崇德》之舞，高宗天皇大帝酌献用《钧天》之舞，中宗孝和皇帝酌献用《太和》之舞，睿宗大圣贞皇帝酌献用《景云》之舞；彻豆，用《雍和》之舞；送神，用黄钟宫《永和》之乐。臣以乐章残缺，积有岁时。自有事东巡，亲谒九庙，圣情慎礼，精祈感通，皆祠前累日考定音律，请编入史册，万代施行。"下制曰："王公卿士，爰及有司，频诣阙上言，请以'唐乐'为名者，斯至公之事，朕安得而辞焉。然则《大咸》、《大韶》、《大濩》、《大夏》，皆以大字表其乐章，今之所定，宜曰《大唐乐》。"皇祖弘农府君至高祖大武皇帝六庙，贞观中已诏颜师古等定乐章舞号。洎今太常寺又奏有司所定献祖宣皇帝至睿宗圣贞皇帝九庙酌献用舞之号。

天宝元年四月，命有司定玄元皇帝庙告享所奏乐，降神用《混成》之乐，送神用《太一》之乐。宝应二年六月，有司奏：玄宗庙乐请奏《广运》之舞，肃宗庙乐请奏《惟新》之舞。大历十四年，代宗庙乐请奏《保大》之舞。永贞元年十月，德宗庙乐请奏《文明》之舞。元和元年，顺宗庙乐请奏《大顺》之舞。元和十五年，宪宗庙乐请奏《象德》之舞。穆宗庙乐请奏《和宁》之舞。敬宗庙乐请奏《大钧》之舞。文宗庙乐请奏《文成》之舞。武宗庙乐请奏《大定》之舞。

贞观元年，宴群臣，始奏《秦王破阵》之曲。太宗谓侍臣曰："朕昔在藩，屡有征讨，世间遂有此乐，岂意今日登于雅乐。然其发扬蹈厉，虽异文容，功业由之，致有今日，所以被于乐章，示不忘于本也。"尚书右仆射封德彝进曰："陛下以圣武戡难，立极安人，功成化定，陈乐象德，实弘济之盛烈，为将来之壮观。文容习仪，岂得为比。"太宗曰："朕虽以武功定天下，终当以文德绥海内。文武之道，各随其时，公谓文容不如蹈厉，斯为过矣。"德彝顿首曰："臣不敏，不足以知之。"其后令魏徵、虞世南、褚亮、李百药改制歌辞，更名《七德》之舞，增舞者至百二十人，被甲执戟，以象战阵之法焉。六年，太宗行幸庆善宫，宴从臣于渭水之滨，赋诗十韵。其宫即太宗降诞之所。车驾临幸，每特感庆，赏赐闾里，有同汉之宛、沛焉。于是起居郎吕才以御制诗等于乐府，被之管弦，名为《功成庆善乐》之曲，令童儿八佾，皆进德冠、紫袴褶，为《九功》之舞。冬至享宴，及国有大庆，与《七德》之舞偕奏于庭。七年，太宗制《破阵舞图》：左圆右方，先偏后伍，鱼丽鹅贯，箕张翼舒，交错屈伸，首尾回互，以象战阵之形。令吕才依图教乐工百二十人，被甲执戟而习之。凡为三变，每变为四阵，有来往疾徐击刺之象，以应歌节，数日而就，更名《七德》之舞。癸巳，奏《七德》、《九功》之舞，观者见其抑扬蹈厉，莫不扼腕踊跃，凛然震竦。武臣列将咸上寿云："此舞皆是陛下百战百胜之形容。"群臣咸称万岁。蛮夷十余种自请率舞，诏许之，久而乃罢。十四年，有景云见，河水清。张文收采古《朱雁》、《天马》之义，制《景云河清歌》，名曰宴乐，奏之管弦，为诸乐之首，元会第一奏者是也。

永徽二年十一月，高宗亲祀南郊，黄门侍郎宇文节奏言："依仪，明日朝群臣，除乐悬，请奏《九部乐》。"上因曰："《破阵乐舞》者，情不忍观，所司更不宜设。"言毕，惨怆久之。显庆元年正月，改《破阵乐舞》为《神功破阵乐》。二年，太常奏《白雪》琴曲。先是，上以琴中雅曲，古人歌之，近代已来，此声顿绝，虽有传习，又失宫商，令所司简乐工解琴笙者修习旧曲。至是太常上言曰："臣谨按《礼记》、《家语》云：舜弹五弦之琴，歌《南风》之诗。是知琴操曲弄，皆合于歌。又张华《博物志》云：'《白雪》是大帝使素女鼓五十弦瑟曲名。'又楚大夫宋玉对襄王云：'有客于郢中歌《阳春白雪》，国中和者数十人。'是知《白雪》琴曲，本宜合歌，以其调高，人和遂寡。自宋玉以后，迄今千祀，未有能歌《白雪曲》者。臣今准敕，依于琴中旧曲，定其宫商，然后教习，并合于歌。辄以御制《雪诗》为《白雪》歌辞。又按古今乐府，奏正曲之后，皆别有送声，君唱臣和，事彰前史。辄取侍臣等奉和雪诗以为送声，各十六节，今悉教讫，并皆谐韵。"上善之，乃付太常编于乐府。六年二月，太常丞吕才造琴歌《白雪》等曲，上制歌辞十六首，编入乐府。六年三月，上欲伐辽，于屯营教舞，召李义府、任雅相、许敬宗、许圉师、张延师、苏定方、阿史那忠、于阗王伏阇、上官仪等,赴洛城门观乐。乐名《一戎大定乐》。赐观乐者杂彩有差。麟德二年十月,制曰:"国家平定天下,革命创制,纪功旌德,久被乐章。今郊祀四悬,犹用干戚之舞,先朝乐作,韬而未伸。其郊庙享宴等所奏宫悬,文舞宜用《功成庆善》之乐,皆著履执拂,依旧服袴褶、童子冠。其武舞宜用《神功破阵》之乐,皆被甲持戟,其执纛之人,亦兼金甲。人数并依八佾,仍量加箫、笛、歌鼓等,并于悬南列坐,若舞即与宫悬合奏。其宴乐内二色舞者,仍依旧别设。"上元三年十一月敕:"供祠祭《上元舞》,前令大祠享皆将陈设。自今已后,圆丘方泽,太庙祠享,然后用此舞,余祭并停。"

仪凤二年十一月六日,太常少卿韦万石奏曰:"据《贞观礼》,郊享日文舞奏《豫和》、《顺和》、《永和》等乐,其舞人著委貌冠服,并手执篪翟。其武舞奏《凯安》,其舞人并著平冕,手执干戚。奉麟德二年十月敕,文舞改用《功成庆善乐》,武舞改用《神功破阵乐》,并改器服等。自奉敕以来,为《庆善乐》不可降神,《神功破阵乐》未入雅乐,虽改用器服,其舞犹依旧,迄今不改。事既不安,恐须别有处分者。"以今月六日录奏,奉敕:"旧文舞、武舞既不可废,并器服总宜依旧。若悬作《上元舞》日,仍奏《神功破阵乐》及《功成庆善乐》,并殿庭用舞,并须引出悬外作。其安置舞曲,宜更商量作安稳法。并录《凯安》六变法奏闻。"万石又与刊正官等奏曰:

谨按《凯安舞》是贞观中所造武舞,准《贞观礼》及今礼,但郊庙祭享奏武舞之乐即用之。凡有六变:一变象龙兴参野,二变象克靖关中,三变象东夏宾服,四变象江淮宁谧,五变象狁慑伏,六变复位以崇,象兵还振旅。谨按《贞观礼》,祭享日武舞惟作六变,亦如周之《大武》,六成乐止。按乐有因人而作者,则因人而止。有著成数者,数终即止,不得取行事赊促为乐终早晚,即礼云三阕、六成、八变、九变是也。今礼奏武舞六成,而数终未止,既非períodgu,不可依行。其武舞《凯安》,望请依古礼及《贞观礼》,六成乐止。

立部伎内《破阵乐》五十二遍,修入雅乐,只有两遍,名曰《七德》。立部伎内《庆善乐》七遍,修入雅乐,只有一遍,名曰《九功》。《上元舞》二十九遍,今入雅乐,一无所减。每见祭享日三献已终,《上元舞》犹自未毕,今更加《破阵乐》、《庆善乐》,兼恐酌献已后,歌舞更长。其雅乐内《破阵乐》、《庆善乐》及《上元舞》三曲,并望修改通融,令长短与礼相称,冀望久长安稳。《破阵乐》有象武事,《庆善乐》有象文事。按古六代舞,有《云门》、《大咸》、《大夏》、《大韶》,是古之文舞;殷之《大濩》,周之《大武》是古之武舞。依古义,先儒相传,国家以揖让得天下,则先奏文舞。若以征伐得天下,则先奏武舞。望请应用二舞日,先奏《神功破阵乐》,次奏《功成庆善乐》。

先奉敕于圆丘、方泽、太庙祠享日,则用《上元》之舞。臣据见行礼,欲于天皇酌献降复位已后,即作《凯安》,六变乐止。其《神功破阵乐》、《功成庆善乐》、《上元》之舞三曲,待修改讫,以次通融作之,即得与旧乐前后不相妨破。若有司摄行事日,亦请据行事通融。

从之。

三年七月,上在九成宫咸亨殿宴集,有韩王元嘉、霍王元轨及南北军将军等。乐作,太常少卿韦万石奏称:"《破阵乐舞》者,是皇祚发迹所由,宣扬宗祖盛烈,传之于后,永永无穷。自天皇临驭四海,寝而不作,既缘圣情感怆,群下无敢关言。臣忝职乐司,废缺是惧。依礼,祭之日,天子亲总干戚以舞先祖之乐,与天下同乐之也。今《破阵乐》久废,群下无所称述,将何以发孝思之情?"上矍然改容,俯遂所请,有制令奏乐舞。既毕,上歔欷感咽,涕泗交流,臣下悲泪,莫能仰视。久之,顾谓两王曰:"不见此乐,垂三十年,乍此观听,实深哀感。追思往日,王业艰难勤苦若此,朕今嗣守洪业,可忘武功?古人云:'富贵不与骄奢期,骄奢自至。'朕谓时见此舞,以自诫勖,冀无盈满之过,非为欢乐奏陈之耳。"侍宴群臣咸呼万岁。

调露二年正月二十一日,则天御洛城南楼赐宴,太常奏《六合还淳》之舞。长寿二年正月,则天亲享万象神宫。先是,上自制《神宫大乐》,舞用九百人,至是舞于神宫之庭。景龙二年,皇后上言:"自妃主及五品以上母妻,并不因夫子封者,请自今迁葬之日,特给鼓吹。宫官亦准此。"侍御史唐绍上谏曰:"窃闻鼓吹之作,本为军容,昔黄帝涿鹿有功,以为警卫。故铜鼓曲有《灵夔吼》、《雕鹗争》、《石坠崖》、《壮士怒》之类。自昔功臣备礼,适得用之。丈夫有四方之功,所以恩加宠锡。假如郊祀天地,诚是重仪,惟有宫悬,本无案架。故知军乐所备,尚不洽于神祇,钲鼓之音,岂得接于闺阃。准式,公主王妃已下葬礼,惟有团扇、方扇、彩帷、锦障之色。加至鼓吹,历代未闻。又准令,五品官婚葬,先无鼓吹,惟京官五品,得借四品鼓吹为仪。令特给五品已上母妻,五品官则不当给限。便是班秩本因夫子,仪饰乃复过之,事非伦次,难为定制,参详义理,不可常行。请停前敕,各依常典。"上不纳。延载元年正月二十三日,制《越古长年乐》一曲。

玄宗在位多年,善音律,若宴设酺会,即御勤政楼。先一日,金吾引驾仗北衙四军甲士,未明陈仗,卫尉张设,光禄造食。候明,百僚朝,侍中进中严外办,中官素扇,天子开帘受朝。礼毕,又素扇垂帘,百僚常参供奉官、贵戚、二王后、诸蕃酋长,谢食就坐。太常大鼓,藻绘如锦,乐工齐击,声震城阙。太常卿引雅乐,每色数十人,自南鱼贯而进,列于楼下。鼓笛鸡娄,充庭考击。太常乐立部伎、坐部伎依点鼓舞,间以胡夷之伎。日旰,即内闲厩引蹀马三十匹,为《倾杯乐曲》,奋首鼓尾,纵横应节。又施三层板床,乘马而上,抃转如飞。又令宫女数百人自帷出击雷鼓,为《破阵乐》、《太平乐》、《上元乐》。虽太常积习,皆不如其妙也。若《圣寿乐》,则回身换衣,作字如画。又五坊使引大象入场,或拜或舞,动容鼓振,中于音律,竟日而退。玄宗又于听政之暇,教太常乐工子弟三百人为丝竹之戏，音响齐发，有一声误，玄宗必觉而正之。号为皇帝弟子，又云梨园弟子，以置院近于禁苑之梨园。太常又有别教院，教供奉新曲。太常每凌晨，鼓笛乱发于太乐署。别教院廪食常千人，宫中居宜春院。玄宗又制新曲四十余，又新制乐谱。每初年望夜，又御勤政楼，观灯作乐，贵臣戚里，借看楼观望。夜阑，太常府县散乐毕，即遣宫女于楼前缚架出眺，歌舞以娱之。若绳戏竿木，诡异巧妙，固无其比。天宝十五载，玄宗西幸，禄山遣其逆党载京师乐器乐伎衣尽入洛城。寻而肃宗克复两京，将行大礼，礼物尽阙。命礼仪使太常少卿于休烈使属吏与东京留台领，赴于朝廷。诏给钱，使休烈造衣及大舞等服，于是乐工二舞始备矣。

乾元元年三月十九日，上以太常旧钟磬，自隋已来所传五声，或有差错，谓于休烈曰："古者圣人作乐，以应天地之和，以合阴阳之序。和则人不夭札，物不疵疠。且金石丝竹，乐之器也。比亲享郊庙，每听乐声，或宫商不伦，或钟磬失度。可尽供钟磬，朕当于内自定。"太常进入，上集乐工考试数日，审知差错，然后令再造及磨刻。二十五日，一部先毕，召太常乐工，上临三殿亲观考击，皆合五音，送太常。二十八日，又于内造乐章三十一章，送太常，郊庙歌之。贞元三年四月，河东节度使马燧献《定难曲》。御麟德殿，命阅试之。十二年十二月，昭义军节度使王虔休献《继天诞圣乐》。十四年二月，德宗自制《中和舞》，又奏《九部乐》及禁中歌舞。伎者十数人，布列在庭，上御麟德殿会百僚观新乐诗，仍令太子书示百官。贞元十六年正月，南诏异牟寻作《奉圣乐舞》，因韦皋以进。十八年正月，骠国王来献本国乐。

大和八年十月，宣太常寺，准《云韶乐》旧用人数，令于本寺阅习进来者。至开成元年十月，教成。三年，武德司奉宣索《云韶乐县图》二轴，进之。

大和三年八月，太常礼院奏：

谨按凯乐，鼓吹之歌曲也。《周官·大司乐》："王师大献，则奏凯乐。"注云："献功之乐也。"又《大司马》之职，"师有功，则凯乐献于社。"注云："兵乐曰凯。"《司马法》曰："得意则凯乐，所以示喜也。"《左氏传》载晋文公胜楚，振旅凯入。魏、晋已来鼓吹曲章，多述当时战功，是则历代献捷，必有凯歌。太宗平东都，破宋金刚，其后苏定方执贺鲁，李勣平高丽，皆备军容凯歌入京师。谨检《贞观》、《显庆》、《开元礼》书，并无仪注。今参酌今古，备其陈设及奏歌曲之仪如后。

凡命将征讨，有大功献俘馘者，其日备神策兵卫于东门外，如献俘常仪。其凯乐用铙吹二部，笛、筚篥、箫、笳、铙、鼓，每色二人，歌工二十四人。乐工等乘马执乐器，次第陈列，如卤簿之式。鼓吹令丞前导，分行于兵马俘馘之前。将入都门，鼓吹振作，迭奏《破阵乐》等四曲。《破阵乐》、《应圣期》两曲，太常旧有辞。《贺朝欢》、《君臣同庆乐》，今撰补之。《破阵乐》："受律辞元首，相将讨叛臣。咸歌《破阵乐》，共赏太平人。"《应圣期》："圣德期昌运，雍熙万宇清。乾坤资化育，海岳共休明。辟土忻耕稼，销戈遂偃兵。殊方歌帝泽，执贽贺升平。"《贺朝欢》："四海皇风被，千年德水清。戎衣更不著，今日告功成。"《君臣同庆乐》："主圣开昌历，臣忠奏大猷。君看偃革后，便是太平秋。"候行至太社及太庙门，工人下马，陈列于门外。按《周礼·大司乐》注云："献于祖。"《大司马》云："先凯乐献于社。"谨详礼仪，则社庙之中，似合奏乐。伏以尊严之地，铙吹哗欢，既无明文，或乖肃敬。今请并于门外陈设，不奏歌曲。候告献礼毕，复导引奏曲如仪。至皇帝所御楼前兵仗旌门外二十步，乐工皆下马徐行前进。兵部尚书介胄执钺，于旌门内中路前导。《周礼》："师有功，则大司马左执律，右秉钺，以先凯乐。"注云："律所以听军声，钺所以为将威。"今吹律听声，其术久废，惟请秉钺，以存礼文。次协律郎二人，公服执麾，亦于门下分导。鼓吹令丞引乐工等至位立定。太常卿于乐工之前跪，具官臣某奏事，请奏凯乐。协律郎举麾，鼓吹大振作，遍奏《破阵乐》等四曲。乐阕，协律郎偃麾，太常卿又跪奏凯乐毕。兵部尚书、太常卿退。乐工等并出旌门外讫，然后引俘馘入献及称贺如别仪。别有献俘馘仪注。俟俘囚引出方退。

请宣付当司，编入新礼，仍令乐工教习。

依奏。

卷二十九　　　　　　　志第九

音　乐　二

高祖登极之后，享宴因隋旧制，用九部之乐，其后分为立坐二部。今立部伎有《安乐》、《太平乐》、《破阵乐》、《庆善乐》、《大定乐》、《上元乐》、《圣寿乐》、《光圣乐》，凡八部。《安乐》者，后周武帝平齐所作也。行列方正，象城郭，周世谓之城舞。舞者八十人。刻木为面，狗喙兽耳，以金饰之，垂线为发，画狻皮帽。舞蹈姿制，犹作羌胡状。《太平乐》，亦谓之五方师子舞。师子鸷兽，出于西南夷天竺、师子等国。缀毛为之，人居其中，像其俯仰驯狎之容。二人持绳秉拂，为习弄之状。五师子各立其方色。百四十人歌《太平乐》，舞以足，持绳者服饰伎昆仑象。《破阵乐》，太宗所造也。太宗为秦王之时，征伐四方，人间歌谣《秦王破阵乐》之曲。及即位，使吕才协音律，李百药、虞世南、褚亮、魏徵等制歌辞。百二十人披甲持戟，甲以银饰之。发扬蹈厉，声韵慷慨。享宴奏之，天子避位，坐宴者皆兴。《庆善乐》，太宗所造也。太宗生于武功之庆善宫，既贵，宴宫中，赋诗，被以管弦。舞者六十四人。衣紫大袖裙襦，漆髻皮履。舞蹈安徐，以象文德洽而天下安乐也。《大定乐》，出自《破阵乐》。舞者百四十人。被五彩文甲，持槊。歌和云，"八纮同轨乐"，以象平辽东而边隅大定也。《上元乐》，高宗所造。舞者百八十人。画云衣，备五色，以象元气，故曰"上元"。《圣寿乐》，高宗武后所作也。舞者百四十人。金铜冠，五色画衣。舞之行列必成字，十六变而毕。有"圣超千古，道泰百王，皇帝万年，宝祚弥昌"字。《光圣乐》，玄宗所造也。舞者八十人。鸟冠，五彩画衣，兼以《上元》、《圣寿》之容，以歌王迹所兴。

自《破阵舞》以下，皆擂大鼓，杂以龟兹之乐，声振百里，动荡山谷。《大定乐》加金钲。惟《庆善舞》独用西凉乐，最为闲雅。《破阵》、《上元》、《庆善》三舞，皆易其衣冠，合之钟磬，以享郊庙。以《破阵》为武舞，谓之《七德》；《庆善》为文舞，谓之《九功》。自武后称制，毁唐太庙，此礼遂有名而亡实。《安乐》等八舞，声乐皆立奏之，乐府谓之立部伎。其余总谓之坐部伎。则天、中宗之代，大增造坐立诸舞，寻以废寝。

坐部伎有《宴乐》、《长寿乐》、《天授乐》、《鸟歌万寿乐》、《龙池乐》、《破阵乐》，凡六部。《宴乐》，张文收所造也。工人绯绫袍，丝布袴。舞二十人，分为四部：《景云乐》，舞八人，花锦袍，五色绫袴，云冠，乌皮靴；《庆善乐》，舞四人，紫绫袍，大袖，丝布袴，假髻。《破阵乐》，舞四人，绯绫袍，锦衿褾，绯绫袴。《承天乐》，舞四人，紫袍，进德冠，并铜带。乐用玉磬一架，大方响一架，搊筝一，卧箜篌一，小箜篌一，大琵琶一，大五弦琵琶一，小五弦琵琶一，大笙一，小笙一，大筚篥一，小筚篥一，大箫一，小箫一，正铜拔一，和铜拔一，长笛一，短笛一，楷鼓一，连鼓一，鞉鼓一，桴鼓一，工歌二。此乐惟《景云舞》仅存，余并亡。《长寿乐》，武太后长寿年所造也。舞十有二人，画衣冠。《天授乐》，武太后天授年所造也。舞四人，画衣五采，凤冠。《鸟歌万岁乐》，武太后所造也。武太后时，宫中养鸟能人言，又常称万岁，为乐以象之。舞三人。绯大袖，并画鸲鹆，冠作鸟像。今案岭南有鸟，似鸲鹆而稍大，乍视之，不相分辨。笼养久则能言，无不通，南人谓之吉了，亦云料。开元初，广州献之，言音雄重如丈夫，委曲识人情，慧于鹦鹉远矣，疑即此鸟也。《汉书·武帝本纪》书南越献驯象、能言鸟。注《汉书》者，皆谓鸟为鹦鹉。若是鹦鹉，不得不举其名，而谓之能言鸟。鹦鹉秦、陇尤多，亦不足重。所谓能言鸟，即吉了也。北方常言鸲鹆逾岭乃能言，传者误矣。岭南甚多鸲鹆，能言者非鸲鹆也。《龙池乐》，玄宗所作也。玄宗龙潜之时，宅在隆庆坊，宅南坊人所居，变为池，望气者亦异焉。故中宗季年，泛舟池中。玄宗正位，以坊为宫，池水逾大，弥漫数里，为此乐以歌其祥也。舞十有二人，人冠饰以芙蓉。《破阵乐》，玄宗所造也。生于立部伎《破阵乐》。舞四人，金甲胄。自《长寿乐》已下皆用龟兹乐，舞人皆著靴。惟《龙池》备用雅乐，而无钟磬，舞人蹑履。

《清乐》者，南朝旧乐也。永嘉之乱，五都沦覆，遗声旧制，散落江左。宋、梁之间，南朝文物，号为最盛。人谣国俗，亦世有新声。后魏孝文、宣武，用师淮、汉，收其所获南音，谓之《清商乐》。隋平陈，因置清商署，总谓之《清乐》。遭梁、陈亡乱，所存盖鲜。隋室已来，日益沦缺。武太后之时，犹有六十三曲，今其辞存者，惟有《白雪》、《公莫舞》、《巴渝》、《明君》、《凤将雏》、《明之君》、《铎舞》、《白鸠》、《白纻》、《子夜》、《吴声四时歌》、《前溪》、《阿子》及《欢闻》、《团扇》、《懊憹》、《长史》、《督护》、《读曲》、《乌夜啼》、《石城》、《莫愁》、《襄阳》、《栖乌夜飞》、《估客》、《杨伴》、《雅歌》、《骁壶》、《常林欢》、《三洲》、《采桑》、《春江花月夜》、《玉树后庭花》、《堂堂》、《泛龙舟》等三十二曲，《明之君》、《雅歌》各二首，《四时歌》四首，合三十七首。又七曲有声无辞：《上林》、《凤雏》、《平调》、《清调》、《瑟调》、《平折》、《命啸》，通前为四十四曲存焉。

《白雪》，周曲也。《平调》、《清调》、《瑟调》，皆周房中曲之遗声也。汉世谓之三调。《公莫舞》，晋、宋谓之巾舞。其说云："汉高祖与项籍会于鸿门，项庄剑舞，将杀高祖。项伯亦舞，以袖隔之，且云公莫害沛公也。汉人德之，故舞用巾，以象项伯衣袖之遗式也。《巴渝》，汉高帝所作也。帝自蜀汉伐楚，以版楯蛮为前锋，其人勇而善斗，好为歌舞，高帝观之曰："武王伐纣歌也。"使工习之，号曰《巴渝》。渝，美也。亦云巴有渝水，故名之。魏、晋改其名，梁复号《巴渝》，隋文废之。《明君》，汉元帝时，匈奴单于入朝，诏王嫱配之，即昭君也。及将去，入辞。光彩射人，耸动左右，天子悔焉。汉人怜其远嫁，为作此歌。晋石崇妓绿珠善舞，以此曲教之，而自制新歌曰："我本汉家子，将适单于庭，昔为匣中玉，今为粪土英。"晋文王讳昭，故晋人谓之《明君》。此中朝旧曲，今为吴声，盖吴人传受讹变使然。《凤将雏》，汉世旧歌曲也。《明之君》，本汉世《鞞舞曲》也。梁武时，改其辞以歌君德。《铎舞》，汉曲也。《白鸠》，吴朝《拂舞曲》也。杨泓《拂舞序》曰："自到江南，见《白符舞》，或言《白凫鸠》，云有此来数十年。察其辞旨，乃是吴人患孙皓虐政，思属晋也。"隋牛弘请以鞞、铎、巾、拂等舞陈之殿庭。帝从之，而去其所持巾拂等。《白纻》，沈约云：纻本吴地所出，疑是吴舞也。梁帝又令约改其辞。其《四时白纻》之歌，约集所载是也。今中原有《白纻曲》，辞旨与此全殊。《子夜》，晋曲也。晋有女子夜造此声，声过哀苦，晋日常有鬼歌之。《前溪》，晋车骑将军沈玧所制。《阿子》及《欢闻》，晋穆帝升平初。歌毕，辄呼"阿子汝闻否"，后人演其声以为此曲。《团扇》，晋中书令王珉与嫂婢有情，爱好甚笃。嫂捶挞婢过苦，婢素善歌，而珉好捉白团扇，故云："团扇复团扇，持许自遮面。憔悴无复理，羞与郎相见。"《懊憹》，晋隆安初民间讹谣之曲。歌云："春草可揽结，女儿可揽撷。"齐太祖常谓之《中朝歌》。《长史变》，晋司徒左长史王廞临败所制。《督护》，晋、宋间曲也。彭城内史徐逵之为鲁轨所杀。徐，宋高祖长婿也。使府内直督护丁旿殡敛之。其妻呼叱至阁下，自问敛逵之事，每问辄叹息曰："丁督护！"其声哀切，后人因其声广其曲焉。今歌是宋孝武帝所制，云："督护上征去，侬亦恶闻许。愿作石尤风，四面断行旅。"《读曲》，宋人为彭城王义康所制也，有死罪之辞。《乌夜啼》，宋临川王义庆所作也。元嘉十七年，徙彭城王义康于豫章。义庆时为江州，至镇，相见而哭，为帝所怪，征还宅，大惧。妓妾夜闻乌啼声，扣斋阁云："明日应有赦。"其年更为南兖州刺史,作此歌。故其和云："笼窗窗不开,乌夜啼,夜夜望郎来。"今所传歌似非义庆本旨。辞曰："歌舞诸少年,娉婷无种迹。菖蒲花可怜,闻名不相识。"《石城》,宋臧质所作也。石城在竟陵。质尝为竟陵郡,于城上眺瞩,见群少年歌谣通畅,因作此曲。歌云："生长石城下,开门对城楼。城中美年少,出入见依投。"《莫愁乐》,出于《石城乐》。石城有女子名莫愁,善歌谣。《石城乐》和中复有"莫愁"声,故歌云："莫愁在何处?莫愁石城西。艇子打两桨,催送莫愁来。"《襄阳乐》,宋随王诞之所作也。诞始为襄阳郡,元嘉二十六年,仍为雍州,夜闻诸女歌谣,因作之。故歌和云"襄阳来夜乐。"其歌曰："朝发襄阳来,暮至大堤宿。大堤诸女儿,花艳惊郎目。"裴子野《宋略》称:"晋安侯刘道彦为雍州刺史,有惠化,百姓歌之,号《襄阳乐》。"其辞旨非也。《栖乌夜飞》,沈攸之元徽五年所作也。攸之未败之前,思归京师,故歌和云:"日落西山还去来!"《估客乐》,齐武帝之制也。布衣时常游樊、邓,追忆往事而作。歌曰："昔经樊、邓役,阻潮梅根渚。感忆追往事,意满情不叙。"使太乐令刘瑶教习,百日无成。或启释宝月善音律,帝使宝月奏之,便就。敕歌者常重为感忆之声。梁改其名为《商旅行》。《杨伴》,本童谣歌也。齐隆昌时,女巫之子曰杨旻,旻随母入内,及长,为后所宠。童谣云:"杨婆儿,共戏来。"而歌语讹,遂成杨伴儿。歌云:"暂出白门前,杨柳可藏乌。欢作沉水香,侬作博山炉。"《骁壶》,疑是投壶乐也。投壶者谓壶中跃矢为骁壶,今谓之骁壶者是也。《常林欢》,疑是宋、梁间曲。宋、梁世,荆、雍为南方重镇,皆皇子为之牧,江左辞咏,莫不称之,以为乐土,故随王作《襄阳》之歌,齐武帝追忆樊、邓。梁简文乐府歌云:"分手桃林岸,送别岘山头。若欲寄音信,汉水向东流。"又曰:"宜城投酒豆酒今行熟,停鞍系马暂栖宿。"桃林在汉水上,宜城在荆州北。荆州有长林县。江南谓情人为欢。"常""长"声相近,盖乐人误谓"长"为"常"。《三洲》,商人歌也。商人数行巴陵三江之间,因作此歌。《采桑》,因《三洲曲》而生此声也。《春江花月夜》、《玉树后庭花》、《堂堂》,并陈后主所作。叔宝常与宫中女学士及朝臣相和为诗,太乐令何胥又善于文咏,采其尤艳丽者以为此曲。《泛龙舟》,隋炀帝江都宫作。余五曲,不知谁所作也。其辞类皆浅俗,而绵世不易。惜其古曲,是以备论之。其他集录所不见,亦阙而不载。

当江南之时,《巾舞》、《白纻》、《巴渝》等衣服各异。梁以前舞人并二八,梁舞省之,咸用八人而已。令工人平巾帻,绯袴褶。舞四人,碧轻纱衣,裙襦大袖,画云凤之状。漆鬟髻,饰以金铜杂花,状如雀钗;锦履。舞容闲婉,曲有姿态。沈约《宋书》志江左诸曲哇淫,至今其声调犹然。观其政已乱,其俗已淫,既怨且思矣。而从容雅缓,犹有古士君子之遗风。他乐则莫与为比。乐用钟一架,磬一架,琴一,三弦琴一,击琴一,瑟一,秦琵琶一,卧箜篌一,筑一,筝一,节鼓一,笙二,笛二,箫二,篪二,叶二,歌二。

自长安已后,朝廷不重古曲,工伎转缺,能合于管弦者,唯《明君》、《杨伴》、《骁壶》、《春歌》、《秋歌》、《白雪》、《堂堂》、《春江花月》等八曲。旧乐章多或数百言。武太后时,《明君》尚能四十言,今所传二十六言,就之讹失,与吴音转远。刘贶以为宜取吴人使之传习。以问歌工李郎子,李郎子北人,声调已失,云学于俞才生。才生,江都人也。今郎子逃,《清乐》之歌阙焉。又闻《清乐》唯《雅歌》一曲,辞典而音雅,阅旧记,其辞信典。汉有《盘舞》,今隶《散乐》部中。又有《幡舞》、《扇舞》,并亡。自周、隋已来,管弦杂曲将数百曲,多用西凉乐,鼓舞曲多用龟兹乐,其曲度皆时俗所知也。惟弹琴家犹传楚、汉旧声。及《清调》、《瑟调》,蔡邕杂弄,非朝廷郊庙所用,故不载。

《西凉乐》者,后魏平沮渠氏所得也。晋、宋末,中原丧乱,张轨据有河西,苻秦通凉州,旋复隔绝。其乐具有钟磬,盖凉人所传中国旧乐,而杂以羌胡之声也。魏世共隋咸重之。工人平巾帻,绯褶。白舞一人,方舞四人。白舞今阙。方舞四人,假髻,玉支钗,紫丝布褶,白大口袴,五彩接袖,乌皮靴。乐用钟一架,磬一架,弹筝一,搊筝一,卧箜篌一,竖箜篌一,琵琶一,五弦琵琶一,笙一,箫一,筚篥一,小筚篥一,笛一,横笛一,腰鼓一,齐鼓一,檐鼓一,铜拔一,贝一。编钟今亡。

《周官》:"鞮鞻氏掌教《鞻乐》,祭祀则帅其属而舞之,大享亦如之。"《鞻》,东夷之乐名也。举东方,则三方可知矣。又有"鞮鞻氏掌四夷之乐,与其声歌,祭祀则吹而歌之,宴亦如之。"作先王乐者,贵能包而用之。纳四夷之乐者,美德广之所及也。东夷之乐曰《鞻离》,南蛮之乐曰《任》,西戎之乐曰《禁》,北狄之乐曰《昧》。《离》,言阳气始通,万物离地而生也。《任》,言阳气用事,万物怀任也。《禁》,言阴气始通,禁止万物之生长也。《昧》,言阴气用事,万物众形暗昧也。其声不正,作之四门之外,各持其方兵,献其声而已。自周之衰,此礼寻废。

后魏有曹婆罗门,受龟兹琵琶于商人,世传其业。至孙妙达,尤为北齐高洋所重,常自击胡鼓以和之。周武帝聘房女为后,西域诸国来媵,于是龟兹、疏勒、安国、康国之乐,大聚长安。胡儿令羯人白智通教习,颇杂以新声。张重华时,天竺重译贡乐伎,后其国王子为沙门来游,又传其方音。宋世有高丽、百济伎乐。魏平拓跋,亦得之而未具。周师灭齐,二国献其乐。隋文帝平陈,得《清乐》及《文康礼毕曲》,列九部伎,百济伎不预焉。炀帝平林邑国,获扶南工人及其匏琴,陋不可用,但以《天竺乐》转写其声,而不齿乐部。西魏与高昌通,始有高昌伎。我太宗平高昌,尽收其乐,又造《宴乐》,而去《礼毕曲》。今著令者,惟此十部。虽不著令,声节存者,乐府犹隶之。德宗朝,又有骠国亦遣使献乐。

《高丽乐》,工人紫罗帽,饰以鸟羽,黄大袖,紫罗带,大口袴,赤皮靴,五色绦绳。舞者四人,椎髻于后,以绛抹额,饰以金珰。二人黄裙襦,赤黄袴,极长其袖,乌皮靴,双双并立而舞。乐用弹筝一,搊筝一,卧箜篌一,竖箜篌一,琵琶一,义觜笛一,笙一,箫一,小筚篥一,大筚篥一,桃皮筚篥一,腰鼓一,齐鼓一,檐鼓一,贝一。

武太后时尚二十五曲，今惟习一曲，衣服亦浸衰败，失其本风。《百济乐》，中宗之代，工人死散。岐王范为太常卿，复奏置之，是以音伎多阙。舞二人，紫大袖裙襦，章甫冠，皮履。乐之存者，筝、笛、桃皮筚篥、箜篌、歌。此二国，东夷之乐也。

《扶南乐》，舞二人，朝霞行缠，赤皮靴。隋世全用《天竺乐》，今其存者，有羯鼓、都昙鼓、毛员鼓、箫、笛、筚篥、铜拔、贝。《天竺乐》，工人皂丝布头巾，白练襦，紫绫袴，绯帔。舞二人，辫发，朝霞袈裟，行缠，碧麻鞋。袈裟，今僧衣是也。乐用铜鼓、羯鼓、毛员鼓、都昙鼓、筚篥、横笛、凤首箜篌、琵琶、铜拔、贝。毛员鼓、都昙鼓今亡。《骠国乐》，贞元中，其王来献本国乐，凡一十二曲，以乐工三十五人来朝。乐曲皆演释氏经论之辞。此三国，南蛮之乐也。

《高昌乐》，舞二人，白袄锦袖，赤皮靴，赤皮带，红抹额。乐用答腊鼓一、腰鼓一、鸡娄鼓一、羯鼓一、箫二、横笛二、筚篥二、琵琶二、五弦琵琶二、铜角一、箜篌一。箜篌今亡。《龟兹乐》，工人皂丝布头巾，绯丝布袍，锦袖，绯布袴。舞者四人，红抹额，绯袄，白袴帑，乌皮靴。乐用竖箜篌一、琵琶一、五弦琵琶一、笙一、横笛一、箫一、筚篥一、毛员鼓一、都昙鼓一、答腊鼓一、腰鼓一、羯鼓一、鸡娄鼓一、铜拔一、贝一。毛员鼓今亡。《疏勒乐》，工人皂丝布头巾，白丝布袴，锦襟标，舞二人，白袄，锦袖，赤皮靴，赤皮带。乐用竖箜篌、琵琶、五弦琵琶、横笛、箫、筚篥、答腊鼓、腰鼓、羯鼓、鸡娄鼓。《康国乐》，工人皂丝布头巾，绯丝布袍，锦领。舞二人，绯袄，锦领袖，绿绫浑裆袴，赤皮靴，白袴帑。舞急转如风，俗谓之胡旋。乐用笛二、正鼓一、和鼓一、铜拔一。《安国乐》，工人皂丝布头巾，锦襟领，紫袖袴。舞二人，紫袄，白袴帑，赤皮靴。乐用琵琶、五弦琵琶、竖箜篌、箫、横笛、筚篥、正鼓、和鼓、铜拔、箜篌。五弦琵琶今亡。此五国，西戎之乐也。

南蛮、北狄国俗，皆随发际断其发，今舞者咸用绳围首，反约发杪，内于绳下。又有新声河西至者，号胡音声，与《龟兹乐》、《散乐》俱为时重，诸乐咸为之少寝。

《北狄乐》，其可知者鲜卑、吐谷浑、部落稽三国，皆马上乐也。鼓吹本军旅之音，马上奏之，故自汉以来，《北狄乐》总归鼓吹署。后魏乐府始有北歌，即《魏史》所谓《真人代歌》是也。代都时，命掖庭宫女晨夕歌之。周、隋世，与《西凉乐》杂奏。今存者五十三章，其名目可解者六章：《慕容可汗》、《吐谷浑》、《部落稽》、《钜鹿公主》、《白净王太子》、《企喻》也。其不可解者，咸多"可汗"之辞。按今大角，此即后魏世所谓《簸逻回》者是也，其曲亦多"可汗"之辞。北虏之俗，呼主为可汗。吐谷浑又慕容别种，知此歌是燕、魏之际鲜卑歌。歌辞虏音，竟不可晓。梁有《钜鹿公主歌辞》，似是姚苌时歌，其辞华音，与北歌不同。梁乐府鼓吹又有《大白净皇太子》、《小白净皇太子》、《企喻》等曲。隋鼓吹有《白净皇太子》曲，与北歌校之，其音皆异。开元初，以问歌工长孙元忠，云自高祖以来，代传其业。元忠之祖，受业于侯将军，名贵昌，并州人也，亦世习北歌。贞观中，有诏令贵昌以其声教乐府。元忠之家世相传如此。虽译者亦不能通知其辞，盖年岁久远，失其真矣。丝桐，惟琴曲有胡笳声大角，金吾所掌。

《散乐》者，历代有之，非部伍之声，俳优歌舞杂奏。汉天子临轩设乐，舍利兽从西方来，戏于殿前，激水成比目鱼，跳跃嗽水，作雾翳日，化成黄龙，修八丈，出水游戏，辉耀日光。绳系两柱，相去数丈，二倡女对舞绳上，切肩而不倾。如是杂变，总名百戏。江左犹有《高絙紫鹿》、《跂行鳖食》、《齐王卷衣》、《笮鼠》、《夏育扛鼎》、《巨象行乳》、《神龟抃戏背负灵岳》、《桂树白雪》、《画地成川》之伎。晋成帝咸康七年，散骑侍郎顾臻表曰："末世之乐，设为外方之观，逆行连倒。四海朝觐帝庭，而足以蹈天，头以履地，反天地之顺，伤彝伦之大。"乃命太常悉罢之。其后复《高絙紫鹿》。后魏、北齐，亦有《鱼龙辟邪》、《鹿马仙车》、《吞刀吐火》、《剥车剥驴》、《种瓜拔井》之戏。周宣帝征齐乐并会关中。开皇初，散遣之。大业二年，突厥单于来朝洛阳宫，炀帝为之大合乐，尽通汉、晋、周、齐之术，胡人大骇。帝命乐署肄习，常以岁首纵观端门内。大抵《散乐》杂戏多幻术，幻术皆出西域，天竺尤甚。汉武帝通西域，始以善幻人至中国。安帝时，天竺献伎，能自断手足，刳剔肠胃，自是历代有之。我高宗恶其惊俗，敕西域关令不令入中国。符坚尝得西域倒舞伎。睿宗时，婆罗门献乐，舞人倒行，而以足舞于极铦刀锋，倒植于地，低目就刃，以历脸中，又植于背下，吹筚篥者立其腹上，终曲而亦无伤。又伏伸其手，两人蹑之，施身绕手，百转无已。汉世有橦木伎，又有盘舞。晋世加之以杯，谓之《杯盘舞》。乐府诗云，"妍袖陵七盘"，言舞用盘七枚也。梁谓之《舞盘伎》。梁有《长蹻伎》、《掷倒伎》、《跳剑伎》、《吞剑伎》，今并存。又有《舞轮伎》，盖今戏车轮者。《透三峡伎》，盖今《透飞梯》之类也。《高絙伎》，盖今之戏绳者是也。梁有《猕猴幢伎》，今有《缘竿》，又有《猕猴缘竿》，未审何者为是。又有《弄碗珠伎》、《丹珠伎》。

歌舞戏，有《大面》、《拨头》、《踏摇娘》、《窟礧子》等戏。玄宗以其非正声，置教坊于禁中以处之。《婆罗门乐》，与四夷同列。《婆罗门乐》用漆筚篥二，齐鼓一。《散乐》，用横笛一，拍板一，腰鼓三。其余杂戏，变态多端，皆不足称。《大面》出于北齐。北齐兰陵王长恭，才武而面美，常著假面以对敌。尝击周师金墉城下，勇冠三军，齐人壮之，为此舞以效其指麾击刺之容，谓之《兰陵王入阵曲》。《拨头》出西域。胡人为猛兽所噬，其子求兽杀之，为此舞以像之也。《踏摇娘》，生于隋末。隋末河内有人貌恶而嗜酒，常自号郎中，醉归必殴其妻。其妻美色善歌，为怨苦之辞。河朔演其曲而被之弦管，因写其妻之容。妻悲诉，每摇顿其身，故号《踏摇娘》。近代优人颇改其制度，非旧旨也。《窟礧子》，亦云《魁礧子》，作偶人以戏，善歌舞。本丧家乐也。汉末始用之于嘉会。齐后主高纬尤所好。高丽国亦有之。

八音之属，协于八节。匏，瓠也，女娲氏造。列管于匏上，内簧其中，《尔雅》谓之巢。大者曰竽，小者曰和。竽，煦也，立春之音，煦生万物也。竽管三十六，宫管在左。和管十三，宫管居中。今之竽、笙，并以木代匏而漆之，无复音矣。荆、梁之南，尚存古制云。

管三孔曰龠，春分之音，万物振跃而动也。箫，舜所造也。《尔雅》谓之茭。音交 大曰䈉，二十三管，修尺四寸。笛，汉武帝工丘仲所造也。其元出于羌中。短笛，修尺有咫。长笛、短笛之间，谓之中管。篪，吹孔有觜如酸枣。横笛，小篪也。汉灵帝好胡笛。五胡乱华，石遵玩之不绝音。《宋书》云：有胡篪出于胡吹，则谓此。梁胡吹歌云："快马不须鞭，反插杨柳枝。下马吹横笛，愁杀路傍儿。"此歌辞元出北国。之横笛皆去觜，其加觜者谓之义觜笛。筚篥，本名悲篥，出于胡中，其声悲。亦云：胡人吹之以惊中国马云。柷，众也。立夏之音，万物众皆成也。方面各二尺余，旁开员孔，内手于中，击之以举乐。敔，如伏虎，背皆有鬣二十七，碎竹以击其首而逆刮之，以止乐也。春牍，虚中如筒，无底，举以顿地如春杵，亦谓之顿相。相，助也，以节乐也。或谓梁孝王筑睢阳城，击鼓为下杵之节。《睢阳操》用春牍，后世因之。拍板，长阔如手，厚寸余，以韦连之，击以代抃。

琴，伏羲所造。琴，禁也，夏至之音，阴气初动，禁物之淫心。五弦以备五声，武王加之为七弦。琴十有二柱，如琵琶。击琴，柳恽所造。恽尝为文咏，思有所属，摇笔误中琴弦，因为此乐。以管承弦，又以片竹约而束之，使弦急而声亮，举竹击之，以为节曲。瑟，昔者大帝使素女鼓五十弦瑟，悲不能自止，破之为二十五弦。大帝，太昊也。筝，本秦声也。相传云蒙恬所造，非也。制与瑟同而弦少。案京房造五音准，如瑟，十三弦，此乃筝也。杂乐筝并十有二弦，他乐皆十有三弦。轧筝，以片竹润其端而轧之。筑，如筝，细颈，以竹击之，如击琴。《清乐》筝，用骨爪长寸余以代指。琵琶，四弦，汉乐也。初，秦长城之役，有弦鼗而鼓之者。及汉武帝嫁宗女于乌孙，乃裁筝、筑为马上乐，以慰其乡国之思。推而远之曰琵，引而近之曰琶，言其便于事也。今《清乐》奏琵琶，俗谓之"秦汉子"，圆体修颈而小，疑是弦鼗之遗制。其他皆充上锐下，曲项，形制稍大，疑此是汉制。兼似两制者，谓之"秦汉"，盖谓通用秦、汉之法。《梁史》称侯景之将害简文也，使太乐令彭隽赉曲项琵琶就帝饮，则南朝似无。曲项者，亦本出胡中。五弦琵琶，稍小，盖北国所出。《风俗通》云：以手琵琶之，因为名。案旧琵琶皆以木拨弹之，太宗贞观中始有手弹之法，今所谓挡琵琶者是也。《风俗通》所谓以手琵琶之。乃非用拨之义，岂上世固有挡之者耶？阮咸，亦秦琵琶也，而项长过于今制，列十有三柱。武太后时，蜀人蒯朗于古墓中得之。晋《竹林七贤图》阮咸所弹与此类，因谓之阮咸。咸，晋世实以善琵琶知音律称。箜篌，汉武帝使乐人侯调所作，以祠太一。或云侯辉所作，其声坎坎应节，谓之坎侯，声讹为箜篌。或谓师延靡靡乐，非也。旧说亦依琴制。今按其形，似瑟而小，七弦，用拨弹之，如琵琶。竖箜篌，胡乐也，汉灵帝好之。体曲而长，二十有二弦，竖抱于怀，用两手齐奏，俗谓之擘箜篌。凤

首箜篌，有项如轸。七弦，郑善子作，开元中进。形如阮咸，其下缺少而身大，傍有少缺，取其身便也。弦十三隔，孤柱一，合散声七，隔声九十一，柱声一，总九十九声，随调应律。太一，司马滔开元中进。十二弦，六隔，合散声十二，隔声七十二。弦散声应律吕，以隔声旋相为宫，合八十四调。今编入雅乐宫县内用之。六弦，史盛作，天宝中进，形如琵琶而长。六弦，四隔，孤柱一，合散声六，隔声二十四，柱声一，总三十一声，隔调应律。天宝乐，任偃作，天宝中进。类石幢，十四弦，六柱。黄钟一均足倍七声，移柱作调应律。

埙，暄也，立秋之音，万物将暄黄也。埏土为之，如鹅卵，凡六孔，锐上丰下。大者《尔雅》谓之曰嘂。缶，如足盆，古西戎之乐，秦俗应而用之。其形似覆盆，以四杖击之。秦、赵会于渑池，秦王击缶而歌。八缶，唐永泰初司马滔进《广平乐》，盖八缶具黄钟一均声。钟，黄帝之工垂所造。钟，种也，立秋之音，万物种成也。大曰镈，镈亦大钟。《尔雅》谓之镛。小而编之曰编钟，中曰剽，小曰栈。錞于，圆如碓头，大上小下，县以笼床，芒筒将之以和鼓。沈约《宋书》云，"今人间时有之"，则宋日非庙庭所用。后周平蜀获之，斛斯徵观曰："錞于也。"依干宝《周礼注》试之，如其言。铙，木舌，摇之以和鼓。梁有铜磬，盖今方响之类。方响，以铁为之，修八寸，广二寸，圆上方下。架如磬而不设业，倚于架上以代钟磬。人间所用者才三四寸。铜拔，亦谓之铜盘，出西戎及南蛮。其圆数寸，隐起若浮沤，贯之以韦皮，相击以和乐也。南蛮国大者圆数尺。或谓南齐穆士素所造，非也。钲，如大铜叠，县而击之，节鼓。铜鼓，铸铜为之，虚其一面，覆而击其上。南夷扶南、天竺类皆如此。岭南豪家则有之，大者广丈余。磬，叔所造也。磬，劲也，立冬之音，万物皆坚劲。《书》云，"泗滨浮磬"，言泗滨石可为磬。今磬石皆出华原，非泗滨也。登歌磬，以玉为之，《尔雅》谓之擎。鼓，动也，冬至之音，万物皆含阳气而动。雷鼓八面以祀天，灵鼓六面以祀地，路鼓四面以祀鬼神。夏后加之以足，谓之足鼓。殷人贯之以柱，谓之楹鼓。周人县之，谓之县鼓。后世从殷制建之，谓之建鼓。晋鼓六尺六寸，金奏则鼓之。傍有鼓谓之应鼓，以和大鼓。小鼓有柄曰鼙，摇之以和鼓。大曰鼗。腰鼓，大者瓦，小者木，皆广首而纤腹，本胡鼓也。石遵好之，与横笛不去左右。齐鼓，如漆桶，大一头，设齐于鼓面如麝脐，故曰齐鼓。檐鼓，如小瓮，先冒以革而漆之。羯鼓，正如漆桶，两手具击，以其出羯中，故号羯鼓，亦谓之两杖鼓。都昙鼓，似腰鼓而小，以槌击之。毛员鼓，似都昙鼓而稍大。答腊鼓，制广羯鼓而短，以指指之，其声甚震，俗谓之揩鼓。鸡娄鼓，正圆，两手所击之处，平可数寸。正鼓、和鼓者，一以正，一以和，皆腰鼓也。节鼓，状如博局，中间员孔，适容其鼓，击之节乐也。抚拍，以韦为之，实之以糠，抚之节乐也。

金、石、丝、竹、匏、土、革、木，谓之八音。金木之音，击而成乐。今东夷有管木者，桃皮是也。西戎有吹金者，铜角是也。长二尺，形如牛角。贝，蠡也，容可数

升,并吹之以节乐,亦出南蛮。桃皮,卷之以为觱篥。啸叶,衔叶而啸,其声清震,橘柚尤善。四夷丝竹之量,国异其制,不可详尽。《尔雅》:琴二十弦曰离,瑟二十七弦曰洒。汉世有洞箫,又有管,长尺围寸而并漆之。宋世有绕梁,似卧箜篌。今并亡矣。今世又有筬,其长盈寻,曰七星,如筝稍小,曰云和,乐府所不用。

周天子宫县,诸侯轩县,大夫曲县,士特县。故孔子之堂,闻金石之音;魏绛之家,有钟磬之声。秦、汉之际,斯礼无闻。汉丞相田蚡,前庭罗钟磬,置曲旃。光武又赐东海恭王钟簴之乐。即汉世人臣,尚有金石。汉乐歌云,"高张四县,神来宴飨",谓宫县也。制氏在太乐,能记铿锵鼓舞。河间王著《乐记》,八佾之舞与制氏不甚相远,又舞八佾之明文也。《汉仪》云,高庙撞千石之钟十枚,即《上林赋》所谓"撞千石之钟,立万石之钜"者也。钟当十二,而此十枚,未识其义。议者皆云汉世不知用宫县。今案汉章、和世用旋宫,汉世群儒,备言其义,牛弘、祖孝孙所由准的也。又河间王博采经籍,与制氏不殊,知汉世之乐,为最备矣。魏、晋已来,但云四厢金石,而不言其礼,或八架,或十架,或十六架。梁武用二十六架。贞观初增三十六架,加鼓吹熊罴桉十二于四隅。后魏、周、齐皆二十六架。建德中,复梁三十六架。隋文省。炀帝又复之。

乐县,横曰簨,竖曰簴。饰簨以飞龙,饰跗以飞廉,钟簴以挚兽,磬簴以挚鸟,上列树羽,旁垂流苏,周制也。县以崇牙,殷制也。饰以博山,后世所加也。宫县每架金博山五,轩县三。鼓,承以花跗,覆以华盖,上集翔鹭。隋氏二十架,先置建鼓于四隅,镈钟方面各三,依其辰位,杂列编钟、磬各四架于其间。二十六架,则编钟十二架,磬亦如之。轩县九架,镈钟三架,在辰、丑、申地,编钟、磬皆三架。设路鼓二于县内戌、巳地之北。设柷敔于四隅,舞人立于其中。錞于、铙、铎、抚拍、舂牍,列于舞人间。唐礼,天子朝庙用三十六架。高宗成蓬莱宫,充庭七十二架。武后迁都,乃省之。皇后庙及郊祭并二十架,同舞八佾。先圣庙及皇太子庙并九架,舞六佾。县间设柷敔各一,柷于左,敔于右。錞于、抚拍、顿相、铙、铎,次列于路鼓南。舞人列于县之北。登歌二架,登于堂上两楹之前。编钟在东,编磬在西。登歌工人坐堂上,竹人立堂下,所谓"琴瑟在堂,竽笙在庭"也。殿庭加设鼓吹于四隅。

宴享陈《清乐》、《西凉乐》。架对列于左右厢,设舞筵于其间。旧皇后庭但设丝管,大业尚侈,始置钟磬,犹不设镈钟,以镈磬代。武太后称制,用钟,因而莫革。乐县,庭庙以五彩杂饰,轩县以朱,五郊则各从其方色。每先奏乐三日,太乐令宿设县于庭,其日率工人入居其次。协律郎举麾,乐作,仆麾,乐止。文舞退,武舞进。若常享会,先一日具坐、立部乐名封上,请所奏御注而下。及会,先奏坐部伎,次奏立部伎,次奏蹀马,次奏《散乐》而毕矣。

广明初,巢贼干纪,舆驾播迁,两都覆圮,宗庙悉为煨烬,乐工沦散,金奏几亡。及僖宗还宫,购募钟县之器,一无存者。昭宗即位,将亲谒郊庙,有司请造乐县,询于旧工,皆莫知其制度。修奉乐县使宰相张浚悉集太常乐胥详酌,竟不得其法。时太常博士殷盈孙深于典故,乃案《周官·考工记》之文,究其栾、铣、于、鼓、钲、舞、甬之法,沉思三四夕,用算法乘除,镈钟之轻重高低乃定。悬下编钟,正黄钟九寸五分,下至登歌倍应钟三寸三分半,凡四十八等。口项之量,径衡之围,悉为图,遣金工依法铸之,凡二百四十口。铸成,张浚求知声者处士萧承训、梨园乐工陈敬言与太乐令李从周,令先校定石磬,合而击拊之,八音克谐,观者耸听。浚既进呈,昭宗陈于殿庭以试之。时以宗庙焚毁之后,修奉不及,乃权以少府监厅为太庙。其庭甚狭,议者论县乐之架不同。浚奏议曰:

臣伏准旧制,太庙含元殿并设宫县三十六架,太清宫、南北郊、社稷及诸殿庭,并二十架。今修奉乐悬,太庙合造三十六架,臣今参议,请依古礼用二十架。伏自兵兴已来,雅乐沦缺,将为修奉,事实重难。变通宜务于酌中,损益当循于宁俭。臣闻诸旧史,昔武王定天下,至周公相成王,始暇制乐。魏初无乐器及伶人,后稍得登歌食举之乐。明帝太宁末,诏增益之。咸和中,鸠集遗逸,尚未有金石之音。至孝武太元中,四厢金石始备,郊祀犹不举乐。宋文帝元嘉九年,初调金石。二十四年,南郊始设登歌,庙舞犹阙。孝武孝建中,有司奏郊庙宜设备乐,始为详定。故后魏孝文太和初,司乐上书,陈乐章有阙,求集群官议定,广修器数,正立名品。诏虽行之,仍有残缺。隋文践祚,太常议正雅乐,九年之后,惟奏黄钟一宫,郊庙止用一调。据礼文,每一代之乐,二调并奏,六代之乐,凡十二调。其余声律,皆不复通。高祖受隋禅,军国多务,未遑改创,乐府尚用隋氏旧文。武德九年,命太常考正雅乐。贞观二年,考毕上奏。盖其事体大,故历代不能速成。

伏以俯逼郊天,式修雅乐,必将集事,须务相时。今者帑藏未充,贡奉多阙,凡阙货力,不易方圆,制度之间,亦宜撙节。臣伏惟《仪礼》宫悬之制,陈镈钟二十架,当十二辰之位。甲、丙、庚、壬,各设编钟一架;乙、丁、辛、癸,各设编磬一架,合为二十架。树建鼓于四隅。当乾、坤、艮、巽之位,以象二十四气。宗庙、殿庭、郊丘、社稷,皆用此制,无闻异同。周、汉、魏、晋、宋、齐六朝,并只用二十架。隋氏平陈,检梁故事,乃设三十六架。国初因之不改。高宗皇帝初成蓬莱宫,充庭七十二架,寻乃省之。则簨簴架数太多,本近于侈。止于二十架,正协礼经。兼今太庙之中,地位甚狭,百官在列,万舞充庭,虽三十六架具存,亦施为不得。庙庭难容,未易开广,乐架不可重沓铺陈。今请依周、汉、魏、晋、宋、齐六代故事,用二十架。

从之。

古制,雅乐宫县之下,编钟四架,十六口。近代用二十四口,正声十二,倍声十二,各有律吕,凡二十四声。登歌一架,亦二十四钟。雅乐沦灭,至是复全。

卷三十　　志第十

音　乐　三

贞观二年，太常少卿祖孝孙既定雅乐，至六年，诏褚亮、虞世南、魏徵等分制乐章。其后至则天称制，多所改易，歌辞皆是内出。开元初，则中书令张说奉制所作，然杂用贞观旧词。自后郊庙歌工乐师传授多缺，或祭用宴乐，或郊称庙词。二十五年，太常卿韦绍令博士韦逌、直太乐尚冲、乐正沈元福、郊社令陈虔、申怀操等，铨叙前后所行用乐章，为五卷，以付太乐、鼓吹两署，令工人习之。时太常旧相传有宫、商、角、徵、羽《宴乐》五调歌词各一卷，或云贞观中侍中杨恭仁妾赵方等所铨集，词多郑、卫，皆近代词人杂诗，至绍又令太乐令孙玄成更加整比为七卷。又自开元已来，歌者杂用胡夷里巷之曲，其孙玄成所集者，工人多不能通，相传谓为法曲。今依前史旧例，录雅乐歌词前后常行用者，附于此志。其五调法曲，词多不经，不复载之。

冬至祀昊天于圆丘乐章八首　贞观二年，祖孝孙定雅乐。贞观六年，褚亮、虞世南、魏徵等作此词，今行用。

降神用《豫和》：
上灵眷命兮膺会昌，盛德殷荐叶辰良。景福降兮圣德远。玄化穆兮天历长。

皇帝行用《太和》：
穆穆我后，道应千龄。登三处大，得一居贞。礼唯崇德，乐以和声。百神仰止，天下文明。

登歌奠玉帛用《肃和》：
闿阳播气，甄耀垂明。有赫圆宰，深仁曲成。日丽苍璧，烟开紫营。聿遵虔享，式降鸿祯。

迎俎入用《雍和》：
钦惟大帝，载仰皇穹。始命田烛，爰启郊宫。《云门》骇听，雷鼓鸣空。神其介祀，景祚斯融。

酌献饮福用《寿和》：
八音斯奏，三献毕陈。宝祚惟永，晖光日新。

送文舞出迎武舞入用《舒和》：
叠璧凝影皇坛路，编珠流彩帝郊前。已奏黄钟歌大吕，还符宝历祚昌年。

武舞作用《凯安》：
昔在炎运终，中华乱无象。鄘郊赤乌见，邙山黑云上。大赉下周车，禁暴开殷网。幽明同叶赞，鼎祚齐天壤。

送神用《豫和》：
歌奏毕兮礼献终，六龙驭兮神将升。明德感兮非黍稷，降福简兮祚休征。

又郊天乐章一首　太乐旧有此辞，不详其所起。

送神用《豫和》：
蘋繁礼著，黍稷诚微。音盈凤管，彩驻龙旂。洪歆式就，介福攸归。送乐有阕，灵驭遄飞。

则天大圣皇后大享昊天乐章十二首　御撰

第一：
太阴凝至化，贞耀蕴轩仪。德迈娥台敞，仁高似崿披。捫天遂启极，梦日乃升曦。

第二：
瞻紫极，望玄穹。翘至恳，罄深衷。听虽远，诚必通。垂厚泽，降云宫。

第三：
乾仪混成冲邃，天道下济高明。闿阳晨披紫阙，太一晓降黄庭。圆坛敢申昭报，方璧冀展虔情。丹襟式敷衷恳，玄鉴庶察微诚。

第四：
巍巍睿业广，赫赫圣基隆。菲德承先顾，祯符萃眇躬。铭开武岩侧，图荐洛川中。微诚讵幽感，景命忽昭融。有怀惭紫极，无以谢玄穹。

第五：
朝坛雾卷，曙岭烟沉。爰设筐币，式表诚心。筵辉丽璧，乐畅和音。仰惟灵鉴，俯察翘襟。

第六：
昭昭上帝，穆穆下临。礼崇备物，乐奏锵金。兰羞委荐，桂醑盈斟。敢希明德，聿馨庄心。

第七：
镈浮九酝，礼备三周。陈诚菲奠，契福神猷。

第八：
奠璧郊坛昭大礼，锵金拊石表虔诚。始奏《承云》娱帝赏，复歌《调露》畅《韶英》。

第九：
荷恩承顾托，执契恭临抚。庙略静边荒，天兵曜神武。有截资先化，无为遵旧矩。祯符降昊穹，大业光寰宇。

第十：
肃肃祀典，邕邕礼秩。三献已周，九成斯毕。爰撤其俎，载迁其实。或升或降，唯诚唯质。

第十一：
礼终肆类，乐阕九成。仰惟明德，敢荐非馨。顾惭菲奠，久驻云軿。瞻荷灵泽，悚恋兼盈。

第十二：
式乾路，辟天扉。回日驭，动云衣。登金阙，入紫微。望仙驾，仰恩徽。

景龙三年中宗亲祀昊天上帝乐章十首

降神用《豫和》：
天之历数归睿唐，顾惟菲德钦昊苍。选吉日兮表殷荐，冀神鉴兮降闿阳。

皇帝行用《太和》　圆钟宫：
恭临宝位，肃奉瑶图。恒思解网，每轸泣辜。德惭巢燧，化劣唐虞。期我良弼，式赞嘉谟。

告谢　圆钟宫：
得一流玄泽，通三御紫宸。远叶千龄运，遐销九域尘。绝瑞骈阗集，殊祥络绎臻。年登庆西亩，稔岁贺盈囷。

登歌用《肃和》　无射均之林钟羽：

悠哉广覆，大矣曲成。九玄著象，七曜甄明。珪璧是奠，酝酎斯盈。作乐崇德，爰畅《咸英》。

　　迎俎用《雍和》　圆钟均之黄钟羽：
郊坛展敬，严配因心。孤竹箫管，空桑瑟琴。肃穆大礼，铿锵八音。恭惟上帝，希降灵歆。

　　酌献用《福和》　圆钟宫：
九成爰奏，三献式陈。钦承景福，恭托明禋。

　　中宫助祭升坛用　函钟宫：
坤元光至德，柔训阐皇风。《苤苢》芳声远，《螽斯》美化隆。睿范超千载，嘉猷备六宫。肃恭陪盛典，钦若荐禋宗。

　　亚献用　函钟宫：
三灵降飨，三后配神。虔敷藻奠，敬展郊禋。

　　送文舞出迎武舞入用《舒和》：圆钟均之中吕商
已陈粢盛敷严祀，更奏笙镛协雅声。璇图宝历欣宁谧，晏俗淳风乐太平。

　　武舞作《凯安》　圆钟均之无射徵：
堂堂圣祖兴，赫赫昌基泰。戎车盟津偃，玉帛涂山会。舜日启祥晖，尧云卷征旆。风猷被有截，声教覃无外。

　开元十一年玄宗祀昊天于圆丘乐章十一首

　　降神用《豫和》　圆钟宫三成，黄钟角一成，太簇徵一成，姑洗羽一成，已上六变词同。
至矣丕构，蒸哉太平。授牺膺箓，复禹继明。草木仁化，《凫鹥》颂声。祀宗陈德，无愧斯诚。

　　迎神用《歆和》：
崇禋已备，粢盛丰修。洁诚斯展，钟石方遒。

　　皇祖光皇帝室酌献用《长发》　黄钟宫。词同贞观《长发》。

　　太祖景皇帝室酌献用《大基》　太簇宫。词同贞观《大基》。

　　代祖元皇帝室酌献用《大成》　姑洗宫。词同贞观《大成》。

　　高祖神尧皇帝室酌献用《大明》　蕤宾宫。词同贞观《大明》。

　　太宗文武圣皇帝室酌献用《崇德》　夷则宫。词同贞观《崇德》。

　　高宗天皇大帝室酌献用《钧天》　黄钟宫。词同光宅《钧天》。

　　义宗孝敬皇帝室酌献用《承光》　黄钟宫：
金相载穆，玉裕重晖。养德清禁，承光紫微。乾宫候色，震象增威。监国方永，宾天不归。孝友性衷，温文性与。龙楼正启，鹤驾斯举。丹扆流念，鸿名式序。中兴考室，永陈彝俎。

　　皇帝饮福用《延和》　黄钟宫：
巍巍累圣，穆穆重光。奄有区夏，祚启隆唐。百蛮饮泽，万国来王。本枝亿载，鼎祚逾长。

　　皇帝行用《太和》：
郊坛齐帝，礼乐祠天。丹青寰宇，宫徵山川。神祇毕降，行止重旋。融融穆穆，纳祉洪延。

　　登歌奠玉帛用《肃和》：
止奏潜聆，登仪宿转。大玉躬奉，参钟首奠。簠簋丰升，牺牲递荐。昭事顒若，存存以俨。

　　迎俎入用《雍和》：
烂云普洽，律风无外。千品其凝，九宾斯会。禋樽晋烛，纯牺涤汰。玄覆攸广，鸿休汪沇。

　　皇帝酌献天神用《寿和》：
六变爰阕，八阶载虔。祐我皇祚，于万斯年。

　　酌献配座用《寿和》：
于赫圣祖，龙飞晋阳。底定万国，奄有四方。功格上下，道冠农黄。郊天配享，德合无疆。

　　饮福酒用《寿和》：
崇崇太峙，肃肃严禋。粢盛既洁，金石毕陈。上帝来享，介福爰臻。受釐合福，宝祚惟新。

　　送文舞出迎武舞入用《舒和》：
祝史正辞，人神庆叶。福以德昭，享以诚接。六变云备，百礼斯浃。祀事孔明，祚流万叶。

　　武舞用《凯安》：
馨香惟后德，明命光天保。肃和崇圣灵，陈信表皇道。玉鏚初蹈厉，金匏既静好。

　　礼毕送神用《豫和》：
大号成命，《思文》配天。神光肸蚃，龙驾言旋。眇眇阊阖，昭昭上玄。俾昌而大，于万斯年。

　　皇帝还大次用《太和》：
六成既阕，三荐云终。神心乃醉，圣敬愈崇。受釐皇邸，回跸帷宫。穰穰之福，永永无穷。

　玄宗开元十三年封泰山祀天乐章十四首　中书令燕国公张说作，今行用。

　　降神用《豫和》六变　夹钟宫之一：
款泰坛，柴泰清。受天命，报天成。竦皇心，荐乐声。志上达，歌下迎。

　　夹钟宫之二：
亿上帝，临下庭。骑日月，陪列星。嘉祝信，大糦馨。澹神心，醉皇灵。

　　夹钟宫之三：
相百辟，贡八荒。九歌叙，万舞翔。肃振振，锵皇皇。帝欣欣，福穰穰。

　　黄钟宫：
高在上，道光明。物资始，德难名。承眷命，牧苍生。寰宇谧，太阶平。

　　太簇徵：
天道无亲，至诚为邻。山川遍礼，宫徵惟新。玉帛非盛，聪明会贞。正斯一德，通乎百神。

　　姑洗羽：
飨帝飨亲，维孝维圣。缉熙懿德，敷扬成命。华夷志同，笙镛礼盛。明灵降止，感此诚敬。

　　迎送皇帝用《太和》：
孝敬中发，和容外彰。腾华照宇，如升太阳。贞璧就奠，玄灵垂光。礼具具举，济济洋洋。

　　登歌奠玉帛用《肃和》羽调：
奠祖配天，承天享帝。百礼咸秩，四海来祭。植我苍璧，布我玄制。华日徘徊，神灵容裔。

　　迎俎入用《雍和》：

俎豆有馥，洁粢丰盛。亦有和羹，既戒既平。鼓钟管磬，肃唱和鸣。皇皇后祖，赉我思成。

酌献用《寿和》　黄钟宫调：

蒸蒸我后，享献惟寅。躬酌郁鬯，跪奠明神。孝莫孝乎配上帝以亲，敬莫敬乎教天下为臣。

皇帝饮福用《寿和》：

皇祖严配，配享皇天。皇皇降嘏，天子万年。

送文舞出迎武舞入用《舒和》　商调：

六钟翕协六变成，八佾倘佯八风生。乐《九韶》兮人神感，美《七德》兮天地清。

终献亚献用《凯安》：

列祖顺三灵，文宗威四海。黄钺诛群盗，朱旗扫多罪。戢兵天下安，约法人心改。大哉干羽意，长见风云在。

送神用《豫和》　夹钟宫调：

礼乐终，烟燎上。怀灵惠，结皇想。归风疾，回风爽。百福来，众神往。

正月上辛祈谷于南郊乐章八首　贞观中褚亮作，今行用。

降神用《豫和》　词同冬至圆丘。

皇帝行用《太和》　词同冬至圆丘。

登歌奠玉帛用《肃和》　《贞观礼》，祀感帝用此词，显庆已后，词同冬至圆丘。

履艮斯绳，居中体正。龙运垂祉，昭符启圣。式事严禋，聿怀嘉庆。惟帝永锡，时皇休命。

迎俎用《雍和》：

殷荐乘春，太坛临曙。八簋盈和，六瑚登御。嘉稷匪歆，德馨斯饫。祝嘏无易，灵心有豫。

皇帝酌献饮福酒用《寿和》　词同冬至圆丘。

送文舞出迎武舞入用《舒和》：

玉帛牺牲申敬享，金丝鏚羽盛音容。庶俾亿龄禔景福，长欣万宇洽时邕。

武舞用《凯安》　词同冬至圆丘。

送神用《豫和》　词同冬至圆丘。

季秋享上帝于明堂乐章八首　贞观中褚亮等作，今行用。

降神用《豫和》　词同冬至圆丘。

皇帝行用《太和》　词同冬至圆丘。

登歌奠玉帛用《肃和》：

象天御宇，乘时布政。严配中虡，宗禋展敬。樽罍盈列，树羽交映。玉币通诚，祚隆皇圣。

迎俎用《雍和》：

八牖晨披，五精朝奠。雾凝璇筐，风清金县。神涤备全，明粢丰衍。载结彝俎，陈诚以荐。

皇帝酌献饮福用《寿和》　词同冬至圆丘。

送文舞出迎武舞入用《舒和》：

御宸合宫承宝历，席图重馆奉明灵。偃武修文九围泰，沉烽静柝八荒宁。

武舞用《凯安》　词同冬至圆丘。

送神用《豫和》　词同冬至圆丘。

则天大圣皇后享明堂乐章十二首　御撰

外办将出：

总章陈昔典，衢室礼惟神。宏规则天地，神用叶陶钧。负

辰三春旦，充庭万宇宾。顾己诚虚薄，空惭驭兆人。

皇帝行用黄钟宫：

仰膺历数，俯顺讴歌。远安迩肃，俗阜时和。化光玉镜，讼息金科。方兴典礼，永戢干戈。

皇嗣出入升降：

至人光俗，大孝通神。谦以表性，恭惟立身。洪规载启，茂典方陈。誉隆三善，祥开万春。

迎送王公：

千官肃事，万国朝宗。载延百辟，爰集三宫。君臣得合，鱼水斯同。睿图方永，周历长隆。

登歌　大吕均无射羽：

礼崇宗祀，志表严禋。笙镛合奏，文物惟新。敬遵茂典，敢择良辰。洁诚斯著，奠谒方申。

配飨：

笙镛间鸣玉，文物昭清晖。粹影临芳奠，休光下太微。孝思期有感，明洁庶无违。

宫音：

履艮苞群望，居中冠百灵。万方资广运，庶品荷栽成。神功谅匪测，盛德实难名。藻奠申诚敬，恭祀表惟馨。

角音：

出震位，开平秩。扇条风，乘甲乙。龙德盛，鸟星出。荐珪篚，陈诚实。

徵音：

赫赫离精御炎陆，滔滔炽景开隆暑。冀延神鉴俯兰樽，式表虔襟陈桂俎。

商音：

律中夷则，序应收成。功宣建武，仪表惟明。爰申礼奠，庶展翘诚。九秋是式，百谷斯盈。

羽音：

葭律肇启隆冬，蘋藻攸陈飨祭。黄钟既陈玉烛，红粒方殷稔岁。

孟夏雩祀上帝于南郊乐章八首　贞观中褚亮等作，今行用。

降神用《豫和》　词同冬至圆丘。

皇帝行用《太和》　词同冬至圆丘。

登歌奠玉帛用《肃和》：

朱鸟开辰，苍龙启映。大帝昭飨，群生展敬。礼备怀柔，功宣舞咏。旬液应序，年祥叶庆。

迎俎用《雍和》：

绀筵分彩，瑶图叶绚。风管晨凝，云歌晓啭。肃事蘋藻，虔申桂奠。百谷斯登，万箱攸荐。

皇帝酌献饮福酒用《寿和》　词同冬至圆丘。

送文舞出迎武舞入用《舒和》：

凤曲登歌调令序，龙雩集舞泛祥风。彩旞云回昭睿德，朱干电发表神功。

武舞用《凯安》　词同冬至圆丘。

送神用《豫和》　词同冬至圆丘。

又雩祀乐章二首　太乐旧有此词，不详所起，或云开元初造。

降神用《豫和》：

鸟纬迁序，龙星见辰。纯阳在律，明德崇禋。五方降帝，万宇安人。恭以致享，肃以迎神。

送神用《豫和》：

祀遵经设，享缘诚举。献毕于樽，撤临于俎。舞止干戚，乐停柷敔。歌以送神，神还其所。

祀五方上帝于五郊乐章四十首 贞观中魏徵等作，今行用。

祀黄帝降神奏宫音：

黄中正位，含章居贞。既彰六律，兼和五声。毕陈万舞，乃荐斯牲。神其下降，永祚休平。

皇帝行用《太和》 词同冬至圆丘。

登歌奠玉帛用《肃和》：

渺渺方舆，苍苍圆盖。至哉枢纽，宅中图大。气调四序，风和万籁。祚我明德，时雍道泰。

迎俎用《雍和》：

金县夕肆，玉俎朝陈。飨荐黄道，芬流紫辰。乃诚乃敬，载享载禋。崇荐斯在，惟皇是宾。

皇帝酌献饮福用《寿和》 词同冬至圆丘。

送文舞出迎武舞入用《舒和》：

御徵乘宫出郊甸，安歌率舞递将迎。自有《云门》符帝赏，犹持雷鼓答天成。

武舞用《凯安》 词同冬至圆丘。

送神用《豫和》 词同冬至圆丘。

祀青帝降神用角音：

鹤云旦起，鸟星昏集。律候新风，阳开初蛰。至德可飨，行潦斯挹。锡以无疆，蒸人乃粒。

皇帝行用《太和》 词同冬至圆丘。

登歌奠玉帛用《肃和》：

玄鸟司春，苍龙登岁。节物变柳，光风转蕙。瑶席降神，朱弦飨帝。诚备祗祓，礼殚珪币。

迎俎用《雍和》：

大乐稀音，至诚简礼。文物斯建，声名济济。六变有成，三登无体。乃眷丰洁，恩覃恺悌。

皇帝酌献饮福用《寿和》词同冬至圆丘。

送文舞出迎武舞入用《舒和》：

笙歌箫舞属年韶，鹭鼓凫钟展时豫。调露初迎绮春节，承云遽践苍霄驭。

武舞用《凯安》 词同冬至圆丘。

送神用《豫和》 词同冬至圆丘。

祀赤帝降神用徵音：

青阳告谢，朱明戒序。延长是祈，敬陈椒醑。博硕斯荐，笙镛备举。庶尽肃恭，非馨稷黍。

皇帝行用《太和》 词同冬至圆丘。

登歌奠玉帛用《肃和》：

离位克明，火中宵见。峰云暮起，景风晨扇。木槿初荣，含桃可荐。芬馥百品，铿锵三变。

迎俎用《雍和》：

昭昭丹陆，奕奕炎方。礼陈牲币，乐备篪簧。琼羞溢俎，玉醑浮觞。恭惟正直，歆此馨香。

皇帝酌献饮福用《寿和》 词同冬至圆丘。

送文舞出迎武舞入用《舒和》：

千里温风飘绛羽，十枚炎景胜朱干。陈觞荐俎歌三献，拊石抟金会七盘。

武舞用《凯安》 词同冬至圆丘。

送神用《豫和》 词同冬至圆丘。

祀白帝降神用商音：

白藏应节，天高气清。岁功既阜，庶类收成。万方静谧，九土和平。馨香是荐，受祚聪明。

皇帝行用《太和》 词同冬至圆丘。

登歌奠玉帛用《肃和》：

金行在节，素灵居正。气肃霜严，林凋草劲。豺祭隼击，潦收川镜。九谷已登，万箱流咏。

迎俎用《雍和》：

律应西成，气鷖南吕。珪币咸列，笙竽备举。苾苾兰羞，芬芬桂醑。式资宴贶，用调霜序。

皇帝酌献饮福用《寿和》 词同冬至圆丘。

送文舞出迎武舞入用《舒和》：

璇仪气爽惊缇籥，玉吕灰飞含素商。鸣鞞奏管芳羞荐，会舞安歌葆旂扬。

武舞用《凯安》 词同冬至圆丘。

送神用《豫和》 词同冬至圆丘。

祀黑帝降神用羽音：

严冬季月，星回风厉。享祀报功，方祈来岁。

皇帝行用《太和》 词同冬至圆丘。

登歌奠玉帛用《肃和》：

律周玉琯，星回金度。次极玄鸟，纪穷阴兔。火林霰雪，汤泉凝冱。八蜡已登，三农息务。

迎俎用《雍和》：

阳月斯纪，应钟在候。载洁牲牷，爰登俎豆。既高既远，无声无臭。静言格思，惟神保佑。

皇帝酌献饮福用《寿和》 词同冬至圆丘。

送文舞出迎武舞入用《舒和》：

执籥持羽初终曲，朱干玉鏚始分行。《七德》、《九功》咸已畅，明灵降福具穰穰。

武舞用《凯安》词同冬至圆丘。

送神用《豫和》词同冬至圆丘。

又五郊乐章十首太乐旧有此词，不详所起。

黄郊迎神：

朱明季序，黄郊王辰。厚以载物，甘以养人。毓金为体，禀火成身。宫音式奏，奏以迎神。

送神：

春末冬暮，徂夏杪秋。土王四月，时季一周。黍稷已享，笾豆宜收。送神有乐，神其赐休。

青郊迎神：

缇幕移候，青郊启蛰。淑景迟迟，和风习习。璧玉宵备，旌旄曙立。张乐以迎，帝神其入。

送神：

文物流彩，声明动色。人竭其恭，灵昭其饬。歆荐无已，垂祯不极。送礼有章，惟神还轼。

赤郊迎神：

青阳节谢，朱明候改。靡草雕华，含桃流彩。簴列钟磬，筵陈脯醢。乐以迎神，神其如在。
送神：
炎精式降，苍生攸仰。羞列豆笾，酒陈牲象。昭祀有应，宜其不爽。送乐张音，惟灵之往。
白郊迎神：
序移玉律，节应金商。天严杀气，吹警秋方。栖燎既积，稷奠并芳。乐以迎奏，庶降神光。
送神：
祀遵五礼，时属三秋。人怀肃敬，灵降祯休。奠歆旨酒，荐享珍羞。载张送乐，神其上游。
黑郊迎神：
玄英戒序，黑郊临候。掌礼陈彝，司筵执豆。寒雾敛色，沍泉凝溜。乐以迎神，八音斯奏。
送神：
北郊时列，南陆辉处。莫本虔诚，献弥恭虑。上延祉福，下承欢豫。广乐送神，神其整驭。
祀朝日乐章八首　贞观中作，今行用。
　　降神用《豫和》词同冬至圆丘。
　　皇帝行用《太和》词同冬至圆丘。
　　登歌奠玉帛用《肃和》：
惟圣格天，惟明飨日。帝郊肆类，王宫戒吉。珪奠春舒，钟歌晓溢。礼云克备，斯文有秩。
　　迎俎用《雍和》：
晨仪式荐，明祀惟光。神物爰止，灵晖载扬。玄端肃事，紫幄兴祥。福履攸假，于昭令王。
　　皇帝酌献饮福用《寿和》　词同冬至圆丘。
　　送文舞出迎武舞入用《舒和》：
崇牙树羽延《调露》，旋宫扣律掩《承云》。延敷懿德昭神武，载集丰功表睿文。
　　武舞用《凯安》　词同冬至圆丘。
　　送神用《豫和》　词同冬至圆丘。
　　又祀朝日乐章二首　太乐旧有此辞，不详所起。
　　迎神：
太阳朝序，王宫有仪。蟠桃彩驾，细柳光驰。轩祥表合，汉历彰奇。礼和乐备，神其降斯。
　　送神：
五齐兼饬，百羞具陈。乐终广奏，礼毕崇禋。明鉴万宇，昭临兆人。永流洪庆，式动曦轮。
祀夕月乐章八首　贞观中作，今行用。
　　降神用《豫和》　词同冬至圆丘。
　　皇帝行用《太和》　词同冬至圆丘。
　　登歌奠玉帛用《肃和》：
测妙为神，通微曰圣。坎祀贻则，郊禋展敬。璧荐登光，金歌动映。以载嘉德，以流曾庆。
　　迎俎用《雍和》：
朏晨争举，天宗礼辟。夜典凉秋，阴明湛夕。有醑斯旨，有牲斯硕。穆穆其晖，穰穰是积。
　　皇帝酌献饮福用《寿和》　词同冬至圆丘。
　　送文舞出迎武舞入用《舒和》：
合吹八风金奏动，分容万舞玉鞘惊。词昭茂典光前烈，夕曜乘功表盛明。
　　武舞用《凯安》　词同冬至圆丘。
　　送神用《豫和》词同冬至圆丘。
蜡百神乐章八首　贞观中作，今行用。
　　降神用《豫和》　词同冬至圆丘。
　　皇帝行用《太和》　词同冬至圆丘。
　　登歌奠玉帛用《肃和》：
序迫岁阴，日躔星纪。爰稽茂典，聿崇清祀。绮币霞舒，瑞珪虹起。百礼垂裕，万灵荐祉。
　　迎俎用《雍和》：
缇籥劲序，玄英晚候。姬蜡开仪，幽歌入奏。蕙馥雕俎，兰芬玉酎。大飨明祇，永绥多祐。
　　皇帝酌献饮福用《寿和》　词同冬至圆丘。
　　送文舞出迎武舞入用《舒和》：
经纬两仪文化洽，削平万域武功成。瑶弦自乐乾坤泰，玉鏚长欢区县宁。
　　武舞用《凯安》　词同冬至圆丘。
　　送神用《豫和》　词同冬至圆丘。
　　又蜡百神乐章二首　太乐旧有此词，不详所起。
　　迎神　今不行用：
八蜡开祭，万物咸祀。上极天维，下穷坤纪。鼎俎流馥，樽彝荐美。有灵有祇，咸希来止。
　　送神　今不行用：
十旬欢洽，一日祠终。澄彝拂俎，报德酬功。虑虔容肃，礼缛仪丰。神其降祉，整驭随风。
夏至祭皇地祇于方丘乐章八首　贞观中褚亮等作
　　迎神用《顺和》：
万物资以化，交泰属升平。易从业惟简，得一道斯宁。具仪光玉帛，送舞变《咸英》。黍稷良非贵，明德信惟馨。
　　皇帝行用《太和》　词同冬至圆丘。
　　登歌奠玉帛用《肃和》：
至矣坤德，皇哉地祇。开元统纽，合大承规。九宫肃列，六典相仪。永言配命，长保无亏。
　　迎俎用《雍和》：
柔而能方，直而能敬。厚载以德，大亨以正。有涤斯牷，有馨斯盛。介兹景福，祚我休庆。
　　皇帝酌献饮福用《寿和》　词同冬至圆丘。
　　送文舞出迎武舞入用《舒和》：
玉币牲牷分荐享，羽旄干鏚递成容。一德惟宁两仪泰，三才保合四时邕。
　　武舞用《凯安》词同冬至圆丘。
　　送神用《顺和》：
阴祇叶赞，厚载方舆。牲币具举，箫管备成。其礼惟肃，其德惟明。神之听矣，式鉴虔诚。
则天皇后永昌元年大享拜洛乐章十五首御撰
　　设礼用《昭和》
九玄眷命，三圣基隆。奉成先旨，明台毕功。宗祀展敬，冀表深衷。永昌帝业，式播淳风。
　　《致和》：

神功不测兮运阴阳。包藏万宇兮孕八荒。天符既出兮帝业昌。愿临明祀兮降祯祥。

《咸和》：
坎泽祠容备举，坤坛祭典爰伸。灵眷遥行秘蹋，嘉贶荐委殊珍。肃礼恭禋载展，翘襟恳志逾殷。方期交际悬应，末一句逸。

乘舆初行用《九和》：
祗荷坤德，钦若乾灵。惭惕罔置，兴居匪宁。恭崇礼则，肃奉仪形。惟凭展敬，敢荐非馨。

拜洛用《显和》：
菲躬承睿顾，薄德忝坤仪。乾乾遵后命，翼翼奉先规。抚俗勤虽切，还淳化尚亏。未能弘至道，何以契明祇？

受图用《显和》：
顾德有惭虚菲，明祇屡降祯符。汜水初呈秘象，温洛荐表昌图。玄泽流恩载洽，丹襟荷渥增愉。

登歌用《昭和》：
舒阴至养，合大资生。德以恒固，功由永贞。升歌荐序，垂币翘诚。虹开玉照，凤引金声。

迎俎用《敬和》：
兰俎既升，蘋羞可荐。金石载设，《咸英》已变。林泽斯总，山川是遍。敢用敷诚，实惟忘倦。

酌献用《钦和》：

送文舞出迎武舞入用《齐和》：
沉潜演贶分三极，广大凝祯总万方。既荐羽旌文化启，还呈干戚武威扬。

武舞用《德和》：
夕惕司龙契，晨兢当凤扆。崇儒习旧规，偃霸循先旨。绝壤飞冠盖，遐区丽山水。幸承三圣余，忻属千年始。

撤俎用《禋和》：
百礼崇容，千官肃事。灵降舞兆，神凝有粹。奠享咸周，威仪毕备。奏《夏》登列，歌《雍》撤肆。

辞神用《通和》：
皇皇灵眷，穆穆神心。暂动凝质，还归积阴。功玄枢纽，理寂高深。衔恩佩德，耸志翘襟。

送神用《归和》：
言旋云洞兮跻烟途。永宁中宇兮安下都。苞涵动植兮顺荣枯，长贻宝贶兮赞璇图。

又《归和》：
调云阕兮神座兴，骖云驾兮俨将升。腾绛霄兮垂景祐，翘丹恳兮荷休征。

睿宗太极元年祭皇地祇于方丘乐章八首 不详撰者
迎神用《顺和》 黄钟宫三变，太簇角一变，姑洗徵一变，南吕羽一变。
坤厚载物，德柔垂祉。九域咸雍，四溟为纪。敬因良节，虔修阴祀。广乐式张，灵其降止。

金奏 新加太簇宫：
坤元至德，品物资生。神凝博厚，道叶高明。列镇五岳，环流四瀛。于何不载，万宝斯成。

皇帝行用《太和》 词同贞观冬至圆丘，黄钟宫。

登歌奠玉帛用《肃和》 词同贞观太庙《肃和》，应钟均之蕤则。

迎俎及酌献用《雍和》 词同贞观太庙《雍和》。

送文舞出迎武舞入用《舒和》、 词同皇帝朝群臣《舒和》。

武舞用《凯安》 词同贞观冬至圆丘。

送神用《顺和》 林钟宫：
乐备金石，礼光樽俎。大享爰终，洪休是举。雨零感节，云飞应序。缥绋载辞，皇灵具举。

玄宗开元十一年祭皇地祇于汾阴乐章十一首
迎神用《顺和》 林钟以下各再变 林钟宫 黄门侍郎韩思复作：
大乐和畅，殷荐明神。一降通感，八变必臻。有求斯应，无德不亲。降灵醉止，休征万人。

太簇角 中书侍郎卢从愿作：
坤元载物，阳乐发生。播殖资始，品汇咸亨。列俎棋布，方坛砥平。神歆禋祀，后德惟明。

姑洗徵 司勋郎中刘晃作：
大君出震，有事郊禋。斋戒既肃，馨香毕陈。乐和礼备，候暖风春。恭惟降福，实赖明神。

南吕羽 礼部侍郎韩休作：
于穆浚哲，维清缉熙。肃事昭配，永言孝思。涤濯静嘉，馨香在兹。神之听之，用受福釐。

皇帝行用《太和》 黄钟宫 吏部尚书王晙作：
于穆圣皇，六叶重光。太原刻颂，后土疏场。宝鼎呈符，歊云降祥。礼乐备矣，降福穰穰。

登歌奠玉帛用《肃和》 蕤宾均之夹钟羽 刑部侍郎崔玄晖作：
丰修严配，展事禋宗。祥符宝鼎，礼备黄琮。祝词以信，明德惟聪。介兹景福，永永无穷。

迎俎用《雍和》 黄钟均之南吕羽 徐州刺史贾曾作：
蠲我饎饙，洁我菁芼。有豆孔硕，为羞既臧。至诚无昧，精意惟芳。神其醉止，欣欣乐康。

酌献饮福用《寿和》 黄钟宫 礼部尚书苏颋作：
礼物斯备，乐章乃陈。谁其作主，皇考圣真。对越在天，圣明佐神。窅然汾上，厚泽如春。

送文舞出迎武舞入用《舒和》 太簇宫 太常少卿何鸾作：
乐奏云阕，礼章载虔。禋宗于地，昭假于天。惟馨荐矣，既醉歆焉。神之降福，永永万年。

武舞用《凯安》 黄钟均之林钟徵 主爵郎中蒋挺作：
维岁之吉，维辰之良。圣君绂冕，肃事坛场。大礼已备，大乐斯张。神其醉止，降福无疆。

送神用《顺和》 尚书右丞源光裕作：
方丘既膳，嘉飨载溢。齐敬毕诚，陶匏贵质。秀篚丰荐，芳俎盈实。永永福流，其升如日。

玄宗开元十三年禅社首山祭地祇乐章八首
迎神用《顺和》 太常少卿贺知章作：
至哉含柔德，万物资以生。常顺称厚载，流谦通变盈。圣心事能察，层庙陈厥诚。黄祇俨如在，泰折侯咸亨。

皇帝行用《太和》：

肃我成命，于昭黄祇。裘冕而祀，陟降在斯。五音克备，八变聿施。缉熙肆靖，厥心匪离。

登歌奠玉帛用《肃和》：

黄祇是祗，我其夙夜。夤畏诚洁，匪遑宁舍。礼以琮玉，荐厥茅藉。念兹降康，胡宁克暇。

迎俎入用《雍和》：

夙夜宥密，不敢宁宴。五齐既陈，八音在县。粢盛以洁，房俎斯荐。惟德惟馨，尚兹克遍。

皇帝酌献用《寿和》：

惟以明发，有怀载殷。乐盈而反，礼顺其禋。立清以献，荐欲是亲。于穆不已，裒对斯臻。

皇帝饮福用《福和》：

穆穆天子，告成岱宗。大裘如濡，执珽有颙。乐以平志，礼以和容。上帝临我，云胡肃邕。

皇帝还宫用《太和》：

昭昭有唐，天俾万国。列祖应命，四宗顺则。申锡无疆，宗我同德。曾孙继绪，享神配极。

迎神用《灵具醉》：代《顺和》，侍中源乾曜作。

灵具醉，杳熙熙。灵将往，眇禗禗。顾明德，吐正词。烂遗光，流祯祺。

祭神州于北郊乐章八首 贞观中褚亮作

送神用《顺和》 词同夏至方丘。

皇帝行用《太和》 词同冬至圆丘。

登歌奠玉帛用《肃和》：

大矣坤仪，至哉神县。包含日域，牢笼月窟。露洁三清，风调六变。皇祇届止，式歆恭荐。

迎俎用《雍和》：

泰折严享，阴郊展敬。礼以导神，乐以和性。黝牲在列，黄琮俯映。九土既平，万邦贻庆。

皇帝酌献饮福用《寿和》 词同冬至圆丘。

送文舞出迎武舞入用《舒和》：

坤道降祥和庶品，灵心载德厚群生。水土既调三极泰，文武毕备九区平。

武舞用《凯安》 词同冬至圆丘。

送神用《顺和》 词同冬至圆丘。

又祭神州乐章二首 太乐旧有此词，不详所起。

迎神：

黄舆厚载，赤寰归德。含育九区，保安万国。诚敬无怠，禋祀有则。乐以迎神，其仪不忒。

送神：

神州阴祀，洪恩广济。草树沾和，飞沉沐惠。礼修鼎俎，奠歆瑶币。送乐有章，灵轩其逝。

祭太社乐章八首 贞观中褚亮等作

迎神用《顺和》 词同夏至方丘。

皇帝行用《太和》 词同冬至圆丘。

登歌奠玉帛用《肃和》：

后土凝德，神功叶契。九域底平，两仪交际。戊期应序，阴墉展币。灵车少留，俯歆樽桂。

迎俎用《雍和》：

美报崇本，严恭展事。受露疏坛，承风启地。洁粢登俎，醇牺入馈。介福远流，群生毕遂。

皇帝酌献饮福用《寿和》 词同冬至圆丘。

送文舞出迎武舞入用《舒和》：

神道发生敷九稼，阴阳乘仁畅八埏。纬武经文陶景化，登祥荐祉启丰年。

武舞用《凯安》 词同冬至圆丘。

送神用《顺和》 词同冬至圆丘。

又太社乐章二首太乐旧有此词，不详所起。

迎神：

烈山有子，后土有臣。播种百谷，济育兆人。春官缉礼，宗伯司禋。戊为吉日，迎享兹辰。

送神：

告祥式就，酬功载毕。亲地尊天，礼文经术。贶征令序，福流初日。神驭爰归，祠官其出。

享先农乐章贞观中褚亮等作

迎神用《咸和》：

粒食伊始，农之所先。古今攸赖，是曰人天。耕斯帝藉，播厥公田。式崇明祀，神其福焉。

皇帝行用《太和》词同冬至圆丘。

登歌奠玉帛用《肃和》：

尊彝既列，瑚簋有荐。歌工载登，币礼斯奠。肃肃享祀，颙颙缨弁。神之听之，福流寰县。

迎俎用《雍和》：

前夕亲牲，质明奉俎。沐芳整弁，其仪式序。盛礼毕陈，嘉乐备举。歆我懿德，非馨稷黍。

皇帝酌献饮福用《寿和》 词同冬至圆丘。

送文舞出迎武舞入用《舒和》：

羽籥低昂文缀已，干鏚蹈厉武行初。望岁祈农神所听，延祥介福岂云虚。

武舞用《凯安》词同冬至圆丘。

送神用《承和》：

又享先农乐章一首 太乐旧有此词，不详所起。

送神用《承和》：

三推礼就，万庾祈凝。夤宾志远，藨蓘惟兴。降歆肃荐，垂祐祗膺。送神有乐，神其上升。

享先蚕乐章五首 显庆中，皇后亲蚕，奉敕内出此词。

迎神用《永和》 亦曰《顺德》：

芳春开令序，韶苑畅和风。惟灵申广祐，利物表神功。绮会周天宇，黼黻藻寰中。庶几承庆节，歆奠下帷宫。

皇后升坛用《肃和》：

明灵光至德，深功掩百神。祥源应节启，福绪逐年新。万宇承恩覆，七庙伫恭禋。于兹申至恳，方期远庆臻。

登歌奠币用《展敬》：

霞庄列宝卫，云集动和声。金卮荐绮席，玉币委芳庭。因心罄丹款，先已励苍生。所冀延明福，于兹享至诚。

迎俎用《洁诚》：

桂筵开玉俎，兰圃荐琼芳。八音调凤律，三献奉鸾觞。洁粢申大享，庭宇冀降祥。神其覃有庆，锡福永无疆。

饮福送神用《昭庆》：

仙坛礼既毕，神驾俨将升。伫属深祥启，方期庶绩凝。虔诚资宇内，务本勖黎蒸。灵心昭备享，率土洽休征。

皇太子亲释奠乐章五首

迎神用《承和》 亦曰《宣和》：

圣道日用，神机不测。金石以陈，弦歌载陟。爰释其菜，匪馨于稷。来顾来享，是宗是极。

皇太子行用《承和》：

万国以贞光上嗣，三善茂德表重轮。视膳寝门遵要道，高辟崇贤引正人。

登歌奠币用《肃和》：

粤惟上圣，有纵自天。旁周万物，俯应千年。旧章允著，嘉贽孔虔。王化兹首，儒风是宣。

迎俎用《雍和》：

堂献瑶篚，庭敷瑮县。礼备其容，乐和其变。肃肃亲享，雍雍执奠。明礼惟馨，蘋蘩可荐。

送文舞出迎武舞入用《舒和》：

隼集龟开昭圣列，龙蹲凤跱肃神仪。尊儒敬业宏图阐，纬武经文盛德施。

武舞用《凯安》 词同冬至圆丘。

送神用《承和》 词同迎神：

又享孔庙乐章二首 太乐旧有此词，不详所起。

迎神：

通吴表圣，问老探贞。三千弟子，五百贤人。亿龄规法，万载祠禋。洁诚以祭，奏乐迎神。

送神：

醴溢牺象，羞陈俎豆。鲁壁类闻，泗川如觐。里校覃福，胄筵承祐。雅乐清音，送神其奏。

享龙池乐章十首

第一章 紫微令姚崇作也：

恭闻帝里生灵沼，应报明君鼎业新。既叶翠泉光宝命，还符白水出真人。此时舜海潜龙跃，北地尧河带马巡。独有前池一小雁，叨承旧惠入天津。

第二章 左拾遗蔡孚作：

帝宅王家大道边，神马龙龟涌圣泉。昔日昔时经此地，看来看去渐成川。歌台舞榭宜正月，柳岸梅洲胜往年。莫言波上春云少，只为从龙直上天。

第三章 太府少卿沈佺期作：

龙池跃龙龙已飞，龙德先天天不违。池开天汉分黄道，龙向天门入紫微。邸第楼台多气色，君王凫雁有光辉。为报寰中百川水，来朝上地莫东归。

第四章 黄门侍郎卢怀慎作：

代邸东南龙跃泉，清漪碧浪远浮天。楼台影就波中出，日月光疑镜里悬。雁沼回流成舜海，龟书荐祉应尧年。大川既济惭为楫，报德空思奉细涓。

第五章 殿中监姜皎作：

龙池初出此龙山，常经此地谒龙颜。日日芙蓉生夏水，年年杨柳变春湾。尧坛宝匣余烟雾，舜海渔舟尚往还。愿以飘飖五云影，从来从去九天间。

第六章 吏部尚书崔日用作：

龙兴白水汉兴符，圣主时乘运斗枢。岸上芊芊五花树，波中砾砾千金珠。操环昔闻迎夏启，发匣先来瑞有虞。风色云光随隐见，赤云神化象江湖。

第七章 紫微侍郎苏颋作：

西京凤邸跃龙泉，佳气休光钟在天。轩后雾图今已得，秦王水剑昔常传。恩鱼不似昆明钓，瑞鹤长如太液仙。愿侍巡游同旧里，更闻箫鼓济楼船。

第八章 黄门侍郎李乂作：

星分邑里四人居，水浐源流万顷余。魏国君王称象处，晋家藩邸化龙初。青蒲暂似游梁马，绿藻还疑宴镐鱼。自有神灵滋液地，年年云物史官书。

第九章 工部侍郎姜晞作：

灵沼萦回邸第前，浴日涵春写曙天。始见龙台升凤阙，应如霄汉起神泉。石匮渚傍还启圣，桃李初开更有仙。欲化帝图从此受，正同河变一千年。

第十章 兵部郎中裴璀作：

乾坤启圣吐龙泉，泉水年年胜一年。始看鱼跃方成海，即睹龙飞利在天。洲渚遥将银汉接，楼台直与紫微连。休气荣光常不散，悬知此地是神仙。

卷三十一　　志第十一

音　乐　四

享太庙乐章十三首 贞观中魏徵、褚亮等作

迎神用《永和》：黄钟宫三成，大吕角二成，太簇徵二成，应钟羽二成，总九变同用。

于穆烈祖，弘此丕基。永言配命，子孙保之。百神既洽，万国在兹。是用孝享，神其格思。

皇帝行用《太和》 词同冬至圆丘。

登歌酌鬯用《肃和》 夹钟均之黄钟羽：

大哉至德，允兹明圣。格于上下，聿遵诚敬。喜乐斯登，鸣球以咏。神其降止，式隆景命。

迎俎用《雍和》：

崇兹享祀，诚敬兼至。乐以感灵，礼以昭事。粢盛咸洁，牲牷孔备。永言孝思，庶几不匮。

皇祖宣简公酌献用《长发》 无射宫：

浚哲惟唐，长发其祥。帝命斯祐，王业克昌。配天载德，就日重光。本枝百代，申锡无疆。

皇祖懿王酌献用《长发》：同前词，黄钟宫。

太祖景皇帝酌献用《大基》 太簇宫：

猗欤祖业，皇矣帝先。翦商德厚，封唐庆延。在姬犹稷，方晋逾宣。基我鼎运，于万斯年。

世祖元皇帝酌献用《大成》 姑洗宫：

周称王季，晋美帝文。明明盛德，穆穆齐芬。藏用四履，屈道三分。铿锵钟石，载纪鸿勋。

高祖大武皇帝酌献用《大明》 蕤宾宫：

五纪更运，三正递升。勋华既没，禹汤勃兴。神武命代，灵眷是膺。望云彰德，察纬告征。上纽天维，下安地轴。

征师涿野，万国咸服。偃伯灵台，九官允穆。殊域委赘，怀生介福。大礼既饰，大乐已和。黑章扰囿，赤字浮河。功宣载籍，德被咏歌。克昌厥后，百禄是荷。

皇帝饮福用《寿和》：
八音斯奏，三献毕陈。宝祚惟永，晖光日新。

送文舞出迎武舞入用《舒和》：
圣敬通神光七庙，灵心荐祚和万方。严禋克配鸿基远，明德惟馨凤历昌。

武舞用《凯安》　词同冬至圆丘。

彻俎用《雍和》：
于穆清庙，聿修严祀。四县载陈，三献斯止。笾豆彻荐，人祇介祉。神惟格思，锡祚不已。

送神用《永和》：
肃肃清祀，蒸蒸孝思。荐享昭备，虔恭在兹。雍歌彻俎，祝嘏陈辞。用光武志，永固鸿基。

又享太庙乐章五首　永徽以后续撰，不详撰者。

太宗文皇帝酌献用《崇德》　夷则宫，永徽元年造。
五运改卜，千龄启圣。彤云晓聚，黄星夜映。叶阐珠囊，基开玉镜。后为图开。下临万宇，上齐七政。雾开三象，尘清九服。海漾星晖，远安迩肃。天地交泰，华夷辑睦。翔泳归仁，中外禔福。绩逾黜夏，勋高翦商。武陈《七德》，刑设三章。祥禽巢阁，仁兽游梁。卜年惟永，景福无疆。

高宗天皇大帝酌献用《钧天》　黄钟宫，光宅元年造。
承天抚箓，纂圣登皇。瑕清万宇，仰协三光。功成日用，道济时康。璇图载永，宝历斯昌。日月扬晖，烟云烂色。河岳修贡，神祇效职。舜风攸偃，尧曦先就。睿感通寰，孝思浃宙。奉扬先德，虔遵曩狩。展义天扃，飞英云岫。化逸王表，神凝帝先。乘云厌俗，驭日登玄。

中宗孝和皇帝酌献用《太和》　太簇宫，景云元年造。
广乐既备，嘉荐既新。述先惟德，孝飨惟亲。七献具举，五齐毕陈。锡兹祚福，于万斯春。

睿宗大圣真皇帝酌献用《景云》　黄钟宫，开元四年造。
惟睿作圣，惟圣登皇。精感耀魄，时膺会昌。舜惭大孝，尧推让王。能事斯极，振古谁方。文明履运，车书同轨。巍巍赫赫，尽善尽美。衢室凝旒，大庭端扆。释负之寄，事光复子。脱屣高天，登遐上玄。龙湖超忽，象野芊绵。游衣复道，荐果初年。新庙奕奕，明德配天。

皇祖宣皇帝酌献用《光大》　无射宫，旧用章宣、光二宫同用《长发》，其词亦同。开元十年，始定宣皇帝用《光大》，词更别造。
大业龙祉，徽音骏尊。潜居皇德，赫嗣天昆。展仪宗祖，重诚孝孙。春秋无极，享奏存存。

又享太庙乐章三首太乐旧有此词，不详所起。

迎神　黄钟宫、太吕角、太簇徵、应钟羽，并同此词。
七庙观德，百灵攸仰。俗荷财成，物资含养。道光执契，化笼提象。肃肃雍雍，神其来享。

金奏　无射宫，次迎神。
肃肃清庙，巍巍盛唐。配天立极，累圣重光。乐和管磬，礼备蒸尝。永惟来格，降福无疆。

送神：
五声备奏，三献终祠。车移凤辇，旆转红旗。礼周笾豆，诚效虔祗。皇灵徙跸，簪绅拜辞。

则天皇后享清庙乐章十首

第一：
建清庙，赞玄功。择吉日，展禋宗。乐已变，礼方崇。望神驾，降仙宫。

第二：
隆周创业，宝命惟新。敬宗茂典，爰表虔禋。声明已备，文物斯陈。肃容如在，恳志方申。

第三登歌：
肃敷大礼，上谒尊灵。敬陈筐币，载表丹诚。

第四迎神：
敬奠蘋藻，式馨虔襟。洁诚斯展，仁降灵歆。

第五饮福：
爰陈玉醴，式奠琼浆。灵心有穆，介福无疆。

第六送文舞：
帝图草创，王业初开。功高佐命，业赞云雷。

第七迎武舞：
赫赫玄功被穹壤，皇皇至德洽生灵。开基拨乱祛氛廓，佐命宣威海内清。

第八武舞作：
荷恩承顾托，执契恭临抚。庙略静边荒，天兵耀神武。

第九彻俎：
登歌已阕，献礼方周。钦承景福，肃奉鸿休。

第十送神：
大礼言毕，仙卫将归。莫申丹恳，空瞻紫微。

中宗孝和皇帝神龙元年享太庙乐章二十首　不详所撰

迎神用《严和》　黄钟宫三成，大吕角三成，太簇徵三成，应钟羽二成，同用此词。
肃肃清庙，赫赫玄猷。功高万古，化奄十洲。中兴丕业，上荷天休。祇奉先构，礼被怀柔。

皇帝行用《升和》　黄钟宫：
顾惟菲薄，纂历应期。中外同轨，夷狄来思。乐用崇德，礼以陈词。夕惕若厉，钦奉宏基。

登歌祼鬯用《虔和》　大吕均之无射羽：
礼标荐鬯，肃事祠庭。敬申如在，敢托非馨。

送文舞出迎武舞入用《同和》　太簇羽：
惟圣配天敷盛礼，惟天为大阐洪名。恭禋展敬光先德，蘋藻申虔表志诚。

武舞用《宁和》　林钟徵：
炎驭失天纲，土德承天命。英猷被寰宇，懿躅隆邦政。七德已绥边，九夷咸底定。景化覃遐迩，深仁洽翔泳。

彻俎用《恭和》　大吕均之无射羽：
礼周三献，乐阕九成。肃承灵福，悚惕兼盈。

送神用《通和》　黄钟宫：
祠容既毕，仙座爰兴。停停凤举，霭霭云升。长隆宝运，永锡休征。福覃贻厥，恩被黎蒸。

皇后助享、皇后行用《正和》　黄钟宫，词同贞观中宫朝会《正和》。

登歌奠鬯用《昭和》　大吕均之无射羽：

道洽二仪交泰,时休四宇和平。环佩肃于庭实,钟石扬乎颂声。

皇后酌献饮福用《诚敬》　黄钟宫:
顾惟菲质,忝位椒宫。虔奉蘋藻,肃事神宗。敢申诚洁,庶罄深衷。睟容有裕,灵享无穷。

彻俎用《肃和》　大吕均之无射羽:
月礼已周,云和将变。爰献其醑,载迁其奠。明德逾隆,非馨是荐。泽沾动植,仁覃宇县。

送神用《昭感》　黄钟羽:
铿锵《韶》、《濩》,肃穆神容。洪规赫赫,祠典雍雍。已周三献,将乘六龙。虔诚有托,恳志无从。

玄宗开元七年享太庙乐章十六首　特进、行尚书左丞相燕国公张说作。

迎神用《永和》三章:
肃九室,谐八音。歌皇慕,动神心。礼宿设,乐妙寻。声明备,祼奠临。

律迓气,音入玄。依玉几,御黼筵。聆忾息,优周旋。《九韶》遍,百福传。

信工祝,永颂声。来祖考,听和平。相百辟,贡九瀛。神休委,帝孝成。

皇帝行用《太和》一章:
时文圣后,清庙肃邕。致诚勤荐,在貌思恭。玉节《肆夏》,金锵五钟。绳绳云步,穆穆天容。

登歌酌瓒用《肃和》一章:
天子孝享,工歌溥将。躬祼郁鬯,乃焚膋芗。臭以达旨,声以求阳。奉时烝尝,永代不忘。

迎俎用《雍和》二章:
在涤嘉豢,丽碑敬牲。角握之牡,色纯之骍。火传阳燧,水溅阴精。太公胖俎,傅说和羹。

俎豆有馥,斋盛絜丰。亦有和羹,既戒既平。鼓钟管磬,肃唱和鸣。皇皇后祖,赉我思成。

皇帝酌醴齐用文舞一章:
圣谟九德,真言五千。庆集昌胄,符开帝先。高文杖钺,克配彼天。三宗握镜,六合焕然。帝其承祀,率礼罔愆。图书雾出,日月清悬。舞形德类,咏谂功传。黄龙蜿蟺,彩云翩跹。五行气顺,八佾风宣。介此百禄,于皇万年。

献祖宣皇帝室奠献用《光大》之舞一章:
肃肃艺祖,滔滔浚源。有雄玉剑,作镇金门。玄王贻绪,后稷谋孙。肇裡九庙,四海来尊。

懿祖光皇帝室奠献用《长发》之舞一章:
具礼崇德,备乐承风。魏推幢主,周赠司空。不行而至,无成有终。神兴王业,天归帝功。

太祖景皇帝室奠献用《大政》之舞一章:
于赫元命,权舆帝文。天齐八柱,地半三分。宗庙观德,笙镛乐勋。封唐之兆,成天下君。

代祖元皇帝室奠献用《大成》之舞一章:
帝舞季历,袭圣生昌。后歌有娀,胎炎孕黄。天地合德,日月齐光。肃邕孝享,祚我万方。

高祖神尧皇帝室奠献用《大明》之舞一章:
赤精乱德,四海困穷。黄旗举义,三灵会同。旱望春雨,云披大风。溥天来祭,高祖之功。

太宗文武圣皇帝室奠献用《崇德》之舞一章:
皇合一德,朝宗百神。削平天下,大拯生人。上帝配食,单于入臣。戎歌陈舞,晔晔震震。

高宗天皇大帝室奠献用《钧天》之舞一章:
高皇迈道,端拱无为。化怀獯鬻,兵戢句骊。礼尊封禅,乐盛来仪。合位娲后,同称伏羲。

中宗孝和皇帝室奠献用《太和》之舞一章:
退居江水,郁起丹陵。礼物还旧,朝章中兴。龙图友及,骏命恭膺。鸣球秉瓒,大糦是承。

睿宗大圣真皇帝室奠献用《景云》之舞一章:
景云霏烂,告我帝符。噫帝冲德,与天为徒。笙镛遥远,俎豆虚无。春秋孝献,回复此都。

又享太庙乐章十四首

玄宗至道大圣大明孝皇帝室奠献用《广运》之舞一章:司徒兼中书令、汾阳郡王郭子仪撰。
于赫皇祖,昭明有融。惟文之德,惟武之功。河海静谧,车书混同。虔恭孝飨,穆穆玄风。

肃宗文明武德大圣大宣孝皇帝室奠献用《惟新》之舞一章:　吏部尚书、平章事、彭城郡公刘晏撰。
汉祚惟永,神功中兴。风驱氛祲,天覆黎蒸。三光再朗,庶绩其凝。重熙累叶,景命是膺。

皇帝饮福受脤用《福和》一章:
备礼用乐,崇亲致尊。诚通慈降,敬彻存爱。献怀称寿,啐感承恩。皇帝孝德,子孙千亿。大包天域,长亘不极。

送文舞出、迎武舞入用《舒和》一章:
六钟禽协六变成,八佾倘伴八风生。乐《九韶》兮人神感,美《七德》兮天地清。

亚献、终献行事、武舞用《凯安》四章:
瑟彼瑶爵,亚维上公。室如屏气,门不容躬。礼殷其本,乐执其中。圣皇永慕,天地幽通。礼匝三献,乐遍九成。降循轩陛,仰歆皇情。福与仁合,德因孝明。百年神畏,四海风行。总总干戚,填填鼓钟。奋扬增气,坐作为容。离若鹜鸟,合如战龙。万方观德,肃肃邕邕。烈祖顺三灵,文宗威四海。黄钺诛群盗,朱旗扫多罪。戢兵天下安,约法人心改。大哉干羽意,长见风云在。

彻豆登歌一章:
止笙磬,彻豆笾。廓无响,窅入玄。主在室,神在天。情余慕,礼罔愆。喜黍稷,屡丰年。

送神用《永和》一章:
眇嘉乐,授灵爽。感若来,思如往。休气散,回风上。返寂寞,还惚恍。怀灵驾,结空想。

代宗睿文孝武皇帝室奠献用《保大》之舞一章　尚父郭子仪撰。
于穆文考,圣神昭彰。《箫》、《勺》群慝,含光远方。万物茂遂,九夷宾王。愔愔《云》、《韶》,德音不忘。

德宗神武孝文皇帝室奠献用《文明》之舞一章　尚书左丞平章事郑余庆撰。
开邸除暴,时迈勋尊。三元告命,四极骏奔。金枝翠叶,辉烛瑶琨。象德亿载,贻庆汤孙。

顺宗至德大圣大安孝皇帝室奠献用《大顺》之舞一章
　　中书侍郎、平章事郑絪撰。
于穆时文，受天明命。允恭玄默，化成理定。出震嗣德，
应乾传圣。猗欤缉熙，千亿流庆。
　　　宪宗圣神章武孝皇帝室奠献用《象德》之舞一章　中
书侍郎、平章事段文昌撰。
肃肃清庙，登显至德。泽周八荒，兵定四极。生物咸遂，
群盗灭息。明圣钦承，子孙千亿。
　　仪坤庙乐章十二首
　　　迎神用《永和》：林钟宫，散骑常侍、昭文馆学士徐彦伯
作。
猗若清庙，肃肃荧荧。国荐严祀，坤舆淑灵。有几在室，
有乐在庭。临兹孝享，百禄惟宁。
　　　金奏：夷则宫，不详作者。一本无此章。
阴灵效祉，轩曜降精。祥符淑气，庆集柔明。瑶俎既列，
雕桐发声。徽猷永远，比德皇英。
　　　皇帝行用《太和》：黄钟宫，左谕德、昭文馆学士邱说撰。
孝哉我后，冲乎乃圣。道映重华，德辉文命。慕深视篑，
情殷抚镜。万国移风，兆人承庆。
　　　酌献登歌用《肃和》：中吕均之太簇羽，一云蕤宾均之夹
钟羽，太子洗马、昭文馆学士张齐贤撰。
裸圭既濯，郁鬯既陈。画幂云举，黄流玉醇。仪充献酌，
礼盛众禋。地察惟孝，愉焉飨亲。
　　　迎俎用《雍和》：姑洗羽，太中大夫、昭文馆学士郑善玉
作。
酌郁既灌，取萧方爇。笾豆静嘉，簠簋芬苾。鱼腊荐美，
牲牷表洁。是戬是将，载迎载列。
　　　肃明皇后室酌献《昭升》：林钟宫，礼部尚书、昭文
馆学士薛稷作。
阳灵配德，阴魄昭升。尧坛凤下，汉室龙兴。倪天作对，
前旒是凝。化行南国，道盛西陵。造舟集灌，无德而称。
我粢既洁，我醴既澄。阴阴灵庙，光灵若凭。德馨惟飨，
孝思蒸蒸。
　　　昭成皇后室酌献用《坤贞》不详作者：
乾道既亨，坤元以贞。肃雍攸在，辅佐斯成。外睦九
族，内光一庭。克生睿哲，祚我休明。钦若徽范，悠哉淑
灵。律兹清宫，于彼上京。缩茅以献，洁秬惟馨。实受其
福，期乎亿龄。
　　　饮福用《寿和》：黄钟宫，太子詹事、崇文馆学士徐坚作。
于穆清庙，肃雍严祀。合福受厘，介以繁祉。
　　　送文舞出迎武舞入用《舒和》：南吕商，银青光禄大夫、
崇文馆学士胡雄作。
送文迎武递参差，一始一终光圣仪。四海生人歌有庆，千
龄孝享肃无亏。
　　　武舞用《安和》：太簇徵，秘书少监、崇文馆学士刘子玄
作。
妙算申帷幄，神谋出庙庭。两阶文物备，《七德》武功成。
校猎长杨苑，屯军细柳营。将军献凯入，歌舞溢重城。
　　　彻俎用《雍和》：蕤宾均之夹钟羽，银青光禄大夫、崇文
馆学士员半千作。
孝享云毕，维彻有章。云感玄羽，风栖素商。瞻望神座，

祗恋匪遑。礼终乐阕，肃雍锵锵。
　　　送神用《永和》：林钟宫，金紫光禄大夫、崇文馆学士祝
钦明作。
閟宫实实，清庙微微。降格无象，馨香有依。式昭纂庆，
方融徽徵。明禋是享，神保聿归。
　　　又仪坤庙乐章二首　太乐又有一本，与前本略同，二章不
同如左，不详撰者。
　　　迎神：一本有此章而无徐彦伯之词。
月灵降德，坤元授光。娥英比秀，任姒均芳。瑶台荐祉，
金屋延祥。迎神有乐，歆此嘉芳。
　　　送神　一本有此章而无祝钦明之词：
玉帛仪大，金丝奏广。灵应有孚，冥征不爽。降彼休福，
歆兹禋享。送乐有章，神麾其上。
　　昭德皇后室酌献用《坤元》乐章九首　内出
　　　迎神用《永和》：
穆清庙，荐严禋。昭礼备，和乐新。望灵光，集元辰。祚
无极，享万春。
　　　登歌酌鬯用《肃和》：
诚心达，娱乐分。升萧膋，郁氛氲。茅既缩，鬯既薰。后
来思，福如云。
　　　迎俎用《雍和》：
我将我享，尽明而诚。载芬黍稷，载涤牺牲。懿矣元良，
万邦以贞。心乎爱敬，若睹容声。
　　　酌献《坤元》：
于穆先后，俪圣称崇。母临万宇，道被六宫。昌时协庆，
理内成功。殷荐明德，传芳国风。
　　　送文舞出迎武舞入用《舒和》：
金枝羽部辍清歌，瑶堂肃穆笙磬罗。谐音遍响合明意，万
类昭曦灵应多。
　　　武舞用《凯安》：
辰位列四星，帝功参十乱。进贤勤内辅，扈跸清多难。承
天厚载均，并曜宵光灿。留徽蔼前躅，万古披图焕。
　　　彻俎用《雍和》：
公尸既起，享礼载终。称歌进彻，尽敬由衷。泽流惠下，
大小咸同。
　　　送神用《永和》：
昭事终，幽享余。移月御，返仙居。璇庭寂，灵幄虚。顾
徘徊，感皇储。
　　孝敬皇帝庙乐章九首
　　　迎神用《永和》　词同贞观太庙《永和》。
　　　皇帝行用《太和》　词同贞观太庙《太和》。
　　　登歌酌鬯用《肃和》词同贞观太庙《肃和》。
　　　迎俎用《雍和》词同贞观太庙《雍和》。
　　　酌献用《承光》词同中宗享孝敬《承光》。
　　　送文舞出迎武舞入用《舒和》词同太庙。
　　　武舞用《凯安》词同太庙。
　　　彻俎用《雍和》词同迎俎。
　　　送神用《永和》词同太庙。
　　享隐太子庙乐章六首　贞观中撰
　　　迎神用《诚和》：

道闼鹤关，运缠鸠里。门集大命，俾歆嘉祀。礼亚六瑚，诚殚二簋。有诚颙若，神斯戾止。

登歌奠玉帛用《肃和》：

岁肇春宗，乾开震长。瑶山既寂，戾园斯享。玉肃其事，物昭其象。弦诵成风，笙歌合响。

迎俎用《雍和》：

明典肃陈，神居邃启。春伯联事，秋官相礼。有来雍雍，登歌济济。缅惟主鬯，庶歆芳醴。

送文舞出、迎武舞入用《舒和》：

三县已判歌钟列，六佾将开羽籥分。尚想燕飞来蔽日，终疑鹤影降凌云。

武舞用《凯安》：

天步昔将开，商郊初欲践。抚戎金阵廓，贰极瑶图阐。鸡戟遂崇仪，龙楼期好善。弄兵賹震业，启圣隆祠典。

送神用《诚和》词同迎神。

又隐太子庙乐章二首太乐旧有此词，不详所出。

迎神：

苍震有位，黄离蔽明。江充祸结，戾据灾成。衔冤昔痛，赠典今荣。享灵有秩，奉乐以迎。

送神：

皇情悼往，祀仪增设。钟鼓铿锽，羽旄昭晰。掌礼云备，司筵告彻。乐以送神，灵其鉴阋。

章怀太子庙乐章六首　神龙初作

迎神第一　姑洗宫：

副君昭象，道应黄离。铜楼备德，玉裕成规。仙气霭霭，灵从师师。前驱戾止，控鹤来仪。

登歌酌鬯第二南吕均之蕤宾羽：

忠孝本著，羽翼先成。寝门昭德，驰道为程。币帛有典，容卫无声。司存既肃，庙享惟清。

迎俎及酌献第三大吕羽：

通三锡胤，明两承英。太山比赫，伊水闻笙。宗祧是寄，礼乐其亨。嘉辰荐俎，以发声明。

送文舞出、迎武舞入第四蕤宾商：

羽籥崇文礼以毕，干籥奋武事将行。用舍由来其有致，壮志宣威乐太平。

武舞作第五夷则角：

绿林炽炎历，黄虞格有苗。沙尘惊塞外，帷幄命嫖姚。《七德》干戈止，三边云雾消。宝祚长无极，歌舞盛今朝。

送神第六　词同隐庙。

懿德太子庙乐章六首　神龙初作

迎神第一　姑洗宫：

甲观昭祥，画堂升位。礼绝群后，望尊储贰。启诵惭德，庄丕掩粹。伊浦凤翔，缑峰鹤至。

登歌酌鬯第二　南吕均之蕤宾羽：

誉阐元储，寄崇明两。玉裕虽晦，铜楼可想。弦诵辍音，笙歌罢响。币帛言设，礼容无爽。

迎俎酌献第三　大吕羽：

雍雍盛典，肃肃灵祠。宾天有圣，对日无期。飘飘羽服，掣曳云旗。眷言主鬯，心乎怆兹。

送文舞出迎武舞入第四　蕤宾商：

八音协奏陈金石，六佾分行整礼容。沧溟赴海还称少，素月开轮即是重。

武舞作第五　夷则角：

隋季昔云终，唐年初启圣。纂戎将禁暴，崇儒更敷政。威略静三边，仁恩罩万姓。

送神第六　词同隐庙。

节愍太子庙乐章六首景云中作

迎神第一　姑洗宫：

储后望崇，元良寄切。寝门是仰，驰道不绝。仙袂云会，灵旗电晰。煌煌而来，礼物攸设。

登歌酌鬯第二　南吕均之蕤宾羽：

灼灼重明，仰承元首。既贤且哲，惟孝与友。惟孝虽遥，灵规不朽。祀因诚致，备洁玄酒。

迎俎及酌献第三　大吕羽：

嘉荐有典，至诚莫愆。画梁云亘，雕俎星联。乐器周列，礼容备宣。依俙如在，若未宾天。

送文舞出、迎武舞入第四　蕤宾商：

邕邕阐化凭文德，赫赫宣威藉武功。既执羽旄先拂吹，还持玉戚更挥空。

武舞作第五　夷则角：

武德谅雄powerful，由来扫寇戎。剑光挥作电，旗影列成虹。雾廓三边静，波澄四海同。睿图今已盛，相共舞皇风。

送神第六　词同隐太子庙。

则天大圣皇后崇先庙乐章一首御撰

先德谦劦冠昔，严规节索超今。奉国忠诚每竭，承家至孝纯深。追崇惧乖尊意，显号恐玷徽音。既迫王公屡请，方乃俯遂群心。有限无由展敬，莫酹每阙亲斟。大礼庋申典册，蘋藻敬荐翘襟。

褒德庙乐章五首　神龙中为皇后韦氏祖考所立，词并内出。

迎神用《昭德》姑洗宫二成：

道赫梧宫，悲盈蒿里。爰畅徽烈，载敷嘉祀。享洽四时，规陈二簋。灵应昭格，神其戾止。

登歌用进德　南吕均之蕤宾羽：

涂山懿戚，妫汭崇姻。祠筵肇启，祭典方申。礼以备物，乐以感神。用隆敦叙，载穆彝伦。

俎入初献用《褒德》　大吕角：

家著累仁，门昭积善。瑶筐既列，金县式展。

武舞作：

昭昭竹殿开，奕奕兰宫启。懿范隆丹掖，殊荣辟朱邸。六佾荐徽容，三簋陈芳醴。万古覃贻厥，分珪崇祖祢。

亚献及送神用《彰德》：

名隆五岳，秩映三台。严祠已备，晬影方回。

卷三十二　　志第十二

历　一

太古圣人，体二气之权舆，赜三才之物象，乃创纪以穷其数，画卦以通其变。而纪有大衍之法，卦有推策之文，由是历法生焉。殷人用九畴、五纪之书，《周礼》载冯相、保章之职，所以辨三辰之躔次，察九野之吉凶。历代畴人，迭相传授，盖推步之成法，协用之旧章。暨秦氏焚书，遗文残缺，汉兴作者，师法多门。虽同征钟律之文，共演蓍龟之说，而建元或异，积蘣相悬，旁取证于《春秋》，强乱疑于《系》、《象》，靡不扬眉抵掌，谓甘、石未称日官；运策播精，言裨、梓不知天道。及至清台视祲，黄道考祥，言缩则盈，少中多否，否则矫云差算，中则自负知时。章、亥不生，凭何质证？

高齐天保中，六月日当蚀朔，文宣先期问候官蚀何时，张孟宾言蚀申，郑元伟、董峻言蚀辰，宋景业言蚀巳。是日蚀于申酉之间，言皆不中时。景业造《天保历》则疏密可知矣。昔邓平、洛下闳造汉《太初历》，非之者十七家。后刘洪、蔡伯喈、何承天、祖冲之，皆数术之精粹者，至于宣考历书之际，犹为横议所排。斯道寂寥，知音盖寡。所以张青玄佩印而沸腾，刘孝孙舆棺而恸哭，俾诸后学，益用为疑。以臣折衷，无如旧法。

高祖受隋禅，傅仁均首陈七事，言戊寅岁时正得上元之首，宜定新历，以符禅代，由是造《戊寅历》。祖孝孙、李淳风立理驳之，仁均条答甚详，故法行于贞观之世。高宗时，太史奏旧历加时浸差，宜为改定，乃诏李淳风造《麟德历》。初，隋末刘焯造《皇极历》，其道不行，淳风约之为法，时称精密。天后时，瞿昙罗造《光宅历》。中宗时，南宫说造《景龙历》，皆旧法之所弃者，复取用之。徒云革易，宁造深微，寻亦不行。开元中，僧一行精诸家历法，言《麟德历》行用既久，晷纬渐差。宰相张说言之，玄宗召见，令造新历。遂与星官梁令瓒先造《黄道游仪图》，考校七曜行度，准《周易》大衍之数，别成一法，行用垂五十年。肃宗时，韩颖造《至德历》。代宗时，郭献之造《五纪历》。德宗时，徐承嗣造《正元历》。宪宗时，徐昂出《观象历》。其法今存，而元纪部章之数，或异前经；而察敛启闭之期，何殊旧法。至论征验，罕及研精。绵代流行，示存经法耳。

前史取傅仁均、李淳风、南宫说、一行四家历经，为《历志》四卷。近代精数者，皆以淳风、一行之法，历千古而无差，后人更之，要立异耳，无逾其精密也。《景龙历》不经行用，世以为非，今略而不载。但取《戊寅》、《麟德》、《大衍》三历法，以备此志，示于畴官尔。

戊寅历经

已上阙文日。自入立秋，初日加四千八十分，后日减七十六分，置初日所加之分，计后日减之数以减之，讫，余以行分法约之，为日数。及加平见日及分，满行分法，又去之，从日一，为定见日及分。后皆放此。毕于秋分。自入寒露，日减一百二十七分，减若不足，即一日加行分法，反减之，为定见日及分。后皆放此。毕于立冬。自入小雪，毕于大雪，均减八日。初见去日十四度。

荧惑

平见：入冬至，初日减一万六千三百五十四分，后日减五百四十五分，毕于小寒。自入大寒，日加四百二十六分，毕于启蛰。自入雨水，毕于谷雨，均加二十九日。入立夏，初日加一万九千三百九十二分，后日减二百一十三分，毕于大暑。自入立秋，依平。自入处暑，日减一百八十四分，毕于立冬。自入小雪，毕于大雪。均减二十五日。初见去日十七度。

镇星

平见：入冬至，初日减四千八百一十四分，后日加七十九分，毕于气尽。自入小寒，毕于大寒。均减九日。入立春，均减八日。入启蛰，均减七日。入雨水，均减六日。入春分，均减五日。入清明，均减四日。入谷雨，毕芒种，均减三日。入夏至，毕十日内，均减二日。十日外，入小暑，毕五日内，均减一日。五日外，毕于气尽，依平。自入大暑，日加一百八十一分，毕于立秋。自入处暑，均加九日。自入白露，初日加六千二分，后日减一百三十三分，毕于寒露。自入霜降，日减七十九分，毕于大雪。初见去日十七度。

太白

晨平见：入冬至，依平。自入小寒，日加六十六分，毕于大寒。自入立春，毕于立夏，均加三日。自入小满，初日加一千九百六十四分，后日减六十六分，毕于芒种。自入夏至，依平。自入小暑，减六十分，毕于大暑。自入立秋，毕于立冬，均减三日。自入小雪，初日减一千九百六十四分，后日减六十六分，毕大寒。

夕平见：入冬至，日减一百分，毕于立春。自入启蛰，毕于春分，均减九日。自入清明，初日减五千九百八十六分，后日减一百分，毕于小满。自入芒种，依平。自入夏至，日加一百分，毕于立秋。自入处暑，毕于秋分，均加九日。自入寒露，初日加五千九百八十六分，后日减一百分，毕于小雪。自入大雪，依平。初见去日十一度。

辰星

晨平见：入冬至，均减四日。自入小寒，毕于大寒，依平。自入立春，毕启蛰，减三日。其在启蛰气内，去日一十八度外、四十度内，晨无木、土、金一星已上者，不见也。自入雨水，毕于立夏，应见不见。其在立夏气内，去日度如前，晨有木、火、土、金一星已上者，亦见之。自入小满，毕于寒露，依平。自入霜降，毕于立冬，加一日。自入小雪，毕于大雪十二日，依平。若在大雪十三日，即减一日。在十四日，减二日。在十五日，减三日。在十六日，减四日。

夕平见：入冬至，毕于清明，依平。自入谷雨，毕芒种，减二日。自入夏至，毕于大暑，依平。自入立秋，毕于霜降，应见不见。其在立秋及霜降二气之内，夕有星去日如前晨者，亦见。自入立冬，毕于大雪，依平。初见去日十七度。

行五星法

各置星定见之前夜半日所在宿度算及分，各以定见去朔日算及一分加之。小分满法十四分，从行分一。行分满法六百七十六分，从度一。又以星初见去日度数，晨减夕加之。命度以次，即星初见所在度及分。自此已后，皆弃此小分也。

求次日术

各加一日所行度及分。其火、金之行而有小分者，各以日率为母。小分满其母，去从行分一。行分满法，去从度一。其行有益疾迟者，副置一日行分。各以其分疾益迟损，乃加之。留者因前，退则减之，伏不注度。顺行出斗去其分，行入斗先加分。讫，皆以二十六副行分为度分。

岁星

初见：顺，日行一百七十六分五十秒，日益迟一分。一百一十四日行十九度二百九分。而留，二十八。乃退，日九十七分。八十四日退十二度五十分。又留，二十六五百九十六，小分七四分。即以初定见日分而加之，若满行分法，即去之，从月支之，从一日。乃顺，初日行六十分，日益疾一分。一百十四日行十九度四百三十七分而伏。

荧惑

初见：入冬至，初率二百四十一日行一百六十三度。已后二日损日及度各一。尽一百二十八日，率一百七十七日行九十九度。毕一百六十一日皆同。已后三日损日及度各一。尽一百八十二日，率一百七十日行九十二度。毕一百八十八日皆同。已后三日益日及度各一。尽二百二十七日，率一百八十三日行一百五度。已后二日益日及度各一。尽二百四十九日，率一百九十四日行一百一十六度。已后一日益日及度各一。尽三百一十日，率二百五十五日行一百七十七度。毕三百三十七日皆同。已后二日损。尽三百六十五日，复二百四十一日行一百六十三度。

初见：入小寒已后，三日去日率一，毕于启蛰。自入雨水，毕于立夏，均去日率二十。自入小满，初去日率二十。以次三日去十九，日日去十八。以次三日去一日，毕于小暑，即依平，为定日之率。若入处暑，毕于秋分，皆去度率六，各依冬至后日数而损益之，又依所入之气以减之，名为前疾。日数及度数之率，若初行。入大寒，毕于大暑，皆差行，日益迟一分。其余皆平行。若入白露，毕于秋分，初日行半度，四十日行二十度。即去日率四十，度率二十，别为半度之行，讫，然后求平行之分以续之。平行分者，置定行度率，以分法乘之，以定日率除之，所得即平行一日之分，不尽为小分。求差行者，置日率之数，减一。讫，又半之，加平行一日之分，为初日行分。各尽其日度而迟。初日行三百二十六分，日益迟一分半，六十日行二十五度五分。其前疾去度六者，此迟初日加六十七分、小分三十六。小分满六十，去之，从行分一，即六十日行三十一度，分同。而留，十二日。前去日分日于二留，奇后从后留。乃退，日一百九十二分，六

十日退十七度二十八分。又留，十二日六百二十六分、小分三十。亦如初定见之分，满去如前。又顺，后迟。初日行二百三十八分，日益疾一分半，六十日行二十五度三十五分。此迟在立秋至秋分者，加一日，行六十七、小分三十六。满去如前，即六十日行三十一度。分同也。而后疾。入冬至，初率二百一十四日行一百三十六度。已后一日损日及度各一。尽三十七日，率一百七十七日行九十九度。已后二日损日及度各一。尽五十七日，率一百六十七日行八十九度。毕七十九日皆同。已后三日益日及度各一。尽一百三十日，率一百八十四日行一百六十度。已后二日益日及度各一。尽一百四十四日，率一百九十一日行一百一十三度。已后一日益日及度各一。尽一百九十日，率二百三十七日行一百五十九度。已后一日益日及度各一。尽二百一十日，率二百六十七日行一百八十九度。毕二百五十九日皆同。已后二日损日及度各一。尽三百六十五日，复率二百一十四日行一百三十六度。后迟加六度者，此后疾去度率六，为定度。各依冬至后日数而损益之，为后疾日及度之率。若入立夏，于夏至，日行半度，尽六十日，行三十度。若入小暑，于大暑，尽四十日，行二十度。皆去日及度之率，别为半度之行，讫，然后求平行之分以续之。各尽其日度而伏。

镇星

初见：顺，日行六十分，八十三日行七度二百四十八分。而留，三十八日。乃退，日四十一分，一百日退六度四十四分。又留，三十七日六十一分小分四。亦以初定见日分加。满去如前。乃顺，日行六十分，八十三日行七度二百四十八分而伏。

太白

晨初见：乃退，日一度半，十日退十五度。而留，九日。乃顺迟，差行。先迟，日益疾八分，四十日行三十度。若此迟入大雪已后，毕于小满，即依此为定而求行分。自入芒种，十日减一度为定度，毕于夏至。自入小暑，毕于霜降，均减三度。自入立冬，初日减三度，后十日减一度，毕于霜降，小雪，皆为定度。求一日行分者，以行分法乘定度，以四十余之，为平分，不尽为小分。又以四乘三十九，以减平分，为初日行分。平行，日一度，十五日行十五度。若此平行入小寒后，十日益日及度各一，毕于启蛰。自入雨水之气，皆二十一日行二十一度。自入春分后，十日减一，毕于立夏，即十五日。自入处暑，毕于寒露，即无此平行。自入霜降，即四日益一，毕于大雪，后十五日行十五度。疾，百七十日行二百四。前顺迟减度者，计所减之数，以益此度为定度。求一日行度及分者，以百七十减度数，余行以分法乘，以百七十余之，所得为之日平行度分。晨伏东方。

夕初见：顺疾，百七十日行二百。毕于立夏，依此顺疾。入冬至已后，毕于立夏，依此率为定。自入小满，六日加一度。自入大暑初，毕于芒种，自入夏至，毕于小暑，均五度。自入大暑，初加五度，后三日减一度，毕于气尽。自入立秋，毕于大雪，还依本率。从白露毕春分，皆差行。先疾，日益迟一分半。自入清明，毕于处暑，并平行，同晨疾。求差行者，半一百六十九，乃以一分半乘之，以加平行分，为初日行度分也。平行，日一度，十五日行十五度。此平行入冬至后，十日减日及度各一，毕于立春。自入启蛰，毕于芒种，皆均九日行九度。自入夏至后，

五日益一,毕于小暑。自入大暑,毕于气尽,皆十五日行十五度。自入立秋后,六日一,毕于小雪。自入大雪,毕于气尽,皆十五日行十五度者也。顺迟,差行。先疾,日益迟八分,四十日行三十度。前加度者,此依数减之,求一日行分,如晨迟准减者为加之。又留,九日,乃退,日半度,十日退五度,而夕伏西方。

辰星:晨初见,留,六日。顺迟,日行一百六十九分,四日行一度。若初见入大寒,毕于启蛰之内,即不须此迟行。平行,日一度,十日行十度。此平行若入大寒已后,二日去日及度各一,毕于二十日,日及度俱尽,即无此平行。疾,日行一度六百九十分,十日行十九度六分。前无迟行者,此疾日减二百三分,十日行十七度四分。晨伏东方。

夕初见:顺疾,日行一度六百九分,十日行十九度六分。此疾者,入小暑毕于处暑之内,日减二百三分,十日行十六度四分。平行,日一度,十日行十度。此平行若入大暑已后,于二日去日及度各一。毕于二十日,日及度俱尽,即无此平行。迟,日行一百六十九分,四日行一度。若疾减二百三分者,即不须此迟行。又留,六日九分。夕伏西方。

推交会
交会法:一千二百七十四万一千二百五分。
交分法:六百三十七万六百二十九分。
朔差:一百八万五千四百九十二分。
望分:六百九十一万三千三百五十分。
交限:五万八十二万七千八百五十八分。
望差:五十四万二千七百四十七一分。
外限:六百七十六万六千七百八十二九分。
中限:一千二百三十五万一千二百五八分。
内限:一千二百一十九万八千四百五十八七分。
交时法:二万九千一十八。

推交分术

置入上元已来积月,以交会法去之。余,以朔差乘之。满交会法,又去之。仁均本术,武德年加交差七百七十五万五千一百六十四分。余为所求年天正朔入平交分。求望平交分术,以望分加之,满去如前,为平分。次月平分术,其朔望,入冬至气内,依平为定。若入小寒已后,日加气差一千六百五十分,毕于立春。自入启蛰,毕于清明,均加七万六千一百分。后日减一千六百五十分,毕于小满。置初日所加之分,计后日减之数以减之,余以加平交分。自入芒种,毕于夏至,依平为定。加之,满交会法,即去。余为定交分。其朔入灾交,若入小寒,毕于雨水,及立夏,毕于小满,值盈二时已下,皆半气差而加之。二时已上,皆不加。其朔入时交分,如望差加时外,外限已上,有星伏,木土去见十日外,火去见四十日外,金星伏去见二十二日外。有一星者,不加气差。其朔望,入小暑已后,日减气差一千二百分,毕于处暑。自入白露,毕于霜降,均减九万五千七百八十二十分。自入立冬,初日减六万三千三百分,后日减二千一百一十分,毕于小雪。置初日所减之分,计后日减之数以减之,余以减平交分也。自入大雪,亦依平为定。减若不足者,加交会法,乃减之。余为定交分。其朔入交分,如交限内限已上,交分中限已下,有星伏如前者,不减气差。

推道在内外及先后去交术,其定交分不满交分法者,为在外道。满去之,余为在内道。其余如望差已下,即是去先交分。以时法约之得一,为去先交时数。交限已上,即以减交分法。余为去后交分,亦以时法约之,为时数。望则月蚀也。其朔在内道者,朔则日蚀。或虽在内道去交而远,在外道去交而近,亦为蚀也。

推月蚀加时术

置有蚀之望定小余。若入历一日,即减二百八十。入十五日,即加之。若入十四日,即加五百五十。入二十八日,即减之。自入诸日,值盈皆加二百八十,值缩皆减之,为定余。乃以十二乘之,以时法六千五百三除之,所得为半辰之数。命以子半起算外,即所在辰。初命子半以一算,自后皆以二算为一辰。不尽为时余。若时余在辰半之前者,乃倍之。如法无所得,为辰初。又以三因之,如法得一,名为强。若得强,若得二强,即名少弱。若倍之,如法得一,为少。凡四分一为少,二为半,三为太。不尽者,又三之,如法得一,名为强。若得二强者,即名为半弱。若时余在辰半之后者亦倍之。如法无所得,为正在辰半。以三因之,如法得二,名为强,即名半强。若得二强,即名太弱。若倍之,如法得一,为太。不尽者,又三之,如法得一,为强,即名太强;若得者,又二强者,为辰末。亦可前辰名之。月在冲上蚀,日出后入前各一时半外,不注蚀。

推日蚀加时术

置有蚀之朔定小余。若入历一日,即减三百。入十五日,即加之。若入十四日,即加五百五十。入二十八日,即减之以为定。自后不入四时加减之限。春三月,内道,去交四时已上,入历,值盈加二百八十,值缩反减之。夏三月,内道,值盈加二百八十,值缩反减之。秋三月,内道,去交十一时已下,值盈加二百八十,值缩不加;十一时已上,值盈加五百五十,值缩不加一百八十。冬三月,内道,去交五时已下,值盈加二百八十,缩不加。皆为定余。乃以十二乘之,以时法除之,所得半辰之数,命以子半起算外,即所在辰。命辰如前法。不尽为时余,别置为副。若入仲辰半前,即以副减法,余为差率。若在半后,即退其半辰,还以法加余,以副为差率。若入季辰半前,即以法加副,而为差率。若在半后,即其半辰,还以法加余,乃倍法以加副,而为差率。若入孟辰半前,即三因其法,而以副减之,余为差率。若半后,即退其半辰,还以法加余,又以法加副,乃三因其法而以副减之,为差率。又置去交时数,三已下加三,六已下加二,九已下加一,九已上依数,十二以上从十二,以乘差率。若在季辰半前,孟辰半前,去交六时以上者,皆从其六,以乘差率。六时已下,自依数,不须加。如十四得一,为时差。子至卯半,午至酉半,以时余加之;卯至午半,酉至子半,以减时余。加之若满时法者,乃去之,加于辰,即进之于前也。减之若不足者,减半辰,加时法,乃减之,即退之于后也。余为定时余。乃如月蚀法,子午卯酉为仲,辰戌丑未为季,寅申巳亥为孟。日出前后各一时半外,不注日蚀。

推内道日不蚀术

夏五月朔,加时在南方三辰,先交十三时外,六月朔,后交十三时外者，不蚀。启蛰毕清明，先交十三时外，值缩，加时在未巳西者，亦不蚀。入处暑，毕寒露，后交十三时，值盈，加时在己巳东者，亦不蚀。

推外道日蚀术

不问交之先后，但去交一时内者，皆蚀也。若先交二时内者，值盈二时外者，亦蚀。若后交二时内，值缩二时外者，亦蚀。其夏去交二时在南方三辰者，亦蚀。若去分至十二时内，去交六时内者，亦蚀。若去交春分三日内，后交二时内者，亦蚀。秋分三日内，先交二时内者，亦蚀。诸去交三时内，星伏如前者，亦蚀。

推月蚀分术

置去交分。其在冬，先后交皆去不蚀分二时之数。若在于春，先交去半时，后交去二时。夏即依定。若在于秋，先交去二时，后交去半时。若不足去者，蚀既，乃以三万六千一百八十三为法除之，所得为不蚀分。不尽者，半法已上为半强，已下为半弱，而以减十五，余为蚀之大分。

推月蚀所起术

若在外道，初起东北，蚀甚西北。若在内道，初起东南，蚀甚西南。十三分已上，正东起。推皆据正南而言。

推日蚀分术

置去交分。若入冬至已后，毕于立春，皆均减十二万八百，余为不蚀分。不足减者，反以交分减之，余为不蚀分。亦减望差为定法。其后交值缩者，直以望差为定法，不须减之。自入启蛰，初日减二十二万八百分，后日减一千八百一十分，置初日所减之分，计后日减之数已减之，余以减交分。毕于芒种。自入夏至，日减二千四百分，毕于白露。自入秋分，毕于大雪，皆均减二十二万八百分。但不足减者，皆如前，反以交分减之，讫，皆为不蚀。若入冬至，毕于小寒，不蚀分依定。若入大寒，毕于立夏，后去交五时外，皆去不蚀分一时。时差值减者，先交减之，后交加之。不足减者，蚀既。时差值加者，先交加之，后交减之。不足减者，蚀既。乃为定分，以十五乘之，以定法除之，所得为不蚀分。不尽者，半法已上为半强，已下为半弱，而以减十五，余为蚀之大分也。

推日蚀所起术

若在外道，初起西南，蚀甚东南。若在内道，初起西北，蚀甚东北。十三度已上，正西起。亦据正南而言之。

	日出	日入
冬至	辰二十四分之二十	申七刻十二分
小寒	辰十三分	申七刻十九分
大寒	卯八刻七分	酉一分
立春	卯七刻十一分	酉二十一分
启蛰	卯六刻十分	酉一刻二十二分
雨水	卯五刻五分	酉三刻三分
春分	卯三刻二十二分	酉四刻十分
清明	卯二刻十五分	酉五刻十七分
谷雨	卯一刻十一分	酉六刻二十一分
立夏	卯十二分	酉七刻二十一分
小满	寅八刻一分	戌七分
芒种	寅七刻十四分	戌十八分
夏至	寅七刻十二分	戌二十分
小暑	寅七刻	戌十八分
大暑	寅八刻	戌阙
立秋	卯十一分	酉七刻二十一分
处暑	卯一刻十一分	酉六刻二十一分
白露	卯七刻十分	酉一刻二十二分
立冬	卯七刻十一分	酉二十分
小雪	卯七刻七分	酉一分
大雪	辰十三分	申七刻十九分

求日出入所在术

以所入气辰刻及分，与后气辰刻及分相减。余乘入气日算，以十五除之。所得以加减所入气为定日出入。从冬至至夏至，日出减之，日入加之。从夏至至冬至，日出加之，日入减之。入余为定刻及分。

武德九年五月二日校历人前历博士臣南宫子明
　　　　　校历人前历博士臣薛　弘疑
　　　　　校历人算历博士臣王　孝通
　　　　　监校历大理卿清河县公崔　善为

夜漏半

右依武德元年经，加于漏刻日出没二十四气下。

推月蚀加时术

右加有蚀之望，以百刻乘定小余，日法而一，以课所近气不满夜半者，命日以甲子算上注历。

推月蚀亏初复满先造每箭更筹用刻

倍月蚀日所入气夜漏半，二十五而一，为筹刻分，亦注于历下。

月蚀分用刻率　置月蚀分

蚀一分用三刻	二分用四刻	三分用五刻
四分用六刻	五分用八刻	六分用九刻
七分用十刻	八分用十一刻	九分用十三刻
十分用十四刻	十一分用十五刻	十二分用十六刻
十三分用十八刻	十四分用十九刻	既用二十二刻

推日月蚀加时定刻术

置日月蚀加时定余。在辰半后者，加时法于时余，以二十五乘之，三万九千一十八而一刻，命刻算外，即所入辰刻。

求亏初复满术

置蚀分，用刻率副之，以乘所入历损益率，四千五十七而一。值盈反其损益，值缩依其损益，副为蚀定用刻数，乃六乘之，十而一，以减蚀加时辰刻，为亏初。丈四乘余之用刻数，十而一，以加蚀加时辰刻，为复满。

求所蚀夜初甚末更筹刻术

因其日日所入辰残刻及分，依次加辰刻及分，至蚀初辰刻及分，减二刻十二分，从其更用刻及分除之，不满更，即初蚀更筹。依所求得至甚刻加之，命即甚。依求得甚后刻数加之，命即末更筹刻及分。日出前复满，日入后初亏，皆不注蚀。

二十四气	日出	日入
夜漏半	一更	一筹

冬至	辰二十四分之二十	申七刻十二分
二十七刻十二分	十一刻	二刻四分
小寒同大雪	辰十三分	申七刻十九分
二十七刻五分	十刻二十一分	二刻四分
大寒同小雪	卯八刻七分	酉入一分
二十六刻十五分	十刻十五分	二刻二分
立春同立冬	卯七刻十一分	酉二十一分
二十五刻十九分	十刻七分	二刻一分
启蛰同霜降	卯六刻十分	酉二十二分
二十四刻十八分		
雨水同寒露	卯五刻五分	酉三分
二十三刻十三分	九刻十分	一刻二十三分
春分同秋分	卯三刻二十二分	酉四刻十七分
二十二刻十分	八刻二十一分	一刻十八分
清明同白露	卯二刻十五分	酉五刻十七分
二十刻二十二分	八刻八分	一刻十六分
谷雨同处暑	卯一刻十分	酉六刻二十一分
十九刻十九分	七刻二十一分	一刻十四分
立夏同立秋	卯十分	酉七刻二十一分
十八刻	阗刻十六分	一刻十二分
小满同大暑	寅八刻一分	戌七刻
十八刻一分	七刻五分	一刻
芒种同小暑	寅七刻十四分	戌十八分
十七刻十四分	七刻	一刻九分
夏至	寅七刻十二分	戌二十分
十七刻十二分	七刻	一刻九分

卷三十三　志第十三

历　二

麟德甲子元历

上元甲子,距今大唐麟德元年甲子,岁积二十六万九千八百八十算。推法:一千三百四十。期实:四十八万九千四百二十八。旬周:六十。

推气序术

置入甲子元积,算距今所求年,以期乘之,为期总。满法得一为积日,不满为小余。旬去积日,不尽为大余。命大余起甲子算外,即所求年天正中气冬至恒日及大小余。天正建子,律气所由,故阴阳发敛,皆从其时为自。

求恒次气术

因冬至大小余,加大余十五、小余二百九十二、小分六之五。小分满,从小余。小余满总法之,从大余一。大余满旬周之。以次转加,而命各得其所求。他皆放此。凡气余朔大余为日,小余为辰也。

求土王

置清明、小暑、寒露、小寒、大寒小余,各加大余十二、小余二百四十四、小分八。互乘气小分通之,加八。若满三十,去,从小余一。凡分余相并不同者,互乘而并之。母相乘为法。其并满法一为全,此即齐同之术。小余满总法,从命如前,即各其气从土王日。

没日法:一千七百五十七。

没分:十二万二千三百五十七。

求没日术

以九十乘有没气小余,十五乘小分,从之,以减没分,余,法得一,为日。不尽,余,以日数加其气大余。去命如前,即其气内没日也。小气余一千四十已上,其气有没者,勿推也。没余皆尽为减。求次没:因前没加六十九,余一千一百四,余满从没日一,因而命之,以气别日。

盈朔实:三万九千九百三十三。

朒朔实:三万九千二百二十。

恒朔实:三万九千五百七十一。

推朔端

列期总,以恒朔实除之为积月,不满为闰余。满总法为闰日,不满为闰辰。以闰日减冬至大余,辰减小余,即所求年天正月恒朔大小余。命大余以甲子算外,即其日也。天正者,日南至之月也。恒朔者,不朒不盈之常数也。凡减者,小余不足减,退大余一,如总法而减之。大余不足减者,加旬周,乃减之。其须减分奇者,退分余一,如其法而减,以其在宿度游实不足减者,加在宿过周连余及奇,乃减之。以天正恒朔小余加闰余,以减期总,余为总实。

求恒弦望术

因天正恒朔大小余,加大余十,小余五百一十二太,凡四分一为少,二为半,三为太。满法者,去命如前,即天正上弦恒日及大小余。以次转加,得望下弦及来月朔。以次转加,去命如前,合得所求。他皆放此。因朔径求望,加大余十四,小余一百二十五分半。因朔径求下弦,加大余二十二,小余一百九十八少。因朔径次朔,加大余二十九,小余七百一十一。半总:六百七十。辰率:三百三十五。

检律候气日术

中气	律名	日中影	陟降率
	初候	次候	末候
冬至	黄钟	一丈二尺七寸五分	陟四寸一分
	虎始交	芒始生	荔挺出
小寒		一丈二尺二寸八分	陟三尺一寸三分
	蚯蚓结	麋角解	水泉动
大寒	大吕	一丈一尺一寸五分	陟一尺五寸二分
	雁北乡	鹊始巢	雉始雊
立春		九尺六寸二分	陟一尺五寸五分
	鸡始乳	东风解冻	蛰虫始振
启蛰	太簇	八尺七寸	陟一尺五寸三分
	鱼上冰	獭祭鱼	鸿雁来
雨水		六尺五寸四分	陟二尺二寸一分
	始雨水	桃始花	仓庚鸣

春分	夹钟	五尺三寸三分	陟一尺九分
	鹰化为鸠	玄鸟至	雷始发声
清明		四尺三寸四分	陟九寸四分
	始雷	蛰虫咸动	
谷雨	姑洗	三尺三寸	陟八寸一分
	桐始华	田鼠化为䴏	虹始见
立夏		三尺四寸九分	陟五寸一分
	萍始生	戴胜降于桑	蝼蝈鸣
小满	中吕	一尺九寸八分	陟三寸四分
	蚯蚓出	王瓜生	苦菜秀
芒种		一尺六寸四分	陟一寸五分
	靡草死	小暑至	螳螂生
夏至	蕤宾	一尺四寸九分	降一寸五分
	鵙始鸣	反舌无声	鹿角解
小暑		一尺六寸四分	降三寸四分
	蝉始鸣	半夏生	木槿荣
大暑	林钟	一尺九寸八分	降五寸一分
	温风至	蟋蟀居壁	鹰乃学习
立秋		二尺四寸九分	降八寸一分
	腐草为萤	土润溽暑	凉风至
处暑	夷则	三尺三分	降九寸四分
	白露降	寒蝉鸣	鹰祭鸟
白露		四尺三寸四分	降一尺九分
	天地始肃	暴风至	鸿雁来
秋分	南吕	五尺三寸三分	降一尺二寸一分
	玄鸟归	群鸟养羞	雷始收声
寒露		六尺五寸四分	降一尺五寸三分
	蛰虫坏户	阴气方盛	阳气始衰
霜降	无射	八尺七分	降一尺五寸五分
	水始涸	鸿雁来宾	雀入水为蛤
立冬		九尺六寸二分	降一尺五寸三分
	菊有黄花	豺祭兽	水始冰
小雪	应钟	一丈一尺一寸五分	降一尺一寸三分
	地始冻	野鸡入水为蜃	虹藏不见
大雪		一丈二寸八分	降四寸七分
	冰益壮	地始坼	鹖鸟不鸣

求恒气初日影泛差术

见所求气陟降率,并后气率,半之,十五而一,为泛末率。又二率相减,余,十五而一,为总差。前少,以总差减泛末率;前多,以总差加泛末率。加减泛末率讫,即为泛初率。其后气无同率,因前末率即泛初率。以总差减初率,余为泛末率。

求恒气初日影定差术

十五除总差,为别差为限。前少者,以限差加泛初末率;前多者,以限差减泛初末率。加减泛初末率讫,即为定初末率,即恒气初日影定差。

求次日影差术

以别定差,前少者加初日影定差,前多者减初日影定差。加减初日影定差讫,即为次日影定差。以次积累岁,即各

得所求。每气皆十五日为限。其有皆以十六除取泛末率及总差别差。

求恒气日中影定数术

置其恒气小余,以半总减之,余为中后分。不足减者反减半总,余为中前分。置前后分,影定差乘之,总法而一,为变差。冬至后,午前以变差减气影,午后以变差加气影。夏至后,午前以变差加气影,午后以变差减气影。冬至一日,有减无加。夏至一日,有加无减。加减讫,各其恒气日中定影。

求次日中影术

迭以定差陟减降加恒气日中定影,各得次日中影。后汉及魏宋历,冬至日中影一丈二尺,夏至一尺五寸,于今并短。各须随时影校其陟降,及气日中影应二至率。他皆仿此。前求每日中影术,古历并无,臣等创立斯法也。

求律吕应日及加时术

十二律各以其月恒中气日加时,应列其气小余,六乘之,辰率而一,为半总之数,不尽,为辰余。命时起子算半,为加时所在辰。六乘辰余,如法得一为初,二为少弱,三为少,四为少强,五为半弱。若在辰半后者,得一为半强,二为太弱,三为太,四为太强,五为辰末。

求七十二候术

恒气日,即初候日也。加其大余五,小余九十七,小分十一。三乘气小分加十一,满十八从小余一。满法,去命如前,即次候日。以次转加,得末候日。

求次气日检盈虚术

进纲一十六　　　　退纪一十七
泛差一十一　　　　总辰一十二六十并平嬔

秋分后春分前日行速,春分后秋分前日行迟。速为进纲,迟为退纪。若取其数,纲为名;用其时,春分为至。进日分前,退日分后。凡用纲纪,皆准此例。

气月中节	朡差率 先后率	消息总 盈朒积
冬至：子月中	益七百二十二 先五十四	息初 盈初
小寒：丑月节	益六百七十六 先四十六	息七百二十二 盈五十四
大寒：丑月中	益五百一十四 先三十八	息一千三百四十 盈一百
立春：寅月节	益五百一十四度七十 分一十四 先三十八	息一千八百五十四 盈一百三十八
启蛰：寅月中	益六百一十八 先四十六	息二千二百六十八 盈一百七十六
雨水：卯月节	益七百二十二 先五十四	息二千九百八十六 盈二百二十二
春分：卯月中	损七百二十二 先五十四	息三千七百八 盈二百七十六
清明：辰月节	损六百一十八 后四十八	息二千九百八十六 盈二百三十二

谷雨：	辰月中	损五百七十四后三十八	息二千三百六十八盈一百七十六
立夏：	巳月节	损五百一十四后三十八	息一千八百五十四盈一百三十六
小满：	巳月中	损六百一十八后四十六	息一千三百三十盈一百
芒种：	午月节	损七百七十分二十二秒后五十四	息七百二十二盈五十四
夏至：	午月中	益七百二十二先五十四	消初朒本
小暑：	未月节	益六百一十八先四十六	消七百二十二朒五十四
大暑：	未月中	益五百一十四先三十八	消一千三百四十朒一百
立秋：	申月节	益五百一十四先三十八	消一千八百五十四朒一百三十八
处暑：	申月中	益六百一十八先四十六	消一千三百六十八朒一百七十六
白露：	酉月节	益七百二十二先五十四	消二千九百八十六朒二百二十三
秋分：	酉月中	损七百二十二后五十四	消三千七百八朒二百一十六
寒露：	戌月节	损六百一十八后四十六	消二千九百八十六朒二百一十二
霜降：	戌月中	损五百一十四后三十八	消二千三百六十八朒一百七十六
立冬：	亥月节	损五百一十四后三十八	消一千八百五十四朒一百三十八
小雪：	亥月中	损六百一十八后四十六	消一千三百四十朒一百
大雪：	子月节	损七百二十二后五十四	消七百二十二朒五十四

见所在气躔差率，并后气率，半之，总辰乘之，纲纪而一，得气末率。各以泛差通其纲纪，以同差辰也。又二率相减，余以总辰乘之纪除之，为总差。辰之纲纪除之，为别差率。前少者，以总差减末率；前多者，以总差加末率。加减讫，皆为其气初日损益率。前多者，以别差率减；前少者，以别差率加。加减气初日损益率讫，即次日损益率。亦名每日躔差率。以次加减，得每日所求。各累所损益，随历定气损益消息总，各为其日消息数。其后气无同率，及有数同者，皆因前少，以前末率为初率，加总差为末率，别差渐加初率，为每日率。前多者，总差减初率为末率，别差渐减为日率。其有气初末计会及纲纪所校多少不叶者，随其增损调而御之，使际会相准。

求气盈朒所入日辰术

冬夏二至，即以恒气为定。自外，各以气下消息数，息减消加其恒气小余，满若不足，进退其日。即其气朒日辰。亦因别其日，命以甲子，得所求。加之为盈气，减之为

朒气，定其盈朒所在，故曰定。凡推日月度及推发敛，皆依定气推之。若注历，依恒气日。

求定气恒朔弦望夜半后辰数术

各置其小余，三乘，如辰率而一，为夜半后辰数。

求每日盈朒积术

各置其气先后率与盈朒积，乃以先率后率加躔差率，盈朒积加消息总，亦如求消息法，即得每日所入盈朒及先后之数。

求朔弦望恒日恒所入盈缩数术

各以总辰乘其所入定气日，算朒朔弦望夜半后辰数，乃以所入定气夜半后辰数减之，余为辰总。其恒朔望与定气同日而辰多者，其朔弦望即在前气气末，而辰总时有多于进纲纪通数者，疑入后气之初也。以乘其气前多之末率、前少之初率，总辰而一，为总率。凡须相乘有分余者，母必通全子乘讫报母，异者齐同也。其前多者，辰总减纲纪乘总差，纲纪而一，为差。并于总率差，辰总乘之，倍总辰除之，以加总率。前少者，辰总再乘别差，总辰自乘，倍而除之，以加总率，皆为总数。乃以先加后减其气盈朒为定积，凡分余不成全而更不复须者，过半更不后夜无气也。以盈朒定积，盈加朒减其日小余，满若不足，进退之，各其入盈朒日及小余。若非朔望有交从者速粗举者，以所以定气日算乘先后率，加十五而一，先加减盈朒为定积。入气日十五算者，加十六而一。

历变周：四十四万三千七十七。

变奇率：十二。

历变日：二十七；变余，七百四十三；变奇，一。

月程法：六十三。

推历变术

以历变周去总实，余，以变奇率乘之，满变周又去之。不满者，变奇率约之，为变分。不尽，为变奇。分满总法为日，不满为余。命日算外，即所求年天正恒朔夜半入变日及余，以天正恒朔小余加之，即经辰所入。

求朔弦望经辰所入

因天正经辰所入日余奇，加日七、余五百一十二、奇九。奇满率成余。余，如总法为日，得上弦经辰所入。以次转加，得望、下弦及来月朔。所入满变日及余奇，则去之。凡相连去者，皆仿十此。径求望者，加朔所入日十四、余一千二十五、奇六。径求次朔，加一日、余一千三百七、奇十一。

求朔望弦盈朒减辰所入术

各以其日所入盈朒定积，盈加朒减其恒经辰所入，余即各所求。

变日	离程	离差
	增减率	迟速积
一日	九百八十五	退十一
	增一百三十四	速初
二日	九百七十四	退十二
	增一百一十七	速一百三十四
三日	九百六十二	退十四

	增九十九	速二百五十一	
四日	九百四十八	退十五	
	增七十八	速三百五十	
五日	九百三十三	退十五	
	增五十六	速四百二十八	
六日	九百一十八	退十六	
	增三十三	速四百八十四	
七日	九百二	退十六	
	增九 初增九 末减隐	速五百一十七	
八日	八百八十六	退十六	
	减十四	速五百二十七	
九日	八百七十	退十六	
	减三十八	速五百一十二	
十日	八百五十四	退十五	
	减六十二	速四百七十四	
十一日	八百四十九	退十二	
	减八十五	速四百一十七	
十二日	八百二十六	退十一	
	减一百四	速三百二十七	
十三日	八百一十五	退七	
	减一百二十七	速二百二十三	
十四日	八百八	进二	
	初减一百二 末增二十九	速百二	
十五日	八百一十	进九	
	增一百二十八	迟二十九	
十六日	八百一十九	进十三	
	增一百一十五	迟一百五十七	
十七日	八百三十二	进十四	
	增九十五	迟二百七十二	
十八日	八百四十六	进十五	
	增七十四	迟三百六十七	
十九日	八百六十一	进十六	
	增五十二	迟四百四十一	
二十日	八百七十七	进十六	
	增二十八	迟四百九十三	
二十一日	八百九十三	进十六	
	增四 初增四 末减隐	迟五百二十一	
二十二日	九百九	进十六	
	增二十	迟五百二十五	
二十三日	九百二十五	进十六	
	减四十四	迟五百二十	
二十四日	九百四十一	进十四	
	减六十八	迟四百六十一	
二十五日	九百五十五	进十三	
	减八百九	迟三百九十三	
二十六日	九百六十八	进十一	
	减一百八	迟三百四	
二十七日	九百七十九	进六	
	减一百二十五	迟一百九十六	
二十八日	九百八十五	平 进五 退五	
	减一百四十四 初减七十一 末增入微	迟七十七	

求朔弦望盈朒日辰入变迟速定数术

各列其所入日增减率，并后率而半之，为通率。又二率相减，余为率差。增者，以入余减总法，余乘率差，总法而一，并率差而半之。减者，半入余乘率差，亦总法而一，并以加于通率，入余乘之，总法而一，所得为经辰变转半经辰变。速减迟加盈朒经辰所入余，为转余。应增者，减法。应减者，因余。皆以乘率差，总法而一，加于通率。变率乘之，总法而一，以速减迟加变率为定率。乃以定率增减迟速积为定。此法微密至当，以示算理通途。若非朔望有交及欲考校速要者，但以入余乘增减率，总法而一，增减速为要耳。其后无同率者，亦因前率，应增者以通率为初数，半率差而减之；应减入余进退日者分为二日，随余初末，如法求之。所得并以加减变率为定。

七日	初八分	末一分	初一千一百九十一	末一百四十九
十四日	初七分	末二分	初一千四百十二	末二百九十八
二十一日	初六分	末三分	初八百九十二	末四百四十六
二十八日	初五分	末四分	初七百四十三	末五百九十七

其入前件日余，如初数已下者为初，已上者以初数减总法，余为末之数。增减相反，约以九分为限。初虽少弱，而末微强，余差不多，理况兼举，皆今有杂差，各随其数。若恒算所求，七日与二十一日得初率，而末之所减，隐而不显。且数与平行正算，亦初末有数，而恒算所无。其十四日、二十八日既初末数存，而虚差亦减其数，数当去恒法不见。

求朔弦望盈朒所入日名及小余术

各以其所入变历速定数速减迟加其盈朒小余。满若不足，进退其日。命以甲子算外，各其盈朒日反余。加其恒日，余者为盈；减其恒日，余者为朒。其日不动者，依恒朔日而定其小余，推拟日月行度。其定小余二十四已下，一千三百一十六已上者，其入气盈朒、入历迟速，皆须覆依本术推算，不得从粗举速变之限。乃前朔后朔，迭相推校。盈朒之课，据实为准。损不侵朒，益不过盈。

求定朔月大小术

凡朔盈朒日名，即为定朔日名。其定朔日名，十干与来月同者大，不同者小。其月无中气者为闰月。其正月朔有定加时正者，消息前后各一两月，以定月之大小。合亏在晦二者，弦望亦随消息。凡置月朔，盈朒之极，不过频三。其或过者，观定小余近夜半者量之。

检宿度术

斗：二十六及分　牛：八　女：十二　虚：十
危：十七　室：十八　壁：九 北方九十八度
奎：十六　娄：十二　胃：十四　昴：十一
毕：十八　觜：一　参：九 西方八十度
井：三十　鬼：三　柳：十四　星：七
张：十八　翼：十八　轸：十七 南方一百一十二度
角：十三　亢：九　氐：十六　房：五
心：五　尾：十八　箕：十一 东方七十五度

前件周天二十八宿，相距三百六十五度，前汉唐都以浑仪赤道所量。其数常定，纮带天中，仪图所准。日月往来，随交损益。所入宿度，进退不同。

黄道宿度左中郎将贾逵检日月所去赤道不同，更铸黄道浑仪所检者。

斗：二十四度　牛：七度　女：十一度　虚：十二度
危：十六度　室：十八度　壁：十一度 宿分三百二十八
奎：十七度　娄：十三度　胃：十四度　昴：十一度
毕：十六度　觜：一度 西方八十三度　参：九度
井：三十度　鬼：三度　柳：十四度　星：七度
张：十六度　翼：十九度　轸：十八度 南方一百度
角：十三度　亢：九度　氐：十六度　房：五度
心：五度　尾：十八度　箕：十度 东方七十九度

臣等今所修撰讨论，更造木浑图交络调赋黄赤二道三百六十五度有奇，校量大率，与此符会。今历以步日行月及五星出入循此。其月行交络黄道，进退亦宜有别。每交辄差，不可详尽。今亦依黄道推步。

推日躔术

置冬至初日躔差率，加总法，乘冬至小余，如总法而一，以减天宿度分。其余命起黄道斗十二度，宿次去之，经斗去宿分度，不满宿算外，即所求年冬至夜半所在宿度算及分。

求每定气初日夜半日所在定度术

各以其定气初日躔差率，乘气定余，总法而一，进加退减余为分，以减定气日度及分，命以宿次如前，即其夜半度及春秋二分定气初日为进退之始，当平行一度。自余依进加退减度之。

求次日夜半日所在定度术

各因定气夜半所在为本，加度一。又以其日躔差率，进加退减度分。满若不足，并依前例。去命如上，即得所求。其定朔弦望夜半日度，各随定气，以其日名亦直而分别之。勘右依恒有余，从定恒行度，不用躔差。

求朔弦望定日夜辰所加日度术

各以其定小余为平分。又定小余乘其日所躔差率，总法而一，乃进加退减其平分，以加其夜半日度，即各定辰所加。其与五星加减者，半其分；消息月朔者，应推月度所须，皆依本朔大小。若注历，依甲子乙丑各拟入。

推月离术　　求朔望定日辰月所在度术

各置朔弦望定辰所加日度及分。凡朔定辰所加为合朔，日月同度。上弦加度九十一、分四百一十七。望加度一百八十三、分八百三十四。下弦加度二百七十三、分一千二百五十一。讫，各半而十退之，为程度分。

求次月定朔夜半入变历术

置天正恒朔夜半所入变日及余。定朔有进退一日者，进退一日，为定朔夜半所入。月大加二日，月小加一日。余皆五百九十六，奇十六。

求次日夜半所入变历术

因定朔夜半所入日算，加日一，满皆如前。其弦皆依前定日所求之。

求变日定离程术

各以其日夜半入变余，乘离差，总法而一，为见差。以进加退减其日离程，为月每日所离定程。

求朔弦望之定日夜半月所在度术

各以其日定小余，乘所入变日离定程，总法而一，为夜半后分。满程法为度，余为度分。以减其日加辰所在度及分，命以黄道宿度，即其所求。次日夜半，各以离定程加朔弦望夜半所在分，满程法从度，去命以黄道宿度算外，则次日夜半月度。求晨昏度，以其日定离程乘其日夜刻，二百而一，为昏分，满程法为度。望前以昏，后以晨，加夜半度，得所求。其弦望以五乘定小余，程法一，为刻，即各其辰所入刻数。皆减其前刻，不尽为晨后刻。不满晨前刻者，从前日注历，伺候推。

总刻：一百。辰刻：分十一。刻分法：七十二。

定气晨前刻	昏去中度	定气日度及分	
黄道去极度	屈伸率	发敛差	朒
冬至三十刻	八十二度二分	斗十二度	
一百一十五度三分	伸一三分	益十六	朒
小寒二十九刻五十四分	八十三度	牛二度 一千三百四十七分四	
一百一十三度一分	伸三七分	益十六	朒
大寒二十九刻十八分	八十四度八分	女十一度 二百五十七分四	
一百一十度七分	伸六一分	益二十二	朒
立春二十八刻三十三分	八十七度七分	危五度 五百五十三分	
一百七度九分	伸九四分	益九	朒
启蛰二十七刻三十分	九十一度六分	室四度 八百四十三分二	
一百二度九分	伸十七分半	益七	朒

雨水	二十六刻十八分	九十五度九分	壁一度一千一百四十六分一	
	九十七度三分	伸十一八分	益三	朒
春分	二十五刻四分	一百度四分	奎七度八十分	
	九十一度三分	伸十二二分半	损三	朒
清明	二十三刻五十四分	一百四度九分	娄五度三百八十一分五	
	八十五度三分	伸十一八分	损七	朒
谷雨	二十二刻四十二分	一百九度二分	胃七度六百七十四分四	
	七十九度七分	伸十七分半	损九	朒
立夏	二十一刻三十九分	一百一十三度一分	昴七度九百六十九分二	
	七十四度七分	伸九四分	损二十三	朒
小满	二十刻五十四分	一百一十六度	毕十一度一千二百六十分三	
	七十度九分	伸六一分	损十六	朒
芒种	二十刻十八分	一百一十七度八分	参八度二百一十三分一	
	六十八度五分	伸三七分	损十六	朒
夏至	二十刻	一百一十八度七分	井十五度五百六分	
	六十七度三分	屈一三分	益十六	盈
小暑	二十刻十八分	一百一十九度八分	井三十度七百九十八分五	
	六十八度五分	屈七分	益十六	盈
大暑	二十刻五十四分	一百一十六度	柳十一度一千九十一分四	
	七十度九分	屈六一分	益二十二	盈
立秋	二十一刻三十九分	一百一十三度一分	张六度三十四分三	
	七十四度一分	屈九二分	益九	盈
处暑	二十一刻四十二分	一百九度三分	翼四度三百三十七分二	
	七十七度七分	屈十七分半	益七	盈
白露	二十三刻五十四分	一百四度九分	翼十九度六百四十分一	
	八十五度三分	屈十一八分	益三	盈
秋分	二十五刻	一百度四分	轸十五度九百二十三	
	九十一度三分	屈十二二分半	损三	盈
寒露	二十六刻十八分	九十五度九分	角十三度一千二百一十五分五	
	九十七度三分	屈十一八分	损九	盈
霜降	二十七刻三十分	九十一度六分	氐五度一百六十八分四	
	一百二度九分	屈十十分半	损九	盈
立冬	二十八刻三十三分	八十七度七分	房四度四百六十一分三	
	一百七度	屈九四分	损二十三	盈
小雪	二十九刻十六分	八十四度八分	尾九度七百五十四分二	
	一百一十一度十分	屈六一分	损十六	盈
大雪	二十九刻五十四分	八十三度	箕六度一千三十七分一	
	一百一十四度二分	屈三七分	损十六	盈

求定气日昼夜漏刻及日出没术

倍其气晨 前刻及分，满法从刻，为日不见漏。以减百刻，余为日见漏。五刻昼漏刻。以昼漏刻减百刻，余为夜漏刻。以四刻十二分加晨前漏刻，命起子初刻算外，即日出辰刻。以日见漏加日出刻辰，以次如前，即日没所在辰刻。以二十五除从夜漏，得每更一筹之数。以二刻三十六分加日没辰刻，即甲辰刻，又以更筹数加之，得甲夜一筹数。以次累加，满辰去命之，即五更夜筹所以当辰刻及也，以配二十一箭漏之法也。

求每日并屈申数术

每气准为一十五日，各置其气屈申率。每以发敛差损益之，差满十从分，分满十从率一，即各每日屈申率。各累计屈申率为刻分，乃以一百八十乘刻分，泛差十一乘纲纪而除之，得为刻差，满法为刻。随气所在，以申减屈加不见漏而半之，为晨前定刻。每求次日，各如前法。时加其如始，随加辰日晚，以率课之。

求黄道去极每日差术

置刻差，三十而一为度。不满三约为分。申减屈加其气初黄道度，即每日所求。

求昏旦去中星度术

每日求其昼漏刻数，以乘期实，二百乘总法而除之，得昏去中星度。以减周天度，余为晨去中星度。以昏旦去中星度，加其辰日所在，即各其日中宿度。其梗概粗举者，加其夜半日度,各其日中星宿度。

因求次日者,各置其四刻差,七十二乘之,二百八十八而一度。冬至后加,夏至后减。随日加,各得每日去中度。晨昏所距日在黄道中星准度,以赤道计之。其赤道同太初星距。

推游交术

终率:一千九十三万九千三百一十三。奇率:三百。
约终:三万六千四百六十四 奇一百一十三。
交中:一万八千二百三十二 奇五十六半。
交中日:二十七 余二百八十四 奇一百一十三。
中日:十三 余八百一十二 奇五十六半。
亏朔:三千一百六 奇一百八十七。
实望:一万九千七百八十五 奇一百五十。
后准:一百五十二 奇九十三半。
前准:一万六千六百七十八 奇二百六十三。

求月行入交表里术

置总实,以终率去之。不足去者,奇率乘之。满终率,又去之。不满者,奇率约之,为天正恒朔夜半入交分。不尽,为奇。以总法约入交分,为日。不尽,为余。命日算外,即天正恒朔夜半入交日算及余、奇。天正定朔有进退日者,依所进退一日,为朔所入。日不满中日及余、奇者,为月在外;满,去之,余皆一为月在内。大月加二日,小月加一日,余皆一千五十五、奇一百八十七。求次日,加一日,满中日者,皆去之,余为入次。一表一里,迭互入之。

交日	去交差	差积
一日	进十四	积元
二日 余二百一十四已下者,入蚀限。	进十三	十四
三日	进十一半	二十七
四日	进十一半	三十八半
五日	进七	四十八
六日	进四	五十五
七日	进二五分 四进强 退二 一退弱	五十七
八日	退二	六十 六十又一分,一分当日退。
九日	退五	五十八
十日	退八	五十三
十一日	退十半	四十五
十二日	退十二半	三十四半
十三日 余五百九十九已上,入蚀限。	退十三半	二十二
十四日	退十四少 三退强 三退弱	八半

求月入交去日道远近术

置所入日差,并后差半之,为通率。进,以入日余减总法,以乘差,总法而一,并差以半之。退者,半入余,以乘差,总法而一。皆加通率,为交定率。乃以入余乘定总法。乃进退差积,满十为度,不满为分,即各其日月去日道度数。每求日道宿度去极数,其入七日,余一千七十六、奇二十八少已下者,进,已上,尽全;余二百六十三、奇二百七十一大者,退限十四日,如交余奇已下者,退;其入已上,尽全;余五百二十七、奇二百四十二半者,进。而终其要为五分。初则七日四分,十四日三分;末则七日后一分,十四日后二分。虽初强末弱,差率有检,月道一度半强已下者,为沾黄道。当朔望,则有亏。遇五星在黄道者,则相侵掩。

求所在宿术

求夜半入交日十三算者及余,以减中日及余,不尽者,以乘其日离定程,总法而一,为离分,满程为度,以加其日夜半月所在宿度算及分,求次交准此,各得其定交所在度。置前后定交所宿度算及分,半之,即各表里极所在宿度及分。

求恒朔望泛交分野

因天正恒朔夜半入交分,以天正恒朔泛交分求望泛交,以实望加之。又加,得次月恒朔泛交分。满约终及奇,去之。次求次朔,以亏望加之。

求朔望入常交分术

以入气盈朒定积,盈加朒减其恒泛交分,满若不足,进退约终。即其常分交。

求朔望定交分术

以六十乘定迟速,以七百七十七降除之,所得为限数。速减迟加如常。其数朔入交月在日道里者,以所入限数减定迟速,余以速减迟加其定交分。而出日道表者,为变交分。加减不出日道表,即依定交分求蚀分。其变交分出日道表三时半内者,检其前后月望入交分数多少,依月亏初复末定蚀术,注消息,以定蚀不。

求入蚀限术

其入交定分,如交中已下者,为月在外道;交中已上者,以交中减之,余为月在内。其分如后准已下、前准已上者,为入蚀限。望则月蚀,朔入限,月在里者,日蚀。入限如后准已下者,为交后分;前准已上者,反减交中,余为交前分。以一百一十二约之,为交时。

求月蚀所在辰术

置望日不见刻,六十七乘之,十而一,所得,若蚀望定小余与之等已下,又以此得减总法余与之等已为蚀正见数定小余。如求律气应加时法,得加时所在辰月在冲辰蚀,若非正见者,于日出后日没前十二刻半内,求其初末以候之。又以半总蚀定小余,不足减者半法加减讫,以六乘之,如辰率而一,命起子半算外,即月蚀所在辰。

求日蚀所在辰术

置有蚀朔定小余副之,以辰率除之,所得以艮、坤、巽、乾为次,命退算外。不满法者,半法算之。无可减者,为初;所减之余,为末。初则减法,各为差率。月在内道者,乃以十加去交时数而三除之,以乘差率,十四而一,为差。其朔在二分前后一气内,即以差为定。近冬至以去寒露雨水、近夏至以去清明白露气数倍之,又三除去交时数增之。近冬至,艮巽以加,坤乾以减;近夏至,艮巽以减,坤乾以加其差,为定差。艮坤加副,巽乾减副。月在外道者，三除去交时数，以乘差率，十四而一，为之差。艮坤以减副，巽乾以加副，各加减副讫，为定副小余。如求律气应加时术，即日蚀所在辰及少太。其求入辰刻，以半辰刻乘朔，辰率而一，得刻及分。若蚀近朝夕者，以朔所入气日出没刻校蚀所在，知蚀见不之多少，所在辰为正见日月蚀既，在起复初末，亦或变常退于见前后十二刻半候之。

求月起复依蚀分后术

求月在日道表朔不应蚀准。朔在夏至初日，准去交前后二百四十八分为初准；已下，加时在午正前后七刻内者，食。朔去夏至前后，每一日损初准二分，毕于前后九十四日，各为每日变准。其朔去交如变准已下，加时如前者，蚀。

又以末准六十减初准及变准，余以十八约之，为刻准。以并午正前后七刻数为时准。加时准内去交分，如末准已下，并蚀。又置末准，每一刻加十八，为差准。每加时刻，去午前后如差准刻已下，去交分如差已下者，并蚀。自秋分至春分，去交如末准已下，加时南三辰者，亦蚀。凡定交分在辰前后半时外者，虽与蚀准前为蚀。求月在日道里朔应蚀而不蚀准。朔在夏至日，去交一千三百七十三，为初准；已上，加时在午正前后十八刻内者，或不蚀。朔去夏至前后，每一日益初准一分半，毕于前后九十四日，各为每日变准。以初减变，余十而一，为刻准。以刻减午正前后十八刻，余，十而一为时准。其去交在变准已上，加时在准内者，或不蚀。

求月蚀分术

置去交前后定分，冬交前后，皆去二百二十四。春交后去一百，交前去二百。夏不问前后，去五十。秋交后去二百，交前去一百。不足去者，蚀既。有余者，以减后准，一百四而一。余半已下，为半弱；半已上，为半强。命以十五为限，得月蚀之大分。

求月蚀所起术

月在内道：蚀东方三辰，亏自月下邪南上，月从西而渐北，自东而渐南。蚀南方三辰，亏起左下，甚于正南，复于右下。蚀西方三辰。亏自南而渐东，月从北而渐西，起于月上，邪南而下。月在外道：蚀东方三辰，亏起自月下，邪北而上，亏起东而渐北，月从西渐南。蚀南方三辰，亏起左上，甚于正北，复于右上。蚀西方三辰。亏自北而渐东，月从南而渐西，起于月上，邪北而上。凡蚀十二分已上，皆随黄道所在起复，于正傍逆顺上下每过其分。又道有升降，各各不同，各随时取正。

求日蚀分术

月在内道者，朔入冬至，毕朒雨水，及盈秋分，毕大雪，皆以五百五十八为蚀差。自入朒春分已后，日损六分，毕于白露。置蚀去交前后定分，皆以蚀差减之。但去交分不足减者，皆反以减蚀差为不蚀余。自入朒小满，毕盈小暑，加时在午正前后七刻外者，皆去不蚀余一时；三刻内，加不蚀余一时。朒大寒毕朒立春，交前五时外，大暑毕盈立冬，交后五时外，皆去不蚀余一时，五时内加一时。诸加时蚀应减者，交后减之，交前加之。应加者，交后

加之，交前减之。但不足减去者，蚀既。加减入不蚀限者，或不蚀。其月在外道者，冬入初日无蚀差。自后日益六分，累计以为蚀差，毕于朒雨水。自入朒春分，毕于盈白露，皆以五百二十二为蚀差。自入盈秋分已后，日损六分，毕于大雪。所损之余，为蚀差。以蚀差加去交定分，为蚀分。以减后准，余为不蚀分。各置其朔蚀差，十五约之，以减一百四，余为定法。不蚀分余，各如定法得一分。余半法已上，为半强，已下，为半弱。减十五，余为蚀之大分。

求日蚀所起术

日在内道：日蚀东方三辰，亏自日上近北而邪下，月渐西北，日渐东南。日蚀南方三辰，亏起右下，甚正北，复左下。月在南而渐东，日在北而渐西。日蚀西方三辰。月渐东北，日渐东南，亏自日下近西而邪上。日在外道：日蚀东方三辰，亏自日上近南而邪下，月渐东南，日渐西北。日蚀南方三辰，亏起右下，甚正北，复左下。月在南而渐东，日在北而渐西。日蚀西方三辰。月渐西南，日渐东北，亏自日下近南而邪上。凡蚀十二分已上，起于正傍。各据黄道升降，以准其体。随其所处，每各不同。蚀有初末，动涉其时，随便益损，以定亏复所在之方也。

求日月蚀亏初及复末时刻术

置朔望所蚀大分数为率。四分已上，因增二。五分已上，因增三。九分已上，因增四。十三分已上，因增五。各为泛用刻率，副之。以乘所入率，副之。以乘所入变增减率，总法而一，应速增损、减加，应迟依其增减副，讫，为蚀定用刻数。乃四乘之，十而一，以减蚀甚辰刻，为亏初。又六乘之，十而一，加蚀甚辰刻，为复末。依其定加时所在辰刻加减命之，各其辰、其月蚀甚初末更筹。因其日月所入辰刻及分，依前定气所遇夜刻更筹术，求其初末及甚时更筹。

迦叶孝威等天竺法，先依日月行迟疾度，以推入交远近日月蚀分加时，日月蚀亦为十五分。去交十五度、十四度、十三度，影亏不蚀法，自此已下，乃依验蚀。十二度十五分，蚀二分少强，以渐差降，自五度半已上，蚀既，十四分强。若五度无余分已下，皆蚀尽。又用前蚀多少，以定后蚀分余。若既，其后蚀度及分，即加七度以为蚀度。若望月蚀既，来月朔日虽入而不注蚀。若蚀半已下，五分取一分；若半已上，三分取一分，以加来月朔蚀度及分。若今岁日余度及分，然后可验蚀度分数多少。又云：六月依节一蚀。是月十五日是月蚀节，黑月尽是月蚀节，亦以吉凶之象，警告王者奉顺正法，苍生福盛，虽时应蚀，由福故也，其蚀即退。更经六月，欲蚀之前，皆有先兆。月欲有蚀，先月形摇振，状若惊惧，月兔及侧月色黄如有忧状。自常晕，月初生时，光不显盛，或极细微。日欲有蚀，先日形摇振，极如惊惧状。或光色微昧，不赫盛，或黎惨。日月蚀先同候，光阴坠，或旦暮际有赤色起，如火烧，金银珠玉诸宝失光。或有阙尽如云入日，或有黑尽入月，鸟声细隐，鸟不显亮，云交扰扰，光景浑乱，忽极令诸乳卒竭，月湿如汗状，日形段裂无光，犬嗥猫叫，虹见有声，三辰失阙，月时有缺，水赤色有腻。十四日、十五日，辟鸟圆集者，亦是蚀之先候。此等与中国法数稍殊，自外梗

概相似也。
步五星术

五星 奇率皆百	总率	奇
	伏分	奇
岁星木精	五十三万四千八十三	奇三十五
	伏分三万四千三十一	奇二十二半
荧惑火精	一百四万五千八十	奇六十
	伏分九万七千九十	奇三十
镇星土精	五十万六千六百二十三	奇二十九
	伏分二万四千八百三十一	奇六十四半
太白金精	七十八万四百四十九	奇九
	伏分五万六千二百二十四	奇五十四半
辰星水精	一十五万五千二百七十八	奇六十六
	伏分一万一千六百九十九	奇三十三

五星终日	余	奇	
木终日：三百九十八	余：一千一百六十三	奇：四十五	
火终日：七百七十七	余：一千二百二十	奇：六十	
土终日：三百七十八	余：一百三	奇：二十九	
金终日：五百八十三	余：一千二百二十九	奇：九	夕见伏二百五十六日，晨见伏三百二十七日，余、奇同终分奇。
水终日：一百一十五	余：一千一百七十六	奇：六十六	夕见伏五十二日，晨见伏六十三日，余、奇同终分奇。

求五星平见术

各以伏分减总实，余以其星总率去之。不足去者，反减其余总率。余以总法约之，为日，不尽为余奇，即所求年天正恒朔夜半后星晨夕平见日算及余奇。天正定朔进退日者，进减退加一日为定朔夜半后星平见日及余奇。其金水二星，先得夕平见，其满见伏日及余者去之，余为晨平见日及余奇。命见日天正历月大小，以次去之，不满月者为入其月，命日算外，即晨夕平见所在月日及余奇。

求后平见在月日术

各以其星终日算及余奇，如前平见所在月日算及余奇。奇满奇率，从余。余满总法，为日。去命如前，即后平见所在月日及余奇，其金水二星，加夕得晨，加晨得夕。各半见余，以同半总。

求五星常见术

各依其星平见所入恒气，计日损益。分满半总为日，不满为分，以损益所加减。讫，余以加减讫平见日及分，即其常见日及分。星日初见去日度，平见入气历。加减日。损益率。

岁星初见，去日十四度。见入冬至，毕小寒，均减六日。自入大寒已后，日损六十七分。见入春分初日，依平。自后日加八十九分。入立夏，毕小满，均加六日。自入芒种已

后，日损八十九分。入夏至，毕立秋，均加四日。自入处暑已后，日损一百七十八分。入白露，初日依平均，自后日减五十二分。入小雪，毕大雪，均减六日。

荧惑初见，去日十七度。见入冬至，初日减二十七日。自后日损六百三分。入大寒，初日依平。自后日加四百二分。入雨水，毕谷雨，均加二十七日。入自立夏已后，日损一百九十八分。入立秋，依平。自入处暑已后，日减一百九十分。入小雪，毕大寒，均减二十七日。

镇星初见，去日十七度。见入冬至，初日减四日。自后日益八十九分。入大寒，毕春分，均减八日。自入清明已后，日损五十九分。入小暑，初日依平。自后日加八十九分。入白露，初日加八日。自后日损一百七十八分。入秋分，均加四日。自入寒露已后，日损五十九分。入小雪，初日依平。自平后日减八十九分。

太白初见，去日十一度。夕见：入冬至，初日依平。自后日减一百分。入启蛰，毕春分，均减九日。自入清明已后，日损一百分。入芒种，依平。自入夏至已后，日加一百分。入处暑，毕秋分，均加九日。自入寒露已后，日损一百分。入大雪，依平。晨见：入冬至，依平。自入小寒已后，日加六十七分。入立春，毕立夏，均加三日。自入小满已后，日损六十七分。入夏至，依平。自入小暑已后，日减六十七分。入立秋，毕立冬，均减三日。自入小雪已后，日损六十七分。

辰星初见，去日十七度。夕见：入冬至，毕清明，依平。入谷雨，毕芒种，均减二日。入夏至，毕大暑，依平。入立秋，毕霜降，应见不见。其在立秋及霜降二气之内，夕去日十八度外，三十六度内，有木火土金一星已上者亦见。入立冬，毕大雪，依平。晨见：入冬至，均减四日。入小寒，毕大寒，依平。入立春，毕启蛰，均减三日。其在启蛰气内，去日度如前，晨无木火土金，一星已上者不见。入雨水，毕立夏，应见不见。其在立夏气内，去日度如前，晨有木火土金一星已上者，亦见。入小满，毕寒露，依平。入露降，毕立冬，均加一日。入小雪，毕大雪，依平。

求五星定见术

各置其星常见日消息定数半之，息减消加常见日，即为定见日及分。五星休王光不同，喜怒盛衰大小尤异。苟变于常见或先后，今依日躔迟速考其行，度其格，以去日为之定准。

求星见所在度术

置星定见日夜半日所在宿度算及分，半其日躔差，乘定见余，半总而一，进加退减定见余，以加夜半度分，乃以其星初见去日度数，晨减夕加之，即星初见辰所在。

宿度等及分行星术

各置其星初见日消息定数，半之，息加消减，其星初见行留日率。其土木二星不须加减，即依本术。其加减不满日者，与误通之。过半从一日，无半不从论。乃依行星日度之率，求日之行分。

求初见日后夜半星所在术

置其星定见余，以减半总，以其星初见行分乘之，半总而一，以顺加逆减星初见定辰所在度分。加之满法，减之不足，进退一度。依前命之算外，即星见后夜半所在宿度及分。自此已后，每依其星计日行度，所至日度及益疾，皆

从夜半为始。辰有少,随所近也。
转求次日夜半星行所至术
各以其星一日所行度及分,顺逆加减之。其行有小分者,以日率为母。小分满母,去之,从行分一。行分满半总,去之,从度一。其行有益疾益迟者,副置一日行分。各以其差迟损疾加之,留者因前,逆则依减。顺行出斗去其分,逆行入斗先加分。讫,皆以程法约行分为度分,各得每日所至。其五星后顺留退ённых终日度,各依伏度,求其去日远近,消息日之所在,以定伏日所在。若注历,其日度及金水等星,皆弃其分也。

求平行度及分术
置定度率,以半总乘之,以有分者从之,以日率除之,所得,为一日行分。不尽小分满其行分。满半总为度。即是一日所行度及行分、小分。置定日率,减一日,以所差分乘之,二而一,为差率。益疾者以差率减平行分,益迟者以差率加平行分,即是初日所行度及分。

星名星行变日初行入气历行日率行度及度分率;损益率。

岁星:初顺,差行一百一十四,行十八度五百九迟一分先疾,日益十四。前留,二十六日。旋退西行,差行三十日,退六度十二分。先迟,日益疾二分。又退西行,差行四十二日,退六度十二分。先疾,日益迟二分。后留,二十五日。后顺,差行一百一十四日,行十八度五百九。先进迟,日益疾分日尽而夕伏十四日。

荧惑:初顺,入冬至初日,率二百四十三日行一百六十五度。自后三日损日及度各三。小寒初日,二百三十五日行一百五十四度。自后二日损日及度各三。谷雨四日,平,毕小满九日。一百七十八日行一百度。自入小满九日已后,二日益日及度各一。夏至初日,平,毕六日。一百七十一日行九十三度。自夏至六日已后,三日益日及度各一。立秋初日,一百八十四日行一百六度。自后一日益日及度各一。白露初日,二百一十四日行一百三十六度。自后五日益日及度各一。秋分初日,二百三十二日行一百五十四度。自后一日益日及度各一。寒露初日,二百四十七日行一百六十九度。自后五日益日及度各二。霜降五日,平,毕立冬十三日。二百五十九日行一百八十一度。自入立冬十三日已后,二日损日及度各一。复冬至初日,二百四十二日行一百六十五度。

各依所入恒气,平者依率,自余计日损益,名为前疾日度定率。其前迟及留退入气有损益日度者,计日损益,皆同此疾之法,以为留旋退定日度之率也。

求变日率术:此疾,入大寒六日,损日率一,毕雨水。入春分,毕立夏,减日率十。入小满初,减日率十。后三日损所减一。毕芒种,依平。若入立秋,三日益日率一,毕处暑。入白露,毕秋分,均加率十。入寒露初,加率十。后一日半损所加一。毕气尽,依平。

求变度率术:此疾,若入大寒,毕于启蛰,立夏至大暑气尽,霜降毕小雪,皆加度率四。清明毕谷雨,加率度十二。初行入处暑,减日率六十,度率三十。别为初迟半度之行,行尽此日度,及来所减之余日之率续为疾。入白露,毕秋分,四十四日行二十二度。皆为初迟半度之率。初行入大寒,毕大暑,差行,先疾,日益迟一分。各如上法,求

其行分。其前迟后日率,既有增损,而益迟益疾若分,皆检括前疾末日行分,为前迟初日行分。以前迟平行分减之,余为前迟总差。后疾日分,为后迟末日行分。为后迟日行分减之,余为后迟总差。减为后别日差分。其不满者,皆调为小分。迟疾之际,行分衰杀不论。所差多者,依此推算。若所差不多者,各依本法。

前迟:顺,差行,入冬至,六十日行二十五度。先疾,日益。自入小寒已后,二迟二分,日损日及度各一。大寒初日,五十五日行二十度。自后三日益日及度各一。立春初日平。毕清明,六十日行二十五度。自谷雨气别减一气。立夏初日平。毕小满,六十日行二十二度。自入芒种,别益一度。夏至初日平。毕处暑,六十日行二十五度。自入白露已后,三日损一度。秋分初日,六十日行二十王度。自后一日益一,日半益一度。寒露初日,六十日行二十五度。自后二日损一度。立冬一日平。毕气,六十日行十七度。自大雪已后,五日益一度。大雪初日,六十日行二十度。自后三日益一度。

前留:十三日。前疾减日率一度,以其数分益此留及后迟日率。前疾加日率者,以其数分迟日率。旋退,西行。入冬至初日,六十三日退二十一度。自后四日益一度。小寒一日,六十三日退二十六度。自入小寒已后,三日半损一度。立春三日平。毕启蛰,六十二日退十七度。自入雨水已后,二日益日及度各一。雨水八日平。毕气尽,六十七日退二十一度。自入春分已后,一日损日及度各一。春分四日平。毕芒种,六十三日退七十度。自入夏至已后,六日损日及度各一。大暑初日平。毕气尽,五十八日退十二度。立秋初日平。毕气尽,五十七日退十一度。自入白露已后,二日益日及度各一。白露十二日平。毕秋分,六十三日退七十度。自入寒露已后,三日益日及度各一。寒露九日平。毕气尽,六十六日退二十度。自入霜降已后,三日损日及度各一。霜降六日平。毕气尽,六十三日退十七度。自立冬已后,三日益日及度各一。立冬十一日平。毕气尽,六十七日退二十一度。自入小雪已后,二日损日及度各一。小雪八日平。毕气尽,六十三日退十七度。自入大雪已后,三日益一度。

后留:冬至留十三日。自后二日半益一日。大寒初平,毕气尽,留二十五日。自入立春已后,二日半损一。雨水初,留十三日。自后三日益一日。清明初,留二十三日。自后一日损一日。清明十日平,毕气尽,留十五日。自入白露已后,二日损一日益一日。秋分十一日,无留。自入秋分十一日已后,一日益一日。霜降初日,留十九日。自后三日损一日。立冬三日平,毕大雪,留十三日。

后迟:顺,差行六十日行二十五度。先疾,日益疾二日。前后疾加度者,此迟依数减之为定度;前疾无加度者,此迟入秋分至立冬,减三度,入冬至减五度,后留定日朒十三日者,以所朒日数,加此迟日率也。

后疾:冬至初日,率二百一十一日行一百三十一度。自后一日损日及度各一。大寒八日,一百七十二日行九十四度。自入大寒八日已后,一日损日及度各一。启蛰,平。毕气尽,一百六十一日行八十三度。自入雨水已后,三日益日及度各一。谷雨三日,一百七十七日行九十九度。自入谷雨后,三日益日及度各一。芒种十四日平。毕夏至,二百三十三日行一百五十度。自入夏至已后,十日益日及度各一。小暑五日,二百五十三日行一百七十五度。自入小暑已后,五

日益日及度各一。大暑初日平，毕处暑，二百六十三日行一百八十五度。自入白露已后，二日损日及度各一。秋分一日，二百五十五日行一百七十七度。自入秋分一日已后，一日半复日及度各一。大雪初日，二百五十日行一百二十度。自入秋分，三日益日及度各一。冬至初日，复二百一十日行一百二十七度。其入恒气日度之率有损益者，计日损益，并同前疾之法，以为后疾定度之率。

求变日率术：其前迟定日朒六十，及退行定日朒六十三者，皆以所朒日数加此疾定日率，前迟定日盈六十三，后留定日盈十三者，皆以所盈日数减此疾定日率。加减讫，即变日率。

求变度率术：其前迟定度朒二十五，退行定度盈十七，后迟入秋分至冬至减度者，皆以所盈朒度数，加此疾定度率。前迟定度盈二十五，及退行定度朒十七者，皆以所盈朒度数，减此疾定度率。加减讫，即变度率。

初行，入春分，毕谷雨，差行。先迟，日益疾一分。初行，入立夏，毕夏至，日行半度。六十六日行二十二度。小暑，五十日行二十五度。立秋毕气尽，二十日行十度，减率续行，并同前疾初迟法。损益依前，求其行分。各尽度而夕伏。

镇星：初顺，差行，八十三日行七度二百九十分。先疾，日益迟半分。前留，三十七日。旋退，西行，差行，五十一日退三十分。先迟，日益疾少半。

太白：夕见，顺，入冬至毕立夏，入立秋毕大雪。一百七十二日行二百六度。自入小满后，十日益一度，为定疾。初入白露，毕春分，差行。疾，日益迟二分。自余平行。夏至毕小暑，一百七十二日行二百九度。自入大暑已后，五日损一度，毕气尽。平行：入冬至初日及大暑，各毕气尽。一十三日行一十三度。自入冬至后，十日损一，毕已后立春，入立秋，日益一，毕秋分。启蛰毕芒种，七日行七度。自入夏至后，五日益一，毕于小雪。寒露初日，三十三日行二十二度。自后六日损一，毕于小雪。顺迟：差行，三十二日行三十度。先疾，日益迟八分。前疾加度过二百六度者，准数损此度。夕留，七日。夕退，西行，一十日退五度。日尽而夕伏。晨初退，西行，十日退五度。日退半度。晨留，七日。顺迟，差行，冬至毕立夏，大雪毕气尽。三十二日，先迟，日益疾八分。自入小满已后，率十日损一度，毕芒种。平行，冬至毕气尽，立夏毕气尽。一十三日行一十三度。日行一度。自入小寒已后，六日益日及度各一，毕于启蛰。入小满后，七日损日度各一，毕立秋。雨水初日，二十三日行二十三度。自后六日损日及度各一，毕于谷雨。处暑毕寒露，无此平行。自入霜降后，五日益日及度各一，毕大雪。前迟行损度不满三十度者，此疾依数益之。疾行，一百七十二日行二百六度。处暑毕寒露，差行，先迟，日益疾一分。余平行，行日尽而晨伏。

辰星：夕见，顺疾，一十二日行二十一度六分。日行一度五百三分。大暑毕处暑，一十二日行一十七度二分。日行一度二百八十分。平行，七日行七度。自入大暑后，二日损日及度各一。入立秋，无此平行。顺迟行，六日行二度四分。日行二百二十四分。前疾行十一度者，无此迟行。日尽而夕伏。夕留，五日。晨见，留五日。顺迟行，六日行二度四分。日行二百二十四分。自入大寒，毕于启蛰，无此迟行。平行，七

日行七度。日行一度。大寒已后，二日损日及度各一。入立春，无此平行。顺疾行，一十二日行二十一度六分。日行一度五百三分。前无迟行者，一十三日行十七度十分。日行一度二百八十分。各日尽 而晨伏。

凡五星终日分奇，皆于伏分消通，故于行星更不别见。

武太后称制，诏曰："顷者所司造历，以腊月为闰。稽考史籍，便紊旧章，遂令去岁之中，晦仍月见。重更寻讨，果差一日。履端举正，属在于兹。宜改历于惟新，革前非于既往。可以今月为闰十月，来月为正月。"是岁得甲子合朔冬至。于是改元圣历，以建子月为正，建丑为腊，建寅为一月。命太史瞿昙罗造新历。至三年，复用夏时，《光宅历》亦不行用。中宗反正，太史丞南宫说奏："《麟德历》加时浸疏。又上元甲子之首，五星有入气加时，非合璧连珠之正也。"乃诏说与司历徐保乂、南宫季友，更治《乙巳元历》。至景龙中，历成，诏令施用。俄而睿宗即位，《景龙历》寝废不行。《麟德历经》，今略载其法大端。

母法一百。两大衍之数为母法。

旬周六十。六甲之终数为旬周。

辰法八刻；分，三十三少半。以十二辰数除一百刻，得辰法。

期周三百六十五日；余，二十四；奇，四十八。一期之总日及余奇数为期周。

气法十五日；余，二十一；奇，八十五少半。以二十四气分期周，得气法。

候法五日；余，七；奇，二十八；小分，四。以七十二候分期周，得候法。

月法二十九日；余，十三；奇。为月法。

日法日舒日远乃舒一合朔之及余奇为日法。

望法十四日；余，七十六；奇，五十三。因为阴后限。二分月法得望法。亦是月行阴历，后与朔望会交限。

弦法七日；余，三十八；奇，二十六半。四分月法，得弦法。

闰差十日；余，八十七；奇，七十六。月法去期周，余得闰差。

没数九十一；余，三十一；奇，十二。四分期周，余四分之得没数。

没法一；余，三十一；奇，十二。以旬周去期周，余四分之，得没法。

月周法二十七日；余，五十五；奇，四十五；小分，五十九。月行迟疾一周之数，为月周法。

月差法一日；余，九十七；奇，六十；小分，四十一。以月周减月法，余得月差。

周天法三百六十五度；余，二十五；奇，七十一；小分，十三。二十八宿总度数、相距总数及余奇，为周天法。

交周法二十七日；余，二十一；奇，二十二；小分，十六七分。日行阴阳一周交于是日之数，为交周法。

交差法二日；余，三十一；奇，八十三；小分，八十三分。以交周法减月法，得交差法。

交中法十三日；余，六十；奇，六十一；小分，三分半。二分交周，得交中法。

阳前限十二日；余，四十四；奇，六十九；小分，十六七分。月行阳历，与朔望会之限。

阳后限一日；余，十五；奇，九十一；小分，九十一六分半。月行阳历，后与朔望会之限。

阴前限二十六日；余，五；奇，三十；小分，二十五半分。月行阴历，先与朔望会之限。

木岁星合法三百九十八日；余，八十六；奇，七十九；小分，八十。

火荧惑合法七百七十九日；余，九十；奇，五十五；小分，四十五。

土镇星合法三百七十八日；余，八；奇，四；小分，八十。

金太白合法五百八十三日；余，九十一；奇，七十七；小分，七十。

水辰星合法一百一十五日；余，八十七；奇，九十五；小分，七十。

太极上元，岁次乙巳，十一月甲子朔旦冬至之日，黄钟之始，夜半之时，斗衡之末建于子中，日月如合璧，五星若连珠，俱起于星纪牵牛之初躔。今大唐神龙元年，复岁次于乙巳，积四十一万四千三百六十算外。上验往古，年减一算。下求将来，年加一算。《乙巳元历》法积数，大约如此。其算经不录。

卷三十四　　　志第十四

历　三

开元《大衍历经》

演纪上元阏逢困敦之岁，距今开元十二年甲子岁，岁积九千六百六十六万一千七百四十算。

大衍步中朔第一
大衍通法：三千四十。
策实：一百一十一万三百四十三。
揲法：八万九千七百七十三。
灭法：九万一千三百。
策余：一万五千九百四十三。
用差：一万七千一百二十四。
挂限：八万七千一十八。
三元之策：一十五；余，六百六十四；秒，七。
四象之策：二十九；余，一千六百一十三。
中盈分：一千三百二十八；秒，十四。
爻数：六十。
象统：二十四。

推天正中气　以策实乘入元距所求算，命曰中积分。盈大衍通法得一，为积日。不盈者，为小余。爻数去积日，不尽日为大余。数从甲子起算外，即所求年天正中气冬至日及小余也。

求次气　因天正中气大小余，以三元之策及余秒加之。其秒盈象统，从小余。小余满大衍通法，从大余。大余满爻数，去之。命如前，即次气恒日及余秒。凡率相因加者，下有余秒，皆以类相从。而满其法，则迭进之，用加上位。日盈爻数，去之也。

推天正合朔　以揲法去中积分。其所不尽，曰归余之卦。以减中积分，余为朔积分。乃如大衍通法而一，为日。不尽，为小余。日盈爻数，去之。不盈者，为大余。命以甲子算外，即所求年天正合朔经日及小余也。

求次朔及弦望　因天正经朔大小余，以四象之策及余加之。数除如法，即次朔经日及余也。又自经朔加一象之日及余一千一百六十三少，得上弦。倍之，得望。又之，得下弦。四之，是谓一揲，复得后月之朔。凡四分为少，二为半，三为太，四为全。加满其前数，去之，从上位。综中朔盈虚分，累益归余之卦，每其月闰衰。凡归余之卦五万六千七百六十以上，其岁有闰。因考其闰衰，满卦限以上，其月及合置闰。或有进退，皆以定朔无中气裁焉。

推没日　置有没之气恒小余，以象统乘之，内秒分，参而伍之，以减策实。余满策馀，为日。不满，为没余。命起也。凡恒气小余，不满大衍通法，如中盈分半法已下，为有没之气。

推灭日　以有灭之朔经小余，减大衍通法。余，倍参伍乘之，用减灭法。余，满朔虚分，为日。不满，为灭余。命起经朔初日算外，即合朔后灭日也。凡经朔小余不满朔虚分者，为有灭之朔。

大衍步发敛术第二
天中之策：五；余，二百二十二；秒，三十一。秒法：七十二。
地中之策：十八；余，一百六十五；秒，八十六。秒法：一百二十。
贞晦之策：三；余，一百三十二；秒，一百三。秒法：如前。
辰法：七百六十。
刻法：三百四。

推七十二候　各因中节大小余命之，即初候日也。以天中之策及余秒加之，数除如法，即次候日。又加，得末候日。凡发敛，皆以恒气。

推六十卦　各因中气大小余命之，公卦用事日也。以地之策及余秒累加之，数除如法，各次卦用事日。若以贞晦之策加诸候卦，得十二节之初外卦用事日。

推五行用事　各因四立大小余命之，即春木、夏火、秋金、冬水首用事日也。以贞晦之策及余秒，减四季中气大小余，即其月土始用事日。凡抽加减而有秒者，母若不齐，当令母互乘子。乃加减之。母相乘为法。

恒　气	初候	次候	末候
月中节			
四正卦			
	始卦	中卦	终卦
冬　至	蚯蚓结	麋角解	水泉动
十一月中			
坎初六			

		公中孚	辟复	侯屯 内卦			公咸	辟姤	侯鼎 内卦
小 十二月节 坎九二	寒	雁北乡	鹊始巢	野鸡始雊	小 六月节 离六二	暑	温风至	蟋蟀居壁	鹰乃学习
		侯屯 外卦	大夫谦	卿睽			侯鼎 外卦	大夫丰	卿涣
大 十二月中 坎六三	寒	鸡始乳	鸷鸟厉疾	水泽腹坚	大 六月中 离九三	暑	腐草为萤	土润溽暑	大雨时行
		公升	辟临	侯小过 内卦			公履	辟遁	侯恒 内卦
立 正月节 坎六四	春	东风解冻	蛰虫始振	鱼上冰	立 七月节 离九四	秋	凉风至	白露降	寒蝉鸣
		侯小过 外卦	大夫蒙	卿益			侯恒 外卦	大夫节	卿同人
雨 正月中 坎九五	水	獭祭鱼	鸿雁来	草木萌动	处 七月中 离六五	暑	鹰祭鸟	天地始肃	禾乃秀
		公渐	辟泰	侯需 内卦			公损	辟否	侯巽 内卦
惊 二月节 坎上六	蛰	桃始华	仓庚鸣	鹰化为鸠	白 八月节 离上九	露	鸿雁来	玄鸟归	群鸟养羞
		侯需 外卦	大夫随	卿晋			侯巽 外卦	大夫萃	卿大畜
春 二月中 震初九	分	玄鸟至	雷乃发声	始电	秋 八月中 兑初九	分	雷乃收声	蛰虫坯户	水始涸
		公解	辟大壮	侯豫 内卦			公贲	辟观	侯归妹 内卦
清 三月节 震六二	明	桐始华	田鼠化为鴽	虹始见	寒 九月节 兑九二	露	鸿雁来宾	雀入大水为蛤	菊有黄花
		侯豫 外卦	大夫讼	卿蛊			侯归妹 外卦	大夫无妄	卿明夷
谷 三月中 震六三	雨	萍始生	鸣鸠拂羽	戴胜降桑	霜 九月中 兑六五	降	豺乃祭兽	草木黄落	蛰虫咸俯
		公革	辟夬	侯旅 内卦			公困	辟剥	侯艮 内卦
立 四月节 震九四	夏	蝼蝈鸣	蚯蚓出	王瓜生	立 十月节 兑九四	冬	水始冰	地始冻	野鸡入大水为蜃
		侯旅 外卦	大夫师	卿比			侯艮 外卦	大夫既济	卿噬嗑
小 四月中 震六五	满	苦菜秀	靡草生	小暑至	小 十月中 兑九五	雪	虹藏不见	天气上腾地气下降	闭塞成冬
		公小畜	辟乾	侯大有 内卦			公大过	辟坤	侯未济 内卦
芒 五月节 震上六	种	螳螂生	鵙始鸣	反舌无声	大 十一月节 兑上六	雪	鹖鸟不鸣	虎始交	荔挺出
		侯大有 外卦	大夫家人	卿井			侯未济 外卦	大夫蹇	卿颐
夏 五月中 离初九	至	鹿角解	蜩始鸣	半夏生					

推发敛去朔 各置其月闰衰,以大衍通法约之,为

日。不尽为余，即其月中气去经朔日算及余秒也。求卦候者，各以天地之策及余秒累加减之，中气之前以减，中气之后以加。得去经朔日算及余秒。

推发敛加时　各置其小余，以六爻乘之，如辰法而一，为半辰之数。不尽者，五之，三刻法除之，为刻。又不尽者，三约为分。此分满刻法为刻，若令满象积为刻者，即置不尽之数，十之，十九而一，为分。命辰起子半算外，各其加时所在辰刻及分也。

大衍步日躔术第三

乾实：一百一十一万三百七十九太。
周天度：三百六十五。虚分七百七十九太。
岁差：三十六太。

定气 前后数	辰数 损益率	盈缩分 朓朒积
冬至	一百七十三_{三分}	盈二千三百五十三
先端 小寒	益一百七十八 一百七十五_{三分}	朒初 盈一千八百四十五
先二千三百五十三 大寒	益一百三十八 一百七十七_{一分}	朒一百七十六 盈一千三百九十
先四千一百九十八 立春	益一百四 一百七十八_{八分}	朒三百一十四 盈九百七十六
先五千五百八十八 雨水	益七十三 一百八十_{三分}	朒四百一十八 盈五百八十八
先六千五百六十四 惊蛰	益四十四 一百八十一_{八分}	朒四百九十一 盈二百一十四
先一千一百五十二 春分	益十六 一百八十三_{五分}	朒五百三十五 缩二百一十四
先七千三百六十六 清明	损十六 一百八十四_{九分}	朒五百五十一 缩五百八十八
先七千一百五十二 谷雨	损四十四 一百八十六_{五分}	朒五百四十五 缩九百七十六
先六千五百六十四 立夏	损七十三 一百八十八_{一分}	朒四百九十一 缩一千三百九十
先五千五百八十八 小满	损一百四 一百八十九_{九分}	朒四百一十八 缩一千八百四十五
先四千一百九十八 芒种	损一百三十八 一百九十一_{九分}	朒三百一十四 缩一千三百五十二
先二千三百五十三 夏至	损一百七十六 一百九十一_{九分}	朒一百七十六 缩二千三百五十三
后端	益一百七十六	朓初
小暑	一百八十九_{九分}	缩一千八百四十五
后二千三百五十三 大暑	益一百三十八 一百八十八_{一分}	朓一百七十六 缩一千三百九十
后四千一百九十八 立秋	益一百四 一百八十六_{五分}	朓三百一十四 缩九百七十六
后五千五百八十八 处暑	益七十三 一百八十四_{九分}	朓四百一十八 缩五百八十八
后六千五百六十四 白露	益四十四 一百八十三_{五分}	朓四百九十一 缩二百一十四
后七千一百五十二 秋分	益十六 一百八十一_{八分}	朓五百三十五 盈二百一十四
后七千三百六十六 寒露	损十六 一百八十_{三分}	朓五百五十一 盈五百八十八
后七千一百五十二 霜降	损四十四 一百七十八_{八分}	朓五百四十五 盈九百七十六
后六千五百六十四 立冬	损七十三 一百七十七_{一分}	朓四百九十一 盈一千三百九十
后五千五百八十八 小雪	损一百四 一百七十五_{三分}	朓四百一十八 盈一千八百四十五
后四千一百九十八 大雪	损一百三十八 一百七十三_{三分}	朓三百一十四 盈一千八百五十三
后二千三百五十三	损一百七十六	朓一百七十六

求每日先后定数　以所入气并后气盈缩分，倍六爻乘之，综两气辰数除，入之，为末率。又列二气盈缩分，皆倍六爻乘之，各如辰数而一，以少减多，余为气差。加减末率，至后以差加，分后以差减。为初率。倍气差，亦六爻乘之，复综两气辰数以除之，为日差。半之，以加减初末，各为定率。以日差累加减气初定率，至后以差减，分后以差加。为每日盈缩分。乃驯积之，随所入气日加减气下先后数，各其日定。冬至后为阳复，在盈加之，在缩减之。夏至后为阴复，在缩加之，在盈减之。距四正前一气，在阴阳变革之际，不可相并，皆因前末为初率。以气差至前加之，分前减之，为末率。余依前率，各得所求。其朓朒亦放此求之，各得每日定数。其分不满全数，母又每气不同，当退法除之，用百为母，半已上从一，已下弃之。下求轨漏，余分不满准此。

推二十四气定日　冬夏至皆在天地之中，无有盈缩。余各以气下先后数，先减后加恒气小余。满若不足，进退其日。命从甲子算外，各其定日及余秒也。凡推日月行度及轨漏交蚀，并依定气。若注历即依恒气。

推平朔四象　以定气相距置朔弦望经大小余，以所入定气大小余及秒分减之，各其所入定气日算及余秒也。若大余少不足减者，加爻数，然后减之。其弦望小余有少半太，当以爻乘之，乃以气秒分减，退一加象统。小余不足减,退日算一,加大衍通法也。

求朔弦望经日入朓朒 各置其所入定气日算及余秒。减日算一,各以日差乘而半之,以加减其气初定率,前少,加之;前多,减之。以乘其所入定气日算及余秒。凡除者,先以母通全,内子,乃相乘,母067相乘除之也。若忽微之数烦多而不甚相校者,过半收为全,不盈半法,弃之。所得以损益朓朒积,各为其日所入朓朒定数。若非朔望有交者,以十二乘所入日算。三其小余,辰法除而从之。以乘损益率,如定气辰数而一。所得以损益朓朒积,各为定数也。

赤道宿度

斗二十六　　牛八　　女十二　　虚十及分　　危十七　　室十六　　壁九

右北方七宿九十八度虚分七百七十九太

奎十六　　娄十二　　胃十四　　昴十一　　毕十七　　觜一　　参十

右西方七宿八十一度

井三十三　　鬼三　　柳十五　　星七　　张十八　　翼十八　　轸十七

右南方七宿一百一十一度

角十二　　亢九　　氐十五　　房五　　心五　　尾十八　　箕十一

右东方七宿七十五度

前皆赤道度。其毕、觜、参及舆鬼四宿度数,与古不同,今并依天以仪测定,用为常数。纮带天中,仪极攸凭,以格黄道也。推黄道,准冬至岁差所在,每距冬至前后各五度为限。初数十二,每限减一,尽九限,数终于四。殷二立之际,一度少强,依平。乃距春分前、秋分后,初限起四,每限增一,尽九限,终于十二,而黄道交ακ。计春分后、秋分前,亦五度为限,初数十二,尽九限,数终于四。殷二立之际,一度少强,依平。乃距夏至前后,初限起四,尽九限,终于十二。皆累裁之,以数乘限度,百二十而一,得度。不满者,十二除为分。若以十除,则大分。十二为母,命以太半少及强弱。命曰黄赤道差数。二至前后,各九限,以差减赤道度,为黄道度。二分前后,各九限,以差加赤道度,为黄道度。若从黄道度反推赤道,二至前后各加之,二分前后须减之。

黄道宿度

斗二十三半　　牛七半　　女十一少　　虚十反差　　危十七太　　室十七少　　壁九太

右北方九十七度六虚之差十九太

奎十七半　　娄十二太　　胃十四太　　昴十一　　毕十六少　　觜一　　参九少

右西方八十二度半

井三十　　鬼二太　　柳十四少　　星六太　　张十八太翼十九少　　轸十八太

右南方一百一十度半

角十三　　亢九半　　氐十五太　　房五　　心四太　　尾十七　　箕十少

右东方七十五度少

前皆黄道度。其步日行月与五星出入,循此。求此宿度,皆有余分。前后辈之成少、半、太,准为全度。若上考古下验将来,当据岁差。每移一度,各依术算,使得当时宿度及分,然可步日月五星,知其犯守也。

推日度 以乾实去中积分。不尽者,盈大衍通法为度。不满,为度余。命起赤道虚九,去分。不满宿算外,即所求年天正冬至加时日所在度及余也。以三元之策累加之,命宿次如前,各得气初日加时赤道宿度。

求黄道日度 以度余减大衍通法。余以冬至日躔之宿距度所入限乘之,为距前分。置距度下黄赤道差,以大衍通法乘之,减去距前分。余,满百二十除,为定差。不满者,以象统乘之。复除,为秒分。乃以定差及秒减赤道宿度。余,依前命之,即天正冬至加时所在黄道宿度及余也。

求次定气 置岁差,以限数乘之,满百二十除,为秒分。不尽为小分。以加于三元之策秒分,因累而裁之,命以黄道宿次去之,各得定气加时日躔所在宿及余也。

求定气初日夜半日所在度 各置其气定小余,副之,以乘其日盈缩分,满大衍通法而一,盈加缩减其副,用减其日时度余,命如前,各其日夜半日躔行在。求次日,各因定气初日夜半度,累加一策,乃以其日盈缩分,盈加缩减度余,命以宿次,即半日所在度及余也。

大衍步月离术第四

转终分:六百七十万一千二百七十九。
转终日:二十七;余,一千六百八十五;秒,七十九。
转法:七十六。
转秒法:八十。

推天正经朔入转 以转终分去朔积分,不尽,以秒法乘,盈转终分又去之,余如秒法而一入转分。不尽为秒。入转分满大衍通法,为日。不满为余。命日算外,即所求年天正经朔加时入转日及余秒。

求次朔入转 因天正所入转差日一、转余二千九百六十七、秒一,盈转终日余秒者去之。数除如前,即次日经朔加时所入。考上下弦望,如求经朔四象术,循变相加,若以经朔望小余减之,各其日夜半所入转日及余秒。

终日	转分	列衰
转积度	损益率	朓朒积
一日	九百一十七	进十三
度初	益二百九十七	朓初
二日	九百三十	进十三
十二度五	益二百五十九	朓二百九十七
三日	九百四十三	进十三
二十四度二十五	益二百二十	朓五百五十六
四日	九百五十六	进十四
三十六度五十四	益一百八十	朓七百七十六
五日	九百七十	进十四

四十九度二十二	益一百三十九	朒九百五十六		二十四日	九百七十八	退十四
六日	九百八十四	进十六		三百一十一度十五	损一百五十七	朓一千三十三
六十二度四	益九十七	朒一千九十五		二十五日	九百六十四	退十四
七日	一千	进十八		三百二十四度十五	损一百九十八	朓八百七十六
七十五度	生初益四十八 损末六	朒一千一百九十二		二十六日	九百五十	退十三
八日	一千一十八	进十九		三百三十六度五十七	损二百三十七	朓六百七十八
八十八度十二	损六十四	朒一千二百三十四		二十七日	九百三十七	退十三
九日	一千三十七	进十四		三百三十九度十九	损二百七十六	朓四百四十一
一百一度四十二	损一百六	朒一千一百七十		二十八日	九百二十四	退七 进六
十日	一千五十一	进十四		三百六十一度四十四	初损一百六十五 末益入后	朒一百六十五
一百一十五度十五	损一百四十八	朒一千六十四				
十一日	一千六十五	进十四				
一百二十九度二	损一百八十八	朒九百一十六				
十二日	一千七十九	进十三				
一百四十二度三	损一百二十九	朒七百二十七				
十三日	一千九十二	进十三				
一百五十七度十八	损一百六十七	朒四百九十八				
十四日	一千一百五十	进十 退三				
一百七十一度四十六	初损二百四十一 末益六十六	朒二百三十一				
十五日	一千一百一十二	退十三				
一百八十度十一	益二百八十九	朓六十六				
十六日	一千九十九	退十三				
二百度五十九	益二百五十	朓二百五十五				
十七日	一千八十六	退十三				
二百一十五度十八	益二百一十一	朓六百五				
十八日	一千七十三	退十四				
二百二十九度四十	益一百七十二	朓八百一十六				
十九日	一千五十九	退十四				
二百四十三度四十九	益一百三十	朓九百八十七				
二十日	一千四十五	退十七				
二百五十七度四十四	益八十七	朓一千一百一十七				
二十一日	一千二十八	退十八				
一百七十一度二十五	初益三十六 末损一十八	朓一千二百四				
二十二日		退十八				
二百八十四度六十五	损七十三	朓一千二百二十三				
二十三日	九百九十二	退十四				
二百九十八度十二	损一百一十六	朓一千一百四十九				

求朔弦望入朓朒定数 各朔其所入日损益而半之，为通率。又二率相减为率差。前多者，以入余减大衍通法，余乘率差，盈大衍通法得一，并率差而半之。前少者，半入余，乘率差，亦以大衍通法除之，为加时转率。乃半之，以损益加时所入，余为转余。其转余，应益者，减法；应损者，因余。皆以乘率差，盈大衍通法得一，加于通率。转率乘之，大衍通法约之，以朓减朒加转率为定率。乃以定率损益朓朒积为定数。其后无同率者，亦因前率，益者以通率为初数，半率差而减之。应通率，其损益入余，进退日者，分为二日，随余初末如法求之，所得并以损益转率。此术本出《皇极历》，以究算术之微变。若非朔望有交者，直以入余乘损益，如大衍通法而一，以损益朓朒为定数，各得所求。

七日初：二千七百一，约为大分八。末：三百三十九，约为大分一。

十四日初：二千三百六十三，约为大分七。末：六百七十七，约为大分二。

二十一日初：二千二十四，约为大分六。末：一千一十六，约为大分三。

二十八日初：一千六百八十六，约为大分五。末：一千三百五十四，约为大分四。

右以四象约转终日及余，均得六日二千七百一分。就全数约为大分，是为之八分。以减法，余为末数。乃四象驯变相加，各其所当之日初末数也。视入转余，如初数以下者，加减损益，因循前率；如初数以上，则反其衰，归于后率云。

求朔弦望定日及余 以入气、入转朓朒定数，同名相从，异名相消。乃以朓减朒加四象经小余。满若不足，进大余。命以甲子算外，各其定日及小余。干名与后朔叶同者，月大。不同者，小；无中气者，为闰月。凡言夜半者，皆起晨前子正之中。若注历观弦望定小余，不盈晨初余数者，退一日。其望，小余虽满此数，若有交蚀，亏初起在晨初已前者，亦如之。又月行九道迟疾，则三大二小。以日行盈缩，累增损之，则容有四大三小，理数然也。若俯循常仪，当察加时早晚，随所近而进退之，使不过三小。其正月朔，若有交加时正见者，消息前后一两月，以定大小，令亏在晦二。

推定朔弦望夜半日所在度 各随定气次日以所直日

度及余分命焉。若以五星相加减者，以四约度余。乃列朔弦望小余，副之，以乘其日盈缩分，如大衍通法而一，盈加缩减其副，以加其日夜半度余，命如前，各其日加时日躔所次。

推月九道度　凡合朔所交，冬在阴历，夏在阳历，月行青道。冬、夏至后，青道半交在春分之宿，殷黄道东。立冬、夏后，青道半交在立春之宿，殷黄道东南。至所冲之宿亦如之也。冬在阳历，夏在阴历，月行白道。冬至夏至后，白道半交在秋分之宿，殷黄道西。立北。至所冲之宿亦如之也。春在阳历，秋在阴历，月行朱道。春、秋分后，朱道半交在夏至之宿，殷黄道南。立春立秋后，朱道半交在立夏之宿，殷黄道西南。至所冲之宿亦如之也。春在阴历，秋在阳历，月行黑道。春、秋分后，黑道半交在冬至之宿，殷黄道北。立春立秋后，黑道半交在立冬之宿，殷黄道东北。至所冲之宿亦如之也。四序离为八节，至阴阳之始交，皆以黄道相会，故月有九行。各视月交所入七十二候，距交初黄道日每五度为限。交初交中同。亦初数十二，每限减一，数终于四，乃一度强，依平。更从四起，每限增一，终于十二，而至半交，其去黄道六度。又自十二，每限减一，数终于四，亦一度强，依平。更从四起，每限增一，终于十二，复与日轨相会。各累计其数，以乘限度，二百四十而一，得度。不满者，二十四除，为分。若以二十除之，则大分。十二为母，命以太及强弱也。为月行与黄道差数。距半交前后各九限，以差数为减；距正交前后各九限，以差数为加。此加减是出入六度，单与黄道相交之数也。若交赤道，则随气迁变不恒。计去冬至夏至以来候数，乘黄道所差，十八而一，为月行与赤道差数。凡日以赤道内为阴，赤道外为阳；月以黄道内为阴，黄道外为阳。故月行宿度入春分交后行阴历，秋分交后行阳历，皆为同名；若入春分交后行阳历，秋分交后行阴历，皆为异名。其在同名，以差数为加者加之，减者减之；若在异名，以差数为加者减之，减者加之。皆以增损黄道度为九道定度。

推九道平交入气　各以其月恒中气，去经朔日算及余秒，加其月经朔加时入交泛日及余秒，乃以减交终日及余秒，其余即各平交入其月恒中气日算及余秒也。满三元之策及余秒则去之，其余即平交入后月恒节气日算及余秒。因求次交者，以交终日及余秒加之。满三元之策及余秒，去之。不满者，为平交入其气日算及余秒。各以其初先后数先加、后减其余。满若不足，进退日算，即平交入定气日算及余秒也。

求平交入气朒朓定数　置所入定气日算，倍六爻乘之，三其小余，辰法除而从之，以乘其气损益率，如定气辰数而一，所得以损益其气朒朓积为定数也。

求平交入转朒朓定数　置所入定气余，加其日夜半入转余，以乘其日损益率，满大衍通法而一，所得以损益其日朒朓积，乃以交率乘之，交数而一，为定数。

求正交入气　置平交入气及入转朒朓定数，同名相从，异名相消。乃以朓减、朒加平交入气余，满若不足，进退日算，即为正交入定气日算及余秒。

求正交加时黄道宿度　置正交入定气余，副之，乘其日盈缩分，满大衍通法而一，所得以盈加缩减其副，以加其日夜半日度，即正交加时所在黄道及余也。

求正交加时月离九道宿度　以正交加时度余，减大衍通法。余以正交之宿距度所入限数乘之，为距前分。置距度下月道与黄道差，以大衍通法乘之，减去距前分，余满二百四十除，为定差。不满者，一退为秒。以定差及秒加黄道度，余，仍计去冬至夏至以来候数，乘定差，十八而一，所得依名同异而加减之，满若不足，进退其度，命如前，即正交加时月离所在九道宿度及余也。

推定朔弦望加时月所在度　各置其日加时日躔所在，变从九道，循次相加。凡合朔加时月行潜在日下，与太阳同度，是为离象。凡置朔弦望加时黄道日度，以正交加时所在黄道宿度减之，余以加其正交九道宿度，命起正交宿度算外，即朔弦望加时所当九道宿度也。其合朔加时若非正交，则日在黄道，月在九道，各入宿度，虽多少不同，考其去极，若应准绳，故云月行潜在日下，与太阳同度。

以一象之度九十一、余九百五十四、秒二十二半为上弦，兑象。倍之而与日冲，得望，坎象。参之，得下弦，震象。各以加其所当九道宿度，秒盈象统从余，余满大衍通法从度。命如前，各其日加时月所在度及余秒也。综五位成数四十，以约度余，为分。不尽者，因为小分也。

推定朔夜半入转　恒视经朔夜半所入，若定朔大余有进退者，亦加减转日，否则因经朔为定。径求次定朔夜半入转，因前定朔夜半所入，大月加转差日二，小月加日一，转余皆一千三百五十四秒分一。数除如前，即次月定朔夜半所入。

求次日　累加一日，去命如，各其夜半所入转日及余秒。

求每日月转定度　各以夜半入转余，乘列衰，如大衍通法而一，所得以进加退减其日转分，为月每所转定分，满转法为度也。

求朔弦望定日前夜半月所在度　各半列衰，减转分。退者，定余乘衰，以大衍通法除，并衰而半之；进者，半定余乘衰，定以大衍通法除，皆加所减。乃以定余乘之，盈大衍通法得一，以减加时度及分。因夜半准此求转分以加之，亦得加时月度。若非朔望有交，直以定小余乘所入日转交分，如大衍通法而一，以减其时月度，亦得所求。

求次日夜半月度　各以其日转定分加之，分满转法从度，命如前，即次日夜半月所在度及分。

推月晨昏度　各以所入转定分乘其日夜漏，倍百刻除，为晨分。以减转定分，余为昏分。分满转法，从度。以加夜半度，望前以昏加，望后以晨加。各得其日晨昏月所在度及分。

大衍步轨漏第五
爻统：一千五百二十。
象积：四百八十。
辰刻：八；刻分，一百六十。
昏明刻：各二；刻分，二百四十。

定气　陟降率　　消息衰　　阳城日晷

	漏刻	黄道去极度	距中宿度
冬至	降七十八	息空(六十四)	一丈二尺七寸一分(五十)
	二十七刻(二百四十)	一百一十七度(二十七)	八十二度(二十七)
小寒	降七十二	息十一(九十)	一丈二尺三寸(七十一)
	二十七刻(一百三十五)	一百一十四度	八十三度(九十)
大寒	降五十三	息二十二(四十二)	一丈一尺二寸一分(八十二)
	二十六刻(三百八十)	一百一十一度(九十)	八十四度(七十七)
立春	降三十四	息三十一(二十五)	九尺七寸三分(五十一)
	二十五刻(四百七十五)	一百八度	八十七度(七十)
雨水	降初限七十八	息三十五(七十六)	八尺二寸一分(六十)
	二十四刻(四百八十)	一百三度(二十九)	九十一度(三十)
惊蛰	降一	息三十九(五十五)	六尺七寸三分(八十四)
	二十三刻(三百六十)	九十七度(五十三)	九十五度(八十)
春分	陟五	息三十九(六十五)	五尺四寸三分(十九)
	二十二刻(二百三十)	九十一度(三)	一百度(四十五十)
清明	陟初限	息三十八(八十九)	四尺三寸一分(十二)
	二十一刻(一百二十)	八十五度(三十三)	一百五度
谷雨	陟三十二	息三十三(五十六)	三尺三寸(四十)
	二十刻(十)	七十九度(四十二)	一百九度(五十二)
立夏	陟五十二	息二十八(三十二)	二尺五寸(三十一)
	十九刻(五)	七十四度(五十五)	一百一十三度(十九)
小满	陟六十三	息二十(十二)	一尺九寸五分(七十六)
	十八刻(一百)	七十度(七)	一百一十一度(十二)
芒种	陟六十四	息十(二)	一尺六寸(三)
	十七刻(三百五十四)	六十八度(二十一)	一百一十八度(九十二)
夏至	陟六十四	消空(五十二)	一尺四寸七分(七十九)
	十七刻(二百五十)	六十七度(四十)	一百一十八度(六十三)
小暑	降六十三	消十(七十六)	一尺六寸(三)
	十七刻(三百五十五)	六十八度(二十一)	一百一十七度(九十八)
大暑	降五十二	消二十(七十五)	一尺九寸五分

	十八刻(一百)	七十八度(七)	一百一十六度(十二)
立秋	降三十二	消二十八(九十)	二尺五寸三分(三十一)
	十九刻(五)	七十四度(五十五)	一百一十三度(十九)
处暑	降初限九十九	消二十四(七十六)	三尺三寸(三十七)
	二十刻(十)	七十九度(三十)	一百九度(五十二)
白露	降五	消三十八(九十)	四尺三寸二分(十二)
	二十一刻(一百二十)	八十五度(三十三)	一百五度
秋分	陟一	消三十九(六十六)	五尺四寸三分(十九)
	二十刻(二百四十)	九十一度	一百度(四十五十四)
寒露	陟初限	消三十九(五十)	六尺七寸三分(八十四)
	二十三刻(三百六十)	九十七度(三十)	九十五度(八十八)
霜降	陟三十四	消二十四(九十)	八尺二寸一分(六十)
	二十四刻(四百七十五)	一百三度(二十)	九十一度(三十九)
立冬	陟五十三	消二十九(七十二)	九尺七寸三分(五十二)
	二十五刻(四百七十五)	一百八度(五)	八十七度
小雪	陟七十二	消二十一(七)	一丈一尺二寸一分(八十二)
	二十六刻(三百八十)	一百一十一度(九十)	八十四度(七十)
大雪	陟七十八	消十一(十三)	一丈二尺二寸二分(七十七)
	二十七刻(二百四十五)	一百一十四度	八十二度(九十一)

求每日消息定衰　各置其气消息衰，依定气日数，每日以陟降率陟减降加其分，满百从衰，不满为分。各得每日消息定衰及分。其距二分前后各一气之外，陟降不等，各每以三日为一限，损益如后。

雨水初日：降七十八。初限每日损十二，次限每日损八，次限每日损三，次限每日损二，末限每日损一。

清明初日：陟一。初限每日益一，次限每日益二，次限每日益三，次限每日益八，末限每日益十九。

处暑初日：降九十九。初限每日损十九，次限每日损八，次限每日损三，次限每日损二，末限每日损一。

寒露初日：陟一。初限每日益一，次限每日益二，次限每日益三，次限每日益八，末限每日益十二。

求前件四气　置初日陟降率，每日依限次损益之，各为每日率。乃递以陟减降加其气初日消息衰分，亦得每日定衰及分也。

推戴日之北每度晷数　南方戴日之下，正中无晷。自戴日之北一度，乃初数一千三百七十九。从此起差，每度增一，终于二十五度。又每度增二，终于四十度。又每度增六，终于四十四度，增六十八。每度增二，终于五十五度。又每度增十九，终于六十度，度增一百六十。又每度增三十三，终于六十五度。又每度增三十六，终于七十度。又每度增三十九，终于七十二度，增二百六十。又度增四百四十，又度增一千六十，又度增一千八百六十，又度增二千八百四十，又度增四千，又度增五千三百四十，而各为每度差。因累其差，以递加初数，满百为分，分满十为寸，各为每度暑差。又每度暑差数。

求阳城日晷每日中常数　各置其气去极度，以极去戴日下度五十六，盈分八十二减半之，各得戴日之北度数及分。各以其消息定衰戴日北所直度分之晷差，满百为分，分满十为寸，各为每日晷差。乃递以息减消加其气初晷数，得每日中晷常数也。

求每日中晷定数　各置其日所在气定小余，以爻统减之，余为中后分。置前后分，以其日晷差乘之，如大衍通法而一，为变差。乃以变差加减其中晷常数，冬至后，中前以差减，中后以差加。夏至后，中前以差加，中后以差减。冬至一日有减无加，夏至一日有加无减。各得每日中晷定数。

求每日夜半漏定数　置消息定衰，满象积为刻，不满为分。各递以息减消加其气初夜半漏，各得每日夜半漏定数。

求晨初余数　置夜半定漏全刻，以九千一百二十乘之，十九乘刻分从之，如三百而一，所得为晨初余数，不尽为小分。

求每日昼夜漏及日出入所在辰刻　各倍夜半之漏，为夜刻。以减百刻，余为昼刻。减五刻以加夜，即昼为见刻，夜为没刻。半没刻以半辰刻加之，命起子初刻算外，即日出辰刻。以见刻加之，命如前，即日入辰刻。置夜刻以五除之，得每更刻，又五除之，得每筹差刻。以昏刻加日入辰刻，得甲夜初刻。又以更筹差加之，得次更一筹之数。以次累加，满辰刻去之，命如前，即得五夜更筹所当辰及少也。其夜半定漏，亦名晨初夜刻。

求每日黄道去极定数　置消息定衰，满百为度，不满为分，各递以息减消加其气初去极度，各得每日去极定数。

求每日距中度定数　置消息定衰，以一万二千三百八十六乘之，如一万六千二百七十七而一，为每日度差。差满百为度，不满为分。各递以息加消减其气初距中度，各得每日距中度定数。倍距中度以减周天度，五而一，所得为每更差度。

求每日昏明及每更中宿度所临　置其日所在赤道宿度，以距中度加之，命宿次如前，即得其日昏中所临宿度。以每更差度加之，命如前，即乙夜初中所临宿度及分也。

求九服所在每气初日中晷常数　置气去极度数相减，各为每气消息定数，因测所在冬夏至日晷长短，但测至即得，不必要须冬至。于其戴日之北度及分晷数中，校取长短，同者便为所在戴日北度数及分。气各以消定数加减之，因冬至后者每气以减，因夏至后者每气以加。各得每气戴日北度数及分。各因其气所直度分之晷数长短，即各为所在每定气初日中晷常数。其测晷有在表南者，亦据其晷尺寸长短，与戴日北每度晷数同者，因取其所直之度，去戴日北度数，反之，为去戴日南度，然后以消息定数加减。

求九服所在昼夜漏刻　冬夏至各于所在下水漏，以定当处昼夜刻数。乃相减，为冬夏至差刻。半之，以加减二至昼夜刻数，加夏至、减冬至。为春秋分定日昼夜刻数。乃置每气消息定数，以当处二至差刻数乘之，如二至去极差度四十七分，八十而一，所得依分前后加减二分初日昼夜漏刻，春分前秋分后，加夜减昼；春分后秋分前，加昼减夜。各得所在定气初日昼夜漏刻数。求次日者，置每日消息定衰，亦以差刻乘之，差度而一，所得以息减消加其气初漏刻，各得所求。其求距中度及昏明中宿日出入所在，皆依阳城法求，仍以差度而今有之，即得也。

又术　置所在春秋分定日中晷常数，与阳城每日晷数校取同者，因其日夜半漏，即为所在定春秋分初日夜半漏。求余气定日，每以消息定数，依分前后加减刻分。春分前以加，分后以减；秋分前以减，分后以加。满象积为刻，不满为分，各为所在定气初日夜半定漏。

求次日　以消息定衰依阳城法求之，即得。此术究理，大体合通。但高山平川，视日不等。校其日晷，长短乃同。考其日漏，多少悬别。以兹参课，前术为审也。

大衍步交会术第六

交终：八亿二千七百二十五万一千三百二十二。

交中：四万一千三百六十二；秒，五千六百六十一。

终日：二十七；余，六百四十五；秒，一千三百二十二。

中日：十三；余，一千八百四十二；秒，五千六百六十一。

朔差日：二；余，九百六十七；秒，八千六百七十八。

望差日：一；余，四百八十三；秒，九千三百三十九。

望数日：十四；余，二千三百二十六；秒，五十。

交限日：十二；余，一千三百五十八；秒，六千三百二十二。

交率：三百四十三。

交数：四千三百六十九。

辰法：七百六十。

秒分法：一万。

推天正经朔入交　以交终去朔积分，不尽，以秒分法乘。盈交终，又去之。余如秒法而一，为入交分。不尽，为秒。入交分满大衍通法，为日；不满，为余。命日算外，即所求年天正经朔加时入交泛日及余秒。

求次朔入交　因天正所入，加朔差日及余秒，盈终日及余秒者，去之。数除如前，即次月经朔加时所入。

求望　以望数日及余秒加之，去命如前，即得所求。若以经朔望小余减之，各其日夜半所入交泛日及余秒。

求定朔夜半入交　恒视经朔望夜半所入，定朔望大余。有进退者，亦加减交日。否则，因经为定，各得所求。

求次定朔夜半入交：因前定朔夜半所入，大月加交差日二，月小加日一；余皆二千三百九十四、秒八千六百七十八。求次日：累加一日，数除如前，各其夜半所入交泛日及余秒。

求朔望入交常日　各以其日入气朓朒定数,朓减朒加其入交泛,余满大衍通法从日,即为入交常及余秒。

求朔望入交定日　各置其日入转朓朒定数,以交率乘之,如交数而一。所得以朓减朒加入交常,余数如前,即为入交定日及余秒。

求月交入阴阳历　恒视其朔望入交定日及余秒,如中日及余秒已下者,为月入阳历,已上者,以中日及余秒去之,余为月入阴历。

阴阳历	爻目	加减率
	阴阳积	月去黄道度
少阳 少阴	初	加一百八十七
	阳阴 初	空
少阳 少阴	二	加一百七十一
	阳阴 一百八十七	一度六十七分
少阳 少阴	三	加一百三十七
	阳阴 三百五十八	二度一百一十八分
少阳 少阴	四	加一百一十五
	阳阴 五百五	四度二十五分
少阳 少阴	五	加七十五
	阳阴 六百二十	五度二十八分
少阳 少阴	上	加二十七
	阳阴 六百九十五	五度九十五分
老阳 老阴	初	减二十七
	阳阴 七百二十二	六度二分
老阳 老阴	二	减七十五
	阳阴 六百九十五	五度九十五分
老阳 老阴	三	减一百一十五
	阳阴 六百二十	五度二分
老阳 老阴	四	减一百四十七
	阳阴 五百五	四度二十五分
老阳 老阴	五	减一百七十一
	阳阴 三百五十八	三度一百一十八分
老阳 老阴	上	减一百八十七
	阳阴 一百八十七	一度六十七分

求四象六爻每度加减分及月去黄道定数　以其爻加减率与后爻加减率相减,为前差。又以后爻率与次后爻率相减,为后差。二差相减,为中差。置所在爻并后爻加减率,半中差以加而半之,十五而一,为爻末率,因为后爻初率。每以本爻初末率相减,为爻差。十五而一,为度差。半之,以加减初率,少象减之,老象加之。为定初率。每次度差累加减之,少象以差减,老象以差加。各得每度加减定分。乃修积其分,满百二十为度,各为每度月去黄道度数及分。其四象,初爻无初率,上爻无末率,皆倍本爻加减率,十五而一。所得各以初末率减之,皆互得其率。余依术算,各得所求。

求朔望夜半月行入阴阳度数　各置其日夜半入转日及余秒,余以其日夜半入交定日及余秒减之也,其秒每不等,当循率相通,然后减之,如不足减,即转终日及一余秒,然后减。余为定交初日夜半入转日及余秒。乃以定交初日夜半入余与其日夜半入余,各乘其日转定分,如大衍通法而一。所得满转法为度,不满为分。各以加其日转积度及分,乃相减,其余即为其夜半月行入阴阳度数及分也。转求次日,但以其日转定分加之,满转法为度,即得。

求朔望夜半月行入四象度数　置其日夜半入阴阳度数及分,以一象之度九十除之。若以小象除之,则兼除差度一、度分一百六、大分十三、小分十四,讫,然以次象除之。所得以少阳、老阳、少阴、老阴为次,命起少阳算外,即其日夜半所入象度数及分也。先以三十乘阴阳分,十九而一,为度分。乘又除,为小分。然以象度及分除之。

求朔望夜半月行入六爻度数　置其日夜半所入象度数及分,以一爻之度一十五除之。所得命起其象初爻算外,即以其日夜半所入爻度数及分也。其月行入少象初爻之内,皆为沾近黄道度。当朔望则有亏蚀。求入蚀限:其入交定日及余秒,如望差已下交限已上者,为入蚀限。望入蚀限,则月蚀;朔入蚀限,月在阴历则日蚀。入限,如望差已下,为交后。交限已上者,以减中日及余,为交前。置交前后定日及余秒通之,为去交前后定分。置去交定分,以十一乘之,如二千六百四十三除之,为去交度数。不尽,以大衍通法乘之,复除为余。大抵去交十三度以上,虽入蚀限,为涉交数微,光影相接,或不见蚀。

求月蚀分　其去交定分七百七十九已下者,皆蚀既。已上者,以交定分减望差,余以一百八十三约之。尽半已下,为半弱,已上,为半强。命以十五为限,得月蚀之大分。

求月蚀所起　月在阴历,初起东南,甚于正南,复于西南。月在阳历,初起东北,甚于正北,复于西北。其蚀十二分已上者,皆起于正东,复于正西。此皆据南方正午而论之,若蚀于余方者,各随方面所在,准此取正,而定其蚀起复也。

求月蚀用刻　置月蚀之大分。五已下,因增三。十已下,因增四。十已上,因增五。其去交定分五百二十已下,又增半。二百六十已下,又增半。各为泛用刻率。

定气	增损差	差积
冬至	增十	积初

小寒	增十五	积十
大寒	增二十	积二十五
立春	增二十五	积四十五
雨水	增三十	积七十
惊蛰	增三十五	积一百
春分	增四十	积一百三十五
清明	增四十五	积一百七十五
谷雨	增五十	积二百二十
立夏	增五十五	积二百七十
小满	增六十	积三百二十五
芒种	增六十五	积三百八十五
夏至	损六十五	积四百五十
小暑	损六十	积三百八十五
大暑	损五十五	积三百二十五
立秋	损五十	积二百七十
处暑	损四十五	积二百二十
白露	损四十	积一百七十五
秋分	损三十五	积一百三十五
寒露	损三十	积一百
霜降	损二十五	积七十
立冬	损二十	积四十五
小雪	损十五	积二十五
大雪	损十	积十

求每日差积定数　以所入气并后气增损差，倍六爻乘之，综两气辰数除之，为气末率。又列二气增损差，皆倍六爻乘之，各如辰数而一。少减多，余为气差。加减末率，冬至后以差减，夏至后以差加。为初率。倍气差，亦倍六爻乘之，复综两气辰数以除之，为日差。半之，以加减初末，各为定率。以日差累加减气初定率，冬至后以差加，夏至后以差减。为每日增损差。乃循积之，随所入气日加减气下差积，各其日定数。其二至之前一气，皆后无同差，不可相并，各因前末为初率。以气差冬至前减，夏至前加，为末率。余依算术，各得所求也。

阴历：

蚀差：一千二百七十五。

蚀限：二千五百二十四。

或限：三千六百五十九。

阳历：

蚀限：一百三十五。

或限：九百七十四。

求蚀差及诸限定数　各置其差、限，以蚀朔所入气日下差积，阴历减之，阳历加之，各为蚀定差及定限。

求阴历阳历的蚀或蚀　其阴历去交定分满蚀定差已上，为阴历蚀。不满者，虽在阴历，皆类同阳历蚀也。其去交定分满蚀定限已下者，其蚀之见。或限以下者，其蚀或见或不见。

求日蚀分　阴历蚀者，置去交定分，以蚀定差减之，余一百四已下者，皆蚀既。已上者，以一百四减之，其余以一百四十三约之，其入或限者，以一百五十二约之。半已

下为半弱，半已上为半强，以减十五，余为日蚀之大分。其同阳历蚀者，但去交定分，少于蚀定差六十已下者，皆蚀既。六十已上者，置去交定分，以阳历蚀定限加之，以九十约之。其阳历蚀者，直置去交定分，亦以九十约之。其入或限者，以一百四十三约之。半已下为半弱，半已上为半强，命以十五为限，亦得日蚀之大分。

求日蚀所起　月在阴历，初起西北，甚于正北，复于东北。月在阳历，初起西南，甚于正南，复于东南。其蚀十二分已上，皆起正西，复于正东。此亦据南方正午而论之也。

求日蚀用刻　置所蚀之大分，皆因增二。其阴历去交定分多于蚀定差七十已上者，又增三十五；已下者，又增半。其同阳历去交定分少于蚀定差二十已下者，又增半；四十已下者，又增半少。各为泛月刻半率。

求日月蚀甚所在辰　置去交定分，以交率乘之，二十乘交数除之，所得为差。其月道与黄道同名者，以差加朔望定小余；异名，以差减朔望定小余，置蚀定余。如求发敛加时术入之，即蚀甚所在辰刻及分也。其望甚辰月当冲蚀。

求亏初复末　置日月蚀泛用刻率，副之，以乘其日入转损益率，如大衍通法而一。所得应朒者，依其损益；应朓者，损加益减其副，为定用刻数。半之，以减蚀甚辰刻，为亏初；以加蚀甚辰刻，为复末。其月蚀求入更筹者，置月蚀定用刻数，以其日每更差刻除，为更数；不尽，以每筹差刻除，为筹数。综之定用更筹。乃累计入至蚀甚辰刻置之，以昏刻加日入辰刻减之，余以更筹差刻除之。所得命以初更筹外，即蚀甚筹。半定用更筹减之，为亏初；以加，为复末。按天竺僧俱摩罗所传断日蚀法，其蚀朔日躔于郁车宫者，的蚀。诸断不得其蚀，据日所在之宫，有火星在前三后一宫并伏在日下，并不蚀。若五星总出，并水见，又水在阴历，及三星已上同聚一宿，亦不蚀。凡星与日别宫或别宿则易断，若同宿则难断。更有诸断，理多烦碎，略陈梗概，不复具详者。其天竺所云十二宫，则中国之十二次也。曰郁车宫者，即中国降娄之次也。十二次宿度，首尾具载《历仪分野》卷中也。

求九服所在蚀差　先测所在冬、夏至及春分定日中晷长短、阳城每日中晷常数，校取同者，各因其日蚀差，即为所在冬、夏至及春秋分定日蚀差。

求九服所在每气蚀差　以夏至差减春分差，以春分差减冬至差，各为率。并二率半之，六而一，为夏率。二率相减，六一为差。置总差，六而一，为气。半气差，以加夏率，又以总差减之，为冬率。冬率即是冬至之率也。每以气差加之各气，为每气定率。乃循其率，以减冬至蚀差，各得每气初日蚀差。求每日，如阳城求之，若戴日之北，当计其所在，皆反之，即得。

大衍步五星术第七

岁星

终率：一百二十一万二千三百七十九；秒，十八。

终日：三百九十八；余，二千六百五十九；秒，六。

变差算：空；余，三十四；秒，十四。

象算：九十一；余，二百三十八；秒，五十七七十二。

交算：十五；余，一百六十六；秒，四十六十二。
　　镇星
终率：一百一十四万九千三百九十九；秒，九十八。
终日：三百七十八，余，二百七十九；秒，九十八。
变差算：空；余，二十二；秒，九十二。
象算：九十二，余，二百三十七；秒，八十七。
交算：十五，余，一百六十六；秒，三十一。
　　太白
终率：一百七十七万五千三十；秒，十二。
终日：五百八十三；余，二千七百一十一；秒，十二。
中合日：二百九十一；余，二千八百七十五；秒，六。
变差算：空；余，三十；秒，五十三。
象算：九十二，余，二百三十八；秒，三十四五十四。
交算：十五，余，一百六十六；秒，三十九九。
　　辰星
终率：三十五万二千二百七十九；秒，七十二。
终日：一百一十五，余，二千六百七十九；秒，七十二。
中合日：五十七；余，二千八百五十九；秒，八十六。
变差算：空；余，一百三十六；秒，七十八六十。
象算：九十一，余，二百四十四；秒，九十八六十。
交算：十五，余，一百六十七；秒，三十九七十四。
辰法：七百六十。
秒法：一百。
微分法：九十六。

推五星平合　置中积分，以天正冬至小余减之，各以其星终率去之，不尽者，返以减终率，满大衍通法为日，不满为余，即所求年天正冬至夜半后星平合日算及余秒也。

求平合入爻象历　置积年，各以其星变以差乘之，满乾实去之，不满者，以大衍通法约之，为日。不尽为余秒。以减其星冬至夜半后平合日算及余秒，即平合入历算数及余秒也。各四约其余，同其辰法也。

求平合入四象　置历算数及秒，以一象之算及余秒除之，所得，依入爻象次命起少阳算外，即平合所入象算数及余秒也。

求平合入六爻　置所入象算数及余秒，以一爻之算及余秒除之，所得，命起其象初爻算外，即平合所入爻算数及余秒也。

星名	爻目		损益率	进退积
岁星	少阳少阴	初	益七百七十三	进退空
		二	益七百二十一	进退七百七十三
		三	益六百三十	进退一千四百九十四
		四	益五百	进退二千一百二十四
		五	益三百三十一	进退二千六百二十四
	少阳少阴	上	益一百二十三	进退二千九百五十五
	老阳老阴	初	损一百二十三	进退三千七十八
	老阳老阴	二	损三百三十一	进退二千二百五十五
	老阳老阴	三	损五百	进退二千六百二十四
	老阳老阴	四	损六百三十	进退二千一百二十四
	老阳老阴	五	损七百二十一	进退一千四百九十四
	老阳老阴	上	损七百七十三	进退七百七十三
荧惑	少阳少阴	初	益一千二百三十七	进退空
	少阳少阴	二	益一千一百四十三	进退一千二百二十七
	少阳少阴	三	益九百九十一	进退二千三百八十
	少阳少阴	四	益九百八十一	进退三千三百七十一
	少阳少阴	五	益五百一十三	进退四千一百五十二
	少阳少阴	上	益一百八十七	进退四千六百六十五
	老阳老阴	初	损一百八十七	进退四千八百五十二
	老阳老阴	二	损五百一十三	进退四千六百六十五
	老阳老阴	三	损七百八十一	进退四千一百五十二
	老阳老阴	四	损九百九十一	进退三千三百七十一
	老阳老阴	五	损一千一百四十三	进退二千三百八十
	老阳老阴	上	损一千二百三十七	进退一千二百三十七
镇星	少阳少阴	初	益一千六百八十四	进退空
	少阳少阴	二	益一千五百四十四	进退一千六百八十四
	少阳少阴	三	益一千三百三十	进退三千二百二十八
	少阳少阴	四	益一千四十二	进退四千五百五十八
	少阳少阴	五	益六百八十	进退五千六百
	少阳少阴	上	益二百四十四	进退六千二百八十
	老阳老阴	初	损二百四十四	进退六千五百二十四
	老阳老阴	二	损六百八十	进退六千二百八十
	老阳老阴	三	损一千四十三	进退五千六百
	老阳老阴	四	损一千三百三十	进退四千五百五十八
	老阳老阴	五	损一千五百四十四	进退三千二百三十八
	老阳老阴	上	损一千六百八十四	进退一千六百八十四
太白	少阳少阴	初	益二百五十五	进退空

少阳少阴	二	益二千三十一	进退 二百五十五
少阳少阴	三	益一百九十八	进退 四百八十六
少阳少阴	四	益一百五十六	进退 六百八十四
少阳少阴	五	益一百五	进退 八百四十
少阳少阴	上	益四十五	进退 九百四十五
老阳老阴	初	损四十五	进退 四百九十
老阳老阴	二	损一百五	进退 九百四十五
老阳老阴	三	损一百五十六	进退 八百四十
老阳老阴	四	损一百九十八	进退 六百八十四
老阳老阴	五	损二百三十一	进退 四百八十六
老阳老阴	上	损二百五十五	进退 二百五十五
辰星 少阳少阴	初	益六百四十三	进退 空
少阳少阴	二	益五百八十五	进退 六百四十三
少阳少阴	三	益五百一	进退 一千二百二十八
少阳少阴	四	益三百九十	进退 一千七百二十九
少阳少阴	五	益三百五十五	进退 二千一百二十
少阳少阴	上	益九十三	进退 二千三百七十五
老阳老阴	初	损九十三	进退 二千四百六十八
老阳老阴	二	损二百五十五	进退 二千三百七十五
老阳老阴	三	损三百九十一	进退 二千一百二十
老阳老阴	四	损五十一	进退 一千七百二十九
老阳老阴	五	损五百八十五	进退 一千二百二十九
老阳老阴	上	损六百四十三	进退 六百四十三

求四象六爻每算损益及进退定数　以所入爻与后爻损益率相减为前差，又以后爻与次后爻损益率相减为后差，前后差相减为中差。置所入爻并后爻损益率，半中差以加之，九之，二百七十四而一，为爻末率，因为后爻初率。皆因前爻末率，以为后爻初率。初末之率相减，为爻差。倍爻差，九之，二百七十四而一为算差。半之，加减初末，各为定率。以算差累加减爻初定率，少象以差减，老象以差加。为每损益率。循累其率，随所入爻，损益其下进退，即各得其算定。其四象初爻无初率，上爻无末率，皆置本爻损益，四而九之，二百七十四而一，各以初末率减之，皆互得其率。余依术算，各得所求。

求平合入进退定数　各置其星平合所入爻之算差，半之，以减其所入算损益率。损者，以所入余乘限差，辰法除，并差而半之；益者，半入余乘差，亦辰法除。加所减之率，乃以入余乘之，辰法而一，所得以损益其算下进退，各为平合所入进退定数。此法微密，用算稍繁。若从省求之，亦可置其所入算余，以乘其下损益率，如辰法而一，所得以损益其算下进退，各为定数。

求常合　置平合所入进退定数，金星则倍置之。各以合下乘数乘之，除数除之，所得满辰法为日，不满为余，以进加退减平合日算及余秒，先以四约平合余，然以进加退减也。即为冬至夜半后常合日算及余也。

求定合　置常合日先后定数，四而一，所得满辰法为日，不满为馀。乃以先减后加常合算及余，即为冬至夜半后定合日算及余也。

求定合度　置其日盈缩分，四而一，以定合余乘之，满辰法而一，所得以盈加缩减其定余，以加其日夜半日度余，先四约夜半日度余以加之。满辰法从度。依前命之算外，即为定合加时度及余也。

求定合月日　置冬至夜半后定合日算及余秒，以天正冬至大小余加之，天正经朔大小余减之。其至、朔小余，皆以四约之，然用加减。若至大余少于经朔大余者，又以爻数加之，然以经朔大小余减之。其余满四象之策及余，除之，为月数，不尽者，为入朔日算及余。命月数起天正日算起经朔算外，即定所在日月也。其定朔大余有进减，退加一日，为在其月日定及余也。

求定合入爻　置常合及定合应加减定数，同名相从，异名相消。乃以加减其平合入爻算余，满若不足，进退其算，即为定合入爻算数及余也。

求变行初日入爻　置定合入爻算数及余，以合后伏下变行度常率加之，满爻率去之，命爻次如前，即次变初日入爻算数及余也。更求次变入爻变入，但以其下行度常加之，去命如上节。

求变行初日入进退定数　各置其变行初日入爻算数及余，如平合求进退术入之，即得变行初日所入进退定数也。置进退定数，各以其下乘数乘之，除数除之，所得各为进退变率。

星名	变行目 差行损益率	变行日中率 变行日常率	变行度中率 变行乘数 变行除数
岁星	合后伏	十七日 三百三十二	行三度 三百三十三
	先迟二日 益疾九分	行一度 三百五十七	乘数三百五十 除数二百八十
	前顺	一百一十日	行十八度 六十五
	先疾五日 益迟六分	行九度 三百五十七	乘数三百一十 除数二百八十一
	前留	二十七日	
		行二度 二百二十	乘数二百六十七 除数一百二十二
	前退	四十三日	退五度 三百六十九

	先疾六日 益疾十一分	行三度四百七十五	乘数四百七十 除数四百三		前留	三十七日三百八十	乘数十 除数九
	后退	四十三日	退五度三百六十九		行一度二百八		
	先疾六日 益迟十一分	行三度四百七十五	乘数五百一十 除数四百六十七		前退	五十日	退二度二百三十四
	后留	二十七日			先迟七日 益疾一分	行一度五百三十一	乘数二十 除数十七
		行三度二百一十	乘数二百七十 除数四百六十七		后退	五十日	退二度三百三十四
	后顺	一百一十二日	行一十八度六十五		先迟七日 益迟一分	行一度五百三十一	乘数五 除数四
	先迟五日 益疾六分	行九度三百三十七	乘数二百六十七 除数二百二十七		后留	三十七日三百八十	
	合前伏	十七日	行三度三百六十三			行一度二百八	乘数二十 除数十七
	先疾二日 益迟九分	行一度三百六十五十八	乘数三百五十 除数二百八十		后顺	八十三日	行七度二百六十三
荧惑	合后伏	七十一日七百二十五	行五十四度七百三十五		先迟六日 益疾五分	行二度六百二十三	乘数十 除数九
	先疾五日 益迟七分	行三十八度二百	乘数一百二十七 除数三十		合前伏	十八日四百一十五	行一度四百一十五
	前疾	二百一十四日	行一百三十六度		先疾二日 益迟九分	行度空四百八十	乘数十二 除数十一
	先疾九日 益迟四分	行一百一十三度五百九十六	乘数一百三十 除数三十一	太白	晨合后伏	四十一日七百一十九	行五十二度七百一十九
	前迟	六十日	行二十五度		先迟三日 益疾十六分	行三十一度七百一十九	乘数七百九十七 除数二百九
	先疾日 益迟四分	行三十一日六百八十五	乘数三百三十 除数五十四		夕疾行	一百七十一日	行二百六十度
	前留	一十三日			先迟五日 益迟九分	行一百七十一度	乘数七百九十一 除数二百九
		行六度六百九十十三	乘数二百三 除数五十四		夕平行	十二日	行一十二度
	前退	三十一日	退八度四百七十二				乘数五百一十五 除数一百三十七
	先迟六日 益疾五分	行一十六度三百六十七	乘数二百三 除数四十八		夕迟行	四十二日	行三十一度
	后退	三十一日	退八度四百七十二		先疾日 益迟十分	行四十三度	乘数五百一十五 除数一百三十一
	先迟六日 益疾五分	行一十六度二百六十七	乘数二百三 除数四十八		夕留	八日	
	后留	一十三日				行八度	乘数五百一十五 除数九十二
		行六度六百九十十三	乘数二百三 除数四十八		夕退	十日	退五度
	后迟	六十日	行二十五度		先迟九日 益疾九分	行十度	乘数五百一十五 除数八十六
	先迟日 益疾四分	行三十一度六百八十五	乘数二百三 除数五十四		夕合前伏	六日	退五度
	后疾	二百一十四日	行三十六度		先迟日 益疾八十五分	行六度	乘数五百一十五 除数八十四
	先迟九日 益疾四分	行一百一十三度五百九十六			夕合 后伏	六日	退五度
	合前伏	七十一日七百三十六	行五十四度七百三十六		先疾日 益迟八十五分	行六度	乘数五百一十五 除数八十三
	先迟五日 益疾七分二百二				晨退	十日	退五度
镇星	合后伏	十八日四百一十五	行一度四百一十五		先疾日 益迟九分	行十度	乘数五百一十五 除数八十四
	先迟一日 益疾九分	行度空四百八十	乘数十二 除数十一		晨留	八日	
	前顺	八十三日	行七度二百六十四十二			行八度	乘数五百一十五 除数八十六
	先迟二日 益疾五分	行二度六百二十三	乘数十三 除数十一		晨迟行	四十二日	行四十一度
					先迟日 益疾十分	行四十二度	乘数五百一十五 除数九十二

	晨平行	十二日 行十二度	乘数五百一十五 除数一百三十七
	晨疾行 先迟五日 益疾九分	一百七十一日 行一百七十度	行二百六度 乘数五百一十五 除数一百五十六
	晨合前伏 先疾三日 益迟十六分	四十一日七百一十九 行四十一度七百一十九	行五十二度七百一十九 乘数七百一十七 除数二百九
辰星	晨合后伏 先迟二十二分	十六日七百一十五 行十六度七百一十五	行三十二度七百一十五 乘数二百八十六 除数二百八十七
	夕疾行 先迟五十分	十二日 行十二度	行十七度 乘数二百八十六 除数二百八十七
	夕平行	九日 行九度	乘数四百九十五 除数一百九十四
	夕迟行 先疾日 益迟七十六分	六日 行六度	行四度 乘数四百九十六 除数一百九十五
	夕留	三日 行三度	乘数四百九十七 除数一百九十六
	夕合前伏 先迟日 益疾三十一分	十一日 行十一度	退六度 乘数四百九十八 除数一百九十七
	夕合后伏 先疾日 益迟三十一分	十一日 行十一度	退六度 乘数五百 除数一百九十八
	晨留	三日 行三度	乘数四百九十八 除数一百九十八
	晨迟行 先迟日 益疾七十六分	六日 行六度	行四度 乘数四百九十七 除数一百九十六
	晨平行	九日 行九度	乘数四百九十五 除数一百九十五
	晨疾行 先迟日 益疾五十分	十二日 行十二度	行十七度 乘数四百九十五 除数一百九十四
	晨合前伏 先疾日 益迟二十二分	十六日七百一十五 行十六度	行二十三度七百一十五 乘数二百八十六 除数二百八十七

求变行日度率　置其本进退变率与后变率，同名者，相消为差。在进前少，在退前多，各以差为加；在进前多，在退前少，各以差为减。异名者，相从谓并。前退后进，各以并为加；前进后退，各以并为减。逆行度率则反之。皆以差及并，加减日度中率，各为日度变率。其水星疾行，直以差以并加减度之中率，为变率。其日直因中率为变率，不烦加减也。

求变行日度定率　以定合日与后变初日先后定数，同名相消为差，异名者相从为并。四而一，所得满辰法为度。乃以盈加缩减其合后伏之变率及合前伏日之变率。金水夕合加度，加减反之。其二留日之变率，若差于中率者，即以所差之数为度，各加减本迟度之变率。谓以多于中率之数加之，少于中率之数减之。以下加减准此。退行度变率，若差于中率者，即倍所差之数，各加减本疾度之变率。其木土二星，既无迟疾，即加减前后顺行度之变率。其水星疾行度之变率，若差于中率者，即以所差之数为日，各加减留日变率。其留日变率若少不足减者，即侵减迟日变率也。各加减变率讫，皆为日度定率。其日定率有分者，前后辈之。辈，配也。以少分配多分，满全为日，有余转配。其诸变率不加减者，皆依变率为定率。

求定合后夜半星所在度　置其星定合余，以减辰法，余以其星初日行分乘之，辰法而一，以加定合加时度余，满辰法为度。依前命之算外，即定合后夜半星所在宿及余。自此以后，各依其星，计日行度所至，皆从夜半为始也。转求次日夜半星行至：各以其星一日所行度分，顺加退减之。其行有小分者，各满其法从行分一。行分满辰法，从度一。合之前后，伏不注度，留者因前，退则依减。顺行出虚，去六虚之差；退行入虚，先加此差。先置六虚之差，四而一，然用加减。讫，皆以转法约行分为度分，各得每日所至。其三星之行日度定率，或加或减，益疾或益迟，每日渐差，难为预定，今且略据日度中率商量置之。其定率既有盈缩，即差数合随而增损，当先检括诸变定率与中率相近者，因用其差，求其初末之日行分为主。自余变因此消息，加减其差，各求初末分。循环比校，使际会参合，衰杀相循。其金水皆以平行为主，前后诸变，亦准此求之。其合前伏虽有日度定率，如至合而与后算计却不叶者，皆从后算为定。其五星初见伏之度，去日不等，各以日度与星度相校。木去日十四度，金十一度，火土水各十七度，皆见；各减一度皆伏。其木火土三星前顺之初，后顺之末，又金水疾行、留、退初末，皆是见伏之初，注历消息定之。其金水及日月等度，并弃其分也。

求每日差　置所差分为实，以所差日为法。实如法而一，所得为行分，不尽者为小分。即是也每日差所行分及小分也。其差若全，不用此术。

求平行度及分　置度定率，以辰法乘之，有分者从之，如日定率而一，为平行分。不尽，为小分。其行分满辰法为度，即是一日所行度及分。

求差行初末日行度及分　置日定率减一，以差分乘之。二而一，为差率，以加减平行分。益疾者，以差率减平为初日，加平为末日。益迟者，以差率加平为初日，减平为末日也。加减讫，即是初末日所行度及分。其差不全而与日相合者，先置日定率减一，以所差分乘之，为实。倍所差日为法。实如法而一，为行分。不尽，因为小分，然为差率。

求差行次日行度及分　置初日行分，益迟者，以每日差减之；益疾者，以每日差加之，即为次日行度及分也。其每日差、初日行皆有小分，母既不同，当令同之。然用加减，转求次日，准此各得所求也。

径求差行余日行度及分　置所求日减一，以每日差乘之，以加减初日行分，益迟减之，益疾加之。满辰法为度，不满为行分，即是所求日行度及分也。

求差行，先定日数，径求积度及分　置所求日减一，次每日差乘之，二而一，所得，以加减初日行分。益迟减之，益疾加之。以所求日乘之，如辰法而一，为积度。不尽者，为行分。即是从初日至所求日积度及分也。

求差行，先定度数，径求日数　置所求行度，以辰法乘之，有分者从之。八之，如每日差而一，为积。倍初日行分，以每日差加减之。益迟者加之，益疾者减之。如每日差而一，为率。今自乘，以积加减之，益迟者以积减之，益疾者以积加之。开方除之。所得，以率加减之。益迟者以率加之，益疾者以率减之。乃半之，即所求日数也。其开方除者，置所开之数为实，借一算于实之下，名曰下法。步之，超一位，置商于上方，副商于下法之上，名曰方法。命上商以除实，毕，倍方法一折，下法再折，乃置后商于下法之上，名曰隅法。副隅并方，命后商以除实，毕，隅从方法折下就除，如前开之。讫竟，依上术求之即得也。

求星行黄道南北　各视其星变行入阴阳爻而定之。其前变入阳爻为黄道北，入阴爻为黄道南；后变入阳爻为黄道南，入阴爻为黄道北。其金水二星，以爻变为前变，各计其变行，起初日入爻之算，尽老象上爻末算之数，不满变行度常率者，因置其数，以变行日定率乘之，如变行度常率而一，为日。其入变日数，与此日数以下者，星在黄道南北，依本所入阴阳爻为定。过此日数之外者，黄道南北则返之。

卷三十五　　　　志第十五

天　文　上

《易》曰："观乎天文以察时变。"是故古之哲王，法垂象以施化，考庶征以致理，以授人时，以考物纪，修其德以顺其度，改其过以慎其灾，去危而就安，转祸而为福者也。夫其五纬七纪之名数，中官外官之位次，凌历犯守之所主，飞流彗孛之所应，前史载之备矣。

武德年中，薛颐、庾俭等相次为太史令，虽各善于占候，而无所发明。贞观初，将仕郎直太史李淳风始上言灵台候仪是后魏遗范，法制疏略，难为占步。太宗因令淳风改造浑仪，铸铜为之，至七年造成。淳风因撰《法象志》七卷，以论前代浑仪得失之差，语在《淳风传》。其所造浑仪，太宗令置于凝晖阁以用测候，既在宫中，寻而失其所在。玄宗开元九年，太史频奏日蚀不效，诏沙门一行改造新历。一行奏云，今欲创历立元，须知黄道进退，请太史令测候星度。有司云："承前唯依赤道推步，官无黄道游仪，无由测候。"时率府兵曹梁令瓒待制于丽正书院，因造游仪木样，甚为精密。一行乃上言："黄道游仪，古有其术而无其器。以黄道随天运动，难用常仪格之，故昔人潜思皆不能得。今梁令瓒创造此图，日道月交，莫不自然契合，既于推步尤要，望就书院更以铜铁为之，庶得考验星度，无有差舛。"从之，至十三年造成。又上疏曰：按《舜典》云："在璇枢玉衡，以齐七政。"说者以为取其转运者为枢，持正者为衡，皆以玉为之，用齐七政之变，知其盈缩进退，得失政之所在，即古太史浑天仪也。

自周室衰微，畴人丧职，其制度遗象，莫有传者。汉兴，丞相张苍首创律历之学。至武帝诏司马迁等更造汉历，乃定东西、立晷仪、下漏刻，以追二十八宿相距星度，与古不同。故唐都分天部，洛下闳运算转历，今赤道历星度，则其遗法也。后汉永元中，左中郎将贾逵奏言："臣前上傅安等用黄道度日月，弦望多近。史官壹以赤道度之，不与天合，至差一日以上。愿请太史官日月宿簿及星度课，与待诏星官考校。"奏可。问典星待诏姚崇等十二人，皆曰：'星图有规法，日月实从黄道，官无其器，不知施行。'甘露二年，大司农丞耿寿昌奏，以圆仪度日月行，考验天运。日月行赤道，至牵牛、东井，日行一度，月行十五度；至娄、角，日行一度，月行十三度，此前代所共知也。"是岁永元四载也。明年，始诏太史造黄道铜仪。冬至，日在斗十九度四分度之一，与赤道定差二度。史官以校日月弦望，虽密近，而不为望日。仪，黄道与度运转，难候，是以少终其事。其后刘洪因黄道浑仪，以考月行出入迟速。而后代理历者不遵其法，更从赤道命文，以验贾逵所言，差谬益甚，此理历者之大惑也。

今灵台铁仪，后魏明元时都匠解兰所造，规制朴略，度刻不均，赤道不动，乃如胶柱，不置黄道，进退无准。此据赤道月行以验入历迟速，多者或至十七度，少者仅出十度，不足以上稽天象，敬授人时。近秘阁郎中李淳风著《法象志》，备载黄道浑仪法，以玉衡旋规，别带日道，傍列二百四十九交，以携月游，用法颇杂，其术竟寝。

臣伏承恩旨，更造游仪，使黄道运行，以追列之变，因二分之中以立黄道，交于轸、奎之间，二至陟降各二十四度。黄道之内，又施白道月环，用究阴阳朓朒之数，动合天运，简而易从，足以制器垂象，永传不朽。

于是玄宗亲为制铭，置之于灵台以考星度。其二十八宿及中外官与古经不同者，凡数十条。又诏一行与梁令瓒及诸术士更造浑天仪，铸铜为圆天之象，上具列宿赤道及周天度数。注水激轮，令其自转，一日一夜，天转一周。又别置二轮络在天外，缀以日月，令得运行。每天西转一匝，日东行一度，月行十三度十九分度之七，凡二十九转有余而日月会，三百六十五转而日行匝。仍置木柜以为地平，令仪半在地下，晦明朔望，迟速有准。又立二木人于地平之上，前置钟鼓以候辰刻，每一刻自然击鼓，每辰则自然撞钟。皆于柜中各施轮轴，钩键交错，关锁相持。既与天道合同，当时共称其妙。铸成，命之曰水运浑天俯视图，置于武成殿前以示百僚。无几而铜铁渐涩，不能自转，遂收置于集贤院，不复行用。

今录游仪制度及所测星度异同，开元十二年分遣使诸州所测日晷长短，李淳风、僧一行所定十二次分野，武德已来交蚀及五星祥变，著于篇。

黄道游仪规尺寸：

旋枢双环：外一丈四尺六寸一分，竖八分，厚三分，直径四尺五寸九分，即古所谓旋仪也。南北斜两极，上下循规各三十四度，两面各画周天度数。一面加钉，并用银饰，使东西运转如浑天游仪。中旋枢轴至两极首内，孔径大两度半，长与旋环径齐，并用古尺四分为度。

玉衡望筒：长四尺五寸八分，广一寸二分，厚一寸，孔径六分，古用玉饰之。玉衡，衡施于轴中，旋运持正，用窥七曜及列星之阔狭，外方内圆，孔径一度半，周日轮也。

阳经双环：外一丈七尺三寸，内一丈四尺六寸四分，广四寸，厚四分，直径五尺四寸四分，置于子午。左右用八柱相固，两面画周天度数，一面加钉，并银饰之。半出地上，半入地下，双间挟枢轴及玉衡望筒，旋环于中也。

阴纬单环：外内广厚周径，皆准阳经，与阳经相衔各半，内外俱齐。面平上为天，以下为地，横周阳环，谓之阴浑。面上为两界，内外为周天百刻。平上御制铭序及书，并金为字。

天顶单环：外一丈七尺三寸，竖广八分，厚三分，直径五尺四寸四分。当中国人顶之上，东西至卯酉之中，稍南，使见日出入，令与阳经、阴纬相固，如壳之裹黄。南去赤道三十六度，去黄道十二度，去北极五十五度，去南北平各九十一度强。

赤道单环：外一丈四尺五寸九分，横八分，厚三分，直径四尺九寸。赤道者，当天之中，二十八宿之列位也。其本，后魏解兰所造也。因著双规，不能运动。臣今所造者，上列周天星度，使转运随天，仍度穿一穴，随穴退交，不有差谬。即知古者秋分，日在角五度，今在轸十三度；冬至，日在牵牛初，今在斗十度。拟随差却退，故置穴也。傍在卯酉之南，上去天顶三十六度而横置之。

黄道单环：外一丈五尺四寸一分，横八分，厚四分，直径四尺八寸四分。日之所行，故名黄道。古人知有其事，竟无其器，遂使太阳陟降，积岁有差。月及五星，亦随日度出入，规制不知准的，斠量为率，疏阔尤多。臣今创置此环，置于赤道环内，仍开合使随转运，出入四十八度，而极画两方，东西列周天度数，南北列百刻，使见日知时，不有差谬。上列三百六十策，与用卦相准，度穿一穴，与赤道相交。

白道月环：外一丈五尺一寸五分，横度八分，厚三分，直径四尺七寸六分。月行有迂曲迟疾，与日行缓急相反。古无其器，今创置于黄道环内，使就黄道为交合，出入六十度，以测每夜行度。上画周天度数，穿一穴，拟移交会，并用铜铁为之。

李淳风《法象志》说有此日月两环，在旋仪环上。既用玉衡，不得遂于玉衡内别安一尺望筒。运用既难，其器已涩。

游仪四柱，龙各高四尺七寸。水槽、山各高一尺七寸五分。槽长六尺九寸，高广各四寸。水池深一寸，广一寸五分。龙者能兴云雨，故以饰柱。柱在四维，龙下有山云，俱在水平槽上，并铜为之。

游仪初成，太史所测二十八宿等与《经》同异状：

角二星，十二度；赤道黄道度与古同。旧《经》去极九十一度，今则九十三度半。《星经》云："角去极九十一度，距星正当赤道，其黄道在赤道南，不经角中。"今测角在赤道南二度半，黄道复经角中，即与天象符合。

亢四星，九度。旧去极八十九度，今九十一度半。氐四星，十六度。旧去极九十四度，今九十八度。房四星，五度。旧去极一百八度，今一百一十度半。心三星，五度。旧去极一百八度，今一百一十一度。尾九星，十八度。旧去极一百二十度，一云一百四十一度，今一百二十四度。箕四星，十一度。旧去极一百一十八度，今一百二十度。南斗六星，二十六度。旧去极一百一十六度，今一百一十九度。牵牛六星，八度。旧去极一百六度，今一百四度。须女四星，十二度。旧去极一百度，今一百一度。虚二星，十度。旧去极一百四度，今一百一度。北星旧图入虚宿，今测在须女九度。危三星，十七度。旧去极九十七度，今九十七度。北星旧图入危宿，今测在虚六度半。室二星，十六度。旧去极八十五度，今八十三度。东壁二星，九度。旧去极八十六度，今八十四度。

奎十六星，十六度。旧去极七十六度，一云七十度，今七十三度。东壁九度，奎十六度，此错以奎西大星为距，即损壁二度，加奎二度，今取西南大星为距，即奎、壁各不失本度。娄三星，十三度。旧去极八十度，今七十七度。胃三星，十四度。昴七星，十一度。旧去极七十四度，今七十二度。毕八星，十七度。旧去极七十八度，今七十六度。觜觿三度，旧去极八十四度，今八十二度。毕赤道与黄道度同。觜赤道二度，黄道三度。其二宿俱当黄道斜虚。毕有十六度，尚与赤道度同。觜总二度，黄道损加一度，此即承前有误。今测毕有十七度半，觜觿半度，并依天正。参十星，旧去极九十四度，今九十二度。东井八星，三十三度。旧去极七十度，今六十八度。舆鬼五星，旧去极六十八度，今古同也。柳八星，十五度。旧去极七十七度，一云七十九度，今八十度半。柳，合用西头第三星为距，比来错取第四星，今依第三星为正。七星十度，旧去极九十一度，一云九十三度，今九十三度半。张六星，十八度。旧去极九十七度，今一百度。张六星，中央四星为朱鸟嗉，外二星为翼。比来不取膺前为距，错取翼星，即张加二度半，七星欠二度半。今依本《经》为定。

翼二十二星，十八度。旧去极九十七度，今一百三度。轸四星，十七度。旧去极九十八度，今一百度。文昌，旧二星在鬼，四星在井；今四星在柳，一星在鬼，一星在井。北斗，魁第一星旧在七星一度，今在张十三度。第二星旧在张二度，今在张十二度半。第三星旧在翼二度，今在翼十三度。第四星旧在翼八度，今在翼十七度太。第五星旧在轸八度，今在轸十度半。第六星旧在角七度，今在角四度少。第七星旧在亢四度，今在角十二度少。天关，旧在黄道南四度，今当黄道。天江，旧在黄道外，今当黄道。天囷，旧在赤道外，今当赤道。三台：上台旧在井，今测在柳；中台旧在七星，今在张。建星，旧去黄道北半度，今四度半。天苑，旧在昴、毕，今在胃、昴。王良，旧五星在壁，今四星在奎，一星在壁外。屏，旧在觜，今在毕宿。云雨，旧在黄道外，今在黄道内七度。雷电，旧在赤道外五度，今在赤道内二度。霹雳，旧五星并在赤道外四度，今四星在赤道内，一星在外。土公吏，旧在赤道外，今在赤道内六度。虚梁，旧在黄道内四度。外屏，旧在黄道外三度，今当黄道。八魁，旧九星并在室，今五星在壁，四星在室。长垣，旧当黄道，今在黄道北五度。军井，准《经》，在玉井东南二度半。天樽，旧在黄道北，今当黄道。天高，旧在黄道外，今当黄道。狗国，旧在黄道外，今当黄道。罗堰，旧当黄道，今在黄道北。

黄道，春分之日与赤道交于奎五度太；秋分之日交于轸十四度少；冬至之日于斗十度，去赤道南二十四度；夏至之日于井十三度少，去赤道北二十四度。其赤道带天之中，用分列宿之度；黄道斜运，以明日月之行。其冬至，洛下闳起于牛初，张衡等迁于斗度，由每岁差分不及旧次也。

日晷：《周礼》大司徒，常"以土圭之法测土深，正日景，以求地中。日东则景夕多风，日西则景朝多阴。日至之景尺五寸，谓之地中，天地之所合也，四时之所交也，风雨之所会也，阴阳之所合也。然则百物阜安，乃建王国焉。"郑氏以为"凡日景于地，千里而差一寸。""景尺有五寸者，南戴日下万五千里，地与星辰四游升降于三万里之中，是以半之，得地之中焉。"郑司农云："土圭之长尺有五寸，以夏至之日立八尺之表，其景适与土圭等，谓之地中。今颍川阳城为然。"

谨按《南越志》："宋元嘉中，南征林邑，以五月立表望之，日在表北，影居表南。交州日影觉北三寸，林邑觉九寸一分，所谓开北户以向日也。"交州，大略去洛九千余里，盖水陆油折，非论圭表所度，惟直考实，其五千乎！开元十二年，诏太史交州测景，夏至影长南三寸三分，与元嘉中所测大同。然则距阳城而南，使直路应弦，至于日下，盖不盈五千里也。测影使者大相元太云："交州望极，才出地二十余度。以八月自海中南望老人星殊高。老人星下，环星灿然，其明大者甚众，图所不载，莫辨其名。大率去南极二十度以上，其星皆见。乃古浑天家以为常没地中，伏而不见之所也。"又按贞观中，史官所载铁勒、回纥部在薛延陀之北，去京师六千九百里。又有骨利干居回纥北方瀚海之北，草多百药，地出名马，骏者行数百里。北又距大海，昼长而夕短，既日没后，天色正曛，煮一羊胛才熟，而东方已曙。盖近日出入之所云。凡此二事，皆书契所未载也。开元十二年，太史监南宫说择河南平地，以水准绳，树八尺之表而以引度之。始自滑州白马县，北至之晷，尺有五寸七分。自滑州台表南行一百九十八里百七十九步，得汴州浚仪古台表，夏至影长一尺五寸微强。又自浚仪而南百六十七里二百八十一步，得许州扶沟县表，夏至影长一尺四寸四分。又自扶沟而南一百六十里百一十步，至豫州上蔡武津表，夏至影长一尺三寸六分半。大率五百二十六里二百七十步，影差二寸有余。而先儒以为王畿千里，影移一寸，又乖舛而不同矣。

今以句股图校之，阳城北至之晷，一尺四寸八分弱；冬至之晷，一丈二尺七寸一分半；春秋分，其长五尺四寸三分。以覆矩斜视，北极出地三十四度四分。凡度分皆以十分为法。自滑台表视之，高三十五度三分。差阳城九分。自浚仪表视之，高三十四度八分。差阳城四分。自武津表视之，高三十三度八分。差阳城九分。虽秒分稍有盈缩，难以目校，然大率五百二十六里二百七十步而北极差一度半，三百五十一里八十步而差一度。枢极之远近不同，则黄道之轨景固随而迁变矣。

自此为率，推之比岁朗州测影，夏至长七寸七分，冬至长一丈五寸三分，春秋分四寸三分七分半。以图测之，定气长四尺四寸七分。按图斜视，北极出地二十九度半。差阳城五度二分。蔚州横野军测影，夏至长二尺二寸九分，冬至长一丈五尺八寸九分，春秋分长六尺四寸四分半。以图测之，定气六尺六寸三分半。按图斜视，北极出地四十度。差阳城五度二分。凡南北之差十度半，其径三千六百八十里九十步。自阳城至朗州，一千八百二十六里九十六步，自阳城至蔚州横野军，一千八百六十一里二百一十四步。北至之晷，差一尺五寸三分，自阳城至朗州，差七寸二分，自阳城至横野军，差八寸。南至之晷，差五尺三寸六分。自阳城至朗州，差二尺一寸八分，自阳城至横野军，差三尺一寸八分。率夏至与南方差少，冬至与北方差多。又以图校安南，日在天顶北二度四分，北极高二十度四分，冬至影长七尺九寸四分，定春秋分影长二尺九寸三分。差阳城十四度三分，其径五千二十三里。至林邑国，日在天顶北六度六分强，北极之高十七度四分，周圆三十五度，常见不隐。冬至影长六尺九寸，其径六千一百一十二里。假令距阳城而北，至铁勒之地亦十七度四分，合与林邑正等，则五月日在天顶南二十七度四分，北极之高五十二度，周圆一百四度，常见不隐。北至之晷四尺一寸三分，南至之晷二丈九尺二寸六分。定春秋分影长九尺八寸七分。北方其没地才十五度余，昏伏于亥之正西，晨见于丑之正东，以里数推之，已在回纥之北，又南距洛阳九千八百一十里，则五月极长之日，其夕常明，然则骨利干犹在其南矣。又先儒以南戴日下万五千里为句股，邪射阳城为弦，考周径之率以揆天度，当一千四百六里二十四步有余。今测日影，距阳城五千余里，已居戴日之南，则一度之广，皆宜三分去二，计南北极相去才八万余里，其径五万余里，宇宙之广，岂若是乎？然则王蕃所传，盖以管窥天，以蠡测海之义也。古人所以恃句股之术，谓其有征于近事。顾未知目视不能远，浸成微分之差，其差不已，遂与术错。如人游于大湖，广不盈百里，而睹日月朝夕出入湖中。及其浮于巨海，不知几千万里，犹睹日朝出其中，夕入其中。若于朝夕之际，俱设重差而望之，必将小大同术而不可分矣。

夫横既有之，纵亦宜然。假令设两表，南北相距十里，其崇皆数十里，若置火炬于南表之端，而植八尺之木于其下，则当无影。试从南表之下，仰望北表之端，必将积微分之差，渐与南表参合。表首参合，则置炬于其上，亦当无影矣。又置火炬于北表之端，而植八尺之木于其下，则当无影。试从北表之下，仰望南表之端，又将积微分之差，渐与北表参合。表首参合，则置炬于其上，亦当无影矣。

复于二表之间，相距各五里，更植八尺之木，仰而望之，则表首环屈而相会。若置火炬于两表之端，皆当无影。夫数十里之高与十里之广，然则邪射之影与仰望不殊。今欲求其影差以推远近高下，犹尚不可知也；而况稽周天积里之数于不测之中，又可必乎！假令学者因二十里之高以立句股之术，尚不知其所以然，况八尺之木乎！原人所以步圭景之意，将欲节宣和气，辅相物宜，而不在于辰次之周径；其所以重历数之意，将欲敬授人时，钦若乾象，而不在于浑、盖之是非。若乃述无稽之谈于视听之所不及，则君子阙疑而不质，仲尼慎言而不论也。而或者各守所传之器以述天体，谓浑元可任数而测，大象可运算而窥，终以六家之说，迭为矛盾。今诚以为盖天，则南方之度渐狭；以为浑天，则北方之极浸高。此二者，又浑、盖之家未能有以通其说也。由是而观，则王仲任、葛稚川之徒，区区于异同之辨，何益人伦之化哉！

又凡日晷差，冬夏至不同，南北亦异，而先儒一以里数齐之，丧其事实。沙门一行因修《大衍图》，更为《覆矩图》，自丹穴以暨幽都之地，凡为图二十四，以考日蚀之分数，知夜漏之短长。今载诸州测景尺寸如左：

林邑国，北极高十七度四分。冬至影在表北六寸九寸。定春秋分影在表北二尺八寸五分，夏至影在表南五寸七分。安南都护府，北极高二十六度六分。冬至影在表北七尺九寸四分。定春秋分影在表北二尺九寸三分，夏至影在表南三寸三分。朗州武陵县，北极高二十九度五分。冬至影在表北一丈五寸三分。定春秋分影在表北四尺三寸七分半，夏至影在表北七寸七分。襄州，恒春分影在表北四尺八寸。蔡州上蔡县武津馆，北极高三十三度八分。冬至影在表北一丈二尺三寸八分。定春秋分影在表北五尺二寸八分，夏至影在表北一尺三寸六分半。许州扶沟，北极高三十四度三分。冬至影在表北一丈二尺五寸三分。定春秋分影在表北五尺三寸七分，夏至影在表北一尺四寸四分。汴州浚仪太岳台，北极高三十四度八分。冬至影在表北一丈二尺八寸五分。定春秋分影在表北五尺五寸，夏至影在表北一尺五寸三分。滑州白马，北极高三十五度三分。冬至影在表北一丈三尺。定春秋分影在表北五尺三寸六分，夏至影在表北一尺五寸七分。太原府，恒春分影在表北六尺。蔚州横野军，北极高四十度。冬至影在表北一丈五尺八寸九分。定春秋分影在表北六尺六寸三分，夏至影在表北二尺二寸九分。

卷三十六　　　志第十六

天文下

天文之为十二次，所以辨析天体，纪纲辰象，上以考七曜之宿度，下以配万方之分野，仰观变谪，而验之于郡国也。《传》曰："岁在星纪，而淫于玄枵。""姜氏、任氏，实守其地。"及七国交争，善星者有甘德、石申，更配十二分野，故有周、秦、齐、楚、韩、赵、燕、魏、宋、卫、鲁、郑、吴、越等国。张衡、蔡邕，又以汉郡配焉。自此

因循，但守其旧文，无所变革。且悬象在上，终天不易，而郡国沿革，名称屡迁，遂令后学难为凭准。贞观中，李淳风撰《法象志》，始以唐之州县配焉。至开元初，沙门一行又增损其书，更为详密。既事包今古，与旧有异同，颇裨后学，故录其文著于篇。并配武德以来交蚀浅深及注蚀不亏，以纪日月之变云尔。

须女、虚、危，玄枵之次。子初起女五度，二千三百七十四分，秒四少。中虚九度，终危十二度。其分野：自济北郡东逾济水，涉平阴至于山茌，汉太山郡山茌县，属齐州西南之界。东南及高密，汉高密国，今在密州北界。自此以上，玄枵之分。东尽东莱之地，汉之东莱郡及胶东国，今为莱州、登州也。又得汉之北海、千乘、淄川、济南、齐郡，今为淄、青、齐等州，及济州东界。及平原、渤海，尽九河故道之南，滨于碣石。今为德州、棣州，沧州其北界。自九河故道之北，属析木分也。

营室、东壁，陬訾之次。亥初起危十三度，二千九百二十六分太。中室十二度，五百五十分，秒二十一半。终奎一度。其分野：自王屋、太行而东，尽汉河内之地，今为怀州、洺、卫州之西境。北负漳、邺，东及馆陶、聊城，汉地自黎阳、内黄及邺、魏、武安，东至馆陶、元城，皆属魏郡；自顿邱、三城、武阳，东至聊城，皆属东郡。今为相、魏、卫州。东尽汉东郡之地，汉东郡、清河，西南至白马、濮阳，东至东河、须昌，滨济，至于郓城。今为滑州、濮州、郓州。其须昌、济东之地，属降娄，非豕韦也。

奎、娄及胃，降娄之次。戌初起奎二度，一千二百一十七分，秒十七少。中娄一度，一千八百八十三。终胃三度。其分野：南届钜野，东达梁父，以负东海。又东至于吕梁，乃东南抵淮水，而东尽于徐夷之地。东为降娄之次。得汉东平、鲁国。汉东平国在任城、平陆，今在兖州。奎为大泽，在陬訾之下流，滨于淮、泗，东北负山，为娄、胃之墟。盖中国膏腴之地，百谷之所阜也。胃星得马牧之气，与冀之北土同占。

昴、毕，大梁之次。毕酉初起胃四度，二千五百四十九分，秒八太。中昴六度，一百七十四分半。终毕九度。其分野：自魏郡浊漳之北，得汉之赵国、广平、钜鹿、常山，东及清河、信都，北据中山、真定。今为洺、赵、邢、恒、定、冀、贝、深八州。又分相、魏、博之北界，与瀛州之西，全赵之分。又北尽汉代郡、雁门、云中、定襄之地，与北方群狄之国，皆大梁分也。

觜觿、参伐，实沈之次也。申初起毕十度，八百四十一分，十五太。中参七度，一千五百二十六，终井十一度。其分野：得汉河东郡，今为蒲、绛、晋州，又得泽州及慈州界也。及上党，今为泽、潞、仪、沁也。太原，今为并、汾州。尽西河之地。今为隰州、石州、岚州，西涉河，得银州以北也。又西河戎狄之国，皆实沈分也。今河东郡永乐、芮城、河北县及河曲丰、胜、夏州，皆为实沈之次，东井之分也。参伐为戎索，为武政，故殷河东，尽大夏之墟。上党次居下流，与赵、魏相接，为觜觿之分。

东井、舆鬼，鹑首之次也。未初起井十二度，二千一百七十二秒，十五太。中井二十七度，二千八百二十八分，秒

一半。终柳六度。其分野：自汉之三辅及北地、上郡、安定，西自陇坻至河西，西南尽巴、蜀、汉中之地，及西南夷犍为、越嶲、益州郡，极南河之表，东至牂柯，皆鹑首分也。鹑首之分，得《禹贡》雍、梁二州，其郡县易知，故不详载。狼星分野在江、河上源之西，弧矢、犬、鸡，皆徼外之象。今之西羌、吐蕃、蕃浑，及西南徼外夷，皆狼之象。

柳、星、张，鹑火之次。午初起柳七度，四百六十四，秒七少。中七星七度，一千一百三。终张十四度。其分野：北自荥泽、荥阳，并京、索，暨山南，得新郑、密县，至于方阳。方阳之南得汉之颍川郡阳翟、崇高、郑城、襄城，南尽郏县。今为邓、汝、唐、仙四州界。又汉南阳郡，北自宛、叶，南尽汉东申、随之地，大抵以淮源桐柏、东阳为限。今之唐州、随州属鹑火，申州属寿星。又自洛邑负河之南，西及函谷南纪，达武当汉水之阴，尽弘农郡。汉弘农卢氏、陕县，今为虢、陕二州。上洛、商洛为商州。丹水为均州。宜阳、汭池、新安、陆浑，今属洛州。古成周、虢、郑、管、邹、东虢、密、滑、焦、唐、申、邓，皆鹑火分也，及祝融氏之都。新郑为祝融氏之墟，属鹑火。其东鄙则入寿星。旧说皆在函谷，非也。柳、星、舆鬼之东，又接汉源，故殷商、洛之阳，接南河之上流。七星上系轩辕，得土行之正位，中岳象也，故为河南之分。张星直河南汉东，与鹑尾同占。

翼、轸，鹑尾之次。巳初起张十五度，一千七百九十五，秒二十二少。中翼十二度，二千四百六十一，秒八半。终轸九度。其分野：自房陵、白帝而东，尽汉之南郡、南郡：巫县，今在夔州。秭归在西，夷陵在峡州。襄、夔、鄂、申在襄、鄂界，余为荆州。江夏，江夏：竟陵今为复州，安、鄂、蕲、沔、黄五州，皆汉江夏界。东达庐江南郡。汉庐江之寻阳，今在江州，于山河之像，宜属鹑尾也。滨彭蠡之西，得汉长沙、武陵、桂阳、零陵郡。零陵今为道州、永州。桂阳今为郴州。大抵自沅、湘上流，西通黔安之左，皆楚之分也。又逾南纪，尽郁林、合浦之地。郁林县今在贵州。定林县今在廉州。合浦县今为桂州。今自富、昭、蒙、龚、绣、容、白、罕八州以西，皆属鹑尾之墟也。荆、楚、郧、鄀、罗、权、巴、夔与南方蛮貊，殷河南之南。其中一星主长沙国，逾岭徼而南，皆瓯东、青丘之分。今安南诸州，在云汉上源之东，宜属鹑火。

角、亢，寿星之次。辰初起轸十度，八十七，秒十四半。中角八度，七百五十，秒三十。终氐一度。其分野：自原武、管城，滨河、济之南，东至封邱、陈留，尽陈、蔡、汝南之地，逾淮源至于弋阳。汉陈留郡，自封邱、陈留已东，皆入大火之分。汉汝南，今为豫州。西华、南顿、项城县今为陈州。汝阴县今在颍州。弋阳县在光州。西涉南阳郡，至于桐柏，又东北抵嵩之东阳。汉南阳郡舂陵、湖阳、蔡阳后分为舂陵郡，后魏以为南荆州，今有旧义阳郡，在申国之东界，今为申州。按中国地络，在南北河之间，故申、随、光三州，皆属《禹贡》豫州之分，宜属鹑火、寿星。非南方负海之地。古陈、蔡、随、许，皆属寿星分也。氐星涉寿星之次，故其分野殷雒邑众山之东，与亳土相接。

氐、房、心，大火之次也。卯初起氐二度，一千四百十九分，秒五太。中房二度，二千八百五分，秒一半。终尾六度。其分野：得汉之陈留县，自雍丘、襄邑、小黄而东，循济阴，界于齐、鲁，右泗水，达于吕梁，乃东南抵淮，西南接太昊之墟，尽济阴、山阳、楚国、丰、沛之地。济阴郡之定陶、冤句、乘氏，今在东郡。大抵曹、宋、徐、亳及郓州西界，皆属大火分。自商、亳以负北河，阳气之所升也，为心分。自丰、沛以负南河，阳气之所布也，为房分。故其下流皆与尾星同占，西接陈、郑，为氐星之分。

尾、箕，析木之次也。寅初起尾七度，二千七百五十分，秒二十一少。中箕星五度，三百七十分，秒六十七。终斗八度。其分野：自渤海九河之北，尽河间、涿郡、广阳国，汉渤海郡浮阳，今为清池县，属沧州。涿郡之饶阳，今属瀛州。涿县、良乡与广阳国蓟县，今在幽州。及上谷、渔阳、右北平、辽东、乐浪、玄菟，渔阳在幽州。右北平在白狼无终县，隋代为渔阳郡，古孤竹国，后置北平郡，今为平州。辽东在无虑县，即《周礼》医无闾山。乐浪在朝鲜县，玄菟在高句骊县，今皆在东夷也。古之北燕、孤竹、无终及东方九夷之国，皆析木之分也。尾得云汉之末流，北纪之所穷也。箕与南斗相近，故其分野在吴、越之东。

南斗、牵牛，星纪之次也。丑初起斗九度，一千四十二十分，秒二太。中斗二十四度，一千一百分，秒八半。终女四度。其分野：自庐江、九江，负淮水之南，尽临淮、广陵，至于东海，庐、寿、和、濠、扬，皆星纪也。又逾南河，得汉丹阳、会稽、豫章郡，西滨彭蠡，南涉越州，尽苍梧、南海。又逾岭表，自韶、广、封、梧、藤、罗、雷州，南及珠崖自北以东为星纪，其西皆鹑尾之次。古吴、越及东南百越之国，皆星纪分也。南斗在云汉之下流，当淮、海之间，为吴分。牵牛去南河浸远，故其分野自豫章东达会稽，南逾岭徼，为越分。岛夷蛮貊之人，声教之所不洎，皆系于狗国。李淳风刊定《隋志》，郡国颇为详悉，所注郡邑多依用。其后州县又隶管属不同，但据山河以分耳。

灾异

武德元年十月壬申朔，四年八月丙戌朔，六年十二月壬寅朔，九年十月丙辰朔。贞观元年闰三月癸丑朔，九月庚戌朔，二年三月戊申朔，三年八月己巳朔，四年闰正月丁卯朔，六年正月乙卯朔，九年闰四月丙寅朔，十一年三月丙戌朔，十二年闰二月庚辰朔，十三年八月辛未朔，十七年六月己卯朔，十八年十月辛丑朔，二十年闰三月癸巳朔，二十二年八月己酉朔。高宗显庆五年六月庚午朔。乾封二年八月己酉朔。总章二年六月戊申朔。咸亨元年六月壬寅朔，二年十一月甲午朔，三年十一月戊子朔。上元元年三月辛亥朔，二年九月壬寅朔。调露二年四月乙巳朔，十一月壬寅朔。开耀元年十月丙寅朔。永淳元年四月甲子朔，十一月庚申朔。则天垂拱二年二月辛未朔，四年六月丁亥朔。天授二年四月壬寅朔。如意元年四月丙申朔。长寿二年九月丁亥朔，三年九月壬午朔。延载元年九月壬午朔。证圣元年二月己酉朔。圣历三年五月乙酉朔。久视元年五月己酉朔。长安二年九月乙丑朔，三年三月壬戌朔，九月庚寅朔。中宗神龙三年六月丁卯朔。景龙元年十二月乙丑朔。睿宗太极元年二月丁卯朔。玄宗先天元年九月丁卯朔。开元三年七月庚辰朔，六年五月乙丑朔，九年五月乙巳朔，十二年闰十二月壬辰朔，十七年十月丙午朔，二十年二月癸酉朔，八月辛未朔，二十一年七月乙丑朔，二十二年十二月戊子朔，二十三年闰十一月壬午朔，二十六年九月丙申朔，二十八年三月丁亥朔。天宝元年七月癸卯朔，五载五月壬子朔，十三载六月乙丑朔。

肃宗至德元载十月辛巳朔。上元二年七月癸未朔，蚀既，大星皆见。代宗大历三年三月乙巳朔，四年正月十五日甲午蚀。十三年甲戌，有司奏合蚀不蚀。十四年二月丙寅朔。德宗贞元三年八月辛巳朔，日蚀。有司奏，准礼请伐鼓于社，不许。太常卿董晋谏曰："伐鼓所以责群阴，助阳德，宜从经义。"竟不报。六年正月戊戌朔，有司奏合蚀不蚀，百僚称贺。七年六月庚寅朔，有司奏蚀，是夜阴云不见，百官表贺。八年十一月壬子朔，先是司天监徐承嗣奏："据历，合蚀八分，今退蚀三分。准占，君盛明则阴匿而潜退。请书于史。"从之。十年四月癸卯朔，有司奏太阳合亏，巳正后刻蚀之既，未正后五刻复满。太常奏，准礼上不视朝。其日阴云不见，百官表贺。十七年五月壬戌蚀。

元和三年七月癸巳蚀。宪宗谓宰臣曰："昨司天奏太阳亏蚀，皆如其言，何也？又素服救日，其仪安在？"李吉甫对曰："日月运行，迟速不齐。日凡周天三百六十五度有余，日行一度，月行十三度有余，率二十九日半而与日会。又月行有南北九道之异，或进或退，若晦朔之交，又南北同道，即日为月之所掩，故名薄蚀。虽自然常数可以推步，然日为阳精，人君之象，若君行有缓有急，即日为之迟速。稍逾常度，为月所掩，即阴浸于阳。亦犹人君行或失中，应感所致。故《礼》云：'男教不修，阳事不得，谪见于天，日为之蚀。'古者日蚀，则天子素服而修六官之职，月蚀，则后素服而修六宫之职，皆所以惧天戒而自省惕也。人君在民物之上，易为骄盈，故圣人制礼，务乾恭兢惕，以奉若天道。苟德大备，天人合应，百福斯臻。陛下恭己向明，日慎一日，又顾忧天谴，则圣德益固，升平何远。伏望长保睿志，以永无疆之休。"上曰："天人交感，妖祥应德，盖如卿言。素服救日，自贬之旨也，朕虽不德，敢忘兢惕。卿等当匡吾不迨也。"十年八月己亥朔，十三年六月癸丑朔。

长庆二年四月辛酉朔，三年九月壬子朔。大和八年二月壬午朔。开成二年十二月庚寅朔，当蚀，阴云不见。会昌三年二月庚申朔，四年二月甲寅朔，五年七月丙午朔，六年十二月戊辰朔，皆蚀。武德九年二月二十三日夜，星孛于胃、昴间，凡二十八日，又孛于卷舌。贞观八年八月二十三日，星孛于虚、危，历于玄枵，凡十一日而灭。太宗谓侍臣曰："是何妖也？"虞世南对曰："齐景公时，有彗星。晏子对曰：'公穿池畏不深，筑台恐不高，行刑恐不重，是以彗为诫耳。'景公惧而修德，十六日而星灭。臣闻若德政不修，麟凤数见，无所补也；苟政教无阙，虽有灾愆，何损于时。伏愿陛下勿以功高古人而矜大，勿以太平日久而骄逸，慎终如始，彗何足忧。"帝深嘉之。十三年三月二十二日夜，星孛于毕、昴。十五年六月十九日，星孛于太微，犯郎位。七月甲戌灭。总章元年四月，彗见五车，上避正殿，减膳，令内外五品已上封事，极言得

失。许敬宗曰："星虽孛而光芒小，此非国眚，不足上劳圣虑，请御正殿，复常膳。"不从。敬宗又进曰："星孛于东北，王师问罪，高丽将灭之征。"帝曰："我为万国主，岂移过于小蕃哉！"二十二日星灭。上元二年十月，彗见于角、亢南，长五尺。三年七月二十一日，彗见东井，指南河、积薪，长三尺余，渐向东北，光芒益袤，长三丈，扫中台，指文昌，经五十八日而灭。永隆二年九月一日，万年县女子刘凝静乘白马，著白衣，男子从者八、九十人，入太史局，升令厅床坐，勘问比有何灾异。太史令姚玄辩执之以闻。是夜彗见西方天市中，长五尺，渐小，向东行，出天市，至河鼓右旗，十七日灭。永淳二年三月十八日，彗见五车之北，凡二十五日而灭。

文明元年七月二十二日，西方有彗，长丈余，凡四十九日灭。光宅元年九月二十九日，有星如半月，见西方。景龙元年十月十八日，彗见西方，凡四十三日而灭。二年二月，天狗坠于西南，有声如雷，野雉皆雊。七月七日，星孛胃、昴之间。三年八月八日，星孛于紫宫。太极元年七月四日，彗入太微。开元十八年六月十一日，彗见五车；三十日，星孛于毕、昴。二十六年三月八日，星孛于紫微垣，历斗魁，十余日，阴云不见。武德元年六月三日，荧惑犯左执法。八年九月二十二日，荧惑入太微。九年五月，傅奕奏：太白昼见于秦，秦国当有天下。高祖以状授太宗。及太宗即位，召奕谓曰："汝前奏事几累我，然而今后但须悉心尽言，无以前事为虑。"贞观十三年五月，荧惑犯右执法。十五年二月十五日，荧惑逆犯太微东藩上相。十七年三月七日，荧惑守心前星，十九日退。其月二十二日，荧惑犯句陈。九月二十九日，荧惑犯太微西藩上将。十九年九月二十四日，太白在太微，犯左执法，光芒相及。永徽三年六月二日，荧惑犯右执法；三日，太白入太微，犯右执法。显庆五年二月三日，荧惑入南斗。龙朔元年九月十四日，太白犯太微左执法。乾封二年五月，荧惑入轩辕。咸亨元年十二月，荧惑入太微。上元二年正月九日，荧惑犯房星。仪凤四年四月九日，荧惑犯羽林。调露二年五月二十四日，太白经天。

长安四年，荧惑入月及镇星，犯天关。太史令严善思奏：法有乱臣伏罪，臣下谋上之变。岁余，诛二张，五王立中宗。景龙三年六月八日，太白昼见于东井。景云二年三月二十七日，太白入羽林。太极元年三月三日，荧惑入东井；四月十二日，荧惑与太白守东井。先天元年八月十四日夜，月蚀尽，有星入月魄中。十六日，太白袭月。开元十年七月二十九日，荧惑入南斗。天宝十三载五月，荧惑守心五十余日。至德元载十一月二十六日，荧惑、太白同犯昴。武德二年三月二十七日，太白、辰、镇聚于东井。九年六月十八日，辰、岁会于东井。二十三日，辰、岁、太白又会于东井。贞观十八年五月，太白、辰合于东井。景云二年七月，太白、镇同在张宿。武德三年十月三十日，有流星坠于东都城内，殷殷有声。高祖谓侍臣曰："此何祥也？"起居舍人令狐德棻曰："昔司马懿伐辽，有流星坠于辽东梁水上，寻而公孙渊败走，晋军追之，至其星坠处斩之。此王世充灭亡之兆也。"贞观十八年五月，有流星

大如斗，五日出东壁，光照地，声如雷。咸亨三年二月三日，有流星如雷。景龙二年二月十九日，大星坠于西南，声如雷，野雉皆雊。景云二年八月十七日，东方有流星出五车，至于上台。天宝三载闰二月十七日，星坠于东南，有声。京师讹言官遣枨枨捕人肝以祭天狗，人相恐，畿内尤甚。景龙元年九月十八日，有赤气竟天，其光烛地，经三日乃止。九月四日，黄雾昏。唐隆元年六月八日，虹霓竟天。

灾异编年　至德后

至德元年三月乙酉，岁、太白、荧惑合于东井。十月辛丑朔，日有食之。十一月壬戌五更，有流星大如斗，流于东北，长数丈，蛇行屈曲，有碎光迸空。乾元元年四月，荧惑、镇、太白合于营室。太史南宫沛奏：所合之处战不胜，大人恶之，恐有丧祸。明年冬，郭子仪等九节度之师自溃于相州。五月癸未夜一更三筹，月掩心前星，二更四筹方出。六月癸丑，月入南斗魁。二年二月丙辰，月犯心前大星，相去三寸。三年四月乙巳夜五更，彗出东方，色白，长四尺，在娄、胃间，疾行向东北角，历昴、毕、觜、参、井、鬼、柳、轩辕，至太微左执法七寸所，凡五十余日方灭。闰四月辛酉朔，妖星见于南方，长数丈。是时自四月初大雾大雨，至闰四月末方止。是月，逆贼史思明再陷东都，米价踊贵，斗至八百文，人相食，殍尸蔽地。上元元年十二月癸未夜，岁掩房星。二年七月癸未朔，日有蚀之，大星皆见。司天秋官正瞿昙譔奏曰："癸未太阳亏，辰正后六刻起亏，巳正后一刻既，午前一刻复满。亏于张四度，周之分野。甘德云，'日从巳至午蚀为周'，周为河南，今逆贼史思明据。《乙巳占》曰，'日蚀之下有破国'。"其年九月，制去上元之号，单称元年，月首定正、二、三之次，以"建"冠之。其年建子月癸亥时一鼓二筹后，月掩昴，出其北，兼白晕；毕星有白气从北来贯昴。司天监韩颖奏曰："按石申占，'月掩昴，胡王死'。又'月行昴北，天下福'。臣伏以三光垂象，月为刑杀之征。二石歼夷，史官常占。毕、昴为天纲，白气兵丧，掩其星则大破胡王，行其北则天下有福。已为周分，癸主幽、燕，当羯胡窃据之郊，是残寇灭亡之地。"明年，史思明为其子朝义所杀。十月，雍王收复东都。上元三年正月时去上元之号，今存以正年。建辰月，肃宗病。是月丙戌，月上有黄白冠连成晕，东井、五诸侯、南北河、舆鬼皆在中。建巳月，以楚州献定国宝，乃改元宝应，月复以正、二、三为次。其月，肃宗崩。

代宗即位。其月壬子夜，西北方有赤光见，炎赫亘天，贯紫微，渐流于东，弥漫北方，照耀数十里，久之乃散。辛未夜，江陵见赤光贯北斗，俄仆固怀恩叛。明年十月，吐蕃陷长安，代宗避狄幸陕州。广德二年五月丁酉朔，日当蚀不蚀，群臣贺。十二月三日夜，星流如雨，自亥及晓。永泰元年九月辛卯，太白经天，是月吐蕃逼京畿。二年六月丁未，日重轮，其夜月重轮，是年大水。大历元年十二月己亥，彗星出匏瓜，长尺余，犯宦者星。二年七月癸亥，荧惑色赤黄，顺行入氐。乙丑夜，镇星色黄，近辰星，在东井初度。丙寅申时，有青赤气长四十余尺，见日旁，久之乃散。己巳夜，岁星顺行去司怪七寸。庚午夜，月逼天关。壬申十二月，赤气长二丈亘日上。甲戌酉时，白气亘天。八月壬午，月入氐。戊子，月犯牵牛，相去九寸。己丑夜，月犯毕，相去四寸。九月戊申朔，岁星守东井，凡七日。乙卯，吐蕃入寇，至邠宁。戊午夜，白雾起尾西北，弥漫亘天。乙丑昼，有流星大如一升器，其色黄明，尾迹长六七十尺，出于午，流于丑。戊辰夜，荧惑去南斗五寸。乙亥，青赤气亘于日旁。十一月辛酉夜，月去东井一尺。甲子夜，月去轩辕一尺。壬戌，京师地震，有声如雷，自东北来。十二月丁酉夜，荧惑入壁垒。戊戌，有黑气如雾，亘北方，久之方散。三年正月壬子夜，月掩毕。丁巳时，日有黄冠，青赤珥。三月乙巳朔，日有蚀之，自午亏，至后一刻，凡蚀十分之六分半。癸丑夜，太白去天衢八寸。癸酉夜，太白顺行，去岁星二尺。七月壬申夜，五星并列东井。占云："中国之利。"八月己酉，月入毕。辛酉，月入东井。壬戌，火星去太白四寸。庚午夜，太白犯左执法，相去一尺。九月壬申夜，岁星入舆鬼。乙亥夜，大星如斗，自南流北，其光烛地。丁丑夜，荧惑入太微垣。己卯夜，太白犯左执法，相去六寸。戊子夜，岁星去舆鬼一尺。己丑夜，月犯东井，去五寸。庚戌，荧惑去太微五寸，太白去进贤四寸。癸巳，月去灵台一尺。四年正月十五日，日有蚀之。二月丙午夜，荧惑有芒角，去房星二尺所。丙辰夜，地震，有声如雷者三。三月壬午，荧惑有芒角，入氐。癸未，月去氐一尺。戊子夜，镇星近舆鬼。五月丙戌，京师地震。七月，荧惑犯次相星。九月丁卯，荧惑犯郎位。是岁自四月霖雨，至秋末方息，京师米斗八百文。五年四月乙巳夜，岁星入轩辕。己未夜，彗出五车，蓬孛，光芒长三丈。五月己卯夜，彗出北方，其色白。癸未夜，彗随天东行，近八谷。甲申，西北方白气竟天。六月丙申，月去太微左执法一寸。丁酉，月去哭星二寸。庚子，月去氐七寸。癸卯，彗去三公二尺。庚戌，太白入东井。甲寅，白气出西北方，竟天。己未，彗星灭。七月，京师米价腾踊，斗千钱。六年七月乙巳夜，月掩毕，入昴毕中。壬子，月去太微二寸。八月庚辰，月入太微。九月壬辰，荧惑犯哭星，去二寸。庚子夜，火去泣星四寸，月掩毕。甲辰夜，西南流星大如一升器，有尾迹，光明照地，珠子散落，长五丈余，出须女，入天市南垣灭。丁未，月入太微。辛亥，荧惑入壁垒。十月丁卯，月掩毕。甲戌，月入轩辕。十一月壬寅，月入太微。丙午夜，月掩氐。十二月己巳，月入太微。七年正月乙未夜，月近轩辕。二月戊午，月掩天关。辛酉，月逼舆鬼。己巳，荧惑逼天衢。三月辛卯，月逼灵台。四月丁巳，荧惑入东井。辛未，岁星入东角。壬申，月入羽林。丙子，镇星临太微。五月丙戌，月入太微。六月乙亥，月临东井。十二月甲子，太白入羽林。丙寅，雨土，是夜，长星出于参。八年五月庚辰，荧惑入羽林。六月戊辰，流星大如一升器，有尾迹，长三丈，流入太微。七月己卯，太白入东井，留七日而出。庚寅酉时，有气三道竟天。辛卯，荧惑临月。乙未，月掩毕中。八月戊午夜，荧惑临月。其月，朱滔自幽州入朝。九月癸未，月入羽林。己丑，月入太微。十月癸卯，太白临镇星。丙午夜，太白临进贤。丁巳夜，月掩毕。壬戌夜，月入鬼中。庚午，月近太白，并入氐中。十一月己卯，月入羽林。壬午，镇星逼进贤。癸未，太白掩房。癸巳，月入太微垣。闰十一月壬寅夜，太白、辰星会于危。癸丑，月掩天关。甲寅，月入东井。乙丑，月掩天关。丙寅，月入氐。十二月癸酉，月入羽林。九年正月癸丑，荧惑逼诸王星。三月丁未，荧惑入东井。四月乙亥，月临轩辕。丁丑，月入太微。五月己酉，太白逼荧惑。乙未夜，太白入轩辕。辛酉，辰星逼轩辕。六月戊寅，月逼天纲。己卯，月掩南斗。庚辰，月入太微。戊子，太白临左执法。七月甲辰，月掩房。辛亥，月入羽林。壬戌，月入舆鬼。八月辛卯，月掩轩辕。九月庚子，朱泚自幽州入朝，是夜，太白入南斗。甲子，荧惑入氐。十月戊子，木入南斗。十二月戊辰，月入羽林。十年正月，昭义军乱，逐薛嵩；田承嗣据河北叛。戊申，月逼轩辕。甲寅夜，荧惑、岁星合于南斗，并顺行。二月，河阳军乱，逐常休明。三月，陕州军乱，逐李国青。庚戌，荧惑入壁垒。四月甲子，荧惑顺行入羽林。庚午，月临轩辕。六月癸亥，太白临东井。乙丑夜，荧惑临天囷。戊辰，月入太微。乙亥，月临南斗。七月庚子，辰星、太白顺行，同在柳。八月乙酉，荧惑顺行，临天高。戊子，月入太微。九月甲午，月临房。十月辛酉朔，日有蚀之。十二月丙子夜，东方月上有白气十余道，如匹帛，贯五车、东井、舆鬼、觜、参、毕、柳、轩辕，三更后方散。十一年闰八月丁酉，太白昼见。其年七月，李灵耀以汴州叛，十月，方诛之。十二年正月乙丑夜，月掩轩辕。癸酉夜，月掩心前星。丙子，月入南斗魁中。二月乙未，镇星入氐。辛亥夜，流星大如桃，尾长十丈，出匏瓜，入太微。三月壬戌，月入太微。戊辰，月逼心星。是月，幸臣元载诛，王缙黜。四月庚寅，月临左执法。乙未夜，月掩心前星。五月丙辰，月入太微。六月戊戌，月入羽林。七月庚戌，月入南斗。癸丑，荧惑逼司怪。己巳，宰相杨绾卒。乙亥，荧惑顺行，入东井。是岁，春夏旱，八月大雨，河南大水，平地深五尺。吐蕃入寇，至坊州。十月己丑，月临岁星。壬辰，月掩昴。乙未，月临五诸侯。庚子，月临左执法，遂入太微垣。十一月癸丑，太白临哭星。乙卯夜，月入羽林。戊辰，月临左执法。十二月辛巳，镇星临关键。壬午，月入羽林。十四年五月十一日，代宗崩。

德宗即位。明年改元建中。至四年十月，朱泚乱，车驾幸奉天。贞元四年五月丁卯，月犯岁星。乙亥，荧惑、镇、岁聚于营室三十余日。八月辛卯朔，日有蚀之。十年三月乙亥，黄雾四塞，日无光。四月，太白昼见。元和七年正月辛未，月掩荧惑。六月乙亥，月去南斗魁第四星西北五寸所。八年七月四日夜，月去太微东垣之南首星南一尺所。癸酉夜，月去五诸侯之西第四星南七寸所。十月己丑，荧惑顺行，去太微西垣之南首星西北四寸所。九年二月丁酉，月去心大星东北七寸所。四月辛巳，北方有大流星，迹尾长五丈，光芒烛地，至右摄提南三尺所。九月己丑，月掩轩辕。十二年正月戊子，彗出毕中，长二尺余，指西南，凡三日，近参旗没。十三年正月乙未，岁星退行，近太微西垣之南第一星。八月己未，月近南斗魁。壬戌，

太白顺行，近太微。十四年正月己丑，月近东井北辕星。癸卯夜，月近南斗魁星。五月庚寅，月犯心前大星西南一尺所。十五年正月二十七日，宪宗崩。

穆宗即位。七月庚申，荧惑退行，入羽林。癸亥夜，大星出勾陈，南流至娄北灭。八月己卯，月掩牵牛。长庆元年正月丙午，月掩钺星；二更后，月去东井南辕第一星南七寸。丙辰，南方大流星色赤，尾有迹，长三丈，光明烛地，出狼星北二尺所，东北流至七星三尺所灭。己未夜，星孛于翼。丁卯夜，星孛在辰上，去太微西垣第一星七寸所。二月八日夜，太白犯昴东南五寸所。丁亥夜，月犯岁星南六寸所，在尾十三度。三月庚戌，太白犯五车东南七寸所。七月壬寅，月掩房次相星。乙丑夜，东方大流星，色黄，有尾迹，长六七丈，光明烛地，出西北，向西流，至羽林东北灭。其月幽州军乱，囚其帅张弘靖，立朱克融。其月二十八日，镇州军乱，杀其帅田弘正、王廷凑。元和末，河北三镇皆以疆土归朝廷；至是，幽、镇俱失。俄而史宪诚以魏州叛，三镇复为盗据，连兵不息。八月辛巳夜，东北有大星自云中出流，白光照地，前后长丈二尺五寸，西北入蜀灭；太白在轩辕左角西北一尺所。是月壬辰夜，太白去太微垣南第一星一尺所。九月戊戌夜，太白顺行，入太微，去左执法星西北一尺所。乙巳夜，去左执法二寸所。辛亥，月去天关西北八寸。二年正月戊申，魏帅田布伏剑死，史宪诚据郡叛。二月甲戌夜，荧惑在岁星南七寸所。四月辛酉朔，日有蚀之，在胃十二度，不尽者四之一，燕、赵见之既。七月丙子夜，东方大星西流，至昴灭，其声如雷。十月甲子夜，月掩牵牛中星。乙丑夜，太白去南斗魁第四星西一寸所。十一月丁丑，月掩左角。庚辰，月去房一尺所。十二月丁亥，月掩左角。庚戌夜，月近房星。壬子五更后，月近太白，相去一尺所。四年正月二十二日，穆宗崩。

敬宗即位。二月癸卯，太白犯东井，近北辕。三月甲子，荧惑犯镇星。壬申，太白犯东井，近北辕。四月十七日，染院作人张韶于柴草车中载兵器，犯银台门，共三十七人，入大内，对食于清思殿；其日禁兵诛之。七月乙卯夜，有大星出于天船，流犯斗魁第一星西南灭。八月丁亥，荧惑犯镇星。癸未，荧惑入东井。己丑，太白犯轩辕右角。十二月戊子夜，月掩东井。甲午夜，西北有流星出阁道，至北极灭。宝历元年七月乙酉，月犯西咸，去八寸所。甲子夜，月掩毕。闰七月癸巳夜，月去心，距九寸。庚子，流星去北极，至南斗柄灭。八月乙卯，太白犯房，相去九寸。九月癸未，太白犯南斗。丙戌，月犯毕。甲午，月犯太微左执法。十月辛卯，月犯天囷，相去七寸。癸亥，太白临哭星，相去九寸。十一月庚辰，镇星犯东井，相去七寸。癸未夜，月去东井六寸。戊戌，西南大流星出羽林，入浊。十二月戊申夜，月犯毕。己酉夜，西北方有雾起，须臾遍天。雾上有赤气，其色或深或浅，久而方散。二年正月甲戌夜，北方大流星长五丈余，出紫微，过轸灭。甲申，月犯右执法，相去五寸。二月丙午夜，月犯毕。三月己巳，流星出河鼓，东过天市，入浊灭。四月甲子夜，西方大流星长三丈，穿天市垣，至房星灭。其月十七日，白

虹贯日连环，至午方灭。五月甲戌，月去太微八寸所。癸巳，西北方大流星长三丈，光明照地，入天市垣中灭。甲午五更。荧惑犯昴。六月庚申，太白犯昴。七月壬申，流星长二丈，出斗北，入浊灭。其夜，月初入，巳上有流星向南灭。其夜，辰犯毕。八月丙申夜，北方大流星长四丈余，出王良，流至北斗柄灭。甲辰夜，太白去太微八寸所。丁未夜，荧惑近镇星西北。丁丑，荧惑去舆鬼七寸。十二月八日夜，敬宗为内官刘克明所弑，立绛王。枢密使王守澄等杀绛王，立文宗。

大和元年九月戊寅，月掩东井南辕星。四年四月辛酉夜四更五筹后，月掩南斗第二星。十一月辛未朔，荧惑犯右执法西北五寸，五年二月，宰相宋申锡、漳王被诬得罪。八年二月朔，日有蚀之。六月辛巳五更，有六流星，赤色，有尾迹，光明照地，珠子散落，出河鼓北流，近天桴灭，有声如雷。七月己巳夜，流星出紫微西北，长二丈，至北斗第一星灭。是夜五更，月犯昴。九月辛亥夜五更，太微宫近郎位有彗星，长丈余，西指，西北行，凡九夜，越郎位星西北五尺灭。癸丑，月入南斗。庚申，右军中尉王守澄，宣召郑注对于浴殿门。是夜，彗星出东方，长三尺，芒耀甚猛。十二月丙戌夜，月掩昴。九年三月乙卯，京师地震。四月辛丑，大风震雷，拔殿前古树。六月庚寅夜，月掩岁星。丁酉夜一更至四更，流星纵横旁午，约二十余处，多近天汉。其年十一月，李训谋杀内官，事败，中尉仇士良等王涯、郑注、李训等十七家，朝臣多有贬逐。开成元年正月甲辰，太白掩西建第一星。其月十五日，日有蚀之。二月乙亥夜四更，京师地震。二年二月丙午夜，彗出东方，长七尺余，在危初度，西指。戊申夜，危之西南，彗长七尺，芒耀愈猛，亦西指。癸丑夜，彗在危八度。庚申夜，在虚三度半。辛酉夜，彗长丈余，直西行，稍南指，在虚一度半。壬戌夜，彗长二丈，其广三尺，在女九度。癸亥夜，彗愈长广，在女四度。三月甲子朔，其夜，彗长五丈，岐分两尾，其一指氐，其一掩房，在斗十度。丙寅夜，彗长六丈，尾无岐，北指，在亢七度。文宗召司天监朱子容问星变之由，子容曰："彗主兵旱，或破四夷，古之占书也。然天道悬远，唯陛下修政以抗之。"乃敕尚食，今后每日御食料分为十日。其夜彗长五丈，阔五尺，却西北行，东指。戊辰夜，彗长八丈有余，西北行，东指，在张十四度。诏天下放系囚，撤乐减膳，避正殿；先是，群臣拜章上徽号，宜并停。癸未夜，彗长三尺，出轩辕之右，东指，在张七度。六月，河阳军乱，逐李泳。是岁，夏蝗大旱。八月丁酉，彗出虚、危之间。十月，地南北震。三年十月十九日，彗见，长二丈余；二十日夜，长二丈五尺；二十一日夜，长三尺；二十二日夜，长三丈五尺；并在辰上，西指轸、魁。十一月乙卯朔，是夜彗出东方，东西竟天。五月五日，太白犯舆鬼。六月一日，太白犯荧惑。二十八日，太白犯右执法。十月七日，太白犯南斗。四年正月丁巳，荧惑、太白、辰聚于南斗。癸酉，彗出于西方，在室十四度。闰月二十三日，又见于卷舌北，凡三十三日，至二十六日夜灭。二月二十六日，自夜四更至五更，四方中央流星大小二百余，并西流，有尾迹，长二丈。三月乙

酉夜，月掩东井第三星。是岁，夏大旱，祷祈无应，文宗忧形于色。宰臣进曰："星官言天时当尔，乞不过劳圣虑。"帝被容言曰："朕为人主，无德庇人，比年灾旱，星文谪见。若三日内不雨，朕当退归南内，卿等自选贤明之君以安天下。"宰相杨嗣复等呜咽流涕不已。七月辛丑，月犯荧惑，河南大水。八月辛未，流星出羽林，有尾迹，长十丈，有声如雷。十月辛酉，辰入南斗魁。五年正月，文宗崩。

武宗即位。会昌元年六月二十九日，从一鼓至五鼓，小流星五十余，交横流散。七月二日，北方流星光明照地，东北流星有声如雷。九月癸巳，荧惑犯舆鬼。闰九月丁酉，荧惑贯星宿；戊戌，在鬼中。十一月六日，彗见西南，在室初度，凡五十六日而灭。其夜上方大流星光明烛地，东北流星有声。二年六月乙丑，荧惑犯岁星。丙寅，太白犯东井。其夜，荧惑苍赤色，动摇于井中，至八月十六日，犯舆鬼。五年二月五日，太白掩昴北侧，在昴宿一度。五月辛酉，太白入毕口，距星东南一尺。八月七日，太白犯轩辕大星。

旧仪：太史局隶秘书省，掌视天文历象。则天朝，术士尚献辅精于历算，召拜太史令。献辅辞曰："臣山野之人，性灵散率，不能屈事官长。"天后惜其才，久视元年五月十九日，敕太史局不隶秘书省，自为职局，仍改为浑天监。至七月六日，又改为浑仪监。长安二年八月，献辅卒，复为太史局，隶秘书省，缘进所置官员并废。景龙二年六月，改为太史监，不隶秘书省。景云元年七月，复为太史局，隶秘书省。八月，又改为太史监。十一月，又改为太史局。二年闰九月，改为浑仪监。开元二年二月，改为太史监。十五年正月，改为太史局，隶秘书省。天宝元年，又改为太史监。

乾元元年三月，改太史监为司天台，于永宁坊张守珪故宅置。敕曰："建邦设都，必稽玄象；分列曹局，皆应物宜。灵台三星，主观察云物；天文正位，在太微西南。今兴庆宫，上帝廷也，考符之所，合置灵台。宜令所司量事修理。"旧台在秘书省之南。仍置五官正五人。司天台内别置一院，曰通玄院。应有术艺之士，征辟至京，于崇玄院安置。其官员：大监一员，正三品。少监二人，正四品。丞三人，正六品。主簿三人，主事二人，五官正五人，五官副正五人，灵台郎一人，五官保章正五人，五官挈壶正五人，五官司历五人，五官司辰十五人，观生、历生七百二十六人。凡官员六十六人。宝应元年，司天少监瞿昙譔奏曰："司天丞请减两员，主簿减两员，主事减一员，保章正减三员，挈壶正减三员，监候减两员，司辰减七员，五陵司辰减五员。"从之。

天宝十三载三月十四日，敕太史监官除朔望朝外，非别有公事，一切不须入朝，及充保识，仍不在点检之限。

开成五年十二月，敕："司天台占候灾祥，理宜秘密。如闻近日台监司官吏及所由等，多与朝官并杂色人交游，既乖慎守，须明制约。自今已后，监司官吏不得更与朝官及诸色人等交通往来，委御史台察访。"

卷三十七　　志第十七

五　行

　　昔禹得《河图》、《洛书》六十五字，治水有功，因而宝之。殷太师箕子入周，武王访其事，乃陈《洪范》九畴之法，其一曰五行。汉兴，董仲舒、刘向治《春秋》，论灾异，乃引九畴之说，附于二百四十二年行事，一推咎征天人之变。班固叙汉史，采其说《五行志》。绵代史官，因而缵之。今略举大端，以明变怪之本。

　　《经》曰："水曰润下，火曰炎上，木曰曲直，金曰从革，土爰稼穑。"又曰："建用皇极。"《传》曰："畋猎不时，饮食不享，出入不节，夺民农时，及有奸谋，则木不曲直。弃法律，逐功臣，杀太子，以妾为妻，则火不炎上。好治宫室，饰台榭，内淫乱，犯亲戚，侮父兄，则稼穑不成。好战功，轻百姓，饰城郭，侵边境，则金不从革。简宗庙，不祷祠，废祭祀，逆天时，则水不润下。"《经》曰"敬用五事"，谓"貌曰恭，言曰从，视曰明，听曰聪，思曰睿。恭作肃，从作乂，明作哲，聪作谋，睿作圣。"又曰"建用皇极"，"皇建其有极"。《传》曰："貌之不恭，是谓不肃，厥咎狂，厥罚恒雨，厥极凶。时则有服妖，时则有龟孽，时则有鸡祸，时则有下体生上之痾，时则有青眚青祥。凡草木之类谓之妖，虫豸之类谓之孽，六畜谓之祸，及人谓之痾，甚则异物生谓之眚，身外而来谓之祥也。言之不从，是谓不乂，厥咎僭，厥罚恒旸，厥极忧。时则有诗妖，时则有介虫之孽，时则有犬祸，时则有口舌之痾，时则有白眚白祥。视之不明，是谓不哲，厥咎豫，厥罚恒燠，厥极疾。时则有草妖，时则有蠃虫之孽，时则有羊祸，时则有目痾，时则有赤眚赤祥。听之不聪，是谓不谋，厥咎急，厥罚恒寒，厥极贫。时则有鼓妖，时则有鱼孽，时则有豕祸，时则有耳痾，时则有黑眚黑祥。思之不睿，是谓不圣，厥咎蒙，厥罚恒风，厥极凶短折。时则有脂夜之妖，时则有华孽，时则有牛祸，时则有心腹之痾，时则有黄眚黄祥。皇之不极，是谓不建，厥咎眊，厥罚恒阴，厥极弱。时则有射妖，时则有龙蛇之孽，时则有马祸，时则有下体代上之痾，时则有日月乱行、星辰逆行'九畴名数十五，其要五行、皇极之说，前贤所以穷治乱之变，谈天人之际，盖本于斯。故先录其言，以传它事。京房《易传》曰："臣事虽正，专必地震。其震，于水则波，于木则摇，于屋则瓦落，大经在辟而易臣，兹谓阴动。"又曰："小人剥庐，厥妖山崩，兹谓阴乘阳，弱胜强。"刘向曰："金木水渗土，地所以震。"《春秋》灾异，先书地震、日蚀，恶阴盈也。

　　贞观十二年正月二十二日，松、丛二州地震，坏人庐舍。二十年九月十五日，灵州地震，有声如雷。二十三年八月一日，晋州地震，坏人庐舍，压死者五十余人。三日，又震。十一月五日，又震。永徽元年四月一日，又震。六月十二日，又震。高宗顾谓侍臣曰："朕政教不明，使晋州之地，屡有震动。"侍中张行成曰："天，阳也；地，阴也。阳，君象；阴，臣象。君宜转动，臣宜安静。今晋州地震，弥旬不休，臣将恐女谒用事，大臣阴谋。且晋州，陛下本封，今地屡震，尤彰其应。伏愿深思远虑，以杜其萌。"帝深然之。开元二十二年二月十八日，秦州地震。先是，秦州百姓闻州西北地下殷殷有声，俄而地震，坏廨宇及居人庐舍数千间，地拆而复合，震经时不定，压死百余人。玄宗令右丞相萧嵩致祭山川，又遣仓部员外郎韦伯阳往宣慰，存恤所损之家。

　　至德元年十一月辛亥朔，河西地震有声，地裂陷，坏庐舍，张掖、酒泉尤甚。至二载六月始止。大历二年十一月壬申，京师地震，有声自东北来，如雷者三。四年二月丙辰夜，京师地震，有声如雷者三。贞元三年十一月己卯夜，京师地震，是夕者三，巢鸟皆惊，人多去室。东都、蒲、陕亦然。四年正月朔日，德宗御含元殿受朝贺。是日质明，殿阶及栏槛三十余间，无故自坏，甲士死者十余人。其夜，京师地震。二日又震，三日又震，十八日又震，十九日又震，二十日又震。帝谓宰臣曰："盖朕寡德，屡致后土震惊，但当修政，以答天谴耳。"二十三日又震，二十四日又震，二十五日又震，时金、房州尤甚，江溢山裂，屋宇多坏，人皆露处。至二月三日壬午，又震，甲申又震，乙酉又震，丙申又震。三月甲寅，又震，己未又震，庚午又震，辛未又震。京师地生毛，或白或黄，有长尺余者。五月丁卯，又震。八月甲辰，又震，其声如雷。九年四月辛酉，京师又震，有声如雷。河中尤甚，坏城垒庐舍，地裂水涌。十年四月戊申，又震。十三年十月乙未日午时，震从东来，须臾而止。

　　元和七年八月，京师地震。宪宗谓侍臣曰："昨地震，草树皆摇，何祥异也？"宰臣李绛曰："昔周时地震，三川竭，太史伯阳甫谓周君曰：'天地之气，不过其序。若过其序，人乱也。人政乖错，则上感阴阳之气，阳伏而不能出，阴迫而不能升，于是有地震。'又孔子修《春秋》，所纪灾异，先地震、日蚀，盖地载万物，日君象，政有感伤，天地见眚，书之示戒，用儆往王。伏愿陛下体励虔恭之诚，勤以利万物，绥万方为念，则变异自消，休征可致。"九年三月丙辰，巂州地震，昼夜八十震方止，压死者百余人。大和九年三月乙卯，京师地震。开成元年二月乙亥夜四更，京师地震，屋瓦皆坠，户牖之间有声。二年十一月乙丑夜，地南北微震。大中三年十月，京师地震，振武、天德、灵武、盐、夏等州皆震，坏军镇庐舍。

　　武德六年七月二十日，巂州山崩，川水咽流。贞观八年七月七日，陇右山崩，大蛇屡见。太宗问秘书监虞世南曰："是何灾异？"对曰："春秋时梁山崩，晋侯召伯宗而问焉。对曰：'国主山川，故山崩川竭，君为之不举，降服出次，祝币以礼焉。'晋侯从之，卒亦无害。汉文帝九年，齐、楚地二十九山同日崩。文帝出令，郡国无来献，施惠于天下，远近欢洽，亦不为灾。后汉灵帝时，青蛇见御座。晋惠帝时，大蛇长三百步，经市入庙。今蛇见山泽，盖深山大泽，实生龙蛇，亦不足怪也。唯修德可以消变。"上然之。十七年八月四日，凉州昌松县鸿池谷有石五，青质白文，成字曰："高皇海出多子李元王八十年太平天子李世民千年太子李治书燕山人士乐太国主尚汪谭奖文仁迈千古大王五王六王七王十凰毛才子七佛八菩萨及上果佛田天子文武贞观昌大圣延四方上下治示孝仙戈入为善。"凉州奏。其年十一月三日，遣使祭之，曰："嗣天子某，祚继鸿业，君临宇县，夙兴旰食，无忘于政，导德齐礼，愧于前修。天有成命，表瑞贞石，文字昭然，历数唯永。既旌高庙之业，又锡眇身之祚。迨于皇太子治，亦降贞符，具纪姓氏，列于石言。仰瞻睿汉，空铭大造，甫惟寡薄，弥增寅惧。敢因大礼，重荐玉帛，上谢明灵之贶，以申祇栗之诚。"

永徽四年八月二十日，陨石十八于同州冯翊县，光曜，有声如雷。上问于志宁曰："此何祥也？当由朕政之有阙。"对曰："按《春秋》，陨石于宋五，内史过曰：'是阴阳之事，非吉凶所生。'古今灾变，杳不可测，但恐物之自尔，未必关于人事。陛下发看诚惧，责躬自省，未必不为福矣。"永昌中，华州敷水店西南坡，白昼飞四五里，直抵赤水，其坡上树木禾黍，宛然无损。则天时，新丰县东南露台乡，因大风雨雹震，有山踊出，高二百尺，有池周三顷，池中有龙凤之形、禾麦之异。则天以为休征，名为庆山。荆州人俞文俊诣阙上书曰："臣闻天气不和而寒暑隔，人气不和而疣赘生，地气不和而堆阜出。今陛下以女主居阳位，反易刚柔，故地气隔塞，山变为灾。陛下以为庆山，臣以为非庆也。诚宜侧身修德，以答天谴。不然，恐灾祸至。"则天怒，流于岭南。开元十七年四月五日，大风震电，蓝田山开百余步。乾元二年六月，虢州阌乡县界黄河内女娲墓，天宝十三载因大雨晦冥，失其所在，至今年六月一日夜，河滨人家忽闻风雨声，晓见其墓踊出，上有双柳树，下有巨石二，柳各长丈馀。郡守图画以闻，今号风陵堆。大历十三年，郴州黄芩山崩震，压杀数百人。建中初，魏州魏县西四十里，忽然土长四五尺数亩，里人骇异之。明年，魏博田悦反，德宗命河东马燧、潞州李抱真讨之，营于陉山。幽州朱滔、恒州王武俊帅兵救田悦，王师退保魏县西。朱滔、武俊、田悦引军与王师对垒。三年十一月，朱滔僭称冀王，武俊称赵王，田悦称魏王。悦时垒正当土长之所，及僭署告天，乃因其长土为坛以祭。魏州功曹吾稔为《益土颂》以媚悦。马燧闻之，笑曰："田悦异常贼也。"

贞观十一年七月一日，黄气竟天，大雨，谷水溢，入洛阳宫，深四尺，坏左掖门，毁宫寺一十九；洛水暴涨，漂六百余家。帝引咎，令群臣直言政之得失。中书侍郎岑文本曰："伏唯陛下下览古今之事，察安危之机，上以社稷为重，下以亿兆为念。明选举，慎赏罚，进贤才，退不肖。闻过即改，从谏如流。为善在于不疑，出令期于必信。颐神养性，省畋游之娱；去奢从俭，减工役之费。务静方内，不求辟土；载橐弓矢，而无忘武备。凡此数者，愿陛下行之不息，必当转祸为福，化咎为祥。况水之为患，阴阳常理，岂可谓之天谴而系圣心哉！"十三日，诏曰："暴雨为灾，大水泛溢，静思厥咎，朕甚惧焉。文武百僚，各上封事，极言朕过，无有所讳。诸司供进，悉令减省。凡所力役，量事停废。遭水之家，赐帛有差。"二十日，诏废明德宫及飞山宫之玄圃院，分给河南、洛阳遭水户。九月，黄河泛滥，坏陕州河北县及太原仓，毁河阳中潬，太宗幸白马坂以观之。

永徽五年六月，恒州大雨，自二日至七日。滹沱河水泛溢，损五千三百家。总章二年七月，冀州奏：六月十三日夜降雨，至二十日，水深五尺，其夜暴水深一丈已上，坏屋一万四千三百九十区，害田四千四百九十六顷。九月十八日，括州暴风雨，海水翻上，坏永嘉、安固二县城百姓庐舍六千八百四十三区，杀人九千七十、牛五百头，损田苗四千一百五十顷。咸亨元年五月十四日，连日澍雨，山水溢，溺死五千余人。永淳元年六月十二日，连日大雨，至二十三日，洛水大涨，漂损河南立德弘敬、洛阳景行等坊二百余家，坏天津桥及中桥，断人行累日。先是，顿降大雨，沃若悬流，至是而泛溢冲突焉。西京平地水深四尺已上，麦一束止得一二升，米一斗二百二十文，布一端止得一百文。国中大饥，蒲、同等州没徙家口外逐粮，饥馁相仍，加以疾疫，自陕至洛，死者不可胜数。西京米斗三百已下。二年三月，洛州黄河水溺河阳县城，水面高于城内五六尺。自盐坎已下至县十里石灰，并平流，津桥南北道无不碎破。文明元年七月，温州大水，漂流四千余家。长安三年，宁州大霖雨，山水暴涨，漂流二千余家，溺死者千余人，流尸东下。十七日，京师大雨雹，人有冻死者。四年，自九月至十月，昼夜阴晦，大雨雪。都中人畜，有饿冻死者。令开仓赈恤。

神龙元年七月二十七日，洛水涨，坏百姓庐舍二千余家。诏九品已上直言极谏，右卫骑曹宋务光上疏曰：

臣闻自昔后王，乐闻过，罔不兴；拒忠谏，罔不乱。何者，乐闻过则下情通，下情通则政无缺，此其所以兴也；拒忠谏则群议壅，群议壅则主孤立，此其所以乱也。伏见明敕，令文武九品已上直言极谏，大哉德音，其尧、舜之用心，禹、汤之责己也！

臣尝读书，观天人相与之际，考休咎冥符之兆，有感必通，其间甚密。是以政失于此，变生于彼，亦犹影之像形，响之赴声，动而辄随，各以类应。故《易》曰："天垂象，见吉凶，圣人象之。"窃见自夏已来，水气悖戾，天下郡国，多罹其灾。去月二十七日，洛水暴涨，漂损百姓。谨按《五行传》曰："简宗庙，废祭祀，则水不润下。"夫王者即位，必郊祀天地，严配祖宗，是故鬼神歆飨，多获福助。自陛下光临宝极，绵历炎凉，郊祀迟留，不得殷荐，山川寂寞，未议怀柔。暴水之灾，殆因此发。臣又按，水者阴类，臣妾之道。阴气盛满，则水泉迸溢。加之虹霓纷错，暑雨滞淫，虽丁厥时，而汩恒度，亦阴胜之沴也。臣恐后庭近习，或有离中馈之职，干外朝之政。伏愿深思天变，杜绝其萌。又自春及夏，牛多病死，疫气浸淫，于今未息。谨按《五行传》曰："思之不睿，时则有牛祸。"意者万机之事，陛下或未躬亲乎？昔太戊有异木生于朝，伊陟戒以修德，厥妖用殄；高宗有飞雉雊于鼎，祖己陈以政事，殷道再兴。此皆视履考祥，转祸为福之明鉴也。晁错曰："五帝其臣不及，则自亲之。"今朝廷怪异，虽则多矣，然皆仰知陛下天光。伏愿勤思德容，少凝大化，以万方为念，不以声色为娱，以百姓为忧，不以犬马为乐。暂劳宵旰，用缉明良，岂不休哉！天下幸甚！

臣闻三王之朝，不能免淫兀；太平之时，不能无小孽。备御之道，存乎其人。若微细之灾，恬而不怪，及祸变成象，骇而图之，犹水决而缮防，疾困而求药，虽复偲偲，亦何救哉！夫灾变应天，实系人事，故日蚀修德，月蚀修刑。若乃雨旸或愆，则貌言为咎，雩崇之法，在于礼典。今暂逢霖雨，即闭坊门，弃先圣之明训，遵后来之浅术，时偶中之，安足神耶？盖当屏翳收津，丰隆戢响之日也。岂有一坊一市，遂能感召皇灵；暂闭暂开，便欲发挥神道。必不然矣，何其谬哉！至今巷议街言，共呼坊门为宰相，谓能节宣风雨，燮理阴阳。夫如是，则赫赫师尹，便为虚设；悠悠苍生，复何所望？

自数年已来，公私俱竭，户口减耗。家无接新之储，国无候荒之蓄。陛下不出都邑，近观朝市，则以为率土之人，既康且富。及至践间陌，视乡亭，百姓衣牛马之衣，食犬彘之食，十室而九空，丁壮尽于边塞，孤孀转于沟壑，猛吏淫威夺其毒，暴征急政破其资。马因斯跌，人穷万诈，或起为奸盗，或竞为流亡，从而刑之，良可悲也！臣观今之吡俗，率多轻佻，人贫而奢不息，法设而伪不止。长吏贪冒，选举私谒。乐多繁淫，器尚浮巧。稼穑之人少，商旅之人多。诚愿坦然更化，以身先之，端本澄源，涤瑕荡秽。接雕残之后，宜缓其力役；当今弊之极，宜法训敦庞。良牧树风，贤宰垂化，十年之外，生聚方足，三代之美，庶几可及。

臣闻太子者，君之贰，国之本，《易》有其卦，天有其星，今古相循，率由兹道。陛下自登皇极，未建元良，非所以守器承祧，养德赞业。离明不可辍曜，震位不可久虚，伏愿早择贤能，以光储副，上安社稷，下慰黎元。且姻戚之间，谤议所集，假令汉帝无私于广国，元规切让于中书，天下之人，安可户说。稽疑成患，冯宠生灾，所谓爱之适足以害之。至如武三思等，诚能辍其机务，授以清闲，厚禄以富其身，蕃锡以奖其意，家国俱泰，岂不优乎？

夫爵赏者，君之重柄。《传》曰："惟名与器，不可假人。"自顷官赏，颇亦乖谬，大勋未满于人听，高秩已越于朝伦，贪天之功，以为己力。秘书监郑普思、国子祭酒叶静能，或挟小道以登朱紫，或因浅术以取银黄，既亏国经，实悖天道。《书》曰："制理于未乱，保邦于未危。"此诚理乱安危之时也。伏愿钦祖宗之丕烈，伤王业之艰难，远佞人，亲有德，乳保之爱，妃主之家，以时接见，无令媟渎。

凡此数者，当今急务，唯陛下留神采纳，永保康宁。

疏奏不省。

右仆射唐休璟以霖雨为害，咎在主司，上表曰："臣闻天运其工，人代之而为理；神行其化，为政资之以和。得其理则阴阳以调，失其和则灾诊斯作。故举才而授，帝唯其难，论道于邦，官不必备。顷自中夏，及乎首秋，郡国水灾，屡为人害。夫水，阴气也，臣实主之。臣忝职右枢，致此阴诊，不能调理其气，而乃旷居其官。虽运属尧年，则无治水之用；位忝殿相，且阙济川之功。犹负明刑，坐逃皇谴。皇恩不弃，其若天何？昔汉家故事，丞相以天灾免职。臣窃遇圣时，岂敢觍颜居位。乞解所任，待罪私门，冀移阴咎之征，复免夜行之眚。"

神龙二年三月壬子，洛阳东十里有水影，月余乃灭。四月，洛水泛滥，坏天津桥，漂流居人庐舍，溺死者数千人。三年夏，山东、河北二十余州大旱，饥馑死者二千余人。景龙二年正月，沧州雨雹，大如鸡卵。开元五年六月十四日，巩县暴雨连日，山水泛涨，坏郭邑庐舍七百余家，人死者七十二；汜水同日漂坏近河百姓二百余户。八年夏，契丹寇营州，发关中卒援之。军次渑池县之阙门，野营谷水上。夜半，山水暴至，二万余人皆溺死，唯行网役夫榇蒲，觉水至，获免逆旅之家，溺死死人漂入苑中如积。其年六月二十一日夜，暴雨，东都谷、洛溢，入西上阳宫，宫人死者十七八。畿内诸县，田稼庐舍荡尽。掌关兵士，凡溺死者一千一百四十八人。京城兴道坊一夜陷为池，一坊五百余家俱失。其年，邓州三鸦口大水塞谷，初见二小儿以水相泼，须臾，有大蛇十围已上，张口向天，人或斫射之，俄而暴雷雨，漂溺数百家。十年二月四日，伊水泛涨，毁都城南龙门天竺、奉先寺，坏罗郭东南角，平地水深六尺已上，入漕河，水次屋舍，树木荡尽。河南汝、许、仙、豫、唐、邓等州，各言大水害秋稼，漂没居人庐舍。十四年六月戊午，大风拔木发屋，端门鸱吻尽落，都城内及寺观落者约半。七月十四日，瀍水暴涨，流入洛漕，漂没诸州租船数百艘，溺死者甚众，漂失杨、寿、光、和、庐、杭、瀛、棣租米一十七万二千八百九十六石，并钱绢杂物等。因开斗门决堰，引水南入洛，漕水燥竭，以捜漉官物，十收四五焉。七月甲子，怀、卫、郑、滑、汴、濮、许等州澍雨，河及支川皆溢，人皆巢舟以居，死者千计，资产苗稼无孑遗。沧州大风，海运船没者十二三，失平卢军粮五千余石，舟人皆死。润州大风从东北，海涛奔上，没瓜步洲，损居人。是秋，天下八十五州言旱及霜，五十州水，河南、河北尤甚。十五年七月甲寅，雷震兴教门楼两鸱吻，烧楼柱，良久乃灭。二十日，鄜州雨，洛水溢入州城，平地丈余，损居人庐舍，溺死者不知其数。二十一日，同州损郭邑及市，毁冯翊县。八月八日，渑池县夜有暴雨，涧水、谷水涨合，毁郭邑百余家及普门佛寺。是岁，天下六十三州大水损禾稼、居人庐舍，河北尤甚。十八年六月乙丑，东都瀍水暴涨，漂损扬、楚、淄、德等州租船。壬午，东都洛水泛涨，坏天津、永济二桥及漕渠斗门，漂损提象门外助铺及仗舍，又损居人庐舍千余家。二十七年八月，东京改作明堂，讹言官取小儿埋于明堂下，以为厌胜。村邑童儿藏于山谷，都城骚然，或言兵至。玄宗恶之，遣主客郎中王佶往东都及诸州宣慰百姓，久之乃定。二十九年，暴水，伊、洛及支川皆溢，损居人庐舍，秋稼无遗，坏东都天津桥及东西漕；河南北诸州，皆多漂溺。

天宝十载，广陵郡大风架海潮，沧江口大小船数千艘。十三载秋，京城连月澍雨，损秋稼。九月，遣闭坊市北门，盖井，禁妇人入街市，祭玄冥大社，崇门。京城坊市墙宇，崩坏向尽。东方瀍、洛水溢堤穴，冲坏一十九坊。上元二年，京师自七月霖雨，八月尽方止。京城宫寺庐舍多坏，街市沟渠中漉得小鱼。永泰元年，先旱后水。九月，大雨，平地水数尺，沟河涨溢。时吐蕃寇京畿，以水，自溃而去。二年夏，洛阳大雨，水坏二十余坊及寺观廨舍，河南数十州大水。大历四年秋，大雨。是岁，自四月霖澍，至九月。京师米斗八百文，官出太仓米贱粜以救饥人。京城闭坊市北门，门置土台，台上置坛及黄幡以祈晴。秋末方止。五年夏，复大雨，京城饥，出太仓米减价以救人。十二年秋，大雨。是岁，春夏旱，至秋八月雨，河南尤甚，平地深五尺，河决，漂溺田稼。

贞元二年夏，京师通衢水深数尺。吏部侍郎崔纵，自崇义里西门为水漂浮行数十步，街铺卒救之获免；其日，溺死者甚众。东都、河南、荆南、淮南江河泛溢，坏人庐舍。四年八月，连雨，灞水暴溢，溺杀渡者百余人。八年秋，大雨，河南、河北、山南、江淮凡四十余州大水，漂溺死者二万余人。时幽州七月大雨，平地水深二丈；郑、涿、蓟、檀、平五州，平地水深一丈五尺。又徐州奏：自五月二十五日雨，至七月八日方止，平地水深一丈二尺，郭邑庐里屋宇田稼皆尽，百姓皆登丘冢山原以避之。

元和七年正月，振武界黄河溢，毁东受降城。五月，饶、抚、虔、吉、信五州山水暴涨，坏庐舍，虔州尤甚，水深处四丈余。八年五月，许州奏：大雨摧大隗山，水流出，溺死者千余人。六月庚寅，京师大风雨，毁屋扬瓦，人多压死。水积城南，深处丈余，入明德门，犹渐车辐。辛卯，渭水暴涨，毁三渭桥，南北绝济者一月。时所在霖雨，百源皆发，川渎不由故道。丙申，富平大风，折树一千二百株。辛丑，出宫人二百车，人得娶纳，以水害诫阴盈也。九年秋，淮南、宣州大水。十一年五月，京畿大雨，害田四万顷，昭应尤甚，漂溺居人。衢州山水涌，深三丈，坏州城，民多溺死。浮梁、乐平溺死者一百七十人，为水漂流不知所在者四千七百户。润、常、湖、陈、许等州各损田万顷。十二年秋，大雨，河南北水，害稼。其年六月，京师大雨，街市水深三尺，坏庐舍二千家，含元殿一柱陷。十五年九月十一日至十四日，大雨兼雪，街衢禁苑树无风而摧折，连根而拔者不知其数。仍令闭坊市北门以禳之。沧州大水。

长庆二年十月，好畤山水泛涨，漂损居人三百余家，河南陈、许二州尤甚。诏赈贷粟五万石，量人户家口多少，等第分给。大和三年四月，同官暴水，漂没三百余家。六年，徐州自六月九日大雨至十一日，坏民舍九百家。四年夏，郓、曹、濮雨，坏城郭田庐向尽。苏、湖二州水，坏六堤，水入郡郭，溺庐井。许州自五月大雨，水深八尺，坏郡郭居民大半。会昌元年七月，襄州汉水暴溢，坏州郭。均州亦然。则天时，宗秦客以佞幸为内史，受命之日，无云而雷声震烈，未周岁而诛。延和元年六月，河南偃师县之李材村，有霹雳闪入人家，地震裂，阔丈余，长十五里，测之无底。所裂之处，井厕相通，所冲之冢，棺柩出植平地无损，竟不知其故。仪凤三年十一月十四日，雨木冰。开元十五年七月四日，雷震兴教门两鸱吻，栏槛及柱灾。二十九年十一月二十二日，雨木冰，凝寒冻冽，数日不解。宁王见而叹曰："谚云'树稼达官怕'，必有大臣当之。"其月王薨。乾元三年闰四月，大雾，大雨月余。是月，史思明再陷东都，京师米斗八百文，人相食，殍骸蔽地。永泰元年二月甲子夜，雷电震烈。三月，降霜为木冰。辛亥，大风拔木。

大历二年三月辛亥夜，京师大风发屋。十一月，纷雾如雪，草木冰。十年四月甲申夜，大雨雹，暴风拔树，飘屋瓦，宫寺鸱吻飘失者十五六，人震死者十二，损京畿田稼七县。七月己未夜，杭州大风，海水翻潮，飘荡州郭五千余家，船千余只，全家陷溺者百余户，死者四百余人；苏、湖、越等州亦然。贞元二年正月，大雨雪，平地深尺余。雪上有黄色，状如浮埃。四年正月，陈留十里许雨木，皆大如指，长寸余，木有孔通中，所下立者如植。其年，宣州暴雨震电，有物堕地，猪首，手脚各有两指，执一赤斑蛇食之。逡巡，黑云合，不见。八年二月，京师雨土。五月己未，暴风破屋拔树，太庙屋及诸门寺署坏者不可胜计。十年六月辛丑晦，有水鸟集于左藏库。其夜暴雨，大风拔树。十七年二月五日，大雨雹。七日，大霜。十六夜，大雨，震雷且电。十九日，大雨雪而电。元和三年四月壬申，大风毁含元殿西阙栏槛二十七间。八年三月丙子，大风拔崇陵上宫衙殿西鸱尾，并上宫西神门六载竿折，行墙四十间檐坏。

长庆元年九月壬寅，京师震电，大风雨。四年五月庚辰，大风吹坏延喜、景风二门。

大和八年六月癸未，暴风雷霆坏长安县廨及经行寺塔。同、华大旱。七月辛酉，定陵台大风雨，震，东廊之下地裂一百三十尺，其深五尺。诏宗正卿李仍叔启告修之。九年四月二十六日夜，大风，含元殿四鸱吻皆落，拔殿前树三，坏金吾仗舍，废楼观内外城门数处，光化门西城墙坏七十七步。是日，废长生院，起内道场，取李训言沙汰僧尼故也。开成元年夏六月，凤翔、麟游县暴风雨，飘害九成宫正殿及滋善寺佛舍，坏百姓屋三百间，死者百余人，牛马不知其数。长安四年九月后，霖雨并雪，凡阴一百五十余日，至神龙元年正月五日，诛二张，孝和反正，方晴霁。先天二年四月，阴，至六月一百余日，至七月三日，诛窦怀贞等一十七家，方晴。景龙中，东都霖雨百余日，闭坊市北门，驾车者苦甚污，街中言曰："宰相不能调阴阳，致兹恒雨，令我污行。"会中书令杨再思过，谓之曰："于理则然，亦卿牛劣耳。"贞元二十一年，顺宗风疾，叔文用事，连月霖雨不霁。乃以宪宗为皇太子，制出日即晴。《传》所谓"皇之不极，厥罚恒阴"，皆此数也。

贞观二年六月，京畿旱，蝗食稼。太宗在苑中掇蝗，咒之曰："人以谷为命，而汝害之，是害吾民也。百姓有过，在予一人，汝若通灵，但当食我，无害吾民。"将吞之，侍臣恐上致疾，遽谏止之。上曰："所冀移灾朕躬，何疾之避？"遂吞之。是岁蝗不为患。开元四年五月，山东螟蝗害稼，分遣御史捕而埋之。汴州刺史倪若水拒御史，执奏曰："蝗是天灾，自宜修德。刘聪时，除既不得，为害滋深。"宰相姚崇牒报之曰："刘聪伪主，德不胜妖；今日圣朝，妖不胜德。古之良守，蝗虫避境，若言修德可免，彼岂无德致然。今坐看食苗，忍而不救，因此饥馑，将何以安？"卒行埋瘗之法，获蝗一十四万，乃投之汴河，流者不可胜数。朝议喧然，上复以问崇，崇对曰："凡事有违经而合道，反道而适权者，彼庸儒不足以知之。纵除之不尽，犹胜养之以成灾。"帝曰："杀虫太多，有伤和气，公其思之。"崇曰："若救人杀虫致祸，臣所甘心。"八月四日，敕河南、河北检校捕蝗使狄光嗣、康瓘、敬昭道、高昌、贾彦璿等，宜令待虫尽而刈禾将毕，即入京奏事。谏议大夫韩思复上言曰："伏闻河北蝗虫，顷日益炽，经历之处，苗稼都尽。臣望陛下省咎责躬，发使宣慰，损不急之务，去至冗之人。上下同心，君臣一德，持此至诚，以答休咎。前后捕蝗使望并停之。"上出符疏付中书姚崇，乃令思复往山东检视虫灾之所，及还，具以闻。二十五年，贝州蝗食苗，有白鸟数万，群飞食蝗，一夕而尽。明年，榆林关有蚜蚄食苗，群雀来食，数日而尽。

天宝三载，贵州紫虫食苗，时有赤鸟群飞，自东北来食之。广德元年秋，蚜蚄食苗，关西尤甚，米斗千钱。兴元元年秋，关辅大蝗，田稼食尽，百姓饥，捕蝗为食，蒸曝，扬去见翅而食之。明年夏，蝗尤甚，自东海西尽河、陇，群飞蔽天，旬日不息。经行之处，草木牛畜毛，靡有孑遗。关辅以东，谷大贵，饿馑枕道。京师大乱之后，李怀光据河中，诸军进讨，国用罄竭。衣冠之家，多有殍殕者。旱甚，灞水将竭，井皆无水。有司奏国用裁可支七旬。德宗减膳，不御正殿。百司不急之费，皆减之。元和元年夏，镇、冀蝗，害稼。长庆三年秋，洪州旱，螟蝗害稼八万顷。大和元年秋，旱，罢选举。开成二年，河南、河北旱，蝗害稼；京师旱尤甚，徙市，闭坊南门。四年六月，天下旱，蝗食田，祷祈无效，上忧形于色。宰臣曰："星官奏天时当尔，乞不过劳圣虑。"文宗憔然改容曰："朕为天下主，无德及人，致此灾旱。今又彗星谪见于上，若三日内不雨，当退归南内，卿等自选贤明之君以安天下。"宰臣呜咽流涕不能已。是岁，河南府界黑虫食苗。河南、河北蝗，害稼都尽。镇、定等州，田稼既尽，至于野草树叶细枝亦尽。会昌元年，山南邓、唐等州蝗，害稼。

贞观十三年四月二十九日，云阳石燃方丈，昼如炭，夜则光见，投草木于其上则焚，历年方止。证圣元年正月十六日夜，明堂火，延及天堂，京城光照如昼，至曙并为灰烬。则天欲避殿彻乐，宰相姚璹以为火因麻主，人护不谨，非天灾也，不宜贬损。乃劝则天御端门观酺，引建章故事，令薛怀义重造明堂以厌胜之。则天时，建昌王武攸宁置内库，长五百步，二百余间，别贮财物以求媚。一夕为天灾所燔，玩好并尽。景龙中，东都凌空观灾，火自东北来，其金铜诸像，销铄并尽。开元五年，洪、潭二州灾，火延烧郡舍。郡人先见火精赤瞰瞰飞来，旋即火发。十五年，衡州灾，火延烧三四百家。郡人见物大如瓮，赤如烛笼，此物所至，即火发。十八年二月十八日，大雨雪，俄又雷震，飞龙厩灾。天宝二年六月七日，东都应天门观灾，延烧左右延福门，经日不灭。九载三月，华岳庙灾。十载正月，大风，陕州运船失火，烧二百一十五只，损米一百万石，舟人死者六百人，又烧商人船一百只。其年八月六日，武库灾，烧二十八间十九架，兵器四十七万件。宝应元年十一月，回纥焚东都宜春院，延及明堂，甲子日而尽。广德元年十二月二十五夜，鄂州失火，烧船三千艘，延及岸上居人二千余家，死者四五千人。大历十年二月，庄严寺佛图灾。初有疾风，震雷薄击，俄而火从佛图中出，寺僧数百人急救之，乃止，栋宇无损。

贞元七年，苏州火。十九年四月，家今寺火。二十年四月，开业寺火。元和四年，御史台舍火。七年，镇州甲仗库一十三间灾，节度使王承宗杀主守，坐死者百余人。承宗方拒天军，而兵仗为灾所焚，天意嫉恶也。十年四月，河阴转运院火。十一月，献陵寝宫永巷火。十一年十二月，未央宫及飞龙草场火，皆王承宗、李师道谋挠用兵，阴遣盗纵火也。时李师道于郓州起宫殿，欲谋僭乱。既成，是岁为灾并尽，俄而族灭。大和元年十月甲辰，昭德宫火，延烧至宣政东垣及门下省，至晡方息。八年十二月，昭成宫火。九年六月乙亥朔，西市火。会昌三年六月，万年县东市火，烧屋宇货财不知其数。又西内神龙宫火。大顺二年七月，汴州相国寺佛图灾。是日晚，微雨，震电，寺僧见赤块在三门楼藤网中，周绕一匝而火作。良久，赤块北飞，越前殿飞入佛阁网中，如三门周绕转而火作。如是三日不息，迄为灰烬。

贞观初，白鹊巢于殿庭之槐树，其巢合欢如腰鼓，左右称贺。太宗曰："吾常笑隋文帝好言祥端。瑞在得贤，白鹊子何益于事？"命撤之，送于野。高宗文明后，天下频奏雌雉化为雄，或半化未化，兼以献之，则天临朝之兆。调露元年，突厥温傅等未叛时，有鸣鹀群飞入塞，相继蔽野，边人相惊曰："突厥雀南飞，突厥犯塞之兆也。"至二年正月，还复北飞，至灵夏已北，悉坠地而死，视之，皆无头。裴行俭问右史苗神客曰："鸟兽之祥，乃应人事，何也？"对曰："人虽最灵，而禀性含气，同于万类，故吉凶兆于彼，而祸福应于此。圣王受命，龙凤为嘉瑞者，和气同也。故汉祖斩蛇而验秦之必亡，仲尼感麟而知己之将死。夷羊在牧，殷纣已灭。鹳鹆来巢，鲁昭出奔。鼠舞端门，燕刺诛死。大鸟飞集，昌邑以败。是故君子虔恭寅畏，动必思义，虽在幽独，如承大事，知神明之照临，惧患难之及己。雉升鼎耳，殷宗侧身以修德，鵩止坐隅，贾生作赋以叙命。卒以无患者，德胜妖也。"

大历八年四月戊申，乾陵上仙观天尊殿，有双鹊衔泥及柴，补殿之隙坏，凡十五处。其年九月，大鸟见于武功县，群鸟随而噪之。神策将军张日芬射得之，肉翅狐首，四足，足有爪，其广四尺三寸，其毛色赤，形类蝙蝠。十一年,渭州获赤乌。十三年五月,左羽林军鹳鹆乳雀。贞元三年三月,中书省梧桐树有鹊以泥为巢。四年夏,汴、郑二州群鸟皆飞入田绪、李纳境内,衔木为城,高二三尺,方十里。绪、纳恶之,命焚之,信宿而复,鸟口皆流血。十年四月,有大鸟飞集宫中,食杂骨数日,获之,不食而死。六月辛未晦,水鸟集左藏库。十四年秋,有鸟色青,类鸠鹊,息于宋郊,所止之处,群鸟翼卫,朝夕嗛稻粱以哺。睢阳之人适野聚观者旬日,人不知其名,郡人李翱见之曰:"此鹓也,凤之次。"长庆元年六月,濮州雷泽县人张宪家榆树鸟巢,因风堕二雏,别树鹊引二鸟雏于巢哺之。开成二年六月,真兴门外野鹊巢于古冢。

永徽中,黑齿常之戍河源军,有狼三头,白昼入军门,射之毙。常之惧,求代。将军李谨代常之军,月余卒。先天初,洛阳市人牵一羊,左肋下有人手,长尺许,以之乞丐。开元二年,韶州鼠害稼,千万为群。三年,有熊白昼入广陵城,月余,都督李处鉴卒。永泰二年十一月,乾陵赤兔见。

大历二年三月,河中献玄狐。四年九月已卯,虎入京城长寿坊元载私庙,将军周皓格杀之。六年八月丁丑,太极殿内廊下获白兔。八年七月,白鼠出内侍。十二年六月,苑内获白鼠。十三年六月戊戌,陇右洴源县军士赵贵家,猫鼠同乳,不相害,节度使朱泚笼之以献。宰相常衮率百僚拜表贺,中书舍人崔祐甫曰:"此物之失性也。天生万物,刚柔有性,圣人因之,垂训作则。礼,迎猫,为食田鼠也。然猫之食鼠,载在祀典,以其能除害利人,虽微必录。今此猫对鼠,何异法吏不勤触邪,疆吏不勤捍敌?据礼部式录三瑞,无猫不食鼠之目。以此称庆,理所未详。以刘向《五行传》言之,恐须申命宪司,察听贪吏,诫诸边境,无失徼巡,则猫能致功,鼠不为害。"帝深然之。

建中四年五月,滑洲马生角。贞元四年二月,太仆寺郊牛生犊,六足,太仆卿周皓白宰相李泌,请上闻,泌笑而不答。又京师人家豕生子,两首四足,有司以白御史中丞窦参,请上闻,参寝而不奏。三月癸丑,鹿入京师西市门,众杀之。元和七年十一月,龙州武安川畲田中嘉禾生,有麟食之,复生。麟之来,一鹿引之,群鹿随之,光华不可正视。使画工图麟及嘉禾来献。八年四月,长安西市门家豕生子,三耳八足,自尾分为二。大和九年八月,易定监军小将家马,因饮水吐出宝珠一,献之。

贞观中,汾州言青龙见,吐物在空中,有光明如火。堕地,地陷,掘之得玄金,广尺,长七寸。大足元年,虔州别驾得六眼龟,一夕而失。神龙中,渭河有虾蟆,大如一石鼎,里人聚观,数日而失。是岁,大水漂溺京城数百家,商州水入城门,襄阳水至树杪。先天二年六月,西京朝堂砖阶,无故自坏。砖下有大蛇长丈余,虾蟆大如盘,面目赤如火,相向斗。俄而蛇入大穴,虾蟆入于草。其年七月三日,玄宗诛窦怀贞、岑羲等十七家。开元四年六月,郴州马岭山下,有白蛇长六七尺,黑蛇长丈余。两蛇斗,白蛇吞黑蛇,至粗处,口眼流血,黑蛇头穿白蛇腹出,俄而俱死。旬日内桂阳大雨,山水暴溢,漂五百家,杀三百余人。

天宝中,洛阳有巨蛇,高丈余,长百尺,出于芒山下。胡僧无畏见之,叹曰:"此欲决水注洛城。"即以天竺法咒之,数日蛇死。禄山陷洛之兆也。李揆作相前一月,有大虾蟆如床,见室之中,俄失所在。占者以为蟆天使也,有福庆之事。乾元二年九月,通州三冈县放生池中,日气下照,水腾波涌上,有黄龙跃出,高丈余,又于龙旁数处,浮出明珠。大历八年,京师金天门外水渠获毛龟。贞元三年,李纳献毛龟。元和七年四月,舒州桐城县有黄、青、白三龙各一,翼风雷自梅天陂起,约高二百尺,凡六里,降于浮塘坡。九年四月,道州二青龙见于江中。大和二年六月七日,密州卑产山北面有龙见。初,赤龙从西来,续有青龙、黄龙从南来,后有白龙、黑龙从山北来,并形状分明。自申至戌,方散去。

天宝初,临川郡人李嘉胤所居柱上生芝草,状如天尊像,太守张景夫拔柱以献。上元二年七月甲辰,延英殿御座生白芝,一茎三花。肃宗制《玉灵芝诗》三篇,群臣皆贺。占曰:"白芝主衰。"明年,上皇、肃宗俱崩。二年九月,含辉院生金芝。永泰二年二月,京城槐树有虫食叶,其形类蚕。其年六月,太庙第二室芝草生。大历四年三月,润州上元县芝草生,一茎四叶,高七寸。八年,庐州庐江县紫芝生,高一丈五尺。九年九月,晋州神山县庆唐观桧树已枯重荣。十二年五月甲子,成都府人郭远,因樵获瑞木一茎,有文曰"天下太平"四字,其年十一月,蔡州汝阳县芝草生,紫茎黄盖。兴元元年八月,亳州真源县大空寺僧院李树,种来十四年,才长一丈八尺,今春枝忽上耸,高六尺,周围似盖,九尺余。又先天太后墓槐树上有灵泉漏出,今年六月,其上有云气五色,又黄龙再见于泉上。元和十一年十二月雷,桃李俱花。长庆三年十二月,水不冰,草萌芽,如正二月之候。

神龙二年三月,洛阳东七里有水影,侧近树木车马之影,历历见水影中,月余方灭。乾元二年七月,岚州合河关黄河水,四十里间,清如井水,经四日而后复。宝应元年九月甲午,华州至陕州二百余里,黄河清,澄澈见底。大历二年,醴泉出栎阳,愈疾。贞元四年七月,自陕州至河阴,河水色如墨,流入汴河,止于汴州城下,一宿而复。宝历二年,亳州言出圣水愈病。江淮已南,远来奔凑求水。浙西观察使李德裕奏论其妖。宰相裴度判汴州所申状曰:"妖由人兴,水不自作。"牒汴州观察使填塞讫申。

玄宗初即位,东都白马寺铁像头无故自落于殿门外。后姚崇秉政,以僧惠范附太平乱政,谋汰僧尼,令拜父母,午后不出院,其法颇峻。大历十三年二月,太仆寺廨有佛堂,堂内小脱空金刚左臂上忽有黑汗滴下,以纸承之,色即血也。明年五月,代宗崩。

上元三年,楚州刺史崔侁献定国宝十三:一曰玄黄天符,形如笏,长八寸,有孔,辟人间兵疫;二曰玉鸡毛,白玉也,以孝理天下则见;三曰谷璧,白玉也,粟粒,无雕镌之迹,王者得之,五谷丰熟;四曰西王母白环二,所在处外国归伏;五曰碧色宝,圆而有光;六曰如意宝珠,大如鸡卵;七曰红靺鞨,大如巨栗;八曰琅玕珠二;九曰玉玦，形如玉环，四分缺一；十曰玉印，大如半手，理如鹿形，陷入印中；十一曰皇后采桑钩，如箸，屈其末；十二曰雷公石斧，无孔；十三缺。凡十三宝。置之日中，白气连天。初，楚州有尼曰真如，忽有人接之升天，天帝谓之曰："下方有灾，令第二宝镇之。"即以十三宝付真如。时肃宗方不豫，以为瑞，乃改元宝应，仍传位皇太子，此近白祥也。宝历二年五月，神策军修苑内古汉宫，掘得白玉床，其长六尺，以献。

大历十年二月，京兆神策应妇人张氏，产一男二女。贞元八年二月，许州人李狗儿持杖上含元殿，击栏槛，又击杀所擒卒，诛之。十年四月，巨人迹见常州。元和二年，开红崖冶役夫将化为虎，众以水沃之，化而不果。长庆四年四月十七日，染坊作人张韶与卜者苏玄明，于柴草车内藏兵仗，入宫作乱，二人对食于清思殿。是日，禁军诛张韶等三十七人。宝历二年十二月，延州人贺文妻产三男。大和九年，京师讹言郑注为主上合金丹，须小儿心肝，密旨捕小儿。或相告云，某处失几儿。人家扃锁小儿甚密。上恐，遣中使喻之，乃止。开成二年十二月二十八日，狂人刘德广入含元殿，诏付京兆府杖杀之。

隋末有谣云："桃李子，洪水绕杨山。"炀帝疑李氏有受命之符，故诛李金才。后李密据洛口仓以应其谶。隋文时，自长安故城东南移于唐兴村置新都，今西内承天门正当唐兴村门。今有大槐树，柯枝森郁，即村门树也。有司以行列不正，将去之，文帝曰："高祖尝坐此树下，不可去也。"调露中，高宗欲封嵩山，累묿仪注，有事不行。有谣曰："不畏登不得，但恐不得登。三度征兵马，傍道打腾腾。"高宗至山下遘疾，还宫而崩。永徽末，里歌有《桑条韦也》、《女时韦也》乐。及神龙中，韦后用事，郑愔作《桑条歌》十篇上之。龙朔中，俗中饮酒令，曰："子母去离，连台拗倒。"俗谓杯盘为子母，又名盘为台，即中宗废于房州之应也。时里歌有《突厥盐》，及则天遣尚书阎知微送武延秀，立知微可汗，挟之入寇。如意初，里歌云："黄獐黄獐草里藏，弯弓射尔伤。"后契丹李万荣叛，陷营州，则天令总管曹仁师、王孝杰等将兵百万讨之，大败于黄獐谷，契丹乘胜至赵郡。垂拱已后，东都有《契苾儿歌》，皆淫艳之词。后张易之兄弟有内嬖，易之小字契苾。元和小儿谣云："打麦打麦三三三"，乃转身曰："舞了也。"及武元衡为盗所害，是元和十年六月三日。

《五行传》所谓诗妖，皆此类也。

上元中为服令，九品已上佩刀砺等袋，纷帨为鱼形，结帛作之，为鱼像鲤，强之意也。则天时此制遂绝，景云后又佩之。

张易之为母阿臧为七宝帐，有鱼龙鸾凤之形，仍为象床、犀簟。则天令凤阁侍郎李迥秀妻之，迥秀不获已，然心恶其老，薄之。阿臧怒，出迥秀为定州刺史。

中宗女安乐公主，有尚方织成毛裙，合百鸟毛，正看为一色，旁看为一色，日中为一色，影中为一色，百鸟之状，并见裙中。凡造两腰，一献韦氏，计价百万。又令尚方取百兽毛为鞯面，视之各见本兽形。韦后又集鸟毛为鞯面。安乐初出降武延秀，蜀川献单丝碧罗笼裙，缕金为花鸟，细如丝发，鸟子大如黍米，眼鼻嘴甲俱成，明目者方见之。自安乐公主作毛裙，百官之家多效之。江岭奇禽异兽毛羽，采之殆尽。开元初，姚、宋执政，屡以奢靡为谏，玄宗悉命宫中出奇服，焚之于殿廷，不许士庶服锦绣珠翠之服。自是采捕渐息，风教日淳。

韦庶人妹七姨，嫁将军冯太和，权倾人主，尝为豹头枕以辟邪，白泽枕以辟魅，伏熊枕以宜男。太和死。再嫁嗣虢王。及玄宗诛韦后，虢王斩七姨首以献。

此总言服妖也。

卷三十八　　　　志第十八

地　理　一

王者司牧黎元，方制天下。列井田而底职贡，分县道以控华夷。虽《皇坟》、《帝典》之殊涂，《禹贡》、《周官》之异制，其于建侯胙土，颁瑞剖符，外凑百蛮，内亲九牧，古之元首，咸有意焉。然子弟受封，周室竟贻于衰削；郡县为理，秦人不免于败亡。盖德业有浅深，制置无工拙。殷、周未为得，秦、汉未为非。摭实而言，在哲后守成而已。谨详前代隆平之时，校今日耗登之数，存诸户籍，以志休期。

昔秦并天下，裂地为四十九郡，郡置守尉，以御史监之。其地西临洮，而北沙漠，东萦南带，皆际海滨。汉兴，以秦郡稍大，析置郡国。武帝斥越攘胡，土宇弥广。哀、平之季，凡郡国百有三，县千三百一十四，道三十二，侯国二百四十一，而诸郡置十三部刺史分统之。谓司隶、并、荆、兖、豫、扬、冀、青、徐、益、交、凉、幽等十三州。汉地东西九千三百二里，南北一万二千三百六十八里。后汉郡国，百有五，县道侯国千一百八十六。亦如西京之制，置十三州刺史以充郡守。其地广袤，亦如前制。

曹魏之时，三分鼎峙，淮、汉之间，鞠为斗壤。洎太康混一，寻陷胡戎。南北分争，何暇疆理？三百年间，废置不一。及隋氏平陈，寰区一统。大业三年，改州为郡，亦如汉制，置司隶、刺史，以纠郡守。大凡编簿，郡百九十，县一千二百五十五，户八百九十万七千五百三十六，口四千六百一万九千九百五十六。其地东西九千三百里，南北一万四千八百一十五里。东、南皆际大海，西至且末，北至五原，隋氏之极盛也。及大业季年，群盗蜂起，郡县沦陷，户口减耗。高祖受命之初，改郡为州，太守并称刺史。其缘边镇守及襟带之地，置总管府，以统军戎。至武德七年，改总管府为都督府。

自隋季丧乱，群盗初附，权置州郡，倍于开皇、大业之间。贞观元年，悉令并省。始于山河形便，分为十道：

一曰关内道，二曰河南道，三曰河东道，四曰河北道，五曰山南道，六曰陇右道，七曰淮南道，八曰江南道，九曰剑南道，十曰岭南道。至十三年定簿，凡州府三百五十八，县一千五百五十一。至十四年平高昌，又增二州六县。自北殄突厥颉利，西平高昌，北逾阴山，西抵大漠。其地东极海，西至焉耆，南尽林州南境，北接薛延陀界。凡东西九千五百一十里，南北万六千九百一十八里。高宗时，平高丽、百济，辽海已东，皆为州，俄而复叛，不入提封。景云二年，分天下郡县，置二十四都督府以统之。议者以权重不便，寻亦罢之。

开元二十一年，分天下为十五道，每道置采访使，检察非法，如汉刺史之职：京畿采访使，理京师城内都畿，理东都城内关内，以京官遥领河南，理汴州河东，理蒲州河北，理魏州陇右，理鄯州山南东道，理襄州山南西道，理梁州剑南，理益州淮南，理扬州江南东道，理苏州江南西道，理洪州黔中、理黔州岭南理广州。又于边境置节度、经略使，式遏四夷。凡节度使十，经略守捉使三。大凡镇兵四十九万人，戎马八万余匹。每岁经费：衣赐则千二十万匹段，军食则百九十万石，大凡千二百一十万。开元以前，每年边用不过二百万，天宝中至于是数。

安西节度使，抚宁西域，统龟兹、焉耆、于阗、疏勒四国。安西都护府治所，在龟兹国城内，管戍兵二万四千人，马二千七百匹，衣赐六十二万匹段。焉耆治所，在安西府东八百里。于阗，在安西府南二千里。疏勒，在安西府西二千余里。

北庭节度使，防制突骑施、坚昆、斩啜，管瀚海、天山、伊吾三军。北庭节度使所治，在北庭都护府，管兵二万人，马五千匹，衣赐四十八万匹段。突骑施牙帐，在北庭府西北三千余里。坚昆，在北庭府北七千里。东北去斩啜千七百里。瀚海军，在北庭府城内，管兵万二千人，马四千二百匹。天山军，在西州城内，管兵五千人，马五百匹。伊吾军，在伊州西北三百里甘露川，管兵三千人，马三百匹。

河西节度使，断隔羌胡。统赤水、大斗、建康、宁寇、玉门、墨离、豆卢、新泉等八军，张掖、交城、白亭三守捉。河西节度使治，在凉州，管兵七万三千人，马万九千四百匹，衣赐岁百八十万匹段。赤水军，在凉州城内，管兵三万三千人，马万三千匹。大斗军，在凉州西二百余里，管兵七千五百人，马二千四百匹。建康军，在甘州西二百里，管兵五千三百人，马五百匹。宁寇军，在凉州东北千余里。玉门军，在肃州西二百里，管兵五千二百人，马六百匹。墨离军，在瓜州西北千里，管兵五千人，马四百匹。豆卢军，在沙州城内，管兵四千三百人，马四百匹。新泉军，在会州西北二百余里，管兵千人。张掖守捉，在凉州南二里，管兵五百人。交城守捉，在凉州西二百里，管兵千人。白亭守捉，在凉州西北五百里，管兵七百人。

朔方节度使，捍御北狄，统经略、丰安、定远、西受降城、东受降城、安北都护、振武等七军府。朔方节度使，治灵州，管兵六万四千七百人，马四千三百匹，衣赐二百万匹段。经略军，理灵州城内，管兵二万七百人，马三千匹。丰安军，在灵州西黄河外百八十里，管兵八千人，马千三百匹。定远城，在灵州东北二百里黄河外，管兵七千人，马三千匹。西受降城，在丰州北黄河外八十里，管兵七千人，马千七百匹。安北都护府治，在中受降城黄河北岸，管兵六千人，马二千匹。东受降城，在胜州东北二百里，管兵七千人，马千七百匹。振武军，在单于东都护府城内，管兵九千人，马千六百匹。

河东节度使，掎角朔方，以御北狄，统天兵、大同、横野、岢岚等四军，忻、代、岚三州，云中守捉。河东节度使，治太原府，管兵五万五千人，马万四千匹，衣赐岁百二十六万匹段，军粮五十万石。天兵军，理太原府城内，管兵三万人，马五千五百匹。云中守捉，在单于府西北二百七十里，管兵七千七百人，马二千匹。大同军，在代州北三百里，管兵九千五百人，马五千五百匹。横野军，在蔚州东北一百四十里，管兵三千人，马八百匹。忻州，在太原府北百八十里，管兵七千八百人。代州，至太原府五百里，管兵四千人。岚州，在太原府西北二百五十里，管兵三千人。岢岚军，在岚州北百里，管兵一千人。

范阳节度使，临制奚、契丹，统经略、威武、清夷、静塞、恒阳、北平、高阳、唐兴、横海等九军。范阳节度使，理幽州，管兵九万一千四百人，马六千五百匹，衣赐八十万匹段，军粮五十万石。经略军，在幽州城内，管军三万人，马五千四百匹。威武军，在檀州城内，管兵万人，马三百匹。清夷军，在妫州城内，管兵万人，马三百匹。静塞军，在蓟州城内，管兵万人，马五百匹。恒阳军，在恒州城东，管兵三千五百人。北平军，在定州城西，管兵六千人。高阳军，在易州城内，管兵六千人。唐兴军，在莫州城内，管兵六千人。横海军，在沧州城内，管兵六千人。

平卢军节度使，镇抚室韦、靺鞨，统平卢、卢龙二军，榆关守捉，安东都护府。平卢军节度使治，在营州，管兵七千五百人，马五千五百匹。平卢军，在营州城内，管兵万六千人，马四千二百匹。卢龙军，在平州城内，管兵万人，马三百匹。榆关守捉，在营州城西四百八十里，管兵三千人，马百匹。安东都护府，在营州东二百七十里，管兵八千五百人，马七百匹。

陇右节度使，以备羌戎，统临洮、河源、白水、安人、振威、威戎、莫门、宁塞、积石、镇西等十军，绥和、合川、平夷三守捉。陇右节度使，在鄯州，管兵七万人，马六百匹，衣赐二百五十万匹段。临洮军，在鄯州城内，管兵万五千人，马八千匹。河源军，在鄯州西百二十里，管兵四千人，马六百五十匹。白水军，在鄯州西北二百三十里，管兵四千人，马五百匹。安人军，在鄯州界星宿川西，兵万人，马三百五十匹。振威军，在鄯州西三百里，管兵千人，马五百匹。威戎军，在鄯州西北三百五十里，管兵千人，马五十匹。绥和守捉，在鄯州西南二百五十里，管兵千人。合川守捉，在鄯州南百八十里，管兵千人。莫门军，在洮州城内，管兵五千五百人，马二百匹。宁塞军，在廓州城内，管兵五百人，马五十匹。积石军，在廓州西百八十里，管兵七千人，马三百匹。镇西军，在河州城内，管兵万一千人，马三百匹。平夷守捉，在河州西南四十里，管兵三千人。

剑南节度使，西抗吐蕃，南抚蛮獠，统团结营及松、维、蓬、恭、雅、黎、姚、悉等八州兵马，天宝、平戎、昆明、宁远、澄川、南江等六军镇。剑南节度使治，在成都府，管兵三万九百人，马二千匹，衣赐八十万匹段，军粮七十万石。团结营，在成都府城内，管兵万四千人，马八百匹。翼州，管兵五百人。茂州，管兵三百人。维州，管兵五百人。天宝军，在恭州东南九十里，管兵千人。柘州，管兵五百人。松州，管兵二千八百人。平戎城，在恭州南八十里，管兵千人。雅州，管兵四百人。当州，管兵五百人。黎州，管兵千人。昆明军，在巂州南，管兵五千一百人，马二百匹。宁远城，在巂州西，管兵三百人。姚州，管兵三百人。澄州守捉，在姚州东六百里，管兵二千人。悉州，管兵五千人。南江郡，管兵三百人。

岭南五府经略使，绥静夷獠，统经略、清海二军，桂管、容管、安南、邕管四经略使。五府经略使治，在广州，管兵万五千四百人，轻税本镇以自给。经略军，在广州城内，管兵五千四百人。清海军，在恩州城内，管兵二千人。桂管经略使，治桂州，管兵千人。容管经略使，治容州，管兵千一百人。安南经略使，治安南都护府，即交州，管兵四千二百人。邕管经略使，管兵七百人。

长乐经略使，福州刺史领之，管兵千五百人。

东莱守捉、莱州刺史领之，管兵千人。东牟守捉。登州刺史领之，管兵千人。

至德之后，中原用兵，刺史皆治军戎，遂有防御、团练、制置之名。要冲大郡，皆有节度之额；寇盗稍息，则易以观察之号。

东都畿汝防御观察使。领汝州，东都留守兼之。

河阳三城节度使。治孟州，领孟、怀二州。

宣武军节度使。治汴州，管汴、宋、亳、颍四州。

义成军节度使。治滑州，管滑、郑、濮三州。

忠武军节度使。治许州，管许、陈、蔡三州。

天平军节度使。治郓州，管郓、齐、曹、棣四州。

兖海节度使。治兖州，管兖、海、沂、密四州。

武宁军节度使。治徐州，管徐、泗、濠、宿四州。

平卢军节度使。治青州，管淄、青、登、莱四州。

陕州节度使。治陕州，管陕、虢二州。

潼关防御镇国军使。华州刺史领之。

同州防御长春宫使。同州刺史领之。

凤翔陇节度使。治凤翔府，管凤翔府、陇州。

邠宁节度。治邠州，管邠、宁、庆、鄜、坊、丹、延、衍等州。

泾原节度使。治泾州，管泾、原、渭、武四州。

朔方节度使。治灵州，管盐、夏、绥、银、宥、丰、会、麟、胜、单于府等州。

河中节度使。治河中府，管蒲、晋、绛、慈、隰等州。

昭义军节度使。治潞州，领潞、泽、邢、洺、磁五州。

河东节度使。治太原府，管汾、辽、沁、岚、石、忻、宪等州。

大同军防御使。云州刺史领之，管云、蔚、朔三州。

魏博节度使。治魏州，管魏、贝、博、相、澶、卫六州。

义昌军节度使。治沧州，管沧、景、德三州。

成德军节度使。治恒州，领恒、赵、冀、深四州。

义武军节度使。治定州，领易、祁二州。

幽州节度使。治幽州，管幽、涿、瀛、莫、檀、蓟、平、营、妫、顺等十州。

山南西道节度使。治兴元府，管开、通、渠、兴、集、凤、洋、蓬、利、璧、巴、阆、果、金、商等州。

山南东道节度使。治襄州，管襄、复、均、房、邓、唐、随、郢等州。元和中，淮、蔡用兵，析邓、唐二州别立一节度。

荆南节度使。治江陵府，管归、夔、峡、忠、万、澧、朗等州，使亲王领之。

剑南西川节度使。治成都府，管彭、蜀、汉、眉、嘉、资、简、维、茂、黎、雅、松、扶、文、龙、戎、翼、邛、巂、姚、柘、恭、当、悉、奉、叠、静等州，使亲王领之。

剑南东川节度使。治梓州，管梓、绵、剑、普、荣、遂、合、渝、泸等州。

武昌军节度使。治鄂州，管鄂、岳、蕲、黄、安、申、光等州。

淮南节度使。治扬州，管扬、楚、滁、和、舒、寿、庐等州，使亲王领之。

浙江西道节度使。治润州，管润、苏、常、杭、湖等州。或为观察使。

浙江东道节度使。治越州，管越、衢、婺、温、台、明等州。或为观察使。

福建观察使。治福州，管福、建、泉、汀、漳等州。

宣州观察使。治宣州，管宣、歙、池等州。

江南西道观察使。治洪州，管洪、饶、吉、江、袁、信、虔、抚等州。丧乱后，时升为节度使。

湖南观察使。治潭州，管潭、衡、郴、连、道、永、邵等州。

黔中观察使。治黔州，管涪、溪、思、费、辰、锦、播、施、珍、夷、业、溱、南、巫等州。

岭南东道节度使。治广州，管广、韶、循、岗、恩、春、贺、潮、端、藤、康、封、泷、高、义、新、勤、窦等州。

岭南西道桂管经略观察使。治桂州，管桂、昭、蒙、富、梧、浔、龚、郁林、平琴、宾、澄、绣、象、柳、融等州。

邕管经略使。治邕州，管邕、贵、党、横、田、严、山、峦、罗、潘等州。

容管经略使。治容州，管容、辩、白、牢、钦、岩、禹、汤、瀼、古等州。

安南都护节度使。治安南府，管交、武峨、粤、芝、爱、福禄、长、峰、陆、廉、雷、笼、环、崖、儋、振、琼、万安等州。

上元年后，河西、陇右州郡，悉陷吐蕃。大中、咸通之间，陇右遗黎，始以地图归国，又析置节度。

秦州节度使。治秦州，管秦、成、阶等州。

凉州节度使。治凉州，管西、洮、鄯、临、河等州。

瓜沙节度使。治沙州，管沙、瓜、甘、肃、兰、伊、岷、廓等州。乾符之后，天下乱离。礼乐征伐，不自朝廷。禹迹九州，瓜分脔剖，或并或析，不可备书。

今举天宝十一载地理。唐土东至安东府，西至安西府，南至日南郡，北至单于府。南北如前汉之盛，东则不及，西则过之。汉地东至乐浪、玄菟，今高丽、渤海是也。今在辽东，非唐土也。汉境西至燉煌郡，今沙州，是唐土。又龟兹，是西过汉之盛也。开元二十八年，户部计帐，凡郡府三百二十有八，县千五百七十有三。羁縻州郡，不在此数。户八百四十一万二千八百七十一，口四千八百一十四万三千六百九，应受田一千四百四十万三千八百六十二顷一十三亩。虽未盈两汉之数，晋、魏以来，斯为盛矣。永泰之后，河朔、陇西，沦于寇盗。元和掌计之臣，尝为版簿，二方不进户口，莫可详知。今但自武德已来，备书废置年月。其前代沿革，略载郡邑之端。俾职方之臣，不殆于顾问耳。

十道郡国

关内道一 　　河南道二

关内道

京师　秦之咸阳，汉之长安也。隋开皇二年，自汉长安故城东南移二十里置新都，今京师是也。城东西十八里一百五十步，南北十五里一百七十五步。皇城在西北隅，谓之西内。正门曰承天，正殿曰太极。太极之后殿曰两仪。内别殿、亭、观三十五所。京师西有大明、兴庆二宫，谓之三内。有东西两市。都内，南北十四街，东西十一街。街分一百八坊。坊之广长，皆三百余步。皇城之南大街曰朱雀之街，东五十四坊，万年县领之。街西五十四坊，长安县领之。京兆尹总其事。东内曰大明宫，在西内之东北，高宗龙朔二年置。正门曰丹凤，正殿曰含元，含元之后曰宣政。宣政左右，有中书门下二省、弘文史二馆。高宗已后，天子常居东内，别殿、亭、观三十余所。南内曰兴庆宫，在东内之南隆庆坊，本玄宗在藩时宅也。自东内达南内，有夹城复道，经通化门达南内。人主往来两宫，人莫知之。宫之西南隅，有花萼相辉、勤政务本之楼。禁苑在皇城之北。苑城东西二十七里，南北三十里，东至灞水，西连故长安城，南连京城，北枕渭水。苑内离宫、亭、观二十四所。汉长安故城东西十三里，亦隶入苑中。苑置西南监及总监，以掌种植。

京兆府　隋京兆郡，领大兴、长安、新丰、渭南、郑、华阴、蓝田、鄠、盩厔、始平、武功、上宜、醴泉、泾阳、云阳、三原、宜君、同官、华原、富平、万年、高陵二十二。武德元年，改为雍州。改大兴为万年，万年为栎阳，分栎阳置平陵，以渭南县属华州，分醴泉置温秀县，分云阳置石门县。二年，分万年置芷阳县，分蓝田置白鹿县，分泾阳、始平置咸阳县，分高陵置鹿苑县，改平陵为粟邑县，分醴泉置好畤县，分盩厔置终南县。三年，改白鹿为宁人县，分蓝田置玉山县，分始平置醴泉县。仍分武功、好畤、盩厔、扶风四县置稷州，分温秀、石门二县置泉州。四年，改三原为池阳。五年，复以华州之渭南来属。六年，改池阳为华池县。七年，废芷阳入万年县。贞观元年，废鹿苑入高陵县，废宁人、玉山入蓝田县，改云阳为池阳县，改华池为三原县。废稷州，以武功、好畤、盩厔三县来属。八年，废粟邑入栎阳县，废终南入盩厔县，废云阳入池阳县。仍改池阳为云阳县。废上宜入岐州之岐阳县。十七年，罢宜州，以华原、同官二县来属。二十年，又置宜君县。永徽二年，废宜君县。乾封元年，置明堂、乾封二县。咸亨元年，置美原县。文明元年，置奉天县。天授元年，改雍州为京兆郡，其年复旧。二年，分始平、武功、奉天、盩厔、好畤等县置稷州；云阳、泾阳、醴泉、三原、富平、美原等县置宜州。大足元年罢，以鸿、宜、鼎、稷四州依旧为县，以始平等十七县还隶雍州。长安二年，废乾封、明堂二县。景龙三年，以邠州之永寿、商州之安业二县来属。景云元年，复以永寿属邠州，安业隶商州。开元元年，改雍州为京兆府，复隋旧名。四年，改同州蒲城县为奉先县，仍隶京兆府。天宝元年，以京师为西京。七载，置贞符县。十一年废。旧领县十八，户二十万七千六百五十，口九十二万三千三百二十。天宝领县二十三，户三十六万二千九百二十一，口一百九十六万七千一百八十八。府理京城之光德坊。去东京八百里。

万年　隋大兴县。武德元年，改为万年。乾封元年，分置明堂县，治永乐坊。长安三年废，复并万年。天宝七载，改为咸宁，乾元复旧也。　长安　隋县。乾封元年，分为乾封县，治怀直坊。长安三年废，复并长安。　蓝田　隋县。　渭南　隋县。武德元年属华州，五年复隶雍州。天授二年置鸿州，分渭南置鸿门县，凡领渭南、庆山、高陵、栎阳、鸿门五县。寻废鸿门县，还入渭南。大足元年，废鸿州入雍州也。　昭应　隋新丰县，治古新丰城北。垂拱二年，改为庆山县。神龙元年，复为新丰。天宝二年，分新丰、万年置会昌县。七载，省新丰县，改会昌为昭应，治温泉宫之西北。　三原　隋县。武德四年，移治清谷南故任城，改为池阳县。六年，又移故所，改为华池县，仍分置三原县，属北泉州。贞观元年，废三原县，仍改华池县为三原县，属雍州。九年，置高祖献陵于县之东南。天授元年，改隶鼎州。大足元年，隶京兆府。　富平　隋县。天授二年，隶宜州。大足元年州废，还隶雍州。景云二年，置中宗定陵于县界。　栎阳　隋万年县。武德元年，改为栎阳。二年，分置粟邑县。贞观八年，废粟邑并栎阳。天授三年，隶鸿州。大足元年，还隶雍州。　咸阳　隋废县。武德二年，复分泾阳置。初治鲍桥，其年，移治杜邮。天授二年，则天以其母顺陵在其界，升为赤，神龙初复。　高陵　隋县。天授二年，隶鸿州。大足元年，还雍州。　泾阳　隋县。天授二年，隶鼎州。大足元年，还雍州。　醴泉　隋宁夷县，后废。贞观十年，置昭陵于九嵏山，因析云阳、咸阳二县置醴泉县。天授元年，改隶鼎州。大足元年，还雍州。宝应二年，又置肃宗建陵，在县北之檀山。

云阳　隋县。武德元年，分置石门县。三年，于石门县置泉州，领石门、温秀二县。贞观元年，废泉州，改石门为云阳，改云阳为池阳，并属雍州。八年，废云阳，改池阳复名云阳。　兴平　隋始平县。天授二年，隶稷州。大足元年，还雍州。景龙四年，中宗送金城公主入蕃，别于此，因改金城县。至德二年十月，改兴平县。　鄠　隋县。　武功　隋县。武德三年，分雍州之武功、好畤、盩厔、扶风四县置稷州，因后稷封邰为名。其年，割郇之郇、凤泉二县来属。四年，又割岐州之围川、凤泉属岐州，以盩厔、好畤、武功三县属雍州。天授二年，置稷州，领武功、始平、奉天、盩厔、好畤五县。大足元年，还属雍州。　好畤　武德二年，分醴泉县置，因汉旧名，属雍州。三年，改隶稷州。贞观元年，复属雍州。天授二年，复隶稷州。大足元年，还属雍州。　盩厔　隋县。武德三年，属稷州。贞观三年，还雍州。天授二年，属稷州。大足元年，还雍州。天宝元年，改为宜寿县。至德二年三月十八日，复为盩厔。　奉先　旧蒲城县，属同州。开元四年，以管桥陵，改京兆府，仍改为奉先县。十七年，制官员同赤县。宝应二年，又置玄宗泰陵于县东北。　奉天　文明元年，以管乾陵，分醴泉置。天授二年，隶稷州。大足元年，还雍州。　华原　旧宜州，领华原、宜君、同官、土门四县。贞观十七年，省宜州及土门县，以华原、同官属雍州。宜君属坊州。垂拱二年，改华原为永安县。

天授二年，又置宜州，领永安、同官、富平、美原四县。大足元年，废宜州，县还雍州。神龙元年，复为华原县。

美原　旧宜州土门县，贞观十七年废。咸亨二年，又割富平、华原及同州之蒲城县置，改为美原县。天授二年，又属宜州。大足元年，还雍州。　同官　属宜州，贞观十七年，改属雍州。天授二年，改属宜州。大足元年，还属雍州。

华州上辅　隋京兆郡之郑县。义宁元年，割京兆之郑县、华阴二县置华山郡，因后魏郡名。武德元年，改为华州，割雍州之渭南来属。五年，渭南还雍州。垂拱元年，割同州之下邽来属。二年，改为太州。神龙元年，复旧名。天宝元年，改为华阴郡。乾元元年，复为华州。上元元年十二月，改为太州，华山为太山。宝应元年，复为华州。旧领县二，户一万八千八百二十三，口八万八千八百三十。天宝领县三，户三万三千一百八十七，口二十一万三千六百一十三。在京师东一百八十里，去东都六百七十里。

郑　隋县。华阴　隋县。垂拱二年，改为仙掌县。天授二年，分置同津县于关口，长安中废。神龙元年，复为华阴。上元元年，改为太阴县。宝应元年复旧。下邽　隋县。旧属同州，垂拱元年来属。

同州上辅　隋冯翊郡。武德元年，改为同州，领冯翊、下邽、蒲城、朝邑、澄城、白水、郃阳、韩城八县。三年，分朝邑置河滨县，分郃阳置河西县，分澄城置长宁县。仍割河西、韩城、郃阳三县，于河西置西韩州。九年，分冯翊置临沮县。贞观元年，省河滨、临沮二县。八年，省长宁县，废西韩州，以郃阳、河西二县来属。垂拱元年，割下邽属华州。开元四年，割蒲城县属京兆府。天宝元年，改同州为冯翊郡。乾元元年，复为同州。乾元三年，以蒲州为河中府；割朝邑县入河中府，改河西县为夏阳县，又属河中府。旧领县九，户五万三千三百一十五，口二十三万二千一十六。天宝领县六，户六万九百二十八，口四十万八千七百五。在京师东北二百五十五里，至东都六百二里。

冯翊　隋县。郃阳　隋县。武德三年，割属西韩州。贞观八年，复属同州。白水　隋县。澄城　隋县。韩城　隋县。武德七年，割属西韩州。八年，自河西县移西韩州理于此，领韩城、郃阳、河西三县。贞观八年，废西韩州，以韩城等三县复还同州也。夏阳　武德三年，分郃阳于此置河西县。乾元三年，为夏阳。

坊州上　隋上郡之内部县。周天和七年，元皇帝作牧鄜州，于此置马坊。武德二年，分鄜州置坊州，以马坊为名。天宝元年，改为中部。乾元元年，复为坊州。旧领县二，户七千五百七，口一万一千六百七十一。天宝领县四，户二万二千四百五十八，口十二万二百八。在京师东北三百四十七里，去东都九百四十八里。

鄜城　隋县。武德元年，属鄜州。二年，改属坊州。

中部　隋曰内部。武德元年，属鄜州。二年，改为中部，属坊州。　宜君　旧属宜州。贞观十七年废，二十年复置，属雍州，管玉华宫。永徽二年，复废。龙朔三年，又割中部、同官两县地复置宜君县，理古祋祤城北，属坊州。升平　天宝十二年，分宜君县置。

丹州下　隋延安郡之义川县。义宁元年，于义川置丹阳郡。武德元年，改为丹州，领县五。二年，于州置总管府，北连、北广二州。贞观元年，罢都督府。天宝元年，改为咸宁郡。乾元元年，复为丹州。旧领县五，户三千一百九十四，口一万七千二十。天宝，户一万五千一百五，口八万七千六百二十五。在京师东北六百一十一里，去东都九百二十里。

义川　隋县。汾川　隋县，治土壁堡。开元二十二年，移于今所。咸宁　隋县，治白水川。景龙二年，移治长松川。云岩　隋废县，武德元年，复分义川县置，理回城堡。咸亨四年，移治今所。门山　隋废县，武德三年，分汾川县置，治宋斯堡。总章二年，移治库利川。

凤翔府　隋扶风郡。武德元年，改为岐州，领雍、陈仓、郿、虢、岐山、凤泉等六县。又割雍等三县，置围川县。其年，割围川属稷州。贞观元年，废稷州，以围川及鄜州之麟游、普润等三县来属。七年，又置岐阳县。八年，改围川为扶风，省虢县及凤泉。天授二年，复置虢县。天宝元年，改为扶风郡。至德二年，肃宗自顺化郡幸扶风郡，置天兴县，改雍县为凤翔县，并治郭下。初以陈仓为凤翔县，乃改为宝鸡县。其年十月，克复两京。十二月，置凤翔府，号为西京，与成都、京兆、河南、太原为五京。宝应元年，并凤翔县入天兴县，后罢京名。旧领县八，户二万七千二百八十二，口十万八千三百二十四。天宝领县九，户五万八千四百八十六，口三十八万四百六十三。在京师西三百一十五里，去东都一千一百七十里。

天兴　隋雍县。至德二年，分雍县置天兴县。宝应元年废雍县，并入天兴。　扶风　武德三年，分岐山县置围川县，取沣川为名，俗讹改为"围"。四年，以围川隶稷州。贞观元年，为扶风县，复属岐州。　宝鸡　隋陈仓县。至德二年二月十五日，改为凤翔县，其月十八日，改为宝鸡。　岐阳　贞观七年，割扶风、岐山二县置，至二十一年废，永徽五年复置。　岐山　隋县。武德元年，移治张堡。七年，移治龙尾城。贞观八年，移治猪驿南，即今治所是。仍省虢县并入。郿　隋县。义宁二年，于县界置郿城郡，领郿、凤泉二县。武德元年，罢郡，置郇州，领郿县。三年，废郇州，改属稷州。七年，改属岐州。麟游　义宁元年，于仁寿宫置凤栖郡及麟游县。其郡领麟游、上宜、普润三县。二年，改为麟游郡及灵台县，仍割安定郡之鹑觚来属。武德元年，改麟游郡为麟州。贞观元年，省灵台县入麟游，又废麟州，以普润、麟游二县隶岐州，上宜隶雍州，鹑觚隶泾州。太宗改仁寿宫为九成宫。普润　隋县。本属麟州，贞观元年来属。虢　隋县。贞观八年，废入岐山县。天授二年，复分岐山置虢县。

邠州上　隋北地郡之新平县。义宁二年，割北地郡之新平、三水二县置新平郡。武德元年，改为豳州。二年，分新平置永寿县。贞观二年，又分新平置宜禄县。开元十三年，改豳为邠。天宝元年，改为新平郡。乾元元年，复为邠州。旧领县四，户一万五千五百三十四，口六万四千八百一十九。天宝，户二万二千九百七十七，口十三万五千二百五十。去京师西北四百九十三里，至东都一千一百三十二里。

新平　隋县。　三水　隋县。　永寿　武德二年，分新平置。神龙三年，改属雍州。景龙元年，复属邠州。　宜禄　贞观二年，分新平置宜禄县，后魏废县名。

泾州上　隋安定郡。武德元年，讨平薛仁杲，改名泾州。天宝元年，复为安定郡。乾元元年，复为泾州。旧领县五，户八千七百七十三，口三万五千九百二十一。天宝，户三万一千三百六十五，口十八万六千八百四十九。在京师西北四百九十三里，至东都一千三百八十七里。

安定　隋县。　灵台　隋鹑觚县。天宝元年，改为灵台。　良原

潘原　隋阴盘县。天宝元年，改为潘原，县界有潘原废县。　临泾　隋县。

陇州上　隋扶风郡之汧源县。义宁二年，置陇东郡，领县五。武德元年，改为陇州，以南由县属含州。四年，废含州，复以南由来属。天宝元年，改为汧阳郡。乾元元年，复为陇州。旧领县五，户四千五百七十一，口一万八千六百三。天宝，户二万四千六百五十二，口十万一百四十八。在京师西四百九十六里，去东都一千三百二十五里。　汧源　隋县。　汧阳　隋县。　南由　隋县。武德元年，置含州于此，领南由一县。四年，废含州，以县属陇州。　吴山　隋长蛇县。贞观元年，改为吴山县，治槐衙堡。上元元年，移治龙盘城。　华亭　隋县。垂拱二年，改亭川。神龙元年，复旧。

宁州上　隋北地郡。义宁元年，领定安、罗川、襄乐、彭原、新平、三水六县。二年，分定安置归义县，以新平、三水属新平郡。武德元年，改北地郡为宁州。其年，以彭原县属彭州。三年，分彭原置丰义县，属彭州。又分定安置定平县。贞观元年，废彭州，以彭原、丰义二县来属。仍于宁州置都督府。四年，罢都督府。十七年，废归义县。天宝元年，改为彭原郡。乾元元年，复为宁州。旧领县七，户一万五千四百九十一，口六万六千七百三十五。天宝，领县六，户三万七千一百二十一，口二十二万四千八百三十七。在京师西北四百四十六里，至东都一千三百二十四里。

定安　隋县。　彭原　隋县。武德元年，置彭州，领彭原一县。二年，分置丰义县。贞观元年，废彭州，以县来属宁州。　真宁　隋罗川县。天宝元年，改为真宁。　定平　武德二年，分定安县置。贞观十七年，废归义县，并入定平。　襄乐　隋县。　丰义　武德二年，分彭原县置，属彭州。贞观元年废彭州，来属。

原州中都督府　隋平凉郡。武德元年，平薛仁杲，置原州。贞观五年，置都督府，管原、庆、会、银、亭、达、要等七州。十年，省亭、达、要三州，唯督四州。天宝元年，改为平凉郡。乾元元年，复为原州。旧领县三，户二千四百四十三，口一万五百一十二。天宝领县四，户七千三百四十九，口三万三千一百四十六。在京师西北八百里，至东都一千六百四十五里。

平高　隋县。　平凉　隋县，治阳晋川。开元五年，移治古塞城。　百泉　隋县。　萧关　贞观六年，置缘州，领突厥降户，寄治于平高县界他楼城。高宗时，于萧关置他楼县。神龙元年，废他楼县，置萧关县。大中五年，置武州。

庆州中都督府　隋弘化郡。武德元年，改为庆州，领合水、乐蟠、三泉、马岭、弘化五县。三年，改三泉为同川县。六年，置总管府，改合水为合川县，又置白马、蟠交二县。七年，改总管为都督府。贞观元年，废都督府及合川县，仍割林州之华池县来属。二年，置洛源县。四年，复置都督府及北永州，以洛源属北永州。五年，又罢都督府，以庆州隶原州都督府。八年，又以废北永州之洛源县来属。开元四年，复置都督府。二十六年，升为中都督府。天宝元年，改为安化郡。至德元年，改为顺化郡。乾元元年，改为庆州。旧领县八，户七千九百一十七，口三万五千一十九。天宝领县十，户二万三千九百四十九，口十二万四千三百三十六。在京师西北五百七十二里，至东都一千四百一十里。

安化　隋弘化县，治弘州故城。武德六年，移治今所，与合水县俱在州治。其年，改合水为合川县。贞观元年，省合川县并入。神龙元年，改为安化县。　乐蟠　义宁元年，分合水县置。　合水　武德六年，分合水置蟠交县。天宝元年废，并入合水。　马岭　隋县，治天家堡。贞观八年，移理新城。以县西有马岭坂。　方渠　景龙元年，分马岭置。　同川　义宁二年，废北永州，分宁州彭原置于三泉县故城。武德三年，复治同川城，改为同川县。　洛源　隋县。大业十三年，为胡贼所破，因废。贞观二年，复置。又自延州金城县移北永州治于此。八年，北永州废，复以洛源县属庆州。　延庆　武德六年，分合水县置白马县。天宝元年，改为延庆县。　华池　隋旧县。大业十三年，为胡贼所破，县废。武德四年复置，又于此置林州总管府，管永州。其林州领华池一县。五年，改永州为北永州。七年，罢林州总管府。贞观元年，废林州，华池隶庆州。　怀安　开元十年，检括逃户置，因名怀安。

芳池州都督府寄在庆州怀安界，管小州十：静、獯、王、濮、林、尹、位、长、宝、宁，并党项野利氏种落。

安定州都督府　寄在庆州界，管小州七：党、桥、乌、西戎州、野利州、米州、还州。

安化州都督府　寄在庆州界，管小州七：永利州、威

州、旭州、莫州、西沧州、儒州、琼州。

鄜州上　隋上郡。武德元年，改为鄜州，领洛交、洛川、三川、伏陆、内部、鄜城六县。二年，以内部、鄜城隶坊州。三年，置直罗县。贞观二年，置都督府。六年，又改为大都督府。九年，复为都督府。天宝元年，改为洛交郡。乾元元年，复为鄜州。旧领县五，户一千七百三，口五万一千二百一十六。天宝，户二万三千四百八十三，口十五万三千七百十四。在京师东北五百里，至东都九百二十五里。
　　洛交　隋县。　洛川　隋县。　三川　隋县。以华池水、黑水、洛水三水会同，因名。　直罗　武德三年，分三川、洛交于直罗城置，以城枕罗水，其川平直故也。　甘泉　武德元年，分洛交县置伏陆县。天宝元年，改为甘泉县。

延州中都督府　隋延安郡。武德元年，改为延州总管府，领肤施、丰林、延川三县，管南平、北武、东夏三州。四年，又管丹、广、达三州。贞观元年，罢都督府。开元二年，复置都督府，领丹、绥、浑等州。天宝元年，改为延安郡。乾元元年，复为延州。旧领县九，户九千三百四，口一万四千一百七十六。天宝，户一万八千九百五十四，口十万四十。在京师东北六百三十一里，至东都一千一百五十一里。
　　肤施　隋县。分丰林、金明二县置。　延长　隋废县。武德二年，复于此置北连州，领义乡、齐明二县。贞观二年，废北连州及义乡、齐明二县，并入延安。广德二年，改为延长县。　临真　隋县。武德初，属东夏州。贞观二年，州废来属。　敷政　隋因城县。武德二年，移治于金城镇，改为金城县。又于界内置永州，领金城、洛盘、新昌、土塠四县。贞观四年，移永州于洛源县。八年，废洛盘等三县，并入金城，属延州。天宝元年，改金城为敷政。　金明　隋废县。武德二年，置北武州，领开远、金义、崇德、永定、安义五县。复分肤施置金明县。贞观二年，废北武州，以开远等五县并入金明县。　丰林　隋旧县。武德四年，于此侨置云州及云中、榆林、龙泉三县。八年，废云州及三县，以龙泉并入临真，以云中、榆林并入丰林。　延水　武德二年，分延川县置西和州，领安人、修文、桑原三县。贞观二年，废西和州，以修文、桑原并入安人，属北基州。八年，废北基州入延川。二十三年，改为弘风县。神龙元年，改为延水。　延川　隋旧县。武德二年，置南平州，领义门县。四年，废南平州及县，并入延川。　延昌　武德二年，置北平州。贞观三年废，十年于废州置罢交县。天宝元年，改名为延昌县。　浑州　寄治延安郡界，隶延州节度使。

绥州下　隋雕阴郡。武德三年，于延州丰林县置绥州总管府，领西和、南平、北基、银、云、贞、上、殄、北吉、匡、龙等十一州。其绥州领上、大斌、城平、绥德、延福五县。六年，移治所于延州延川县界。七年，又移治城平县界魏平废城。贞观二年，平梁师都，罢都督府，移州治上县。天宝元年，改为上郡。乾元元年，复为绥州。旧领县五，户三千一百六十三，口一万六千一百二十九。天宝，户一万八百六十七，口八万九千一百一十一。在京师东北一千里，至东都一千八百一十九里。
　　龙泉　隋曰上县。天宝元年，改为龙泉。　延福　隋县。武德六年，置北吉州，领归义、洛阳二县，罗州领石罗、开善、万福三县；匡州领安定、源泉二县。贞观二年，三州及县并废，地入延福。　绥德　隋废县。武德二年，复置。六年，又分置云州，领信义、淳义二县；龙州领风乡、义良二县。贞观二年，二州及县俱废，地并入绥德。　城平　隋旧县。武德三年，又置魏平县，属南平州。又置魏州，领安故、安泉二县。七年，又于魏平城中置绥州总管府并大斌县。贞观二年，废南平州、魏州及魏平、安故、安泉三县，移绥州治于上县，大斌治于今所。　大斌　武德七年置，治魏平。贞观二年，移治今所。

银州下　隋雕阴郡之儒林县。贞观二年，平梁师都置银州，隋旧名。天宝元年，改为银川郡。乾元元年，复为银州。旧领县四，户一千四百九十五，口七千七百二。天宝，户七千六百二，口四万五千五百二十七。在京师东北一千一百三十里，至东都一千五百七十九里。
　　儒林　隋旧县。　抚宁　隋县。贞观二年，属绥州。八年，改属银州，治龙泉川。开元二年，移于今所。　真乡　隋县。　开光　隋县。贞观二年，属绥州。八年，改属柘州。十三年，柘州废，来属银州。　静边州都督府　旧治银川郡界内，管小州十八。　归德州　寄治银州界，处降党项羌。

夏州都督府　隋朔方郡。贞观二年，讨平梁师都，改为夏州都督府，领夏、绥、银三州。其夏州，领德静、岩绿、宁朔、长泽四县。其年，改岩绿为朔方县。七年，于德静县置长州都督府。八年，改北开州为化州。十三年，废化州及长州，以德静、长泽二县来属。天宝元年，改为朔方郡。乾元元年，复为夏州。旧领县四，户二千三百二十三，口一万二百八十六。天宝，户九千二百一十三，口五万三千一百四。在京师东北一千一百一十里，至东都一千六百八十里。
　　朔方　隋岩绿县。贞观二年，改为朔方县。永徽五年，分置宁朔县，长安二年废。开元四年又置，九年又废，还并入朔方。　德静　隋县。贞观七年，属北开州。八年，改北开州为化州。十三年，废化州，以县属夏州。　宁朔　隋县。武德六年，于此置南夏州。贞观二年废。　长泽　隋县。贞观七年，置长州都督府。十三年，废长州，县还夏州。　云中都督府　党项部落，寄在朔方县界，管小州五：舍利、思璧州、阿史那州、绰部州、白登州。户一千四百三十，口五千六百八十一。　呼延州都督府　党项部落，寄在朔方县界，管小州三：贺鲁州、那吉州、跌跌州。户一百五十五，口六百五。　桑乾都督府　寄朔方县界，管小州四：郁射州、艺失州、毕失州、叱略州。户二百七十四，口一千三百二十三。　定襄都督府　寄治宁朔县界，管小州四：阿德州、执失州、苏农州、拔延州。户四百六十，口一千四百六十三。　达浑都督府　延陀部落，寄在宁朔县界，管小州五：姑衍州、步讫若州、嵯弹州、鹘州、低粟州。户一百二十四，口四百九十五。　安化州都督府　寄在朔方县界。户四百八十三，口二千五十三。　宁朔州都督府　寄在朔方县界。户三百七十四，口二千二百七十。　仆固州都督府　寄在朔方县界。户一百二十二，口六百七十三。

灵州大都督府　隋灵武郡。武德元年，改为灵州总管府，领回乐、弘静、怀远、灵武、鸣沙五县。二年，以鸣沙县属西会州。贞观四年，于回乐县置回、环二州，并属灵武都督府。十三年，废回、环二州，灵州都督入灵、填二州。二十年，铁勒归附，于州界置皋兰、高丽、祁连三州，并属灵州都督府。永徽元年，废皋兰等三州。调露元年，又置鲁、丽、塞、含、依、契等六州，总为六胡州。开元初废，复置东皋兰、燕然、燕山、鸡田、鸡鹿、烛龙等六州，并寄灵州界，属灵州都督府。天宝元年，改灵州为灵武郡。至德元年七月，肃宗即位于灵武，升为大都督府。乾元元年，复为灵州。旧领县五，户四千六百四十，口二万一千四百六十二。天宝领县六，户一万一千四百五十六，口五万三千一百六十三。在京师西北一千二百五十里，至东都二千里。

回乐　隋县，在郭下。武德四年，分置丰安县，属回州。十三年，州废，并入回乐。　鸣沙　隋县。武德二年，置西会州，以县属焉。贞观六年，废西会州，置环州。九年，废环州，县属灵州。神龙二年，移治废丰安城。　灵武　隋县。　怀远　隋县。界有隋五原郡。武德元年，改为丰州，领九原县。六年，州县俱省入怀远县。仪凤中，再筑新城。县有盐池三所。　保静　隋弘静县。神龙元年，改为安静。至德元年，改为保静。　温池　神龙元年置。

燕然州　寄在回乐县界，突厥九姓部落所处。户一百九十，口九百七十八。　鸡鹿州　寄在回乐县界，突厥九姓部落所处。户一百三十二，口五百五十六。　鸡田州　寄在回乐县，突厥九姓部落所处。户一百四，口四百六十九。　东皋兰州　寄在鸣沙界，九姓所处。户一千三百四十二，口五千一百八十二。　燕山州　在温池县界，亦九姓所处。户四百三十，口二千一百七十六。　烛龙州　在温池界，亦九姓所处。户一百一十七，口三百五十三。

盐州下　隋盐川郡。武德元年，改为盐州，领五原、兴宁二县。其年，移州及县寄治灵州。四年，省兴宁入五原县。贞观元年，废盐州五原县入灵州。二年，平梁师都，复于旧城置盐州及五原、兴宁二县，隶夏州都督府。其年，改为灵州都督府。天宝元年，改为五原郡。乾元元年，改为盐州。永泰元年十一月，升为都督府。元和八年，隶夏州。旧领县二，户九百三十二，口三千九百六十九。天宝，户二千九百二十九，口一万六千六百六十五。在京师西北一千一百里，至东都二千一十里。

五原　隋县。武德元年，寄治灵州。贞观元年省，二年复置。　兴宁　龙朔三年置。

丰州下　隋文帝置，后废。贞观四年，以突厥降附，置丰州都督府，不领县，唯领蕃户。十一年废，地入灵州。二十三年，又改丰州。天宝元年，改为九原郡。乾元元年，复为丰州。领县二，户二千八百一十三，口九千六百四十一。在京师北二千二百六里，至东都三千四十四里。

九原　永徽四年置。　永丰　隋县。武德六年省，永徽元年复置。

会州上　隋会宁镇。武德二年，讨平李轨，置西会州。天宝元年，改为会宁郡。乾元元年，复为会州。永泰元年，升为上州，领县二，户四千五百九十四，口二万六千六百六十二。去京师一千一百里，至东都二千一百里。

会宁　隋凉川县。武德二年，改为会宁。　乌兰　后周县，置在会宁关东南四里。天授二年，移于关东北七里。

宥州　调露初，六胡州也。长安四年，并为匡、长二州。神龙三年，置兰池都督府。仍置六县以隶之。开元十年，复分为鲁、丽、契、塞四州。十一年，克定康待宾后，迁其人于河南、江淮之地。十八年，又为匡、长二州。二十六年，自江淮放回胡户，于此置宥州及延恩、怀德、归仁三县。天宝元年，改为宁朔郡。至德二年，又改为怀德郡都督府。乾元元年，复为宥州。宝应后废。元和九年，复于经略军置宥州，郭下置延恩县。十五年，移治长泽县，为吐蕃所破。长庆四年，夏州节度使李祐复置。领县三，户七千八十三，口三万二千六百五十二。去京师二千一百里，去东都三千一百九十里。

延恩　开元二十六年，以废匡州置，后随州移徙。　归仁　旧兰池州之长泉县。开元二十六年，置归仁县。　怀德　开元二十六年，以废塞门县置。

胜州下都督府　隋置胜州，大业为榆林郡。武德中，平梁师都，复置胜州。天宝元年，复为榆林郡。乾元元年，复为胜州。领县二，户四千一百八十七，口二万九百五十二。去京师一千八百三十里，至东都一千九百五里。

榆林　隋旧。　河滨　隋榆林郡地。贞观三年，置云州于河滨，因置河滨县。四年，改为威州。八年废，河滨属胜州。

麟州下　天宝元年，王忠嗣奏请割胜州连谷、银城两县置麟州，其年改为新秦郡。乾元元年，复为麟州，领县三，户二千四百二十八，口一万九百五十三。去京师一千四百四十里，至东都一千九百五里。

新秦　天宝元年，分连谷、银城二县地置。　连谷　旧属胜州，天宝元年来属。　银城　旧属胜州，天宝元年来属。

安北大都护府　开元十年，分丰、胜二州界置瀚海都护府。总章中，改为安北大都护府。北至阴山七十里，至回纥界七百里。旧领县一，户二千六，口七千四百九十八。去京师二千七百里，至东都二千九百里。在黄河之北。

阴山　天宝元年置。

河南道

东都　周之王城，平王东迁所都也。故城在今苑内东北隅，自赧王已后及东汉、魏文、晋武，皆都于今故洛城。隋大业元年，自故洛城西移十八里置新都，今都城是也。北据邙山，南对伊阙，洛水贯都，有河汉之象。都城南北十五里二百八十步，东西十五里七十步，周围六十九里三百二十步。都内纵横各十街，街分一百三坊、二市。每坊纵横三百步，开东西二门。

宫城，在都城之西北隅。城东西四里一百八十步，南北二里一十五步。宫城有隔城四重。正门曰应天，正殿曰明堂。明堂之西有武成殿，即正衙听政之所也。宫内别殿、台、馆三十五所。上阳宫，在宫城之西南隅。南临洛水，西拒谷水，东即宫城，北连禁苑。宫内正门正殿皆东向，正门曰提象，正殿曰观风。其内别殿、亭、观九所。上阳之西，隔谷水有西上阳宫，虹梁跨谷，行幸往来。皆高宗龙朔后置。禁苑，在都城之西。东抵宫城，西临九曲，北背邙阜，南距飞仙。苑城东面十七里，南面三十九里，西面五十里，北面二十里。苑内离宫、亭、观一十四所。

河南府　隋河南郡。武德四年，讨平王世充，置洛州总管府，领洛、郑、熊、谷、嵩、管、伊、汝、鲁九州。洛州领河南、洛阳、偃师、巩、阳城、缑氏、嵩阳、陆浑、伊阙等九县。其年十一月，罢总管府，置陕东道大行台。九年，罢行台，置洛州都督府，领洛、怀、郑、汝等四州，权于府置尚书省。贞观元年，割谷州之新安来属。七年，又割谷州之寿安来属。八年，移治所于河南县之宣范坊。十八年，废都督府，省缑氏、嵩阳二县。显庆二年，置东都，官员准雍州。是年，废谷州，以福昌、长水、永宁、渑池等四县，怀州之河阳、济源、温、王屋，郑州之汜水来属。龙朔二年，又以许州之阳翟，郑州之密县，绛州之垣来属。乾封元年，以垣县隶绛州。咸亨四年，又置柏崖、大基二县。其年，省柏崖县。上元元年，复置缑氏县。永淳元年，复置嵩阳县。光宅元年，改东都为神都。垂拱四年，置永昌县。载初元年，置武临县。天授元年，置武泰县，寻废。仍改郑州之荥阳、武泰来属。三年，置来廷县。神龙元年，改神都复为东都；废永昌、来廷二县；改武泰、荥阳还郑州。先天元年，置伊阙县。开元元年，改洛州为河南府。二十二年，置河阴县。天宝元年，改东都为东京也。天宝，领县二十六，户十九万四千七百四十六，口一百一十八万三千九十三。在西京之东八百五十里。

河南　隋旧。武德四年，权治司隶台。贞观元年，移治所于大理寺。贞观二年，徙理金墉城。六年，移治都内之毓德坊。垂拱四年，分河南、洛阳置永昌县，治于都内之道德坊。永昌元年，改河南为合宫县。神龙元年，复为河南县，废永昌县。三年，复为合宫县。景龙元年，复为河南县。　洛阳　隋旧。武德四年，权治大理寺。贞元年，徙治金墉城。六年，移治都内之毓德坊。垂拱四年，分置永昌县。天授三年，又分置来廷县，治于都内之从善坊。龙朔元年，废来廷县。神龙二年十一月，改洛阳为永昌。唐隆元年七月，复为洛阳。　偃师　隋县。　巩　隋县。　缑氏　隋县。贞观十八年省。上元二年七月复置，管孝敬乡，旧县治西北涧南。上元中，复建治所于通谷北，今治是。　告成　隋阳城县。武德四年，割洛城、嵩阳、阳翟置康城县，又置嵩州，治阳城。贞观元年，割阳翟隶许州。三年，省嵩州及康城县，以阳城、嵩阳属洛州。登封元年，将有事嵩山，改为告成县。　登封　隋嵩阳县。贞观十七年省。永淳元年七月，复置。二年，又废。光宅元年，又置。登封元年十二月，改为登封县。神龙元年二月，改为嵩阳。二年十一月，复为登封。　陆浑　隋县。伊阙　隋县。　伊阳　先天元年十二月，割陆浑县置。　寿安　隋县。义宁元年，移治九曲城，属熊州。贞观七年，移今治，属洛州。长安四年，立兴泰宫，分置兴泰县。神龙元年废，并入寿安。　新安　隋县。义宁二年，置新安郡。武德元年，改为谷州，领新安、渑池、东垣三县。四年，省东垣入新安。贞观元年，移谷州治渑池，新安移入废纸城，改属洛州。显庆二年十二月，废谷州，以福昌、新安、渑池、永宁，并怀州之河阳、济源、温、王屋，郑州汜水，并隶洛州。　福昌　隋宜阳县。义宁二年，置宜阳郡，领宜阳、渑池、永宁三县；又于新安县置新安郡，领新安一县。武德元年，改宜阳郡为熊州，新安为谷州，割熊州之渑池又置东垣县属之，仍改熊州之宜阳为福昌县。三年，割熊州永宁置函州。四年，省东垣县。八年，废函州，复以永宁属熊州。贞观元年，省熊州，以永宁属谷州，寿安属洛州。显庆二年，废谷州，福昌隶洛州也。　渑池　隋旧。治大坞城。贞观元年，移谷州治所于此，领福昌、渑池、永宁三县。三年，县南移于双桥。其年，谷州又移治双桥。六年，又移理于福昌。显庆二年十二月，废谷州，渑池隶洛州。　长水　隋长泽县。义宁元年，改为长水。武德元年，属虢州。贞观元年，属谷州。显庆二年，隶洛州。　永宁　隋熊耳县所治。义宁二年，置永宁县，治永固城，属宜阳郡。武德元年，改属熊州。三年，移治同轨城，改属函州。八年，复属熊州。贞观元年，改属谷州。十四年，移于今所。十七年，移治鹿桥。显庆元年，谷州废，改隶洛州。　密　隋县。武德三年，置密州。四年废，县属郑州。龙朔二年，割属洛州。　河清　咸亨四年，分河南、洛阳、新安、王屋、济源、河阳置大基县。先天元年，改为河清。　颍阳　载初元年，析河南、伊阙、嵩阳三县置武临县。开元十五年，改为颍阳。

河阳　汜水　温　河阴　已上县会昌三年割属孟州，阳翟还许州，济源还怀州，王屋还怀州。

孟州上　本河南府之河阳县，本属怀州。显庆二年，割属河南府。以城临大河，长桥架水，古称设险。乾元中，史思明再陷洛阳，太尉李光弼以重兵守河阳。及雍王平贼，留观军容使鱼朝恩守河阳，乃以河南府之河阳、河清、济源、温四县租税入河阳三城使。河南尹但总领其县额。

寻又以氾水军赋隶之。会昌三年九月，中书门下奏："河阳五县，自艰难已来，割属河阳三城使。其租赋色役，尽归河阳，河南尹但总管名额而已，使归一统，便为定制。既是雄镇，足壮三城，其河阳望升为孟州，仍为望，河阳等五县改为望县。"寻有敕，割河阴隶孟州，河清还河南府。时河阳节度，以怀州为理所。会昌四年，又割泽州隶河阳节度使，仍移治所于孟州，户口籍帐入河南府。

河阳　隋县。武德四年，于隋河阳宫置盟州，领河阳、集城、温三县。八年，废盟州，省集城入河阳县，以河阳、温属怀州。显庆二年，以河阳、温属洛州。　氾水　隋县。武德四年，分置成皋县。贞观元年，省入氾水，属郑。显庆二年，割属洛州，仍移治武牢城。垂拱四年，改为广武。神龙元年，复为氾水。开元二十九年，移治所于武牢。成皋府在县北。　河阴　开元二十年，割氾水、荥泽二县置，管河阴仓。　温　旧属怀州。显庆二年，割属洛州。

济源　隋旧县。武德二年，置西济州，又分置溴阳、蒸川、邵原三县。四年，废西济州及邵原、蒸川、溴阳三县入济源，改隶怀州。

郑州　隋荥阳郡。武德四年，平王世充，置郑州于武牢，领氾水、荥阳、荥泽、成皋、密五县。其年，又于管城县置管州，领管城、须水、圃田、清池四县。贞观元年，废管州及须水、清池二县，以废管州之阳武、新郑四县属郑州。七年，自武牢移郑州理所于管城。旧领县八，户一万八千七百九十三，口九万三千九百三十七。天宝领县七，户七万六千六百九十四，口三十六万七千八百八十一。至京师一千一百五里，至东都二百七十里。

管城　郭下，隋旧。　荥阳　隋县。天授二年，分置武泰县，隶洛州，又改荥阳为武泰。万岁通天元年，复为荥阳，寻又为武泰。神龙复。　荥泽　隋旧。　新郑　隋旧。　中牟　隋圃田县。武德元年，改为中牟，属汴州。龙朔二年，改属郑州。　原武　隋旧。

陕州大都督府　隋河南郡之陕县。义宁元年，置弘农郡，领陕、崤、桃林、长水四县。二年，省崤县。武德元年，改为陕州总管府，管陕、鼎、熊、函、谷五州，仍割长水属虢州。其年，复立崤县。二年，复割崤县属函州。三年，又置南韩州、嵩州，并属陕府。四年，东都平，割熊、谷、嵩三州属洛州总管府。其年，罢洛州总官，复以熊、谷、嵩三州来属；仍省南韩州入洛州。八年，废函州，以崤县来属。贞观元年，罢都督府，又以废芮州芮城、河北二县来属。十四年，改崤县为峡石县。大足元年，割绛州之夏县来属，寻却还绛州。天宝元年，改为陕郡，置军。至德二载十月，收两京。乾元元年，复为陕州，因割蒲州之解、安邑，绛州之夏县来属；仍改安邑为虞邑。广德元年十月，吐蕃犯京师，车驾幸陕州，仍以陕为大都督府。天祐初，昭宗迁都洛阳，驻跸陕州，改为兴德府，县次畿赤。哀帝即位，省，复为大都督府。旧领县五，户二万一千一百七十一，口八万一千九百一十九。天宝领县七，户三万九百五十，口十七万二百三十八。在京师东四百九十里，东至东都三百三十里。

陕　郭下。隋县。　峡石　隋崤县。义宁二年省。武德元年，复置。二年，割属函州。三年，自石坞移治鸭桥。八年，改属陕州。十四年，移治峡石坞，因改为峡石县。

灵宝　隋桃林县。天宝元年，以掘得宝符，改为灵宝县。

芮城　隋县。武德二年，置芮州，领芮城、河北二县。贞观元年，罢芮州，以芮城、河北属陕州。　平陆　隋河北县。义宁元年，置安邑郡，县属焉。天宝三载，太守李齐物开三门，石下得戟，大刃，有"平陆"篆字，因改为平陆县。　安邑　隋属虞州，郭下置安邑县，领安邑、解、夏、桐乡四县。贞观十七年，废虞州及桐乡县，以安邑、解县属蒲州，夏县属绛州。乾元元年，割属陕州，改安邑为虞邑。大历四年，复为安邑县。　夏县　旧虞州。贞观十七年，改隶绛州。乾元元年，改属陕州。

安邑、夏县，天宝后，加管户一万八千五百。

虢州望　汉弘农郡。隋废郡为弘农县，属陕州。隋末复置郡。义宁元年，改为凤林郡，仍于卢氏置虢郡。武德元年，改为虢州，改凤林为鼎州。贞观八年，废鼎州，移虢州于今治，属河南道。开元初，以巡按所便，属河东道。天宝元年，改为弘农郡。乾元元年，复为虢州，以弘农为紧县，卢氏、朱阳、玉城为望县。天宝领县六，户二万八千二百四十九，口八万八千四十五。西至京师四百三十里，东至东都五百五十三里。

弘农　汉县，隋废。大业三年，于今湖城县西一里置，寻随郡移于弘农川。神龙元年，改"弘"为"恒"。开元十六年，复为弘农，州所治也。　阌乡　隋县。　湖城　汉湖县，后加"城"字。乾元元年，改为天平县。大历四年，复为湖城。　朱阳　隋县。　玉城　隋县，分卢氏置。

卢氏　隋县。

汝州望　隋襄城郡。武德四年，平王世充，改为伊州，领承休、梁、郏城三县。贞观元年，以废鲁州鲁山县来属。其年，省梁县，仍改承休为梁县。八年，改伊州为汝州，领梁、郏城、鲁山三县。证圣元年，置武兴县。先天元年，置临汝县。开元二十六年，以仙州之叶县来属。天宝元年，以许州之襄城来属，仍改为临汝郡。乾元元年，复为汝州也。旧领县三，户三千八百八十四，口一万七千五百三十四。天宝领县七，户六千九百三百七十四，口二十七万三千七百五十六。在京师东九百八十二里，至东都一百八十里。

梁　隋承休县。贞观元年，改为梁县。　郏城　隋旧县。　鲁山　隋旧。武德四年，于县置鲁州，领鲁山、滍阳二县。贞观元年，州废，仍省滍阳县，以鲁山县属伊州。八年，改伊州为汝州。　叶　隋县。武德四年，置叶州。五年废，县属许州。开元四年，置仙州，领叶、襄城、方城、西平、舞阳五县。二十六年，废仙州，以叶属汝州，襄城、舞阳属许州，方城还唐州，西平属豫州。　襄城　隋旧县。武德元年，于此置汝州，领襄城、汝坟、期城三县。贞观元年，废汝州及汝坟、期城二县，以襄城属许州。

开元四年，属仙州。二十六年，还属许州。其年，改属汝州也。　龙兴　证圣元年，分郏城、鲁山置武兴县。神龙元年，改为中兴县。其年，又改为龙兴。　临汝　先天元年置。贞元八年，以梁县西界二乡益之，兼移县于石壕驿。

许州望　隋颍川郡。武德四年，平王世充，改为许州，领长社、长葛、许昌、繁昌、黄台、𣵠强、临颍七县。贞观元年，废黄台、繁昌、𣵠强三县，以洧州之扶沟、鄢陵，汝州之襄城，嵩州之阳翟，北澧之叶县来属。十三年，改置都督府，管许、唐、陈、颍四州，而许州领长社、长葛、许昌、鄢陵、扶沟、临颍、襄城、阳翟、叶九县。十六年，罢都督府。显庆二年，割阳翟属洛州。开元四年，割叶、襄城置仙州。二十六年，仙州废，以叶、襄城、阳翟来属。其年，又以叶、襄城属汝州。二十八年，又以襄城来属。是岁，又以叶属汝州。天宝元年，改为颍川郡。乾元元年，复为许州。长庆三年，废溵州为郾城县，属许州。旧领县九，户一万五千七百一十五，口六万二千二百二十九。天宝领县七，户七万三千二百四十七，口四十八万七千八百六十四。在京师东一千二百里，至东都四百里。

长社　郭下。隋颍川郡。武德四年，改为长社，取旧名。　长葛　隋分许昌县置，取旧名。　许昌　旧县。　鄢陵　隋置洧州，后废为县，属许州。　扶沟　隋县。武德四年，置北陈州。其年，州废，县属洧州。九年，洧州废，来属。　临颍　隋旧县。建中二年，隶溵州。贞元元年，州废来属。　舞阳　汉县，治所在古城内，属仙州。开元二十六年，隶许州。元和十三年，移治于吴城镇。　郾城　本属豫州。长庆元年来属。

汴州上　隋荥阳郡之浚仪县也。武德四年，平王世充，置汴州总管府，管汴、洧、杞、陈四州，领浚仪、新里、小黄、开封、封丘等五县。七年，改为都督府。废开封、小黄、新里三县入浚仪，复以废杞州之雍丘、陈留，管州之中牟，洧州之尉氏来属。龙朔二年，以中牟隶郑州。延和元年，复置开封县。天宝元年，改汴州为陈留郡。乾元元年，复为汴州。建中二年，筑其罗城。旧领县五：浚仪、雍丘、陈留、中牟、尉氏，户五万七千七百一，口八万二千八百七十九。天宝领县六，户十万九千八百七十六，口五十七万七千五百七。在京师东一千三百五十里，东都四百一里。

浚仪　古县，隋置，在今县北三十里，为李密所陷。县人王要汉率豪族置县于汴州之内，要汉自为县令。义宁元年，于县复置汴州，以要汉为刺史。武德四年，移县于州北罗城内。贞观元年，移于州西一里，延和元年六月，割浚仪十四乡分置开封县。　开封　汉县，在今县南五十里。贞观元年省，并入浚仪。延和元年六月，析浚仪复置，并在郭下。　尉氏　隋县，属颍川郡。武德四年，于县置洧州，领尉氏、扶沟、康阴、新汲、鄢陵、宛陵、归化七县。贞观元年，废洧州及康阴、宛陵、新汲、归化四县，以扶沟、鄢陵属许州，尉氏属汴州。　陈留　隋县，属汴州。武德四年，属杞州。贞观元年，废杞州，陈留属汴州。　封丘　隋县。　雍丘　隋县。武德四年，于县置杞州，领雍丘、陈留、圉城、襄邑、外黄、济阳六县，权于州内以仓院置。贞观元年，废杞州及济阳、圉城、外黄三县，以襄邑属宋州，陈留、雍丘属汴州，而移县入废杞州。

蔡州上　隋汝南郡。武德四年四月，平王世充，置豫州总管府，管豫、道、舆、息、舒五州。豫州领安阳、平舆、真阳、吴房、上蔡五县。七年，改为都督府，废舆、道、舒、息四州。贞观元年，罢都督府，废平舆、新蔡二县，复以道州之郾城，息州之新息，朗州之朗山，舒州之褒信、新蔡五县来属。天授三年，又置平舆、西平两县。开元四年，以西平属仙州。二十六年，省仙州，复以西平来属。天宝元年，改为汝南郡。乾元元年，复为豫州。宝应元年，改为蔡州。旧领县十，户一万二千一百八十二，口六万四百一十五。天宝领县十一，户八万七千六百六十一，口四十六万二百五。去京师一千五百四十里，至东都六百七十里。

汝阳　隋旧县。治郭下。　朗山　汉安昌县，隋改为朗山。　遂平　隋吴房县。元和十二年，讨吴元济于文城栅，置行吴房县，权隶溵州。贼平，改为遂平县，隶唐州。长庆元年，复隶蔡州。　郾城　隋旧。武德四年，于此置道州，领郾城、邵陵、北武、西平四县。贞观元年，废道州及北武、邵陵、西平三县，以郾城属豫州。本治溵水南。开元十一年，因大水，移治溵水北。元和十二年，于县置溵州。长庆元年，废溵州，以郾城隶许州。　上蔡　隋县。　新蔡　隋旧。武德四年，于此置舒州，领新蔡、褒信二县。贞观元年，废舒州，新蔡属豫州。　褒信　后汉县。　新息　隋县。武德四年，于县置息州，领新息、淮川、长陵三县。贞观元年，废息州及淮川、长陵二县，以新息属豫州。　平舆　隋置。贞观元年废，天授二年复置。　西平　汉县。贞观元年废。天授二年复置。元和十二年，隶溵州。州废，隶蔡州。　真阳　汉慎阳县，隋为真阳。载初元年，改为淮阳。神龙元年复。

滑州望　隋东郡。武德元年，改为滑州，以城有古滑台也。二年，陷贼。及平王世充，复置，领白马、卫南、韦城、匡城、灵昌、长垣七县。八年，废长垣县入匡城，以废东梁州之酸枣县来属。天宝元年，改为灵昌郡。乾元元年，复为滑州。旧领县七，户一万三千七百二十八，口六万四千九百六十。天宝，户七万一千九百八十三，口四十二万二千七百九十。去京师一千四百四十里，至东都五百三十里。

白马　郭下。汉县。卫南　隋楚丘县。后以曹有楚丘，乃改为卫南县，治古楚丘城。仪凤元年，移治西北滨河之新城。永昌元年，又移于楚丘之城南。　韦城　隋分白马县置于古城韦氏之国城。　匡城　汉长垣县，隋改为匡城。　胙城　汉南燕县，隋改为胙城，隶滑州。　酸枣　汉县。　灵昌　隋分酸枣县置。灵昌者，河津之名。

陈州上　隋淮阳郡。武德元年，讨平房宪伯，改为陈州，领宛丘、箕城、扶乐、太康、新平五县。贞观元年，废扶乐、箕城、新平三县，复以沈州之项城、溵水二县来属。长寿元年，置武城县。证圣元年，置光武县。天宝元年，改陈州为淮阳郡。乾元元年，复为陈州。旧领县四，户六千三百六十七，口三万九百六十一。天宝领县六，户六万六千四百四十二，口四十万二千四百八十六。在京师一千五百二十里，至东都七百一十七里。

宛丘　郭下。隋县。　太康　汉阳夏县，隋改太康，以县东有太康城。　项城　隋旧。武德四年，于此置沈州，领项城、颍东、鲖阳、南顿、溵水五县。贞观元年，废沈州，以县属陈州。　溵水　汉汝阳县。改为溵水。建中二年，隶溵州。兴元元年，废溵州，县隶陈州。　南顿　隋县。武德六年，省入项城。证圣元年，割项城置光武县，以县有光武庙故也。景云元年，改为南顿，复古名也。　西华　汉县。武德元年，改为箕城县。贞观元年，省入宛丘。长寿元年，割宛丘置武城县，以县本楚武王所筑故也。神龙元年，复为箕城。景云元年，改为西华，复古名也。

亳州望　隋谯郡。武德四年，平王世充，改为亳州，领谯、城父、谷阳、鹿邑、酇五县。五年，置总管府，管谯、亳、宋、北荆、颍、沈六州。七年，改为都督府。贞观元年，罢都督府，亳州不改。十七年，废谯州，以临涣、永城、山桑三县来属。天宝元年，改为谯郡。乾元元年，复为亳州也。旧领县八，户五千七百九十，口三万三千一百七十七。天宝，户八万八千九百六十，口六十七万五千一百二十一。至京师一千七百里，至东都八百九十八里。

谯　郭下。贞观十七年，自古谯城移入州置。　酇　汉县。隋属沛郡。武德四年，改属亳州。开元二十六年，移于汭城垣阳驿置。　城父　隋旧。　鹿邑　隋旧。　真源　汉苦县。隋为谷阳。乾封元年，改为真源。载初元年，改为仙源。神龙元年，复为真源。有老子祠。　临涣　隋置谯州，领县四。贞观十七年省，以临涣、永城、山桑属亳州，蕲县属徐州。县本治铚城，十七年移治所于废谯州。元和九年，割属宿州。　永城　隋县，属谯州。贞观十七年废，属亳州。旧治于马浦城东北三里。武德五年，移置于马浦城。　蒙城　隋山桑县，属谯州。州废，隶亳州。天宝元年，改为蒙城。

颍州中　汉汝南郡。隋为汝阴郡。武德四年，平王世充，于汝阴县西北十里置信州，领汝阴、清丘、永安、高唐、永乐等六县。六年，改为颍州，移于今治，省高唐、永乐、永安三县。贞观元年，省清丘县。八年，又以废涡州之下蔡县来属。天宝元年，改为汝阴郡。乾元元年，复为颍州。长庆二年，以颍州隶滑郑节度使。旧领县三，户二千九百五，口一万四千一百八十五。天宝领县四，户三万七百七，口二十万二千八百九十。至京师一千八百二十里，至东都九百六十里。

汝阴　郭下。汉县。　颍上　隋置治所于古郑城。武德四年，移于今治。　下蔡　隋旧。武德四年，于县置涡州，下蔡隶之。八年，州废，县属颍州也。　沈丘　古曰寝丘，至隋不改。神龙二年，改为沈丘。

宋州望　隋之梁郡。武德四年，平王世充，置宋州，领宋城、宁陵、柘城、谷熟、下邑、砀山、虞城七县。其年，以虞城属东虞州。五年，废东虞州，仍以虞城来属。贞观元年，废杞州，以襄邑县来属，仍省柘城县。十七年，以废戴州之单父、楚丘来属。永淳元年，又置柘城县。天宝元年，改宋州为睢阳郡。乾元元年，复为宋州。旧领县七，户一万一千三百三，口六万一千七百二十。天宝领县十，户一十二万四千二百六十八，口八十九万七千四十一。去京师一千五百四十里，至东都七百八十里。

宋城　郭下。治古睢阳城。汉睢阳县，隋改为宋城。　襄邑　隋置。武德二年，属杞州。贞观元年，属宋州。　宁陵　汉县，久废。隋特置。贞观元年，并柘城县入。　虞城　隋分下邑县置。武德四年，属宋州。其年，于县置东虞州。五年，州废，县属宋州。　砀山　旧安阳县，隋改为砀山，属宋州。　下邑　汉县。　谷熟　汉县。武德二年，于县置南谷州。四年，州废，县属宋州。　单父　古邑。隋于县置戴州，大业废。武德五年，复置戴州。贞观十七年，戴州废，县属宋州。　楚丘　治古巳氏城，属戴州。贞观十七年，属宋州。　柘城　秦县，久废。隋复置。贞观初废。永淳元年，析谷熟、宁陵复置。

曹州上　隋济阴郡。武德四年，改为曹州，领济阴、定陶、冤句、离狐、乘氏，并置蒙泽、普阳等七县。其年，省普阳县。五年，以废梁州之考城来属。贞观元年，省定陶、蒙泽二县入济阴。十七年，以废戴州之成武来属。天宝元年，改曹州为济阴郡。乾元元年，复为曹州。旧领县五，户九千二百四十四，口五万四千九百八十一。天宝领县六，户十万三百五十二，口七十一万六千八百四十八。在京师东北一千四百五十三里，至东都东北六百五十七里。

济阴　郭下。隋县。　考城　隋旧。武德四年，于县置梁州，领考城县。五年，州废，以县属曹州。　冤句　汉县。武德四年，分县西界置济阳县，属杞州。贞观元年，废济阳，并入冤句。　乘氏　汉县，春秋之重丘地也。　南华　汉离狐县，累代不改。天宝元年，改为南华。　成武　汉县。隋属戴州。州废，属曹州。

濮州上　隋东平郡之鄄城县也。武德四年，置濮州，领鄄城、廪城、雷泽、临濮、昆吾、濮阳、永定、安丘、长城九县。五年，废安丘、长城二县。八年，废昆吾、永定、廪城三县。贞观八年，割济州之范县来属。天宝元年，改为濮阳郡。乾元元年，复为濮州。旧领县五，户八千六百二十八，口四万四千一百三十五。天宝，户五万七千七百八十一，口四十万六百四十八。在京师东北一千五百七十里，至东都七百三十五里。

鄄城　古县。后汉于县置兖州。武德四年，分置永定县。八年，并入鄄城。　濮阳　隋旧。武德四年，分置昆吾县。八年省，并入濮阳。　范　汉县。武德二年，置范州，治昆吾城。五年，州废，县属济州。贞观八年，改属濮州。　雷泽　汉县。武德四年，分置廪城县。贞观八年，省入雷泽。　临濮　武德四年，分雷泽置。五年，省长城县并入。

郓州上　隋东平郡之须昌县。武德四年，平徐圆朗，于郓城置郓州，领郓城、须昌、宿城、钜野、乘丘五县。又以废寿州之寿张来属。其年，置总管府，管郓、濮、兖、戴、曹五州。贞观元年，罢都督府，仍以钜野属戴州。又废宿城、乘丘二县。八年，自郓城移治须昌。景龙元年，又置宿城县。天宝元年，改郓州为东平郡。乾元元年，复为郓州。旧领县三：须昌、郓城、寿张，户四千一百四十一，口二万一千六百九十二。天宝领县五，户四万四千二百九十九，口二十八万四千五百三十。天宝十三载，废济州，其所管五县，并入郓州。济州旧领县五，户六千九百五，口三万四千五百一十。天宝，领户三万八千七百四十九，口二十一万六千七百七十九，并入郓州。在京师东北一千六百九十七里，去东都东北九百七十三里。今领县十。

寿张　隋县。武德四年，于县置寿州，领寿张、寿良二县。五年，废寿州，省寿良入寿张，属郓州。　郓城　汉寿良县。隋改为万安县，仍于县置郓州，寻改万安为郓城。贞观八年，移郓州治所于须昌县。　钜野　汉县。隋县升为州。寻废，属戴州。贞观十七年，戴州废，钜野来属。　须昌　郭下。汉县，故城在今郓州东南三十二里。隋于故城置宿城县，仍置须昌县于今所。贞观八年，州自郓城移于须昌县。后废宿城县。景云三年十二月，复分须昌置宿城县。贞元四年，改宿城为东平县，移就郭下。大和四年，改为天平。六年七月，废天平县入须昌县。　卢县　汉旧。隋置济北郡。武德四年，改济州，领卢、平阴、长清、东阿、阳谷、范六县。又置昌城、济北、谷城、孝感、冀丘、美政六县。六年，废美政、孝感、谷城、冀丘、昌城五县。八年，割范县属濮州。贞观元年，又废济北县入长清。天宝元年，改为济阳郡。乾元元年，复为济州。十三载六月一日，废济州，卢、长清、平阴、东阿、阳谷等五县并入郓州。　平阴　汉肥城县。隋为平阴，属济州。天宝十三载，州废，县属郓州。大和六年，并入东阿县。开成二年七月，节度使王源中奏置平阴县。　东阿　汉县。隋属济州。州废，属郓州。　阳谷　隋置，取县界阳谷台为名，属济州。州废，属郓州。　中都　汉平陆县，本治殷密城，在今治西三十九里。天宝元年，改为中都，移于今治。

泗州中，隋下邳郡。武德四年，置泗州，领宿预、徐城、淮阳三县。贞观元年，省淮阳县入宿预，以废邳州之下邳，废连州之涟水来属。八年，又以废仁州之虹县来属。总章元年，割海州沭阳来属。咸亨五年，沭阳还海州。长安四年，置临淮县。开元二十三年，自宿预移治所于临淮。天宝元年，改为临淮郡。乾元元年，复为泗州，旧领县五，户二千二百五十，口二万六千九百二十。领宿豫、涟水、徐城、虹、下邳。天宝领县六，户三万七千五百二十六，口二十万五千九百五十九。今领县三：临淮、涟水、徐城。其虹县割隶宿州，宿预、下邳隶徐城。

临淮　长安四年，割徐城南界两乡于沙熟淮口置临淮县。开元二十三年，移治郭下。　涟水　隋县。武德四年，置涟州，仍分置金城县。贞观元年，废涟州，并省金城县，以县属泗州。总章元年，改为楚州。咸亨五年，还属泗州。　徐城　汉徐县。隋为徐城县，属泗州，治于大徐城。开元二十五年，移就临淮县。

海州中　隋东海郡。武德四年，置海州总管府，领海、涟、环、东楚四州。海州领朐山、龙沮、新乐、曲阳、沭阳、厚丘、怀仁、利城、祝其九县。六年，改新乐为祝其。七年，以东楚州属扬府，又以沂州来属。八年，废环州及龙沮、祝其、曲阳、厚丘、利城六县，仍以废环州之东海来属。九年，废涟州。贞观元年，罢都督府。天宝元年，以海州为东海郡。乾元元年，复为海州。旧领县四：朐山、东海、沭阳、怀仁，户八千九百九十九，口四万三千六百九十三。天宝，户二万八千五百四十九，口十八万四千九。在京师东二千五百七十里，至东都一千七百五十四里。

朐山　郭下。汉朐县，后加"山"字。　东海　汉赣榆县。武德四年，置环州，领东海、青山、石城、赣榆四县。八年，废环州，仍废青山等三县入东海县，隶海州。县治郁州，四面环海。　沭阳　汉厚丘县。后魏改沭阳。　怀仁　后魏置。

兖州上都督府　隋鲁郡。武德五年，平徐圆朗，置兖州，领任城、瑕丘、平陆、龚丘、曲阜、邹、泗水七县。贞观元年，省曲阜县。其年，又省东泰州，以博城县来属。八年，复置曲阜县。十四年，置都督府，管兖、泰、沂三州。十七年，以废戴州之金乡、方舆来属。长安四年，置莱芜县。天宝元年，改兖州为鲁郡。乾元元年，复为兖州。旧领县八，户九千三百六十六，口一万五千四百二十八。天宝领县十一，户四万八千七百九十八十七，口五十八万六百八。中都割属郓州。在京师东一千八百四十三里，去东都一千七十里。

瑕丘　郭下。宋置兖州于鲁瑕邑故治，隋因置瑕丘县。　曲阜　隋县。贞观元年省，八年复置。　乾封　隋博城县。武德五年，于县置东泰州，领博城、梁父、嬴、肥城、岱六县，贞观元年，罢东泰州，省梁父、嬴二县入博城。仍以博城属兖州，兼省肥城。乾封元年，高宗封泰山，改为乾封县。总章元年，复为博城。神龙元年，又为乾封。　泗水　汉卞县。隋分汶阳县于卞县古城置泗水县。　邹　古邾国，鲁穆公改为邹。　任城　汉县。北齐于县置高平郡。隋废，县属兖州。　龚丘　北齐平原县，隋改为龚丘。　金乡　后汉县。武德四年，于县置金州，领方舆、金乡二县。五年，改金州为戴州。贞观十七年，州废，以金乡、方舆属兖州，以单父、楚丘属宋州，成武属曹州，钜野属郓州。　鱼台　汉方舆县。隋属戴州。贞观十七年，戴州废，县入兖州。宝应元年，改为鱼台，以城北有鲁公观鱼台。　莱芜　汉县，晋废。后魏于古城置嬴县。贞观初，废入博城县。长安四年，于废嬴县置莱芜县。元和十五年，并入乾封县，寻却置，属兖州。

徐州上　隋彭城郡。武德四年，平王世充，置徐州总管府，管徐、邳、泗、鄫、沂、仁六州。徐州领彭城、萧、沛、丰、滕、符离、诸阳七县。贞观元年，废诸阳县入符离。二年，省鄫、邳二州，仍以谯州来属。七年，以沂州属海州都督。八年，废仁州入谯州。其徐州都督，管徐、泗、谯三州。十七年，罢都督府。以废谯州之蕲城来属。天宝元年，改徐州为彭城郡。乾元元年，复为徐州。旧领县六，户八千一百六十二，口四万五千五百三十七。天宝领县七，户六万五千一百七十，口四十七万八千六百七十六。在京师东二千六百里，至东都一千二百五十七里。
　　彭城　汉彭城郡治也。　萧　汉县。隋为龙城县，寻改为萧。　丰　汉县。北齐置永昌郡，寻省为丰县。　沛　汉县，隋废。武德复置。　滕县　古滕国，隋置。　宿迁　晋宿预县，元魏于县置徐州。州移彭城县，隶泗州。宝应元年，以犯代宗讳，改"预"为"迁"，仍隶徐州。　下邳　汉下邳郡。元魏置东徐州，周改邳州，隋废。武德四年，复邳州，领下邳、郯、良城三县。贞观元年，废邳州，仍省郯、良城二县，以下邳属泗州。元和中，复属徐州。

宿州上　徐州之符离县也。元和四年正月敕，以徐州之符离置宿州，仍割徐州之蕲、泗州之虹。九年，又割亳州之临涣等三县属宿州。大和三年，徐泗观察使崔群奏罢宿州，四县各归本属。至七年敕，宜准元和四年正月敕，复置宿州于埇桥，在徐之南界汴水上，当舟车之要。其旧割四县，仍旧来属。州新置，元和已来，未计户口。
　　符离　汉县。隋治朝解城。贞观元年，移治竹邑城。元和四年正月，置宿州，仍为上州。　虹　汉县。隋曰夏丘县，武德四年，属仁州。其年，分置虹县于古虹城，属仁州。六年，废夏丘县。贞观八年，废仁州，以虹县属泗州，移治夏丘故城。元和四年，割属宿州。　蕲　汉县。后魏加"城"，曰蕲城县。隋去"城"字，属北谯州。贞观十七年，废谯州，属徐州。旧治谷阳，显庆元年，移于今所。元和四年，割属宿州也。　临涣　隋旧。属谯州。州废，隶亳州。大和元年，割属宿州。

沂州中　汉东海郡之琅邪县也。武德四年，平徐圆朗，置沂州，领费、临沂、颛臾三县。又置兰山、临沭、昌乐三县。六年，省兰山、临沭、昌乐三县入临沂。贞观元年，省颛臾入费县。其年，省鄫州，以承县来属。八年，又省莒州，以新泰、沂水二县来属。天宝元年，改为琅邪郡。乾元元年，复为沂州。旧领县五，户四千六百五十二，口二万三千九百。天宝，户三万三千五百一十，口十九万五千七百三十七。在京师东二千二百五十四里，至东都一千四百三十里。
　　临沂　汉县，州所治。后魏置郯郡，又改为北徐州，并在此县。后周置沂州。　承　汉县，隋兰陵县。武德四年，置鄫州，以兰陵隶之，仍改为承县，别置兰陵、鄫城二县，属鄫州。贞观元年，鄫州与二县俱废，以承县来属沂州。　费　汉县。春秋时费国。　新泰　汉东新泰县，晋去"东"字，武德五年，属莒州。贞观八年，莒州废，县属沂州。　沂水　汉东莞县。隋改为东安县，寻改为沂水。武德五年，于县置莒州，领沂水、新泰、莒三县。贞观八年，省莒州，县属密州，沂水、新泰属沂州。

密州中　隋高密郡。武德五年，改为密州，领诸城、安丘、高密三县。贞观八年，省莒州，以莒来属。天宝元年，改为高密郡。乾元元年，复为密州。旧领县四，户三千五百八十，口二万八千五百九十三。天宝，户二万八千二百九十二，口十四万六千五百二十四。在京师东南二千五百三十里，至东都东一千八百六十九里。
　　诸城　州所治，本汉东武城也。隋移入废高密郡城，因改为诸城。　辅唐　汉安丘县，属北海郡。乾元二年，刺史殷仲卿奏请治于故昌安城，因改为辅唐。　高密　汉县。隋末大乱，废之。武德三年，于义城堡置高密县。六年，并高密、胶西两县，移就故夷安城。城，旧高密县也。仍废胶西县。　莒　汉县，属东海郡。武德五年，于县置莒州。州废，以县属密州。

齐州上　汉济南郡，隋为齐郡。武德元年，改为齐州，领历城、山茌、祝阿、源阳、临邑五县。二年，置总管府，管齐、邹、东泰、谭、淄、济六州。贞观元年，废都督府及谭州，省源阳县。又以废谭州之平陵、临济、亭山、章丘四县来属。七年，又置都督府，管齐、青、淄、莱、密五州。天宝元年，改为临淄郡。五载，为济南郡。乾元元年，复为齐州。旧领县八，户一万一千五百九十三，口六万一千七百七十一。天宝，户六万二千四百八十五，口三十六万五千九百七十二。在京师东北二千六十九里，至东都东北一千二百四十四里。今管县六，并三县也。
　　历城　汉县，属济南郡。旧志有平陵县。贞观十七年，齐王祐起兵，平陵人不从顺，遂改为全节。元和十年正月，以户口雕残，并全节入历城县。　章丘　汉阳丘县。隋为章丘。武德二年，于平陵县置谭州，领平陵、亭山、章丘、营城四县。八年，废营城入平陵，又以废邹州之临济来属。贞观元年，废谭州为平陵县，属齐州，章丘亦来属。　亭山　隋县。元和十五年，以户口雕残，并入章丘县，因废亭山。　临邑　汉县。武德元年，属谭州。州废来属。　长清　隋置，属济州。贞观十七年，属齐州。旧志有丰齐县，古山茌县也。天宝元年改为丰齐。元和十五年，以户口雕残，并入长清县。　禹城　汉祝阿县。天宝元年，以为禹城，以县西有禹息故城。　临济　汉之菅县。隋为朝阳县，寻改为临济县。武德元年，于县置邹州，领临济、蒲台、高苑、长山、邹平五县。八年，废邹州，县属谭州。州废，属齐州。

青州上　隋北海郡。武德四年，置青州总管府，管青、潍、登、牟、莒、密、莱、乘八州。青州领益都、临朐、临淄、般阳、乐安、时水、安平等七县。八年，省乘、潍、牟、登四州，以废潍州之北海，废乘州之千乘、寿光、博昌来属，省般阳、乐安、时水、安平四县。贞观元年，罢都督府。天宝元年，改青州为北海郡。乾元元年，复为青州。旧领县七，户一万六千六百五十八，口五万六千三百一十七。天宝，户七万三千一百四十八，口四十万二千七百四。在京师东北二千二百五十里，至东都一千五百七里。

益都　汉县。在今寿光县南十里故益都城是也。北齐移入青州城北门外为治所。　临淄　汉县，治古齐国城。久废，隋复置。　博昌　汉县，治故郡城。乐安，隋县。武德二年，属乘州。州废，属青州。总章二年，移治于今所。　寿光　汉县。隋移治所于博昌县。初属乘州，州废来属。　千乘　汉千乘国。后汉改为乐安郡。宋、齐废，隋置千乘县。武德二年，于县置乘州，领千乘、博昌、寿光、新河五县。六年，废新河县。八年，乘州废，千乘等县隶青州。　临朐　汉县。隋为逢山县，寻复为临朐，属北海郡。　北海　汉平寿县。隋置北海郡。开皇三年罢郡，置下密县于废郡城。大业二年，改为北海县。武德二年，于县置潍州，领北海、连水、平寿、华池、城都、下密、东阳、寒水、訾亭、潍水、汶阳、胶东、营丘、华宛、昌安、都昌、城平等十七县。六年，唯留北海、营丘、下密三县，余十四县并废。八年，废潍州，仍省营丘、下密二县，以北海属青州。

淄州上　隋齐郡之淄川县。武德元年，置淄州，领淄川、长白、莱芜三县。六年，废长白、莱芜二县。八年，又以废邹州之长山、高苑、蒲台三县来属。天宝元年，复为淄川郡。乾元元年，复为淄州。景龙元年，分高苑置济阳县，又并高苑。又割蒲台隶之，后割属棣州。旧领县五，户六千三百二十三，口三万四千四百二十五。天宝，户四万二千七百三十七，口二十万三千八百二十一。在京师东北二千一百三十三里，东都东北一千四百二十五里。今管县四，并济阳入高苑。

淄川　郭下。汉般阳县。武德初，属淄州。　长山　汉於陵县。武德初，属邹州。州废，属淄州。　高苑　隋置。初属邹州，州废来属。景龙元年，分置济阳县。元和十五年，并入高苑。　邹平　汉县。北齐为平原县。隋移治汉邹平故城，因改为邹平。初属谭州，州废来属。

棣州上　后汉乐安郡。隋渤海郡之厌次县。武德四年，置棣州，领阳信、乐陵、滴河、厌次四县，治阳信。六年，并入沧州。贞观十七年，复置棣州于乐陵县，领厌次、滴河、阳信三县，又割淄州之蒲台隶焉。而乐陵属沧州。天宝元年，改为乐安郡。上元元年，复为棣州。领县五，户三万九千一百五十，口二十三万八千一百五十九。在京师东北二千二百一十里，东都东北一千三百七十里。

厌次　郭下。汉富平县。隋属沧州。武德四年，改属棣州。六年，省棣州，复隶沧州。贞观十七年，复置棣州，厌次还属。　滴河　隋县。　阳信　汉县，属渤海郡。贞观十七年，改属棣州。　蒲台　汉漯沃县。隶淄州。割属棣州。　渤海　垂拱四年，析蒲台、厌次置。

莱州中　汉东莱郡，隋因之。武德四年，讨平綦顺，置莱州，领掖、胶水、即墨、卢乡、昌阳、曲城、当利、曲台、胶东九县。六年，废曲城、当利、曲台、胶东四县。贞观元年，废卢乡，割登州之文登、废牟州之黄来属。麟德元年，置牟平县。如意元年，割黄县、文登、牟平置登州。天宝元年，改莱州为东莱郡。乾元元年，复为莱州。旧领县六：掖、黄、文登、昌阳、即墨、胶水，户一万一千五百六十八，口六万三千三百九十六。天宝领县四，户二万六千九百九十八，口七万一千五百。在京师东北二千五百九十九里，去东都一千八百五十二里。

掖　州治　汉东莱郡也。隋置掖县，属莱州。　昌阳　汉县，置于古昌阳城。永徽元年，移古县西北二十三里。　胶水　汉胶东国地。隋置县于古光州，因改名胶水。　即墨　汉不其邑也。隋置即墨县。

登州　汉东莱郡之黄县。如意元年，分置登州，领文登、牟平、黄三县，以牟平为治所。神龙三年，改黄县为蓬莱县，移州治于蓬莱。天宝元年，以登州为东牟郡。乾元元年，复为登州。天宝领县四，户二万二百九十八，口一十万八千九百。在京师东三千一百五十里，至东都二千七十一里。

蓬莱　汉黄县，属莱州。如意元年，于县置登州。神龙三年，改为蓬莱，移于今所。　牟平　麟德二年，分文登置，属莱州。如意元年，置登州，治牟平。神龙三年，移治所于蓬莱县。　文登　隋旧县。武德四年，置登州，领文登、观阳二县。六年，以观阳属牟州，又置清阳、廓定二县，属登州。贞观元年，登州及清阳、廓定二县并废，地入文登县。　黄　汉旧县。神龙三年，改为蓬莱县，属登州，以为州治。先天元年，又割蓬莱置黄县。

卷三十九　志第十九

地理二

河东道三　河北道四　山南道五
河东道

河中府　隋河东郡。武德元年，置蒲州，治桑泉县，领河东、桑泉、猗氏、虞乡四县。二年，置蒲州总管府，管蒲、虞、泰、绛、邵、浍六州。三年，移蒲治河东县，依旧总管府。其年，置温泉县。九年，又置都督府，管蒲、虞、芮、邵、泰五州，仍省温泉县。其年，罢都督府。贞观八年，割虢州之永乐来属。十七年，以废虞州之安邑解县、废泰州之汾阴来属。开元八年，置中都，改蒲州为河中府。其年，罢中都，依旧为蒲州，又与陕、郑、汴、怀、魏为"六雄"。十二年，升为"四辅"。天宝元年，改为河东郡。乾元元年，复为蒲州，割安邑属陕州。三年四月，置河中府，析同州之朝邑，于河西盐坊置河西县，来属。元年建卯月，又为中都。元和三年，复为河中府。旧领县五，户三万六千四百九十九，口十七万三千七百八十四。天宝领县八，户七万八百，口四十六万九千二百一十三。元和领县十一。在京师东北三百二十四里，去东都五百五十里。

河东 隋县。州理所。开元八年，分置河西县。其年，罢中都，乃省，乾元三年，复置。 河西 旧朝邑县，属同州，管长春宫。乾元元年，置河中府，割朝邑来属，改为河西县，以盐坊为理所。 临晋 隋分猗氏置桑泉县。武德三年，分置温泉县。九年，省温泉并入桑泉。天宝十三年，改为临晋县。 解 隋虞乡县。武德元年，改为解县，属虞州。蒲州别置虞乡县。贞观十七年，省解县并入虞乡。二十二年，复析置解县，属蒲州。 猗氏 汉县，古郇国也。 虞乡 汉解县地，后魏分置虞乡县。贞观十七年，省解县，并入虞乡县。二十年，复置解县，省虞乡。天授二年，复分解县置虞乡县。 永乐 武德元年，分芮城县置，属芮州。九年，废芮州，改属鼎州。贞观八年，改属蒲州，又割属虢州。神龙元年，复来属。 宝鼎 汉汾阴县。隋属泰州。贞观十七年，废泰州，县来属。开元十一年，玄宗祀后土，获宝鼎，因改为宝鼎。 龙门 汉皮氏县，后魏改为龙门。武德元年，于县置泰州，领龙门、万泉、汾阴四县。贞观十七年，废泰州及芮县，以龙门、万泉属绛州，汾阴属蒲州。 闻喜 汉县。隋为桐乡县。武德元年，分置闻喜县。 万泉 武德三年，分稷山界于薛通故城置万泉县，属泰州。州废，入绛州，后又隶河中府。

绛州 隋绛郡。武德元年，置绛州总管府，管绛、潞、盖、建、泽、沁、韩、晋、吕、浍、泰、蒲、虞、芮、邵十五州。绛州领正平、太平、曲沃、闻喜、稷山五县。三年，废总管府。其年，以废北浍州之翼城置翼城县。领翼城、绛、小乡三县。武德元年，改为浍州。二年，改为北浍州。四年，州废，三县并入绛州。置南绛州，又置绛县。 曲沃 汉绛县地，后魏置曲沃县。 绛 汉闻喜县，后魏置南绛州，又置绛县。 稷山 后魏高凉县，隋改名稷山。 垣 隋县。义宁元年，置邵原，领垣、王屋，又置清廉、亳城，四县。武德元年，改为邵州。二年，又置长泉县。五年，废亳城。九年，省邵州，省清廉入垣县，王屋属怀州，垣属绛州。 襄陵 后魏擒盛县。改为襄陵，取汉旧名。属晋州。元和十四年，属绛州。

晋州 隋临汾郡。义旗初，改为平阳郡，领临汾、襄陵、岳阳、冀氏、杨五县。其年，改杨县为洪洞。武德元年，改为晋州，分襄陵置浮山县，分洪洞置西河县。三年，置总管府，管晋、绛、沁、吕四州。移治白马城。改浮山为神山县。贞观六年，废都督。十二年，移治所于平阳古城。十七年，省西河县，以废吕州之霍邑、赵城、汾西三县来属。天宝元年，改州为平阳郡。乾元元年，复为晋州。元和十四年，割襄陵属绛州。大和元年，改属河中府。旧领县七，户二万一千六百一十七，口九万七千五百五。天宝领县九，户六万四千八百三十六，口四十二万九千二百二十一。元和领县八。在京师东北七百二十五里，至东都七百三十九里。

临汾 汉平阳县，隋改为临汾。贞观十七年，省西河县，并入临汾。 洪洞 汉杨县，至隋不改。义宁元年，改为洪洞，取县北岭名。 神山 武德二年，分襄陵置浮山县。四年，改为神山，以县东南羊角山神见为名。 岳阳 后魏安泽县，隋改为岳阳。 霍邑 汉彘县，后汉改为永安。隋于此置汾州，寻改为吕州，领霍邑、赵城、汾西、灵石四县。贞观十七年，废吕州，以霍邑等三县来属，以灵石属汾州。 赵城 国初，分霍邑置县。 汾西 后汉汾西郡，隋废为县，属吕州。隋末陷贼。武德初，权于今城南五十里申村堡置。贞观六年，移于今所。 冀氏 汉猗氏县地，后于古猗氏县地南置冀氏。

隰州下 隋龙泉郡。武德元年，改为隰州，领隰川、温泉、大宁、石楼四县。二年，置总管府，领隰、中、昌、南汾、东和、西德六州。三年，又置北温州属焉。贞观元年，省中、昌、西德、北温四州，又以废昌州蒲县来属，仍督隰、南汾、东和三州。三年，废都督府。又以废东和州永和县来属。天宝元年，改为大宁郡。乾元元年，复为隰州。旧领县六，户八千二百二十二，口三万八千三百九十五。天宝，户一万九千四百五十五，口十二万四千四百二十。在京师东北九百六里，至东都八百八十里。

隰川 州所理。汉蒲子县地，隋为隰川县。蒲 汉县。武德二年，置昌州，领蒲、仵城、常武、昌原四县。贞观元年，省昌州及昌原、仵城、常武三县，以蒲属隰州。 大宁 汉北屈县地，隋为仵城。武德二年，置中州于隋大宁故城，因改名大宁。贞观元年，废中州及大义、白龙二县，以大宁隶隰州。 永和 汉狐讘县，隋为永和。武德二年，移治于仙芝谷西，属东和州，又分置楼山县。贞观元年，废东和州及楼山县，以永和隶隰州。 石楼 汉土军县，隋改为石楼。武德二年，于县置西德州，领长寿、临河、石楼三县。贞观元年，废西德州，省长寿、临河二县，以石楼属东和州。二年，又省东和州，以石楼来属。 温泉 隋新城县。武德二年，分置温泉县，仍置北温州，领温泉、新城、高堂三县，属隰州总管府。贞观元年，省北温州及新城、高堂二县，以温泉来属。

汾州上 隋西河郡。义旗初，依旧领隰城、介休、孝义、平遥四县。其年，割介休、平遥二县属介休郡。武德元年，以介休郡为介州，西河郡为浩州。三年，改浩州为汾州，仍割并州之文水来属。贞观元年，省介州，以介休、平遥二县来属。文水还并州。十七年，以废吕州之灵石来属。天宝元年，改为西河郡。乾元元年，复为汾州。旧领县四，户三万四千四十九，口十万六千三百八十四。天宝领县五，户五万九千四百五十，口三十二万二百三十三。去京师一千二百六里，东都九百三十七里。

西河　汉美稷县，隋为隰城县。上元元年九月，改为西河县。　孝义　汉中阳县，后魏曰永安。贞观元年，改为孝义。　介休　汉县。武德元年，于县置介州。贞观元年，州废，以介休、平遥属汾州。　平遥　汉平陶县。后魏庙讳，改"陶"为"遥"。武德属介州。州废来属。　灵石　隋分介休县置，属吕州。州废来属。

慈州下　元魏曰南汾州，隋改为耿州，又为文成郡。武德元年，改为汾州。五年，改为南汾州。八年，改为慈州，以郡近慈乌戍故也。旧领县五，户五千二百四十五，口二万二千六百五十一。天宝，户一万一千六百一十六，口六万二千四百八十六。在京师东北六百八十三里，去东都七百二十七里。

吉昌　隋县。　文城　元魏曰斤县，隋改为文城。显庆三年，移斤城县东北文城村置。　昌宁　汉临汾县地，后魏分置太平县，又分太平置昌宁县。　吕香　义宁元年，分仵城县置平昌县。贞观元年，改为吕香，因旧镇为名。上元三年，移治所于故平昌府南置，今县是也。　仵城　后魏置县，取镇戍名也。

潞州大都督府　隋上党郡。武德元年，改为潞州，领上党、长子、屯留、潞城四县。二年，置总管府，管潞、泽、沁、韩、盖五州。四年，分上党置壶关县。贞观元年，废都督府。八年，置大都督府。十年，又改为都督府。贞观十七年，废韩州，以所管襄垣等五县属潞州。开元十七年，以玄宗历职此州，置大都督府，管慈、仪、石、沁四州。天宝元年，改为上党郡。乾元元年，依旧为潞州大都督府。旧领县五，户一万八千六百九十，口八万三千四百五十五。旧于襄垣置韩州，领县五，户七千一十七，口三万二千九百三十六。天宝领县十，户六万八千三百九十一，口三十八万八千六百六十。在京师东北一千一百里，至东都四百八十七里。

上党　汉壶关县。隋分置上党，州所治。　壶关　武德四年，分上党置，治于高望堡。贞观十七年，移治进流川。　长子　汉县。　屯留　隋旧。武德五年，自霍壁移于今所。　潞城　古邑。隋特置潞城县。　襄垣　隋县。武德元年，于县置韩州，领襄垣、黎城、涉、铜鞮、武乡五县，又割并州之榆社来属。三年，置甲水县，仍以榆社属榆州。六年，割沁州之铜鞮来属。九年，省甲水县。贞观十七年，废韩州，以襄垣等五县隶潞州。　黎城　旧刘陵县，隋改曰黎城县。　涉　汉县。隋属韩州。州废来属。　铜鞮　汉县。隋属韩州。武德元年，属沁州。三年，分置甲水县。五年，移治毂水堡。六年，移于今所，属韩州。省甲水县。韩州废，属潞州。　武乡　汉垣县，后魏曰沮城，移治于南亭川。改为乡县，属韩州。州废，属潞州。则天加"武"字。神龙年，去"武"字，复为乡县。后又加"武"字。

泽州上　隋长平郡。武德元年，改为盖州，领高平、丹川、陵川，又置盖城四县。又于濩泽县置泽州，领濩泽、

沁水、端氏三县。三年，于今理置晋城县。六年，废建州，自高平移盖州治之。八年，移泽州治端氏。九年，省丹川、盖城。贞观元年，废盖州，自端氏县移泽州于今治。天宝元年，改泽州为高平郡。乾元元年，复为泽州。旧领县六，户一万六百六十，口四万六千七百三十二。天宝，户二万七千八百二十二，口二十五万七千九十。在京师东北一千三十里，至东都六百六十七里。

晋城　汉高都县，隋改为丹川。武德元年，移丹川于源泽城北，属盖州。二年，于古高都城置晋城县，属建州。六年，废建州，县属盖州。九年，省丹川县。贞观元年，废盖州，县属泽州。　端氏　汉县。武德八年，移泽州于此县。贞观元年，又移于晋城。　陵川　汉沁氏县，隋改陵川。武德初，属盖州。贞观元年，隶泽州。　阳城　隋濩泽县。武德元年，于县置泽州。八年，移州治于端氏。天宝元年，改为阳城。　沁水　元魏置东永安县，隋改为沁水，属盖州。州废来属。　高平　汉泫氏县地。武德元年，于县置盖州，领高平、丹川、陵川、盖城四县。贞观元年，废盖州，来属。

沁州下　隋上党郡之沁源县。义宁元年，置义宁郡，领沁源、铜鞮、绵上，仍分沁源置和川，凡四县。武德元年，改为沁州。二年，分沁源置招远县。三年，省招远县。六年，以铜鞮属韩州。天宝元年，改沁州为阳城郡。乾元元年，复为沁州。旧领县三，户三千九百五十六，口一万六千一百七。天宝，户六千三百八，口三万四千九百六十三。在京师东北一千二十五里，去东都六百三十五里。

沁源　汉谷远县。州所治。后魏改为沁源。　和川　义宁元年，分沁源置。　绵上　隋分介休之南界，置绵上县。

辽州　隋太原郡之辽山县。武德三年，分并州之乐平、和顺、平城、石艾四县置辽州，治乐平。其年，置义兴县。六年，自乐平移于辽山，仍以石艾、乐平二县属受州，省义兴县，以废榆州之榆社、平城二县来属。八年，改辽州为箕州。先天元年，又改为仪州。天宝元年，改为乐平郡。乾元元年，复为仪州。中和三年八月，复为辽州。旧领县四，户四千三百六十五，口八万八千六百四十。天宝，户九千八百八十二，口五万四千五百八十。在京师东北一千四百五十九里，至东都七百九十七里。

辽山　汉垣县地，魏改辚阳县。隋改辽山县，属并州。武德三年，属辽州。　榆社　晋武乡县。义宁元年，分置榆社县。武德三年，于此置榆州，割并州平城来属。仍置偃武县。六年，废榆州及偃武县，以平城、榆社属辽州。　和顺　汉沾县地。隋为和顺县。武德初，属并州，三年，改为辽州。　平城　隋县。武德初，属并州。三年，改属榆州，六年，改为辽州。

北京太原府　隋为太原郡。武德元年，改为并州总管，领晋阳、太原、榆次、太谷、祁、阳直、寿阳、孟、乐平、交城、石艾、文水、辽山、平城、乌河、榆社十六

县。其年，置清源县，仍以榆社属韩州。三年，废总管。其年，置汾阳；仍以孟、寿阳二县置受州，治孟县；乐平、辽山、平城、石艾四县置辽州，治乐平；太谷、祁二县置太州，治太谷；仍以文水属汾州。四年，又置总管，管并、介、受、辽、太、榆、汾七州。其年，改为上总管。五年，又改代、石二总管。其年，改上总管为大总管。六年，又改朔州总管，仍割汾州之文水来属。其年，废太州，以太谷、祁二县来属。七年，改为大都督府。其年，置罗阴县，仍省阳直县，改汾阳为阳曲县，又以文水属汾州。贞观元年，省乌河、罗阴二县，又以文水来属。八年，以废受州之寿阳、孟、乐平、石艾，又割顺州之燕然，凡五县来属。督并、汾、箕、岚四州。十四年，废燕然县。龙朔二年，进为大都督府。天授元年，置北都兼都督府。开元十一年，又置北都，改并州为太原府。天宝元年，改北都为北京。旧领县十四，户九万七千八百七十四，口二十万九百三十六。天宝领县十三，户十二万八千九百五，口七十七万八千二百七十八。在京师东北一千三百六十里，至东都八百八里。

太原　汉晋阳县。隋文又移于州城内古晋阳城置，今州所治。

晋阳　隋新移于州内。　太谷　隋县。武德三年，置太州。六年，州废，以太谷、祁属并州。　文水　隋县。武德三年，属汾州。六年，属并州。七年，又属汾州。贞观初，还属并州。天授元年，改为武兴县，以天后乡里县，与太原、晋阳并为京县。神龙元年，依旧为文水。　榆次　汉县。　孟　隋县。武德三年，置受州，领孟、寿阳二县。六年，移受州于寿阳。贞观八年，省受州，孟复属并州。　清源　隋于古梗阳城置清源县，以水为名。　交城　隋分晋阳县置，取县西北古交城为名。初治交山，天授元年，移治郤波村。先天二年，于故县分置灵川县，开元二年后省。　阳曲　隋阳直县。武德三年，分置汾阳县。七年，省阳直县，改汾阳为阳曲县，仍移治阳直废县。其年，又分置罗阴县。贞观元年省。十七年，又省燕然并入。

寿阳　隋旧县。武德三年，属受州。六年，移受州于此，领寿阳、孟二县。其年，又割辽州之乐平、石艾二县来属。贞观八年，废受州，以所管四县隶并州。　广阳　汉上艾县，后汉改为石艾县。武德三年，属辽州。六年，属受州。八年，州废，属并州。天宝元年，改为广阳。　乐平　隋县。武德三年，于县置辽州。六年，移辽州治于箕州，以乐平属受州。州废，县来属。　祁　汉县，至隋不改。武德三年，属太州，州废来属。

代州中都督府　隋为雁门郡。武德元年，置代州总管，管代、忻、蔚三州。代州领雁门、繁畤、崞、五台四县。五年，废总管。六年，又置，管代、蔚、忻、朔四州。贞观四年，又督灵州。六年，又督顺州。十二年，省顺州，以怀化县来属。今督代、忻、蔚、朔、灵五州。高宗废怀化县。证圣元年，置武延县。天宝元年，改为雁门郡，依旧为都督府。乾元元年，复为代州。旧领县五，户九千二百五十九，口三万六千二百三十四。天宝，户二万一千二百八十，口十万三百五十。在京师东北一千五百五十里，去东都一千二百二十三里。

雁门　汉广武县，隋为雁门县。　五台　汉虑虒县，隋改为五台。　繁畤　汉县。　崞　汉县。东魏置廓州，又废。　唐林　证圣元年，分五台、崞县置武延县，唐隆元年，改唐林。

蔚州　隋雁门郡之灵丘县。武德四年，平刘武周。六年，置蔚州，寄治并州阳曲县，仍置灵丘、飞狐二县。七年，寄治代州繁畤县。八年，又寄治忻州秀容之北恒州城。贞观五年，移于今治。天宝元年，改为安边郡。至德二年九月，改为兴唐郡。乾元元年，置蔚州。旧领县二，户九百四十二，口三千七百四十八。天宝领县三，户五千五十二，口二万九千五百五十八。在京师东北一千八百一十里，去东都一千六百四十里。

灵丘　隋县。隋末陷贼，寄治阳曲。自此，随州寄治。贞观五年，移于今所。　飞狐　隋县，隋末陷贼，武德六年，复置，寄治于易州遂城县。贞观五年，移治于今所。　兴唐　隋安边县。至德二年，改为兴唐。

忻州　隋楼烦郡之秀容县。义旗初，置新兴郡，领秀容一县。武德元年，改为忻州。四年，又置定襄县。天宝元年，改为定襄郡。乾元元年，复为忻州。旧领县二，户四千九百八十七，口一万七千一百三十。天宝，户一万四千八百六，口八万二千三十二。在京师东北一千三百八十里，去东都一千六十三里。

秀容　汉汾阳县地，治郭下。隋朝自秀容故城移于此，因改为秀容县。　定襄　汉阳曲县地。后汉末，移阳曲于太原界置，乃于阳曲古城置定襄县。复废。武德四年，分秀容县复置。

岚州下　隋楼烦郡之岚城县。武德四年，平刘武周，置东会州，领岚城县；以北和州之太和来属。其年，分岚城置合会、丰润二县，仍自故郡城移岚州于废东会州，置岚州。旧领岢岚一县，县移旧岚州。其年，又以北管州之静乐县来属。七年，置临津县。九年，省合会、岢岚、太和三县。贞观元年，改临津为合河。三年，又置太和县。八年，又省。天宝元年，复为楼烦郡。乾元元年，复为岚州。旧领县三，户二千八百四十二，口一万一千五百四十一。天宝领县四，户一万六千七百四十八，口八万四千六。在京师东北一千二百九十五里，去东都一千一百四十四里。

宜芳　隋岚城县。武德四年，改为宜芳，属东会州。四年，分置丰润、合会二县。五年，省丰润并入。六年，改属岚州。九年，省合会并入。　静乐　汉汾阳县地，有隋汾阳宫。武德四年，置管州，领静乐，又分置汾阳、六度二县。五年，改管州为北管州。六年，省北管州及汾阳、六度二县。以静乐属岚州。　合河　隋临泉县。武德四年，置临津县。贞观元年，改为合河。　岚谷　旧岢岚军也，在宜芳县北界。长安三年，分宜芳于岢岚旧军置岚谷县。

神龙二年，废县置军。开元十二年，复置县。

宪州下　旧楼烦监牧也。先隶陇右节度使，至德后，属内飞龙使。旧楼烦监牧，岚州刺史兼领。贞元十五年，杨钵为监牧使，遂专领监司，不系州司。龙纪元年，特置宪州于楼烦监，仍置楼烦县。郡城，开元四年王毛仲筑。州新置，未记户口帐籍。

楼烦　龙纪元年，于监西一里置。　玄池　州东六十里置。　天池　州西南五十里置。本置于孔河馆，乾元后移于安明谷口道人堡下。

石州　隋离石郡。武德元年，改为石州。五年，置总管府，管石、北和、北管、东会、岚、西定六州。贞观二年，废都督府。三年，复置都督。六年，又废。天宝元年，改为昌化郡。乾元元年，复为石州。旧领县五，户三千七百五十八，口一万七千四百二。天宝，户一万四千二百九十四，口六万六千九百三十五。在京师东北一千二百九十一里，至东都一千二百二十八里。

离石　汉县。周改为昌化郡，隋复为离石，州所治。　平夷　后周析离石县置。　定胡　隋县。武德三年，置西定州。贞观二年废，分置孟门县。七年，废孟门入定胡。　临泉　隋太和县。武德三年，置北和州，改太和县为临泉县。贞观三年，省北和州，县属石州。　方山　隋县。武德二年，置方州。三年，州废，县属石州。

朔州　隋马邑县。武德四年，置朔州，领善阳、常宁二县。其年，省常宁县。天宝元年，改为马邑郡。乾元元年，复改为朔州。旧领县一，户一千二百五十七，口四千九百一十三。天宝领县二，户五千四百九十三，口二万四千五百三十三。在京师东北一千七百七十四里，至东都一千三百四十三里。

善阳　汉定襄地，有秦时马邑城、武周塞。后魏置桑乾郡。隋为善阳县。　马邑　秦汉旧名，久废。开元五年，分善阳县于大同军城置。

云州　隋马邑郡之云内县界恒安镇也。武德四年，平刘武周。六年，置北恒州。七年，州废。贞观十四年，自朔州北定襄城，移云州及定襄县置于此。永淳元年，为贼所破，因废，乃移百姓于朔州。开元二十年，复为云州。天宝元年，改为云中郡。乾元元年，复为云州，领县一，户七十三，口五百六十一。在京师东北一千九百四十里，去东都一千六百四十二里。

云中　隋云内县之恒安镇。武德六年，置北恒州。贞观十四年，自朔州北定襄城移云州于此置，因为定襄县。今治，即后魏所都平城也。永淳元年，为贼所破，因废云州及县。开元二十年，与云复置。仍改定襄为云中县。

单于都护府　秦汉时云中郡城也。唐龙朔三年，置云中都护府。麟德元年，改为单于大都护府。东南至朔州三百五十七里。振武军在城内置。天宝，户二千一百，口一万三千。在京师东北二千三百五十里，去东都二千里。

金河　与府同置。

河北道

怀州雄　隋河内郡。武德二年，于济源西南柏崖城置怀州，领大基、河阳、集城、长泉四县。其年，于济源立西济州，于武德县立北义州，修武县东北故浊鹿城立陟州，置总管府，管怀、西济、北义、陟四州。三年，怀州又置太行、忠义、紫陵、谷只、温五州。四年，移怀州于今治野王城。其年，又于温县置平州，以温县属之。又省谷只、太行、忠义、紫陵四县。后省平州，仍于隋河阳宫置盟州，领河阳、集城、温三县。又省西济、北义、陟三州入怀州。又于获嘉县置殷州。其怀州总管，管怀、盟、殷三州。怀州领河内、武德、轵、济源五县。八年，废盟州，省集城入河阳县，以河阳、温二县来属。贞观元年，罢都督府，以废殷州修武、获嘉、武陟，废邵州之王屋四县来属。仍省怀、轵二县。显庆二年，割河阳、温、济源、王屋四县属洛州。天授元年，改为河内郡。乾元元年，复为怀州。旧领县九：河内、武德、修武、获嘉、武陟、温、河阳、济源、王屋。户三万九十，口十二万六千九百一十六。天宝领县五，户五万五千三百四十九，口三十一万八千一百二十六。在京师东九百六十九里，至东都一百四十里。

河内　汉野王县，隋为河内县。武德四年，省太行、忠义、紫陵三县并入。　武德　隋为安昌县。武德三年，改为武德。　武陟　汉怀县地，故城在今县西。　修武　汉山阳县地。修武，古名也，隋因之。武德二年，李原德以县东北浊鹿城归顺，因置陟州及修武县。四年，贼平，改为武陟，废陟州，以修武属殷州，仍移县治于隋故修武城。贞观元年，省殷州，修武属怀州。　获嘉　汉县名。武德四年，于县置殷州，领获嘉、武德、武陟、修武、新乡、共城五县。贞观元年，省殷州，以获嘉、武陟、修武属怀州，新乡、共城属卫州。

卫州望　隋汲郡，本治卫县。武德元年，改为卫州。二年，陷窦建德。四年，贼平，仍旧领卫、清淇、汤阴三县。其年，废义州，以汲县来属。六年，以汤阴属相州。贞观元年，州移治于汲县，又废殷州，以共城、新乡、博望三县来属。六年，废博望县。十七年，废清淇县。其年，又以废黎州之黎阳县来属。天宝元年，改为汲郡。乾元元年，复为卫州。旧领县五，户一万一千九百三，口四万三千六百八十二。天宝，户四万八千五十六，口二十八万四千六百三十。在京师东一千二百二十二里，去东都三百九十里。

汲　汉县，隋因之。武德元年，置义州，领汲县。四年，废义州，县属卫州。贞观元年，卫州自卫县徙治所于汲县。　新乡　隋割汲、获嘉二县地，于古新乐城置新乡县。武德初，属义州。州废，来属殷州。州废，属卫州。

卫　汉朝歌县。纣所都朝歌城，在今县西。隋大业二年，改为卫县，仍置汲郡于县治。贞观初，移于汲县。初属义州。州废，属卫州。十七年，省清淇县入卫县。长安三年，又置清淇县。神龙元年，又省入卫县。　共城　汉共县，隋因之。武德元年，置共州，领共城、凡城二县。四年，废共州，省凡城入共城县。初属殷州。贞观初，来属。　黎阳　隋黎阳县。武德二年，置黎州总管府，管殷、卫、洹、澶四州。寻陷贼。四年，平窦建德，复置黎州，领临河、内黄、汤阴、观城、顿丘、繁阳、澶水八县。其年，以澶水、观城、顿丘三县置澶州，又以汤阴属相州。贞观元年，省繁阳，又以澶水来属。十七年，废黎州及澶水县，以黎阳属卫州，内黄、临河属相州。

相州　汉魏郡也。后魏道武改为相州，隋为魏郡。武德元年，置相州总官府，领安阳、邺、林虑、零泉、相、临漳、洹水、尧城八县。二年，割林虑置岩州。四年，废总管府，仍省零泉县。五年，废岩州，以林虑来属，仍省相县。六年，割卫州之汤源来属。其年，复置总管府，管磁、洺、黎、卫、邢六州。九年，废都督府。贞观元年，改汤源为汤阴，以废磁州之滏阳、成安二县来属。十年，复置都督，管相、卫、黎、魏、洺、邢、贝七州。十六年，罢都督府。十七年，以废黎州之内黄、临河来属。天宝元年，改为邺郡。乾元元年，复为相州。旧领县九，户一万一千四百九十，口七万四千七百六十六。天宝县十一，户十万一千一百四十二，口五十九万一百九十六。在京师东北一千四百二十一里，至东都六百六里。　安阳　汉侯国，故城在汤阴东。曹魏时，废安阳，并入邺。后周移邺，置县于安阳故城，仍为邺郡。隋又改为安阳县，州所治。汉魏郡城，在县西北七里。　邺　汉县，属魏郡。后魏于此置相州，东魏改为司州。周平齐，复为相州。周大象二年，隋文辅政，相州刺史尉迟迥举兵不顺，杨坚令韦孝宽讨迥，平之，乃焚烧邺城，徙其居人，南迁四十五里。以安阳城为相州理所，仍为邺郡。炀帝初，于邺故都大慈寺置邺县。贞观八年，始筑今治所小城。　汤阴　汉荡阴县也，并入安阳。武德四年，分安阳置汤源县，属卫州。六年，改属相州。贞观元年，改为汤阴。　林虑　汉隆虑县。武德三年，置岩州，领林虑一县。五年，岩州废，县属相州。　尧城　隋县。　洹水　汉长乐县地，属魏郡。周建德六年，分临漳东北界置洹水县。　临漳　后周建德六年，分邺县置。　成安　汉斥丘县，属魏郡。后废，北齐复置，改为成安。　内黄　汉县名。旧属黎州，贞观十七年，改属相州。　临河　隋分黎阳县置。贞观十七年，改属相州，废澶水县并入。

魏州雄　汉魏郡元城县之地。后魏天平二年，分馆陶西界，于今州西北三十里古赵城置贵乡县。后周建德七年，以赵城卑湿，东南移三十里，就孔思集寺为贵乡县。大象二年，于县置魏州。隋改名武阳郡。武德四年，平窦建德，复为魏州。又分置漳阴县，领贵乡、昌乐、元城、莘、武阳、临黄、观城、顿丘、繁水、魏、冠氏、馆陶、漳阴十三县。其年，割顿丘、观城二县置澶州，又割莘、临黄、武阳三县置莘州，又割冠氏、馆陶置毛州。魏州置总管府，管魏、黎、澶、莘、毛五州。魏州领贵乡、昌乐、繁水、漳阴、元城、魏六县。贞观元年，罢都督府，仍省漳阴县。其年，废莘、毛、澶三州，尽以所领县属魏州。十七年，省元城、武阳、观城三县。十八年，省繁水县。龙朔二年，改为冀州大都督府，以冀王为都督，管冀、贝、德、相、棣、沧、魏七州。咸亨三年，依旧为魏州，罢都督府。永昌元年，置武圣县。圣历二年，又置元城县。天宝元年，改为魏郡。乾元元年，复为魏州。旧领县十三，户三万四百四十，口十三万六千六百一十二。天宝领县十，户十五万一千五百九十六，口一百一十万九千八百七十。在京师东北一千五百九十里，去东都七百五十里。　贵乡　后魏分馆陶西界，置贵乡县于赵城。周建德七年，自赵城东南移三十里，以孔思集寺为县廨。大象二年，于县置魏州。武德八年，移县入罗城内。开元二十八年，刺史卢晖移于罗城西百步。大历四年，又移于河南岸置。　元城　隋县，治古殷城。贞观十七年，并入贵乡。圣历二年，又分贵乡、莘县置，治王莽城。开元十三年，移治州郭下。古殷城，在朝城东北十二里。　魏　汉旧县，在今县南。天宝三年，移于今所。　馆陶　汉县，隋因之。武德五年，置毛州，割魏州之馆陶、冠氏、堂邑，贝州之临清、清水。又分置沙丘县。贞观元年，废毛州，省沙丘、清水二县，以堂邑属博州，临清属贝州，馆陶、冠氏属魏州。　冠氏　春秋邑名。隋分馆陶县东界置。武德四年，属毛州。州废来属。　莘　汉阳平县地，隋置新州。武德五年，改为莘州，领莘、临黄、武阳、武水四县。贞观元年，废莘州，以莘、临黄、武阳属魏州，武水属博州。　临黄　汉观县地，隋为临黄县。武德四年，属莘州。州废来属。　朝城　隋武阳县。贞观十七年，废武阳入临黄、莘二县。开元七年复置，改为朝城。　昌乐　晋置，属阳平郡。后魏置昌州，今县西古城是也。隋废昌乐县入繁水。武德五年复置，隶魏州。今治所，武德六年筑也。

澶州　汉顿丘县，属东郡。今县北古阴安城是也。武德四年，分魏州之顿丘、观城置澶州，领顿丘、观城，又特置澶水县。贞观元年，废澶州，以澶水属黎州，顿丘、观城属魏州。大历七年正月敕，又于顿丘县置澶州，领顿丘、清丰、观城、临黄四县。州新置，元未计户口帐籍。在京师东北一千四百八十五里，至东都六百八十五里。

顿丘　汉县，属东郡，后移治所于阴安城，隋属魏郡，今县地北阴安城是也。　清丰　大历七年，割顿丘、昌乐二县界四乡置。以县界有孝子张清丰门阙，魏州田承嗣请为县名。　观城　隋县。唐初，属澶州。州废，亦省观城。大历七年，割昌乐、临黄二县四乡，置县于旧观城店。　临黄　隋旧县。武德四年，属莘州。州废，属魏州。大历七年，置澶州，割之来属。

博州上　隋武阳郡之聊城县。武德四年，平窦建德，置博州，领聊城、武水、堂邑、茌平，仍置莘亭、灵泉、清平、博平、高唐凡九县。五年，省莘亭、灵泉二县。贞观元年，省茌平县。天宝元年，改为博平郡。乾元元年，复为博州。旧领县六，户七千六百八十二，口三万七千三百九十四。天宝，户五万二千六百三十一，口四十万八千二百五十二。在京师东北一千七百一里。至东都九百四十七里。

聊城 汉县。治郭下。武德四年，分置茌平县。贞观元年，省入聊城。 博平 汉县。隋因之。武德四年，分置灵县。五年省，并入博平。贞观十七年，省博平入聊城。天授二年，析聊城复置。 武水 汉阳平县地，属东郡。隋改为清邑，又分清邑置武水县。武德四年，属莘州。贞观元年，属博州。 清平 汉贝丘县。隋改为清平，属博州。 堂邑 汉县。后魏废。隋分清阳县复置。初属毛州，州废，属博州。 高唐 隋县。长寿二年，改为崇武。神龙元年，复为高唐。

贝州 隋为清河郡。武德四年，平窦建德，置贝州，领清河、武城、漳南、历亭、清阳、鄃、夏津七县。六年，移治所于历亭。八年，还于旧治。九年，以废宗州之宗城、经城来属，又以废毛州之临清来属。天宝元年，改为清河郡。乾元元年，复为贝州。旧领县九，户一万七千七百一十九，口九万七十九。天宝，户十一万一十五，口八十三万四千七百五十七。在京师东北一千七百八十二里，至东都九百九十三里。

清阳 武德四年，分置夏津县。九年，复省。旧治甘陵城。永昌元年，移治于孔桥。开元二十三年，移就州治。 清河 汉县，后汉桓帝改为甘陵，后省。隋复分置清河县，在郭下。 武城 汉曰东武城。旧治古夏城。调露元年，移于今治。 宗城 隋旧。武德四年，置宗州，领宗城、府城、南宫、斌强四县。九年，废宗州及府城、斌强二县，以经城、宗城属贝州，南宫属冀州。 临清 汉清泉县，后魏改为临清。武德四年，属毛州。州废，属贝州。 经城 汉县。武德四年，属宗州。州废来属。 漳南 汉东阳县，后魏省。隋分枣强、清平二县地，复置于古东阳城，仍改为漳南县。 历亭 汉东阳地。隋分鄃县置历亭县。 夏津 旧鄃县。天宝元年，改为夏津。

洺州望 隋武安郡。武德元年，改为洺州，领永年、洺水、平恩、清漳四县。二年，陷窦建德。四年，建德平，立山东道大行台，又立曲周、鸡泽二县。五年，罢行台，置洺州大总管府，管洺、卫、岩、相、磁、邢、赵八州。六年，罢总管府。以磁州之武安、临洺、肥乡三县来属。贞观元年，又以废磁州之邯郸来属。天宝元年，改为广平郡。乾元元年，复为洺州。永泰之后，复以武安、邯郸属磁州。会昌元年，省清漳、洺水二县入肥乡、平恩、曲周等县。旧领县七，户二万二千九百三十三，口十万一千三十。天宝领县十，户九万一千六百六十六，口六十八万三千二百八十。省清漳、洺水。今领县六。在京师东北一千五百八十五里，至东都八百五十七里。

永年 州所治。本汉曲梁县，属广平郡。改广平为永年。 平恩 汉县。隋自斥漳城移于平恩故城置。 临洺 汉易阳县，隋改为临洺。武德元年，置紫州，领临洺、武安、肥乡、邯郸等县。四年，罢紫州，临洺属磁州。五年，改属洺州。 鸡泽 汉广平县地。武德四年，置鸡泽县。 肥乡 汉邯沟县地。曹魏立肥乡县，属广平郡。会昌三年，省清漳县入。 曲周 隋废县。武德四年，复置。会昌三年，省洺水县入。

磁州 隋魏郡之滏阳县。武德元年，置磁州，领滏阳、临水、成安三县。四年，割洺州之临洺、武安、邯郸、肥乡来属。六年，置磁州总管府，领磁、邢、洺、黎、相、卫六州。其年，废总管府。以临洺、武安、肥乡三县属洺州，磁州领滏阳、成安、邯郸三县。贞观元年，废磁州，滏阳、成安属相州，以邯郸属洺州。永泰元年六月，昭义节度使薛嵩请于滏阳复置磁州，领滏阳、武安、昭义、邯郸四县。州新置，未计户口帐籍。在京师东北一千四百八十五里，至东都六百六十五里。

滏阳 汉武安县地。隋置滏阳县，州所治。 邯郸 汉县，属广平郡。隋属磁州。州废，属洺州。永泰初，复置磁州，来属。 武安 汉县。隋复置，隶磁州。 昭义 永泰元年，廉察使薛嵩特置于滏口之右故临水县城。

邢州上 隋襄国郡。武德元年，改为邢州总管府，管邢、温、和、封、蓬、东龙六州。邢州领龙岗、尧山、内丘三县。四年，平窦建德，罢总管府。割内丘属赵州，仍省和、温、封三州，以其所领南和、沙河、平乡三县来属。又立任县。五年，割赵州之内丘、柏仁来属。天宝元年，改为钜鹿郡。乾元元年，复为邢州。旧领县九，户二万一千九百八十五，口九万九百六十。天宝，户七万一百八十九，口三十八万二千七百九十八。在京师东北一千六百五十五里，至东都八百五十七里。

龙冈 汉襄国县，隋改为龙冈，州所治也。 沙河 隋分龙冈县置。武德元年，置温州。四年，州废，属邢州。 南和 汉县，后周置南和郡，隋废州为县。武德元年，置和州。四年州废，县属邢州。 钜鹿 隋于汉南䜌故城置钜鹿县。武德元年，置起州并白起县。四年，废起州，钜鹿属赵州。仍省白起，并入钜鹿。贞观元年，属邢州。旧治东府亭城。嗣圣元年，移于今所。 平乡 汉钜鹿郡，故郡城在今县北十一里。古钜鹿城，即今治也。隋改平乡县。 任 汉南䜌地。晋置任县，后废。武德四年，复置。旧治苑乡城。 尧山 汉柏仁县，至隋不改。武德元年，置东龙州，领柏仁县。四年，平窦建德，县属赵州。贞观初，属邢州。天宝元年，改为尧山。 内丘 汉中丘县。隋改为内丘县，属赵州。贞观初，还属邢州。

赵州 汉平棘县，故城在今县南。后魏于昭庆县置殷州，齐改为赵州。隋废，寻复置赵郡于平棘县。武德元年，张志昂以郡归国，改为赵州，领平棘、高邑、赞皇、元氏、瘿陶、栾城、大陆、柏乡、房子、棘城、鼓城十二县，其年，以棘城属廉州，以鼓城属深州。四年，改大陆为象城。天宝元年，改为赵郡。乾元元年，复为赵州。旧领县九，户二万一千四百二十七，口八万五千九百九十二。天宝，户六万三千四百五十四，口三十九万五千二百三十八。去京师东北一千八百四十三里，至东都一千三十三里。

平棘　汉平棘县，属常山郡。隋自象城移赵州治所于县置。　宁晋　汉杨氏县，属钜鹿郡。今治即杨氏城也。后改为廮陶，元魏改为廮遥，隋复为陶。天宝元年，改为宁晋。　昭庆　汉广阿县，属钜鹿郡。后魏置殷州，北齐改为赵州。隋改广阿为大陆。武德四年，改为象城。天宝元年，改为昭庆，以有建初、启运二陵故也。　柏乡　汉县，属钜鹿郡，故城在今县西南十七里。后废。隋于今治彭水之阳，复置。　高邑　汉鄗县，属常山郡。世祖更名高邑，晋代不改。　临城　汉房子县，属常山郡。天宝元年，改为临城。　赞皇　古无其名，隋置，取赞皇山为名。　元氏　汉常山郡所治，故城在今县西。

镇州　秦东垣县。汉高改名真定，置恒　山郡，又为真定国。历代为常山郡。治元氏，后魏道武登常山郡，北望安乐垒美之，遂移郡治于安乐城，今州城是也。周、隋改为恒州，后废。义旗初，复置恒州，领真定、石邑、行唐、九门、滋阳五县，州治石邑。武德元年，陷窦建德。四年，贼平，徙治所于真定，省滋阳县，又割廉州之槀城来属。天宝元年，改为常山郡。乾元元年，复为恒州。兴元元年，升为都督府。元和十五年，改为镇州。旧领县六，户二万六千一百一十三，口五万四千五百四十三。天宝领县九，户五万四千六百三十三，口三十四万二千二百三十四。今领县十一。在京师东北一千七百六十里，至东都一千一百三十六里。

真定　隋属高阳郡。武德四年，自石邑移恒州于县为治所。载初元年，改为中山县。神龙元年，复为真定县。　槀城　汉县。唐初，置钜鹿郡，领槀城、桓肆、新丰、宜安四县。武德元年，改为廉州。其年，陷窦建德。四年，贼平，复置廉州，领槀城、鼓城、毋极四县。省桓肆、新丰、宜安，并入槀城。贞观元年，废廉州，以鹿城属深州，鼓城、毋极属定州，槀城属恒州。　石邑　汉县，属常山郡。　九门　汉县，属常山郡。至隋不改。国初置九门郡，领九门、新市、信义三县。武德元年，改为观州。五年，州废，省信义、新市二县。以九门隶恒州。　灵寿　汉县，属常山郡。义宁元年，置燕州。武德四年，州废，县属井州。七年州废，属恒州。　行唐　汉南行唐县，属常山郡。武德四年，置王城县，属常山郡。武德五年，省滋阳县并入。长寿二年，改为章武。神龙元年，复为行唐。　井陉　汉县，属常山郡。义宁元年，置井陉郡，并苇泽县。武德元年，改为井州。四年，又以废岳州之房山、蒲吾二县，恒州之鹿泉来属。五年，又以恒州之灵寿来属。贞观元年，废蒲吾、苇泽二县入井陉。十七年，废井州，以井陉等三县属恒州。　获鹿　汉石邑县地。隋置鹿泉县，属井州。贞观十七年，来属。至德元年，改为获鹿。　平山　汉蒲吾县，属常山郡。隋改为房山县。义宁元年，置房山郡。武德元年，置岳州，领房山一县。四年，废岳州，房山属恒州。至德元年，改为平山县，仍以恒州为平山郡。　鼓城　汉临平、下曲阳两县之地，属钜鹿郡。隋分槀城于下曲阳故城东五里置昔阳县，寻改为鼓城。武德四年，属廉州。州废，属定州。大历三年，割属恒州。　栾城　汉关县，属常山郡。后魏于关县古城置栾城县，属赵州。大历三年，割属恒州。

冀州上　隋信都郡。武德四年，改为冀州，领信都、衡水、武邑、枣强、南宫、堂阳、下博、武德八县。六年，置总管府，移治所于下博，管冀、贝、深、宗四州。贞观元年，废都督府，移州治于信都。又以下博、武强二县属深州。十七年，以废深州之下博、武强、鹿城，废观州之阜城来属。龙朔二年，改为魏州都督府。咸亨三年，复旧。先天二年，割下博、武强、鹿城三县属深州。开元二年，复以下博、武强还冀州。天宝元年，改为信都。乾元元年，复为冀州。旧领县六：信都、南宫、堂阳、枣强、武邑、衡水。户一万六千二十三，口七万二千七百三十三。天宝领县九，户十万三千八百八十五，口八十三万五百二十。在京师东北一千九百七十八里，至东都一千一百里。

信都　汉信都国城，今州所治也。后汉改为乐成国，又改安平国。魏、晋后为冀州所治。　南宫　汉县，属信都国，至隋不改。武德四年，属宗州。贞观元年，属冀州。　堂阳　汉县，属钜鹿郡。隋旧属冀州。　枣强　汉县，属清河郡。隋旧也。　武邑　汉县，属信都国。隋旧。武德四年，分置昌亭县。贞观初省。　衡水　古无此名，隋开皇十七年，河北大使郎蔚之分信都北界、武邑西界、下博南界，置衡水县，特筑此城。　阜城　汉县，属渤海郡。隋属冀州。故城在今县东二十里，今城隋筑。　蓚　汉县，属渤海郡。隋旧隶观州。州废，属德州。故城在今县南十里。贞观元年，分置观津县，寻省。永泰后，属冀州。

深州　武德四年，平窦建德，于河间郡之饶阳县置深州，领安平、饶阳、芜蒌三县。初治安平，其年，移治饶阳。贞观元年，割故廉州之鹿城，冀州之武强、下博来属。省芜蒌县。十七年，废深州，以饶阳属瀛州，安平属定州，鹿城、下博、武强属冀州。先天二年，复割饶阳、安平、鹿城置深州，仍分置陆泽县。天宝元年，改深州为饶阳郡。乾元元年，复为深州。旧领县五，户二万一百五十六，口八万七千。天宝，县四，户万八千八百二十五，口三十四万六千四百七十二。在京师东北二千一十三里，至东都一千二百五十里。

陆泽　先天二年，分饶阳、鹿城界置陆泽县于古鄡城。鄡，汉县，属钜鹿郡。　饶阳　汉县，属涿郡。武德四年，分置芜蒌县，贞观元年省。十七年，割属瀛州。先天二年，迁深州。武德初，为深州所治。　束鹿　汉安定侯国，今县西七里故城是也。周、齐为安定县，隋改为鹿城。唐至德元年，改为束鹿。　下博　汉县，属信都国。隋旧。武德四年，属冀州。贞观元年，改属深州。十七年，属冀州。先天二年，还深州。　安平　汉县，属涿郡。武德初，置深州，以县属。十七年，州废，属定州。先天二年，来属。　武强　汉武隧县，属河间国。晋改为武强。武德四年，属冀州。贞观元年，属深州。　博野　汉蠡吾县，属涿郡。后汉分置博陵县，后魏改为博野。武德五年，置蠡州，领博野、清苑，割定州之义丰三县。八年，州废，三县各还本属。九年，复立蠡州，领博野、清苑二县。贞观元年，废蠡州，博野、清苑属瀛州。永泰中，属深州。

乐寿　汉乐成县，属河间国。城在今县东南十六里。后魏移县东北，近古乐寿亭，因改为乐寿。隋属河间郡。永泰中，割属深州。

沧州上　汉渤海郡，隋因之。武德元年，改为沧州，领清池、饶安、无棣三县，治清池。其年，移治饶安。四年，平窦建德，分饶安置胡苏县。五年，以清池属东盐州。六年，以观州胡苏县来属，州仍徙治之。其年，又省棣州，以滳河、厌次、阳信、乐陵四县来属。贞观元年，以瀛州之景城，废景州之长芦、南皮、鲁城三县，废东盐州之盐山、清池二县，并来属。又以滳河、厌次二县属德州，以胡苏属观州，仍移治于清池。又省鬲津入乐陵，省无棣入阳信。八年，复置无棣县。十七年，以废观州之弓高、东光、胡苏来属。割阳信属棣州。天宝元年，改为景城郡。乾元元年，复为沧州。旧领县十，户二万五千五十二，口九万五千七百九十六。天宝领县十一，户十二万四千二十四，口八十二万五千七百五。在京师东北二千二百一十八里，去东都一千三百八十二里。

清池　汉浮阳县，渤海郡所治。隋改为清池县，治郭下。武德四年，属景州。五年，改属东盐州。贞观元年，改属沧州。　盐山　汉高城，古县在南。隋改为盐山。武德四年，置东盐州，领县一。五年，又割景州之清池来属，仍置浮水县。贞观元年，省东盐州及浮水县，以清池属沧州。　南皮　汉县，属渤海郡。至隋不改。武德四年，属景州。贞观元年，改属沧州。　长芦　汉参户县，属渤海郡。后周改为长芦。武德四年，割沧州之清池、南皮二县，瀛州之鲁城、平舒、长芦三县，于此置景州。其年，陷刘黑闼。五年，贼平，置景州总管府，管沧、瀛、东盐、景四州。又分清池县属东盐州。贞观元年，废景州，以平舒属瀛州，南皮、鲁城、长芦三县属沧州。旧治永济河西，开元十六年，移于今治。　乐陵　汉旧县，属平原郡。隋不改。武德四年，属棣州。六年，省棣州，以县属沧州。　饶安　汉千童县，属渤海郡。后汉改为饶安，隋因之。武德元年，移治故千童城，仍移州治于此。六年，州移治胡苏。贞观十二年，移县治故浮水城。　无棣　汉阳信县，属渤海郡。改为无棣。贞观元年，并入阳信。八年，复置。大和二年，属棣州，又复还沧州。　临津　汉东光县地。隋于故胡苏亭置胡苏县。武德四年，属观州。贞观十七年，属沧州。天宝元年，改为临津。　乾符　隋鲁城县。武德四年，属景州。贞观元年，改属沧州。乾符年，改为乾符。

景州　汉鬲县地，属平原郡。隋置弓高县，属渤海郡。武德四年，于县置观州，领弓高、蓨、阜城、东光、安陵、胡苏、观津七县。六年，以胡苏属沧州。贞观元年，省观津县，复以胡苏来属。十七年，废观州，以东光、胡苏属沧州，蓨县、安陵属德州，阜城属冀州。贞观二年，又于弓高县置景州，又以弓高、东光、胡苏来属。长庆元年，废景州，四县亦还本属。二年，复于弓高置景州。大和四年废，县属沧州。景福元年，复于弓高置景州，管东光、安陵三县。天祐五年，移州治于东光县。领县六，户一万一千三，口五万七千五百三十二。在京师东北二千九百里，至东都一千三百里。

弓高　汉鬲县，属平原郡。隋置弓高县，后于县治置观州、景州。兴替不常，事在《州说》中。　东光　汉县，属渤海郡。历代不改。　安陵　隋宣府镇。武德四年，置安陵县，属观州。贞观十七年，废观州，改属德州。永徽二年，移治白社桥。景福元年，改属景州。

德州　汉平原郡。隋置德州，又为平原郡。武德四年，平窦建德后，置德州，领安德、般、平原、长河、将陵、平昌六县。其年，置总管府，管博、德、棣、观四州。贞观元年，废都督府，割沧州之滳河、厌次来属。十七年，废般县，以滳河、厌次二县属棣州。又以废观州之蓨县、安陵来属。天宝元年，改为平原郡。乾元元年，复为德州。旧领县八，户一万一百三十五，口五万二千一百四十一。天宝领县七，户八万三千三百一十一，口六十五万九千八百五十五。至京师一千九百八十二里，去东都一千一百三十八里。

安德　汉县，属平原郡。今州治，至隋不改。　平原　汉旧平原郡所治，故城在今县西南二十五里。今县治城，北齐所筑。　长河　汉广川县，属信都国，后废。隋于旧广川县东八十里置新县，今治是也。寻改为长河县，为水所坏。元和四年十月，移就白桥，于永济河西岸置县，东去故城十三里。十年，又置河东小胡城。　将陵　汉安德县。隋分安德于将陵故城置此县。　平昌　汉县，属平原郡。故城在今县东三十里。大和二年，割属齐州，又还德州。

定州上　后汉中山国。后魏置安州，寻改为定州。隋改博陵郡，又复为高阳郡。武德四年，平窦建德，复置定州，领安喜、义丰、北平、深泽、毋极、唐昌、新乐、恒阳、唐、望都等十县。其年，置总管府，领定、恒、井、滿、廉五州。六年，升为大总管府，管定、洺、相、磁、黎、冀、深、蠡、沧、瀛、魏、贝、景、博、赵、宗、观、廉、井、邢、栾、德、卫、满、幽、易、燕、檀、平、营等三十二州。七年，改为都督府，管定、恒、满、井、赵、廉、栾、蠡等八州。贞观元年，以废廉州之鼓城来属。五年，废都督府。十七年，以废深州之安平来属。先天二年，以安平还深州。天宝元年，改为博陵郡。乾元元年，复为定州。大历三年，以鼓城隶恒州，曲阳隶洹州。九年，废洹州，曲阳复来属。贞观十三年，复为大都督府，十四年废，依旧为上州。旧领县十一，户二万五千六百三十七，口八万六千八百六十九。天宝，户七万八千九十，口四十九万六千六百七十六。在京师东北二千九百六里，至东都一千二百里。

安喜　汉卢奴县，属中山国。慕容垂改为不连，北齐改为安喜，隋改为鲜虞县。武德四年，复为安喜，州所治也。 义丰 汉安国县，属中山国。隋自郹城移于郑德堡置，今县治。后仍改为义丰。万岁通天二年，契丹攻之不下，则天改为立节县。神龙中，复旧名。 北平 汉县，属中山国。万岁通天二年，契丹攻之不下，乃改为徇忠县。神龙元年，复旧名。 望都 武德四年，分安喜、北平二县置。初治安险故城，贞观八年，移于今治。 安险 汉县，属中山国。 曲阳 汉上曲阳县，属常山郡。隋改为恒阳。大历三年，属恒州。九年，复来属。元和十五年，改为曲阳。 陉邑 汉苦陉县，属中山国。章帝改为汉昌。曹魏改为魏昌，隋改为隋昌。武德四年，改为唐昌。天宝元年，改为陉邑。 唐 汉县，属中山国。旧治古公城，圣历元年，移于今所。 新乐 古鲜虞子国。汉新市县，属中山郡。隋改为新乐。

祁州中 景福二年，定州节度使王处存奏请于本部无极县置祁州。州新置，未计户口帐籍。在京师东北二千二百一十里，至东都一千三百二十里。

无极 汉县，属中山国。"无"本作"毋"字。武德四年，属廉州。贞观元年，属定州。万岁通天二年，改"毋"字为"无"。 深泽 汉县，属中山国。至隋不改。属定州。隋徙治滹沱北，本县治也，隋末陷贼。武德四年，复立县。景福二年，割属祁州。

易州中 隋上谷郡。武德四年，讨平窦建德，改为易州，领易、涞水、永乐、遂城、遒五县。五年，割遒县置北义州。州废，以遒来属。开元二十三年，分置五迴、楼亭、板城三县。天宝元年，改为上谷郡，复隋旧名。乾元元年，复为易州。旧领县五，户一万二千八百二十，口六万三千四百五十七。天宝领县八，户四万四千二百三十，口二十五万八千七百七十九。今领县六。在京师东北二千三百三十四里，至东都一千四百六十三里。

易 汉故安县，属涿郡。隋为易县。 容城 汉县，属涿郡。改为遒县。武德五年，置北义州，领遒，又割幽州之固安、归义属之。贞观元年，废北义州，三县各还本属，圣历二年，契丹入寇，固守得全，因改名全忠县。天宝元年，改为容城。 遂城 汉北新城县，属中山国。后魏改为新昌，隋末为遂城。 涞水 汉遒县，属涿郡。隋属上谷郡。 满城 汉北平县地，后魏置永乐县，隋不改。天宝元年，改为满城。 五迴 开元二十三年，刺史卢晖奏分县置城于五迴山下，因名之。二十四年，迁于五公城。晖又奏置楼亭、板城二县。天宝后废。

瀛州上 隋河间郡。武德四年，讨平窦建德，改为瀛州，领河间、乐寿、景城、文安、束城、丰利六县，五年，又置武垣、任丘二县。贞观元年，省丰利入文安，省武垣入河间，割蒲州之高阳、鄚、故景州之平舒、故蠡州之博野、清苑五县来属。又以景城属沧州。景云二年，割鄚、任丘、文安、清苑四县属鄚州。天宝元年，改为河间郡。乾元元年，复为瀛州。旧领县十：河间、高阳、乐寿、博野、清苑、鄚、任丘、文安、平舒、束城。景云二年，分鄚、文安、任丘、清苑置鄚州。大历后，割博野、乐寿隶深州。旧户三万五千六百五，口十六万四千。天宝领县六，户九万八千一十八，口六十六万三千一百七十一。今领县五。在京师东北二千二百里，至东都一千三百二里。

河间 汉州乡县地，属涿郡。隋为河间县。 高阳 汉县，属涿郡。隋旧。武德四年，于县置蒲州，领高阳、博野、清苑三县，属蠡州。八年，二县又割属蒲州。九年，复隶蠡州。贞观元年，废蒲州，以鄚、高阳二县属瀛州。 平舒 汉东平舒县，属渤海郡。后去"东"字，隋不改。武德四年，属景州，贞观元年，属瀛州。 束城 汉束州县，属渤海郡。隋曰束城，属河间郡。 景城 汉县，属渤海郡。武德四年，属瀛州。贞观元年，属沧州。大中后，割属瀛州。

莫州上 本瀛州之鄚县。景云二年，于县置鄚州，割瀛州之鄚、任丘、文安、清苑，幽州之归义等五县属之。其年，归义复还幽州。开元十三年，以"鄚"字类"郑"字，改为莫。天宝元年，改为文安郡。乾元元年，复为莫州。管县六：莫、文安、任丘、清苑、长丰、唐兴。天宝领县六，户五万三千四百九十三，口三十三万九千九百七十二。去京师二千三百一十里，至东都一千四百三十里。

莫 汉县，属涿郡，至隋不改。武德四年，属蒲州。贞观元年，改属瀛州。景云二年，割属莫州。 清苑 汉乐乡县，属信都国。隋为清苑。武德四年，属蒲州，贞观元年，改属瀛州。景云二年，属莫州。 文安 汉县，属渤海郡，至隋不改，故城在今县东北。旧属瀛州，景云二年来属。 任丘 隋县，后废，武德五年，分莫县复置。 长丰 开元十九年，分文安、任丘二县置。 唐兴 如意元年，分河间县置武昌县，属瀛州。长安四年，改属易州。其年，还隶瀛州。神龙元年，改为唐兴县。景云二年，改属莫州。

幽州大都督府 隋为涿郡。武德元年，改为幽州总管府，管幽、易、平、檀、燕、北燕、营、辽等八州。幽州领蓟、良乡、潞、涿、固安、雍奴、安次、昌平等八县。二年，又分潞县置玄州，领一县，隶总管。四年，窦建德平，固安县属北义州。六年，改总管为大总管，管三十九州。七年，改为大都督府，又改涿县为范阳。九年，改大都督为都督。幽、易、景、瀛、东盐、沧、蒲、蠡、北义、燕、营、辽、平、檀、玄、北燕等十七州。贞观元年，废玄州，以渔阳、潞二县来属。又废北义州，以固安来属。八年，又置归义县。都督幽、易、燕、北燕、平、檀六州。乾封三年，置无终县。如意元年，分置武隆县。景龙三年，分置三河县。开元十三年，升为大都督府。十八年，割渔阳、玉田、三河置蓟州。天宝元年，改范阳郡。属范阳、上谷、妫川、密云、归德、渔阳、顺义、归化八郡。乾元元年，复为幽州。旧领县十：蓟、潞、雍奴、渔阳、良乡、固安、昌平、范阳、归义也。户二万一千六百九十八，口十万二千七十九。天宝，县十，户六万七千二百四十二，口十七万一千三百一十二。今领县九。在京师东北二千五百二十里，至东都一千六百里。

蓟州所治。古之燕国都。汉为蓟县，属广阳国。晋置幽州，慕容儁称燕，皆治于此。自晋至隋，幽州刺史皆以蓟为治所。 幽都 管郭下西界，与蓟分理。建中二年，取罗城内废燕州廨署，置幽都县，在府北一里。 广平 天宝元年，分蓟县置。三载复废。至德后，复分置。 潞 后汉县，属渔阳郡，隋不改。武德二年，于县置玄州，仍置临泃县。玄州领潞、临泃、渔阳、无终四县。贞观元年，废玄州，省临泃、无终二县，以潞、渔阳属幽州。 武清 后汉雍奴县，属渔阳郡。历代不改。天宝元年，改为武清。 永清 如意元年，分安次县置武隆县。景云元年，改为会昌县。天宝元年，改为永清。 安次 汉县，属渤海郡，至隋不改。隋属幽州。 良乡 汉县，属涿郡，至隋不改。 昌平 后汉县，属广阳国，故城在今县东南。隋属涿郡。

涿州 本幽州之范阳县。大历四年，幽州节度使朱希彩奏请于范阳县置涿州，仍割幽州之范阳、归义、固安三县以隶涿，属幽州都督。州新置，未计户口帐籍。至京师二千四百里，至东都一千四百八十里。

范阳 汉涿郡之涿县也，郡所治。曹魏文帝改为范阳郡。晋为范阳国，后魏为范阳郡，隋为涿县。武德七年，改为范阳县。大历四年，复于县置涿州。 新昌 汉县名，后废。大历四年，复析固安县置。 归义 汉易县地，属涿郡。北齐省入鄚县。武德五年，于县置北义州。贞观元年，与州同省。八年，复置，改属幽州。分置涿州，又来属。 固安 汉县，属涿郡。武德四年，属北义州，移治章信城。贞观元年，省义州，以县属幽州，乃移于今治。今治城，汉方城县地，属广阳国。 新城 大历四年，析置。

蓟州 开元十八年，分幽州之三县置蓟州。天宝元年，改为渔阳郡。乾元元年，复为蓟州。天宝领县三，户五千三百一十七，口二万八千五百二十一。至京师二千八百二十三里，至东都一千二十三里。

渔阳 后汉县。属渔阳国。秦右北平郡所治也。隋为渔阳县。武德元年，属幽州。二年，改属玄州，又分置无终县。贞观元年，属幽州，省无终。神龙元年，改属营州。开元四年，还属幽州。十八年于县置蓟州，乃隶之。 三河 开元四年，分潞县置，属幽州。十八年，改隶蓟州。 玉田 汉无终县，属右北平郡。乾封二年，于废无终县置，名无终，属幽州。万岁通天二年，改为玉田县。神龙元年，割属营州。开元四年，还属幽州。八年，又割属营州。十一年，又属蓟州。

檀州 后汉傂奚县，属渔阳郡。隋置安乐郡，分幽州燕乐、密云二县隶之。武德元年，改为檀州。天宝元年，改为密云郡。乾元元年，复为檀州。旧领县二，户一千七百三十七，口六千四百六十八。天宝，户六千六十四，口三万二百四十六。在京师东北二千六百五十七里，至东都一千八百四十四里。

密云 隋县。州所治。 燕乐 隋县。后魏于县置广阳郡。后废。旧治白檀故城，长寿二年，移治新城。即今治也。

妫州 隋涿郡之怀戎县。武德七年，讨平高开道，置北燕州，复北齐旧名。贞观八年，改名妫州，取妫水为名。长安二年，移治旧清夷军城。天宝元年，改名妫川郡。乾元元年，复为妫州。旧领县一，户四百七十六，口二千四百九十。天宝，户二千二百六十三，口一万一千五百八十四。在京师东北二千八百四十二里，至东都一千九百一十里。

怀戎 后汉潘县，属上谷郡。北齐改为怀戎。妫水经其中，州所治也。 妫川 天宝后析怀戎县置，今所。

平州 隋为北平郡。武德二年，改为平州，领临渝、肥如二县。其年，自临渝移治肥如，改为卢龙县，更置抚宁县。七年，省临渝、抚宁二县。天宝元年，改为北平郡。乾元元年，复为平州。旧领县一，户六百三，口二千五百四十二。天宝领县三，户三千一百一十三，口二万五千八十六。在京师东北二千六百五十里，至东都一千九百里。

卢龙 后汉肥如县，属辽西郡，至隋不改。武德二年，改为卢龙县，复开皇旧名。 石城 汉县，属右北平。贞观十五年，于故临渝县城置临渝。万岁通天二年，改为石城，取旧名。 马城 开元二十八年，分卢龙县置。

顺州下 贞观六年置，寄治营州南五柳城。天宝元年，改为顺义郡。乾元元年，复为顺州。旧领县一，户八十一，口二百一十九。天宝，户一千六十四，口五千一百五十七。

宾义 郡所理，在幽州城内。

归顺州 开元四年置，为契丹松漠府弹汗州部落。天宝元年，改为归化郡。乾元元年，复为归顺州。天宝领县一，户一千三十七，口四千四百六十九。在京师二千六百里，至东都一千七百一十里。

怀柔 州所理也。

营州上都督府 隋柳城郡。武德元年，改为营州总管府，领辽、燕二州，领柳城一县。七年，改为都督府，管营、辽二州。贞观二年，又督昌州。三年，又督师、崇二州。六年，又督顺州。十年，又督慎州。今督七州。万岁通天二年，为契丹李万荣所陷。神龙元年，移府于幽州界置，仍领渔阳、玉田二县。开元四年，复移还柳城。八年，又往就渔阳。十一年，又还柳城旧治。天宝元年，改为柳城郡。乾元元年，复为营州。旧领县一，户一千三十一，口四千七百三十二。天宝，户九百九十七，口三千七百八十九。在京师东北三千五百八十九里，至东都二千九百一

柳城　汉县，属辽西郡。室韦、靺鞨诸部，并在东北。远者六千里，近者二千里。西北与奚接界，北与契丹接界。

燕州　隋辽西郡，寄治于营州。武德元年，改为燕州总管府，领辽西、泸河、怀远三县。其年，废泸河县。六年，自营州南迁，寄治于幽州城内。贞观元年，废都督府，仍省怀远县。开元二十五年，移治所于幽州北桃谷山。天宝元年，改为归德郡。乾元元年，复为燕州。旧领县一，无实土户。所领户出粟皆靺鞨别种，户五百。天宝，户二千四十五，口一万一千六百三。两京道里，与幽州同。
辽西　州所治县也。

威州　武德二年，置辽州总管，自燕支城徙寄治营州城内。七年，废总管府。贞观元年，改为威州，隶幽州大都督。所领户，契丹内稽部落。旧领县一，户七百二十九，口四千二百二十二。天宝，户六百一十一，口一千八百六十九。两京道里，与涿州同。
威化　后契丹陷营州乃南迁，寄治于良乡县石窟堡，为威化县，州治也。

慎州　武德初置，隶营州，领涑沫靺鞨乌素固部落。万岁通天二年，移于淄、青州安置。神龙初，复旧，隶幽州。天宝领县一，户二百五十，口九百八十四。
逢龙　契丹陷营州后南迁，寄治良乡县之故都乡城，为逢龙县，州所治也。

玄州　隋开皇初置，处契丹李去闾部落。万岁通天二年，移于徐、宋州安置。神龙元年，复旧。今隶幽州。天宝领县一，户六百一十八，口一千三百三十三。
静蕃　州治所，范阳县之鲁泊村。

崇州　武德五年，分饶乐郡都督府置崇州、鲜州，处奚可汗部落，隶营州都督。旧领县一，户一百四十，口五百五十四。天宝，户二百，口七百一十六。
昌黎　贞观二年，置北黎州，寄治营州东北废杨师镇。八年，改为崇州，置昌黎县。契丹陷营州，徙治于潞县之古潞城，为县。

夷宾州　乾封中，于营州界内置，处靺鞨愁思岭部落，隶营州都督。万岁通天二年，迁于徐州。神龙初，还隶幽州都督。领县一，户一百三十，口六百四十八。
来苏　自徐州还寄于良乡县之古广阳城，为县。

师州　贞观三年置，领契丹室韦部落，隶营州都督。万岁通天元年，迁于青州安置。神龙初，改隶幽州都督。旧领县一，户一百三十八，口五百六十八。天宝，户三百一十四，口三千二百一十五。
阳师　初，贞观置州于营州东北废阳师镇，故号师州。神龙中，自青州还寄治于良乡县之故东闾城，为州治，县在焉。

鲜州　武德五年，分饶乐郡都督府奚部落置，隶营州都督。万岁通天元年，迁于青州安置。神龙初，改隶幽州。天宝领县一，户一百七，口三百六十七。
宾从　初置营州界，自青州还寄治县之古潞城。

带州　贞观十九年，于营州界内置，处契丹乙失革部落，隶营州都督。万岁通天元年，迁于青州安置。神龙初，放还，隶幽州都督。天宝领县一，户五百六十九，口一千九百九十。
孤竹　旧治营州界。州陷契丹后，寄治于昌平县之清水店，为州治。

黎州　载初二年，析慎州置，处浮渝靺鞨乌素固部落，隶营州都督。万岁通天元年，迁于宋州管治。神龙初还，改隶幽州都督。天宝领县一，户五百六十九，口一千九百九十一。
新黎　自宋州迁寄治于良乡县之故都乡城。

沃州　载初中，析昌州置，处契丹松漠部落，隶营州。州陷契丹，乃迁于幽州，隶幽州都督。天宝领县一，户一百五十九，口六百一十九。
滨海　沃州本寄治营州城内，州陷契丹，乃迁于蓟县东南迴城，为治所。

昌州　贞观二年置，领契丹松漠部落，隶营州都督。万岁通天二年，迁于青州安置。神龙初还，隶幽州。旧领县一，户一百三十二，口四百八十七。天宝，户二百八十一，口一千八十八。
龙山　贞观二年，置州于营州东北废静蕃戍。七年，移治于三合镇。营州陷契丹，乃迁于安次县古常道城，为州治。

归义州　总章中置，处海外新罗，隶幽州都督。旧领县一，户一百九十五，口六百二十四。
归义　在良乡县之古广阳城，州所治也。

瑞州　贞观十年，置于营州界，隶营州都督，处突厥乌突汗达干部落。咸亨中，改为瑞州。万岁通天二年，迁于宋州安置。神龙初还，隶幽州都督。旧领县一，户六十，口三百六十五。天宝，户一百九十五，口六百二十四。
来远　旧县在营州界。州陷契丹，移治于良乡县之故广阳城。
信州　万岁通天元年置，处契丹失活部落，隶营州都督。二年，迁于青州安置。神龙初还，隶幽州都督。天宝领县一，户四百一十四，口一千六百。
黄龙　州所治，寄治范阳县。

青山州　景云元年，析玄州置，隶幽州都督。领县一，户六百二十二，口三千二百一十五。

青山　寄治于范阳县界水门村。

凛州　天宝初置于范阳县界，处降胡。领县一，户六百四十八，口二千一百八十七。

安东都护府　总章元年九月，司空李勣平高丽。高丽本五部，一百七十六城，户六十九万七千。其年十二月，分高丽地为九都督府，四十二州，一百县，置安东都护府于平壤城以统之。用其酋渠为都督、刺史、县令，令将军薛仁贵以兵二万镇安东府。上元三年二月，移安东府于辽东郡故城置。仪凤二年，又移置于新城。圣历元年六月，改为安东都督府。神龙元年，复为安东都护府。开元二年，移安东都护于平州置。天宝二年，移于辽西故郡城置。至德后废，初置领羁縻州十四，户一千五百八十二。去京师四千六百二十五里，至东都三千八百二十里。

新城州都督府、辽城州都督府、哥勿州都督府、建安州都督府、南苏州、木底州、盖牟州、代那州、仓岩州、磨米州、积利州、黎山州、延津州、安市州凡此十四州，并无城池。是高丽降户散此诸军镇，以其酋渠为都督、刺史羁縻之。天宝，领户五千七百一十八，口一万八千一百五十六。

自燕以下十七州，皆东北蕃降胡散诸处幽州、营州界内，以州名羁縻之，无所役属。安禄山之乱，一切驱之为寇，遂扰中原。至德之后，入据河朔，其部落之名无存者。今记天宝承平之地理焉。

山南道
　　山南西道
梁州兴元府　隋汉川郡。武德元年，置梁州总管府，管梁、洋、集、兴四州。梁州领南郑、褒中、城固、西四县。二年，改城固为唐固，割西县置褒州。三年，置白云县。七年，改总管为都督，督梁、洋、集、兴、褒五州。梁州领南郑、褒中、白云四县。八年，废褒州，以西、金牛二县来属。九年，省白云县入城固。贞观三年，复改唐固为城固。五年，改褒中为褒城。六年，废都督府。八年又置，依旧督梁、洋、集、壁四州。十七年又罢。显庆元年，复置都督府，督梁、洋、集、壁四州。开元十三年，改梁州为褒州，依旧都督府。二十年，又为梁州。天宝元年，改为汉中郡，仍为都督府。乾元元年，复为梁州。兴元元年六月，升为兴元府。官员资序，一切同京兆、河南二府。旧领县五，户六千六百二十五，口二万七千五百七十六。天宝领县六，户三万七千四百七十，口十五万三千七百一十七。至京师一千二百二十三里，至东京二千七百八里。

南郑　州所理。汉县，属汉中郡。隋不改。 褒城　汉褒中县，属汉中郡。义宁二年，改为褒中。贞观三年，复为褒城。 城固　隋旧。武德二年，改为唐固。贞观二年，复为城固。 西　隋旧。武德二年，置褒州，割金牛来属，领西、金牛二县。八年，废褒州，以县属梁州。 金牛　汉葭萌县地。武德二年，分绵谷县置，属褒州。八年，州废，属梁州。 三泉　武德四年，分绵谷县置南安州，领三泉、嘉平二县。八年，废南安州及嘉平县，以三泉属利州。天宝元年，改属梁州，移治沙溪之东。

凤州下　隋河池郡。武德元年，改为凤州。天宝元年，复为河池郡。乾元元年，复为凤州。旧领县四，户一千九百五十七，口九千七百九十四。天宝，户五千九百一十八，口二万七千八百七十七。在京师西南六百里，至东都一千四百五十里。

梁泉　汉故道县地。后魏置梁泉县。晋仇池所处地。后魏废帝于县置凤州。 两当　汉故道县地。晋改两当，取水名。 河池　后汉县，属武都郡。以川为名。 黄花　武德四年，分梁泉县置，以川为名。

兴州下　隋顺政郡。武德元年，改为兴州。天宝元年，改为顺政郡。乾元元年，复为兴州。旧领县三，户一千二百二十五，口四千九百一十三。天宝，户二千二百二十四，口一万一千四十六。至京师九百四十八里，至东都一千七百八十一里。

顺政　汉沮县，属武都郡。后魏改为略阳，晋置武兴蕃以处互市，后魏于武兴蕃置兴州，仍以略阳为顺政。 长举　汉沮县地，隋为长举县。本治槃头城，贞观三年移于今所。 鸣水　汉沮县地，隋为鸣水县。旧治落蕃水南，永隆元年，移治水北。

利州下　隋义城郡。武德元年，改为利州，领绵谷、葭萌、益昌、义清、岐坪、嘉川、景谷七县。二年，置总管府，管利、龙、隆、始、蓬、静六州。三年，割绵谷之东界置南安州。四年，割景谷置沙州。七年，又割岐坪、义清二县置南平州。其年，改总管府为都督府，督利、龙、隆、始、沙、南安、南平、静八州。利州领绵谷、葭萌、益昌、嘉川四县。八年，废南安州，割三泉县来属。贞观元年，废沙州。二年，废南平州，复以景谷、岐坪、义清等县来属。其年，以嘉川属静州。六年，罢都督府。以州当剑口，户不满万，移为中州，又降为下州。天宝元年，改为益昌郡，仍割三泉属梁州。乾元元年，复为利州。旧领县七，户九千六百二十八，口三万一千九十三。天宝领县六，户二万三千九百一十，口四万四千六百。在京师西南一千四百八十八里，至东都二千一百九十七里。

绵谷　汉葭萌县地，蜀为汉寿县。晋改晋寿县，又分晋寿置兴安县。隋改兴安为绵谷。南齐于寿县置西益州，后梁改为利州。 胤山　隋义清县。天宝元年八月，改为胤山。 嘉川　隋属静州。贞观十七年，割属利州。 葭萌　汉县。蜀为汉寿，晋改晋寿，江左改晋安。隋改为葭萌，取汉旧名。 益昌　后魏分晋寿县置京兆县，后周改为益昌。 景谷　汉白水县地。宋置平兴县，隋改为景谷。武德四年，置沙州，割龙州之方维来属。沙州领景谷、方维二县。贞观元年，废沙州，以景谷属利州，仍省方维县并入。

通州上　隋通川郡。武德元年，改为通州，领通川、宣汉、三冈、石鼓、东乡五县。以宣汉属南并州。二年，置新宁、思来二县。三年，以东乡属南石州。又为通川总管府，管通、开、蓬、渠、万、南并、南石、南邻八州。通州领通川、三冈、石鼓、新宁、思来五县。八年，以废南石州之东乡县来属。贞观元年，以废南并州之宣汉来属，又省思来入通川。其年，废万州，以永穆来属。贞观五年，废都督府为下州。长安二年，升为中州。开元二十三年，升为上州。天宝元年，改为通川郡。乾元元年，复为通州。旧领县七，户七千八百九十八，口三万八千一百二十三。天宝，户四万七百四十三，口十一万八百四。在京师西南二千三百里，去东都二千八百七十五里。

通川　汉宕渠县地，分置宣汉县，属巴郡。后魏改为石城县。梁于县置万州，元魏改为通州。隋为通川县。　永穆　宕渠地，梁置永康县，隋改为永穆。武德元年，属巴州。二年，置万州，蜀割巴州之归仁，置诺水、广纳、太平、恒丰四县，并属万州。七年，省诺水县。贞观元年，废万州，以归仁属巴州，广纳属壁州，永穆属通州。废太平、恒丰二县入永穆。　三冈　隋旧县。　石鼓　后魏置。　东乡　武德三年，置南石州，又分置下蒲、昌乐二县属之。八年，废南石州，省昌乐入石鼓、下蒲入东乡。　宣汉　隋旧。武德元年，置南并州，又置东关县隶之。贞观元年，废南并州，省东关入宣汉。自和昌城移治新安，属通州。　新宁　武德二年，分通川县置，治新宁故城。贞观八年，移治赟城。　巴渠　永泰元年六月，分石鼓县四乡置巴渠。

洋州下　隋汉川郡之西乡县。武德元年，割梁州三县置洋州。四年，又置洋源县。天宝元年，改为洋川郡。乾元元年，复为洋州。旧领县四，户二千二百二十六，口一万八千六十。天宝领县五，户二万三千八百四十九，口八万八千三百二十七。在京师南八百里，至东都二千里。

西乡　本汉成固县地，蜀立西乡县。后魏于此置洋州，以水为名。　黄金　汉安阳县地，属汉中郡。后魏置黄金县，水名也。隋县治巴岭镇，贞观三年，移于今治。　兴道　隋兴势县。贞观二十三年，改为兴道。　洋源　武德七年，分西乡县置。　真符　开元十八年，分兴道置华阳县。天宝七年，改属京兆，仍改为真符。十一年，还属洋川郡。

合州中　隋涪陵郡。武德元年，改为合州，领石镜、汉初、赤水三县。三年，又置新明县。天宝元年，改为巴川郡。乾元元年，复为合州。旧领县四，户一万四千九百三十四，口五万二千二百一十。天宝领县六，户六万六千八百一十四，口十万七千二百二十。在京师南二千四百五十里，至东都三千三百里。

石镜　汉垫江县，属巴郡。宋改名宕渠，宋置东宕渠郡及石镜县，又改郡为合州，涪、汉二水合流处为名。　新明　武德二年，分石镜置。　汉初　后魏清居县，隋改汉初。　赤水　隋分石镜置。　巴川　开元二十三年，割石镜、铜梁二县置。　铜梁　长安三年置。初治奴仑山南，开元三年，移治于武金坑。

集州下　隋汉川郡之难江县。武德元年，置集州，仍割巴州之符阳、长池、白石三县来属。又置平桑县，凡领五县。八年，以符阳、白石属壁州。贞观元年，废平桑县。二年，又置。六年，又省平桑、长池二县。八年，又割壁州之符阳来属。十七年，又割废静州之地平来属。天宝元年，改为符阳郡。乾元元年，复为集州。旧领县一，户一千一百二十六，口四千一十七。天宝领县三，户四千三百五十三，口二万五千七百二十六。在京师西南一千四百二十五里，至东都二千六百里。

难江　汉宕渠县地，后周改为难江。梁立东巴州，恭帝改为集州。以水为名。　符阳　汉县。武德元年，属集州。三年，改属壁州。贞观八年，复还集州。　地平　武德元年，分清化县置狄平县。二年，改狄平为地平。其年，置静州，领地平、嘉川、大牟、清化四县。贞观十七年，废静州，嘉川属利州，大牟、清化属巴州，地平属集州。

巴州中　隋清化郡。武德元年，改为巴州，领化城、清化、曾口、盘道、永穆、归仁、始宁、奇章、安固、伏虞、恩阳、白石、符阳、长池十四县。其年以符阳、长池、白石属集州，以安固、伏虞属蓬州，清化属静州。二年，割归仁、永穆置万州。贞观元年，废万州，以归仁来属。天宝元年，改为清化郡。乾元元年，复为巴州。旧领县七，户一万九百三十三，口四万七千八百九十。天宝领县十，户三万二百一十，口九万一千五十一。至京师二千三百六十里，至东都二千五百八十二里。

化城　后汉汉昌县。梁改为梁大县，后周改为化城县。后魏置大谷郡。隋置巴州于县理。　盘道　后魏置。　清化　隋属巴州。武德元年，于清化县界木门故地置静州。领清化、大牟二县。其年，又置地平县。六年，移静州于地平县。又割利州之嘉川，皆隶静州。贞观十七年，废静州，以清化县属巴州。　曾口　梁置。隋县治戴公山。神龙元年，移治曾溪。　归仁　梁置平州，隋改为归仁县。武德二年，属万州。贞观元年，属巴州。　始宁　梁置，以山为名。　奇章　梁置，县东八里有奇章山。　恩阳　梁置义阳县，隋改为恩阳。贞观十七年废。万岁通天元年，复置。　大牟　武德元年，分清化县置，县东三里有大牟山。　七盘　久视元年分置。

蓬州下　武德元年，割巴州之安固、伏虞，隆州之仪陇、大寅，渠州之宕渠、咸安等六县，置蓬州，因周旧名。三年，以仪陇属万州。寻复来属。天宝元年，改为咸安郡。至德二年，改为蓬山郡。乾元元年，复为蓬州。旧领县六，户九千二百六十八，口三万五千五百六十六。天宝，县七，户一万五千五百七十六，口五万三千三百五十二。至京师二千二百一十里；至东都二千九百九十五里。
　　良山　汉宕渠地，梁置伏虞郡安固县。后周改伏虞为蓬州，安固为良山。开元初，蓬州移治大寅县，至后不改。　大寅　梁置。旧治斗子山，后移治斗坛口，今为蓬州所治。　仪陇　梁置。武德二年，属万州。州废，还蓬州。旧领金城山，开元二十三年，移治平溪。　伏虞　梁宣汉县。隋改为伏虞，属蓬州。　宕渠　梁置，取汉县名。旧治长乐山，长安三年，移治罗获水。　咸安　梁置绥安县，隋改为咸安。至德二年，改为蓬山。　大竹　久视元年，分宕渠县置。至德二年，割属潾山郡。

　　壁州下　武德八年，分巴州始宁县，改置壁州并诺水县。又割集州之符阳、白石二县来属。贞观元年，废万州，割广纳县来属。八年，复以符阳属集州。天宝元年，改为始宁郡。乾元元年，复为壁州。旧领县三，户一千四百九十二，口七千四百四十九。天宝，县四，户一万二千三百六十八，口五万四千七百五十七。在京师西南一千八百二十二里，至东都二千九百四十二里。
　　诺水　后汉宣汉县，梁分宣汉置始宁县。元魏分始宁置诺水县。武德八年，分巴州始宁之东境，置壁州及诺水县。今州所治。　广纳　武德三年，割始宁、归仁二县地置，以广纳溪为名。　白石　后魏置，以白石水为名。武德初，属巴州，又改属集州。八年，还壁州。　巴东　开元二十三年六月，置太平县。天宝元年八月二十四日，改为巴东县。

　　商州　隋上洛郡。武德元年，改为商州。其年，于上津县置上州。贞观十年，州废，上津来属。天宝元年，改为上洛郡。乾元元年，复为商州。旧领县五，户四千九百一，口二万一千五十。天宝，县六，户八千九百二十六，口五万二千八十。至京师二百八十一里，至东都八百八十六里。
　　上洛　汉县，属弘农郡。言在洛水之上，故为县名。隋于县置上洛郡。　丰阳　汉商县地。晋分商县置丰阳，以川为名。旧治吉川城，麟德元年，移理丰阳川。　洛南　汉上洛县地。晋分置拒阳县，隋改拒阳为洛南。旧治拒阳川，显庆三年，移治清州。　商洛　汉商县，属弘农郡。隋文加"洛"字。　上津　汉长利县地，属汉中郡。梁置南洛州，后魏改为上州，隋废州为上津县。义宁二年，置上津郡。武德元年，改为上州，领上津、丰利、黄土、长利四县。贞观初，省长利县。十年，废上州，以黄土属金州，丰利属均州，上津属商州。　安业　万岁通天元年，分丰阳置。景龙三年，改属雍。景云元年，还属商州。乾元元年正月，改为乾元县，割属京兆府。

　　金州　隋西城郡。武德元年，改为金州，领洵阳、石泉、安康等县。其年，割洵阳、驴川二县置洵州，领三县。又置西安州。又立宁都、广德二县隶西安州，为直州。三年，金州置总管府，管金、井、直、洵、洋、南丰、均、渐、迁、房、重、顺十三州。七年，废洵州，以洵城、洵

阳、驴川三县来属。贞观元年，废直州，又省宁都、广德，以安康来属，仍省驴川县。八年，省洵城县，又以废上州之黄土县来属。天宝元年，改为安康郡。至德二年二月，改为汉南郡。乾元元年，复为金州。旧领县六，户一万四千九十一，口五万三千二十九。天宝，户九千六百七十四，口五万七千九百八十一。在京师南七百三十七里，至东都一千七百里。
　　西城　州所理。汉西城县，属汉中郡。后魏置安康郡，寻改为东梁州。又以其地出金，改为金州。皆以西城为治所。隋末废。义宁二年，复置。　洵阳　汉县名。武德元年，置洵州，又分洵阳置洵城、驴川二县。七年，废洵州，三县属金州。贞观二年，省驴川。八年，省洵城，并入洵阳。　淯阳　后魏黄土县。义宁二年，属上州。贞观八年，属金州。天宝元年，改为淯阳。　石泉　隋县。圣历元年，改为武安。神龙初，复为石泉。永贞元年，省入汉阴县，复置。　汉阴　汉安阳县，属汉中郡。晋武改为安康，置安康郡。隋改为县。武德元年，置西安州，立宁都、广德二县。改西安州为直州。州废，省宁都、广德二县入安康。至德二年二月，改为汉阴县。　平利　后周于平利川置吉阳县，隋改为安吉。武德元年，改为平利。

　　开州　隋巴东郡之盛山县。义宁二年，分置万州，仍割巴东郡之新浦，通川郡之万世、西流三县来属。武德元年，改为开州，领四县。贞观初，省西流入盛山。天宝元年，改为盛山郡。乾元元年，复为开州。旧领县三，户二千一百二十二，口一万五千五百四。天宝，户五千六百六十，口三万四百二十一。在京师南一千四百六十里，至东都二千六百七十里。
　　盛山　汉朐腮县，属巴郡。蜀分置汉丰县，周改汉丰为永宁。隋改永宁为盛山。以山为名。　新浦　宋分汉丰县置。　万岁　后周之万县，隋加"世"字。贞观二十三年，改万世为万岁县。

　　渠州下　隋宕渠郡。武德元年，改为渠州，领流江、賨城、宕渠、咸安、潾水、垫江六县。其年，改賨城为始安。又分置賨城、义兴、丰乐三县。以宕渠、咸安二县属蓬州。又分潾水、垫江、潾山、盐泉四县置潾州。三年，割潾州之潾水来属。八年，省义兴、丰乐、賨城三县。其年，废潾州，以潾山来属。天宝元年，改为潾山郡。乾元元年，复为渠州。旧领县四，户九千七百二十六，口二万一千五百五十二。天宝，户九千九百五十七，口二万六千五百二十四。在京师西南二千一百七十里，至东都三千一百九十里。
　　流江　汉宕渠县地，属巴郡。梁置渠州，周改为北宕渠郡，又改为流江郡。仍于郡内置流江县。武德元年，改为渠州。又并賨城、义兴二县入流江。　潾水　梁置。义宁元年，属潾州。武德三年，属渠州。　渠江　梁置始安县，隋不改。天宝元年八月，改为渠江县。　潾山　梁置。潾山，在县西四十里，重叠潾比为名。隋末，县废。武德元年，分置潾山县，又置潾州。八年，州废，县隶渠州。

渝州　隋之巴郡。武德元年，置渝州，因开皇旧名，领江津、涪陵二县。其年，以涪陵属涪州。三年，置万春县。改万春为万寿县。贞观十三年，以废霸州之南平县来属。天宝元年，改为南平郡。乾元初，复为渝州。旧领县四，户一万二千七百一十，口五万七百一十三。天宝，户六千九百九十五，口二万七千六百八十五。在京师西南二千七百四十八里，至东都三千四百三十里。

巴　汉江州县，属巴郡。古巴子国地。梁置楚州。隋改为渝州，以水为名。　江津　汉江州县分置。　万寿　武德三年，分江津县置万春县。五年，改为万寿。　南平　贞观四年，分巴县置。于县南界置南平州，领南平、清谷、周泉、昆川、和山、白溪、瀛山七县。八年，改南平州为霸州。十三年，州废，省清谷等县，以南平县属渝州。

山南东道

邓州　隋南阳郡。武德二年，改为邓州，领穰县、冠军、深阳三县。三年，立顺阳县。州置总管，管邓、浙、郦、宛、淯、新、弘等七州。四年，废总管，隶山南行台。废新州，以新野县来属。又置平晋县。六年，省顺阳入冠军，省平晋入穰县。八年，废宛州，以南阳来属，废郦州，以新城来属。贞观元年，省冠军入新城。天宝元年，改为南阳郡。乾元元年，复为邓州。旧领县六，户三万七千七百五十四，口一万八千二百一十二。天宝领县七，户四万三千五十五，口十六万五千二百五十七。在京师东南九百二十里，至东都六百七十里。

穰　汉县，属南阳郡。汉南阳郡以宛为理所，后魏移治于穰。隋改为南阳郡，寻改为邓州，取汉邓县为名。　南阳　汉南阳郡所治宛县也。武德三年，置宛州，领南阳、上宛、上马、安固四县，并寄治宛城。八年，州废，以上马入唐州，余三县入南阳县，属邓州。　新野　汉县，属南阳郡。晋于县置义林。武德四年，分置新州，领一县。其年，新州废，县属邓州。　向城　汉西鄂县地，属邓州。后魏于古向城置县，乃改立。　临湍　后魏割冠军县北境置新城县。武德二年，移治虎遥城，属郦州。八年，废郦州，县属邓州。贞观三年，移治故临湍聚。天宝元年，改为临湍县。　内乡　汉浙县地，属弘农郡。后周改为中乡，隋改为内乡。武德元年，置浙州，又分内乡置默水县，后复改为内乡。　菊潭　汉沮阳县地。隋改沮水县，后废。开元二十四年，割新城复置，改为菊潭。

唐州上　隋淮安郡。武德四年，改为显州，仍置总管，领显、北澧、纯三州。显州领比阳、慈丘、平氏、显冈四县。五年，又分置唐州，属显州总管。七年，改为都督府，州不改。贞观元年，罢都督，仍以废纯州桐柏县来属。三年，省显冈县。九年，改显州为唐州，以废唐州之枣阳、湖阳及废鲁州之方城三县来属。十年，以枣阳属隋州。开元五年，以方城来属仙州。十三年，置上马县。二十六年，以方城来属。天宝元年，改为淮安郡。乾元元年，复为唐州。旧属河南道，至德后，割属山南东道。旧领县六，户四千七百二十六，口二万二千二百九十九。天宝领县七，户四万二千六百四十三，口十八万三千三百六十。至京师一千四百八十里，至东都六百四十六里。

比阳　汉县，属南阳郡。后魏置东荆州于汉比阳古城，改为淮州。隋改淮州为显州，取界内显望冈为名。贞观元年，改为唐州。比水出县东，今县，州所治也。　慈丘　隋分比阳县置，取界内慈丘山为名。　桐柏　汉平氏县地，属南阳郡。梁置华州，西魏改淮州，又为纯州。后周为大义郡，隋废郡为桐柏县。　平氏　汉县，属南阳郡。　湖阳　汉县，属南阳郡。隋不改，属舂陵郡。武德四年，于县置湖州，领湖阳、上马二县。贞观元年，废湖州，省上马，以湖阳属唐州。　方城　前汉堵阳县，属南阳郡。后汉改为顺阳。隋改为方城县，属淯阳郡。武德二年，于县置北澧州，领方城、真昌二县。贞观初，省真昌县。八年，改北澧州为鲁州，领县不改。九年，省鲁州，以方城属唐州。　泌阳　后魏石马县，后讹为上马县。贞观元年废。开元十三年，割湖阳复置上马县。天宝元年，改为泌阳县。

均州下　隋淅阳郡之武当县。义宁二年，割淅阳之武当、均阳二县置武当郡。又置平陵县。武德元年，改为均州。七年，省平陵县。八年，省均阳入武当。其年，以南丰州之郧乡、堵阳、安福三县来属。贞观元年，废均州，又省堵阳、安福二县。以武当、郧乡二县属淅州。八年，废淅州，又以武当、郧乡二县置均州。又废上州，割丰利县来属。天宝元年，改为武当郡。乾元元年，复为均州。旧领县三，户二千八百二十九，口一万二千五百九十三。天宝，户九千七百六十八，口五万八百九。在京师东南九百三十里，至东都九百一十七里。

武当　州所治。汉县，南阳郡。梁置南始平郡，后魏改为丰州，隋改为均州，皆治武当县。县旧治延岑城，显庆四年，移于今所。　郧乡　汉锡县地，属汉中郡。晋改为郧乡。武德元年，置南丰州，领郧乡、安福、堵阳三县。属均州。贞观元年，废均州，以郧乡、武当属淅州。又省安福、堵阳，并入郧乡。八年，复置均州，二县来属。　丰利　汉长利县地。后魏置丰利郡，分锡县置丰利县。武德初，属上州。州废，属均州。

房州下　隋房陵郡。武德元年，改为迁州，领光迁、永清，又置受阳、淅川、房陵，凡领五县。其年，又于竹山县置房州，领竹山、上庸，又置武陵，凡领三县。五年，废迁州之淅川。七年，又废房州、受阳二县。贞观十年，废迁州，自竹山移房州治于废州城。其年，省武陵县。改光迁为房陵县。天宝元年，改为房陵郡。乾元元年，复为房州。旧领县四，户四千五百三十三，口二万一千五百七十九。天宝，户一万四千四百二十二，口七万一千七百八。在京师南一千二百九十五里，至东都一千一百八十五里。

房陵　汉县，属汉中郡。后魏为新城郡，又改为光迁国。武德初，改为迁州。置光迁县。又改为房州，兼改光迁为房陵县。　永清　后魏分房陵县置大洪县，周改为永清。　竹山　分上庸县置。武德元年，置房州。贞观十年，州移治房陵县。　上庸　汉县，属汉中郡。

隋州下　隋为汉东郡。武德三年，改为隋州，领隋县、光化、安贵、平林、顺义五县。五年，省安贵县。八年，省平林、顺义二县。贞观十年，割唐州枣阳来属。天宝元年，改为汉东郡。乾元元年，复为隋州。旧领县三，户二千三百五十三，口一万一千八百九十八。天宝，县四，户二万三千九百一十七，口十万五千七百二十二。在京师东南一千三百八十八里，至东都一千八里。

隋　汉县，属南阳郡。后魏于县置隋州，隋为汉东郡，皆治隋州。　光化　隋县。　枣阳　汉春陵县，属南阳郡。隋置春陵郡。武德三年，改为昌州，领枣阳、春陵、清潭、湖阳、上马五县。其年，分湖阳、上马置湖州。五年，废昌州及清潭县。贞观元年，省春陵入枣阳。其年，以废湖州之上马、湖阳来属。九年，废显州。自此移唐州于废显州，仍属焉。十年，改属隋州。　唐城　开元二十六年，分枣阳置。

郢州　后魏置温州。武德四年，置郢州于长寿县，置京山、蓝水二县属焉。贞观元年，省蓝水入长寿。又废郢州，以长寿属郧州，章山属荆州。十七年，废温州，依旧置郢州，治京山。天宝元年，改为富水郡。乾元元年，复为郢州。旧温州领县三，户一千五百八十，口七千一百七十三。天宝改郢州，户一万二千四十六，口五万七千三百七十五。在京师东南一千四百四十里，至东都一千一百四十九里。

京山　隋县，属安陆郡。武德四年，置温州，因后魏。领京山、富水二县。贞观八年，废郧州，以长寿来属。十七年，复于县置郢州。　长寿　汉竟陵县地，属江夏郡。武德四年，于县置郢州。贞观元年，废郢州，以长寿属郧州。八年，又属温州。十七年，又属郢州。　富水　隋旧。武德初，属温州。州废，属郢州。

复州　隋沔阳郡。武德五年，改为复州，治竟陵县。贞观七年，移治沔阳。天宝元年，改为竟陵郡。乾元元年，复为复州。旧领县三，户一千四百九十四，口六千二百一十八。天宝，户八千二百一十，口四万四千八百八十五。在京师东南一千八百里，至东都一千五百一十八里。

沔阳　汉竟陵县地，属江夏郡。隋置沔阳郡，武德初，改为复州，皆治此县。　竟陵　汉县，后废。晋复置，至隋不改。　监利　汉华容县地，属南郡。晋置监利县。

襄州紧上　隋襄阳郡。武德四年，平王世充，改为襄州，因隋旧名。领襄阳、安养、汉南、义清、南漳、常平六县。州置山南道行台，统交、广、安、黄、寿等二百五十七州。五年，省鄀州，以阴城、谷城二县来属。七年，罢行台为都督府，督襄、邓、唐、均、淅、重七州。贞观元年，废重州，以荆山县来属。六年，废都督府。八年，废郧州，以率道、乐乡二县来属。又省常平入襄阳，省阴城入谷城，省南津入义清，省汉南入率道。天宝元年，改为襄阳郡。十四载，置防御使。乾元元年，复为襄州。上元二年，置襄州节度使，领襄、邓、均、房、金、商等州，自后为山南东道节度使治所。旧领县七，户八千九百五十七，口四万五千一百九十五。天宝，户四万七千七百八十，口二十五万二千一。在京师东南一千一百八十二里，至东都八百五十三里。

襄阳　汉县，属南郡。建安十三年，置襄阳郡。晋入为荆州治所。梁置南雍州，西魏改为襄州，隋为襄阳郡，皆以此县为治所。

邓城　汉邓县，属南阳郡，古樊城也。宋故安养县。天宝元年，改为临汉县，贞元二十一年，移县古邓城置，乃改临汉为邓城县。　谷城　汉筑阳县地，属南阳郡。隋为谷城县。　义清　汉中庐县地，属南郡。元魏改为义清县。旧治柘林，永徽元年，移治清良。　南漳　汉临沮县，属南郡。晋立上黄县。后魏改为重阳县，隋改为南漳。武德二年，分南漳置荆山县。又于县治西一百五里置重州，领荆山、重阳、平阳、渠阳、土门、归义六县。七年，省渠阳入荆山，省平阳入重阳，又省土门、归义二县并房州之永清。贞观元年，废重州，以荆山属襄州。移重阳入州城，改属迁州。八年，省重阳入荆山。开元十八年，省荆山，移治于南漳故城，乃改为南漳。　宜城　汉邔县。属南郡。宋立华山郡于大堤村。即今县。后魏改为宜城郡。分华山、新野置阳立率道县。周省宜城郡，入率道县。武德四年，率道属郧州。贞观八年，改隶襄州。天宝七载，改为宜城县。　乐乡　汉邔县，属南郡。晋于合城郡置乐乡县。武德四年，置郧州，领乐乡、长寿、率道、上洪四县。贞观元年，省上洪县。八年，废郧州，以长寿属温州，以乐乡、率道属襄州。

荆州江陵府　隋为南郡。武德初，萧铣所据。四年，平铣，改为荆州，领江陵、枝江、长林、安兴、石首、松滋、公安七县。五年，荆州置大总管，管荆、辰、朗、澧、东松、沈、基、复、巴、睦、崇、硖、平等十三州，统潭、桂、交、循、夔、高、康、钦、尹九州。六年，改平州为玉州，改巴州为岳州。七年，废基州入郢州。其年，改大总管为大都督，督荆、辰、澧、朗、东松、岳、硖、玉八州，仍统潭、桂、交、夔、高、钦、尹等七州。其沈、复、睦、崇四州，循、康二州都督并不统。八年，废玉州，以当阳县来属。贞观元年，废郧州，以章山来属。二年，降为都督府，惟督前七州而已。其桂、潭等七州，不统也。八年，废东松州入硖州，又省章山入长林。十年，辰州改隶黔州。都督硖、澧、朗、岳四州，都督从三品。荆州领江陵、枝江、当阳、长林、安兴、石首、松滋、公安等八县。龙朔二年，升为大都督，督硖、岳、复、郢四州。天宝元年，改为江陵郡。乾元元年三月，复为荆州大都督府。自至德后，中原多故，襄、邓百姓，两京衣冠，尽投江、湘，故荆南井邑，十倍其初，乃置荆南节度使。上元元年九月，置南都，以荆州为江陵府，长史为尹，观察、制置一准两京。以旧相吕諲为尹，充荆南节度使，领澧、朗、硖、夔、忠、归、万等八州，又割黔中之涪，湖南之岳、潭、衡、郴、邵、永、道、连八州，增置万人军，以永平为名。二年，置长宁县于郭内，与江陵并治。其年，省枝江县入长宁。至德二年，江陵尹卫伯玉以湖南阔远，请于衡州置防御使。自此，八州置使，改属江南西道。旧领县八，户一万二千二百六十，口四万九百五十八。天宝领县七，户三万一百九十二，口十四万八千一百四十九。在京师东南一千七百三十里，至东都一千三百一十五里。

江陵　汉县，南郡治所也。故楚都之郢城，今县北十里纪南城是也。后治于郢，在县东南。今治所，晋桓温所筑城也。　长宁　上元元年，分江陵县置，治郭下。二年，又废枝江并入。　当阳　汉县，属南郡。武德四年，于县置平州，领当阳、临沮二县。六年，改属玉州。又省临沮入当阳，属荆州。　长林　晋分编县置长林县，以其有栎林长阪故也。武德四年，于县东北百二十里置基州及章山县。七年，废基州，以章山属郢州。州废，属荆州。八年，省入长林。　石首　汉华容县，属南郡。武德四年，分华容县置，取县北石首山为名。旧治石首山，显庆元年，移治阳支山下。　松滋　汉高成县地，属南郡。松滋，亦汉县名。属庐江郡。晋时松滋县人避乱至此，乃侨立松滋县，因而不改。　公安　吴屠县地。汉末左将军刘备，自襄阳来镇此，时号左公，乃改名公安。

硖州下　隋夷陵郡。武德四年，平萧铣，置硖州，领夷陵、夷道、远安三县。贞观八年，废东松州，以宜都、长阳、巴山三县来属。其年，省夷道入宜都。九年，自下牢镇移治陆抗故垒。天宝元年，改为夷陵郡。乾元元年，复为硖州。旧领县五，户四千三百，口一万七千一百二十七。天宝，户八千九十八，口四万五千六十六。在京师东南一千八百八十八里，至东都一千六百四十六里。

夷陵　汉县，属南郡。有夷山在西北，因为名。蜀置宜都郡。梁改为宜州，后魏改为拓州，又改为硖州。隋县治石皋城。武德四年，移治夷陵府。贞观九年，移治陆抗故垒。　宜都　汉夷道县，属南郡。陈改为宜都，隋改为宜昌，属荆州。武德二年，置江州，领宜昌一县，寻改为宜都。六年，改江州为东松州。八年，废睦州。以长阳、巴山来属。贞观八年，废东松州，尽以三县属硖州。　长阳　汉佷山县，属武陵郡。隋改为长阳，以溪水为名。隋属荆州，武德四年，置睦州，领长阳、巴山二县。八年，废睦州，以二县属东松州。贞观八年，属硖州。　远安　汉临沮县地，属南郡。晋改高安县。后周改为远安，属硖州。　巴山　隋分佷山县置巴山县。武德二年，置江州，领巴山、盐水二县。四年，废江州及盐水县，以巴山属睦州。八年，属东松州。贞观八年，属硖州。

归州　隋巴东郡之秭归县。武德二年，割夔州之秭归、巴东二县，分置归州。三年，分秭归置兴山县，治白帝城。天宝元年，改为巴东郡。乾元元年，复为归州。旧领县三，户三千五百三十一，口二万十一。天宝，户四千六百四十五，口二万三千四百二十七。在京师南二千二

百六十八里，至东都一千八百四十三里。

秭归　汉县，属南郡。魏改为临江郡。吴、晋为建平郡。隋属巴东郡。武德二年，置归州。　巴东　汉巫县地，属南郡。周置乐乡县，隋改为巴东县。　兴山　武德三年，分秭归县置。旧治高阳城，贞观十七年，移治太清镇，天授二年，移治古夔子城。

夔州下　隋巴东郡。武德元年，改为信州。领人复、巫山、云安、南浦、梁山、大昌、武宁七县。二年，以武宁、南浦、梁山属浦州。又改信州为夔州，仍置总管，管夔、硖、施、业、浦、涪、渝、谷、南、智、务、黔、克、思、巫、平十九州。八年，以浦州之南浦、梁山来属。九年，又以南浦、梁山属浦州。贞观十四年，为都督府，督归、夔、忠、万、涪、渝、南七州。后罢都督府。天宝元年，改为云安郡。至德元年，于云安置七州防御使。乾元元年，复为夔州。二年，刺史唐论请升为都督府。寻罢之。旧领县四，户七千八百三十，口三万九千五百五十。天宝，户一万五千六百二十九，口六万五十。在京师南二千四百四十三里，至东都二千一百七十五里。

奉节　汉鱼复县，属巴郡，今县北三里赤甲城是也。梁置信州，周为永安郡，隋为巴东郡，仍改为人复县。贞观二十三年，改为奉节。　云安　汉朐䏰县，属巴郡。故城曰万户城。县西三十里，有盐官。　巫山　汉巫县，属南郡。隋加"山"字，以巫山硖为名。旧治巫子城。　大昌　晋分巫、秭归县置建昌县，又改为大昌。隋不改。

万州　隋巴东郡之南浦县。武德二年，割信州之南浦置南浦州，领南浦、梁山、武宁三县。八年，废南浦州，以南浦、梁山属夔州，武宁属临州。其年，复立浦州，依旧领三县。贞观八年，改为万州。天宝元年，改为南浦郡。乾元元年，复为万州，旧领县三，户五千三百九十六，口三万八千八百六十七。天宝，户五千一百七十九，口二万五千七百四十六。在京师西南二千六百二十四里，至东都二千四百六十五里。

南浦　后魏分朐䏰县置鱼泉县，周改为万川，隋改为南浦。武德二年，置浦州。贞观八年，改为万州，以此县为治所。　武宁　汉临江县地，周分置源阳县，隋改为武宁，治巴子故城。　梁山　后周分朐䏰县置，治后魏万川郡故城。

忠州　隋巴东郡之临江县。义宁二年，置临州，又分置丰都县。武德二年，分浦州之武宁置南宾县，又分临江置清水县，并属临州。八年，又以浦州之武宁来属。其年，又隶浦州。九年，以废潾州之垫江来属。贞观八年，改临州为忠州。天宝元年，改为南宾郡。乾元元年，复为忠州。旧领县五，户八千三百一十九，口四万九千四百七十八。天宝，户六千七百二十二，口四万三千二十六。在京师南二千二百二十二里，至东都二千七百四十七里。

临江　汉县，属巴郡。后魏置万川郡。贞观八年，改临州为忠州，治于此县。　丰都　汉枳县地，属巴郡。后

汉置平都县。义宁二年，分临江置丰都县。　南宾　武德二年，分武宁县置。　垫江　汉县，属巴郡，后废。后魏分临江复置。周改为魏安，隋复为垫江。武德初，属济州。州废，属临州。　桂溪　武德二年，分临江置清水县。天宝元年，改为桂溪。

卷四十　志第二十

地　理　三

淮南道六　江南道七　陇右道八

淮南道

扬州大都督府　隋江都郡。武德三年，杜伏威归国，于润州江宁县置扬州，以隋江都郡为兖州，置东南道行台。七年，改兖州为邗州。九年，省江宁县之扬州，改邗州为扬州。置大都督，督扬、和、滁、楚、舒、庐、寿七州。贞观十年，改大都督为都督，督扬、滁、常、润、和、宣、歙七州。龙朔二年，升为大都督府。天宝元年，改为广陵郡，依旧大都督府。乾元元年，复为扬州。自后置淮南节度使，亲王为都督，领使；长史为节度副大使，知节度事。恒以此为治所。旧领县四：江都、六合、海陵、高邮，户二万三千一百九十九，口九万四千三百四十七。天宝领县七，户七万七千一百五，口四十六万七千八百五十七。在京师东南二千七百五十三里，至东都一千七百四十九里。

江都　汉县，属广陵国。隋为江都郡。武德三年，改为兖州，七年改为邗州，九年改为扬州都督府，皆以江都为治所。　江阳　贞观十八年，分江都县置，在郭下，与江都分理。　六合　汉堂邑县，属临淮郡。晋置秦郡，北齐为秦州，后周为方州，隋改为兖州。武德七年，复为方州，置六合县。又分六合置石梁县。贞观元年，省方州，并石梁入六合，属扬州。　海陵　汉县，属临淮郡。至隋，属南兖州。武德二年，属扬州。景龙二年，分置海安县。开元十年省，并入海陵。　高邮　汉县，属广陵国，至隋不改。武德二年，属兖州。州改，仍旧。　扬子　永淳元年，分江都县置。　天长　天宝元年，割江都、六合、高邮三县地置千秋县，天宝七载，改为天长。

楚州中　隋江都郡之山阳县。武德四年，臧君相归附，立为东楚州，领山阳、安宜、盐城三县。八年，废西楚州，以盱眙来属，仍去"东"字。天宝元年，改为淮阴郡。乾元元年，复为楚州。旧领县四，户三千三百五十七。口一万六千二百六十二。天宝领县五，户二万六千六十二，口十五万三千。在京师西南二千五百一里，至东都一千六百六十里。

山阳　汉射阳县地，属临淮郡。晋置山阳郡，改为山阳县。武德四年，置东楚州。八年，去"东"字，治于此县。县东南有射阳湖。　盐城　汉盐渎县地，属临淮郡。久无城邑，隋末，韦彻于此置射州，立射阳、安乐、新安三县。武德四年归国，因而不改。七年，废射州及三县，置盐城县于废射州，仍属楚州。　盱眙　汉县，属临淮郡。武德四年，置西楚州。置总管，管东楚、西楚。领盱眙一县。八年，废西楚州，以盱眙属楚州。　宝应　汉平安县，属广陵国。武德四年，置仓州，领安宜一县。七年，州废，县属楚州。肃宗上元三年建巳月，于此县得定国宝十三枚，因改元宝应，仍改安宜为宝应。　淮阴　乾封二年，分山阳县置于隋旧废县。

滁州下　隋江都之清流县。武德三年，杜伏威归国，置滁州，又以扬州之全椒来属。天宝元年，改为永阳郡。乾元元年，复为滁州。旧领县二，户四千六百八十九，口二万一千五百三十五。天宝领县三，户二万六千四百八十六，口十五万二千三百七十四。在京师东南二千五百六十四里，至东都一千七百四十六里。

清流　汉全椒县地，属九江郡。梁置南谯州，居桑根山之朝阳，在今县西南八十里南谯州故城是也。北齐自南谯故城经治于此新昌郡城，今州治是也。隋改南谯为滁州，后废。武德三年复置，皆治于清流县。　全椒　汉旧县名。梁北谯郡，又改为临滁郡。隋改为滁县，炀帝复为全椒。　永阳　景龙二年，分清流县置。

和州　隋历阳郡。武德三年，杜伏威归国，改为和州。天宝元年，改为历阳郡。乾元元年，复为和州。旧领县二，户五千七百三十，口三万三千四百一。天宝领县三，户二万四千七百九十四，口十二万一千一十三。在京师东南二千六百八十三里，至东都一千八百一十一里。

历阳　汉县，属九江郡。东晋置历阳郡。宋为南豫州，北齐置和州。隋为历阳郡。国初，复为和州。皆治此县。　乌江　汉东城县之乌江亭，属九江郡。北齐为密江郡，陈为临江郡，后周为问江郡，隋为乌江郡，县皆治此。　含山　武德六年置，八年废。长安四年复，为武寿县。神龙元年，复为含山。

濠州下　隋为钟离郡。武德三年，改为濠州。又改临濠为定远县，化明为招义县。领钟离、涂山、定远、招义四县。武德四年，省涂山入钟离。天宝元年，改为钟离郡。乾元元年，复为濠州。旧领县三，户二千六百六十，口一万三千八百五十五。天宝，户二万一千八百六十四，口十万八千三百六十一。在京师东南二千一百五十里，至东都一千三百一十三里。

钟离　汉县，属九江郡。晋、宋、齐、梁，置徐州。隋初为濠州，炀帝复为钟离郡。武德三年，置濠州，皆治于此。武德七年，省涂山县并入。　定远　汉曲阳县地，属九江郡。隋置定远县。　招义　汉淮陵县地，属临淮。宋置济阴郡。武德七年，改为招义。

庐州上　隋庐江郡。武德三年，改为庐州，领合肥、庐江、慎三县。七年，废巢州为巢县来属。天宝元年，改为庐江郡。乾元元年，复为庐州，自中升为上。旧领县四，户五千三百五十八，口二万七千五百一十三。天宝领县五，户四万三千三百二十三，口二十万五千三百九十六。在京师东南二千三百八十七里，至东都一千五百六十九里。

合肥　汉县，属九江郡。旧县在北。夏水出城父东南，至此与肥水合，故曰合肥。梁置合州，隋初为庐江郡，皆治此县。　慎　汉逡遒县，属九江郡。古城在今县南。隋为慎县。　巢　汉居巢县，属庐江郡。隋为襄安县。武德三年，置巢州，分襄安立开城、扶阳二县。七年，废巢州及开城、扶阳二县，改襄安为巢县，属庐州。　庐江　汉郡名。汉龙舒县地，属庐江郡。梁置湖州，隋复旧也。　舒城　开元二十三年，分合肥、庐江二县置，取古龙舒县为名。

寿州中　隋为淮南郡。武德三年，杜伏威归国，改为寿州。七年，置都督府，督寿、蓼二州，领寿春、安丰、霍丘三县。贞观元年，废都督府，又以废霍州之霍山县来属。天宝元年，改为寿春郡，又置霍山县。乾元元年，复为寿州。旧领县四，户二千九百九十六，口一万四千七百一十八。天宝领县五，户三万五千五百八十二，口十八万七千五百八十七。在京师东南二千二百一十七里，至东都一千三百九里。

寿春　汉县，属九江郡。晋改为寿阳。晋于此置扬州，齐置豫州，后魏置扬州，梁复为豫州，后周置扬州。隋改寿州，炀帝为淮南郡，武德为寿州。皆以寿春为治所。　安丰　汉六国，故城在县南。梁置安丰郡。县界有芍陂，灌田万顷，号安丰塘。隋因置县。　霍山　汉潜县，属庐江郡。隋置霍山应三县。贞观元年，废霍州，省应城、潜城二县，以霍山属寿州。　盛唐　旧霍山县。神功元年，改为武昌。神龙元年，复为霍山。开元二十七年，改为盛唐，仍移治于驺虞城。　霍丘　汉松滋县地，属庐江郡。武德四年，置蓼州，领霍丘一县。七年，蓼州废，霍丘属寿州。县北有安丰津，斩毋丘俭处。

光州紧中　隋弋阳郡。武德三年，改为光州，置总管府，以定城县为弦州，殷城县为义州，以废宋安郡为谷州，凡管光、弦、义、谷、庐五州。光州领光山、乐安、固始三县。武德七年，改总管为都督府。贞观元年，罢都督府，省弦州及义州，以定城、殷城二县来属。又省谷州，以宋安并入乐安。天宝元年，改为弋阳郡。乾元元年，复为光州。旧领县五，户五千六百四十九，口二万八千二百九十一。天宝，户三万一千四百七十三，口十九万八千五百八十。至京师一千八百五十五里，至东都九百二十五里。

定城　汉弋阳地，属汝南郡。南齐为南弋阳县，寻改为定城，武德三年，于县置弦州，领定城一县。贞观元年，废弦州，以定城属光州，州所理也。　光山　晋分弋阳置西阳县，梁于县置光州，隋为弋阳郡。武德三年，复为光州，治于光山县。太极元年，移州理于定城。　仙居　汉轪县，属江夏郡，古城在县北十里。宋分轪县置乐安县。天宝元载，改为仙居。　殷城　汉期思县地，属汝南郡。宋置苞信县。隋改为殷城，取县东古殷城为名。　固始　汉寖县，属汝南郡，后汉改为固始。

蕲州中　隋蕲春郡。武德四年，平朱粲，改为蕲州，领蕲春、蕲水、罗田、黄梅、浠水五县。其年，省蕲水入蕲春，又分蕲春立永宁，省罗田入浠水。又改浠水为兰溪，又于黄梅县置南晋州。八年，州废，以黄梅来属。天宝元年，改为蕲春郡。乾元元年，复为蕲州。旧领县四，户一万六百一十二，口三万九千六百七十八。天宝，户二万六千八百九，口十八万六千八百四十九。至京师二千五百六十里，至东都一千八百二十四里。

蕲春　汉县，属江夏郡。吴为蕲春郡。晋改为西阳，又改为蕲阳。周平淮南，改为蕲州。　黄梅　汉蕲春县地。宋分置新蔡郡。隋改为黄梅。武德四年，置南晋州，领黄梅、义丰、长吉、塘阳、新蔡五县。八年，废州，仍省义丰等四县，以黄梅来属。　广济　汉蕲春县地。武德四年，置永宁县。天宝元年，改为广济县。　蕲水　汉蕲春县地。宋置浠水县。武德四年，改为兰溪。天宝元年，改为蕲水。

申州中　隋义阳郡。武德四年，置申州，领义阳、钟山二县。八年，省南罗州，又以罗山来属。天宝元年，改为义阳郡。乾元元年，复为申州。旧领县三，户四千七百二十九，口二万三千六十一。天宝，户二万五千八百六十四，口十四万七千七百五十六。至京师一千七百九十六里，至东都九百四十三里。

义阳　汉平氏县之义阳乡，属南阳郡。魏分南阳立义阳郡。晋自石城徙居于仁顺，今州理也。宋置司州，后魏改为郢州，隋改为申州。　钟山　汉䢵县地，属江夏郡。隋改钟山县。　罗山　汉䢵县地，隋为罗山县。武德四年，置南罗州，领罗山一县。八年废，属申州。

黄州下　隋永安郡。武德三年，改为黄州，置总管，管黄、蕲、亭、南司四州。黄州领黄冈、木兰、麻城、黄陂四县。其年，省木兰县，分黄冈置堡城县，分麻城置阳城县。仍于麻城县置亭州，于黄陂县置南司州。七年，废南司州及亭州，县并属黄州。仍省堡城入黄冈。贞观元年，罢都督府。天宝元年，改为齐安郡。乾元元年复为黄州。旧领县三，户四千八百九十六，口二万二千六十。天宝，户一万五千五百一十二，口九万六千三百六十八。在京师东南二千一百四十八里，至东都一千四百七十里。

黄冈　汉西陵县地，江夏郡。北齐于旧城西南筑小城，置衡州，领齐安一郡。隋改齐安为黄州，治黄冈。　黄陂　汉西陵县地。后周于古黄城西四十里独家村置黄陂县。武德三年，置南司州。七年，州废，县属黄州。　麻城　汉西陵县地。隋置麻城县。武德三年，于县置亭州，领麻城、阳城二县。八年，州废，仍省阳城入麻城，县属黄州。

安州中都督府　隋安陆郡。武德四年,平王世充,改为安州,领安陆、云梦、应阳、孝昌、吉阳、应山、京山、富水八县。其年,于应山县置应州,领应山一县。于孝昌县置澴州,领孝昌一县。以富水、京山二县属温州。改应阳为应城县。安州置总管,管澴、应二州。七年州废,澴、应二州县属安州。改为大都督府,督安、申、阳、温、复、沔、光、黄、蕲九州。六年,罢都督府。七年,又置,督安、隋、温、沔、复五州。十二年,罢都督府。天宝元年,改为安陆郡,依旧为都督府,督安、隋、郢、沔四州。乾元元年,复为安州。旧领县六,户六千三百三十八,口二万六千五百一十九。天宝,户二万二千二百二十一,口十七万一千二百二。在京师东南二千五十一里,至东都一千一百九十里。

安陆　汉县,属江夏郡。宋分江夏立安陆郡。武德四年,改为安州,治于安陆。　孝昌　宋分安陆县置。武德四年,置澴州,领孝昌、澴阳二县。八年,州废,以澴阳、孝昌属安州。　云梦　汉安陆县地。后魏分安陆,于云梦古城置云梦县。　应城　宋分安陆县置应城县,隋改为应阳。武德四年,复为应城。　吉阳　梁分安陆置平阳县,后魏改为京池。隋改为吉阳,取山名。

应山　汉隋县地,属南阳郡。梁分隋县置永阳县。隋改为应山。以县北山为名。

舒州下　隋同安郡。武德四年,改为舒州,领怀宁、宿松、太湖、望江、同安五县。其年,割宿松置严州。五年,又割望江置高州,又改高州为智州。六年,舒州置总管府,管舒、严、智三州。七年,废智州,望江属严州。八年,又废严州,以望江、宿松二县来属。贞观元年,罢都督府。天宝元年,改为同安郡。至德二年二月,改盛唐郡。乾元元年,复为舒州。旧领县五,户九千三百六十一,口三万七千五百三十八。天宝,户三万五千三百五十三,口十八万六千三百九十八。在京师东南二千六百二十六里,至东京一千八百九十三里。

怀宁　汉皖县地,晋于皖县置怀宁县。晋置晋熙郡。隋改为熙州,又为同安郡。武德四年,改为舒州,以怀宁为州治。　宿松　汉皖县地,梁置高塘郡。隋罢郡,置宿松县。武德四年,置严州,领宿松一县。七年,废智州,以望江来属。八年,废严州,二县来属舒州。　望江　汉皖县地,晋置新治县。陈于县置大雷郡。隋改新治为义乡,寻改为望江。武德四年,置高州,寻改为智州。七年,州废,县属严州。八年,废州,以县属舒州。　太湖　汉皖县地,宋置太湖县。　同安　汉枞阳县,属庐江郡。梁置枞阳郡。隋罢郡为同安县,取界内古城名。

　　江南道
　　江南东道

润州上　隋江都郡之延陵县。武德三年,杜伏威归国,置润州于丹徒县,改隋延陵县为丹徒,移延陵还治故县,属茅州。六年,辅公祏反,复据其地。七年,平公祏,又置润州,领丹徒一县。八年,废简州,以曲阿来属。九年,扬州移理江都,以延陵、句容、白下三县属润州。天宝元年,改为丹阳郡。乾元元年,复为润州。永泰后,常为浙江西道观察使理所。旧领县五,户二万五千三百六十一,口十二万七千一百四。天宝领县六,户十万二千三十三,口六十六万二千七百六。在京师东南二千八百二十一里,至东都一千七百九十七里。

丹徒　汉县,属会稽郡。春秋吴朱方之邑地,吴为京口戍。晋置南徐州。隋为延陵镇,因改为延陵县。寻以蒋州之延陵、永年,常州之曲阿三县置润州,东润浦为名。皆治于丹徒县。　丹阳　汉曲阿县,属会稽郡。又改名云阳,后复为曲阿。武德五年,于县置简州。八年,州废,县属润州。天宝元年,改为丹阳县,取汉郡名。　延陵　汉曲阿县地,晋分置延陵郡。隋移郡丹徒。武德三年,移于今所,属茅州。七年,废茅州,以县属蒋州。八年,改蒋州为扬州。九年,改属润州。　上元　楚金陵邑,秦为秣陵。吴名建业,宋为建康。晋分秣陵置临江县,晋武改为江宁,武德三年,于县置扬州,仍置东南道行台,改江宁为归化。六年,辅公祏反,据其地。七年,公祏平,置行台尚书省,改扬州为蒋州。废茅州,以句容二县来属蒋州。八年,罢行台,改蒋州置扬州大都督府。改归化县为金陵。扬州领金陵、句容、丹阳、溧水六县。九年,扬州移治江都,改金陵为白下县。以延陵、句容、白下三县属润州,丹阳、溧阳、溧水三县属宣州。移白下治故白下城。贞观七年,复移今所。九年,改为江宁县。至德二年二月,置江宁郡。乾元元年,于江宁置升州,割润州之句容、江宁,宣州之当涂、溧水四县,置浙西节度使。上元二年,复为上元县,还润州。当涂等三县各依旧属。　句容　汉县,属丹阳郡。武德四年,于县置茅州,领句容。七年,州废,以县属蒋州。九年,属润州。乾元元年,属升州。宝应元年州废,属润州。　金坛　垂拱四年,分延陵县置也。

常州上　隋毗陵郡。武德三年,杜伏威归化,置常州,领晋陵、义兴、无锡、武进四县。六年,复陷辅公祏。七年,公祏平,复置常州,于义兴置南兴州。八年,州废,义兴来属,省武进入晋陵。天宝元年,改为晋陵郡。乾元元年,复为常州。旧领县四,户二万一千一百八十二,口十一万一千六百六。天宝领县五,户十万二千六百三十一,口六十九万六百七十三。在京师东南二千八百四十三里,至东京一千九百八十三里。

晋陵　汉毗陵县,属会稽郡,吴延陵邑也。晋改为晋陵郡。隋省郡,于常熟县置常州。武德中,移于今治。　武进　晋分曲阿县置武进,梁改为兰陵,隋废。垂拱二年,又分晋陵置,治于州内。　江阴　梁分兰陵县置。武德三年,于县置暨州,领江阴、暨阳、利城三县。九年,省暨阳、利城入江阴,属常州。　义兴　汉阳羡县,属会稽郡。晋立义兴郡及县。武德七年,置南兴州,领义兴、阳羡、临津三县。八年,废南兴州及阳羡、临津二县,义兴复隶常州。　无锡　汉县,属会稽郡,隋属常州。

苏州上　隋吴郡,隋末陷贼。武德四年,平李子通,置苏州。六年，又陷辅公祏。七年，平公祏，复置苏州都督，督苏、湖、杭、暨四州，治于故吴城，分置嘉兴县。八年，废嘉兴入吴县。九年，罢都督。贞观八年，复置嘉兴县。领吴城、昆山、嘉兴、常熟四县。天宝元年，改为吴郡。乾元元年，复为苏州。旧领县四，户一万一千八百五十九，口五万四千四百七十一。天宝领县六，户七万六千四百二十一，口六十三万二千六百五十五。在京师东南三千一百九十九里，至东都二千五百里。

吴　春秋时吴都阖闾邑。汉为吴县，属会稽郡。隋平陈，置苏州，取州西姑苏山为名。　嘉兴　汉由拳县，属会稽郡。吴改嘉兴，隋废。武德七年，复置，属苏州。八年，废入吴。贞观八年，复置，属苏州。　昆山　汉娄县，属会稽郡。梁分娄县置信义县。又分信义置昆山，取县界山名。　常熟　晋分吴县置海虞县。梁改常熟县，今昆山县东一百三十里常熟故城是也。隋旧治南沙城，武德七年，移于今所治城。　长洲　万岁通天元年，分吴县置，在郭下，分治州界。　海盐　汉县，属会稽郡。久废。景云二年，分嘉兴县复置。先天元年，复废。开元五年，复置，治吴御城。

湖州上　隋吴郡之乌程县。武德四年，平李子通，置湖州，领乌程一县。六年，复没于辅公祏。七年平贼，复置，仍废武州，以武康来属。又省雉州，以长城县来属。天宝元年，改为吴兴郡。乾元元年，复为湖州。旧领县五，户一万四千一百三十五，口七万六千四百三十。天宝领县五，户七万三千三百六，口十七万七千六百九十八。在京师东南三千四百四十一里，至东都二千六百四十四里。

乌程　汉县，属会稽郡。梁置震州，取震泽名。隋改湖州，取州东太湖为名。皆治乌程。　武康　吴分乌程、余杭二县立永安县，晋改为永康，又改为武康。武德四年，置武州，七年，州废，县属湖州。　长城　晋分乌程置长城县。武德四年，置雉州，领长城、原乡二县。七年，州废及原乡并入长城，属湖州。　安吉　武德四年置，属桃州。七年，废入长城。麟德元年，复分长城县置。　德清　天授二年，分武康置武原县。景云二年，改为临溪。天宝元年，改为德清县。

杭州上　隋余杭郡。武德四年，平李子通，置杭州，领钱塘、富阳、余杭三县。六年，复没于辅公祏。七年平贼，复置杭州。八年，废潜州，以於潜县来属。贞观四年，分钱塘置盐官县。天宝元年，改为余杭郡。乾元元年，复为杭州。旧领县五，户三万五百七十一，口十五万三千七百二十。天宝领县九，户八万六千二百五十八，口五十八万五千九百六十三。在京师东南三千五百五十六里，至东都二千九百一十九里。

钱塘　汉县，属会稽郡。隋于余杭县置杭州，又自余杭移州理钱塘。又移州于柳浦西，今州城是。贞观六年，自州治南移于今所，去州十一里。又移治新城戌。开元二十一年，移治州郭下。二十五年，复还旧所。　盐官　汉海盐县地，有盐官，吴遂名县。武德四年，属东武州。七

年，省入钱塘。贞观四年，复分钱塘置。　余杭　汉县，属会稽郡。隋置杭州，后徙治钱塘。　富阳　汉富春县，属会稽郡。晋改为富阳。隋旧县。　於潜　汉县，属丹阳郡。武德七年，置潜州，领於潜、临水二县。八年，废潜州及临水县，於潜还入杭州。　临安　垂拱四年，分余杭、於潜，置于废临水县。　新城　永淳元年，分富阳置。　紫溪　垂拱二年，分於潜置。万岁通天元年，改为武隆。其年，依旧为紫溪。　唐山　万岁通天元年，分紫溪，又别置武隆县。神龙元年，改为唐山。

越州中都督府　隋会稽郡。武德四年，平李子通，置越州总管，管越、嵊、姚、鄞、浙、纲、衢、谷、丽、严、婺十一州。越州领会稽、诸暨、山阴三县。七年，改总管为都督，督越、婺、鄞、嵊、丽五州。越州领会稽、诸暨、山阴、余姚四县。八年，废鄞州为鄮县，嵊州为剡县，来属。丽州为永康，属婺州。省山阴县。督越、婺二州。贞观元年，更督越、婺、泉、建、台、括六州。天宝元年，改越州为会稽郡。乾元元年，复为越州。旧领县五，户二万五千八百九十，口十二万四千一十。天宝领县七，户九万二百七十九，口五十二万九千五百八十九。在京师东南三千七百二十里，至东都二千八百七十里。

会稽　汉郡名。宋置东扬州，理于此，齐、梁不改。隋平陈，改东扬州为吴州。炀帝改为越州，寻改会稽郡，皆立于此县。　山阴　垂拱二年，分会稽县置，在州治，与会稽分理。　诸暨　汉县，属会稽郡。越王允常所都。　余姚　汉县，属会稽郡。隋废。武德四年，复置，仍置姚州。七年，州废，县属越州。　剡　汉县，属会稽郡。武德四年，置嵊州及剡城县。八年，废嵊州及剡城，以剡县来属。　萧山　仪凤二年，分会稽、诸暨置永兴县。天宝元年，改为萧山。　上虞　汉县，属会稽郡。

明州上　开元二十六年，于越州鄮县置明州。天宝元年，改为余姚郡。乾元元年，复为明州，取四明山为名。天宝领县四，户四万二千二百二十七，口二十万七千三十二。在京师东南四千一百里，至东都三千二百五十里。

鄮　汉县，属会稽郡。至隋废。武德四年，置鄞州。八年，州废为鄮县，属越州。开元二十六年，于县置明州。奉化慈溪翁山已上三县，皆鄮县地。开元二十六年，析置。

台州上　隋永嘉郡之临海县。武德四年，平李子通，置海州，领临海、章安、始丰、乐安、宁海五县。五年，改为台州。六年，没于辅公祏。七年平贼，仍置台州，省宁海入章安。八年，废始丰、乐安二县入临海。贞观八年，复分置始丰。旧管二县。永昌元年，置宁海县。神龙二年，置象山县。天宝元年，改为临海郡。乾元元年，复为台州。旧领县二：临海、始丰。户六千五百八十三，口三万五千三百八十三。天宝领县六，户八万三千八百六十八，口四十八万九千一十五。在京师东南四千一百七十七里，至东都三千三百三十里。

临海　汉回浦县，属会稽郡。后汉改为章安。吴分章安置临海县。武德四年，于县置台州，取天台山为名。　唐兴　吴始平县，晋改始丰，隋末废。武德四年，复置。八年，又废。贞观八年，复为始丰县。上元二年，改为唐兴。　黄岩　上元二年，分临海置。　乐安　废县。上元二年，分临海置，徙治孟溪。　宁海　永昌元年，分临海置。　象山　神龙二年，分宁海及越州鄮县置。

婺州　隋东阳郡。武德四年，平李子通，置婺州，领华川、长山二县。七年，废纲州，义乌来属。八年，废丽州为永康县、衢州信安县，并来属。又废谷州入信安，长山入金华县。贞观八年，复置龙丘县。咸亨五年，置兰溪、常山二县。垂拱二年，分龙丘、信安、常山三县置衢州，又置东阳县。天授二年，又置武义县。天宝元年，改婺州为东阳郡。乾元元年，复为婺州。旧领县五，户三万七千八百一十九，口二十二万八千九百九十。天宝领县七，户十四万四千八十六，口七十万七千一百五十二。在京师东南四千七十三里，至东都三千一百三十五里。　金华　汉乌伤县，属会稽郡。后汉分乌伤置长山县。吴置东阳郡。隋改长山为金华，取州界山为名。　义乌　晋分乌伤县置。武德四年，置纲州，仍分置华川县。七年，废纲州及华川县，改乌伤为义乌，以县属婺州。　永康　吴分乌伤县置。武德四年，置丽州，又分置缙云县。八年，废丽州及缙云县，以永康来属。　东阳　垂拱二年，分乌伤县，取旧郡名。　兰溪　咸亨五年，析金华县西界置，以溪水为名。　武成　天授二年，分永康置武义县，又改为武成。　浦阳　新置。

衢州　武德四年，平李子通，于信安县置衢州。七年陷贼，乃废。垂拱二年，分婺州之信安、龙丘置衢州，取武德废州名。天宝元年，改为信安郡。乾元元年，复为衢州，又割常山入信州。天宝领县五，户六万八千四百七十二，口四十四万四百一十一。在京师东南四千七百一十三里，至东都三千一百四十五里。　信安　后汉新安县，晋改为信安。武德四年，置衢州，县仍属焉。又分置须江、定阳二县。八年，废衢州及须江、定阳二县，以信安还属婺州。　龙丘　汉太末县，属会稽郡。晋置龙丘县，以山为名。至隋废。武德四年，置谷州及太末、白石二县。八年，废谷州及白石、太末二县入信安县。贞观八年，分金华、信安二县置龙丘县，来属婺州。垂拱二年，属衢州。　须江　武德四年，分信安置，以城南有须江。八年废。永昌元年，分信安复置。　盈川　如意元年，分龙丘置，县西有刑溪，陈时土人留异恶"刑"字，改名盈川，因以为县名。　常山　咸亨五年，分信安置，属婺州。垂拱二年，改属衢州。乾元元年，属信州，又还衢州。

信州上　乾元元年，割衢州之常山、饶州之弋阳、建州之三乡，抚州之一乡，置信州，又置上饶、永丰二县。领县四，户四万。在京师东南五千八百里，至东都二千九

百五十里。　上饶　乾元元年置，州所理也。元和七年，省永丰县入。　弋阳　旧属饶州，乾元元年，来属。　贵溪　永泰元年十一月，分弋阳西界置。　玉山　证圣二年，分常山、须江置，属衢州。乾元元年，割属信州。

睦州　隋遂安郡。武德四年，平汪华，改为睦州，领雉山、遂安二县。七年，废严州之桐庐县来属，又改为东睦州。八年，去"东"字。旧管县三，治雉山。万岁登封二年，移治建德。天宝元年，改为新定郡。乾元元年，复为睦州。旧领县三：雉山、遂安、桐庐。户一万二千六十四，口五万九千六十八。天宝领县六，户五万四千九百六十一，口三十八万二千五百一十三。在京师东南三千六百五十九里，至东都二千八百三十一里。　建德　汉富春县地，会稽郡。吴分置建德县，隋废。永淳二年，复分桐庐、雉山置。万岁通天二年，移州治建德县。　清溪　汉歙县地，属丹阳郡。后分置新安县，隋改为雉山。文明元年，复为新安。开元二十年，改为还淳。永贞元年十二月，避宪宗名，改为清溪。旧为睦州治所，移建德。　寿昌　永昌元年七月，分雉山置。载初元年废，神龙元年复。旧治白艾里，后移于今所。　桐庐　吴分富春县置。武德四年，于县置严州，领桐庐、分水、建德三县。七年，废州及分水、建德二县。以桐庐属睦州。旧治桐溪，开元二十六年，移治钟山。　分水　如意元年，分桐庐县之四乡，置武盛县。神龙元年，改为分水。　遂安　后汉分歙县南乡安定里，置新定县。晋改新定为遂安。

歙州　隋新安郡。武德四年，平汪华，置歙州总管，管歙、睦、衢三州。贞观元年，罢都督府。天宝元年，改为新安郡。乾元元年，复为歙州。旧领县三，户六千二十一，口二万六千六百一十七。天宝领县五，户三万八千三百三十，口二十六万九千一百九。在京师东南三千六百六十七里，至东都二千八百二十六里。　歙　汉县，属丹阳郡。县南有歙浦，因为名。隋于县置新安郡。武德改为歙州。　休宁　吴分歙县置休阳县，后改为海阳。晋武改为海宁，隋改为休宁。　黟　汉县，属丹阳郡。音同医，县南墨岭山出石墨故也。县置在黟川。　绩溪　永徽五年，分置北野县，后改为绩溪。　婺源　开元二十八年正月九日置。

处州　隋永嘉郡。武德四年，平李子通，置括州，置总管府，管松、嘉、台三州。括州领括苍、丽水二县。七年，改为都督府。八年，废松州为松阳县来属。省丽水入括苍。贞观元年，废都督府。省东嘉州，以永嘉、安固二县来属。天宝元年，改为缙云郡。乾元元年，复为括州。大历十四年夏五月，改为处州，避德宗讳。旧领县四，户一万二千八百九十九，口十万一千六百六。天宝领县五，户四万二千九百三十六，口二十五万八千二百四十八。今县六。在京师东南四千二百七十八里，至东都三千一十五

里。　丽水　汉回浦县地，属会稽郡。光武更为章安。隋平陈，改永嘉郡为处州，寻改为括州，又分松阳县东界置括苍县。大历十四年夏，改为丽水县，州所治。　松阳　后汉分章安之南乡置松阳县，县东南大阳及松树为名。　缙云　万岁登封元年，分括苍及婺州永康县置。　青田　景云二年，分括苍置。　遂昌　旧县。武德八年，并入松阳。景云二年，分松阳县复置。　龙泉　乾元二年，越州刺史独孤峙奏请于括州龙泉乡置县，以龙泉为名，从之。

温州上　隋永嘉郡之永嘉县。武德五年，置东嘉州，领永嘉、永宁、安固、乐成、横阳五县。贞观元年，废东嘉州，以县属括州。上元二年，分括州之永嘉、安固二县置温州。天宝元年，改为永嘉郡。乾元元年，复为温州。天宝领县四，户四万二千八百一十四，口二十四万一千六百九十四。在京师东南四千七百三十七里，至东都三千九百四十里。
　永嘉　后汉分章安县之东瓯乡置永宁县，属会稽郡。晋置永嘉郡。隋改为永嘉。上元二年，置温州，治于此县。
　安固　后汉章安县，晋改为安固，隋废。武德八年，分永嘉县置，属东嘉州。贞观元年，废东嘉州，安固属括州。上元元年，属温州。　横阳　武德五年，分安固县置。贞观元年废，大足元年，复分安固置。　乐城　武德五年置，七年并入永嘉县。载初元年，分永嘉复置也。

福州中都督府　隋建安郡之闽县。贞观初，置泉州。景云二年，改为闽州，置都督府，督闽、泉、建、漳、湖五州。开元十三年，改为福州，依旧都督府，仍置经略使。二十二年，罢漳、湖二州，令督福、建、泉、汀四州。旧属岭南道，天宝初，改属江南东道。寻改为长乐郡。乾元元年，复为福州都督府。天宝领县八，户三万四千八十四，口七万五千八百七十六。在京师东南五千三十三里，至东都四千二百三十三里。
　闽　汉冶县，属会稽郡。秦时为闽中郡。汉高立闽越王，都于此。武帝诛东越，徙其人于江淮，空其地。其逃亡者，自立为冶县，后更名东冶县。后汉改为侯官都尉，属会稽郡。晋置晋安郡。宋、齐因之，陈置闽州，又改为丰州。隋平陈改为泉州，炀帝改为闽州，又为建安郡。开元十三年，改为福州。皆治闽县。　侯官　隋县。后废。长安二年，又分闽县置。　长乐　隋县。后省。武德六年，分闽县置新宁县。其年，改为长乐。　福唐　圣历二年，分长乐置万安县。天宝元年，改为福唐。　连江　武德六年，分闽县置温麻县。其年，改为连江。　长溪　武德六年置，其年并入连江。长安二年，分连江复置。　古田　开元二十九年，开山洞置。　永泰　永泰年分置。　梅青　新置。

泉州中　隋建安郡，又为泉州。旧治闽县，后移于南安县。圣历二年，分泉州之南安、莆田、龙溪三县，置武荣州。三年，州废，三县还泉州。久视元年，又以三县置武荣州。景云二年，改为泉州。开元二十九年，割龙溪属漳州。天宝元年，改泉州为清源郡。乾元元年，复为泉州。天宝领县四，户二万三千八百六，口十六万二千九十五。在京师东南六千二百一十六里，至东都五千四百一十三里。
　晋江　开元八年，分南安置，今为州之治所。　南安　隋县。武德五年，置丰州，领南安、莆田二县。贞观元年，废丰州，县属泉州。圣历二年，属武荣州。州废来属。
　莆田　武德五年，分南安县置，属丰州。州废来属。
　仙游　圣历二年，分莆田置清源县。天宝元年，改为仙游。

建州中　隋建安郡之建安县。武德四年，置建州，领绥城、唐兴、建阳、沙、将乐、邵武等县。天宝元年，改为建安郡。乾元元年，复为建州。旧领县二，户一万五千三百三十六，口二万二千八百二十。天宝领县六，户二万二千七百七十，口一十四万三千七百七十四。在京师东南四千九百三十五里，至东都三千八百八十八里。
　建安　汉冶县地。吴置建安县，州所治，以建溪为名。
　邵武　隋县。　浦城　载初元年，分建安县置唐兴县。天授二年，改为武宁。神龙元年，复为唐兴。天宝元年，改为浦城。　建阳　隋废县。垂拱四年，分建安置。　将乐　隋废县。垂拱四年五月，分邵武复置。　沙　隋废县。永徽六年，分建安置。

汀州下　开元二十四年，开福、抚二州山洞，置汀州。天宝元年，改为临汀郡。乾元元年，复为汀州。天宝领县三，户四千六百八十，口一万三千七百二。在京师东南六千一百七十三里，至东都五千三百七十里。
　长汀　州治所。　龙岩　宁化　已上三县，并开元二十四年开山洞置。

漳州　垂拱二年十二月九日置。天宝元年，改为漳浦郡。旧属岭南道，天宝割属江南东道。乾元元年，复为漳州。天宝领县二，户五千三百四十六，口一万七千九百四十。在京师东南七千三百里，至东都六千五百里。
　漳浦　垂拱二年十二月，与州同置。州所治。　龙溪　旧属泉州。圣历二年，属武荣州。景云二年，还泉州。开元二十九年，属漳州。

江南西道

宣州　隋宣城郡。武德三年，杜伏威归化，置宣州总管府。分宣城置怀安、宁国二县。六年，陷辅公祐。七年贼平，改置宣州都督，督宣、潜、猷、池四州，废桃州，以绥安来属，省怀安、宁国二县。宣州领宣城、绥安二县。八年，废南豫州，以当涂来属，废猷州，以泾县来属。九年，移扬州于江都，以溧阳、溧水、丹阳来属。贞观元年，罢都督府。废池州，以秋浦、南陵二县来属。省丹阳入当涂县。开元中，析置青阳、太平、宁国三县。天宝元年，改为宣城郡。至德二年，又析置至德县。乾元元年，复为宣州。永泰元年，割秋浦、青阳、至德三县置池州。旧领县八，户二万二千五百三十七，口九万五千七百五十三。天宝领县九，户十二万一千二百四，口八十八万四千九百八十五。今县十。在京师东南三千五百五十一里，至东都二千五百一十里。

宣城　汉宛陵县，属丹阳郡。秦属鄣郡。梁置南豫州，隋改为宣州，炀帝又为宣城郡，皆此治所。　当涂　汉丹阳县地，属丹阳郡。晋分丹阳置于湖县。成帝以江北当涂县流人寓居于湖，乃改为当涂县，属宣州。牛渚山，一名采石，在县北四十五里大江中。武德三年，置南豫州，以县属。八年，省南豫州，县属宣州。　泾　汉泾县，属丹阳郡。武德三年，置猷州，领泾、南阳、安吴三县。八年，废猷州及南阳、安吴二县。属宣州。县界有陵阳山。　广德　汉故鄣县，属丹阳郡。宋分宣城之广德、吴兴之故鄣，置绥安县。至德二年九月，改为广德，以县界广德故城为名。　溧阳　汉县，属丹阳郡。上元元年十一月，割属升州。州废来属。　溧水　汉溧阳地。隋为县。武德三年，属扬州。九年，属宣州。乾元元年，属升州。州废还属。　南陵　汉春谷县地，属丹阳郡。梁置南陵县。武德七年，属池州。州废来属。旧治赭圻城，长安四年，移理青阳城。　太平　天宝十一载正月，析泾县置。　宁国　隋县。武德六年废，天宝三载复置。　旌德　宝应二年二月，析太平县置。

池州下　隋宣城郡之秋浦县。武德四年，置池州，领秋浦、南陵二县。贞观元年，废池州，以秋浦属宣州。永泰元年，江西观察使李勉以秋浦去洪州九百里，请复置池州，仍请割青阳、至德二县隶之，又析置石埭县，并从之。后隶宣州。领县四，户一万九千，口八万七千九百六十七。

秋浦　州所治。汉石城县，属丹阳郡。隋分南陵置秋浦县，因水为名。　青阳　天宝元年，分泾、南陵、秋浦三县置，治古临城。　至德　至德二年析置。　石埭　永泰二年，割秋浦、浮梁、黟三县置，治古石埭城。

饶州下　隋鄱阳郡。武德四年，平江左，置饶州，领鄱阳、新平、广晋、余干、乐平、长城、玉亭、弋阳、上饶九县。七年，省上饶入弋阳，省玉亭入长城、余干二县。八年，又并长城入余干，并新平、广晋入鄱阳。旧领县四，户一万一千四百，口五万九千八百一十七。天宝，户四万八百九十九，口二十四万四千三百五十。在京师东南三千二百六十三里，至东都二千四百一十三里。

鄱阳　汉县，属豫章郡。古城在今县东界，有鄱江，今为州所理。　余干　汉余干县属豫章郡。古所谓汗越也。汗音干，隋朝去"水"。　乐平　武德中置，九年省，后重置。　浮梁　武德中，废新平县。开元四年，分鄱阳置，后改新昌。天宝元年复置。

洪州上都督府　隋豫章郡。武德五年，平林士弘，置洪州总管府，管洪、饶、抚、吉、虔、南平六州，分豫章置钟陵县。洪州领豫章、丰城、钟陵三县。八年，废孙州、南昌州、米州，以南昌、建昌、高安三县来属。省钟陵、南昌二县入豫章。贞观二年，加洪、饶、抚、吉、虔、袁、江、鄂等八州。显庆四年，督饶、鄂等州。洪州旧领县四，永淳二年，置新吴县。长安四年，置武宁县，又督洪、袁、吉、虔、抚五州。天宝元年，改为豫章郡。乾元元年，复为洪州。旧领县四：豫章、丰城、高安、建昌。户一万五千四百五十六，口七万四千四十四。天宝领县六，户五万五千五百三十，口三十五万三千二百三十一。在京师东南三千九十里，至东都二千二百一十一里。

钟陵　汉南昌县，豫章郡所治也。隋改为豫章县，置洪州，炀帝复为豫章郡。宝应元年六月，以犯代宗讳，改为钟陵，取地名。　丰城　吴分南昌县置富城县，晋改为丰城。　高安　汉建城县，属豫章郡。武德五年，改为高安，仍置靖州，领高安、望蔡、华阳三县。七年，改靖州为米州。其年，又改为筠州。八年，废筠州，省华阳、望蔡二县，以高安属洪州。　建昌　汉海昏县，属豫章郡。后汉分立建昌。武德五年，分置南昌州总管府，管南昌、西吴、靖、米、孙五州。南昌州领建昌、龙安、永修三县。七年，罢都督为南昌州。八年，废南昌州及孙州，以南昌州新吴、永修、龙安入建昌县，以孙州之建昌入豫章县，而以建昌属洪州。　新吴　旧废县。永淳二年，分建昌置。　武宁　长安四年，分建昌置武宁县。景云元年，改为豫宁。宝应元年，复为武宁。　分宁　贞元十六年二月置。

虔州中　隋南康郡。武德五年，平江左，置虔州。天宝元年，改为南康郡。乾元元年，复为虔州。旧领县四，户八千九百九十四，口三万九千九百一。天宝领县六，户三万七千六百四十七，口二十七万五千四百一十。今县七。在京师东南四千一十七里，至东都三千四百里。

赣　古滥反。州所理。汉县，属豫章郡。汉分豫章立庐陵郡，晋改为南康郡。隋初为虔州，炀帝为南康郡。皆治赣。　虔化　吴分赣立阳都县，晋改为宁都。隋平陈，改为虔化，属虔州。　南康　汉南野县，属豫章郡。吴分南野立南安县，晋改为南康。　雩都　汉县，属豫章郡。　信丰　永淳元年，分南康置南安县。天宝元年，改为信丰。　大庾　神龙元年，分南康置。　安远　贞元四年八月四日置。

抚州中　隋临川郡。武德五年，讨平林士弘，置抚州，领临川、南城、郡武、宜黄、崇仁、永城、东兴、将乐八县。七年，省东兴、永城、将乐三县，以邵武隶建州。八年，省宜黄县。天宝元年，改为临川郡。乾元元年，复为抚州。旧领县三，户七千三百五十四，口四万六百八十五。天宝领县四，户三万六百五，口十七万六千三百九十四。在京师东南三千三百一十二里，至东都二千五百四十里。

临川　州所理。汉南昌县地。后汉分南昌置临汝县。

吴置临川郡，历南朝不改。隋平陈，改临川郡为抚州，仍改临汝县为临川县。州郡所理，皆此县。　南城　汉县，属豫章郡。开元八年，分南城置。　崇仁　吴分临汝置新建县。梁改为巴山县，仍侨属巴山郡。隋平陈，改巴山为崇仁县。　南丰　开元八年，分南城置。

吉州上　隋庐陵郡。武德五年，讨平林士弘，置吉州，领庐陵、新淦二县。七年，废颍州，以安福县来属。八年，废南平州，以太和县来属。天宝元年，改为庐陵郡。乾元元年，复为吉州。旧领县四，户一万五千四十，口五万三千二百八十五。天宝领县五，户三万七千七百五十二，口二十三万七千三十二。

庐陵　汉县，属豫章郡。后汉改为西昌。隋复为庐陵，州所治也。旧治子阳城，永淳元年，移于今所。　太和　隋县。武德五年，置南平州，领太和、永新、广兴、东昌四县。八年，废南平州，以永新等三县并太和，属吉州。　安福　吴置安成郡于此。隋废为安复，后改为安福。　新淦　汉旧县，属豫章郡。淦，音绀，又音甘。　永新　废县。显庆二年，分太和置。

江州中　隋九江郡。武德四年，平林士弘，置江州，领湓城、浔阳、彭泽三县。五年，置总管，管江、鄂、智、浩四州，并管昌、洪四总管府。又分湓城置楚城县，分彭泽置都昌县。八年，废浩州及乐城县入彭泽县，又废湓城入浔阳。贞观元年，罢都督府。八年，废楚城县入浔阳。天宝元年，改为浔阳郡。乾元元年，复为江州。旧领县三，户六千三百六十，口二万五千五百九十九。天宝，户二万九千二十五，口十五万五千七百四十四。在京师东南二千九百四十八里，至东都二千一百九十七里。

浔阳　州所理。汉县，属庐江郡。晋置江州。隋改为彭蠡县，取州东南五十二里有彭蠡湖为名。炀帝改为湓城，取县界湓水为名。武德四年，复为浔阳，浔水至此入江为名。　都昌　武德五年，分彭泽置，属浩州。八年，废浩州，县属江州。　彭泽　汉县，属豫章郡。隋为龙城县。武德五年，置浩州，又分置都昌、乐城二县。八年，罢浩州，以彭泽属江州，仍省乐城入彭泽。　至德　至德二年九月，中丞宋若思奏置。

袁州下　隋宜春郡。武德四年，平萧铣，置袁州。天宝元年，改为宜春郡。乾元元年，复为袁州。旧领县三，户四千六百三十六，口二万五千七百一十六。天宝，户二万七千九十一，口十四万四千九十六。在京师东南三千五百八十里，至东都二千一百六十一里。

宜春　州所理。汉县，属豫章郡。吴为安成郡，南朝不改。晋改为宜阳。隋置袁州，炀帝为宜春郡。复改为宜春。宜春，泉水名，在州西。取此水为酒，作贡。　萍乡　吴分宜春置萍乡县，属安成郡。　新喻　吴分宜春置新喻，属安成郡。

鄂州上　隋江夏郡。武德四年，平萧铣，改为鄂州。天宝元年，改为江夏郡。乾元元年，复为鄂州。永泰后，置鄂岳观察使，领鄂、岳、蕲、黄四州，恒以鄂州为使理所。旧领县四，户三千七百五十四，口一万四千六百一十五。天宝领县五，户一万九千一百九十，口八万四千五百六十三。后并沔州入鄂州，以汉阳、汊川来属。在京师东南二千三百四十六里，至东都一千五百三十里。

江夏　郡名。本汉沙羡县地，属江夏郡。晋改沙羡为沙阳。江、汉二水会于州西，春秋谓之夏汭，晋、宋谓之夏口。宋置江夏郡。治于此。隋不改。武德四年，改为鄂州，取汉县名。　永兴　汉鄂县地，属江夏郡。吴分鄂置新阳县，隋改为永兴。　武昌　汉鄂县，属江夏郡。吴、晋为重镇，以名将为镇守。　蒲圻　吴分沙羡县置。　唐年　天宝二年，开山洞置。　汉阳　汉安陆县地，属江夏郡。晋置沌阳县。隋初为汉津县，炀帝改为汉阳。武德四年，平朱粲，分沔阳郡置沔州，治汉阳县。贞观，户一千五百一十七，口六千九百五十九。至太和七年，鄂岳节度使牛僧孺奏，沔州与鄂州隔江，都管一县，请并入鄂州，从之。旧属淮南道。

汊川　汉安陆县地，后魏置汊川郡。武德四年，分汉阳县置汊川县，属沔州。州废，属鄂州。

岳州下　隋巴陵郡。武德四年，平萧铣，置巴州，领巴陵、华容、沅江、罗、湘阴五县。六年，改为岳州。省罗县。天宝元年，改为巴陵郡。乾元元年，复为岳州。旧领县四，户四千二，口一万七千五百五十六。天宝领县五，户一万一千七百四十，口五万二百九十八。在京师东南二千二百三十七里，至东都一千八百一十六里。

巴陵　汉下隽县，属长沙郡，吴置巴陵县。晋置建昌郡，隋改为巴州，炀帝改为巴陵郡。武德置岳州，皆置巴陵县。县界有古巴丘。　华容　汉孱陵县地，属武陵郡，刘表改为安南。隋改为华容。垂拱二年，去"华"字，曰容城。神龙元年，复为华容。　沅江　汉益阳县，属长沙国。隋改为安乐，又改为沅江，属岳州。　湘阴　汉罗县，属长沙国。宋置湘阴县，县界汨水，注入湘江。　昌江　神龙三年，分湘阴县置。

潭州中都督府　隋长沙郡。武德四年，平萧铣，置潭州总管府，管潭、衡、永、郴、连、南梁、南云、南营八州。潭州领长沙、衡山、醴陵、湘乡、益阳、新康六县。七年，废云州，改南梁为邵州，南营为道州。省新康县。督潭、衡、郴、连、永、邵、道等七州。天宝元年，改为长沙郡。乾元元年，复为潭州。旧领县五，户九千三十一，口四万四百四十九。天宝领县六，户三万二千二百七十二，口十九万二千六百五十七。在京师南二千四百四十五里，至东都二千一百八十五里。

长沙　秦置长沙郡。汉为长沙国，治临湘县。后汉为长沙郡，吴不改。晋怀帝置湘州，至梁初不改。隋平陈，为潭州，以昭潭为名。炀帝改为长沙郡，仍改临湘为长沙县。武德复为潭州。　湘潭　后汉湘南县地，属长沙郡。

吴分湘南立衡阳县，属衡阳郡。隋废郡，县属潭州。天宝八年，移治于洛口，因改为湘潭县。　湘乡　汉钟武县，属零陵郡。后汉改为重安，永建三年，又名湘乡，属长沙郡。　益阳　汉县，属长沙国，故城在今县东八十里。武德四年，分置新康县。七年，省入。　醴陵　汉临湘县，界有醴陵，后汉立为县，属长沙郡。隋废，武德四年，分长沙置。　浏阳　吴分长沙置浏阳县，隋废。景龙二年，于故城复置。

衡州中　隋衡山郡。武德四年，平萧铣，置衡州，领临蒸、湘潭、耒阳、新宁、重安、新城六县。七年，省重安、新城二县。贞观元年，以废南云州之攸县来属。天宝元年，改为衡阳郡。乾元元年，复为衡州。旧领县五，户七千三百三十，口三万四千四百八十一。天宝领县六，户三万三千六百八十九，口十九万九千二百二十八。在京师东南三千四百三里，至东都二千七百六十里。

衡阳　汉蒸阳县，属长沙国。吴分蒸阳立临蒸县，吴末分长沙东界郡立湘东郡。宋、齐、梁不改。隋罢湘东郡为衡州，改临蒸为衡阳县。武德四年，复为临蒸。开元二十年，复为衡阳。　常宁　吴分耒阳立新宁县，属湘东郡。旧治三洞，神龙二年，移治麻州。开元九年，治宜江。天宝元年，改为常宁。　攸　汉县，属长沙国，县北有攸溪故也。　茶陵　汉县，属长沙国。隋废。圣历元年，分攸县置。　耒阳　汉县，属桂阳郡。隋改为耒阴。武德四年，复为耒阳。　衡山　吴分湘南县置。旧属潭州，后割属衡州。

澧州下　隋澧阳郡。武德四年，平萧铣，置澧州，领孱陵、安乡、澧阳、石门、慈利、崇义六县。贞观元年，省孱陵县。天宝元年，改为澧阳郡。乾元元年，复为澧州。天宝初，割属山南东道。旧领县五，户三千四百七十四，口二万五千八百二十六。天宝领县四，户一万九千六百二十，口九万三千三百四十九。在京师东南一千八百九十三里，至东都一千五百七十二里。

澧阳　汉零阳县，属武陵郡。吴分武陵西界置天门郡。晋末，以义阳流人集此，侨置南义阳郡。隋平陈，改南义阳为澧州。皆治此县。　安乡　汉孱陵县地，属武陵郡。隋分立安乡县。贞观元年，废孱陵并入。　石门　吴分零阳县于此置天门郡。隋平陈，废天门郡，以废郡为石门县。　慈利　本汉零阳县，隋改零阳为慈利县。麟德元年，省崇义并入。

朗州下　隋武陵郡。武德四年，平萧铣，置朗州。天宝元年，改为武陵郡。乾元元年，复为朗州。天宝初，割属山南东道。旧领县二，户二千一百四十九，口一万九百一十三。天宝，户九千三百六，口四万三千七百一十六。在京师东南二千一百五十九里，至东都一千八百五十八里。

武陵　汉临沅县地，属武陵郡。秦属黔中郡地。梁分武陵郡于县置武州。陈改武州为沅陵郡。隋平陈，复为嵩州，寻又改为朗州。炀帝为武陵郡。武德复为朗州。皆治于武陵县。　龙阳　隋县，取洲名。

永州中　隋零陵郡。武德四年，平萧铣，置永州，领零陵、湘源、祁阳、灌阳四县。七年，省灌阳。贞观元年，省祁阳县，四年，复置。天宝元年，改为零陵郡。乾元元年，复为永州。旧领县三，户六千三百四十八，口二万七千五百八十三。天宝，户二万七千四百九十四，口十七万六千一百六十八。在京师南三千二百七十四里，至东都三千六百六十五里。

零陵　汉泉陵县地，属零陵郡。汉郡治泉陵县，故城在今州北二里。隋平陈，改泉陵为零陵县，仍移于今理。梁、陈皆为零陵郡，隋置永州，炀帝复为零陵郡，皆治此县。　祁阳　吴分泉陵县，于今县东北九十里置祁阳县，今有古城。隋平陈，并入零陵。武德四年，复分置，移于今治。贞观元年省，四年又置。石燕冈在祁阳西北一百十里，此冈穴出石燕，充贡。湘水南自零陵界来。　湘源　汉零陵县地，属故城在今县南七十八里。隋平陈，并零陵入湘源县。　灌阳　汉零陵县地，大业末，萧铣析湘源县置。武德七年废。上元二年，荆南节度使吕諲奏，复于故城置灌阳县。灌水在城西，今名灌源。

道州中　隋零陵郡之永阳县。武德四年，平萧铣，置营州，领营道、江华、永阳、唐兴四县。五年，改为南营州。贞观八年，改为道州，仍省永阳县。十七年废，并入永州。上元二年，复析永州置。天宝元年，改为江华郡。乾元元年，复为道州。旧领县三，户六千六百一十三，口三万一千八百八十。天宝领县四，户二万二千五百五十一，口十三万九千六十三。今领县五。

弘道　汉营浦县，属零陵郡。吴置营阳郡。晋改为永阳郡。隋平陈，改营浦为永阳县。武德四年，于县置营州，改为营道县。五年，又加"南"字。贞观八年，改为道州。天宝元年，改营道为弘道。　延唐　汉泠道县，属零陵郡，古城在今县东界南四十里。隋平陈，废泠道入营道县，仍于泠道废城置营道县。武德四年，移营道县于州郭置，仍于此置唐兴县。长寿二年，改名武盛。神龙元年，复为唐兴。天宝元年，改为延唐。泠水，在今县南六十里。　江华　汉冯乘县，属苍梧郡。武德四年，析贺州冯乘县置江华县。贞观十七年，改属永州。上元二年，还道州。文明元年，改为云溪县。神龙元年二月，复为江华。　永明　隋改汉营浦县为永阳，置道州。后州郭内置营道县，乃移永阳之名于州西南一百一十里置。贞观八年省，地入营道。天授二年，复析营道置。天宝元年，改为永明县。　大历　大历二年，湖南观察使韦贯之奏请析延唐县，于道州东南二百二十里春陵侯故城北十五里置县，因以大历为名。

郴州中　隋桂阳郡。武德四年，平萧铣，置郴州，领郴、卢阳、义章、临武、平阳、晋兴六县。七年，废义章、平阳二县。八年，省晋兴。天宝元年，改为桂阳郡。乾元元年，复为郴州。旧领县五，户八千六百四十六，口四万九千三百五十五。天宝领县八，户三万一千三百三。在京师东南三千三百里，至东都三千五十七里。

郴 汉县，属桂阳郡，汉郡理所也。后汉郡理耒阳，寻还郴。宋、齐封子弟为桂阳王，皆治于此。隋平陈，改为郴州，炀帝为桂阳郡，武德四年，改郴州，皆以郴为理。　义章　大业末，萧铣分郴置。武德七年省，八年复置。长寿元年，分义章南界置高平县。开元二十三年，废高平，仍移义章治高平废县。　义昌　晋分郴县置汝城、晋宁二县。陈废二县，立卢阳郡，领卢阳县。开皇九年废郡，以卢阳属郴州。天宝元年，改为义昌。　平阳　晋分郴置平阳郡及县。陈废，后萧铣复分郴置。武德七年省，八年复置。　资兴　后汉分郴置汉宁县。吴改为阳安，晋改为晋宁，隋改为晋兴。贞观八年省，咸亨三年复置，改名资兴。　高亭　汉便县地，属桂阳郡。晋省，陈复置。隋废。开元十三年，宇文融析郴县北界四乡置安陵县。天宝元年，改为高亭，取县东山名。　临武　汉县，属桂阳郡，县南临武溪故也。　蓝山　汉南平县，属桂阳郡。隋废。咸亨二年，复置南平县。天宝元年，改为蓝山。九疑山，在县西五十里。

邵州　隋长沙郡之邵阳县。武德四年，平萧铣，置南梁州，领邵陵、建兴、武冈三县。七年，省建兴入武冈，省邵陵并邵阳。贞观十年，改名邵州。天宝元年，改为邵阳郡。乾元元年，复为邵州。旧领县二，户二万八百五十六，口一万三千五百八十三。天宝，户一万七千七十三，口七万一千六百四十四。在京师东南三千四百里，至东都二千二百六十八里。

邵阳　汉昭陵县，属长沙国。后汉改为昭阳，晋改为邵阳。隋平陈，移于今理。吴分零陵北部置邵陵郡。隋平陈，废郡，以邵阳属潭州，寻又于邵阳置建州。武德四年，改置南梁州，贞观十年，改为邵州，皆理邵阳县。　武冈　汉都梁县，属零陵郡。晋分都梁置武冈县。隋废。武德四年，分邵阳复置。

连州　隋熙平郡。武德四年，平萧铣，置连州。天宝元年，改为连山郡。乾元元年，复为连州。旧领县三，户五千五百六十三，口三万一千九十四。天宝，户三万二千二百十，口一十四万三千五百三十二。在京师南三千六百六十五里，至东都三千四百五里。

桂阳　汉县，属桂阳郡，今州理是也。隋开皇十年，于县置连州，大业改为熙平郡，武德四年，复为连州，皆以桂阳为理所。　阳山　汉县，属桂阳郡。后汉省。晋平吴，分洭浦县复置。梁于洭浦县西置阳山郡，以县属之。隋废郡，县属连州。神龙元年，移于洭水之北，今县理是也。一名湟水。　连山　晋武分桂阳立广惠县，隋改为广泽。仁寿元年，改为连山。

黔州下都督府　隋黔安郡。武德元年，改为黔州，领彭水、都上、石城三县。二年，又分置盈隆、洪杜、相永、万资四县。四年，置都督府，督务、施、业、辰、智、牂、充、应、庄等州。其年，以相永、万资二县置费州，以都上分置夷州。十年，以思州高富来属。十一年，又以高富属夷州，以智州信宁来属。今督思、辰、施、牢、费、夷、巫、应、播、充、庄、牂、琰、池、矩十五州。其年，罢都督府。置庄州都督。景龙四年废，以播州为都督。先天二年废，复以黔州为都督。天宝元年，改黔州为黔中郡，依旧都督施、夷、播、思、费、珍、溱、商九州。又领充、明、劳、羲、福、犍、邦、琰、清、庄、峨、蛮、牂、鼓、儒、琳、鸾、令、那、晖、郝、总、敦、侯、晃、柯、樊、稜、添、普宁、功、亮、茂龙、延、训、卿、双、整、悬、抚水、矩、思源、逸、殷、南平、勋、姜、袭等五十州。皆羁縻，寄治山谷。乾元元年，复以黔中郡为黔州都督府。旧领县五，户五千九百一十三，口二万七千四百三十三。天宝县六，户四千二百七十，口二万四千二百四。在京师南三千一百九十三里，至东都三千二百七十一里。

彭水　汉酉阳县，属武陵郡。吴分酉阳置黔阳郡。隋于郡置彭水县。周置奉州，寻为黔州。贞观四年，于州置都督府。　黔江　隋分黔阳县置石城县。天宝元年，改为黔江。　洪杜　武德二年，分置洪杜县，治洪杜溪。麟德二年，移治龚湍。　洋水　武德二年，分彭水于巴江西置盈隆县。先天元年，改为盈川。天宝元年，改为洋水。　信宁　隋置信安县，取界内山名。武德二年，改为信宁。武德五年，属义州。州废来属。　都濡　贞观二十年，分盈隆县置。

辰州下　隋沅陵县。武德四年，平萧铣，置辰州，领沅陵等五县。九年，分大乡置大乡五县。五年，分辰溪置溆浦县。贞观九年，分大乡置三亭县。天授二年，分大乡、三亭两县置溪州。景云二年，置都督府，督巫、业、锦三州。开元二十七年，罢都督府。天宝元年，改为卢溪郡。乾元元年，复为辰州，取溪名。旧领县七，户九千二百八十三，口三万九千二百二十五。天宝领县五，户四千二百四十一，口二万八千五百五十四。在京师南微东三千四百五里，至东都三千二百六十里。

沅陵　汉辰阳县，属武陵郡，本秦黔中郡县也。隋改辰阳为辰溪，仍分置沅陵县，仍置沅陵郡。武德四年，改为辰州，以沅陵为理所。　卢溪　武德三年，分沅陵县置。　溆浦　汉义陵县地，属武陵郡。武德五年，分辰溪置。　麻阳　武德三年，分沅陵、辰溪二县置。垂拱四年，分置龙门县，寻废。　辰溪　汉辰阳县地，隋分置辰溪县。

锦州下　垂拱二年，分辰州麻阳县地并开山洞置锦州及四县。天宝元年，改锦州为卢阳郡。乾元元年，复为锦州。天宝领县五，户二千八百七十二，口一万四千三百七十四。至京师三千五百里，至东都三千七百里。

卢阳　招谕　渭阳　常丰　已上四县，并垂拱三年与州同置。其常丰本名万安，天宝元年，改为常丰。　洛浦　天授二年，分辰州之大乡置，属溪州。长安四年，改属锦州。

施州下　隋清江郡之清江县。义宁二年，置施州，领清江、开夷二县。贞观八年，废业州，以建始县来属。麟德元年，废开夷县入清江。天宝元年，改为清化郡。乾元元年，复为施州。旧领县三，户二千三百一十二，口一万八百二十五。天宝领县二，户三千七百二，口一万六千四百四十四。在京师南二千七百九里，至东都二千八百一十里。

清江　汉巫县，南郡。吴分巫立沙渠县。后周于县立施州。隋为清江县，州所理也。　建始　后周分巫县置建始县。义宁二年，于县置业州，领建始一县。贞观八年，废业州，县属施州。

巫州下　贞观八年，分辰州龙标县置巫州。其年，置夜郎、朗溪、思徵三县。九年，废思徵县。天授二年，改为沅州，分朗郎渭溪县。长安三年，割夜郎、渭溪二县置舞州。先天二年，又置潭阳县。开元十三年，改沅州为巫州。天宝元年，改为潭阳郡。乾元元年，复为巫州。旧领县三，户四千三十二，口一万四千四百九十五。天宝，户五千三百六十八，口一万二千七百三十八。在京师南三千一百五十八里，至东都三千八百三十三里。

龙标　武德七年置，属辰州。贞观八年，置巫州，为理所也。

朗溪　贞观八年置。　潭阳　先天二年，分龙标置。

业州下　长安四年，分沅州二县置舞州。开元十三年，改为鹤州。二十年，又改为业州。天宝元年，改龙标郡。乾元元年，复为业州。领县三，户一千六百七十二，口七千二百八十四。在京师南四千一百九十七里，至东都三千九百里。

峨山　贞观八年，置夜郎县，属巫州。长安四年，置舞州。开元二十年，改夜郎为峨山县。　渭溪　天授二年，分夜郎置，属沅州。长安四年，改业州。

梓姜　旧于县置充州，天宝三年，以充州荒废，以梓姜属业州，其充州为羁縻州。

夷州下　隋明阳郡之绥阳县。武德四年，置夷州于思州宁夷县，领夜郎、神泉、丰乐、绥养、鸡翁、伏远、明阳、高富、宁夷、思义、丹川、宣慈、慈岳等十三县。六年，废鸡翁县。贞观元年，废夷州，省夜郎、神泉、丰乐三县，以伏远、明阳、高富、宁夷、思义、丹川六县隶务州，宣慈、慈岳二县隶溪州，以绥养隶智州。四年，复置夷州于黔州都上县。六年，又置鸡翁县。十一年，又以义州之绥阳、黔州之高富来属。其年，自都上移于今所。天宝元年，改为义泉郡。乾元元年，复为夷州。旧领县四，户二千二百四十一，口八千六百五十七。天宝县五，户一千二百八十四，口七千一百一十三。在京师南四千三百八十七里，至东都三千八百八十里。

绥阳　汉牂柯郡地。隋朝招慰置绥阳县，古徼外夷也。武德三年，属义州。贞观十一年，改属夷州。　都上　隋置。武德元年，属黔州。贞观四年，置夷州，为理所。十一年，州移治绥阳县。　义泉　隋旧。于县置牢州。贞观十七年，废牢州，以义泉属夷州。　洋川　武德二年置，旧属牢州。贞观十七年，属夷州。　宁夷　旧属思州。开元二十五年，属夷州。

播州下　隋牂柯郡之牂柯县。贞观九年，分置郎州，领恭水、高山、贡山、柯盈、邪施、释燕六县。十一年，省郎州并六县。十三年，又于其地置播州及恭水等六县。十四年，改恭水等六县名。二十年，以夷州之芙蓉、琊川来属。显庆五年，废舍月、胡江、罗为三县。景龙四年，废庄州都督府，以播州为都督府。先天二年，罢都督。开元二十六年，又废胡刀、琊川两县。天宝元年，改为播川郡。乾元元年，复为播州。领县三，户四百九十，口二千一百六十八。在京师南四千四百五十里，至东都四千九百六十里。

遵义　汉武开西南夷，置牂柯郡，秦夜郎之西南境也。贞观九年，置恭水县，属郎州。十一年省，十三年复置，属播州。十四年，改为罗蒙。十六年，改为遵义。显庆五年，废舍月并入。　芙蓉　旧属牢州。贞观十六年，改为夷州，二十年，又改属播州。开元二十六年，废胡刀、琊川两县并入。　带水　贞观九年，置柯盈县。十四年，改为带水。

思州下　隋巴东郡之务川县。武德四年，置务州，领务川、涪川、扶阳三县。贞观元年，以废夷州之伏远、宁夷、思义、高富、明阳、丹川六县，废思州之丹阳、城乐、感化、思王、多田五县来属。其年，省思义、明阳、丹川三县。二年，又省丹阳。四年，改务州为思州。其年，以涪川、扶阳二县割入费州。八年，又以多田、城乐二县割入费州，其年，又废感化县。十年，以高富隶黔州。十一年，又省伏远县。天宝元年，改为宁夷郡。乾元元年，复为思州。旧领县三，户二千六百三，口七千五百九十九。天宝，户一千五百九十九，口一万二千二十一。在京师南三千八百三十九里，至东都三千五百九十六里。

务川　州所治。汉酉阳县，属武陵郡。隋朝招慰置务川县。武德四年，招慰使冉安昌以务川当牂柯要路，请置务州。贞观四年，改为思州，以思邛水为名。　思王　武德三年置，属思州。贞观元年，改属务州。四年，改属思州。　宁夷　隋置。武德四年，属夷州。贞观元年，属思州。　思邛　开元四年，开生獠置。

费州下　隋黔安郡之涪川县。贞观四年，分思州之涪川、扶阳二县置费州。其年，割黔州之万资、相永二县来属。八年，又割思州之多田、城乐来属。十一年，废相永、万资二县。天宝元年，复为涪川郡。乾元元年，复为费州。旧领县四，户二千七百九，口六千九百五十。天宝，户四百二十九，口二千六百九。在京师南四千七百里，至东都四千九百里。

涪川　汉牂柯郡之地，久不臣附。周宣政元年，信州总管、龙门公裕，招慰生獠王元殊、多质等归国，乃置费州，以水为名。武德四年，置务州。贞观四年，置费州治于此。　多田　武德四年，务州刺史奏置。以土地稍平，恳田盈畛，故以多田为名。贞观四年，属思州。八年，改属费州。　扶阳　隋仁寿四年，庸州刺史奏置，以扶阳水为名。　城乐　武德四年，山南道大使赵郡王孝恭招慰獠，始筑城，人歌舞之，故曰城乐。

南州下　武德二年置，领隆阳、扶化、隆巫、丹溪、灵水、南川六县。三年，改为僰州。四年，复为南州。贞观五年，置三溪县。七年，又置当山、岚山、归德、汶溪四县。八年，又废当山、岚山、归德、汶溪四县。十一年，又废扶化、隆巫、灵水三县。天宝元年，改为南川郡。乾元元年，复为南州。旧领县三，户三千五百八十三，口一万三百六十六。天宝领县二，户四百四十三，口二千四十三。在京师南三千六百里，至东都三千七百里。

南川　武德二年，置隆阳县。先天元年，改为南川，州所治。　三溪　贞观五年置。

溪州下　旧辰州之大乡。天授二年，分置溪州。旧领县二，又分置洛浦县。长安四年，以洛浦属锦州。天宝元年，改溪州为灵溪郡。乾元元年，复为溪州。领县二，户二千一百八十四，口一万五千二百八十二。至京师二千八百九十三里，至东都二千六百九十六里。

大乡　汉沅陵、迁陵二县地，属武陵郡。梁分置大乡县。旧属辰州，天授二年来属，州所理也。　三亭　贞观九年分大乡置，属辰州。天授二年，改属溪州。县界有黔山，大酉、小酉二山。

溱州下　贞观十六年，置溱州及荣懿、扶欢、乐来三县。咸亨元年，废乐来县。天宝元年，改为溱溪郡。乾元元年，复为溱州。领县二，户八百七十九，口五千四十五。至京师三千四百八十里，至东都四千二百里。

荣懿　扶欢　已上二县，并贞观十六年开山洞置。

珍州下　贞观十六年置，天宝元年改为夜郎郡。乾元元年，复为珍州。领县三，户二百六十三，口一千三十四。至京师四千一百里，至东都三千七百里。

夜郎　汉夜郎国之地。贞观十七年，置于旧播州城，以县界有隆珍山，因名珍州。　丽皋　乐源　并贞观十六年开山洞置。

牂州，领县二。　充州，领县八。　应州，领县五。　琰州，领县四。　牢州，领县七。已上国初置，并属黔中道羁縻州。永徽已后并省。

陇右道

秦州中都督府　隋天水郡。武德二年，平薛举。改置秦州，仍立总管府，管秦、渭、岷、洮、叠、文、武、成、康、兰、宕、扶等十二州。秦州领上邽、成纪、秦岭、清水四县。四年，分清水置邽州。六年，废邽州，以清水来属。八年，废文州，又以陇城来属。其年，又废伏州，以伏羌来属。九年，于伏羌废城置盐泉县。贞观元年，改盐泉为夷宾。二年，省夷宾县。六年，省长川县。十四年，督秦、成、渭、武四州，治上邽。十七年，废秦岭县。开元二十二年，缘地震，移治所于成纪县之敬亲川。天宝元年，改为天水郡。依旧都督府，督天水、陇西、同谷三郡。其年，复还治上邽。乾元元年，复为秦州。旧领县六，户五千七百二十四，口二万五千七十三。天宝领县五，户二万四千八百二十七，口十万九千七百。在京师西七百八十里，至东都一千六百五里。

上邽　汉县，属陇西郡。武帝分置天水郡。后汉分豲道立南安郡。后魏改上邽为上封。隋复于上邽置秦州。州前有湖水，四时增减，故名天水郡。　成纪　汉县，属天水郡。旧治小坑川。开元二十二年，移治敬亲川，成纪亦徙新城。天宝元年，州复移治上邽县。　伏羌　汉冀县，属天水郡。晋于此置秦州。后魏改为当亭县，隋复为冀城县。武德三年，改为伏羌县，仍置伏州。八年，伏州废，县属秦州。贞观三年，废夷宾县，并入伏羌。　陇城　汉陇县，属天水郡。隋加"城"字。武德二年，置文州，以陇城隶之。八年文州废，来属。贞观三年，省长川县并入。

清水　汉县，属天水郡。武德四年，置邽州于清水。六年，废邽州，以清水来属。

成州下　隋汉阳郡。武德元年，置成州，领上禄、长道、潭水三县。贞观元年，以潭水属宕州，又割废康州之同谷县来属。州理杨难当所筑建安城。天宝元年，改为同谷郡。乾元元年，复为成州。旧领县三，户一千五百四十六，口七千二百五十九。天宝，户四千七百二十七，口二万一千五百八。在京师西南九百六十里，至东都一千八百里。

上禄　汉县，属武都郡，白马氏之所处。州南八十里仇池山，其上有百顷地，可处万家。晋时，氐酋杨难当据仇池，即此山上也。晋朝招慰，乃置仇池郡，以难当为守。梁置南秦州，又改为成州。隋以上禄为仓泉县，又复为上禄。　长道　元魏分上禄置长道县，于县置天水郡。隋改天水为汉阳郡，又改汉阳县为长道。　同谷　汉下辨步见反道，属武都郡。后魏于此置广业郡，领白石县。又改白水为同谷。

渭州下　隋陇西郡。武德元年，置渭州。天宝元年，改为陇西郡。乾元元年，复为渭州。四月，鄯州都督郭英乂奏请以渭州、洮州为都督府，后废。旧领县四，户一千九百八十九，口九千二十八。天宝，户六千四百二十五，口二万四千五百二十。在京师西一千一百五十三里，至东都二千里。

襄武　汉县，属陇西郡。后魏于县置渭州，以水为名。

陇西　汉豲音桓道地，属天水郡。　郭　后汉分武阳置郭县。天授二年，改为武阳。神龙元年，复为郭县。　渭源　汉首阳县地，属陇西郡。后魏分陇西置渭源郡，又改首阳为渭源县。上元二年，改首阳县，仍于渭源故城分置渭源县。仪凤三年，废首阳并入渭源。

　　鄯州下都督府　隋西平郡。武德二年，平薛举，置鄯州，治故乐都城。贞观中，置都督府。天宝元年，改为西平郡。乾元元年，复为鄯州。上元二年九月，州为吐蕃所陷，遂废。所管鄯城三县，今河州收管。旧领县二，户一千八百七十五，口九千五百八十二。天宝领县三，户五千三百八十九，口二万七千一十九。在京师西一千九百一十三里，至东都二千五百四十里。

　　湟水　汉破羌县，属金城郡。汉破匈奴，取西河地，开湟中处月氏，即此。湟水，俗呼湟河，又名乐都水，南凉秃发乌孤始都此。后魏置鄯州，改破羌为西都县。隋改为湟水县。县界有浩亹水。　龙支　汉允吾县，属金城郡。后汉改为龙耆县。后魏改为金城县，又改为龙支。积石山，在今县南。　鄯城　仪凤三年置，汉西平郡故城在西。

　　兰州下　隋金城郡。隋末，陷薛举。武德二年，平贼，置兰州。八年，置都督府，督兰、河、鄯、廓四州。贞观六年，又督西盐州。十二年，又督凉州。今督兰、鄯、儒、淳四州。领金城、狄道、广武三县。显庆元年，罢都督府。天宝元年，改金城郡。二载，割狄道县置狄道郡。乾元元年，复为兰州。旧领县三，户一千六百七十五，口七千三百五。天宝领县二，户二千八百八十九，口一万四千二百二十六。在京师西一千四百四十五里，至东都二千二百里。

　　五泉　汉金城县，属金城郡，西羌所处。后汉置西海郡，乞伏乾归都此，称凉。隋开皇初，置兰州，以皋兰山为名。炀帝改金城郡。隋置五泉县。咸亨二年，复为金城。天宝元年，改为五泉。　广武　汉枝杨县，属金城郡。张骏置广武郡。隋废为县，属兰州。

　　临州下都督府　天宝三载，分金城郡置狄道郡。乾元元年，改为临州都督府，督保塞州，羁縻之名也。领县二，户二千八百九十九，口一万四千二百二十六。在京师西一千四百四十五里，至东都二千二百里。

　　狄道　汉县，属陇西郡。晋改为武始县。隋复为狄道，属兰州。天宝三载复置。　长乐　旧安乐县。乾元后，改为长乐。

　　河州下　隋枹音桴罕郡。武德二年，平李轨，置河州，领枹罕、大夏二县。贞观元年，废大夏县。五年复置。十年，省米州，以米川县来属。十一年，废乌州，以其城置安乡县，来属。天宝元年，改为安乡郡。乾元元年，复为河州。旧领县三，户三千三百九十一，口一万二千六百六十五。天宝领县三，户五千七百八十二，口三万六千七百八十六。在京师西一千四百一十五里，至东都二千二百七十里。

　　枹罕　汉县，属金城郡。张骏于县置河州，至后魏不改，又名枹罕县。隋初为河州，炀帝为枹罕郡。武德二年，改为河州。皆治于枹罕。　大夏　汉县，属陇西郡。张骏于县置大夏郡及县，取西大夏水为名。贞观元年，废入枹罕。五年又置。　凤林　汉白石县，属金城郡。张骏改白石为永固。贞观七年，废县，置乌州。十一年州废，于城内置安乡县。天宝元年，改为凤林，取关名也。

　　武州下　隋武都郡。武德元年，置武州，领将利、建威、覆津、盘堤四县。贞观元年，省建威入将利。天宝元年，改为武都郡。乾元元年，复为武州。旧领县三，户一千一百五十二，口五千三百八十一。天宝，户二千九百二十三，口一万五千三百一十三。在京师西一千二百九十里，至东都二千里。

　　将利　秦、汉白马之地。汉置武都郡并县。后魏改武都为石门县，置武州。后周改为将利县，仍置武都郡。隋初废，炀帝复为郡，皆治将利县。　覆津　后魏置武阶郡，又于今县东北三十里万郡故城置覆津县。隋废武阶郡，县属武都郡。　盘堤　汉河池县地，属武都郡。后魏于今县东南百四十二里移盘堤县于郡置武州。盘堤山为名。

　　洮州下　隋临洮郡。武德二年，置洮州。贞观五年，移州治于洪和城，后复移还洮阳城，今州治也。永徽元年，置都督府。开元十七年废，并入岷州。临潭县置临州。二十七年，又改为洮州。天宝元年，改为临洮郡。管密恭县，党项部落也，寄治州界。乾元元年，复为洮州。旧领县二，户二千三百六十三，口八千二百六十。天宝，户三千七百，口一万五千六十。在京师西一千五百六里，至东都二千三百九十里。

　　临潭　秦、汉时羌地，本吐谷浑之镇，谓之洪和城。后周攻得之，改为美相县，属洮州。贞观四年，洮州理于此。置临潭县，属旭州。八年，废旭州，来属。其年，移理洮阳城，今州治也。仍于旧洪和城置美相县，隶洮州。天宝中，废美相并入。

　　岷州下　隋临洮郡之临洮县。义宁二年，置岷州。武德四年，为总管府，管岷、宕、洮、叠、旭五州。七年，加督芳州。九年，又督文、武、扶三州。贞观元年，督岷、宕、洮、旭四州。六年，督桥、意二州。十二年，废都督府。神龙元年，废当夷县。天宝元年，改为和政郡。乾元元年，复为岷州。旧领县四，户四千五百八十三，口一万九千二百三十九。天宝，县三，户四千三百二十五，口二万三千四百四十一。在京师西一千三百七十八里，至东都二千一百里。

　　溢乐　秦临洮县，属陇西郡。今州西二十里长城，蒙恬所筑。岷山，在县南一里。崆峒山，县西二十里。后魏置岷州，仍改临洮为溢乐。隋复改临洮，义宁二年，改名溢乐。神龙元年，废当夷县并入。　祐川　后周置基城县。先天元年，改为祐川，避玄宗名。　和政　后周置洮城郡。保定元年，置和政县。

廓州下 隋浇河郡。武德二年，置廓州。天宝元年，改为宁塞郡。乾元元年，复为廓州。旧领县二，户二千二十，口九千七百三十二。天宝，县三，户四千二百六十一，口二万四千四百。在京师二千三十里，至东都二千七百七十二里。

广威 后汉烧当羌之地，段颎破羌斩浇河大帅即此也。汉末，置西平郡，此地即南界也。前凉置湟河郡。后魏置石城郡。废帝因县内化隆谷改为化隆县。后周置廓州。先天元年，改为化成县。天宝元年，改为广威县。县界有拔延山。达化 后周置达化郡并县。吐浑浇河城，在县西一百二十里。米川 汉枹罕县地，属金城郡。贞观五年，置米州及米川县。十年，州废，县属廓州。

叠州下都督府 隋临洮郡之合川县。武德二年，置叠州，领合川、乐川、叠川三县。五年，又置安化、和同二县，以处党项，寻省。叠川、乐川县。十三年，置都督，督叠、岷、洮、宕、津、序、壹、枯、嶂、王、盖、立、桥等州。永徽元年，罢都督府。天宝元年，改为合川郡。乾元元年，复为叠州。旧领县一，户一千八十三，口四千六十九。天宝领县二，户一千二百七十五，口七千六百七十四。在京师西南一千一百一十里，至东都二千五百六十里。

合川 秦、汉已来，为诸羌保据。后周武帝逐诸羌，始有其地，置合川县，仍于县置叠州，取郡山重叠之义。旧治吐谷浑马牧城，武德三年，移于交戍城。常芬 隋同昌郡之常芬县。武德元年，置芳州，领常芬、恒香、丹岭三县。神龙元年，废芳州为常芬县，隶叠州。

宕州下 隋宕昌郡。武德元年，置宕州。领怀道、良恭、和戎三县。贞观三年，省和戎入怀道。天宝元年，改为怀道郡。乾元元年，复为宕州。旧领县二，户一百四十，口一千四百六十一。天宝，户一千一百九十，口七千一百九十九。在京师西南一千六百五十六里，至东都二千二百八十五里。

怀道 历代诸羌所据，后魏始附为蕃国。后周置宕昌郡，及怀道、良恭二县。隋为宕昌郡。武德初，为宕州，理怀道。 良恭 后周置阳宕县，隋改为良恭。

河西道 此又从陇右道分出，不在十道之内。

贞观元年，分陇坻已西为陇右道。景云二年，以江山阔远，奉使者艰难，乃分山南为东西道，自黄河以西，分为河西道。

凉州中都督府 隋武威郡。武德二年，平李轨，置凉州总管府，管凉、甘、瓜、肃四州。凉州领姑臧、昌松、番禾三县。三年，又置神乌县。七年，改为都督府，督凉、肃、甘、沙、瓜、伊、芳、文八州。贞观元年，废神乌县。总章元年，复置。咸亨元年，为大都督府。督凉、甘、肃、伊、瓜、沙、雄七州。上元二年，为中都督府。神龙二年，置嘉麟县。天宝元年，改为武威郡，督凉、甘、肃三州。乾元元年，复为凉州。旧领县三，户八千二百三十一，口三万三千三十。天宝领县五，户二万二千四百六十二，口十二万二百八十一。在京师西北二千一十里，至东都二千八百七十里。

姑臧 汉县，属武威郡。所理，秦月氏戎所处。匈奴本名盖藏城，语讹为姑臧城。西魏复置凉州。晋末，张轨据姑臧，称前凉。吕光又称后凉。后入于元魏，为武威郡。武德初，平李轨，置凉州。州界有猪野泽。 神乌 汉鸾鸟县，属武威郡。后魏废。总章元年，复于汉武威城置武威县。神龙元年，改为神乌。于汉鸾鸟古城置嘉麟县。昌松 汉苍松县，属武威郡。后凉吕光改为昌松。 天宝 汉番音盘禾县，属张掖郡。县南山曰天山，又名雪山。咸亨元年，于县置雄州，调露元年，废雄州，番禾还凉州。天宝三年，改为天宝县。 嘉麟 神龙二年，于汉鸾鸟古城置。景龙二年废，先天二年复置。 吐浑部落 兴昔部落 阁门府 皋兰府 卢山府 金水州 蹛林州 贺兰州已上八州府，并无县，皆吐浑、契苾、思结等部，寄在凉州界内。共有户五千四十八，口一万七千二百一十二。

甘州下 隋张掖郡。武德二年，平李轨，置甘州。天宝元年，改为张掖郡。乾元元年，复为甘州。旧领县二，户二千九百二十六，口一万一千六百八十。天宝，户六千二百八十四，口二万二千九十二。在京师西北二千五百里，至东都三千三百一十里。

张掖 故匈奴昆邪王地，属汉武开置张掖郡及觻音禄得县，郡所治也，匈奴王号也。后魏置张掖军，孝文改为郡及县，州置西凉州，寻改为甘州，取州东甘峻山为名。祁连山，在州西南二百里也。 删丹 汉县，属张掖郡。后汉分张掖置西海郡。晋分删丹置兰池、万岁、仙提三县。炀帝废，并入删丹。居延海、焉支山在县界。删丹山，即焉支山，语讹也。

肃州下 武德二年，分隋张掖郡置肃州。八年，置都督府，督肃、瓜、沙三州。贞观元年，罢都督府。贞观中，废玉门县。天宝元年，改为酒泉郡。乾元元年，复为肃州。旧领县三，户一千七百三十一，口七千一百一十八。天宝领县二，户二千三百三十，口八千四百七十六。在京师西北二千八百五十八里，至东都三千七百八十里。

酒泉 汉福禄县，属酒泉郡。郡城下有金泉，泉味如酒，故为郡名。此月支地，为匈奴所灭，匈奴令休屠、昆邪王守之。汉武时，昆邪来降，乃置酒泉郡。张轨、李暠、沮渠蒙逊皆都于此。后魏置酒泉军，复为郡，后周改为甘州，隋分甘州置肃州，皆治酒泉。义宁元年，置酒泉县。 福禄 汉旧县，属酒泉郡。今县，汉乐涫县地，属燉煌郡。武德二年，于乐涫古城置福禄县。

瓜州下都督府 隋燉煌郡之常乐县。武德五年，置瓜州，仍立总管府，管西沙、肃三州。八年。罢都督。贞观中，复为都督府。天宝元年，为晋昌郡。乾元元年，复为瓜州。旧领县二，户一千一百六十四，口四千三百二十二。天宝，户四百七十七，口四千九百八十七。在京师西三千三百一十里，至东都四千三百六里。

晋昌　汉冥安县，属燉煌郡。冥，水名。置晋昌郡及冥安县，周改晋昌为永兴。隋改为瓜州，改冥安常乐。武德七年，复为晋昌。　常乐　汉广至县，属燉煌郡。魏分广至置宜禾县。李暠于此置凉兴郡。隋废，置常乐镇。武德五年，改镇为县。

伊州下　隋伊吾郡。隋末，西域杂胡据之。贞观四年，归化，置西伊州。六年，去"西"字。天宝元年，为伊吾郡。乾元元年，复为伊州。旧领县三，户一千三百三十二，口六千七百七十八。天宝领县二，户二千四百六十七，口一万一百五十七。在京师西北四千四百一十六里，至东都五千三百三十里。

伊吾　在燉煌之北，大碛之外。秦、汉之际，戎居之。南去玉门关八百里，东去阳关二千七百三十里。汉宣帝时，以郑吉为都护，在玉门关。元帝时，置戊己校尉，皆治车师。后汉明帝时，取伊吾卢地，置宜禾都尉以屯田。窦宪、班超大破西域，始于此筑城。班勇为西域长史，居此地也。后魏、后周，鄯善戎居之。隋始于汉伊吾屯城之东筑城，为伊吾郡。隋末，为戎所据。贞观四年，款附，置西伊州始于此。天山，在州北一百二十里，一名白山，胡人呼折罗漫山。　柔远　贞观四年置，取县东柔远故城为名。　纳职　贞观四年，于鄯善胡所筑之城置纳职县。

沙州下　隋燉煌郡。武德二年，置瓜州。五年，改为西沙州。贞观七年，去"西"字。天宝元年，改为燉煌郡。乾元元年，复为沙州。旧领县二，户四千二百六十五，口一万六千二百五十。在京师西北三千六百五十里，至东都四千三百九里。

燉煌　汉郡县名。月氏戎之地，秦、汉之际来属。汉武开西域，分酒泉置燉煌郡及县。周改燉煌为鸣沙县，取县界山名。隋复为燉煌。武德三年，置瓜州，取《春秋》"祖吾离于瓜州"之义。五年，改为西沙州。皆治于三危山，在县东南二十里。鸣沙山，一名沙角山，又名神沙山，取州名焉，在县七里。　寿昌　汉龙勒县地，属燉煌郡。县南有龙勒山。后魏改为寿昌县。阳关，在县西六里。玉门关，在县西北一百一十八里。

西州中都督府　本高昌国。贞观十三年，平高昌，置西州都督府，仍立五县。显庆三年，改为都督府。天宝元年，改为交河郡。乾元元年，复为西州。旧领县五，户六千四百六十六。天宝领县五，户九千一十六，口四万九千四百七十六。在京师西五千五百一十六里，至东都六千二百一十五里。

高昌　汉车师前王之庭。汉元帝置戊己校尉于此。以其地形高敞，故名高昌。其故垒有八城。张骏置高昌郡，后魏因之。魏末为蠕蠕所据，后麴嘉称高昌王于此数代。贞观十四年，讨平之，以其地为西州。其高昌国境，东西八百里，南北五百里。寻置都督府，又改为金山都督府。

柳中　贞观十四年置。　交河　县界有交河，水源出县北天山，一名祁连山，县取水名。地本汉车师前王庭。　蒲昌　贞观十四年，于始昌故城置，县东南有蒲类海，胡人呼为婆悉海。　天山　贞观十四年置，取祁连山为名。

北庭都护府　贞观十四年，侯君集讨高昌，西突厥屯兵于浮图城，与高昌相响应。及高昌平。二十年四月，西突厥泥伏沙钵罗叶护阿史那贺鲁率众内附，乃置庭州，处叶护部落。长安二年，改为北庭都护府。自永徽至天宝，北庭节度使管镇兵二万人，马五千匹；所统摄突骑施、坚昆、斩啜；又管瀚海、天山、伊吾三军镇兵万余人，马五千匹。至上元元年，陷吐蕃。旧领县一，户二千三百。天宝领县三，户二千二百二十六，口九千九百六十四。在京师西北五千七百二十里，东至伊州界六百八十里，南至西州界四百五十里，西至突骑施庭一千六百里，北至坚昆七千里，东至回鹘界一千七百里。

金满　流沙州北，前汉乌孙部旧地，方五千里。后汉车师后王庭。胡故庭有五城，俗号"五城之地"。贞观十四年平高昌后，置庭州以前，故及突厥常居之。　轮台　取汉轮台为名。　蒲类　海名。已上三县，贞观十四年与庭州同置。　瀚海军　开元中盖嘉运置，在北庭都护府城内，管镇兵万二千人，马四千二百匹。　天山军　开元中，置西州城内，管镇兵五千人，马五百匹。在都护府南五百里。　伊吾军　开元中置，在伊州西北五百里甘露川，管镇兵三千人，马三百匹，在北庭府东南七百里。　盐治州都督府　盐禄州都督府　阴山州都督府　大漠州都督府　轮台州都督府　金满州都督府　玄池州　哥系州　咽面州　金附州　孤舒州　西盐州　东盐州　叱勒州　迦瑟州　冯洛州　已上十六番州，杂戎胡部落，寄于北庭府界内，无州县户口，随地治畜牧。

安西大都护府　贞观十四年，侯君集平高昌，置西州都护府，治在西州。显庆二年十一月，苏定方平贺鲁，分其地置濛池、昆陵二都护府。分其种落，列置州县。于是，西尽波斯国，皆隶安西都护府。仍移安西都护理所于高昌故地。三年五月，移安西府于龟兹国。旧安西府复为西州。龙朔元年，西域吐火罗款塞，乃于于阗以西、波斯以东十六国，皆置都督，督州八十，县一百一十，军府一百二十六，仍立碑于吐火罗以志之。咸亨元年四月，吐蕃陷安西都护府。至长寿二年，收复安西四镇，依前于龟兹国置安西都护府。至德后，河西、陇右戍兵皆征集，收复两京。上元元年，河西军镇多为吐蕃所陷。有旧将李元忠守北庭，郭昕守安西府，二镇与沙陀、回鹘相依，吐蕃久攻之不下。建中元年，元忠、昕遣使间道奏事，德宗嘉之，以元忠为北庭都护，昕为安西都护。其后，吐蕃急攻沙陀、回鹘部落，北庭、安西无援，贞元三年，竟陷吐蕃。

北庭都护府　本龟兹国。显庆中，自西州移府治于此。东至焉耆镇守八百里，西至疏勒镇守二千里，南至于阗二千里，东北至北庭府二千里，南至吐蕃界八百里，北至突骑施界雁沙川一千里。安西都护府，镇兵二万四千人，马二千七百匹。都护兼镇西节度使。

安西都护所统四镇

龟兹都督府 本龟兹国。其王姓白，理白山之南。去瓜州三千里，胜兵数千。贞观二十二年，阿史那社尔破之，虏龟兹王而还，乃于其地置都督府，领蕃州之九。至显庆三年，破贺鲁，仍自西州移安西府置于龟兹国城。 **毗沙都督府** 本于阗国。在葱岭北二百里，胜兵数千。俗多机巧。其王伏阇信，贞观二十二年入朝。上元二年正月，置毗沙都督府，初管蕃州五。上元元年，分为十。在安西都护府西南二千里。 **疏勒都督府** 本疏勒国。在白山之南，胜兵二千。去瓜州四千六百里。贞观九年，遣使朝贡，自是不绝。上元中，置疏勒都督府，在安西都护府西南二千里。 **焉耆都督府** 本焉耆国。其王姓龙，名突骑支，常役于西突厥。俗有鱼鳖之利。贞观十八年，郭孝恪平之，由是臣属。上元中，置都督府处其部落，无蕃州。在安西都护府东八百里。

西域十六都督州府

龙朔元年，西域诸国，遣使来内属，乃分置十六都督府，州八十，县一百一十，军府一百二十六，皆隶安西都护府，仍于吐火罗国立碑以纪之。

月氏都督府 于吐火罗国所治遏换城置，以其王叶护领之。于其部内分置二十四州，都督统之。 **太汗都督府** 于呎哒部落所治活路城置，以其王太汗领之。仍分其部置十五州，太汗领之。 **条枝都督府** 于诃达罗支国所治伏宝瑟颠城置，以其王领之。仍于其部分置八州。 **大马都督府** 于解苏国所治数瞒城置，以其王领之。仍分其部置三州。 **高附都督府** 于骨咄施国所治妖沙城置，以其王领之。仍分其部置三州。 **修鲜都督府** 于罽宾国所治遏纥城置，以其王领之。仍分其部置十一州。 **写凤都督府** 于失苑延国所治伏宝城置，以其王领之。仍分其部置四州。 **悦般都督府** 于石汗那国所治艳城置，以其王领之。仍分其部置双靡州。 **奇沙州** 于护特健国所治遏密城置，仍分其部置沛薄、大秦二州。 **和默州** 于怛没国所治怛城置，仍分置栗弋州。 **挾撒州** 于乌拉喝国所治摩竭城置。 **崐墟州** 于护密多国所治抵宝那城置。 **至拔州** 于俱密国所治措瑟城置。 **鸟飞州** 于护密多国所治摸延城置。 **王庭州** 于久越得犍国所治步师城置。 **波斯都督府** 于波斯国所治陵城置。

右西域诸国，分置羁縻州军府，皆属安西都护统摄。自天宝十四载已前，朝贡不绝。今于安西府事末纪之，以表太平之盛业也。

卷四十一　　　　志第二十一

地　理　四

剑南道东西道九　岭南道五管十

剑南道

成都府 隋蜀郡。武德元年，改为益州，置总管府，管益、绵、陵、遂、资、雅、嘉、泸、戎、会、松、翼、㟮、南宁、昆、恭十七州。益州领成都、雒、九陇、郫、双流、新津、晋原、青城、阳安、金水、平泉、玄武、绵竹等十三县。又置唐隆、导江二县。二年，分置邛、眉、普、荣、登五州，属总管府。又置新都、什邡二县。三年，罢总管，置西南道行台。仍分绵竹、导江、九陇三县立濛州，阳安、金水、平泉三县立简州，割玄武属梓州。又析置德阳、新繁、万春三县。九年，罢行台，置都督府，督益、绵、简、嘉、陵、眉、犍、邛十州，并督㟮、南宁、会都督府。贞观二年，废濛州之九陇、绵竹、导江来属，仍改万春为温江。六年。罢南宁都督，更置戎州都督，属益州。八年，兼领南金州都督。十年，又督益、绵、简、嘉、陵、雅、眉、邛八州，茂、㟮二都督。十七年，置蜀县。龙朔二年，升为大都督府，仍置广都县。咸亨二年，置金堂。仪凤二年，又置唐昌、濛阳二县。垂拱三年，分雒、九陇等十三县置彭、蜀二州。其年，又置犀浦县。圣历三年，又置东阳县。天宝元年，改益州为蜀郡，依旧大都督府，督剑南三十八郡。十五载，玄宗幸蜀，驻跸成都。至德二年十月，驾回西京，改蜀郡为成都府，长史为尹。又分为剑南东川、西川，各置节度使。广德元年，黄门侍郎严武为成都尹，复并东、西川为一节度。自崔宁镇蜀后，分为西川，自后不改。旧领县十六，户十一万七千八百八十九，口七十四万三百一十二。汉朝蜀郡，户二十六万八千二百七十，口一百二十四万。天宝领县十，户十六万九千五十，口九十二万八千一百九十九。在京师西南二千三百七十九里，至东都三千二百一十六里。

成都 汉县，属蜀郡。汉朝成都一县，管户一万六千二百五十六。蜀，三代之时西南夷国，或臣或否。至秦惠王既霸西戎，欲广其地，乃令其相张仪、司马错伐蜀。取其地，立汉中、巴、蜀三郡。蜀王本都广都之樊乡，张仪平蜀后，自赤里街移治于少城，今州城是也。蜀城，张仪所筑。 **华阳** 贞观十七年，分成都县置蜀县，在州郭下，与成都分理。乾元元年二月，改为华阳。 **新都** 汉县，属广汉郡。 **新繁** 汉繁县，属蜀郡。刘禅时加"新"字。 **犀浦** 垂拱二年，分成都县置。 **双流** 汉广都县地，属蜀郡。隋置双流县。 **广都** 龙朔三年，分双流置，取隋旧名。 **郫** 汉县，属蜀郡。隋置濛州，大业省为郫县。 **温江** 汉郫县地，魏蜀郡治于此。隋为万春县。贞观元年，改为温江。 **灵池** 久视元年，分蜀县置东阳县。

天宝元年，改为灵池。

汉州上　垂拱二年，分益州五县置汉州。天宝元年，改为德阳郡。乾元元年，复为汉州。领县五，户六万九千五，口三十万八千二百三。至京师二千二百里，至东都三千一百一十六里。

雒　汉县，属广汉郡。后汉置益州，治于雒。晋置新都郡，宋、齐为广汉郡。垂拱二年，置汉州。皆治雒县也。　德阳　后周废县。武德三年，分雒置。　什邡　汉县，属广汉郡。后周改为方宁。武德三年，改为什邡。雍齿侯邑，在县北四十步。　绵竹　汉县，属广汉郡。隋开皇二年，置晋熙县。十八年，又改为孝水县。大业三年，改为绵竹。武德三年，属濛州。州废，来属之。　金堂　咸亨二年，分雒县、新都置，属益州。垂拱二年，来属。

彭州上　垂拱二年，分益州四县置彭州，天宝元年，改为濛阳郡。乾元元年，复为彭州。领县四，户五万五千九百二十二，口三十五万七千三百八十七。至京师二千三百三十九里，至东都三千一百六十九里。

九陇　州所治。汉繁县地，宋置晋寿县，古城在县西北三里。梁置东益州。后魏为天水郡，仍改为九陇。初于县东三里置濛州，大业省。武德三年，复置濛州，领九陇、绵竹、导江三县，置彭州之名也。三县置，属益州。垂拱二年，属彭州。长寿二年，改为周昌。神龙初复置。　濛阳　仪凤二年，分九陇、雒、什邡三县置，属益州。垂拱三年，来属。　导江　蜀置都安县，后周改为汶山。武德元年，改为盘龙，寻改为导江。三年，割属濛州。州废，属益州。旧治灌口城，武德元年，移治导江郡。垂拱二年，来属。

蜀州　垂拱二年，分益州四县置。天宝元年，改为唐安郡。乾元元年，复为蜀州也。领县四，户五万六千五百七十七，口三十九万六千九十四。至京师三千三百三十二里，至东都三千一百七十二里。

晋原　汉江源地，属蜀郡。李雄立江源郡，晋改为多融县，又改为晋原。鹤鸣山，在西北十里。　青城　汉江源县地。南齐置齐基县，后周改为青城。山在西北三十二里。旧"青"字加水，开元十八年，去"水"为"青"。　唐安　本汉江源县地，后魏于此立犍为郡及犍道县。隋省。武德元年复置，改为唐隆。长寿二年，为武隆。先天元年，改为唐安。　新津　汉武阳县，属犍为郡。后周改为新津，属益州。垂拱二年，属蜀州也。

眉州上　隋眉山郡之通义县。武德二年，割嘉州之通义、丹稜、洪雅、青神、南安五县置眉州。五年，省南安。贞观二年，置隆山县。天宝元年，改为通义郡。乾元元年，复为眉州也。旧领县五，户三万六千九百，口十六万九千七百五十五。天宝，户四万三千五百二十九，口十七万五千二百五十六。至京师二千五百五十里，至东都三千二百八十九里。

通义　后汉置通义县，属齐通郡。梁改为青州，后魏改为眉州。后改通义为安洛，又复通义。隋初为广通，寻改为通义。武德元年，于县置唐眉州也。　彭山　汉武阳县地，属犍为。晋于郡置西江阳郡。后魏增置隆山郡，以界内有鼎鼻山，地形隆故也。隋改为陵州隆山县。先天元年，改为彭山也。　丹稜　本南齐齐乐郡，后周改为洪雅县。隋改为丹稜，属嘉州。武德二年，来属也。　洪雅　后周洪雅镇，隋改为县。武德九年，置犍州。贞观初，州废，属眉州也。　青神　汉南安县，属犍为郡。县临青衣江，西魏置青衣县。本治思蒙水口，武德八年，移于今治，属眉州也。

绵州上　隋金山郡。武德元年，改为绵州，领巴西、昌隆、涪城、魏城、金山、万安、神泉七县。三年，分置显武、龙安、文义、盐泉四县。七年，省金山县。贞观元年，又省文义县。旧领县九，户四万三千九百四，口十九万五千五百六十三。天宝领县九，户六万五千六十六，口二十六万三千三百五十二。至京师二千五百九里，至东都三千二百五十九里。

巴西　汉涪县，属广汉郡。晋置梓潼郡，西魏置潼州。隋改为绵州，炀帝改为金山郡。隋改涪为巴西县也。　涪城　汉涪县地，东晋置始平郡。后魏改为涪城及潼县。隋改潼为涪城。　昌明　汉涪县地，晋置汉昌县，后魏为昌隆。先天元年，改为昌明。旧有显武县，神龙元年，改为兴圣。开元二年废，并入昌明，仍分巴西、涪城、万安三县地置兴圣县。二十七年废，地各还本属。　魏城　隋置。　罗江　汉涪县地。晋于梓潼水尾万安故城置万安县。后魏置万安郡，隋废。天宝元年，改万安为罗江。廉泉、让水，出县北平地也。　神泉　汉涪县地。晋置西充国县，隋改为神泉，以县西泉能愈疾故也。　盐泉　武德三年，分魏城置也。　龙安　隋金山县。武德三年，复置，改为龙安。　西昌　隋金山县。隋末废。永淳元年，复置为西昌也。

剑州　隋普安郡。武德元年，改为始州，领县七。圣历二年，置剑门县。先天二年，改始州为剑州。天宝五年，改为普安郡。乾元元年，复为剑州也。旧领县七，户三万六千七百一十四，口十九万九十六。天宝领县八，户二万三千五百一十，口一十万四千五十。至京师一千六百六十二里，至东都二千五百六十里。

普安　汉梓潼县，广汉郡治也。宋置南安郡，梁置南梁州，又改为安州。西魏改为始州，兼置普安郡。武德元年，复为始州。皆治于普安也。　黄安　梁分梓潼县置梁安县，寻改为黄安。　永归　隋分梓潼县置。　梓潼　汉县。蜀先分广汉置梓潼，西魏改为潼川郡，隋为梓潼县。后魏自涪县移梓潼郡于今县，属始州，仍改郡为县也。　阴平　晋流人入蜀，于县置北阴平郡。山北有十八陇山，山有陇十八也。　武连　汉梓潼县地。宋置武都郡及下辨县，又改下辨为武功。后魏改为武连也。　临津　汉梓潼县地。南齐置相厚县，隋改为临津也。　剑门　圣历二年，分普安、永归、阴平三县地，于方期驿城置剑门，县界大剑山，即梁山也。其北三十里所，有小剑山。大剑山有剑阁道，三十里至剑处，张载刻铭之所。剑山东西二百三十一里。

梓州上　隋新城郡。武德元年，改为梓州，领郪、射洪、盐亭、飞乌四县。三年，又以益州玄武来属。四年，又置永泰县。调露元年，置铜山县。天宝元年，改为梓潼郡。乾元元年，复为梓州。乾元后，分置为东、西川，梓州恒为东川节度使治所。旧领县七，户四万五千九百二十九，口二十四万八千三百九十四。天宝领县八，户六万一千八百二十四，口二十四万六千六百五十二。至京师二千九十里，至东都二千九百里。

郪　汉县，属广汉郡，历晋、宋、齐不改。梁于县置新州，西魏改为昌城郡。隋改为梓州，炀帝改为新城郡。郡城左带涪水，右挟中江，邻居水陆之要。梓州所治，以梓潼水为名也。　射洪　汉郪县地，后魏分置射洪县。娄婆滩东六里，有射江，语讹为"洪"。　通泉　汉广汉县地，隋县也。　玄武　汉底道县，属蜀郡。晋改为玄武。武德元年，属益州。三年，割属梓州也。　盐亭　汉广汉县地，梁置盐亭县也。　飞乌　汉郪县地，隋置飞乌镇，又改为县，取飞乌山为名也。　永泰　武德四年，分盐亭、武安二县置。　铜山　调露元年，分郪、飞乌二县地置也。

阆州　隋巴西郡。武德元年，改为隆州，领阆中、南部、苍溪、南充、相如、西水、三城、奉国、仪陇、大寅十县。其年，又立新井、思恭二县。四年，以南充、相如属果州，仪陇、大寅属蓬州。又置新政。七年，又以奉国属西平州。还以奉国来属。又省思恭入阆中县。先天元年，改为阆州。天宝元年，改为阆中郡。乾元元年，复为阆州。旧领县八，户三万八千八百四十九，口二十七万三千五百四十三。今领县九，户二万五千五百八十八，口十三万二千一百九十二。至京师一千九百一十五里，至东都二千七百六十里。

阆中　汉县，属巴郡。梁置北巴州。西魏置隆州及盘龙郡。炀帝改为巴西郡。武德为隆州。皆治阆中。阆水迂曲经郡三面，故曰阆中，隋为阆内也。　晋安　汉阆中县地。梁置金匮二。又为金迁郡。隋省郡，改为晋城。武德改为晋安也。　南部　后汉分阆中置充国县，属巴郡。又分置南充国郡。梁改为南充郡，隋改为南部也。　苍溪　后汉分宕渠置汉昌县，属巴郡。隋改汉昌为苍溪也。　西水　汉阆中县地。梁置掌夫城，后周改为西水县。　奉国　后汉分阆中置。武德七年，属西平州。贞观元年，还属隆州。　新井　汉充国县地。武德元年，分南部、晋安二县置。界内有盐井。　新政　武德四年，分南部、相如两县置。　岐坪　旧属利州，开元二十三年，来属也。

果州中　隋巴西郡之南充县也。武德四年，割隆州之南充、相如二县置果州，因果山为名。又置西充、郎池二县。天宝元年，为南充郡。乾元元年，复为果州也。旧领县四，户一万三千五百一十，口七万五千八百一十一。天宝领县六，户三万三千九百四，口八万九千二百二十五。至京师二千五百五十八里，至东都三千四百二十三里。

南充　汉安汉县，属巴郡。宋于安汉故城置南宕渠郡。隋改安汉为南充。果山，在县南八里。　相如　汉安汉县地，梁置梓潼郡。周省县，立相如县，以县城南二十里，有相如故宅二。相如坪，有琴台。　流溪　开耀元年，析南充县于溪水侧置也。　西充　武德四年，分南充置。有西充山。　郎池　武德四年，分相如置。　岳池　万岁通天二年，分南充、相如二县置。初治思岳池，开元二十年，移治今所。

遂州中　隋遂宁郡。武德元年，改为遂州，领方义、长江、青石三县。二年，置总管府，管遂、梓、资、普四州。贞观罢总管。十年，复置都督，督遂、果、普、合四州。十七年，罢都督府。天宝元年，改为遂宁郡。乾元元年，复为遂州。旧领县三，户一万二千九百七十七，口六万六千四百六十九。天宝领县五，户三万五千六百三十二，口十万七千七百一十六。至京师二千三百二十九里，至东京三千一百六十六里。

方义　汉广汉县，属广汉郡。宋置遂宁郡，齐、梁加"东"字。后周改东遂宁为遂州。后魏改广汉为方义。　长江　东晋巴兴县，魏改为长江。旧治灵鹫山，上元二年，移治白桃川也。　蓬溪　永淳元年，分方义县置唐兴县。长寿二年，改为武丰。神龙初复。景龙二年，分唐兴置唐安县。先天二年，废唐安县，移唐安废县置。天宝元年，改唐兴为蓬溪也。　青石　东晋晋兴县。后魏改为始兴。隋改始兴为青石，以县界有青石祠也。　遂宁　景龙元年分置。

普州中　隋资阳郡之安岳县。武德二年，分资州之安岳、隆康、安居、普慈四县置普州。三年，又置乐至、隆龛二县。天宝元年，改为安岳郡。乾元元年，复为普州。旧领县六，户二万五千八百四十，口六万七千三百二十。天宝领县四，户二万五千六百九十三，口七万四千六百九十二。至京师二千三百六十里，至东都三千二百三里。

安岳　汉犍为、巴郡地，资中、牛鞞、垫江三县地。李雄乱后，为獠所据。梁招抚之，置普慈郡。后周置普州，隋省。武德二年，复置，安岳为治所。　安居　后周柔刚县，属安居郡。隋改柔刚为安居。柔刚山，在县东二十步。旧治柔刚山，天授二年，移理张栅也。　普康　后周永唐县，隋改为永康，移治伏强城，寻改为隆康。先天元年，改为普康也。　崇龛　后周隆龛城，隋隆龛县。旧治整濑川，久视元年，移治波罗川。先天元年，为崇龛。隆龛山，在县西三里也。

陵州中　隋隆山郡。武德元年，改为陵州，领仁寿、贵平、井研、始建、隆山五县。贞观元年，割隆山属眉州。天宝元年，改为仁寿郡。乾元元年，复为陵州也。旧领县四，户一万七千四百四十一，口八万一百一十。天宝领县五，户三万四千七百二十八，口一十万一百二十八。至京师二千五百一十里，至东都三千四百八十四里。

仁寿　汉武阳县东境，属犍为郡。晋置西城戍，以为井防。后魏平蜀，改为普宁县。后周置陵州，以州南陵井为名。隋改普宁为仁寿，所治也。　贵平　汉广都县之东南地，属蜀郡。后魏置和仁郡，仍立平井、贵平、可昙三县。旧治和仁城，开元十四年，移治禄川也。　井研　汉武阳县地。东晋置西江阳郡。魏置蒲亭县，隋改为井研。武德四年，自拥思茫水移治今所也。　始建　汉武阳县地。隋开皇十年，于此置始建镇。大业五年，改镇为始建县。旧治拥思茫水，圣历二年，移治荣祉山。　籍　梁席郡，一名汉阳戍。永徽四年，分贵平置。

资州上　隋资阳郡。武德元年，改为资州，领盘石、内江、安岳、普慈、安居、隆康、资阳、大牢、威远。其年，割大牢、威远属荣州。二年，分安居、隆康、普慈、安岳四县属普州。贞观四年，置丹山县。天宝元年，改为资阳郡。乾元元年，复为资州。乾元二年正月，分置昌州，寻废也。旧领县八，户二万九千三百四十七，口十五万二千一百三十九。天宝，户二万九千六百三十五，口十万四千七百七十五。至京师二千五百六十里，至东都三千五百一十里。

盘石　汉资中县，属犍为郡。后周于简州阳安县移资州于汉资中故城为治所。仍改资中为盘石，今州治。　资阳　后周分资中置县，在资水之阳也。　牛鞞必尔反汉资中县为盘地。隋分置牛鞞县。汉有牛鞞县，属犍为郡，此非也。洛水，一名牛鞞水。　内江　汉资中县地，后汉于中江水滨置汉安戍。其年，改为中江县，因其北江，乃云中。隋改为内江。汉安故城，今县治也。　月山　资中地，义宁二年置。　龙水　资中地，义宁二年置。　银山　资中地，义宁二年置。　丹山　汉资中地，贞观四年置。六年，并入内江。七年，又置。

荣州中　隋资阳郡之大牢县。武德元年，置荣州，领大牢、威远二县。贞观元年，置旭川、婆日、至如三县。二年，割泸州之隆越来属。六年，自公井移州治大牢，仍割嘉州资官来属。八年，又割泸州之和义来属。废婆日、至如、隆越三县。永徽二年，移州治旭川。天宝元年，改为和义郡。乾元元年，复为荣州。旧领县六，户一万二千二百六十二，口五万六千六百一十四。天宝，户五千六百三十九，口一万八千二十四。至京师二千九百七十二里，至东都二千七百四十九里。

大牢　汉南安县，属犍为郡。隋置大牢镇，寻改为县。武德元年，割资州之大牢、威远二县，于公井镇置荣州，取界内荣德山为名。又改公井为县。贞观六年，自公井移州治于大牢县也。　公井　汉江阳县，属犍为郡。后周置公井镇。武德元年，镇置荣州，改为公井县。贞观六年，治移于大牢也。　威远　汉安县地，属犍为郡。隋于旧威远戍置县。武德初，属资州。其年，割属荣州也。　旭川　贞观元年，分大牢县置。　资官　汉南安县地，晋置资官县。武德初，属嘉州。贞观六年，来属。　和义　汉安县地，隋置和义县。

简州　隋蜀郡之阳安县。武德三年，分益州置。天宝元年，改为阳安郡。乾元元年，复为简州。旧领县三，户一万三千八百五，口七万五千一百三十三。天宝，户二万三千六十六，口十四万三千一百九十。在京师西南二千七百里，至东都三千六百里。

阳安　汉牛鞞县，属犍为郡。后魏置阳安县，又分阳安、平泉、资阳三县置简州，取界内赖简池为名。　金水　汉新都县，属广汉郡。晋将朱龄石于东山立金泉戍。后魏立金泉郡，分置金泉、白牟二县。隋改为金润，属蜀郡。武德初，为金水。三年，属简州。县有金堂山。　平泉　汉牛鞞县地，后魏置婆润县。隋移县治于赖黎池，仍改为平泉县，县之旁地涌泉故也。

嘉州中　隋眉山郡。武德元年，改为嘉州，领龙游、平羌、夹江、峨眉、玉津、绥山、通义、洪雅、丹稜、青神、南安五县置眉州。贞观六年，改资官，属荣州。上元元年，以戎州之犍为来属。天宝元年，改为犍为郡。乾元元年，复为嘉州。三月，剑南节度使卢元裕请升为中都督府。寻罢。旧领县六，户二万五千八十五，口七万五千三百九十一。天宝领县八，户三万四千二百八十九，口九万九千五百九十一。至京师二千七百二十里。至东都三千五百里。

龙游　汉南安县地，属犍为郡。后周置平羌县。隋初，为峨眉县，又改为青衣县。隋伐陈时，龙见于江中引舟，乃改为龙游县也，州临大江为名。　平羌　后周置也。　峨眉　汉南安县。隋置峨眉县，取西山名也。　夹江　汉南安县地。隋分龙流、平羌三县，于泾上置夹江县。今北八十里，有夹江废戍，即泾上地也。旧治泾上，武德元年，移于今治也。　玉津　汉南安县地。隋置玉津县，江中出璧故也。　绥山　隋招致生獠，于荣乐城置绥山县，取旁山名也。　罗目　麟德二年，开生獠置沐州及罗目县。上元三年，俱废。仪凤三年，又置，治沱和城，属嘉州。如意元年，又自峨眉县界移罗目治于今所也。　犍为　本汉郡，因山立名。旧属戎州。上元元年，改属嘉州。

邛州上　隋临邛郡之依政县。武德元年，割雅州之依政、临邛、临溪、蒲江、火井五县，置邛州于依政县。三年，又置安仁县。显庆二年，移州治于临邛。天宝元年，改为临邛郡。乾元元年，复为邛州。旧领县六，户一万五千八百八十六，口七万二千八百五十九。天宝领县七，户四万二千一百七，口十九万三百二十七。在京师西南二千五百一十五里，至东都三千三百七十一里。

临邛　汉县，属蜀郡。邛水，出严道邛来山，入青衣江，故云临邛。晋于益州唐隆置临邛县。后魏平蜀，自唐隆移临邛县治于汉临邛县西，立临邛郡。隋罢郡，移临邛县于今所治。有火井、铜官山也。　依政　秦蒲阳县。汉临邛县。梁置蒲口镇及邛州。后魏改为蒲阳郡，置依政县。隋改为临邛郡，治依政。梁、魏邛州，在今县西南二里，后周移治于今所，后移治于临邛。　安仁　秦临邛县地。武德三年，置安仁县。贞观十七年废。咸亨初，复置。
　　大邑　咸亨二年，分益州晋原县置也。　蒲江　汉临邛县地。后魏置广定县，隋改为蒲江，南枕蒲水故也。　临溪　后魏分临邛县置也。　火井　汉临邛县地。周置火井镇，隋改镇为县也。

　　雅州下都督府　隋临邛郡。武德元年，改为雅州，领严道、名山、卢山、依政、临邛、蒲江、临溪、蒙阳、汉源、火井、长松、灵关、杨启、嘉良、大利、阳山十六县。其年，割依政、临邛、蒲江、临溪、火井五县置邛州；汉源、阳山二县置登州。二年，置荣经县。六年，省嘉良、杨启、大利、灵关、蒙阳、长松六县。九年，废登州，还以阳山、汉源来属。贞观二年，又以阳山、汉源属巂州。八年，又置百丈县。永徽五年，以巂州汉源来属。仪凤四年，置飞越、大渡二县。大足元年，又割汉源、飞越二县置黎州。神龙三年，废黎州，汉源、飞越属雅州。开元三年，又割二县置黎州，又置都督府。天宝元年，改为卢山郡。乾元元年，复为雅州，都督羁縻一十九州也。旧领县五，户一万三百六十二，口四万一千七百二十三。天宝，户一万八百九十二，口五万四千四百一十九。在京师西南二千七百二十三里，至东都三千五百一里。
　　严道　汉县，属蜀郡。晋末大乱，夷獠据之。后魏开生獠，于此置蒙山郡，领始阳、蒙山二县。隋改始阳为严道，蒙山为名山。仁寿四年，置雅州，炀帝改为严道。　卢山　汉严道地。隋置卢山镇，又改为县。卢山，在县西北六十里章卢山下，有山硖，口开三丈，长二百步，俗呼为卢关。关外即生獠也。　名山　严道县地。魏置蒙山县，隋改为名山也。　百丈　汉严道县地，在汉临邛南百二十里。有百丈山。武德置百丈镇。贞观八年，改镇为县。　荣经　汉严道县地。武德三年，置荣经县。县界有邛来山、九折坂、铜山也。　雅州　都督一十九州，并生羌、生獠羁縻，无州县。　嘉梁州　东石孔州　西石孔州　林波州　涉邛州　汶东州　金林州　费林州　徐渠州　会野州　雉州　中川州　钳矢州　强鸡州　长臂州　杨常州　林烧州　当仁州　当马州　皆天宝已前，岁时贡奉，属雅州都督。

　　黎州下　雅州之汉源县。大足元年，割汉源、飞越二县及巂州之阳山置黎州。天宝元年，改为洪源郡。乾元元年，复为黎州，领羁縻五十四州也。领县三，户一千七百三十一，口七千六百七十八。至京师二千九百五十里，至东都三千七百里。
　　汉源　越巂郡之地。隋汉源县。长安四年，巡察使奏置黎州，后使宋乾徽奏废入雅州。大足元年，又置黎州。神龙三年废。开元三年，又置黎州，取蜀南沈黎地为名，州所治。　飞越　仪凤四年，分汉源于飞越水置县，属雅州。大足元年，属黎州。长安二年，废大渡县，并入。神龙三年，属雅州。开元三年，又属黎州也。　通望　旧阳山县，属巂州。大足元年，属黎州。神龙二年，又属巂州。开元元年，却属黎州。天宝元年，改为通望也。　黎州，统制五十四州，皆徼外生獠。无州，羁縻而已。罗岩州　索古州　秦上州　轵荣州　剧川州　合钦州　蓬州　柏坡州　博卢州　明川州　胁胲州　蓬矢州　大渡州　米川州　木属州　河东州　诺祚州　甫岚州　昌明州　归化州　象川州　丛夏州　和良州　和都州　附树州　东川州　上贵州　滑川州　比川州　吉川州　甫薁州　比地州　苍荣州　野川州　邛陈州　贵林州　护川州　牒琮州　浪弥州　郎郭州　上钦州　时蓬州　俨马州　㰍查州　邛川州　护邛州　脚川州　开望州　上蓬州　比蓬州　剥重州　久护州　瑶剑州　明昌州。

　　泸州下都督府　隋泸川郡。武德元年，改为泸州，领富世、江安、绵水、合江、来凤、和义七县。武德三年，置总管府，一州。九年，省来凤。贞观元年，置思隶、思逢、施阳三县。仍置泾南县。又省施阳县。十三年，省思隶、思逢二县。十七年，置溱、珍二州。仪凤二年，又置晏、纳、奉、浙、巩、薛六州。载初二年，置顺州。天授元年，置思峨州。久视元年，置浉州。二年罢州。并属泸州都督，凡十州。天宝元年，改为泸川郡，依旧都督。乾元元年，复为泸州。旧领县六，户一万九千一百一十六，口六万六千八百二十八。天宝，户一万六千五百九十四，口六万五千七百一十一。在京师西南三千三百里，至东都四千一百九十六里。
　　泸川　汉江阳县地，属犍为郡。梁置泸州，故以江阳为泸川县，州所治也。　富义　隋富世县。贞观二十三年，改为富义县。界有富世盐井，井深二百五十尺，以达盐泉，俗呼玉女泉。以其井出盐最多，人获厚利，故云富世。　江安　汉江阳县地。晋时，生獠攻郡，破之，又置汉安县。隋改为江安也。　合江　汉符县地，属犍为郡。晋置安乐县，后周改为合江也。　绵水　汉江阳县地，晋置绵水县，当绵水入江之口也。　泾南　贞观八年，分泸川置，在泾水之南。　泸州　都督十州，皆招抚夷獠置，无户口、道里，羁縻州。　纳州　仪凤二年，开山洞置。天宝元年，改为都宁郡。乾元元年，复为纳州，领县八，并与州同置。罗围　播罗　施阳　都宁　罗当　罗蓝　晋幽　胡茂　薛州　仪凤二年，招生獠置。天宝元年，改为黄池郡。乾元元年，复为薛州也。领县三，与州同置。枝江　黄池　播陵　晏州　仪凤二年，开山洞置。天宝改为罗阳郡。乾元元年，复为晏州也。领县七，与州同置。思峨　柯阴　新宾　扶来　思晏　多冈　罗阳　巩州　仪凤二年，开山洞置。天宝改为因忠郡。乾元元年，复为巩州也。领县四，与州同置。多楼　波员　比求　播郎　顺州　载初二年置，领县五，与州同置。曲水　顺山　灵岩　来猿　龙池　奉州　仪凤二年置，领县三，与州同置。柯理　柯巴　罗蓬　思峨州　天授元年置，领县二，与州同置。多溪　洛溪　能州　大足元年置，领县四，与州同置。长宁　来银　菊池　猿山　浉州　久视元年置，领县四，与州同置。新定　浉川　固城　居牢

浙州　仪凤二年置，领县四，与州同置。　浙源　越宾　洛川　鳞山

茂州都督府　隋汶山郡。武德元年，改为会州，领汶山、北山、汶川、左封、通化、翼针、交川、翼水九县。其年，割翼针、左封、翼水三县置翼州，以交川属松州。三年，置总管府，管会、翼二州。四年，改为南会州。七年，改为都督府，督南会、翼、向、维、涂、冉、穹、炎、彻、笮十州。贞观八年，改为茂州，以郡界茂湿山为名。仍置石泉县。天宝元年，改为通化郡。乾元元年，复为茂州也。旧领县四，户三千三百八十六，口五万三千七百六十一。天宝，户二千五百一十，口一万三千二百四十二。至京师西南二千七百九十四里，至东都三千一十四里。

汶山　汉汶江县，属蜀郡。故城在今县北二里，旧冉駹地。晋汶山郡，宋广阳县。周为汶州，置汶山县。隋初，改为蜀州，又改为会州。贞观八年，改为茂州。　汶川　汉绵虒县地，属蜀郡。晋置汶川县，后周移汶川于广阳县齐州置，即今治也。玉垒山，在县东北四里。石纽山，亦在县界。永徽二年，废汶川县并入。　石泉　汉岷山县，属蜀郡。贞观八年，置石泉县也。　通化　汉广柔县地，属蜀郡。后周置石门镇，隋改为金山镇，寻改为通化也。

茂州都督府，羁縻州十。维、翼两州，后进为正州。相次为正者七，今附于都督之下。

翼州下　隋汶山郡之翼针县。武德元年，分置翼州。六年，自左封移州治于翼针。咸亨三年，置都督府，移就悉州城内。上元二年，罢都督，移还旧治。天宝元年，改为临翼郡。乾元元年，复为翼州也。旧领县三，户一千六百二，口三千八百九十八。天宝领县二，户七百一十一，口三千六百一十八。在京师西南二千九百三十里，至东都三千二百七十八里。

卫山　汉蚕陵县，属蜀郡。故城在县西，有蚕陵山。隋改为翼针县，治七顷城。贞观十七年，移治七里溪。天宝元年，改为卫山县。　翼水　汉蚕陵县，隋置翼水县也。　鸡川　昭德二县开生獠新置。

维州下　武德元年，白苟羌降附，乃于姜维故城置维州，领金川、定廉二县。贞观元年，羌叛，州县俱罢。二年，生羌首领董屈占者，请吏复立维州，移治于姜维城东，始属茂州，为羁縻。麟德二年，进为正州。寻叛，羌降，为羁縻州。垂拱三年，又为正州。天宝元年，改为维川郡。乾元元年，复为维州。上元元年后，河西、陇右州县，皆陷吐蕃。赞普更欲图蜀川，累急攻维州，不下，乃以妇人嫁维州门者。二十年中，生二子。及蕃兵攻城，二子内应，城遂陷。吐蕃得之，号无忧城。累入兵寇扰西川。韦皋在蜀二十年，收复不遂。至大中末，杜悰镇蜀，维州首领内附，方复隶西川。旧领县三，户二千一百四十二，无口。天宝领县二。户二千一百七十九，口三千一百九十八。至京师二千八百三十里，至东都三千五百六十三里。

薛城　汉已前，徼外羌冉駹之地。蜀刘禅时，蜀将姜维、马忠等，讨汶山叛羌，即此地也。今州城，即姜维故垒也。隋初，蜀师讨叛羌，于其地置薛城戍。大业末，又没于羌。武德七年，白苟羌酋邓贤佐内附，乃于姜维城置维州，领金川、定廉二县。贞观元年，贤佐叛，罢郡县。三年，左上封生羌酋董屈占等，举族内附，复置维州及二县。薛城，在州西南二百步也。　小封　咸亨二年，刺史董弄招慰生羌置也。

涂州下　武德元年，临涂羌归附，置涂州，领端源、婆览二县。贞观二年，州县俱省。五年，又分茂州之端源戍置涂州也。领县三，与州同置。　端源　临涂　悉怜　户二千三百三十四，口四千二百六十一。至京师西南二千六百八十九里。

炎州下　贞观五年，生羌归附，置西封州。八年，改为炎州。领县三，与州同置。　大封　慕仙　义川　领户五千七百，无口数。在京师西南三千三百七十六里。

彻州下　贞观五年，西羌首领董凋贞归化置。领县三，与州同置。　文彻　俄耳　文进　领户三千三百，无口数，在京师西南三千四百一十八里。

向州　贞观五年，生羌归化置也。领县二，与州同置。　贝左　向贰　领户一千六百二，口三千八百九十八，在京师西南二千八百六十九里。

冉州下　本徼外敛才地也。贞观五年，置西冉州。九年，去"西"字。领县四，与州同置。　冉山　磨山　玉溪　金水　领户一千三百七十，无口。在京师西南三千七百三十九里。

穹州下　贞观五年，生羌归附，置西博州。八年，改为穹州。领县五，与州同置。领户三千四百三十六，无口。在京师西南三千二百六十七里。

笮州下　贞观七年，白苟羌降附，置西恭州。八年，改为笮州也。领县三，与州同置。遂都　亭劝　北思　无口户。在京师西南二千九百四十五里。

右九州，皆属茂州都督。永徽后，又析为三十一州，今不录其余也。

戎州中都督府　隋犍为郡。武德元年，改为戎州，领僰道、犍为、南溪、开边、郲䣕五县。贞观四年，以开边属南通州。于州置都督府，督戎、郎、昆、曲、协、黎、盘、曾、钩、髳、尹、匿、哀、宗、廲、姚、微十七州。八年，置抚来县。仍改南通州为贤州，以开边来属。天宝元年，改为南溪郡，依旧都督，羁縻三十六州，一百三十七县。并荒梗，无户口。乾元元年，复为戎州。旧领县六，户三万一千六百七十，口六万一千二百二十六。天宝领县五，户四千三百五十九，口一万六千三百七十五。在京师西南

三千一百四里，至东都四千四百八十里。

　　僰道　汉县，犍为郡治所。故僰侯国，梁置戎州也。　南溪　汉南广县，属犍为郡。后周于废郡置南武戎。隋改龙源戎，又置为南溪县也。　义宾　本汉南安县，属犍为郡，隋改为邻䣕县。天宝元年，改为义宾。　开边　汉僰道地，隋置开边县也。　归顺　圣历二年，分邻䣕县置，以处生獠也。　戎州都督府，羁縻州十六，武德、贞观后招慰羌戎开置也。

　　协州下　隋犍为郡之地。古夜郎侯国。武德元年，开南中置也。领县三，与州同置。东安　西安　湖津　领户三百二十九。在京师西南四千里。北接戎州。

　　曲州下　武德元年，开南中置恭州。八年，改为曲州。领县二，与州同置。朱提　武德元年，置安上县。七年，改为朱提。唐兴　领户一千九十四。在京师西南四千三百三十里。北接协州。

　　郎州下　武德元年，开南中置南宁州，乃立味、同乐、升麻、同起、新丰、陇堤、泉麻、梁水、降九县。武德四年，置总管府，管南宁、恭、协、昆、尹、曾、姚、西濮、西宗九州。五年，罢总管。其年冬，复置，寄治益州。七年，改为都督，督西宁、豫、西利、南云、磨、南笼七州。并前九州，合十六州。仍割南宁州之降县属西宁州。八年，自益州移都督于今治。贞观六年，罢都督，置刺史。八年，改南宁为郎州也。领县七。

　　味　隋废同乐县，武德元年复置，改名。　同乐　升麻　同起　新丰　陇堤　泉麻　并与州同置。户六千九百四十二。在京师西南五千六百七十里。北接曲州。

　　昆州下　汉益州郡地。武德初，招慰置。领县四，与州同置。

　　益宁　晋宁　有滇池，周三百里。　安宁　秦臧　汉县。领户一千二百六十七。在京师西南五千三百七十里。北接巂州。

　　盘州下　武德七年，开置西平州。贞观八年，改为盘州。领县三，与州同置。附唐　平夷　盘水　即旧兴古郡也。领户一千九百六十。在京师西南五千三十里。北接郎州，南接交州。

　　黎州下　武德七年，析南宁州置西宁州。贞观八年，改为黎州。领县二，二县本属南宁。梁水　绛。领户一千。至京师无里数。北接昆州。

　　匡州下　武德七年，开置南云州。贞观三年，改为匡州也。领县二，与州同置。勃弄　匡川　县界有永昌故城也。领户四千八百。在京师西南五千一百六十五里。

　　髳州下　武德四年，置西濮州。贞观十一年，改为髳州也。领县四，与州同置。濮水　青蛉　旧属越巂郡。歧星　铜山　领户一千三百九十。在京师西南四千八百五十里。南接姚州。

　　尹州下　武德四年置。领县五，与州同置。马邑　天池　盐泉　甘泉　涌泉　领户一千七百。无里数。接髳州。

　　曾州下　武德四年置。领县五，与州同置。曾　三部　神泉　龙亭　长和　领户一千二百七。在京师西南五千一百四十五里。西接匡州。

　　钩州下　武德七年，置南龙州。贞观十一年，改为钩州也。领县二，与州同置。望水　唐封　领户一千。在京师西南五千六百五十里。北接昆州。

　　麊州下　武德七年，置西豫州。贞观三年，改为麊州。领县二，与州同置。磨豫　七部　领户一千二百。在京师西南四千九百四十五里。南接姚州。

　　哀州下　武德四年置。领县二，与州同置。扬彼　强乐　领户一千四百七十。在京师西南四千九百七十里。南接姚州。

　　宗州　武德四年，置西宗州。贞观十一年，去"西"字。领县三，与州同置。宗居　石塔　河西　领户一千九百三十。在京师西南五千一十里。北接姚州。

　　微州下　武德四年，置利州。贞观十一年，改为微州。领县二，与州同置。深利　十部　领户一千一百五十。在京师西南四千九百七十里。东接麊州。

　　姚州　武德四年，在姚府旧城北百余步。汉益州郡之云南县。古滇王国。楚顷襄王使大将庄蹻溯沅水，出且兰，以伐夜郎。属秦夺楚黔中地，蹻无路能还，遂自王之。秦并蜀，通五尺道，置吏。汉武开西南夷，置益州郡，云南即属邑也。后置永昌郡，云南、哀牢、博南皆属邑也。蜀刘氏分永昌为建宁郡，又分永昌、建宁置云南郡，而治于弄栋。晋改为晋宁郡，又置宁州。武德四年，安抚大使李英以此州内人多姓姚，故置姚州，管州三十二。麟德元年，移姚州治于弄栋川。自是朝贡不绝。天宝末，杨国忠用事，蜀帅抚慰不谨，蛮王阁罗凤不恭，国忠命鲜于仲通兴师十万，渡泸讨之，大为罗凤所败。镇蜀，蛮帅异牟寻归国，遂以韦皋为云南安抚大使，命使册拜，谓之南诏。大和中，杜元颖镇蜀，蛮王蹉颠侵蜀，自是或臣或否。咸通中，结构南海蛮，深寇蜀部。西南夷之中，南诏蛮最大也。领县二。

　　泸南　县在泸水之南。长明户三千七百。至京师四千九百里。

　　右上十六州，旧属戎州都督。天宝已前，朝贡不绝。

巂州中都督府 隋越巂郡。武德元年，改为巂州，领越巂、邛部、可泉、苏祁、台登六县。二年，又置昆明县。三年，置总管府，管一州。贞观二年，割雅州阳山、汉源二县来属。八年，又置和集县。天宝元年，越巂郡，依旧都督府。乾元元年，复为巂州也。旧领县十，户二万三千五百五十四，口五万三千六百一十八。天宝领县七，户四万七百二十一，口十七万五千二在八十。在京师西南三千六百五十四里。

越巂 汉郡名，武帝置。今县，汉邛都县地，属越巂郡。有越水、巂水。后周于越城置严州。隋改为西宁州，寻改巂州，仍分邛都置越巂县，州所治也。 邛部 后汉属越巂郡。汉阐县地，属沈黎郡。后周置邛部县也。 台登 汉县，属越巂郡。 苏祁 汉苏夷县，属越巂郡。后周平南夷，于故城复置也。 西泸 汉邛都县地，梁置可泉县。隋治姜磨戍。武德七年，移于今。天宝末年，改为西泸也。 昆明 汉定筰县，属越巂郡。后周置定筰镇。武德二年，镇为昆明县，盖南接昆明之地故也。 会川 上元二年，移邛都县于会川置，因改为会川也。

松州下都督府 隋同昌郡之嘉诚县。武德元年，置松州。贞观二年，置都督府。督岷、懿、嵯、阔、麟、雅、丛、可、远、奉、严、诺、峨、彭、轨、盖、直、肆、位、玉、璋、祐、台、桥、序二十五羁縻等州。永徽之后，生羌相继忽叛，屡有废置。仪凤二年，复加整比，督文、扶、当、柘、静、翼六州。都督羁縻三十州：研州、剑州、探那州、忶州、毘州、河州、干州、琼州、犀州、拱州、鲞州、陪州、如州、麻州、霸州、磓州、光州、至凉州、蚕州、晔州、梨州、思帝州、戍州、统州、谷州、邛州、乐容州、达违州、卑州、慈州。据天宝十二载簿，松州都督府，一百四州，其二十五州有额户口，但多羁縻逃散，余七十九州皆生羌部落，或臣或否，无州县户口，但羁縻统之。天宝元年，改松州为交川郡。乾元元年，复为松州。据贞观初分十道，松、文、扶、当、悉、柘、静等属陇右道。永徽之后，据梁州之境，割属剑南道也。旧领县三，户六百一十二，口六千三百五。天宝，户一千七十六，口五千七百四十二。南至翼州一百八十里，东至扶州三百三十八里，东至茂州三百里，西南至当州三百里，西北至吐蕃界九十里。至京师二千二百五十里，至东都三千五十里。

嘉诚 历代生羌之地，汉帝招慰之，置护羌校尉，别无州县。至后魏，白水羌象舒治自称邓至王，据此地。其子舒彭遣使朝贡，乃拜龙骧将军，甘松县子，始置甘松县。魏末大乱，又绝。后周复招慰，于此置龙涸防。天和六年，改置扶州，领龙涸郡。隋改甘松为嘉诚县，属同昌郡。武德元年，于县置松州，取州界甘松岭为名。 交川 后周置龙涸郡，隋废为交川县也。 平康 垂拱元年，割交川及当州通轨、翼针三县置平康县，属当州。天宝元年，改交川郡也。

文州 隋武都郡之曲水县。义宁二年，置阴平郡，领曲水、长松、正西三县。武德改文州。贞观元年，省正西入曲水。天宝元年，改为阴平郡。乾元元年，复为文州。旧属陇右道，隶松州都督。永徽中，改属剑南道也。旧领县二，户一千九百八，口八千一百四十七。天宝，户一千六百八十六，口九千二百五。在京师西南一千四百九十里，至东都二千二百九十里。

曲水 汉阴平道，属广汉。晋乱，杨茂搜据于仇池，氐、羌相传叠代。后魏平氐、羌，始置文州。隋为曲水县。武德后，置文州，治于曲水县。 长松 后魏置芦北郡，郡置建昌县。后周移郡县于此置。隋废郡，改县为长松。白马水在县北也。

扶州 隋同昌郡。武德元年，改为扶州。天宝元年，复为同昌郡。乾元元年，复为扶州。旧属陇右道，隶松州都督。永徽后，改为剑南道。旧领县四，户一千九百二十八，口八千五百五十六。天宝，户二千四百一十八，口一万四千二百八十五。在京师西南一千六百九十里，至东都二千四百四十九里。

同昌 历代吐谷浑所据。西魏逐吐谷浑，于此置邓州及邓宁郡，盖以平定邓至羌为名。隋初，改置扶州及同昌县。炀帝又为同昌郡。流于此也。 帖夷 后魏置帖夷郡。隋罢为县。万岁通天二年，改为武进。神龙依旧为帖夷。 万全 后魏置武进郡，又改为上安郡。隋废郡为尚安县。旧治刺利村，长安二年，移治黑水堡。至德二年八月，改为万全也。 钳川 后魏置钳川郡。隋罢郡，复为县。

龙州下 隋平武郡。武德元年，改为龙门郡。其年，加"西"字。贞观元年，改为龙州。天宝元年，改为江油郡。乾元元年，复为龙州。旧属陇右道，永徽后，割属剑南也。旧领县二，户一千一百一十七，口六千一百四十九。天宝，户二千九百九十二，口四千二百二十八。在京师西南二千六百六十里，至东都三千一十五里。

江油 秦、汉、曹魏为无人之境。邓艾伐蜀，由阴道景谷，行无人之地七百里，凿山通道，攀木缘崖，鱼贯而进，以至江油，即此城也。晋始置阴平郡，于此置平武县。至梁有杨、李二姓大豪，分据其地。后魏平蜀，置龙州。隋初废郡，改平武为江油。县界有石门山。

清川 后魏马盘县。天宝元年，改为清川也。

当州下 本松州之通轨县。贞观二十一年，析置当州，以土出当归为名。州治利川，领通轨、左封二县。显庆二年，又析左封置悉州。仪凤二年，移治逢桥。天宝元年，改为江源郡。乾元元年，复为当州。本属陇右道也。领县三，户二千一百四十六，口六千七百一十三。至京师三千一百里，至东都三千九百里。东北至松州九百里。

通轨 本属松州，历代生羌之地。贞观二十年，松州首领董和那蓬固守松府，特敕于通轨县置当州，以蓬为刺史。显庆元年，蓬嫡子屈宁袭继为刺史。又置和利、谷利、平康三县也。 和利 显庆二年，分通轨置。谷利 文明元年，开生羌置也。

悉州　本翼州之左封县。显庆元年，置悉州，领悉唐、左封、识臼三县，治悉唐城。咸亨元年，移治左封。仪凤二年，羌叛，又寄治当州城内，寻归旧治。垂拱二年，置归诚县。载初元年，移治匪平川。天宝元年，改为归诚郡，割识臼属临翼郡。乾元元年，复为悉州。旧属陇右道松州都督，后属剑南道。领县二，户八百一十六，口三千九百一十四。至京师二千七百五十里，至东都三千八百里。至西静州六十里，西北至当州八十里也。

左封　本属翼州，在当州东南四十里。显庆元年，生羌首领董系比射内附，乃于地置悉州，州在悉唐川故也。以董系比射为刺史，领左封、归城二县。载初元年，又移州理东南五十里匪平川置也。　归诚　垂拱二年，分左封置。

静州　本当州之悉唐县。显庆元年，于县置悉州。咸亨元年，于悉州置翼州都督府，移悉州理左封置。仪凤二年，罢都督府，翼州却还治于翼针县，于悉唐县置南和州。天授二年，改为静州，比属陇右道，隶松州都督。后割属剑南。领县二，户一千五百七十七，口六千六百六十九。东北至当州六十里，东至悉州八十里。至京师与当州道里数同也。

悉唐　县置在悉唐川。旧属当州，显庆中来属也。
静居　县界有静川也。

恭州下　开元二十四年，分静州广平县置恭州，仍置博恭、烈山二县。天宝元年，改为恭化郡。乾元元年，复为恭州。本属陇右道，后割属剑南。领县三，户一千一百八十九，口六千二百二十二。东至柘州一百里，东北至静州界。至京师三千一百二十里。

和集　旧广平县，属静州。开元二十四年，于县置恭州。天宝元年，改为和集。　博恭　开元二十四年，分广平置。　烈山　开元二十四年，分广平置。

柘州下　永徽后置。天宝元年，改为蓬山郡。乾元元年，复为柘州。本属陇右道松州都督，后割属剑南也。

保州下　本维州之定廉县。开元二十八年，置奉州，以董晏立为刺史。领定廉一县。天宝元年，改为云山郡。八载，移治所于天保军，乃改为天保郡。乾元元年二月，西山子弟兵马使嗣归诚王董嘉俊以西山管内天保郡归附，乃为保州，以嘉俊为刺史。领县三，户一千二百四十五，口四千五百三十六。至京师二千九百四十里，至东都三千七百九十里。东至维州风流镇四十五里也。

定廉　隋置定廉镇。隋末陷羌。武德七年，招白苟羌，置维州及定廉县，以界水名。永徽元年，废盐城并入。开元二十八年，改属奉州。天宝八载，改为天保郡也。　归顺　云山　天宝八年，分定廉置此二县也。

真州下　天宝五载，分临翼郡之昭德、鸡川两县置昭德郡。乾元元年，改为真州，取真符县为名也。领县三，户六百七十六，口三千一百四十七。至京师三千里，至东都三千八百五十里。

真符　天宝五载，分鸡川、昭德二县置，州所治也。
鸡川　先天二年，割翼州翼水县置，属翼州。天宝五载，改真州。　昭德　本识臼县，属悉州。天宝元年，改属翼州，仍改名昭德县。五年，改属真州也。

霸州下　天宝元年，因招附生羌置静戎郡。乾元元年，改为霸州也。领县一，户一百七十一，口一千八百六十一。至京师二千六百三十二里，至东都三千二百七十一里。　安信与郡同置，州所治也。

已上十二州，旧属陇右道，永徽已后，割属松州都督，入剑南道。诸州隶松州都督，相继属剑南也。

松州都督府，督羁縻二十五州。旧督一百四州，领州，无县户口，惟二十五有名额，皆招抚生羌置也。

崌州下　贞观元年，招慰党项置州处也。领县二，与州同置：江源　洛稽　领户一百五十五。至京师西南二千二百四十六里。

懿州下　贞观五年，置西吉州。八年，改为懿州，处党项也。领县二，与州同置。　吉当　唐位无户口。至京师西南二千二百五十里。

阔州下　贞观五年置，处党项。领县二，与州同置。阔源　落吴无户口。至京师西南二千五百一十里。

麟州下　贞观五年，置西麟州，处生羌归附。八年，去"西"字。领县七，与州同置。　碛川　和善　敛具　碛源　三交　利恭　东陵　无户口。至京师四千五百里。

雅州下　贞观五年，处生羌置西雅州。八年，去"西"字。领县三，与州同置。新城　三泉　石陇　无户口。至京师西南二千六百六十里。

丛州　贞观五年，党项归附置也。领县五，与州同置。都流厥调凑般匐器迩率钟，并为诸羌部落，遥立，无县。宁远　临泉　临河　无户口。至京师西南一千八百里。

可州　贞观四年，处党项，置西义州。八年，改为可州也。领县三，与州同置。义诚　清化　静方　无户口。至京师西南一千四十里。

远州　贞观四年，生羌归附置也。领县二，与州同置。罗水　小部川　无户口。至京师西南二千三百六十里。

奉州　贞观三年，处生羌置西仁州。八年，改为奉州也。领县三，与州同置。奉德　思安　永慈　无户口。至京师西南二千一百六里。

岩州　贞观五年，置西金州。八年，改为岩州。领县三，与州同置。金池　甘松　丹岩　无户口。至京师西南二千一百里。

诺州　贞观五年，处降羌置。领县三，与州同置。诺川　归德　篱渭　无户口。至京师西南二千六百四十三里。

蛾州　贞观五年，处降羌置。领县二，与州同置。常平　那川　无户口。至京师二千七百里。

彭州　贞观三年，处降党项置洪川。七年，改为彭州。领县四，与州同置。洪川　归远　临津　归正　无户口。至京师西南二千七百八十里。

轨州都督府　贞观二年，处党项置。领县四，与州同置。通川　玉城　金原　俄彻　无户口。至京师西南二千三百九十里。

盖州　贞观四年，置西唐州。八年，改为盖州，处降羌也。领县四，与州同置。湘水　河唐　曲岭　枯川　户二百二十，无口。至京师西南二千六百三十里。

直州　贞观五年，置西集州。八年，改为直州，处降羌。领县二，与州同置　集川　新川　户一百，无口。至京师二千五百里。

肆州　贞观五年，处降羌置。领县四，与州同置。归唐　芳丛　盐水　磨山　无户口。至京师二千六百里。

位州　贞观四年，降生羌置西盐州。八年，改为位州。领县二，与州同置　位丰　西使　户一百，无口。至京师二千四百一十里。

玉州　贞观五年，处降羌置。领县二，与州同置。玉山　带河　户二百一十五，无口。至京师二千八百七十八里。

嶂州　贞观四年，处降羌置。领县四，与州同置。洛平　显川　桂川　显平　户二百，无口。至京师二千九百里。

祐州　贞观四年，处降羌置。领县二，与州同置。廓川　归定　无户口。至京师二千一百九十里。

台州　贞观六年，党项置西沧州。八年，改为台州。无县。至京师二千一百三十五里。

桥州　贞观六年，处降羌置。无县。至京师二千四百里。

序州　贞观十年，处党项置。无县。至京师二千四百里。

右二十五州，旧属陇右道，隶松州都督府。贞观中，招慰党项羌渐置。永徽已后，羌戎叛臣，制置不一。今存招降之始，以表太平之所至也。

岭南道

南海节度使，领是十七州也。

广州中都督府　隋南海郡。武德四年，讨平萧铣，置广州总管府，管广、东衡、洭、南绥、冈五州，并南康总管。其广州领南海、增城、清远、政宾、宝安五县。六年，又置高、循二总管，隶广州。七年，改总管为大都督。九年，废南康都督，以端、封、宋、洭、泷、建、齐、威、扶、义、勤十一州隶广府。其年，又省勤州。贞观改中都督府，省威、齐、宋、洭、四州，仍以废洭州之浈阳、洽洭二县来属。改东衡为韶州，仍以南康州及崖州都督，并隶广州。二年，省循州都督，以循、潮二州隶广府。八年，改建州为药州、南绥州为浈州、南扶州为窦州。十二年，改南康州。十三年，省浈州，以四会、化蒙、怀集、浠安四县来属。省冈州，以义宁、新会二县并属广州。其年，又以义宁、新会二县立冈州。今督广、韶、端、康、封、冈、新、药、泷、窦、义、雷、循、潮十四州。永徽后，以广、桂、容、邕、安南府，皆隶广府都督统摄，谓之五府节度使，名岭南五管。天宝元年，改为南海郡。乾元元年，复为广州。州内有经略军，管镇兵五千四百人，其衣粮轻税，本道自给。广州刺史，充岭南五府经略使。旧领县十，户一万二千四百六十三，口五万九千一百一十四。天宝领县十三，户四万二千二百三十五。在京师东南五千四百四十七里，至东都四千九百里。

南海　五岭之南，涨海之北，三代已前，是为荒服。秦灭六国，始开越置三郡，曰南海、桂林、象郡，以谪戌守之。秦亡，南海尉任嚣病且死，召南海龙川令赵佗，付以尉事。佗乃聚兵守五岭，击并桂林、象郡，自称南越武王。子孙相传五代九十三年。汉武帝命伏波将军路博德、楼船将军杨仆逾岭南，灭之。其地立九郡，曰南海、苍梧、郁林、合浦、交阯、九真、日南、儋耳、珠崖。后汉废珠崖、儋耳入合浦郡。交州刺史领七郡而已。今南海县即汉番禺县，南海郡。隋分番禺置南海县。番山，在州东三百步。禺山，在北一里。贪泉，州西三十里。越王井，州北四里。番禺　汉县名，秦属南海郡。后汉交州，领郡七。吴置广州。皆治番禺也。　增城　后汉番禺县地。吴于县置东官。有增江。　四会　汉县，属南海。武德五年，于县治北置南绥州，领四会、化蒙、新招、化穆、化注五县。贞观元年，省新招、化注二县，以废威州之怀集、废齐州之浈安二县来属。八年，改为浈州。十三年，省州及化穆县，以四会、化蒙、怀集、浈安四县属广州也。

化蒙　隋县。武德五年，属南绥州。贞观元年，省化注入。八年，改绥州为浈州，县仍属。十三年，改属广州。

怀集　晋怀化县，隋为怀集。武德五年，于县置威州，领兴平、怀集、霍清、威成四县。贞观元年，州废，以怀集属南绥，省兴平、霍清、威成三县。八年，改绥州为浈州，县仍属。十三年，属广州。　东莞　隋宝安县。至德二年九月，改为东莞。郡，于岭外其为名也。　清远　隋县。武德六年，废政宾县并入，所治也。　浈水　汉封阳县，属苍梧郡。南齐改为浈安。武德四年，于县置齐州，领浈安、宣乐、宋昌三县。贞观元年，省齐州及宣乐、宋昌二县，以浈安属绥州。八年，改绥州为浈州，县仍属。十三年，浈州废，属宾州。至德二年九月，改为浈水也。　浈阳　汉县，属桂阳郡。隋为真阳。五年，属洭州。贞观初，州废，改真阳浈阳，属广州。浈山，在县北三十里。

韶州　隋南海郡之曲江县。武德四年，平萧铣，置番州，领曲江、始兴、乐昌、临泷、良化五县。贞观元年，改为韶州，仍割洭州之翁源来属。八年，废临泷、良化二县。天宝元年，改为始兴郡。乾元元年，复为韶州。旧领县四，户六千九百六十，口四万四百一十六。天宝领县六，户三万一千，口十六万八千九百四十八。南至广州八百里，西至郴州五百里，东南至虔州七百里。至京师四千九百三十二里，至东都四千一百四十二里。

曲江　汉县，属桂阳郡。在曲江川，州所治也。　始兴　汉南野县地，属豫章郡。孙皓分南康郡之南乡，始兴县置。县界东峤，一名大庾岭，南越之北塞。汉讨南越时，有将军姓庾，城于此。五岭之最东，故曰东峤也。　乐昌　隋置。　翁源　翁水在县界。隋县。武德五年，置洭州。贞观初废，以属韶州。　仁化　浈昌　已上二县，天宝后新置。

循州　隋龙川郡。武德五年，改为循州总管府，管循、潮二州。循州领归善、河源、博罗、兴宁、海丰、罗阳。省龙川入归善、石城入河源、齐昌入兴宁。贞观二年，废都督府。天宝元年，改为海丰郡。乾元元年，复为循州。旧领县五，户六千八百九十一，口三万六千四百三十六。天宝领县六，户九千五百二十五，无口数。南至广州四百里，东至潮州五百一十七里，北至虔州隔山岭一千六百五十里。至东都四千八百里。

归善　秦、汉龙川县地，属南海郡。宋置归善县，县界罗浮山。贞观元年，省龙川县并入。　博罗　汉旧县，属南海郡也。　河源　隋县。循江，一名河源水，自虔州雩都县流入。　龙川，在河源县，云有龙穿地而出，即水流，汉因置龙川县。贞观元年，省石城并入。　海丰　宋县，属东莞郡。南海在海丰县南五十里，即涨海，渺漫无际。武德五年，分置陆安县。贞观初并入也。　兴宁　汉龙川县地。贞观元年，省齐昌并入。　雷乡　新置。

冈州　隋南海郡之新会县。武德四年，平萧铣，置冈州，领新会、封平、义宁三县。贞观五年，州废，以新会、义宁属广州，省封平、封乐二县。其年，又立冈州之新会、义宁来属。又立封乐县。天宝元年，改为义宁郡。乾元元年，复为冈州也。旧领县二，户二千三百五十八，口八千六百六十二。天宝，户五千六百五十，无口数。在京师西南六千三百五里。

新会　汉南海郡地。晋置新会郡。改置封州，又改为允州，又改为冈州。隋末废，并入广州。武德四年，复为冈州。旧治盆源城。贞观十三年，废冈州，县属广州。其年，复置州于今治也。　义宁　汉番禺县地。宋置义宁县，属新会郡。

贺州　隋苍梧郡之临贺县。武德四年，平萧铣，置贺州。天宝元年，改为临贺郡。乾元元年，复为贺州也。旧领县五，户六千七百一十三，口一万八千六百二十八。天宝领县六，户四千五百，无口数。在京师东南四千一百三十里，至东都三千五百七十二里。东南至广州八百七十六里，东至连州二百六十里，南至封州三百六十六里，北至道州四百里，北至富州三百二十里，西南至梧州四百二十二里。

临贺　州所治。汉县，属苍梧郡。临、贺水。吴置临贺县。宋改为临庆国，齐复为临贺郡。陈置贺州，隋末为县。武德四年，复置贺州。　桂岭　汉临贺县地，隋旧也。　冯乘　汉县，属苍梧郡。有荔平关。　封阳　汉县，属苍梧郡。　富川　汉富川县。天宝改为富水，后复为富川也。　荡山　新置。

端州　隋信安郡。武德元年，置端州，领高要、乐城、铜陵、平兴、博林五县。其年，以乐城属康州，铜陵属春州。七年，置清泰县。贞观十三年，省博林、清泰二县。天宝元年，为高要郡。乾元元年，复为端州。旧领县二，户四千四百九十一，口二万四千三百三。天宝，户九千五百，口二万一千一百二十。东至广州二百四十里，南至新州一百四十里，西至康州一百六里。至京师四千九百三十五里，至东都四千七百里。

高要　州所治。汉县，属苍梧郡。宋、齐属南海郡。陈置高要郡，隋置端州。县北五里有石室山。县西有鹄奔亭，即汉交州刺史行部到鹄亭，夜，女子鬼诉冤之亭。　平兴　汉高要县地，隋分置。武德七年，分置清泰县。贞观十三年，省清泰并入。

新州　隋信安郡之新兴县。武德四年，平萧铣，置新州。天宝元年，改为新兴郡。乾元元年，复为新州。旧领县四，户七千三百八十八，口三万五千二十五。天宝领县三，户九千五百。东至广州义宁县四十一里，北至端州一百四十里，西北至康州二百七十里，西南至勤州一百七十里。至京师五千五十二里，至东都五千里。

新兴　汉临允县，属合浦郡。晋置新宁郡，梁置新州。

索卢　武德四年，析新兴县置。　永顺　新置。

康州　隋信安郡之端溪县。武德四年，置康州都督府，督端、康、封、新、宋、泷等州。九年，废都督府及康州。贞观元年，又置南康州。十一年废，十二年又置康州。天宝元年，改为晋康郡。乾元元年，复为康州。旧领县四，户四千一百二十四，口一万三千五百四。天宝，户一万五百一十，口一万七千二百一十九。东北至广州三百四十里，西南至梧州二百八十四里，东至端州一百六十里，南至泷州二百三十里，西至封州一百三十里，南至新州二百七十里。至京师五千七百五十里，至东都五千一百五十里。

端溪　汉县，属苍梧郡。晋于县分置晋康郡。隋废郡，并入信安郡。武德复置康州。县界有端山，山下有溪也。

晋康　隋安遂县。至德二年，改为晋康县。　悦城　隋乐城县。武德五年，属端州。又割属康州，改为悦城。

都城　汉端溪县。东百步有程溪，亦名零溪，温妪养龙之溪也。

封州下　隋苍梧郡之封川县。武德四年，平萧铣，置封州。天宝元年，改为临封郡。乾元元年，复为封州。旧领县四，户二千五百五十五，口一万三千四百七十七。天宝领县二，户三千九百，口一万一千八百二十七。东北至广州九十五里，西北至梧州五十五里，东至康州一百三十里，北至贺州三百六十六里。至京师水陆四千五百一十里也。

封川　州所治。汉广信县地，属苍梧郡。在封水之阳。梁置梁信郡。隋平陈，改为成州。又改为封州。隋末，州废为封川县，属苍梧郡。武德初，置封州。隋移州于封川口，即今县治也。　开建　汉封阳县地，属苍梧郡，隋旧也。

泷州　隋永熙郡之泷水县。武德四年，平萧铣，置泷州。天宝元年，改为开阳郡。乾元元年，复为泷州。旧领县四，户三千六百二十七，口九千四百三十九。天宝领县五。

泷水　州所治。汉端溪县地，属苍梧郡。晋分端溪立龙乡，即今州治。梁分广熙郡置建州，又分建州之双头洞立双州。隋改龙乡为平原县，又改为泷水。　开阳　隋废县。武德四年，分泷水置。　永宁　武德四年，于安遂县置药州，领安遂、永宁、安南、永业四县。贞观中，废药州，以永宁属泷州。本隋永熙县，武德五年，改为永宁县。

镇南　隋安南县。至德二年九月，改为镇南。　建水　新置。

恩州　隋高凉郡。武德四年，平萧铣，置高州都督府，管高、春、罗、辩、雷、崖、儋、新八州。七年，割崖、儋、雷、新属广州。贞观二十三年，废高州都督府，置恩州。天宝元年，改为恩平郡。乾元元年，复为恩州，内有清海军，管戍兵三千人也。领县三，户九千，无口数。至京师东南六千五百里。西北六十里接广州界。

恩平　州所治。汉合浦郡也，隋置海安县。武德五年，改为齐安。至德二年九月，改为恩平也。　杜陵　隋杜原县。武德五年，改为杜陵也。　阳江　隋旧置也。

春州　隋高凉郡之阳春县。武德四年，平萧铣，置春州。天宝元年，改为南陵郡。乾元元年，复为春州。旧领县一，户五千七百一十四，口二万一千六十一。天宝领县二，户一万一千二百一十八。至京师东南六千四百四十八里。东至广州六百四十二里，南至恩州九十三里，西至高州三百三十里，东北至新州二百六十里，西北至泷州界也。

阳春　州所治。汉高凉县地，属合浦郡，至隋不改也。　罗水　天宝后置。

高州　隋高凉郡。旧治高凉县，后改为西平县。贞观二十三年，分西平、杜陵置恩州，高州移治良德县。天宝元年，改为高凉郡。乾元元年，复为高州。领县三，户一万二千四百。西北至窦州九十二里，北至泷州界三百五十里，西南至潘州九十里，东至春州三百三十里。至京师六千二百六十二里，至东都五千五百二十里。

良德　汉合浦县地，属合浦郡。吴置高凉郡，宋、齐不改。　电白　梁置电白郡，隋改为县也。　保定　旧保安县。至德二年，改为保定。

藤州下　隋永平郡。武德四年，置藤州，领永平、猛陵、安基、武林、隋建、阳安、普宁、戎城、宁人、淳人、大宾、贺川十二县。贞观七年，以武林属龚州、安普属燕州、普宁属容州。八年，以猛陵属梧州。十二年，以隋建属龚州。天宝元年，改为感义郡。乾元元年，复为藤州也。旧领县六，户九千二百三十六，口一万三百七十二。天宝领县三，户三千九百八十。至京师五千五百九十六里，至东都五千二百里。南至义州二百里，西至龚州一百四十九里，北至梧州九十七里。

镡津　汉猛陵县，属苍梧郡。晋置永平郡。隋置藤州及镡津。　感义　义昌　本安昌县。至德二年九月，改为义昌。

义州下　隋永熙郡之永业县。武德五年，置南义州及四县。贞观元年，州废，以所领县入南建州。二年，复置义州，还以故县来属。五年，废义州，县属南建州。六年，复置义州。又改县来属。天宝元年，改为连城郡。乾元元年，复为义州。旧领县四，户三千二百二十五，无口。天宝领县三，户一千一百一十，口七千三百三。至京师五千七百五十里，至东都四千六百九十里，东至梧州隔郁岭一百七十里，北至藤州二百里，西至容州九十里，东南至窦州一百七十二里，东北至泷州二百七里。

岑溪　州所治。汉猛城县，属苍梧郡。武德四年，置龙城县，置南义州。贞观初废，二年复置义州，领龙城、安义、连城、义城四县。至德中，改安义为永业，龙城为岑溪。　永业　旧安义县，至德年改。　连城　武德五年，分泷州之正义县置。

　　窦州下　隋永熙郡怀德县。武德四年，置南扶州及五县。以獠反寄泷州。贞观元年废，以所管县并属泷州。二年，獠平，复置南扶州，自泷州还其故县。五年复废，县隶泷州。六年复置，以故县来属。其年，改南扶为窦州。天宝元年，改为怀德郡。乾元元年，复为窦州。旧领县五，户三千五百五十。天宝领县四，户一千一十九。至京师水陆六千一百二里，至东都水陆五千四百里。西至容州二百里，东至泷州一百八十里，南至潘州一百五十里，东南至高州九十二里，北至义州二百三十里，西南至禹州一百九十里。
　　信义　汉端溪县地，属苍梧。隋为怀德县。武德四年，析怀德县置信义县，仍置南扶州。贞观中，改为窦州，取州界有罗窦洞为名也。　怀德　本属泷州，后来属也。　潭峨　武德四年，分信义县置也。　特亮　武德四年，分信义置也。

　　勤州　隋信安郡之高梁县地。武德四年，置勤州，隶南康州总管。九年，改隶广州，其年废，县属春州。后置勤州，以铜陵来属。仍析置富林县。领县三，户六百八十二，口一千九百三十三。至京师五千三百九十里，至东都五千里。东至新州一百七十里，西至泷州二百六十里，南至广州六百三十五里，西北至康州二百七十三里。
　　富林　州所治，析铜陵置。　铜陵　汉临允县地，属合浦郡。宋立泷潭县。隋改为铜陵，以界内有铜山也。

　　桂管十五州在广州西。

　　桂州下都督府　隋始安郡。武德四年，平萧铣，置桂州总管府，管桂、象、静、融、贺、乐、荔、南昆、龙九州，并定州一总管。其桂州领始安、福禄、纯化、兴安、临源、永福、阳朔、归义、宣凤、象十县。寻改定州为南尹州。其年，又置钦州总管，隶桂府。五年，置南恭、燕、梧三州，隶桂府。九年，置晏州，隶桂府。贞观元年，以钦、玉、南亭三州隶桂府。二年，省玉州、南亭。五年，置宾州，隶桂府。六年，又以尹、藤、越、白、相、绣、郁、姜、南宕、南方、南简、南晋十二州隶桂府。其年，置龚州都督，亦隶桂府。其年，废龙、郁二州。八年，改越州为廉州，南简为横州，南方为澄州，南宕为潘州，南晋为邕州，尹州为贵州，静州为富州，乐州为昭州，南昆为柳州，铜州为容州。废福禄、归义二县。十年，废姜州，十二年，废晏州，以建陵县来属。废荔州，以荔浦、崇仁二县来属。省宣凤县。今督桂、昭、贺、富、梧、藤、容、潘、白、廉、绣、钦、横、邕、融、柳、贵十七州。天宝元年，改为始安郡，依旧都督府。至德二年九月，改为建陵郡，乾元元年，复为桂州，刺史充经略军使，管戍兵千人，衣粮税本管自给也。旧领县十，户三万二千七百八十一，口五万六千五百二十六。天宝领户一万七千五百，口七万一千一十八。至京师水陆四千七百六十里，至东都水陆路四千四十里。东至道州五百里，西至容州四百九十三里，南至昭州二百一十里，北至邵州六百八十五里，东南至贺州五百三十里，西南至柳州八百里，东北至永州五百五十里。
　　临桂　州所治。汉始安县地，属零陵郡。吴分置始郡，宋改为始建国，南齐始安郡，梁置桂州。隋末，复为始安郡。江源多桂，不生杂木，故秦时立为桂林郡也。　理定　汉始安县。隋分置兴安，近改为理定。　灵川　武德四年，分始安置。　阳朔　隋旧。贞观元年，废归义县并入。　荔浦　汉县，属苍梧郡。武德四年，置荔浦、建陵、隋化、崇仁、纯义。五年，以隋化属南恭州。贞观元年，以建陵属晏州。十三年，废荔州，以荔浦、崇仁属桂州，纯义属蒙州也。　丰水　旧永丰县。元和初，改为丰水县。　修仁　隋置建陵县。贞观元年，于县置晏州，领武龙、建陵二县。十二年，废晏州及武龙县，以建陵属桂州。长庆元年，改为修仁县。　恭化　武德四年，分始安置纯化县。元和初，改为恭化也。　永福　武德四年，分始安置。　临源　武德四年，分始安置。　全义　新置。

　　昭州　隋始安郡之平乐县。武德四年，平萧铣，置乐州，领平乐、永丰、恭城、沙亭四县。贞观七年，省沙亭县。八年，改为昭州，以昭冈潭为名。天宝元年，改为平乐郡。乾元元年，复为昭州也。旧领县三，户四千九百一十八，口一万二千六百九十一。天宝，户三千五百。至京师四千四百三十六里，至东都四千二百一十九里。西至桂州二百二十里，东北至道州四百里，北至永州六百三十九里，南至富州一百六十六里也。
　　平乐　州所治。汉荔浦地，属苍梧郡。晋置平乐县。贞观七年，省沙亭并入也。　恭城　武德四年，析平乐置。　永平　隋县，旧属藤州。

　　富州下　隋始安郡之龙平县。武德四年，平萧铣，置静州，领龙平、博劳、归化、安乐、开江、豪静、苍梧七县。寻又分苍梧、豪静、开江三县置梧州。九年，省安乐县。贞观八年，改为富州，以富川水为名。天宝元年，改为开江郡。乾元元年，复为富州。旧领县三，户三千三百四十九，口四千三百一十九。天宝，户一千二百九十。至京师五千一百三十里，至东都四千八百五十里。西北至桂州界八十里，东南至梧州界九十里，北至昭州一百六十六里。
　　龙平　汉临贺县地，属苍梧郡。吴置临贺郡，梁分临贺置南静州，又改为静州，改南静郡为龙平县。贞观八年，改为富州，以富川水为名也。　思勤　新置。　马江　隋开江县。长庆元年，改为马江。皆汉临贺县地。

　　梧州下　隋苍梧郡。武德四年，平萧铣，置梧州，领苍梧、豪静、开江三县。贞观八年，割藤州之孟陵、贺州之绥越来属。十三年，废豪静县。天宝元年，改为苍梧郡。乾元元年，复为梧州也。旧领县四，户三千八十四，口五千四百二十三。天宝领县三，户五千。至京师五千五百里，至东都五千一百里。东至封州八十里，东北至贺州四百一十里，北接富州界，正西至藤州一百九十里。

苍梧　汉苍梧郡，治广信县，即今治。隋立苍梧县，于此置郡。　戎城　隋县，旧属藤州，今来属。　孟陵　汉猛陵县，属苍梧郡。

蒙州　隋始安郡之隋化县。武德四年，置南恭州。割荔州之立山、东区、纯义三县分置岭政县。贞观八年，改为蒙州，取州东蒙山为名。十二年，省岭政入立山。天宝元年，改为蒙山郡。乾元元年，复为蒙州。旧领县三，户一千六十九。天宝，户一千五十九。至京师五千一百里，至东都四千七百里。南至桂州二百四十九里，东至富州九十七里，西南至象州一百七十六里。

立山　州所治。汉荔浦县，属苍梧郡。隋分荔浦置隋化县。武德四年，改为立山，于县置荔州，寻改为恭州。贞观八年，改为蒙州。州东蒙山，山下有蒙水，居人多姓蒙故也。　东区　武德五年，分立山置，属荔州。贞观六年，属燕州。十年，改为蒙州。　正义　贞观五年，置纯义县，属荔州。乾元初改为正义也。

龚州下　隋永平郡之武林县。贞观三年，置燕州。七年，移燕州于今州东。仍于燕州之旧所置龚州都督府，督龚、浔、蒙、宾、澄、燕七州。割藤州之武林、燕州之泰川来属。又立南平、西平、归政、大同四县。十二年，废浔州，以桂平、陵江、大宾、皇化四县来属。其年，省泰川入平南，省陵江入桂平，省岭政入西平。又割藤州之隋建来属。天宝元年，改为临江郡。乾元元年，复为龚州。旧领县八，户一万三百八十二十一，口一万一千一百二十八。天宝领县六，户九千，口二万一千。至京师五千七百二十里，至东都五千三百六十一里。东至藤州一百四十九里，南至绣州九十五里，西至浔州一百三十里，北至蒙州二百四十里。

平南　州所治。汉猛陵县地，属苍梧郡。晋分苍梧置永平郡，仍置武林县。贞观七年，分置平南县。后自武林移龚州治于此也。　武林　猛陵县地。隋分置武林县，属藤州。贞观七年，属龚州。　隋建　猛陵县地。武德年，属藤州。贞观年，属龚州也。　大同　贞观元年分置。　阳川　本阳建县，后改为阳川也。

浔州下　隋郁林郡之桂平县。贞观七年，置浔州，领桂平、陵江、大宾、皇化四县。十二年，废浔州，以四县属龚州。后复置浔州，以桂平、大宾、皇化来属，又省陵江入桂平。天宝元年，改为浔江郡。乾元元年，复为浔州也。旧领县三，户二千五百，口六千八百三十六。至京师五千九百六十里，至东都五千七百里。东至龚州一百三十里，西至潘州二百五十里，西南至贵州一百五十里，西北至蒙州三百六十里。西南接郁林州界。

桂平　汉布山县，郁林郡所治也。隋为桂平县。武德年，属贵州。贞观初，属燕州。七年，属浔州。十二年，州废，属龚州。复置浔州。　皇化　汉阿林县，属郁林郡。

隋置皇化县，后废。贞观六年，复置，属浔州。州废，属龚州。又复属浔州。

郁林州下　隋郁林郡之石南县。贞观中置郁林州，领石南、兴德。天宝元年，改为郁林郡。乾元元年，复为郁林州也。领县五，户一千九百一十八，口九千六百九十九。至京师五千五百七十里，至东都五十一百六十里。东至平琴州九十里，南至牢州一百二里，西南至昭州一百一十里，北至贵州一百五十里。

石南　州所治。汉郁林郡之地。梁置定川，隋改尹州，炀帝为郁林郡，皆治于此。陈时置石南县，隋改为县也。

郁林　隋县，属贵州，后来属。　兴业　兴德　武德四年，分郁置。　潭栗

平琴州下　汉郁林郡地。唐置平琴州，无年月。领县四。天宝元年，改为平琴郡。乾元元年，复为州。建中并入党州。今存。领县四，户一千一百七十四。至京师六千四百八十里，至东都五千八百三十里。西至郁林州九十里，东南至牢州一百一十里，北至贵州一百五十里，北至绣州九十二里，东至党州二十二里。

容山　州所治。本名安仁，至德年改也。　怀义　福阳　古符　三县与州同置。

宾州下　隋郁林郡之岭方县。贞观五年，析南方州之岭方、思干、琅邪、南尹州之安城置宾州。十二年省思干县。天宝元年，改为安城郡。至德二年九月，改为岭方郡。乾元元年，复为宾州。旧领县三，户七千四百八十五。天宝，户一千九百七十六，口八千五百八十。至京师四千三百里，至东都四千一百里。南至淳州二百里，东南至贵州一百七十里，西至邕州二百五十七里，东南至蒙州三百二十里，西北至澄州一百二十里也。

岭方　汉县，属郁林郡。武德四年，置南方州。贞观五年，改为宾州。　琅邪　武德四年，析岭方县置。　保城　梁置安城县。至德二年，改为保城也。

澄州下　隋郁林郡之岭方县地。武德四年，平萧铣，置南方州，领无虞、琅邪、思干、上林、止戈、贺水、岭方七县。贞观五年，以上林、止戈、琅邪、岭方属宾州。八年，改南方州为澄州。天宝元年，改为贺水郡。乾元元年，复为澄州。旧领县四，户一万八百六十八。天宝后，户一千三百六十八，口八千五百八十。至京师四千六百里，至东都四千三百里。南至邕州三百里，北至窦州四百三十里，东南至宾州一百二十里，西至古州五百七十九里。

上林　州所治。汉岭方县地。武德四年，析置上林县也。　无虞　武德四年，析岭方置。　贺水　武德四年，析柳州马平县置。

绣州下　隋郁林郡之阿林县。武德四年，置林州，领常林、阿林、皇化、归诚、罗绣、卢越等县。六年，改为

绣州。贞观六年，省归诚、卢越。七年，以皇化属浔州。天宝元年，改为常林郡。乾元元年，复为绣州，领县三，户九千七百七十三。至京师六千九十里，至东都五千五百里。南至党州五十里，北至贵州一百里也。

常林　汉阿林县地，属郁林郡。武德四年，析贵州之郁平县，置林州及常林县。贞观六年，省归诚县入常林县，移治废归诚县故城。又改林州为绣州。　阿林　汉县，属郁林郡。　罗绣　武德四年，析阿林置。

象州下　隋始安郡之桂林县。武德四年，平萧铣，置象州，领阳寿、西宁、桂林、武仙、武德五县。贞观十二年，省西宁县，割废晏州武化、长风来属。天宝元年，改为象山郡。乾元元年，复为象州。旧领县六，户一万一千八百四十五，口一万二千五百二十一。天宝领县三，户五千五百，口一万八千六百九十。至京师四千九百八十九里。北至桂州四百里，东至象州一百七十六里，南至费州三百里，西北至柳州二百里，东南至浔州三百六十里，西南至严州二百九十里也。

武化　州所治。汉潭中县地，属郁林郡。隋建陵县，属桂州。武德四年，析建陵置武化县，属晏州。贞观十二年，废晏州来属，仍自武德县移象州于县置。非秦之象郡，秦象郡今合浦县。　武德　汉中留县地，属郁林郡。吴于县置郁林郡，仍分中留置桂林县。武德四年，改为武德，于县界置象州。　阳寿　隋县。　武仙　武德四年，析桂林置。

柳州　隋始安郡之马平县。武德四年，平萧铣，置昆州，领马平、新平、文安、贺水、归德五县。其年，改归德为修德，改文安为乐沙，仍加昆州为南昆州。八年，以贺水属澄州。贞观七年，省乐沙入新平县，以废龙州之龙城来属。八年，改南昆为柳州。九年，置崖山县。十二年，省新平入马平。天宝元年，改为龙城郡。乾元元年，复为柳州，以州界柳岭为名。旧领县四，户六千六百七十四，口七千六百三十七。天宝领县五，户二千二百三十二，口一万一千五百五十。至京师水陆相乘五千四百七十里，至东都水陆相乘五千六百里。东至桂州四百七里，至粤州二百九十里，北至融州二十里，东南至象州二百里，北至柳州三十里。

马平　州所治。汉潭中县地，属郁林郡。隋置马平县。武德四年，于县置昆州，又改为柳州也。　龙城　隋县。武德四年，置龙州，领龙城、柳岭二县。贞观七年，废龙州，省柳岭县。　象　贞观中置。　洛曹　旧洛封县，元和十三年改。　洛容　皆汉潭中地。贞观后析置。

融州下　隋始安郡之义熙县。武德四年，平萧铣，置融州，复开皇旧名，领义熙、临牂、黄水、安修四县。六年，改义熙为融水。贞观十三年，省安修入临牂。天宝元年，改为融水郡。乾元元年，复为融州。旧领县三，户二千七百九十四，口三千三百三十五。天宝，户一千二百三十二。至京师五千二百七十里，至东都四千四百七十里。东至桂州四百九十一里，南至柳州三十里，至武零山二百里也。

融水　汉潭中地，与柳州同。隋置义熙县。武德四年，改为融水，州所治也。　武阳　旧黄水、临牂二县。析融水置。后并入，改为武阳。

邕管十州在桂府西南。

邕州下都督府　隋郁林郡之宣化县。武德四年，置南晋州，领宣化一县。贞观六年，改为邕州都督府。天宝元年改为朗宁郡。乾元元年复为邕州。上元后，置经略使，领邕、贵、党、横等州。后又罢。长庆二年六月，复置经略使，以刺史领之。刺史充经略使，管戍兵一千七百人，衣粮税本管自给。旧领县五，户八千二百二十五。天宝后，户二千八百九十三，口七千三百二。至京师五千六百里，至东都五千三百二十七里。东南至钦州三百五十里，东北至宾州二百五十里，西南至羁縻左州五百里。

宣化　州所治。汉岭方县地。属郁林郡。秦为桂林郡地。骊水在县北，本牂牁河，俗呼郁林江，即骆越水也，亦名温水。古骆越地也。　武缘　隋废县。武德五年复置也。　晋兴　晋于此置晋兴郡，隋废为县。　朗宁　武德五年分置。　思龙　如和　封陵　三县，开磎洞渐置也。

贵州下　隋郁林郡。武德四年，平萧铣，置南尹州总管府，管南尹、南晋、南简、南方、白、藤、南容、越、绣九州。南尹州领郁林、马岭、安城、郁平、石南、桂平、岭山、兴德、潮水、怀泽十一县。五年，以桂平属燕州，岭山属南横州。贞观五年，以安城属宾州。七年，罢都督府。九年，改南尹为贵州。天宝元年，改为怀泽郡。乾元元年，复为贵州也。旧领县八，户二万八千九百三十，口三万一千九百九十六。天宝后，领县四，户三千二十六，口九千三百。至京师五千三百八十里，至东都五千一百二十里。东至绣州一百里，南至郁州一百五十里，西至横州二百里，北至象州三百里，西南至宾州九十四里，东北至浔州一百五十里。

郁平　汉广郁县地，属郁林郡。古西瓯、骆越所居。后汉谷永为郁林太守，降乌浒人十万，开七县，即此也。乌浒之俗：男女同川而浴；生首子食之，云宜弟；娶妻美让兄；相习以鼻饮。秦平天下，始招懑之，置桂林郡。汉改为郁林郡。地在广州西南安南府之地，邕州所管郡县是也。隋分郁平县。郁江，在州东也。　怀泽　宋废县。武德四年又置。　潮水　武德四年分郁林置。　义山　新置。

党州下　古西瓯所居。秦置桂林郡，汉为郁林郡。唐置党州，失起置年月。与平琴州同土俗。西至平琴治所二十二里。天宝元年，以党州为宁仁郡。乾元元年，复为党州。建中二年二月，废平琴州并入。领县四，户一千三百，口七千四百。至京师地理，与平琴州同。南至牢州一百里，北至绣州五十里，东南至容州一百五十里，北接绣州界百余里也。

横州下　隋郁林郡之宁浦县。武德四年，置简州，领宁浦、乐山、蒙泽、淳风、岭山五县。六年，改为南简州。贞观八年，改横州。天宝元年，改为宁浦郡。乾元元年，复为横州也。旧领县四，户一千一百二十八，口一万七百三十四。天宝领县三，户一千九百七十八，口八千三百四十二。至京师五千五百三十九里，至东都四千七百五里。南至钦州三百五十里，西至峦州一百五十里，北至贵州一百六十里也。

宁浦　州所治。汉广郁县地，属郁林郡。吴分置宁浦郡，晋、宋、齐不改。梁分置简阳郡。隋平陈，郡并废，置简州，又改为缘州。炀帝废州，置宁浦县，郁林郡。武德复置，改为横州。　从化　汉高凉县地，属合浦郡。武德四年，分宁浦置淳风县。贞观元年，改为从化县。　乐山　汉高凉县地，隋置乐山县。　田州　土地与邕州同，失废置年月，疑是开元中置。天宝元年，改为横山郡。乾元元年复为田州。旧领县五，户四千一百六十八。旧图无四至州郡及两京道里数。　都救　惠佳　武笼　横山　如赖　并与州同置也。

严州　秦桂林郡地，后为獠所据。乾封元年，招致生獠，置严州及三县。天宝元年，改为修德郡。乾元元年，复为严州。领县三，户一千八百五十九，口七千五十一。至京师五千三百二十七里，至东都四千八百九十三里。东北至柳州二百四十里，东南接象州界，西北接澄州界也。

来宾　州所治也。　循德　归化　与州同置。

山州　失起置年月。天宝元年，改为龙池郡。乾元元年，复为山州。领县二，户一千三百二十。无四至及京洛里数。

龙池　州所治也。　盆山

峦州　秦桂林郡。唐置淳化，失起置年月。天宝元年，改为永定郡。乾元元年，复为淳州。永贞元年，改为峦州也。领县三，户七百七十，口三千八百三。至京师五千三百里，至东都四千九百里。南至横州一百四十里，西至邕州三百里，北至宾州二百五十五里。

永定　州所治也。　武罗　灵竹　二县与州同置。

罗州　隋高凉郡之石龙县地。武德五年，于县置罗州，领石龙、吴川、陵罗、龙化、罗辩、南河、石城、招义、零绿、慈廉、罗肥十一县。六年，移罗州于石城县，于旧所置南石州，割石龙、陵罗、龙化、罗辩、慈廉、罗肥属南石州。天宝元年，改罗州为招义郡。乾元元年，复为罗州。旧领县五，户五千四百六十，口八千四十一。至京师六千五百二十二里，至东都五千七百五里。东至大海一百三十九里，南至雷州二百五十里，西至廉州二百五十里，北至辩州一百五十里，西南至零绿县大海一百二十里，西北至白州二百三十里，东北至新州五十里。

石城　州所治。汉合浦郡地。宋将檀道济于陵罗江口筑石城，因置罗州，属高凉郡。唐复置罗州于县。　吴川　隋县。　招义　武德五年析石龙县置也。　南河　武德五年析石龙县置也。

潘州下　隋合浦郡之定川县。武德四年，置南宕州，领南昌、定川、陆川、思城、温水、宕川六县，治南昌县。贞观六年，移治定川。八年，改为潘州，仍废思城县。天宝元年，改为南潘郡。乾元元年，复为潘州也。旧领县五，户一万七百四十八。天宝后，领县三，户四千三百，口八千九百六十七。至西京七千一百六十一里，至东都六千三百八十九里。至高州九十里，南至大海五十六里，至辩州一百二十里，北至窦州一百五十一里。

茂名　州所治也。古西瓯、骆越地，秦属桂林郡，汉为合浦郡之地。隋置定川县。武德四年，平岭表，于县置南宕州，改为潘州，仍改县茂名也。　南巴　隋废县。武德五年置。　潘水　以县水为名。武德五年分置也。

容管十州在桂管西南

容州下都督府　隋合浦郡之北流县。武德四年，平萧铣，置铜州，领北流、豪石、宕昌、渭龙、南流、陵城、普宁、新安八县。贞观元年，改为容州，以容山为名。十一年，省新安县。开元中，升为都督府。天宝元年，改为普宁郡。乾元元年，复为容州都督府。仍旧置防御、经略、招讨等使，以刺史领之。刺史充经略军使，管镇兵一千一百人，衣粮税本管自给。旧领县七，户八千八百九十。天宝后，领县五，户四千九百七十，口一万七千八十七。至京师五千九百一十里，至东都五千四百八十五里。东至藤州二百五十九里，南至窦州二百里，西至禺州十五里，北至龚州二百里，西至隋建县一百九十里，西北至党州一百五十里，东北接义州界。

北流　州所治。汉合浦县地，隋置北流县。县南三十里，有两石相对，其间阔三十步，俗号鬼门关。汉伏波将军马援讨林邑蛮，路由于此，立碑石龟尚在。昔时趋交趾，皆由此关。其南尤多瘴疠，去者罕得生还，谚曰："鬼门关，十人九不还。"其土少铁，以莒石烧为器，以烹鱼鲑，北人名"五侯燋石。"一经火，久之不冷，即今之滑石也，亦名冷石。　普宁　隋置。　陵城　武德四年，析北流置。　渭龙　武德四年，析普宁置。　欣道　新置。

辩州下　隋高凉郡之石龙县。武德五年，置罗州，移治石城。于旧所置南石州，领石龙、陵罗、龙化、罗辩、慈廉、罗肥六县。贞观九年，改南石州为辩州，省慈廉、罗肥二县。天宝元年，改陵水郡。乾元元年复为辩州也。旧领县四，户一万三百五十。天宝后，领县三，户四千八百五十八，口一万六千二百九。至京师五千七百一十八里，至东都五千三百七十里。东至广州一千一百四十四里，南至罗州吴川县界五十里，南至白州博白县二百三十里，北至禺州三百八十二里，南至潘州四十里，西南至罗州一百五十里，西北至白州三百里。

石龙　州所治。汉高凉县地，属合浦郡。秦象郡地。

武德五年属罗州，六年改属辩州。　陵罗　武德五年，置罗州。六年，改为南石州也。　龙化　武德五年，分置也。

白州下　隋合浦郡之合浦县地。武德四年，置南州，领博白、朗平、周罗、龙豪、淳良、建宁六县。六年，改为白州。贞观十二年，省朗平、淳良二县。天宝元年，改为南昌郡。乾元元年，复为白州。旧领县四，户八千二百六。天宝领县五，户二千五百七十四，口九千四百九十八。至京师六千一百七十五里，至东都五千九百一十九里。东至辩州二百里，南至罗州二百二十里，西至州界朗平山八十里，北至牢州一百里，西南至广州二百里，东北至禹州二百里。

博白　州所治。汉合浦县地，属合浦郡。武德五年，析合浦县置博白县也。　建宁　武德四年，析合浦县置。贞观十二年，省淳良并入。　周罗　武德四年，析合浦置。

龙豪　武德四年，析合浦置。　南昌　隋县。旧属潘州，又来属也。

牢州下　本巴、蜀徼外蛮夷地，汉牂牁郡地。武德二年，置义州。五年，改为智州。贞观十二年，改为牢州，以牢石为名。天宝元年，改为定川郡。乾元元年复为牢州也。旧领县三，户一千六百四十一，口一万一千七百五十六。去京师与容州道里同。东至容州一百二十五里，南至白州一百里，西至郁林州一百一十里，北至党州一百里。

南流　武德四年，析容州北流县置，属容州。贞观十一年，改智州为牢州，以牢石为名。牢石高四十丈，周二十里，在州界也。　定川　宕川　贞观十一年，分南流置也。

钦州下　隋宁越郡。武德四年，平萧铣，改为钦州总管府，管一州，领钦江、安京、南宾、遵化、内亭五县。五年，置如和县。其年，置玉州、南亭州，并隶钦府，以内亭、遵化二县属亭州。贞观元年，罢都督府。二年，废亭州，复以内亭、遵化并来属。十年，省南平县。天宝元年，改为宁越郡。乾元元年，复为钦州也。旧领县七，户一万四千七十二，口一万八千一百二十七。天宝领县五，户二千七百，口一万一百四十六。至京师五千二百五十一里。东至严州四百里，南至大海二百五十里，西至瀼州六百三十里，至横州三百五十里，东南至广州七百里，西南至陆州六百里，西至容州三百五十里，东北至贵州四百里。

钦江　州所治。汉合浦县地，宋分置宋寿郡及宋寿县。梁置安州，隋改为钦州，仍改宋寿县为钦江。炀帝改为宁越郡。皆治钦江也。　保京　隋安京县。至德二年，改为保京。县北十里安京山，下有如和山，似循州罗浮山形势。　遵化　隋旧置。　内亭　隋县。武德五年，于县置南亭州。贞观元年，州废，复属钦州也。　灵山　巳上县，并汉合浦县地。

禹州　隋合浦郡之定川县。武德四年，置南宕州，领南昌、定川、陆川、思城、温水、宕川六县，治南昌县。贞观六年，移治定川。八年，改为潘州，仍废思城。总章元年改为东峨州，移治峨石县。二年，改为禹州。天宝元年改为温水郡。乾元元年复为禹州。旧领县五，户一万七百四十八。天宝领县四，户三千一百八十，至京师五千三百五里，至东都五千里。至义州一百九十里，南至辩州三百里，西至白州二百里，北至容州一百一十里。

峨石　秦象郡地。晋南昌郡之边邑，为禹州所治也。　温水　武德四年，析南昌置。　陆川　隋废县。武德四年置。　扶桑　武德四年置。

汤州下　秦象郡地。唐置汤州，失起置年月。天宝元年改为温泉郡。乾元元年复为汤州也。领县三，无户口及无两京道里、四至州府。

汤泉　州所治也。　禄水　罗韶　与州同置。

瀼州下　贞观十二年，清平公李弘节遣钦州首领宁师京，寻刘方故道，行达交趾，开拓夷獠，置瀼州。天宝元年，改为临潭郡。乾元元年，复为瀼州。领县四，户一千六百六十六，无两京地里。东至钦州六百三十里，北至容州二百八十二里。在安南府之东北、郁林之西南。

临江　州所治也。　波零　鹄山　弘远　与州同置。

岩州下　土地与合浦郡同。唐置岩州，失起置年月。天宝元年，改为安乐郡。至德二年，改为常乐郡。乾元元年，复为岩州。领县四，户一千一百一十，无两京道里、四至州府也。

常乐　本安乐县。至德二年改，州所治。　思封　高城　石岩　与州同置。　古州　土地与瀼州同年置。天宝元年，改为乐古郡。乾元元年，复为古州。

安南府在邕管之西

安南都督府　隋交趾郡。武德五年，改为交州总管府，管交、峰、爱、仙、鸢、宋、慈、险、道、龙十州。其交州领交趾、怀德、南定、宋平四县。六年，澄、慈、道、宋并加"南"字。七年，又置玉州，隶交府。贞观元年，省南宋州以宋平县，省隆州以陆平县，省鸢州以朱鸢县，省龙州以龙编县，并隶交府。仍省怀德县及南慈州。二年，废玉州入钦州。六年，改南道州为仙州。十一年，废仙州，以平道县来属。今督交、峰、爱、驩四州。调露元年八月，改交州都督府为安南都护府。大足元年四月，置武安州、南登州，并隶安南府。至德二年九月，改为镇南都护府，后为安南府。刺史充都护，管兵四千二百。旧领县八，户一万七千五百二十三，口八万八千七百八十八。天宝领县七，户二万四千二百三十，口九万九千六百五十二。至京师七千二百五十三里，至东都七千二百二十五里。西至爱州界小黄江口，水路四百一十六里，西南至长州界文阳县靖江镇一百五十里，西北至峰州嘉宁县论江口水路一百五十里，东至朱鸢县界小黄江口水路五百里，北至朱鸢州阿劳江口水路五百四十九里，北至武平县

宋平　汉西捲音拳县地，属日南郡。自汉至晋犹为西捲县。宋置宋平郡及宋平县。隋平陈，置交州。炀帝改为交趾，刺史治龙编，交州都护制诸蛮。其海南诸国，大抵在交州南及西南，居大海中洲上，相去或三五百里，三五千里，远者二三万里。乘舶举帆，道里不可详知。自汉武已来朝贡，必由交趾之道。武德四年于宋平置宋州，领宋平、弘教、南定三县。五年，又分宋平置交趾、怀德二县。自贞观元年废南宋州，以弘教、怀德、交趾三县省入宋平县，移交趾县名于汉故交趾城置。以宋平、南定二县属交州。交趾　汉交趾郡之赢隆二字并音来口反地。隋为交趾县，取汉郡名。武德四年，置慈廉、乌延、武立三县。六年，改为南慈州。贞观初，州废，并废三县，并入交趾。朱䳒　汉县名，交趾郡。今县，吴军平县地。旧置武平郡。龙编　汉交趾郡守治赢陵。后汉周敞为交趾太守，乃移治龙编。言立城之始，有蛟龙盘结津之间，因为城名。武德四年于县置龙州，领龙编、武宁、平乐三县。贞观初废龙州，以武宁、平乐入龙编，割属仙州。十年，废仙州，以龙编属交州也。平道　汉封溪县地，南齐置国昌县。《南越志》：交趾之地，最为膏腴。旧有君长曰雄王，其佐曰雄侯。后蜀王将兵三万讨雄王，灭之。蜀以其子为安阳王，治交趾。其国地，在今平道县东。其城九重，周九里，士庶蕃阜。尉佗在番禺，遣兵攻之。王有神弩，一发杀越军万人，赵佗乃与之和，仍以其子始为质。安阳王以媚珠妻之，子始得弩毁之。越兵至，乃杀安阳王，兼其地。武德四年于县置道州，领平道、昌国、武平三县。六年，改为南道州，又改为仙州。贞观十年废仙州，以昌国入平道，属交州。武平　吴置武平郡。隋为县。本汉封溪县。后汉初，麊泠县女子徵侧叛，攻陷交趾，马援率师讨之，三年方平。光武乃增置望海、封溪二县，即此也。隋曰隆平。武德四年，改为武平。太平

武峨州下　土地与交州同。置武峨州，失起置年月。天宝元年，改为武峨郡。乾元元年，复为武峨州。领县五，户一千八百五十，无口。无两京道里及四至州府也。
　　武峨　州所治也。　武缘　武劳　梁山　皆与州同置也。　如马

粤州下　土地与交州同。唐置粤州，失起置年月。天宝元年，改为龙水郡。乾元元年，复为粤州。领县四，无户口数，亦无两京道里及四至州府也。
　　龙水　州所治也。崖山　东玺　天河　皆与州同置。

芝州下　土地与交州同。唐置芝州，失起置年月。天宝元年，改为忻城郡。乾元元年，复为芝州。领县一。
　　忻城　州所治。无户口及两京道里、四至州府。最远恶处。

爱州　隋九真郡。武德五年，置爱州，领九真、松源、杨山、安顺四县。又于州界分置积、顺、安、永、胥、前真、山七州。改永州为都州。九年，改积州为南陵州。贞观初，废都州入前真州。其年，废前真、胥二州入南陵州。又废安州以隆安县，废山州以建初县，并属州。又废杨山、安顺二县入九真县。改南陵州复为真州。八年，废建初入隆安。九年，废松源入九真。十年，废真州，以胥浦、军安、日南、移风四县属爱州。天宝元年，改为九真郡。乾元元年，复为爱州。九真南与日南接界，西接牂柯界，北与巴蜀接，东北与郁林州接，山险溪洞所居。旧领县七，户九千八十，口三万六千五百一十九。天宝领县六，户一万四千七百。至京师八千八百里，至东都八千一百里。在交州西，不详道里远近。其南即驩州界。
　　九真　汉武帝开置九真郡，治于胥浦县。领居风、都庞、余发、咸驩、无切、无编等七县。今九真县，即汉居风县地。吴改为移风。隋改为九真，州所治。自汉至南齐为九真郡。梁置爱州，隋为九真郡。　安顺　隋旧武德三年，置顺州，又分置东河、建昌、边河，并属顺州。州废，及三县皆并入安顺，属爱州也。　崇平　隋隆安县。武德五年，于县置安州及山州，又分隆安立教山、建道、都握三县，并属安州，领四县。又置冈山、真润、古安、西安、建初五县，属山州。贞观元年，废安州及三县，又废山州及五县，以隆安隶爱州。先天元年，改为崇安。至德二年，改为崇平。　军宁　隋军安县。武德五年，于县界置永州。七年，改为都州。贞观元年，改为前真州。十年，改属爱州。至德二年，改为军宁。　日南　汉居风地。县界有居风山，上有风门，常有风。其山出金牛，往往夜见，照耀十里。时斗，则海水沸溢，有霹雳，人家牛皆怖，号曰"神牛"。隋为日南县。　无编　汉旧县，属九真郡。又有汉西于县，故城在今县东所置也。

福禄州下　土俗同九真郡之地，后为生獠所据。龙朔三年，智州刺史谢法成招慰生獠昆明、北楼等七千余落。总章二年，置福禄州以处之。天宝元年，改为福禄郡。至德二年，改为唐林郡。乾元元年，复为福禄州。领县二，无户口及两京道里、四至州郡。
　　柔远　州所治。与州同置。本名安远，至德二年，改为柔远也。　唐林

长州　土俗与九真同。唐置长州，失起置年月。天宝元年，改为文阳郡。乾元元年，复为长州。领县四，户六百四十八，无口及两京道里、四至州府也。
　　文阳　铜蔡　长山　其常　皆与州同置。

驩州　隋日南郡。武德五年，置南德州总管府，领德、明、智、驩、林、源、景、海八州。南德州领六县。八年，改为德州。贞观初，改为驩州，以旧驩州为演州。二年，置驩州都督府，领驩、演、明、智、林、源、景、海八州。十二年，废明、源、海三州。天宝元年，改为日南郡。乾元元年，复为驩州也。旧领县六，户六千五百七十九，口一万六千六百八十九。天宝领县四，户九千六百一十九，口五万八百一十八。至京师陆路一万二千四百五十二里，

水路一万七千里，至东都一万一千五百九十五里，水路一万六千二百二十里。东至大海一百五十里，南至林州一百五十里，西至环王国界八百里，北至爱州界六百三里，南至尽当郡界四百里，西北到灵跋江四百七十里，东北至辩州五百二里。

九德　州所治。古越裳氏国，秦开百越，此为象郡。汉武元鼎六年开交趾已南，置日南郡，治于朱吾，领比景、卢容、西卷、象林五县。吴分日南置九德郡，晋、宋、齐因之。隋改为驩州，废九德郡为县，今治也。后汉遣马援讨林邑蛮，援自交趾循海隅，开侧道以避海，从荡昌县南至九真郡，自九真至其国，开陆路，至日南郡，又行四百余里，至林邑国。又南行二千余里，有西屠夷国，铸二铜柱于象林南界，与西屠夷分境，以纪汉德之盛。其时，以不能还者数十人，留于其铜柱之下。至隋乃有三百余家，南蛮呼为"马留人"。其水路，自安南府南海行三千余里至林邑，计交趾至铜柱五千里。　浦阳　晋置。怀驩　隋为咸驩县，属九真郡。武德五年，于县置驩州，领安人、扶演、相景、西源四县，治安人。贞观九年，改为演州。十三年，省相景县入扶演。十六年，废演州。其所管四县，废入咸驩。后改为怀驩。　越裳　吴置。武德五年，于县置明州，析置万安、明弘、明定三县隶之。又分日南郡文谷、金宁二县置智州，领文谷、新镇、阇员、金宁四县。贞观十三年，废明州，越裳属智州。后又废智州，以越裳属驩州。

林州　隋林邑郡。贞观九年，绥怀林邑置林州，寄治于驩州南界，今废无名，领县三，无户口。去京师一万二千里。

林邑　州所治。汉武帝开百越，于交趾郡南三千里置日南郡，领县四，治于朱吾。其林邑，即日南郡之象林县。县在南，故曰日南，郡本界四百里。后汉时，中原丧乱，象林县人区连杀县令，自称林邑王。后有范熊者，代区连，相传累世，遂为林邑国。其地皆开北户以向日。晋武时，范氏入贡。东晋末，范文陷日南郡，告交州刺史朱蕃，求以日南郡北界横山为界。其后，又陷九真郡。自是，屡寇交趾南界。至贞观中，其主修职贡，乃于驩州南侨置林邑郡以羁縻之，非正林邑国也。　金龙　隋文帝时，遣大将刘方率兵万人，自交趾南伐林邑国，败之。其王梵志通走，方收其庙主一十八人，皆铸金为之。方尽虏其人，空其地，乃班师。因方得其龙，乃为县名。　海界　三县并贞观九年置。

景州　隋比景郡。贞观二年，置南景州，寄治驩州南界。八年，改为景州。后亦废，无其名。领县三，无户口。至京师一万一千五百里。

北景　汉县名，属日南郡，在安南府南三千里。北景在南。晋将灌邃攻林邑王范佛，破其国，遂于其国五月五日立表，北景在表南九寸一分，故自北景已南，皆北户以向日也。"北"字或单为"匕"。　由文　贞观二年置也。

朱吾　汉日南郡所治之县也。前志曰："朱吾人不粒食，依鱼资鱼为生。"记云："朱吾，在日南郡，此侨立名也。"

峰州下　隋交趾郡之嘉宁县。武德四年，置峰州，领嘉宁、新昌、安仁、竹辂、石堤、封溪六县。贞观元年，废石堤、封溪入嘉宁，竹辂入新昌。天宝元年，改为承化郡。乾元元年，复为峰州也。旧领县三，户五千四百四十四，口六千四百三十五。天宝领县五，户一千九百二十。州在安南府西北，至京师七千七百一十里。

嘉宁　州所治。汉麓泠县地，属交趾郡。古文朗夷之地。秦属象郡。吴分交趾置新兴郡。晋改为新昌，宋、齐因之，改为兴州。隋初改为峰州。炀帝废，并入交趾。武德复置峰州也。　承化　新昌　嵩山　珠绿　嵩山、珠绿，新置。

陆州　隋宁越郡之玉山县。武德五年，置玉山州，领安海、海平二县。贞观二年，废玉山州。上元二年，复置，改为陆州，以州界山为名。天宝元年，改为玉山郡。乾元元年，复为陆州。领县三，户四百九十四，口二千六百七十四。至京师七千二十六里，至东都七千里。东至廉州界三百里，南至大海，北至思州七百六十二里，东南际大海，西南至当州宁海二百四十里也。

乌雷　州所治也。　华清　旧玉山县，天宝年改。宁海　旧安海县。至德二年改为宁海县也。

廉州下　隋合浦郡。武德五年，置越州，领合浦、安昌、高城、大廉、大都五县。贞观六年，置珠池。其年，改大都属白州。八年，改越州为廉州。十年，废姜州，以封山、东罗、蔡龙三县来属。十二年，废安昌、珠池二县入合浦，废高城入蔡龙。天宝元年，改为合浦郡。乾元元年，复为廉州。旧领县五，户一千五百二十二。天宝，户三千三十二，口一万三千二十九。至京师六千五百四十七里，至东都五千八百三十六里。东至白州二百里，南至罗州三百五十里，西北至安南府一千里，北至钦州七百里。

合浦　汉县，属合浦郡。秦之象郡地。吴改为珠官。宋分置临漳郡及越州，领郡三，治于此。时西江都护陈伯绍为刺史，始立州镇，凿山为城，以威俚、獠。隋改为禄州。及为合州，又改为合浦。唐置廉州。大海，在西南一百六十里，有珠母海，郡人采珠之所，云合浦也。州界有瘴江，名合浦江也。　封山　隋县。武德五年，置姜州，领封山、东罗、蔡龙三县。贞观十年，废州，以三县入廉州。　蔡龙　武德五年，分置也。　大廉　武德五年置。四县皆汉合浦县地。

雷州下　隋合浦郡之海康县。武德四年，平萧铣，置南合州，领海康、隋康、铁杷、椹川四县。贞观元年，改为东合州。二年，改隋康为徐闻县。八年，改东合州为雷州。天宝元年，改为海康郡。乾元元年，复为雷州也。旧领县四，户二千四百五十八。天宝领县三，户四千三百二十，口二万五百七十二。至京师六千五百一十二里，至东都五千九百三十一里。东至大海二十里，西至大海一百里，东南至大海十五里，西南至大海一百里，隔海至崖州四百三十里，东北及西北与罗州接界。

海康　汉徐闻县地，属合浦郡。秦象郡地。梁分置南合州，隋去"南"字，炀帝废合州，置海康县。　遂溪　旧齐铁杷、椹川二县，后废，改为遂溪也。　徐闻　汉县名。隋置隋康县。贞观二年，改为徐闻。《汉志》曰合浦郡徐闻南入海，达珠崖郡，即此县。

笼州　贞观十二年，清平公李弘节遣龚州大同县人龚固兴招慰生蛮，置笼州。天宝元年，改为扶南郡。乾元元年，复为笼州。领县七，户三千六百六十七。无四至州县、两京道里。扶南国，在日南郡之南海西大岛中，去日南郡约七千里，在林邑国西三千里。其王，贞观中遣使朝贡，故立笼州招置之。遥取其名，非正扶南国也。

武勒　州所治。　武礼　罗龙　扶南　龙赖　武观　武江　皆与州同置。

环州下　贞观十二年，清平公李弘节开拓生蛮，置环州，以环国为名。天宝元年，改为正平郡。乾元元年，复为环州。领县八，无户口及两京道里、并四至州府。

正平　州所治。　福零　龙源　饶勉　思恩　武石　歌良　蒙都　与州同置。

德化州　永泰二年四月，于安南府西界、牂柯南界置。领县二。

德化　归义　与州同置。

郎茫州　永泰二年四月，于安南府西界置，领县二。

龙然　福守　与州同置。

崖州下　隋珠崖郡。武德四年平萧铣，置崖州，领舍城、平昌、澄迈、颜罗、临机五县。贞观元年置都督府，督崖、儋、振三州。其年，改颜罗为颜城，平昌为文昌。三年，割儋州属广府。五年，又置琼州。十三年，废琼州，以临机、容琼、万安三县来属。天宝元年改为珠崖郡。乾元元年复为崖州，在广府东南。旧领县七，户六千六百四十六。天宝，户十一乡。至京师七千四百六十里，至东都六千三百里，广府东南二千余里。雷州徐闻县南舟行，渡大海，四百三十里达崖州。汉武帝元封元年，遣使自徐闻南入海，得大洲，东西南北方一千里，略以为珠崖、儋耳二郡。民以布如单被，穿中从头穿之。民种禾稻、纻麻，女子蚕织。无马与虎，有牛、羊、豕、鸡、犬。兵则矛、盾、木弓、竹矢、骨镞。郡县吏卒，多侵凌之，故率数岁一反。昭帝省儋耳，并珠崖。元帝用贾捐之之言，乃弃之。唐武德初，复析珠崖郡置崖、儋、琼、振、万安五州，于崖州置都督府领之。后废都督，隶广州经略使。后又改隶安南都护府也。

舍城　州所治。隋旧县。其崖、儋、振、琼、万安五州，都在海中洲之上，方千里，四面抵海。北渡海，扬帆一日一夜，至雷州也。　澄迈　隋县。　文昌　武德五年置平昌县。贞观元年改为文昌。

儋州下　隋儋耳郡。武德五年置儋州，领义伦、昌化、感恩、富罗四县。贞观元年，分昌化置普安。天宝元年，改为昌化郡。乾元元年复为儋州也。旧领县五，户三千九百五十六。天宝，户三千三百九。至京师七千四百四十二里。与崖州同在海中洲上，东至振州四百里。

义伦　本汉儋耳郡城，即此县。隋为义伦县，州所治也。　昌化　隋县。　感恩　洛场　新置。　富罗　隋之毗善县。武德五年改置。

琼州　本隋珠崖郡之琼山县。贞观五年，置琼州，领琼山、万安二县。其年，又割崖州临机来属。十三年，废琼州，以属崖州。寻复置琼州，领琼山、容琼、曾口、乐会、颜罗五县。天宝元年，改为琼山郡。乾元元年，复为琼州。贞观五年十月，岭南节度使李复奏曰："琼州本隶广府管内，乾封年，山洞草贼反叛，遂兹沦陷，至今一百余年。臣令判官姜孟京、崖州刺史张少逸，并力讨除，今已收复旧城，且令降人权立城相保，以琼州控压贼洞，请升为下都督府，加琼、崖、振、儋、万安等五州招讨游奕使。其崖州都督请停。"从之。领县五，户六千四百九。两京与崖州道里相类。西南至振州四百五十里，与崖州同在大海中也。

琼山　州所治。贞元七年十一月省容琼县并入。　临高　本属崖州，贞元七年割属琼州。　曾口　乐会　颜罗　后渐析置。

振州　隋临振郡。武德五年置振州。天宝元年改为临振郡。乾元元年，复为振州也。领县四，户八百一十九，口二千八百二十一。至京师八千六百六里，至东都七千七百九十七里。东至万安州陵水县一百六十里，南至大海，西北至儋州四百二十里，北至琼州四百五十里，东南至大海二十七里，西南至大海千里，西北至延德县九十里，与崖州同在大海洲中。

宁远　州所治。隋旧。　延德　隋县。　吉阳　贞观二年，分延德置。　临川　隋县。　落屯　新置。

万安州　与崖、儋同在大海洲中。唐置万安州，失起置年月。天宝元年，改为万安郡。至德二年改为万全郡。乾元元年复为万安州。领县四，无户口。西接振州界。两京道里，与振州相类也。

万安　州所治。至德二年，改为万全，后复置。　陵水　富云　博辽　与州同置。

赤土国　州南渡海，便风十四日，至鸡笼岛，即至其国。亦海中之一洲。

丹丹国　振州东南海中之一洲，舟行十日至。

卷四十二　　志第二十二

职官一

高祖发迹太原，官名称位，皆依隋旧。及登极之初，未遑改作，随时署置，务从省便。武德七年定令：以太尉、司徒、司空为三公。尚书、门下、中书、秘书、殿中、内侍为六省。次御史台；次太常、光禄、卫尉、宗正、太仆、大理、鸿胪、司农、太府，为九寺；次将作监；次国子学；次天策上将府；次左右卫、左右骁卫、左右领军、左右武候、左右监门、左右屯、左右领，为十四卫府。东宫置三师、三少、詹事府、门下典书两坊。次内坊；次家令、率更、仆三寺；次左右卫率府、左右宗卫率府、左右虞候率府、左右监门率府、左右内率府，为十率府。王公以下置府佐国官。公主置邑司已下。并为京职事官。州县、镇戍、岳渎、关津为外职事官。又以开府仪同三司、从一品。特进、正二品。左光禄大夫、从一品。右光禄大夫、正二品。散骑常侍、从三品。太中大夫、正四品。通直散骑常侍、正四品。中大夫、从四品上。员外散骑常侍、从四品下。中散大夫、正五品上。散骑侍郎、正五品下。通直散骑侍郎、从五品上。员外散骑侍郎、从五品下。朝议郎、承议郎、正六品。通议郎、通直郎、从六品。朝请郎、宣德郎、正七品。朝散郎、宣义郎、从七品。给事郎、征事郎、正八品。承奉郎、承务郎、从八品。儒林郎、登仕郎、正九品。文林郎、将仕郎、从九品。并为文散官。

辅国、正二品。镇军从二品。二大将军，冠军、正三品。云麾、从三品。忠武、壮武、宣威、明威、信远、游骑、游击自正四品上至从五品下。十将军，为散号将军，以加武士之无职事者。改上开府仪同三司为上轻车都尉，开府仪同三司为轻车都尉，仪同三司为骑都尉，秦王、齐王下统军为护军，副统军为副护军，上大都督为骁骑尉，大都督为飞骑尉，帅都督为云骑尉，都督为武骑尉，车骑将军为游骑将军，亲卫骠骑将军为亲卫中郎将，其勋卫骠骑准此。亲卫车骑将军为亲卫中郎将，其勋卫、翊卫车骑并准此。监门府郎将为监门中郎将，领左右郎将准此。诸军骠骑将军为统军，其秦王、齐王下领三卫及库直、驱咥直、车骑并准此。诸军车骑将军为别将。其散官文骑尉为承议郎，屯骑尉为通直郎，云骑尉为登仕郎，羽骑尉为将仕郎。武德九年，罢天策上将府。

贞观元年，改国子学为国子监，分将作为少府监，通将作为三监。八年七月，始以云麾将军为从三品阶。九月，以统军正四品下，别将正五品上。十一年，改令置太师、太傅、太保为三师。其三公已下，六省、一台、九寺、三监、十二卫、东宫诸司，并从旧定。又改以光禄大夫为从二品，金紫光禄大夫为正三品，银青光禄大夫为从三品。正议大夫为正四品上，通议大夫为正四品下，太中大夫为从四品上，中大夫为从四品下，中散大夫为正五品上，朝议大夫为正五品下，朝请大夫为从五品上，朝散大夫为从五品下。其六品下，唯改通议郎为奉议郎，自余依旧。更置骠骑大将军为从一品武散官；辅国、镇军二大将军为从二品武散官。冠军将军加大字。及云麾已下，游击已上，改为五品已上武散官。又置昭武、振威、致果、翊麾、宣节、御武、仁勇、陪戎八校尉副尉，自正六品至从九品，上阶为校尉，下阶为副尉。为六品已下武散官。

凡九品已上职事，皆带散位，谓之本品。职事则随才录用，或从闲入剧，或去高就卑，迁徙出入，参差不定。散位则一切以门荫结品，然后劳考进叙。《武德令》，职事高者解散官，欠一阶不至为"兼"。职事卑者，不解散官。《贞观令》，以职事高者为"守"，职事卑者为"行"，仍各带散位。其欠一阶，依旧为"兼"，与当阶者，皆解散官。永徽已来，欠一阶者，或为兼，或带散官，或为守，参而用之。其两职事者亦为"兼"，颇相错乱。其欠一阶之"兼"，古念反。其两职事之兼，古恬反。字同音异耳。咸亨二年，始一切为"守"。

自高宗之后，官名品秩，屡有改易。今录永泰二年官品。其改易品秩者，注于官品之下。若改官名及职员有加减者，则各附之于本职云。

唐初因隋号，武德三年三月，改纳言为侍中，内史令为中书令，给事郎为给事中，内书省为中书省。贞观二十三年六月，改民部尚书为户部尚书。七月，改治书侍御史为御史中丞，改诸州治中为司马，别驾为长史，治礼郎为奉礼郎。显庆元年，改户部尚书为度支尚书，侍郎为度支侍郎。又置骠骑大将军员，从一品。龙朔二年二月甲子，改百司及官名。改尚书省为中台，仆射为匡政，左右丞为肃机，左右司郎中为丞务，吏部为司列，主爵为司封，考功为司绩，礼部为司礼，祠部为司禋，膳部为司膳，主客为司蕃，户部为司元，度支为司度，仓部为司仓，金部为司珍，兵部为司戎，职方为司域，驾部为司舆，库部为司库，刑部为司刑，都官为司仆，比部为司计，工部为司平，屯田为司田，虞部为司虞，水部为司川，余司依旧。尚书为太常伯，侍郎为少常伯，郎中为大夫。中书门下为东西台。侍中为左相，黄门侍郎为东台侍郎，给事中为东台舍人，散骑常侍为左右侍极，谏议大夫为正谏大夫。中书令为右相，侍郎为西台侍郎，舍人为西台舍人。秘书省为兰台，监为太史，少监为侍郎，丞为大夫。著作郎为司文郎，太史令为秘阁郎中。御史台为宪台，御史大夫为大司宪，御史中丞为司宪大夫。殿中省为中御府，丞为大夫。尚食为奉膳，尚药为奉医，尚衣为奉冕，尚舍为奉扆，尚乘为奉驾，尚辇为奉御，并为大夫。内侍省为内侍监。太常为奉常，光禄为司宰，卫尉为司卫，宗正为司宗，太仆为司驭，大理为详刑，正为大夫。鸿胪为司文，司农为司稼，太府为外府，卿并为正卿。少府监为内府监。将作监为缮工监，大匠为大监，少匠为少监。国子监为司成馆，国子祭酒为大司成，司业为少司成，博士为宣业。都水为司津监。左、右卫府、左、右骁卫府、左、右武卫府，并除"府"字。左、右屯卫府为左右威卫，左、右领军卫为左右戎卫，武候为金吾卫，千牛为奉宸卫，屯营为羽林军。詹事为端尹府，门下、典书为左右春坊，左右庶子为左右中护。中允为左赞善大夫，洗马为司经大夫，中舍人为右赞善大夫。家令寺为宫府寺，率更寺为司更寺，仆寺为驭仆寺，长官并为大夫。左、右卫率府为典戎卫，左、右宗卫率府为司御卫，左右虞候率府为清道卫，监门率府为崇掖卫，内率府为奉裕卫。七日，又制废尚书令，改起居郎为左史，起居舍人为右史，著作佐郎为司文郎，太史丞为秘阁郎，左右千牛为奉宸，司议郎为左司议郎，太子舍人为右司议郎。典膳、药藏、内直监、宫门大夫，并改为郎。太子千牛为奉裕。

总章二年置司列、司戎少常伯各两员。咸亨元年十二月诏："龙朔二年新改尚书省百司及仆射已下官名，并依旧。其东宫十率府，有异上台诸卫，各宜依旧为率府。其左司议郎除'左'字。其左、右金吾、左、右威卫，依新改。"永淳元年七月，置州别驾。

光宅元年九月，改尚书省为文昌台，左、右仆射为文昌左、右相。吏部为天官，户部为地官，礼部为春官，兵部为夏官，刑部为秋官，工部为冬官。门下省为鸾台，中书省为凤阁，侍中为纳言，中书令为内史。太常为司礼，鸿胪为司宾，宗正为司属，光禄为司膳，太府为司府，太仆为司仆，卫尉为司卫，大理为司刑，司农依旧。左、右骁卫为左右威卫，左、右武卫为左、右鹰扬卫，左、威卫为左右豹卫，左、右领军卫为左右玉钤卫。左、右金吾卫依旧。御史台改为左肃政台，专知京百官及监诸军旅，并承诏出使。更置右肃政台，专知诸州案察。

垂拱元年二月，改黄门侍郎为鸾台侍郎，文昌都省为都台，主爵为司封，秘书省为麟台，内侍省为司宫台，少府监为尚方监。其左、右尚方两署除"方"字。将作监为营缮监，国子监为成均监，都水监为水衡监。其詹事府为宫尹府，詹事为太尹，少詹事为少尹。左、右内率府为左右奉裕率府，千牛为左右奉裕，左、右监门率府为左右控鹤禁率府，诸卫铠曹改为胄曹，司膳寺肴藏署改为珍羞署。十月，增置天官侍郎二员。又置左、右补阙、拾遗各二员。三年，加秋官侍郎一员。

永昌元年，置左、右司员外郎各一员。天授二年，增置左、右补阙、拾遗各三员，通满五员。长寿二年，增夏官侍郎三员。大足元年，加营缮少匠一员，左右羽林卫各增置将军一员。洛、雍、并、荆、扬、益六州，置左、右司马各一员。长安三年，增置司勋员外郎一员，地官依旧置侍郎一员，洛、并及三大都督府司马宜依旧置一员。神龙元年二月，台阁官名，并依永淳已前故事。废左、右司员外郎。左右千牛卫各置大将军一员。东都置太庙官吏，增置太常、大理少卿各一员。二年，又置员外官凡二千余人。超授阁官七品已上员外者，又千余人。十二月，复置左右司员外郎各一员。景云二年，复置太子左、右谕德、太子左、右赞善大夫各两员。雍、洛及大都督府长史加为三品阶，别驾致敬，依前。太极元年，光禄、大理、鸿胪、太府、卫尉、宗正，各增置少卿一员。秘书少监、国子司业、少府少监、将作少匠、左右台中丞，各增置一员。雍、

洛二州及益、并、荆、扬四大都督府，各增置司马一员，分为左、右司马。

开元元年十二月，改尚书左右仆射为左右丞相，中书省为紫微省，门下省为黄门省，侍中为监。雍州为京兆府，洛州为河南府。长史为尹，司马为少尹，录事参军为司录参军，余司改司为曹。五年九月，紫微省依旧为中书省，黄门省为门下省，黄门监为侍中。二十四年九月，改主爵为司封。天宝元年二月，侍中改为左相，中书令改为右相，左、右丞相依旧为仆射，黄门侍郎为门下侍郎。改州为郡，刺史为太守。十一载正月，改吏部为文部，兵部为武部，刑部为宪部。其行内诸司有部者并改。改驾部为司驾，改库部为司库，金部为司金，仓部为司储，比部为司计，祠部为司禋，膳部为司膳，虞部为司虞，水部为司水。将作大匠为监，少匠为少监。至德二载十二月敕："近日所改百司额及郡名并官名，一切依故事。"于是侍中、中书令、兵吏部等并仍旧。罢郡为州，复以太守为刺史。

正第一品

太师、太傅、太保、太尉、司徒、司空，已上职事官。王。爵。《武德令》有天策上将，九年省。

从第一品

开府仪同三司，文散官。开府仪同三司及特进不带职事官者，朝参禄俸并同职事，仍隶吏部也。太子太师、太子太傅、太子太保，已上职事官。骠骑大将军，武散官。嗣王、郡王、国公。爵。

正第二品

特进，文散官。辅国大将军，武散官。开国郡公，爵。《武德令》唯有公、侯、伯、子、男，贞观十一年加开国之称也。上柱国。勋官。《武德令》有尚书令，龙朔二年省。自是正第二品无职事官。

从第二品

尚书左右仆射、太子少师、太子少傅、太子少保、京兆河南太原等七府牧、大都督、扬、幽、潞、陕、灵。大都护、单于、安西，已上职事官。光禄大夫，文散官。镇军大将军，武散官。开国县公，爵。柱国。勋官。

正第三品

侍中、中书令、吏部尚书，旧班在左相上，《开元令》移在下。门下侍郎、中书侍郎，旧班正四品上，大历二年升。左右卫、左右骁卫、左右武卫、左右威卫、左右领军卫、左右金吾卫、左右监门卫、左右羽林军、左右龙武、左右英武六军大将军、左右千牛卫大将军、自左右卫已下，并为武职事官。户部、礼部、兵部、刑部、工部尚书，《武德令》，礼部次吏部，兵部次之，民部次之。贞观年改以民部次礼部，兵部次之。则天初又改以户部次吏部，礼部次之，兵部次之。太子宾客，旧兼职无品，《开元前令》定入官品也。太常卿、宗正卿、天宝初升入正三品也。太子詹事、左右散骑常侍，旧班从三品，广德年升。内侍监，唐初旧制，内侍省无三品官，内侍四员，秩四品。天宝十三载十二月，玄宗以中官高力士、袁思艺承恩遇，特置内侍监两员，秩三品，以授之。中都督、上都护，已上除八大将军，并为文职事官。金紫光禄大夫，文散官。冠军大将军，武散官。怀化大将军，显庆三年置，以授初附

首领,仍隶诸卫也。上护军。勋官。

从第三品

御史大夫,旧班在秘书监九卿下,《开元令》移在上。秘书监、光禄、卫尉、太仆、大理、鸿胪、司农、太府卿、国子祭酒、殿中监、少府监、将作监、诸卫羽林,入正三品。千牛龙武将军、下都督、上州刺史、京兆河南太原等七尹,旧雍、洛长史从四品上,景云二年加秩为从三品也。五大都督府长史,旧从四品上,景云二年加秩为从三品。大都护府副都护,旧正四品上,《开元令》加入从三品。亲王傅、已上并职事官。诸卫羽林、千牛龙武将军为武,余并为文。银青光禄大夫,文散官。开国侯、爵。云麾将军,武散官。归德将军,显庆三年置,以授初附首领,仍隶诸卫也。护军。勋官。《武德令》有天策上将府长史、司马,九年省也。

正第四品上阶

门下侍郎、中书侍郎,旧正四品下阶,《开元令》加入上阶也。尚书左丞,永昌元年进为正三品,如意元年复旧。吏部侍郎,武德七年省司侍郎,吏部郎中为正四品上。贞观三年复置侍郎,其吏部郎中复旧为五品下。太常少卿、太子左庶子、太子少詹事、太子左右卫、左右司御、左右清道、左右内率、左右监门率府率、中州刺史、军器监,武德初为正三品,七年省,八年复置,九年又省,十年复置北都军器监。上都护府副都护、上府折冲都尉,《武德令》统军正四品下,后改为折冲都尉。《垂拱令》始分为上中下府,改定官品。自此已上职事官。率及折冲为武,余并为文。正议大夫,文散官也。开国伯、爵。忠武将军,武散官。上轻车都尉。勋官。

正第四品下阶

尚书右丞,永昌元年进为从三品,如意元年复旧。诸司侍郎、太子右庶子、左右谕德、左右千牛卫、左右监门卫中郎将、亲勋翊卫羽林中郎将、下州刺史,《武德令》,中州刺史,正四品,下州刺史,从四品上。《贞观令》,一切为下州,加入正四品下。自此已上职事官。中郎将为武,余并为文也。通议大夫,文散官。壮武将军,武散官。

从第四品上阶

秘书少监、八寺少卿、殿中少监、太子左右卫、司御、清道、内率、监门副率、太子亲勋翊卫中郎将、太子家令、太子率更令、太子仆、内侍、大都护亲王府长史、已上职事官。府率、中郎将为武,余并为文。太中大夫,文散官。宣威将军,武散官。轻车都尉。勋官。

从第四品下阶

国子司业、少府少监、将作少匠、京兆河南太原府少尹、大都督府大都护府亲王府司马、上州别驾、已上职事文官。《武德令》,上州别驾正五品上。二十三年为长史,前上元年,复置别驾,定入从四品也。中府折冲都尉,武职事官。中大夫,文散官。明威将军,武散官。《武德令》有天策上将府从事中郎,九年省。

正第五品上阶

谏议大夫、御史中丞,《武德令》,从五品上。《贞观令》,加入正五品上,五年又加入四品。如意元年复旧也。国子博士、给事中、中书舍人、太子中允、太子左右赞善大夫、都水使者、万年长安河南洛阳太原晋阳奉先会昌县令,武德元年,敕万年、长安令为正五品上。七年定令,改为从五品。贞观初复旧也。亲勋翊卫羽林郎将、中都督府上都护府长史、亲王府谘议参军事,《武德令》,正五品下也。军器少监、太史少监、亲王府典军、已上职事官。郎将、典军为武,余并为文。《永徽令》,亲王典军从四品下。《垂拱令》改入五品上。中散大夫,文散官。开国子、爵。定远将军,武散官。上骑都尉。勋官。

正第五品下阶

太子中舍人、尚食尚药奉御、太子亲勋翊卫郎将、内常侍、中都督上都护府司马、中州别驾、下府折冲都尉、已上职事官。郎将、折冲为武,余并为文也。朝议大夫,文散官。宁远将军。武散官。《武德令》有天策上将军谘祭酒,九年省。

从第五品上阶

尚书左右诸司郎中,《武德令》,吏部郎中正四品上,诸司郎中正五品上。贞观二年,并改为从五品上也。秘书丞,《武德令》,正五品上。《永徽令》改也。著作郎、太子洗马、殿中丞、尚衣尚舍尚乘尚辇奉御、献陵昭陵恭陵桥陵八陵令,《武德》,诸陵令从七品下,永徽二年加献、昭二陵令,为从五品。已后诸陵并相承依献、昭二陵例。亲王府副典军、下都督府上州长史、下州别驾、已上职事官。典军为武,余并为文。朝请大夫,文散官。开国男、爵。游击将军,武散官。骑都尉。勋官。旧有太公庙令,武德年七品下,永徽二年加从五品上,开元二十四年省也。

从第五品下阶

大理正、太常丞、太史令、内给事、太子典内,旧正六品上,《开元令》改。下都督府上州司马,《武德令》,上州治中正五品下。贞观初改。亲王友,《武德令》,正五品下也。宫苑总监、上牧监、上府果毅都尉、已上职事官。果毅为武散,余并为文。驸马都尉、奉车都尉、并武散官。驸马自近代已来,唯尚公主者授之。奉车,有唐已来无其人。朝散大夫,文散官。游击将军。武散官。《武德令》有天策上将府主簿、记室、参军,九年省。《神龙令》有库谷、斜谷监也。

正第六品上阶

太学博士,《武德令》,从六品上,贞观年改。太子詹事府丞、太子司议郎、太子舍人、中郡长史,《武德令》,中州别驾从五品上,贞观年改也。太子典膳药藏郎、京兆河南太原府诸县令,武德元年敕,雍州诸县令阶从五品上,七年定令改。亲王府掾属,《武德令》,从五品下也。武库中尚署令,《武德令》依上署令,从七品下,太极年改武库中阶,开元年改中尚令也。诸卫左右司阶、中府果毅都尉、镇军兵满二万人已上司马、已上职事官。司阶、果毅为武,余并为文也。亲勋翊卫校卫、卫官。朝议郎,文散官。昭武校尉,武散官。骁骑尉。勋官。

正第六品下阶

千牛备身左右、王官已上,王公已下高品子孙起家为之。太子文学、下州长史、武德中,下州别驾,正六品,贞观二十三年,改为长史丞。永淳元年,诸州置别驾官。天宝八载停别驾,下郡置长史。后上元二年,诸州置别驾,不废下府长史也。中州司马,《武德令》,中州治中,从五品下,《贞观令》改。内谒者监、中牧监、上牧副监、已上文职事官。上镇将,武职事官。《武德令》,从四品下也。承议郎,文散官。昭武副尉。

武散官。《武德令》有天策上将府诸曹参军事，九年省也。

从第六品上阶

起居郎、起居舍人、尚书诸司员外郎，《武德令》，吏部员外郎正六品上，诸司员外郎正六品上。贞观二年改。八寺丞、大理司直、国子助教，《武德令》，从七品上。城门符宝郎、通事舍人、秘书郎，《武德令》，正七品上。著作佐郎，《武德令》，正七品下。侍御医，《武德》、《乾封令》，正七品上。《神龙令》，从六品下。开元改。诸卫羽林长史、两京市署令，武德四年进为从五品上，七年定令，复旧也。下州司马，《武德令》，中下州治中，正六品下。亲王文学、主簿、记室、录事参军，《武德令》，亲王府文学已上，并正六品下也。诸州上县令，已上文职事官。诸率府左右司阶、武职事官。镇军兵不满二万人司马、文职事官。左右监门校尉、亲勋翊卫旅帅、卫官。奉议郎、文散官。振威校尉、武散官。飞骑尉。勋官。

从第六品下阶

侍御史，旧从七品上，《垂拱令改》。少府将作国子监丞、太子内直典设宫门郎、太公庙令、司农寺诸园苑监、沙苑监、下牧监、宫苑总监副、互市监、中牧副监，已上文职事官。下府果毅都尉、武职事官。亲王府校尉、卫官。通直郎、文散官。振威副尉、武散官。

正第七品上阶

四门博士、詹事司直、左右千牛卫长史、尚食尚药直长、太子左右卫司御清道率府长史、军器监丞、诸州中县令、京兆河南太原府司录参军事、大都督大都护府录事参军事、亲王府诸曹参军，已上文职事官。《武德令》，亲王府功曹、仓曹、户曹、兵曹参军事，从五品下；骑曹、铠曹、田曹、士曹、水曹参军事等，七品下也。中镇将、武职事官。《武德令》，从五品下。太子千牛、亲勋翊卫队正副队正，已上卫官。朝请郎、文散官。致果校尉、武散官。云骑尉。勋官。

正第七品下阶

尚衣尚舍尚乘尚辇直长、太子通事舍人、内寺伯、京兆河南太原府大都督大都护府诸曹参军、中都督上都护府录事参军事、诸仓诸冶司竹温汤监、诸卫左右中候、上府别将，《武德令》，别将正五品上，后改为果毅。圣历三年复置别将。上府长史，《武德令》，统军长史正八品下也。上镇副，《武德令》，从五品下。下镇将，《武德令》，正六品下。下牧副监，已上职事官。中候、别将、镇副、镇将为武，余并为文也。宣德郎、文散官。致果副尉。武散官。《武德令》又有天策上将府参军事，九年省。又有盐池盐井监、诸王百司问事谒者。

从第七品上阶

殿中侍御史，《武德》至《乾封令》，并正八品上，垂拱年改。左右补阙、太常博士、太学助教，《武德令》，从八品下也。门下录事、中书主书、尚书都事、九寺主簿、太子詹事主簿，太子左右内率监门率府长史、太子侍医、太子三寺丞、都水监丞、诸州中下县令、亲王府东西阁祭酒，《武德令》，正六品下。京县丞、万年、长安、河南、洛阳、奉先、会昌、太原、晋阳。下都督府上州录事参军、中都督上都护府诸曹参军事、中府别将长史、中镇副，《武德令》，正六品下。已上职事官。别将、镇副为武，余并为文。左右监门直长、勋卫、太子亲卫，已上卫官。朝散郎、文散官。翊麾

校尉、武散官。武骑尉。勋官。

从第七品下阶

太史丞、监局同。御史台少府将作国子监主簿，御史台、国子监主簿，旧正八品，《垂拱令》改。掖庭令、宫闱令、上署令、郊社、太乐、鼓吹、太医、太官、左藏令、乘黄、典客、上林、太仓、平准、常平、左尚、右尚、典牧，《武德令》有太庙、诸陵、典农、中尚、都水、常平。其左尚、典牧本中署，右尚本下署，开元初改之也。诸州下县令、天宝五载，一切为中下县。诸陵署丞，永徽二年加秩。旧有太庙署丞，武德为九品，永徽二年加秩，从七品上，开元年省也。司农寺诸园苑副监，《神龙令》有诸冶副监。宫苑总监丞，下都督府诸曹参军，太子内坊丞，旧正八品上，开元初改。亲王国令、旧规，流内正九品，太极年改。公主家令、旧规，流内正八品，太极年改。上州诸参军事、下府别将长史、下镇副，《武德令》，从六品下。诸屯监，《武德令》有芳酝监，《神龙令》有漆园监。诸率府左右中候、镇军满二万人以上诸曹判司，已上职事官。别将、镇副、中候为武，余并为文也。太子左右监门直长、亲王府旅帅、诸折冲府校尉，已上卫官。《武德令》，诸府校尉，正六品下也。宣议郎、文散官。翊麾副尉。武散官。

正第八品上阶

监察御史，旧从八品上，《垂拱令》改。协律郎、诸卫羽林龙武军录事参军事、中署令、钩盾、右藏、职染、掌冶，《武德令》有衣冠署令。中州录事参军事、太医博士、太子典膳药藏丞、军器署主簿、武库署丞，旧从八品下，开元初改。两京市署丞、上牧监丞，《武德令》，从八品下，《神龙令》有库谷、斜谷、太阴伊阳监丞。镇军不满二万人以上诸曹判司，已上文职事官。翊卫、太子勋卫、亲王府执仗执乘亲事，已上卫官。给事郎、文散官。宣节校尉。武散官。《武德令》有天策上将府典签，九年省。

正第八品下阶

奚官内仆内府局令、下署令、太卜、廪牺、珍羞、良酝、掌醢、守宫、武器、车府、司仪、崇玄、导官、中右校、左校、甄官、河渠、弩坊、甲坊。《神龙令》又有干、楫二署令也。诸卫羽林龙武曹参军事、中州诸曹参军事、亲王府京兆河南太原府大都督大都护府参军事，《武德令》，亲王府参军，从七品下，《雍州》行参军，正八品上。尚药局司医、京兆河南太原府诸县丞、太子内直宫门丞、太公庙丞、诸宫农圃监、互市监丞、司竹副监、司农寺诸园苑监丞、灵台郎、已上文职事官。诸卫左右司戈、上戍主，已上武职事官。《武德令》有中镇长史。备身、卫官。征事郎、文散官。宣节副尉。武散官。

从第八品上阶

左右拾遗、太医署针博士、四门助教，《武德令》，从九品上。左右千牛卫录事参军、下州录事参军，《武德令》有中下州诸司参军事。诸州上县丞、中牧署丞，《武德令》，正八品下。京县主簿、太子左右司御清道率府录事参军、中都督上都护府参军、亲王府行参军，《武德令》，正八品上。京兆河南太原大都督府博士，《武德令》，雍州博士，从八品下。诸仓诸冶司竹温汤监丞，《武德令》有盐池盐井监丞，《神龙令》有太和监丞。保章正、已上文职事官。太子翊

卫诸府旅帅、已上卫官。《武德》、《乾封令》，诸府旅帅，正七品下。承奉郎，文散官。御侮校尉，武散官。

从第八品下阶

大理评事、律学博士、太医署丞、医监、太子左右春坊录事、左右千牛卫诸曹参军、内谒者、太子左右卫司御清道率府诸曹参军事、太子诸署令、掖庭宫闱局丞、太史都水监主簿、太史为局则省主簿。中书门下尚书都省兵吏部考功礼部主事，旧从九品上，开元二十四年改七司入八品，其省内诸司依旧。上署丞，《武德令》有芳酝监丞。下都督府上州参军事、中都督府上州博士、诸州中县丞、诸王府典签、《武德令》，正八品下。京县尉、亲王国大司农，旧规，流内正第七品，开元初改。公主家丞，旧规，流内正第九品，开元初改。诸屯监丞、上关令、上府兵曹、上镇仓曹兵曹参军事、《武德令》有下镇长史。挈壶正、已上文职事官。中戍主、上戍副、率府左右司戈、已上武职事官。太子备身、亲王府队正、已上卫官。承务郎，文散官。御侮副尉，武散官。

正第九品上阶

校书郎、《永徽令》加入从八品下，《垂拱令》复旧。太祝、太子左右内率监门府录事参军、太子内方典直、中署丞、典客署掌客、亲勋翊卫府羽林兵曹参军事、岳渎令、诸津令、下牧监丞、《武德令》，正八品下。《神龙令》有漆园丞，《开元前令》有沙苑丞。诸州中下县丞、中郡博士、《武德令》，正九品下。京兆河南太原府诸县主簿、武库署监事、已上并文职事官。《武德令》有天策上将府录事。其武库监事，从九品下，太极年改也。儒林郎，文散官。仁勇校尉，武散官。

正第九品下阶

正字，《永徽令》改入上阶，《垂拱令》复旧。太子校书，《永徽令》改入上阶，《垂拱令》复旧。奚官内仆内府局丞、下署丞、尚食局食医、尚药局医佐、尚乘局奉乘司库司廪、太史局司辰、典厩署主乘、太子左右内率监门率府诸曹参军事、太子三寺主簿、詹事府录事、龙朔年置桂坊录事，咸亨年省。太子亲勋翊府兵曹参军事、诸州下县丞、诸州上县中县主簿、中州参军事、《武德令》，正九品上。下州博士、《武德令》，中下州博士，从九品上，下州博士，从九品下。京兆河南太原府诸县尉、上牧主簿、诸宫农圃监丞、中关令、中府兵曹、亲王国尉，旧规，流内正八品，开元初改。《武德令》有亲王府镇事及司阁。上关丞、《武德令》有上津尉。诸卫左右执戟、中镇兵曹参军、下戍主、已上职事官。执戟、戍主为武，余并为文。诸折冲府队正、卫官。登仕郎，文散官。仁勇副尉，武散官。

从第九品上阶

尚书诸司御史台秘书省殿中省主事、奉礼郎、律学助教、太子正字、弘文馆校书、太史司历、太医署医助教、京兆河南太原府九寺少卿将作监录事、都督都护府上州录事市令、宫苑总监主簿、中牧监主簿、《永徽令》有监漕。诸州中下县主簿、上县中县尉、下府兵曹、已上并职事文官。文林郎，文散官。陪戎校尉，武散官。

从第九品下阶

内侍省主事、国子监亲王府录事、太子左右春坊主事、崇文馆校书、书学博士、算学博士、门下典仪、太医署按摩咒禁博士、太卜署博士、太医署针助教、太医署医正、太卜署卜正、太史局监候、亲王国丞、旧规，流内正第九品，开元初改从正流内。掖庭局宫教博士、太子典署丞、太子典食署丞、太子厩牧署典乘、诸监作诸监计计官、太官署监膳、太乐鼓吹署乐正、大理寺狱丞、下州参军事、《武德令》，中下州行参军，正九品下，下州参军，从九品上。中州下州医博士、诸州中县下县尉、京县录事、下牧监丞、下关令、中关丞、诸卫羽林长上、公主邑司录事、诸津丞、下镇兵曹参军、《武德令》有诸桥诸堰丞。诸率府左右执戟、已上职事官。长上、执戟为武，余并为文。亲王府队副、诸折冲府队副、已上卫官。将仕郎，文散官。陪戎副尉，武散官。

流内九品三十阶之内，又有视流内起居，五品至从九品。初以萨宝府、亲王国官及三师、三公、开府、嗣郡王、上柱国已下护军已上勋官带职事者府官等品。开元初，一切罢之。今唯有萨宝、祆正二官而已。又有流外自勋品以至九品，以为诸司令史、赞者、典谒、亭长、掌固等品。视流外亦自勋品至九品，开元初唯留萨宝、祆祝及府史，余亦罢之。

职事者，诸统领曹事，供命王命，上下相摄，以持庶绩。近代已来，又分为文武二职，分曹置员，各理所掌。五品已上，旧制吏部尚书进用。自隋已后，则中书门下知政事官访择闻奏，然后下制授之。三品已上，德高委重者，亦有临轩册授。自神龙之后，册礼废而不用，朝廷命官，制敕而已。六品已上，吏部选拟录奏，书旨授之。

有唐已来，出身入仕者，著令有秀才、明经、进士、明法、书算。其次以流外入流。若以门资入仕，则先授亲勋翊卫，六番随文武简入选例。又有斋郎、品子、勋官及五等封爵、屯官之属，亦有番第，许同拣选。天宝三载，又置崇玄学，习《道德》等经，同明经例。自余或临时听敕，不可尽载。其秀才，有唐已来无其人。

职事官资，则清浊区分，以次补授。又以三品已上官，及门下中书侍郎、尚书左右丞、诸司侍郎、太常少卿、太子少詹事、左右庶子、秘书少监、国子司业为清望官。太子左右谕德、左右卫左右千牛卫中郎将、太子左右率府右内率府率及副、太子左右卫率府中朗将、已上四品。谏议大夫、御史中丞、给事中、中书舍人、太子中允、中舍人、左右赞善大夫、洗马、国子博士、尚书诸司郎中、秘书丞、著作郎、太常丞、左右郎将、左右卫率府郎将、已上五品。起居郎、起居舍人、太子司议郎、尚书诸司员外郎、太子舍人、侍御史、秘书郎、著作佐郎、太学博士、詹事丞、太子文学、国子助教、已上六品。左右补阙、殿中侍御史、太常博士、四门博士、詹事司直、太学助教、已上七品。左右拾遗、监察御史、四门助教已上八品。为清官。自外各以资次迁授。开元中，裴光庭为吏部尚书，始用循资格以注拟六品已下选人。其后每年虽小有移改，然相承至今用之。

武散官，旧谓之散位，不理职务，加官而已。后魏及梁，皆以散号将军记其本阶，自隋改用开府仪同三司已下。贞观年，又分文武，入仕者皆带散位，谓之本品。

以门资出身者，诸嗣王郡王出身从四品下，亲王诸子封郡公者从五品上，国公正六品上，郡公正六品下，县公从六品上，侯正七品上，伯正七品下，子从七品上，男从七品下。皇帝缌麻以上亲、皇太后周亲出身六品上。皇太后大功亲、皇后周亲从六品上。皇帝袒免亲、皇太后小功缌麻亲、皇后大功亲正七品上。皇后小功缌麻亲、皇太子妃周亲从七品上。其外戚各依服属降宗亲二阶叙。诸娶郡主者出身六品上，娶县主者正七品上，郡主子出身从七品上。县主子从八品上。一品子正七品上，二品子正七品下，三品子从七品上，从三品子从七品下，正四品子正八品上，从四品子正八品下，正五品子从八品上，从五品及国公子从八品下。三品以上荫曾孙，五品以上荫孙。孙降子一等，曾孙降孙一等。

诸秀才出身，上上第，正八品上；上中第，正八品下；上下第，从九品上。明经出身，上上第，从八品下；上中第，从九品上。进士、明法出身，甲第，从九品上；乙第，从九品下。若通二经已外，每一经加一等。

勋官预文武选者，上柱国正六品上叙，以下递降一阶。凡入仕之后，迁代则以四考为限。四考中中，进年劳一阶叙。每一考中上，进一阶；一考上下，进二阶。五品已上非恩制所加，更无进之令。

自武德至乾封，未有泛阶之恩。应入三品者，皆以恩旧特拜，入五品者多依选叙，计阶至朝散大夫已上，奏取进止，每年量多少进叙。余并依本品授官。若满三计至，即一切听入。至乾封元年，文武普加二阶。永淳元年二月敕："文武官累积劳效，计至五品。一计至者，多未甄擢。再计至者，随例必升，贤愚一贯。自今已后，一计至已上，有在官清慎，状迹灼然，材堪应务者，所司具状录奏，当与进阶。若公正无闻，循默自守，及未经任州县官者，虽频经计至，不在加阶之限。即为恒例。"弘道元年，又普加一阶。乃有九品职事及三卫阶高者，并入五品。则天朝，泛阶渐多，始令仕经八考，职事六品者许入。万岁通天元年敕："自今已后，文武官加阶应入五品者，并取出身，已历十二考已上，进阶之时，见居六品官。其应入三品人，出身已二十五考以上，进阶见居三品官。"无几，入五品又加至十六考。神功元年制："勋官、品子、流外国官出身，不得任清资要官。应入三品，不得进阶。"开元已来，伎术者经二十考，三省都事及主事、录事十八考，亦听叙。吏部检勘历任阶考，判成录奏。每制之日，应入三品五品者，皆令人参趁。或是远方牧宰，诸司闲职，赍持金帛赠遗主典，知加阶令史，乃有受纳万数者。台省要职，以加位为荣，亦有遗主典钱帛者。

旧例，开府及特进，虽不职事，皆给俸禄，预朝会，行立于本品之次。光禄大夫已下，朝散大夫已上，衣服依本品，无禄俸，不预朝会。朝议郎已下，黄衣执笏，于吏部番上下承使及亲驱使，甚为猥贱。每当上之时，至有为主事令史守肩钥执鞭帽者。两番已上，则随番许简，通时务者始令参选。一登职事已后，虽官有代满，即不复番上。

勋官者，出于周、齐交战之际。本以酬战士，其后渐及朝流。阶爵之外，更为节级。周置上开府仪同三司、开府仪同三司、上仪同三司、仪同三司等十一号。隋文帝因周之旧，更增损之。有上柱国、柱国、上大将军、大将军、上开府仪同三司、开府仪同三司、上仪同三司、仪同三司、大都督、帅都督、都督，起正二品，至七品，总十一等，用赏勋劳。炀帝又改为左光禄大夫、右光禄大夫、金紫光禄大夫、银青光禄大夫、正议大夫、朝请大夫、朝散大夫、建节奋武尉、宣惠尉十一等，以代都督已上。又增置绥德、怀仁、守义、奉诚、立信等五尉，以至从九品。武德初，杂用隋制，至七年颁令，定用上柱国、柱国、上大将军、大将军、上轻车都尉、轻车都尉、上骑都尉、骑都尉、骁骑尉、飞骑尉、云骑尉、武骑尉，凡十二等，起正二品，至从七品。贞观十一年，改上大将军为上护军，大将军为护军，自外不改，行之至今。

永徽已后，以国初勋名与散官名同，年月既久，渐相错乱。咸亨五年三月，更下诏申明，各以类相比。武德初光禄大夫比今日上柱国，左光禄大夫比柱国，右光禄大夫及上大将军比上护军，金紫光禄大夫及将军比护军，银青光禄大夫及上开府比上轻车都尉，正议大夫及开府比轻车都尉，通议大夫及仪同三司比上骑都尉，朝请大夫及仪同比骑都尉，上大都督比骁骑尉，大都督比飞骑尉，帅都督比云骑尉，都督比武骑尉。自是已后，战士授勋者动盈万计。每年纳课，亦上番于兵部及本郡当上省司。又分支诸曹，身应役使，有类僮仆，据今乃与公卿齐班，论实在于胥吏之下。盖以其猥多，又出自兵卒，所以然也。

武德初，以诸道军务事繁，分置行台尚书省。其陕东道大行台尚书省，令一人，正第二品。掌管内军人，总判省事。仆射一人，从第二品，三品任置。掌贰令事。左丞一人，正第四品下。右丞一人，正第四品下。掌分司纠正省内。都事一人，从第七品上。主事四人，从第九品上，诸司主事并同。并掌同京省。兵部尚书一人，正第四品，诸尚书并同。兼掌吏部事。司勋郎中一人，正第五品上，诸郎中并同。主事一人。考功郎中一人，主事一人。兵部郎中一人，主事二人。驾部郎中一人，主事二人。民部尚书一人，兼掌礼部事。礼部郎中一人，主事一人。膳部郎中一人，主事一人。度支郎中一人，主事二人。仓部郎中一人，主事二人。工部尚书一人，兼掌刑部事。刑部郎中一人，主事一人。都官郎中一人，主事一人。工部郎中一人，主事一人。屯田郎中一人，主事一人。每郎中兼京省二司。各有令史、书令史及掌固，并流外。食货监一人，正第八品下，诸监同。掌膳羞、财物、宾客、铺设、音乐、医药事。丞二人。正第九品下，诸监丞同。农圃监一人，掌仓廪、园圃、柴炭、刍藁、运漕之事。丞四人。武器监一人，掌兵仗、厩牧之事。丞二人。百工监一人，掌舟车及营造杂作之事。丞四人。各有录事及府史、典事、掌固等，并流外。诸道行台尚书省，益州道、襄州道、东南道、河东道、河北道。令一人，从第二品。掌同陕东道大行台。仆射一人，正第三品，左右任置。丞一人，左右任置。左丞从四品上，右丞从四品下。都事二人，正第八品上。主事二人。兵部尚书一人，从第三品，诸尚书同。兼掌吏部、礼部事。考功郎中一人，从第五品上，诸郎中并同。主事二人，从第九品下，诸主事同。膳部郎中一人，主事二人。兵部郎中二人，主事二人。民部尚书一人，兼掌刑部、工部。仓部郎中二人，主事二人。刑部郎中一人，主事二人。屯田郎中一人，主事二人。每郎中兼掌京省三司，各有令史、书令史、掌固，并流外也。食货监一人，从八品上，武器监同。兼掌农圃监事，丞一人。兼掌百工监事，丞二人。两监各有录事、府史、典事、掌固等，并流外。

时秦王、齐王府官之外，又各置左右六护军府及左右亲事帐内府。其左一右一护军府护军各一人，正第四品下。掌率统军已下侍卫陪从。副护军各二人，从四品下。长史各一人，从七品下。录事参军各一人，从八品，有录事及府史，并流外。仓曹参军事各一人，兵曹参军事各一人，铠曹参军事各一人。并正九品下，各有府史，并流外。统军各五人，别将各十人，分掌领亲勋卫及外军。左二右二护军府、左三右三护军府，各减统军三人，别将六人。余职员同左一右一府。其左右亲事府统军各一人，正四品下。掌率左右别将、侍卫陪从。长史一人，正八品下。录事参军事各一人，正九品上，有录事及府史，并流外。兵曹参军事各一人，铠曹参军事各一人。并正九品下，各有府史，并流外。左别将各一人，右别将各一人，正五品下。掌率亲事以上侍卫陪从。其帐内府职员品秩，与统军府同。又有库直及驱咥直，库直隶亲事府，驱咥直隶帐内府。各于左右内选才堪者，量事置之。

武德四年，太宗平洛阳之后，又置天策上将府官员。天策上将一人，掌国之征讨，总判府事。长史、司马各一人，从事中郎二人，并掌通判府事。军谘祭酒二人，谋军事，赞相礼仪，宴接宾客。典签四人，掌宣传导引之事。主簿二人，掌省覆教命。录事二人，记室参军事二人，掌书疏表启，宣行教命。功曹参军事二人，掌官员假使、仪式、医药、选举、考课、禄恤、铺设等事。仓曹参军二人，掌粮廪、公廨、田园、厨膳、过所等事。兵曹参军事二人，掌兵士簿帐、差点等事。骑曹参军事二人，掌马驴杂畜簿帐及牧养支料草粟等事。铠曹参军事二人，掌戎仗之事。士曹参军事二人，掌营造及罪罚之事。六曹并有令史、书令史。参军事六人，掌出使及杂检校之事。其陕东道大行台尚书令及天策上将，太宗在藩为之。及升储，并省之。山东道行台，武德五年省。余道九年省。

卷四十三　　志第二十三

职　官　二

太师、太傅、太保各一人，谓之三师，并正一品。后汉初，太傅置府僚。至周、隋，三师不置府僚，初拜于尚书省上。隋炀帝废三师之官。武德复置，一如隋制。三师，训导之官，天子所师法，大抵无所统职，然非道德崇重，则不居其位。无其人，则阙之。

太尉、司徒、司空各一员。谓之三公，并正一品。魏、晋至北齐，三公置府僚。隋初亦置府僚，寻省府僚，初拜于尚书省上，唐因之。武德初，太宗为之，其后亲王拜三公，皆不视事，祭祀则摄者行也。三公，论道之官也。盖以佐天子理阴阳，平邦国，无所不统，故不以一职名其官。大祭祀，则太尉亚献，司徒奉俎，司空扫除。

尚书都省龙朔二年，改为中台，光宅元年，改为文昌台，神龙初复。

尚书省领二十四司。六尚书，各分领四司。

尚书令一员。正二品。武德中，太宗为之，自是阙而不置。令总领百官，仪刑端揆。其属有六尚书：一曰吏部，二曰户部，三曰礼部，四曰兵部，五曰刑部，六曰工部。凡庶务，皆会而决之。

左右仆射各一员，从二品。龙朔二年，改为左右匡政，光宅元年，改为文昌左右相，开元元年，改为左右丞相，天宝元年，复为左右仆射。掌统理六官，纲纪庶务，以贰令之职。自不置令，仆射总判省事。御史纠劾不当，兼得弹之。

左右丞各一员。左丞，正四品上。右丞，正四品下。龙朔改为左右肃机，咸亨复，永昌元年，升为从三品也，如意元年，复四品也。左丞掌管辖诸司，纠正省内，勾吏部、户部、礼部十二司，通判都省事。若右丞阙，则并行之。右丞管兵部、刑部、工部十二司。若左阙，右丞兼知其事。御史有纠劾不当，兼得弹之。

左右司郎中各一员。并从五品上。隋置，武德初省。贞观初，复置。龙朔二年，改为左右丞务，咸亨复之。左司郎中，副左丞所管诸司事，省署钞目，勘稽失，知省内宿直之事。若右司郎中阙，则并行之。左右司员外郎各一人。天后永昌元年，置左右司员外郎各一人。神龙初省，后复置。左右司郎中、员外郎各掌副十有二司之事，以举正稽违，省署符目焉。

凡都省掌举诸司之纲纪与百僚之程式，以正邦理，以宣邦教。凡上之所以迨下，其制有六，曰制、敕、册、令、教、符。天子曰制，曰敕，曰册。皇太子曰令。亲王、公主曰教。尚书省下于州，州下县，县下乡，皆曰符也。凡下之所以达上，其制亦有六，曰表、状、笺、启、辞、牒。表上于天子。其近臣亦为状。笺、启上皇太子，然于其长亦为之。非公文所施，有品已上公文，皆曰牒。庶人言曰辞也。诸司自相质问，其义有三：关、刺、移。关，谓关通其事；刺，谓刺举之；移，谓移其事于他司。移则通判之官皆连署也。凡内外百司所受之事，皆印其发日，为之程限。凡尚书省施行制敕，案成则给程以钞之。若急速者，不出其日。若诸州计奏达于京师，量事之大小与多少，以为之节。凡京师诸司，有符、移、关、牒下诸州者，必由于都省以遣之。凡文案既成，勾司行朱讫，皆书其上端，记年月日，纳诸库。凡施行公文应印者，监印之官考其事目无差，然后印之，必书于历。每月终纳诸库。凡尚书省官，每日一人宿直。都司报直簿，转以为次。凡内外百僚，日出而视事，既午而退，有事则直官省之。其务繁，不在此例。凡天下制敕计奏之数，省符宣告之节，率以岁终为断。京师诸司，皆以四月一日纳于都省。其天下诸州，则本司推校，以授勾官。勾官审之，连署封印，附计帐，使纳于都省。常以六月一日，都事集诸司令史对覆。若有隐漏不同，皆附于考课焉。

主事六人，从九品上。令史十八人，书令史三十六人，亭长六人，掌固十四人。凡令史掌案文簿，亭长、掌固检校省门仓库厅事陈设之事也。

吏部尚书一员，正三品。龙朔二年，改为司列太常伯，光宅元年，改为天官尚书，神龙复为吏部尚书也。侍郎二员。正四品上。隋炀帝大业三年，尚书六曹，各置侍郎一人，以贰尚书之职，并正四品。国家定令，诸曹侍郎降为正四品下，唯吏部侍郎为正四品上。龙朔改为司列少常伯，咸亨复。总章元年，吏部、兵部各增置侍郎一员也。尚书、侍郎之职，掌天下官吏选授、勋封、考课之政令。其属有四：一曰吏部，二曰司封，三曰司勋，四曰考功。总其职务，而行其制命。凡中外百司之事，由于所属，皆质正焉。凡选授之制，每岁集于孟冬。去王城五百里之内以上旬，千里之内以中旬，千里之外以下旬。尚书、侍郎，分为三铨。尚书为尚书铨，侍郎二人分为中铨、东铨。凡择人以四才，校功以三实。四才，谓身、言、书、判。其优长者，有可取焉。三实，谓德行、才用、劳效，德均以才，才均以劳，劳必考其实而进退之。较之优劣，而定其留放，所以正权衡，明与夺，抑贪冒，进贤能。然后据其官资，量其注拟。五品已上，以名上中书门下，听制授其官。六品已下，量资任定。其才识颇高，可擢为拾遗、补阙、监察御史者，亦以名送中书门下，听敕授。其有历职清要，考第颇深者，得隔品授之，不然即否。凡出身非清流者，不注清资官。凡注官，若官资未相当，及以为非便者，听至三注。凡伎术之官，皆本司定，送吏部附甲。凡同司联事勾检之官，皆不得注大功已上亲。凡皇亲诸亲及军功，兼注员外郎。凡注拟，必先具官阶团甲，送门下以闻。注官，阶高拟卑曰"行"，阶卑拟高曰"守"。三铨注拟讫，皆当铨团甲，过左右仆射。若中铨、东铨，则过尚书讫，乃上门下省。给事中读，黄门侍郎省，侍中审，然后进甲以闻，听旨授而施行焉。若左右仆射门下批官不当者，别改注，亦有重执而上者也。凡大选，终于季春之月，若选人有身在军旅，则军中试判，封送吏部。亦有春中下解而后集，谓之春选。如优劳人，有敕则有处分及即与官者，亦听非时选，一百日内注拟之。所以定九流之品格，补万方之阙政，官人之道备焉。

郎中二员，并从五品上。龙朔为司列大夫，咸亨、光宅并随曹改也。员外郎二员。并从六品上。令史三十人，书令史六十人，亭长八人，掌固十二人。郎中一人，掌考天下文吏之班秩阶品。凡叙阶二十有九，品在都序，自一品至九品，品有上下，凡散官四品已下，九品已上，并于吏部当番上下。其应当番四十五日。若省须人送符，诸司须人者，并兵部、吏部散官上。经二番已上，听简入选。不第者，依番名不过五六也。凡叙阶之法，有以封爵，有以亲戚，有以勋庸，有以资荫，有以秀孝，有以劳考，有除免而复叙者，皆循法以申之，无或枉冒。凡应入三品五品者，皆待制而进之，不然则否。凡文武百僚之班序，官同者先爵，爵同者先齿。凡京司有常参官，谓五品以上职事官、八品以上供奉官、员外郎、监察御史、太常博士。供奉官、两省自侍中、中书令已下，尽名供奉官。诸司长官、清望官、四品已下八品已上清官。每日以六品已上清官两人，待制于衙。供奉、宿卫官不在此例。凡授四品已下清望官，才职相当，不应进让。凡职事官应觐省及移疾，不得过程。年七十已上，应致仕，若齿力未衰，亦听厘务。凡官人身及同居大功已上亲，自执工商，家专其业，及风疾、使酒，皆不得入仕。凡内外官有清白著闻，应以名荐，则中书门下改授，五品已上，量加升进，六品已下，有付吏部即量等第迁转。若第二第三等人，五品已上，改日稍优之。六品已下，秩满听选，不在放限。其岭南、黔中，三年一置选补使，号为南选。凡天下官吏，各有常员。凡诸司置直，皆有定数。诸司诸色有品直官。内外官吏，则有假宁之节，行李之命。簿书景迹，功赏殿最，具员皆与员外郎分掌之。郎中一人掌小铨，亦分为九品，通谓之行署。以其在九流之外，故谓之流外铨，亦谓之小选。其校试铨注，与流内铨略同。其吏部、兵部、礼部、考功、都省、御史台、中书、门下，谓之前八司，其余则曰后行。凡择流外，取工书、计，兼颇晓时务。三事中，有一优长，则在叙限。每经三考转选，量其才能而进之，不则从旧任。小铨，旧委郎中专知。开元二十五年，又敕铨试讫留放，皆尚书侍郎定之也。员外郎一人掌判南曹。曹在选曹之南，故谓之南曹。每岁选人，有解状、簿书、资历、考课，必由之以核其实，乃上三铨。其三铨进甲则署焉。员外郎一人掌判曹务。凡预太庙斋郎帖试，如贡举之制。

司封郎中一员，从五品上。隋曰主爵郎，武德因之。龙朔二年改为司封大夫，光宅改司封郎中也。司封员外郎一员，从六品上。主事二人，从九品上。令史四人，书令史九人，掌固四人。司封郎中、员外郎之职，掌国之封爵，凡有九等。一曰王，正一品，食邑一万户。二曰嗣王、郡王，从一品，食邑五千户。三曰国公，从一品，食邑三千户。四曰郡公，正二品，食邑二千户。五曰县公，从二品，食邑一千五百户。六曰县侯，从三品，食邑一千户。七曰县伯，正四品，食邑七百户。八曰县子，正五品，食邑五百户。九曰县男，从五品，食邑三百户。凡名山大川，及畿内诸县，皆不以封。至郡公有余爵，听回授子孙。其国公皆特封。凡天下观有定数。每观立三纲，以道德高者充。凡三元诸斋日，修金录、明真等斋。凡道士、女道士簿籍，三年一造。凡外命妇之制，皇之姑，封大长公主，皇姊妹，封长公主，皇女，封公主，皆视正一品。皇太子之女，封郡主，视从一品。王之女，封县主，视正二品。王母妻，为妃。一品及国公母妻，为国大人。三品已上母妻，为郡夫人。四品母妻，为郡君。五品若勋官三品有封，母妻为县君。散官并同职事。勋官四品有封，母妻为乡君。其母邑号，皆加"太"字，各视其夫、子之品。若两有官爵者，从其高。若内命妇，一品之母，为正四品郡君；二品之母，为从四品郡君；三品四品之母，并为正五品县君。凡妇人，不因夫及子而别加邑号，夫人云某品夫人，郡君为某品郡君，县君、乡君亦然。凡庶子，有五品已上官，皆封嫡母。无嫡母，封所生母。凡二王后夫人，职事五品已上，散官三品已上，王及国公母妻，朝参各视其夫及子之礼。凡亲王，孺人二人，视正五品，媵十人，视正六品。嗣王、郡王及一品，媵十人，视从六品。二品，媵八人，视正七品。三品及国公，媵六人，视从七品。四品，媵四人，视正八品。五品，媵三人，视从八品。降此外皆为妾。凡皇家五等亲，及诸亲三等，存亡升降，皆立簿书籍，每三年一造。除附之制，并载于宗正寺。

司勋郎中一员，从五品上。隋曰司勋郎，武德初乃加"中"字。龙朔改为司勋大夫，咸亨复也。司勋员外郎二员，从六品上。主事四人，从九品上。令史三十三人，书令史六十人，掌固四人。郎中、员外郎之职，掌邦国官人之勋级。凡勋，十有二转为上柱国，比正二品。十一转为柱国，比从二品。十转为上护军，比正三品。九转为护军，比从三品。八转为上轻车都尉，比正四品。七转为轻车都尉，比从四品。六转为上骑都尉，比正五品。五转为骑都尉，比从五品。四转为骁骑尉，比正六品。三转为飞骑尉，比从六品。二转为云骑尉，比正七品。一转为武骑尉，比从七品。凡有功效之人，合授勋官者，皆委之覆定，然后奏拟。

考功郎中一员，从五品上。龙朔二年改为司绩大夫，咸亨初乃复。考功员外郎一员，从六品上。龙朔改为司绩员外郎，咸亨复。主事三人，从八品上。令史十三人，书令史二十五人，掌固四人。郎中、员外郎之职，掌内外文武官吏之考课。凡应考之官家，具录当年功过行能，本司及本州长官对众读，议其优劣，定为九等考第，各于所由司准额校定，然后送省。内外文武官，量远近以程之有差，附朝集使送簿至省。每年别敕定京官位望高者二人，其一人校京官考，一人校外官考。又定给事中、中书舍人各一人，其一人监京官考，一人监外官考。郎中判京官考，员外判外官考。其检覆同者，皆以功过上使。京官则集应考之人对读注定，外官对朝集使注定。凡考课之法，有四善：一曰德义有闻，二曰清慎明著，三曰公平可称，四曰恪勤匪懈。善状之外，有二十七最：其一曰献可替否，拾遗补阙，为近侍之最。其二曰铨衡人物，擢尽才良，为选司之最。其三曰扬清激浊，褒贬必当，为考校之最。其四曰礼制仪式，动合经典，为礼官之最。其五曰音律克谐，不失节奏，为乐官之最。其六曰决断不滞，与夺合理，为判事之最。其七曰都统有方，警守无失，为宿卫之最。其八曰兵士调习，戎装充备，为督领之最。其九曰推鞫得情，处断平允，为法官之最。其十曰雠校精审，明为刊定，为校正之最。其十一曰承旨敷奏，吐纳明敏，为宣纳之最。其十二曰训导有方，生徒充业，为学官之最。其十三曰赏罚严明，攻战必胜，为将帅之最。其十四曰礼义兴行，肃清所部，为政教之最。其十五曰详录典正，辞理兼举，为文史之最。其十六曰访察精审，弹举必当，为纠正之最。其十七曰明于勘覆，稽失无隐，为勾检之最。其十八曰职事修理，供承强济，为监掌之最。其十九曰功课皆充，丁匠无怨，为役使之最。其二十曰耕耨以时，收获成课，为屯官之最。其二十一曰谨于盖藏，明于出纳，为仓库之最。其二十二曰推步盈虚，究理精密，为历官之最。其二十三曰占候医卜，效验居多，为方术之最。其二十四曰讥察有方，行旅无壅，为关津之最。其二十五曰市廛不扰，奸滥不作，为市司之最。其二十六曰牧养肥硕，蕃息孳多，为牧官之最。其二十七曰边境肃清，城隍修理，为镇防之最。一最以上，有四善，为上上。一最以上，有三善，或无最而有四善，为

上中。一最以上，有二善，或无最而有三善，为上下。一最以上，而有一善，或无最而有二善，为中上。一最以上，或无最而有一善，为中中。职事粗理，善最不闻，为中下。爱憎任情，处断乖理，为下上。背公向私，职务废阙，为下中。居官诒诈，贪浊有状，为下下。若于善最之外，别可加尚，及罪虽成殿，情状可矜，虽不成殿，而情状可责者，省校之日，皆听考官临时量定。内外官从见任改为别官者，其年考以日申校，百司量其闲剧，诸州据其上下。进考之人，皆有定限，苟无其功，不要充数。功过于限，亦听量进。其流外官，本司量其行能功过，立四等考第而勉进之。凡亲勋翊卫，皆有考第。考第之中，略有三等。卫主帅，如三卫之考。其监门、校尉、直长，如主帅之考。凡谥议之法，古之通典，皆审其事，以为旌别。

户部尚书一员，正三品。隋为民部尚书，贞观二十三年改为户部。明庆元年改为度支，龙朔二年改为司元太常伯，光宅元年改为地官尚书，神龙复为户部。侍郎二员。正四品下。因隋已来改易名位，皆随尚书也。尚书、侍郎之职，掌天下田户、均输、钱谷之政令，其属有四：一曰户部，二曰度支，三曰金部，四曰仓部。总其职务，而行其制命。凡中外百司之事，由于所属，皆质正焉。

郎中二员，从五品上。员外郎二员，从六品上。郎中、员外，自隋已来，随曹改易。主事四人，从九品上。令史十五人，书令史三十四人，亭长六人，掌固十人。郎中、员外郎之职，掌分理户口、井田之事。凡天下十道，任土所出，为贡赋之差。凡天下之州府，三百一十有五，而羁縻之州，迨八百焉。四万户已上为上州，二万户以上为中州，不满为下州。凡三都之县，在内曰京县，城外曰畿，又望县有八十五焉。其余则六千户以上为上县，二千户已上为中县，一千户已上为中下县，不满一千户皆为下县。凡天下之户，八百一万八千七百一十，口四千六百二十八万五千一百六十一。百户为里，五里为乡。两京及州县之郭内，分为坊，郊外为村。里及坊村皆有正，以司督察。四家为邻，五邻为保。保有长，以相禁约。凡男女，始生为黄，四岁为小，十六为中，二十有一为丁，六十为老。每一岁一造计帐，三年一造户籍。县以籍成于州，州成于省，户部总而领焉。凡天下之户，量其资定为九等，每定户以仲年，造籍以季年。州县之籍，恒留五比，省籍留九比。凡户之两贯者，先从边州为定，次从关内，次从军府州。若俱者，各从其先贯焉。乐住之制：居狭乡者，听其从宽；居远者，听其从近；居轻役之地者，听其从重。辨天下之四人，使各专其业。凡习学文武者为士，肆力耕桑者为农，巧作器用者为工，屠沽兴贩者为商。工商之家，不得预于士。食禄之人，不得夺下人之利。凡天下之田，五尺为步，步二百有四十为亩，亩百为顷。度其肥瘠宽狭，以居其人。凡给田之制有差，园宅之地亦如之。凡给口分田，皆从便近。居城之人，本县无田者，则隔县给授。凡应收授之田，皆起十月，毕十二月。凡授田，先课后不课，先贫后富，先多后少。凡州县界内所部，受田悉足者，为宽乡，不足者为狭乡。凡官人及勋，授永业田。凡天下诸州

有公廨田，凡诸州及都护府官人有职分田。凡赋役之制有四：一曰租，二曰调，三曰役，四曰杂徭。课户每丁租粟二石。其调，随乡土所产绫绢䌷各二丈，布加五分之一。输绫绢䌷者，绵三两。输布者，麻三斤，皆书印焉。凡丁，岁役二旬，无事则收其庸，每日三尺。有事而加役者，旬有五日免调，三旬则租调俱免。凡庸调之物，仲秋敛之，季秋发于州。租则准州土收获早晚，量事而敛之。仲冬起输，孟春而纳毕。本州纳者，季冬而毕。凡诸国蕃胡内附者，亦定为九等。凡岭南诸州税米，及天下诸州税钱，各有准常。凡丁户皆有优复蠲免之制。若孝子顺孙、义夫节妇志行闻于乡闾者，州县申省奏闻，而表其门闾，同籍悉免课役。有精诚致应者，则加优赏焉。凡京司文武职事官，皆有防阁。凡州县官僚，皆有白直。凡州县官及在外监官，皆有执衣。凡诸亲王府属，并给士力，具品数如白直。凡有功之臣，赐实封者，皆以课户充。凡食封，皆传于子孙。凡庶人年八十及笃疾，给侍丁一人，九十，给二人，百岁，三人。凡天下朝集使，皆以十月二十五日至京师，十一月一日户部引见讫，于尚书省与群官礼见，然后集于考堂，应考绩之事。元日，陈其贡篚于殿廷。凡京都诸县令，每季一朝。

度支郎中一员，从五品上。龙朔改为司度大夫，咸亨复。员外郎一员，从六品上。主事二人，从九品上。令史十六人，书令史三十三人，计史一人，掌固四人。郎中、员外郎之职，掌判天下租赋多少之数，物产丰约之宜，水陆道途之利。每岁计其所出而度其所用，转运征敛送纳，皆准程而节其迟速。凡和籴和市，皆量其贵贱，均天下之货，以利于人。凡金银宝货绫罗之属，皆折庸调以造。凡天下舟车水陆载运，皆具为脚直，轻重贵贱、平易险涩而为之制。凡天下边军，有支度使，以计军资粮仗之用。每岁所费，皆申度支会计，以长行旨为准。

金部郎中一员，从五品上。龙朔为司珍大夫，咸亨复。员外郎一员，从六品上。主事三人，从九品上。令史八人，书令史二十一人，计史一人，掌固四人。郎中、员外郎之职，掌判天下库藏钱帛出纳之事，颁其节制，而司其簿领。凡度，以北方秬黍中者一黍之广为分，十分为寸，十寸为尺，一尺二寸为大尺，十尺为丈。凡量，以秬黍中者容一千二百为龠，二龠为合，十合为升，十升为斗，三斗为大斗，十斗为斛。凡权衡，以秬黍中者百黍之重为铢，二十四铢为两，三两为大两，十六两为斤。凡积秬黍为度量权衡，调钟律，测晷景，合汤药，及冠冕之制用之。内外官私，悉用大者。凡库藏出纳，皆行文榜，季终会之。若承命出纳，则于中书、门下省覆而行之。百司应请月俸，符牒到，所由递覆而行之，乃置木契，与应出物之司相合。凡官私互市，物数有制。凡缯帛之类，有长短、广狭、端匹、屯绠之差。凡赐十段，其率绢三匹，布三端，绵三屯。若杂彩十段，则丝布二匹，䌷二匹，绫二匹，缦四匹。若赐蕃客锦彩，率十段则锦一张，绫二匹，缦三匹，绵四屯。凡遣使覆囚，则给时服。若诸使经二年不还，亦如之。凡时服称一具者，全给之。一副者，减给之。正冬之会，称束帛有差者，皆赐绢，五品已上五匹，六品已下三匹，命

妇视其夫、子。

仓部郎中一员，从五品上。龙朔为司度大夫，咸亨复也。员外郎一员，从六品上。主事三人，从九品上。令史九人，书令史二十人，计史一人，掌固四人。郎中、员外郎之职，掌判天下仓储，受纳租税，出给禄廪之事。凡中外文武官，品秩有差，岁再给之。乃置木契一百枚，以与出给之司合。诸司官人及诸色人应给食者，皆给米。凡致仕之官，五品已上及解官充侍者，各给半禄。即迁官者，通计前禄，以充后数。凡都已东租纳含嘉仓，自含嘉转运以实京太仓。自洛至陕为陆运，自陕至京为水运，置使，以监充之。凡王公已下，每岁田苗，皆有簿书。凡义仓所以备岁不足，常平仓所以均贵贱也。

礼部尚书一员，正三品。隋旧。龙朔改为司礼太常伯，光宅改为春官尚书，神龙复也。侍郎一员。正四品下。名因随曹改易也。尚书、侍郎之职，掌天下礼仪、祭享、贡举之政令。其属有四：一曰礼部，二曰祠部，三曰膳部，四曰主客。总其职务，而行其制命。凡中外百司之事，由于所属，皆质正焉。凡举试之制，每岁仲冬，率与计偕。其科有六：一曰秀才，试方略策五条。此科取人稍峻，贞观已后遂绝。二曰明经，三曰进士，四曰明法，五曰书，六曰算。凡此六科，求人之本，必取精究理实，而升为第。其有博综兼学，须加甄奖，不得限以常科。其弘文、崇文馆学生，虽同明经、进士，以其资荫全高，试取粗通文义。其郊社斋郎简试，如太庙斋郎。其国子监大成十二员，取明经及第人聪明灼然者，试日诵千言，并口试，仍策所习业，十条通七，然后补充。各授散官，依旧令于学内习业，以通四经为限。

郎中一员，从五品上。员外郎一员，从六品上。隋曰仪曹郎，武德改礼部郎中员外，龙朔为司礼大夫司礼员外，咸亨复。主事二人，从八品上。令史五人，书令史十一人，亭长六人，掌固八人。郎中、员外郎之职，掌贰尚书、侍郎。举其仪制，而辨其名数。凡五礼之仪，一百五十有二：一曰吉礼，其仪五十有五；二曰宾礼，其仪有六；三曰军礼，其仪二十有三；四曰嘉礼，其仪五十；五曰凶礼，其仪一十有八。凡元日，大陈设于含元殿，服衮冕临轩，展宫悬之乐，陈历代宝玉舆辂，备黄麾仗，二王后及百官、朝集使、皇亲，并朝服陪位。大会之日，陈设如初。凡冬至，人陈设如元正之仪。其异者，无诸州表奏祥瑞贡献。凡元正、冬至大会之明日，百官、朝集使等皆诣东宫庆贺。凡千秋节，御楼设九部之乐，百官袴褶陪位。凡京司文武职事，九品已上，每朔、望朝参。五品已上及供奉官、员外郎、监察御史、太常博士，每日参。凡诸蕃国来朝，皆设宫悬之乐及黄麾仗。若蕃国使，则减黄麾之半。凡册皇后、太子、太子妃、诸王、诸王妃、公主，并临轩册命，陈设如冬、正之仪。讫，皆拜太庙。凡祥瑞，皆辨其名物。有大瑞、上瑞、中瑞，皆有等差。凡太阳亏，所司预奏，其日置五鼓五兵于太社，而不视事。百官各素服守本司，不听事。过时乃罢。月蚀，则击鼓于所司。若五岳、四镇、四渎崩竭，皆不视事三日。凡二分之月，三公巡行山陵，则太常卿为之副。凡百官拜礼，各有差。致敬之士，若非

连属，应敬之官相见，或自亲戚者，各从其私礼。凡乐，有五声、八音、六律、六吕，陈四悬之度，分二舞之节，以和人伦，以调节气，以享鬼神，以序宾客。凡私家不得设钟磬。三品已上，得备女乐。五品女乐不得过三人。居大功已上丧，受册及之官，虽有鼓乐，从而不作。凡太庙、太社及诸宫殿门，东宫及一品已下诸州，施戟有差。凡内外百官皆给铜印，有鱼符之制。并出于门下省。凡服饰尚黄，旗帜尚赤。天子、皇后、太子已下之服，事在《舆服志》也。凡百僚冠笏、伞幰、珂珮，各有差。常服亦如之。凡凶服，不入公门。凡授都督、刺史阶未入五品者，并听著绯珮鱼，离任则停。凡文武官赴朝诣府，导从各有差。凡职事官薨卒，有赗赠、柳翣、碑碣，各有制度。

祠部郎中一员，从五品上。龙朔为司禋大夫，咸亨复。员外郎一员，从六品上。主事二人，从九品上。令史五人，书令史十一人，亭长六人，掌固八人。郎中、员外郎之职，掌祠祀、享祭、天文、漏刻、国忌、庙讳、卜筮、医药、僧尼之事。凡祭祀之名有四：一曰祀天神，二曰祭地祇，三曰享人鬼，四曰释奠于先圣先师。其差有三：若昊天上帝、皇地祇、神州、宗庙为大祀。祀天地皆以祖宗配享。日月星辰、社稷、先代帝王、岳镇海渎、帝社、先蚕、孔宣父、齐太公、诸太子庙为中祀。司中、司命、风师、雨师、众星、山林、川泽、五龙祠等，及州县社稷、释奠为小祀。大祀，皇帝亲祭，则太尉为亚献，光禄卿为终献。若有司摄事，则太尉为初献，太常卿为亚献。凡大祀，散斋四日，致斋三日。大祀，斋官皆于散斋日平明，集尚书省，受誓诫。中祀，散斋三日，致斋二日。小祀，散斋二日，致斋一日。皆祀前习礼、沐浴，并给明衣。凡官爵二品已上，祠四庙。五品已上，祠三庙。六品已下达于庶人，祭祖祢而已。凡国有封禅之礼，则依圆丘方泽之神位。凡天下寺有定数，每寺立三纲，以行业高者充。诸州寺总五千三百五十八所，三千二百三十五所僧，二千一百二十二所尼。每寺上座一人，寺主一人，都维那一人。凡僧簿籍，三年一造。凡别敕设斋，应行道并官给料。凡国忌日，两京大寺各二，以散斋僧尼。文武五品已上，清官七品已上皆集，行香而退。天下州府亦然。凡远忌日，虽不废务，然非军务急切，亦不举事。余如常式。

膳部郎中一员，从五品上。龙朔为司膳大夫，咸亨复也。员外郎一员，从六品上。主事二人，从九品上。令史四人，书令史九人，掌固四人。郎中、员外郎之职，掌邦之祭器、牲豆、酒膳，辨其品数，及藏冰食料之事。

主客郎中一员，从五品上。隋曰司蕃郎，武德改主客郎中，龙朔为司蕃大夫，咸亨复。员外郎一员，从六品上。主事二人，从九品上。令史四人，书令史九人，掌固四人。郎中、员外郎之职，掌二王后及诸蕃朝聘之事。二王之后，酅公、介公。凡四蕃之国。经朝贡之后，自相诛绝，及有罪灭者，盖三百余国。今所存者，七十余蕃。其朝贡之仪，享宴之数，高下之等，往来之命，皆载于鸿胪之职焉。

兵部尚书一员，正三品。南朝谓之五兵尚书，隋曰兵部尚书。龙朔改为司戎太常伯，咸亨复也。侍郎二员。正四品下。龙朔为司戎少常伯，咸亨复。尚书、侍郎之职，掌天下武官选授及地图与甲仗之政令。其属有四：一曰兵部，二曰职方，三曰驾部，四曰库部。总其职务，而行其制命。凡中外百官之事，由于所属，咸质正焉。凡选授之制，每岁集于孟冬。去王城五百里以上旬，千里之内以中旬，千里之外以下旬。尚书、侍郎分为三铨。尚书为中铨，侍郎分东西。凡试能有五，五谓长垛、马步射、马枪、步射、应对。互有优长，即可取之。较异有三。三谓骁勇、材艺及可为统领之用也。审其功能，而定其留放，所以录才艺、备军国、辨虚冒、叙勋劳也。然后据其资劳，量为注拟。五品已上送中书门下，六品已下量资注定。其在军镇要籍，不得赴选，委节度使铨试其等第申省。凡官阶注拟团甲进甲，皆如吏部之制。凡大选，终于季春之月，所以约资叙之浅深，审才略之优劣，军国之用在焉。

郎中二员，从五品上。龙朔为司戎大夫，咸亨复也。员外郎二人，从六品上。主事四人，从八品下。令史三十人，书令史六十人，亭长八人，掌固十二人。郎中一员掌判帐及天下武官之阶品，卫府之名数。凡叙阶有二十九。将军之阶。具于叙目。凡叙阶之法，一如文散官之制。凡天下之府，五百九十有四，有上中下，并载于诸卫之职。凡应宿官者，各从番第。凡千牛备身左右及太子千牛备身，皆取三品已上职事官子孙，四品清官子，仪容端正，武艺可称者充。五考，本司随文武简试听选。四品，谓省司侍郎、左右庶子也。凡殿中省进马，取左右卫三卫及高荫，简仪容可观者补充，简试同千牛例。仆寺进马，亦如之。五品已下、七品已上，五年，多至八年，年满简送吏部。不第者，如初。无文，听以武选。凡左右卫、亲卫、勋卫、翊卫，及左右率府亲勋翊卫，及诸卫之翊卫，通谓之三卫。择其资荫高者，为亲卫，其次者，为勋卫及率府之亲卫，又次者，为翊卫及率府之勋卫，又次者，为诸卫及率府之诩卫，又次者，为亲王府之执仗执乘。量远迩以定其番第。应补之人，周亲已上有犯刑戮者，配令兵部上下。凡诸卫及率府三卫，贯京兆、河南、蒲、同、华、岐、陕、怀、汝、郑等州，皆令番上，余州皆纳资。凡左右卫之三卫，分为五仗。凡王公已下，皆有亲事帐内，限年十八已下，举诸州率万人以充之。皆限十周年，则听简试。文理高者送吏部，其余留本司，全下者退还本色。凡兵士隶卫，各有其名。左、右卫曰骁骑，左、右骁卫曰豹骑，左、右武卫曰熊渠，左、右威卫曰羽林，左、右领军卫曰射声，左、右金吾卫曰佽飞。东宫左、右卫率府曰超乘，左、右司御率府曰旅贲，左、右清道率府曰直荡。总名曰卫士。皆取六品已下子孙，及白丁无职役者点充。凡三年一简点，成丁而入，六十而免。量其远迩，以定番第。凡卫士，各立名簿。其三年已来征防差遣，仍定优劣为三第。每年正月十日送本府印记，仍录一道送本卫府。若有差行上番，折冲府据簿而发之。凡差卫士征戍镇防，亦有团伍。其善弓马者，为越骑团，余为步兵团，主帅已下统领之。火十人，有六驮马。若父兄子弟，不并遣之。若祖父母老疾，家无兼丁，免征行及番上。其居常则皆习射，唱大角歌。番集之日，府官率而课试。凡左、右金吾卫，有角手，诸卫有弩手，左、右羽林军有飞骑及左右万骑、犷骑。天下诸军，有健儿。皆定其名籍，每季上中书、门下。凡关内，有团结兵，秦、成、岷、渭、河、兰六州，有高丽羌兵。黎、雅、邛、翼、茂五州，有镇防团结兵。天下诸州差兵，募取户殷丁多，人材骁勇，选前资官勋官部分强明堪统摄者，节级擢补主帅以领之。其义征者，别为行伍，不入募人之营。凡军行器物，皆于当州分给之。如不足，则令自备，贫富必以均焉。凡诸州军府应行兵之名簿，器物之多少，皆申兵部。军散之日，亦录其存亡多少，以申而勘会之。凡诸道回兵粮糒之物，衣资之费，皆令所在州县分而给之。郎中一人掌判簿，以总军戎差遣之名数。凡天下节度使有八，若诸州在节度内者，皆受节度焉。其福州经略使，登州平海军，则不在节度之内。节度名与所管军镇名，并见《地理志》也。凡亲王总戎，曰元帅，文武官总统者，则曰总管。以奉使言之，则曰节度使，有大使、副使、判官。若大使加旌节以统军，置木契以行。凡将帅出行，兵满一万人已上，置长史、司马、仓曹兵曹胄曹等参军各一人。五千人已上，减司马。诸军各置使一人，五千人已上置副使一人，一万人已上置营田副使一人。每军各有仓、兵、胄三参军。其横海、高阳、唐兴、恒阳、北平等五军，皆本州刺史为使。凡镇，皆有使一人，副使一人。万人已上，置司马、仓兵二曹参军。五千人已下，减司马。凡诸军镇，每五百人置押官一人，千人置子总管一人，五千人置总管一人。凡诸军镇使、副使已上，皆四年一替；总管已下，二年一替；押官随兵交替。凡诸军镇大使、副使已下，皆有僚人，别奏以从之。凡幸三京，即东都南、北衙，皆置左、右屯营，别立使以统之。若在都，则京城亦如之。凡大将出征，皆告庙授钺，辞于太公庙讫，不宿于家。临军对寇，士卒不用命，并得专行其罚。既捷，及军未散，皆会众而书劳与其费用，乃告太庙。元帅凯旋之日，皆使郊劳。有司先献捷于太庙，又告齐太公庙。员外郎一人掌贡举及杂请之事。凡贡举，每岁孟春，亦与计偕。有二科：一曰平射，二曰武举。凡科之优劣，勋获之等级，皆审其实而受叙焉。员外郎一人掌判南曹。每岁选人，有解状、簿书、资历、考课，必由之以核其实，乃上三铨。进甲则署焉。

职方郎中一员，从五品上。龙朔为司域大夫也。员外郎一员，正六品上。主事二人，从九品上。令史四人，书令史九人，掌固四人。郎中、员外郎之职，掌天下地图及城隍、镇戍、烽堠之数，辨其邦国都鄙之远近，及四夷之归化。凡五方之区域，都邑之废置，疆场之争讼者，举而正之。凡天下上镇二十，中镇九十，下镇一百三十五。上戍十有一，中戍八十六，下戍二百四十五。凡烽堠所置，大率相去三十里。其逼边境者，筑城置之。每烽置帅一人，副一人。凡州县城门及仓库门，须有备守。

驾部郎中一员，从五品上。龙朔为司舆大夫也。员外郎一员，从六品上。主事三人，从九品上。令史十人，书令史二十人，掌固四人。郎中、员外郎之职，掌邦国舆辇、车乘、传驿、厩牧、官私马牛杂畜簿籍，辨其出入，司其名数。凡三十里一驿，天下驿凡一千六百三十九，而监牧六十有五，皆分使统之。若畜养之宜，孳生之数，皆载于太仆之职。凡诸卫有承直之马，凡诸司有备运之牛，皆审其制，以定数焉。

库部郎中一员，从五品上。龙朔为司库大夫也。员外郎一员，从六品上。主事二人，从九品上。令史七人，书令史十五人，掌固四人。郎中、员外郎之职，掌邦国军州戎器、仪仗。凡元正、冬至陈设，并祠祭丧葬所贡之物，皆辨其出入之数，量其缮造之功，以分给焉。

刑部尚书一员，正三品。隋初改都官尚书，又改为刑部。龙朔改为司刑太常伯，光宅改为秋官尚书，神龙复也。侍郎一员。正四品下。龙朔为司刑少常伯。尚书、侍郎之职，掌天下刑法及徒隶、勾覆、关禁之政令。其属有四：一曰刑部，二曰都官，三曰比部，四曰司门。总其职务，而行其制命。凡中外百司之事，由于所属，咸质正焉。

郎中二员，从五品上。隋曰宪部郎，武德为刑部郎中，龙朔改为司刑大夫。员外郎二员，从六品上。主事四人，从九品上。令史十九人，书令史三十八人，亭长六人，掌固十人。郎中、员外郎之职，掌贰尚书、侍郎，举其典宪，而辨其轻重。凡文法之名有四：一曰律，二曰令，三曰格，四曰式。凡律，十有二章：一名例，二禁卫，三职制，四户婚，五厩库，六擅兴，七贼盗，八斗讼，九诈伪，十杂律，十一捕亡，十二断狱，而大凡五百条。令，二十有七篇，分为三十卷。第一至第七曰官品职员，八祠，九户，十选举，十一考课，十二宫卫，十三军防，十四衣服，十五仪制，十六卤簿，十七公式，十八田，十九赋役，二十仓库，二十一厩牧，二十二关市，二十三医疾，二十四狱官，二十五营缮，二十六丧葬，二十七杂令，而大凡一千五百四十六条。凡格，二十四篇。式，三十三篇。以尚书、御史台、九寺、三监、诸军为目。凡律，以正刑定罪。令，以设范立制。格，以禁违正邪。式，以轨物程事。乃立刑名之制五焉：一笞，二杖，三徒，四流，五死。笞刑五，杖刑五，徒刑五，流刑三，死刑二。而断狱之大典，有十恶、八议、五听、六赃。赎配之典，具在《刑法志》。凡决死刑，皆于中书门下详覆。凡死罪，枷而杻。妇人及流徒，枷而不杻。官品及勋散之阶第七已上，锁而不枷。在京诸司，则徒已上送大理，杖已下当司断之。若金吾纠获，亦送大理。凡决大辟罪，在京者，行决之司，皆五覆奏；在外者，刑部三覆奏。若犯恶逆已上，及部曲奴婢杀主者，一覆奏。凡京城决囚之日，减膳彻乐。每岁立春后至秋分，不得决死刑。大祭祀及致斋、朔望、上下弦、二十四气、雨未晴、夜未明、断屠月日及休假，亦如之。凡犯流罪已下，应除免官。当未奏，身死者，免其追夺。流移之人，皆不得弃放妻妾，及私逃还乡。至六载，然后听仕。即本犯不应流而特配流者，三载已后听仕。其应徒则皆配居作。凡禁囚，五日一虑。凡鞫狱官与被鞫人有亲属仇嫌者，皆听更之。凡在京诸司见禁囚，每月二十五日前，本司录其所犯及禁时月日，以报刑部。凡国有赦宥之事，先集囚徒于阙下，命卫尉树金鸡，待宣制讫，乃释之。

都官郎中一员，从五品上。龙朔改司仆大夫，咸亨复。员外郎一员，从六品上。主事二人，从九品上。令史九人，书令史十二人，掌固四人。郎中、员外郎之职，掌配役隶、簿录俘囚，以给衣粮药疗，以理诉竟雪冤。凡公私良贱，必周知之。凡反逆相坐，没其家为官奴婢。一免为蕃户，再免为杂户，三免为良民，皆放宥所及则免之。年六十及废疾，虽赦令不该，亦并免为蕃户，七十则免为良人，任所乐处而编附。凡初被没有伎艺者，各从其能，而配诸司。妇人工巧者，入于掖庭。其余无能，咸隶司农。

比部郎中一员，从五品上。龙朔为司计大夫。员外郎一员，从六品上。主事二人，从九品上。令史十四人，书令史二十七人，计史一人，掌固四人。郎中、员外郎之职，掌勾诸司百僚俸料、公廨、赃赎、调敛、徒役、课程、逋悬数物，周知内外之经费，而总勾之。凡内外官料俸，以品第高下为差。外官以州县府之上中下为差。凡税天下户钱，以充州县官月料，皆分公廨本钱之利。羁縻州所补汉官，给以当土之物。关监之官，以品第为差。其给以年支轻货。镇军司马、判官俸禄，同京官。镇戍之官，以镇戍上中下为差。凡京师有别借食本，每季一申省，诸州岁终而申省，比部总勾覆之。凡仓库、出内、营造、佣市、丁匠、功程、赃赎、赋敛、勋赏、赐与、军资、器仗、和籴、屯牧，亦勾覆之。

司门郎中一员，从五品上。龙朔曰司门大夫。员外郎一员，从六品上。主事二人，从九品上。令史六人，书令史十三人，掌固四人。郎中、员外郎之职，掌天下诸门及关出入往来之籍赋，而审其政。凡关二十有六，为上中下之差。京城四面关有驿道者，为上关。余关有驿道及四面无驿道者，为中关。他皆为下关。关所以限中外，隔华夷，设险作固，闲邪正禁者也。凡关呵而不征，司货贿之出入，其犯禁者，举其货，罚其人。凡度关者，先经本部本司请过所，在京则省给之，在外则州给之。而虽非所部，有来文者，所在亦给。

工部尚书一员，正三品。南朝谓之起部。有所营造，则置起部尚书，毕则省之。隋初改置工部尚书。龙朔为司平太常伯，光宅改为冬官尚书，神龙复旧也。侍郎一员。正四品下。龙朔为司平少常伯。尚书、侍郎之职，掌天下百工、屯田、山泽之政令。其属有四：一曰工部，二曰屯田，三曰虞部，四曰水部。总其职务，而行其制命。凡中外百司之事，由于所属，咸质正焉。

郎中一员，从五品上。龙朔为司平大夫也。员外郎一员，从六品上。主事二人，从九品上。令史十二人，书令史二十一人，亭长六人，掌固八人。郎中、员外郎之职，掌经营兴造之众务。凡城池之修浚，土木之缮葺，工匠之程式，咸经度之。凡京师、东都有营缮，则下少府、将作，以供其事。

屯田郎中一员，从五品上。龙朔为司田大夫也。员外郎一员，从六品上。主事二人，从九品上。令史七人，书令史十二人，计史一人，掌固四人。郎中、员外郎之职，掌天下屯田之政令。凡边防镇守，转运不给，则设屯田，以益军储。其水陆腴瘠，播种地宜，功庸烦省，收率等级，咸取决焉。诸屯田役力，各有程数。凡天下诸军州管屯，总九百九十有二。大者五十顷，小者二十顷。凡当屯之中，地有良薄，岁有丰俭，各定为三等。凡屯皆有屯官、屯副。凡京文武职事官，有职分田。京兆、河南府及京县官，亦准此。凡在京诸司，有公廨田，皆视其品命而审其分给。

虞部郎中一员，从五品上。龙朔为司虞大夫。员外郎一员，从六品上。主事二人，从九品上。令史四人，书令史九人，掌固四人。郎中、员外郎之职，掌京城街巷种植，山泽苑囿，草木薪炭，供顿田猎之事。凡采捕渔猎，必以其时。凡京兆、河南二都，其近为四郊，三百里皆不得弋猎采捕。殿中、太仆所管闲厩马，两都皆五百里内供其刍藁。其关内、陇右、西使、南使诸牧监马牛驼羊，皆贮藁及茭草。其柴炭木橦进内及供百官蕃客，并于农隙纳之。

水部郎中一员，从五品上。龙朔为司川大夫。员外郎一员，从六品上。主事二人，从九品上。令史四人，书令史九人，掌固四人。郎中、员外郎之职，掌天下川渎陂池之政令，以导达沟洫，堰决河渠。凡舟楫溉灌之利，咸总而举之。凡天下水泉，三亿二万三千五百五十九。其在遐荒绝域，追不可得而知矣。其江、河，自西极达于东溟，中国之大川者也。其余百三十五水，是为中川。其又千二百五十二水，斯为小川也。若渭、洛、汾、济、漳、淇、淮、汉，皆亘达方域，通济舳舻，从有之无，利于生人者也。凡天下造舟之梁四，河则蒲津、大阳、河阳，洛则孝义也。石柱之梁四，洛则天津、永济、中桥，灞则灞桥。木柱之梁三，皆渭川，便桥、中渭桥、东渭桥也。巨梁十有一，皆国工修之。其余皆所管州县随时营葺。其大津无梁，皆给船人，量其大小难易，以定其差。

门下省秦、汉初，置侍中，曾无台省之名。自晋始置门下省，南、北朝皆因之。龙朔改为东台，光宅改为鸾台，神龙复。

侍中二员。隋曰纳言，又名侍内。武德为纳言，又改为侍中。龙朔改东台左相，光宅元年改为纳言，神龙复为侍中。开元元年改为黄门监，五年复为侍中。天宝二年改为左相。至德二年复改为侍中。武德定令，侍中正三品，大历二年十一月九日，升为正二品。旧制，宰相常于门下省议事，谓之政事堂。永淳二年七月，中书令裴炎以中书执政事笔，遂移政事堂于中书省。开元十一年，中书令张说改政事堂为中书门下，其政事印，改为中书门下之印也。侍中之职，掌出纳帝命，缉熙皇极，总典吏职，赞相礼仪，以和万邦，以弼庶务，所谓佐天子而统大政者也。凡军国之务，与中书令参而总焉，坐而论之，举而行之，此其大较也。凡下之通上，其制有六：一曰奏抄，二曰奏弹，三曰露布，四曰议，五曰表，六曰状；皆审署申覆而施行焉。凡法驾行幸，则负宝而从。大朝会、大祭祀，则板奏中严外办，以为出入之节。舆驾还宫，则请解严，所以告礼成也。凡大祭祀，皇帝致斋，既朝，则请就斋室。将奠，则奉玉及币以进。盥手，则取匜以沃。洗爵，则酌罍水以奉。及赞酌泛齐，进福酒以成其礼焉。若享宗庙，则进瓒而赞酌郁酒以祼。既祼，则赞酌醴齐。其余如飨神祇之礼。藉田，则奉耒以赞事。凡诸侯王及四夷之君长朝见，则承诏而劳问之。临轩命使，册后及太子，则承诏以命之。凡制敕慰问外方之臣及征召者，则监其封题。若发驿遣使，则给其传符，以通天下之信。凡官爵废置，刑政损益，皆授之于记事之官。既书于策，则监其记注焉。凡文武职事六品已下，所司进拟，则量其阶资，校其才用，以审定之。若拟职不当，随其优屈，退而量焉。

门下侍郎二员。隋曰黄门侍郎。龙朔为东台侍郎，咸亨改为黄门侍郎，垂拱改为鸾台侍郎，天宝二年改为门下侍郎，乾元元年改为黄门侍郎，大历二年四月复为门下侍郎。武德定令，中书门下侍郎，同尚书侍郎，正四品上。大历二年九月敕升为正三品也。门下侍郎掌贰侍中之职。凡政之弛张，事之与夺，皆参议焉。若大祭祀，则从升坛以陪礼。皇帝盥手，则奉巾以进。既帨，则莫巾于篚，奉瓠爵以赞献。凡元正、冬至天子视朝，则以天下祥瑞奏闻。

给事中四员。正五品上。隋曰给事郎，置四员，位次门下侍郎。武德定令，曰给事中。龙朔改为东台舍人，咸亨复。给事中掌陪侍左右，分判省事。凡百司奏抄，侍中审定，则先读而署之，以驳正违失。凡制敕宣行，大事则称扬德泽，褒美功业，覆奏而请施行；小事则署而颁之。凡国之大狱，三司详决，若刑名不当，轻重或失，则援法例退而裁之。凡发驿遣使，则审其事宜，与黄门侍郎给之；其缓者给传，即不应给，罢之。凡文武六品已下授职官，所司奏拟，则校其仕历浅深，功状殿最，访其德行，量其才艺；若官非其人，理失其事，则白侍中而退量焉。若弘文馆图书之缮写、雠校，亦课而察之。凡天下冤滞未申及官吏刻害者，必听其讼，与御史、中书舍人同计其事宜，而申理之。

录事四人，从七品上。主事四人，从八品下。令史十一人，书令史二十二人，甲库令史七人，传制八人，亭长六人，掌固十人，修补制敕匠五人。

左散骑常侍二人。从三品。魏、晋置散骑常侍、侍郎，与侍中、黄门侍郎共平尚书奏事。其后用人之杂，江左不重此官，或省或置。隋初省散骑常侍，置常侍四人，从三品，掌陪从朝直。炀帝又省之。武德初，以为加官。贞观初，置常侍二人，隶门下省。明庆二年，又置二员，隶中书省，始有左右之号，并金蝉珥貂。左常侍与侍中左貂，右常侍与中书令右貂，谓之八貂。龙朔为左侍极，咸亨复。广德二年五月，升为正三品，加置四员。兴元元年正月，左右各加一员。贞元四年正月敕，依旧四员也。常侍掌侍奉规讽，备顾问应对。宝应二年敕，左右散骑常侍各置参官两人，令自拣择闻奏，参典亦置两人，后省。

谏议大夫四员。秦、汉曰谏大夫，光武加议字。隋于门下省置谏议大夫七员，从四品下。武德四年敕置四员，正五品上。龙朔改为正谏大夫，神龙复。大历四年敕只四员，正五品上。龙朔七年三月敕，其谏议四员，内供奉不得为正员，至贞元四年五月十五日敕，谏议分为左右，加置八员，四员隶门下为左。会昌二年十一月中书奏：隋于门下省置谏议大夫七员，从四品下。今正五品上。自大历二年门下中书侍郎升为正三品，两省遂阙四品官。其谏议大夫望升为正四品下，分为左右，以备两省四品之阙。向后与丞郎出入选用，以重其选。敕可之。谏议大夫掌侍从赞相，规谏讽谕。凡谏有五：一曰讽谏，二曰顺谏，三曰规谏，四曰致谏，五曰直谏。

起居郎二员，从六品上。古无其名，隋始置起居舍人二员。贞观二年省起居舍人，移其职于门下，置起居郎二员。明庆中又置起居舍人，始与起居郎分在左右。龙朔二年改为左史，咸亨复。天授元年又改为左史，神龙复也。楷书手三人。起居郎掌起居注，录天子之言动法度，以修记事之史。凡记事之制，以事系日，以日系月，以月系时，以时系年。必书其朔日甲乙，以纪历数，典礼文物，以考制度，迁拜旌赏以劝善，诛伐黜免以惩恶。季终则授之国史焉。自汉献帝后，历代帝王有起居注，著作编之，每季为卷，送史馆也。

左补阙二员，从七品上。左拾遗二员。从八品上。古无此官名。天后垂拱元年二月二十九日敕：「记言书事，每切于旁求；补阙拾遗，未弘于注选。瞻言共理，必藉众才，寄以登贤，期之进善。宜置左右补阙各二员，从七品上，左右拾遗各二员，从八品上，掌供奉讽谏，行立次左右史之下，仍附于令。」天授二年二月，加置三员，通前五员。大历四年，补阙、拾遗，各置内供奉两员。七年五月十一日敕，补阙、拾遗，宜各置两员也。补阙、拾遗之职，掌供奉讽谏，扈从乘舆。凡发令举事，有不便于时，不合于道，大则廷议，小则上封。若贤良之遗滞于下，忠孝之不闻于上，则条其事状而荐言之。

典仪二员。从九品。南齐有典仪录事一员，梁有典仪之官，后省。皇朝又置典仪二人，隶门下省。初用人皆轻，贞观末，李义府为之，自是用士人为之。赞者十二人。隋太常、鸿胪二寺，皆有赞者，皇朝因置之，隶门下省，掌赞唱，为行事之节。分番上下，谓之番官。典仪掌殿上赞唱之节，及殿廷版位之次。凡国有大礼，侍中行事，及进中严外办之版，皆赞相焉。

城门郎四员。从六品上。汉有城门校尉，掌京城诸门启闭之节。隋改校尉为城门郎，置四员，从六品，皇朝因之也。令史一人，书令史二人，门仆八百人。门仆，晋代有之。皇朝隶城门局，分番上下，掌送管钥。城门郎掌京城皇城宫殿诸门启闭之节，奉出纳管钥。开则先外而后内，阖则先内而后外，所以重中禁，尊皇居也。候其晨昏击鼓之节而启闭之。凡皇城宫城阖门之钥，先酉而出，后戌而入；开门之钥，后丑而出，夜尽而入。京城阖门之钥，后申而出，先子而入；开门之钥，后子而出，先卯而入。若非其时而有命启闭，则诣阁覆奏。

符宝郎四员。从六品上。周有典瑞之职，秦有符玺令，汉曰符玺郎。两汉得秦六玺及传国玺，后代传之。隋置符玺郎二员，从六品。天后恶玺字，改为宝。其受命传国等八玺文。并改雕宝字。神龙初，复为符玺郎。开元初，又改为符宝，从玺文也。令史二人，书令史三人，主宝六人，主符三十人，主节十八人。符宝郎掌天子八宝及国之符节，辨其所用。有事则请于内，既事则奉而藏之。八宝：一曰神宝，所以承百王，镇万国；二曰受命宝，所以修封禅，礼神祇；三曰皇帝行宝，答疏于王公则用之；四曰皇帝之宝，劳来勋贤则用之；五曰皇帝信宝，征召臣下则用之；六曰天子行宝，答四夷书则用之；七曰天子之宝，慰抚蛮夷则用之；八曰天子信宝，发番国兵则用之。凡大朝会，则捧宝以进于御座。车驾行幸，则奉宝以从于黄钺之内。凡国有大事，则出纳符节，辨其左右之异，藏其左而班其右，以合中外之契焉。一曰铜鱼符，所以起军旅，易守长。二曰传符，所以给邮驿，通制命。三曰随身鱼符，所以明贵贱，应征召。四曰木契，所以重镇守，慎出纳。五曰旌节，所以委良能，假赏罚。鱼符之制，王畿之内，左三右一；王畿之外，左五右一。左者在内，右者在外。行用之日，从第一为首，后事须用，以次发之，周而复始。大事兼敕书，小事但降符，函封遣使，合而行之。传符之制，太子监国曰双龙之符，左右各十。京都留守曰麟符，左二十，其右一十有九。东方曰青龙之符，西方曰䮺虞之符，南方曰朱雀之符，北方曰玄武之符，左四右三。左者进内，右者付外。随身鱼符之制，左二右一，太子以玉，亲王以金，庶官以铜，佩以为饰。刻姓名者，去官而纳焉；不刻者，传而佩之。木契之制，太子监国，则王畿之内，左右各三；王畿之外，左右各五；庶官镇守，则左各十。旌节之制，命大将帅及遣使于四方，则请而佩之。旌以专赏，节以专杀。《周礼》之制，山国用虎节，土国用人节，泽国用龙节，皆金也。又云，道路用旌节，即汉使所持者是也。

弘文馆：后汉有东观，魏有崇文馆，宋有玄、史二馆，南齐有总明馆，梁有士林馆，北齐有文林馆，后周有崇文馆，皆著撰文史，鸠聚学徒之所也。武德初置修文馆，后改为弘文馆。后避太子讳，改曰昭文馆。开元七年，复为弘文馆，隶门下省。学士。学士无员数，自武德已来，皆妙简贤良为学士。故事，五品已上称学士，六品已下为直学士，又有文学直馆学士，不定员数。馆中有四部书及图籍，自垂拱已后，皆宰相兼领，号为馆主，常令给事中一人判馆事。学生三十人，校书郎二人，从九品上。令史二人，楷书手三十人，典书二人，拓书手三人，笔匠三人，熟纸装潢匠九人，亭长二人，掌固四人。弘文馆学士掌详正图籍，教授生徒。凡朝廷有制度沿革，礼仪轻重，得参议焉。校书郎掌校理典籍，刊正错谬。其学生教授考试，如国子学之制焉。

中书省秦始置中书谒者，汉元帝去"谒者"二字。历代但云中书。后周谓之内史省，隋因为内史省，置内史监、令各一员。炀帝改为内书省。武德复为内史省，三年改为中书省。龙朔改为西台，光宅改为凤阁，神龙复为中书省。开元元年改为紫微省，五年复旧。

中书令二员。汉、魏品卑而付重。魏置监、令各一员，历南朝不改。隋省监，置令二人，正三品。隋文帝废三公府僚，令中书令与侍中知政事，遂为宰相之职。隋曰内书令。武德曰内史令，寻改为中书令。龙朔为西台右相，咸亨复为中书令。光宅为凤阁令。开元元年改为紫微令，五年复为中书令。天宝改为右相，至德二年复为中书令。本正三品，大历二年十一月九日，与侍中同升正二品，自后不改也。中书令之职，掌军国之政令，缉熙帝载，统和天人。入则告之，出则奉之，以厘万邦，以度百揆，盖佐天子而执大政也。凡王言之制有七：一曰册书，二曰制书，三曰慰劳制书，四曰发敕，五曰敕旨，六曰论事敕书，七曰敕牒，皆宣署申覆而施行之。凡大祭祀群神，则从升坛以相礼。享宗庙，则从升阼阶。亲征纂严，戒敕百僚，册命亲贤，临轩则使读册。若命之于朝，则宣而授之。凡册太子，则授玺。凡制诏宣传，文章献纳，皆授之于记事之官。武德、贞观故事，以尚书省左右仆射各一人及侍中、中书令各二人，为知政事官。其时以他官预议国政者，云与宰相参议朝政，或云平章国计，或云专典机密，或议平政事。贞观十七年，李勣为太子詹事，特诏同知政事，始谓同中书门下三品。自是，仆射常带此称。自余非两省长官预知政事者，亦皆以此为名。永淳中，始诏郭正一、郭待举、魏玄同等，与中书门下同承受进旨平章事。自天后已后，两省长官及同中书门下三品并平章事，为宰相。其仆射不带同中书门下三品者，但厘尚书省事而已。总章二年，东台侍郎张文瓘，西台侍郎戴至德等，始以同中书门下三品著之入衔。自是相承至今。永淳二年，黄门侍郎刘齐贤知政事，称同中书门下平章事，自后两省长官，及他官执政未至侍中书令者，皆称同中书门下平章事也。

中书侍郎二员。汉置中书，掌诏诰，有令、仆、丞、郎四官。魏曰中书郎，晋加"侍"字。隋置内书省，改为内书侍郎，正四品。武德初为内史侍郎，三年改为中书侍郎。龙朔、光宅、开元，随曹易号。至德复为中书侍郎。武德定令，与尚书侍郎俱第四品。大历二年九月，与门下侍郎共升为正三品也。中书侍郎掌贰令之职。凡邦国之庶务，朝廷之大政，皆参议焉。凡临轩册命大臣，令为之使，则持册书以授之。凡四夷来朝，临轩则受其表疏，升于西阶而奏。若献贽币，则受之以授于所司。

中书舍人六员。正五品上。曹魏于中书置通事一人，掌呈奏按章。高贵乡公于通事下加"舍人"二字。晋于中书置舍人、通事各一人。自魏、晋、齐、梁，诏诰皆出于中书令、中书侍郎，中书通事舍人但掌呈奏而已。或通事有文字者，别敕知诏诰。至梁武，制诰专令舍人掌之，兼去"通事"二字，但云中书舍人。隋曰内史舍人，置八员，掌制诰，品第六。寻升五品上。炀帝内书舍人，置四员。武德初为内史舍人，三年，改为中书舍人。龙朔、光宅、开元，随曹改易。

舍人掌侍奉进奏，参议表章。凡诏旨敕制，及玺书册命，皆按典故起草进画；既下，则署而行之。其禁有四：一曰漏泄，二曰稽缓，三曰违失，四曰忘误；所以重王命也。制敕既行，有误则奏而正之。凡大朝会，诸方起居，则受其表状而奏之。国有大事，若大克捷及大祥瑞，百僚表贺，亦如之。凡册命大臣于朝，则使持节读册命之。凡将帅有功及有大宾客，皆使劳问之。凡察天下冤滞，与给事中及御史三司鞫其事。凡百司奏议，文武考课，皆预裁焉。

主书四人，从七品上。主事四人，从八品下。令史二十五人，书令史五十人，传制十人，亭长十八人，修补敕匠五十人。

右散骑常侍二员，从三品。右补阙二员，从七品上。右拾遗二员，从八品上。起居舍人二员。从六品上。右常侍、补阙、拾遗，掌事同左省。起居舍人，掌修记言之史，录天子之制诰德音，如记事之制，以记时政损益。季终，则授之于国史。

通事舍人十六人。从六品上。通事舍人，秦谒者之官也。掌宾赞、赞受事，隶光禄勋。晋置舍人、通事各一人，隶中书。东晋曰通事舍人。隋因晋制，置十六人，从六品上，又为通事者。武德初，废谒者台，改通事谒者为通事舍人，隶四方馆，属中书省也。通事舍人掌朝见引纳及辞谢者，于殿廷通奏。凡近臣入侍，文武就列，引以进退，而告其拜起出入之节。凡四方通表，华夷纳贡，皆受而进之。凡军旅之出，则命受慰劳而遣之。既行，则每月存问将士之家，以视其疾苦。凯旋，则郊迓，皆复命。凡致仕之臣，与邦之耋老，时巡问亦如之。

令史十人，亭长十八人，掌固二十四人。

集贤殿书院：开元十三年置。汉、魏已来，职在秘书。梁于文德殿内藏聚群书。北齐有文林馆学士，后周有麟趾殿学士，皆掌著述。隋平陈之后，写群书正副二本，藏于宫中，其余以实秘书外阁。炀帝于东都观文殿东西厢贮书。自汉延熹至隋，皆秘书掌国籍，而禁中之书，时或有焉。及太宗在藩府时，有秦府学士十八人。其后弘文、崇文二馆皆有。玄宗即位，大校群书。开元五年，于乾元殿东廊下写四部书，以充内库，置校定官四人。七年，驾在东都，于丽正殿置修书使。十二年，驾在东都，十三年与学士张说等宴于集仙殿，因改名集贤，改修书使为集贤书院学士。其大明宫所置书院，本命妇院，屋宇宏邈。永泰元年三月，诏仆射裴冕等十三人，每日于集贤书院待诏。集贤学士。初定制以五品已上官为学士，六品已下为直学士。每宰相为学士者，为知院事。常侍一人，为副知院事。学士知院事一人，开元初，以褚无量、马怀素、元行冲相次知乾元殿写书，及在丽正，乃有使名。张说代元行冲，改院为集贤，以说为大学士，知院事，说恳让大字，诏许之。自是，每以宰相一人知院事。副知院事一人，初，宰相张说知院事，以左常侍徐坚为副知院事，因为故事。判院一人，初在乾元殿，刊正官一人判事，其后因之。押院中使一人。自乾元殿写书，则置学出入，宣进奏，兼领中官，监守院门，掌同宫禁。侍讲学士，开元初，褚无量、马怀素侍讲禁中，名为侍读。其后康子元为侍讲学士。修撰官，校理官，并无常员，以官人兼之。待制官，古之待诏金马门是。留院官，检讨官。皆以学士别敕留之。孔目官一人，专知御书典四人，并开元五年置。知书官八人，开元五年置，掌分四库书。书直、写御书一百人，拓书六人，书直八人，装书直十四人，造笔直四人。并开元六年置。集贤学士之职，掌刊缉古今之经籍，以辨明邦国之大典。凡天下图书之遗逸，贤才之隐滞，则承旨而征求焉。其有筹策之可施于时，著述之可行于代者，较其才艺而考其学术，而申表之。凡承旨撰集文章，校理经籍，月终则进课于内，岁终则考最于外。

史馆：历代史官，隶秘书省著作局，皆著作郎掌国史。武德因隋旧制。贞观三年闰十二月，始移史馆于禁中，在门下省北，宰相监修国史，自是著作郎始罢史职。及大明宫初成，置史馆于门下省之南。馆门下东西有枣树七十四株，无杂树。开元二十五年三月，右相李林甫以中书地切枢密，记事者官联附近，史官尹愔奏移史馆于中书省北，以旧尚药院充馆也。史官。古者天子诸侯，皆有史官，以纪言动、历数之事。至后汉明帝，召当时名士入东观，撰《光武纪》，而史官因以他官兼之。魏明帝始置著作郎，专掌国史，隶中书。晋因隶秘书省，因而不改。贞观年修《五代史》，移史馆于禁中。史官无常员，如有修撰大事，则用他官兼之，事毕日停。监修国史。贞观已后，多以宰相监修国史，遂成故事也。修撰直馆。天宝已后，他官兼领史职者，谓之史馆修撰，初入为直馆也。元和六年，宰相裴垍奏："登朝官领史职者，并为修撰，未登朝官入馆者，并为直馆。修撰中以一人官高者判馆事，其余名目，并请不置。"从之。楷书手二十五人，典书四人，亭长二人，掌固六人，装潢直一人，熟纸匠六人。史官掌修国史，不虚美，不隐恶，直书其事。凡天地日月之祥，山川封域之分，昭穆继代之序，礼乐师旅之事，诛赏废兴之政，皆本于起居注、时政记，以为实录，然后立编年之体，为褒贬焉。既终藏之于府。

知匦使。天后垂拱二年，置匦以达冤滞。其制，一房四面，各以方色，东曰延恩，西曰申冤，南曰招谏，北曰通玄。所以申天下之冤滞，达万人之情状。盖古善旌、诽谤木之意也。天宝九年，改匦为献纳。乾元元年，复名曰匦。垂拱已来，常以谏议大夫及补阙、拾遗一人充使，受纳诉状。每日暮进内，而晨出之也。

翰林院。天子在大明宫，其院在右银台门内。在兴庆宫，院在金明门内。若在西内，院在显福门。若在东都、华清宫，皆有待诏之所。其待诏者，有词学、经术、合炼、僧道、卜祝、术艺、书奕，各别院以廪之，日晚即退。其所重者词学。武德、贞观时，有温大雅、魏徵、李百药、岑文本、许敬宗、褚遂良。永徽后，有许敬宗、上官仪，皆召入禁中驱使，未有名目。乾封中，刘懿之刘祎之兄弟、周思茂、元万顷、范履冰，皆以文词召入待诏，常于北门候进止，时号北门学士。天后时，苏味道、韦承庆，皆待诏禁中。中宗时，上官昭容独当书诏之任。睿宗时，薛稷、贾膺福、崔湜，又代其任。玄宗即位，张说、陆坚、张九龄、徐安贞、张垍等，召入禁中，谓之翰林待诏。王者尊极，一日万机，四方进奏、中外表疏批答，或诏从中出。宸翰所挥，亦资其检讨，谓之视草，故尝简当代士人，以备顾问。至德已后，天下用兵，军国多务，深谋密诏，皆从中出。尤择名士，翰林学士得充选者，文士为荣。亦如中书舍人例置学士六人，内择年深德重者一人为承旨，所以独承密命故也。德宗好文，尤难其选。贞元已后，为学士承旨者，多至宰相焉。

内教坊。武德已来，置于禁中，以按习雅乐，以中官人充使。则天改为云韶府，神龙复为教坊。

习艺馆。本名内文学馆，选宫人有儒学者一人为学士，教习宫人。则天改为习艺馆，又改为翰林内教坊，以事在禁中故也。

秘书省。隶中书之下。汉代藏书之所，有延阁、广内、石渠之藏。又御史中丞，在殿内，掌兰台秘书图籍。后汉桓帝延熹二年，始置秘书监，属太常寺，掌禁中图书秘文，后并入中书。至晋惠帝，别置秘书寺，掌中外二阁图书。梁武改寺为省。龙朔改为兰台，光宅改为麟台，神龙复为秘书省。

秘书监一员，从三品。监之名，后汉桓帝置，魏、晋不改。后周谓之外史下大夫。隋复为秘书监，从第三品。炀帝改为秘书令，武德复为监。龙朔改为兰台太史，天授改为麟台监，神龙复为秘书监也。少监二员，从四品上。少监，隋炀帝置。龙朔改为兰台侍郎，天授为麟台少监，神龙复为秘书少监。比置一员，太极初增置一员也。丞一员。从五品上。魏武帝置，丞二人。隋置一人，正第五品也。秘书监之职，掌邦国经籍图书之事。有二局：一曰著作，二曰太史，皆率其属而修其职。少监为之贰，丞掌判省事。

秘书郎四员。从六品上。校书郎八人，正九品上。正字四人，正九品下。主事一人，从九品上。令史四人，书令史九人，典书八人，楷书手八十人，亭长六人。掌固八人。秘书郎掌甲乙丙丁四部之图籍，谓之四库。经库类十，史库类十三，子库类十四，集库类三。事在《经籍志》。

著作局：龙朔为司文局。著作郎二人，从五品上。龙朔为司文郎中，咸亨复也。佐郎四人，从六品上。校书郎二人，正九品上。正字二人，正九品下。楷书手五人，掌固四人。著作郎、佐郎掌修撰碑志、祝文、祭文，与佐郎分判局事也。

司天台：旧太史局，隶秘书监。龙朔二年改为秘阁局，久视元年改为浑仪监。景云元年改为太史监，复为太史局，隶秘书。乾元元年三月十九日敕，改太史监为司天台，改置官属。旧置于子城内秘书省西，今在永宁坊东南角也。监一人，从三品。本太史局令，从五品下。乾元元年改为监，升从三品，一如殿中秘书品秩也。少监二人。本曰太史丞，从七品下。乾元升为少监，与诸司少监卿同品也。太史令掌观察天文，稽定历数。凡日月星辰之变，风云气色之异，率其属而占候之。其属有司历二人，掌造历。保章正一人，掌教。历生四十一人。监候五人，掌候天文。观生九十人，掌昼夜司候天文气色。灵台郎二人，掌教习天文气色。天文生六十人。挈壶正二人。掌知漏刻。司辰七十人，漏刻典事二十二人，漏刻博士九人，漏刻生三百六十人，典钟一百一十二人，典鼓八十八人，楷书手二人，亭长、掌固各四人。自乾元元年别置司天台。改置官吏，不同太史局旧数，今据司天职掌书之也。凡玄象器物、天文图书，苟非其任，不得预焉。每季录所见灾祥，送门下中书省，入起居注。岁终总录，封送史馆。每年预造来年历，颁于天下。五官正五员，正五品。乾元元年置五官，有春、夏、秋、冬、中五官之名。丞二员，正七品。主簿二员，正七品。定额直五人，五官灵台郎五员，正七品。旧灵台郎，正八品下，掌观天文之变而占候之。凡二十八宿，分为十二次，事具《天文志》也。五官保章正五员，正七品。五官司历五员，正八品。旧司历二人，从九品上，掌国之历法，造历以颁四方。其历有《戊寅历》、《麟德历》、《神龙历》、《大衍历》。天下之测量之处，分至表准，其详可载，故参考星度，稽验晷影，各有典章。五官监候五员，正八品。五官挈壶正五员，正九品。五官司辰十五员，正九品。旧挈壶正二员，从八品下。司辰十七人，正九品下。皆掌知漏刻。孔壶为漏，浮箭为刻，以告中星昏明之候也。五官礼生十五人，五官楷书手五人，令史五人，漏刻博士二十人，漏刻之法，孔壶为漏，浮箭为刻。其箭四十有八，昼夜共百刻。冬夏之间，有长短。冬至之日，昼漏四十刻，夜漏六十刻。夏至，昼漏六十刻，夜漏四十刻。春分秋分之时，昼夜各五十刻。秋分之后，减昼益夜，凡九日加一刻。春分已后，减夜益昼，九日减一刻。二至前后，加减迟，用日多。二分之间，加减速，用日少。候夜以为更点之节。每夜分为五更，每更分为五点。更以击鼓为节，点以击钟为节也。典钟、典鼓三百五十人，天文观生九十人，天文生五十人，历生五十五人，漏生四十人，视品十人。已上官吏，皆乾元元年随监司新置也。

卷四十四　志第二十四

职　官　三

御史台秦、汉曰御史府，后汉改为宪台，魏、晋、宋改为兰台，梁、陈、北朝咸曰御史台。武德因之。龙朔二年改名宪台。咸亨复。光宅元年分台为左右，号曰左右肃政台。左台专知京百司，右台按察诸州。神龙复为左右御史台。延和年废右台，先天二年复置，十月又废也。

大夫一员，正三品。秦、汉之制，御史大夫，副丞相为三公之官。魏、晋之后，多不置大夫，以中丞为台主。隋讳中，复大夫，降为正四品。《武德令》改为从三品。龙朔改为大司宪，咸亨复为大夫。光宅分台为左、右，置左、右台大夫。及废右台，去"左"、"右"字。本从三品，会昌二年十二月敕："大夫，秦为正卿，汉为副相，汉末改为大司空，与丞相俱为三公。掌邦国刑宪，肃正朝廷。其任既重，品秩宜峻。准六尚书例，升为正三品，著之于令。"中丞二员。正四品下。汉御史台有二丞，掌殿内秘书，谓之中丞。汉末改为御史长史，后汉复为中丞。后魏改为中尉正，北齐复曰中丞。后周曰司宪中大夫。隋讳中，改为持书御史，为从五品。武德因之。贞观末，避高宗名，改持书御史为中丞，置二员。龙朔改为司宪大夫，咸亨复为中丞。本正五品上，会昌二年十二月敕："中丞为大夫之贰，缘大夫秩崇，官不常置，中丞为宪台长。今九寺少卿及诸少监、国子司业、京兆少尹，并府寺省监之贰，皆为四品，唯中丞官重，品秩未崇，可升为正四品下，与丞郎出入迭用，著之于令。"大夫、中丞之职，掌持邦国刑宪典章，以肃正朝廷。中丞为之贰。凡天下之人，有称冤而无告者，与三司讯之。凡中外百僚之事，应弹劾者，御史言于大夫。大事则方幅奏弹之，小事则署名而已。若有制使覆囚徒，则与刑部尚书参择之。凡国有大礼，则乘辂车以为之导。

侍御史四员。从六品下。御史之名，《周官》有之，亦名柱下史。秦改为侍御史。后周曰宪中士，隋为侍御史，品第七。武德品第六也。掌纠举百僚，推鞫狱讼。侍御史年深者一人判台事，知公廨杂事，次一人知西推，一人知东推也。凡有别付推者，则按其实状以奏。若寻常之狱，推讫断于大理。凡事非大夫、中丞所劾，而自弹奏者，则具其事为状，大夫、中丞押奏。大事则冠法冠，衣朱衣纁裳，白纱中单以弹之。小事常服而已。凡三司理事，则与给事中、中书舍人更直，直于朝堂受表。若三司所按而非其长官，则与刑部郎中员外、大理司直评事往讯之。

主簿一人，从七品下。录事二人，从九品下。主簿掌印及受事发辰，勾检稽失。兼知官厨及黄卷。主事二人，令史十七人，书令史二十三人。

殿中侍御史六人，从七品下。令史八人，书令史十八人。殿中侍御史掌殿廷供奉之仪式。凡冬至、元正大朝会，则具服升殿。若郊祀、巡幸，则于卤簿中纠察非违，具服从于旌门，视文物有所亏阙，则纠之。凡两京城内，则分知左右巡，各察其所巡之内有不法之事也。

监察御史十员，正八品上。贞观初，马周以布衣进用，太宗令于监察御史里行。自此因置里行之名。龙朔元年，以王本立为监察里行也。监察掌分察巡按郡县、屯田、铸钱、岭南选补、知太府、司农出纳，监决囚徒。监祭祀则阅牲牢，省器服，不敬则劾祭官。尚书省有会议，亦监其过谬。凡百官宴会、习射，亦如之。

殿中省魏初置殿中监，隋初改为殿中局，炀帝改为殿内省，武德改为殿中省。龙朔改为中御府，咸亨复为殿中省。

监一员，从三品。魏初置，品第二。梁品第三。隋品第四。武德品第三也。少监二员，从四品上。丞二人，从五品上。主事二人，从九品上。令史四人，书令史十二人，亭长、掌固各八人。殿中监掌天子服御，总领尚食、尚药、尚衣、尚舍、尚乘、尚辇六局之官属，备其礼物，供其职事。少监为之贰。凡听朝，则率其属执伞扇以列于左右。凡大祭祀，则进大珪、镇珪于遗门之外。既事，受而藏之。凡行幸，则侍奉于仗内，骖乘以从。若元正、冬至大朝会，则有进爵之礼。丞掌副监事，兼勾检稽失，省署抄目。主事掌印及知受事发辰。

尚食局：奉御二人，正五品下。隋初为典御，又改为奉御。直长五人，正七品上。食医八人。正九品下。奉御掌谨其储供，辨名数。直长为之贰。若进御，必辨其时禁。春肝，夏心，秋肺，冬肾，四季之月脾王，皆不可食。当进，必先尝。正、至大朝会飨宴，与光禄大夫视其品秩之差。其赐王公宾客，亦如之。诸陵月享，则视膳而献之。食医掌率主食王膳，以供其职。

尚药局：奉御二人，正五品下。直长四人，正七品上。书吏四人。侍御医四人，从六品上。主药十二人，药童三十人。司医四人，正八品下。医佐八人，正八品下。按摩师四人，咒禁师四人，合口脂匠四人，掌固四人。奉御掌合和御药及诊候方脉之事。直长为之贰。凡药有上、中、下三品，上药为君，中药为臣，下药为佐。合造之法，一君三臣九佐，别人五藏，分其五味。有汤丸膏散之用。诊脉有寸、关、尺之三部，医之大经。凡合和与监视其分剂，药成尝而进焉。侍御医，掌诊候调和。主药、药童，主刮削捣簁。

尚衣局：奉御二人，从五品上。直长四人，正七品下。书令史三人，书吏四人，主衣十六人，掌固四人。奉御掌衣服，详其制度，辨其名数。直长为之贰。凡天子之服冕十有三：一大裘冕，二衮冕，一鷩冕，四毳冕，五絺冕，六玄冕，七通天冠，八武弁，九弁服，十介帻，十一白纱帽，十二平巾帻，十三翼善冠。事具《舆服志》。凡天子之大珪，曰珽，长三尺。镇珪，长尺有二寸。若有事于郊丘社稷，则出之于内。将享，至于中遗门，则奉镇珪于监而进之。既事，受而藏之。凡大朝会，则设案，服毕而彻之。

尚舍局：奉御二人，从五品上。直长六人，正七品下。书令史三人，书吏七人，掌固十人，幕士八十人。奉御掌殿廷张设、汤沐、灯烛、洒扫之事。直长为之贰。凡行幸，预设三部帐幕，有古帐、大帐、次帐、小次帐、小帐，凡五等之帐为三部。其外置排城以为蔽捍。排城，连板为之，板上画辟邪兽，表里皆漆之。凡大祭祀，有事于郊坛，则先设行宫于坛之东南向，随地之宜，将祀三日，则设大次于外壝东门之外道北，南向而设坐。若有事于明堂太庙，则设大次于东门，如郊坛之制。凡致斋则设幄于正殿西序及室内，俱东向，张于楹下。凡元正、冬至大朝会，则设斧扆于正殿。施蹋席薰炉。朔望受朝，则施幄于正殿，帐裙顶带，方阔一丈四尺也。

尚乘局：奉御二人，从五品上。直长一人，正七品下。奉乘十八人，正九品下。习驭五十人，掌闲五十人，兽医七十人。进马六人，七品下。司库一人，正九品下。司廪二人，正九品下。书令史一人，书吏十四人。奉御掌内外闲厩之马，辨其粗良，而率其习驭。直长为之贰。一曰左右飞黄闲，二曰左右吉良闲，三曰左右龙媒闲，四曰左右騊駼闲，五曰左右駃騠闲，六曰左右天苑闲。开元时仗内六闲，曰飞龙、祥麟、凤苑、鵷鸾、吉良、六群等，号六厩马。凡秣马给料，以时为差。凡外牧进良马，印以三花飞风之字而为志。奉乘掌率习驭、掌闲、驾士及秣饲之法。司库掌鞍辔乘具。司廪掌稿秸出纳。兽医掌疗马病。初尚乘局掌六闲马，后置内外闲厩使，专掌御马。开元初，以尚乘局隶闲厩使，乃省尚乘，其左右六闲及局官，并隶闲厩使领之。进马旧仪，每日尚乘以厩马八匹，分为左右厢，立于正殿侧宫门外，候仗下即散。若大陈设，即马在乐悬之北，与大象相次。进马二人，戎装执鞭，侍

立于马之左，随马进退。虽名管殿中，其实武职，用资荫简择，一如千牛备身。天宝八载，李林甫用事，罢立仗马，亦省进马官。十二载，杨国忠当政，复立仗马及进马官，乾元复省，上元复置也。

尚辇局：奉御二人，从五品上。直长四人，正七品下。尚辇二人，正九品下。书令史二人，书吏四人，掌扇六人，掌翰二十四人，主辇三十二人，奉舆十二人，掌固四人。奉御掌舆辇，分其次序而辨其名数。直长为之贰。凡大朝会，则陈于廷，大祭祀，则陈于庙。凡大朝会，则伞二翰一，陈之于廷。孔雀扇一百五十有六，分居左右。旧翟尾扇，开元年初改为绣孔雀。若常听朝，皆去扇，左右各留其三，以备常仪。

内官

妃三人。正一品。《周官》三夫人之位也。隋依周制，立三夫人。武德立四妃：一贵妃，二淑妃，三德妃，四贤妃，位次后之下。玄宗以为后妃四星，其一正后，不宜更有四妃，乃改定三妃之位：惠妃一，丽妃二，华妃三，下有六仪、美人、才人四等，共二十人，以备内官之位也。三妃佐后，坐而论妇礼者也。其于内，则无所不统，故以一务名焉。六仪六人，正二品，《周官》九嫔之位也。掌教九御四德，率其属以赞导后之礼仪。美人四人，正三品，《周官》二十七世妇之位也。掌率女官，修祭祀宾客之事。才人七人，正四品，《周官》八十一御女之位。掌叙宴寝，理丝枲，以献岁功。

宫官六尚，如六尚书之职掌。

尚宫二人，正五品。司记二人，正六品。典记二人，正七品。掌记二人，正八品。女史六人。司言二人，正七品。典言二人，正八品。掌言二人，正八品。女史四人。司簿二人，正六品。典簿二人，正七品。掌簿二人，正八品。女史六人。司闱六人，正六品。典闱六人，正七品。掌闱六人，正八品。女史四人。尚宫职，掌导引中宫，总司记、司言、司簿、司闱四司之官属。凡六尚书物出纳文簿，皆印署之。司记掌印，凡宫内诸司簿书出入目录，审而付行焉。典记佐之，女史掌执文书。司言掌宣传启奏。司簿掌宫人名簿廪赐。司闱掌宫闱管籥。

尚仪二人，正五品。司籍二人，正六品。典籍二人，正七品。掌籍二人，正八品。女史十人，司乐四人，正六品。典乐四人，正七品。掌乐二人，正八品。女史二人。司宾二人，正六品。典宾二人，正七品。掌宾二人，正八品。司赞二人，正六品。典赞二人，正六品。掌赞二人，正六品。女史二人。尚仪之职，掌礼仪起居，总司籍、司乐、司宾、司赞四司之官属。司籍掌四部经籍、笔札几案。司乐掌率乐人习乐，陈悬、拊击、进退。司宾掌宾客朝见、宴会赏赐。司赞掌朝见宴会赞相。

尚服二人，正五品。司宝二人，正六品。典宝二人，正七品。掌宝二人，正八品。女史四人。司衣二人，正六品。典衣二人，正七品。掌衣二人，正八品。女史四人。司饰二人，正六品。典饰二人，正七品。掌饰二人，正八品。女史四人。司仗二人，正六品。典仗二人，正七品。掌仗二人，正八品。女史二人。尚服之职，掌供内服用采章之数，

总司宝、司衣、司饰、司仗四司之官属。司宝掌瑞宝、符契、图籍。司衣掌衣服首饰。司饰掌膏沐巾栉。司仗掌羽仪仗卫。

尚食二人，正五品。司膳四人，正六品。典膳四人，正七品。掌膳四人，正八品。掌酝二人，正八品。女史四人，司酝二人，正七品。典酝二人，正七品。女史二人。司药二人，正六品。典药二人，正七品。掌药二人，正八品。女史四人。司饎二人，正六品。典饎二人，正七品。掌饎二人，正八品。女史四人。尚食之职，掌供膳羞品齐之数，总司膳、司酝、司药、司饎四司之官属。凡进食，先尝之。司膳掌制烹煎和。司酝掌酒醴醊饮。司药掌方药。司饎掌给宫人廪饩饭食、薪炭。

尚寝二人，正五品。司设二人，正六品。典设二人，正七品。掌设二人，正八品。女史四人。司舆二人，正六品。典舆二人，正七品。掌舆二人，正八品。女史一人。司苑二人，正六品。典苑二人，正七品。掌苑二人，正八品。女史二人。司灯二人，正六品。典灯二人，正七品。掌灯二人，正八品。女史二人。尚寝之职，掌燕寝进御之次序，总司设、司舆、司苑、司灯四司之官属。司设掌帏帐茵席、扫洒张设。司舆掌舆辇伞扇羽仪。司苑掌园苑种植蔬果。司灯掌灯烛。

尚功二人，正五品。司制二人，正六品。典制二人，正七品。掌制二人，正八品。女史二人。司珍二人，正六品。典珍二人，正七品。掌珍二人，正八品。女史六人。司彩二人，正六品。典彩二人，正七品。掌彩二人，正八品。女史二人。司计二人，正六品。典计二人，正七品。掌计二人，正八品。女史二人。尚功之职，掌女功之程课，总司制、司珍、司彩、司计四司之官属。司制掌衣服裁缝。司珍掌宝货。司彩掌缯锦丝枲之事。司计掌支度衣服、饮食、薪炭。

宫正一人，正五品。司正二人，正六品。典正二人，正七品。女史四人。宫正之职，掌戒令、纠禁、谪罚之事。司正、典正佐之。右唐制定宫官六尚书、二十四司职事官，以备内职之数。

内侍省《星经》有宦者四星，在天市垣，帝坐之西。《周官》有巷伯、寺人之职，皆内官也。前汉宫官，多用士人，后汉始用宦者为宫官。晋置大长秋卿为后宫官，以宦者为之。隋为内侍省，炀帝改为长秋监。武德复为内侍。龙朔改为内侍监，光宅改为司宫台，神龙复为内侍省也。

内侍四员。从四品上。汉、魏日长秋卿，梁日大长秋，北齐日中侍中，后周日内上士，隋日内侍，置二人。炀帝日长秋令，正四品。武德复为中侍。中官之贵，极于此矣。若有殊勋懋绩，则有拜大将军者，仍兼内侍之官。德宗置左、右神策、威远等禁兵，命中官掌之。每军置中尉一人，宦者为之。自李辅国、鱼朝恩之后，京师兵柄，归于内官，号左、右军中尉。将兵于外者，谓之观军容使。而天下军镇节度使，皆内官一人监之，事具《宦者传》也。内常侍六人。正五品下。汉代谓之中常侍。内侍之职，掌在内侍奉、出入宫掖宣传之事，总掖廷、宫闱、奚官、内仆、内府五局之官属。内常侍为之贰。凡皇后祭先蚕，则相仪。后出，则为之夹引。

内给事八人，从五品下。主事二人，从九品下。令史八人，书令史十六人。内给事掌判省事。凡元正、冬至群臣朝贺中宫，则出入宣传。凡宫人衣服费用，则具其品秩，计其多少，春秋二时，宣送中书。

内谒者监六人，正六品下。内谒者十二人，从八品下。内寺伯二人。正七品下。内谒者监掌内宣传。凡诸亲命妇朝会，所司籍其人数，送内侍省。内谒者掌诸亲命妇朝集班位。内寺伯掌纠察诸不法之事。岁大傩，则监其出入。

掖廷局：令二人，从七品下。丞三人，从八品下。宫教博士二人，从九品下。监作四人，从九品下。令史四人，计史二人，书令史八人。掖廷令掌宫禁女工之事。凡宫人名籍，司其除附，公桑养蚕，会其课业。丞掌判局事。博士掌教习宫人书算众艺。监作掌监当杂作。

宫闱局：令二人，从七品下。丞二人，从八品下。令史三人，书吏六人，内阉人二十人，内掌扇十六人，内给使无常员。宫闱局令掌侍奉宫闱，出入管钥。凡大享太庙，帅其属诣于室，出皇后神主置于舆而登座焉。既事，纳之。凡宫人无官品者，称内给使。若有官及经解免应叙选者，得令长上，其小给使学生五十人，皆总其名籍，以给其粮廪。丞掌判局事。内给使掌诸门进物出纳之历。

奚官局：令二人，正八品下。丞二人，从九品下。书令史三人，书吏六人，药童四人。奚官令掌奚隶工役、宫官品命。丞为之贰。凡宫人有疾病，则供其医药，死亡则供其衣服，各视其品命。仍于随近寺观，为之修福。虽无品，亦如之。凡内命妇五品已上亡，无亲戚于墓侧，三年内取同姓中男一人，以时主祭。无同姓，则所司春秋以少牢祭之。

内仆局：令二人，正八品下。丞二人，正九品下。书令史二人，书吏四人，驾士二百人。内仆令掌中宫车乘出入导引。丞为之贰。凡中宫有出入则令居左，丞居右，而夹引之。凡皇后之车有六，事在《舆服》也。内府局：令二人，正八品下。丞二人，正九品下。书令史二人，书吏四人。内府令掌中藏宝货，给纳名数。丞为之贰。凡朝会五品已上，赐绢帛金银器于殿廷者，并供之。诸将有功，并蕃酋辞还，亦如之。

太常寺古曰秩宗，秦曰奉常，汉高改为太常，梁加"寺"字，后代因之。

卿一员，正三品。梁置十二卿，太常卿为一。周、隋品第三。龙朔二年改为奉常，光宅改为司礼卿，神龙复为太常卿也。少卿二人。正四品。隋置少卿二人，从四品。武德置一人，贞观加置一员。太常卿之职，掌邦国礼乐、郊庙、社稷之事，以八署分而理之：一曰郊社，二曰太庙，三曰诸陵，四曰太乐，五曰鼓吹，六曰太医，七曰太卜，八曰廪牺。总其官属，行其政令。少卿为之贰。凡国有大礼，则赞相礼仪。有司摄事，则为之亚献。率太乐官属，宿设乐悬，以供其事。宴会，亦如之。若三公行园陵，则为之副，公服乘辂备卤簿而奉其礼。若大祭祀，则先省牲器。凡太卜占国之大事及祭祀卜日，皆往莅之于太庙南门之外。凡仲春荐冰及四时品物甘滋新成者，皆荐焉。凡有事于宗庙，少卿帅太祝、斋郎入荐香灯，整拂神幄，出入神主。将享，则与良酝令实樽罍。凡备大享之器服，有四院。一曰天府院，二曰御衣院，三曰乐悬院，四曰神厨院。

丞二人，从五品上。主簿二人，从七品上。录事二人，从九品下。府十二人，史二十三人。博士四人，从七品上。谒者十人，赞引二十人。太祝六人，正九品上。祝史六人。奉礼二人，从九品上。赞者十六人。协律郎二人，正八品上。亭长八人，掌固十二人，太庙斋郎，京、都各一百三十人。太庙门仆，京、都各三十人。丞掌判寺事。凡大飨太庙，则修七祀于太庙西门之内。若祫享，则兼修配享功臣之礼。主簿掌印，勾检稽失，省署抄目。录事掌受事发辰。博士掌五礼之仪式，本先王之法制，适变随时而损益焉。凡大祭祀及有大礼，则与卿导赞其仪。凡公已下拟谥，皆迹其功行，为之褒贬。无爵称子，养德邱园，声实明著，则谥曰先生。大行大名，小行小名之。古有《周书谥法》、《大戴礼谥法》，汉刘熙《谥法》一篇，晋张靖《谥法》两卷，又有《广谥法》一卷，梁沈约总聚古今谥法，凡有一百六十五称也。若大祭祀，卿省牲器，谒者为之导。若小祀及公卿大夫有嘉礼，亦命谒者以赞之。太祝掌出纳神主于太庙之九室，而奉享荐祫袷之仪。凡国有大祭祀，凡郊庙之祝版，先进取署，乃送祠所。将事，则跪读祝文，以信于神；礼成而焚之。凡大祭祀，卿省牲而告充。凡祭天及日月星辰之玉帛，则焚之；祭地及社稷山岳，则瘗之；海渎，则沉之。奉礼郎掌朝会祭祀君臣之版位。凡樽彝之制，十有四，祭则陈之。祭器之位，簠簋为前，甄甗次之，笾豆为后。大凡祭祀朝会，在位者拜跪之节，皆赞导之，赞者承传焉。又设牲榜之位，以成省牲之仪。凡春秋二仲，公卿巡陵，则主其威仪鼓吹之节而相礼焉。协律郎掌和六吕六律，辨四时之气，八风五音之节。凡太乐，则监试之，为之课限。若大祭祀飨宴奏于廷，则升堂执麾以为之节制，举麾工鼓柷而后乐作，偃麾戛敔而后止。

两京郊社署：令各一人，从七品下。丞一人，从八品上。府二人，史四人，典事三人，掌固五人，门仆八人，斋郎一百一十人。郊社令掌五郊社稷明堂之位，祠祀祈祷之礼。丞为之贰。凡大祭祀，则设神坐于坛而别其位，立燎坛而先积柴。凡有合朔之变，则置五兵于太社，以朱丝萦之以俟变，过时而罢之。

诸陵署：令一人，从五品上。录事一人，府二人，史四人，主衣四人，主辇四人，主药四人，典事三人，掌固二人。陵户，乾、桥、昭四百人，献、定、恭三百人。陵令掌先帝山陵，率户守卫之。丞为之贰。凡朔望、元正、冬至，皆修享于诸陵。凡功臣密戚陪葬者听之，以文武分为左右列。诸太子陵令各一人，从八品下。丞一人。从九品下。

太乐署：令一人，从七品下。丞一人，从八品下。府三人，史六人。乐正八人，从九品下。典事八人，掌固八人，文武二舞郎一百四十人。太乐令调合钟律，以供邦国之祭祀享宴。丞为之贰。凡天子宫悬钟磬，凡三十六簴，镈钟十二，编钟二十，编磬十二，共为三十六架。东方西方，磬簴起北，钟簴次之。南方北方，磬簴起西，钟簴次之。镈钟在编钟之间，各依辰位。四隅建鼓，左柷右敔。又设巢、竽、笛、管、篪、埙，系于编钟之下。偶歌琴、瑟、筝、筑，系于编磬之下。其在殿廷前，则加鼓吹十二案，于建鼓之外，羽葆之鼓、大鼓、金錞、歌箫、筃置于其上。又设登歌钟、节鼓、瑟、琴、筝、箫于堂上，笙、和、箫、簴于堂下。太子之廷，陈轩悬，去其南面镈钟、编钟、编磬各三，凡九簴，设于辰、丑、申之位。三建鼓亦如之。凡宫悬之作，则奏文武舞，事在《音乐志》也。凡大宴会，则设十部伎。凡大祭祀、朝会用乐，辨其曲度章服，而分始终之次。有事于太庙，每室酌献各用舞。事具《音乐志》。凡祀昊天上帝及五方《大明》、《夜明》之乐，皆六成，祭皇地祇神州社稷之乐，皆八成，享宗庙之乐，皆九成。其余祭祀，三成而已。五音有成数，观其数而用之也。凡习乐，立师以教。每岁考其师之课业，为上中下三等，申礼部。十年大校之，量优劣而黜陟焉。凡乐人及音声人应教习，皆著簿籍，核其名数，分番上下。

鼓吹署：令一人，从七品下。丞三人，从八品下。府三人，史六人。乐正四人，从九品下。典事四人，掌固四人。鼓吹令掌鼓吹施用调习之节，以备卤簿之仪。丞为之贰。凡大驾行幸，卤簿则分前后二部以统之。法驾则三分减一，小驾则减大驾之半。皇太后、皇后出，则如小驾之例。皇太子鼓吹，亦有前后二部。亲王已下各有差。凡大驾行幸，有夜警晨严之制。大驾夜警十二部，晨严三通。太子诸王公卿已下，警严有差。凡合朔之变，则率工人设五鼓于太社。大傩，则帅鼓角以助侲子唱之。

太医署：令二人，从七品下。丞二人，从八品下。府二人，史四人，主药八人，药童二十四人。医监四人，从八品下。医正八人，从九品下。药园师二人，药园生八人，掌固四人。太医令掌医疗之法。丞为之贰。其属有四，曰：医师、针师、按摩师、禁咒师。皆有博士以教之。其考试登用，如国子之法。凡医师、医工、医正疗人疾病，以其全多少而书之以为考课。药园师，以时种莳收采。

诸药医博士一人，正八品上。助教一人，从九品下。医师二十人，医工一百人，医生四十人，典药二人。博士掌以医术教授诸生。医术，谓习《本草》、《甲乙脉经》。分而为业，一曰体疗，二曰疮肿，三曰少小，四曰耳目口齿，五曰角法也。

针博士一人，从八品下。针助教一人，从九品下。针师十人，针工二十人，针生二十人。针博士掌教针生以经脉孔穴，使识浮沉涩滑之候，又以九针为补泻之法。其针名有九，应病用之也。

按摩博士一人，从九品下。按摩师四人，按摩工十六人，按摩生十五人。按摩博士掌教按摩生消息导引之法。

咒禁博士一人，从九品下。咒禁师二人，咒禁工八人，咒禁生十人。咒禁博士掌教咒禁生以咒禁，除邪魅之为厉者。

太卜署：令一人，从八品下。丞一人，正九品。卜正二人，从九品下。卜博士二人。从九品下。太卜令掌卜筮之法。丞为之贰。其法有四：一龟，二五兆，三易，四式。皆辨其象数，通其消息，所以定吉凶焉。凡国有祭祀，则率卜正、占者，卜日于太庙南门之外。岁季冬之晦，帅侲子入宫中堂赠大傩。赠，送也，堂中舞侲子，以送不祥也。

廪牺署：令一人，正八品下。丞一人。正九品。廪牺令掌荐牺牲及粢盛之事。丞为之贰。凡三祀之牲牢，各有名数。大祭祀，则与太祝以牲就榜位，太常卿省牲，则北面告腯，乃牵牲以授太官。

汾祠署：令一人，从七品下。丞一人，从八品上。汾祠令、丞，掌神祀、享祭、洒扫之制。

两京齐太公庙署：令各一人，从七品下。丞各一人，从八品上。令、丞掌开阖、洒扫及春秋仲释奠之礼。

光禄寺秦曰郎中令，汉曰光禄勋，掌宫殿门户。梁置十二卿，加"寺"字，除"勋"字，曰光禄卿，掌膳食，后因之。品第三。龙朔改为司膳寺正卿，光宅改为司膳寺卿，神龙复为光禄寺也。

卿一员，从三品。少卿二人。从四品上。卿之职，掌邦国酒醴、膳羞之事，总太官、珍羞、良酝、掌醢之属，修其储备，谨其出纳。少卿为之贰。国有大祭祀，则省牲镬，视濯涤。若三公摄祭，则为之终献。朝会宴享，则节其等差，量其丰约以供焉。

丞二人，从六品上。主簿二人，从七品上。录事二人，从九品上。府十二人，史二十一人，亭长六人，掌固六人。丞掌判寺事。主簿掌印，勾检稽失。录事掌受事发辰。

太官署：令二人，从七品下。丞四人，从八品下。府四人，史八人。监膳十人，从九品下。主膳十五人，供膳二千四百人，掌固四人。太官令掌供膳食之事。丞为之贰。凡祭之日，与卿诣厨省牲镬，取明水于阴鉴，取明火于阳燧，帅宰人以鸾刀割牲，取其毛血，实之于豆，遂烹牲焉。又帅进馔者实簠簋，设于馔幕之内。凡朝会宴享，九品已上并供其膳食。凡供奉祭祀致斋之官，则视其品秩为之差降。国子监释奠，百官观礼，亦如之。凡宿卫当上，及命妇朝参宴会者，亦如之。

珍羞署：令一人，正八品下。丞二人，正九品下。府三人，史六人，典书八人，饧匠五人，掌固四人。令掌庶羞之事，丞为之贰，以实笾豆。陆产之品，曰榛栗脯修，水物之类，曰鱼盐菱芡。辨其名数，会其出入，以供祭祀朝会宾客之礼也。

良酝署：令二人，正八品上。丞二人，正九品下。府三人，史六人。监事二人，从九品下。掌酝三十人，酒匠十三人，奉觯一百二十人，掌固四人。令掌供奉邦国祭祀五齐三酒之事。丞为之贰。五齐三酒，义见《周官》。郊祀之日，帅其属以实樽罍。若享太庙，供其郁鬯之酒，以实六彝。若应进者，则供春暴、秋清、酴醾、桑落等酒。

掌醢署：令一人，正八品下。丞二人，正九品下。府二人，史四人，主醢十人。令掌供醯醢之属，而辨其名物。丞为之贰。凡鹿、兔、羊、鱼等四醢。凡祭神祇，享宗庙，用菹醢以实豆。宴宾客，会百官，醯酱以和羹。

卫尉寺秦置卫尉，掌宫门卫屯兵，属官有公车司马、卫士、旅贲三令。梁置十二卿，卫尉加"寺"字，官加"卿"字。龙朔改为司卫寺，咸亨复也。

卿一员，从三品。少卿二人。从四品上。卿之职，掌邦国器械文物之事，总武库、武器、守宫三署之官属。少卿为之贰。凡天下兵器入京师者，皆籍其名数而藏之。凡大祭祀大朝会，则供其羽仪、节钺、金鼓、帷帘、茵席之属。

丞二人，从六品上。主簿二人，从七品上。录事一人，从九品上。府六人，史十一人，亭长四人，掌固六人。丞掌判寺事，辨器械出纳之数。主簿掌印，勾检稽失。录事掌受事发辰。

武库：令，两京各一人，从六品下。丞二人，从八品下。府二人，史六人，监事一人，正九品上。典事二人，掌固五人。令掌藏邦国之兵仗、器械，辨其名数，以备国用。丞为之贰。凡亲征及大田巡狩，以羝羊、豭猪、雄鸡衅鼓。若太子亲征及大将出师，则用豭独。凡有赦，则先建金鸡，兼置鼓于宫城门之右。视大理及府县囚徒至，则挝其鼓。

武器署：令一人，正八品下。丞二人，从九品下。府二人，史六人，监事一人，从九品下。典事二人，掌固四人。令掌在外戎器，辨其名物，会其出入。丞为之贰。凡大祭祀大朝会及巡幸，则纳于武库，供其卤簿。若王公百官婚葬之礼，应给卤簿，亦供之。

守宫署：令一人，正八品下。丞二人，正九品下。府二人，史四人，监事二人，掌设六人，幕士一千六百人。令掌邦国供帐之属，辨其名物，会其出入。丞为之贰。凡大祭祀大朝会及巡幸，则设王公百官位于正殿南门外。

宗正寺《星经》有宗正星，在帝座之东南。秦置宗正，掌宗属。梁置十二卿，宗正为一，署加"寺"字。隋品第二。光宅改为司属，神龙复之也。

卿一员，从三品上。少卿二员。从四品上。丞二人，从六品上。主簿一人，从七品上。录事一人，从九品上。府五人，史九人，亭长四人，掌固四人。卿之职，掌九族六亲之属籍，以别昭穆之序，并领崇玄署。少卿为之贰。九庙之子孙，继统为宗，余曰族。凡大祭祀及册命朝会之礼，皇亲诸亲应陪位预会者，则为之簿书，以申司封。若皇亲为三公子孙应袭封者，亦如之。丞掌判寺事。主簿掌印及勾检稽失。录事掌受事发辰。

崇玄署：令一人，正八品下。丞一人，正九品下。府二人，史三人，典事六人，掌固二人。令掌京都诸观之名数、道士之帐籍，与其斋醮之事。丞为之贰。

太仆寺太仆，古官。梁置十二卿，署加"寺"字，后因之。龙朔改为司驭寺，光宅为司仆寺，神龙复也。

卿一员，从三品。古有太仆正，即其名也。后无正字，唯名太仆。梁置为列卿，隋品第三。龙朔为司驭正卿，光宅曰司仆卿，神龙复也。少卿二人。从四品上。卿之职，掌邦国厩牧、车舆之政令，总乘黄、典厩、典牧、车府四署及诸监牧之官属。少卿为之贰。凡国有大礼及大驾行幸，则供其五辂属车之属。凡监牧羊马所通籍帐，每岁则受而会之，以上尚书驾部，以议其官吏之考课。凡四仲之月，祭马祖、马步、先牧、马社。

丞四人，从六品上。主簿二人，从七品上。录事二人，从九品上。府十七人。史三十四人，兽医六百人，兽医博士四人，学生一百人，亭长四人，掌固六人。丞掌判寺事。主簿掌印，勾检稽失，省署抄目。录事掌受事发辰。

乘黄署：令一人，从七品下。丞一人，从八品下。府一人，史二人，典事八人，驾士一百四十人，羊车小吏十四人，掌固六人。令掌天子车辂，辨其名数与驯驭之法。丞为之贰。凡乘舆五辂，事具《舆服志》也。皆有副车，又有十二车，曰指南车、曰记里鼓车、白鹭车、鸾旗车、辟恶车、皮轩车、耕根车、安车、四望车、羊车、黄钺车、豹尾车，其车饰见《舆服志》也。属车一十有二。古者属车八十一乘，皇朝置十二乘也。乘舆有大驾、法驾、小驾，车服各有名数之差。若有大礼，则以所御之辂进内。既事，则受而藏之。凡将有事，先期四十日，尚乘供马如辂色，率驾士预调习指南等十二车。

典厩署：令二人，从七品下。丞四人，从八品下。府二人，史六人。主乘六人，正九品下。典事八人，执驭一百人，驾士八百人，掌固六人。令掌系饲马牛，给养杂畜之事。丞为之贰。

典牧署：令二人，正八品下。丞四人，正九品下。府四人，史八人，监事八人，典事十六人，从九品下。主酪五十人。令掌牧杂畜，造酥酪脯腊给纳之事。丞为之贰。凡群牧所送羊犊，皆受之，而供廪牺、尚食之用。诸司合供者，亦如之。

车府署：令一人，正八品下。丞一人，正九品下。府一人，史二人，典事四人，掌固六人。令掌王公已下车辂，辨其名数及驯驭之法。丞为之贰。凡公已下，四辂车。一象辂，二革辂，三木辂，四辂辂。视其品秩而给之。兼给驭士也。

上牧监一人，从五品下。牧监，皆皇朝置也。副监二人，正六品下。丞二人，正八品上。主簿一人，正八品上。录事一人，府三人，史六人，典事八人，掌固四人。

中牧监一人，正六品下。副监一人，从六品下。丞一人，从八品下。主簿一人，从九品下。录事一人，府二人，史四人，典事四人，掌固四人。

下牧监一人，从六品下。副监一人，正七品下。丞一人，正九品上。主簿一人，从九品下。诸牧监掌群牧孳课之事。凡马五千匹为上监，三千匹已上为中监，一千匹已上为下监。凡马之群，有牧长尉。凡马，有左、右监，以别其粗良，以数纪名，著之簿籍。细马称左，粗马称右。凡诸群牧，立南北东西四使以分统之，其马皆印。每年终，监牧使巡按孳数，以功过相除，为之考课。

沙苑监一人，从六品下。副监一人，正七品下。丞一人，正九品下。主簿二人，从九品下。录事一人，府三人，史六人，典事四人，掌固二人。沙苑监，掌牧养陇右诸牧牛羊，以供其宴会祭祀及尚食所用。每岁与典牧分月以供之。丞为之贰。若百司应供者，则四时皆供。凡羊毛及杂畜毛皮角，皆具数申有司。

大理寺古谓掌刑为士，又曰理。汉景帝加"大"字，取天官贵人之牢曰大理之义。后汉后，改为廷尉，魏复为大理。南朝又名廷尉，梁改名秋卿，北齐、隋为大理，加"寺"字。龙朔改为详刑寺，光宅为司刑，神龙复改。

卿一员，从三品。古或名廷尉，北齐加"寺"字。隋品第三。龙朔为详刑正卿，光宅为司刑卿，神龙复为大理卿。少卿二员。从四品上。卿之职，掌邦国折狱详刑之事。少卿为之贰。凡犯至流死，皆详而质之，以申刑部。仍于中书、门下详覆。凡吏曹补署法官，则与刑部尚书、侍郎议其人可否，然后注拟。

正二人，从五品下。丞六人，从六品上。主簿二人，从七品上。录事二人，从九品上。府二十八人，史五十六人。正掌参议刑辟，详正科条之事。凡丞断罪不当，则以法正之。丞掌分判寺事。主簿掌印，省署抄目，勾检稽失。录事掌受事发辰。狱丞四人，掌率狱吏，检校囚徒，及枷杖之事。狱史六人，亭长四人，掌固八人。问事一百四十八人，掌决罪人。司直六人，从六品上。评事十二人，从八品下。掌出使推核。评事史十四人。其刑法科目，已载于刑部。

鸿胪寺周曰大行人，秦曰典客，汉景帝曰大行，武帝曰大鸿胪。梁置十二卿，鸿胪为冬卿，去"大"字，署为寺。后周曰宾部，隋曰鸿胪寺。龙朔改为同文寺，光宅曰司宾寺，神龙复也。

卿一员，从三品。少卿二人。从四品上。卿之职，掌宾客及凶仪之事，领典客、司仪二署，以率其官属，供其职务。少卿为之贰。凡四方夷狄君长朝见者，辨其等位，以宾待之。凡二王后及夷狄君长之子袭官爵者，皆辨其嫡庶，详其可否。若诸蕃人酋渠有封礼命，则受册而往其国。凡天下寺观三纲，及京都大德，皆取其道德高妙、为众所推者补充，申尚书祠部。皇帝太子为五服之亲及大臣发哀临吊，则赞相焉。凡诏葬大臣，一品则卿护其丧事，二品则少卿，三品丞一人往。皆命司仪，以示礼制。

丞二人，从六品上。主簿一人，从七品上。录事二人，从九品上。府五人，史十一人，亭长四人，掌固六人。丞掌判寺事。主簿掌印，勾检稽失。录事掌受事发辰。

典客署：令一人，从七品下。丞二人，从八品下。掌客十五人，正九品上。典客十三人，府四人，史八人，宾仆十八人，掌固二人。典客令掌二王后之版籍及四夷归化在蕃者之名数。丞为之贰。凡朝贡、宴享、送迎，皆预焉。辨其等位，供其职事。凡酋渠首领朝见者，皆馆供之。如疾病死丧，量事给之。还蕃，则佐其辞谢之节。

司仪署：令一人，正八品下。丞一人，正九品下。司仪六人，府二人，史四人，掌设十八人，斋郎三十三人，掌固四人，幕士六十人。司仪令掌凶礼之仪式及丧葬之具。丞为之贰。凡京官职事三品已上，散官二品已上、京官四品已上，如遭丧薨卒，量品赠祭葬，皆供给之。

司农寺汉初治粟内史，景帝改为大农，武帝加"司"字。梁置十二卿，以署为寺，以官为卿。隋为司农卿，龙朔二年改为司稼卿，咸亨复也。

卿一员，从三品上。少卿二员。从四品上。卿之职，掌邦国仓储委积之事，总上林、太仓、钩盾、导官四署与诸监之官属，谨其出纳。少卿为之贰。凡京百司官吏禄给及常料，皆仰给之。孟春藉田祭先农，则进末耜，季冬藏冰，仲春颁冰，皆祭司寒。

丞六人，从六品上。主簿二人，从七品上。录事二人，从九品上。府二十八人，史七十六人，计史三人，亭长九人，掌固七人。丞掌判寺事。凡天下租及折造转运于京都，皆阅而纳之，以供国用，以禄百官。主簿掌印，署抄目，勾检稽失。凡置木契二十只，应须出纳，与署合之。录事掌受事发辰。

上林署：令二人，从七品下。丞四人，从八品下。府七人，史十四人，监事十九人，典事二十四人，掌固五人。令掌苑囿园池之事。丞为之贰。凡植果树蔬，以供朝会祭祀。其尚食所进，及诸司常料，季冬藏冰，皆主之。

太仓署：令三人，从七品下。丞二人，从八品下。府十人，史二十人，监事十人。从九品下。令掌九谷廪藏。丞为之贰。凡凿窖置屋，皆铭砖为庾斛之数，与其年月日，受领粟官吏姓名。又立牌如其铭。

钩盾署：令二人，正八品上。丞四人，正九品上。府七人，史十四人，监事十人，从九品下。典事十九人，掌固五人。令掌供邦国薪刍之事。丞为之贰。凡祭祀、朝会、宾客享宴，随差降给之。

导官署：令二人，正八品上。丞四人，正九品上。府八人，史十六人，监事十人。从九品上。令掌导择米麦之事。丞为之贰。凡九谷之用，随其精粗、差其耗损而供之。

太原、永丰、龙门诸仓：每仓监一人，正七品下。丞二人，从八品上。录事一人，典事六人，府二人，史四人，掌固四人。仓监掌仓窖储积之事。丞为之贰。凡出纳帐纸，岁终上于寺司。

司竹监：监一人，正七品下。副监一人，正八品下。丞二人，从八品上。录事一人，府二人，史四人，典事三十人，掌固四人。司竹监掌植养园竹。副监为之贰。岁终，以竹功之多少为考课。

温泉监：泉在京兆府昭应县之西。监一人，正七品下。丞二人，从八品上。录事一人，府二人，史二人，掌固四人。温泉监掌汤池宫禁之事。丞为之贰。凡王公已下至于庶人，汤泉馆有差，别其贵贱，而禁其逾越。凡近汤之地，润泽所及，瓜果之属先时而毓者，必苞甑而进之，以荐陵庙。

京、都苑总监：监各一人，从五品下。副监一人，从六品下。丞二人，从七品下。主簿一人，从九品上。录事各三人，府八人，史十六人，亭长四人，掌固六人。苑总监掌宫苑内馆园池之事。副监为之贰。凡禽鱼果木，皆总而司之。凡给总监及苑内官属，人畜出入，皆为差降之数。

京、都苑四面监：监各一人，从六品下。副监一人，从七品下。丞二人，正八品下。录事一人，府三人，史三人，典事六人，掌固四人。四面监掌所管苑内宫馆园池，与其种植修葺之事。副监为之贰。丞掌判监事。

诸屯：监一人，从七品下。丞二人，从八品下。诸屯监各掌其屯稼穑。丞为之贰。凡每年定课有差。

九成宫总监：监一人，从五品下。副监一人，从六品下。丞一人，从七品下。主簿一人，从九品下。录事一人，府三人，史五人。宫监掌检校宫树，供进炼饵之事。副监为之贰。

太府寺《周官》有太府下士，掌财赋。秦、汉已后，财赋属司农少府。梁始置太府卿，掌裨藏。龙朔改为外府，光宅改为司府，神龙复为太府寺也。

卿一员，从三品。即后周太府中大夫。少卿二员。从四品上。卿掌邦国财货，总京师四市、平准、左右藏、常平八署之官属，举其纲目，修其职务。少卿为之贰。以二法平物。一曰度量，二曰权衡。凡四方之贡赋，百官之俸秩，谨其出纳，而为之节制焉。凡祭祀，则供其币。

丞四人，从六品上。主簿二人，从七品上。录事二人，从九品上。府十五人，史五十人，计史四人，亭长七人，掌固七人。丞掌判寺事。凡正、至大朝所贡方物，应陈于殿廷者，受而进之。

两京都市署：京师有东西两市，东都有南北两市。令一人，从六品上。丞各二人，正八品上。录事一人，府三人，史七人，典事三人，掌固一人。京、都市令掌百族交易之事。丞为之贰。凡建标立候，陈肆辨物，以二物平市，谓秤以格，斗以概。以三贾均市。贾有上、中、下之差。

平准署：令二人，从七品下。丞四人，从八品下。录事一人，府六人，史十三人，监事二人，从九品下。典事二人，价人十人，掌固十人。平准令掌供官市易之事。丞为之贰。凡百司不任用之物，则以时出货。其没官物，亦如之。

左藏署：左右藏令，晋始有之，后代因之。皇家左藏，有东库、西库、朝堂库。又有东都库。各木契一，与太府主簿合也。

令三人，从七品下。丞五人，从八品下。府九人，史十八人，监事九人，从九品下。典事一人，掌固八人。左藏令掌邦国库藏。丞为之贰。凡天下赋调，先于输场简其合尺度斤两者，卿及御史阅视，然后纳于库藏，皆题以州县年月，所以别粗良，辨新旧。凡出给，先勘木契，然后录其名数，请人姓名，署印送监门，乃听出。若外给者，以墨印印之。凡藏院之内，禁人燃火，及无故入院者。昼则外四面常持仗为之防守，夜则击柝，而分更以巡警之。

右藏署：令二人，正八品上。丞三人，正九品上。府五人，史十人，监事四人，从九品下。典事七人，掌固十人。右藏令掌国宝货。丞为之贰。凡四方所献金玉、珠贝、玩好之物，皆藏之。出纳禁令，如左藏。

常平署：汉宣帝时，始置常平仓，以平岁之凶穰。后汉改为常满仓，晋曰常平，后魏曰邸阁仓。隋于卫州置黎阳仓，洛州置河阳仓，陕州置常平仓，华州置广运仓，转相委输，漕关东之粟，以给京师。国家垂拱初，两京置常平署，天下州府亦置之。令一人，从七品下。丞二人，从八品下。府四人，史八人，监事五人，从九品下。典事五人，掌固六人。常平令掌仓储之事。丞为之贰也。

国子监国子之义，见《周官》。晋武始立国子学。北齐曰国子寺，隋初曰学，后改为寺，大业三年改为监。龙朔曰大司成，光宅曰成均，神龙复为国子监也。

祭酒一员，从三品。《周官》曰师氏、保氏。汉始置祭酒博士，历代因之。隋祭酒，品第三。龙朔、光宅，随曹改易。司业二员。从四品下。隋大业三年，始置司业一人，从四品。官名随曹改易。祭酒、司业之职，掌邦国儒学训导之政令，有六学。一国子学、二太学、三四门、四律学、五书学、六算学也。凡春秋二分之月，上丁释奠于孔宣父，祭以太牢，乐用登歌轩悬。祭酒为初献，司业为亚献。凡教授之经，以《周易》、《尚书》、《周礼》、《仪礼》、《礼记》、《毛诗》、《春秋左氏传》、《公羊传》、《穀梁传》各为一经，《孝经》、《论语》兼习之。每岁终，考其学官训导功业之多少，为之殿最。

丞一人，从六品下。主簿一人，从七品下。录事一人，从九品下。府七人，史十三人，亭长六人，掌固八人。丞掌判监事。凡六学生每岁有业成上于监者，以其业与祭酒、司业试所习业，上尚书礼部。

国子博士二人，正五品上。助教二人，从六品上。学生三百人，典学四人，庙干二人，掌固四人。博士掌教文武官三品已上、国公子孙，二品已上曾孙为生者。生初入，置束帛一篚，酒一壶，修一案。每岁生有能通两经已上求出仕者，则上于监。堪秀才进士者，亦如之。典学掌抄录课业。庙干掌洒扫学庙。

太学博士三人，正六品上。助教三人，从七品上。学生五百人。太学博士掌教文武五品已上及郡县公子孙，从三品曾孙之为生者。教法并如国子。

四门博士三人，正七品上。助教三人，从八品上。四门博士掌教文武七品已上及侯伯子男子之为生者，若庶人子为俊士生者，教法如太学。学生五百人。直讲四人，掌佐博士助教之职。大成二十人。通四经业成，上于尚书吏部，试登第者，加阶放选也。

律学博士一人，从八品下。太宗置。助教一人，从九品上。学生五十人。博士掌教文武官八品已下及庶人子为生者。以律令为专业，格式法例亦兼习之。

书学博士二人，从九品下。学生三十人。博士掌教文武官八品已下及庶人之子为生者。以《石经》、《说文》、《字林》为专业，余字书兼习之。

算学博士二人，从九品下。学生三十人。博士掌教文武八品已下及庶人子为生者。二分其经，以为之业。习《九章》、《海岛》、《孙子》、《五曹》、《张邱建》、《夏侯阳》、《周髀》十五人，习《缀术》、《缉古》十五人。其《纪遗》、《三等数》亦兼习之。

《五经》博士各一人。五品下。旧无《五经》学科，自贞元五年一月敕特置《三礼》、《开元礼》科，长庆二年二月，始置《三传》、《三史》科，后又置《五经》博士。检年月，未获也。

广文馆博士二人，正六品上。天宝九载置，试附监修进士者。置助教一人，至德后废也。

少府监秦置少府，掌山泽之税。汉掌内府珍货。梁始为卿。历代或置或省。隋大业五年，始分太府置少府监。龙朔改为内府，光宅改为尚方，神龙复为少府监。

监一员，从三品。秦、汉有少府，梁始为卿，隋改为监，从三品，少监，从四品。炀帝改为令，武德复为监，龙朔、光宅、随曹改易之。少监二员。从四品下。监之职，掌供百工伎巧之事，总中尚、左尚、右尚、织染、掌冶五署之官属，庀其工徒，谨其缮作。少监为之贰。凡天子之服御，百官之仪制，展采备物，皆率其属以供之。

丞四人，从六品下。主簿二人，从七品下。录事二人，从九品上。府二十七人，史十七人，计史三人，亭长八人，掌固四人。丞掌判监事。凡五署所修之物，则申尚书省，下所司，以供给焉。

中尚署：令一人，从六品下。丞四人，从八品下。府九人，史十八人，监作四人，典事四人，掌固四人。中尚令，掌供郊祀之圭璧、器玩之物。中宫服饰，雕文错彩之制，皆供之。丞为之贰。其所用金玉齿革毛羽之属，任土以时而供送之。

左尚署：令一人，正七品下。丞五人，从七品下。监作六人，从九品下。典事十八人，掌固四人。左尚令掌供天子之五辂、五副、七辇、三舆、十有二车、大小方圆华盖一百五十有六，诸翟尾扇及小伞翰，辨其名数，而颁其制度。丞为之贰。

右尚署：令一人，正七品下。丞四人，从八品下。监作六人，从九品下。典事十三人，掌固十人。右尚署令供天子十有二闲马之鞍辔及五品三部之帐，备其材革，而修其制度。丞为之贰。凡刀剑、斧钺、甲胄、纸笔、茵席、履舄之物，靡不毕供。具用绫绢、金玉、毛革等，所出方土，以时支送。

织染署：令一人，正八品上。丞二人，正九品上。监作六人，从九品下。典事十一人，掌固五人。织染令掌供天子太子群臣之冠冕，辨其制度，而供其职。丞为之贰。

掌冶署：令一人，正八品上。丞一人，从九品上。监作四人，从九品下。掌冶令掌熔铸铜铁器物。丞为之贰。凡天下出铜铁州府，听人私采，官收其税。若白镴，则官市之。其西北诸州，禁人无置铁冶及采铁。若器用所须，具名移于所由官供之。

诸冶：监一人，正七品下。丞二人，从八品下。录事一人，府一人，史二人，监作四人，从九品下。典事二人，掌固四人。诸冶监掌铸铜铁之事。

北都军器监一人，正四品上。少监一人，正五品上。丞二人，正七品上。主簿一人，正八品上。录事一人，从九品上。府十人，史十八人，典事四人，亭长二人，掌固四人。军器监掌缮造甲弩，以时纳于武库。

甲坊署：令一人，正八品下。丞一人，正九品下。府二人，史五人，监作二人，从九品下。典事二人。

弩坊署：令一人，正八品下。丞一人，正九品下。府二人，史五人，监作二人，从九品下。典事二人。

诸铸钱监：绛州三十炉，扬、宣、鄂、蔚四州各十炉，益邓、郴三州各五炉，洋州三炉，定州一炉。诸铸钱监以所在州府都督刺史判之。副监一人，上佐判之。丞一人，判司判之。监事一人，或参军或县尉知之。录事、府、史，士人为之。

诸互市：监各一人，从六品下。丞一人。正八品下。诸互市监掌诸蕃交易马驼驴牛之事。

将作监秦置将作，掌营缮宫室，历代不改。隋为将作寺，龙朔改为缮工监，光宅改为营缮监，神龙复为将作监也。

大匠一员，从三品。大匠之名，汉景帝置。梁置十二卿，将作为一卿。后周曰匠师中大夫。隋初为将作寺，置大匠一人，又改为监，以大匠为监。炀帝改为令，武德改为大匠。龙朔、光宅，随曹改易也。少匠二员。从四品下。大匠掌供邦国修建土木工匠之政令，总四署、三监、百工之官属，以供其职事。凡两京宫殿、宗庙、城郭、诸台省监寺廨宇楼台桥道，谓之内外作，皆委焉。

丞四人，从六品下。主簿二人，从七品下。录事二人，从九品下。府十四人，史二十八人，计史三人，亭长四人，掌固六人。

左校署：令二人，从八品下。丞四人，正九品下。府六人，史十二人，监作十人。从九品下。左校令掌供营构梓匠。凡宫室乐悬簨簴，兵仗器械，丧葬所须，皆供之。

右校署：令二人，从八品下。丞三人，正九品下。府五人，史十人，监作十人，从九品下。典事十四人。右校令掌供版筑、涂泥、丹臒之事。

中校署：令一人，从八品下。丞三人，正九品下。府三人，史六人，监事四人，从九品下。典事八人，掌固二人。中校令掌供舟车兵仗、厩牧杂作器用之事。凡行幸陈设供三梁竿柱，闲厩供锉碓行槽，祭祀供葛竹堑等。

甄官署：令一人，从八品下。丞二人，正九品下。府五人，史十人，监作四人，从九品下。典事十八人。甄官令掌供琢石陶土之事。凡石磬碑碣、石人兽马、碾硙砖瓦、瓶缶之器，丧葬明器，皆供之。

百工、就谷、库谷、斜谷、太阴、伊阳等监：百工监在陈仓，就谷监在王屋，库谷监在鄠县，太阴监在陆浑，伊阳监在伊阳，皆在出材之所。监各一人，从七品下。丞一人，正八品下。府各一人，史三人，典事各二十一人，录事各一人，监事四人。从九品下。百工等监掌采伐材木。

都水监

都水监：使者二人，正五品上。汉官有都水长，属主爵，掌诸池沼，后改为使者，后汉改为河堤谒者。晋复置都水台，立使者一人，掌舟楫之事。梁改为太舟卿，北齐亦曰都水台。隋改为都水监，大业复为使者，寻又为监，复改监为令，品第三。武德复为监，贞观改为使者，从六品。龙朔改为司津监，光宅为水衡都尉，神龙复为使者，正五品上，仍隶将作监。丞二人，从七品上。主簿二人，从八品下。录事一人，府五人，史十人，掌固三人。使者掌川泽津梁之政令，总舟楫、河渠二署之官属，凡虞衡之采捕，渠堰陂池之坏决，水田斗门灌溉，皆行其政令。

舟楫署：令一人，正八品下。丞二人。正九品下。舟楫署令掌公私舟船运漕之事。

河渠署：令一人，正八品下。丞一人，正九品上。府三人，史六人。河堤谒者六人，掌修补堤堰渔钓之事。典事三人，掌固四人，长上渔师十人，短番渔师一百二十人，明资渔师一百二十人。河渠令掌供川泽鱼醢之事。祭祀则供鱼醢。诸司供给鱼及冬藏者，每岁支钱二十万，送都水，命河渠以时价市供之。

诸津：令一人，正九品上。丞一人。从九品下。津令各掌其津济渡舟梁之事。

武官

左右卫周制：军万二千五百人。天子六军，大国三军，次国二军，小国一军。军将皆命卿。至秦、汉，始置卫将军，后汉、魏因之。晋武帝始置左、右、中三卫将军。至隋始置左右卫、左右武卫、左右候、左右领军、左右率府。各有大将军一人，谓十二卫大将军也。国家因之。

大将军各一员，正三品。将军各二员。从三品。左右卫将军之职，掌统领宫廷警卫之法，以督其属之队仗，而总诸曹之职务。凡亲勋翊五中郎将府及折冲府所隶，皆总制之。凡宿卫，内廊阁门外，分为五仗，一供奉仗、二亲仗、三勋仗、四翊仗、五散手仗也。皆坐于东西廊下。若御坐正殿，则为黄旗仗，分立于两阶之次，在正门之内，以挟门队坐于东西厢。皆大将军守之。

长史各一人，从六品上。录事参军事各一人，正八品上。仓曹、兵曹参军各二人，正八品下。骑曹、胄曹参军各一人，正六品下。司阶二人，正六品上。中候三人，正七品下。司戈五人，正八品下。执戟五人，正九品下。奉车都尉五人。从五品下。长史掌判诸曹、亲勋翊五府及武安、武成等五十府之事。诸曹参军皆掌本曹勾检之事。随曹各有府史。

亲府、勋一府、勋二府、翊一府、翊二府等五府：每府中郎一人，中郎将一人，皆四品下。左右郎将各一人，正五品上。录事一人，兵曹参军事一人，正九品上。校尉五人，旅帅十人，队正二十人，副队正二十人。中郎将领本府之属以宿卫。左右郎将贰之。若大朝会、巡幸，以卤簿之法以领其仪仗。

左、右骁卫古曰骁骑，隋改左、右备身为左右骁卫，所领名豹骑，国家去"骑"字曰骁卫府，龙朔去"府"字，改为左、右武威，神龙复为骁卫。

大将军各一员，正三品。将军各二员。从三品。骁卫将军之职，掌如左、右卫。大朝会在正殿之前，则以黄旗队及胡禄队坐于东西廊下。若御坐正殿，则以其队仗次立左、右卫下。

长史、录事参军、仓兵骑胄四曹参军、员数、品秩如左右卫。司阶、中候、司戈、执戟等，四色人数、品秩如左、右卫也。校尉、旅帅、队正、副队、人数如左右卫。翊府中郎、中郎将、左右中郎将、左、右郎将。职掌如左右卫。

左右武卫魏武为丞相，有武卫营。隋采其名，置左右武卫府，有大将军。光宅改为左右鹰扬卫，龙朔复也。

大将军各一员，正三品。将军各二员。从三品。其职掌如左、右卫。大朝会，被白铠甲，执器楯及旗等，跸称长唱。警持钑队，应跸为左、右厢仪仗。在正殿前，则以诸队次立于骁卫之下。

长史、录事参军、仓兵骑胄四曹参军、司阶、中候、司戈、执戟、人数、品秩皆如左、右卫也。翊府中郎将、左右郎将、录事、兵曹。人数、品秩如左、右卫。

左右威卫隋为左、右屯卫，龙朔改为威卫，光宅改为左、右豹韬卫，神龙复为威卫也。

大将军各一员，正三品。将军各二员。从三品。其职掌，大朝会则被黑甲铠，弓箭刀楯旗等，分为左、右厢队，次武卫之下。

长史、录事参军、仓兵骑胄四曹参军、职掌、人数、品秩皆如左、右卫也。司阶、中候、司戈、执戟、人数、品秩如左右卫。翊府中郎将、左右郎将、录事、兵曹、校尉、旅帅、队正、副队正。人数、品秩皆如左右卫之亲府。

左右领军卫汉建安中，魏武为丞相，始置中领军，后因之。北齐置领军府，后因之。炀帝改为屯卫，国家改为领军卫。龙朔改为戎卫，光宅改为玉钤卫，神龙后为领军卫。

大将军各一员。正三品。将军各二员。从三品。其职掌，大朝会则被青甲铠，弓箭刀楯旗等，分为左右厢仪仗，次立威卫之下。

长史、录事参军、仓兵骑胄四曹参军、司阶、中候、司戈、执戟、人数、品秩如左卫。翊府中郎将、左右郎将、录事、兵曹、校尉、旅帅、队正、副队正。人数、品秩、职掌如左卫也。

左右金吾卫秦曰中尉，掌徼巡，武帝改名执金吾，魏复为中尉。南朝不置。隋曰候卫。龙朔二年改为左、右金吾卫，采古名也。

大将军各一员，正三品。将军各二员。从三品。左右金吾卫之职，掌宫中及京城昼夜巡警之法，以执御非违。凡翊府及同轨等五十府皆属之。凡车驾出入，则率其属以清游队，建白泽朱雀等旗队先驱，如卤簿之法。从巡狩畋猎，则执其左、右营卫之禁。凡翊卫、翊府、同轨、宝图等五十府犷骑卫士应番上者，各领所职焉。

长史、录事参军、仓兵骑胄四曹参军、司阶、中候、司戈、执戟、人数、品秩、职掌如左卫也。翊府中郎将、左右郎将、兵曹、校尉、旅帅、队正、副队正。品秩、人数、职掌如左右卫也。

左右监门卫汉、魏曰城门校尉，始置左右监门府，省将军、郎将等官，国家因之。龙朔二年，去府字为卫。

大将军各一员，正三品。将军各二员，从三品。中郎将四人。正四品下。监门将军之职，掌宫禁门籍之法。凡京司应入宫殿门者，皆有籍。左将军判入，右将军判出。若大驾行幸，即依卤簿法，率其属于牙门之下，以为监守。中郎将，掌监诸门，检校出入。

长史、录事参军、兵曹胄曹二曹参军。品秩如诸卫。

监门校尉，各三百二十人，立长各六百八十人，长人长上二十人，立长长上各二十人。

左右千牛卫宋谢绰《拾遗》有千牛刀，即人主防身刀也。后魏有千牛备身，取《庄子》庖刀解牛之义，后代因之。隋置左右千牛备身二十人，掌供御弓箭，备身六十人，掌宿卫侍从。炀帝置备身府，皇家改为千牛府。龙朔为左右奉宸卫，神龙复为千牛卫。

大将军各一员，正三品。将军各二员，从三品。中郎将各二人。正四品下。千牛将军之职，掌宫殿侍卫及供御之仪仗，而统其曹务。凡千牛备身左右，执弓箭以宿卫，主仗守戎服器物。凡受朝之日，则领备身左右升殿，而侍列于御坐之左右。凡亲射于射宫，则将军率其属以从。凡千牛备身之考课、赐会及禄秩之升降，同京职事官之制。中郎将升殿侍奉。凡侍奉，禁横过座前者，禁对语及倾身与阶下人语者，禁摇头举手以相招召者。若有口敕，通事舍人承受传声阶下而不闻者，中郎将宣之。

长史、录事参军、兵胄二曹参军、人数、品秩同诸卫。司阶各二人，正六品上。中候各三人，司戈各五人，执戟各五人，品秩同诸卫。千牛备身十二人，备身左右各二人。

左右羽林军汉置南北军，掌京师。南军，若今诸卫也；北军，若今羽林军也。汉武置羽林，名曰建章营骑，属光禄勋，后更名羽林骑，取六郡良家子，及死事之孤为之。后汉置左右羽林监，南朝因之，后魏、周曰羽林率，随左右屯卫，所领兵名曰羽林。龙朔二年，置左右羽林军。

大将军各一员，正三品下。将军各二员。从三品下。羽林将军统领北衙禁兵之法令，而督摄左右厢飞骑之仪仗，以统诸曹之职。若大朝会，率其仪仗以周卫阶陛。大驾行幸，则夹道驰而为内仗。凡飞骑每月番上者，皆据其名历而配于所职。其飞骑仗或有敕上南衙者，则大将军承墨敕白移于金吾引驾仗，引驾仗官与监门覆奏，又降墨敕，然后得入。

长史、录事参军、仓兵胄三曹参军、品秩如诸卫。司阶、中候、司戈、执戟，如千牛卫品秩、人数。翊府中郎将、左右郎将、录事、兵曹、校尉、旅帅、队正、副队正。人数、品秩如诸卫。

左右龙武军初，太宗选飞骑之尤骁健者，别署百骑，以为翊卫之备。天后初，加置千骑，中宗加置万骑，分为左右营，置使以领之。自开元以来，与左右羽林军名曰北门四军。开元二十七年，改为左右龙武军，官员同羽林军也。

大将军一员，正三品。将军二员。从三品。

长史一人，录事参军事一人，录事一人，史二人，仓兵胄三曹参军事各一人。随曹有府、史、掌固人数。司阶二人，中候三人，司戈、执戟各五人，长上各十人。右件官员阶品、人数、职掌，如羽林军也。

左右神武军至德二年，肃宗在凤翔置。初，贞观中置北衙七营，后改为左右羽林军。皆选才力骁勇者充，每月一营十人为番当上。又置左右龙武军，皆唐元功臣子弟并外州人。如宿卫兵，分日上下。肃宗在凤翔，方收京城，以羽林军减耗，寇难未息，乃别置神武军，同羽林制度官吏，谓之北衙六军。又置衙前射生手千余人，谓之左右英武军，非六军之例也。乾元二年十月敕，左右羽林、左右龙武、左右神武官员并升同金吾四卫，置大将军二人、将军二人也。

左右神策军上元中，以北衙军使卫伯玉为神策军节度使，镇陕州，以拒东寇，以中使鱼朝恩为观军容使，监伯玉军。及伯玉入为羽林帅，出为荆南节度使，朝恩专统神策军，镇陕。广德元年，吐蕃犯京师，代宗避狄幸陕，朝恩以神策军迎谒。及永泰元年，吐蕃犯京畿，朝恩以神策兵屯于苑中。自是，神策军恒以中官为帅。建中末，盗发京师，窦文场以神策军扈跸山南。及还京师，赏劳无比。贞元中，特置神策军护军中尉，以中官为之，时号两军中尉。贞元已后，中尉之权倾于天下，人主废立，皆出其可否，事见《宦者传》也。

大将军各二员，正三品。贞元二年九月敕，改神策左右厢为左右军，置大将军各二人，正三品。将军各二员。从三品。至贞元三年五月，敕左、右神策将军各加二员，左、右神武将军各加一员也。

神威军本号殿前射生左右厢，贞元二年九月改殿前左右射生军，三年四月改为左右神威军，非六军之例也。

大将军二员，正三品。将军二员。从三品。职田、俸钱、手力、粮料等，同六军诸卫。

六军统军兴元元年正月二十九日敕，左右羽林、左右龙武、左右神武各置统军一人，秩从二品。

十六卫上将军旧无此官。贞元二年九月一日敕："六军先有敕，各置统军一人。十六卫宜各置上将军一员，秩从二品。其左右卫及左右金吾卫上将军俸料、随军人马等，并同六军统军。其诸卫上将军，次统军例支给。"至德二年九月十三日，六军十二卫上将军，并放入宿，已后为例也。

诸府隋置骠骑、鹰扬等府，凡天下守戍兵，不成军曰牙，府有上中下也。

折冲都尉各一人，上府，都尉正四品上。中府，从四品下。下府，正五品下。武德中，采隋折冲、果毅郎将之名，改统军为折冲都尉，别将为果毅都尉。左右果毅都尉各一人，上府，果毅从五品下。中府，正六品上。下府，从六品下。隋炀帝置果毅郎将，国家置折冲都尉。别将各一人，上府，别将正七品下。中府，从七品上。下府，从七品下。

长史一人，上府，正七品下。中府，从七品上。下府，从七品下。兵曹参军一人，上府，从八品下。中府，正九品上。下府，从九品下也。录事一人，校尉五人。每校尉，旅帅二人，每旅帅，队正、副队正各二人。诸府折冲都尉掌领五校之属，以备宿卫，以从师役，总其戎具、资粮、差点、教习之法令。凡卫士，三百人为一团，以校尉领之，以便习骑射者为越骑，余为步兵。其团，十人为火，火备六驮之马。每岁十一月，以卫士帐上尚书省天下兵马之数以闻。凡兵马在府，每岁季冬，折冲都尉率五校之属以教其军阵、战斗之法也。具有教习簿籍。

东宫官属

太子太师、太傅、太保各一员。并从一品。师傅，宫官，南朝不置。后魏、北齐，师傅品第二，号东宫三太。隋品亦第二。武德定令，加从一品也。

太子少师、少傅、少保各一员。并正二品。三少，亦古官，历代或置或省。南朝并不置。后魏、北齐置之，品第三，号东宫三少。皇家定令，正二品。三师三少之职，掌教谕太子。无其人，则阙之。

太子宾客四员。正三品。古无此官，皇家显庆元年春始置四员也。掌侍从规谏，赞相礼仪。

太子詹事一员，正三品。少詹事一员，正四品上。詹事，秦官，掌皇太子宫。龙朔二年改为端尹，天授为宫尹，神龙复也。詹事统东宫三寺十率府之政令。少詹为之贰。凡天子六官之典制，皆视其事而承受之。

丞二人，正六品上。主簿一人，从七品上。录事二人，正九品下。令史九人，书令史十八人。丞掌判府事。主簿掌印，检勾稽。录事掌受事发辰。

司直一人，正九品上，令史一人，书令史二人，亭长四人，掌固六人。司直掌弹劾宫僚，纠举职事。太子朝，宫臣则分知东西班。凡诸司文武应参官，每月皆具在否以刺之。

太子左春坊：左庶子二人，正四品上。中允二人。正五品下。左庶子掌侍从赞相，驳正启奏。中允为之贰。

司议郎四人，正六品上。录事二人，从八品下。主事二人，从九品下。令史七人，书令史十四人。司议郎掌启奏记注宫内祥瑞，宫长除拜薨卒，每年终送史馆。

左谕德一人，正四品下。左赞善大夫五人，正五品上。传令四人，掌仪二人，赞者四人。左谕德掌讽谕规谏。

崇文馆：贞观中置，太子学馆也。学士，直学士，员数不定。学生二十人，校书二人，从九品下，令史二人，典书二人，拓书手二人，书手十人，熟纸匠三人，装潢匠五人，笔匠三人。学士掌东宫经籍图书，以教授诸生。凡课试举送，如弘文馆。校书掌校理四库书籍。

司经局：洗马二人，从五品下。洗马，汉官，为太子前马。太子文学三人，正六品。校书四人，正九品。正字二人，从九品上。书令史二人，楷书手二十五人，典书四人。洗马掌四库图籍缮写、刊缉之事。文学掌侍奉文章。校书、正字掌典校四库书籍。

典膳局：典膳郎三人，正六品上。丞二人，正八品上。书令史二人，主食六人，典食二百人，掌固四人。典膳郎掌进膳尝食，每夕局官于厨更直。

药藏局：药藏郎二人，正六品。丞二人，正八品上。侍医典药九人，药童十八人，掌固六人。药藏郎掌和剂医药。

内直局：内直郎二人，从六品下。丞二人，正八品下。典服三十人，典扇十五人，典翰十五人，掌固六人。内直郎掌符玺、伞扇、几案、衣服之事。

典设局：典设郎四人，从六品下。丞二人，正八品下。幕士六百人。典设郎掌汤沐、洒扫、铺陈之事。凡大祭祀，太子助祭，则于正殿东设幄坐。

宫门局：宫门郎二人，从六品下。丞二人，正八品下。门仆一百三十人。宫门郎掌内外宫门管钥之事。其钟鼓刻漏，一如皇居之制也。

太子右春坊：右庶子二人，正四品下。中舍人二人，正五品上。舍人四人，正六品上。录事一人，从八品下。主事二人，从九品下。舍人掌行令书令旨及表启之事。太子通表，如诸臣之礼。诸臣及宫臣上皇太子，大事以笺，小事以启，其封题皆曰上，右春坊通事舍人开封以进。其事可施行者皆下于坊，舍人开，庶子参详之，然后进。不可者则否。

右谕德一人，正四品下。右赞善大夫五人，正五品上。传令四人，谕德、赞善，掌事如左。通事舍人八人，正七品下。典谒二十人。舍人掌导引宫臣辞见及承令劳问之事。

太子内坊：皆宦者为司局。典内二人，从五品下。录事一人，典直四人，正九品下。导客舍人六人，阁帅六人，内阍八人，内给使，无员数。内厩二十人，典事二人，驾士三十人。典内掌东宫阁门之禁令，及宫人衣廪赐与之出入。丞为之贰。典直主仪式。导客主候序。阁帅主门户。内阍主出入。给使主伞扇。内厩主车舆。典事主牛马。典内统而监之。

太子内官：司闺二人，从六品。掌导引妃及宫人名簿，总掌正、掌书、掌筵三司。掌正三人，从八品。掌文书出入，目录为记。并阁门管钥，纠察推问。女史，流外三品，掌典文簿而执行焉。掌书三人，从八品。掌宝、符契、经簿、宣传、启奏、教学、廪赐、纸笔、监印。

掌筵三人，从八品。掌帷幄、床褥、几案、伞扇、洒扫、铺设之事。司礼二人，从六品。掌礼仪参见，以总掌严、掌缝、掌藏，而领其事。掌严三人，从八品。掌首饰、衣服、巾栉、膏沐、仗卫。掌缝三人，从八品。掌裁缝、织绩。掌藏三人，从八品。掌货贝、珠玉、锦彩。

司馔二人，从六品。掌膳羞。进食先尝，总掌食、掌医、掌园三司，而领其事。掌食三人，从八品。掌膳羞、酒醴、灯烛。掌医三人，从八品。掌医主医药。掌园三人，从八品。掌园苑树艺、蔬果。

太子家令寺：令一人，从四品上。丞二人，从七品上。主簿一人，正九品下。录事一人。家令掌太子饮膳、仓储、库藏之政令，总食官、典仓、司藏三署之官属。

食官署：令一人，从八品下。丞二人，从九品下。掌膳十二人，奉觯三十人。食官令掌饮膳之事。

典仓署：令一人，从八品下。丞二人，从九品下。园丞二人，典事六人。典仓令掌九谷入藏，及醯醢、庶羞、器皿、灯烛之事。

司藏署：令一人，从八品下。丞二人，从九品下。司藏令掌库藏财货、出纳、营缮之事。

太子率更寺：令一人，从四品上。丞二人，从七品上。主簿一人，正九品下。录事一人，伶官师二人，漏刻博士二人，掌漏六人，漏童六十人，典鼓二十四人。率更令掌宗族次序、礼乐、刑罚及漏刻之政令。

太子仆寺：仆一人，从四品下。丞一人，从七品上。主簿一人，正九品下。录事一人。太子仆掌车舆、乘骑、仪仗之政令及丧葬之礼物，辨其次序。

厩牧署：令一人，从八品下。丞二人，从九品下。典乘四人，牧长四人，翼驭十五人，驾士三十人，兽医二十人。厩牧令掌车马、闲厩、牧畜之事。

东宫武官

太子左、右卫率府：秦、汉有太子卫率，主门卫。晋分左、右、中、前四卫率，后代因置左、右率。北齐为卫率坊。隋初始分置左右卫率府、左右宗卫率、左右虞候、左右内率、左右监门率十府，以备储闱武卫之职。炀帝改为左、右侍率，国家复为卫率。龙朔改为左、右典戎卫，咸亨复。率各一员，正四品上。副率各一人，从四品上。左右卫率掌东宫兵仗羽卫之政令，总诸曹之事。凡亲勋翊府及广济等五府属焉。凡正、至太子朝，宫臣率其属仪仗，为左右厢之周卫，出入如卤簿之法。

长史各一人，正七品上。录事参军事各一人，从八品上。仓曹参军一人，从八品下。兵曹参军一人，从八品下。胄曹参军一人，从八品下。司阶一人，从六品下。中候二人，从七品下。司戈二人，从八品下。执戟三人。从九品下。长史掌判诸曹及三府五府之贰。录事掌监印勾稽。官掌本曹簿籍。职事皆视上台。亲府勋翊府中郎将各一人，从四品上。左、右郎将各一人，正五品下。录事一人，兵曹参军一人，校尉五人，旅帅十人，队正二十人，副队正二十人。郎将掌其府之属以宿卫，而总其事。职掌一视上台亲府。

太子左、右司御率府：本号左、右宗卫府，龙朔改为司御率府。率各一人，正四品上。副率各二人，从四品上。司御率掌同左右率。

长史、录事参军事、仓兵胄三曹参军，司阶、中候、司戈、执戟。人数、品秩、职掌如左右卫府也。

太子左、右清道率府：隋文置左右虞候府，各开府一人，掌斥候。国初亦为左、右虞候，龙朔改为清道率，神龙又为虞候，开元复为清道也。率各一人，正四品上。副率各二人。从四品上。清道率掌东宫内外昼夜巡警之法。

长史、录事参军事、仓兵胄三曹参军，司阶、中候、司戈、执戟。人数、品秩如左右卫率府。

太子左右监门率府：隋置此官，国家因之。率各一人，正四品上。副率各一人。从四品上。左右监门率掌东宫禁卫之法，应以籍入宫殿门者，二率司其出入，如上台之法。

长史、录事参军事、兵胄二曹参军。监门直长七十八人。人数、品秩同诸率府。

太子左、右内率府：隋初置内率府，拟上台千牛卫。龙朔初，为奉裕率，咸亨复。率各一人，正四品上。副率各一人。从四品上。左、右内率之职，掌东宫千牛备身侍奉之事，而立其兵仗，总其府事。

长史、录事参军事、兵胄二曹参军，人数、品秩如诸率。千牛十六人，备身二十八人，主仗六十人。

王府官属公主邑司。

亲王府：傅一人，从三品。汉官有王傅、太傅，魏、晋后唯置师，国家因之，开元改为傅。谘议参军一人，正五品上。

友一人，从五品下。文学二人，从六品上。东阁、西阁祭酒各一人。从七品上。傅掌傅相赞导，而匡其过失。谘议订谋左右。友陪侍规讽。文学雠校典籍，侍从文章。祭酒接对宾客。

长史一人，从四品上。司马一人，从四品下。掾一人，正六品上。属一人，正六品上。主簿一人，从六品上。史二人，记室参军事二人，从六品上。录事参军事一人，从六品上。录事一人，从九品上。功户兵骑法士等七曹参军事各一人，正七品上。参军事二人，正八品下。行参军四人，从八品。典签二人。从八品下。长史、司马统领府僚，纪纲职务。掾统判七曹参军事。主簿掌覆省王教。记室掌表启书疏。录事参军事勾稽省署钞目。录事掌受事发辰。七曹参军各督本曹事，出使检校。典签宣传教命。

亲王亲事府：典军二人，正五品上。副典军二人，从五品上。执仗亲事十六人，执乘亲事十六人，亲事三百三十三人，校尉、旅帅、队正、队副。准部内人数多少置。亲事帐内府典军二人，副典军二人，品秩如亲事府。帐内六百六十七人，校尉、旅帅、队正、队副。看人数置。典军、副典军之职，掌率校尉已下守卫陪从之事。

亲王国：令一人，从七品下。大农二人，从八品下。尉二人，正九品下。丞一人，从九品下。录事一人，典卫八人，舍人四人，学官长一人，食官长一人，丞一人，厩牧长二人，丞二人，典府长二人，丞二人。国令、大农掌通判国事。国尉、国丞掌判国司，勾稽监印事。典卫守居宅。舍人引纳。学官教授内人。

公主邑司：令一人，从七品下。丞一人，从八品下。录事一人，从九品下。主簿二人，谒者二人，舍人二人，家吏二人。公主邑司官各掌主家财货出入、田园征封之事。其制度，皆隶宗正寺。

州县官员

京兆河南太原等府：自秦、汉已来为雍、洛、并州。周、隋或置总管都督，通名为府。开元初，乃为京兆府、河南府、太原府。三府牧各一员，从二品。牧，古官，舜置十二牧是也。秦以京城守为内史，汉武改为尹。后魏、北齐、周、隋又以京守为牧。武德初，因隋置牧，以亲王为之。或不出阁，长史知府事。尹各一员，从三品。京城守，秦曰内史，汉曰尹，后代因之。隋为内史。武德初置牧，以长史总府事。开元初，雍、洛、并改为府，乃升长史为尹，从三品，专总府事也。少尹各二员，从四品下。魏、晋已下，州府有治中，隋文改为司马，炀帝改为赞理，又为丞，武德改为治中，永徽避高宗名，改为司马，开元初，改为少尹。司录参军二人，正七品。录事四人，从九品上。功仓户兵法士等六曹参军事各二人，正七品下。府史，《隋书》有之。参军事六人，正八品下。执刀十五人，典狱十一人，问事十二人，白直二十四人。经学博士一人，从八品上。助教二人，学生八十人。医药博士一人，助教一人，学生二十人。

大都督府：魏黄初二年，始置都督诸州军事之名，后代因之。至隋改为总管府。武德四年又改为都督，贞观中分为上、中、下都督府也。都督一员，从二品。长史一人，从三品。司马二人，从四品下。录事参军事二人，正七品上。录事二人，从九品上。功仓户兵法士六曹参军事，功士二曹各一员，余曹各二员，并正七品下也。典狱十六人，问事十人，白直二十四人，市令一人，从九品上。丞一人，佐一人，史二人，仓督二人。经学博士一人，从八品上。助教二人，学生六十人。医学博士一人，从八品下。助教一人，学生十五人。

中都督府：都督一员，正三品上。别驾一人，正四品下。长史一人，正五品上。司马一人，正五品下。录事参军事一人，从七品下。录事二人，从九品上。功仓户兵法士六曹参军事各一人，并从七品上。参军事四人，从八品上。典狱十四人，白直二十人，市令一人，从九品上。丞一人，史二人，帅三人，仓督二人。经学博士一人，从八品下。助教二人，学生六十人。医药博士一人，学生十五人。

下都督府：都督一员，从三品。别驾一人，从四品下。长史一人，从五品上。司马一人，从五品上。录事参军事一人，从七品上。录事二人，从九品上。功仓户兵法士六曹参军事各一人，从七品上。参军事三人，从八品下。典狱十二人，问事六人，白直十六人，市令一人，从九品上。丞二人，佐一人，史二人，帅二人，仓督二人。经学博士一人，从八品下。助教一人，学生五十人。医学博士一人，助教一人，学生十二人。

上州：州之名，古也。舜置十二州，《禹贡》九州，汉置十三州。秦并六国，置三十六郡。汉则以州统郡。其后武德改郡为州，改州为郡，事见诸卷。国家制，户满四万以上为上州。刺史一员，从三品。秦分天下为三十六郡，郡置守、都尉各一人，仍以御史一人监郡。汉废监郡御史，丞相遣掾分察诸郡。汉武元光五年，分天下置十三州，分统诸郡。每州遣使者一人，督察官吏清浊，谓之十三州刺史。后汉遂以名臣为刺史，专州郡之政，仍置别驾、治中、诸曹掾属，号曰外置刺史。天宝改州为郡，太守。乾元元年，改郡为州，州置刺史。初，汉代奉使者皆持节，故刺史临部，皆持节。至魏、晋，刺史任重者，为使持节都督，轻者为持节。后魏、北齐，总官、刺史，则加使持节诸军事，以此为常。隋开皇三年罢郡，以州统县，刺史之名存而职废。而于刺史太守官位中，不落持节之名，至今不改，有名无实也。至德之后，中原用兵，大将为刺史者，兼治军旅，遂依天宝边将故事，加节度使之号，连制数郡。奉辞之日，赐双旌双节，如后魏、北齐故事。名目虽殊，得古刺史督郡之制也。别驾一人，从四品下。长史一人，从五品上。司马一人，从五品下。录事参军事一人，从七品上。录事三人，从九品上。司功、司仓、司户、司兵、司法、司士六曹参军事各一人，并从七品下。参军事四人，典狱十四人，问事八人，白直二十四人，市令一人，从九品上。丞一人，佐一人，史二人，帅三人，仓督二人。经学博士一人，从八品下。助教二人，学生六十人，医学博士一人，正九品下。助教一人，学生十五人。

中州：户满二万户已上，为中州。刺史一员，正四品上。别驾一人，正五品下。长史一人，正六品上。司马一人，六品上。录事参军事一人，正八品上。录事一人，从九品上。司功、司仓、司户、司法、司士六曹参军事各一人，并正八品下。随曹有佐史人数。参军事三人，正九品上。执刀十人，典狱十二人，问事六人，白直十六人，市令一人，丞、佐各一人，史、帅、仓督各二人。经学博士一人，正九品上。助教一人，学生五十人。医药博士一人，从九品下。助教一人，学生十二人。

下州：户不满二万，为下州也。刺史一员，正四品下。别驾一人，从五品上。司马一人，从六品下。录事参军事一人，从八品上。录事一人，从九品下。司仓、司户、司法三曹参军事各一人，从八品下。随曹有佐史人数。参军事一人，从九品下。典狱八人，问事四人，白直十六人，市令一人，佐、史各一人，帅二人，仓督一人。经学博士一人，正九品下。助教一人，学生四十人。医学博士一人，从九品下。学生十人。

京兆、河南、太原牧及都督、刺史掌清肃邦畿，考核官吏，宣布德化，抚和齐人，劝课农桑，敦敷五教。每岁一巡属县，观风俗，问百年，录囚徒，恤鳏寡，阅丁口，务知百姓之疾苦。部内有笃学异能闻于乡闾者，举而进之。有不孝悌，悖礼乱常，不率法令者，纠而绳之。其吏在官公廉正己，清直守节者，必谨而察。其贪秽谄谀，求名狥私者，亦谨而察之。皆附于考课，以为褒贬。若善恶殊尤者，随即奏闻。若狱讼疑议，兵甲兴造便宜，符瑞尤异，亦以上闻。其常则申于尚书省而已。若孝子顺孙，义夫节妇，精诚感通，志行闻于乡闾者，亦具以申奏，表其门闾。其孝悌力田，颇有词学者，率与计偕。其所部有须改更，得以便宜从事。若亲王典州，及边州都督刺史不可离州局者，应巡属县，皆委上佐行焉。尹、少尹、别驾、长史、司马掌贰府州之事，以纲纪众务，通判列曹。岁终则入奏计。司录、录事参军掌句稽，省署钞目，监符印。功曹、司功掌官吏考课、祭祀、祯祥、道佛、学校、表疏、医药、陈设之事。仓曹、司仓掌公廨、度量、庖厨、仓库、租赋、征收、田园、市肆之事。户曹、司户掌户籍、计帐、道路、逆旅、婚田之事。兵曹、司兵掌武官选举、兵甲器仗、门户管钥、烽候传驿之事。法曹、司法掌刑法。士曹、司士掌津梁、舟车、舍宅、百工众艺之事。市令掌市廛交易、禁斥非违之事。经学博士掌《五经》，教授诸生。医药博士以百药救民疾病。下至执刀、白直、典狱、佐史，各有其职。州府之任备焉。

县令三代之制，五等诸侯，自理其人。周衰，诸侯相侵，大国分置郡县鄙，以聚其人。齐、晋谓之大夫，鲁、卫谓之宰，楚谓之公、尹，秦谓之令、长。秦制：万户已上为令，秩千石至六百石，减万户为长，秩五百石至三百石，皆有丞、尉，秩四百石至二百石也。

长安、万年、河南、洛阳、太原、晋阳六县，谓之京县。令各一人，正五品上。丞二人，从七品。主簿二人，从八品上。录事二人，从九品下。佐二人，史四人，尉六人，从八品下。司功、佐三人，史六人。司仓、佐三人，史八人。司户、佐五人，史十人。司兵、佐三人，史六人。司法、佐五人，史十人。司士、佐四人，史八人，典狱十四人，问事八人，白直十八人。博士一人，助教一人，学生五十人。

京兆、河南、太原所管诸县，谓之畿县。令各一人，正六品下。丞一人，正八品下。主簿一人，正九品上。尉二人，正九品下。录事二人，史三人。司功、佐三人，史五人。司仓、佐四人，史七人。司户、佐四人，史七人，帐史一人。司法、佐四人，史八人。典狱十四人，问事四人，白直十人，市令一人，佐一人，史一人，帅二人。经学博士一人，助教一人，学生四十人。

诸州上县：令一人，从六品上。丞一人，从八品下。主簿一人，正九品下。尉二人，从九品上。录事二人，史三人。司户、佐四人，史七人，帐史一人。司法、佐四人，史八人。仓督二人，典狱十人，问事四人，白直十人，市令一人，佐、史各一人，帅一人。博士一人，助教一人，学生四十人。

诸州中县：令一人，正七品上。丞一人，从八品下。主簿一人，从九品上。尉一人，从九品下。录事一人，史四人。司户、佐三人，史五人，帐史一人。司法、佐二人，史六人。仓督一人，典狱八人，问事四人，白直八人。博士一人，助教一人，学生二十五人。

诸州中下县：令一人，从七品上。丞一人，正九品上。主簿一人，从九品上。尉一人，从九品下。录事一人，司户、佐二人，史三人，帐史一人。司法、佐二人，史四人。典狱六人，问事四人，白直八人，市令一人，佐、史各一人，帅二人。博士一人，助教一人，学生二十五人。

诸州下县：令一人，从七品下。丞一人，正九品下。主簿一人，从九品上。尉一人，从九品下。录事一人，司户、佐二人，史四人，帐史一人。司法、佐一人，史四人。典狱六人，问事四人，白直八人，市令一人，佐一人，史二人，帅二人也。博士一人，助教一人，学生二十人。

京畿及天下诸县令之职，皆掌导扬风化，抚字黎氓，敦四人之业，崇五土之利，养鳏寡，恤孤穷。审察冤屈，躬亲狱讼，务知百姓之疾苦。

大都护府：大都护一员，从二品。副都护四人，正四品上。长史一人，正五品上。司马一人，正五品上。录事参军事一人，正七品上。录事二人，从九品上。功曹、仓曹、户曹、兵曹、法曹五参军事各一人，并正七品下。参军事三人。正八品下。

上都护府：都护一员，正三品。副都护二人，从四品上。长史一人，正五品上。司马一人，正五品上。录事参军事一人，正七品下。录事二人，功曹、仓曹、户曹、兵曹四参军事各一人，从七品上。参军事三人。从八品上。

都护之职，掌抚慰诸蕃，辑宁外寇，觇候奸谲，征讨携贰。长史、司马贰焉。诸曹，如州府之职。

节度使：天宝中，缘边御戎之地，置八节度使。受命之日，赐之旌节，谓之节度使，得以专制军事。行则建节符，树六纛，外任之重，无比焉。至德已后，天下用兵，中原刺史亦循其例，受节度使之号。节度使一人，副使一人，行军司马一人，判官二人，掌书记一人，参谋，无员数也。随军四人。皆天宝后置。检讨未见品秩。

元帅、都统、招讨等使

　　元帅。旧无其名。安、史之乱，肃宗讨贼，以广平王为天下兵马元帅，又以大臣郭子仪、李光弼随其方面副之，号为副元帅。及代宗即位，又以雍王为之。自后不置。昭宗又以辉王为之也。

　　都统。乾元中置，或总三道，或总五道，至上元末省。大中后，讨徐州以康承训，讨黄巢以荆南王铎，皆为都统。

　　招讨使。贞元末置。自后随用兵权置，兵罢则停。

　　防御团练使。至德后，中原置节度使。又大郡要害之地，置防御使，以治军事，刺史兼之，不赐旌节。上元后，改防御使为团练守捉使，又与团练兼置防御使，名前使，各有副使、判官，皆天宝后置，未见品秩。

　　诸镇魏有镇东、镇西、镇南、镇北四将军，后代因之。隋因始置镇将、镇副之名也。

　　上镇：将一人，正六品下。镇副一人，正七品下。录事一人，仓曹、兵曹二参军。从八品下。各有佐史。

　　中镇：将一人，正七品上。镇副一人，从七品上。录事一人，兵曹参军一人。正九品下。

　　下镇：将一人，正七品下。镇副一人，从七品下。录事一人，兵曹参军一人。从九品下。

　　诸戍春秋有戍，葵丘之义。东晋、后魏以屯兵守境处为戍，隋因之。

　　上戍：主一人，正八品下。戍副一人。从八品下。佐一人，史二人。

　　中戍：主一人。从八品下。

　　下戍：主一人。正九品下。

　　五岳四渎庙：令各一人，正九品上。斋郎三十人，祝史三人。

　　上关：令一人，从八品下。丞二人。正九品下。录事一人，有府、史、典事。津吏八人。

　　中关：令一人，正九品下。丞一人。从九品下。录事一人，津吏六人。

　　下关：令一人，从九品下。津吏四人。关令各有府、史。

　　关令掌禁末游，伺奸慝。凡行人车马出入往来，必据过所以勘之。

卷四十五　　志第二十五

舆　服

　　昔黄帝造车服，为之屏蔽，上古简俭，未立等威。而三、五之君，不相沿习，乃改正朔，易服色，车有舆辂之别，服有裘冕之差，文之以染缋，饰之以绨绣，华虫象物，龙火分形，于是典章兴矣。周自夷王削弱，诸侯自恣。穷孔翠之羽毛，无以供其侈；极随和之掌握，不足慊其华。则皮弁革舄之容，非珠履鹬冠之玩也。追秦诛战国，斟酌旧仪，则有卤簿、金根、大驾、法驾，备千乘万骑，异《舜典》、《周官》。汉氏因之，号乘舆三驾，仪卫之盛，无与比隆。东京帝王，博雅好古，明帝始令儒者考《曲台》之说，依《周官》五辂六冕之文，山龙藻火之数，创为法服。虽有制作，竟寝不行。舆驾乘金根而已，服则衮冕，冠则通天。其后所御，多从袍服。事具前志。而裘冕之服，历代不行。后魏、北齐，舆服奇诡，至隋氏一统，始复旧仪。

　　隋制，车有四等，有亘幰、通幰、轺车、辂车。初制五品以上乘偏幰车，其后嫌其不美，停不行用，以亘车代之。三品以上通幰车，则青壁。一品轺车，油幰朱网。唯辂车一等，听敕始得乘之。马珂，一品以下九子，四品七子，五品五子。

　　衣裳有常服、公服、朝服、祭服四等之制。

　　平巾帻，牛角簪簪，紫衫，白袍、靴，起梁带。五品已上，金玉钿饰，用犀为簪，是为常服，武官尽服之。六品已下，衫以绯。至于大仗陪立，五品已上及亲侍加两裆螣蛇，其勋侍去两裆。

　　弁冠，朱衣裳，素革带，乌皮履，是为公服。其弁通用乌漆纱为之，象牙为簪导。五品已上，亦以鹿胎为弁，犀为簪导者。加玉琪之饰：一品九琪，二品八琪，三品七琪，四品六琪。三品兼有纷、鞶囊，佩于革带之后，上加玉珮一。鞶囊：二品以上金缕，三品以上银缕，五品以上彩缕，文官寻常入内及在本司常服之。

　　亲王，远游三梁冠，金附蝉，犀簪导，白笔。三师三公、太子三师三少、尚书秘书二省、九寺、四监、太子三寺、诸郡县关市、亲王文学、藩王嗣王、公侯，进贤冠。三品以上三梁，五品以上两梁，犀簪导。九品以上一梁，牛角簪导。门下、内书、殿内三省，诸卫府，长秋监，太子左右庶子、内坊、诸率，宫门内坊，亲王府都尉，府镇防戍九品以上，散官一品已下，武弁帻。侍中、中书令，加貂蝉，珮紫绶。散官者，白笔。御史、司隶二台，法冠。一名獬豸冠。谒者台大夫以下，高山冠。并绛纱单衣，白纱内单，皂领、褾、襈、裾，白练裙襦，绛蔽膝，革带，金饰钩䚢，方心曲领，绅带，玉镖金饰剑，亦通用金镖，山玄玉佩，绶，袜，乌皮舄。是为朝服。玉佩，缥朱绶，施二玉环。三品以上绿绶，四品、五品青绶。二品以下去玉环，六品以下去剑、珮、绶。八品以下，冠去白笔，衣省内单及曲领、蔽膝，著乌皮履。五品加纷、鞶囊。其缥朱者，用四彩，赤、红、缥、绀红。朱质，缥文织，一丈八尺，二百四十首，阔九寸。绿绶用四彩，绿、紫、黄、朱红。绿质，长一丈八尺，二百四十首，阔九寸。紫绶用四彩，紫、黄、赤、红。紫质，长一丈六尺，一百八十首，阔八寸。青绶三彩，白、青、红。青质，长一丈四尺，一百四十首，阔七寸。

　　玄衣纁裳冕而疏者，是为祭服，绶、珮、剑各依朝服之数。其章自七品以下，降二为差，六品以下无章。

　　文武之官皆执笏，五品以上，用象牙为之，六品以下，用竹木。

　　是时，内外群官，文物有序，仆御清道，车服以庸。于是贵贱士庶，较然殊异。越王侗于东都嗣位，下诏停废。自兹以后，浸以不章，以至于亡。

　　唐制，天子车舆有玉辂、金辂、象辂、革辂、木辂，是为五辂，耕根车、安车、四望车，已上八等，并供服乘之用。其外有指南车、记里鼓车、白鹭车、鸾旗车、辟恶车、轩车、豹尾车、羊车、黄钺车，豹尾、黄钺二车，武德中无，自贞观已后加焉。其黄钺，天宝元年制改为金钺。属车十二乘，并为仪仗之用。大驾行幸，则分前后，施于卤簿之内。若大陈设，则分左右，施于仪卫之内。

　　玉辂，青质，以玉饰诸末。重舆，左青龙，右白虎，金凤翅，画繶文鸟兽，黄屋左纛。金凤一在轼前，十二銮在衡，正县銮数，皆其副辂，及耕根则八。二铃在轼，龙辀前设鄣尘，青盖黄里，绣饰，博山镜子，树羽，轮皆朱班重牙。左建旂十有二旒，皆画升龙，其长曳地。右载阇戟，长四尺，广三尺，皾文。旗首金龙头衔结绶及铃绶。驾苍龙，金锡方釳，插翟尾五焦，镂锡，鞶缨十二就。锡，马当颅，镂金为之。鞶缨鞍皆以五彩饰之。就，成也，一匝为一就也。祭祀、纳后则供之。

　　金辂，赤质，以金饰诸末，余与玉辂同，驾赤骝，乡射、祀还、饮至则供之。

　　象辂，黄质，以象饰诸末，余与玉辂同，驾黄骝，行道则供之。

　　革辂，白质，鞔之以革，余与玉辂同，驾白骆，巡狩、临兵事则供之。

　　木辂，黑质，漆之，余与玉辂同，驾黑骝，畋猎则供之。

　　五辂之盖，旌旗之质及鞶缨，皆从辂色，盖之里皆用黄。其镂锡，五辂同。

　　耕根车，青质，盖三重，余与玉辂同，耕籍则供之。

　　安车，金饰，重舆，曲壁，八銮在衡，紫油纁，朱里通幰，朱丝络网，朱鞶缨，朱覆髹发，贝络，驾赤骝，临幸则供之。

　　四望车，制同犊车，金饰。八銮在衡，青油纁，朱里通幰，朱丝络网，拜陵、临吊则供之。

　　自高宗不喜乘辂，每有大礼，则御辇以来往。爰洎则天以后，遂以为常。玄宗又以辇不中礼，又废而不用。开元十一年冬，将有事于南郊，乘辂而往，礼毕，骑而还。自此行幸及郊祀等事，无远近，皆骑于仪卫之内。其五辂及腰舆之属，但陈于卤簿而已。

　　皇后车则有重翟、厌翟、翟车、安车、四望车、金根车六等。

　　重翟车，青质，金饰诸末，轮画朱，金根车牙，其箱饰以重翟羽，青油纁，朱里通幰，绣紫帷，朱丝络网，绣紫络带，八銮在衡，镂锡，鞶缨十二就，金锡方釳，插翟尾，朱丝，总以朱为之，如马勒，著马勒，在两耳与两镳也。驾苍龙，受册、从祀、享庙则供之。厌翟，赤质，金饰诸末，轮画朱牙，其箱饰以次翟羽，紫油纁，朱里通幰，红锦帷，朱丝络网，红锦络带，余如重翟车。驾赤骝，采桑则供之。翟车，黄质，金饰诸末，轮画朱牙，其车侧饰以翟羽，黄油纁，黄里通幰，白红锦帷，朱丝络网，白红锦络带，余如重翟。驾黄骝，归宁则供之。诸鞶缨之色，皆从车质。安车，赤质，金饰，紫通幰朱里。驾四马，临幸及吊则供之。四望车，朱质，紫通幰，油绿络带。拜陵、临吊则供之。金根车，朱质，紫通幰，油画络带，朱丝网。常行则供之。

　　皇太子车辂，有金辂、轺车、四望车。

　　金辂，赤质，金饰诸末，重较，箱画繶文鸟兽，黄屋，伏鹿轼，龙辀，金凤一在轼，前设鄣尘，朱盖黄里，轮画朱牙，左建旗九旒，右载阇戟，旂首金龙头衔结绶及铃绶。驾赤骝四，八銮在衡，二铃在轼，金锡方釳，插翟尾五焦，镂锡，鞶缨九就。从祀享、正冬大朝、纳妃则供之。轺车，金饰诸末，紫通幰朱里，驾一马。五日常服及朝享宫臣、出入行道则供之。四望车，金饰诸末，紫油纁，通幰朱里，朱丝络网，驾一马。吊临则供之。

　　王公已下车辂，亲王及武职一品，象饰辂。自余及二品、三品，革辂。四品，木辂。五品，轺车。

　　象辂，以象饰诸末，朱班轮，八銮在衡，左建旂，旂画龙，一升一降。右载阇戟。革辂，以革饰诸末，左建旜，通帛为旜，余同象辂。木辂，以漆饰之，余同革辂。轺车，曲壁，青通幰。诸辂皆朱质朱盖，朱旂旜。一品九旒，二品八旒，三品七旒，四品六旒，其鞶缨就数皆准此。

　　内命妇夫人乘厌翟车，嫔乘翟车，婕妤已下乘安车，各驾二马。外命妇、公主、王妃乘厌翟车，驾二马。自余一品乘白铜饰犊车，青通幰，朱里油纁，朱丝络网，驾以牛。二品已下去油缬、络网，四品青偏幰。

　　有唐已来，三公已下车辂，皆太仆官造贮掌。若受制行册命及二时巡陵、婚葬则给之。自此之后，皆骑马而已。

　　唐制，天子衣服，有大裘之冕、衮冕、鷩冕、毳冕、绣冕、玄冕、通天冠、武弁、黑介帻、白纱帽、平巾帻、白帢，凡十二等。

　　大裘冕，无旒，广八寸，长一尺六寸，玄裘纁里，已下广狭准此。金饰，玉簪导，以组为缨，色如其绶。裘以黑羔皮为之，玄领、襟、襟缘。朱裳，白纱中单，皂领、青襟、襈、裾。革带，玉钩䚢，大带，素带朱里，纰其外，上以朱，下以绿，纽用组也。蔽膝随裳。鹿卢玉具剑，火珠镖首。白玉双珮，玄组双大绶，六彩，玄、黄、赤、白、缥、绿，纯玄质，长二丈四尺，五百首，广一尺。小双绶长二尺一寸，色同大绶而首半之，间施三玉环。朱袜，赤舃。祀天神地祇则服之。

　　衮冕，金饰，垂白珠十二旒，以组为缨，色如其绶，黈纩充耳，玉簪导。玄衣，纁裳，十二章，八章在衣，日、月、星、龙、山、华虫、火、宗彝；四章在裳，藻、粉米、黼、黻，衣襈、领为升龙，织成为之也。各为六等，龙、山以下，每章一行，十二。白纱中单，黼领，青襟、襈、裾，蔽。绣龙、山、火三章，余同上。革带、大带、剑、珮、绶与上同。舃加金饰。诸祭祀及庙、遣上将、征还、饮至、践阼、加元服、纳后、若元日受朝，则服之。

　　鷩冕，服七章，三章在衣，华虫、火、宗彝；四章在裳，藻、粉米、黼、黻。余同衮冕。有事远主则服之。鷩冕，服五章，三章在衣，宗彝、藻、粉米；二章在裳，黼、黻也。余同鷩冕。祭海岳则服之。绣冕，服三章，一章在衣，粉米；二章在裳，黼、黻。余同毳冕，祭社稷、帝社则服之。玄冕服，衣无章，裳刺黻一章。余同绣冕。蜡祭百神、朝日夕月则服之。通天冠，加金博山，附蝉十二首，施珠翠，黑介帻，发缨翠绥，玉若犀簪导。绛纱里，白纱中单，领，襈，裾，饰以织成。朱襈，裾，白裙，白裙襦。亦裙衫也。绛纱蔽膝，白假带，方心曲领。其革带、佩、剑、绶、袜、舄与上同。若未加元服，则双童髻，空顶黑介帻，双玉导，加宝饰。诸祭还及冬至朔日受朝、临轩拜王公、元会、冬会则服之。武弁，金附蝉，平巾帻，余同前服。讲武、出征、四时蒐狩、大射、祃、类、宜社、赏祖、罚社、纂严则服之。弁服，弁以鹿皮为也。十有二琪，琪以白玉珠为之。玉簪导，绛纱衣，素裳，革带，白玉双珮，鞶囊，小绶，白袜，乌皮履。朔日受朝则服之。黑介帻，白纱单衣，白裙襦，革带，素袜，乌皮履。拜陵则服之。白纱帽，亦乌纱也。白裙襦，亦裙衫也。白袜，乌皮履。视朝听讼及宴见宾客则服之。平巾帻，金宝饰。导簪冠文皆以玉，紫褶，亦白褶。白袴，玉具装，真珠宝钿带。乘马则服之。白帢，临大臣丧则服之。

太宗又制翼善冠，朔、望视朝，以常服及帛练裙襦通著之。若服袴褶，又与平巾帻通用。著于令。其常服，赤黄袍衫，折上头巾，九环带，六合靴，皆起自魏、周，便于戎事。自贞观已后，非元日、冬至受朝及大祭祀，皆常服而已。

显庆元年九月，太尉长孙无忌与修礼官等奏曰：

准武德初撰《衣服令》，天子祀天地，服大裘冕，无旒。臣无忌、志宁、敬宗等谨按《郊特牲》云："周之始郊，日以至。""被衮以象天，戴冕藻十有二旒，则天数也。"而此二礼，俱说周郊，衮与大裘，事乃有异。按《月令》："孟冬，天子始裘。"明以御寒，理非当暑，若启蛰祈谷，冬至报天，行事服裘，义归通允。至于季夏迎气，龙见而雩，炎炽方隆，如何可服？谨寻历代，唯服衮章，与《郊特牲》义旨相协。按周迁《舆服志》云，汉明帝永平二年，制采《周官》、《礼记》，始制祀天地服，天子备十二章。沈约《宋书·志》云："魏、晋郊天，亦皆服衮。"又王智深《宋纪》曰："明帝制云，以大冕纯玉藻、玄衣、黄裳郊祀天地。"后魏、周、齐，迄于隋氏，勘其礼令，祭服悉同。斯则百王通典，炎凉无妨，复与礼经事无乖舛。今请宪章故实，郊祀天地，皆服衮冕，其大裘请停，仍改礼令。又检《新礼》，皇帝祭社稷服绣冕，四旒，三章。祭日月服玄冕，三旒，衣无章。谨按：令文是四品五品之服，此则三公亚献，皆服衮衣，孤卿助祭，服毳及鷩，斯乃乘舆章数，同于大夫，君少臣多，殊不可为。据《周礼》云："祀昊天上帝则服大裘而冕，五帝亦如之。享先王则衮冕，享先公则鷩冕，祀四望山川则毳冕，祭社稷五祀则绣冕，诸小祀则玄冕。"又云："公侯伯子男孤卿大夫之服，衮冕以下，皆如王之服。"所以《三礼义宗》，遂有二释。一云公卿大夫助祭之日，所著之服，降王一等。又云悉与王同。求其折衷，俱未通允。但名位不同，礼亦异数。天子以十二为节，义在法天，岂有四旒三章，翻为御服。若诸臣助祭，冕与王同，便是贵贱无分，君臣不别。如其降王一等，则王著玄冕之时，群臣次服爵弁，既屈天子，又贬公卿。《周礼》此文，久不施用。亦犹祭祀之立尸侑，君亲之拜臣子，覆巢设萚蔟之官，去蛙置蝈氏之职，唯施周代，事不通行。是故汉、魏以来，下迄隋代，相承旧事，唯用衮冕。今《新礼》亲祭日月，仍服五品之服。临事施行，极不稳便。请遵历代故实，诸祭并用衮冕。

制可之。

无忌等又奏曰："皇帝为诸臣及五服亲举哀，依礼著素服。今令乃云白帢，礼令乖舛，须归一涂。且白帢出自近代，事非稽古，虽著令文，不可行用。请改从素服，以会礼文。"制从之。自是鷩冕已下，乘舆更不服之，白帢遂废，而令文因循，竟不改削。

开元十一年冬，玄宗将有事于南郊，中书令张说又奏称："准令，皇帝祭昊天上帝，服大裘之冕，事出《周礼》，取其质也。永徽二年，高宗亲享南郊用之。明庆年修礼，改用衮冕，事出《郊特牲》，取其文也。自则天已来用之。若遵古制，则应用大裘，若便于时，则衮冕为美。"令所司造二冕呈进，上以大裘朴略，冕又无旒，既不可通用于寒暑，乃废不用。自是元正朝会依礼令用衮冕及通天冠，大祭祀依《郊特牲》亦用衮冕。自余诸服，虽在令文，不复施用。十七年，朝拜五陵，但素服而已。朔、望常朝，亦用常服，其翼善冠亦废。

《武德令》：皇太子衣服，有衮冕、具服远游三梁冠、公服远游冠、乌纱帽、平巾帻五等。贞观已后，又加弁服进德冠之制。

衮冕，白珠九旒，以组为缨，色如其绶，青纩充耳，犀簪导。玄衣，纁裳，九章。五章在衣，龙、山、华虫、火、宗彝；四章在裳，藻、粉米、黼、黻。织成为之。白纱中单，黼领，青襈、襈、裾。革带，金钩䚢，大带，素带朱里，亦纰以朱绿，皆用组。黻。随裳色，火、山二章也。玉具剑，金宝饰也。玉镖首。瑜玉双珮，朱组双大绶，四彩，赤、白、缥、绀，纯朱质，长一丈八尺，三百二十首，广九寸。小双绶长二尺六寸，色同大绶而首半之，施二玉环也。朱袜，赤舄。舄加金饰。侍从皇帝祭祀及谒庙、加元服、纳妃则服之。具服远游三梁冠，加金附蝉九首，施珠翠，黑介帻，发缨翠绥，犀簪导。绛纱袍，白纱中单，皂领、襈、襈、裾，白裙襦，白假带，方心曲领，绛纱蔽膝。其革带、剑、珮、绶、袜、舄与上同。后改用白袜、黑舄。未冠则双童髻，空顶黑介帻，双玉导，加宝饰。谒庙还宫、元日冬至朔日入朝、释奠则服之。公服远游冠，簪导以下并同前也。绛纱单衣，白裙襦，革带，金钩䚢，假带，方心，纷，鞶囊，长六尺四寸，广二寸四分，色同大绶。白袜，乌皮履。五日常服、元日冬至受朝则服之。乌纱帽，白裙襦，白袜，乌皮履，视事及宴见宾客则服之。平巾帻，紫褶，白袴，宝钿起梁带。乘马则服之。弁服，弁以鹿皮为之。犀簪导，组缨，玉琪九，绛纱衣，素裳，革带，鞶囊，小绶，双珮，白袜，乌皮履。朔望及视事则兼服之。进德冠，九琪，加金饰，其常服及白练裙襦通著之。若服袴褶，则与平巾帻通著。

自永徽已后，唯服衮冕、具服、公服而已。若乘马袴褶，则著进德冠，自余并废。若宴服、常服，紫衫袍与诸王同。

开元二十六年，肃宗升为皇太子，受册，太常所撰仪注有服绛纱袍之文。太子以为与皇帝所称同，上表辞不敢当，请有以易之。玄宗令百官详议。尚书左丞相裴耀卿、太子太师萧嵩等奏曰："谨按《衣服令》，皇太子具服，有远游冠，三梁，加金附蝉九首，施珠翠，黑介帻，发缨绶，犀簪导，绛纱袍，白纱中单，皂领、褾、襈、白裙襦，方心曲领，绛纱蔽膝，革带，剑、珮，绶等，谒庙还宫、元日冬至朔日入朝、释奠则服之。其绛纱袍则是冠衣之内一物之数，与裙襦、剑、珮等无别。至于贵贱之差，尊卑之异，则冠为首饰，名制有殊，并珠旒及裳彩章之数，多少有别，自外不可事事差异。亦有上下通服，名制是同，礼重则具服，礼轻则从省。今以至敬之情，有所未敢，衣服不可减省，称谓须更变名。望所撰仪注，不以绛纱袍为称，但称为具服，则尊卑有差，谦光成德。"议奏上，手敕改为朱明服，下所司行用焉。

《武德令》，侍臣服有衮、鷩、毳、绣、玄冕，及爵弁、远游、进贤冠，武弁，獬豸冠，凡十等。

衮冕，垂青珠九旒，以组为缨，色如其绶，以下旒、缨皆如之也。青纩充耳，簪导。青衣，纁裳，服九章。五章在衣，龙、山、华虫、火、宗彝，为五等。四章在裳，藻、粉米、黼、黻。皆绛为绣，遍衣而已，下皆如之。白纱中单，黼领，绣冕以下，中单青领。青褾、襈、裙。革带，钩䚢，大带，三品已上，素带朱里，皆纰其外，上以绿。五品带，纰其垂，外以玄黄。纽皆用青组之。韨。凡韨皆随裳色。鷩冕以上，山、火二章，绣冕山一章，玄冕无章。剑、珮、绶，朱袜、赤舄，第一品服之。

鷩冕，七旒，服七章，三章在衣，华虫、火、宗彝；四章在裳，藻、粉米、黼、黻也。余同衮冕，第二品服之。

毳冕，五旒，服五章，三章在衣，宗彝、藻、粉米；二章在裳，黼、黻也。余同鷩冕，第三品服之。

绣冕，四旒，服三章，一章在衣，粉米；二章在裳，黼、黻。余并同毳冕，第四品服之。

玄冕，衣无章，裳刻黻一章，余同绣冕，第五品服之。

爵弁，色同爵，无旒无章。玄缨，簪导，青衣，纁裳，白纱中单，青领、褾、襈、裙，革带，钩䚢，大带，练带，纰其垂，内外以绣，纽约用青组。爵韠，袜，赤履，九品已上服之。凡冕服，助祭及亲迎若私家祭祀皆服之，爵弁亦同。凡冕，制皆以罗为之，其服以纱。爵弁用缯为之，其服用缯。

远游三梁冠，黑介帻，青缨。凡文官皆青缨，以下准此也。皆诸王服之，亲王则加金附蝉。

进贤冠，三品以上三梁，五品以上两梁，九品以上一梁。皆三公、太子三师三少、五等爵、尚书省、秘书省、诸寺监学、太子詹事府、三寺及散官，亲王师友、文学、国官，若诸州县关津岳渎等流内九品以上服之。

武弁，平巾帻，侍中、中书令则加貂蝉，侍左者左耳，侍右者右耳。皆武官及门下、中书、殿中、内侍省、天策上将府、诸卫领军武候监门、领左右太子诸坊诸率及镇戍流内九品已上服之。其亲王府佐九品以上，亦准此。法冠，一名獬豸冠，以铁为柱，其上施珠两枚，为獬豸之形。左右御史台流内九品以上服之。高山冠者，内侍省内谒者及亲王下司阁等服之。却非冠者，亭长、门仆服之。诸应冠而未冠者，并双童髻，空顶帻。五品已上双玉导，金饰，三品以上加宝饰，六品以下无饰。朝服，亦名具服。冠，帻，缨，簪导，绛纱单衣，白纱中单，皂领、褾、襈、裙、白裙襦，亦裙衫也。革带，钩䚢，假带，曲领方心，绛纱蔽膝，袜，舄，剑、珮，绶。一品已下，五品已上，陪祭、朝飨、拜表大事则服之。七品已上，去剑、珮、绶，余并同。公服，亦名从省服。冠，帻，缨，簪导，绛纱单衣，白裙襦，亦裙衫也。革带，钩䚢，假带，方心，袜，履，粉，鞶囊。一品以下，五品以上，谒见东宫及余公事则服之。其六品以下，去纷、鞶囊，余同。诸佩绶者，皆双绶。亲王纁朱绶，四彩，赤、黄、缥、绀。纯朱质，纁文织。长一丈八尺，二百四十首，广九寸。一品绿䌷绶，四彩，紫、黄、赤。纯绿质，长一丈八尺，二百四十首，广九寸。二品、三品紫绶，三彩，紫、黄、赤。纯紫质，长一丈六尺，一百八十首，广八寸。四品青绶，三彩，青、白、红。纯青质，长一丈四尺，一百四十首，广七寸。五品黑绶，二彩，青、绀。纯绀质，长一丈二尺，一百首，广六寸。自王公以下皆有小双绶，长二尺六寸，色同大绶而首半之。正第一品佩二玉环，自外不同也。有绶者则有纷，皆长六尺四寸，广二尺四分，各随绶色。诸鞶囊，二品以上金镂，三品金银镂，四品银镂，五品彩镂。诸珮，一品珮山玄玉，二品以下、五品以上，佩水苍玉。

诸文官七品以上朝服者，簪白笔，武官及爵则不簪。诸舄履并乌色，舄重皮底，履单皮底。别注色者，不用此色。诸勋官及爵任职事官者，散官、散号将军同职事。正衣本服，自外各从职事服。诸致仕以及理去官，被召谒见，皆服前官从省服。平巾帻，簪箪导，冠支，五品以上紫褶，六品以下绯褶，加两裆滕蛇，并白袴，起梁带。五品以上，金玉杂钿。六品以下，金饰隐起。靴，武官及卫官陪立大仗则服之。若文官乘马，亦通服之，去两裆滕蛇。诸视品府佐，武弁，平巾帻。国官，进贤一梁冠，黑介帻，簪导。其服各准正品，其流外官，亦依正品流外之例。参朝则服之。若谒见府公，府佐平巾黑帻，国官黑介帻，皆白纱单衣，乌皮履。

诸流外官行署，三品以上黑介帻，绛公服，用绯为之，制同绛纱单衣。方心，革带，钩䚢，假带，袜，乌皮履。九品以上绛褶衣，制同绛公服，袖狭，形直如沟，不垂。去方心、假带，余同绛公服。其非行署者，太常寺谒者、卜博士、医助教、祝史、赞引，鸿胪寺掌仪、诸典书、典学，内侍省内典引，太子门下坊典仪、内坊导客舍人，诸赞者，王公以下舍人，公主谒者等，各准行署，依品服。自外及民任杂掌无官品者，皆平巾帻，绯衫，大口袴。朝集从事则服之。诸典谒，武弁，绛公服。其斋郎，介帻，绛褠衣。自外品子任杂掌者，皆平巾帻，绯衫，大口袴。朝集从事则服之。黑介帻，簪导，深衣，青標、领，革带，乌皮履。未冠则双童髻，空顶黑介帻，去革带。国子、太学、四门学生参见则服之。书算学生、州县学生，则乌纱帽，白裙襦，青领。诸外官拜表受诏皆服。本品无朝服者则服之。其余公事及初上，并公服。诸州大中正，进贤一梁冠，绛纱公服，若有本品者，依本品参朝服之。诸州县佐史、乡正、里正、岳渎祝史、斋郎，并介帻，绛褠衣。

平巾帻，绯褶，大口袴，紫附褙，尚食局主食、典膳局主食、太官署食官署掌膳服。平巾绿帻，青布袴褶，尚食局主膳、典膳局典食、太官署食官署供膳服。平巾五辮髻，青袴褶，青耳屏，羊车小史服之。总角髻，青袴褶，漏刻生、漏童服之。

龙朔二年九月戊寅，司礼少常伯孙茂道奏称："诸臣九章服，君臣冕服，章数虽殊，饰龙名衮，尊卑相乱。望诸臣九章衣以云及麟代龙，升山为上，仍改冕。"当时纷议不定。仪凤年，太常博士苏知机又上表，以公卿以下冕服，请别立节文。敕下有司详议。崇文馆学士校书郎杨炯奏议曰：

古者太昊庖牺氏，仰以观象，俯以察法，造书契而文籍生。次有黄帝轩辕氏，长而敦敏，成而聪明，垂衣裳而天下理。其后数迁五德，君非一姓。体国经野，建邦设都，文质所以再而复，正朔所以三而改。夫改正朔者，谓夏后氏建寅，殷人建丑，周人建子。至于以日系月，以月系时，以时系年，此则三王相袭之道也。夫易服色者，谓夏后氏尚黑，殷人尚白，周人尚赤。至于山、龙、华虫、宗彝、藻、火、粉米、黼、黻，此又百代可知之道也。谨按《虞书》曰："予欲观古人之象，日、月、星辰、山、龙、华虫作绘，宗彝、藻、火、粉米、黼、黻絺绣。"由此言之，则其所从来者尚矣。

夫日月星辰者，明光照下土也。山者，布散云雨，象圣王泽沾下人也。龙者，变化无方，象圣王应机布教也。华虫者，雉也，身被五采，象圣王体兼文明也。宗彝者，武蜼也，以刚猛制物，象圣王神武定乱也。藻者，逐水上下，象圣王随代而应也。火者，陶冶烹饪，象圣王至德日新也。米者，人恃以生，象圣王物之所赖也。黼能断割，象圣王临事能决也。黻者，两己相背，象君臣可否相济也。逮有周氏，乃以日月星辰为旌旗之饰，又登龙于山，登火于宗彝，于是乎制衮冕以祀先王也。九章者，法于阳数也。以龙为首章者，衮者卷也，龙德神异，应变潜见，表圣王深沈远智，卷舒神化也。又制鷩冕以祭先公也。鷩者雉也，有耿介之志，表公有贤才，能守耿介之节也。又制毳冕以祭四望也。四望者，岳渎之神也。武蜼者，山林所生也，明其象也。制絺冕以祭社稷也。社稷，土谷之神也。粉米由之成也，象其功也。又制玄冕以祭群小祀也。百神异形，难可遍拟，但取黻之相背异名也。夫以周公之多才也，故化定制礼，功成作乐。夫

以孔宣之将圣也，故行夏之时，服周之冕。先王之法服，乃此之自出矣；天下之能事，又于是乎毕矣。

今表状"请制大明冕十二章，乘舆服之"者。谨按，日月星辰者，已施旌旗矣；龙武山火者，又不逾于古矣。而云麟凤有四灵之名，玄龟有负图之应，云有纪官之号，水有感德之祥，此盖别表休征，终是无逾比象。然则皇王受命，天地兴符，仰观则璧合珠连，俯察则银黄玉紫。尽南宫之粉壁，不足写其形状；罄东观之铅黄，无以纪其名实。固不可毕陈于法服也。云也者，从龙之气也，水也者，藻之自生也，又不假别为章目也。此盖不经之甚也。

又"鷩冕八章，三公服之"者。鷩者，太平之瑞也，非三公之德。鹰鹯者，鷩鸟也，适可以辨祥刑之职。熊罴者，猛兽也，适可以旌武臣之力也。又称藻为水草，无所法象，引张衡赋云，"蒂倒茄于藻井，披江葩之狎猎。"谓为莲花，取其文采者。夫茄者莲也，若以莲花代藻，变古从今，既不知草木之名，亦未达文章之意。此又不经之甚也。

又"毳冕六章，三品服之"者。按此王者祀四望服之名也。今三品乃得同王之毳冕，而三公不得同王之衮名。岂惟颠倒衣裳，抑亦自相矛盾。此又不经之甚也。

又"黼冕四章，五品服之"。考之于古，则无其名；验之于今，则非章首。此又不经之甚也。

若夫礼惟从俗，则命为制，令为诏，乃秦皇之故事，犹可以适于今矣。若乃义取随时，则出称警，入称跸，乃汉国之旧仪，犹可以行于代矣。亦何取于变周公之轨物，改宣尼之法度者哉！

由是竟寝知机所请。

景龙二年七月，皇太子将亲释奠于国学，有司草仪注，令从臣皆乘马著衣冠。太子左庶子刘子玄进议曰：

古者自大夫已上皆乘车，而以马为騑服。魏、晋已降，迄于隋代，朝士又驾牛车，历代经史，具有其事，不可一二言也。至如李广北征，解鞍憩息；马援南伐，据鞍顾盼。斯则鞍马之设，行于军旅，戎服所乘，贵于便习者也。案江左官至尚书郎而辄轻乘马，则为御史所弹。又颜延之罢官后，好骑马出入闾里，当代称其放诞。此则专车凭轼，可摄朝衣；单马御鞍，宜从褻服。求之近古，灼然之明验矣。

自皇家抚运，沿革随时。至如陵庙巡幸，王公册命，则盛服冠履，乘彼辂车。其士庶有衣冠亲迎者，亦时以篮箱充驭。在于他事，无复乘车，贵贱所行，通鞍马而已。臣伏见比者銮舆出幸，法驾首途，左右侍臣皆以朝服乘马。夫冠履而出，止可配车而行，今乘车即停，而冠履不易，可谓唯知其一而未知其二。何者？褒衣博带，革履高冠，本非马上所施，自是车中之服。必也袜而升镫，跣以乘鞍，非惟不师古道，亦自取惊今俗，求诸折中，进退无可。且长裙广袖，襜如翼如，鸣珮纡组，锵锵弈弈，驰骤于风尘之内，出入于旌荣之间，倘马有惊逸，人从颠坠，遂使属车

之右，遗履不收，清道之傍，纮骖相续，固以受嗤行路，有损威仪。

今议者皆云秘阁有《梁武帝南郊图》，多有衣冠乘马者，此则近代故事，不得谓无其文。臣案此图是后人所为，非当时所撰。且观当今有古今图画者多矣，如张僧繇画《群公祖二疏》，而兵士有著芒屩者；阎立本画《昭君入匈奴》，而妇人有著帷帽者。夫芒屩出于水乡，非京华所有；帷帽创于隋代，非汉宫所作。议者岂可征此二画以为故实者乎！由斯而言，则《梁武南郊之图》，义同于此。又传称义惟因俗，礼贵缘情。殷辂周冕，规模不一；秦冠汉珮，用舍无恒。况我国家道轶百王，功高万古，事有不便，资于变通。其乘马衣冠，窃谓宜从省废。臣此异议，其来自久，日不暇给，未及摧扬。今属殿下亲从齿胄，将临国学，凡有衣冠乘马，皆惮此行，所以辄进狂言，用申鄙见。皇太子手令付外宣行，仍编令，以为恒式。

宴服，盖古之亵服也，今亦谓之常服。江南则以巾褐裙襦，北朝则杂以戎夷之制。爰至北齐，有长帽短靴，合袴袄子，朱紫玄黄，各任所好。虽谒见君上，出入省寺，若非正式大会，一切通用。高氏诸帝，常服绯袍。隋代帝王贵臣，多服黄文绫袍，乌纱帽，九环带，乌皮六合靴。百官常服，同于匹庶，皆著黄袍，出入殿省。天子朝服亦如之，惟带加十三环以为差异，盖取于便事。其乌纱帽渐废，贵贱通服折上巾，其制周武帝建德年所造也。晋公宇文护始命袍加下襕。及大业元年，炀帝始制诏吏部尚书牛弘、工部尚书宇文恺、兼内史侍郎虞世基、给事郎许善心、仪曹郎袁朗等宪章古则，创造衣冠，自天子逮于胥吏，章服皆有等差。始令五品以上，通服朱紫。是后师旅务殷，车驾多行幸，百官行从，虽服袴褶，而军间不便。六年，复诏从驾涉远者，文武官等皆戎衣，贵贱异等，杂用五色。五品已上，通著紫袍，六品已下，兼用绯绿。胥吏以青，庶人以白，屠商以皂，士卒以黄。

武德初，因隋旧制，天子宴服，亦名常服，唯以黄袍及衫，后渐用赤黄，遂禁士庶不得以赤黄为衣服杂饰。四年八月敕："三品已上，大科䌷绫及罗，其色紫，饰用玉。五品已上，小科䌷绫及罗，其色朱，饰用金。六品已上，服丝布，杂小绫，交梭，双紃，其色黄。六品、七品饰银。八品、九品鍮石。流外及庶人服绸、絁、布，其色通用黄，饰用铜铁。"五品已上执象笏。三品已下前挫后直，五品已上前挫后屈。自有唐已来，一例上圆下方，曾不分别。六品已下，执竹木为笏，上挫下方。其折上巾，乌皮六合靴，贵贱通用。贞观四年又制，三品已上服紫，五品已下服绯，六品、七品服绿，八品、九品服青，带以鍮石。妇人从夫色。虽有令，仍许通著黄。五年八月敕，七品已上，服龟甲双巨十花绫，其色绿。九品已上，服丝布及杂小绫，其色青。十一月，赐诸卫将军紫袍，锦为褾袖。八年五月，太宗初服翼善冠，贵臣服进德冠。

龙朔二年，司礼少常伯孙茂道奏称："旧令六品、七品著绿，八品、九品著青，深青乱紫，非卑品所服。望请改八品、九品著碧。朝参之处，听兼服黄。"从之。总章

元年，始一切不许着黄。上元元年八月又制："一品已下带手巾、算袋，仍佩刀子、砺石，武官欲带者听之。文武三品已上服紫，金玉带。四品服深绯，五品服浅绯，并金带。六品服深绿，七品服浅绿，并银带。八品服深青，九品服浅青，并鍮石带。庶人并铜铁带。"文明元年七月甲寅诏："旗帜皆从金色，饰之以紫，画以杂文。八品已下旧服者，并改以碧。京文官五品已上，六品已下，七品清官，每日入朝，常服袴褶。诸州县长官在公衙，亦准此。"景云中又制，令依上元故事，一品已下带手巾、算袋，其刀子、砺石等许不佩。武官五品已上佩鞢韘七事。七谓佩刀、刀子、砺石、契苾真、哕厥针筒、火石袋等也。至开元初复罢之。则天天授二年二月，朝集使刺史赐绣袍，各于背上绣成八字铭。长寿三年四月，敕赐岳牧金字银字铭袍。延载元年五月，则天内出绯紫单罗铭襟背衫，赐文武三品已上。左右监门卫将军等饰以师子，左右卫饰以麒麟，左右武威卫饰以对虎，左右豹韬卫饰以豹，左右鹰扬卫饰以鹰，左右玉钤卫饰以对鹘，左右金吾卫饰以对豸，诸王饰以盘龙及鹿，宰相饰以凤池，尚书饰以对雁。

武德已来，始有巾子，文官名流，上平头小样者。则天朝，贵臣内赐高头巾子，呼为武家诸王样。中宗景龙四年三月，因内宴赐宰臣已下内样巾子。开元已来，文官士伍多以紫皂官纻为头巾、平头巾子，相效为雅制。玄宗开元十九年十月，赐供奉官及诸司长官罗头巾及官样巾子，迄今服之也。

天宝十载五月，改诸卫旗幡队仗，先用绯色，并用赤黄色，以符土德。

高祖武德元年九月，改银菟符为银鱼符。高宗永徽二年五月，开府仪同三司及京官文武职事四品、五品，并给随身鱼。咸亨三年五月，五品已上赐新鱼袋，并饰以银。三品已上各赐金装刀子、砺石一具。垂拱二年正月，诸州都督刺史，并准京官带鱼袋。天授元年九月，改内外所佩鱼并作龟。久视元年十月，职事三品已上龟袋，宜用金饰，四品用银饰，五品用铜饰。上守下行，皆从官给。神龙元年二月，内外官五品已上依旧佩鱼袋。六月，郡王、嗣王特许佩金鱼袋。景龙三年八月，令特进佩鱼。散职佩鱼，自此始也。自武德已来，皆正员带阙官始佩鱼袋，员外、判试、检校自则天、中宗后始有之，皆不佩鱼。虽正员官得佩，亦去任及致仕即解去鱼袋。至开元九年，张嘉贞为中书令，奏诸致仕许终身佩鱼，以为荣宠。以理去任，亦听佩鱼袋。自后恩制赐赏绯紫，例兼鱼袋，谓之章服，因之佩鱼袋、服朱紫者之众矣。

梁制云，袴褶，近代服以从戎，今缵严则文武百官咸服之。车驾亲戎，则缚袴不舒散也。中官紫褶，外官绛褶，乌用皮。服冠衣朱者，紫衣用赤舄，乌衣用乌舄。唯褶服以靴。靴，胡履也，取便于事，施于戎服。

旧制，乘舆案褥、床褥、床帷，皆以紫为饰。天宝六载，礼仪使太常卿韦绦奏请依御袍色，以赤黄为饰。从之。

《武德令》：皇后服有袆衣、鞠衣、钿钗礼衣三等。袆衣，首饰花十二树，并两博鬓，其衣以深青织成为之，文为翚翟之形。素质，五色，十二等。素纱中单，黼领，

罗縠褾、襈，褾、襈皆用朱色也。蔽膝，随裳色，以缬为领，用翟为章，三等。大带，随衣色，朱里，纰其外，上以朱锦，下以绿锦，纽约用青组。以青衣，革带，青袜、舄，舄加金饰。白玉双珮，玄组双大绶。章彩尺寸与乘舆同。受册、助祭、朝会诸大事则服之。鞠衣，黄罗为之。其蔽膝、大带及衣革带、舄随衣色。余与袆衣同，唯无雉也。亲蚕则服之。钿钗礼衣，十二钿，服通用杂色，制与上同，唯无雉及珮绶，去舄，加履。宴见宾客则服之。

皇太子妃服，首饰花九树，小花如大花之数，并两博鬓也。揄翟，青织成为之，文为摇翟之形，青质，五色，九等也。素纱中单，黼领，罗縠褾、襈，褾、襈皆用朱。蔽膝，随裳色，用缬为领缘，以摇翟为章，二等也。大带，随衣色，朱里，纰其外，上以朱锦，下以绿锦，纽用青组。以青衣，革带，青袜、舄，舄加金饰。瑜玉珮，红朱双大绶。章彩尺寸与皇太子同。受册、助祭、朝会诸大事则服之。鞠衣，黄罗为之，其蔽膝、大带及衣革带随衣色。余揄翟同，唯无雉也。从蚕则服之。钿钗礼衣，九钿，服通用杂色，制与上同，唯无雉及珮、绶，去舄，加履。宴见宾客则服之。

内外命妇服花钿，施两博鬓，宝钿饰之。翟衣青质，罗为之，绣为雉，编次于衣及裳，重为九等而下。第一品花钿九树，宝钿准花数，以下准此也。翟九等。第二品花钿八树，翟八等。第三品花钿七树，翟七等。第四品花钿六树，翟六等。第五品花钿五树，翟五等。并素纱中单，黼领，朱褾、襈，亦通用罗縠也。蔽膝，随裳色，以缬为领缘，加以文绣，重雉为章二事，一品已下皆同也。大带，随衣色，绯其外，上以朱锦，下以绿锦，纽同青组。青衣，革带，青袜、舄，珮、绶。内命妇受册、从蚕、朝会则服之；其外命妇嫁及受册、从蚕、大朝会亦准此。钿钗礼衣，通用杂色，制与上同，唯无雉及珮绶。去舄，加履。第一品九钿，第二品八钿，第三品七钿，第四品六钿，第五品五钿。内命妇寻常参见，外命妇朝参辞见及礼会则服之。六尚、宝林、御女、采女、女官等服，礼衣通用杂色，制与上同，惟无首饰。七品已上，有大事服之，寻常供奉则公服。公服去中单、蔽膝、大带。九品已上，大事及寻常供奉，并公服。东宫准此。女史则半袖裙襦。诸公主、王妃珮绶同，诸王县主、内命妇准品。外命妇五品已上，皆准夫、子，即非因夫、子别加邑号者，亦准品。妇人宴服，准令各依夫色，上得兼下，下不得僭上。既不在公庭，而风俗奢靡，不依格令，绮罗锦绣，随好所尚。上自宫掖，下至匹庶，递相仿效，贵贱无别。

武德、贞观之时，宫人骑马者，依齐、隋旧制，多著幂䍦，虽发自戎夷，而全身障蔽，不欲途路窥之。王公之家，亦同此制。永徽之后，皆用帷帽，拖裙到颈，渐为浅露。寻下敕禁断，初虽暂息，旋又仍旧，咸亨二年又下敕曰："百官家口，咸预士流，至于衢路之间，岂可全无障蔽。比来多著帷帽，遂弃幂䍦，曾不乘车，别坐檐子。递相仿效，浸成风俗，过于轻率，深失礼容。前者已令渐改，如闻犹未止息。又命妇朝谒，或将驰驾车，既入禁门，有亏肃敬。此并乖于仪式，理须禁断，自今已后，勿使更然。"则天之后，帷帽大行，幂䍦渐息。中宗即位，宫禁宽弛，公私妇人，无复幂䍦之制。开元初，从驾宫人骑马者，皆著胡帽，靓妆露面，无复障蔽。士庶之家，又相仿效，帷帽之制，绝不行用。俄又露髻驰骋，或有著丈夫衣服靴衫，而尊卑内外，斯一贯矣。

奚车，契丹塞外用之，开元、天宝中渐至京城。兜笼，巴蜀妇人所用，今乾元已来，蕃将多著勋于朝，兜笼易于担负，京城奚车、兜笼、代于车舆矣。

武德来，妇人著履，规制亦重，又有线靴。开元来，妇人例著线鞋，取轻妙便于事，侍儿乃著履。臧获贱伍者皆服襕衫。太常乐尚胡曲，贵人御馔，尽供胡食，士女皆竞衣胡服，故有范阳羯胡之乱，兆于好尚远矣。

太极元年，左司郎中唐绍上疏曰：

臣闻王公已下，送终明器等物，具标甲令，品秩高下，各有节文。孔子曰，明器者，备物而不可用，以刍灵者善，为俑者不仁。传曰，俑者，谓有面目机发，似于生人也。以此而葬，殆将于殉，故曰不仁。近者王公百官，竞为厚葬，偶人像马，雕饰如生，徒以眩耀路人，本不因心致礼。更相扇慕，破产倾资，风俗流行，遂下兼士庶。若无禁制，奢侈日增。望诸王公已下，送葬明器，皆依令式，并陈于墓所，不得衢路行。

又士庶亲迎之仪，备诸六礼，所以承宗庙，事舅姑，当须昏以为期，诘朝谒见。往者下俚庸鄙，时有障车，邀其酒食，以为戏乐。近日此风转盛，上及王公，乃广奏音乐，多集徒侣，遮拥道路，留滞淹时，邀致财物，动逾万计。遂使障车礼贶，过于聘财，歌舞喧哗，殊非助感。即亏名教，实蠹风猷，违紊礼经，须加节制。望请婚姻家障车者，并须禁断。其有犯者，有荫家请准犯名教例附簿，无荫人决杖六十，仍各科本罪。

制从之。

卷四十六　　志第二十六

经　籍　上

夫龟文成象，肇八卦于庖牺；鸟迹分形，创六书于苍颉。圣作明述，同源异流。《坟》、《典》起之于前，《诗》、《书》继之于后。先王陈迹，后王准绳。《易》曰："观乎人文以化成天下。"《礼》曰："君子如欲化民成俗，其必由学乎！"学者非他，方策之谓也。琢玉成器，观古知今，历代哲王，莫不崇尚。自仲尼没而微言绝，七十子丧而大义乖。嬴氏坑焚，以愚黔首；汉兴学校，复创石渠。雄、向校雠于前，马、郑讨论于后，两京载籍，由是粲然。及汉末还都，焚溺过半。爰自魏、晋，迄于周、隋，而好事之君，慕古之士，亦未尝不以图籍为意也。然河北江南，未能混一；偏方购辑，卷帙未弘。而荀勖、李充、王俭、任昉、祖暅，皆达学多闻，历世整比，群分类聚，递相祖述。或为七录，或为四部，言其部类，多有所遗。及隋氏建邦，寰区一统，炀皇好学，喜聚逸书，而隋世简编，最为博洽。及大业之季，丧失者多。贞观中，令狐德棻、魏徵相次为秘书监，上言经籍亡逸，请行购募，并奏引学士校定。群书大备。

开元三年，左散骑常侍褚无量、马怀素侍宴，言及经籍。玄宗曰："内库皆是太宗、高宗先代旧书，常令宫人主掌，所有残缺，未遑补缉，篇卷错乱，难于检阅。卿试为朕整比之。"至七年，诏公卿士庶之家，所有异书，官借缮写。及四部书成，上令百官入乾元殿东廊观之，无不骇其广。九年十一月，殷践猷、王惬、韦述、余钦、毋煚、刘彦真、王湾、刘仲等重修成《群书四部录》二百卷，右散骑常侍元行冲奏上之。自后毋煚又略为四十卷，名为《古今书录》，大凡五万一千八百五十二卷。禄山之乱，两都覆没，乾元旧籍，亡散殆尽。肃宗、代宗崇重儒术，屡诏购募。文宗时，郑覃侍讲禁中，以经籍道丧，屡以为言。诏令秘阁搜访遗文，日令添写。开成初，四部书至五万六千四百七十六卷。及广明初，黄巢干纪，再陷两京，宫庙寺署，焚荡殆尽，曩时遗籍，尺简无存。及行在朝诸儒购辑，所传无几。昭宗即位，志弘文雅。秘书省奏曰："当省元掌四部御书十二库，共七万余卷。广明之乱，一时散失。后来省司购募，尚及二万余卷。及先朝再幸山南，尚存一万八千卷。窃知京城制置使孙惟晟收在本军，其御书秘阁见充教坊及诸军人占住。伏以典籍国之大经，秘府校雠之地，其书籍并望付当省校其残缺，渐令补辑。乐人乞移他所。"并从之。及迁都洛阳，又丧其半。平时载籍，世莫得闻。今录开元盛时四部诸书，以表艺文之盛。

四部者，甲、乙、丙、丁之次也。

甲部为经，其类十二：一曰《易》，以纪阴阳变化。二曰《书》，以纪帝王遗范。三曰《诗》，以纪兴衰诵叹。四曰《礼》，以纪文物体制。五曰《乐》，以纪声容律度。六曰《春秋》，以纪行事褒贬。七曰《孝经》，以纪天经地义。八曰《论语》，以纪先圣微言。九曰图纬，以纪六经谶候。十曰经解，以纪六经谶候。十一曰诂训，以纪六经谶候。十二曰小学，以纪字体声韵。

乙部为史，其类十有三：一曰正史，以纪纪传表志。二曰古史，以纪编年系事。三曰杂史，以纪异体杂记。四曰霸史，以纪伪朝国史。五曰起居注，以纪人君言动。六曰旧事，以纪朝廷政令。七曰职官，以纪班序品秩。八曰仪注，以纪吉凶行事。九曰刑法，以纪律令格式。十曰杂传，以纪先圣人物。十一曰地理，以纪山川郡国。十二曰谱系，以纪世族继序。十三曰略录，以纪史策条目。

丙部为子，其类十有四：一曰儒家，以纪仁义教化。二曰道家，以纪清净无为。三曰法家，以纪刑法典制。四曰名家，以纪循名责实。五曰墨家，以纪强本节用。六曰纵横家，以纪辩说诡诈。七曰杂家，以纪兼叙众说。八曰农家，以纪播植种艺。九曰小说家，以纪刍辞舆诵。十曰兵法，以纪权谋制度。十一曰天文，以纪星辰象纬。十二曰历数，以纪推步气朔。十三曰五行，以纪卜筮占候。十四曰医方，以纪药饵针灸。

丁部为集，其类有三：一曰楚词，以纪骚人怨刺。二曰别集，以纪词赋杂论。三曰总集，以纪文章事类。

煚等撰集，依班固《艺文志》体例，诸书随部皆有小序，发明其指。近史官撰《隋书经籍志》，其例亦然。窃以纪录简编异题，卷部相沿，序述无出前修。今之杀青，亦所不取，但纪部帙而已。而煚等所序四部都录以明新修之旨，今略载之：

窃以经坟浩广，史图纷博，寻览者莫之能遍，司总者常苦其多，何暇重屋复床，更繁其说？若先王有阙典，上圣有遗事，邦政所急，儒训是先，宜垂教以作程，当阐规而开典，则不遑启处，何获宴宁。曩之所修，诚惟此义，然礼有未惬，追怨良深。于时秘书省经书，实多亡阙，诸司坟籍，不暇讨论。此则事有未周，一也。其后周览人间，颇睹阙文，新集记贞观之前，永徽已来不取；近书采长安之上，神龙已来未录。此则理有未弘，二也。书阅不遍，事复未周，或不详名氏，或未知部伍。此则体有未通，三也。书多阙目，空张第数，既无篇题，实乖标榜。此则例有所亏，四也。所用书序，咸取魏文贞；所分书类，皆据《隋经籍志》。理有未允，体有不通。此则事实未安，五也。昔马谈作《史记》，班彪作《汉书》，皆两叶而仅成；刘歆作《七略》，王俭作《七志》，逾二纪而方就。孰有四万卷目，二千部书，名目首尾，三年便令终竟，欲求精悉，不其难乎？所以常有遗恨，窃思追雪。乃与类同契，积思潜心，审正旧疑，详升新制。永徽新集，神龙近书，则释而附也。未详名氏，不知部伍，则论而补也。空张之目，则检获便增。未允之序，则详宜别作。纰缪咸正，混杂必刊。改旧传之失者三百余条，加新书之目者六千余卷。凡经录十二家，五百七十五部，六千二百四十一卷。史录十三家，八百四十部，一万七千九百四十六卷。子录十七家，七百五十三部，一万五千六百三十七卷。集录三家，八百九十二部，一万二千二十八卷。凡四部之录四十五家，都管三千六十部，五万一千八百五十二卷，成《书录》四十卷。其外有释氏经律论疏，道家经戒符箓，凡二千五百余部，九千五百余卷。亦具翻译名氏，序述指归，又勒成目录十卷，名曰《开元内外经录》。若夫先王秘传，列代奥文，自古之粹籍灵符，绝域之神经怪牒，尽载于此二书矣。

夫经籍者，开物成务，垂教作程，圣哲之能事，帝王之达典。而去圣已久，开凿遂多，苟不剖判条源，甄明科部，则先贤遗事，有卒代而不闻，大国经书，遂终年而空泯。使学者孤舟泳海，弱羽凭天，衔石填溟，倚杖追日，莫闻名目，岂详家代？不亦劳乎！不亦弊乎！将使书千帙于掌眸，披万函于年祀，览录而知旨，观目而悉词，经坟之精术尽探，贤哲之睿思咸识，不见古人之面，而见古人之心，以传后来，不其愈已！

其序如此。

煚等《四部目》及《释道目》，并有小序及注撰人姓氏，卷轴繁多，今并略之，但纪篇部，以表我朝文物之大。其《释道录目》附本书，今亦不取，据开元经籍为之志。天宝已后，名公各著文章，儒者多有撰述，或记礼法之沿革，或裁国史之繁略，皆张部类，其徒实繁。臣以后出之书，在开元四部之外，不欲杂其本部，今据所闻，附撰人等传。其诸公文集，亦见本传，此并不录。四部区分，详之于下。

甲部经录，十二家，五百七十五部，六千二百四十一卷。

《易》类一　《书》类二　《诗》类三　《礼》类四　《乐》类五　《春秋》类六　《孝经》类七　《论语》类八　谶纬类九　经解类十　诂训类十一　小学类十二

《归藏》十三卷殷易，司马膺注。
《周易》二卷卜商传。
又十卷孟喜章句。
又十卷京房章句。
又四卷费直章句。
又十卷马融章句。
又九卷郑玄注。
又十卷荀爽章句。
又五卷刘表注。
又十卷王肃注。
又十卷董遇注。
又十卷宋衷注。
又七卷王弼注。
又九卷虞翻注。
又十三卷陆绩注。
又十卷荀氏九家集解。
又十卷马、郑、二王集解。
又十卷姚信注。
又十卷王弼、韩康伯注。
又十卷　二王集注。
又十卷荀晖注。
又十卷蜀才注。
又十卷张璠集解。
又十卷王廙注。
又十卷干宝注。
又十卷黄颖注。
又十卷崔浩注。
又十三卷崔觐注。
又十卷何胤注。
又十卷卢氏注。
又十四卷傅氏注。
又十卷王玄度注。
又十卷王又玄注。
又十卷任希古注。
又十卷王凯冲注。
《周易发挥》五卷王勃撰。
《周易系辞》二卷谢万注。

又二卷桓玄注。
又二卷荀谚注。
又二卷宋褰注。
《周易义疏》二十卷宋明帝注。
《宋群臣讲易疏》二十卷张该等注。
《周易大义》二十卷梁武帝撰。
《周易讲疏》三十五卷梁武帝撰。
《周易发题义》一卷。
《周易幾义》一卷萧伟撰。
《周易大义疑问》二十卷梁武帝撰。
《周易义疏》十四卷萧子政撰。
《周易讲疏》三十卷张讥注。
又十三卷何妥撰。
又十六卷褚仲都撰。
《周易正义》十四卷孔颖达撰。
《周易新论》十卷阴弘道撰。
《周易文句义疏》二十四卷陆德明撰。
《周易文外大义》二卷陆德明撰。
《周易新注本义》十四卷薛仁贵撰。
《周易开题论序疏》十卷。
《周易文句义疏》二十卷已上并梁蕃撰。
《周易大衍论》三卷玄宗撰。
《周易论》四卷钟会撰。
《周易大衍论》一卷王弼撰。
《周易论》一卷应吉甫。
《周易统略论》三卷邹湛撰。
《周易略论》一卷张璠撰。
《周易论》二卷暨长成难，暨仲容答。
《易论》一卷宋处宗撰。
《通易象论》一卷宣聘撰。
又一卷栾永初撰。
《周易系辞义疏》二卷刘瓛撰。
《周易乾坤义疏》一卷刘瓛撰。
《周易略谱》一卷沈熊撰。
《周易爻义》一卷干宝撰。
《周易卦序论》一卷杨乂撰。
《周易谱》一卷袁宏撰。
《周易论》四卷范氏撰。
《周易杂音》三卷。
《周易释序义》三卷梁蕃撰。
　　右《易》七十八部，凡六百七十三卷。

《古文尚书》十三卷孔安国传。
又十卷孔安国传，范宁注。
又十卷李颙集注。
又十卷姜道盛集注。
又十卷马融注。
又九卷郑玄注。
又十卷王肃注。
又十三卷谢沈注。

《尚书畅训》三卷伏胜注。
《尚书洪范五行传》十一卷刘向撰。
《尚书答问》三卷王肃注。
《尚书释驳》五卷王肃撰。
《尚书释问》四卷郑玄注。王粲问，田琼、韩益正。
《尚书义注》三卷吕文优撰。
《尚书释义》四卷伊说撰。
《尚书要略》二卷李颙撰。
《尚书新释》二卷李颙撰。
《尚书百问》一卷顾欢撰。
《尚书义疏》十卷巢猗撰。
《尚书百释》三卷巢猗撰。
《尚书义疏》十卷费甝撰。
《古文尚书大义》二十卷任孝恭撰。
《尚书义疏》三十卷蔡大宝撰。
《尚书文外义》三十卷顾彪撰。
《尚书义疏》二十卷刘焯撰。
《尚书述义》二十卷刘炫撰。
《尚书正义》二十卷孔颖达撰。
《古文尚书音义》五卷顾彪撰。
《尚书音义》四卷王俭撰。
　　右《尚书》二十九部，凡二百七十二卷。

《韩诗》二十卷卜商序，韩婴撰。
《韩诗外传》十卷韩婴撰。
《毛诗》十卷毛苌撰。
《毛诗诂训》二十卷郑玄笺。
《毛诗》二十卷王肃注。
《叶诗》二十卷叶遵注。
《集注毛诗》二十四卷崔灵恩集注。
《韩诗翼要》十卷卜商撰。
《毛诗谱》二卷郑玄撰。
《毛诗集序》二卷卜商撰。
《毛诗义注》五卷。
《毛诗杂义驳》八卷王肃撰。
《毛诗问难》二卷王肃撰。
《毛诗驳》五卷王伯舆撰。
《毛诗义问》十卷刘桢撰。
《毛诗杂答问》五卷。
《毛诗杂义难》十卷。
《毛诗异同评》十卷孙毓撰。
《毛诗释义》十卷谢沈撰。
《毛诗辩》三卷杨乂撰。
《毛诗序义》一卷刘氏撰。
《毛诗表隐》二卷。
《毛诗义疏》五卷张氏撰。
《毛诗谊府》三卷元延明撰。
《毛诗草木鸟兽鱼虫疏》二卷陆机撰。
《毛诗述义》三十卷刘炫撰。
《毛诗正义》四十卷孔颖达撰。

《毛诗音义》二卷鲁世达撰。
《毛诗诸家音》十五卷郑玄等注。
《难孙氏诗评》四卷陈统撰。
　　右《诗》三十部，凡三百十三卷。

《周官》十二卷马融传。
《周官礼》十三卷郑玄注。
又十卷伊说撰。
又十二卷王肃注。
又十二卷干宝注。
《周官论评》十二卷陈邵驳，傅玄评。
《周官宁朔新书》八卷司马伷序，王懋约注。
《周官驳难》五卷孙略问，干宝答。
《周礼义疏》四十卷沈重撰。
《周礼疏》五十卷贾公彦撰。
《周礼义决》三卷王玄度撰。
《周官音》三卷郑玄撰。
《仪礼》十七卷郑玄注。
又十七卷王肃注。
《仪礼音》二卷。
《丧服纪》一卷马融注。
又一卷郑玄注。
又一卷袁准注。
又一卷。
又一卷陈铨注。
又二卷蔡超宗注。
又二卷田僧绍注。
《丧服变除》一卷戴德撰。
《丧服要纪》一卷王肃注。
《丧服要集议》三卷杜预撰。
《丧服要纪》五卷贺循撰，谢微注。
《仪礼疏》五十卷贾公彦撰。
《丧服变除》一卷郑玄撰。
《丧服要纪》十卷贺循撰，庾蔚之注。
《丧服古今集记》三卷王俭撰。
《丧服五代行要记》十卷王逡之志。
《丧服经传义疏》四卷沈文阿撰。
《丧服发题》二卷沈文阿撰。
《丧服文句义》十卷皇侃撰。
《丧服天子诸侯图》二卷谢慈撰。
《丧服图》一卷崔游撰。
《丧服谱》一卷蔡谟撰。
《丧服谱》一卷贺循撰。
《丧服要难》一卷赵成问，仇祈答。
《大戴礼记》十三卷戴德撰。
《小戴礼记》二十卷戴圣撰，郑玄注。
《礼记》二十卷卢植注。
又三十卷王肃注。
又三十卷孙炎注。
又十二卷叶遵注。

《礼记宁朔新书》二十卷司马伷序，王懋约注。
《次礼记》二十卷魏徵撰。
《月令章句》十二卷戴颙撰。
《礼记中庸传》二卷戴颙撰。
《礼记义记》四卷郑小同撰。
《礼记要钞》六卷缴氏撰。
《礼记音》二卷郑玄注，曹耽解。
又二卷谢慈撰。
又二卷李轨撰。
又二卷尹毅撰。
又三卷徐邈撰。
又二卷徐爰撰。
《礼记隐》二十六卷
《礼记略解》十卷庾蔚之撰。
《礼记讲疏》一百卷皇侃撰。
《礼记义疏》五十卷皇侃撰。
《礼记义疏》四十卷沈重撰。
《礼记义疏》四十卷熊安生撰。
《礼记义证》十卷刘芳撰。
《礼记类聚》十卷
《礼记正义》七十卷孔颖达撰。
《礼记疏》八十卷贾公彦撰。
《礼论》三百七卷何承天撰。
《礼义》二十卷戴圣等撰。
《三礼目录》一卷郑玄注。
《问礼俗》十卷董勋撰。
《礼记评》十卷刘隽撰。
《礼仪问答》十卷王俭撰。
《杂礼义》十一卷吴商等撰。
《礼义杂记故事》十一卷
《礼问》九卷范宁撰。
《礼论答问》九卷范宁撰。
《礼论问答》九卷徐广撰。
《杂礼仪问答》四卷戚寿撰。
《礼论降议》三卷颜延之撰。
《礼论条牒》十卷任预撰。
《礼论帖》三卷任预撰。
《礼论抄》六十六卷任预撰。
《礼论抄》二十卷庾蔚之撰。
《礼仪答问》十卷王俭撰。
《礼杂抄略》二卷荀万秋撰。
《礼议》一卷傅伯祚撰。
《礼统郊祀》六卷
《礼论要抄》十三卷
《礼记区分》十卷
《礼论抄略》十三卷
《礼大义》十卷梁武帝撰。
《礼疑义》五十卷周捨撰。
《礼记义》十卷何佟之撰。
《礼答问》十卷何佟之撰。

《三礼义宗》三十卷崔灵恩撰。
《礼论要抄》一百卷贺瑒撰。
《礼统》十三卷贺述撰。
《三礼宗略》二十卷元延明撰。
《三礼图》十二卷夏侯伏朗撰。
《江都集礼》一百二十卷潘徽等撰。
《大唐新礼》一百卷房玄龄等撰。
《紫宸礼要》十卷大圣天后撰。
　　右《礼》一百四部，《周礼》十三家，《仪礼》、《丧服》二十八家，礼论答问三十五家，凡一千九百四十五卷。

《乐书》九卷信都芳注。
《管弦记》十二卷留进录，凌秀注。
《钟磬志》二卷公孙崇撰。
《乐社大义》十卷梁武帝撰。
《乐论》三卷梁武帝撰。
《钟律》五卷沈重撰。
《古今乐录》十三卷释智匠撰。
《乐府声调》六卷郑译撰。
《乐谱集解》二十卷萧吉撰。
《乐志》十卷苏夔撰。
《乐经》三十卷季玄楚撰。
《乐书要录》十卷大圣天后撰。
《乐略》四卷元憼撰。
《声律指归》一卷元憼撰。
《乐元起》二卷桓谭撰。
《琴操》二卷桓谭撰。
《琴操》三卷孔衍撰。
《琴谱》四卷刘氏、周氏等撰。
《琴谱》二十一卷陈怀撰。
《琴叙谱》九卷赵耶律撰。
《琴集历头拍簿》一卷
《外国伎曲》三卷
《论乐事》二卷
《外国伎曲名》一卷
《历代曲名》一卷
《推七音》一卷
《十二律谱义》一卷
《鼓吹乐章》一卷
《古今乐记》八卷李守真撰。
　　右《乐》二十九部，凡一百九十五卷。

《春秋三家经诂训》十二卷贾逵撰。
《春秋经》十一卷士燮撰。
《春秋传》十卷王朗注。
《春秋左氏长经章句》三十卷贾逵撰。
《春秋左氏传解诂》三十卷贾逵撰。
《春秋左氏传解谊》三十卷服虔注。
《春秋左氏经传章句》三十卷董遇注。
《春秋左氏传》三十卷王肃注。

《春秋左氏传》三十卷杜预注。
《春秋左氏传义注》三十卷孙毓注。
《春秋左氏传音》三卷高贵乡公撰。
《春秋左氏音》四卷曹耽、荀讷撰。
《春秋左氏音隐》一卷服虔撰。
《春秋左氏音》三卷杜预注。
又三卷李弘范撰。
又三卷孙邈撰。
又三卷王元规撰。
又十二卷
《春秋左氏传条例》二十卷刘歆撰。
《春秋左氏传条例章句》九卷郑众撰。
《春秋左氏传例》七卷
又十五卷杜预撰。
《春秋左氏条例》十卷刘寔撰。
《春秋左氏经例》十卷方范撰。
《春秋左氏膏肓》十卷何休撰,郑玄箴。
《春秋成长说》七卷服虔撰。
《春秋左氏膏肓释疴》五卷服虔撰。
《春秋达长义》一卷王玢撰。
《春秋左氏传说要》十卷糜信撰。
《春秋塞难》三卷服虔撰。
《春秋左氏传贾服异同略》五卷孙毓撰。
《春秋左氏传例苑》十八卷梁简文帝撰。
《春秋义函传》十六卷干宝撰。
《春秋左氏释滞》十卷殷兴撰。
《春秋序论》一卷干宝撰。
《春秋左氏区分》十二卷何始贞撰。
《春秋左氏义略》三十卷张冲撰。
《春秋左氏抄》十卷
《左氏杜预评》二卷
《春秋图》七卷严彭祖撰。
《春秋辞苑》五卷
《春秋经传诡例疑隐》一卷吴略撰。
《春秋杂义》五卷
《春秋土地名》三卷
《春秋旨通》十卷王延之撰。
《春秋大夫谱》十一卷顾启期撰。
《春秋丛林》十二卷李谧撰。
《春秋立义》十卷崔灵恩撰。
《春秋申先儒传例》十卷崔灵恩撰。
《春秋经解》六卷沈宏撰。
《春秋文苑》六卷沈宏撰。
《春秋嘉语》六卷沈宏撰。
《春秋义略》二十七卷沈文阿撰。
《春秋攻昧》十二卷刘炫撰。
《春秋规过》三卷刘炫撰。
《春秋述议》三十七卷刘炫撰。
《春秋正义》三十七卷孔颖达撰。
《春秋公羊传》五卷公羊高传,严彭祖述。

《春秋公羊经传》十三卷何休注。
《春秋公羊经传集解》十四卷孔氏注。
《春秋公羊》十二卷王愆期撰。
《春秋公羊传记》十二卷高袭注。
《何氏春秋汉议》十一卷何休撰,郑玄驳,糜信注。
《何氏春秋汉记》十一卷服虔撰。
《春秋公羊条传》一卷何休注。
《春秋公羊墨守》二卷何休撰,郑玄发。
《春秋公羊答问》五卷荀爽问,徐钦答。
《春秋公羊音》二卷王俭撰。
《春秋公羊违义》三卷刘寔撰,刘晏注。
《春秋公羊论》二卷庾翼难,王愆期答。
《春秋穀梁传》十三卷段氏注。
《春秋穀梁章句》十五卷穀梁俶解,尹更始注。
《春秋穀梁传》十二卷唐固注。
又十二卷糜信注。
又十一卷张靖集解。
《春秋公羊违义》三卷刘爱注。
《春秋穀梁经传》十六卷程阐集注。
《春秋穀梁传》十三卷孔衍训注。
又十二卷范宁集注。
又十三卷徐乾注。
《春秋穀梁》十二卷徐邈注。
《春秋穀梁经集解》十卷沈仲义注。
《春秋穀梁废疾》三卷何休作,郑玄释,张靖箴。
《穀梁传义》三卷萧邕注。
《春秋穀梁传义》十二卷徐邈注。
《春秋穀梁音》一卷徐邈撰。
《春秋穀梁传疏》十三卷杨士勋撰。
《春秋公羊穀梁左氏集解》十一卷刘兆撰。
《春秋三传论》十卷韩益撰。
《春秋三传经解》十一卷胡讷集撰。
《春秋三传评》十卷胡讷撰。
《春秋公羊穀梁二传评》三卷江熙撰。
《春秋繁露》十七卷董仲舒撰。
《春秋辩证明经论》六卷
《春秋二传异同》十一卷李铉撰。
《春秋合二传通论》十卷潘叔度注。
《春秋成集》十卷潘叔度注。
《春秋外传国语》二十卷左丘明撰。
《春秋外传国语章句》二十二卷王肃注。
《春秋外传国语》二十一卷虞翻撰。
又二十一卷韦昭注。
又二十一卷
又二十一卷唐固注。

右《春秋》一百二部,一千一百八十四卷。

《古文孝经》一卷孔子说,曾参受,孔安国传。
《孝经》一卷王肃注。

又一卷郑玄注。
《古文孝经》一卷刘邵注。
《孝经》一卷韦昭注。
又一卷孙熙注。
又一卷苏林注。
《孝经默注》二卷徐整撰。
又一卷谢万注。
又一卷虞盘佐注。
又一卷孔光注。
又一卷殷仲文注。
又一卷殷叔道注。
又一卷魏克己注。
又一卷玄宗注。
《讲孝经义》四卷车胤等注。
《讲孝经集解》一卷荀勖撰。
《孝经义疏》三卷皇侃撰。
《大明中皇太子讲孝经义疏》一卷何约之执经。
《孝经疏》十八卷梁武帝撰。
《孝经发题》四卷太史叔明撰。
《孝经述义》五卷刘炫撰。
《孝经疏》五卷贾公彦撰。
《越王孝经新义》十卷任希古撰。
《孝经应瑞图》一卷
《演孝经》十二卷张士儒撰。
《孝经疏》三卷元行冲撰。
《论语》十卷何晏集解。
又十卷郑玄注，虞喜赞。
又十卷王肃注。
又十卷郑玄注。
又十卷宋明帝补卫瓘注。
又十卷李充注。
又十卷孙绰集解。
又十卷梁颉注。
《论语集义》十卷盈氏撰。
《论语》九卷孟釐注。
《论语》十卷袁乔注。
又十卷尹毅注。
又十卷江熙集解。
又十卷孙氏注。
《次论语》五卷王勃撰。
《论语音》二卷徐邈撰。
《古论语义注谱》一卷徐氏撰。
《论语释义》十卷郑玄注。
《论语义注》十卷畅惠明撰。
《论语义注隐》三卷
《论语篇目弟子》一卷郑玄注。
《论语释疑》二卷王弼撰。
《论语释》十卷栾肇撰。
《论语驳》二卷栾肇撰。
《论语大义解》十卷崔豹撰。

《论语旨序》二卷缪播撰。
《论语体略》二卷郭象撰。
《论语杂义》十三卷
《论语剔义》十卷
《论语疏》十卷皇侃撰。
《论语述义》二十卷戴诜撰。
《论语章句》二十卷刘炫撰。
《论语疏》十五卷贾公彦撰。
《论语讲疏》十卷褚仲都撰。
《孔子家语》十卷王肃注。
《孔丛子》七卷孔鲋撰。

右六十三部，《孝经》二十七家，《论语》三十六家，凡三百八十七卷。

《易纬》九卷宋均注。
《书纬》三卷郑玄注。
《诗纬》三卷郑玄注。
又十卷宋均注。
《礼纬》三卷宋均注。
《乐纬》三卷宋均注。
《春秋纬》三十八卷宋均注。
《论语纬》十卷宋均注。
《孝经纬》五卷宋均注。
《白虎通》六卷汉章帝撰。
《五经杂义》七卷刘向撰。
《五经通义》九卷刘向撰。
《五经要义》五卷刘向撰。
《五经异义》十卷许慎撰，郑玄驳。
《六艺论》一卷郑玄注。
《郑志》九卷
《郑记》六卷
《圣证论》十一卷
《五经然否论》五卷谯周撰。
《五经钩沉》十卷杨方撰。
《五经咨疑》八卷杨思撰。
《孔子正言》二十卷梁武帝撰。
《长春义记》一百卷梁简文帝撰。
《经典大义》十卷沈文阿撰。
《五经宗略》四十卷元延明撰。
《七经义纲略论》三十卷樊文深撰。
《质疑》五卷樊文深撰。
《游玄桂林》二十卷张讥撰。
《五经正名》十五卷刘炫撰。
《经典释文》三十卷陆德明撰。
《谥法》三卷荀顗演，刘熙注。
又《谥例》十卷沈约撰。
《谥法》三卷贺琛撰。
《匡谬正俗》八卷颜师古撰。
《集天名称》三卷

右三十六部，经纬九家，七经杂解二十七家，凡四百七十四卷。

《尔雅》三卷李巡注。
《尔雅》六卷樊光注。
又六卷孙炎注。
又三卷郭璞注。
《集注尔雅》十卷沈璇注。
《尔雅音义》一卷郭璞注。
又二卷曹宪撰。
《尔雅图》一卷郭璞注。
《尔雅图赞》二卷江灌注。
《尔雅音》六卷江灌注。
《续尔雅》一卷刘伯庄撰。
《别国方言》十三卷杨雄撰。
《释名》八卷刘熙撰。
《广雅》四卷张揖撰。
《博雅》十卷曹宪撰。
《小尔雅》一卷李轨撰。
《纂文》三卷何承天撰。
《纂要》六卷颜延之撰。
《三苍》三卷李斯等撰，郭璞解。
《苍颉训诂》二卷杜林撰。
《三苍训诂》二卷张揖撰。
《埤苍》三卷张揖撰。
《广苍》一卷樊恭撰。
《说文解字》十五卷许慎撰。
《说文音隐》四卷
《字林》十卷吕忱撰。
《字统》二十卷杨承庆撰。
《玉篇》三十卷顾野王撰。
《字海》一百卷大圣天后撰。
《文字释训》三十卷释宝誌撰。
《括字苑》十三卷冯斡撰。
《字属篇》一卷贾鲂撰。
《古文奇字》二卷郭训撰。
《字旨篇》一卷郭训撰。
《古文字诂》二卷张揖撰。
《诏定古文官书》一卷卫宏撰。
《解字文》七卷周成撰。
《杂文字音》七卷王延撰。
《文字要说》一卷王氏注。
《字书》十卷
《古今八体六文书法》一卷
《四体书势》一卷卫恒撰。
《要用字苑》一卷葛洪撰。
《难要字》三卷
《文字集略》一卷阮孝绪撰。
《辩嫌音》二卷杨休之撰。
《文字指归》四卷曹宪撰。
《证俗音略》二卷颜愍楚撰。

《叙同音》三卷
《览字知源》三卷
《文字辩嫌》一卷彭立撰。
《声类》十卷李登撰。
《韵集》五卷吕静撰。
《韵略》一卷杨休之撰。
《四声韵略》十三卷夏侯咏撰。
《四声部》三十卷张谅撰。
《韵篇》十二卷赵氏撰。
《切韵》五卷陆慈撰。
《桂苑珠丛》一百卷诸葛颍撰。
《桂苑珠丛略要》二十卷
《急就章》一卷史游撰，曹寿解。
《急就章注》一卷颜之推撰。
又一卷颜师古撰。
《凡将篇》一卷司马相如撰。
《飞龙篇篆草势》合三卷崔瑗撰。
《在昔篇》一卷班固撰。
《太甲篇》一卷班固撰。
《圣草章》一卷蔡邕撰。
《劝学篇》一卷蔡邕撰。
《黄初章》一卷
《吴章》一卷
《初学篇》一卷朱嗣卿撰。
《始学篇》十二卷项峻撰。
《少学集》十卷杨方撰。
《小学篇》一卷王羲之撰。
《续通俗文》二卷李虔撰。
《启疑》三卷顾凯之撰。
《诘幼文》三卷颜延之撰。
《辩字》一卷戴规撰。
《俗语难字》一卷李少通撰。
《文字志》三卷王愔撰。
《五十二体书》一卷萧子云撰。
《古来篆隶诂训名录》一卷
《书品》一卷庾肩吾撰。
《书后品》一卷李嗣贞撰。
《笔墨法》一卷
《鹿纸笔墨疏》一卷
《千字文》一卷萧子范撰。
又一卷周兴嗣撰。
《篆书千字文》一卷
《演千字文》五卷
《今字石经易篆》三卷
《今字石经尚书》五卷
《今字石经郑玄尚书》八卷
《三字石经尚书古篆》三卷
《今字石经毛诗》三卷
《今字石经仪礼》四卷
《三字石经左传古篆书》十三卷

《今字石经左传经》十卷
《今字石经公羊传》九卷
《今字石经论语》二卷蔡邕注。
《杂字书》八卷释正度作。

　　右小学一百五部，《尔雅》、《广雅》十八家，偏傍音韵杂字八十六家，凡七百九十七卷。

　　乙部史录，十三家，八百四十四部，一万七千九百四十六卷。

正史类一	编年类二	伪史类三	杂史类四
起居注类五	故事类六	职官类七	杂传类八
仪注类九	刑法类十	目录类十一	谱牒类十二
地理类十三			

《史记》一百三十卷司马迁作。
又八十卷裴骃集解。
又一百三十卷许子儒注。
《史记音义》十三卷徐广撰。
《史记音义》三卷邹诞生撰。
又三十卷刘伯庄撰。
《汉书》一百十五卷班固作。
又一百二十卷颜师古注。
《御铨定汉书》八十一卷郝处俊等撰。
《汉书音训》一卷服虔撰。
《汉书集解音义》二十四卷应劭撰。
《汉书叙传》五卷项岱撰。
《汉书音义》九卷孟康撰。
《汉书集注》十四卷晋灼注。
《汉书音义》七卷韦昭撰。
《汉书驳义》二卷刘宝撰。
《汉书新注》一卷陆澄撰。
《孔氏汉书音义抄》二卷孔文详撰。
《汉书续训》二卷韦稜撰。
《汉书训纂》三十卷姚察撰。
《汉书音义》二十六卷刘嗣等撰。
《汉书音》二卷夏侯泳撰。
又十二卷包恺撰。
又十二卷萧该撰。
《汉书决疑》十二卷颜延年撰。
《汉书古今集义》二十卷顾胤撰。
《汉书正义》三十卷释务静撰。
《汉书正名氏义》十三卷
《汉书辩惑》三十卷李善撰。
《汉书律历志音义》一卷阴景伦作。
《汉书英华》八卷
《东观汉记》一百二十七卷刘珍撰。
《后汉书》一百三十三卷谢承撰。
《后汉记》一百卷薛莹作。
《后汉书》八十三卷司马彪撰。
又五十八卷刘义庆撰。
《后汉书》三十一卷华峤作。
又一百二卷谢沈撰。
《后汉书外传》十卷谢沈撰。
《汉南纪》五十八卷张莹撰。
《后汉书》一百二卷袁山松作。
又九十二卷范晔撰。
《后汉书论赞》五卷范晔撰。
《后汉书》五十八卷刘昭补注。
又一百卷皇太子贤注。
《后汉书音》三卷萧该作。
又三卷臧兢撰。
《后汉书音义》二十七卷韦机撰。
《魏书》四十四卷王沈撰。
《魏略》三十八卷鱼豢撰。
《魏国志》三十卷陈寿撰，裴松之注。
《晋书》八十九卷王隐撰。
又五十八卷虞预撰。
又十四卷朱凤撰。
又三十五卷谢灵运撰。
《晋中兴书》八十卷何法盛撰。
《晋书》一百一十卷臧荣绪撰。
又九卷萧子云撰。
又一百三十卷许敬宗等撰。
《宋书》四十二卷徐爰撰。
又四十六卷孙严撰。
又一百卷沈约撰。
《后魏书》一百三十卷魏收撰。
《后汉书》一百七卷魏澹撰。
又一百卷张大素撰。
《后周书》五十卷令狐德棻撰。
《隋书》八十五卷魏徵等撰。
又三十二卷张大素撰。
《齐书》五十九卷萧子显撰。
又八卷刘陟撰。
《梁书》三十四卷谢昊、姚察等撰。
又五十卷姚思廉撰。
《陈书》三卷顾野王撰。
又三卷傅缚撰。
又三十六卷姚思廉撰。
《北齐未修书》二十四卷李德林撰。
《北齐书》五十卷李百药撰。
又二十卷张大素撰。
《通史》六百二卷梁武帝撰。
《南史》八十卷李延寿撰。
《北史》一百卷李延寿撰。

　　右八十一部，《史记》六家，前汉二十五家，后汉十七家，魏三家，晋八家，宋三家，后魏三家，后周一家，隋二家，齐二家，梁二家，陈三家，北齐三家，都史三家，凡四千四百四十三卷。

《纪年》十四卷汲冢书。
《汉纪》三十卷荀悦撰。
《汉纪音义》三卷崔浩撰。
《汉皇德纪》三十卷侯瑾撰。
《后汉纪》三十卷张璠撰。
又三十卷袁宏撰。
《汉晋春秋》五十四卷习凿齿撰。
《汉灵献二帝纪》六卷刘艾撰。
《汉献帝春秋》十卷袁晔撰。
《山阳义纪》乐资撰。
《魏武本纪》三卷
《魏武春秋》二十卷孙盛撰。
《魏纪》十二卷魏澹撰。
《国纪》十卷梁祚撰。
《吴纪》十卷环济撰。
《晋帝纪》四卷陆机撰。
《晋录》五卷
《晋纪》二十二卷干宝作。
又六十卷干宝撰,刘协注。
《晋阳秋》二十卷檀道鸾注。
《晋纪》二十卷刘谦之撰。
又十卷曹嘉之撰。
又四十五卷徐广撰。
《晋阳春秋》二十二卷邓粲撰。
《晋史草》三十卷萧景畅撰。
《晋纪》十一卷邓粲撰。
《战国春秋》二十卷李概撰。
《崇安记》二卷周祗撰。
又十卷王韶之撰。
《晋续记》五卷郭季产撰。
《三十国春秋》三十卷萧方等撰。
又一百卷武敏之撰。
《晋春秋略》二十卷杜延业撰。
《宋纪》三十卷王智深撰。
《宋略》二十卷裴子野撰。
《宋春秋》二十卷鲍衡卿撰。
《齐纪》二十卷沈约撰。
《齐春秋》三卷吴均撰。
《乘舆龙飞记》二卷鲍衡卿撰。
《梁典》三十卷刘璠撰。
又三十卷何元之撰。
《梁太清纪》十卷萧韶撰。
《皇帝纪》七卷
《梁撮要》三十卷阴僧仁撰。
《淮海乱离志》四卷萧大圆撰。
《栖凤春秋》五卷臧严撰。
《梁昭后略》十卷姚最撰。
《天启记》十卷守节先生撰。
《梁末代记》一卷
《后梁春秋》十卷蔡允恭撰。

《北齐记》二十卷
《北齐志》十七卷王劭撰。
《邺洛鼎峙记》十卷
《隋大业略记》三卷赵毅撰。
《隋后略》十卷张大素撰。
《蜀国志》十五卷陈寿撰。
《吴国志》二十一卷陈寿撰,裴松之注。
《吴书》五十五卷韦昭撰。
《华阳国志》三卷常璩撰。
《蜀李书》九卷常璩撰。
《汉赵记》十卷和苞撰。
《赵石记》二十卷田融撰。
《二石记》二十卷田融撰。
《二石伪事》六卷王度、隋翙等撰。
《燕书》二十卷范亨撰。
《秦记》十一卷裴景仁撰,杜惠明注。
《凉记》十卷张谘撰。
《西河记》二卷段龟龙撰。
《南燕录》六卷王景暄撰。
《南燕书》五卷张诠撰。
《拓跋凉录》十卷
《燕志》十卷
《十六国春秋》一百二十卷崔鸿撰。

右七十五部,编年五十五家,杂伪国史二十家,凡一千四百十卷。

《周书》八卷孔晁注。
《古文锁语》四卷
《春秋前传》十卷何承天撰。
《春秋前传杂语》十卷何承天撰。
《周载》三十卷孟仪注。
《春秋国语》十卷孔衍撰。
《越绝书》十六卷子贡撰。
《吴越春秋》十二卷赵晔撰。
《吴越春秋削烦》五卷杨方撰。
《吴越春秋传》十卷皇甫遵撰。
《吴越记》六卷
《春秋后传》三十卷乐资撰。
《战国策》三十二卷刘向撰。
《战国策论》一卷延笃撰。
《战国策》三十二卷高诱注。
《鲁后春秋》二十卷刘允济撰。
《楚汉春秋》二十卷陆贾撰。
《汉尚书》十卷孔衍撰。
《汉春秋》十卷孔衍撰。
《后汉尚书》六卷孔衍撰。
《后汉春秋》六卷孔衍撰。
《后汉尚书》十四卷孔衍撰。
《后魏春秋》九卷孔衍撰。
《典略》五十卷鱼豢撰。

《三史要略》三十卷张温撰。
《正史削繁》十四卷阮孝绪撰。
《东殿新书》二百卷高宗大帝撰。
《史记要传》十卷卫飒撰。
《古史考》二十五卷谯周撰。
《史记正传》九卷张莹撰。
《史要》三十八卷王延秀撰。
《合史》二十卷
《史汉要集》二卷王蔑撰。
《后汉书抄》三十卷葛洪撰。
《后汉书略》二十五卷张缅撰。
《后汉书缵》十三卷范晔撰。
《后汉文武释论》二十卷王越客撰。
《三国评》三卷徐众撰。
《晋书钞》三十卷张缅撰。
《代谱》四百八十卷周武帝敕撰。
《汉末英雄记》十卷王粲等撰。
《九州春秋》九卷司马彪撰。
《魏阳秋异同》八卷孙寿撰。
《魏武本纪年历》五卷
《汉表》十卷袁希之撰。
《删补蜀记》七卷王隐撰。
《吴录》三十卷张勃撰。
《魏记》三十三卷卢彦卿撰。
《关东风俗传》六十三卷宋孝王撰。
《隋书》八十卷王劭撰。
《王业历》二卷赵弘礼撰。
《隋开业平陈记》十二卷裴矩撰。
《古今注》八卷伏无忌撰。
《帝王本纪》十卷来奥撰。
《拾遗录》三卷王嘉撰。
《王子年拾遗记》十卷萧绮录。
《帝王略要》十二卷环济撰。
《先圣本纪》十卷刘滔撰。
《华夷帝王记》三十七卷杨晔撰。
《后汉杂事》十卷
《汉魏晋帝要记》三卷贾匪之撰。
《魏晋代语》十卷郭颁撰。
《吴朝人士品秩状》八卷胡冲撰。
《吴士人行状名品》二卷虞尚撰。
《江表传》五卷虞溥撰。
《晋诸公赞》二十二卷傅畅撰。
《晋后略记》五卷荀绰撰。
《宋拾遗录》十卷谢绰撰。
《宋齐语录》十卷孔思尚撰。
《帝王略论》五卷虞世南撰。
《十世兴王论》十卷朱敬则撰。
《洞历记》九卷周树撰。
《帝系谱》二卷张愔等撰。
《洞记》九卷韦昭撰。

《三五历记》二卷徐整撰。
《通历》二卷徐整撰。
《杂历》五卷徐整撰。
《国志历》五卷孔衍撰。
《帝王代记》十卷皇甫谧撰。
《年历》六卷皇甫谧撰。
《续帝王代记》十卷何集撰。
《十五代略》十卷吉文甫撰。
《吴历》六卷胡冲撰。
《晋历》二卷
《帝王代纪》十六卷
《年历帝纪》二十六卷姚恭撰。
《帝录》十卷诸葛忱撰。
《长历》十四卷
《历代记》三十卷庾和之撰。
《千年历》二卷
《千岁历》三卷许氏作。
《十代记》十卷熊襄撰。
《帝王年历》五卷陶弘景撰。
《分王年表》八卷羊瑗撰。
《历纪》十卷
《通历》七卷李仁实撰。
《帝王编年录》五十一卷卢元福撰。
《共和已来甲乙纪年》二卷卢元福撰。
《帝王纪录》三卷
　　右杂史一百二部，凡二千五百五十九卷。

《穆天子传》六卷郭璞撰。
《汉献帝起居注》五卷
《晋太始起居注》二十卷李轨撰。
《晋憨帝起居注》三十卷李轨撰。
《晋太康起居注》二十二卷李轨撰。
《晋永平起居注》八卷李轨撰。
《晋建武大兴永昌起居注》二十二卷
《晋咸和起居注》十八卷李轨撰。
《晋咸康起居注》二十二卷李轨撰。
《晋建元起居注》四卷
《晋永和起居注》二十四卷
《晋升平起居注》十卷
《晋崇和兴宁起居注》五卷
《晋太和起居注》六卷
《晋咸安起居注》三卷
《晋宁康起居注》六卷
《晋太元起居注》五十二卷
《晋崇安起居注》十卷
《晋元兴起居注》九卷
《晋义熙起居注》三十四卷
《晋元熙起居注》二卷
《晋起居注》三百二十卷刘道会撰。
《宋永初起居注》六卷

《宋景平起居注》三卷
《宋元嘉起居注》六十卷
《宋大明起居注》八卷
《梁皇帝实录》三卷周兴嗣撰。
又五卷
《梁太清实录》八卷
《后魏起居注》二百七十六卷
《陈起居注》四十一卷
《太唐创业起居注》三卷温大雅撰。
《高祖实录》二十卷房玄龄撰。
《太宗实录》二十卷房玄龄撰。
《太宗实录》四十卷长孙无忌撰。
《高宗实录》三十卷许敬宗撰。
《述圣记》一卷大圣天后撰。
《高宗实录》一百卷大圣天后撰。
《圣母神皇实录》十八卷宗秦客撰。
《中宗皇帝实录》二十卷吴兢撰。
《汉武故事》二卷
《西京杂记》一卷葛洪撰。
《三辅旧事》一卷韦氏撰。
《秦汉已来旧事》八卷
《汉魏吴蜀旧事》八卷
《晋书杂诏书》一百卷
又二十八卷
《晋杂诏书》六十六卷
《晋诏书黄素制》五卷
《晋定品制》一卷
《晋太元副诏》二十一卷
《晋崇安元兴大亨副诏》八卷
《晋义熙诏》二十二卷
《晋故事》四十三卷
《晋诸杂故事》二十二卷
《尚书大事》二十一卷
《晋太始太康故事》五卷
《晋建武咸和咸康故事》四卷孔愉撰。
《晋建武以来故事》三卷
《修复山林故事》五卷车灌撰。
《先朝故事》二十卷刘道会撰。
《东宫旧事》十一卷张敞撰。
《交州杂故事》九卷
《四王起事》四卷卢綝撰。
《晋八王故事》十二卷卢綝撰。
《晋故事》三卷
《晋朝杂事》二卷
《江南故事》三卷
《大司马陶公故事》三卷
《郗太尉为尚书令故事》二卷
《桓公伪事》二卷应德詹撰。
《救襄阳上都督府事》一卷王愆期撰。
《荆江扬州迁代记》四卷

《宋永初诏》六卷
《宋元嘉诏》二十一卷
《晋宋旧事》一百三十卷
《中兴伐逆事》二卷
《东宫仪记》二十二卷张镜撰。
《东宫典记》七十卷宇文恺等撰。
《春坊要录》四卷杜正伦撰。
《春坊旧事》三卷
《汉官仪》十卷应劭志。
《公卿故事》二卷王方庆撰。
《汉官解故》三卷
《魏官仪》一卷荀攸撰。
《晋公卿礼秩》九卷傅畅撰。
《百官名》四十
《晋惠帝百官名》三卷陆机撰。
《晋官属名》四卷
《晋过江人士目》一卷
《晋永嘉流士》十三卷卫禹撰。
《登城三战簿》三卷
《百官阶次》一卷范晔撰。
《宋百官阶次》三卷荀钦明撰。
《百官春秋》十三卷王道秀撰。
《齐职仪》五十卷范晔撰。
《职官要录》三十卷陶藻撰。
《梁选簿》三卷徐勉撰。
《陈将军簿》一卷
《职令百官古今注》十卷郭演之撰。
《太建十一年百官簿状》二卷
《职员旧事》三十
　　右一百四部,列代起居注四十一家,列代故事四十二家,列代职官二十一家,凡二千二百三十三卷。

《三辅决录》七卷赵岐撰,挚虞注。
《海内先贤传》四卷魏明帝撰。
《海内先贤行状》三卷李氏撰。
《海内士品录》二卷魏文帝撰。
《四海耆旧传》一卷李氏撰。
《庐江七贤传》一卷
《陈留耆旧传》三卷苏林撰。
《陈留先贤像赞》一卷陈英宗撰。
《陈留志》十五卷江敞撰。
《汝南先贤传》三卷周裴撰。
《广州先贤传》七卷陆胤撰。
《诸国先贤传》一卷
《豫章旧志》八卷徐整撰。
《济北先贤传》一卷
《广陵列士传》一卷华隔撰。
《桂阳先贤画赞》五卷张胜撰。
《会稽记》四卷朱育撰。
《会稽典录》二十四卷虞预撰。

《会稽先贤传》五卷谢承撰。
《会稽后贤传》三卷钟离岫撰。
《会稽先贤像赞》四卷贺氏撰。
《会稽太守像赞》二卷贺氏撰。
《吴国先贤赞》三卷
《益部耆旧传》十四卷陈寿撰。
《鲁国先贤志》十四卷白褒撰。
《楚国先贤志》十二卷杨方撰。
《荆州先贤传》三卷高范撰。
《兖州山阳先贤赞》一卷仲长统撰。
《交州先贤传》四卷范瑗撰。
《襄阳耆旧传》五卷习凿齿撰。
《零陵先贤传》一卷
《徐州先贤传》一卷
《长沙旧邦传赞》三卷刘彧撰。
《徐州先贤传》九卷
《燉煌实录》二十卷刘延明撰。
《武昌先贤传》三卷郭缘生撰。
《海岱志》十卷崔蔚祖撰。
《吴郡钱塘先贤传》五卷吴均撰。
《幽州古今人物志》十三卷阳休之撰。
《孝子传》十五卷萧广济撰。
又八卷师觉授撰。
《孝子传赞》十五卷王韶之撰。
《孝子传》十卷宗躬撰。
《杂孝子传》二卷
《孝子传》一卷虞盘佐撰。
又三卷徐广撰。
《孝子传赞》十卷郑缉之撰。
《孝德传》三十卷梁元帝撰。
《孝友传》八卷梁元帝撰。
《忠臣传》三十卷梁元帝撰。
《显忠录》二十卷元怿撰。
《忠孝图传赞》二十卷李袭誉撰。
《英藩可录事》二卷殷系撰。
《自古诸侯王善恶录》二卷魏徵撰。
《列藩正论》三十卷章怀太子撰。
《良吏传》十卷钟岏撰。
《丹阳尹传》十卷梁元帝撰。
《高士传》三卷嵇康撰。
《上古以来圣贤高士传赞》三卷周续之撰。
《高士传》七卷皇甫谧撰。
《续高士传》八卷周弘让撰。
《逸人传》三卷张显撰。
《逸人高士传》八卷习凿齿撰。
《名士传》三卷袁宏撰。
《竹林七贤论》二卷戴逵撰。
《真隐传》二卷袁淑撰。
《高士传》二卷虞盘佐撰。
《高隐传》二卷阮孝绪撰。

《七贤传》七卷孟仲晖撰。
《高才不遇传》四卷刘昼撰。
《列女传》二卷刘向撰。
《阴德传》二卷范晏撰。
《止足传》十卷王子良撰。
《同姓名录》一卷梁元帝撰。
《全德志》一卷梁元帝撰。
《高僧传》六卷虞孝敬撰。
《悼善列传》四卷
《幼童传》十卷刘昭撰。
《知己传》一卷卢思道撰。
《交游传》二卷郑世翼撰。
《秘录》二百七十卷元晖等撰。
《画赞》五十卷汉明帝撰。
《春秋列国名臣传》九卷孙敏撰。
《四科传赞》四卷姚澹撰。
《七国叙赞》十卷
《益州文翁学堂图》一卷
《孔子弟子传》五卷
《先儒传》五卷
《杂传》六十五卷
又九卷
又四十卷
《集记》一百卷王孝恭撰。
《东方朔传》八卷
《李固别传》七卷
《梁冀传》二卷
《何颙传》一卷
《曹瞒传》一卷吴人作。
《毋丘俭记》三卷
《管辂传》二卷管辰撰。
《诸葛亮隐没五事》一卷郭冲撰。
《玄晏春秋》二卷皇甫谧撰。
《薛常侍传》二卷荀伯子撰。
《桓玄传》二卷
《文林馆记》十卷郑忱撰。
《文士传》五十卷张骘撰。
《文馆词林文人传》一百卷许敬宗撰。
《列仙传赞》二卷刘向撰。
《神仙传》十卷葛洪撰。
《洞仙传》十卷见素子撰。
《高士老君内传》三卷尹喜、张林亭撰。
《老子传》一卷
《关令尹喜传》一卷鬼谷先生撰,四皓注。
《王乔传》一卷
《茅君内传》一卷
《汉武帝传》二卷
《清虚真人王君内传》一卷
《苏君记》一卷周季通撰。
《灵人辛玄子自序》一卷辛玄子撰。

《三天法师张君内传》一卷王茂撰。
《太极左仙公葛君内传》一卷吕先生注。
《紫阳真人周君传》一卷华峤撰。
《仙人马君阴君内传》一卷赵昇撰。
《清虚真人裴君内传》一卷郑子云撰。
《紫虚元君南岳夫人内传》一卷范邈撰。
《九华真妃内记》一卷
《许先生传》一卷王羲之撰。
《养性传》二卷
《周氏冥通记》一卷陶弘景撰。
《学道传》二十卷马枢撰。
《嵩高少室寇天师传》三卷宋都能撰。
《华阳子自序》一卷茅处玄撰。
《汉别国洞冥记》四卷郭宪撰。
《名僧传》三十卷释宝唱撰。
《比邱尼传》四卷释宝唱撰。
《高僧传》十四卷释惠皎撰。
《续高僧传》二十卷释道宣撰。
《续高僧传》三十卷释道宣撰。
《西域求法高僧传》二卷释义净撰。
《名僧录》十五卷裴子野撰。
《萨婆多部传》四卷释僧佑撰。
《草堂法师传》一卷陶弘景撰。
又一卷萧理撰。
《稠禅师传》一卷
《列异传》三卷张华撰。
《甄异传》三卷戴祚撰。
《征应集》二卷
《杂传》十卷
《搜神记》三十卷干宝撰。
《志怪》四卷祖台之撰。
又四卷孔氏撰。
《灵鬼志》三卷荀氏撰。
《鬼神列传》二卷谢氏撰。
《幽明录》三十卷刘义庆撰。
《齐谐记》七卷东阳无疑撰。
《续齐谐记》一卷吴均撰。
《古异传》三卷袁仁寿撰。
《述异记》十卷祖冲之撰。
《感应传》八卷王延秀撰。
《冥祥记》十卷王琰撰。
《续冥祥记》十一卷王曼颖撰。
《系应验记》一卷陆果撰。
《神录》五卷刘之遴撰。
《妍神记》十卷梁元帝。
《因果记》十卷刘泳撰。
《近异录》二卷刘质撰。
《冤魂志》三卷颜之推撰。
《集灵记》十卷颜之推撰。
《旌异记》十五卷侯君素撰。

《冥报记》二卷唐临撰。
《列女传》六卷皇甫谧撰。
《列女后传》十卷颜原撰。
《列女传》七卷綦毋邃撰。
《女记》十卷杜预撰。
《列女传序赞》一卷孙夫人撰。
《后妃记》四卷虞通之撰。
《列女传》一百卷大圣天后撰。
《古今内范记》一百卷
《内范要略》十卷
《保傅乳母传》一卷大圣天后撰。

　　右杂传一百九十四部，襃先贤者旧三十九家，孝友十家，忠节三家，列藩三家，良史二家，高逸十八家，杂传五家，科录一家，杂传十一家，文士三家，仙灵二十六家，高僧十家，鬼神二十六家，列女十六家，凡一千九百七十八卷。

《汉旧仪》四卷卫宏撰。
《舆服志》一卷董巴撰。
《晋尚书仪曹新定仪注》四十一卷徐广撰。
《甲辰仪注》五卷
《车服杂注》一卷徐广撰。
《司徒仪注》五卷干宝撰。
《大驾卤簿》一卷
《冠婚仪》四卷
《晋杂仪注》二十一卷
《晋仪注》三十九卷
《诸王国杂仪》十卷
《宋仪注》三十六卷
《杂仪注》一百八卷
《杂府州郡仪》十卷范汪撰。
《晋尚书仪曹吉礼仪注》三卷
《古今舆服杂事》十卷周迁撰。
《梁祭地祇阴阳仪注》二卷沈约撰。
《宋仪注》二卷
《梁吉礼》十八卷明山宾等撰。
《梁吉礼仪注》十卷
《北齐吉礼》七十二卷赵彦深撰。
《陈吉礼仪注》五十卷杂撰。
《梁皇帝崩凶仪》十一卷严植之撰。
《隋吉礼》五十四卷高颎等撰。
《梁凶礼天子丧礼》五卷严植之撰。
《梁凶礼天子丧礼》七卷
《梁王侯已下凶礼》九卷严植之撰。
《梁太子妃薨凶仪注》九卷
《北齐王太子丧礼》十卷赵彦深撰。
《梁诸侯世子凶仪注》九卷
《梁宾礼》一卷贺玚等撰。
《隋书礼》七卷高颎等撰。
《梁嘉礼》三十五卷司马褧撰。

《陈宾礼仪注》六卷张彦志。
《梁军礼》四卷陆琏撰。
《梁嘉礼仪注》二十一卷司马褧撰。
《梁尚书仪注》十八卷杂撰。
《梁仪注》十卷沈约撰。
《梁陈大行皇帝崩仪注》八卷
《陈尚书曹仪注》二十卷杂志。
《陈诸帝后崩仪注》五卷
《陈杂吉仪志》三十卷
《梁大行皇后崩仪注》一卷
《陈皇太子妃薨仪注》五卷仪曹志。
《陈杂仪注凶仪》十三卷
《陈皇太后崩仪注》四卷仪曹撰。
《陈杂仪注》六卷
《后魏仪注》三十二卷常景撰。
《理礼仪注》九卷何点撰。
《晋谥议》八卷
《魏明帝谥议》二卷何晏撰。
《魏氏郊丘》三卷
《晋简文谥议》四卷
《晋明堂郊社议》三卷孔朝等撰。
《魏台杂访议》三卷高堂隆撰。
《杂议》五卷干宝撰。
《晋七庙议》三卷蔡谟撰。
《要典》三十九卷王景之撰。
《晋杂议》十卷荀顗等撰。
《皇典》五卷丘孝仲撰。
《齐典》四卷王逸志。
《吊答书仪》十卷王俭撰。
《太宗文皇帝政典》三卷李延寿撰。
《杂仪》三十卷鲍昶撰。
《书笔仪》二十卷谢朓撰。
《妇人书仪》八卷唐瑾撰。
《皇室书仪》十三卷鲍行卿。
《大唐书仪》十卷裴矩撰。
《童悟》十三卷
《封禅录》十卷孟利贞撰。
《皇帝封禅仪》六卷令狐德棻撰。
《玉玺谱》一卷僧约贞撰。
《神岳封禅仪注》十卷裴守贞撰。
《玉玺正录》一卷徐令信撰。
《传国玺》十卷姚察撰。
《大享明堂仪注》二卷郭山恽撰。
《明堂义》一卷张大璘撰。
《明堂仪注》七卷姚璹等撰。
《亲享太庙仪》三卷郭山恽撰。
《皇太子方岳亚献仪》二卷
　　右仪注八十四部，凡一千一百四十六卷。

《汉建武律令故事》三卷

《律略论》五卷刘邵撰。
《汉朝驳义》三十卷应劭撰。
《汉名臣奏》三十卷陈寿撰。
又二十九卷
《廷尉决事》二十卷
《廷尉驳事》十一卷
《廷尉杂诏书》二十六卷
《晋令》四十卷贾充等撰。
《刑法律本》二十一卷贾充等撰。
《南台奏事》二十二卷
《晋驳事》四卷
《晋弹事》九卷
《齐永明律》八卷宋躬撰。
《梁律》二十卷蔡法度撰。
《梁令》三十卷蔡法度撰。
《梁科》二卷蔡法度撰。
《陈令》三十卷范泉等撰。
《陈科》三十卷范泉志。
《北齐律》二十卷赵郡王睿撰。
《北齐令》八卷
《周大律》二十五卷赵肃等撰。
《隋律》十二卷高颎等撰。
《隋大业律》十八卷
《隋开皇令》三十卷裴正等撰。
《法例》二卷崔知悌等撰。
《令律》十二卷裴寂撰。
《律疏》三十卷长孙无忌撰。
《武德令》三十一卷裴寂等撰。
《贞观格》十八卷房玄龄撰。
《永徽散行天下格中本》七卷
《永徽留本司行中本》十八卷源直心等撰。
《永徽令》三十卷
《永徽留本司格后本》十一卷刘仁轨撰。
《永徽成式》十四卷
《永徽散颁天下格》七卷
《永徽留本司行格》十八卷长孙无忌撰。
《永徽中式本》四卷
《垂拱式》二十卷
《垂拱格》二卷
《垂拱留司格》六卷裴居道撰。
《律解》二十一卷张斐撰。
《开元前格》十卷姚崇等撰。
《开元后格》九卷宋璟等撰。
《令》三十卷
《式》二十卷姚崇等撰。
　　右刑法五十一部，凡八百一十四卷。

《七略别录》二十卷刘向撰。
《七略》七卷刘歆撰。
《今书七志》七十卷王俭撰，贺纵补。

《七录》十二卷阮孝绪撰。
《中书簿》十四卷荀勖撰。
《元徽元年书目》四卷王俭撰。
《梁天监四年书目》四卷丘宾卿撰。
《陈天嘉四部书目》四卷
《隋开皇四年书目》四卷牛弘撰。
《隋开皇二十年书目》四卷王邵撰。
《史目》三卷杨松珍撰。
《文章志》四卷挚虞撰。
《新撰文章家集》五卷荀勖撰。
《续文章志》二卷傅亮撰。
《义熙已来杂集目录》三卷丘深之撰。
《名手画录》一卷
《法书目录》六卷虞和撰。
《群书四录》二百卷元行冲撰。
　　右杂四部书目十八部，凡二百一十七卷。

《世本》四卷宋衷撰。
《世本别录》一卷
《帝谱世本》七卷宋均撰。
《世本谱》三卷
《汉氏帝王谱》二卷
《司马氏世家》二卷
《百家集谱》十卷王俭撰。
《百家谱》三十卷王僧孺撰。
《氏族要状》十五卷贾希景撰。
《永元中表簿》六卷
《姓氏英贤谱》一百卷贾执撰。
《百家谱》五卷贾执撰。
《国亲皇太子亲传》四卷贾冠撰。
《大同四年中表簿》三卷
《齐梁宗簿》三卷
《后魏辩宗录》二卷元晖业撰。
《姓苑》十卷何承天撰。
《后魏谱》二卷
《后魏方司格》一卷
《十八州谱》七百一十二卷王僧孺撰。
《冀州谱》七卷
《洪州谱》九卷
《袁州谱》七卷
《大唐氏族志》一百卷高士廉撰。
《姓氏谱》二百卷许敬宗撰。
《著姓略记》十卷路敬淳撰。
《衣冠谱》六十卷路敬淳撰。
《大唐姓族系录》二百卷柳冲撰。
《褚氏家传》一卷褚结撰，褚陶注。
《殷氏家传》三卷殷敬等撰。
《桂氏世传》七卷桂颜撰。
《邵氏家传》十卷
《杨氏谱》一卷

《苏氏谱》一卷
《韦氏家传》三卷皇甫谧撰。
《王氏家传》二十一卷
《江氏家传》七卷江统撰。
《暨氏家传》一卷
《虞氏家传》五卷虞览撰。
《裴氏家记》三卷裴松之撰。
《孙氏谱记》十五卷
《诸葛传》五卷
《曹氏家传》一卷曹毗撰。
《荀氏家传》十卷荀伯子撰。
《诸王传》一卷
《陆史》十五卷陆煦撰。
《明氏世录》五卷明粲撰。
《庾氏家传》三卷庾守业撰。
《韦氏谱》十卷韦鼎等撰。
《尔朱氏家传》二卷王邵撰。
《何妥家传》二卷
《令狐家传》一卷令狐德棻撰。
《裴若弼家传》一卷
《燉煌张氏家传》二十卷张太素撰。
《裴氏家牒》二十卷裴守贞撰。
　　右杂谱牒五十五部，凡一千六百九十一卷。

《山海经》十八卷郭璞撰。
《山海经图赞》二卷郭璞撰。
《山海经音》二卷
《水经》二卷郭璞撰。
又四十卷郦道元注。
《三辅黄图》一卷
《汉宫阁簿》三卷
《洛阳宫殿簿》三卷
《关中记》一卷潘岳撰。
《洛阳记》一卷陆机撰。
《西京杂记》一卷葛洪撰。
《洛阳图》一卷杨佺期撰。
《洛阳记》一卷戴延之撰。
《庙记》一卷
《洛阳伽蓝记》五卷阳衒之撰。
《西京记》三卷薛冥志。
《东都记》三十卷邓行俨撰。
《分吴会丹阳三郡记》三卷
《陈留风俗传》三卷圈称撰。
《风土记》十卷周处撰。
《吴地记》一卷张勃撰。
《南雍州记》三卷郭仲彦撰。
《南徐州记》二卷山谦之撰。
《东阳记》一卷郑缉之撰。
《京口记》二卷刘损之撰。
《湘州图记》一卷

《徐地录》一卷刘芳撰。
《齐州记》四卷李叔布撰。
《中岳颍川志》五卷樊文深撰。
《润州图经》二十卷孙处玄撰。
《地记》五卷太康三年撰。
《州郡县名》五卷太康三年撰。
《十三州志》十四卷阚骃撰。
《魏诸州记》二十卷
《地理书》一百五十卷陆澄撰。
《地记》二百五十二卷任昉撰。
《杂志记》十二卷
《杂地记》五卷
《国郡城记》九卷周明帝撰。
《舆地志》三十卷顾野王撰。
《周地图》九十卷
《隋图经集记》一百卷郎蔚之撰。
《区宇图》一百二十八卷虞茂撰。
《括地志序略》五卷魏王泰撰。
《交州异物志》一卷杨孚撰。
《畅异物志》一卷陈祈撰。
《南州异物志》一卷万震撰。
《扶南异物志》一卷朱应撰。
《临海水土异物志》一卷沈莹撰。
《江记》五卷庾仲雍撰。
《汉水记》五卷庾仲雍撰。
《寻江源记》五卷庾仲雍撰。
又一卷
《四海百川水记》一卷释道安撰。
《西征记》一卷戴祚撰。
《述征记》二卷郭缘生撰。
《隋王入沔记》十卷沈怀文撰。
《舆驾东幸记》一卷薛泰撰。
《述行记》二卷姚最撰。
《魏聘使行记》五卷
《巡总扬州记》七卷诸葛颍撰。
《诸郡土俗物产记》十九卷
《京兆郡方物志》三十卷
《十洲记》一卷东方朔撰。
《神异经》二卷东方朔撰。
《蜀王本纪》一卷杨雄撰。
《三巴记》一卷谯周撰。
《外国传》一卷释智猛撰。
《历国传》二卷释法盛撰。
《南越志》五卷沈怀远撰。
《日南传》一卷
《职贡图》一卷梁元帝撰。
《林邑国记》一卷
《真腊国事》一卷
《魏国已西十一国事》一卷宋云撰。
《交州已来外国传》一卷

《奉使高丽记》一卷
《西域道里记》三卷
《赤土国记》二卷常骏等撰。
《高丽风俗》一卷裴矩撰。
《中天竺国行记》十卷王玄策撰。
《西南蛮入朝首领记》一卷
《职方记》十六卷
《长安四年十道图》十三卷
《开元三年十道图》十卷
《剑南地图》二卷

右地理九十三部,凡一千七百八十二卷。

卷四十七　　　志第二十七

经　籍　下

丙部子录,十七家,七百五十三部,书一万五千六百三十七卷。

儒家类一　　道家类二　　法家类三　　名家类四
墨家类五　　纵横家类六　杂家类七　　农家类八
小说类九　　天文类十　　历算类十一　兵书类十二
五行类十三　杂艺术类十四　事类十五　　经脉类十六
医术类十七

《曾子》二卷曾参撰。
《晏子春秋》七卷晏婴撰。
《子思子》八卷孔伋撰。
《公孙尼子》一卷公孙尼撰。
《孟子》十四卷孟轲撰,赵岐注。
又七卷刘熙注。
又七卷郑玄注。
又七卷綦毋邃注。
《孙卿子》十二卷荀况撰。
《董子》二卷董无心撰。
《鲁连子》五卷鲁仲连撰。
《新语》二卷陆贾撰。
《贾子》九卷贾谊撰。
《盐铁论》十卷桓宽撰。
《新序》三十卷刘向撰。
《说苑》三十卷刘向撰。
《杨子法言》六卷杨雄撰。
又十卷宋衷注。
又十三卷李轨注。
《杨子太玄经》十二卷杨雄撰,陆绩注。
又十四卷虞翻注。
又十二卷范望注。
又一十卷蔡文邵注。
《桓子新论》十七卷桓谭撰。

《潜夫论》十卷王符撰。
《申鉴》五卷荀悦撰。
《魏子》三卷魏朗注。
《典论》五卷魏文帝撰。
《徐氏中论》六卷徐幹撰。
《去伐论集》三卷王粲撰。
《杜氏体论》四卷杜恕撰。
《顾子新语》五卷顾谭撰。
《通语》十卷文礼撰,殷兴续。
《集诫》二卷诸葛亮撰。
《典训》十卷陆景撰。
《谯子法训》八卷谯周撰。
《古今通论》三卷王婴。
《周生烈子》五卷周生烈志。
《谯子五教》五卷谯周撰。
《袁子正论》二十卷袁准撰。
《袁子正书》二十五卷袁准撰。
《孙氏成败志》三卷孙毓撰。
《新论》十卷夏侯湛撰。
《物理论》十六卷杨泉撰。
《太元经》十四卷杨泉撰,刘绲注。
《新论》十卷华谭撰。
《志林新书》二十卷虞喜撰。
《后林新书》十卷虞喜撰。
《顾子义训》十卷顾夷撰。
《清化经》十卷蔡洪撰。
《正言》十卷干宝撰。
《要览》五卷吕竦撰。
《立言》十卷干宝撰。
《正览》六卷周舍撰。
《缺文》十卷陆澄撰。
《鲁史欹器图》一卷刘徽撰。
《诫林》三卷綦毋氏撰。
《家训》七卷颜之推撰。
《典言》四卷李若等撰。
《坟典》三十卷卢辩撰。
《中说》五卷王通撰。
《读书记》三十二卷王邵撰。
《正训》二十卷辛德源志。
《太宗序志》一卷太宗撰。
《帝范》四卷太宗撰,贾行注。
《天训》四卷高宗天皇大帝撰。
《紫枢要录》十卷大圣天后撰。
《青宫记要》三十卷天后撰。
《少阳正范》三十卷天后撰。
《臣轨》二卷天后撰。
《百僚新诫》四卷天后撰。
《春宫要录》十卷章怀太子撰。
《君臣相发起事》三卷章怀太子撰。
《修身要录》十卷章怀太子撰。

《百里昌言》二卷王涝撰。
《崔氏至言》六卷崔灵童撰。
《平台百一寓言》三卷张大素撰。
《女诫》一卷曹大家撰。
《内训》二十卷辛德源、王邵等撰。
《女则要录》十卷文诚皇后撰。
《凤楼新诫》二十卷张后撰。
右儒家二十八部,凡七百七十六卷。

《老子》二卷老子撰。
《老子》二卷河上公注。
《老子章句》二卷安丘望之撰。
《老子道德经指趣》四卷安丘望之撰。
《老子》二卷湘注。
《玄言新记道德》二卷王弼注。
《老子》二卷钟会注。
《老子》二卷羊祜注。
《老子》二卷程韶集注。
《老子》二卷王尚注。
《老子》二卷蜀才注。
《老子》二卷孙登注。
《老子》二卷袁真注。
《老子》二卷张凭注。
《老子》二卷鸠摩罗什注。
《老子》二卷释惠严注。
《老子》四卷陶弘景注。
《老子道德经品》四卷梁旷注。
《老子》二卷树钟山注。
《老子》二卷傅奕注。
《老子》二卷杨上善注。
《老子集注》四卷张道相集注。
《老子》二卷辟间仁谓注。
《老子》二卷成玄英注。
《老子》二卷李允愿注。
《老子》二卷陈嗣古注。
《老子》二卷释义盈注。
《老子道德经集解》四卷任真子注。
《老子节解》二卷
《老子指归》十四卷严遵志。
《老子指归》十三卷冯廓撰。
《老子道德经序诀》二卷葛洪撰。
《老子道德简要义》五卷玄景先生注。
《太上玄元皇帝道德经》二卷杨上器撰。
《太上老君玄元皇帝圣纪》十卷尹父操撰。
《老子章门》一卷
《老子玄旨》八卷韩庄撰。
《老子玄谱》一卷刘道人撰。
《老子道德论》二卷何晏撰
《老子指例略》二卷
《老子道德经义疏》四卷顾欢撰。

《老子解释》四卷羊祜撰。
《老子义疏理纲》一卷
《老子讲疏》六卷梁武帝撰。
《老子私记》十卷梁简文帝撰。
《老子讲疏》四卷
《老子义疏》四卷孟智周撰。
《老子述义》十卷贾大隐撰。
《老子道德指略论》二卷杨上善撰。
《道德经》三卷
《略论》三卷杨上善撰。
《老子西升经》一卷
《老子黄庭经》一卷
《老子探真经》一卷
《老君科律》一卷
《老子宣时诫》一卷
《老子入室经》一卷
《老子华盖观天诀》一卷
《老子消水经》一卷
《老子神策百二十条经》一卷
《庄子》十卷崔譔注。
又十卷郭象注。
又二十卷向秀注。
又二十一卷司马彪注。
《庄子集解》二十卷李颐集解。
又二十卷王玄古撰。
《庄子》十卷杨上善撰。
《庄子讲疏》三十卷梁简文撰。
《庄子疏》七卷
《南华仙人庄子论》三十卷梁旷撰。
《释庄子论》二卷李充撰。
《南华真人道德论》三卷
《庄子疏》十卷王穆撰。
《庄子音》一卷王穆撰。
《庄子文句义》二十卷陆德明撰。
《庄子古今正义》十卷冯廓撰。
《庄子疏》十二卷成玄英撰。
《文子》十二卷
《鹖冠子》三卷鹖冠子撰。
《列子》八卷列御寇撰,张湛注。
《广成子》十二卷商洛公撰。
《任子道论》十卷任嘏撰。
《浑舆经》一卷姬威撰。
《唐子》十卷唐滂撰。
《苏子》七卷苏彦撰。
《宣子》二卷宣聘撰。
《陆子》十卷陆云撰。
《抱朴子内篇》二十卷葛洪撰。
《孙子》十二卷孙绰撰。
《顾道士论》二卷顾谷撰。
《幽求子》三十卷杜夷撰。

《符子》三十卷符朗撰。
《贺子》十卷贺道养撰。
《真诰》十卷陶弘景撰。
《无名子》一卷张太衡撰。
《养生要集》十卷张湛撰。
《无上秘要》七十二卷
《玄书通义》十卷张机撰。
《道要》三十卷
《登真隐诀》二十五卷陶弘景撰。
《同光子》八卷刘无待撰,侯俨注。
《牟子》二卷牟融撰。
《净住子》二十卷萧子良撰,王融颂。
《统略净住子》二卷释道宣撰。
《法苑》十五卷释僧祐撰。
《内典博要》三十卷虞孝景撰。
《真言要集》十卷释贤明撰。
《历代三宝记》三卷
《修多罗法门》二十卷郭瑜撰。
《集古今佛道论衡》四卷释道宣撰。
《六趣论》六卷杨上善撰。
《十门辩惑论》二卷释复礼志。
《经论纂要》十卷骆子义撰。
《通惑决疑录》二卷释道宣撰。
《夷夏论》二卷顾欢撰。
《笑道论》三卷甄鸾撰。
《齐三教论》七卷卫元嵩撰。
《辩正论》八卷。
《破邪论》三卷释法琳撰。
《三教诠衡》十卷杨上善撰。
《甄正论》三卷杜乂撰。
《心镜论》十卷李思慎撰。
《崇正论》六卷释彦琮撰。

右道家一百二十五部,老子六十一家,庄子十七家,道释诸说四十七家,凡九百六十卷。

《管子》十八卷管夷吾撰。
《商子》五卷商鞅撰。
《慎子》十卷慎到撰,滕辅注。
《申子》三卷申不害撰。
《韩子》二十卷韩非撰。
《晁氏新书》三卷晁错撰。
《崔氏政论》五卷崔寔撰。
《刘氏法言》十卷刘邵撰。
《刘氏正论》五卷刘虞撰。
《阮氏政论》五卷阮武撰。
《桓氏代要论》十卷桓范撰。
《陈氏要言》十四卷陈融撰。
《治道集》十卷李文博撰。
《春秋决狱》十卷董仲舒撰。
《五经析疑》三十卷邯郸绰撰。

右法家十五部，凡一百五十八卷。

《邓析子》一卷邓析撰。
《尹文子》二卷尹文子撰。
《公孙龙子》三卷公孙龙撰。
又一卷贾大隐注。
又一卷陈嗣古注。
《人物志》三卷刘邵撰。
又三卷刘邵撰，刘炳注。
《士纬》十卷姚信撰。
《士操》一卷魏文帝撰。
《九州人士论》一卷卢毓撰。
《兼名苑》十卷释远年撰。
《辩名苑》十卷范谧撰。
　　右名家十二部，凡五十六卷。

《墨子》十五卷墨翟撰。
《胡非子》一卷胡非子撰。
　　右墨家二部，凡一十六卷。

《鬼谷子》二卷苏秦撰。
又三卷乐台撰。
又三卷尹知章注。
《补阙子》十卷梁元帝撰。
　　右纵横家四部，凡十八卷。

《尸子》二十卷尸佼撰。
《尉缭子》六卷尉缭子撰。
《吕氏春秋》二十六卷吕不韦撰。
《淮南商诂》二十一卷刘安撰。
《淮南子注解》二十一卷高诱撰。
《淮南鸿烈音》二卷高诱撰。
《三将军论》一卷严尤撰。
《论衡》三十卷王充撰。
《风俗通义》三十卷应劭撰。
《仲长子昌言》十卷仲长统撰。
《万机论》八卷蒋济撰。
《笃论》四卷杜恕撰。
《刍荛论》五卷钟会撰。
《傅子》一百二十卷傅玄撰。
《默记》三卷张俨撰。
《新言》五卷裴玄撰。
《新义》十八卷刘钦撰。
《秦子》三卷秦菁撰。
《誓论》三十卷张俨撰。
《说林》五卷孔衍撰。
又二十卷张大素撰。
《抱朴子外篇》五十卷葛洪撰。
《时务论》十二卷杨伟撰。
《古今善言》三十卷范泰撰。

《记闻》三卷徐益寿撰。
《何子》五卷何楷撰。
《刘子》十卷刘勰撰。
《金楼子》十卷梁元帝撰。
《语丽》十卷朱澹远撰。
《袖中记》一卷
《要览》三卷陆士衡撰。
《古今注》五卷崔豹撰。
《采璧记》三卷庾肩吾撰。
《新略》十卷韦道孙撰。
《名数》十卷徐陵撰。
《典坟数》十卷范谧撰。
《荆楚岁时记》十卷宗懔撰。
又二卷杜公瞻撰。
《玉烛宝典》十二卷。杜台卿撰。
《四时录》十二卷王氏撰。
《物始》十卷谢昊撰。
《事始》三卷刘孝孙撰。
《古今辩作录》三卷
《文章始》一卷任昉撰，张绩补。
《续文章始》一卷姚察撰。
《戚苑纂要》十卷刘扬名撰。
《张掖郡玄石图》一卷孟众撰。
《瑞应图记》二卷孙柔之撰。
《张掖郡玄石图》一卷高堂隆撰。
《瑞应图赞》三卷熊理撰。
《祥瑞图》十卷
《符瑞图》十卷顾野王撰。
《皇隋灵感志》十卷王邵撰。
《皇隋瑞文》十四卷许善心撰。
《谏林》十卷何望之撰。
《善谏》二卷虞通之撰。
《谏事》五卷魏徵撰。
《谏苑》三十卷于志宁撰。
《子林》二十卷孟仪撰。
《子钞》三十卷沈约撰。
又三十卷庾仲容撰。
《子林》三十卷薛克构撰。
《述正论》十三卷陆澄撰。
《博览》十五卷
《文府》七卷徐陵撰，宗道宁注。
《翰墨林》十卷
《群书理要》五十卷魏征撰。
《四部言心》十卷刘守敬撰。
《麟阁词英》六十卷高宗敕撰。
　　右杂家七十一部，凡九百八十二卷。

《氾胜之书》二卷氾胜之撰。
《四人月令》一卷崔寔撰。
《齐人要术》十卷贾思勰撰。

《竹谱》一卷戴凯之撰。
《钱谱》一卷顾烜撰。
《禁苑实录》一卷
《种植法》七十七卷诸葛颖撰。
《兆人本业》三卷天后撰。
《相鹤经》一卷浮丘公撰。
《鸷击录》二十卷尧须跋撰。
《鹰经》一卷
《蚕经》一卷
《相马经》一卷伯乐撰。
又二卷
又二卷徐成等撰。
《相马经》六十卷诸葛颖等撰。
《相牛经》一卷甯戚撰。
《相贝经》一卷
《养鱼经》一卷范蠡撰。
　　右农家二十部，凡一百九十二卷。

《鬻子》一卷鬻熊撰。
《燕丹子》三卷燕太子撰。
《笑林》三卷邯郸淳撰。
《博物志》十卷张华撰。
《郭子》三卷郭澄之撰。贾泉注。
《世说》八卷刘义庆撰。
《续世说》十卷刘孝标撰。
《小说》十卷刘义庆撰。
《小说》十卷殷芸撰。
《释俗语》八卷刘霁撰。
《辨林》二十卷萧贲撰。
《酒孝经》一卷刘炫定撰。
《座右方》三卷庾元威撰。
《启颜录》十卷侯白撰。
　　右小说家十三部，凡九十卷。

《周髀》一卷赵婴注。
又一卷甄鸾注。
又二卷李淳风撰。
《灵宪图》一卷张衡撰。
《浑天仪》一卷张衡撰。
《浑天象注》一卷王蕃撰。
《昕天论》一卷姚信撰。
《石氏星经簿赞》一卷石申甫撰。
《安天论》一卷虞喜撰。
《甘氏四七法》一卷甘德撰。
《论二十八宿度数》一卷
《荆州星占》二卷刘表撰。
又二十卷刘睿撰。
《天文集占》七卷陈卓撰。
《四方星占》一卷陈卓撰。
《五星占》二卷陈卓撰。

《天文集占》三卷
《天文录》三十卷祖暅之撰。
《天文横图》一卷高文洪撰。
《天文杂占》一卷吴云撰。
《星占》三十三卷孙僧化撰。
《十二次二十八宿星占》十二卷史崇撰。
《乙巳占》十卷李淳风撰。
《灵台秘苑》一百二十卷庾季才撰。
《玄机内事》七卷逄行珪撰。
　　右天文二十六家，凡二百六十卷。

《三统历》一卷刘歆撰。
《乾象历》三卷阚泽注，阚洋撰。
《魏景初历》三卷杨祎撰。
《四分历》一卷
《乾象历术》三卷刘洪撰。
《乾象历》三卷
《宋元嘉历》二卷何承天撰。
《梁大同历》一卷虞劇撰。
《后魏永安历》一卷孙僧化撰。
《后魏武定历》一卷
《北齐天保历》一卷宋景业撰。
《周天象历》二卷王琛撰。
《隋开皇历》一卷刘孝孙撰。
又一卷李德林撰。
《隋大业历》一卷张胄玄撰。
《皇极历》一卷刘焯撰。
又一卷李淳风撰。
《河西壬辰元历》一卷赵畞撰。
《河西甲寅元历》一卷李淳风撰。
《大唐麟德历》一卷
《大唐光宅历草》十卷
《周甲子元历》一卷
《齐甲子历》一卷
《大唐甲子元辰历》一卷瞿昙撰。
《大唐戊寅历》一卷
《陈七曜历》五卷吴伯善撰。
《七曜本起历》二卷
《七曜历算》二卷甄鸾撰。
《七曜杂术》二卷刘孝孙撰。
《七曜历疏》二卷张胄玄撰。
《历疏》一卷崔浩撰。
《历术》一卷甄鸾撰。
《玄历术》一卷张胄玄撰。
《刻漏经》一卷何承天撰。
又一卷朱史撰。
又一卷宋景撰。
《大唐刻漏经》一卷。
《九章算经》一卷徐岳撰。
《九章重差》一卷刘向撰。

《九章重差图》一卷刘徽撰。
《九章算经》九卷甄鸾撰。
《九章杂算文》二卷刘祐撰。
《九章术疏》九卷宋泉之撰。
《五曹算经》五卷甄鸾撰。
《孙子算经》三卷甄鸾撰注。
《海岛算经》一卷刘徽撰。
《张丘建算经》一卷甄鸾撰。
《夏侯阳算经》三卷甄鸾注。
《数术记遗》一卷徐岳撰,甄鸾注。
《三等数》一卷董泉撰,甄鸾注。
《算经要用百法》一卷徐岳撰。
《缀术》五卷祖冲之撰,李淳风注。
《五曹算经》三卷甄鸾撰。
《七经算术通义》七卷阴景愉撰。
《缉古算术》四卷王孝通撰,李淳风注。
《算经表序》一卷
　　右历算五十八部,凡一百六十七卷。

《黄帝问玄女法》三卷玄女撰。
《太公阴谋》三卷
《太公金匮》二卷
《太公六韬》六卷
《司马法》三卷田穰苴撰。
《孙子兵法》十三卷孙武撰,魏武帝注。
又二卷孟氏解。
又二卷沈友注。
《黄石公三略》三卷
《三略训》三卷
《张良经》一卷张良撰。
《杂兵法》二十四卷
《兵法捷要》七卷魏武帝撰。
《兵法要略》十卷魏文帝撰。
《兵记》十二卷司马彪撰。
《兵林》六卷孔衍撰。
《玉韬》十卷梁元帝撰。
《真人水镜》十卷陶弘景撰。
《握镜》一卷陶弘景撰。
《兵书要略》十卷宇文宪撰。
《太一兵法》一卷
《太公阴谋三十六用》一卷
《伍子胥兵法》一卷
《吴孙子三十二垒经》一卷
《玉帐经》一卷
《黄石公阴谋乘斗魁刚行军秘》一卷
《武德图五兵八阵法要》一卷
《三阴图》一卷
《黄帝太公三宫法要诀》一卷
《张氏七篇》七卷张良撰。
《承神兵书》八卷

《兵机》十五卷
《兵书要略》一卷
《新授兵书》三十卷隋高祖撰。
《六军镜》三卷李靖撰。
《用兵撮要》二卷
《兵春秋》一卷
《许子新书军胜》十卷
《金海》四十七卷萧吉撰。
《王佐秘珠》五卷乐产撰。
《金韬》十卷刘祐撰。
《悬镜》十卷李淳风撰。
《龙武玄兵图》二卷解忠鲠撰。
《临戎孝经》二卷员半千撰。
　　右兵书四十五部,凡二百八十九卷。

《焦氏周易林》十六卷焦赣撰。
《京氏周易四时候》二卷
《京氏周易飞候》六卷
《京氏周易混沌》四卷
《京氏周易错卦》八卷京房撰。
《费氏周易林》二卷费直撰。
《崔氏周易林》十六
《许氏周易杂占》七卷许峻撰。
《周易参同契》二卷魏伯阳撰。
《周易五相类》一卷魏伯阳撰。
《周易林》四卷管辂撰。
《周易杂占》八卷尚广撰。
《徐氏周易筮占》二十四卷徐苗撰。
《周易立成占》六卷
《武氏周易杂占》八卷武氏撰。
《周易集林》十二卷伏曼容撰。
又一卷伏氏撰。
《连山》三十卷梁元帝撰。
《易林》十四卷
《新易林占》三卷杜氏撰。
《周易杂占筮决文》二卷梁运撰。
《周易新林》一卷
《周易林》七卷张满撰。
《易律历》一卷
《周易服药法》一卷
《周易洞林解》三卷郭璞撰。
《洞林》三卷梁元帝撰。
《易三备》三卷
又一卷
《易髓》一卷
《易脑》一卷郭氏撰。
《孝经元辰》二卷
《推元辰厄命》一卷
《元辰章》三卷
《六甲周天历》一卷孙僧化作。

《风角要候》一卷翼奉撰。
《风角六情诀》一卷王琛撰。
《风角》十卷
《风角鸟情》二卷刘孝恭撰
《鸟情占》一卷
《鸟情逆占》一卷管辂撰。
《九宫经解》二卷
《九宫行棋经》三卷郑玄撰。
《九宫行棋立成》一卷王琛撰。
《逆刺》三卷京房撰。
《婚嫁书》二卷
《推产妇何时产法》一卷王琛撰。
《产图》一卷崔知悌撰。
《登坛经》一卷
《太一大游历》二卷
《大游太一历》一卷
《曜灵经》一卷
《七政历》一卷
《六壬历》一卷
《灵宝登图》一卷
《推二十四气历》一卷
《太一历》一卷
《式经》一卷宋琨撰。
《九旗飞变》一卷郑玄撰，李淳风注。
《太史公万岁历》一卷司马谈撰。
《万岁历祠》二卷
《千岁历祠》二卷任氏撰。
《黄帝飞鸟历》一卷张衡撰。
《太乙飞鸟历》一卷
《堪舆历注》二卷
《黄帝四序堪舆》二卷殷绍撰。
《遁甲经》一卷
《遁甲文》一卷伍子胥撰。
《遁甲囊中经》一卷
《三元遁甲图》三卷葛洪撰。
《遁甲万一诀》三卷
《遁甲立成图》二卷
《遁甲立成法》三卷
《遁甲九宫八门图》一卷
《遁甲开山图》一卷王琛撰。
又二卷荣氏撰。
《白泽图》一卷
《武王须臾》二卷
《师旷占书》一卷
《东方朔占书》一卷
《范子问计然》十五卷范蠡问，计然答。
《淮南王万毕术》一卷刘安撰。
《神枢灵辖》十卷乐产撰。
《禄命书》二十卷刘孝恭撰。
又二卷王琛撰。

《五行记》五卷萧吉撰。
《五姓宅经》二卷
《阴阳书》五十卷吕才撰。
《青乌子》三卷
《葬经》八卷
又十卷
又二卷萧吉撰。
《葬书地脉经》一卷
《墓书五阴》一卷
《杂墓图》一卷
《墓图立成》一卷
《六甲冢名杂忌要诀》二卷
《五姓墓图要诀》五卷孙氏撰。
《坛中伏尸》一卷
《玄女弹五音法相冢经》一卷胡君撰。
《新撰阴阳书》三十卷王粲撰。
《龟经》三卷柳彦询撰。
又一卷刘宝真撰。
又一卷王弘礼撰
又一卷庄道名撰。
又一卷孙思邈撰。
《百怪书》一卷
《祠灶经》一卷
《解文》一卷
《占梦书》二卷
又三卷周宣撰。
《玄悟经》三卷李淳风撰。
右五行一百一十三部，凡四百八十五卷。

《投壶经》一卷郝冲、虞谭法撰。
《大小博法》二卷
《皇博经》一卷魏文帝撰
《大博经行棋戏法》二卷
《小博经》一卷鲍宏撰。
《博塞经》一卷鲍宏撰。
《二仪簿经》一卷隋炀帝撰。
《大博经》二卷吕才撰。
《棋势》六卷
《棋品》五卷范汪等注。
《围棋后九品序录》一卷
《竹苑仙棋图》一卷
《棋评》一卷梁武帝撰。
《象经》一卷周武帝撰。
又一卷何妥撰。
又一卷王裕撰。
《今古术艺》十五卷
右杂艺术一十八部，凡四十四卷。

《皇览》一百二十二卷何承天撰。
又八十四卷徐爰并合。

《类苑》一百二十卷刘孝标撰。
《寿光书苑》二百卷刘香撰。
《华林编略》六百卷徐勉撰。
《修文殿御览》三百六十卷
《长洲玉镜》一百三十八卷虞绰等撰。
《艺文类聚》一百卷欧阳询等撰。
《北堂书抄》一百七十三卷虞世南撰。
《要录》六十卷
《书图泉海》七十卷张氏撰。
《检事书》一百六十卷
《帝王要览》二十卷
《玉藻琼林》一百卷孟利贞撰。
《玄览》一百卷天后撰。
《累璧》四百卷许敬宗撰。
《碧玉芳林》四百五十卷孟利贞撰。
《策府》五百八十二卷张大素撰。
《玄门宝海》一百二十卷诸葛颖撰。
《文思博要》并目一千二百一十二卷张大素撰。
《三教珠英》并目一千三百一十三卷张昌宗等撰。
　　右类事二十二部，凡七千八十四卷。

《黄帝三部针经》十三卷皇甫谧撰。
《黄帝八十一难经》一卷秦越人撰。
《赤乌神针经》一卷张子存撰。
《黄帝明堂》三卷
《黄帝针灸经》十二卷
《明堂图》三卷秦承祖撰。
《龙衔素针经并孔穴虾蟆图》三卷
《黄帝素问》八卷
《黄帝内经明堂》十三卷
《黄帝杂注针经》一卷
《黄帝十二经脉明堂五藏图》一卷
《黄帝十二经明堂偃侧人图》十二卷
《黄帝针经》十卷
《黄帝明堂》三卷
《黄帝九灵经》十二卷灵宝注。
《玉匮针经》十二卷
《黄帝内经太素》三十卷杨上善注。
《三部四时五藏辨候诊色脉经》一卷
《黄帝内经明堂类成》十三卷杨上善撰。
《黄帝明堂经》三卷杨玄孙撰注。
《灸经》一卷
《铃和子》十卷贾和光撰。
《脉经诀》三卷徐氏撰。
《脉经》二卷
《五藏诀》一卷
《五藏论》一卷
　　右明堂经脉二十六家，凡一百七十三卷。

《神农本草》三卷

《桐君药录》三卷桐君撰。
《雷公药对》二卷
《药类》二卷
《本草用药要妙》二卷
《本草病源合药节度》五卷
《本草要术》三卷
《本草药性》三卷甄立言撰。
《疗痈疽耳眼本草要妙》五卷
《种芝经》九卷
《芝草图》一卷
《吴氏本草因》六卷吴普撰。
《李氏本草》三卷
《名医别录》三卷
《药目要用》二卷
《本草集经》七卷陶弘景撰。
《灵秀本草图》六卷原平仲撰。
《诸药异名》十卷释行智撰。
《四时采取诸药及合和》四卷
《本草图经》七卷苏敬撰。
《新修本草》二十一卷苏敬撰。
《新修本草图》一十六卷苏敬等撰。
《本草音》三卷苏敬等撰。
《本草音义》二卷殷子严撰。
《太清神丹中经》三卷
《太清神仙服食经》五卷
又一卷抱朴子撰。
《太清璇玑文》七卷冲和子撰。
《金匮仙药录》三卷京里先生撰。
《神仙服食经》十二卷京里先生撰。
《太清诸丹要录集》四卷
《神仙药食经》一卷
《神仙服食方》十卷
《神仙服食药方》十卷
《服玉法并禁忌》一卷
《太清诸草木方集要》三卷
《太清玉石丹药要集》三卷陶弘景撰。
《太一铁胤神丹方》三卷苏游撰。
《养生要集》十卷张湛撰。
《补养方》三卷孟诜撰。
《诸病源候论》五十卷吴景撰。
《四海类聚单方》十六卷隋炀帝撰。
《太官食法》一卷
《太官食方》十九卷
《食经》九卷崔浩撰。
又十卷
又四卷竺暄撰。
《四时食法一卷》赵氏撰。
《淮南王食经》一百二十卷诸葛颖撰。
《淮南王食目》十卷
《淮南王食经音》十三卷诸葛颖撰。

《食经》三卷卢仁宗撰。
《张仲景药方》十五卷王叔和撰。
《华氏药方》十卷华佗方，吴普集。
《肘后救卒方》四卷葛洪撰。
《补肘后救卒备急方》六卷陶弘景撰。
《阮河南方》十六卷阮炳撰。
《杂药方》一百七十卷范汪方，尹穆撰。
《胡居士方》三卷胡洽撰。
《刘涓子男方》十卷龚庆宜撰。
《疗痈疽金疮要方》十四卷甘浚之撰。
《杂疗方》二十卷徐叔和撰。
《体疗杂病方》六卷徐叔和撰。
《脚弱方》八卷徐叔向撰。
《药方》十七卷秦承祖撰。
《疗痈疽金疮要方》十二卷甘伯齐撰。
《杂药方》十二卷褚澄撰。
《效验方》十卷陶弘景撰。
《百病膏方》十卷
《杂汤方》八卷
《疗目方》五卷
《杂药方》十卷陈山提撰。
又六卷
《杂丸方》一卷
《调气方》一卷释鸾撰。
《黄素方》十五卷
《杂汤丸散方》五十七卷孝思撰。
《僧深集方》三十卷释僧深撰。
《删繁方》十二卷谢士太撰。
《徐王八代效验方》十卷徐之才撰。
《徐氏落年方》三卷徐嗣伯撰。
《杂病论》一卷徐嗣伯撰。
《徐氏家秘方》二卷徐之才撰。
《集验方》十卷姚僧垣撰。
《小品方》十二卷陈延之撰。
《经心方》八卷宋侠撰。
《名医集验方》三卷。
《古今录验方》五十卷甄权撰。
《崔氏纂要方》十卷崔知悌撰。
《孟氏必效方》十卷孟诜撰。
《延年秘录》十二卷
《玄感传尸方》一卷苏游撰。
《骨蒸病灸方》一卷崔知悌撰。
《寒食散方并消息节度》二卷
《解寒食散方》十三卷徐叔和撰。
《妇人方》十卷
又二十卷
《少小方》十卷
《少小杂方》二十卷
《少小节疗方》一卷俞宝撰。
《狐子杂诀》三卷

《狐子方金诀》二卷葛仙公撰。
《陵阳子秘诀》一卷明月公撰。
《神临药秘经》一卷黄公撰。
《黄白秘法》一卷
又二十卷
《玉房秘术》一卷葛氏撰。
《玉房秘录诀》八卷冲和子撰。
《类聚方》二千六百卷
右医术本草二十五家，养生十六家，病源单方二家，食经十家，杂经方五十八家，类聚方一家，共一百一十家，凡三千七百八十九卷。

丁部集录，三类，共八百九十部，书一万二千二十八卷。

　　　　《楚词》类一　　　　别集类二　　　　总集类三
《楚词》十六卷王逸注
《楚词》十卷郭璞注。
《楚词九悼》一卷杨穆撰。
《离骚草木虫鱼疏》一卷刘杳撰。
《楚词音》一卷孟奥撰。
又一卷徐邈撰。
又一卷释道骞撰。
《汉武帝集》二卷
《魏武帝集》三十卷
《魏文帝集》十卷
《魏明帝集》十卷
《魏高贵乡公集》二卷
《晋宣帝集》十卷
《晋文帝集》一卷
《晋明帝集》五卷
《晋简文帝集》五卷
《宋武帝集》二十卷
《宋文帝集》十卷
《梁文帝集》十八卷
《梁武帝集》十卷
《梁简文帝集》八十卷
《梁元帝集》五十卷
《梁元帝集》十卷
《后魏明帝集》一卷
《后魏文帝集》四十卷
《后周明帝集》十卷
《陈后主集》五十卷
《隋炀帝集》三十卷
《太宗文皇帝集》三十卷
《高宗大帝集》八十六卷
《中宗皇帝集》四十卷
《睿宗皇帝集》十卷
《垂拱集》一百卷
《金轮集》十卷天后撰。
《梁昭明太子集》二十卷

《汉淮南王集》二卷
《汉东平王集》二卷
《魏陈思王集》二十卷
又三十卷
《晋齐王集》二卷
《晋会稽王集》八卷
《晋彭城王集》八卷
《晋谯王集》三卷
《宋长沙王集》十卷
《宋临川王集》八卷
《宋衡阳王集》十卷
《宋江夏王集》十三卷
《宋南平王集》五卷
《宋建平王集》十卷
《宋建平王小集》十五卷
《齐竟陵集》三十卷
《梁邵陵王集》四卷
《梁武陵王集》八卷
《后周赵王集》十卷
《后周滕王集》十二卷
赵《荀况集》二卷
楚《宋玉集》二卷
前汉《贾谊集》二卷
《枚乘集》二卷
《司马迁集》二卷
《东方朔集》二卷
《董仲舒集》二卷
《李陵集》二卷
《司马相如集》二卷
《孔臧集》二卷
《魏相集》二卷
《张敞集》二卷
《韦玄成集》二卷
《刘向集》五卷
《王褒集》五卷
《谷永集》五卷
《杜邺集》五卷
《师丹集》五卷
《息夫躬集》五卷
《刘歆集》五卷
《杨雄集》五卷
《崔篆集》一卷
后汉《桓谭集》二卷
《史岑集》二卷
《王文山集》二卷
《朱勃集》二卷
《梁鸿集》二卷
《黄香集》二卷
《冯衍集》五卷
《班彪集》二卷

《杜笃集》五卷
《傅毅集》五卷
《班固集》十卷
《崔骃集》十卷
《贾逵集》二卷
《刘騊駼集》二卷
《崔瑗集》五卷
《苏顺集》二卷
《窦章集》二卷
《胡广集》二卷
《高彪集》二卷
《王逸集》二卷
《桓骞集》二卷
《边韶集》二卷
《皇甫规集》五卷
《张奂集》二卷
《朱穆集》二卷
《赵壹集》二卷
《张升集》二卷
《侯瑾集》二卷
《郦炎集》二卷
《卢植集》二卷
《刘珍集》二卷
《张衡集》十卷
《葛龚集》五卷
《李固集》十卷
《马融集》五卷
《崔琦集》二卷
《延笃集》二卷
《刘陶集》二卷
《荀爽集》二卷
《刘梁集》二卷
《郑玄集》二卷
《蔡邕集》二十卷
《应劭集》四卷
《士孙瑞集》二卷
《张劭集》五卷
《祢衡集》二卷
《孔融集》十卷
《虞翻集》三卷
《潘勖集》二卷
《阮瑀集》五卷
《陈琳集》十卷
《张纮集》一卷
《繁钦集》十卷
《杨修集》二卷
《王粲集》十卷
魏《华歆集》二十卷
《王朗集》三十卷
《邯郸淳集》二卷

《袁涣集》五卷
《应场集》二卷
《徐幹集》五卷
《刘桢集》二卷
《路粹集》二卷
《丁仪集》二卷
《丁廙集》二卷
《吴质集》五卷
《刘廙集》二卷
《孟达集》三卷
《陈群集》三卷
《王修集》三卷
《管宁集》二卷
《刘邵集》二卷
《麋元集》五卷
《李康集》二卷
《孙该集》二卷
《卞兰集》二卷
《傅巽集》二卷
《高堂隆集》十卷
《缪袭集》五卷
《殷褒集》二卷
《韦诞集》三卷
《曹羲集》五卷
《傅嘏集》二卷
《桓范集》二卷
《夏侯霸集》二卷
《钟毓集》五卷
《江奉集》二卷
《夏侯惠集》二卷
《毋丘俭集》二卷
《王弼集》五卷
《吕安集》二卷
《王昶集》五卷
《王肃集》五卷
《何晏集》十卷
《应璩集》十卷
《杜挚集》一卷
《夏侯玄集》二卷
《程晓集》二卷
《阮籍集》五卷
《嵇康集》十五卷
《钟会集》十卷
蜀《许靖集》二卷
《诸葛亮集》二十四卷
吴《张温集》五卷
《士燮集》五卷
《骆统集》十卷
《暨艳集》二卷
《谢承集》四卷

《姚信集》十卷
《杨厚集》二卷
《华覈集》三卷
《胡综集》二卷
《薛综集》二卷
《张俨集》二卷
《韦昭集》二卷
《纪陟集》三卷
晋《王沉集》五卷
《郑袤集》二卷
《应贞集》五卷
《嵇喜集》二卷
《傅玄集》五十卷
《成公绥集》十卷
《裴秀集》三卷
《何祯集》五卷
《袁准集》二卷
《山涛集》五卷
《向秀集》二卷
《阮冲集》二卷
《阮侃集》五卷
《羊祜集》二卷
《贾充集》二卷
《荀勖集》二十卷
《杜预集》二十卷
《王浚集》二卷
《皇甫谧集》二卷
《程咸集》二卷
《刘毅集》二卷
《庾峻集》三卷
《郤正集》一卷
《薛莹集》二卷
《杨泉集》二卷
《陶浚集》三卷
《宣聘集》三卷
《曹志集》二卷
《邹湛集》四卷
《孙毓集》二卷
《王浑集》五卷
《王深集》四卷
《江伟集》五卷
《闵鸿集》二卷
《裴楷集》二卷
《何劭集》二卷
《刘颂集》三卷
《刘寔集》二卷
《裴頠集》十卷
《许孟集》二卷
《王祐集》二卷
《王济集》二卷

《华峤集》一卷
《庾儵集》三卷
《谢衡集》二卷
《傅咸集》三十卷
《枣据集》二卷
《刘宝集》三卷
《孙楚集》十卷
《王赞集》三卷
《夏侯湛集》十卷
《夏侯淳集》十卷
《张敏集》二卷
《刘讦集》二卷
《李重集》二卷
《乐广集》二卷
《阮浑集》二卷
《杨乂集》三卷
《张华集》十卷
《李虔集》十卷
《石崇集》五卷
《潘岳集》十卷
《潘尼集》十卷
《欧阳建集》二卷
《嵇绍集》二卷
《卫展集》四十卷
《卢播集》二卷
《栾肇集》二卷
《应亨集》二卷
《司马彪集》三卷
《杜育集》二卷
《挚虞集》二卷
《缪徵集》二卷
《左思集》五卷
《夏侯靖集》二卷
《郑丰集》二卷
《陈略集》二卷
《张翰集》二卷
《陆机集》十五卷
《陆云集》十卷
《陆冲集》二卷
《孙极集》二卷
《张载集》三卷
《张协集》二卷
《束晳集》五卷
《华谭集》二卷
《曹摅集》二卷
《江统集》十卷
《胡济集》五卷
《卞粹集》二卷
《阎丘冲集》二卷
《庾敳集》二卷

《阮瞻集》二卷
《阮循集》二卷
《裴邈集》二卷
《郭象集》五卷
《嵇含集》十卷
《孙惠集》十卷
《蔡洪集》三卷
《牵秀集》五卷
《蔡克集》二卷
《索靖集》二卷
《阎纂集》二卷
《张辅集》二卷
《殷巨集》二卷
《陶佐集》五卷
《仲长敖集》二卷
《虞溥集》二卷
《吴商集》五卷
《刘弘集》三卷
《山简集》二卷
《宗岱集》三卷
《王旷集》五卷
《王峻集》二卷
《枣腆集》二卷
《枣嵩集》二卷
《刘琨集》十卷
《卢谌集》十卷
《傅畅集》五卷
东晋《顾荣集》二卷
《荀组集》二卷
《周顗集》二卷
《周嵩集》三卷
《王导集》十卷
《荀邃集》二卷
《王敦集》五卷
《谢鲲集》二卷
《张抗集》二卷
《贾霖集》三卷
《刘陨集》二卷
《应詹集》三卷
《陶侃集》二卷
《王洽集》三卷
《傅毅集》五卷
《张闿集》三卷
《卞壸集》二卷
《刘超集》二卷
《杨方集》二卷
《傅纯集》二卷
《郗鉴集》十卷
《温峤集》十卷
《孔坦集》五卷

《王涛集》五卷
《王箋集》五卷
《甄述集》五卷
《戴邈集》五卷
《贺循集》二十卷
《张俊集》二卷
《曾瑰集》五卷
《熊远集》五卷
《郭璞集》十卷
《王鉴集》五卷
《庾亮集》二十卷
《虞预集》十卷
《顾和集》五卷
《范宣集》十卷
《张虞集》五卷
《庾冰集》二十卷
《庾翼集》二十卷
《何充集》五卷
《诸葛恢集》五卷
《祖台之集》十五卷
《李充集》十四卷
《蔡谟集》十卷
《谢艾集》八卷
《范汪集》八卷
《范宁集》十五卷
《阮放集》五卷
《王廙集》十卷
《王彪之集》二十卷
《谢安集》五卷
《谢万集》十卷
《王羲之集》五卷
《干宝集》四卷
《殷融集》十卷
《刘遐集》五卷
《殷浩集》五卷
《刘惔集》二卷
《王濛集》五卷
《谢尚集》五卷
《张凭集》五卷
《张望集》三卷
《韩康伯集》五卷
《王胡之集》五卷
《江霖集》五卷
《范宣集》五卷
《江淳集》五卷
《王述集》五卷
《郝默集》五卷
《黄整集》十卷
《王浃集》二卷
《王度集》五卷

《刘系之集》五卷
《刘恢集》五卷
《范起集》五卷
《殷康集》五卷
《孙嗣集》三卷
《王坦之集》五卷
《桓温集》二十卷
《郗超集》十五卷
《谢朗集》五卷
《谢玄集》十卷
《王珣集》十卷
《许询集》三卷
《孙统集》五卷
《孙绰集》十五卷
《孔严集》五卷
《江逌集》五卷
《车灌集》五卷
《丁纂集》二卷
《曹毗集》十五卷
《蔡系集》二卷
《李颙集》十卷
《顾夷集》五卷
《袁乔集》五卷
《谢沉集》五卷
《庾阐集》十卷
《王隐集》十卷
《殷允集》十卷
《徐邈集》八卷
《殷仲堪集》十卷
《殷叔献集》三卷
《伏滔集》五卷
《桓嗣集》五卷
《习凿齿集》五卷
《钮滔集》五卷
《邵毅集》五卷
《孙盛集》十卷
《袁质集》二卷
《袁宏集》二十卷
《袁邵集》三卷
《罗含集》三卷
《孙放集》十五卷
《辛昞集》四卷
《庾统集》二卷
《郭悟集》五卷
《滕辅集》五卷
《庾龢集》二卷
《庾轨集》二卷
《庾蒨集》二卷
《庾肃之集》十卷
《王修集》二卷

《戴逵集》十卷
《桓玄集》二十卷
《殷仲文集》七卷
《卞湛集》五卷
《苏彦集》十卷
《袁豹集》十卷
《王谧集》十卷
《周祗集》十卷
《梅陶集》十卷
《湛方生集》十卷
《刘瑾集》八卷
《羊徽集》一卷
《卞裕集》十四卷
《王愆期集》十卷
《孔璠之集》二卷
《王茂略集》四卷
《薄肃之集》十卷
《滕演集》一卷
宋《刘义宗集》十五卷
《谢瞻集》二卷
《孔琳之集》十卷
《王叔之集》十卷
《徐广集》十五卷
《孔宁子集》十五卷
《蔡廓集》十卷
《傅亮集》十卷
《孙康集》十卷
《郑鲜之集》二十卷
《陶渊明集》五卷
《范泰集》二十卷
《王弘集》二十卷
《谢灵运集》十五卷
《荀昶集》十四卷
《孔欣集》八卷
《卞伯玉集》五卷
《王昙首集》二卷
《谢弘微集》二卷
《王韶之集》二十四卷
《沈林子集》七卷
《姚涛之集》二十卷
《贺道养集》十卷
《卫令元集》八卷
《褚诠之集》八卷
《荀钦明集》六卷
《殷淳集》三卷
《刘瑀集》七卷
《刘绳集》五卷
《雷次宗集》三十卷
《宗炳集》十五卷
《伍缉之集》十一卷

《荀雍集》十卷
《袁淑集》十卷
《颜延之集》三十卷
《王微集》十卷
《王僧达集》十卷
《张畅集》十四卷
《何偃集》八卷
《沈怀文集》十三卷
《江智泉集》十卷
《谢庄集》十五卷
《殷琰集》八卷
《颜竣集》十三卷
《何承天集》三十卷
《裴松之集》三十卷
《卞瑾集》十卷
《丘泉之集》六卷
《颜测集》十一卷
《汤惠休集》三卷
《沈勃集》十五卷
《徐爰集》十卷
《鲍照集》十卷
《庾蔚之集》十一卷
《虞通之集》五卷
《刘愔集》十卷
《孙缅集》十卷
《袁伯文集》十卷
《袁粲集》十卷
齐《褚彦回集》十五卷
《王俭集》六十卷
《周颙集》二十卷
《徐孝嗣集》十二卷
《王融集》十卷
《谢朓集》十卷
《孔稚珪集》十卷
《陆厥集》十卷
《虞羲集》十一卷
《宗躬集》十二卷
《江夬集》十一卷
张融《玉海集》六十卷
梁《范云集》十二卷
《江淹前集》十卷
《江淹后集》十卷
《任昉集》三十四卷
《宗史集》十卷
《王琛集》二十卷
《魏道微集》三卷
《司马褧集》九卷
《沈约集》一百卷
《沈约集略》三十卷
《傅昭集》十卷

《袁昂集》二十卷
《徐勉前集》二十五卷
《徐勉后集》十六卷
《陶弘景集》三十卷
《周舍集》二十卷
《何逊集》八卷
《谢琛集》五卷
《谢郁集》五卷
《王僧孺集》三十卷
《张率集》三十卷
《杨眺集》十卷
《鲍畿集》八卷
《周兴嗣集》十卷
《萧洽集》二卷
《裴子野集》十四卷
《庾景兴集》十卷
《陆倕集》二十卷
《刘之遴前集》十卷
《刘之遴后集》三十卷
《虞䜩集》六卷
《王冏集》三卷
《刘孝绰集》十一卷
《刘孝仪集》二十卷
《刘孝威前集》十卷
《刘孝威后集》十卷
《丘迟集》十卷
《王锡集》七卷
《萧子范集》三卷
《萧子云集》二十卷
《萧子晖集》十一卷
《江革集》十卷
《吴均集》二十卷
《庾肩吾集》十卷
王筠《洗马集》十卷
王筠《中庶子集》十卷
王筠《左右集》十卷
王筠《临海集》十卷
王筠《中书集》十卷
王筠《尚书集》十一卷
《鲍泉集》一卷
《谢瑱集》十卷
《任孝恭集》十卷
《张缵集》十卷
《陆云公集》四卷
《张绾集》十卷
《甄玄成集》十卷
《萧欣集》十卷
《沈君攸集》十二卷
后魏《高允集》二十卷
《宗钦集》二卷

《李谐集》十卷
《韩宗集》五卷
《袁跃集》九卷
《薛孝通集》六卷
《温子升集》二十五卷
《卢元明集》六卷
《阳固集》三卷
《魏孝景集》一卷
北齐《杨休之集》二十卷
《邢子才集》三十卷
《魏收集》七十卷
《刘逖集》四十卷
后周《宗懔集》三十卷
《王褒集》三十卷
《萧扔集》十卷
《庾信集》二十卷
《王衡集》三卷
陈《沈炯前集》六卷
《沈炯后集》十三卷
《周弘正集》二十卷
《徐陵集》三十卷
《张正见集》四卷
《陆珍集》五卷
《陆瑜集》十卷
《沈不害集》十卷
《张式集》十三卷
《褚介集》十卷
《顾越集》二卷
《顾览集》五卷
《姚察集》二十卷
隋《卢思道集》二十卷
《李元操集》二十二卷
《辛德源集》三十卷
《李德林集》十卷
《牛弘集》十二卷
《薛道衡集》三十卷
《何妥集》十卷
《柳顾言集》十卷
《江总集》二十卷
《殷英童集》三十卷
《萧悫集》九卷
《魏澹集》四卷
《尹式集》五卷
《诸葛颖集》十四卷
《王胄集》十卷
《虞茂代集》五卷
《刘兴宗集》三卷
《李播集》三卷
唐《陈叔达集》五卷
《褚亮集》二十卷

《虞世南集》三十卷
《萧瑀集》一卷
《沈齐家集》十卷
《薛收集》十卷
《杨师道集》十卷
《庾抱集》六卷
《孔颖达集》五卷
《王绩集》五卷
《郎楚之集》十卷
《魏徵集》二十卷
《许敬宗集》六十卷
《于志宁集》四十卷
《上官仪集》三十卷
《李义府集》三十九卷
《颜师古集》四十卷
《岑文本集》六十卷
《刘子翼集》十卷
《殷闻礼集》十卷
《陆士季集》十卷
《刘孝孙集》三十卷
《郑代翼集》八卷
《崔君实集》十卷
《李百药集》三十卷
《孔绍安集》三卷
《高季辅集》二卷
《温彦博集》二十卷
《李玄道集》十卷
《谢偃集》十卷
《沈叔安集》二十卷
《陆楷集》十卷
《曹宪集》三十卷
《萧德言集》三十卷
《潘求仁集》三卷
《殷芊集》三卷
《萧钧集》三十卷
《袁朗集》四卷
《杨续集》十卷
《王约集》一卷
《任希古集》五卷
《凌敬集》十四卷
《王德俭集》十卷
《徐孝德集》十卷
《杜之松集》十卷
《宋令文集》十卷
《陈子良集》十卷
《颜颛集》十卷
《刘颍集》十卷
《司马金集》十卷
《郑秀集》十二卷
《耿义褒集》七卷

《杨元亨集》五卷
《刘纲集》三卷
《王归一集》十卷
《马周集》十卷
《薛元超集》三十卷
《高智周集》五卷
《褚遂良集》二十卷
《刘祎之集》五十卷
《郝处俊集》十卷
《崔知悌集》五卷
《李安期集》二十卷
《唐觐集》五卷
《张大素集》十卷
《邓玄挺集》十卷
《刘允济集》二十卷
《骆宾王集》十卷
《卢照邻集》二十卷
《杨炯集》三十卷
《王勃集》三十卷
《狄仁杰集》十卷
《李怀远集》八卷
《卢受采集》十卷
《王适集》二十卷
《乔知之集》二十卷
《苏味道集》十五卷
《薛曜集》二十卷
《郎余庆集》十卷
《卢光容集》五卷
《崔融集》四十卷
《阎镜机集》十卷
《李峤集》三十卷
《乔备集》六卷
《陈子昂集》十卷
《元希声集》十卷
《李适集》二十卷
《沈佺期集》十卷
《徐彦伯前集》十卷
《后集》十卷
《宋之问集》十卷
《杜审言集》十卷
《谷倚集》十卷
《富嘉谟集》十卷
《吴少微集》十卷
《刘希夷集》三卷
《张柬之集》十卷
《桓彦范集》三卷
《韦承庆集》六十卷
《闾丘均集》三十卷
《郭元振集》二十卷
《魏知古集》二十卷

《阎朝隐集》五卷
《苏瑰集》十卷
《员半千集》十卷
《李乂集》五卷
《姚崇集》十卷
《丘悦集》十卷
《刘子玄集》十卷
《卢藏用集》二十卷
道士《江旻集》三十卷
沙门《昙谛集》六卷
沙门《惠远集》十五卷
沙门《惠琳集》五卷
沙门《昙瑗集》六卷
沙门《亡名集》十卷
沙门《灵裕集》二卷
沙门《支遁集》十卷
《曹大家集》二卷
《钟夫人集》二卷
刘臻妻《陈氏集》五卷
《左九嫔集》一卷
《临安公主集》三卷
范靖妻《沈满愿集》五卷
徐悱妻《刘氏集》六卷
《文章流别集》三十卷挚虞撰。
《善文》四十九卷杜预撰。
《名文集》四十卷谢沈撰。
《文苑》一百卷孔逭撰。
《文选》三十卷梁昭明太子撰。
《文选》六十卷李善注。
又六十卷公孙罗注。
《文选音》十卷萧该撰。
又十卷公孙罗撰。
《文选音义》十卷释道淹撰。
《小词林》五十三卷
《集古今帝王正位文章》九十卷
《文海集》三十六卷萧圆撰。
《词苑丽则》二十卷康明贞撰。
《芳林要览》三百卷许敬宗撰。
《类文》三百七十七卷庾自直撰。
《文馆词林》一千卷许敬宗撰。
《赋集》四十卷宋明帝撰。
《皇帝瑞应颂集》十卷
《五都赋》五卷
《献赋集》十卷卞铄撰。
《上林赋》一卷司马相如撰。
《幽通赋》一卷班固撰，曹大家注。
又一卷项岱撰。
《二京赋》二卷张衡撰。
《二京赋音》二卷薛综撰。
《三都赋》三卷

《齐都赋》一卷左太冲撰。
《齐都赋音》一卷李轨撰。
《百赋音》一卷褚令之撰。
《赋音》二卷郭微之撰。
《三京赋音》一卷綦毋邃撰。
《木连理颂》二卷
《靖恭堂颂》一卷李嵩撰。
《诸郡碑》一百六十六卷
《杂碑文集》二十卷
《翰林论》二卷李充撰。
《杂论》九十五卷殷仲堪撰。
《设论集》三卷刘楷撰。
又五卷谢灵运撰。
《连珠集》五卷谢灵运撰。
《制旨连珠》四卷梁武帝撰。
又十一卷陆缅撰。
《赞集》五卷谢庄撰。
《七国叙赞》十卷
《吴国先贤赞论》三卷
《会稽先贤赞》四卷贺氏撰。
《会稽太守像赞》二卷贺氏撰。
《列女传叙赞》一卷孙夫人撰。
《古今箴铭集》十三卷张湛撰。
《众贤诫集》十五卷
《杂诫箴》二十四卷
《诏集区别》二十七卷宋干撰。
《霸朝杂集》五卷李德林撰。
《古今诏集》三十卷温彦博撰。
又一百卷李义府撰。
《圣朝诏集》三十卷薛尧撰。
《书集》八十卷王履撰。
《书林》六卷夏赤松撰。
《山涛启事》三卷
《范宁启事》十卷
《梁中书表集》二百五十卷
《荐文集》七卷
《宋元嘉策》五卷
《策集》六卷谢灵运撰。
《七林集》十二卷卞氏撰。
《七悟集》一卷颜延之撰。
《俳谐文》十五卷袁淑撰。
《弘明集》十四卷释僧祐撰。
《广弘明集》三十卷释道宣撰。
《陶神论》五卷释灵祐撰。
《妇人训诫集》十卷徐湛之撰。
《妇人诗集》二卷颜竣撰。
《女训集》六卷
《文释》十卷江邃撰。
《文心雕龙》十卷刘勰撰。
《百志诗集》五卷干宝撰。

《百国诗集》二十九卷崔光撰。
《百一诗》八卷应璩撰。
《百一诗集》二卷李婺撰。
《清溪集》三十卷齐武帝命撰。
《晋元氏宴会游集》四卷伏滔、袁豹、谢灵运等撰。
《元嘉宴会游山诗集》五卷
《元嘉西池宴会诗集》三卷颜延之撰。
《齐释奠会诗集》二十卷
《文会诗集》四卷徐伯阳撰。
《文林诗府》六卷北齐后主作。
《西府新文》十卷萧淑撰。
《诗集新撰》三十卷宋明帝撰。
《诗集》二十卷宋明帝撰。
《诗集抄》十卷谢灵运撰。
《诗集》五十卷谢灵运撰。
《诗集》二十卷刘和撰。
又一百卷颜竣撰。
《诗例录》二卷颜竣撰。
《诗英》十卷谢灵运撰。
《古今诗苑英华集》二十卷梁昭明太子撰。
《续古今诗苑英华》二十卷释惠静撰。
《诗林英选》十一卷
《类集》一百一十三卷虞绰等撰。
《诗缵》十二卷
又《词英》八卷
《六代诗集钞》四卷徐陵撰。
《古今类序诗苑》三十卷刘孝孙撰。
《丽正文苑》二十卷许敬宗撰。
《古今诗类聚》七十九卷郭瑜撰。
《歌录集》八卷
《汉魏吴晋鼓吹曲》四卷
《乐府歌诗》十卷
《太乐杂歌词》三卷荀勖撰。
《太乐歌词》二卷
《乐府歌词》十卷
《乐府歌诗》十卷
《三调相和歌词》三卷
《新撰录乐府集》十一卷谢灵运撰。
《玉台新咏》十卷徐陵撰。
《回文诗集》一卷谢灵运撰。
《金门待诏集》十卷刘允济撰。
《集苑》六十卷谢琨撰。
《集林》二百卷刘义庆撰。
《集钞》四十卷

右集录楚词七家，帝王二十七家，太子诸王二十一家，七国赵、楚各一家，前汉二十家，后汉五十家，魏四十六家，蜀二家，吴十四家，西晋一百一十九家，东晋一百四十四家，宋六十家，南齐十二家，梁五十九家，陈十四家，后魏十家，北齐四家，周五家，隋十八家，唐一百一十二家，沙门七家，妇人七家；总集一百二十四家。

凡八百九十二部，一万二千二十八卷。

三代之书，经秦燔炀殆尽。汉武帝、河间王始重儒术，于灰烬之余，拓纂亡散，篇卷仅可复存。刘更生石渠典校之书，卷轴无几。逮歆之《七略》，在《汉艺文志》者，裁三万三千九百卷。后汉兰台、石室、东观、南宫诸儒撰集，部帙渐增。董卓迁都，载书西上，因罹寇盗，沉之于河，存者数船而已。及魏武父子，采摭遗亡，至晋总括群书，裁二万七千九百四十五卷。及永嘉之乱，洛都覆没，靡有孑遗。江表所存官书，凡三千一十四卷。至宋谢灵运造《四部书目录》，凡四千五百八十二卷。其后王俭复造书目，凡五千七十四卷。南齐王亮、谢朓《四部书目》，凡一万八千一十卷。齐末兵火延烧秘阁，书籍煨烬。梁元帝克平侯景，收公私经籍归于江陵，凡七万余卷。盖佛老之书，计于其间。及周师入郢，咸自焚炀。周武保定之中，官书裁盈万卷。平齐所得，数止五千。及隋氏平陈，南北一统，秘书监牛弘奏请搜访遗逸，著定书目，凡三万余卷。炀帝写五十副本，分为三品。国家平王世充，收其图籍，溯河西上，多有沉没，存者重复八万卷。自武德已后，文士既有修纂，篇卷滋多。开元时，甲乙丙丁四部书各为一库，置知书官八人分掌之。凡四部库书，两京各一本，共一十二万五千九百六十卷。皆以益州麻纸写。其集贤院御书，经库皆钿白牙轴，黄缥带，红牙签；史书库钿青牙轴，缥带，绿牙签；子库皆雕紫檀轴，紫带，碧牙签；集库皆绿牙轴，朱带，白牙签，以分别之。

卷四十八　　志第二十八

食货上

先王之制，度地以居人，均其沃瘠，差其贡赋，盖敛之必以道也。量入而为出，节用而爱人，度财省费，盖用之必有度也，是故既庶且富，而教化行焉。周有井田之制，秦有阡陌之法，二世发闾左而海内崩离，汉武税舟车而国用以竭。自古有国有家，兴亡盛衰，未尝不由此也。隋文帝因周氏平齐之后，府库充实，庶事节俭，未尝虚费。开皇之初，议者以比汉代文、景，有粟陈贯朽之积。炀帝即位，大纵奢靡，加以东西行幸，舆驾不息，征讨四夷，兵车屡动。西失律于沙碛，东丧师于辽、碣，数年之间，公私罄竭，财力既殚，国遂亡矣。

高祖发迹太原，因晋阳宫留守库物，以供军用。既平京城，先封府库，赏赐给用，皆有节制，征敛赋役，务在宽简。未及逾年，遂成帝业。其后掌财赋者，世有人焉。开元已前，事归尚书省，开元已后，权移他官。由是有转运使、租庸使、盐铁使、度支盐铁转运使、常平铸钱盐铁使、租庸青苗使、水陆运盐铁租庸使、两税使，随事立名，沿革不一。设官分职，选贤任能，得其人则有益于国家，非其才则贻患于黎庶，此又不可不知也。如裴耀卿、刘晏、李巽数君子，便时利物，富国安民，足为世法者也。

开元中，有御史宇文融献策，括籍外剩田、色役伪滥，及逃户许归首，免五年征赋。每丁量税一千五百钱，置摄御史，分路检括隐审。得户八十余万，田亦称是，得钱数百万贯，玄宗以为能，数年间拔为御史中丞、户部侍郎。融又画策开河北王莽河，溉田数千顷，以营稻田，事未果而融败。时又杨崇礼为太府卿，清严善勾剥，分寸锱铢，躬亲不厌。转输纳欠，折估溃损，必令征送。天下州县征财帛，四时不止。及老病致仕，以其子慎矜为御史，专知太府出纳。其弟慎名又专知京仓，皆以苛刻害人，承主恩而征责。又有韦坚，规宇文融、杨慎矜之迹，乃请于江淮转运租米，取州县义仓粟，转市轻货，差富户押船，若迟留损坏，皆征船户。关中漕渠，凿广运潭以挽山东之粟，岁四百万石，帝以为能，又至贵盛。又王鉷进计，奋身自为户口色役使，征剥财货，每岁进钱百亿，宝货称是。云非正额租庸，便入百宝大盈库，以供人主宴私赏赐之用。玄宗日益眷之，数年间亦为御史大夫、京兆尹、带二十余使。又杨国忠藉椒房之势，承恩幸，带四十余使，云经其听览，必数倍弘益，又见宠贵。太平既久，天下至安，人不愿乱。而此数人，设诡计以侵扰之，凡二十五人，同为剥丧，而人无敢言之者。及安禄山反于范阳，两京仓库盈溢而不可名。杨国忠设计，称不可耗正库之物，乃使御史崔众于河东纳钱度僧、尼、道士，旬日间得钱百万。玄宗幸巴蜀，郑昉使剑南，请于江陵税盐麻以资国，官置吏以督之。肃宗建号于灵武，后用云间郑叔清为御史，于江淮间豪族富商率贷及卖官爵，以裨国用。德宗朝讨河朔及李希烈，物力耗竭。赵赞司国计，纤琐刻剥，以为国用不足，宜赋取于下，以资军蓄。与谏官陈京等更陈计策，赞请税京师居人屋宅，据其间架差等计入。陈京又请籍列肆商贾资产，以分数借之。宰相同为欺罔，遂行其计。中外沸腾，人怀怨望。时又配王公已下及尝在方镇之家出家僮及马以助征行，公私嚣然矣。后又张滂、裴延龄、王涯等，剥下媚上，此皆足为世戒者也。

先是兴元克复京师后，府藏尽虚，诸道初有进奉，以资经费，复时有宣索。其后诸贼既平，朝廷无事，常赋之外，进奉不息。韦皋剑南有日进，李兼江西有月进。杜亚扬州、刘赞宣州、王纬李锜浙西，皆竞为进奉，以固恩泽。贡入之奏，皆曰臣于正税外方圆，亦曰"羡余"。节度使或托言密旨，乘此盗贸官物。诸道有谪罚官吏入其财者，刻禄廪，通津达道者税之，莳蔬艺果者税之，死亡者税之。节度观察交代，或先期税入以为进奉。然十献其二三耳，其余没入，不可胜纪。此节度使进奉也。其后裴肃为常州刺史，乃鬻货薪炭染缣，百贾之上，皆擅利焉。岁余又进奉。无几，迁浙东观察使。天下刺史进奉，自肃始也。刘赞死于宣州，严绶为判官，倾军府资用进奉。无几，拜刑部员外郎。天下判官进奉，自绶始也。习以为常，流宕忘返。

大抵有唐之御天下也，有两税焉，有盐铁焉，有漕运焉，有仓廪焉，有杂税焉。今考其本末，叙其否臧，以为《食货志》云。

武德七年，始定律令。以度田之制：五尺为步，步二百四十为亩，亩百为顷。丁男、中男给一顷，笃疾、废疾给四十亩，寡妻妾三十亩。若为户者加二十亩。所授之田，十分之二为世业，八为口分。世业之田，身死则承户者便授之；口分，则收入官，更以给人。赋役之法：每丁岁入租粟二石。调则随乡土所产，绫、绢、绝各二丈，布加五分之一。输绫、绢、绝者，兼调绵三两；输布者，麻三斤。凡丁，岁役二旬。若不役，则收其佣，每日三尺。有事而加役者，旬有五日免其调，三旬则租调俱免。通正役，并不过五十日。若岭南诸州则税米，上户一石二斗，次户八斗，下户六斗。若夷獠之户，皆从半输。蕃胡内附者，上户丁税钱十文，次户五文，下户免之。附经二年者，上户丁输羊二口，次户一口，下，三户共一口。凡水旱虫霜为灾，十分损四已上免租，损六已上免调，损七已上课役俱免。

凡天下人户，量其资产，定为九等。每三年，县司注定，州司覆之。百户为里，五里为乡。四家为邻，五家为保。在邑居者为坊，在田野者为村。村坊邻里，递相督察。士农工商，四人各业。食禄之家，不得与下人争利。工商杂类，不得预于士伍。男女始生者为黄，四岁为小，十六为中，二十一为丁，六十为老。每岁一造计帐，三年一造户籍。州县留五比，尚书省留三比。神龙元年，韦庶人为皇后，务欲求媚于人，上表请以二十二为丁，五十八为老，制从之。及韦氏诛，复旧。至天宝三年，又降优制，以十八为中男，二十二为丁。天下籍始造四本，京师及东京尚书省、户部各贮一本，以备车驾行幸，省于载运之费焉。

凡权衡度量之制：度，以北方秬黍中者一黍之广为分，十分为寸，十寸为尺，十尺为丈。量，以秬黍中者容一千二百为龠，二龠为合，十合为升，十升为斗；三升为大升，三斗为大斗，十大斗为斛。权衡：以秬黍中者百黍之重为铢，二十四铢为两，三两为大两，十六两为斤。调钟律，测晷景，合汤药及冠冕，制用小升小两，自余公私用大升大两。又山东诸州，以一尺二寸为大尺，人间行用之。其量制，公私又不用龠，合内之分，则有抄撮之细。

天宝九载二月，敕："车轴长七尺二寸，面三斤四两，盐斗，量除陌钱每贯二十文。"先是，开元八年正月，敕："顷者以庸调无凭，好恶须准，故遣作样以颁诸州，令其好不得过精，恶不得至滥，任土作贡，防源斯在。而诸州送物，作巧生端，苟欲副于斤两，遂则加其丈尺，至有五丈为匹者，理甚不然。阔一尺八寸，长四丈，同文共轨，其事久行，立样之时，亦载此数。若求两而加尺，甚暮四而朝三。宜令所司简阅，有逾于比年常例，丈尺过多，奏闻。"

二十二年五月，敕："定户口之时，百姓非商户郭外居宅及每丁一牛，不得将入货财数。其杂匠及幕士并诸色同类，有蕃役合免征行者，一户之内，四丁已上，任此色役不得过两人，三丁已上，不得过一人。"其年七月十八日，敕："自今已后，京兆府关内诸州，应征庸调及资课，并限十月三十日毕。"至天宝三载二月二十五日敕文："每载庸调八月征，以农功未毕，恐难济办。自今已后，延至九月三十日为限。"二十五年三月，敕："关辅庸调，所税非少，既寡蚕桑，皆资籴粟，常贱籴贵买，损费逾深。又江淮等苦变造之劳，河路增转输之弊，每计其运脚，数倍加钱。今岁属和平，庶物穰贱，南亩有十千之获，京师同水火之饶，均其余以减远费，顺其便使农无伤。自今已后，关内诸州庸调资课，并宜准时价变粟取米，送至京逐要支用。其路远处不可运送者，宜所在收贮，便充随近军粮。其河南、河北有不通水利，宜折租造绢，以代关中调课。所司仍明为条件，称朕意焉。"

天宝元年正月一日赦文："如闻百姓之内，有户高丁多，苟为规避，父母见在，乃别籍异居。宜令州县勘会。其一家之中，有十丁已上者，放两丁征行赋役。五丁已上，放一丁。即令同籍共居，以敦风教。其侍丁孝假，免差科。"广德元年七月，诏："一户之中，三丁放一丁庸调。地税依旧每亩税二升。天下男子，宜二十三成丁，五十八为老。"永泰元年五月，京兆麦大稔，京兆尹第五琦奏请每十亩官税一亩，效古什一之税。从之。二年五月，诸道税地钱使、殿中侍御史韦光裔等自诸道使还，得钱四百九十万贯。乾元以来，属天下用兵，京师百僚俸钱减耗。上即位，推恩庶僚，下议公卿。或以税亩有苗者，公私咸济。乃分遣宪官，税天下地青苗钱，以充百司课料。至是，仍以御史大夫为税地钱物使，岁以为常，均给百官。

大历四年正月十八日，敕有司："定天下百姓及王公已下每年税钱，分为九等：上上户四千文，上中户三千五百文，上下户三千文。中上户二千五百文，中中户二千文，中下户一千五百文。下上户一千文，下中户七百文，下下户五百文。其见官，一品准上上户，九品准下下户，余品并准依此户等税。若一户数处任官，亦每处依品纳税。其内外官，仍据正员及占额内阙者税。其试及同正员文武官，不在税限。其百姓有邸店行铺及炉冶，应准式合加本户二等税者，依此税数勘责征纳。其寄庄户，准旧例从八等户税，寄住户从九等户税，比类百姓，事恐不均，宜各递加一等税。其诸色浮客及权时寄住户等，无问有官无官，各所在为两等收税。稍殷有者准八等户，余准九等户。如数处有庄田，亦每处税。诸道将士庄田，既缘防御勤劳，不可同百姓例，并一切从九等输税。"其年十二月，敕："今关辅垦田渐广，江淮转漕常加，计一年之储，有太半之助，其于税地，固可从轻。其京兆来秋税，宜分作两等，上下各半，上等每亩税一斗，下等每亩税六升。其荒田如能佃者，宜准今年十月二十九日敕，一切每亩税二升。仍委京兆尹及令长一一存抚，令知朕意。"五年三月，优诏定京兆府百姓税。夏税，上田亩税六升，下田亩税四升。秋税，上田亩税五升，下田亩税三升。荒田开佃者，亩率二升。八年正月二十五日，敕："青苗地头钱，天下每亩率十五文。以京师烦剧，先加至三十文，自今已后，宜准诸州，每亩十五文。"

建中元年二月，遣黜陟使分行天下，其诏略曰："户无主客，以见居为簿。人无丁中，以贫富为差。行商者，在郡县税三十之一。居人之税，秋夏两征之。各有不便者，三之。余征赋悉罢，而丁额不废。其田亩之税，率以大历

十四年垦数为准。征夏税无过六月。秋税无过十一月。违者进退长吏。令黜陟使各量风土所宜、人户多少均之，定其赋，尚书度支总统焉。"三年五月，淮南节度使陈少游请于本道两税钱每千增二百，因诏他州悉如之。八年四月，剑南西川观察使韦皋奏请加税什二，以增给官吏，从之。

元和十五年八月，中书门下奏："伏准今年闰正月十七日敕，令百僚议钱货轻重者，今据群官杨於陵等议，'伏请天下两税榷盐酒利等，悉以布帛丝绵，任土所产物充税，并不征见钱，则物渐重，钱渐轻，农人见免贱卖匹帛'者。伏以群臣所议，事皆至当，深利公私。请商量付度支，据诸州府应征两税，供上都及留州留使旧额。起元和十六年已后，并改配端匹斤两之物为税额，如大历已前租庸课调，不计钱，令其折纳。使人知定制，供办有常。仍约元和十五年征纳布帛等估价，其旧纳虚估物，与依虚估物回计，如旧纳实估物并见钱，即于端匹斤两上量加估价回计。变法在长其物价，价长则永利公私。初虽微有加饶，法行即当就实。比旧给用，固利而不害。仍作条件处置，编入旨符。其盐利酒利，本以榷率计钱，有殊两税之名，不可除去钱额。中有令纳见钱者，亦请令折纳时估匹段。上既不专以钱为税，人得以所产输官，钱货必均其重轻，陇亩自广于蚕织。便时惠下，庶得其宜。其土乏丝麻，或地连边塞，风俗更异，赋入不同，亦请商量，委所司裁酌，随便宜处置。"诏从之。大和四年五月，剑南西川宣抚使、谏议大夫崔戎奏："准诏旨制置西川事条。今与郭钊商量，两税钱数内三分，二分纳见钱，一分折纳匹段，每二贯加饶百姓五百文，计一十三万四千二百四十三贯文。依此晓谕百姓讫。经贼州县，准诏三分减放一分，计减钱六万七千六百二十贯文。不经贼处，先征见钱，今三分一分折纳杂物，计优饶百姓一十三万贯。旧有税姜芋之类，每亩至七八百。征敛不时，今并省税名，尽依诸处为四限等第，先给户帖，余一切名目勒停。"

高祖即位，仍用隋之五铢钱。武德四年七月，废五铢钱，行开元通宝钱，径八分，重二铢四参，积十文重一两。一千文重六斤四两。仍置钱监于洛、并、幽、益等州。秦王、齐王各赐三炉铸钱，右仆射裴寂赐一炉。敢有盗铸者身死，家口配没。五年五月，又于桂州置监。议者以新钱轻重大小最为折衷，远近甚便之。后盗铸渐起，而所在用钱滥恶。显庆五年九月，敕以恶钱转多，令所在官私为市取，以五恶钱酬一好钱。百姓以恶钱价贱，私自藏之，以候官禁之弛。高宗又令以好钱一文买恶钱两文，弊仍不息。至乾封元年封岳之后，又改造新钱，文曰"乾封泉宝"，径一寸，重二铢六分，仍与旧钱并行。新钱一文当旧钱之十。周年之后，旧钱并废。

初，开元钱之文，给事中欧阳询制词及书，时称其工。其字含八分及隶体，其词先上后下，次左后右读之。自上及左回环读之，其义亦通。流俗谓之开通元宝钱。及铸新钱，乃同流俗，"乾"字直上，"封"字在左。寻痼钱文之误，又缘改铸，商贾不通，米帛增价，乃议却用旧钱。二年正月，下诏曰："泉布之兴，其来自久。实古今之要重，

为公私之宝用。年月既深，伪滥斯起，所以采乾封之号，改铸新钱。静而思之，将为未可。高祖拨乱反正，爰创轨模。太宗立极承天，无所改作。今废旧造新，恐乖先旨。其开元通宝，宜依旧施行，为万代之法。乾封新铸之钱，令所司贮纳，更不须铸。仍令天下置炉之处，并铸开元通宝钱。"既而私铸更多，钱复滥恶。

高宗尝临轩谓侍臣曰："钱之为用，行之已久，公私要便，莫甚于斯。比为州县不存检校，私铸过多。如闻荆、潭、宣、衡，犯法尤甚。遂有将船筏宿于江中，所部官人不能觉察。自今严加禁断，所在追纳恶钱，一二年间使尽。"当时虽有约敕，而奸滥不息。仪凤四年四月，令东都出远年糙米及粟，就市给粜，斗别纳恶钱百文。其恶钱令少府司农相知，即令铸破。其厚重径合斤两者，任将行用，时米粟渐贵，议者以为铸钱渐多，所以钱贱而物贵。于是权停少府监铸钱，寻而复旧。则天长安中，又令悬样于市，令百姓依样用钱。俄又简择艰难，交易留滞。又降敕非铁锡、铜荡、穿穴者，并许行用。其有熟铜、排斗、沙涩、厚大者，皆不许简。自是盗铸蜂起，滥恶益众。江淮之南，盗铸者或就陂湖、巨海、深山之中，波涛险峻，人迹罕到，州县莫能禁约。以至神龙、先天之际，两京用钱尤滥。其郴、衡私铸小钱，才有轮郭，及铁锡五铢之属，亦堪行用。乃有买锡熔销，以钱模夹之，斯须则盈千百，便赍用之。

开元五年，车驾往东都，宋璟知政事，奏请一切禁断恶钱。六年正月，又切断天下恶钱，行二铢四象钱。不堪行用者，并销破复铸。至二月又敕曰："古者聚万方之货，设九府之法，以通天下，以便生人。若轻重得中，则利可知矣；若真伪相杂，则官失其守。顷者用钱，不论此道。深恐贫窭日困，奸豪岁滋。所以申明旧章，悬设诸样，欲其人安俗阜，禁止令行。"时江淮钱尤滥恶，有官炉、偏炉、棱钱、时钱等数色。璟乃遣监察御史萧隐之充江淮使。隐之乃令率户出钱，务加督责。百姓乃以上青钱充恶钱纳之，其小恶者或沉之于江湖，以免罪戾。于是市井不通，物价腾起，流闻京师。隐之贬官，璟因之罢相，乃以张嘉贞知政事。嘉贞乃弛其禁，人乃安之。

开元二十二年，中书侍郎张九龄初知政事，奏请不禁铸钱，玄宗令百官详议。黄门侍郎裴耀卿李林甫、河南少尹萧炅等皆曰："钱者通货，有国之权，是以历代禁之，以绝奸滥。今若一启此门，但恐小人弃农逐利，而滥恶更甚，于事不便。"左监门录事参军刘秩上议曰：

伏奉今月二十一日敕，欲不禁铸钱，令百僚详议可否者。夫钱之兴，其来尚矣，将以平轻重而权本末。齐桓得其术而国以霸，周景失其道而人用弊。考诸载籍，国之兴衰，实系于是。陛下思变古以济今，欲反经以合道，而不即改作，询之刍荛，臣虽蠢愚，敢不荐其闻见。古者以珠玉为上币，黄金为中币，刀布为下币。管仲曰："夫三币，握之则非有补于暖也，舍之则非有损于饱也。先王以守财物，以御人事，而平天下也。"是以命之曰衡。衡者，使物一高一下，不得有常。故与之在君，夺之在君，贫之在君，富之在君。是以人戴君如日月，亲君如父母，用此术也。是为人主之权。

今之钱，即古之下币也。陛下若舍之任人，则上无以御下，下无以事上，其不可一也。夫物贱则伤农，钱轻则伤贾。故善为国者，观物之贵贱，钱之轻重。夫物重则钱轻，钱轻由乎物多，多则作法收之使少；少则重，重则作法布之使轻。轻重之本，必由乎是，奈何而假于人？其不可二也。夫铸钱不杂以铅铁则无利，杂以铅铁则恶，恶不重禁之，不足以惩息。且方今塞其私铸之路，人犹冒死以犯之，况启其源而欲人之从令乎？是设陷阱而诱之入，其不可三也。夫许人铸钱，无利则人不铸，有利则人去南亩者众。去南亩者众，则草不垦，草不垦，又邻于寒馁，其不可四也。夫人富溢则不可以赏劝，贫馁则不可以威禁。法令不行，人之不理，皆由贫富之不齐也。若许其铸钱，则贫者必不能为。臣恐贫者弥贫而服于富室，富室乘之而益恣。昔汉文之时，吴濞，诸侯也，富埒天子；邓通，大夫也，财侔王者。此皆铸钱之所致也。必欲许其私铸，是与人利权而舍其柄，其不可五也。

陛下必以钱重而伤本，工费而利寡，则臣愿言其失，以效愚计。夫钱重者，犹人日滋于前，而炉不加于旧。又公钱重，与铜之价颇等，故盗铸者破重钱以为轻钱。钱轻，禁宽则行，禁严则止，止则弃矣，此钱之所以少也。夫铸钱用别不赡者，在乎铜贵，铜贵，在采用者众。夫铜，以为兵则不如铁，以为器则不如漆，禁之无害，陛下何不禁于人？禁于人，则铜无所用，铜益贱，则钱之用给矣。夫铜不布下，则盗铸者无因而铸，则公钱不破，人不犯死刑，钱又日增，末复利矣。是一举而四美兼也，惟陛下熟察之。

时公卿群官，皆建议以为不便。事既不行，但敕郡县严断恶钱而已。

至天宝之初，两京用钱稍好，米粟丰贱。数载之后，渐又滥恶，府县不许好者加价回博，好恶通用。富商奸人，渐收好钱，潜将往江淮之南，每钱货得私铸恶者五文，假托官钱，将入京私用。京城钱日加碎恶，鹅眼、铁锡、古文、綖环之类，每贯重不过三四斤。十一载二月，下敕曰："钱货之用，所以通有无；轻重之权，所以禁逾越。故周立九府之法，汉备三官之制。永言适便，必在从宜。如闻京师行用之钱，颇多滥恶，所资惩革，绝其讹谬。然安人在于存养，化俗期于变通，法若从宽，事堪持久。宜令所司即出钱三数十万贯，分于两市，百姓间应交易所用钱不堪久行用者，官为换取，仍限一月日内使尽。庶单贫无患，商旅必通。其过限辄违犯者，一事已上，并作条件处分。"是时京城百姓，久用恶钱，制下之后，颇相惊扰。时又令于龙兴观南街开场，出左藏库内排斗钱，许市人博换。贫弱者又争次不得。俄又宣敕，除铁锡、铜沙、穿穴、古文，余并许依旧行用，久之乃定。

乾元元年七月，诏曰："钱货之兴，其来久矣，代有沿革，时为重轻。周兴九府，实启流泉之利；汉造五铢，亦弘改铸之法。必令小大兼适，母子相权。事有益于公私，理宜循于通变。但以干戈未息，帑藏犹虚，卜式献助军之诚，弘羊兴富国之算，静言立法，谅在便人。御史中丞第五琦奏请改钱，以一当十，别为新铸，不废旧钱，冀实三官之资，用收十倍之利，所谓于人不扰，从古有经。宜听于诸监别铸一当十钱，文曰"乾元重宝"。其开元通宝者依旧行用。所请采铸捉搦处置，即条件闻奏。"二年三月，琦入为相，又请更铸重轮乾元钱，一当五十，二十斤成贯。诏可之。于是新钱与乾元、开元通宝钱三品并行。寻而谷价腾贵，米斗至七千，饿死者相枕于道。乃抬旧开元钱以一当十，减乾元钱以一当三十。缘人厌钱价不定，人间抬加价钱为虚钱。长安城中，竞为盗铸，寺观钟及铜象，多坏为钱。奸人豪族犯禁者不绝。京兆尹郑叔清擒捕之，少不容纵，数月间榜死者八百余人。人益无聊矣。

上元元年六月，诏曰："因时立制，顷议新钱，且是从权，知非经久。又闻官炉之外，私铸颇多，吞并小钱，逾滥成弊。抵罪虽众，禁奸未绝。况物价益起，人心不安。事藉变通，期于折衷。其重棱五十价钱，宜减作三十文行用。其开元旧时钱，宜一当十文行用。其乾元十当钱，宜依前行用。仍令京中及畿县内依此处分，诸州待进止。"七月敕："重棱五十价钱，先令畿内减至三十价行，其天下诸州，并宜准此。"宝应元年四月，改行乾元钱，一以当二，乾元重棱小钱，亦以一当二；重棱大钱，一以当三。寻又改行乾元大小钱，并以一当一。其私铸重棱大钱，不在行用之限。

大历四年正月，关内道铸钱等使、户部侍郎第五琦上言，请于绛州汾阳、铜原两监，增置五炉铸钱，许之。

建中元年九月，户部侍郎韩洄上言："江淮钱监，岁共铸钱四万五千贯，输于京师，度工用转送之费，每贯计钱二千，是本倍利也。今商州有红崖冶出铜益多，又有洛源监，久废不理。请增工凿山以取铜，兴洛源钱监，置十炉铸之，岁计出钱七万二千贯，度工用转送之费，贯计钱九百，则利浮本也。其江淮七监，请皆停罢。"从之。贞元九年正月，张滂奏："诸州府公私诸色铸造铜器杂物等。伏以国家钱少，损失多门。兴贩之徒，潜将销铸。钱一千为铜六斤，造写器物，则斤直六百余。有利既厚，销铸遂多，江淮之间，钱实减耗。伏请准从前敕文，除铸镜外，一切禁断。"元和三年五月，盐铁使李巽上言："得湖南院申，郴州平阳、高亭两县界，有平阳冶及马迹、曲木等古铜坑，约二百八十余井，差官检覆，实有铜锡。今请于郴州旧桂阳监置炉两所，采铜铸钱，每日约二十贯，计一年铸成七千贯，有益于人。"从之。其年六月，诏曰："泉货之法，义在通流。若钱有所壅，货当益贱。故藏钱者得乘人之急，居货者必损已之资。今欲著钱令以出滞藏，加鼓铸以资流布，使商旅知禁，农桑获安，义切救时，情非欲利。若革之无渐，恐人或相惊。应天下商贾先蓄见钱者，委所在长吏，令收市货物，官中不得辄有程限，逼迫商人，任其贸易，以求便利。计周岁之后，此法遍行，朕当别立新规，设蓄钱之禁。所以先有告示，许有方圆，意在他时行法不贷。又天下有银之山，必有铜矿。铜者，可资于鼓铸，银者，无益于生人。权其重轻，使务专一。其天下

五岭以北，见采银坑，并宜禁断。恐所在坑户，不免失业，各委本州府长吏劝课，令其采铜，助官中铸作。仍委盐铁使条流闻奏。"

四年闰三月，京城时用钱每贯头除二十文、陌内欠钱及有铅锡钱等，准贞元九年三月二十六日敕："陌内欠钱，法当禁断，虑因捉搦，或亦生奸，使人易从，切于不扰。自今已后，有因交关用欠陌钱者，宜但令本行头及居停主人牙人等检察送官。如有容隐，兼许卖物领钱人纠告，其行头、主人、牙人，重加科罪。府县所由祗承人等，并不须干扰。若非因买卖自将钱于街衢行者，一切勿问。"其年六月，敕："五岭已北，所有银坑，依前任百姓开采，禁见钱出岭。"

六年二月，制："公私交易，十贯钱已上，即须兼用匹段。委度支盐铁使及京兆尹即具作分数，条流闻奏。茶商等公私便换见钱，并须禁断。"其年三月，河东节度使王锷奏请于当管蔚州界加置炉铸铜钱，废管内锡钱。许之，仍令加至五炉。七年五月，户部王绍、度支卢坦、盐铁王播等奏："伏以京都时用多重见钱，官中支计，近日殊少。盖缘比来不许商人便换，因兹家有滞藏，所以物价转高，钱多不出。臣等今商量，伏请许令商人于三司任便换见钱，一切依旧约。伏以比来诸司诸使等，或有便商人，钱多留城中，逐时收贮，积藏私室，无复通流。伏请自今已后，严加禁约。"从之。八年四月，敕："以钱重货轻，出内库钱五十万贯，令两市收市布帛，每端匹估加十之一。"

十二年正月，敕："泉货之设，故有常规，将使重轻得宜，是资敛散有节，必通其变，以利于人。今缯帛转贱，公私俱弊。宜出见钱五十万贯，令京兆尹拣择要便处开场，依市价交易。选清强官吏，切加勾当。仍各委本司，先作处置条件闻奏。必使事堪经久，法可通行。"又敕："近日布帛转轻，见钱渐少，皆缘所在壅塞，不得通流。宜令京城内自文武官僚，不问品秩高下，并公、郡、县主、中使等，下至士庶、商旅、寺观、坊市，所有私贮见钱，并不得过五千贯。如有过此，许从敕出后，限一月内任将市别物收贮。如钱数较多，处置未了，任于限内于地界州县陈状，更请限。纵有此色，亦不得过两个月。若一家内别有宅舍店铺等，所贮钱并须计用在此数。其兄弟本来异居曾经分析者，不在此限。如限满后有违犯者，白身人等，宜付所司，决痛杖一顿处死。其文武官及公主等，并委有司闻奏，当重科贬。戚属中使，亦具名衔闻奏。其剩贮钱，不限多少，并勒纳官。数内五分取一分充赏钱，止于五千贯。此外察获，及有人论告，亦重科处分，并量给告者。"时京师里闾区肆所积，多方镇钱，王锷、韩弘、李惟简，少者不下五十万贯。于是竞买第屋以变其钱，多者竟里巷佣僦以归其直。而高赀大贾者，多依倚左右军官钱为名，府县不得穷验，法竟不行。

十四年六月，敕："应属诸军诸使，更有犯时用钱每贯除二十文、足陌内欠钱及有铅锡钱者，宜令京兆府枷项收禁，牒报本军本使府司，差人就军及看决二十。如情状难容，复有违拒者，仍令府司闻奏。"十五年八月，中书

门下奏："伏准群官所议铸钱，或请收市人间铜物，令州郡铸钱。当开元以前，未置盐铁使，亦令州郡勾当铸造。今若两税尽纳匹段，或虑兼要通用见钱。欲令诸道公私铜器，各纳所在节度、团练、防御、经略使，便据元敕给与价直，并折两税。仍令本处军人熔铸。其铸本，请令留州留使年支未用物充，所铸钱便充军府、州、县公用。当处军人，自有粮赐，亦较省本，所资众力，并收众铜，天下并功，速济时用。待一年后铸器物尽，则停。其州府有出铜铅可以开炉处，具申有司，便令同诸监冶例，每年与本充铸。其收市铜器期限，并禁铸造买卖铜物等，待议定便令有司条流闻奏。其上都铸钱及收铜器，续处分。将欲颁行，尚资周虑，请令中书门下两省、御史台并诸司长官商量，重议闻奏。"从之。

长庆元年九月，敕："泉货之义，所贵通流。如闻比来用钱，所在除陌不一。与其禁人之必犯，未若从俗之所宜，交易往来，务令可守。其内外公私给用钱，从今以后，宜每贯一例除垫八十，以九百二十文成贯，不得更有加除及陌内欠引。"大和三年六月，中书门下奏："准元和四年闰三月敕，应有铅锡钱，并合纳官，如有人纠得一钱，赏百钱者。当时敕条，贵在峻切，今详事实，必不可行。只如告一钱赏百钱，则有人告一百贯锡钱，须赏一万贯铜钱，执此而行，事无畔际。今请以铅锡钱交易者，一贯已下，以州府常行决脊杖二十；十贯已下，决六十，徒三年；过十贯已上，所在集众决杀。其受铅锡钱交易者，亦准此处分。其用铅锡钱，仍纳官。其能纠告者，每一贯赏五千文，不满贯者，准此计赏，累至三百千，仍且取当处官钱给付。其所犯人罪不死者，征纳家资，充填赏钱。"可之。四年十一月，敕："应私贮见钱家，除合贮数外，一万贯至十万贯，限一周年内处置毕；十万贯至二十万贯以下者，限二周年处置毕。如有不守期限，安然蓄积，过本限，即任人纠告，及所由觉察。其所犯家钱，并准元和十二年敕纳官，据数五分取一分充赏。纠告人赏钱，数止于五千贯。应犯钱法人色目决断科贬，并准元和十二年敕处分。其所由觉察，亦量赏一半。"事竟不行。五年二月，盐铁使奏："湖南管内诸州百姓私铸造到钱。伏缘衡、道数州，连接岭南，山洞深邃，百姓依模监司钱样，竞铸造到脆恶奸钱，转将贱价博易，与好钱相并行用。其江西、鄂岳、桂管铸滥钱，并请委本道观察使条流禁绝。"敕旨宜依。

会昌六年二月，敕："缘诸道鼓铸佛像钟磬等新钱，已有次第，须令旧钱流布。绢帛价稍增。文武百僚俸料，宜起三月一日，并给见钱。其一半先给虚估匹段，对估价支给。"敕："比缘钱重币轻，生人坐困，今加鼓铸，必大流行。通变救时，莫切于此。宜申先甲之令，以诫居货之徒。京城及诸道，起今年十月以后，公私行用，并取新钱。其旧钱权停三数年。如有违犯，同用铅锡恶钱例科断，其旧钱并纳官。"事竟不行。

开元元年十一月，河中尹姜师度以安邑盐池渐涸，师度开拓疏决水道，置为盐屯，公私大收其利。其年十一月五日，左拾遗刘彤上表曰："臣闻汉孝武为政，厩马三十万，后宫数万人，外讨戎夷，内兴宫室，殚费之甚，实百当今，而古费多而货有余，今用少而财不足，何也？岂非古取山泽，而今取贫民哉。取山泽，则公利厚而人归于农；取贫民，则公利薄而人去其业。故先王作法也，山海有官，虞衡有职，轻重有术，禁发有时。一则专农，二则饶国，济人盛事也。臣实为今疑之。夫煮海为盐，采山铸钱，伐木为室。农余之辈，寒而无衣，饥而无食，佣赁自资者，穷苦之流也。若能以山海厚利，资农之余人，厚重徭，免穷苦之子，所谓损有余而益不足，帝王之道，可不谓然乎？臣愿陛下诏盐铁木等官收兴利，贸迁于人，不及数年，府有余储矣。然后下宽贷之令，蠲穷独之徭，可以惠群生，可以柔荒服。虽戎狄、猾夏，尧、汤水旱，无足虞也。奉天适变，惟在陛下行之。"上令宰臣议其可否，咸以盐铁之利，甚益国用，遂令将作大匠姜师度、户部侍郎强循俱摄御史中丞，与诸道按察使检责海内盐铁之课。"比令使人勾当，除此外更无别求。在外不细委知，如闻称有侵刻，宜令本州刺史上佐一人检校，依令式收税。如有落帐欺没，仍委按察使纠觉奏闻。其姜师度除蒲州盐池以外，自余县更不须巡检。"

贞元十六年十二月，史牟奏："泽、潞、郑等州，多是末盐，请禁断。"从之。元和五年正月，度支奏："鄜州、邠州、泾原诸将士，请同当处百姓例，食乌、白两池盐。"六年闰十二月，度支卢坦奏："河中两池颗盐，敕文只许于京畿、凤翔、陕、虢、河中泽潞、河南许汝等十五州界内粜货。比来因循，兼越兴、凤、文、成等六州。臣移牒勘责，得山南西道观察使报，其果、阆两州盐，本土户人及巴南诸郡市籴，又供当军士马，尚有悬欠，若兼数州，自然阙绝。又得兴元府诸耆老状申诉。臣今商量，河中盐请放入六州界粜货。"从之。十年七月，度支使皇甫镈奏，加峡内四监、剑南东西川、山南西道盐估，以利供军。从之。十三年，盐铁使程异奏："应诸州府先请置茶盐店收税。伏准今年正月一日赦文，其诸州府因用兵已来，或虑有权置职名，及擅加科配，事非常制，一切禁断者。伏以权税茶盐，本资财赋，赡济军镇，盖是从权。昨兵罢，自合便停，事久实为重敛。其诸道先所置店及收诸色钱物等，虽非擅加，且异常制，伏请准赦文勒停。"从之。

十四年三月，郓、青、兖三州各置榷盐院。

长庆元年三月，敕："河朔初平，人希德泽，且务宽泰，使之获安。其河北榷盐法且权停。仍令度支与镇冀、魏博等道节度审察商量，如能约计课利钱数，分付榷盐院，亦任稳便。"自天宝末兵兴以来，河北盐法，羁縻而已。暨元和中，皇甫镈奏置税盐院，同江、淮两池榷利，人苦犯禁，戎镇亦频上诉，故有是命。其月，盐铁使王播奏："扬州、白沙两处纳榷场，请依旧为院。"又奏："诸道盐院粜盐付商人，请每斗加五十，通旧三百文价；诸处煎盐停场，置小铺粜盐，每斗加二十文，通旧一百九十文价。"又奏："应管煎盐户及盐商，并诸盐院停场官吏所由等，前后制敕，除两税外，不许差役追扰。今请更有违越者，县令、刺史贬黜罚俸。"从之。二年五月，诏曰："兵革初宁，亦资榷管，闾阎重困，则可蠲除。如闻淄青、兖、郓三道，往来粜盐价钱，近取七十万贯，军资给费，优赡有余。自盐铁使收管已来，军府顿绝其利。遂使经行阵者有停粮之怨，服陇亩者有加税之嗟，犯盐禁者困鞭挞之刑，理生业者乏蚕酱之具。虽县官受利，而郡府益空。俾人获安宁，我因节用。其盐铁先于淄青、兖、郓等道管内置小铺粜盐，巡院纳榷，起今年五月一日已后，一切并停。仍各委本道约校比来节度使自收管充军府逐急用度，及均减管内贫下百姓两税钱数。至年终，各具粜盐所得钱，并均减两税。奏闻。"

安邑、解县两池，旧置权盐使，仍各别置院官。元和三年七月，复以安邑、解县两池留后为权盐使。先是，两池盐务隶度支，其职视诸道巡院。贞元十六年，史牟以金部郎中主池务，耻同诸院，遂奏置使额。二十一年，盐铁、度支合为一使，以杜佑兼领。佑以度支既称使，其所管不宜更有使名，遂与东渭桥使同奏罢之。至是，裴均主池务，职转繁剧，复有是请。大和三年四月，敕安邑、解县两池榷课，以实钱一百万贯为定额。至大中二年正月，敕但取匹段精好，不必计旧额钱数。及大中年，度支奏纳榷利一百二十一万五千余贯。

女盐池在解县，朝邑小池在同州，卤池在京兆府奉先县，并禁断不榷。乌池在盐州，旧置榷税使。长庆元年三月，敕乌池每年粜盐收博榷米，以一十五万石为定额。温池，大中四年三月因收复河陇，敕令度支收管。温池盐仍差灵州分巡院官勾当。至六年三月，敕令割属威州，置榷税使。缘新制置，未立榷课定额。胡落池在丰州界，河东供军使收管。每年采盐约一万四千余石，供振武、天德两军及营田水运官健。自大中四年党项叛扰，馈运不通，供军使请权市河东白池盐供食。其白池属河东节度使，不系度支。初，玄宗已前，亦有盐池使。景云四年三月，蒲州刺史充关内盐池使。先天二年九月，强循除幽州刺史，充盐池使，此即盐州池也。开元十五年五月，兵部尚书萧嵩除关内盐池使。此是朔方节度常带盐池使也。

卷四十九　　志第二十九

食　货　下

武德八年十二月，水部郎中姜行本请于陇州开五节堰，引水通运，许之。永徽元年，薛大鼎为沧州刺史，界内有无棣河，隋末填废。大鼎奏开之，引鱼盐于海。百姓歌之曰："新河得通舟楫利，直达沧海鱼盐至。昔日徒行今骋驷，美哉薛公德滂被！"咸亨三年，关中饥，监察御史王师顺奏请运晋、绛州仓粟以赡之。上委以运职。河、渭之间，舟楫相继，会于渭南，自师顺始之也。大足元年六月，于东都立德坊南穿新潭，安置诸州租船。神龙三年，沧州刺史姜师度于蓟州之北，涨水为沟，以备奚、契丹之寇。又约旧渠，傍海穿漕，号为平虏渠，以避海难运粮。

开元二年，河南尹李杰奏，汴州东有梁公堰，年久堰破，江淮漕运不通。发汴、郑丁夫以浚之。省功速就，公私深以为利。十五年正月，令将作大匠范安及检行郑州河口斗门。先是，洛阳人刘宗器上言，请塞汜水旧汴河口，于下流荥泽界开梁公堰，置斗门，以通淮、汴，擢拜左卫率府胄曹。至是，新漕塞，行舟不通，贬宗器焉。安及遂发河南府、怀、郑、汴、滑三万人疏决开旧河口，旬日而毕。

十八年，宣州刺史裴耀卿上便宜事条曰："江南户口稍广，仓库所资，惟出租庸，更无征防。缘水陆遥远，转运艰辛，功力虽劳，仓储不益。窃见每州所送租及庸调等，本州正二月上道，至扬州入斗门，即逢水浅，已有阻碍，须留一月上。至四月已后，始渡淮入汴，多属汴河干浅，又般运停留，至六七月始至河口。即逢黄河水涨，不得入河。又须停一两月，待河水小，始得上河。入洛即漕路干浅，船艘隘闹，般载停滞，备极艰辛。计从江南至东都，停滞日多，得行日少，粮食既皆不足，欠折因此而生。又江南百姓不习河水，皆转雇河师水手，更为损费。伏见国家旧法，往代规制，择制便宜，以垂长久。河口元置武牢仓，江南船不入黄河，即于仓内便贮。巩县置洛口仓，从黄河不入漕洛，即于仓内安置。爰及河阳仓、柏崖仓、太原仓、永丰仓、渭南仓，节级取便，例皆如此。水通则随近运转，不通即且纳在仓，不滞远船，不忧久耗，比于旷年长运，利便一倍有余。今若且置武牢、洛口等仓，江南船至河口，即却还本州，更得其船充运。并取所减脚钱，更运江淮变造义仓，每年剩得一二百万石。即望数年之外，仓廪转加。其江淮义仓，下湿不堪久贮，若无船可运，三两年色变，即给贷费散，公私无益。"疏奏不省。至二十一年，耀卿为京兆尹，京师雨水害稼，谷价踊贵，玄宗以问耀卿，奏称："昔贞观、永徽之际，禄廪未广，每岁转运，不过二十万石便足。今国用渐广，漕运数倍，犹不能支。从都至陕，河路艰险，既用陆运，无由广致。若能兼河漕，变陆为水，则所支有余，动盈万计。且江南租船，候水始进，吴人不便漕挽，由是所在停留。日月既淹，遂生窃盗。臣望于河口置一仓，纳江东租米，便放船归。从河口即分入河、洛，官自雇船载运。三门之东，置一仓。三门既水险，即于河岸开山，车运十数里。三门之西，又置一仓，每运至仓，即般下贮纳。水通即运，水细便止。自太原仓溯河，更无停留，所省钜万。前汉都关中，年月稍久，及隋亦在京师，缘河皆有旧仓，所以国用常赡。"上深然其言。至二十二年八月，置河阴县及河阴仓、河西柏崖仓、三门东集津仓、三门西盐仓。开三门山十八里，以避湍险。自江淮而溯鸿沟，悉纳河阴仓。自河阴送纳含嘉仓，又送纳太原仓，谓之北运。自太原仓浮于渭，以实关中。上大悦。寻以耀卿为黄门侍郎、同中书门下平章事，充江淮、河南转运都使。以郑州刺史崔希逸、河南少尹萧炅为副。凡三年，运七百万石，省陆运之佣四十万贯。旧制，东都含嘉仓积江淮之米，载以大舆而西，至于陕三百里，率两斛计佣钱千。此耀卿所省之数也。明年，耀卿拜侍中，而萧炅代焉。二十五年，运米一百万石。二十九年，陕郡太守李齐物，凿三门山以通运，辟三门巅，逾岩险之地,俾负索引舰,升于安流,自齐物始也。

天宝三载,韦坚代萧炅,以浐水作广运潭于望春楼之东,而藏舟焉。是年,杨钊以殿中侍御史为水陆运使,以代韦坚。先是,米至京师,或砂砾糠秕,杂乎其间。开元初,诏使扬掷而较其虚实,"扬掷"之名,自此始也。十四载八月,诏水陆运宜停一年。

天宝以来,杨国忠、王鉷皆兼重使以权天下。肃宗初,第五琦始以钱谷得见。请于江、淮分置租庸使,市轻货以救军食,遂拜监察御史,为之使。乾元元年,加度支郎中,寻兼中丞,为盐铁使。于是始大盐法,就山海井灶,收榷其盐,立监院官吏。其旧业户浮人欲以盐为业者,免其杂役,隶盐铁使。常户自租庸外无横赋。人不益税,而国用以饶。明年,琦以户部侍郎同平章事,诏兵部侍郎吕𬤊代之。宝应元年五月,元载以中书侍郎代吕𬤊。是时淮、河阻兵,飞挽路绝,盐铁租赋,皆溯汉而上。以侍御史穆宁为河南道转运租庸盐铁使,寻加户部员外,迁鄂州刺史,以总东南贡赋。是时朝议以寇盗未戢,关东漕运,宜有倚办,遂以通州刺史刘晏为户部侍郎、京兆尹、度支盐铁转运使。盐铁兼漕运,自晏始也。二年,拜吏部尚书、同平章事,依前充使。晏始以盐利为漕佣,自江淮至渭桥,率十万斛佣七千缗,补纲吏督之。不发丁男,不劳郡县,盖自古未之有也。自此岁运米数千万石,自淮北列置巡院,搜择能吏以主之,广牢盆以来商贾。凡所制置,皆自晏始。广德二年正月,复以第五琦专判度支铸钱盐铁事。而晏以检校户部尚书为河南及江淮已来转运使,及与河南副元帅计会开决汴河。永泰二年,晏为东道转运常平铸钱盐铁使,琦为关内、河东,剑南三川转运常平铸钱盐铁使。大历五年,诏停关内、河东、三川转运常平盐铁使。自此晏与户部侍郎韩滉分领关内、河东、山、剑租庸青苗使。至十四年,天下财赋,皆以晏掌之。

建中初,宰相杨炎用事,尤恶刘晏。炎乃夺其权。诏曰:"朕以征税多门,郡邑雕耗,听于群议,思有变更,将致时雍,宜遵古制。其江淮米准旨转运入京者,及诸军粮储,宜令库部郎中崔河图权领之。今年夏税以前,诸道财赋多输京者,及盐铁财货,委江州刺史包佶权领之。天下钱谷,皆归金部、仓部。委中书门下简两司郎官,准格式条理。"寻贬晏为忠州刺史。晏既罢黜,天下钱谷归尚书省。既而出纳无所统,乃复置使领之。其年三月,以韩洄为户部侍郎,判度支;金部郎中杜佑权勾当江淮水陆运使。炎寻杀晏于忠州。自兵兴已来,凶荒相属,京师米斛万钱,官厨无兼时之食。百姓在畿甸者,拔谷接穗,以供禁军。洎晏掌国计,复江淮转运之制,岁入米数十万斛以济关中。代第五琦领盐务,其法益密。初年入钱六十万,季年则十倍其初。大历末,通天下之财,而计其所入,总一千二百万贯,而盐利过半。李灵耀之乱,河南皆为盗据,不奉法制,赋税不上供,州县益减。晏以羡余相补,人不加赋,所入仍旧,议者称之。其相与商榷财用之术者,必一时之选。故晏没后二十年,韩洄、元琇、裴腆、包佶、卢贞、李衡相继分掌财赋,出晏门下。属吏在千里外,奉教如目前。四方水旱,及军府纤芥,莫不先知焉。其年诏

曰:"天下山泽之利,当归王者,宜总榷盐铁使。"

三年,以包佶为左庶子、汴东水陆运盐铁租庸使,崔纵为右庶子、汴西水陆运盐铁租庸使。四年,度支侍郎赵赞议常平事,竹、木、茶、漆尽税之。茶之有税,肇于此矣。贞元元年,元琇以御史大夫为盐铁水陆运使。其年七月,以尚书右仆射韩滉统之。滉殁,宰相窦参代之。五年十二月,度支转运盐铁奏:"比年自扬子运米,皆分配缘路观察使差长纲发遣。运路既远,实谓劳人。今请当使诸院,自差纲节级般运,以救边食。"从之。八年,诏:东南两税财赋,自河南、江淮、岭南、山南东道至于渭桥,以户部侍郎张滂主之;河东、剑南、山南西道,以户部尚书度支使班宏主之。今户部所领三川盐铁转运,自此始也。其后宏、滂互有短长。宰相赵憬、陆贽以其事上闻,由是遵大历故事,如刘晏、韩滉所分焉。

九年,张滂奏立税茶法。自后裴延龄专判度支,与盐铁益殊涂而理矣。十年,润州刺史王纬代之,理于朱方。数年而李锜代之,盐院津堰,改张侵剥,不知纪极。私路小堰,厚敛行人,多自锜始。时盐铁转运有上都留后,以副使潘孟阳主之。王叔文权倾朝野,亦以盐铁副使兼学士为留后。

顺宗即位,有司重奏盐法,以杜佑判盐铁转运使,理于扬州。元和二年三月,以李巽代之。先是,李锜判使,天下榷酤漕运,由其操割,专事贡献,牢其宠渥。中朝柄事者悉以利积于私室,而国用日耗。巽既为盐铁使,大正其事。其堰埭先隶浙西观察使者,悉归之;因循权置者,尽罢之;增置河阴敖仓;置桂阳监,铸平阳铜山为钱。又奏:"江淮、河南、峡内、兖郓、岭南盐法监院,去年收盐价缗钱七百二十七万,比旧法张其估一千七百八十余万,非实数也。今请以其数,除煮之外,付度支收其数。"盐铁使煮盐利系度支,自此始也。又以程异为扬子留后。四月五日,巽卒。自权管之兴,惟刘晏得其术,而巽次之。然初年之利,类晏之季年;季年之利,则三倍于晏矣。旧制,每岁运江淮米五十万斛,至河阴留十万,四十万送渭仓。晏殁,久不登其数,惟巽秉使三载,无升斗之阙焉。六月,以河东节度使李鄘代之。

五年,李鄘为淮南节度使,以宣州观察使卢坦代之。六年,坦奏,每年江淮运米四十万石到渭桥,近日欠阙太半,请旋收籴,递年贮备。从之。坦改户部侍郎,以京兆尹王播代之。播遂奏:"元和五年,江淮、河南、岭南、峡中、兖郓等盐利钱六百九十八万贯。比量改法已前旧盐利,时价四倍虚估,即此钱为一千七百四十余万贯矣,请付度支收管。"从之。其年诏曰:"两税之法,悉委郡国,初极便人。但缘约法之时,不定物估。今度支盐铁,泉货是司,各有分巡,置于都会。爰命帖职,周视四方,简而易从,庶叶民便。政有所弊,事有所宜,皆得举闻,副我忧寄。以扬子盐铁留后为江淮已南两税使,江陵留后为荆衡汉沔东界、彭蠡已南两税使,度支山南西道分巡院官充三川两税使。峡内煎盐五监先属盐铁使,今宜割属度支,便委山南西道两税使兼知粜卖。"峡内盐属度支,自此始也。七年,王播奏去年盐利除割峡内盐,收钱六百八十五

万,从实估也。又奏,商人于户部、度支、盐铁三司飞钱,谓之"便换"。八年,以崔俊为扬子留后、淮岭已来两税使;崔祝为江陵留后,为荆南已来两税使。十三年正月,播又奏,以"军兴之时,财用是切。顷者刘晏领使,皆自按置租庸,至于州县否臧,钱谷利病之物,虚实皆得而知。今臣守务在城,不得自往。请令臣副使程异出巡江淮,其州府上供钱谷,一切勘问。"从之。闰五月,异至江淮,得钱一百八十五万贯以进。其年,以播守礼部尚书,以卫尉卿程异代之。十四年,异卒,以刑部侍郎柳公绰代之。长庆初,王播复代公绰。四年,王涯以户部侍郎代播。敬宗初,播复任盐铁使为扬州节度使。文宗即位,入觐,以宰相判使。其后,王涯复判二使,表请使茶山之人移植根本,旧有贮积,皆使焚弃。天下怨之。九年,涯以事诛。而令狐楚以户部尚书右仆射主之,以是年茶法大坏,奏请付州县而入其租于户部,人人悦焉。开成元年,李石以中书侍郎判收茶法,复贞元之制也。三年,以户部尚书同平章事杨嗣复主之,多革前监院之陈事。开成三年至大中壬申,凡十五年,多任以元臣,以集其务。崔珙自刑部尚书拜,杜悰以淮南节度领之,既而皆践公位。薛元赏、李执方、卢弘正、马植、敬晦五人,于九年之中,相踵理之,植亦自是居相位。

大中五年二月,以户部侍郎裴休为盐铁转运使。明年八月,以本官平章事,依前判使。始者,漕米岁四十万斛,其能至渭仓者,十不三四。漕吏狡蠹,败溺百端,官舟之沉,多者岁至七十余只。缘河奸犯,大紊晏法。休使僚属按之,委河次县令董之。自江津达渭,以四十万斛之佣,计缗二十八万,悉使归诸漕吏。巡院胥吏,无得侵牟。举之为法,凡十事,奏之。六年五月,又立税茶之法,凡十二条,陈奏。上大悦。诏曰:"裴休兴利除害,深见奉公。"尽可其奏。由是三岁漕米至渭滨,积一百二十万斛,无升合沉弃焉。

武德元年九月四日,置社仓。其月二十二日诏曰:"特建农圃,本督耕耘,思俾齐民,既康且富。钟庾之量,冀同水火。宜置常平监官,以均天下之货。市肆腾踊,则减价而出;田稼丰羡,则增籴而收。庶使公私俱济,家给人足,抑止兼并,宣通壅滞。"至五年十二月,废常平监官。贞观二年四月,尚书左丞戴胄上言曰:"水旱凶灾,前圣之所不免。国无九年储畜,《礼经》之所明诫。今丧乱之后,户口雕残,每岁纳租,未实仓廪。随时出给,才供当年,若有凶灾,将何赈恤?故隋开皇立制,天下之人,节级输粟,多为社仓,终于文皇,得无饥馑。及大业中年,国用不足,并贷社仓之物,以充官费,故至末涂,无以支给。今请自王公已下,爰及众庶,计所垦田稼穑顷亩,至秋熟,准其见在苗以理劝课,尽令出粟。稻麦之乡,亦同此税。各纳所在,为立义仓。若年谷不登,百姓饥馑,当所州县,随便取给。"太宗曰:"既为百姓预作储贮,官为举掌,以备凶年,非朕所须,横生赋敛。利人之事,深是可嘉。宜下所司,议立条制。"户部尚书韩仲良奏:"王公已下垦田,亩纳二升。其粟麦粳稻之属,各依土地。贮之州县,以备凶年。"可之。自是天下州县,始置义仓,每

有饥馑,则开仓赈给。以至高宗、则天,数十年间,义仓不许杂用。其后公私窘迫,渐贷义仓支用。自中宗神龙之后,天下义仓费用向尽。

高宗永徽二年六月,敕:"义仓据地收税,实是劳烦。宜令率户出粟,上上户五石,余各有差。"六年,京东西二市置常平仓。明庆二年十二月,京常平仓置常平署官员。开元二年九月,敕:"天下诸州,今年稍熟,谷价全贱,或虑伤农。常平之法,行之自古,宜令诸州加时价三两钱籴,不得抑敛。仍交相付领,勿许悬欠。蚕麦时熟,谷米必贵,即令减价出粜。豆谷等堪贮者,熟亦准此。以时出入,务在利人。其常平所须钱物,宜令所司支料奏闻。"四年五月二十一日,诏:"诸州县义仓,本备饥年赈给。近年已来,每三年一度,以百姓义仓糙米,远赴京纳,仍勒百姓私出脚钱。自今已后,更不得义仓变造。"七年六月,敕:"关内、陇右、河南、河北五道,及荆、扬、襄、夔、绵、益、彭、蜀、汉、剑、茂等州,并置常平仓。其本上州三千贯,中州二千贯,下州一千贯。"十六年十月,敕:"自今岁普熟,谷价至贱,必恐伤农。加钱收籴,以实仓廪,纵逢水旱,不虑阻饥,公私之间,或亦为便。宜令所在以常平本钱及当处物,各于时价上量加三钱,百姓有粜易者,为收籴。事须两和,不得限数。配籴讫,具所用钱物及所籴物数,申所司。仍令上佐一人专勾当。"

天宝六载三月,太府少卿张瑄奏:"准四载五月并五载三月敕节文,至贵时贱价出粜,贱时加价收籴。若百姓未办钱物者,任准开元二十年七月敕,量事赊粜,至粟麦熟时征纳。臣使司商量,且粜旧籴新,不同别用。其赊粜者,至纳钱日若粟麦杂种等时价甚贱,恐更回易艰辛,请加价便与折纳。"广德二年正月,第五琦奏:"每州常平仓及库使司,商量置本钱,随当处米物时价,贱则加价收籴,贵则减价粜卖。"

建中元年七月,敕:"夫常平者,常使谷价如一,大丰不为之减,大俭不为之加。虽遇灾荒,人无菜色。自今已后,忽米价贵时,宜量出官米十万石,麦十万石,每日量付两市行人下价粜货。"三年九月,户部侍郎赵赞上言曰:"伏以旧制,置仓储粟,名曰常平。军兴已来,此事阙废,或因凶荒流散,饿死相食者,不可胜纪。古者平准之法,使万室之邑,必有万钟之藏,千室之邑,必有千钟之藏,春以奉耕,夏以奉耘,虽有大贾富家,不得豪夺吾人者,盖谓能行轻重之法也。自陛下登极以来,许京城两市置常平,官籴盐米,虽经频年少雨,米价未腾贵,此乃即目明验,实要推而广之。当军兴之时,与承平或异,事须兼储布帛,以备时须。臣今商量,请于两都并江陵、成都、扬、汴、苏、洪等州府,各置常平,轻重本钱,上至百万贯,下至数十万贯,随其所宜,量定多少。唯贮斛斗匹段丝麻等,候物贵则下价出卖,物贱则加价收籴。权其轻重,以利疲人。"从之。赞于是条奏诸道津要都会之所,皆置吏,阅商人财货。计钱每贯税二十,天下所出竹、木、茶、漆,皆十一税之,以充常平本。时国用稍广,常赋不足,所税亦随时而尽,终不能为常平本。

贞元八年十月,敕:"诸军镇和籴贮备,共三十三万

石,价之外,更量与优饶。其粟及麻,据米数准折虚价,直委度支,以停江淮运脚钱充,并支绫绢䌷绵,勿令折估。所籴粟等,委本道节度使监军同勾当别贮;非承特敕,不得给用。"十四年六月,诏以米价稍贵,令度支出官米十万石,于两街贱粜。其年九月,以岁饥,出太仓粟三十万石出粜。是岁冬,河南府谷贵人流,令以含嘉仓粟七万石出粜。十五年二月,以久旱岁饥,出太仓粟十八万石,于诸县贱粜。元和元年正月,制:"岁时有丰歉,谷价有重轻,将备水旱之虞,在权聚敛之术。应天下州府每年所税地子数内,宜十分取二分,均充常平仓及义仓,仍各逐稳便收贮,以时出粜,务在救人,赈贷所宜,速奏。"六年二月,制:"如闻京畿之内,旧谷已尽,宿麦未登,宜以常平、义仓粟二十四万石贷借百姓。诸道州府有乏少粮种处,亦委所在官长,用常平、义仓米借贷。淮南、浙西、宣歙等道,元和二年四月赈贷,并且停征。容至丰年,然后填纳。"九年四月,诏出太仓粟七十万石,开六场粜之,并赈贷外县百姓。至秋熟征纳,便于外县收贮,以防水旱。十二年四月,诏出粟二十五万石,分两街降估出粜。其年九月,诏诸道应遭水州府,河中、泽潞、河东、幽州、江陵府等管内,及郑、滑、沧、景、易、定、陈、许、晋、隰、苏、襄、复、台、越、唐、随、邓等州人户,宜令本州厚加优恤。仍各以当处义仓斛斗,据所损多少,量事赈给。十三年正月,户部侍郎孟简奏:"天下州府常平、义仓等斛斗,请准旧例减估出粜,但以石数奏申,有司更不收管,州县得专达以利百姓。"从之。

长庆四年二月,敕出太仓陈粟三十万石,于两街出粜。其年三月制曰:"义仓之制,其来已久。近岁所在盗用没入,致使小有水旱,生人坐委沟壑。永言其弊,职此之由。宜令诸州录事参军,专主勾当。苟为长吏迫制,即许驿表上闻。考满之日,户部差官交割。如无欠负,与减一选。如欠少者,量加一选。欠数过多,户部奏闻,节级科处。"大和四年八月,敕:"今年秋稼似熟,宜于关内七州府及凤翔府和籴一百万石。"大中六年四月,户部奏:"诸州府常平、义仓斛斗,本防水旱,赈贷百姓。其有灾沴州府地远,申奏往复,已至流亡。自今已后,诸道遭灾旱,请委所在长吏,差清强官审勘,如实有水旱处,便任先从贫下不支济户给贷。"从之。

建中四年六月,户部侍郎赵赞请置大田:天下田计其顷亩,官收十分之一。择其上腴,树桑环之,曰公桑。自王公至于匹庶,差借其力,得谷丝以给国用。诏从其说。赞熟计之,自以为非便,皆寝不下。复请行常平税茶之法。又以军须迫蹙,常平利不时集,乃税屋间架、算除陌钱。间架法:凡屋两架为一间,至有贵贱,约价三等,上价出钱二千,中价一千,下价五百。所由吏秉算执筹,入人之庐舍而计其数。衣冠士族,或贫无他财,独守故业,坐多屋出算者,动数十万。人不胜其苦。凡没一间者,杖六十,告者赏钱五十贯,取于其家。除陌法:天下公私给与货易,率一贯旧算二十,益加算为五十。给与他物或两换者,约钱为率算之。市牙各给印纸,人有买卖,随自署记,翌日合算之。有自贸易不用市牙者,验其私簿。无私簿者,

投状自集。其有隐钱百者没入,二千杖六十,告者赏十千,取其家资。法既行,而主人市牙得专其柄,率多隐盗。公家所入,曾不得半,而怨讟之声,嚣然满于天下。至兴元二年正月一日赦,悉停罢。

贞元九年正月,初税茶。先是,诸道盐铁使张滂奏曰:"伏以去岁水灾,诏令减税。今之国用,须有供储。伏请于出茶州县,及茶山外商人要路,委所由定三等时估,每十税一,充所放两税。其明年以后所得税,外贮之。若州遭水旱,赋税不办,以此代之。"诏可之,仍委滂具处置条奏。自此每岁得钱四十万贯。然税无虚岁,遭水旱处亦未尝以钱拯赡。

大和七年,御史台奏:"伏准大和三年十一月十八日赦文,天下除两税外,不得妄有科配,其擅加杂榷率,一切宜停,令御史台严加察访者。臣昨因岭南道擅置竹练场,税法至重,害人颇深。伏请起今已后,应诸道自大和三年准赦文所停两税外科配杂榷率等复却置者,仰敕至后十日内,具却置事由闻奏,仍申台司。每有出使职官御史,便令严加察访。苟有此色,本判官重加惩责,长吏奏听进止。"从之。九年十二月,左仆射令狐楚奏新置榷茶使额:"伏以江淮间数年以来,水旱疾疫,雕伤颇甚,愁叹未平。今夏及秋,稍较丰稔。方须惠恤,各使安存。昨者忽奏榷茶,实为蠹政。盖是王涯破灭将至,怨怒合归。岂有令百姓移茶树就官场中栽,摘茶叶于官场中造?有同儿戏,不近人情。方有恩权,无敢沮议,朝班相顾而失色,道路以目而吞声。今宗社降灵,奸凶尽戮,圣明垂佑,黎庶各安。微臣伏蒙天恩,兼授使务,官衔之内,犹带此名,俯仰若惊,夙宵知愧。伏乞特回圣听,下鉴愚诚,速委宰臣,除此使额。缘国家之用或阙,山泽之利有遗,许臣条流,续具奏闻。采造欲及,妨废为虞。前月二十一日内殿奏对之次,郑覃与臣同陈论讫。伏望圣慈早赐处分,一依旧法,不用新条。惟纳榷之时,须节级加价,商人转抬,必较稍贵,即是钱出万国,利归有司,既无害茶商,又不扰茶户。上以彰陛下爱人之德,下以竭微臣忧国之心。远近传闻,必当咸悦。"诏可之。先是,盐铁使王涯表请使茶山之人,移植根本,旧有贮积,皆使焚弃,天下怨之。及是楚主之,故奏罢焉。

开成二年十二月,武宁军节度使薛元赏奏:"泗口税场,应是经过衣冠商客金银、羊马、斛斗、见钱、茶盐、绫绢等,一物已上并税。今商量,其杂税并请停绝。"诏许之。

大中六年正月,盐铁转运使裴休奏:"诸道节度、观察使,置店停上茶商,每斤收掏地钱,并税经过商人,颇乖法理。今厘革横税,以通舟船,商旅既安,课利自厚。今又正税茶商,多被私贩茶人侵夺其利。今请强干官吏,先于出茶山口,及庐、寿、淮南界内,布置把捉,晓谕招收,量加半税,给陈首帖子,令其所在公行,从此通流,更无苛夺。所冀招恤穷困,下绝奸欺,使私贩者免犯法之忧,正税者无失利之叹。欲寻究根本,须举纲条。"敕旨依奏。其年四月,淮南及天平军节度使并浙西观察使,皆奏军用困竭,伏乞且赐依旧税茶。敕旨:"裴休条流茶

法，事极精详，制置之初，理须画一。并宜准今年正月二十六日敕处分。"

建中三年，初榷酒，天下悉令官酿。斛收直三千。米虽贱，不得减二千。委州县综领。醨薄私酿，罪有差。以京师王者都，特免其榷。元和六年六月，京兆府奏："榷酒钱除出正酒户外，一切随两税青苗，据贯均率。"从之。会昌六年九月敕："扬州等八道州府，置榷曲，并置官店沽酒，代百姓纳榷酒钱，并充资助军用，各有榷许限。扬州、陈许、汴州、襄州、河东五处榷曲，浙西、浙东、鄂岳三处置官沽酒。如闻禁止私酤，过于严酷，一人违犯，连累数家，闾里之间，不免咨怨。宜从今以后如有人私沽酒及置私曲者，但许罪止一身，并所由容纵，任据罪处分。乡井之内，如不知情，并不得追扰。其所犯之人，任用重典，兼不得没入家产。"

卷五十　　　志第三十

刑　法

古之圣人，为人父母，莫不制礼以崇敬，立刑以明威，防闲于未然，惧争心之将作也。故有轻重三典之异，宫墨五刑之差，度时而施宜，因事以议制。大则陈之原野，小则肆诸市朝，以御奸宄，用惩乱。兴邦致理，罔有弗由于此者也。暨淳朴既消，浇伪斯起，刑增为九，章积三千，虽有凝脂次骨之峻，而锥刀之末，尽争之矣。自汉迄隋，世有增损，而罕能折衷。隋文帝参用周、齐旧政，以定律令，除苛惨之法，务在宽平。比及晚年，渐亦滋虐。炀帝忌刻，法令尤峻，人不堪命，遂至于亡。

高祖初起义师于太原，即布宽大之令。百姓苦隋苛政，竞来归附。旬月之间，遂成帝业。既平京城，约法为十二条。惟制杀人、劫盗、背军、叛逆者死，余并蠲除之。及受禅，诏纳言刘文静与当朝通识之士，因开皇律令而损益之，尽削大业所用烦峻之法。又制五十三条格，务在宽简，取便于时。寻又敕尚书左仆射裴寂、尚书右仆射萧瑀及大理卿崔善为、给事中王敬业、中书舍人刘林甫颜师古王孝远、泾州别驾刘靖延、太常丞丁孝乌、隋大理丞房轴、上将府参军李桐客、太常博士徐上机等，撰定律令，大略以开皇为准。于时诸事始定，边方尚梗，救时之弊，有所未暇，惟正五十三条格，入于新律，余无所改。至武德七年五月奏上，乃下诏曰：

古不云乎，"万邦之君，有典有则。"故九畴之叙，兴于夏世，两观之法，大备隆周。所以禁暴惩奸，弘风阐化，安民立政，莫此为先。自ँ国纷扰，恃诈任力，苛制烦刑，于兹竞起。秦并天下，贸灭礼教，恣行酷烈，害虐蒸民，宇内骚然，遂以颠覆。汉氏拨乱，思易前轨，虽复务从约法，蠲削严刑，尚行菹醢之诛，犹设锱铢之禁。字民之道，实有未弘，刑措之风，以

兹莫致。爰及魏、晋，流弊相沿，宽猛乖方，纲维失序。下凌上替，政散民雕。皆由法令湮讹，条章混谬。自斯以后，宇县瓜分，戎马交驰，未遑典制。有隋之世，虽云厘革，然而损益不定，疏舛尚多，品式章程，罕能甄品。加以微文曲致，览者惑其浅深，异例同科，用者殊其轻重，遂使奸吏巧诋，任情与夺，愚民妄触，动陷罗网，屡闻厘革，卒以无成。

朕膺期受箓，宁济区宇，永言至治，兴寐为劳。补千年之坠典，拯百王之余弊，思所以正本澄源，式清流末，永垂宪则，贻范后昆。爰命群才，修定科律。但今古异务，文质不同，丧乱之后，事殊曩代，应机适变，救弊斯在。是以斟酌繁省，取合时宜，矫正差遗，务从体要。迄兹历稔，撰次始毕，宜下四方，即令颁用。庶使吏曹简肃，无取悬石之多；奏谳平允，靡竞锥刀之末。胜残去杀，此焉非远。

于是颁行天下。

及太宗即位，又命长孙无忌、房玄龄与学士法官，更加厘改。戴冑、魏徵又言旧律令重，于时议绞刑之属五十条，免死罪，断其右趾，应死者多蒙全活。太宗寻又愍其受刑之苦，谓侍臣曰："前代不行肉刑久矣，今忽断人右趾，意甚不忍。"谏议大夫王珪对曰："古行肉刑，以为轻罪。今陛下矜死刑之多，设断趾之法，格本合死，今而获生。刑者幸得全命，岂惮去其一足？且人之见者，甚足惩诫。"上曰："本以为宽，故行之。然每闻恻怆，不能忘怀。"又谓萧瑀、陈叔达等曰："朕以死者不可再生，思有矜愍，故简死罪五十条，从断右趾。朕复念其受痛，极所不忍。"叔达等咸曰："古之肉刑，乃在死刑之外。陛下于死刑之内，改从断趾，便是以生易死，足为宽法。"上曰："朕意以为如此，故欲行之。又有上书言此非便，公可更思之。"其后蜀王法曹参军裴弘献又驳律令不便于时者四十余事，太宗令参掌删改之。弘献于是与玄龄等建议，以为古者五刑，刖居其一。及肉刑废，制为死、流、徒、杖、笞凡五等，以备五刑。今复设刖足，是为六刑。减死在于宽弘，加刑又加烦峻。乃与八座定议奏闻，于是又除断趾法，改为加役流三千里，居作二年。

又旧条疏，兄弟分后，荫不相及，连坐俱死，祖孙配没。会有同州人房强，弟任统军于岷州，以谋反伏诛，强当从坐。太宗尝录囚徒，悯其将死，为之动容。顾谓侍臣曰："刑典仍用，盖风化未洽之咎。愚人何罪，而肆重刑乎？更彰朕之不德也。用刑之道，当审事理之轻重，然后加以刑罚。何有不察其本而一概加诛，非所以恤刑重人命也。然则反逆有二：一为兴师动众，一为恶言犯法。轻重有差，而连坐皆死，岂朕情之所安哉？"更令百僚详议。于是玄龄等复定议曰："案礼，孙为王父尸。案令，祖有荫孙之义。然则祖孙亲重而兄弟轻，应重反流，合轻翻死，据礼论情，深为未惬。今定律，祖孙与兄弟缘坐，俱配没。其以恶言犯法不能为害者，情状稍轻，兄弟免死，配流为允。"从之。自是比古死刑，殆除其半。

玄龄等遂与法司定律五百条，分为十二卷：一曰名例，二曰卫禁，三曰职制，四曰户婚，五曰厩库，六曰擅

兴，七曰贼盗，八曰斗讼，九曰诈伪，十曰杂律，十一曰捕亡，十二曰断狱。有笞、杖、徒、流、死，为五刑。笞刑五条，自笞十至五十；杖刑五条，自杖六十至杖一百；徒刑五条，自徒一年，递加半年，至三年；流刑三条，自流二千里，递加五百里，至三千里；死刑二条，绞、斩。大凡二十等。又有议请减赎当免之法八：一曰议亲，二曰议故，三曰议贤，四曰议能，五曰议功，六曰议贵，七曰议宾，八曰议勤。八议者，犯死罪者皆条所坐及应议之状奏请，议定奏裁。流罪已下，减一等。若官爵五品已上，及皇太子妃大功已上亲，应议者周以上亲，犯死罪者上请。流罪已下，亦减一等。若七品已上官，及官爵得请者之祖父母、父母、兄弟、姊妹、妻、子孙，犯流罪已下，各减一等。若应议请减及九品已上官，若官品得减者之祖父母、父母、妻、子孙，犯流罪已下，听赎。其赎法：笞十，赎铜一斤，递加一斤，至杖一百，则赎铜十斤。自此已上，递加十斤，至徒三年，则赎铜六十斤。流二千里者，赎铜八十斤；流二千五百里者，赎铜九十斤；流三千里者，赎铜一百斤。绞斩者，赎铜一百二十斤。又许以官当罪。以官当徒者，五品已上犯私罪者，一官当徒二年；九品已上，一官当徒一年。若犯公罪者，各加一年。以官当流者，三流同比徒四年，仍各解见任。除名者，比徒三年。免官者，比徒二年。免所居官者，比徒一年。又有十恶之条：一曰谋反，二曰谋大逆，三曰谋叛，四曰谋恶逆，五曰不道，六曰大不敬，七曰不孝，八曰不睦，九曰不义，十曰内乱。其犯十恶者，不得依议请之例。年七十以上、十五以下及废疾，犯流罪以下，亦听赎。八十已上、十岁以下及笃疾，犯反逆杀人应死者，上请，盗及伤人，亦收赎，余皆勿论。九十以上、七岁以下，虽有死罪，不加刑。比隋代旧律，减大辟者九十二条，减流入徒者七十一条。其当徒之法，唯夺一官，除名之人，仍同士伍。凡削烦去蠹，变重为轻者，不可胜纪。

又定令一千五百九十条，为三十卷。贞观十一年正月，颁下之。又删武德、贞观已来敕格三千余件，定留七百条，以为格十八卷，留本司施行。斟酌今古，除烦去弊，甚为宽简，便于人者。以尚书省诸曹为之目，初为七卷。其曹之常条，但留本司者，别为《留司格》一卷。盖编录当时制敕，永为法则，以为故事。《贞观格》十八卷，房玄龄等删定。《永徽留司格》十八卷，《散颁格》七卷，长孙无忌等删定，永徽中，又令源直心等删定，惟改易官号曹局之名，不易篇目。《永徽留司格后本》，刘仁轨等删定。《垂拱留司格》六卷，《散颁格》三卷，裴居道删定。《太极格》十卷，岑羲等删定。《开元前格》十卷，姚崇等删定。《开元后格》十卷，宋璟等删定。皆以尚书省二十四司为篇目。凡式三十有三篇，亦以尚书省列曹及秘书、太常、司农、光禄、太仆、太府、少府及监门、宿卫、计帐名其篇目，为二十卷。《永徽式》十四卷，《垂拱》、《神龙》、《开元式》并二十卷，其删定敕令同。

太宗又制在京见禁囚，刑部每月一奏，从立春至秋分，不得奏决死刑。其大祭祀及致斋、朔望、上下弦、二十四气，雨未晴、夜未明、断屠日月及假日，并不得奏决死刑。其有赦之日，武库令设金鸡及鼓于宫城门外之右，勒集囚徒于阙前，挝鼓千声讫，宣诏而释之。其赦书颁诸州，用绢写行下。又系囚之具，有枷、杻、钳、锁，皆有长短广狭之制，量罪轻重，节级用之。其杖皆削去节目，长三尺五寸。讯囚杖，大头径三分二厘，小头二分二厘。常行杖，大头二分七厘，小头一分七厘。笞杖，大头二分，小头一分半。其决笞者，腿分受。决杖者，背、腿、臀分受。及须数等拷讯者，亦同。其拷囚不过三度，总数不得过二百。杖罪已下，不得过所犯之数。诸断罪而无正条，其应出罪者，则举重以明轻；其应入罪者，则举轻以明重。称加者，就重次；称减者，就轻次。惟二死三流，同为一减，不得加至于死。断狱而失于出入者，以其罪罪之。失入者，各减三等；失出者，各减五等。

初，太宗以古者断狱，必讯于三槐九棘之官，乃诏大辟罪，中书、门下五品已上及尚书等议之。其后河内人李好德，风疾瞀乱，有妖妄之言，诏按其事。大理丞张蕴古奏，好德癫病有征，法不当坐。治书侍御史权万纪，劾蕴古贯相州，好德之兄厚德，为其刺史，情在阿纵，奏事不实。太宗曰："吾常禁囚于狱内，蕴古与之弈棋，今复阿纵好德，是乱吾法也。"遂斩于东市。既而悔之。又交州都督卢祖尚，以忤旨斩于朝堂，帝亦追悔。下制，凡决死刑，虽令即杀，仍三覆奏。寻谓侍臣曰："人命至重，一死不可再生。昔世充杀郑颋，既而悔之，追止不及。今春府史取财不多，朕怒杀之，后亦寻悔，皆由思不审也。比来决囚，虽三覆奏，须臾之间，三奏便讫，都未得思，三奏何益？自今已后，宜二日中五覆奏，下诸州三覆奏。又古者行刑，君为彻乐减膳。朕今庭无常设之乐，莫知何彻，然对食即不啖酒肉。自今已后，令与尚食相知，刑人日勿进酒肉。内教坊及太常，并宜停教。且曹司断狱，多据律文，虽情在可矜，而不敢违法，守文定罪，或恐有冤。自今门下覆理，有据法合死而情可宥者，宜录状奏。"自是全活者甚众。其五覆奏，以决前一日、二日覆奏，决日又三覆奏。惟犯恶逆者，一覆奏而已，著之于令。

太宗既诛张蕴古之后，法官以出罪为诫，时有失者，又不加罪焉，由是刑网颇密。帝尝问大理卿刘德威曰："近来刑网稍密，何也？"德威对曰："律文失入减三等，失出减五等。今失入则无辜，失出则便获大罪，所由吏皆深文。"太宗然其言。由是失于出入者，令依律文，断狱者渐为平允。十四年，又令流罪三等，不限以里数，量配边恶之州。其后虽存宽典，而犯者渐少。

高宗即位，遵贞观故事，务在恤刑。尝问大理卿唐临在狱系囚之数，临对曰："见囚五十余人，惟二人合死。"帝以囚数全少，怡然形于颜色。永徽初，敕太尉长孙无忌、司空李勣、左仆射于志宁、右仆射张行成、侍中高季辅、黄门侍郎宇文节柳奭、右丞段宝玄、太常少卿令狐德棻、吏部侍郎高敬言、刑部侍郎刘燕客、给事中赵文恪、中书舍人李友益、少府丞张行实、大理丞元绍、太府丞王文端、刑部郎中贾敏行等，共撰定律令格式。旧制不便者，皆随删改。遂分格为两部：曹司常务为《留司格》，天下所共者为《散颁格》。其《散颁格》下州县，《留司格》但留本司行用焉。三年，诏曰："律学未有定疏，每年所举明法，遂无凭准。宜广召解律人条义疏奏闻。仍使中书、门下监定。"于是太尉赵国公无忌、司空英国公勣、尚书左仆射兼太子少师监修国史燕国公志宁、银青光禄大夫刑部尚书唐临、太中大夫守大理卿段宝玄、朝议大夫守尚书右丞刘燕客、朝议大夫守御史中丞贾敏行等，参撰《律疏》，成三十卷，四年十月奏之，颁于天下。自是断狱者皆引疏分析之。永徽五年五月，上谓侍臣曰："狱讼繁多，皆由刑罚枉滥，故曰刑者成也，一成而不可变。末代断狱之人，皆以苛刻为明，是以秦氏网密秋荼，而获罪者众。今天下无事，四海父安，欲与公等共行宽政。今日刑罚，得无枉滥乎？"无忌对曰："陛下欲得刑法宽平，臣下犹不识圣意。此法弊来已久，非止今日。若情在体国，即共号痴人，意在深文，便称好吏。所以罪虽合杖，必欲遣徒，理有可生，务入于死，非憎前人，陷于死刑。陛下矜而令放，法司亦宜固请，但陛下喜怒不妄加于人，刑罚自然适中。"上以为然。永徽六年七月，上谓侍臣曰："律通比附，条例太多。"左仆射志宁等对："旧律多比附断事，乃稍难解。科条极众，数至三千。隋目再定，惟留五百。以事类相似者，比附科断。今日并停，即是参取隋律修易。条章既少，极成省便。"

龙朔二年，改易官号，因敕司刑太常伯源直心、少常伯李敬玄、司刑大夫李文礼等重定格式，惟改曹局之名，而不易篇第。麟德二年奏上。至仪凤中，官号复旧，又敕左仆射刘仁轨、右仆射戴至德、侍中张文瓘、中书令李敬玄、右庶子郝处俊、黄门侍郎来恒、左庶子高智周、右庶子李义琰、吏部侍郎裴行俭马载、兵部侍郎萧德昭裴炎、工部侍郎李义琛、刑部侍郎裴楚、金部郎中卢律师等，删缉格式。仪凤二年二月九日，撰定奏上。先是详刑少卿赵仁本撰《法例》三卷，引以断狱，时议亦为折衷。后高宗览之，以为烦文不便。因谓侍臣曰："律、令、格、式，天下通规，非朕庸虚所能创制。并是武德之际，贞观已来，或取定宸衷，参详众议，条章备举，轨躅昭然，临事遵行，自不能尽。何为更须作例，致使触绪多疑。计此因循，非适今日，速宜改辙，不得更然。"自是，《法例》遂废不用。

则天临朝，初欲大收人望。垂拱初年，令熔铜为匦，四面置门，各依方色，共为一室。东面名曰延恩匦，上赋颂及许求官爵者封表投之。南面曰招谏匦，有言时政得失及直言谏诤者投之。西面曰申冤匦，有得罪冤滥者投之。北面曰通玄匦，有玄象灾变及军谋秘策者投之。每日置之于朝堂，以收天下表疏。既出之后，不逞之徒，或至攻讦阴私，谤讪朝政者。后乃令中书、门下官一人，专监其所投之状，仍责识官，然后许进封，行之至今焉。则天又敕内史裴居道、夏官尚书岑长倩、凤阁侍郎韦方质与删定官袁智弘等十余人，删改格式，加计帐及勾帐式，通旧式成二十卷。又以武德已来、垂拱已前诏敕便于时者，编为《新格》二卷，则天自制序。其二卷之外，别编六卷，堪为当司行用，为《垂拱留司格》。时韦方质详练法理，又委其事于咸阳尉王守慎，又有经ралов之才，故《垂拱格》、《式》，议者称为详密。其律令惟改二十四条，又有不便者，大抵依旧。

然则天严于用刑，属徐敬业作乱，及豫、博兵起之后，恐人心动摇，欲以威制天下，渐引酷吏，务令深文，以案刑狱。长寿年有上封事言岭表流人有阴谋逆者，乃遣司刑评事万国俊摄监察御史就案之，若得反状，斩决。国俊至广州，遍召流人，拥之水曲，以次加戮。三百余人，一时并命，然后锻炼曲成反状。乃更诬奏云："诸道流人，多有怨望。若不推究，为变不遥。"则天深然其言。又命摄监察御史刘光业、王德寿、鲍思恭、王处贞、屈贞筠等，分往剑南、黔中、安南、岭南等六道，按鞠流人。光业所在杀戮。光业诛九百人，德寿诛七百人，其余少者不减数百人。亦有杂犯及远年流人，亦枉及祸焉。时周兴、来俊臣等，相次受制推究大狱。乃于都城丽景门内，别置推事使院，时人谓之"新开狱"。俊臣又与侍御史侯思止王弘义郭霸李敬仁、评事康暐卫遂忠等，招集告事数百人，共为罗织，以陷良善。前后枉遭杀害者，不可胜数。又造《告密罗织经》一卷，其意旨皆网罗前人，织成反状。俊臣每鞠囚，无问轻重，多以醋灌鼻。禁地牢中，或盛之于瓮，以火围绕炙之。兼绝其粮饷，至有抽衣絮以啖之者。其所作大枷，凡有十号：一曰定百脉，二曰喘不得，三曰突地吼，四曰著即承，五曰失魂胆，六曰实同反，七曰反是实，八曰死猪愁，九曰求即死，十曰求破家。又令寝处粪秽，备诸苦毒。每有制书宽宥囚徒，俊臣必先遣狱卒，尽杀重罪，然后宣示。是时海内慑惧，道路以目。麟台正字陈子昂上书曰：

臣闻古之御天下者，其政有三：王者化之，用仁义也；霸者威之，任权智也；强国胁之，务刑罚也。是以化之不足，然后威之，威之不足，然后刑之。故至于刑，则非王者之所贵矣。况欲光宅天下，追功上皇，专任刑杀以为威断，可谓策之失者也。

臣伏睹陛下圣德聪明，游心太古，将制静宇宙，保乂黎民，发号施令，出于诚慊。天下苍生，莫不悬望圣风，冀见神化，道德为政，将待于陛下矣。臣闻之，圣人出，必有驱除，盖天人之符，应休命也。日者东南微孽，敢谋乱常。陛下顺天行诛，罪恶咸伏，岂非天意欲彰陛下威武之功哉！而执事者不察天心，以为人意，恶其首乱唱祸，法合诛屠，将息奸源，穷其党与，遂使陛下大开诏狱，重设严刑，冀以惩奸，观于天下。逆党亲属及其交游，有涉嫌疑，辞相连及，莫不穷捕考校，枝叶蟠拏。大或流血，小御魑魅。至有奸人荧惑，乘险相诬，纠告疑似，冀图爵赏，叫于阙下者，日有数矣。于时朝廷徨徨，莫能自固，海内倾听，以相惊恐。赖陛下仁慈，悯其危惧，赐以恩诏，许其大功已上，一切勿论。人时获泰，谓生再造。愚臣窃以忻然，贺陛下圣明，得天之机也。不谓议者异见，又执前图，比者刑狱，纷纷复起。陛下不深思天意，以顺休期，尚以督察为理，威刑为务，使前者之诏，不信于人。愚臣昧焉，窃恐非五帝、三王伐罪吊人之意也。

臣窃观当今天下百姓，思安久矣。曩属北胡侵塞，西戎寇边，兵革相屠，向历十载。关、河自北，转输幽、燕；秦、蜀之西，驰骛湟、海。当时天下疲极矣！重以大兵之后，属遭凶年，流离饥馁，死丧略半。幸赖陛下以至圣之德，抚育兆人，边境获安，中国无事，阴阳大顺，年谷累登，天下父子，始得相养矣。扬州构祸，殆有五旬，而海中晏然，纤尘不动，岂非天下蒸庶厌凶乱哉？臣以此卜之，百姓思安久矣。今陛下不务玄默，以救疲民，而又任威刑以失其望，欲以察察为政，肃理寰区。愚臣暗昧，窃有大惑。且臣闻刑者，政之末节也。先王以禁暴厘乱，不得已而用之。今天下幸安，万物思泰，陛下乃以末节之法，察理平人，愚臣以为非适变随时之义也。顷年以来，伏见诸方告密。囚累百千辈。大抵所告，皆以扬州为名，及其穷竟，百无一实。陛下仁恕，又屈法容之，傍讦他事，亦为推劾。遂使奸臣之党，快意相雠，睚眦之嫌，即称有密。一人被告，百人满狱。使者推捕，冠盖如市。或谓陛下爱一人而害百人，天下嗷嗷，莫知宁所。

臣闻自非圣人，不有外患，必有内忧，物理自然也。臣不敢以古远言之，请指隋而说。臣闻长老云：隋之末世，天下犹平。炀帝不恭，穷毒威武，厌居皇极，自总元戎，以百万之师，观兵辽海，天下始骚然矣。遂使杨玄感挟不臣之势，有大盗之心，欲因人谋，以窃皇业。乃称兵中夏，将据洛阳，哮虓之势倾宇宙矣。然乱未逾月，而头足异处。何者？天下之弊，未有土崩，蒸人之心，犹望乐业。炀帝不悟，暗忽人机。自以为元恶既诛，天下无巨猾也，皇极之任，可以刑罚理之。遂使兵部尚书樊子盖专行屠戮，大穷党与，海内豪士，无不罹殃。遂至杀人如麻，流血成泽，天下靡然思为乱矣。于是萧铣、朱粲起于荆南，李密、窦建德乱于河北。四海云摇，遂并起而亡隋族矣。岂不哀哉！长老至今谈之，委曲如是。

观三代夏、殷兴亡，已下至秦、汉、魏、晋理乱，莫不皆以毒刑而致败坏也。夫大狱一起，不能无滥。何者？刀笔之吏，寡识大方，断狱能者，名在急刻。文深网密，则共称为公，爰及人主，亦谓其奉法。于是利在杀人，害在平恕，故狱吏相诫，以杀为词。非憎于人也，而利在己。故上以希人主之旨，以图荣身之利。徇利既多，则不能无滥，滥及良善，则淫刑逞矣。夫人情莫不自爱其身，陛下以此察之，岂非无滥矣！冤人吁嗟，感伤和气；和气悖乱，群生疠疫；水旱随之，则有凶年。人既失业，则祸乱之心怵然而生矣。顷来亢阳愆候，云而不雨，农夫释耒，瞻望嗷嗷，岂不由陛下之有圣德而不降泽于人也？倘旱遂过春，废于时种，今年稼穑，必有损矣。陛下可不敬承天意，以泽恤人？臣闻古者明王重慎刑罚，盖惧此也。《书》不云乎，"与其杀不辜，宁失不经。"陛下奈何以堂堂之圣，犹务强国之威。愚臣窃为陛下不取。

且愚人安则乐生，危则思变。故事有招祸，法有起奸。倘大狱未休，支党日广，天下疑惑，相恐无辜，人情之变，不可不察。昔汉武帝时巫蛊狱起，江充行诈，作乱京师，至使太子奔走，兵交宫阙，无辜被害者以万千数。当时刘宗几覆灭矣，赖武帝得壶关三老上书，幡然感悟，夷江充三族，余论不问，天下少以安耳。臣读书至此，未尝不为戾太子流涕也。古人云："前事不忘，后事之师。"伏愿陛下念之。今臣不避汤镬之罪，以蝼蚁之命，轻触宸严。臣非不恶死而贪生也，诚以负陛下恩遇，以微命蔽塞聪明，亦非敢欲陛下顿息严刑，望在恤刑耳。乞与三事大夫，图其可否。夫往者不可谏，来者犹可追，无以臣微而忽其奏，天下幸甚。

疏奏不省。

时司刑少卿徐有功常驳酷吏所奏，每日与之廷争得失，因以雪冤滥，因此全济者亦不可胜数，语在《有功传》。及俊臣、弘义等伏诛，刑狱稍息。前后宰相王及善、姚元崇、朱敬则等，皆言垂拱已来身死破家者，皆是枉滥，则天颇亦觉悟。于是监察御史魏靖上言曰：

臣闻国之纲纪，在乎生杀。其周兴、来俊臣、丘神勣、万国俊、王弘义、侯思止、郭弘霸、李敬仁、彭先觉、王德寿、张知默者，即尧年四凶矣。恣骋愚暴，纵虐含毒，雠嫉在位，安忍朝臣，罪逐情加，刑随意改。当其时也，囚图如市，朝廷以目。既而素虚不昧，冤魂有托，行恶其报，祸淫可惩，具严天刑，以惩贼首。窃见来俊臣身处极法者，以其罗织良善，屠陷忠贤，籍没以劝将来，显戮以谢天下。臣又闻之道路，上至圣主，傍洎贵臣，明明知有罗织之事矣，俊臣既死，推者获功，胡元礼超迁，裴谈显授，中外称庆，朝廷载安。破其党者，即能赏不逾时；被其陷者，岂可淹之累岁。且称反徒，须得反状。惟据片辞，即请行刑，拷楚妄加，款答何限。故徐有功以宽平而见忌，斛瑟罗以妓女而受拘，中外具知，枉直斯在，借以为喻，其余可详。臣又闻之，郭弘霸自刺而唱快，万国俊被遮而遽亡。霍献可临终，膝拳于项；李敬仁将死，舌至于脐。皆众鬼满庭，群妖横道，惟征集应，若响随声。备在人谣，不为虚说，伯有昼见，殆无以过。此亦罗织之一据也。臣以至愚，不识大体，倪使平反者数人，众共详覆来俊臣等所推大狱，庶邓艾获申于今日，孝妇不滥于昔时，恩涣一流，天下幸甚。

疏奏，制令录来俊臣、丘神勣等所推鞠人身死籍没者，令三司重推勘，有冤滥者，并皆雪免。

中宗神龙元年，制以故司仆少卿徐有功，执法平恕，追赠越州都督，特授一子官。又以丘神勣、来子珣、万国俊、周兴、来俊臣、鱼承晔、王景昭、索元礼、傅游艺、王弘义、张知默、裴籍、焦仁亶、侯思止、郭霸、李敬仁、皇甫文备、陈嘉言、刘光业、王德寿、王处贞、屈贞筠、鲍思恭二十三人，自垂拱已来并枉滥杀人，所有官爵，并令追夺。天下称庆。时既改易，制尽依贞观、永徽故事。敕中书令韦安石、礼部侍郎祝钦明、尚书右丞苏瑰、兵部郎中狄光嗣等，刪定《垂拱格》后至神龙元年已来制敕，为《散颁格》七卷。又删补旧式，为二十卷，颁于天下。

景云初，睿宗又敕户部尚书岑羲、中书侍郎陆象先、右散骑常侍徐坚、右司郎中唐绍、刑部员外郎邵知与、删定官大理寺丞陈义海、右卫长史张处斌、大理评事张名播、左卫率府仓曹参军罗思贞、刑部主事阎义颛凡十人，删定格、式、律、令。太极元年二月奏上，名为《太极格》。

开元初，玄宗敕黄门监卢怀慎、紫微侍郎兼刑部尚书李乂、紫微侍郎苏颋、紫微舍人吕延祚、给事中魏奉古、大理评事高智静、同州韩城县丞侯郢琎、瀛州司法参军阎义颛等，删定格、式、令，至三年三月奏上，名为《开元格》。六年，玄宗又敕吏部侍郎兼侍中宋璟、中书侍郎苏颋、尚书左丞卢从愿、吏部侍郎裴漼慕容珣、户部侍郎杨滔、中书舍人刘令植、大理司直高智静、幽州司功参军侯郢琎等九人，删定律、令、格、式，至七年三月奏上。律、令、式仍旧名，格曰《开元后格》。十九年，侍中裴光庭、中书令萧嵩，又以格后制敕行用之后，颇与格文相违，于事非便，奏令所司删撰《格后长行敕》六卷，颁于天下。二十二年，户部尚书李林甫又受诏改修格令。林甫迁中书令，乃与侍中牛仙客、御史中丞王敬从，与明法之官前左武卫胄曹参军崔见、卫州司户参军直中书陈承信、酸枣尉直刑部俞元杞等，共加删缉旧格、式、律、令及敕，总七千二十六条。其一千三百二十四条于事非要，并删之。二千一百八十条随文损益，三千五百九十四条仍旧不改。总成律十二卷，《律疏》三十卷，《令》三十卷，《式》二十卷，《开元新格》十卷。又撰《格式律令事类》四十卷，以类相从，便于省览。二十五年九月奏上，敕于尚书都省写五十本，发使散于天下。其年刑部断狱，天下死罪惟有五十八人。大理少卿徐峤上言：大理狱院，由来相传杀气太盛，鸟雀不栖，至是有鹊巢其树。于是百僚以几至刑措，上表陈贺。玄宗以宰相燮理、法官平允之功，封仙客为邠国公，林甫为晋国公，刑部大理官共赐帛二千匹。

自明庆至先天六十年间，高宗宽仁，政归宫闱。则天女主猜忌，果于杀戮，宗枝大臣，锻于酷吏，至于移易宗社，几亡李氏。神龙之后，后族干政，景云继立，归妹怙权。开元之际，刑政赏罚，断于宸极，四十余年，可谓太平矣。及冢臣怀邪，边将内侮，乘舆幸于巴、蜀，储副立于朔方，曾未逾年，载收京邑，书契以来，未有克复宗社若斯之速也。而两京冠冕，多被胁从，至是相率待罪阙下。而执事者务欲峻刑以取威，尽诛其族，以令天下。议久不定，竟置三司使，以御史大夫兼京兆尹李岘、兵部侍郎吕諲、户部侍郎兼御史中丞崔器、刑部侍郎兼御史中丞韩择木、大理卿严向等五人为之。初，西京文武官陆大钧等陷贼来归，崔器草仪，尽免冠徒跣，抚膺号泣，以金吾府县人吏围之，于朝谢罪，收付大理京兆府狱系之。及陈希烈等大臣至者数百人，又令朝堂徒跣如初，令宰相苗晋卿、崔圆、李麟等百僚同视，以为弃辱，宣诏以责之。朝廷又以负罪者众，狱中不容，乃赐杨国忠宅鞫之。器、諲多希旨深刻，而择木无所是非，独李岘力争之，乃定所推之罪为六等，集百僚尚书省议之。肃宗方用刑名，公卿但唯唯署名而已。于是河南尹达奚珣等三十九人，以为罪重，与众共弃。珣等十一人，于子城西伏诛。陈希烈、张垍、郭纳、独孤朗等七人，于大理寺狱赐自尽。达奚挚、张扆、李有孚、刘子英、冉大华二十一人，于京兆府门决重杖死。大理卿张均引至独柳树下刑人处，免死配流合浦郡，而达奚珣、韦恒乃至腰斩。先是，庆绪至相州，史思明、高秀岩等皆送款请命，肃宗各令复位，便领所管，至是惧不自安，各率其党叛。其后三司用刑，连年不定，流贬相继。及王玙为相，素闻物议，请下诏自今已后，三司推勘未毕者，一切放免，大收人望。后萧华拔魏州归国，尝话于朝云："初河北官闻国家宣诏放陈希列等胁从官一切不问，各令复位，闻者悔归国之晚，举措自失。及后闻希烈等死，皆相贺得计，无敢归者。于是河北将吏，人人益坚，大兵不解。"

后有毛若虚、敬羽之流，皆深酷割剥，骤求权柄，杀人以逞刑，厚敛以资国。六七年间，大狱相继，州县之内，多是贬降人。肃宗复闻三司多滥，尝悔云："朕为三司所误，深恨之。"及弥留之际，以元载为相，乃诏天下流降人等一切放归。

代宗宝应元年，回纥与史朝义战，胜，擒其将士妻子老幼四百八十人。上以妇人虽为贼家口，皆是良家子女，被贼逼略，恻然愍之，令万年县于胜业佛寺安置，给粮料。若有亲属认者，任还之；如无亲族者，任其所适，仍给粮递过。于是人情莫不感戴忻悦。大历十四年六月一日，德宗御丹凤楼大赦。敕书节文："律、令、格、式条目有未折衷者，委中书门下简择理识通明官共删定。自至德已来制敕，或因人奏请，或临事颁行，差互不同，使人疑惑，中书门下与删定官详决，取堪久长行用者，编入格条。"三司使，准式以御史中丞、中书舍人、给事中各一人为之，每日于朝堂受词，推勘处分。建中二年，罢删定格令使并三司使。先是，以中书门下充删定格令使，又以给事中、中书舍人、御史中丞为三司使。至是中书门下奏请复旧，以刑部、御史台、大理寺为之。其格令委刑部删定。元和四年九月敕："刑部大理决断系囚，过为淹迟，是长奸幸。自今已后，大理寺检断，不得过二十日，刑部覆下，不得过十日。如刑部覆有异同，寺司重加不得过十五日，省司量覆不得过七日。如有牒州府节目及于京城内勘，本推即日以报。牒到后计日数，被勘司却报不得过五日。仍令刑部具遣牒及报牒月日，牒报都省及分察使，各准敕文勾举纠访。"

六年九月，富平县人梁悦，为父杀仇人秦果，投县请罪。敕："复仇杀人，固有彝典。以其申冤请罪，视死如归，自诣公门，发于天性。志在徇节，本无求生之心，宁失不经，特从减死之法。宜决一百，配流循州。"职方员外郎韩愈献议曰：

伏奉今月五日敕：复仇，据礼经则义不同天，征法令则杀人者死。礼法二事，皆王教之端，有此异同，必资论辩，宜令都省集议闻奏者。伏以子复父仇，见于《春秋》，见于《礼记》，又见于《周官》，又见于诸子史，不可胜数，未有非而罪之者也。最宜详于律，而律无其条，非阙文也。盖以为不许复仇，则伤孝子之心，而乖先王之训；许复仇，则人将倚法专杀，无以禁止其端矣。夫律虽本于圣人，然执而行之者，有司也。经之所明者，制有司也。丁宁其义于经，而深没其文于律者，其意将使法吏一断于法，而经术之士，得引经而议也。《周官》曰："凡杀人而义者，令勿仇，仇之则死。"义，宜也，明杀人而不得其宜者，子得复仇也。此百姓之相仇者也。《公羊传》曰："父不受诛，子复仇可也。"不受诛者，罪不当诛也。又《周官》曰："凡报仇雠者，书于士，杀之无罪。"言将复仇，必先言于官，则无罪也。今陛下垂意典章，思立定制。惜有司之守，怜孝子之心，示不自专，访议群下。臣愚以为复仇之名虽同，而其事各异。或百姓相仇，如《周官》所称，可议于今者；或为官吏所诛，如《公羊》所称，不可行于今者。又《周官》所称，将复仇，先告于士则无罪者。若孤稚羸弱，抱微志而伺敌人之便，恐不能自言于官，未可以为断于今也。然则杀之与赦，不可一例。宜定其制曰：凡有复父仇者，事发，具其事由，下尚书省集议奏闻。酌其宜而处之，则经律无失其指矣。

元和十三年八月，凤翔节度使郑余庆等详定《格后敕》三十卷，右司郎中崔郾等六人修上。其年，刑部侍郎许孟容、蒋乂等奉诏删定，复勒成三十卷。刑部侍郎刘伯刍等考定，如其旧卷。

长庆元年五月，御史中丞牛僧孺奏："天下刑狱，苦于淹滞，请立程限。大事，大理寺限三十五日详断毕，申刑部，限三十日闻奏。中事，大理寺三十日，刑部二十五日。小事，大理寺二十五日，刑部二十日。一状所犯十人以上，所断罪二十件以上，为大。所犯六人以上，所断罪十件以上，为中。所犯五人以下，所断罪十件以下，为小。其或所抵罪状并所结刑名并同者，则虽人数甚多，亦同一人之例。违者罪有差。"二年四月，刑部员外郎孙革奏："京兆府云阳县人张莅，欠羽林官骑康宪钱米。宪征之，莅承醉拉宪，气息将绝。宪男买得，年十四，将救其父。以莅角觝力人，不敢扬解，遂持木锸击莅之首见血，后三日致死者。准律，父为人所殴，子往救，击其人折伤，减凡斗三等。至死者，依常律。即买得救父难是性孝，非暴击张莅是心切，非凶。以髫卯之岁，正父子之亲，若非圣化所加，童子安能及此？《王制》称五刑之理，必原父子之亲以权之，慎测浅深之量以别之。《春秋》之义，原心定罪。周书所训，诸罚有权。今买得生被皇风，幼ească至孝，哀矜之宥，伏在圣慈。臣职当谳刑，合分善恶。"敕："康买得尚在童年，能知子道，虽杀人当死，而为父可哀。若从沉命之科，恐失原情之义，宜付法司，减死罪一等。"

大和七年十二月，刑部奏："先奉敕详定前大理丞谢登《新编格后敕》六十卷者。臣等据谢登所进，详诸理例，参以格式，或事非久要，恩出一时，或前后差殊，或书写错误，并已落下及改正讫。去繁举要，列司分门，都为五十卷。伏请宣下施行。"可之。八年四月，诏应犯轻罪人，除情状巨蠹，法所难原者，其他过误事惹，及寻常公事违犯，不得鞭背。遵太宗之故事也。俄而京兆尹韦长奏：

"京师浩穰，奸豪所聚。终日惩罚，抵犯犹多，小有宽容，即难禁戢。若恭守敕旨，则无以肃清；若临事用刑，则有违诏命。伏望许依前据轻重处置。"从之。

开成四年，两省详定《刑法格》一十卷，敕令施行。

会昌元年九月，库部郎中、知制诰纥干泉等奏："准刑部奏，犯赃官五品已上，合抵死刑，请准狱官令赐死于家者，伏请永为定格。"从之。大中五年四月，刑部侍郎刘瑑等奉敕修《大中刑法总要格后敕》六十卷，起贞观二年六月二十日，至大中五年四月十三日，凡二百二十四年杂敕，都计六百四十六门，二千一百六十五条。七年五月，左卫率仓曹参军张戣进《大中刑法统类》一十二卷，敕刑部详定奏行之。

卷五十一　　　　　列传第一

后妃　上

高祖太穆皇后窦氏　太宗文德皇后长孙氏　贤妃徐氏　高宗废后王氏　良娣萧氏　中宗和思皇后赵氏　中宗韦庶人　上官昭容　睿宗肃明皇后刘氏　睿宗昭成皇后窦氏　玄宗废后王氏　玄宗贞顺皇后武氏　玄宗杨贵妃

三代宫禁之职，《周官》最详。自周已降，彤史沿革，各载本书，此不备述。唐因隋制，皇后之下，有贵妃、淑妃、德妃、贤妃各一人，为夫人，正一品；昭仪、昭容、昭媛、修仪、修容、修媛、充仪、充容、充媛各一人，为九嫔，正二品；婕妤九人，正三品；美人九人，正四品；才人九人，正五品；宝林二十七人，正六品；御女二十七人，正七品；采女二十七人，正八品；其余六尚诸司，分典乘舆服御。龙朔二年，官名改易，内职皆更旧号。咸亨二年复旧。开元中，玄宗以皇后之下立四妃，法帝喾也。而后妃四星，一为正后；今既立正后，复有四妃，非典法也。乃于皇后之下立惠妃、丽妃、华妃等三位，以代三夫人，为正一品；又置芳仪六人，为正二品；美人四人，为正三品；才人七人，为正四品；尚宫、尚仪、尚服各二人，为正五品；自六品至九品，即诸司诸典职员品第而序之，后亦参用前号。

然而三代之政，莫不以贤妃开国，嬖宠倾邦。秦、汉已还，其流浸盛。大至移国，小则临朝，焕车服以王家枝，裂土壤而侯肺腑，洎末涂沦败，赤族夷宗。高祖龙飞，宫无正寝，而妇言是用，衅起维城。大帝孝和，仁而不武，但恣池台之赏，宁顾衽席之嫌？武室、韦宗，几危运祚。

东京帝后，殁从夫谥，光烈、和熹之类是也。高宗自号天皇，武氏自称天后，而韦庶人生有翌圣之名，肃宗欲后张氏，此不经之甚，皆以凶终。玄宗以惠妃之爱，摈斥椒宫，继以太真，几丧天下。历观前古邦家丧败之由，多基于子弟召祸。子弟之乱，必始于宫闱不正。故息隐阋墙，秦王谋归东洛；马嵬涂地，太子不敢西行。若中有圣善之慈，胡能若是？《易》曰"家道正而天下定"，不其然欤！自后累朝，长秋虚位，或以旁宗入继，母属皆微，徒有册拜之文，谅乏"关雎"之德。今录其存于史册者，为《后妃传》云。

高祖太穆皇后窦氏，京兆始平人，隋定州总管、神武公毅之女也。后母，周武帝姊襄阳长公主。后生而发垂过颈，三岁与身齐。周武帝特爱重之，养于宫中。时武帝纳突厥女为后，无宠，后尚幼，窃言于帝曰："四边未静，突厥尚强，愿舅抑情抚慰，以苍生为念。但须突厥之助，则江南、关东不能为患矣。"武帝深纳之。毅闻之，谓长公主曰："此女才貌如此，不可妄以许人，当为求贤夫。"乃于门屏画二孔雀，诸公子有求婚者，辄与两箭射之，潜约中目者许之。前后数十辈莫能中，高祖后至，两发各中一目。毅大悦，遂归于我帝。及周武帝崩，后追思如丧所生。隋文帝受禅，后闻而流涕，自投于床曰："恨我不为男，以救舅氏之难。"毅与长公主遽掩口曰："汝勿妄言，灭吾族矣！"

后事元贞太后，以孝闻。太后素有羸疾，时或危笃。诸姒以太后性严惧谴，皆称疾而退，惟后昼夜扶侍，不脱衣履者，动淹旬月焉。善书学，类高祖之书，人不能辨。工篇章，而好存规戒。大业中，高祖为扶风太守，有骏马数匹。常言于高祖曰："上好鹰爱马，公之所知，此堪进御，不可久留，人或言者，必为身累，愿熟思之。"高祖未决，竟以此获谴。未几，后崩于涿郡，时年四十五。高祖追思后言，方为自安之计，数求鹰犬以进之，俄而擢拜将军，因流涕谓诸子曰："我早从汝母之言，居此官久矣。"初葬寿安陵，后祔葬献陵。上元元年八月，改上尊号曰太穆顺圣皇后。

太宗文德顺圣皇后长孙氏，长安人，隋右骁卫将军晟之女也。晟妻，隋扬州刺史高敬德女，生后。少好读书，造次必循礼则。年十三，嫔于太宗。隋大业中，常归宁于永兴里，后舅高上廉媵张氏，于后所宿舍外见大马，高二丈，鞍勒皆具，以告士廉。命筮之，遇《坤》之《泰》，筮者曰："至哉坤元，万物资生，乃顺承天。坤厚载物，德合无疆。牝马地类，行地无疆。变而之《泰》，内阳而外阴，内健而外顺，是天地交而万物通也。《象》曰：后以辅相天地之宜而左右人也。龙，《乾》之象也。马，《坤》之象也。变而为《泰》，天地交也。繇协于《归妹》，妇人之兆也。女处尊位，履中居顺也。此女贵不可言。"武德元年，册为秦王妃。时太宗功业既高，隐太子猜忌滋甚。后孝事高祖，恭顺妃嫔，尽力弥缝，以存内助。及难作，太宗在玄武门，方引将士入宫授甲，后亲慰勉之，左右莫不感激。九年，册拜皇太子妃。

太宗即位，立为皇后。赠后父晟司空、齐献公。后性尤俭约，凡所服御，取给而已。太宗弥加礼待，常与后论及赏罚之事，对曰："牝鸡之晨，惟家之索。妾以妇人，岂敢豫闻政事？"太宗固与之言，竟不之答。时后兄无忌，夙与太宗为布衣之交，又以佐命元勋，委以腹心，出入卧内，将任之朝政。后固言不可，每乘间奏曰："妾既托身紫宫，尊贵已极，实不愿兄弟子侄布列朝廷。汉之吕、霍可为切骨之诫，特愿圣朝勿以妾兄为宰执。"太宗不听，竟用无忌为左武候大将军、吏部尚书、右仆射。后又密遣无忌苦求逊职，太宗不获已而许焉，改授开府仪同三司，后意乃怿。有异母兄安业，好酒无赖。献公之薨也，后及无忌并幼，安业斥还舅氏，后殊不以介意，每请太宗厚加恩礼，位至监门将军。及预刘德裕逆谋，太宗将杀之，后叩头流涕为请命曰："安业之罪，万死无赦。然不慈于妾，天下知之，今置以极刑，人必谓妾恃宠以复其兄，无乃为圣朝累乎！"遂得减死。

后所生长乐公主，太宗特所钟爱，及将出降，敕所资送倍于长公主。魏徵谏曰："昔汉明帝时，将封皇子，帝曰：'朕子安得同于先帝子乎！'然谓长主者，良以尊于公主也，情虽有差，义无等别。若令公主之礼有过长主，理恐不可，愿陛下思之。"太宗以其言退而告后，后叹曰："尝闻陛下重魏徵，殊未知其故。今闻其谏，实乃能以义制主之情，可谓正直社稷之臣矣。妾与陛下结发为夫妇，曲蒙礼待，情义深重，每言必候颜色，尚不敢轻犯威严，况在臣下，情疏礼隔，故韩非为之说难，东方称其不易，良有以也。忠言逆于耳而利于行，有国有家者急务，纳之则俗宁，杜之则政乱，诚愿陛下详之，则天下幸甚。"后因请遣中使赍帛五百匹，诣徵宅以赐之。太子承乾乳母遂安夫人常白后曰："东宫器用阙少，欲有奏请。"后不听，曰："为太子，所患德不立而名不扬，何忧少于器物也！"

八年，从幸九成宫，染疾危惙，太子承乾入侍，密启后曰："医药备尽，尊体不瘳，请奏赦囚徒，并度人入道，冀蒙福助。"后曰："死生有命，非人力所加。若修福可延，吾素非为恶。若行善无效，何福可求？赦者，国之大事；佛道者，示存异方之教耳，非惟政体靡弊，又是上所不为，岂以吾一妇人而乱天下法？"承乾不敢奏，以告左仆射房玄龄，玄龄以闻，太宗及侍臣莫不歔欷。朝臣咸请肆赦，太宗从之；后闻之，固争，乃止。将大渐，与太宗辞诀，时玄龄以谴归第，后固言："玄龄事陛下最久，小心谨慎，奇谋秘计，皆所预闻，竟无一言漏泄，非有大故，愿勿弃之。又妾之本宗，幸缘姻戚，既非德举，易履危机，其保全永久，慎勿处之权要，但以外戚奉朝请，则为幸矣。妾生既无益于时，今死不可厚费。且葬者，藏也，欲人之不见。自古圣贤，皆崇俭薄，惟无道之世，大起山陵，劳费天下，为有识者笑。但请因山而葬，不须起坟，无用棺椁，所须器服，皆以木瓦，俭薄送终，则是不忘妾也。"十年六月己卯，崩于立政殿，时年三十六。其年十一月庚寅，葬于昭陵。

后尝撰古妇人善事，勒成十卷，名曰《女则》，自为之序。又著论驳汉明德马皇后,以为不能抑退外戚,令其当朝贵盛,乃戒其龙马水车,此乃开其祸源而防其末事耳。且戒主守者曰:"此吾以自防闲耳。妇人著述无条贯,不欲至尊见之,慎勿言。"崩后,宫司以闻,太宗览而增恸,以示近臣曰:"皇后此书,足可垂于后代。我岂不达天命而不能割情乎!以其每能规谏,补朕之阙,今不复闻善言,是内失一良佐,以此令人哀耳!"上元元年八月,改上尊号曰文德顺圣皇后。

太宗贤妃徐氏,名惠,右散骑常侍坚之姑也。生五月而能言,四岁诵《论语》、《毛诗》,八岁好属文。其父孝德试拟《楚辞》,云"山中不可以久留",词甚典美。自此遍涉经史,手不释卷。太宗闻之,纳为才人。其所属文,挥翰立成,词华绮赡。俄拜婕妤,再迁充容。时军旅亟动,宫室互兴,百姓颇倦劳役,上疏谏曰:

自贞观已来,二十有二载,风调雨顺,年登岁稔,人无水旱之弊,国无饥馑之灾。昔汉武守文之常主,犹登刻玉之符,齐桓小国之庸君,尚图泥金之事。望陛下推功损己,让德不居。亿兆倾心,犹阙告成之礼,云亭佇谒,未展升中之仪。此之功德,足以咀嚼百王,网罗千代者矣。古人有云:"虽休勿休",良有以也。守初保末,圣哲罕兼。是知业大者易骄,愿陛下难之;善始者难终,愿陛下易之。

窃见顷年已来,力役兼总,东有辽海之军,西有昆丘之役,士马疲于甲胄,舟车倦于转输。且召募役戍,去留怀死生之痛;因风阻浪,人米有漂溺之危。一夫力耕,卒无数十之获;一船致损,则倾数百之粮。是犹运有尽之农功,填无穷之巨浪,图未获之他众,丧已成之我军。虽除凶伐暴,有国常规;然黩武玩兵,先哲所戒。昔秦皇并吞六国,反速危亡之基;晋武奄有三方,翻成覆败之业。岂非矜功恃大,弃德而轻邦;图利忘害,肆情而纵欲?遂使悠悠六合,虽广不救其亡;嗷嗷黎庶,因弊以成其祸。是知地广非常安之术,人劳乃易乱之源。愿陛下布泽流人,矜弊恤乏,减行役之烦,增湛露之惠。妾又闻为政之本,贵在无为。窃见土木之功,不可兼遂。北阙初建,南营翠微,曾未逾时,玉华创制。虽复因山藉水,非无架筑之劳;损之又损,颇有工力之费。终以茅茨示约,犹兴木石之疲;假使和雇取人,不无烦扰之弊。是以卑宫菲食,圣主之所安;金屋瑶台,骄主之为丽。故有道之君,以逸逸人;无道之君,以乐乐身。愿陛下使之以时,则力无竭矣;用而息之,则人斯悦矣。

夫珍玩伎巧,乃丧国之斧斤;珠玉锦绣,实迷心之鸩毒。窃见服玩纤靡,如变化于自然,织贡珍奇,若神仙之所制。虽驰华于季俗,实败素于淳风。是知漆器非延叛之方,桀造之而人叛;玉杯岂招亡之术,纣用之而国亡。方验侈丽之源,不可不遏。作法于俭,犹恐其奢;作法于奢,何以制后?伏惟陛下明鉴未形,智周无际,穷奥秘于麟阁,尽探赜于儒林。千王治乱之踪,百代安危之迹,兴衰祸福之数,得失成败之机,

故亦苞吞心府之中,循环目围之内,乃宸衷之久察,无假一二言焉。惟恐知之非难,行之不易,志骄于业泰,体逸于时安。伏愿抑志裁心,慎终如始,削轻过以添重德,循今是以替前非,则令名与日月无穷,盛业与乾坤永大。

太宗善其言,优赐甚厚。及太宗崩,追思顾遇之恩,哀慕愈甚,发疾不自医。病甚,谓所亲曰:"吾荷顾实深,志在早殁,魂其有灵,得侍园寝,吾之志也。"因为七言诗及连珠以见其志。永徽元年卒,时年二十四,诏赠贤妃,陪葬于昭陵之石室。

高宗废后王氏,并州祁人也。父仁祐,贞观中罗山令。同安长公主,即后之从祖母也。公主以后有美色,言于太宗,遂纳为晋王妃。高宗登储,册为皇太子妃,以父仁祐为陈州刺史。永徽初,立为皇后,以仁祐为特进、魏国公,母柳氏为魏国夫人。仁祐寻卒,赠司空。

初,武皇后贞观末随太宗嫔御居于感业寺,后及左右数为之言,高宗由是复召入宫,立为昭仪。俄而渐承恩宠,遂与后及良娣萧氏递相谮毁。帝终不纳后言,而昭仪宠遇日厚。后惧不自安,密与母柳氏求巫祝厌胜。事发,帝大怒,断柳氏不许入宫中,后舅中书令柳奭罢知政事,并将废后,长孙无忌、褚遂良等固谏,乃止。俄又纳李义府之策,永徽六年十月,废后及萧良娣皆为庶人,囚之别院。武昭仪令人皆缢杀之。后母柳氏、兄尚衣奉御全信及萧氏兄弟,并配流岭外。遂立昭仪为皇后。寻又追改后姓为蟒氏,萧良娣为枭氏。

庶人良娣初囚,大骂曰:"愿阿武为老鼠,吾作猫儿,生生扼其喉!"武后怒,自是宫中不畜猫。初囚,高宗念之,闲行至其所,见其室封闭极密,惟开一窍通食器出入。高宗恻然,呼曰:"皇后、淑妃安在?"庶人泣而对曰:"妾等得罪,废弃为宫婢,何得更有尊称,名为皇后?"言讫悲咽,又曰:"今至尊思及畴昔,使妾等再见日月,出入院中,望改此院名为'回心院',妾等再生之幸。"高宗曰:"朕即有处置。"武后知之,令人杖庶人及萧氏各一百,截去手足,投于酒瓮中,曰:"令此二妪骨醉!"数日而卒。后则天频见王、萧二庶人披发沥血,如死时状。武后恶之,祷以巫祝,又移居蓬莱宫,复见,故多在东都。中宗即位,复后姓为王氏,枭氏还为萧氏。

中宗和思皇后赵氏,京兆长安人。祖绰,武德中以战功至右领军卫将军。父瑰,尚高祖女常乐公主,历迁左千牛将军。中宗为英王时,纳后为妃。既而妃母公主得罪,妃亦坐废,幽死于内侍省。则天临朝,瑰为寿州刺史,坐与越王贞连谋被诛,公主亦坐死。神龙元年,赠后谥为恭皇后,赠瑰左卫大将军。及中宗崩,将葬于定陵,议者以韦后得罪,不宜袝葬,于是追谥后为和思,莫知瘗所,行招魂袝葬之礼。太常博士彭景直上言:"古无招魂葬之礼,不可备棺椁,置辒辌。宜据《汉书郊祀志》葬黄帝衣冠于桥山故事,以皇后袆衣于陵所寝宫招魂,置衣于魂舆,以太牢告祭,迁衣于寝宫,舒于御榻之右,覆以夷衾

而祔葬焉。"从之。

中宗韦庶人，京兆万年人也。祖弘表，贞观中为曹王府典军。中宗为太子时，纳后为妃，仍擢后父普州参军玄贞为豫州刺史。嗣圣元年，立为皇后。其年，中宗见废，后随从房州。时中宗惧不自安，每闻敕使至，惶恐欲自杀。后劝王曰："祸福倚伏，何常之有？岂失一死，何遽如是也！"累年同艰危，情义甚笃。所生懿德太子、永泰、永寿、长宁、安乐四公主，安乐最幼，生于房州，帝自脱衣裹之，遂名曰裹儿，特宠异焉。及中宗复立为太子，又立后为妃。时昭容上官氏常劝后行则天故事，乃上表请天下士庶为出母服丧三年；又请百姓以年二十三为丁，五十九免役，改易制度，以收时望。制皆许之。

帝在房州时，常谓后曰："一朝见天日，誓不相禁忌。"及得志，受上官昭容邪说，引武三思入宫中，升御床，与后双陆，帝为点筹，以为欢笑，丑声日闻于外。乃大出宫女，虽左右内职，亦许时出禁中。上官氏及宫人贵幸者，皆立外宅，出入不节，朝官邪佞者候之，恣为狎游，祈其赏秩，以至要官。时侍中敬晖谋去诸武，武三思患之，乃结上官氏以为援，因得幸于后，潜入宫中谋议，乃讽百官上帝尊号为应天皇帝，后为顺天皇后。帝与后亲谒太庙，告谢受尊号之意。于是三思骄横用事，敬晖、王同皎相次夷灭，天下咸归咎于后。后方优宠亲属，内外封拜，遍列清要。又欲宠树安乐公主，乃制公主开府，置官属。太平公主仪比亲王。长宁、安乐二府不置长史而已。宜城公主等以非后所生，各减太平之半。安乐恃宠骄恣，卖官鬻狱，势倾朝廷，常自草制敕，掩其文而请帝书焉，帝笑而从之，竟不省视。又请自立为皇太女，帝虽不从，亦不加谴。所署府僚，皆猥滥非才。又广营第宅，侈靡过甚。长宁及诸公主迭相仿效，天下咸嗟怨之。

神龙三年，节愍太子死后，宗楚客率百僚上表，加后号为顺天翊圣皇后。景龙二年春，宫中希旨，妄称后衣箱中有五色云出，帝使画工图之，出示于朝，乃大赦天下，百僚母妻各加邑号。右骁卫将军、知太史事迦叶志忠上表曰："昔高祖未受命时，天下歌《桃李子》；太宗未受命时，天下歌《秦王破阵乐》；高宗未受命时，天下歌《侧堂堂》；天后未受命时，天下歌《武媚娘》。伏惟应天皇帝未受命时，天下歌《英王石州》；顺天皇后未受命时，天下歌《桑条韦也》、《女时韦也》。六合之内，齐首蹀足，应四时八节之会，歌舞同欢。岂与夫《箫韶》九成、百兽率舞同年而语哉！伏惟皇后降帝女之精，合为国母，主蚕桑以安天下，后妃之德，于斯为盛。谨进《桑条歌》十二篇，伏请宣布中外，进入乐府，皇后先蚕之时，以享宗庙。"帝悦而许之，特赐志忠庄一区，杂彩七百段。太常少卿郑愔又引而申之，播于舞咏，亦受厚赏。兵部尚书宗楚客又讽补阙赵延禧表陈符命，解《桑条》以为十八代之符，请颁示天下，编诸史册。帝大悦，擢延禧为谏议大夫。时上官昭容与其母郑氏及尚宫柴氏、贺娄氏，树用亲党，广纳货赂，别降墨敕，斜封授官，或出臧获屠贩之类，累居荣秩。又引女巫赵氏出入禁中，封为陇西夫人，势与上官氏为比。

三年冬，帝将亲祠南郊，国子祭酒祝钦明、司业郭山恽建议云："皇后亦合助祭。"太常博士唐绍、蒋钦绪上疏争之。尚书右仆射韦巨源详定仪注，遂希旨协同钦明之议。帝纳其言，以后为亚献，仍以宰相王为齐娘，以执笾豆。钦明又欲请安乐公主为终献，迫于时议而止。四年正月望夜，帝与后微行市里，以观烧灯。又放宫女数千，夜游纵观，因与外人阴通，逃逸不还。时国子祭酒叶静能善符禁小术，散骑常侍马秦客颇闲医药，光禄少卿杨均以调膳侍奉，皆出入宫掖。均与秦客皆得幸于后，相次丁母忧，旬日悉起复旧职。时安乐公主与驸马武延秀、侍中纪处讷、中书令宗楚客、司农卿赵履温互相猜贰，迭为朋党。

六月，帝遇毒暴崩。时马秦客侍疾，议者归罪于秦客及安乐公主。后惧，秘不发丧，引所亲入禁中，谋自安之策。以刑部尚书裴谈、工部尚书张锡知政事，留守东都；又命左金吾大将军赵承恩及宦者左监门卫大将军薛崇简帅兵五百人往筠州，以备谯王重福。后与兄太子少保温定策，立温王重茂为皇太子，召诸府兵五万人屯京城，分为左右营，然后发丧。少帝即位，尊后为皇太后，临朝摄政。韦温总知内外兵马，守援宫掖；驸马韦捷、韦灌分掌左右屯营；武延秀及温从子播、族弟璿、外甥高崇，共典左右羽林军及飞骑、万骑。播、璿欲先树威严，拜官日先鞭万骑数人，众皆怨，不为之用。时京城恐惧，相传将有革命之事，往往偶语，人情不安。临淄王率薛崇简、钟绍京、刘幽求领万骑及总监丁夫，入自玄武门，至左羽林军，斩将军韦璿、韦播及中郎将高崇于寝帐。遂斩关而入，至太极殿。后惶骇遁入殿前飞骑营，及武延秀、安乐公主皆为乱兵所杀。分遣万骑诛其党与韦温、温从子捷，及族弟婴；宗楚客、弟晋卿，纪处讷，马秦客，叶静能，杨均，赵履温，卫尉卿王珦，太常卿李峤，将作少匠李守质及韦氏武氏宗族，无少长皆斩之。枭后及安乐公主首于东市。翌日，敕收后尸，葬以一品之礼，追贬为庶人；安乐公主葬以三品之礼，追贬为悖逆庶人。

中宗上官昭容，名婉儿，西台侍郎仪之孙也。父庭芝，与仪同被诛，婉儿时在襁褓，随母配入掖庭。及长，有文词，明习吏事。则天时，婉儿忤旨当诛，则天惜其才不杀，但黥其面而已。自圣历已后，百司表奏，多令参决。中宗即位，又令专掌制命，深被信任。寻拜为昭容，封其母郑氏为沛国夫人。婉儿既与武三思淫乱，每下制敕，多因事推尊武氏而排抑皇家。节愍太子深恶之，及举兵，至肃章门，扣阁索婉儿。婉儿大言曰："观其此意，即当次索皇后以及大家。"帝与后遂激怒，并将婉儿登玄武门楼以避兵锋，俄而事定。婉儿常劝广置昭文学士，盛引当朝词学之臣，数赐游宴，赋诗唱和。婉儿每代帝及后、长宁安乐二公主，数首并作，辞甚绮丽，时人咸讽诵之。婉儿又通于吏部侍郎崔湜，引知政事。湜尝充使开商山新路，功半而中宗崩，婉儿草遗制，曲叙其功而加褒赏。及韦庶人败，婉儿亦斩于旗下。玄宗令收其诗笔，撰成文集二十卷，令张说为之序。初，婉儿在孕时，其母梦人遗己大秤，占者曰："当生贵子,而秉国权衡。"既生女,闻者嗤其无效,及婉儿专秉内政,果如占者之言。

睿宗肃明顺圣皇后刘氏,刑部尚书德威之孙也。父延景,陕州刺史,景云元年,追赠尚书右仆射、沛国公。仪凤中,睿宗居藩,纳后为孺人,寻立为妃,生宁王宪、寿昌代国二公主。文明元年睿宗即位,册为皇后;及降为皇嗣,后从降为妃。长寿中,与昭成皇后同被谴,为则天所杀。景云元年,追谥肃明皇后,招魂葬于东都城南,陵曰惠陵。睿宗崩,迁祔桥陵。以昭成太后故,不得入太庙配飨,常别祀于仪坤庙。开元二十年,始祔太庙。

睿宗昭成顺圣皇后窦氏,将作大匠抗曾孙也。祖诞,大理卿、莘国公。父孝谌,润州刺史,景云元年,追赠太尉、邠国公。后姿容婉顺,动循礼则,睿宗为相王时为孺人,甚见礼异。光宅元年,立为德妃。生玄宗及金仙、玉真二公主。长寿二年,为户婢团儿诬谮与肃明皇后厌蛊咒诅。正月二日,朝则天皇后于嘉豫殿,既退而同时遇害。梓宫秘密,莫知所在。睿宗即位,谥曰昭成皇后,招魂葬于都城之南,陵曰靖陵。又立庙于京师,号为仪坤庙。睿宗崩,后以帝母之重,追尊为皇太后,谥仍旧,祔葬桥陵,迁神主于太庙。

玄宗废后王氏,同州下邽人,梁冀州刺史神念之后。上为临淄王时,纳后为妃。上将起事,颇预密谋,赞成大业。先天元年,为皇后,以父仁皎为太仆卿,累加开府仪同三司、邠国公。后兄守一以后无子,常惧有废立,导以符厌之事。有左道僧明悟为祭南北斗,刻霹雳木,书天地字及上讳,合而佩之,且祝曰:"佩此有子,当与则天皇后为比。"事发,上亲究之,皆验。开元十二年秋七月己卯,下制曰:"皇后王氏,天命不祐,华而不实。造起狱讼,朋扇朝廷,见无将之心,有可讳之恶。焉得敬承宗庙,母仪天下?可废为庶人,别院安置。刑于家室,有愧昔王;为国大计,盖非获已。"守一赐死。其十月,庶人卒,以一品礼葬于无相寺。宝应元年,雪免,复尊为皇后。

玄宗贞顺皇后武氏,则天从父兄子恒安王攸止女也。攸止卒后,后尚幼,随例入宫。上即位,渐承恩宠。及王庶人废后,特赐号为惠妃,宫中礼秩,一同皇后。所生母杨氏,封为郑国夫人。同母弟忠,累迁国子祭酒;信,秘书监。惠妃开元初产夏悼王及怀哀王、上仙公主,并襁褓不育,上特垂伤悼。及生寿王瑁,不敢养于宫中,命宁王宪于外养之。又生盛王琦、咸宜、太华二公主。惠妃以开元二十五年十二月薨,年四十余。下制曰:"存有懿范,没有宠章,岂独被于朝班,故乃施于亚政,可以垂裕,斯为通典。故惠妃武氏,少而婉顺,长而贤明,行合礼经,言应图史。承戚里之华胄,升后庭之峻秩,贵而不恃,谦而益光。以道饬躬,以和逮下,四德粲其兼备,六宫咨而是则。法度在己,靡资珩佩;躬俭化人,率先缔纮。凤有奇表,将加正位,前后固让,辞而不受,奄至沦殁,载深

感悼,遂使玉衣之庆,不及于生前;象服之荣,徒增于身后。可赠贞顺皇后,宜令所司择日册命。"葬于敬陵。时庆王琮等请制齐衰之服,有司请以忌日废务,上皆不许之。立庙于京中昊天观南,乾元之后,祠享亦绝。

玄宗杨贵妃,高祖令本,金州刺史。父玄琰,蜀州司户。妃早孤,养于叔父河南府士曹玄璬。开元初,武惠妃特承宠遇,故王皇后废黜。二十四年惠妃薨,帝悼惜久之,后庭数千,无可意者。或奏玄琰女姿色冠代,宜蒙召见。时妃衣道士服,号曰太真。既进见,玄宗大悦。不期岁,礼遇如惠妃。太真姿质丰艳,善歌舞,通音律,智算过人。每倩盼承迎,动移上意。宫中呼为"娘子",礼数实同皇后。有姊三人,皆有才貌,玄宗并封国夫人之号:长曰大姨,封韩国;三姨,封虢国;八姨,封秦国。并承恩泽,出入宫掖,势倾天下。天宝初,进册贵妃。妃父玄琰,累赠太尉、齐国公;母封凉国夫人;叔玄珪,光禄卿。再从兄铦,鸿胪卿。锜,侍御史,尚武惠妃女太华公主,以母爱,礼遇过于诸公主,赐甲第,连于宫禁。韩、虢、秦三夫人与铦、锜等五家,每有请托,府县承迎,峻如诏敕,四方赂遗,其门如市。

五载七月,贵妃以微谴送归杨铦宅。比至亭午,上思之,不食。高力士探知上旨,请送贵妃院供帐、器玩、廪饩等办具百余车,上又分御馔以送之。帝动不称旨,暴怒笞挞左右。力士伏奏请迎贵妃归院。是夜,开安兴里门入内,妃伏地谢罪,上欢然慰抚。翌日,韩、虢进食,上作乐终日,左右暴有赐与。自是宠遇愈隆。韩、虢、秦三夫人岁给钱千贯,为脂粉之资。铦授三品、上柱国,私第立戟。姊妹昆仲五家,甲第洞开,僭拟宫掖,车马仆御,照耀京邑,递相夸尚。每构一堂,费逾千万计,见制度宏壮于己者,即撤而复造,土木之工,不舍昼夜。玄宗颁赐及四方献遗,五家如一,中使不绝。开元已来,豪贵雄盛,无如杨氏之比也。玄宗凡有游幸,贵妃无不随侍,乘马则高力士执辔授鞭。宫中供贵妃院织锦刺绣之工,凡七百人,其雕刻熔造,又数百人。扬、益、岭表刺史,必求良工造作奇器异服,以奉贵妃献贺,因致擢居显位。玄宗每年十月幸华清宫,国忠姊妹五家扈从,每家为一队,著一色衣,五家合队,照映如百花之焕发,而遗钿坠舄,瑟瑟珠翠,璨珊芳馥于路。而国忠私于虢国而不避雄狐之刺,每入朝或联镳方驾,不施帷幔。每三朝庆贺,五鼓待漏,艳妆盈巷,蜡炬如昼。而十宅诸王百孙院婚嫁,皆因韩、虢为绍介,仍先纳赂千贯而奏请,罔不称旨。天宝九载,贵妃复忤旨,送归外第。时吉温与中贵人善,温入奏曰:"妇人智识不远,有忤圣情,然贵妃久承恩顾,何惜宫中一席之地,使其就戮,安忍取辱于外哉!"上即令中使张韬光赐御馔,妃附韬光泣奏曰:"妾忤圣颜,罪当万死。衣服之外,皆圣恩所赐,无可遗留,然发肤是父母所有。"乃引刀剪发一缭附献。玄宗见之惊愕,即使力士召还。国忠既居宰执,兼领剑南节度,势渐恣横。十载正月望夜,杨家五宅夜游,与广平公主骑从争西市门。杨氏奴挥鞭及公主衣,公主堕马,驸马程昌裔扶公主,因及数挝。

公主泣奏之，上令杀杨氏奴，昌裔亦停官。国忠二男昢、暄，妃弟鉴，皆尚公主，杨氏一门尚二公主、二郡主。贵妃父祖立私庙，玄宗御制家庙碑文并书。玄珪累迁至兵部尚书。天宝中，范阳节度使安禄山大立边功，上深宠之。禄山来朝，帝令贵妃姊妹与禄山结为兄弟。禄山母事贵妃，每宴赐，锡赉稠沓。及禄山叛，露檄数国忠之罪。河北盗起，玄宗以皇太子为天下兵马元帅，监抚军国事。国忠大惧，诸杨聚哭，贵妃衔土陈请，帝遂不行内禅。及潼关失守，从幸至马嵬，禁军大将陈玄礼密启太子，诛国忠父子。既而四军不散，玄宗遣力士宣问，对曰"贼本尚在"，盖指贵妃也。力士复奏，帝不获已，与妃诏，遂缢死于佛室。时年三十八，瘗于驿西道侧。

上皇自蜀还，令中使祭奠，诏令改葬。礼部侍郎李揆曰："龙武将士诛国忠，以其负国兆乱。今改葬故妃，恐将士疑惧，葬礼未可行。"乃止。上皇密令中使改葬于他所。初瘗时以紫褥裹之，肌肤已坏，而香囊仍在。内官以献，上皇视之凄惋，乃令图其形于别殿，朝夕视之。

马嵬之诛国忠也，虢国夫人闻难作，奔马至陈仓。县令薛景仙率人吏追之，走入竹林。先杀其男裴徽及一女。国忠妻裴柔曰："娘子为我尽命。"即刺杀之。已而自刎，不死，县吏载之，闭于狱中。犹谓吏曰："国家乎？贼乎？"吏曰："互有之。"血凝至喉而卒，遂瘗于郭外。韩国夫人婿秘书少监崔峋，女为代宗妃。虢国男裴徽尚肃宗女延光公主，女嫁让邓男。秦国夫人婿柳澄先死，男钧尚长清县主，澄弟潭尚肃宗女和政公主。

卷五十二　　列传第二

后　妃　下

玄宗元献皇后杨氏　肃宗张皇后　肃宗韦妃　肃宗章敬皇后吴氏　代宗睿真皇后沈氏　代宗崔妃　代宗贞懿皇后独孤氏　德宗昭德皇后王氏　德宗韦贤妃　顺宗庄宪皇后王氏　宪宗懿安皇后郭氏　宪宗孝明皇后郑氏　女学士尚宫宋氏　穆宗恭僖皇后王氏　敬宗郭贵妃　穆宗贞献皇后萧氏　穆宗宣懿皇后韦氏　武宗王贤妃　宣宗元昭皇后晁氏　懿宗惠安皇后王氏　昭宗积善皇后何氏

玄宗元献皇后杨氏，弘农华阴人。曾祖士达，隋纳言。天授中，以则天母族，追封士达为郑王，赠太尉。父知庆，左千牛将军，赠太尉、郑国公。后景云元年八月选入太子宫。时太平公主用事，尤忌东宫。宫中左右持两端，而潜附太平者，必阴伺察，事虽纤芥，皆闻于上，太子心不自安。后时方娠，太子密谓张说曰："用事者不欲吾多息胤，恐祸及此妇人，其如之何？"密令说怀去胎药而入。太子于曲室躬自煮药，醺然似寐，梦神人覆鼎。既寤如梦，如是者三。太子异之，告说。说曰："天命也，无宜他虑。"既而太平诛，后果生肃宗。太子妃王氏无子，后班在下，后不敢母肃宗。王妃抚鞠，慈甚所生。开元中，肃宗为忠王，后为妃，又生宁亲公主。张说以旧恩特承宠异，说亦奇忠王仪表，心知运历所钟，故宁亲公主降说子垍。

开元十七年，后薨，葬细柳原，玄宗命说为志文，其铭云："石兽涩兮绿苔粘，宿草残兮白露沾。园寝闭兮脂粉腻，不知何年开镜奁。"二十四年，忠王立为皇太子。至德元年，肃宗即位于灵武。二载五月，玄宗在蜀，诰曰："圣人垂范，是推顾复之恩；王者建极，抑有追尊之礼。盖母以子贵，德以谥尊。故妃弘农杨氏，特禀坤灵，久厘阴教。往以续涂山之庆，降华渚之祥。诞发异图，载光帝业。而册命犹阙，幽灵尚阒。夏王继统，方轸阳城之恩；汉后褒荣，庶协昭灵之称。宜于彼追册为元献太后。"宝应二年正月，祔葬泰陵。

肃宗张皇后，本南阳西鄂人，后徙家昭应。祖母窦氏，玄宗母昭成皇太后之妹也。昭成为天后所杀，玄宗幼失所恃，为窦姨鞠养。景云中，封邓国夫人，恩渥甚隆。其子去惑、去疑、去奢、去逸，皇姨弟也，皆至大官。去盈尚玄宗女常芬公主。去逸生后，天宝中，选入太子宫为良娣。后弟清，又尚大宁郡主。

后辩惠丰硕，巧中上旨。禄山之乱，玄宗幸蜀，太子与良娣俱从，车驾渡渭，百姓遮道请留太子收复长安。肃宗性仁孝，以上皇播越，不欲违离左右。宦者李靖忠启太子请留，良娣赞成之，白于玄宗。太子如灵武，时贼已陷京师，从官单寡，道路多虞。每太子次舍宿止，良娣必居其前。太子曰："捍御非妇人之事，何以居前？"良娣曰："今大家跋履险难，兵卫非多，恐有仓卒，妾自当之，大家可由后而出，庶几无患。"及至灵武，产子，三日起，缝战士衣。太子劳之曰："产总作劳，安可容易？"后曰："此非妾自养之时，须办大家事。"肃宗即位，册为淑妃。赠父太仆卿去逸为仆射，母窦氏封义章县主，姊李县妻封清河郡夫人，妹师师封郕国夫人。乾元元年四月，册为皇后。弟驸马都尉清加特进、太常卿，同正，封范阳郡公。皇后宠遇专房，与中官李辅国持权禁中，干预政事，请谒过当，帝颇不悦，无如之何。后于光顺门受外命妇朝，亲蚕苑中，内外命妇相见，仪注甚盛。先在灵武时，太子弟建宁王俊为后诬谮而死。自是太子忧惧，常恐后之构祸，乃以恭逊取容，后以建宁之隙，常欲危之。张后生二子：兴王佋、定王侗。兴王早薨，侗又孩幼，故储位获安。

宝应元年四月，肃宗大渐，后与内官朱辉光、马英俊、啖廷瑶、陈仙甫等谋立越王係，矫诏召太子入侍疾。中官程元振、李辅国知其谋，及太子入，二人以难告，请太子在飞龙厩。元振率禁军收越王，捕朱辉光等。俄而肃宗崩，太子监国，遂移后于别殿，幽崩。诛马英俊，女道士许灵素配流，山人申大芝赐死，驸马都尉清贬硖州司马，弟延和郡主婿鸿胪卿潜贬郴州司马，舅鸿胪卿窦履信贬道州刺史。

肃宗韦妃。父元珪，兖州都督。肃宗为忠王时，纳为孺人，及升储位，为太子妃，生兖王僴、绛王佺、永和公主、永穆公主。天宝中，宰相李林甫不利于太子，妃兄坚为刑部尚书，林甫罗织，起柳勣之狱，坚连坐得罪，兄弟并赐死。太子惧，上表自理，言与妃情义不睦，请离婚，玄宗慰抚之，听离。妃遂削发被尼服，居禁中佛舍。西京失守，妃亦陷贼。至德二年，薨于京城。

肃宗章敬皇后吴氏，坐父事没入掖庭。开元十三年，玄宗幸忠王邸，见王服御萧然，傍无媵侍，命将军高力士选掖庭宫人以赐之，而吴后在籍中。容止端丽，性多谦抑，宠遇益隆。明年，生代宗皇帝。二十八年薨，葬于春明门外。

代宗即位之年十二月，群臣以肃宗山陵有期，准礼以先太后祔陵庙。宰臣郭子仪等上表曰：

俪宸极者，允归于淑德；谥徽号者，必副于鸿名。当履运而承天，则因心而追往，此先王之明训，圣人之茂典也。伏惟先太后圆精挺质，方祇禀秀。祯符协于四星，典礼敦于万国，得元和之正气，韫霄汉之清英。顾史求箴，道先于壸则；执谦率礼，教备于中闱。太阴无昃朓之征，丙殿有祝延之庆。尊敬师傅，佩服礼经，勤于藻之荐，罔贵珩璜之饰。徽音允穆，嘉庆聿彰，宪度辅佐之劳，缉熙玄默之化，足以光昭宗祀，作配紫微。岂《驺虞》之风，行于江、汉之域；《葛覃》之咏，起自岐阳之下。爰膺历数，作启圣明，大拯艰难，永清夷夏。虽复文母成周王之业，庆都诞帝尧之圣，异代同符，彼多惭德。昊苍不吊，圣善长违。当圆魄之成，玉英早落；有坤仪之美，象服未加。悲怀于先远之辰，感恸于易名之日。伏以山陵贞兆，良吉有期，虞祔之仪，式资配享。率由故实，敬奉嘉名。谨按谥法：“敬慎高明曰章，法度明大曰章，夙兴夜寐曰敬，齐庄中正曰敬。”敢遵先典，仰图懿德，谨上尊谥曰章敬皇后。

二年三月，祔葬建陵。启春明门外旧壟，后容状如生，粉黛如故，而衣皆赭黄色，见者骇异，以为圣子符兆之先。后父令珪，宝应初赠太尉；母李氏，赠秦国夫人。叔令瑶，拜太子家令，封冯翊郡公；令瑜，太子右谕德，封济阴郡公。后兄溆，鸿胪少卿，封鄄城县公；澄，太子宾客，濮阳县公；凑，太子詹事，临濮县公；并加开府仪同三司。溆位终金吾大将军，凑位终京兆尹，见《外戚传》。

代宗睿真皇后沈氏，吴兴人，世为冠族。父易直，秘书监。开元末，以良家子选入东宫，赐太子男广平王。天宝元年，生德宗皇帝。禄山之乱，玄宗幸蜀，诸王、妃、主从幸不及者，多陷于贼，后被拘于东都掖庭。及代宗破贼，收东都，见之，留于宫中，方经略北征，未暇迎归长安。俄而史思明再陷河洛。及朝义败，复收东都，失后所在，莫测存亡。代宗遣使求访，十余年寂无所闻。德宗即位，下诏曰："王者事父孝，故事天明；事母孝，故事地察。则事天莫先于严父，事地莫盛于尊亲。朕恭承天命，以主社稷，执珪璧以事上帝，祖宗克配，园寝永终。而内朝虚位，阙问安之礼，衔悲内恻，忧恋终岁。思欲历舟车之路，以听求音问，而主兹重器，莫匪深哀。是用仰稽旧仪，敬崇大号，举兹礼命，式遵前典。宜令公卿大夫稽度前训，上皇太后尊号。"

建中元年十一月，遥尊圣母沈氏为皇太后，陈礼于含元殿庭，如正至之仪。上衮冕出自东序门，立于东方，朝臣班于位，册曰："嗣皇帝臣名言：恩莫重于顾复，礼莫贵于徽号，上以展爱敬之道，下以正《春秋》之义，则祖宗之所禀命，臣子之所尽心，尊尊亲亲，此焉而在。两汉而下，帝王嗣位，崇奉尊称，厥有旧章。永惟丕烈，敢坠前典，臣名谨上尊号曰皇太后。"帝再拜，歔欷不自胜，左右皆泣下。仍以睦王述为奉迎皇太后使，工部尚书乔琳副之，候太后问至，升平公主宜备起居。于是分命使臣，周行天下。明年二月，吉问至，群臣称贺，既而诈妄。自是诈称太后者数四，皆不之罪，终贞元之世无闻焉。

德宗敦崇外族，赠太后父易直太师，易直父库部员外郎介福赠太傅，介福父德州刺史衡赠太保，易直第二子秘书少监巂赠太尉；时沈氏封赠拜爵者百余人。贞元七年，诏外曾祖隋陕令沈琳赠司徒，追封徐国公，与外祖赠太师易直等立五庙，以琳为始，缘祠庙所须，官给。后无近属，惟族子房为近，德宗用为金吾将军，主沈氏之祀。

宪宗即位之年九月，礼仪使奏："太后沈氏厌代登真，于今二十七载，大行皇帝至孝惟深，哀思罔极。建中之初，已发明诏，舟车所至，靡不周遍，岁月滋深，迎访理绝。按晋庾蔚之议，寻求三年之后，又俟中寿而服之。今参详礼例，伏请以大行皇帝启攒宫日，百官举哀于肃章门内之正殿，先令有司造祎衣一副，发哀日令内官以祎衣置于幄。自后宫人朝夕上食，先启告元陵，次告天地宗庙、昭德皇后庙。上太皇太后谥册，造神主，择日祔于代宗庙。其祎衣备法驾奉迎于元陵祠，复置于代宗皇帝衮衣之右。便以发哀日为国忌。"诏如奏。其年十一月，册谥曰睿真皇后，奉神主祔于代宗之室。

代宗崔妃，博陵安平人。父峋，秘书少监。母杨氏，韩国夫人。天宝中，杨贵妃宠幸，即妃之姨母也。时韩国、虢国之宠，冠于戚里。时代宗为广平王，故玄宗选韩国之女，嫔于广平邸，礼仪甚盛。生召王偲。初，妃挟母氏之势，性颇妒悍，及西京陷贼，母党皆诛，妃从王至灵武，恩顾渐薄，达京而薨。

代宗贞懿皇后独孤氏，父颖，左威卫录事参军，以后贵，赠工部尚书。后以美丽入宫，嬖幸专房，故长秋虚位，诸姬罕所进御。后始册为贵妃，生韩王迥、华阳公主。华阳聪悟过人，能候上颜色，发言必随喜愠。上之所赏，则因而美之；上之所恶，则曲以全之，由是钟爱特异。大历九年，公主薨，上嗟悼过深，数日不视朝。宰臣等因中使吴承倩附奏，言修短常理，以社稷之重，宜节哀视事。初，公主疾，上令宗师道教，名曰琼华真人。及疾亟，上亲自临视，属纩之际，啮伤上指，其爱念如此。上既未听朝，宰臣等谏曰："公主夙成神悟，仁眷特钟，尝祷必亲，已承减膳，幽明遐间，倍轸慈衷。臣等微诚，无由感达。伏惟陛下守累圣之公器，御群生之重畜，夷百战之艰患，抚四海之伤残。房候为虞，戎师近警，一言万务，裁成圣心，得失谬于毫厘，安危存于晷刻。伏虑顾怀犹切，神志未和，众情以之不宁，臣子以之兢悸。伏愿抑周丧之私痛，均品物于至公，下慰黔黎，上安宗社。"上始听朝。

大历十年五月，贵妃薨，追谥曰贞懿皇后，殡于内殿，累年不忍出宫。十三年十月方葬，命宰臣常衮为哀册曰：

维大历十年，岁在辛卯，十月辛酉朔。六日丙寅，贵妃独孤氏薨。粤明日，追谥曰贞懿皇后，殡于内殿之西阶。十三年十月癸酉，乃命门下侍郎、同平章事常衮持节册命。以其月二十五日丁酉，迁座于庄陵，礼也。素纱列位，黼帝周庭，辂升玉缀，轩䡘珠桱。皇帝悼鸾掖以追怀，感麟迹而增恸，备百礼以殷遣，命六宫而哀送。宗祝荐告，司仪展收，爰诏侍臣，纪垂鸿休。其辞曰：

祚祉悠久，宠灵诞受，元魏戚藩，周、隋帝后。五侯迭兴，七贵居右，肇启皇运，光膺文母。缵女是因，以纲大伦，生知阴教，育我蒸人。瑞云呈彩，瑶星降神，聪明睿智，婉丽贞仁。惟昔天监，搜求才淑，龙德在田，葛覃于谷。周姜胥宇，汉后推穀，王业惟艰，嫔风且穆。继文传鬯，嗣徽克令，不曜其光，乃终有庆。祇奉园寝，肃恭灵命，越在哀荣，聿追孝敬。文织丝组，朱绿玄黄，上供祭服，以祀明堂。法度有节，不待珩璜，篇训之制，自盈缃帙。叙我邦族，风于天下，始于忧勤，协成王化。慈厚诸女，宠临下嫁，登进贤才，劳谦日夜。服缯示俭，脱簪申诫，访问后言，宴游凤退。内和群娣，勋有矜诲；外睦诸亲，泣辞封拜。阙翟有日，亲蚕候时，忽归清汉，言复方祇。万乘悼怀，群臣慕思，玉衣追庆，金钿同仪。呜呼哀哉！去昭阳兮窅然，乘云驾兮何在？人代宛兮如旧，炎凉倏兮已改。翠葆森以成列，素旗俨而相待。言从玉兆之贞，永闶瑶华之彩。别长秋之西苑，过望春兮南登，招帝子于北渚，从母后于东陵。下土清兮动金翠，外无像兮中有冯，合箫挽以攒咽，结云雨之凄凝。吾君感于幽期，俯层亭而望思，惨嫔媛以延伫，极容卫以尽时。摇巾袂兮远讼，隔轩槛兮群悲，不复见兮回御辇，伤如何兮轸睿慈。下兰皋兮背芷阳，旌悠悠兮野苍苍，带白花兮掩泪，衣玄衱兮断肠。当盛明兮共乐，忽幽处兮独伤，去故廷兮日远，即新宫兮夜长。襜无文绣之饰，器无珠贝之藏，盖自我之立制，刑有国之大方。呜呼哀哉！见送往之空归，叹终焉之

如此，方士神兮是与非，甘泉画兮疑复似。遗音在于玉琯，陈迹留于金匜，献万寿兮无期，存《二南》之余美。

帝追思不已，每事欲极哀情。常衮当代才臣，诏为哀词，文旨凄悼，览之者恻然。华阳公主先葬于城东，地卑湿，至是徙葬，祔于庄陵之园，故哀词云："招帝子于北渚，从母后于东陵。"乃诏常参官为挽歌，上自选其伤切者，令挽士歌之。大历初，后宠遇无双，以恩泽官其宗属，叔太常少卿卓为少府监，后兄良佐太子中允。

德宗昭德皇后王氏，父遇，官至秘书监。德宗为鲁王时，纳后为嫔。上元二年，生顺宗皇帝，特承宠异。德宗即位，册为淑妃。贞元二年，妃病。十一月甲午，册为皇后，是日崩于两仪殿。临毕，素服视事。既大殓成服，百僚服三日而释，用晋文明后崩天下发哀三日止之义，上服凡七日而释。谥曰昭德。初，令兵部侍郎李纾撰进谥册文，既进，帝以纾文谓皇后曰"大行皇后"非礼，留中不出。诏翰林学士吴通玄为之，通玄又云"咨后王氏"，议者亦以为非。知礼者以贞观中岑文本撰文德皇后谥册曰"皇后长孙氏"，斯得之矣。五月，葬于靖陵。后母郕国夫人郑氏请设祭，诏曰："祭筵不可用假花果，欲祭者从之。"自是宗室诸亲，及李晟、浑瑊、神策六军大将皆设祭。自启攒后，日数祭，至发引方止。宰臣韩滉为哀册。又命宰相张延赏、柳浑撰《昭德皇后庙乐章》，既进，上以词句非工，留中不下，令学士吴通玄别撰进。初，后为淑妃，德宗赠后父裳扬州大都督，遇子果眉州司马，甥侄拜官者二十余人。永贞元年十一月，徙靖陵，祔葬于崇陵。

德宗韦贤妃，不知氏族所出，初为良娣，贞元二年，册为贤妃。性敏惠，言无苟容，动必由礼，德宗深重之，六宫师其德行。及德宗崩，请于崇陵终丧纪，因侍于寝园。元和四年薨。

顺宗庄宪皇后王氏，琅邪人。曾祖思敬，试太子宾客；祖难得，赠潞州都督，封琅邪郡公；父颜，金紫光禄大夫、卫尉卿。后幼以良家子选入宫为才人，顺宗在藩时，代宗以才人赐之，时年十三。大历十三年，生宪宗皇帝，立为宣王孺人。顺宗升储，册为良娣。后言容恭谨，宫中称其德行。顺宗即位，疾恙未平，后供侍医药，不离左右。属帝不能言，册礼将行复止。及永贞内禅，册为太上皇后。元和元年正月，顺宗晏驾，五月，尊太上皇后为皇太后，册礼毕，宪宗御紫宸殿宣赦。太后居兴庆宫。后性仁和恭逊，深抑外戚，无丝毫假贷，训厉内职，有母仪之风焉。元和十一年三月，崩于南内之咸宁殿，谥曰庄宪皇后。

初，太常少卿韦缱进谥议，公卿署定，欲告天地宗庙。礼院奏议曰："谨按《曾子问》：'贱不诔贵，幼不诔长，礼也。'古者天子称天以诔之，皇后之谥，则读于庙。《江都集礼》引《白虎通》曰：'皇后何所谥之，以为于庙。'又曰：'皇后无外事，无为于郊。'《传》曰：'故虽天子，必有尊也。'准礼，贱不得诔贵，子不得爵母。所以必谥于

庙者,谥宜受成于祖宗;故天子谥成于郊,后妃谥成于庙。今请准礼,集百官连署谥状讫,读于太庙,然后上谥于两仪殿。既符故事,允合礼经。"从之。初称谥并云庄宪皇太后,礼仪使郑细奏议:"秦、汉已来,天子之后称皇后,母称皇太后,祖母称太皇太后,崩亦如之。加'太'字者,所以别尊称也。国朝典礼,皆依旧制。开元六年正月,太常奏昭成皇太后谥号,以牒礼部,礼部非之。太常报曰:'入庙称后,义系于夫;在朝称太后,义系于子。'此载于史册,垂之不刊。今有司移牒及奏状,参详典故,恐不合除'太'字;如谥册入陵,神主入庙,即当去之。"其年八月,祔葬于丰陵。后生福王绾,汉阳、云安、遂安三公主。后之祖、父、母、弟见《外戚传》。

宪宗懿安皇后郭氏,尚父子仪之孙,赠左仆射、驸马都尉暧之女。母代宗长女升平公主。宪宗为广陵王时,纳后为妃。以母贵,父、祖有大勋于王室,顺宗深宠异之。贞元十一年,生穆宗皇帝。元和元年八月,册为贵妃。八年十二月,百僚拜表请立贵妃为皇后,凡三上章。上以岁暮,来年有子午之忌,且止。帝后庭多私爱,以后门族华盛,虑正位之后,不容嬖幸,以是册拜后时。元和十五年正月,穆宗嗣位,闰正月,册为皇太后,陈仪宣政殿庭,册曰:

嗣皇帝臣名再拜言:伏以正坤元,母天下,符至德以升大号,因景运而饰鸿徽,焕乎前闻,焯彼古训,以极尊尊亲亲之义,明因天事地之经,有自来矣。伏惟大行皇帝贵妃,大虹毓庆,霁月披祥,导灵派于昭回,挺秀仁于气母,范围百行,表伤六宫,粤在中闱,流宣阴教,辅佐先圣,勤劳庶工。顾以冲眇,遭罹闵凶,荷成命于守器之时,奉宝图于铸鼎之日,哀缠易月,痛钜终天。而四海无虞,万邦有截,仰惟顾复之德,敢扬圣善之风,谨上尊号曰皇太后。

是日,百僚称庆,外命妇奉贺光顺门。诏皇太后曾祖赠太保,追封岐国公敬之,赠太傅,太后父驸马都尉暧赠太尉,母虢国大长公主赠齐国大长公主,后兄司农卿钊为刑部尚书,钅刄为金吾大将军。

太后居兴庆宫,帝每月朔望参拜,三朝庆贺,帝自率百官诣门上寿。或遇良辰美景,六宫命妇,戚里亲属,车骑骈阗于南内,銮佩之音,锵如九奏。穆宗意颇奢纵,朝夕供御,尤为华侈。太后尝幸骊山,登石瓮寺,上命景王率禁军侍从,帝自于昭应奉迎,游豫行乐,数日方还。敬宗即位,尊为太皇太后。

及宝历季年,凶徒窃发,昭愍暴殒,内外震骇。宦官迎绛王监国,寻又加害。太皇太后下令曰:"大行皇帝睿哲多能,对越天命,宜荷九庙之重,永享亿年之祚。岂谓奸妖窃发,矫专神器,蛊惑中外,扇诱群情,骇动神人,峥深枭獍。咨尔江王,聪哲精粹,清明在躬,智算机闲,玄谋雷发,躬率义勇,大清丑类,允膺当璧之符,爰摅枕戈之愤,既歼巨逆,当享丰福。是命尔陟于元后,宜令司空、平章事、晋国公度奉册即皇帝位。"文宗孝而谦谨,奉祖母有礼。膳羞珍果,蛮夷奇贡,献郊庙之后,及三宫而

后进御。武宗即位,以后祖母之尊,门地素贵,奉之益隆。既而宣宗继统,即后之诸子也,恩礼愈异于前朝。大中年崩于兴庆宫,谥曰懿安皇太后,祔葬于景陵。后历位七朝,五居太母之尊,人君行子孙之礼,福寿隆贵,四十余年,虽汉之马、邓,无以加焉。识者以为汾阳社稷之功未泯,复钟庆于懿安焉。

宪宗孝明皇后郑氏,宣宗之母也。盖内职御女之列,旧史残缺,未见族姓所出、入宫之由。宣宗为光王时,为王太妃。既即位,尊为皇太后。会昌六年,后弟光梦车中载日月,光芒烛六合,占者曰:"必暴贵。"月余,武宗崩,宣宗即位,光以元舅之尊,检校户部尚书、诸卫将军,出为平卢节度使。后大中末崩,谥曰孝明。

女学士、尚宫宋氏者,名若昭,贝州清阳人。父庭芬,世为儒学,至庭芬有词藻。生五女,皆聪惠,庭芬始教以经艺,既而课为诗赋,年未及笄,皆能属文。长曰若莘,次曰若昭、若伦、若宪、若荀。若莘、若昭文尤淡丽,性复贞素闲雅,不尚纷华之饰。尝白父母,誓不从人,愿以艺学扬名显亲。若莘教诲四妹,有如严师。著《女论语》十篇,其言模仿《论语》,以韦逞母宣文君宋氏代仲尼,以曹大家等代颜、闵,其间问答,悉以妇道所尚。若昭注解,皆有理致。贞元四年,昭义节度使李抱真表荐以闻。德宗俱召入宫,试以诗赋,兼问经史中大义,深加赏叹。德宗能诗,与侍臣唱和相属,亦令若莘姊妹应制。每进御,无不称善。嘉其节概不群,不以宫妾遇之,呼为学士先生。庭芬起家受饶州司马,习艺馆内,敕赐第一区,给俸料。

元和末,若莘卒,赠河内郡君。自贞元七年已后,宫中记注簿籍,若莘掌其事。穆宗复令若昭代司其职,拜尚宫。姊妹中,若昭尤通晓人事,自宪、穆、敬三帝,皆呼为先生,六宫嫔媛、诸王、公主、驸马皆师之,为之致敬。进封梁国夫人。宝历初卒,将葬,诏所司供卤簿。敬宗复令若宪代司宫籍。文宗好文,以若宪善属文,能论议奏对,尤重之。

大和中,神策中尉王守澄用事,委信翼城医人郑注、贼臣李训,干窃时权。训、注恶宰相李宗闵、李德裕,构宗闵憸邪,为吏部侍郎时,令驸马都尉沈议通赂于若宪,求为宰相。文宗怒,贬宗闵为潮州司户,议柳州司马,幽若宪于外第,赐死。若宪弟侄女婿等连坐者十三人,皆流岭表。李训败,文宗悟其诬构,深惜其才。若伦、若荀早卒。

穆宗恭僖皇后王氏,越人。父绍卿,婺州金华令。后少入太子宫,元和四年生敬宗。穆宗皇帝立为妃。长庆四年二月,尊为皇太后。昭愍崇重母族,赠绍卿司空,后母张氏赠赵国夫人。文宗即位之初,号宝历太后。大和八年诏:"伏以皇太后与宝历太后,每有可行遣,称号未分,礼式非便,稽诸前代,诏令所施,不斥言太后,以宫名为称。今宝历太后居义安殿,宜准故事称义安太后。"

敬宗郭贵妃，父义，右威卫将军。长庆末，以姿貌选入太子宫。敬宗即位，为才人，生晋王普。帝以少年有子，复以才人容德冠绝，特宠异之。赠其父礼部尚书，又以兄环为少府少监，赐第一区。俄册为贵妃。及昭愍遇盗，宫闱变起，文宗即位，尤怜晋王，有若己子，故贵妃礼遇不衰。大和二年晋王薨，帝深嗟惜，赠曰悼怀太子。

穆宗贞献皇后萧氏，福建人。初，入十六宅为建安王侍者，元和四年十月，生文宗皇帝。宝历三年正月，敬宗遇弑，中尉王守澄率兵讨贼，迎江王即位。文宗践祚之日，奉册曰：" 嗣皇帝臣名言：古先哲王之有天下也，必以孝敬奉于上，慈惠浃于下，极诚意以厚人伦，思由近以及远，故自家而刑国。以臣奉严慈之训，承教抚之仁，而长乐尚郁其鸿名，内朝未崇于正位，则率土臣子，勤勤恳恳，延颈企踵，曷以塞其心乎！是用特举彝章，式遵旧典，稽首再拜，谨上穆宗睿文惠孝皇帝妃尊号曰皇太后。伏惟与天合德，义申锡庆，允厘阴教，祗修内则。广六宫之教，参十乱之功，颐神保和，弘覆万有。"

后因乱去乡里，自入王邸，不通家问，别时父母已丧，有母弟一人。文宗以母族鲜亲，惟舅独存，诏闽、越连率于故里求访。有户部茶纲役人萧洪，自言有姊流落。估人赵缜引洪见后姊徐国夫人女婿吕璋，夫人亦不能认，俱见太后，呜咽不自胜。上以为复得元舅，遂拜金吾将军、检校户部尚书、河阳怀节度使，迁检校左仆射、鄜坊节度使。先是，有自神策两军出为方镇者，军中多资其行装，至镇三倍偿之。时有自左军出为鄜坊者，资钱未偿而卒于镇，乃征钱于洪。宰相李训雅知洪诈称国舅，洪惧，请训兄仲京为鄜坊从事以弥缝之。洪恃与训交，不与所偿；又征于卒者之子，洪俾其子接诉于宰相，李训判绝之。左军中尉仇士良深衔之。时有闽人萧本者，复称太后弟，士良以本上闻，发洪诈假，自鄜坊追洪下狱，御史台按鞫，具服其伪，诏长流驩州，赐死于路，赵缜、吕璋亦从坐。洪以伪败，谓本为真，乃拜赞善大夫，赐绯龟，仍追封其曾祖俊为太保，祖聪为太傅，父俊为太师，赐与钜万计。本，福建人，太后有真母弟，孱弱不能自达，本就之，得其家代及内外族属名讳，复士良保任之，上亦不疑诈妄。本历卫尉少卿、左金吾将军。开成二年，福建观察使唐扶奏，得泉州晋江县人萧弘状，自称是皇太后亲弟，送赴阙庭，诏送御史台按问，事皆伪妄，诏遂还本贯。开成四年，昭义节度使刘从谏上章，论萧本伪称太后弟，云："今自上及下，异口同音，皆言萧弘是真，萧本是伪。请追萧弘赴阙，与本证明。若含垢于一时，终取笑于千古。"遂诏御史中丞高元裕、刑部侍郎孙简、大理卿崔郇三司按弘、本之狱，具，并伪。诏曰：

恭以皇太后族望，承齐、梁之后，侨寓流滞，久在闽中。庆灵钟集，早归椒掖，终鲜兄弟，常所咨嗟。朕自临御已来，便遣寻访，冀得诸舅，以慰慈颜。而奸滥之徒，探我情抱，因缘州里之近，附会祖先之名，觊幸我国恩，假托我外族。萧洪之恶迹未远，萧本之覆辙相寻，弘之本末，尤更乖戾。三司推鞫，曾无似

是之踪；宰臣参验，见其难容之状。文款继入，留中久之。朕于视膳之时，频有咨禀，恭闻处分，惟在真实。丐沐堕桑，既无可验；凿空作伪，岂得更容？据其罪状，合当极法，尚为含忍，投之荒裔。萧本除名，长流爱州，萧弘配流儋州。

初，萧洪诈称国舅十数年，两授旌钺，宠贵崇于天下。萧本因士良乡导，发洪之诈，联历荣贵。及从谏奏论，伪迹难掩，而太后终不获真弟。

文宗孝义天然，大和中，太皇太后居兴庆宫，宝历太后居义安殿，皇太后居大内，时号"三宫太后"。上五日参拜，四节献贺，皆由复道幸南内，朝臣命妇诣宫门起居，上尤执礼，造次不失。有司尝献新苽、樱桃，命献陵寝宗庙之后，中使分送三宫、十宅。初，有司送三宫物，一例称赐。帝曰："物上三宫，安得名赐？"遽取笔涂籍，改"赐"为"奉"。开成中正月望夜，帝于咸泰殿陈灯烛，奏《仙韶乐》，三宫太后俱集，奉觞献寿，如家人礼，诸亲王、公主、驸马、戚属皆侍宴。上性恭俭，延安公主衣裾宽大，即时遣还，罚驸马窦浣两月赐钱。武宗即位，供养弥谨。萧太后徙居积庆殿，号积庆太后。会昌中崩，谥曰贞献。

穆宗宣懿皇后韦氏，武宗昭肃皇帝之母也。事阙

武宗王贤妃。事阙

宣宗元昭皇后晁氏，懿宗皇帝之母也。事阙

懿宗惠安皇后王氏，僖宗皇帝之母也。事阙

昭宗积善皇后何氏，东蜀人。入侍寿王邸，婉丽多智，特承恩顾，生德王、辉王。昭宗即位，立为淑妃。乾宁中，车驾在华州，册为皇后。国家自乾符已后，盗满天下，妖生九重，宫庙榛芜，奔播不暇。景福之际，奸臣内侮，后于蒙尘薄狩之中，尝膳御侮，不离左右。左关、右辅之幸，时事危迫，后消息抚御，终获保全。自岐下还京，崔胤尽诛黄门宦官，每宣谕宰臣，但令宫嫔来往。是时国命夺于朱氏，左右前后，皆是汴人，宫中动息，虽纤芥必闻于朱全忠。宫人常怀惴栗，帝后垂泣相视。天祐初，全忠逼迁舆驾，东幸洛阳。其年八月，昭宗遇弑。翌日，宰相柳璨、独孤损等作宣皇后令云："帝为宫人害，辉王祚宜升帝位。"仍尊后为皇太后。遭罹变故，迫以凶威，宫中哭泣，不敢声闻于外。明年十二月，全忠将僭位，先行九锡，然后受禅。全忠牙将蒋玄晖在洛阳宫司知枢密，与太常卿张廷范私议云："山西、河北未平，禅代无利，请俟荡定。"欲有咨谏。宣徽副使赵殷衡素与张、蒋不协，且欲代知枢密事，因使于梁，诬告云："玄晖私于何太后，相与盟诅，誓复唐室，不欲王受九锡。"全忠大怒，即日遣使至洛阳，诛玄晖、廷范、柳璨等，太后亦被害于积善宫，又杀宫人阿秋、阿虔，仍废太后为庶人。

赞曰：坤德既轨，彤管有炜。韦、武丧邦，毒侔蛇虺。

阴教斯僻，嫔风浸毁。贤哉长孙，母仪何伟。

卷五十三　　　　列传第三

李　密

李密，字玄邃，本辽东襄平人。魏司徒弼曾孙，后周赐弼姓徒何氏。祖曜，周太保、魏国公；父宽，隋上柱国、蒲山公，皆知名当代。徒为京兆长安人。密以父荫为左亲侍，尝在仗下，炀帝顾见之，退谓许公宇文述曰："向者左仗下黑色小儿为谁？"许公对曰："故蒲山公李宽子密也。"帝曰："个小儿视瞻异常，勿令宿卫。"他日，述谓密曰："弟聪令如此，当以才学取官，三卫丛脞，非养贤之所。"密大喜，因谢病，专以读书为事，时人希见其面。尝欲寻包恺，乘一黄牛，被以蒲鞯，仍将《汉书》一帙挂于角上，一手捉牛鞅，一手翻卷书读之。尚书令、越国公杨素见于道，从后按辔蹑之，既及，问曰："何处书生，耽学若此？"密识越公，乃下牛再拜，自言姓名。又问所读书，答曰《项羽传》。越公奇之，与语，大悦，谓其子玄感等曰："吾观李密识度，汝等不及。"于是玄感倾心结托。

大业九年，炀帝伐高丽，使玄感于黎阳监运。时天下骚动，玄感将谋举兵，潜遣人入关迎密，以为谋主。密至，谓玄感曰："今天子出征，远在辽外，地去幽州，悬隔千里，南有巨海之限，北有胡戎之患，中间一道，理极艰危。今公拥兵出其不意，长驱入蓟，直扼其喉。前有高丽，退无归路，不过旬朔，赍粮必尽。举麾一召，其众自降，不战而擒，此计之上也。关中四塞，天府之国，有卫文升，不足为意。若经城勿攻，西入长安，掩其无备，天子虽还，失其襟带。据险临之，固当必克，万全之势，此计之中也。若随近逐便，先向东都，顿坚城之下，胜负殊未可知，此计之下也。"玄感曰："公之下计，乃上策。今百官家口，并在东都，若不取之，安能动物？且经城不拔，何以示威？"密计遂不行。玄感既至东都，频战皆捷，自谓天下响应，功在朝夕。及获内史舍人韦福嗣，又委以腹心，是以军旅之事，不专归密。福嗣既非同谋，因战被执，每设筹画，皆持两端。玄感后使作檄文，福嗣固辞不肯，密揣其情，因谓玄感曰："福嗣既非同盟，实怀观望。明公初起大事，而奸人在侧，必为所误，请斩之以谢众，方可安辑。"玄感曰："何至于此！"密知言之不用，退谓所亲曰："楚公好反而不图胜，如何？吾属今为虏矣！"后玄感将西入，福嗣竟亡归东都。

隋左武卫大将军李子雄坐事被收，系送行在所，于路杀使者，亡投玄感，乃劝玄感速称尊号。玄感问于密，密曰："昔陈胜自欲称王，张耳谏而被外；魏武将求九锡，荀彧止而见疏。今者密若正言，还恐追踪二子；阿谀顺意，又非密之本图。何者？兵起已来，虽复频捷，至于郡县，未有从者。东都守御尚强，天下救兵益至。公当身先士众，早定关中，乃欲急自尊崇，何示人不广也！"玄感笑而止。及隋将宇文述、来护儿等率军且至，玄感谓曰："计将安出？"密曰："元弘嗣统强兵于陇右，今可阳言其反，遣使迎公，因此入关，可得给众。"因引军西入。至陕县，欲围弘农宫，密谏之曰："公今诈众西入，事宜在速，况乃追兵将至，安可稽留！若前不得据关，退无所守，大众一散，何以自全？"玄感不从，遂围之，三日不拔，方引而西。至于阌乡，追兵遂及，玄感败。密乃间行入关，为捕者所获。

时炀帝在高阳，密与其党俱送帝所，谓其徒曰："吾等之命，同于朝露，若至高阳，必为俎醢。今在道中，犹可为计，安得行就鼎镬，不规逃避也！"众然之。其多有金者，密令出示使者曰："吾等死日，幸用相瘗，其余即皆报德。"使者利其金，许之。及出关外，防禁渐弛，密请市酒食，每夜宴饮，喧哗竟夕，使者不以为意。行至邯郸，密等七人穿墙而遁。抵平原贼帅郝孝德，孝德不甚礼之。密又舍去，诣淮阳，隐姓名，自称刘智远，聚徒教授。经数月，郁郁不得志，为五言诗曰："金风荡初节，玉露雕晚林。此夕穷途士，郁陶伤寸心。野平葭苇合，村荒藜藿深。眺听良多感，徙倚独沾襟。沾襟何所为？怅然怀古意。秦俗犹未平，汉道将何冀？樊哙市井徒，萧何刀笔吏。一朝时运会，千古传名谥。寄言世上雄，虚生真可愧。"诗成而泣下数行。时人有怪之者，以告太守赵佗，下县捕之，密又亡去。会东郡贼帅翟让聚党万余人，密往归之。或有知密是玄感亡将，潜劝让害之，让囚密于营外。密因王伯当以策干让曰："当今主昏于上，人怨于下，锐兵尽于辽东，和亲绝于突厥，方乃巡游扬、越，委弃京师，此亦刘、项奋起之会，以足下之雄才大略，士马精勇，席卷二京，诛灭暴虐，则隋氏之不足亡也。"让深加敬慕，遽释之。遣说诸小贼，所至皆降。密又说让曰："今兵众既多，粮无所出，若旷日持久，则人马困弊，大敌一临，死亡无日矣！未若直取荥阳，休兵馆谷，待士勇马肥，然后与人争利。"让以为然。自是破金堤关，掠荥阳诸县城堡，多下之。荥阳太守杨庆及通守张须陀以兵讨让，让曾为须陀所败，闻其来，大惧，将远避之。密曰："须陀勇而无谋，兵又骤胜，既骄且狠，可一战而擒也。公但列阵以待，为公破之。"让不得已，勒兵将战，密分兵千余人于林木间设伏。让战不利，稍却，密发伏自后掩之，须陀众溃，与让合击，大破之，遂斩须陀于阵。让于是令密别统所部。密军阵整肃，凡号令兵士，虽盛夏皆若背负霜雪。躬服俭素，所得金宝皆颁赐麾下，由是人为之用。寻复说让曰："昏主蒙尘，播荡吴、越，群雄竞起，海内饥荒。明公以英杰之才，而统骁雄之旅，宜当廓清天下，诛剪群凶，岂可求食草间，常为小盗而已！今东都士庶，中外离心，留守诸官，政令不一。明公亲率大众，直掩兴洛仓，发粟以赈穷乏，远近孰不归附？百万之众，一朝可集，先发制人，此机不可失也！"让曰："仆起陇亩之间，望不至此，必如所图，请君先发，仆领诸军便为后殿。得仓之日，当别议之。"大业十三年春，密与让领精兵千人出阳城北，逾方山，自罗口袭兴洛仓，破之。开仓恣人所取，老弱襁负，道路不绝，众至数十万。隋越王侗遣虎贲郎将刘长恭率步骑二万五千讨密，密一战破之，长恭仅以身免。让于是推密为主，号为魏公。二月，于巩南设坛场，即位，称元年，其文书行下称行军元帅魏公府。以房彦藻为左长史，邴元真为右长史，杨得方为左司马，郑德韬为右司马。拜翟让为司徒，封东郡公。单雄信为左武候大将军，徐世勣为右武候大将军，祖君彦为记室，其余封拜各有差。于是城洛口周回四十里以居之。

长白山贼孟让率所部归密，巩县长柴孝和、侍御史郑颐以巩县降密。隋虎贲郎将裴仁基率其子行俨以武牢归密，拜为上柱国，封河东郡公。因遣仁基与孟让率兵三万余人袭回洛仓，破之，入东都，俘掠居人，烧天津桥，东都出兵乘之，仁基等大败，仅以身免。密复亲率兵三万逼东都，将军段达、虎贲郎将高毗、刘长林等出兵七万拒之，战于故都城，隋军败走。密复下回洛仓而据之，大修营垒，以逼东都，仍作书以移郡县曰：

自元气肇辟，厥初生人，树之帝王，以为司牧。是以羲、农、轩、顼之后，尧、舜、禹、汤之君，靡不祗畏上玄，爱育黔首，乾乾终日，翼翼小心，驭朽索而同危，履春冰而是惧。故一物失所，若纳隍而愧之；一夫有罪，遂下车而泣。谦德轸于责躬，忧劳切于罪己。普天之下，率土之滨，蟠木距于流沙，瀚海穷于丹穴，莫不鼓腹击壤，凿井耕田，治致升平，驱之仁寿。是以爱之如父母，敬之若神明，用能享国多年，祚延长世。未有暴虐临人，克终天位者也。

隋氏往因周末，预奉缀衣，狐媚而图圣宝，朊篋以取神器。及缵承负扆，狼虎其心，始暗明两之晖，终干少阳之位。先皇大渐，侍疾禁中，遂为枭獍，便行鸩毒。祸深于苫仆，衅酷于商臣，天地难容，人神嗟愤！卅吁安忍，阙伯日寻，剑阁所以怀凶，晋阳所以兴乱，甸人为馨，淫刑斯逞。夫九族既睦，唐帝阐其钦明；百世本枝，文王表其光大。况复隳坏盘石，剿绝维城，唇亡齿寒，宁止虞、虢？欲其长久，其可得乎！其罪一也。

禽兽之行，在于聚麀，人伦之体，别于内外。而兰陵公主逼幸告终，谁谓毂首之贤，翻见齐襄之耻。逮于先皇嫔御，并进银环；诸王子女，咸贮金屋。牝鸡鸣于诘旦，雄雉恣其群飞，衵衣戏陈侯之朝，穹庐同冒顿之寝。爵赏之出，女谒遂成，公卿宣淫，无复纲纪。其罪二也。

平章百姓，一日万机，未晓求衣，昃暑不食。大禹不贵于尺璧，光武不隔于支体，以是忧勤，深虑幽柱。而荒湎于酒，俾昼作夜，式号且呼，甘嗜声伎，常居窟室，每藉糟丘。朝谒罕见其身，群臣希睹其面，断决自此不行，敷奏于是停拥。中山千日之饮，酳酣无名；襄阳三雅之杯，留连讵比？又广召良家，充选宫掖，潜为九市，亲驾四驴，自比商人，见要逆旅。殷辛之谴为小，汉灵之罪更轻，内外惊心，遐迩失望。其罪三也。

上栋下宇，著在《易》爻；茅茨采椽，陈诸史籍。圣人本意，惟避风雨，讵待朱玉之华，宁须绨锦之丽！故璇室崇构，商辛以之灭亡；阿房崛起，二世是以倾覆。而不遵古典，不念前章，广立池台，多营宫观，金铺玉户，青琐丹墀，蔽亏日月，隔阂寒暑。穷生人之筋力，罄天下之资财，使鬼尚难为之，劳人固其不可。其罪四也。

公田所彻，不过十侪；人力所供，才止三日。是以轻徭薄赋，不夺农时，宁积于人，无藏于府。而科税繁猥，不知纪极；猛火屡烧，漏卮难满。头会箕敛，逆折十年之租；杼轴其空，日损千金之费。父母不保其赤子，夫妻相弃于匡床。万户则城郭空虚，千里则烟火断灭。西蜀王孙之室，翻同原宪之贫；东海糜竺之家，俄成邓通之鬼。其罪五也。

古先哲王，卜征巡狩，唐、虞五载，周则一纪。本欲亲问疾苦，观省风谣，乃复广积薪刍，多备饔饩。年年历览，处处登临，从臣疲弊，供顿辛苦。飘风冻雨，聊窃比于先驱；车辙马迹，遂周行于天下。秦皇之心未已，周穆之意难穷。宴西母而歌云，浮东海而观日。家苦纳秸之勤，人阻来苏之望。且夫天子有道，守在海外，夷不乱华，在德非险。长城之役，战国所为，乃是狙诈之风，非关稽古之法。而追踪秦代，板筑更兴，袭其基墟，延袤万里，尸骸蔽野，血流成河，积怨满于山川，号哭动于天地。其罪六也。

辽水之东，朝鲜之地，《禹贡》以为荒服，周王弃而不臣，示以羁縻，达其声教，苟欲爱人，非求拓土。又强弩末矢，理无穿于鲁缟；冲风余力，讵能动于鸿毛？石田得而无堪，鸡肋啖而何用？而恃众怙力，强兵黩武，惟在并吞，不思长策。夫兵，犹火也；不戢，将自焚，遂令亿兆夷人，只轮莫返。夫差丧国，实为黄池之盟；苻坚灭身，良由寿春之役。欲捕鸣蝉于前，不知挟弹在后。复矢相顾，堃而成行，义夫切齿，壮士扼腕。其罪七也。

直言启沃，王臣匪躬，惟木从绳，若金须砺。唐尧建鼓，思闻献替之言；夏禹悬鞀，时听箴规之美。而愎谏违卜，蠹贤嫉能，直士正人，皆由屠害。左仆射、齐国公高颎，上柱国、宋国公贺若弼，或文昌上相，或细柳功臣，暂吐良药之言，翻加属镂之赐。龙逢无罪，便遭夏癸之诛；王子何辜？滥被商辛之戮。遂令君子结舌，贤人缄口。指白日而比盛，射苍天而敢欺，不悟国之将亡，不知死之将至。其罪八也。

设官分职，贵在铨衡；察狱问刑，无闻贩鬻。而钱神起论，铜臭为公，梁冀受黄金之蛇，孟佗荐蒲萄之酒。遂使彝伦攸敦，政以贿成，君子在野，小人在位。积薪居上，同汲黯之言；橐钱不如，伤赵壹之赋。其罪九也。

宣尼有言，无信不立，用命赏祖，义岂食言？自昏主嗣位，每岁行幸，南北巡狩，东西征伐。至如浩亹陪跸，东都守固，阌乡野战，雁门解围。自从征夫，不可胜纪。既立功勋，须酬官爵。而志怀翻覆，言行浮诡,危急则勋赏悬授,克定则丝纶不行,异商鞅之颁金,同项王之刓印。芳饵之下,必有悬鱼,惜其重赏,求人死力,走丸逆坡,匹此非难。凡百骁雄,谁不仇怨。至于匹夫蕞尔,宿诺不亏,既在乘舆,二三其德。其罪十也。

有一于此,未或不亡。况四维不张,三灵总瘁,无小无大,愚夫愚妇,共识殷亡,咸知夏灭。罄南山之竹,书罪未穷;决东海之波,流恶难尽。是以穷奇灾于上国,貔貐暴于中原。三河纵封豕之贪,四海被长蛇之毒,百姓歼亡,殆无遗类,十分为计,才一而已。苍生懔懔,咸忧杞国之崩;赤子嗷嗷,但愁历阳之陷。且国祚将改,必有常期,六百殷亡之年,三十姬终之世。故谶箓云:"隋氏三十六年而灭。"此则厌德之象已彰,代终之兆先见。皇天无亲,惟德是辅。况乃挽抢竟天,申缟谓之除旧;岁星入井,甘公以为义兴。兼朱雀门烧,正阳日蚀,狐鸣鬼哭,川竭山崩。并是宗庙为墟之妖,荆棘旅庭之事。夏氏则灾眚非多,殷人则咎征更少。牵牛入汉,方知大乱之期;王良策马,始验兵车之会。

今者顺人将革,先天不违,大誓孟津,陈命景亳,三千列国,八百诸侯,不谋而同辞,不召而自至。轰轰隐隐,如霆如雷,彪虎啸而谷风生,应龙骧而景云起。我魏公聪明神武,齐圣广渊,总七德而在躬,包九功而挺出。周太保、魏公之孙,上柱国、蒲山公之子。家传盛德,武王承季历之基;地启元勋,世祖嗣元皇之业。笃生白水,日角之相便彰;载诞丹陵,大宝之文斯著。加以姓符图纬,名协歌谣,六合所以归心,三灵所以改卜。文王厄于羑里,赤雀方来;高祖隐于砀山,彤云自起。兵诛不道,《赤伏》至自长安;锋锐难当,黄星出于梁、宋。九五龙飞之始,天人豹变之初,历试诸难,大敌弥勇。上柱国、司徒、东郡公翟让功宣缔构,翼其经纶,伊尹之佐成汤,萧何之辅高帝。上柱国、总管、齐国公孟让,柱国、历城公孟畅,柱国、绛郡公裴行俨,大将军、左长史邴元真等,并运筹千里,勇冠三军,击剑则截蛟断鳖,弯弧则吟猿落雁。韩、彭、绛、灌,成沛公之基;寇、贾、吴、冯,奉萧王之业。复有蒙轮挟辀之士,拔距投石之夫,骥马追风,吴戈照日。魏公属当期运,伏兹亿兆。躬擐甲胄,跋涉山川,栉风沐雨,岂辞劳倦,遂起西伯之师,将问南巢之罪。百万成旅,四七为名,呼吸则河、渭绝流,叱咤则嵩、华自拔。以此攻城,何城不陷;以此击阵,何阵不摧!譬犹泻沧海而灌残荧,举昆仑而压小卵。鼓行而进,百道俱前,以今月二十一日届于东都。而昏朝文武、留守段达等,昆吾恶稔,飞廉奸佞,久迷天数,敢拒义兵,驱率丑徒,众有十万,回洛仓北,遂来举斧。于是熊罴角逐,貔虎争先,因其倒戈之心,乘我破竹之势,曾未旋踵,瓦解冰销,坑卒则长平未多,积甲则熊耳为小。达等助桀为虐,婴城自固,梯冲乱舞,徒设九拒之谋;鼓角将鸣,空凭百楼之险。燕巢卫幕,鱼游宋池,殄灭

之期,匪朝伊暮。然兴洛、虎牢,国家储积,我已先据,为日久矣。既得回洛,又取黎阳,天下之仓,尽非隋有。四方起义,足食足兵,无前无敌。裴光禄仁基,雄才上将,受脤专征,遐迩攸凭,安危是托,乃识机知变,迁殷事夏。袁谦擒自蓝水,张须陀获在荥阳,窦庆战没于淮南,郭询授首于河北,隋之亡候,聊可知也。清河公房彦藻,近秉戎律,略地东南,师之所临,风行电击。安陆、汝南,随机荡定;淮安、济阳,俄然送款。徐圆朗已平鲁郡,孟海公又破济阳,海内英雄,咸来响应。封民赡取平原之境,郝孝德据黎阳之仓,李士雄虎视于长平,王德仁鹰扬于上党。滑公李景、考功郎中房山基发自临渝,刘兴祖起于白朔,崔白驹在颍川起,方献伯以谯郡来,各拥数万之兵,俱期牧野之会。沧溟之右,函谷以东,牛酒献于军前,壶浆盈于道路。诸君等并衣冠世胄,杞梓良才,神鼎灵缲之秋,裂地封侯之始,豹变鹊起,今也其时,鼍鸣鳖应,见机而作,宜各鸠率子弟,共建功名。耿弇之赴光武,萧何之奉高帝,岂止金章紫绶,华盖朱轮,富贵以重当年,忠贞以传奕叶,岂不盛哉!

若隋代官人,同吠尧之犬,尚荷王莽之恩,仍怀蒯聩之禄。审配死于袁氏,不如张郃归曹,范增困于项王,未若陈平从汉。魏公推以赤心,当加好爵,择木而处,令不自疑。脱猛虎犹豫,舟中敌国,凤沙之人共缚其主,彭宠之仆自杀其君,高官上赏,即以相授。如暗于成事,守迷不反,昆山纵火,玉石俱焚,尔等噬脐,悔将何及!黄河带地,明余旦旦之言;皦日丽天,知我勤勤之意。布告海内,咸使闻知。

祖君彦之辞也。

俄而德韬、德方俱死,复以郑颋为左司马,郑虔象为右司马。柴孝和说密曰:"秦地阻山带河,西楚背之而亡,汉高都之而霸。如愚意者,令仁基守回洛,翟让守洛口,明公亲简精锐,西袭长安,百姓孰不郊迎,必当有征无战。既克京邑,业固兵强,方更长驱崤函,扫荡东洛,传檄指挥,天下可定。但今英雄竞起,实恐他人我先,一朝失之,噬脐何及!"密曰:"君之所图,仆亦思之久矣,诚乃上策。但昏主尚存,从兵犹众,我之所部,并是山东人,既见未下洛阳,何肯相随西入?诸将出于群盗,留之各竞雄雌。若然者,殆将败矣!"密恃兵锋甚锐,每入苑与隋军连战。会密为流矢所中,卧于营内,东都复出兵乘之,密众大溃,弃回洛仓,归于洛口。炀帝遣王世充率劲卒五万击之,密与战,不利,孝和溺死于洛水,密哭之恸。世充营于洛西,与密相拒百余日,大小六十余战。武阳郡丞元宝藏、黎阳贼帅李文柏、洹水贼帅张升、清河贼帅赵君德、平原贼帅郝孝德,并归于密,共袭破黎阳仓,据之。永安大族周法明举江、黄之地以附密,齐郡贼帅徐圆朗、任城大侠徐师仁、淮阳太守赵佗皆归之。

翟让部将王儒信劝让为大冢宰,总统众务,以夺密之权。让兄宽复谓让曰:"天子止可自作,安得与人!汝若不能作,我当为之。"密闻其言,阴有图让之计。会世充列阵而至,让出拒之,为世充所击,让军少失利,密与单

雄信等率精锐赴之，世充败走。明日，让径至密所，欲为宴乐，密具馔以待之，其所将左右，各分令就食。密引让入坐，以良弓示让，让方引满，密遣壮士自后斩之，并杀其兄宽及王儒信。让部将徐世勣为乱兵所斫，中重疮，密遽止之，得免，单雄信叩头顿首求哀，密并释而慰谕之。于是诣让连营，谕其将士，无敢动者。乃命徐世勣、单雄信、王伯当分统其众。未几，世充袭仓城，密复破之。世充复移营洛北，造浮桥，悉众以击密，密与千余骑拒之，不利而退。世充因薄其城下，密简锐卒数百人以邀之，世充大溃，争趣浮桥，溺死者数万。虎贲郎将杨威、王辩、霍举、刘长恭、梁德、董智皆没于阵，世充仅以身获免。其夜，大雨雪，士卒冻死者殆尽。密乘胜陷偃师，于是修金墉城居之，有众三十余万。留守韦津又与密战于上春门，津大败，执于阵。将作大匠宇文恺叛东都，降于密。东至海、岱，南至江、淮郡县，莫不遣使归密。窦建德、朱粲、杨士林、孟海公、徐圆朗、卢祖尚、周法明等并随使通表于密劝进，于是密下官属咸劝密即尊号，密曰："东都未平，不可议此。"

及义旗建，密负其强盛，欲自为盟主，乃致书呼高祖为兄，请合从以灭隋，大略云欲与高祖为盟津之会，殪商辛于牧野，执子婴于咸阳，其旨以弑后主执代王为言。高祖览书笑曰："李密陆梁放肆，不可以折简致之。吾方安辑京师，未遑东讨，相阻能远，便是更生一秦。密令适所以为吾拒东都之兵，守成皋之扼，更求韩、彭，莫如用密。宜卑辞推奖，以骄其志，使其不虞于我。我得入关，据蒲津而屯永丰，阻崤函而临伊、洛，吾大事济矣。"令记室温大雅作书报密曰：

顷者，昆山火烈，海水群飞，赤县丘墟，黔黎涂炭。布衣戎卒，锄櫌棘矜，争霸图王，狐鸣蜂起。翼翼京洛，强弩围城，肮肮周原，僵尸满路。主上南巡，泛胶舟而忘返；匈奴北炽，将被发于伊川。莘上无虞，群下结舌，大盗移国，莫之敢指。忽焉至此，自贻伊戚，七百之基，穷于二世。周、齐以往，书契以还，邦国沦胥，未有如斯之酷者也。天生蒸民，必有司牧，当今为牧，非子而谁？老夫年余知命，愿不及此，欣戴大弟，攀鳞附翼。惟冀早应图箓，以宁兆庶。宗盟之长，属籍见容；复封于唐，斯荣足矣！殪商辛于牧野，所不忍言；执子婴于咸阳，非敢闻命。汾、晋左右，尚须安辑，盟津之会，未暇卜期，今日鉴舆南幸，恐同永嘉之势。顾此中原，鞠为茂草，兴言感叹，实疚于怀。脱知动静，数迟贻报，未面灵襟，用增劳轸。名利之地，锋镝纵横，深慎垂堂，勉兹鸿业。

密得书甚悦，示其部下曰："唐公见推，天下不足定也！"于是不虞义师而专意于世充。俄而宇文化及率众自江都北指黎阳，兵十余万，密乃自将步骑二万拒之。隋越王侗称尊号，遣使授密太尉、尚书令、东南道大行台行军元帅、魏国公，令先平化及，然后入朝辅政。密将与化及相抗，恐前后受敌，因卑辞以报谢焉。化及至黎阳，与密相遇，密知其军少食，利在急战，故不与交锋，又遏其归路。密遣徐世勣守仓城，化及攻之不能下。密知化及粮且尽，因伪与和，以弊其众。化及弗之悟，大喜，恣其兵食，冀密馈之。后知其计，化及怒，与密大战于卫州之童山下，密为流矢所中，顿于汲县。化及力竭粮尽，众多叛之，掠汲县，北趣魏县。其将陈智略、张童仁等率所部兵归于密者，前后相继。初，化及留辎重于东郡，遣其所署刑部尚书王轨守之，至是轨举郡降密。密引兵而西，遣使朝于东都，执弑炀帝人于弘达献越王侗。侗召密入朝，至温县，闻世充作难而止，乃归金墉城。

时密兵少衣，世充兵乏食，乃请交易，密初难之，邴元真好求私利，屡劝密，密遂许焉。初，东都绝粮，兵士归密者日有数百，至此得食，而降人益少，密方悔而止。密虽据仓而无府库，兵数战皆不获赏，又厚抚初附之兵，由是众心渐怨。武德元年九月，世充以其众五千来决战，密留王伯当守金墉，自引精兵就偃师，北阻邙山以待之。世充军至，密遂败绩，裴仁基、祖君彦并为世充所虏，密与万余人驰向洛口。世充围偃师，守将郑颋之下兵士劫叛，以城降世充。密将入洛口仓城，邴元真已遣人潜引世充，密阴知之，不发其事，欲待世充兵半渡洛水，然后击之。及世充军至，密候骑不时觉，比将出战，世充军已济矣。密自度不能支，引骑而遁，径赴武牢，元真竟以城降于世充。

密将如黎阳，或谓密曰："杀翟让之际，徐世勣几至于死，今向其所，安可保乎？"时王伯当弃金墉，保河阳，密以轻骑自武牢归之，谓伯当曰："兵败矣，久苦诸君！我今自刎，请以谢众。"伯当抱密，号叫恸绝，众皆泣，莫能仰视。密复曰："诸军幸不相弃，当共归关中，密身虽愧无功，诸君必保富贵。"其府掾柳爕对曰："昔盆子归汉，尚食均输。明公与唐公同族，兼有畴昔之遇，虽不陪从起义，然而阻东都，断隋归路，使唐公不战而据京师，此亦公之功也。"众咸曰："然。"密又谓王伯当曰："将军室家重大，岂复与孤俱行哉！"伯当曰："昔汉高诛项，萧何率子弟以从，伯当恨不昆季尽从，以此为愧耳。岂以公今日失利，遂轻去就？纵身分原野，亦所甘心。"左右莫不感激，于是入关者尚二万人。高祖遣使迎劳，相望于道，密大喜，谓其徒曰"我有众百万，一朝至此，命也。今事败归国，幸蒙殊遇，当思竭忠以事所奉耳！且山东连城数百，知吾至此，遣使招之，尽当归国。比于窦融，勋亦不细，岂不以一台司见处乎？"及至京师，礼数益薄，执政者又来求贿，意甚不平。寻拜光禄卿，封邢国公。

未几，闻其所部将帅皆不附世充，高祖使密领本兵往黎阳，招集故时将士，经略世充。时王伯当为左武卫将军，亦令为副。密行至桃林，高祖复征之，密大惧，谋将叛。伯当颇止之，密不从，因谓密曰："义士之立志也，不以存亡易心。伯当荷公恩礼，期以性命相报。公必不听，今只可同去，死生以之，然终恐无益也。"乃简骁勇数十人，著妇人衣，戴羃䍦，藏刀裙下，诈为妻妾，自率之入桃林县舍。须臾，变服突出，因据县城，驱掠畜产，直趣南山，乘险而东，遣人驰告张善相，令以兵应接。时右翊卫将军史万宝留镇熊州，遣副将盛彦师率步骑数千追蹑，至陆浑县南七十里，与密相及。彦师伏兵山谷，密军半度，横出击,败之,遂斩密,时年三十七。王伯当亦死之,与密俱传首京师。时李勣为黎阳总管,高祖以勣旧经事密,遣使报其反状。勣表请收葬,诏许之。高祖归其尸,勣发丧行服,备君臣之礼。大具威仪,三军皆缟素,葬于黎阳山南五里。故人哭之,多有欧血者。邴元真之降世充也,以为行台仆射,镇滑州。密故将杜才干恨元真背密,诈与之会,伏甲斩之,以其首祭于密冢。

单雄信者,曹州人也。翟让与之友善。少骁健,尤能马上用枪,密军号为"飞将"。密偃师失利,遂降于王世充,署为大将军。太宗围逼东都,雄信出军拒战,援枪而至,几及太宗,徐世勣呵止之,曰:"此秦王也。"雄信惶惧,遂退,太宗由是获免。东都平,斩于洛阳。

史臣曰:当隋政板荡,炀帝荒淫,摇动中原,远征辽海。内无贤臣以匡国,外乏良吏以理民,两京空虚,兆庶疲弊。李密因民不忍,首为乱阶,心断机谋,身临阵敌,据巩、洛之口,号百万之师,窦建德辈皆效乐推,唐公给以欣戴,不亦伟哉!及偃师失律,犹存麾下数万众,苟去猜忌,疾趣黎阳,任世勣为将臣,信魏徵为谋主,成败之势,或未可知。至于天命有归,大事已去,比陈涉有余矣。始则称首举兵,终乃甘心为降虏,其为计也,不亦危乎!又不能委质为臣,竭诚事上,竟为叛者,终是狂夫,不取伯当之言,遂及桃林之祸。或以项羽拟之,文武器度即有余,壮勇断果则不及。杨素既知之才干,合为王之爪牙,委之痴儿,卒为谋主,覆族之祸,其宜也哉!

赞曰:乌阳既升,爝火不息。狂哉李密,始乱终逆。

卷五十四　　列传第四

王世充　窦建德

王世充,字行满,本姓支,西域胡人也。寓居新丰。祖支颓耨,早死。父收,随母嫁霸城王氏,因冒姓焉,仕至汴州长史。世充颇涉经史,尤好兵法及龟策、推步之术。开皇中,以军功拜仪同,累转兵部员外郎。善敷奏,明习法律,然舞弄文法,高下其心。或有驳难之者,世充利口饰非,辞议锋起,众虽知其不可而莫能屈。

大业中,累迁江都丞,兼领江都宫监。时炀帝数幸江都,世充善候人主颜色,阿谀顺旨,每入言事,帝必称善。乃雕饰池台,阴奏远方珍物,以媚于帝,由是益昵之。世充知隋政将乱,阴结豪俊,多收群心,有系狱抵罪,皆枉法出之,以树私恩。及杨玄感作乱,吴人朱燮、晋陵人管崇起兵江南以应之,自称将军,拥众十余万。隋遣将军吐万绪、鱼俱罗等讨之,不克。世充为其偏将,募江都万余人,频击破之。每有克捷,必归功于下,所获军实,皆推与士卒,由此人争为用,功最居多。

十年,齐郡贼帅孟让自长白山寇掠诸郡,至盱眙,有众十余万。世充以兵拒之,保都梁山,为五栅,相持不战,乃倡言兵走,羸师示弱。让笑曰:"王世充文法小吏,安能领兵?吾令生缚取之,鼓行而入江都。"时百姓皆入壁,野无所掠,贼众渐馁,又苦栅当其道,不得南侵,即分兵围五栅。世充每日击之,阳不利,走还入栅。如是数日,让益轻之,乃稍分人于南方抄掠,留亲才足以围栅。世充知其懈,乃于营中夷灶撤幕,设方阵,四面外向,毁栅而出,奋击,大破之,让以数十骑遁去,斩首万余级,俘虏十余万人。炀帝以世充有将帅才略,复遣领兵讨诸小盗,所向尽平。

十一年,突厥围炀帝于雁门。世充尽发江都人将往赴难,在军中蓬首垢面,悲泣无度,晓夜不解甲,藉草而卧。炀帝闻之,以为忠,益信任之。十二年,迁江都通守。时厌次人格谦为盗数年,兵十余万在豆子·中,为太仆卿杨义臣所杀,世充帅师击其余众,破之。又击卢明月于南阳,虏获数万。后还江都,炀帝大悦,自执杯酒以赐之。及李密攻陷洛口仓,进逼东都,炀帝特诏世充大发兵,于洛口拒密,前后百余战,未有胜负。又遣就军拜世充为将军,趣令破贼。世充引军渡洛水,与李密战,世充军败绩,溺死者万余人,乃率余众归河阳。时天寒大雪,兵士在道冻死者又数万人,比至河阳,才止千数。世充自系狱请罪,越王侗遣使赦之,征还洛阳,置营于含嘉仓城,收合亡散,复得万余人。

俄而宇文化及作难,太府卿元文都、武卫将军皇甫无逸、右司郎中卢楚,奉越王侗嗣位于东都,拜世充为吏部尚书,封郑国公。文都谓楚等曰:"今化及弑逆,仇耻未报,吾虽志在枕戈,而力所不及。为国计者,莫如尊官宠李密,以库物啖之,使击化及,令两贼自斗,化及既破,而密之兵固亦疲矣。又其士卒得我之赏,居我之官,内外相亲,易为反间,我师养力以乘其弊,则密亦可图也。"楚等以为然。即日遣使拜密为太尉、尚书令,令讨化及。密遂称臣奉制,以兵拒化及于黎阳。每战胜,则遣使告捷,众皆悦。世充独谓其麾下诸将曰:"文都之辈,刀笔吏耳,吾观其势,必为李密所擒。且吾军人每与密战,杀其父兄子弟,前后已多,一旦为之下,吾属无类矣!"出言以激怒其众。文都知而大惧,与楚等谋,因世充入内,伏甲而杀之,期有日矣。纳言段达庸懦,恐事不果,遣其女婿张志以楚等谋告世充。其夜,勒兵围宫城,将军费曜、田阇等拒战于东太阳门外,曜军败,世充遂攻门而入,无逸以单骑遁走,获楚杀之。时宫门闭,世充遣人扣门言于侗曰:"元文都等欲执皇帝降于李密,段达知而告臣,臣非敢反,诛反者耳。"初,文都闻变,入奉侗于乾阳殿,陈兵卫之,令将帅乘城以拒世充。段达矫侗命,执文都送于世充,至则乱击而死。达又矫侗命,开门以纳世充。世充悉遣人代宿卫者,然后入谒陈谢已曰:"文都等无状,谋相屠害,事急为此,不敢背国。"侗与之盟。其日,进拜尚书左仆射,总督内外诸军事。世充去含嘉城,移居尚书省,专宰朝政。以其兄世恽为内史令,入居禁中,子弟咸拥兵马,镇诸城邑。

未几,李密破化及还,其劲兵良马多战死,士卒疲倦。世充欲乘其弊而击之,恐人心不一,乃假托鬼神,言梦见周公。乃立祠于洛水,遣巫宣言周公欲令仆射急讨李密,当有大功,不则兵皆疫死。世充兵多楚人,俗信妖言,众皆请战。世充简练精勇,得二万余人,马二千余匹,军于洛水南。密军偃师北山上。时密新破化及,有轻世充之心,不设壁垒。世充夜遣三百余骑潜入北山,伏溪谷中,令军人秣马蓐食,迟明而薄密。密出兵应之,陈未成列而两军合战。其伏兵发,乘高而下,驰压密营,又纵火焚其庐舍,密军溃,降其将张童仁、陈智略,进下偃师,密走保洛口。初,世充兄世伟及子玄应随化及至东郡,密得而囚之于城中,至是尽获之。又执密长史邴元真妻子、司马郑虔象之母及诸将子弟,皆抚慰之,各令潜呼其父兄。世充进兵,次洛口,邴元真、郑虔象等举仓城以应之。密以数十骑走河阳,率余众入朝。世充尽收其众,振旅而还。侗进拜世充太尉,以尚书省为其府,备置官属。世充立三榜于府门之外:一求文才学识堪济世务者,一求武艺绝人摧锋陷阵者,一求能理冤枉抑抑不申者。于是上书陈事,日有数百,世充皆躬自省览,殷勤慰劳。好行小惠,下至军营骑士,皆饰辞以诱之。当时有识者见其心口相违,颇以怀贰。世充尝于侗前赐食,还家大呕吐,疑遇毒所致,自是不复朝请,与侗绝矣。遣云定兴、段达入奏于侗,请加九锡之礼。二年三月,遂策授相国,总百揆,封郑王,加九锡备物。有道士桓法嗣者,自言解图谶,乃上《孔子闭房记》,画作丈夫持一竿以驱羊。释云:"隋,杨姓也。干一者,王字也。王居羊后,明相国代隋为帝也。"又取《庄子人间世》、《德充符》二篇上之,法嗣释曰:"上篇言'世',下篇言'充',此即相国名矣,明当德被人间,而应符命为天子也。"世充大悦曰:"此天命也。"再拜受之,即以法嗣为谏议大夫。世充又罗取杂鸟,书帛系其颈,自言符命而散放之。有弹射得鸟来而献者,亦拜官爵。段达、云定兴等入见于侗曰:"天命不常,郑王功德甚盛,愿陛下揖让告禅,遵唐、虞之迹。"侗怒曰:"天下者,高祖之天下,若隋德未衰,此言不可发,必天命有改,亦何论于禅让?公等皆是先朝旧臣,忽有斯言,朕复当何所望!"段达等莫不流涕。世充又使人谓曰:"今海内未定,须得长君,待四方乂安,复子明辟。必若前盟,义不违负。"四月,假为侗诏策禅位,遣世恽废侗于含凉殿,世充僭即皇帝位,建元曰开明,国号郑。先封同姓王隆为淮阳王,整为东郡王,楷为冯翊王,素为乐安王。次封叔琼为陈王,兄世衡为秦王,世伟为楚王,世恽为齐王。又封琼子辩为杞王,衡子虔寿为蔡王,伟子弘烈为魏王,行本为荆王,琬为代王,恽子仁则为唐王,道诚为卫王,道询为赵王,道稜为燕王;兄世师子太为宋王,君度为越王。立子玄应为皇太子,封子玄恕为汉王。世充每听朝,必殷勤诲谕,言辞重复,千端万绪,百司奉事,疲于听受。或轻骑游历街衢,亦不清道,百姓但避路而已,按辔徐行,谓百姓曰:"昔时天子深坐九重,在下事情,无由闻彻。世充非贪宝位,本欲救时,今当如一州刺史,每事亲览,当与士庶共评朝政。恐门禁有限,虑致壅塞,今止顺天门外置座听朝。"又令西朝堂受抑屈,东朝堂受直谏。于是献书上事,日有数百,条疏既烦,省览难遍,数日后不复更出。五月,世充礼部尚书裴仁基及其子左辅大将军行俨、尚书左丞宇文儒童等数十人谋诛世充,复尊立侗。事泄,皆见害,夷其三族。六月,世恽因劝世充害侗,以绝众望。世充遣其侄行本鸩杀侗,谥曰恭皇帝。其将军罗士信率其众千余人来降。十月,世充率众东徇地,至于滑州,仍以兵临黎阳。十一月,窦建德入世充之殷州,杀掠居人,焚烧积聚,以报黎阳之役。

三年二月,世充殿中监豆卢达来降。世充见众心日离,乃严刑峻制,家一人逃者,无少长皆坐为戮,父子、兄弟、夫妻许其相告而免之。又令五家相保,有全家叛去而邻人不觉者,诛及四邻。杀人相继,其逃亡益甚。至于樵采之人,出入皆有限数,公私窘急,皆不聊生。又以宫城为大狱,意有所忌,即收系其人及家属生宫中。又每使诸将出外,亦收其亲属质于宫内。囚者相次,不减万口,既艰食,馁死者日数十人。世充屯兵不散,仓粟日尽,城中人相食。或握土置瓮中,用水淘汰,沙石沉下,取其上浮泥,投以米屑,作饼饵而食之,人皆体肿而脚弱,枕倚于道路。其尚书郎卢君业、郭子高等皆死于沟壑。七月,秦王率兵攻之,师至新安,世充镇堡相次来降。八月,秦王陈兵于青城宫,世充悉兵来拒,隔涧而言曰:"隋末丧乱,天下分崩,长安、洛阳,各有分地,世充唯愿自守,不敢西侵。计熊、谷二州,相去非远,若欲取之,岂非度内?既敦邻好,所以不然。王乃盛相侵轶,远入吾地,三崤之道,千里馈粮,以此出师,未见其可。"太宗谓曰:"四海之内,皆承正朔,唯公执迷,独阻声教。东都士庶,亟请王师,关中义勇,感恩致力。至尊重违众愿,有斯吊伐。若转祸来降,则富贵可保;如欲相抗,无假多言。"世充无以报。太宗分遣诸将攻其城镇,所至辄下。九月,王君廓攻拔世充之辘辕县,东徇地至管城而还,于是河南州县相次降附。窦建德自侵殷州之后,与世充遂结深隙,信使断绝。十一月,窦建德又遣人结好,并陈救援之意。世充乃遣其兄子琬及内史令长孙安世报聘,且乞师。

四年二月,世充率兵出方诸门,与王师相抗,世充军败。因乘胜追之,屯其城门。世充步卒不得入,惊散南走,追斩数千级,房五千余人。世充从此不复敢出,但婴城自守,以待建德之援。二月,秦王擒建德于王琬、长孙安世等于武牢,回至东都城下以示之,且遣安世入城,使言败状。世充惶惑,不知所为,将溃围而出,南走襄阳,谋于诸将,皆不答,乃率其将吏诣军门请降。于是收其府库,颁赐将士。世充黄门侍郎薛德音以文檄不逊,先诛之,次收世充党与段达、杨汪、单雄信、阳公卿、郭士衡、郭什柱、董浚、张童仁、朱粲等十余人,皆戮于洛渚之上。

秦王以世充至长安,高祖数其罪,世充对曰:"计臣之罪,诚不容诛,但陛下爱子秦王许臣不死。"高祖乃释之。与兄芮、妻、子同徙于蜀,将行,为仇人定州刺史独孤修所杀。子玄应及兄世伟等在路谋叛,伏诛。世充自篡位,凡三年而灭。

窦建德，贝州漳南人也。少时，颇以然诺为事。尝有乡人丧亲，家贫无以葬，时建德耕于田中，闻而叹息，遂辍耕牛，往给丧事，由是大为乡党所称。初，为里长，犯法亡去，会赦得归。父卒，送葬者千余人，凡有所赠，皆让而不受。

大业七年，募人讨高丽，本郡选勇敢尤异者以充小帅，遂补建德为二百人长。时山东大水，人多流散，同县有孙安祖，家为水所漂，妻子馁死。县以安祖骁勇，亦选在行中。安祖辞贫，白言漳南令，令怒笞之。安祖刺杀令，亡投建德，建德舍之。是岁，山东大饥，建德谓安祖曰："文皇帝时，天下殷盛，发百万之众以伐辽东，尚为高丽所败。今水潦为灾，黎庶穷困，而主上不恤，亲驾临辽，加以往岁西征，疮痍未复，百姓疲弊，累年之役，行者不归，今重发兵，易可摇动。丈夫不死，当立大功，岂可为逃亡之虏也？我知高鸡泊中广大数百里，莞蒲阻深，可以逃难，承间而出，房掠足以自资。既得聚人，且观时变，必有大功于天下矣。"安祖然其计。建德招诱逃兵及无产业者，得数百人，令安祖率之，入泊中为群盗，安祖自称将军。鄃人张金称亦结聚得百人，在河阻中。蓚人高士达又起兵得千余人，在清河界中。时诸盗往来漳南者，所过皆杀掠居人，焚烧舍宅，独不入建德之闾。由是郡县意建德与贼徒交结，收系家属，无少长皆杀之。建德闻其家被屠灭，率麾下二百人亡归。士达自称东海公，以建德为司兵。后安祖为张金称所杀，其兵数千人又尽归于建德。自此渐盛，兵至万余人，犹往来高鸡泊中。每倾身接物，与士卒均执勤苦，由是能致人之死力。

十二年，涿郡通守郭绚率兵万余人来讨士达。士达自以智略不及建德，乃进为军司马，咸以兵授焉。建德既初董众，欲立奇功以威群贼，请士达守辎重，自简精兵七千人以拒绚，诈为与士达有隙而叛之。士达又宣言建德背亡，而取房获妇人给为建德妻子，于军中杀之。建德伪遣人遗绚书请降，愿为前驱，破士达以自效。绚信之，即引兵从建德至长河界，期与为盟，共图士达。绚兵益懈而不备，建德袭之，大破绚军，杀略数千人，获马千余匹，绚以数十骑遁走，遣将追及于平原，斩其首以献士达。由是建德之势益振。

隋遣太仆卿杨义臣率兵万余人讨张金称，破之于清河，所获贼众皆屠灭，余散在草泽间者复相聚而投建德。义臣乘胜至平原，欲入高鸡泊中，建德谓士达曰："历观隋将，善用兵者，唯义臣耳。新破金称，远来袭我，其锋不可当。请引兵避之，令其欲战不得，空延岁月，将士疲倦，乘便袭击，可有大功。今与争锋，恐公不能敌也。"士达不从其言，因留建德守壁，自率精兵逆击义臣。战小胜，而纵酒高宴，有轻义臣之心。建德闻之曰："东海公未能破贼而自矜大，此祸不至久矣。隋兵乘胜，必长驱至此，人心惊骇，吾恐不全。"遂留人守壁，自率精锐百余据险，以防士达之败。后五日，义臣果大破士达，于阵斩之，乘势追奔，将围建德。守兵既少，闻士达败，众皆溃散。建德率百余骑亡去，行至饶阳，观其无守备，攻陷之，抚循士众，人多愿从，又得三千余兵。初，义臣既杀士达，以

为建德不足忧。建德复还平原，收士达败兵之死者，悉收葬焉。为士达发丧，三军皆缟素。招集亡叛，得数千人，军复大振，始自称将军。初，群盗得隋官及山东士子皆杀之，唯建德每获士人，必加恩遇。初得饶阳县长宋正本，引为上客，与参谋议。此后隋郡长吏稍以城降之，军容益盛，胜兵十余万人。

十三年正月，筑坛场于河间乐寿界中，自称长乐王，年号丁丑，置署官属。七月，隋遣右翊卫将军薛世雄率兵三万来讨之，至河间城南，营于七里井。建德闻世雄至，选精兵数千人伏河间南界泽中，悉拔诸营伪遁，云亡入豆子䴚中。世雄以为建德畏己，乃不设备。建德觇知之，自率敢死士一千人袭击世雄。会云雾昼晦，两军不辨，隋军大溃，自相踏藉，死者万余，世雄以数百骑而遁，余军悉陷。于是建德进攻河间，频战不下。其后城中食尽，又闻炀帝被弑，郡丞王琮率士发丧，建德遣使吊之，琮因使者请降，建德退舍具馔以待焉。琮率官属素服面缚诣军门，建德亲解其缚，与言隋亡之事，琮俯伏裴哀，建德亦为之泣。诸贼帅或进言曰："琮拒我久，杀伤甚众，计穷方出，今请烹之。"建德曰："此义士也。方加擢用，以励事君者，安可杀之！往在泊中共为小盗，容可恣意杀人，今欲安百姓以定天下，何得害忠良乎？"因令军中曰："先与王琮有隙者，今敢动摇，罪三族。"即日授琮瀛州刺史。始都乐寿，号曰金城宫，自是郡县多下之。

武德元年冬至日，于金城宫设会，有五大鸟降于乐寿，群鸟数万从之，经日而去，因改年为五凤。有宗城人献玄珪一枚，景城丞孔德绍曰："昔夏禹膺箓，天锡玄珪。今瑞与禹同，宜称夏国。"建德从之。先是，有上谷贼帅王须拔自号漫天，拥众数万，入掠幽州，中流矢而死。其亚将魏刀儿代领其众，自号历山飞，入据深泽，有徒十万。建德与之和，刀儿因弛守备，建德袭破之，又尽并其地。

二年，宇文化及僭号于魏县，建德谓其纳言宋正本、内史侍郎孔德绍曰："吾为隋之百姓数十年矣，隋为吾君二代矣。今化及杀之，大逆无道，此吾仇矣，请与诸公讨之，何如？"德绍曰："今海内无主，英雄竞逐，大王以布衣而起漳浦，隋郡县官人莫不争归附者，以大王仗顺而动，义安天下也。宇文化及与国连姻，父子兄弟受恩隋代，身居不疑之地，而行弑逆之祸，篡隋自代，乃天下之贼也。此而不诛，安用盟主！"建德称善。即日引兵讨化及，连战，大破之。化及保聊城，建德纵撞车抛石，机巧绝妙，四面攻城，陷之。建德入城，先谒隋萧皇后，与语称臣。悉收弑炀帝元谋者宇文智及、杨士览、元武达、许弘仁、孟景，集隋文武官，对而斩之，枭首辕门之外。化及并其二子同载以槛车，至大陆县斩之。

建德每平城破阵，所得资财，并散赏诸将，一无所取。又不啖肉，常食唯有菜蔬、脱粟之饭。其妻曹氏不衣纨绮，所使婢妾才十数人。至此，得宫人以千数，并有容色，应时放散。得隋文武官及骁果尚且一万，亦放散，听其所去。又以隋黄门侍郎裴矩为尚书左仆射，兵部侍郎崔君肃为侍中，少府令何稠为工部尚书，自余随才拜授，委以政事，其有欲往关中及东都者亦恣听之，仍给其衣粮，以兵援

之，送出其境。攻陷洺州，房刺史袁子干。迁都于洺州，号万春宫。遣使往灌津，祠窦青之墓，置守冢二十家。又与王世充结好，遣使朝隋越王侗于洛阳。后世充废侗自立，乃绝之，始自尊大，建天子旌旗，出警入跸，下书言诏。追谥隋炀帝为闵帝，封齐王暕子政道为郧公。然犹依倚突厥。隋义城公主先嫁突厥，及是遣使迎萧皇后，建德勒兵千余骑送之入蕃，并传化及首以献公主。既与突厥相连，兵锋益盛。九月，南侵相州，河北大使淮安王神通不能拒，退奔黎阳。相州陷，杀刺史吕珉。又进攻卫州，陷黎阳，左武卫大将军李世勣、皇妹同安长公主及神通并为所虏。滑州刺史王轨为奴所杀，携其首以奔建德，曰："奴杀主为大逆，我何可纳之！"命立斩奴，而返轨首于滑州。吏人感之，即日而降。齐、济二州及兖州贼帅徐圆朗皆闻风而下。建德释李世勣，使其领兵以镇黎州。

三年正月，世勣舍其父而逃归，执法者请诛之，建德曰："勣本唐臣，为我所虏，不忘其主，逃还本朝，此忠臣也，其父何罪！"竟不诛。舍同安长公主及神通于别馆，待以客礼。高祖遣使与之连和，建德即遣公主与使俱归。尝破赵州，执刺史张昂、邢州刺史陈君宾、大使张道源等，以侵轶其境，建德将戮之。其国子祭酒凌敬进曰："夫犬各吠非其主，今邻人坚守，力屈就擒，此乃忠确士也。若加酷害，何以劝大王之臣乎？"建德盛怒曰："我至城下，犹迷不降，劳我师旅，罪何可赦？"敬又曰："今大王使大将军高士兴于易水抗御罗艺，兵才至，士兴即降，大王之意复为可乎？"建德乃悟，即命释之。其宽厚从谏，多此类也。又遣士兴进围幽州，攻之不克，退军旅笼火城，为艺所袭，士兴大溃。先是，其大将王伏宝多勇略，功冠等伦，群帅嫉之。或言其反，建德将杀之，伏宝曰："我无罪也，大王何听谗言，自斩左右手乎？"既杀之，后用兵多不利。九月，建德自帅师围幽州，艺出兵与战，大破之，斩首千二百级。艺兵频胜而骄，进袭其营，建德列阵于营中，填堑而出，击艺败之。建德薄其城，不克，遂归洺州。其纳言宋正本好直谏，建德又听谗言杀之。是后人以为诫，无复进言者，由此政教益衰。

先，曹州济阴人孟海公拥精兵三万，据周桥城以掠河南之地。其年十一月，建德自率兵渡河以击之。时秦王攻王世充于洛阳，建德中书舍人刘斌说建德曰："今唐有关内，郑有河南，夏居河北，此鼎足相持之势也。闻唐兵悉众攻郑，首尾二年，郑势日蹙而唐兵不解。唐强郑弱，其势必破郑，郑破则夏有齿寒之忧。为大王计者，莫若救郑，郑拒其内，夏攻其外，破之必矣。若却唐全郑，此常保三分之势也。若唐军破后而郑可图，则因而灭之，总二国之众，乘唐军之败，长驱西入，京师可得而有，此太平之基也。"建德大悦曰："此良策矣。"适会世充遣使乞师于建德，即遣其职方侍郎魏处绘入朝，请解世充之围。

四年二月，建德克周桥，房海公，留其将范愿守曹州，悉发海公及徐圆朗之众来救世充。军至滑州，世充行台仆射韩洪开城纳之，遂进逼元州、梁州、管州，皆陷之，屯于荥阳。三月，秦王入武牢，进薄其营，多所伤杀，并擒其将殷秋、石瓒。时世充弟世辩为徐州行台，遣其将郭士衡领兵数千人从之，合众十余万，号为三十万，军次成皋，筑宫于板渚，以示必战。又遣间使约世充共为表里。经二月，迫于武牢，不得进。秦王遣将军王君廓领轻骑千余抄其粮运，获其大将张青特，房获甚众。建德数不利，人情危骇，将帅已下破孟海公，皆有所获，思归洺州。凌敬进说曰："宜悉兵济河，攻取怀州河阳，使重将居守。更率众鸣鼓建旗，逾太行，入上党，先声后实，传檄而定。渐趋壶口，稍骇蒲津，收河东之地，此策之上也。行此必有三利：一则入无人之境，师有万全；二则拓土得兵；三则郑围自解。"建德将从之，而世充之使长孙安世阴赍金玉，啖其诸将，以乱其谋。众咸进谏曰："凌敬，书生耳，岂可与言战乎？"建德从之，退而谢敬曰："今众心甚锐，此天赞我矣。因此决战，必将大捷。已依众议，不得从公言也。"敬固争，建德怒，扶出焉。其妻曹氏又言于建德曰："祭酒之言可从，大王何不纳也？请自滏口之道，乘唐国之虚，连营渐进，以取山北，又因突厥西抄关中，唐必还师以自救，此则郑围解矣。今顿兵武牢之下，日月淹久，徒为自苦，事恐无功。"建德曰："此非女子所知也。且郑国悬命朝暮，以待吾来，既许救之，岂可见难而退，示天下以不信乎？"于是悉众进逼武牢，官军按甲挫其锐。及建德结阵于汜水，秦王遣骑挑之，建德进军而战，窦抗当之。建德少却，秦王驰骑深入，反覆四五合，然后大破之。建德中枪，窜于牛口渚，车骑将军白士让、杨武威生获之。先是，军中有童谣曰："豆入牛口，势不得久。"建德行至牛口渚，甚恶之，果败于此地。建德所领兵众，一时奔溃，妻曹氏及其左仆射齐善行将数百骑遁于洺州。余党欲立建德养子为主，善行曰："夏王平定河朔，士马精强，一朝被擒如此，岂非天命有所归也？不如委心请命，无为涂炭生人。"遂以府库财物悉分士卒，各令散去。善行乃与建德右仆射裴矩、行台曹旦及建德妻率伪官属，举山东之地，奉传国等八玺来降。七月，秦王俘建德至京师，斩于长安市，年四十九。自起军至灭，凡六岁，河北悉平。其年，刘黑闼复盗据山东。

史臣曰：世充奸人，遭逢昏主，上则谀佞诡俗以取荣名，下则强辩饰非以制群论。终行篡逆，自恣陆梁，安忍杀人，矫情驭众，凡所委任，多是叛亡，出降秦王，不致显戮，其为幸也多矣。建德义伏乡间，盗据河朔，抚驭士卒，招集贤良。中绝世充，终斩化及，不杀徐盖，生还神通，沉机英断，靡不有初。及宋正本、王伏宝被谗见害，凌敬、曹氏陈谋不行，遂至亡灭，鲜克有终矣。然天命有归，人谋不及。

赞曰：世充篡逆，建德愎谏，二凶即诛，中原弭乱。

卷五十五　　列传第五

薛举 子仁杲　**李轨**　**刘武周** 苑君璋附
高开道　**刘黑闼** 徐圆朗

薛举，河东汾阴人也。其父汪，徙居金城。举容貌瑰伟，凶悍善射，骁武绝伦，家产巨万，交结豪猾，雄于边朔。初，为金城府校尉。大业末，陇西群盗蜂起，百姓饥馁，金城令郝瑗，募得数千人，使举讨捕。授甲于郡中，吏人咸集，置酒以飨士。举与其子仁杲及同谋者十三人，于座中劫瑗，矫称收捕反者，因发兵囚郡县官，开仓以赈贫乏。自称西秦霸王，建元为秦兴，封仁杲为齐公，少子仁越为晋公。有宗罗睺者，先聚党为群盗，至是帅众会之，封为义兴公，余皆以次封拜。掠官收马，招集群盗，兵锋甚锐，所至皆下。隋将皇甫绾屯兵一万在枹罕，举选精锐二千人袭之，与绾军遇于赤岸，陈兵未战，俄而风雨暴至。初，风逆举阵，而绾不击之；忽返风，正逆绾阵，气色昏昧，军中扰乱。举策马先登，众军从之，隋军大溃，遂陷枹罕。时羌首钟利俗拥兵二万在岷山界，尽以众降举，兵遂大振。进仁杲为齐王，授东道行军元帅；仁越为晋王，兼河州刺史；罗睺为义兴王，以副仁杲。总兵略地，又克鄯、廓二州，数日间，尽有陇西之地，众至十三万。

十三年秋七月，举僭号于兰州，以妻鞠氏为皇后，母为皇太后，起坟茔，置陵邑，立庙于城南。其月，举陈兵数万，出拜墓，礼毕大会。仁杲进兵围秦州。仁越兵趋剑口，至河池郡，太守萧瑀拒退之。举命其将常仲兴渡河击李轨，与轨将李赟大战于昌松，仲兴败绩，全军陷于轨。及仁杲克秦州，举自兰州迁都之。遣仁杲引军寇扶风郡，汧源贼帅唐弼率众拒之，兵不得进。初，弼起扶风，立陇西李弘芝为天子，有徒十万。举遣使招弼，弼杀弘芝，引军从举。仁杲因弼弛备，袭破之，并有其众，弼以数百骑遁免。举势益张，军号三十万，将图京师。会义兵定关中，遂留守扶风。太宗帅师讨败之，斩首数千级，追奔至陇坻而还。举又惧太宗逾陇追之，乃问其众曰："古来天子有降事否？"伪黄门侍郎褚亮曰："昔赵佗卒归汉祖，蜀主刘禅亦仕晋朝，近代萧琮，至今贵贵。转祸为福，自古有之。"其卫尉卿郝瑗趋而进曰："皇帝失问。褚亮之言，又何悖也！昔汉祖屡经败绩，蜀先主亟亡妻子，战之利害，何代无之？安得一战不捷，而为亡国之计也！"举亦悔之，答曰："聊发此问，试君等耳。"乃厚赏瑗，引为谋主。瑗又劝举连结梁师都，共为声势，厚赂突厥，饵其戎马，合从并力，进逼京师。举从其言，与突厥莫贺咄设谋取京师。莫贺咄设许以兵随之，期有日矣。会都水监宇文歆使于突厥，敢说莫贺咄设，止其出兵，故举谋不行。

武德元年，丰州总管张长逊进击宗罗睺，举悉众来援，军屯高墌，纵兵房掠，至于豳、岐之地。太宗又率众击之，军次高墌城，度其粮少，意在速战，乃命深沟坚壁，以老其师。未及与战，会太宗不豫，行军长史刘文静、殷开山请观兵于高墌西南，恃众不设备，为举兵掩乘其后。太宗闻之，知其必败，遽与书责之。未至，两军合战，竟为其所败，死者十五六，大将慕容罗睺、李安远、刘弘基皆陷于阵。太宗归于京师，举军取高墌，又遣仁杲进围宁州。郝瑗言于举曰："今唐兵新破，将帅并擒，京师骚动，可乘胜直取长安。"举然之。临发而举疾，召巫视之，巫言唐兵为祟，举恶之，未几而死。举每破阵，所获士卒皆杀之，杀人多断舌、割鼻，或碓捣之。其妻性又酷暴，好鞭挞其下，见人不胜痛而宛转于地，则埋其足，才露腹背而捶之。由是人心不附。仁杲代董其众，伪谥举为武皇帝，未葬而仁杲灭。

仁杲，举长子也，多力善骑射，军中号为万人敌。然所至多杀人，纳其妻妾。获庾信子立，怒其不降，磔于猛火之上，渐割以啖军士。初，拔秦州，悉召富人倒悬之，以醋灌鼻，或杙其下窍，以求金宝。举每诫之曰："汝智略纵横，足办我家事，而伤于苛虐，与物无恩，终当覆我宗社。"举死，仁杲立于折墌城，与诸将帅素多有隙，及嗣位，众咸猜惧。郝瑗哭举悲思，因病不起，自此兵势日衰。

自刘文静为举所败后，高祖命太宗率诸军以击仁杲，师次高墌，而坚壁不动。诸将咸请战，太宗曰："我士卒新败，锐气犹少。贼以胜自骄，必轻敌好斗，故且闭壁以折之。待其气衰而后奋击，可一战而破，此万全计也。"乃令军中曰："敢言战者斩。"相持者久之。仁杲勇而无谋，兼粮馈不属，将士稍离，其内史令翟长孙以其众来降，仁杲妹夫伪左仆射钟俱仇以河州归国。太宗知其可击，遣将军庞玉击贼将宗罗睺于浅水原。两军酣战，太宗以劲兵出贼不意，奋击大破之。乘胜进薄其折墌城，仁杲穷蹙，率伪百官开门降，太宗纳之。王师振旅，以仁杲归于京师，及其首帅数十人皆斩之。举父子相继伪位至灭，凡五年，陇西平。

李轨，字处则，武威姑臧人也。有机辩，颇窥书籍，家富于财，赈穷济乏，人亦称之。大业末，为鹰扬府司马。时薛举作乱于金城，轨与同郡曹珍、关谨、梁硕、李赟、安修仁等谋曰："薛举残暴，必来侵扰，郡官庸怯，无以御之。今宜同心戮力，保据河右，以观天下之事，岂可束手于人，妻子分散！"乃谋共举兵，皆相让，莫肯为主。曹珍曰："常闻图谶云'李氏当王'。今轨在谋中，岂非天命也？"遂拜贺之，推以为主。轨令修仁夜率诸胡入内苑城，建旗大呼，轨于郭下聚众应之，执缚隋虎贲郎将谢统师、郡丞韦士政。轨自称河西大凉王，建元安乐，署置官属，并拟开皇故事。初，突厥曷娑那可汗率众内属，遣弟阙达度阙设领部落在会宁川中，有二千余骑，至是自称可汗，来降于轨。

武德元年冬，轨僭称尊号，以其子伯玉为皇太子，长史曹珍为左仆射。谨等议欲尽杀隋官，分其家产，轨曰：

"诸人见逼为主，便须禀吾处分。义兵之起，意在救焚，今杀人取物，是为狂贼。立计如此，何以求济乎！"乃署统师太仆卿，士政太府卿。薛举遣兵侵轨，轨遣其将李贇击败于昌松，斩首二千级，尽虏其众，复议放还之。贇言于轨曰："今竭力战胜，俘虏贼兵，又纵放之，还使资敌，不如尽坑之。"轨曰："不然。若有天命，自擒其主，此辈士卒，终为我有。若事不成，留此何益？"遂遣之。未几，攻陷张掖、燉煌、西平、枹罕，尽有河西五郡之地。

其年，轨杀其吏部尚书梁硕。初，轨之起也，硕为谋主，甚有智略，众咸惮之。硕见诸胡种落繁盛，乃阴劝轨宜加防察，与其户部尚书安修仁由是有隙。又轨子仲琰怀恨，形于辞色，修仁因之构成硕罪，更谮毁之，云其欲反，轨令贇鸩就宅杀焉。是后，故人多疑惧之，心膂从此稍离。时高祖方图薛举，遣使潜往凉州与之相结，下玺书，谓之为从弟。轨大悦，遣其弟懋入朝，献方物。高祖授懋大将军，遣还凉州。又令鸿胪少卿张侯德持节，册拜为凉州总管，封凉王，给羽葆鼓吹一部。轨召群僚廷议曰："今吾从兄膺受图箓，据有京邑，天命可知，一姓不宜竞立，今去帝号受册可乎？"曹珍进曰："隋失天下，英雄竞逐，称王号帝，鼎峙瓜分。唐国自据关中，大凉自处河右，已为天子，奈何受人官爵？若欲以小事大，宜依萧詧故事，自称梁帝而称臣于周。"轨从之。

二年，遣其尚书左丞邓晓随使者入朝，表称皇从弟大凉皇帝臣轨而不受官。时有胡巫惑之曰："上帝当遣玉女从天而降。"遂征兵筑台以候玉女，多所糜费，百姓患之。又属年饥，人相食，轨倾心赈之，私家罄尽，不能周遍。又欲开仓给粟，召众议之。珍等对曰："国以人为本，本既不立，国将倾危，安可惜此仓粟，而坐观百姓之死乎？"其故人皆云，给粟为便。谢统师等隋旧官人，为轨所获，虽被任使，情犹不附。每与群胡相结，引进朋党，排轨旧人，因其大馁，欲离其众。乃诣珍曰："百姓饿者自是弱人，勇壮之士终不肯困，国家仓粟须备不虞，岂可散之以供小弱？仆射苟悦人情，殊非国计。"轨以为然，由是士庶怨愤，多欲叛之。

初，安修仁之兄兴贵先在长安，表请诣凉州招慰轨。高祖谓曰："李轨据河西之地，连好吐谷浑，结援于突厥，兴兵讨击，尚以为难，岂单使所能致也？"兴贵对曰："李轨凶强，诚如圣旨。今若谕之以逆顺，晓之以祸福，彼则凭固负远，必不见从。何则？臣于凉州，奕代豪望，凡厥士庶，靡不依附。臣之弟为轨所信任，职典枢密者数十人，以此候隙图之，易于反掌，无不济矣。"高祖从之。兴贵至凉州，轨授以左右卫大将军，又问以自安之术，兴贵谕之曰："凉州僻远，人物雕残，胜兵虽余十万，开地不过千里，既无险固，又接蕃戎，戎狄豺狼，非我族类，此而可久，实用为疑。今大唐据有京邑，略定中原，攻必取，战必胜，是天所启，非人力焉。今若举河西之地委质事之，即汉家窦融，未足为比。"轨默然不答，久之，谓兴贵曰："昔吴濞以江左之兵，犹称己为'东帝'；我今以河右之众，岂得不为'西帝'？彼虽强大，其如予何？君与唐为计，诱引于我，酬彼恩遇耳。"兴贵惧，乃伪谢曰："窃闻富贵不在故乡，有如衣锦夜行。今合家子弟并蒙信任，荣庆实在一门，岂敢兴心，更怀他志？"兴贵知轨不可动，乃与修仁等潜谋，引诸胡众起兵图轨，将围其城，轨率步骑千余出城拒战。先时，有薛举柱国奚道宜，率羌兵三百人亡奔于轨，既许其刺史而不授之，礼遇又薄，深怀愤怨。道宜率所部共修仁击轨，轨败入城，引兵登陴，冀有外救。兴贵宣言曰："大唐使我来杀李轨，不从者诛及三族！"于是诸城老幼皆出诣修仁。轨叹曰："人心去矣，天亡我乎！"携妻子上玉女台，置酒为别，修仁执之以闻。时邓晓尚在长安，闻轨败，舞蹈称庆。高祖数之曰："汝委质于人，为使来此，闻轨沦陷，曾无戚容，苟悦朕情，妄为庆跃。既不能留心于李轨，何能尽节于朕乎？"竟废而不齿。轨寻伏诛，自起至灭三载，河西悉平。诏授兴贵右武候大将军、上柱国，封凉国公，食实封六百户，赐帛万段；修仁左武候大将军，封申国公，并给田宅，食实封六百户。

刘武周，河间景城人。父匡，徙家马邑。匡尝与妻赵氏夜坐庭中，忽见一物，状如雄鸡，流光烛地，飞入赵氏怀，振衣无所见，因而有娠，遂生武周。骁勇善射，交通豪侠。其兄山伯每诫之曰："汝不择交游，终当灭吾族也。"数詈辱之。武周因去家入洛，为太仆杨义臣帐内，募征辽东，以军功授建节校尉。还家，为鹰扬府校尉。太守王仁恭以其州里之雄，甚见亲遇，每令率虞候屯于阁下。因与仁恭侍儿私通，恐事泄，又见天下已乱，阴怀异计，乃宣言于郡中曰："今百姓饥饿，死人相枕于野，王府尹闭仓不恤，岂忧百姓之意乎！"以此激怒众人，皆发愤怨。武周知众心摇动，因称疾不起，乡间豪杰多来候问，遂椎牛纵酒大言曰："盗贼若此，壮士守志，并死沟壑。今仓内积粟皆烂，谁能与我取之？"诸豪杰皆许诺。与同郡张万岁等十余人候仁恭视事，武周上谒，万岁自后而入，斩仁恭于郡厅，持其首出徇郡中，无敢动者。于是开廪以赈穷乏，驰檄境内，其属城皆归之，得兵万余人。

武周自称太守，遣使附于突厥。隋雁门郡丞陈孝意、虎贲将王智辩合兵讨之，围其桑乾镇。会突厥大至，与武周共击智辩，隋师败绩。孝意奔还雁门，部人杀之，以城降于武周。于是袭破楼烦郡，进取汾阳宫，获隋宫人以赂突厥，始毕可汗以马报之，兵威益振。及攻陷定襄，复归于马邑。突厥立武周为定杨可汗，遗以狼头纛。囚僭称皇帝，以妻沮氏为皇后，建元为天兴。以卫士杨伏念为左仆射，妹婿同县人苑君璋为内史令。先是，上谷人宋金刚有众万余人，在易州界为群盗，定州贼帅魏刀儿与相表里。后刀儿为窦建德所灭，金刚救之，战败，率众四千人奔于武周。武周闻金刚善用兵，得之甚喜，号为宋王，委以军事，中分家产遗之。金刚亦深自结纳，遂出其妻，请聘武周之妹。又说武周入图晋阳，南向以争天下。武周授金刚西南道大行台，令率兵二万人侵并州，军黄蛇镇。又引突厥之众，兵锋甚盛，袭破榆次县，进陷介州。高祖遣太常少卿李仲文率众讨之，为贼所执，一军全没。仲文后得逃还。复遣右仆射裴寂拒之，战又败绩。武周进逼，总管齐王元吉委城遁走，武周遂据太原。遣金刚进攻晋州，六日，城陷，右骁卫大将军刘弘基没于贼。进取浍州，属县悉下。

夏县人吕崇茂杀县令，自号魏王，以应贼。河东贼帅王行本又密与金刚连和，关中大骇。高祖命太宗益兵进讨，屯于柏壁，相持者久之。又命永安王孝基、陕州总管于筠、工部尚书独孤怀恩、内史侍郎唐俭进取夏县，不能克，军于城南。崇茂与贼将尉迟敬德袭破孝基营，诸军并陷，四将俱没。敬德还浍州，太宗邀击于美良川，大破之。敬德与贼将寻相又援王行本于蒲州，太宗大破之于蒲州。高祖亲幸蒲津关，太宗自柏壁轻骑谒高祖于行在所。宋金刚遂围绛州。及太宗还，金刚惧而引退。武周复攻李仲文于浩州，频战皆败，又馈运不属，贼众大馁，于是金刚遂遁。太宗复追及金刚于雀鼠谷，一日八战，皆破之，俘斩数万人，获辎重千余两。金刚走入介州，王师逼之。金刚尚有众二万，出其西门，背城而阵，太宗与诸将力战破之，金刚轻骑遁走。其骁将尉迟敬德、寻相、张万岁收其精兵，举介州及永安来降。武周大惧，率五百骑弃并州北走，自乾烛谷亡奔突厥。金刚收其亡散以拒官军，人莫之从，与百余骑复奔突厥。太宗进平并州，悉复故地。未几，金刚背突厥而亡，将还上谷，为追骑所获，腰斩之。武周又欲谋归马邑，事泄，为突厥所杀。武周自初起至死，凡六载。初，武周引兵南侵，苑君璋说曰："唐主举一州之兵，定三辅之地，郡县影附，所向风靡，此固天命，岂曰人谋？且并州已南，地形险阻，若悬军深入，恐后无所继，不如连和突厥，结援唐朝，南面称孤，足为上策。"武周不听，遣君璋守朔州，遂侵汾、晋。及败，泣谓君璋曰："恨不用君言，乃至于此！"

武周既死，突厥又以君璋为大行台，统其余众，仍令郁射设督兵助镇。高祖遣谕之，君璋部将高满政谓君璋曰："夷狄无礼，本非人类，岂可北面事之？不如尽杀突厥以归唐朝。"君璋不从，满政因人心夜逼君璋，君璋亡奔突厥。满政遂以城来降，拜朔州总管，封荣国公。

明年，君璋复引突厥来攻马邑，满政死之，君璋尽杀其党而去，退保恒安。君璋所部稍稍离散，势蹙请降，高祖许之，遣使赐以金券。会突厥颉利可汗复遣召之，君璋犹豫未决。其子孝政曰："刘武周足为殷鉴。今既降唐，又归颉利，取灭之道也。粮储已尽，人情悉离，如更迟留，变生肘腋。"恒安人郭子威说君璋曰："恒安之地，王者旧都，山川形胜，足为险固。突厥方强，为我唇齿。据此坚城，足观天下之变，何乃欲降于人也？"君璋然其计，乃执我行人送于突厥，与突厥合军寇太原之北境。君璋复见颉利政乱，竟率所部来降，拜安州大都督，封芮国公，赐实封五百户。

高开道，沧州阳信人也。少以煮盐自给，有勇力，走及奔马。隋大业末，河间人格谦拥兵于豆子䴚，开道往从之，署为将军。后谦为隋师所灭，开道与其党百余人亡匿海曲。复出掠沧州，招集得数百人，北掠城镇，临渝至于怀远，皆破之，悉有其众。武德元年，隋将李景守北平郡，开道引兵围之，连年不能克。景自度不能支，拔城而去。开道又取其地，进陷渔阳郡，有马数千匹，众且万人，自立为燕王，都于渔阳。先是，有怀戎沙门高昙晟者，因县令设斋，士女大集，昙晟与其僧徒五十人拥斋众而反，杀县令及镇将，自称大乘皇帝，立尼静宣为耶输皇后，建元为法轮。至夜，遣人招诱开道，结为兄弟，改封齐王。开道以众五千人归之，居数月，袭杀昙晟，悉并其众。

三年，复称燕王，建元，署置百官。罗艺在幽州，为窦建德所围，告急于开道，乃率二千骑援之。建德惧其骁锐，于是引去。开道因艺遣使来降，诏封北平郡王，赐姓李氏，授蔚州总管。时幽州大饥，开道许给之粟，艺遣老弱就食，开道皆厚遇之。艺甚悦，不以为虞，乃发兵三千人、车数百乘、驴马千余匹，请粟于开道。悉留之，北连突厥，告绝于艺，复称燕国。

是岁，刘黑闼入寇山东，开道与之连和，引兵攻易州，不克而退。又遣其将谢稜诈降于艺，请兵援接，艺出兵应之，将至怀戎，稜袭破艺兵。开道又引突厥频来为寇，恒、定、幽、易等州皆罹其患。突厥颉利可汗攻马邑，以开道兵善为攻具，引之陷马邑而去。时天下大定，开道欲降，自以数翻复，终恐致罪，又北恃突厥之众。其将士多山东人，思还本土，人心颇离。先是，刘黑闼亡将张君立奔于开道，因与其将张金树潜相结连。时开道亲兵数百人，皆勇敢士也，号为"义儿"，常在阁内。金树每督兵于阁下。金树将围开道，潜令数人入其阁内，与诸义儿阳为游戏，至日将夕，阴断其弓弦，又藏其刀仗，聚其矟于床下。迨暝，金树以其徒大呼来攻阁下，向所遣人抱义儿矟一时而出，诸义儿遽将出战，而弓弦皆绝，刀仗已失。君立于外城举火相应，表里惊扰。义儿穷蹙，争归金树。开道知不免，于是擐甲持兵坐堂上，与其妻妾乐酣宴。金树之党惮其勇，不敢逼。天将晓，开道先缢其妻妾及诸子而后自杀。金树陈兵，执其义儿，皆斩之。又杀张君立，死者五百余人，遂归国。开道自初起至灭，凡八岁。以其地为妫州。

刘黑闼，贝州漳南人。无赖，嗜酒，好博弈，不治产业，父兄患之。与窦建德少相友善，家贫，无以自给，建德每资之。隋末亡命，从郝孝德为群盗，后归李密为裨将。密败，为王世充所虏。世充素闻其勇，以为骑将。见世充所为而窃笑之，乃亡归建德，建德署为将军，封汉东郡公，令将奇兵东西掩袭。黑闼既遍游贼庭，善观时变，素骁勇，多奸诈。建德有所经略，必令专知斥候，常间入敌中觇视虚实，或出其不意，乘机奋击，多所克获，军中号为神勇。及建德败，黑闼自匿于漳南，杜门不出。会高祖征建德故将，范愿、董康买、曹湛、高雅贤等将赴长安，愿等相与谋曰："王世充以洛阳降，其下骁将公卿、单雄信之徒皆被夷灭，我辈若至长安，必无保全之理。且夏王往日擒获淮安王，全其性命，遣送还之。唐家今得夏王，即加杀害，我辈残命，若不起兵报仇，实亦耻见天下人物。"于是相率复谋反叛。卜以刘氏为主吉，共往漳南，见建德故将刘雅告之，且请。雅曰："天下已平，乐在丘园为农夫耳。起兵之事，非所愿也。"众怒，杀雅而去。范愿曰："汉东公刘黑闼果敢多奇略，宽仁容众，恩结于士卒。吾久常闻刘氏当有王者，今举大事，欲收夏王之众，非其人莫可。"遂往诣黑闼，以告其意。黑闼大悦，杀牛会众，举兵得百余人，袭破漳南县。贝州刺史戴元详、魏州刺史权威合兵击之，并为黑闼所败，元详及威皆没于阵。黑闼尽收其器械及余众千余人，于是范愿、高雅贤等宿旧左右渐来归附，众至二千人。

武德四年七月，设坛于漳南，祭建德，告以举兵之意，自称大将军。淮安王神通、将军秦武通、王行敏前后讨之，皆为所败。于是移书赵、魏，其建德将士，往往杀官吏以应。黑闼北连怀戎贼帅高开道，兵锋甚锐，进至宗城，有众数万。黎州总管李世勣不能拒，弃城走保洺州。黑闼追击破之，步卒五千人，皆殁于阵，世勣与武通仅以身免。黑闼又征王琮为中书令，刘斌为中书侍郎，以掌文翰。遣使北连突厥，颉利可汗遣俟斤宋耶那，率胡骑从之。黑闼军大振，进陷相州。半岁，悉复建德故地。兖州贼帅徐圆朗举齐、兖之地以附于黑闼，其势益张。

五年正月，黑闼至相州，僭称汉东王，建元为天造。以范愿为左仆射，董康买为兵部尚书，高雅贤为右领军，又引建德时文武悉复本位，都于洺州。其设法行政，皆师建德，而攻战勇决过之。于是太宗又自请统兵讨之，师次卫州，黑闼数以兵挑战，辄为官军所挫。黑闼惧，委相州，而退保于列人营。时洺水县人请为内应，太宗遣总管罗士信入城据守，黑闼又攻陷其城，士信死之，遂陷洺州。三月，太宗阻洺水列营以逼之，分遣奇兵，断其粮道。黑闼又数挑战，太宗坚壁不应，以挫其锋。黑闼城中粮尽，太宗度其必来决战，预拥洺水上流，谓守堤吏曰："我击贼之日，候贼半度而决堰。"黑闼果率步骑二万渡洺水而阵，与官军大战，贼众大溃，水又大至，黑闼众不得渡，斩首万余级，溺死者数千人。黑闼与范愿等以千余人奔于突厥，山东悉定。太宗遂引军于河南以讨徐圆朗。六月，黑闼复借兵于突厥，来寇山东。七月，至定州，其旧将曹湛、董康买先亡在鲜虞，复聚兵以应黑闼。高祖遣淮阳王道玄、原国公史万宝讨之，战于下博，王师败绩，道玄死于阵，万宝轻骑逃还。由是河北诸州尽反，又降于黑闼，旬日间悉复故城，复都洺州。十一月，高祖遣齐王元吉击之，迟留不进。又令隐太子建成督兵进讨，频战大捷。六年二月，又大破之于馆陶，黑闼引军北走。建成与元吉合千余骑屯于永济渠，纵骑击之，黑闼败走，命骑将刘弘基追之。黑闼为王师所蹙，不得休息，道远兵疲，比至饶阳，从者才百余人，众皆馁，入城求食。黑闼所署饶州刺史葛德威出门迎拜，延之入城。黑闼初不许，德威谬为诚敬，涕泣固请。黑闼乃进，至城傍，德威勒兵执之，送于建成，斩于洺州，山东复定。

徐圆朗者，兖州人也。隋末，亡命为群盗，据本郡，纵兵略地，自琅邪已西，北至东平，尽有之，胜兵二万余人。仍附于李密，密败，归王世充。及洛阳平，归国，拜兖州总管，封鲁郡公。高祖令葛国公盛彦师安辑河南，行至任城。会刘黑闼作乱，潜结于圆朗，因执彦师举兵应黑闼，自称鲁王。黑闼以圆朗为大行台元帅，兖、郓、陈、

杞、伊、洛、曹、戴等八州豪猾，皆杀其长吏以应之。太宗平黑闼，进师曹州，遣淮安王神通及李世勣攻之。圆朗数出战，不利，城内百姓争逾城降。圆朗穷蹙，与数骑弃城夜遁，为野人所杀，其地悉平。

史臣曰：薛举父子勇悍绝伦，性皆好杀，仁杲尤甚，无恩众叛，虽猛何为？李轨窃据鹰扬，僭号河西，安隋朝官属，不夺其财；破李贇甲兵，放还其众，是其兴也。及杀害谋主，崇信妖巫，众叛亲离，其亡也，宜哉！武周始为鼠窃，偶恣鸱张，不用君璋之谋，竟为突厥所杀。苑君璋及总余众，别生异图，见颉利之朝，亦是见机者也。黑闼、开道，勇而无谋，顾其行师，祗是狂贼，皆为麾下所杀，驭众之道谬哉。

赞曰：国无纪纲，盗兴草泽。不有隋乱，焉知唐德？

卷五十六　　列传第六

萧铣　杜伏威　辅公祏（阚棱 王雄诞）
沈法兴　李子通（朱粲 林士弘）
张善安　罗艺　梁师都（刘季真 李子和）

萧铣，后梁宣帝曾孙也。祖岩，隋开皇初叛隋降于陈，陈亡，为文帝所诛。铣少孤贫，佣书自给，事母以孝闻。炀帝时，以外戚擢授罗川令。

大业十三年，岳州校尉董景珍、雷世猛，旅帅郑文秀、许玄彻、万瓒、徐德基、郭华，沔州人张绣等同谋叛隋。郡县官属众欲推景珍为主，景珍曰："吾素寒贱，虽假名号，众必不从。今若推主，当从众望。罗川令萧铣，梁氏之后，宽仁大度，有武皇之风。吾又闻帝王膺箓，必有符命，而隋氏冠带，尽号'起梁'，斯乃萧家中兴之兆。今请以为主，不亦应天顺人乎？"众乃遣人谕意，铣大悦，报景珍书曰："我之本国，昔在有隋，以小事大，朝贡无阙。乃贪我土宇，灭我宗祊，我是以痛心疾首，无忘雪耻。今天启公等，协我心事，若合符节，岂非上玄之意也！吾当纠率士庶，敬从来请。"即日集得数千人，扬言讨贼而实欲相应。遇颍川贼帅沈柳生来寇罗川县，铣击之，不利，因谓其众曰："岳州豪杰首谋起义，请我为主。今隋政不行，天下皆叛，吾虽欲独守，力不自全。且吾先人昔都此地，若从其请，必复梁祚，遣召柳生，亦当从我。"众皆大悦，即日自称梁公，改隋服色，建梁旗帜。柳生以众归之，拜为车骑大将军，率众往巴陵。自起军五日，远近投附者数万人。

景珍遣徐德基、郭华率州中首领数百人诣军迎谒，未及见铣，而前造柳生。柳生谓其下曰："我先奉梁公，勋居第一。今岳州兵众，位多于我，我若入城，便出其下。不如杀德基，质其首领，独挟梁公进取州城。"遂与左右杀德基，方诣中军白铣。铣大惊曰："今欲拨乱，忽自相

杀，我不能为汝主矣。"乃步出军门。柳生大惧，伏地请罪，铣责而赦之，令复旧位。铣陈兵入城，景珍进言于铣曰："徐德基丹诚奉主，柳生凶悖擅杀之，若不加诛，何以为政？且其为贼，凶顽已久，今虽从义，不革此心，同处一城，必将为变。若不预图，后悔无及。"铣又从之。景珍遂斩柳生于城内。其下将帅皆溃散。铣于是筑坛于城南，燔燎告天，自称梁王。以有异鸟之瑞，建元为凤鸣。义宁二年，僭称皇帝，署置百官，一准梁故事。伪谥其从父琮为孝靖帝，祖岩为河间忠烈王，父璇为文宪王。封董景珍为晋王，雷世猛为秦王，郑文秀为楚王，许玄彻为燕王，万瓒为鲁王，张绣为齐王，杨道生为宋王。隋将张镇州、王仁寿击之，不能克。及闻隋灭，镇州因与宁长真等率岭表诸州尽降于铣。九江鄱阳，初有林士弘僭号，俄自相诛灭，士弘逃于安成之山洞，其郡亦降于铣。遣其将杨道生攻陷南郡，张绣略定岭表，东至三硖，南尽交址，北拒汉川，皆附之，胜兵四十余万。

武德元年，迁都江陵，修复园庙。引岑文本为中书侍郎，令掌机密。铣又遣杨道生攻硖州，刺史许绍出兵击破之，赴水死者大半。高祖诏夔州总管赵郡王孝恭率兵讨之，拔其通、开二州，斩伪东平郡王萧阇提。时诸将横恣，多专杀戮，铣因令罢兵，阳言营农，实夺其帅之权也。其大司马董景珍之弟为伪将军，怨铣放其兵，遂谋为乱，事泄，为铣所诛。时景珍出镇长沙，铣下书赦之，召还江陵，景珍惧，遣间使诣孝恭送款。铣遣其齐王张绣攻之，景珍谓绣曰："'前年醢彭越，往年杀韩信'，卿岂不见之乎？奈何今日相攻！"绣不答，进兵围之。景珍溃围而走，为其麾下所杀。铣以绣为尚书令，绣恃勋骄慢，专恣弄权，铣又恶而杀之。既大臣相次诛戮，故人边将皆疑惧，多有叛者，铣不能复制，以故兵势益弱。

四年，高祖命赵郡王孝恭及李靖率巴蜀兵发自夔州，沿流而下；庐江王瑗从襄州道，黔州刺史田世康趣辰州道，黄州总管周法明趣夏口道以图铣。及大军将至，铣江州总管盖彦举以五州降。又遣其将文士弘等率兵拒战，孝恭与李靖皆击破之，进逼其都。初，铣之放兵散也，自留宿卫兵士数千人，忽闻孝恭至而仓卒追兵，并江、岭之南，道里辽远，未能相及。孝恭纵兵入郭，布长围以守之。数日，克其水城，获其舟船数千艘。其交州总管丘和、长史高士廉、司马杜之松等先来谒铣，闻兵败，便诣李靖来降。铣自度救兵不至，谓其群下曰："天不祚梁，数归于灭。若待力屈，必害黎元，岂以我一人致伤百姓？及城未拔，宜先出降，冀免乱兵，幸全众庶。诸人失我，何患无君？"乃巡城号令，守陴者皆恸哭。铣以太牢告于其庙，率官属缌缞布帻而诣军门，曰："当死者唯铣，百姓非有罪也，请无杀掠。"孝恭因之，送于京师。铣降后数日，江南救兵十余万一时大至，知铣降，皆送款于孝恭。铣至，高祖数其罪，铣对曰："隋失其鹿，英雄竞逐，铣无天命，故至于此。亦犹田横南面，非负汉朝。若以为罪，甘从鼎镬。"竟斩于都市，年三十九。铣自初起，五年而灭。

杜伏威，齐州章丘人也。少落拓，不治产业，家贫无以自给，每穿窬为盗。与辅公祏为刎颈之交。公祏姑家以牧羊为业，公祏数攘羊以馈之，姑有憾焉，因发其盗事。郡县捕之急，伏威与公祏遂俱亡命，聚众为群盗，时年十六。常营护诸盗，出则居前，入则殿后，故其党咸服之，共推为主。

大业九年，率众入长白山，投贼帅左君行，不被礼，因舍去，转掠淮南，自称将军。时下邳有苗海潮，亦聚众为盗，伏威使公祏谓曰："今同苦隋政，各兴大义，力分势弱，常恐见擒，何不合以为强，则不患隋军相制。若能为主，吾当敬从，自揆不堪，可来听命，不则一战以决雄雌。"海潮惧，即以其众归于伏威。江都留守遣校尉宋颢率兵讨之，伏威与战，阳为奔北，引入葭芦中，而从上风纵火，迫其步骑陷于大泽，火至皆烧死。有海陵贼帅赵破阵，闻伏威兵少而轻之，遣使召伏威，请与并力。伏威令公祏严兵居外以待变，亲将十人持牛酒入谒。破阵大悦，引伏威入幕，尽集其酋帅纵酒高会。伏威于坐斩破阵而并其众。由此兵威稍盛，复屠安宜。

炀帝遣右御卫将军陈棱以精兵八千讨之，棱不敢战，伏威遗棱妇人之服以激怒之，并致书号为"陈姥"，棱大怒，悉兵而至。伏威逆拒，自出阵前挑战，棱部将射中其额，伏威怒，指之曰："不杀汝，我终不拔箭。"遂驰之。棱部将走奔其阵，伏威因入棱阵，大呼冲击，所向披靡，获所射者，使其拔箭，然后斩之，携其首复入棱军奋击，杀数十人。棱阵大溃，仅以身免。乘胜破高邮县，引兵据历阳，自称总管，分遣诸将略属县，所至辄下，江淮间小盗争来附之。伏威尝选敢死之士五千人，号为"上募"，宠之甚厚，与同甘苦。有攻战，辄令上募击之，及战罢阅视，有中在背，便杀之，以其退而被击也。所获赀财，皆以赏军士，有战死者，以其妻妾殉葬，故人自为战，所向无敌。

宇文化及之反也，署为历阳太守，伏威不受。又移居丹阳，进用人士，大修器械，薄赋敛，除殉葬法，其犯奸盗及官人贪浊者，无轻重皆杀之。仍上表于越王侗，侗拜伏威为东道大总管，封楚王。太宗之围王世充，遣使招之，伏威请降。高祖遣使就拜东南道行台尚书令、江淮以南安抚大使、上柱国，封吴王，赐姓李氏，预宗正属籍，封其子德俊为山阳公，赐帛五千段、马三百匹。伏威遣其将军陈正通、徐绍宗率兵来会。武德四年，遣其将军王雄诞讨李子通于杭州，擒之以献。又破汪华于歙州，尽有江东、淮南之地，南接于岭，东至于海。寻闻太宗平刘黑闼，进攻徐圆朗，伏威惧而来朝，拜为太子太保，仍兼行台尚书令。留于京师，礼之甚厚，位在齐王元吉之上，以宠异之。初，辅公祏之反也，诈称伏威之令，以绐其众，高祖遣赵郡王孝恭讨之。时伏威在长安暴卒。及公祏平，孝恭收得公祏反辞，不晓其诈，遽以奏闻，乃除伏威名，籍没其妻子。贞观元年，太宗知其冤，赦之，复其官爵，葬以公礼。

辅公祏，齐州临济人。隋末，从杜伏威为群盗。初，伏威自称总管，以公祏为长史。李子通之败沈法兴也，伏威使公祏以精卒数千渡江讨之。子通率众数万以拒公祏，兵锋甚锐。公祏简甲士千人，皆使执长刀，仍令千余人随后，令之曰："有却者斩。"公祏自领余众，复居其后。俄而子通方阵于前，公祏所遣千人皆殊死决战，公祏乃纵左右翼攻之，子通大溃，降其众数千人。公祏寻与伏威遣使归国，拜为淮南道行台尚书左仆射，封舒国公。初，伏威与公祏少相爱狎，公祏年长，伏威每兄事之，军中或呼为伯，畏敬与伏威等。伏威潜忌之，为署其养子阚棱为左将军，王雄诞为右将军，推公祏为仆射，外示尊崇，而阴夺其兵权。公祏知其意，怏怏不平，乃与故人左游仙伪学道辟谷以远其事。武德五年，伏威将入朝，留公祏居守，复令雄诞典兵以副公祏，阴谓曰："吾入京，若不失职，无令公祏为变。"其后左游仙乃说公祏令反。会雄诞属疾于家，公祏夺其兵，诈言伏威不得还江南，贻书令其起兵。因僭即伪位，自称宋国，于陈故都筑宫以居焉。署置百官，以左游仙为兵部尚书、东南道大使、越州总管。大修兵甲，转漕粮饷。时吴兴贼帅沈法兴据毗陵，公祏击破之。又遣其将冯惠亮屯于博望山，陈正通、徐绍宗屯于青林山以拒官军。高祖命赵郡王孝恭率诸将奋击，大破之。绍宗、正通以五骑奔于丹阳。公祏惧而遁走，欲就左游仙于会稽，至武康，为野人所执，送于丹阳，孝恭斩之，传首京师。公祏与伏威同起，至灭凡十三载，江东悉平。初，伏威养壮士三十余人为假子，分领兵马，唯阚棱、王雄诞知名。

阚棱，齐州临济人。善用大刀，长一丈，施两刃，名为拍刃，每一举，辄毙数人，前无当者。及伏威据有江淮之地，棱数有战功，署为左将军。伏威步兵皆出自群贼，类多放纵，有相侵夺者，棱必杀之，虽亲故无所舍，令行禁止，路不拾遗。后从伏威入朝，拜左领军将军，迁越州都督。及公祏僭号，棱从军讨之，与陈正通相遇。阵方接，棱脱兜鍪谓贼众曰："汝不识我邪？何敢来战！"其众多棱旧之所部，由是各无斗志，或有还拜者。公祏之破，棱功居多，颇有自矜之色。及擒公祏，诬棱与已通谋。又杜伏威、王雄诞及棱家产在贼中者，合从原放，孝恭乃皆籍没。棱诉理之，有忤于孝恭，孝恭怒，遂以谋反诛之。

王雄诞者，曹州济阴人。初，伏威之起也，用其计，屡有克获，署为骠骑将军。伏威后率众渡淮，与海陵贼李子通合。后子通恶伏威雄武，使骑袭之，伏威被重创堕马，雄诞负之，逃于葭芦中。伏威复招集余党，攻劫郡县，隋将来整又击破之，亡失余众。其部将西门君仪妻王氏勇决多力，负伏威而走，雄诞率麾下壮士十余人卫护。隋军追至，雄诞辄还御之，身被数枪，勇气弥厉，竟脱伏威。时阚棱年长于雄诞，故军中号棱为大将军，雄诞为小将军。

后伏威令辅公祏击李子通于江都，使雄诞与棱为副，战于溧水，子通大败。公祏乘胜追之，却为子通所破，军士皆坚壁不敢出。雄诞谓公祏曰："子通军无营垒，且狃于初胜而不设备，若击之，必克。"公祏不从。雄诞以其私属数百人衔枚夜击之，因顺风纵火，子通大败，走渡太湖，复破沈法兴，居其地。高祖闻伏威据有吴、楚，遣使谕之。雄诞率众讨之，子通以精兵守独松岭，雄诞遣其部将陈当率千余人，出其不意，乘高据险，多张旗帜，夜则缚炬火于树上，布满山泽间。子通大惧，烧营而走，保于杭州。雄诞追击败之，擒子通于阵，送于京师。歙州首领汪华，隋末据本郡称王十余年，雄诞回军击之。华出新安洞口以拒雄诞，甲兵甚锐。雄诞伏精兵于山谷间，率羸弱数千人当之，战才合，伪退归本营。华攻之不能克，会日暮欲还，雄诞伏兵已据其洞口，华不得入，窘急面缚而降。苏州贼帅闻人遂安据昆山县而无所属，伏威又命雄诞攻之。雄诞以昆山险隘，难以力胜，遂单骑诣其城下，陈国威灵，示以祸福，遂安感悦，率诸将出降。以前后功授歙州总管，封宜春郡公。伏威之入朝也，留辅公祏镇江南，而兵马属于雄诞。公祏将为逆，夺其兵，拘之别室，遣西门君仪谕以反计，雄诞曰："当今方太平，吴王又在京辇，国家威灵，无远不被，公何得与族灭事耶！雄诞有死而已，不敢闻命。"公祏知不可屈，遂缢杀之。雄诞善抚恤将士，皆得其死力，每破城镇，约勒部下，丝毫无犯，故死之日，江南士庶莫不为之流涕。高祖嘉其节，命其子袭封宜春郡公。太宗即位，追赠左卫大将军、越州都督，谥曰忠。

果，垂拱初官至广州都督，安西大都护。

沈法兴，湖州武康人也。父恪，陈特进、广州刺史。法兴，隋大业末为吴兴郡守。东阳贼帅楼世干举兵围郡城，炀帝令法兴与太仆丞元祐讨之。俄而宇文化及弑炀帝于江都，法兴自以代居南土，宗族数千家，为远近所服，乃与祐部将孙士汉、陈果仁执祐于坐，号令远近。以诛化及为名，发自东阳，行收兵，将趋江都，下余杭郡，比至乌程，精卒六万。毗陵郡通守路道德率兵拒之，法兴请与连和，因会盟袭杀道德，进据其城。时齐郡贼帅乐伯通据丹阳，为化及城守，法兴使果仁攻陷之，于是据有江表十余郡，自署江南道总管。复闻越王侗立，乃上表于侗，自称大司马、录尚书事、天门公。承制置百官，以陈果仁为司徒，孙士汉为司空，蒋元超为尚书左仆射，殷芊为尚书左丞，徐令言为尚书右丞，刘子翼为选部侍郎，李百药为府掾。

法兴自克毗陵后，谓江淮已南可指捣而定，专立威刑，将士有小过，便即诛戮，而言笑自若，由是将士解体。称梁王，建元曰延康，改易隋官，颇依陈氏故事。是时，杜伏威据历阳，陈棱据江都，李子通据海陵，并握强兵，俱有窥觎江表之志。法兴三面受敌，军数挫衄。陈棱寻被李子通围于江都，棱窘急，送质求救，法兴使其子纶领兵数万救之。子通率众攻纶，大败，乘胜渡江，陷其京口。法兴使蒋元超拒之于庱亭，元超战死。法兴与左右数百人投吴郡贼帅闻人遂安，遣其将叶孝辩迎之。法兴至中路而悔，欲杀孝辩，更向会稽。孝辩觉之，法兴惧，乃赴江死。初，法兴以义宁二年起兵，至武德三年而灭。

李子通，东海丞人也。少贫贱，以鱼猎为事。居乡里，见斑白提挈者，必代之。性好施惠，家无蓄积，睚眦之怨必报。隋大业末，有贼帅左才相，自号博山公，据齐郡之长白山,子通归之,以武力为才相所重。有乡人陷于贼者,必全护之。时诸贼皆残忍,唯子通独行仁恕,由是人多归之,未半岁,兵至万人。才相稍忌之,子通自引去,因渡淮,与杜伏威合。寻为隋将来整所败,子通拥其余众奔海陵,得众二万,自称将军。初,宇文化及以隋将军陈稜为江都太守,子通率师击之。稜南求救于沈法兴,西乞师于杜伏威,二人各以兵至,伏威屯清流,法兴保杨子,相去数十里间。子通纳言毛文深进计,募江南人诈为法兴之兵,夜袭伏威。伏威不悟,恨法兴之侵己,又遣兵袭法兴。二人相疑,莫敢先动。子通遂得尽锐攻陷江都,陈稜奔于伏威。子通入据江都,尽杀其众,因僭即皇帝位,国称吴,建元为明政。

丹阳贼帅乐伯通率众万余来降,子通拜尚书左仆射。更进击法兴于庱亭,斩其仆射蒋元超,法兴弃城宵遁,遂有晋陵之地。获法兴府掾李百药,引为内史侍郎,使典文翰;以法兴尚书左丞殷芊为太常卿,使掌礼乐。由是隋郡县及江南人士多归之。后伏威遣辅公祏攻陷丹阳,进屯溧水,子通击之,反为公祏所败。又属粮尽,子通弃江都,保于京口,江西之地尽归伏威。子通又东走太湖,鸠集亡散,得二万人,袭沈法兴于吴郡,破之,率其官属都于余杭。东至会稽,南至于岭,西距宣城,北至太湖,尽有其地。

未几,杜伏威遣其将王雄诞攻之,大战于苏州,子通败绩,退保余杭。雄诞进逼之,战于城下,军复败,子通穷蹙请降。伏威执之,并其左仆射乐伯通送于京师,尽收其地。高祖不之罪,赐宅一区、公田五顷,礼赐甚厚。及伏威来朝,子通谓伯通曰:"伏威既来,东方未静,我所部兵,多在江外,往彼收之,可有大功于天下矣。"遂相与亡,至蓝田关,为吏所获,与伯通俱伏诛。时又有朱粲、林士弘、张善安,皆僭号于江、淮之间。

朱粲者,亳州城父人也。初为县佐史。大业末,从军讨长白山贼,遂聚结为群盗,号"可达寒贼",自称迦楼罗王,众至十余万。引军渡淮,屠竟陵、沔阳,后转掠山南,郡县不能守,所至杀戮,噍类无遗。义宁中,招慰使马元规击破之。俄而收辑余众,兵又大盛,僭称楚帝于冠军,建元为昌达,攻陷邓州,有众二十万。粲所克州县,皆发其藏粟以充食,迁徙无常,去辄焚余赀,毁城郭,又不务稼穑,以劫掠为业。于是百姓大馁,死者如积,人多相食。军中罄竭,无所虏掠,乃取婴儿蒸而啖之,因令军士曰:"食之美者,宁过于人肉乎!但令他国有人,我何所虑?"即勒所部,有略得妇人小儿皆烹之,分给军士,乃税诸城堡,取小弱男女以益兵粮。隋著作佐郎陆从典、通事舍人颜愍楚因谴左迁,并在南阳,粲悉引之为宾客,后遭饥馁,合家为贼所啖。又诸城惧祸,皆相携逃散。显州首领杨士林、田瓒率兵以背粲,诸州响应,相聚而攻之,大战于淮源。粲败,以数千兵奔于菊潭县,遣使请降。高祖令假散骑常侍段确迎劳之,确因醉,侮粲曰:"闻卿啖人,作何滋味?"粲曰:"若啖嗜酒之人,正似糟藏猪肉。"确怒,慢骂曰:"狂贼,入朝后一头奴耳,更得啖人乎!"粲惧,于坐收确及从者数十人,奔于王世充,拜为龙骧大将军。东都平,获之,斩于洛水之上。士庶嫉其残忍,竞投瓦砾以击其尸,须臾封之若冢。

林士弘者,饶州鄱阳人也。大业十二年,与其乡人操师乞起为群盗,师乞自号元兴王,攻陷豫章郡而据之,以士弘为大将军。隋遣持书侍御史刘子翊率师讨之,师乞中矢而死。士弘代董其众,复与子翊大战于彭蠡湖,隋师败绩,子翊死之。士弘大振,兵至十余万。大业十三年,徙据虔州,自称皇帝,国号楚,建元太平,以其党王戎为司空。攻陷临川、庐陵、南康、宜春等诸郡,北至九江,南洎番禺,悉有其地。其党张善安保南康郡,怀贰于士弘,以舟师循江而下,击破豫章。士弘尚有南昌、虔、循、潮数州之地。及萧铣破后,散兵稍往归之,士弘复振。荆州总管赵王孝恭遣使招慰之,其循、潮二州并来降。武德五年,士弘遣其弟鄱阳王药师率兵二万攻循州,刺史杨略与战,大破之。士弘惧而遁走,潜保于安城之山洞。王戎亦以南昌来降,拜为南昌州刺史。戎于是召士弘藏之于宅,招诱旧兵,更谋作乱。其年,洪州总管张善安觇知其事,发兵讨之,会士弘死,部兵溃散,戎为善安所虏。

张善安者,兖州方与人也。年十七便为劫盗,转掠淮南,有众百余人。会孟让为王世充所破,其散卒稍归之,得八百人。袭破庐江郡,因渡江,附林士弘于豫章。士弘不信,营于南塘上。善安憾之,袭击士弘,焚其郛郭。而士弘后去豫章,善安复来据之,伪以其地归国,授洪州总管。辅公祏之反也,善安亦举兵相应,公祏以为西南道大行台。安抚使李大亮以兵击之,两军隔水而阵,大亮谕以祸福。答曰:"善安无背逆之心,但为将士所误。今欲归降,又恐不免于死。"大亮谓曰:"张总管既有降心,吾亦不相疑阻。"因独身涉涧就之,入其阵,与善安握手交言,示无猜意。善安大喜,因许降,将数十骑至大亮营,大亮引之而入,因令武士执之,从者遁走。既而送善安于长安,称不与公祏交通,高祖初善遇之。及公祏败,搜得其书,与相往复,遂诛之。

罗艺,字子延,本襄阳人也,寓居京兆之云阳。父荣,隋监门将军。艺性桀黠,刚愎不仁,勇于攻战,善射,能弄矟。大业时,屡以军功官至虎贲郎将,炀帝令受右武卫大将军李景节度,督军于北平。艺少习戎旅,分部严肃,然任气纵暴,每凌侮于景,频为景所辱,艺深衔之。后遇天下大乱,涿郡物殷阜,加有伐辽器仗,仓粟盈积。又临朔宫中多珍产,屯兵数万,而诸贼竞来侵掠。留守官虎贲郎将赵什住、贺兰谊、晋文衍等皆不能拒,唯艺独出战,前后破敌不可胜计,威势日重。什住等颇忌艺,艺阴知之,将图为乱,乃宣言于众曰:"吾辈讨贼,甚有功效,城中仓库山积,制在留守之官,而无心济贫,此岂存恤之意也!"以此言激怒其众,众人皆怨。既而旋师,郡丞出城候艺,艺因执之,陈兵而入,什住等惧,皆来听命。于是发库物以赐战士,开仓以赈穷乏,境内咸悦。杀渤海太守唐祎等不同己者数人,威振边朔,柳城、怀远并归附乎。艺黜柳城太守杨林甫,改郡为营州,以襄平太守邓暠为总管,艺自称幽州总管。宇文化及至山东,遣使召艺,艺曰:

"我隋室旧臣，感恩累叶，大行颠覆，实所痛心。"乃斩化及使者，而为炀帝发丧，大临三日。窦建德、高开道亦遣使于艺，艺谓官属曰："建德、开道，皆剧贼耳，化及弑逆，并不可从。今唐公起兵，皆符人望，入据关右，事无不成。吾率众归之，意已决矣，有沮众异议者必戮之。"会我使人张道源绥辑山东，遣人谕意，艺大悦。武德三年，奉表归国，诏封燕王，赐姓李氏，预宗正属籍。

太宗之击刘黑闼也，艺领本兵数万，破黑闼弟什善于徐河，俘斩八千人。明年，黑闼引突厥俱入寇，艺复将兵与隐太子建成会于洺州，因请入朝，高祖遇之甚厚，俄拜左翊卫大将军。艺自以功高位重，无所降下，太宗左右尝至其营，艺无故殴击之。高祖怒，以属吏，久而乃释，待之如初。时突厥屡为寇患，以艺素有威名，为北夷所惮，令以本官领天节军将镇泾州。

太宗即位，拜开府仪同三司，而艺惧不自安，遂于泾州诈言阅武，因追兵，矫称奉密诏勒兵入朝，率众军至于豳州。治中赵慈皓不知艺反，驰出谒之，艺遂以据豳州。太宗命吏部尚书长孙无忌、右武候大将军尉迟敬德率众讨艺。王师未至，慈皓与统军杨岌潜谋击之，事泄，艺执慈皓系狱。岌时在城外，觉变，遽勒兵攻之，艺大溃，弃妻子，与数百骑奔于突厥。至宁州界，过乌氏驿，从者渐散，其左右斩艺，传首京师，枭之于市。复其本姓罗氏。艺弟寿，时为利州都督，缘坐伏诛。先是，曹州女子李氏为五戒，自言通于鬼物，有病癞者，就疗多愈，流闻四方，病人自远而至，门多车骑。高祖闻之，诏赴京师。因往来艺家，谓其妻孟氏曰："妃骨相贵不可言，必当母仪天下。"孟笃信之，命密观艺，又曰："妃之贵者，由于王；王贵色发矣，十日间当上大位。"孟氏由是遽劝反，孟及李皆坐斩。

梁师都，夏州朔方人也。代为本郡豪族，仕隋鹰扬郎将。大业末，罢归。属盗贼群起，师都阴结徒党数十人，杀郡丞唐宗，据郡反。自称大丞相，北连突厥。隋将张世隆击之，反为所败。师都因遣兵掠定雕阴、弘化、延安等郡，于是僭即皇帝位，称梁国，建元为永隆。突厥始毕可汗遗以狼头纛，号为大度毗伽可汗。师都乃引突厥居河南之地，攻破盐川郡。

武德二年，高祖遣延州总管段德操督兵讨之。师都与突厥之众数千骑来寇延安，营于野猪岭。德操以众寡不敌，按甲以挫其锐。后伺师都稍怠，遣副总管梁礼率众击之，德操以轻骑出其不意。师都与礼酣战久之，德操多张旗帜，奄至其后，师都大溃，逐北二百余里，虏男女二百余口。经数月，师都又以步骑五千来寇，德操击之，俘斩略尽。及刘武周之败，师都大将张举、刘旻相次来降，师都大惧，遣其尚书陆季览说处罗可汗曰："比者中原丧乱，分为数国，势均力弱，所以北附突厥。今武周既灭，唐国益大，师都甘从亡灭，亦恐次及可汗。愿可汗行魏孝文之事，遣兵南侵，师都请为乡导。"处罗从之。谋令莫贺咄设入自原州，泥步设与师都入自延州，处罗入自并州，突利可汗与奚、霫、契丹、靺鞨入自幽州，合于窦建德，经

滏口道来会于晋、绛。兵临发，遇处罗死，乃止。高祖又令德操悉发边兵进击师都，拔其东城。师都退据西城，又求救于突厥颉利可汗，颉利以劲兵万骑救援之。时稽胡大帅刘仚成率众降师都，师都信谗杀之，于是群情疑惧，多叛师都来降。师都势蹙，乃往朝颉利，为陈入寇之计。自此频致突厥之寇，边州略无宁岁。颉利可汗之寇渭桥，亦师都计也。颉利政乱，太宗知师都势危援孤，以书谕之，不从。遣夏州长史刘旻、司马刘兰经略之。有得其生口者，辄纵遣令为反间，离其君臣之计。频选轻骑践其禾稼，城中渐虚，归命者相继，皆善遇之。由是益相猜阻。有李正宝、辛獠儿者，皆其名将，谋执师都，事泄不果，正宝竟来降。贞观二年，太宗遣右卫大将军柴绍、殿中少监薛万均讨之，又使刘旻、刘兰率劲卒直据朔方东城以逼之。颉利可汗遣兵来援师都，绍逆击破之，进屯城下。师都兵势日蹙，其从父弟洛仁斩师都，诣绍降，拜洛仁为右骁卫将军，封朔方郡公。师都自起至灭，凡十二岁。以其地为夏州。时又有刘季真、李子和，屯据北边，与刘武周、梁师都递为表里。

刘季真者，离石胡人也。父龙儿，隋末拥兵数万，自号刘王，以季真为太子。龙儿为虎贲郎将梁德所斩，其众渐散。及义师起，季真与弟六儿复举兵为盗，引刘武周之众攻陷石州。季真北连突厥，自称突利可汗，以六儿为拓定王，甚为边患。时西河公张纶、真乡公李仲文俱以兵临之，季真惧而来降，授石州总管，赐姓李氏，封彭城郡王。季真见宋金刚与官军相持于浍州，久而未决，遂复亲武周，与之合势。及金刚败，季真亡奔高满政，寻为所杀。

李子和者，同州蒲城人也。本姓郭氏。大业末，为左翊卫，犯罪徙榆林，见郡内大饥，遂潜引敢死士，得十八人，攻郡门，执郡丞王才，数以不恤百姓，斩之，开仓以赈穷乏。自称永乐王，建元为正平，尊其父为太公，以弟子政为尚书令，子端、子升为左、右仆射。有众二千余骑，南连梁师都，北附突厥始毕可汗，并送子为质以自固。始毕先署刘武周为定杨天子，梁师都为解事天子，又以子和为平杨天子，子和固辞不敢当，始毕乃更署子和为屋利设。武德元年，遣使归款，授榆林郡守。寻就拜云州总管，封金河郡公。二年，进封郕国公。时师都强暴，子和虑为所攻，寻勒兵袭师都宁朔城，克之。子和既绝师都，又伺突厥间衅，遣使以闻，为处罗可汗候骑所获，处罗大怒，囚其弟子升。子和自以孤危，甚惧。四年，拔户口南徙，诏以延州故城居之。五年，从太宗平刘黑闼，陷阵有功。高祖嘉其诚节，赐姓李氏，拜右武卫将军。贞观元年，赐实封三百户。十一年，除婺州刺史，改封夷国公。显庆元年，累转黔州都督。以年老乞骸骨，许之，加金紫光禄大夫。麟德九年卒。

史臣曰：萧铣聚乌合之众，当鹿走之时，放兵以夺将权，杀旧以求位定，泊大军奋至，束手出降，宜哉！杜伏威恃勇聚徒，见机归国，或致疑于高祖，竟见雪于太宗。辅公祏窃兵为叛，王雄诞守节不回，训子孙以忠贞，感士庶之流涕。子通修仁驭众，终怀贰以伏诛；罗艺归国立

功,信妖言而为叛。善始令终者,鲜矣!沈法兴狂贼,梁师都凶人,皆至覆亡,殊无改悔。自隋朝维绝,宇县瓜分,小则鼠窃狗偷,大则鲸吞虎据。大唐举义,兆庶归仁,高祖运应瑶图,太宗天资神武,群凶席卷,寰海镜清,祚享永年,功宣后代,谥曰神尧、文武,岂不韪哉!

赞曰:失政资盗,图王僭号。真主勃兴,风驱电扫。

卷五十七　　列传第七

裴寂　　刘文静弟文起　文静子树义

树艺　李孟尝　刘世龙　赵文恪　张平高　李思行　李高迁　许世绪　刘师立　钱九陇　樊兴　公孙武达　庞卿恽　张长逊　李安远

裴寂,字玄真,蒲州桑泉人也。祖融,司木大夫。父瑜,绛州刺史。寂少孤,为诸兄之所鞠养。年十四,补州主簿。及长,疏眉目,伟姿容。隋开皇中,为左亲卫。家贫无以自业,每徒步诣京师,经华岳庙,祭而祝曰:"穷困至此,敢修诚谒,神之有灵,鉴其运命。若富贵可期,当降吉梦。"再拜而去。夜梦白头翁谓寂曰:"卿年三十已后方可得志,终当位极人臣耳。"后为齐州司户。大业中,历侍御史、驾部承务郎、晋阳宫副监。高祖留守太原,与寂有旧,时加亲礼,每延之宴语,间以博奕,至于通宵连日,情忘厌倦。时太宗将举义师而不敢发言,见寂为高祖所厚,乃出私钱数百万,阴结龙山令高斌廉与寂博戏,渐以输之。寂得钱既多,大喜,每日从太宗游。见其欢甚,遂以情告之,寂即许诺。寂又以晋阳宫人私侍高祖,高祖从寂饮,酒酣,寂白状曰:"二郎密缵兵马,欲举义旗,正为寂以宫人奉公,恐事发及诛,急为此耳。今天下大乱,城门之外,皆是盗贼。若守小节,旦夕死亡;若举义兵,必得天位。众情已协,公意如何?"高祖曰:"我儿诚有此计,既已定矣,可从之。"及义兵起,寂进司女五百人,并上米九万斛、杂彩五万段、甲四十万领,以供军用。大将军府建,以寂为长史,赐爵闻喜县公。从至河东,屈突通拒守,攻之不下,三辅豪杰归义者日有千数。高祖将先定京师,议者恐通为后患,犹豫未决。寂进说曰:"今通据蒲关,若不先平,前有京城之守,后有屈突之援,此乃腹背受敌,败之道也。未若攻蒲州,下之而后入关。京师绝援,可不攻而定矣。"太宗曰:"不然。兵法尚权,权在于速。宜乘机早渡,以骇其心。我若迟留,彼则生计。且关中群盗,所在屯结,未有定主,易以招怀,贼附兵强,何城不克?屈突通自守贼耳,不足为虞。若失入关之机,则事未可知矣。"高祖两从之,留兵围河东,而引军入关。及京师平,赐良田千顷、甲第一区、物四万段,转大丞相府长史,进封魏国公,食邑三千户。

及隋恭帝逊位,高祖固让不受,寂劝进,又不答。寂请见曰:"桀、纣之亡,亦各有子,未闻汤、武臣辅之,可为龟镜,无所疑也。寂之茅土、大位,皆受之于唐,陛下不为唐帝,臣当去官耳。"又陈符命十余事,高祖乃从之。寂出,命太常具礼仪,择吉日。高祖既受禅,谓寂曰:"使我至此,公之力也。"拜尚书右仆射,赐以服玩不可胜纪,仍诏尚食奉御,每日赐寂御膳。高祖视朝,必引与同坐,入阁则延之卧内,言无不从,呼为裴监而不名。当朝贵戚,亲礼莫与为比。武德二年,刘武周将黄子英、宋金刚频寇太原,行军总管姜宝谊、李仲文相次陷没,高祖患之。寂自请行,因为晋州道行军总管,得以便宜从事。师次介休,而金刚据城以抗寂。寂保于度索原,营中乏水,贼断其涧路,由是危迫。欲移营就水,贼因犯之,师遂大溃,死散略尽。寂一日一夜驰至平阳。晋州以东城镇俱没,金刚进逼绛州,寂抗表陈谢,高祖慰谕之,复令镇抚河东之地。寂性怯,无捍御之才,唯发使络绎,催督虞、秦二州居人,勒入城堡,焚其积聚。百姓惶骇,复思为乱。夏县人吕崇茂遂杀县令举兵反,引金刚为援,寂击之,复为崇茂所败。被征入朝,高祖数之曰:"义举之始,公有翼佐之勋,官爵亦极矣。前拒武周,兵势足以破敌,致此丧败,不独愧于朕乎?"以之属吏,寻释之,顾待弥重。

高祖有所巡幸,必令居守。麟州刺史韦云起告寂谋反,讯之无端。高祖谓寂曰:"朕之有天下者,本公所推,今岂有贰心?皂白须分,所以推究耳。"因令贵妃三人赍珍馔、宝器就寂第,宴乐极欢,经宿而去。又尝从容谓曰:"我李氏昔在陇西,富有龟玉,降及祖祢,姻娅帝室。及举义兵,四海云集,才涉数日,升为天子。至如前代皇王,多起微贱,勤劳行阵,下不聊生。公复世胄名家,历职清显,岂若萧何、曹参起自刀笔吏也!唯我与公,千载之后,无愧前修矣。"其年,改铸钱,特赐寂令自铸造。又为赵王元景聘寂女为妃。六年,迁尚书左仆射,赐宴于含章殿,高祖极欢,寂顿首而言曰:"臣初发太原,以有慈旨,清平之后,许以退耕。今四海乂安,伏愿赐臣骸骨。"高祖泣下沾襟曰:"今犹未也,要相偕老耳。公为台司,我为太上,逍遥一代,岂不快哉!"俄册司空,赐实封五百户,遣尚书员外郎一人每日更直寂第,其见崇贵如此。

贞观元年,加实封并前一千五百户。二年,太宗祠南郊,命寂与长孙无忌同升金辂,寂辞让,太宗曰:"以公有佐命之勋,无忌亦宣力于朕,同载参乘,非公而谁?"遂同乘而归。

三年,有沙门法雅,初以恩幸出入两宫,至是禁绝之,法雅怨望,出妖言,伏法。兵部尚书杜如晦鞫其狱,法雅乃称寂知其言,寂对曰:"法雅惟云时候方行疾疫,初不闻妖言。"法雅证之,坐是免官,削食邑之半,放归本邑。寂请住京师,太宗数之曰:"计公勋庸,不至于此,徒以恩泽,特居第一。武德之时,政刑纰缪,官方弛紊,职公之由。但以旧情,不能极法,归扫坟墓,何得复辞?"寂遂归蒲州。未几,有狂人自称信行,寓居汾阴,言多妖妄,常谓寂家僮曰:"裴公有天分。"于时信行已死,寂监奴恭命以其言白寂,寂惶惧不敢闻奏,阴呼恭命杀所言者。恭命纵令亡匿,寂不知之。寂遣恭命收纳封邑,得钱百余万,因用而尽。寂怒,将遣人捕之,恭命惧而上变。太宗大怒,谓侍臣曰："寂有死罪者四：位为三公而与妖人法雅亲密，罪一也；事发之后，乃负气愤怒，称国家有天下，是我所谋，罪二也；妖人言其有天分，匿而不奏，罪三也；阴行杀戮以灭口，罪四也。我杀之非无辞矣。议者多言流配，朕其从众乎？"于是徙交州，竟流静州。俄逢山羌为乱，或言反獠劫寂为主，太宗闻之曰："我国家于寂有性命之恩，必不然矣。"未几，果称寂率家僮破贼。太宗思寂佐命之功，征入朝，会卒，时年六十。赠相州刺史、工部尚书、河东郡公。

子律师嗣，尚太宗妹临海长公主，官至汴州刺史。律师子承先，则天时为殿中监，为酷吏所杀。

刘文静，字肇仁，自云彭城人，代居京兆之武功。祖懿，周石州刺史。父韶，隋时战没，赠上仪同三司。少以其父身死王事，袭父仪同三司。伟姿仪，有器干，倜傥多权略。隋末，为晋阳令，遇裴寂为晋阳宫监，因而结友。夜与同宿，寂见城上烽火，仰天叹曰："卑贱之极，家道屡空，又属乱离，当何取济？"文静笑曰："世途若此，时事可知。吾二人相得，何患于卑贱？"

及高祖镇太原，文静察高祖有四方之志，深自结托。又窃观太宗，谓寂曰："非常人也。大度类于汉高，神武同于魏祖，其年虽少，乃天纵矣。"寂初未然之。后文静坐与李密连婚，炀帝令系于郡狱。太宗以文静可与谋议，入禁所视之。文静大喜曰："天下大乱，非有汤、武、高、光之才，不能定也。"太宗曰："卿安知无？但恐常人不能别耳。今入禁所相看，非儿女之情相忧而已。时事如此，故来与君图举大计，请善筹其事。"文静曰："今李密长围洛邑，主上流播淮南，大贼连州郡，小盗阻山泽者，万数矣，但须真主驱驾取之。诚能应天顺人，举旗大呼，则四海不足定也。今太原百姓避盗贼者，皆入此城。文静为令数年，知其豪杰，一朝啸集，可得十万人，尊公所领之兵，复且数万，君言出口，谁敢不从？乘虚入关，号令天下，不盈半岁，帝业可成。"太宗笑曰："君言正合人意。"于是部署宾客，潜图起义。候机当发，恐高祖不从，沉吟者久。文静见高祖厚于裴寂，欲因寂开说，于是引寂交于太宗，得通谋议。

及高君雅为突厥所败，高祖被拘，太宗又遣文静共寂进说曰："《易》称'知几其神乎'，今大乱已作，公处嫌疑之地，当不赏之功，何以图全？其神将败衄，以罪见归。事诚迫矣，当须为计。晋阳之地，士马精强，宫监之中，府库盈积，以兹举事，可立大功。关中天府，代王冲幼，权豪并起，未有适从。愿公兴兵西入，以图大事。何乃受单使之囚乎？"高祖然之。时太宗潜结死士，与文静等协议，克日举兵，会高祖得释而止。乃命文静诈为炀帝敕，发太原、西河、雁门、马邑，人年二十已上、五十已下悉为兵，期以岁暮集涿郡，将伐辽东。由是人情大扰，思乱者益众。文静因谓裴寂曰："公岂不闻'先发制人，后发制于人'乎？唐公名应图谶，闻于天下，何乃推延，自贻祸衅？宜早劝唐公，以时举义。"又胁寂曰："且公为宫监，而以宫人侍客，公死可尔，何误唐公也？"寂甚惧，乃屡

促高祖起兵。会马邑人刘武周杀太守王仁恭，自称天子，引突厥之众，将侵太原。太宗遣文静及长孙顺德等分部募兵，以讨武周为辞；又令文静与裴寂伪作符敕，出宫监库物以供留守资用，因募兵集众。及义兵将起，副留守王威、高君雅独怀猜贰。后数日，将大会于晋祠，威及君雅潜谋害高祖，晋阳乡长刘世龙以白太宗。太宗既知迫急，欲先事诛之，遣文静与鹰扬府司马刘政会投急变之书，诣留守告威等二人谋反。是日，高祖与威、君雅同坐视事，文静引政会至庭中，云有密状，知人欲反。高祖指威等取状看之，政会不肯与，曰："所告是副留守事，唯唐公得看之耳。"高祖阳惊曰："岂有是乎！"览状讫，谓威等曰："此人告公事，如何？"君雅大诟曰："此是反人，欲杀我也！"文静叱左右执之，囚于别室。既拘威等，竟得举兵。

高祖开大将军府，以文静为军司马。文静劝改旗帜以彰义举，又请连突厥以益兵威，高祖并从之。因遣文静使于始毕可汗，始毕曰："唐公起事，今欲何为？"文静曰："皇帝废冢嫡，传位后主，致斯祸乱。唐公国之懿戚，不忍坐观成败，故起义军，欲黜不当立者。愿与可汗兵马同入京师，人众土地入唐公，财帛金宝入突厥。"始毕大喜，即遣将康鞘利领骑二千，随文静而至，又献马千匹。高祖大悦，谓文静曰："非公善辞，何以致此？"寻率兵御隋将屈突通于潼关，通遣武牙郎将桑显和率劲兵来击，文静苦战者半日，死者数千人。文静度显和军稍息，潜遣奇兵掩其后，显和大败，悉虏其众。通尚拥众数万，将遁归东都，文静遣诸将追而执之，略定新安以西之地。转大丞相府司马，进授光禄大夫，封鲁国公。

高祖践祚，拜纳言。时高祖每引重臣共食，文静奏曰："陛下君临亿兆，率土莫非臣，而当朝挹抑，言尚称名；又宸极位尊，帝座严重，乃使太阳俯同万物，臣下震恐，无以措身。"帝不纳。时制度草创，命文静与当朝通识之士更刊《隋开皇律令》而损益之，以为通法。高祖谓曰："本设法令，使人共解，而往代相承，多为隐语，执法之官，缘此舞弄。宜更刊定，务使易知。"会薛举寇泾州，命太宗讨之，以文静为元帅府长史。遇太宗不豫，委于文静及司马殷开山，诫之曰："举粮少兵疲，悬军深入，意在决战，不利持久，即欲挑战，慎无与决。待吾差，当为君等取之。"文静用开山计，出军争利，王师败绩。文静奔还京师，坐除名。俄又从太宗讨举，平之，以功复其爵邑，拜民部尚书，领陕东道行台左仆射。武德二年，从太宗镇长春宫。

文静自以才能干用在裴寂之右，又屡有军功，而位居其下，意甚不平。每廷议多相违戾，寂有所是，文静必非之，由是与寂有隙。文静尝与其弟通直散骑常侍文起酣宴，出言怨望，拔刀击柱曰："必当斩裴寂耳！"家中妖怪数见，文起忧之，遂召巫者于星下被发衔刀，为厌胜之法。时文静有爱妾失宠，以状告其兄，妾兄上变。高祖以之属吏，遣裴寂、萧瑀问状。文静曰："起义之初，忝为司马，计与长史位望略同；今寂为仆射，据甲第，臣官赏不异众人，东西征讨，家口无托，实有觖望之心。因醉或有怨言，不能自保。"高祖谓群臣曰："文静此言，反明白矣。"李

纲、萧瑀皆明其非反。太宗以文静义旗初起，先定非常之策，始告寂知；及平京城，任遇悬隔，此以文静为觖望，非敢谋反，极佑助之。而高祖素疏忌之，裴寂又言曰："文静才略，实冠时人，性复粗险，忿不思难，丑言悖逆，其状已彰。当今天下未定，外有勍敌，今若赦之，必贻后患。"高祖竟听其言，遂杀文静、文起，仍籍没其家。文静临刑，抚膺叹曰："高鸟逝，良弓藏，故不虚也。"时年五十二。

贞观三年，追复官爵，以子树义袭封鲁国公，许尚公主。后与其兄树艺怨其父被戮，又谋反，伏诛。

文静初为纳言时，有诏以太原元谋立功，尚书令、秦王某，尚书左仆射裴寂及文静，特恕二死。左骁卫大将军长孙顺德、右骁卫大将军刘弘基、右屯卫大将军窦琮、左翊卫大将军柴绍、内史侍郎唐俭、吏部侍郎殷开山、鸿胪卿刘世龙、卫尉少卿刘政会、都水监赵文恪、库部郎中武士彠、骠骑将军张平高、李思行、李高迁，左屯卫府长史许世绪等十四人，约免一死。武德九年十月，太宗始定功臣实封差第，文静已死，于是裴寂加食九百户，通前为一千五百户；长孙无忌、王君廓、尉迟敬德、房玄龄、杜如晦等五人，食邑一千三百户；长孙顺德、柴绍、罗艺、赵郡王孝恭等四人，食邑一千二百户；侯君集、张公谨、刘师立等三人食邑一千户；李勣、刘弘基二人食邑九百户；高士廉、宇文士及、秦叔宝、程知节四人食七百户；安兴贵、安修仁、唐俭、窦轨、屈突通、萧瑀、封德彝、刘义节八人，各食六百户；钱九陇、樊兴、公孙武达、李孟尝、段志玄、庞卿恽、张亮、李药师、杜淹、元仲文十人，各食四百户；张长逊、张平高、李安远、李子和、秦行师、马三宝六人，各食三百户。其王君廓事在《庐江王瑗传》，安兴贵、安修仁事在《李轨传》，李子和事在《梁师都传》，马三宝事在《柴绍传》。

李孟尝，赵州平棘人，官至右威卫大将军、汉东郡公。元仲文，洛州人，至右监门将军、河南县公。秦行师，并州太原人，至左监门将军、清水郡公。并事微不录。自余无传者，尽附于此。

刘世龙者，并州晋阳人。大业末，为晋阳乡长。高祖镇太原，裴寂数荐之，由是甚见接待，亦出入王威、高君雅家，然独归心于高祖。义兵将起，威与君雅内怀疑贰，世龙辄探得其情，以白高祖。及诛威等，授银青光禄大夫。从平京城，累转鸿胪卿，仍改名义节。

时草创之始，倾竭府藏以赐勋人，而国用不足，义节进言曰："今义师数万，并在京师，樵薪贵而布帛贱。若采街衢及苑中树为樵以易布帛，岁收数十万匹立可致也。又藏内缯绢，匹匹轴之，使申截取剩物，以供杂费，动盈十余万段矣。"高祖并从之，大收其利。再迁太府卿，封葛国公。贞观初，转少府监，以罪配流岭南，寻授钦州别驾，卒。

义节从子思礼，万岁通天二年，为箕州刺史。思礼少尝学相术于许州张憬藏，相己必历刺史，位至太师。及授箕州，益自喜，以为太师之职，位极人臣，非佐命无以致之。与洛州录事参军綦连耀构谋反，谓耀曰："公体有龙气。"耀亦谓思礼曰："公是金刀，合为我辅。"因相解释图谶，即定君臣之契。又令思礼自衔相术，每所见人，皆谓之"合得三品"，使务进之士，闻之满望，然始谓云："綦连耀有天分，公因之以得富贵。"事发系狱，乃多证引朝士，冀以自免。所诛陷者三十余家，耀、思礼并伏诛。凤阁侍郎李元素、夏官侍郎孙元亨、知天官侍郎事石抱忠、凤阁舍人王勮、勮兄前泾州刺史勔、太子司议郎路敬淳等，坐与耀及思礼交结，皆死。初，则天命河内王武懿宗按思礼之狱。懿宗宽思礼于外，令广引逆徒。而思礼以为得计，从容自若，尝与相忤者，必引令枉诛。临刑犹在外，尚不之觉，及众人就戮，乃收诛之。

赵文恪者，并州太原人也。隋末，为鹰扬府司马。义师之举，授右三统军。武德二年，拜都水监，封新兴郡公。时大乱之后，中州少马，遇突厥和亲，令文恪至并州与齐王元吉诱至北蕃，市牛马以资国用。俄而刘武周使宋金刚来寇太原，属城皆没。真乡公李仲文退守浩州，城孤兵弱，元吉遣文恪率步骑千余助为声援。及太原为贼所陷，文恪遂弃城遁去，坐是赐死狱中。

张平高，绥州肤施人也。隋末，为鹰扬府校尉，戍太原，为高祖所识，因参谋议。义旗建，以为军头。从平京城，累授左领军将军，封萧国公。贞观初，出为丹州刺史，坐事免，令以右光禄大夫还第，卒。后改封罗国公。永徽中，追赠潭州都督。

李思行，赵州人也。尝避仇太原。高祖将举义兵，令赴京城观觇动静，及还，具论机变，深称旨，授左三统军。从破宋老生，平京城，累授嘉州刺史，封乐安郡公。永徽初卒，赠洪州都督，谥曰襄。

李高迁，岐州岐山人也。隋末，客游太原，高祖常引之左右。及擒高君雅、王威等，高迁有功焉，授右三统军。从平霍邑，围京城，力战功最，累迁左武卫大将军，封江夏郡公，检校西麟州刺史。武德初，突厥寇马邑，朔州总管高满政请救，高祖令高迁将兵助镇。俄而贼兵甚盛，高迁乃斩关宵遁，其将士皆没，竟坐除名徙边。后以佐命功，拜陵州刺史。永徽五年卒，赠梁州都督。

许世绪者，并州人也。大业末，为鹰扬府司马。见隋祚将亡，言于高祖曰："天道辅德，人事与能，蹈机不发，必贻后悔。今隋政不纲，天下鼎沸，公姓当图箓，名应歌谣，握五都之兵，当四战之地。若遂无他计，当败不旋踵。未若首建义旗，为天下唱，此帝王业也。"高祖甚奇之，亲顾日厚。义兵起，授左一府司马。武德中，累除蔡州刺史，封真定郡公，卒。

弟洛仁，亦以元从功臣官至冠军大将军、行左监门将军。永徽初卒，赠代州都督，谥曰勇，陪葬昭陵。

刘师立者，宋州虞城人也。初为王世充将军，亲遇甚密。洛阳平，当诛；太宗惜其才，特免之，为左亲卫。太宗之谋建成、元吉也，尝引师立密筹其事，或自宵达曙。其后师立与尉迟敬德、庞卿恽、李孟尝等九人，同诛建成有功，超拜左卫率。寻迁左骁卫将军，封襄武郡公，赐帛五千匹。后人告师立自云"眼有赤光，体有非常之相，姓氏又应符谶"。太宗谓之曰："人言卿欲反，如何？"师立大惧，俯而对曰："臣任隋朝，不过六品，身材驽下，不敢辄希富贵。过蒙非常之遇，常以性命许国。而陛下功成事立，臣复致位将军，顾已循躬，实逾涯分，臣是何人，辄敢言反！"太宗笑曰："知卿不然，此妄言耳。"赐帛六十匹，延入卧内慰谕之。罗艺之反也，长安人情骚动，以师立检校右武候大将军，以备非常。及艺平，宪司穷究党与，师立坐与交通，遂除名。又以藩邸之旧，寻检校岐州都督。师立上书请讨吐谷浑，书奏未报，便遣使间其部落，谕以利害，多有降附，列其地为开、桥二州。又有党项首领拓拔赤辞，先附吐谷浑，负险自固，师立亦遣人为陈利害，赤辞遂率其种落内属。太宗甚嘉之，拜赤辞为西戎州都督。后师立以母忧当去职，父老上表请留，诏不许赴哀，复令居任。时河西党项破丑氏常为边患，又阻新附，师立总兵击之。军未至，破丑氏大惧，遁于山谷，师立追之，至恤于真山而还。吐谷浑于小莫门川击破之，多所虏获。寻转始州刺史。十四年卒，谥曰肃。

钱九陇，本晋陵人也，父在陈为境上所获，没为皇家隶人。九陇善骑射，高祖信爱之，常置左右。义兵起，以军功授金紫光禄大夫。及克京城，拜左监门郎将。从平薛仁杲、刘武周，以前后战功累授右武卫将军。其后从太宗擒获窦建德，平王世充；从隐太子讨刘黑闼于魏州，力战破贼，策勋为最。累封郇国公，仍以本官为苑游将军。贞观初，出为眉州刺史，再迁右监门大将军。十二年，改封郧国公，加食庐州实封六百户。寻卒，赠左武卫大将军、潭州都督，谥曰勇，陪葬献陵。

樊兴者，本安陆人也，父犯罪，配没为皇家隶人。兴从平京城，累除右监门将军。又从太宗破薛举，平王世充、窦建德，积战功，累封荣国公，赐物二千段、黄金三十铤。寻坐事削爵。贞观六年，陵州獠反，兴率兵讨之，拜左骁卫将军。又从特进李靖击吐谷浑，为赤水道行军总管，坐迟留不赴军期，又士卒多死，失亡甲仗，以勋减死。久之，累拜左监门大将军，封襄城郡公。太宗之征辽东，以兴忠谨，令副司空房玄龄，留守京师。俄又检校右武候将军。永徽初卒，赠左武候大将军、洪州都督，陪葬献陵。

公孙武达者，雍州栎阳人也。少有膂力，称为豪侠。在隋为骁果。武德初，至长春宫请谒太宗，从讨刘武周，力战，功居最。又从平王世充、窦建德，累迁秦王府右三军骠骑，封清水县公。贞观初，检校右监门将军，寻除肃州刺史。岁余，突厥数千骑，辎重万余入侵肃州，欲南入吐谷浑。武达领二千人与其精锐相遇，力战，虏稍却，急攻之，遂大溃，挤之于张掖河。又命军士于上流以筏渡兵，击其余众，贼半济，两岸夹攻之，斩溺略尽。玺书慰勉之，拜左监门将军。后又受诏击盐州叛突厥，武达引兵趋灵州，追及之。贼方渡河，见武达至，据河南岸。武达引兵击之，斩其渠帅可逻拔扈，余党几尽。进封东莱郡公。永徽中，累授右武卫大将军。及卒，高宗废朝举哀，赠荆州都督，给东园秘器，陪葬昭陵，谥曰壮。

庞卿恽者，并州太原人。从太宗讨隐太子有功，累拜右骁卫将军，封邾国公。寻卒，追封濮国公。

子同善，官至右金吾大将军。同善子承宗，开元初，为太子宾客。

张长逊，雍州栎阳人也。隋代为里长，平陈有功，累至五原郡通守。及天下乱，遂附于突厥，号长逊为割利特勒。及义旗建，长逊以郡降，授五原太守，寻除丰州总管。是时梁师都、薛举请兵于突厥，欲令渡河。长逊知之，伪为诏书与莫贺咄设，示知其谋。突厥乃拒师都等使，高祖嘉之。武德元年，敕右武候骠骑将军高静致币于始毕可汗，路经丰州，会可汗死，敕于所到处纳库。突厥闻而大怒，欲南渡。长逊乃遣高静出塞，申国家赙赠之礼，突厥乃引还。及征薛举，长逊不待命而至，以功授丰州总管，进封巴国公，赐以锦袍金甲。是时言事者以长逊久居丰州，与突厥连结；长逊惧，请入朝，拜右武候将军，徙封息国公，赐以宫人、彩物千余段。会有疾，车驾亲幸其第。及窦轨率巴蜀兵击王世充，以长逊检校益州行台左仆射，历遂、夔二州总管，所在皆有惠政。贞观十一年卒。

李安远者，夏州朔方人也。隋云州刺史彻子也。家富于财，少从博徒不逞，晚始折节读书，敬慕士友。袭父爵城阳公。与王珪友善。大业初，珪坐叔颇当配流，安远为之营护，免。后为正平令。及义兵攻绛郡，安远与通守陈叔达婴城固守。城陷，高祖与安远有旧，驰至其宅抚慰之，引与同食。拜右翊卫统军，封正平县公。武德元年，授右武卫大将军。从太宗征伐，特蒙恩泽，累战功，改封广德郡公。又使于吐谷浑，与敦和好，于是吐谷浑主伏允请与中国互市，安远之功也。后隐太子建成潜引以为党援，安远固拒之，由是太宗益加亲信。贞观初，历潞州都督、怀州刺史。历任颇有声绩，然伤于严急，时论少之。七年卒，追赠凉州都督，谥曰密。十三年，追封为遂安郡公。

史臣曰：裴寂历任仕隋，官至为宫监，总子女玉帛之务，据仓廪兵甲之饶，喜博戏之利苟多，启举义之谋为首。谒岳神以徼福，始彰不逞之心；留贵妃以经宿，终昧为臣之道。居第一之位，乏在三之规。恃高祖之旧恩，致文静之极法。终归四罪，尚保再生，幸也。文静奋纵横之略，立缔构之功，罔思宠辱之机，过为轻躁之行，未及封而祸也，惜哉！凡关佐命，爰第实封，小大不遗，贤愚自劝，太宗之行赏也，明矣！

赞曰：风云初合，共竭智力。势利既分，遽变仇敌。

卷五十八　　　　列传第八

唐俭　长孙顺德　刘弘基　殷峤　刘政会　柴绍 平阳公主 马三宝附　武士彠 长兄士棱 次兄士逸

唐俭，字茂约，并州晋阳人，北齐尚书左仆射邕之孙也。父鉴，隋戎州刺史。俭落拓不拘规检，然事亲颇以孝闻。初，鉴与高祖有旧，同领禁卫。高祖在太原留守，俭与太宗周密,俭从容说太宗以隋室昏乱,天下可图。太宗白高祖,乃召入,密访时事。俭曰:"明公日角龙庭,李氏又在图牒,天下属望,非在今朝。若开府库,南啸豪杰,北招戎狄,东收燕、赵,长驱济河,据有秦、雍,海内之权,指麾可取。愿弘达节,以顺群望,则汤、武之业不远。"高祖曰:"汤、武之事,非己所庶几。今天下已乱,言私则图存,语公则拯溺。卿宜自爱,吾将思之。"及开大将军府,授俭记室参军。太宗为渭北道行军元帅,以俭为司马。平京城,加光禄大夫、相国府记室,封晋昌郡公。武德元年,除内史舍人,寻迁中书侍郎,特加授散骑常侍。

王行本守蒲州城不降,敕工部尚书独孤怀恩率兵屯于其东,以经略之。寻又夏县人吕崇茂以城叛,降于刘武周,高祖遣永安王孝基、工部尚书独孤怀恩、陕州总管于筠等率兵讨之。时俭使至军所,属武周遣兵援崇茂,俭与孝基、筠等并为所获。初,怀恩屯兵蒲州,与其属元君实谋反,时君实亦陷于贼中,与俭同被拘执,乃谓俭曰:"古人有言:'当断不断,反受其乱。'独孤尚书近者欲举兵图事,迟疑之间,遂至今日,岂不由不断耶?"俄而怀恩脱身得还,仍令依前屯守,君实又谓俭曰:"独孤尚书今遂拔难得还,复在蒲州屯守,可谓王者不死。"俭闻之,惧怀恩为逆,乃密令亲信刘世让以怀恩之谋奏闻。适遇王行本以蒲州归降,高祖将入其城,浮舟至中流,世让谒见,高祖读奏,大惊曰:"岂非天命也!"回舟而归,分捕反者按验之,怀恩自缢,余党伏诛。俄而太宗击破武周部将宋金刚,追至太原,武周惧而北走,俭乃封其府库,收兵甲,以待太宗。高祖嘉俭身没虏庭,心存朝阙,复旧官,仍为并州道安抚大使,以便宜从事,并赐独孤怀恩田宅赀财等。使还,拜礼部尚书,授天策府长史,兼检校黄门侍郎,封莒国公,与功臣等元勋恕一死,仍除遂州都督,食绵州实封六百户,图形凌烟阁。

贞观初,使于突厥,说诱之,因以隋萧后及杨正道以归。太宗谓俭曰:"卿观颉利可图否?"对曰:"衔国威恩,亦可望获。"遂令俭驰传至虏庭,示之威信。颉利部落欣然定归款之计,因而兵众弛懈。李靖率轻骑掩袭破之,颉利北走,俭脱身而还。岁余,授民部尚书。后从幸洛阳苑射猛兽,群豕突出林中,太宗引弓四发,殪四豕,有雄彘突及马镫,俭投马搏之,太宗拔剑断豕,顾笑曰:"天策长史,不见上将击贼耶!何惧之甚?"对曰:"汉祖以马上得之,不以马上治之;陛下以神武定四方,岂复逞雄心于一兽。"太宗纳之,因为罢猎。寻加光禄大夫,又特令其子善识尚豫章公主。俭在官每盛修肴馔,与亲宾纵酒为乐,未尝以职务留意。又尝托盐州刺史张臣合收其私羊,为御史所劾,以旧恩免罪,贬授光禄大夫。永徽初,致仕于家,加特进。显庆元年卒,年七十八。高宗为之举哀,罢朝三日,赠开府仪同三司、并州都督,赐布帛一千段、粟一千石,赐东园秘器,陪葬昭陵,谥曰襄,官为立碑。

俭少子观,最知名,官至河西令,有文集三卷。俭孙从心,神龙中,以子晙娶太平公主女,官至殿中监。晙,先天中为太常少卿,坐与太平连谋,伏诛。

长孙顺德,文德顺圣皇后之族叔也。祖澄,周秦州刺史。父恺,隋开府。顺德仕隋右勋卫,避辽东之役,逃匿于太原,深为高祖、太宗所亲委。时群盗并起,郡县各募兵为备。太宗外以讨贼为名,因令顺德与刘弘基等召募,旬月之间,众至万余人,结营于郭下,遂诛王威、高君雅等。义兵起,拜统军。从平霍邑,破临汾,下绛郡,俱有战功。寻与刘文静击屈突通于潼关,每战摧锋。及通将奔洛阳,顺德追及于桃林,执通归京师,仍略定陕县。高祖即位,拜左骁卫大将军,封薛国公。武德九年,与秦叔宝等讨建成余党于玄武门。太宗践祚,真食千二百户,特赐以宫女,每宿内省。

后,顺德监奴受人馈绢事发,太宗谓近臣曰:"顺德地居外戚,功即元勋,位高爵厚,足称富贵。若能勤览古今,以自鉴诫,弘益我国家者,朕当与之同有府库耳。何乃不遵名节,而贪冒受闻乎!"然惜其功,不忍加罪,遂于殿庭赐绢数十匹,以愧其心。大理少卿胡演进曰:"顺德枉法受财,罪不可恕,奈何又赐之绢?"太宗曰:"人生性灵,得绢甚于刑戮;如不知愧,一禽兽耳,杀之何益!"寻坐与李孝常交通除名。岁余,太宗阅功臣图,见顺德之像,闵然怜之,遣宇文士及视其所为,见顺德颓然而醉,论者以为达命。召拜泽州刺史,复其爵邑。顺德素多放纵,不遵法度,及此折节为政,号为明肃。先是,长吏多受百姓馈饷,顺德纠擿,一无所容,称为良牧。前刺史张长贵、赵士达并占境内膏腴之田数十顷,顺德并劾而追夺,分给贫户。寻又坐事免。发疾,太宗闻而鄙之,谓房玄龄曰:"顺德无慷慨之节,多儿女之情,今有此疾,何足问也!"未几而卒,太宗为之罢朝,遣使吊祭,赠荆州都督,谥曰襄。贞观十三年,追改封为邳国公。永徽五年,重赠开府仪同三司。

刘弘基,雍州池阳人也。父升,隋河州刺史。弘基少落拓,交通轻侠,不事家产,以父荫为右勋侍。大业末,尝从炀帝征辽东,家贫不能自致,行至汾阴,度已后期当斩,计无所出,遂与同旅屠牛,潜讽吏捕之,系于县狱,岁余,竟以赎论。事解亡命,盗马以供衣食,因至太原。会高祖镇太原,遂自结托,又察太宗有非常之度,尤委心焉。由是大蒙亲礼,出则连骑,入同卧起。义兵将举,弘基召募得二千人。王威、高君雅欲为变,高祖伏弘基及长孙顺德于厅事之后,弘基因麾左右执威等。又从太宗攻西河。义军次贾胡堡,与隋将宋老生战,破之,进攻霍邑。老生率众阵于城外,弘基从太宗击之,老生败走,弃马投堑,弘基下斩其首,拜右光禄大夫。师至河东,弘基以千人先济河,进下冯翊,为渭北道大使,得便宜从事,以殷开山为副。西略地扶风,有众六万。南渡渭水,屯于长安故城,威声大振,耀军金光门。卫文升遣兵来战,弘基逆击走之,擒甲士千余人,马数百匹。时诸军未至,弘基先至,一战而捷。高祖大悦,赐马二十匹。及破京城,功为第一。从太宗击薛举于扶风,破之,追奔至陇山而返。累拜右领都督,封河间郡公。又从太宗经略东都,战于璎珞门外,破之。师旋,弘基为殿。隋将段达、张志阵于三王陵，弘基击败之。武德元年，拜右骁卫大将军，以元谋之勋，恕其一死，领行军左一总管。又从太宗讨薛举。时太宗以疾顿于高墌城，弘基、刘文静等与举接战于浅水原，王师不利，八总管咸败；唯弘基一军尽力苦斗，矢尽，为举所获。高祖嘉其临难不屈，赐其家粟帛甚厚。仁杲平，得归，复其官爵。会宋金刚陷太原，遣弘基屯晋州。裴寂为宋金刚所败，人情崩骇，莫有固志。金刚以兵造城下，弘基不能守，复陷于贼。俄得逃归，高祖慰谕之，授左一总管。从太宗屯于柏壁，率兵二千自隰州趋西河，断贼归路。时贼锋甚劲，弘基坚壁，不能进。及金刚遁，弘基率骑邀之，至于介休，与太宗会，追击大破之。累封任国公。寻从击刘黑闼于洺州，师旋，授秉钺将军。会突厥入寇，弘基率步骑一万，自幽州北界东拒子午岭，西接临泾，修营障塞，副淮安王神通，备胡寇于北鄙。九年，以佐命功，真食九百户。

太宗即位，顾待益隆。李孝常、长孙安业之谋逆也，坐与交游除名。岁余，起为易州刺史，复其封爵，征拜卫尉卿。九年，改封夔国公，世袭朗州刺史，例停不行。后以年老乞骸骨，授辅国大将军，朝朔望，禄赐同于职事。太宗征辽东，以弘基为前军大总管。从击高延寿于驻跸山，力战有功，太宗屡加奖勉。永徽元年加实封通前一千一百户。其年卒，年六十九。高宗为之举哀，废朝三日，赠开府仪同三司、并州都督，陪葬昭陵，仍为立碑，谥曰襄。弘基遗令给诸子奴婢各十五人、良田五顷，谓所亲曰："若贤，固不藉多财；不贤，守此可以免饥冻。"余财悉以散施。

子仁实袭，官至左典戎卫郎将。从子仁景，神龙初，官至司农卿。

殷峤，字开山，雍州鄠县人，陈司农卿不害孙也。其先本居陈郡，陈亡，徙关中。父僧首，隋秘书丞，有名于世。峤少以学行见称，尤工尺牍。仕隋太谷长，有治名。义兵起，召补大将军府掾，参预谋略，授心腹之寄，累以军功拜光禄大夫。从隐太子攻克西河。太宗为渭北道元帅，引为长史。时关中群盗往往聚结，众无适从，令峤招慰之，所至皆下。又与统军刘弘基率兵六万屯长安故城，隋将卫孝节自金光门出战，峤与弘基击破之。京城平，赐爵陈郡公，迁丞相府掾。寻授吏部侍郎。从击薛举，为元帅府司马。时太宗有疾，委军于刘文静，诫之曰："贼众远来，利在急战，难与争锋。且宜持久，待粮尽，然后可图。"峤退谓文静曰："王体不安，虑公不济，故发此言。宜因机破贼，何乃以勍敌遗王也！"久之，言于文静曰："王不豫，恐贼轻我，请耀武以威之。"遂陈兵于折墌，为举所乘，军乃大败。峤坐减死除名。后从平薛仁杲，复其爵位。武德二年，兼陕东道大行台兵部尚书，迁吏部尚书。从太宗讨平王世充，以功进爵郧国公。复从征刘黑闼，道病卒。太宗亲临丧，哭之甚恸，赠陕东道大行台右仆射，谥曰节。贞观十四年，诏与赠司空、淮安王神通，赠司空、河间王孝恭，赠民部尚书刘政会，俱以佐命功配飨高祖庙庭。十七年，又与长孙无忌、唐俭、长孙顺德、刘弘基、刘政会、柴绍等二十四人，俱图其形于凌烟阁。永徽五年，追赠司空。

峤从祖弟闻礼，有文学，武德中，为太子中舍人，修梁史，未就而卒。闻礼子仲容，亦知名，则天深爱其才。官至申州刺史。

刘政会，滑州胙城人也。祖环隽，北齐中书侍郎。政会，隋大业中为太原鹰扬府司马。高祖为太原留守，政会率兵隶于麾下。太宗与刘文静谋起义兵，副留守王威、高君雅独怀猜贰。后数日，将大会于晋祠，威与君雅谋危高祖。有人以白，太宗既知迫急，欲先事诛之，因遣政会为急变之书，诣留守告威等二人谋反。是日，高祖与威、君雅同坐视事，文静引政会入，至庭中，云有密状，知人欲反。高祖指威等令视之，政会不肯，曰："所告是副留守事，唯唐公得省之耳。"君雅攘袂大呼曰："此是反人，欲杀我也！"时太宗已列兵马布于街巷，文静因令左右引威等囚于别室。既拘威等，竟得举兵，政会之功也。大将军府建，引为户曹参军。从平长安，除丞相府掾。武德初，授卫尉少卿，留守太原。政会内辑军士，外和戎狄，远近莫不悦服。寻而刘武周进逼并州，晋阳豪右薛深等以城应贼，政会为贼所擒，于贼中密表论武周形势。贼平，复其官爵。历刑部尚书、光禄卿，封邢国公。贞观初，累转洪州都督，赐实封三百户。九年卒，太宗手敕曰："举义之日，实有殊功，所葬并宜优厚。"赠民部尚书，谥曰襄。后与殷开山同配飨高祖庙庭。

子玄意袭爵，改封渝国公，尚南平公主，授驸马都尉。高宗时为汝州刺史。次子奇，长寿中为天官侍郎，为酷吏所陷也。

柴绍，字嗣昌，晋州临汾人也。祖烈，周骠骑大将军，历遂、梁二州刺史，封冠军县公。父慎，隋太子右内率，封钜鹿郡公。绍幼趫捷有勇力，任侠闻于关中。少补隋元德太子千牛备身。高祖微时，妻之以女，即平阳公主也。

义旗建，绍自京间路趣太原。时建成、元吉自河东往，会于道，建成谋于绍曰："追书甚急，恐已起事。隋郡县连城千有余里，中间偷路，势必不全，今欲且投小贼，权以自济。"绍曰："不可。追既急，宜速去，虽稍辛苦，终当获全。若投小贼，知君唐公之子，执以为功，徒然死耳。"建成从之，遂共走太原。入雀鼠谷，知已起义，于是相贺，以绍之计为得。授右领军大都督府长史。大军发晋阳，兼领马军总管。将至霍邑，绍先至城下，察宋老生形势，白曰："老生有匹夫之勇，我师若到，必来出战，战则成擒矣。"及义师至，老生果出，绍力战有功。下临汾，平绛郡，并先登陷阵，授右光禄大夫。隋将桑显和来击，孙华率精锐渡河以援之，绍引军直掩其背，与史大奈合势击之，显和大败，因与诸将进下京城。武德元年，累迁左翊卫大将军。寻从太宗平薛举，破宋金刚，攻平王世充于洛阳，擒窦建德于武牢，封霍国公，赐实封千二百户，转右骁卫大将军。吐谷浑与党项俱来寇边，命绍讨之。房据高临下，射绍军中，矢下如雨。绍乃遣人弹胡琵琶，二女子对舞,房异之,驻弓矢而相与聚观。绍见房阵不整,密使精骑自后击之,房大溃,斩首五百余级。贞观元年,拜右卫大将军。二年,击梁师都于夏州,平之。转左卫大将军,出为华州刺史。七年,加镇军大将军,行右骁卫大将军,改封谯国公。十二年,寝疾,太宗亲自临问。寻卒,赠荆州都督,谥曰襄。

平阳公主,高祖第三女也,太穆皇后所生。义兵将起,公主与绍并在长安,遣使密召之。绍谓公主曰:"尊公将扫清多难,绍欲迎接义旗;同去则不可,独行恐罹后患,为计若何?"公主曰:"君宜速去。我一妇人,临时易可藏隐,当别自为计矣。"绍即间行赴太原。公主乃归鄠县庄所,遂散家资,招引山中亡命,得数百人,起兵以应高祖。时有胡贼何潘仁聚众于司竹园,自称总管,未有所属。公主遣家僮马三宝说以利害,潘仁攻鄠县,陷之。三宝又说群盗李仲文、向善志、丘师利等,各率众数千人来会。时京师留守频遣军讨公主,三宝、潘仁屡挫其锋。公主掠地至盩厔、武功、始平,皆下之。每申明法令,禁兵士无得侵掠,故远近奔赴者甚众,得兵七万人。公主令间使以闻,高祖大悦。及义军渡河,遣绍将数百骑趋华阴,傍南山以迎公主。时公主引精兵万余与太宗军会于渭北,与绍各置幕府,俱围京城,营中号曰"娘子军"。京城平,封为平阳公主,以独有军功,每赏赐异于他主。六年,薨。及将葬,诏加前后部羽葆鼓吹、大辂、麾幢、班剑四十人、虎贲甲卒。太常奏议,以礼,妇人无鼓吹。高祖曰:"鼓吹,军乐也。往者公主于司竹举兵以应义旗,亲执金鼓,有克定之勋。周之文母,列于十乱;公主功参佐命,非常妇人之所匹也。何得无鼓吹!"遂特加之,以旌殊绩;仍令所司按谥法"明德有功曰昭",谥公主为昭。

子哲威,历右屯营将军,袭爵谯国公。坐弟令武谋反,徙岭南。起为交州都督,卒官。令武尚巴陵公主,累除太仆少卿、卫州刺史,封襄阳郡公。永徽中,坐与公主及房遗爱谋反,遣使收之。行至华阴,自杀,仍戮其尸。公主赐死。

马三宝,初以平京城功,拜太子监门率。别击叛胡刘拔真于北山,破之。又从平薛仁杲,迁左骁卫将军。复从柴绍击吐谷浑于岷州,先锋陷阵,斩其名王,前后虏男女数千口,累封新兴县公。尝从幸司竹,高祖顾谓三宝曰:"是汝誓英雄之处,卫青大不恶1"累除左骁卫大将军。贞观三年卒。太宗为之废朝,谥曰忠。

武士彟,并州文水人也。家富于财,颇好交结。高祖初行军于汾、晋,休止其家,因蒙顾接,及为太原留守,引为行军司铠。时盗贼蜂起,士彟阴劝高祖举兵,自进兵书及符瑞,高祖谓曰:"幸勿多言。兵书禁物,尚能将来,深识雅意,当同富贵耳。"及义兵将起,高祖募人,遣刘弘基、长孙顺德等分统之。王威、高君雅阴谓士彟曰:"弘基等皆背征三卫,所犯当死,安得领兵?吾欲禁身推核。"士彟曰:"此并唐公之客也,若尔,便大纷纭。"威等由是疑而不发。留守司兵田德平又欲劝威等鞫问募人之状,士彟谓德平曰:"讨捕之兵,总隶唐公。王威、高

君雅等,并寄坐耳,彼何能为!"德平遂止。义旗起,以士彟为大将军府铠曹。从平京城功,拜光禄大夫,封太原郡公。初,义师将起,士彟不预知,及平京师,乃自说云:"尝梦高祖入西京,升为天子。"高祖哂之曰:"汝王威之党也。以汝能谏止弘基等,微心可录,故加酬答;今见事成,乃说迂诞而取媚也?"武德中,累迁工部尚书,进封应国公,又历利州、荆州都督。贞观九年卒官,赠礼部尚书,谥曰定。显庆元年,以后父累赠司徒,改封周国公。咸亨中,又赠太尉、太原王,特诏配飨高祖庙庭,列在功臣之上。孙承嗣,事在《外戚传》。

士彟长兄士棱,性恭顺,勤于稼穑。从起义,官至司农少卿,封宣城县公。常居苑中,委以农圃之事。贞观中卒,赠潭州都督。

次兄士逸,亦有战功,武德初,为齐王府户曹,赐爵安陆县公。从齐王镇并州,为刘武周所获,于贼中密令人诣京师,陈武周可图之计。及武周平,甚见慰勉,累授益州行台左丞。数陈时政得失,高祖每嘉纳之。贞观初,为韶州刺史,卒。

史臣曰:唐俭委质义旗之下,立功草昧之初,被拘房庭,脱高祖蒲州之急;侍猎苑囿,谏太宗马上之言,可谓纯臣矣。顺德佐命立功,理郡著明肃之政;弘基临难不屈,陷阵多克捷之勋。殷峤、刘政会、柴嗣昌并在太原,首预举义,从微至著,善始令终。马三宝出厮养之徒,处将军之位,亦马之善走者也。武士彟首参起义,例封功臣,无戡难之劳,有因人之迹,载窥他传,过为褒词。虑当武后之朝,佞出敬宗之笔,凡涉虚美,削而不书。

赞曰:茂约忠纯,顺德功勋。弘基六士,义合风云。

卷五十九　　　　　列传第九

屈突通 子寿　诠　诠子仲翔　　　任瓌
丘和 子行恭　行恭子神勣　　许绍 孙力
士　力士钦寂　钦明　绍次子智仁　少子圉
师　李袭志 弟袭誉　　姜謩 子行本
行本子简　简子晞　简弟柔远　柔远子皎　晞
皎男庆初

屈突通,雍州长安人。父长卿,周邛州刺史。通性刚毅,志尚忠悫,检身清正,好武略,善骑射。开皇中,为亲卫大都督,文帝遣通往陇西检覆群牧,得隐藏马二万余匹。文帝盛怒,将斩太仆卿慕容悉达及诸监官千五百人,通谏曰:"人命至重,死不再生,陛下至仁至圣,子育群下,岂容以畜产之故,而戮千有余人?愚臣狂狷,辄以死请。"文帝嗔目叱之,通又顿首曰:"臣一身如死,望免千余人命。"帝寤,曰:"朕之不明,以至于是。感卿此意,良用恻然。今从所请,以旌谏诤。"悉达等竟以减死论。由

是渐见委信，擢为右武候车骑将军。奉公正直，虽亲戚犯法，无所纵舍。时通弟盖为长安令，亦以严整知名。时人为之语曰："宁食三斗艾，不见屈突盖，宁服三斗葱，不逢屈突通。"为人所忌惮如此。及文帝崩，炀帝遣通以诏征汉王谅。先是，文帝与谅有密约曰："若玺书召汝，于敕字之傍别加一点，又与玉麟符合者，当就征。"及发书无验，谅觉变，诘通占对无所屈，竟得归长安。大业中，累转左骁卫大将军。时秦、陇盗贼蜂起，以通为关内讨捕大使。有安定人刘迦论举兵反，据雕阴郡，僭号建元，署置百官，有众十余万。稽胡首领刘鹞子聚众与迦论相影响。通发关中兵击之，师临安定，初不与战，军中以通为怯，通乃扬声旋师而潜入上郡。迦论不之觉，遂进兵南寇，去通七十里而舍，分兵掠诸城邑。通候其无备，简精甲夜袭之，贼众大溃，斩迦论并首级万余，于上郡南山筑为京观，虏男女数万口而还。

炀帝幸江都，令通镇长安。义兵起，代王又遣通进屯河东。既而义师济河，大破通将桑显和于饮马泉，永丰仓又为义师所克。通大惧，留鹰扬郎将尧君素守河东，将自武关趋蓝田以赴长安。军至潼关，为刘文静所遏，不得进，相持月余。通又令显和夜袭文静，诘朝大战，义军不利。显和纵兵破二栅，惟文静一栅独存，显和兵复入栅而战者往覆数焉。文静为流矢所中，义军气夺，垂至于败。显和以兵疲，传餐而食，文静因得分兵以实二栅。又有游军数百骑自南山来击其背，三栅之兵复大呼而出，表里齐奋，显和军溃，仅以身免。悉虏其众，通势弥蹙。或说通归降，通泣曰："吾蒙国重恩，历事两主，受人厚禄，安可逃难？有死而已！"每自摩其颈曰："要当为国家受人一刀耳！"劳勉将士，未尝不流涕，人亦以此怀之。高祖遣其家僮召之，通遽命斩之。通闻京师平，家属尽没，乃留显和镇潼关，率兵东下，将趋洛阳。通适进路，而显和降于刘文静。遣副将窦琮、段志玄等率精骑与显和追之，及于稠桑。通结阵以自固，窦琮纵通子寿令往谕之。通大呼曰："昔与汝为父子，今与汝为仇雠。"命左右射之。显和呼其众曰："京师陷矣，汝并关西人，欲何所去？"众皆释仗。通知不免，乃下马东南向再拜号哭，曰："臣力屈兵败，不负陛下，天地神祇，实所鉴察。"遂见通送于长安。高祖谓曰："何相见晚耶？"通泣对曰："通不能尽人臣之节，力屈而至，为本朝之辱，以愧相王。"高祖曰："隋室忠臣也。"命释之，授兵部尚书，封蒋国公，仍为太宗行军元帅长史。

从平薛举，时珍物山积，诸将皆争取之，通独无所犯。高祖闻而谓曰："公清正奉国，著自终始，名下定不虚也。"特赐金银六百两、彩物一千段。寻以本官判陕东道行台仆射，复从太宗讨王世充。时通有二子并在洛阳，高祖谓通曰："东征之事，今以相属，其如两子何？"通对曰："臣以老朽，诚不足以当重任。但自惟畴昔，执就军门，至尊释其缧囚，加之恩礼，既不能死，实荷再生。当此之时，心口相誓，暗以身命奉许国家久矣。今此行臣愿先驱，两儿若死，自是其命，终不以私害义。"高祖叹息曰："徇义之夫，一至于此！"及大兵围洛阳，窦建德且至，太宗中分麾下以属通，令与齐王元吉围守洛阳。世充平，通功为第一，寻拜陕东大行台右仆射，镇于洛阳。数岁，征拜刑部尚书，通自以不习文法，固辞之，转工部尚书。隐太子之诛也，通复检校行台仆射，驰镇洛阳。贞观元年，行台废，授洛州都督，赐实封六百户，加左光禄大夫。明年，卒，年七十二。太宗痛惜久之，赠尚书右仆射，谥曰忠。子寿袭爵。太宗幸洛阳宫，思通忠节，拜其少子诠果毅都尉，赐束帛以恤其家焉。十七年，诏图形于凌烟阁。二十三年，与房玄龄配飨太宗庙庭。永徽五年，重赠司空。诠官至瀛州刺史。诠子仲翔，神龙中亦为瀛州刺史。

任瑰，字玮，庐州合肥人，陈镇东大将军蛮奴弟之子也。父七宝，仕陈定远太守。瑰早孤，蛮奴爱之，情逾己子，每称曰："吾子侄虽多，并佣保耳，门户所寄，惟在于瑰。"年十九，试守灵溪令。俄迁衡州司马，都督王勇甚敬异之，委以州府之务。属隋师灭陈，瑰劝勇据岭南，求陈氏子孙立以为帝；勇不能用，以岭外降隋，瑰乃弃官而去。仁寿中，为韩城尉，俄又罢职。

及高祖讨捕于汾、晋，瑰谒高祖于辕门，承制为河东县户曹。高祖将之晋阳，留隐太子建成以托于瑰。义师起，瑰至龙门谒见。高祖谓之曰："隋氏失驭，天下沸腾。吾忝以外戚，属当重寄，不可坐观时变。晋阳是用武之地，士马精强，今率骁雄以匡国难。卿将家子，深有智谋，观吾此举，将为济否？"瑰曰："后主残酷无道，征役不息，天下惆惆，思闻拯乱。公天纵神武，亲举义师，所下城邑，秋毫无犯，军令严明，将士用命。关中所在蜂起，惟待义兵。仗大顺，从众欲，何忧不济？瑰在冯翊积年，人情谙练，愿为一介之使，衔命入关，同州已东，必当款伏。于梁山船济，直指韩城，进逼郃阳，分取朝邑。且萧造文吏，本无武略，仰惧威灵，理当自下；孙华诸贼，未有适从，必当相率而至。然后鼓行整众，入据永丰，虽未得京城，关中固已定矣。"高祖曰："是吾心也。"乃授银青光禄大夫，遣陈演寿、史大奈领步骑六千，趋梁山渡河，使瑰及薛献为招慰大使。高祖谓演寿曰："阃外之事，宜与任瑰筹之。"孙华、白玄度等闻兵且至，果竞来降，并具舟于河，师遂利涉。瑰说下韩城县，与诸将进击饮马泉，破之，拜左光禄大夫，留守永丰仓。

高祖即位，改授谷州刺史。王世充数率众攻新安，瑰拒战破之，以功累封管国公。太宗率师讨世充，瑰从至邙山，使检校水运以供饷馈。关东初定，持节为河南道安抚大使。世充弟辩为徐州行台尚书令，率所部诣瑰降。瑰至宋州，属徐圆朗据兖州反，曹、戴诸州咸应之。副使柳浚劝瑰退保汴州，瑰笑曰："柳公何怯也！老将居边甚久，自当有计，非公所知。"圆朗俄又攻陷楚丘，引兵将围虞城，瑰遣崔枢、张公谨自鄢陵领诸州豪右质子百余人守虞城以拒贼。浚又谏曰："枢与公谨并世充之将，又诸州质子父兄皆反，此必为变。"瑰不答。枢至，则分配质子，并与土人合队居守。贼既稍近，质子有叛者，枢因斩其队帅。城中人惧曰："质子父兄悉来为贼，贼之子弟安可守城？"枢因纵诸队各杀质子，枭首于门外，遣使报瑰。瑰阳怒曰："遣将去者，欲招慰耳，何罪而杀之？"退谓浚曰："固知崔枢办之。既遣县人杀贼质子，冤隙已大，吾何患焉？"枢果拒却圆朗。事平，迁徐州总管，仍为大使。

瑰选补官吏，颇私亲故，或依倚其势，多所求纳，瑰知而不禁；又，妻刘氏妒悍无礼，为世所讥。及辅公祏平，拜邢州都督。隐太子之诛也，瑰弟璨时为典膳监，瑰坐左迁通州都督。贞观三年卒。

丘和，河南洛阳人也。父寿，魏镇东将军。和少便弓马，重气任侠。及长，始折节，与物无忤，无贵贱皆爱之。周为开府仪同三司。入隋，累迁右武卫将军，封平城郡公。汉王谅之反也，以和为蒲州刺史。谅使兵士服妇人服，戴羃䍦，奄至城中，和脱身而免，由是除名。时宇文述方被任遇，和倾心附之，又以发武陵公元胄罪，拜代州刺史。属炀帝北巡过代州，和献食甚精，及至朔州，刺史杨廓独无所献，帝不悦，而宇文述又盛称之，乃以和为博陵太守，仍令杨廓至博陵观和为式。及驾至博陵，和上食又丰，帝益称之。由是所幸处献食者竞为华侈。和在郡善抚吏士，甚得欢心，寻迁天水郡守。大业末，以海南僻远，吏多侵渔，百姓咸怨，数为乱逆，于是选淳良太守以抚之。黄门侍郎裴矩奏言："丘和历居二郡，皆以惠政著闻，宽而不扰。"炀帝从之，遣和为交趾太守。既至，抚诸豪杰，甚得蛮夷之心。

会炀帝为化及所弑，鸿胪卿宁长真以郁林、始安之地附于萧铣；冯盎以苍梧、高凉、珠崖、番禺之地附于林士弘。各遣人召之，和初未知隋亡，皆不就。林邑之西诸国，并遣遗和明珠、文犀、金宝之物，富埒王者。铣利之，遣长真率百越之众渡海侵和，和遣高士廉率交、爱首领击之，长真退走，境内获全，郡中树碑颂德。会旧骁果从江都还者，审知隋灭，遂以州从铣。及铣平，和以海南之地归国。诏使李道裕即授上柱国、谭国公、交州总管。和遣司马高士廉奉表请入朝，诏许之。高祖遣其子师利迎之。及谒见，高祖为之兴，引入卧内，语及平生，甚欢，奏《九部乐》以飨之，拜左武候大将军。和时年已衰老，乃拜稷州刺史，以是本乡，令自怡养。九年，除特进。贞观十一年卒，年八十六。赠荆州总管，谥曰襄，赐东园秘器，陪葬献陵。有子十五人，多至大官，惟行恭知名。

行恭善骑射，勇敢绝伦。大业末，与兄师利聚兵于岐、雍间。有众一万，保故郿城，百姓多附之，群盗不敢入境。初，原州奴贼数万人围扶风，郡太守窦琎坚守，经数月，贼中食尽，野无所掠，众多离散，投行恭者千余骑。行恭遣其酋渠诣诸奴贼共迎义军。行恭又率五百人，皆负米麦，持牛酒，自诣贼营。奴帅长揖，行恭手斩之，谓其众曰："汝等并是好人，何因事奴为主，使天下号为奴贼？"众皆俯伏曰："愿改事公。"行恭率其众与师利共谒太宗于渭北，拜光禄大夫。从平京城，讨薛举、刘武周、王世充、窦建德，皆立殊勋，授左一府骠骑，赏赐甚厚。隐太子之诛也，行恭以功迁左卫将军。贞观中，坐与嫡母争葬所生母，为法司所劾，除名。因从侯君集平高昌，封天水郡公，累除右武候将军。高宗嗣位，历迁右武候大将军、冀陕二州刺史。寻请致仕，光禄大夫。麟德二年卒，年八十。赠荆州都督，谥曰襄，赐温明秘器，陪葬昭陵。

行恭性严酷，所在僚列皆慑惮之，数坐事解免。太宗每思其功，不逾时月复其官。初，从讨王世充，会战于邙山之上。太宗欲知其虚实强弱，乃与数十骑冲之，直出其后，众皆披靡，莫敢当其锋，所杀伤甚众。既而限以长堤，与诸骑相失，惟行恭独从。寻有劲骑数人追及太宗，矢中御马；行恭乃回骑射之，发无不中，余贼不敢复前。然后下马拔箭，以其所乘马进太宗。行恭于御马前步执长刀，巨跃大呼，斩数人，突阵而出，得入大军。贞观中，有诏刻石为人马以象行恭拔箭之状，立于昭陵阙前。

子神勣，嗣圣元年，为左金吾将军，则天使于巴州害章怀太子，既而归罪于神勣，左迁叠州刺史。寻复入为左金吾卫大将军，深见亲委。尝受诏鞫狱，与周兴、来俊臣等俱号为酷吏。寻以罪伏诛。神龙初，禁锢其子孙。

和少子行掩，高宗时为少府监。

许绍，字嗣宗，本高阳人也，梁末徙于周，因家于安陆。祖弘，父法光，俱为楚州刺史。元皇帝为安州总管，故绍儿童时得与高祖同学，特相友爱。大业末，为夷陵郡通守。是时盗贼竞起，绍保全郡境，流户自归者数十万口，开仓赈给，甚得人心。及江都弑逆，绍率郡人大临三日，仍以郡遥属越王侗。王世充篡位，乃率黔安、武陵、澧阳等诸郡遣使归国，授硖州刺史，封安陆郡公。高祖降敕书曰："昔在子衿，同游序庠，博士吴琰，其妻姓仇，追想此时，宛然心目，荏苒岁月，遂成累纪。且在安州之日，公家乃莅岳州；渡辽之时，伯裔又同戎旅。安危契阔，累叶同之，其间游处，触事可想。虽卢绾与刘邦同里，吴质共曹丕接席，以今方古，何足称焉！而公追砚席之旧欢，存通家之襄好，明鉴去就之理，洞识成败之机。爰自荆门，驰心绛阙，绥怀士庶，纠合宾僚，逾越江山，远申诚款。览此忠至，弥以慰怀。"及萧铣将董景珍以长沙来降，命绍率兵应之。以破铣功，拜其子智仁为温州刺史，委以招慰。时萧铣遣其将杨道生围硖州，绍纵兵击破之。铣又遣其将陈普环乘大舰溯江入硖，与开州贼萧阇提规取巴国。绍遣智仁及录事参军李弘节、子婿张玄静追至西陵硖，大破之，生擒普环，收其船舰。江南岸有安蜀城，与硖州相对，次东有荆门城，皆险峻，铣并以兵镇守。绍遣智仁及李弘节攻荆门镇，破之。高祖大悦，下制褒美，许以便宜从事。绍与王世充、萧铣疆界连接，绍之士卒为贼所虏者，辄见杀害。绍执敌人，皆资给而遣之，贼感其义，不复侵掠，阖境获安。赵郡王孝恭之击萧铣也，复令绍督兵以图荆州，会卒于军，高祖闻而流涕。贞观中，赠荆州都督。嫡孙力士袭爵，官至洛州长史，卒。

子钦寂嗣，万岁登封年为龚州都督府长史。时契丹入寇，以钦寂兼龙山军讨击副使，军次崇州，战败被擒。其后，贼将围安东，令钦寂说属城之未下者。安东都督裴玄珪时在城下，钦寂谓之曰："狂贼天殃，灭在朝夕，公但谨守励兵，以全忠节。"贼大怒，遂害之。则天下制褒美，赠蕲州刺史，谥曰忠。又授其子辅乾左监门卫中候，仍为海东慰劳使；令迎其丧枢，以礼改葬。辅乾，开元中官至光禄卿。

钦寂弟钦明，少以军功历左玉钤卫将军、安西大都护，封盐山县公。万岁通天元年，授金紫光禄大夫、凉州都督。钦明尝出按部，突厥默啜率众数万奄至城下，钦明拒战。久之，力屈被执。贼将钦明至灵州城下，令说城中早降，钦明大呼曰："贼中都无饮食，城内有美酱乞二升，粱米乞二斗，墨乞一梃。"是时，贼营处四面阻泥河，惟有一路得入，钦明乞此物以喻城中，冀其简兵陈将，候夜掩袭，城中无悟其旨者，寻遇害。兄弟同年皆死王事，论者称之。

绍次子智仁，初，以父勋授温州刺史，封孝昌县公。寻继其父为硖州刺史，后历太仆少卿、凉州都督。贞观中卒。

绍少子圆师，有器干，博涉艺文，举进士。显庆二年，累迁黄门侍郎、同中书门下三品，兼修国史。三年，以修实录功封平恩县男，赐物三百段。四迁，龙朔中为左相。俄以子自然因猎射杀人，隐而不奏，又为李义府所挤，左迁虔州刺史。寻转相州刺史。政存宽惠，人吏刊石以颂之。尝有官吏犯赃事露，圆师不令推究，但赐清白诗以激之，犯者愧惧，遂改节为廉士，其宽厚如此。上元中，再迁户部尚书。仪凤四年卒，赠幽州都督，陪葬恭陵，谥曰简。

李袭志，字重光，本陇西狄道人也。五叶祖景避地安康，复称金州安康人也。周信州总管、安康郡公迁哲孙也。父敬猷，隋台州刺史、安康郡公。袭志，初仕隋历始安郡丞。大业末，江外盗贼尤甚，袭志散家产，招募得三千人，以守郡城。时萧铣、林士弘、曹武彻等争来攻击，袭志固守久之。后闻宇文化及弑逆，乃集士庶举哀三日。有郡人劝袭志曰："公累叶冠族，久临郡邑，蛮夷畏威，士女悦服，虽曰隋臣，实我之君长。今江叶篡逆，四海鼎沸，王号者非止一人，公宜因此时据有岭表，则百越之人皆拱手向化。追踪尉佗，亦千载一遇也。"袭志厉声曰："吾世树忠贞，见危授命，今虽江都陷没，而宗社犹存，当与诸君戮力中原，共雪仇耻，岂可怙乱称兵，以图不义！吾宁蹈忠而死，不为逆节而求生。尉佗愚鄙无识，何足景慕？"于是欲斩劝者，从众议而止。袭志固守，经二年而无援，卒为萧铣所陷，铣署为工部尚书、检校桂州总管。武德初，高祖遣其子玄嗣赍书召之，袭志乃密说岭南首领随永平郡守李光度与之归国。高祖又令间使赍书谕袭志曰："卿昔久在桂州，仍属隋室运终，四方圮绝，率众保境，未知所统。朕抚临天下，志在绥育，眷彼幽遐，思沾声教。况卿朕之宗姓，情异于常。一家父侄并立诚效公，又分遣首领，申谕诸州，情深奉国，甚副所望。卿之子弟，并据州县，俱展诚绩，每所嘉叹，不能已已。令并入属籍，著于宗正。"及萧铣平，江南道大使、赵郡王孝恭授袭志桂州总管。武德五年入朝，授柱国，封始安郡公，拜江州都督。及辅公祏反，又以袭志为水军总管讨平之，转桂州都督。袭志前后凡任桂州二十八载，政尚清简，岭外安之。后表请入朝，拜右光禄大夫、行汾州刺史致仕，卒于家。袭志弟袭誉。

袭誉，字茂实，少通敏，有识度。隋末为冠军府司兵。时阴世师辅代王为京师留守，所在盗贼蜂起，袭誉说世师遣兵据永丰仓，发粟以赈穷乏，出库物赏战士，移檄郡县，同心讨贼。世师不能用，乃求外出募山南士马，世师许之。既至汉中，会高祖定长安，召授太府少卿，封安康郡公，仍令与兄袭志附籍于宗正。太宗讨王世充，以袭誉为潞州总管。时突厥与国和亲，又通使于世充，袭誉掩击，悉斩之。因委令转运以馈大军。后历光禄卿、浦州刺史，转扬州大都督府长史，为江南道巡察大使，多所黜陟。江都俗好商贾，不事农桑。袭誉乃引雷陂水，又筑勾城塘，溉田八百余顷，百姓获其利。召拜太府卿。袭誉性严整，所在以威肃闻。凡获俸禄，必散之宗亲，其余资多写书而已。及从扬州罢职，经史遂盈数车。尝谓子孙曰："吾近京城有赐田十顷，耕之可以充食；河内有赐桑千树，蚕之可以充衣；江东所写之书，读之可以求官。吾没之后，尔曹但能勤此三事，亦何羡于人！"寻转凉州都督，加金紫光禄大夫，行同州刺史。坐在凉州阴憾雩禾县丞刘武，杖而杀之，至是有司议当死，制除名，流于泉州，无几而卒。撰《五经妙言》四十卷、《江东记》三十卷、《忠孝图》二十卷。

兄子怀俨，颇以文才著名。历兰台侍郎，受制检校写四部书进内，以书有污，左授郓州刺史。后卒于礼部侍郎。

姜謩，秦州上邽人。祖真，后魏南秦州刺史。父景，周梁州总管、建平郡公。謩，大业末为晋阳长，会高祖留守太原，见謩深器之。謩退谓所亲曰："隋祚将亡，必有命世大才，以应图箓，唐公有霸王之度，以吾观之，必为拨乱之主。"由是深自结纳。及大将军府建，引为司功参军。从平霍邑，拔绛郡，监督大军济河。时卒士争渡，謩部勒诸军，自昏至晓，六军毕济。高祖称叹之。平京城，除相国兵曹参军，封长道县公。时薛举寇秦、陇，以謩西州之望，诏于陇右安抚，承制以便宜从事。謩将行，奏曰："天人之望，诚有所归，愿早膺图箓，以宁兆庶。老夫犬马暮齿，恐先朝露，得一睹升紫殿，死无所恨。"高祖大悦。謩与窦轨出散关，下河池、汉阳二郡。军次长道，与薛举相遇，轨轻敌，为举所败。征謩还京，拜员外散骑常侍。及平薛仁杲，拜謩秦州刺史，高祖谓曰："衣锦还乡，古人所尚；今以本州相授，用答元功。凉州之路，近为荒梗，宜弘方略，有以静之。"謩至州，抚以恩信，州人相谓曰："吾辈复见太平官府矣。"盗贼悉来归首，士庶安之。寻转陇州刺史。七年，以老疾去职。贞观元年卒，赠岷州都督，谥曰安。

子行本，贞观中为将作大匠。太宗修九成、洛阳二宫，行本总领之，以勤济称旨，赏赐甚厚。有所游幸，未尝不从。又转左屯卫将军。时太宗选趫捷之士，衣五色袍，乘六闲马，直屯营以充仗内宿卫，名为"飞骑"，每游幸，即骑以从，分隶于行本。及高昌之役，以行本为行军副总管，率众先出伊州。未至柳谷百余里，依山造攻具。其处有班超纪功碑，行本磨去其文，更刻颂陈国威德而去。遂与侯君集进平高昌，玺书劳曰："攻战之重，器械为先，将士属心,待以制敌。卿星言就路,躬事修营,干戈才动,梯冲暂临。三军勇士,因斯树绩;万里逋寇,用是克平。方之前古,岂足相况!”及还,进封金城郡公,赐物一百五十段、奴婢七十人。十七年,太宗将征高丽,行本谏以为师未可动,太宗不从。行本从至盖牟城,中流矢卒。太宗赋诗以悼之,赠左卫大将军、郕国公,谥曰襄,陪葬昭陵。

子简嗣,永徽中,官至安北都护,卒。子晞嗣,开元初左散骑常侍。

简弟柔远,美姿容,善于敷奏。则天时,至左鹰扬卫将军、通事舍人、内供奉。

柔远子皎,长安中,累迁尚衣奉御。时玄宗在藩,见而悦之。皎察玄宗有非常之度,尤委心焉。寻出为润州长史。玄宗即位,召拜殿中少监。数召入卧内,命之舍敬,曲侍宴私,与后妃连榻,间以击球斗鸡,常呼之为姜七而不名也。兼赐以宫女、名马及诸珍物不可胜数。玄宗又尝与皎在殿庭玩一嘉树,皎称其美,玄宗遽令徙植于其家,其宠遇如此。及窦怀贞等潜谋逆乱,玄宗将讨之,皎协赞谋议,以功拜殿中监,封楚国公,实封四百户。玄宗以皎在藩之旧,皎又有先见之明,欲宣布其事,乃下敕曰:“朕闻士之生代,始于事亲,中于事君,终于立身,此其本也。若乃移孝成忠,策名委质。命有太山之重,义徇则为轻;草有疾风之力,节全则知劲。况君臣之相遇,而故旧之不遗乎!银青光禄大夫、殿中监、楚国公姜皎,簪绂联华,珪璋特秀。宽厚为量,体静而安仁;精微用心,理和而专直。往居藩邸,潜款风云,亦由彭祖之同书,子陵之共学。朕常游幸于外,至长杨、鄠杜之间,皎于此时与之累宿,私谓朕曰:‘太上皇即登九五,王必为储副。’凡如此者数四,朕叱而后止。宁知非仆,虽玩于邓晨;可收护军,遂讦于朱祐。皎复言于朕兄弟及诸驸马等,因闻彻太上皇,太上皇遽奏于中宗孝和皇帝。寻遣嗣虢王邕等鞫问,皎保护无怠,辞意转坚。李通之谶记不言,田叔之髡钳罔惮。仍为宗楚客、纪处讷等密奏,请投皎炎荒。中宗特降恩私,左迁润州长史。逸邪每构,忠恳逾深,戴于朕躬,忧存王室。以为天且有命,预睹成龙之征;人而无礼,常怀逐鸟之志。游辞枉陷,旋罹贬斥;严宪将及,殆见诛夷。履危本于初心,遭险期于不贰,虽祸福之际昭然可图,而艰难之中是所繄赖。洎朕祗膺宝位,又共剪奸臣,拜以光宠,不忘扬搉,敬爱之极,神明所知。造膝则曾莫739随,匪躬则动多规谏,补朕之阙,斯人孔臧。而悠悠之谈,嗷嗷妄作,丑正恶直,窃生于谤,考言询事,益亮其诚。昔汉昭帝之保霍光,魏太祖之明程昱,朕之不德,庶几于此。矧夫否当其悔,则灭宗毁族,朕负之必深;泰至其亨,则如山如河,朕酬之未补。岂流言之足听,而厚德之遂忘?谋始有之,图终可也。宜告示中外,咸令知悉。”寻迁太常卿,监修国史。弟晦,又历御史中丞、吏部侍郎,兄弟当朝用事。侍中宋璟以其权宠太盛,恐非久安之道,屡奏请稍抑损之。开元五年下敕曰:“西汉诸将,多以权贵不全;南阳故人,并以优闲自保。观夫先后之迹,吉凶之数,较然可知,良有以也。太常卿、上柱国、楚国公、监修国史姜皎,衣缨奕代,忠谠立诚,精识比于桥玄,密私方于朱祐。朕昔在藩邸,早申款洽,当谓我以不遗,亦起予以自爱。及膺大位,屡锡崇班,茅土列爵,山河传誓,备蒙光宠,时冠等夷。朕每欲戒盈,用克终吉。未若避荣公府,守靖私第,自弘高尚之风,不涉嚣尘之境,沐我恩贷,庇尔子孙。宜放归田园,以恣娱乐。”又迁晦为宗正卿,以去其权。久之,皎复起为秘书监。十年,坐漏泄禁中语,为嗣濮王峤所奏,敕中书门下究其状。峤,即王守一之妹夫;中书令张嘉贞希守一意,构成其罪,仍奏请先决杖配流岭外。下制曰:“秘书监姜皎,往属艰难,颇效诚信,功则可录,宠是以加。既忘满盈之诫,又亏静慎之道,假说休咎,妄谈宫掖。据其作孽,合处极刑,念兹旧勋,免此殊死。宜决一顿,配流钦州。”皎既决杖,行至汝州而卒,年五十余。皎之所亲都水使者刘承祖,配流雷州,自余流死者数人。时朝廷颇以皎为冤,而咎嘉贞焉。源乾曜时为侍中,不能有所持正,论者亦深讥之。玄宗复思皎旧勋,令递其柩还,以礼葬之,仍遣中使存问其家。十五年,追赠泽州刺史。晦坐皎左迁春州司马,俄迁海州刺史,卒。

天宝六载,授皎男庆初等官。七载,赠皎吏部尚书,仍赠实封二百户以充享祀。庆初袭封楚国公。庆初生未晬,玄宗许尚公主,后沦落二十余年。李林甫为相,当轴用事,林甫即皎之甥,从容奏之,故骤加恩命。天宝十载,诏庆初尚新平公主,授驸马都尉。永泰元年,拜太常卿。

史臣曰:或问屈突通尽忠于隋而功立于唐,事两国而名愈彰者,何也?答云,若立纯诚,遇明主,一心可事百君,宁限于两国尔!被穀桑之擒,临难无苟免,破仁杲之众,临财无苟得,君子哉!任瑰、丘和、许绍、李袭志咸遇真主,得为故人,或叙旧立功,或率众归国。寻其履迹,皆有可称。袭志为政,袭誉训子,庶几弘远矣。姜謩恩信,有能官之誉;行本勤济,多克敌之功。皎虽故旧,恩幸不伦,虽嘉贞致冤,亦冒宠自掇,岂非无德而禄,福过灾生之验欤!任瑰纵妒妻无礼,任亲戚求财,丘和进食邀幸,皆无取焉。

赞曰:屈突守节,求仁得仁。诸君遇主,不足拟伦。

卷六十　　列传第十

宗室
太祖诸子　代祖诸子
永安王孝基　淮安王神通 子道彦　孝察　孝同　孝慈　孝友　孝节　孝义　孝逸
襄邑王神符 子德懋　文暕　长平王叔良 子孝协　孝斌　孝斌子思训　思海　叔良弟德良　幼良
襄武王琛　河间王孝恭 子晦　孝恭弟瑊　瓌　庐江王瑗 王君廓附　淮阳王道玄
江夏王道宗　陇西王博义

永安王孝基，高祖从父弟也。父璋，周梁州刺史，与赵王祐谋杀隋文帝，事泄被诛，高祖即位，追封毕王。孝基，武德元年封永安王，历陕州总管、鸿胪卿，以罪免。二年，刘武周将宋金刚来寇汾、浍。夏县人吕崇茂杀县令，举兵反，自称魏王，请援于武周。复以孝基为行军总管讨之，工部尚书独孤怀恩、内史侍郎唐俭、陕州总管于筠悉隶焉。武周遣其将尉迟敬德潜援崇茂，大战于夏县，王师败绩，孝基与唐俭等皆没于贼。后谋归国，为武周所害，高祖为之发哀，废朝三日，赐其家帛千匹。贼平，购其尸不得，招魂而葬之，赠卫大将军，谥曰壮。无子，以从兄韶子道立为嗣，封高平郡王。九年，降为县公。永徽初，卒于陈州刺史。

淮安王神通，高祖从父弟也。父亮，隋海州刺史，武德初追封郑王。神通，隋末在京师。义师起，隋人捕之，神通潜入鄠县山南，与京师大侠史万宝、河东裴勣、柳崇礼等举兵以应义师。遣使与司竹贼帅何潘仁连结。潘仁奉平阳公主而至，神通与之合势，进下鄠县，众逾一万。自称关中道行军总管，以史万宝为副，裴勣为长史，柳崇礼为司马，令狐德棻为记室。高祖闻之大悦，授光禄大夫。从平京师，拜宗正卿。武德元年，拜右翊卫大将军，封永康王，寻改封淮安王，为山东道安抚大使。击宇文化及于魏县，化及不能抗，东走聊城。神通进兵蹑之，至聊城。会化及粮尽请降，神通不受。其副使黄门侍郎崔干劝纳之，神通曰："兵士暴露已久，贼计穷粮尽，克在旦暮，正当攻取，以示国威，散其玉帛，以为军赏。若受降者，吾何以藉手乎？"干曰："今建德方至，化及未平，两贼之间，事必危迫。不攻而下之，此勋甚大。今贪其玉帛，败无日矣！"神通怒，囚干于军中。既而士卒自济北馈之，化及军稍振，遂拒战。神通督兵薄而击之，贝州刺史赵君德攀堞而上，神通心害其功，因止军不战，君德大诟而下，城又坚守。神通乃分兵数千人往魏州取攻具，中路复为莘人所败。窦建德军且至，遂引军而退。后二日，化及为建德所虏，贼势益张，山东城邑多归建德。神通兵渐散，退保黎阳，依徐勣，俄为建德所陷。及建德败，复授河北道行台尚书左仆射。从太宗平刘黑闼，迁左武卫大将军。贞观元年，拜开府仪同三司，赐实封五百户。时太宗谓诸功臣曰："朕叙公等勋效，量定封邑，恐不能尽当，各自言。"神通曰："义旗初起，臣率兵先至，今房玄龄、杜如晦等刀笔之人，功居第一，臣且不服。"上曰："义旗初起，人皆有心。叔父虽率兵先至，未尝身履行阵。山东未定，受委专征，建德南侵，全军陷没；及刘黑闼翻动，叔父望风而破。今计勋行赏，玄龄等有筹谋帷幄定社稷功，所以汉之萧何，虽无汗马，指纵推毂，故功居第一。叔父于国至亲，诚无所爱，必不可缘私滥与勋臣同赏耳。"四年，薨。太宗为之废朝，赠司空，谥曰靖。十四年，诏与河间王孝恭、赠陕州大行台右仆射郧节公殷开山、赠民部尚书渝襄公刘政会配飨高祖庙庭。有子十一人：长子道彦，武德五年，封胶东王；次孝察，高密王；孝同，淄川王；孝慈，广平王；孝友，河间王；孝节，清河王；孝义，胶西王。

初，高祖受禅，以天下未定，广封宗室以威天下，皇从弟及侄年始孩童者数十人，皆封为郡王。太宗即位，因举宗正属籍问侍臣曰："遍封宗子，于天下便乎？"尚书右仆射封德彝对曰："历观往古，封王者，今最为多。两汉已降，唯封帝子及亲兄弟，若宗室疏远者，非有大功如周之郇、滕，汉之贾、泽，并不得滥封，所以别亲疏也。先朝敦睦九族，一切封王，爵命既隆，多给力役，盖以天下为私，殊非至公驭物之道。"太宗曰："朕理天下，本为百姓，非欲劳百姓以养己之亲也。"于是宗室率以属疏降爵为郡公，唯有功者数十人封王。是时道彦等并随例降爵。道彦与季弟孝逸最知名。

道彦幼而事亲甚谨。初，义师起，神通逃难，被疾于山谷，绵历数旬，山中食尽。道彦著故弊衣，出人间乞丐，及采野实，以供其父，无所啖。其父分以食之，辄诈言已啖，而覆藏留之，以备阙乏。及神通应义举，授朝请大夫。高祖受禅，封义兴郡公，进封胶东王，授陇州刺史。贞观初，转相州都督，例降爵为公，拜岷州都督。丁父忧，庐于墓侧，负土成坟，躬植松柏，容貌哀毁，亲友皆不复识之。太宗闻而嘉叹，令侍中王珪就加开喻。复授岷州都督。道彦遣使告喻党项诸部，中国威灵，多有降附。李靖之击吐谷浑也，诏道彦为赤水道行军总管。时朝廷复厚币遗党项，令为乡导，党项首领拓拔赤辞来诣靖军，请诸将曰："往者隋人来击吐谷浑，我党项每资军用，而隋人无信，必见侵掠。今将军若无他心者，我当资给粮运；如或我欺，当即固险以塞军路。"诸将与之歃血而盟，赤辞信之。道彦既至阔水，见赤辞无备，遂袭之，虏牛羊数千头。于是诸羌怨怒，屯兵野狐硖，道彦不能进，为赤辞所乘，军大败，死者数万人。道彦退保松州，竟坐减死徙边。后起为凉州都督，寻卒，赠礼部尚书。

孝逸少好学，解属文。初封梁郡公。高宗末，历给事中，四迁益州大都督府长史。则天临朝，入为左卫将军，甚见亲遇。光宅元年，徐敬业据扬州作乱，以孝逸为左玉钤卫大将军、扬州行军大总管，督军以讨之。孝逸引军至淮，而敬业方南攻润州，遣其弟敬猷屯兵淮阴；伪将韦超据都梁山，以拒孝逸。裨将马敬臣击斩贼之别帅尉迟昭、夏侯瓒等，超乃拥众凭山以自固。或谓孝逸曰："超众守险，且凭山为阻，攻之则士无所施其力，骑无所骋其足，穷寇殊死，杀伤必众。不若分兵守之，大军直趣扬州，未数日，其势必降也。"支度使、广府司马薛克构曰："超虽据险，其卒非多，今逢小寇不击，何以示武？若加兵以守，则有阙前机；舍之而前，则终为后患，不如击之。克超则淮阴自慑，淮阴破，则楚州诸县必开门而候官军。然后进兵高邮，直趣江都，逆竖之首，可指掌而悬也。"孝逸从其言，进兵击超，贼众压伏，官军登山急击之，杀数百人，日暮围解，超衔枚夜遁。孝逸引兵击淮阴，大破敬猷之众。时敬业回军屯于下阿溪以拒官军，有流星坠其营。孝逸引兵渡溪以击之。敬业初胜后败，孝逸乘胜追奔数十里，敬业窘迫，与其党携妻子逃入海曲。孝逸进据扬州，尽捕斩敬业等，振旅而还，以功进授镇军大将军，转左豹韬卫大将军，改封吴国公。孝逸素有名望，自是时誉益重，武承嗣等深所忌嫉，数谮毁之。垂拱二年，左迁施州刺史。其冬，承嗣等又使人诬告孝逸往任益州，尝自解"逸"字云："走绕兔者，常在月中。月既近天，合有天分。"则天以孝逸常有功，减死配徙儋州，寻卒。景云初，赠益州大都督。

孝锐孙齐物，孝同曾孙国贞，别有传。

襄邑王神符，神通弟也。幼孤，事兄以友悌闻。义宁初，授光禄大夫，封安吉郡公。武德元年，进封襄邑郡王。四年，累迁并州总管。突厥颉利可汗率众来寇，神符出兵与战于汾水东，败之，斩首五百级，虏其马二千匹。又战于沙河之北，获其乙利达官并可汗所乘马及甲献之，由是召拜太府卿。九年，迁扬州大都督，移州府及居人自丹阳渡江，州人赖焉。贞观初，再迁宗正卿。后以疾辞职，太宗幸其第问疾，赐以缣帛，每给羊酒。又令乘小舆，引入紫微殿，以神符脚疾，乃遣三卫舆之而升。寻授开府仪同三司。永徽二年薨，年七十三，赠司空、荆州都督，陪葬献陵，谥曰恭。有子七人，武德初，并封郡王，后例降封县公。次子德懋、少子文暕最知名。德懋官至少府监、临川郡公。文暕历幽州都督、魏郡公。垂拱中，坐事贬为藤州别驾，寻被诛。文暕子佺，开元中为宗正卿。

长平王叔良，高祖从父弟也。父祎，隋上仪同三司，武德初，追封郇王。叔良，义宁中授左光禄大夫，封长平郡公。武德元年，拜刑部侍郎，进爵为王。师镇泾州，以御薛举。举乃阳言食尽，引兵南去，遣高墌人伪以降。叔良遣骠骑刘感率众赴之，至百里细川，伏兵发，官军败绩，刘感没于阵。叔良大惧，出金以赐士卒。严为守备，泾州仅全。四年，突厥入寇，命叔良率五军击之。叔良中流矢而薨，赠左翊卫大将军、灵州总管，谥曰肃。

子孝协嗣，武德五年，封范阳郡王。贞观初，以属疏例降封郇国公，累迁魏州刺史。麟德中，坐受赃赐死。

孝协弟孝斌，官至原州都督府长史。

孝斌子思训，高宗时累转江都令。属则天革命，宗室多见构陷，思训遂弃官潜匿。神龙初，中宗初复宗社，以思训旧齿，骤迁宗正卿，封陇西郡公，实封二百户。历益州长史。开元初，左羽林大将军，进封彭国公，更加实封二百户，寻转右武卫大将军。开元六年卒。赠秦州都督，陪葬桥陵。思训尤善丹青，迄今绘事者推李将军山水。

思训弟思海，垂拱中扬州参军。思海子林甫别有传。

叔良弟德良，少有疾，不仕。武德初，封新兴王。贞观十一年薨，赠凉州都督。

德良孙晋，先天中，为殿中监，兼雍州长史，甚有威名，绍封新兴王。寻坐附会太平公主伏诛，改姓厉氏。初，晋之就诛，僚吏皆奔散，唯司功李抂步从，不失在官之礼，仍哭其尸。姚崇闻之曰："栾、向之俦也。"擢为尚书郎。后官至泽州刺史。

德良弟幼良，武德初，封长乐王。时有人盗其马者，幼良获盗而擅杀之，高祖怒曰："昔人赐盗马者酒，终获其报，尔辄行戮，何无古风！盗者信有罪矣，专杀岂非枉邪？"遣礼部尚书李纲于朝堂集宗室王公而挞之。自后累迁凉州都督，尝引不逞百余人为左右，多侵暴市里，行旅苦之。太宗即位，有告幼良阴养死士，交通境外，恐谋为反叛，诏遣中书令宇文士及代为都督，并按其事。士及虑其为变，遂缢杀之。

襄武王琛，高祖从父兄子也。祖蔚，周朔州总管。父安，隋领军大将军。武德初，追封蔚为蔡王，安为西平王。琛，义宁中封襄武郡公，与太常卿郑元璹赍女妓遗突厥始毕可汗，以结和亲。始毕甚重，赠名马数百匹，遣骨咄禄特勤随琛贡方物。高祖大悦，拜刑部侍郎，进爵为王。历蒲、绛二州总管。及宋金刚陷浍州，时稽胡多叛，转琛为隰州总管以镇之。驭众宽简，夷夏安之。三年，薨。子俭嗣，后随例降爵为公。

河间王孝恭，琛之弟也。高祖克京师，拜左光禄大夫，寻为山南道招慰大使。自金州出于巴蜀，招携以礼，降附者三十余州。孝恭进击朱粲，破之，诸将曰："此食人贼也，为害实深，请坑之。"孝恭曰："不可！自此已东，皆为寇境，若闻此事，岂有来降者乎？"尽赦而不杀，由是书檄所至，相继降款。武德二年，授信州总管，承制拜假。萧铣据江陵，孝恭献平铣之策，高祖嘉纳之。三年，进爵为王。改信州为夔州，使拜孝恭为总管，令大造舟楫，教习水战，以图萧铣。孝恭召巴蜀首领子弟，量才授用，致之左右，外示引擢，而实以为质也。寻授荆湘道行军总管，统水陆十二总管，发自硖州，进军江陵。攻其水城，克之，所得船散于江中。诸将皆曰："虏得贼船，当藉其用，何为弃之，无乃资贼耶？"孝恭曰："不然，萧铣伪境，南极岭外，东至洞庭。若攻城未拔，援兵复到，我则内外受敌，进退不可，虽有舟楫，何所用之？今铣缘江州镇忽见船舸乱下，必知铣败，未敢进兵，来去觇伺，动淹旬月，用缓其救，吾克之必矣。"铣救兵至巴陵，见船被江而下，果狐疑不敢轻进。既内外阻绝，铣于是出降。高祖大悦，拜孝恭荆州大总管，使画工貌而视之。于是开置屯田，创立铜冶，百姓利焉。六年，迁襄州道行台尚书左仆射。时荆襄虽定，岭表尚未悉平。孝恭分遣使人抚慰，岭南四十九州皆来款附。及辅公祏据江东反，发兵寇寿阳，命孝恭为行军元帅以击之。七年，孝恭自荆州趣九江，时李靖、李勣、黄君汉、张镇州、卢祖尚并受孝恭节度。将发，与诸将宴集，命取水，忽变为血，在座者皆失色。孝恭举止自若，徐谕之曰："祸福无门，唯人所召。自顾无负于物，诸公何见忧之深！公祏恶积祸盈，今承庙算以致讨，碗中之血，乃公祏授首之后征。"遂尽饮而罢。时人服其识度而能安众。公祏遣其伪将冯惠亮、陈当时领水军屯于博望山，陈正通、徐绍宗率步骑军于青林山。孝恭至，坚壁不与斗，使奇兵断其粮道。贼渐馁，夜薄我营，孝恭安卧不动。明日，纵羸兵以攻贼垒，使卢祖尚率精骑列阵以待之。俄而攻垒者败走，贼出追奔数里，遇祖尚军，与战，大败之。正通弃营而走，复与冯惠亮保梁山。孝恭乘胜攻之，破其梁山别镇，赴水死者数千人，正通率陆军夜遁。总管李靖又下广陵城，拔杨子镇。公祏穷蹙，弃丹阳东走。孝恭命骑将追之，至武康，擒公祏及其伪仆射西门君仪等数十人，致于麾下，江南悉平。玺书褒赏，赐甲第一区，女乐二部、奴婢七百人、金宝珍玩甚众，授东南道行台尚书左仆射。后废行台，拜扬州大都督。孝恭既破公祏，江淮及岭南皆统摄之。自大业末，群雄竞起，皆为太宗所平，谋臣猛将并在麾下，罕有别立勋庸者，唯孝恭著方面之功，声名甚盛。厚自崇重，欲以威名镇远，筑宅于石头，陈庐徽以自卫。寻征拜宗正卿。九年，赐实封一千二百户。贞观初，迁礼部尚书，以功臣封河间郡王，除观州刺史，与长孙无忌等代袭刺史。孝恭性奢豪，重游宴，歌姬舞女百有余人，然而宽恕退让，无骄矜自伐之色。太宗甚加亲待，诸宗室中莫与为比。孝恭尝怅然谓所亲曰："吾所居宅微为宏壮，非吾心也，当卖之，别营一所，粗令充事而已。身殁之后。诸子若才，守此足矣；如其不才，冀免他人所利也。"十四年，暴薨，年五十。太宗素服举哀，哭之甚恸，赠司空、扬州都督，陪葬献陵，谥曰元，配享高祖庙庭。

子崇义嗣，降爵为谯国公，历蒲、同二州刺史，益州大都督长史，甚有威名。后卒于宗正卿。

孝恭次子晦，乾封中，累除营州都督，以善政闻；玺书劳问，赐物三百段。转右金吾将军，兼检校雍州长史，纠发奸豪，无所容贷，为人吏畏服。晦私第有楼，下临酒肆，其人尝候晦言曰："微贱之人，虽则礼所不及，然家有长幼，不欲外人窥之。家迫明公之楼，出入非便，请从此辞。"晦即日毁其楼。高宗将幸洛阳，令在京居守，顾谓之曰："关中之事，一以付卿。但令式踣人，不可以成官政，令式之外，有利于人者，随事即行，不须闻奏。"晦累有异绩。则天临朝，迁户部尚书。垂拱初，拜右金吾卫大将军，转秋官尚书。永昌元年卒，赠幽州都督。子荣，为酷吏所杀。

孝恭弟瓒，武德中，为尚书右丞，封济北郡王，卒于始州刺史。

瓒弟瑰，义师克京城，授瑰左光禄大夫。武德元年，封汉阳郡公。五年，进爵为王。时突厥屡为侵寇，高祖使瑰赍布帛数万段与结和亲。颉利可汗初见瑰，箕踞；瑰饵以厚利，颉利大悦，改容加敬，遣使随瑰献名马。后复将命，颉利谓左右曰："李瑰前来，恨不屈之，今者必令下拜。"瑰微知之，及见颉利，长揖不屈节。颉利大怒，乃留瑰不遣。瑰神意自若，竟不为之屈。颉利知不可以威胁，终礼遣之。拜左武候将军，转卫尉卿，代兄孝恭为荆州都督。政存清静，深为士庶所怀。岭外豪帅屡相攻击，遣使喻以威德，皆相次归附，岭表遂定。太宗即位，例降爵为公。时长史冯长命曾为御史大夫，素矜衔，事多专决，瑰怒杖之，坐是免。贞观四年，拜宜州刺史，加散骑常侍，卒。

子冲玄，垂拱中官至冬官尚书；冲虚，卒于尚方监。

庐江王瑗，高祖从父兄子也。父哲，隋柱国、备身将军，追封济南王。瑗，武德元年历信州总管，封庐江王。九年，累迁幽州大都督。朝廷以瑗懦愞，非边将才，遣右领军将军王君廓助典兵事。君廓故尝为盗，勇力绝人，瑗倚仗之，许结婚姻，以布心腹。时隐太子建成将有异图，外结于瑗。及建成诛死，遣通事舍人崔敦礼召瑗入朝，瑗有惧色。君廓素险薄，欲因事陷之以为己功，遂绐瑗曰："京都有变，事未可知。大王国之懿亲，受委作镇，宁得拥兵数万而从一使召耶！且闻赵郡王先以被拘，太子、齐王又言若此，大王今去，能自保乎？"相与共泣。瑗乃囚敦礼，举兵反。召北齐州刺史王诜，将与计事，兵曹参军王利涉说瑗曰："王不奉诏而擅发兵，此为反矣。须改易法度，以权宜应变，先定众心。今诸州刺史或有逆命，王征兵不集，何以保全？"瑗曰："若之何？"利涉曰："山东之地，先从窦建德，酋豪首领，皆是伪官，今并黜之，退居匹庶，此人思乱，若旱苗之望雨。王宜发使复其旧职，各于所在遣募本兵，诸州倘有不从，即委随便诛戮。此计若行，河北之地可呼吸而定也。然后分遣王诜北连突厥，道自太原，南临蒲、绛；大王整驾亲诣洛阳，西入潼关。两军合势，不盈旬月，天下定矣。"瑗从之。瑗以内外机务悉付君廓。利涉以君廓多翻覆，又说瑗委兵于王诜而除君廓，瑗不能决。君廓知之，驰斩诜，持首告其众曰："李瑗与王诜共反，禁锢敕使，擅追兵集。今王诜已斩，独李瑗在，无能为也。汝若从之，终亦族灭；从我取之，立得富贵。祸福如是，意欲何从？"众曰："皆愿讨贼。"君廓领其麾下登城西面，瑗未之觉。君廓自领千余人先往狱中出敦礼，瑗始知之，遽率数百人披甲，才出至门外，与君廓相遇。君廓谓其众曰："李瑗作逆误人，何忽从之，自取涂炭？"众皆倒戈，一时溃走。瑗块然独存，谓君廓曰："小人卖我以自媚，汝行当自及矣。"君廓擒瑗，缢杀之，年四十一，传首京师，绝其属籍。

君廓，并州石艾人也。少亡命为群盗，聚徒千余人，转掠长平，进逼夏县。李密遣使召之，遂投于密。寻又率众归国，历迁右武卫将军，累封彭国公。从平刘黑闼，令镇幽州。会突厥入寇，君廓邀击破之，俘斩二千余人，获马五千匹。高祖大悦，征入朝，赐以御马，令于殿庭乘之而出，因谓侍臣曰："吾闻蔺相如叱秦皇，目眦出血。君廓往击窦建德，将出战，李靖遏之，君廓发愤大呼，目及鼻耳一时流血。此之壮气，何谢古人，不可以常例赏之。"复赐锦袍金带，还镇幽州。寻以诛瑗功，拜左领军大将军，兼幽州都督，以瑗家口赐之，加左光禄大夫，赐物千段，食实封千三百户。在职多纵逸，长史李玄道数以朝宪胁之，惧为所奏，殊不自安。后追入朝，行至渭南，杀驿吏而遁。将奔突厥，为野人所杀，追削其封邑。

淮阳王道玄，高祖从父兄子也。祖绘，隋夏州总管，武德初，追封雍王。父贽，追封河南王。道玄，武德元年封淮阳王，授右千牛。从太宗击宋金刚于介州，先登陷阵，时年十五，太宗壮之，赏物千段。后从讨王世充，频战皆捷。窦建德至武牢，太宗以轻骑诱贼，领道玄率伏兵于道左，会贼至，追击破之。又从太宗转战于汜水，麾戈陷阵，直出贼后，众披靡，复冲突而归。太宗大悦，命副乘以给道玄。又从太宗赴贼，再入再出，飞矢乱下，箭如猬毛，猛气益奋，射人无不应弦而倒。东都平，拜洛州总管。及府废，改授洛州刺史。五年，刘黑闼引突厥寇河北，复授山东道行军总管。师次下博，与贼军遇，道玄帅骑先登，命副将史万宝督军继进。万宝与之不协，及道玄深入，而拥兵不进，谓所亲曰："吾奉手诏，言淮阳小儿虽名为将，而军之进止皆委于吾。今其轻脱，越汙交战，大军若动，必陷泥溺，莫如结阵以待之，虽不利于王，而利于国。"道玄遂为贼所擒，全军尽没，惟万宝逃归。道玄遇害，年十九。太宗追悼久之，尝从容谓侍臣曰："道玄终始从朕，见朕深入贼阵，所向必克，意尝企慕，所以每阵先登，盖学朕也。惜其年少，不遂远图。"因为之流涕。赠左骁卫大将军，谥曰壮。无子，诏封其弟武都郡公道明为淮阳王，令主道玄之祀。累迁左骁卫将军。送弘化公主还蕃，坐泄主非太宗女，夺爵国除，后卒于郓州刺史。

江夏王道宗，道玄从父弟也。父韶，追封东平王，赠户部尚书。道宗，武德元年封略阳郡公，起家左千牛备身。裴寂讨刘武周，战于度索原，军败，贼徒进逼河东。道宗时年十七，从太宗率众拒之。太宗登玉壁城望贼，顾谓道宗曰："贼恃其众来邀我战，汝谓何如？"对曰："群贼乘胜，其锋不可当，易以计屈，难与力竞。今深壁高垒，以挫其锋；乌合之徒，莫能持久，粮运致竭，自当离散，可不战而擒。"太宗曰："汝意暗与我合。"后贼果食尽夜遁，追及介州，一战灭之。又从平窦建德，破王世充，屡有殊效。五年，授灵州总管。梁师都据夏州，遣弟洛仁引突厥兵数万至于城下。道宗闭门拒守，伺隙而战，贼徒大败。高祖闻而嘉之，谓左仆射裴寂、中书令萧瑀曰："道宗今能守边，以寡制众。昔魏任城王彰临戎却敌，有同于彼。"遂封为任城王。初，突厥连于梁师都，其郁射设入居五原旧地，道宗逐出之。振耀威武，开拓疆界，

斥地千余里，边人悦服。

贞观元年，征拜鸿胪卿，历左领军、大理卿。时太宗将经略突厥，又拜灵州都督。三年，为大同道行军总管。遇李靖袭破颉利可汗，颉利以十余骑来奔其部。道宗引兵逼之，征其执送颉利。颉利以数骑夜走，匿于荒谷，沙钵罗惧，驰追获之，遣使送于京师。以功赐实封六百户，召拜刑部尚书。吐谷浑寇边，诏右仆射李靖为昆丘道行军大总管，道宗与吏部尚书侯君集为之副。贼闻兵至，走入嶂山，已行数千里。诸将议欲息兵，道宗固请追讨，李靖然之，而君集不从。道宗遂率偏师并行倍道，去大军十日，追及之。贼据险苦战，道宗潜遣千余骑逾山袭其后，贼表里受敌，一时奔溃。十二年，迁礼部尚书，改封江夏王。寻坐赃下狱。太宗谓侍臣曰："朕富有四海，士马如林，欲使辙迹周宇内，游观无休息，绝域采奇玩，海外访珍羞，岂不得耶？劳万姓而乐一人，朕所不取也。人心无厌，唯当以理制之。道宗俸料甚高，宴赐不少，足有余财，而贪婪如此，使人嗟惋，岂不鄙乎！"遂免官，削封邑。十三年，起为茂州都督，未行，转晋州刺史。十四年，复拜礼部尚书。时侯君集立功于高昌，自负其才，潜怀异志。道宗尝因侍宴，从容言曰："君集智小言大，举止不伦，以臣观之，必为戎首。"太宗曰："何以知之？"对曰："见其恃有微功，深怀矜伐，耻在房玄龄、李靖之下。虽为吏部尚书，未满其志，非毁时贤，常有不平之语。"太宗曰："不可亿度，浪生猜贰。其功勋才用，无所不堪，朕岂惜重位？第未到耳。"俄而君集谋反诛，太宗笑谓道宗曰："君集之事，果如公所揣。"及大军讨高丽，令道宗与李勣为前锋，济辽水，克盖牟城。逢贼兵大至，军中佥欲深沟保险，待太宗至徐进，道宗曰："不可。贼赴急远来，兵实疲顿，恃众轻我，一战必摧。昔耿弇不以贼遗君父，我既职在前军，当须清道以待舆驾。"李勣然之。乃与壮士数十骑直冲贼阵，左右出入，勣因合击，大破之。太宗至，深加赏劳，赐奴婢四十人。又筑土山攻安市城，土山崩，道宗失于部署，为贼所据。归罪于果毅傅伏爱，斩之。道宗跣行诣旗下请罪，太宗曰："汉武杀王恢，不如秦穆赦孟明，土山之失，且非其罪。"舍而不问。道宗在阵损足，太宗亲为其针，赐以御膳。二十一年，以疾请居闲职，转太常卿。永徽元年，加授特进，增实封前六百户。四年，房遗爱伏诛，长孙无忌、褚遂良素与道宗不协，上言道宗与遗爱交结，配流象州。道病卒，年五十四。及无忌、遂良得罪，诏复其官爵。道宗晚年颇好学，敬慕贤士，不以地势凌人，宗室中唯道宗及河间王孝恭昆季最为当代所重。

道宗子景恒，降封卢国公，官至相州刺史。

陇西王博乂，高祖兄子也。高祖长兄曰澄，次曰湛，次曰洪，并早卒。武德初，追封澄为梁王，湛为蜀王，洪为郑王。澄、洪并无后，博乂即湛第二子也。武德元年封。高祖时，历宗正卿、礼部尚书，加特进。博乂有妓妾数百人，皆衣罗绮，食必粱肉，朝夕弦歌自娱，骄侈无比。与其弟渤海王奉慈俱为高祖所鄙，帝谓曰："我怨仇

有善，犹擢以不次，况于亲戚而不委任？闻汝等唯昵近小人，好为不轨，先王坟典，不闻习学。今赐绢二百匹，可各买经史习读，务为善事。"咸亨二年薨，赠开府仪同三司、荆州都督，谥曰恭。奉慈，武德初，封渤海王。显庆中，累迁原州都督，薨，谥曰敬。

史臣曰：无私于物，物亦公焉。高祖才定中原，先封疏属，致庐江为叛，神通争功，封德彝论之于前，房玄龄讥之于后。若河间机谋深沉，识度弘远，纵虚舟而降萧铣，饮妖血而平公祏，入朝定君臣之分，卖第为子孙之谋，善始令终，论功行赏，即无私矣。或问曰："水变为血，信妖矣；竟成功而无咎者，何也？"答曰：河间节贯神明，志匡宗社，故妖不胜德明矣。道宗军谋武勇，好学下贤，于群从之中，称一时之杰。无忌、遂良衔不协之素，致千载之冤。永徽中，无忌、遂良忠而获罪，人皆哀之。殊不知诬陷刘洎、吴王恪于前，枉害道宗于后，天网不漏，不得其死也宜哉！

赞曰：疏属尽封，启乱害公。河间孝恭，独称军功。

卷六十一　　列传第十一

温大雅 子无隐 大雅弟彦博 彦博子振 挺 大雅弟大有　陈叔达　窦威 子恽 兄子轨 轨子奉节 轨弟琮 威从子抗 抗子衍 静 静子逵 抗第三子诞 诞子孝慈 孝慈子希玠 诞少子孝谋 抗季弟璡

温大雅，字彦弘，太原祁人也。父君悠，北齐文林馆学士，隋泗州司马。大业末，为司隶从事，见隋政日乱，谢病而归。大雅性至孝，少好学，以才辩知名。仕隋东宫学士、长安县尉，以父忧去职。后以天下方乱，不求仕进。高祖镇太原，甚礼之。义兵起，引为大将军府记室参军，专掌文翰。禅代之际，与司录窦威、主簿陈叔达参定礼仪。武德元年，历迁黄门侍郎。弟彦博，为中书侍郎；对居近密，议者荣之。高祖从容谓曰："我起义晋阳，为卿一门耳。"寻转工部，进拜陕东道大行台工部尚书。太宗以隐太子、巢刺王之故，令大雅镇洛阳以俟变。大雅数陈秘策，甚蒙嘉赏。太宗即位，累转礼部尚书，封黎国公。大雅将改葬其祖父，筮者曰："葬于此地，害兄而福弟。"大雅曰："若得家弟永康，我将含笑入地。"葬讫，岁余而卒，谥曰孝。撰《创业起居注》三卷。永徽五年，赠尚书右仆射。

子无隐，官至工部侍郎。大雅弟彦博。

彦博幼聪悟，有口辩，涉猎书记。初，其父友薛道衡、李纲常见彦博兄弟三人，咸叹异曰："皆卿相才也。"开皇末，为州牧秦孝王俊所荐，授文林郎，直内史省，转通直谒者。及隋乱，幽州总管罗艺引为司马。艺以幽州归国，彦博赞成其事，授幽州总管府长史。未几，征为中书舍人，

俄迁中书侍郎，封西河郡公。时高丽遣使贡方物，高祖谓群臣曰："名实之间，理须相副。高丽称臣于隋，终拒炀帝，此亦何臣之有？朕敬于万物，不欲骄贵，但据土宇，务共安人，何必令其称臣以自尊大？可即为诏，述朕此怀也。"彦博进曰："辽东之地，周为箕子之国，汉家之玄菟郡耳。魏、晋已前，近在提封之内，不可许以不臣。若与高丽抗礼，则四夷何以瞻仰？且中国之于夷狄，犹太阳之比列星，理无降尊，俯同夷貊。"高祖乃止。其年，突厥入寇，命右卫大将军张瑾为并州道行军总管，出拒之，以彦博为行军长史。与虏战于太谷，军败，彦博没于虏庭。突厥以其近臣，苦问以国家虚实及兵马多少，彦博固不肯言。颉利怒，迁于阴山苦寒之地。太宗即位，突厥送款，始征彦博还朝，授雍州治中，寻检校吏部侍郎。彦博意有沙汰，多所损抑，而退者不伏，嚣讼盈庭。彦博惟骋辞辩，与之相诘，终日喧扰，颇为识者所嗤。复拜中书侍郎，兼太子右庶子。贞观二年，迁御史大夫，仍检校中书侍郎事。彦博善于宣吐，每奉使入朝，诏问四方风俗，承受纶言，有若成诵。声韵高朗，响溢殿庭，进止雍容，观者拭目。四年，迁中书令，进爵虞国公。高祖常宴朝臣，诏太宗谕旨，既而顾谓近臣曰："何如温彦博？"其见重如此。

初，突厥之降也，诏议安边之术。朝士多言："突厥恃强，扰乱中国，为日久矣。今天实丧之，穷来归我，本非慕义之心也。因其归命，分其种落，俘之河南，散属州县，各使耕田，变其风俗。百万胡虏，可得化而为汉，则中国有加户之利，塞北常空矣。"惟彦博议曰："汉建武时，置降匈奴于五原塞下，全其部落，得为捍蔽，又不离其土俗，因而抚之。一则实空虚之地，二则示无猜之心。若遣向西南，则乖物性，故非含育之道也。"太宗从之，遂处降人于朔方之地，其入居长安者近且万家。议者尤为不便，欲建突厥国于河外。彦博又执奏曰："既已纳之，无故遣去，深为可惜。"与魏徵等争论，数年不决。十年，迁尚书右仆射。明年薨，年六十四。彦博自掌知机务，即杜绝宾客，国之利害，知无不言，太宗以是嘉之。及薨，谓侍臣曰："彦博以忧国之故，劳精竭神，我见其不逮，已二年矣。恨不纵其闲逸，致夭性灵。"彦博家无正寝，及卒之日，殡于别室，太宗命有司为造堂焉。赠特进，谥曰恭，陪葬昭陵。

子振，少有雅望，官至太子舍人，居丧以毁卒。振弟挺，尚高祖女千金公主，官至延州刺史。

大雅弟大有，字彦将，性端谨，少以学行称。隋仁寿中，尚书右丞李纲表荐之，授羽骑尉。寻丁忧，去职归乡里。义旗初举，高祖引为太原令。从太宗击西河，高祖谓曰："士马尚少，要资经略，以卿参谋军事，其善建功名也！事之成败，当以此行卜之。若克西河，帝业成矣。"及破西河而还，复以本官摄大将军府记室，与兄大雅共掌机密。大有以昆季同在机务，意不自安，固请他职。高祖曰："我虚心相待，不以为疑，卿何自疑也？"大有虽应命，然每退让，远避机权，僚友以此多之。武德元年，累转中书侍郎。会卒，高祖甚伤惜之，赠鸿胪卿。初，大雅在隋，与颜思鲁俱在东宫，彦博与思鲁弟愍楚同直内史省，彦将

与憨楚弟游秦典校秘阁。二家兄弟，各为一时人物之选。少时学业，颜氏为优；其后职位，温氏为盛。

陈叔达，字子聪，陈宣帝第十六子也。善容止，颇有才学，在陈封义阳王。年十余岁，尝侍宴，赋诗十韵，援笔便就，仆射徐陵甚奇之。历侍中、丹阳尹、都官尚书。入隋，久不得调。大业中，拜内史舍人，出为绛郡通守。义师至绛郡，叔达以郡归款，授丞相府主簿，封汉东郡公。与记室温大雅同掌机密，军书、赦令及禅代文诰，多叔达所为。武德元年，授黄门侍郎。二年，兼纳言。四年，拜侍中。叔达明辩，善容止，每有敷奏，搢绅莫不属目。江南名士薄游长安者，多为荐拔。五年，进封江国公。尝赐食于御前，得蒲萄，执而不食。高祖问其故，对曰："臣母患口干，求之不能致，欲归以遗母。"高祖喟然流涕曰："卿有母可遗乎！"因赐物百段。贞观初，加授光禄大夫。寻坐与萧瑀对御忿争免官。未几，丁母忧。叔达先有疾，太宗虑其危殆，遣使禁绝吊宾。服阕，授遂州都督，以疾不行。久之，拜礼部尚书。建成、元吉嫉害太宗，阴行谮毁，高祖惑其言，将有贬责，叔达固谏乃止。至是太宗劳之曰："武德时，危难潜构，知公有谠言，今之此拜，有以相答。"叔达谢曰："此不独为陛下，社稷计耳。"后坐闺庭不理，为宪司所劾。朝廷惜其名臣，不欲彰其罪，听以散秩归第。九年卒，谥曰缪。后赠户部尚书，改谥曰忠。有集十五卷。

窦威，字文蔚，扶风平陵人，太穆皇后从父兄也。父炽，隋太傅。威家世勋贵，诸昆弟并尚武艺，而威耽玩文史，介然自守。诸兄哂之，谓为"书痴"。隋内史令李德林举秀异，射策甲科，拜秘书郎。秩满当迁，而固守不调，在秘书十余岁，其学业益广。时诸兄并以军功致仕通显，交结豪贵，宾客盈门，而威职掌闲散。诸兄更谓威曰："昔孔子积学成圣，犹狼狈当时，栖迟若此，汝效此道，复欲何求？名位不达，固其宜矣。"威笑而不答。久之，蜀王秀辟为记室，以秀行事多不法，称疾还田里。及秀废黜，府僚多获罪，唯威以先见保全。大业四年，累迁内史舍人，以数陈得失忤旨，转考功郎中，后坐事免，归京师。高祖入关，召补大丞相府司录参军。时军旅草创，五礼旷坠。威既博物，多识旧仪，朝章国典，皆其所定，禅代文翰多参预焉。高祖常谓裴寂曰："叔孙通不能加也。"武德元年，拜内史令。威奏议雍容，多引古为谕，高祖甚亲重之，或引入卧内，常为膝席。又尝谓曰："昔周朝有八柱国之贵，吾与公家咸登此职。今我已为天子，公为内史令，本同末异，乃不平矣。"威谢曰："臣家昔在汉朝，再为外戚，至于后魏，三处外家，陛下龙兴，复出皇后。臣又阶缘戚里，位忝凤池，自惟叨滥，晓夕兢惧。"高祖笑曰："比见关东人与崔、卢为婚，犹自矜伐，公代为帝戚，不亦贵乎！"及寝疾，高祖自往临问。寻卒，家无余财，遗令薄葬。谥曰靖，赠同州刺史，追封延安郡公。葬日，诏太子及百官并出临送。有文集十卷。

子恽嗣，官至岐州刺史。威兄子轨，从兄子抗，并知名。

轨，字士则，周雍州牧、酂国公恭之子也。隋大业中，为资阳郡东曹掾，后去官归于家。义兵起，轨聚众千余人，迎谒于长春宫。高祖见之，大悦，降席握手，语及平生，赐良马十匹，使掠地渭南。轨先下永丰仓，收兵得五千人。从平京城，封赞皇县公，拜大丞相谘议参军。时稽胡贼五万余人掠宜君，轨讨之。行次黄钦山，与贼相遇，贼乘高纵火，王师稍却。轨斩其部将十四人，拔队中小帅以代之。轨自率数百骑殿于军后，令之曰："闻鼓声有不进者，自后斩之。"既闻鼓，士卒争先赴敌，贼射之，不能止，因大破之，斩首千余级，虏男女二万口。武德元年，授太子詹事。会赤排羌作乱，与薛举叛将钟俱仇同寇汉中。拜轨秦州总管，与贼连战皆捷，余党悉降。进封酂国公。三年，迁益州道行台左仆射，许以便宜从事。属党项寇松州，诏轨援之，又令扶州刺史蒋善合与轨连势。时党项引吐谷浑之众，其锋甚锐。轨师未至，善合先期至钳川，遇贼力战，走。轨复军于临洮，进击左封，破其部众。寻令率所部兵从太宗讨王世充于洛阳。四年，还益州。时蜀土寇往往聚结，悉讨平之。轨每临戎对寇，或经旬月，身不解甲。其部众无贵贱少长，不恭命即立斩之。每日吏士多被鞭挞，流血满庭，见者莫不重足股栗。轨初入蜀，将其甥以为心腹，尝夜出，呼之不以时至，怒而斩之。每诫家僮不得出外。尝遣奴就官厨取浆而悔之，谓奴曰："我诚使汝，要当斩汝头以明法耳！"遣其部将收奴斩之。其奴称冤，监刑者犹豫未决，轨怒，俱斩之。行台郎中赵弘安，知名士也，轨动辄榜箠，岁至数百。后征入朝，赐坐御榻，轨容仪不肃，又坐而对诏，高祖大怒，因谓曰："公之入蜀，车骑、骠骑从者二十人，为公所斩略尽，我陇时车骑，未足给公。"诏下狱，俄而释之，还镇益州。轨与行台尚书韦云起、郭行方素不协。及隐太子诛，有诏下益州，轨藏诸怀中，云起问曰："诏书安在？"轨不示，但曰："卿欲反矣！"执而杀之。行方大惧，奔于京师，轨追斩不及。是岁，行台废，即授益州大都督，加食邑六百户。贞观元年，征授右卫大将军。二年，出为洛州都督。洛阳因隋末丧乱，人多浮伪。轨并遣务农，各令属县有游手惰者皆按之。由是人吏慑惮，风化整肃。四年，卒官，赠并州都督。

子奉节嗣，尚高祖永嘉公主，历左卫将军、秦州都督。

轨弟琮，亦有武干，隋左亲卫。大业末，犯法，亡命奔太原，依于高祖。琮与太宗有宿憾，每自疑。太宗方搜罗英杰，降礼纳之，出入卧内，其意乃解。及将义举，琮协赞大谋。大将军府建，为统军。从平西河，破霍邑，拜金紫光禄大夫、扶风郡公。寻从刘文静击屈突通于潼关，通遣裨将桑显和来逼文静，义军不利。琮与段志玄等力战久之，隋军大溃，通遁走。琮率轻骑追至稠桑，获通而返。进兵东略，下陕县，拔太原仓。拜右领军大将军，赐物五百段。时隋河阳都尉独孤武潜谋归国，乃令琮以步骑一万自柏崖道应接之。迟留不进，武见杀，坐是除名。武德初，以元谋勋特恕一死，拜右屯卫大将军，复转右领军大将军。时将图洛阳，遣琮留守陕城，以督粮运。王世充遣其骁将罗士信来断粮道，琮潜使人说以利害，士信遂帅众降。及平东都，赏物一千四百段。后以本官检校晋州总管。寻从隐太子讨平刘黑闼，以功封谯国公，赏黄金五十斤。未几而卒。高祖以佐命之旧，甚悼之，赠左卫大将军，谥曰敬。永徽五年，重赠特进。

抗，字道生，太穆皇后之从兄也，隋洛州总管、陈国公荣之子也。母，隋文帝女万安公主。抗在隋以帝甥甚见崇宠。少入太学，略涉书史，释褐千牛备身，仪同三司。属其父寝疾，抗躬亲扶侍，衣不解带者五十余日。及居丧，哀毁过礼。后袭爵陈国公，累转梁州刺史。将之官，隋文帝幸其第，命抗及公主酣宴，如家人之礼，赏赐极厚。母卒，号恸绝而复苏者数焉，文帝令宫人至第，节其哭泣。岁余，起为岐州刺史，转幽州总管，政并以宽惠闻。及汉王谅作乱，炀帝恐其为变，遣李子雄驰往代之。子雄因言抗得谅书而不奏，按之无验，以疑贰除名。抗与高祖少相亲狎，及杨玄感作乱，高祖统兵陇右，抗言于高祖曰："玄感抑为发踪耳！李氏有名图箓，可乘其便，天之所启也。"高祖曰："无为祸始，何言之妄也！"大业末，抗于灵武巡长城以伺盗贼，及闻高祖定京城，抗对众而忭曰："此吾家妹婿也，豁达有大度，真拨乱之主矣！"因归长安。高祖见之大悦，握手引坐曰："李氏竟能成事，何如？"因纵酒为乐。寻拜将作大匠。武德元年，以本官兼纳言。高祖听朝，或升御坐，退朝之后，延入卧内，命之舍敬，纵酒谈谑，敦平生之款。常侍宴移时，或留宿禁内。高祖每呼为兄而不名也，宫内咸称为舅。常陪侍游宴，不知朝务。转左武候大将军，领左右千牛备身大将军。寻从太宗平薛举，勋居第一。四年，又从征王世充。及东都平，册勋太庙者九人，抗与从弟轨俱预焉。朝廷荣之，赐女乐一部、金宝万计。武德四年，因侍宴暴卒，赠司空，谥曰密。

子衍。衍嗣，官至左武卫将军。时窦群从内三品七人，四品、五品十余人，尚主三人，妃数人，冠冕之盛，当朝无比。

静，字元休，抗第二子也。武德初，累转并州大总管府长史。时突厥数为边患，师旅岁兴，军粮不属，静表请太原置屯田以省馈运。时议者以民物雕零，不宜动众，书奏不省。静频上书，辞意切至。于是征静入朝，与裴寂、萧瑀、封德彝等争论于殿庭，寂等不能屈，竟从静议。岁收数千斛，高祖善之，令检校并州大总管。静又以突厥频来入寇，请断石岭以为障塞，复从之。太宗即位，征拜司农卿，封信都男，寻转夏州都督。值突厥携贰，诸将出征，多诣其所。静知房中虚实，潜令人间其部落，郁射设所部郁孤尼等九侯并率众归款，太宗称善，赐马百匹、羊千口。及擒颉利，处其部众于河南，以为不便，上封曰："臣闻夷狄者，同夫禽兽，穷则搏噬，群则聚麀。不可以刑法威，不可以仁义教。衣食仰给，不务耕桑，徒损有为之民，以资无知之虏，得则不益于治，失之则无损于化。然彼首丘之情，未易忘也，诚恐一旦变生，犯我王略，愚臣之所深虑。如臣计者，莫如因其破亡之后，加其无妄之福，假以贤王之号，妻以宗室之女，分其土地，析其部落，使其权弱势分，易为羁制。自可永保边塞，俾为藩臣，此

实长辔远驭之道。"于时务在怀辑，虽未从之，太宗深嘉其志。制曰："北方之务，悉以相委，以卿为宁朔大使，抚镇华戎，朕无北顾之忧矣。"再迁民部尚书。贞观九年卒，谥曰肃。子逵。

逵尚太宗女遂安公主，袭爵信都男。

诞，抗第三子也。隋仁寿中，起家为朝请郎。义宁初，辟丞相府祭酒，转殿中监，封安丰郡公，尚高祖女襄阳公主。从太宗征薛举，为元帅府司马。迁刑部尚书，转太常卿。高祖诸子荆王元景等未出宫者十余王，所有国司家产之事，皆令诞主之。出为梁州都督。贞观初，召拜右领军大将军，转大理卿、莘国公。修营太庙，赐物五百段。复为殿中监，以疾解官，复拜宗正卿。太宗常与之言，昏忘不能对，乃手诏曰："朕闻为官择人者治，为人择官者乱。窦诞比来精神衰耗，殊异常时。知不肖而任之，睹尸禄而不退，非唯伤风乱政，亦恐为君不明。考绩黜陟，古今常典，诞可光禄大夫还第。"寻卒，赠工部尚书、荆州刺史，谥曰安。

子孝慈。孝慈嗣，官至左卫将军。孝慈子希玠。希玠少袭爵，中宗时为礼部尚书，以恩泽赐实封二百五十户。开元初为太子少傅、开府仪同三司。诞少子孝谌，在《外戚传》。窦氏自武德至今，再为外戚，一品三人，三品已上三十余人，尚主者八人，女为王妃六人，唐世贵盛，莫与为比。

珽，字之推，抗季弟也。大业末，为扶风太守。高祖定京师，以郡归国，历礼部、民部二尚书。从太宗平薛仁杲。寻镇益州，时蜀中尚多寇贼，珽屡讨平之。时皇甫无逸在蜀，与之不协，珽屡请入朝。高祖征之，中路诏令还镇。珽不得志，遂于路左题山，以申郁积。有使者至其所，珽宴之卧内，遗以绫绮。无逸奏其事，坐免官。未几，拜秘书监，封邓国公。贞观初，授太子詹事。后为将作大匠，修葺洛阳宫。珽于宫中凿池起山，崇饰雕丽，虚费功力，太宗怒，遽令毁之。坐事免。会纳其女为郯王妃，俄而复位，加右光禄大夫。七年卒，赠礼部尚书，谥曰安。珽颇晓音律，武德中，与太常少卿祖孝孙受诏定正声雅乐，珽讨论故实，撰《正声调》一卷，行于代。

史臣曰：得人者昌，如诸温儒雅清显，为一时之称；叔达才学明辩，中二国之选。皆抱廊庙之器，俱为社稷之臣。威守道，轨临戎，抗居丧，静经略，珽音律，仍以懿亲，俱至显位；才能门第，辉映数朝，岂非得人欤？唐之昌也，不亦宜乎！然彦博之褊，窦轨之酷，亦非全器焉。

赞曰：温、陈才位，文蔚典礼。诸窦戚里，荣盛无比。

卷六十二　　　列传第十二

李纲子少植　少植子安仁　**郑善果**从兄
元璹　**杨恭仁**子思训　思训孙睿交　恭仁
弟续　续孙执柔　执柔子滔　执柔 弟执一 恭仁少
弟师道　**皇甫无逸**　**李大亮**族孙迎秀

李纲，字文纪，观州蓚人也。祖元则，后魏清河太守。父制，周车骑大将军。纲少慷慨有志节，每以忠义自许。初名瑗，字子玉，读《后汉书·张纲传》，慕而改之。周齐王宪引为参军。宣帝将害宪，召僚属证成其罪，纲誓之以死，终无挠辞。及宪遇害，露车载尸而出，故吏皆散，唯纲抚棺号恸，躬自埋瘗，哭拜而去。

隋开皇末，为太子洗马。皇太子勇尝以岁首宴宫臣，左庶子唐令则自请奏琵琶，又歌《武媚娘》之曲。纲白勇曰："令则身任宫卿，职当调护，乃于宴座自比倡优，进淫声，秽视听。事若上闻，令则罪不测，岂不累于殿下？臣请遽正其罪。"勇曰："我欲为乐耳，君勿多事。"纲趋而出。及勇废黜，文帝召东宫官属切让之，无敢对者。纲对曰："今日之事，乃陛下之过，非太子罪也。勇器非上品，性是常人，若得贤明之士辅导之，足堪继嗣皇业。方今多士盈朝，当择贤居任，奈何以弦歌鹰犬之才侍侧，至令致此？乃陛下训导不足，岂太子之罪耶！"辞气凛然，左右皆为之失色。文帝曰："令汝在彼，岂非择人？"纲曰："臣在东宫，非得言者。"帝奇其对，擢拜尚书右丞。时左仆射杨素、苏威当朝用事，纲每固执所见，不与之同，由是二人深恶之。会遣大将军刘方诛讨林邑，杨素言于文帝曰："林邑多珍宝，自非正人不可委。"因言纲可任，文帝以为行军司马。刘方承素之意，屈辱纲，几至于死。及军还，久不得调。后拜齐王府司马。未几，苏威复令纲诣南海应接林邑，久而不召。纲后自来奏事，威复言纲擅离所职，以之属吏。纲见善卜者，令筮之，遇《鼎》，因谓纲曰："公易姓之后，方可得志而为卿辅。宜早退；不然，有折足之败也。"寻会赦免，屏居于鄠。

大业末，贼帅何潘仁以纲为长史。义师至京城，纲来谒见。高祖大悦，授丞相府司录，封新昌县公，专掌选。高祖践阼，拜礼部尚书，兼太子詹事，典选如故。

先是，巢王元吉授并州总管，于是纵其左右攘夺百姓，宇文歆频谏不纳，乃上表曰："王在州之日，多出微行，常共窦诞游猎，蹂践谷稼，放纵亲昵，公行攘夺，境内兽畜，取之殆尽。当衢而射，观人避箭以为笑乐。分遣左右，戏为攻战，至相击刺痍伤致死。夜开府门，宣淫他室。百姓怨毒，各怀愤叹。以此守城，安能自保！"元吉竟坐免。又讽父老诣阙请之，寻令复职。时刘武周率五千骑至黄蛇岭，元吉遣车骑将军张达以步卒百人先尝之。达以步卒少，固请不行。元吉强遣之，至则尽没于贼。达愤怒，因引武周攻陷榆次，进逼并州。元吉大惧，绐其司马刘德威曰："卿以老弱守城，吾以强兵出战。"因夜出兵，携其妻孥，弃军奔还京师，并州遂陷。高祖怒甚，谓纲曰："元吉幼小，未习时事，故遣窦诞、宇文歆辅之。强兵数万，食支十年，起义兴运之资，一朝而弃。宇文歆首画此计，我当斩之。"纲曰："赖歆令陛下不失爱子，臣以为有功。"高祖问其故，纲对曰："罪由窦诞不能规讽，致令军人怨愤。又齐王年少，肆行骄逸，放纵左右侵渔百姓，诞曾无谏止，乃随顺掩藏，以成其衅，此诞之罪。宇文歆论情则疏，向彼又浅，王之过失，悉以闻奏。且父子之际，人所难言，歆言之，岂非忠恳？今欲诛罪，不录其心，臣愚窃以为过。"翌日，高祖召纲入，升御坐谓曰："今我有公，遂使刑罚不滥。元吉自恶，结怨于人。歆既曾以表闻，诞亦焉能制禁？"

时高祖拜舞人安叱奴为散骑常侍，纲上疏谏曰："谨案《周礼》，均工、乐胥不得预于仕伍。虽复才如子野，妙等师襄，皆身终子继，不易其业。故魏武使祢衡击鼓，衡先解朝服，露体而击之，云不敢以先王法服为伶人之衣。虽齐高纬封曹妙达为王，授安马驹为开府，既招物议，大致彝伦，有国有家者以为殷鉴。方今新定天下，开太平之基。起义功臣，行赏未遍；高才硕学，犹滞草莱。而先令舞胡，致位五品；鸣玉曳组，趋驰廊庙，顾非创业垂统贻厥子孙之道也。"高祖不纳。寻令参详律令。

纲在东宫，隐太子建成初甚礼遇。建成常往温汤，纲时以疾不从。有进生鱼于建成者，将召饔人作鲙。时唐俭、赵元楷在座，各自赞能为鲙，建成从之，既而谓曰："飞刀鲙鲤，调和鼎食，公实有之；至于审谕弼谐，固属于李纲矣。"于是遣使送绢二百匹以遗之。建成后渐狎无行之徒，有猜忌之谋，不可谏止。又思箠者之言，频乞骸骨。高祖漫骂之曰："卿为潘仁长史，何乃羞为朕尚书？且建成在东宫，遣卿辅导，何为屡致辞乎？"纲顿首陈谢曰："潘仁，贼也，诚在杀害，每谏便止，所活极多，为其长史，故得无愧。陛下功成业泰，颇自矜伐，臣以凡劣，才乖元凯，所言如水投石，安敢久为尚书？兼以愚臣事太子，所怀鄙见，复不采纳，既无补益，所以请退。"高祖谢曰："知公直士，勉弼我儿。"于是擢拜太子少保，尚书、詹事并如故。纲又上书谏太子曰："纲毫矣，日过时流，坟树已拱，幸未就土，许傅圣躬，无以酬恩，请效愚直，伏愿殿下详之。窃见饮酒过多，诚非养生之术。且凡为人子者，务于孝友，以慰君父之心，不宜听受邪言，妄生猜忌。"建成览书不怿，而所为如故。纲以数言事忤太子旨，道既不行，郁郁不得志。武德二年，以老表辞职，优诏解尚书，仍为太子少保。高祖以纲隋代名臣，甚加优礼，每手敕未尝称名，其见重如此。

贞观四年，拜太子少师。时纲有脚疾，不堪践履，太宗特赐步舆，令纲乘至阁下，数引入禁中，问以政道。又令舆入东宫，皇太子引上殿，亲拜之。纲于是陈君臣父子之道、问寝视膳之方，理顺辞直，听者忘倦。太子每亲政事，太宗必令纲及左仆射房玄龄、侍中王珪侍坐。太子尝商略古来君臣名教竭忠尽节之事，纲凛然曰："托六尺之孤，寄百里之命，古人以为难，纲以为易。"每吐论发言，皆辞色慷慨，有不可夺之志。及遇疾，太宗遣尚书左仆射房玄龄诣宅存问，赐绢二百匹。五年卒，年八十五。赠开府仪同三司，谥曰贞。太子为之立碑。初，周齐王宪女孀居子立，纲自以齐王故吏，赡恤甚厚。及纲卒，其女被发号哭，如丧所生焉。

子少植，隋武阳郡司功书佐，先纲卒。少植子安仁，永徽中为太子左庶子。属太子被废，归于陈邸，宫僚皆逃散，无敢辞送者，安仁独涕泣拜辞而去，朝野义之。后卒于恒州刺史。

郑善果，郑州荣泽人也。祖孝穆，西魏少司空、岐州刺史。父诚，周大将军、开封县公。大象初，讨尉迟迥，力战遇害。善果年九岁，以父死王事，诏令袭其官爵。家人以其婴孺，弗之告也，受册悲恸，擗踊不能自胜，观者莫不为之流涕。隋开皇初，改封武德郡公，拜沂州刺史。大业中，累转鲁郡太守。善果笃慎，事亲至孝。母崔氏，贤明晓于政道，每善果理务，崔氏尝于阁内听之。闻其剖断合理，归则大悦；若处事不允，母则不与之言，善果伏于床前，终日不敢食。崔氏谓之曰："吾非怒汝，反愧汝家耳。汝先君在官清恪，未尝问私，以身徇国，继之以死。吾亦望汝继父之心。自童子承袭茅土，今位至方伯，岂汝身能致之耶？安可不思此事而妄加嗔怒？内则坠尔家风，或亡官爵；外则亏天子之法，以取罪戾。吾寡妇也，有慈无威，使汝不知教训，以负清忠之业，吾死之日，亦何面以事汝先君乎！"善果由此遂励己为清吏，所在有政绩，百姓怀之。及朝京师，炀帝以其居官俭约，莅政严明，与武威太守樊子盖考为天下第一，各赏物千段，黄金百两，再迁大理卿。后突厥围炀帝于雁门，以守御功，拜右光禄大夫。从幸江都。宇文化及弑逆，署为民部尚书，随化及至辽城。淮安王神通围化及，善果为化及守督战，为流矢所中。及神通退还，窦建德进军克之。建德将王琮获善果，诮之曰："公隋室大臣也，自尊夫人亡后而清称益衰，又忠臣之子，奈何为弑君之贼殉命苦战而伤痍若此乎？"善果深愧报，欲自杀，伪中书令宋正本驰往救止之。建德又不为之礼，乃奔相州。淮安王神通送于京师，高祖遇之甚厚，拜太子左庶子，检校内史侍郎，封荥阳郡公。善果在东宫，数进忠言，多所匡谏。未几，检校大理卿，兼民部尚书。正身奉法，甚有善绩。制与裴寂等十人，每奏事及侍立，并令升殿，与从兄元琮在其数，时以为荣。寻坐事免。山东平，持节为招抚大使，坐选举不平除名。后历礼部、刑部二尚书。贞观元年，出为岐州刺史，复以公事免。三年，起为江州刺史，卒。

元琮，隋岐州刺史、沛国公译子也。少以父功拜仪同大将军，袭爵沛国公，累转右武候将军，改封莘国公。大业中，出为文城郡守。义师至河东，元琮以郡来降，征拜太常卿。及定京城，以本官兼参旗将军。元琮少在戎旅，尤明军法，高祖常令巡诸军，教其兵事。突厥始毕可汗弟乙力设代其兄为叱罗可汗，又刘武周将宋金刚与叱罗共为掎角，来寇汾、晋。诏元琮入蕃，谕以祸福，叱罗竟不纳，乃欲总其部落，入寇太原，以为武周声援。未几，叱罗遇疾，疗之弗愈，其下疑元琮令人毒之，乃囚执元琮，不得归，叱罗竟死。颉利嗣立，留元琮，每随其牙帐，经数年。颉利后闻高祖遗其财物，又许结婚，始放元琮来还。高祖劳之曰："卿在虎庭，累载拘系，苏武弗之过也。"拜鸿胪卿。寻而突厥又寇并州，时元琮在母丧，高祖令墨缞充使招慰。突厥从介休至晋州，数百里间，精骑数十万，填映山谷。及见元琮，责中国违背之事，元琮随机应对，竟无所屈，因数突厥违诞之罪，突厥大惭，不能报。元琮又谓颉利曰："汉与突厥，风俗各异，汉得突厥，既不能臣，突厥得汉，复何所用？且抄掠资财，皆入将士，在于可汗，一无所得。不如早收兵马，遣使和好，国家必有重赍，币帛皆入可汗，免为勤劳，坐受利益。大唐初有天下，即与可汗结为兄弟，行人往来，音问不绝。今乃舍善取怨，违多就少，何也？"颉利纳其言，即引还。太宗致书慰之曰："知公已共可汗结和，遂使边亭息警，燧火不然。和戎之功，岂唯魏绛，金石之锡，固当非远。"元琮自义宁已来，五入蕃充使，几至于死者数矣。贞观三年，又使入突厥，还奏曰："突厥兴亡，唯以羊马为准。今六畜疲羸，人皆菜色，又其牙内炊饭，化而为血。征祥如此，不出三年，必当覆灭。"太宗然之。无几，突厥果败。元琮后累转为武候大将军，坐事免。寻起为宜州刺史，复封沛国公。元琮有干略，所在颇著声誉。然其父译事继母失温清之礼，隋文帝曾赐以《孝经》；至元琮事亲，又不以孝闻，清论鄙之。二十年卒，赠幽州刺史，谥曰简。

弟孙呆知名，则天时为天官侍郎。

杨恭仁，本名纶，弘农华阴人，隋司空、观王雄之长子也。隋仁寿中，累除甘州刺史。恭仁务举大纲，不为苛察，戎夏安之。文帝谓雄曰："恭仁在州，甚有善政，非唯朕举得人，亦是卿义方所致也。"大业初，转吏部侍郎。杨玄感作乱，炀帝制恭仁率兵经略，与玄感战于破陵，大败之。玄感兄弟挺身遁走，恭仁与屈突通等追讨获之。军旋，炀帝召入内殿，谓曰："我闻破陵之阵，唯卿力战，功最难比。虽知卿奉法清慎，都不知勇决如此也。"纳言苏威曰："仁者必有勇，固非虚也。"时苏威及左卫大将军宇文述、御史大夫裴蕴、黄门侍郎裴矩等皆受诏参掌选事，多纳贿赂，士流嗟怨。恭仁独雅正自守，不为蕴等所容，由是出为河南道大使，讨捕盗贼。时天下大乱，行至谯郡，为朱粲所败，奔还江都。宇文化及弑逆，署吏部尚书，随至河北，为化及守魏县。时元宝藏据有魏郡，会行人魏徵说下宝藏，执恭仁送于京师。高祖甚礼遇之，拜黄门侍郎，封观国公。寻为凉州总管。恭仁素习边事，深悉羌胡情伪，推心驭下，人吏悦服，自葱岭已东，并入朝贡。未几，遥授纳言，总管如故。俄而突厥颉利可汗率众数万奄至州境，恭仁随方备御，多设疑兵，颉利惧而退走。属瓜州刺史贺拔威拥兵作乱，朝廷惮远，未遑征讨。恭仁乃募骁勇，倍道兼进，贼不虞兵至之速，克其二城。恭仁悉放俘虏，贼众感其宽惠，遂相率执威而降。久之，征拜吏部尚书，迁左卫大将军、鼓旗将军。贞观初，拜雍州牧，加左光禄大夫，行扬州大都督府长史。五年，迁洛州都督。太宗曰："洛阳要重，古难其人。朕之子弟多矣，恐非所任，特以委公也。"恭仁性虚澹，必以礼度自居，谦恭下士，未尝忤物，时人方之石庆。恭仁弟道，尚桂阳公主，从侄女为巢刺王妃，弟子思敬，尚安平公主，连姻帝室，益见尊重。后以老病乞骸骨，听以特进归第。十三年卒，册赠开府仪同三司、潭州都督，陪葬昭陵，谥曰孝。

子思训袭爵。显庆中，历右屯卫将军。时右卫大将军慕容宝节有爱妾，置于别宅，尝邀思训就之宴乐。思训深责宝节与其妻隔绝，妾等怒，密以毒药置酒，思训饮尽便死。宝节坐是配流岭表。思训妻又诣阙称冤，制遣使就斩之。仍改《贼盗律》，以毒药杀人之科，更从重法。

思训孙睿交，本名璬，少袭爵观国公，尚中宗女长宁公主。预诛张易之有功，赐实封五百户。神龙中，为秘书监。后被贬，卒于绛州别驾。

恭仁弟续，颇有辞学。贞观中，为郓州刺史。续孙执柔，则天时为地官尚书，则天以外氏近属，甚优宠之。时武承嗣、攸宁相次知政事，则天尝曰："我令当宗及外家，常一人为宰相。"由是执柔同中书门下三品，寻卒。执柔子滔，开元中官至吏部侍郎、同州刺史。执柔弟执一，神龙初，以诛张易之功封河东郡公，累至右金吾卫大将军。

恭仁少弟师道，隋末自洛阳归国，授上仪同，为备身左右。寻尚桂阳公主，超拜吏部侍郎，累转太常卿，封安德郡公。贞观十年，代魏徵为侍中。性周慎谨密，未尝漏泄内事，亲友或问禁中之言，乃更对以他语。尝曰："吾少窥汉史，至孔光不言温室之树，每钦其余风，所庶几也。"师道退朝后，必引当时英俊，宴集园池，而文会之盛，当时莫比。雅善篇什，又工草隶，酣赏之际，援笔直书，有如宿构。太宗每见师道所制，必吟讽嗟赏之。十三年，转中书令。太子承乾逆谋事泄，与长孙无忌、房玄龄同按其狱。师道妻前夫之子赵节与承乾通谋，师道微讽太宗，冀活之，由是获谴，罢知机密。转吏部尚书。师道贵家子，四海人物，未能委练，所署用多非其才，而深抑贵势及其亲党，以避嫌疑，时论讥之。太宗尝从容谓侍臣曰："杨师道性行纯善，自无愆过。而情实怯懦，未甚更事，缓急不可得力。"未几，从征高丽，摄中书令。及军还，有毁之者，稍贬为工部尚书，寻转太常卿。二十一年卒，赠吏部尚书、并州都督，陪葬昭陵，赐东园秘器，并为立碑。子豫之，尚巢剌王女寿春县主。居母丧，与永嘉公主淫乱，为主婿窦奉节所擒，具五刑而杀之。师道兄子思玄，高宗时为吏部侍郎、国子祭酒。玄弟思敬，礼部尚书。师道从兄子崇敬，太子詹事。

始恭仁父雄在隋，以同姓宠贵，自武德之后，恭仁兄弟名位尤盛，则天时，又以外戚崇宠。一家之内，驸马三人，王妃五人，赠皇后一人，三品已上官二十余人，遂为盛族。

皇甫无逸，字仁俭，安定乌氏人。父诞，隋并州总管府司马。其先安定著姓，徙居京兆万年。仁寿末，汉王谅于并州起兵反，诞抗节不从，为谅所杀。无逸时在长安，闻谅反，即同居丧之礼。人问其故，泣而对曰："大人平生徇节义，既属乱常，必无苟免。"寻而凶问果至。在丧柴毁过礼，事母以孝闻。炀帝以诞死节，赠柱国、弘义郡公，令无逸袭爵。时五等皆废，以其时忠义之后，特封平舆侯。拜渭阳太守，甚有能名，差品为天下第一。再转右武卫将军，甚见亲委。帝幸江都，以无逸留守洛阳。及江都之变，与段达、元文都尊立越王侗为帝。王世充作难，无逸弃老母妻子，斩关而走，追骑且至，无逸曰："吾死而后已，终不能同尔为逆。"因解所服金带投之于地，曰："以此赠卿，无为相迫。"追骑竞下马取带，自相争夺，由是得免。高祖以隋代旧臣，甚尊礼之，拜刑部尚书，封滑国公，历陕东道行台民部尚书。明年，迁御史大夫。时益部新开，刑政未洽，长吏横恣，赃污狼藉；令无逸持节巡抚之，承制授授。无逸宣扬朝化，法令严肃，蜀中甚赖之。有皇甫希仁者，见无逸专制方面，徼幸上变，云："臣父在洛阳，无逸为母之故，阴遣臣与王世充相知。"高祖审其诈，数之曰："无逸逼于世充，弃母归朕。今之委任，异于众人。其在益州，极为清正。此盖群小不耐，欲诬之也。此乃离间我君臣，惑乱我视听。"于是斩希仁于顺天门，遣给事中李公昌驰往慰谕。俄而又告无逸阴与萧铣交通者，无逸时与益州行台仆射窦琎不协，于是上表自理，又言琎罪状。高祖览之曰："无逸当官执法，无所回避，必是邪佞之徒，恶直丑正，共相构扇也。"因令刘世龙、温彦博将按其事，卒无验而止，所告者坐斩，窦琎亦以罪黜。无逸既返命，高祖劳之曰："公立身行己，朕之所悉。比多谮诉者，但为正直为邪佞所憎耳。"寻拜民部尚书，累转益州大都督府长史。闭门自守，不通宾客，左右不得出门。凡所货易，皆往他州；每按部，樵采不犯于人。尝夜宿人家，遇灯炷尽，主人将续之，无逸抽佩刀断衣带以为炷，其廉介如此。然过于审慎，所上表奏，惧有误失，必读之数十遍，仍令官属再三披省；使者就路，又追而更审，每遣一使，辄连日不得上道。议者以此少之。母在长安疾笃，太宗令驿召之。无逸性至孝，承问惶惧，不能饮食，因道病卒。赠礼部尚书，太常考行，谥曰"孝"。礼部尚书王珪驳之曰："无逸入蜀之初，自当扶侍老母，与之同去，申其色养，而乃留在京师，子道未足，何得为孝？"竟谥为良。孙忠，开元中为卫尉卿。

李大亮，雍州泾阳人。后魏度支尚书琛之曾孙也。其先本居陇西狄道，代为著姓。祖纲，后魏南岐州刺史。父充节，隋朔州总管、武阳公。大亮少有文武才干，隋末，署韩国公庞玉行军兵曹。在东都与李密战，败，同辈百余人皆就死，贼帅张弼见而异之，独释与语，遂定交于幕下。义兵入关，大亮自东都归国，授土门令。属百姓饥荒，盗贼侵寇，大亮卖所乘马分给贫弱，劝以垦田，岁因大稔。躬捕寇盗，所击辄平。时太宗在藩，巡抚北境，闻而嗟叹，下书劳之，赐马一匹、帛五十段。其后，胡贼寇境，大亮众少不敌，遂单马诣贼营，召其豪帅，谕以祸福，群胡感悟，相率请降。大亮又杀所乘马，以与之宴乐，徒步而归。

前后降者千余人，县境以清。高祖大悦，超拜金州总管府司马。时王世充遣其兄子弘烈据襄阳，令大亮安抚樊、邓，以图进取。大亮进兵击之，所下十余城。高祖下书劳勉，迁安州刺史。又令徇广州巴东，行次九江，会辅公祏反，大亮以计擒公祏将张善安。公祏寻遣兵围猷州，刺史左难当婴城自守，大亮率兵进援，击贼破之。以功赐奴婢百人，大亮谓曰："汝辈多衣冠子女，破亡至此，吾亦何忍以汝为贱隶乎！"一皆放遣。高祖闻而嗟异，复赐婢二十人，拜越州都督。贞观元年，转交州都督，封武阳县男。在越州写书百卷，及徙职，皆委之廨宇。寻召拜太府卿，出为凉州都督，以惠政闻。尝有台使到州，见有名鹰，讽大亮献之。大亮密表曰："陛下久绝畋猎，而使者求鹰。若是陛下之意，深乖昔旨；如其自擅，便是使非其人。"太宗下之书曰："以卿兼资文武，志怀贞确，故委藩牧，当兹重寄。比在州镇，声绩远彰，念此忠勤，无忘寤寐。使遣献鹰，遂不曲顺，论今引古，远献直言，披露腹心，非常恳到，览用嘉叹，不能便已。有臣若此，朕复何忧！宜守此诚，终始若一。古人称一言之重，侔于千金，卿之此言，深足贵矣。今赐卿胡瓶一枚，虽无千镒之重，是朕自用之物。"又赐荀悦《汉纪》一部，下书曰："卿立志方直，竭节至公，处职当官，每副所委，方大任使，以申重寄。公事之闲，宜寻典籍。然此书叙致既明，论议深博，极为治之体，尽君臣之义，今以赐卿，宜加寻阅也。"时颉利可汗败亡，北荒诸部相率内属。有大度设、拓设、泥熟特勒及七姓种落等，尚散在伊吾，以大亮为西北道安抚大使以绥集之，多所降附。朝廷愍其部众冻馁，遣于碛石贮粮，特加赈给。大亮以为事无益，上疏曰：

臣闻欲绥远者，必先安近。中国百姓，天下本根；四夷之人，犹于枝叶。扰于根本，以厚枝附，而求久安，未之有也。自古明王，化中国以信，驭夷狄以权。故《春秋》云："戎狄豺狼，不可厌也；诸夏亲昵，不可弃也。"自陛下君临区宇，深根固本，人逸兵强，九州殷盛，四夷自服。今者招致突厥，虽入提封，臣愚稍觉劳费，未悟其有益也。然河西氓庶，积御蕃夷，州县萧条，户口鲜少，加因隋乱，减耗尤多。突厥未平之前，尚不安业；匈奴微弱已来，始就农亩。若即劳役，恐致妨损。以臣愚惑，请停招慰。且谓之荒服者，故臣而不内。是以周室爱人攘狄，竟延七百之龄；秦王轻战事胡，四十载而遂绝。汉文养兵静守，天下安丰；孝武扬威远略，海内虚耗。虽悔轮台，追已不及。至于隋室，早得伊吾，兼统鄯善，既得之后，劳费日甚，虚内致外，竟损无益。远寻秦、汉，近观隋室，动静安危，昭然备矣。伊吾虽已臣附，远在蕃碛，人非中夏，地多沙卤。其自竖立称藩附庸者，请羁縻受之，使居塞外，必畏威怀德，永为蕃臣，盖行虚惠，而收实福矣。近日突厥倾国入朝，既不能俘之江淮，以变其俗；置于内地，去京不远，虽则宽仁之义，亦非久安之计也。每见一人初降，赐物五匹、袍一领，酋帅悉授大官，禄厚位尊，理多縻费。以中国之币帛，供积恶之凶虏，其众益多，非中国之利也。

太宗纳其奏。八年，为剑南道巡省大使。大亮激浊扬清，甚获当时之誉。及讨吐谷浑，以大亮为河东道行军总管。与大总管李靖等出北路，涉青海，历河源，遇贼于蜀浑山，接战破之，俘其名王，虏杂畜五万计。以功进爵为公，赐物千段，奴婢一百五十人，悉遗亲戚。仍罄其家资，收葬五叶宗族无后者三十余丧，送终之礼，一时称盛。后拜左卫大将军。十七年，晋王为皇太子，东宫僚属，皆盛选重臣。以大亮兼领太子右卫率，俄兼工部尚书，身居三职，宿卫两宫，甚为亲信。大亮每当宿直，必通宵假寐。太宗尝劳之曰："至公宿直，我便通夜安卧。"其见任如此。太宗每有巡幸，多令居守。房玄龄甚重之，每称大亮有王陵、周勃之节，可以当大位。大亮虽位望通显，而居处卑陋，衣服俭率。至性忠谨，虽妻子不见其惰容。事兄嫂有同于父母。每怀张弼之恩，而久不能得。弼时为将作丞，自匿不言。大亮尝遇诸途而识之，持弼而泣，恨相得之晚。多推家产以遗弼，弼拒而不受。大亮言于太宗曰："臣有今日之荣，张弼力也。有官爵请回。"太宗遂迁弼为中郎将，俄代州都督。时人皆贤大亮不背恩，而多弼不自伐也。十八年，太宗幸洛阳，令大亮副司空玄龄居中。寻遇疾，太宗亲为调药，驰驿赐之。临终上表，请停辽东之役，又言京师宗庙所在，愿深以关中为意。表成而叹曰："吾闻礼，男子不死妇人之手。"于是命屏妇人，言终而卒，时五十九。死之日，家无珠玉可以为唅，唯有米五石、布三十端。亲戚孤遗为大亮所鞠养，服之如父者十五人。太宗为举哀于别次，哭之甚恸，废朝三日。赠兵部尚书、秦州都督，谥曰懿，陪葬昭陵。

兄子道裕，永徽中为大理卿。

迥秀，大亮族孙也。祖玄明，济州刺史。父义本，宣州刺史。迥秀弱冠应英材杰出举，拜相州参军，累转考功员外郎。则天雅爱其材，甚宠待之。掌举数年，迁凤阁舍人。迥秀母氏庶贱而色养过人，其妻崔氏尝叱其媵婢，母闻之不悦，迥秀即时出之。或止云："贤室虽不避嫌疑，然过非出状，何遽如此？"迥秀曰："娶妻本以承顺颜色，颜色苟违，何敢留也？"竟不从。长安初，历天官、夏官二侍郎，俄同凤阁鸾台平章事。则天令宫人参问其母，又尝迎入宫中，待之甚优。迥秀雅有文才，饮酒斗余，广接宾朋，当时称为风流之士。然颇托附权幸，倾心以事张易之、昌宗兄弟，由是深为谠正之士所讥。俄坐赃，出为庐州刺史。景龙中，累转鸿胪卿、修文馆学士，又持节为朔方道行军大总管。所居宅中生芝草数茎，又有猫为犬所乳，中宗以为孝感所致，使旌其门闾。俄代姚崇为兵部尚书，病卒。子齐损，开元十年，与权梁山等构逆伏诛，籍没其家也。

史臣曰：孔子云，"邦有道，危言危行。"如李纲直道事人，执心不回。始对隋文，慷慨获免；终忤杨素，屈辱尤深。及高祖临朝，谏舞胡鸣玉，怀不吐不茹之节，存有始有卒之规，可谓色矣。非逢有道，焉能免诸？《易》曰，"王臣蹇蹇，匪躬之故"，李纲有焉。善果幼事贤母，长为正人。元琇于国有功，祗练边事，承家不孝，终为匪人。

恭仁仕隋忠厚，驭众谦恭。破贼立功，方见仁者有勇；掌选被斥，所谓独正者危。自伪归朝，怀才遇主，连婚帝室，列位藩宣，始终无玷者鲜矣！师道慎密纯善，怯愞无更事之名；抑势避嫌，署用致非才之诮。无逸知父守节陷难，离母避逆终吉，忠信之道著矣；绝宾客以闭府门，断衣带以续灯炷，廉介之志彰矣。于乎，蜀道初开，亲老地梗，至孝灭性，子道可知，不得谥为"孝"也，惜哉！大亮文武兼才，贞确成性。卖马劝农，是为政也；投身谕贼，略也；放奴婢从良者，仁也；因鹰谏猎，临终上表，忠也；论伊吾之众，智也；葬五叶无后，报张弼恩，义也；侍兄嫂如父母，孝也；不死妇人之手，礼也；无珠玉为唅，廉也。房玄龄云，大亮有王陵、周勃之节，名下无虚士矣！迥秀谄事权幸，爰至台司，余不足观，清风替矣。

赞曰：李纲守道，言行俱危。善果母训，清贞是资。元琦父子，要道何亏。恭仁独正，令德无违。师道慎密，抑势见机。无逸廉介，终于孝思。大亮才德，陵、勃名随。迥秀托附，实污台司。

卷六十三　　　　列传第十三

封伦　萧瑀子锐　兄子钧　钧子瑾　钧兄子嗣业　裴矩　宇文士及

封伦，字德彝，观州蓨人。北齐太子太保隆之孙。父子绣，隋通州刺史。伦少时，其舅卢思道每言曰："此子智识过人，必能致位卿相。"开皇末，江南作乱，内史令杨素往征之，署为行军记室。船至海曲，素召之，伦坠于水中，人救免溺，乃易衣以见，竟寝不言。素后知，问其故，曰："私事也，所以不白。"素甚嗟异之。素将营仁寿宫，引为土木监。隋文帝至宫所，见制度奢侈，大怒曰："杨素为不诚矣！殚百姓之力，雕饰离宫，为吾结怨于天下。"素惶恐，虑将获谴。伦曰："公当弗忧，待皇后至，必有恩诏。"明日，果召素入对，独孤后劳之曰："公知吾夫妻年老，无以娱心，盛饰此宫，岂非孝顺。"素退问伦曰："卿何以知之？"对曰："至尊性俭，故初见而怒，然雅听后言。后，妇人也，惟丽是好，后心既悦，帝虑必移，所以知耳。"素叹伏曰："揣摩之才，非吾所及。"素负贵恃才，多所凌侮，唯击赏伦。每引与论宰相之务，终日忘倦，因抚其床曰："封郎必当据吾此座。"骤称荐于文帝，由是擢授内史舍人。大业中，伦见虞世基幸于炀帝而不闲吏务，每有承受，多失事机。伦又托附之，密为指画，宣行诏命，谄顺主心。外有表疏如忤意者，皆寝而不奏。决断刑法，多峻文深诬；策勋行赏，必抑削之。故世基之宠日隆，而隋政日坏，皆伦所为也。宇文化及之乱，逼帝出宫，使伦数帝之罪。帝谓曰："卿是士人，何至于此？"伦赧然而退。化及寻署内史令，从至聊城。伦见化及势蹙，乃潜结化及弟士及，请于济北运粮，以观其变。遇化及败，

与士及来降。高祖以其前代旧臣，遣使迎劳，拜内史舍人。寻迁内史侍郎。

高祖尝幸温汤，经秦始皇墓，谓伦曰："古者帝王，竭生灵之力，殚府库之财，营起山陵，此复何益？"伦曰："上之化下，犹风之靡草。自秦、汉帝王盛为厚葬，故百官众庶竞相遵仿。凡是古冢丘封，悉多藏珍宝，咸见开发。若死而无知，厚葬深为虚费；若魂而有识，被发岂不痛哉！"高祖称善，谓伦曰："从今之后，宜自上导下，悉为薄葬。"太宗之讨王世充，诏伦参谋军事。高祖以兵久在外，意欲旋师，太宗遣伦入朝亲论事势。伦言于高祖曰："世充得地虽多，而羁縻相属，其所用命者，唯洛阳一城而已，计尽力穷，破在朝夕。今若还兵，贼势必振，更相连结，后必难图。未若乘其已衰，破之必矣。"高祖纳之。及太宗凯旋，高祖谓侍臣曰："朕初发兵东讨，众议多有不同，唯秦王请行，封伦赞成此计。昔张华协同晋武，亦复何以加也！"封平原县公，兼天册府司马。会突厥寇太原，复遣使来请和亲，高祖问群臣："和之与战，策将安出？"多言战则怨深，不如先和。伦曰："突厥凭凌，有轻中国之意，必谓兵弱而不能战。如臣计者，莫若悉众以击之，其势必捷，胜而后和，恩威兼著。若今岁不战，明年必当复来，臣以击之为便。"高祖从之。六年，以本官检校吏部尚书，晓习吏职，甚获当时之誉。八年，进封道国公，寻徙封于密。萧瑀尝荐伦于高祖，高祖任伦为中书令。太宗嗣位，瑀迁尚书左仆射，伦为右仆射。伦素险波，与瑀商量可奏者，至太宗前，尽变易之，由是与瑀有隙。贞观元年，遘疾于尚书省，太宗亲自临视，即命尚辇送还第，寻薨，年六十。太宗深悼之，废朝三日，册赠司空，谥曰明。初，伦数从太宗征讨，特蒙顾遇。以建成、元吉之故，数进忠款，太宗以为至诚，前后赏赐以万计。而伦潜持两端，阴附建成。时高祖将行废立，犹豫未决，谋之于伦，伦固谏而止。然所为秘隐，时人莫知，事具《建成传》。卒后数年，太宗方知其事。十七年，治书侍御史唐临追劾伦曰："臣闻事君之义，尽命不渝；为臣之节，岁寒无贰。苟亏其道，罪不容诛。伦位望鼎司，恩隆胙土，无心报效，乃肆奸谋，荧惑储藩，奖成元恶，置于常典，理合诛夷。但苞藏之状，死而后发，猥加褒赠，未正严科。罪恶既彰，宜加贬黜，岂可仍畴爵邑，尚列土槐！此而不惩，将何沮劝？"太宗令百官详议，民部尚书唐俭等议："伦罪暴身后，恩结生前，所历众官，不可追夺，请降赠改谥。"诏从之，于是改谥缪，黜其赠官，削所食实封。

子言道，尚高祖女淮南长公主，官至宋州刺史。伦兄子行高，以文学知名。贞观中，官至礼部郎中。

萧瑀，字时文。高祖梁武帝，曾祖昭明太子，祖察，后梁宣帝。父岿，明帝。瑀年九岁，封新安郡王，幼以孝行闻。姊为隋晋王妃，从入长安。聚学属文，端正鲠亮。好释氏，常修梵行，每与沙门难及苦空，必诣微旨。常观刘孝标《辩命论》，恶其伤先王之教，迷性命之理，乃作《非辩命论》以释之。大旨以为："人禀天地以生，孰云非命，然吉凶祸福，亦因人而有，若一之于命，其蔽已甚。

时晋府学士柳顾言、诸葛颍见而称之曰："自孝标后数十年间，言性命之理者，莫能诋诘。今萧君此论，足疗刘子膏肓。"炀帝为太子也，授太子右千牛。及践阼，迁尚衣奉御，检校左翊卫鹰扬郎将。忽遇风疾，命家人不即医疗，仍云："若天假余年，因此望为栖遁之资耳。"萧后闻而诲之："以尔才智，足堪扬名显亲，岂得轻毁形骸而求隐逸？若以此致遣，则罪在不测。"病且愈，其姊劝勉之，故复有仕进志。累加银青光禄大夫、内史侍郎。既以后弟之亲，委之机务，后数以言忤旨，渐见疏斥。炀帝至雁门，为突厥所围，瑀进谋曰："如闻始毕托校猎至此，义成公主初不知其有违背之心。且北蕃夷俗，可贺敦知兵马事。昔汉高祖解平城之围，乃是阏氏之力。况义成以帝女为妻，必恃大国之援。若发一单使以告义成，假使无益，事亦无损。臣又窃听舆人之诵，乃虑陛下平突厥后更事辽东，所以人心不一，或致挫败。请下明诏告军中，赦高丽而专攻突厥，则百姓心安，人自为战。"炀帝从之，于是发使诣可贺敦谕旨。俄而突厥解围去，于后获其谍人，云：义成公主遣使告急于始毕，称北方有警，由是突厥解围，盖公主之助也。炀帝又将伐辽东，谓群臣曰："突厥狂悖为寇，势何能为？以其少时未散，萧瑀遂相恐动，情不可恕。"因出为河池郡守，即日遣之。既至郡，有山贼万余人寇暴纵横，瑀潜募勇敢之士，设奇而击之，当阵而降其众。所获财畜，咸赏有功，由是人竭其力。薛举遣众数万侵掠郡境，瑀要击之，自后诸贼莫敢进，郡中复安。

高祖定京城，遣书招之。瑀以郡归国，授光禄大夫，封宋国公，拜民部尚书。太宗为右元帅，攻洛阳，以瑀为府司马。武德五年，迁内史令。时军国草创，方隅未宁，高祖乃委以心腹，凡诸政务，莫不关掌。高祖每临轩听政，必赐升御榻，瑀既独孤氏之婿，与语呼之为萧郎。国典朝仪，亦责成于瑀，瑀孜孜自勉，绳违举过，人皆惮之。常奏便宜数十条，多见纳用，手敕曰："得公之言，社稷所赖。运智者之策，以能成人之美；纳谏者之言，以金宝酬其德。今赐金一函，以报智者，勿以为推退。"瑀固辞，优诏不许。其年，州置七职，务取才望兼美者为之。及太宗临雍州牧，以瑀为州都督。高祖常有敕而中书不时宣行，高祖责其迟，瑀曰："臣大业之日，见内史宣敕，或前后相乖者，百司行之，不知何所承用。所谓易必在前，难必在后，臣在中书日久，备见其事。今皇基初构，事涉安危，远方有疑，恐失机会。比每受一敕，臣必勘审，使与前敕不相乖背者，始敢宣行。迟晚之愆，实由于此。"高祖曰："卿能用心若此，我有何忧？"初，瑀之朝也，关内产业并先给勋人。至是特还其田宅，瑀皆分给诸宗子弟，唯留庙堂一所，以奉蒸尝。及平王世充，瑀以预军谋之功，加邑二千户，拜尚书右仆射。内外考绩皆委之司会，为群僚指南，庶务繁总。瑀见事有时偏驳，而持法稍深，颇为时议所少。瑀尝荐封伦于高祖，高祖以伦为中书令。太宗即位，迁尚书左仆射，封伦为右仆射。伦素怀险诐，与瑀商量将为可奏者，至太宗前尽变易之。于时房玄龄、杜如晦既新用事，疏瑀亲伦，瑀心不能平，遂上封事论之，而辞旨寥落。太宗以玄龄等功高，由是忤旨，废于家。俄拜特进、

太子少师。未几，复为尚书左仆射，赐实封六百户。太宗常谓瑀曰："朕欲使子孙长久，社稷永安，其理如何？"瑀对曰："臣观前代国祚所以长久者，莫若封诸侯以为盘石之固。秦并六国，罢侯置守，二代而亡；汉有天下，郡国参建，亦得年余四百。魏、晋废之，不能永久。封建之法，实可遵行。"太宗然之，始议封建。寻坐与侍中陈叔达于上前忿净，声色甚厉，以不敬免。岁余，授晋州都督。明年，征授左光禄大夫，兼领御史大夫。与宰臣参议朝政，瑀多辞辩，每有评议，玄龄等不能抗。然心知其是，不用其言，瑀弥怏怏。玄龄、魏徵、温彦博尝有微过，瑀劾之，而罪竟不问，因此自失。由是罢御史大夫，以为太子少傅，不复预闻朝政。六年，授特进，行太常卿。八年，为河南道巡省大使，人有坐当推勃苦未得其情者，遂置格置绳，以至于死，太宗特免责之。九年，拜特进，复令参预政事。太宗尝从容谓房玄龄曰："萧瑀大业之日，进谏隋主，出为河池郡守。应遭割心之祸，翻见太平之日，北叟失马，事亦难常。"瑀顿首御谢。太宗又曰："武德六年以后，太上皇有废立之心而不定也，我当此日，不为兄弟所容，实有功高不赏之惧。此人不可以厚利诱之，不可以刑戮惧之，真社稷臣也。"因赐瑀诗曰："疾风知劲草，版荡识诚臣。"又谓瑀曰："卿之守道耿介，古人无以过也。然而善恶太明，亦有时而失。"瑀再拜谢曰："臣特蒙诫训，又许臣以忠谅，虽死之日，犹生之年也。"魏徵进而言曰："臣有逆众以执法，明主恕之以忠；臣有孤特以执节，明主恕之以劲。昔闻其言，今睹其实，萧瑀不遇明圣，必及于难！"太宗悦其言。

十七年，与长孙无忌等二十四人并图形于凌烟阁。是岁，立晋王为皇太子，拜瑀太子太保，仍知政事。太宗之伐辽东也，以洛邑冲要，襟带关、河，以瑀为洛阳宫守。车驾自辽还，请解太保，仍同中书门下。太宗以瑀好佛道，尝赉绣佛像一躯，并绣瑀形状于佛像侧，以为供养之容。又赐王褒所书《大品般若经》一部，并赐袈裟，以充讲诵之服焉。瑀尝称："玄龄以下同中书门下内臣，悉皆朋党比周，无至心奉上。"累独奏云："此等相与执权，有同胶漆，陛下不细谙知，但未反耳。"太宗谓瑀曰："为人君者，驱驾英材，推心待士，公言不亦甚乎，何至如此！"太宗数日谓瑀曰："知臣莫若君，夫人不可求备，自当舍其短而用其长。朕虽才谢聪明，不应顿迷臧否。"因数为瑀信誓。瑀既不自得，而太宗积久衔之，终以瑀忠贞居多而未废也。会瑀请出家，太宗谓曰："甚知公素爱桑门，今者不能违意。"瑀旋踵奏曰："臣顷思量，不能出家。"太宗以对群臣吐言，而取舍相违，心不能平。瑀寻称足疾，时诣朝堂，又不入见，太宗谓侍臣曰："瑀岂不得其所乎，而自慊如此？"遂手诏曰：

朕闻物之顺也，虽异质而成功；事之违也，亦同形而罕用。是以舟浮楫举，可济千里之川；辕引轮停，不越一毫之地。故知动静相循易为务，曲直相反难为功，况乎上下之宜、君臣之际者矣。朕以无明于元首，期托德于股肱，思欲去伪归真，除浇反朴。至于佛教，非意所遵，虽有国之常经，固弊俗之虚术。何则？求

其道者，未验福于将来；修其教者，翻受辜于既往。至若梁武穷心于释氏，简文锐意于法门，倾帑藏以给僧祇，殚人力以供塔庙。及乎三淮沸浪，五岭腾烟，假余息于熊蹯，引览魂于雀縠。子孙覆亡而不暇，社稷俄顷而为墟，报施之征，何其缪也！而太子太保、宋国公瑀践覆车之余轨，袭亡国之遗风。弃公就私，未明隐显之际；身俗口道，莫辩邪正之心。修累叶之殃源，祈一躬之福本，上以违忤君主，下则扇习浮华。往前朕谓张亮云：“卿既事佛，何不出家？”瑀乃端然自应，请先入道，朕即许之，寻复不用。一回一惑，在于瞬息之间；自可自否，变于帷扆之所。乖栋梁之大体，岂具瞻之量乎？朕犹隐忍至今，瑀尚全无悛改。宜即去兹朝阙，出牧小藩，可商州刺史，仍除其封。

二十一年，征授金紫光禄大夫，复封宋国公。从幸玉华宫，遘疾薨于宫所，年七十四。太宗闻而辍膳，高宗为之举哀，遣使吊祭。太常谥曰"肃"。太宗曰："易名之典，必考其行。瑀性多猜贰，此谥失于不直，更宜摭实。"改谥曰贞褊公。册赠司空、荆州都督，赐东园秘器，陪葬昭陵。临终遗书曰："生而必死，理之常分。气绝后可著单服一通，以充小敛。棺内施单席而已，冀其速朽，不得别加一物。无假卜日，惟在速办。自古贤哲，非无等例，尔宜勉之。"诸子遵其遗志，敛葬俭薄。

子锐嗣，尚太宗女襄城公主，历太常卿、汾州刺史。公主雅有礼度，太宗每令诸公主，凡厥所为，皆视其楷则。又令所司别为营第，公主辞曰："妇人事舅姑如事父母，若居处不同，则定省多阙。"再三固让，乃止，令于旧宅而改创焉。永徽初，公主薨，诏葬昭陵。

瑀兄璟，亦有学行。武德中为黄门侍郎，累转秘书监，封兰陵县公。贞观中卒，赠礼部尚书。

瑀兄子钧，隋迁州刺史、梁国公琎之子也。博学有才望。贞观中，累除中书舍人，甚为房玄龄、魏征所重。永徽二年，历迁谏议大夫，兼弘文馆学士。时有左武候引驾卢文操，逾垣盗左藏库物，高宗以引驾职在纠绳，身行盗窃，命有司杀之。钧进谏曰："文操所犯，情实难原。然恐天下闻之，必谓陛下轻法律，贱人命，任喜怒，贵财物。臣之所职，以谏为名，愚衷所怀，不敢不奏。"帝谓曰："卿职在司谏，能尽忠规。"遂特免其死罪，顾谓侍臣曰："此乃真谏议也。"寻而太常乐工宋四通等，为宫人通传信物，高宗特令处死，乃遣附律，钧上疏言："四通等犯在未附律前，不合至死。"手诏曰："朕闻防祸未萌，先贤所重，宫阙之禁，其可渐欤？昔如姬窃符，朕用为永鉴，不欲令兹自彰其过，所搁宪章，想非滥也。但朕翘心紫禁，思规引裾，侧席朱槛，冀旌折槛。今乃喜得其言，特免四通等死，远处配流。"钧寻为太子率更令，兼崇贤馆学士。显庆中卒。所撰《韵旨》二十卷，有集三十卷行于代。

子璀，官至渝州长史。母终，以毁卒。璀子嵩，别有传。

钧兄子嗣业，少随祖姑隋炀帝后入于突厥。贞观九年归朝，以深识蕃情，充使统领突厥之众。累转鸿胪卿，兼单于都护府长史。调露中，单于突厥反叛，嗣业率兵战败，配流岭南而死。

裴矩，字弘大，河东闻喜人。祖佗，后魏东荆州刺史。父讷之，北齐太子舍人。矩襁褓而孤，为伯父让之所鞠。及长，博学，早知名，仕齐为高平王文学。齐亡，隋文帝为定州总管，召补记室，甚亲敬之。文帝即位，迁给事郎，直内史省，奏舍人事。伐陈之役，领元帅记室。及陈平，晋王广令矩与高颎收陈图籍，归之秘府。累迁吏部侍郎，以事免。大业初，西域诸蕃款张掖塞与中国互市，炀帝遣矩监其事。矩知帝方勤远略，欲吞并夷狄，乃访西域风俗及山川险易、君长姓族、物产服章，撰《西域图记》三卷，入朝奏之。帝大悦，赐物五百段。每日引至御座，顾问西方之事。矩盛言西域多珍宝及吐谷浑可并之状，帝信之。仍委以经略，拜民部侍郎。俄迁黄门侍郎，参预朝政。令往张掖引致西蕃，至者十余国。三年，帝有事于恒岳，咸来助祭。帝将巡河右，复令矩往燉煌，矩遣使说高昌王麴伯雅及伊吾吐屯设等，啖以厚利，导使入朝。及帝西巡，次燕支山，高昌王、伊吾设等及西蕃胡二十七国，盛服珠玉锦罽，焚香奏乐，歌舞喧噪，谒于道左。复令武威、张掖士女盛饰纵观，骑乘填咽，周亘数十里，帝见之大悦。及灭吐谷浑，蛮夷纳贡，诸蕃慑服，相继来庭。虽拓地数千里，而役戍委输之费，岁巨万计，中国骚动焉。帝以矩有绥怀之略，加位银青光禄大夫。其年，帝至东都，矩以蛮夷朝贡者多，讽帝大征四方奇技，作鱼龙曼延角牴于洛邑，以夸诸戎狄，终月而罢。又令三市店肆悉设帷帐，盛酒食，遣掌蕃率蛮夷与人贸易，所至处悉令邀迎就座，醉饱而散。夷人有识者，咸私哂其矫饰焉。帝称矩至诚，谓宇文述、牛弘曰："裴矩大识朕意，凡所陈奏，皆朕之成算，朕未发顷，矩辄以闻。自非奉国用心，孰能若是？"寻令与将军薛世雄城伊吾而还，赐钱四十万。矩因进计纵反间于射匮，使潜攻处罗。后处罗为射匮所迫，竟随使者入朝，帝甚悦，赐矩貂裘及西域珍器。从帝巡于塞北，幸启民可汗帐。时高丽遣使先通于突厥，启民不敢隐，引之见帝。矩因奏曰："高丽之地，本孤竹国也，周代以之封箕子，汉时分为三郡，晋氏亦统辽东。今乃不臣，列为外域，故先帝欲征之久矣，但以杨谅不肖，师出无功。当陛下时，安得不有事于此，使冠带之境，仍为蛮貊之乡乎？今其使者朝于突厥，亲见启民从化，必惧皇灵之远畅，虑后服之先亡，胁令入朝，当可致也。请面诏其使还本国，遣语其王令速朝觐。不然者，当率突厥即日诛之。"帝纳焉。高丽不用命，始建征辽之策。王师临辽，以本官领虎贲郎将。明年，复从至辽东。兵部侍郎斛斯政亡入高丽，帝令矩兼掌兵部事。以前后渡辽功，进位右光禄大夫。矩后从幸江都。及义兵入关，屈突通败问至，帝问矩方略，矩曰："太原有变，京畿不静，遥为处分，恐失事机。唯銮舆早还，方可平定。"矩见天下将乱，恐为身祸，每遇人尽礼，虽至胥吏，皆得其欢心。时从驾骁果多逃散，矩言于帝曰："车驾留此，已经二岁，人无匹合，则不能久安。请听兵士于此纳室，私相奔诱者，因而配之。"帝从其计，军中渐安，咸曰："裴公之惠也。"是时，帝既昏侈逾甚，矩无所谏诤，但悦媚取容而已。宇文化及弑逆，署为尚书右仆射。化及败，窦建德复以为尚书右仆射，令专掌选事。时建德起自群盗，事无节文，矩为之创定朝仪，权设法律，宪章颇备，建德大悦，每谘访焉。

及建德败，矩与伪将曹旦及建德之妻赍传国八玺，举山东之地来降，封安邑县公。武德五年，拜太子左庶子。俄迁太子詹事。令与虞世南撰《吉凶书仪》，参按故实，甚合礼度，为学者所称，至今行之。八年，兼检校侍中。及太子建成被诛，其余党尚保宫城，欲与秦王决战，王遣矩晓谕之，宫兵乃散。寻迁民部尚书。矩年且八十，而精爽不衰，以晓习故事，甚见推重。太宗初即位，务止奸吏，或闻诸曹案典，多有受赂者，乃遣人以财物试之。有司门令史受馈绢一匹，太宗怒，将杀之，矩进谏曰："此人受赂，诚合重诛。但陛下以物试之，即行极法，所谓陷人以罪，恐非导德齐礼之义。"太宗纳其言，因召百僚谓曰："裴矩遂能廷折，不肯面从，每事如此，天下何忧不治！"贞观元年卒，赠绛州刺史，谥曰敬。撰《开业平陈记》十二卷，行于代。

子宣机，高宗时官至银青光禄大夫、太子左中护。

宇文士及，雍州长安人。隋右卫大将军述子，化及弟也。开皇末，以父勋封新城县公。隋炀帝尝引入卧内，与语，奇之，令尚炀帝女南阳公主。大业中，历尚辇奉御，从幸江都。以父忧去职，寻起为鸿胪少卿。化及之潜谋逆乱也，以其主婿，深忌之而不告，既弑炀帝，署为内史令。初，高祖为殿内少监，时士及为奉御，深自结托。及随化及至黎阳，高祖手诏召之。士及亦潜遣家僮间道诣长安申赤心，又因使密贡金环。高祖大悦，谓侍臣曰："我与士及素经共事，今贡金环，是其来意也。"及至魏县，兵威日蹙，士及劝之西归长安，化及不从，士及乃与封伦求于济北征督军粮。俄而化及为窦建德所擒，济北豪右多劝士及发青、齐之众，北击建德，收河北之地，以观形势。士及不纳，遂与封伦等来降。高祖数之曰："汝兄弟率思归之卒，为入关之计，当此之时，若得我父子，岂肯相存，今欲何地自处？"士及谢曰："臣之罪诚不容诛，但臣早奉龙颜，久存心腹，往在涿郡，尝夜中密论时事，后于汾阴宫，复尽丹赤。自陛下龙飞九五，臣实倾心西归，所以密申贡献，冀此赎罪耳。"高祖笑谓裴寂曰："此人与我言天下事，至今已六七年矣，公辈皆在其后。"时士及妹为昭仪，有宠，由是渐见亲待，授上仪同。从太宗平宋金刚，以功复封新城县公，妻以寿光县主，仍迁秦王府骠骑将军。又从平王世充、窦建德，以功进爵郢国公，迁中书侍郎，再转太子詹事。太宗即位，代封伦为中书令，真食益州七百户。寻以本官检校凉州都督。时突厥屡为边寇，士及欲立威以镇边服，每出入陈兵，盛为容卫；又折节礼士，凉士服其威惠。征为殿中监，以疾出为蒲州刺史，为政宽简，吏人安之。数岁，入为右卫大将军，甚见亲顾，每延入阁中，乙夜方出，遇其归沐，仍遣驰召，同列莫与为比。然尤谨密，其妻每问向中使召有何乐事，士及终无所言。寻录其功，别封一子为新城县公。在职七年，复为殿中监，加金紫光禄大夫。及疾笃，太宗亲问，抚之流涕。贞观十六年卒，赠左卫大将军、凉州都督，陪葬昭陵。士及抚幼弟及孤兄子，以友爱见称，亲戚故人贫乏者，辄遗之。然厚自封植，衣食服玩必极奢侈。谥曰"恭"，黄门侍郎刘洎驳之曰："士及居家侈纵，不宜为恭。"竟谥曰纵。

史臣曰：封伦多揣摩之才，有附托之巧。党化及而数炀帝，或有赧颜；托士及以归唐朝，殊无愧色。当建成之际，事持两端；背萧瑀之恩，奏多异议。太宗，明主也，不见其心；玄龄，贤相焉，尚容其谮。狡算丑行，死而后彰，苟非唐临之劾，唐俭等议，则奸人得计矣。萧瑀骨鲠亮直，儒术清明。执政隋朝，忠而获罪；委质高祖，知无不为。及太宗临朝，房、杜用事，不容小过，欲居成功，既形猜贰之言，宁固或跃之位？易名而衹加"褊"字，所幸者犹多；奉佛而不失道情，非善也而何谓。裴矩方略宽简，士及通变谨密，皆一时之称也。

赞曰：封伦揣摩谄诈，萧瑀骨鲠儒术。裴矩方略宽简，士及通变谨密。

卷六十四　　　　列传第十四

高祖二十二子

隐太子建成　卫王玄霸　巢王元吉　楚王智云　荆王元景　汉王元昌　酆王元亨　周王元方　徐王元礼　韩王元嘉　彭王元则　郑王元懿　霍王元轨　虢王凤　道王元庆　邓王元裕　舒王元名　鲁王灵夔　江王元祥　密王元晓　滕王元婴

高祖二十二男：太穆皇后生隐太子建成及太宗、卫王玄霸、巢王元吉，万贵妃生楚王智云，尹德妃生酆王元亨，莫嫔生荆王元景，孙嫔生汉王元昌，宇文昭仪生韩王元嘉、鲁王灵夔，崔嫔生邓王元裕，杨嫔生江王元祥，小杨嫔生舒王元名，郭婕妤生徐王元礼，刘婕妤生道王元庆，杨美人生虢王凤，张美人生霍王元轨，张宝林生郑王元懿，柳宝林生滕王元婴，王才人生彭王元则，鲁才人生密王元晓，张氏生周王元方。

隐太子建成，高祖长子也。大业末，高祖捕贼汾、晋，建成携家属寄于河东。义旗初建，遣使密召之，建成与巢王元吉间行赴太原。建成至，高祖大喜，拜左领军大都督，封陇西郡公。引兵略西河郡,从平长安。义宁元年冬,隋恭帝拜唐国世子,开府,置僚属。二年,授抚军大将军、东讨元帅,将兵十万徇洛阳。及还,恭帝授尚书令。武德元年,立为皇太子。二年,司竹群盗祝山海有众一千,自称护乡公,诏建成率将军桑显和进击山海,平之。时凉州人安兴贵杀贼帅李轨,以众来降,令建成往原州应接之。时甚暑,而驰猎无度,士卒不堪其劳,逃者过半。高祖忧其不闲政术,每令习时事,自非军国大务,悉委决之。又遣礼部尚书李纲、民部尚书郑善果俱为宫官,与参谋议。四年,稽胡酋帅刘仚成拥部落数万人为边害,又诏建成率师讨之。军次鄜州,与仚成军遇,击,大破之,斩首数百级,虏获千余人。建成设诈放其渠帅数十人,并授官爵,令还本所招慰群胡,仚成与胡中大帅亦请降。建成以胡兵尚众,恐有变,将尽杀之。乃扬言增置州县,须有城邑,悉课群胡执板筑之具,会筑城所,阴勒兵士,皆执之。仚成闻有变,奔于梁师都。竟诛降胡六千余人。时太宗功业日盛,高祖私许立为太子,建成密知之,乃与齐王元吉潜谋作乱。及刘黑闼重反,王珪、魏徵谓建成曰:"殿下但以地居嫡长,爱践元良,功绩既无可称,仁声又未遐布。而秦王勋业克隆,威震四海,人心所向,殿下何以自安?今黑闼率破亡之余,众不盈万,加以粮运限绝,疮痍未瘳,若大军一临,可不战而擒也。愿请讨之,且以立功,深自封植,因结山东英俊。"建成从其计,遂请讨刘黑闼,擒之而旋。

时高祖晚生诸王,诸母擅宠椒房,亲戚并分事宫府,竞求恩惠。太宗每总戎律,惟以抚接才贤为务,至于参请妃媛,素所不行。初平洛阳,高祖遣贵妃等驰往东都选阅宫人及府库珍物,因私有求索,兼为亲族请官。太宗以财簿先已封奏,官爵皆酬有功,并不允许,因此衔恨弥切。时太宗为陕东道行台,诏于管内得专处分。淮安王神通有功,太宗乃给田数十顷。后婕妤张氏之父令婕妤私奏以乞其地,高祖手诏赐焉。神通以教给在前,遂不肯与。婕妤矫奏曰:"敕赐妾父地,秦王夺之以与神通。"高祖大怒,攘袂责太宗曰:"我诏敕不行,尔之教命,州县即受。"他日,高祖呼太宗小名谓裴寂等:"此儿典兵既久,在外专制,为读书汉所教,非复我昔日子也。"又德妃之父尹阿鼠所为横恣,秦王府属杜如晦行经其门,阿鼠家僮数人牵如晦坠马殴击之,骂云:"汝是何人,敢经我门而不下马!"阿鼠或虑上闻,乃令德妃奏言:"秦王左右凶暴,凌轹妾父。"高祖又怒谓太宗曰:"尔之左右,欺我妃嫔之家一至于此,况凡人百姓乎!"太宗深自辩明,卒不被纳。妃嫔等因奏言:"至尊万岁后,秦王得志,母子定无孑遗。"因悲泣哽咽。又云:"东宫慈厚,必能养育妾母子。"高祖恻怆久之。自是于太宗恩礼渐薄,废立之心亦以此定,建成、元吉转蒙恩宠。

自武德初,高祖令太宗居西宫之承乾殿,元吉居武德殿后院,与上台、东宫昼夜并通,更无限隔。皇太子及二王出入上台,皆乘马携弓刀杂用之物,相遇则如家人之礼。由是皇太子令及秦、齐二王教与诏敕并行,百姓惶惑,莫知准的。建成、元吉又外结小人,内连嬖幸,高祖所宠张婕妤、尹德妃皆与之淫乱。复与诸公主及六宫亲戚骄恣纵横,并兼田宅,侵夺犬马。同恶相济,掩蔽聪明,苟行己志,惟以甘言谀辞承候颜色。建成乃私召四方骁勇,并募长安恶少年二千余人,畜为宫甲,分屯左、右长林门,号为长林兵。及高祖幸仁智宫,留建成居守,建成先令庆州总管杨文干募健儿送京师,欲以为变。又遣郎将尔朱焕、校尉桥公山赍甲以赐文干,令起兵共相应接。公山、焕等行至豳乡,惧罪驰告其事。高祖托以他事,手诏追建成诣行在所。既至,高祖大怒,建成叩头谢罪,奋身自投于地,几至于绝。其夜,置之幕中,令殿中监陈万福防御,而文干遂举兵反。高祖驰使召太宗以谋之,太宗曰:"文干小竖起兵,狂悖,州府官司已应擒剿。纵其假息时刻,但须遣一将耳。"高祖曰:"文干事连建成,恐应之者众,汝宜自行,还,立汝为太子。吾不能效隋文帝诛杀骨肉,废建成封作蜀王,地既僻小易制。若不能事汝,亦易取耳。"太宗既行,元吉及四妃更为建成内请,封伦又外为游说,高祖意便顿改,遂寝不行,复令建成还京居守。惟责以兄弟不能相容,归罪于中允王珪、左卫率韦挺及天策兵曹杜淹等,并流之巂州。后又与元吉谋行鸩毒,引太宗入宫夜宴,既而太宗心中暴痛,吐血数升,淮安王神通狼狈扶还西宫。高祖幸第问疾,因敕建成:"秦王素不能饮,更勿夜聚。"乃谓太宗曰:"发迹晋阳,本是汝计;克平宇内,是汝大功。欲升储位,汝固让不受,以成汝美志。建成自居东宫,多历年所,今复不忍夺之。观汝兄弟是不和,同在京邑,必有忿竞。汝还行台,居于洛阳,自陕已东,悉宜主之。仍令汝建天子旌旗,如梁孝王故事。"太宗泣而奏曰:"今日之授,实非所愿,不能远离膝下。"言讫呜咽,悲不自胜。高祖曰:"昔陆贾汉臣,尚有递过之事,况吾四方之主,天下为家。东西两宫,涂路咫尺,忆汝即往,无劳悲也。"及将行,建成、元吉相与谋曰:"秦王今往洛阳,既得土地甲兵,必为后患。留在京师,制之一匹夫耳。"密令数人上封事曰:"秦王左右多是东人,闻往洛阳,非常欣跃,观其情状,自今一去,不作来意。"高祖于是遂停。是后,日夜阴与元吉连结后宫,潜诉愈切,高祖惑之。太宗惧,不知所为。李靖、李勣等数言:"大王以功高被疑,靖等请申犬马之力。"封伦亦潜劝太宗图之,并不许。伦反言于高祖曰:"秦王恃有大勋,不服居太子之下。若不立,愿早为之所。"又说建成作乱,曰:"夫为四海者,不顾其亲。汉高乞羹,此之谓矣。"

九年,突厥犯边,诏元吉率师拒之,元吉因兵集,将与建成克期举事。长孙无忌、房玄龄、杜如晦、尉迟敬德、侯君集等日夜固争曰:"事急矣!若不行权道,社稷必危。周公圣人,岂无情于骨肉?为存社稷,大义灭亲。今大王临机不断,坐受屠戮,于义何益?若不见听,无忌等将窜身草泽,不得居王左右。"太宗然其计。六月三日,密奏建成、元吉淫乱后宫,因自陈曰:"臣于兄弟无丝毫所负,今欲杀臣,似为世充、建德报仇。臣今枉死,永违君亲,魂归地下,实亦耻见诸贼。"高祖省之愕然,报曰:"明日当勘问,汝宜早参。"四日,太宗将左右九人至玄武门自卫。高祖已召裴寂、萧瑀、陈叔达、封伦、宇文士及、窦诞、颜师古等，欲令穷核其事。建成、元吉行至临湖殿，觉变，即回马，将东归宫府。太宗随而呼之，元吉马上张弓，再三不彀。太宗乃射之，建成应弦而毙，元吉中流矢而走，尉迟敬德杀之。俄而东宫及齐府精兵二千人结阵驰攻玄武门，守门兵仗拒之，不得入，良久接战，流矢及于内殿。太宗左右数百骑来赴难，建成等兵遂败散。高祖大惊，谓裴寂等曰："今日之事如何？"萧瑀、陈叔达进曰："臣闻内外无限，父子不亲，当断不断，反受其乱。建成、元吉，义旗草创之际，并不预谋；建立已来，又无功德，常自怀忧，相济为恶，蚪起萧墙，遂有今日之事。秦王功盖天下，率土归心，若处以元良，委之国务，陛下如释重负，苍生自然乂安。"高祖曰："善！此亦吾之夙志也。"乃命召太宗而抚之曰："近日已来，几有投杼之惑。"太宗哀号久之。建成死时年三十八。长子太原王承宗早卒。次子安陆王承道、河东王承德、武安王承训、汝南王承明、钜鹿王承义并坐诛。太宗即位，追封建成为息王，谥曰隐，以礼改葬。葬日，太宗于宜秋门哭之甚哀，仍以皇子赵王福为建成嗣。十六年五月，又追赠皇太子，谥仍依旧。

卫王玄霸，高祖第三子也。早薨无子。武德元年，追赠卫王，谥曰怀。四年，封太宗子泰为宜都王以奉其祀，以礼改葬，太子以下送于郭外。泰后徙封于越，又以宗室赠西平王琼之子保定为嗣。贞观五年薨，无子，国除。

巢王元吉，高祖第四子也。义师起，授太原郡守，封姑臧郡公。寻进封齐国公，授十五郡诸军事、镇北大将军，留镇太原，许以便宜行事。武德元年，进爵为王，授并州总管。二年，刘武周南侵汾、晋，诏遣右卫将军宇文歆助元吉守并州。元吉性好畋猎，载网罟三十余两，尝言"我宁三日不食，不能一日不猎"，又纵其左右攘夺百姓。歆频谏不纳，乃上表曰："王在州之日，多出微行，常共窦诞游猎，蹂践谷稼，放纵亲昵，公行攘夺，境内六畜，因之殆尽。当衢而射，观人避箭以为笑乐。分遣左右，戏为攻战，至相击毁伤至死。夜开府门，宣淫他室。百姓怨毒，各怀愤叹。以此守城，安能自保！"元吉竟坐免。又讽父老诣阙请之，寻令复职。时刘武周率五千骑至黄蛇岭，元吉遣车骑将军张达以步卒百人先尝之。达以步卒少，固请不行。元吉强遣之，至则尽没于贼。达愤怒，因引武周攻陷榆次，进逼并州。元吉大惧，绐其司马刘德威曰："卿以老弱守城，吾以强兵出战。"因夜出兵，携其妻妾弃军奔还京师，并州遂陷。高祖怒甚，谓礼部尚书李纲曰："元吉幼小，未习时事，故遣窦诞、宇文歆辅之。强兵数万，食支十年，起义兴运之基，一朝而弃。宇文歆首画此计，我当斩之。"纲曰："赖歆令陛下不失爱子，臣以为有功。"高祖问其故，纲对曰："罪由窦诞不能规讽，致令军人怨愤。又齐王年少，肆行骄逸，放纵左右，侵渔百姓。诞曾无谏止，乃随顺掩藏，以成其衅，此诞之罪。宇文歆论情则疏，向彼又浅，王之过失，悉以闻奏。且父子之际，人所难言，而歆言之，岂非忠恳？今欲诛罪，不录其心，臣愚窃以为过。"翌日，高祖召纲入，升御坐，谓

曰："今我有公，遂使刑罚不滥。元吉自恶，结怨于人。歆既曾以表闻，诞亦焉能禁制？皆非其罪也。"寻加授元吉侍中、襄州道行台尚书令、稷州刺史。四年，太宗征窦建德，留元吉与屈突通围王世充于东都。世充出兵拒战，元吉设伏击破之，斩首八百级，生擒其大将乐仁昉、甲士千余人。世充平，拜司空，余官如故，加赐衮冕之服、前后部鼓吹乐二部、班剑二十人、黄金二千斤，与太宗各听三炉铸钱以自给。六年，加授隰州总管。及与建成连谋，各募壮士，多匿罪人。复内结宫掖，递加称誉，又厚赂中书令封伦以为党助。由是高祖颇疏太宗而加爱元吉。太宗尝从高祖幸其第，元吉伏其护军宇文宝于寝内，将以刺太宗。建成恐事不果而止之，元吉愠曰："为兄计耳，于我何害！"九年，转左卫大将军，寻进位司徒、兼侍中，并州大都督、隰州都督、稷州刺史并如故。

高祖将避暑太和宫，二王当从，元吉谓建成曰："待至宫所，当兴精兵袭取之。置土窟中，唯开一孔以通饮食耳。"会突厥郁射设屯军河南，入围乌城。建成乃荐元吉代太宗督军北讨，仍令秦府骁将秦叔宝、尉迟敬德、程知节、段志玄等并与同行。又追秦府兵帐，简阅骁勇，将夺太宗兵以益其府。又谮杜如晦、房玄龄，逐令归第。高祖知其谋而不制。元吉因密请加害太宗，高祖曰："是有定四海之功，罪迹未见，一旦欲杀，何以为辞？"元吉曰："秦王常违诏敕，初平东都之日，偃蹇顾望，不急还京，分散钱帛，以树私惠。违戾如此，岂非反逆？但须速杀，何患无辞！"高祖不对，元吉遂退。建成谓元吉曰："既得秦王精兵，统数万之众，吾与秦王至昆明池，于彼宴别，令壮士拉之于幕下，因云暴卒，主上谅无不信。吾当使人进说，令付吾国务。正位已后，以汝为太弟。敬德等既入汝手，一时坑之，孰敢不服？"率更丞王晊闻其谋，密告太宗。太宗召府僚以告之，皆曰："大王若不正断，社稷非唐所有。若使建成、元吉肆其毒心，群小得志，元吉狠戾，终亦不事其兄。往者护军薛宝上齐王符箓云：'元吉合成唐字。'齐王得之喜曰：'但除秦王，取东宫如反掌耳。'为乱未成，预怀相夺。以大王之威，袭二人如拾地芥。"太宗迟疑未决，众又曰："大王以舜为何如人也？"曰："浚哲文明，温恭允塞，为子孝，为君圣，焉可议之乎？"府僚曰："向使舜浚井不出，自同鱼鳖之毙，焉得为孝子乎？涂廪不下，便成煨烬之余，焉得为圣君乎？小杖受，大杖避，良有以也。"太宗于是定计诛建成及元吉。元吉死时年二十四。有五子：梁郡王承业、渔阳王承鸾、普安王承奖、江夏王承裕、义阳王承度，并坐诛。寻befinden绝建成、元吉属籍。太宗践阼，追封元吉为海陵郡王，谥曰刺，以礼改葬。贞观十六年，又追封巢王，谥如故，复以曹王明为元吉后。

楚王智云，高祖第五子也。母曰万贵妃，性恭顺，特蒙高祖亲礼。宫中之事，皆谘禀之，诸王妃主，莫不推敬。后授楚国太妃，薨，陪葬献陵。智云本名稚诠，大业末，从高祖于河东。及义师将起，隐太子建成潜归太原，以智云年小，委之而去。因为吏所捕，送于长安，为阴世师所

害，年十四。义宁元年，赠尚书左仆射、楚国公。武德元年，追封楚王，谥曰哀。无子，三年，以太宗子宽为嗣。宽薨，贞观二年，复以济南公世都子灵龟嗣焉。灵龟，永徽中历魏州刺史，政尚清严，奸盗屏迹。又开永济渠入于新市，以控引商旅，百姓利之。卒官。子福嗣嗣，降爵为公。仪凤中，卒于右威卫将军。子承况，神龙中为右羽林将军，与节愍太子同举兵，入玄武门，为乱兵所杀。

荆王元景，高祖第六子也。武德三年，封为赵王。八年，授安州都督。贞观初，历迁雍州牧、右骁卫大将军。十年，徙封荆王，授荆州都督。十一年，定制元景等为代袭刺史。诏曰：

皇王受命，步骤之迹以殊；经籍所纪，质文之道匪一。虽治乱不同，损益或异，至于设官司以制海内，建藩屏以辅王室，莫不明其典章，义存于致治；崇其贤戚，志在于无疆。朕以寡昧，丕承鸿绪，寅畏三灵，忧勤百姓，考明哲之余论，求经邦之长策。帝业之重，独任难以成务；天下之旷，因人易以获安。然则侯伯肇于自昔，州郡始于中代，圣贤异术，沿革随时，复古则义难顿从，寻今则事不尽理。遂规模周、汉，斟酌曹、马，采按部之嘉名，参建侯之旧制，共治之职重矣，分土之实存焉。已有制书，陈其至理。继世垂范，贻厥后昆；维城作固，同符前烈。荆州都督荆王元景、梁州都督汉王元昌、徐州都督徐王元礼、潞州都督韩王元嘉、遂州都督彭王元则、郑州刺史郑王元懿、绛州刺史霍王元轨、虢州刺史虢王凤、豫州刺史道王元庆、邓州刺史邓王元裕、寿州刺史舒王元名、幽州都督燕王灵夔、苏州刺史许王元祥、安州都督吴王恪、相州都督魏王泰、齐州都督齐王祐、益州都督蜀王愔、襄州刺史蒋王恽、扬州都督越王贞、并州都督晋王某、秦州都督纪王慎等，或地居旦、奭，夙闻《诗》、《礼》；或望及间、平，早称才艺，并爵隆土宇，宠兼车服。诚孝之心，无忘于造次；风政之举，克著于期月。宜冠恒册，祚以休命。其所任刺史，咸令子孙代代承袭。

寻又罢代袭之制。元景久之转鄜州刺史。高宗即位，进位司徒，加实封通前满一千五百户。永徽四年，坐与房遗爱谋反赐死，国除。后追封沉黎王，备礼改葬。以渤海王奉慈子长沙为嗣，降爵为侯。神龙初，追复爵土，并封其孙遂为嗣荆王，寻薨，国除。

汉王元昌，高祖第七子也。少好学，善隶书。武德三年，封为鲁王。贞观五年，授华州刺史，转梁州都督。十年，改封汉王。元昌在州，颇违宪法，太宗手敕责之。初不自咎，更怀怨望。知太子承乾嫉魏王泰之宠，乃相附托，图为不轨。十六年，元昌来朝京师，承乾频召入东宫夜宿，因谓承乾曰："愿殿下早为天子。近见御侧，有一宫人，善弹琵琶，事平之后，当望垂赐。"承乾许诺。又刻臂出血，以帛拭之，烧作灰，和酒同饮，共为信誓，潜伺间隙。十七年，事发，太宗弗忍加诛，特敕免死。大臣高士廉、李世勣等奏言："王者以四海为家，以万姓为子，公行天下，情无独亲。元昌苞藏凶恶，图谋逆乱，观其指趣，察其心府，罪深燕旦，衅甚楚英。天地之所不容，人臣之所切齿，五刑不足申其罚，九死无以当其愆。而陛下情屈至公，恩加枭獍，欲开疏网，漏此鲸鲵。臣等有司，期不奉制，伏愿教师宪典，诛此凶慝。顺群臣之愿，夺鹰鹯之心，则吴、楚七君，不幽叹于往汉；管、蔡二叔，不沉恨于有周。"太宗事不获已，乃赐元昌自尽于家，妻子籍没，国除。

鄎王元亨，高祖第八子也。武德三年受封。贞观二年，授散骑常侍，拜金州刺史。及之藩，太宗以其幼小，甚思之，中路赐以金盏，遣使为之设宴。六年薨，无子，国除。

周王元方，高祖第九子也。武德四年受封。贞观二年，授散骑常侍。三年薨，赠左光禄大夫，无子，国除。

徐王元礼，高祖第十子也。少恭谨，善骑射。武德四年，封郑王。贞观六年，赐实封七百户，授郑州刺史，徙封徐王，迁徐州都督。十七年，转绛州刺史，以善政闻，太宗降玺书劳勉，赐以锦彩。二十三年，加实封千户。永徽四年，加授司徒，兼潞州刺史。咸亨三年薨，赠太尉、冀州大都督，陪葬献陵。

子淮南王茂嗣。茂险薄无行，元礼姬赵氏有美色，及元礼遇疾，茂遂逼之，元礼知而切加责让。茂乃屏斥元礼侍卫，断其药膳，仍云："既得五十年为王，更何烦服药？"竟以馁终。上元中，事泄，配流振州而死。神龙初，又封茂子璀为嗣徐王。景龙四年，加银青光禄大夫。开元中，除宗正员外卿，卒。子延年嗣。开元二十六年，封嗣徐王，除员外洗马。天宝初，拔汗那王入朝，延年将嫁女与之，为右相李林甫所奏，贬文安郡别驾、彭城长史，坐赃贬永嘉司士。至德初，余杭郡司马，卒。永泰元年，女婿黔中观察使赵国珍入朝，请以延年子前施州刺史讽为嗣，因封嗣徐王。

韩王元嘉，高祖第十一子也。母宇文昭仪，隋左武卫大将军述之女也。早有宠于高祖，高祖初即位，便欲立为皇后，固辞不受。元嘉少以母宠，特为高祖所爱，自登极晚生皇子，无及之者。武德四年，封宋王，徙封徐王。贞观六年，赐实封七百户，授潞州刺史，时年十五。在州闻太妃有疾，便涕泣不食。及京师发丧，哀毁过礼，太宗嗟其至性，屡慰勉之。九年，授右领军大将军。十年，改韩王，授潞州都督。二十三年，加实封满千户。元嘉少好学，聚书至万卷，又采碑文古迹，多得异本。闺门修整，有类寒素士大夫。与其弟灵夔甚相友爱，兄弟集见，如布衣之礼。其修身洁己，内外如一，当代诸王莫能及者，唯霍王元轨抑其次焉。高宗末，元嘉转泽州刺史。及天后临朝摄政，欲顺物情，乃进授元嘉为太尉、定州刺史，霍王元轨为司徒，青州刺史，舒王元名为司空、隆州刺史，鲁王灵夔为太子太师，苏州刺史、越王贞为太子太傅，安州都督、纪王慎为太子太保，并外示尊崇，实无所综理。其后渐将诛戮宗室诸王不附己者，元嘉大惧，与其子通州刺史、黄公譔及越王贞父子谋起兵，于是皇宗国戚内外相连者甚广。遣使报贞及贞子琅邪王冲曰："四面同来，事无不济。"冲与诸道计料未审而先发兵，仓卒唯贞应之，诸道莫有赴者，故其事不成。元嘉坐诛。譔少以文才见知，诸王子中，与琅邪王冲为一时之秀，凡所交结皆当代名士。时天下犯罪籍没者甚众，唯冲与譔父子书籍最多，皆文句详定，秘阁所不及。神龙初，追复元嘉爵土，并封其第五子讷为嗣韩王，官至员外祭酒。开元十七年卒。元嘉长子训，高祖时封颍川王，早卒。次子谊，封武陵王，官至濮州刺史。开元中，封讷子叔璥为嗣韩王、国子员外司业。

彭王元则，高祖第十二子也。武德四年，封荆王。贞观七年，授豫州刺史。十年，改封彭王，除遂州都督，寻坐章服奢僭免官。十七年，拜澧州刺史，更折节励行，颇著声誉。永徽二年薨，高宗为之废朝三日，赠司徒、荆州都督，陪葬献陵，谥曰思。发引之日，高宗登望春宫望其灵车，哭之甚恸。无子，以霍王元轨子绚嗣，龙朔中封南昌王。子志暕，神龙初封嗣彭王。景龙初，加银青光禄大夫。开元中，宗正卿同正员，卒。

郑王元懿，高祖第十三子也。颇好学。武德四年，封滕王。贞观七年，授兖州刺史，赐实封六百户。十年，改封郑王，历郑、潞二州刺史。二十三年，加实封满千户。总章中，累授绛州刺史，数断大狱，甚有平允之誉。高宗嘉之，降玺书褒美，赐物三百段。咸亨四年薨，赠司徒、荆州大都督，谥曰惠，陪葬献陵。子璥，上元初，封为嗣郑王，官至鄂州刺史。神龙初，又封璥嫡子希言为嗣郑王。景龙四年，嗣郑王希言等共一十四人，并加银青光禄大夫。开元中，右金吾大将军。天宝初，再为太子詹事同正员，卒。

霍王元轨，高祖第十四子也。少多才艺，高祖甚奇之。武德六年，封蜀王。八年，徙封吴王。贞观初，太宗尝问群臣曰："朕子弟孰贤？"侍中魏徵对曰："臣愚暗，不尽知其能。唯吴王数与臣言，未尝不自失。"上曰："朕亦器之，卿以为前代谁比？"徵曰："经学文雅，亦汉之间、平也。"由是宠遇弥厚，因令娶徵女焉。从太宗游猎，遇群兽，命元轨射之，矢不虚发，太宗抚其背曰："汝武艺过人，恨今无所施耳。当天下未定，我得汝岂不美乎！"七年，拜寿州刺史，赐实封六百户。高祖崩，去职，毁瘠过礼，自后常衣布，示有终身之戚焉。每至忌辰，辄数日不食。十年，改封霍王，授绛州刺史，寻转徐州刺史。元轨前后为刺史，至州，唯闭阁读书，吏事责成于长史、司马，谨慎自守，与物无忤，为人不妄。在徐州，唯与处士刘玄平为布衣之交。人或问玄平王之长，玄平答曰："无长。"问者怪而复问之，玄平曰："夫人有短，所以见其长。至于霍王，无所不备，吾何以称之哉？"二十三年，加实封满千户，为定州刺史。突厥来寇，元轨令开门偃旗，虏疑

有伏，惧而宵遁。州人李嘉运与贼连谋，事泄，高宗令收按其党。元轨以强寇在境，人心不安，惟杀嘉运，余无所及，因自劾违制。上览表大悦，谓使曰："朕亦悔之，向无王，则失定州矣。"有王文操遇贼，而二子凤、贤遂以身蔽捍，文操获全，二子皆死。县司抑而不申，元轨察知，遣使吊祭，表上其事，诏并赠朝散大夫，令加旌表。其礼贤爱善如此。后因入朝，屡上疏陈时政得失，多所匡益，高宗甚尊重之。及在外藩，朝廷每有大事，或密制问焉。高宗崩，与侍中刘齐贤等知山陵葬事，齐贤服其识练故事，每谓人曰："非我辈所及也。"元轨尝使国令征封，令白："请依诸国赋物贸易取利。"元轨曰："汝为国令，当正吾失，反说吾以利耶！"拒而不纳。垂拱元年，加位司徒，寻出为襄州刺史，转青州。四年，坐与越王贞连谋起兵，事觉，徙居黔州，仍令载以槛车，行至陈仓而死。有子七人。长子绪，最有才艺。上元中，封江都王，累除金州刺史。垂拱中，坐与裴承光交通被杀。神龙初，与元轨并追复爵位，仍封绪孙晖为嗣霍王。景龙四年，加银青光禄大夫。开元中，左千牛员外将军。

虢王凤，高祖第十五子也。武德六年，封豳王。贞观七年，授邓州刺史，赐实封六百户。十年，徙封虢王，历虢、豫二州刺史。二十三年，加实封满千户。麟德初，累授青州刺史。上元元年薨，年五十二，赠司徒、扬州大都督，陪葬献陵，谥曰庄。子平阳郡王翼嗣，官至光州刺史。永隆二年卒。子寓嗣，则天时失爵。凤第三子定襄郡公宏，则天初为曹州刺史。第五子东莞郡公融，少以武勇见知。垂拱中，为申州刺史。初，黄公譔等与越王贞通谋，深倚仗融，以为外助。时诏追诸亲赴都，融私使问其所亲成均助教高子贡曰："可入朝以否？"子贡报曰："来必取死。"融乃称疾不朝，以俟诸藩期。及得越王贞起兵书，仓卒不能相应，为僚吏所逼，不获已而奏之，于是擢授银青光禄大夫，行太子右赞善大夫。未几，为支党所引，被诛。子彻，神龙元年袭封东莞郡公。开元五年，继密王元晓，改为嗣密王。十二年，改濮阳郡王，历宗正卿、金紫光禄大夫，卒。神龙初，封凤嫡孙邕为嗣虢王。邕娶韦庶人妹为妻，由是中宗时特承宠异，转秘书监，俄又改封汴王，开府置僚属。月余而韦氏败，邕挥刃截其妻首，以至于朝，深为物议所鄙。贬沁州刺史，不知州事，削封邑。景云二年，复嗣虢王，还封二百户。累迁卫尉卿。开元十五年卒。子巨嗣，别有传。

道王元庆，高祖第十六子也。武德六年，封汉王。八年，改封陈王。贞观九年，拜赵州刺史，赐实封八百户。十年，改封道王，授豫州刺史。二十三年，加实封满千户。永徽四年，历滑州刺史，以政绩闻，赐物二百段。后历徐、沁、卫三州刺史。元庆事母甚谨，及母薨，又请躬修坟墓，优诏不许。麟德元年薨，赠司徒、益州都督，陪葬献陵，谥曰孝。子临淮王诱嗣，官至澧州刺史。永淳中，坐赃削爵。次子询，寿州刺史。询子微，神龙初，封为嗣道王。景龙四年，加银青光禄大夫。景云元年，宗正卿，卒。子

錬，开元二十五年，袭封嗣道王。广德中，官至宗正卿。

邓王元裕，高祖第十七子也。贞观五年，封郐王。十一年，改封邓王，赐实封八百户，历邓、梁、黄三州刺史。元裕好学，善谈名理，与典签卢照邻为布衣之交。二十三年，加实封通前一千五百户。高宗时，又历寿、襄二州刺史、兖州都督。麟德二年薨，赠司徒、益州大都督，陪葬献陵，谥曰康。无子，以弟江王元祥子广平公炅嗣。神龙初，封炅子孝先为嗣邓王。开元十三年，右监门卫大将军、冠军大将军，卒。

舒王元名，高祖第十八子也。年十岁时，高祖在大安宫，太宗晨夕使尚宫起居送珍馔，元名保傅等谓元名曰："尚宫品秩高者，见宜拜之。"元名曰："此我二哥家婢也，何用拜为？"太宗闻而壮之，曰："此真我弟也。"贞观五年，封谯王。十一年，徙封舒王，赐实封八百户，拜寿州刺史。后历滑、许、郑三州刺史。二十三年，加实封满千户，转石州刺史。

元名性高洁，罕问家人产业，朝夕矜庄，门庭清肃，常诫其子豫章王亶等曰："藩王所乏者，不患无钱财官职，但勉行善事，忠孝持身，此吾志也。"及亶为江州刺史，以善政闻，高宗手敕褒美元名，以赏其义方之训。高宗每欲授元名大州刺史，固辞曰："忝预藩戚，岂以州郡户口为仕进之资？"辞情恳到，故在石州二十年，赏玩林泉，有尘外之意。垂拱年，除青州刺史，又除郑州刺史。州境邻接都畿，诸王及帝戚莅官者，或有不检摄家人，为百姓所苦。及元名到，大革其弊。转滑州刺史，政理如在郑州。寻加授司空。永昌年，与子亶俱为丘神勣所陷，被杀。神龙初，赠司徒，复其官爵，仍令以礼改葬。亶子津为嗣舒王。景龙四年，加银青光禄大夫。开元中，左威卫将军，卒。子万嗣，天宝二年卒。子藻嗣，天宝九载，封嗣舒王。

鲁王灵夔，高祖第十九子也。少有美誉，善音律，好学，工草隶，与同母兄韩王元嘉特相友爱。贞观五年，封魏王。十年，改封燕王，赐实封八百户，授幽州都督。十四年，改封鲁王，授兖州都督。二十三年，加实封满千户。永徽六年，转隆州刺史，后历绛、滑、定等州刺史、太子太师。垂拱元年，授邢州刺史。四年，与兄元嘉及黄公譔结谋，欲起兵应接越王贞父子，事泄，配流振州，自缢而死。有二子：长子铣，封清河王。次子蔼，封范阳王，历右散骑常侍，为酷吏所陷。神龙初，追复灵夔官爵，仍令以礼改葬。封蔼子道坚为嗣鲁王。性严整，虽在闺门，造次必于庄敬。少年佐郡，声实已彰。景龙四年，加银青光禄大夫，历果、陇、吉、冀、洺、汾、沧等七州刺史、国子祭酒。开元二十二年，兼检校魏州刺史，未行，改汴州刺史、河南道采访使。此州都会，水陆辐凑，实曰膏腴，道坚特以清毅闻。入为宗正卿，卒。子宇嗣，二十九年，封嗣鲁王。至德元年，从幸巴蜀，为右金吾将军。宝应元年，皇太子封为鲁王，改宇嗣邹王。道坚弟道邃，中兴初，封藏国公。以恭默自守，修山东婚姻故事，频任清列。天

宝中为右丞，大理、宗正二卿，卒。

江王元祥，高祖第二十子也。贞观五年，封许王。十一年，徙封江王，授苏州刺史，赐实封八百户。二十三年，加实封满千户。高宗时，又历金、鄜、郑三州刺史。性贪鄙，多聚金宝，营求无厌，为人吏所患。时滕王元婴、蒋王恽、虢王凤亦称贪暴，有授得其府官者，以比岭南恶处，为之语曰："宁向儋、崖、振、白，不事江、滕、蒋、虢。"元祥体质洪大，腰带十围，饮啖亦兼数人，其时韩王元嘉、虢王凤、魏王泰状貌亦伟，不逮于元祥。又眇一目。永隆元年薨，赠司徒、并州大都督，陪葬献陵，谥曰安。子永嘉王晊，永隆中，为复州刺史。以禽兽其行，赐死于家。中兴初，元祥子钜鹿郡公晃子钦嗣江王。景龙四年，加银青光禄大夫，娶王仁皎女，至千牛将军，卒。

密王元晓，高祖第二十一子也。贞观五年受封。九年，授虢州刺史。十四年，赐实封八百户。二十三年，加满千户，转泽州刺史。永徽四年，除宣州刺史，后历徐州刺史。上元三年薨，赠司徒、扬州都督，陪葬献陵，谥曰贞。子南安王颖嗣。神龙初，封颖弟亮子昙为嗣密王。

滕王元婴，高祖第二十二子也。贞观十三年受封。十五年，赐实封八百户，授金州刺史。二十三年，加实封满千户。永徽中，元婴颇骄纵逸游，动作失度，高宗与书诫之曰："王地在宗枝，寄深磐石，幼闻《诗》、《礼》，夙承义训。实冀孜孜无怠，渐以成德，岂谓不遵轨辙，逾越典章。且城池作固，以备不虞，关钥闭开，须有常准。鸠合散乐，并集府僚，严关夜开，非复一度。遏密之悲，尚缠比屋，王以此情事，何遽纷纭？又巡省百姓，本观风问俗，遂乃驱率老幼，借狗求置，志从禽之娱，忽黎元之重。时方农要，屡出畋游，以弹弹人，将为笑乐。取适之方，亦应多绪，何必此事，方得为娱？晋灵虐主，未可取则。赵孝文趋走小人，张四又倡优贱隶，王亲与博戏，极为轻脱，一府官僚，何所瞻望？凝寒方甚，以雪埋人，虐物既深，何以为乐？家人奴仆，侮弄官人，至于此事，弥不可长。朕以王骨肉至亲，不能致王于法令，与王下上考，以愧王心。人之有过，贵在能改，国有宪章，私恩难再。兴言及此，惭叹盈怀。"三年，迁苏州刺史，寻转洪州都督。又数犯宪章，削邑户及亲事帐内之半，于滁州安置。后起授寿州刺史，转隆州刺史。弘道元年，加开府仪同三司，兼梁州都督。文明元年薨，赠司徒、冀州都督，陪葬献陵。子长乐王循琦嗣。兄弟六人，垂拱中并陷诏狱。神龙初，以循琦弟循琄子涉嗣滕王，本名茂宗，状貌类胡而丰硕。开元十二年，加银青光禄大夫，左骁卫将军。天宝初，淮安郡别驾，卒。子湛然嗣。十一载，封滕王。十五载，从幸蜀，除左金吾将军。

史臣曰：一人元良，万国以贞。若明异重离，道非出震，虽居嫡长，宁固镃錤！况当开创之初，未见太平之兆。建成残忍，岂主鬯之才；元吉凶狂，有覆巢之迹。若

非太宗逆取顺守，积德累功，何以致三百年之延洪、二十帝之纂嗣？或坚持小节，必亏大猷，欲比秦二世、隋炀帝，亦不及矣。元嘉修身，元轨无短，元裕名理，元名高洁，灵夔严整，皆有封册之名，而无磐石之固。武氏之乱，或连颈被刑；奸臣擅权，则束手为制。其望本枝百世也，不亦难乎？

赞曰：有功曰祖，有德曰宗。建成、元吉，实为二凶。中外交构，人神不容。用晦而明，殷忧启圣。运属文皇，功成守正。善恶既分，社稷乃定。盘维封建，本枝茂盛。元嘉、元轨，修身慎行。元裕、元名，行简居正。犬牙不固，武氏易姓。既无兵民，若拘陷阱。敢告后人，无或失政。

卷六十五　　列传第十五

高士廉 子履行　真行　长孙无忌

高俭，字士廉，渤海蓨人。曾祖飞雀，后魏赠太尉。祖岳，北齐侍中、左仆射、太尉、清河王。父劢，字敬德，北齐乐安王、尚书左仆射、隋洮州刺史。士廉少有器局，颇涉文史。隋司隶大夫薛道衡、起居舍人崔祖濬并称先达，与士廉结忘年之好，由是公卿藉甚。大业中，为治礼郎。士廉妹先适隋右骁卫将军长孙晟，生子无忌及女。晟卒，士廉迎妹及甥于家，恩情甚重。见太宗潜龙时非常人，因以晟女妻焉，即文德皇后也。隋军伐辽，时兵部尚书斛斯政亡奔高丽，士廉坐与交游，谪为朱鸢主簿。事父母以孝闻，岭南瘴疠，不可同行，留妻鲜于氏侍养，供给不足。又念妹无所庇，乃卖大宅，买小宅以处之，分其余资，轻装而去。寻属天下大乱，王命阻绝，交趾太守丘和署为司法书佐。士廉久在南方，不知母问，北顾弥切。尝昼寝，梦其母与之言，宛如膝下，既觉而涕泗横集。明日果得母讯，议者以为孝感之应。时钦州宁长真率众攻和，和欲出门迎之，士廉进说曰："长真兵势虽多，悬军远至，内离外惧，不能持久。且城中胜兵，足以当之，奈何而欲受人所制？"和从之，因命士廉为行军司马，水陆俱进，逆击破之，长真仅以身免，余众尽降。及萧铣败，高祖使徇岭南。武德五年，士廉与和上表归国，累迁雍州治中。时太宗为雍州牧，以士廉是文德皇后之舅，素有才望，甚亲敬之。及将诛隐太子，士廉与其甥长孙无忌并预密谋。六月四日，士廉率吏卒释系囚，授以兵甲，驰至芳林门，备与太宗合势。太宗升春宫，拜太子右庶子。

贞观元年，擢拜侍中，封义兴郡公，赐实封九百户。士廉明辩，善容止，凡有献纳，搢绅之士莫不属目。时黄门侍郎王珪有密表附士廉以闻，士廉寝而不言，坐是出为安州都督，转益州大都督府长史。蜀土俗薄，畏鬼而恶疾，父母病有危殆者，多不亲扶侍，杖头挂食，遥以哺之。士廉随方训诱，风俗顿改。秦时李冰守蜀，导引汶江，创浸灌之利，至今地居水侧者，须直千金，富强之家，多相侵夺。士廉乃于故渠外别更疏决，蜀中大获其利。又因暇日汲引辞人，以为文会，兼命儒生讲论经史，勉励后进，蜀中学校粲然复兴。蜀人朱桃椎者，淡泊为事，隐居不仕，披裘带索，沉浮人间。窦轨之镇益州也，闻而召见，遗以衣服，逼为乡正。桃椎口竟无言，弃衣于地，逃入山中，结庵涧曲。夏则裸形，冬则树皮自覆，人有赠遗，一无所受。每为芒履，置之于路，人见之者，曰："朱居士之履也"。为鬻米置于本处，桃椎至夕而取之，终不与人相见。议者以为焦先之流。士廉下车，以礼致之，及至，降阶与语，桃椎不答，直视而去。士廉每令存问，桃椎见使者，辄入林自匿。近代以来，多轻隐逸，士廉独加褒礼，蜀中以为美谈。五年，入为吏部尚书，进封许国公，仍封一子为县公。奖鉴人伦，雅谙姓氏，凡所署用，莫不人地俱允。高祖崩，士廉摄司空，营山陵制度。事毕，加特进、上柱国。是时，朝议以山东人士好自矜夸，虽复累叶陵迟，犹恃其旧地，女适他族，必多求聘财。太宗恶之，以为甚伤教义，乃诏士廉与御史大夫韦挺、中书侍郎岑文本、礼部侍郎令狐德棻等刊正姓氏。于是普责天下谱谍，仍凭据史传，考其真伪，忠贤者褒进，悖逆者贬黜，撰为《氏族志》。士廉乃类其等第以进。太宗曰："我与山东崔、卢、李、郑，旧既无嫌，为其世代衰微，全无冠盖，犹自云士大夫，婚姻之间，则多邀钱币。才识凡下，而偃仰自高，贩鬻松槚，依托富贵。我不解人间何为重之？只缘齐家惟据河北，梁、陈僻在江南，当时虽有人物，偏僻小国，不足可贵，至今犹以崔、卢、王、谢为重。我平定四海，天下一家。凡在朝士，皆功效显著，或忠孝可称，或学艺通博，所以擢用。见居三品以上，欲共衰代旧门为亲，纵多输钱帛，犹被偃仰。我今特定族姓者，欲崇重今朝冠冕，何因崔干犹为第一等？昔汉高祖止是山东一匹夫，以其平定天下，主尊臣贵。卿等读书，见其行迹，至今以为美谈，心怀敬重。卿等不贵我官爵耶？不须论数世以前，止取今日官爵高下作等级。"遂以崔干为第三等。及书成，凡一百卷，诏颁于天下。赐士廉物千段，寻同中书门下三品。十二年，与长孙无忌等以佐命功，并代袭刺史，授申国公。其年，拜尚书右仆射。士廉既任遇益隆，多所表奏，成辄焚稿，人莫知之。摄太子少师，特令掌选。十六年，加授开府仪同三司，寻表请致仕，听解尚书右仆射，令以开府仪同三司依旧平章事。又正受诏与魏徵等集文学之士，撰《文思博要》一千二百卷，奏之，赐物千段。十七年二月，诏图形凌烟阁。十九年，太宗伐高丽，皇太子定州监国，士廉摄太子太傅，仍典朝政。皇太子下令曰："摄太傅、申国公士廉，朝望国华，儀刑攸属，寡人忝膺监守，实资训导。比日听政，常屈同榻，庶因谘白，少祛蒙滞。但据案奉对，情所未安，已约束不许更进。太傅诲谕深至，使遵常式，辞不获免，辄复敬从。所司亦宜别以一案供太傅。"士廉固让不敢当。二十年，遇疾，太宗幸其第问之，因叙说生平，流涕歔欷而诀。二十一年正月壬辰，薨于京师崇仁里私第，时年七十二。太宗又命驾将临之，司空玄龄以上饵药石，不宜临丧，抗表切谏，上曰："朕之此行，岂独为君臣之礼，兼以故旧情深，姻戚义重，卿勿复言也。"太宗从数百骑出兴安门，至延喜门，长孙无忌驰至马前谏曰："饵石临丧，经方明忌。陛下含育黎元，须为宗社珍爱。臣亡舅士廉知将不救，顾谓臣曰：'至尊覆载恩隆，不遗簪履，亡殁之后，或致亲临。内省凡才，无益圣日，安可以死亡之余，辄回宸驾，魂而有灵，负谴斯及。'陛下恩深故旧，亦请察其丹诚。"其言甚切，太宗犹不许。无忌乃伏于马前流涕，帝乃还宫。赠司徒、并州都督，陪葬昭陵，谥曰文献。士廉祖、父洎身，并为仆射，子为尚书，甥为太尉，当代荣之。六子：履行、至行、纯行、真行、审行、慎行。及丧柩出自横桥，太宗登故城西北楼望而恸。高宗即位，追赠太尉，与房玄龄、屈突通并配享太宗庙庭。

子履行，贞观初历祠部郎中。丁母忧，哀悴逾礼。太宗遣使谕之曰："孝子之道，毁不灭性。汝宜强食，不得过礼。"服阕，累迁滑州刺史。尚太宗女东阳公主，拜驸马都尉。十九年，除户部侍郎，加银青光禄大夫。无几，遭父艰，居丧复以孝闻，太宗手诏敦喻曰："古人立孝，毁不灭身。闻卿绝粒，殊乖大体，幸抑摧裂之情，割伤生之累。"俄起为卫尉卿，进加金紫光禄大夫，袭爵申国公。永徽元年，拜户部尚书、检校太子詹事、太常卿。显庆元年，出为益州大都督府长史。先是，士廉居此职，颇著能名。至是，履行继之，亦有善政，大为人吏所称。三年，坐与长孙无忌亲累，左授洪州都督，转永州刺史，卒于官。

履行弟真行，官至右卫将军。其子典膳丞岐，坐与章怀太子阴谋，事泄，诏付真行令自惩诫。真行遂手刃之，仍弃其尸于衢路。高宗闻而鄙之，贬真行为睦州刺史，卒。

长孙无忌，字辅机，河南洛阳人。其先出自后魏献文帝第三兄。初为拓拔氏，宣力魏室，功最居多，世袭大人之号，后更跋氏，为宗室之长，改姓长孙氏。七世祖道生，后魏司空、上党靖王。六世祖旃，后魏特进、上党齐王。五世祖观，后魏司徒、上党定王。高祖稚，西魏太保、冯翊文宣王。曾祖子裕，西魏卫尉卿、平原郡公。祖兕，周开府仪同三司，袭平原公。父晟，隋右骁卫将军。无忌贵戚好学，该博文史，性通悟，有筹略。文德皇后即其妹也。少与太宗友善，义军渡河，无忌至长春宫谒见，授渭北道行军典签。常从太宗征讨，累除比部郎中，封上党县公。武德九年，隐太子建成、齐王元吉谋，将害太宗，无忌请太宗先发诛之。于是奉旨密召房玄龄、杜如晦等共为筹略。六月四日，无忌与尉迟敬德、侯君集、张公谨、刘师立、公孙武达、独孤彦云、杜君绰、郑仁泰、李孟尝等九人，入玄武门讨建成、元吉，平之。太宗升春宫，授太子左庶子。及即位，迁左武候大将军。贞观元年，转吏部尚书，以功第一，进封齐国公，实封千三百户。太宗以无忌佐命元勋，地兼外戚，礼遇尤重，常令出入卧内。其年，拜尚书右仆射。时突厥颉利可汗新与中国和盟，政教紊乱，言事者多陈攻取之策。太宗召萧瑀及无忌问曰："北番君臣昏乱，杀戮无辜。国家不违旧好，便失攻昧之机；今欲取乱侮亡，复爽同盟之义。二途不决，孰为胜耶？"萧瑀曰："兼弱攻昧，击之为善。"无忌曰："今国家务在戢

兵，待其寇边，方可讨击。彼既已弱，必不能来。若深入虏廷，臣未见其可。且按甲存信，臣以为宜。"太宗从无忌之议。突厥寻政衰而灭。

或有密表称无忌权宠过盛，太宗以表示无忌："朕与卿君臣之间，凡事无疑。若各怀所闻而不言，则君臣之意无以获通。"因召百僚谓之曰："朕今有子皆幼，无忌于朕，实有大功，今者委之，犹如子也。疏间亲，新间旧，谓之不顺，朕所不取也。"无忌深以盈满为诫，恳辞机密，文德皇后又为之陈请，太宗不获已，乃拜开府仪同三司，解尚书右仆射。是岁，太宗亲祠南郊，及将还，命无忌与司空裴寂同升金辂。五年，与房玄龄、杜如晦、尉迟敬德四人，以元勋各封一子为郡公。七年十月，册拜司空，无忌固辞，不许。又因高士廉奏曰："臣幸居外戚，恐招主私亲之诮，敢以死请。"太宗曰："朕之授官，必择才行。若才行不至，纵朕至亲，亦不虚授，襄邑王神符是也；若才有所适，虽怨仇而不弃，魏徵等是也。朕若以无忌居付兄之爱，当多遗子女金帛，何须委以重官，盖是取其才行耳。无忌聪明鉴悟，雅有武略，公等所知，朕故委之台鼎。"无忌又上表切让，诏报之曰："昔黄帝得力牧而为五帝先，夏禹得咎繇而为三王祖，齐桓得管仲而为五伯长。朕自居藩邸，公为腹心，遂得廓清宇内，君临天下。以公功绩之望，允称具瞻，故授此官，无宜多让也。"太宗追思王业艰难，佐命之力，又作《威凤赋》以赐无忌。其辞曰：

有一威凤，憩翮朝阳。晨游紫雾，夕饮玄霜。资长风以举翰，戾天衢而远翔。西翥则烟氛闭色，东飞则日月腾光。化垂鹏于北裔，驯群鸟于南荒。际乱世而方降，应明时而自彰。俯翼云路，归功本树。仰乔枝而见猜，俯修条而抱蠹。同林之侣俱嫉，共干之俦并忤。无恒山之义情，有炎洲之凶度。若巢苇而居安，独怀危而履惧。鸱鸮啸乎侧叶，燕雀喧乎下枝。惭已陋之至鄙，害他贤之独奇。或聚味而交击，乍分罗而见羁。戢凌云之逸羽，韬伟世之清仪。遂乃蓄情宵影，结志晨晖，霜残绮翼，露点红衣。嗟忧患之易结，叹矰缴之难违。期毕命于一死，本无情于再飞。幸赖君子，以依以恃，引此风云，濯斯尘滓。披蒙翳于叶下，发光华于枝里。仙翰屈而还舒，灵音494而复振。眄八极以遐骛，临九天而高峙。庶广德于众禽，非崇利于一已。是以徘徊感德，顾慕怀贤。凭哲而祸散，托英才而福全。答惠之情弥结，报功之志方宣。非知难而行易，思令后而终前。俾贤德之流庆，毕万叶而芳传。

十一年，令与诸功臣世袭刺史。诏曰：

周武定业，胙茅土于子弟；汉高受命，暂带砺于功臣。岂止重亲赏之地，崇其典礼，抑亦固磐石之基，寄以藩翰。魏、晋已降，事不师古，建侯之制，有名无实。非所谓作屏王室，永固无穷者也。隋氏之季，四海沸腾，朕运属殷忧，戡剪多难。上凭明灵之祐，下赖英贤之辅，廓清宇县，嗣膺宝历，岂于一人，独能致此！时迩共资其力，世安专享其利，乃眷于斯，甚所不取。但今刺史，即古之诸侯，虽立名不同，监

统一也。故申命有司，斟酌前代，宣条委共理之寄，象贤存世及之典。司空、齐国公无忌等，并策名运始，功参缔构，义贯休戚，效彰夷险，嘉庸懿绩，简于朕心，宜委以藩镇，改锡土宇。无忌可赵州刺史，改封赵国公；尚书左仆射、魏国公玄龄可宋州刺史，改封梁国公；故司空、蔡国公杜如晦可赠密州刺史，改封莱国公；特进、代国公靖可濮州刺史，改封卫国公；特进、吏部尚书、许国公士廉可申州刺史，改封申国公；兵部尚书、潞国公侯君集可陈州刺史，改封陈国公；刑部尚书、任城郡王道宗可鄂州刺史，改封江夏郡王；晋州刺史、赵郡王孝恭可观州刺史，改封河间郡王；同州刺史、吴国公尉迟敬德可宣州刺史，改封鄂国公；并州都督府长史、曹国公李勣可蕲州刺史，改封英国公；左骁卫大将军、楚国公段志玄可金州刺史，改封褒国公；左领军大将军、宿国公程知节可普州刺史，改封卢国公；太仆卿、任国公刘弘基可朗州刺史，改封夔国公；相州都督府长史、郧国公张亮可澧州刺史，改封郧国公。余官食邑并如故，即令子孙奕叶承袭。

无忌等上言曰：“臣等披荆棘以事陛下，今海内宁一，不愿违离，而乃世牧外州，与迁徙何异。”乃与房玄龄上表曰：

臣等闻质文迭变，皇王之迹有殊；今古相沿，致理之方万革。缅惟三代，习俗靡常，爰制五等，随时作教。盖由力不能制，因而利之，礼乐节文，多非己出。逮于两汉，用矫前违，置守颁条，蠲除襄弊。为无益之文，覃及万方；建不易之理，有逾千载。今曲为臣等，复此奄荒，欲其优隆，锡之茅社，施于子孙，永贻长世。斯乃大钧播物，毫发并施其生；小人逾分，后世必婴其祸。何者？违时易务，曲树私恩，谋及庶僚，义非金允。方招史册之诮，有紊圣代之纲。此其不可一也。又臣等智效матично施，器识庸陋。或情缘右戚，遂陟台阶；或顾想披荆，便蒙夜拜。直当今日，犹愧非才，重裂山河，愈彰滥赏。此其不可二也。又且孩童嗣职，乳乖师俭之方，任以寨帷，宁无伤锦之弊？上干天宪，彝典既有常科，下扰生民，必致余殃于后，一挂刑网，自取诛夷。陛下深仁，务延其世，翻令剿绝，诚有可哀。此其不可三也。当今圣历钦明，求贤分政，古称良守，寄在共理。此道之行，为日滋久，因缘臣等，或有改张。封植儿曹，失于求瘼，百姓不幸，将焉用之？此其不可四也。在兹一举，为损实多，晓夕深思，忧贯心髓。所以披丹上诉，指事明心，不敢浮辞，同于矫饰。伏愿天泽，谅其愚款，特停涣汗之旨，赐其性命之恩。

太宗览表谓曰：“割地以封功臣，古今通义，意欲公之后嗣，翼朕子孙，长为藩翰，传之永久。而公等薄山河之誓，发言怨望，朕亦安可强公以土宇耶？”于是遂止。十二年，太宗幸其第，凡是亲族，班赐有差。十六年，册拜司徒。十七年，令图画无忌等二十四人于凌烟阁，诏曰：

自古皇王，褒崇勋德，既勒铭于钟鼎，又图形于丹青。是以甘露良佐，麟阁著其美；建武功臣，云台纪其迹。司徒、赵国公无忌，故司空、扬州都督、河间元王孝恭，故司空、莱国成公如晦，故司空、相州都督、太子太师、郑国文贞公徵，司空、梁国公玄龄，开府仪同三司、尚书右仆射、申国公士廉，开府仪同三司、鄂国公敬德，特进、卫国公靖，特进、宋国公瑀，故辅国大将军、扬州都督、褒忠壮公志玄，辅国大将军、夔国公弘基，故尚书左仆射、蒋忠公通，故陕东道行台右仆射、郧节公开山，故荆州都督、谯襄公柴绍，故荆州都督、邳襄公顺德，洛州都督、郧国公张亮，光禄大夫、吏部尚书、陈国公侯君集，故左骁卫大将军、郯襄公张公谨，左领军大将军、卢国公程知节，故礼部尚书、永兴文懿公虞世南，故户部尚书、渝襄公刘政会，光禄大夫、户部尚书、莒国公唐俭，光禄大夫、兵部尚书、英国公勣，故徐州都督、胡壮公秦叔宝等，或材推栋梁，谋猷经远，绸缪帷帐，经纶霸图；或学综经籍，德范光茂，隐犯同致，忠说日闻；或竭力义旗，委质藩邸，一心表节，百战标奇；或受脤庙堂，辟土方面，重氛载廓，王略遐宣。并契阔屯夷，勤劳师旅。赞景业于草昧，翼淳化于隆平。茂绩殊勋，冠冕列辟；昌言直道，牢笼搢绅。宜酌故实，弘兹令典，可并图画于凌烟阁。庶念功之怀，无谢于前载；旌贤之义，永贻于后昆。

其年，太子承乾得罪，太宗欲立晋王，而限以非次，回惑不决。御两仪殿，群官尽出，独留无忌及司空房玄龄、兵部尚书李勣，谓曰：“我三子一弟，所为如此，我心无憀。”因自投于床，抽佩刀欲自刺。无忌等惊惧，争前扶抱，取佩刀以授晋王。无忌等请太宗所欲，报曰：“我欲立晋王。”无忌曰：“谨奉诏。有异议者，臣请斩之。”太宗谓晋王曰：“汝舅许汝，宜拜谢。”晋王因下拜。太宗谓无忌等曰：“公等既符我意，未知物论何如？”无忌曰：“晋王仁孝，天下属心久矣。伏乞召问百僚，必无异辞。若不踊舞同音，臣负陛下万死。”于是建立遂定，因加授无忌太子太师。寻而太宗又欲立吴王恪，无忌密争之，其事遂辍。太宗尝谓无忌等曰：“朕闻主贤则臣直，人苦不自知，公宜面论，攻朕得失。”无忌奏言：“陛下武功文德，跨绝古今，发号施令，事皆利物。《孝经》云：‘将顺其美。’臣顺之不暇，实不见陛下有所愆失。”太宗曰：“朕冀闻己过，公乃妄相谀悦。朕今面谈公等得失，以为鉴诫。言之者可以无过，闻之者可以自改。”因目无忌曰：“善避嫌疑，应对敏速，求之古人，亦当无比；而总兵攻战，非所长也。高士廉涉猎古今，心术聪悟，临难既不改节，为官亦无朋党；所少者骨鲠规谏耳。唐俭言辞便利，善和解人，酒杯流行，发言启齿；事朕三十载，遂无一言论国家得失。杨师道性行纯善，自无愆过；而情实怯懦，未甚任事，缓急不可得力。岑文本性道敦厚，文章是其所长，而持论常据经远，自当不负于物。刘洎性最坚贞，言多利益；然其意上然诺于朋友，能自补阙，亦何以尚。马周见事敏速，性甚贞正，至于论量人物，直道而行，朕比任使，多所称意。褚遂良学问稍长，性亦坚正，既写忠诚，甚亲附于朕，譬如飞鸟依人,自加怜爱。"十九年,太宗征高丽,令无忌摄侍中。还,无忌固辞师傅之位,优诏听罢太子太师。二十一年,遥领扬州都督。二十三年,太宗疾笃,引无忌及中书令褚遂良二人受遗辅政。太宗谓遂良曰:"无忌尽忠于我,我有天下,多是此人力。尔辅政后,勿令谗毁之徒损害无忌。若如此者,尔则非复人臣。"

高宗即位,进拜太尉,兼扬州都督,知尚书及门下二省事并如故。无忌固辞知尚书省事,许之,仍令以太尉同中书门下三品。永徽二年,监修国史。高宗尝谓公卿:"朕开献书之路,冀有意见可录,将擢用之。比者上疏虽多,而遂无可采者。"无忌对曰:"陛下即位,政化流行,条式律令,固无遗阙。言事者率其鄙见,妄希侥幸,至于祥俗益教,理当无足可取。然须开此路,犹冀时有谠言,如或杜绝,便恐下情不达。"帝曰:"又闻所在官司,犹自多有颜面。"无忌曰:"颜面阿私,自古不免。然圣化所渐,人皆向公,至于肆情曲法,实谓必无此事。小小收取人情,恐陛下尚亦不免,况臣下私其亲戚,岂敢顿言绝无?"时无忌位当元舅,数进谋议,高宗无不优纳之。明年,以旱上疏辞职,高宗频降手诏敦喻不许。五年,亲幸无忌第,见其三子,并擢授朝散大夫。又命图无忌形像,亲为画赞以赐之。六年,帝将立昭仪武氏为皇后,无忌屡言不可,帝乃密遣使赐无忌金银宝器各一车、绫锦十车,以悦其意。昭仪母杨氏复自诣无忌宅,屡加祈请。时礼部尚书许敬宗又屡申劝请,无忌尝厉色折之。帝后又召无忌、左仆射于志宁、右仆射褚遂良,谓曰:"武昭仪有令德,朕欲立为皇后,卿等以为如何?"无忌曰:"自贞观二十三年后,先朝付托遂良,望陛下问其可否。"帝竟不从无忌等言而立昭仪为皇后。皇后以无忌先受重赏而不助己,心甚衔之。显庆元年,无忌与史官国子祭酒令狐德棻缀集武德、贞观二朝史为八十卷,表上之,无忌以监领功,赐物二千段,封其子润为金城县子。四年,中书令许敬宗遣人上封事,称监察御史李巢与无忌交通谋反,帝令敬宗与侍中辛茂将鞠之。敬宗奏言无忌谋反有端,帝曰:"我家不幸,亲戚中频有恶事。高阳公主与朕同气,往年遂与房遗爱谋反,今阿舅复作恶心。近亲如此,使我惭见万姓。"敬宗曰:"房遗爱乳臭儿,与女子谋反,岂得成事?且无忌与先朝谋取天下,众人服其智,作宰相三十年,百姓畏其威,可谓威能服物,智能动众。臣恐无忌知事露,即为急计,攘袂一呼,啸命同恶,必为宗庙深忧。诚愿陛下断之,不日即收捕,准法破家。"帝泣曰:"我决不忍处分与罪,后代良史道我不能和其亲戚,使至于此。"敬宗曰:"汉文帝汉室明主,薄昭即是帝舅,从代来日,亦有大勋,与无忌不别。于后惟坐杀人,文帝惜国之法,令朝臣丧服就宅,哭而杀之,良史不以为失。今无忌忘先朝之大德,舍陛下之至亲,听受邪谋,遂怀悖逆,意在涂炭生灵。若比薄昭罪恶,未可同年而语,案诸刑典,合诛五族。臣闻当断不断,反受其乱,大机之事,间不容发,若少迟延,恐即生变,惟请早决!"帝竟不亲问无忌谋反所由,惟听敬宗诬构之说,遂去其官爵,流黔州,仍遣使发次州府兵援送至流所。其子秘书监、驸马都尉冲等并除名,流于岭外。敬

宗寻与吏部尚书李义府遣大理正袁公瑜就黔州重鞠无忌反状,公瑜逼令自缢而死,籍没其家。无忌既有大功,而死非其罪,天下至今哀之。上元元年,优诏追复无忌官爵,特令无忌孙延主齐献公之祀。无忌从父兄安世,仕王世充,署为内史令,东都平,死于狱中。安世子祥,以文德皇后近属,累除刑部尚书,坐与无忌通书见杀。

史臣曰:士廉才望素高,操秉无玷,保君臣终始之义,为子孙袭继之谋。社稷之臣,功亦隆矣;奖遇之恩,赏亦厚矣。及子真行,手刃其子,何凶忍也?若是积庆之道,不其惑哉!无忌戚里右族,英冠人杰,定立储闱,力安社稷,勋庸茂著,终始不渝。及黜废中宫,竟不阿旨,报先帝之顾托,为敬宗之诬构。嗟乎!忠信获罪,今古不免;无名受戮,族灭何辜!主暗臣奸,足贻后代。

赞曰:严严申公,功名始终。文皇题品,信谓酌中。赵公右戚,两朝宣力。功成不去,竟逢鬼域。

卷六十六　　　　列传第十六

房玄龄 子遗直　遗爱　杜如晦 弟楚客　叔淹

房乔,字玄龄,齐州临淄人。曾祖翼,后魏镇远将军、宋安郡守,袭壮武伯。祖熊,字子绎,褐州主簿。父彦谦,好学,通涉《五经》,隋泾阳令,《隋书》有传。玄龄幼聪敏,博览经史,工草隶,善属文。尝从其父至京师,时天下宁晏,论者咸以国祚方永,玄龄乃避左右告父曰:"隋帝本无功德,但诳惑黔黎,不为后嗣长计,混诸嫡庶,使相倾夺,诸后藩枝,竞崇淫侈,终当内相诛夷,不足保全家国。今虽清平,其亡可翘足而待。"彦谦惊而异之。年十八,本州举进士,授羽骑尉。吏部侍郎高孝基素称知人,见之深相嗟挹,谓裴矩曰:"仆阅人多矣,未见如此郎者。必成伟器,但恨不睹其耸壑凌霄耳。"父病绵历十旬,玄龄尽心药膳,未尝解衣交睫。父终,酌饮不入口者五日。后补隰城尉。会义旗入关,太宗徇地渭北,玄龄杖策谒于军门,温彦博又荐焉。太宗一见,便如旧识,署渭北道行军记室参军。玄龄既遇知己,罄竭心力,知无不为。贼寇每平,众人竞求珍玩,玄龄独先收人物,致之幕府。及有谋臣猛将,皆与之潜相申结,各尽其死力。

既而隐太子见太宗勋德尤盛,转生猜间。太宗尝至太子所,食,中毒而归,府中震骇,计无所出。玄龄因谓长孙无忌曰:"今嫌隙已成,祸机将发,天下恟恟,人怀异志。变端一作,大乱必兴,非直祸及府朝,正恐倾危社稷。此之际会,安可不深思也!仆有愚计,莫若遵周公之事,外宁区夏,内安宗社,申孝养之礼。古人有云,'为国者不顾小节',此之谓欤!孰若家国沦亡,身名俱灭乎?"无忌曰:"久怀此谋,未敢披露,公今所说,深会宿心。"

无忌乃入白之。太宗召玄龄谓曰："阽危之兆，其迹已见，将若之何？"对曰："国家患难，今古何殊。自非睿圣钦明，不能安辑。大王功盖天地，事钟压纽，神赞所在，匪藉人谋。"因与府属杜如晦同心戮力。仍随府迁授秦王府记室，封临淄侯；又以本职兼陕东道大行台考功郎中，加文学馆学士。玄龄在秦府十余年，常典管记，每军书表奏，驻马立成，文约理赡，初无稿草。高祖尝谓侍臣曰："此人深识机宜，足堪委任。每为我儿陈事，必会人心，千里之外，犹对面语耳。"隐太子以玄龄、如晦为太宗所亲礼，甚恶之，潜之于高祖，由是与如晦并被驱斥。隐太子将有变也，太宗令长孙无忌召玄龄及如晦，令衣道士服，潜引入阁计事。及太宗入春宫，擢拜太子右庶子，赐绢五千匹。贞观元年，代萧瑀为中书令。论功行赏，以玄龄及长孙无忌、杜如晦、尉迟敬德、侯君集五人为第一，进爵邢国公，赐实封千三百户。太宗因谓诸功臣曰："朕叙公等勋效，量定封邑，恐不能尽当，各许自言。"皇从父淮安王神通进曰："义旗初起，臣率兵先至。今房玄龄、杜如晦等刀笔之吏，功居第一，臣窃不服。"上曰："义旗初起，人皆有心。叔父虽率得兵来，未尝身履行阵。山东未定，受委专征，建德南侵，全军陷没。及刘黑闼翻动，叔父望风而破。今计勋行赏，玄龄等有筹谋帷幄、定社稷之功，所以汉之萧何，虽无汗马，指踪推毂，故得功居第一。叔父于国至亲，诚无所爱，必不可缘私，滥与功臣同赏耳。"初，将军丘师利等咸自矜其功，或攘袂指天，以手画地，及见神通理屈，自相谓曰："陛下以至公行赏，不私其亲，吾属何可妄诉？"三年，拜太子少师，固让不受，摄太子詹事，兼礼部尚书。明年，代长孙无忌为尚书左仆射，改封魏国公，监修国史。既任总百司，虔恭夙夜，尽心竭节，不欲一物失所。闻人有善，若己有之。明达吏事，饰以文学，审定法令，意在宽平。不以求备取人，不以己长格物，随能收叙，无隔卑贱。论者称为良相焉。或时以事被谴，则累日朝堂，稽颡请罪，悚惧踧踖，若无所容。九年，护高祖山陵制度，以功加开府仪同三司。十一年，与司空长孙无忌等十四人并代袭刺史，以本官为宋州刺史，改封梁国公，事竟不行。十三年，加太子少师，玄龄频表请解仆射，诏报曰："夫选贤之义，无私为本；奉上之道，当仁是贵。列代所以弘风，通贤所以协德。公忠肃恭懿，明允笃诚；草昧霸图，绸缪帝道。仪刑黄阁，庶政惟和；辅翼春宫，望实斯著。而忘彼大体，徇兹小节，虽恭教谕之职，乃辞机衡之务，岂所谓弼予一人，共安四海者也？"玄龄遂以本官就职。时皇太子将行拜礼，备仪以待之，玄龄深自卑损，不敢修谒，遂归于家。有识者莫不重其崇让。玄龄自以居端揆十五年，女为韩王妃，男遗爱尚高阳公主，实显贵之极，频表辞位，优诏不许。十六年，又与士廉等同撰《文思博要》成，锡赉甚优。进拜司空，仍综朝政，依旧监修国史。玄龄抗表陈让，太宗遣使谓之曰："昔留侯让位，窦融辞荣，自惧盈满，知进能退，善鉴止足，前代美之。公亦欲齐踪往哲，实可嘉尚。然国家久相任使，一朝忽无良相，如失两手。公若筋力不衰，无烦此让。"玄龄遂止。十七年，与司徒长孙无忌等图形于凌烟阁，赞曰："才兼藻翰，思入机神。当官励节，奉上忘身。"高宗居春宫，加玄龄太子太傅，仍知门下省事，监修国史如故。寻以撰《高祖、太宗实录》成，降玺书褒美，赐物一千五百段。其年，玄龄丁继母忧去职，特敕赐以昭陵葬地。未几，起复本官。太宗亲征辽东，命玄龄京城留守，手诏曰："公当萧何之任，朕无西顾之忧矣。"军戎器械，战士粮廪，并委令处分发遣。玄龄屡上言敌不可轻，尤宜诚慎。寻与中书侍郎褚遂良受诏重撰《晋书》，于是奏取太子左庶子许敬宗、中书舍人来济、著作郎陆元仕、刘子翼、前雍州刺史令狐德棻、太子舍人李义府、薛元超、起居郎上官仪等八人，分功撰录，以臧荣绪《晋书》为主，参考诸家，甚为详洽。然史官多是文咏之士，好采诡谬碎事，以广异闻；又所评论，竟为绮艳，不求笃实，由是颇为学者所讥。唯李淳风深明星历，善于著述，所修《天文》、《律历》、《五行》三志，最可观采。太宗自著宣、武二帝及陆机、王羲之四论，于是总题云御撰。至二十年，书成，凡一百三十卷，诏藏于秘府，颁赐加级各有差。

玄龄尝因微谴归第，黄门侍郎褚遂良上疏曰："君为元首，臣号股肱，龙跃云兴，不啸而集，苟有时来，千年朝暮。陛下昔在布衣，心怀拯溺，手提轻剑，仗义而起。平诸寇乱，皆自神功，文经之助，颇由辅翼。为臣之勤，玄龄为最。昔吕望之扶周武，伊尹之佐成汤，萧何关中，王导江外，方之于斯，可以为匹。且武德初策名伏事，忠勤恭孝，众所同归。而前宫、海陵，凭凶恃凶，千时豪主，人不自安。居累卵之危，有倒悬之急，命视一刻，身縻寸景，玄龄之心，终始无变。及九年之际，机临事迫，身被斥逐，阙于谟谋，犹服道士之衣，与文德皇后同心影助，其于臣节，自无所负。及贞观之始，万物惟新，甄吏事君，物论推与，而勋庸无比，委质惟旧。自非罪状无赦，搢绅同尤，不可以一犯一愆，轻示遐弃。陛下必矜玄龄齿发，薄其所为，古者有讽谕大臣遣其致仕，自可在后，式遵前事，退之以礼，不失善声。今数十年勋旧，以一事而斥逐，在外云云，以为非是。夫天子重大臣，则人尽其力；轻去就，则物不自安。臣以庸薄，忝预左右，敢冒天威，以申管见。"二十一年，太宗幸翠微宫，授司农卿李纬为民部尚书。玄龄时在京城留守，会有自京师来者，太宗问曰："玄龄闻李纬拜尚书如何？"对曰："玄龄但云李纬好髭须，更无他语。"太宗遽改授纬洺州刺史，其为当时准的如此。

二十二年，驾幸玉华宫，时玄龄旧疾发，诏令卧总留台。及渐笃，追赴京所，乘担舆入殿，将至御座乃下。太宗对之流涕，玄龄亦能咽不能自胜。敕遣名医救疗，尚食每日供御膳。若微得减损，太宗即喜见颜色；如闻增剧，便为改容凄怆。玄龄因谓诸子曰："吾自度危笃，而恩泽转深，若孤负圣君，则死有余责。当今天下清谧，咸得其宜，唯东讨高丽不止，方为国患。主上含怒意决，臣下莫敢犯颜；吾知而不言，则衔恨入地。"遂抗表谏曰：

臣闻兵恶不戢，武贵止戈。当今圣化所覃，无远不届，洎上古所不臣者，陛下皆能臣之，所不制者，皆能制之。详观今古，为中国患害者，无如突厥。遂能坐运神策，不下殿堂，大小可汗，相次束手，分典禁卫，执戟行间。其后延陀鸱张，寻就夷灭；铁勒慕义，请置州县，沙漠以北，万里无尘。至如高昌叛涣于流沙，吐浑首鼠于积石，偏师薄伐，俱从平荡。高丽历代逋诛，莫能讨击。陛下责其逆乱，弑主虐人，亲总六军，问罪辽、碣。未经旬月，即拔辽东，前后虏获，数十万计，分配诸州，无处不满。雪往代之宿耻，掩崤陵之枯骨，比功较德，万倍前王。此圣心之所自知，微臣安敢备说。且陛下仁风被于率土，孝德彰于配天。睹夷狄之将亡，则期期数岁；授将帅之节度，则决机万里。屈指而候驿，视景而望书，符应若神，算无遗策。擢将于行伍之中，取士于凡庸之末。远夷单使，一见不忘；小臣之名，未尝再问。箭穿七札，弓贯六钧。加以留情坟典，属意篇什，笔迈钟、张，辞穷班、马。文锋既振，则管磬自谐；轻翰暂飞，则花萼竞发。抚万姓以慈，遇群臣以礼。褒秋毫之善，解吞舟之网。逆耳之谏必听，胀受之诉斯绝。好生之德，焚障塞于江湖；恶杀之仁，息鼓刀于屠肆。凫鹤荷稻粱之惠，犬马蒙帷盖之恩。降乘吮思摩之疮，登堂临魏徵之柩。哭战亡之卒，则哀动六军；负填道之薪，则精感天地。重黔黎之大命，特尽心于庶狱。臣心识昏愦，岂足论圣功之深远，谈天德之高大哉！陛下兼众美而有之，靡不备具，微臣深为陛下惜之，爱之宝之。《周易》曰："知进而不知退，知存而不知亡，知得而不知丧。"又曰："知进退存亡，不失其正者，惟圣人乎！"由此言之，进有退之义，存有亡之机，得有丧之理，老臣所以为陛下惜之者，盖此谓也。老子曰："知足不辱，知止不殆。"谓陛下威名功德，亦可足矣；拓地开疆，亦可止矣。彼高丽者，边夷贱类，不足待以仁义，不可责以常礼。古来以鱼鳖畜之，宜从阔略。若必欲绝其种类，恐兽穷则搏。且陛下每决一死囚，必令三覆五奏，进素食、停音乐者，盖以人命所重，感动圣慈也。况今兵士之徒，无一罪戾，无故驱之于行阵之间，委之于锋刃之下，使肝脑涂地，魂魄无归，令其老父孤儿、寡妻慈母，望辁车而掩泣，抱枯骨以摧心，足以变动阴阳，感伤和气，实天下冤痛也。且兵者凶器，战者危事，不得已而用之。向使高丽违失臣节，陛下诛之可也；侵扰百姓，而陛下灭之可也；久长能为中国患，而陛下除之可也。有一于此，虽日杀万夫，不足为愧。今无此三条，坐烦中国，内为旧王雪耻，外为新罗报仇，岂非所存者小，所损者大？愿陛下遵皇祖老子止足之诫，以保万代巍巍之名。发霈然之恩，降宽大之诏，顺阳春以布泽，许高丽以自新。焚凌波之船，罢应募之众，自然华夷庆赖，远肃迩安。臣老病三公，且夕入地，所恨竟无尘露，微增海岳。谨罄残魂余息，预代结草之诚。倘蒙录此哀鸣，即臣死且不朽。"

太宗见表，谓玄龄子妇高阳公主曰："此人危惙如此，尚能忧我国家。"后疾增剧，遂凿苑墙开门，累遣中使候问。上又亲临，握手叙别，悲不自胜。皇太子亦就之与之诀。即日授其子遗爱右卫中郎将，遗则中散大夫，使及目前

见其通显。寻薨，年七十。废朝三日，册赠太尉、并州都督，谥曰文昭，给东园秘器，陪葬昭陵。玄龄尝诫诸子以骄奢沉溺，必不可以地望凌人，故集古今圣贤家诫，书于屏风，令各取一具，谓曰："若能留意，足以保身成名。"又云："袁家累叶忠节，是吾所尚，汝宜师之。"高宗嗣位，诏配享太宗庙庭。

子遗直嗣，永徽初为礼部尚书、汴州刺史。次子遗爱，尚太宗女高阳公主，拜驸马都尉，官至太府卿、散骑常侍。初，主有宠于太宗，故遗爱特承恩遇，与诸主婿礼秩绝异。主既骄恣，谋黜遗直而夺其封爵，永徽中诬告遗直无礼于己。高宗令长孙无忌鞫其事，因得公主与遗爱谋反之状。遗爱伏诛，公主赐自尽，诸子配流岭表。遗直以父功特宥之，除名为庶人。停玄龄配享。

杜如晦，字克明，京兆杜陵人也。曾祖皎，周赠开府仪同、大将军、遂州刺史。祖徽，周河内太守。从祖果，周温州刺史，入隋，工部尚书、义兴公，《周书》有传。父吒，隋昌州长史。如晦少聪悟，好谈文史。隋大业中以常调预选，吏部侍郎高孝基深所器重，顾谓之曰："公有应变之才，当为栋梁之用，愿保崇令德。今欲俯就卑职，为须少禄俸耳。"遂补滏阳尉，寻弃官而归。太宗平京城，引为秦王府兵曹参军，俄迁陕州总管府长史。时府中多英俊，被外迁者众，太宗患之。记室房玄龄曰："府僚去者虽多，盖不足惜。杜如晦聪明识达，王佐才也。若大王守藩端拱，无所用之；必欲经营四方，非此人莫可。"太宗大惊曰："尔不言，几失此人矣！"遂奏为府属。后从征薛仁杲、刘武周、王世充、窦建德，尝参谋帷幄。时军国多事，剖断如流，深为时辈所服。累迁陕东道大行台司勋郎中，封建平县男，食邑三百户。寻以本官兼文学馆学士。天策府建，以为从事中郎，画象于丹青者十有八人，而如晦为冠首，令文学褚亮为之赞曰："建平文雅，休有烈光。怀忠履义，身立名扬。"其见重如此。隐太子深忌之，谓齐王元吉曰："秦王府中所可惮者，唯杜如晦与房玄龄耳。"因谮之于高祖，乃与玄龄同被斥逐。后又潜入画策，及事捷，与房玄龄功等，擢拜太子左庶子，俄迁兵部尚书，进封蔡国公，赐实封千三百户。贞观二年，以本官检校侍中，摄吏部尚书，仍总监东宫兵马事，号为称职。三年，代长孙无忌为尚书右仆射，仍知选事，与房玄龄共掌朝政。至于台阁规模及典章文物，皆二人所定，甚获当代之誉，谈良相者，至今称房、杜焉。如晦以高孝基有知人之鉴，为其树神道碑以纪其德。其年冬，遇疾，表请解职，许之，禄赐特依旧。太宗深忧其疾，频遣使存问，名医上药，相望于道。四年，疾笃，令皇太子就第临问，上亲幸其宅，抚之流涕，赐物千段；及其未终见子拜官，遂超迁其子左千牛构为尚舍奉御。寻薨，年四十六。太宗哭之甚恸，废朝三日，赠司空，徙封莱国公，谥曰成。太宗手诏著作郎虞世南曰："朕与如晦，君臣义重。不幸奄从物化，追念勋旧，痛悼于怀。卿体吾此意，为制碑文也。"太宗后因食瓜而美，怆然悼之，遂辍食之半，遣使奠于灵座。又尝赐房玄龄黄银带，顾谓玄龄曰："昔如晦与公同心辅

朕，今日所赐，唯独见公。"因泫然流涕。又曰："朕闻黄银多为鬼神所畏。"命取黄金带遗玄龄亲送于灵所。其后太宗忽梦见如晦若平生，及晓，以告玄龄，言之歔欷，令送御馔以祭焉。明年如晦亡日，太宗复遣尚宫至第慰问其妻子，其国官府佐并不之罢。终始恩遇，未之有焉。子构袭爵，官至慈州刺史，坐нос荷谋逆，徙于岭表而卒。初，荷以功臣子尚城阳公主，赐爵襄阳郡公，授尚乘奉御。贞观中，与太子承乾谋反，坐斩。

如晦弟楚客，少随叔父淹没于王世充。淹素与如晦兄弟不睦，谮如晦兄于王行满，王世充杀之，并囚楚客，几至饿死，楚客竟无怨色。洛阳平，淹当死，楚客泣涕请如晦救之。如晦初不从，楚客曰："叔已杀大兄，今兄又结恨弃叔，一门之内，相杀而尽，岂不痛哉！"因欲自刎。如晦感其言，请于太宗，淹遂蒙恩宥。楚客因隐于嵩山。贞观四年，召拜给事中，上谓曰："闻卿山居日久，志意甚高，自非宰相之任，则不能出，何有是理耶？夫涉远者必自迩，升高者必自下，但在官为众所许，无虑官之不大。尔兄虽与我体异，其心犹一，于我国家非无大功。为忆尔兄，意欲见尔。宜识朕意，继尔兄之忠义也。"拜楚客蒲州刺史，甚有能名。后历魏王府长史，拜工部尚书，摄魏王泰府事。楚客知太宗不悦承乾，魏王泰又潜令楚客友朝臣用事者，至有怀金以赂之，因说泰聪明，可为嫡嗣。人或以闻，太宗隐而不言。及衅发，太宗始扬其事，以其兄有佐命功，免死，废于家。寻授虔化令，卒。

如晦叔父淹。淹，字执礼。祖业，周豫州刺史。父征，河内太守。淹聪辩多才艺，弱冠有美名，与同郡韦福嗣为莫逆之交，相与谋曰："上好用嘉遁，苏威以幽人见征，擢居美职。"遂共入太白山，扬言隐逸，实欲邀求时誉。隋文帝闻而恶之，谪戍江表。后还乡里，雍州司马高孝基上表荐之，授承奉郎。大业末，官至御史中丞。王世充僭号，署为吏部，大见亲用。及洛阳平，初不得调，淹将委质于隐太子。时封德彝典选，以告房玄龄，恐隐太子得之，长其奸计，于是遽启太宗，引为天策府兵曹参军、文学馆学士。武德八年，庆州总管杨文干作乱，辞连东宫，归罪于淹及王珪、韦挺等，并流于越嶲。太宗知淹非罪，赠以黄金三百两。及即位，征拜御史大夫，封安吉郡公，赐实封四百户。以淹多识典故，特诏东宫仪式簿领，并取淹节度。寻判吏部尚书，参议朝政。前后表荐四十余人，后多知名者。淹尝荐刑部员外郎邸怀道，太宗因问淹："怀道才行何如？"淹对曰："怀道在隋日作吏部主事，甚有清慎之名。又炀帝向江都之日，召百官问去住之计。时行计已决，公卿皆阿旨请去，怀道官位极卑，独言不可。臣目见此事。"太宗曰："卿尔日从何计？"对曰："臣从行计。"太宗曰："事君之义，有犯无隐。卿称怀道为是，何因自不正谏？"对曰："臣尔日不居重任，又知谏必不从，徒死无益。"太宗曰："孔子称从父之命，未为孝子。故父有争子，国有争臣。若以主之无道，何为仍仕其世？既食其禄，岂得不匡其非？"因谓群臣曰："公等各言谏事如何？"王珪："昔比干谏纣而死，孔子称其仁；泄冶谏而被戮，孔子曰：'民之多辟，无自立辟。'是则禄重责深，理须极谏；官卑

望下，许其从容。"太宗又召淹笑谓曰："卿在隋日，可以位下不言；近仕世充，何不极谏？"对曰："亦有谏，但不见从。"太宗曰："世充若修德从善，当不灭亡；既无道拒谏，卿何免祸？"淹无以对。太宗又曰："卿在今日，可为备任，复欲极谏否？"对曰："臣在今日，必尽死无隐。且百里奚在虞虞亡，在秦秦霸，臣窃比之。"太宗笑。时淹兼二职，而无清洁之誉，又素与无忌不协，为时论所讥。及有疾，太宗亲自临问，赐帛三百匹。贞观二年卒，赠尚书右仆射，谥曰襄。子敬同袭爵，官至鸿胪少卿。敬同子从则，中宗时为蒲州刺史。

史臣曰：房、杜二公，皆以命世之才，遭逢明主，谋猷允协，以致升平。议者以比汉之萧、曹，信矣！然莱成之见用，文昭之所举也。世传太宗尝与文昭图事，则曰"非如晦莫能筹之"。及如晦至焉，竟从玄龄之策也。盖房知杜之能断大事，杜知房之善建嘉谋，犄诺草创，东里润色，相须而成，俾无悔事，贤达用心，良有以也。若以往哲方之，房则管仲、子产，杜则鲍叔、罕虎矣。

赞曰：肇启圣君，必生贤辅。犄欤二公，实开运祚。文含经纬，谋深夹辅。笙磬同音，唯房与杜。

卷六十七　　　　列传第十七

李靖 客师 令问 彦芳　李勣 孙敬业

李靖，本名药师，雍州三原人也。祖崇义，后魏殷州刺史、永康公。父诠，隋赵郡守。靖姿貌瑰伟，少有文武材略，每谓所亲曰："大丈夫若遇主逢时，必当立功立事，以取富贵。"其舅韩擒虎，号为名将，每与论兵，未尝不称善，抚之曰："可与论孙、吴之术者，惟斯人矣。"初仕隋为长安县功曹，后历驾部员外郎。左仆射杨素、吏部尚书牛弘皆善之。素尝拊其床谓靖曰："卿终当坐此。"大业末，累除马邑郡丞。会高祖击突厥于塞外，靖察高祖，知有四方之志，因自锁上变，将诣江都，至长安，道塞不通而止。高祖克京城，执靖将斩之，靖大呼曰："公起义兵，本为天下除暴乱，不欲就大事，而以私怨斩壮士乎！"高祖壮其言，太宗又固请，遂舍之。太宗寻召入幕府。武德二年，从讨王世充，以功授开府。时萧铣据荆州，遣靖安辑之。轻骑至金州，遇蛮贼数万，屯聚山谷。庐江王瑗讨之，数为所败。靖与瑗设谋击之，多所克获。既至硖州，阻萧铣，久不得进。高祖怒其迟留，阴敕硖州都督许绍斩之。绍惜其才，为之请命，于是获免。会开州蛮首冉肇则反，率众寇夔州，赵郡王孝恭与战，不利。靖率兵八百，袭破其营，后又要险设伏，临阵斩肇则，俘获五千余人。高祖甚悦，谓公卿曰："朕闻使功不如使过，李靖果展其效。"因降玺书劳曰："卿竭诚尽力，功效特彰。远览至诚，极以嘉赏，勿忧富贵也。"又手敕靖曰："既往不咎，旧事

吾久忘之矣。"四年，靖又陈十策以图萧铣。高祖从之，授靖行军总管，兼摄孝恭行军长史。高祖以孝恭未更戎旅，三军之任，一以委靖。其年八月，集兵于夔州。铣以时属秋潦，江水泛涨，三峡路险，必谓靖不能进，遂休兵不设备。九月，靖乃率师而进，将下峡，诸将皆请停兵以待水退，靖曰："兵贵神速，机不可失。今兵始集，铣尚未知，若乘水涨之势，倏忽至城下，所谓疾雷不及掩耳，此兵家上策。纵彼知我，仓卒征兵，无以应敌，此必成擒也。"孝恭从之，进兵至夷陵。铣将文士弘率精兵数万屯清江，孝恭欲击之，靖曰："士弘，铣之健将，士卒骁勇，今新失荆门，尽兵出战，此是救败之师，恐不可当也。宜自泊南岸，勿与争锋，待其气衰，然后奋击，破之必矣。"孝恭不从，留靖守营，率师与贼合战。孝恭果败，奔于南岸。贼委舟大掠，人皆负重。靖见其军乱，纵兵击破之，获其舟舰四百余艘，斩首及溺死将万人。孝恭遣靖率轻兵五千为先锋，至江陵，屯营于城下。士弘既败，铣甚惧，始征兵于江南，果不能至。孝恭以大军继进，靖又破其骁将杨君茂、郑文秀，俘甲卒四千余人，更勒兵围铣城。明日，铣遣使请降，靖即入据其城，号令严肃，军无私焉。时诸将咸请孝恭云："铣之将帅与官军拒战死者，罪状既重，请籍没其家，以赏将士。"靖曰："王者之师，义存吊伐。百姓既受驱逼，拒战岂其所愿？且犬吠非其主，无容同叛逆之科，此蒯通所以免大戮于汉祖也。今新定荆、郢，宜弘宽大，以慰远方之心，降而籍之，恐非救焚拯溺之义。但恐自此已南城镇，各坚守不下，非计之善。"于是遂止。江、汉之域，闻之莫不争下。以功授上柱国，封永康县公，赐物二千五百段。诏命检校荆州刺史，承制拜授。乃度岭至桂州，遣人分道招抚，其大首领冯盎、李光度、宁真长等皆遣子弟来谒，靖承制授其官爵。凡所怀辑九十六州，户六十余万。优诏劳勉，授岭南道抚慰大使，检校桂州总管。六年，辅公祏于丹阳反，诏孝恭为元帅、靖为副以讨之，李勣、任瑰、张镇州、黄君汉等七总管并受节度。师次舒州，公祏遣将冯惠亮率舟师三万屯当涂，陈正通、徐绍宗领步骑二万屯青林山，仍于梁山连铁锁以断江路，筑却月城，延袤十余里，与惠亮为犄角之势。孝恭集诸将会议，皆云："惠亮、正通并握强兵，为不战之计，城栅既固，卒不可攻。请直指丹阳，掩其巢穴，丹阳既破，惠亮自降。"孝恭欲从其议。靖曰："公祏精锐，虽在水陆二军，然其自统之兵，亦皆劲勇。惠亮等城栅尚不可攻，公祏既保石头，岂应易拔？若我师至丹阳，留停旬月，进则公祏未平，退则惠亮为患，此便腹背受敌，恐非万全之计。惠亮、正通皆是百战余贼，必不惮于野战，止为公祏立计，令其持重，但欲不战，以老我师。今若攻其城栅，乃是出其不意，灭贼之机，唯在此举。"孝恭然之。靖乃率黄君汉等先击惠亮，苦战破之，杀伤及溺死者万余人，惠亮奔走。靖率轻兵先至丹阳，公祏大惧。先遣伪将左游仙领兵守会稽以为形援，公祏拥兵东走，以趋游仙，至吴郡，与惠亮、正通并相次擒获，江南悉平。于是置东南道行台，拜靖行台兵部尚书，赐物千段，奴婢百口，马百匹。其年，行台废，又检校扬州大都督府长史。丹阳连罹兵寇，百姓

雕弊，靖镇抚之，吴、楚以安。八年，突厥寇太原，以靖为行军总管，统江淮兵一万，与张瑾屯大谷。时诸军不利，靖众独全。寻检校安州大都督。高祖每云："李靖是萧铣、辅公祏膏肓，古之名将韩、白、卫、霍，岂能及也！"九年，突厥莫贺咄设寇边，征靖为灵州道行军总管。颉利可汗入泾阳，靖率兵倍道趋豳州，邀贼归路，既而与虏和亲而罢。

太宗嗣位，拜刑部尚书，并录前后功，赐实封四百户。贞观二年，以本官兼检校中书令。三年，转兵部尚书。突厥诸部离叛，朝廷将图进取，以靖为代州道行军总管，率骁骑三千，自马邑出其不意，直趋恶阳岭以逼之。突利可汗不虞于靖，见官军奄至，于是大惊，相谓曰："唐兵若不倾国而来，靖岂敢孤军而至？"一日数惊。靖候知之，潜令间谍离其心腹，其所亲康苏密来降。四年，靖进击定襄，破之，获隋齐王暕之子杨正道及炀帝萧后，送于京师，可汗仅以身遁。以功进封代国公，赐物六百段及名马、宝器焉。太宗尝谓曰："昔李陵提步卒五千，不免身降匈奴，尚得书名竹帛。卿以三千轻骑深入虏庭，克复定襄，威振北狄，古今所未有，足报往年渭水之役。"自破定襄后，颉利可汗大惧，退保铁山，遣使入朝谢罪，请举国内附。又以靖为定襄道行军总管，往迎颉利。颉利虽外请朝谒，而潜怀犹豫。其年二月，太宗遣鸿胪卿唐俭、将军安修仁慰谕，靖揣知其意，谓将军张公谨曰："诏使到彼，虏必自宽。遂选精骑一万，赍二十日粮，引兵自白道袭之。"公谨曰："诏许其降，行人在彼，未宜讨击。"靖曰："此兵机也，时不可失，韩信所以破齐也。如唐俭等辈，何足可惜。"督军疾进，师至阴山，遇其斥候千余帐，皆俘以随军。颉利见使者，大悦，不虞官军至也。靖军将逼其牙帐十五里，虏始觉。颉利畏威先走，部众因而溃散。靖斩万余级，俘男女十余万，杀其妻隋义成公主。颉利乘千里马将走投吐谷浑，西道行军总管张宝相擒之以献。俄而突利可汗来奔，遂复定襄、常安之地，斥土界自阴山北至于大漠。太宗初闻靖破颉利，大悦，谓侍臣曰："朕闻主忧臣辱，主辱臣死。往者国家草创，太上皇以百姓之故，称臣于突厥，朕未尝不痛心疾首，志灭匈奴，坐不安席，食不甘味。今者暂动偏师，无往不捷，单于款塞，耻其雪乎！"于是大赦天下，酺五日。御史大夫温彦博害其功，潜靖军无纲纪，致令虏中奇宝，散于乱兵之手。太宗大加责让，靖顿首谢。久之，太宗谓曰："隋将史万岁破达头可汗，有功不赏，以罪致戮。朕则不然，当赦公之罪，录公之勋。"诏加左光禄大夫，赐绢千匹，真食邑通前五百户。未几，太宗谓靖曰："前有人谗公，今朕意已悟，公勿以为怀。"赐绢二千匹，拜尚书右仆射。靖性沉厚，每与时宰参议，恂恂然似不能言。八年，诏为畿内道大使，伺察风俗。寻以足疾上表乞骸骨，言甚恳至。太宗遣中书侍郎岑文本谓曰："朕观自古已来，身居富贵，能知止足者甚少。不问愚智，莫能自知，才虽不堪，强欲居职，纵有疾病，犹自勉强。公能识达大体，深足可嘉，朕欲非直成公雅志，欲以公为一代楷模。"乃下优诏，加授特进，听在第摄养。赐物千段、尚乘马两匹，禄赐、国官府佐，并依旧给，患若

小瘳，每三两日至门下、中书平章政事。九年正月，赐靖灵寿杖，助足疾也。未几，吐谷浑寇边，太宗顾谓侍臣曰："得李靖为帅，岂非善也！"靖乃见房玄龄曰："靖虽年老，固堪一行。"太宗大悦，即以靖为西海道行军大总管，统兵部尚书、任城王道宗、凉州都督李大亮、右卫将军李道彦、利州刺史高甑生等五总管征之。九年，军次伏俟城，吐谷浑烧去野草，以馁我师，退保大非川，诸将咸言春草未生，马已羸瘦，不可赴敌。唯靖决计而进，深入敌境，遂逾积石山。前后战数十合，杀伤甚众，大破其国。吐谷浑之众遂杀其可汗来降，靖又立大宁王慕容顺而还。初，利州刺史高甑生为盐泽道总管，以后军期，靖薄责之，甑生因有憾于靖。及是，与广州都督府长史唐奉义告靖谋反。太宗命法官按其事，甑生等竟以诬罔得罪。靖乃阖门自守，杜绝宾客，虽亲戚不得妄进。十一年，改封卫国公，授濮州刺史，仍令代袭，例竟不行。十四年，靖妻卒，有诏坟茔制度，依汉卫、霍故事；筑阙象突厥内铁山、吐谷浑内积石山形，以旌殊绩。十七年，诏图画靖及赵郡王孝恭等二十四人于凌烟阁。十八年，帝幸其第问疾，仍赐绢五百匹，进位卫国公、开府仪同三司。太宗将伐辽东，召靖入阁，赐坐御前，谓曰："公南平吴会，北清沙漠，西定慕容，唯东有高丽未服，公意如何？"对曰："臣往者凭藉天威，薄展微效，今残年朽骨，唯拟此行。陛下不弃，老臣病期瘳矣。"太宗愍其羸老，不许。二十三年，薨于家，年七十九。册赠司徒、并州都督，给班剑四十人、羽葆鼓吹，陪葬昭陵，谥曰景武。子德謇嗣，官至将作少匠。

靖弟客师，贞观中，官至右武卫将军，以战功累封丹阳郡公。永徽初，以年老致仕，性好驰猎，四时从禽，无暂止息。有别业在昆明池南，自京城之外，西际沣水，鸟兽皆识之，每出则鸟鹊随逐而噪。野人谓之"鸟贼"。总章中卒，年九十余。

客师孙令问，玄宗在藩时与令问款狎，及即位，以协赞功累迁至殿中少监。先天中，预诛窦怀贞等功，封宋国公，实封五百户。令问固辞实封，诏不许。开元中，转殿中监、左散骑常侍，知尚食事。令问虽特承恩宠，未尝干预时政，深为物论所称。然厚于自奉，食馔丰侈，广畜刍豢，躬临宰杀。时方奉佛，其笃信之士或讥之，令问曰："此物畜生，与果菜何异？胡为强生分别，不亦远于道乎？"略不以恩眄自恃，闲适郊野，从禽自娱。十五年，凉州都督王君㚟奉回纥部落叛，令问坐与连姻，左授抚州别驾，寻卒。

大和中，令问孙彦芳，任凤翔府司录参军，诣阙进高祖、太宗所赐卫国公靖官告、敕书、手诏等十余卷，内四卷太宗文皇帝笔迹，文宗宝惜不能释手。其佩笔尚堪书，金装木匣，制作精巧。帝并留禁中，令书工模写本还之，赐芳绢二百匹、衣服、靴笏以酬之。

李勣，曹州离狐人也。隋末徙居滑州之卫南。本姓徐氏，名世勣，永徽中，以犯太宗讳，单名勣焉。家多僮仆，积粟数千钟，与其父盖皆好惠施，拯济贫乏，不问亲疏。大业末，韦城人翟让聚众为盗，勣往从之，时年十七，谓让曰："今此土地是公及勣乡壤，人多相识，不宜自相侵掠。且宋、郑两郡，地管御河，商旅往还，船乘不绝，就彼邀截，足以自相资助。"让然之，于是劫公私船取物，兵众大振。隋遣齐郡通守张须陀率师二万讨之，勣与频战，竟斩须陀于阵。初，李密亡命在雍丘，浚仪人王伯当匿于野，伯当共勣说翟让奉密为主。隋令王世充讨密，勣以奇计败世充于洛水之上，密拜勣为东海郡公。时河南、山东大水，死者将半，隋帝令饥人就食黎阳，开仓赈给。时政教已紊，仓司不时赈给，死者日数万人。勣言于密曰："天下大乱，本是为饥，今若得黎阳一仓，大事济矣。"密乃遣勣领麾下五千人自原武济河掩袭，即日克之，开仓恣食，一旬之间，胜兵二十万余。经岁余，宇文化及于江都弑逆，拥兵北上，直指东郡。时越王侗即位于东京，赦密之罪，拜为太尉，封魏国公；授勣右武候大将军，命讨化及。密遣勣守仓城，勣于城外掘深沟以固守，化及设攻具，四面攻仓，阻堑不得至城下，勣于堑中为地道，出兵击之，大败而去。武德二年，密为王世充所破，拥众归朝。其旧境东至于海，南至于江，西至汝州，北至魏郡，勣并据之，未有所属，谓长史郭孝恪曰："魏公既归大唐，今此人众土地，魏公所有也。吾若上表献之，即是利主之败，自为己功，以邀富贵，吾所耻也。今宜具录州县名数及军人户口，总启魏公，听公自献，此则魏公之功也。"乃遣使启密。使人初至，高祖闻其无表，惟有启与密，甚怪之。使者以勣意闻奏，高祖大喜曰："徐世勣感德推功，实纯臣也。"诏授黎阳总管、上柱国，莱国公。寻加右武候大将军，改封曹国公，赐姓李氏，赐良田五十顷，甲第一区。封其父盖为济阴王，盖固辞王爵，乃封舒国公，授散骑常侍、陵州刺史。令勣总统河南、山东之兵以拒王世充。及李密反叛伏诛，高祖以勣旧经事密，遣使报其反状。勣表请收葬，诏许之。勣服衰绖，与旧僚吏将士葬密于黎山之南，坟高七仞，释服而散，朝野义之。寻而窦建德擒化及于魏县，复进军攻勣，力屈降之。建德收其父，从军为质，令勣复守黎阳。三年，自拔归京师。四年，从太宗伐王世充于东都，累战大捷。又东略地至武牢，伪郑州司兵沈悦请翻武牢，勣夜潜兵应接，克之。擒其伪刺史荆王行本。又从太宗平窦建德，降王世充，振旅而还。论功行赏，太宗为上将，勣为下将，与太宗俱服金甲，乘戎辂，告捷于太庙。其父自洺州与裴矩入朝，高祖见之大喜，复其官爵。勣又从太宗破刘黑闼、徐圆朗，累迁左监门大将军。圆朗重据兖州反，授勣河南大总管以讨之，寻获圆朗，斩首以献，兖州平。七年，诏与赵郡王孝恭讨辅公祏，孝恭领舟师巡江而下，勣领步卒一万渡淮，拔其寿阳，至硖石。公祏之将陈正通率兵十万屯于梁山，又遣其大将冯惠亮帅水军十万，锁连大舰以断江路，仍于江西结垒，分守水陆，以御王师。勣攻其垒，寻克之。惠亮单舸而遁。勣乘胜逼正通，大溃，以十余骑奔于丹阳。公祏弃城夜遁，勣纵骑追斩之于武康，江南悉定。八年，突厥寇并州，命勣为行军总管，击之于太谷，走之。太宗即位，拜并州都督，赐实封九百户。贞观三年，为通汉道行军总管。至云中，与突厥颉利可汗兵会，大战于白道。突厥败，屯营于碛口,遣使请和。诏鸿胪卿唐俭往赦之。勣时与定襄道大总管李靖军会,相与议曰:"颉利虽败,人众尚多,若走渡碛,保于九姓,道遥阻深,追则难及。今诏使唐俭至彼,其必弛备,我等随后袭之,此不战而平贼矣。"靖扼腕喜曰:"公之此言,乃韩信灭田横之策也。"于是定计。靖将兵逼夜而发,勣勒兵继进。靖军既至,贼营大溃,颉利与万余人欲走渡碛。勣屯军于碛口,颉利至,不得渡碛,其大酋长率其部落并降于勣,虏五万余口而还。时高宗为晋王,遥领并州大都督,授勣光禄大夫,行并州大都督府长史。父忧解,寻起复旧职。十一年,改封英国公,代袭蕲州刺史,时并不就国,复以本官遥领太子左卫率。勣在并州凡十六年,令行禁止,号为称职。太宗谓侍臣曰:"隋炀帝不能精选贤良,安抚边境,惟解筑长城以备突厥,情识之惑,一至于此!朕今委任李世勣于并州,遂使突厥畏威遁走,塞垣安静,岂不胜远筑长城耶?"十五年,征拜兵部尚书,未赴京,会薛延陀遣其子大度设帅骑八万南侵李思摩部落。命勣为朔州行军总管,率轻骑三千追及延陀于青山,击大破之,斩其名王一人,俘获首领,虏五万余计,以功封一子为县公。勣时遇暴疾,验方云,须灰可以疗之,太宗乃自翦须,为其和药。勣顿首见血,泣以恳谢,帝曰:"吾为社稷计耳,不烦深谢。"十七年,高宗为皇太子,转勣太子詹事兼左卫率,加位特进,同中书门下三品。太宗谓曰:"我儿新登储贰,卿旧长史,今以宫事相委,故有此授。虽屈阶资,可勿怪也。"太宗又尝闲宴,顾勣曰:"朕将属以幼孤,思之无越卿者。公往不遗于李密,今岂负于朕哉!"勣雪涕致辞,因噬指流血。俄而沉醉,乃解御服覆之,其见委信如此。十八年,太宗将亲征高丽,授勣辽东道行军大总管,攻破盖牟、辽东、白崖等数城,又从太宗摧殄驻跸阵,以功封一子为郡公。二十年,延陀部落扰乱,诏勣将二百骑便发突厥兵讨击。至乌德鞬山,大战破之。其大首领梯真达官率众来降,其可汗咄摩支南窜于荒谷,遣通事舍人萧嗣副招慰部领,送于京师,碛北悉定。二十二年,转太常卿,仍同中书门下三品。旬日,复除太子詹事。二十三年,太宗寝疾,谓高宗曰:"汝于李勣无恩,我今将责出之。我死后,汝当授以仆射,即荷汝恩,必致其死力。"乃出为叠州都督。高宗即位,其月,召拜洛州刺史,寻加开府仪同三司,令同中书门下,参掌机密。是岁,册拜尚书左仆射。永徽元年,抗表求解仆射,仍令以开府仪同三司依旧知政事。四年,册拜司空。初,贞观中,太宗以勣庸特著,尝图其形于凌烟阁,至是,帝又命写形焉,仍亲为之序。显庆三年,从幸东都,在路遇疾,帝亲临问。麟德初,东封泰山,诏勣为封禅大使,乃从驾。次渭州,其姊早寡,居勣旧同,皇后亲自临问,赐以衣服,仍封为东平郡君。勣又坠马伤足,上亲降问,以所乘赐之。乾封元年,高丽莫离支男生为其弟男建所逐,保于国内城,遣子献诚诣阙乞师。总章元年,命勣为辽东道行军总管,率兵二万略地至鸭绿水。贼遣其弟来拒战,勣纵兵击败之,追奔二百里,至于平壤城。男建闭门不敢出,贼中诸城骇惧,多拔人众遁走,降款者相继。勣又引兵围平壤,辽东道副大总管刘仁轨、郝处俊、将军薛仁贵并会于平壤,犄角围之。经月余,克其城,虏其王高藏及男建、男产,裂其诸城,并为州县,振旅而旋。令勣便道以高藏及男建献于昭陵,礼毕,备军容入京城,献太庙。二年,加太子太师,增食实封通前一千一百户。其年寝疾,诏以勣弟晋州刺史弼为司卫正卿,使得视疾。寻薨,年七十六。帝为之举哀,辍朝七日,赠太尉、扬州大都督,谥曰贞武,给东园秘器,陪葬昭陵。令司平太常伯杨昉摄同文正卿监护。及葬日,帝幸未央古城,登楼临送,望柳车恸哭,并为设祭。皇太子亦从驾临送,哀恸悲感左右。诏百官送至故城西北,所筑坟一准卫、霍故事,象阴山、铁山及乌德鞬山,以旌破突厥、薛延陀之功。光宅元年,诏勣配享高宗庙庭。

勣前后战胜所得金帛,皆散之于将士。初得黎阳仓,就食者数十万人。魏徵、高季辅、杜正伦、郭孝恪皆游其所,一见于众人中,即加礼敬,引之卧内,谈谑忘倦。及平武牢,获伪郑州长史戴胄,知其行能,寻释放,竟推荐,咸至显达,当时称其有知人之鉴。又,初平王世充,获其故人单雄信,依例处死,勣表称其武艺绝伦,若收之于合死之中,必大感恩,堪为国家尽命,请以官爵赎之。高祖不许,临将就戮,勣对之号恸,割股肉以啖之,曰:"生死永诀,此肉同归于土矣。"仍收养其子。每行军用师,颇任筹算,临敌应变,动合事机。与人图计,识其臧否,闻其片善,扼腕而从。事捷之日,多推功于下,以是人皆为用,所向多克捷。洎勣之死,闻者莫不凄怆。与弟弼特存友爱,闺门之内,肃若严君。自遇疾,高宗及皇太子送药,即取服之;家中召医巫,皆不许入门。子弼固以药进,勣谓曰:"我山东一田夫耳,攀附明主,滥居富贵,位极三台,年将八十,岂非命乎?修短必是有期,宁容浪就医人求活!"竟拒而不进。忽谓弼曰:"我似得小差,可置酒以申宴乐。"于是堂上奏女妓,檐下列子孙。宴罢,谓弼曰:"我自量必死,欲与汝一别耳。恐汝悲哭,诳言似差可,未须啼泣,听我约束。我见房玄龄、杜如晦、高季辅辛苦作得门户,亦望垂裕后昆,并遭痴儿破家荡尽。我有如许豚犬,将以付汝,汝可防察,有操行不伦、交游非类,急即打杀,然后奏知。又见人多埋金玉,亦不须尔。惟以布装露车,载我棺柩,棺中敛以常服,惟加朝服一副,死倘有知,望著此奉见先帝。明器惟作马五六匹,下帐用幔皂为顶,白纱为裙,其中著十个木人,示依古礼刍灵之义,此外一物不用。姬媵已下,有儿女而愿住自养者,听之;余并放出。事毕,汝即移入我堂,抚恤小弱。违我言者,同于戮尸。"此后略不复语,弼等遵行遗言。

勣少弟弼,幼有志操。李密之败也,陷于王世充,世充逼令以书召勣,感曰:"家兄立身,不亏名节,今已事主,君臣分定,决不以感造次改图。"卒不肯。世充怒,遂害焉,时年十五。勣长子震,显庆初官至梓州刺史,先勣卒。

勣孙敬业。高宗崩,则天太后临朝,既而废帝为庐陵王,立相王为皇帝,而政由天后,诸武皆当权任,人情愤怨。时给事中唐之奇贬授括苍令,长安主簿骆宾王贬授临海丞，詹事司直杜求仁勄县丞，敬业坐事左授柳州司马，其弟盩厔令敬猷亦坐累左迁，俱在扬州。敬业用前盩厔尉魏思温谋，据扬州。嗣圣元年七月，敬业遣其党监察御史薛璋先求使江都，又令雍州人韦超诣璋告变，云"扬州长史陈敬之与唐之奇谋逆"，璋乃收敬之系狱。居数日，敬业矫制杀敬之，自称扬州司马，诈言"高州首领冯子猷叛逆，奉密诏募兵进讨"。是日开府库，令士曹参军李宗臣解系囚及丁役、工匠，得数百人，皆授之以甲。录事参军孙处行拒命，敬业斩之以徇。遂据扬州，鸠聚民众，以匡复庐陵为辞。乃开三府：一曰匡复府，二曰英公府，三曰扬州大都督府。敬业自称匡复府上将，领扬州大都督，以杜求仁、唐之奇、骆宾王为府属，余皆伪署职位。旬日之间，胜兵有十余万。仍移檄诸郡县曰：

伪临朝武氏者，人非温顺，地实寒微。昔充太宗下陈，尝以更衣入侍。洎乎晚节，秽乱春宫。密隐先帝之私，阴图后庭之嬖。入门见嫉，蛾眉不肯让人；掩袖工谗，狐媚偏能惑主。践元后于翚翟，陷吾君于聚麀。加以虺蜴为心，豺狼成性，近狎邪僻，残害忠良，杀姊屠兄，弑君鸩母。人神之所同嫉，天地之所不容。犹复包藏祸心，窥窃神器。君之爱子，幽之于别宫；贼之宗盟，委之以重任。呜呼！霍子孟之不作，朱虚侯之已亡。燕啄皇孙，知汉祚之将尽；龙漦帝后，识夏廷之遽衰。

敬业皇唐旧臣，公侯冢胤，奉先君之成业，荷本朝之旧恩。宋微子之兴悲，良有以也；袁君山之流涕，岂徒然哉！是用气愤风云，志安社稷，因天下之失望，顺宇内之推心。爰举义旗，誓清妖孽。南连百越，北尽三河，铁骑成群，玉轴相接。海陵红粟，仓储之积靡穷；江浦黄旗，匡复之功何远！班声动而北风起，剑气冲而南斗平。喑呜则山岳崩颓，叱咤则风云变色。以此制敌，何敌不摧？以此图功，何功不克？

公等或家传汉爵，或地协周亲，或膺重寄于爪牙，或受顾命于宣室。言犹在耳，忠岂忘心？一抔之土未干，六尺之孤何托？倘能转祸为福，送往事居，共立勤王之师，无废旧君之命，凡诸爵赏，同裂山河。请看今日之域中，竟是谁家之天下！

则天命左玉钤卫大将军李孝逸将兵三十万讨之，追削敬业祖、父官爵，剖坟斫棺，复本姓徐氏。初，敬业兵集，图其所向，薛璋曰："金陵王气犹在，大江设险，可以自固。且取常、润等州，以为霸基，然后治兵北渡。"魏思温曰："兵贵神速，但宜早渡淮而北，招合山东豪杰，乘其未集，直取东都，据关决战，此上策也。"敬业不从。十月，率众渡江，攻拔润州，杀刺史李思文。先是，太子贤为天后所废，死于巴州，敬业乃求状貌似贤者，置于城中，奉之为主，云贤本不死。孝逸军渡淮，至楚州，敬业之众狼狈还江都，屯兵高邮以拒之。频战大败，孝逸乘胜追蹑。敬业奔至扬州，与唐之奇、杜求仁等乘小舸，将入海投高丽。追兵及，皆捕获之。初，敬业传檄至京师，则天读之微哂，至"一抔之土未干"，遽问侍臣曰："此语谁为之？"或对曰："骆宾王之辞也。"则天曰："宰相之过，安失此

人？"中宗返正，诏曰："故司空勣，往因敬业，毁废坟茔。朕追想元勋，永怀佐命。昔窦宪干纪，无累安丰之祠；霍禹乱常，犹全博陆之祀。罪不相及，国之通典。宜特垂恩礼，令所司速为起坟，所有官爵，并宜追复。"勣诸子孙坐敬业诛杀，靡有遗胤，偶脱祸者，皆窜迹胡越。贞元十七年，吐蕃陷麟州，驱掠民畜而去。至盐州西横槽烽，蕃将号徐舍人者，环集汉俘于呼延州，谓僧延素曰："师勿甚惧，予本汉人，司空、英国公五代孙也。属武太后斩丧王室，吾祖建义不果，子孙流落绝域，今三代矣。虽代居职任，掌握兵要，然思本之心，无忘于国。但族属已多，无由自拔耳。此地蕃汉交境，放师还乡。"数千百人，解缚而遣之。

史臣曰：近代称为名将者，英、卫二公，诚烟阁之最。英公振彭、黥之迹，自拔草莽，常能以义藩身，与物无忤，遂得功名始终。贤哉，垂命之诫！敬业不蹈贻谋，至于覆族，悲夫！卫公ученые家子，绰有渭阳之风。临戎出师，凛然威断。位重能避，功成益谦。铭之鼎钟，何惭耿、邓。美哉！

赞曰：功以懋赏，震主则危。辞禄避位，除猜破疑。功定华夷，志怀忠义。白首平戎，贤哉英、卫。

卷六十八　　　　列传第十八

尉迟敬德　秦叔宝　程知节
段志玄　张公谨子大素　大安

尉迟敬德，朔州善阳人。大业末，从军于高阳，讨捕群贼，以武勇称，累授朝散大夫。刘武周起，以为偏将，与宋金刚南侵，陷晋、浍二州。敬德深入，至夏县，应接吕崇茂，袭破永安王孝基，执独孤怀恩、唐俭等。武德三年，太宗讨武周于柏壁，武周令敬德与宋金刚来拒王师于介休。金刚战败，奔于突厥，敬德收其余众，城守介休。太宗遣任城王道宗、宇文士及往谕之。敬德与寻相举城来降。太宗大悦，赐以曲宴，引为右　府统军，从击王世允于东都。既而寻相与武周下降将皆叛，诸将疑敬德必叛，囚于军中。行台左仆射屈突通、尚书殷开山咸言："敬德初归国家，情志未附。此人勇健非常，縶之又久，既被猜贰，怨望必生。留之恐贻后悔，请即杀之。"太宗曰："寡人所见，有异于此。敬德若怀翻背之计，岂在寻相之后耶？"遽命释之，引入卧内，赐以金宝，谓曰："丈夫以意气相期，勿以小疑介意。寡人终不听谗言以害忠良，公宜体之。必应欲去，今以此物相资，表一时共事之情也。"是日，因从猎于榆窠，遇王世充领步骑数万来战。世充骁将单雄信领骑直趋太宗，敬德跃马大呼，横刺雄信坠马。贼徒稍却，敬德翼太宗以出贼围。更率骑兵与世充交战，数合，其众大溃，擒伪将陈智略，获排矟兵六千人。太宗

谓敬德曰:"比众人证公必叛,天诱我意,独保明之,福善有征,何相报之速也!"特赐金银一箧,此后恩眄日隆。敬德善解避矟,每单骑入贼阵,贼稍攒刺,终不能伤,又能夺取贼矟,还以刺之。是日,出入重围,往返无碍。齐王元吉亦善马矟,闻而轻之,欲亲自试,命去矟刃,以竿相刺。敬德曰:"纵使加刃,终不能伤。请勿除之,敬德矟谨当却刃。"元吉竟不能中。太宗问曰:"夺矟、避矟,何者难易?"对曰:"夺矟难。"乃命敬德夺元吉矟。元吉执矟跃马,志在刺之,敬德俄顷三夺其矟。元吉素骁勇,虽相叹异,甚以为耻。及窦建德营于板渚,太宗将挑战,先伏李勣、程知节、秦叔宝等兵。太宗持弓矢,敬德执矟,造建德垒下大呼致师。贼众大惊扰,出兵数千骑,太宗逡巡渐却,前后射杀数人,敬德所杀亦十数人,遂引贼以入伏内。于是与勣等奋击,大破之。王世充兄子伪代王琬,使于建德军中,乘隋炀帝所御骢马,铠甲甚鲜,迥出军前以夸众。太宗曰:"彼之所乘,真良马也。"敬德请往取之,乃与高甑生、梁建方三骑直入贼军,擒琬,引其马以归,贼众无敢当者。又从讨刘黑闼于临洺,黑闼军来袭李世勣,太宗勒兵掩贼,复以救之。既而黑闼众至,其军四合,敬德率壮士犯围而入,大破贼阵,太宗与江夏王道宗乘之以出。又从破徐圆朗。累有战功,授秦王府左二副护军。

隐太子、巢刺王元吉将谋害太宗,密致书以招敬德曰:"愿迂长者之眷,敦布衣之交,幸副所望也。"仍赠以金银器物一车。敬德辞曰:"敬德起自幽贱,逢遇隋亡,天下土崩,窜身无所,久沦逆地,罪不容诛。实荷秦王惠以生命,今又隶名藩邸,唯当以身报恩。于殿下无功,不敢谬当重赐。若私许殿下,便是二心,徇利忘忠,殿下亦何所用?"建成怒,是后遂绝。敬德寻以启闻,太宗曰:"公之素心,郁如山岳,积金至斗,知公情不可移。送来但取,宁须虑也。若不然,恐公身不安。且知彼阴计,足为良策。"元吉等深忌敬德,令壮士往刺之。敬德知其计,乃重门洞开,安卧不动,贼频至其庭,终不敢入。元吉乃谮敬德于高祖,下诏狱讯验,将杀之,太宗固谏得释。会突厥侵扰乌城,建成举元吉为将,密谋请太宗同送于昆明池,将加屠害。敬德闻其谋,与长孙无忌遽启太宗曰:"大王若不速正之,则恐被其所害,社稷危矣。"太宗叹曰:"今二宫离阻骨肉,灭弃君亲,危亡之机,共所知委。寡人虽深被猜忌,祸在须臾,然同气之情,终所未忍。欲待其先起,然后以义讨之,公意以为何如?"敬德曰:"人情畏死,众人以死奉王,此天授也。若天与不取,反受其咎。虽存仁爱之小情,忘社稷之大计,祸至而不恐,将亡而自安,失人臣临难不避之节,乏先贤大义灭亲之事,所闻也。以臣愚诚,请先诛之。王若不从敬德言,请奔逃亡命,不能交手受戮。且因败成功,明贤之高见;转祸为福,智士之先机。敬德今若逃亡,无忌亦欲同去。"太宗犹豫未决,无忌曰:"王今不从敬德之言,必知敬德等非王所有。事今败矣,其若之何?"太宗曰:"寡人所言,未可全弃,公更图之。"敬德曰:"王今处事有疑,非智;临难不决,非勇。王纵不从敬德言,请自决计,其如家国何?其如身命何?

且在外勇士八百余人,今悉入宫,控弦被甲,事势已就,王何得辞!"敬德又与侯君集日夜进劝,然后计定。时房玄龄、杜如晦皆被高祖斥出秦府,不得复入。太宗令长孙无忌密召之,玄龄等报曰:"有敕不许更事王,今若私谒,必至诛灭,不敢奉命。"太宗大怒,谓敬德曰:"玄龄、如晦岂背我耶?"取所佩刀授敬德曰:"公且往,观其无来心,可并斩其首持来也。"敬德又与无忌喻曰:"王已决计克日平贼,公宜即入筹之。我等四人不宜群行在道。"于是玄龄、如晦著道士服随无忌入,敬德别道亦至。六月四日,建成既死,敬德领七十骑蹑踵继至,元吉走马东奔,左右射之坠马。太宗所乘马又逸于林下,横被所缅,坠不能兴。元吉遽来夺弓,垂欲相扼,敬德跃马叱之,于是步走,欲归武德殿,敬德奔逐射杀之。其宫府诸将薛万彻、谢叔方、冯立等率兵大至,屯于玄武门,杀屯营将军。敬德持建成、元吉首以示之,宫府兵遂散。是时,高祖泛舟于海池。太宗命敬德侍卫高祖。敬德擐甲持矛,直至高祖所。高祖大惊,问曰:"今日作乱是谁?卿来此何也?"对曰:"秦王以太子、齐王作乱,举兵诛之,恐陛下惊动,遣臣来宿卫。"高祖意乃安。南衙、北门兵马及二宫左右犹相拒战,敬德奏请降手敕,令诸军兵并受秦王处分,于是内外遂定。高祖劳敬德曰:"卿于国有安社稷之功。"赐珍物甚众。太宗升春宫,授太子左卫率。时议者以建成等左右百余人,并合从坐籍没,唯敬德执不听,曰:"为罪者二凶,今已诛讫,若更及支党,非取安之策。"由是获免。及论功,敬德与长孙无忌为第一,各赐绢万匹;齐王府财币器物,封其全邸,尽赐敬德。

贞观元年,拜右武候大将军,赐爵吴国公,与长孙无忌、房玄龄、杜如晦四人并食实封千三百户。会突厥来入寇,授泾州道行军总管以击之。贼至泾阳,敬德轻骑与之挑战,杀其名将,贼遂败。敬德好讦直,负其功,每见无忌、玄龄、如晦等短长,必面折廷辩,由是与执政不平。三年,出为襄州都督。八年,累迁同州刺史。尝侍宴庆善宫,时有班在其上者,敬德怒曰:"汝有何功,合坐我上?"任城王道宗次其下,因解喻之。敬德勃然,拳殴道宗目,几至眇。太宗不怿而罢,谓敬德曰:"朕览汉史,见高祖功臣获全者少,意常尤之。及居大位以来,常欲保全功臣,令子孙无绝。然卿居官辄犯宪法,方知韩、彭夷戮,非汉祖之愆。国家大事,唯赏与罚,非分之恩,不可数行,勉自修饬,无贻后悔也。"十一年,封建功臣为代袭刺史,册拜敬德宣州刺史,改封鄂国公。后历鄜、夏二州都督。十七年,抗表乞骸骨,授开府仪同三司,令朝朔望。寻与长孙无忌等二十四人图形于凌烟阁。及太宗将征高丽,敬德奏言:"车驾若自往辽左,皇太子又在定州,东西二京,府库所在,虽有镇守,终是空虚。辽东路遥,恐有玄感之变。且边隅小国,不足亲劳万乘,伏请委之良将,自可应时摧灭。"太宗不纳,令以本官行太常卿,为左一马军总管,从破高丽于驻跸山。军还,依旧致仕。敬德末年笃信仙方,飞炼金石,服食云母粉,穿筑池台,崇饰罗绮,尝奏清商乐以自奉养,不与外人交通,凡十六年。显庆三年,高宗以敬德功,追赠其父为幽州都督。其年薨,年七十四。高宗为之举哀，废朝三日，令京官五品以上及朝集使赴宅哭，册赠司徒、并州都督，谥曰忠武，赐东园秘器，陪葬于昭陵。子宝琳嗣，官至卫尉卿。

秦叔宝，名琼，齐州历城人。大业中，为隋将来护儿帐内。叔宝丧母，护儿遣使吊之，军吏怪曰："士卒死亡及遭丧者多矣，将军未尝降问，独吊叔宝何也？"答曰："此人勇悍，加有志节，必当自取富贵，岂得以卑贱处之？"隋末群盗起，从通守张须陀击贼帅卢明月于下邳。贼众十余万，须陀所统才万人，力势不敌，去贼六七里立栅，相持十余日，粮尽将退，谓诸将士曰："贼见兵却，必轻来追我。其众既出，营内即虚，若以千人袭营，可有大利。此诚危险，谁能去者？"人皆莫对，唯叔宝与罗士信请行。于是须陀委栅遁，使二人分领千兵伏于芦苇间。既而明月果悉兵追之，叔宝与士信驰至其栅，栅门闭不得入，二人超升其楼，拔贼旗帜，各杀数人，营中大乱。叔宝、士信又斩关以纳外兵，因纵火焚其三十余栅，烟焰涨天。明月奔还，须陀又回军奋击，大破贼众。明月以数百骑遁去，余皆虏之。由是勇气闻于远近。又击孙宣雅于海曲，先登破之。以前后累勋授建节尉。从须陀进击李密于荥阳，军败，须陀死之，叔宝以余众附裴仁基。会仁基以武牢降于李密，密得叔宝大喜，以为帐内骠骑，待之甚厚。密与化及大战于黎阳童山，为流矢所中，堕马闷绝。左右奔散，追兵且至，唯叔宝独捍卫之，密遂获免。叔宝又收兵与之力战，化及乃退。后密败，又为王世充所得，署龙骧大将军。叔宝薄世之多诈，因其出抗官军，至于九曲，与程咬金、吴黑闼、牛进达等数十骑西驰百许步，下马拜世充曰："虽蒙殊礼，不能仰事，请从此辞。"世充不敢逼，于是来降。高祖令事秦府，太宗素闻其勇，厚加礼遇。从镇长春宫，拜马军总管。又从征于美良川，破尉迟敬德，功最居多。高祖遣使赐以金瓶，劳之曰："卿不顾妻子，远来投我，又立功效。朕肉可为卿用者，当割以赐卿，况子女玉帛乎？卿当勉之。"寻授秦王府三统军。又从破宋金刚于介休。录前后勋，赐黄金百斤、杂彩六千段，授上柱国。从讨王世充，每为前锋。太宗将拒窦建德于武牢，叔宝以精骑数十先陷其阵。世充平，进封翼国公，赐黄金百斤、帛七千段。从平刘黑闼，赏物千段。叔宝每从太宗征伐，敌中有骁将锐卒，炫耀人马，出入来去者，太宗颇怒之，辄命叔宝往取。叔宝应命，跃马负枪而进，必刺之万众之中，人马辟易，太宗以是益重之，叔宝亦以此颇自矜尚。六月四日，从诛建成、元吉。事宁，拜左武卫大将军，食实封七百户。其后每多疾病，因谓人曰："吾少长戎马，所经二百余阵，屡中重疮。计吾前后出血亦数斛矣，安得不病乎？"十二年卒，赠徐州都督，陪葬昭陵。太宗特令所司就其茔内立石人马，以旌战阵之功焉。十三年，改封胡国公。十七年，与长孙无忌等图形于凌烟阁。

程知节，本名咬金，济州东阿人也。少骁勇，善用马槊。大业末，聚徒数百，共保乡里，以备他盗。后依李密，署为内军骠骑。时密于军中简勇士尤异者八千人，隶

四骠骑，分为左右以自卫，号为内军。自云："此八千人可当百万。"知节既领其一，甚被恩遇。及王世充出城决战，知节领内马军，与密同营在北邙山上，单雄信领外马军，营在偃师城北。世充来袭雄信营，密遣知节及裴行俨助之。行俨先驰赴敌，为流矢所中，坠于地。知节救之，杀数人，世充军披靡，乃抱行俨重骑而还。为世充骑所逐，刺槊洞过，知节回身捩折其槊，兼斩获追者，于是与行俨俱免。及密败，世充得之，接遇甚厚。知节谓秦叔宝曰："世充器度浅狭，而多妄语，好为咒誓，乃巫师老妪耳，岂是拨乱主乎？"及世充拒王师于九曲，知节领兵在其阵，与秦叔宝等马上揖世充曰："荷公接待，极欲报恩。公性猜贰，傍多扇惑，非仆托身之所，今谨奉辞。"于是跃马与左右数十人归国，世充惧，不敢追之。授秦王府左三统军。破宋金刚，擒窦建德，降王世充，并领左一马军总管。每阵先登，以功封宿国公。武德七年，建成忌之，构之于高祖，除康州刺史。知节白太宗曰："大王手臂今并翦除，身必不久。知节以死不去，愿速自全。"六月四日，从太宗讨建成、元吉。事定，拜太子右卫率，迁右武卫大将军，赐实封七百户。贞观中，历泸州都督、左领军大将军。与长孙无忌等代袭刺史，改封卢国公，授普州刺史。十七年，累转左屯卫大将军，检校北门屯兵，加镇军大将军。永徽六年，迁左卫大将军。显庆二年，授葱山道行军大总管以讨贺鲁。师次怛笃城，有胡人数千家开门出降，知节屠城而去，贺鲁遂远遁。军还，坐免官。未几，授岐州刺史。表请乞骸骨，许之。麟德二年卒，赠骠骑大将军、益州大都督，陪葬昭陵。子处默，袭爵卢国公。处亮，以功臣子尚太宗女清河长公主，授驸马都尉、左卫中郎将。少子处弼，官至右金吾将军。处弼子伯献，开元中，左金吾大将军。

段志玄，齐州临淄人也。父偃师，隋末为太原郡司法书佐，从高祖起义，官至郯州刺史。志玄从父在太原，甚为太宗所接待。义兵起，志玄募得千余人，授右领大都督府军头。从平霍邑，下绛郡，攻永丰仓，皆为先锋，历迁左光禄大夫。从刘文静拒屈突通于潼关，文静为通将桑显和所袭，军营已溃，志玄率二十骑赴击，杀数十人而还。为流矢中足，虑众心动，忍而不言，更入贼阵者再三。显和军乱，大军因此复振，击，大破之。及屈突通之遁，志玄与诸将追ири擒之，以功授乐游府骠骑将军。后从讨王世充，深入陷阵，马倒，为贼所擒。两骑夹持其髻，将渡洛水，志玄踊身而奋，二人俱坠马，驰归，追者数百骑，不敢逼。及破窦建德，平东都，功又居多。迁秦王府右二护军，赏物二千段。隐太子建成、巢刺王元吉竞以金帛诱之，志玄拒而不纳，密以白太宗，竟与尉迟敬德等同诛建成、元吉。太宗即位，累迁左骁卫大将军，封樊国公，食实封九百户。文德皇后之葬也，志玄与宇文士及分统士马出肃章门。太宗夜使宫官至二将军所，士及开营内使者，志玄闭门不纳，曰："军门不可夜开。"使者曰："此有手敕。"志玄曰："夜中不辩真伪。"竟停使者至晓。太宗闻而叹曰："此真将军也，周亚夫无以加焉。"十一年，定世

封之制,授金州刺史,改封襃国公。十二年,拜右卫大将军。十四年,加镇军大将军。十六年,寝疾,太宗亲自临视,涕泣而别,顾谓曰:"当与卿子五品。"志玄顿首固请回授母弟志感,太宗遂授志感左卫郎将。及卒,上为发哀,哭之甚恸,赠辅国将军、扬州都督,陪葬昭陵,谥曰忠壮。十七年正月,诏图形于凌烟阁。子瓘,袭爵襃国公,武太后时,官至左屯卫大将军。子怀简,袭爵,开元中,官至太子詹事。

张公谨,字弘慎,魏州繁水人也。初为王世充洧州长史。武德元年,与王世充所署洧州刺史崔枢以州城归国,授邹州别驾,累除右武候长史。初未知名,李勣骤荐于太宗,尉迟敬德亦言之,乃引入幕府。时太宗为隐太子建成、巢王元吉所忌,因召公谨,问以自安之策,对甚合旨,渐见亲遇。及太宗将讨建成、元吉,遣卜者灼龟占之,公谨自外来见,遽投于地而进曰:"凡卜筮者,将以决嫌疑,定犹豫,今既事在不疑,何卜之有?纵卜之不吉,势不可已。愿大王思之。"太宗深然其言。六月四日,公谨与长孙无忌等九人伏于玄武门以俟变。及斩建成、元吉,其党来攻玄武门,兵锋甚盛。公谨有勇力,独闭关以拒之。以功累授左武候将军,封定远郡公,赐实封一千户。贞观元年,拜代州都督,上表请置屯田以省转运,又前后言时政得失十余事,并见纳用。后遣李靖经略突厥,以公谨为副,公谨因言突厥可取之状曰:"颉利纵欲肆情,穷凶极暴,诛害良善,昵近小人,此主昏于上,其可取一也。又其别部同罗、仆骨、回纥、延陀之类,并自立君长,将图反噬,此则众叛于下,其可取二也。突利被疑,轻骑自免;拓设出讨,匹马不归;欲谷丧师,立足无地,此则兵挫将败,其可取三也。塞北霜早,粮粞乏绝,其可取四也。颉利疏其突厥,亲委诸胡,胡人翻覆,是其常性,大军一临,内必生变,其可取五也。华人入北,其类实多,比闻自相啸聚,保据山险,师出塞垣,自然有应,其可取六也。"太宗深纳之。破定襄,败颉利,玺书慰劳,进封邹国公。转襄州都督,甚有惠政。卒官,年三十九。太宗闻而嗟悼,出次发哀,有司奏言:"准《阴阳书》,日子在辰,不可哭泣,又为流俗所忌。"太宗曰:"君臣之义,同于父子,情发于衷,安避辰日?"遂哭之。赠左骁卫大将军,谥曰襄。十三年,追思旧功,改封郯国公。十七年,图形于凌烟阁。永徽中,又赠荆州都督。长子大象嗣,官至户部侍郎。次子大素、大安,并知名。大素,龙朔中历位东台舍人,兼修国史,卒于怀州长史,撰《后魏书》一百卷、《隋书》三十卷。大安,上元中历太子庶子、同中书门下三品。时章怀太子在春宫,令大安与太子洗马刘讷言等注范晔《后汉书》。宫废,左授普州刺史。光宅中,卒于横州司马。大安子洊,开元中为国子祭酒。

史臣曰:敬德夺槊陷阵,鼓勇王师,却赂报恩,竭忠霸主。然而奋拳负气,非自全之道;文皇告诫之言,可为功臣药石。叔宝善用马槊,拔贼垒则以寡敌众,可谓勇矣。知节志平国难,拜隼旟则以命辅君,可谓忠矣。而并晓世充之猜贰,识唐代之霸图,可谓见几君子矣。志玄中镝不言,竟安师旅。公谨投龟定议,志助储君。皆所谓猛将谋臣,知机识变。有唐之盛,斯实赖焉。

赞曰:太宗经纶,实赖虎臣。胡、鄂诸将,奋不顾身。图形凌烟,配食严禋。光诸简册,为报君亲。

卷六十九　　列传第十九

侯君集　张亮　薛万彻兄万均　盛彦师　卢祖尚　刘世让　刘兰　李君羡等附

侯君集,豳州三水人也。性矫饰,好矜夸,玩弓矢而不能成其艺,乃以武勇自称。太宗在藩,引入幕府,数从征伐,累除左虞侯、车骑将军,封全椒县子。渐蒙恩遇,参预谋议。建成、元吉之诛也,君集之策居多。太宗即位,迁左卫将军,以功进封潞国公,赐邑千户,寻拜右卫大将军。贞观四年,迁兵部尚书,参议朝政。时将讨吐谷浑伏允,命李靖为西海道行军大总管,以君集及任城王道宗并为之副。九年三月,师次鄯州,君集言于靖曰:"大军已至,贼虏尚未走险,宜简精锐,长驱疾进,彼不我虞,必有大利。若此策不行,潜遁必远,山障为阻,讨之实难。"靖然其计,乃简精锐,轻赍深入。道宗追及伏允之众于库山,破之。伏允轻兵入碛,以避官军。靖乃中分士马为两道并入,靖与薛万均、李大亮趣北路,使侯君集、道宗趣南路。历破逻真谷,逾汉哭山,经途二千余里,行空虚之地。盛夏降霜,山多积雪,转战过星宿川,至于柏海,频与虏遇,皆大克获。北望积石山,观河源之所出焉。乃旋师,与李靖会于大非川,平吐谷浑而还。十一年,与长孙无忌等俱受世封,授君集陈州刺史,改封陈国公。明年,拜吏部尚书,进位光禄大夫。君集出自行伍,素无学术,及被任遇,方始读书。典选举,定考课,出为将领,入参朝政,并有时誉。

高昌王麴文泰时遏绝西域商贾,太宗征文泰入朝,而称疾不至,诏以君集为交河道行军大总管讨之。文泰闻王师将起,谓其国人曰:"唐国去此七千里,涉碛阔二千里,地无水草,冬风冻寒,夏风如焚。风之所吹,行人多死,常行百人不能得过,安能致大军乎?若顿兵吾城下,二十日食必尽,自然鱼溃,乃接而虏之,何足忧也!"及军至碛口,而文泰卒,其子智盛袭位。君集率兵至柳谷,候骑言文泰克日将葬,国人咸集。诸将请袭之,君集曰:"不可,天子以高昌骄慢无礼,使吾恭行天罚,今袭人于墟墓之间,非问罪之师也。"于是鼓行而前,攻其田地。贼婴城自守,君集谕之,不行。先是,大军之发也,上召山东善为攻城器械者,悉遣从军。君集遂刊木填隍,推撞车撞其睥睨,数丈颓穴,抛车石击其城中,其所当者无不糜碎,或张毡被,用障抛石,城上守陴者不得复立。遂拔之,虏其男女七千余口,仍进兵围其都城。智盛穷蹙,致书于君集曰："有罪于天子者，先王也。天罚所加，身已丧背。智盛袭位未几，不知所以怨阙，冀尚书哀怜。"君集报曰："若能悔祸，宜束手军门。"智盛犹不出，因命士卒填其隍堑，发抛车以攻之。又为十丈高楼，俯视城内，有行人及飞石所中处，皆唱言之，人多入室避石。初，文泰与西突厥欲谷约，有兵至，共为表里。及闻君集至，欲谷设惧而西走千余里，智盛失援，计无所出，遂开门出降。君集分兵略地，遂平其国，俘智盛及其将吏，刻石纪功而还。君集初破高昌，曾未奏请，辄配没无罪人，又私取宝物。将士知之，亦竞来盗窃，君集恐发其事，不敢制。及京师，有司请推其罪，诏下狱。中书侍郎岑文本以为，功臣大将不可轻加屈辱，上疏曰：

> 君集等或位居辅佐，或职惟爪牙，并蒙拔擢，受将帅之任，不能正身奉法，以报陛下之恩。举措肆情，罪负盈积，实宜绳之刑典，以肃朝伦。但高昌昏迷，人神共弃，在朝议者，以其地在遐荒，咸欲置之度外。唯陛下运独见之明，授决胜之略，君集等奉行圣算，遂得指期平殄。若论事实，并是陛下之功，君集等有道路之劳，未足称其勋力。而陛下天德弗宰，乃推功于将帅。露布初至，便降大恩，从征之人，皆沾涤荡。及其凯旋，特蒙曲宴，又对万国，加之重赏。内外文武，咸欣陛下赏不逾时。而不经旬日，并付大理，虽乃君集等自挂网罗，而在朝之人未知所犯，恐海内又疑陛下唯录其过，似遗其功。臣以下才，谬参近职，既有所见，不敢默然。臣闻古之人君，出师命将，克敌则获重赏，不克则受严刑。是以赏其有功也，虽贪残淫纵，必蒙青紫之宠；当其有罪也，虽勤躬洁己，不免铁钺之诛。故《周书》曰："记人之功，忘人之过，宜为君者也。"昔汉贰师将军李广利捐五万之师，糜亿万之费，经四年之劳，唯获骏马三十匹。虽斩宛王之首，而贪不爱卒，罪恶甚多。武帝为万里征伐，不录其过，遂封广利海西侯，食邑八千户。又校尉陈汤矫诏兴师，虽斩郅支单于，而汤素贪盗，所收康居财物，事多不法，为司隶所系。汤乃上疏曰："与吏士共诛郅支，幸得擒灭。今司隶乃收系案验，是为郅支报仇也。"元帝赦其罪，封汤关内侯，赐黄金百斤。又晋龙骧将军王浚有平吴之功，而王浑等论浚违诏，不受节度，军人得孙皓宝物，并烧皓宫及船。浚上表曰："今年平吴，诚为大庆，于臣之身，更为咎累。"武帝赦而不推，拜辅国大将军，封襄阳侯，赐绢万匹。近隋新义郡公韩擒虎平陈之日，纵士卒暴乱叔宝宫内，文帝亦不问罪，虽不进爵，拜擒虎上柱国，赐物八千段。由斯观之，将帅之臣，廉慎者寡，贪求者众，是以黄石公《军势》曰："使智，使勇，使贪，使愚，故智者乐立其功，勇者好行其志，贪者邀趋其利，愚者不计其死。"是知前圣莫不收人之长，弃人之短，良为此也。臣又闻，夫天地之道，以覆载为先；帝王之德，以含弘为美。夫以区区汉武及历代诸帝，犹能宥广利等，况陛下天纵神武，振宏图以定六合，岂独正兹刑网，不行古人之事哉！伏惟圣怀，当自已有斟酌。

> 臣今所以陈闻，非敢私君集等，庶以萤爝末光，增晖日月。倘陛下降雨露之泽，收雷电之威，录其微劳，忘其大过，使君集重升朝列，复预驱驰，虽非清贞之臣，犹是贪愚之将。斯则陛下圣德，虽屈法而德弥显；君集等怨过，虽蒙宥而过更彰。足使立功之士，因兹而皆劝；负罪之将，由斯而改节矣。

疏奏，乃释。君集自以有功于西域，而以贪冒被囚，志殊怏怏。十七年，张亮以太子詹事出为洛州都督，君集激怒亮曰："何为见排？"亮曰："是公见排，更欲谁冤！"君集曰："我平一国，还触天子大嗔，何能仰排！"因攘袂曰："郁郁不可活，公能反乎？当与公反耳。"亮密以闻，太宗谓亮曰："卿与君集俱是功臣，君集独以语卿，无人闻见，若以属吏，君集必言无此。两人相证，事未可知。"遂寝其事，待君集如初。寻与诸功臣同画像于凌烟阁。时庶人承乾在东宫，恐有废立，又知君集怨望，遂与通谋。君集子婿贺兰楚石时为东宫千牛，承乾令数引君集入内，问以自安之术。君集以承乾劣弱，意欲乘衅以图之，遂赞承乾阴图不轨，尝举手谓承乾曰："此好手，当为用之。"君集或虑谋泄，心不自安，每中夜瞿然而起，叹咤久之。其妻怪而谓之曰："公，国之大臣，何为乃尔？必当有故。若有不善之事，孤负国家，宜自归罪，首领可全。"君集不能用。及承乾事发，君集被收，楚石又诣阙告其事。太宗亲临问曰："我不欲令刀笔吏辱公，故自鞫验耳。"君集辞穷。太宗谓百僚曰："往者家国未安，君集实展其力，不忍置之于法。我将乞其性命，公卿其许我乎？"群臣争进曰："君集之罪，天地所不容，请诛之以明大法。"太宗谓君集曰："与公长诀矣，而今而后，但见公遗像耳！"因歔欷下泣。遂斩于四达之衢，籍没其家。君集临刑，容色不改，谓监刑将军曰："君集岂反者乎，蹉跌至此！然尝为将，破灭二国，颇有微功。为言于陛下，乞令一子以守祭祀。"由是特原其妻及一子，徙于岭南。

张亮，郑州荥阳人也。素寒贱，以农为业。倜傥有大节，外敦厚而内怀诡诈，人莫之知。大业末，李密略地荥、汴，亮杖策从之，未被任用。属军中有谋反者，亮告之，密以为至诚，署骠骑将军，隶于徐勣。及勣以黎阳归国，亮颇赞成其事，乃授郑州刺史。会王世充陷郑州，亮不得之官，孤军无援，遂亡命于共城山泽。后房玄龄、李勣以亮倜傥有智谋，荐之于太宗，引为秦府车骑将军。渐蒙顾遇，委以心膂。会建成、元吉将起难，太宗以洛州形胜之地，一朝有变，将出保之。遣亮之洛阳，统左右王保等千余人，阴引山东豪杰以俟变，多出金帛，恣其所用。元吉告亮欲图不轨，坐是属吏，亮卒无所言。事释，遣还洛阳。及建成死，授怀州总管，封长平郡公。贞观五年，历迁御史大夫，转光禄卿，进封鄅国公，赐实封五百户。后历豳、夏、鄜三州都督。七年，魏王泰为相州都督而不之部，进亮金紫光禄大夫，行相州大都督长史。十一年，改封郧国公。亮所莅之职，潜遣左右伺察善恶，发擿奸隐，动若有神，抑豪强而恤贫弱，故所在见称。初，亮之在州也，弃其本妻，更娶李氏。李素有淫行，骄妒特甚，亮宠惮之。

后至相州，有邺县小儿，以卖笔为业，善歌舞，亮见而悦之，遂与私通。假言亮先与其母野合所生，收为亮子，名曰慎几。亮前妇子慎微，每以养慎几致谏，亮不从。李尤好左道，所至巫觋盈门，又干预政事，由是亮之声称渐损。十四年，又为工部尚书。明年，迁太子詹事，出为洛州都督。及侯君集诛，以亮先奏其将反，优诏褒美，迁刑部尚书，参预朝政。太宗将伐高丽，亮频谏不纳，因自请行。以亮为沧海道行军大总管，管率舟师。自东莱渡海，袭沙卑城，破之，俘男女数千口。进兵顿于建安城下，营垒未固，士卒多樵牧。贼众奄至，军中惶骇。亮素怯懦，无计策，但踞胡床，直视而无所言，将士见之，翻以亮为有胆气。其副总管张金树等乃鸣鼓令士众击贼，破之。太宗知其无将帅材而不之责。有方术人程公颖者，亮亲信之。初，在相州，阴召公颖谓曰："相州形胜之地，人言不出数年有王者起，公以为何如？"公颖知其有异志，因言亮卧似龙形，必当大贵。又有公孙常者，颇擅文辞，自言有黄白之术，尤与亮善。亮谓曰："吾尝闻图谶'有弓长之君当别都'，虽有此言，实不愿闻之。"常又言亮名应图箓，亮大悦。二十年，有陕人常德玄告其事，并言亮有义儿五百人。太宗遣法官按之，公颖及常证其罪，亮曰："此二人畏死见诬耳。"又自陈佐命之旧，冀有宽贷。太宗谓侍臣曰："亮有义儿五百，畜养此辈，将何为也？正欲反耳。"命百僚议其狱，多言亮当诛，唯将作少匠李道裕言亮反形未具，明其无罪。太宗既盛怒，竟斩于市，籍没其家。岁余，刑部侍郎有阙，令执政者妙择其人，累奏皆不可。太宗曰："朕得其人也。往者李道裕议张亮云'反形未具'，此言当矣。虽不即从，至今追悔。"遂授道裕刑部侍郎。

薛万彻，雍州咸阳人，自燉煌徙焉。隋左御卫大将军世雄子也。世雄大业末卒于涿郡太守。万彻少与兄万均随父在幽州，俱以武略为罗艺所亲待。寻与艺归附高祖，授万均上柱国、永安郡公，万彻车骑将军、武安县公。会窦建德率众十万来寇范阳，艺逆拒之。万均谓艺曰："众寡不敌，今若出斗，百战百败，当以计取之。可令羸兵弱马阻水背城为阵以诱之，观贼之势，必渡水交兵。万均请精骑百人伏于城侧，待其半渡击之，破贼必矣。"艺从其言。建德果引军渡水，万均邀击，大破之。明年，建德率众二十万复攻幽州，贼已攀堞，万均与万彻率敢死士百人从地道而出，直掩贼背击之，贼遂溃走。及太宗平刘黑闼，引万均为右二护军，恩顾甚至。隐太子建成又引万彻置于左右。建成被诛，万彻率宫兵战于玄武门，鼓噪欲入秦府，将士大惧。及枭建成首示之，万彻与数十骑亡于终南山。太宗累遣使谕意，万彻释仗而来。太宗以其忠于所事，不之罪也。

万均，贞观初历迁殿中少监。柴绍之击梁师都，以万彻为副。未至朔方数十里，突厥四面而至，官军稍却。万均与万彻横出击之，斩其骁将，房阵乱，因而乘之，杀伤被野。鼓行而进，遂围师都。俄而师都见杀，城降，突厥不敢来援。万彻后从李靖击突厥颉利可汗于塞北，以功授统军，进爵郡公。及靖将击吐谷浑，请万彻同行。及至贼境，与诸将各率百余骑先行，卒与虏数千骑相遇。万彻单骑驰击之，房无敢当者。还谓诸将曰："贼易与耳！"跃马复进，诸将随之，斩数千级，人马流血，勇冠三军。又与万均破吐谷浑天柱王于赤水源，获其杂畜二十万计，追至河源。万均此后官至左屯卫大将军，累封潞国公而卒。

万彻寻丁母忧解职，俄起为右卫将军，出为蒲州刺史。会薛延陀率回纥、同罗之众渡碛，南击李思摩，万彻副李勣援之。与房相遇，率数百骑为先锋，击其阵后，骑皆散，贼顾见，遂大溃。追奔数十里，斩首三千余级，获马万五千匹。以功别封一子为县侯。十八年，授左卫大将军，尚丹阳公主，拜附马都尉。寻迁右卫大将军，转杭州刺史，迁代州都督，复召拜右武卫大将军。太宗从容谓从臣曰："当今名将，唯李勣、道宗、万彻三人而已。李勣、道宗不能大胜，亦不大败；万彻非大胜，即大败。"太宗尝召司徒长孙无忌等十余人宴于丹霄殿，各赐以貘皮，万彻预焉。太宗意在赐万彻，而误呼万均，因怆然曰："万均朕之勋旧，不幸早亡，不觉呼名，岂其魂灵欲朕之赐也。"因令取貘皮，呼万均以同赐而焚之于前，侍坐者无不感叹。二十二年，万彻又为青丘道行军大总管，率甲士三万自莱州泛海伐高丽，入鸭绿水百余里，至泊汋城，高丽震骇，多弃城而遁。泊汋城主夫孙率步骑万余人拒战，万彻遣右卫将军裴行方领步卒为支军继进，万彻及诸军乘之，贼大溃。追奔百余里，于阵斩所夫孙，进兵围泊汋城。其城因山设险，阻鸭绿水以为固，攻之未拔。高丽遣将高文率乌骨、安地诸城兵三万余人来援，分置两阵。万彻分军以当之，锋刃才接而贼大溃。万彻在军，仗气凌物，人或奏之。及谒见，太宗谓曰："上书者论卿与诸将不协，朕录功弃过，不罪卿也。"因取书焚之。寻为副将、右卫将军裴行方言其怨望，于是廷验之，万彻辞屈。英国公李勣进曰："万彻职乃将军，亲惟主婿，发言怨望，罪不容诛。"因除名徙边，会赦得还。永徽二年，授宁州刺史。入朝与房遗爱款昵，因谓遗爱曰："今虽患脚，坐置京师，汉辈犹不敢动。"遗爱谓万彻曰："公若国家有变，我当与公立荆王元景为主。"及谋泄，吏逮之，万彻不之伏，遗爱证之，遂伏诛。临刑大言曰："薛万彻大健儿，留为国家效死力固好，岂得坐房遗爱杀之乎！"遂解衣谓监刑者疾听。执刀者斩之不殊，万彻叱之曰："何不加力！"三斫乃绝。

万彻长兄万淑，亦有战功。贞观初，至营州都督，检校东夷校尉，封梁郡公。季弟万备，有孝行，母终，庐于墓侧。太宗降玺书吊慰，仍旌表其门。后官至左卫将军，并先万彻卒。

初，武德、贞观之际，有盛彦师、卢祖尚、刘世让、刘兰、李君羡等，并有功名而不终其位。

盛彦师者，宋州虞城人。大业中，为澄城长。义师至汾阴，率宾客千余人济河上谒，拜银青光禄大夫、行军总管，从平京城。俄与史万宝镇宜阳以拒东寇。及李密之叛，将出山南，史万宝惧密威名，不敢拒，谓彦师曰："李密，骁贼也，又辅以王伯当，决策而叛，其下兵士思欲东归，若非计出万全，则不为也。兵在死地，殆不可当。"彦师笑曰："请以数千之众邀之，必枭其首。"万宝曰："计将安出？"对曰："军法尚诈，不可为公说之。"便领众逾熊耳山南，傍道而止，令弓弩者夹路乘高，刀楯者伏于溪谷。令曰："待贼半渡，一时齐发，弓弩据高纵射，刀楯即乱出薄之。"或问之曰："闻李密欲向洛州，而公入山，何也？"彦师曰："密声言往洛，实走襄城就张善相耳，必当出人不意。若贼入谷口，我自后追之，山路险隘，无所展力，一夫殿后，必不能制。今吾先得入谷，擒之必矣。"李密既度陕州，以为余不足虑，遂拥众徐行，果逾山南渡。彦师击之，密众首尾断绝，不得相救，遂斩李密，追擒伯当。以功封葛国公，拜武卫将军，仍镇熊州。太宗讨王世充，遣彦师与万宝军于伊阙，绝其山南之路。贼平，除宋州总管。初，彦师之入关也，王世充以其将陈宝遇为宋州刺史，处其家不以礼，及此，彦师因事杀之。平生所恶数十家亦皆杀之。州中震骇，重足而立。会徐圆朗反，彦师为安抚大使，因战，遂没于贼。圆朗礼厚之，令彦师作书报其弟，令举城降已。彦师为书曰："吾奉使无状，被贼所擒，为臣不忠，誓之以死。汝宜善侍老母，勿以吾为念。"圆朗初色动，而彦师自若，圆朗乃笑曰："盛将军乃有壮节，不可杀也。"待之如旧。贼平，彦师竟以罪赐死。

卢祖尚者，字季良，光州乐安人也。父禧，隋虎贲郎将。累叶豪富，倾财散施，甚得人心。大业末，召募壮士逐捕群盗。时年甚少，而武力过人，又御众严整，所向有功。群盗畏惮，不敢入境。及宇文化及作乱，州人请祖尚为刺史。祖尚时年十九，升坛歃血，以誓其众，泣涕歔欷，悲不自胜，众皆感激。王世充立越王侗，祖尚遣使从之，侗授祖尚光州总管。及世充自立，遂举州归款，高祖嘉之，赐玺书劳勉，拜光州刺史，封弋阳郡公。武德六年，从赵郡王孝恭讨辅公祏，为前军总管，攻其宣、歙二州，克之。进击贼帅冯惠亮、陈正通，并破之。贼平，以功授蒋州刺史。又历寿州都督、瀛州刺史，并有能名。贞观初，交州都督、遂安公寿以贪冒得罪，太宗思求良牧，朝臣咸言祖尚才兼文武，廉平正直。征至京师，临朝谓之曰："交州大藩，去京甚远，须贤牧抚之。前后都督皆不称职，卿有安边之略，为我镇之，勿以道远为辞也。"祖尚拜谢而出，既而悔之，以旧疾为辞。太宗遣杜如晦谕旨，祖尚固辞。又遣其妻兄周范往谕之曰："匹夫相许，犹须存信。卿面许朕，岂得后方悔之？宜可早行，三年必自相召，卿勿推拒，朕不食言。"对曰："岭南瘴疠，皆日饮酒，臣不便酒，去无还理。"太宗大怒曰："我使人不从，何以为大下令！"斩之于朝，时年三十余。寻悔之，使复其官荫。

刘世让，字元钦，雍州醴泉人也。仕隋征仕郎。高祖入长安，世让以沣川归国，拜通议大夫。时唐弼余党寇扶风，世让自请安辑，许之，俄得数千人。复为安定道行军总管，率兵以拒薛举，战败，世让及弟宝俱为举军所获。举将至城下，令给说城中曰："大军五道已趣长安，宜开门早降。"世让伪许之，因告城中曰："贼兵多少，极于此矣。宜善自固，以图安全。"举重其执节，竟不之害。太宗时屯兵高墌，世让潜遣宝逃归，言贼中虚实；高祖嘉之，赐其家帛千匹。及贼平，得归，授彭州刺史。寻领陕东道行军总管，与永安王孝基击吕崇茂于夏县，诸军败绩，世让与唐俭俱为贼所获。狱中闻独孤怀恩有逆谋，逃还以告高祖。时高祖方济河，将幸怀恩之营，闻难惊曰："刘世让之至，岂非天命哉！"因劳之曰："卿往陷薛举，遣弟潜效款诚，今复冒危告难，是皆忧国忘身也。"寻封弘农郡公，赐庄一区、钱百万。累转并州总管，统兵屯于雁门。突厥处罗可汗与高开道、苑君璋合众，攻之甚急。鸿胪卿郑元璹先使在蕃，可汗令元璹来说之，世让厉声曰："大丈夫奈何为夷狄作说客耶！"经日余，虏乃退。及元璹还，述世让忠贞勇干，高祖下制褒美之，锡以良马。未几，召拜广州总管。将之任，高祖问以备边之策，世让答曰："突厥南寇，徒以马邑为其中路耳。如臣所计，请于崞城置一智勇之将，多储金帛，有来降者厚赏赐之，数出奇兵略其城下，芟践禾稼，败其生业。不出岁余，彼当无食，马邑不足图也。"高祖曰："非公无可任者。"乃使驰驿往经略之。突厥惧其威名，乃纵反间，言世让与可汗通谋，将乱。高祖不之察，遂诛世让，籍没其家。贞观初，突厥来降者言世让初无逆谋，始原其妻子。

刘兰，字文郁，青州北海人也。仕隋鄱阳郡书佐。颇涉经史，善言成败。然性多凶狡，见隋末将乱，交通不逞。于时北海完富，兰利其子女玉帛，与群盗相应，破其本乡城邑。武德中，淮安王神通为山东道安抚大使，兰率宗党往归之。以功累迁尚书员外郎。贞观初，梁师都尚据朔方，兰上言攻取之计。太宗善之，命为夏州都督府司马。时梁师都以突厥之师顿于城下，兰偃旗卧鼓，不与之争锋，贼徒宵遁，兰追击破之，遂进军夏州。及师都平，以功迁丰州刺史，征为右领军将军。十一年，幸洛阳，以蜀王愔为夏州都督。愔不之藩，以兰为长史，总其府事。时突厥携离，有郁射设阿史那摸末率其部落入居河南。兰纵反间以离其部落，颉利果疑摸末，摸末惧，而颉利又遣兵追之，兰率众逆击，败之。太宗以为能，超拜丰州刺史，再转夏州都督，封平原郡公。贞观末，以谋反腰斩。右骁卫大将军丘行恭探其心肝而食之，太宗闻而召行恭让之曰："刑典自有常科，何至于此！必若食逆者心肝而为忠孝，则刘兰之心为太子诸王所食，岂至卿邪？"行恭无以答。

李君羡者，洺州武安人也。初为王世充骠骑，恶世充之为人，乃与其党叛而来归，太宗引为左右。从讨刘武周及王世充等，每战必单骑先锋陷阵，前后赐以宫女、马牛、黄金、杂彩，不可胜数。太宗即位，累迁华州刺史，封武连郡公。贞观初，太白频昼见，太史占曰："女主昌。"又有谣言："当有女武王者。"太宗恶之。时君羡为左武卫将军，在玄武门。太宗因武官内宴，作酒令，各言小名。君羡自称小名"五娘子"，太宗愕然，因大笑曰："何物女子，如此勇猛！"又以君羡封邑及属县皆有"武"字，深恶。会御史奏君羡与妖人员道信潜相谋结，将为不轨，遂下诏诛之。天授二年，其家属诣阙称冤，则天乃追复其官爵，以礼改葬。

史臣曰：侯君集摧凶克敌，效用居多，恃宠矜功，粗率无检，弃前功而罹后患，贪愚之将明矣。张亮听公颖之妖言，恃弓长之邪谶，义儿斯畜，恶迹遂彰，虽道裕云反状未形,而诡诈之性,于斯验矣。万彻筹深行阵,勇冠戎夷,不能保其首领,以至诛戮。夫二三子,非慎始而保终也。

赞曰:君子立功,守以谦冲。小人得位,足为身害。侯、张凶险,窒窥圣代。雄若韩、彭,难逃菹醢。

卷七十　　　　列传第二十

王珪　戴胄 兄子至德　岑文本 兄子长倩　长倩子义　格辅元附　杜正伦

王珪,字叔玠,太原祁人也。在魏为乌丸氏,曾祖神念,自魏奔梁,复姓王氏。祖僧辩,梁太尉、尚书令。父颙,北齐乐陵太守。珪幼孤,性雅澹,少嗜欲,志量沉深,能安于贫贱,体道履正,交不苟合。季叔颇,当时通儒,有人伦之鉴,尝谓所亲曰:"门户所寄,唯在此儿耳。"开皇末,为奉礼郎。及颇坐汉王谅反事被诛,珪当从坐,遂亡命于南山,积十余岁。高祖入关,丞相府司录李纲荐珪贞谅有器识,引为世子府谘议参军。及东宫建,除太子中舍人;寻转中允,甚为太子所礼。后以连其阴谋事,流于巂州。建成诛后,太宗素知其才,召拜谏议大夫。

贞观元年,太宗尝谓侍臣曰:"正主御邪臣,不能致理;正臣事邪主,亦不能致理,唯君臣相遇,有同鱼水,则海内可安也。昔汉高祖,田舍翁耳。提三尺剑定天下,既而规模弘远,庆流子孙者,此盖任得贤臣所致也。朕虽不明,幸诸公数相匡救,冀凭嘉谋,致天下于太平耳。"珪对曰:"臣闻木从绳则正,后从谏则圣。故古者圣主,必有诤臣七人,言而不用,则相继以死。陛下开圣虑,纳刍荛,臣处不讳之朝,实愿罄其狂瞽。"太宗称善,敕自今后中书门下及三品以上入阁,必遣谏官随之。珪每推诚纳忠,多所献替,太宗顾待益厚,赐爵永宁县男,迁黄门侍郎,兼太子右庶子。二年,代高士廉为侍中。太宗尝闲居,与珪宴语,时有美人侍侧,本庐江王瑗之姬,瑗败籍没入宫,太宗指示之曰:"庐江不道,贼杀其夫而纳其室。暴虐之甚,何有不亡者乎!"珪避席曰:"陛下以庐江取此妇人为是耶,为非耶?"太宗曰:"杀人而取其妻,卿乃问朕是非,何也?"对曰:"臣闻于管子曰:'齐桓公之郭,问其父老曰:郭何故亡?父老曰:以其善善而恶恶也。桓公曰:若子之言,乃贤君也,何至于亡?父老曰:不然,郭君善善而不能用,恶恶而不能去,所以亡也。'今此妇人尚在左右,窃以圣心为是之,陛下若以为非,此谓知恶而不去也。"太宗虽不出此美人,而甚重其言。时太常少卿祖孝孙以教宫人声乐不称旨,为太宗所让。珪及温彦博谏曰:"孝孙妙解音律,非不用心,但恐陛下顾问不得其人,以惑陛下视听。且孝孙雅士,陛下忽为教女乐而怪之,臣恐天下怪愕。"太宗怒曰:"卿皆我之腹心,当进忠献直,何乃附下罔上,反为孝孙言也!"彦博拜谢,珪独不拜,

曰:"臣本事前宫,罪已当死。陛下矜恕性命,不以不肖,置之枢近,责以忠直。今臣所言,岂是为私?不意陛下忽以疑事消臣,是陛下负臣,臣不负陛下。"帝默然而罢。翌日,帝谓房玄龄曰:"自古帝王,能纳谏者固难矣。昔周武王尚不用伯夷、叔齐,宣王贤主,杜伯犹以无罪见杀,吾夙夜庶几前圣,恨不能仰及古人。昨责彦博、王珪,朕甚悔之。公等勿以此而不进直言也。"

时房玄龄、李靖、温彦博、戴胄、魏徵与珪同知国政。后尝侍宴,太宗谓珪曰:"卿识鉴清通,尤善谈论,自房玄龄等,咸宜品藻,又可自量,孰与诸子贤?"对曰:"孜孜奉国,知无不为,臣不如玄龄;才兼文武,出将入相,臣不如李靖;敷奏详明,出纳惟允,臣不如温彦博;处繁理剧,众务必举,臣不如戴胄;以谏诤为心,耻君不及于尧、舜,臣不如魏徵。至如激浊扬清,嫉恶好善,臣于数子,亦有一日之长。"太宗深然其言,群公亦各以为尽已所怀,谓之确论。后进爵为郡公。七年,坐漏泄禁中语,左迁同州刺史。明年,召拜礼部尚书。十一年,与诸儒正定《五礼》,书成,赐帛三百段,封一子为县男。是岁,兼魏王师。既而上问黄门侍郎韦挺曰:"王珪为魏王泰师,与其相见,若为礼节?"挺对曰:"见师之礼,拜答如礼。"王问珪以忠孝,珪答曰:"陛下,王之君也,事君思尽忠;陛下,王之父也,事父思尽孝。忠孝之道,可以立身,可以成名,当年可以享天祐,余芳可以垂后叶。"王曰:"忠孝之道,已闻教矣,愿闻所习。"珪答曰:"汉东平王苍云:'为善最乐。'"上谓侍臣曰:"古来帝子,生于宫阃,及其成人,无不骄逸,是以倾覆相踵,少能自济。我今严教子弟,欲令皆得安全。王珪我久驱使,是所谙悉,以其意存忠孝,选为子师。尔宜语泰:'汝之待珪,如事我也,可以无过。'"泰每为之先拜,珪亦以师道自居,物议善之。时珪子敬直尚南平公主。礼有妇见舅姑之仪,自近代公主出降,此礼皆废。珪曰:"今主上钦明,动循法制。吾受公主谒见,岂为身荣,所以成国家之美耳。"遂与其妻就席而坐,令公主亲执笲行盥馈之道,礼成而退。是后公主下降有舅姑者,皆备妇礼,自珪始也。珪少时贫寒,人或遗之,初不辞谢;及贵,皆厚报之,虽其人已亡,必赈赡其妻子。事寡嫂尽礼,抚孤侄恩义极隆,宗姻困匮者,亦多所周恤。珪通贵渐久,而不营私庙,四时蒸尝,犹祭于寝。坐为法司所劾,太宗优容,弗之谴也,因为立庙,以愧其心。珪既俭不中礼,时论以是少之。十三年,遇疾,敕公主就第省视,又遣民部尚书唐俭增损药膳。寻卒,年六十九。太宗素服举哀于别次,悼惜久之。诏魏王泰率百官亲往临哭,赠吏部尚书,谥曰懿。

长子崇基,袭爵,官至主爵郎中。少子敬直,以尚主拜附马都尉,坐与太子承乾交结,徙于岭外。崇基孙旭,开元初,为左司郎中,兼侍御史。时光禄少卿卢崇道犯罪配流岭南,逃归匿于东都,为仇家所发。玄宗令旭究其狱,旭欲擅其威权,因捕系崇道亲党数十人,皆极其楚毒,然后结成其罪,崇道及其三子并坐死,亲友皆决杖流贬。时得罪多是知名之士,四海冤之。旭又与御史大夫李杰不协,递相纠讦,杰竟坐左迁衢州刺史。旭既得志,擅行威

福,由是朝廷畏而鄙之。俄以赃罪黜为龙川尉,愤恚而死,甚为时之所快。

戴胄,字玄胤,相州安阳人也。性贞正,有干局。明习律令,尤晓文簿。隋大业末,为门下录事,纳言苏威、黄门侍郎裴矩甚礼之。越王侗以为给事郎。王世充将篡侗位,胄言于世充曰:"君臣之分,情均父子,理须同其休戚,勉以终始。明公以文武之才,当社稷之寄,与存与亡,在于今日。所愿推诚王室,拟迹伊、周,使国有泰山之安,家传代禄之盛,则率土之滨,莫不幸甚。"世充诡辞称善,劳而遣之。世充后逼越王加其九锡,胄又抗言切谏。世充不纳,由是出为郑州长史,令与兄子行本镇武牢。太宗克武牢而得之,引为秦府士曹参军。及即位,除兵部郎中,封武昌县男。

贞观元年,迁大理少卿。时吏部尚书长孙无忌尝被召,不解佩刀入东上阁。尚书右仆射封德彝议以监门校尉不觉,罪当死;无忌误带入,罚铜二十斤。上从之。胄驳曰:"校尉不觉与无忌带入,同为误耳。臣子之于尊极,不得称误,准律云:'供御汤药、饮食、舟船,误不如法者,皆死。'陛下若录其功,非宪司所决;若当据法,罚铜未为得衷。"太宗曰:"法者,非朕一人之法,乃天下之法也。何得以无忌国之亲戚,便欲阿之?"更令定议。德彝执议如初,太宗将从其议,胄又曰:"校尉缘无忌以致罪,于法当轻。若论其误,则为情一也,而生死顿殊,敢以固请。"上嘉之,竟免校尉之死。于时朝廷盛开选举,或有诈伪资荫者,帝令其自首,不首者罪至于死。俄有诈伪者事泄,胄据法断流以奏。帝曰:"朕下敕不首者死,今断从流,是示天下以不信。卿欲卖狱乎?"胄曰:"陛下当即杀之,非臣所及。既付所司,臣不敢亏法。"帝曰:"卿自守法,而令我失信邪?"胄曰:"法者,国家所以布大信于天下;言者,当时喜怒之所发耳。陛下发一朝之忿而许杀之,既知不可而置之于法,此乃忍小忿而存大信也。若顺忿违信,臣窃为陛下惜之。"帝曰:"法有所失,公能正之,朕何忧也!"胄前后犯颜执法多此类。所论刑狱,皆事无冤滥,随方指擿,言如泉涌。其年,转尚书右丞,寻迁左丞。先是,每岁水旱,皆以正仓出给,无仓之处,就食他州,百姓多致饥乏。二年,胄上言:"水旱凶灾,前圣所不免。国无九年储蓄,礼经之所明诫。今丧乱已后,户口雕残,每岁纳租,未实仓廪。随即出给,才供当年,若有凶灾,将何赈恤?故隋开皇立制,天下之人,节级输粟,名为社仓,终文皇代,得无饥馑。及大业中年,国用不足,并取社仓之物以充官费,故至末涂,无以支给。今请自王公已下,爰及众庶,计所垦田稼穑顷亩,每至秋熟,准其见苗以理劝课,尽令出粟。稻麦之乡,亦同此税,各纳所在,立为义仓。"太宗从其议。以其家贫,赉钱十万。

时尚书左仆射萧瑀免官,仆射封德彝又卒,太宗谓胄曰:"尚书省天下纲维,百司所禀,若一事有失,天下必有受其弊者。今以令、仆系之于卿,当称朕所望也。"胄性明敏,达于从政,处断明速。议者以为左右丞称职,武德已来,一人而已。又领谏议大夫,令与魏徵更日供奉。

三年,进拜民部尚书,兼检校太子左庶子。先是,右仆射杜如晦专掌选举,临终请以选事委胄,由是诏令兼摄吏部尚书,其民部、庶子、谏议并如故。胄虽有干局,而无学术。居吏部,抑文雅而奖法吏,甚为时论所讥。四年,罢吏部尚书,以本官参预朝政,寻进爵为郡公。五年,太宗将修复洛阳宫,胄上表谏曰:

陛下当百王之弊,属暴隋之后,拯余烬于涂炭,救遗黎于倒悬。远至迩安,率土清谧,大功大德,岂臣之所称赞。臣诚小人,才识非远,唯知耳目之近,不达长久之策,敢竭区区之诚,论臣职司之事。比见关中、河外,尽置军团,富室强丁,并从戎旅。重以九成作役,余丁向尽,去京二千里内,先配司农将作。假有遗余,势何足纪?乱离甫尔,户口单弱,一人就役,举家便废。入军者督其戎仗,从役者责其粮粮,尽室经营,多不能济。以臣愚虑,恐致怨嗟。七月已来,霖潦过度,河南、河北,厥田涝下,时丰岁稔,犹未可量。加以军国所须,皆资府库,布绢所出,岁过百万。丁既役尽,赋调不减,费用不止,帑藏其虚。且洛阳宫殿,足蔽风雨,数年功毕,亦谓非晚。若顿修营,恐伤劳扰。

太宗甚嘉之,因谓侍臣曰:"戴胄于我无骨肉之亲,但以忠直励行,情深体国,事有机要,无不以闻。所进官爵,以酬厥诚耳。"七年卒,太宗为之举哀,废朝三日。赠尚书右仆射,追封道国公,谥曰忠,诏虞世南为撰碑文。又以胄宅字弊陋,祭享无所,令有司特为造庙。房玄龄、魏徵并美胄才用,俱与之亲善,及胄卒后,尝见其游处之地,数为之流涕。胄无子,以兄子至德为后。

至德,乾封中累迁西台侍郎、同东西台三品。寻转户部尚书,依旧知政事。父子十数年间相继为尚书,预知国政,时以为荣。咸亨中,高宗以飞白书以赐侍臣,赐至德曰"泛洪源,俟舟楫";赐郝处俊曰"飞九霄,假六翮";赐李敬玄曰"资启沃,罄丹诚";又赐中书侍郎崔知悌曰"竭忠节,赞皇猷";其辞皆有兴比。俄迁尚书右仆射。时刘仁轨为左仆射,每遇申诉冤滞者,辄美言许之;而至德先据理难诘,未尝与夺,若有理者,密为奏之,终不显己之断决,由是时誉归于仁轨。或以问至德,答曰:"夫庆赏刑罪,人主之权柄,凡为人臣,岂得与人主争权柄哉!"其慎密如此。后高宗知而深叹美之。仪凤四年薨,辍朝三日,使百官以次赴宅哭之,赠开府仪同三司、并州大都督,谥曰恭。

岑文本,字景仁,南阳棘阳人也。祖善方,仕萧察吏部尚书。父之象,隋末为邯郸令,尝被人所讼,理不得申。文本性沈敏,有姿仪,博考经史,多所贯综,美谈论,善属文。时年十四,诣司隶称冤,辞情慨切,召对明辩,众颇异之。试令作《莲花赋》,下笔便成,属意甚佳,合台莫不叹赏。其父冤雪,由是知名。其后,郡举秀才,以时乱不应。萧铣僭号于荆州,召署中书侍郎,专典文翰。及河间王孝恭定荆州,军中将士咸欲大掠,文本进说孝恭曰:"自隋室无道,群雄鼎沸,四海延颈以望真主。今萧氏君臣、江陵父老，决计归降者，实望去危就安耳。王必欲纵兵虏掠，诚非鄙州来苏之意，亦恐江、岭以南，向化之心沮矣。"孝恭称善，遂止。署文本荆州别驾。孝恭进击辅公祏，召典军书，复署行台考功郎中。贞观元年，除秘书郎，兼直中书省。遇太宗行藉田之礼，文本上《藉田颂》。及元日临轩宴百僚，文本复上《三元颂》，其辞甚美。文本才名既著，李靖复称荐之，擢拜中书舍人，渐蒙亲顾。初，武德中诏诰及军国大事，文皆出于颜师古。至是，文本所草诏诰。或众务繁凑，即命书僮六七人随口并写，须臾悉成，亦殆尽其妙。时中书侍郎颜师古以谴免职，顷之，温彦博奏曰："师古谙练时事，长于文法，时无及者，冀蒙复用。"太宗曰："我自举一人，公勿忧也。"于是以文本为中书侍郎，专典机密。又先与令狐德棻撰《周史》，其史论多出于文本。至十年史成，封江陵县子。十一年，从至洛阳宫，会谷、洛泛溢，文本上封事曰：

臣闻创拨乱之业，其功既难；守已成之基，其道不易。故居安思危，所以定其业也；有始有卒，所以隆其基也。今虽亿兆乂安，方隅宁谧，既承丧乱之后，又接雕弊之余，户口减损尚多，田畴垦辟犹少。覆焘之恩著矣，而疮痍未复；德教之风被矣，而资产屡空。是以古人譬之种树，年祀绵远，则枝叶扶疏；若种之日浅，根本未固，虽壅之以黑坟，暖之以春日，一人摇之，必致枯槁。今之百姓，颇类于此。常加含养，则日就滋息；暂有征役，则随而雕耗。雕耗既甚，则人不聊生；人不聊生，则怨气充塞；怨气充塞，则离叛之心生矣。故帝舜曰："可爱非君，可畏非人。"孔安国曰："人以君为命，故可爱；君失道，人叛之，故可畏。"仲尼曰："君犹舟也，人犹水也；水所以载舟，亦所以覆舟。"是以古之哲王，虽休勿休，日慎一日者，良为此也。伏惟陛下览古今之事，察安危之机，上以社稷为重，下以亿兆为念。明选举，慎赏罚，进贤才，退不肖。闻过即改，从谏如流。为善在于不疑，出令期于必信。颐神养性，省畋游之娱；去奢从俭，减工役之费。务静方内而不求辟土；载橐弓矢而无忘武备。凡此数者，虽为国之常道，陛下之所常行，臣之愚心，唯愿陛下思之而不倦，行之而不息。则至道之美，与三、五比隆；亿载之祚，随天地长久。虽使桑谷为妖，龙蛇作孽，雉雊于鼎耳，石言于晋地，犹当转祸为福，变咎为祥。况水雨之患，阴阳常理，岂可谓之天谴而系圣心哉？臣闻古人有言："农夫劳而君子养焉，愚者言而智者择焉。"辄陈狂瞽，伏待斧钺。

是时魏王泰宠冠诸王，盛修第宅，文本以为侈不可长，上疏盛陈节俭之义，言泰宜有抑损，太宗并嘉之，赐帛三百段。十七年，加银青光禄大夫。

文本自以出自书生，每怀抑挹。平生故人，虽微贱必与之抗礼。居处卑陋，室无茵褥帷帐之饰。事母以孝闻，抚弟侄恩义甚笃。太宗每言其"弘厚忠谨，吾亲之信之。"是时，新立晋王为皇太子，名士多兼领宫官，太宗欲令文本兼摄。文本再拜曰："臣以庸才，久逾涯分，守此一职，犹惧满盈，岂宜更忝春坊，以速时谤。臣请一心以事陛下，不愿更希东宫恩泽。"太宗乃止。仍令五日一参东宫，皇太子执宾友之礼，与之答拜。其见待如此。俄拜中书令，归家有忧色，其母怪而问之，文本曰："非勋非旧，滥荷宠荣，责重位高，所以忧惧。"亲宾有来庆贺，辄曰："今受吊，不受贺也。"又有劝其营产业者，文本叹曰："南方一布衣，徒步入关，畴昔之望，不过秘书郎、一县令耳。而无汗马之劳，徒以文墨致位中书令，斯亦极矣。荷俸禄之重，为惧已多，何得更言产业乎？"言者叹息而退。

文本既久在枢揆，当涂任事，赏锡稠叠，凡有财物出入，皆委季弟文昭，一无所闻。文昭时任校书郎，多与时人游款，太宗闻而不悦，尝从容谓文本曰："卿弟过多交结，恐累卿，朕将出之为外官，如何？"文本泣曰："臣弟少孤，老母特所钟念，不欲信宿离于左右。若令外出，母必忧悴，傥无此弟，亦无老母也。"歔欷呜咽，太宗愍其意而止。唯召见文昭，严加诫约，亦卒无愆过。及将伐辽，凡所筹度，一皆委之。文本受委既深，神情顿竭，言辞举措，颇异平常。太宗见而忧之，谓左右曰："文本今与我同行，恐不与我同返。"及至幽州，遇暴疾，太宗亲自临视，抚之流涕。寻卒，年五十一。其夕，太宗闻严鼓之声，曰："文本殒逝，情深恻怛。今宵夜警，所不忍闻。"命停之。赠侍中、广州都督，谥曰宪，赐东园秘器，陪葬昭陵。有集六十卷行于代。

文本兄文叔。文叔子长倩，少为文本所鞠，同于己子。永淳中，累转兵部侍郎、同中书门下平章事。垂拱初，自夏官尚书迁内史，知夏官事，俄拜文昌右相，封邓国公。则天初革命，尤好符瑞，长倩惧罪，颇有陈奏，又上疏请改皇嗣姓为武氏，以为周室储贰，则天许之，实封五百户。天授二年，加特进、辅国大将军。其年，凤阁舍人张嘉福与洛阳人王庆之等列名上表，请立武承嗣为皇太子。长倩以皇嗣在东宫，不可更立承嗣，与地官尚书格辅元竟不署名，仍奏请切责上书者。由是大忤诸武意，乃斥令西征吐蕃，充武威道行军大总管。中路召还，下制狱，被诛，仍发掘其父祖坟墓。来俊臣又胁迫长倩子灵源，令诬纳言欧阳通及格辅元等数十人，皆陷以同反之罪，并诛死。

长倩子羲，长安中为广武令，有能名。则天尝令宰相各举堪为员外郎者，凤阁侍郎韦嗣立荐羲，且奏曰："恨其从父长倩犯逆为累。"则天曰："苟有材干，何恨微累？"遂拜天官员外郎。由是缘坐近亲，相次入省，登封令刘守悌为司门员外郎，渭南令裴倩为地官员外郎。先是，羲为金坛令，守悌及倩称为清德。羲以文吏著名，俱为巡察使所荐，皆授畿县令，又同为尚书郎，悉有美誉。守悌后至陕州刺史，倩至杭州刺史。羲，神龙初为中书舍人。时武三思用事，侍中敬晖欲上表请削诸武之为王者，募为疏者。众畏三思，皆辞托不敢为之，羲便操笔，辞甚切直。由是忤三思意，转秘书少监，再迁吏部侍郎。时吏部侍郎崔湜、太常少卿郑愔、大理少卿李元恭分掌选事，皆以赃货闻，羲最守正，时议美之。寻加银青光禄大夫、右散骑常侍、同中书门下三品。睿宗即位，出为陕州刺史。复历刑部、户部二尚书，门下三品，监修国史，删定格令，仍修《氏族录》。初，中宗时，侍御史冉祖雍诬奏睿宗及太平公主与节愍太子连谋，请加推究，羲与中书侍郎萧至忠密申保护。及羲监修《中宗实录》，自书其事，睿宗览而大加赏叹，赐物三百段、细马一匹，仍下制书褒美之。时羲兄献为国子司业，弟翔为陕州刺史，休为商州刺史，从族兄弟子侄，因羲引用登清要者数十人。羲叹曰："物极则返，可以惧矣！"然竟不能有所抑退。寻迁侍中。先天元年，坐预太平公主谋逆伏诛，籍没其家。

格辅元者，汴州浚仪人也。伯父德仁，隋剡县丞，与同郡人齐王文学王孝逸、文林郎繁师玄、罗川郡户曹靖君亮、司隶从事郑祖咸、宣城县长郑师善、王世充中书舍人李行简、处士卢协等八人，以辞学擅名，当时号为"陈留八俊"。辅元弱冠举明经，历迁御史大夫、地官尚书、同凤阁鸾台平章事。初，张嘉福请立武承嗣也，则天以问辅元，固称不可，遂为承嗣所谮而死，海内冤之。辅元兄希元，高宗时洛州司法参军，章怀太子召令与洗马刘讷言等注解范晔《后汉书》，行于代。先辅元卒。

杜正伦，相州洹水人也。隋仁寿中，与兄正玄、正藏俱以秀才擢第。隋代举秀才止十余人，正伦一家有三秀才，甚为当时称美。正伦善属文，深明释典。仕隋为羽骑尉。武德中，历迁齐州总管府录事参军。太宗闻其名，令直秦府文学馆。贞观元年，尚书右丞魏徵表荐正伦，以为古今难匹，遂擢授兵部员外郎。太宗谓曰："朕今令举行能之人，非朕独私于行能者，以其能益于百姓也。朕于宗亲及以勋旧无行能者，终不任之。以卿忠直，朕今举卿，卿宜勉称所举。"二年，拜给事中，兼知起居注。太宗尝谓侍臣曰："朕每日坐朝，欲出一言，即思此言于百姓有利益否，所以不能多言。"正伦进曰："君举必书，言存左史。臣职当修起居注，不敢不尽愚直。陛下若一言乖于道理，则千载累于圣德，非直当今损于百姓，愿陛下慎之。"太宗大悦，赐绢二百段。

四年，累迁中书侍郎。六年，正伦与御史大夫韦挺、秘书少监虞世南、著作郎姚思廉等咸上封事称旨，太宗为之设宴，因谓曰："朕历观自古人臣立忠之事，若值明王，便得尽诚规谏，至如龙逢、比干，竟不免孥戮。为君不易，为臣极难。我又闻龙可扰而驯，然喉下有逆鳞，触之则杀人。人主亦有逆鳞，卿等遂不避犯触，各进封事。常能如此，朕岂虑有危亡哉！我思卿等此意，岂能暂忘？故聊设宴乐也。"仍并赐帛有差。寻加散骑常侍，行太子右庶子，兼崇贤馆学士。太宗谓曰："国之储副，自古所重，必择善人为之辅佐。今太子年在幼冲，志意未定，朕若朝夕见之，可得随事诫约。今既委以监国，不在目前，知卿志怀贞悫，能敦直道，故辄辍卿于朕，以匡太子，宜知委任轻重也。"十年，复授中书侍郎，赐爵南阳县侯，仍兼太子左庶子。正伦出入两宫，参典机密，甚以干理称。时太子承乾有足疾，不能朝谒，好昵近群小。太宗谓正伦曰："我儿疾病，乃可事也。但全无令誉，不闻爱贤好善，私所引接，多是小人，卿可察之。若教示不得，须来告我。"正伦数谏不纳，乃以太宗语告之，承乾抗表闻奏。太宗谓

正伦曰："何故漏泄我语？"对曰："开导不入，故以陛下语吓之，冀其有惧，或当反善。"帝怒，出为谷州刺史，又左授交州都督。后承乾构逆，事与侯君集相连，称遣君集将金带遗正伦，由是配流驩州。显庆元年，累授黄门侍郎，兼崇贤馆学士，寻同中书门下三品。二年，兼度支尚书，仍依旧知政事。俄拜中书令，兼太子宾客、弘文馆学士，进封襄阳县公。三年，坐与中书令李义府不协，出为横州刺史，仍削其封邑。寻卒。有集十卷行于代。

史臣曰：王珪履正不回，忠谠无比，君臣时命，胥会于兹。《易》曰："自天祐之，吉无不利。"叔玠有焉。戴胄两朝仕官，一乃心力，刑无僭滥，事有箴规。虽学术不能求备，而匡益自可济时，亦所谓巧于任大矣。文本文倾江海，忠贯雪霜，申慈父之冤，匡明主之业，及委繁剧，俄致暴终。《书》曰："小心翼翼，昭事上帝。"所谓忧能伤人，不复永年矣。洎羲而下，登清要者数十人。积善之道，焉可忽诸？正伦以能文被举，以直道见委，参典机密，出入两宫，斯谓得时。然被承乾金带之讥，孰与夫薏苡之谤，士大夫慎之。

赞曰：五灵嘉瑞，出系污隆。人中麟凤，王、戴诸公。动必由礼，言皆匡躬。献规纳谏，贞观之风。

卷七十一　　列传第二十一

魏　徵

魏徵，字玄成，钜鹿曲城人也。父长贤，北齐屯留令。徵少孤贫，落拓有大志，不事生业，出家为道士。好读书，多所通涉，见天下渐乱，尤属意纵横之说。大业末，武阳郡丞元宝藏举兵以应李密，召徵使典书记。密每见宝藏之疏，未尝不称善，既闻徵所为，遽使召之。徵进十策以干密，虽奇之而不能用。及王世充攻密于洛口，徵说密长史郑颋曰："魏公虽骤胜，而骁将锐卒死伤多矣；又军无府库，有功不赏。战士心惰，此二者难以应敌。未若深沟高垒，旷日持久，不过旬月，敌人粮尽，可不战而退，追而击之，取胜之道。且东都食尽，世充计穷，意欲死战，可谓穷寇难与争锋，请慎无与战。"颋曰："此老生之常谈耳！"徵曰："此乃奇谋深策，何谓常谈？"拂衣而去。及密败，徵随密来降，至京师，久不见知。自请安辑山东，乃授秘书丞，驱传至黎阳。时徐世勣尚为李密拥众，徵与世勣书曰：

自隋末乱离，群雄竞逐，跨州连郡，不可胜数。魏公起自叛徒，奋臂大呼，四方响应，万里风驰，云合雾聚，众数十万。威之所被，将半天下，破世充于洛口，摧化及于黎山。方欲西踞咸阳，北凌玄阙，扬旌瀚海，饮马渭川，翻以百胜之威，败于奔亡之虏。固知神器之重，自有所归，不可以力争。是以魏公思

皇天之乃眷,入函谷而不疑。公生于扰攘之时,感知
己之遇。根本已拔,确乎不动,鸠合遗散,据守一隅。
世充以乘胜余勇,息其东略;建德因侮亡之势,不敢
南谋。公之英声,足以振于今古。然谁无善始,终之
虑难。去就之机,安危大节。若策名得地,则九族荫
其余辉;委质非人,则一身不能自保。殷鉴不远,公
所闻见。孟贲犹豫,童子先之,知几其神,不俟终日。
今公处必争之地,乘此速之机,更事迟疑,坐观成败,
恐凶狡之辈,先人生心,则公之事去矣。

世勣得书,遂定计遣使归国,开仓运粮,以馈淮安王神通
之军。俄而建德悉众南下,攻陷黎阳,获徵,署为起居舍
人。及建德就擒,与裴矩西入关。隐太子闻其名,引直洗
马,甚礼之。徵见太宗勋业日隆,每劝建成早为之所。及
败,太宗使召之,谓曰:"汝离间我兄弟,何也?"徵曰:
"皇太子若从徵言,必无今日之祸。"太宗素器之,引为詹
事主簿。及践祚,擢拜谏议大夫,封钜鹿县男,使安辑河
北,许以便宜从事。徵至磁州,遇前宫千牛李志安、齐王
护军李思行锢送诣京师。徵谓副使李桐客曰:"吾等受命
之日,前宫、齐府左右,皆令赦原不问。今复送思行,此
外谁不自疑?徒遣使往,彼必不信,此乃差之毫厘,失之
千里。且公家之利,知无不为,宁可虑身,不可废国家大
计。今若释遣思行,不问其罪,则信义所感,无远不臻。
古者,大夫出疆,苟利社稷,专之可也。况今日之行,许
以便宜从事,主上既以国士见待,安可不以国士报之乎?"
即释遣思行等,仍以启闻,太宗甚悦。

太宗新即位,励精政道,数引徵入卧内,访以得失。
徵雅有经国之才,性又抗直,无所屈挠。太宗与之言,未
尝不欣然纳受。徵亦喜逢知己之主,思竭其用,知无不言。
太宗尝劳之曰:"卿所陈谏,前后二百余事,非卿至诚奉
国,何能若是?"其年,迁尚书左丞。或有言徵阿党亲戚
者,帝使御史大夫温彦博案验无状,彦博奏曰:"徵为人
臣,须存形迹,不能远避嫌疑,遂招此谤。虽情在无私,
亦有可责。"帝令彦博让徵,且曰:"自今后不得不存形
迹。"他日,徵入奏曰:"臣闻君臣协契,义同一体。不存
公道,唯事形迹,若君臣上下,同遵此路,则邦之兴丧,
或未可知。"帝瞿然改容曰:"吾已悔之。"徵再拜曰:"愿
陛下使臣为良臣,勿使臣为忠臣。"帝曰:"忠、良有异乎?"
徵曰:"良臣,稷、契、咎陶是也。忠臣,龙逄、比干是
也。良臣使身获美名,君受显号,子孙传世,福禄无疆。
忠臣身受诛夷,君陷大恶,家国并丧,空有其名。以此而
言,相去远矣。"帝深纳其言,赐绢五百匹。贞观二年,迁
秘书监,参预朝政。徵以丧乱之后,典章纷杂,奏引学者
校定四部书。数年之间,秘府图籍,粲然毕备。时高昌王
麴文泰将入朝,西域诸国咸欲因文泰遣使贡献,太宗令文
泰使人厌怛纥干往迎接之。徵谏曰:"中国始平,疮痍未
复,若微有劳役,则不自安。往年文泰入朝,所经州县,
犹不能供,况加于此辈?若任其商贾来往,边人则获其利,
若为宾客,中国即受其弊矣。汉建武二十二年,天下已宁,
西域请置都护、送侍子,光武不许,盖不以蛮夷劳弊中国
也。今若许十国入贡,其使不下千人,欲使缘边诸州何以

取济?人心万端,后虽悔之,恐无所及。"上善其议。时
厌怛纥干已发,遽追止之。后太宗幸九成宫,因有宫人还
京,憩于沸川县之官舍。俄又右仆射李靖、侍中王珪继
至,官属移宫人于别所而舍靖等。太宗闻之,怒曰:"威
福之柄,岂由靖等?何为礼靖而轻我宫人!"即令案验沸
川官属及靖等。徵谏曰:"靖等,陛下心膂大臣;宫人,皇
后扫除之隶。论其委付,事理不同。又靖等出外,官吏访
朝廷法式,归来,陛下问人间疾苦。靖等自当与官吏相见,
官吏亦不可不谒也。至于宫人,供食之外,不合参承。若
以此罪责县吏,恐不益德音,徒骇天下耳目。"帝曰:"公
言是也。"乃释官吏之罪,李靖等亦寝而不问。寻宴于丹
霄楼,酒酣。太宗谓长孙无忌曰:"魏徵、王珪,昔在东
宫,尽心所事,当时诚亦可恶。我能拔擢用之,以至今日,
足为无愧古人。然徵每谏我不从,发言辄即不应,何也?"
对曰:"臣以事有不可,所以陈论,若不从辄应,便恐此
事即行。"帝曰:"但当时且应,更别陈论,岂不得耶?"徵
曰:"昔舜诫群臣:'尔无面从,退有后言。'若臣面从陛
下方始谏,此即'退有后言',岂是稷、契事尧、舜之意
耶?"帝大笑曰:"人言魏徵举动疏慢,我但觉妩媚,适为
此耳。"徵拜谢曰:"陛下导之使言,臣所以敢谏,若陛下
不受臣谏,岂敢数犯龙鳞?"是月,长乐公主将出降,帝
以皇后所生,敕有司资送倍于永嘉长公主。徵曰:"不可。
昔汉明欲封其子,云'我子岂与先帝子等?可半楚、淮阳。'
前史以为美谈。天子姊妹为长公主,子为公主,既加
'长'字,即是有所尊崇。或可情有浅深,无容礼相逾越。"
上然其言,入告长孙皇后,后遣使赍钱四十万,绢四百匹,
诣徵宅以赐之。寻进爵郡公。七年,代王珪为侍中,尚
书省滞讼有不决者,诏徵评理之。徵性非习法,但存大体,
以情处断,无不悦服。初,有诏遣令狐德棻、岑文本撰
《周史》,孔颖达、许敬宗撰《隋史》,姚思廉撰《梁》、
《陈史》,李百药撰《齐史》。徵受诏总加撰定,多所损益,
务存简正。《隋史》序论,皆徵所作,《梁》、《陈》、《齐》
各为总论,时称良史。史成,加左光禄大夫,进封郑国公,
赐物二千段。

徵自以无功于国,徒以辩说,遂参帷幄,深惧满盈,
后以目疾频表逊位。太宗曰:"朕拔卿于仇虏之中,任公
以枢要之职,见朕之非,未尝不谏。公独不见金之在矿也,
何足贵哉!良冶锻而为器,便为人所宝,朕方自比于金,
以卿为良匠。卿虽有疾,未为衰老,岂得便尔?"其年,徵
又面请逊位,太宗难违之,乃拜徵特进,仍知门下事。其
后又频上四疏,以陈得失。其一曰:

臣观自古受图膺运,继体守文,控御英杰,南面
临下,皆欲配厚德于天地,齐高明于日月,本枝百代,
传祚无穷。然而克终者鲜,败亡相继,其故何哉?所
以求之失其道也。殷鉴不远,可得而言。昔在有隋,
统一寰宇,甲兵强盛,四十余年,风行万里,威动殊
俗;一旦举而弃之,尽为他人之有。彼炀帝岂恶天下
之治安,不欲社稷之长久,故行桀虐,以就灭亡哉?
恃其富强,不虞后患。驱天下以从欲,馨万物以自奉,
采域中之子女,求远方之奇异。宫宇是饰,台榭是崇,

徭役无时，干戈不戢。外示威重，内多险忌。逸邪者必受其福，忠正者莫保其生。上下相蒙，君臣道隔，人不堪命，率土分崩。遂以四海之尊，殒于匹夫之手，子孙珍灭，为天下笑，深可痛哉！圣哲乘机，拯其危溺，八柱倾而复正，四维绝而更张。远肃迩安，不逾于期月；胜残去杀，无待于百年。今宫观台榭，尽居之矣；奇珍异物，尽收之矣；姬姜淑媛，尽侍于侧矣；四海九州，尽为臣妾矣。若能鉴彼之所以亡，念我之所以得，日慎一日，虽休勿休。焚鹿台之宝衣，毁阿房之广殿，惧危亡于峻宇，思安处于卑宫，则神化潜通，无为而理，德之上也。若成功不毁，即仍其旧，除其不急，损之又损。杂茅茨于桂栋，参玉砌以土阶，悦以使人，不竭其力，常念居之者逸，作之者劳，亿兆悦以子来，群生仰而遂性，德之次也。若惟圣罔念，不慎厥终，忘缔构之艰难，谓天命之可恃。忽彩椽之恭俭，追雕墙之侈靡，因其基以广之，增其旧而饰之。触类而长，不思止足，人不见德，而劳役是闻，斯为下矣。譬之负薪救火，扬汤止沸，以乱易乱，与乱同道，莫可则也，后嗣何观，则人怨神怒；人怨神怒，则灾害必下，而祸乱必作。祸乱既作，而能以身名令终者，鲜矣！顺天革命之后，隆七百之祚，贻厥孙谋，传之万世，难得易失，可不念哉！

其二曰：

臣闻求木之长者，必固其根本；欲流之远者，必浚其泉源；思国之安者，必积其德义。源不深而岂望流之远，根不固而何求木之长？德不厚而思国之治，虽在下愚，知其不可，而况于明哲乎！人君当神器之重，居域中之大，将崇极天之峻，永保无疆之休。不念于居安思危，戒奢以俭；德不处其厚，情不胜其欲，斯亦伐根以求木茂，塞源而欲流长者也。凡百元首，承天景命，莫不殷忧而道著，功成而德衰。有善始者实繁，能克终者盖寡，岂其取之易而守之难乎？昔取之而有余，今守之而不足，何也？夫在殷忧必竭诚以待下，既得志则纵情以傲物。竭诚则胡越为一体，傲物则骨肉为行路。虽董之以严刑，振之以威怒，终苟免而不怀仁，貌恭而不心服。怨不在大，可畏惟人。载舟覆舟，所宜深慎。奔车朽索，其可忽乎？君人者，诚能见可欲则思知足以自戒，将有所作则思知止以安人，念高危则思谦冲而自牧，惧满溢则思江海而下百川，乐盘游则思三驱以为度，恐懈怠则思慎始而敬终，虑壅蔽则思虚心以纳下，想谗邪则思正身以黜恶，恩所加则思无因喜以谬赏，罚所及则思无因怒而滥刑。总此十思，弘兹九德，简能而任之，择善而从之。则智者尽其谋，勇者竭其力，仁者播其惠，信者效其忠。文武争驰，君臣无事，可以尽豫游之乐，可以养松乔之寿，鸣琴垂拱，不言而化。何必劳神苦思，代下司职，役聪明之耳目，亏无为之大道哉！

其三曰：

臣闻《书》曰："明德慎罚，惟刑恤哉！"《礼》云："为上易事，为下易知，则刑不烦矣。上多疑则百姓惑，下难知则君长劳矣。"夫上易事，下易知，君长不劳，百姓不惑。故君有一德，臣无二心；上播忠厚之诚，下竭股肱之力，然后太平之基不坠，"康哉"之咏斯起。当今道被华夷，功高宇宙，无思不服，无远不臻。然言尚于简大，志在于明察，刑赏之本，在乎劝善而惩恶。帝王之所以与天下为画一，不以亲疏贵贱而轻重者也。今之刑赏，未必尽然。或申屈在乎好恶，轻重由乎喜怒。遇喜则矜其刑于法中，逢怒则求其罪于事外；所好则钻皮出其毛羽，所恶则洗垢求其瘢痕。瘢痕可求，则刑斯滥矣；毛羽可出，则赏典谬矣。刑滥则小人道长，赏谬则君子道消。小人之恶不惩，君子之善不劝，而望治安刑措，非所闻也。且夫豫暇清谈，皆敦尚于孔、老；威怒所至，则取法于申、韩。直道而行，非无三黜，危人自安，盖亦多矣。故道德之旨未弘，刻薄之风已扇。夫上风既扇，则下生百端，人竞趋时，则宪章不一，稽之王度，实亏君道。昔州黎上下其手，楚国之法遂差；张汤轻重其心，汉朝之刑以弊。人臣之颇僻，犹莫能申其欺罔，况人君之高下，将何以措其手足乎！以睿圣之聪明，无幽微而不烛，岂神有所不达，智有所不通哉？安其所安，不以恤刑为念；乐其所乐，遂忘先笑之变。祸福相倚，吉凶同域，唯人所召，安可不思？顷者责罚稍多，威怒微厉，或以供给不赡，或以人不从欲，皆非致治之所急，实乃骄奢之攸渐。是知贵不与骄期而骄自来，富不与奢期而奢自至，非徒语也。且我之所代，实在有隋，隋氏乱亡之源，圣明之所临照。以隋氏之甲兵，况当今之士马；以隋氏之府藏，譬今日之资储；以隋氏之户口，校今时之百姓。度长计大，曾何等级？然隋氏以富强而丧败，动之也；我以贫寡而安宁，静之也。静之则安，动之则乱，人皆知之，非隐而难见也，微而难察也。鲜蹈平易之涂，多遵覆车之辙，何哉？在于安不思危，治不念乱，存不虑亡之所致也。昔隋氏之未乱，自谓必无乱；隋氏之未亡，自谓必不亡。所以甲兵屡动，徭役不息，至于身将戮辱，竟未悟其灭亡之所由也，可不哀哉！

夫鉴形之美恶，必就于止水；鉴国之安危，必取于亡国。《诗》曰："殷鉴不远，在夏后之世。"又曰："伐柯伐柯，其则不远。"臣愿当今之动静，思隋氏以为鉴，则存亡治乱，可得而知。若能思其所以危，则安矣；思其所以乱，则治矣；思其所以亡，则存矣。存亡之所在，节嗜欲以从人。省畋游之娱，息靡丽之作，罢不急之务，慎偏听之怒。近忠厚，远便佞，杜悦耳之邪说，听苦口之忠言。去易进之人，贱难得之货。采尧、舜之诽谤，追禹、汤之罪己，惜十家之产，顺百姓之心。近取诸身，恕以待物。思劳谦以受益，不自满以招损。有动则庶类以和，出言而千里斯应，超上德于前载，树风声于后昆。此圣哲之宏规，帝王之盛业，能事斯毕，在乎慎守而已。夫守之则易，取之实难，既得其所以难，岂不能保其所以易？其或保之不固，则骄奢淫泆动之也。慎终如始，可不勉欤！

《易》云:"君子安不忘危,存不忘亡,治不忘乱,是以身安而国家可保。"诚哉斯言,不可以不深察也。伏惟陛下欲善之志,不减于昔时,闻过必改,少亏于曩日。若能以当今之无事,行畴昔之恭俭,则尽善尽美,固无得而称焉。

其四曰:

臣闻为国之基,必资于德礼;君子所保,惟在于诚信。诚信立则下无二心,德礼形则远人斯格。然则德礼诚信,国之大纲,在于父子君臣,不可斯须而废也。故孔子曰:"君使臣以礼,臣事君以忠。"又曰:"自古皆有死,人无信不立。"文子曰:"同言而信,信在言前;同令而行,诚在令外。"然则言而不行,言不信也;令而不从,令无诚也。不信之言,无诚之令,为上则败国,为下则危身,虽在颠沛之中,君子所不为也。自王道休明,十有余载,威加海外,万国来庭,仓禀日积,土地日广。然而道德未益厚,仁义未益博者,何哉?由乎待下之情未尽于诚信,虽有善始之勤,未睹克终之美故也。其所由来者渐,非一朝一夕之故。昔贞观之始,闻善若惊,暨五六年间,犹悦以从谏。自兹厥后,渐恶直言,虽或勉强,时有所容,非复曩时之豁如也。謇谔之士,稍避龙鳞,便佞之徒,肆其巧辩。谓同心者为朋党,谓告讦者为至公,谓强直者为擅权,谓忠谠者为诽谤。谓之朋党,虽忠信而可疑;谓之至公,虽矫伪而无咎。强直者畏擅权之议,忠谠者虑诽谤之尤。至于窃斧生疑,投杼致惑,正人不得尽其言,大臣莫能与之争。荧惑视听,郁于大道,妨化损德,其在兹乎?故孔子恶利口之覆邦家,盖为此也。且君子小人,貌同心异。君子掩人之恶,扬人之善,临难无苟免,杀身以成仁。小人不耻不仁,不畏不义,唯利之所在,危人以自安。夫苟在危人,则何所不至。今将求致治,必委之于君子;事有得失,或访之于小人。其待君子也,则敬而疏;遇小人也,必轻而狎。狎则言无不尽,疏则情或不通。是誉毁在于小人,刑罚加于君子,实兴丧所在,亦安危所系,可不慎哉!夫中智之人,岂无小慧,然才非经国,虑不及远,虽竭力尽诚,犹未免于倾败;况内怀奸利,承颜顺旨,其为患祸,不亦深乎?故孔子曰:"君子或有不仁者焉,未见小人而仁者。"然则君子不能无小恶,恶不积,无妨于正道;小人或时有小善,善不积,不足以立忠。今谓之善人矣,复虑其有不信,何异夫立直木而疑其影之不直乎?虽竭精神,劳思虑,其不可亦已明矣。

夫君能尽礼,臣得竭忠,必在于内外无私,上下相信。上不信则无以使下,下不信则无以事上。信之为义,大矣哉!故自天祐之,吉无不利。昔齐桓公问于管仲曰:"吾欲酒腐于爵,肉腐于俎,得无害于霸乎?"管仲曰:"此极非其善者,然亦无害霸也。"公曰:"何如而害霸乎?"曰:"不能知人,害霸也;知而不能用,害霸也;用而不能信,害霸也;既信而又使小人参之,害霸也。"晋中行穆伯攻鼓,经年而不能下,馈间伦曰:"鼓之啬夫,间伦知之,请无疲士大夫而鼓可得。"穆伯不应。左右曰:"不折一戟,不伤一卒,而鼓可得,君奚为不取?"穆伯曰:"间伦之为人也,佞而不仁。若间伦下之,吾不可以不赏。赏之,是赏佞人也。佞人得志,是使晋国之士舍仁而为佞,虽得鼓,将何用之?"夫穆伯列国大夫,管仲霸者之佐,犹慎于信任,远避佞人也如此,况乎为四海之大君,应千龄之上圣,而可使巍巍之盛德,复将有所间然乎?若欲令君子小人是非不杂,必怀之以德,待之以信,厉之以义,节之以礼,然后善善而恶恶,审罚而明赏,则小人绝其佞邪,君子自强不息。无为之化,何远之有?善善而不能进,恶恶而不能去,罚不及于有罪,赏不加于有功,则危亡之期,或未可保。永锡祚胤,将何望哉?

太宗手诏嘉美,优纳之。尝谓长孙无忌曰:"朕即位之初,上书者或言'人主必须威权独运,不得委任群下';或欲耀兵振武,慴服四夷。唯有魏徵劝朕'偃革兴文,布德施惠,中国既安,远人自服'。朕从其语,天下大宁。绝域君长,皆来朝贡,九夷重译,相望于道。此皆魏徵之力也。"

太宗尝嫌上封者众,不近事实,欲加黜责。徵奏曰:"古者立诽谤之木,欲闻己过。今之封事,谤木之流也。陛下思闻得失,祗可恣其陈道。若所言衷,则有益于陛下;若不衷,无损于国家。"太宗曰:"此言是也。"并劳而遣之。后太宗在洛阳宫,幸积翠池,宴群臣,酒酣各赋一事。太宗赋《尚书》曰:"日昃玩百篇,临灯披《五典》。夏康既逸豫,商辛亦流湎。恣情昏主多,克己明君鲜。灭身资累恶,成名由积善。"徵赋西汉曰:"受降临轵道,争长趣鸿门。驱传渭桥上,观兵细柳屯。夜宴经柏谷,朝游出杜原。终藉叔孙礼,方知皇帝尊。"太宗曰:"魏徵每言,必约我以礼也。"寻以修定《五礼》,当封一子为县男,请让孤兄子叔慈。太宗怆然曰:"卿之此心,可以励俗。"遂许之。十二年,礼部尚书王珪奏言:"三品以上遇亲王于途,皆降乘,违法申敬,有乖仪准。"太宗曰:"卿辈皆自崇贵,卑我儿子乎?"徵进曰:"自古迄兹,亲王班次三公之下。今三品皆曰天子列卿及八座之长,为王降乘,非王所宜当也。求诸故事,则无可凭;行之于今,又乖国宪。"太宗曰:"国家所以立太子者,拟以为君也。然则人之修短,不在老少,设无太子,则母弟次立。以此而言,安得轻我子耶?"徵曰:"殷家尚质,有兄终弟及之义;自周以降,立嫡必长,所以绝庶孽之窥觎,塞祸乱之源本,有国者所深慎。"于是遂可珪奏。会皇孙诞育,召公卿赐宴,太宗谓侍臣曰:"贞观以前,从我平定天下,周旋艰险,玄龄之功,无所与让。贞观之后,尽心于我,献纳忠说,安国利民,犯颜正谏,匡朕之违者,唯魏徵而已。古之名臣,何以加此!"于是亲解佩刀以赐二人。徵以戴圣《礼记》编次不伦,遂为《类礼》二十卷,以类相从,削其重复,采先儒训注,择善从之,研精覃思,数年而毕。太宗览而善之,赐物一千段,录数本以赐太子及诸王,仍藏之秘府。

先是,遣使诣西域立叶护可汗,未还,又遣使多赍金银帛历诸国市马。徵谏曰:"今以立可汗为名,可汗未定,即诣诸国市马,彼必以为意在市马,不为专意立可汗。可汗得立,则不甚怀恩。诸蕃闻之,以为中国薄义重利,未必得马,而失义矣。昔汉文有献千里马者,曰:吾凶行日三十里,吉行五十里,鸾舆在前,属车在后,吾独乘千里马将安之?乃赏其道里所费而返之。汉光武有献千里马及宝剑者,马以驾鼓车,剑以赐骑士。陛下凡所施为,皆逸逾三王之上,奈何至于此事,欲为孝文、光武之下乎?又魏文帝欲求市西域大珠,苏则曰:'若陛下惠及四海,则不求自至,求而得之,不足为贵也。'陛下纵不能慕汉文之高行,可不畏苏则之言乎?"太宗纳其言而止。时公卿大臣并请封禅,唯徵以为不可。太宗曰:"朕欲卿极言之。岂功不高耶?德不厚耶?诸夏未治安耶?远夷不慕义耶?嘉瑞不至耶?年谷不登耶?何为而不可?"对曰:"陛下功则高矣,而民未怀惠;德虽厚矣,而泽未滂流;诸夏虽安,未足以事;远夷慕义,无以供其求;符瑞虽臻,罻罗犹密;积岁丰稔,仓廪尚虚,此臣所以窃谓未可。臣未能远譬,且借喻于人。今有人十年长患瘵,治且愈,此人应皮骨仅存,便欲使负米一石,日行百里,必不可得。隋氏之乱,非止十年,陛下为之良医,疾苦虽已乂安,未甚充实,告成天地,臣窃有疑。且陛下东封,万国咸萃,要荒之外,莫不奔走。今自伊、洛以东,暨乎海岱,灌莽巨泽,苍茫千里,人烟断绝,鸡犬不闻,道路萧条,进退艰阻,岂可引彼夷狄,示以虚弱?竭财以赏,未厌远人之望;重加给复,不偿百姓之劳。或遇水旱之灾,风雨之变,庸夫横议,悔不可追。岂独臣之恳诚,亦有舆人之诵。"太宗不能夺。是后,右仆射缺,欲拜之,徵固让乃止。及皇太子承乾不修德业,魏王泰宠爱日隆,内外庶僚,并有疑议。太宗闻而恶之,谓侍臣曰:"当今朝臣忠謇,无逾魏徵,我遣傅皇太子,用绝天下之望。"十六年,拜太子太师,知门下省事如故。徵自陈有疾,诏答曰:"汉之太子,四皓为助,我之赖公,即其义也。知公疾病,可卧护之。"其年,称绵惙,中使相望。徵宅先无正寝,太宗欲为小殿,辍其材为徵营构,五日而成,遣中使赍素褥布被而赐之,遂其所尚也。及病笃,舆驾再幸其第,抚之流涕,问所欲言,徵曰:"嫠不恤纬而忧宗周之亡。"后数日,太宗夜梦徵若平生,及旦而奏徵薨,时年六十四。太宗亲临恸哭,废朝五日,赠司空、相州都督,谥曰文贞。给羽葆鼓吹、班剑四十人,赙绢布千段、米粟千石,陪葬昭陵。及将祖载,徵妻裴氏曰:"徵平生俭素,今以一品礼葬,羽仪甚盛,非亡者之志。"悉辞不受,竟以布车载柩,无文彩之饰。太宗登苑西楼,望丧而哭,诏百官送出郊外。帝亲制碑文,并为书石。其后追思不已,赐其实封九百户。尝临朝谓侍臣曰:"夫以铜为镜,可以正衣冠;以古为镜,可以知兴替;以人为镜,可以明得失。朕常保此三镜,以防己过。今魏徵殂逝,遂亡一镜矣!徵亡后,朕遣人至宅,就其书函得表一纸,始立藁草,字皆难识,唯前有数行,稍可分辩,云:'天下之事,有善有恶,任善人则国安,用恶人则国乱。公卿之内,情有爱憎,憎者唯见其恶,爱者唯见其善。爱憎之间,所宜详慎,若爱而知其恶,憎而知其善,去邪勿疑,任贤勿贰,可以兴矣。'其遗表如此,然

在朕思之,恐不免斯事。公卿侍臣,可书之于笏,知而必谏也。"徵状貌不逾中人,而素有胆智,每犯颜进谏,虽逢王赫斯怒,神色不移。尝密荐中书侍郎杜正伦及吏部尚书侯君集有宰相之材。徵卒后,正伦以罪黜,君集犯逆伏诛,太宗始疑徵阿党。徵又自录前后谏净言辞往复以示史官起居郎褚遂良,太宗知之,愈不悦。先许以衡山公主降其长子叔玉,于是手诏停婚,顾其家渐衰矣。徵四子,叔琬、叔璘、叔瑜。叔玉袭爵国公,官至光禄少卿;叔瑜至潞州刺史,叔璘礼部侍郎,则天时为酷吏所杀。神龙初,继封叔玉子膺为郑国公。

叔瑜子华,开元初太子右庶子。

史臣曰:臣尝读汉史《刘更生传》,见其上书论王氏擅权,恐移运祚,汉成不悟,更生徘徊伊郁,极言而不顾祸患,何匡益忠荩也如此!当更生时,谏者甚多。如谷永、杨兴之上言,图为奸利,与贼臣为乡导,梅福、王吉之言,虽近古道,未切事情。则纳谏任贤,讵宜容易!臣尝阅《魏公故事》,与文皇讨论政术,往复应对,凡数十万言。其匡过弼违,能近取譬,博约连类,皆前代诤臣之不至者。其实根于道义,发为律度,身正而心劲,上不负时主,下不阿权幸,中不侈亲族,外不为朋党,不以逢时改节,不以图位卖忠。所载章疏四篇,可为万代王者法。虽汉之刘向、魏之徐邈、晋之山涛、宋之谢朓,才则才矣,比文贞之雅道,不有遗行乎?前代诤臣,一人而已。

赞曰:智者不谏,谏或不智。智者尽言,国家之利。郑公达节,才周经济。太宗用之,子孙长世。

卷七十二　　列传第二十二

虞世南　李百药 子安期　褚亮
刘孝孙　李玄道　李守素附

虞世南,字伯施,越州余姚人,隋内史侍郎世基弟也。祖检,梁始兴王谘议;父荔,陈太子中庶子,俱有重名。叔父寄,陈中书侍郎,无子,以世南继后,故字曰伯施。世南性沈静寡欲,笃志勤学,少与兄世基受学于吴郡顾野王,经十余年,精思不倦,或累旬不盥栉。善属文,常祖述徐陵,陵亦言世南得己之意。又同郡沙门智永,善王羲之书,世南师焉,妙得其体,由是声名籍甚。天嘉中,荔卒,世南尚幼,哀毁殆不胜丧。陈文帝知其二子博学,每遣中使至其家将护之。及服阕,召为建安王法曹参军。寄陷于陈宝应,在闽、越中,世南虽除丧,犹布衣蔬食。至太建末,宝应破,寄还,方令世南释布食肉。至德初,除西阳王友。陈灭,与世基同入长安,俱有重名,时人方之二陆。时炀帝在藩,闻其名,与秦王俊辟书交至,以母老固辞,晋王令使者追之。大业初,累授秘书郎,迁起居舍人。时世基当朝贵盛,妻子被服拟于王者。世南虽同居,

而躬履勤俭，不失素业。及至隋灭，宇文化及弑逆之际，世基为内史侍郎，将被诛，世南抱持号泣，请以身代，化及不纳，因哀毁骨立，时人称焉。从化及至聊城，又陷于窦建德，伪授黄门侍郎。

太宗灭建德，引为秦府参军。寻转记室，仍授弘文馆学士，与房玄龄对掌文翰。太宗尝命写《列女传》以装屏风，于时无本，世南暗疏之，不失一字。太宗升春宫，迁太子中舍人。及即位，转著作郎，兼弘文馆学士。时世南年已衰老，抗表乞骸骨，诏不许。迁太子右庶子，固辞不拜，除秘书少监。上《圣德论》，辞多不载。七年，转秘书监，赐爵永兴县子。太宗重其博识，每机务之隙，引之谈论，共观经史。世南虽容貌懦愞，若不胜衣，而志性抗烈，每论及古先帝王为政得失，必存规讽，多所补益。太宗尝谓侍臣曰："朕因暇日，与虞世南商略古今，有一言之失，未尝不怅恨，其恳诚若此，朕用嘉焉。群臣皆若世南，天下何忧不理！"

八年，陇右山崩，大蛇屡见，山东及江淮多大水。太宗以问世南，对曰："春秋时梁山崩，晋侯召伯宗而问焉，对曰：'国主山川，故山川崩竭，君为之不举，降服、乘缦、彻乐、出次、祝币以礼焉。'梁山，晋所主也，晋侯从之，故得无害。汉文帝元年，齐、楚地二十九山同日崩，水大出，令郡国无来贡献，施惠于天下，远近欢洽，亦不为灾。后汉灵帝时，青蛇见御座。晋惠帝时，大蛇长三百步，见齐地，经市入朝。案蛇宜在草野，而入市朝，所以可为怪耳。今蛇见山泽，盖深山大泽必有龙蛇，亦不足怪也。又山东足雨，虽则其常，然阴淫过久，恐有冤狱，宜省系囚，庶几或当天意。且妖不胜德，唯修德可以销变。"太宗以为然，因遣使者赈恤饥馁，申理狱讼，多所原宥。后有星孛于虚、危，历于氐，百余日乃灭。太宗谓群臣曰："天见彗星，是何妖也？"世南曰："昔齐景公时有彗星见，公问晏婴，对曰：'穿池沼畏不深，起台榭畏不高，行刑罚畏不重，是以天见彗为公诫耳。'景公惧而修德，后十六日而星没。臣闻'天时不如地利，地利不如人和'，若德义不修，虽获麟凤，终是无补；但政事无阙，虽有灾星，何损于时？然愿陛下勿以功高古人而自矜伐，勿以太平渐久而自骄怠，慎终如始，彗星虽见，未足为忧。"太宗敛容谓曰："吾之抚国，良无景公之过。但吾才弱冠举义兵，年二十四平天下，未三十而居大位，自谓三代以降，拨乱之主，莫臻于此。重以薛举之骁雄，宋金刚之鸷猛，窦建德跨河北，王世充据洛阳，当此之时，足为勍敌，皆为我所擒。及逢家难，复决意安社稷，遂登九五，降服北夷，吾颇有自矜之意，以轻天下之士，此吾之罪也。上天见变，良为是乎？秦始皇平六国，隋炀帝富四海，既骄且逸，一朝而败，吾亦何得自骄也。言念于此，不觉惕焉震惧。"四月，康国献狮子，诏世南为之赋，命编之东观，辞多不载。后高祖崩，有诏山陵制度，准汉长陵故事，务从隆厚。程限既促，功役劳弊。世南上封事谏曰：

臣闻古之圣帝明王所以薄葬者，非不欲崇高光显，珍宝具物，以厚其亲。然审而言之，高坟厚垅，珍物毕备，此适所以为亲之累，非曰孝也。是以深思远虑，安于菲薄，以为长久万代之计，割其常情以定耳。昔汉成帝造延、昌二陵，制度甚厚，功费甚多。谏议大夫刘向上书，其言深切，皆合事理。其略曰："孝文居霸陵，凄怆悲怀，顾谓群臣曰：'嗟乎！以北山石为椁，用纻絮斲陈漆其间，岂可动哉？'张释之进曰：'使其中有可欲，虽锢南山犹有隙；使其中无可欲，虽无石椁，又何戚焉！'夫死者无终极，而国家有废兴，释之所言，为无穷计也。孝文寤焉，遂以薄葬。"又汉氏之法，人君在位，三分天下贡赋，以一分入山陵。武帝历年长久，比葬，陵中不复容物，霍光暗于大体，奢侈过度。其后至更始之败，赤眉贼入长安，破茂陵取物，犹不能尽。无故聚敛百姓，为盗之用，甚无谓也。魏文帝于首阳东为寿陵，作终制，其略曰："昔尧葬寿陵，因山为体，无封树，无立寝殿园邑，为棺椁足以藏骨，为衣衾足以朽肉。吾营不食之地，欲使易代之后，不知其处，无藏金银铜铁，一以瓦器。自古及今，未有不亡之国，无有不发之墓，至乃烧取玉匣金缕，骸骨并尽，乃不重痛哉！若违诏妄有变改，吾为戮尸于地下，死而重死，不忠不孝，使魂而有知，将不福汝。以为永制，藏之宗庙。"魏文帝此制，可谓达于事矣。向使陛下德止如秦、汉之君，臣则缄口而已，不敢有言。伏见圣德高远，尧、舜犹所不逮，而俯与秦、汉之君同为奢泰，舍尧、舜、殷、周之节俭，此臣所以尤戚也。今为丘垅如此，其内虽不藏珍宝，亦无益也。万代之后，但见高坟大墓，岂谓无金玉耶？臣之愚计，以为汉文霸陵，既因山势，虽不起坟，自然高显。今之所卜，地势即平，不可起，宜依《白虎通》所陈周制，为三仞之坟，其方中制度，事事减少。事竟之日，刻石于陵侧，明丘封大小高下之式。明器所须，皆以瓦木，合于礼文，一不得用金银铜铁。使万代子孙，并皆遵奉，一通藏之宗庙，岂不美乎！且臣下除服用三十六日，已依霸陵，今为坟垅，又以长陵为法，恐非所宜。伏愿深览古今，为长久之虑，臣之赤心，唯愿万岁之后，神道常安，陛下孝名，扬于无穷耳。

书奏不报。世南又上疏曰："汉家即位之初，便营陵墓，近者十余岁，远者五十年方始成就。今以数月之间而造数十年之事，其于人力，亦已劳矣。又汉家大郡五十万户，即目人众未及往时，而功役与之一等，此臣所以致疑也。"时公卿又上奏请遵遗诏，务从节俭，因下其事付所司详议，于是制度颇有减省焉。

太宗后颇好猎，世南上疏谏曰："臣闻秋狝冬狩，盖惟恒典；射隼从禽，备乎前诰。伏惟陛下因听览之余辰，顺天道以杀伐，将欲躬摧班掌，亲御皮轩，穷猛兽之窟穴，尽逸材于林薮。夷凶剪暴，以卫黎元；收革擢羽，用充军器；举旗效获，式遵前古。然黄屋之尊，金舆之贵，八方之所仰德，万国之所系心，清道而行，犹戒衔橛，斯盖重慎防微，为社稷也。是以马卿直谏于前，张昭变色于后，臣诚微浅，敢忘斯义？且天弧星罼，所殪已多，颁禽赐获，皇恩亦薄。伏愿时息猎车，且韬长戟，不拒刍荛之请，降纳湏浍之流，祖袒徒搏，任之群下，则贻范百王，永光万代。"其有犯无隐，多此类也。太宗以是益亲礼之。尝称世南有五绝：一曰德行，二曰忠直，三曰博学，四曰文辞，五曰书翰。十二年，又表请致仕，优制许之，仍授银青光禄大夫、弘文馆学士，禄赐防阁，并同京官职事。寻卒，年八十一。太宗举哀于别次，哭之甚恸。赐东园秘器，陪葬昭陵，赠礼部尚书，谥曰文懿。手敕魏王泰曰："虞世南于我，犹一体也。拾遗补阙，无日暂忘，实当代名臣，人伦准的。吾有小失，必犯颜而谏之。今其云亡，石渠、东观之中，无复人矣，痛惜岂可言耶！"未几，太宗为诗一篇，追述往古兴亡之道，既而叹曰："钟子期死，伯牙不复鼓琴。朕之此诗，将何所示？"令起居郎褚遂良诣其灵帐读讫焚之，冀世南神识感悟。后数岁，太宗夜梦见之，有若平生。翌日，下制曰："礼部尚书、永兴文懿公虞世南，德行淳备，文为辞宗，夙夜尽心，志在忠益。奄从物化，倏移岁序，昨因夜梦，忽睹其人，兼进谠言，有如平生之日。追怀遗美，良增悲叹。宜资冥助，申朕思旧之情，可于其家为设五百僧斋，并为造天尊像一区。"又敕图其形于凌烟阁。有集三十卷，令褚亮为之序。世南子昶，官至工部侍郎。

李百药，字重规，定州安平人，隋内史令、安平公德林子也。为童儿时多疾病，祖母赵氏故以百药为名。七岁解属文。父友齐中书舍人陆乂、马元熙尝造德林宴集，有读徐陵文者，云"既取成周之禾，将刈琅邪之稻"，并不知其事。百药时侍立，进曰："《传》称'鄅人藉稻'。杜预《注》云'鄅国在琅邪开阳'。"乂等大惊异之。开皇初，授东宫通事舍人，迁太子舍人，兼东宫学士。或嫉其才而毁之者，乃谢病免去。十九年，追赴仁寿宫，令袭父爵。左仆射杨素、吏部尚书牛弘雅爱其才，奏授礼部员外郎，皇太子勇又召为东宫学士。诏令修五礼，定律令，撰阴阳书。台内奏议文笔，多百药所撰。时炀帝出镇扬州，尝召之，百药辞疾不赴，炀帝大怒，及即位，出为桂州司马。其后，罢州置郡，因解职还乡里。大业五年，授鲁郡临泗府步兵校尉。九年，充戍会稽。寻授建安郡丞，行达乌程，属江都难作，复为沈法兴所得，署为掾。会沈法兴为李子通所破，子通又命为中书侍郎、国子祭酒。及杜伏威攻灭子通，又以百药为行台考功郎中。或有谮之者，伏威囚之，百药着《省躬赋》以致其情，伏威亦知其无罪，乃令复职。伏威既据有江南，高祖遣使招抚，百药劝伏威入朝，伏威从之，遣其行台仆射辅公祏与百药留守，遂诣京师。及渡江至历阳，狐疑中悔，将害百药，乃饮以石灰酒，因大泄痢，而宿病皆愈。伏威知百药不死，乃作书与公祏令杀百药，赖伏威养子王雄诞保护获免。公祏反，又授百药吏部侍郎。有谮百药于高祖，云百药初说杜伏威入朝，又与辅公祏同反。高祖大怒。及公祏平，得伏威与公祏令杀百药书，高祖意稍解，遂配流泾州。

太宗重其才名，贞观元年，召拜中书舍人，赐爵安平县男。受诏修定《五礼》及律令，撰《齐书》。二年，除礼部侍郎。朝廷议将封建诸侯，百药上《封建论》曰：

臣闻经国庇民，王者之常制；尊主安上，人情之本方。思阐治定之规，以弘长世之业者，万古不易，百虑同归。然命历有赊促之殊，邦家有理乱之异，遐观载籍，论之详矣。咸云周过其数，秦不及期，存亡之理，在于郡国。周氏以监夏、殷之长久，遵黄、唐之并建，维城盘石，深根固本，虽王纲弛废，枝干相持，故使逆节不生，宗祀不绝。秦氏背师古之训，弃先王之道，践华恃险，罢侯置守，子弟无尺土之邑，兆庶罕共治之忧，故一夫号泽，七庙隳祀。臣以为自古皇王，君临宇内，莫不受命上玄，飞名帝箓，缔构遇兴王之运，殷忧属启圣之期。虽魏武携养之资，汉高徒役之贱，非止意于觊觎，推之亦不能去也。若其狱讼不归，菁华已竭，虽帝尧之光被四表，大舜之上齐七政，非止情存揖让，守之亦不可固焉。以放勋、重华之德，尚不能克昌厥后，是知祚之长短，必在天时，政或盛衰，有关人事。隆周卜代三十，卜年七百，虽沦胥之道斯极，而文、武之器犹存，斯则龟鼎之祚，已悬定于杳冥也。至使南征不返，东迁避逼，禋祀如线，郊畿不守，此乃凌夷之渐，有累于封建焉。暴秦运短闰余，数钟百六。受命之主，德异禹、汤；继世之君，才非启、诵。借使李斯、王绾之辈，盛开四履，将闾、子婴之徒，俱启千乘，岂能逆帝子之勃兴，抗龙颜之基命者也！然则得失成败，各有由焉。而著述之家，多守常辙，莫不情忘今古，理蔽浇淳，欲以百王之季，行三代之法。天下五服之内，尽封诸侯；王畿千乘之间，俱为采地。是以结绳之化，行虞、夏之朝；用象刑之典，治刘、曹之末，纪纲既紊，断可知焉。锲船求剑，未见其可；胶柱成文，弥所多惑。徒知问鼎请隧，有惧霸王之师；白马素车，无复藩篱之援。不悟望夷之衅，未甚羿、浞之灾；高贵之殃，宁异申、缯之酷！乃钦明昏乱，自革安危，固非守宰公侯，以成兴废。且数世之后，王室浸微，始自藩屏，化为仇敌。家殊俗，国异政，强凌弱，众暴寡，疆场彼此，干戈日寻。狐骀之役，女子尽髽；崤陵之师，只轮不返。斯盖略举一隅，其余不可胜数。陆士衡方规规然云："嗣王委其九鼎，凶族据其大邑，天下晏然，以治待乱。"何斯言之谬也！而设官分职，任贤使能，以循吏之材，膺共治之寄，刺郡分竹，何代无人？至使地或呈祥，天不爱宝，民称父母，政比神明。曹元首方区区然称："与人共其乐者，人必忧其忧，与人同其安者，人必拯其危。"岂容委以侯伯，则同其安危；任之牧宰，则殊其忧乐？何斯言之妄也！封君列国，藉庆门资，忘其先业之艰难，轻其自然之崇贵，莫不世增淫虐，代益骄侈。自离宫别馆，切汉凌云，或刑人力而将尽，或召诸侯而共乐。陈灵则君臣悖礼，共侮徵舒；卫宣则父子聚麀，终诛寿、朔。乃云为已思治，岂若是乎？内外群官，选自朝廷，擢士庶以任之，澄水镜以鉴之，年劳优其阶品，考绩明其黜陟。进取事切，砥砺情深，或俸禄不入私门，妻子不之官舍。颁条之贵，食不举火；剖符之重，衣唯补葛。

南郡太守，敝布裹身；莱芜县长，凝尘生甑。专云为利图物，何其爽欤！总而言之，爵非世及，用贤之路斯广；民无定主，附下之情不固。此乃愚智所辨，安可惑哉！至如灭国弑君，乱常干纪，春秋二百年间，略无宁岁。次睢咸秩，遂用玉帛之君；鲁道有荡，每等衣裳之会。纵使西汉哀、平之际，东洛桓、灵之时，下吏淫暴，必不至此。为政之理，可一言以蔽之。

伏惟陛下握纪御天，膺期启圣，救亿兆之焚溺，扫氛祲于寰区。创业垂统，配二仪以立德；发号施令，妙万物而为言。独照宸衷，永怀前古，将复五等而修旧制，建万国以亲诸侯。窃以汉、魏以还，余风之弊未尽；勋、华既往，至公之道斯革。况晋氏失驭，宇县崩离；后魏乘时，华夷杂处。重以关河分阻，吴、楚悬隔，习文者学长短纵横之术，习武者尽干戈战争之心，毕为狙诈之阶，弥长浇浮之俗。开皇在运，因藉外家。驱御群英，任雄猜之数；坐移时运，非克定之功。年逾二纪，民不见德。及大业嗣文，世道交丧，一时人物，扫地将尽。虽天纵神武，削平寇虐，兵威不息，劳止未康。自陛下仰顺圣慈，嗣膺宝历，情深致治，综核前王。虽至道无名，言象所纪，略陈梗概，实所庶几。爱敬蒸蒸，劳而不倦，大舜之孝也。访安内竖，亲尝御膳，文王之德也。每宪司谳罪，尚书奏狱，大小必察，枉直咸申，举断趾之法，易大辟之刑，仁心隐恻，贯彻幽显，大禹之泣辜也。正色直言，虚心受纳，不简鄙讷，无弃刍荛，帝尧之求谏也。弘奖名教，劝励学徒，既擢明经于青紫，将升硕儒于卿相，圣人之善诱也。群臣以宫中暑湿，寝膳或乖，请徙御高明，营一小阁。遂惜家人之产，竟抑子来之愿，不吝阴阳所感，以安卑陋之居。去岁荒俭，普天饥馑，丧乱甫尔，仓廪空虚。圣情矜愍，勤加惠恤，竟无一人流离道路，犹且食啖藜藿，乐撤簨簴，言必凄动，貌成瘝瘵。公旦喜于重译，文命矜其即序。陛下每四夷款附，万里归仁，必退思进省。凝神动虑，恐妄劳中国，以事远方，不藉万古之英声，以存一时之茂实。心切忧劳，迹绝游幸，每旦视朝，听受无倦。智周于万物，道济于天下。罢朝之后，引进名臣，讨论是非，各尽肝膈，唯及政事，更无异辞。才及日昃，命才学之士，赐以清闲，高谈典籍，杂以文咏，间以玄言，乙夜忘疲，中宵不寐。此之四道，独迈往初。斯实生民以来，一人而已。弘兹风化，昭示四方，信可以期月之间，弥纶天壤。而淳粹尚阻，浮诡未移，此由习之永久，难以卒变。请待斫雕成朴，以质代文，刑措之教一行，登封之礼云毕，然后定疆埋之制，议山河之赏，未为晚焉。《易》称："天地盈虚，与时消息，况于人乎？"美哉斯言也。

太宗竟从其议。四年，授太子右庶子。五年，与左庶子于志宁、中允孔颖达、舍人陆敦信侍讲于弘教殿。时太子颇留意典坟，然闲燕之后，嬉戏过度，百药作《赞道赋》以讽焉，辞多不载。太宗见而遣使谓百药曰："朕于皇太子处见卿所献赋，悉述古来储贰事以诫太子，甚是典要。朕选卿以辅弼太子，正为此事，大称所委，但须善始令终耳。"因赐彩物五百段。然太子卒不悟而废。十年，以撰《齐史》成，加散骑常侍，行太子左庶子，赐物四百段。俄除宗正卿。十一年，以撰《五礼》及律令成，进爵为子。后数岁，以年老固请致仕，许之。太宗尝制《帝京篇》，命百药并作，上叹其工，手诏曰："卿何身之老而才之壮，何齿之宿而意之新乎！"二十二年卒，年八十四，谥曰康。百药以名臣之子，才行相继，四海名流，莫不宗仰。藻思沉郁，尤长于五言诗，虽樵童牧竖，并皆吟讽。性好引进后生，提奖不倦。所得俸禄，多散之亲党。又至性过人，初侍父母丧还乡，徒跣单衣，行数千里，服阕数年，容貌毁悴，为当时所称。及悬车告老，怡然自得，穿池筑山，文酒谈赏，以舒平生之志。有集三十卷，子安期。

安期幼聪辩，七岁解属文。初，百药大业末出为桂州司马，行至太湖，遇逆贼，将加白刃，安期跪泣请代父命，贼哀而释之。贞观初，累转符玺郎。预修《晋书》成，除主客员外郎。永徽中，迁中书舍人。又与李义府等于武德殿内修书，再转黄门侍郎。龙朔中，为司列少常伯，参知军国。有事太山，诏安期为朝觐坛碑文。安期前后三为选部，颇为当时所称。时高宗屡引侍臣，责以不进贤良。众皆莫对，独安期进曰："臣闻圣帝明王，莫不劳于求贤，逸于任使。设使尧、舜苦己瘠瘵，不能用贤，终亦王化不行。自夏、殷已来，历国数十，皆委贤良，以共致理。且十室之邑，必有忠信，况今天下至广，非无英彦。但比来公卿有所荐引，即遭嚣谤，以为朋党。沉屈者未申，而在位者已损，所以人思苟免，竞为缄默。若陛下虚己招纳，务于搜访，不忌亲仇，唯能是用，谗毁亦既不入，谁敢不竭忠诚？此皆事由陛下，非臣等所能致也。"高宗深然其言。俄检校东台侍郎、同东西台三品，出为荆州大都督府长史。咸亨初卒。自德林至安期三世，皆掌制诰。安期孙羲仲，又为中书舍人。

褚亮，字希明，杭州钱塘人。曾祖湮，梁御史中丞；祖蒙，太子中舍人；父玠，陈秘书监，并著名前史。其先自阳翟徙居焉。亮幼聪敏好学，善属文。博览无所不至，经目必记于心。喜游名贤，尤善谈论。年十八，诣陈仆射徐陵，陵与商榷文章，深异之。陈后主闻而召见，使赋诗，江总及诸辞人在坐，莫不推善。祯明初，为尚书殿中侍郎。陈亡，入隋为东宫学士。大业中，授太常博士。时炀帝将改置宗庙，亮奏议曰：

谨按《礼记》："天子七庙，三昭三穆，与太祖之庙而七。"郑玄《注》曰："此周制也。七者，太祖及文王、武王之祧，与亲庙四也。殷则六庙，契及汤与二昭二穆也。夏则五庙，无太祖，禹与二昭二穆而已。"玄又据《礼》："王者禘其祖之所自出而立四庙。"案郑玄义，天子唯立四亲庙，并始祖而为五。周以文、武为受命之祖，特立二祧，是为七庙。王肃注《礼记》曰："尊者尊统上，卑者尊统下。故天子七庙，诸侯五庙。其有殊功异德，非太祖而不毁，不在七庙之数。"案肃以为天子七庙，是百代之言。又据《王制》天子七庙，诸侯五庙，大夫三庙，降二为差。是则天子立四亲庙，又立高祖之父、高祖之祖父、太祖而为七。周有文、武、姜嫄合为十庙。汉世诸帝之庙各立，无迭毁之义。至元帝时，贡禹、匡衡之徒始议其礼，以高帝为太祖，而立四亲，是为五庙。唯刘歆以为天子七庙，诸侯五庙，降杀以两之义，七者，其正法可常数也。宗不在此数内，有功德则宗之，不可豫设为数也。是以班固称"考论诸儒之仪，刘歆博而笃矣。"光武即位，建高庙于洛阳。乃立南顿君以上四庙，就祖宗而为七。至魏初，高堂隆为郑学，议立亲庙四，太祖武帝犹在四亲之内，乃虚置太祖及二祧以待后世。至景初间，乃依王肃更立六庙，二世祖就四亲而为六庙。晋武受禅，博议宗祀，自文帝以上至六世祖征西府君，而宣帝亦序于昭穆，未升太祖，故祭止六世。江左中兴，贺循知礼，至于寝庙之议，皆依魏、晋旧事。宋武初受命为王，依诸侯立亲庙四，即位之后，增祠五世祖相国掾府君，六世祖右北平府君，止于六庙，建身没主升，亦从昭穆，犹太祖之位也。降及齐、梁，守而勿革，加宗迭毁，礼无违旧。臣又按姬周自太祖已下，皆别立庙，至于禘祫，俱合食于太祖。是以炎汉之初，诸庙各立，岁时常享，亦随处而祭，所用庙乐，皆像功德而歌舞焉。至光武乃总立一堂，而群主异室，斯则新承寇乱，欲从约省，自此已来，因循不变。皇隋太祖武元皇帝仁风潜畅，至泽傍通，以昆、彭之勋，开稷、契之绪。高祖文皇帝睿哲玄览，神武应期，拨乱返正，远肃迩安，受命开基，垂统圣嗣，鸿名冠于三代，宝祚传于七百。当文明之运，定祖宗之礼。且损益不同，沿袭异趣，时王所制，可以垂法。自历代已来，杂用王、郑二义。若寻其旨归，校以优劣，康成止论周代，非谓经通；子雍总贯皇王，事兼长远。今请依据古典，崇建七庙，受命之祖，宜别立庙，祧百世之后，为不毁之法。至于銮驾亲奉，申孝享于高庙；有司行事，竭诚敬于群主。俾夫规模可则，严祀易遵，表有功而彰明德，大复古而贵能变。臣又按周人立庙，亦无处置之文，据冢人职而言之，先王居中，以昭穆为左右。阮忱所撰《礼图》，亦从此义。汉京诸庙既远，又不序禘祫。今若依周制，理有未安，杂用汉仪，事难全采，谨详立别图附之。

议未行，寻坐与杨玄感有旧，左迁西海郡司户。时京兆郡博士潘徽亦以笔札为玄感所礼，降威定县主簿。当时寇盗纵横，六亲不能相保。亮与同行，至陇山，徽遇病终，亮亲加棺敛，瘗之路侧，慨然伤怀，遂题诗于陇树，好事者皆传写讽诵，信宿遍于京邑焉。薛举僭号陇西，以亮为黄门侍郎，委之机务。及举灭，太宗闻亮名，深加礼接，因从容自陈。太宗大悦，赐物二百段、马四匹。从还京师，授秦王文学。

时高祖以寇乱渐平，每冬畋狩。亮上疏谏曰："臣闻尧鼓纳谏，舜木求箴，茂克昌之风，致升平之道。伏惟陛下应千祀之期，拯百王之弊，平壹天下，勋劳帝业，旰食思政，废寝忧人。用农隙之余，遵冬狩之礼。获车之所游践，虞旗之所涉历，网唯一面，禽止三驱，纵广成之猎士，观上林之手搏，斯固畋弋之常规，而皇王之壮观。至于亲逼猛兽，臣窃惑之。何者？筋力骁悍，爪牙轻捷。连弩一发，未必挫其凶心；长戟才拟，不能当其愤气。虽孟贲抗左，夏育居前，卒然惊轶，事生虑表。如或近起林丛，未填坑谷，骇属车之后乘，犯官骑之清尘。小臣怯懦，私怀战栗。陛下以至圣之资，垂将来之教，降情纳入，无隔直言。臣叨逢明时，游宦藩邸，身渐荣渥，日用不知，敢缘天造，冒陈丹恳。"高祖甚纳之。太宗每有征伐，亮常侍从，军中宴筵，必预欢赏，从容议议，多所神益。又与杜如晦等十八人为文学馆学士，太宗入居春宫，除太子舍人，迁太子中允。贞观元年，为弘文馆学士。九年，进授员外散骑常侍，封阳翟县男，拜通直散骑常侍、学士如故。十六年，进爵为侯，食邑七百户。后致仕归于家。太宗幸辽东，亮子遂良为黄门侍郎，诏遂良谓亮曰："昔年师旅，卿常入幕；今兹遐伐，君已悬车。倏忽之间，移三十载，眷言畴昔，我劳如何！今将遂良东行，想公于朕，不惜一儿于膝下耳，故遣陈离意，善居加食。"亮奉表陈谢。及寝疾，诏遣医药救疗，中使候问不绝。卒时年八十八。太宗甚悼惜之，不视朝一日，赠太常卿，陪葬昭陵，谥曰康。长子遂贤，守雍王友。次子遂良，自有传。

始太宗既平寇乱，留意儒学，乃于宫城西起文学馆，以待四方文士。于是，以属大行台司勋郎中杜如晦，记室考功郎中房玄龄及于志宁，军谘祭酒苏世长，天策府记室薛收，文学褚亮、姚思廉，太学博士陆德明、孔颖达，主簿李玄道，天策仓曹李守素，记室参军虞世南，参军事蔡允恭、颜相时，著作佐郎摄记室许敬宗、薛元敬，太学助教盖文达，军谘典签苏勖，并以本官兼文学馆学士。及薛收卒，复征东虞州录事参军刘孝孙入馆。寻遣图其状貌，题其名字、爵里，乃命亮为之像赞，号《十八学士写真图》，藏之书府，以彰礼贤之重也。诸学士并给珍膳，分为三番，更直宿于阁下，每军国务静，参谒归休，即便引见，讨论坟籍，商略前载。预入馆者，时所倾慕，谓之"登瀛洲"。颜相时兄师古、苏勖兄子干。

刘孝孙者，荆州人也。祖贞，周石台太守。孝孙弱冠知名，与当时辞人虞世南、蔡君和、孔德绍、庾抱、庾自直、刘斌等登临山水，结为文会。大业末，没于王世充，世充弟伪杞王辩引为行台郎中。洛阳平，辨束缚归国，众皆离散，孝孙犹攀援号恸，追送远郊，时人义之。武德初，历虞州录事参军，太宗召为秦府学士。贞观六年，迁著作佐郎、吴王友。尝采历代文集，为王撰《古今类序诗苑》四十卷。十五年，迁本府谘议参军。寻迁太子洗马，未拜卒。

李玄道者，本陇西人也，世居郑州，为山东冠族。祖瑾，魏著作郎。父行之，隋都水使者。玄道仕隋为齐王府属。李密据洛口，引为记室。及密破，为王世充所执。是时，同遇囚俘者并惧死，达曙不寐，唯玄道颜色自若，曰："死生有命，非忧能了。"同拘者雅推其识量。及见世充，举措不改其常。世充素知其名，益重之，释缚以为著作佐郎。东都平，太宗召为秦王府主簿、文学馆学士。贞观元年，累迁给事中，封姑臧县男。时王君廓为幽州都督，朝廷以其武将不习时事，拜玄道为幽州长史，以维持府事。君廓在州屡为非法，玄道数正议裁之。尝又遗玄道一婢，玄道问婢所由，云本良家子，为君廓所掠，玄道因放遣之，君廓甚不悦。后遇君廓入朝，房玄龄即玄道之从甥也，玄道附书，君廓私发，不识草字，疑其谋己，惧而奔叛，玄道坐流嶲州。未几征还，为常州刺史。在职清简，百姓安之，太宗下诏褒美，赐以绫彩。三年，表请致仕，加银青光禄大夫，以禄归第，寻卒。子云将，知名。官至尚书左丞。

李守素者，赵州人，代为山东名族。太宗平王世充，征为文学馆学士，署天策府仓曹参军。守素尤工谱学，自晋宋已降，四海士流及诸勋贵华戎阀阅，莫不详究，当时号为"行谱"。尝与虞世南共谈人物，言江左、山东，世南犹相酬对；及言北地诸侯，次第如流，显其世业，皆有援证，世南但抚掌而笑，不复能答，叹曰："行谱定可畏。"许敬宗因谓世南曰："李仓曹以善谈人物，乃得此名，虽为美事，然非雅正。公既言须准的，宜当有以改之。"世南曰："昔任彦升美谈经籍，梁代称为'五经笥'；今目仓曹为'人物志'可矣。"贞观初卒。

史臣曰：刘井州有言："和氏之璧，不独耀于郢握；夜光之珠，何专玩于隋掌？天下之宝，固当与天下共之。"虞永兴之从建德，李安平之佐公祏，褚阳翟之依薛举，盖大渴不能择泉而饮，大暑不能择荫而息耳，非不识其饮憩之所。及文皇帝揭三辰而烛天下，群贤雾集，人之所奉，方得跃鳞天池，擅价春山，为一代之至宝，则所托之势异也。隋掌郢握，曷有常哉！二虞昆仲，文章炳蔚于隋、唐之际，褚河南父子，箴规献替，洋溢于贞观、永徽之间。所谓代有人焉，而三家尤盛。

赞曰：猗与文皇，荡涤苍昊。十八文星，连辉炳耀。虞、褚之笔，动若有神。安平之什，老而弥新。

卷七十三　　列传第二十三

薛收 兄子元敬　收子元超　元超从子稷　**姚思廉**　**颜师古** 弟相时　**令狐德棻** 邓世隆　顾胤　李延寿　李仁实等附　**孔颖达** 司马才章　王恭　马嘉运等附

薛收，字伯褒，蒲州汾阴人，隋内史侍郎道衡子也。事继从父孺以孝闻。年十二，解属文。以父在隋非命，乃洁志不仕。大业末，郡举秀才，固辞不应。义旗起，遁于首阳山，将协义举。蒲州通守尧君素潜知收谋，乃遣人迎收所生母王氏置城内，收乃还城。后君素将应王世充，遂逾城归国。秦府记室房玄龄荐之于太宗，即日召见，问以经略，收辩对纵横，皆合旨要。授秦府主簿，判陕东道大行台金部郎中。时太宗专任征伐，檄书露布，多出于收。言辞敏速，还同宿构，马上即成，曾无点窜。太宗讨王世充也，窦建德率兵来拒，诸将皆以为宜且退军，以观贼形势。收独建策曰："世充据有东都，府库填积，其兵皆是江淮精锐，所患者在于乏食，是以为我所持，求战不可。建德亲总军旅，来拒我师，亦当尽彼骁雄，期于奋决。若纵其至此，两寇相连，转河北之粮以相资给，则伊、洛之间战斗不已。今宜分兵守营，深其沟防，即世充欲战，慎勿出兵。大王亲率猛锐，先据成皋之险，训兵坐甲，以待其至。彼以疲弊之师，当我堂堂之势，一战必克。建德即破，世充自下矣。不过两旬，二国之君，可面缚麾下。若退兵自守，计之下也。"太宗纳之，卒擒建德。东都平，太宗入观隋氏宫室，嗟后主罄人力以逞奢侈。收进曰："窃闻峻宇雕墙，殷辛以灭；土阶茅栋，唐尧以昌。秦帝增阿房之饰，汉后罢露台之费，故汉祚延而秦祸速，自古如此。后主曾不能察，以万乘之尊，困一夫之手，使土崩瓦解，取讥后代，以奢虐所致也。"太宗悦其对。及军还，授天策府记室参军。太宗初授天策上将、尚书令，命收与世南并作第一让表，竟用收者。太宗曾侍高祖游后园中，获白鱼，命收为献表，收援笔立就，不复停思，时人推其二表赡而速。从平刘黑闼，封汾阴县男。武德六年，以本官兼文学馆学士，与房玄龄、杜如晦特蒙殊礼，受心腹之寄。又尝上书谏猎，太宗手诏曰："览读所陈，实悟心胆，今日成我，卿之力也。明珠兼乘，岂比来言，当以诚心，书何能尽！今赐卿黄金四十铤，以酬雅意。"七年，寝疾，太宗遣使临问，相望于道。寻命舆疾诣府，太宗亲以衣袂抚收，论叙生平，潸然流涕。寻卒，年三十三。太宗亲自临哭。哀恸左右。与收从父兄子敬书曰："吾与卿叔共事，或军旅多务，或文咏从容。何尝不驱驰经略，款曲襟抱？比虽疾苦，日冀瘥除，何期一朝，忽成万古！追寻痛惋，弥用伤怀。且闻其儿子幼小，家徒壁立，未知何处安置？宜加安抚，以慰吾怀。"因使人吊祭，赠物三百段。及后，遍图学士等形像。太宗叹曰："薛收遂成故人，恨不早图其像。"及登极，顾谓房玄龄曰："薛收若在，朕当以中书令处之。"又尝梦收如平生，又敕有司特赐其家粟帛。贞观七年，赠定州刺史。永徽六年，又赠太常卿，陪葬昭陵。文集十卷。

元敬，隋选部侍郎迈子也。有文学，少与收及收族兄德音齐名，时人谓之"河东三凤"。收为长雏，德音为鸑鷟，元敬以年最小为鹓鶵。武德中，元敬为秘书郎，太宗召为天策府参军，兼直记室。收与元敬俱为文学馆学士。时房、杜等处心腹之寄，深相友托，元敬畏于权势，竟不之狎，如晦常云："小记室不可得而亲，不可得而疏。"太宗入东宫，除太子舍人。时军国之务，总于东宫，元敬专掌文翰，号为称职。寻卒。

收子元超。元超早孤，九岁袭爵汾阴男。及长，好学，善属文。太宗甚重之，令尚巢刺王女和静县主，累授太子舍人，预撰《晋书》。高宗即位，擢拜给事中，时年二十六。数上书陈君臣政体及时事得失,高宗皆嘉纳之。俄转中书舍人,加弘文馆学士,兼修国史。中书省有一盘石,初,道衡为内史侍郎,尝踞而草制,元超每见此石,未尝不泫然流涕。永徽五年,丁母忧解。明年,起授黄门侍郎,兼检校太子左庶子。元超既擅文辞,兼好引寒俊,尝表荐任希古、高智周、郭正一、王义方、孟利贞等十余人,由是时论称美。后以疾出为饶州刺史。三年,拜东台侍郎。右相李义府以罪配流巂州,旧制,流人禁乘马,元超奏请给之,坐贬为简州刺史。岁余,西台侍郎上官仪伏诛,又坐与文章款密,配流巂州。上元初,遇赦还,拜正谏大夫。三年,迁中书侍郎,寻同中书门下三品。时高宗幸温泉校猎,诸蕃酋长亦持弓矢而从。元超以为既非族类,深可为虞,上疏切谏,帝纳焉。时元超特承恩遇,常召入与诸王同预私宴。又重其文学政理之才,曾谓元超曰:"长得卿在中书,固不藉多人也。"永隆二年,拜中书令,兼太子左庶子。高宗幸东都,太子于京师监国,因留元超以侍太子。帝临行谓元超曰:"朕之留卿,如去一臂。但吾子未闲庶务,关西之事,悉以委卿。所寄既深,不得默尔。"于是元超表荐郑祖玄、邓玄挺、崔融为崇文馆学士,又数上疏谏太子,高宗知而称善,遣使慰谕,赐物百段。弘道元年,以疾乞骸,加金紫光禄大夫,听致仕。其年冬卒,年六十二。赠光禄大夫、秦州都督,陪葬乾陵。文集四十卷。子曜,亦以文学知名,圣历中,修《三教珠英》,官至正谏大夫。元超从子稷。

稷举进士,累转中书舍人。时从祖兄曜为正谏大夫,与稷俱以辞学知名,同在两省,为时所称。景龙末,为谏议大夫、昭文馆学士。好古博雅,尤工隶书。自贞观、永徽之际,虞世南、褚遂良时人宗其书迹,自后罕能继者。稷外祖魏徵家富图籍,多有虞、褚旧迹,稷锐精模仿,笔态遒丽,当时无及之者。又善画,博探古迹。睿宗在藩,留意于小学,稷于是特见招引,俄又令其子伯阳尚仙源公主。及践祚,累拜中书侍郎,与苏颋等对掌制诰。俄与中书侍郎崔日用参知政事。睿宗以钟绍京为中书令,稷劝令礼让,因入言于帝曰:"绍京素无才望,出自胥吏,虽有功勋,未闻令德。一朝超居元宰,师长百僚,臣恐清浊同贯,失于圣朝具瞻之美。"帝然其言,因绍京表让,遂转为户部尚书。稷又于帝前面折崔日用,递相短长,由是罢知政事,迁左散骑常侍,历工部、礼部二尚书。以翊赞睿宗功封晋国公,赐实封三百户,除太子少保。睿宗常召稷入宫中参决庶政,恩遇莫与为比。及窦怀贞伏诛,稷以知其谋,赐死于万年县狱中。子伯阳,以尚公主拜右千牛卫将军、驸马都尉,亦以功封安邑郡公,别食实封四百户。及父死,特免坐,左迁晋州员外别驾。寻而配徙岭表,在道自杀。伯阳子谈,开元十六年,尚常山公主,拜驸马都尉、光禄员外卿,旬日暴卒。

姚思廉,字简之,雍州万年人。父察,陈史部尚书;入隋,历太子内舍人、秘书丞、北绛公,学兼儒史,见重于二代。陈亡,察自吴兴始迁关中。思廉少受汉史于其父,能尽传家业,勤学寡欲,未尝言及家人产业。在陈为扬州主簿,入隋为汉王府参军,丁父忧解职。初,察在陈尝修梁、陈二史,未就,临终令思廉续成其志。丁继母忧,庐于墓侧,毁瘠加人。服阕,补河间郡司法书佐。思廉上表陈父遗言,有诏许其续成《梁》、《陈史》。炀帝又令与起居舍人崔祖浚修《区宇图志》。后为代王侑侍读。会义师克京城,侑府僚奔骇,唯思廉侍王,不离其侧。兵将升殿,思廉厉声谓曰:"唐公举义,本匡王室,卿等不宜无礼于王。"众服其言,于是布列阶下。高祖闻而义之,许其扶侑至顺阳阁下,泣拜而去。观者咸叹曰:"忠烈之士也。仁者有勇,此之谓乎!"高祖受禅,授秦王文学。后太宗征徐圆朗,思廉时在洛阳,太宗尝从容言及隋亡之事,慨然叹曰:"姚思廉不惧兵刃,以明大节,求诸古人,亦何以加也!"因寄物三百段以遗之,书曰:"想节义之风,故有斯赠。"寻引为文学馆学士。太宗入春宫,迁太子洗马。贞观初,迁著作郎、弘文馆学士。写其形像,列于《十八学士图》,令文学褚亮为之赞,曰:"志苦精勤,纪言实录。临危殉义,余风励俗。"三年,又诏与秘书监魏徵同撰梁、陈二史。思廉又采谢炅等诸家梁史续成父书,并推究陈事,删益傅缚、顾野王所修旧史,撰成《梁书》五十卷、《陈书》三十卷。魏徵虽裁其总论,其编次笔削,皆思廉之功也,赐彩绢五百段,加通直散骑常侍。思廉以藩邸之旧,深被礼遇,政有得失,常遣密奏之,思廉亦直言无隐。太宗将幸九成宫,思廉谏曰:"离宫游幸,秦皇、汉武之事,固非尧、舜、禹、汤之所为也。"言甚切至。太宗谕曰:"朕有气疾,热便顿剧,固非情好游赏也。"因赐帛五十匹。九年,拜散骑常侍,赐爵丰城县男。十一年卒。太宗深悼惜之,废朝一日,赠太常卿,谥曰康,赐葬地于昭陵。子处平,官至通事舍人。处平子璹、班,别有传。

颜籀,字师古,雍州万年人,齐黄门侍郎之推孙也。其先本居琅邪,世仕江左。及之推,历事周、齐,齐灭,始居关中。父思鲁,以学艺称,武德初为秦王府记室参军。师古少传家业,博览群书,尤精诂训,善属文。隋仁寿中,为尚书左丞李纲所荐,授安养尉。尚书左仆射杨素见师古年弱貌羸,因谓曰:"安养剧县,何以克当?"师古曰:"割鸡焉用牛刀。"素奇其对。到官果以干理闻。时薛道衡为襄州总管,与高祖有旧,又悦其才,有所缀文,尝使其掎摭疵病,甚亲昵之。寻坐事免,归长安,十年不得调,家贫,以教授为业。

及起义,师古至长春宫谒见,授朝散大夫。从平京城,拜燉煌公府文学,转起居舍人,再迁中书舍人,专掌机密。于时军国多务,凡有制诰,皆成其手。师古达于政理,册奏之工,时无及者。太宗践祚,擢拜中书侍郎,封琅邪县男。以母忧去职。服阕,复为中书侍郎。岁余,坐事免。太宗以经籍去圣久远,文字讹谬,令师古于秘书省考定《五经》,师古多所厘正,既成,奏之。太宗复遣诸儒重加详议,于时诸儒传习已久,皆共非之。师古辄引晋、宋已来古今本,随言晓答,援据详明,皆出其意表,诸儒莫不叹服。于是兼通直郎、散骑常侍,颁其所定之书于天下,令学者习焉。贞观七年,拜秘书少监,专典刊正。所有奇书难字,众所共惑者,随疑剖析,曲尽其源。是时多引后进之士为雠校,师古抑素流,先贵势,虽富商大贾亦引进之,物论称其纳贿,由是出为郴州刺史。未行,太宗惜其才,谓之曰:"卿之学识,良可有称,但事亲居官,未为清论所许。今之此授,卿自取之。朕以卿曩日任使,不忍遐弃,宜深自诫励也。"于是复以为秘书少监。师古既负其才,又早见驱策,累被任用,及频有罪谴,意甚丧沮。自是阖门守静,杜绝宾客,放志园亭,葛巾野服。然搜求古迹及古器,耽好不已。俄又奉诏与博士等撰定《五礼》,十一年,《礼》成,进爵为子。时承乾在东宫,命师古注班固《汉书》,解释详明,深为学者所重。承乾表上之,太宗令编之秘阁,赐师古物二百段、良马一匹。十五年,太宗下诏,将有事于泰山,所司与公卿并诸儒博士详定仪注。太常卿韦挺、礼部侍郎令狐德棻为封禅使,参考其仪,时论者竞起异端。师古奏曰:"臣撰定《封禅仪注书》在十一年春,于时诸儒参详,以为适中。"于是诏公卿定其可否,多从师古之说,然而事竟不行。师古俄迁秘书监、弘文馆学士。十九年,从驾东巡,道病卒,年六十五,谥曰戴。有集六十卷。其所注《汉书》及《急就章》,大行于世。永徽三年,师古子扬庭为符玺郎,又表上师古所撰《匡谬正俗》八卷。高宗下诏付秘书阁,仍赐扬庭帛五十匹。

师古弟相时,亦有学业。武德中,与房玄龄等为秦府学士。贞观中,累迁谏议大夫,拾遗补阙,有诤臣之风。寻转礼部侍郎。相时羸瘠多疾病,太宗常使赐以医药。性仁友,及师古卒,不胜哀慕而卒。师古叔父游秦,武德初累迁廉州刺史,封临沂县男。时刘黑闼初平,人多以强暴寡礼,风俗未安,游秦抚恤境内,敬让大行。邑里歌曰:"廉州颜有道,性行同庄、老。爱人如赤子,不杀非时草。"高祖玺书劳勉之。俄拜郓州刺史,卒官。撰《汉书决疑》十二卷,为学者所称,后师古注《汉书》,亦多取其义耳。

令狐德棻,宜州华原人,隋鸿胪少卿熙之子也。先居燉煌,代为河西右族。德棻博涉文史,早知名。大业末,为药城长,以世乱不就职。及义旗建,淮安王神通据太平宫,自称总管,以德棻为记室参军。高祖入关,引直大丞相府记室。武德元年,转起居舍人,甚见亲待。五年,迁秘书丞,与侍中陈叔达等受诏撰《艺文类聚》。高祖问德棻曰:"比者,丈夫冠、妇人髻,竞为高大,何也?"对曰:"在人之身,冠为上饰,所以古人方诸君上。昔东晋之末,君弱臣强,江左士女,皆衣小而裳大。及宋武正位之后,君德尊严,衣服之制,俄亦变改。此即近事之征。"高祖然之。时承丧乱之余,经籍亡逸,德棻奏请购募遗书。重加钱帛,增置楷书,令缮写。数年间,群书略备。德棻尝从容言于高祖曰:"窃见近代已来,多无正史,梁、陈及齐,犹有文籍。至周、隋遭大业离乱,多有遗阙。当今耳目犹接,尚有可凭,如更十数年后,恐事迹湮没。陛下既受禅于隋,复承周氏历数,国家二祖功业,并在周时。如文史不存,何以贻鉴今古?如臣愚见,并请修之。"高祖然其奏,下诏曰:

司典序言,史官记事,考论得失,究尽变通。所以裁成义类,惩恶劝善,多识前古,贻鉴将来。伏牺以降,周、秦斯及,两汉传绪,三国受命,迄于晋、宋,载籍备焉。自有魏南徙,乘机抚运,周、隋禅代,历世相仍。梁氏称邦,跨据淮海;齐迁龟鼎,陈建皇宗,莫不自命正朔,绵历祀纪,各殊徽号,删定礼仪。至于发迹开基,受终告代,嘉谋善政,名臣奇士,立言著绩,无乏于时。然而简牍未编,纪传咸阙,炎凉已积,谣俗迁讹。余烈遗风,倏焉将坠。朕握图驭宇,长世字人,方立典谟,永垂宪则。顾彼湮落,用深轸悼,有怀撰次,实资良直。中书令萧瑀、给事中王敬业、著作郎殷闻礼可修魏史,侍中陈叔达、秘书丞令狐德棻、太史令庾俭可修周史,兼中书令封德彝、中书舍人颜师古可修隋史,大理卿崔善为、中书舍人孔绍安、太子洗马萧德言可修梁史,太子詹事裴矩、兼吏部郎中祖孝孙、前秘书丞魏徵可修齐史,秘书监窦琎、给事中欧阳询、秦王文学姚思廉可修陈史。务加详核,博采旧闻,义在不刊,书法无隐。

瑀等受诏,历数年,竟不能就而罢。贞观三年,太宗复敕修撰,乃令德棻与秘书郎岑文本修周史,中书舍人李百药修齐史,著作郎姚思廉修梁、陈史,秘书监魏徵修隋史,与尚书左仆射房玄龄总监诸代史。众议以魏史既有魏收、魏彦二家,已为详备,遂不复修。德棻又奏引殿中侍御史崔仁师佐修周史,德棻仍总知类会梁、陈、齐、隋诸史。武德已来创修撰之源,自德棻始也。六年,累迁礼部侍郎,兼修国史,赐爵彭阳男。十年,以修周史赐绢四百匹。十一年,修《新礼》成,进爵为子。又以撰《氏族志》成,赐帛二百匹。十五年,转太子右庶子。承乾败,随例除名。十八年,起为雅州刺史,以公事免。寻有诏改撰《晋书》,房玄龄奏德棻令预修撰,当时同修一十八人,并推德棻为首,其体制多取决焉。书成,除秘书少监。

永徽元年,又受诏撰定律令,复为礼部侍郎,兼弘文馆学士,监修国史及《五代史志》。寻迁太常卿,兼弘文馆学士。时高宗初嗣位,留心政道,尝召宰臣及弘文馆学士于中华殿而问曰:"何者为王道、霸道?又孰为先后?"德棻对曰:"王道任德,霸道任刑。自三王已上,皆行王道;唯秦任霸术,汉则杂而行之;魏、晋已下,王、霸俱失。如欲用之,王道为最,而行之为难。"高宗曰:"今之所行,何政为要?"德棻对曰:"古者为政,清其心,简其事,以此为本。当今天下无虞,年谷丰稔,薄赋敛,少征役,此乃合于古道。为政之要道,莫过于此。"高宗曰:"政道莫尚于无为也。"又问曰:"禹、汤何以兴?桀、纣何以亡?"德棻对曰:"《传》称:'禹、汤罪己,其兴也勃焉;桀、纣罪人,其亡也忽焉。'二主惑于妺喜、妲己,诛戮谏者,造炮烙之刑,是其所以亡也。"高宗甚悦,既罢,各赐以缯彩。四年,迁国子祭酒,以修贞观十三年以后实录功,赐物四百段,兼授崇贤馆学士。寻又撰《高宗实录》三十卷,进爵为公。龙朔二年,表请致仕,许之,仍加金紫光禄大夫。乾封元年,卒于家,年八十四,谥曰宪。德棻暮年尤勤于著述,国家凡有修撰,无不参预。

自武德已后,有邓世隆、顾胤、李延寿、李仁实前后修撰国史,颇为当时所称。

邓世隆者,相州人也。大业末,王世充兄子太守河阳,引世隆为宾客,大见亲遇。及太宗攻洛阳,遣书谕太,世隆为复书,言辞不逊。洛阳平后,世隆惧罪,变姓名,自号隐玄先生,窜于白鹿山。贞观初,征授国子主簿,与崔仁师、慕容善行、刘顗、庾安礼、敬播等俱为修史学士。世隆负宿罪,犹不自安。太宗闻之,遣房玄龄谕之曰:"尔为王太作书,诚合重罪,但各为其主,于朕岂有恶哉?朕今为天子,何能追责匹夫之过?尔宜坦然,勿怀危惧也。"擢授著作佐郎,历卫尉丞。初,太宗以武功定海内,栉风沐雨,不暇于诗书。暨乎嗣业,进引忠良,锐精思政,数年之后,道致隆平,遂于听览之暇,留情文史。叙事言怀,时有构属,天才宏丽,兴托玄远。贞观十三年,世隆上疏请编录御集,太宗竟不许。世隆又采隋代旧事,撰为《东都记》三十卷。迁著作郎,寻卒。

顾胤者,苏州吴人也。祖越,陈给事黄门侍郎。父览,隋秘书学士。胤,永徽中历迁起居郎,兼修国史。撰《太宗实录》二十卷成,以功加朝散大夫,授弘文馆学士。以撰武德、贞观两朝国史八十卷成,加朝请大夫,封余杭县男,赐帛五百段。龙朔三年,迁司文郎中。寻卒。胤又撰《汉书古今集》二十卷,行于代。子琮,长安中为天官侍郎、同凤阁鸾台平章事。

李延寿者,本陇西著姓,世居相州。贞观中,累补太子典膳丞、崇贤馆学士,尝受诏与著作佐郎敬播同修《五代史志》,又预撰《晋书》,寻转御史台主簿,兼直国史。延寿尝撰《太宗政典》三十卷表上之。历迁符玺郎,兼修国史,寻卒。调露中,高宗尝观其所撰《政典》,叹美久之,令藏于秘阁,赐其家帛五十段。延寿又尝删补宋、齐、梁、陈及魏、齐、周、隋等八代史,谓之《南北史》,凡一百八十卷,颇行于代。

李仁实,魏州顿丘人。官至左史。尝著《格论》三卷、《通历》八卷、《戎州记》,并行于时。

孔颖达,字仲达,冀州衡水人也。祖硕,后魏南台丞。父安,齐青州法曹参军。颖达八岁就学,日诵千余言。及长,尤明《左氏传》、《郑氏尚书》、《王氏易》、《毛诗》、《礼记》,兼善算历,解属文。同郡刘焯名重海内,颖达造其门。焯初不之礼,颖达请质疑滞,多出其意表,焯改容敬之。颖达固辞归,焯固留,不可。还家,以教授为务。隋大业初,举明经高第,授河内郡博士。时炀帝征诸郡儒官集于东都,令国子秘书学士与之论难,颖达为最。时颖达少年,而先辈宿儒耻为之屈,潜遣刺客图之。礼部尚书杨玄感舍之于家,由是获免。补太学助教。属隋乱,避地于武牢。太宗平王世充,引为秦府文学馆学士。武德九年,擢授国子博士。贞观初,封曲阜县男,转给事中。时太宗初即位,留心庶政,颖达数进忠言,益见亲侍。太宗尝问曰:"《论语》云:'以能问于不能,以多问于寡,有若无,实若虚。'何谓也?"颖达对曰:"圣人设教,欲人谦光。己虽有能,不自矜大,仍就不能之人求访能事。己之才艺虽多,犹以为少,仍就寡少之人更求所益。己之虽有,其状若无。己之虽实,其容若虚。非唯匹庶,帝王之德,亦当如此。夫帝王内蕴神明,外须玄默,使深不可测,度不可知。《易》称'以蒙养正,以明夷莅众',若其位居尊极,炫耀聪明,以才凌人,饰非拒谏,则上下情隔,君臣道乖。自古灭亡,莫不由此也。"太宗深善其对。六年,累除国子司业。岁余,迁太子右庶子,仍兼国子司业。与诸儒议历及明堂,皆从颖达之说。又与魏徵撰成《隋史》,加位散骑常侍。十一年,又与朝贤修定《五礼》,所有疑滞,咸谘决之。书成,进爵为子,赐物三百段。庶人承乾令撰《孝经义疏》,颖达因文见意,更广规讽之道,学者称之。太宗以颖达在东宫数有匡谏,与左庶子于志宁各赐黄金一斤、绢百匹。十二年,拜国子祭酒,仍侍讲东宫。十四年,太宗幸国学观释奠,命颖达讲《孝经》,既毕,颖达上《释奠颂》,手诏褒美。后承乾不循法度,颖达每犯颜进谏。承乾乳母遂安夫人谓曰:"太子成长,何宜屡致面折?"颖达对曰:"蒙国厚恩,死无所恨。"谏诤逾切,承乾不能纳。先是,与颜师古、司马才章、王恭、王琰等诸儒受诏撰定《五经》义训,凡一百八十卷,名曰《五经正义》。太宗下诏曰:"卿等博综古今,义理该洽,考前儒之异说,符圣人之幽旨,实为不朽。"付国子监施行,赐颖达物三百段。时又有太学博士马嘉运驳颖达所撰《正义》,诏更令详定,功竟未就。十七年,以年老致仕。十八年,图形于凌烟阁,赞曰:"道光列第,风传阙里。精义霞开,掞辞飚起。"二十二年卒,陪葬昭陵,赠太常卿,谥曰宪。

司马才章者,魏州贵乡人也。父烜,博涉《五经》,善纬候。才章少传其业。隋末为郡博士,贞观六年,左仆射房玄龄荐之,屡蒙召问,擢授国子助教,论议该洽,学者称之。

王恭者,滑州白马人也。少笃学,博涉《六经》。每于乡闾教授,弟子自远方至数百人。贞观初,征拜太学博士,其所讲《三礼》,皆别立义证,甚为精博。盖文懿、文达等皆当时大儒,罕所推借,每讲《三礼》,皆遍举先达义,而亦畅恭所说。

马嘉运者,魏州繁水人也。少出家为沙门,明于《三论》。后更还俗,专精儒业,尤善论难。贞观初,累除越王东阁祭酒。顷之,罢归,隐居白鹿山。十一年,召拜太学博士,兼弘文馆学士,预修《文思博要》。嘉运以颖达所撰《正义》颇多繁杂,每掎摭,诸儒亦称为允当。高宗居春宫,引为崇贤馆学士。数与洗马秦暐侍讲殿中,甚蒙礼异。十九年,迁国子博士卒。

史臣曰:唐德勃兴,英儒间出,佐命协力,实有其人。薛收左右厥猷,经谋雅道,不幸短命,歼我良士。上言"恨不图形,若在,当以中书令处之",才可知矣。元敬藻翰明敏,而畏权势,竟不狎房、杜,深沉至慎,不亦优哉!元超藉父风望,弼亮宏略,谅非其罪,而再迁流。及登大任,益有嘉谋,汲引多才,以隆弘纳,其感恩之重,时其闻诸?有始有卒,其殆庶几乎!禹出自名家,涉于大用,及自贻谋衅,如贞亮何?姚思廉笃学寡欲,受汉史于家尊,果执明义,临大节而不可夺。及笔削成书,箴规翊圣,言其命世,亦当仁乎!师古家籍儒风,该博经义,至于详注史策,探测典礼,清明在躬,天有才格。然而三黜之负,竟在时讥,孔子曰"才难",不其然乎?令狐德棻贞度应时,待问平直。征旧史,修新礼,以畅国风;辨治乱,谈王霸,以资帝业。"元首明哉,股肱良哉",其斯之谓欤!邓世隆国史时誉,固有谅直。其复书不逊,何不知之甚也!上疏请编御集,其弼直乎!顾胤清芬,可观彝范,积善余庆,其有子哉!李延寿研考史学,修撰删补,克成大典,方之班、马,何代无人?仁实捃摭,抑又次焉。孔颖达风格高爽,幼而有闻,探赜明敏,辨析应对,天有通才。人道恶盈,必有毁讦,及《正义》炳焕,乃异人也,虽其掎摭,亦何损于明?司马才章藉时崇儒,明核致业;王恭弘阐声教,礼学研详;马嘉运达识自通,克成典雅。并符才用,润色丹青,其掎摭繁杂,盖求备者也。

赞曰:河东三凤,俱瑞黄图。棻为良史,颖实名儒。
解经不穷,希颜之徒。登瀛入馆,不其盛乎!

卷七十四　　　列传第二十四

刘洎　马周　崔仁师
孙漪　洎弟浟　浟子论　浟弟涤

刘洎,字思道,荆州江陵人也。隋末,仕萧铣为黄门侍郎。铣令略地岭表,得五十余城,未还而铣败,遂以所得城归国,授南康州都督府长史。贞观七年,累拜给事中,封清苑县男。十五年,转治书侍御史。上疏曰:

尚书万机,实为政本,伏寻此选,受授诚难。是以八座比于文昌,二丞方于管辖,爰至曹郎,上应列宿,苟非称职,窃位兴讥。伏见比来尚书省诏敕稽停,文案壅滞,臣诚虽庸劣,请述其源。贞观之初,未有令仆,于时省务繁杂,倍多于今。左丞戴胄、右丞魏徵,并晓达吏方,质性平直,事应弹举,无所回避。陛下又假以恩慈,自然肃物,百司匪懈,抑此之由。及杜正伦续任右丞,颇亦厉下。比者纲维不举,并为勋亲在位,品非其任,功势相倾。凡在官僚,未循公道,虽欲自强,先惧嚣谤。所以郎中抑夺,唯事诺禀;尚书依违,不得断决。或惮闻奏,故事稽延。案虽理穷,仍更盘下。去无程限,来不责迟,一经出手,便涉年载。或希旨失情,或避嫌抑理。勾司以案成为事了,不究是非;尚书用便僻为奉公,莫论当否。递相姑息,唯务弥缝。且选贤授能,非材莫举,天工人代,焉可妄加?至于懿戚元勋,但优其礼秩,或年高耄及,或积病智昏,既无益于时宜,当致之以闲逸。久妨贤路,殊为不可。将救兹弊,且宜精简四员。左右丞、左右司郎中如并得人,自然纲维略举,亦当矫正趋竞,岂唯息其稽滞哉!

书奏未几,拜尚书右丞。十三年,迁黄门侍郎。十七年,加授银青光禄大夫,寻除散骑常侍。洎性疏峻敢言。太宗工王羲之书,尤善飞白,尝宴三品已上于玄武门,帝操笔作飞白字赐群臣,或乘酒争取于帝手,洎登御座引手得之。皆奏曰:"洎登御床,罪当死,请付法。"帝笑而言曰:"昔闻婕妤辞辇,今见常侍登床。"寻摄黄门侍郎,加上护军。

太宗善持论,每与公卿言及古道,必诘难往复。洎上书谏曰:"帝王之与凡庶,圣哲之与庸愚,上下相悬,拟伦斯绝。是知以至愚而对至圣,以极卑而对至尊,徒思自强,不可得也。陛下降恩旨,假慈颜,凝旒以听其言,虚襟以纳其说,犹恐群下未敢对扬,况动神机,纵天辩,饰辞以折其理,援古以排其议,欲令凡庶何阶应答?臣闻皇天以无言为贵,圣人以不言为德,老君称大辩若讷,庄生称至道无文,此皆不欲烦也。齐侯读书,轮扁窃笑;汉皇慕古,长孺陈讥,此亦不欲劳也。且多记则损心,多语则损气,心气内损,形神外劳,初虽不觉,后必为累。须为社稷自爱,岂为性好自伤乎?窃以今日升平,皆陛下力行所至,欲其长久,匪由辩博。但当忘彼爱憎,慎兹取舍,每事敦朴,无非至公,若贞观之初则可矣。至如秦政强辩,失人心于自矜;魏文宏才,亏众望于虚说。此才辩之累,较然可知矣。伏愿略兹雄辩,浩然养气;简彼细图,淡焉自怡。固万寿于南岳,齐百姓于东户,则天下幸甚,皇恩斯毕。"手诏答曰:"非虑无以临下,非言无以述虑。比有谈论,遂致烦多。轻物骄人,恐由兹道。形神心气,非此为劳。今闻谠言,虚怀以改。"时皇太子初立,洎以为宜尊贤重道,上书曰:

臣闻郊迎四方,孟侯所以成德;齿学三让,元良由是作贞。斯皆屈主祀之尊,申下交之义。故得言言咸荐,睿问旁通,不出轩庭,坐知天壤。率由兹道,永固鸿基者焉。原夫太子,宗祧是系,善恶之际,兴亡斯在。不勤于始,将悔于终。是以晁错上书,令先通政术;贾谊献策,务前知礼教。窃惟皇太子孝友仁义,明允笃诚,皆挺自天姿,非劳审谕,固以华夷仰德,翔泳希风矣。然则寝门视膳,已表于三朝,艺宫论道,宜弘于四术。虽春秋鼎盛,饬躬有渐,实恐岁月易往,堕业兴讥,取适宴安,方从此始。臣以愚短,幸参侍从,思广离明,愿闻径术。不敢曲陈故事,请以圣德言之。

伏惟陛下诞睿膺图,登庸历试。多才多艺,道著于匡时;允武允文,功成于纂祀。万方即序,九围清宴。尚且虽休勿休,日慎一日,求异闻于振古,劳睿思于当年。乙夜观书,事高汉帝;马上披卷,勤过魏后。陛下自励如此,而令太子优游弃日,不习图书,臣所未谕一也。加以暂屏机务,即寓雕虫。综宝思于天文,则长河韬映;摛玉字于仙札,则流霞成彩。固以锚铁万代,冠冕百王,屈、宋不足以升堂,钟、张何阶于入室。陛下自好如此,而太子悠然静处,不寻篇翰,臣所未谕二也。陛下历该众妙,独秀寰中,犹晦天听,俯询凡识,听朝之隙,引见群官,降以温颜,访以今古。故得朝廷是非，里闾好恶，凡有巨细，必关听览。陛下自好如此，而令太子久入趋侍，不接正人，臣所未谕三也。陛下若谓无益，则何事劳神；若谓有成，则宜申贻厥。蔑而不急，未见其可。伏愿俯推睿范，训及储君，授以良书，娱之嘉客。晨披经史，观成败于前踪；晚接宾游，访得失于当代。间以书札，继以篇章，则日闻所未闻，日见所未见。副德逾光，群生之福也。古之太子，问安而退，所以广敬于君父；异宫而处，所以分别于嫌疑。今太子一侍天闱，动移旬朔，师傅以下，无由接见。假令供奉有隙，暂还东宫，拜谒既疏，且事欣仰，规谏之道，固所未暇。陛下不可以亲教，宫寀无由以进言，虽有具僚，竟将何补？伏愿俯循前躅，稍抑下流，弘远大之规，展师友之义。则储徽克茂，帝图斯广，凡在黎元，孰不庆赖！

自此敕洎令与岑文本同马周递日往东宫，与皇太子谈论。太宗尝怒苑西守监穆裕，命于朝堂斩之，皇太子遽进谏。太宗谓司徒长孙无忌曰："夫人久相与处，自然染习。自朕临御天下，虚心正直，即有魏徵朝夕进谏。自徵云亡，刘洎、岑文本、马周、褚遂良等继之。皇太子幼在朕膝前，每见朕心悦谏，昔者因染以成性，固有今日之谏耳。"十八年，迁侍中。太宗尝谓侍臣曰："夫人臣之对帝王，多顺旨而不逆，甘言以取容。朕今发问，欲闻己过，卿等须言朕愆失。"长孙无忌、李勣、杨师道等咸云："陛下圣化致太平，臣等不见其失。"洎对曰："陛下化高万古，诚如无忌等言。然顷上书人不称旨者，或面加穷诘，无不惭退，恐非奖进言者之路。"太宗曰："卿言是也，当为卿改之。"

太宗征辽，令洎与高士廉、马周留辅皇太子定州监国，仍兼左庶子、检校民部尚书。太宗谓洎曰："我今远征，使卿辅翼太子，社稷安危之机，所寄尤重，卿宜深识我意。"洎进曰："愿陛下无忧，大臣有愆失者，臣谨即行诛。"太宗以其妄发，颇怪之，谓曰："君不密则失臣，臣不密则失身。卿性疏而太健，恐以此取败，深宜诫慎，以保终吉。"十九年，太宗辽东还，发定州，在道不康，洎与中书令马周入谒。洎、周出，遂良传问起居，洎泣曰："圣体患痈，极可忧惧。"遂良诬奏之曰："洎云：'国家之事不足虑，正当傅少主行伊、霍故事，大臣有异志者诛之，自然定矣。'"太宗疾愈，诏问其故，洎以实对，又引马周以自明。太宗问周，对与洎所陈不异。遂良又执证不已，乃赐洎自尽。洎临引诀，请纸笔欲有所奏，宪司不与。洎死，太宗知宪司不与纸笔，怒，并令属吏。洎文集十卷，行于时。则天临朝，其子弘业上言洎被遂良谮而死，诏令复其官爵。

马周，字宾王，清河茌平人也。少孤贫，好学，尤精《诗》、《传》，落拓不为州里所敬。武德中，补博州助教，日饮醇酎，不以讲授为事。刺史达奚恕屡加咎责，周乃拂衣游于曹、汴，又为浚仪令崔贤首所辱，遂感激西游长安。宿于新丰逆旅，主人唯供诸商贩而不顾待周，遂命酒一斗八升，悠然独酌，主人深异之。至京师，舍于中郎将常何之家。贞观三年，太宗令百僚上书言得失，何以武吏不涉经学，周乃为何陈便宜二十余事，令奏之，事皆合旨。太宗怪其能，问何，何答曰："此非臣所能，家客马周具草也。每与臣言，未尝不以忠孝为意。"太宗即日召之，未至间，遣使催促者数四。及谒见，与语甚悦，令直门下省。六年，授监察御史，奉使称旨。帝以常何举得其人，赐帛三百匹。是岁，周上疏曰：

微臣每读经史，见前贤忠孝之事，臣虽小人，窃希大道，未尝不废卷长想，思履其迹。臣以不幸，早失父母，犬马之养，已无所施，顾来事可为者，唯忠义而已。是以徒步二千里而自归于陛下，陛下不以臣愚瞽，过垂齿录。窃自顾瞻，无阶答谢，辄以微躯丹款，惟陛下所择。

臣伏见大安宫在宫城之西，其墙宇宫阙之制，方之紫极，尚为卑小。臣伏以东宫皇太子之宅，犹处城中，大安乃至尊所居，更在城外。虽太上皇游心道素，志存清俭，陛下重违慈旨，爱惜人力；而蕃夷朝见及四方观听，有不足焉。臣愿营筑雉堞，修起门楼，务从高显，以称万方之望，则大孝昭乎天下矣。臣又伏见明敕，以二月二日幸九成宫。臣窃惟太上皇春秋已高，陛下宜朝夕视膳而晨昏起居。今所幸宫去京三百余里，銮舆动轫，严跸经旬，非可以旦暮至也。太上皇情或思感，而欲即见陛下者，将何以赴之？且车驾今行，本为避暑。然则太上皇尚留热所，而陛下自逐凉处，温清之道，臣窃未安。然敕书既出，业已成就，愿示速返之期，以开众惑。臣又见诏书，令宗室勋贤作镇藩部，贻厥子孙，嗣守其政，非有大故，无或黜免。臣窃惟陛下封植之者，诚爱之重之，欲其胤裔承守而与国无疆也。臣以为如诏旨者，陛下宜思所以安存之，富贵之，然则何用代官也。何则？以尧、舜之父，犹有朱、均之子。倘有孩童嗣职，万一骄愚，兆庶被其殃而国家受其败。正欲绝之也，则子文之治犹在；正欲留之也，而栾黡之恶已彰。与其毒害于见存之百姓，则宁使割恩于已亡之臣，明矣。然则向所谓爱之者，乃适所以伤之也。臣谓宜赋以茅土，畴其户邑，必有材行，随器方授，则虽其翰翩非强，亦可以获免尤累。昔汉光武不任功臣以吏事，所以终全其代者，良得其术也。愿陛下深思其事，使夫得奉大恩而子孙终其福禄也。

臣又闻圣人之化天下，莫不以孝为基。故曰："孝莫大于严父，严父莫大于配天。"又曰："国之大事，在祀与戎。"孔子亦云："吾不预祭如不祭。"是圣人之重祭祀也如此。伏惟陛下践祚以来，宗庙之享，未曾亲事。伏缘圣情，独以銮舆一出，劳费稍多，所以忍其孝思，以便百姓。遂使一代之史，不书皇帝入庙之事，将何以贻厥孙谋，垂则来叶？臣知大孝诚不在俎豆之间，然圣人之训人，固有屈己以从时，愿圣慈顾省愚款。臣又闻致化之道，在于求贤审官；为政之基，在于扬清激浊。孔子曰："唯名与器，不以假人。"是言慎举之为重也。臣伏见王长通、白明达本自乐工舆皂杂类，韦槃提、斛斯正则更无他材，独解调马。纵使术逾侪辈,伎能有取,乍可厚赐钱帛,以富其家;岂得列预士流,超授高爵?遂使朝会之位,万国来庭,骑乎倡人,鸣玉曳履,与夫朝贤君子,比肩而立,同坐而食,臣窃耻之。然朝命既往,纵不可追,谓宜不使在朝班,预于士伍。

太宗深纳之。寻除侍御史,加朝散大夫。十一年,周又上疏曰:

臣历观前代,自夏、殷及汉氏之有天下,传祚相继,多者八百余年,少者犹四五百年,皆为积德累业,恩结于人心。岂无僻王?赖前哲以免。自魏、晋以还,降及周、隋,多者不过六十年,少者才二三十年而亡。良由创业之君,不务广恩化,当时仅能自守,后无遗德可思。故传嗣之主,政教少衰,一夫大呼而天下土崩矣。今陛下虽以大功定天下,而积德日浅,固当思隆禹、汤、文、武之道,广施德化,使恩有余地,为子孙立万代之基,岂欲但令政教无失,以持当年而已!然自古明王圣主,虽因人设教,宽猛随时,而大要唯以节俭于身、恩加于人二者是务。故其下爱之如日月,畏之如雷霆,此其所以卜祚遐长而祸乱不作也。今百姓承丧乱之后,比于隋时才十分之一。而供官徭役,道路相继,兄去弟还,首尾不绝。远者往来五六千里,春秋冬夏,略无休时。陛下虽每有恩诏令其减省,而有司作既不废,自然须人,徒行文书,役之如故。臣每访问,四五年来,百姓颇有嗟怨之言,以为陛下不存养之。昔唐尧茅茨土阶,夏禹恶衣菲食,如此之事,臣知不可复行于今。汉文帝惜百金之费,辍露台之役,集上书囊以为殿帷,所幸慎夫人衣不曳地。至景帝以锦绣纂组妨害女功,特诏除之,所以百姓安乐。至孝武帝虽穷奢极侈,而承文、景遗德,故人心不动。向使高祖之后,即有武帝,天下必不能全。此于时代差近,事迹可见。今京师及益州诸处,营造供奉器物,并诸王妃主服饰,议者皆以为俭。臣闻昧旦丕显,后世犹怠;作法于理,其弊犹乱。陛下少处人间,知百姓辛苦,前代成败,目所亲见,尚犹如此。而皇太子生长深宫,不更外事,即万岁之后,固圣虑所当忧也。臣寻往代以来之事,但有黎庶怨叛,聚为盗贼,其国无不即灭,人主虽改悔,未有重能安全者。凡修政教,当修于可修之时,若事变一起而后悔之,则无益者也。故人主每见前代之亡,则知其政教之所由丧,而皆不知其身之失。是以殷纣笑夏桀之亡,而幽、厉亦笑殷纣之灭,隋炀帝大业之初笑齐、魏之失国。今之视炀帝,亦犹炀帝之视齐、魏也。故京房谓汉元帝云,"臣恐后之视今,亦犹今之视古"。此言不可不诫也。往者贞观之初,率土霜俭,一匹绢才得一斗米,而天下帖然。百姓知陛下甚爱怜之,故人人自安,曾无谤讟。自五六年来,频岁丰稔,一匹绢得粟十余石,而百姓皆以为陛下不忧怜之,咸有怨言。又今所营为者,颇多不急之务故也。自古以来,国之兴亡,不由积畜多少,唯在百姓苦乐。且以近事验之,隋家贮洛口仓,而李密因之;东都积布帛,而世充据之;西京府库,亦为国家之用,至今未尽。向使洛口、东都无粟帛,则世充、李密未能必聚大众。但贮积者固是有国之常事,要当人有余力而后收之,岂人劳而强敛之?更以资寇,积之无益也。然俭以息人,贞观之初,陛下已躬为之,故今行之不难也。为之一日,则天下知之,式歌且舞矣。若人既劳矣而用之不息,倘中国被水旱之灾,边方有风尘之患,狂狡因之以窃发,则有不可测之事,非徒圣躬旰食晏寝而已。古语云:"动人以行不以言,应天以实不以文。"以陛下之明,诚欲励精为政,不烦远采上古之术,但及贞观之初,则天下幸甚。昔贾谊为汉文帝云可恸哭及长叹息者,言当韩信王楚、彭越王梁、英布王淮南之时,使文帝即天子位,必不能安。又言赖诸王年少,傅相制之;长大之后,必生祸乱。历代以来,皆以谊言为是。臣窃观今诸将功臣,陛下所与定天下者,皆仰禀成规,备鹰犬之用,无威略振主,如韩、彭之难驾驭者。而诸王年并幼少,纵其长大,当陛下之日,必无他心。然即万代之后,不可不虑。自汉、晋以来,乱天下者,何尝不是诸王?皆为树置失宜,不预为节制,以至于灭亡。人主熟知其然,但溺于私爱,故使前车既覆而后车不改辙也。今天下百姓极少,诸王甚多,宠遇之恩,有过厚者。臣之愚虑,不唯虑其恃恩骄矜也。昔魏武帝宠陈思,及文帝即位,防守禁闭,有同狱囚。以先帝加恩太多,故嗣王疑而畏之也。此则武帝宠陈思,适所以苦之也。且帝子何患不富贵?身食大国,封户不少,好衣美食之外,更何所须?而每年加别优赐,曾无纪极。俚语曰:"贫不学俭,富不学奢",言自然也。今大圣创业,岂唯处置见在子弟而已?当制长久之法,使万代遵行。

又言:

临天下者,以人为本。欲令百姓安乐,唯在刺史、县令。县令既众,不能皆贤,若每州得良刺史,则合境苏息;天下刺史悉称圣意,则陛下端拱岩廊之上,百姓不虑不安。自古郡守、县令,皆妙选贤德,欲有擢升宰相,必先试以临人,或从二千石入为丞相。今朝廷独重内官,县令、刺史,颇轻其选。刺史多是武夫勋人,或京官不称职,方始外出。而折冲果毅之内,身材强者,先入为中郎将,其次始补州任。边远之处,用人更轻,其材堪宰位,以德行见称擢者,十不能一。所以百姓未安,殆由于此。

疏奏,太宗称善久之。

先是,京城诸街,每至晨暮,遣人传呼以警众。周遂奏诸街置鼓,每击以警众,令罢传呼,时人便之,太宗益加赏劳。俄拜给事中。十二年,转中书舍人。周有机辨,能敷奏,深识事端,动无不中。太宗尝曰:"我于马周,暂不见则便思之。"中书侍郎岑文本谓所亲曰:"吾见马君论事多矣,援引事类,扬榷古今,举要删芜,会文切理,一字不可加,一言不可减,听之靡靡,令人亡倦。昔苏、张、终、贾,正应此耳。然鸢肩火色,腾上必速,恐不能久耳。"十五年,迁治书侍御史,兼知谏议大夫,又兼检校晋王府长史。王为皇太子，拜中书侍郎，兼太子右庶子。十八年，迁中书令，依旧兼太子右庶子。周既职兼两宫，处事精密，甚获当时之誉。太宗伐辽东，皇太子定州监守，令周与高士廉、刘洎留辅皇太子。太宗还，以本官摄吏部尚书。二十一年，加银青光禄大夫。太宗尝以神笔赐周飞白书曰："鸾凤凌云，必资羽翼。股肱之寄，诚在忠良。"周病消渴，弥年不瘳。时驾幸翠微宫，敕求胜地，为周起宅。名医中使，相望不绝，每令尚食以膳供之，太宗躬为调药，皇太子亲临问疾。周临终，索所陈事表草一帙，手自焚之，慨然曰："管、晏彰君之过，求身后名，吾弗为也。"二十二年卒，年四十八。太宗为之举哀，赠幽州都督，陪葬昭陵。高宗即位，追赠尚书右仆射、高唐县公。垂拱中，配享高宗庙庭。子载，咸亨年累迁吏部侍郎，善选补，于今称之。卒于雍州长史。

崔仁师，定州安喜人。武德初，应制举，授管州录事参军。五年，侍中陈叔达荐仁师才堪史职，进拜右武卫录事参军，预修梁、魏等史。贞观初，再迁殿中侍御史。时青州有逆谋事发，州县追捕支党，俘囚满狱，诏仁师按覆其事。仁师至州，悉去枷械，仍与饮食汤沐以宽慰之，唯坐其魁首十余人，余皆原免。及奏报，诏使将往决之，大理少卿孙伏伽谓仁师曰："此狱徒侣极众，而足下雪免者多，人皆好生，谁肯让死？今既临命，恐未甘心，深为足下忧也。"仁师曰："尝闻理狱之体，必务仁恕，故称杀人刖足，亦皆有礼。岂有求身之安，知枉不为申理？若以一介暗短，但易得十囚之命，亦所愿也。"伏伽惭而退。及敕使至青州更讯，诸囚咸曰："崔公仁恕，事无枉滥，请伏罪。"皆无异辞。仁师后为度支郎中，尝奏支度财物数千言，手不执本，太宗怪之，令黄门侍郎杜正伦资本，仁师对唱，一无差殊，太宗大奇之。时校书郎王玄度注《尚书》、《毛诗》，毁孔、郑旧义，上表请废旧注，行己所注者，诏礼部集诸儒详议。玄度口辩，诸博士皆不能诘之。郎中许敬宗请付秘阁藏其书，河间王孝恭特请与孔、郑并行。仁师以玄度穿凿不经，乃条其不合大义，驳奏请罢之。诏竟依仁师议，玄度遂废。十六年，迁给事中。时刑部以《贼盗律》反逆缘坐兄弟没官为轻，请改从死，奏请八座详议。右仆射高士廉、吏部尚书侯君集、兵部尚书李勣等议请从重；民部尚书唐俭、礼部尚书江夏王道宗、工部尚书杜楚客等议请依旧不改。时议者以汉及魏、晋谋反皆夷三族，咸欲依士廉等议。仁师独驳曰："自羲、农以降，爰及唐、虞，或设言而人不犯，或画象而下知禁。三代之盛，泣辜解网，父子兄弟，罪不相及，咸臻至理，俱为称首。及其世乱，狱讼滋烦，周之季年，不胜其弊，烈火原于子产，峭涧起于安于，韩、李、申、商，争持急刻，参夷相坐，始于此也。秦用其法，遂至土崩。汉高之务宽大，未为尽善；文帝之存仁厚，仍多凉德。遂使新垣族灭，信、越菹醢，见讥良史，谓之过刑。魏、晋至隋，有损有益，凝脂犹密，秋荼尚烦。皇上爱发至仁，念兹刑宪，酌前王之令典，探往代之嘉猷，革弊蠲苛，可大可久，仍降纶绋，颁之九区。故得断狱数简，手足有措，刑清化洽，未有不安。忽以暴秦酷法，为隆周中典，乖恻隐之情，反惟行之令。进退参详，未见其可。且父子天属，昆季同气，诛其父子，足累其心，此而不顾，何爱兄弟。既欲改法，请更审量。"竟从仁师驳议。后仁师密奏请立魏王为太子，忤旨，转为鸿胪少卿，迁民部侍郎。征辽之役，诏太常卿韦挺知海运，仁师为副，仁师又兼知河南水运。仁师以水路险远，恐远州所输不时至海，遂便宜从事，递发近海租赋以充转输。及韦挺以壅滞失期，除名为民，仁师以运夫逃走不奏，坐免官。既不得志，遂作《体命赋》以畅其情，辞多不载。太宗还至中山，起为中书舍人，寻兼检校刑部侍郎。太宗幸翠微宫，仁师上《清暑赋》以讽，太宗称善，赐帛五十段。二十二年，迁中书侍郎，参知机务。时仁师甚承恩遇，中书令褚遂良颇忌嫉之。会有伏阁上诉者，仁师不奏，太宗以仁师罔上，遂配龚州。会赦还。永徽初，起授简州刺史，寻卒，年六十余。神龙初，以子挹为国子祭酒，恩例赠同州刺史。挹子湜。

湜少以文辞知名，举进士，累转左补阙，预修《三教珠英》，迁殿中侍御史。神龙初，转考功员外郎。时桓彦范、敬晖等既知国政，惧武三思谗间，引湜为耳目，使伺其动静。俄而中宗疏忌功臣，于三思恩宠渐厚，湜乃反以桓、敬等计议潜告三思。寻迁中书舍人。及桓、敬等徙于岭外，湜又说三思尽宜杀之，以绝其归望。三思问谁可使者，湜表兄周利贞先为桓、敬等所恶，自侍御史出嘉州司马，湜乃举充此行。桓、敬等闻利贞至，多自杀，三思引利贞为御史中丞。湜，景龙二年迁兵部侍郎，挹为礼部，父子同为南省副贰，有唐已来未有也。时昭容上官氏屡出外宅，湜托附之。由是中宗遇湜甚厚，俄拜吏部侍郎，寻转中书侍郎、同中书门下平章事。与郑愔同知选事，铨综失序，为御史李尚隐所劾，愔坐配流岭表，湜左转为江州司马。上官昭容密与安乐公主曲为申理，中宗乃以愔为江州司马，授湜襄州刺史。未几，入为尚书左丞。韦庶人临朝，复为中书侍郎、同中书门下三品。睿宗即位，出为华州刺史，俄又拜太子詹事。初，湜景龙中献策于南山新路，以通商州水陆之运，役徒数万，死者十三四。仍严锢旧道，禁行旅，所开新路不通，竟为夏潦冲突，崩压不通。至是追论湜开山路功，加银青光禄大夫。俄为太平公主所引，复迁中书门下三品。先天元年，拜中书令，与刘幽求争权不协，陷幽求徙于岭表。仍促广州都督周利贞以逗留杀之，不果而止。时挹以年老，累除户部尚书致仕。挹性贪冒，受人请托，数以公事干湜，湜多违拒不从，大为时论所嗤。玄宗在东宫，数幸其第，恩意甚密。湜既私附太平公主，时人咸为之惧，门客陈振鹭献《海鸥赋》以讽之，湜虽称善而心实不悦。及帝将诛萧至忠等，召将托为腹心，湜弟涤谓湜曰："主上若有所问，不得有所隐也。"湜不从，及见帝，对问失旨。至忠等既诛，湜坐徙岭外。时新兴王晋亦连坐伏诛，临刑叹曰："本谋此事，出自崔湜，今我就死而湜得生，何冤滥也！"俄而所司奏宫人元氏款称与湜曾密谋进鸩，乃追湜赐死。初，湜与张说有隙，说时为中书令，议者以为说构陷之。时湜与尚书右丞卢藏用同配流俱行，湜谓藏用曰："家弟承恩，或冀宽宥。"因迟留不速进。行至荆州，梦于讲堂照镜，曰："镜者明象，吾当为人主所明也。"以告占梦人张由，对曰："讲堂者，受法之所；镜者，于文为'立见金'，此非吉征。"其日追使至，缢于驿中，时年四十三。湜美姿仪，早有才名。弟液、涤及从兄洄，并有文翰。居清要，每宴私之际，自比东晋王导、谢安之家。谓人曰："吾之一门及出身历官，未尝不为第一。丈夫当先据要路以制人，岂能默默受制于人也！"是故进趣不已，而不以令终。

液尤工五言之作，湜常叹伏之曰："海子，我家之龟也。"海子即液小名，官至殿中侍御史，坐兄配流，逃匿于鄯州人胡履虚之家。作《幽征赋》以见意，辞甚典丽。遇赦还，道病卒。友人裴耀卿纂其遗文为集十卷。

液子论，以吏干称。天宝中自栎阳令迁司勋员外郎、濛阳太守。乾元后，历典名郡，皆以理行称。大历末，元载以罪诛，朝廷方振起淹滞，迁同州刺史。未几，为黜陟使庾何所按，废免。议者以何举奏涉于深刻，复用论为衢州刺史。秩满，寓于扬、楚间。德宗以旧族耆年，授大理卿致仕卒。

液弟涤，多辩智，善谐谑，素与玄宗款密。兄湜坐太平党诛，玄宗常思之，故待涤逾厚，用为秘书监。出入禁中，与诸王侍宴不让席，而坐或在宁王之上。后赐名澄。从东封还，加金紫光禄大夫，封安喜县子。开元十四年卒，赠兖州刺史。

史臣曰：刘洎始以章疏切直，以至位望隆显。至于提纲整带，咨圣嘉猷，籍国士之谈，体廊庙之器。噫，枢机之发，荣辱之主，一言不慎，竟陷诬奏。虽君亲甚悔，而驷不及舌，良足悲矣！马周道承际会，天性深沉，悟主谈微，置忠本孝，冲识广度，宛涉穹崇。《诗》曰："嘉乐君子，显显令德。"惜其中寿，不愁遗乎！崔仁师以史材获进，其刊正褒贬，雅得详明。至于本仁恕，申枉滥，其事可观。沮穿凿之注，止从重之刑，其言甚直。《书》曰"疑谋勿成"，而以魏王为请，不亦惑乎！及参机务，竟致忌嫉，罔上之名，抑有由也。崔湜之德，去祖逾远，谓势可恃，谓进无伤，及位极人臣，而心无止足。览《海鸥赋》，知而不诚，及荆州之梦，人知不免。《易》曰："不节之嗟，又谁咎也！"

赞曰：骥逢造父，一日千里。英主取贤，不拘阶陛。宾王徒步，洎为贼吏。一见文皇，皆登相位。

卷七十五　　　列传第二十五

苏世长子良嗣　**韦云起**孙方质
孙伏伽　**张玄素**

苏世长，雍州武功人也。祖彤，后魏通直散骑常侍。父振，周宕州刺史、建威县侯。周武帝时，世长年十余岁，上书言事。武帝以其年小，召问："读何书？"对曰："读《孝经》、《论语》。"武帝曰："《孝经》、《论语》何所言？"对曰："《孝经》云：'为国者不敢侮于鳏寡。'《论语》云：'为政以德。'"武帝善其对，令于兽门馆读书。以其父殁王事，因令袭爵，世长于武帝前擗踊号泣，武帝为之改容。隋文帝受禅，世长又屡上便宜，颇有补益，超迁长安令。大业中，为都水少监，使于上江督运。会江都难作，世长为炀帝发丧恸哭，哀感路人。王世充僭号，署为太子太保、行台右仆射。与世充兄子弘烈及将豆卢褒俱镇襄阳。时弘烈娶褒女为妻，深相结托。高祖与褒有旧，玺书谕之，不从，频斩使者。武德四年，洛阳平，世长首劝弘烈归降。既至京师，高祖诛褒而责世长来晚之故，世长顿颡曰："自古帝王受命，为逐鹿之喻，一人得之，万夫敛手。岂有获鹿之后，忿同猎之徒，问争肉之罪也？陛下应天顺人，布德施惠，又安得忘管仲、雍齿之事乎！且臣武功之士，经涉乱离，死亡略尽，惟臣残命，得见圣朝，陛下若复杀之，是绝其类也。实望天恩，使有遗裔。"高祖与之有故，笑而释之。寻授玉山屯监。后于玄武门引见，语及平生，恩意甚厚。高祖曰："卿自谓诒佞耶，正直耶？"对曰："臣实愚直。"高祖曰："卿若直，何为背世充而归我？"对曰："洛阳既平，天下为一，臣智穷力屈，始归陛下。向使世充尚在，臣据汉南，天意虽有所归，人事足为勍敌。"高祖大笑。尝嘲之曰："名长意短，口正心邪，弃忠贞于郑国，忘信义于吾家。"世长对曰："名长意短，实如圣旨；口正心邪，未敢奉诏。昔窦融以河西降汉，十世封侯；臣以山南归国，惟蒙屯监。"即日擢拜谏议大夫。从幸泾阳校猎，大获禽兽于旌门。高祖入御营，顾谓朝臣曰："今日畋乐乎？"世长进曰："陛下游猎，薄废万机，不满十旬，未为大乐。"高祖色变，既而笑曰："狂态发耶？"世长曰："为臣私计则狂，为陛下国计则忠矣。"及突厥入寇，武功郡县，多失户口，是后下诏将幸武功校猎。世长又谏曰："突厥初入，大为民害，陛下救恤之道犹未发言，乃于其地又纵畋猎，非但仁育之心有所不足，百姓供顿，将何以堪？"高祖不纳。又尝引之于披香殿，世长酒酣，奏曰："此殿隋炀帝所作耶？是何雕丽之若此也？"高祖曰："卿好谏似直，其心实诈。岂不知此殿是吾所造，何须设诡疑而言炀帝乎？"对曰："臣实不知。但见倾宫鹿台琉璃之瓦，并非受命帝王爱民节用之所为也。若是陛下作此，诚非所宜。臣昔在武功，幸常陪侍，见陛下宅宇，才蔽风霜，当此之时，亦以为足。今因隋之侈，民不堪命，数归有道，而陛下得之，实谓惩其奢淫，不忘俭约。今初有天下，而于隋宫之内，又加雕饰，欲拨其乱，宁可得乎？"高祖深然之。后历陕州长史、天策府军谘祭酒。秦府初开文学馆，引为学士。与房玄龄等十八人皆蒙图画，令文学褚亮为之赞，曰："军谘谐噱，超然辩悟。正色于庭，匪躬之故。"贞观初，聘于突厥，与颉利争礼，不受赂遗，朝廷称之。出为巴州刺史，覆舟溺水而卒。世长机辩有学，博涉而简率，嗜酒，无威仪。初在陕州，部内多犯法，世长莫能禁，乃责躬引咎，自挞于都街。伍伯嫉其诡，鞭之见血，世长不胜痛,大呼而走,观者咸以为笑,议者方称其诈。

子良嗣,高宗时迁周王府司马。王时年少,举事不法,良嗣正色匡谏,甚见敬惮。王府官属多非其人,良嗣守文检括,莫敢有犯,深为高宗所称。迁荆州大都督府长史。高宗使宦者缘江采异竹,将于苑中植之。宦者科舟载竹,所在纵暴。还过荆州,良嗣因之,因上疏切谏,称:"远方求珍异以疲道路,非圣人抑己爱人之道。又小人窃弄威福,以亏皇明。"言甚切直。疏奏,高宗下制慰勉,遂令弃竹于江中。永淳中,为雍州长史。时关中大饥,人相食,盗贼纵横。良嗣为政严明,盗发三日内无不擒摘。则天临朝,迁工部尚书。寻代王德真为纳言,累封温国公。为西京留守,则天赋诗饯送,赏遇甚渥。时尚方监裴匪躬检校西苑,将鬻苑中果菜以收其利。良嗣驳之曰:"昔公仪相鲁,犹能拔葵去织,未闻万乘之主,鬻其果菜以与下人争利也。"匪躬遂止。无几,追入都,迁文昌左相、同凤阁鸾台三品。载初元年春,罢文昌左相,加位特进,仍依旧知政事。与地官尚书韦方质不协,及方质坐事诛,辞引良嗣,则天特保明之。良嗣谢恩拜伏,便不能复起,舆归其家,诏御医张文仲、韦慈藏往视疾。其日薨,年八十五。则天辍朝三日,举哀于观风门,敕百官就宅赴吊。赠开府仪同三司,益州都督,赐绢布八百段、米粟八百石,兼降玺书吊祭。其子践言,太常丞,寻为酷吏所陷,配流岭南而死。追削良嗣官爵,籍没其家。景龙元年,追赠良嗣司空。

践言子务玄,袭爵温国公,开元中,为邠王府长史。

韦云起,雍州万年人。伯父澄,武德初国子祭酒、绵州刺史。云起,隋开皇中明经举,授符玺直长。尝因奏事,文帝问曰:"外间有不便事,汝可言之。"时兵部侍郎柳述在帝侧,云起应声奏曰:"柳述骄豪,未尝经事,兵机要重,非其所堪,徒以公主之婿,遂居要职。臣恐物议以陛下官不择贤,滥以天秩加于私爱,斯亦不便之大者。"帝甚然其言,顾谓述曰:"云起之言,汝药石也,可师友之。"仁寿初,诏在朝文武举人,述乃举云起,进授通事舍人。大业初,改为通事谒者。又上疏奏曰:"今朝廷之内多山东人,而自作门户,更相剡荐,附下罔上,共为朋党。不抑其端,必倾朝政,臣所以痛心扼腕,不能默已。谨件朋党人姓名及奸状如左。"炀帝令大理推究,干昪左丞郎蔚之、司隶别驾郎楚之并坐朋党,配流漫头赤水,余免官者九人。会契丹入抄营州,诏云起护突厥兵往讨契丹部落。启民可汗发骑二万,受其处分。云起分为二十营,四道俱引,营相去各一里,不得交杂。闻鼓声而行,闻角声而止,自非公使,勿得走马。三令五申之后,击鼓而发,军中有犯约者,斩纥干一人,持首以徇。于是突厥将帅来入谒之,皆膝行股战,莫敢仰视。契丹本事突厥,情无猜忌,云起既入其界,使突厥诈云,向柳城郡欲共高丽交易,勿言营中有隋使,敢漏泄者斩之。契丹不备。去贼营百里,诈引南度,夜复退还,去营五十里,结阵而宿,契丹弗之知也。既明,俱发,驰骑袭之,尽获其男女四万口,女子及畜产以半赐突厥,余将入朝,男子皆杀之。炀帝大喜,集百官

曰:"云起用突厥而平契丹,行师奇谲,才兼文武,又立朝謇谔,朕今亲自举之。"擢为治书御史。云起乃奏劾曰:"内史侍郎虞世基,职典枢要,寄任隆重;御史大夫裴蕴,特蒙殊宠,维持内外。今四方告变,不为奏闻,贼数实多,或减言少。陛下既闻贼少,发兵不多,众寡悬殊,往皆莫克,故使官军失利,贼党日滋。此而不绳,为害将大,请付有司,诘正其罪。"大理卿郑善果奏曰:"云起诋訾名臣,所言不实,非毁朝政,妄作威权。"由是左迁大理司直。炀帝幸扬州,云起告归长安,属义旗入关,于长乐宫谒见。义宁元年,授司农卿,封阳城县公。武德元年,加授上开府仪同三司,判农圃监事。是岁,欲大发兵讨王世充,云起上表谏曰:"国家承丧乱之后,百姓流离,未蒙安养,频年不熟,关内阻饥。京邑初平,物情未附,鼠窃狗盗,犹为国忧。盩厔、司竹,余氛未殄;蓝田、谷口,群盗实多。朝夕伺间,极为国害。虽京城之内,每夜贼发。北有师都,连结胡寇,斯乃国家腹心之疾也。舍此不图,而窥兵函、洛,若师出之后,内盗乘虚,一旦有变,祸将不小。臣谓王世充远隔千里,山川悬绝,无能为害,待有余力,方可讨之。今内难未弭,且宜弘于度外。如臣愚见,请暂戢兵,务穑劝农,安人和众。关中小盗,自然宁息。秦川将卒,贾勇有余,三年之后,一举便定。今虽欲速,臣恐未可。"乃从之。会突厥入寇,诏云起总领幽、宁已北九州兵马,便宜从事。四年,授西麟州刺史,司农卿如故。寻代赵郡王孝恭为夔州刺史,转遂州都督,怀柔夷獠,咸得众心。迁益州行台民部尚书,寻转行台兵部尚书。行台仆射窦轨多行杀戮,又妄奏獠反,冀得集兵。因此作威,肆其凶暴,云起多执不从。云起又营私产,交通生獠,以规其利,轨亦对众言之,由是构隙,情相猜贰。隐太子之死也,敕遣轨息驰驿诣益州报轨,轨乃疑云起弟庆俭、堂弟庆嗣及亲族并事东宫,虑其闻状或将为变,先设备而后告之。云起果不信,问曰:"诏书何在?"轨曰:"公,建成党也,今不奉诏,同反明矣。"遂执杀之。初,云起年少时,师事太学博士王颇,颇每与之言及时事,甚嘉叹之,乃谓之曰:"韦生识悟如是,必能自取富贵;然刚肠嫉恶,终当以此害身。"竟如颇言。子师实,垂拱初,官至华州刺史、太子少詹事,封扶阳郡公。

师实子方质,则天初鸾台侍郎、地官尚书、同凤阁鸾台平章事。时改修《垂拱格式》,方质多所损益,甚为时人所称。俄而武承嗣、三思当朝用事,诸宰相咸倾附之。方质疾假,承嗣等诣宅问疾,方质据床不为之礼。左右云:"蹑见权贵,恐招危祸。"方质曰:"吉凶命也。大丈夫岂能折节曲事近戚,以求苟免也。"寻为酷吏周兴、来子珣所构,配流儋州,仍籍没其家。寻卒。神龙初雪免。

孙伏伽,贝州武城人。大业末,自大理寺史累补万年县法曹。武德元年,初以三事上谏。其一曰:

臣闻天子有诤臣,虽无道不失其天下;父有诤子,虽无道不陷于不义。故云子不可不诤于父,臣不可不诤于君。以此言之,臣之事君,犹子之事父故也。隋后主所以失天下者,何也?止为不闻其过。当时非

无直言之士,由君不受谏,自谓德盛唐尧,功过夏禹,穷侈极欲,以恣其心。天下之士,肝脑涂地,户口减耗,盗贼日滋,而不觉知者,皆由朝臣不敢告之也。向使修严父之法,开直言之路,选贤任能,赏罚得中,人人乐业,谁能摇动者乎?所以前朝好为变更,不师古训者,止为天诱其咎,将以开今圣唐也。陛下龙举晋阳,天下响应,计不旋踵,大位遂隆。陛下勿以唐得天下之易,不知隋失之不难。陛下贵为天子,富有天下,动则左史书之,言则右史书之。既为竹帛所拘,何可恣情不慎?凡有搜狩,须顺四时,既代天理,安得非时妄动?陛下二十日龙飞,二十一日有献鹞鸰者,此乃前朝之弊风,少年之事务,何忽今日行之!又闻相国参军事卢牟子献琵琶,长安县丞张安道献弓箭,频蒙赏劳。但"普天之下,莫非王土;率土之滨,莫非王臣",陛下必有所欲,何求而不得?陛下所少者,岂此物哉!愿陛下察臣愚忠,则天下幸甚。

其二曰:

百戏散乐,本非正声,有隋之末,大见崇用,此谓淫风,不可不改。近者,太常官司于人间借妇女裙襦五百余具,以充散妓之服,云拟五月五日于玄武门游戏。臣窃思审,实损皇猷,亦非贻厥子孙谋,为后代法也。故《书》云:"无以小恶为无伤而弗去。"恐从小至于大故也。《论语》云:"放郑声,远佞人。"又云:"乐则《韶》舞。"以此言之,散妓定非功成之乐也。如臣愚见,请并废之。则天下不胜幸甚。

其三曰:

臣闻性相近而习相远,以其所好相染也。故《书》云:"与治同道罔弗兴,与乱同事罔弗亡。"以此言之,兴乱其在斯与!皇太子及诸王等左右群僚,不可不择而任之也。如臣愚见,但是无义之人,及先来无赖,家门不能邕睦;及好奢华驰猎驭射,专作慢游狗马、声色歌舞之人,不得使亲而近之也。此等止可悦耳目,备驱驰,至于拾遗补阙,决不能为也。臣历窥往古,下观近代,至于子孙不孝,兄弟离间,莫不为左右乱之也。愿陛下妙选贤才,以为皇太子僚友,如此即克隆盘石,永固维城矣。

高祖览之大悦,下诏曰"秦以不闻其过而亡,典籍岂无先诫?臣仆谄谀,故弗之觉也。汉高祖反正,从谏如流。洎乎文、景继业,宣、元承绪,不由斯道,孰隆景祚?周、隋之季,忠臣结舌,一言丧邦,谅足深诫。永言于此,常深叹息。朕每惟寡薄,恭膺宝命,虽不能性与天道,庶思勉力,常冀弼谐,以匡不逮。而群公庶士,罕进直言,将申虚受之怀,物所未谕。万年县法曹孙伏伽,至诚慷慨,词义恳切,指陈得失,无所回避。非有不次之举,曷贻利行之益!伏伽既怀谅直,宜处宪司,可治书侍御史。仍颁示远近,知朕意尔。"兼赐帛三百匹。时军国多事,赋敛繁重,伏伽屡奏请改革,高祖并纳焉。二年,高祖谓裴寂曰:"隋末无道,上下相蒙,主则骄矜,臣惟谄佞。上不闻过,下不尽忠,至使社稷倾危,身死匹夫之手。朕拨乱反正,志在安人,平乱任武臣,守成委文吏,庶得各展器能,以匡不逮。比每虚心接待,冀闻谠言。然惟李纲善尽忠款,孙伏伽可谓诚直,余人犹踵弊风,俯首而已,岂朕所望哉!"及平王世充、窦建德,大赦天下,既而责其党与,并令配迁。伏伽上表谏曰:

臣闻王言无戏,自古格言;去食存信,闻诸旧典。故《书》云:"尔无不信,朕不食言。"又《论语》云,一言出口,驷不及舌。以此而论,言之出口,不可不慎。伏惟陛下光临区宇,覆育群生,率土之滨,谁非臣妾。丝纶一发,取信万方,使闻之者不疑,见之者不惑。陛下今月二日发云雨之制,光被黔黎,无所间然,公私蒙赖。既云常赦不免,皆赦除之,此非直赦其有罪,亦是与天下断当,许其更新。以此言之,但是赦后,即便无事。因何王世充及建德部下,赦后乃欲迁之?此是陛下自违本心,欲遣下人若为取则?若欲子细推寻,逆城之内,人谁无罪?故《书》云:"歼厥渠魁,胁从罔治。"若论渠魁,世充等为首,渠魁尚免,胁从何辜?且古人云:"跖狗吠尧,盖非其主。"在东都城内及建德部下,乃有与陛下积小故旧,编发友朋,犹尚有人败后始至者。此等岂忘陛下,皆云被壅故也。以此言之,自外疏者,窃谓无罪。又《书》云:"非知之艰,行之惟艰。"上古以来,何代无君,所以只称尧、舜之善者,何也?直由为天子者实难,善名难得故也。往者天下未平,威权须应机而作;今四方既定,设法须与人共之。但法者,陛下自作之,还须守之,使天下百姓信而畏之。今自为无信,欲遣兆人若为信畏?故《书》云:"无偏无党,王道荡荡;无党无偏,王道平平。"赏罚之行,达乎贵贱,圣人制法,无限亲疏。如臣愚见,世充、建德下伪官,经赦合免责情,欲迁配者,请并放之,则天下幸甚。

又上表请置谏官,高祖皆纳焉。

太宗即位,赐爵乐安县男。贞观元年,转大理少卿。太宗尝马射,伏伽上书谏曰:"臣闻千金之子,坐不垂堂,百金之子,立不倚衡。以此言之,天下之主,不可履险乘危明矣。臣又闻天子之居也,则禁卫九重;其动也,则出警入跸。此非直尊其居处,乃为社稷生灵之大计耳。故古人云:'一人有庆,兆人赖之。'臣窃闻陛下犹自走马射帖,娱悦近臣,此乃无禁乘危,窃为陛下有所不取也。何者?一则非光史册,二则未足显扬,又非所以导养圣躬,亦不可以垂范后代。此只是少年诸王之所务,岂得既为天子,今日犹行之乎?陛下虽欲自轻,其奈社稷天下何!如臣愚见,窃谓不可。"太宗览之大悦。五年,坐奏囚误失宥免。寻起为刑部郎中,累迁大理少卿,转民部侍郎。十四年,拜大理卿,后出为陕州刺史。永徽五年,以年老致仕。显庆三年卒。

张玄素,蒲州虞乡人。隋末,为景城县户曹。窦建德攻陷景城,玄素被执,将就戮,县民千余人号泣请代其命,曰:"此人清慎若是,今倘杀之,乃无天也。大王将定天下,当深加礼接,以招四方,如何杀之,使善人解体?"建德遽命释之,署为治书侍御史,固辞不受。及江都不守,又召拜黄门侍郎，始应命。建德平，授景城都督府录事参军。太宗闻其名，及即位，召见，访以政道。对曰："臣观自古以来，未有如隋室丧乱之甚，岂非其君自专，其法日乱。向使君虚受于上，臣弼违于下，岂至于此？且万乘之重，又欲自专庶务，日断十事而五条不中，中者信善，其如不中者何？况一日万机，已多亏失，以日继月，乃至累年，乖谬既多，不亡何待！如其广任贤良，高居深视，百司奉职，谁敢犯之？臣又观隋末沸腾，被于宇县，所争天下者不过十数人，余皆保邑全身，思归有道。是知人欲背主为乱者鲜矣，但人君不能安之，遂致于乱。陛下若近览危亡，日慎一日，尧、舜之道，何以能加！"太宗善其对，擢拜侍御史，寻迁给事中。贞观四年，诏发卒修洛阳宫乾阳殿，以备巡幸。玄素上书谏曰：

微臣窃思秦始皇之为君也，藉周室之余、六国之盛，将贻之万叶，及其子而亡，良由逞嗜奔欲，逆天害人者也。是知天下不可以力胜，神祇不可以亲恃，惟当弘俭约，薄赋敛，慎终如始，可以永固。方今承百王之末，属雕弊之余，必欲节之以礼制，陛下宜以身为先。东都未有幸期，即何须补葺？诸王今并出藩，又须营构，兴发渐多，岂疲人之所望？其不可一也。陛下初平东都之始，层楼广殿，皆令撤毁，天下翕然，同心欣仰。岂有初则恶其侈靡，今乃袭其雕丽？其不可二也。每承音旨，未即巡幸，此则事不急之务，成虚费之劳。国无兼年之积，何用两都之好，劳役过度，怨讟将起。其不可三也。百姓承乱离之后，财力雕尽，天恩含育，粗见存立，饥寒犹切，生计未安，三五年间，恐未平复。奈何营未幸之都，夺疲人之力？其不可四也。昔汉高祖将都洛阳，娄敬一言，即日西驾，岂不知地惟土中，贡赋所均，但以形胜不如关内也。伏惟陛下化雕弊之人，革浇漓之俗，为日尚浅，未甚淳和。斟酌事宜，讵可东幸？其不可五也。臣又尝见隋室造殿，楹栋宏壮，大木非随近所有，多从豫章采来。二千人曳一柱，其下施毂，皆以生铁为之，若用木轮，便即火出。铁毂既生，行一二里即有破坏，仍数百人别赍铁毂以随之，终日不过进三二十里。略计一柱，已用数十万功，则余费又过于此。臣闻阿房成，秦人散；章华就，楚众离；及乾阳毕功，隋人解体。且以陛下今时功力，何如隋日？役疮痍之人，袭亡隋之弊，以此言之，恐甚于炀帝。深愿陛下思之，无为由余所笑，则天下幸甚。

太宗曰："卿谓我不如炀帝，何如桀、纣？"对曰："若此殿卒兴，所谓同归于乱。且陛下初平东都，太上皇敕大殿高门并宜焚毁，陛下以瓦木可用，不宜焚灼，请赐与贫人。事虽不行，然天下翕然讴歌至德。今若遵旧制，即是隋役复兴。五六年间，趋舍顿异，何以昭示子孙，光敷四海？"太宗叹曰："我不思量，遂至于此。"顾谓房玄龄曰："洛阳土中，朝贡道均，朕故修营，意在便于百姓。今玄素上表，实亦可依，后必事理须行，露坐亦复何苦，所有作役，宜即停之。然以卑干尊，古来不易，非其忠直，安能若此？可赐彩二百匹。"侍中魏徵叹曰："张公论事，遂有回天之力，可谓仁人之言，其利博哉！"累迁太子少詹事，转右庶子。

时承乾居春宫，颇以游畋废学，玄素上书谏曰："臣闻皇天无亲，惟德是辅，苟违天道，人神同弃。然古三驱之礼，非欲教杀，将为百姓除害，故汤罗一面，天下归仁。今苑中娱猎，虽名异游畋，若行之无常，终亏雅度。且傅说曰：'学不师古，匪说攸闻。'然则弘道在于学古，学古必资师训。既奉恩诏，令孔颖达侍讲，望数存问，以补万一。仍博遣有名行学士，兼朝夕侍奉。览圣人之遗教，察既行之往事，日知其所不足，月无忘其所能。此则尽善尽美，夏启、周诵，焉足言哉！夫为人上者，未有不求其善，但以性不胜情，耽惑成乱。耽惑既甚，忠言遂塞，所以臣下苟顺，君道渐亏。古人有言：'勿以小恶而不去，小善而不为。'故知祸福之来，皆起于渐。殿下地居储两，当须广树嘉猷。既有好畋之淫，何以主斯七鬯？慎终如始，犹惧渐衰，始尚不慎，终将安保！"寻又兼太子少詹事。十三年，又上书谏曰："臣闻周公以大圣之材，犹握发吐飧，引纳白屋，而况后之圣贤，敢轻斯道？是以礼制皇太子入学而行齿胄，欲使太子知君臣、父子、长幼之道。然君臣之义，父子之亲，尊卑之序，长幼之节，用之方寸之内，弘之四海之外，皆因行以远闻，假言以光被。伏惟殿下睿质已隆，尚须学文以饰其表。至如孔颖达、赵弘智等，非惟宿德鸿儒，亦兼达政要，望令数得侍讲，开释物理，览古谕今，增晖睿德。而雕虫小伎之流，只可时命追随，以代博弈耳。若其骑射游敖，酣歌戏玩，苟悦耳目，终秽心神，渐染既久，必移情性。古人有言：'心为万事主，动而无节即乱。'臣恐殿下败德之源，在于此矣。"承乾并不能纳。太宗知玄素在东宫频有进谏，十四年，擢授银青光禄大夫，行太子左庶子。时承乾久不坐朝，玄素谏曰："宫内止有妇人耳，不知如樊姬之徒，可与弘益圣德者有几？若遂无贤哲，便是亲嬖幸，远忠良。人不见德，何以光敷三善？且宫储之寄，于国为重，所以广置群僚，以辅睿德。今乃动经时月，不见宫臣，纳诲既疏，将何补阙？"承乾嫉其数谏，遣户奴夜以马挝击之，殆至于死。承乾又尝于宫中击鼓，声闻于外，玄素叩阁请见，极言切谏，承乾乃出宫内鼓，对玄素毁之。是岁，太宗尝对朝问玄素历官所由，玄素既出刑部令史，甚以惭耻。谏议大夫褚遂良上疏曰："臣闻君子不失言于人，圣主不戏言于臣，言则史书之，礼成之，乐歌之。居上能礼其臣，臣始能尽力以奉其上。近代宋孝武轻言肆口，侮弄朝臣，攻其门户，乃至狼狈。良史书之，以为非是。陛下昨见问张玄素云：'隋任何官？'奏云：'县尉。'又问：'未为县尉已前？'奏云：'流外。'又问：'在何曹司？'玄素将出阁门，殆不能移步，精爽顿尽，色类死灰。朝臣见之，多所惊怪。大唐创历，任官以才；卜祝庸保，量能使用。陛下礼重玄素，频年任使，擢授三品，翼赞皇储，自不可更对群臣，穷其门户，弃昔日之殊恩，成一朝之愧耻。人君之御臣下也，礼义以导之，惠泽以驱之，使其负戴玄天，罄输臣节，犹恐德礼不加，人不自励。若无故忽略，使其羞惭，郁结于怀，衷心靡乐，责其伏节死义，其可得乎？"书奏，太宗谓遂良曰："朕亦悔此问，今得卿疏，深会我心。"承乾既败德日增，玄素又上书谏曰：

臣闻孔子云："能近取譬，可谓仁之方也已。"然《书》、《传》所载，言之或远，寻览近事，得失斯存。至如周武帝平定山东，卑宫菲食，以安海内。太子赟举措无端，秽德日著。乌丸轨知其不可，具言于武帝；武帝慈仁，望其渐改。及至践祚，狂暴肆情，区宇崩离，宗祀覆灭，即隋文帝所代是也。文帝因周衰弱，凭藉女资，虽无大功于天下，然布德行仁，足为万姓所赖。勇为太子，不能近遵君父之节俭，而务骄侈，今之山池遗迹，即殿下所亲睹是也。此时亦恃君亲之恩，自谓太山之固，讵知邪臣敢进其说？向使动静有常，进退合度，亲君子，疏小人，舍浮华，尚恭俭，虽有邪臣间之，何能致慈父之隙？岂不由积德未弘，令闻不著，谗言一至，遂成其祸？窃惟皇储之寄，荷戴殊重，如其积德不弘，何以嗣守成业？圣上以殿下亲则父子，事兼家国，所应用物，不为节限。恩旨未逾六旬，用物已过七万，骄奢之极，孰云过此。龙楼之下，惟聚工匠；望苑之内，不睹贤良。今言孝敬则阙视膳问安之礼，语恭顺则违君父慈训之方，求风声则无爱学好道之实，观举措则有因缘诛戮之罪。宫臣正士，未尝在侧，群邪淫巧，昵近深宫。爱好者皆游手杂色，施与者并图画雕镂。在外瞻仰，已有此失；居中隐密，宁可胜计哉！宣猷禁门，不异阛阓，朝入暮出，秽声已远。臣以德音日损，频上谏书，自尔已来，纵逸尤甚。右庶子赵弘智经明行修，当今善士，臣每奏请，望数召进，与之谈论，庶广徽猷。令旨反有猜嫌，谓臣妄相推引。从善如流，尚恐不逮；饰非拒谏，必招败损。方崇闭塞之源，不慕钦明之术，虽抱睿哲之资，终罹罔念之咎。古人云："苦药利病，苦言利行。"伏惟居安思危，日慎一日。

书入，承乾不纳，乃遣刺客将加屠害。俄属宫废，玄素随例除名。十八年，起授潮州刺史，转邓州刺史。永徽中，以年老致仕。龙朔三年，加授银青光禄大夫。麟德元年卒。

史臣曰：伏伽上疏于高祖，玄素进言于太宗，从疏贱以干至尊，怀切直以明正理，可谓至矣。既而并见抽奖，咸蒙顾遇。自非下情忠到，效匪躬之节，上听聪明，致如流之美，孰能至于此乎？《书》曰："木从绳则正，后从谏则圣。"斯之谓矣。世长幼而聪悟，长能规谏；云起屏绝朋党，冈避骄豪。历览言行，咸有可观。而云起吐茹无方，世长终成诡诈，其不令也宜哉！方诸孙、张二子，知不逮矣。

赞曰：言为身文，感义忘身。不有忠胆，安轻逆鳞？苏、韦果俊，伽、素忠纯。悟主匡失，猗欤诤臣。

卷七十六　　列传第二十六

太宗诸子

恒山王承乾　楚王宽　吴王恪 子成王千里 孙信安王祎 濮王泰　庶人祐　蜀王愔　蒋王恽　越王贞 子琅邪王冲 纪王慎　江王嚣　代王简　赵王福　曹王明

太宗十四子：文德皇后生高宗大帝、恒山王承乾、濮王泰，杨妃生吴王恪、蜀王愔，阴妃生庶人祐，燕妃生越王贞、江王嚣，韦妃生纪王慎，杨妃生赵王福，杨氏生曹王明，王氏生蒋王恽，后宫生楚王宽、代王简。

恒山王承乾，太宗长子也，生于承乾殿，因以名焉。武德三年，封恒山王。七年，徙封中山。太宗即位，为皇太子。时年八岁，性聪敏，太宗甚爱之。太宗居谅闇，庶政皆令听断，颇识大体。自此太宗每行幸，常令居守监国。及长，好声色，慢游无度，然惧太宗知之，不敢见其迹。每临朝视事，必言忠孝之道，退朝后，便与群小亵狎。宫臣或欲进谏者，承乾必先揣其情，便危坐敛容，引咎自责。枢机辨给，智足饰非，群臣拜答不暇，故在位者初皆以为明而莫之察也。承乾先患足，行甚艰难，而魏王泰有当时美誉，太宗渐爱重之。承乾恐有废立，甚忌之。泰亦负其材能，潜怀夺嫡之计。于是各树朋党，遂成衅隙。有太常乐人年十余岁，美姿容，善歌舞，承乾特加宠幸，号曰称心。太宗知而大怒，收称心杀之，坐称心死者又数人。承乾意泰告讦其事，怨心逾甚。痛悼称心不已，于宫中构室，立其形像，列偶人车马于前，令宫人朝暮奠祭。承乾数至其处，徘徊流涕。仍于宫中起冢而葬之，并赠官树碑，以申哀悼。承乾自此托疾不朝参者辄逾数月。常命户奴数十百人，专习伎乐，学胡人椎髻，剪彩为舞衣，寻橦跳剑，昼夜不绝，鼓角之声，日闻于外。

时左庶子于志宁、右庶子孔颖达受诏辅导，志宁撰《谏苑》二十卷讽之，颖达又多所规奏。太宗并嘉之，二人各赐帛百匹、黄金十斤。以励承乾之意，仍迁志宁为詹事。未几，志宁以母忧去职，承乾侈纵日甚。太宗复起志宁为詹事，志宁与左庶子张玄素数上书切谏，承乾并不纳。又尝召壮士左卫副率封师进及刺客张师政、纥干承基，深礼赐之，令杀魏王泰，不克而止。寻与汉王元昌、兵部尚书侯君集、左屯卫中郎将李安俨、洋州刺史赵节、驸马都尉杜荷等谋反，将纵兵入西宫。贞观十七年，齐王祐反于齐州。承乾谓纥干承基曰："我西畔宫墙，去大内正可二十步来耳，此间大亲近，岂可并齐王乎？"会承基亦外连齐王，系狱当死，遂告其事。太宗召承乾，幽之别室。命司徒长孙无忌、司空房玄龄、特进萧瑀、兵部尚书李勣、大理卿孙伏伽、中书侍郎岑文本、御史大夫马周、谏议大夫褚遂良等参鞫之，事皆明验。废承乾为庶人，徙黔州；元昌赐令自尽，侯君集等咸伏诛。其宫僚左庶子张玄素、右庶子赵弘智、令狐德棻、中书舍人萧钧，并以材选用，承乾既败，太宗引大义以让之，咸坐免。十九年，承乾卒于徙所，太宗为之废朝，葬以国公之礼。二子象、厥。象官至怀州别驾，厥至鄂州别驾。象子适之，别有传。

楚王宽，太宗第二子也。出继叔父楚哀王智云。早薨。贞观初追封，无后，国除。

吴王恪，太宗第三子也。武德三年，封蜀王，授益州大都督，以年幼不之官。十年，又徙封吴王。十二年，累授安州都督。及将赴职，太宗书诫之曰："吾以君临兆庶，表正万邦。汝地居茂亲，寄惟藩屏，勉思桥梓之道，善俟间、平之德。以义制事，以礼制心，三风十愆，不可不慎。如此则克固盘石，永保维城。外为君臣之忠，内有父子之孝，宜自励志，以勖日新。汝方违膝下，凄恋何已，欲遗汝珍玩，恐益骄奢。故诫此一言，以为庭训。"高宗即位，拜司空、梁州都督。恪母，隋炀帝女也。恪又有文武才，太宗常称其类己。既名望素高，甚为物情所向。长孙无忌既辅立高宗，深所忌嫉。永徽中，会房遗爱谋反，遂因事诛恪，以绝众望，海内冤之。有子四人：仁、玮、琨、璄，并流于岭表。

寻追封恪为郁林王，并为立庙。又封仁为郁林县侯。永昌元年，授襄州刺史。不知州事，后改名千里。天授后，历唐、庐、许、卫、蒲五州刺史。时皇家诸王有德望者，必见诛戮，惟千里褊躁无才，复数进献符瑞事，故则天朝竟免祸。长安三年，充岭南安抚讨击使，历迁右金吾将军。中兴初，进封成王，拜左金吾大将军，兼领益州大都督，又追赠其父为司空。三年，又领广州大都督、五府经略安抚大使。节愍太子诛武三思，千里与其子天水王禧率左右数十人斫右延明门，将杀三思党与宗楚客、纪处讷等。及太子兵败，千里与禧等坐诛，仍籍没其家，改姓蝮氏。睿宗即位，诏曰："故左金吾卫大将军成王千里，保国安人，克成忠义，愿除凶丑，翻陷诛夷。永言沦没，良深痛悼。宜复旧班，用加新宠，可还旧官。"又令复姓。

玮早卒。中兴初，追封朗陵王。子祎，本名榆，出继蜀王愔。景龙四年，加银青光禄大夫、秘书少监。开元十三年，改封广汉郡王、太仆卿同正员，薨。

琨，则天朝历淄、卫、宋、郑、梁、幽六州刺史，有能名。圣历中，岭南獠反，敕琨为招慰使，安辑荒徼，甚得其宜。长安二年卒官，赠司卫卿。神龙初，赠张掖郡王。开元十七年，以子祎贵，赠工部尚书，追封吴王。

璄，中兴初封归政郡王，历宗正卿，坐千里事贬南州司马，卒。

琨子祎。祎少有志尚，事母甚谨，抚弟祗等以友爱称。景龙四年，为太子仆，兼徐州别驾，加银青光禄大夫。少继江王嚣后，封为嗣江王。景云元年，复为德、蔡、衢等州刺史。开元后，累转蜀、濮等州刺史。政号清严，人吏畏而服之。渐见委任，入为光禄卿，迁将作大匠。丁母忧去官，起复授瀛州刺史。又上表固请终制，许之。十二年，改封信安郡王。十五年，服除，拜左金吾卫大将军、朔方节度副大使、知节度事，兼摄御史大夫。寻进礼部尚书，仍充朔方军节度使。先是，石堡城为吐蕃所据，侵扰河右。敕祎与河西、陇右议取之。祎到军，总率士伍，克期攻之。或曰："此城据险，又为吐蕃所惜，今总军深入，贼必并力拒守。事若不捷，退则狼狈，不如按军持重，以观形势。"祎曰："人臣之节，岂惮艰险？必期众寡不敌，吾则以死继之。苟利国家，此身何惜？"于是督率诸将，倍道兼进，并力攻之，遂拔石堡城，斩获首级，并获粮储器械，其数甚众。仍分兵据守，以遏贼路。上闻之大悦，始改石堡城为振武军，自是河、陇诸军游弈拓地千余里。十九年，契丹衙官可突干杀其王邵固，率部落降于突厥。玄宗遣忠王为河北道行军元帅以讨奚及契丹两蕃，以祎为副。王既不行，祎率户部侍郎裴耀卿等诸副将分道统兵出于范阳之北，大破两蕃之众，擒其酋长，余党窜入山谷。军还，祎以功加开府仪同三司，兼关内支度、营田等使，兼采访处置使，仍与二子官。祎既有勋绩，执政颇害其功，故其赏不厚，甚为当时所叹。二十二年，迁兵部尚书，入为朔方节度大使。久之，坐事出为衢州刺史。俄历滑、怀二州刺史。天宝初，拜太子少师，以年老仍听致仕。二年，迁太子太师，制出，病薨，年八十余。上闻而痛惜者久之。祎居家严毅，善训诸子，皆有令名。三子：峘、峄、岘，皆至达官，别有传。

祗，神龙中封为嗣吴王。景云元年，加银青光禄大夫。天宝十四载，为东平太守。安禄山反，率众渡河，凶威甚盛，河南陈留、荥阳、灵昌等郡皆陷于贼。祗起兵勤王，玄宗壮之。十五载二月，授祗灵昌太守，又左金吾大将军、河南都知兵马使。其月，又加兼御史中丞、陈留太守，持节充河南道节度采访使，本官如故。五月，诏以为太仆卿，遣御史大夫虢王巨代之。

濮王泰，字惠褒，太宗第四子也。少善属文。武德三年，封宜都王。四年，进封卫王，以继卫怀王霸后。贞观二年，改封越王，授扬州大都督。五年，兼领左武候、大都督，并不之官。八年，除雍州牧、左武候大将军。七年，转鄜州大都督。十年，徙封魏王，遥领相州都督，余官如故。太宗以泰好士爱文学，特令就府别置文学馆，任自引召学士。又以泰腰腹洪大，趋拜稍难，复令乘小舆至于朝所。其宠异如此。十二年，司马苏勖以自古名王多引宾客，以著述为美，劝泰奏请撰《括地志》。泰遂奏引著作郎萧德言、秘书郎顾胤、记室参军蒋亚卿、功曹参军谢偃等就府修撰。十四年，太宗幸泰延康坊宅，因曲赦雍州及长安大辟罪已下，免延康坊百姓无出今年租赋，又赐泰府官僚帛有差。十五年，泰撰《括地志》功毕，表上之，诏令付秘阁，赐泰物万段，萧德言等咸加给赐物。俄又每月给泰料物，有逾于皇太子。谏议大夫褚遂良上疏谏曰：

昔圣人制礼，尊嫡卑庶。谓之储君，道亚睿极。

其为崇重，用物不计，泉货财帛，与王者共之。庶子体卑，不得为例。所以塞嫌疑之渐，除祸乱之源。而先王必本人情，然后制法，知有国家，必有嫡庶。然庶子虽爱，不得超越；嫡子正体，特须尊崇。如当亲者疏，当尊者卑，则佞巧之奸，乘机而动，私恩害公，惑志乱国。伏惟陛下功超邃古，道冠百王，发号施令，为世作法。一日万机，或未尽美，臣职在谏诤，无容静默。伏见储君料物，翻少魏王，朝野见闻，不以为是。《传》曰：「臣闻爱子教之以义方。」忠孝恭俭，义方之谓。昔汉窦太后及景帝遂骄恣梁孝王，封四十余城，苑方三百里，大营宫室，复道弥望，积财钜万计，出入警跸，小不得意，发病而死。宣帝亦骄恣淮阳宪王，几至于败，辅以退让之臣，仅乃获免。且魏王既新出阁，伏愿常存礼则，言提其耳，且示俭节，自可在后月加岁增。妙择师傅，示其成败，既敦之以谦俭，又劝之以文学。惟忠惟孝，因而奖之，道德齐礼，乃为良器。此所谓圣人之教，不肃而成者也。

太宗又令泰入居武德殿，侍中魏徵上奏曰：「伏见敕旨，令魏王泰移居武德殿。此殿在内，处所宽闲，参奉往来，极为便近。但魏王既是爱子，陛下常欲其安全，每事抑其骄奢，不处嫌疑之地。今移此殿，便在东宫之西，海陵昔居，时人以为不可。虽时与事异，犹恐人之多言。又王之本心，亦不安息，既能以宠为惧，伏愿成人之美。明早是朔日，或恐未得面陈，愚虑有疑，不敢宁寝，轻干听览，追深战栗。」太宗并纳其言。

时皇太子承乾有足疾，泰潜有夺嫡之意，招驸马都尉柴令武、房遗爱等二十余人，厚加赠遗，寄以腹心。黄门侍郎韦挺、工部尚书杜楚客相继摄泰府事，二人俱为泰要结朝臣，津通赂遗。文武群官，各有附托，自为朋党。承乾惧其凌夺，阴遣人诈称泰府典签，诣玄武门为泰进封事。太宗省之，其书皆言泰之罪状，太宗知其诈而捕之，不获。十七年，承乾败，太宗面加谴让。承乾曰：「臣贵为太子，更何所求？但为泰所图，特与朝臣谋自安之道。不逞之人，遂教臣为不轨之事。今若以泰为太子，所谓落其度内。」太宗因谓侍臣曰：「承乾言亦是。我若立泰，便是储君之位可经求而得耳。泰立，承乾、晋王皆不存；晋王立，泰共承乾可无恙也。」乃幽泰于将作监，下诏曰：

朕闻生育品物，莫大乎天地；爱敬罔极，莫重乎君亲。是故为臣贵于尽忠，亏之者有罚；为子在于行孝，违之者必诛。大则肆诸市朝，小则终贻黜辱。雍州牧、相州都督、左武候大将军魏王泰，朕之爱子，实所钟心。幼而聪令，颇好文学，恩遇极于崇重，爵位逾于宠章。不思圣哲之诫，自构骄僭之咎，惑谗谀之言，信离间之说。以承乾虽居长嫡，久缠痾恙，潜有代宗之望，靡思孝义之则。承乾惧其凌夺，泰亦日增猜阻，争结朝士，竞引凶人。遂使文武之官，各有托附；亲戚之内，分为朋党。朕志存公道，义在无偏，彰厥巨衅，两从废黜。非惟作则四海，亦乃贻范百代。可解泰雍州牧、相州都督、左武候大将军，降封东莱郡王。

太宗因谓侍臣曰：「自今太子不道，藩王窥嗣者，两弃之。传之子孙，以为永制。」寻改封泰为顺阳王，徙居均州之郧乡县。太宗后尝持泰所上表谓近臣曰：「泰文辞美丽，岂非才士。我中心念泰，卿等所知。但社稷之计，断割恩宠，责其居外者，亦是两全也。」二十一年，进封濮王。高宗即位，为泰开府置僚属，车服羞膳，特加优异。永徽三年，薨于郧乡，年三十有五。赠太尉、雍州牧，谥曰恭。文集二十卷。二子欣、徽。欣封嗣濮王，徽封新安郡王。欣，则天初陷酷吏狱，贬昭州别驾，卒。子峤，本名余庆，中兴初封嗣濮王。景云元年，加银青光禄大夫。开元十二年，为国子祭酒，同正员。以王守一妹婿贬邵州别驾，移邓州别驾，后复其爵。

庶人祐，太宗第五子也。武德八年，封宜阳王，其年改封楚王。贞观二年，徙封燕王，累转幽州都督。十年，改封齐王，授齐州都督。其舅尚乘直长阴弘智谓祐曰：「王兄弟既多，即上百年之后，须得武士自助。」乃引其妻兄燕弘信谒祐，祐接之甚厚，多赐金帛，令潜募剑士。初，太宗以子弟成长，虑乖法度，长史、司马，必取正人。王有亏违，皆省闻奏。而祐溺情群小，尤好弋猎，长史薛大鼎屡谏不听，太宗以大鼎辅导无方，竟坐免。权万纪前为吴王恪长史，有正直节，以万纪为祐长史，以匡正之。万纪见祐非法，常犯颜切谏。有昝君謩、梁猛彪者，并以善骑射得幸于祐。万纪骤谏不纳，遂斥逐之，而祐潜遣招延，狎昵逾甚。太宗虑其不能悔过，数以书责让祐。万纪恐并获罪，谓祐曰：「王，帝之爱子，陛下欲王改悔，故加教训。若能饬躬引过，万纪请入朝言之。」祐因附表谢罪。万纪既至，言祐必能改过。太宗意稍解，赐万纪而谕之，仍以祐前过，敕书诰诫之。祐闻万纪劳勉而独被责，以为卖己，意甚不平。万纪性又褊隘，专以严急维持之，城门外不许祐出，所有鹰犬并令解放，又斥出君謩、猛彪，不许与祐相见。祐及君謩以此衔怨，谋杀万纪。会事泄，万纪悉收系狱，而发驿奏闻。十七年，诏刑部尚书刘德威往按之，并追祐及万纪入京。祐大惧，俄而万纪奉诏先行，祐遣燕弘信兄弘亮追于路射杀之。既杀万纪，君謩等劝祐起兵，乃召城中男子年十五以上，伪署上柱国、开府仪同三司，开官库物以行赏。驱百姓入城，缮甲兵。署官司，其官有拓东王、拓西王之号。诏遣兵部尚书李勣与刘威便道发兵讨之。祐每夜引弘亮等五人对妃宴乐，以为得志。戏笑之隙，语及官军，弘亮曰：「不须忧也！右手持酒啖，左手刀拂之。」祐爱信弘亮，闻之甚乐。太宗手诏祐曰：「吾常诫汝勿近小人，正为此也。汝素乖诚德，重惑邪言，自延伊祸以取覆灭。痛哉，何愚之甚也！遂乃为枭为獍，忘孝忘忠，扰乱齐郊，诛夷无罪。去维城之固，就积薪之危；坏盘石之亲，为寻戈之衅。且夫背礼违义，天地所不容；弃父逃君，人神所共怒。往是吾子，今为国仇。万纪存为忠烈，死不妨义；汝生为贼臣，死为逆鬼。彼则嘉声不殒，尔则恶迹无穷。吾闻郑叔、汉戾，并为猖獗，岂期生子，乃自为之？吾所以上惭皇天，下愧后土，叹惋之甚，知复何云。」太宗题书毕，为之洒泣。时李勣等兵未至齐境,而青、淄等数州兵并不从祐之命,祐又传檄诸县,亦不从。或劝祐房城中子女走入豆子䴚为盗,计未决而兵曹杜行敏谋将执祐,兵士多愿从。是夜,乃凿垣而入,祐与弘亮等五人披甲控弦,入室以自固。行敏列兵围之,谓祐曰:"昔为帝子,今乃国贼。行敏为国讨贼,更无所顾,王不速降,当为煨烬。"命薪草欲积而焚之,祐遂出就擒,余党悉伏诛。行敏送祐至京师,赐死于内省,贬为庶人。国除。寻以国公礼葬之。

蜀王愔,太宗第六子也。贞观五年,封梁王。七年,授襄州刺史。十年,改封蜀王,转益州都督。十三年,赐实封八百户,除岐州刺史。愔常非理殴击所部县令,又畋猎无度,数为非法。太宗怒曰:"禽兽调伏,可以驯扰于人;铁石镌炼,可为方圆之器。至如愔者,曾不如禽兽铁石乎!"乃削封邑及国官之半,贬为虢州刺史。二十三年,加实封满千户。愔在州数游猎,不避禾稼,深为百姓所怨。典军杨道整叩马谏,愔曳而搥之。永徽元年,为御史大夫李乾祐所劾。高宗谓荆王元景等曰:"先朝栉风沐雨,平定四方,远近肃清,车书混一。上天降祸,奄弃万邦。朕纂承洪业,惧均驭朽,与王共戚同忧,为家为国。蜀王畋猎无度,侵扰黎庶,县令、典军,无罪被罚。阿谀即喜,忤意便嗔,如此居官,何以共理百姓?历观古来诸王,若能动遵礼度,则庆流子孙;违越条章,则诛不旋踵。愔为法司所劾,朕实耻之。"帝又引杨道整劳勉之,拜为匡道府折冲都尉,赐绢五十匹。贬愔为黄州刺史。四年,坐与恪谋逆,黜为庶人,徙居巴州。寻改为涪陵王。乾封二年薨。咸亨初,复其爵土,赠益州大都督,陪葬昭陵,谥曰悼。封子璠为嗣蜀王,永昌年配流归诚州而死。神龙初,以吴王恪孙朗陵王玮子褕为嗣蜀王。

蒋王恽,太宗第七子也。贞观五年,封郯王。八年,授洺州刺史。十年,改封蒋王、安州都督,赐实封八百户。二十三年,加实封满千户。永徽三年,除梁州都督。恽在安州,多造器用服玩,及将行,有递车四百两。州县不堪其劳,为有司所劾,帝特宥之。后历遂、相二州刺史。上元年,有人诣阙诬告恽谋反,惶惧自杀,赠司空、荆州大都督,陪葬昭陵。子炜嗣,历沂州刺史,垂拱中为则天所害。子铣,早卒。神龙初,封铣子绍宗为嗣蒋王。景龙二年,加银青光禄大夫。开元初,为太子家令同正员卒。子钦福嗣,为率更令,同正员。大宝初削官,于锦州安置。十二载,为南郡长史同正。恽子煌,蔡国公。煌孙之芳,幼有令誉,颇善五言诗,宗室推之。开元末为驾部员外郎。天宝十三载,安禄山奏为范阳司马。及禄山起逆,自拔归西京,授右司郎中,历工部侍郎、太子右庶子。广德元年,兵革未清,吐蕃又犯边,侵轶原、会。乃遣之芳兼御史大夫,使吐蕃,被留境上,二年而归。除礼部尚书,寻改太子宾客。恽子休道。道子瑶,本名思顺。中兴封嗣赵王,加银青光禄大夫。开元十二年,改封中山郡王,右领军将军。

越王贞,太宗第八子也。贞观五年,封汉王。七年,授徐州都督。十年,改封原王,寻徙封越王,拜扬州都督,赐实封八百户。十七年,转相州刺史。二十三年,加实封满千户。永徽四年,授安州都督。咸亨中,复转相州刺史。贞少善骑射,颇涉文史,兼有吏干。所在或偏受逸言,官僚有正直者多被贬退,又纵诸僮竖侵暴部人,由是人伏其才而鄙其行。则天临朝,加太子太傅,除蔡州刺史。自则天称制,贞与韩王元嘉、鲁王灵夔、霍王元轨及元嘉子黄国公譔、灵夔子范阳王蔼、元轨子江都王绪并贞长子博州刺史琅邪王冲等,密有匡复之志。垂拱四年七月,譔作谬书与贞云:"内人病渐重,恐须早疗;若至今冬,恐成痼疾,宜早下手,仍速相报。"是岁,则天以明堂成,将行大享之礼,追皇宗赴集。元嘉因递相语云:"大享之际,神皇必遣人告诸王密,因大行诛戮,皇家子弟无遗种矣。"譔遂诈为皇帝玺书与冲云:"朕被幽縶,王等宜各救拔我也。"冲在博州,又伪为皇帝玺书云:"神皇欲倾李家之社稷,移国祚于武氏。"遂命长史萧德琮等召募士卒,分报韩、鲁、霍、越、纪等五王,各令起兵应接,以赴神都。初,冲与诸王连谋,及冲先发而莫有应者,惟贞以父子之故,独举兵以应之。寻遣兵破上蔡县,闻冲败,恐惧,索锁欲自拘驰驿诣阙谢罪。会其所署新蔡令傅延庆得勇士二千余人,贞遂有拒敌之意。乃宣言于其众曰:"琅邪王已破魏、相数州,聚兵至二十万,朝夕即到,尔宜勉之。"征属县兵至七千人,分为五营。贞自为中营,署其所亲汝阳县丞裴守德为大将军、内营总管;赵成美为左中郎将,押左营;间弘道为右中郎将,押右营;安摩诃为郎将、后军总管;王孝志为右将军、前军总管。又以蔡州长史韦庆礼为银青光禄大夫,行其府司马。凡署九品已上官五百余人。令道士及僧转读诸经,以祈事集,家僮、战士咸带符以辟兵。其所署官皆迫胁见从,本无斗志,惟裴守德实与之同。守德骁勇,善骑射,贞将起事,便以女良乡县主妻之,而委以爪牙心腹之任。

则天命左豹韬卫大将军麴崇裕为中军大总管,夏官尚书岑长倩为后军大总管,率兵十万讨之,仍令凤阁侍郎张光辅为诸军节度。于是制削贞及冲属籍,改姓虺氏。崇裕等军至蔡州城东四十里,贞命少子规及裴守德拒战。规等兵溃而归,贞大惧,闭门自守。裴守德排阁入,问王安在,意欲杀贞以自购也。官军进逼州城,贞家僮悉力卫,贞曰:"事既如此,岂得受戮辱,当须自为计。"贞乃饮药而死。家僮方始一时散,舍仗就擒。规亦缢其母自杀,守德携良乡县主亦自缢于别所。麴崇裕斩贞父子及裴守德等,传首东都,枭于阙下。贞起兵凡二十日而败。贞之在蔡州,数奏免所部租赋以结人心,家僮千人,马数千匹,外托以畋猎,内实习武备。尝游于城西水作桥,临水自鉴,不见其首,心甚恶之,未几而及祸。神龙初,追复爵土,与子冲俱复旧姓。初,贞将起兵,作书与寿州刺史、驸马都尉赵瑰曰:"伫总义兵,来入贵境。"瑰甚喜,复许率兵相应。瑰妻常乐长公主,高祖第七女,和思皇后之母也,谓其使曰:"为我报越王,与其进不与其退。尔诸王若是男儿,不应至许时尚未举动。我常见耆老云,隋文帝将篡夺周室。尉迟迥是周家外甥，犹能起兵相州，连结突厥，天下闻风，莫不响应。况尔诸王，并国家懿亲，宗社是托，岂不学尉迟迥感恩效节，舍生取义耶？夫为臣子，若救国家则为忠，不救则为逆。诸王必须以匡救为急，不可虚生浪死，取笑于后代。"及贞等败，瑰与公主亦伏诛。

冲，贞长子也。好文学，善骑射，历密、济、博三州刺史，皆有能名。初，冲自博州募得五千余人，欲渡河攻济州，先取武水县。县令郭务悌赴魏州请援，魏州莘县令马玄素领兵千七百人邀之于路，恐力不敌，先入武水城，闭门拒守。冲乃令积草车上，放火烧南门，拟乘火突入。火之未起，南风甚急，及火已燃，遽回为北风，未至城门，烧草已甚，冲军由是沮气。有堂邑丞董玄寂为冲统兵仗，及冲击武水，玄寂曰："琅邪王与国家交战，此乃反也。"冲闻之，斩玄寂以徇。兵众惧而散入草泽，不可禁止，惟有家僮左右不过数十而已。乃却走入博州城，为守门者所杀。则天命左金吾将军丘神勣为清平道行军大总管以讨冲，兵未至，冲已死，传首东都，枭于阙下。冲起兵凡七日而败。冲三弟：蒨，封常山公，历常州别驾，坐与父兄连谋伏诛。温，以告其朋党得实，减死流岭南，寻卒。神龙初，侍中敬晖等以冲父子翼戴皇家，义存社稷，请复其官爵，武三思令郑愔上官氏代中宗手诏不许。开元四年，诏追复num土，令备礼改葬。太常奏谥议曰："故越王贞，往者愿匡宗社，凤怀诛吕之谋；乃心王国，用击非刘之议。以兹获戾，上悼圣心。谨按谥法'死不忘君曰敬'，请谥曰敬。"从之。五年，下诏曰："九族以亲，克敦其教；百代必祀，允竟厥绪。故蔡州刺史、越王贞，执心不回，临事能断。粤自藩国，勤于王家。弘道之后，宝图将缺，怀刘章之辅汉，追郑武之翊周。遂能奋不顾身，率先唱义。虽英谋未克，而忠节居多。嗣绝国除，年逾二纪，莫享沧废，甚为恻焉。永言兴继，式备典册。其封贞侄孙故许王男左监门卫将军、褒国公琳为嗣越王，以奉其祀。仍官为立碑。"琳寻卒，国除。

纪王慎，太宗第十子也。贞观五年，封申王。七年，授秦州都督。十年，改封纪王，赐实封八百户。十七年，迁襄州刺史，以善政闻，玺书劳勉，百姓为之立碑。二十三年，加实封满千户。永徽元年，拜左卫大将军。二年，授荆州都督，累除邢州刺史。文明元年，加授太子太师，转贝州刺史。慎少好学，长于文史，皇族中与越王贞齐名，时人号为纪、越。初，贞将起事，慎不肯同谋；及贞败，慎亦下狱。临刑放免，改姓虺氏，仍载以槛车，配流岭表，道至蒲州而卒。慎长子和州刺史东平王续最知名，早卒。次子沂州刺史义阳王琮、楚国公睿、遂州别驾襄郡公秀、广化郡公献、建平郡公钦等五人，垂拱中并遇害，家属徙岭南。中兴初，追复官爵，令以礼改葬。封慎少子铁诚为嗣纪王，后改名澄。景云元年，加银青光禄大夫。开元初，历德、瀛、冀三州刺史、左骁卫将军，薨。子行同嗣，天宝中为右赞善大夫，同正员。

江王嚣，太宗第十一子也。贞观五年受封，六年薨，谥曰殇。

代王简，太宗第十二子也。贞观五年受封，其年薨，无后，国除。

赵王福，太宗第十三子也。贞观十三年受封，出后隐太子建成。十八年，授秦州都督，赐实封八百户。二十三年，加右卫大将军，累授梁州都督。咸亨元年薨，赠司空、并州都督，陪葬昭陵。中兴初，封蒋王恽孙思顺为嗣赵王。

曹王明，太宗第十四子也。贞观二十一年受封。二十三年，赐实封八百户，寻加满千户。显庆中，授梁州都督，后历虢、蔡、苏三州刺史。诏令继巢刺王元吉后。永隆中，坐与庶人贤通谋，降封零陵王，徙于黔州。都督谢祐希旨，逼胁令自杀，帝深悼之，黔府官僚咸坐免职。景云元年，明丧柩归于京师，陪葬昭陵。有二子，南州别驾零陵王俊、黎国公杰，垂拱中并遇害。中兴初，封杰子胤为嗣曹王。胤叔父备自南州还，又封备为嗣曹王、卫尉少卿、同正员，胤遂停封。后备招慰忠州叛獠，没于贼，又封胤为王、银青光禄大夫、右武卫将军。卒，子戢嗣，左卫率府中郎将。卒，子皋嗣。皋自有传。

史臣曰：太宗诸子，吴王恪、濮王泰最贤。皆以才高辩悟，为长孙无忌忌嫉，离间父子，遽为豺狼，而无忌破家，非阴祸之报欤？武后斫丧王室，潜移龟鼎，越王贞父子痛愤，义不图全。毁室之悲，《鸱鸮》之诗，伤矣！比齐祐之妄作，岂同年而语哉！

赞曰：子弟作藩，磐石维城。骄侈取败，身无令名。冲、譔愤发，视死如生。承乾、齐祐，愚弟庸兄。

卷七十七　　　　列传第二十七

韦挺 子待价　弟万石　**杨纂** 族子弘礼　弘武　弘武子元亨　元禧　元祎　**刘德威** 子审礼　孙易从　审礼从弟延嗣　**阎立德** 弟立本　**柳亨** 族子范　兄子奭　亨孙涣　泽　**崔义玄** 子神庆

韦挺，雍州万年人，隋民部尚书冲子也。少与隐太子相善，及高祖平京城，引为陇西公府祭酒。武德中，累迁太子左卫骠骑，检校左率。太子遇之甚厚，宫臣罕与为比。七年，高祖避暑仁智宫，会有上书言事者，称太子与宫臣潜构异端。时庆州刺史杨文干构逆伏诛，辞涉东宫，挺与杜淹、王珪等并坐流于越巂。及太宗在东宫，征拜主爵郎中。贞观初，王珪数举之，由是迁尚书右丞。俄授吏部侍郎，转黄门侍郎，进拜御史大夫，封扶阳县男。太宗以挺女为齐王祐妃。常与房玄龄、王珪、魏徵、戴胄等俱承顾问，议以政事。又与高士廉、令狐德棻等同修《氏族志》，累承赏赉。太宗尝谓挺曰："卿之任御史大夫，独朕意耳，左右大臣无为卿地者，卿勉之哉！"挺陈谢曰："臣驽下，不足以辱陛下高位。且臣非勋非旧，而超处藩邸故僚之上，臣愿后之，以劝立功者。"太宗不许。寻改授银青光禄大夫，行黄门侍郎，兼魏王泰府事。时泰有宠，太子承乾多过失，太宗微有废立之意。中书侍郎杜正伦以漏泄禁中语左迁，时挺亦预泰事，太宗谓曰："朕已罪正伦，不忍更置卿于法。"特原之。寻迁太常卿。初，挺为大夫时，马周为监察御史，挺以周寒士，殊不礼之。至是，周为中书令，太宗尝复欲用挺在门下，周密陈挺傲狠，非宰相器，遂寝。十九年，将有事于辽东，择人运粮，周又奏挺才堪粗使，太宗从之。挺父在隋为营州总管，有经略高丽遗文。因此奏之。太宗甚悦，谓挺曰："幽州以北，辽水二千余里无州县，军行资粮无所取给，卿宜为此使。但得军用不乏，功不细矣"。以人部侍郎崔仁师为副使，任自择文武官四品十人为子使，以幽、易、平三州骁勇二百人，官马二百匹为从。诏河北诸州皆取挺节度，许以便宜行事。太宗亲解貂裘及中厩马二匹赐之。挺至幽州，令燕州司马王安德巡渠通塞。先出幽州库物，市木造船，运米而进。自桑乾河下至卢思台，去幽州八百里，逢安德还曰："自此之外，漕渠壅塞。"挺以北方寒雪，不可更进，遂下米于台侧权贮之，待开岁发春，方事转运，度大兵至，军粮必足，仍驰以闻。太宗不悦，诏挺曰："兵尚拙速，不贵工迟。朕欲十九年春大举，今言二十年运漕，甚无谓也。"乃遣繁畤令韦怀质往挺所支度军粮，检覆渠水。怀质还奏曰："挺不先视漕渠，辄集工匠造船，运米即下。至卢思台，方知渠闭，欲进不得，还复水涸，乃便贮之通达平夷之区。又挺在幽州，日致饮会，实乖至公。陛下明年出师，以臣度之，恐未符圣策。"太宗大怒，令将作少监李道裕代之，仍令治书侍御史唐临驰传械挺赴洛阳，依议除名，仍令白衣散从。及前军破盖牟城，诏挺统兵士镇盖牟，示渐用之也。挺城守去大军悬远，与高丽新城邻接，日夜战斗，鼓噪之声不绝。挺不堪其忧，且不平于失职，素与术士公孙常善，乃与常书以叙所怀。会常以他事被拘，自缢而死，索其囊中，得挺书，论城中危蹙，兼有叹怅之辞。太宗以挺怨望，谪为象州刺史。岁余卒，年五十八。

了待价，初为左千牛备身。永徽中，江夏王道宗得罪，待价即道宗之婿也，缘坐左迁卢龙府果毅。时将军辛文陵率兵招慰高丽，行至吐护真水，高丽掩其不备，袭击败之。待价与中郎将薛仁贵受诏经略东蕃，因率所部救之。文陵苦战，贼渐退，军始获全。待价被重疮，流矢中其左足，竟不言其功，以足疾免官而归。后累授兰州刺史。时吐蕃屡为边患，高宗以沛王贤为凉州大都督，以待价为司马。俄又迁萧州刺史，频有守御之功，征拜右武卫将军，兼检校右羽林军事。仪凤三年，吐蕃又犯塞，待价复以本官检校凉州都督，兼知镇守兵马事。俄又征还旧职，复封扶阳侯。则天临朝，拜吏部尚书，摄司空。营高宗山陵，功毕，加金紫光禄大夫，改为天官尚书、同凤阁鸾台三品，赐物一千段，仍与一子五品。待价素无藻鉴之才，自武职而起，居选部，既铨综无叙，甚为当时所哂。垂拱元年十月，复为燕然道行军大总管，以御突厥。明年春还。六月，拜文昌右相，依旧同凤阁鸾台三品。既累登表据，颇不自安，频上表辞职，则天每降优制不许之。又表请削官秩，回恩赠父，于是赠挺润州刺史。明年，上疏请自效戎旅之用，于是拜安息道行军大总管，督三十六总管以讨吐蕃，进封扶阳郡公。军至寅识迦河，与吐蕃合战，初胜后败。又属天寒冻雪，师人多死，粮馈又不支给，乃旋师弓月，顿于高昌。则天大怒，副将阎温古以逗留伏法，待价坐除名，配流绣州，寻卒。

弟万石，颇有学业，而特善音律。上元中，自吏部郎中迁太常少卿。当时郊庙乐调及宴会杂乐，皆万石与太史令姚玄辩增损之，时人以为称职。寻又兼知吏部选事，卒官。挺从祖兄子安石，别有传。

杨纂，华州华阴人也。祖俭，周东雍州刺史。父文伟，隋温州刺史。纂略涉经史，尤明时务。少与琅邪颜师古、燉煌令狐德棻友善。大业中，进士举，授朔方郡司法书佐，坐杨玄感近属除名，乃家于蒲城。义军渡河，于长春宫谒见。累授侍御史。数上书言事，因被召问，擢为考功郎中。贞观初，长安令，赐爵长安县男。有妇人袁氏妖逆，为人所告，纂究问之，不得其状。袁氏后又事发伏诛，太宗以纂为不忠，将杀之。中书令温彦博以纂过误，罪不至死，固谏，乃赦之。三迁吏部侍郎。八年，副特进萧瑀为河南道巡察大使，与瑀情有不协，屡相表奏，瑀因以获罪。纂寻拜尚书左丞。纂既长于吏道，所在皆有声绩。俄又除吏部侍郎。前后典选十余载，铨叙人伦，称为允当。然而抑文雅，进酷吏，观时任数，颇为时论所讥。后历太常少卿、雍州别驾，加银青光禄大夫。复为尚书左丞，迁太仆卿，检校雍州别驾。迁户部尚书。永徽初卒，赠幽州都督，谥曰敬。子守愚，则天时官至雍州长史；守挹，岐州刺史。族子弘礼。

弘礼，隋尚书令素弟之子也。父岳，大业中为万年令，与素子玄感不协，尝密上表称玄感必为乱。及玄感被诛，岳在长安系狱，帝遣使赦之。比使至，岳已为留守所杀，弘礼等遂免从坐。高祖受禅，以杨素隋代有勋业，诏弘礼袭封清河郡公，拜太子通事舍人。贞观中，历兵部员外郎，仍为西河道行军大总管府长史，三迁中书舍人。太宗有事辽东，以弘礼有文武材，擢拜兵部侍郎，专典兵机之务。弘礼每入参谋议，出则统众攻战。驻跸之阵，领马步二十四军，出其不意以击之，所向摧破。太宗自山下见弘礼所统之众，人皆尽力，杀获居多，甚壮之。谓许敬宗等曰："越公儿郎，故有家风矣。"时诸宰相并在定州留辅皇太子，唯有褚遂良、许敬宗及弘礼在行所，掌知机务。二十年，拜中书侍郎。明年，加银青光禄大夫，寻迁司农卿，兼充昆丘道副大总管，诸道军将咸受节度。于是破处月，降处密，杀焉耆王，降驭支部，获龟兹、于阗王。凯旋，未及行赏，太宗晏驾。弘礼颇忤大臣之旨，由是出为泾州刺史。永徽初,论昆丘之功,改授胜州都督。寻迁太府卿。四年卒,赠兰州都督,谥曰质。弟弘武。

弘武少修谨,武德初,拜左千牛备身。永徽中,为吏部郎中。孝敬初,为皇太子精择僚寀,以弘武为中舍人。麟德中,将有事于东岳,弘武自荆州司马擢拜司戎少常伯。从驾还,高宗特令弘武补授吏部选人五品已上官,由是渐见亲委。后母荣国夫人杨氏,以与弘武同宗,又称荐之,俄迁西台侍郎。乾封二年,与戴至德、李安期等同东西台三品。及在政事,颇以清简见称。总章元年,卒于官,赠汴州刺史,谥曰恭。

子元亨,则天时为司府少卿;元禧,尚食奉御。元禧颇有医术,为则天所任。尝忤张易之之意,易之密奏元禧是杨素兄弟之后,素父子在隋有逆节,子孙不合供奉。则天乃下制曰:"隋尚书令杨素,昔在本朝,早荷殊遇。禀凶邪之德,怀诡佞之才,惑乱君上,离间骨肉。摇动冢嫡,宁唯掘蛊之祸?诱扇后主,卒成请蹯之衅。隋室丧亡,盖惟多僻,究其萌兆,实此之由。生为不忠之人,死为不义之鬼,身虽幸免,子竟族诛。斯则奸逆之谋,是其庭训;险薄之行,遂成门风。刑戮虽加,枝胤仍在,岂可复肩随近侍,齿迹朝行?朕接统百王,恭临四海,上嘉贤佐,下捍贼臣,常欲从容于万机之余,褒贬于千载之外,况年代未远,耳目所存者乎?其杨素及兄弟子孙,并不得令任京官及侍卫。"于是左贬元亨为睦州刺史,元禧为资州长史,元禧弟缋氏令元祎为梓州司马。张易之诛后,元亨等皆复任京职,元亨至齐州刺史,元禧台州刺史,元祎宣州刺史。

刘德威,徐州彭城人也。父子将,隋毗陵郡通守。德威姿貌魁伟,颇以干略见称。大业末,从左光禄大夫裴仁基讨贼淮左,手斩贼帅李青蛙,传首于行在所。后与仁基同归李密,密素闻其名,与麾下兵,令于怀州镇守。武德元年,密与王世充战败入朝,德威亦率所部随密归款。高祖嘉之,授左武候将军,封滕县公。及刘武周南侵,诏德威统兵击之,又判并州总管府司马。俄而裴寂失律于介州,齐王元吉弃并州还朝,留德威总知留府事。元吉才出,武周已至城下,百姓相率投贼。武周获德威,令率其本兵往浩州招慰。德威自拔归朝,高祖亲劳问之,兼陈贼中虚实及晋、绛诸部利害,高祖皆嘉纳之。改封彭城县公。未几,检校大理少卿。从擒建德,平世充,皆有功,转刑部侍郎,加散骑常侍,妻以平寿县主。贞观初,历大理、太仆二卿,加金紫光禄大夫。俄出为绵州刺史,以廉平著称,百姓为之立碑。寻检校益州大都督府长史。十一年,复授大理卿。太宗尝问之曰:"近来刑网稍密,其过安在?"德威奏言:"诚在主上,不由臣下。人主好宽则宽,好急则急,律文失入减三等,失出减五等。今则反是,失入则无辜,失出便获大罪。所以吏各自爱,竞执深文,非有教使之然,畏罪所致耳。陛下但舍所急,则'宁失不经'复行于今日矣。"太宗深然之。数岁,迁刑部尚书,兼检校雍州别驾。十七年,驰驿往济州推齐王祐还,至濮州,闻祐杀长史权万纪,德威入据济州,遣使以闻。诏德威便发河南兵马,以申经略,会遭母忧而罢。十八年,起为遂州刺史,三迁同州刺史。永徽三年卒,年七十一。赠礼部尚书、幽州都督,谥曰襄,陪葬献陵。德威闺门友穆,接物宽平,所得财货,多以分赡宗亲。子审礼袭爵。

审礼,少丧母,为祖母元氏所养。隋末,德威从裴仁基讨击,道路不通。审礼年未弱冠,自乡里负载元氏,渡江避乱。及天下定,始西入长安。元氏若有疾,审礼必亲尝汤药,元氏顾谓孙曰:"我儿孝顺,贯彻幽微,吾一顾念,宿疾顿轻。"贞观中,历左骁卫郎将。丁父忧去职。及葬,跣足随车,流血洒地,行路称之。服阕当袭爵,累表让弟,朝议不许。永徽中,累迁将作大匠,兼检校燕然都护,袭封彭城郡公。审礼父殁虽久,犹悲慕不已,每见父时僚旧,必呜咽流涕。母郑氏早亡,事继母平寿县主,稍疾辄忧惧形于容色,终夕不寐。抚继母男延景,友爱甚笃。所得禄俸,皆送母处,以资延景之费;而审礼妻子处饥寒,晏然未尝介意。再从同居,家无异爨,合门二百余口,人无间言。稍迁工部尚书,兼检校左卫大将军。仪凤二年,吐蕃寇凉州,命审礼为行军总管,与中书令李敬玄合势讨击。遇贼于青海,敬玄后期不至,审礼事败,为贼所执。永隆二年,卒于蕃中。赠工部尚书,谥曰僖。延景,官至陕州刺史,睿宗初,以后父追赠尚书右仆射。

审礼子易从,历位岐州司兵参军。审礼之没吐蕃,诏许易从入蕃省之。及审礼卒,易从号哭,昼夜不止,毁瘠过礼。吐蕃哀其志行,还其父尸柩,易从徒跣万里,扶护归彭城,为朝野之所嗟赏。后历彭州长史、任城男。永昌中,坐为徐敬贞所诬构遇害。易从在官仁恕,及将刑,人吏无远近奔走,竞解衣相率造功德,以为长史祈福,州人从之者十余万。其为人所爱如此。易从子升,开元中,为中书舍人、太子右庶子。

审礼从父弟延嗣,文明年为润州司马,属徐敬业作乱,率众攻润州,延嗣与刺史李思文固守不降。俄而城陷,敬业执延嗣,邀之令降,辞曰:"延嗣世蒙国恩,当思效命,州城不守,多负朝廷。终不能苟免偷生,以累亲族,岂以一身之故,为千载之辱?今日之事,得死为幸。"敬业大怒,将斩之,其党魏思温救之获免,乃囚之于江都狱。俄而贼败,竟以裴炎近亲,不得叙功,迁为梓州长史,再转汾州刺史卒。宗族至刺史者二十余人。

阎立德,雍州万年人,隋殿内少监毗之子也。其先自马邑徙关中。毗初以工艺知名,立德与弟立本,早传家业。武德中,累除尚衣奉御,立德所造衮冕大裘等六服并腰舆伞扇,咸依典式,时人称之。贞观初,历迁将作少匠,封太安县男。高祖崩,立德以营山陵功,擢为将作大匠。贞观十年,文德皇后崩,又令摄司空,营昭陵。坐怠慢职,俄起为博州刺史。十三年,复为将作大匠。十八年,从征高丽,及师旅至辽泽,东西二百余里泥淖,人马不通。立德填道造桥,兵无留碍。太宗甚悦。寻受诏造翠微宫及玉华宫,咸称旨,赏赐甚厚。俄迁工部尚书。二十三年,摄司空,营护太宗山陵。事毕,进封大公。显庆元年卒,赠吏部尚书、并州都督。子玄邃,官至司农少卿。玄邃子知微,圣历初,历位右豹韬卫将军。时突厥默啜有女请和亲,则天令淮阳王武延秀往纳其女,命知微摄春官尚书送赴虏廷。默啜以延秀非皇室诸王,大怒,遂拘之别所,与知微率众自恒岳道攻陷赵、定二州。知微经岁余自突厥所还,则天以其随贼入寇,令百官脔割,然后斩之,并夷其三族。

立本,显庆中累迁将作大匠,后代立德为工部尚书,兄弟相代为八座,时论荣之。总章元年,迁右相,赐爵博陵县男。立本虽有应务之才,而尤善图画,工于写真。《秦府十八学士图》及贞观中《凌烟阁功臣图》,并立本之迹也,时人咸称其妙。太宗尝与侍臣学士泛舟于春苑,池中有异鸟,随波容与。太宗击赏数四,诏座者为咏,召立本令写焉。时阁外传呼云:"画师阎立本。"时已为主爵郎中,奔走流汗,俯伏池侧,手挥丹粉,瞻望座宾,不胜愧赧。退诫其子曰:"吾少好读书,幸免墙面,缘情染翰,颇及侪流。唯以丹青见知,躬厮役之务,辱莫大焉!汝宜深诫,勿习此末伎。"立本为性所好,欲罢不能也。及为右相,与左相姜恪对掌枢密。恪既历任将军,立功塞外;立本唯善于图画,非宰辅之器。故时人以《千字文》为语曰:"左相宣威沙漠,右相驰誉丹青。"咸亨元年,百司复旧名,改为中书令。四年卒。

柳亨,蒲州解人,魏尚书左仆射庆之孙也。父旦,隋太常少卿、新城县公。亨,隋末历熊耳、王屋二县长,陷于李密。密败归国,累授驾部郎中。亨容貌魁伟,高祖甚爱重之,特以殿中监窦诞之女妻焉,即帝之外孙也。三迁左卫中郎将,封寿陵县男。未几,以谴出为邛州刺史。加散骑常侍,被代还,数年不调。因兄葬,遇太宗游于南山,召见与语,颇哀矜之。数日,北门引见,深加诲奖,拜银青光禄大夫,行光禄少卿。太宗每诫之曰:"与卿旧亲,情素兼宿,卿为人交游过多,今授此职,宜存简静。"亨性好射猎,有飨湎之名。此后颇自勖励,杜绝宾客,约身节俭,勤于职事。太宗亦以此称之。二十三年,以修太庙功,加金紫光禄大夫。久之,拜太常卿,从幸万年宫,检校岐州刺史。永徽六年卒,赠礼部尚书、幽州都督,谥曰敬。

亨族子范,贞观中为侍御史。时吴王恪好畋猎,损居人,范奏弹之。太宗因谓侍臣:"权万纪事我儿,不能匡正,其罪合死。"范进曰:"房玄龄事陛下,犹不能谏止畋猎,岂可独罪万纪?"太宗大怒,拂衣而入。久之,独引范谓曰:"何得逆折我?"范曰:"臣闻主圣臣直,陛下仁明,臣敢不尽愚直。"太宗意乃解。范,高宗时历位尚书右丞、扬州大都督府长史。

亨兄子奭。奭父则,隋左卫骑曹,因使卒于高丽。奭入蕃迎丧柩,哀号逾礼,深为夷人所慕。贞观中,累迁中书舍人。后以外生女为皇太子妃,擢拜兵部侍郎。妃为皇后,奭又迁中书侍郎。永徽三年,代褚遂良为中书令,仍监修国史。俄而后渐见疏忌,奭忧惧,频上疏请辞枢密之任,转为吏部尚书。及后废,累贬爱州刺史。寻为许敬宗、李义府所构,云奭潜通宫掖,谋行鸩毒,又与褚遂良等朋党构扇,罪当大逆。高宗遣使就爱州杀之,籍没其家。奭既死非其罪,甚为当时之所伤痛。神龙初,则天遗制,与褚遂良、韩瑗等并还官爵。子孙亲属当时缘坐者,咸从旷荡。

开元初,亨孙涣为中书舍人,表曰:"臣堂伯祖奭,去明庆三年,与褚遂良等五家同被谴诛。虽蒙遗制荡雪,而子孙亡没并尽。唯有曾孙无忝,见贯龚州,蒙雪多年,犹同远审。陛下自临宇县,优政必被,鸿恩及于泉壤,大造加于亡绝。先天已后,频降丝纶,曾任宰相之家,并许收其沦滞。况臣伯祖往叨执政,无犯受诛,藁窆尚隔故乡,后嗣遂编蛮服。臣不申号诉,义所难安。伏乞许臣伯祖还葬乡里,其曾孙无忝放归本贯。"疏奏,敕令奭归葬,官造灵舆还送。无忝后历位潭州都督。

涣弟泽,景云中为右率府铠曹参军。先是,姚元之、宋璟知政事,奏请停中宗朝斜封官数千员。及元之等出为刺史,太平公主又特为之言,有敕总令复旧职。泽上疏谏曰:

臣闻药不毒,不可以蠲疾;词不切,不可以补过。是以习甘旨者,非摄养之方;迩谀佞者,积危殆之本。臣实愚朴,志怀刚厉,或闻政之不当,事之不直,常慷慨关心,梦寐怀愤。每愿殉身以谏,伏死而争。但利于社稷,有便于君上,虽蒙祸被难,杀身不悔也。窃见神龙以来,群邪作孽,法网不振,纲维大紊,实由内宠专命,外嬖擅权,因贵凭宠,卖官鬻爵。朱紫之荣,出于仆妾之口;赏罚之命,乖于章程之典。妃主之门,有同商贾;举选之署,实均阛阓。屠贩之子,悉由邪而忝官;黜斥之人,咸因奸而冒进。天下为乱,社稷几危,赖陛下聪明神武,拯其将坠。此陛下耳目之所亲击,固可永为炯诫者也。臣闻作法于理,犹恐其乱,作法于乱,谁能救之?只如斜封授官,皆是仆妾汲引,迷谬先帝,昧自前朝,岂是孝和情之所怜,心之所爱?陛下初即位时,纳姚元之、宋璟之计,所以咸令黜之。顷日已来,又令叙之。将谓为斜封之人不忍弃也,以为先帝之意不可违也?若斜封之人不忍弃也,是韦月将、燕钦融之流亦不可褒赠也,李多祚、郑克义之徒亦不可清雪也。陛下何不能忍于此而独能忍于彼?使善恶不定,反覆相攻,使君子道消,小人道长,为邪者获利,为正者衔冤,奈何导人以为非,劝人以为僻?将何以惩风俗,将何以止奸邪?今海内咸称太平公主令胡僧慧范曲引此辈,将有误于陛下矣。谤议盈耳,咨嗟满衢,故语曰:"姚、宋为相,邪不如正。太平用事,正不如邪。"《书》曰:"无偏无陂,遵王之义,无反无侧,王道正直。"臣恐因循,流近致远,积小为大,累微起高。勿谓何伤,其祸将长;勿谓何害,其祸将大。又赏罚之典,纪纲不谬,天秩有礼,君爵有功,不可因怒以妄罚,不可因喜以妄赏。伏见尚医奉御彭君庆,以邪巫小道,超授三品,奈何轻用名器,加非其才?昔公主为子求郎,明帝不许;今圣朝私爱,赏及怜人。董狐不亡,岂有所隐?臣闻赏一人而千万人悦者赏之,罚一人而千万人劝者罚之。臣虽未睹圣朝之妄罚,已睹圣朝之妄赏矣,

《书》曰："官不及私昵，惟其能；爵罔及恶德，惟其贤。"臣恐近习之人为其先容，有谬于陛下也。惟陛下熟思而察之。虽往者不可谏，而来者犹可追。愿杜请谒之路，塞幸之门，鉴诫前非，无累后悔。申画一之法，明不二之刑，不询之谋勿庸，无稽之言勿听，则天下之化，人无间焉，日新之德，天鉴不远。

泽后参选，会有敕令选人上书陈事，将加收擢，泽又上书曰：

顷者韦氏险诐，奸臣同恶。赏罚紊弛，纲纪纷纶，政以贿成，官因宠进，言正者获戾，行殊者见疑，海内寒心，实将莫救。赖神明佑德，宗庙降灵，天讨有罪，人用丕保，陛下睿谋神圣，勇智聪明，安宗庙于已危，拯黎庶于将溺。今龙眉鲐背，欢欣踊跃，望圣朝之抚辑，听圣朝之德音。今陛下蠲烦省徭，法明德举，万邦恺乐，室家胥庆。臣又闻危者保其存也，乱者有其理也。伏惟陛下安不忘危，理不忘乱，存不忘亡，则克享天心，国家长保矣。《诗》曰："罔不有初，鲜克有终。"伏惟陛下慎厥终，修其初，非礼勿视，非礼勿动。《书》曰："惟德罔小，万邦惟庆，惟不德罔大，坠厥宗。"甚可畏也，甚可惧也，伏惟陛下慎之哉！夫骄奢起于亲贵，纲纪乱于宠幸。愿陛下禁之于亲贵，则天下随风矣；制之于宠幸，则天下法明矣。《诗》曰："刑于寡妻，至于兄弟，以御于家邦。"若亲贵为之而不禁，宠幸挠之而见从，是政之不常，令之不一，则奸诈斯起，暴乱生焉。虽严刑峻制，朝施暮戮，而法不行矣。纵陛下亲之爱之，莫若安之福之。宠禄之过，罪之渐也，非安之也；骄奢之淫，危之本也，非福之也。前事不忘，后之师也，伏愿陛下精求俊哲，朝夕纳诲。纵有逆于耳、谬于心者，无速之罚，姑筹之以道，省于厥躬。虽木朴忌忤，愿恕之以直，开谏诤之路也。或有顺于耳、便于身者，无急之赏，当求诸М道，稽之典训。其不协于德，必置之以法，用杜侧媚之行也。有羞淫巧于陛下者，遽黜之，则淫巧息矣；有进忠谠于陛下者，遽赏之，则忠谠进矣。臣又闻生于富者骄，生于贵者傲。石碏曰："臣闻爱子，教之以义方，不纳于邪，骄奢淫逸，所自邪也。"《书》曰："罔淫于逸，罔游于乐。"穆王有命，"实赖前后左右有位之士，绳愆纠谬，格其非心。"今储宫肇建，王府初启，至于僚友，必惟妙择。今骄奢之后，流波未变，慢游之乐，余风或存。夫小人幸臣，易合于意；奇伎淫巧，多适于心。臣恐狎于非德，兹为愈急。《书》曰："慎简乃僚，无以巧言令色，其惟吉士。仆臣正，厥后克正；仆臣谀，厥后自圣。"伏愿采温良博闻之士，恭俭忠鲠之人，任以东宫及诸王府官，仍置东宫量署拾遗补阙之职。令朝夕讲论，出入时从，授以训诰，交修不逮。臣又闻驰骋畋猎，令人发狂。名教之中，自有乐地。承前贵戚，鲜克由礼。或打球击鼓，比周伎术；或飞鹰奔犬，盘游薮泽。此甚为不道，非进德修业之本也。《书》曰："内作色荒，外作禽荒。"又曰："无若丹朱傲，惟慢游是好。朋淫于家，用殄厥世。"伏惟陛下诞降谋训，敦劝学业，示之以好恶，陈之以成败，以义制事，以礼制心，图之于未萌，虑之于未有，则福禄长享，与国并休矣。臣又闻富不与骄期而骄自至，骄不与罪期而罪自至，罪不与死期而死自至。信矣斯语，明哉至诚！顷韦庶人、安乐公主、武延秀等可谓贵矣，可谓宠矣，权侔人主，威震天下。然枯侈灭德，神怒人弃。岂不谓爱之太极，富之太多，不节之以礼，不防之以法，终转吉为凶，变福为祸。谚曰："千人所指，无病自死。"不其然欤？《书》曰："殷鉴不远，在彼夏王。"今陛下何劝，岂非皇祖谋训之则也？今陛下何惩，岂非孝和宠任之甚也？《礼》曰："爱而知其恶，憎而知其善。"可不慎哉！夫宠爱之心则不免，去其太甚，闲之礼节，适则可矣。今诸王、公主、驸马，亦陛下之所亲爱也。矫枉之道，在于厥初，鉴诫之义，其取不远。使观过务善，居宠思危，庶夙夜惟寅，聿修厥德。《经》曰："在上不骄，高而不危，所以长守贵也；制节谨度，满而不溢，所以长守富也。富贵不离其身，然后能保其社稷。"《书》曰："制于官刑，儆于有位。敢有常舞于宫，酣歌于室，时谓巫风；敢有徇于货色，恒于游畋，时谓淫风；敢有侮圣言，逆忠直，远耆德，比顽童，时谓乱风。惟兹三风十愆，卿士有一于身，家必丧；邦君有一于身，国必亡。"甚可畏也，甚可惧也！伏惟陛下必察而明之，必信而劝之。有奢僭骄怠者，削其禄封；朴素修业者，锡以绅服。以勖其非心，使其奉命，无使久而忽之，无使远而坠之。臣闻非知之艰，行之惟艰。又曰："常厥德，保厥位，厥德匪常，九有以亡。"伏惟陛下慎之哉！前车之覆，实惟明证；先王之诫，可以终吉。若陛下奉伊尹之训，崇傅说之命，不作无益，不启私门，刑不差，赏不滥，则惟德是辅，惟人之怀，天禄永终，景福是集。傥陛下忘精一之德，开恩幸之门，爵赏有差，刑罚不当，则忠臣正士，亦不复谈矣。

睿宗览而善之，令中书省重详议，擢拜监察御史。开元中，累迁太子右庶子。出为郑州刺史，未行病卒，赠兵部侍郎。

崔义玄，贝州武城人也。大业末，往依李密，初不见用。义玄见群鼠渡洛，又稍刃有花文，谓所亲曰："此王敦败亡之兆也。"时黄君汉守据柏崖，义玄往说之曰："见机而作，不俟终日。今群盗蜂起，九州幅裂，神器所归，必在有德。唐公据有秦京，名应符箓，此真主也。足下孤城独立，宜遵寇恂、窦融之策，及时归诚，以取封侯也。"君汉然之，即与义玄归国。拜怀州总管府司马。世充遣将高毗侵掠河内，义玄击败之，多下城堡。君汉将分子女金帛与之，义玄皆拒而不受，以功封清丘县公。后从太宗讨世充，屡献筹策，太宗颇纳用之。东都平，转隰州都督府长史。贞观初，历左司郎中，兼韩王府长史，行州府事。与友人孟神庆虽志好不同，各以介直匡正府幕，王并委任之。永徽初，累迁婺州刺史。属睦州女子陈硕真举兵反，遣其党童文宝领徒四千人掩袭婺州。义玄将督军拒战，时百姓讹言硕真尝升天，犯其兵马者无不灭门，众皆凶惧。司功参军崔玄籍言于义玄曰："起兵仗顺，犹且不成，此乃妖诳，岂能得久？"义玄以为然，因命玄籍为先锋，义玄率兵继进，至下淮戍，擒其间谍二十余人。夜有流星坠贼营，义玄曰："此贼灭之征也。"诘朝进击，身先士卒，左右以楯蔽箭，义玄曰："刺史尚欲避箭，谁肯致死？"由是士卒戮力，斩首数百级，余悉许其归首。进兵至睦州界，归降万计。及硕真平，义玄以功拜御史大夫。义玄少爱章句之学，《五经》大义，先儒所疑及音韵不明者，兼采众家，皆为解释，傍引证据，各有条疏。至是，高宗令义玄讨论《五经》正义，与诸博士等详定是非，事竟不就。高宗之立皇后武氏，义玄协赞其谋。及长孙无忌等得罪，皆义玄承中旨绳之。显庆元年，出为蒲州刺史。寻卒，年七十一，赠幽州都督，谥曰贞。则天时思其功，重赠扬州大都督，赐其家实封二百户。子神基袭爵。长寿中，为司宾卿、同凤阁鸾台平章事。为相月余，为酷吏所陷，减死配流。后渐录用，中宗初，为大理卿。神基弟神庆。

神庆，明经举，则天时，累迁莱州刺史。因入朝，待制于亿岁殿，奏事称旨。则天以神庆历职皆有美政，又其父尝有翊赞之勋，甚赏慰之，擢拜并州长史。因谓曰："并州，朕之枌榆，又有军马，比日简择，无如卿者。前后长史，皆从尚书为之，以其委重，所以授卿也。"因自为按行图，择日而遣之。神庆到州，有豪富伪作改钱文敕，文书下州，谷麦踊贵，百姓惊扰。神庆执奏，以为不便，则天下制褒赏之。先是，并州有东西二城，隔汾水，神庆始筑城相接，每岁省防御兵数千人，边州甚以为便。寻而兄神基下狱当死，神庆驰赴都告事，得召见。则天出神基推状以示之，神庆据状申理，神基竟得减死，神庆亦缘坐贬授歙州司马。长安中，累转礼部侍郎，数上疏陈时政利害，则天每嘉纳之。转太子右庶子，赐爵魏县子。时有突厥使入朝，准仪注，太子合预朝参，先降敕书。神庆上疏曰："伏以五品已上所以佩龟者，比为别敕征召，恐有诈妄，内出龟合，然后应命。况太子元良国本，万方所瞻，古来征召皆用玉契，此诚重慎之极，防萌之虑。昨缘突厥使见，太子合预朝参，直有文符下宫，曾不降敕处分。今人禀淳化，内外同心，然古人虑事于未萌之前，所以长无悔吝之咎。况太子至重，不可不深为诫慎。以臣愚见，太子既与陛下异宫，伏望每召太子，预报来日，非朔望朝参，应须别唤，望降墨敕及玉契。"则天甚然之。寻令神庆与詹事祝钦明更日于东宫侍读。俄历司刑、司礼二卿。神庆尝受诏推张昌宗，而竟宽其罪。神龙初，昌宗等伏诛，神庆坐流于钦州。寻卒，年七十余。明年，敬晖等得罪，缘昌宗被流贬者例皆雪免，赠神庆幽州都督。

开元中，神庆子琳等皆至大官，群从数十人，趋奏省闼。每岁时家宴，组珮辉映，以一榻置笏，重叠于其上。开元、天宝间，中外族属无缌麻之丧，其福履昌盛如此。东都私第门，琳与弟太子詹事珪、光禄卿瑶，俱列棨戟，时号"三戟崔家"。琳位终太子少保。

史臣曰：周、隋已来，韦氏世有令人，郁为冠族，而安石嗣立，竟大其门。挺恃才傲物，固亏长者之风，宾王报之以不仁，难与议乎君子矣！议者以尧、舜有溢美，桀、纣有溢恶，盖以一为凶德，则群恶所归。杨素父子，倾覆隋祚，丑声流闻，虽弘礼、弘武之正士，而元亨兄弟，竟以凶族窜逐。古人守死善道，不亦为也。德威奏议，练刑名之要，俾长秋卿，美哉！审礼仁孝，治行可为世范，卒与祸会，悲夫！二阎曲学甚工，措思精巧，艺成而下，垂诫宜然。柳氏世称謇谔，奭、泽有正人风彩，忠规献纳，抑有人焉。义玄附丽武后，神庆宽纵秽臣，弈世纤邪，以至倾败，宜哉！

赞曰：韦子骄矜，终损功名。杨家积恶，宗门摈落。阎以艺辱，刘以孝愆。二崔能吏，行无取焉。

卷七十八　　列传第二十八

于志宁　高季辅　张行成
族孙易之　昌宗

于志宁，雍州高陵人，周太师燕文公谨之曾孙也。父宣道，隋内史舍人。志宁，大业末为冠氏县长，时山东群盗起，乃弃官归乡里。高祖将入关，率群从于长春宫迎接，高祖以其有名于时，甚加礼遇，授银青光禄大夫。太宗为渭北道行军元帅，召补记室，与殷开山等参赞军谋。及太宗为秦王、天策上将，志宁累授天策府从事中郎，每侍从征伐，兼文学馆学士。贞观三年，累迁中书侍郎。太宗命贵臣内殿宴，怪不见志宁，或奏曰："敕召三品已上，志宁非三品，所以不来。"太宗特令预宴，即加授散骑常侍，行太子左庶子。累封黎阳县公。时议者欲立七庙，以凉武昭王为始祖，房玄龄等皆以为然。志宁独建议以为武昭远祖，非王业所因，不可为始祖。太宗又以功臣为代袭刺史，志宁以今古事殊，恐非久安之道，上疏争之。皆从志宁所议。太宗因谓志宁曰："古者太子既生，士负之，即置辅弼。昔成王幼小，周、召为师傅，日闻正道，习以成性。今皇太子既幼少，卿当辅之以正道，无使邪僻开其心。勉之无怠，当称所委，官赏可不次而得也。"志宁以承乾数亏礼度，志在匡救，撰《谏苑》二十卷讽之。太宗大悦，赐黄金十斤，绢三百匹。十四年，兼太子詹事。明年，以母忧解。寻起复本官，屡表请终丧礼，太宗遣中书侍郎岑文本就宅敦谕之曰："忠孝不并，我儿须人辅弼，卿宜抑割，不可徇以私情。"志宁遂起就职。

时皇太子承乾尝以盛农之时，营造曲室，累月不止，所为多不法。志宁上书谏曰：

臣闻克俭节用，实弘道之源；崇侈恣情，乃败德之本。是以凌云概日，戎人于是致讥；峻宇雕墙，《夏书》以之作诫。昔赵盾匡晋，吕望师周，或劝之以节财，或谏之以厚敛，莫不尽忠以佐国，竭诚以奉君，欲茂实播于无穷，英声被乎物听。咸著简策，以为美谈。今所居东宫,隋日营建,睹之者尚讥其侈,见之者犹叹其华。何容此中更有修造,财帛日费,土木不停,穷斤斧之工,极磨砻之妙?且丁匠官奴入内,比者曾无伏监。此等或兄犯国章,或弟罹王法,往来御苑,出入禁闱,钳凿缘其身,椹杵在其手。监门本防非虑,宿卫以备不虞,直长既自不知,千牛又复不见。爪牙在外,厮役在内,所司何以自安,臣下岂容无惧?又郑、卫之乐,古谓淫声。昔朝歌之乡,回车者墨翟;夹谷之会,挥剑者孔丘。先圣既以为非,通贤将以为失。顷闻宫内,屡有鼓声大乐,伎儿入便不出。闻之者股栗,言之者心战。往年口敕,伏请重寻,圣旨殷勤,明诫恳切。在于殿下,不可不思,至于微臣,不得无惧。臣自驱驰宫阙,已积岁年,犬马尚解识恩,木石犹能知感,所有管见,敢不尽言?如鉴以丹诚,则臣有生路;若责其忤旨,则臣是罪人。但悦意取容,藏孙方之疾疢;犯颜逆耳,《春秋》比之药石。伏望停工匠之作,罢久役之人,绝郑、卫之音,斥群小之辈,则三善允备,万国作贞矣。

承乾不纳。承乾又令阉官多在左右,志宁上书谏曰:

臣闻尧称稽古,功著于搜扬;舜曰聪明,绩彰于去恶。然开元立极,布政辨方,莫不旌贲英贤,驱除不肖。理乱之本,咸在于兹。况阉宦之徒,体非全气,更蕃阶阎,左右宫闱,托亲近以立威权,假出纳以为祸福。昔易牙被任,变起齐邦;张让执钧,乱生汉室。伊戾为诈,宋国受其殃;赵高作奸,秦氏钟其弊。加以弘、石用事,京、贾闻连首受诛;王、曹掌权,何、窦则踵武被戮。遂使缙绅重足,宰司屏气。然顺其情者,则荣速幼冲;迕其意者,则灾及襁褓。爰暨高齐都邺,亦弊阉官。邓长颙位至侍中,陈德信爵隆开府,外干朝政,内预宴私,宗枝藉其吹嘘,重臣仰其鼻息。罪积山岳,靡挂于刑书;功无涓尘,已勒于钟鼎,富逾金穴,财甚铜山。是以家起怨嗟,人怀愤叹。骨鲠之士,语不见听;謇谔之臣,言必被斥。齐都颠覆,职此之由。向使任谅直之臣,退佞给之士,据赵、魏之地,拥漳、滏之兵,修德行仁,养政施化,何区区周室而敢窥觎者焉!然杜渐防萌,古人所以远祸;以大喻小,先哲于焉取则。伏惟殿下道茂重离,德光守器,宪章古始,祖述前修,欲使休誉远闻,英声遐畅。臣窃见寺人一色,未识上心,或轻忽高班,凌轹贵仕,便是品命失序,纲纪不立,取笑通方之人,见讥有识之士。然典内职掌,唯在门外通传;给使主司,但缘阶闼供奉。今乃往来阁内,出入宫中,行路之人,咸以为怪。伏望狎近君子,屏黜小人,上副圣心,下允众望。

承乾览书甚不悦。承乾尝驱使司驭等,不许分番,又私引突厥达哥支入宫内。志宁上书谏曰:

臣闻上天盖高,日月以光其德;明君至圣,辅佐以赞其功。是以周诵升储,见匡毛、毕;汉盈居震,取资黄、绮。姬旦抗法于伯禽,贾生陈事于文帝。莫不殷勤于端士,恳切于正人。昔邓禹名臣,方居审谕之任;疏受宿望,始除辅导之官。历代贤君,莫不丁宁于太子者,良以地膺上嗣,位处副君,善则率土沾其恩,恶则海内罹其祸。近闻仆寺、司驭,爰及驾士、兽医,始自春初,迄兹夏晚,常居内役,不放分番。或家有尊亲,阙于温清;或室有幼弱,绝于抚养。春则废其耕垦,夏又妨其播殖。事乖存爱,恐致怨嗟。且突厥达哥支等,人面兽心,岂得以礼教期,不可以仁信待。心则未识于忠孝,言则莫辩其是非,近之有损于英声,昵之无益于盛德。引之入阁,人皆惊骇,岂臣愚识,独用不安?陛下为殿下之股肱,殿下为臣下之君父,君父以存抚为务,股肱以匡救为心。是以苦口之药以奉身,逆耳之言以安位。古人树诽谤之木,以求己愆;悬敢谏之鼓,以思身过。由是从谏之主,鼎祚克昌;愎谏之君,洪业鎜坠。

承乾大怒,阴遣刺客张师政、纥干承基就杀之。二人潜入其第,见志宁寝处苫庐,竟不忍而止。及承乾败后,推鞫具知其事。太宗谓志宁曰:"知公数有规谏,事无所隐。"深加勉劳。右庶子令狐德棻等以无谏书,皆从贬责。及高宗为皇太子,复授志宁太子左庶子,未几迁侍中。永徽元年,加光禄大夫,进封燕国公。二年,监修国史。时洛阳人李弘泰坐诬告太尉长孙无忌,诏令不待时而斩决。志宁上疏谏曰:

伏惟陛下情笃功臣,恩隆右戚。以无忌横遭诬告,事并是虚,欲戮告人,以明赏罚,一以绝诬告之路,二以慰勋戚之心。又以所犯是真,无忌便有破家之罪,今告为妄,弘泰宜戮不待时。且真犯之人,事当罪逆;诬谋之类,罪唯及身。以罪较量,明非恶逆,若欲依律,合待秋分。今时阳和,万物生育,而特行刑罚。此谓伤春。窃案《左传》声子曰:"赏以春夏,刑以秋冬。"顺天时也。又《礼记·月令》曰:"孟春之月,无杀孩虫。省囹圄,去桎梏,无肆掠,止狱讼。"又《汉书》董仲舒曰:"王者欲有所为,宜求其端于天道。天道之大者在阴阳。阳为德,阴为刑,刑主杀而德主生。阳常居大夏,而以生育养长为事,阴常居大冬,而积于空虚不用之处。以此见天之任德不任刑也。"伏惟陛下篡圣升祚,继明御极,追连、胥之绝轨,蹈轩、顼之良规。欲使举动顺于天时,刑罚依于律令,阴阳为之式序,景宿于是靡差,风雨不愆,雩崇辍祀。方今太蔟统律,青阳应期,当生长之辰,施肃杀之令,伏愿暂回圣虑,察古人言,倘蒙垂纳,则生灵幸甚。

疏奏,帝从之。是时,衡山公主欲出降长孙氏,议者以时既公除,合行吉礼。志宁上疏曰:

臣闻明君驭历,当俟献替之臣;圣主握图,必资盐梅之佐。所以尧询四岳,景化洽于区中;舜任五臣,懿德被于无外。左有记言之史,右立记事之官,大小咸书,善恶俱载。著惩劝于简牍,垂褒贬于人伦,为万古之范围,作千龄之龟镜。伏见衡山公主出降,欲就今秋成礼。窃按《礼记》云:"女十五而笄,二十而嫁;有故,二十三而嫁。"郑玄云:"有故,谓遭丧也。"固知须终三年。《春秋》云："鲁庄公如齐纳币。"杜预云："母丧未再期而图婚，二传不讥失礼，明故也。"此即史策具载，是非历然，断在圣情，不待问于臣下。其有议者云："准制，公除之后，须并从吉。"此汉文创制此仪，为天下百姓。至于公主，服是斩缞，纵使舍随例除，无宜情随例改。心丧之内，方复成婚，非唯违于礼经，亦是人情不可。伏惟陛下嗣膺宝位，临统万方，理宜继美羲、轩，齐芳汤、禹，弘奖仁孝之日，敦崇名教之秋。此事行之苦难，犹须抑孙而守礼，况行之甚易，何容废而受讥？此理有识之所共知，非假愚臣之说也。伏愿遵高宗之令轨，略孝文之权制，国家于法无亏，公主情礼得毕。

于是诏公主待三年服阕，然后成礼。其年，拜尚书左仆射、同中书门下三品。三年，以本官兼太子少师。

显庆元年，迁太子太傅。尝与右仆射张行成、中书令高季辅俱蒙赐地，志宁奏曰："臣居关右，代袭箕裘，周魏以来，基址不坠。行成等新营庄宅，尚少田园，于臣有余，乞申私让。"帝嘉其意，乃分赐行成及季辅。四年，表请致仕，听解尚书左仆射，拜太子太师，仍同中书门下三品。高宗之将废王庶人也。长孙无忌、褚遂良执正不从，而李勣、许敬宗密申劝请，志宁独无言以持两端。及许敬宗推鞫长孙无忌诏狱，因诬构志宁党附无忌，坐是免职，寻降授荣州刺史。麟德元年，累转华州刺史，年耆请致仕，许之。二年，卒于家，年七十八。赠幽州都督，谥曰定。上元三年，追复其左光禄大夫、太子太师。志宁雅爱宾客，接引忘倦，后进文笔之士，无不影附，然亦不能有所荐达，议者以此少之。前后预撰格式律令、《五经义疏》及修礼、修史等功，赏赐不可胜计。有集二十卷。子立政，太仆少卿。志宁玄孙休烈，休烈子益，自有传。

高季辅，德州蓚人也。祖表，魏安德太守。父衡，隋万年令。季辅少好学，兼习武艺。居母丧以孝闻。兄元道，仕隋为汲令。武德初，县人翻城从贼，元道被害，季辅率其党出斗，竟擒杀其兄者，斩之持首以祭墓，甚为士友所称。由是群盗多归附之，众至数千。寻与武陟人李厚德率众来降，授陟州总管府户曹参军。贞观初，擢拜监察御史，多所弹纠，不避权要。累转中书舍人。

时太宗数召近臣，令指陈时政损益。季辅上封事五条：其略曰：

陛下平定九州，富有四海，德超邃古，道高前烈。时已平矣，功已成矣，然而刑典未措者，何哉？良由谋猷之臣，不弘简易之政；台阁之吏，昧于经远之道。执宪者以深刻为奉公，当官者以侵下为益国，未有坦平恕之怀，副圣明之旨。至如设官分职，各有司存。尚书八座，责成斯在，王者司契，义属于兹。伏愿随方训诱，使各扬其职。仍须擢温厚之人，升清洁之吏，敦朴素，革浇浮，先之以敬让，示之以好恶，使家识孝慈，人知廉耻。丑言过行，见嗤于乡间；忘义私昵，取摈于亲族。杜其利欲之心，载以清净之化。自然家肥国富，气和物阜。礼节于是竞兴，祸乱何由而作？

又曰：

窃见圣躬，每存节俭，而凡诸营缮，工徒未息。正丁正匠，不供驱使，和雇和市，非无劳费。人主所欲，何事不成？犹愿爱其财而勿殚，惜其力而勿竭。今畿内数州，实惟邦本，地狭人稠，耕植不博，菽粟虽贱，储蓄未多，特宜优矜，令得休息。强本弱枝，自古常事。关、河之外，徭役全少，帝京、三辅，差科非一；江南、河北，弥复优闲。须为差等，均其劳逸。

又曰：

今公主之室，封邑足以给资用；勋贵之家，俸禄足以供器服。乃戚戚于俭约，汲汲于华侈，放息出举，追求什一。公侯尚且求利，黎庶岂觉其非？锥刀必竞，实由于此，有黩朝风，谓宜惩革。

又曰：

仕以应务代耕，外官卑品，犹未得禄，既离乡家，理必贫匮。但妻子之恋，贤达犹累其怀；饥寒之切，夷、惠罕全其行。为政之道，期于易从。若不恤其匮乏，唯欲责其清勤，凡在末品，中庸者多，止恐巡察岁去，轺轩继轨。不能肃其侵渔，何以求其政术？今户口渐殷，仓廪已实，斟量给禄，使得养亲。然后督以严科，责其报效，则庶官毕力，物议斯允。

又曰：

窃见密王元晓等，俱是懿亲，陛下友爱之怀，义高古昔，分以车服，委以藩维，须依礼仪，以副瞻望。比见帝子拜诸叔，诸叔亦答拜，王爵既同，家人有礼，岂合如此颠倒昭穆？伏愿一垂训诫，永循彝则。

书奏，太宗称善。十七年，授太子右庶子，又上疏切谏时政得失，特赐钟乳一剂，曰："进药石之言，故以药石相报。"十八年，加银青光禄大夫，兼吏部侍郎，凡所铨叙，时称允当。太宗尝赐金背镜一面，以表其清鉴焉。二十二年，迁中书令，兼检校吏部尚书、监修国史，赐爵蓚县公。永徽二年，授光禄大夫，行侍中，兼太子少保。以风疾废于家，乃召其兄赵州刺史季通为宗正少卿视其疾，又屡降中使，观其进食，问其增损。寻卒，年五十八。帝为之举哀，废朝三日，赠开府仪同三司、荆州都督，谥曰宪。子正业，仕至中书舍人，坐与上官仪善，配流岭外。

张行成，定州义丰人也。少师事河间刘炫，勤学不倦，炫谓门人曰："张子体局方正，廊庙才也。"大业末，察孝廉，为谒者台散从员外郎。王世充僭号，以为度支尚书。世充平，以隋资补宋州谷熟尉。又应制举乙科，授雍州富平县主簿，理有能名。秩满，补殿中侍御史，纠劾不避权戚，太宗以为能，谓房玄龄曰："观古今用人，必因媒介，若行成者，朕自举之，无先容也。"太宗尝言及山东、关中人，意有同异，行成正侍宴，跪而奏曰："臣闻天子以四海为家，不当以东西为限；若如是，则示人以隘狭。"太宗善其言，赐名马一匹、钱十万、衣一袭。自是每有大政，常预议焉。累迁给事中。太宗尝临轩谓侍臣曰："朕所以不能恣情欲，取乐当年，而励节苦心，卑宫菲食者，正为苍生耳。我为人主,兼行将相之事,岂不是夺公等名?昔汉高祖得萧、曹、韩、彭,天下宁宴;舜、禹、汤、武有稷、契、伊、吕,四海乂安。此事朕并兼之。"行成退而上书谏曰:"有隋失道,天下沸腾,陛下拨乱反正,拯生人于涂炭,何周、汉君臣之所能拟?陛下圣德含光,规模弘远,虽文武之烈,实兼将相,何用临朝对众与其较量,以万乘至尊,共臣下争功哉?臣闻'天何言哉,四时行焉';又闻'汝惟不矜,天下莫与汝争能'。臣备员枢近,非敢知献替之事,辄陈狂直,伏待菹醢。"太宗深纳之。转刑部侍郎、太子少詹事。太宗东征,皇太子于定州监国,即行成本邑也。太子谓行成曰:"今者送公衣锦还乡。"于是令有司祀其先人墓。行成因荐乡人魏唐卿、崔宝权、马龙驹、张君劼等,皆以学行著闻,太子召见,以其老不任职,皆厚赐而遣之。太子又使行成诣行在所,太宗见之甚悦,赐马二匹、缣三百匹。驾还京,为河南巡察大使。还,称旨,以本官兼检校尚书左丞。是岁,太宗幸灵州,太子当从,行成上疏曰:"伏承皇太子从幸灵州。臣愚以为皇太子养德春宫,日月未几,华夷远迩,仁听嘉音。如因以监国,接对百僚,决断庶务,明习政理,既为京师重镇,且示四方盛德。与其出陪私爱,曷若俯从公道?"太宗以为忠,进位银青光禄大夫。二十三年,迁侍中,兼刑部尚书。太宗崩,与高季辅侍高宗即位于太极殿梓宫前。寻封北平县公,监修国史。时晋州地连震,有声如雷,高宗以问行成。行成对曰:"天,阳也;地,阴也。阳,君象;阴,臣象。君宜转动,臣宜安静。今晋州地动,弥旬不休。虽天道玄邈,窥算不测;而人事较量,昭然作戒。恐女谒用事,大臣阴谋,修德禳灾,在于陛下。且陛下本封晋也,今地震晋州,下有征应,岂徒然耳。愿深思远虑,以杜未萌。"二年八月,拜尚书左仆射。寻加授太子少傅。四年,自三月不雨至于五月,复抗表请致仕。高宗手制答曰:"密云不雨,遂淹旬月,此朕之寡德,非宰臣咎。实甘万方之责,用陈六事之过。策免之科,义乖罪己。今敕断表,勿复为辞。"赐宫女黄金器物。固请乞骸骨,高宗曰:"公,我之故旧腹心,奈何舍我而去?"因怆然流涕。行成不得已,复起视事。九月,卒于尚书省,时年六十七。高宗哭之甚哀,辍朝三日,令九品已上就第哭。比敛,中使三至,赐内衣服,令尚宫宿于家,以视殡敛。赠开府仪同三司、并州都督。所司备礼册命,祭以少牢,赙绢布八百段、米粟八百石,赐东园秘器,谥曰定。弘道元年,诏以行成配享高宗庙庭。子洛客嗣,官至雍州渭南令。

行成族孙易之、昌宗。易之父希臧,雍州司户。易之初以门荫,累迁为尚乘奉御,年二十余,白皙美姿容,善音律歌词。则天临朝,通天二年,太平公主荐易之弟昌宗入侍禁中,既而昌宗启天后曰:"臣兄易之器用过臣,兼工合炼。"即令召见,甚悦。由是兄弟俱侍宫中,皆傅粉施朱,衣锦绣服,俱承辟阳之宠。俄以昌宗为云麾将军,行左千牛中郎将;易之为司卫少卿。赐第一区、物五百段、奴婢驼马等。信宿,加昌宗银青光禄大夫,赐防阁,同京官朔望朝参。仍赠希臧襄州刺史,母韦氏阿臧封太夫人,使尚宫至宅问讯,仍诏尚书李迥秀私侍阿臧。武承嗣、三思、懿宗、宗楚客、宗晋卿候其门庭,争执鞭辔,呼易之为五郎,昌宗为六郎。俄加昌宗左散骑常侍。圣历二年,置控鹤府官员,以易之为控鹤监内供奉,余官如故。久视元年,改控鹤府为奉宸府,又以易之为奉宸令,引辞人阎朝隐、薛稷、员半千并为奉宸供奉。每因宴集,则令嘲戏公卿以为笑乐。若内殿曲宴,则二张、诸武侍坐,樗蒲笑谑,赐与无算。时谀佞者奏云,昌宗是王子晋后身。乃令被羽衣,吹箫,乘木鹤,奏乐于庭,如子晋乘空。辞人皆赋诗以美之,崔融为其绝唱,其句有"昔遇浮丘伯,今同丁令威。中郎才貌是,藏史姓名非"。天后令选美少年为左右奉宸供奉,右补阙朱敬则谏曰:"臣闻志不可满,乐不可极。嗜欲之情,愚智皆同,贤者能节之不使过度,则前圣格言也。陛下内宠,已有薛怀义、张易之、昌宗,固应足矣。近闻上舍奉御柳模自言子良宾洁白美须眉,左监门卫长史侯祥云阳道壮伟,过于薛怀义,专欲自进堪奉宸内供奉。无礼无仪,溢于朝听。臣愚职在谏诤,不敢不奏。"则天劳之曰:"非卿直言,朕不知此。"赐彩百段。以昌宗丑声闻于外,欲以美事掩其迹,乃诏昌宗撰《三教珠英》于内。乃引文学之士李峤、阎朝隐、徐彦伯、张说、宋之问、崔湜、富嘉谟等二十六人,分门撰集。成一千三百卷,上之。加昌宗司仆卿,封邺国公,易之为麟台监,封恒国公,各实封三百户。俄改昌宗为春官侍郎。易之、昌宗皆粗能属文,如应诏和诗,则宋之问、阎朝隐为之代作。则天春秋高,政事多委易之兄弟。中宗为皇太子,太子男邵王重润及女弟永泰郡主窃言二张专政。易之诉于则天,付太子自鞫问处置,太子并自缢杀之。又御史大夫魏元忠尝奏二张之罪,易之惧不自安,乃诬奏元忠与司礼丞高戬云:"天子老矣,当挟太子为耐久朋。"则天曰:"汝何以知之?"易之曰:"凤阁舍人张说为证。"翌日,则天召元忠及说廷诘之,皆妄。则天尚以二张之故,逐元忠为高要尉,张说长流钦州。长安二年,易之赃贿事发,为御史台所劾下狱,兄司府少卿昌仪、司礼少卿同休皆贬黜。及则天卧疾长生院,宰臣希得进见,唯易之兄弟侍侧,恐祸变及己,乃引用朋党,阴为之备。人有榜其事于路,左台御史中丞宋璟请按之。则天阳许,寻敕宋璟使幽州按都督屈突仲翔,令司礼卿崔神庆鞫之。神庆希旨雪昌宗兄弟。

神龙元年正月,则天病甚。是月二十日,宰臣崔玄暐、张柬之等倒羽林兵迎太子,至玄武门,斩关而入,诛易之、昌宗于迎仙院,并枭首于天津桥南。则天逊居上阳宫。易之兄昌期,历岐、汝二州刺史,所在苛猛暴横,是日亦同枭首。朝官房融、崔神庆、崔融、李峤、宋之问、杜审言、沈佺期、阎朝隐等皆坐二张窜逐,凡数十人。

史臣曰:于燕公辅导储皇,高侍中敷陈理行,张北平斥言阴沴,皆人所难言者。苟非金玉贞度,松筠挺操,安能咈人主之意,献苦口之忠?宜其论道岩廊,克终显盛。古所谓能以义匡主之失,三君有焉。

赞曰:猗欤于公,献替两宫。前修克继,嗣德弥隆。高酬药剂,张感宸衷。君臣之义,斯为始终。

卷七十九　　列传第二十九

祖孝孙　傅仁均　傅弈
李淳风　吕才

祖孝孙，幽州范阳人也。父崇儒，以学业知名，仕至齐州长史。孝孙博学，晓历算，早以达识见称。初，开皇中，钟律多缺，虽何妥、郑译、苏夔、万宝常等亟共讨详，纷然不定。及平江左，得陈乐官蔡子元、于普明等，因置清商署。时牛弘为太常卿，引孝孙为协律郎，与子元、普明参定雅乐。时又得陈阳山太守毛爽，妙知京房律法，布琯飞灰，顺月皆验。爽时年老，弘恐失其法，于是奏孝孙从其受律。孝孙得爽之法，一律而生五音，十二律而为六十音，因而六之，故有三百六十音，以当一岁之日。又祖述沈重，依淮南本数，用京房旧术求之，得三百六十律，各因其月律而为一部。以律数为母，以一中气所有日为子，以母命子，随所多少，分直一岁，以配七音，起于冬至。以黄钟为宫，太簇为商，林钟为徵，南吕为羽，姑洗为角，应钟为变宫，蕤宾为变徵。其余日建律，皆依运行。每日各以本律为宫。旋宫之义，由斯著矣。然牛弘既初定乐，难复改张。至大业时，又采晋、宋旧乐，唯奏《皇夏》等十有四曲，旋宫之法，亦不施用。高祖受禅，擢孝孙为著作郎，历吏部郎、太常少卿，渐见亲委，孝孙由是奏请作乐。时军国多务，未遑改创，乐府尚用隋氏旧文。武德七年，始命孝孙及秘书监窦璡修定雅乐。孝孙又以陈、梁旧乐杂用吴、楚之音，周、齐旧乐多涉胡戎之伎，于是斟酌南北，考以古音，作《大唐雅乐》。以十二月各顺其律，旋相为宫，制十二乐，合三十二曲、八十四调。事具《乐志》。旋宫之义，亡绝已久，世莫能知，一朝复古，自孝孙始也。孝孙寻卒。其后，协律郎张文收复采《三礼》，增损乐章，然因孝孙之本音。

傅仁均，滑州白马人也。善历算、推步之术。武德初，太史令庾俭、太史丞傅弈表荐之，高祖因召令改修旧历。仁均因上表陈七事：其一曰："昔洛下闳以汉太初元年岁在丁丑，创历起元，元在丁丑。今大唐以戊寅年受命，甲子日登极，所造之历，即上元之岁，岁在戊寅，命日又起甲子，以三元之法，一百八十去其积岁，武德元年戊寅为上元之首，则合璧连珠，悬合于今日。"其二曰："《尧典》为'日短星昴，以正仲冬'，前代造历，莫能允合。臣今创法，五十余年，冬至辄差一度，则却检周、汉，千载无违。"其三曰："经书日蚀，《毛诗》为先，'十月之交，朔日辛卯'。臣今立法，却推得周幽王六年辛卯朔蚀，即能明其中间，并皆符合。"其四曰："《春秋命历序》云：'鲁僖公五年壬子朔旦冬至。'诸历莫能符合。臣今造历，却推僖公五年正月壬子朔旦冬至则同，自斯以降，并无差爽。"其五曰："古历日蚀或在于晦，或在二日；月蚀或在望前，或在望后。臣今立法，月有三大三小，则日蚀常在于朔，月蚀在望前。却验鲁史，并无违爽。"其六曰："前代造历，命辰不从子半，命度不起虚中。臣今造历，命辰起子半，度起于虚六，度命合辰，得中于子，符阴阳之始，会历术之宜。"其七曰："前代诸历，月行或有晦犹东见、朔已西朓。臣今以迟疾定朔，永无此病。"经数月，历成奏上，号曰《戊寅元历》，高祖善之。武德元年七月，诏颁新历，授仁均员外散骑常侍，赐物二百段。

后中书令封德彝奏术法差谬，敕吏部郎中祖孝孙考其得失。又太史丞王孝通执《甲辰历法》以驳之曰：

案《尧典》云："日短星昴，以正仲冬。"孔氏云，七宿毕见，举中者言耳。是知中星无定，故互举一分两至之星以为成验也。昴西方处中之宿，虚为北方居中之星，一分各举中者，即余六星可知。若乃仲春举鸟，仲夏举火，此一至一分又举七星之体，则余二方可见。今仁均专守昴中而为定朔，执文害意，不亦谬乎！又案《月令》：仲冬《昏在东壁》。明知昴中则非常准。若言陶唐之代，定是昴中，后代渐差，遂至东壁。然则尧前七千余载，冬至之日，即便合翼中，逾远弥却，尤成不隐。且今验东壁昏中，日体在斗十有三度；若昏于翼中，日应在井十有三度。夫井极北，去人最近，而斗极南，去人最远，在井则大热，在斗乃大寒。然尧前冬至，即应翻热，及于夏至，便应反寒。四时倒错，寒暑易位，以理推寻，必不然矣。又，郑康成，博达之士也。对弟子孙皓云：日永星火，只是大火之次三十度有其中者，非谓心之火星也，实正中也。又平朔、定朔，旧有二家；平望、定望，由来两术。然三大三小，是定朔、定望之法；一大一小，是平朔、平望之义。且日月之行，有迟有疾，每月一相及，谓之合会。故晦朔无定，由人消息。若定大小合朔者，合会虽定，而蔀元纪首，三端并失。若上合履端之始，下得归余于终，合会时有进退，履端又皆允协，则《甲辰元历》为通术矣。

仁均对曰：

宋代祖冲之久立差术，至于隋代张胄玄等，因而修之，虽差度不同，各明其意。今孝通不达宿度之差移，未晓黄道之迁改，乃执南斗为冬至之恒星，东井为夏至之常宿，率意生难，岂为通理？夫太阳行于宿度，如邮传之过逆旅，宿度每岁既差，黄道随而变易，岂得以胶柱之说而为斡运之难乎？又案《易》云："治历明时。"《礼》云："天子玄端，听朔于南门之外。"《尚书》云："正月上日，受终于文祖。"孔氏云："上日，朔日也。"又云："季秋月朔，辰不集于房。"孔氏云："集，合也。不合，则日蚀随可知矣。"又云："先时、不及时，皆杀无赦。"先时，谓朔日不及时也。若有先后之差，是不知定朔之道矣。《诗》云："十月之交，朔日辛卯。"又，《春秋》日蚀三十有五，左丘明云："不书朔，官失之也。"明圣人之教，不论于晦，唯取朔耳。自春秋以后，去圣久远，历术差违，莫能详正。故秦、汉以来,多非朔蚀,而宋代御史中丞何承天微欲见意,不能详究,乃为太史令钱乐之、散骑侍郎皮延宗所抑止。孝通今语,乃是延宗旧辞。承天既非甄明,故应当时之屈。今略陈梗概,申以明之。夫理历之本,必推上元之岁,日月如合璧,五星如连珠,夜半甲子朔旦冬至。自此以后,既行度不同,七曜分散,不知何年更得余分普尽,还复总会之时也?唯日分气分,得有可尽之理,因其得尽,即有三端之元。故造经立法者,小余尽即为元首,此乃纪其日数之元,不关合璧之事矣。时人相传,皆云大小余俱尽,即定夜半甲子朔旦冬至者,此不达其意故也。何者?冬至自有常数,朔名由于月起,既月行迟疾无常,三端岂得即合?故必须日月相合,与冬至同日者,始可得名为合朔冬至耳。故前代诸历,不明其意,乃于大余正尽之年而立其元法,将以为常,而不知七曜散行,气朔不合。今法唯取上元连珠合璧,夜半甲子朔旦冬至,合朔之始以定,一九相因,行至于今日,常取定朔之宜,不论三端之事。皮延宗本来不知,何承天亦自未悟,何得引而相难耶?

孝孙以仁均之言为然。

贞观初,有益州人阴弘道,又执孝通旧说以驳之,终不能屈。李淳风复驳仁均历十有八事,敕大理卿崔善为考二家得失,七条改从淳风,余一十一条并依旧定。仁均后除太史令,卒官。

傅奕,相州邺人也。尤晓天文历数。隋开皇中,以仪曹事汉王谅。及谅举兵,谓奕曰:"今兹荧惑入井,是何祥也?"奕对曰:"天上东井,黄道经其中,正是荧惑行路所涉,不为怪异;若荧惑入地上井,是为灾也。"谅不悦。及谅败,由是免诛,徙扶风。高祖为扶风太守,深礼之。及践祚,召拜太史丞。太史令庾俭以其父质在隋言占候忤炀帝意,竟死狱中,遂惩其事,又耻以数术进,乃荐奕自代,遂迁太史令。奕既与俭同列,数排毁俭,而俭不之恨,时人多俭仁厚而称奕之率直。奕所奏天文密状,屡会上旨,置参旗、井钺等十二军之号,奕所定也。武德三年,进《漏刻新法》,遂行于时。七年,奕上疏请除去释教,曰:

佛在西域,言妖路远,汉译胡书,恣其假托。故使不忠不孝,削发而揖君亲;游手游食,易服以逃租赋。演其妖书,述其邪法,伪启三涂,谬张六道,恐吓愚夫,诈欺庸品。凡百黎庶,通识者稀,不察根源,信其矫诈。乃追既往之罪,虚规将来之福。布施一钱,希万倍之报;持斋一日,冀百日之粮。遂使愚迷,妄求功德,不惮科禁,轻犯宪章。其有造作恶逆,身坠刑网,方乃狱中礼佛,口诵佛经,昼夜忘疲,规免其罪。且生死寿夭,由于自然;刑德威福,关之人主。乃谓贫富贵贱,功业所招,而愚僧矫诈,皆云由佛。窃人主之权,擅造化之力,其为害政,良可悲矣!案《书》云:"惟辟作福威,惟辟玉食。臣有作福、作威、玉食,害于而家,凶于而国,人用侧颇僻。"降自牺、农,至于汉、魏,皆无佛法,君明臣忠,祚长年久。

汉明帝假托梦想,始立胡神,西域桑门,自传其法。西晋以上,国有严科,不许中国之人,辄行髡发之事。泊于苻、石,羌胡乱华,主庸臣佞,政虐祚短,皆由佛教致灾也。梁武、齐襄,足为明镜。昔褒姒一女,妖惑幽王,尚致亡国;况天下僧尼,数盈十万,翦刻缯彩,装束泥人,而为厌魅,迷惑万姓者乎!今之僧尼,请令匹配,即成十万余户。产育男女,十年长养,一纪教训,自然益国,可以足兵。四海免蚕食之殃,百姓知威福所在,则妖惑之风自革,淳朴之化还兴。且古今忠谏,鲜不及祸。窃见齐朝章仇子他上表言:"僧尼徒众,糜损国家,寺塔奢侈,虚费金帛。"为诸僧附会宰相,对朝谗毁,诸尼依托妃主,潜行谤讟。子他竟被囚执,刑于都市。及周武平齐,制封其墓。臣虽不敏,窃慕其踪。

又上疏十一首,词甚切直。高祖付群官详议,唯太仆卿张道源称奕奏合理。中书令萧瑀与之争论曰:"佛,圣人也。奕为此议,非圣人者无法,请置严刑。"奕曰:"礼本于事亲,终于奉上,此则忠孝之理著,臣子之行成。而佛逾城出家,逃背其父,以匹夫而抗天子,以继体而悖所亲。萧瑀非出于空桑,乃遵无父之教。臣闻非孝者无亲,其瑀之谓矣!"瑀不能答,但合掌曰:"地狱所设,正为是人。"高祖将从奕言,会传位而止。

奕武德九年五月密奏,太白见秦分,秦王当有天下,高祖以状授太宗。及太宗嗣位,召奕赐之食,谓曰:"汝前所奏,几累于我,然今后但须尽言,无以前事为虑也。"太宗常临朝谓奕曰:"佛道玄妙,圣迹可师,且报应显然,屡有征验,卿独不悟其理,何也?"奕对曰:"佛是胡中桀黠,欺诳夷狄,初止西域,渐流中国。遵尚其教,皆是邪僻小人,模写庄、老玄言,文饰妖幻之教耳。于百姓无补,于国家有害。"太宗颇然之。贞观十三年卒,年八十五。临终诫其子曰:"老、庄玄一之篇,周、孔《六经》之说,是为名教,汝宜习之。妖胡乱华,举时皆惑,唯独窃叹,众不我从,悲夫!汝等勿学也。古人裸葬,汝宜行之。"奕生平遇患,未尝请医服药,虽究阴阳数术之书,而并不之信。又尝醉卧,蹶然起曰:"吾其死矣!"因自为墓志曰:"傅奕,青山白云人也。因酒醉死,呜呼哀哉!"其纵达皆此类。注《老子》,并撰《音义》,又集魏、晋已来驳佛教者为《高识传》十卷,行于世。

李淳风,岐州雍人也。其先自太原徙焉。父播,隋高唐尉,以秩卑不得志,弃官而为道士。颇有文学,自号黄冠子。注《老子》,撰《方志图》,文集十卷,并行于代。淳风幼俊爽,博涉群书,尤明天文、历算、阴阳之学。贞观初,以驳傅仁均历议,多所折衷,授将仕郎,直太史局。寻又上言曰:"今灵台候仪,是魏代遗范,观其制度,疏漏实多。臣案《虞书》称,舜在璇玑玉衡,以齐七政。则是古以混天仪考七曜之盈缩也。《周官》大司徒职,以土圭正日景,以定地中。此亦据混天仪日行黄道之明证也。暨于周末,此器乃亡。汉孝武时,洛下闳复造混天仪,事多疏阙。故贾逵、张衡各有营铸,陆绩、王蕃递加修补,或缀附经星，机应漏水，或孤张规郭，不依日行，推验七曜，并循赤道。今验冬至极南，夏至极北，而赤道当定于中，全无南北之异，以测七曜，岂得其真？黄道浑仪之阙，至今千余载矣。"太宗异其说，因令造之，至贞观七年造成。其制以铜为之，表里三重，下据准基，状如十字，末树鳌足，以张四表焉。第一仪名曰六合仪，有天经双规、浑纬规、金常规，相结于四极之内，备二十八宿、十干、十二辰，经纬三百六十五度。第二名三辰仪，圆径八尺，有璇玑规，黄道规，月游规，天宿矩度，七曜所行，并备于此，转于六合之内。第三名四游仪，玄枢为轴，以连结玉衡游筒而贯约规矩；又玄枢北树北辰，南距地轴，傍转于内；又玉衡在玄枢之间而南北游，仰以观天之辰宿，下以识器之晷度。时称其妙。又论前代浑仪得失之差，著书七卷。名为《法象志》以奏之。太宗称善，置其仪于凝晖阁，加授承务郎。十五年，除太常博士。寻转太史丞，预撰《晋书》及《五代史》，其《天文》、《律历》、《五行志》皆淳风所作也。又预撰《文思博要》。二十二年，迁太史令。初，太宗之世有《秘记》云："唐三世之后，则女主武王代有天下。"太宗尝密召淳风以访其事，淳风曰："臣据象推算，其兆已成。然其人已生，在陛下宫内，从今不逾三十年，当有天下，诛杀唐氏子孙歼尽。"帝曰："疑似者尽杀之，如何？"淳风曰："天之所命，必无禳避之理。王者不死，多恐枉及无辜。且据上象，今已成，复在宫内，已是陛下眷属。更三十年，又当衰老，老则仁慈，虽受终易姓。其于陛下子孙，或不甚损。今若杀之，即当复生，少壮严毒，杀之立雠。若如此，即杀戮陛下子孙，必无遗类。"太宗善其言而止。淳风每占候吉凶，合若符契，当时术者疑其别有役使，不因学习所致，然竟不能测也。显庆元年，复以修国史功封乐昌县男。先是，太史监候王思辩表称《五曹》、《孙子》十部算经理多踳驳。淳风复与国子监算学博士梁述、太学助教王真儒等受诏注《五曹》、《孙子》十部算经。书成，高宗令国学行用。龙朔二年，改授秘阁郎中。时《戊寅历法》渐差，淳风又增损刘焯《皇极历》，改撰《麟德历》奏之，术者称其精密。咸亨初，官名复旧，还为太史令。年六十九卒。所撰《典章文物志》、《乙巳占》、《秘阁录》，并演《齐民要术》等凡十余部，多传于代。子谚，孙仙宗，并为太史令。

吕才，博州清平人也。少好学，善阴阳方伎之书。贞观三年，太宗令祖孝孙增损乐章，孝孙乃与明音律人王长通、白明达递相长短。太宗令侍臣更访能者，中书令温彦博奏才聪明多能，眼所未见，耳所未闻，一闻一见，皆达其妙，尤长于声乐，请令考之。侍中王珪、魏徵又盛称才学术之妙，徵曰："才能为尺十二枚，尺八长短不同，各应律管，无不谐韵。"太宗即征才，令直弘文馆。太宗尝览周武帝所撰《三局象经》，不晓其旨。太子洗马蔡允恭年少时尝为此戏，太宗召问，亦废而不通，乃召使问焉。才寻绎一宿，便能作图解释，允恭览之，依然记其旧法，与才正同，由是才遂知名。累迁太常博士。太宗以阴阳书近代以来渐致讹伪，穿凿既甚，拘忌亦多。遂命才与学者十余人共加刊正，削其浅俗，存其可用者。勒成五十三卷，并旧书四十七卷，十五年书成，诏颁行之。才多以典故质正其理，虽为术者所短，然颇合经义，今略载其数篇。其叙《宅经》曰：

《易》曰："上古穴居而野处，后世圣人易以宫室，盖取诸大壮。"迨于殷、周之际，乃有卜宅之文，故《诗》称"相其阴阳"，《书》云"卜惟洛宅"，此则卜宅吉凶，其来尚矣。至于近代师巫，更加五姓之说。言五姓者，谓宫、商、角、徵、羽等。天下万物，悉配属之，行事吉凶，依此为法。至如张、王等为商，武、庾等为羽，欲似同韵相求。及其以柳姓为宫，以赵姓为角，又非四声相管。其间亦有同是一姓，分属宫商，后有复姓数字，徵羽不别。验于经典，本无斯说，诸阴阳书，亦无此语，直是野俗口传，竟无所出之处。唯《堪舆经》，黄帝对于天老，乃有五姓之言。且黄帝之时，不过姬、姜数姓，暨于后代，赐族者多。至如管、蔡、成、霍、鲁、卫、毛、聃、郜、雍、曹、滕、毕、原、酆、郇，并是姬姓子孙；孔、殷、宋、华、向、萧、亳、皇甫，并是子姓苗裔。自余诸国，准例皆然。因邑因官，分枝布叶，未知此等诸姓，是谁配属？又检《春秋》，以陈、卫及秦并同水姓，齐、郑及宋皆为火姓，或承所出之祖，或系所属之星，或取所居之地，亦非宫、商、角、徵，共相管摄。此则事不稽古，义理乖僻者也。

叙《禄命》曰：

谨案《史记》，宋忠、贾谊讥司马季主云："夫卜筮者，高人禄命以悦人心，矫言祸福以尽人财。"又案王充《论衡》云："见骨体而知命禄，睹命禄而知骨体。"此即禄命之书，行之久矣。多言或中，人乃信之。今更研寻，本非实录。但以积善余庆，不假建禄之吉；积恶余殃，岂由劫杀之灾？皇天无亲，常与善人，祸福之应，其犹影响。故有夏多罪，天命剿绝；宋景修德，妖孛夜移。学也禄在，岂待生当建学。文王勤忧损寿，不关月值空亡。长平坑卒，未闻共犯三刑；南阳贵士，何必俱当六合？历阳成湖，非独河魁之上；蜀郡炎燎，岂由灾厄之下？今时亦有同年同禄，而贵贱悬殊；共命共胎，而夭寿更异。

案《春秋》，鲁桓公六年七月，鲁庄公生。今检《长历》，庄公生当乙亥之岁，建申之月。以此推之，庄公乃当建之空亡。依禄命书，法合贫贱，又犯勾绞六害，背驿马三刑，当此三者，并无官爵。火命七月，生当病乡，为人尪弱，身合尪陋。今案《齐诗》讥庄公"猗嗟昌兮，颀若长兮。美目扬兮，巧趋跄兮。"唯有向命一条，法当长命。依检《春秋》，庄公薨时计年四十五矣。此则禄命不验一也。又案《史记》，秦庄襄王四十八年，始皇帝生，宋忠注云："因正月生，乃名政。"依检襄王四十八年，岁在壬寅。此年正月生者，命当背禄，法无官爵，假得禄合，奴婢尚少。始皇又当破驿马三刑，身克驿马，法当望官不到，金命正月，生当绝下，为人无始有终，老而弥吉。今检

《史记》，始皇乃是有始无终，老更弥凶。唯建命生，法合长寿，计其崩时，不过五十。禄命不验二也。又《汉武故事》，武帝以乙酉之岁七月七日平旦时生。亦当禄空亡下，法无官爵，虽向驿马，尚隔四辰。依禄命法，少无官荣，老而方盛。今检《汉书》，武帝即位，年始十六，末年已后，户口减半。禄命不验三也。又按《后魏书》云：孝文皇帝皇兴元年八月生。今按《长历》，其年岁在丁未。以此推之，孝文皇帝背禄命并驿马三刑，身克驿马。依禄命书，法无官爵，命当父死中生，法当生不见父。今检《魏书》，孝文皇帝身受其父显祖之禅。礼云："嗣子位定于初丧，逾年之后，方始正号。是以天子无父，事三老也。孝文受禅，异于常礼，躬率天下，以事其亲，而禄命云不合识父。禄命不验四也。又按沈约《宋书》云："宋高祖癸亥岁三月生。依此而推，禄之与命，并当空亡。依禄命书，法无官爵；又当子墓中生，唯宜嫡子，假有次子，法当早卒。今检《宋书》，高祖长子先被篡弑，次子义隆，享国多年。高祖又当祖禄下生，法得嫡孙财禄。今检《宋书》其孙刘劭、刘浚并为篡逆，几失宗祧。禄命不验五也。

叙《葬书》曰：

《易》曰："古之葬者，衣之以薪，不封不树，丧期无数。"后世圣人易之以棺椁，盖取诸《大过》。《礼》云："葬者，藏也，欲使人不得见之。"然《孝经》云："卜其宅兆而安厝之。"以其顾复事毕，长为感慕之所，窀穸礼终，永作魂神之宅。朝市迁变，不得豫测于将来，泉石交侵，不可先知于地下。是以谋及龟筮，庶无后艰，斯乃备于慎终之礼，曾无吉凶之义。暨乎近代以来，加之阴阳葬法，或选年月便利，或量墓田远近，一事失所，祸及死生。巫者利其货贿，莫不擅加妨害。遂使葬书一术，乃有百二十家。各说吉凶，拘而多忌。且天覆地载，乾坤之理备焉；一刚一柔，消息之义详矣。或成于昼夜之道，感于男女之化，三光运于上，四气通于下，斯乃阴阳之大经，不可失之于斯须也。至于丧葬之吉凶，乃附此为妖妄。《传》云："王者七日而殡，七月而葬；诸侯五日而殡，五月而葬；大夫经时而葬；士及庶人逾月而已。"此则贵贱不同，礼亦异数。欲使同盟同轨，赴吊有期，量事制宜，遂为常式。法既一定，不得违之。故先期而葬，谓之不怀；后期而不葬，讥之殆礼。此则葬有定期，不择年月，一也。《春秋》又云：丁巳，葬定公，雨，不克葬，至于戊午襄事。礼经善之。《礼记》云"卜葬先远日"者，盖选月终之日，所以避不怀也。今检葬书，以己亥之日用葬最凶，谨按春秋之际，此日葬者凡有二十余件。此则葬不择日，二也。《礼记》又云："周尚赤，大事用平旦；殷尚白，大事用日中；夏尚黑，大事用昏时。"郑玄《注》云："大事者何？谓丧葬也。"此则直取当代所尚，不择时之早晚。《春秋》云，郑卿子产及子太叔葬郑简公，于时司墓大夫室当葬路。若坏其室，即平旦而窆；不坏

其室，即日中而窆。子产不欲坏室，欲待日中。子太叔云："若至日中而窆，恐久劳诸侯大夫来会葬者。"然子产既云博物君子，太叔乃为诸侯之选，国之大事，无过丧葬，必是义有吉凶，斯等岂得不用？今乃不问时之得失，唯论人事可否。《曾子问》云："葬逢日蚀，舍于路左，待明而行，所以备非常也。"若依葬书，多用乾、艮二时，并是近半夜，此即文与礼违。今检《礼传》，葬不择时，三也。葬书云，富贵官品，皆由安葬所致；年命延促，亦曰坟垅所招。然今按《孝经》云："立身行道，则扬名于后世，以显父母。"《易》曰："圣人之大宝曰位，何以守位曰仁。"是以日慎一日，则泽及于无疆；苟德不建，则人而无后，此则非由安葬吉凶而论福祚延促。臧孙有后于鲁，不关葬得吉日，若敖绝祀于荆，不由迁厝失所。此则安葬吉凶不可信用，其义四也。今之丧葬吉凶，皆依五姓便利。古之葬者，并在国都之北，域兆既有常所，何取姓墓之义？赵氏之葬，并在九原；汉之山陵，散在诸处。上利下利，蔑尔不论，大墓小墓，其义安在？及其子孙富贵不绝，或与三代同风，或分六国而王。此则五姓之义，大无稽古；吉凶之理，何从而生？其义五也。且人臣名位，进退何常，亦有初贱而后贵，亦有始泰而终否。是以子文三已令尹，展禽三黜士师。卜葬一定，更不回改，冢墓既成，曾不革易，则何因名位无时暂安。故知官爵弘之在人，不由安葬所致。其义六也。野俗无识，皆信葬书，巫者诈其吉凶，愚人因而徼幸。遂使擗踊之际，择葬地而希官品；荼毒之秋，选葬时以规财禄。或云辰日不宜哭泣，遂莞尔而对宾客受吊；或云同属忌于临圹，乃吉服不送其亲。圣人设教，岂其然也？葬书败俗，一至于斯，其义七也。

太宗又令才造《方域图》及《教飞骑战阵图》，皆称旨，擢授太常丞。永徽初，预修《文思博要》及《姓氏录》。显庆中，高宗以琴曲古有《白雪》，近代顿绝，使太常增修旧曲。才上言曰："臣按《礼记》及《家语》云，舜弹五弦之琴，歌《南风》之诗。是知琴操曲弄，皆合于歌。又张华《博物志》云：《白雪》是天帝使素女鼓五十弦瑟曲名。又楚大夫宋玉对襄王云，有客于郢中歌《阳春白雪》，国中和者数十人。是知《白雪》琴曲，本宜合歌，以其调高，人和遂寡。自宋玉已来，迄今千祀，未有能歌《白雪》曲者。臣今准敕，依琴中旧曲，定其宫商，然后教习，并合于歌，辄以御制《雪诗》为《白雪》歌词。又案古今乐府，奏正曲之后，皆别有送声，君唱臣和，事彰前史。今取太尉长孙无忌、仆射于志宁、侍中许敬宗等《奉和雪诗》以为送声，合十六节，今悉教讫，并皆合韵。"高宗大悦，更作《白雪歌词》十六首，付太常编于乐府。时右监门长史苏敬上言，陶弘景所撰《本草》，事多舛谬。诏中书令许敬宗与才及李淳风、礼部郎中孔志约，并诸名医，增损旧本，仍令司空李勣总监定之，并图合成五十四卷，大行于代。才龙朔中为太子司更大夫，**麟德二年卒**。著《隋记》二十卷，行于时。

子方毅，七岁能诵《周易》、《毛诗》。太宗闻其幼敏，召见，甚奇之，赐以缣帛。后为右卫铠曹参军。母终，哀恸过礼，竟以毁卒。布车载丧，随母辒车而葬。友人郎余令以白粥、玄酒，生刍一束，于路隅奠祭，甚为时人之所哀惜。

史臣曰：孝孙定音律，仁均正历数，淳风候象纬，吕才推阴阳，订于其伦，咸以为神、梓、京、管之流也。然旋宫三代之法，秦火籍炀，历代缺其正音，而云孝孙复始，大可叹也。淳风精于术数，能知女主革命，而不知其人，则所未喻矣。吕才核拘忌之曲学，皆有经据，不亦贤乎！古人所以存而不议，盖有意焉。

赞曰：祖、傅、淳、才，彰往考来。裁筠嶰谷，运箸清台。推迎斡运，图写昭回。重黎之后，诸子贤哉！

卷八十　　列传第三十

褚遂良　韩瑗　来济　上官仪

褚遂良，散骑常侍亮之子也。大业末，随父在陇右，薛举僭号，署为通事舍人。举败归国，授秦州都督府铠曹参军。贞观十年，自秘书郎迁起居郎。遂良博涉文史，尤工隶书，父友欧阳询甚重之。太宗尝谓侍中魏徵曰："虞世南死后，无人可以论书。"徵云："褚遂良下笔遒劲，甚得王逸少体。"太宗即日召令侍书。太宗尝出御府金帛购求王羲之书迹，天下争赍古书诣阙以献，当时莫能辩其真伪，遂良备论所出，一无舛误。十五年，诏有事太山，先幸洛阳，有星孛于太微，犯郎位。遂良言于太宗曰："陛下拨乱反正，功超前烈，将告成东岳，天下幸甚。而行至洛阳，彗星辄见，此或有所未允合者也。且汉武优柔数年，始行岱礼，臣愚伏愿详择。"太宗深然之，下诏罢封禅之事。其年，迁谏议大夫，兼知起居事。太宗尝问曰："卿知起居，记录何事，大抵人君得观之否？"遂良对曰："今之起居，古左右史，书人君言事，且记善恶，以为鉴诫，庶几人主不为非法。不闻帝王躬自观史。"太宗曰："朕有不善，卿必记之耶？"遂良曰："守道不如守官，臣职当载笔，君举必记。"黄门侍郎刘洎曰："设令遂良不记，天下亦记之矣。"太宗以为然。时魏王为太宗所爱，礼秩如嫡。其年，太宗问侍臣："当今国家何事最急？"中书侍郎岑文本曰："《传》称'导之以德，齐之以礼'，由斯而言。礼义为急。"遂良进曰："当今四方仰德，谁敢为非？但太子、诸王，须有定分，陛下宜为万代法以遗子孙。"太宗曰："此言是也。朕年将五十，已觉衰怠。既以长子守器东宫，弟及庶子数将五十，心常忧虑，颇在此耳。但自古嫡庶无良佐，何尝不倾败国家？公等为朕搜访贤德，以傅储宫，爰及诸王，咸求正士。且事人岁久，即分义情深，非意窥窬，多由此作。"于是限王府官僚不得过四考。十七年，太宗问遂良曰："舜造漆器，禹雕其俎，当时谏舜、禹者十余人。食器之间，苦谏何也？"遂良对曰："雕琢害农事，纂组伤女工。首创奢淫，危亡之渐。漆器不已，必金为之；金器不已，必玉为之。所以诤臣必谏其渐，及其满盈，无所复谏。"太宗以为然，因曰："夫为人君，不忧万姓而事奢淫，危亡之机可反掌而待也。"时皇子年幼者多任都督、刺史，遂良上疏曰："昔两汉以郡国理人，除郡以外，分立诸子。割土分疆，杂用周制。皇唐州县，祖依秦法。皇子幼年，或授刺史，陛下岂不以王之骨肉，镇捍四方？此之造制，道高前烈。如臣愚见，有小未尽。何者？刺史郡帅，民仰以安。得一善人，部内苏息；遇一不善，合州劳弊。是以人君爱恤百姓，常为择贤。或称河润九里，京师蒙福；或人兴歌咏，生为立祠。汉宣帝云：'与我共理者，惟良二千石。'如臣愚见，陛下儿子内年齿尚幼、未堪临人者，且留京师，教以经学。一则畏天之威，不敢犯禁；二则观见朝仪，自然成立。因此积习，自知为人。审堪临州，然后遣出。臣谨按汉明、章、和三帝，能友爱于弟，自兹已降，取为准的。封立诸王，虽各有国土，年尚幼小者，召留京师，训以礼法，垂以恩惠。讫三帝世，诸王数十百人，唯二王稍恶，自余餐和染教，皆为善人。则前事已验，惟陛下详察。"太宗深纳之。其年，太子承乾以罪废，魏王泰入侍，太宗面许立为太子。因谓侍臣曰："昨青雀自投我怀云：'臣今日始得与陛下为子，更生之日也。臣唯有一子，臣百年之后，当为陛下杀之，传国晋王。'父子之道，故当天性，我见其如此，甚怜之。"遂良进曰："陛下失言。伏愿审思，无令错误也。安有陛下百年之后，魏王执权为天下之主，而能杀其爱子，传国于晋王者乎？陛下昔立承乾为太子，而复宠爱魏王，礼数或有逾于承乾者，良由嫡庶不分，所以至此。殷鉴不远，足为龟镜。陛下今日既立魏王，伏愿陛下别安置晋王，始得安全耳。"太宗涕泗交下曰："我不能。"即日长孙无忌、房玄龄、李勣与遂良等定策，立晋王为皇太子。时频有飞雉集于宫殿之内，太宗问群臣曰："是何祥也？"对曰："昔秦文公时，有童子化为雉，雌者鸣于陈仓，雄者鸣于南阳。童子曰：得雄者王，得雌者霸。文公遂以为宝鸡。后汉光武得雄，遂起南阳而有四海。陛下旧封秦王，故雄雉见于秦地，此所以彰表明德也。"太宗悦曰："立身之道，不可无学，遂良博识，深可重也。"寻授太子宾客。

时薛延陀遣使请婚，太宗许以女妻之，纳其财聘，既而不与。遂良上疏曰：

臣闻信为国本，百姓所归，是以文王许枯骨而不违，仲尼宁去食而存信。延陀曩岁乃一俟斤耳，值神兵北指，荡平沙塞，狼山、瀚海，万里萧条，陛下兵加诸外而恩起于内，以为余寇奔波，须立酋长，玺书鼓纛，立为可汗。其怀恩光，仰天无极，而余方戎狄，莫不闻知，以共沐和风，同饫恩信。顷者频年遣使，请婚大国，陛下复降鸿私，许其姻媾。于是报吐蕃，告思摩，示中国，五尺童子人皆知之。于是御幸北门，受其献食，于时百僚端笏，戎夷左衽，虔奉欢宴，皆承德音，口歌手舞，乐以终日。百官会毕，亦各有言，威以为陛下欲得百姓安宁,不欲边境交战,遂不惜一女而妻可汗,预在含生,所以感德。今一朝生进退之意,有改悔之心,臣为国家惜兹声听。君子不失色于物,不失口于人。晋文公围原,命三日粮,原不降,命去之。谍出曰:"原将降矣。"军吏请待之,公曰:"信,国之宝也,民之庇也。得原失信,何以庇之?"陛下虑生意表,信在言前,今者临事,忽然乖殊,所惜尤少,所失滋多。情既不通,方生嫌隙,一方所以相畏忌,边境不得无风尘。西州、朔方,能无劳扰?彼胡以主被欺而心怨,此士以此无信而怀惭,不可以训戎兵,不可以励军事。伏惟陛下以圣德神功,廓清四表。自君临天下,十有七载,以仁恩而结庶类,以信义而抚戎夷,莫不欣然,负之无力。其见之人,皆思报厚德;其所生胤嗣,亦望报陛下子孙。今者得一公主配之,以成陛下之信,有始有卒,其唯圣人乎!且又龙沙以北,部落无算,中国击之,终不能尽。亦由可北败,芮芮兴,突厥亡,延陀盛。时以古人虚外实内,怀之以德,为恶在夷不在华,失信在彼不在此。伏惟陛下圣德无涯,威灵远震,遂平高昌,破吐浑,立延陀,灭颉利。轻刑薄赋,庶事无壅,菽栗丰贱,祥符累臻。此则尧、舜、禹、汤不及陛下远矣。伏愿旁垂恺悌,广兹含育,而常嗔绝域,有意远藩,非偃伯兴文之道,非止戈为武之义。臣以庸暗,忝居左右,敢献瞽言,不胜战惧。

时太宗欲亲征高丽,顾谓侍臣曰:"高丽莫离支贼杀其王,虐用其人。夫出师吊伐,当乘机便,今因其弑虐,诛之甚易。"遂良对曰:"陛下兵机神算,人莫能知。昔隋末乱离,手平寇乱。及北狄侵边,西蕃失礼,陛下欲命将击之,群臣莫不苦谏,陛下独断进讨,卒并诛夷。海内之人,徼外之国,畏威慑伏,为此举也。今陛下将兴师辽东,臣意荧惑。何者?陛下神武,不比前代人君。兵既渡辽,指期克捷,万一差跌,无以威示远方,若再发忿兵,则安危难测。"太宗深然之。兵部尚书李勣曰:"近者延陀犯边,陛下必欲追击,此时陛下取魏徵之言,遂失机会。若如圣策,延陀无一人生还,可五十年间疆场无事。"帝曰:"诚如卿言,由魏徵误计耳。朕不欲以一计不当而尤之,后有良算,安肯矢谋。"由是从勣之言,经画渡辽之师。遂良以太宗锐意三韩,惧其遗悔,翌日上疏谏曰:

臣闻有国家者譬诸身,两京等于心腹,四境方乎手足,他方绝域,若在身外。臣近于坐下,伏奉口敕,布语臣下,云自欲伐辽。臣数夜思量,不达其理。高丽王为陛下之所立,莫离支辄杀其主,陛下讨逆收地,斯实乘机。关东赖陛下德泽,久无征战,但命二、三勇将,发兵四、五万,飞石轻梯,取如回掌。夫圣人有作,必履常规,贵能克平凶乱,驾驭才杰。惟陛下弘两仪之道,扇三五之风,提厉人物,皆思效命。昔侯君集、李靖,所谓庸夫,犹能扫万里之高昌,平千载之突厥,皆是陛下发踪指示,声归圣明。臣旁求史籍,讫乎近代,为人之主,无自伐辽,人臣往征,则有之矣。汉朝则荀彘、杨仆,魏代则毋丘俭、王颀,司马懿犹为人臣,慕容真僭号之子,皆为其主长驱高丽,虏其人民,削平城垒。陛下立功同于天地,美化包于古昔,自当超迈于百王,岂止俯同于六子?陛下昔翦平寇逆,大有爪牙,年齿未衰,犹堪任用,匪唯陛下之所使,亦何行而不克。方今太子新立,年实幼少,自余藩屏,陛下所知。今一旦弃金汤之全,渡辽海之外,臣忽三思,烦愁并集。大鱼依于巨海,神龙据于川泉,此谓人君不可轻而远也。且以长辽之左,或遇霖淫,水潦腾波,平地数尺。夫带方、玄菟,海途深渺,非万乘所宜行践。东京太原,谓之中地,东拄可以为声势,西指足以摧延陀,其于西京,径路非远,为其节度,以设军谋,系莫离支颈,献皇家之庙。此实处安全之上计,社稷之根本,特乞天慈,一垂省察。

太宗不纳。十八年,拜黄门侍郎,参综朝政。高丽莫离支遣使贡白金,遂良言于太宗曰:"莫离支虐弑其主,九夷所不容,陛下以之兴兵,将事吊伐,为辽山之人报主辱之耻。古者,讨弑君之贼,不受其赂。昔宋督遗鲁君以郜鼎,桓公受之于太庙,臧哀伯谏曰:'君人者昭德塞违,今灭德立违,而置其赂器于太庙,百官象之,其又何诛焉?武王克商,迁九鼎于洛邑,义士犹或非之,而况将昭违乱之赂器,置诸太庙,其若之何?'夫《春秋》之书,百王取法,若受不臣之筐筐,纳弑逆之朝贡,不以为怨,何所致伐?臣谓莫离支所献,自不得受。"太宗纳焉,以其使属吏。

太宗既灭高昌,每岁调发千余人防遏其地,遂良上疏曰:

臣闻古者哲后,必先事华夏而后夷狄,务广德化,不事遐荒。是以周宣薄伐,至境而止;始皇远塞,中国分离。汉武负文、景之聚财,玩士马之余力,始通西域,初置校尉。军旅连出,将三十年。复得天马于宛城,采蒲萄于安息。而海内虚竭,生人失所,租及六畜,算至舟车,因之凶年,盗贼并起,搜粟都尉桑弘羊希主意,遣士卒远田轮台,筑城以威西域。帝翻然追悔,情发于中,弃轮台之野,下哀痛之诏,人神感悦,海内乃康。向使武帝复用弘羊之言,天下生灵皆尽之矣。是以光武中兴,不逾葱岭,孝章即位,都护来归。

陛下诛灭高昌,威加西域,收其鲸鲵,以为州县。然则王师初没之岁,河西供役之年,飞刍挽粟,十室九空,数郡萧然,五年不复。陛下岁遣千余人远事屯戍,终年离别,万里思归。去者资装,自须营办,既卖菽粟,倾其机杼。经途死亡,复在其外,兼遣罪人,增其防遏。彼罪人者,生于贩肆,终朝惰业,犯禁违公。止能扰于边城,实无益于行阵。所遣之内,复有逃亡,官司捕捉,为国生事。高昌途路,沙碛千里,冬风冰冽,夏风如焚。行人去来,遇之多死。《易》云:"安不忘危,理不忘乱。"设令张掖尘飞,酒泉烽举,陛下岂能得高昌一人菽粟而及事乎?终须发陇右诸州,星驰电击。由斯而言,此河西者方于心腹,彼高昌者他人手足，岂得糜费中华，以事无用？《书》曰："不作无益害有益。"其此之谓乎！

陛下道映先天，威行无外，平颉利于沙塞，灭吐浑于西海。突厥余落，为立可汗；吐浑遗甿，更树君长。复立高昌，非无前例，此所谓有罪而诛之，既伏而立。四海百蛮，谁不闻见，蠕动怀生，畏威慕德。宜择高昌可立者立之，征给首领，遣还本国，负戴洪恩，长为藩翰。中国不扰，既富且宁，传之子孙，以贻永世。

二十年，太宗于寝殿侧别置一院，令太子居，绝不令往东宫。遂良复上疏谏曰：

臣闻周世问安，三至必退，汉储视膳，五日乃来。前贤作法，规模弘远。礼曰："男子十年出就外傅，出宿于外，学书计也。然则古之达者，岂无慈心？减兹私爱，欲使成立。凡人尚犹如此，况君之世子乎？自当春诵夏弦，亲近师傅，体人间之庶事，适君臣之大道，使翘足延首，皆聆善声。若献岁之有阳春，玄天之有日月，弘此懿德，乃作元良。伏惟陛下道开三才，功包九有，亲树太子，莫不欣欣。既云废昏立明，须称天下瞻望，而教成之道，实深乖阙。不离膝下，常居宫内，保傅之说无畅，经籍之谈蔑如。且朋友不可以深交，深交必有怨；父子不可以滞爱，滞爱或生怨。伏愿远览殷、周，近遵汉、魏，不可顿革，事须阶渐。尝计旬日，半遣还宫，专学艺以润身，布芳声于天下，则微臣虽死，犹曰生年。

太宗从之。

遂良前后谏奏及陈便宜书数十上，多见采纳，其年，加银青光禄大夫。二十一年，以本官检校大理卿，寻丁父忧解。明年，起复旧职，俄拜中书令。

二十三年，太宗寝疾，召遂良及长孙无忌入卧内，谓之曰："卿等忠烈，简在朕心。昔汉武寄霍光，刘备托葛亮，朕之后事，一以委卿。太子仁孝，卿之所悉，必须尽诚辅佐，永保宗社。"又顾谓太子曰："无忌、遂良在，国家之事，汝无忧矣。"仍命遂良草诏。高宗即位，赐爵河南县公。永徽元年，进封郡公。寻坐事出为同州刺史。三年，征拜吏部尚书、同中书门下三品，监修国史，加光禄大夫。其月，又兼太子宾客。四年，代张行成为尚书右仆射，依旧知政事。

六年，高宗将废皇后王氏，立昭仪武氏为皇后，召太尉长孙无忌、司空李勣、尚书左仆射于志宁及遂良以筹其事。将入，遂良谓无忌等曰："上意欲废中宫，必议其事，遂良今欲陈谏，众意如何？"无忌曰："明公必须极言，无忌请继焉。"及入，高宗难于发言，再三顾谓无忌曰："莫大之罪，绝嗣为甚。皇后无胤息，昭仪有子，今欲立为皇后，公等以为何如？"遂良曰："皇后出自名家，先朝所娶，伏事先帝，无愆妇德。先帝不豫，执陛下手以语臣曰：'我好儿好妇，今将付卿。'陛下亲承德音，言犹在耳。皇后自此未闻有愆，恐不可废。臣今不敢曲从，上违先帝之命，特愿再三思审。愚臣上忤圣颜，罪合万死，但愿不负先朝厚恩，何顾性命？"遂良致笏于殿陛，曰："还陛下此

笏。"仍解巾叩头流血。帝大怒，令引出。长孙无忌曰："遂良受先朝顾命，有罪不加刑。"翌日，帝谓李勣曰："册立武昭仪之事，遂良固执不从。遂良既是受顾命大臣，事若不可，当且止也。"勣对曰："此乃陛下家事，不合问外人。"帝乃立昭仪为皇后，左迁遂良潭州都督。显庆二年，转桂州都督。未几，又贬为爱州刺史。明年，卒官，年六十三。

遂良卒后二岁余，许敬宗、李义府奏言长孙无忌所构逆谋，并遂良扇动，乃追削官爵，子孙配流爱州。弘道元年二月，高宗遗诏放还本郡。神龙元年，则天遗制复遂良及韩瑗爵位。

韩瑗，雍州三原人也。祖绍，隋太仆少卿。父仲良，武德初为大理少卿，受诏与郎楚之等掌定律令。仲良言于高祖曰："周代之律，其属三千，秦法已来，约为五百。若远依周制，繁紊更多。且官吏至公，自当奉法，苟若徇己，岂顾刑名？请崇宽简，以允惟新之望。"高祖然之。于是采定《开皇律》行之，时以为便。贞观中，位至刑部尚书、秦州都督府长史、颍川县公。瑗少有节操，博学有吏才。贞观中，累至兵部侍郎，袭父颍川公。永徽三年，拜黄门侍郎。四年，与中书侍郎来济皆同中书门下三品，监修国史。五年，加银青光禄大夫。六年，迁侍中，其年兼太子宾客。时高宗欲废王皇后，瑗涕泣谏曰："皇后是陛下在藩府时先帝所娶，今无愆过，欲行废黜，四海之士，谁不惕然？且国家屡有废立，非长久之术。愿陛下为社稷大计，无以臣愚，不垂采察。"帝不纳。明日，瑗又谏，悲泣不能自胜。帝大怒，促令引出。寻而尚书左仆射褚遂良以忤旨左授潭州都督，瑗复上疏理之曰：

古之圣王，立谏鼓，设谤木，冀欲闻逆耳之言，甘苦口之议，发扬大化，神益洪猷，垂令誉于将来，播休声于不朽者也。伏见诏书以褚遂良为潭州都督，臣夙夜思之，用增感激。臣识惭知远，业谢通经，载抚愚情，诚为未可。遂良运偶升平，道昭前烈，束发从宦，方淹累稔。趋侍陛下，俄历岁年，不闻涓滴之愆，常睹勤劳之效。竭忠诚于早岁，罄直道于兹年。体国忘家，捐身徇物，风霜其操，铁石其心。诚可重于皇明，讵专方于曩昔？且先帝纳之于帷幄，寄之以心膂，德逾水石，义冠舟车，公家之利，言无不可。及缠悲四海，遏密八音，竭忠国家，亲承顾托，一德无二，千古懔然。此不待臣言，陛下备知之矣。臣尝有此心，未敢闻奏。且万姓失业，旰食忘劳；一物不安，纳隍轸虑，在于微细，宁得过差。况社稷之旧臣，陛下之贤佐，无闻罪状，斥去朝廷，内外甿黎，咸嗟举措。观其近日言事，披诚恳切，讵肯后陛下之德，异于尧、舜？惧陛下之过，尘于史册。而乃深遭厚谤，重负丑言，可以痛志士之心，损陛下之明也。臣闻晋武弘裕，不贻刘毅之诛；汉祖深仁，无患周昌之直。而遂良被迁，已经寒暑，违忤陛下，其罚塞焉。伏愿缅鉴无辜，稍宽非罪，俯矜微款，以顺人情。

疏奏，帝谓瑗曰："遂良之情，朕亦知之矣。然其悖戾犯

上，以此责之，朕岂有过，卿言何若是之深也！"瑗对曰："遂良可谓社稷忠臣，臣恐以谀佞之辈，苍蝇点白，损陷忠贞。昔微子去之而殷国以亡，张华不死而纲纪不乱，国之欲谢，善人其衰。今陛下富有四海，八纮清泰，忽驱逐旧臣，而不垂省察乎！伏愿违彼覆车，以收往过，垂劝诫于事君，则群生幸甚。"帝竟不纳。瑗以言不见用，忧愤上表，请归田里，诏不许。显庆二年，许敬宗、李义府希皇后之旨，诬奏瑗与褚遂良潜谋不轨，以桂州用武之地，故授遂良桂州刺史，实以为外援。于是更贬遂良为爱州刺史，左授瑗振州刺史。四年，卒官，年五十四。明年，长孙无忌死，敬宗等又奏瑗与无忌通谋，遣使杀之。及使至，瑗已死，更发棺验尸而还，籍没其家，子孙配徙岭表。神龙元年，则天遗制令复其官爵。

来济，扬州江都人，隋左翊卫大将军荣国公护子也。字文化及之难，阖门遇害。济幼逢家难，流离艰险，而笃志好学，有文词，善谈论，尤晓时务。举进士，贞观中累转通事舍人。太子承乾之败，太宗谓侍臣曰："欲何以处承乾？"群臣莫敢对，济进曰："陛下上不失作慈父，下得尽天年，即为善矣。"帝纳其言。俄除考功员外郎。十八年，初置太子司议郎，妙选人望，遂以济为之，仍兼崇贤馆直学士。寻迁中书舍人，与令狐德棻等撰《晋书》。永徽二年，拜中书侍郎，兼弘文馆学士，监修国史。四年，同中书门下三品。五年，加银青光禄大夫，以修国史功封南阳县男，赐物七百段。六年，迁中书令、检校吏部尚书。时高宗欲立昭仪武氏为宸妃，济密表谏曰："宸妃古无此号，事将不可。"武皇后既立，济等惧不自安；后乃抗表称济忠公，请加赏慰，而心实恶之。显庆元年，兼太子宾客，进爵为侯，中书令如故。二年，又兼太子詹事。寻而许敬宗等奏济与褚遂良朋党构扇，左授台州刺史。五年，徙庭州刺史。龙朔二年，突厥入寇，济总兵拒之，谓其众曰："吾尝挂刑网，蒙赦性命，当以身塞责，特报国恩。"遂不释甲胄赴贼，没于阵。时年五十三，赠楚州刺史，给灵舆递还乡。有文集三十卷，行于代。

济兄亘，有学行，与济齐名。上元中，官至黄门侍郎、同中书门下三品。

上官仪，本陕州陕人也。父弘，隋江都宫副监，因家于江都。大业末，弘为将军陈稜所杀，仪时幼，藏匿获免。因私度为沙门，游情释典，尤精《三论》，兼涉猎经史，善属文。贞观初，杨仁恭为都督，深礼待之。举进士。太宗闻其名，召授弘文馆直学士。累迁秘书郎。时太宗雅好属文，每遣仪视草，又多令继和，凡有宴集，仪尝预焉。俄又预撰《晋书》成，转起居郎，加级赐帛。高宗嗣位，迁秘书少监。龙朔二年，加银青光禄大夫、西台侍郎、同东西台三品，兼弘文馆学士如故。本以词彩自达，工于五言诗，好以绮错婉媚为本。仪既贵显，故当时多有效其体者，时人谓为上官体。仪颇恃才任势，故为当代所嫉。麟德元年，宦者王伏胜与梁王恚抵罪，许敬宗乃构仪与忠通谋，遂下狱而死，家口籍没。子庭芝，历位周王府属。与仪俱

被杀。庭芝有女，中宗时为昭容，每侍帝草制诰，以故追赠仪为中书令、秦州都督、楚国公；庭芝黄门侍郎、岐州刺史、天水郡公，仍令以礼改葬。

史臣曰：褚河南上书言事，亹亹有经世远略。魏徵、王珪之后，骨鲠风彩，落落负王佐器者，殆难其人。名臣事业，河南有焉。昔齐人馈乐而仲尼去，戎王溺妓而由余奔，妇人之言，圣哲惧罹其祸，况二佞据衡轴之地，为正人之魑魅乎！古之志士仁人，一言相期，死不之悔，况于君臣之间，受托孤之寄，而以利害祸福，忘平生之言哉！而韩、来诸公，可谓守死善道，求福不回者焉。

赞曰：褚公之言，和乐愔愔，钟石在簴，劭成雅音。二猰双吠，三贤一心。人皆观望，我不浮沉。

卷八十一　　　列传第三十一

崔敦礼　卢承庆　刘祥道　李敬玄　李义琰　孙处约　乐彦玮　赵仁本

崔敦礼，雍州咸阳人，隋礼部尚书仲方孙也。其先本居博陵，世为山东著姓，魏末徙关中。敦礼本名元礼，高祖改名焉。颇涉文史。重节义，尝慕苏子卿之为人。武德中，拜通事舍人。九年，太宗使敦礼往幽州召庐江王瑗。瑗举兵反，执敦礼，问京师之事，敦礼竟无异词。太宗闻而壮之，迁左卫郎将，赐以良马及黄金杂物。贞观元年，擢拜中书舍人，迁兵部侍郎，频使突厥。累转灵州都督。二十年，征为兵部尚书。又奉诏安抚回纥、铁勒部落。时延陀寇边，敦礼与英国公李勣击破之，又有瀚海都督回纥吐迷度为其下所杀，诏敦礼往就部落绥辑之，因立其嗣子而还。敦礼深识蕃情，凡所奏请，事多允会。永徽四年，代高季辅为侍中，累封固安县公，仍修国史。六年，加光禄大夫，代柳奭为中书令，寻又兼检校太子詹事。敦礼以老疾屡陈乞请退。显庆元年，拜太子少师，仍同中书门下三品。敕召其子定襄都督府司马余庆，使侍其疾。寻卒，年六十余。高宗举哀于东云龙门，赐东园秘器，赠开府仪同三司、并州大都督，陪葬昭陵，赙绢布八百段、米粟八百石，谥曰昭。子余庆，官至兵部尚书。敦礼孙贞慎，神龙初为兵部侍郎。

卢承庆，幽州范阳人。隋武阳太守思道孙也。父赤松，大业末为河东令。与高祖有旧，闻义师至霍邑，弃县迎接，拜行台兵部郎中。武德中，累转本县令，封范阳郡公，寻卒。承庆美风仪，博学有才干，少袭父爵。贞观初，为秦州都督府户曹参军。因奏河西军事，太宗奇其明辩，擢为考功员外郎。累迁民部侍郎。太宗尝问历代户口多少之数，承庆叙夏、殷以后迄于周、隋，皆有依据，太宗嗟赏

久之。寻令兼检校兵部侍郎，仍知五品选事。承庆辞曰："选事职在尚书，臣今掌之，便是越局。"太宗不许，曰："朕今信卿，卿何不自信也？"俄历雍州别驾、尚书左丞。永徽初，为褚遂良所构，出为益州大都督府长史。遂良又求索承庆在雍州旧事奏之，由是左迁简州司马。岁余，转洪州长史。会高宗将幸汝州之温汤，擢承庆为汝州刺史，入为光禄卿。显庆四年，代杜正伦为度支尚书，仍同中书门下三品。寻坐度支失所，出为润州刺史，再迁雍州长史，加银青光禄大夫。总章二年，代李乾祐为刑部尚书，以年老请致仕，许之，仍加金紫光禄大夫。三年，病卒，年七十六。临终诫其子曰："死生至理，亦犹朝之有暮。吾终，敛以常服；晦朔常馔，不用牲牢。坟高可认，不须广大；事办即葬，不须卜择；墓中器物，瓷漆而已；有棺无椁，务在简要；碑志但记官号、年代，不须广事文饰。"赠幽州都督，谥曰定。

弟承业，亦有学识。贞观末，官至雍州长史、检校尚书左丞。兄弟相次居此任，时人荣之。俄坐承庆事左迁忠州刺史。显庆初，复为雍州长史。前后皆有能名。三迁左肃机，兼掌司列选事，赐爵魏昌子。总章中，卒于扬州大都督府长史，赠洺州刺史，谥曰简。承业弟承泰，齐州长史。

承泰子齐卿，长安初，为雍州录事参军。时则天令雍州长史薛季昶择僚吏堪为御史者，季昶以闻，齐卿荐长安尉卢怀慎、李休光、万年尉李乂、崔湜、咸阳丞倪若水、盩厔尉田崇璧、新丰尉崔日用，后皆至大官。齐卿，开元初为幽州刺史。时张守珪为果毅，齐卿礼接之，谓曰："十年内当知节度。"果如其言，时人谓齐卿有人伦之鉴。齐卿好酒，饮至斗余不乱，宽厚可亲，士友以此善之。累迁太子詹事，封广阳县公，寻卒。承庆弟孙藏用，别有传。

刘祥道，魏州观城人也。父林甫，武德初为内史舍人，时兵机繁速，庶事草创，高祖委林甫专典其事，以才干见称。寻诏与中书令萧瑀等撰定律令，林甫因著《律议》万余言。久之，擢拜中书侍郎，赐爵乐平男。贞观初，再迁吏部侍郎。初，隋代赴选者，以十一月为始，至春即停，选限既促，选司多不究悉。时选人渐众，林甫奏请四时听选，随到注拟，当时甚以为便。时天下初定，州府及诏使多有赤牒授官，至是停省，尽来赴集，将万余人。林甫随才铨擢，咸得其宜。时人以林甫典选，比隋之高孝基。三年，病卒，临终上表荐贤，太宗甚嘉悼之，赐绢二百五十匹。祥道少袭父爵。永徽初，历中书舍人、御史中丞、吏部侍郎。显庆二年，迁黄门侍郎，仍知吏部选事。祥道以铨综之术犹有所阙，乃上疏陈其得失。其一曰：

今之选司取士，伤多且滥，每年入流，数过一千四百，伤多也。杂色入流，不加铨简，是伤滥也。经明行修之士，犹或罕有正人，多取胥徒之流，岂能皆有德行？即知共厘务者，善人少而恶人多。有国以来，已四十载，尚未刑措，岂不由此乎？但服膺先王之道者，奏第然始付选；趋走几案之间者，不简便如禄秩。稽古之业，虽则难知，斗筲之材，何其易进？其杂色

应入流人，望令曹司试判讫，简为四等奏闻。第一等付吏部，第二等付兵部，次付主爵，次付司勋。其行署等私犯公坐情状可责者，虽经赦降，亦量配三司；不经赦降者，放还本贯。冀入流不滥，官无冗杂，且令胥徒之辈，渐知劝勉。

其二曰：

古之选者，为官择人，不闻取人多而官员少。今官员有数，入流无限，以有数供无限，遂令九流繁总，人随岁积。谨约准所须人，量支年别入流者。今内外文武官一品以下，九品已上，一万三千四百六十五员，略举大数，当一万四千人。壮室而仕，耳顺而退，取其中数，不过支三十年。此则一万四千人，三十年而略尽。若年别入流者五百人，经三十年便得一万五千人，定须者一万三千四百六十五人，足充所须之数。况三十年之外，在官者犹多，此便有余，不虑其少。今年常入流者，遂逾一千四百，计应须数外，其余两倍。又常选放还者，仍停六七千人，更复年别新加，实非处置之法。

其三曰：

儒为教化之本，学者之宗。儒教不兴，风俗将替。今庠序遍于四海，儒生溢于三学。诱掖之方，理实为备，而奖进之道，事或未周。但永徽已来，于今八载，在官者以善政粗闻，论事者以一言可采，莫不光被纶音，超升不次。而儒生未闻恩及，臣故以为奖进之道未周。

其四曰：

国家富有四海，已四十年，百姓官僚，未有秀才之举。岂今人之不如昔人，将荐贤之道未至？宁可方称多士，遂间斯人。望六品已下，爰及山谷，特降纶言，更审搜访，仍量为条例，稍加优奖。不然，赫赫之辰，斯举遂绝，一代盛事，实为朝廷惜之。

其五曰：

唐、虞三载考绩，黜陟幽明。两汉用人，亦久居其职。所以因官命氏，有仓、庾之姓。魏、晋以来，事无可纪。今之在任，四考即迁。官人知将秩满，必怀去就；百姓见有迁代，能无苟且？以去就之人，临苟且之辈，责以移风易俗，其可得乎！望经四考，就任加阶，至八考满，然后听选。还淳反朴，虽未敢必期；送故迎新，实稍减劳弊。

其六曰：

尚书省二十四司及门下中书都事、主书、主事等，比来选补，皆取旧任流外有刀笔之人。纵欲参用士流，皆以侪类为耻，前后相承，遂成故事。且掖省崇峻，王言秘密，尚书政本，人物攸归，而多用胥徒，恐未尽铨衡之理。望有厘革，稍清其选。

明年，中书令杜正伦亦言入流人多，为政之弊。高宗遣祥道与正伦详议其事。时公卿已下，惮于改作，事竟不行。祥道寻以修礼功，进封阳城县侯。四年，迁刑部尚书，每覆大狱，必歔欷累叹，奏决之日，为之再不食。龙朔元年，权检校蒲州刺史。三年，兼检校雍州长史，俄迁右相。

祥道性谨慎,既居宰相,深怀忧惧。数自陈老疾,请退就闲职。俄转司礼太常伯,罢知政事。麟德二年,将有事于泰山。有司议依旧礼,皆以太常卿为亚献,光禄卿为终献。祥道驳曰:"昔在三代,六卿位重,故得佐祠。汉、魏以来,权归台省,九卿皆为常伯属官。今登封大礼,不以八座行事,而用九卿,无乃徇虚名而忘实事乎!"高宗从其议,竟以司徒徐王元礼为亚献,祥道为终献。事毕,进爵广平郡公。乾封元年,又上表乞骸骨,优制加金紫光禄大夫,听致仕。其年卒,年七十一,赠幽州都督,谥曰宣。子齐贤袭爵。

齐贤,初自侍御史出为晋州司马,高宗闻其方正,甚礼之。时将军史兴宗尝从帝于苑中弋猎,因言晋州出好鹞,刘齐贤见为司马,请使捕之。帝曰:"刘齐贤岂是觅鹞人耶!卿何以此待之?"遂止。齐贤后避章怀太子名,改名景先。永淳中,累迁黄门侍郎、同中书门下平章事。则天临朝,代裴炎为侍中。及裴炎下狱,景先与凤阁侍郎胡元范抗词明其不反,则天甚怒。炎既诛死,景先左迁普州刺史,未到,又贬授吉州长史。永昌年,为酷吏所陷,系于狱,自缢死,仍籍没其家。景先自祖、父三代皆为两省侍郎及典选,又叔父吏部郎中应道、从父弟礼部侍郎令植等八人,前后为吏部郎中员外,有唐已来,无有其比云。

李敬玄,亳州谯人也。父孝节,谷州长史。敬玄博览群书,特善五礼。贞观末,高宗在东宫,马周启荐之,召入崇贤馆,兼预侍读,仍借御书读之。敬玄虽风格高峻,有不可犯之色,然勤于造请,不避寒暑,马周及许敬宗等皆推荐延誉之。乾封初,历迁西台舍人、弘文馆学士。总章二年,累转西台侍郎,兼太子右中护、同东西台三品,兼检校司列少常伯。时员外郎张仁祎有时务才,敬玄以曹事委之。仁祎始造姓历,改修状样、铨历等程式,处事勤劳,遂以心疾而卒。敬玄因仁祎之法,典选累年,铨综有序。自永徽以后,选人转多,当其任者,罕闻称职,及敬玄掌选,天下称其能。预选者岁有万余人,每于街衢见之,莫不知其姓名。其被放有诉者,即口陈其书判失错及身负殿累,略无差殊。时人咸服其强记,莫之敢欺。选人有杭州参军徐太玄者,初在任时,同僚有张惠犯赃至死,太玄哀其母老,乃诣狱自陈与惠同受。惠赃数既少,遂得减死,太玄亦坐免官,不调十余年。敬玄知而大嗟赏之,擢授郑州司功参军,太玄由是知名,后官至秘书少监、申王师,以德行为时所重。敬玄赏鉴,多此类也。咸亨二年,授中书侍郎,余并如故。三年,加银青光禄大夫,行吏部侍郎,依旧兼太子右庶子、同中书门下三品。四年,监修国史。上元二年,拜吏部尚书,仍依旧兼太子左庶子、监修国史、同中书门下三品。敬玄久居选部,人多附之。前后三娶,皆山东士族,又与赵郡李氏合谱,故台省要职,多是其同族婚姻之家。高宗知而不悦,然犹不彰其过。仪凤元年,代刘仁轨为中书令。调露二年,吐蕃入寇,仁轨先与敬玄不协,遂奏请敬玄镇守西边。敬玄自以素非边将之才,固辞。高宗谓曰:"仁轨若须朕,朕即自往,卿不得辞也。"竟以敬玄为洮河道大总管,兼安抚大使,仍检校鄯州都督,率兵以御吐蕃。及将战,副将工部尚书刘审礼先锋击之。敬玄闻贼至,狼狈却走。审礼既无继援,遂没于阵。俄有诏留敬玄于鄯州防御,敬玄累表称疾,乞还医疗。许之。既入见,验疾不重,高宗责其诈妄,又积其前后愆失,贬授衡州刺史。稍迁扬州大都督府长史。永淳元年卒,年六十八,赠兖州都督。撰《礼论》六十卷、《正论》三卷、文集三十卷。子思冲,神龙初,历工部侍郎、左羽林军将军,从节愍太子诛武三思,事败见杀,籍没其家。敬玄弟元素,亦有吏才,初为武德令。时怀州刺史李文暕初调率金银造常满樽以献,百姓甚弊之,官吏无敢异议者。元素抗词固执,文暕乃损其制度,以家财营之。延载元年,自文昌左丞迁凤阁侍郎、凤阁鸾台平章事,加银青光禄大夫。万岁通天二年,坐与洛州录事参军綦连耀交结,为武懿宗所陷,被杀,神龙初雪免。

李义琰,魏州昌乐人,常州刺史玄道族孙也。其先自陇西徙山东,世为著姓。父玄德,癭陶令。义琰少举进士,累补太原尉。时李勣为并州都督,僚吏皆望风慑惧,义琰独廷折曲直,勣甚礼之。义琰,麟德中为白水令,有能名,拜司刑员外郎。上元中,累迁中书侍郎,又授太子右庶子、同中书门下三品。时天后预知国政,高宗尝欲下诏令后摄知国事,义琰与中书令郝处俊固争,以为不可,事竟寝。义琰身长八尺,博学多识,高宗每有顾问,言皆切直。章怀太子之废也,高宗慰勉官僚,尽舍罪,令复其位。庶子薛元超等皆舞蹈谢恩,义琰独引罪涕泣,时论美之。义琰宅无正寝,弟义琎为岐州司功参军,乃市堂材送焉。及义琎来觐,义琰谓曰:"以吾为国相,岂不怀愧?更营美室,是速吾祸,此岂爱我意哉!"义琎曰:"凡人仕为丞尉,即营第宅,兄官高禄重,岂宜卑陋以逼下也?"义琰曰:"事难全遂,物不两兴。既有贵仕,又广其宇,若无令德,必受其殃。吾非不欲之,惧获戾也。"竟不营构,其木为霖雨所腐而弃之。义琰后改葬父母,使舅氏移其旧茔,高宗知而怒曰:"岂以身在枢要,凌蔑外家,此人不可更知政事。"义琰闻而不自安,以足疾上疏乞骸骨,乃授银青光禄大夫,听致仕。乃将归东都田里,公卿已下祖饯于通化门外,时人以比汉之二疏。垂拱初,起为怀州刺史。义琰自以失则天意,恐祸及,固辞不拜。四年,卒于家。义琰从祖弟义琛,永淳初,为雍州长史。时关辅大饥,高宗令贫人散于商、邓逐食。义琛恐黎人流转,因此不还,固争之。由是忤旨,出为梁州都督,转岐州刺史,称为良吏。卒官。

高宗时宰相,又有孙处约、乐彦玮、赵仁本。并有名迹。

孙处约者,汝州郏城人也。贞观中,为齐王祐记室。祐既失德,处约数上书谏之。祐既诛,太宗亲检其家文疏,得处约谏书,甚嗟赏之。累转中书舍人。其年,中书令杜正伦奏请更授一舍人,与处约同知制诰,高宗曰:"处约一人足办我事,何须多也。"处约以预修《太宗实录》成,赐物七百段。三迁中书侍郎,与李勣、许敬宗同知国政。

寻避中宫讳，改名茂道。坐事左转司礼少常伯。显庆中，拜少司成，以老疾请致仕，许之，寻卒。子俨，睿宗时为左羽林大将军，征契丹战殁。

乐彦玮者，雍州长安人。显庆中，为给事中。时故侍中刘洎之子诣阙上言，洎贞观末为褚遂良所潜枉死，称冤请雪，中书侍郎李义府又左右之。高宗以问近臣，众希义府之旨，皆言其枉。彦玮独进曰："刘洎大臣，举措须合轨度，人主暂有不豫，岂得即拟负国？先朝所责，未必是不慊。且国君无过举，若雪洎之罪，岂可谓先帝用刑不当乎？"然其言，遂寝其事。彦玮寻丁忧，起为唐州刺史。及入辞，高宗记其言直，复拜东台舍人。累迁西台侍郎、同东西台三品。乾封元年，代刘仁轨为大司宪，官名复旧，改为御史大夫。上元三年卒，赠秦州都督，永昌年，以子思晦贵，重赠扬州大都督。思晦，则天时官至鸾台侍郎，兼检校天官尚书、同凤阁鸾台三品，为酷吏所杀。

赵仁本者，陕州河北人也。贞观中，累转殿中侍御史。自义宁已来，诏敕皆手自纂录，临事皆暗记之，甚为当时所伏。会有敕差一御史远使，同列递相辞托，仁本越次请行，言于治书侍御史马周曰："食君之禄，死君之事。虽复跋涉艰险，所不敢辞也。"及回，事又称旨，擢吏部员外郎。乾封中，历迁东台侍郎、同东西台三品，寻转司列少常伯，知政事如故。时许敬宗为右相，颇任权势，仁本拒其请托，遂为敬宗所构，俄授尚书左丞，罢知政事。咸亨初卒官。

史臣论曰：崔、卢数公，皆以忠清文行，位致枢要。恪恭匪懈，以保名位，诚所谓持盈守成，太平之君子。然敬玄之擢太玄，可谓能举善者矣。义琰腐材而不营第舍，可谓有俭德矣。彦玮独遇奸臣，仁本请当远使，终升辅相，不亦宜乎！

赞曰：卢、刘两族，奕世名卿。二李、二乐，俱号公清。权臣独抗，美第不营。以兹辅弼，无愧德声。

卷八十二　　列传第三十二

许敬宗　李义府少子湛

许敬宗，杭州新城人，隋礼部侍郎善心子也。其先自高阳南渡，世仕江左。敬宗幼善属文，举秀才，授淮阳郡司法书佐，俄直谒者台，奏通事舍人事。江都之难，善心为宇文化及所害。敬宗流转，投于李密，密以为元帅府记室，与魏徵同为管记。武德初，赤牒拟涟州别驾。太宗闻其名，召补秦府学士。贞观八年，累除著作郎，兼修国史，迁中书舍人。十年，文德皇后崩，百官缞绖。率更令欧阳询状貌丑异，众或指之，敬宗见而大笑，为御史所劾，左授洪州都督府司马。累迁给事中，兼修国史。十七年，以修《武德》、《贞观实录》成，封高阳县男，赐物八百段，权检校黄门侍郎。高宗在春宫，迁太子右庶子。十九年，太宗亲伐高丽，皇太子定州监国，敬宗与高士廉等共知机要。中书令岑文本卒于行所，令敬宗以本官检校中书侍郎。太宗大破辽贼于驻跸山，敬宗立于马前受旨草诏书，词彩甚丽，深见嗟赏。先是，庶人承乾废黜，宫僚多被除削，久未收叙。敬宗上表曰："臣闻先王慎罚，务在于恤刑，往哲宽仁，义在于宥过。圣人之道，莫尚于兹。窃见废宫官僚，五品以上，除名弃斥，颇历岁时。但庶人畴昔之年，身处不疑之地，苞藏悖逆，阴结宰臣，所预奸谋，多连宗戚。祸生虑表，非可防萌，宫内官僚，迥无关预。今乃投鼠及器，孰谓无冤？焚山毁玉，稍同迁怒。伏寻先典，例有可原。昔吴国陪臣，则爰丝不坐于刘濞；昌邑中尉，则王吉免缘于海昏。譬诸栾布，乃策名于彭越；比乎田叔，亦委质于张敖。主以凶逆，陷其诛夷；臣以贤良，荷彼收擢。历观往代，此类尤多。近者有隋，又遵斯义。杨勇之废，罪止加于佞人，李纲之徒，皆不预于刑网。古今裁其折衷，史籍称为美谈。而今张玄素、令狐德棻、赵弘智、裴宣机、萧钧等，并砥节励操，有雅望于当朝；经明行修，播令名于天下。或以直言而遭箠扑，或以忤意而见猜嫌，一概雷同，并罹天宪，恐于王道，伤在未弘。"由是玄素等稍得叙用。二十一年，加银青光禄大夫。

高宗嗣位，代于志宁为礼部尚书。敬宗嫁女与蛮酋冯盎之子，多纳金宝，为有司所劾，左授郑州刺史。永徽三年，入为卫尉卿，加弘文馆学士，兼修国史。六年，复拜礼部尚书，高宗将废皇后王氏而立武昭仪，敬宗特赞成其计。长孙无忌、褚遂良、韩瑗等并直言忤旨，敬宗与李义府潜加诬构，并流死于岭外。显庆元年，加太子宾客，寻册拜侍中，监修国史。三年，进封郡公，寻赠其父善心为冀州刺史。高宗因于古长安城游览，问侍臣曰："朕观故城旧基，宫室似与百姓杂居，自秦、汉已来，几代都此？"敬宗对曰："秦都咸阳，郭邑连跨渭水，故云'渭水贯都，以象天河。'至汉惠帝始筑此城，其后苻坚、姚苌、后周并都之。"帝又问："昆明池是汉武帝何年中开凿？"敬宗对曰："武帝遣使通西南夷，而为昆明滇池所闭，欲伐昆明国，故因镐之旧泽，以穿此池，用习水战，元狩三年事也。"帝因令敬宗与弘文馆学士具检秦、汉已来历代宫室处所以奏。其年，代李义府为中书令，任遇之重，当朝莫比。龙朔二年，从新令改为右相，加光禄大夫。三年，册拜太子少师、同东西台三品，并依旧监修国史。乾封初，以敬宗年老，不能行步，特令与司空李勣，每朝日各乘小马入禁门至内省。

敬宗自掌知国史，记事阿曲。初，虞世基与敬宗父善心同为宇文化及所害，封德彝时为内史舍人，备见其事，因谓人曰："世基被诛，世南匍匐而请代；善心之死，敬宗舞蹈以求生。"人以为口实，敬宗深衔之，及为德彝立传，盛加其罪恶。敬宗嫁女与左监门大将军钱九陇，本皇家隶人，敬宗贪财与婚，乃为九陇曲叙门阀，妄加功绩，并升与刘文静、长孙顺德同卷。敬宗为子娶尉迟宝琳孙女为妻，多得赂遗，及作宝琳父敬德传，悉为隐诸过咎。太宗作《威凤赋》以赐长孙无忌，敬宗改云赐敬德。白州人庞孝泰，蛮酋凡品，率兵从征高丽，贼知其懦，袭破之。敬宗又纳其宝货，称孝泰频破贼徒，斩获数万。汉将骁健者，唯苏定方与庞孝泰耳，曹继叔、刘伯英皆出其下。虚美隐恶如此！初，高祖、太宗两朝实录，其敬播所修者，颇多详直，敬宗又辄以爱憎曲事删改，论者尤之。然自贞观已来，朝廷所修《五代史》及《晋书》、《东殿新书》、《西域图志》、《文思博要》、《文馆词林》、《累璧》、《瑶山玉彩》《姓氏录》、《新礼》，皆总知其事，前后赏赉，不可胜纪。敬宗好色无度。其长子昂颇有才藻，历位太子舍人。母裴氏早卒。裴侍婢有姿色，敬宗嬖之，以为继室，假姓虞氏。昂素与通，烝之不绝，敬宗怒黜虞氏，加昂以不孝，奏请流于岭外。显庆中，表乞昂还，除虔化令，寻卒。咸亨元年，抗表乞骸骨，诏听致仕，仍加特进，俸禄如旧。三年薨，年八十一。高宗为之举哀，废朝三日，诏文武百官就第赴哭，册赠开府仪同三司、扬州大都督，陪葬昭陵。文集八十卷。太常将定谥，博士袁思古议曰："敬宗位以才升，历居清级，然弃长子于荒徼，嫁少女于夷落。闻《诗》学《礼》，事绝于趋庭；纳采问名，唯闻于鬻货。白圭斯玷，有累清尘，易名之典，须凭实行。按谥法'名与实爽曰缪'，请谥为'缪'。"敬宗孙、太子舍人彦伯不胜其耻，与思古大相忿竞，又称思古与许氏先有嫌隙，请改谥官。太常博士王福畤议曰："谥者，饰终之称也，得失一朝，荣辱千载。若使嫌隙是实，即合据法推绳；如其不亏直道，义不可夺，官不可侵。二三其德，何以言礼？福畤忝当官守，匪躬之故。若顺风阿意，背直从曲，更是甲令虚设，将谓礼院无人，何以激扬雅道，顾视同列！请依思古谥议为定。"户部尚书戴至德谓福畤曰："高阳公任遇如此，何以定谥为'缪'？"答曰："昔晋司空何曾薨，太常博士秦秀谥为缪丑公。何曾既忠且孝，徒以日食万钱，所以贬为缪丑。况敬宗忠孝不逮于曾，饮食男女之累，有逾于何氏，而谥之为'缪'，无负于许氏矣。"时有诏令尚书省五品已上重议，礼部尚书杨思敬议称："按谥法'既过能改曰恭'，请谥曰'恭'。"诏从其议。彦伯，昂之子，起家著作郎。敬宗末年文笔，多令彦伯代作。又纳婢妾逸言，奏流于岭表，后遇赦得还，除太子舍人。早卒，有集十卷。

李义府，瀛州饶阳人也。其祖为梓州射洪县丞，因家于永泰。贞观八年，剑南道巡察大使李大亮以义府善属文，表荐之。对策擢第，补门下省典仪。黄门侍郎刘洎、持书御史马周皆称荐之，寻除监察御史。又敕义府以本官兼侍晋王。及升春宫，除太子舍人，加崇贤馆直学士，与太子司议郎来济俱以文翰见知，时称来、李。义府尝献《承华箴》，其辞曰：

邃初冥昧，元气氤氲。二仪始阐，三才既分。司
《乾》立宰，出《震》为君。化昭淳朴，道映典坟。功成
揖让，事极华、勋。肇兴夏启，降及姬文。咸资继德，
永树高芬。百代沿袭，千龄奉圣。粤若我后，丕承宝

命。允穆三阶，爰齐七政。时雍化洽，风移俗盛。载崇国本，式延家庆。《震》维标德，《离》言体正。寄切宗祧，事隆监抚。思皇茂则，敬询端辅。业光启、诵，艺优干羽。九载崇儒，三朝问竖，历选储仪，遗文在斯。望试登俎，高谕乔枝。俯容思顺，非礼无施。前修盛业，来哲通规。饬躬是蹈，则睿仰风驰；立志或爽，则玄猷日亏。无恃尊极，修途难测；无恃亲贤，失德麋全。勿轻小善，积小而名自辟；勿轻微行，累微而身自正。佞谀有类，邪巧多方。其萌不绝，其害必彰。监言斯屏，储业攸昌。窃惟令嗣，有殊前事。虽以贵以贤，而非长非次。皇明眷德，超伦作贰。匪懋声华，莫酬恩异。匪崇徽烈，莫符天志。勉之又勉，光兹守器。下臣司箴，敢告近侍。

太子表上其文，优诏赐帛四十匹，又令预撰《晋书》。高宗嗣位，迁中书舍人。永徽二年，兼修国史，加弘文馆学士。高宗将立武昭仪为皇后，义府尝密申协赞，寻擢拜中书侍郎、同中书门下三品，监修国史，赐爵广平县男。

义府貌状温恭，与人语必嬉怡微笑，而褊忌阴贼。既处权要，欲人附己，微忤意者，辄加倾陷。故时人言义府笑中有刀，又以其柔而害物，亦谓之"李猫。"显庆元年，以本官兼太子右庶子，进爵为侯。有洛州妇人淳于氏，坐奸系于大理，义府闻其姿色，嘱大理丞毕正义求为别宅妇，特为雪其罪。卿段宝玄疑其故，遽以状闻，诏令按其事，正义惶惧自缢而死。侍御史王义方廷奏义府犯状，因言其初容貌为刘洎、马周所幸，由此得进，言词猥亵。帝怒，出义方为莱州司户，而不问义府奸滥之罪。义府云："王御史妄相弹奏，得无愧乎？"义方对云："仲尼为鲁司寇七日，诛少正卯于两观之下；义方任御史旬有六日，不能去奸邪于双阙之前，实以为愧。"寻兼太子左庶子。二年，代崔敦礼为中书令，兼检校御史大夫，监修国史、学士并如故。寻加太子宾客，进封河间郡公。三年，又追赠其父德晟为魏州刺史，诸子孩抱者并列清官，诏为造甲第，荣宠莫之能比。而义府贪冒无厌，与母、妻及诸子、女婿卖官鬻狱，其门如市。多引腹心，广树朋党，倾动朝野。初，杜正伦为中书侍郎，义府时任典仪，至是乃与正伦同为中书令。正伦每以先进自处，不下义府，而中书侍郎李友益密与正伦共图议义府，更相伺察。义府知而密令人封奏其事。正伦与义府讼于上前，各有曲直。上以大臣不和，两责之，左贬义府为普州刺史，正伦为横州刺史，友益配流峰州。四年，复召义府兼吏部尚书、同中书门下三品，自余官封如故。龙朔元年，丁母忧去职。二年，起复为司列太常伯、同东西台三品。义府寻请改葬其祖父，营墓于永康陵侧。三原令李孝节私课丁夫车牛，为其载土筑坟，昼夜不息。于是高陵、栎阳、富平、云阳、华原、同官、泾阳等七县，以孝节之故，惧不得已，悉课丁车赴役。高陵令张敬业恭勤怯懦，不堪其劳，死于作所。王公已下，争致赠遗，其羽仪、导从、辒辌、器服，并穷极奢侈。又会葬车马祖奠供帐，自灞桥属于三原，七十里间，相继不绝。武德已来，王公葬送之盛，未始有也。义府本无藻鉴才，怙武后之势，专以卖官为事。铨序失次，人多

怨诽。时殷王初出阁,又以义府兼王府长史。三年,迁右相,殷王府长史仍知选事如故。义府入则谄言自媚,出则肆其奸宄,百僚畏之,无敢言其过者。帝颇知其罪失,从容诫义府云:"闻卿儿子、女婿皆不谨慎,多作罪过,我亦为卿掩覆,未即公言,卿可诫勖,勿令如此。"义府勃然变色,腮颈俱起,徐曰:"谁向陛下道此?"上曰:"但我言如是,何须问我所从得耶!"义府睆然,殊不引咎,缓步而去。上亦优容之。初,五礼仪注,自前代相沿,吉凶毕举。太常博士萧楚材、孔志约以皇室凶礼为预备凶事,非臣子所宜言之。义府深然之。于是悉删而焚焉。义府既贵之后,又自言本出赵郡,始与诸李叙昭穆,而无赖之徒苟合,藉其权势,拜伏为兄叔者甚众。给事中李崇德初亦与同谱叙昭穆,及义府出为普州刺史,遂即除削。义府闻而衔之,及重为宰相,乃令人诬构其罪,竟下狱自杀。初,贞观中,太宗命吏部尚书高士廉、御史大夫韦挺、中书侍郎岑文本、礼部侍郎令狐德棻等及四方士大夫谙练门阀者修《氏族志》,勒成百卷,升降去取,时称允当,颁下诸州,藏为永式。义府耻其家代无名,乃奏改此书,专委礼部郎中孔志约、著作郎杨仁卿、太子洗马史玄道、太常丞吕才重修。志约等遂立格云:"皇朝得五品官者,皆升士流。"于是兵卒以军功致五品者,尽入书限,更名为《姓氏录》。由是缙绅士大夫多耻被甄叙,皆号此书为"勋格"。义府仍奏收天下《氏族志》本焚之。关东魏、齐旧姓,虽皆沦替,犹相矜尚,自为婚姻。义府为子求婚不得,乃奏陇西李等七家,不得相与为婚。

阴阳占候人杜元纪为义府望气,云"所居宅有狱气,发积钱二千万乃可厌胜。"义府信之,聚敛更急切。义府居母服,有制朔望给哭假,义府辄微服与元纪凌晨共出城东,登古冢候望,哀礼都废。由是人皆言其窥觇灾眚,阴怀异图。义府又遣其子右司议郎津,召长孙无忌之孙延,谓曰:"相为得一官,数日诏书当出。"居五日,果授延津监,乃取延钱七百贯。于是右金吾仓曹参军杨行颖表言义府罪状,制下司刑太常伯刘祥道与侍御详刑对推其事,仍令司空李勣监焉。按皆有实,乃下制曰:"右相、行殷王府长史、河间郡公李义府,泄禁中之语,鬻宠授之朝恩;交占候之人,轻朔望之哀礼。蓄邪黩货,实玷衣冠;稔恶嫉贤,载亏政道。特以任使多年,未忍便加重罚,宜从遐弃,以肃朝伦。可除名长流巂州。其子太子右司议郎津,专恃权门,罕怀忌惮,奸淫是务,贿赂无厌,交游非所,潜想机密,亦宜明罚,屏迹荒裔。可除名长流振州。"义府次子率府长史洽、千牛备身洋、子婿少府主簿柳元贞等,皆凭恃受赇,并除名长流延州。朝野莫不称庆,时人为之语曰:"今日巨唐年,还诛四凶族。"四凶者,谓洽及柳元贞等四人也。或作《河间道行军元帅刘祥道破铜山大贼李义府露布》,榜之通衢。义府先多取人奴婢,及败,一时奔散,各归其家。《露布》称"混奴婢而乱放,各识家而竞入"者,谓此也。乾封元年,大赦,长流人不许还,义府忧愤发疾卒,年五十余。文集三十卷,传于代;又著《宦游记》二十卷,寻亡失。自义府流放后,朝士常忧惧,恐其复来,及闻其死,于是始安。

上元元年,大赦,义府妻子得还洛阳。如意元年,则天以义府与许敬宗、御史大夫崔义玄、中书舍人王德俭、大理正侯善业、大理丞袁公瑜等六人,在永徽中有翊赞之功,追赠义府扬州大都督,义玄益州大都督,德俭魏州刺史,公瑜江州刺史。长安元年,又赐义府子左千牛卫将军湛及敬宗诸子实封各三百户,义玄子司宾卿基、德俭子殿中监璇实封各二百五十户,善业子太子右庶子知一、公瑜子殿中丞忠臣实封各二百户。睿宗即位,景云元年,并停义府等六家实封。

义府少子湛,年六岁时,以父贵授周王文学。神龙初,累迁右散骑常侍,袭封河间郡公。时凤阁侍郎张柬之将诛张易之兄弟,遂引湛为左羽林将军,令与敬晖等启请皇太子,备陈将诛易之兄弟意,太子许之。及兵发,湛与右羽林大将军李多祚等诣东宫迎皇太子,拒而不时出,湛进启曰:"逆竖反道乱常,将图不轨,宗社危败,实在须臾。湛等诸将与南衙执事克期诛翦,伏愿殿下暂至玄武门,以副众望。"太子曰:"凶竖悖乱,诚合诛夷,然圣躬不豫,虑有惊动。公等且止,以俟后图。"湛曰:"诸将弃家族,共宰相同心戮力,匡辅社稷,殿下奈何不哀其恳诚而欲陷之鼎镬?湛等微命,虽不足惜,殿下速出自止遏。"太子乃驰马就路。湛从至玄武门,斩关而入,率所部兵直至则天所寝长生殿,环绕侍卫。因奏:"臣等奉令诛逆贼易之、昌宗,恐有漏泄,遂不获预奏,辄陈兵禁掖,是臣等死罪。"则天谓湛曰:"卿亦是诛易之军将耶?我于汝父子恩不少,何至是也!"则天移就上阳宫,因留湛宿卫。中宗即位,拜右羽林大将军,进封赵国公,加实封通前满五百户。顷之,复授左散骑常侍,累转左领军卫大将军。开元初卒。崔义玄别有传。

史臣曰:许高阳武德之际,已为文皇入馆之宾,垂三十年,位不过列曹尹;而马周、刘洎起羁旅徒步,六七年间,皆登宰执。考其行实,则高阳之文学宏奥,周、洎无以过之,然而太宗任遇相殊者,良以高阳才优而行薄故也。及属嗣君冲暗,嬖妾奸邪,阿附豺狼,窥图权轴,人之凶险,一至于斯。仲尼所谓"虽有周公之才,不足观也。"义府才思精密,所谓"猩猩能言",鄙哉!

赞曰:贞观文士,高阳、河间。图形学馆,染翰书山。进身以笔,得位由奸。为虎傅翼,即又胡颜。

卷八十三　　　　列传第三十三

郭孝恪　张俭　苏定方　薛仁贵　程务挺　张士贵　赵道兴

郭孝恪,许州阳翟人也,少有志节。隋末,率乡曲数百人附于李密,密大悦之,谓曰:"昔称汝颍多奇士,故非谬也。"令与徐勣守黎阳。后密败,勣令孝恪入朝送款,封阳翟郡公,拜宋州刺史。令与徐勣经营武牢已东,所得州县,委以选补。其后,窦建德率众来援王世充,孝恪于青城宫进策于太宗曰:"世充日蹙月迫,力尽计穷,悬首面缚,翘足可待。建德远来助虐,粮运阻绝,此是天丧之时。请固武牢,屯军汜水,随机应变,则易为克殄。"太宗然其计。及破建德,平世充,太宗于洛阳置酒高会诸将曰:"郭孝恪谋擒建德之策,王长先龙门下米之功,皆出诸人之右也。"历迁贝、赵、江、泾四州刺史,所在有能名。入为太府少卿,转左骁卫将军。贞观十六年,累授金紫光禄大夫,行安西都护、西州刺史。其地高昌旧都,士流与流配及镇兵杂处,又限以沙碛,与中国隔绝。孝恪推诚抚御,大获其欢心。初,王师之灭高昌也,制以高昌所虏焉耆生口七百尽还之。焉耆王寻叛归欲谷可汗,朝贡稀至。令孝恪伺其机便,因表请击之。以孝恪为安西道行军总管,率步骑三千出银山道以伐焉耆。孝恪夜袭其城,虏其王龙突骑支。太宗大悦,玺书劳之曰:"卿破焉耆,虏其伪王,功立威行,深副所委。但焉耆绝域,地阻天山,恃远凭深,敢怀叛逆。卿望崇位重,报效情深,远涉沙场,龚行罚罪。取其坚壁,曾不崇朝;再廓游魂,遂无遗寇。缅思竭力,必大艰辛。超险成功,深足嘉尚。"俄又以孝恪为昆丘道副大总管以讨龟兹,破其都城。孝恪自留守之,余军分道别进,龟兹国相那利率众遁逃。孝恪以城外未宾,乃出营于外,有龟兹人来谓孝恪曰:"那利为相,人心素归,今亡在野,必思为变。城中之人,颇有异志,公宜备之。"孝恪不以为虞。那利等果率众万余,阴与城内降胡表里为应。孝恪失于警候,贼将入城鼓噪,孝恪始觉之,乃率部下千余人入城,与贼合战。城中人复应那利,攻孝恪。孝恪力战而入,至其王所居,旋出,战于城门,中流矢而死,孝恪子待诏亦同死于阵。贼竟退走,将军曹继叔复拔其城。太宗闻之,初责孝恪不加警备,以致颠覆;后又怜之,为其家举哀。高宗即位,追赠安西都护、阳翟郡公,待诏赠游击将军,仍赙物三百段。孝恪性奢侈,仆妾器玩,务极鲜华,虽在军中,床帐完具。尝以遗行军大总管阿史那社尔,社尔一无所受。太宗闻之曰:"二将优劣之不同也。郭孝恪今为寇虏所屠,可谓自贻伊咎耳。"次子待封,高宗时,官至左豹韬卫将军。咸亨中,与薛仁贵率兵讨吐蕃,于大非川战败,减死除名。少子待聘,长安中官至宋州刺史。

张俭,雍州新丰人,隋相州刺史、皖城公威之孙也。父植,车骑将军、连城县公。俭即高祖之从甥也。贞观初,以军功累迁朔州刺史。时颉利可汗自恃强盛,每有所求,辄遣书称敕。缘边诸州,递相禀承。及俭至,遂拒不受,太宗闻而嘉之。俭又广营屯田,岁致谷十万斛,边粮益饶。及遭霜旱,劝百姓相赡,遂免饥馁,州境独安。后检校胜州都督,以母忧去职。俭前在朔州,属李靖平突厥之后,有思结部落,贫穷离散,俭招慰安集之。其不来者,或居碛北,既亲属分住,私相往还,俭并不拘责,但存纲纪,羁縻而已。及俭移任,州司谓其将叛,遽以奏闻。朝廷议发兵进讨,仍起俭为使,就观动静。俭单马推诚,入其部

落,召诸首领,布以腹心,咸匍匐启颡而至,便移就代州。即令检校代州都督。俭遂劝其营田,每年丰熟。虑其私蓄富实,易生骄佚,表请和籴,拟充贮备,蕃人喜悦。边军大收其利。迁营州都督,兼护东夷校尉。太宗将征辽东,遣俭率蕃兵先行抄掠。俭军至辽西,为辽水汛涨,久而未渡,太宗以为畏懦,召还。俭诣洛阳谒见,面陈利害,因说水草好恶,山川险易,太宗甚悦,仍拜行军总管,兼领诸蕃骑卒,为六军前锋。时有获高丽候者,称莫离支将至辽东,诏俭率兵自新城路邀击之,莫离支竟不敢出。俭因进兵渡辽,趋建安城,贼徒大溃,斩首数千级。以功累封皖城郡公,赏赐甚厚。其后,改东夷校尉为东夷都护,仍以俭为之。永徽初,加金紫光禄大夫。四年,卒于官,年六十,谥曰密。俭兄大师,累以军功仕至太仆卿、华州刺史、武功县男。俭弟延师,永徽初,累授左卫大将军,封范阳郡公。延师廉谨周慎,典羽林屯兵前后三十余年,未尝有过,朝廷以此称之。龙朔三年,卒官,赠荆州都督,谥曰敬,陪葬昭陵。唐制三品已上,门列棨戟,俭兄弟三院,门皆立戟,时人荣之,号为"三戟张家"。

苏定方,冀州武邑人也。父邕,大业末,率乡闾数千人为本郡讨贼。定方骁悍多力,胆气绝伦,年十余岁,随父讨捕,先登陷阵。父卒,郡守又令定方领兵,破贼首张金称于郡南,手斩金称,又破杨公卿于郡西,追奔二十余里,杀获甚众,乡党赖之。后仕窦建德,建德将高雅贤甚爱之,养以为子。雅贤俄又为刘黑闼攻陷城邑,定方每有战功。及黑闼、雅贤死,定方归乡里。贞观初,为匡道府折冲,随李靖袭突厥颉利于碛口。靖使定方率二百骑为前锋,乘雾而行,去贼一里许,忽然雾歇,望见其牙帐,驰掩杀数十人。颉利及隋公主狼狈散走,余众俯伏,靖军既至,遂悉降之。军还,授左武候中郎将。永徽中,转左卫勋一府中郎将,从左卫大将军程知节征贺鲁,为前军总管。至鹰娑川,突厥有二万骑来拒,总管苏海政与战,互有前却。既而突厥别部鼠尼施等又领二万余骑续至。定方正歇马,隔一小岭,去知节十许里,望见尘起,率五百骑驰往击之,贼众大溃,追奔二十里,杀千五百余人,获马二千匹,死马及所弃甲仗,绵亘山野,不可胜计。副大总管王文度害其功,谓知节曰:"虽云破贼,官军亦有死伤,盖决成败法耳,何为此事?自今正可结为方阵,辎重并纳腹中,四面布队,人马被甲,贼来即战,自保万全。无为轻脱,致有伤损。"又矫称别奉圣旨,以知节恃勇轻敌,使文度为其节制,遂收军不许深入。终日跨马被甲结阵,由是马多瘦死,士卒疲劳,无有战志。定方谓知节曰:"本来讨贼,今乃自守,马饿兵疲,逢贼即败。怯懦如此,何功可立!又公为大将,阃外之事,不许自专,别遣军副,专其号令,理必不然。须囚絷文度,飞表奏之。"知节不从。至恒笃城,有胡降附,文度又曰:"比我兵回,彼还作贼,不如尽杀,取其资财。"定方曰:"如此,自作贼耳,何成伐叛?"文度不从。及分财,唯定方一无所取。师还,文度坐处死,后得除名。明年,擢定方为行军大总管,征贺鲁,以任雅相、回纥婆润为副。自金山之北,指处木

昆部落，大破之。其俟斤懒独禄以众万余帐来降，定方抚之，发其千骑进至突骑施部。贺鲁率胡禄屋阙啜、慑舍提暾啜、鼠尼施处半啜、处木昆屈律啜、五努失毕兵马，众且十万，来拒官军，定方率回纥及汉兵万余人击之。贼轻定方兵少，四面围之，定方令步卒据原，攒矟外向，亲领汉骑阵于北原。贼先击步军，三冲不入，定方乘势击之，贼遂大溃，追奔三十里，杀人马数万。明日，整兵复进。于是胡禄屋等五努失毕悉众来降，贺鲁独与处木昆屈律啜数百骑西走。余五咄六闻贺鲁败，各向南道降于步真，于是西蕃悉定。唯贺鲁及咥运率其牙内余众而奔，定方追之，复大战于伊丽水上，杀获略尽。贺鲁及咥运十余骑逼夜亡走，定方遣副将萧嗣业追捕之，至于石国，擒之而还。高宗临轩，定方戎服操贺鲁以献，列其地为州县，极于西海。定方以功迁左骁卫大将军，封邢国公，又封子庆节为武邑县公。俄有思结阙俟斤都曼先镇诸胡，拥其所部及疏勒、朱俱般、葱岭三国复叛，诏定方为安抚大使，率兵讨之。至叶叶水，而贼保马头川，于是选精卒一万人、马三千匹驰掩袭之，一日一夜行三百里，诘朝至城西十里。都曼大惊，率兵拒战于城门之外，贼师败绩，退保马保城，王师进屯其门。入夜，诸军渐至，四面围之，伐木为攻具，布列城下。都曼自知不免，面缚开门出降。俘还至东都，高宗御乾阳殿，定方操都曼特勒献之，葱岭以西悉定。以功加食邢州钜鹿真邑五百户。显庆五年，从幸太原，制授熊津道大总管，率师讨百济。定方自城山济海，至熊津江口，贼屯兵据江。定方升东岸，乘山而阵，与之大战，扬帆盖海，相续而至。贼师败绩，死者数千人，自余奔散。遇潮且上，连舳入江，定方于岸上拥阵，水陆齐进，飞楫鼓噪，直趣真都。去城二十许里，贼倾国来拒，大战破之，杀虏万余人，追奔入郭。其王义慈及太子隆奔于北境，定方进围其城。义慈次子泰自立为王，嫡孙文思曰："王与太子虽并出城，而身见在，叔总兵马，即擅为王，假令汉兵退，我父子当不全矣。"遂率其左右投城而下，百姓从之，泰不能止。定方命卒登城建帜，于是泰开门顿颡。其大将祢植又将义慈来降，太子隆并与诸城主皆同送款。百济悉平，分其地为六州。俘义慈及隆、泰等献于东都。定方前后灭三国，皆生擒其主。赏赐珍宝，不可胜计，仍拜其子庆节为尚辇奉御，定方俄迁左武卫大将军。乾封二年卒，年七十六。高宗闻而伤惜，谓侍臣曰："苏定方于国有功，例合褒赠，卿等不言，遂使哀荣未及。兴言及此，不觉嗟悼。"遽下诏赠幽州都督，谥曰庄。

薛仁贵，绛州龙门人。贞观末，太宗亲征辽东，仁贵谒将军张士贵应募，请从行。至安地，有郎将刘君昂为贼所围甚急，仁贵往救，跃马径前，手斩贼将，悬其头于马鞍，贼皆慑伏，仁贵遂知名。及大军攻安地城，高丽莫离支遣将高延寿、高惠真率兵二十五万来拒战，依山结营，太宗分命诸将四面击之。仁贵自恃骁勇，欲立奇功，乃异其服色，著白衣，握戟，腰鞬张弓，大呼先入，所向无前，贼尽披靡却走。大军乘之，贼乃大溃。太宗遥望见之，遣驰问先锋白衣者为谁，特引见，赐马两匹，绢四十匹，擢授游击将军、云泉府果毅，仍令北门长上，并赐生口十人。及军还，太宗谓曰："朕旧将并老，不堪受阃外之寄，每欲抽擢骁雄，莫如卿者。朕不喜得辽东，喜得卿也。"寻迁右领军郎将，依旧北门长上。永徽五年，高宗幸万年宫，甲夜，山水猥至，冲突玄武门，宿卫者散走。仁贵曰："安有天子有急，辄敢惧死？"遂登门桄叫呼，以惊宫内。高宗遽出乘高，俄而水入寝殿，上使谓仁贵曰："赖得卿呼，方免沦溺，始知有忠臣也。"于是赐御马一匹。苏定方之讨贺鲁也，于是仁贵上疏曰："臣闻兵出无名，事故不成，明其为贼，敌乃可伏。今泥熟仗素干，不伏贺鲁，为贼所破，虏其妻子。汉兵有于贺鲁诸部落得泥熟等家口，将充贱者，宜括取送还，仍加赐赉。即是矜其枉破，使百姓知贺鲁是贼，知陛下德泽广及也。"高宗然其言，使括泥熟家口送还之，于是泥熟等请随军效其死节。显庆二年，诏仁贵副程名振于辽东经略，破高丽于贵端城，斩首三千级。明年，又与梁建方、契苾何力于辽东共高丽大将温沙门战于横山，仁贵匹马先入，莫不应弦而倒。高丽有善射者，于石城下射杀十余人，仁贵单骑直往冲之，其贼弓矢俱失，手不能举，便生擒之。俄又与辛文陵破契丹于黑山，擒契丹王阿卜固及诸首领赴东都。以功封河东县男。寻又领兵击九姓突厥于天山，将行，高宗内出甲，令仁贵试之。上曰："古之善射，有穿七札者，卿且射五重。"仁贵射而洞之，高宗大惊，更取坚甲以赐之。时九姓有众十余万，令骁健数十人逆来挑战，仁贵发三矢，射杀三人，自余一时下马请降。仁贵恐为后患，并坑杀之。更就碛北安抚余众，擒其伪叶护兄弟三人而还。军中歌曰："将军三箭定天山，战士长歌入汉关。"九姓自此衰弱，不复更为边患。乾封初，高丽大将泉男生率众内附，高宗遣将军庞同善、高侃等迎接。男生弟男建率国人逆击同善等，诏仁贵统兵为后援。同善等至新城，夜为贼所袭。仁贵领骁勇赴救，斩首数百级。同善等又进至金山，为贼所败，高丽乘胜而进。仁贵横击之，贼众大败，斩首五万余级。遂拔其南苏、木底、苍岩等三城，始与男生相会。高宗手敕劳之曰："金山大阵，凶党实繁。卿身先士卒，奋不顾命，左冲右击，所向无前，诸军贾勇，致斯克捷。宜善建功业，全此令名也。"仁贵乘胜领二千人进攻扶余城，诸将咸言兵少，仁贵曰："在主将善用耳，不在多也。"遂先锋而行，贼众来拒，逆击大破之，杀获万余人，遂拔扶余城。扶余川四十余城，乘风震慑，一时送款。仁贵便并海略地，与李勣大会军于平壤城。高丽既降，诏仁贵率兵二万人与刘仁轨于平壤留守，仍授右威卫大将军，封平阳郡公，兼检校安东都护。移理新城，抚恤孤老；有干能者，随才任使；忠孝节义，咸加旌表。高丽士众莫不欣然慕化。

咸亨元年，吐蕃入寇，又以仁贵为逻娑道行军大总管。率将军阿史那道真、郭待封等以击之。待封尝为鄯城镇守，耻在仁贵之下，多违节度。军至大非川，将发赴乌海，仁贵谓待封曰："乌海险远，车行艰涩，若引辎重，将失事机，破贼即回，又烦转运。彼多瘴气，无宜久留。大非岭上足堪置栅，可留二万人作两栅，辎重等并留栅内，吾等轻锐倍道，掩其未整，即扑灭之矣。"仁贵遂率先行，至河口遇贼,击破之,斩获略尽,收其牛羊万余头,回至乌海城,以待后援。待封遂不从仁贵之命,领辎重继进。比至乌海,吐蕃二十余万悉众来救,邀击,待封败走趋山,军粮及辎重并为贼所掠。仁贵遂退军屯于大非川。吐蕃又益众四十余万来拒战,官军大败,仁贵遂与吐蕃大将论钦陵约和。仁贵叹曰:"今年岁在康午,军行逆岁,邓艾所以死于蜀,吾知所以败也。"仁贵坐除名。寻而高丽众相率复叛,诏起仁贵为鸡林道总管以经略之。上元中,坐事徙象州,会赦归。高宗思其功,开耀元年,复召见,谓曰:"往九成宫遭水,无卿已为鱼矣。卿又北伐九姓,东击高丽,漠北、辽东咸遵声教者,并卿之力也。卿虽有过,岂可相忘?有人云卿乌海城下自不击贼,致使失利,朕所恨者,唯此事耳。今西边不静,瓜、沙路绝,卿岂可高枕乡邑,不为朕指挥耶?"于是起授瓜州长史,寻拜右领军卫将军,检校代州都督,又率兵击突厥元珍等于云州,斩首万余级,获生口二万余人,驼马牛羊三万余头。贼闻仁贵复起为将,素惮其名,皆奔散,不敢当之。其年,仁贵病卒,年七十,赠左骁卫将军,官造灵舆,并家口给传还乡。子讷,别有传。

程务挺,洺州平恩人也。父名振,大业末,仕窦建德为普乐令,甚有能名,诸贼不敢犯其境。寻弃建德归国,高祖遥授永年令,仍令率兵经略河北。名振夜袭邺县,俘其男女千余人以归。去邺八十里,阅妇人有乳汁者九十余人,悉放遣之。邺人感其仁恕,为之设斋,以报其恩。及建德败,始之任。俄而刘黑闼陷洺州,名振复与刺史陈君宾自拔归朝。母潘、妻李,在路为贼所掠,没于黑闼。名振又从太宗讨黑闼,时黑闼于冀、贝、沧、瀛等州水陆运粮,以拒官军,名振率千余人邀击之,尽毁其舟车。黑闼闻之大怒,遂杀名振母、妻。及黑闼平,名振请手斩黑闼,以其首祭母。名振以功拜营州都督府长史,封东平郡公,赐物二千段、黄金三百两。累转洺州刺史。太宗将征辽东,召名振问以经略之事,名振初对失旨;太宗动色诘之,名振酬对逾辩,太宗意解,谓左右曰:"房玄龄常在我前,每见别嗔余人,犹颜色无主。名振生平不见我,向来责让,而词理纵横,亦奇士也。"即日拜右骁卫将军,授平壤道行军总管。前后攻沙卑城,破独山阵,皆以少击众,称为名将。永徽六年,累除营州都督,兼东夷都护。又率兵破高丽于贵端水,焚其新城,杀获甚众。后历晋、蒲二州刺史。龙朔二年卒,赠右卫大将军,谥曰烈。

务挺少随父征讨,以勇力闻,迁右领军卫中郎将。永隆中,突厥史伏念反叛,定襄道行军总管李文暕、曹怀舜、窦义昭等相次战败。又诏礼部尚书裴行俭率兵讨之,务挺为副将,仍检校丰州都督。时伏念屯于金牙山,务挺与副总管唐玄表引兵先逼之。伏念惧不能支,遂间道降于行俭,许伏念以不死。中书令裴炎以伏念惧务挺等兵势而降,非行俭之功,伏念遂伏诛。务挺以功迁右卫将军,封平原郡公。永淳二年,绥州城平县人白铁余率部落稽之党据县城反,伪称尊号,署百官,又进寇绥德,杀掠人吏,焚烧村落,诏务挺与夏州都督王方翼讨之。务挺进攻其城,拔之,生擒白铁余,尽平其余党。又以功拜左骁卫大将军、检校左羽林军。嗣圣初,与右领军大将军、检校右羽林军张虔勖同受则天密旨,帅兵入殿庭,废中宗为庐陵王,立豫王为皇帝。则天临朝,累受赏赐,特拜其子齐之为尚乘奉御。务挺泣请回授其弟,则天嘉之,下制褒美,乃拜其弟原州司马务忠为太子洗马。文明年,以务挺为左武卫大将军、单于道安抚大使,督军以御突厥。务挺善于绥御,威信大行,偏裨已下,无不尽力;突厥甚惮之,相率遁走,不敢近边。及裴炎下狱,务挺密表申理之,由是忤旨。务挺素与唐之奇、杜求仁友善,或构言务挺与裴炎、徐敬业皆潜相应接。则天遣左鹰扬将军裴绍业就军斩之,籍没其家。突厥闻务挺死,所在宴乐相庆,仍为务挺立祠,每出师攻战,即祈祷焉。

贞观、永徽间,军将又有张士贵、赵道兴,状迹可录。

张士贵者,虢州卢氏人也。本名忽峍,善骑射,膂力过人。大业末,聚众为盗,攻剽城邑,远近患之,号为"忽峍贼"。高祖降书招怀之,士贵以所统送款,拜右光禄大夫。累有战功,赐爵新野县公。从平东都,授虢州刺史。高祖谓之曰:"欲卿衣锦昼游耳。"寻入为右武候将军。贞观七年,破反獠而还,太宗劳之曰:"闻公亲当矢石,为士卒先,虽古名将,何以加此!朕尝闻以身报国者,不顾性命,但闻其语,未闻其实,于公见之矣。"后累迁左领军大将军,改封虢国公。显庆初卒,赠荆州都督,陪葬昭陵。

赵道兴者,甘州酒泉人。隋右武候大将军才之子也。道兴,贞观初历迁左武候中郎将,明闲宿卫,号为称职。太宗尝谓之曰:"卿父为隋武候将军,甚有当官之誉。卿今克传弓冶,可谓不坠家声。"因授右武候将军,赐爵天水县子。其父时廨宇,仍旧不改,时人以为荣。道兴尝自指其厅事曰:"此是赵才将军厅,还使赵才将军儿坐。"为朝野所笑,传为口实。仪凤中,累迁左金吾卫大将军。文明年,以老病致仕于家。子晈,亦为金吾将军,凡三代执金吾,为时所称。

史臣曰:孝恪机钤果毅,协草昧之际;树勋建策,有杰世之风。然而务奢为恒,既未尽善,举火失律,不其惑与!张公经略,有天然才度,务稼劝分,董和成绩,惜哉中寿,其才未尽。刑国公神略禽张,雄谋戡定,辅平屯难,始终成业。疏封陪位,未畅茂典,盖阙如也。仁贵骁悍壮勇,为一时之杰,至忠大略,勃然有立。噫,待封不协,以败全略。孔子曰:"可与立,未可与权。"上加明命,竟致立功,知臣者君,信哉!务挺勇力骁果,固有父风,英概辅时,克继洪烈。然而苟预废立,竟陷逸构。古之言曰:"恶之来也,如火之燎于原,不可向迩。"其是之谓乎!士贵、道兴,逢时立效,得尽义勇,以观厥成;而继父风概,三代执金,不亦美乎!

赞曰:五将雄雄,俱立边功。张、苏二族,功名始终。郭、薛、务挺,微功奋命。垂则穷边,兵无常胜。

卷八十四　　　列传第三十四

刘仁轨　郝处俊　裴行俭子光庭

刘仁轨，汴州尉氏人也。少恭谨好学，遇隋末丧乱，不遑专习，每行坐所在，辄书空画地，由是博涉文史。武德初，河南道大使、管国公任瑰将上表论事，仁轨见其起草，因为改定数字。瑰甚异之，遂赤牒补息州参军。稍除陈仓尉。部人有折冲都尉鲁宁者，恃其高班，豪纵无礼，历政莫能禁止。仁轨特加诫喻，期不可再犯，宁又暴横尤甚，竟杖杀之。州司以闻，太宗怒曰："是何县尉，辄杀吾折冲！"遽追入，与语，奇其刚正，擢授栎阳丞。贞观十四年，太宗将幸同州校猎，属收获未毕，仁轨上表谏曰："臣闻屋漏在上，知之者在下；愚夫之计，择之者圣人。是以周王询于刍荛，殷后谋于板筑，故得享国弥久，传祚无疆，功宣清庙，庆流后叶。伏惟陛下天性仁爱，躬亲节俭，朝夕克念，百姓为心，一物失所，纳隍轸虑。臣伏闻大驾欲幸同州教习，臣伏知四时搜狩，前王恒典，事有沿革，未必因循。今年甘雨应时，秋稼极盛，玄黄亘野，十分才收一二；尽力刈获，月半犹未讫功；贫家无力，禾下始拟种麦。直据寻常科唤，田家已有所妨。今既供承猎事，兼之修理桥道，纵大简略，动费一二万工，百姓收敛，实为狼狈。臣愿陛下少留万乘之尊，垂听一介之言，退近旬日，收刈总了，则人尽暇隙，家得康宁。舆轮徐动，公私交泰。"太宗特降玺书劳曰："卿职任虽卑，竭诚奉国，所陈之事，朕甚嘉之。"寻拜新安令，累迁给事中。

显庆四年，出为青州刺史。五年，高宗征辽，令仁轨监统水军，以后期坐免，特令以白衣随军自效。时苏定方既平百济，留郎将刘仁愿于百济府城镇守，又以左卫中郎将王文度为熊津都督，安抚其余众。文度济海病卒。百济为僧道琛、旧将福信率众复叛，立故王子扶余丰为王，引兵围仁愿于府城。诏仁轨检校带方州刺史，代文度统众，便道发新罗兵合势以救仁愿。转斗而前，仁轨军容整肃，所向皆下。道琛等乃释仁愿之围，退保任存城。寻而福信杀道琛，并其兵马，招诱亡叛，其势益张。仁轨乃与仁愿合军休息。时苏定方奉诏伐高丽，进围平壤，不克而还。高宗敕书与仁轨曰："平壤军回，一城不可独固，宜拔就新罗，共其屯守。若金法敏藉卿为镇，宜且停彼；若其不须，即宜泛海还也。"将士咸欲西归，仁轨曰："《春秋》之义，大夫出疆，有可以安社稷、便国家、专之可也。况在沧海之外，密迩豺狼者哉！且人臣进思尽忠，有死无贰，公家之利，知无不为。主上欲吞灭高丽，先诛百济，留兵镇守，制其心腹。虽妖孽充斥，而备预甚严，宜砺戈秣马，击其不意。彼既无备，何攻不克？战而有胜，士卒自安。然后分兵据险，开张形势，飞表闻上，更请兵船。朝廷知其有成，必当出师命将，声援才接，凶逆自殄。非直不弃成功，实亦永清海外。今平壤之军既回，熊津又拔，则百济余烬，不日更兴，高丽逋薮，何时可灭？且今以一城之地，居贼中心，如其失脚，即为亡虏。拔入新罗，又是坐客，脱不如意，悔不可追。况福信凶暴，残虐过甚，余丰猜惑，外合内离，鸱张共处，势必相害。唯宜坚守观变，乘便取之，不可动也。"众从之。时扶余丰及福信等以真岘城临江高险，又当冲要，加兵守之。仁轨引新罗之兵，乘夜薄城。四面攀草而上，比明而入据其城，遂通新罗运粮之路。俄而余丰袭杀福信，又遣使往高丽及倭国请兵，以拒官军。诏右威卫将军孙仁师率兵浮海以为之援。仁师既与仁轨等相合，兵士大振。于是诸将会议，或曰："加林城水陆之冲，请先击之。"仁轨曰："加林险固，急攻则伤损战士，固守则用日持久，不如先攻周留城。周留，贼之巢穴，群凶所聚，除恶务本，须拔其源。若克周留，则诸城自下。"于是仁师、仁愿及新罗王金法敏帅陆军以进。仁轨乃别率杜爽、扶余隆水军及粮船，自熊津江往白江，会陆军同趣周留城。仁轨遇倭兵于白江之口，四战捷，焚其舟四百艘，烟焰涨天，海水皆赤，贼众大溃。余丰脱身而走，获其宝剑。伪王子扶余忠胜、忠志等，率士女及倭众并耽罗国使，一时并降。百济诸城，皆复归顺。贼帅迟受信据任存城不降。

先是，百济首领沙吒相如、黑齿常之自苏定方军回后，鸠集亡散，各据险以应福信，至是率其众降。仁轨谕以恩信，令自领子弟以取任存城，又欲分兵助之。孙仁师曰："相如等兽心难信，若授以甲仗，是资寇兵也。"仁轨曰："吾观相如、常之皆忠勇有谋，感恩之士，从我则成，背我必灭，因机立效，在于兹日，不须疑也。"于是给其粮仗，分兵随之，遂拔任存城。迟受信弃其妻子走投高丽，于是百济之余烬悉平。孙仁师与刘仁愿振旅而还，诏留仁轨勒兵镇守。初，百济经福信之乱，合境雕残，僵尸相属。仁轨始令收敛骸骨，瘗埋吊祭之。修录户口，署置官长，开通途路，整理村落，建立桥梁，补葺堤堰，修复陂塘，劝课耕种，赈贷贫乏，存问孤老。颁宗庙忌讳，立皇家社稷。百济余众，各安其业。于是渐营屯田，积粮抚士，以经略高丽。仁愿既至京师，上谓曰："卿在海东，前后奏请，皆合事宜，而雅有文理。卿本武将，何得然也？"对曰："刘仁轨之词，非臣所及也。"上深叹赏之，因超加仁轨六阶，正授带方州刺史，并赐京城宅一区，厚赉其妻子，遣使降玺书劳勉之。仁轨又上表曰：

臣蒙陛下曲垂天奖，弃瑕录用，授之刺举，又加连率。材轻职重，忧责更深，常思报效，冀酬万一，智力浅短，淹滞无成。久在海外，每从征役，军旅之事，实有所闻。具状封奏，伏愿详察。臣看见在兵募，手脚沉重者多，勇健奋发者少，兼有老弱，衣服单寒，唯望西归，无心展效。臣问："往在海西，见百姓人人投募，争欲征行，乃有不用官物，请自办衣粮，投名义征。何因今日募兵，如此佇弱？"皆报臣云："今日官府，与往日不同，人心又别。贞观、永徽年中，东西征役，身死王事者，并蒙敕使吊祭，追赠官职，亦有回亡者官爵与其子弟。从显庆五年以后，征役身死，更不借问。往前渡辽海者，即得一转勋官；从显庆五年以后，频经渡海，不被记录。州县发遣兵募，人身少壮、家有钱财、参逐官府者，东西藏避，并即得脱；无钱参逐者，虽是老弱，推背即来。显庆五年，破百济勋，及向平壤苦战勋，当时军将号令，并言与高官重赏，百方购募，无种不道。洎到西岸，唯闻枷锁推禁，夺赐破勋，州县追呼，求住不得，公私困弊，不可言尽。发海西之日，已有自害逃走，非独海外始逃。又为征役，蒙授勋级，将为荣宠，频年征役，唯取勋官，牵挽辛苦，与白丁无别。百姓不愿征行，特由于此。"陛下再兴兵马，平定百济，留兵镇守，经略高丽。百姓有如此议论，若为成就功业？臣闻琴瑟不调，改而更张，布政施化，随时取适。自非重赏明罚，何以成功？臣又问："见在兵募，旧留镇五年，尚得支济；尔等始经一年，何因如此单露？"并报臣道："发家来日，唯遣作一年装束，自从离家，已经二年。在朝阳瓮津，又遣来去运粮，涉海遭风，多有漂失。"臣勘责见在兵募，衣裳单露，不堪度冬者，给大军还日所留衣裳，且得一冬充事。来年秋后，更无准拟。陛下若欲殄灭高丽，不可弃百济土地。余丰在北，余勇在南，百济、高丽，旧相党援，倭人虽远，亦相影响，若无兵马，还成一国。既须镇压，又置屯田，事藉兵士，同心同德。兵士既有此议，不可胶柱因循，须还其渡海官勋及平百济向平壤功效。除此之外，更相褒赏，明敕慰劳，以起兵募之心。若依今日以前布置，臣恐师老且疲，无所成就。臣又见晋代平吴，史籍具载。内有武帝、张华，外有羊祜、杜预，筹谋策画，经纬咨询。王浚之徒，折冲万里，楼船战舰，已到石头。贾充、王浑之辈，犹欲斩张华以谢天下。武帝报云："平吴之计，出自朕意，张华同朕见耳，非其本心。"是非不同，乖乱如此。平吴之后，犹欲苦绳王浚，赖武帝拥护，始得保全。不逢武帝圣明，王浚不存首领。臣每读其书，未尝不抚心长叹。伏惟陛下既得百济，欲取高丽，须外内同心，上下齐奋，举无遗策，始可成功。百姓既有此议，更宜改调。臣恐是逆耳之事，无人为陛下尽言。自顾老病日侵，残生讵几？奄忽长逝，衔恨九泉，所以披露肝胆，昧死闻奏。

上深纳其言。又遣刘仁愿率兵渡海，与旧镇兵交代，仍授扶余隆熊津都督，遣以招辑其余众。扶余勇者，扶余隆之弟也，是时走在倭国，以为扶余丰之应，故仁轨表言之。于是仁轨浮海西还。初，仁轨将发带方州，谓人曰："天将富贵此翁耳！"于州司请历日一卷，并七庙讳，人怪其故，答曰："拟削平辽海，颁示国家正朔，使夷俗遵奉焉。"至是皆如其言。

麟德二年，封泰山，仁轨领新罗及百济、耽罗、倭四国酋长赴会，高宗甚悦，擢拜大司宪。乾封元年，迁右相，兼检校太子左中护，累前后战功，封乐城县男。三年，为熊津道安抚大使，兼浿江道总管，副司空李勣讨平高丽。总章二年，军回，以疾辞职，加金紫光禄大夫，听致仕。

咸亨元年，复授陇州刺史。三年，征拜太子左庶子、同中书门下三品，监修国史。五年，为鸡林道大总管，东伐新罗。仁轨率兵径度瓠卢河，破其北方大镇七重城。以功进爵为公，并子侄三人，并授上柱国。州党荣之，号其所居为乐城乡三柱里。上元二年，拜尚书左仆射、同中书门下三品，兼太子宾客，依旧监修国史。仪凤二年，以吐蕃入寇，命仁轨为洮河道行军镇守大使。仁轨每有奏请，多被中书令李敬玄抑之，由是与敬玄不协。仁轨知敬玄素非边将才，冀欲中伤之，上言西蕃镇守事非敬玄莫可。高宗遽命敬玄代之。敬玄至洮河军，寻为吐蕃所败。永隆二年，兼太子太傅。未几，以老乞骸骨，听解尚书左仆射，以太子太傅依旧知政事。永淳元年，高宗幸东都，皇太子京师监国，遣仁轨与侍中裴炎、中书令薛元超留辅太子。二年，太子赴东都，又令太孙重照京师留守，仍令仁轨为副。则天临朝，加授特进，复拜尚书左仆射、同中书门下三品，专知留守事。仁轨复上疏辞以衰老，请罢居守之任，因陈吕后祸败之事，以申规谏。则天使武承嗣赍玺书往京慰喻之曰："今日以皇帝谅闇不言，眇身且代亲政。远劳劝诫，复表辞衰疾，怪望既多，徊徨失据。又云'吕后见嗤于后代，禄、产贻祸于汉朝'，引喻良深，愧慰交集。公忠贞之操，终始不渝；劲直之风，古今罕比。初闻此语，能不罔然；静而思之，是为龟镜。且端揆之任，仪刑百辟，况公先朝旧德，遐迩具瞻。愿以匡救为怀，无以暮年致请。"寻进封郡公。垂拱元年，从新令改为文昌左相、同凤阁鸾台三品。寻薨，年八十四。则天废朝三日，令在京百官以次赴吊，册赠开府仪同三司、并州大都督，陪葬乾陵，赐其家实封三百户。仁轨虽位居端揆，不自矜倨。每见贫贱时故人，不改布衣之旧。初为陈仓尉，相工袁天纲谓曰："君终当位邻台辅，年将九十。"后果如其言。仁轨身经隋末之乱，辑其见闻，著《行年记》，行于代。

子浚，官至太子中舍人。垂拱二年，为酷吏所陷，被杀，妻子籍没。中宗即位，以仁轨春宫旧僚，追赠太尉。浚子冕，开元中，为秘书省少监，表请为仁轨立碑，谥曰文献。

史臣韦述曰：世称刘乐城与戴至德同为端揆，刘则甘言接人，以收物誉；戴则正色拒下，推美于君。故乐城之善于今未弭，而戴氏之勋无所闻焉。呜呼！高名美称，或因邀饰而致远；深仁至行，或以韬晦而莫传。岂唯刘、戴而然，盖自古有之矣。故孔子曰："众好之，必察焉；众恶之，必察焉。"非夫圣智，鲜不惑也。且刘公逞其私忿，陷人之所不能，覆徒贻国之耻，忠恕之道，岂其然乎？

郝处俊，安州安陆人也。父相贵，隋末，与妻父许绍据硖州归国，以功授滁州刺史，封甑山县公。处俊年十岁余，其父卒于滁州，父之故吏赙送甚厚，仅满千余匹，悉辞不受。及长，好读《汉书》，略能暗诵。贞观中，本州进士举，吏部尚书高士廉甚奇之，解褐授著作佐郎，袭爵甑山县公。兄弟笃睦，事诸舅甚谨。再转滕王友，耻为王官，遂弃官归耕。久之，召拜太子司议郎，五迁吏部侍郎。乾封二年，改为司列少常伯。属高丽反叛，诏司空李勋为浿江道大总管，以处俊为副。尝次贼城，未遑置阵，贼徒奄至，军中大骇。处俊独据胡床，方餐干糗，乃潜简精锐击败之，将士多服其胆略。总章二年，拜东台侍郎，寻同东西台三品。咸亨初，高宗幸东都，皇太子于京师监国，尽留侍臣戴至德、张文瓘等以辅太子，独以处俊从。时东州道总管高侃破高丽余众于安市城，奏称有高丽僧言中国灾异，请诛之。上谓处俊曰："朕闻为君上者，以天下之目而视，以天下之耳而听，盖欲广闻见也。且天降灾异，所以警悟人君。其变苟实，言之者何罪？其事必虚，闻之者足以自戒。舜立谤木，良有以也。欲箝天下之口，其可得乎？此不足以加罪。"特令赦之。因谓处俊曰："王者无外，何藉于守御。虽然，重门击柝，盖备不虞，方知禁卫在于谨肃。朕尝以秦法犹为太宽，荆轲匹夫耳，而匕首窃发，始皇骇惧，莫有拒者，岂不由积习宽慢使其然乎？"处俊对曰："此由法急所致，非宽慢也。"上曰："何以知之？"对曰："秦法：辄升殿者，夷三族。人皆惧族，安有敢拒者？逮乎魏武，法尚峻。臣见《魏令》云：'京城有变，九卿各居其府。'其后严才作乱，与其徒属数十人攻左掖门，魏武登铜雀台远望，无敢救者。时王修为奉常，闻变召车马，未至，便将官属步至宫门。魏武望见之，曰：'彼来者必王修乎！'此由王修察变知机，违法赴难。向各守法，遂成其祸。故王者设法敷化，不可以太急。夫政宽则人慢，政急则人无所措手足。圣王之道，宽猛相济。《诗》曰'不懈于位，人之攸墍'，谓仁政也；又曰'式遏寇虐，无俾作慝'，谓威刑也。《洪范》曰'高明柔克，沉潜刚克'，谓中道也。"上曰："善。"又有胡僧卢伽阿逸多受诏合长年药，高宗将饵之。处俊谏曰："修短有命，未闻万乘之主，轻服蕃夷之药。昔贞观末年，先帝令婆罗门僧那罗迩娑寐依其本国旧方合长生药。胡人有异术，征求灵草秘石，历年而成。先帝服之，竟无异效，大渐之际，名医莫知所为。时议者归罪于胡人，将申显戮，又恐取笑夷狄，法遂不行。龟镜若是，惟陛下深察。"高宗纳之，但加卢伽为怀化大将军，不服其药。寻而官名复旧。处俊授黄门侍郎。三年，加银青光禄大夫，转中书侍郎。四年，监修国史。上元元年，高宗御含元殿东翔鸾阁观大酺。时京城四县及太常音乐分为东西两朋，帝令雍王贤为东朋，周王显为西朋，务以角胜为乐。处俊谏曰："臣闻礼所以示童子无诳者，恐其欺诈之心生也。伏以二王春秋尚少，意趣未定，当须推多让美，相敬如一。今忽分为二朋，递相夸竞。且俳优小人，言辞无度，酣乐之后，难以禁止，恐其交争胜负，讥诮失礼。非所以导仁义，示和睦也。"高宗矍然曰："卿之远识，非众人所及也。"遽令止之。寻代阎立本为中书令。岁余，兼太子宾客，检校兵部尚书。

三年，高宗以风疹欲逊位，令天后摄知国事，与宰相议之。处俊对曰："尝闻礼经云：'天子理阳道，后理阴德。'则帝之与后，犹日之与月，阳之与阴，各有所主守也。陛下今欲违反此道，臣恐上则谪见于天，下则取怪于人。昔魏文帝著令，身崩后尚不许皇后临朝，今陛下奈何遂欲躬自传位于天后？况天下者，高祖、太宗二圣之天下，非陛下之天下也。陛下正合谨守宗庙，传之子孙，诚不可持国

与人，有私于后族。伏乞特垂详纳。"中书侍郎李义琰进曰："处俊所引经旨，足可依凭，惟圣虑无疑，则苍生幸甚。"帝曰："是。"遂止。仪凤二年，加金紫光禄大夫，行太子左庶子，并依旧知政事，监修国史。四年，代张文瓘为侍中。处俊性俭素，土木形骸，自参综朝政，每与上言议，必引经籍以应对，多有匡益，甚得大臣之体。侍中、平恩公许圉师，即处俊之舅，早同州里，俱宦达于时。又其乡人田氏、彭氏，以殖货见称。有彭志筠，显庆中，上表请以家绢布二万段助军，诏受其绢万匹，特授奉议郎，仍布告天下。故江、淮间语曰："贵如许、郝，富若田、彭。"处俊迁太子少保。开耀元年薨，年七十五，赠开府仪同三司、荆州大都督。高宗甚伤悼之，顾谓侍臣曰："处俊志存忠正，兼有学识。至于雕饰服玩，虽极知无益，然常人不能抑情弃舍，皆好尚奢侈，处俊尝保其质素，终始不渝。虽非元勋佐命，固亦多时驱使。又见遗表，忧国忘家，今既云亡，深可伤惜。"即于光顺门举哀一日，不视事，终祭以少牢，赠绢布八百段，米粟八百石。令百官赴哭，给灵舆，并家口递还乡，官供葬事。其子秘书郎北叟上表辞所赠赐及葬递之事，高宗不许。侍中裴炎曰："处俊临亡，臣往见之，属臣曰：'生既无益明时，死后何宜烦费。瞑目之后，傥有恩赐赠物，及归乡递送，葬日营造，不欲劳官司供给。'"高宗深嘉叹之，从其遗意，唯加赠物而已。处俊孙象贤，垂拱中为太子通事舍人，坐事伏诛，临刑言多不顺。则天大怒，令斩讫，仍支解其体，发其父母坟墓，焚爇尸体，处俊亦坐斫棺毁柩。自此法司每将杀人，必先以木丸塞其口，然后加刑，讫于则天之代。

裴行俭，绛州闻喜人。曾祖伯凤，周骠骑大将军、汾州刺史、琅邪郡公。祖定，冯翊郡守，袭封琅邪公。父仁基，隋左光禄大夫，陷于王世充，后谋归国，事泄遇害；武德中，赠原州都督，谥曰忠。行俭幼以门荫补弘文生。贞观中，举明经，拜左屯卫仓曹参军。时苏定方为大将军，甚奇之，尽以用兵奇术授行俭。显庆二年，六迁长安令。时高宗将废皇后王氏而立武昭仪，行俭以为国家忧患必从此始，与太尉长孙无忌、尚书左仆射褚遂良私议其事，大理袁公瑜于昭仪母荣国夫人潜之，由是左授西州都督府长史。麟德二年，累拜安西大都护，西域诸国多慕义归降，征拜司文少卿。总章中，迁司列少常伯。咸亨初，官名复旧，改为吏部侍郎，与李敬玄为贰，同时典选十余年，甚有能名，时人称为裴、李。行俭始设长名姓历榜，引铨注等法，又定州县升降、官资高下，以为故事。上元二年，加银青光禄大夫。高宗以行俭工于草书。尝以绢素百卷，令行俭草书《文选》一部，帝览之称善，赐帛五百段。行俭尝谓人曰："褚遂良非精笔佳墨，未尝辄书，不择笔墨而妍捷者，唯余及虞世南耳。"三年，吐蕃背叛，诏行俭为洮州道左二军总管。寻又为泰州镇抚右军总管，并受元帅周王节度。仪凤四年，十姓可汗阿史那匐延都支及李遮匐扇动蕃落，侵逼安西，连和吐蕃，议者欲发兵讨之。行俭建议曰："吐蕃叛涣，干戈未息，敬玄、审礼，失律丧元，安可更为西方生事？今波斯王身没，其子泥涅师师充

质在京,望差使往波斯册立,即路由二蕃部落,便宜从事,必可有功。"高宗从之,因命行俭册送波斯王,仍为安抚大食使。途经莫贺延碛,属风沙晦暝,导者益迷。行俭命下营,虔诚致祭,令告将吏,泉井非遥。俄而云收风静,行数百步,水草甚丰,后来之人,莫知其处。众皆悦服,比之贰师将军。至西州,人吏郊迎,行俭召其豪杰子弟千余人随己而西。乃扬言给其下曰:"今正炎蒸,热坂难冒,凉秋之后,方可渐行。"都支觇知之,遂不设备。行俭仍召四镇诸蕃酋长豪杰谓曰:"忆昔此游,未尝厌倦,虽还京辇,无时暂忘。今因是行,欲寻旧赏,谁能从吾猎也?"是时蕃酋子弟投募者仅万人。行俭假为畋游,教试部伍,数日,遂倍道而进。去都支部落十余里,先遣都支所亲问其安否,外示闲暇,似非讨袭,续又使人趣召相见。都支先与遮匐通谋,秋中拟拒汉使,卒闻军到,计无所出,自率儿侄首领等五百余骑就营来谒,遂擒之。是日,传其契箭,诸部酋长悉来请命,并执送碎叶城。简其精骑,轻赍晓夜前进,将虏遮匐。途中果获都支还使,与遮匐使同来。行俭释遮匐行人,令先往晓喻其主,兼述都支已擒,遮匐寻复来降。于是将吏已下立碑于碎叶城以纪其功,擒都支、遮匐而还。高宗廷劳之曰:"比以西服未宁,遣卿总兵讨逐,孤军深入,经途万里。卿权略有闻,诚节夙著,兵不血刃,而凶党殄灭。伐叛柔服,深副朕委。"寻又赐宴。谓行俭曰:"卿文武兼资,今故授卿二职。"即日拜礼部尚书,兼检校右卫大将军。

调露元年,突厥阿史德温傅反,单于管内二十四州并叛应之,众数十万。单于都护萧嗣业率兵讨之,反为所败。于是以行俭为定襄道行军大总管,率太仆少卿李思文、营州都督周道务等部兵十八万,并西军程务挺、东军李文暕等总三十余万,连亘数千里,并受行俭节度。唐世出师之盛,未之有也。行俭行至朔州,知萧嗣业以运粮被掠,兵多馁死,遂诈为粮车三百乘,每车伏壮士五人,各赍陌刀、劲弩,以羸兵数百人援车,兼伏精兵,令居险以待之。贼果大下,羸兵弃车散走。贼驱车就泉水。解鞍牧马,方拟取粮,车中壮士齐发,伏兵亦至,杀获殆尽,余众奔溃。自是续遣粮车,无敢近之者。及军至单于之北,际晚下营,壕堑方周,遽令移就崇冈。将士皆以士众方就安堵,不可劳扰,行俭不从,更令促之。比夜,风雨暴至,前设营所水深丈余,将士莫不叹伏。贼众于黑山拒战,行俭频战皆捷,前后杀虏不可胜数。伪可汗泥熟匐为其下所杀,以其首来降,又擒其大首领奉职而还。余党走依狼山。行俭既回,阿史那伏念又伪称可汗,与温傅合势,鸠集余众。明年,行俭复总诸军讨之。顿军于代州之陉口,纵反间说伏念与温傅,令相猜贰。伏念恐惧,密送降款,仍请自效。行俭不泄其事,而密表以闻。数日,有烟尘涨天而至,斥候惶惑来白,行俭召三军谓曰:"此是伏念执温傅来降,非他。然受降如受敌,但须严备。"更遣单使迎前劳之。少间,伏念果率其属缚温傅诣军门请罪,尽平突厥余党。高宗大悦,遣户部尚书崔知悌赴军劳之功。侍中裴炎害行俭之功,上言:"伏念为总管程务挺、张虔勖子营逼逐,又碛北回纥等同向南逼之,窘急而降。"由是行俭之功不录,斩

伏念及温傅于都市。行俭叹曰:"浑、浚前事,古今耻之。但恐杀降之后,无复来者。"因称疾不出,以勋封闻喜县公。永淳元年,十姓伪可汗车薄反叛,诏复以行俭为金牙道大总管,率十将军以讨之。师未行。其年四月,行俭病卒,年六十四,赠幽州都督,谥曰献。特诏令皇太子差六品京官一人检校家事,五六年间,待儿孙稍成长日停。中宗即位,追赠扬州大都督。

有集二十卷,撰《草字杂体》数万言,并传于代。又撰《选谱》十卷,安置军营、行阵部统、克料胜负、甄别器能等四十六诀,则天令秘书监武承嗣诣宅,并密收入内。行俭尤晓阴阳、算术,兼有人伦之鉴。自掌选及为大总管,凡遇贤俊,无不甄采,每制敌摧凶,必先期捷日。时有后进杨炯、王勃、卢照邻、骆宾王并以文章见称,吏部侍郎李敬玄盛为延誉,引以示行俭,行俭曰:"才名有之,爵禄盖寡。杨应至令长,余并鲜能令终。"是时,苏味道、王剧未知名,因调选,行俭一见,深礼异之。仍谓曰:"有晚年子息,恨不见其成长。二公十数年当居衡石,愿记识此辈。"其后相继为吏部。皆如其言。行俭尝所引偏裨,有程务挺、张虔勖、崔智辩、王方翼、党金毗、刘敬同、郭待封、李多祚、黑齿常之,尽为名将,至刺史、将军者数十人。其所知赏,多此类也。行俭尝令医人合药,请犀角、麝香,送者误遗失,已而惶惧潜窜。又有敕赐马及新鞍,令史辄驰骤,马倒鞍破,令史亦逃。行俭并委所亲招到,谓:"尔曹岂相轻耶?皆错误耳。"待之如故。初,平都支、遮匐,大获瑰宝,蕃酋将士愿观之,行俭因宴设,遍出历示。有马脑盘,广二尺余,文彩殊绝。军吏王休烈捧盘,历阶趋进,误蹑衣,足跌便倒,盘亦随碎,休烈惊惶,叩头流血,行俭笑而谓曰:"尔非故也,何至于是!"更不形颜色。诏赐都支等资产金器皿三千余事,驼马称是,并分给亲故并副使已下,数日便尽。少子光庭,开元中为侍中,以恩例赠行俭为太尉。

光庭早孤。母库狄氏,则天时召入宫,甚见亲待,光庭由是累迁太常丞。后以武三思之婿缘坐,左迁郢州司马。开元初,六迁右率府中郎将,擢授司门郎中。岁余,转兵部郎中。光庭沉静少言,寡于交游,既历清要,时人初未许之。及在职,公务修整,众方叹伏焉。十三年,将有事于岱岳,中书令张说以大驾东巡,京师空虚,恐夷狄乘间窃发,议欲加兵守边,以备不虞,召光庭谋兵事。光庭曰:"封禅者,所以告成功也。夫成功者,恩德无不及,百姓无不安,万国无不怀。今将告成而惧夷狄,何以昭德也?大兴力役,用备不虞,且非安人也。方谋会同而阻戎心,又非怀远也。有此三者,则名实乖矣。且诸蕃之国,突厥为大,贽币往来,愿修恩好有年矣。今兹遣一使征大臣赴会,必欣然应命。突厥受诏,则诸蕃君长必相率而来。虽偃旗息鼓,高枕有余矣。"说曰:"善。吾所不及矣。"因奏而行之,寻转鸿胪少卿。东封还,迁兵部侍郎。十七年,拜中书侍郎,同中书门下平章事,寻兼御史大夫。无几,迁黄门侍郎,依旧知政事。从巡五陵回,拜侍中,兼吏部尚书,又加弘文馆学士。光庭乃撰《瑶山往则》及《维城前轨》各壹卷,上表献之。手制褒美,赐绢五百匹,

上令皇太子已下于光顺门与光庭相见，以重其讽诫之意。光庭又引寿安丞李融、拾遗张琪、著作郎司马利宾等，令直弘文馆，撰《续春秋传》。上表请以经为御撰，而光庭等依左氏之体为之作传，上又手制褒赏之。光庭委笔削于李融，书竟不就。时有上书请以皇室为金德者，中书令萧嵩奏请集百僚详议。光庭以国家符命久著史策，若有改易，恐贻后学之诮，密奏请依旧为定，乃下诏停百僚集议之事。二十年，扈从祠后土，加光禄大夫，封正平男。寻卒，年五十八，优制赠太师，辍朝三日。初，光庭与萧嵩争权不协。及为吏部，奏用循资格，并促选限至正月三十日令毕，其流外行署，亦令门下省之。光庭卒后，嵩又奏请一切罢之，光庭所引进者尽出为外职。时有门下主事阎麟之，为光庭腹心，专知吏部选官，每麟之裁定，光庭随而下笔，时人语曰："麟之口，光庭手。"太常博士孙琬将议光庭谥，以其用循资格，非奖劝之道，建议谥为"克"。时人以为希嵩意旨。上闻而特下诏，赐谥曰忠献，仍令中书令张九龄为其碑文。史官韦述以改谥为非，论之曰：《春秋》之义，诸侯死王事者，葬之加一等，嘉其有功而不及其赏也。爰至汉、魏，则褋之印绶，宠被窀穸，唯德是褒，岂虚授也！近代已来，宠赠无纪，或以职位崇显，一切优锡；或以子孙荣贵，恩例所加，贤愚虚实，为一贯矣。裴光庭以守法之吏，骤登相位，践历机衡，岂不多愧？赠以师范，何其滥欤！张燕公有扶翊之勋，居讲讽之旧，秩跻九命，官历二端，议者犹谓赠之过当，况光庭去斯犹远，何妄窃之甚哉！盖名器假人，昔贤之所惋也。

史臣曰：昔晋侯选任将帅，取其说《礼》《乐》而敦《诗》《书》，良有以也。夫权谋方略，兵家之大经，邦国系之以存亡，政令因之而强弱，则冯众枯力，豨勇虎暴者，安可轻言推毂授任哉！故王猛、诸葛亮振起穷巷，驱驾豪杰，左指右顾，廓定霸图，非他道也，盖智力权变，适当其用耳。刘乐城、裴闻喜，文雅方略，无谢昔贤，治戎安边，绰有心术，儒将之雄者也。天后预政之时，刑峻如堑，多以谀佞希恩，而乐城、甄山，昌言规正，若时无君子，安及此言！正平铨藻吏能，文学政事，颇有深识。而前史讥其谬谥，有涉陈寿短武侯应变之论乎！非通论也。

赞曰：殷礼阿衡，周师吕尚。王者之兵，儒者之将。乐城、闻喜，当仁不让。管、葛之谭，是吾心匠。

卷八十五　　列传第三十五

唐临 孙绍　张文瓘 兄文琮
从弟文收　徐有功

唐临，京兆长安人，周内史瑾孙也。其先自北海徙关中。伯父令则，开皇末为左庶子，坐谄事太子勇诛死。临少与兄皎俱有令名。武德初，隐太子总兵东征，临诣军献平王世充之策，太子引直典书坊，寻授右卫率府铠曹参军。宫殿废，出为万泉丞。县有轻囚十数人，会春暮时雨，临白令请出之，令不许。临曰："明公若有所疑，临请自当其罪。"令因请假，临召囚悉令归家耕种，与之约，令归系所。囚等皆感恩贷，至时毕集诣狱，临因是知名。再迁侍御史，奉使岭外，按交州刺史李道彦等申叩冤系三千余人。累转黄门侍郎，加银青光禄大夫。俭薄寡欲，不治第宅，服用简素，宽于待物。尝欲吊丧，令家童自归家取白衫，家僮误将余衣，惧未敢进。临察知之，使召谓曰："今日气逆，不宜哀泣，向取白衫，且止之也。"又尝令人煮药，失制。潜知其故，谓曰："阴暗不宜服药，宜即弃之。"竟不扬言其过，其宽恕如此。

高宗即位，检校吏部侍郎。其年，迁大理卿。高宗尝问临在狱系囚之数，临对诏称旨。帝喜曰："朕昔在东宫，卿已事朕，朕承大位，卿又居近职，以畴昔相委，故授卿此任。然为国之要，在于刑法，法急则人残，法宽则失罪，务令折中，称朕意焉。"高宗又尝亲录死囚，前卿所断者号叫称冤，临所入者独无言。帝怪问状，囚曰："罪实自犯，唐卿所断，既非冤滥，所以绝意耳。"帝叹息良久曰："为狱者不当如此耶！"

永徽元年，为御史大夫。明年，华州刺史萧龄之以前任广州都督赃事发，制付群官集议。及议奏，帝怒，令于朝堂处置。临奏曰：

臣闻国家大典，在于赏刑，古先圣王，惟刑是恤。《虞书》曰："罪疑惟轻，功疑惟重，与其杀弗辜，宁失弗经。"《周礼》："刑平国用中典，刑乱国用重典。"天下太平，应用尧、舜之典。比来有司多行重法，叙勋必须刻削，论罪务从重科，非是憎恶前人，止欲自为身计。今议萧龄之事，有轻有重，重者流死，轻者请除名。以龄之受委大藩，赃罪狼籍，原情取事，死有余辜。然既遣详议，终须近法。窃惟议事群官，未尽识议刑本意。律有八议，并依《周礼》旧文，矜其异于众臣，所以特制议法。礼：王族刑于隐者，所以议亲；刑不上大夫，所以议贵。知重其亲贵，议欲缓刑，非为嫉其贤能，谋致深法。今既许议，而加重刑，是与尧、舜相反，不可为万代法。

高宗从其奏，龄之竟得流于岭外。

寻迁刑部尚书，加金紫光禄大夫，复历兵部、度支、吏部三尚书。显庆四年，坐事，贬为潮州刺史。卒官，年六十。所撰《冥报记》二卷，大行于世。

兄皎，武德初为秦府记室，从太宗征讨，专掌书檄，深见亲待。贞观中，累转吏部侍郎。先是，选集无限，随到补职，时渐太平，选人稍众，皎始请以冬初一时大集，终季春而毕，至今行之。历迁益州长史。卒，赠太常卿。

子之奇，调露中为给事中，坐尝为章怀太子僚属徙边。文明元年，起为括苍令，与徐敬业作乱伏诛。

临孙绍，博学，善《三礼》。神龙中为太常博士。景龙二年，韦庶人上言："自妃、主及命妇、宫官，葬日请给鼓吹。"中宗特制许之。绍上疏谏曰："窃闻鼓吹之乐，本为军容。昔黄帝涿鹿有功，以为警卫。故枹鼓曲有《灵夔吼》、《雕鹗争》、《石坠崖》、《壮士怒》之类，自昔功臣备礼，适得用之。丈夫有四方之功，以恩加宠锡。假如郊天祀地，诚是重仪，惟有宫悬，本无案据。故知军乐所备，尚不洽于神祇；钲鼓之音，岂能接于闺闱。准式，公主、王妃已下葬礼，惟有团扇、方扇、彩帷、锦帛之色。加之鼓吹，历代未闻。又准令，五品官婚葬，元无鼓吹，惟京官五品，得借四品鼓吹为仪。今特给五品以上母妻，五品官则不当给限，便是班秩本因夫子，仪饰乃复过之。事非伦次，难为定制，参详义理，不可常行。请停前敕，各依常典。"疏奏不纳。

绍寻迁左台侍御史，兼太常博士。中宗将亲拜南郊，国子祭酒祝钦明等希旨皇后为亚献，绍与博士蒋钦绪固争以为不可。又则天父母二陵各置守户五百人，武三思及子崇训墓各置守户六十人。以武氏外戚乃与昭陵同，三思等复逾亲王之制，又上疏切谏。当时虽皆不从，深为议者所美。睿宗即位，又数陈时政损益，累转给事中，仍知礼仪事。

先天二年冬，今上讲武于骊山，绍以修仪注不合旨，坐斩。时今上既怒讲武失仪，坐绍于纛下，右金吾将军李邈遽请宣敕，遂斩之。时人既痛惜绍，而深咎于邈。寻有敕罢邈官，遂摈废终其身。

张文瓘，贝州武城人。大业末徙家魏州之昌乐。瓘幼孤，事母兄以孝友闻。贞观初，举明经，补并州参军。时英国公李勣为长史，深礼之。累迁水部员外郎。时兄文琮为户部侍郎，旧制兄弟不许并居台阁，遂出为云阳令。龙朔年，累授东西台舍人、参知政事。寻迁东台侍郎、同东西台三品，兼知左史事。

时初造蓬莱、上阳、合璧等宫，又征讨四夷，厩马有万匹，仓库渐虚。文瓘因进谏曰："人力不可不惜，百姓不可不养，养之逸则富以康，使之劳则怨以叛。秦皇、汉武，广事四夷，多造宫室，使土崩瓦解，户口减半。臣闻制化于未乱，保邦于未危，人罔常怀，怀于有仁。陛下不制于未乱之前，安能救于既危之后？百姓不堪其弊，必构祸难，殷鉴不远，近在隋朝。臣愿稍安抚之，无使生怨。"上深纳其言，于是节减厩马数千匹，赐文瓘缯锦百段。

咸亨三年，官名复旧，改授黄门侍郎，兼太子左庶子。俄迁大理卿，依旧知政事。文瓘至官旬日，决遣疑事四百余条，无不允当，自是人有抵罪者，皆无怨言。文瓘常有疾，系囚相与斋祷，愿其视事。当时咸称其执法平恕，以比戴胄。上元二年，拜侍中，兼太子宾客。大理诸囚闻文瓘改官，一时恸哭，其感人心如此。

文瓘性严正，诸司奏议，多所纠驳，高宗甚委之。或时卧疾在家，朝廷每有大事，上必问诸宰臣曰："与文瓘议未？"奏云未者，则遣共筹之。奏云已议者，皆报可从之。其后，新罗外叛，高宗将发兵讨除。时文瓘疾病在家，乃舆疾请见，奏曰："比为吐蕃犯边，兵屯寇境，新罗虽未即顺，师不内侵。若东西俱事征讨，臣恐百姓不堪其弊。请息兵修德以安百姓。"高宗从之。仪凤二年卒，年七十三，赠幽州都督，谥曰懿。以其经事孝敬皇帝，特敕陪葬恭陵。四子：潜、沛、洽、涉。中宗时，潜官至魏州刺史，沛同州刺史，洽卫尉卿，涉殿中监。父子兄弟五人皆至三品官，时人谓之"万石张家"。及韦温等被诛之际，涉为乱兵所杀。

兄文琮，贞观中为持书侍御史。三迁亳州刺史，为政清简，百姓安之。永徽初，表献《太宗文皇帝颂》，优制褒美，赐绢百匹，征拜户部侍郎。从母弟房遗爱以罪贬授房州刺史，文琮作诗祖饯。及遗爱诛，坐是出为建州刺史。州境素尚淫祀，不修社稷。文琮下教书曰："春秋二社，盖本为农，惟独此州，废而不立。礼典既阙，风俗何观？近年已来，田多不熟，抑不祭先农所致乎！神在于敬，何以邀福？"于是示其节限条制，百姓欣而行之。寻卒。文集二十卷。子戬，官至江州刺史，撰《丧仪纂要》七卷，行于时。戬弟锡，则天时为凤阁侍郎、同凤阁鸾台平章事。先是，姊子李峤知政事，锡拜官，而峤罢相出为国子祭酒，舅甥相代为相，时人荣之。锡与郑杲俱知天官选事，坐赃，则天将斩之以徇，临刑而特赦之。中宗时，累迁工部尚书，兼修国史，寻令于东都留守。中宗崩，韦庶人临朝，诏锡与刑部尚书裴谈并同中书门下三品。旬日，出为绛州刺史。累封平原郡公，以年老致仕而卒。

文琮从父弟文收，隋内史舍人虔威子也。尤善音律，尝览萧吉《乐谱》，以为未甚详悉，更博采群言及历代沿革，裁竹为十二律吹之，备尽旋宫之义。时太宗将创制礼乐，召文收于太常，令与少卿祖孝孙参定雅乐。太乐有古钟十二，近代惟用其七，余有五，俗号哑钟，莫能通者。文收吹律调之，声皆响彻，时人咸服其妙。寻授协律郎。十一年，文收表请厘正太乐，上谓侍臣曰："乐本缘人，人和则乐和。至如隋炀帝末年，天下丧乱，纵令改张音律，知其终不和谐。若使四海无事，百姓安乐，音律自然调和，不藉更改。"竟不依其请。十四年，景云见，河水清，文收采《朱雁天马》之义，制《景云河清》乐，名曰"燕乐"，奏之管弦，为乐之首，今元会第一奏者是也。咸亨元年，迁太子率更令，卒官。撰《新乐书》十二卷。

徐有功，国子博士文远孙也。举明经，累转蒲州司法参军，绍封东莞男。为政宽仁，不行杖罚。吏人感其恩信，递相约曰："若犯徐司法杖者，众必斥罚之。"由是人争用命，终于代满，不戮一人。载初元年，累迁司刑丞。时酷吏周兴、来俊臣、丘神勣、王弘义等构陷无辜，皆抵极法，公卿震恐，莫敢正言。有功独存平恕，诏下大理者，有功皆议出之，前后济活数十百家。常于殿庭论奏曲直，则天厉色诘之，左右莫不栗栗，有功神色不挠，争之弥切。寻转秋官员外郎，转郎中。俄而凤阁侍郎任知古、冬官尚书裴行本等七人被构陷当死，则天谓公卿曰："古人以杀止杀，我今以恩止杀。就群公乞知古等，锡以再生，各授以官，伫申来效。"俊臣、张知默等又抗表请申大法，则天不许之。俊臣乃独引行本，重验前罪，奏曰："行本潜行悖逆，告张知謇与庐陵王反不实，罪当处斩。"有功驳奏曰："俊臣乖明主再生之赐，亏圣人恩信之道。为臣虽当嫉恶，然事君必将顺其美。"行本竟以免死。道州刺史李仁褒及弟榆次令长沙，又为唐奉一所构，高宗末私议吉凶，谋复吉氏，将诛之。有功又固争之，不能得。秋官侍郎周兴奏有功曰："臣闻两汉故事，附下罔上者腰斩，面欺者亦斩。又《礼》云：析言破律者杀。有功故出反囚，罪当不赦，请推按其罪。"则天虽不许系问，然竟坐免官。久之，起为左台侍御史，则天特褒异之。时远近闻有功授职，皆欣然相贺。

有功尝上疏论天官、秋官及朝堂三司理匦使愆失，其略曰："陛下即位以来，海内职员一定，而天下选人渐多。掌选之曹用舍不平，补拟乖次，嘱请公行，颜面罔惧。遂使器谤满路，怨谤盈朝，浸以为常，殊无愧惮。又往属唐朝季年，时多逆节，鞫讯结断，刑狱至严。革命以来，载祀遽积，余风未殄，用法犹深。今推鞫者犹行酷法，妄劾断。臣即按验，奏而劾之，获其枉状，请即付法断罪，亦夺禄贬考，以惭其德。其三司受表及理匦申冤使，不速与夺，致令拥塞，有理不为申者，亦望准前弹奏，贬考夺禄。臣昔处法司，缘蒙擢用，臣无以上答至造，愿以执法酬恩。无纵诡随，不避强御，猛噬鸷击，是臣之分。如蒙允纳，请降敕施行，庶不越旬时，亦可以除残革弊，刑措不用，天下幸甚。"

后润州刺史窦孝谌妻庞氏为奴诬告，云夜解祈福，则天令给事中薛季昶鞫之。季昶锻炼成其罪，庞氏当坐斩。有功独明其无罪。而季昶等反陷有功党援恶逆，奏付法，法司结刑当弃市。有功方视事，令史垂泣以告，有功曰："岂吾独死，而诸人长不死耶？"乃徐起而归。则天览奏，召有功诘之曰："卿比断狱，失出何多？"对曰："失出，臣下之小过；好生，圣人之大德。愿陛下弘大德，则天下幸甚。"则天默然。于是庞氏减死，流于岭表，有功除名为庶人。寻起为左司郎中，累迁司刑少卿。有功谓所亲曰："今身为大理，人命所悬，必不能顺旨诡辞以求苟免。"故前后为狱官，以谏奏枉诛者，三经断死，而执志不渝，酷吏由是少衰，时人比汉之于、张焉。或曰："若狱官皆然，刑措何远。"久之，转司仆少卿。长安二年卒，年六十二，赠司刑卿。

中宗即位，制曰："忠正之臣，自昔攸尚；褒赠之典，旧章所重。故赠大理卿徐有功，节操贞劲，器怀亢直，徇古人之志业，实一代之贤良，司彼刑书，深存敬慎。周兴、来俊臣等性惟残酷，务在诛夷，不顺其情，立加诬害。有功卓然守法，虽死不移，无屈挠之心，有忠烈之议。当其执断，并遇平反，定国、释之，何以加此。朕惟新庶政，追想前迹，其人既殁，其德可称。追往赠终，慰兹泉壤。可赠越州刺史，仍遣使就家吊祭，赐物百段，授一子官。"今上践祚，窦孝谌之子希瑊等请以身之官爵让有功子惀，以报旧恩。惀由是自太子司议郎、恭陵令累迁申王府司马，卒。

史臣曰：文法，理具之大者，故舜命皋陶为士，昌言诫敕，勤亦至焉。盖人命所悬，一失其平，冤不可复，圣王所以疚心也。如临之守法，文瓘之议刑，时属哲王，可

以理夺。当贼后迁鼎之际，酷吏罗织之辰，徐有功独抗群邪，持平不挠，此所以为难也。比释之、定国，徐又过之。希瑊让爵酬恩，可知遗爱。

赞曰：听讼惟明，持法惟平。二者或爽，人何以生？猗欤徐公，獬豸之精。世皆纷浊，不改吾清。

卷八十六　　列传第三十六

高宗中宗诸子

燕王忠　原王孝　泽王上金　许王素节　孝敬皇帝弘 裴居道附　章怀太子贤 子邠王守礼　懿德太子重润　庶人重福　节愍太子重俊　殇帝重茂

高宗八男：则天顺圣皇后生中宗、睿宗及孝敬皇帝弘、章怀太子贤，后宫刘氏生燕王忠，郑氏生原王孝，杨氏生泽王上金，萧淑妃生许王素节。

燕王忠，字正本，高宗长子也。高宗初入东宫而生忠，宴宫僚于弘教殿。太宗幸宫，顾谓宫臣曰："顷来王业稍可，非无酒食，而唐突卿等宴会者，朕初有此孙，故相就为乐耳。"太宗酒酣起舞，以属群臣，在位于是遍舞，尽日而罢，赐物有差。

贞观二十年，封为陈王。永徽元年，拜雍州牧。时王皇后无子，其舅中书令柳奭说后谋立忠为皇太子，以忠母贱，冀其亲己，后然之。奭与尚书右仆射褚遂良、侍中韩瑗 讽 太尉长孙无忌、右仆射于志宁等，固请立忠为储后，高宗许之。三年，立忠为皇太子，大赦天下，五品已上子为父后者赐勋一级。六年，加元服，制大辟罪已下并降一等，大酺三日。其年，王皇后被废，武昭仪所生皇子弘年三岁。礼部尚书许敬宗希旨上疏曰："伏惟陛下宪章千古，含育万邦，爰立圣慈，母仪天下。既而皇后生子，合处少阳。出自涂山，是谓吾君之胤，凤闻胎教，宜展问竖之心。乃复为孽夺宗，降居藩邸，是使前星匿彩，瑶岳韬峰。臣以愚诚，窃所未喻。且今之守器，素非皇嫡，永徽爱始，国本未生，权引彗星，越升明两。近者元妃载诞，正胤降神，重光日融，爟晖宜息。安可以兹傍统，叨据温文？国有诤臣，孰逃其责！窃惟息姑克让，可以思齐；刘疆守藩，宜遵往轨。追迹太伯，不亦休哉？踵武延陵，故常安矣。宁可反植枝干，久易位于天庭；倒袭衣裳，使违方于震位？蠢尔黎庶，云谁系心？垂裕后昆，将何播美？"高宗从之。显庆元年，废忠为梁王，授梁州都督，赐实封二千户，物二万段，甲第一区。其年，转房州刺史。

忠年渐长大，常恐不自安，或私衣妇人之服，以备刺客。又数有妖梦，常自占卜。事发，五年，废为庶人，徙

居黔州，囚于承乾之故宅。麟德元年，又诬忠与西台侍郎上官仪、宦者王伏胜谋反，赐死于流所，年二十二，无子。仪等伏诛。明年，皇太子弘表请收葬，许之。神龙初，追封燕王，赠太尉、扬州大都督。

原王孝，高宗第二子也。永徽元年，封许王。三年，拜并州都督。显庆三年，累除遂州刺史。麟德元年薨，赠益州大都督，谥曰悼。神龙初，追赠原王、司徒、益州大都督。

泽王上金，高宗第三子也。永徽元年，封杞王。三年，遥授益州大都督。乾封元年，累转寿州刺史，有罪免官，削封邑，仍于澧州安置。上金既为则天所恶，所司希旨，求索罪失以奏之，故有此黜。永隆二年二月，则天矫抗表杞王上金、鄱阳王素节许同朝集之例，义阳、宣城二公主缘母萧氏获谴，从夫外官，请授官职。以上金为沔州刺史，素节为岳州刺史，仍不预朝集。嗣圣元年，上金、素节、义阳、宣城二公主听赴哀。文明元年，上金封毕王，素节封为葛王。又改上金封为泽王、苏州刺史，素节许王、隆州刺史。垂拱元年，改陈州刺史。永昌元年，授太子左卫率，出为随州刺史。载初元年，武承嗣使酷吏周兴诬告上金、素节谋反，召至都，系于御史台。舒州刺史、许王素节见杀于都城南驿，因害其党。上金恐惧，自缢死。子义珍、义玫、义璋、义环、义瑾、义璲七人并配流显州而死。神龙初，追复上金官爵，封庶子义珣为嗣泽王。

先是，义珣窜于岭外，匿于佣保之间。及绍封无几，有人告义珣非上金子，假冒袭爵。义珣不能自明，复流于岭外。开元初，封素节子琳为嗣泽王，继上金后。十二年，玉真公主表称义珣实上金遗胤，被嗣许王璆兄弟利其封爵，谋构废之。今上由是削璆王爵，复召义珣为嗣泽王，拜率更令。因是，诸宗室非本宗袭爵，自中兴已后继为嗣王者，皆令归宗，削其爵邑也。

许王素节，高宗第四子也。年六岁，永徽二年，封雍王，寻授雍州牧。素节能日诵古诗赋五百余言，受业于学士徐齐聃，精勤不倦，高宗甚爱之。又转岐州刺史。年十二，改封郇王。

初，则天未为皇后也，与素节母萧淑妃争宠，递相谮毁。六年，则天立为皇后后，淑妃竟为则天所谮毁，幽辱而杀之。素节尤被逸嫉，出为申州刺史。乾封初，下敕曰：「素节既旧疾患，宜不须入朝。」而素节实无疾。素节自以久乖朝觐，遂著《忠孝论》以见意，词多不载。时王府仓曹参军张柬之因使潜封此论以进，则天见之，逾不悦，诬以赃贿，降封鄱阳郡王，仍于袁州安置。仪凤二年，禁锢终身，又改于岳州安置。永隆元年，转岳州刺史，后改封葛王。则天称制，又进封许王，累除舒州刺史。天授中，与上金同被诬告，追赴都。临发州，闻有遭丧哭者，谓左右曰：「病死何由可得，更何须哭！」行至都城南龙门驿，被缢死，年四十三，则天令以庶人礼葬之。中宗即位，追封许王，赠开府仪同三司、许州刺史，仍以礼改葬，陪于乾陵。

素节被杀之时，子瑛、琬、玑、瑒等九人并为则天所杀，惟少子琳、瓘、璆、钦古以年小，特令长禁雷州。神龙初，封瓘为嗣许王。开元初，封琳为嗣越王，以绍越王贞之后。璆为嗣泽王，以继伯父泽王上金之后。琳，官至右监门将军，卒。瓘，开元十一年为卫慰卿。以抑伯上金男不得承袭，以弟璆继之，遽谪瓘为鄂州别驾。于是下诏绝其外继，乃以故泽王上金男义珣为嗣泽王，江王祎为信安郡王，嗣蜀王㻇为广汉郡王，嗣密王彻为濮阳郡王，嗣曹王臻为济国公，嗣赵王琚为中山郡王，武阳郡王继宗为澧国公。瓘累迁邠州刺史、秘书监、守太子詹事。璆性仁厚谨愿，居家邕睦，朝廷重之。天宝六载卒，赠蜀郡大都督。瓘晚有子，命璆子益为嗣。及卒，有解、需二子，皆幼孺。十一载，益袭封泽王。十四载，解娶杨锜女，乃袭许王。璆初为嗣泽王，降为郢国公、宗王卿同正员，特封褒信郡王。进《龙池皇德颂》，迁宗正卿、光禄卿、殿中监。天宝初，重拜宗正卿，加金紫光禄大夫。璆友弟聪敏，闻善若惊，宗子中有一善，无不荐拔，故宗枝居省闼者，多是璆之所举。九载卒，赠江陵大都督。

孝敬皇帝弘，高宗第五子也。永徽四年，封代王。显庆元年，立为皇太子，大赦改元。弘尝受《春秋左氏传》于率更令郭瑜，至楚子商臣之事，废卷而叹曰：「此事臣子所不忍闻，经籍圣人垂训，何故书此？」瑜对曰：「孔子修《春秋》，义存褒贬，故善恶必书。褒善以示代，贬恶以诫后，故使商臣之恶，显于千载。」太子曰：「非唯口不可道，故亦耳不忍闻，请改读余书。」瑜再拜贺曰：「里名胜母，曾子不入；邑号朝歌，墨子回车。殿下至诚孝冥资，睿情天发，凶悖之迹，黜于视听。循奉德音，实深庆跃。臣闻安上理人，莫善于礼，非礼无以事天地之神，非礼无以辨君臣之位，故先王重焉。孔子曰：『不学《礼》，无以立。』请停《春秋》而读《礼记》。」太子从之。龙朔元年，命中书令、太子宾客许敬宗，侍中兼太子右庶子许圉师，中书侍郎上官仪，太子中舍人杨思俭等于文思殿博采古今文集，摘其英词丽句，以类相从，勒成五百卷，名曰《瑶山玉彩》，表上之。制赐物三万段，敬宗已下加级、赐帛有差。总章元年二月，亲释菜司成馆，因请赠颜回太子少师，曾参太子少保，高宗并从之。

时有敕，征边辽军人逃亡限内不首及更有逃亡者，身并处斩，家口没官。太子上表谏曰：「窃闻所司以背军之人，身久不出，家口皆拟没官。亦有限外出首，未经断罪，诸州囚禁，人数至多。或临时遇病，不及军伍，缘兹怖惧，遂即逃亡；或因樵采，被贼抄掠；或渡海来去，漂没沧波，或深入贼庭，有被伤杀。军法严重，皆须相傔。若不及傔，及不因战亡，即同队之人，兼合有罪。遂有无故死失，多注为逃。军旅之中，不暇勘当，直据队司通状，将作真逃，家口令总没官，论情实可哀愍。《书》曰：『与其杀不辜，宁失不经。』伏愿逃亡之家，免其配没。」制从之。

咸亨二年，驾幸东都，留太子于京师监国。时属大旱，关中饥乏，令取廊下兵士粮视之，见有食榆皮蓬实者，乃令家令等各给米使足。是时戴至德、张文瓘兼左庶子，与右庶子萧德昭同为辅弼，太子多疾病，庶政皆决于至德等。时义阳、宣城二公主以母得罪，幽于掖庭，太子见之惊恻，遽奏请令出降。又请以同州沙苑地分借贫人。诏并许之。又召诣东都，纳右卫将军裴居道女为妃。所司奏以白雁为贽，适会苑中获白雁，高宗喜曰："汉获朱雁，遂为乐府；今获白雁，得为婚贽。彼礼但成谣颂，此礼便首人伦，异代相望，我无惭德也。"裴氏甚有妇礼，高宗尝谓侍臣曰："东宫内政，吾无忧矣。"

上元二年，太子从幸合璧宫，寻薨，年二十四。制曰："皇太子弘，生知诞质，惟几毓性。直城趋驾，肃敬著于三朝；中寝问安，仁孝闻于四海。自琰圭在手，沉瘵婴身，顾惟耀掌之珍，特切钟心之念，庶其痊复，以禅鸿名。及膝理微和，将逊于位，而弘天资仁厚，孝心纯确，既承朕命，掩欷不言，因兹感结，旧疾增甚。亿兆攸系，方崇下武之基；五福无徵，俄迁上宾之驾。昔周文至爱，遂延庆于九龄；朕之不慈，遽永诀于千古。天性之重，追怀哽咽，宜申往命，加以尊名。夫谥者，行之迹也；号者，事之表也。慈惠爱亲曰'孝'，死不忘君曰'敬'，谥为孝敬皇帝。"其年，葬于缑氏县景山之恭陵。制度一准天子之礼，百官从权制三十六日降服。高宗亲为制《睿德纪》，并自书之于石，树于陵侧。初，将营筑恭陵，功费钜亿，万姓厌役，呼嗟满道，遂乱投砖瓦而散。

太子无子，长寿中，制令楚王讳继其后。中宗践祚，制祔于太庙，号曰义宗，又追赠妃裴氏为哀皇后。景云元年，中书令姚元之、吏部尚书宋璟奏言："准礼，大行皇帝山陵事终，即合祔庙。其太庙第七室，先祔皇昆义宗孝敬皇帝、哀皇后裴氏神主。伏以义宗未登大位，崩后追尊，至神龙之初，乃特令升祔。《春秋》之义，国君即位未逾年者，不合列昭穆。又古者祖宗各别立庙，孝敬皇帝恭陵既在洛州，望于东都别立义宗之庙，迁祔孝敬皇帝、哀皇后神主，命有司以时享祭，则不违先旨，又协古训，人神允穆，进退得宜。在此神主，望入夹室安置，伏愿陛下以礼断恩。"诏从之。开元六年，有司上言："孝敬皇帝今别庙将建，亨祔有期，准礼，不合更以义宗为庙号，请以本谥孝敬为庙称。"于是始停义宗之号。

裴居道，绛州闻喜人，隋兵部侍郎镜民孙也。父熙载，贞观中为尚书左丞。居道以女为太子妃，则天时，历位纳言、内史、太子少保，封翼国公。载初元年春，为酷吏所陷，下狱死。

章怀太子贤，字明允，高宗第六子也。永徽六年，封潞王。显庆元年，迁授岐州刺史。其年，加雍州牧、幽州都督。时始出阁，容止端雅，深为高宗所嗟赏。高宗尝谓司空李勣曰："此儿已读得《尚书》、《礼记》、《论语》，诵古诗赋复十余篇，暂经领览，遂即不忘。我曾遣读《论语》，至'贤贤易色'，遂再三覆诵。我问何为如此，乃言性爱此言。方知夙成聪敏，出自天性。"龙朔元年，徙封沛王，加扬州都督、兼左武卫大将军，雍州牧如故。二年，加扬州大都督。麟德二年，加右卫大将军。咸亨三年，改名德，徙封雍王，授凉州大都督，雍州牧、右卫大将军如故，食实封一千户。上元元年，又依旧名贤。

上元二上，孝敬皇帝薨。其年六月，立为皇太子，大赦天下，寻令监国。贤处事明审，为时论所称。仪凤元年，手敕褒之曰："皇太子贤自顷监国，留心政要。抚字之道，既尽于哀矜；刑网所施，务存审察。加以听览余暇，专精坟典。往圣遗编，咸窥壶奥；先王策府，备讨菁华。好善载彰，作贞斯在，家国之寄，深副所怀。可赐物五百段。"贤又招集当时学者太子左庶子张大安、洗马刘讷言、洛州司户格希玄、学士许叔牙、成玄一、史藏诸、周宝宁等，注范晔《后汉书》，表上之，赐物三万段，仍以其书付秘阁。

时正议大夫明崇俨以符劾之术为则天所任使，密称"英王状类太宗"。又宫人潜议云"贤是后姊韩国夫人所生"，贤亦自疑惧。则天又尝为贤撰《少阳政范》及《孝子传》以赐之，仍数作书以责让贤，贤逾不自安。调露二年，崇俨为盗所杀，则天疑贤所为。俄使人发其阴谋事，诏令中书侍郎薛元超、黄门侍郎裴炎、御史大夫高智周与法官推鞫之，于东宫马坊搜得皂甲数百领，乃废贤为庶人，幽于别所。永淳二年，迁于巴州。文明元年，则天临朝，令左金吾将军丘神勣往巴州检校贤宅，以备外虞。神勣遂闭于别室，逼令自杀，年三十二。则天举哀于显福门，贬神勣为叠州刺史，追封贤为雍王。神龙初，追赠司徒，仍遣使迎其丧柩，陪葬于乾陵。睿宗践祚，又追赠皇太子，谥曰章怀。有三子：光顺、守礼、守义。

光顺，大授中封安乐郡王，寻被诛。

守义，文明年封犍为郡王。垂拱四年，徙封永安郡王，病卒。

守礼本名光仁，垂拱初改名守礼，授太子洗马，封嗣雍王。时中宗迁于房陵，睿宗虽居帝位，绝人朝谒，诸武赞成革命之计，深嫉宗枝。守礼以父得罪，与睿宗诸子同处于宫中，凡十余年不出庭院。至圣历元年，睿宗自皇嗣封为相王，许出外邸。睿宗诸子五子皆封郡王，与守礼始居于外。神龙元年，中宗纂位，授守礼光禄卿同正员。神龙中，遗诏进封邠王，赐实封五百户。景云二年，带光禄卿，兼幽州刺史，转左金吾卫大将军，遥领单于大都护。先天二年，迁司空。开元初，历虢、陇、襄、晋、滑六州刺史，非奏事及大事，并上佐知州。时宁、申、岐、薛、邠同为刺史，皆择首僚以持纲纪。源乾曜、袁嘉祚、潘好礼皆为邠府长史兼州佐，守礼唯弋猎、伎乐、饮谑而已。九年已后，诸王并征还京师。

守礼以外枝为王，才识猥下，尤不逮岐、薛。多宠嬖，不修风教，男女六十余人，男无中才，女负贞称，守礼居之自若，高歌击鼓。常带数千贯钱债，或有谏之者曰："王年渐高，家累甚众，须有爱惜。"守礼曰："岂有天子兄没人葬？"诸王因内宴言之，以为欢笑。时积阴累日，守礼白于诸王曰："欲晴。"果晴。愆阳涉旬，守礼曰："即雨。"果连澍。岐王等奏之，云："邠哥有术。"守礼曰："臣无术也。则天时以章怀迁谪，臣幽闭宫中十余年，每岁被敕杖数顿，见瘢痕甚厚。欲雨，臣脊上即沉闷，欲晴，即轻健，臣以此知之，非有术也。"涕泗沾襟，玄宗亦悯然。二十九年薨，年七十余，赠太尉。

子承宏，开元初封广武郡王，历秘书员外监，又为宗正卿同正员。广德元年，吐蕃凌犯上都，乘舆幸陕。蕃、浑之众入城，吐蕃宰相马重英立承宏为帝，以于可封、霍瑰等为宰相，补署百余人。旬余日，贼退，郭子仪率众入城，送承宏于行在，上不之责，止于虢州。寻死。承宁，天宝初，授券更令同正员，嗣邠王。承寀，至德二载，封为燉煌郡王，加开府仪同三司。与仆固怀恩使回纥和亲，因纳其女为妃，册为毗伽公主。回纥著勋，承寀甚遇恩宠。乾元元年六月卒，赠司空。

唐法，嗣郡王但加四品阶，亲王子例著绯。开元中，张九龄为中书令，奏请宁、薛王男并赐紫，邠王三男衣紫，余二十人衣绯，官亦不越六局郎，王府掾属仍员外置。十五载，扈从至巴蜀，依例著紫。

中宗四男：韦庶人生懿德太子重润，后宫生庶人重福、节愍太子重俊、殇帝重茂。

懿德太子重润，中宗长子也。本名重照，以避则天讳，故改焉。开耀二年，中宗为皇太子，生重润于东宫内殿，高宗甚悦。及月满，大赦天下，改元为永淳。是岁，立为皇太孙，开府置官属。及中宗迁于房州，其府坐废。圣历初，中宗为皇太子，封为邵王。大足元年，为人所构，与其妹永泰郡主、婿魏王武延基等窃议张易之兄弟何得恣入宫中，则天令杖杀，时年十九。重润风神俊朗，早以孝友知名，既死非其罪，大为当时所悼惜。中宗即位，追赠皇太子，谥曰懿德，陪葬乾陵。仍为聘国子监丞裴粹亡女为冥婚，与之合葬。又赠永泰郡主为公主，令备礼改葬，仍号其墓为陵焉。

庶人重福，中宗第二子也。初封唐昌王，圣历三年，徙封平恩王。长安四年，进封谯王，历迁国子祭酒、左散骑常侍。神龙初，为韦庶人所谮，云与张易之兄弟潜构成重润之罪，由是左授濮州员外刺史，转均州，司防守，不许视事。景龙三年，中宗亲祀南郊，大赦天下，流人并放还。重福不得归京师，尤深郁怏，上表自陈曰："臣闻功同赏异，则劳臣疑；罪均刑殊，则百姓惑。伏惟陛下德侔造化，明齐日月，恩及飞鸟，惠加走兽。近者焚柴展礼，郊祀上玄，万物沾恺悌之仁，六合承旷荡之泽。事无轻重，咸赦除之。苍生并得赦除，赤子偏加摈弃，皇天平分之道，固若此乎？天下之人，闻者为臣流涕。况陛下慈念，岂不愍臣栖惶？伏望舍臣罪愆，许臣朝谒。傥得一仰云陛，再睹陛颜，虽没九泉，实为万足。重投荒徼，亦所甘心。"表奏不报。

及韦庶人临朝，遽令左屯卫大将军赵承恩以兵五百人就均州守卫重福。俄而韦氏伏诛，睿宗即位，又转集州刺史。未及行，洛阳人张灵均进计于重福曰："大王地居嫡长，自合继为天子。相王虽有讨平韦氏功，安可越次而居大位！昔汉诛诸吕，犹迎代王，今东都百官士庶，皆愿王来。王若潜行直诣洛阳，亦是从天上落，遣人袭杀留守，即拥兵西据陕州，东下河北，此天下可图也。"初，景龙三年，郑愔自吏部侍郎出为江州司马，便道诣重福，阴相结托。至是又与灵均通传动静，亦密遣使劝重福构逆，预推尊重福为天子，温王重茂为皇太弟，自署为左丞相。重福乃遣家臣王道先赴东都，潜募勇敢之士，重福遽自均州诈乘驿与灵均继进。

王道始至东都，俄有泄其谋者，洛州司马崔日知捕获其党数十人。顷闻重福至，王道等率众随重福径取左右屯营兵作乱，将至天津桥，愿从者已数百人，皆执持器仗，助其威势。侍御史李邕先诣左掖门，令闭关拒守。又至右屯营号令云："重福虽先帝之子，已得罪于先帝，今者无故入城，必是作乱。君等皆委质圣朝，宜尽诚节，立功立事，以取富贵。"有顷，重福果来夺右屯营，坚壁不动，营中矢射如雨。便趣左掖门，拟取留守，遇门闭，遂纵火以烧城门。左屯营兵又来逼之，重福度穷，出自上东门而遁，匿于山谷间。明日，东都留守裴谈等大出兵搜索，重福窘迫，自投漕河而死，磔尸三日，时年三十一。诏曰："集州刺史谯王重福，幼则凶顽，长而险诐。幸托体于先圣，尝通交于巨逆。子而不子，自绝于天。有国有家，莫容于代。往者颇不含忍，长令幽絷。自大行晏驾，韦氏临朝，将肆屠灭，尤加防卫。洎天有成命，集于朕躬，永怀犹子之情，庶协先亲之义。所以开置僚属，任择刺举，冀其悛改，以祜恩荣。而诖误有徒，狂狡未息。便即私出均州，诈乘驿骑，至于都下，遂遑其谋。先犯屯兵，次烧左掖，计穷力屈，投河而毙。虽人所共弃，邦有常刑，我非不慈，尔自招咎。且闻其故，有恻于怀。昔刘长既殁，楚英遂殒，以礼收葬，抑惟旧章，屈法申恩，宜仍旧宠。可以三品礼葬。"

节愍太子重俊，中宗第三子也。圣历元年，封义兴郡王。长安中，累授卫尉员外少卿。神龙初，封卫王，拜洛州牧，赐实封千户，寻迁左卫大将军，兼遥授扬州大都督。二年秋，立为皇太子。重俊性虽明果，未有贤师傅，举事多不法。俄以秘书监杨璬、太常卿武崇训并为太子宾客。璬等皆主婿年少，唯以蹴鞠猥戏取狎于重俊，竟无调护之意。左庶子姚珽数上疏谏净，右庶子平贞慎又献《孝经议》、《养德传》以讽，重俊皆优纳焉。

时武三思得幸中宫，深忌重俊。三思子崇训尚安乐公主，常教公主凌忽重俊，以其非韦氏所生，常呼之为奴。或劝公主请废重俊为王，自立为皇太女，重俊不胜忿恨。三年七月，率左羽林大将军李多祚、右羽林将军李思冲、李承况、独孤祎之、沙吒忠义等，矫制发左右羽林兵及千骑三百余人，杀三思及崇训于其第，并杀党与十余人。又令左金吾大将军成王千里分兵守宫城诸门，自率兵趋肃章门，斩关而入，求韦庶人及安乐公主所在。又以昭容上官氏素与三思奸通，扣阁索之。韦庶人及公主遽拥帝驰赴玄武门楼，召左羽林将军刘仁景等，令率留军飞骑及百余人于楼下列守。俄而多祚等兵至，欲突玄武门楼，宿卫者拒之；不得进。帝据槛呼多祚等所将千骑，谓曰："汝并是我爪牙，何故作逆？若能归顺，斩多祚等，与汝富贵。"于是千骑王欢喜等倒戈，斩多祚及李承况、独孤祎之、沙吒忠义等于楼下，余党遂溃散。重俊既败，率其属百余骑趋肃章门，奔终南山。帝令长上果毅赵思慎率轻骑追之。重俊至鄠县西十余里，骑不能属，唯从奴数人。会日暮憩林下，为左右所杀。制令枭首于朝，又献之于太庙，并祭三思、崇训尸柩。

睿宗即位，下制曰："朕闻曾氏之孝也，慈亲惑于疑听；赵房之族也，明主哀而望思。历考前闻，率由旧典。

重俊，大行之子，元良守器。往罹构间，困于谗嫉。莫顾铁钺，轻盗甲兵，有此诛夷，无不悲恸。今四凶咸服，十起何追，方申赤军之冤，以纾黄泉之痛。可赠皇太子。"谥曰节愍，陪葬定陵。一子宗晖，开元初封湖阳郡王。初，重俊被害，宫府僚吏莫敢近者，永和丞甯嘉勖解衣裹重俊首号哭，时人义之。宗楚客闻而大怒，收付制狱，贬为平兴丞，寻卒。睿宗践祚，下制曰："甯嘉勖能重名节，事高柔、向，幽涂已往，生气凛然。静言忠义，追存褒宠。可赠永和县令。"宗晖，天宝中为卫尉员外卿。十一载，王鉷反，宗晖以卖宅与鉷，贬涪川郡长史，量移卢阳长史。至德元年，追赴行在所，授特进、鸿胪卿。宗晖无他才，以外族之亲，受恩顾转隆。太常员外卿卒。

殇皇帝重茂，中宗第四子也。圣历三年，封北海王。神龙初，进封温王，授右卫大将军，兼遥领并州大都督，未出阁。景龙四年，中宗崩，韦庶人立重茂为帝，而自临朝称制。及韦氏败，重茂遂逊位，让叔父相王，退居别所。景云二年，改封襄王，迁于集州，令中郎将率兵五百人守卫。开元二年，转房州刺史。寻薨，时年十七，谥曰殇皇帝，葬于武功西原。

史臣曰：前代以嬖妇孽子破国亡家者多矣，然未如大帝、孝和之甚也。高宗八子，二王早世，为武后所毙者四人，章怀以母子之爱，颖悟之贤，犹不免于虎口。况燕、泽、素节异腹之胤乎！覆载胡心，产兹鸩毒，悲夫！孝和母麗，妇傲女暴，如置身群魅之中，安有保其终吉哉！天将涤荡昏氛，非重茂所能枝也。

赞曰：父子天性，嬖能害正。宜曰、申生，翻为不令。唐年钧德，章怀最仁。凶母畏明，取乐于身。

卷八十七　列传第三十七

裴炎　刘祎之　魏玄同　李昭德

裴炎，绛州闻喜人也。少补弘文生，每遇休假，诸生多出游，炎独不废业。岁余，有司将荐举，辞以学未笃而止。在馆垂十载，尤晓《春秋左氏传》及《汉书》。擢明经第，寻为濮州司仓参军。累历兵部侍郎、中书门下平章事、侍中、中书令。

永淳元年，高宗幸东都，留太子哲守京师，命炎与刘仁轨、薛元超为辅。明年，高宗不豫，炎从太子赴东都侍疾。十一月，高宗疾笃，命太子监国，炎奉诏与黄门侍郎刘齐贤、中书侍郎郭正一并于东宫平章事。十二月丁巳，高宗崩，太子即位。未听政，宰臣奏议，天后降令于门下施行。中宗既立，欲以后父韦玄贞为侍中，又欲与乳母子五品，炎固争以为不可。中宗不悦，谓左右曰："我让国与玄贞岂不得，何为惜侍中耶？"炎惧，乃与则天定策废立。炎与中书侍郎刘祎之、羽林将军程务挺、张虔勖等勒兵入内，宣太后令，扶帝下殿。帝曰："我有何罪？"太后报曰："汝若将天下与韦玄贞，何得无罪！"乃废中宗为庐陵王，立豫王旦为帝。炎以定策功，封河东县侯。

太后临朝，天授初，又降豫王为皇嗣。时太后侄武承嗣请立武氏七庙及追王父祖，太后将许之。炎进谏曰："皇太后天下之母，圣德临朝，当存至公，不宜追王祖祢，以示自私。且独不见吕氏之败乎？臣恐后之视今，亦犹今之视昔。"太后曰："吕氏之王，权在生人；今者追尊，事归前代。存殁殊迹，岂可同日而言？"炎曰："蔓草难图，渐不可长。殷鉴未远，当绝其源。"太后不悦而止。时韩王元嘉、鲁王灵夔等皆皇属之近，承嗣与从父弟三思屡劝太后因事诛之，以绝宗室之望。刘祎之、韦仁约并怀畏惮，唯唯无言，炎独固争，以为不可，承嗣深憾之。

文明元年，官名改易，炎为内史。秋，徐敬业构逆，太后召炎议事。炎奏曰："皇帝年长，未俾亲政，乃致猾竖有词。若太后返政，则此贼不讨而解矣。"御史崔察闻而上言，曰："裴炎伏事先朝，二十余载，受遗顾托，大权在己，若无异图，何故请太后归政？"乃命御史大夫骞味道、御史鱼承晔鞫之。凤阁侍郎胡元范奏曰："炎社稷忠臣，有功于国，悉心奉上，天下所知，臣明其不反。"右卫大将军程务挺密表申理之，文武之间证炎不反者甚众，太后皆不纳。光宅元年十月，斩炎于都亭驿之前街。炎初被擒，左右劝炎逊词于使者，炎叹曰："宰相下狱，焉有更全之理！"竟无折节。及籍没其家，乃无儋石之蓄。胡元范，申州义阳人，坐救炎流死琼州。程务挺伏法，纳言刘齐贤贬吉州长史，吏部侍郎郭待举贬岳州刺史，皆坐救炎之罪也。

先是，开耀元年十月，定襄道行军大总管裴行俭献定襄所获俘囚，除曲赦外，斩阿史那伏念，温傅等五十四人于都市。初，行俭讨伐之时，许伏念以不死，伏念乃降。时炎害行俭之功，奏云："伏念是程务挺、张虔勖逼逐于营，又碛北回纥南逼之，窘急而降。"乃杀之。行俭叹曰："浑、浚之事，古今耻之。但恐杀降之后，无复来者。"行俭因此称疾不出。炎致国家负义而杀降，妬能害功，构成阴祸，其败也宜哉！

睿宗践祚，下制曰："饰终追远，斯乃旧章；表德旌贤，有光恒策。故中书令裴炎，含弘禀粹，履信居贞，望重国华，才称人秀。唯几成务，绩宣于代工；偶居无猜，义深于奉上。文明之际，王室多虞，保乂朕躬，实著诚节。而危疑起畔，仓卒罹灾，岁月屡迁，丘封莫树。永言先正，感悼良多。宜追贲于九原，俾增荣于万古。可赠益州大都督。"炎长子彦先，后为太子舍人；从子伷先，后为工部尚书。

刘祎之，常州晋陵人也。祖兴宗，陈鄱阳王谘议参军。父子翼，善吟讽，有学行。隋大业初，历秘书监，河东柳顾言甚重之。性不容非，朋僚有短，常面折之。友人李伯药常称曰："刘四虽复骂人，人都不恨。"贞观元年，诏追入京，以母老固辞，太宗许其终养。江南大使李袭誉嘉其至孝，恒以米帛赉之，因上表旌其门闾，改所居为孝慈里。

母卒，服竟，征拜吴王府功曹，再迁著作郎、弘文馆直学士，预修《晋书》，加朝散大夫。永徽初卒，高宗遣使吊赠，给灵舆还乡。有集二十卷。

袆之少与孟利贞、高智周、郭正一俱以文藻知名，时人号为刘、孟、高、郭。寻与利贞等同直昭文馆。上元中，迁左史、弘文馆直学士，与著作郎元万顷，左史范履冰、苗楚客，右史周思茂、韩楚宾等皆召入禁中，共撰《列女传》、《臣轨》、《百僚新诫》、《乐书》，凡千余卷。时又密令参决，以分宰相之权，时人谓之"北门学士"。袆之兄懿之，时为给事中，兄弟并居两省，论者美之。

仪凤二年，转朝议大夫、中书侍郎，兼豫王府司马，寻加中大夫。袆之有姊在宫中为内职，天后令省荣国夫人之疾，袆之潜伺见之，坐是配流巂州。历数载，天后表请高宗召还，拜中书舍人。转相王府司马，复迁检校中书侍郎。高宗谓曰："相王朕之爱子，以卿忠孝之门，藉卿师范，所冀蓬生麻中，不扶自直耳。"袆之居家孝友，甚为士族所称，每得俸禄，散于亲属，高宗以此重之。则天临朝，甚见亲委。及豫王立，袆之参预其谋，擢拜中书侍郎、同中书门下三品，赐爵临淮男。时军国多事，所有诏敕，独出袆之，构思敏速，皆可立待。及官名改易，袆之为凤阁侍郎、同凤阁鸾台三品。

时有司门员外郎房先敏得罪，左授卫州司马，诣宰相陈诉。内史骞味道谓曰："此乃皇太后处分也。"袆之谓先敏曰："缘坐改官，例从臣下奏请。"则天闻之，以味道善则归己，过则推君，贬青州刺史。以袆之推善于君，引过在己，加授太中大夫，赐物百段、细马一匹。因谓侍臣曰："夫为臣之体，在扬君之德，君德发扬，岂非臣下之美事？且君为元首，臣作股肱，情同休戚，义均一体。未闻以手足之疾移于腹背，而得一体安者。味道不存忠赤，已从屏退。袆之竭忠奉上，情甚可嘉。"纳言王德真对曰："昔戴至德每有善事，必推于君。"太后曰："先朝每称至德能有此事，逮其终殁，有制褒崇。为臣之道，岂过斯行，传名万代，可不善欤！"

仪凤中，吐蕃为边患，高宗谓侍臣曰："吐蕃小丑，屡犯边境，我比务在安辑，未即诛夷。而戎狄豺狼，不识恩造，置之则疆场日骇，图之则未闻上策，宜论得失，各尽所怀。"时刘景仙、郭正一、皇甫文亮、杨思征、薛元超各有所奏。袆之时为中书舍人，对曰："臣观自古明王圣主，皆患夷狄。吐蕃时扰边隅，有同禽兽，得其土地，不可攸居，被其凭凌，未足为耻。愿戢万乘之威，且宽百姓之役。"高宗嘉其言。

后袆之尝窃谓凤阁舍人贾大隐曰："太后既能废昏立明，何用临朝称制？不如返政，以安天下之心。"大隐密奏其言。则天不悦，谓左右曰："袆之我所引用，乃有背我之心，岂复顾我恩也！"垂拱三年，或诬告袆之受归诚州都督孙万荣金，兼与许敬宗妾有私，则天特令肃州刺史王本立推鞠其事。本立宣敕示袆之，袆之曰："不经凤阁鸾台，何名为敕？"则天大怒，以为拒捍制使，乃赐死于家，时年五十七。

初，袆之既下狱，睿宗为之抗疏申理，袆之亲友咸以为必见原宥，窃贺之。袆之曰："吾必死矣。太后临朝独断，威福任己，皇帝上表，徒使速吾祸也。"袆之在狱时，尝上疏自陈。及临终，既洗沐，而神色自若，命其子执笔草谢表，其子将绝，殆不能书。监刑人促之。袆之乃自操数纸，援笔立成，词理恳至，见者无不伤痛。时麟台郎郭翰、太子文学周思钧共称叹其文，则天闻而恶之，左迁翰为巫州司法，思钧为播州司仓。睿宗即位，以袆之宫府旧僚，追赠中书令。有集七十卷，传于时。

魏玄同，定州鼓城人也。举进士。累转司列大夫。坐与上官仪文章属和，配流岭外。上元初赦还。工部尚书刘审礼荐玄同有时务之才，拜岐州长史。累迁至吏部侍郎。玄同以既委选举，恐未尽得人之术，乃上疏曰：

臣闻制器者必择匠以简材，为国者必求贤以莅官。匠之不良，无以成其工；官之非贤，无以致于理。君者，所以牧人也；臣者，所以佐君也。君不养人，失君道矣；臣不辅君，失臣任矣。任人者，诚国家之基本，百姓之安危也。方今人不加富，盗贼不衰，狱讼未清，礼义犹阙者，何也？下吏不称职，庶官非其才也。官之不得其才者，取人之道，有所未尽也。臣又闻傅说曰："明王奉若天道，建邦设都，树后王君公，承以大夫师长，不惟逸豫，惟以理人。"昔之邦国，今之州县，土有常君，人有定主，自求臣佐，各选英贤，其大臣乃命于王朝耳。秦并天下，罢侯置守，汉氏因之，有沿有革。诸侯得自置吏四百石以下，其傅相大官，则汉为置之。州郡掾吏、督邮从事，悉任之于牧守。爰自魏、晋，始归吏部，递相祖袭，以迄于今。用刀笔以量才，案簿书而察行，法令之弊，其来自久。

盖君子重因循而惮改作，有不得已者，亦当运独见之明，定卓然之议。如今选司所行者，非上皇之令典，乃近代之权道，所宜迁革，实为至要。何以言之？夫尺丈之量，所及者盖短；钟庾之器，所积者宁多。非其所及，焉能度之；非其所受，何以容之？况天下之大，士人之众，而可委之数人之手乎？假使平如权衡，明如水镜，力有所极，照有所穷，铨综既多，紊失斯广。又以比居此任，时有非人。岂直愧彼清通，昧于甄察；亦将竭其庸妄，糅彼棼丝。情故既行，何所不至？赃私一启，以及万端。至乃为人择官，为身择利，顾亲疏而下笔，看势要而措情。悠悠风尘，此焉奔兢；扰扰游宦，同乎市井。加以厚貌深衷，险如溪壑，择言观行，犹惧不周。今使百行九能，折于一面，具僚庶品，专断于一司，不亦难矣！且魏人应运，所据者乃三分；晋氏播迁，所临者非一统。逮乎齐、宋，以及周、隋，战争之日多，安泰之时少，瓜分瓦裂，各在一方。隋氏平陈，十余年耳，接以兵祸，继以饥馑，既德业之不逮，或时事所未遑，非谓是今而非古也。武德、贞观，与今亦异，皇运之初，庶事草创，岂唯日不暇给，亦乃人物常稀。天祚大圣，享国永年，比屋可封，异人间出。咸以为有道耻贱，得时无怠，诸色入流，岁以千计。群司列位，无复新加，官有常员，人无定限。选集之始，雾积云屯，擢叙于终，十不收一。淄渑杂混，玉石难分，用舍去留，得失相半。抚即事之为弊，知及后之滋失。

夏、殷已前，制度多阙，周监二代，焕乎可睹。盖诸侯之臣，不皆命于天子，王朝庶官，亦不专于一职。故周穆王以伯冏为太仆正，命之曰："慎简乃僚，无以巧言令色便僻侧媚，唯吉士。"此则令其自择下吏之文也。太仆正，中大夫耳，尚以僚属委之，则三公九卿，亦必然矣。《周礼》：太宰、内史，并掌爵禄废置；司徒、司马，别掌兴贤诏事。当是分任于群司，而统之以数职，各自求其小者，而王命其大者焉。夫委任责成，君之体也，所委者当，所用者精，故能得济济之多士，盛芃芃之棫朴。

裴子野有言曰："官人之难，先王言之尚矣。居家视其孝友，乡党服其诚信，出入观其志义，忧难取其智谋。烦之以事，以观其能；临之以利，以察其廉。《周礼》始于学校，论之州里，告诸六事，而后贡之王庭。其在汉家，尚犹然矣。州郡积其功能，然后为五府所辟，五府举其掾属而升于朝，三公参得除署，尚书奏之天子。一人之身，所关者众；一士之进，其谋也详。故官得其人，鲜有败事。魏、晋反是，所失弘多。"子野所论，盖区区之宋朝耳，犹谓不胜其弊，而况于当今乎！

又夫从政莅官，不可以无学。故《书》曰："学古入官，议事以制。"《传》曰："我闻学以从政，不闻以政入学。"今贵戚子弟，例早求官，髫龀之年，已腰银艾，或童卯之岁，已袭朱紫。弘文崇贤之生，千牛辇脚之类，课试既浅，艺能亦薄，而门阀有素，资望自高。夫象贤继父，古之道也。所谓胄子，必裁诸学，修六礼以节其性，明七教以兴其德，齐八政以防其淫，举上贤以崇德，简不肖以黜恶。少则受业，长而出仕，并由德进，必以才升，然后可以利用宾王，移家事国。少仕则废学，轻试则无才，于此一流，良足惜也。又勋官三卫流外之徒，不待州县之举，直取之于书判，恐非先德而后言才之义也。

臣又以为国之用人，有似人之用财。贫者厌糟糠，思短褐；富者余粮肉，衣轻裘。然则当衰弊乏贤之时，则可磨策朽钝而乘驭之；在太平多士之日，亦宜妙选髦俊而任使之。《诗》云："翘翘错薪，言刈其楚。"楚，荆也，在薪之翘翘者。方之用才，理亦当尔，选人幸多，尤宜简练。臣窃见制书，每令三品、五品荐士，下至九品，亦令举人，此圣朝侧席旁求之意也。但褒贬不甚明，得失无大隔，故人上不忧黜责，下不尽搜扬，苟以应命，莫慎average其举。且惟贤知贤，圣人笃论，伊、皋既举，不仁咸远。复患阶秩虽同，人才异等，身且滥进，鉴岂知人？今欲务得实才，兼宜择其举主。流清以源洁，影端由表正，不详举主之行能，而责举人之庸滥，不可得已。《汉书》云："张耳、陈余之宾客、厮役，皆天下俊杰。"彼之蕞尔，犹

能若斯，况以神皇之圣明，国家之德业，而不建久长之策，为无穷之基，尽得贤取士之术，而但顾望魏、晋之遗风，留意周、隋之末事，臣窃惑之。伏愿稍回圣虑，时采刍言，略依周、汉之规，以分吏部之选。即望所用精详，鲜于差失。

疏奏不纳。弘道初，转文昌左丞，兼地官尚书、同中书门下三品。则天临朝，迁太中大夫、鸾台侍郎，依前知政事。垂拱三年，加银青光禄大夫，检校纳言，封钜鹿男。玄同素与裴炎结交，能保始终，时人呼为"耐久朋"。而与酷吏周兴不协。永昌初，为周兴所构，云玄同言："太后老矣，须复皇嗣。"太后闻之，怒，乃赐死于家。监刑御史房济谓玄同曰："何不告事，冀得召见，当自陈诉。"玄同叹曰："人杀鬼杀，有何殊也，岂能为告人事乎！"乃就刑，年七十三。子恬，开元中为颍王傅。

李昭德，京兆长安人也。父乾祐，贞观初为殿中侍御史。时有郿令裴仁轨私役门夫，太宗欲斩之。乾祐奏曰："法令者，陛下制之于上，率土尊之于下，与天下共之，非陛下独有也。仁轨犯轻罪而致极刑，是乖画一之理。刑罚不中，则人无所措手足。臣忝宪司，不敢奉制。"太宗意解，仁轨竟免。乾祐寻迁侍御史。母卒，庐于墓侧，负土成坟，太宗遣使就墓吊之，仍旌表其门。后历长安令、治书御史，皆有能名，擢拜御史大夫。乾祐与中书令褚遂良不协，竟为遂良所构。永徽初，继为邢、魏等州刺史。乾祐虽强直有器干，而昵于小人，既典外郡，与令史结友，书疏往返，令伺朝廷之事。俄为友人所发，坐流爱州。乾封中，起为桂州都督，历拜司刑太常伯。举京兆功曹参军崔擢为尚书郎，事既不果，私以告擢。后擢有犯，乃告乾祐泄禁中语以赎罪，乾祐复坐免官。寻卒。

昭德，即乾祐之孽子也。强干有父风。少举明经，累迁至凤阁侍郎。长寿二年，增置夏官侍郎三员，时选昭德与娄师德、侯知一为之。是岁，又迁凤阁鸾台平章事，寻加检校内史。长寿中，神都改作文昌台及定鼎、上东诸门，又城外郭，皆昭德创其制度，时人以为能。初，都城洛水天津之东，立德坊西南隅，有中桥及利涉桥，以通行李。上元中，司农卿韦机始移中桥置于安众坊之左街，当长夏门，都人甚以为便，因废利涉桥，所省日计。然岁为洛水冲注，常劳治葺。昭德创意积石为脚，锐其前以分水势，自是竟无漂损。

时则天以武承嗣为文昌左相，昭德密奏曰："承嗣，陛下之侄，又是亲王，不宜更在机权，以惑众庶。且自古帝王，父子之间犹相篡夺，况在姑侄，岂得委权与之？脱若乘便，宝位宁可安乎？"则天矍然曰："我未之思也。"承嗣亦尝返谮昭德，则天曰："自我任昭德，每获高卧，是代我劳苦，非汝所及也。"承嗣俄转太子少保，罢知政事。延载初，凤阁舍人张嘉福令洛阳人王庆之率轻薄恶少数百人诣阙上表，请立武承嗣为皇太子。则天不许，庆之固请不已，则天令昭德诘责之，令散。昭德便杖杀庆之，余众乃息。昭德因奏曰："臣闻文武之道，布在方策，岂有

侄为天子而为姑立庙乎！以亲亲言之，则天皇是陛下夫也，皇嗣是陛下子也，陛下正合传之子孙，为万代计。况陛下承天皇顾托而有天下，若立承嗣，臣恐天皇不血食矣。"则天寤之，乃止。

时朝廷谀佞者多获进用，故幸恩者，事无大小，但近谄谀，皆获进见。有人于洛水中获白石数点赤，诣阙辄进。诸宰相诘之，对云："此石赤心，所以来进。"昭德叱之曰："此石赤心，洛水中余石岂能尽反耶？"左右皆笑。是时，来俊臣、侯思止等枉挠刑法，诬陷忠良，人皆慑惧，昭德每廷奏其状，由是俊臣党与少自摧屈。来俊臣又尝弃故妻而娶太原王庆诜女，侯思止亦奏娶赵郡李自挹女，敕政事堂共商量。昭德抚掌谓诸宰相曰："大可笑！往年俊臣贼劫王庆诜女，已大辱国。今日此奴又请索李自挹女，无乃复辱国耶！"寻奏寝之。侯思止后竟为昭德所绳，榜杀之。

既而昭德专权用事，颇为朝野所恶。前鲁王府功曹参军丘愔上疏言其罪状曰：

臣闻百王之失，皆由权归于下。宰臣持政，常以势盛为殃。魏冉诛庶族以安秦，非不忠也。弱诸候以强国，亦有功也。然以出入自专，击断无忌，威震人主，不闻有王，张禄一进深言，卒用忧死。向使昭王不即觉悟，魏冉果以专权，则秦之霸业，或不传其子孙。陛下创业兴王，拨乱英主，总权收柄，司契握图。天授已前，万机独断，发命皆中，举事无遗，公卿百僚，具职而已。自长寿已来，厌倦细政，委任昭德，使掌机权。然其虽干济小才，不堪军国大用。直以性好凌轹，气负刚强，盲聋下人，刍狗同列，刻薄庆赏，矫枉宪章，国家所赖者微，所妨者大。天下杜口，莫敢一言，声威禽赫，日已炽盛。臣近于南台见敕目，诸处奏事，陛下已依，昭德请不依，陛下便不依。如此改张，不可胜数。昭德参奉机密，献可替否，事有便利，不预谘谋，要待画旨将行，方始别生驳异。扬露专擅，显示于人，归美引愆，义不如此。州县列位，台寺庶官，入谒出辞，望慑习气。一切奏谳，与夺事宜，皆承旨意，附会上言。今有秩之吏，多为昭德之人。陛下勿谓昭德小心，是我手臂。臣观其胆，乃大于身，鼻息所冲，上拂云汉。近者新陷来、张两族，兼挫侯、王二仇，锋锐更不可当，方寸良难窥测。书曰：知人亦未易，人亦未易知。汉光武将宠庞萌，可以托孤，卒为戎首。魏明帝期司马懿以安国，竟肆奸回。夫小家治生，有千百之资，将以托人，尚忧失授。况兼天下之重，而可轻忽委任者乎！今昭德作福专威，横绝视野，爱憎与夺，旁若无人。陛下恩遇至深，敝过甚厚。臣闻蚁穴坏堤，针芒泻气，涓涓不绝，必成江河。履霜坚冰，须防其渐，权重一去，收之极难。臣又闻轻议近臣，犯颜深谏，明君圣主，亦有不容。臣熟知今日言之于前，明日伏诛于后。但使国安身死，臣实不悔。陛下深览臣言，为万姓自爱。

时长上果毅邓注又著《硕论》数千言，备述昭德专权之状，凤阁舍人逢弘敏遂奏其论。则天乃恶昭德，谓纳言姚璹曰："昭德身为内史，备荷殊荣，诚如所言，实负于国。"延载初，左迁钦州南宾尉，数日，又命免死配流。寻又召拜监察御史。时太仆少卿来俊臣与昭德素不协，乃诬构昭德有逆谋，因被下狱，与来俊臣同日而诛。是日大雨，士庶莫不痛昭德而庆俊臣也。相谓曰："今日天雨，可谓一悲一喜矣。"神龙中，降制曰："故李昭德勤格在公，强直自达。立朝正色，不吐刚以茹柔；当轴励词，必抗情以历诋。埇隉府寺，树绩良多，变更规模，殁而不朽。道沦福善，业亏嫉恶，名级不追，风流将沫。式旌壤树，光被幽明，可赠左御史大夫。"德宗建中三年，加赠司空。

史臣曰：裴炎位居相辅，时属艰难，历览前踪，非无忠节。但见迟而虑浅，又遭命以会时。何者，当是时，高宗晏驾尚新，武氏革命未见，炎也唯虑中宗之过失，是其浅也；不见太后之苞藏。是其迟也。及乎承嗣请封祖祢，三思劝杀宗亲，然后徒有谏章，何尝济事，是幸遗托，岂痛伏诛。时论则然，迟浅须信。况闻睹构逆则示其闲暇，俾杀降则彰彼猜嫌，小数有余，大度何足，又其验也。

祎之名父之子，谅知其才，著述颇精，履历无愧。师范王府，秉执相权，咸有能名，固慊群议。何乃失言于大隐，取金于万荣，潜见内人，私通嬖妾，使浊迹玷其清誉，淫行污于贞名。若言俗困滥刑，公行诬告，即又自昧周防之道，人非尽戮之冤。赐死于家，犹为多幸，临终不挠，抑又徒劳。

玄同富于词学，公任权衡，当为典选之时，备疏挥才之理。但以高宗弃代之后，则天居位之间，革命是怀，附己为爱，苟一言之不顺，则赤族以难逃。是以唐之名臣，难忘中兴之计；周之酷吏，常谋并进之谗。玄同欲复皇储，固宜难免，死而无过，人杀何妨。

昭德强干为臣，机巧莅事，凡所制置，动有规模。武承嗣方持左相权，将立为皇太子，寻更所任，复寝其谋，咸由昭德之言，能拒则天之旨。又观其诛侯思止，法王庆之，挫来俊臣，致朋党渐衰，谀佞稍退。又则天谓承嗣曰："我任昭德，每获高卧，代我劳苦，非汝所及也。"此则强干机巧之验焉。公忠之道，亦在其中矣。不然，则何以致是哉！若使昭德用谦御下，以柔守刚，不恃专权，常能寡过，则复皇嗣而非晚，保臣节而必终。盖由道乏弘持，器难苞贮，纯刚是失，卷智不全。所以丘愔抗陈，邓注深论，瓦解而固难收拾，风摧而岂易扶持。自取诛夷，人谁怨怼？

赞曰：政无刑法，时属艰危。裴炎之智，虑浅见迟。祎之履行，贷色自欺。昭德强猛，何由不亏？死无令誉，孰谓非宜。玄同不幸，颠殒亦随。

卷八十八　　列传第三十八

韦思谦子承庆　嗣立　**陆元方**子象先
苏瑰子颋

　　韦思谦,郑州阳武人也。本名仁约,字思谦,以音类则天父讳,故称字焉。其先自京兆南徙,家于襄阳。举进士,累补应城令,岁余调选。思谦在官,坐公事微殿,旧制多未叙进。吏部尚书高季辅曰:"自居选部,今始得此一人,岂以小疵而弃大德。"擢授监察御史,由是知名。尝谓人曰:"御史出都,若不动摇山岳,震慑州县,诚旷职耳。"时中书令褚遂良贱市中书译语人地,思谦奏劾其事,遂良左授同州刺史。及遂良复用,思谦不得进,出为清水令。谓人曰:"吾狂鄙之性,假以雄权,触机便发,固宜为身灾也。大丈夫当正色之地,必明目张胆以报国恩,终不能为碌碌之臣保妻子耳。"左肃机皇甫公义检校沛王府长史,引思谦为同府仓曹,谓思谦曰:"公岂池中之物,屈公为数旬之客,以望此府耳。"累迁右司郎中。

　　永淳初,历尚书左丞、御史大夫。时武候将军田仁会与侍御史张仁祎不协而诬奏之。高宗临轩问仁祎,仁祎惶惧,应对失次。思谦历阶而进曰:"臣与仁祎连曹,颇知事由。仁祎懦而不能自理。若仁会眩惑圣聪,致仁祎非常之罪,即臣亦事君不尽矣。请专对其状。"辞辩纵横,音旨明畅,高宗深纳之。思谦在宪司,每见王公,未尝行拜礼。或劝之,答曰:"雕鹗鹰鹯,岂众禽之偶,奈何设拜以狎之?且耳目之官,固当独立也。"初拜左丞,奏曰:"陛下为官择人,非其人则阙。今不惜美锦,令臣制之,此陛下知臣之深,亦微臣尽命之秋。"振举纲目,朝廷肃然。

　　则天临朝,转宗正卿,会官名改易,改为司属卿。光宅元年,分置左、右肃政台,复以思谦为右肃政大夫。大夫旧与御史抗礼,思谦独坐受其拜。或以为辞,思谦曰:"国家班列,自有差等,奈何以姑息为事耶?"垂拱初,赐爵博昌县男,迁凤阁鸾台三品。二年,代苏良嗣为纳言。三年,上表告老请致仕。许之,仍加太中大夫。永昌元年九月,卒于家,赠幽州都督。二子:承庆、嗣立。

　　承庆,字延休。少恭谨,事继母以孝闻。弱冠举进士,补雍王府参军。府中文翰,皆出于承庆,辞藻之美,擅于一时。累迁太子司议郎。仪凤四年五月,诏皇太子贤监国。时太子颇近声色,与户奴等款狎,承庆上书谏曰:

　　臣闻太子者,君之贰,国之本也。所以承宗庙之重,系亿兆之心,万国以贞,四海属望。殿下以仁孝之德,明睿之姿,岳峙泉渟,金贞玉裕。天皇升殿下以储副,寄殿下以监抚,欲使照无不及,恩无不覃,百僚仰重曜之晖,万姓闻浒雷之响。

　　夫君无民,无以保其位;人非食,无以全其生。故孔子曰:"百姓足,君孰与不足;百姓不足,君孰与足?"自顷年已来,频有水旱,菽粟不能丰稔,黎庶自致煎穷。今夏亢阳,米价腾踊,贫窭之室,无以自资,朝夕遑遑,唯忧馁馑。下人之瘼,实可哀矜,稼穑艰难,所宜详悉。天皇所以垂衣北极,殿下所以守器东宫,为天下之所尊,得天下之所利者,岂唯上玄之幽赞,亦百姓之力也。百姓危,则社稷不得独安。百姓乱,则帝王不能独理。故古之明君,饱而知人饥,温而知人寒,每以天下为忧,不以四海为乐。今关、陇之外,凶寇凭凌,西土编氓,雕丧将尽,干戈日用,烽柝荐兴,千里有劳于馈粮,三农不遑于稼穑。殿下为臣为子,乃国乃家。为臣在于竭忠,为子期于尽孝。在家不可以自逸,在国不可以自康。一物有亏,圣上每留神念;三边或梗,殿下岂不兢怀。况当养德之秋,非是任情之日。

　　伏承北门之内,造作不常,玩好所营,或有烦费。倡优杂伎,不息于前,鼓吹繁声,亟闻于外,既喧听览,且黩宫闱。兼之仆隶小人,缘此得亲左右,亦既奉承颜色,能不恃托恩光。作福作威,莫不由此,不加防慎,必有愆非。傥使微累德音,于后悔之何及?《书》云:"不作无益害有益。"此皆无益之事,固不可耽而悦之。

　　臣又闻"高而不危,所以长守贵;满而不溢,所以长守富。"是知高危不可不慎,满溢不可不持。《易》曰:"君子终日乾乾,夕惕若厉,无咎。"敬慎之谓也。在于凡庶,能守而行之,犹可以高振声华,坐致荣禄。况殿下有少阳之位,有天挺之姿,片善而天下必闻,小能而天下咸服,岂可不为尽善尽美之道,以取可大可久之名哉!伏愿博览经书以广其德,屏退声色以抑其情。静默无为,恬虚寡欲,非礼勿动,非法不言。居处服玩,必循节俭;畋猎游娱,不为纵逸。正人端士,必引而亲之;便僻侧媚,必斥而远之。使惠声溢于远近,仁风翔于内外,则可以克享终吉,长保利贞,为上嗣之称首,奉圣人之鸿业者矣。

　　又尝为《谕善箴》以献太子。太子善之,赐物甚厚。承庆又以人之用心,多扰浊躁躁,罕诣冲和之境,乃著《灵台赋》以广其志,辞多不载。

　　调露初,东宫废,出为乌程令,风化大行。长寿中,累迁凤阁舍人,兼掌天官选事。承庆属文迅捷,虽军国大事,下笔辄成,未尝起草。寻坐忤大臣旨,出为沂州刺史。未几,诏复旧职,依前掌天官选事。久之,以病免,改授太子谕德。后历豫、虢等州刺史,颇著声绩,制书褒美。长安初,入为司仆少卿,转天官侍郎,兼修国史。承庆自天授以来,三掌天官选事,铨授平允,海内称之。寻拜凤阁侍郎、同凤阁鸾台平章事,仍依旧兼修国史。神龙初,坐附推张易之弟昌宗失实,配流岭表。时易之等既伏诛,承庆去巾解带而待罪。时欲草赦书,众议以为无如承庆者,乃召承庆为之。承庆神色不挠,援笔而成,辞甚典美,当时咸叹服之。岁余,起授辰州刺史,未之任,入为秘书员外少监,兼修国史。寻以修《则天实录》之功,赐爵扶阳县子,赉物五百段。又制撰《则天皇后纪圣文》,中宗称善，特加银青光禄大夫。俄授黄门侍郎，仍依旧兼修国史，未拜而卒。中宗伤悼久之，乃召其弟相州刺史嗣立令赴葬事，仍拜黄门侍郎，令继兄位，其见用如此。赠秘书监，谥曰温。子长裕，膳部员外郎。

嗣立，承庆异母弟也。母王氏，遇承庆甚严，每有杖罚，嗣立必解衣代，母不听，辄私自杖，母察知之，渐加恩贷，议者比晋人王祥、王览。少举进士，累补双流令，政有殊绩，为蜀中之最。三迁莱芜令。会承庆自凤阁舍人以疾去职，则天召嗣立谓曰："卿父往日尝谓朕曰：'臣有两男忠孝，堪事陛下。'自卿兄弟效职，如卿父言。今授卿凤阁舍人，令卿兄弟自相替代。"即日迁凤阁舍人。时学校颓废，刑法滥酷，嗣立上疏谏曰：

臣闻古先哲王立学官，掌教国子以六德、六行、六艺，三教备而人道毕矣。《礼记》曰："化人成俗，必由学乎。"学之于人，其用盖博。故立太学以教于国，设庠序以化于邑，王之诸子、卿大夫士之子及国之俊选皆造焉。八岁入小学，十五入太学。春秋教以《礼》、《乐》，冬夏教以《诗》、《书》。是以教洽而化流，行成而不悖。自天子以至于庶人，未有不须学而成者也。

国家自永淳已来，二十余载，国学废散，胄子衰缺，时轻儒学之官，莫存章句之选。贵门后进，竞以侥幸升班；寒族常流，复因凌替弛业。考试之际，秀茂罕登，驱之临人，何以从政？又垂拱之后，文明在辰，盛典鸿休，日书月至，因藉际会，入仕尤多。加以逸邪凶党来俊臣之属，妄执威权，恣行枉陷，正直之伍，死亡为忧，道路以目，人无固志，罕有执不挠之怀，殉至公之节，偷安苟免，聊以卒岁。遂使纲领不振，请托公行，选举之曹，弥长渝滥。随班少经术之士，摄职多庸琐之才，徒以猛暴相夸，罕能清惠自勖。使海内黔首，骚然不安，州县官僚，贪鄙未息，而望事必循理，俗致康宁，不可得也。陛下诚能下明制，发德音，广开庠序，大敦学校，三馆生徒，即令追集。王公已下子弟，不容别求仕进，皆入国学，服膺训典。崇饰馆庙，尊尚儒师，盛陈奠菜之仪，宏敷讲说之会，使士庶观听，有所发扬，弘奖道德，于是乎在。则四海之内，靡然向风，延颈举足，咸知所向。然后审持衡镜，妙择良能，以之临人，寄之调俗。则官无侵暴之政，人有安乐之心，居人则相与乐业，百姓则皆恋桑梓，岂复忧其逃散而贫窭俞！今天下户口，亡逃过半，租调既减，国用不足。理人之急，尤切于兹。故知务学之源，岂唯润身进德而已？将以诲人利国，可不务之哉！

臣闻尧、舜之日，画其衣冠；文、景之时，几致刑措。历兹千载，以为美谈。臣伏惟陛下睿哲钦明，穷神知化，自轩、昊已降，莫之与京。独有往之论法，或未尽善，皆由主司奸凶，惑乱视听。寻而陛下圣察，具详之矣，然竟未能显其本源，明其前事，令天下万姓识陛下本心，尚使四海多衔冤之人，九泉有抱痛之鬼。臣诚愚暗，不识大纲，请为陛下始末而言其事。

扬、豫之后，刑狱渐兴，用法之伍，务于穷竟，连坐相牵，数年不绝。遂使巨奸大猾伺隙乘间，内苞豺狼之心，外示鹰鹯之迹，阴图潜结，共相影会，构似是之言，成不赦之罪。皆深于巧诋，恣行楚毒，人不胜痛，便乞自诬，公卿士庶，连颈受戮。道路籍籍，虽知非辜，而锻炼已成，辩占皆合。纵皋陶为理，于公定刑，则谓污宫毁柩，犹未塞责。虽陛下仁慈哀念，恤狱缓死，及览辞状，便已周密，皆谓勘鞫得情，是其实犯，虽欲宽舍，其如法何？于是小乃身诛，大则族灭，相缘共坐者，不可胜言。此岂宿构仇嫌，将申报复，皆图苟成功效，自求官赏。当时称传，谓为罗织。其中陷刑得罪者，虽有敏识通材，被告言者便遭枉抑，心徒痛其冤酷，口莫能以自明。或受诛夷，或遭窜殛，并甘心引分，赴之如归。故知弄法徒文，伤人实甚。赖陛下特回圣察，昭然详究。周兴、丘勔之类，弘义、俊臣之徒，皆相次伏诛，事暴遐迩，而朝野庆泰，若再睹阳和。且如仁杰、元忠，俱罹构陷，被勘鞫之际，亦皆已自诬。向非陛下至明，垂之省察，则菹醢之戮，已及其身，欲望输忠圣代，安可复得！陛下擢而升之，各为良辅，国之栋干，称此二人。何乃前非而后是哉？诚由在枉陷与甄明尔。但恐往之得罪者多并此流，则向时之冤者其数甚众。昔杀一孝妇，尚或降灾。而滥者盖多，宁无怨气！怨气上达则水旱所兴，欲望岁登，不可得也。

倘陛下弘天地之大德，施雷雨之深仁，归罪于削刻之徒，降恩于枉滥之伍。自垂拱已来，大辟罪已下，常赦所不原者，罪无轻重，一皆原洗，殁以昭苏。伏法之辈，追还官爵，缘累之徒，普沾恩造。如此则天下知此所陷罪，元非陛下之意，咸是虐吏之辜。幽明欢欣，则感通和气；和气下降，则风雨以时；风雨以时，则五谷丰稔；岁既稔矣，人亦安矣。太平之美，亦何远哉！伏愿陛下深察。

寻迁秋官侍郎，三迁凤阁侍郎、同凤阁鸾台平章事。长安中，则天尝与宰臣议及州县官吏，纳言李峤、夏官尚书唐休璟等奏曰："臣等谬膺大任，不能使兵革止息，仓府殷盈，户口尚有逋逃，官人未免贪浊，使陛下临朝轸叹，屡以为言，夙夜惭惶，不知启处。伏思当今要务，莫过富国安人。富国安人之方，在择刺史。窃见朝廷物议，莫不重内官，轻外职，每除授牧伯，皆再三披诉。比来所遣外任，多是贬累之人，风俗不澄，实由于此。今望于台阁寺监，妙简贤良，分典大州，共康庶绩。臣等请辍近侍，率先具僚，务在忧国济人，庶当有所补益。"则天曰："卿等处鸾台凤阁，谁为此行？"嗣立率先对曰："臣以庸愚，谬膺奖擢，内掌机密，非臣所堪。承乏外台，庶当尽节，倘垂采录，臣愿此行。"于是嗣立带本官检校汴州刺史。

无几，嗣立兄承庆入知政事，嗣立转成均祭酒，兼检校魏州刺史。又徙洺州刺史。寻坐承庆左授饶州长史。岁余，征为太仆少卿，兼掌吏部选事。神龙二年，为相州刺史。及承庆卒，代为黄门侍郎，转太府卿，加修文馆学士。景龙三年，转兵部尚书、同中书门下三品。时中宗崇饰寺

观,又滥食封邑者众,国用虚竭。嗣立上疏谏曰:

臣闻国无九年之储,家无三年之蓄,家非其家,国非其国。故知立国立家,皆资于储蓄矣。夫水旱之灾,关之阴阳运数,非人智力所能及也。尧遭大水,汤遭大旱,则知仁圣之君所不能免,当此时不至于困弊者,积也。今陛下仓库之内,比稍空竭,寻常用度,不支一年。倘有水旱,人须赈给,征发时动,兵要资装,则将何以备之?其缘仓库不实,妨于政化者,触类而是。

臣窃见比者营造寺观,其数极多,皆务取宏博,竞崇瑰丽。大则费耗百十万,小则尚用三五万余,略计都用资财,动至千万已上。转运木石,人牛不停,废人功,害农务,事既非急,时多怨咨。故《书》曰:"不作无益害有益,功乃成;不贵异物贱用物,民乃足。"诚哉此言,非虚谈也。且玄旨秘妙,归于空寂,苟非修心定慧,诸法皆涉有为。至如土木雕刻等功,唯是殚竭人力,但学相夸壮丽,岂关降伏身心。且凡所兴功,皆须掘凿,蛰虫在土,种类实多。每日杀伤,动盈万计,连年如此,损害可知。圣人慈悲为心,岂有须行此事,不然之理,皎在目前。世俗众僧,未通其旨,不虑府库空竭,不思圣人忧劳,谓广树福田,即是增修法教。倘水旱为灾,人至饥馁,夷狄作梗,兵无资粮,陛下虽有龙象如云,伽蓝概日,岂能禅万分之一,救元元之苦哉!于道法既有乖,在生人极为损,陛下岂可不深思之!

臣窃见食封之家,其数甚众,昨略问户部,云用六十余万丁,一丁两匹,即是一百二十万已上。臣顷在太府,知每年庸调绢数,多不过百万,少则七八十万已来,比诸封家,所入全少。倘有虫霜旱涝,曾不半在,国家支供,何以取给?臣闻自封茅土,裂山河,皆须业著经纶,功申原昧,然后配宗庙之享,承带砺之恩。皇运之初,功臣共定天下,当时食封才上三二十家,今以寻常特恩,遂至百家已上。国家租赋,太半私门,私门则资用有余,国家则支计不足。有余则或致奢侈,不足则坐致忧危,制国之方,岂谓之得?封户之物,诸家自征,或是官典,或是奴仆,多挟势骋威,凌突州县。凡是封户,不胜侵扰,或输物多索裹头,或相知要取中物,百姓怨叹,远近共知。复有因将货易,转更生衅,征打纷纷,曾不宁息,贫乏百姓,何以克堪!若必限丁物送太府,封家但于左藏请受,不得辄自征催,则必免侵扰,人冀苏息。

臣又闻设官分职,量事置吏,此本于理人而务安之也。故《书》曰"在官人,在安人。官人则哲,安人则惠。能哲而惠,何忧乎驩兜,何畏乎有苗"者也!是明官得其人,而天下自理矣。古者取人,必先采乡曲之誉,然后辟于州郡;州郡有声,然后辟于五府;才著五府,然后升之天朝。此则用一人所择者甚悉,擢一士所历者甚深。孔子曰:"譬有美锦,不可使人学制。"此明用人不可不审择也。用得其才则理,非其才则乱,理乱所设,焉可不深择之哉!今之取人,有异此道。多未甚试效,即顿至迁擢。夫趋竞者人之常情,侥幸者人之所趣。而今务进不避侥幸者,接踵比肩,布于文武之列。有文者用理内外,则有回邪贼污上下败乱之忧;有武者用将军戎,则有庸懦怯弱师旅丧亡之患。补授无限,员阙不供,遂至员外置官,数倍正阙。曹署典吏,困于祗承,府库仓储,竭于资奉。国家大事,岂甚于此!古者悬爵待士,唯有才者得之,若任用无才,则有才之路塞,贤人君子所以遁迹销声,常怀叹恨者也。且贤人君子,守于正直之道,远去侥幸之门,若侥幸开,则贤者不可复出矣。贤者遂退,若欲求人安化洽,复不可得也。人若不安,国将危矣,陛下安可不深虑之!又刺史、县令,理人之首。近年已来,不存简择。京官有犯及声望下者,方遣牧州;吏部选人,暮年无手笔者,方拟县令。此风久扇,上下同知,将此理人,何以率化?今岁非丰稔,户口流亡,国用空虚,租调减削。陛下不以此留念,将何以理国乎?臣望下明制,具论前事,使有司改换简择,天下刺史、县令,皆取才能有称望者充。自今已往,应有迁除诸曹侍郎、两省、两台及五品已上清望官,先于刺史、县令中选用。牧宰得人,天下大理,万姓欣欣然,岂非太平乐事哉!唯陛下详择。

疏奏不纳。

嗣立与韦庶人宗属疏远,中宗特令编入属籍,由是顾赏尤重。尝于骊山构营别业,中宗亲至幸焉,自制诗序,令从官赋诗,赐绢二千匹。因封嗣立为逍遥公,名其所居为清虚原幽栖谷。韦氏败,几为乱兵所害,宁王宪以嗣立是从母之夫,救护免之。睿宗践祚,拜中书令。寻日,出为许州刺史。以定册尊立睿宗之功,赐实封一百户。开元初,入为国子祭酒。先是,中宗遗制睿宗辅政,宗楚客、韦温等改削藁草,嗣立时在政事府,不能正之。至是为宪司所劾,左迁岳州别驾。久之,迁陈州刺史。时河南道巡察使、工部尚书刘知柔奏嗣立清白可陟之状,诏命未下,开元七年卒,赠兵部尚书,谥曰孝。中书门下又奏:"嗣立衣冠之内,凤表才名;兄弟之间,特称和睦。承恩历事,位列宰臣。中年不能正身,颇近凶戚,为宪司纠劾,因兹出贬。若循其始,终是吉人,宜弃其瑕,以从众望。请赠物一百段。"从之。

嗣立、承庆俱以学行齐名。长寿中,嗣立代承庆为凤阁舍人。长安三年,承庆代嗣立为天官侍郎,顷之又代嗣立知政事。及承庆卒,嗣立又代为黄门侍郎,前后四职相代。又父子三人,皆至宰相。有唐以来,莫与为比。嗣立三子:孚、恒、济,皆知名。孚,累迁至左司员外郎。恒,开元初为砀山令。为政宽惠,人吏爱之。会车驾东巡,县当供帐,时山东州县皆惧不办,务于鞭扑,恒独不杖罚而事皆济理,远近称焉。御史中丞宇文融,即恒之姑子也,尝密荐恒有经济之才,请以已之官秩回授,乃擢拜殿中侍御史。历度支左司等员外、太常少卿、给事中。二十九年,为陇右道河西黜陟使。恒至河西时,节度使盖嘉运恃托中贵,公为非法,兼伪叙功劳,恒抗表请劾之,人代其惧。因出为陈留太守,未行而卒,时人甚伤惜之。济,早以辞翰闻。开元初，调补鄄城令。时有人密奏玄宗曰："今岁吏部选叙太滥，县令非材，全不简择。"及县令谢官日，引入殿庭，问安人策一道，试者二百余人，独济策第一，或有不书纸者。擢济为醴泉令，二十余人还旧官，四五十人放归习读，侍郎卢从愿、李朝隐贬为刺史。济至醴泉，以简易为政，人用称之。三迁为库部员外郎。二十四年，为尚书户部侍郎。累岁转太原尹。制《先德诗》四章，述祖、父之行，辞致高雅。天宝七载，又为河南尹，迁尚书左丞。三代为省辖，衣冠荣之。济从容雅度，所莅人推善政，后出为冯翊太守。

陆元方，苏州吴县人。世为著姓。曾祖琛，陈给事中黄门侍郎。伯父柬之，以工书知名，官至太子司议郎。元方举明经，又应八科举，累转监察御史。则天革命，使元方安辑岭外。将涉海，时风涛甚壮，舟人莫敢举帆。元方曰："我受命无私，神岂害我？"遽命之济，既而风涛果息。使还称旨，除殿中侍御史。即以其月擢拜凤阁舍人，仍判侍郎事。俄为来俊臣所陷，则天手敕特赦之。长寿二年，再迁鸾台侍郎、同凤阁鸾台平章事。延载初，又加凤阁侍郎。证圣初，内史李昭德得罪，以元方附会昭德，贬绥州刺史。寻复为春官侍郎，又转天官侍郎、尚书左丞，寻拜鸾台侍郎、平章事。则天尝问以外事，对曰："臣备位宰臣，有大事即奏，人间碎务，不敢以烦圣览。"由是忤旨，责授太子右庶子，罢知政事。寻转文昌左丞，病卒。

元方在官清谨，再为宰相，则天将有迁除，每先以访之，必密封以进，未尝露其私恩。临终，取前后草奏悉命焚之，且曰："吾阴德于人多矣，其后庶几福不衰矣。"又有书一匦，常自缄封，家人莫有见者，及卒视之，乃前后敕书，其慎密如此。赠越州都督。开元十八年，又赠扬州大都督。子象先。

象先，本名景初。少有器量，应制举，拜扬州参军。秩满调选，时吉顼为吏部侍郎，擢授洛阳尉，元方时亦为吏部，固辞不敢当。顼曰："为官择人，至公之道。陆景初才望高雅，非常流所及，实不以吏部之子妄推荐也。"竟奏授之。迁左台监察御史，转殿中，历授中书侍郎。

景云二年冬，同中书门下平章事，监修国史。初，太平公主将引中书侍郎崔湜知政事，密以告之，湜固让象先，主不许之，湜因亦请辞。主遽言于睿宗，乃并拜焉。象先清净寡欲，不以细务介意，言论高远，雅为时贤所服。湜每谓人曰："陆公加于人一等。"太平公主时既用事，同时宰相萧至忠、岑羲及湜等咸倾附之，唯象先孤立，未尝造谒。先天二年，至忠等伏诛，象先独免其难。以保护功封兖国公，赐实封二百户，加银青光禄大夫。时穷讨至忠等枝党，连累稍众，象先密有申理，全济甚多，然未尝言及，当时无知之者。

其年，出为益州大都督府长史，仍为剑南道按察使。在官务以宽仁为政，司马韦抱真言曰："望明公稍行杖罚，以立威名。不然，恐下人怠堕，无所惧也。"象先曰："为政者理则可矣，何必严刑树威。损人益己，恐非仁恕之道。"竟不从抱真之言。历迁河中尹。六年，废河中府，依旧为蒲州，象先为刺史，仍为河东道按察使。尝有小吏犯罪，但示语而遣之。录事白曰："此例当合与杖。"象先曰："人情相去不远，此岂不解吾言？若必须行杖，即当自汝为始。"录事惭惧而退。象先尝谓人曰："天下本自无事，祗是庸人扰之，始为繁耳。但当静之于源，则亦何忧不简。"前后为刺史，其政如一，人吏咸怀思之。按察使停，入为太子詹事，历工部尚书。十年冬，知吏部选事，又加刑部尚书，以继母忧免官。十三年，起复同州刺史，寻迁太子少保。二十四年卒，年七十二，赠尚书左丞相，谥曰文贞。

象先弟景倩，历监察御史。景融，历大理正、荥阳郡太守、河南尹、兵吏部侍郎、左右丞、工部尚书、东都留守、襄阳郡太守、陈留郡太守，并兼采访使。景献，历殿中侍御史、屯田员外郎。景裔，河南令、库部郎中。皆有美誉。僧一行少时，尝与象先昆弟相善，常谓人曰："陆氏兄弟皆有才行，古之荀、陈，无以加也。"其为当时所称如此。

元方从叔余庆，陈右军将军珣孙也。少与知名之士陈子昂、宋之问、卢藏用、道士司马承祯、道人法成等交游，虽才学不逮子昂等，而风流强辩过之。累迁中书舍人。则天尝引入草诏，余庆惶惑，至晚竟不能措一辞，责授左司郎中。累除大理卿、散骑常侍、太子詹事。以老疾致仕，寻卒。象先四代孙。

苏瑰，字昌容，京兆武功人，隋尚书右仆射威曾孙也。祖夔，隋鸿胪卿。父亶，贞观中台州刺史。瑰弱冠本州举进士，累授豫王府录事参军。长史王德真、司马刘祎之皆器重之。长安中，累迁扬州大都督府长史。扬州地当冲要，多富商大贾，珠翠珍怪之产，前长史张潜、于辩机皆致之数万，唯瑰挺身而去。神龙初，入为尚书右丞，以明习法律，多识台阁故事，特command删定律、令、格、式。寻加银青光禄大夫。是岁，再迁户部尚书，奏计帐，所管户时有六百一十五万六千一百四十一。

寻加侍中。封淮阳县子，充西京留守。时秘书员外监郑普思谋为妖逆，雍、岐二州妖党大发，瑰收普思系狱考讯之。普思妻第五氏以鬼道为韦庶人所宠，居止禁中，由是中宗特赦慰谕瑰，令释普思之罪。瑰上言普思幻惑，罪当不赦。中宗至京，瑰又面陈其状。尚书左仆射魏元忠奏曰："苏瑰长者，其忠恳如此，愿陛下察之。"帝乃配流普思于儋州，其党并诛。瑰迁吏部尚书，进封淮阳县侯。

景龙三年，转尚书右仆射、同中书门下三品，进封许国公。是岁，将拜南郊，国子祭酒祝钦明希庶人旨，建请皇后为亚献，安乐公主为终献。瑰深非其议，尝于御前面折钦明，帝虽悟，竟从钦明所奏。公卿大臣初拜官者，例许献食，名为"烧尾"。瑰拜仆射无所献。后因侍宴，将作大匠宗晋卿曰："拜仆射竟不烧尾，岂不喜耶？"帝默然。瑰奏曰："臣闻宰相者，主调阴阳，代天理物。今粒食踊贵，百姓不足，臣见宿卫兵至有三日不得食者。臣愚不称职，所以不敢烧尾。"是岁六月，与唐休璟并加监修国史。

四年，中宗崩，秘不发丧，韦庶人召诸宰相韦安石、韦巨源、萧至忠、宗楚客、纪处讷、韦温、李峤、韦嗣立、唐休璟、赵彦昭及瑰等十九人入禁中会议。初，遗制遣韦庶人辅少主知政事，授安国相王太尉，参谋辅政。中书令宗楚客谓温曰："今须请皇太后临朝，宜停相王辅政。且皇太后于相王居嫂叔不通问之地，甚难为仪注，理全不可。"瑰独正色拒之，谓楚客等曰："遗制是先帝意，安可更改！"楚客及韦温大怒，遂削相王辅政而宣行焉。是月，韦氏败，相王即帝位，下诏曰："尚书右仆射、同中书门下三品、监修国史、许国公苏瑰，自周旋近密，损益枢机，谋猷有成，匡赞无忌。顷者遗protection顾托，先意昭明，奸回动摇，内外危逼，独申谠议，实挫邪谋。况藩邸僚属，念殷惟旧，无德不报，抑惟令典。可尚书左仆射，余如故。"

景云元年，以老疾转太子少傅。是岁十一月薨，赠司空、荆州大都督，谥曰文贞。瑰临终遗令薄葬，及祖载之日，官给仪仗外，唯有布车一乘，论者称焉。开元二年，下诏曰："畴庸赏善，百王攸先；追远饰终，千载同德，故尚书左丞相、太子少傅、赠司空、荆州大都督、许国文贞公瑰，履正体道，外方内直，悉心奉上，卑身率礼。协赞帷幄，三朝有盐梅之任；爕谐台衮，九命为社稷之臣。先朝晏驾，崒起宫掖，国擅称制之奸，人怀缀旒之惧。凶威孔炽，宗祀几倾。顾命遗恩，太皇辅政，逆臣刊削，韦氏临朝。遂能首发昌言，侃然正色，列诸视听，暴于朝野。松槚已远，风烈犹存，缅怀诚节，良深耿叹。可赐实封一百户。"四年，诏与徐国公刘幽求配享睿宗庙庭。十七年，加赠司徒。

瑰子颋，少有俊才，一览千言。弱冠举进士，授乌程尉，累迁左台监察御史。长安中，诏颋按覆来俊臣等旧狱，颋皆申明其枉，由此雪冤者甚众。

神龙中，累迁给事中，加修文馆学士，俄拜中书舍人。寻而颋父同中书门下三品，父子同掌枢密，时以为荣。机事填委，文诰皆出颋手。中书令李峤叹曰："舍人思如涌泉，峤所不及也。"俄迁太常少卿。景云中，瑰薨，诏颋起复为工部侍郎，加银青光禄大夫。颋抗表固辞，辞理恳切，诏许其终制。服阕就职，袭父爵许国公。玄宗谓宰臣曰："有从工部侍郎得中书侍郎否？"对曰："任贤用能，非臣等所及。"玄宗曰："苏颋可中书侍郎，仍供政事食。"明日，加知制诰。有政事食，自颋始也。颋入谢，玄宗曰："常欲用卿，每有好官阙，即望宰相论及。宰相皆卿之故人，卒无言者，朕为卿叹息。中书侍郎，朕极重惜，自陆象先殁后，朕每思之，无出卿者。"时李乂为紫微侍郎，与颋对掌文诰。他日，上谓颋曰："前朝有李峤、苏味道，谓之苏、李；今有卿及李乂，亦不让也。卿所制文诰，可录一本封进，题云'臣某撰'，朕要留中披览。"其礼遇如此。玄宗欲于靖陵建碑，颋谏曰："帝王及后，无神道碑，且事不师古，动皆不法。若靖陵独建，陛下祖宗之陵皆须追造。"玄宗从其言而止。

开元四年，迁紫微侍郎、同紫微黄门平章事，与侍中宋璟同知政事。璟刚正，多所裁断，颋皆顺从其美；若上前承旨、敷奏及应对，则颋为之助，相得甚悦。璟尝谓人曰："吾与苏家父子，前后同时为宰相。仆射长厚，诚

为国器；若献可替否，罄尽臣节，断割吏事，至公无私，即颋过其父也。"八年，除礼部尚书，罢政事。俄知益州大都督府长史事。前司马皇甫恂破库物织新样锦以进，颋一切罢之。或谓颋曰："公今在远，岂得忤圣意？"颋曰："明主不以私爱夺至公，岂以远近间易忠臣节也！"竟奏罢之。巂州蛮酋苴院私与吐蕃连谋，将为内寇，颋获其间谍，将士咸请出兵讨之，颋不从，乃作书并间谍以送苴院，苴院惭悔，竟不敢入寇。

十三年，从驾东封，玄宗令颋撰朝觐碑文。俄又知吏部选事。颋性廉俭，所得俸禄，尽推与诸弟，或散之亲族，家无余资。十五年卒，年五十八。初，优赠之制未出，起居舍人韦述上疏曰："臣伏见贞观、永徽之时，每有公卿大臣薨卒，皆辍朝举哀，所以成终始之恩，厚君臣之义。上有旌贤录旧之德，下有生荣死哀之美，列于史册，以示将来。昔智悼子卒，平公宴乐，杜蒉一言，方始感悟。《春秋》载其盛烈，礼经以为美谈，今古旧事，昭然可睹。臣伏见故礼部尚书苏颋，累叶勋弼，代传忠清。颋又伏事轩陛二十余载，入参谋猷，出总藩牧。诚绩斯著，操履无亏，天不愸遗，奄违圣代。伏愿陛下思帷盖之旧，念股肱之亲，修先朝之盛典，鉴晋平之远迹，为之辍朝举哀，以明同体之义。使殁者荷德于泉壤，存者尽节于周行，凡百卿士，孰不幸甚。臣官忝记事，君举必书，敢申旧典，上黩宸扆，希降恩贷，俯垂详择。"即日于洛城南门举哀，辍朝两日，赠尚书右丞相，谥曰文宪。及葬日，玄宗游咸宜宫，将出猎，闻颋丧出，怆然曰："苏颋今日葬，吾宁忍娱游。"中路还宫。颋弟诜、冰、乂。

诜，历授右司郎中、给事中、徐州刺史。先是，拜给事中时，颋为中书侍郎，上表让诜所授。玄宗曰："古来有内举不避亲乎？"颋曰："晋祁奚是也。"玄宗曰："若然，则朕用苏诜，何得屡言？近日卿父子犹同在中书，兄弟有何不得？卿言非至公也。"冰，为虞部郎中。乂，为职方郎中。

干，瑰从父兄也。父勖，武德中为秦王府文学馆学士。贞观中，尚南康公主，拜驸马都尉，累选魏王泰府司马。勖既博学有美名，甚为泰所重。因劝泰请开文学馆，引才名之士，撰《括地志》。后历吏部郎、太子左庶子，卒。干少以明经累授徐王府记室参军。徐王好畋猎，干每谏止之。垂拱中，历迁魏州刺史。时河北饥馑，旧吏苛酷，百姓多有逃散。干乃督察奸吏，务劝农桑，由是逃散者皆来复业，称为良牧。召拜右羽林将军，寻迁冬官尚书。酷吏来俊臣素忌嫉之，遂诬奏干在魏州与琅邪王冲私书往复，因系狱鞫讯，干勃愤而卒。

瑰四代孙翔，文宗太和四年，释褐文学参军。

史臣曰：韦思谦始以州县，奋于烟霄，持纲不避于权豪，报国能忘于妻子。自强不息，刚毅近仁，信有之矣！高季辅、皇甫公义，可谓知人矣！且福善余庆，不谓无征，二子构堂，俱列相辅，文皆经济，政尽明能。加以承庆方危，染翰而曾非恐悚；嗣立见用，袭封而罔坠逍遥。无忝父风，宁惭祖德，谥温谥孝，何愧易名？陆元方博学大

度，再践钧衡，当则天时，非有忠贞，应无黜责，绥州之任，抑又何惭！观其济海无私，狂风自止，临终焚藁，温树始彰。故知正可以动神明，德可以延家代。象先益高人品，尤著相才，全济有名，孤立无祸。景倩、景融、景献、景裔等咸居清列，得非有后于鲁乎？苏瑰，孔子云："居其室，出其言善，则千里之外应之，况其迩者乎！"又"言行君子之枢机，枢机之发，荣辱之主也。"当中宗弃代，韦氏夺权，预谋者十有九人，咸生异议，瑰志存大节，独发谠言。其后善恶显彰，黜陟明著。圣人之言，验于斯矣。颋唯公是相，以俭承家，李峤许之涌泉，宋璟称其过父。艰难之际，节操不回，善始令终，先后无愧。

赞曰：善人君子，怀忠秉正。尽富文章，咸推谏诤。岂愧明廷，无惭重柄。子子孙孙，演承余庆。

卷八十九　　列传第三十九

狄仁杰 族曾孙兼谟　王方庆　姚璹 弟班

狄仁杰字怀英，并州太原人也。祖孝绪，贞观中尚书左丞。父知逊，夔州长史。仁杰儿童时，门人有被害者，县吏就诘之，众皆接对，唯仁杰坚坐读书。吏责之，仁杰曰："黄卷之中，圣贤备在，犹不能接对，何暇偶俗吏，而见责耶！"后以明经举，授汴州判佐。时工部尚书阎立本为河南道黜陟使，仁杰为吏人诬告，立本见而谢曰："仲尼云：'观过知仁矣。'足下可谓海曲之明珠，东南之遗宝。"荐授并州都督府法曹。其亲在河阳别业，仁杰赴并州，登太行山，南望见白云孤飞，谓左右曰："吾亲所居，在此云下。"瞻望伫立久之，云移乃行。仁杰孝友绝人，在并州，有同府法曹郑崇质，母老且病，当充使绝域。仁杰谓曰："太夫人有危疾，而公远使，岂可贻亲万里之忧！"乃诣长史蔺仁基，请代崇质而行。时仁基与司马李孝廉不协，因谓曰："吾等岂独无愧耶？"由是相待如初。

仁杰，仪凤中为大理丞，周岁断滞狱一万七千人，无冤诉者。时武卫大将军权善才坐误斫昭陵柏树，仁杰奏罪当免职。高宗令即诛之，仁杰又奏罪不当死。帝作色曰："善才斫陵上树，是使我不孝，必须杀之。"左右瞩仁杰令出，仁杰曰："臣闻逆龙鳞，忤人主，自古以为难，臣愚以为不然。居桀、纣时则难，尧、舜时则易。臣今幸逢尧、舜，不惧比干之诛。昔汉文时有盗高庙玉环，张释之廷诤，罪止弃市。魏文将徙其人，辛毗引裾而谏，亦见纳用。且明主可以理夺，忠臣不可以威惧。今陛下不纳臣言，瞑目之后，羞见释之、辛毗于地下。陛下作法，悬之象魏，徒流死罪，俱有等差。岂有犯非极刑，即令赐死？法既无常，则万姓何所措其手足？陛下必欲变法，请从今日为始。古人云：'假使盗长陵一抔土，陛下何以加之？'今陛下以昭陵一株柏杀一将军，千载之后，谓陛下为何主？此臣所以不敢奉制杀善才，陷陛下于不道。"帝意稍解，善才因

而免死。居数日，授仁杰侍御史。时司农卿韦机兼领将作、少府二司，高宗以恭陵玄宫狭小，不容送丧之具，遣机续成其功。机于埏之左右为便房四所，又造宿羽、高山、上阳等宫，莫不壮丽。仁杰奏其太过，机竟坐免官。左司郎中王本立恃宠用事，朝廷慑惧，仁杰奏之，请付法寺，高宗特原之。仁杰奏曰："国家虽乏英才，岂少本立之类，陛下何惜罪人而亏王法？必欲曲赦本立，请弃臣于无人之境，为忠贞将来之诫。"本立竟得罪，由是朝廷肃然。

寻加朝散大夫，累迁度支郎中。高宗将幸汾阳宫，以仁杰为知顿使。并州长史李冲玄以道出妒女祠，俗云盛服过者必致风雷之灾，乃发数万人别开御道。仁杰曰："天子之行，千乘万骑，风伯清尘，雨师洒道，何妒女之害耶？"遽令罢之。高宗闻之，叹曰："真大丈夫也！"

俄转宁州刺史，抚和戎夏，人得欢心，郡人勒碑颂德。御史郭翰巡察陇右，所至多所按劾。及入宁州境内，耆老歌刺史德美者盈路。翰既授馆，召州吏谓之曰："入其境，其政可知也。愿成使君之美，无为久留。"州人方散。翰荐名于朝，征为冬官侍郎，充江南巡抚使。吴、楚之俗多淫祠，仁杰奏毁一千七百所，唯留夏禹、吴太伯、季札、伍员四祠。

转文昌右丞，出为豫州刺史。时越王贞称兵汝南事败，缘坐者六七百人，籍没者五千口，司刑使逼促行刑。仁杰哀其诖误，缓其狱，密表奏曰："臣欲显奏，似为逆人申理；知而不言，恐乖陛下存恤之旨。表成复毁，意不能定。此辈咸非本心，伏望哀其诖误。"特敕原之，配流丰州。豫囚次于宁州，父老迎而劳之曰："我狄使君活汝辈耶！"相携哭于碑下，斋三日而后行。豫囚至流所，复相与立碑颂狄君之德。

初，越王之乱，宰相张光辅率师讨平之。将士恃功，多所求取，仁杰不之应。光辅怒曰："州将轻元帅耶？"仁杰曰："乱河南者，一越王贞耳。今一贞死而万贞生。"光辅质其辞，仁杰曰："明公董戎三十万，平一乱臣，不戢兵锋，纵其暴横，无罪之人，肝脑涂地，此非万贞何耶？且凶威协从，势难自固，及天兵暂临，乘城归顺者万计，绳坠四面成蹊。公奈何纵邀功之人，杀归降之众？但恐冤声腾沸，上彻于天。如得尚方斩马剑加于君颈，虽死如归。"光辅不能诘，心甚衔之。还都，奏仁杰不逊，左授复州刺史。入为洛州司马。

天授二年九月丁酉，转地官侍郎、判尚书、同凤阁鸾台平章事。则天谓曰："卿在汝南时，甚有善政，欲知谮卿者乎？"仁杰谢曰："陛下以臣为过，臣当改之；陛下明臣无过，臣之幸也。臣不知谮者，并为善友，臣请不知。"则天深加叹异。

未几，为来俊臣诬构下狱。时一问即承者例得减死，来俊臣逼协仁杰，令一问承反。仁杰叹曰："大周革命，万物唯新，唐朝旧臣，甘从诛戮。反是实！"俊臣乃少宽之。判官王德寿谓仁杰曰："尚书必得减死。德寿意欲求少阶级，凭尚书牵杨执柔，可乎？"仁杰曰："若何牵之？"德寿曰："尚书为春官时，执柔任其司员外，引之可也。"仁杰曰："皇天后土，遣仁杰行此事！"以头触柱，流血被面，

德寿惧而谢焉。既承反,所司但待日行刑,不复严备。仁杰求守者得笔砚,拆被头帛书冤,置绵衣中,谓德寿曰:"时方热,请付家人去其绵。"德寿不之察。仁杰子光远得书,持以告变。则天召见,览之而问俊臣。俊臣曰:"仁杰不免冠带,寝处甚安,何由伏罪?"则天使人视之,俊臣遽命仁杰巾带而见使者。乃令德寿代仁杰作谢死表,附使者进之。则天召仁杰,谓曰:"承反何也?"对曰:"向若不承反,已死于鞭笞矣。""何为作谢死表?"曰:"臣无此表。"示之,乃知代署也。故得免死。贬彭泽令。武承嗣屡奏请诛之,则天曰:"朕好生恶杀,志在恤刑。涣汗已行,不可更返。"

万岁通天年,契丹寇陷冀州,河北震动,征仁杰为魏州刺史。前刺史独孤思庄惧贼至,尽驱百姓入城,缮修守具。仁杰既至,悉放归农亩,谓曰:"贼犹在远,何必如是。万一贼来,吾自当之,必不关百姓也。"贼闻之自退,百姓咸歌诵之,相与立碑以纪恩惠。俄转幽州都督。

神功元年,入为鸾台侍郎、同凤阁鸾台平章事,加银青光禄大夫,兼纳言。仁杰以百姓西戍疏勒等四镇,极为雕弊,乃上疏曰:

臣闻天生四夷,皆在先王封疆之外。故东拒沧海,西隔流沙,北横大漠,南阻五岭,此天所以限夷狄而隔中外也。自典籍所纪,声教所及,三代不能至者,国家尽兼之矣。此则今日之四境,已逾于夏、殷者也。诗人矜薄伐于太原,美化行于江、汉,则是前代之远裔,而国家之域中。至前汉时,匈奴无岁不陷边,杀掠吏人。后汉则西羌侵轶汉中,东寇三辅,入河东上党,几至洛阳。由此言之,则陛下今日之士宇,过于汉朝远矣。若其用武荒外,邀功绝域,竭府库之实,以争硗确不毛之地,得其人不足以增赋,获其土不可以耕织。苟求冠带远夷之称,不务固本安人之术,此秦皇、汉武之所行,非五帝、三皇之事业也。若使越荒外以为限,竭资财以骋欲,非但不爱人力,亦所以失天心也。昔始皇穷兵极武,以求广地,男子不得耕于野,女子不得蚕于室,长城之下,死者如乱麻,于是天下溃叛。汉武追高、文之宿愤,籍四帝之储实,寸是定朝鲜,讨西域,平南越,击匈奴,府库空虚,盗贼蜂起,百姓嫁妻卖子,流离于道路者万计。末年觉悟,息兵罢役,封丞相为富民侯,故能为天所祐也。昔人有言:"与覆车同轨者未尝安。"此言虽小,可以喻大。

近者国家频岁出师,所费滋广,西戍四镇,东戍安东,调发日加,百姓虚弊。开守西域,事等石田,费用不支,有损无益,转输靡绝,杼轴殆空。越碛逾海,分兵防守,行役既久,怨旷亦多。昔诗人云:"王事靡盬,不能艺稷黍。""岂不怀归,畏此罪罟。念彼蒸人,涕零如雨。"此则前代怨思之辞也。上不是恤,则政不行而邪气作。邪气作,则虫螟生而水旱起。若此,虽祷祀百神,不能调阴阳矣。方今关东饥馑,蜀、汉逃亡,江、淮以南,征求不息。人不复业,则相率为盗,本根一摇,忧患不浅。其所以然者,皆为远戍方外,以竭中国,争蛮貊不毛之地,乖子养苍生之道也。

昔汉元纳贾捐之之谋而罢珠崖郡,宣帝用魏相之策而弃车师之田,岂不欲慕尚虚名,盖惮劳人力也。近贞观年中,克平九姓,册李思摩为可汗,使统诸部者,盖以夷狄叛则伐之,降则抚之,得推亡固存之义,无远戍劳人之役。此则近日之令典,经边之故事。窃见阿史那斛瑟罗,阴山贵种,代雄沙漠,若委之四镇,使统诸蕃,封为可汗,遣御寇患,则国家有继绝之美,荒外无转输之役。如臣所见,请捐四镇以肥中国,罢安东以实辽西,省军费于远方,并甲兵于塞上,则恒、代之镇重,而边州之备实矣。况绥抚夷狄,盖防其越逸,无侵侮之患则可矣。何必穷其窟穴,与蝼蚁计校长短哉!

且王者外宁必有内忧,盖为不勤修政故也。伏惟陛下弃之度外,无以绝域未平为念。但当敕边兵谨守备,蓄锐以待敌,待其自至,然后击之,此李牧所以制匈奴也。当今所要者,莫若令边城警守备,远斥候,聚军实,蓄威武。以逸待劳,则战士力倍;以主御客,则我得其便。坚壁清野,则寇无所得。自然贼深入必有颠踬之虑,浅入必无虏获之益。如此数年,可使二虏不击而服矣。

仁杰又请废安东,复高氏为君长,停江南之转输,慰河北之劳弊,数年之后,可以安人富国。事虽不行,识者是之。寻检校纳言,兼右肃政台御史大夫。

圣历初,突厥侵掠赵、定等州,命仁杰为河北道元帅,以便宜从事。突厥尽杀所掠男女万余人,从五回道而去。仁杰总兵十万追之不及。便制仁杰河北道安抚大使。时河朔人庶,多为突厥逼胁,贼退后惧诛,又多逃匿。仁杰上疏曰:

臣闻朝廷议者,以为契丹作梗,始明人之逆顺,或因迫胁,或有愿从,或受伪官,或为招慰,或兼外贼,或是土人,迹虽不同,心则无别。诚以山东雄猛,由来重气,一顾之势,至死不回。近缘军机,调发伤重,家道悉破,或至逃亡,剔屋卖田,人不为售,内顾生计,四壁皆空。重以官典侵渔,因事而起,取其髓脑,曾无心愧。修筑池城,缮造兵甲,州县役使,十倍军机。官司不矜,期之必取,枷杖之下,痛切肌肤。事迫情危,不循礼义,愁苦之地,不乐其生。有利则归,且图赊死,此乃君子之愧辱,小人之常行。人犹水也,壅之则为泉,疏之则为川,通塞随流,岂有常性。昔董卓之乱,神器播迁,及卓被诛,部曲无赦,事穷变起,毒害生人,京室丘墟,化为禾黍。此由恩不普洽,失在机先。臣一读此书,未尝不废卷叹息。今以负罪之伍,必不在家,露宿草行,潜窜山泽。赦之则出,不赦则狂,山东群盗,缘兹聚结。臣以边尘暂起,不足为忧,中土不安,以此为事。臣闻持大国者不可以小道,理事广者不可以细分。人主恢弘,不拘常法,罪之则众情恐惧,恕之则反侧自安。伏愿曲赦河北诸州,一无所问。自然人神道畅,率土欢心,诸军凯旋，得无侵扰。

制从之。军还，授内史。

圣历三年，则天幸三阳宫，王公百僚咸经侍从，唯仁杰特赐宅一区，当时恩宠无比。是岁六月，左玉钤卫大将军李楷固、右武威卫将军骆务整讨契丹余众，擒之，献俘于含枢殿。则天大悦，特赐楷固姓武氏。楷固、务整，并契丹李尽忠之别帅也。初，尽忠之作乱，楷固等屡率兵以陷官军，后兵败来降，有司断以极法。仁杰议以为楷固等并有骁将之才，若恕其死，必能感恩效节。又奏请授其官爵，委以专征。制并从之。及楷固等凯旋，则天召仁杰预宴，因举觞亲劝，归赏于仁杰。授楷固左玉钤卫大将军，赐爵燕国公。

则天又将造大像，用功数百万，令天下僧尼每日人出一钱，以助成之。仁杰上疏谏曰：

臣闻为政之本，必先人事。陛下矜群生迷谬，溺丧无归，欲令像教兼行，睹相生善。非为塔庙必欲崇奢，岂令僧尼皆须檀施？得筴尚舍，而况其余。今之伽蓝，制过宫阙，穷奢极壮，画缋尽工，宝珠殚于缀饰，瑰材竭于轮奂。工不使鬼，止在役人，物不天来，终须地出，不损百姓，将何以求？生之有时，用之无度，编户所奉，常若不充，痛切肌肤，不辞箠楚。游僧一说，矫陈祸福，翦发解衣，仍惭其少。亦有离间骨肉，事均路人，身自纳妻，谓无彼我。皆托佛法，诖误生人。里陌动有经坊，阛阓亦立精舍。化诱倍急，切于官征；法事所须，严于制敕。膏腴美业，倍取其多；水碾庄园，数亦非少。逃丁避罪，并集法门，无名之僧，凡有几万，都下检括，已得数千。且一夫不耕，犹受其弊，浮食者众，又劫人财。臣每思惟，实所悲痛。

往在江表，像法盛兴，梁武、简文，舍施无限。及其三淮沸浪，五岭腾烟。列刹盈衢，无救危亡之祸；缁衣蔽路，岂有勤王之师！比年已来，风尘屡扰，水旱不节，征役稍繁。家业先空，疮痍未复，此时兴役，力所未堪，伏惟圣朝，功德无量，何必要营大像，而以劳费为名。虽敛僧钱，百未支一。尊容既广，不可露居，覆以百层，尚忧未遍，自余廊庑，不得全无。又云不损国财，不伤百姓，以此事主，可谓尽忠？臣今思惟，兼采众议，咸以为如来设教，以慈悲为主，下济群品，应是本心，岂欲劳人，以存虚饰？当今有事，边境未宁，宜宽征镇之徭，省不急之费。设令雇作，皆以利趋，既失田时，自然弃本。今不树稼，来岁必饥，役在其中，难以取给。况无官助，义无得成，若费官财，又尽人力，一隅有难，将何救之！

则天乃罢其役。是岁九月，病卒，则天为之举哀，废朝三日，赠司空右相，谥曰文惠。

仁杰常以举贤为意，其所引拔桓彦范、敬晖、窦怀贞、姚崇等，至公卿者数十人。初，则天尝问仁杰曰："朕要一好汉任使，有乎？"仁杰曰："陛下作何任使？"则天曰："朕欲待以将相。"对曰："臣料陛下若求文章资历，则今之宰臣李峤、苏味道亦足为文吏矣。岂非文士龌龊，思得奇才用之，以成天下之务者乎？"则天悦曰："此朕心也。"仁杰曰："荆州长史张柬之，其人虽老，真宰相才也。且久不遇，若用之，必尽节于国家矣。"则天乃召拜洛州司马。他日，又求贤。仁杰曰："臣前言张柬之，犹未用也。"则天曰："已迁之矣。"对曰："臣荐之为相，今为洛州司马，非用之也。"又迁为秋官侍郎，后竟召为相。柬之果能兴复中宗，盖仁杰之推荐也。

仁杰尝为魏州刺史，人吏为立生祠。及去职，其子景晖为魏州司功参军，颇贪暴，为人所恶，乃毁仁杰之祠。长子光嗣，圣历初为司府丞，则天令宰相各举尚书郎一人，仁杰乃荐光嗣。拜地官员外郎，莅事称职，则天喜而言曰："祁奚内举，果得其人。"开元七年，自汴州刺史转扬州大都督府长史，坐赃贬歙州别驾卒。

初，中宗在房陵，而吉顼、李昭德皆有匡复谠言，则天无复辟意。唯仁杰每从容奏对，无不以子母恩情为言，则天亦渐省悟，竟召还中宗，复为储贰。初，中宗自房陵还宫，则天匿之帐中，召仁杰以庐陵为言。仁杰慷慨敷奏，言发涕流，遽出中宗谓仁杰曰："还卿储君。"仁杰降阶泣贺，既已，奏曰："太子还宫，人无知者，物议安审是非？"则天以为然，乃复置中宗于龙门，具礼迎归，人情感悦。仁杰前后匡复奏对，凡数万言，开元中，北海太守李邕撰为《梁公别传》，备载其辞。中宗返正，追赠司空；睿宗追封梁国公。仁杰族曾孙兼谟。

兼谟，登进士第。祖郊、父迈，仕官皆微。兼谟元和末解褐襄阳推官，试校书郎，言行刚正，使府知名。宪宗召为左拾遗，累上书言事，历尚书郎。长庆、大和中，历郑州刺史，以治行称，入为给事中。开成初，度支左藏库妄破溃污缣帛等赃罪，文宗以事在赦前不理。兼谟封还敕书，文宗召而谕之曰："嘉卿举职，然朕已赦其长官，典吏亦宜在宥。然事或不可，卿勿以封敕为艰。"迁御史中丞。谢日，文宗顾谓之曰："御史台朝廷纲纪，台纲正则朝廷理，朝廷正则天下理。凡执法者，大抵以畏忌顾望为心，职业由兹不举。卿梁公之后，自有家法，岂复为常常之心哉！"兼谟谢曰："朝法或未得中，臣固悉心弹奏。"会江西观察使吴士矩违额加给军士，破官钱数十万计。兼谟奏曰："观察使守陛下土地，宣陛下诏条，临戎赏军，州有定数。而士矩与夺由己，盈缩自专，不唯贻弊一方，必致诸军援例。请下法司，正行朝典。"士矩坐贬蔡州别驾。兼谟寻转兵部侍郎。明年，检校工部尚书、太原尹，充河东节度使。会昌中，累历方镇，卒。

王方庆，雍州咸阳人也，周少司空石泉公褒之曾孙也。其先自琅邪南度，居于丹阳，为江左冠族。褒北徙入关，始家咸阳焉。祖萧，隋卫尉丞。伯父弘让，有美名，贞观中为中书舍人。父弘直，为汉王元昌友，畋猎无度，乃上书切谏，其略曰："夫宗子维城之托者，所以固邦家之业也。大王功无任城战克之效，行无河间乐善之誉，爵高五等，邑富千室，当思答极施之洪慈，保无疆之永祚。其为计者，在乎修德，冠履《诗》《礼》，畋猎史传。览古人成败之所由，鉴既往存亡之异迹，覆前戒后，居安虑危。奈何列骑齐驱，交横垄亩，野有游客，巷无居人。贻众庶之忧，逞一情之乐，从禽不息，实用寒心。"元昌览书而遽止。渐见疏斥，转荆王友。龙朔中卒。

方庆年十六，起家越王府参军。尝就记室任希古受《史记》、《汉书》。希古迁为太子舍人，方庆随之卒业。永淳中，累迁太仆少卿。则天临朝，拜广州都督。广州地际南海，每岁有昆仑乘舶以珍物与中国交市。旧都督路元睿冒求其货，昆仑怀刃杀之。方庆在任数载，秋毫不犯。又管内诸州首领，旧多贪纵，百姓有诣府称冤者，府官以先受首领参饷，未尝鞫问。方庆乃集止府僚，绝其交往，首领纵暴者悉绳之，由是境内清肃。当时议者以为有唐以来，治广州者无出方庆之右。有制褒之曰："朕以卿历职著称，故授此官，既美化远俗，实副朝寄。令赐卿杂彩六十段，并瑞锦等物，以彰善政也。"

证圣元年，召拜洛州长史，寻加银青光禄大夫，封石泉县男。万岁登封元年，转并州长史，封琅邪县男。未行，迁鸾台侍郎、同凤阁鸾台平章事。俄转凤阁侍郎，依旧知政事。

神功元年七月，清边道大总管建安王攸宜破契丹凯还，欲以是月诣阙献俘。内史王及善以为将军入城，例有军乐，既今上孝明高皇帝忌月，请备而不奏。方庆奏曰："臣按礼经，但有忌日，而无忌月。晋穆帝纳后，用九月九日，是康帝忌月，于时持疑不定。下太常，礼官荀讷议称：'礼只有忌日，无忌月。若有忌月，即有忌时、忌岁，益无理据。'当时从讷所议。军乐是军容，与常不等，臣谓振作于事无嫌。"则天从之。则天尝幸万安山玉泉寺，以山径危悬，欲御腰舆而上。方庆谏曰："昔汉元帝尝祭庙，出便门，御楼船，光禄勋张猛奏曰：'乘船危，就桥安。'元帝乃从桥，即前代旧事。今山径危险，石路狭窄，上瞻骇目，下视寒心，比于楼船，安危不等。陛下蒸人父母，奈何践此畏涂？伏望停舆驻跸。"则天纳其言而止。是岁，改封石泉子。

时有制，每月一日于明堂行告朔之礼。司礼博士辟闾仁谞奏议，其略曰："经史正文，无天子每月告朔之事，唯《礼记玉藻》云：'天子听朔于南门之外。'其每月告朔者，诸侯之礼也。臣谨按《礼论》及《三礼义宗》、《江都集礼》、《贞观礼》、《显庆礼》及《祠令》，无天子每月告朔之事。若以为无明堂故无告朔之礼，有明堂即合告朔，则周、秦有明堂而无天子每月告朔之事。臣等参求，既无其礼，不可习非，以天子之尊而用诸侯之礼。"方庆又奏议，其略曰："明堂，天子布政之宫也。谨按《穀梁传》云：'闰者，附月之余日，天子不以告朔。'非礼也。闰以正时，时以作事，事以厚生，生人之道，于是乎在矣。不告闰朔，弃时政也。'臣据此文，则天子闰月亦告朔矣。宁有他月而废其礼乎？先儒旧说，天子行事，一年十八度入明堂矣。大享不问卜，一入也；每月告朔，十二入也；四时迎气，四入也；巡狩之年，一入也。今礼官议唯岁首一入耳，与先儒既异，在臣不敢同。宋朝何承天纂集其文，以为《礼论》，虽加编次，事则阙如。梁室崔灵恩撰《三礼义宗》，但捃摭前儒，因循故事而已。隋炀帝命学士撰

《江都集礼》，只抄撮旧礼，更无异文。《贞观》、《显庆礼》及《祠令》不言告朔者，盖为历代不传，所以其文乃阙。各有缘由，不足依据。今礼官引为明证，在臣诚实有疑。"则天又令春官广集众儒，取方庆、仁谞所奏议，以定得失。时成均博士吴扬善、太学博士郭山恽等奏："按《周礼》及《三传》，皆有天子告朔之礼，秦灭《诗》、《书》，由是告朔礼废。望依方庆议。"有制从之。

则天以方庆家多书籍，尝访求右军遗迹。方庆奏曰："臣十代从伯祖羲之书，先有四十余纸，贞观十二年，太宗购求，先臣并已进之。唯有一卷见今在。又进臣十一代祖导、十代祖洽、九代祖珣、八代祖昙首、七代祖僧绰、六代祖仲宝、五代祖骞、高祖规、曾祖褒，并九代三从伯祖晋中书令献之已下二十八人书，共十卷。"则天御武成殿示群臣，仍令中书舍人崔融为《宝章集》，以叙其事，复赐方庆，当时甚以为荣。

方庆又举："令杖'期丧、大功未葬，不预朝贺；未终丧，不预宴会。'比来朝官不遵礼法，身有哀容，陪预朝会，手舞足蹈，公违宪章，名教既亏，实玷皇化。伏望申明令式，更禁断。"从之。方庆渐以老疾，乞从闲逸，乃授麟台监修国史。及中宗立为东宫，方庆兼检校太子左庶子。

圣历二年壹日，则天欲季冬讲武，有司稽缓，延入孟春。方庆上疏曰："谨按《礼记·月令》：'孟冬之月，天子命将帅讲武，习射御角力。'此乃三时务农，一时讲武，以习射御，角校才力，盖王者常事，安不忘危之道也。'孟春之月，不可以称兵。'兵者，甲胄干戈之总名。兵金性，克木，春盛德在木，而举金以害盛德，逆生气。'孟春行冬令，则水潦为败，雪霜大挚，首种不入。'蔡邕《月令章句》云：'太阴新休，少阳尚微，而行冬令以导水气，故水潦至而败生物也。雪霜大挚，折阳者也。太阴干时，雨雪而霜，故大伤首种。首种，谓宿麦也，麦以秋种，故谓之首种。入，收也，春为沍寒所伤，故至夏麦不成长也。'今孟春讲武，是行冬令，以阴政犯阳气，害发生之德。臣恐水潦败物，霜雪损稼，夏麦不登，无所收入也。伏望天恩不违时令，至孟冬教习，以顺天道。"手制答曰："比为久属太平，多历年载，人皆废战，并悉学文。今者用整兵威，故令教习。卿以春行冬令，则水潦为败，举金伤木，则便害发生。循览所陈，深合典礼，若违此请，乃月令虚行。伫启直言，用依来表。"是岁，正授太子左庶子，封石泉公，余并如故，俸料同职事三品，兼侍皇太子读书。方庆又上言："谨按史籍所载，人臣与人主言及上表，未有称皇太子名者。当为太子皇储，其名尊重，不敢指斥，所以不言。晋尚书仆射山涛启事，称皇太子而不言名。涛中朝名士，必详典故，其不称名，应有凭准。朝官尚犹如此，宫臣讳则不疑。今东宫殿及门名，皆有触犯，临事论启，回避甚难。孝敬皇帝为太子时，改弘教门为崇教门；沛王为皇太子，改崇贤馆为崇文馆。皆避名讳，以遵典礼。此即成例，足为轨模。伏望天恩因循旧式，付司改换。"制从之。

长安二年五月卒，赠兖州都督，谥曰贞。中宗即位，

以宫僚之旧，追赠吏部尚书。方庆博学好著述，所撰杂书凡二百余卷。尤精《三礼》，好事者多询访。每所酬答，咸有典据，故时人编次，名曰《礼杂答问》。聚书甚多，不减秘阁，至于图画，亦多异本。诸子莫能守其业，卒后寻亦散亡。长子光辅，开元中官至潞州刺史。少子晅，工书知名，尤善琴棋，而性多严整，官至殿中侍御史。

姚璹，字令璋，散骑常侍思廉之孙也。少孤，抚弟妹以友爱称。博涉经史，有才辩。永徽中明经擢第。累补太子宫门郎。与司议郎孟利贞等奉令撰《瑶山玉彩》书，书成，迁秘书郎。调露中，累迁至中书舍人，封吴兴县男。则天临朝，迁夏官侍郎。坐从父弟敬节同徐敬业之乱，贬桂州都督府长史。时则天雅好符瑞，璹至岭南，访诸山川草树，其名号有"武"字者，皆以为上膺国姓，列奏其事。则天大悦，召拜天官侍郎。善于选补，时人称之。

长寿二年，迁文昌左丞、同凤阁鸾台平章事。自永徽以后，左、右史虽得对仗承旨，仗下后谋议，皆不预闻。璹以为帝王谟训，不可暂无纪述，若不宣自宰相，史官无从得书。乃表请仗下所言军国政要，宰相一人专知撰录，号为时政记，每月封送史馆。宰相之撰时政记，自璹始也。是岁九月，坐事转司宾少卿，罢知政事。延载初，擢拜纳言。有司以璹从父弟犯法，奏言不合更为侍臣。璹上言："昔王敦称兵犯顺，王导仍典枢机；嵇康戮于晋朝，嵇绍忠于晋室。窃惟前古，尚不为疑；今奉圣恩，岂由臣下。必以体例有乖，伏请甘从屏退。"则天曰："此乃我意，卿复何言！但当尽忠，无听浮说。"

时武三思率蕃酋长，请造天枢于端门外，刻字纪功，以颂周德，璹为督作使。证圣初，璹加秋官尚书、同平章事。是岁，明堂灾，则天欲责躬避正殿，璹奏曰："此实人火，非曰天灾。至如成周宣榭，卜代愈隆；汉武建章，盛德弥永。臣又见《弥勒下生经》云，当弥勒成佛之时，七宝台须臾散坏。睹此无常之相，便成正觉之因。故知圣人之道，随缘示化，方便之利，博济良多。可使由之，义存于此。况今明堂，乃是布政之所，非宗庙之地，陛下若避正殿，于礼未为得也。"左拾遗刘承庆廷奏云："明堂宗祀之所，今既被焚，陛下宜辍朝思过。"璹又持前议以争之，则天乃依璹奏。先令璹监造天枢，至是以功当赐爵一等。璹表请回赠父一官，乃追赠其父豫州司户参军处平为博州刺史。天后将封嵩岳，命璹总知撰仪注，并充封禅副使。及重造明堂，又令璹充使督作，以功加银青光禄大夫。

时有大石国使请献狮子，璹上疏谏曰："狮子猛兽，唯止食肉，远从碎叶，以至神都，肉既难得，极为劳费。陛下以百姓为心，虑一物有失，鹰犬不蓄，渔猎总停。运不杀以闻大慈，垂好生以敷至德，凡在翾飞蠢动，莫不感荷仁恩。岂容自菲薄于身，而厚资给于兽，求之至理，必不然乎"。疏奏，遽停来使。又九鼎初成，制令黄金千两涂之。璹进谏曰："夫鼎者神器，贵在质朴自然，无假别为浮饰。臣观其状，先有五彩辉焕，错杂其间，岂待金色，方为炫耀？"则天又从之。

寻属契丹犯塞，命梁王武三思为榆关道安抚大使、璹为副使以备之。及还，坐事，神功初左授益州大都督府长史。蜀中官吏多贪暴，璹屡有发擿，奸无所容。则天嘉之，降玺书劳曰："夫严霜之下，识贞松之擅奇，疾风之前，知劲草之为贵。物既有此，人亦宜哉。卿早荷朝恩，委任斯重。居中作相，弘益已多，防边训兵，心力俱尽。岁寒无改，终始不渝。乃眷蜀中，甿俗殷杂，久缺良守，弊于侵渔，政以贿成，人无措足。是用命卿出镇，寄兹存养。果能揽辔澄清，下车整肃。吏不敢犯，奸无所容，前后纠擿，盖非一绪。贪残之伍，屏迹于列城；剽夺之俦，遁形于外境。讵劳期月，康此黎元，言念德声，良深嘉尚。宜布琅邪之化，当以豫州为法。"则天又尝谓侍臣曰："凡为长官，能清自身者甚易，清得僚吏者甚难。至于姚璹，可谓兼之矣。"

时新都丞朱待辟坐赃至死，逮捕系狱。待辟素善沙门理中，阴结诸不逞，因待辟以杀璹为名，拟据巴蜀为乱。人密表告之者，制令璹按其狱。璹深持之，事涉疑似引而诛死者，仅以千数。则天又令洛州长史宋元爽、御史中丞霍献可等重加详覆，亦无所发明。逮系狱数百人，不胜酷毒，递相附会，以就反状。因此籍没者复五十余家，其余称知反配流者亦十八九，道路冤之。监察御史袁恕己劾奏其事。则天初令璹与恕己对定，又寻令罢推。俄拜地官尚书。岁余，转冬官尚书，仍西京留守。长安中，累表乞骸骨，制听致仕，进爵为伯。遇官名复旧，为工部尚书。神龙元年卒，遗令薄葬，赠越州都督，谥曰成。弟班。

班，少好学，以勤苦自立。举明经，累除定、汴、沧、虢、幽等五州刺史，加银青光禄大夫，转秦州刺史。以善政有闻，玺书褒美，赐绢百匹。神龙元年，累封宣城郡公，三迁太子詹事，仍兼左庶子。时节愍太子举事不法，班前后上书进谏。今载四事：

其一曰：臣闻贾谊曰："选天下之端士，孝悌博闻有道术者，使与太子居处出入。故太子见正事，闻正言，行正道，左右前后皆正人也。夫习与正人居之，不能无正；习与不正人居之，不能无不正。太子既冠成人，免于保傅之严，则有记过之史。彻膳之宰，进善之旌，诽谤之木，敢谏之鼓，瞽史诵箴，大夫进谋，故习与智长，化与心成。夫教得而左右正，则太子正矣；太子正而天下定矣。"臣又闻之，木从绳则正，后从谏则圣。善言古者，所以验于今。伏惟殿下睿德洪深，天姿聪敏，近代成败，前古安危，莫不悬鉴在心，动合典礼。臣以庸朽，滥居辅弼，虚备耳目，叨预股肱，辄荐尘露，庶裨山海。伏以内置作坊，工巧得入宫闱之内、禁卫之所，或言语内出，或事状外通，小人无知，不识轻重，因为诈伪，有玷徽猷。臣望并付所司，以停宫内造作。如或要须役造，犹望宫外安置，庶得工匠不于宫禁出入。

其二曰：臣闻汉文帝身衣弋绨，足履革舄；齐高帝栏槛用铜者，皆易以铁。经侯带玉具剑环珮以过魏，太子不视，经侯曰："魏国亦有宝乎？"太子曰："主信臣忠，魏之宝也。"经侯委剑珮而去。太子使追还之，谓曰："珠玉珍玩，寒不可衣，饥不可食，无遗我贼。"经侯杜门不出。臣观圣贤经籍，务以简素为贵；皇王政化，皆以菲薄为德。伏惟殿下留心恭俭，靡尚浮奢。臣愚犹望损之又损之，居简以行简，减省造作，节量用度。

其三曰：臣闻银榜铜楼，宫闱严秘，门阁来往，皆有簿历。殿下时有所须，唯门司宣令，或恐奸伪之辈，因此妄为增减，脱有文状舛错，事理便即差违。且近日昱升之便乃代署宣敕，伏赖殿下睿敏，当即觉其奸伪，自余臣下庸浅，岂能深辨真虚？望墨令及覆事行下，并用内印印画署之后，冀得免有诈假，乃是长久规模。臣又闻之，忠臣事君，有犯而无隐；明主驭下，纳谏以庸德。故《书》云："有言逆于志，必求诸道；有言顺于心，必求诸非道。"伏惟殿下仁明昭著，圣敬日跻，探幽洞微，穷神索隐。事之善恶，毫厘靡差；理有危疑，锱铢不爽。臣以庸谀，叨侍春闱，职居献替，岂敢缄默！

其四曰：臣闻圣人不专其德，贤智必有所师。故曰：与善人言，如入芝兰之室，久自芬芳；与不善人言，如火销膏，不觉而尽。今司经见无学士，供奉未有侍读，伏望时因视膳，奏请置人。所冀讲席谈筵，务尽忠规之道；披文摘句，方资审谕之勤。臣又闻臣之事主，必尽乃诚；君之进贤，务求忠谠。伏惟殿下养德储闱，以端静为务；恭膺守器，以学业为先。经所以立行修身，史所以谙识成败。雅诰既习，忠孝乃成，传记方通，安危斯辨。知父子君臣之道，识古今鉴戒之规，经史为先，斯乃急务。至于工巧造作，僚吏直司，实为末事，无足劳虑。臣以庸浅，献替是司，臣而不言，负谴圣日，言而获罪，是所甘心。伏愿留意经书，简略细事，一蒙采纳，万殒无辞。乞降储明，俯矜狂瞽。

疏奏，太子虽称善，竟不俊革。太子败，诏遣索其宫中，得珽谏书，中宗嘉其切直。时宫臣皆贬黜，唯珽擢拜右散骑常侍。岁余，迁秘书监。

睿宗即位，累授户部尚书，转太子宾客。先天二年，加金紫光禄大夫，复拜户部尚书。珽与兄琦，数年间俱为定州刺史、户部尚书，时人荣之。开元二年卒，年七十四。珽尝以其曾祖察所撰《汉书训纂》，多为后之注《汉书》者隐没名氏，将以己说；珽乃撰《汉书绍训》四十卷，以发明旧义，行于代。

史臣曰：天子有诤臣七人，虽无道不失其天下。致庐陵复位，唐祚中兴，诤由狄公，一人以蔽。或曰：许之太甚。答曰：当革命之时，朋邪甚众，非推诚竭力，致身忘家者，孰能与于此乎！仁杰流死不避，骨鲠有彰，虽逢好杀无辜，能使终畏大义。竟存天下，岂不然乎！王方庆干城南海，羽翼东宫，台阁枢机，无不功济，所谓君子不器者也。苟非文学，斯焉取斯。琦成都布政，始卒不倦；相国上章，或否或中。且焚明堂而避正殿，固诤何多；黜唐颂而立天枢，一言非措。刓乃妄求符瑞，已失忠贞；精择

楚茅，难神过咎。不常其德，罔畏承羞。斑规谏有才，牧守多善，储幄之任，可谓得人。

赞曰：犯颜忤旨，返政扶危。是人难事，狄能有之。终替武氏，克复唐基。功之莫大，人无以师。方庆之才，周旋特立。珦也无常，珽能操执。

卷九十　　列传第四十

王及善　杜景俭　朱敬则　杨再思　李怀远 子景伯 景伯子彭年附　豆卢钦望 张光辅 史务滋 崔元综 周允元附

王及善，洛州邯郸人也。父君愕。隋大业末，并州人王君廓掠邯郸，君愕往说君廓曰："方今万乘失御，英雄竞起，诚宜抚纳遗甿，保全形胜，按甲以观时变，拥众而归真主，此富贵可图也。今足下居无尺土之地，守无兼旬之粮，恣行残忍，所过攘夺，窃为足下寒心矣。"君廓曰："计将安出？"君愕为陈井陉之险，可先往据之。君廓从其言，乃屯井陉山。岁余，会义师入定中，乃与君廓率所部万余人来降，拜大将军。频以战功封新兴县公，累迁左武卫将军。从太宗征辽东，兼领左屯营兵马。与高丽战于驻跸山，君愕先锋陷阵，力战而死。太宗深痛悼之，赠左卫大将军、幽州都督、邢国公。赐东园秘器，陪葬昭陵。

及善年十四，以父死王事，授朝散大夫，袭爵邢国公。高宗时，累迁左奉裕率。孝敬之居春宫，因宴集命宫官掷倒，次至及善，辞曰："殿下自有乐官，臣止当守职，此非臣任也。臣将奉令，恐非殿下羽翼之备。"太子谢而遣之。高宗闻而特加赏慰，赐绢百匹。寻除右千牛卫将军，高宗谓曰："朕以卿忠谨，故与卿三品要职。他人非搜辟不得至朕所，卿佩大横刀在朕侧，知此官贵否？"俄以病免，寻起为卫尉卿。

垂拱中，历司属卿。时山东饥，及善为巡抚赈给使。寻拜春官尚书、秦州都督，转益州大都督府长史。以老病请乞致仕，加授光禄大夫。后契丹作乱，山东不安，起授滑州刺史。则天谓曰："边贼反叛，卿虽疾病，可将妻子日行三十里，缓步至彼，与朕卧理此州，以断河路也。"因问朝廷得失，及善备陈理乱之宜十余道，则天曰："彼末事也，此为本也，卿不可行。"乃留拜内史。

时御史中丞来俊臣常以飞祸陷良善，自侯王将相被其罗织受戮者不可胜计。后俊臣坐事系狱，有司断以极刑，则天欲赦之。及善执奏曰："俊臣凶狡不轨，所信任者皆屠贩小人，所诛戮者多名德君子。臣愚以为若不剿绝元恶，恐摇动朝廷，祸从此始。"则天纳之。俄而则天将追庐陵王立为太子，及善赞成其计。及太子立，又请太子外朝以慰人心，则天从之。

及善虽无学术，在官每以清正见知，临事难夺，有大

臣之节。时张易之兄弟恃宠，每内宴，皆无人臣之礼。及善数奏抑之，则天不悦，谓及善曰："卿既高年，不宜更侍游宴，但检校阁中可也。"及善因病请假月余，则天都不问之，及善叹曰："岂有中书令而天子得一日不见乎？事可知矣。"乃上书乞骸骨，三上不许。圣历二年，拜文昌左相，旬日而薨，年八十二。废朝三日，赠益州大都督，谥曰贞，陪葬乾陵。

杜景俭，冀州武邑人也。少举明经，累除殿中侍御史。出为益州录事参军。时隆州司马房嗣业除益州司马，除书未到，即欲视事，又鞭笞僚吏，将以示威，景俭谓曰："公虽受命为此州司马，而州司未受命也。何藉数日之禄，而不待九重之旨，即欲视事，不亦急耶？"嗣业益怒。景俭又曰："公今持咫尺之制，真伪未知，即欲揽一州之权，谁敢相保？扬州之祸，非此类耶。"乃叱左右各令罢散，嗣业惭赧而止。俄有制除嗣业荆州司马，竟不如志，人吏为之语曰："录事意，与天通，益州司马折威风。"景俭由是稍知名。入为司宾主簿，转司刑丞。

天授中，与徐有功、来俊臣、侯思止专理制狱，时人称云："遇徐、杜者必生，遇来、侯者必死。"累迁洛州司马。寻转凤阁侍郎、同凤阁鸾台平章事。则天尝以季秋内出梨花一枝示宰臣曰："是何祥也？"诸宰臣曰："陛下德及草木，故能秋木再花，虽周文德及行苇，无以过也。"景俭独曰："谨按《洪范五行传》：'阴阳不相夺伦，渎之即为灾。'又《春秋》云：'冬无愆阳，夏无伏阴，春无凄风，秋无苦雨。'今已秋矣，草木黄落，而忽生此花，渎阴阳也。臣虑陛下布教施令，有亏礼典。又臣等忝为宰臣，助天理物，理而不和，臣之罪也。"于是再拜谢罪，则天曰："卿真宰相也！"

延载初，为凤阁侍郎周允元奏景俭党于李昭德，左迁秦州刺史。后累除司刑卿。圣历二年，复拜凤阁侍郎、同凤阁鸾台平章事。时契丹入寇，河北诸州多陷贼中。及事定，河内王武懿宗将尽论其罪。景俭以为皆是驱逼，非其本心，请悉原之。则天竟从景俭议。岁余，转秋官尚书。坐漏泄禁中语，左授司刑少卿，出为并州长史。道病卒，赠相州刺史。子澄，颇以文藻著名，官至巩县尉。

朱敬则，字少连，亳州永城人也。代以孝义称，自周至唐，三代旌表，门标六阙，州党美之。敬则倜傥重节义，早以辞学知名。与三从兄同居，财产无异。又与左史江融、左仆射魏元忠特相友善。咸亨中，高宗闻而召见，与语甚奇之，将加擢用，为中书舍人李敬玄所毁，乃授洹水尉。

长寿中，累除右补阙。敬则以则天初临朝称制，天下颇多流言异议，至是既渐宁晏，宜绝告密罗织之徒，上疏曰：

臣闻李斯之相秦也，行申、商之法，重刑名之家，杜私门，张公室，弃无用之费，损不急之官，惜日爱功，疾耕急战，人繁国富，乃屠诸侯。此救弊之术也。故曰：刻薄可施于进趋，变诈可陈于攻战。兵犹火也，不戢将自焚。况锋镝已销，石城又毁，谅可易之以宽泰，润之以淳和，八风之乐以柔之，三代之礼以导之。秦既不然，淫虐滋甚，往而不返，卒至土崩，此不知变之祸也。

陆贾、叔孙通之事汉王也，当荥阳、成皋之间，粮馈已穷，智勇俱困，不敢开一说，效一奇，唯进豪猾之材，荐贪暴之客。及区宇适平，干戈向戢，金鼓之声未歇，伤痍之痛尚闻，二子顾眄，绰有余态，乃陈《诗》、《书》，说《礼》、《乐》，开王道，谋帝图。高皇帝忿然曰："吾以马上得之，安事《诗》、《书》乎！"对曰："马上得之，可马上理之乎？"高皇默然。于是陆贾著《新语》，叔孙通定礼仪，始知天子之尊，此知变之善也。向使高皇排二子而不用，置《诗》、《书》而不顾，重攻战之吏，尊首级之材，复道争功，张良已知其变，拔剑击柱，吾属不得无谋。即暂漏难逾，何十二帝乎？亡秦之续，何二百年乎？故曰：仁义者，圣人之蘧庐；礼经者，先王之陈迹。然则祝祠向毕，刍狗须投；淳精已流，糟粕可弃。仁义尚舍，况轻此者乎？自文明草昧，天地屯蒙，三叔流言，四凶构难。不设钩距，无以应天顺人；不切刑名，不可摧奸息暴。故置神器，开告端，曲直之影必呈，包藏之心尽露。神道助直，无罪不除；人心保能，无妖不戮。以兹妙算，穷造化之幽深；用此神谋，入天人之秘术。故能计不下席，听不出闱，苍生晏然，紫宸易主。大哉伟哉，无得而称也！岂比造攻鸣条，大战牧野，血变草木，头折不周，可同年而语乎？然而急趋无善迹，促柱少和声，拯溺不规行，疗饥非鼎食。即向时之妙策，乃当今之刍狗也。伏愿览秦、汉之得失，考时事之合宜，审糟粕之可遗，觉蘧庐之须毁。见机而作，岂劳终日乎？陛下必不可偃蹇太平，徘徊中路。伏愿改法制，立章程，下恬愉之辞，流旷荡之泽，去蓁菲之牙角，顿奸险之锋芒，塞罗织之源，扫朋党之迹，使天下苍生坦然大悦，岂不乐哉！

则天甚善之。

长安三年，累迁正谏大夫，寻同凤阁鸾台平章事。时御史大夫魏元忠、凤阁舍人张说为张易之兄弟所诬构，将陷重辟，诸宰相无敢言者，敬则独抗疏申理曰："元忠、张说素称忠正，而所坐无名。若令得罪，岂不失天下之望也？"乃得减死。四年，以老疾请罢知政事，许之，累转冬官侍郎，仍依旧兼修国史。张易之、昌宗尝命画工图写武三思及纳言李峤、凤阁侍郎苏味道、夏官侍郎李迥秀、麟台少监王绍宗等十八人形像，号为《高士图》，每引敬则预其事，固辞不就，其高洁守正如此。

神龙元年，出为郑州刺史，寻以老致仕。二年，侍御史冉祖雍素与敬则不协，乃诬奏云与王同皎亲善，贬授庐州刺史。经数月，泊代到，还乡里，无淮南一物，唯有所乘马一匹，诸子侄步从而归。敬则重然诺，善与人交，每拯人急难，不求其报。又尝与三从兄同居四十余年，财产无异。雅有知人之鉴，凡在品论者，后皆如其言。景龙三年五月，卒于家，年七十五。

敬则尝采魏、晋已来君臣成败之事，著《十代兴亡论》。又以前代文士论废五等者，以秦为失，事未折衷，乃著《五等论》曰：

　　昔秦废五等，崔寔、仲长统、王朗、曹冏等皆以为秦之失，予窃异之，试通其志云。

　　盖明王之理天下也，先之以博爱，本之以仁义，张四维，尊五美，悬礼乐于庭宇，置轨范于中衢。然后决玄波使横流，扬薰风以高扇，流恺悌之甘泽，浸旷荡之膏腴，正理革其淫邪，淳风柔其骨髓。使天下之人，心醉而神足。其于忠义也，立则见其参于前；其于进趋也，若衡程之在目。礼经所及，等日月之难逾；声教所行，虽风雨之不辍。圣人知俗之渐化也，王道之已行也，于是体国经野，庸功勋亲。分山裂河，设磐石之固；内守外御，有维城之基。连络遍于域中，胶葛尽于封内。虽道昏时丧，泽竭政塞，郑伯逐王，申侯弑主，鲁不供物，宋不成周，吴征伯牢，楚问九鼎，小白之一匡天下，重耳之一战诸侯，无君之迹显然，篡夺之谋中寝者，直以周礼尚存，简书不陨。故曰：“不敢失坠，天威在颜。”

　　自春秋之后，礼义渐颓，风俗尘昏，愧耻心尽，疾走先得者为上，夺攘投会者为能。加以八世专齐，三家分晋，子贡之乱五国，苏秦之斗七雄，苛刻繁兴，经籍道息，莫不长诈术，贵攻战，万姓皆戴爪牙，无人不属狺距。所以商鞅欺故友，李斯囚旧交，孙膑丧足于庞涓，张仪得志于陈轸。一旅之众，便俄称王；再战之雄，争来奉帝。先王会盟之礼，昔时樽俎之容，三代玄风，扫地至尽。况始皇削平区宇，殊非至公，李斯之作股肱，罕循大道，人无见德，唯虐是闻。当此时也，主猜于上，人骇于下，父不能保之于子，君不能得之于臣。欲使始皇分土奸雄，建侯薄俗，若喻晋、郑之可依，便借贼兵而资盗粮，寄龙鱼而助风雨，不可行也。是以秦鉴周德之绵深，惧己图之不远，罢侯置守，高下在心，天下制在一人，百姓不闻二主。直是不得行其世封，非薄功臣而贱骨肉也。

　　高皇帝揭日月之明，怀天地之量，算财不足以分赏，论地不足以受封。邑皆百城，土有千里，人殷国富，地广兵强。五十年间，七国同反，贾谊忧失其国，晁错请削其地。若言由大而反也，不若召陵之师、践土之众也；若言有材而起也，刘濞非王霸之材，田禄无先，管之略也。直是齐、晋以逆礼为惭，吴、楚以犯上非愧，衅由教起，其所由来远矣。自此之后，杂霸又衰，中兴不能改物创图，黄初不能深谋远虑。缅观汉、魏之际，寻其经纬之初，未有积德重光，泽及万物。观其教，偷薄于秦风；察其人，豺狼于汉日。故魏太祖曰：“若使无孤，天下几人称帝，几人称王！”明窃号议者，触目皆是。欲以此时开四履之祚，垂万代之封，必有通车三川以窥周室，介马汾、隰而逐翼侯。而王司徒屡请于当时，曹元首又勤于宗室，皆不知时也。

当时贤者是之。

　　敬则知政事时，每以用人为先。桂州蛮叛，荐裴怀古；凤阁舍人缺，荐魏知古；右史缺，荐张思敬。则天以为知人。

　　睿宗即位，尝谓侍臣曰：“神龙已来，李多祚、王同皎并复旧官，韦月将、燕钦融咸有褒赠，不知更有何人，尚抱冤抑？”吏部尚书刘幽求对曰：“故郑州刺史朱敬则，往在则天朝任正谏大夫、知政事，忠贞义烈，为天下所推。神龙时，被宗楚客、冉祖雍等诬构，左授庐州刺史。长安年中，尝谓臣云：‘相王必膺期受命，当须尽节事之。’及韦氏篡逆干纪，臣遂见危赴难，翼戴兴历，虽则天诱其事，亦是敬则先启之心。今陛下龙兴宝位，凶党就戮，敬则尚衔冤泉壤，未蒙昭雪。况复事符先觉，诚即可嘉。”睿宗然之，赠敬则秘书监，谥曰元。

　　杨再思，郑州原武人也。少举明经，授玄武尉。充使诣京师，止于客舍。会盗窃其囊装，再思邂逅遇之，盗者伏罪，再思谓曰：“足下当苦贫匮，至此无行。速去勿作声，恐为他人所擒。幸留公文，余财尽以相遗。”盗者赍去，再思初不言其事，假贷以归。累迁天官员外郎，历左右肃政台御史大夫。延载初，守鸾台侍郎、同凤阁鸾台平章事。证圣初，转凤阁侍郎，依前同平章事，兼太子右庶子。寻迁内史，自弘农县男累封至郑国公。

　　再思自历事三主，知政十余年，未尝有所荐达。为人巧佞邪媚，能得人主微旨，主意所不欲，必因而毁之，主意所欲，必因而誉之。然恭慎畏忌，未尝忤物。或谓再思曰：“公名高位重，何为屈折如此？”再思曰：“世路艰难，直者受祸。苟不如此，何以全其身哉！”长安末，昌宗既为法司所鞫，司刑少卿桓彦范断解其职。昌宗俄又抗表称冤，则天意将申理昌宗，廷问宰臣曰：“昌宗于国有功否？”再思对曰：“昌宗往因合炼神丹，圣躬服之有效，此实莫大之功。”则天甚悦，昌宗竟以复职。时人贵彦范而贱再思也。时左补阙戴令言作《两脚野狐赋》以讥刺之，再思闻之甚怒，出令言为长社令，朝士尤加嗤笑。再思为御史大夫时，张易之兄司礼少卿同休尝奏请公卿大臣宴于司礼寺，预其会者皆尽醉极欢。同休戏曰：“杨内史面似高丽。”再思欣然，请剪纸自贴于巾，却披紫袍，为高丽舞，萦头舒手，举动合节，满座嗤笑。又易之弟昌宗以姿貌见宠幸，再思又谀之曰：“人言六郎面似莲花；再思以为莲花似六郎，非六郎似莲花也。”其倾巧取媚也如此。

　　长安四年，以本官检校京兆府长史，又迁检校扬州大都督府长史。中宗即位，拜户部尚书，兼中书令，转侍中，以宫僚封郑国公，赐实封三百户。又为册顺天皇后使，赐物五百段，鞍马称是。时武三思将诬杀王同皎，再思与吏部尚书李峤、刑部尚书韦巨源并受制考按其狱，竟不能发明其枉，致同皎至死，众冤之。再思俄复为中书令、吏部尚书。景龙三年，迁尚书右仆射，加光禄大夫。其年薨，赠特进、并州大都督，陪葬乾陵，谥曰恭。子植、植子献，并为司勋员外郎。再思弟季昭为考功郎中，温玉为户部侍郎。

　　李怀远，邢州柏仁人也。早孤贫好学，善属文。有宗人欲以高荫相假者，怀远竟拒之，退而叹曰："因人之势，高士不为；假荫求官，岂吾本志？"未几，应四科举擢第，累除司礼少卿。出为邢州刺史，以其本乡，固辞不就，改授冀州刺史。俄历扬、益等州大都督府长史，未行，又授同州刺史。在职以清简称。入为太子左庶子，兼太子宾客，历迁右散骑常侍、春官侍郎。大足年，迁鸾台侍郎，寻同凤阁鸾台平章事。岁余，加银青光禄大夫，拜秋官尚书，兼检校太子左庶子，赐爵平乡县男。长安四年，以老辞职，听解秋官尚书，正除太子左庶子，寻授太子宾客。神龙初，除左散骑常侍、兵部尚书、同中书门下三品，加金紫光禄大夫，进封赵郡公，特赐实封三百户。俄以疾请致仕，许之。中宗将幸京师，又令以本官知东都留守。

怀远虽久居荣位，而弥尚简率，园林宅室，无所改作。常乘款段马，左仆射豆卢钦望谓曰："公荣贵如此，何不买骏马乘之？"答曰："此马幸免惊蹶，无假别求。"闻者莫不叹美。神龙二年八月卒，中宗特赐锦被以充敛，辍朝一日，亲为文以祭之，赠侍中，谥曰成。子景伯。

景伯，景龙中为给事中，又迁谏议大夫。中宗尝宴侍臣及朝集使，酒酣，令各为《回波辞》。众皆为谄佞之辞，及自要荣位。次至景伯，曰："回波尔时酒卮，微臣职在箴规。侍宴既过三爵，喧哗窃恐非仪。"中宗不悦，中书令萧至忠称之曰："此真谏官也。"景云中，累迁右散骑常侍，寻以老疾致仕。开元中卒。子彭年。彭年有吏才，工于剖析，当时称之。开元中，历考功员外郎、知举，又迁中书舍人、给事中、兵部侍郎。天宝初，又为吏部侍郎，与右相李林甫善。慕山东著姓为婚姻，引就清列，以大其门。典铨管七年，后以赃污为御史中丞宋浑所劾，长流领南临贺郡。累月，浑及弟恕又以赃下狱，诏ález流岭南高要郡，恕流南康郡。天宝十二载，起彭年为济阴太守，又迁冯翊太守，入为中书舍人、给事中、吏部侍郎。十五载，玄宗幸蜀，贼陷西京。彭年没于贼，胁授伪官，忧愤忽忽不得志，与韦斌相次而卒。及克复两京，优制赠彭年为礼部尚书。

豆卢钦望，京兆万年人也。曾祖通，隋相州刺史、南陈郡公。祖宽，即隋文帝之甥也。大业末，为梁泉令。及高祖定关中，宽与郡守萧瑀率豪右赴京师，由是累授殿中监，仍诏其子怀让尚万春公主。高祖以宽曾祖苌魏太和中例称单姓，至是改宽为卢氏。贞观中，历迁礼部尚书、左卫大将军，封芮国公。永徽元年卒，赠特进、并州都督，陪葬昭陵，谥曰定。又复其姓为豆卢氏。父仁业，高宗时为左卫将军。

钦望，则天时累迁司宾卿。长寿二年，代宗秦客为内史。时李昭德亦为内史，执权用事，钦望与同时宰相韦巨源、陆元方、苏味道、杜景俭等并委曲从之。证圣元年，昭德坐事，左迁涪陵尉，则天以钦望等不能执正，又为司刑少卿皇甫文备奏钦望附会昭德，罔上附下，乃左迁钦望为赵州刺史，韦巨源自右丞为鄜州刺史，陆元方自秋官侍郎为绥州刺史，苏味道自凤阁侍郎为集州刺史。其年，钦望入为司礼卿，迁秋官尚书，封芮国公。出为河北道宣劳使。俄而庐陵王复为皇太子，以钦望为皇太子宫尹。圣历二年，拜文昌右相、同凤阁鸾台三品，寻授太子宾客，停知政事。中宗即位，以钦望宫僚旧臣，拜尚书左仆射、知军国重事，兼检校安国相王府长史，兼中书令、知兵部事、监修国史。

钦望作相两朝，前后十余年，张易之兄弟及武三思父子皆专权骄纵，图为逆乱。钦望独谨其身，不能有所匡正，以此获讥于代。神龙二年，拜开府仪同三司。景龙三年五月，表请乞骸，不许。十一月卒，年八十余。赠司空、并州大都督，谥曰元，赐东园秘器，陪葬乾陵。则天时，宰相又有张光辅、史务滋、崔元综、周允元等，并有名绩。

张光辅者，京兆人也。少明辩，有吏干。累迁司农少卿、文昌右丞。以讨平越王贞之功，拜凤阁侍郎、知政事。永昌元年，迁纳言。旬日，又拜内史。皆有名。其年，洛州司马房嗣业、洛阳令张嗣明坐与徐敬业弟敬真阴相交结。敬真自流所绣州逃归，将北投突厥，引房入寇。途经洛下，嗣业、嗣明二人给其衣粮而遣之。行至定州，为人所觉。嗣业于狱中自缢死。嗣明与敬真多引海内相识，冀缓其死。嗣明称光辅征豫州日，私说图谶天文，阴怀两端，顾望以观成败。光辅由是被诛，家口籍没。

史务滋者，宣州溧阳人。累至内史。天授中，雅州刺史刘行实及弟渠州刺史行瑜、尚衣奉御行感，并兄子左鹰扬将军虔通，并为侍御史来子珣诬以谋反诛。又于盱眙毁其父左监门大将军伯英棺柩。初，务滋素与行感周密，意俗寝其反状。则天怒，令俊臣鞫之，务滋恐被陷刑，乃自杀。

崔元综者，郑州新郑人也。祖君肃，武德中黄门侍郎、鸿胪卿。元综，天授中累转秋官侍郎。长寿元年，迁鸾台侍郎、同凤阁鸾台平章事。元综勤于政事，每在中书，必束带至晚，未尝休偃。好洁细行，薰辛不历口者二十余年。虽外示谨厚，而情深刻薄，每受制鞫狱，必披毛求疵，陷于重辟。以此故人多畏而鄙之。明年，犯罪配流振州，朝野莫不称庆。寻赦还，复拜监察御史。中宗时，累迁尚书左丞、蒲州刺史，以老疾致仕。晚年好摄养导引之术，年九十余卒。

周允元者，豫州人也。弱冠举进士。延载初，累转左肃政御史中丞，俄除凤阁鸾台平章事。尝与诸宰臣侍宴，则天令各述书传中善言。允元曰："耻其君不如尧、舜。"武三思以为语有指斥，纠而驳之。则天曰："闻此言足以为诫，岂特将为过耶？"证圣元年卒，赠贝州刺史。则天为七言诗以伤之，又自缮写，时以为荣。

史官曰：王及善在孝敬东宫，诚能奉职。当俊臣下狱，力谏除凶，是忧滥及贤良，而欲明彰羽翼，兴复之志，不谓无心。杜景俭五刑有滥，济活为心，四气不和，归罪在己，则天谓曰："真宰相。"然奈柔顺李昭德，不无吐刚之过也。朱敬则文学有称，节行无愧，谏诤果决，推择精真，苟非洞鉴古今，深识王霸，何由立其高论哉？惜乎相不得时矣！杨再思佞而取贵，苟以全身，掩不善而自欺，谓无十目十手也。李怀远名不苟于假荫，贵不衒于故乡，无改陋居，常乘劣驷，亦一时之善矣。然匪躬之道，未之闻也。豆卢钦望、张光辅、史务滋、崔元综、周允元等，或有片言，非无小善，登于大用，可谓具臣。

赞曰：及善奉职，非无智力。景俭当权，不谓不贤。雄文高节，少连为绝。守道安贫，怀远当仁。钦望之属，片善何足。蹈媚再思，只宜邈速。

卷九十一　　　列传第四十一

桓彦范　敬晖　崔玄暐
张柬之　袁恕己

桓彦范，润州曲阿人也。祖法嗣，雍王府谘议参军、弘文馆学士。彦范慷慨俊爽，少以门荫调补右翊卫。圣历初，累除司卫寺主簿。纳言狄仁杰特相礼异，尝谓曰："足下才识如是，必能自致远大。"寻擢授监察御史。

长安三年，历迁御史中丞。四年，转司刑少卿。时司仆卿张昌宗坐遣术人李弘泰占己有天分，御史中丞宋璟请收付制狱，穷理其罪，则天不许。彦范上疏曰：

昌宗无德无才，谬承恩宠，自宜粉骨碎肌，以答殊造，岂得苞藏祸心，有此占相？陛下以簪履恩久，不忍加刑；昌宗以逆乱罪多，自招其咎。此是皇天降怒，非唯陛下故诛。违天不祥，乞陛下裁择。原其本奏，以防事败。事败即言奏讫，不败则候时为逆。此乃奸臣诡计，疑惑圣心，今果遂其所谋，陛下何忍不察？若昌宗措此占相，奏后不合更与弘泰往还，尚令修福，复拟禳厄，此则期于必遂，元无悔心。纵虽奏闻，情实难恕，此而可舍，谁其可刑？况经两度事彰，天恩并垂舍宥，昌宗自为得计，人亦以为应运，即不劳兵甲，天下皆从，万方讥之，以为陛下纵成其乱也。君在，臣图天分，是为逆臣，不诛，社稷亡矣。伏请付鸾台凤阁三司考竟其罪。

疏奏不报。时又内史李峤等奏称："往属革命之时，人多逆节，鞫讯决断，刑狱至严，刻薄之吏，恣行酷法。其周兴、丘勣、来俊臣所劾破家者，并请雪免。"彦范又奏请自文明元年以后得罪人，除扬、豫、博三州及诸谋逆魁首，一切赦之。表疏前后十奏，辞旨激切，至是方见允纳。彦范凡所奏议，若逢人主诘责，则辞色无惧，争之愈厉。又尝谓所亲曰："今既躬为大理，人命所悬，必不能顺旨诡辞，以求苟免。"

是岁冬，则天不豫。张易之与弟昌宗入阁侍疾，潜图逆乱。凤阁侍郎张柬之与桓彦范及中台右丞敬晖等建策将诛之。柬之遽引彦范及晖并为左右羽林将军，委以禁兵，共图其事。时皇太子每于北门起居，彦范与晖因得谒见，密陈其计，太子从之。神龙元年正月，彦范与敬晖及左羽林将军李湛、李多祚、右羽林将军杨元琰、左威卫将军薛思行等，率左右羽林兵及千骑五百余人讨易之、昌宗于宫中，令李湛、李多祚就东宫迎皇太子。兵至玄武门，彦范等奉太子斩关而入，兵士大噪。时则天在迎仙宫之集仙殿。斩易之、昌宗于廊下，并就第斩其兄汴州刺史昌期、司礼少卿同休，并枭首于天津桥南。士庶见者，莫不欢叫相贺，或臠割其肉，一夕都尽。明日，太子即位，彦范以功加银青光禄大夫，拜纳言，赐勋上柱国，封谯郡公，赐实封五百户。又改为侍中，从新令也。

彦范尝表论时政数条，其大略曰："昔孔子论《诗》，以《关雎》为始，言后妃人伦之本，理乱之端也。故皇、英降而虞道兴，任、姒归而姬宗盛。桀奔南巢，祸阶妹喜，鲁桓灭国，惑以齐媛。伏见陛下每临朝听政，皇后必施帷幔坐于殿上，预闻政事。臣愚历选列辟，详求往代，帝王有与妇人谋及政者，莫不破国亡身，倾辀继路。且以阴乘阳，违天也，以妇凌夫，违人也。违天不祥，违人不义。由是古人譬以'牝鸡之晨，惟家之索'。《易》曰'无攸遂，在中馈'，言妇人不得预于国政也。伏愿陛下览古人之言，察古人之意，上以社稷为重，下以苍生为念。宜令皇后无往正殿干预外朝，专在中宫，聿修阴教，则坤仪式固，鼎命惟永。"

又曰："臣闻京师喧喧，道路籍籍，皆云胡僧慧范矫托佛教，诡惑后妃，故得出入禁闱，挠乱时政。陛下又轻骑微行，数幸其室，上下媟黩，有亏尊严。臣抑尝闻兴化致理，必由进善；康国宁人，莫大弃恶。故孔子曰：'执左道以乱政者杀，假鬼神以危人者杀。'今慧范之罪，不殊于此也。若不急诛，必生变乱。除恶务本，去邪勿疑，实愿天聪，早加裁贬。"疏奏不纳。时有墨敕授方术人郑普思秘书监，叶净能国子祭酒，彦范苦言其不可。帝曰："既要用人，无容便止。"彦范又曰："陛下自龙飞宝位，遽下制云：'军国政化，皆依贞观故事。'昔贞观中尝以魏徵、虞世南、颜师古为秘书监，孔颖达为国子祭酒。至如普思等是方伎庸流，岂足以比踪前烈？臣恐物议谓陛下官不择才，滥以天秩加于私爱。惟陛下少加慎择。"帝竟不纳。

时韦皇后既干朝政，德静郡王武三思又居中用事，以则天为彦范等所废，常深愤怨，又虑彦范等渐除武氏，乃先事图之。皇后韦氏既雅为帝所信宠，言无不从，三思又私通于韦氏，乃日夕谮毁彦范等。帝竟用三思计，进封彦范为扶阳郡王、敬晖为平阳郡王、张柬之为汉阳郡王、崔玄暐为博陵郡王、袁恕己为南阳郡王，并加特进，令罢知政事。彦范仍赐姓韦氏，令与皇后同属籍，仍赐杂彩、锦绣、金银、鞍马等。虽外示优崇，而实夺其权也。易州刺史赵履温者，即彦范之妻兄也。彦范诛易之后，奏言先与履温共谋其事，于是召拜司农少卿。履温德之，乃以二婢遗彦范。及彦范罢知政事，履温又胁夺其婢，大为时论所讥。寻出为洺州刺史，转濠州刺史。

二年，光禄卿、驸马都尉王同皎以武三思与韦氏奸通，潜谋诛之。事泄，为三思诬构，言同皎将废皇后韦氏，彦范等通知其情。乃贬彦范为泷州司马、敬晖崖州司马、袁恕己窦州司马、崔玄暐白州司马、张柬之新州司马，并仍令长任，勋封并削。彦范仍复其本姓桓氏。

是岁秋，武三思又阴令人疏皇后秽行，榜于天津桥，请加废黜。中宗闻之怒，命御史大夫李承嘉推求其人。承嘉希三思旨，奏言："彦范与敬晖、张柬之、袁恕己、崔玄暐等教人密为此榜。虽托废后为名，实有危君之计，请加族灭。"制依承嘉所奏。大理丞李朝隐执奏云："敬晖等既未经鞫问，不可即肆诛夷。请差御史按罪，待至，准法处分。"大理卿裴谈奏云："敬晖等只合据敕断罪，不可别俟推鞫，请并处斩籍没。"中宗纳其议，仍以彦范等五人尝赐铁券，许以不死，乃长流彦范于瀼州，敬晖于崖州，张柬之于泷州，袁恕己于环州，崔玄暐于古州，并终身禁锢，子弟年十六已上者亦配流岭外。擢授承嘉金紫光禄大夫，进封襄武郡公。韦氏又特赐承嘉彩物五百段、端锦被一张。擢拜裴谈为刑部尚书，左贬李朝隐为闻喜令。三思俄又讽节愍太子抗表请夷彦范等三族。中宗以既有前命，不依其请。三思犹虑彦范等重被进用，又纳中书舍人崔湜之计，特令湜姨兄嘉州司马周利贞摄右台侍御史，就岭外并矫制杀之。彦范赴流所，行至贵州，利贞遇之于途，乃令左右执缚，曳于竹槎之上，肉尽至骨，然后杖杀，时年五十四。

睿宗即位，延和元年，并追复其官爵，仍特还其子孙实封二百户。玄宗即位，开元六年，诏曰："皇舆肇建，必有辅佐之臣；天步多艰，爰伫经纶之业。故侍中、谯国公桓彦范，侍中、平阳郡公敬晖，中书令兼吏部尚书、汉阳郡公张柬之，特进、博陵郡公崔玄暐，中书令、南阳郡公袁恕己等，并德惟神降，材与运生，道协台岳，名书谶纬。寅亮帝载，勤劳王家，参复禹之元谋，奉升唐之景命。虽殂谢既久，而勋烈益彰，抚彝鼎以念功，想斾常而增感。缅遵故实，用表徽懿，俾列在清庙，登于明堂，克申从祀之仪，式茂畴庸之典。并可配享中宗孝和皇帝庙庭，其子弟咸加收擢。"建中元年，重赠司徒。

敬晖，绛州太平人也。弱冠举明经。圣历初，累除卫州刺史。时河北新有突厥之寇，方秋而修城不辍，晖下车谓曰："金汤非粟而不守，岂有弃收获而缮城郭哉？"悉令罢散，由是人吏咸歌咏之。再迁夏官侍郎，出为泰州刺史。大足元年，迁洛州长史。天后幸长安，令晖知副留守事。在职以清干著闻，玺书劳勉，赐物百段。长安三年，拜中台右丞，加银青光禄大夫。

神龙元年，转右羽林将军。以诛张易之、昌宗功，加金紫光禄大夫，擢拜侍中，赐爵平阳郡公，食实封五百户。寻进封齐国公。天后崩，遗制加实封通前满七百户。晖等以唐室中兴，武氏诸王咸宜降爵，上章论奏，于是诸武降为公。武三思益怒，乃讽帝阳尊晖等为郡王，罢知政事。仍赐铁券，恕十死，朔望趋朝。

初，晖与彦范等诛张易之兄弟也，洛州长史薛季昶谓晖曰："二凶虽除，产、禄犹在。请因兵势诛武三思之属，匡正王室，以安天下。"晖与张柬之屡陈不可，乃止。季昶叹曰："吾不知死所矣。"翌日，三思因韦后之助，潜入宫中，内行相事，反易国政，为天下所患，时议以此归咎于晖。晖等既失政柄，受制于三思，晖每推床噬惋，或弹指出血。柬之叹曰："主上畴昔为英王时，素称勇烈，吾留诸武，冀自诛锄耳。今事势已去，知复何道。"

三思既深愤惋，以许州司功参军郑愔素被晖等废黜，因令上表陈其罪状。中宗诏曰："则天大圣皇后，往以忧劳不豫，凶竖弄权。晖等因兴甲兵，划除妖孽，朕录其劳效，备极宠劳。自谓勋高一时，遂欲权倾四海，擅作威福，轻侮国章，悖道弃义，莫斯之甚。然收其薄效，犹为隐忍，锡其郡王之重，优以特进之荣。不谓溪壑之志，殊难盈满，既失大权，多怀怨望。乃与王同皎窥觇内禁，潜相谋结，更欲权兵绛阙，图废椒宫，险迹丑辞，惊视骇听。属以帝图伊始，务静猜牢，所以久为含容，未能暴诸遐迩。自同皎伏法，衅迹弥彰，倘若无其发明，何以惩兹悖乱？迹其巨逆，合置严诛。缘其昔立微功，所以特从宽宥，咸宜贬降，出佐遐藩。晖可崖州司马，柬之可新州司马，恕己可窦州司马，玄暐可白州司马，并员外置。"晖到崖州，竟为周利贞所杀。睿宗即位，追复五王官爵，赠晖秦州都督，谥曰肃愍。建中初，重赠太尉。曾孙元膺，开成三年，自试太子通事舍人为河南县丞。

崔玄暐，博陵安平人也。父行谨，为胡苏令。本名晔，以字下体有则天祖讳，乃改为玄暐。少有学行，深为叔父秘书监行功所器重。龙朔中，举明经，累补库部员外郎。其母卢氏尝诫之曰："吾见姨兄屯田郎中辛玄驭云：'儿子从宦者，有人来云贫乏不能存，此是好消息。若闻赀货充足，衣马轻肥，此恶消息。'吾常重此言，以为确论。比见亲表中仕宦者，多将钱物上其父母，父母但知喜悦，竟不问此物从何而来。必是禄俸余资，诚亦善事。如其非理所得，此与盗贼何别？纵无大咎，独不内愧于心？孟母不受鱼鲊之馈，盖为此也。汝今坐食俸禄，荣幸已多，若其不能忠清，何以戴天履地？孔子云：'虽日杀三牲之养，犹为不孝。'又曰：'父母惟其疾之忧。'特宜修身洁己，勿累吾此意也。"玄暐遵奉母氏教诫，以清谨见称。寻授天官郎中，迁凤阁舍人。

长安元年，超拜天官侍郎。每介然自守，都绝请谒，颇为执政者所忌。转文昌左丞。经月余，则天谓曰："自卿改职以来，选司大有罪过。或闻令史乃设斋自庆，此欲盛为贪恶耳。今要卿复旧任。"又除天官侍郎，赐杂彩七十段。三年，拜鸾台侍郎、同凤阁鸾台平章事，兼太子左庶子。四年，迁凤阁侍郎，加银青光禄大夫，仍依旧知政事。先是，来俊臣、周兴等诬陷良善，冀图爵赏，因缘籍没者数百家。玄暐固陈其枉状，则天乃感悟，咸从雪免。

则天季年，宋璟劾奏张昌宗谋为不轨，玄暐亦屡有谠言，则天乃令法司正断其罪。玄暐弟升时为司刑少卿，又请置以大辟。其兄弟守正如此。是时，则天不豫，宰相不得召见者累月。及疾少间，玄暐奏言："皇太子、相王仁明孝友，足可亲侍汤药。宫禁事重，伏愿不令异姓出入。"则天曰："深领卿厚意。"寻以预诛张易之功，擢拜中书令，封博陵郡公。中宗将授方术人郑普思为秘书监，玄暐切谏，竟不纳。寻进爵为王，赐实封四百户，检校益州大都督府长史，兼知都督事。其后累被贬，授白州司马，在道病卒。建中初，赠太子太师。

玄暐与弟甚相友爱。诸子弟孤贫者，多躬自抚养教授，颇为当时所称。升，官至尚书左丞。玄暐少时颇属诗赋，晚年以为非己所长，乃不复构思，唯笃志经籍，述作为事。所撰《行己要范》十卷、《友义传》十卷、《义士传》十五卷、训注《文馆辞林策》二十卷，并行于代。子璪，颇以文学知名，官历中书舍人、礼部侍郎。璪子涣，自有传。曾孙郇，开成三年，自商州防御判官兼殿中侍御史，入为监察御史。

张柬之，字孟将，襄州襄阳人也。少补太学生，涉猎经史，尤好《三礼》，国子祭酒令狐德棻甚重之。进士擢第，累补青城丞。永昌元年，以贤良征试，同时策者千余人，柬之独为当时第一，擢拜监察御史。

圣历初，累迁凤阁舍人。时弘文馆直学士王元感著论云："三年之丧，合三十六月。"柬之著论驳之曰：

三年之丧，二十五月，不刊之典也。谨案《春秋》："鲁僖公三十三年十二月乙巳，公薨。""文公二年冬，公子遂如齐纳币。"《左传》曰"礼也。"杜预注云："僖公丧终此年十一月，纳币在十二月。士婚礼，纳采纳征，皆有玄纁束帛，诸侯则谓之纳币。盖公为太子，已行婚礼。"故《传》称礼也。《公羊传》曰："纳币不书，此何以书？讥丧娶。在三年之外何以讥？三年之内不图婚。"何休注云："僖公以十二月薨，至此冬未满二十五月，纳采、问名、纳吉，皆在三年之内，故讥。"何休以公十二月薨，至此冬十二月才二十四月，非二十五月，是未三年而图婚也。按《经》书"十二月乙巳公薨"，杜预以《长历》推乙巳是十一月十二日，非十二月，书十二月，是《经》误。"文公元年四月，葬我君僖公"，《传》曰，缓也。诸侯五月而葬，若是十二月薨，即是五月，不得言缓。明知是十一月薨，故注僖公丧终此年，至十二月而满二十五月，故丘明《传》曰，礼也。据此推步，杜之考校，岂公羊之所能逮，况丘明亲受《经》于仲尼乎？且二《传》何、杜所争，唯争一月，不争一年。其二十五月除丧，由来无别。此则《春秋》三年之丧，二十五月之明验也。

《尚书·伊训》云："成汤既没，太甲元年，惟元祀十有二月，伊尹祀于先王，奉嗣王祗见厥祖。"孔安国注云："汤以元年十一月崩。"据此，则二年十一月小祥，三年十一月大祥。故《太甲》中篇云："惟三祀十有二月朔，伊尹以冕服奉嗣王归于亳。"是十一月大祥，讫十二月朔日，加王冕服吉而归亳也。是孔言"汤元年十一月"之明验。《顾命》云："四月哉生魄，王不怿"，是四月十六日也。"翌日乙丑，王崩"，是十七日也。"丁卯，命作册度"，是十九日也。"越七日癸酉，伯相命士须材"，是四月二十五日也。则成王崩至康王麻冕黼裳，中间有十日，康王方始见庙。则知汤崩在十一月，淹停至殡讫，方始十二月，

祗见其祖。《顾命》见庙讫，诸侯出庙门俟，《伊训》言"祗见厥祖，侯甸群后咸在'，则崩及见庙，殷、周之礼并同。此周因于殷礼，损益可知也。不得元年以前，别有一年。此《尚书》三年之丧，二十五月之明验也。

《礼记·三年问》云："三年之丧，二十五月而毕，哀痛未尽，思慕未忘，然而服以是断之者，岂不送死有已，复生有节？"又《丧服四制》云："变而从宜，故大祥鼓素琴，告人以终。"又《间传》云："期而小祥，食菜果。又期而大祥，有醯酱。中月而禫，食酒肉。"又《丧服小记》云："再期之丧，三年也。期之丧，二年也。九月七月之丧，三时也。五月之丧，二时也。三月之丧，一时也。"此《礼记》三年之丧，二十五月之明验也。

《仪礼·士虞礼》云："期而小祥。又期而大祥。中月而禫，是月也吉祭。"此礼周公所制，则《仪礼》三年之丧，二十五月之明验也。

此四验者，并礼经正文，或周公所制，或仲尼所述，吾子岂得以《礼记》戴圣所修，辄欲排毁？汉初高堂生传《礼》，既未周备，宣帝时少傅后苍因淹中孔壁所得五十六篇著《曲台记》，以授弟子戴德、戴圣、庆溥三人，合以正经及孙卿所述，并相符会。列于学官，年代已久。今无端构造异论，既无依据，深可叹息。其二十五月，先儒考校，唯郑康成注《仪礼》"中月而禫"，以"中月间一月，自死至禫凡二十七月"。又解禫云："言澹澹然平安之意。"今皆二十七月复常，从郑议也。逾月入禫，禫既复常，则二十五月为免丧矣。二十五月、二十七月，其议本同。

窃以子之于父母丧也，有终身之痛，创巨者日久，痛深者愈迟，岂徒岁月而已乎？故练而慨然者，盖悲慕之怀未尽，而踊擗之情已歇；祥而廓然者，盖哀伤之痛已除，而孤逸之念更起。此皆情之所致，岂外饰哉！故《记》曰：三年之丧，义同过隙，先王立其中制，以成文理。是以祥则缟带素纰，禫则无所不佩。今吾子将徇情弃礼，实为乖僻。夫弃缞麻之服，袭锦縠之衣，行道之人，皆不忍也，直为节之以礼，无可奈何。故由也不能过制为姊服，鲤也不能过期哭其母。夫岂不怀，惧名教逼己也。若孔、郑、何、杜之徒，并命代挺生，范模来裔，宫墙积仞，未易可窥。但钻仰不休，当渐入胜境，讵劳终年矻矻，虚肆莠言？请所有掎摭先儒，愿且以时消息。

时人以柬之所驳，颇合于礼典。

是岁，突厥默啜表言有女请和亲，则天盛意许之，欲令淮阳郡王延秀娶之。柬之奏曰："自古无天子求娶夷狄女以配中国王者。"表入，颇忤其旨。神功初，出为合州刺史，寻转蜀州刺史。旧例，每岁差兵募五百人往姚州镇守，路越山险，死者甚多。柬之表论其弊曰：

臣窃按姚州者，古哀牢之旧国。绝域荒外，山高水深，自生人以来，洎于后汉，不与中国交通。前汉唐蒙开夜郎滇莋，而哀牢不附。至光武季年，始请内

属,汉置永昌郡以统理之,乃收其盐布毡罽之税,以利中土。其国西通大秦,南通交趾,奇珍异宝,进贡岁时不阙。刘备据有巴蜀,常以甲兵不充。及备死,诸葛亮五月渡泸,收其金银盐布以益军储,使张伯岐选其劲卒搜兵以增武备。故《蜀志》称自亮南征之后,国以富饶,甲兵充足。由此言之,则前代置郡,其利颇深。今盐布之税不供,珍奇之贡不入,戈戟之用不实于戎行,宝货之资不输于大国,而空竭府库,驱率平人,受役蛮夷,肝脑涂地,臣窃为国家惜之。

昔汉以得利既多,历博南山,涉兰仓水,更置博南、哀牢二县。蜀人愁怨,行者作歌曰:"历博南,越兰津,渡兰仓,为他人。"盖讥汉贪珍奇盐布之利,而为蛮夷之所驱役也。汉获其利,人且怨歌。今减耗国储,费用日广,而使陛下之赤子身膏野草,骸骨不归,老母幼子,哀号望祭于千里之外。于国家无丝发之利,在百姓受终身之酷。臣窃为国家痛之。

往者,诸葛亮破南中,使其渠率自相统领,不置汉官,亦不留兵镇守。人问其故,亮言置官留兵有三不易。大意以置官夷汉杂居,猜嫌必起;留兵运粮,为患更重;忽若反叛,劳费更多。但粗设纪纲,自然安定。臣窃以亮之此策,妙得羁縻蛮夷之术。

今姚府所置之官,既无安边静寇之心,又无葛亮且纵且擒之伎。唯知诡谋狡算,恣情割剥,贪叨劫掠,积以为常。扇动酋渠,遣成朋党,折支谄笑,取媚蛮夷,拜跪趋伏,无复惭耻。提挈子弟,啸引凶愚,聚会蒲博,一掷累万。剑南逋逃,中原亡命,有二千余户,见散在彼州,专以掠夺为业。姚州本龙朔中武陵县主簿石子仁奏置之,后长史李孝让、辛文协并为群蛮所杀。前朝遣郎将赵武贵击讨,贵及蜀兵应时破败,噍类无遗。又使将军李义总等往征,郎将刘惠基在阵战死,其州乃废。臣窃以诸葛亮称置官留兵有三不易,其言乃验。至垂拱四年,蛮郎将王善宝、昆州刺史爨乾福又请置州,奏言所有课税,自出姚府管内,更不劳扰蜀中。及置州后,录事参军李棱为蛮所杀。延载中,司马成琛奏请于泸南置镇七所,遣蜀兵防守,自此蜀中骚扰,于今不息。

且姚府总管五十七州,巨猾游客,不可胜数。国家设官分职,本以化俗妨奸,无耻无厌,狼籍至此。今不问夷夏,负罪并深,见道路劫杀,不能禁止,恐一旦惊扰,为祸转大。伏乞省罢姚州,使隶巂府,岁时朝觐,同之蕃国。泸南诸镇,亦皆悉废,于泸北置关,百姓自非奉使入蕃,不许交通往来。增巂府兵选,择清良宰牧以统理之。臣愚将为稳便。

疏奏,则天不纳。

后累拜荆州大都督府长史。长安中,召为司刑少卿,迁秋官侍郎。时夏官尚书姚崇为灵武军使,将行,则天令举外司堪为宰相者。崇对曰:"张柬之沉厚有谋,能断大事,且其人年老,惟陛下急用之。"则天登时召见,寻同凤阁鸾台平章事。未几,迁凤阁侍郎,仍知政事。及诛张易之兄弟,柬之首谋其事。中宗即位,以功擢拜天官尚书、

凤阁鸾台三品,封汉阳郡公,食实封五百户,未几,迁中书令,监修国史。月余,进封汉阳郡王,加授特进,令罢知政事。

其年秋,柬之表请归襄州养疾。许之,仍特授襄州刺史,又拜其子漪为著作郎,令随父之任。上亲赋诗祖道,又令群公饯送于定鼎门外。柬之至襄州,有乡亲旧交抵罪者,必深文致法,无所纵舍。其子漪恃以立功,每见诸少长,不以礼接,时议以为不能易荆楚之剽性焉。寻为武三思所构,贬授新州司马。柬之至新州,愤恚而卒,年八十余,景云元年,制曰:"褒德纪功,事华典册;饰终追远,理光名教。故吏部尚书张柬之翼戴兴运,谟明帝道,经纶謇谔,风范犹存。往属回邪,构成衅咎,无辜放逐,沦没荒遐。言念勋贤,良深轸悼,宜加宠赠,式贲幽泉。可赠中书令,封汉阳郡公。"建中初,又赠司徒。玄孙璟,开成三年,自宜城尉迁寿安尉。

袁恕己,沧州东光人也。长安中,历迁司刑少卿,兼知相王府司马事。敬晖等将诛张易之兄弟,恕己预其谋议,又从相王统率南衙兵仗,以备非常。及事定,加银青光禄大夫,行中书侍郎、同中书门下三品,封南阳郡公,食实封五百户。将作少匠杨务廉素以工巧见用,中兴初,恕己恐其更启游娱侈靡之端,言于中宗曰:"务廉致位九卿,积有岁年,苦言嘉谋,无足可纪。每宫室营构,必务其侈,若不斥之,何以广昭圣德?"由是左授廉陵州刺史。恕己俄擢拜中书令,仍加特进,封南阳郡王,罢知政事。则天崩,遗制加实封满七百户。后与敬晖等累遭贬黜,流于环州。寻为周利贞所逼,饮野葛汁数升,恕己常服黄金,饮毒发,愤闷,以手掘地,取土而食,爪甲殆尽,竟不死,乃击杀之。建中初,赠太子太傅。曾孙德文,举进士,开成三年,授秘书省校书郎。

史臣曰:昔夫差入越,勾践保于会稽,不听子胥之言,而有甬东之叹。此五王除凶返正,得计成功。当是时,彦范、敬晖握兵全势,三思、攸暨其党半歼,若从季昶之言,宁有利贞之祸?盖以心怀不忍,遽失后图,黜削流移,理固然也。且芟蔓而不能拔本,谨谋而尚欠防微,死即无辜,祸由自掇。失断召乱也,不亦宜哉!

赞曰:嗟哉五王,忠于有唐。知火在木,谓其无伤。祸发既克,势摧靡当。何事不敏,周身之防。

卷九十二　　　列传第四十二

魏元忠　韦安石子陟 斌 斌子况 安石从父兄子抗 从祖兄子巨源 赵彦昭附 **萧至忠**宗楚客 纪处讷附

魏元忠,宋州宋城人也。本名真宰,以避则天母号改

焉。初，为太学生，志气倜傥，不以举荐为意，累年不调。时有左史盩厔人江融，撰《九州设险图》，备载古今用兵成败之事，元忠就传其术。仪凤中，吐蕃频犯塞，元忠赴洛阳上封事，言命将用兵之工拙，曰：

> 臣闻理天下之柄，二事焉，文与武也。然则文武之道，虽有二门，至于制胜御人，其归一揆。方今王略遐宣，皇威远振，建礼乐而陶士庶，训军旅而慑生灵。然论武者以弓马为先，而不稽之以权略；谈文者以篇章为首，而不问之以经纶。而奔竞相因，遂成浮俗。臣尝读魏、晋史，每鄙何晏、王衍终日谈空。近观齐、梁书，才士亦复不少，何补益于理乱哉？从此而言，则陆士衡著《辨亡论》，而不救河桥之败，养由基射能穿札，而不止鄢陵之奔，断可知矣。昔赵岐撰御寇之论，山涛陈用兵之本，皆坐运帷幄，暗合孙、吴。宣尼称"有德者必有言，仁者必有勇"，则何平叔、王夷甫岂得同日而言载！
>
> 臣闻才生于代，代实须才，何代而不生才，何才而不生代。故物有不求，未有无物之岁；士有不用，未有无士之时。夫有志之士，在富贵之与贫贱，皆思立于功名，冀传芳于竹帛。故班超投笔而叹，祖逖击楫而誓，此皆有其才而申其用矣。且知己难逢，英哲罕遇，士之怀瑾瑜以就埃尘，抱栋梁而困沟壑者，则悠悠之流，直睹此士之贫贱，安知此士之方略哉。故汉拜韩信，举军惊笑；蜀用魏延，群臣舣望。嗟乎，富贵者易为善，贫贱者难为功，至于此也！
>
> 亦有位处立功之际，而不展其志略，身为时主所知，竟不能尽其才用，则贫贱之士焉足道哉！汉文帝时，魏尚、李广并身任边将，位为郡守。文帝不知魏尚之贤而囚之，不知李广之才而不能用之。常叹李广恨生不逢时，令当高祖日，万户侯岂足道哉。夫以李广才气，天下无双，匈奴畏之，号为"飞将"，尔时胡骑凭凌，足伸其用。文帝不能大任，反叹其生不逢时。近不知魏尚、李广之贤，而乃远想廉颇、李牧。故冯唐曰，虽有颇、牧而不能用，近之矣。从此言之，疏斥贾谊，复何怪哉。此则身为时主所知，竟不能尽其才用。昔羊祜献计平吴，贾充、荀勖沮其策，祜叹曰："天下不如意恒十居七八。"缘荀、贾不同，竟不大举，此则位处立功之际，而不得展其志略。而布衣韦带之人，怀一奇，抱一策，上书阙下，朝进而望夕召，何可得哉。
>
> 臣请历访内外文武职事五品已上，得不有智计如羊祜、武艺如李广，在用与不用之间，不得骋其才略。伏愿降宽大之诏，使各言其志。无令汲黯直气，卧死于淮阳。仲舒大才，位屈于诸侯相。

又曰：

> 臣闻帝王之道，务崇经略。经略之术，必仗英奇。自国家良将，可得言矣。李靖破突厥，侯君集灭高昌，苏定方开西域，李勣平辽东，虽奉国威灵，亦其才力所致。古语有之，"人无常俗，政有理乱，兵无强弱，将有能否"。由此观之，安边境，立功名，在于良将也。故赵充国征先零，冯子明讨南羌，皆计不空施，机不虚发，则良将立功之验也。然兵革之用，王者大事，存亡所系。若任得其才，则摧凶而扼暴。苟非其任，则败国而殄人。北齐段孝玄云："持大兵者，如擎盘水。倾在俯仰间，一致蹉跌，求止岂得哉！"从此而言，周亚夫坚壁以挫吴、楚，司马懿闭营而困葛亮，俱为上策。此皆不战而却敌，全军以制胜。是知大将临戎，以智为本。汉高之英雄大度，尚曰"吾宁斗智"；魏武之机神冠绝，犹依法孙、吴。假有项籍之气，袁绍之基，而皆泯智任情，终以破灭，何况复出其下哉！
>
> 且上智下愚，明暗异等，多算少谋，众寡殊科。故魏用柏直以拒汉，韩信轻为竖子；燕任慕容评以抗秦，王猛谓之奴才。即柏直、慕容评智勇俱亡者也。夫中材之人，素无智略，一旦居元帅之任，而意气轩昂，自谓当其锋者无不摧碎，岂知戎昭果毅、敦《诗》说《礼》之事乎！故李信求以二十万众独举鄢郢，其后果辱秦军；樊哙愿得十万众横行匈奴，登时见折季布，皆其事也。
>
> 当今朝廷用人，类取将门子弟，亦有死事之家而蒙抽擢者。此等本非干略见知，虽竭力尽诚，亦不免于倾败，若之何使当阃外之任哉？后汉马贤讨西羌，皇甫规陈其必败；宋文帝使王玄谟收复河南，沈庆之悬知不克。谢玄以书生之姿，拒拾坚天下之众，郗超明其必胜；桓温提数万之兵，万里以袭成都，刘真长期于决取。虽时有今古，人事皆可推之，取验大体，观其锐志与识略耳。明者随分而察，成败之形，昭然自露。京房有言，"后之视今，亦犹今之视古。"则昔贤之与今哲，意况何殊。当事机之际也。皆随时而立功，岂复取贤于往代，待才于未来也？即论知与不知，用与不用。夫建功者，言其所济，不言其所起；言其所能，不言其所藉。若陈汤、吕蒙、马隆、孟观，并出自贫贱，勋济甚高，未闻其家代为将帅。董仲舒曰："为政之用，譬之琴瑟，不调甚者，必解弦而更张之，乃可鼓也。"故阴阳不和，擢士为相；蛮夷不龚，拔卒为将，即更张之义也。以四海之广，亿兆之众，其中岂无卓越奇绝之士？臣恐未之思也，夫何远之有。

又曰：

> 臣闻赏者礼之基，罚者刑之本。故礼崇谋夫竭其能，赏厚义士轻其死，刑正君子勖其心，罚重小人惩其过。然则赏罚者，军国之纲纪，政教之药石。纲纪举而众务自理，药石行而文武用命。彼吐蕃蚁结蜂聚，本非劲敌，薛仁贵、郭待封受阃外之寄，奉命专征，不能激励熊罴，乘机扫扑。败军之后，又不能转祸为福，因事立功，遂乃弃甲丧师，脱身而走。幸逢宽政，罪止削除，国家网漏吞舟，何以过此。天皇迟念旧恩，收其后效，当今朝廷所少，岂此一二人乎？且赏不勤谓之止善，罚不惩谓之纵恶。仁贵自宣力海东，功无尺寸，坐玩金帛，渎货无厌，今又不诛，纵恶更甚。臣以疏贱，干非其事，岂欲间天皇之君臣，

生厚薄于仁贵？直以刑赏一亏，百年不复，区区所怀，实在于此。

古人云："国无赏罚，虽尧、舜不能为化。"今罚不能行，赏亦难信，故人间议者皆言，"近日征行，虚有赏格而无其事。"良由中才之人不识大体，恐赏赐勋庸，倾竭仓库，留意锥刀，将此益国。徇目前之近利，忘经久之远图，所谓错之毫厘，失之千里者也。且黔首虽微，不可欺以得志，瞻望恩泽，必因事而生心。既有所因，须应之以实，岂得悬不信之令，设虚赏之科？比者师出无功，未必不由于此。文子曰："同言而信，信在言前；同令而行，诚在令外。"故商君移木以表信，曹公割发以明法，岂礼也哉，有由然也。自苏定方定辽东，李勣破平壤，赏绝不行，勋仍淹滞，数年纷纭，真伪相杂，纵加沙汰，未至澄清。臣以吏不奉法，慢自京师，伪勋所由，主司之过。其则不远，近在尚书省中，不闻斩一台郎，戮一令史，使天下知闻，天皇何能照远而不照近哉！神州化首，万国共尊，文昌政本，四方是则，轨物宣风，理乱攸在。臣是以披露不已，冒死尽言。

且明镜所以照形，往事所以知今，臣识不稽古，请以近事言之。贞观年中，万年县尉司马玄景舞文饰智，以邀乾没，太宗审其奸诈，弃之都市。及征高丽也，总管张君乂击贼不进，斩之旗下。臣以伪勋之罪，多于玄景；仁贵等败，重于君乂。向使早诛薛仁贵、郭待封，则自余诸将，岂敢失利于后哉？韩子云："慈父多败子，严家无格虏。"此言虽小，可以喻大。公孙弘有言："人主病不广大，人臣病不节俭。"臣恐天皇病之于不广大，过在于慈父，斯亦日月之一蚀也。又今之将吏，率多贪暴，所务唯口马，所求唯财物，无赵奢、吴起散金养士之风，纵使行军，悉是此属。臣恐吐蕃之平，未可旦夕望也。

帝甚叹异之，授秘书省正字，令直中书省，仗内供奉。寻除监察御史。

文明年，迁殿中侍御史。其年，徐敬业据扬州作乱，左玉钤卫大将军李孝逸督军讨之，则天诏元忠监其军事。孝逸至临淮，而偏将雷仁智为敬业先锋所败，敬业又攻陷润州，回兵以拒孝逸。孝逸惧其锋，按甲不敢进。元忠谓孝逸曰："朝廷以公王室懿亲，故委以阃外之事，天下安危，实资一决。且海内承平日久，忽闻狂狡，莫不注心倾耳，以俟其诛。今大军留而不进，则解远近之望，万一朝廷更命他将代公，其将何辞以逃逗挠之罪？幸速进兵，以立大效，不然，则祸难至矣。"孝逸然其言，乃部勒士卒以图进讨。

时敬业屯于下阿溪，敬业弟敬猷率偏师以逼淮阴。元忠请先击敬猷，诸将咸曰："不如先攻敬业，敬业败，则敬猷不战而擒矣。若击敬猷，则敬业引兵救之，是腹背受敌也。"元忠曰："不然，贼之劲兵精卒，尽在下阿，蚁聚而来，利在一决，万一失捷，则大事云矣。敬猷本出博徒，不习战斗，其众寡弱，人情易摇，大军临之，其势必克。既克敬猷，我军乘胜而进。彼若引救淮阴，计程则不及，又恐我之进掩江都，必邀我于中路。彼则劳倦，我则以逸待之，破之必矣。譬之逐兽，弱者先擒，岂可舍必擒之弱兽，趋难敌之强兵？恐未可也。"孝逸从之，乃引兵击敬猷，一战而破之，敬猷脱身而遁。孝逸乃进军，与敬业隔溪相拒。前军总管苏孝祥为贼所破，孝逸又惧，欲引退。初，敬业至下阿，有流星坠其营，及是，有群乌飞噪于阵上，元忠曰："验此，即贼败之兆也。风顺荻干，火攻之利。"固请决战，乃平敬业。元忠以功擢司刑正，稍迁洛阳令。

寻陷周兴狱，诣市将刑，则天以元忠有讨平敬业功，特免死配流贵州。时承敕者将至市，先令传呼，监刑者遽释元忠令起，元忠曰："未知敕虚实，岂可造次。"徐待宣敕，然始起谢，观者咸叹其临刑而神色不挠。圣历元年，召授侍御史，擢拜御史中丞。又为来俊臣、侯思止所陷，再被流于岭表。复还，授御史中丞。元忠前后三被流，于时人多称其无罪。则天尝谓曰："卿累负谤铄，何也？"对曰："臣犹鹿也，罗织之徒，有如猎者，苟须臣肉作羹耳。此辈杀臣以求达，臣复何幸。"

圣历二年，擢拜凤阁侍郎、同凤阁鸾台平章事，检校并州长史。未几，加银青光禄大夫，迁左肃政台御史大夫，兼检校洛州长史。政号清严。长安中，相王为并州元帅，元忠为副。时奉宸令张易之尝纵其家奴凌暴百姓，元忠笞杀之，权豪莫不敬惮。时突厥与吐蕃数犯塞，元忠皆为大总管拒之。元忠在军，唯持重自守，竟无所克获，然亦未尝败失。

中宗在春宫时，元忠检校太子左庶子。时张易之、昌宗权宠日盛，倾朝附之。元忠尝奏则天曰："臣承先帝顾眄，受陛下厚恩，不徇忠死节，使小人得在君侧，臣之罪也。"则天不悦。易之、昌宗由是含怒。因则天不豫，乃潜元忠与司礼丞高戬潜谋曰："主上老矣，吾属当挟太子而令天下。"则天惑其言，乃下元忠诏狱，召太子、相王及诸宰相，令昌宗与元忠等殿前参对，反复不决。昌宗又引凤阁舍人张说令执证元忠。说初伪许之，及则天召说验问，说确称元忠实无此语。则天乃悟元忠被诬，然以昌宗之故，特贬授端州高要尉。

中宗即位，其日驿召元忠，授卫尉卿、同中书门下三品。旬日，又迁兵部尚书，知政事如故。寻拜侍中，兼检校兵部尚书。时则天崩，中宗居谅闇，多不视事，军国大政，独委元忠者数日。未几，迁中书令，加授光禄大夫，累封齐国公，监修国史。神龙二年，元忠与武三思、祝钦明、徐彦伯、柳冲、韦承庆、崔融、岑羲、徐坚等撰《则天皇后实录》二十卷。编次文集一百二十卷奏之。中宗称善，赐元忠物千段，仍封其子卫王府谘议参军升为任城县男。时元忠特承宠荣，当朝用事。初，元忠作相于则天朝，议者以为公清。至是再居政事，天下莫不延首倾属，冀有所弘益。元忠乃亲附权豪，抑弃寒俊，竟不能赏善罚恶，勉修时政，议者以此少之。四年秋，代唐璟为尚书右仆射，兼中书令，仍知兵部尚书事，监修国史。未几，元忠请归乡拜扫，特赐锦袍一领、银千两，并给千骑四人，充其左右，手敕曰："衣锦昼游，在乎兹日；散金敷惠，谅属斯辰。"元忠至乡里，竟自藏其银，无所赈施。及还，帝又幸白马寺以迎劳之，其恩遇如此。

是时，安乐公主尝私请废节愍太子，立己为皇太女。中宗以问元忠，元忠固称不可，乃止。寻迁左仆射，余并如故。元忠又嫉武三思专权用事，心常愤叹，思欲诛之。三年秋，节愍太子起兵诛三思，元忠及左羽林大将军李多祚等皆潜预其事。太子既斩三思，又率兵诣阙，将请废韦后为庶人，遇元忠子太仆少卿升于永守门，胁令以己。太子兵至玄武楼下，多祚等犹豫不战，元忠又持两端，由是不克，升为乱兵所杀。中宗以元忠有平寇之功，又素为高宗、天后所礼遇，竟不以升为累，委任如初。

是时，三思之党兵部尚书宗楚客与侍中纪处讷等又执证元忠及升，云素与节愍太子同谋构逆，请夷其三族，中宗不许。元忠惧不自安，上表固请致仕。手制听解左仆射，以特进、齐国公致仕于家，仍朝朔望。楚客等又引右卫郎将姚庭筠为御史中丞，令劾奏元忠，由是贬渠州员外司马。侍中杨再思、中书令李峤皆依楚客之旨，以致元忠之罪，唯中书侍郎萧至忠正议云当从宽宥。楚客大怒，又遣给事中冉祖雍与杨再思奏言："元忠既缘犯逆，不合更授内地官。"遂迁任思州务川尉。顷之，楚客又令御史袁守一奏言："则天昔在三阳宫不豫，内史狄仁杰奏请陛下监国，元忠密进状云不可。据此，则知元忠怀逆日久，伏请加以严诛。"中宗谓杨再思等曰："以朕思之，此是守一大错。人臣事主，必有一心，岂有主上少有不安，即请太子知事？乃是狄仁杰树私惠，未见元忠有失。守一假借前事罗织元忠，岂是道理。"楚客等遂止。元忠行至涪陵而卒，年七十余。景龙四年，追赠尚书左仆射、齐国公、本州刺史，仍令所司给灵舆送至乡里。睿宗即位，制令陪葬定陵。景云三年，又降制曰："故左仆射、齐国公魏元忠，代洽人望，时称国良。历事三朝，俱展诚效。晚年迁谪，颇非其罪。宜特还其子著作郎晃实封一百户。"开元六年，谥曰贞。二子升、晃。

韦安石，京兆万年人，周大司空、郧国公孝宽曾孙也。祖津，大业末为民部侍郎。炀帝之幸江都，敕津与段达、元文都等于洛阳留守，仍检校民部尚事。李密逼东都，津拒战十上东门外。兵败，为密所囚，及王世充杀文都等，津独免其难。密败，归东都，世充僭号，深被委遇。及洛阳平，高祖与津有旧，征授谏议大夫，检校黄门侍郎。出为陵州刺史，卒。父琬，成州刺史。叔琨，户部侍郎。琨弟璲，仓部员外。

安石应明经举，累授乾封尉，苏良嗣甚礼之。永昌元年，三迁雍州司兵，良嗣时为文昌右相，谓安石曰："大材须大用，何为徒劳于州县也。"特荐于则天，擢拜膳部员外郎、永昌令、并州司马。则天手制劳之曰："闻卿在彼，庶事存心，善政表于能官，仁明彰于镇抚。如此称职，深慰朕怀。"俄拜并州刺史，又历德、郑二州刺史。安石性持重，少言笑，为政清严，所在人吏咸畏惮之。久视年，迁文昌右丞，寻拜鸾台侍郎、同凤阁鸾台平章事，兼太子左庶子。长安三年，为神都留守，兼判天官、秋官二尚书事。后与崔神庆等同为侍读，寻知纳言事。是岁，又加检校中台左丞，兼太子左庶子、凤阁鸾台三品如故。

时张易之兄弟及武三思皆恃宠用权，安石数折辱之，甚为易之等所忌。尝于内殿赐宴，易之引蜀商宋霸子等人于前博戏。安石跪奏曰："蜀商等贱类，不合预登此筵。"因顾左右令逐出之，座者皆为失色。则天以安石辞直，深慰勉之。时凤阁侍郎陆元方在座，退而告人曰："此真宰相，非吾等所及也。"则天尝幸兴泰宫，欲就捷路，安石奏曰："千金之子，且有垂堂之诫，万乘之尊，不宜轻乘危险。此路板筑初成，无自然之固，銮驾经之，臣等敢不请罪。"则天登时为之回辔。安石俄又举奏易之等罪状，初有敕付安石及夏官尚书唐休璟推问，未竟而事变。四年，出为扬州大都督府长史。

神龙初，征拜刑部尚书。是岁，又迁吏部尚书，复知政事。俄代张柬之为中书令，封郧国公，以尝为宫僚，赐实封三百户，又兼相王府长史。俄转户部尚书，复为侍中，监修国史。中宗与庶人尝因正月十五日夜幸其第，赐赉不可胜数。又中宗尝幸安乐公主城西池馆，公主具舟楫，请御楼船，安石谏曰："御轻舟，乘不测，臣恐非帝王之事。"乃止。

睿宗践祚，拜太子少保，改封郇国公。俄又历侍中、中书令。景云二年，加开府仪同三司。时太平公主与窦怀贞等潜有异图，将引安石预其事，公主屡使子婿唐晙邀安石至宅，安石竟拒而不往。睿宗尝密召安石，谓曰："闻朝廷倾心东宫，卿何不察也？"安石对曰："陛下何得亡国之言，此必太平之计。太子有大功于社稷，仁明孝友，天下所称，愿陛下无信谗言以致惑也。"睿宗矍然曰："朕知之矣，卿勿言也。"太平于帘中窃听之，乃构飞语，欲令鞠之，赖郭元振保护获免。俄而迁尚书左仆射，兼太子宾客，依旧同中书门下三品，虽假以崇宠，实去其权。其冬，罢知政事，拜特进，充东都留守。太常主簿李元澄，即安石之子婿，其妻病死，安石夫人薛氏疑元澄先所幸婢厌杀之。其婢久已转嫁，薛氏使人捕而捶之致死。由是为御史中丞杨茂谦所劾，出为蒲州刺史。无几，转青州刺史。

安石初在蒲州时，太常卿姜皎有所请托，安石拒之，皎大怒。开元二年，皎弟晦为御史中丞，以安石等作相时，同受中宗遗制，宗楚客、韦温削除相王辅政之辞，安石不能正其事，令侍御史洪子舆举劾之。子舆以事经赦令，固称不可。监察御史郭震希皎等意，越次奏之，于是下诏曰："青州刺史韦安石、太子宾客韦嗣立、刑部尚书赵彦昭等，往在先朝，曲蒙厚赏，因缘幸会，久在庙堂，朋党比周，闻于行路。景龙之末，长蛇纵祸，仓卒之间，人神愤怨，未闻舍生取义，直道昌言，遂削太上皇辅政之辞，用韦氏临朝之策。比常隐忍，复以崇班，将期愧畏，稍惩前恶，而尚款回邪，苟安荣宠。宜从谪官之典，以励事君之节。安石可沔州别驾，嗣立可岳州别驾，彦昭可袁州别驾，并员外置。"安石既至沔州，晦又奏云："安石尝检校定陵造作，隐官物入已。"敕符下州征赃。安石叹曰："此只应须我死耳！"愤激而卒，年六十四。开元十七年，赠蒲州刺史。天宝初，以子贵，追赠开府仪同三司、尚书左仆射、郇国公，谥曰文贞。二子陟、斌，并早知名。

陟字殷卿，代为关中著姓，人物衣冠，弈世荣盛。安石晚有子，及为并州司马，始生陟及斌，俱少聪敏，颇异常童。陟自幼风标整峻，独立不群，安石尤爱之。神龙二年，安石为中书令，陟始十岁，拜温王府东阁祭酒，加朝散大夫，累迁秘书太堂丞，有文彩，善隶书，辞人、秀士已游其门矣。开元初，丁父忧，居丧守礼。自此杜门不出八年，与弟斌相劝励，探讨典坟，不舍昼夜，文华当代，俱有盛名。于时才名之士王维、崔颢、卢象等，常与陟唱和游处。广平宋公见陟叹曰："盛德遗范，尽在是矣。"历洛阳令，转吏部郎中。张九龄一代辞宗，为中书令，引陟为中书舍人，与孙逖、梁涉对掌文诰，时人以为美谈。

后为礼部侍郎。陟好接后辈，尤鉴于文，虽辞人后生，靡不谙练。曩者主司取与，皆以一场之善，登其科目，不尽其才。陟先责旧文，仍令举人自通所工诗笔，先试一日，知其所长，然后依常式考核，片善无遗，美声盈路。后为吏部侍郎，常病选人冒名接脚，阙员既少，取士良难，正调者被挤，伪集者冒进。陟刚肠嫉恶，风彩严正，选人疑其有瑕，案声盘诘，无不首伏。每岁皆赎得数百员阙，以待淹滞，常谓所亲曰："使陟知铨衡一二年，则无人可选矣。"

陟门地豪华，早践清列，侍儿阉豎，列侍左右者十数，衣书药食，咸有典掌，而舆马僮奴，势侔于王家主第。自以才地人物，坐取三公，颇以简贵自处，善诱纳后进，其同列朝要，视之蔑如也。如道义相知，靡隔贵贱，而布衣韦带之士，恒虚席倒屣以迎之，时人以此称重。

李林甫忌之，出为襄阳太守，兼本道采访使，又改陈留采访使，复加银青光禄大夫。天宝中袭封郇国公，以亲累贬钟离太守，重贬义阳太守。寻移河东太守，充本道采访使。

十二年入考，在华清宫。右相杨国忠恶其才望，恐践台衡，乃引河东人吴象之谓曰："子能使人告陟乎？吾以子为御史。"象之曰："能。"乃告陟与御史中丞吉温结托，欲谋陷朝廷，又诱陟任韦元志证之。陟坐贬为桂州桂岭尉，未之任，再贬昭州平乐尉。

会禄山反，陷洛阳，陟爱弟斌为贼所得。国忠欲构陟与贼通应，潜令吏卒伺其所居，欲胁之令陟忧死。其土豪人劝陟曰："昔张燕公窜逐，藏于陈氏，以免危亡。诏命傥来，谁敢中覆？未若轻舟千里，且泛溪洞，候事清徐出，岂不美也！"陟慨然应之曰："我积信于国朝，非一代也。况素所秉心，无负神理，命之合尔，其敢逃刑？燕公之谋，诚愧厚意，不能从也。"因谢遣之，乃坚卧不动。

经岁余，潼关失守，肃宗即位于灵武，起为吴郡太守、兼江南东道采访使。未到郡，肃宗使中官贾游岩中诏追之。未至凤翔，会江东永王擅起兵，令陟招谕，除御史大夫、兼江东节度使。陟以季广琛从永王下江，非其本意，惧罪出奔，未有所适，乃有表请拜广琛为丹阳太守、兼御史中丞、缘江防御使，以安反侧。因与淮南节度使高适、淮西节度使来瑱等同至安州。陟谓适、瑱曰："今中原未复，江淮动摇，人心安危，实在兹日。若不齐盟质信，

示四方，令知三帅协心，万里同力，则难以集事矣。"陟推瑱为地主，乃为载书，登坛誓众曰："淮西节度使、兼御史大夫瑱，江东节度使、御史大夫陟，淮南节度使、御史大夫适等，衔国威命，各镇方隅，纠合三垂，蕺除凶慝，好恶同之，无有异志。有渝此盟，坠命亡族。皇天后土，祖宗神明，实鉴斯言。"陟等辞旨慷慨，血泪俱下，三军感激，莫不隕泣。其后江表树碑以纪忠烈。

无何，有诏令陟赴行在。陟以广琛虽承恩命，犹且迟回，恐后变生，祸贻于陟，欲往招慰，然后赴征，乃发使上表，恳言其急。陟驰至历阳，见广琛，且宣恩旨，劳徕行赏，陟自以私马数匹赐之，安其疑惧。即日便赴行在，谒见肃宗，肃宗深器之，拜御史大夫。拾遗杜甫上表论房琯有大臣度，真宰相器，圣朝不容，辞旨迂诞，肃宗令崔光远与陟及宪部尚书颜真卿同讯之。陟因入奏曰："杜甫所论房琯事，虽被贬黜，不失谏臣大体。"上由此疏之。时朝臣立班多不整肃，至有班头相吊哭者，乃罢陟御史大夫，颜真卿代，授吏部尚书。自后任事宠臣，皆后来初用，望风畏忌，道竟不行。因宗人伐墓柏，坐不能禁，出为绛州刺史。乾元二年，入为太常卿。吕諲再入相，荐为礼部尚书、东京留守，判尚书省事，兼东京畿观察处置等使。逆贼史思明寇逼河洛，副元帅李光弼议守河阳，令陟率东京官属入关回避，乃领兵守陕州。有诏迁吏部尚书，留守如故，令止于永乐，不许至京，候光弼收复河洛，令陟依前居守。

陟早有台辅之望，间被李林甫、杨国忠所挤。及中原兵起，天下事殷，陟常自谓负经纬之器，遭后生腾谤，明主见疑，常郁郁不得志，乃叹曰："吾道穷于此乎，有志不伸，得非天命乎！"因遘疾，上元元年八月，卒于虢州，时年六十五，赠荆州大都督。永泰元年，诏曰："竭忠之臣，殁不废命，奉上之节，行固无私，言念饰终，抑惟恒典。故金紫光禄大夫、吏部尚书、兼御史大夫、充东京留守、兼判留司尚书省事、东京畿观察处置使、上柱国、郇国公韦陟，敏敏直方，端严峻整，弘敷典礼，表正人伦，学冠通儒，文含大雅。顷者询谟旧德，保厘成周，眷彼郊圻，资其慎固。而凶胡残丑，密迩河洛，命居陕、虢，时俟翦除。才加喉舌之荣，遽婴霜露之疾。方期克享眉寿，冀其有瘳；奄此殂殁，良深震悼。升车而复，以申三谶之恩；在膺加绅，宜崇八座之宠。可赠尚书左仆射。"太常博士程皓议谥为"忠孝"。刑部尚书颜真卿以为忠则以身许国，见危致命，孝则晨昏色养，取乐庭闱，不合二行殊高，以成"忠孝"。主客员外郎田崇敬又驳之，纷议不已。右仆射郭英乂不达其体，请从太常之状而奏。陟子允。

斌，景云初安石为宰辅时，授太子通事舍人。早修整，尚文艺，容止严厉，有大臣体，与兄陟齐名。开元十七年，司徒薛王业为女平恩县主求婚，以斌对地奏配焉。迁秘书丞。天宝初，转国子司业，徐安贞、王维、崔颢，当代辞人，特为推挹。天宝中，拜中书舍人，兼集贤院学士。兄陟先为中书舍人，未几迁礼部侍郎。陟在南省，斌又掌文诰。改太常少卿。天宝五载，右相李林甫构陷刑部尚书韦坚，斌以亲累贬巴陵太守，移临安太守，加银青光禄大夫。

斌授五品时，兄陟为河东太守，堂兄由为右金吾将军，绍为太子少师，四人同时列戟，衣冠之盛，罕有其比。

十四载，安禄山反，陷洛阳，斌为贼所得，伪授黄门侍郎，忧愤而卒。及克复两京，肃宗乾元元年，赠秘书监。安石兄叔夏别有传。从父兄子抗，从祖兄子巨源。

抗，弱冠举明经，累转吏部郎中，以清谨著称。景云初，为永昌令，不务威刑而政令肃一。都辇繁剧，前后为政，宽猛得中，无如抗者。无几，迁右台御史中丞，人吏诣阙请留，不许，因立碑于通衢，纪其遗惠。开元三年，自左庶子出为益州长史。四年，入为黄门侍郎。

八年，河曲叛胡康待宾拥徒作乱，诏抗持节慰抚。抗素无武略，不为寇所惮。在路迟留不敢进，因坠马称疾，竟不至贼所而还。俄以本官检校鸿胪卿，代王晙为御史大夫，兼按察京畿。时抗子拯为万年令，兄弟同领本部，时人荣之。寻以荐御史非其人，出为安州都督，转蒲州刺史。十一年，入为大理卿，其年代陆象先为刑部尚书，寻又分掌吏部选事。十四年卒。抗历职以清俭自守，不务产业，及终，丧事殆不能给。玄宗闻其贫，特令给灵舆，递送还乡。赠太子少傅，谥曰贞。抗为京畿按察使时，举奉天尉梁升卿、新丰尉王倕、金城尉王冰、华原尉王焘为判官及度支使，其后升卿等皆名位通显，时人以抗有知人之鉴。

巨源，周京兆尹总曾孙也。祖匡伯，袭祖爵郧国公，入隋改封舒国公，官至尚衣奉御。巨源则天时累迁司宾少卿，转司府卿、文昌右丞、同凤阁鸾台平章事。三年，转夏官侍郎，依前平章事。有吏才，勾覆省内文案，下符剥征，虽为下所怨苦，然亦颇收其利。证圣初，出为鄜州刺史，寻拜地官尚书、神都留守。长安二年，诏入转刑部尚书，又加太子宾客，再为神都留守。

神龙初，入拜工部尚书，封同安县子。又迁吏部尚书、同中书门下三品，进封郇县伯。时安石为中书令，以是巨源近属，罢知政事。巨源寻迁侍中、中书令，进封舒国公，附入韦后三等亲，叙为兄弟，编在属籍。是岁，巨源奉制与唐休璟、李怀远、祝钦明、苏瑰等定《垂拱格》及《格后敕》，前后计二十卷，颁下施行。时武三思先有实封数千户在贝州，时属大水，刺史宋璟议租庸及封丁并合捐免；巨源以为谷稼虽被湮沉，其蚕桑见在，可勒输庸调，由是河朔户口颇多流散。

景龙二年，顺天翊圣皇后衣箱中裙上有五色云起，久而方歇，巨源以为非常佳瑞，请布告天下，许之。中宗又令画工图其状以示百僚，仍大赦天下，内外五品已上官母妻各加封邑。时中宗既雅信符瑞，巨源又赞成其妖妄。是岁星坠如雷，野雉皆雊，咎征若此，不闻巨源有言，盖与韦皇后继叙源流，佞媚行爵，疑其开导，以踵则天。时有骁卫将军迦叶志忠、太常少卿郑愔、兵部尚书宗楚客、右补阙赵延禧等，或相讽谕，或上表章，谬说符祥，朋党取媚，识者嗟愤。

景龙三年，拜尚书左仆射，依旧知政事。未几，又拜尚书令、同中书门下三品，仍旧监修国史。时国家将有事于南郊，而巨源希韦之旨，协同祝钦明之议，言皇后助郊祀，竟以皇后为亚献，巨源为终献，又以大臣女为斋娘。及韦庶人之难，家人令巨源逃匿，巨源曰："吾国之大臣，岂得闻难不赴？"乃出，至都街，为乱兵所杀，时年八十。

睿宗即位，赠特进、荆州大都督。太常博士李处直议巨源谥曰"昭"。户部员外郎李邕驳之曰："三思引之为相，阿韦托之为亲，无功而封，无德而禄，同族则丑正安石，他人则附邪楚客，谥之曰'昭'，良恐不当。"初，巨源与安石迭为宰相，时人以为情不相协，故邕以此称之。处直仍固请依前谥为定。邕又驳曰：

夫古之谥，在乎劝沮，将杜小人之业，冀长君子之风。故为善者虽不贵仕，而没有余名，此贤达所以砥节也；为恶者虽生有所幸，死怀所惩，此回邪所以易心也。呜呼！巨源尝未斯察，而乃闻义不从，与恶相济，蓄冈上之志，协群凶之谋，苟容圣朝，贪昧厚禄。自以宰臣之贵，不崇朝而贾害者，固鬼得而诛之也。彼则匹夫之微，未受命而行刑者，固人得而诛之也。幽明之愤，断焉可知，天地之心，自此而见矣。

顷者皇运中兴，功臣翼政。时序未几，邪逆执权，奸慝者拜爵于私门，忠正者降黜于藩郡。巨源此际，用事方殷。且于阿韦何亲，而结为昆季；于国家何力，而累忝大官。此则暗通中人，附会武氏，托城社之固，乱皇家之基。其罪一也。

又国之大事，在祀与戎，酌于礼经，陈于郊祭。将以对越天地，光扬祖宗，即告成功，以观海内。惟昔亚献，不闻妇人，阿韦蓄无君之忧，怀自达之意，潜图帝位，议啄皇孙，升坛拟仪，拜赐明命，将预家事，无守国章。巨源创迹于前，悖逆演成于后。时有礼部侍郎徐坚、太常博士唐绍、蒋钦绪、彭景直并言之莫从。其罪二也。

又上天不吊，先帝遇毒，悔祸无征，阿韦将篡。画计未果，逆心尚摇，周章夷犹，仓卒迷谬。于是太平公主矫为陈谟，上官昭容给草遗诏，故得今上辅政，阿韦参谋。将大业垂成，而休命中辍者，职由巨源蹑韦温之足，楚客附巨源之耳，枭声遽发，狼顾相惊，以阿韦临朝，以韦温当国。其罪三也。

又人为邦本，财实聚人，夺其财则人心自离，无其人则国本何恃。巨源屡践台辅，专行勾征，废越条章，崇尚侵刻，树怨天下，剥害生灵，兆庶流离，户口减耗。况以三思食邑，往在贝州，时属久阴，灾逢多雨。租庸捐免，申令昭明，匪今独然，自古不易。三思虑其封物，巨源启此异端，以为稼穑湮沉，虽无菽粟，蚕桑织纴，可输庸调。致使河朔黎人，海隅士女，去其乡井，鬻其子孙，饥寒切身，朝夕奔命。其罪四也。

但巨源长于华宗，仕于累代，作万国之相，处具瞻之地，蔽日月之屋辉，负丘山之重责，今乃妄加褒述，安能分谤者哉！

当时虽不从邕议，而论者是之。巨源与安石及则天时文昌右相待价，并是五服之亲，自余近属至大官者数十人。

赵彦昭者，甘州张掖人也。父武孟，初以驰骋佃猎为事。尝获肥鲜以遗母，母泣曰："汝不读书而佃猎如是，吾无望矣。"竟不食其膳。武孟感激勤学，遂博通经史。举进士，官至右台侍御史，撰《河西人物志》十卷。

彦昭少以文辞知名。中宗时，累迁中书侍郎、同中书门下三品，兼修国史，充修文馆学士。景龙四年，金城公主出降吐蕃赞普，中宗命彦昭为使，彦昭以既充外使，恐失其宠，殊不悦。司农卿赵履温私谓曰："公国之宰辅，而为一介之使，不亦鄙乎？"彦昭曰："计将安出？"履温因为阴托安乐公主密奏留之，中宗乃遣左骁卫大将军杨矩代彦昭而往。

睿宗时，出为凉州都督，为政清严，将士已下皆劲足股栗。又为宋州刺史，入为吏部侍郎，又为刑部尚书、关内道持节巡边使、检校左御史台大夫。

彦昭素与郭元振、张说友善。及萧至忠等伏诛，元振、说等称彦昭先尝密图其事，乃以功迁刑部尚书，封耿国公，赐实封一百户。殿中侍御史郭震奏："彦昭以女巫赵五娘大道乱常，托为诸姑，潜相影援。既因提挈，乃践台阶。驱车造门，著妇人之服；携妻就谒，申犹子之情。于时南宪直臣，劾以霜宪，暂加微贬，旋登宠秩。同恶相济，一至于此。乾坤交泰，宇宙再清，不加贬削，法将安措？请付紫微黄门，准法处分。"俄而姚崇入相，甚恶彦昭之为人，由是累贬江州别驾，卒。

萧至忠，秘书少监德言曾孙也。少仕为畿尉，以清谨称。尝与友人期于路隅，会风雪冻冽，诸人皆奔避就宇下。至忠曰："宁有与人期而求安失信乎？"独不去，众咸叹服。神龙初，武三思擅权，至忠附之，自吏部员外擢拜御史中丞。迁吏部侍郎，仍兼御史中丞。恃武三思势，掌选无所忌惮，请谒杜绝，威风大行。寻迁中书侍郎，兼中书令。

节愍太子诛武三思后，有三思党与宗楚客、纪处讷令侍御史冉祖雍奏言："安国相王及镇国太平公主亦与太子连谋举兵，请收付制狱。"中宗召至忠令按其事，至忠泣而奏曰："陛下富有四海，贵为天子，岂不能保一弟一妹，受人罗织？宗社存亡，实在于此。臣虽愚昧，窃为陛下不取。《汉书》云：'一尺布，尚可缝，一斗粟，尚可舂，兄弟二人不相容。'愿陛下详察此言。且往者则天皇后欲令相王为太子，王累日不食，请迎陛下。固让之诚，天下传说，足明冉祖雍等所奏，咸是构虚。"帝深纳其言而止。寻转黄门侍郎、同中书门下平章事。至忠上疏陈时政，曰：

臣闻王者列职分司，为人求理，求理之道，必在用贤。得其人则公务克修，非其才则厥官如旷。官旷则事废，事废则人残，渐至凌迟，率由于此。顷者选曹授职，政事官人，或异ㄗ升，多非德进。皆因依贵要，互为粉饰，苟得即是，曾无远图，上下相蒙，谁肯言及？臣闻官爵者公器也，恩幸者私惠也，只可金帛富之，粱肉食之，以存私泽也。若以公器为私用，则公议不行，而劳人解体；以小私而妨至公，则私谒门开，而正言路绝，俭人递进，君子道消，日削月朘，

卒见雕弊者，为官非其人也。昔汉馆陶公主为子求郎，明帝谓曰："郎官上应列宿，出宰百里，苟非其人，则人受其殃。"赐钱十万而已。此即至公之道不亏，恩私之情无替，良史直笔，将为美谈，于今称之，不辍其口者也。当今列位已广，冗员倍多，祈求未厌，日月增数。陛下降不赀之泽，近戚有无涯之请，卖官利己，鬻法徇私。台寺之内，朱紫盈满，官秩益轻，恩赏弥数。俭利之辈，冒进而莫识廉隅；方雅之流，知难而敛分丘陇。才者莫用，用者不才，二事相形，十有其五。故人不效力，而官匪其人，欲求其理，实亦难成。

臣窃见宰相及近侍要官子弟，多居美爵，此并势要亲戚，罕有才艺，递相嘱托，虚践官荣。《诗》云："东人之子，职劳不赉。西人之子，粲粲衣服。私人之子，百僚是试。或以其酒，不以其浆。鞙鞙佩璲，不以其长。"此言王政不平，众官废职，私家之子，列试于荣班，非任之人，徒长其饰佩。臣愚伏愿陛下想居安思危之义，行改弦易张之道。爱惜爵赏，审量材识，官无虚授，人必为官，进大雅于枢近，退小子于闲僻，政令惟一，威恩以信，私不害公，情不挠法，则天下幸甚。臣伏见永徽故事，宰相子弟多居外职者，非直抑强宗、分大族，亦以退不肖、择贤才。伏愿陛下远稽旧典，近遵先圣，特降明敕，令宰相已下及诸司长官子弟，并改授外官，庶望分职四方，共宁百姓，表里相统，遐迩乂安。

疏奏不纳。

明年，代韦巨源为侍中，仍依旧修史。寻迁中书令。时宗楚客、纪处讷潜怀奸计，自树朋党，韦巨源、杨再思、李峤皆唯诺自全，无所匡正。至忠处于其间，颇存正道，时议翕然重之。中宗亦曰："诸宰相中，至忠最怜我。"韦庶人又为亡弟赠汝南王洵与至忠亡女为冥婚合葬。及韦氏败，至忠发墓，持其女柩归，人以此讥之。至忠又以女适庶人舅崔从礼之子。成礼日，中宗为萧氏婚主，韦庶人为崔氏婚主，时人谓之"天子嫁女，皇后娶妇"。

睿宗即位，景云初，出为晋州刺史，甚有能名。时太平公主用事，至忠潜遣间使申意，求入为京职。诛韦氏之际，至忠一子任千牛，为乱兵所杀，公主冀至忠以此怨望，可与谋事，即纳其请。召拜刑部尚书、右御史大夫，再迁吏部尚书。先天二年，复为中书令。是岁，至忠与窦怀贞、魏知古、崔湜、陆象先、柳冲、徐坚、刘子玄等撰成《姓族系录》二百卷，有制加爵赐物各有差。未几，左仆射窦怀贞、侍中岑羲及至忠并户部尚书李晋、太子少保薛稷、左散骑常侍贾膺福、左羽林大将军常元楷、右羽林将军李慈等与太平公主谋逆事泄，至忠遽遁入山寺，数日，捕而伏诛，籍没其家。至忠虽清俭刻己，然简约自高，未尝接待宾客，所得俸禄，亦无所赈施。及籍没，财帛甚丰，由是顿绝声望矣。弟元嘉，工部侍郎。广微，工部员外。

宗楚客者，蒲州河东人，则天从父姊之子也。兄秦客，垂拱中潜劝则天革命称帝，由是累迁内史。后与楚客及弟晋卿并以奸赃事发，配流岭外。秦客死，楚客等寻复追还。

楚客累迁夏官侍郎、同凤阁鸾台平章事。神龙初，为太仆卿。武三思用事，引楚客为兵部尚书、同中书门下三品，晋卿累迁将作大匠。节愍太子既杀武三思，兵败，逃于鄠县，楚客遣使追斩之，仍令以其首祭三思及崇训丧柩。韦庶人及安乐公主尤加亲信，未几，迁中书令。楚客虽迹附韦氏，而尝别有异图，与侍中纪处讷共为朋党，故时人呼为宗、纪。

景龙中，西突厥娑葛与阿史那忠节不和，屡相侵扰，西陲不安。安西都护郭元振奏请徙忠节于内地，楚客与晋卿、处讷等各纳忠节重赂，奏请发兵以讨娑葛，不纳元振所奏。娑葛知而大怒，举兵入寇，甚为边患。于是监察御史崔琬劾奏楚客等曰：

臣闻四牡项领，良御不乘；二心事君，明罚无舍。谨案宗楚客、纪处讷等，性惟险诐，志越溪壑，幸以遭逢圣主，累忝殊荣，承恺悌之恩，居弼谐之地。不能刻意砥操，忧国如家，微效涓尘，以裨川岳。遂乃专作威福，敢树朋党，有无君之心，阙大臣之节。潜通猃狁，纳贿不赀；公引顽凶，受赂无限。丑问充斥，秽行昭彰。且境外之交，情状难测，今娑葛反叛，边鄙不宁，由此贼臣，取怨中国。论之者惧祸以结舌，语之者避罪以钳口。但晋卿昔居荣职，素阙忠诚，屡抵严刑，皆由黩货。今又叨忝，频沐殊恩，厚禄重权，当朝莫比。曾无悛改，仍徇赃私，此而可容，孰不可恕？臣谬参直指，义在触邪，请除巨蠹，用答天造。楚客、处讷、晋卿等骄恣跋扈，人神同疾，不加天诛，讵清王度。并请收禁，差三司推鞫。

旧制，大臣有被御史对仗劾弹者，即俯偻趋出，立于朝堂待罪。楚客更咤鳃作色而进，自言以执性忠鲠，被琬诬奏。中宗竟不能穷核其事，遽令琬与楚客等结为义兄弟以和解之。韦氏败，楚客与晋卿等皆伏诛。

纪处讷者，秦州上邽人也。娶武三思妻之姊，由是累迁太府卿。神龙中，尝因谷贵，中宗召处讷亲问其故。武三思讽知太史事右骁卫将军迦叶志忠、太史令傅孝忠奏言，"其夜有摄提星入太微，至帝座。此则王者与大臣私相接，大臣能纳忠，故有斯应。"帝以为然，降敕褒述处讷，赐衣一副，彩六十段。无几，进拜侍中，与楚客等同时伏诛。

史官曰：大帝、孝和之朝，政不由己，则天在位，已绝缀旒，韦后司晨，前踪覆辙。当是时，奸邪有党，宰执求容，顺之则恶其名彰，逆之则忧其祸及，欲存身致理者，非中智常才之所能也。况元忠、安石、巨源、至忠、彦昭等行非纯一，识昧存亡，徇利贪荣，有始无卒，不得其死，宜哉！楚客、晋卿、处讷等谗谄并进，威虐贯盈，不使逃刑，可谓政正。

赞曰：为唐重臣，食唐重禄。颠危不持，富贵何足。二宗、一纪，谗邪酷毒。与前数公，死不知辱。

卷九十三　　　列传第四十三

娄师德　王孝杰　唐休璟
张仁愿　薛讷　王晙

娄师德，郑州原武人也。弱冠，进士擢第，授江都尉。扬州长史卢承业奇其才，尝谓之曰："吾子台辅之器，当以子孙相托，岂可以官属常礼待也？"

上元初，累补监察御史。属吐蕃犯塞，募猛士以讨之，师德抗表请为猛士。高宗大悦，特假朝散大夫，从军西讨，频有战功，迁殿中侍御史，兼河源军司马，并知营田事。天授初，累授左金吾将军，兼检校丰州都督，仍依旧知营田事。则天降书劳曰："卿素积忠勤，兼怀武略，朕所以寄之襟要，授以甲兵。自卿受委北陲，总司军任，往还灵、夏，检校屯田，收率既多，京坻遽积。不烦和籴之费，无复转输之艰，两军及北镇兵数年咸得支给。勤劳之诚，久而弥著，览以嘉尚，欣悦良深。"

长寿元年，召拜夏官侍郎、判尚书事。明年，同凤阁鸾台平章事。则天谓师德曰："王师外镇，必藉边境营田，卿须不惮勤劳，更充使检校。"又以为河源、积石、怀远等军及河、兰、鄯、廓等州检校营田大使。稍迁秋官尚书。万岁登封元年，转左肃政御史大夫，仍并依旧知政事。证圣元年，吐蕃寇洮州，令师德与夏官尚书王孝杰讨之，与吐蕃大将论钦陵、赞婆战于素罗汗山，官军败绩，师德贬授原州员外司马。

万岁通天二年，入为凤阁侍郎、同凤阁鸾台平章事。是岁，兼检校右肃政御史大夫，仍知左肃政台事，又与王懿宗、狄仁杰分道安抚河北诸州。神功元年，拜纳言，累封谯县子。寻诏师德充陇右诸军大使，仍检校河西营田事。圣历二年，突厥入寇，复令检校并州长史，仍充天兵军大总管。是岁九月卒，赠凉州都督，谥曰贞。

初，狄仁杰未入相时，师德尝荐之，及为宰相，不知师德荐己，数排师德，令充外使。则天尝出师德旧表示之，仁杰大惭，谓人曰："吾为娄公所含如此，方知不逮娄公远矣。"师德颇有学涉，器量宽厚，喜怒不形于色。自专综边任，前后三十余年，恭勤接下，孜孜不怠。虽参知政事，深怀畏避，竟能以功名始终，甚为识者所重。

王孝杰，京兆新丰人也。高宗末，为副总管，从工部尚书刘审礼西讨吐蕃，战于大非川，为贼所获。吐蕃赞普见孝杰，垂泣曰："貌类吾父。"厚加敬礼，由是免死，寻得归。则天时，累迁右鹰扬卫将军。孝杰久在吐蕃中，悉其虚实。长寿元年，为武威军总管，与左武卫大将军阿史那忠节率众以讨吐蕃，乃克复龟兹、于阗、疏勒、碎叶四镇而还。则天大悦，谓侍臣曰："昔贞观中贝绫得此番城，其后西陲不守，并陷吐蕃。今既尽复于旧，边境自然无事。孝杰建斯功效，竭此款诚，遂能裹足徒行，身与士卒齐力。如此忠恳，深是可嘉。"乃拜孝杰为左卫大将军。明年，迁官尚书、同凤阁鸾台三品，封清源男。延载初，入为瀚海道行军总管，余如故。证圣初，又为朔方道总管，寻坐与吐蕃战败免官。

万岁通天年，契丹李尽忠、孙万荣反叛，复诏孝杰白衣起为清边道总管，统兵十八万以讨之。孝杰军至东峡石谷遇贼，道隘，房甚众，孝杰率精锐之士为先锋，且战且前，及出谷，布方阵以捍贼。后军总管苏宏晖畏贼众，弃甲而遁。孝杰既无后继，为贼所乘，营中溃乱，孝杰堕谷而死，兵士为贼所杀及奔践而死殆尽。时张说为节度管记，驰奏其事。则天问孝杰败亡之状，说曰："孝杰忠勇敢死，乃诚奉国，深入寇境，以少御众，但为后援不至，所以致败。"于是追赠孝杰夏官尚书，封耿国公。拜其子无择为朝散大夫。遣使斩宏晖以徇。使未至幽州，而宏晖已立功赎罪，竟免诛。开元中，无择官至左骁卫将军，以恩例赠孝杰特进。

唐休璟，京兆始平人也。曾祖规，周骠骑大将军、安邑县公。祖宗，隋大业末为朔方郡丞。时为梁师都举兵，将据城，宗抗节不从，乃为所害。

休璟少以明经擢第。永徽中，解褐吴王府典签，无异材，调授营府户曹。调露中，单于突厥背叛，诱扇奚、契丹侵掠州县，后奚、羯胡又与桑乾突厥同反。都督周道务遣休璟将兵击破之于独护山，斩获甚众，超拜丰州司马。永淳中，突厥围丰州，都督崔智辩战殁。朝议欲罢丰州，徙百姓于灵、夏，休璟以为不可，上书曰："丰州控河遏贼，实为襟带，自秦、汉以来，列为郡县，田畴良美，尤宜耕牧。隋季丧乱，不能坚守，乃迁徙百姓就宁、庆二州，致使戎羯交侵，乃以灵、夏为边界。贞观之末，始募人以实，西北一隅，方得宁谧。今若废弃，则河傍之地复为贼有，灵、夏等州人不安业，非国家之利也。"朝廷从其言，丰州复存。

垂拱中，迁安西副都护。会吐蕃攻破焉耆，安息道大总管、文昌右相韦待价及副使阎温古失利，休璟收其余众，以安西土。迁西州都督，上表请复取四镇。则天遣王孝杰破吐蕃，拔四镇，亦休璟之谋也。圣历中，为司卫卿，兼凉州都督、右肃政御史大夫，持节陇右诸军州大使。

久视元年秋，吐蕃大将麴莽布支率骑数万寇凉州，入自洪源谷，将围昌松县。休璟以数千人往击之，临阵登高，望见贼衣甲鲜盛，谓麾下曰："自钦陵死，赞婆降，麴莽布支新知贼兵，欲曜威武，故其国中贵臣酋豪子弟皆从之。人马虽精，不习军事，吾为诸君取之。"乃被甲先登，与贼六战六克，大破之，斩其副将二人，获首二千五百级，筑京观而还。是后休璟入朝，吐蕃亦遣使来请和，因宴屡觇休璟。则天问其故，对曰："往岁洪源战时，此将军雄猛无比，杀臣将士甚众，故欲识之。"则天大加叹异，擢拜右武威、右金吾二卫大将军。

休璟尤谙练边事，自碛石西逾四镇，绵亘万里，山川要害，皆能记之。长安中，西突厥乌质勒与诸蕃不和，举兵相持，安西道绝，表奏相继。则天令休璟与宰相商度事势，俄顷间草奏，便遣施行。后十余日，安西诸州表请兵马应接，程期一如休璟所画。则天谓休璟曰："恨用卿晚。"因迁夏官尚书、同凤阁鸾台三品。又谓魏元忠及杨再思、李峤、姚元崇、李迥秀等曰："休璟谙练边事，卿等十不当一也。"

寻转太子右庶子，依旧知政事。以契丹入寇，复拜夏官尚书，兼检校幽、营等州都督，兼安东都护。时中宗在春宫，将行，进启于皇太子曰："张易之兄弟幸蒙宠遇，数侍宴禁中，纵情失礼。非人臣之道，惟加防察。"中宗即位，召拜辅国大将军、同中书门下三品，封酒泉郡公，顾谓曰："卿曩日直言，朕今不忘。初欲召卿计事，但以遐远，兼怀北狄之忧耳。"未几，加特进，拜尚书右仆射。是岁秋，大水，休璟两上表自咎，请免官甚切，辞formats不载。中宗竟不允，手制答曰："阴阳乖爽，事属在予，待罪私门，依来奉表。"寻迁中书令，充京师留守，俄加检校吏部尚书。又以宫僚之旧，赐实封三百户，累封宋国公。休璟在任，无所弘益。

景龙二年，致仕于家，年力虽衰，进取弥锐。时尚宫贺娄氏颇关预国政，凭附者皆得宠荣，休璟乃为其子娶贺娄氏养女为妻，因以自达。由是起为太子少师、同中书门下三品，监修国史，仍封宋国公。休璟年逾八十，而不知止足，依托求进，为时所讥。景云元年，又拜特进，充朔方道行军大总管，以备突厥，停其旧封，别赐实封一百户。二年，表请致仕。许之。禄及一品子课并令全给。休璟初得封时，以绢数千匹分散亲族，又以家财数十万大开茔域，备礼葬其五服之亲，时人称之。延和元年七月薨，年八十六，赠荆州大都督，谥曰忠。子先慎袭爵，官至陈州刺史。次子先择，开元中为右金吾卫将军。

张仁愿，华州下邽人也。本名仁亶，以音类睿宗讳改焉。少有文武材干，累迁殿中侍御史。时有御史郭霸上表称则天是弥勒佛身，凤阁舍人张嘉福与洛州人王庆之等请立武承嗣为皇太子，皆请仁愿连名署表，仁愿正色拒之，甚为有识所重。寻而夏官尚书王孝杰为吐刺军总管，统众以御吐蕃，诏仁愿往监之。仁愿与孝杰不协，因入奏事，称孝杰军败诬罔之状。孝杰由是免为庶人，仁愿邊迁侍御史。

万岁通天二年，监察御史孙承景监清边军，战还，画战图以奏。每阵必画承景躬当矢石、先锋御贼之状，则天叹曰："御史乃能尽诚如此！"擢得右肃政台中丞，令仁愿叙录承景下立功人。仁愿未发都，先问承景对阵胜负之状。承景身实不行，问之皆不能对，又虚增功状。仁愿廷奏承景罔上之罪，于是左迁崇仁令，擢仁愿为肃政台中丞、检校幽州都督。会突厥默啜入寇，攻陷赵、定，拥众回至幽州，仁愿勒兵出城邀击之，流矢中手，贼亦引退。则天遣使劳问，赐以医药。累迁并州大都督府长史。

神龙二年，中宗还京，以仁愿为左屯卫大将军，兼检校洛州长史。时都城谷贵，盗窃甚众，仁愿一切皆捕获杖杀之。积尸府门，远近震慑，无敢犯者。初，高宗时贾敦颐为洛州刺史，亦有政绩，与仁愿皆为一时之最。故时人为之语曰："洛州有前贾后张，可敌京兆三王。"其见称如此。

三年，突厥入寇。朔方军总管沙吒忠义为贼所败。诏仁愿摄御史大夫，代忠义统众。仁愿至军而贼众已退，乃蹑其后，夜掩大破之。先，朔方军北与突厥以河为界，河北岸有拂云神祠。突厥将入寇，必先诣祠祭酹求福，因牧马料兵而后渡河。时突厥默啜尽众西击突骑施娑葛，仁愿请乘虚夺取漠南之地，于河北筑三受降城，首尾相应，以绝其南寇之路。太子少师唐休璟以为两汉已来，皆北守黄河，今于寇境筑城，恐劳人费功，终为贼虏所有，建议以为不便。仁愿固请不已，中宗竟从之。仁愿表留年满镇兵以助其功。时咸阳兵二百余人逃归，仁愿尽擒之，一时斩于城下，军中股栗，役者尽力，六旬而三城俱就。以拂云祠为中城，与东、西两城相去各四百余里，皆据津济，遥相应接，北拓地三百余里，于牛头朝那山北置烽候一千八百所。自是突厥不得度山放牧，朔方无复寇掠，减镇兵数万人。

仁愿初建三城，不置壅门及却敌、战格之具。或问曰："此边城御贼之所，不为守备，何也？"仁愿曰："兵贵在攻取，不宜退守。寇若至此，即当并力出战，回顾望城，犹须斩之，何用守备，生其退恧之心也？"其后常元楷为朔方军总管，始筑壅门以备寇，议者以此重仁愿而轻元楷焉。仁愿在朔方，奏用监察御史张敬忠、何鸾、长安尉寇泚、鄠县尉王易从、始平主簿刘体微分判军事，太子文学柳彦昭为管记，义乌尉晁良贞为随机。敬忠等皆以文吏著称，多至大官，时称仁愿有知人之鉴。

景龙二年，拜左卫大将军、同中书门下三品，累封韩国公。春还朝，秋复督军threshold边。中宗赋诗祖饯，赏赐不可胜纪。寻加镇军大将军。睿宗即位，以老致仕，特全给禄俸，又拜兵部尚书，加光禄大夫，依旧致仕。开元二年卒，赠太子少傅，赙物二百段，命五品官一人为监护使。子之辅，开元初为赵州刺史。

薛讷，绛州万泉人也，左武卫大将军仁贵子也。为蓝田令，有富商倪氏于御史台理其私债，中丞来俊臣受其货财，断出义仓米数千石以给之。讷曰："义仓本备水旱，以为储蓄，安敢绝众人之命，以资一家之产？"竟报上不与。会俊臣得罪，其事乃不行。其后突厥入寇河北，则天以讷将门，使摄左武威卫将军、安东道经略。临行，于同明殿召见与语，讷因奏曰："丑虏凭凌，以庐陵为辞。今虽有制升储，外议犹恐未定。若此命不易，则狂贼自然款伏。"则天深然其言。寻拜幽州都督，兼安东都护。转并州大都督府长史，兼检校左卫大将军。久当边镇之任，累有战功。

玄宗即位，于新丰讲武，讷为左军节度。时元帅与礼官得罪，诸部颇亦失序。唯讷及解琬之军不动。玄宗令轻骑召讷等，至军门，皆不得入。礼毕，上甚加慰劳。

时契丹及奚与突厥连和，屡为边患，讷建议请出师讨之。开元二年夏，诏与左监门将军杜宾客、定州刺史崔宣道等率众二万，出檀州道以讨契丹等。杜宾客以为时属炎暑，将士负戈甲，赍资粮，深入寇境，恐难为制胜。中书令姚元崇亦以为然。讷独曰："夏月草茂，羔犊生息之际，不费粮储，亦可渐进。一举振国威灵，不可失也。"时议咸以为不便。玄宗方欲威服四夷，特令讷同紫微黄门三品，总兵击奚、契丹，议者乃息。六月，师至滦河，遇贼，时既蒸暑，诸将失计会，尽为契丹等所覆。讷脱身走免，归罪于崔宣道及蕃将李思敬等八人，诏尽令斩之，特免杜宾客之罪。下制曰："并州大都督府长史兼检校左卫大将军、和戎大武等诸军州节度大使、同紫微黄门三品薛讷，总戎御边，建议为首。暗于料敌，轻于接战，张我王师，衄之虏境。观其畴昔，颇常输罄，每欲资忠报主，见义忘身。特缓严刑，俾期来效，宜赦其罪，所有官爵等并从除削。"

其年八月，吐蕃大将坌达延、乞力徐等率众十万寇临洮军，又进寇兰州及渭州之渭源县，掠群牧而去。诏讷白衣摄左羽林将军，为陇右防御使，与太仆少卿王晙等率兵邀击之。十月，讷领众至渭源，遇贼战于武阶驿，与王晙掎角夹攻之，大破贼众。追奔至洮水，又战于长城堡，丰安军使王海宾先锋力战死之。将士乘势进击，又败之，杀获万人，擒其将六指乡弥洪，尽收其所掠羊马，并获其器械，不可胜数。时有诏将以十二月亲征吐蕃，及闻讷等克捷，玄宗大悦，乃停亲征。追赠王海宾左金吾卫大将军，赐物三百段、粟三百石，名其稚子为忠嗣，拜朝散大夫。命紫微舍人倪若水往，即便叙录功状，拜讷为左羽林军大将军，复封平阳郡公，仍拜子畅朝散大夫。俄又充凉州镇军大总管。寻以年老，特听致仕。八年卒，年七十余，赠太常卿，谥曰昭定。讷沉勇寡言，临大敌而益壮。讷弟楚玉，开元中，为幽州大都督府长史，以不称职见代而卒。

王晙，沧州景城人，徙家于洛阳。祖有方，岷州刺史。晙弱冠明经擢第，历迁殿中侍御史，加朝散大夫。时朔方军元帅魏元忠讨贼失利，归罪于副将韩思忠，奏请诛之。晙以思忠既是偏裨，制不由已，又有勇智可惜，不可独杀非辜，乃廷议争之。思忠竟得释，而晙亦由是出为渭南令。

景龙末，累转为桂州都督。桂州旧有屯兵，常运衡、永等州粮以馈之，晙始改筑罗郭，奏罢屯兵及转运。又堰江水，开屯田数千顷，百姓赖之。寻上疏请归乡拜墓，州人诣阙请留晙，乃下敕曰："彼州往缘寇盗，户口雕残，委任失材，乃令至此。卿处事强济，远迩宁静，筑城务农，利益已广，隐括绥缉，复业者多。宜须政成，安此黎庶，百姓又有表请，不须来也。"晙在州又一年，州人立碑以颂其政。再转鸿胪大卿，充朔方军副大总管，兼安西大都护，丰安、定远、三城及侧近军并受晙节度。后转太仆少卿、陇右群牧使。

开元二年，吐蕃精甲十万寇临洮军，晙率所部二千人卷甲倍程，与临洮两军合势以拒之。贼营于大来谷口，吐蕃将坌达延又率兵继至。晙乃出奇兵七百人，衣之蕃服，夜袭之。相去五里，置鼓角，令前者遇寇大呼，后者击鼓以应之。贼众大惧，疑有伏兵，自相杀伤，死者万计。俄而摄右羽林将军薛讷率众邀击吐蕃，至武阶谷，去大来谷二十里,为贼所隔。晙率兵迎讷之军,贼置兵于两军之间,连亘数十里。晙夜出壮士衔枚击之,贼又大溃。乃与讷合军,掩其余众,追奔至洮水,杀获不可胜数,尽收所掠牧马而还。以功加银青光禄大夫,封清源县男,兼原州都督,仍拜其子珽为朝散大夫。寻除并州大都督府长史。明年,突厥默啜为九姓所杀,其下酋长多款塞投降,置之河曲之内。俄而小杀继立,降者渐叛。晙上疏曰:

突厥时属乱离,所以款塞降附。其与部落,非有仇嫌,情异北风,理固明矣,养成其衅,虽悔可追。今者,河曲之中,安置降房,此辈生梗,实难处置。日月渐久,奸诈逾深,窥边间隙,必为患难。今有降者部落,不受军州进止,辄动兵马,屡有伤杀。询问胜州左侧,被损五百余人。私置烽铺,潜为抗拒,公私行李,颇实危惧。北房如或南牧,降户必与连衡。臣问没蕃归人云,却逃者甚众,南北信使,委曲通传,此辈降人,翻成细作。倘收合余烬,来逼军州,房骑凭凌,胡兵应接,表里有敌,进退无据。虽复韩、彭之勇,孙、吴之策,令其制胜,其可必乎!

望至秋冬之际,令朔方军盛陈兵马,告其祸福,啖以缯帛之利,示以麋鹿之饶,说其鱼米之乡,陈其畜牧之地。并分配淮南、河南宽乡安置,仍给程粮,送至配所。虽复一时劳弊,必得久长安稳。二十年外,渐染淳风,将以充兵,皆为劲卒。若以北狄降者不可南中安置,则高丽俘房置之沙漠之曲,西域编氓散在青、徐之右,唯利是视,务安疆场,何独降胡,不可移徙。

近者,在边将士,爰及安蕃使人,多作谀辞,不为实对。或言北房破灭,或言降户安静,志欲自言功效,非有以徇邦家。伏愿察斯利口,行兹远虑,边荒清晏,黎元幸甚。

臣料留住之议,谋者云遵故事,必言降户之辈,旧置河曲之中,昔年既得康宁,今日还应稳便。但同时异事,先典攸传。往者颉利破亡,边境宁谧,降户之辈,无复他心,所以多历岁年,此类皆无动静。今房见未破灭,降户私使往来,或畏北房之威,或怀北房之惠,又是北房戚属,夫岂不识亲疏,将比昔年,安可同日!

臣料其中颇有三策。若盛陈兵马,散令分配,内获精兵之实,外祛黠房之谋,暂劳永安,此上策也。若多屯士卒,广为备拟,亭障之地,蕃、汉相参,费甚人劳,此下策也。若置之朔塞,任之来往,通传信息,结成祸胎,此无策也。伏愿察斯三者,详其善恶,利害之状,长短可寻。纵因迁移,或致逃叛,但有移得之者,即是今日良图,留待河冰,恐即有变。臣蒙天泽,叨居重镇,逆耳利行,敢不尽言。

疏奏未报,降房果叛,敕晙帅并州兵西济河以讨之。晙乃间行倍道,以夜继昼,卷甲舍幕而趋之。夜于山中忽遇风雪甚盛,晙恐失期,仰天誓曰:"晙若事君不忠,不讨有罪,明灵所殛,固自当之,而士卒何辜,令其劳苦!若诚心忠烈,天监孔明,当止雪回风,以济戎事。"言讫,

风回而雪止。时叛者分为两道,其在东者,晙追及之,杀一千五百余人,生获一千四百余人,驼马牛羊甚众。晙以功迁左散骑常侍、持节朔方道行军大总管,寻迁御史大夫。

时突厥跌跌部落及仆固都督勺磨等散在受降城左右居止,且谋引突厥共为表里,陷军城而叛。晙因入奏,密请诛之。八年秋,晙诱跌跌等党与八百余人于中受降城诛之,由是乃授晙兵部尚书,复充朔方军大总管。

九年,兰池州胡苦于赋役,诱降房余烬,攻夏州反叛,诏陇右节度使、羽林将军郭知运与晙相知讨之。晙奏:"朔方军兵自有余力,其郭知运请还本军。"未报,而知运兵至,与晙颇不相协。晙所招抚降者,知运纵兵击之,贼以为晙所卖,皆相率叛走。晙进封清源县公,仍兼御史大夫。俄而叛众复相结聚,晙坐左迁梓州刺史。十年,拜太子詹事,累封中山郡公。属车驾北巡,以晙为吏部尚书,兼太原尹。十一年夏,代张说为兵部尚书、同中书门下三品,追录破胡之功,加金紫光禄大夫,仍充朔方军节度大使。其年冬,上亲郊祀,追晙赴京,以会大礼。晙以时属冰壮,恐房骑乘隙入寇,表辞不赴,手敕慰勉,仍赐衣一副。会许州刺史王乔家奴告乔与晙潜谋构逆,敕侍中源乾曜、中书令张说鞫其状。晙既无反状,乃以违诏追不到,左迁蕲州刺史。十四年,累迁户部尚书,复为朔方军节度使。二十年卒,年七十余,赠尚书左丞相,谥曰忠烈。

往岁,魏元忠为张易之、昌宗所构,左授高要尉,晙密状申明之。宋璟时为凤阁舍人,谓晙曰:"魏公且全矣,子须威严而坐理,恐子之狼狈也。"晙曰:"魏公忠而获罪,晙为义所激,颠沛无恨。"璟叹曰:"璟不能申魏公之枉,深负朝廷矣。"晙气貌雄壮,时人谓之有熊虎之状。然慕义激励,有古人之风,御下整肃,人吏畏而爱之。晙卒后,信安王祎于幽州讨奚告捷,奏称军士咸见晙与蕃将高昭领兵马先军讨贼,上闻而嗟异久之。户部郎中阳伯城上疏,请晙等坟茔乞增修封域,量加表异,降使缣祭,优其子孙。玄宗乃遣使就其家庙祭,仍加其子官秩。

史臣曰:娄师德应召而慷忾,勇也;荐仁杰而入用,忠也;不使仁杰知之,公也;营田赡军,智也;恭勤接下,和也;参知政事,功名有卒,是人之难也,又何愧于将相乎!王孝杰、唐休璟、张仁愿、薛讷、王晙等,皆韬武干,亟立边功。然孝杰失于再擒,休璟亏于行诫。先败后胜,薛讷何惭;止雪回风,王晙难掩;仁愿操履,中否相兼。

赞曰:拯物之心,不形于色。将相之材,人何以测。臣有始终,功无爽忒。多忌梁公,自招惭德。唐、张、讷、晙,善阵能师。共服戎房,不忧边陲。

卷九十四　　列传第四十四

苏味道　李峤　崔融
卢藏用　徐彦伯

苏味道，赵州栾城人也。少与乡人李峤俱以文辞知名，时人谓之苏李。弱冠，本州举进士。累转咸阳尉。吏部侍郎裴行俭先知其贵，甚加礼遇，及征突厥阿史那都支，引为管记。孝敬皇帝妃父裴居道再登左金吾将军，访当时才子为谢表，托于味道，援笔而成，辞理精密，盛传于代。

延载初，历迁凤阁舍人、检校凤阁侍郎、同凤阁鸾台平章事，寻加正授，证圣元年，坐事，出为集州刺史，俄召拜天官侍郎。圣历初，迁凤阁侍郎、同凤阁鸾台三品。味道善敷奏，多识台阁故事，然而前后居相位数载，竟不能有所发明，但脂韦其间，苟度取容而已。尝谓人曰："处事不欲决断明白，若有错误，必贻咎谴，但摸棱以持两端可矣。"时人由是号为"苏摸棱"。

长安中，请还乡改葬其父，优制令州县供其葬事。味道因此侵毁乡人墓田，役使过度，为宪司所劾，左授坊州刺史。未几，除益州大都督府长史。神龙初，以亲附张易之、昌宗，贬授眉州刺史。俄而复为益州大都督府长史，未行而卒，年五十八，赠冀州刺史。味道与其弟太子洗马味玄甚相友爱，味玄若请托不谐，辄面加凌折，味道对之怡然，不以为忤，论者称焉。有文集行于代。

李峤，赵州赞皇人，隋内史侍郎元操从曾孙也。代为著姓，父镇恶，襄城令。峤早孤，事母以孝闻。为儿童时，梦有神人遗之双笔，自是渐有学业。弱冠举进士，累转监察御史。时岭南邕、严二州首领反叛，发兵讨击，高宗令峤往监军事。峤乃宣朝旨，特赦其罪，亲入獠洞以招谕之。叛者尽降，因罢兵而还，高宗甚嘉之。累迁给事中。时酷吏来俊臣构陷狄仁杰、李嗣真、裴宣礼等三家，奏请诛之，则天使峤与大理少卿张德裕、侍御史刘宪覆其狱。德裕等虽知其枉，惧罪，并从俊臣所奏，峤曰："岂有知其枉滥而不为申明哉！孔子曰：'见义不为，无勇也。'"乃与德裕等列其枉状，由是忤旨，出为润州司马。诏入，转凤阁舍人。则天深加接待，朝廷每有大手笔，皆特令峤为之。

时初置右御史台，巡按天下，峤上疏陈其得失曰：

陛下创置右台，分巡天下，察吏人善恶，观风俗得失，斯政途之纲纪，礼法之准绳，无以加也。然犹有未折衷者，臣请试论之。夫禁网尚疏，法令宜简，简则法易行而不烦杂，疏则所罗广而无苛碎。窃见垂拱二年诸道巡察使所奏科目，凡有四十四件，至于别准格敕令察访者，又有三十余条。而巡察使率是三月已后出都，十一月终奏事，时限迫促，簿书填委，昼夜奔逐，以赴限期。而每道所察文武官，多至二千余人，少者一千已下，皆须品量才行，褒贬得失，欲令曲尽行能，则皆不暇。此非敢堕于职而慢于官也，实才有限而力不及耳。臣望量其功程，与其节制，使器周于用，力济于时，然后进退可以责成，得失可以精核矣。

又曰：

今之所察，但准汉之六条，推而广之，则无不包矣。无为多张科目，空费簿书。且朝廷万机，非无事也，机事之动，恒在四方，是故冠盖相望，邮驿继踵。今巡使既出，其外州之事，悉当委之，则传驿大减矣。然则御史之职，故不可得闲，自非分州统理，无由济其繁务。请大小相兼，率十州置御史一人，以周年为限，使其亲至属县，或入闾里，督察奸讹，观采风俗，然后可以求其实效，课其成功。若此法果行，必大裨政化。且御史出持霜简，入奏天阙，其于励己自修，奉职存宪，比于他吏，可相百也。若其按劾奸邪，纠摘欺隐，比于他吏，可相十也。陛下试用臣言，妙择贤能，委之心膂，假温言以树之，陈赏罚以劝之，则莫不尽力而效死矣。何政事之不理，何禁令之不行，何妖孽之敢兴？

则天善之。乃下制分天下为二十道，简择堪为使者。会有沮议者，竟不行。寻知天官侍郎事，迁麟台少监。

圣历初，与姚崇偕迁同凤阁鸾台平章事，俄转鸾台侍郎，依旧平章事，兼修国史。久视元年，峤舅天官侍郎张锡入知政事，峤转成均祭酒，罢知政事及修史，舅甥相继在相位，时人荣之。峤寻检校文昌左丞、东都留守。长安三年，峤复以本官平章事，寻知纳言事。明年，迁内史。峤后固辞烦剧，复拜成均祭酒，平章事如故。

长安末，则天将建大像于白司马坂，峤上疏谏之，其略曰："臣以法王慈敏，菩萨护持，唯拟饶益众生，非要营修土木。伏闻适像，税非户口，钱出僧尼，不得州县祇承，必是不能济办，终须科率，岂免劳扰！天下编户，贫弱者众，亦有佣力作苦以济糇粮，亦有卖舍贴田以供王役。造像钱见有一十七万余贯，若将散施，广济贫穷，人与一千，济得一十七万余户。拯饥寒之弊，省劳役之勤，顺诸佛慈悲之心，沾圣君亭育之意，人神胥悦，功德无涯。"疏奏不纳。

中宗即位，峤以附会张易之兄弟，出为豫州刺史。未行，又贬为通州刺史。数月，征拜吏部侍郎，封赞皇县男。无几，迁吏部尚书，进封县公。神龙二年，代韦安石为中书令。初，峤在吏部时，志欲曲行私惠。冀得复居相位。奏置员外官数千人。至是官僚倍多，府库减耗，乃抗表引咎辞职，并陈利害十余事。中宗以峤昌言时政之失，辄请罢免，手制慰谕而不允，寻令复居旧职。三年，又加修文馆大学士，监修国史，封赵国公。景龙三年，罢中书令，以特进守兵部尚书、同中书门下三品。

睿宗即位，出为怀州刺史，寻以年老致仕。初，中宗崩，峤密表请处置相王诸子，勿令在京。及玄宗践祚，宫内获其表，以示侍臣。或请诛之，中书令张说曰："峤虽不辩逆顺,然亦为当时之谋,吠非其主,不可追讨其罪。"上从其言,乃下制曰:"事君之节,危而不变,为臣则忠,贰乃无赦。特进、赵国公李峤,往缘宗、韦弑逆,朕恭行戡定,揖让之际,天命有归,峤有窥觎,不知逆顺,状陈诡计,朕亲览焉。以其早负辞学,累居台辅,忍而莫言,特掩其恶。今忠邪既辨,具物惟新,赏罚倘乖,下人安劝?虽经赦令,犹宜放斥,矜其老疾,俾遂余生,宜听随子虔州刺史畅赴任。"寻起为庐州别驾而卒。有文集五十卷。

崔融,齐州全节人。初,应八科举擢第。累补宫门丞,兼直崇文馆学士。中宗在春宫,制融为侍读,兼侍属文,东朝表疏,多成其手。圣历中,则天幸嵩岳,见融所撰《启母庙碑》,深加叹美,及封禅毕,乃命融撰朝觐碑文。自魏州司功参军擢授著作佐郎,寻转右史。圣历二年,除著作郎,仍兼右史内供奉。四年,迁凤阁舍人。久视元年,坐忤张昌宗意,左授婺州长史。顷之,昌宗怒解,又请召为春官郎中,知制诰事。长安二年,再迁凤阁舍人。三年,兼修国史。时有司表税关市,融深以为不可,上疏谏曰:

伏见有司税关市事条,不限工商,但是行人尽税者,臣谨按《周礼》九赋,其七曰"关市之赋"。窃惟市纵繁巧,关通末游,欲令此徒止抑,所以咸增赋税。臣谨商度今古,料量家国,窃将为不可税。谨件事迹如左,伏惟圣旨择焉。

往古之时,淳朴未散,公田籍而不税,关防讥而不征。中代已来,浇风骤进,桑麻疲弊,稼穑辛勤,于是各徇通财,争趋作巧,求径捷之欲速,忘岁计之无余。遂使田莱日荒,仓廪不积,蚕织休废。弊缊阙如,饥寒猥臻,乱离斯起。先王惩其若此,所以变古随时,依本者恒科,占末者增税。夫关市之税者,谓市及国门、关门者也,唯敛出入之商贾,不税来往之行人。今若不论商人,通取诸色,事不师古,法乃任情。悠悠末代,于何瞻仰;济济盛朝,自取嗤笑。虽欲宪章姬典,乃是违背《周官》。臣知其不可者一也。

臣谨案《易·系辞》称:"庖羲氏没,神农氏作,日中为市,致天下之人,聚天下之货,交易而退,各得其所。"《班志》亦云:"财者,帝王聚人守位,养成群生,奉顺天德,理国安人之本也。仕农工商,四人有业。学以居位曰仕,辟土殖谷曰农,作巧成器曰工,通财鬻货曰商。圣王量能授事,四人陈力受职。"然则四人各业久矣。今复安得动而摇之!萧何云:"人情一定,不可复动。"班固又云:曹参相齐,齐国安集,大称贤相。参去,属其后相曰:"以齐狱市为寄,慎勿扰也。"后相曰:"理无大于此者乎?"参曰:"不然。夫狱市者,所以并容也,今若扰之,奸人安所容乎?吾是以先之。"夫狱市,兼受善恶。若穷极,奸人无所容窜;奸人无所容窜,久且为乱。秦人极刑而天下叛,孝武峻法而刑狱繁,此其效也。老子曰:"我无为而人自化,我好静而人自正。"参欲以道化其本,不欲扰其末。臣知其不可者二也。

四海之广,九州之杂。关必据险路,市必凭要津。若乃富商大贾,豪宗恶少,轻死重义,结党连群,喑呜则弯弓,睚眦则挺剑。小有失意,且犹如此,一旦变法,定是相惊。乘兹困穷,或致骚动,便恐南走越,北走胡,非唯流逆齐人,亦自搅乱殊俗。又如边徼之地,寇贼为邻,兴胡之旅,岁月相继,倘同科赋,致有猜疑,一从散亡,何以制禁?求利虽切,为害方深。而有司上言,不识大体,徒欲益帑藏,助军国,殊不知军国益扰,帑藏逾空。臣知其不可者三也。

孟轲又云:"古之为关也,将以御暴;今之为关也,将以为暴。"今行者皆税,本末同流。且如天下诸津,舟航所聚,旁通巴、汉,前指闽、越,七泽十薮,三江五湖,控引河洛,兼包淮海。弘舸巨舰,千轴万艘,交贸往还,昧旦永日。今若江津河口,置铺纳税,纳税则检覆,检覆则迟留。此津才过,彼铺复止,非唯国家税钱,更遭主司劫掠。船有大小,载有少多,量物而税,触途淹久。统论一日之中,未过十分之一,因此壅滞,必致呼嗟。一朝失利,则万商废业,万商废业,则人不聊生。其间或有轻诐任侠之徒,斩龙刺蛟之党,鄱阳暴谲之客,富平悍壮之夫,居则藏锸,出便辣剑。加之以重税,因之以威胁,一旦兽穷则搏,鸟穷则攫,执事者复何以安之哉?臣知其不可者四也。

五帝之初,不可详已;三王之后,厥有著云;秦、汉相承,典章大备。至如关市之税,史籍有文。秦政以雄图武力,舍之而不用也;汉武以霸略英才,去之而勿取也。何则?关为御暴之所,市为聚人之地,税市则人散,税关则暴兴,暴兴则起异图,人散则怀不轨。夫人心莫不背善而乐祸,易动而难安。一市不安,则天下之市心摇矣;一关不安,则天下之关心动矣。况浇风久扇,变法为难,徒欲禁末流、规小利,岂知失玄默、乱大伦。魏、晋眇小,齐、隋龌龊,亦所不行斯道者也。臣知其不可者五也。

今之所以税关市者,何也?岂不以国用不足,边寇为虞,一行斯术,冀有殷赡然也!微臣敢借前箸以筹之。伏惟陛下当圣期,御玄箓,沉璧于洛,刻石于嵩,铸宝鼎以穷奸,坐明堂而布政,神化广洽,至德潜通。东夷暂惊,应时平殄;南蛮才动,计日归降。西域五十余国,广输一万余里,城堡夷夷,亭堠静谧。比为患者,唯苦二蕃。今吐蕃请命,边事不起,即目虽尚屯兵,久后疑战驰柝。独有默啜,假息孤恩,恶贯祸盈,覆亡不暇。征役日已省矣,繁费日已稀矣,然犹下明制,遵太朴,爱人力,惜人财,王侯旧封,妃主新礼,所有支料,咸令减削。此陛下以躬率先,尧、舜之用心也。且关中、河北,水旱数年,诸处逃亡,今始安辑,倘加重税,或虑相惊。况承平岁积,薄赋日久,俗荷深恩,人知自乐。卒有变法,必多生怨,生怨则惊扰,惊扰则不安,中既不安,外何能御?文王曰:"帝王富其人,霸王富其地,理国若不足,乱国若有余。"古人有言:"帝王藏于天下,诸侯藏于百姓,农夫藏于庾,商贾藏于箧。"惟陛下详之。必若师兴有费，国储多窘，即请倍算商客，加敛平人。如此则国保富强，人免忧惧，天下幸甚。臣知其不可者六也。

陛下留神系表，属想政源，冒兹炎炽，早朝晏坐。一日二日，机务不遗，先天后天，虚心密应。时政得失，小子何知，率陈瞽辞，伏纸惶惧。

疏奏，则天纳之，乃寝其事。

四年，除司礼少卿，仍知制诰。时张易之兄弟颇招集文学之士，融与纳言李峤、凤阁侍郎苏味道、麟台少监王绍宗等俱以文才降节事之。及易之伏诛，融左授袁州刺史。寻召拜国子司业，兼修国史。神龙二年，以预修《则天实录》成，封清河县子，赐物五百段，玺书褒美。融为文典丽，当时罕有其比，朝廷所须《洛出宝图颂》、《则天哀册文》及诸大手笔，并手敕付融。撰哀册文，用思精苦，遂发病卒，时年五十四。以侍读之恩，追赠卫州刺史，谥曰文。有集六十卷。二子禹锡、翘，开元中，相次为中书舍人。

卢藏用，字子潜，度支尚书承庆之侄孙也。父璥，有名于时，官至魏州司马。藏用少以辞学著称。初举进士选，不调，乃著《芳草赋》以见意。寻隐居终南山，学辟谷、练气之术。

长安中，征拜左拾遗。时则天将营兴泰宫于万安山，藏用上疏谏曰：

臣愚虽不达时变，窃尝读书，见自古帝王之迹众矣。臣闻土阶三尺，茅茨不翦，采椽不斫者，唐尧之德也；卑宫室，菲饮食，尽力于沟洫者，大禹之行也；惜中人十家之产，而罢露台之制者，汉文之明也。并能垂名无穷，为帝皇之烈。岂不以克念徇物，博施济众，以臻于仁恕哉！今陛下崇台邃宇，离宫别馆，亦已多矣。更穷人之力以事土木，臣恐议者以陛下为不忧人、务奉已也。

且顷岁以来，虽年谷颇登，而百姓未有储蓄。陛下西幸东巡，人未休息，土木之役，岁月不空。陛下不因此时施德布化，复广造宫苑，臣恐人未易堪。今左右近臣，多以顺意为忠；朝廷具僚，皆以犯忤为患。至今陛下不知百姓失业，亦不知左右伤陛下之仁也。臣闻忠臣不避死亡之患，以纳君于仁；明主不恶切直之言，以垂名千载。陛下诚能发明恕之制，以劳人为辞，则天下必以陛下为惜人力而苦已也。小臣固陋，不识忌讳，敢冒死上闻。乞下臣此章，与执事者议其可否，则天下幸甚。

神龙中，累转起居舍人，兼知制诰，俄迁中书舍人。藏用常以俗多拘忌，有乖至理，乃著《析滞论》以畅其事。辞曰：

客曰：天道玄微，神理幽化，圣人所以法象，众庶由其运行。故大挠造甲子，容成著律历，黄公裁变，玄女启谟，八门御时，六神直事。从之者则兵强国富，违之者则将弱朝危，有同影响，若合符契。先生亦尝闻之乎？

主人曰：何为其然也？子所谓曲学所习，曚昧所守，徒识偏方之诡说，未究亨衢之通论。盖《易》曰"先天不违"，《传》称"人神之主"。范围不过，三才所以虚中；进退非邪，百王所以无外。故曰："国之将兴听于人，将亡听于神。"又曰："祸福无门，唯人所召。人无衅焉，妖不自作。"由是言之，得丧兴亡，并关人事；吉凶悔吝，无涉天时。且皇天无亲，唯德是辅，为不善者，天降之殃。高宗修德，桑谷以变；宋君引过，法星退舍，此天道所以从人者也。古之为政者，刑狱不滥则人寿，赋敛蠲省则人富，法令有常则国静，赏罚得中则兵强。所以礼者，士之所归，赏者，士之所死，礼赏不倦，则士争先。苟违此途，虽卜时行刑，择日出令，必无成功矣。自叔世迁讹，俗多侥幸，竞称怪力，争诵诡言，屈政教而就孤虚，弃信赏而从推步。附会前史，变易旧经，依托空文，以为征据。覆军败将者，则隐秘无闻；偶同幸中者，则共相文饰。岂唯德之增惑，亦乃学人自是。呜呼，习俗讹谬，一至此焉！

昔者，甲子兴师，非成功之日；往亡用事，异制胜之辰。人事苟修，何往不济？至若环城自守，接阵重围，无阙地形，不乖天道。若兵强将智，粟积城坚，虽复屡转魁刚，频移太岁，坐推白虎，行计贪狼，自符鸡斗之祥，多贻蚁附之困。故曰：任贤使能，则不时日而事利；明法审令，则不卜筮而事吉；养劳赏功，则不祷祠而得福。此所谓天时不如地利，地利不如人和。太公犯雨，逆天时也；韩信背水，乖地利也，并存人事，俱成大业。削树而斩庞涓，举火而屠张郃，未必暗同岁德，冥会日游，俱运三门，并占四杀。杜邮齿剑，抑唯计沮，垓下悲歌，实阶刓印。若以并资厌胜，不事良图，则长平尽坑，固须恒济，襄城无噍，亦可常保。是知拘而多忌，终丧大功；百姓与能，必遗小数。金鸡玉鹤，方为楚国之殃；《万毕》、《枕中》，适构淮南之祸。刻符指盗，反更亡身，被发邀神，翻招夷族。嗟乎，威斗赭鞭，不禳赤伏之运；筑城断冈，何救素灵之哭！火灾不验，神灶无力以窥天；超乘阶凶，王孙取鉴于观德。九征九变，是曰长途；人谋鬼谋，良归有道。此并经史陈迹，贤圣通规，仁远乎哉，讵宜滞执？

客乃蹙然避席曰："鄙人固蒙，不阶至道，请事斯语，归于正途。而今而后，焚蓍龟，毁律历，废六合，斥五行，浩然清虑，则将奚若？"答曰："此所谓过犹不及也。夫甲子所以配日月，律历所以通变时，金木所以备法象，蓍龟所以筮吉凶。圣人以此神明德行，辅助谋猷，存之则协赞成功，执之则凝滞于物。消息之义，其在兹乎"！客于是循墙匍匐，帖然无气，口欱心醉，不知所以答矣。

景龙中，为吏部侍郎。藏用性无挺特，多为权要所遁，颇黩公道。又迁黄门侍郎，兼昭文馆学士，转工部侍郎、尚书右丞。先天中，坐托附太平公主，配流岭表。开元初，起为黔州都督府长史，兼判都督事，未行而卒，年五十余。

有集二十卷。

藏用工篆隶，好琴棋，当时称为多能之士。少与陈子昂、赵贞固友善，二人并早卒，藏用厚抚其子，为时所称。然初隐居之时，有贞俭之操，往来于少室、终南二山，时人称为"随驾隐士"；及登朝，趍趋诡佞，专事权贵，奢靡淫纵，以此获讥于世。

徐彦伯，兖州瑕丘人也。少以文章擅名，河北道安抚大使薛元超表荐之，对策擢第，累转蒲州司兵参军。时司户韦暠善判事，司士李亘工于翰札，而彦伯以文辞雅美，时人谓之"河中三绝"。

彦伯圣历中累除给事中，时王公卿士多以言语不慎密，为酷吏周兴、来俊臣等所陷，彦伯乃著《枢机论》以诫于代，其辞曰：

《书》曰："唯口起羞，惟甲胄起戎。"又云："齐乃位，度乃口。"《易》曰："慎言语，节饮食。"又云："出其言善，千里应之；出其言不善，千里违之。"《礼》亦云："可言也，不可行也，君子不言也；可行也，不可言也，君子不行也。"呜呼！先圣知言之为大也，知言之为急也，精微以劝之，典谟以告之，礼经以防之。守名教者，何可不修其诂训而服其糟粕乎？故曰：言语者，君子之枢机，动则物应，物应则得失之兆见也。得之者江海比邻，失之者肝胆楚、越，然后知否泰荣辱，系于言乎！

夫言者，德之柄也，行之主也，志之端也，身之文也，既可以济身，亦可以覆身。故中庸镂其心，右阶铭其背，南容复于白圭，箕子畴于《洪范》，良有以也。是以掎摭瑕玷，参详踪迹，审其无常以阶乱，将不密以致危。利生于口，森然覆邦之说；道不由衷，变彼如簧之刺。可不惧之哉！其有识暗邪正，虑微形朕，破金汤之篇，封祸乱之根，用诟谗为全计，以号讹为令德。至若梧宫问答，荆、齐所以奔命；韩、魏加肘，智伯所以危殆。蔡侯绳息妫也，亟招甲兵之罚；郑曼图宗卿也，而受鼎镬之诛。史迁轻议，终下蚕室；张纮诡说，更齿龙渊。凡此过言，其流匪一。或秽犹粪土，或动成刀剑，或苟且其心，或脂膏其吻。挟邪作蛊，守之而不惭；往辄破之，去之而弥远。亦何异韩皋聚音，庬也群吠，得死为幸，何循名之立乎？虽复伯玉沮颜，追谢于元凯，蒋济贻恨，失誉于王陵，犀首没齿于季章，曹瞒昨舌于刘主，当何及哉！孔子曰："予欲无言。"又云："终身为善，一言败之，惜也。"老子亦云："多言数穷。"又云"聪明深察而近于死者，议人者也。"何圣人之深思伟虑，杜渐防萌之至乎！

夫不可言而言者曰狂，可言而不言者曰隐。钳舌拱默，曷通彼此之怀；括囊而处，孰启漠明之训？则上言者，下听也；下言者，上用也。睿哲之言，犹天地也，人覆焘而生焉；大雅之言，犹钟鼓也，人考击而乐焉。作为龟镜，姬公之言也，出为金石，曾子之言也；存其家邦，国侨之言也；立而不朽，臧孙之言

也。是谓德音，诣我宗极，满于天下，贻厥后昆。殷宗甘之于酒醴，孙卿谕之以琴瑟，阙里重于四时，郢都轻其千乘。岂不趄哉，岂不休哉！但棽探世猷，克念丕训，审思而应，精虑而动。谋其心以后发，择其交以后谈，不蹙趋于非党，不屏营于诡遇。非先王之至德不敢行，非先王之法言不敢道，翦其谍谍之绪，扑其炎炎之势。自然介尔景福，锡兹纯嘏，则悔吝何由而生，怨恶何由而至哉？孔子曰："终日行，不遗己患；终日言，不遗己忧。"如此乃可以言也。戒之哉，戒之哉！

神龙元年，迁太常少卿，兼修国史，以预修《则天实录》成，封高平县子，赐物五百段。未几，出为卫州刺史，以善政闻，玺书劳勉。俄转蒲州刺史，入为工部侍郎，寻除卫尉卿，兼昭文馆学士。景龙三年，中宗亲拜南郊，彦伯作《南郊赋》以献，辞甚典美。景云初，加银青光禄大夫，迁右散骑常侍、太子宾客，仍兼昭文馆学士。先天元年，以疾乞骸骨，许之。开元二年卒。彦伯事寡嫂甚谨，抚诸侄同于己子。自晚年属文，好为强涩之体，颇为后进所效焉。有文集二十卷，行于时。

史臣曰：才出于智，行出于性。故文章巧拙，由智之深浅也；行义诡实，由性之善恶也。然则智性禀之于气，不可使之强也。苏味道、李峤等，俱为辅相，各处穹崇。观其章疏之能，非无奥赡；验以弼谐之道，罔有贞纯。故狄仁杰有言曰："苏、李足为文吏矣。"得非醒醍者乎！摸棱之病，尤足可讥。崔融、卢藏用、徐彦伯等，文学之功，不让苏、李，知有守常之道，而无应变之机。规谏之深，崔比卢、徐，稍为优矣。

赞曰：房、杜、姚、宋，俱立大功。咸以二族，谓为美风。苏、李文学，一代之雄。有惭辅弼，称之岂同。凡人有言，未必有德。崔与卢、徐，皆攻翰墨。文虽堪尚，义无可则。备位守常，斯言罔忒。

卷九十五　　　列传四十五

睿宗诸子

让皇帝宪　惠庄太子㧑　惠文太子范　惠宣太子业　隋王隆悌

睿宗六子：昭成顺圣皇后窦氏生玄宗，肃明顺圣皇后刘氏生让皇帝，宫人柳氏生惠庄太子，崔孺人生惠文太子，王德妃生惠宣太子，后宫生隋王隆悌。

让皇帝宪，本名成器，睿宗长子也。初封永平郡王。文明元年，立为皇太子，时年六岁。及睿宗降为皇嗣，则天册授成器为皇孙，与诸弟同日出阁，开府置官属。长寿

二年，改封寿春郡王，仍却入阁。长安中，累转左赞善大夫。加银青光禄大夫。中宗即位，改封蔡王，迁宗正员外卿，加赐实封四百户，通旧为七百户。成器固辞不敢当大国，依旧为寿春郡王。

唐隆元年，进封宋王。其月，睿宗践祚，拜左卫大将军。时将建储贰，以成器嫡长，而玄宗有讨平韦氏之功，意久不定。成器辞曰："储副者，天下之公器，时平则先嫡长，国难则归有功。若失其宜，海内失望，非社稷之福。臣今敢以死请。"累日涕泣固让，言甚切至。时诸王、公卿亦言楚王有社稷大功，合居储位。睿宗嘉成器之意，乃许之。玄宗又以成器嫡长，再抗表固让，睿宗不许。乃下制曰："左卫大将军、宋王成器，朕之元子，当践副君。以隆基有社稷大功，人神属意，由是朕前恳让，言在必行。天下至公，诚不可夺。爰符立季之典，庶协从人之愿。成器可雍州牧、扬州大都督、太子太师，别加实封二千户。赐物五千段、细马二十匹、奴婢十房、甲第一区、良田三十顷。"其年十一月，拜尚书左仆射，寻迁司徒，其太师、都督并如故。明年，表让司徒，拜太子宾客，兼扬州大都督如故。

时太平公主阴有异图，姚元之、宋璟等请出成器及申王成义为刺史，以绝谋者之心。由是成器以司徒兼蒲州刺史。玄宗尝制一大被长枕，将与成器等共申友悌之好，睿宗知而大悦，累加赏叹。

先天元年八月，进封司空。及玄宗讨平萧至忠、岑羲等，成器又进位太尉，依旧兼扬州大都督，加实封一千户。月余，加授开府仪同三司，其太尉、扬州大都督并停。开元初，历岐州刺史，开府如故。四年，避昭成皇后尊号，改名宪，封为宁王，实封累至五千五百户。又历泽、泾等州刺史。

初，玄宗兄弟圣历初出阁，列第于东都积善坊，五人分院同居，号"五王宅"。大足元年，从幸西京，赐宅于兴庆坊，亦号"五王宅"。及先天之后，兴庆是龙潜旧邸，因以为宫。宪于胜业东南角赐宅，申王扬、岐王范于安兴坊东南赐宅，薛王业于胜业西北角赐宅，邸第相望，环于宫侧。玄宗于兴庆宫西南置楼，西面题曰花萼相辉之楼，南面题曰勤政务本之楼。玄宗时登楼，闻诸王音乐之声，咸召登楼同榻宴谑，或便幸其第，赐金分帛，厚其欢赏。诸王每日于侧门朝见，归宅之后，即奏乐纵饮，击球斗鸡，或近郊从禽，或别墅追赏，不绝于岁月矣。游践之所，中使相望，以为天子友悌，近古无比，故人无间然。

玄宗既笃于昆季，虽有谗言交构其间，而友爱如初。宪尤恭谨畏慎，未曾干议时政及与人交结，玄宗尤加信重之。尝与宪及岐王范等书曰："昔魏文帝诗云：'西山一何高，高处殊无极。上有两仙童，不饮亦不食。赐我一丸药，光耀有五色。服药四五日，身轻生羽翼。'朕每思服药而求羽翼，何如骨肉兄弟天生之羽翼乎！陈思有超代之才，堪佐经纶之务，绝其朝谒，卒令忧死。魏祚未终，遭司马宣王之夺，岂神丸之效也！虞舜至圣，舍象傲之愆以亲九族，九族既睦，平章百姓，此为帝王之轨则，于今数千岁，天下归善焉。朕未尝不废寝忘食钦叹者也，顷因余暇，妙选仙经，得此神方，古老云'服之必验'。今分此药，愿与兄弟等同保长龄，永无限极。"

宪，开元九年兼太常卿。十四年，停太常卿，依旧为开府仪同三司。二十一年，复拜太尉。二十八年冬，宪寝疾，上令中使送医药及珍膳，相望于路，僧崇一疗宪稍瘳，上大悦，特赐绯袍鱼袋，以赏异崇一。时申王等皆先薨，唯宪独在，上尤加恩贷。每年至宪生日，必幸其宅，移时宴乐。居常无日不赐酒酪及异馔等，尚食总监及四方有所进献，食之稍甘，即皆分以赐之。宪尝奏请年终录付史馆，每年至数百纸。

二十九年冬，京城寒甚，凝霜封树，时学者以为《春秋》"雨木冰"即此是，亦名树介，言其象介胄也。宪见而叹曰："此俗谓树稼者也。谚曰：'树稼，达官怕。'必有大臣当之，吾其死矣。"十一月薨，时年六十三。上闻之，号叫失声，左右皆掩涕。翌日，下制曰：

能以位让，为吴太伯，存则用成其节，殁则当表其贤，非常之称，旌德斯在。故太尉、宁王宪，诞含粹灵，允膺大雅。孝悌之至，本乎中诚；仁和之深，非因外奖。率由礼度，雅尚文儒。谦以自牧，乐以为善。比两献而有光，与《二南》而合德。自出临方镇，入配台阶，逾励忠勤，益闻周慎。实谓永为藩屏，以辅邦家。曾不慭遗，奄焉殂没，友于之痛，震恸良深。惟王，朕之元昆，合升王嗣，以朕奉先朝之睿略，定宗社之阽危，推而不居，请予主鬯，又承慈旨，焉敢固违。不然者，则宸极之尊，岂归于薄德。茂行若此，易名是凭，自非大号，孰副休烈。按谥法推功尚善曰"让"，德性宽柔曰"让"，敬追谥曰让皇帝，宜令所司择日备礼册命。

宪长子汝阳郡王琎又上表恳辞，盛陈先意，谦退不敢当帝号，手制不许。及册敛之日，内出御衣一副，仍令右监门大将军高力士赍手书置于灵座之前，其书曰：

隆基白：一代兄弟，一朝存殁，家人之礼，是用申情，兴言感思，悲涕交集。大哥孝友，近古莫俦，尝号五王，同开邸第。远自童幼，洎乎长成。出则同游，学则同业，事均形影，无不相随。顷以国步艰危，义资克定，先帝御极，日月照临。大哥嫡长，合当储贰，以功见让，爰在薄躬。既嗣守紫宸，万机事总，听朝之暇，得展于怀。十数年间，棣华雕落，谓之手足，唯有大哥。令复沦亡，眇然无对，以兹感慕，何恨如之。然以厥初生人，孰不殂谢？所贵光昭德行，以示崇高，立德立名，斯为不朽。大哥事迹，身殁让存，故册曰让皇帝，神之昭格，当兹宠荣。况庭训传家，琎等申让，善述先志，实有遗风，成其美也。恭惟绪言，恍焉如在，寄之翰墨，悲不自胜。

又制追赠宪妃元氏为恭皇后，祔葬于桥陵之侧。及将葬，上遣中使敕琎等务令俭约，送终之物，皆令众见。所司请依诸陵旧例，圹内置千味食。监护使、左仆射裴耀卿奏曰："尚食所料水陆等味一千余种，每色瓶盛，安于藏内，皆是非时瓜果及马牛驴犊獐鹿等肉，并诸药酒三十余色。仅注礼料，皆无所凭。臣据礼司所料，奠祭相次，事无不备，典制分明。天恩每申让帝之志，务令俭约，礼外加数，窃恐不安。又非时之物，马鹿驴等并野味鱼雁鹅鸭之属，所用铢两，动皆宰杀，盛夏胎养，圣情所禁。又须造作什物，动逾千计，求征市井，实谓烦劳。千味不供，礼无所阙。伏望依礼减省，以取折衷。"制从之。及发引，时属大雨，上令庆王泽已下泥中步送十数里，制号其墓为惠陵。

宪凡十子：琎、嗣庄、琳、璹、珣、瑀、玢、珽、琯、璀等十人，历官封袭。琎，封汝阳郡王，历太仆卿，与贺知章、褚庭诲为诗酒之交。天宝初，终父丧，加特进。九载卒，赠太子太师。嗣庄，封济阴郡王，早卒。琳，封嗣宁王，历秘书员外监。从玄宗幸蜀郡，至德二载卒。璹，封嗣申王。珣，封同安郡王。珣修身淳谨，不自矜贵，闺门之内，常默如也。开元二十五年薨，玄宗甚悼之，辍朝三日。制曰："犹子之恩，特深于情礼；睦亲之义，必备于哀荣。同安郡王珣，禀气淳和，执心忠顺，邦国垣翰，宗枝羽仪。磐石疏封，将期永固；逝川不舍，俄叹促龄。悼往之怀，因心所切，宜增宠命，用饰幽泉。可赠太子少保。葬事官给，陪葬桥陵。"瑀，封汉中王，历都水使者、恒王府司马、卫尉员外卿。瑀早有才望，伟仪表。初为陇西郡公。天宝十五载，从玄宗幸蜀，至汉中，因封汉中王，仍加银青光禄大夫、汉中郡太守。乾元二年，以特进试太常卿，送宁国公主至回纥，充册立使。玢，苍梧郡开国公，历银青光禄大夫、秘书监员外置同正员。卒，赠江陵大都督。珽，封晋昌郡开国公。琯，魏郡开国公。璀，文安郡开国公。天宝十一载，珽、琯、璀并食邑三千户。

惠庄太子㧑，睿宗第二子也。本名成义。母柳氏，掖庭宫人。

㧑之初生，则天尝以示僧万回。万回曰："此儿是西域大树之精，养之宜兄弟。"则天甚悦，始令列于兄弟之次。垂拱三年，封恒王。寻却入阁，改封衡阳郡王，累授尚衣奉御。神龙元年，加赐实封二百户，通前五百户，迁司农少卿，加银青光禄大夫。睿宗践祚，进封申王，迁右卫大将军。景云元年七月，迁殿中监，兼检校右卫大将军。二年，转光禄卿、右金吾卫大将军。先天元年七月，加实封一千户。八月，行司徒，兼益州大都督。开元二年，带司徒兼幽州刺史。俄避昭成太后之称，改名㧑。历邓、虢、绛三州刺史。八年，因入朝，停刺史，依旧为司徒。性弘裕，仪形瑰伟，善于饮啖。十二年，病薨，册赠惠庄太子，陪葬桥陵。无子。初养让帝子珣，封同安郡王，先卒。天宝三载，又以让帝子璹为嗣申王，授鸿胪员外卿。

惠文太子范，睿宗第四子也。本名隆范，后避玄宗连名，改单称范。初封郑王，寻改封卫王。长寿二年，随例却入阁，徙封巴陵郡王，累授尚食奉御。神龙元年，迁太府员外少卿，加赐实封二百户，通前五百户。景龙年，兼陇州别驾，加银青光禄大夫。睿宗践祚，进封岐王，又加实封五百户，拜太常卿，兼左羽林大将军。先天二年，从上讨窦怀贞、萧至忠等，以功加赐实封满五千户，下制褒

美。开元初，拜太子少师，带本官，历绛、郑、岐三州刺史。八年，迁太子太傅。

范好学工书，雅爱文章之士，士无贵贱，皆尽礼接待。与阎朝隐、刘庭琦、张谔、郑繇篇题唱和，又多聚书画古迹，为时所称。时上禁约王公，不令与外人交结。驸马都尉裴虚己坐与范游宴，兼私挟谶纬之书，配徙岭外。万年尉刘庭琦、太祝张谔皆坐与范饮酒赋诗，黜庭琦为雅州司户，谔为山茌丞。然上未尝间范，恩情如初，谓左右曰："我兄弟友爱天至，必无异意，只是趋竞之辈，强相托附耳。我终不以纤芥之故责及兄弟也。"时王毛仲等本起微贱，皆崇贵倾于朝廷，诸王每相见，假立引待，独范见之色庄。十四年，病薨。上哭之甚恸，辍朝三日，为之追福，手写《老子经》，彻膳累旬，百僚上表劝喻，然后复常。开元十四年，命工部尚书、摄太尉卢从愿册赠王为惠文太子，陪葬桥陵。

一子瑾，封河东郡王，官至太仆卿。冒于酒色，竟暴卒，赠太子少师。

天宝三载，又以惠宣太子男略阳公珍为嗣岐王、银青光禄大夫、宗正员外卿。上元二年，珍与朱融善。珍仪表伟如，颇类玄宗，融乃诱崔昌、赵非熊等并中官六军人同谋逆。融谓金吾将军邢济曰："今城中草草，关外近更凭凌，若何？"济曰："我金吾，天子押衙，死生ици，安能自脱？"融曰："有一人，足下见之自当知，纵不出城亦无虑。"乃引以见珍。济奏之，乃令御史中丞敬羽讯之。珍赐死。其同谋右武卫将军窦如玢、试水使者崔昌、右羽林军大将军刘从谏、蔚州长塞镇将朱融、右卫率胡洌、直司天台通玄院高抱素、右司御率府率魏兆、内侍省内谒者监王道成等九人，特宜斩决。试太子洗马兼知司天台冬官正事赵非熊、陈王府长史陈闳、楚州司马张昂、右武卫兵曹焦自荣、前凤翔府郿县主簿李屺、国子监广文进士张奂等六人，特宜决杀。驸马都尉薛履谦预逆谋，宜赐自尽。乃以济兼桂州都督、侍御史，充桂管防御都使。左散骑常侍张镐坐与交通，贬辰州司户。郑繇者，郑州荥阳人，北齐吏部尚书述五代孙也。工五言诗。开元初，范为岐州刺史，繇为长史，范失白鹰，繇为《失白鹰诗》，当时以为绝唱。后为湖州刺史。子审亦善诗咏，乾元中任衮州刺史。

惠宣太子业，睿宗第五子也。本名隆业，后单名业。垂拱三年，封赵王，开府置官属。长寿二年，随例却入阁，改封中山郡王，累授都水使者，寻又改封彭城郡王。神龙元年，加赐实封二百户，通前五百户。景龙二年，兼陈州别驾。银青光禄大夫、太仆少卿、别驾如故。睿宗即位，进封薛王，加封满一千户，拜秘书监，兼右羽林大将军。俄转宗正卿。睿宗以业好学而授秘书监。及玄宗诛萧至忠、岑羲等，业以翊从之功，加实封通旧为五千户。开元初，历太子少傅、同泾幽卫虢等州刺史。八年，迁太子太保。

初，业母早终，从母贤妃亲鞠养之。至是，迎贤妃出就外宅，事之甚谨。业同母妹淮阳、凉国二公主亦早卒，业抚爱其子，逾于己子。上以业孝友，特加亲爱。业尝疾

病，上亲为祈祷，及愈，车驾幸其第，置酒宴乐，更为初生之欢。玄宗赋诗曰："昔见漳滨卧，言将人事违。今逢诞庆日，犹谓学仙归。棠棣花重满，鹡鸰原鸟再飞。"其恩意如此。

十三年，上尝不豫，业妃弟内直郎韦宾与殿中监皇甫恂私议休咎。事发，玄宗令杖杀韦宾，左迁皇甫恂为锦州刺史。妃惶惧，降服待罪，业亦不敢入谒。上遽令召之，业至阶下，逡巡请罪。上降阶就执其手曰："吾若有心猜阻兄弟者，天地神明，所共殛罪。"乃欢宴久之。仍慰谕妃，令复其位。二十一年，业进拜司徒。二十二年正月，薨，册赠惠宣太子，陪葬桥陵。有子十一人。瑗乐安郡王，场宗正卿，荥阳郡王，珦封嗣薛王，珍嗣岐王。珦为金紫光禄大夫、鸿胪卿同正员。天宝五载，坐舅刑部尚书韦坚为右相李林甫所构，贬夷陵郡别驾长任。母随珦，竟以忧死。七载，珦于夜郎安置，后移南浦郡。十四载，安禄山反，赴于西京。

隋王隆悌，睿宗第六子也。初封汝南郡王。长安初，拜尚乘直长。早薨。睿宗践极，追封隋王，赠荆州大都督。无子。

史臣曰：夫得天下而治者，其道舒而有变；让天下而退者，其道卷而常存。何者？飞龙在天，舒也；亢龙有悔，变也。让皇帝守无咎于或跃，利终吉于劳谦，其用有光，其闻莫朽。惠庄、惠文、惠宣、隋王等，或守常而获免，终保皇枝；或过望而包羞，竟尘青史。略阳公信魁伟之状，起图谋之心，福善祸淫，宜哉不令。

赞曰：谦而受益，让以成贤。唐属之美，宪得其先。长不居震，刚不乘乾。让之大者，胡可比焉。扨、范已降，同气连枝。性习何远，非革即睽。有善有恶，祸福不欺。

卷九十六　　列传第四十六

姚崇　宋璟

姚崇，本名元崇，陕州硖石人也。父善意，贞观中，任巂州都督。元崇为孝敬挽郎，应下笔成章举，授濮州司仓，五迁夏官郎中。时契丹寇陷河北数州，兵机填委，元崇剖析若流，皆有条贯。则天甚奇之，超迁夏官侍郎，又寻同凤阁鸾台平章事。

圣历初，则天谓侍臣曰："往者周兴、来俊臣等推勘诏狱，朝臣递相牵引，咸承反逆，国家有法，朕能能违。中间疑有枉滥，更使近臣就狱亲问，皆得手状，承引不虚，朕不以为疑，即可其奏。近日周兴、来俊臣死后，更无闻有反逆者，然则以前就戮者，不有冤滥耶？"元崇对曰："自垂拱已后，被告身死破家者，皆是枉酷自诬而死。告者特以为功，天下号为罗织，甚于汉之党锢。陛下令近臣就狱问者，近臣亦不自保，何敢辄有动摇？被问者若翻，又惧遭其毒手，将军张虔勖、李安静等皆是也。赖上天降灵，圣情发寤，诛锄凶竖，朝廷乂安。今日已后，臣以微躯及一门百口保见在内外官更无反逆者。乞陛下得告状，但收掌，不须推问。若后有征验，反逆有实，臣请受知而不告之罪。"则天大悦曰："以前宰相皆顺成其事，陷朕为淫刑之主。闻卿所说，甚合朕心。"其日，遣中使送银千两以赐元崇。

时突厥叱利元崇构逆，则天不欲元崇与之同名，乃改为元之。俄迁凤阁侍郎，依旧知政事。

长安四年，元之以母老，表请解职侍养，言甚哀切，则天难违其意，拜相王府长史，罢知政事，俾获其养。其月，又令元之兼知夏官尚书事、同凤阁鸾台三品。元之上言："臣事相王，知兵马不便。臣非惜死，恐不益相王。"则天深然其言，改为春官尚书。是时，张易之请移京城大德僧十人配定州私置寺，僧等苦诉，元之断停，易之屡以为言，元之终不纳。由是为易之所谮，改为司仆卿，知政事如故，使充灵武道大总管。

神龙元年，张柬之、桓彦范等谋诛易之兄弟，适会元之自军还都，遂预谋，以功封梁县侯，赐实封二百户。则天移居上阳宫，中宗率百官就阁起居，王公已下皆欣跃称庆，元之独呜咽流涕。彦范、柬之谓元之曰："今日岂是啼泣时？恐公祸从此始。"元之曰："事则天岁久，乍此辞违，情发于衷，非忍所得。昨预公诛凶逆者，是臣子之常道，岂敢言功；今辞违旧主悲泣者，亦臣子之终节，缘此获罪，实所甘心。"无几，出为亳州刺史，转常州刺史。

睿宗即位，召拜兵部尚书、同中书门下三品，寻迁中书令。时玄宗在东宫，太平公主干预朝政，宋王成器为闲厩使，岐王范、薛王业皆掌禁兵，外议以为不便。元之同侍中宋璟密奏请令公主往就东都，出成器等诸王为刺史，以息人心。睿宗以告公主，公主大怒。玄宗乃上疏以元之、璟等离间兄弟，请加罪，乃贬元之为申州刺史。再转扬州长史、淮南按察使，为政简肃，人吏立碑纪德。俄除同州刺史。先天二年，玄宗讲武在新丰驿，召元之代郭元振为兵部尚书、同中书门下三品，复迁紫微令。避开元尊号，又改名崇，进封梁国公。固辞实封，乃停其旧封，特赐新封一百户。

先是，中宗时，公主外戚皆奏请度人为僧尼，亦有出私财造寺者，富户强丁，皆经营避役，远近充满。至是，崇奏曰："佛不在外，求之于心。佛图澄最贤，无益于全赵；罗什多艺，不救于亡秦。何充、苻融，皆遭败灭；齐襄、梁武，未免灾殃。但发心慈悲，行事利益，使苍生安乐，即是佛身。何用妄度奸人，令坏正法？"上纳其言，令有司隐括僧徒，以伪滥还俗者万二千余人。

开元四年，山东蝗虫大起，崇奏曰："《毛诗》云：'秉彼蟊贼，以付炎火。'又汉光武诏曰：'勉顺时政，劝督农桑，去彼螟蜮，以及蟊贼。'此并除蝗之义也。虫既解畏人，易为驱逐。又苗稼皆有地主，救护必不辞劳。蝗既解飞，夜必赴火，夜中设火，火边掘坑，且焚且瘗，除之可尽。时山东百姓皆烧香礼拜，设祭祈恩，眼看食苗，手不敢近。自古有讨除不得者,只是人不用命,但使齐心戮力,必是可除。"乃遣御史分道杀蝗。汴州刺史倪若水执奏曰:"蝗是天灾,自宜修德。刘聪时除既不得,为害更深。"仍拒御史,不肯应命。崇大怒,牒报若水曰:"刘聪伪主,德不胜妖;今日圣朝,妖不胜德。古之良守,蝗虫避境,若其修德可免,彼岂无德致然!今坐看食苗,何忍不救,因以饥馑,将何自安?幸勿迟回,自招悔吝。"若水乃行焚瘗之法,获蝗一十四万石,投汴渠流下者不可胜纪。时朝廷喧议,皆以驱蝗为不便,上闻之,复以问崇。崇曰:"庸儒执文,不识通变。凡事有违经而合道者,亦有反道而适权者。昔魏时山东有蝗伤稼,缘小忍不除,致使苗稼总尽,人至相食;后秦时有蝗,禾稼及草木俱尽,牛马至相啖毛。今山东蝗虫所在流满,仍极繁息,实所稀闻。河北、河南,无多贮积,倘不收获,岂免流离,事系安危,不可胶柱。纵使除之不尽,犹胜养以成灾。陛下好生恶杀,此事请不烦出救,乞容臣出牒处分。若除不得,臣在身官爵,并请削除。"上许之。黄门监卢怀慎谓崇曰:"蝗是天灾,岂可制以人事?外议咸以为非。又杀虫太多,有伤和气。今犹可复,请公思之。"崇曰:"楚王吞蛭,厥疾用瘳;叔敖杀蛇,其福乃降。赵宣至贤也,恨用其犬;孔丘将圣也,不爱其羊。皆志在安人,思不失礼。今蝗虫极盛,驱除可得,若其纵食,所在皆空。山东百姓,岂宜饿杀!此事崇已面经奏定讫,请公勿复为言。若救人杀虫,因缘致祸,崇请独受,义不仰关。"怀慎既庶事曲从,竟亦不敢逆崇之意,蝗因此亦渐止息。

是时,上初即位,务修德政,军国庶务,多访于崇,同时宰相卢怀慎、源乾曜等,但唯诺而已。崇独当重任,明于吏道,断割不滞。然纵其子光禄少卿彝、宗正少卿异广引宾客,受纳馈遗,由是为时所讥。时有中书主书赵诲为崇所亲信,受蕃人珍遗,事发,上亲加鞠问,下狱处死。崇结奏其罪,复营救之,上由是不悦。其冬,曲赦京城,敕文时标诲名,令决杖一百,配流岭南。崇自是忧惧,频面陈避相位,荐宋璟自代。俄授开府仪同三司,罢知政事。

居月余,玄宗将幸东都,而太庙屋坏,上召宋璟、苏颋问其故,璟等奏言:"陛下三年之制未毕,诚不可行幸。凡灾变之发,皆所以明教诫。陛下宜增崇大道,以答天意,且停幸东都。"上又召崇问曰:"朕临发京邑,太庙无故崩坏,恐神灵诚以东行不便耶?"崇对曰:"太庙殿本是苻坚时所造,隋文帝创立新都,移宇文朝殿造此庙,国家又因隋氏旧制,岁月滋深,朽蠹而毁。山有朽壤,尚不免崩,既久来枯木,合将摧折,偶与行期相会,不是缘行乃崩。且四海为家,两京相接,陛下以关中不甚丰熟,转运又有劳费,所以为人行幸,岂是无事烦劳?东都百司已作供拟,不可失信于天下。以臣愚见,旧庙既朽烂,不堪修理,望移神主于太极殿安置,更改造新庙,以申诚敬。车驾依前径发。"上曰:"卿言正合朕意。"赐绢二百匹,令所司奉七庙神主于太极殿,改新庙,车驾乃幸东都。因令崇五日一参,仍入阁供奉,甚承恩遇。后又除太子少保,以疾不拜。九年薨,年七十二,赠扬州大都督,谥曰文献。

崇先分其田园,令诸子侄各守其分,仍为遗令以诫子孙,其略曰:

古人云:富贵者,人之怨也。贵则神忌其满,人恶其上;富则鬼瞰其室,虏利其财。自开辟以来,书籍所载,德薄任重而能寿考无咎者,未之有也。故范蠡、疏广之辈,知止足之分,前史多之。况吾才不逮古人,而久窃荣宠,位逾高而益惧,恩弥厚而增忧。往在中书,遘疾虚惫,虽终匪懈,而诸务多阙。荐贤自代,屡有诚祈,人欲天从,竟蒙哀允。优游园沼,放浪形骸,人生一代,斯亦足矣。田巴云:"百年之期,未有能至。"王逸少云:"俯仰之间,已为陈迹。"诚哉此言。

比见诸达官身亡以后,子孙既失覆荫,多至贫寒,斗尺之间,参商是竞。岂唯自玷,乃更辱先,无论曲直,俱受嗤毁。庄田水碾,既众有之,递相推倚,或致荒废。陆贾、石苞,皆古之贤达也,所以预为定分,将以绝其后争,吾静思之,深所叹服。

昔孔子亚圣,母墓毁而不修;梁鸿至贤,父亡席卷而葬。昔杨震、赵咨、卢植、张奂,皆当代英达,通识今古,咸有遗言,属以薄葬。或濯衣时服,或单帛幅巾,知真魂去身,贵于速朽,子孙皆遵成命,迄今以为美谈。凡厚葬之家,例非明哲,或溺于流俗,不察幽明,咸以奢厚为忠孝,以俭薄为悭惜,至令亡者致戮尸暴骸之酷,存者陷不忠不孝之诮。可为痛哉!可为痛哉!死者无知,自同粪土,何烦厚葬,使伤素业。若也有知,神不在柩,复何用违君父之令,破衣食之资。吾身亡后,可殓以常服,四时之衣,各一副而已。吾性甚不爱冠衣,必不得将入棺墓,紫衣玉带,足便于身,念尔等勿复违之。且神道恶奢,冥涂尚质,若违吾处分,使吾受戮于地下,于汝心安乎?念而思之。

今之佛经,罗什所译,姚兴执本,与什对翻。姚兴造浮屠于永贵里,倾竭府库,广事庄严,而兴命不得延,国亦随灭。又齐跨山东,周据关右,周则多除佛法而修缮兵戎,齐则广置僧徒而依凭佛力。及至交战,齐氏灭亡,国既不存,寺复何有?修福之报,何其蔑如!梁武帝以万乘为奴,胡太后以六宫入道,岂特身戮名辱,皆以亡国破家。近日孝和皇帝发使赎生,倾国造寺,太平公主、武三思、悖逆庶人、张夫人等皆度人造寺,竟术弥街,咸不免受戮破家,为天下所笑。经云:"求长命得长命,求富贵得富贵","刀寻段段坏,火坑变成池"。比来缘精进得富贵长命者为谁?生前易知,尚觉无应,身后难究,谁见有征。且五帝之时,父不葬子,兄不哭弟,言其致仁寿、无夭横也。三王之代,国祚延长,人用休息,其人臣则彭祖、老聃之类,皆享遐龄。当此之时,未有佛教,岂抄经铸像之力,设斋施佛之功耶?《宋书·西域传》,有名僧为《白黑论》,理证明白,足解沈疑,宜观而行之。

且佛者觉也,在乎方寸,假有万像之广,不出五蕴之中，但平等慈悲，行善不行恶，则佛道备矣。何必溺于小说，惑于凡僧，仍将喻品，用为实录，抄经写像，破业倾家，乃至施身亦无所吝，可谓大惑也。亦有缘亡人造像，名为追福，方便之教，虽则多端，功德须自发心，旁助宁应获报？递相欺诳，浸成风俗，损耗生人，无益亡者。假有通才达识，亦为时俗所拘。如来普慈，意存利物，损众生之不足，厚豪僧之有余，必不然矣。且死者是常，古来不免，所造经像，何所施为？

夫释迦之本法，为苍生之大弊，汝等各宜警策，正法在心，勿效儿女子曹，终身不悟也。吾亡后必不得为此弊法。若未能全依正道，须顺俗情，从初七至终七，任设七僧斋。若随斋须布施，宜以吾缘身衣物充，不得辄用余财，为无益之枉事，亦不得妄出私物，徇追福之虚谈。

道士者，本以玄牝为宗，初无趋竞之教，而无识者慕僧家之有利，约佛教而为业。敬寻老君之说，亦无过斋之文，抑同僧例，失之弥远。汝等勿拘鄙俗，辄屈于家。汝等身没之后，亦教子孙依吾此法云。

十七年，重赠崇太子太保。崇长子彝，开元初光禄少卿。次子异，坊州刺史。少子弈，少而修谨，开元末，为礼部侍郎、尚书右丞。天宝元年，右相牛仙客薨，彝男阅为侍御史，仙客判官，见仙客疾亟，逼为仙客表，请以弈及兵部侍郎卢奂为宰相代已。其妻因中使奏之，玄宗闻而怒之，阅决死，弈出为永阳太守，奂为临淄太守。玄孙合，登进士第，授武功尉，迁监察御史，位终给事中。

宋璟，邢州南和人，其先自广平徙焉，后魏吏部尚书弁七代孙也。父玄抚，以璟贵，赠邢州刺史。璟少耿介有大节，博学，工于文翰。弱冠举进士，累转凤阁舍人。当官正色，则天甚重之。长安中，幸臣张易之诬构御史大夫魏元忠有不顺之言，引凤阁舍人张说令证之。说将入于御前对覆，惶惑迫惧，璟谓曰："名义至重，神道难欺，必不可党邪陷正，以求苟免。若缘犯颜流贬，芬芳多矣。或至不测，吾必叩阁救子，将与子同死。努力，万代瞻仰，在此举也。"说感其言。及入，乃保明元忠，竟得免死。

璟寻迁左御史台中丞。张易之与弟昌宗纵恣益横，倾朝附之。昌宗私引相工李弘泰观占吉凶，言涉不顺，为飞书所告。璟廷奏请穷究其状，则天曰："易之等已自奏闻，不可加罪。"璟曰："易之等事露自陈，情在难恕，且谋反大逆，无容首免。请勒就御史台勘当，以明国法。易之等久蒙驱使，分外承恩，臣必知言出祸从，然义激于心，虽死不恨。"则天不悦。内史杨再思恐忤旨，遽宣敕令璟出。璟曰："天颜咫尺，亲奉德音，不烦宰臣擅宣王命。"则天意稍解，乃收易之等就台，将加鞫问。俄有特敕原之，仍令易之等诣璟辞谢，璟拒而不见，曰："公事当公言之，若私见，则法无私也。"

璟尝侍宴朝堂，时易之兄弟皆为列卿，位三品，璟本阶六品，在下座。易之素畏璟，妄悦其意，虚位揖璟曰："公第一人，何乃下座？"璟曰："才劣品卑，张卿以为第一人，何也？"当时朝列，皆以二张内宠，不名官，呼易之为五郎，昌宗为六郎。天官侍郎郑善果谓璟曰："中丞奈何呼五郎为卿？"璟曰："以官言之，正当为卿；若以亲故，当为张五。足下非易之家奴，何郎之有？郑善果一何懦哉！"其刚正皆此类也。自是易之等常欲因事伤之，则天察其情，竟以获免。

神龙元年，迁吏部侍郎。中宗嘉璟正直，仍令兼谏议大夫、内供奉，仗下后言朝廷得失。寻拜黄门侍郎。时武三思恃宠执权，尝请托于璟，璟正色谓之曰："当今复子明辟，王宜以侯就第，何得尚干预政？王独不见产、禄之事乎？"俄有京兆人韦月将上书讼三思潜通宫掖，将为祸患之渐，三思讽有司奏月将大逆不道，中宗特令诛之。璟执奏请按其罪状，然后申明典宪，月将竟免极刑，配流岭南而死。

中宗幸西京，令璟权检校并州长史，未行，又带本官检校贝州刺史。时河北频遭水潦，百姓饥馁，三思封邑在贝州，专使征其租赋，璟又拒而不与，由是为三思所挤。又历杭、相二州刺史，在官清严，人吏莫有犯者。

中宗晏驾，拜洛州长史。睿宗践祚，迁吏部尚书、同中书门下三品。玄宗在春宫，又兼右庶子，加银青光禄大夫。先是，外戚及诸公主干预朝政，请托滋甚。崔湜、郑愔相次典选，为权门所制，九流失叙，预用两年员阙注拟，不足，更置比今选人，大为士庶所叹。至是，璟与侍郎李乂、卢从愿等大革前弊，取舍平允，铨综有叙。

时太平公主谋不利于玄宗，尝于光范门内乘辇伺执政以讽之，众皆失色。璟昌言曰："东宫有大功于天下，真宗庙社稷之主，安得有异议！"乃与姚崇同奏请令公主就东都。玄宗惧，抗表请加罪于璟等，乃贬璟为楚州刺史。无几，历魏、兖、冀三州刺史，河北按察使。迁幽州都督、兼御史大夫。寻拜国子祭酒，兼东都留守。岁余，转京兆尹，复拜御史大夫，坐事出为睦州刺史，转广州都督，仍为五府经略使。广州旧俗，皆以竹茅为屋，屡有火灾。璟教人烧瓦，改造店肆，自是无复延烧之患，人皆怀惠，立颂以纪其政。

开元初，征拜刑部尚书。四年，迁吏部尚书，兼黄门监。明年，官名改易，为侍中，累封广平郡公。其秋，驾幸东都，次永宁之崤谷，驰道隘狭，车骑停拥，河南尹李朝隐、知顿使王怡并失于部伍，上令黜其官爵。璟入奏曰："陛下富有春秋，方事巡狩，一以垫隘，致罪二臣，窃恐将来人受艰弊。"于是遽令舍之。璟曰："陛下责之，以臣言免之，是过归于上而恩由于下。请且使待罪于朝，然后诏复其职，则进退有其度矣。"上深善之。俄又令璟与中书侍郎苏颋为皇子制名及封邑，并公主等邑号。璟等奏曰："王子将封三十余国，周之麟趾，汉之犬牙，彼何足云，于斯为盛。窃以郯、郑王等傍有古邑字，臣等以类推择，谨件三十国名。又王子先有名者，皆上有'嗣'字，又公主邑名，亦选择三十美名，皆文不害意，言足定体。又令臣等别撰一佳名及一美邑号者。七子均养，百王至仁，今若同等别封，或缘母宠子爱，骨肉之际，人所难言，天地之中，典有常度。昔袁盎降慎夫人之席，文帝竟纳之，慎夫人亦不以为嫌，美其得久长之计。臣等故同进，更不别封，上彰覆载无偏之德。"上称叹之。

七年，开府仪同三司王皎卒，及将筑坟，皎子驸马都尉守一请同昭成皇后父窦孝谌故事，其坟高五丈一尺。璟及苏颋请一依礼式，上初从之。翌日，又令准孝谌旧例。璟等上言曰：

夫俭，德之恭；侈，恶之大。高坟乃昔贤所诫，厚葬实君子所非。古者墓而不坟，盖此道也。凡人子于哀送之际，则不以礼制为思。故周、孔设齐斩缌免之差，衣衾棺椁之度，贤者俯就，私怀不果。且苍梧之野，骊山之徒，善恶分区，图史所载。众人皆务奢靡而独能革之，斯所谓至孝要道也。中宫若以为言，则此理固可敦谕。

在外或云窦太尉坟甚高，取则不远者。纵令往日无极言，其事偶行，令出一时，故非常式。又贞观中文德皇后嫁所生女长乐公主，奏请仪注加于长公主，魏徵谏云："皇帝之姑姊为长公主，皇帝之女为公主，既有'长'字，合高于公主。若加于长公主，事甚不可。"引汉明故事云："群臣欲封皇子为王，帝曰：'朕子岂敢与先帝子等。'"时太宗嘉纳之。文德皇后奏降中使致谢于徵。此则乾坤辅佐之间，绰有余裕。岂若韦庶人父追加王位，擅作鄂陵，祸不旋踵，为天下笑。则犯颜逆耳，阿意顺旨，不可同日而言也。

况令之所载，预作纪纲，情既无穷，故为之制度，不因人以摇动，不变法以爱憎。顷谓金科玉条，盖以此也。比来蕃夷等辈及城内闲人，递以奢靡相高，不将礼仪为意。今以后父之宠，开府之荣，金穴玉衣之资，不忧少物；高坟大寝之役，不畏无人。百事皆出于官，一朝亦可以就。而臣等区区不已以闻，谅欲成朝廷之政，崇国母之德，化浃寰区，声光竹素。倘中宫情不可夺，陛下不能苦违，即准一品合陪陵葬者，坟高三丈已上，四丈已下，降敕将同陪陵之例，即极是高下得宜。

上谓璟等曰："朕每事常欲正身以成纲纪，至于妻子，情岂有私？然人所难言，亦在于此。卿等乃能再三坚执，成朕美事，足使万代之后，光扬我史策。"乃遣使赍彩绢四百匹分赐之。

先是，朝集使每至春将还，多有改转，率以为常，璟奏请一切勒还，绝其侥求之路。又禁断恶钱，发使分道检括销毁之，颇招士庶所怨。俄授璟开府仪同三司，罢知政事。明年，京兆人权梁山构逆伏诛，制河南尹王怡驰传往长安穷其枝党。怡禁系极众，久之未能决断，乃诏璟兼京兆留守，并按覆其狱。璟至，惟罪元谋数人，其余缘梁山诈称婚礼因假借得罪及胁从者，尽奏原之。十二年，驾又东巡，璟复为留守。上临发，谓璟曰："卿国之元老，为朕股肱耳目。今将巡洛邑，为别历时，所有嘉谟嘉猷，宜相告也。"璟因极言得失，特赐彩绢等，仍手制曰："所进之言，书之座右，出入观省，以诫终身。"其见重如此。俄又兼吏部尚书。十七年，迁尚书右丞相，与张说、源乾曜同日拜官。敕太官设馔，太常奏乐，于尚书都省大会百僚。玄宗赋诗褒述，自写与之。

二十年，以年老上表曰：

"臣闻力不足者，老则更衰；心无主者，疾而尤废。臣昔闻其语，今验诸身，况且兼之，何能为也。臣自拔迹幽介，钦属盛明，才不逮人，艺非经国。复以久承驱策，历参试用，命偶时来，荣因岁积。遂使再升台座，三入冢司，进阶开府，增封本郡。所更中外，已萦彝章，逮居端揆，左叨名职。何者？丞相官师之长，任重昔时；愚臣衰朽之余，用惭他日。位加愈盛，人则浸微，尽知其然，何居而可？顷俛俯从政，苍黄不言，实怀覆载之德，冀竭涓尘之效。今积羸成痗，沈锢莫瘳，耳目更昏，手足多废。顾惟殒越，宁遂宿心？安可以苟徇大名，仍尸重禄，且留章绶，不上阙庭。仪刑此乖，礼法何设？伏惟陛下审能以授，为官而择，察臣之恳词，矜臣之不逮，使罢归私第，养疾衡门，上弭官谤，下知死所。则归全之望，获在愚臣；养老之恩，成于圣代。日暮途远，天高听卑，瞻望轩墀，伏深感恋。谨奉表陈乞以闻。"

手敕许之，仍令全给禄俸。璟乃退归东都私第，屏绝人事，以就医药。二十二年，驾幸东都，璟于路左迎谒，上遣荣王亲劳问之，自是频遣使送药饵。二十五年薨，年七十五，赠太尉，谥曰文贞。

子昇，天宝初太仆少卿。次尚，汉东太守。次浑，与右相李林甫善，引为谏议大夫、平原太守、御史中丞、东京采访使。次恕，都官郎中、剑南采访判官，依倚权势，颇为贪暴。浑在平原，重征一年庸调。作东畿采访使，又使河南尉杨朝宗影匿妻郑氏。郑氏即薛稷外孙，姊为宗妇，孀居有色，浑有妻，使朝宗聘而浑纳之，奏朝宗为赤尉。恕在剑南，有雒县令崔珪，恕之表兄，妻美，恕诱而私之，而贬珪官。又养刺客李晏。至九载，并为人所发，赃私各数万贯。林甫奏称璟子浑就东京台推，恕就本使剑南推，皆有实状，浑流岭南高要郡，恕流海康郡。尚，其载又为人讼其赃，贬临海长史。其子华、衡，居官皆坐赃，相次流贬。其后浑会赦，量移到东阳郡下，请托过求，及役使人吏，求其资课，人不堪其弊，讼之，配流浔江郡。然兄弟尽善饮谑，俳优杂戏，衡最粗险，广平之风教，无复存矣。广德后，浑除太子谕德，为物议薄之，乃留寓于江岭卒。

史臣曰：履艰危则易见良臣，处平定则难彰贤相。故房、杜预创业之功，不可俦匹。而姚、宋经武、韦二后，政乱刑淫，颇涉履于中，克全声迹，抑无愧焉。

赞曰：姚、宋入用，刑政多端。为政匪易，防刑益难。谏诤以猛，施张用宽。不有其道，将何以安？

卷九十七　　列传第四十七

刘幽求　钟绍京　郭元振　张说 子均　垍　陈希烈附

刘幽求，冀州武强人也。圣历年，应制举，拜阆中尉，刺史不礼焉，乃弃官而归。久之，授朝邑尉。初，桓彦范、敬晖等虽诛张易之兄弟，竟不杀武三思。幽求谓桓、敬曰："三思尚存，公辈终无葬地。若不早图，恐噬脐无及。"桓、敬等不从其言，后果为三思诬构，死于岭外。

及韦庶人将行篡逆，幽求与玄宗潜谋诛之，乃与苑总监钟绍京、长上果毅麻嗣宗及太平公主之子薛崇暕等夜从入禁中讨平之。是夜所下制敕百余道，皆出于幽求。以功擢拜中书舍人，令参知机务，赐爵中山县男，食实封二百户。翌日，又授其二子五品官，祖、父俱追赠刺史。

睿宗即位，加银青光禄大夫，行尚书右丞，仍旧知政事，进封徐国公，加实封通前五百户，赐物千段、奴婢二十人、宅一区、地十顷、马四匹，加以金银杂器。景云二年，迁户部尚书，罢知政事。月余，转吏部尚书，擢拜侍中，降玺书曰："顷者，王室不造，中宗厌代，外戚专政，奸臣擅国，将倾社稷，几迁龟鼎，朕躬与王公，皆将及于祸难。卿见危思奋，在变能通，翊赞储君，协和义士，殄歼元恶，放殛凶徒。我国家之复存，繄兹是赖，厥庸甚茂，朕用嘉焉。故委卿以衡轴，胙卿以茅土，然征赋未广，宠锡犹轻。昔西汉行封，更择多户；东京定赏，复增大邑。故加赐卿实封二百户，兼旧七百户。使夫高岸为谷，长河如带，子子孙孙，传国无绝。又以卿忘躯徇难，宜有恩荣，故特免卿十死罪，并书诸金铁，俾传于后。卿其保兹功业，永作国桢，可不美欤！"

先天元年，拜尚书右仆射、同中书门下三品，监修国史。幽求初自谓功在朝臣之右，而志求左仆射，兼领中书令。俄而窦怀贞为左仆射，崔湜为中书令，幽求心甚不平，形于言色。湜又托附太平公主，将谋逆乱。幽求乃与右羽林将军张暐请以羽林兵诛之，乃令暐密奏玄宗曰："宰相中有崔湜、崔羲，俱是太平公主进用，见作方计，其事不轻。殿下若不早谋，必成大患。一朝事出意外，太上皇何以得安？古人云：'当断不断，反受其乱。'唯请急杀此贼。刘幽求已共臣作定谋计讫，愿以身正此事，赴死如归。臣既职典禁兵，若奉殿下命，当即除翦。"上深以为然。暐又泄其谋于侍御史邓光宾，玄宗大惧，遽列上其状，睿宗下幽求等诏狱，令法官推鞫。法官奏幽求等以疏间亲，罪当死。玄宗屡救获免，乃流幽求于封州，暐于峰州。

岁余，太平公主等伏诛，其日下诏曰："刘幽求风云玄感，川岳粹灵，学综九流，文穷三变。义以临事，精能贯日；忠以成谋，用若投水。茂勋立艰难之际，嘉话盈启沃之初，存说直不顾，为奸邪之所忌。岸萌颇露，谮端潜发，元宰见逐，逸人孔多。既殄群凶，方宣大化，期间政于经始，载登贤于梦卜。可依旧金紫光禄大夫，守尚书左仆射，知军国事，监修国史，上柱国、徐国公，仍依旧还封七百户，并赐锦衣一袭。"

开元初，改尚书左右仆射为左右丞相，乃授幽求尚书左丞相，兼黄门监。未几，除太子少保，罢知政事。姚崇素嫉忌之，乃奏言幽求郁怏于散职，兼有怨言，贬授睦州刺史，削其实封六百户。岁余，稍迁杭州刺史。三年，转桂阳郡刺史，在道愤恚而卒，年六十一，赠礼部尚书，谥曰文献，配享睿宗庙庭。建中三年，重赠司徒。

钟绍京，虔州赣人也。初为司农录事，以工书直凤阁，则天时明堂门额、九鼎之铭，及诸宫殿门榜，皆绍京所题。景龙中，为苑总监。玄宗之诛韦氏，绍京夜中帅户奴及丁夫以从。及事成，其夜拜绍京银青光禄大夫、中书侍郎，参知机务。翌日，进拜中书令，加光禄大夫，封越国公，赐实封五百户，赐物二千段、马十匹。绍京既当朝用事，恣情赏罚，甚为时人所恶。俄又抗疏让官，睿宗纳薛稷之言，乃转为户部尚书，出为蜀州刺史。

玄宗即位，复召拜户部尚书，迁太子詹事。时姚崇素恶绍京之为人，因奏绍京发言怨望，左迁绵州刺史。及坐事，累贬琰川尉，尽削其阶爵及实封。俄又历迁温州别驾。开元十五年，入朝，因垂泣奏曰："陛下岂不记畴昔之事耶？何忍弃臣荒外，永不见阙庭。且当时立功之人，今并亡殁，唯臣衰老独在，陛下岂不垂愍耶？"玄宗为之悯然，即日拜银青光禄大夫、右谕德。久之，转少詹事。年八十余卒。绍京雅好书画古迹，聚二王及褚遂良书至数十百卷。建中元年，重赠太子太傅。

郭元振，魏州贵乡人。举进士，授通泉尉。任侠使气，不以细务介意，前后掠卖所部千余人，以遗宾客，百姓苦之。则天闻其名，召见与语，甚奇之。时吐蕃请和，乃授元振右武卫铠曹，充使聘于吐蕃。吐蕃大将论钦陵请去四镇兵，分十姓之地，朝廷使元振因察其事宜。元振还，上疏曰：

臣闻利或生害，害亦生利。国家难消息者，唯吐蕃与默啜耳。今吐蕃请和，默啜受命，是将大利于中国也。若图之不审，则害必随之。今钦陵欲分裂十姓，去四镇兵，此诚动静之机，不可轻举措也。今若直塞其善意，恐边患之起，必甚于前，若以镇不可拔，兵不可抽，则宜为计以缓之，藉事以诱之，使彼和望未绝，则其恶意亦不得顿生。

且四镇之患远，甘、凉之患近，取舍之计，实宜深图。今国之外患者，十姓、四镇是也；内患者，甘、凉、瓜、肃是也。关、陇之人，久事屯戍，向三十年，力用竭矣。脱甘、凉有不虞，岂堪广调发耶？夫善为国者，当先料内以敌外，不贪外以害内，然后夷夏晏安，升平可保。如钦陵云"四镇诸部接界，惧汉侵窃，故有是请"，此则吐蕃所要者。然青海、吐浑密迩兰、鄯，比为汉患，实在兹辈，斯亦国家之要者。

今宜报钦陵云："国家非吝四镇，本置此以扼蕃国之要，分蕃国之力，使不得并兵东侵。今委之于蕃，力强易为东扰。必实无东侵意，则还汉吐浑诸部及青海故地，即俟斤部落亦还吐蕃。"如此，则足塞钦陵之口，而事未全绝也。如钦陵小有乖，则曲在彼矣。又西边诸国，款附岁久，论其情义，岂可与吐蕃同日而言。今未知其利害，未审其情实，遥有分裂，亦恐伤彼诸国之意，非制驭之长算也。
则天从之。

又上言曰："臣揣吐蕃百姓倦徭戍久矣，咸愿早和。其大将论钦陵欲分四镇境，统兵专制，故不欲归款。若国家每岁发和亲使，而钦陵常不从命，则彼蕃之人怨钦陵日深，望国恩日甚，设欲广举丑徒，固亦难矣。斯亦离间之渐，必可使其上下俱怀猜阻。"则天甚然之。自是数年间，吐蕃君臣果相猜贰，因诛大将论钦陵。其弟赞婆及兄子莽布支并来降，则天仍令元振与河源军大使夫蒙令卿率骑以接之。后吐蕃将麴莽布支率兵入寇，凉州都督唐休璟勒兵破之。元振参预其谋，以功拜主客郎中。

大足元年，迁凉州都督、陇右诸军州大使。先是，凉州封界南北不过四百余里，既逼突厥、吐蕃，二寇频岁奄至城下，百姓苦之。元振始于南境硖口置和戎城，北界碛中置白亭军，控其要路，乃拓州境一千五百里，自是寇虏不复更至城下。元振又令甘州刺史李汉通开置屯田，尽其水陆之利。旧凉州粟麦斛至数千，及汉通收率之后，数年丰稔，乃至一匹绢籴数十斛，积军粮支数十年。元振风神伟壮，而善于抚御，在凉州五年，夷夏畏慕，令行禁止，牛羊被野，路不拾遗。

神龙中，迁左骁卫将军，兼检校安西大都护。时西突厥首领乌质勒部落强盛，款塞通和，元振就其牙帐计会军事。时天大雪，元振立于帐前，与乌质勒言议。须臾，雪深风冻，元振未尝移足，乌质勒年老，不胜寒苦，会罢而死。其子娑葛以元振故杀其父，谋勒兵攻之。副使御史中丞解琬知其谋，劝元振夜遁，元振曰："吾以诚信待人，何所疑惧，且深在寇庭，遁将安适？"乃安卧帐中。明日，亲入房帐，哭之甚哀，行吊赠之礼。娑葛乃感其义，复与元振通好，因遣使进马五千匹及方物。制以元振为金山道行军大总管。

先是，娑葛与阿史那阙啜忠节不和，屡相侵掠。阙啜兵众寡弱，渐不能支。元振奏请追阙啜入朝宿卫，移其部落入于瓜、沙等州安置，制从之。阙啜行至播仙城，与经略使、右威卫将军周以悌相遇，以悌谓之曰："国家以高班厚秩待君者，以君统摄部落，下有兵众故也。今轻身入朝，是一老胡耳，在朝之人，谁复喜见？非唯官资难得，亦恐性命在人。今宰相有宗楚客、纪处讷，并专权用事，何不厚赆二公，请留不行。仍发安西兵并引吐蕃以击娑葛，求阿史那献为可汗以招十姓，使郭虔瓘往拔汗那征甲马以助军用。既得报仇，又得存其部落。如此，与入朝受制于人，岂复同也！"阙啜然其言，便勒兵攻陷于阗坎城，获金宝及生口，遣人间道纳赂于宗、纪。元振闻其谋，遽上疏曰：

往者吐蕃所争，唯论十姓、四镇，国家不能舍与，所以不得通和。今吐蕃不相侵扰者，不是顾国家和信不来，直是其国中诸豪及泥婆罗门等属国自有携贰。故赞普躬往南征，身殒寇庭，国中大乱，嫡庶竞立，将相争权，自相屠灭。兼以人畜疲疠，财力困穷，人事天时，俱未称惬。所以屈志，且共汉和，非是本心能忘情于十姓、四镇也。如国力殷足之后，则必争小事，方便绝和，纵其丑徒，来相吞扰，此必然之计也。

今忠节乃不论国家大计，直欲为吐蕃作乡导主人，四镇危机，恐从此启。顷缘默啜凭陵，所应处兼四镇兵士，岁久贫羸，其势未能得为忠节经略，非是怜突骑施也。忠节不体国家中外之意，而别求吐蕃，吐蕃得志，忠节则在其掌握，若为复得事汉？往年吐蕃于国非有恩有力，犹欲争十姓、四镇；今若效力树恩之后，或请分于阗、疏勒，不知欲以何理抑之？又其国中诸蛮及婆罗门等国见今携背，忽请汉兵助其除讨，亦不知欲以何词拒之？是以古之贤人，皆不愿夷狄妄惠，非是不欲其力，惧后求请无厌，益生中国之事。故臣愚以为用吐蕃之力，实为非便。

又请阿史那献者，岂不以献等并可汗子孙，来即可以招胁十姓？但献父元庆、叔仆罗、兄俀子并斛瑟罗及怀道，岂不俱是可汗子孙？往四镇以他匐十姓不安，请册元庆为可汗，竟不能招胁得十姓，却令元庆没贼，四镇尽沦。顷年，忠节请斛瑟罗及怀道俱为可汗，亦不能招胁得十姓，却遣碎叶数年被围，兵士饥馁。又，吐蕃顷年亦册俀子及仆罗并拔布相次为可汗，亦不能招得十姓，皆自磨灭。何则？此等子孙非有惠下之才，恩义素绝，故人心不归，来者既不能招携，唯与四镇却生疮痏，则知册可汗子孙，亦未获招胁十姓之算也。今料献之恩义，又隔远于其父兄，向来既未树立威恩，亦何由即遣人心悬附。若自举兵，力势能取，则可招胁十姓，不必要须得可汗子孙也。

又，欲令郭虔瓘入拔汗那税甲税马以充军用者，但往年虔瓘已曾与忠节擅入拔汗那税甲税马，臣在疏勒具访，不闻得一甲入军，拔汗那胡不胜侵扰，南勾吐蕃，即将俀子重扰四镇。又虔瓘往入之际，拔汗那四面无贼可勾，恣意侵吞，如独行无人之境，犹引俀子为蔽。今北有娑葛强寇，知虔瓘等西行，必请相救。胡人则内坚城垒，突厥则外伺邀遮。必知虔瓘等不能更如往年得恣其吞噬，内外受敌，自陷危道，徒与贼结隙，令四镇不安。臣愚揣之，亦为非计。

疏奏不省。

楚客等既受阙啜之赂，乃建议遣摄御史中丞冯嘉宾持节安抚阙啜，御史吕守素处置四镇，持玺书便报元振。除牛师奖为安西副都护，便领甘、凉已西兵募，兼征吐蕃，以讨娑葛。娑葛进马使娑腊知楚客计，驰还报娑葛。娑葛是日发兵五千骑出安西，五千骑出拨换，五千骑出焉耆，五千骑出疏勒。时元振在疏勒，于河口栅不敢动。阙啜在计舒河口候见嘉宾，娑葛兵掩至，生擒阙啜，杀嘉宾等。

吕守素至僻城，亦见害。又杀牛师奖于火烧城，乃陷安西，四镇路绝。

楚客又奏请周以悌代元振统众，征元振，将陷之。使阿史那献为十姓可汗，置军焉耆以取娑葛。娑葛遗元振书曰："与汉本来无恶，只仇于阙啜。而宗尚书取阙啜金，枉拟破奴部落，冯中丞、牛都护相次而来，奴等岂坐受死！又闻史献欲来，徒扰乱军州，恐未有宁日，乞大使商量处置。"元振奏娑葛状。楚客怒，奏言元振有异图。元振使其子鸿间道奏其状，以悌竟得罪，流于白州。复以元振代以悌，赦娑葛罪，册为十四姓可汗。元振奏称西土未宁，事资安抚，逗遛不敢归京师。

会楚客等被诛，睿宗即位，征拜太仆卿，加银青光禄大夫。景云二年，同中书门下三品，代宋璟为吏部尚书。无几，转兵部尚书，封馆陶县男。时元振父爱年老在乡，就拜济州刺史，仍听致仕。其冬，与韦安石、张说等俱罢知政事。先天元年，为朔方军大总管，始筑定远城，以为行军计集之所，至今赖之。明年，复同中书门下三品。及萧至忠、窦怀贞等附太平公主潜谋不顺，玄宗发羽林兵诛之，睿宗登承天门，元振躬率兵侍卫之。事定论功，进封代国公，食实封四百户，赐物一千段。又令兼御史大夫，持节为朔方道大总管，以备突厥，未行。

玄宗于骊山讲武，坐军容不整，坐蠹下，将斩以徇，刘幽求、张说于马前谏曰："元振有翊赞大功，虽有罪，当从原宥。"乃赦之，流于新州。寻又思其旧功，起为饶州司马。元振自恃功勋，怏怏不得志，道病卒。开元十年，追赠太子少保。有文集二十卷。

张说，字道济，其先范阳人，代居河东，近又徙家河南之洛阳。弱冠应诏举，对策乙第，授太子校书，累转右补阙，预修《三教珠英》。久视年，则天幸三阳宫，自夏涉秋，不时还都，说上疏谏曰：

陛下屯万乘，幸离宫，暑退凉归，未降还旨。愚臣固陋，恐非良策，请为陛下陈其不可。

三阳宫去洛城一百六十里，有伊水之隔，崿坂之峻，过夏涉秋，水潦方积，道坏山险，不通转运，河广无梁，咫尺千里。扈从兵马，日费资给，连雨弥旬，即难周济。陛下太仓、武库，并在都邑，红粟利器，蕴若山丘。奈何去宗庙之上都，安山谷之僻处？是犹倒持剑戟，示人镡柄，臣窃为陛下不取。夫祸变之生，在人所忽，故曰："安乐必诫，无行所悔。"此不可止之理一也。

宫城褊小，万方辐凑，填城溢郭，并锸无所，排斥居人，蓬宿草次，风雨暴至，不知庇托，孤惸老病，流转衢巷。陛下作人父母，将若之何？此不可止之理二也。

池亭奇巧，诱掖上心，削峦起观，竭流涨海，俯贯地脉，仰出云路，易山川之气，夺农桑之土，延木石，运斧斤，山谷连声，春夏不辍。劝陛下作此者，岂正人耶？《诗》云："人亦劳止，汔可小康。"此不可止之理三也。

御苑东西二十里，所出入来往，杂人甚多，外无墙垣扃禁，内有榛丛溪谷，猛兽所伏，暴慝是凭。陛下往往轻行，警跸不肃，历蒙密，乘岭峨，卒然有逸兽狂夫，惊犯左右，岂不殆哉！虽万全无疑，然人主之动，不宜易也。《易》曰："思患预防。"愿陛下为万姓持重。此不可止之理四也。

今国家北有胡寇觊边，南有夷獠骚徼。关西小旱，耕稼是忧；安东近平，输漕方始。臣愿陛下及时旋轸，深居上京，息人以展农，修德以来远，罢不急之役，省无用之费。澄心澹怀，惟亿万年，苍苍群生，莫不幸甚。臣自度刍议，十不一从。何者？沮盘游之娱，间林沜之玩，规远图而替近适，要后利而弃前欢，未沃明主之心，已戾贵臣之意。然臣血诚密奏而不爱死者，不愿负陛下言责之职耳。轻触天威，伏地待罪。

疏奏不省。

长安初，修《三教珠英》毕，迁右史、内供奉，兼知考功贡举事，擢拜凤阁舍人。时麟台监张易之与其弟昌宗构陷御史大夫魏元忠，称其谋反，引说令证其事。说至御前，扬言元忠实不反，此是易之诬构耳。元忠由是免诛，说坐忤旨配流钦州。在岭外岁余。中宗即位，召拜兵部员外郎，累转工部侍郎。景龙中，丁母忧去职，起复授黄门侍郎，累表固辞，言甚切至，优诏方许之。是时风教颓紊，多以起复为荣，而说固节恳辞，竟终其丧制，大为识者所称。服终，复为工部侍郎，俄拜兵部侍郎，加弘文馆学士。

睿宗即位，迁中书侍郎，兼雍州长史。景云元年秋，谯王重福于东都构逆而死，留守捕系枝党数百人，考讯结构之状，经时不决。睿宗令说往按其狱，一宿捕获重福谋主张灵均、郑愔等，尽得其情状，自余枉被系禁者，一切释放。睿宗劳之曰："知卿按此狱，不枉良善，又不漏罪人。非卿忠正，岂能如此？"

玄宗在东宫，说与国子司业褚无量俱为侍读，深见亲敬。明年，同中书门下平章事，监修国史。是岁二月，睿宗谓侍臣曰："有术者上言，五日内有急兵入宫，卿等为朕备之。"左右相顾莫能对，说进曰："此是谗人设计，拟摇动东宫耳。陛下若使太子监国，则君臣分定，自然窥觎路绝，灾难不生。"睿宗大悦，即日下制皇太子监国。明年，又制皇太子即帝位。俄而太平公主引萧至忠、崔湜等为宰相，以说为不附己，转为尚书左丞，罢知政事，仍令往东都留司。说既知太平等阴怀异计，乃因使献佩刀于玄宗，请先事讨之，玄宗深嘉纳焉。及至忠等伏诛，征拜中书令，封燕国公，赐实封二百户。其冬，改易官名，拜紫微令。

自则天末年，季冬为泼寒胡戏，中宗尝御楼以观之。至是，因蕃夷入朝，又作此戏。说上疏谏曰："臣闻韩宣适鲁，见周礼而叹；孔子会齐，数倡优之罪。列国如此，况天朝乎。今外蕃请和，选使朝谒，所望接以礼乐，示以兵威。虽曰戎夷，不可轻易，焉知无驹支之辩，由余之贤哉？且泼寒胡未闻典故，裸体跳足，盛德何观；挥水投泥，失容斯甚。法殊鲁礼，亵比齐优，恐非干羽柔远之义，樽俄而为姚崇所构,出为相州刺史,仍充河北道按察使。俄又坐事左转岳州刺史,仍停所食实封三百户,迁右羽林将军,兼检校幽州都督。开元七年,检校并州大都督府长史,兼天兵军大使,摄御史大夫,兼修国史,仍赍史本随军修撰。八年秋,朔方大使王晙诛河曲降虏阿布思等千余人。时并州大同、横野等军有九姓同罗、拔曳固等部落,皆怀震惧。说率轻骑二十人,持旌节直诣其部落,宿于帐下,召酋帅以慰抚之。副使李宪以为夷虏难信,不宜轻涉不测,驰状以谏,说报书曰:"吾肉非黄羊,必不畏吃;血非野马,必不畏刺。士见危致命,是吾效死之秋也。"于是九姓感义,其心乃安。

九年四月,胡贼康待宾率众反,据长泉县,自称叶护,攻陷兰池等六州。诏王晙率兵讨之,仍令说相知经略。时叛胡与党项连结,攻银城、连谷,以据仓粮,说统马步万人出合河关掩击,大破之。追至骆驼堰,胡及党项自相杀。阻夜,胡乃西遁入铁建山,余党溃散。说招集党项,复其居业。副使史献请因此诛党项,绝其翻动之计,说曰:"先王之道,推亡固存,如尽诛之,是逆天道也。"因奏置麟州,以安置党项余烬。其年,拜兵部尚书、同中书门下三品,仍依旧修国史。

明年,又敕说为朔方军节度大使,往巡五城,处置兵马。时有康待宾余党庆州方渠降胡康愿子自立为可汗,举兵反,谋掠监牧马,西涉河出塞。说进兵讨擒之,并获其家属于木盘山,送都斩之,其党悉平,获男女三千余人。于是移河曲六州残胡五万余口配许、汝、唐、邓、仙、豫等州,始空河南逆方千里之地。说以讨贼功,复赐实封二百户。先是,缘边镇兵常六十余万,说以时无强寇,不假师众,奏罢二十余万,勒还营农。玄宗颇以为疑,说奏曰:"臣久在疆场,具悉边事,军将但欲自卫及杂使营私。若御敌制胜,不在多拥闲冗,以妨农务。陛下若以为疑,臣请以阖门百口为保。以陛下之明,四夷畏伏,必不虑减兵而招寇也。"上乃从之。

时当番卫士,浸以贫弱,逃亡略尽。说又建策,请一切罢之,别召募强壮,令其宿卫,不简色役,优为条例,逋逃者必争来应募。上从之。旬日,得精兵一十三万人,分系诸卫,更番上下,以实京师,其后彍骑是也。

是岁,玄宗将还京,而便幸并州,说进言曰:"太原是国家王业所起,陛下行幸,振威耀武,并建碑纪德,以申永思之意。若便入京,路由河东,有汉武雁上后土之祀,此礼久阙,历代莫能行之。愿陛下绍斯坠典,以为三农祈谷,此诚万姓之福也。"上从其言。及祀后土礼毕,说代张嘉贞为中书令。夏四月,玄宗亲为诏曰:"动惟直道,累闻献替之诚;言则不谀,自得谋猷之体。政令必俟其增损,图书又藉其刊削,才望兼著,理合褒升。考中上。"

说又首建封禅之议。十三年,受诏与右散骑常侍徐坚、太常少卿韦绍等撰东封仪注。旧仪不便者,说多所裁正,语在《礼志》。玄宗寻召说及礼官学士等赐宴于集仙殿,谓说曰:"今与卿等贤才同宴于此,宜改名为集贤殿。"因下制改丽正书院为集贤殿书院,授说集贤院学士、知院事。

及将东封,授说为右丞相兼中书令,源乾曜为左丞相兼侍中,盖勒成岱宗,以明宰相佐成王化也。说又撰《封禅坛颂》以纪圣德。初,源乾曜本意不欲封禅,而说因赞其事,由是颇不相平。及登山,说引所亲摄供奉官及主事等从升,加阶超入五品,其余官多不得上。又行从兵士,惟加勋,不得赐物,由是颇为内外所怨。先是,御史中丞宇文融献策,请括天下逃户及籍外剩田,置十道劝农使,分往检察。说嫌其扰人不便,数建议违之。及东封还,融又密奏分吏部置十铨,融与礼部尚书苏颋等分掌选事。融等每有奏请,皆为说所抑,由是铨综失叙。融乃与御史大夫崔隐甫、中丞李林甫奏弹说引术士夜解及受赃等状,敕宰臣源乾曜、刑部尚书韦抗、大理少卿胡珪、御史大夫崔隐甫就尚书省鞠问。说兄左庶子光诣朝堂割耳称冤。时中书主事张观、左卫长史范尧臣并依倚说势,诈假纳赂,又私度僧王庆则往来与说占卜吉凶,为隐甫等所鞫伏罪。说经两宿,玄宗使中官高力士视之,回奏:"说坐于草上,于瓦器中食,蓬首垢面,自罚忧惧之甚。"玄宗悯之。力士奏曰:"说曾为侍读,又于国有功。"玄宗然其奏,由是停兼中书令,观及庆则决杖而死,连坐迁贬者十余人。隐甫及融等恐说复用为己患,又密奏毁之。明年,诏说致仕,仍令在家修史。

初,说为相时,玄宗意欲讨吐蕃,说密奏许其通和,以息边境,玄宗不从。及瓜州失守,王君㚟死,说因获巂州斗羊,上表献之,以申讽谕。其表:"臣闻勇士冠鸡,武夫戴鹖,推情举类,获此斗羊。远生越巂,蓄性刚决,敌不避强,战不顾死,虽为微物,志不可挫。伏惟陛下选良家于六郡,求猛士于四方,鸟不遗才,兽不藏伎。如蒙效奇灵囿,角力天场,却鼓怒以作气,前踶躅以奋击。跃若奔云之交触,碎如转石之相叩,裂骨赌胜,溅血争雄,敢毅见而冲冠,鸷狠闻而击节。冀将少明主市骏骨、揖怒蛙之意也。若使羊能言,必将曰'若斗不解,立有死者'。所赖至仁无残,量力取效焉。臣缘损足,未堪履地,谨遣男诣金明门奉进。"玄宗深悟其意,赐绢及杂彩一千匹。

十七年,复拜尚书左丞相、集贤院学士,寻代源乾曜为尚书左丞相。视事之日,上敕所司供帐,设音乐,内出酒食,御制诗一篇以叙其事。寻以修谒陵仪注功,加开府仪同三司。时长子均为中书舍人,次子垍尚宁亲公主,拜驸马都尉,又特授说子庆王傅光为银青光禄大夫。当时荣宠,莫与为比。

十八年,遇疾,玄宗每日令中使问疾,并手写药方赐之。十二月薨,时年六十四。上憯恻久之,遽于光顺门举哀,因罢十九年元正朝会,诏曰:

弘济艰难,参其功者时杰;经纬礼乐,赞其道者人师。式瞻而百度允厘,既往而千载贻范。台衡轩鼎,垂黼藻于当今;徽策宠章,播芳蕤于后叶。故开府仪同三司、尚书左丞相、集贤院学士知院事、上柱国、燕国公张说,辰象降灵,云龙合契。元和体其冲粹,妙有释其至赜。挹而莫测,仰之弥高。精义探系表之微,英辞鼓天下之动。昔侍春诵,绸缪岁月。含春容之声，叩而尽应；蕴泉源之智，启而斯沃。授命兴国，则天衢以通；济用和民，则朝政惟允。司钧总六官之纪，端揆为万邦之式。方弘风纬俗，返本于上古之初；而迈德振仁，不臻于中寿之福。于嗟无愁，既丧斯文。宜室余谈，泠然在耳；王殿遗草，宛留其迹。言念忠贤，良深震悼。是使当宁抚几，临乐彻悬，罢称觞之仪，遵往襚之礼。可赠太师，赐物五百段。

始玄宗在东宫，说已蒙礼遇。及太平用事，储位颇危，说独排其党，请太子监国，深谋密画，竟清内难，遂为开元宗臣。前后三秉大政，掌文学之任凡三十年。为文俊丽，用思精密，朝廷大手笔，皆特承中旨撰述，天下词人，咸讽诵之。尤长于碑文、墓志，当代无能及者。喜延纳后进，善用己长，引文儒之士，佐佑王化，当承平岁久，志在粉饰盛时。其封泰山，祠雁上，谒五陵，开集贤，修太宗之政，皆说为倡首。而又敦气义，重然诺，于君臣朋友之际，大义甚笃。时中书舍人徐坚自负文学，常以集贤院学士多非其人，所司供膳太厚，尝谓朝列曰："此辈于国家何益，如此虚费。"将建议罢之。说曰："自古帝王功成，则有奢纵之失，或兴池台，或玩声色。今圣上崇儒重道，亲自讲论，刊正图书，详延学者。今丽正书院，天子礼乐之司，永代规模，不易之道也。所费者细，所益者大。徐子之言，何其隘哉！"玄宗知之，由是薄坚。说既遭讪铄，罢知政事，专集贤文史之任，每军国大事，帝遣中使先访其可否。说尝自制其父《赠丹州刺史鸾碑文》，玄宗闻之而御书其碑额赐之曰"呜呼，积善之墓"。有文集三十卷。太常谥议曰"文贞"，左司郎中阳伯诚駮议，以为不称，工部侍郎张九龄立议，请依太常为定，纷纶未决。玄宗为说自制神道碑文，御笔赐谥曰"文贞"，由是方定。

均、垍皆能文。说在中书，兄弟已掌纶翰之任。居父忧服阕，均除户部侍郎，转兵部。二十六年，坐累贬饶州刺史，以太子左庶子征，复为户部侍郎。九载，迁刑部尚书。自以才名当为宰辅，常为李林甫所抑。及林甫卒，依附权臣陈希烈，期于必取。既而杨国忠用事，心颇恶之，罢希烈知政事，引文部侍郎韦见素代之，仍以均为大理卿。均大失望，意常郁郁。禄山之乱，受伪命为中书令，掌贼枢衡。李岘、吕諲条疏陷贼官，均当大辟。肃宗于说有旧恩，特免死，长流合浦郡。

垍，以主婿，玄宗特深恩宠，许于禁中置内宅，侍为文章。尝赐珍玩，不可胜数。时兄均亦供奉翰林院，常以所赐示均，均戏谓垍曰："此妇翁与女婿，非天子赐学士也。"天宝中，玄宗尝幸垍内宅，谓垍曰："希烈累辞机务，朕择其代者，孰可？"垍错愕未对，帝即曰："无逾吾爱婿矣。"垍降阶陈谢。杨国忠闻而恶之，及希烈罢相，举韦见素代，垍深觖望。天宝十三年正月，范阳节度使安禄山入朝。时禄山立破奚、契丹功，尤加宠异。禄山求带平章事，下中书拟议。国忠进言曰："禄山诚立军功，然眼不识字，制命若行，臣恐四夷轻国。"玄宗乃止，加左仆射而已。及禄山还镇，命中官高力士饯于浐坡。既还，帝曰："禄山慰意否？"力士曰："观其深心郁郁，必伺知宰相之命不行故也。"帝告国忠，国忠曰："此议他人不知，必张垍所告。"帝怒，尽逐张垍兄弟。出均为建安太守，垍为卢溪郡司马，埱为宜春郡司马。岁中召还，再迁为太常卿。

禄山之乱，玄宗幸蜀，宰相韦见素、杨国忠、御史大夫魏方进等从，朝臣多不至。次咸阳，帝谓高力士曰："昨日苍黄离京，朝官不知所诣，今日谁当至者？"力士曰："张垍兄弟世受国恩，又连戚属，必当先至。房琯素有宰相望，深为禄山所器，必不此来。"帝曰："事未可料。"是日，琯至，帝大悦，因问均、垍，琯曰："臣离京时，亦过其舍，比约同行，均报云'已于城南取马'。观其趣向，来意不切。"既而均弟兄果受禄山伪命，垍与陈希烈为贼宰相，垍死于贼中。

陈希烈者，宋州人也。精玄学，书无不览。开元中，玄宗留意经义，自褚无量、元行冲卒后，得希烈与凤翔人冯朝隐，常于禁中讲《老》、《易》。累迁至秘书少监，代张九龄专判集贤院事。玄宗凡有撰述，必经希烈之手。李林甫知上眷待深异，又以和裕易制，乃引为宰相，同知政事，相得甚欢。而林甫居位日久，虽阴谋奸画足以自固，亦希烈佐佑唱和之力也。累迁兼兵部尚书、左相，封颍川郡开国公，宠遇侔于林甫。及林甫死，杨国忠用事，素忌嫉之。乃引韦见素同列，罢希烈知政事，守太子太师。希烈失恩，心颇怏怏。禄山之乱，与张垍、达奚珣同掌贼之机衡。六等定罪，希烈当斩，肃宗以上皇素遇，赐死于家。

史臣曰：刘徐公负不羁之材，逢抵巇之运，遂能奋命决策，扶力中兴，朝为徒步之人，夕据公侯之位，苟非轻死重利，不耻不义之富，安及此哉！郭代公、张燕公解逅被而登将坛，驱貔虎之师，断獯戎之臂，暨居衡轴，克致隆平，可谓武纬文经，惟申与甫而已。惜乎均、垍务速，失节贼廷。自武德已来，称贤相者，房、杜、姚、宋四公，皆遭无赖子弟污圮先业，非独燕国之不幸也。希烈柔而多智，长于名理，竟死于名。所谓离娄不见其眉睫，与夫平叔、太初，同膏育耳。

赞曰：箕、微去纣，闳、散扶昌。谋不近义，旋踵而亡。幽求不令，道济允臧。伟哉郭侯，勋德煌煌。

卷九十八　　　列传第四十八

魏知古　卢怀慎子奂　**源乾曜**从孙光裕　光裕子洧　**李元纮　杜暹　韩休　裴耀卿**孙佶

魏知古，深州陆泽人也。性方直，早有才名。弱冠举进士，累授著作郎，兼修国史。长安中，历迁凤阁舍人、卫尉少卿。时睿宗居藩，兼检校相王府司马。神龙初，擢拜吏部侍郎，仍并依旧兼修国史，寻进位银青光禄大夫。明年，丁母忧去职，服阕授晋州刺史。睿宗即位，以故吏召拜黄门侍郎，兼修国史。

景云二年，迁右散骑常侍。睿宗女金仙、玉真二公主入道，有制各造一观，虽属季夏盛暑，尚营作不止。知古上疏谏曰：

臣闻《穀梁传》曰："古之君人者，必时视人之所勤：人勤于力则功筑罕，人勤于财则贡赋少，人勤于食则百事废。"《书》曰："不作无益害有益。"又曰："罔咈百姓以从己之欲。"《礼》曰："季夏之月，树木方盛，无有斩伐，不可兴土功以妨农。"又曰："季夏行冬令，则风寒不时。"《语》曰："修己以安百姓。"此皆兴化立理之教，为政养人之本。今陛下为公主造观，将树功德以祈福祐。但两观之地，皆百姓之宅，卒然迫逼，令其转移，扶老携幼，投窜无所，发剔椽瓦，呼嗟道路。乖人事，违天时，起无用之作，崇不急之务，群心摇摇，众口籍籍。陛下为人父母，欲何以安之？且国有简册，君举必记，动则左史书之，言则右史书之。是以非礼勿言，非礼勿动。夫如是，则君之所举，可不慎欤！微臣备位谏净，兼秉史笔，书而不法，后嗣何观？臣愚必以为不可。伏愿俯顺人欲，仰稽天意，降德音，下明策，速罢功役，收之桑榆。

疏奏不纳。

顷之，又进谏曰："臣闻人以君为天，君以人为本。人安则政理，本固则邦宁。自陛下翦除凶逆，君临宝位，苍生颙颙，以为朝有新政。今风教颓替，日甚一日，府库空虚，人力雕弊，造作不息，官员日增。今诸司试及员外、检校等官，仅至二千余人，太府之布帛以殚，太仓之米粟难给。又金仙、玉真等观造作，咸非急务，臣先奏请停，竟仍未止。今岁前水后旱，五谷不熟，若至来春，必甚饥馑。陛下为人父母，欲何方以赈恤？疗饥拯溺，须及其时。又突厥为患，其来自久，本无礼仪，焉有诚信。今虽遣使，来请结婚，豺狼之心，首鼠何定。弱则卑顺，强则骄逆。属草衰月满，弓劲马肥，乘中国饥虚，在和亲际会，倘或窥犯亭障，国家何以防之？臣所论者，事甚急切，伏愿特垂详察。"睿宗嘉其切直，寻令同中书门下平章事。玄宗在春宫，又令兼左庶子。未几，迁户部尚书，余如故。明年，擢拜侍中。

先天元年冬，从上畋猎于渭川，因献诗讽曰："尝闻夏太康，五弟训禽荒。我后来冬狩，三驱盛礼张。顺时鹰隼击，讲事武功扬。奔走未及去，翾飞岂暇翔。非熊从渭水，瑞雀想陈仓。此欲诚难纵，兹游不可常。子云陈《羽猎》，倚伯谏渔棠。得失鉴矜、楚，仁恩念禹、汤。邕熙谅在宥，亭毒匪多伤。《辛甲》今为史，《虞箴》遂孔彰。"手制褒之曰："夫诗者，志之所以，写其心怀，实可讽谕君主。是故扬雄陈《羽猎》，马卿赋《上林》，爰自《风雅》，率由兹道。予顷向温泉，观省风俗，时因暇景，掩渭而畋，方开一面之罗，式展三驱之礼，躬亲校猎，聊以从禽。岂意卿有箴规，辅予不逮，自非款诚夙著，其孰能继于此耶？今赐卿物五十段，用申劝奖。"

二年，累封梁国公。窦怀贞等将谋逆也，知古独密奏其事。及怀贞诛，赐实封二百户、物五百段。仍以前赏犹薄，又手敕曰："魏知古去年十月已前，屡申启沃，每竭忠诚，奸臣有谋，预奏其兆。事君之节，良有可嘉，可更赐实封一百户。"其年冬，令往东都知吏部尚书事，深以为称职，手制曰："卿为宰臣，往知大选，官人之委，情寄尤切。遂能端本革弊，忘私徇公，正色而行，厝心不挠。镜已澈则妍媸必鉴，衡已举则轻重罔违。朕远闻之，益用嘉叹。今赐卿衣裳一副，以示所怀。"

开元元年，官名改易，改为黄门监。二年，还京，上屡有顾问，恩意甚厚，寻改紫微令。姚崇深忌惮之，阴加谗毁，乃除工部尚书，罢知政事。三年卒，时年六十九。御史大夫宋璟闻而叹曰："叔向古之遗直，子产古之遗爱，能兼之者，其在魏公。"赠幽州都督，谥曰忠。

知古初为黄门侍郎，表荐洹水令吕太一、蒲州司功参军齐浣、前右内率府骑曹参军柳泽。及知吏部尚书事，又擢用密县尉宋遥、左补阙袁晖、右补阙封希颜、伊阙尉陈希烈，后咸累居清要，时论以为有知人之鉴。文集七卷。

卢怀慎，滑州灵昌人。其先家于范阳，为山东著姓。祖悊，为灵昌令，因徙焉。怀慎少清谨，举进士，历监察御史、吏部员外郎。景龙中，迁右御史台中丞，上疏以陈时政得失。今略载其三篇。

其一曰：

臣闻孔子曰："为邦百年，可以胜残去杀。"又曰："苟有用我者，期月而已，三年有成。"故《书》云"三载考绩"，校其功也。昔子产相郑，更法令，布刑书，一年而人歌之曰："取我田畴而伍之，取我衣冠而褚之，孰杀子产，吾其与之！"二年而人又歌之曰："我有子弟，子产教之，我有田畴，子产殖之，子产而死，谁其嗣之？"终有遗爱，流芳史策。子产，贤者也，其为政尚累年而化成，况其常材乎！

臣窃见比来州牧、上佐及两畿县令，下车布政，罕终四考。在任多者一二年，少者三五月，遽即迁除，不论课最。或有历时未改，便倾耳而听，企踵而望，争求冒进，不顾廉耻。亦何暇为陛下宣风布化，求瘼恤人哉！礼义未能兴行，风俗未能齐一，户口所以流散，仓库所以空虚，百姓雕弊，日更滋甚，职为此也。何则？人知吏之不久，则不从其教；吏知迁之不遥，又不尽其力，偷安爵禄，但养资望。陛下虽勤劳之怀，宵衣旰食，然侥幸路启，上下相蒙，共为苟且而已，宁尽至公乎？此国之病也。昔贾谊所谓蹠盭之病，乃小小者耳。此弊久而不革，臣恐为膏肓，虽和、缓不能疗，岂蹠盭而已哉！

汉宣帝综核名实，兴理致化。黄霸，良二千石也，就增秩赐金，以旌其能，而不迁于颍川，前代之美政也。又古之为吏者长子孙，仓氏、庾氏，即其后也。《书》云："事不师古，以克永代，匪说攸闻。"臣望请诸州都督、刺史、上佐及两畿县令等，在任未经四考已上，不许迁除。察其课效尤异者，或锡以车裘，或就加禄秩，或降使临问，并玺书慰勉。若公卿有阙，则擢以功能。其政绩无闻及犯贪暴者，免归田里。以明圣朝赏罚之信，则万方之人，一变于道矣。致此之美，革彼之弊，易于反掌，陛下何惜而不行哉！

其二曰：

臣闻《尚书》云："唐、虞稽古，建官惟百；夏、商官倍，亦克用乂。"此省官之义也。又云："官不必备，惟其才。"又云："无旷庶官，天工人其代之。"此为官择人之义也。臣窃见京诸司员外官，所在委积，多者数余十倍，近古以来未之有也。官不必备，此则有余，人代天工，多不厘务。广有除拜，无所裨益，俸禄之费，岁巨亿万，空竭府藏而已，岂致理之基哉！方今仓库空虚，百姓雕弊，河、渭漕挽，西给京师，公私损耗，不可胜纪。况边隅未静，兵革犹兴，节用爱人，正在今日，增官广费，岂曰其时？倘水旱成灾，租税减入，水衡无贯朽之蓄，京庾阙流衍之储。或疆埸外守，兵车远出；或收藏无岁，赈救在辰。此军国之急务也，陛下将何以济之乎？《书》云："无轻人事，惟艰；无安厥位，惟危。"又云："不见是图。"此皆慎微之深旨也。

臣窃见员外官中，或簪裾雅望，或台阁旧人，或明习宪章，或谙闲政要，皆一时之良干也。多不司案牍，空尸禄俸，滞其才而不申其用，尊其位而不尽其力。周称多士，汉曰得人，岂其然欤？必有异于此矣。臣望请诸司员外官有才能器识、众共闻知，堪为州牧县宰及上佐者，并请迁擢，使宣力四方，申其智效。有老病及不堪理务者，咸从废省，使贤不肖较然殊贯。此济时之切务也，安可谓行之艰哉？

其三曰：

臣闻天吏逸德，烈于猛火；贪人败类，取兴大风。则知冒于宠赂，侮于鳏寡，为政之蠹，莫先于兹。臣窃见内外官人，有不率宪章，公犯赃污，侵牟万姓，剥割蒸人，鞫按非虚，刑宪已及者，或俄复旧资，虽负残削之名，还膺牧宰之任，或江、淮、岭、碛，微示惩贬，而徇财黩货，罕能悛革，委以共理，俟河之清。臣闻明主之于万姓也，必畅以平分，而无偏施。若犯罪之吏，作牧遐方，便是屈法惠奸，恤近遗远矣。凡左降之人，鲜能省过，必怀自弃，长恶滋深。则小州远郡，蛮陬夷落，何负于圣化，独受此弊政乎！昔孟尝廉明，方临合浦；隐之清絜，乃苍番禺。郅都之镇静朔方，耿恭之辑宁疏勒。诚则遐僻，必择贤良，务以宁济为怀，岂以遐荒见腐？况边徼之地，夷夏杂处，负险恃远，易扰难安，弥藉循良，以寄绥抚。若委失其任，官非其才，凌虐黎庶，侵剥蕃部，小则坐致流亡，大则起为盗贼。由此言之，不可用凡材，而况于猾吏乎！其内外官人有犯赃贿推勘得实者，臣望请削迹簪裾，十数年间不许齿录。《书》云："旌别淑慝，黜陟幽明。"即其义也。若不循此道，去邪有疑，善政能官，甄奖或未之遍，担负赃贿，侥幸或即蒙升，则赏罚无章，沮劝安寄？浮竞之风转扇，廉耻之行渐隳，其源不塞，为蠹斯甚。

疏奏不纳。累迁黄门侍郎，赐爵渔阳伯。

先天二年，与侍中魏知古于东都分掌选事，寻征还同中书门下三品。开元三年，迁黄门监。怀慎与紫微令姚崇对掌枢密，怀慎自以为吏道不及崇，每事皆推让之，时人谓之"伴食宰相。"四年，兼吏部尚书。其秋，以疾笃，累表乞骸骨，许之。旬日而卒，赠荆州大都督，谥曰文成。怀慎临终遗表曰：

臣素无才识，叨沐恩荣，待罪枢密，颇积年序。报国之心，空知自竭；推贤之志，终未克申。孤负明恩，夙夜惶惧。臣染疾已久，形神欲离，凫雁之飞，未为之少，而犬马之志，终祈上闻，其鸣也哀，乞求圣察。

宋璟立性公直，执心贞固，文学足以经务，识略期于佐时，动惟直道，行不苟合，闻诸朝野之说，实为社稷之臣。李杰勤苦绝伦，贞介独立，公家之事，知无不为，干时之材，众议推许。李朝隐操履坚贞，才识通赡，守文奉法，颇怀铁石之心，事上竭诚，实尽人臣之节。卢从愿清贞谨慎，理识周密，始终若一，朝野共知，简要之才，不可多得。并明时重器，圣代良臣。比经任使，微有愆失，所坐者小，所弃者大，所累者轻，所贬者远。日月虽近，谴责伤深，望垂矜录，渐加进用。

臣窃闻黄帝所以垂衣裳而天下理者，任风、力也；帝尧所以光宅天下者，任稷、契也。且朝廷者天下之本，贤良者风化之源，得人则庶绩其凝，失士则彝伦攸致。臣每见陛下忧劳庶政，勤求理道，慎举群司，必期称职，使鵷鹭成列，草泽无遗。故得岁稔时和，政平讼理，此陛下用贤之明效也。臣非木石，早识天心，瞑目不遥，厚恩未报。黜殡之义，敢不庶几，城郢之言，思布愚恳。

上深嘉纳之。怀慎清俭，不营产业，器用服饰，无金玉绮文之丽。所得禄俸，皆随时分散，而家无余蓄，妻子匮乏。及车驾将幸东都，四门博士张星上言："怀慎忠清直道，终始不亏，不加宠赠，无以劝善。"乃下制赐其家物壹伯段、米粟贰伯石。明年，上还京师，因校猎于城南，经怀慎别业，见家人方设祥斋，悯其贫匮，赐绢百匹。仍遣中书侍郎苏颋为其碑文，上自书焉。

子奂，早修整，历任皆以清白闻。开元中，为中书舍人、御史中丞、陕州刺史。二十四年，玄宗幸东师，次陕城顿，审其能政，于厅事题赞而去，曰："专城之重，分陕之雄。人多惠爱，性实谦冲。亦既利物，在乎匪躬。斯为国宝，不坠家风。"寻除兵部侍郎。天宝初，为晋陵太守。时南海郡利兼水陆，瑰宝山积，刘巨鳞、彭杲相替为太守、五府节度，皆坐赃巨万而死。乃特授奂为南海太守。遐方之地，贪吏敛迹，人用安之。以为自开元已来四十年，广府节度清白者有四，谓宋璟、裴伷先、李朝隐及奂。中使市舶，亦不干法。加银青光禄大夫。经三年，入为尚书右丞，卒。弟弈，亦传清白，历御史中丞而死王事，见《忠义传》。弈子杞，德宗朝位至宰辅，别有传。

源乾曜，相州临漳人。隋比部侍郎师之孙也。父直心，高宗时为司刑太常伯，坐épreuve配流岭南而卒。乾曜举进士，景云中，累迁谏议大夫。时久废公卿百官三九射礼，乾曜上疏曰："夫圣王之教天下也，必制礼以正人情，人情正则孝于家，忠于国。此道不替，所以理也。所以君子三年不为礼，礼必坏；三年不为乐，乐必崩。窃以古之择士，先观射礼，以明和容之义，非取一时之乐。夫射者，别正邪，观德行，中祭祀，辟寇戎。古先哲王，莫不递袭。臣窃见数年已来，射礼便废，或缘所司惜费，遂令大射有亏。臣愚以为所费者财，所全者礼。故孔子云：'尔爱其羊，我爱其礼。'今乾坤再辟，日月贞明，臣望大射之仪，春秋不废，圣人之教，今古常行，则天下幸甚。"乾曜寻出为梁州都督。

开元初，邠王府僚吏有犯法者，上令左右求堪为王府长史者，太常卿姜皎荐乾曜公清有吏干，因召见与语。乾曜神气清爽，对答皆有伦序，上甚悦之，乃拜少府少监，兼邠王府长史。寻迁户部侍郎、兼御史中丞。无几，转尚书左丞。四年冬，擢拜黄门侍郎、同紫微黄门平章事。旬日，与姚元之俱罢知政事。

时行幸东都，以乾曜为京兆尹，仍京师留守。乾曜政存宽简，不严而理。尝有仗内白鹰，因纵遂失所在，上令京兆切捕之。俄于野外获之，其鹰挂于丛棘而死，官吏惧得罪，相顾失色。乾曜徐曰："事有邂逅，死亦常理，主上仁明，当不以此置罪。必其获戾，吾自当之，不须惧也。"遂入自请失旨之罪，上一切不问之，众咸伏乾曜临事不慑，而能引过在己也。在京兆三年，政令如一。

八年春，复为黄门侍郎、同中书门下三品，寻加银青光禄大夫，迁侍中。久之，上疏曰："臣窃见形要之家并求京职，俊乂之士多任外官，王道平分，不合如此。臣三男俱是京任，望出二人与外官，以叶均平之道。"上从之，于是改其子河南府参军弼为绛州司功，太祝絜为郑尉。因下制曰："源弼等父在枢近，深惟谦挹，恐代官之咸列，虑时才之未序，率先庶僚，崇是让德，既请外其职，复降资以授。《传》不云乎：'晋范宣子让，其下皆让。''晋国之人，于是大和。'道之或行，仁岂云远？"因令文武百僚父子兄弟三人并任京司者，任自通容，依资次处分，由是公卿子弟京官出外者百余人。俄又有上书者，以为"国之执政，同其休戚，若不稍加崇宠，何以责其尽心？"十年十一月，敕中书门下共食实封三百户，自乾曜及张嘉贞始也。

乾曜后扈从东封，拜尚书左丞相，仍兼侍中。乾曜在政事十年，时张嘉贞、张说相次为中书令，乾曜不敢与之争权，每事皆推让之。及李元紘、杜暹知政事，乾曜遂无所参议，但唯诺署名而已。初，乾曜因姜皎所荐，遂擢用，及皎得罪，为张嘉贞所挤，乾曜竟不救，议者以此讥焉。十七年夏，停兼侍中事。其秋，迁太子少师，以祖名师，固辞，乃拜太子少傅，封安阳郡公。十九年，驾幸东都，乾曜以年老辞疾，不堪扈从，因留京养疾。是年冬卒，诏赠幽州大都督，上于洛城南门举哀，辍朝二日。

乾曜从孙光裕，亦有令誉。历职清谨，抚诸弟以友义闻。初为中书舍人，与杨滔、刘令植等同删定《开元新格》。历刑部户部二侍郎、尚书左丞，累迁郑州刺史，称为良吏。寻卒。光裕子洧，亦早有美称。闱门雍睦，士友推之，历践清要。天宝中，为给事中、郑州刺史、襄州刺史、本道采访使。及安禄山反，既犯东京，乃以洧为江陵郡大都督府长史、本道采访防御使、摄御史中丞，以兵部郎中徐浩为襄州刺史、本州防御守捉使以御之。洧至镇卒。

李元紘，其先滑州人，世居京兆之万年。本姓丙氏。曾祖粲，隋大业中屯卫大将军。属关中贼起，炀帝令粲往京城以西二十四郡逐捕盗贼，粲抚循士众，甚得其心。及义旗入关，粲率其众归附，拜宗正卿，封应国公，赐姓李氏。高祖与之有旧，特蒙恩礼，迁为左监门大将军，以年老特令乘马于宫中检校。年八十余卒，谥曰明。祖宽，高宗时为太常卿，别封陇西郡公。父道广，则天时为汴州刺史。时属突厥及契丹寇陷河北，兼发河南诸州兵募，百姓骚扰。道广宽猛折衷，称为善政，存心慰抚，汴州独不逃散。寻入为殿中监、同凤阁鸾台平章事，累封金城县侯。卒，赠秦州都督，谥曰成。

元紘少谨厚。初为泾州司兵，累迁雍州司户。时太平公主与僧寺争碾硙，公主方承恩用事，百司皆希其旨意，元紘遂断还僧寺。窦怀贞为雍州长史，大惧太平势，促元紘改断，元紘大署判后曰："南山或可改移，此判终无摇动。"竟执正不挠，怀贞不能夺之。俄转好畤令，迁润州司马，所历咸有声绩。开元初，三迁万年县令，赋役平允，不严而理。俄擢为京兆尹，寻有诏令元紘疏决三辅。诸王公权要之家，皆缘渠立硙，以害水田，元紘令吏人一切毁之，百姓大获其利。又历工部、兵部、吏部三侍郎。十三年，户部侍郎杨玚、白知慎坐支度失所，皆出为刺史。上令宰臣及公卿已下精择堪为户部者，多有荐元紘者，将授以户部尚书，时执政以其资浅，未宜超授，加中大夫，拜户部侍郎。元紘因条奏人间利害及时政得失以奏之，上大悦，因赐衣一副、绢二百匹。明年，擢拜中书侍郎、同中书门下平章事。顷之，加银青光禄大夫，赐爵清水男。

元紘性清俭。既知政事，稍抑奔竞之路，务进者颇惮之。时initially废京司职田，议者请于关辅置屯，以实仓廪。元紘建议曰："军国不同，中外异制。若人闲无役，地弃不垦，发闲人以耕弃地，省馈运以实军粮，于是乎有屯田，其为益多矣。今百官所退职田，散在诸县，不可聚也。百姓所有私田，皆力自耕垦，不可取也。若置屯田，即须公私相换，征召丁夫，征役则业废于家，免庸则赋阙于国。内地置屯，古所未有，得不补失，或恐未可。"其议遂止。

先是，左庶子吴兢旧任史官，撰《唐书》一百卷、《唐春秋》三十卷，其书未成，以丁忧罢职。至是，上疏请终其功，有诏特令就集贤院修成其书。及张说致仕，又令在家修史。元紘奏曰："国史者，记人君善恶，国政损益，一字褒贬，千载称之，前贤所难，事匪容易。今张说在家修史，吴兢又在集贤撰录，遂令国之大典，散在数处。

且太宗别置史馆，在于禁中，所以重其职而秘其事也。望勒说等就史馆参详撰录，则典册有凭，旧章不坠矣。"从之，乃诏说及吴兢并就史馆修撰。

元纮在政事累年，不改第宅，仆马弊劣，未曾改饰，所得封物，皆散之亲族。右丞相宋璟尝嘉叹之，每谓人曰："李侍郎引宋遥之美才，黜刘晃之贪冒，贵为国相，家无储积。虽季文子之德，何以加也！"后与杜暹多所异同，情遂不叶，至有相执奏者，上不悦，由是罢知政事，出为曹州刺史，以疾去官。久之，拜户部尚书，仍听致仕。二十一年疾瘳，起为太子詹事，旬日而卒。赠太子少傅，谥曰文忠。

杜暹，濮州濮阳人也。父承志，则天初为监察御史。时怀州刺史李文暕以皇枝近属，为仇人所告，承志推出之。俄而文暕得罪，承志坐贬，授方义令。累转天官员外郎。既罗织事起，承志恐惧，遂称疾去官而归，卒于家。自暹高祖至暹，五代同居，暹尤恭谨，事继母以孝闻。初举明经，补婺州参军，秩满将归，州吏以纸万余张以赠之，暹惟受一百，余悉还之。时州僚别者，见而叹曰："昔清吏受一大钱，复何异也！"俄授郑尉，复以清节见知。华州司马杨孚，公直士也，深赏重之。寻而孚迁大理正，暹坐公事下法司结罪，孚谓人曰："若此尉得罪，则公清之士何以劝矣？"特荐之于执政，由是擢拜大理评事。

开元四年，迁监察御史，仍往碛西覆屯。会安西副都护郭虔瓘与西突厥可汗史献、镇守使刘遐庆等不叶，更相执奏，诏暹按其事实。时暹已回至凉州，承诏复往碛西，因入突厥骑施，以究虔瓘等犯状。蕃人赍金以遗，暹固辞不受。左右曰："公远使绝域，不可失蕃人情。"暹不得已受之，埋幕下，既去出境，乃移牒令收取。蕃人大惊，度碛追之，不及而止。暹累迁给事中，丁继母忧去职。十二年，安西都护张孝嵩迁为太原尹，或荐暹往使安西，蕃人伏其清慎，深思慕之，乃夺情擢拜黄门侍郎，兼安西副大都护。暹单骑赴职。明年，于阗王尉迟眺阴结突厥及诸蕃国图为叛乱，暹密知其谋，发兵捕而斩之，并诛其党与五十余人，更立君长，于阗遂安。暹以功特加光禄大夫。暹在安西四年，绥抚将士，不惮勤苦，甚得夷夏之心。

十四年，诏暹同中书门下平章事，仍遣中使往迎之。及谒见，又赐绢二百匹、马一匹、宅一区。后与李元纮不叶，罢知政事，出为荆州大都督府长史。又历魏州刺史、太原尹。二十年，上幸北都，拜暹为户部尚书，便令扈从入京。行幸东都，诏暹为京留守。暹因抽当番卫士，缮修三宫，增峻城隍，躬自巡检，未尝休懈。上闻而嘉之，赐敕书曰："卿素以清直，兼之勤干。自委居守，每事多能，政肃官僚，惠及黎庶。城隍宫室，随事修营，且有成功，不疲人力。甚善甚善，慰朕怀也。"俄代李林甫为礼部尚书，累封魏县侯。二十八年，病卒，年六十余，诏赠尚书右丞相。

暹在家孝友，爱抚异母弟昱甚厚。然素无学术，每当朝谈议，涉于浅近。常以公清勤俭为己任，时亦矫情为之。弱冠便自誓不受亲友赠遗，以终其身。及卒，上甚悼惜之，

遣中使就家视其丧事，内出绢三百匹以赐之。尚书省及故吏赙赠者，其子孝友遵其素约，皆拒而不受。太常谥曰"贞肃"。右司员外郎刘同升、都官员外郎韦廉以暹有忠孝之美，所谥不尽其行，建议驳之。太常博士裴总执曰："杜尚书往以墨缞受职事，虽云奉国，不得为孝。请依旧为定。"孝友又诣阙陈诉上闻，而更令所司详定，竟谥曰贞孝。

韩休，京兆长安人。伯父大敏，则天初为凤阁舍人。时梁州都督李行褒为部人诬告，云有逆谋，则天令大敏就州推究。或谓大敏曰："行褒诸李近属，太后意欲除之，忽若失旨，祸将不细，不可不为身谋也。"大敏曰："岂有求身之安而陷人非罪！"竟奏雪之。则天俄又命御史重覆，遂构成其罪，大敏坐推反失情，与知反不告同罪，赐死于家。父大智，官至洛州司功。

休早有词学，初应制举，累授桃林丞。又举贤良。玄宗时在春宫，亲问国政，休对策与校书郎赵冬曦并为乙第，擢授左补阙。寻判主爵员外郎，历迁中书舍人、礼部侍郎，兼知制诰，出为虢州刺史。时虢州以地在两京之间，驾在京及东都，并为近州，常被支税草以纳闲厩。休奏请均配余州，中书令张说驳之曰："若独免虢州，即当移向他郡，牧守欲为私惠，国体固不可依。"又下符不许之。休复将执奏，僚吏曰："更奏必忤执政之意。"休曰："为刺史不能救百姓之弊，何以为政！必以忤上得罪，所甘心也。"竟执奏获免。岁余，以母艰去职，固陈诚乞终礼，制许之。服阕，除工部侍郎，仍知制诰，迁尚书右丞。

开元二十一年，侍中裴光庭卒，上令萧嵩举朝贤以代光庭者，嵩盛称休志行，遂拜黄门侍郎、同中书门下平章事。休性方直，不务进趋，及拜，甚允当时之望。俄有万年尉李美玉得罪，上特令流之岭外，休进曰："美玉卑位，所犯又非巨害，今朝廷有大奸，尚不能去，岂得舍大而取小也！臣窃见金吾大将军程伯献，依恃恩宠，所在贪冒，第宅舆马，僭拟过纵。臣请先出伯献而后罪美玉。"上初不许之，休固争曰："美玉微细犹不容，伯献巨猾岂得不问？陛下若不出伯献，臣即不敢奉诏流美玉。"上以其切直，从之。初，萧嵩以休柔和易制，故荐引之。休既知政事，多折正嵩，遂与休不叶。宋璟闻之曰："不谓韩休乃能如是，仁者之勇也。"

其年夏，加银青光禄大夫。十二月，转工部尚书，罢知政事。二十四年，迁太子少师，封宜阳子。二十七年病卒，年六十八，赠扬州大都督，谥曰文忠。宝应元年，重赠太子太师。

子洽、洪、浻、滉，皆有学尚，风韵高雅。洽，天宝初为殿中侍御史卒。洪，为司库员外郎。洽弟浑，除大理司直。御史大夫王鉷犯法，籍没其家，洽兄浩为万年主簿，捕其资财，有所容隐，为京兆尹鲜于仲通所发，配流循州。洪、浻并坐贬职。后遇赦，量移洪为华州长史。属安禄山反，西京失守，洪陷于贼，贼授官，将见委任，洪与浩及浻、滉、浑同奔山谷，以投行在。至谷口，洪、浩、浑及洪子四人并为贼所擒，并命之通衢。洪重交友，籍甚于时，

见者掩涕，肃宗闻其重臣子，能以忠而死，赠太常卿。浩赠吏部郎中，浑赠太常少卿。汯，上元中为谏议大夫。滉、洄，别有传。

裴耀卿，赠户部尚书守真子也。少聪敏，数岁解属文，童子举。弱冠拜秘书正字，俄补相王府典签。时睿宗在藩，甚重之，令与掾丘悦、文学韦利器更直府中，以备顾问，府中称为学直。及睿宗升极，拜国子主簿。开元初，累迁长安令。长安旧有配户和市之法，百姓苦之。耀卿到官，一切令出储蓄之家，预给其直，遂无奸僦之弊，公私甚以为便。在职二年，宽猛得中。及去官，县人甚思咏之。十三年，为济州刺史。其年，车驾东巡，州当大路，道里绵长，而户口寡弱，耀卿躬自条理，科配得所。时大驾所历凡十余州，耀卿称为知顿之最。又历宣、冀二州刺史，皆有善政，入为户部侍郎。

二十年，礼部尚书、信安王祎受诏讨契丹，诏以耀卿为副。俄又令耀卿赍绢二十万匹赐立功奚官，就部落以给之。耀卿谓人曰："夷虏贪残，见利忘义，今赍持财帛，深入寇境，不可不为备也。"乃令先期而往，分道互进，一朝而给付并毕。时突厥及室韦果勒兵邀险，谋劫袭之，比至而耀卿已还。

其冬，迁京兆尹。明年秋，霖雨害稼，京城谷贵。上将幸东都，独召耀卿问救人之术，耀卿对曰：

臣闻前代圣王，亦时有忧害，更施惠泽，活国济人，由是苍生仰德，史册书美。伏以陛下仁圣至深，忧勤庶政，小有饥乏，降情哀矜，躬亲支计，救其危急。上玄降鉴，当更延福祚，是因有小灾而增辉圣德也。今既大驾东巡，百司扈从，太仓及三辅importance所积贮，且随见在发重臣分道赈给，计可支一二年。从东都更广漕运，以实关辅。待稍充实，车驾西还，即事无不济。臣以国家帝业，本在京师，万国朝宗，百代不易之所。但为秦中地狭，收粟不多，倘遇水旱，便即匮乏。往者贞观、永徽之际，禄廪数少，每年转运不过一二十万石，所用便足，以此车驾久得安居。今国用渐广，漕运数倍于前，支犹不给。陛下数幸东都，以就贮积，为国大计，不惮劬劳，只为忧人而行，岂是故欲不往。若能更广陕运，支粟入京，仓廪常有三二年粮，即无忧水旱。今天下输丁约有四百万人，每丁支出钱百文，五十文充营窖等用，贮纳司农及河南府、陕州以充其费。租米则各随远近，任自出脚送纳东都。从都至陕，河路艰险，既用陆脚，无由广致。若能开通河漕，变陆为水，则所支有余，动盈万计。且河南租船候水始进，吴人不便河漕，由是所在停留，日月既淹，遂生隐盗。臣望沿流相次置仓。

上深然其言。寻拜黄门侍郎、同中书门下平章事，充转运使，语在《食货志》。凡三年，运七百万石，省脚钱三十万贯。或说耀卿请进所省脚钱，以明功利。耀卿曰："此盖公卿盈缩之利耳，不可以求宠也。"乃奏充所司和市、和籴等钱。

明年，迁侍中。二十四年，拜尚书左丞相，罢知政事，累封赵城侯。时夷州刺史杨浚犯赃处死，诏令杖六十，配流古州。耀卿上疏谏曰：

伏以圣恩天覆，仁育庶类，凡死罪之属，不欲尸诸市朝，全其性命，流窜而已。所以政致刑措，狱无冤人，旷古以来，未有斯美。臣愚以为全生免死，诚为至化，有耻且格，为训将来。苟有未安，不敢缄默。

臣以为刺史、县令，与诸吏稍别，人之父母，风化所瞻，一为本部长官，即合终身致敬。决杖者，五刑之末，只施于扶扑徒隶之间，官荫稍高，即免鞭挞。令决杖赎死，诚则已优，解体受笞，事颇为辱。法至于死，天下共之，刑至于辱，或有所耻。况本州刺史，百姓所崇，一朝对其人吏，背脊加杖，屈挫拘执，人或哀怜，忘其免死之恩，且有伤心之痛，恐非敬官长劝风俗之意。

又杂犯死罪，无杖刑，奏报三覆，然后行决。今非时不覆，决杖便宜，倘狱或未尽，又暑热不耐，因杖或死，即是促期处分，不得顺时。将欲生之，却夭其命，又恐非圣朝宽宥之意。前后频在州县，或缘杂犯决人，每大暑盛夏之时，决杖多死，秋冬已后，乃有全者。伏望凡刺史、县令于本部决杖及夏暑生长之时，所定杖刑，并乞停减。即副陛下好生之德，于死者皆有再生之恩。

俄而特进盖嘉运破突骑施立功还，诏加河西、陇右两节度使，仍令经略吐蕃。嘉运既承恩宠，日夕酣宴，不时赴军。耀卿密上疏曰："伏见盖嘉运立功破贼，更委两军，以勇果之才，承战胜之势，吐蕃小丑，不足歼夷。然臣近日与其同班，观其举措，精劲勇烈，诚则有余，言气矜夸，恐难成事。莫敖败于蒲骚之役，举趾稍高，《春秋》书之为惩诫。恐其有骄敌之色，臣窃忧之。入秋防边，日月稍逼，接对人吏，须识其宜。今将抚边军，未言发日，若临事始去，人吏未识，虽决在一时，恐将非制胜万全之道。况兵未训练，不知礼法，人未怀惠，士未同心，求其忘性命于一时，惮严刑于少选，纵威逼而进，因而立功，恐非师出以律，久长之义。又万人性命，决在将军，不得已而行之，凿凶门而即路。今酣宴朝夕，优渥有余，亦恐非爱人忧国之意，不可不察。若不可回换，即望速遣进途，仍乞圣恩，勖以严命。"疏奏，上乃促嘉运赴军，竟以无功而还。

天宝元年，改为尚书右仆射，寻转左仆射。一岁薨，年六十三，赠太子太傅，谥曰文献。子综，吏部郎中。综子佶。

佶，字弘正，幼能属文。弱冠举进士，补校书郎，判入高等，授蓝田尉。时有诏命畿内诸县城奉天，时严郢为京兆，政尚峻暴，加以朝旨甚迫，尹正之命，急如风霆。本曹尉韦重规其室方娠而疾，畏郢之暴，不敢以事故免。佶因请代，役无愆程，当时义之。德宗南狩，佶诣行在，拜拾遗，转补阙。李怀光以河中叛，朝廷欲以含垢为意，佶抗议请讨，上深器之，前席慰勉。三迁吏部员外，历驾部兵部郎中，迁谏议大夫。会黔中观察使韦士宗惨酷驭下，为夷獠所逐，俾佶代之，酋渠自化。其后为瘴毒所侵，坚请入觐，拜同州刺史。征入为中书舍人，迁尚书右丞。时兵部尚书李巽兼盐铁使，将以使局置之本行，经构已半，会佶拜命，坚执以为不可，遂令彻之。巽恃恩而强，时重佶之有守，就拜吏部侍郎。以疾除国子祭酒，寻迁工部尚书致仕。元和八年卒，年六十二，赠吏部尚书。佶清劲温敏，凡所定交，时称为第一流。与郑余庆特相友善，佶殁后，余庆行朋友之服，搢绅美之。

史臣曰：魏知古、卢怀慎、源乾曜、李元纮、杜暹、韩休、裴耀卿，悉蕴器能，咸居宰辅。或心存启沃，或志在荐贤，或出爱子为外官，或止屯田于关辅，或不受蕃人之赂，或坚劾伯献之奸，或广漕渠以充国用；此皆立事立功，有足嘉尚者也。卢、李、杜三君子，又以清白垂美简书，公孙弘之流也。乾曜职当机密，无所是非，持禄保身，焉用彼相？

赞曰：卢、魏、乾曜，弼违进贤。裴、韩、李、杜，远财劾奸。汗简书事，清风肃然。万岁之后，其名不刊。

卷九十九　　列传第四十九

崔日用从兄日知　**张嘉贞**弟嘉祐　**萧嵩**子华　**张九龄**仲方　**李适之**子季卿　**严挺之**

崔日用，滑州灵昌人，其先自博陵徙家焉。进士举，初为芮城尉。大足元年，则天幸长安，路次陕州。宗楚客时为刺史，日用支供顿事，广求珍味，称楚客之命，遍馈从官。楚客知而大加赏叹，盛称荐之，由是擢为新丰尉。无几，拜监察御史。

神龙中，秘书监郑普思纳女后宫，潜谋左道，日用遽奏劾之。普思方承恩，中宗不之省。日用廷争恳至，词甚抗直，普思竟伏其罪。时宗楚客、武三思、武延秀等递为朋党，日用潜皆附之，骤迁兵部侍郎兼修文馆学士。中宗暴崩，韦庶人称制，日用恐祸及己。知玄宗将图义举，乃因沙门普润、道士王晔密诣藩邸，深自结纳，潜谋翼戴。玄宗尝谓曰："今谋此举，直为亲，不为身。"日用曰："此乃孝感动天，事必克捷。望速发，出其不意，若少迟延，或恐生变。"及讨平韦氏，其夜，令权知雍州长史事。以功授银青光禄大夫、黄门侍郎，参知机务，封齐国公，食实封二百户。

为相月余，与中书侍郎薛稷不协，于中书忿竞，由是转雍州长史，停知政事。寻出为扬州长史，历婺、汴二州刺史、兖州都督、荆州长史。因入奏事，言："太平公主谋逆有期，陛下往在宫府，欲有讨捕，犹是子道臣道，须用谋用力。今既光临大宝，但须下一制，谁敢不从？忽奸宄得志，则祸乱不小。"上曰："诚如此，直恐惊动太上皇，卿宜更思之。"日用曰："臣闻天子孝与庶人孝全别。庶人孝，谨身节用，承顺颜色；天子孝，安国家，定社稷。今若逆党窃发，即大业都弃，岂得成天子之孝乎！伏请先定北军，次收逆党，即不惊动太上皇。"玄宗从其议。及讨萧至忠、窦怀贞之际，又令权检校雍州长史，加实封通前满四百户。寻拜吏部尚书。

日用尝采《毛诗》《大雅》、《小雅》二十篇及司马相如《封禅书》，因上生日表上之，以申规讽，并述告成之事。手诏答曰："夫诗者，动天地，感鬼神，厚于人，美于教矣。朕志之所尚，思与之齐，庶乎采诗之官，补朕之阙。且古者封禅，升中告成，朕以菲德，未明于至道。竦然以听，颇壮相如之词；惕然载怀，复惭夷吾之语。卿洽闻弹见，温故知新，逮此发挥，益彰忠恳。岂非讨蓬山之籍，心不忘于起予；因兰殿之祥，言固深于启沃，朕循环览讽，用慰于怀。今赐卿衣裳一副、物五十段，以示无言不酬之信也。"

寻出为常州刺史，削实封三百户，转汝州刺史。开元七年，差降口赋，特下敕曰："唐元之际，逆党构凶，崔日用当时潜论其事，及于裁翦，实预元谋，而所食之封，后以例减。功既居多，特宜准初食之封，与二百户。"十年，转并州大都督长史。寻卒，时年五十，赠吏部尚书，谥曰昭。后又赠荆州大都督，子宗之袭。

日用才辩过人，见事敏速，每朝廷有事，转祸为福，以取富贵。及先天已后，复求入相，竟亦不遂。常谓人曰："吾一生行事，皆临时制变，不必重专守始谋。每一念之，不觉芒刺在于背也。"

日用从父兄日知，亦有吏干。景云中，为洛州司马。会谯王重福入东都作乱，群臣皆避难逃匿，日知独督率人吏赴留守，与屯营合势讨贼。重福既死，以功加银青光禄大夫，累迁京兆尹。坐赃为御史李如璧所劾，左迁歙县丞，俄又历迁殿中监。日知素与张说友善，说荐之，奏请授御史大夫，上不许。遂以为左羽林卫大将军，而以河南尹崔隐甫为御史大夫，隐甫由是与说不叶。日知俄迁太常卿。自以历任年久，每朝士参集，常与尚书同列，时人号为"尚书里行"，遂为口实。开元十六年，出为潞州大都督府长史。寻以年老致仕，卒，谥曰襄。

张嘉贞，蒲州猗氏人也。弱冠应五经举，拜平乡尉，坐事免归乡里。长安中，侍御史张循宪为河东采访使，荐嘉贞材堪宪官，请以己之官秩授之。则天召见，垂帘与之言，嘉贞奏曰："以臣草莱而得入谒九重，是千载一遇也。咫尺之间，如隔云雾，竟不睹日月，恐君臣之道有所未尽。"则天遽令卷帘，与语大悦，擢拜监察御史。累迁中书舍人，历秦州都督、并州长史，为政严肃，甚为人吏所畏。

开元初，因奏事至京师，上闻其善政，数加赏慰。嘉贞因奏曰："臣少孤，兄弟相依以至今。臣弟嘉祐，今授鄜州别驾，与臣各在一方，同心离居，魂绝万里。乞移就臣侧近，臣兄弟尽力报国，死无所恨。"上嘉其友爱，特改嘉祐为忻州刺史。

时突厥九姓新来内附，散居太原以北，嘉贞奏请置军以镇之,于是始于并州置天兵军,以嘉贞为使。六年春,嘉贞又入朝。俄有告其在军奢僭及赃贿者,御史大夫王晙因而劾奏之,按验无状,上将加告者反坐之罪。嘉贞奏曰:"昔者天子听政于上,瞍赋矇诵,百工谏,庶人谤,而后天子斟酌焉。今反坐此辈,是塞言者之路,则天下之事无由上达。特望免此罪,以广谤诵之道。"从之,遂令减死,自是帝以嘉贞为忠。嘉贞又尝奏曰:"今志力方壮,是效命之秋,更三数年,即衰老无能为也。惟陛下早垂任使,死且不惮。"上以其明辩,尤重之。八年春,宋璟、苏颋罢知政事,擢嘉贞为中书侍郎、同中书门下平章事。数月,加银青光禄大夫,迁中书令。

嘉贞断决敏速,善于敷奏,然性强躁自用,颇为时论所讥。时中书舍人苗延嗣、吕太一、考功员外郎员嘉静、殿中侍御史崔训,皆嘉贞所引,位列清要,常在嘉贞门下共议朝政,时人为之语曰:"令公四俊,苗、吕、崔、员。"

开元十年,车驾幸东都。有洛阳主簿王钧为嘉贞修宅,将以求御史,因受赃事发,上特令朝堂集众决杀之。嘉贞促所由速其刑以灭口,乃归罪于御史大夫韦抗、中丞韦虚心,皆贬黜之。其冬,秘书监姜皎犯罪,嘉贞又附会王守一奏请杖之,皎遂死于路。俄而广州都督裴伷先下狱,上召侍臣问当何罪,嘉贞又请杖之。兵部尚书张说进曰:"臣闻刑不上大夫,以其近于君也。故曰:'士可杀,不可辱。'臣今秋受诏巡边,中途闻姜皎以罪于朝堂决杖,配流而死。皎官是三品,亦有微功。若其有犯,应死即杀,应流即流,不宜决杖廷辱,以卒伍待之。且律有八议,勋贵在焉。皎事已往,不可追悔。伷先只宜据状流贬,不可轻又决罚。"上然其言。嘉贞不悦,退languageOrUndefined说曰:"何言事之深也?"说曰:"宰相者,时来即为,岂能长据?若贵臣尽当可杖,但恐皇等行当及之。此言非为伷先,乃为天下士君子也。"初,嘉贞为兵部员外郎,时张说为侍郎。及是,说位在嘉贞下,既无所推让,说颇不平,因以此言激怒嘉贞,由是与说不叶。又以嘉贞弟嘉祐为金吾将军,兄弟并居将相之位,甚为时人之所畏惮。十一年,上幸太原行在所,嘉祐赃污事发。张说劝嘉贞素服待罪,不得入谒,因出为幽州刺史,说遂代为中书令。嘉贞惋恨,谓人曰:"中书令幸有二员,何相迫之甚也!"明年,复拜户部尚书,兼益州长史,判都督事。敕嘉贞就中书省与宰相会宴,嘉贞既恨张说挤己,因攘袂勃骂,源乾曜、王晙共和解之。

明年,坐与王守一交往,左转台州刺史。复代卢从愿为工部尚书、定州刺史,知北平军事,累封河东侯。将行,上自赋诗,诏百僚于上东门外饯之。至州,于恒岳庙中立颂,嘉贞自为其文,乃书于石,其碑用白石为之,素质黑文,甚为奇丽。先是,岳祠为远近祈赛,有钱数百万,嘉贞自以为颂文之功,纳其数万。十七年,嘉贞以疾请就医东都,制从之。至都,目瞑无所见,上令医人内直郎田休裕、郎将吕弘泰驰往省疗之。其秋卒,年六十四,赠益州大都督。谥曰恭肃。

嘉贞虽久历清要,然不立田园。及在定州,所亲有劝植田业者,嘉贞曰:"吾忝历官荣,曾任国相,未死之际,岂忧饥馁?若负谴责,虽富田庄,亦无用也。比见朝士广占良田,及身没后,皆为无赖子弟作酒色之资,甚无谓也。"闻者皆叹伏。

初,嘉贞作相,荐万年县主簿韩朝宗,擢为监察御史。及嘉贞卒后十数岁,朝宗为京兆尹,因奏曰:"自陛下临御已来,所用宰相,皆进退以礼,善始令终,身虽已没,子孙咸在朝廷。唯张嘉贞晚年一子,今犹未登官序。"上亦悯然,遽令召之,赐名延赏,特拜左内率府兵曹参军。德宗朝,位至宰辅,自有传。

嘉祐,有干略,自右金吾将军贬浦阳府折冲,至二十五年,为相州刺史。相州自开元已来,刺史死贬者十数人,嘉祐访知尉迟迥周末为相州总管,身死国难,乃立其神祠以邀福。经三考,改左金吾将军。后吴兢为邺郡守,又加尉迟神冕服。自后郡守无患。

萧嵩,贞观初左仆射、宋国公瑀之曾侄孙。祖钧,中书舍人,有名于时。嵩美须髯,仪形伟丽。初,娶会稽贺晦女,与吴郡陆象先为僚婿。象先时为洛阳尉,宰相子,门望甚高。嵩尚未入仕,宣州人夏荣称有相术,谓象先曰:"陆郎十年内位极人臣,然不及萧郎一门尽贵,官位高而有寿。"时人未之许。

神龙元年,嵩调补洺州参军。寻而侍中、扶阳王桓彦范出为洺州刺史,见之推重,待以殊礼。景云元年,为醴泉尉。时陆象先已为中书侍郎,引为监察御史。及象先知政事,嵩又骤迁殿中侍御史。开元初,为中书舍人。与崔琳、王丘、齐澣同列,皆以嵩寡学术,未异之,而紫微令姚崇许其致远,眷之特深。历宋州刺史,三迁为尚书左丞、兵部侍郎。

十五年,凉州刺史、河西节度王君㚟恃众每岁攻击吐蕃。吐蕃大将悉诺逻恭禄及烛龙莽布支攻陷瓜州城,执刺史田元献及君㚟父寿,尽取城中军资及仓粮,仍毁其城而去。又攻玉门军及常乐县,县令贾师顺婴城固守,贼遂引退。无何,君㚟又为回纥诸部杀之于巩笔驿,河、陇震骇。玄宗以君㚟勇将无谋,果及于难,择堪边任者,乃以嵩为兵部尚书、河西节度使,判凉州事。嵩乃请以裴宽、郭虚己、牛仙客在其幕下,又请以建康军使、左金吾将军张守珪为瓜州刺史,修筑州城,招辑百姓,令其复业。又加嵩银青光禄大夫。时悉诺逻恭禄威名甚振,嵩乃纵反间于吐蕃,言其与中国潜通,赞普遂召而诛之。明年秋,吐蕃大下,悉末朗复率众攻瓜州,守珪出兵击走之。陇右节度使、鄯州都督张志亮引兵至青海西南冯波谷,与吐蕃接战,大破之。八月,嵩又遣副将杜宾客率弩手四千人,与吐蕃战于祁连城下,自晨至暮,散而复合,贼徒大溃,临阵斩其副将一人,散走山谷,哭声四合。露布至,玄宗大悦,乃加嵩同中书门下三品,恩顾莫比。

十七年,授宇文融、裴光庭宰相,又加嵩兼中书令。自十四年燕国公张说罢中书令后,缺此位四年,而嵩居之。常带河西节度,遥领之。加集贤殿学士、知院事,兼修国史,进位金紫光禄大夫。子衡,尚新昌公主,嵩夫人贺氏入觐拜席,玄宗呼为亲家母,礼仪甚盛。寻又进封徐国公。二十一年二月，侍中裴光庭卒。光庭与嵩同位数年，情颇不协，及是，玄宗遣嵩择相，嵩以右丞韩休长者，举之。及休入相，嵩举事，休峭直，辄不相假，互于玄宗前论曲直，因让位。玄宗眷嵩厚，乃许嵩授尚书右丞相，令罢相，以休为工部尚书。寻又以嵩子华为给事中。

二十四年，拜太子太师。及幽州节度使张守珪坐赂遗中官牛仙童，贬为括州刺史，嵩尝赂仙童，李林甫发之，贬青州刺史。寻又追拜太子太师，嵩又请老。嵩性好服饵，及罢相，于林园植药，合炼自适。华时为工部侍郎，衡以主婿三品，嵩皤然就养十余年，家财丰赡，衣冠荣之。天宝八年薨，年八十余，赠开府仪同三司。

子华，天宝末转兵部侍郎。禄山之乱，从驾不及，陷贼，伪署魏州刺史。乾元元年，郭子仪与九节度之师渡河攻安庆绪于相州，华潜通表疏，俟官军至为内应。贼伺知之，禁锢华于狱。崔光远收魏州，破械出华。魏人美华之惠政，诣光远请留，朝廷正授魏州刺史。既而史思明率众南下，子仪惧华复陷，乃表崔光远代华，召至军中。及相州兵溃，华归京，仍以伪命所污，降授试秘书少监。华谨重方雅，绰有家法，人士称之。寻迁尚书右丞。乾元二年，出为河中尹、河中晋绛节度使。

上元元年十二月，制曰："弼予之选，审象是求，天步未平，庙谟尤切。必资明表，亻以佐时，画一之才，取则不远。正议大夫、前河中尹、兼御史中丞、充本府晋绛等州节度观察等使、上柱国、嗣徐国公、赐紫金鱼袋萧华，公辅成名，承家继业，词标丽则，德蕴谟明。再履官坊，尤知至行，致君望美，阅相求能。且推伊陟之贤，更启汉臣之阁，还依日月，佐理阴阳。俾参政于紫宸，用建中于皇极。可中书侍郎、同中书门下平章事、集贤殿崇文馆大学士，监修国史。"

时中官李辅国专典禁兵，怙宠用事，求为宰相，讽宰臣裴冕等荐已，华颇拒之，辅国怒。肃宗方寝疾，辅国矫命罢华相位，守礼部尚书，仍引元载代华。肃宗崩，代宗在谅闇，元载希辅国旨，贬华为硖州员外司马，卒于贬所。

衡子复，德宗朝位亦至宰辅。华子恒、悟。恒子俛，大和中宰辅。悟子仿，咸通中宰辅，皆自有传。

张九龄，字子寿，一名博物。曾祖君政，韶州别驾，因家于始兴，今为曲江人。父弘愈，以九龄贵，赠广州刺史。九龄幼聪敏，善属文。年十三，以书干广州刺史王方庆，大嗟赏之，曰："此子必能致远。"登进士第，应举登乙第，拜校书郎。玄宗在东宫，举天下文藻之士，亲加策问，九龄对策高第，迁右拾遗。时帝未行亲郊之礼，九龄上疏曰：

伏以天者，百神之君，而王者之所由受命也。自古继统之主，必有郊配之义，盖以敬天命以报所受。故于郊之义，则不以德泽未洽，年谷不登，凡事之故，而阙其礼。《孝经》云："昔者周公郊祀后稷以配天。"斯谓成王幼冲，周公居摄，犹用其礼，明不暂废。汉丞相匡衡亦云："帝王之事，莫重乎郊祀。"董仲舒又云："不郊而祭山川，失祭之序，逆于礼正，故《春秋》非之。"臣愚以为匡衡、仲舒，古之知礼者，皆谓郊之为祭所宜先也。伏惟陛下绍休圣绪，其命惟新，御极已来，于今五载，既光太平之业，未行大报之礼，窃考经传，义或未通。今百谷嘉生，鸟兽咸若，夷狄内附，兵革用宁。将欲铸剑为农，泥金封禅，用彰功德之美，允答神祇之心。能事毕行，光耀帝载。况郊祀常典，犹阙其仪，有若怠于事天，臣恐不可以训。伏望以迎日之至，展焚柴之礼，升紫坛，陈采席，定天位，明天道，则圣朝典则，可谓无遗矣。

九龄以才鉴见推，当时吏部试拔萃选人及应举者，咸令九龄与右拾遗赵冬曦考其等第，前后数四，每称平允。开元十年，三迁司勋员外郎。时张说为中书令，与九龄同姓，叙为昭穆，尤亲重之，常谓人曰："后来词人称首也。"九龄既欣知已，亦依附焉。十一年，拜中书舍人。

十三年，车驾东巡，行封禅之礼。说自定侍从升中之官，多引两省录事主书及已之所亲摄官而上，遂加特进阶，超授五品。初，令九龄草诏，九龄言于说曰："官爵者，天下之公器，德望为先，劳旧次焉。若颠倒衣裳，则讥谤起矣。今登封霈泽，千载一遇。清流高品，不沐殊恩。胥吏末班，先加章绂。但恐制出之后，四方失望。今进草之际，事犹可改，唯令公审筹之，无贻后悔也。"说曰："事已决矣，悠悠之谈，何足虑也！"竟不从。及制出，内外甚咎于说。时御史中丞宇文融方知田户之事，每有所奏，说多建议违之，融亦以此不平于说。九龄劝说为备，说又不从其言。无几，说果为融所劾，罢知政事，九龄亦改太常少卿，寻出为冀州刺史。九龄以母老在乡，而河北道里辽远，上疏固请换江南一州，望得数承母音耗，优制许之，改为洪州都督。俄转桂州都督，仍充岭南道按察使。上又以其弟九章、九皋为岭南道刺史，令岁时伏腊，皆得宁觐。

初，张说知集贤院事，常荐九龄堪为学士，以备顾问。说卒后，上思其言，召拜九龄为秘书少监、集贤院学士，副知院事。再迁中书侍郎。常密有陈奏，多见纳用。寻丁母丧归乡里。二十一年十二月，起复拜中书侍郎、同中书门下平章事。明年，迁中书令，兼修国史。时范阳节度使张守珪以裨将安禄山讨奚、契丹败衄，执送京师，请行朝典。九龄奏劾曰："穰苴出军，必诛庄贾；孙武教战，亦斩宫嫔。守珪军令必行，禄山不宜免死。"上特舍之。九龄奏曰："禄山狼子野心，面有逆相，臣请因罪戮之，冀绝后患。"上曰："卿勿以王夷甫知石勒故事，误害忠良。"遂放归藩。

二十三年，加金紫光禄大夫，累封始兴县伯。李林甫自无学术，以九龄文行为上所知，心颇忌之。乃引牛仙客知政事，九龄屡言不可，帝不悦。二十四年，迁尚书右丞相，罢知政事。后宰执每荐引公卿，上必问："风度得如九龄否？"故事皆搢笏于带，而后乘马，九龄体羸，常使人持之，因设笏囊。笏囊之设，自九龄始也。

初，九龄为相，荐长安尉周子谅为监察御史。至是，子谅以妄陈休咎，上亲加诘问，令于朝堂决杀之。九龄坐引非其人,左迁荆州大都督府长史。俄请归拜墓,因遇疾卒,年六十八,赠荆州大都督,谥曰文献。九龄在相位时,建议复置十道采访使,又教河南数州水种稻,以广屯田。议置屯田,费功无利,竟不能就,罢之。性颇躁急,动辄忿詈,议者以此少之。

子拯,伊阙令。禄山之乱陷贼,不受伪命。两京克复,诏加太子右赞善。弟九皋,自尚书郎历唐、徐、宋、襄、广五州刺史。九章,历吉、明、曹三州刺史,鸿胪卿。

九龄为中书令时,天长节百僚上寿,多献珍异,唯九龄进《金镜录》五卷,言前古兴废之道,上赏异之。又与中书侍郎严挺之、尚书左丞袁仁敬、右庶子梁升卿、御史中丞卢怡结交友善。挺之等有才干,而交道终始不渝,甚为当时之所称。至德初,上皇在蜀,思九龄之先觉,下诏褒赠,曰:"正大厦者柱石之力,昌帝业者辅相之臣。生则保其荣名,殁乃称其盛德,饰终未允于人望,加赠实存乎国章。故中书令张九龄,维岳降神,济川作相,开元之际,寅亮成功。说言定其社稷,先觉合于著策,永怀贤弼,可谓大臣。竹帛犹存,樵苏无禁,爰从八命之秩,更进三台之位。可赠司徒,仍遣使就韶州致祭。"有集二十卷。

九皋曾孙仲方,少朗秀。为儿童时,父友高郢见而奇之,曰:"此子非常,必为国器,吾获高位,必振发之。"后郢为御史大夫,首请仲方为御史。历金州刺史。郡人有田产为中人所夺,仲方三疏奏闻,竟理其冤。入为度支郎中,驳李吉甫谥,吉甫之党恶之,出为遂州司马。稍迁复、曹、郑三郡守。为谏议大夫。时鄠县令崔发因辱小黄门,敬宗赫怒,付台推鞠。及元日大赦,独发不得宥。仲方上疏,其略曰:"鸿恩将布于天下,而不行御前;霈泽始被于昆虫,而独遗崔发。"由是发得不死,时论美之。大和九年,为京兆尹,将相从累者皆大戮,仲方密令识之。旋诏下许令收葬,得认遗骸,实仲方之力也。是时军人横恣,仲方脂韦,坐不称职,出为华州刺史,改秘书监。开成二年卒,年七十二,赠礼部尚书,谥曰成。

李适之,一名昌,恒山王承乾之孙也。父象,官至怀州别驾。适之,神龙初起家左卫郎将。开元中,累迁通州刺史,以强干见称。时给事中韩朝宗为按察使,特表荐之,擢拜秦州都督。俄转陕州刺史,入为河南尹。适之性简率,不务苛细,人吏便之。岁余,拜御史大夫。开元二十七年,兼幽州大都督府长史,知节度事。适之以祖得罪见废,父又遭凶天所黜,葬礼有阙,上疏请归葬昭陵之阙内。于是下诏追赠承乾为恒山愍王,象为越州都督,郇国公,伯父厥及亡兄数人并有褒赠。数丧同至京师,葬礼甚盛,仍刊石于坟所。俄拜刑部尚书。适之雅好宾友,饮酒一斗不乱,夜则宴赏,昼决公务,庭无留事。

天宝元年,代牛仙客为左相,累封清和县公。与李林甫争权不叶,适之性疏,为其阴中。林甫尝谓适之曰:"华山有金矿,采之可以富国,上未之知。"适之心善其言,他日从容奏之。玄宗大悦,顾问林甫,对曰:"臣知之久矣。然华山陛下本命,王气所在,不可穿凿,臣故不敢上言。"帝以为爱己,薄适之言疏。陇右节度皇甫惟明、刑部尚书韦坚、户部尚书裴宽、京兆尹韩朝宗,悉与适之善,林甫皆中伤之,构成其罪,相继放逐。适之惧不自安,求为散职。五载,罢知政事,守太子少保。遽命亲故欢会,赋诗曰:"避贤初罢相,乐圣且衔杯。为问门前客,今朝几个来?"竟坐与韦坚等相善,贬宜春太守。后御史罗希奭奉使杀韦坚、卢幼临、裴敦复、李邕等于贬所,州县且闻希奭到,无不惶骇。希奭过宜春郡,适之闻其来,仰药而死。

子季卿,弱冠举明经,颇工文词。应制举,登博学宏词科,再迁京兆府鄠县尉。肃宗朝,累迁中书舍人,以公事坐贬通州别驾。代宗即位,大举淹抑,自通州征为京兆少尹。寻复中书舍人,拜吏部侍郎。俄兼御史大夫,奉使河南、江淮宣慰,振拔幽滞,进用忠廉,时人称之。在铨衡数年,转右散骑常侍。季卿有宇量,性识博达,善与人交,襟怀豁如。其在朝以进贤为务,士以此多之。大历二年卒,赠礼部尚书。

孙融,立性严整,善吏事。贞元十年,历官至渭州节度使卒。

严挺之,华州华阴人。叔父方巍,景云中户部郎中。挺之少好学,举进士。神龙元年,制举擢第,授义兴尉。遇姚崇为常州刺史,见其体质昂藏,雅有吏干,深器异之。及崇再入为中书令,引挺之为右拾遗。

睿宗好乐,听之忘倦,玄宗又善音律。先天二年正月望,胡僧婆陀请夜开门燃百千灯,睿宗御延喜门观乐,凡经四日。又追作先天元年大酺,睿宗御安福门楼观百司酺宴,以夜继昼,经月余日。挺之上疏谏曰:

微臣窃惟陛下应天顺人,发号施令,躬亲大礼,昭布鸿泽,孜孜庶政,业业万几。盖以天下心为心,深戒安危之理,此诚尧、舜、禹、汤之德教也。奈何亲御城门,以观大酺,累日兼夜,臣愚窃所未谕。

夫酺者,因人所利,合酿为欢,无相夺伦,不至糜弊。且臣卜其昼,史册攸存,君举必书,帝王重慎。今乃暴秋冠于上路,罗妓乐于中宵。杂郑、卫之音,纵倡优之乐。陛下还淳复古,宵衣旰食,不矜细行,恐非圣德所宜。臣以为一不可也。谁何警夜,伐鼓通晨,以备非常,存之善教。今陛下不深惟戒慎,轻违动息,重门弛禁,巨猾多徒。倘有跃马奔车,流言骇叫,一尘听览,有累宸衷。臣以为二不可也。且一人向隅,满堂不乐;一物失所,纳隍增虑。陛下北宫多暇,西墉暂临。青春日长,已积埃尘之弊;紫微漏永,重穷歌舞之乐。倘令有司跛倚,下人饥倦,于陛下近情犹不恤,而况于远乎!圣情倘闻,岂不惕然祗畏。臣以为三不可也。且元正首祚,大礼频光,百姓颙颙,咸谓业盛配天,功垂旷代。今陛下恩似薄于众望,酺即过于往年。王公贵人,各承微旨;州县坊曲,竞为课税。呼嗟道路,贸易家产,损万人之力,营百戏之资。适欲同其欢,而乃遗其患,复令兼夜,人何以堪? 臣以为四不可也。

《书》曰:"罔咈百姓,以从己之欲。"况自去夏霡霂，经今亢旱，农乏收成，市有腾贵。损其实，崇其虚，驰不急之务，扰方春之业。前代圣主明王，忽于细微而成过患多矣，陛下可效之哉？伏望昼则欢娱，暮令休息，要令兼夜，恐无益于圣朝。"
上纳其言而止。

时侍御史任知古恃宪威，于朝行诃晋衣冠，挺之深让之，以为不敬，乃为台司所劾，左迁万州员外参军。开元中，为考功员外郎。典举二年，大称平允，登科者顿减三分之一。迁考功郎中，特敕又令知考功贡举事，稍迁给事中。时黄门侍郎杜暹、中书侍郎李元纮同列为相，不叶。暹与挺之善，元纮素重宋遥，引为中书舍人。及与起居舍人张昈等同考吏部等第判，遥复与挺之好尚不同，遥言于元纮。元纮诘谯挺之，挺之曰："明公位尊国相，情溺小人，乃有憎恶，甚为不取也。"词色俱厉。元纮曰："小人为谁？"挺之曰："即宋遥也。"因出为登州刺史、太原少尹。殿中监王毛仲使太原、朔方、幽州，计会兵马，事隔数年，乃牒太原索座仗。挺之以不挟敕，毛仲宠幸久，恐有变故，密奏之。寻迁濮、汴二州刺史。挺之所历皆严整，吏不敢犯，及莅大郡，人乃重足侧息。

二十年，毛仲得罪赐死，玄宗思曩日之奏，擢为刑部侍郎，深见恩遇，改太府卿。与张九龄相善，九龄入相，用挺之为尚书左丞，知吏部选，陆景融知兵部选，皆为一时精选。时侍中裴耀卿、礼部尚书李林甫与九龄同在相位，九龄以词学进，入视草翰林，又为中书令，甚所恩顾。耀卿与九龄素善，林甫巧密，知九龄方承恩遇，善事之，意未相与。林甫引萧炅为户部侍郎，尝与挺之同行庆吊，客次有《礼记》，萧炅读之曰："蒸尝伏猎。"炅早从官，无学术，不识"伏腊"之意，误读之。挺之戏问，炅对如初。挺之白九龄曰："省中岂有'伏猎侍郎。'"由是出为岐州刺史，林甫深恨之。九龄尝欲引挺之同居相位，谓之曰："李尚书深承圣恩，足下宜一造门款狎。"挺之素负气，薄其人，三年，非公事竟不私造其门，以此弥为林甫所嫉。及挺之嘱蔚州刺史王元琰，林甫使人诘于禁中，以此九龄罢相，挺之出为洺州刺史，二十九年，移绛郡太守。

天宝元年，玄宗尝谓林甫曰："严挺之何在？此人亦堪进用。"林甫乃召其弟损之至门叙故，云"当授子员外郎"，因谓之曰："圣人视贤兄极深，要须作一计，入城对见，当有大用。"令损之取绛郡一状，云："有少风气，请入京就医。"林甫将状奏云："挺之年高，近患风，且须授闲官就医。"玄宗叹吒久之。林甫奏授员外詹事，便令东京养疾。

挺之素归心释典，事僧惠义。及至东都，郁郁不得志，成疾。自为墓志曰："天宝元年，严挺之自绛郡太守抗疏陈乞，天恩允请，许养疾归闲，兼授太子詹事。前后历任二十五官，每承圣恩，尝忝奖擢，不尽驱策，弩骞何阶，仰答鸿造？春秋七十，无所展用，为人士所悲。其年九月，寝疾，终于洛阳某里之私第。十一月，葬于大照和尚塔次西原，礼也。尽忠事君，叨载国史，勉拙从仕，或布人谣。陵谷可以自纪，文章焉用为饰。遗文薄葬，敛以时服。"挺之与裴宽皆奉佛。开元末，惠义卒，挺之服缞麻送于龛

所。宽为河南尹，僧普寂卒，宽与妻子皆服缞绖，设次哭临，妻子送丧至嵩山。故挺之志文云"葬于大照塔侧"，祈其灵祐也。挺之素重交结，有许与，凡旧交先殁者，厚抚其妻子，凡嫁孤女数十人，时人重之。

子武，广德中黄门侍郎、成都尹、剑南节度使。

史臣曰：崔日用附会三思，以取高位，预讨韦氏，遂握重权。自言"吾一生行事，皆临时制变，不必专守始谋"，信矣。与夫守死善道者，不可同年而语也。张嘉贞虽不立田园，奈急于势利，朋比近习，杖姜皎，佃先，非中立之士也。萧嵩位极中令，异政无闻，树破虏之勋，真致远之器。九龄文学政事，咸有所称，一时之选也。适之临下虽简，在公克勤，惜乎不得其死也！挺之才略器识，不下诸公，耻近权门，为人所恶，不登台辅，养疾宫僚。虽富贵在天，穷达有命，彼林甫者，诚可投畀豺虎也。

赞曰：开元之代，多士盈庭。日用无守，嘉贞近名。嵩、龄、适、挺，各有度程。大位俱极，半惭德馨。

卷一百　　列传第五十

尹思贞　李杰　解琬　毕构
苏珦 子晋　郑惟忠　王志愔　卢从愿　李朝隐　裴漼 从祖弟宽　王丘

尹思贞，京兆长安人也。弱冠明经举，补隆州参军。时晋安县有豪族蒲氏，纵横不法，前后官吏莫能制。州司令思贞按推，发其奸赃万计，竟论杀之，远近称庆，刻石以纪其事，由是知名。累转明堂令，以善政闻。三迁殿中少监，检校洺州刺史。会契丹孙万荣作乱，河朔不安，思贞善于绥抚，境内独无惊扰，则天降玺书褒美之。

长安中，七迁秋官侍郎，以忤张昌宗被构，出为定州刺史，转晋州刺史。寻复入为司府少卿。时卿侯知一亦厉威严，吏人为之语曰："不畏侯卿杖，惟畏尹卿笔。"其为人所伏若此。寻加银青光禄大夫。于宅中掘得古戟十二，俄而门加棨戟，时人异焉。

神龙初，为大理卿，时武三思擅权，御史大夫李承嘉附会之。雍州人韦月将上变，告三思谋逆，中宗大怒，命斩之。思贞以发生之月，固执奏以为不可行刑，竟有敕决杖配流岭南。三思令所司因此非法害之，思贞又固争之。承嘉希三思旨，托以他事，不许思贞入朝廷。谓承嘉曰："公擅作威福，不顾宪章，附托奸臣，以图不轨，将先除忠良以自恣耶？"承嘉大怒，遂劾奏思贞，出为青州刺史。境内有蚕一年四熟者，黜陟使、卫州司马路敬潜八月至州，见茧叹曰："非善政所致，孰能至于此乎！"特表荐之。思贞前后为十三州刺史，皆以清简为政，奏课连最。

睿宗即位，征为将作大匠，累封天水郡公。时左仆射窦怀贞兴造金仙、玉真两观，调发夫匠，思贞常节减之。

怀贞怒，频诘责思贞，思贞曰："公职居端揆，任重弼谐，不能翼赞圣明，光宣大化，而乃盛兴土木，害及黎元，岂不愧也！又受小人之谮，轻辱朝臣，今日之事，不能苟免，请从此辞。"拂衣而去，阖门累日，上闻而特令视事。其年，怀贞伏诛，乃下制曰："国之副相，位亚中台，自匪邦直，孰司天宪？将作大匠尹思贞，贤良方正，硕儒耆德，刚不护缺，清而畏知，简言易从，庄色难犯。征先王之体要，敷衽必陈；折佞臣之怙权，拂衣而谢。故以事闻海内，名动京师，鹰隼是击，豺狼自远。必能条理前弊，发挥旧章，宜承弄印之荣，式允登车之志。可御史大夫。"俄兼申王府长史，迁户部尚书，转工部尚书。以老疾累请致仕，许之。开元四年卒，年七十七，赠黄门监，谥曰简。

李杰，本名务光，相州滏阳人。后魏并州刺史宝之后也，其先自陇西徙焉。杰少以孝友著称，举明经，累迁天官员外郎，明敏有吏才，甚得当时之誉。神龙初，累迁卫尉少卿，为河东道巡察黜陟使，奏课为诸使之最。开元初，为河南尹。杰既勤于听理，每有诉列，虽衢路当食，无废处断。由是官无留事，人吏爱之。先是，河、汴之间有梁公堰，年久堰破，江、淮漕运不通。杰奏调发汴、郑丁夫以浚之，省功速就，公私深以为利，刊石水滨，以纪其绩。

寻代宋璟为御史大夫。时皇后妹婿尚衣奉御长孙昕与其妹婿杨仙玉因于里巷遇杰，遂殴击之，上大怒，令斩昕等。散骑常侍马嶷以为阳和之月，不可行刑，累表陈请。乃下敕曰："夫为令者自近而及远，行罚者先亲而后疏。长孙昕、杨仙玉等凭恃姻戚，恣行凶险，轻侮常宪，损辱大臣，情特难容，故令斩决。今群官等累陈表疏，固有诚请，以阳和之节，非肃杀之时，援引古今，词义恳切。朕志从深谏，情亦惜法，宜宽异门之罚，听从枯木之毙。即宜决杀，以谢百僚。"

杰明年以护桥陵功，赐爵武威子。初，杰护作时，引侍御史王旭为判官。旭贪冒受贿，杰将绳之而不得其实，反为旭所构，出为衢州刺史。俄转扬州大都督府长史，又为御史所劾，免官归第。寻卒，赠户部尚书。

解琬，魏州元城人也。少应幽素举，拜新政尉，累转成都丞。因奏事称旨，超迁监察御史，丁忧离职。则天以琬识练边事，起复旧官，令往西域安抚夷虏，抗疏固辞。则天嘉之，下敕曰："解琬孝性淳至，哀情恳切，固辞权夺之荣，乞就终忧之典。足可以激扬风俗，敦奖名教，宜遂雅怀，允其所请。仍令服阕后赴上。"

圣历初，迁侍御史，充使安抚乌质勒及十姓部落，咸得其便宜，蕃人大悦，以功擢拜御史中丞，兼北庭都护、持节西域安抚使。琬素与郭元振同官相善，遂为宗楚客所毁，由是左迁沧州刺史。为政务存大体，甚得人和。景龙中，迁右台御史大夫，兼持节朔方行军大总管。琬前后在军二十余载，务农习战，多所利益，边境安之。

景云二年，复为朔方军大总管。琬分遣随军要籍官河阳丞张冠宗、肥乡令韦景骏、普安令于处忠等校料三城兵募，于是减十万人，奏罢之。寻授右武卫大将军，兼检校晋州刺史，赐爵济南县男。以年老乞骸骨，拜表讫，不待报而去。优诏加金紫光禄大夫，听致仕，其禄准品全给。寻降玺书劳之曰："卿器局坚正，才识高远，公忠彰其立身，贞固足以干事。类张骞之出使，同魏绛之和戎。职缉文武，功申方面，勤于王家，是为国老。顷者，顾斯侧景，愿言勇退，深惜马援之能，未遂祁奚之请。然章疏频上，雅怀难夺。今知脱屣归闲，拂衣高谢，固可以激励颓俗，仪刑庶僚。永言终始，良可嘉尚。宜善摄养，以介期颐。"

未几，吐蕃寇边，复召拜左散骑常侍，令与吐蕃分定地界，兼处置十姓降户。琬言吐蕃必潜怀叛计，请预支兵十万于秦、渭等州严加防遏。其年冬，吐蕃果入寇，竟为支兵所击走之。俄又表请致仕，不许，迁太子宾客。开元五年，出为同州刺史。明年卒，年八十余。

毕构，河南偃师人也。父憬，则天时为司卫少卿。构少举进士。神龙初，累迁中书舍人。时敬晖等奏请降削武氏诸王，构次当读表，既声韵朗畅，兼分析其文句，左右听者皆历然可晓。由是武三思恶之，出为润州刺史。累除益州大都督府长史。景云初，召拜左御史大夫，转陕州刺史，加银青光禄大夫，封魏县男。顷之，复授益州大都督府长史，兼充剑南道按察使。所历州府，咸著声绩，在蜀中尤革旧弊，政号清严。睿宗闻而善之，玺书劳曰：

我国家创开天地，再造黎元，四夷来王，万邦会至，置州立郡，分职设官。贞观、永徽之前，皇猷惟穆；咸亨、垂拱之后，淳风渐替。征赋将急，调役颇繁，选吏举人，涉于浮滥。省阁台寺，罕有公直，苟贪禄秩，以度岁时。中外因循，纪纲弛紊，且无惩革，弊乃滋深。为官既不择人，非亲即贿；为法又不按罪，作孽宁逃？贪残放手者相仍，清白洁己者斯绝。盖由赏罚不举，生杀莫行。更以水旱时乖，边隅未谧，日损一日，征敛不休，大东小东，杼轴为怨，就更割剥，何以克堪！

昔闻当官，以留犊还珠为上。今之从职，以充车联驷为能。或交结富家，抑弃贫弱；或矜假典正，树立腹心。邑屋之间，囊箧俱委，或地有椿干梓漆，或家有畜产资财，即被暗通，并从取夺。若有固吝，即因事以绳，粗杖大枷，动倾性命，怀冤抱痛，无所告陈。比差御史委令巡察，或有贵要所嘱，未能不避权豪；或有亲故在官，又牢绝于颜面。载驰原隰，徒烦出使之名；安问狐狸，未见埋车之节。扬清激浊，泾、渭不分；嫉恶好善，萧、兰莫别。官守既其若此，下人岂以聊生。数年已来，雕残更甚。

卿孤洁独行，有古人之风，自临蜀川，弊化顿易。览卿前后执奏，何异破柱求奸？诸使之中，在卿为最。并能尽节似卿如此，百郡何忧乎不理，万人何虑乎不安？卿当益坚，勿为后顾。朕嘉卿直道，今赐袍带并衣一副。

寻拜户部尚书，转吏部尚书，并遥领益州大都督府长史。玄宗即位，累拜河南尹，迁户部尚书。开元四年，遇疾，上手疏医方以赐之。时议户部尚书为凶官，遽改授太子詹事，冀其有瘳。寻卒，赠黄门监，谥曰景。

构初丧继母时，有二妹在襁褓，亲加鞠养，咸得成立。及构卒，二妹号绝久之，以抚育恩，遂制三年之服。其弟栩亦甚哀毁，并为当时所称。栩官至荆州司马。

苏珦，雍州蓝田人。明经举，累授鄠县尉。雍州长史李义琰召而谓曰："鄠县本多诉讼，近日遂绝，访问果由明公为其疏理。"因顾指厅事曰："此座即明公座也，但恨非迟暮所见耳。"

垂拱初，拜右台监察御史。时则天将诛韩、鲁等诸王，使珦按其密状，珦讯问皆无征验。或诬告珦与韩、鲁等同情，则天召见诘问，珦抗议不回。则天不悦，曰："卿大雅之士，朕当别有驱使，此狱不假卿也。"遂令珦于河西监军。五迁右司郎中。时御史王弘义托附来俊臣，构陷无罪，朝廷疾之。尝受诏于虢州采木，役使不节，丁夫多死，珦按奏其事，弘义竟以坐黜。珦寻迁给事中，累授左肃政台御史大夫。时有诏白司马坂营大像，糜费巨亿，珦以妨农，上疏切谏，则天纳焉。

神龙初，武三思擅权，韦月将告三思将有逆谋，返为三思所构，中宗令斩之。珦奏非时不可行刑，由是忤三思旨，转为右御史大夫。寻出为岐州刺史，复为右台大夫。会节愍太子败，诏珦穷其党与。时睿宗在藩，为得罪者所引，珦因辩析事状，密奏以保持之。中宗意解，因是多所原免，擢珦为户部尚书，赐爵河内郡公。寻授太子宾客、检校詹事，以年老致仕。开元三年卒，年八十一，赠兖州都督，谥曰文。子晋，亦知名。

晋，数岁能属文，作《八卦论》，吏部侍郎房颖叔、秘书少监王绍宗见而赏叹曰："此后来王粲也。"弱冠举进士，又应大礼举，皆居上第。先天中，累迁中书舍人，兼崇文馆学士。玄宗监国，每有制命，皆令晋及贾曾为之。晋亦数进谠言，深见嘉纳。俄出为泗州刺史，以父老乞辞职归侍，许之。父卒后，历户部侍郎，袭爵河内郡公。开元十四年，迁吏部侍郎。时开府宋璟兼尚书事，晋及齐浣递于京都知选事，既糊名考判，晋独多赏拔，甚得当时之誉。俄而侍中裴光庭知尚书事，每过官应批退者，但对众披簿，以朱笔点头而已。晋遂榜选院云："门下点头者，更引注拟。"光庭以为侮己，甚不悦，遂出为汝州刺史。三迁魏州刺史，加银青光禄大夫，入为太子左庶子。二十二年卒，年五十九。

初，晋与洛阳人张循之、仲之兄弟友善，循之等并以学业著名。循之，则天时上书忤旨被诛。仲之，神龙中谋杀武三思，为友人宋之愻所发，下狱死。晋厚抚仲之子渐，有如己子，教之书记，为营婚宦。及晋卒，渐制犹子之服，时人甚以此称之。

郑惟忠，宋州宋城人也。仪凤中，进士举，授井陉尉，转汤阴尉。天授中，应举召见，则天临轩问诸举人："何者为忠？"诸人对不称旨。惟忠对曰："臣闻忠者，外扬君之美，内匡君之恶。"则天曰："善。"授左司御率府胄曹参军，累迁水部员外郎。则天幸长安，惟忠待制引见，则天谓曰："朕识卿，前于东都言'忠臣外扬君之美，内匡君之恶'，至今不忘。"寻加朝散大夫，再迁凤阁舍人。

中宗即位，甚敬重之，擢拜黄门侍郎。时议请禁岭南首领家畜兵器，惟忠曰："夫为政不可革以习俗，且《吴都赋》云：'家有鹤膝，户有犀渠。'如或禁之，岂无惊扰耶？"遂寝。无何，守大理卿。节愍太子与将军李多祚等举兵诛武三思，事变伏诛。其诖误守门者并配流，将行，有韦氏党与密奏请尽诛之。中宗令推断，惟忠奏曰："今大狱始决，人心未宁，若更改推，必递相惊恐，则反侧之子，无由自安。"敕令百司议，遂依旧断，所全者甚多。俄拜御史大夫，持节赈给河北道，仍黜陟牧宰。还，敷奏称旨，加银青光禄大夫，封荥阳县男。开元初，为礼部尚书，转太子宾客。十年卒，赠太子少保。

王志愔，博州聊城人也。少以进士擢第。神龙年，累除左台御史，加朝散大夫。执法刚正，百僚畏惮，时人呼为"皂雕"，言其顾瞻人吏，如雕鹗之视燕雀也。寻迁大理正，尝奏言："法令者，人之堤防，堤防不立，则人无所禁。窃见大理官僚，多不奉法，以纵罪为宽恕，以守文为苛刻。臣滥执刑典，实恐为众所谤。"遂表上所著《应正论》以见志，其词曰：

尝读《易》至"萃，利见大人，亨，聚以正也。六二，引吉无咎。"注曰："居萃之时，体柔当位。处《坤》之中，已独处正。异操而聚，独立者危，未能变体，以远于害。故必见引，然后乃吉而无咎。"王肃曰："六二与九五相应，俱履贞正。引由迎也，为吉所迎，何咎之有？"未尝不辍书而叹曰："居中履正，事之常体，见引无咎，道亦宜然。

有客闻而惑之，因谓仆曰：今主上文明，域中理定，君累司典宪，不务和同。处正之志虽存，见引之吉谁应？行之不已，余窃惧焉。

仆敛襟降阶揖而谢曰：补遗阙于衮职，用忠谠为己任，以蒙养正，见引获吉，应此道也，仁何远哉！昔咎繇谟虞，登朝作士，设教理物，开训戒务。是以五流有宅，五宅三居，枯终贼刑，刑故无小。于是舜美其事曰："汝明于五刑，以弼五教，期于予理，刑期于无刑，人协于中，时乃功，懋哉！"故孔子叹其政曰："舜举咎繇，不仁者远。"此非明辟执法，大人见引之应乎？季孙行父之事君也，举窃宝之愆，黜授邑之赏，明善恶而纠慝，议僭赏以塞进。在虞舜之功，居二十之一，主司奉行其道，时君不以为嫌，此非己独处正，应正而无咎。观鱼于棠，臧伯正色；赂鼎在庙，哀伯抗词。言者得尽其忠，闻之不加其罪。故《春秋》称臧氏之正，曰："积善之家，必有余庆。"此非异操而聚，引吉之所致乎？魏绛理直，晋侯乃复其位；邾人辞顺，赵盾不伐其国。此非正体未变，为吉所迎者乎？

夫在上垂拱，臣下守制，若正应乎上，乃引吉于下。而中士闻道，若存若亡，交战于谲正之门，怀疑乎语默之境，惧独正之莫引，忘此正之必亨。吁嗟乎！

行己立身，居正践义，其动也直，其正也方。维正直而是与，何往而非攸利。何以明之？《坤》六二："直方大，不习无不利。"《文言》曰："直其正也，方其义也，君子敬以直内，义以方外。敬义立而德不孤，直方大则不疑其所行也。"嵇康撰《释私论》，曹羲著《至公篇》，皆以崇公激俗，抑私事主，一言可以蔽之，归于体正而已矣。《礼记》曰："刑者侀也，侀者成也，一成而不可变，故君子尽心焉。"若以喜怒制刑，轻重设比，是则桥前惊马，用希旨论人，苑中猎兔，以从欲废法。理有违而合道，物贵和而不同，不同之和，正在其中矣。

昔任延为武威太守，汉帝诫之曰："善事上官，无失名誉。"延对曰："臣闻忠臣不私，私臣不忠，上下雷同，非国家之福。善事上官，臣不敢奉诏。"任延雅奏，汉主是其言。此则归正不回，乖旨顺义，不以忤怀见忌，斯亦违而合道。《晏子春秋》：景公见梁丘据曰："据与我和。"晏子曰："此同也。和者，君甘则臣酸，君淡则臣咸。今据也，君甘亦甘，所谓同也，安得为和？"是以济盐梅以调羹，乃适平心之味；献可否而论道，方惬政体之节。俟引正而遵度，故曰物贵和而不同。刘曼山辩和同之义，有旨哉！若以不同见讥，未敢闻诲。

客曰：和同乖训，则已闻之。援法成而不变者，岂恤狱之宽宪耶？《书》曰："御众以宽。"《传》曰："宽则得众。"若以严统物，异乎宽政矣。

对曰：刑赏二柄，唯人主操之，崇厚任宽，是谓帝王之德。慎子曰："以力役法者，百姓也；以死守法者，有司也；以道变法者，君上也。"然则匪人臣所操。后魏游肇之为廷尉也，魏帝尝私敕肇有所降恕，肇执而不从曰："陛下自能恕之，岂足令臣曲笔也？"是知宽恕是君道，曲从非臣节。人或未达斯旨，不料其务，以平刑为峻，将曲法为宽，谨守宪章，号为深密。《内律》："释种亏戒，一诛五百人，如来不救其罪。"岂谓佛法为残刻耶？老子《道德经》云："天网恢恢，疏而不漏。"岂谓道教为凝峻耶？《家语》曰："王者之诛有五，而窃盗不预焉。"即心辩言伪之流。《礼记》亦陈四杀，破律乱名之谓。岂是儒家执禁，孔子之深文哉？此三教之用法者，所以明真谛，重玄猷，存天纲，立人极也。

然则乾象震曜，天道明威。齐众惟刑，百王所以垂范；析人以法，三后于是成功。所务掌宪决平，斯廷尉之职耳。《易》曰："家人嗃嗃，无咎；妇子嘻嘻，终吝。"严于其家，可移于国。昔崔寔达于理而作《政论》，仲长统曰："凡为人主，宜写《政论》一通，置诸坐侧。"其大抵云为国者以严致平，非以宽致平者也。然则称严者不必逾条越制，凝网重罚，在于施隐括以矫枉，用平典以禁非。刑故有常，罚轻无舍，人不易犯，防之难越故也。但人慢吏浊，伪积赃深，而曰以宽理之，可以无过。何异乎命王良御骠，舍衔策于奔踶；请俞跗攻疾，停药石于肤腠！适见秋驾转逸，膏肓更深，医人仆夫，何功之有？

又谓仆曰：成法而变，唯帝王之命欤？对曰：何为其然也？昔汉武帝甥昭平君杀人，以公主子，廷尉上请论。左右为言，武帝垂涕叹曰："法令者，先帝之所造也，用亲故诬先帝之法，吾何面目入高庙乎？又下负万人！"乃可其奏。近代隋文帝子秦王俊为并州总管，以奢纵免官。仆射杨素奏言："王，陛下爱子，请舍其过。"文帝曰："法不可违。若如公意，我是五儿之父，非兆人之父，何不别制天子儿律乎？我安能亏法！"卒不许。此是帝王操法，协于礼经不变之义。况于秋官典职，司寇肃事，而可变动者乎！我皇睿哲登宸，高视岩廊之上；宰衡明允就列，辑穆庙堂之下。乾坤交泰，日月光华，庶绩其凝，众工咸理。聚以正也，仆幸利见大人；引其吉焉，期养正于下位。中正是托，予何惧乎？

夫君子百行之基，出处二途而已。出则策名委质，行立道以事人，进善纳忠，仰太阶而缉政。谔谔其节，思为社稷之臣；謇謇匪躬，愿参柱石之任。处则高谢公卿，孝友扬名，是亦为政。烟霞尚志，其用永贞，行藏事业，心迹斯在。至如水中泛泛，天下悠悠，执驭为荣，扫门自媚，拜尘邀势，括囊守禄，从来长息，以为深耻。客乃逡巡不对，遂无以间仆也。中宗览而嘉之。稍迁驾部郎中。

景云元年，累转左御史中丞，寻迁大理少卿。二年，制依汉置刺史监郡，于天下冲要大州置都督二十人，妙选有威重者为之，遂拜志愔齐州都督，事竟不行。又授齐州刺史，充河南道按察使。未几，迁汴州刺史，仍旧充河南道按察使。太极元年，又令以本官兼御史中丞、内供奉，特赐实封一百户。寻加银青光禄大夫，拜户部侍郎。出为魏州刺史，转扬州大都督府长史，俱充本道按察使。所在令行禁止，奸猾屏迹，境内肃然。久之，召拜刑部尚书。

开元九年，上幸东都，令充京师留守。十年，有京兆人权梁山伪称襄王男，自号光帝，与其党及左右屯营押官谋反。夜半时拥左屯营兵百余人自景风、长乐等门斩关入宫城，将杀志愔，志愔逾墙避贼。俄而屯营兵溃散，翻杀梁山等五人，传首东都，志愔遂以骇卒。

卢从愿，相州临漳人，后魏度支尚书昶六代孙也。自范阳徙家焉，世为山东著姓。弱冠明经举，授绛州夏县尉，又应制举，拜右拾遗。俄迁右肃政监察御史，充山南道黜陟巡抚使，奉使称旨，拜殿中侍御史。累迁中书舍人。

睿宗践祚，拜吏部侍郎。中宗之后，选司颇失纲纪，从愿精心条理，大称平允。其有冒名伪选及虚增功状之类，皆能摘发其事。典选六年，前后无及之者。上嘉之，特与一子太子通事舍人。从愿上疏乞回恩赠父，乃赠其父吉阳丞敬一为郑州长史。初，高宗时裴行俭、马载为吏部，最为称职。及是，从愿与李朝隐同时典选，亦有美誉。时人称曰：吏部前有马、裴，后有卢、李。

开元四年，上尽召新授县令，一时于殿庭策试，考入下第者，一切放归学问。从愿以注拟非才，左迁豫州刺史。

为政严简，按察使奏课为天下第一，降玺书劳问，赐绢百匹。无几，入为工部侍郎，转尚书左丞。又与杨滔及吏部侍郎裴漼、礼部侍郎王丘、中书舍人刘令植删定《开元后格》，迁中书侍郎。十一年，拜工部尚书，加银青光禄大夫，仍令东都留守。十三年，从升泰山，又加金紫光禄大夫，代韦抗为刑部尚书。频年充校京外官考使，前后咸称允当。

御史中丞宇文融承恩用事，以括获田户之功，本司校考为上下，从愿抑不与之。融颇以为恨，密奏从愿广占良田，至有百余顷。其后，上尝择堪为宰相者，或荐从愿，上曰："从愿广占田园，是不廉也。"遂止不用。从愿又因早朝，途中为人所射，中其从者，捕贼竟不获。时议从愿久在选司，为被抑者所仇。

十六年，东都留守。时坐子起居郎论粜米入官有剩利，为宪司所纠，出为绛州刺史，再迁太子宾客。二十年，河北谷贵，敕从愿为宣抚处置使，开仓以救饥馁。使回，以年老抗表乞骸骨，乃拜吏部尚书，听致仕，给全禄。二十五年卒，年七十余，赠益州大都督，谥曰文。

李朝隐，京兆三原人也。少以明法举，拜临汾尉，累授大理丞。神龙中，功臣敬晖、桓彦范为武三思所构，讽侍御史郑愔奏请诛之，敕大理结其罪。朝隐以晖等所犯，不经推穷，未可即正刑名。时裴谈为大理卿，异笔断斩，仍籍没其家，朝隐由是忤旨。中宗令贬岭南恶处，侍中韦巨源、中书令李峤奏曰："朝隐素称清正，断狱亦甚当事，一朝远徙岭表，恐天下疑其罪。"中宗意解，出为闻喜令。

寻迁侍御史，三迁长安令，有宦官闾兴贵诣县请托，朝隐命拽出之。睿宗闻而嘉叹，廷召朝隐，劳曰："卿为京县令能如此，朕复何忧。"乃下制曰："夫不吐刚而迨上、不茹柔而黩下者，君子之事也。践霜必绳、登车无屈者，正人之务也。长安县令李朝隐，德义不回，清强自遂，亟闻嘉政，累著能名。近者品官入县，有乖仪式，遂能责之以礼，绳之以愆。但阉竖之流，多有凭恃，柔宽之代，必弄威权。历观载籍，常所叹息。朕规诫前古，勤求典宪，能副朕意，实赖斯人。昔虞延持皇后之客，梅陶鞭太子之傅，古称遗直，复见于今。思欲旌其美行，迁以重职，为时属阅户，政在养人，宜加一阶，用表刚烈。可太中大夫。特赐中上考，兼绢百匹。"七迁绛州刺史，兼知吏部选事。

开元二年，迁吏部侍郎，铨叙平允，甚为当时所称，降玺书褒美，授一子太子通事舍人。四年春，以授县令非其人，出为滑州刺史，转同州刺史。驾幸东都，路由同州，朝隐蒙旨召见赏慰，赐衣一副、绢百匹。寻迁河南尹，政甚清严，豪右屏迹。时太子舅赵常奴恃势侵害平人，朝隐曰："此而不绳，何以为政？"执而杖之。上闻，又降敕书慰勉之。

十年，迁大理卿。时武强令裴景仙犯乞取赃积五千匹，事发逃走。上大怒，令集众杀之。朝隐执奏曰："裴景仙缘是乞赃，犯不至死。又景仙曾祖故司空寂，往属缔构，首预元勋。载初年中，家陷非罪，凡有兄弟皆被诛夷，唯景仙独存，今见承嫡。据赃未当死坐，准犯犹入请条。

十代宥贤，功实宜录；一门绝祀，情或可哀。愿宽暴市之刑，俾就投荒之役，则旧勋斯允。"手诏不许。朝隐又奏曰：

有断自天，处之极法。生杀之柄，人主合专；轻生有条，臣下当守。枉法者，枉理而取，十五匹便抵死刑；乞取者，因乞为赃，数千匹止当流坐。今若乞取得罪，便处斩刑，后有枉法当科，欲如何辟？所以为国惜法，期守律文，非敢以法随人，曲矜人命。射兔魏苑，惊马汉桥，初震皇赫，竟从廷议，岂威不能制，而法贵有常。又景仙曾祖寂，草昧忠节，定为元勋，位至台司，恩倍常数。载初之际，被枉破家，诸子各犯非幸，唯仙今见承嫡。若寂勋都弃，仙罪特加，则叔向之贤何足称者，若散之鬼不其馁而？舍罪念功，乞垂天听。应敕决杖及有犯配流，近发德音，普摽殊泽，杖者既听减数，流者仍许给程。天下颙颙，孰不幸甚！瞻彼四海，已被深恩，岂于一人，独峻常典？伏乞采臣之议，致仙于法。

乃下制曰："罪不在大，本乎情；罚在必行，不在重。朕垂范作训，庶动植咸若，岂严刑逞戮，使手足无措者哉？裴景仙幸藉绪余，超升令宰，轻我宪法，盖我凤猷，不慎畏知之金，诳识无贪之宝，家盈黩货，身乃逃亡。殊不知天孽可违，自愆难宥，所以不从本法，加以殊刑，冀惩贪暴之流，以塞侵渔之路。然以其祖父昔预经纶，佐命有功，缔构斯重，缅怀赏延之义，俾协政宽之典，宜舍其极法，以审退荒。仍决杖一百，流岭南恶处。"

朝隐俄转岐州刺史，母忧去官。起为扬州大都督府长史，抗疏固辞，制许之。朝隐性孝友，时年已衰暮，在丧尤加毁瘠。明年，制又起为扬州长史，不获已而就职，复入为大理卿，累封金城伯，代崔隐甫为御史大夫。朝隐素有公直之誉，每御史大夫缺，时议咸许之。及居其职，竟无所纠劾，唯烦于细务，时望由是稍减。俄转太常卿。二十一年，兼判广州事，仍摄御史大夫，充岭南采访处置使。明年，卒于岭外，年七十，赠吏部尚书，官给灵舆，兼家口给递还乡，谥曰贞。

裴漼，绛州闻喜人也。世为著姓。父琰之，永徽中，为同州司户参军，时年少，美容仪，刺史李崇义初甚轻之。先是，州中有积年旧案数百道，崇义促琰之使断之，琰之命书吏数人，连纸进笔，斯须剖断并毕，文翰俱美，且尽与夺之理。崇义大惊，谢曰："公何忍藏锋以成鄙夫之过！"由是大知名，号为"霹雳手"。后为永年令，有惠政，人吏刊石颂之。历任仓部郎中，以老疾废于家。

漼色养劬劳，十数年不求仕进。父卒后，应大礼举，拜陈留主簿，累迁监察御史。时吏部侍郎崔湜、郑愔坐赃为御史李尚隐所劾，漼同鞫其狱。安乐公主及上官昭容阿党湜等，漼竟执正奏其罪，甚为当时所称。三迁中书舍人。

太极元年，睿宗为金仙、玉真公主造观及寺等，时属春旱，兴役不止。漼上疏谏曰：

臣谨案《礼记》春、秋令曰：无聚大众，无起大役，不可兴土功，恐妨农事。若号令乖度，役使不时，则加疾疫之危，国有水旱之灾，此五行之必应也。今自春至夏，时雨愆期，下人忧心，莫知所出。陛下虽降哀矜之旨，两都仍有寺观之作，时旱之应，实此之由。且春令告期，东作方始，正是丁壮就功之日，而土木方兴，臣恐所妨尤多，所益尤少，耕夫蚕妾，饥寒之源。故《春秋》"庄公三十一年冬，不雨"，《五行传》以为"岁三筑台"；"僖公二十一年夏，大旱"，《五行传》以"时作南门，劳人兴役"。陛下每以万方为念，睿旨殷勤，安国济人，防微虑远，伏愿下明制，发德音，顺天时，副人望，两京公私营造及诸和市木石等并请且停，则苍生幸甚。农桑失时，户口流散，纵寺观营构，岂救黎元饥寒之弊哉！

疏奏不报。寻转兵部侍郎，以铨叙平允，持授一子为太子通事舍人。

开元五年，迁吏部侍郎，典选数年，多所持拔。再转黄门侍郎，代宋抗为御史大夫。濯早与张说特相友善，时说在相位，数称荐之。濯又善于敷奏，上亦嘉重焉。由是擢拜吏部尚书，寻转太子宾客。濯家世俭约，既久居清要，颇饰妓妾，后庭有绮罗之赏，由是为时论所讥。二十四年卒，年七十余，赠礼部尚书，谥曰懿。

濯从祖弟宽。宽父无晦，袁州刺史。宽通略，以文词进，骑射、弹棋、投壶特妙。景云中，为润州参军，刺史韦铣为按察使，引为判官，清干善于剖断，铣重其才，以女妻之。后应拔萃，举河南丞。再转为长安尉。时宇文融为侍御史，括天下田户，使奏差为江南东道勾当租庸地税兼覆田判官。转太常博士。礼部拟国忌之辰享庙用乐，下太常，宽深达礼节，特建新意，以为庙尊忌卑则登歌，庙卑忌尊则去籥。中书令张说谓宽明识，举而行之。再迁为刑部员外郎。有万骑将军马崇正昼杀人，时开府、霍国公王毛仲恩幸用事，将鬻其狱，宽执之不回。兵部尚书萧嵩为河西节度使，奏宽及郭虚己为判官，累年专见委任，嵩加中书令，宽历中书舍人、御史中丞、兵部侍郎。开元二十一年冬，裴耀卿以黄门侍郎知政事，扈从出关，知江、淮转运，于河阴置仓，奏宽为户部侍郎，为其副。

宽性友爱，弟兄多宦达，子侄亦有名称，于东京立第同居，八院相对，甥侄皆有休憩所，击鼓而食，当世荣之。选吏部侍郎，及玄宗还京，又改蒲州刺史。州境久旱，入境，雨乃大浃。迁河南尹，不附权贵，务于恤隐，政乃大理。改左金吾卫大将军，一年，除太原尹，赐紫金鱼袋。玄宗赋诗而饯之，曰："德比岱云布，心如晋水清。"

天宝初，除陈留太守，兼采访使。寻而范阳节度李适之入为御史大夫，除宽范阳节度兼采访使河北替之。其年，又加御史大夫，时北平守乌承恩恃以藩酋与中贵通，恣求货贿，宽以法按之。檀州刺史何僧献生口数十人，宽悉命归之，故夷夏感悦。

三载，以安禄山为范阳节度，宽为户部尚书、兼御史大夫。玄宗素重宽，日加恩顾。刑部尚书裴敦复讨海贼回，颇张贼势，又广叙功以开请托之路，宽尝几微奏之。居数日，有河北将士入奏，盛言宽在范阳能政，塞上思之，玄宗嗟赏久之。李林甫惧其入相，又恶宽与李适之善，乃呼裴敦复，且以宽之语告之。敦复使气性疏，与宽素不相下，以为林甫推诚于己，因愿结之，且诉其冤。先是，宽以亲故名嘱敦复，求请军功。至是敦复气愤发其事，林甫曰："公宜速奏，无后于人。"寻而敦复扈从幸温泉宫，宽在京城未发。遇有敦复下军将程藏曜、郎将曹鉴。鉴，郴州富人；藏曜，岭南首领之子。皆有他事，与人诣台告诉，宽受其状，捕鉴等鞫之。敦复判官太常博士王悦闻之，谓宽求其过，连夜诣汤所以告。敦复大惧，促装待罪，因令子婿以五百金赂于贵妃姊杨三娘。杨氏遽为言之，明日贬宽为睢阳太守。

宽以清简为政，故所莅人皆爱之。当时望为宰辅。及韦坚构祸，宽又以亲累贬为安陆别驾员外置。林甫使罗希奭南杀李适之，纡路至安陆过，拟怖死之。宽叩头祈请，希奭不宿而过。宽又惧死，上表请为僧，诏不许。然崇信释典，常与僧徒往来，焚香礼忏，老而弥笃。累迁东海太守、襄州采访使、银青光禄大夫，转冯翊太守，入拜礼部尚书。十四载卒，年七十五。诏赠太子少傅，赙帛一百五十段、粟一百五十石。兄弟八人，皆明经及第，入台省、典郡者五人。

宽殁之后，弟洵为河内郡太守。安禄山反，以执父丧，将投阙庭，恐累其母，乃诣河东节度诉诚而退。后在母忧，又陷史思明，授其伪官委任，使弟朗衔奉表疏至上京。代宗时，为左司郎中、兼侍御史、河东道租庸判官。

王丘，光禄卿同皎从兄子也。父同晊，左庶子。丘年十一，童子举擢第，时类皆以诵经为课，丘独以属文见擢，由是知名。弱冠，又应制举，拜奉礼郎。丘神气清古，而志行修洁，尤善词赋，族人左庶子方庆及御史大夫魏元忠皆称荐之。长安中，自偃师主簿擢第，拜监察御史。

开元初，累迁考功员外郎。先是，考功举人，请托大行，取士颇滥，每年至数百人，丘一切核其实材，登科者仅满百人。议者以为自则天已后凡数十年，无如丘者，其后席豫、严挺之为其次焉。三迁紫微舍人，以知制诰之勤，加朝散大夫，再转吏部侍郎。典选累年，甚称平允。擢用山阴尉孙遂、桃林尉张镜微、湖城尉王晋明、进士王泠然，皆称一时之秀。俄换尚书左丞。

十一年，拜黄门侍郎。其年，山东旱俭，朝议选朝臣为刺史以抚贫民，制曰："昔咎繇与禹言曰：'在知人，在安人。'此皆念存邦本，光于帝载，乾乾夕惕，无忘一日。而长吏或不称，苍生或未宁，深思循良，以矫过弊，仍重诸侯之选，故自朝廷始之。"于是以丘为怀州刺史，又中书侍郎崔沔等数人皆为山东诸州刺史。至任，皆无可称，唯丘在职清严，人吏甚畏慕。俄又分知吏部选事，入为尚书左丞，丁父忧去职，服阕，拜右散骑常侍，仍知制诰。

二十一年，侍中裴光庭病卒，中书令萧嵩与丘有旧，将荐丘知政事，丘知而固辞，且盛推尚书右丞韩休，嵩因而奏之。及休作相，遂荐丘代崔琳为御史大夫。丘既讷于言词，敷奏多不称旨。俄转太子宾客，袭父爵宿预男，寻以疾拜礼部尚书，仍听致仕。

丘虽历要职，固守清俭，未尝受人馈遗，第宅舆马，称为敝陋。致仕之后，药饵殆将不给。上闻而嘉叹，下制曰："王丘凤负良材，累升茂秩，比缘疾疹，假以优闲。闻其家道屡空，医药靡给，久此从宦，遂无余资。持操若斯，古人何远！且优贤之义，方册所先，周急之宜，沮劝攸在。其俸禄一事已上，并宜全给，式表殊常之泽，用旌贞白之吏。"天宝二年卒，赠荆州大都督。

史臣曰：有唐之兴，绵历年所，骨鲠清廉之士，怀忠抱义之臣，台省之间，驾肩接武。但时有夷险，道有污隆，用与不用而已。睿、玄之世，若李杰、毕构、苏珦、郑惟忠、王志愔、卢从愿、裴漼、王丘并位历亚台，名德兼著。如尹思贞、李朝隐折李承嘉、窦怀贞，辱闻兴贵、赵常奴，诗人所谓不畏强御者也。解琬总兵朔野，料敌如神，功遂身退，深知止足，兹亦有足多也。

赞曰：尚书亚台，京尹方伯。我朝重官，云谁称职？杰、构、珦、忠，能竭其力。愔、愿、漼、丘，聿修厥德。贞蔑大僚，隐绳贵戚。琬驰令名，燕、蜀之北。

卷一百一　　列传第五十一

李乂　薛登　韦凑从子虚心 虚舟
韩思复曾孙佽　张廷珪
王求礼　辛替否

李乂，本名尚真，赵州房子人也。少与兄尚一、尚贞俱以文章见称，举进士。景龙中，累迁中书舍人。时中宗遣使江南分道赎生，以所在官物充直。乂上疏曰："江南水乡，采捕为业，鱼鳖之利，黎元所资，土地使然，有自来矣。伏以圣慈含育，恩周动植，布天下之大德，及鳞介之微品。虽云雨之私，有沾于末类；而生成之惠，未洽于平人。何则？江湖之饶，生育无限；府库之用，支供易殚。费之若少，则所济何成；用之倘多，则常支有阙。在于拯物，岂若忧人。且鬻生之徒，唯利斯视，钱刀日至，网罟年滋，施之一朝，营之百倍，未若回救赎之钱物，减困贫之徭赋，活国爱人，其福胜彼。"

乂知制诰凡数载。景云元年，迁吏部侍郎，与宋璟、卢从愿同时典选，铨叙平允，甚为当时所称。寻转黄门侍郎。时睿宗令造金仙、玉真二观，乂频上疏谏，帝每优容之。开元初，特令乂与中书侍郎苏颋集起居注，录其嘉谟昌言可体国经远者，别编奏之。乂在门下，多所驳正。开元初，姚崇为紫微令，荐乂为紫微侍郎，外托荐贤，其实引在己下，去其纠驳之权也。俄拜刑部尚书。乂方雅有学识，朝廷称其有宰相之望，会病卒。兄尚一，清源尉，早卒；尚贞，官至博州刺史。兄弟同为一集，号曰《李氏花萼集》，总二十卷。

薛登，本名谦光，常州义兴人也。父士通，大业中为鹰扬郎将。江都之乱，士通与乡人闻人嗣安等同据本郡，以御寇贼。武德二年，遣使归国，高祖嘉之，降玺书劳勉，拜东武州刺史。俄而辅公祏于江都构逆，遣其将西门君仪等寇常州，士通率兵拒战，大破之，君仪等仅以身免。及公祏平，累功封临汾侯。贞观初，历迁泉州刺史，卒。

谦光博涉文史，每与人谈论前代故事，必广引证验，有如目击。少与徐坚、刘子玄齐名友善。文明中，解褐阆中主簿。天授中，为左补阙，时选举颇滥，谦光上疏曰：

臣闻国以得贤为宝，臣以举士为忠。是以子皮之让国侨，鲍叔之推管仲，燕昭委兵于乐毅，苻坚托政于王猛。子产受国人之谤，夷吾贪共贾之财，昭王锡辂马以止逸，永固戮樊世以除潛。处猜嫌而益信，行间毁而无疑，此由默而识之，委而察之深也。至若宰我见愚于宣尼，逄萌被知于文叔，韩信无闻于项氏，毛遂不齿于平原，此失士之故也。是以人主受不肖之士则政乖，得贤良之佐则时泰，故尧资八元而庶绩其理，周任十乱而天下和平。由是言之，则士不可不察，而官不可妄授也。何者？比来举荐，多不以才，假誉驰声，互相推奖，希润身之小计，忘臣子之大猷，非所以报国求贤，副陛下翘翘之望者也。

臣窃窥古之取士，实异于今。先观名行之源，考其乡邑之誉，崇礼让以励己，明节义以标信，以敦朴为先最，以雕虫为后科。故人崇让之风，士去轻浮之行。希仕者必修贞确不拔之操，行难进易退之规。众议以定其高下，郡将难诬于曲直。故计贡之贤愚，即州将之荣辱；秽行之彰露，亦乡人之厚颜。是以李陵降而陇西惭，干木隐而西河美。故名胜于利，则小人之道消；利胜于名，则贪暴之风扇。是以化俗之本，须摈轻浮。昔冀缺以礼让升朝，则晋人知礼；文翁以儒林奖俗，则蜀士多儒。燕昭好马，则骏马来庭；叶公好龙，则真龙入室。由是言之，未有上之所好而下不从其化者也。自七国之季，虽杂纵横，而汉代求才，犹征百行。是以礼节之士，敏德自修，间里推高，然后为府寺所辟。魏氏取人，尤爱放达；晋、宋之后，祗重门资。奖为人求官之风，乖授职惟贤之义。有梁荐士，雅爱属词；陈氏简贤，特珍赋咏。故其俗以诗酒为重，不以修身为务。逮至隋室，余风尚在，开皇中李谔论之于文帝曰："魏之三祖，更好文词，忽君人之大道，好雕虫之小艺。连篇累牍，不出月露之形；积案盈箱，唯是风云之状。代俗以此相高，朝廷以兹擢士，故文笔日烦，其政日乱"。帝纳李谔之策，由是下制禁断文笔浮词。其年，泗洲刺史司马幼之以表不典实得罪。于是风俗改励，政化大行。炀帝嗣兴，又变前法，置进士等科。于是后生之徒，复相放效，因陋就寡，赴速邀时，缉缀小文，名之策学，不以指实为本，而以浮虚为贵。

有唐纂历，虽渐革于故非；陛下君临，思察才于共理。树本崇化，惟在旌贤。今之举人，有乖事实。

乡议决小人之笔，行修无长者之论。策第喧竞于州府，祈恩不胜于拜伏。或明制才出，试遣搜扬，驱驰府寺之门，出入王公之第。上启陈诗，唯希咳唾之泽；摩顶至足，冀荷提携之恩。故俗号举人，皆称觅举。觅为自求之称，未是人知之辞。察其行而度其材，则人品于兹见矣。徇己之心切，则至公之理乖；贪仕之性彰，则廉洁之风薄。是知府命虽高，异叔度勤勤之让；黄门已贵，无秦嘉耿耿之辞。纵不能抑己推贤，亦不肯待于三命。岂与夫白驹皎皎，不杂风尘，束帛戋戋，荣高物表，校量其广狭也！是以耿介之士，羞自拔而致其辞；循常之人，舍其疏而取其附。故选司补署，喧然于礼闱；州贡宾王，争讼于阶闼。谤议纷合，浸以成风。夫竞荣者必有竞利之心，谦逊者亦无贪贿之累。自非上智，焉能不移；在于中人，理由习俗。若重谨厚之士，则怀禄者必崇德以修名；若开趋竞之门，邀仕者皆戚施而附会。附会则百姓罹其弊，洁己则兆庶蒙其福。故风化之渐，靡不由兹。今访乡闾之谈，唯只归于里正。纵使名亏礼阅，罪挂刑章，或冒籍以偷资，或邀勋而窃级，假其不义之赂，则是无犯乡闾。岂得比郭有道之铨量，茅容望重，裴逸人之赏拔，夏少名高，语其优劣也！

祗如才应经邦之流，唯令试策；武能制敌之例，只验弯弧。若其文擅清奇，便充甲第，藻思微减，便即告归。以此收人，恐乖事实。何者？乐广假笔于潘岳，灵运词高于穆之，平津文劣于长卿，子建笔丽于荀彧。若以射策为最，则潘、谢、曹、马必居孙、乐之右；若使协赞机猷，则安仁、灵运亦无裨附之益。由此言之，不可一概而取也。至如武艺，则赵云虽勇，资诸葛之指挥，周勃虽雄，乏陈平之计略。若使樊哙居萧何之任，必失挠俎之机；使萧何入戏下之军，亦无免主之效。斗将长于摧锋，谋将审于料事。是以文泉聚米，知隗嚣之可图；陈汤屈指，识乌孙之自解。八难之谋设，高祖追惭于郦生；九拒之计穷，公输息心于伐宋。谋将不长于弓马，良相宁资于射策。岂与夫元长自表，妄饰词锋，曹植题章，虚飞丽藻，校量其可否也！

伏愿陛下降明制，颁峻科。千里一贤，尚不为少，侥幸冒进，须立堤防。断浮虚之饰词，收实用之良策，不取无稽之说，必求忠告之言。文则试以效官，武则令其守御，始既察言观行，终亦循名责实，自然侥幸滥吹之伍，无所藏其妄庸。故晏婴云："举之以语，考之以事；寡其言而多其行，拙于文而工于事。"此取人得贤之道也。其有武艺超绝，文锋挺秀，有效伎之偏用，无经国之大才，为军锋之爪牙，作词赋之标准。自可试凌云之策，练穿札之工，承上命而赋《甘泉》，禀中军而令赴敌，既有随才之任，必无负乘之忧。臣谨案吴起临战，左右进剑，吴曰："夫提鼓挥桴，临难决疑，此将事也。一剑之任，非将事也。"谨案诸葛亮临戎，不亲戎服，顿蜀兵于渭南，宣王持剑，卒不敢当。此岂弓矢之用也！谨案杨得意诵长卿之文，

武帝曰："恨不得与此人同时。"及相如至，终于文园令，不以公卿之位处之者，盖非其所任故也。

谨案汉法，所举之主，终身保任。杨雄之坐田仪，责其冒荐；成子之居魏相，酬于得贤。赏罚之令行，则请谒之心绝；退让之义著，则贪竞之路消。自然朝廷无争禄之人，选司有谦挹之士。仍请宽立年限，容其采访简汰，堪用者令其试守，以观能否；参验行事，以别是非。不实免王丹之官，得人加翟璜之赏，自然见贤不隐，食禄不专。荀彧进钟繇、郭嘉，刘隐荐李膺、朱穆，势不云远。有称职者受荐贤之赏，滥举者抵欺罔之罪，自然举得贤行，则君子之道长矣。

寻转水部员外郎，累迁给事中、检校常州刺史。属宣州狂寇朱大目作乱，百姓奔走，谦光严为安辑，阖境肃然。转刑部侍郎，加银青光禄大夫，再迁尚书左丞。景云中，擢拜御史大夫。时僧惠范恃太平公主权势，逼夺百姓店肆，州县不能理。谦光将加弹奏，或请寝之，谦光曰："宪台理冤滞，何所回避，朝弹暮黜，亦可矣。"遂与殿中慕容珣奏弹之，反为太平公主所构，出为岐州刺史。惠范既诛，迁太子宾客，转刑部尚书，加金紫光禄大夫、昭文馆学士。开元初，为东都留守，又转太子宾客。以与太子同名，表请行字，特敕赐名登。寻以孽子悦千牛为宪司所劾，放归田里。朝廷以其家贫，又特给仕禄。七年卒，年七十三，赠晋州刺史。撰《四时记》二十卷。

韦凑，京兆万年人。曾祖瓒，隋尚书右丞。祖叔谐，蒲州刺史。父玄，桂州都督府长史。凑，永淳二年，解褐授婺州参军，累转扬府法曹参军。州人前仁寿令孟神爽豪纵，数犯法，交通贵戚，前后官吏莫敢绳按，凑白长史张潜，请因事除之。会神爽坐事推问，凑无所假借，神爽妄称有密旨，究问引虚，遂杖杀之，远近称伏。凑，景龙中历迁将作少匠、司农少卿。尝以公事忤宗楚客，出为贝州刺史。

睿宗即位，拜鸿胪少卿，加银青光禄大夫。景云二年，转太府少卿，又兼通事舍人。时改葬节愍太子，优诏加谥，又雪李多祚等罪，还其官爵，仍议更加赠官。凑上书曰：

臣闻王者发号施令，必法乎天道，使三纲攸叙，十等咸若者，善善明，恶恶著也。善善者，悬爵赏以劝之也；恶恶者，设刑罚以惩之也。其赏罚所不加者，则考行立谥以褒贬之，所以劝诫将来也。斯并至公之大猷，非私情之可徇。故箕、微获用，管、蔡为戮。谥者，臣议其君，子议其父，而曰"灵"曰"厉"者，不敢以私而乱大猷也，则其余安可失衷哉！

臣窃见节愍太子与李多祚等拥北军禁旅，上犯宸居，破扉斩关，突禁而入，兵指黄屋，骑腾紫微。孝和皇帝移御玄武门，亲降德音，谕以逆顺，而太子据鞍自若，督众不停。俄而其党悔非，转逆为顺，或回兵讨贼，或投状自拘。多祚等伏诛，太子方事逃窜。向使同恶相济，天道无征，贼徒阙倒戈之人，侍臣亏陛戟之卫，其为祸也，胡可忍言！于时臣任将作少匠，赐通事舍人内供奉。其明日，孝和皇帝引见供奉官

等，雨泪谓曰："几不与卿等相见！"其为危惧，不亦甚乎！而今圣朝雪罪礼葬，谥为节愍，以臣愚识，窃所惑焉。

夫臣子之礼，严敬斯极，故过位必趋，蹙路马刍有诛。昔汉成之为太子也，行不敢绝驰道。当周室之衰微也，秦师过周北门，左右免胄而下，王孙满犹以其不卷甲束兵，讥其无礼，知其必败。由是言之，则太子称兵宫内，跨马御前，悖礼已甚矣，况将更甚乎。而可褒谥，此臣所未谕也。以其斩武三思父子而嘉之乎？然弄兵讨逆以安君父，则可嘉也，而乃因欲自取之，是竞为逆，可褒谥乎？此又臣所未谕也。将废韦氏而嘉之乎？然韦氏逆彰义绝，虽诛之亦可也。当此时也，韦氏未有逆彰，未有义绝，于太子为母，岂有废母之理乎！且既非中宗之命而废之，是劫父废母，亦悖逆也，可褒谥乎？此又臣所未谕也。夫君或不君，臣安可不臣？父或不父，子安可不子？借如君父有桀、纣之行，臣子无废杀之理。况先帝功格宇宙，德被生灵，庙号中宗，谥曰孝和皇帝，而逆命之子，可褒谥乎？此又臣所未谕也。

昔献公惑骊姬之谮，将杀其太子申生，公子重耳谓之曰："子盍言子之志于公乎？"太子曰："不可，君安骊姬，是我伤君之心也。"曰："然则盍行乎？"曰："不可，君谓我欲弑君也，天下岂有无父之国哉！吾何行之！"使人辞于狐突曰："申生不敢爱其死。虽然，吾君老矣，子少，国家多难。伯氏苟出而图吾君，申生受赐而死。"再拜稽首，乃自缢。其行如是，其谥仅可为恭。今太子之行反是，可谥为节愍乎？此又臣所未谕也。

昔汉武帝末年，江充与太子有隙，恐帝晏驾后为太子所诛。会巫蛊事起，充典理其事。因此为奸，遂至太子宫掘蛊，得桐木以诬太子。时武帝避暑甘泉宫，独皇后、太子在，太子不能自明，纳其少傅石德谋，遂矫节斩充，因败逃匿。非称兵诣阙，无逆谋于父，然身死于湖，不葬无谥。至昭帝时，有男子诣北阙自称卫太子，制使公卿识视，至者莫敢发言。京兆尹隽不疑后至，叱从吏收缚之。或曰："是非未可知，且安之。"不疑曰："诸君何患于卫太子？昔蒯聩出奔，辄拒而不纳，《春秋》是之。卫太子得罪先帝，亡不即死，今来自诣，此罪人也。"遂送制狱。天子闻而嘉之曰："公卿大臣，当用经术明于大义者。"及后太子孙立为天子，是曰孝宣皇帝，太子方获礼葬，而谥曰戾。今节愍太子之行比之，岂可同年而语。其于陛下，又犹子也，而谥为节愍乎？此又臣所未谕也。

昔项羽之臣丁公，常将危汉高祖，高祖谓之曰："二贤岂相厄哉！"丁公为止。及高祖灭项氏，遂戮丁公以徇，曰："使项王失天下者，丁公也。"夫戮之，大义至公也，不私德之，所以诫其后之事君者。今节愍太子之为逆，复非欲保护陛下，其可褒谥乎？此又臣之所未谕也。

陛下天纵圣哲，所任贤明，以臣至愚，宁可干议？然臣又惟尧、舜，圣君也，八凯、五臣，良佐也，犹广听刍荛之言者，盖以智者千虑，或有一失，愚者千虑，或有一得也。故曰："狂夫之言，圣人择焉。"臣辄缘斯义，敢以陈闻，愿得与议谥者对议于御前。若臣言非也，甘受谤圣政之罪，赴鼎镬之诛。仍请申明义以示天下，使臣辈愚惑者咸蒙冰释，则无复异议矣。若所谥未当，奈何施之圣朝，垂之史册，使后代逆臣贼子因而引譬，资以为辞，是开悖乱之门，岂示将来之法！伏望改定其谥，务合礼经。其李多祚等罪，请从宥免，不谓为雪，以顺天下之心，则尽善尽美矣。

书奏，睿宗引凑谓曰："诚如卿言。事已如此，如何改动？"凑曰："太子实行悖逆，不可褒美，请称其行，改谥以一字。多祚等以兵犯君，非曰无罪，只可云放，不可称雪。"帝然其言。当时执政以制令已行，难于改易，唯多祚等停赠官而已。

明年春，起金仙、玉真两观，用工巨亿。凑进谏曰："陛下去夏，以妨农停两观作，今正农月，翻欲兴功。虽知用公主钱，不出库物，但土木作起，高价雇人，三辅农人，趋目前之利，舍农受雇，弃本逐末。臣闻一夫不耕，天下有受其饥者，臣窃恐不可。"帝不应。凑又奏曰："且阳和布气，万物生育，土木之间，昆虫无数。此时兴造，伤杀甚多，臣亦恐非仁圣本旨。"睿宗方纳其言，令在外详议。中书令崔湜、侍中岑羲谓凑曰："公敢言此，大是难事。"凑曰："叨食厚禄，死且不辞，况在明时，必知不死。"寻出为陕州刺史，无几，转汝州刺史。开元二年夏，敕靖陵建碑，征料夫匠。凑以自古园陵无建碑之礼，又时正旱俭，不可兴功，飞表极谏，工役乃止。寻迁岐州刺史。

四年，入为将作大匠。时有敕复孝敬庙为义宗，凑上书曰：

臣闻王者制礼，是曰规模，规模之兴，实由师古。师古之道，必也正名，名之与实，故当相副。其在宗庙，礼之大者，岂可失哉！礼，祖有功而宗有德，祖宗之庙，百代不毁。故殷太甲为太宗，太戊曰中宗，武丁曰高宗；周宗文王、武王；汉则文帝为太宗，武帝为世宗。其后代有称宗者，皆以方制海内，德泽可宗，列于昭穆，期于不毁。称宗之义，不亦大乎！伏惟孝敬皇帝位止东宫，未尝南面，圣道诚冠于储副，德教不被于寰瀛，立庙称宗，恐非合礼。况别起寝庙，不入昭穆，稽诸祀典，何义称宗？而庙号义宗，称之万代，以臣庸识，窃谓不可。陛下率循典礼，以辟大猷，有司所议，以致此失，或亏尽善，岂不惜哉！望更详议，务合于礼。

于是敕太常议，遂停义宗之号。

凑前后上书论时政得失，多见采纳。再迁河南尹，累封彭城郡公。以公事左授杭州刺史，转汾州刺史。十年，拜太原尹兼节度支度营田大使。其年卒官，年六十五。赠幽州都督，谥曰文。子见素，自有传。凑从子虚心。

虚心父维，少习儒业，博涉文史，举进士。自大理丞累至户部郎中，善于剖判，时员外郎宋之问工于诗，时人以为户部有二妙。终于左庶子。虚心举孝廉，为官严整，累至大理丞、侍御史。神龙年，推按大狱，时仆射窦怀贞、侍中刘幽求意欲宽假，虚心坚执法令，有不可夺之志。景龙中，西域羌胡背叛，时并擒获，有敕尽欲诛之。虚心论奏，但罪元首，其所全者千余人。虚心有孝行，及丁父忧，哀毁过礼，须鬓尽白，朝廷深所嗟尚。后迁御史中丞、左右丞、兵部侍郎、荆扬潞长史兼采访使，所在官吏振肃，威令甚举，中外以为标准。历户部尚书、东京留守，卒，年六十七。

季弟虚舟，亦以举孝廉，自御史累至户部、司勋、左司郎中，历荆州长史，洪、魏州刺史兼采访使，多著能政。入为刑部侍郎，终大理卿。家有礼则，父子兄弟更践郎署，时称"郎官家"。

韩思复，京兆长安人也。祖伦，贞观中为左卫率，赐爵长山县男。思复少袭祖爵。初为汴州司户参军，为政宽恕，不行杖罚。在任丁忧，家贫，鬻薪终丧制。时姚崇为夏官侍郎，知政事，深嘉叹之，擢授司礼博士。

景龙中，累迁给事中。时左散骑常侍严善思坐谯王重福事下制狱，有司言："善思昔尝任汝州刺史，素与重福交游，召至京师，竟不言其谋逆，唯奏云'东都有兵气'。据状正当匿反，请从绞刑。"思复驳奏曰："议狱缓死，列圣明规；刑疑从轻，有国常典。严善思往在先朝，属韦氏擅内，恃宠宫掖，谋危宗社。善思此时遂能先觉，因诣相府有所发明，进论圣躬必登宸极。虽交游重福，盖谋陷韦氏。及其谒见，犹不奏闻，将此行藏，即从极法。且敕追善思，书至便发，向怀逆节，宁即奔命？一面疏网，诚合顺生；三驱取禽，来而可宥。惟刑是恤，事合昭详。请付刑部集群官议定奏裁，以符慎狱。"是时议者多云善思合从原宥，有司仍执前议请诛之。思复又驳曰："臣闻刑人于市，爵人于朝，必会谋攸同，始行之无惑。谨按诸司所议，严善思十才一入，抵罪惟轻。夫帝阍九重，涂远千里。故借天下之耳以听，听无不聪；借天下之目以视，视无不接。今群言上闻，采择宜审，若弃多就少，臣实惧焉。舆诵一乖，下情不达，虽欲从众，其可及乎！凡百京司，逢时之泰，列官分职，有贤有亲。亲则列藩诸王，陛下爱子；贤则胙茅开国，陛下名臣。见无礼于君，宁肯雷同不异？今措词多出，法合从轻。"上纳其奏，竟免善思死，配流静州。思复寻转中书舍人，数上疏陈得失，多见纳用。

开元初，为谏议大夫。时山东蝗虫大起，姚崇为中书令，奏遣使分往河南、河北诸道杀蝗虫而埋之。思复以蝗虫是天灾，当修德以禳之，恐非人力所能翦灭。上疏曰："臣闻河南、河北蝗虫，顷日更益繁炽，经历之处，苗稼都损。今渐翩飞河西，游食至洛，使命来往，不敢昌言，山东数州，甚为惶惧。且天灾流行，埋瘗难尽。望陛下悔过责躬，发使宣慰，损不急之务，召至公之人，上下同心，君臣一德，持此诚实，以答休咎。前后驱蝗使等，伏望总停。《书》云：'皇天无亲，惟德是辅；人心无亲，惟惠是怀。'不可不收揽人心也。"上深然之，出思复疏以付崇。崇乃请遣思复往山东检蝗虫所损之处，及还，具以实奏。崇又请令监察御史刘沼重加详覆，沼希崇旨意，遂笔拖百

姓，回改旧状以奏之。由是河南数州，竟不得免。思复遂为崇所挤，出为德州刺史，转绛州刺史。入为黄门侍郎，加银青光禄大夫，代裴漼为御史大夫。思复性恬澹，好玄言，安仁体道，非纪纲之任。无几，转太子宾客。十三年卒，年七十余。

子朝宗，天宝初为京兆尹。

曾孙佽，字相之，少有文学，性尚简澹。举进士，累辟藩方。自襄州从事征拜殿中侍御史，迁刑部员外。求为澧州刺史。岁满受代，宰相牛僧孺镇鄂渚，辟为从事，征拜刑部郎中，转京兆少尹，迁给事中。出为桂州观察使。桂管二十余郡，州掾而下至邑长三百员，由吏部而补者什一，他皆廉吏量其才而补之。佽既至桂，吏以常所为官者数百人引谒，一吏执籍而前曰："具员请补其阙。"佽戒曰："在任有政者，不夺所理；有过者，必绳以法。缺者当俟稽诸故籍，取其可者，然后补之。"会春衣使内官至，求贿于邮吏，三豪家因厚其资以求邑宰，佽悉诺之。使去，坐以挠法，各笞其背。自是豪猾敛迹，皆请清廉吏以苏活其人。未几，诏置五管发运，计所费尽一境地征，不足饱其意，欲特用俭约处之，遂为定制，君子以为难。开成二年，卒于官，赠工部侍郎。

张廷珪，河南济源人，其先自常州徙焉。廷珪少以文学知名，性慷慨，有志尚。弱冠应制举。长安中，累迁监察御史。则天税天下僧尼出钱，欲于白司马坂营建大像。廷珪上疏谏曰：

夫佛者，以觉知为义，因心而成，不可以诸相见也。经云："若以色见我，以音声求我，是人行邪道，不能见如来。"此真如之果不外求也。陛下信心归依，发弘誓愿，壮其塔庙，广其尊容，已遍于天下久矣。盖有住于相而行布施，非最上第一希有之法。何以言之？经云："若人满三千大千世界七宝以用布施，及恒河沙等身命布施，其福甚多。若人于此经中受持及四句偈等为人演说，其福胜彼。"如佛所言，则陛下倾四海之财，殚万人之力，穷山之木以为塔，极冶之金以为像，虽劳则甚矣，费则多矣，而所获福不愈于一禅房之匹夫。

菩萨作福德，不应贪著，盖有为之法不足高也。况此营建，事殷木土，或开发盘礴，峻筑基阶，或塞穴洞，通转采斫，辗压虫蚁，动盈巨亿。岂佛标坐夏之义，愍蠢动而不忍害其生哉！又役鬼不可，唯人是营，通计工匠，率多贫婆，朝驱暮役，劳筋苦骨，箪食瓢饮，晨炊星饭，饥渴所致，疾疹交集。岂佛标徒行之义，愍畜兽而不忍残其力哉！又营筑之资，僧尼是税，虽乞丐所致，而贫阙犹多。州县征输，星火逼迫，或谋计靡所，或鬻卖以充，怨声载路，和气不洽。岂佛标随喜之义，愍愚蒙而不忍夺其产哉！且边朔未宁，军装日给，天下虚竭，海内劳弊。伏惟陛下慎之重之，思菩萨之行为利益一切众生，应如是布施，则其福德若南西北方四维上下虚空不可思量矣。何必

勤于住相，雕苍生之业，崇不急之务乎！臣以时政论之，则宜先边境，蓄府库，养人力；臣以释教论之，则宜救苦厄，灭诸相，崇无为。伏愿陛下察臣之愚，行佛之意，务以理为上，不以人废言，幸甚幸甚。

则天从其言，即停所作，仍于长生殿召见，深赏慰之。景龙末，为中书舍人，再转洪州都督，仍为江南西道按察使。

开元初，入为礼部侍郎。时久旱，关中饥俭，下制求直谏昌言、弘益政理者。廷珪上疏曰：

臣闻古有多难兴王、殷忧启圣者，皆以事危则志锐，情迫则思深，故能自下登高，转祸为福者也。伏见景龙之末，中宗遇祸，先天之际，凶党构谋，社稷有危于缀旒，国朝将均于绝缔。陛下神武超代，精诚动天，再扫氛疹，六合清朗。而后上顺皇旨，俯念黔黎，高运璇衡，光膺宝箓。日月所烛之地，书轨未通之乡，无不沾濡渥恩，被服淳化。十尧、九舜，未足称也。明明上帝，照临下土，宜锡介祉，以答鸿休。

然属顷岁已来，阴阳愆候，九谷失稔，万姓阻饥，关辅之间，更为尤剧。至有樵苏莫爨，粮粘靡资，不复聊生，方忧转死。偶会昌运，遘兹难否者，臣窃思之，皇天之意，将恐陛下春秋鼎盛，神圣在躬，不崇朝而建大功，自藩邸而陟元后，或简下济之道，独满雄图之志，轻虞舜而不法，思汉武以自高。是故昭见咎征，载加善诱，将欲大君日慎一日，虽休勿休，永保太和，以固邦本也。斯皇天于陛下眷顾深矣，陛下焉可不奉若休旨而寅畏哉！臣愚诚愿陛下约心削志，澄思励精，考羲、农之书，敦素朴之道。登庸端士，放黜佞人，屏退后宫，减彻外厩，场无蹴踘之玩，野绝从禽之赏。休石田之远境，罢金甲之悬军，矜恤悭嫠，蠲薄徭赋。去奇伎淫巧，捐和璧隋珠，不见可欲，使心不乱。自然波清四海，尘销九域，农夫乐其业，余粮栖于亩。则和气上通于天，虽五星连珠，两曜合璧，未足多也；珍祥下降于地，虽凤皇巢阁，麒麟在郊，未足奇也。或谓天之炯戒不足畏者，则将上帝凭怒，风雨迷错，荒馑日甚，无以济下矣。或谓人之穷乏不足恤者，则将齐盱沮志，亿兆携离，愁苦势极，无以奉上矣。斯盖安危所系，祸福之源，奈何朝廷曾不是察！况今陛下受命伊始，敷政惟新，卿士百僚，华夷万族，莫不清耳以听，刮目而视，延颈企踵，冀有所闻见，顒顒如也。何可怠弃典则，坐孳其望哉！

再迁黄门侍郎。时监察御史蒋挺以监决杖刑稍轻，敕朝堂杖之，廷珪奏曰："御史宪司，清望耳目之官，有犯当杀即杀，当流即流，不可决杖。士可杀，不可辱也。"时制命已行，然议者以廷珪之言为是。俄坐泄禁中语，出为沔州刺史，又历苏、宋、魏三州刺史。入为少府监，加金紫光禄大夫，封范阳男。四迁太子詹事，以老疾致仕。二十二年卒，年七十余，赠工部尚书，谥曰贞穆。廷珪素与陈州刺史李邕亲善，屡上表荐之，邕所撰碑碣之文，必请廷珪八分书之。廷珪既善楷隶，甚为时人所重。

王求礼，许州长社人。则天朝为左拾遗，迁监察御史。性忠謇敢言，每上封弹事，无所畏避。时契丹李尽忠反叛，其将孙万荣寇陷河北数州，河内王武懿宗拥兵讨之，畏懦不敢进。既而贼大掠而去，懿宗条奏沧、瀛百姓为贼诖误者数百家，请诛之。求礼执而劾之曰："此诖误之人，比无良吏教习，城池又不完固，为贼驱逼，苟徇图全，岂素有背叛之心哉！懿宗拥强兵数十万，闻贼将至，走保城邑，罪当诛戮。今乃移祸于诖误之人，岂是为臣之道？请斩懿宗以谢河北百姓。"懿宗大惧，则天竟降制赦之。

契丹陷幽州，馈挽不给，左相豆卢钦望请辍京官两月俸料以助军，求礼谓钦望曰："公禄厚俸优，辍之可也。国家富有四海，足以储军国之用，何藉贫官薄俸。公此举岂宰相法邪？"钦望作色拒之，乃奏曰："秦、汉皆有税算以赡军，求礼不识大体，妄有讼辞。"求礼对曰："秦皇、汉武税天下，虚中以事边，奈何使圣朝则效？不知钦望此言是大体耶！"事遂不行。

时三月雪，凤阁侍郎苏味道等以为瑞，草表将贺，求礼止之曰："宰相调燮阴阳，而致雪降暮春，灾也，安得为瑞？如三月雪为瑞雪，则腊月雷亦瑞雷也。"举朝嗤笑，以为口实。求礼竟以刚正，名位不达而卒。

辛替否，京兆人也。景龙年为左拾遗。时中宗置公主府官属，安乐公主府所补尤多猥滥。又驸马武崇训死后，弃旧宅别造一宅，侈丽过甚。时又盛兴佛寺，百姓劳弊，帑藏为之空竭。替否上疏谏曰：

臣闻古之建官，员不必备，九卿以下，皆有其位而阙其选。赏一人谋乎三事，职一人访乎群司，负宠者畏权势之在躬，知荣者避权门而不入。故称赏不僭，官不滥，士皆完行，家有廉节，朝廷有余俸，百姓有余食。下忠于上，上礼于下，委裘而无仓卒之危，垂拱而无颠沛之患。夫事有惕耳目，动心虑，作不师古，以行于今者，盖有之矣。伏惟陛下百倍行赏，十倍增官，金银不供其印，束帛无充于锡，何愧于无用之臣，何惭于无力之士！至于公府补授，罕有推择，遂使富商豪贾，尽居缨冕之流，鬻伎行巫，咸涉膏腴之地。

臣闻古人曰："福生有基，祸生有胎。"伏惟公主陛下之爱女，选贤良以嫁之，设官职以辅之，倾府库以赐之，壮第观以居之，广池籞以嬉之，可谓之至重也，可谓之至怜也。然而用不合于古义，行不根于人心，将恐变爱成憎，转福为祸。何者？竭人之力，人怨也；费人之财，人怨也；夺人之家，人怨也。爱数子而取三怨于天下，使边疆之士不尽力，朝廷之士不尽忠，人之散矣，独持斯爱，何所恃乎？向者鲁王赏同诸婿，礼等朝臣，则亦有今日之福，无曩时之祸。人徒见其祸，不知祸之所来。所以祸者，宠爱过于臣子也。去年七月五日，已见其征矣。而今事无改，更尚因循，弃一宅而造一宅，忘前祸而忽后祸。臣窃谓陛下憎之矣，非爱之也。

臣闻君以人为本，本固则邦宁。邦宁则陛下夫妇、母子长相保也。伏惟外谋宰臣，为久安之计以存之，不使奸臣贼子以伺之。臣闻微不可不防，远不可不虑。当今疆场危骇，仓廪空虚，揭竿守御之士赏不及，肝脑涂地之卒输不充。而方大起寺舍，广造第宅，伐木空山，不足充梁栋，运土塞路，不足充墙壁。夸古耀今，逾章越制，百僚钳口，四海伤心。夫释教者，以清净为基，慈悲为主，故当体道以济物，不欲利己以损人，故常去己以全真，不为荣身以害教。三时之月，掘山穿池，损命也；殚府虚帑，损人也；广殿长廊，荣身也。损命则不慈悲，损人则不济物，荣身则不清净，岂大圣大神之心乎！臣以为非真教，非佛意，违时行，违人欲。自像王西下，佛教东传，青螺不入于周前，白马方行于汉后。风流雨散，千帝百王，饰弥盛而国弥空，役弥重而祸弥大。覆车继轨，曾不改途，晋臣以佞佛取讥，梁主以舍身构隙。若以造寺必为其理体，养人不足以经邦，则殷、周已往皆暗乱，汉、魏已降皆圣明；殷、周已往为不长，汉、魏已降为不短。臣闻夏为天子二十余代而殷受之，殷为天子二十余代而周受之，周为天子三十余代而秦受之，自汉已后历代可知也。何者？有道之长，无道之短，岂因其穷金玉、修塔庙，方得久长之祚乎！

臣闻于经曰："菩萨心住于法而行布施，如人入暗，即无所见。"又曰："一切有为法，如梦幻泡影，如露亦如电。"臣以减雕琢之费以赈贫下，是有如来之德；息穿掘之苦以全昆虫，是有如来之仁；罢营构之直以给边陲，是有汤、武之功；回不急之禄以购廉清，是有唐、虞之理。陛下缓其所急，急其所缓，亲未来而疏见在，失真实而冀towards虚无，失真实而冀towards虚无，重俗人之所为而轻天子之功业，臣窃痛之矣。当今出财依势者尽度为沙门，避役奸诡者尽度为沙门；其所未度，唯贫穷与善人。将何以作范乎？将何以役力乎？臣以为出家者，舍尘俗，离朋党，无私爱。今殖货营生，非舍尘俗；拔亲树知，非离朋党；畜妻养孥，非无私爱。是致人以毁道，非广道以求人。伏见今之宫观台榭，京师之与洛阳，不增修饰，犹恐奢丽。陛下尚欲填池堑，捐苑囿，以赈贫人无产业者。今天下之寺盖无其数，一寺当陛下一宫，壮丽之甚矣！用度过之矣！是十分天下之财而佛有七八，陛下何有之矣！百姓何食之矣！虽以阴阳为炭，万物为铜，役不食之人，使不衣之士，犹尚不给。况资于天生地养，风动雨润，而后得之乎！臣闻国无九年之储，国非其国。伏计仓廪，度府库，百僚供给，百事用度，臣恐卒岁不充，况九年之积乎！一旦风尘再扰，霜雹荐臻，沙门不可摧以戈，寺塔不足攘饥馑，臣窃痛之矣！

疏奏不纳。岁余，安乐公主被诛。

睿宗即位，又为金仙、玉真公主广营二观。先是，中宗时斜封受官人一切停任，凡数百千人，又有敕放令却上。替否时为左补阙，又上疏陈时政曰：

臣尝以为古之用度不时，爵赏不当，破家亡国者，口说不如身逢，耳闻不如眼见，臣请以有唐已来理国之得失，陛下之所眼见者以言之。惟陛下审之听之，择善而从之，则万岁之业，自可致矣，何忧乎黎庶之不康，福祚之不永！

伏以太宗文武圣皇帝，陛下之祖，拨乱反正，开阶立极，得至理之体，设简要之方。省其官，清其吏，举天下职司无一虚授，用天下财帛无一枉费。赏必俟功，官必得俊，所为无不成，所征无不伏。不多造寺观而福德自至，不多度僧尼而殃咎自灭。道合乎天地，德通乎神明。故天地怜之，神明祐之，使阴阳不愆，风雨合度。四人乐其业，五谷遂其成，腐粟烂帛，填街委巷。千里万里，贡赋于郊；九夷百蛮，归款于阙。自有帝皇已来，未有若斯之神圣者也，故得享国久长，多历年所，陛下何不取而则之？

中宗孝和皇帝，陛下之兄，居先人之业，忽先人之化，不取贤良之言，而恣子女之意。官爵非择，虚食禄者数千人；封建无功，妄食土者百余户。造寺不止，枉费财者数百亿；度人不休，免租庸者数十万。是使国家所出加数倍，所入减数倍。仓不停卒岁之储，库不贮一时之帛。所恶者逐，逐多忠良；所爱者赏，赏多谗慝。朋佞喋喋，交相倾动。容身不为于朝廷，保位皆由于党附。夺百姓之食，以养残凶；剥万人之衣，以涂土木。于是人怨神怒，亲众众离，水旱不调，疾疫屡起。远近殊论，公私謷然。五六年间，再三祸变，享国不永，受终于凶妇人。寺舍不能保其身，僧尼不能护妻子，取讥万代，见笑四夷。此陛下之所眼见也，何不除而改之。

依太宗之理国，则百官以理，百姓无忧，故太山之安立可致矣；依中宗之理国，则万人以怨，百事不宁，故累卵之危立可致矣。顷自夏已来，霪雨不解，谷荒于垄，麦烂于场。入秋已来，亢旱成灾，苗而不实，霜损虫暴，草叶枯黄。下人咨嗟，未知赒赈；而营寺造观，日继于时，检校试官，充台溢省。伏惟陛下爱两女，为造两观，烧瓦运木，载土填坑，道路流言，皆云计用钱百余万贯。惟陛下，圣人也，无所不知；陛下，明君也，无所不见。既知且见，知仓有几年之储，库有几年之帛？知百姓之间可存活乎？三边之上可转输乎？当今发一卒以御边陲，遣一兵以卫社稷，多无衣食，皆带饥寒。赏赐之间，迥无所出，军旅骤败，莫不由斯。而乃以百万贯钱造无用之观，以受六合之怨乎！以违万人之心乎！伏惟陛下续阿韦之丑迹，而不改阿韦之乱政。忍弃太宗之理本，不忍弃中宗之乱阶；忍弃太宗久长之谋，不忍弃中宗短促之计。陛下又何以继祖宗、观万国。

昔陛下为皇太子，在阿韦之时，危亡是惧，常切齿于群凶。今贵为天子，富有海内，而不改群凶之事，臣恐复有切齿于陛下者也，陛下又何以非群凶而诛之？臣往见明敕，自今已后，一依贞观故事。且贞观之时，岂有今日之造寺营观，加僧尼道士，益无用之官，行不急之务，而乱政者也！臣以为弃其言而不行其信，慕其善而不迁其恶，陛下又何以刑于四海？往者，和帝之怜悖逆也，为奸人之所误，宗晋卿劝为第宅，赵履温劝为园亭，损数百家之居，侵数百家之地。工徒斫而未息，义兵纷以交驰，卒使亭不得游，宅不得坐。信邪佞之说，成骨肉之刑，此陛下之所眼见也。今兹造观，臣必知非陛下、公主之本意，得无赵履温之徒将劝为之，冀误其骨肉，不可不明察也。

臣闻出家修道者，不预人事，专清其身心，以虚泊为高，以无为为妙，依两卷《老子》，视一躯天尊，无欲无营，不损不害。何必璇台玉树，宝像珍龛，使人困穷，然后为道哉！且旧观足可归依，无造无营，以取穷竭。若此行之三年，国不富，人不安，朝廷不清，陛下不乐，则臣请杀身于朝，以令天下言事者。伏惟陛下行非常之惠，权停两观，以俟丰年。以两观之财，为公主施贫穷，填府库，则公主福德无穷矣。不然，臣恐下人怨望，不减于前朝之时。前朝之时，贤愚知败，人虽有口而不敢言，言未发声，祸将及矣。韦月将受诛于丹徼，燕钦融见杀于紫庭，此人皆不惜其身而纳忠于主，身既死矣，朝亦危矣。故先朝诛之，陛下赏之，是陛下知直言之士有神于国。臣今直言，亦先代之直，惟陛下察之。

疏奏，睿宗嘉其公直。稍迁为右台殿中侍御史。开元中，累转颍王府长史。天宝初卒，年八十余。

史臣曰：夫好闻其善，恶闻其过，君人者之常情也；宁谄媚以取容，不逆耳以招祸，臣人者之常情也。能反此者，不亦善乎！李、薛等六君，吐忠谠之言，补朝廷之失，有犯无隐，不愧古人，有唐之良臣也。

赞曰：臣之事君，有邪有正。君之使臣，从谏则圣。李、薛输忠，救人之命。韦、韩说言，医国之病。辛、王章疏，犯颜辣听。张子法言，实裨时政。

卷一百二　　列传第五十二

马怀素　褚无量　刘子玄 兄知柔
子贶 馀 汇 秩 迅 迥　徐坚　元行冲　吴兢　韦述 弟迪 迥 萧直
萧颖士　母煛　殷践猷附

马怀素，润州丹徒人也。寓居江都，少师事李善。家贫无灯烛，昼采薪苏，夜燃读书，遂博览经史，善属文。举进士，又应制举，登文学优赡科，拜郿尉，四迁左台监察御史。

长安中，御史大夫魏元忠为张易之所构，配徙岭表，太子仆崔贞慎、东宫率独孤袆之饯于郊外。易之怒，使人诬告贞慎等与元忠同谋，则天令怀素按鞫，遣中使促迫，讽令构成其事，怀素执正不受命。则天怒，召怀素亲加诘问，怀素奏曰："元忠犯罪配流，贞慎等以亲故相送，诚为可责，若以为谋反，臣岂诬罔神明？昔彭越以反伏诛，栾布奏事于其尸下，汉朝不坐，况元忠罪非彭越，陛下岂加追送之罪。陛下当生杀之柄，欲加之罪，取决圣衷可矣。若付臣推鞫，臣敢不守陛下之法？"则天意解，贞慎等由是获免。时夏官侍郎李迥秀恃张易之之势，受纳货贿，怀素奏劾之，迥秀遂罢知政事。怀素累转礼部员外郎，与源乾曜、卢怀慎、李杰等充十道黜陟使。怀素处事平恕，当时称之。使还，迁考功员外郎。时贵戚纵恣，请托公行，怀素无所阿顺，典举平允，擢拜中书舍人。开元初，为户部侍郎，加银青光禄大夫，累封常山县公，三迁秘书监，兼昭文馆学士。

怀素虽居吏职，而笃学，手不释卷，谦恭谨慎，深为玄宗所礼，令与左散骑常侍褚无量同为侍读。每次阁门，则令乘肩舆以进。上居别馆，以路远，则命宫中乘马，或亲自送迎，以申师资之礼。是时秘书省典籍散落，条疏无叙，怀素上疏曰："南齐已前坟籍，旧编王俭《七志》。已后著述，其数益多，《隋志》所书，亦未详悉。或古书近出，前志阙而未编；或近人相传，浮词鄙而犹记。若无编录，难辩淄、渑。望括检近书篇目，并前志所遗者，续王俭《七志》，藏之秘府。"上于是召学涉之士国子博士尹知章等，分部撰录，并刊正经史，粗创首尾。会怀素病卒，年六十，上特为之举哀，废朝一日，赠润州刺史，谥曰文。

褚无量，字弘度，杭州盐官人也。幼孤贫，励志好学。家近临平湖，时湖中有龙斗，倾里闾就观之，无量时年十二，读书晏然不动。及长，尤精《三礼》及《史记》，举明经，累除国子博士。景龙三年，迁国子司业，兼修文馆学士。是岁，中宗将亲祀南郊，诏礼官学士修定仪注。国子祭酒祝钦明、司业郭山恽皆希旨，请以皇后为亚献，无量独与太常博士唐绍、蒋钦绪固争，以为不可。无量建议曰：

夫郊祀者，明王之盛事，国家之大礼。行其礼者，不可以臆断，不可以情求，皆上顺天心，下符人事，钦若稽古，率由旧章，然后可以交神明，可以膺福祐。然礼文虽众，莫如《周礼》。《周礼》者，周公致太平之书，先圣极由衷之典，法天地而行教化，辩方位而叙人伦。其义可以幽赞神明，其文可以经纬邦国，备物致用，其可忽乎！至如冬至圆丘，祭中最大，皇后内主，礼位甚尊。若合郊天助祭，则当具著礼典。今遍检《周官》，无此仪制。盖由祭天南郊，不以地配，唯将始祖为主，不以祖妣配天，故唯皇帝亲行其礼，皇后不合预也。

谨按《大宗伯》职云："若王不祭祀，则摄位。"《注》云："王有故，代行其祭事。"下文云："凡大祭祀，王后不与，则摄而荐豆笾，彻。"若皇后合助祭，承此下文，即当云"若不祭祀，则摄而荐豆笾。"今于文上更起凡，则是别生余事。夫事与上异，则别起凡。凡者，生上起下之名，不专系于本职。《周礼》一部之内，此例极多，备在文中，不可具录。又王后助祭，亲荐豆笾而不彻。案《九嫔》职云："凡祭，赞后荐，彻豆笾。"《注》云："后进之而不彻。"则知中彻者，为宗伯生文。若宗伯摄祭，则宗伯亲彻，不别使人。又案"外宗掌宗庙之祀，王后不与，则赞宗伯"。此之一文，与上相证。何以明之？案外宗唯掌宗庙祭祀，不掌郊天，足明此文是宗庙祭也。案王后行事，总在《内宰》职中。检其职文，唯云："大祭祀，后裸献则赞，瑶爵亦如之。"《郑注》云："谓祭宗庙也。"《注》所以知者，以文云"裸献"，祭天无裸，以此得知。又祭天之器，则用陶匏，亦无瑶爵，《注》以此得知是宗庙也。又内司服掌王后六服，无祭天之服；而巾车职掌王后之五辂，亦无后祭天之辂；祭天七献，无后亚献。以此诸文参之，故知后不合助祭天也。

唯《汉书·郊祀志》则有天地合祭，皇后预享之事，此则西汉末代，强臣擅朝，悖乱彝伦，黩神谄祭，不经之典，事涉诬神。故《易传》曰："诬神者，殃及三代。"《太誓》曰："正稽古立功立事，可以永年，承天之大律。"斯典策之良诫，岂可不知。今南郊礼仪，事不稽古，忝守经术，不敢默然。请旁询硕儒，俯摭旧典，采曲台之故事，行圆丘之正仪，使圣朝叶昭旷之涂，天下知文物之盛，岂不幸甚。

时左仆射韦巨源等阿旨，叶同钦明之议，竟不从无量所奏。

寻以母老请停官归侍。景云初，玄宗在春宫，召拜国子司业，兼皇太子侍读，尝撰《翼善记》以进之，皇太子降书嘉劳，赍绢四十匹。太极元年，皇太子国学亲释奠，令无量讲《老经》、《礼记》，各随端立义，博而且辩，观者叹服焉。既毕，进授银青光禄大夫，兼赐以章服，并彩绢百段。玄宗即位，迁郯王傅，兼国子祭酒。寻以师傅恩迁左散骑常侍，仍兼国子祭酒，封舒国公，实封二百户。未几，丁忧解职，庐于墓侧。其所植松柏，时有鹿犯之，无量泣而言曰："山中众草不少，何忍犯吾先茔树哉！"因通夕守护。俄有群鹿驯狎，不复侵害，无量因此终身不食鹿肉。服阕，召拜左散骑常侍，复为侍读。以其年老，每随仗出入，特许缓行，又为造腰舆，令内给使舁于内殿。无量频上书陈时政得失，多见纳用。又尝手敕褒美，赐物二百段。

无量以内库旧书，自高宗代即藏在宫中，渐致遗逸，奏请缮写刊校，以弘经籍之道。玄宗令于东都乾元殿前施架排次，大加搜写，广采天下异本。数年间，四部充备，仍引公卿已下入殿前，令纵观焉。开元六年驾还，又敕无量于丽正殿以续前功。皇太子及郯王嗣真等五人，年近十岁，尚未就学，无量缮写《论语》、《孝经》各五本以献。上览之曰："吾知无量意无量。"遽令选经明笃行之士国子博士郄恒通、郭谦光、左拾遗陋元祚等，为太子及郯王已下侍读。七年，诏太子就国子监行齿胄之礼，无量登座说经，百僚集观，礼毕，赏赐甚厚。明年，无量病卒，年七十五。临终遗言以丽正写书未毕为恨。上为举哀，废朝两日，赠礼部尚书，谥曰文。

初，无量与马怀素俱为侍读，顾待甚厚；及无量等卒后，秘书少监康子原、国子博士侯行果等又入侍讲，虽屡加赏赐，而礼遇不逮褚焉。

刘子玄，本名知几，楚州刺史胤之族孙也。少与兄知柔俱以词学知名，弱冠举进士，授获嘉主簿。证圣年，有制文武九品已上各言时政得失，知几上表陈四事，词甚切直。是时官爵僭滥而法网严密，士类竞为趋进而多陷刑戮，知几乃著《思慎赋》以刺时，且以见意。凤阁侍郎苏味道、李峤见而叹曰："陆机《豪士》所不及也。"

知几长安中累迁左史，兼修国史。擢拜凤阁舍人，修史如故。景龙初，再转太子中允，依旧修国史。时侍中韦巨源、纪处讷、中书令杨再思、兵部尚书宗楚客、中书侍郎萧至忠并监修国史，知几以监修者多，甚为国史之弊。萧至忠又尝责知几著述无课，知几于是求罢史任，奏记于至忠曰：

仆自策名士伍，待罪朝列，三为史臣，再入东观，竟不能勒成国典，贻彼后来者，何哉？静言思之，其不可者五也。何者？古之国史，皆出自一家，如鲁、汉之丘明、子长，晋、齐之董狐、南史，咸能立言不朽，藏诸名山，未闻藉以众功，方云绝笔。唯后汉东观，大集群儒，而著述无主，条章靡立。由是伯度讥其不实，公理以为可焚，张、蔡二子纠之于当代，傅、范两家嗤之于后叶。今史司取士，有倍东京，人自为荀、袁，家自称为政、骏。每欲记一事，载一言，皆阁笔相视，含毫不断。故首白可期，而汗青无日。其不可一也。

前汉郡国计书，先上太史，副上丞相；后汉公卿所撰，始集公府，乃上兰台。由是史官所修，载事为博。爰自近古，此道不行，史臣编录，唯自询采。而左右二史，阙注起居；衣冠百家，罕通行状。求风俗于州郡，视听不该；讨沿革于台阁，簿籍难见。虽使尼父再出，犹且成其管窥，况限以中才，安能遂其博物。其不可二也。

昔董狐之书法也，以示于朝；南史之书弑也，执简以往。而近代史局，皆通籍禁门，幽居九重，欲人不见。寻其义者，由杜彼颜面，防诸请谒故也。然今馆中作者，多士如林，皆愿长喙，无闻嗫舌。倘有五始初成，一字加贬，言未绝口而朝野具知，笔未栖毫而搢绅咸诵。夫孙盛实录，取嫉权门；王韶直书，见仇贵族。人之情也，能无畏乎！其不可三也。

古者刊定一史，纂成一家，体统各殊，指归咸别。夫《尚书》之教也，以疏通知远为主；《春秋》之义也，以惩恶劝善为先。《史记》则退处士而进奸雄，《汉书》则抑忠臣而饰主阙。斯并囊贤得失之例，良史是非之准，作者言之详矣。顷史官注记，多取禀监修，杨令公则云"必须直词"，宗尚书云"宜多隐恶"。十羊九牧，其事难行；一国三公，适从焉在？其不可四也。

窃以史置监修，虽无古式，寻其名号，可得而言。夫言监者，盖总领之义耳。如创纪编年，则年有断限；草传叙事，则事有丰约。或可略而不略，或应书而不书，此失刊削之例也。属词比事，劳逸宜均；挥铅奋墨，勤惰须等。某帙某篇，付之此职；某纪某传，归之此官。此铨配之理也。斯并宜明立科条，审定区域，倘人思自勉，则书可立成。今监之者既不指授，修之者又无遵奉。用使争学苟且，务相推避，坐变炎凉，徒延岁月。其不可五也。

凡此不可，其流实多，一言以蔽，三隅自反。而时谈物议，焉得笑仆编次无闻者哉！比者伏见明公每汲汲于劝诱，勤勤于课绩。或云坟籍事重，努力用心；或云岁序已淹，何时辍手？窃以纲维不举，而督课徒勤，虽威以次骨之刑，勖以悬金之赏，终不可得也。语曰："陈力就列，不能则止。"仆所以比者布怀知己，历诋群公，屡辞载笔之官，愿罢记言之职者，正为此耳。当今朝号得人，国称多士。蓬山之下，良直差肩，芸阁之中，英奇接武。仆既功亏刻鹄，笔未获麟，徒殚太官之膳，虚索长安之米，乞以本职，还其旧居，多谢简书，请避贤路。惟明公足下哀而许之。

至忠惜其才，不许解史任。宗楚客嫉其正直，谓诸史官曰："此人作书如是，欲置我何地！"

时知几又著《史通子》二十卷，备论史策之体。太子右庶子徐坚深重其书，尝云："居史职者，宜置此书于座右。"知几自负史才，常慨时无知己，乃委国史于著作郎吴兢，别撰《刘氏家史》十五卷、《谱考》三卷。推汉氏为陆终苗裔，非尧之后。彭城丛亭里诸刘，出自宣帝子楚孝王嚣曾孙司徒居巢侯刘恺之后，不承楚元王交。皆按据明白，正前代所误，虽为流俗所讥，学者服其该博。初，知几每云若得受封，必以居巢为名，以绍司徒旧邑；后以修《则天实录》功，果封居巢县子。又乡人以知几兄弟六人进士及第，文学知名，改其乡里为高阳乡居巢里。

景云中，累迁太子左庶子，兼崇文馆学士，仍依旧修国史，加银青光禄大夫。时玄宗在东宫，知几以名音类上名，乃改子玄。二年，皇太子将亲释奠于国学，有司草仪注，令从臣皆乘马著衣冠。子玄进议曰：

古者自大夫已上，皆乘车而以马为騑服。魏、晋已降，迄乎隋代，朝士又驾牛车，历代经史，具有其事，不可一二言也。至如李广北征，解鞍憩息；马援南伐，据鞍顾盼。斯则鞍马之设，行于军旅；戎服所乘，贵于便习者也。按江左官至尚书郎而辄轻乘马，则为御史所弹。又颜延之罢官后，好骑马出入闾里，当代称其放诞。此则专车凭轼，可摄朝衣；单马御鞍，宜从褻服。求之近古，灼然之明验也。

自皇家抚运，沿革随时。至如陵庙巡谒，王公册命，则盛服冠履，乘彼辂车。其士庶有衣冠亲迎者，亦时以服箱充驭。在于他事，无复乘车，贵贱所行，通用鞍马而已。臣伏见比者銮舆出幸，法驾首途，左右侍臣，皆以朝服乘马。夫冠履而出，只可配车而行，今乘车既停，而冠履不易，可谓唯知其一而未知其二也。何者？褒衣博带，革履高冠，本非马上所施，自是车中之服。必也袜而升镫，跣以乘鞍，非唯不师古道，亦自取惊今俗。求诸折中，进退无可。且长裾广袖，襜如翼如，鸣珮行组，锵锵奕奕，驰骤于风尘之内，出入于旌旗之间，倘马有惊逸，人从颠坠，遂使属车之右，遗履不收，清道之傍，结骖相续，固以受嗤行路，有损威仪也。

今议者皆云秘阁有《梁武帝南郊图》，多有危冠乘马者，此则近代故事，不得谓无其文。臣案此图是后人所为，非当时所撰。且观代间有古今图画者多矣，如张僧繇画《群公祖二疏》，而兵士有著芒屩者；阎立本画《明君入匈奴》，而妇人有著帷帽者。夫芒屩出于水乡，非京华所有；帷帽创于隋代，非汉官所作。议者岂可征此二画，以为故实者乎？由斯而言，则《梁氏南郊之图》，义同于此。又传称因俗，礼贵缘情。殷辂周冕，规模不一；秦冠汉佩，用舍无常。况我国家道轶百王，功高万古，事有不便，理资变通，其乘马衣冠，窃谓宜从省废。臣怀此异议，其来自久，日不暇给，未及摧扬。今属殿下亲从齿胄，将临国学，凡有衣冠乘马，皆惮此行，所以辄进狂言，用申鄙见。皇太子手令付外宣行，仍编入令，以为常式。

开元初，迁左散骑常侍，修史如故。九年，长子贶为太乐令，犯事配流。子玄诣执政诉理，上闻而怒之，由是贬授安州都督府别驾。子玄掌知国史，首尾二十余年，多所撰述，甚为当时所称。礼部尚书郑惟忠尝问子玄曰："自古已来，文士多而史才少，何也？"对曰："史才须有三长，世无其人，故史才少也。三长：谓才也，学也，识也。夫有学而无才，亦犹有良田百顷，黄金满籯，而使愚者营生，终不能致于货殖者矣。如有才而无学，亦犹思兼匠石，巧若公输，而家无楩柟斧斤，终不果成其宫室者矣。犹须好是正直，善恶必书，使骄主贼臣，所以知惧，此则为虎傅翼，善无可知，所向无敌者矣。脱苟非其才，不可叨居史任。自敻古已来，能应斯目者，罕见其人。"时人以为知言。子玄至安州，无几而卒，年六十一。自幼及长，述作不倦，朝有论著，必居其职。预修《三教珠英》、《文馆词林》、《姓族系录》，论《孝经》非郑玄注、《老子》无河上公注，修《唐书实录》，皆行于代，有集三十卷。后数年，玄宗敕河南府就家写《史通》以进，读而善之，追赠汲郡太守；寻又赠工部尚书，谥曰文。

兄知柔，少以文学政事，历荆扬曹追宋海唐等州长史刺史、户部侍郎、国子司业、鸿胪卿、尚书右丞、工部尚书、东都留守。卒，赠太子少保，谥曰文。代传儒学之业，时人以述作名其家。

子玄子贶、𫗧、汇、秩、迅、迥，皆知名于时。

贶，博通经史，明天文、律历、音乐、医算之术，终于起居郎、修国史。撰《六经外传》三十七卷、《续说苑》十卷、《太乐令壁记》三卷、《真人肘后方》三卷、《天宫旧事》一卷。

𫗧，右补阙、集贤殿学士、修国史。著《史例》三卷、《传记》三卷、《乐府古题解》一卷。

汇，给事中、尚书右丞、左散骑常侍、荆南长沙节度，有集三卷。

秩，给事中、尚书右丞、国子祭酒。撰《政典》三十五卷、《止戈记》七卷、《至德新议》十二卷、《指要》三卷。论丧纪制度加笾豆，许私铸钱，改制国学，事各在本志。

迅，右补阙，撰《六说》五卷。

迥，谏议大夫、给事中，有集五卷。

贶子浃、滋，汇子赞。滋，贞元中位至宰辅。赞，观察使，自有传。

徐坚，西台舍人齐聃子也。少好学，遍览经史，性宽厚长者。进士举，累授太学。圣历中，车驾在三阳宫，御史大夫杨再思、太子左庶子王方庆为东都留守，引坚为判官，表奏专以委之。方庆善《三礼》之学，每有疑滞，常就坚质问，坚必能征旧说，训释详明，方庆深善之。又赏其文章典实，常称曰："掌纶诰之选也。"再思亦曰："此凤阁舍人样，如此才识，走避不得。"坚又与给事中徐彦伯、定王府仓曹刘知几、右补阙张说同修《三教珠英》。时麟台监张昌宗及成均祭酒李峤总领其事，广引文词之士，日夕谈论，赋诗聚会，历年未能下笔。坚独与说构意撰录，以《文思博要》为本，更加《姓氏》、《亲族》二部，渐有条流。诸人依坚等规制，俄而书成，迁司封员外郎。则天又令坚删改《唐史》，会则天逊位而止。

神龙初，再迁给事中。时雍州人韦月将上书告武三思不臣之迹，反为三思所陷，中宗即令杀之。时方盛夏，坚上表曰："月将诬构良善，故违制命，准其情状，诚合严诛。但今朱夏在辰，天道生长，即从明戮，有乖时令。谨按《月令》：'夏行秋令，则丘隰水潦，禾稼不熟。'陛下诞膺灵命，中兴圣图，将弘羲、轩之风，以光史策之美，岂可非时行戮，致伤和气哉！君举必书，将何以训？伏愿详依国典，许至秋分，则知恤刑之规，冠于千载；哀矜之惠，洽乎四海。"中宗纳坚所奏，遂令决杖，配流岭表。

睿宗即位，坚自刑部侍郎加银青光禄大夫，拜左散骑常侍，俄转黄门侍郎。时监察御史李知古请兵以击姚州西贰河蛮，既降附，又请筑城，重征税之。坚以蛮夷生梗，可以羁縻属之，未得同华夏之制，劳师涉远，所损不补所获，独建议以为不便。睿宗不从，令知古发剑南兵往筑城，将以列置州县。知古因是欲诛其豪杰，没子女以为奴婢。蛮众恐惧，乃杀知古，相率反叛，役徒奔溃，姚、巂路由是历年不通。

坚妻即侍中岑羲之妹，坚以与羲近亲，固辞机密，乃转太子詹事，谓人曰："非敢求高，盖避难也。"及羲诛，坚竟免坐累。出为绛州刺史，五转复入为秘书监。开元十三年，再迁左散骑常侍。其年，玄宗改丽正书院为集贤院，以坚为学士，副张说知院事，累封东海郡公。以修东封仪注及从升太山之功，特加光禄大夫。坚多识典故，前后修撰格式、氏族及国史等，凡七入书府，时论美之。十七年卒，年七十余。上深悼惜之，遣中使就家吊，内出绢布以赗，赠太子少保，谥曰文。坚长姑为太宗充容，次姑为

高宗婕妤，并有文藻。坚父子以词学著闻，议者方之汉世班氏。

元行冲，河南人，后魏常山王素连之后也。少孤，为外祖司农卿韦机所养。博学多通，尤善音律及诂训之书。举进士，累转通事舍人，纳言狄仁杰甚重之。行冲性不阿顺，多进规诫，尝谓仁杰曰："下之事上，亦犹蓄聚以自资也。譬贵家储积，则脯腊膎胰以供滋膳，蓣术芝桂以防疴疾。伏想门下宾客，堪充旨味者多，愿以小人备一药物。"仁杰笑而谓曰："此吾药笼中物，何可一日无也！"九迁至陕州刺史，兼陇右、关内两道按察使，未行，拜太常少卿。

行冲以本族出于后魏，而未有编年之史，乃撰《魏典》三十卷，事详文简，为学者所称。初魏明帝时，河西柳谷瑞石有牛继马后之象，魏收旧史以为晋元帝是牛氏之子，冒姓司马，以应石文。行冲推寻事迹，以后魏昭成帝名犍，继晋受命，考校谣谶，著论以明之。

开元初，自太子詹事出为岐州刺史，又充关内道按察使。行冲自以书生不堪博击之任，固辞按察，乃以宁州刺史崔琬代焉。俄复入为右散骑常侍、东都副留守。时嗣彭王志暕庶兄志谦被人诬告谋反，考讯自诬，系狱待报，连坐十数人，行冲察其冤滥，并奏原之。四迁大理卿。时扬州长史李杰为侍御史王旭所陷，诏下大理结罪，行冲以杰历政清贞，不宜枉为逸邪所构，又奏请从轻条出之。当时虽不见从，深为时论所美。俄又固辞刑狱之官，求为散职。七年，复转左散骑常侍。九迁国子祭酒，月余，拜太子宾客、弘文馆学士。累封常山郡公。

先是，秘书监马怀素集学者续王俭《今书七志》，左散骑常侍褚无量于丽正殿校写四部书，事未就而怀素、无量卒，诏行冲总代其职。于是行冲表请通撰古今书目，名为《群书四录》，命学士鄠县尉毋煚、栎阳尉韦述、曹州司法参军殷践猷、太学助教余钦等分部修检，岁余书成，奏上，上嘉之。又特令行冲撰御所注《孝经》疏义，列于学官。寻以衰老罢知丽正殿校写书事。

初，有左卫率府长史魏光乘奏请行用魏徵所注《类礼》，上遽令行冲集学者撰《义疏》，将立学官。行冲于是引国子博士范行恭、四门助教施敬本检讨刊削，勒成五十卷，十四年八月奏上之。尚书左丞相张说驳奏曰："今《礼记》，是前汉戴德、戴圣所编录，历代传习，已向千年，著为经教，不可刊削。至魏孙炎始改旧本，以类相比，有同抄书，先儒所非，竟不行用。贞观中，魏徵因孙炎所修，更加整比，兼为之注，先朝虽厚加赏锡，其书竟亦不行。今行冲等解徵所注，勒成一家，然与先儒第乖，章句隔绝，若欲行用，窃恐未可。"上然其奏，于是赐行冲等绢二百匹，留其书贮于内府，竟不得立于学官。行冲患诸儒排己，退而著论以自释，名曰《释疑》。其词曰：

客问主人曰："小戴之学，行之已久，康成铨注，见列学官。传闻魏公，乃有刊易；又承制旨，造疏将颁。未悉二经，孰为优劣？"主人答曰："小戴之礼，行于汉末，马融注之，时所未睹。卢植分合二十九篇

而为说解，代不传习。郑因子干，师于季长。属党锢狱起，师门道丧，康成于窜伏之中，理纷挐之典，志存探究，靡所咨谋。而犹缉述忘疲，闻义能徙，具于《郑志》，向有百科。章句之徒，曾不窥览，犹遵覆辙，颇类刻舟。王肃因之，重兹开释，或多改驳，仍按本篇。又郑学之徒，有孙炎者，虽扶玄义，乃易前编。自后条例支分，箴石间起。马伷增革，向逾百篇；叶遵删修，仅全十二。魏公病群言之错杂，绌众说之精深。经文不同，未敢刊正；注理睽误，宁不芟荟。成毕上闻，太宗嘉赏，赍缣千匹，录赐储藩。将期颁宣，未有疏义。圣皇纂业，耽古崇儒，高曾规矩，宜所修袭，乃制昏愚，甄分旧义。其有注移往说，理变新文，务加搜穷，积稔方毕。具录呈进，敕付群儒，庶能斟详，以课疏密。岂悟章句之士，坚持昔言，特嫌知新懃，欲仍旧贯，沉疑多月，摈压不申，优劣短长，定于通识，手成口答，安敢铨量。"

客曰："当局称迷，傍观见审，累朝铨定，故是周详，何所为疑，不为申列？"答曰："是何言欤？谈岂容易！昔孔安国注壁中书，会巫蛊事，经籍道息。族兄臧与之书曰：'相如常忿俗儒淫词冒义，欲拨乱反正而未能果。然雅达通博，不代而生；浮学宋株，比肩皆是。众非难正，自古而然。诚恐此道未申，而以独智为议也。'则知变易章句，其难一矣。

"汉有孔季产者，专于古学；有孔扶者，随俗浮沉。扶谓产云：'今朝廷皆为章句内学，而君独修古义，修古义则非章句内学，非章句内学则危身之道也。独善不容于代，必将贻患祸乎！'则知变易章句，其难二矣。

"刘歆以通书属文，待诏官署，见《左氏传》而大好之，后蒙亲近，欲建斯业。哀帝欣纳，令其讨论，各迁延推辞，不肯置对。刘歆移书责让，其言甚切，诸博士等皆忿恨之。名儒龚胜，时为光禄，见歆此议，乃乞骸骨；司空师丹，因大发怒，奏歆改乱前志，非毁先朝所立。帝曰："此广道术，何为毁耶？"由是犯忤大臣，惧诛，求出为河南太守，宗室不典三河，又徙五原太守。以君实之著名好学，公仲之深博守道，犹迫同门朋党之议，卒令子骏负谤于时。则知变易章句，其难三矣。

"子雍规玄数十百件，守郑学者，时有中郎马昭，上书以为肃缪。诏王学之辈，占答以闻。又遣博士张融案经论诘，融登召集，分别推处，理之是非，具《圣证论》。王肃酬对，疲于岁时。则知变易章句，其难四矣。

"卜商疑圣，纳诮于曾舆；木赐近贤，贻嗤于武叔。自此之后，唯推郑公。王粲称伊、洛已东，淮、汉之北，一人而已，莫不宗焉。咸云先儒多阙，郑氏道备，粲窃嗟怪，因求其学。得《尚书注》，退而思之，以尽其意，意皆尽矣。所疑之者，犹未喻焉。凡有两卷，列于其集。又王肃改郑六十八条，张融核之，将定臧否。融称玄注泉深广博，两汉四百余年，未有伟于玄者。然二郊之祭，殊天之祀，此玄误也。其如皇天祖所自出之帝，亦玄虑之失也。及服虔释《传》，未免差违，后代言之，思弘圣意，非谓扬己之善，掩人之名也。何者？君子用心，愿闻其过，故仲尼曰：'过也人皆见之，更也人皆仰之'是也。而专门之徒，恕己及物，或攻先师之误，如闻父母之名，将谓亡者之德言而见压于重壤也。故王劭《史论》曰：'魏、晋浮华，古道夷替，泊王肃、杜预，更开门户。历载三百，士大夫耻为章句。唯草野生以专经自许，不能究览异义，择从其善。徒欲父康成，兄子慎，宁道孔圣误，讳闻郑、服非。然于郑、服甚愤愤，郑、服之外皆仇也。'则知变易章句，其难五也。

"伏以安国《尚书》、刘歆《左传》，悉遭摈于曩叶，见重于来今。故知二人之鉴，高于汉廷远矣。孔季产云：'物极则变。比及百年外，当有明直君子，恨不与吾同代者。'於戏！道之行废，必有其时者欤！仆非专经，习习章句，高名不著，易受经诬。顷者修撰，殆淹年月，赖诸贤辈能左右之，免致怨尤，仍叨赏赉，内省昏朽，其荣已多。何遽持一己之区区，抗群情之噂嗒，舍勿矜之美，成自我之私，触近名之诚，兴犯众之祸？一举四失，中材不为，是用韬声，甘此沉默也。"

行冲俄又累表请致仕，制许之。十七年卒，年七十七，赠礼部尚书，谥曰献。

吴兢，汴州浚仪人也。励志勤学，博通经史。宋州人魏元忠、亳州人朱敬则深器重之，及居相辅，荐兢有史才，堪居近侍，因令直史馆，修国史。累月，拜右拾遗内供奉。神龙中，迁右补阙，与韦承庆、崔融、刘子玄撰《则天实录》成，转起居郎。俄迁水部郎中，丁忧还乡里。开元三年服阕，抗疏言曰："臣修史已成数十卷，自停职还家，匪忘纸札，乞终余功。"乃拜谏议大夫，依前修史。俄兼修文馆学士，历卫尉少卿、左庶子。居职殆三十年，叙事简要，人用称之。末年伤于太简。《国史》未成，十七年，出为荆州司马，制许以史稿自随。中书令萧嵩监修国史，奏取兢所撰《国史》，得六十五卷。累迁台、洪、饶、蕲四州刺史，加银青光禄大夫，迁相州长史，封襄垣县子。天宝初改官名，为邺郡太守，入为恒王傅。

兢尝以梁、陈、齐、周、隋五代史繁杂，乃别撰《梁》、《齐》、《周史》各十卷、《陈史》五卷、《隋史》二十卷，又伤疏略。兢虽衰耗，犹希史职，而行步伛偻，李林甫以其年老不用。天宝八年，卒于家，时年八十余。兢卒后，其子进兢所撰《唐史》八十余卷，事多纰缪，不逮于壮年。兢家聚书颇多，尝目录其卷第，号《吴氏西斋书目》。

韦述，司农卿弘机曾孙也。父景骏，房州刺史。述少聪敏，笃志文学。家有书二千卷，述为儿童时，记览皆遍。人骇异之。景龙中，景骏为肥乡令，述从父至任。洺州刺史元行冲，景骏之姑子，为时大儒，常载书数车自随。

述入其书斋，忘寝与食。行冲异之，引与之谈，贯穿经史，事如指掌，探赜奥旨，如遇师资。又试以缀文，操牍便就。行冲大悦，引之同榻曰："此吾外家之宝也。"举进士，西入关，时述甚少，仪形眇小。考功员外郎宋之问曰："韦学士童年有何事业？"述对曰："性好著书。述有所撰《唐春秋》三十卷，恨未终篇。至如词策，仰待明试。"之问曰："本求异才，果得迁、固。"是岁登科。

开元五年，为栎阳尉。秘书监马怀素受诏编次图书，乃奏用左散骑常侍元行冲、左庶子齐澣、秘书少监王珣、卫尉少卿吴兢并述等二十六人，同于秘阁详录四部书。怀素寻卒，行冲代掌其事，五年而成，其总目二百卷。述好谱学，秘阁中见常侍柳冲先撰《姓族系录》二百卷，述于分课之外手自抄录，暮则怀归。如是周岁，写录皆毕，百氏源流，转益详悉。乃于《柳录》之中，别撰成《开元谱》二十卷。其笃志忘倦，皆此类也。

转右补阙，中书令张说专集贤院事，引述为直学士，迁起居舍人。说重词学之士，述与张九龄、许景先、袁晖、赵冬曦、孙逖、王翰常游其门。赵冬曦兄冬日、弟和璧、居贞、安贞、颐贞等六人，述弟迪、逌、迥、迨、巡亦六人，并词学登科。说曰："赵、韦昆季，今之杞梓也。"十八年，兼知史官事，转屯田员外郎、职方吏部二郎中，学士、知史官事如故。及张九龄为中书令，即集贤之同职，裴耀卿为侍中，即述之舅，皆相推重，语必移晷。二十七年，转国子司业，停知史事。俄而复兼史职，充集贤学士。天宝初，历左右庶子，加银青光禄大夫。九载，兼充礼仪使。其载迁尚书工部侍郎，封方城县侯。

述在书府四十年，居史职二十年，嗜学著书，手不释卷。国史自令狐德棻至于吴兢，虽累有修撰，竟未成一家之言。至述始定类例，补遗续阙，勒成《国史》一百一十三卷，并《史例》一卷，事简而记详，雅有良史之才，兰陵萧颖士以为谯周、陈寿之流。述早以儒术进，当代宗仰，而纯厚长者，澹于势利，道之同者，无间贵贱，皆礼接之。家聚书二万卷，皆自校定铅椠，虽御府不逮也。兼古今朝臣图，历代知名人画，魏、晋已来草隶字迹数百卷，古碑、古器、药方、格式、钱谱、玺谱之类，当代名公尺题，无不毕备。及禄山之乱，两京陷贼，玄宗幸蜀，述抱《国史》藏于南山，经籍资产，焚剽殆尽。述亦陷于贼庭，授伪官。至德二年，收两京，三司议罪，流于渝州，为刺史薛舒困辱，不食而卒。其甥萧直为太尉李光弼判官，广德二年，直因入奏言事称旨，乃上疏理述于苍黄之际，能存《国史》，致圣朝大典，得无遗逸，以功补过，合沾恩宥。乃赠右散骑常侍。

议者云自唐已来，氏族之盛，无逾于韦氏。其孝友词学，承庆、嗣立为最；明于音律，则万石为最；达于礼义，则叔夏为最；史才博识，以述为最。所撰《唐职仪》三十卷、《高宗实录》三十卷、《御史台记》十卷、《两京新记》五卷，凡著书二百余卷，皆行于代。

逌，学业亦亚于述，尤精《三礼》，与述对为学士。迪同为礼官，时人荣之。累迁考功员外郎、国子司业，以风疾卒。

萧颖士者，聪俊过人，富词学，有名于时，贾曾、席豫、张垍及述皆引为谈客。开元二十三年登进士第，考功员外郎孙逖称之于朝。褊躁无威仪，与时不偶，前后五授官，旋即驳落。乾元初，终于扬府功曹。

述在秘阁时，与鄂县尉母煚、曹州司法殷践猷并友善，二人相次卒。践猷，申州刺史仲容从子，明《班史》，通于族姓。子寅，有至性，早孤，事母以孝闻。应宏词举，为永宁尉。

史臣曰：前代文学之士，气壹矣，然以道义偶乖，遭遇斯难。马怀素、褚无量好古嗜学，博识多闻，遇好文之君，隆师资之礼，儒者之荣，可谓际会矣。刘、徐等五公，学际天人，才兼文史，俾西垣、东观，一代粲然，盖诸公之用心也。然而子玄郁结于当年，行冲彷徨于极笔，官不过俗吏，宠不逮常才，非过使然，盖此道非趋时之具也，其穷也宜哉！

赞曰：学者如市，博通甚难；文士措翰，典丽惟艰。马、褚、兢、述、徐、元、子玄，文学之书，胡宁比焉！

卷一百三　　　列传第五十三

郭虔瓘 张嵩　**郭知运** 子英杰　**王君㚟**
贾师顺附　**张守珪**　**牛仙客**　**王忠嗣**

郭虔瓘，齐州历城人也。开元初，累迁右骁卫将军，兼北庭都护。二年春，突厥默啜遣其子移江可汗及同俄特勒率精骑围逼北庭，虔瓘率众固守。同俄特勒单骑亲逼城下，虔瓘使勇士伏于路左，突起斩之。贼众既至，失同俄，相率于城下乞降，请尽军中衣资器杖以赎同俄。及闻其死，三军恸哭，便引退。默啜女婿火拔颉利发石阿失毕时与同俄特勒同领兵，以同俄之死，惧不敢归，遂将其妻归降。虔瓘以破贼之功，拜冠军大将军，行右骁卫大将军。又下制曰：

朕闻赏有功、报有德者，政之急也。若功不赏，德不报，则人何谓哉。云麾将军、检校右骁卫将军、兼北庭都护、瀚海军经略使、金山道副大总管、招慰营田等使、上柱国、太原县开国子郭虔瓘，宣威将军、守右骁卫翊府中郎将、检校伊州刺史兼伊吾军使、借紫金鱼袋、上柱国郭知运等，早负名节，见称义勇。顷者柳中、金满，偏师御敌，萧条穷漠之外，奔迫孤城之下。强寇益侵，援兵不至，既守而战，自秋涉冬，枥马长嘶，戍人远望。谋以十胜，成其九拒。遂能摧日逐之遗种，斩天骄之爱息。岂耿恭、班超，独高前史；将廉颇、李牧，与朕同时。眷言茂勋，是所嘉叹。信可以畴其井邑，昭示遐迩，俾劳臣劝而懦夫立焉。虔瓘可进封太原郡开国公，知运可封介休县开国公。虔瓘俄转安西副大都护、摄御史大夫、四镇经略安抚使，进封潞国公，赐实封一百户。虞瓘乃奏请募关中兵一万人往安西讨击，皆给公乘，兼供熟食，敕许之。将作大匠韦凑上疏曰：

> 臣闻兵者凶器，不获已而用之。今西域诸蕃，莫不顺轨。纵鼠窃狗盗，有成卒镇从，足宣式遏之威，非降赫斯之怒。此师之出，未见其名。臣又闻安不忘危，理必资备。自近及远，强干弱枝，是以汉实关中，徙诸豪族。今关辅户口，积久逃遁，承前先虚，见犹未实。属北虏犯塞，西戎骇边，凡在丁壮，征行略尽。岂宜更募骁勇，远资荒服。又一万行人，诣六千余里，咸给递驮，并供熟食，道次州县，将何以供？秦、陇之西，人户渐少，凉州已去，沙碛悠然。遣彼居人，如何得济？又万人赏赐，费用极多；万里资粮，破损尤广。纵令必克，其获几何？傥稽天诛，无乃甚损！请令计议所用所得，校其多少，即知利害。况用者必赏，获者未量，何要此行，顿空畿甸。且上古之时，大同之化，不独子子，不独亲亲，何隔华戎，务均安靖。洎皇道谢古，帝德惭皇，犹尚绥怀，不从征伐，有占风舰雨之客，无越海逾山之师。其后汉武鹰图，志恢土宇，西通绝域，北击匈奴。虽广获珍奇，多斩首级，而中国疲耗，殆至危亡。是以俗号升平、君称盛德者，咸指唐尧之代，不归汉武之年。其要功不成者，复焉足比议？惟陛下图之。

虞瓘竟无克获之功。寻迁右威卫大将军，以疾卒。其后，又以张嵩为安西都护以代虞瓘。嵩身长七尺，伟姿仪。初进士举，常以边任自许。及在安西，务农重战，安西府库，遂为充实。十年，转太原尹，卒官。俄又以黄门侍郎杜暹代嵩为安西都护。

郭知运字逢时，瓜州常乐人。壮勇善射，颇有胆略。初为秦州三度府果毅，以战功累除左骁卫中郎将、瀚海军经略使，又转检校伊州刺史，兼伊吾军使。开元二年春，副郭虔瓘破突厥于北庭，以功封介休县公，加云麾将军，擢拜右武卫将军。其秋，吐蕃入寇陇右，掠监牧马而去，诏知运率众击之。知运与薛讷、王晙等掎角击败之，拜知运鄯州都督、陇右诸军节度大使。四年冬，突厥降户阿悉烂、跌跌思太等率众反叛，单于副都护张知运为贼所执，诏薛讷领兵讨之。叛贼至绥州界，诏知运领朔方兵募横击之，大破贼众于黑山呼延谷，贼舍甲仗并弃张知运走。六年，知运又率兵入讨吐蕃，贼徒无备，遂掩至九曲，获锁及甲马牦牛等数万计。知运献捷，遂分赐京文武五品已上清官及朝集使，拜知运为兼鸿胪卿、摄御史中丞，加封太原郡公。八年，六州胡康待宾等反，诏知运与王晙讨平之，拜左武卫大将军，授一子官，赐金银器百事、杂彩千段。九年，卒于军，赠凉州都督，锡米粟五百斛、绢帛五百段，仍令中书令张说为其碑文。知运自居西陲，甚为蕃夷所惮，其后王君㚟亦号勇将，时人称王、郭焉。子英杰、英义。

英杰官至左卫将军。开元二十一年，幽州长史薛楚玉遣英杰及神将吴克勤、乌知义、罗守忠等率精骑万人及降奚之众以讨契丹，屯兵于榆关之外；契丹首领可突干引突厥之众拒战于都山之下。官军不利，知义、守忠率麾下便道遁归。英杰与克勤逢贼力战，皆没于阵。其下精锐六千余人仍与贼苦战，贼以英杰之首示之，竟不降，尽为贼所杀。英义，剑南西川节度使，自有传。

王君㚟，瓜州常乐人也。初，为郭知运别奏，骁勇善骑射，以战功累除右卫副率。及知运卒，遂代知运为河西、陇右节度使，迁右羽林军将军，判凉州都督事。开元十六年冬，吐蕃大将悉诺逻率众入寇大斗谷，又移攻甘州，焚烧市里而去。君㚟以其兵疲，整士马以掩其后。会大雪，贼徒冻死者甚众，贼遂取积石军西路而还。君㚟令副使马元庆、神将车蒙追之，不及。君㚟先令人潜入贼境，于归路烧草。悉诺逻还至大非川，将息甲牧马，而野草皆尽，马死过半。君㚟袭其后，入至青海之西，时海水冰合，君㚟与秦州都督张景顺等率将士并乘冰而渡。会悉诺逻已度大非山，辎重及疲兵尚在青海之侧，君㚟纵兵尽俘获之，及羊马万数。君㚟以功迁右羽林军大将军，摄御史中丞，依旧判凉州都督，封晋昌伯。拜其父寿为少府监，仍听致仕。上又尝于广达楼引君㚟及妻夏氏设宴，赐以金帛。夏氏亦有战功，故特赏之，封为武威郡夫人。其冬，吐蕃寇陷瓜州，执刺史田仁献及君㚟父寿，杀掠人户，并取军资及仓粮。又进攻玉门军及常乐县。仍纵僧徒使归凉州，谓君㚟曰："将军常欲以忠勇报国，今日何不一战？"君㚟闻父被执，登陴西向而哭，竟不敢出兵。

初，凉州界有回纥、契苾、思结、浑四部落，代为酋长，君㚟微时往来凉府，为回纥等所轻。及君㚟为河西节度使，回纥等怏怏，耻在其麾下。君㚟以法绳之，回纥等积怨，密使人诣东都自陈枉状。君㚟遽发驿奏"回纥部落难制，潜有叛谋。"上使中使往按问之，回纥竟不得理。由是瀚海大都督回纥承宗长流瀼州，浑大德长流吉州，贺兰都督契苾承明长流藤州，卢山都督思结归国长流琼州。右散骑常侍李令问、特进契苾嵩以与回纥等结婚，贬令问为抚州别驾，嵩为连州别驾。于是承宗之党瀚海州司马护输纠合党与，谋杀君㚟，以复其怨。会吐蕃使间道往突厥，君㚟率精骑往肃州掩之，还至甘州南巩笔驿，护输伏兵突起，夺君㚟旌节，先杀其左右宋贞，剖其心，云是其始谋也。君㚟从数十人与贼力战，自朝至晡，左右尽死。遂杀君㚟，驮其尸以奔吐蕃。追及之，护输遂弃君㚟尸而走。上甚痛惜之，制赠特进、荆州大都督，仍灵舆递归京师，葬于京城之东，官供丧事。仍令张说为其碑文，上自书石以宠异之。

吐蕃之寇瓜州也，分遣副将莽布支攻常乐县，县令贾师顺婴城固守。及瓜州城陷，大将悉诺逻又尽引其众乘势以攻之，数日不陷。贼中有分得汉口为妻者，其妻弟在常乐城中，悉诺逻使夜就城下诈为私见，谓师顺曰："瓜州已破，吐蕃尽众来此，岂有拒守之理？小人妻弟在城，情有所念，明府何不早降，以全城中之众。"师顺答曰："汉法，降贼者九族为戮，吾受国官爵，只可以死拒寇，岂得背恩降贼！"悉诺逻知师顺不降，又攻城八日，复令前使谓师顺曰："明府既不肯降，吾众欲还，城中岂无财物以相赠耶？"师顺请脱士卒衣裳以为赂。悉诺逻知城中无财帛，夜烧死人，收营而去，引众毁瓜州城。师顺遽开门收器械，更修守备。吐蕃果使精骑回袭，而巡城知有备，始去。

贾师顺者，岐州人也。以守城之功，累迁鄯州都督、陇右节度使。入为左领军将军，病卒。

张守珪，陕州河北人也。初以战功授平乐府别驾，从郭虔瓘于北庭镇，遣守珪率众救援，在路逢贼甚众，守珪身先士卒，与之苦战，斩首千余级，生擒贼率颉斤一人。开元初，突厥又寇北庭，虔瓘令守珪间道入京奏事，守珪因上书陈利害，请引兵自蒲昌、轮台翼而击之。及贼败，守珪以功特加游击将军，再转幽州良社府果毅。守珪仪形瑰壮，善骑射，性慷慨，有节义。时卢齐卿为幽州刺史，深礼遇之，常共榻而坐，谓曰："足下数年外必节度幽、凉，为国之良将，方以子孙相托，岂得以僚属常礼相期耶！"守珪后累转左金吾员外将军，为建康军使。

十五年，吐蕃寇陷瓜州，王君㚟死，河西恟惧。以守珪为瓜州刺史、墨离军使，领余众修筑州城。板堞才立，贼又暴至城下，城中人相顾失色，虽相率登陴，略无守御之意。守珪曰："彼众我寡，又创痍之后，不可以矢石相持，须以权道制之也。"乃于城上置酒作乐，以会将士。贼疑城中有备，竟不敢攻城而退。守珪纵兵击败之。于是修复廨宇，收合流亡，皆复旧业。守珪以战功加银青光禄大夫，仍以瓜州为都督府，以守珪为都督。瓜州地多沙碛，不宜稼穑，每年少雨，以雪水溉田。至是渠堰尽为贼所毁，既地少林木，难为修葺。守珪设祭祈祷，经宿而山水暴至，大漂材木，塞涧而流，直至城下。守珪使取充堰，于是水道复旧，州人刻石以纪其事。明年，迁鄯州都督，仍充陇右节度。

二十一年，转幽州长史、兼御史中丞、营州都督、河北节度副大使，俄又加河北采访处置使。先是，契丹及奚连年为边患，契丹衙官可突干骁勇有谋略，颇为夷人所伏。赵含章、薛楚玉等前后为幽州长史，竟不能拒。及守珪到官，频出击之，每战皆捷。契丹首领屈刺与可突干恐惧，遣使诈降。守珪察知其伪，遣管记右卫骑曹王悔诣其部落就谋之。悔至屈刺帐，贼徒初无降意，乃移其营帐渐向西北，密遣使引突厥，将杀悔以叛。会契丹别帅李过折与可突干争权不叶，悔潜诱之，夜斩屈刺及可突干，尽诛其党，率余烬以降。守珪因出师次于紫蒙川，大阅军实，宴赏将士，传屈刺、可突干等首于东都，枭于天津桥之南。诏封李过折为北平王，使统其众，寻为可突干余党所杀。二十三年春，守珪诣东都献捷，会籍田礼毕酺宴，便为守珪饮至之礼，上赋诗以褒美之。延拜守珪为辅国大将军、右羽林大将军、兼御史大夫，余官并如故。仍赐杂彩一千匹及金银器物等，与二子官，仍诏于幽州立碑以纪功赏。

二十六年，守珪裨将赵堪、白真陀罗等假以守珪之命，逼平卢军使乌知义令率骑邀叛奚余烬于潢水之北，将践其禾稼。知义初犹固辞，真陀罗又诈称诏命以迫之，知义不得已而行。及逢贼，初胜后败，守珪隐其败状而妄奏克获之功。事颇泄，上令谒者牛仙童往按之。守珪厚赂仙童，遂附会其事，但归罪于白真陀罗，逼令自缢而死。二十七年，仙童事露伏法，守珪以旧功减罪，左迁括州刺史，到官无几，疽发背而卒。

弟守琦，左骁卫将军；守瑜，金吾将军。守珪子献城、守瑜子献恭、守琦子献甫，三人皆为兴元节度使，各自有传。

牛仙客，泾州鹑觚人也。初为县小吏，县令傅文静甚重之。文静后为陇右营田使，引仙客参预其事，遂以军功累转洮州司马。开元初，王君㚟为河西节度使，以仙客为判官，甚委信之。时又有判官宋贞，与仙客俱为腹心之任。及君㚟死，宋贞亦为回纥所杀，仙客以不从获免。俄而萧嵩代君㚟为河西节度，又以军政委于仙客。仙客清勤不倦，接待上下，必以诚信。及嵩入知政事，数称荐之。稍迁太仆少卿，判凉州别驾事，仍知节度留后事。竟代嵩为河西节度使，判凉州事。历太仆卿、殿中监，军使如故。

开元二十四年秋，代信安王袆为朔方行军大总管，右散骑常侍崔希逸代仙客知河西节度事。初，仙客在河西节度时，省用所积巨万，希逸以其事奏闻，上令刑部员外郎张利贞驰传往覆视之。仙客所积仓库盈满，器械精劲，皆如希逸之状。上大悦，以仙客为尚书。中书令张九龄执奏以为不可，乃加实封二百户。其年十一月，九龄等罢知政事，遂以仙客为工部尚书、同中书门下三品，仍知门下事。时有监察御史周子谅窃言于御史大夫李适之曰："牛仙客不才，滥登相位，大夫国之懿亲，岂得坐观其事？"适之遽奏子谅之言，上大怒，廷诘之，子谅辞穷，于朝堂决配流瀼州，行至蓝田而死。

仙客既居相位，独善其身，唯诺而已。所有锡赉，皆缄封不启。百司有所谘决，仙客曰："但依令式可也"，不敢措手裁决。明年，特封豳国公，赠其父意为礼部尚书，祖会为泾州刺史。俄又进拜侍中，兼兵部尚书。天宝年，改易官名，拜左相，尚书如故。其年七月卒，年六十八。内出绢一千匹、布五百端，遣中使送至宅以赙之，赠尚书左丞，谥曰贞简。

初，仙客为朔方军使，以姚崇孙闳为判官。及知政事，闳累迁侍御史，自云能通鬼道，预知休咎。仙客颇信惑之。及疾甚，闳请为仙客祈祷，在其门下，遂逼仙客令作遗表荐闳叔尚书右丞弈及兵部侍郎卢奂继己，闳为起草。仙客时既危殆，署字不成，其妻因中使来吊，以其表上。玄宗觉而怒之，左迁弈为永阳太守，卢奂为临淄太守，赐闳死。

王忠嗣，太原祁人也，家于华州之郑县。父海宾，太子右卫率、丰安军使、太谷男，以骁勇闻陇上。开元二年七月，吐蕃入寇，朝廷起薛讷摄左羽林将军，为陇右防御使，率杜宾客、郭知运、王晙、安思顺以御之，以海宾为先锋。及贼于渭州西界武阶驿，苦战胜之，杀获甚众。诸将嫉其功，按兵不救，海宾以众寡不敌，殁于阵。大军乘其势击之，斩首一万七千级，获马七万五千匹，羊牛十四万头。玄宗闻而怜之，诏赠左金吾大将军。

忠嗣初名训，年九岁，以父死王事，起复拜朝散大夫、尚辇奉御，赐名忠嗣，养于禁中累年。肃宗在忠邸，与之游处。及长，雄毅寡言，严重有武略。玄宗以其兵家子，与之论兵，应对纵横，皆出意表。玄宗谓之曰："尔后必为良将。"十八年，又赠其父安西大都护。

其后，遂从河西节度、兵部尚书萧嵩，河东副元帅、信安王祎，并引为兵马使。二十一年再转左领军卫郎将、河西讨击副使、左威卫将军、赐紫金鱼袋、清源男，兼检校代州都督。尝短皇甫惟明义弟王昱，憾焉，遂为所陷，贬东阳府左果毅。属河西节度使杜希望谋拔新城，或言忠嗣之材足以辑事，必欲取胜，非其人不可。希望即奏闻，诏追忠嗣赴河西。既下新城，忠嗣之功居多，因授左威卫郎将，专知行军兵马。是秋，吐蕃大下，报新城之役，晨压官军，众寡不敌，师人皆惧焉。忠嗣乃以所部策马而前，左右驰突，当者无不辟易，出而复合，杀数百人，贼众遂乱。三军翼而击之，吐蕃大败。以功最，诏拜左金吾卫将军同正员，寻又兼左羽林军上将军、河东节度副使，兼大同军使。二十八年，以本官兼代州都督，摄御史大夫，兼充河东节度，又加云麾将军。二十九年，代韦光乘为朔方节度使，仍加权知河东节度事。其月，以田仁琬充河东节度使，忠嗣依旧朔方节度。

天宝元年，兼灵州都督。是岁北伐，与奚怒皆战于桑乾河，三败之，大虏其众，耀武漠北，高会而旋。时突厥叶护新有内难，忠嗣盛兵碛口以威振之。乌苏米施可汗惧而请降，竟迁延不至。忠嗣乃纵反间于拔悉密与葛逻禄、回纥三部落，攻米施可汗走之。忠嗣因出兵伐之，取其右厢而归，其西叶护及毗伽可敦、男杀葛腊哆率其部落千余帐入朝，因加左武卫大将军。明年，又破怒皆及突厥之众。自是塞外晏然，虏不敢入。天宝三载，突厥九姓拔悉密叶等竟攻杀乌苏米施可汗，传首京师。四载，加摄御史大夫，充河东节度采访使。五月，进封清源县公。

忠嗣少以勇敢自负，及居节将，以持重安边为务。尝谓人云："国家升平之时，为将者在抚其众而已。吾不欲疲中国之力，以徼功名耳。"但训练士马，缺则补之。有漆弓百五十斤，尝贮之袋中，示无所用。军中皆日夜思战，因多纵间谍以伺虏之隙，时以奇兵袭之，故士乐为用，师出必胜。每军出，即各召本将付其兵器，令给士卒，虽一弓一箭，必书其名姓于上以记之，军罢却纳。若遗失，即验其名罪之。故人人自劝，甲仗充牣矣。

四载，又兼河东节度采访使，自朔方至云中，缘边数千里，当要害地开拓旧城，或自创制，斥地各数百里。自张仁亶之后四十余年，忠嗣继之，北塞之人，复罢战矣。五年正月，河陇以皇甫惟明败衄之后，因忠嗣以持节充西平郡太守，判武威郡事，充河西、陇右节度使。其月，又权知朔方、河东节度使事。忠嗣佩四将印，控制万里，劲兵重镇，皆归掌握，自国初已来，未之有也。寻迁鸿胪卿，余如故，又加金紫光禄大夫，仍授一子五品官。后频战青海、积石，皆大克捷。寻又伐吐谷浑于墨离，虏其全国而归。初，忠嗣在河东、朔方日久，备谙边事，得士卒心。及至河、陇，颇不习其物情，又以功名富贵自处，望减于往日矣。其载四月，固让朔方、河东节度，许之。

玄宗方事石堡城，诏问以攻取之略，忠嗣奏云："石堡险固，吐蕃举国而守之。若顿兵坚城之下，必死者数万，然后事可图也。臣恐所得不如所失，请休兵秣马，观衅而取之，计之上者。"玄宗因不快。李林甫尤忌忠嗣，日求其过。六载，会董延光献策请下石堡城，诏忠嗣分兵应接之。忠嗣偾俯而从，延光不悦。河西兵马使李光弼危之，遽而入告。将及于庭，忠嗣曰："李将军有何事乎？"光弼进而言曰："请议军。"忠嗣曰："何也？"对曰："向者大夫以士卒为心，有拒董延光之色，虽曰受诏，实夺其谋。何者？大夫以数万众付之，而不悬重赏，则何以贾三军之勇乎？大夫财帛盈库，何惜数万段之赏以杜其逸口乎！彼如不捷，归罪于大夫矣。"忠嗣曰："李将军，忠嗣计已决矣。平生始望，岂及贵乎？今争一城，得之未制于敌，不得之未害于国，忠嗣岂以数万人之命易一官哉？假如明主见责，岂失一金吾羽林将军，归朝宿卫乎！其次，岂失一黔中上佐乎？此所甘心也。虽然，公实爱我。"光弼谢曰："向者恐累大夫，敢以衷告。大夫能行古人之事，非光弼所及也。"遂趋而出。及延光过期不克，诉忠嗣缓师，故师出无功。李林甫又令济阳别驾魏林告忠嗣，称往在任朔州刺史，忠嗣为河东节度，云："早与忠王同养宫中，我欲尊奉太子。"玄宗大怒，因征入朝，令三司推讯之，几陷极刑。会哥舒翰代忠嗣为陇右节度，特承恩顾，因奏忠嗣之枉，词甚恳切，请以己官爵赎罪。玄宗怒稍解。十一月，贬汉阳太守。七载，量移汉东郡太守。明年，暴卒，年四十五。子震，天宝中秘书丞。

其后哥舒翰大举兵伐石堡城，拔之，死者大半，竟如忠嗣之言，当代称为名将。先是，忠嗣之在朔方也，每至互市时，即高估马价以诱之，诸蕃闻之，竟来求市，来辄买之。故蕃马益少，而汉军益壮。及至河、陇，又奏请徙朔方、河东戎马九千匹以实之，其军又壮。迄于天宝末，战马蕃息。宝应元年，追赠兵部尚书。

史臣曰：郭虔瓘、郭知运、王君㚟、张守珪、牛仙客、王忠嗣，立功边域，为世虎臣，班超、傅介子之流也。然虔瓘以万人征西，请给公乘、熟食，可谓谋之不臧矣。君㚟以父执登陴，兵竟不出，此则不知门外之事，义断恩也。守珪以至诚感神，取材成堰，与夫耿恭拜井，有何异焉？仙客爱自方隅，骤登廊庙，显招物议，独善其身，盖才有不周，昧于陈力就列。忠嗣因青蝇之点，几危其身，逸人之言，诚可畏也！

赞曰：陇山之西，幽陵之北，爰有戎夷，世为残贼。二郭、二王、守珪、仙客，御寇之功，存乎方策。

卷一百四　　列传第五十四

高仙芝　封常清　哥舒翰

高仙芝，本高丽人也。父舍鸡，初从河西军，累劳至四镇十将、诸卫将军。仙芝美姿容，善骑射，勇决骁果。少随父至安西，以父有功授游击将军。年二十余即拜将军，与父同班秩。事节度使田仁琬、盖嘉运，未甚任用，后夫蒙灵察累拔擢之。开元末，为安西副都护、四镇都知兵马使。

小勃律国王为吐蕃所招，妻以公主，西北二十余国皆为吐蕃所制，贡献不通。后节度使田仁琬、盖嘉运与灵察累讨之，不捷，玄宗特敕仙芝以马步万人为行营节度使往讨之。时步军皆有私马，自安西行十五日至拨换城，又十余日至握瑟德，又十余日至疏勒，又二十余日至葱岭守捉，又行二十余日至播密川，又二十余日至特勒满川，即五识匿国也。仙芝乃分为三军：使疏勒守捉使赵崇玼统三千骑趣吐蕃连云堡，自北谷入；使拨换守捉使贾崇瓘自赤佛堂路入；仙芝与中使边令诚自护密国入，约七月十三日辰时会于吐蕃连云堡。堡中有兵千人，又城南十五里因山为栅，有兵八九千人。城下有婆勒川，水涨不可渡。仙芝以三牲祭河，命诸将选兵马，人赍三日干粮，早集河次。水既难渡，将士皆以为狂。既至，人不湿旗，马不湿鞯，已济而成列矣。仙芝喜谓令诚曰："向吾半渡贼来，吾属败矣，今既济成列，是天以此贼赐我也。"遂登山挑击，从辰至巳，大破之。至夜奔逐，杀五千人，生擒千人，余并走散。得马千余匹，军资器械不可胜数。

玄宗使术士韩履冰往视日，惧不欲行，边令诚亦惧。仙芝留令诚等以羸病尪弱三千余人守其城，仙芝遂进。三日，至坦驹岭，直下峭峻四十余里，仙芝料之曰："阿弩越胡若速迎，即是好心。"又恐兵士不下，乃先令二十余骑诈作阿弩越城胡服上岭来迎。既至坦驹岭，兵士果不肯下，云："大使将我欲何处去？"言未毕，其先使二十人来迎，云："阿弩越城胡并好心奉迎，娑夷河藤桥已斫讫。"仙芝阳喜以号令，兵士尽下。娑夷河，即古之弱水也，不胜草芥毛发。下岭三日，越胡果来迎。明日，至阿弩越城，当日令将军席元庆、贺娄余润先修桥路。仙芝明日进军，又令元庆以一千骑先谓小勃律王曰："不取汝城，亦不斫汝桥，但借汝路过，向大勃律去。"城中有首领五六人，皆赤心为吐蕃。仙芝先约元庆云："军到，首领百姓必走入山谷，招呼取以敕命赐彩物等，首领至，齐缚之以待我。"元庆既至，一如仙芝之所教，缚诸首领。王及公主走入石窟，取不可得。仙芝至，斩其为吐蕃者五六人。急令元庆斫藤桥，去勃律犹六十里，及暮，才斫了，吐蕃兵马大至，已无及矣。藤桥阔一箭道，修之一年方成。勃律先为吐蕃所诈借路，遂成此桥。于是，仙芝徐自招谕勃律及公主出降，并平其国。

天宝六载八月，仙芝虏勃律王及公主趣赤佛堂路班师。九月，复至婆勒川连云堡，与边令诚等相见。其月末，还播密川，令刘单草告捷书，遣中使判官王廷芳告捷。仙芝军还至河西，夫蒙灵察都不使人迎劳，骂仙芝曰："啖狗肠高丽奴！啖狗屎高丽奴！于阗使谁与汝奏得？"仙芝曰："中丞。""焉耆镇守使谁边得？"曰："中丞。""安西副都护使谁边得？"曰："中丞。""安西都知兵马使谁边得？"曰："中丞。"灵察曰："此既皆我所奏，安得不待我处分悬奏捷书！据高丽奴此罪，合当斩，但缘新立大功，不欲处置。"又谓刘单曰："闻尔能作捷书。"单恐惧请罪。令诚具奏其状曰："仙芝立奇功，今将忧死。"其年六月，制授仙芝鸿胪卿、摄御史中丞，代夫蒙灵察为四镇节度使，征灵察入朝。灵察大惧，仙芝每日见之，趋走如故，灵察益不自安。将军程千里时为副都护，大将毕思琛为灵察押衙，并行官王滔、康怀顺、陈奉忠等，尝构谮仙芝于灵察。仙芝既领节度事，谓程千里曰："公面似男儿，心如妇人，何也？"又谓思琛曰："此胡敢来！我城东一千石种子庄被汝将去，忆之乎？"对曰："此是中丞知思琛辛苦见乞。"仙芝曰："吾此时俱汝作威福，岂是怜汝与之！我欲不言，恐汝怀忧，言了无事矣。"又呼王滔等至，捽下将笞，良久皆释之，由是军情不惧。

八载，入朝，加特进，兼左金吾卫大将军同正员，仍与一子五品官。九载，将兵讨石国，平之，获其国王以归。仙芝性贪，获石国大块瑟瑟十余石、真金五六驼驼、名马宝玉称是。初，舍鸡以仙芝为懦缓，恐其不能自存，至是立功，家财巨万，颇能散施，人有所求，言无不应。其载，入朝，拜开府仪同三司，寻除武威太守、河西节度使，代安思顺。思顺讽群胡割耳劈面请留，监察御史裴周南奏之，制复留思顺，以仙芝为右羽林大将军。十四载，进封密云郡公。

十一月，安禄山据范阳叛。是日，以京兆牧、荣王琬为讨贼元帅，仙芝为副。命仙芝领飞骑、彍骑及朔方、河西、陇右应赴京兵马，并召募关辅五万人，继封常清出潼关进讨，仍以仙芝兼御史大夫。十二月，师发，玄宗御望春亭慰劳遣之，仍令监门将军边令诚监其军，屯于陕州。是月十一日，封常清兵败于氾水。十三日，禄山陷东京，常清以余众奔陕州，谓仙芝曰："累日血战，贼锋不可当。且潼关无兵，若狂寇奔突，则京师危矣。宜弃此守，急保潼关。"常清、仙芝乃率见兵取太原仓钱绢，分给将士，余皆焚之。俄而贼骑继至，诸军惶骇，弃甲而走，无复队伍。仙芝至关，缮修守具，又令索承光守善和戍。贼骑至关，已有备矣，不能攻而去，仙芝之力也。

封常清，蒲州猗氏人也。外祖犯罪流安西效力，守胡城南门，颇读书，每坐常清于城门楼上，教其读书，多所历览。外祖死，常清孤贫，年三十余，属夫蒙灵察为四镇节度使，将军高仙芝为都知兵马使，颇有材能，每出军，奏傔从三十余人，衣服鲜明。常清慨然发愤，投牒请预一傔。常清细瘦目颣，脚短而跛，仙芝见其貌寝，不纳。

明日又投牒，仙芝谓曰："吾奏僚已足，何烦复来！"常清怒，俛谓仙芝曰："常清慕公高义，愿事鞭辔，所以无媒而前，何见拒之深乎？公若方圆取人，则士大夫所望；若以貌取人，恐失之子羽矣！"仙芝犹未纳。常清自尔候仙芝出入，晨夕不离其门，凡数十日，仙芝不得已，补为僚。

开元末，会达奚部落背叛，自黑山北向，西趣碎叶，玄宗敕灵察邀击之。灵察使仙芝以二千骑自副城向北至绫岭下，遇贼击之。达奚行远，人马皆疲，斩杀略尽。常清于幕中潜作捷书，具言次舍井泉，遇贼形势，克获谋略，事颇精审。仙芝所欲言，无不周悉，仙芝大骇异之。仙芝军回，灵察赏劳，仙芝去奴袜带刀见。判官刘眺、独孤峻等逆问之曰："前者捷书，谁之所作？副大使麾下何得有如此人？"仙芝曰："即仙芝僚人封常清也。"眺等揖仙芝，命常清进坐，与语如旧相识，众人方异之。以破达奚功，授叠州地下戍主，便以为判官。累以军功授镇将、果毅、折冲。

天宝六年，从仙芝破小勃律。十二月，仙芝代夫蒙灵察为安西节度使，便奏常清为庆王府录事参军，充节度判官，赐紫金鱼袋。寻加朝散大夫，专知四镇仓库、屯田、甲仗、支度、营田事。仙芝每出征讨，常令常清知留后事。常清有才学，果决。知留后时，仙芝乳母子郑德诠已为郎将，德铨母在宅内，仙芝视之如兄弟，家事皆令知之，威望动三军。常清出回，诸将皆引前，德诠见常清出其门，素易之，自后走马突常清而去。常清至使院，命左右密引至，厅连节度使宅院，凡经数重门，德诠既过，命随后闭之。德诠至，常清离席谓之曰："常清起自细微，预中丞兵马使僚，中丞再不纳，郎将岂不知乎？今中丞过听，以常清为留后使，郎将何得无礼，对中使相凌！"因叱之曰："郎将须暂死以肃军容。"因令勒回，杖六十，面仆地，曳出。仙芝妻及乳母于门外号哭救之，不得，因以其状上仙芝。仙芝览之，惊曰："已死矣！"及见常清，遂无一言，常清亦不之谢。诸大将有罪者，击杀二人，于是军中股栗。

十载，仙芝改河西节度使，奏常清为判官。王正见为安西节度，奏常清为四镇支度营田副使、行军司马。十一载，正见死，乃以常清为安西副大都护，摄御史中丞，持节充安西四镇节度、经略、支度、营田副大使，知节度事。十三载入朝，摄御史大夫，仍与一子五品官，赐第一区，亡父母皆赠封爵。俄而北庭都护程千里入为右金吾大将军，仍令常清权知北庭都护，持节充伊西节度等使。常清性勤俭，每出征或乘驿，私马不过一两匹，赏罚严明。

十四载，入朝，十一月，谒玄宗于华清宫。时禄山已叛，玄宗言凶胡负恩之状，何方诛讨？常清奏曰："禄山领凶徒十万，径犯中原，太平斯久，人不知战。然事有逆顺，势有奇变，臣请走马赴东京，开府库，募骁勇，挑马箠渡河，计日取逆胡之首悬于阙下。"玄宗方忧，壮其言。翌日，以常清为范阳节度，俾募兵东讨。其日，常清乘驿赴东京召募，旬日得兵六万，皆佣保市井之流。乃斫断河阳桥，于东京为固守之备。十二月，禄山渡河，陷陈留，入罂子谷，凶威转炽，先锋至葵园。常清使骁骑与柘羯逆战，杀贼数十百人。贼大军继至，常清退入上东门，又战不利，贼鼓噪于四城门入，杀掠人吏。常清又战于都亭驿，不胜。退守宣仁门，又败。乃从提象门入，倒树以碍之。至谷水，西奔至陕郡，遇高仙芝，具以贼势告之。恐贼难与争锋，仙芝遂退守潼关。

玄宗闻常清败，削其官爵，令白衣于仙芝军效力。仙芝令常清监巡左右厢诸军，常清衣皂衣以从事。监军边令诚每事干之。仙芝多不从。令诚入奏事，具言仙芝、常清逗挠奔败之状。玄宗怒，遣令诚赍敕至军并诛之。

令诚至潼关，引常清于驿南西街，宣敕示之。常清曰："常清所以不死者，不忍污国家旌麾，受戮贼手，讨逆无效，死乃甘心。"初，常清兵败入关，欲驰赴阙庭，至渭南，有敕令却赴潼关，自草表待罪。是日临刑，托令诚上之。其表曰：

中使骆奉仙至，奉宣口敕，恕臣万死之罪，收臣一朝之效，令臣却赴陕州，随高仙芝行营。负斧缧囚，忽焉解缚，败军之将，更许增修。臣常清诚欢诚喜，顿首顿首。臣自城陷已来，前后三度遣使奉表，具述赤心，竟不蒙引对。臣之此来，非求苟活，实欲陈社稷之计，破虎狼之谋。冀拜首阙庭，吐心陛下，论逆贼之兵势，陈讨捍之别谋。将酬万死之恩，以报一生之宠。岂料长安日远，谒见无由；函谷关遥，陈情不暇！臣读《春秋》，见狼瞫称未获死所，臣今获矣。

昨者与羯胡接战，自今月七日交兵，至于十三日不已。臣所将之兵，皆是乌合之徒，素未训习。率周南市人之众，当渔阳突骑之师，尚犹杀敌塞路，血流满野。臣欲挺身刃下，死节军前，恐长逆胡之威，以挫王师之势。是以驰御就日，将命归天。一期陛下斩臣于都市之下，以诫诸将；二期陛下问臣以逆贼之势，将诫诸军；三期陛下知臣非惜死之徒，许臣竭露。臣今将死抗表，陛下或以臣失律之后，诳妄为辞；陛下或以臣欲尽所忠，肝胆见察。臣死之后，望陛下不轻此贼，无忘臣言，则冀社稷复安，逆胡败覆，臣之所愿毕矣。仰天饮鸩，向日封章，即为尸谏之臣，死作圣朝之鬼。若使殁而有知，必结草军前。回风阵上，引王师之旗鼓，平寇贼之戈铤。生死酬恩，不任感激，臣常清无任永辞圣代悲恋之至。

常清既刑，陈其尸于蘧蒢上。仙芝归至厅，令诚索陌刀手百余人随而从之，曰："大夫亦有恩命。"仙芝遽下，遂至常清所刑处。仙芝曰："我退，罪也，死不辞；然以我为减截兵粮及赐物等，则诬我也。"谓令诚曰："上是天，下是地，兵士皆在，足下岂不知乎！"其召募兵排列在外，素爱仙芝，仙芝呼谓之曰："我于京中召儿郎辈，虽得少许物，装束亦未能足，方与君辈破贼，然后取高官重赏。不谓贼势凭陵，引军至此，亦欲固守潼关故也。我若实有此，君辈即言实；我若实无之，君辈当言枉。"兵齐呼曰："枉"，其声殷地。仙芝又目常清之尸，谓之曰："封二，子从微至著，我则引拔子为我判官，俄又代我为节度使，今日又与子同死于此，岂命也夫！"遂斩之。

哥舒翰，突骑施首领哥舒部落之裔也。蕃人多以部落称姓，因以为氏。祖沮，左清道率。父道元，安西副都护，世居安西。翰家富于财，倜傥任侠，好然诺，纵蒲酒。年四十，遭父丧，三年客居京师，为长安尉不礼，慨然发愤折节，仗剑之河西。初事节度使王倕，倕攻新城，使翰经略，三军无不震慑。后节度使王忠嗣补为衙将。翰好读《左氏春秋传》及《汉书》，疏财重气，士多归之。忠嗣以为大斗军副使，尝使翰讨吐蕃于新城，有同列为副者，见翰礼倨，不为用，翰怒，挝杀之，军中股栗。迁左卫郎将。后吐蕃寇边，翰拒之于苦拔海，其众三行，从山差池而下，翰持半段枪当其锋击之，三行皆败，无不摧靡，由是知名。

天宝六载，擢授右武卫员外将军，充陇西节度副使、都知关西兵马使、河源军使。先是，吐蕃每至麦熟时，即率部众至积石军获取之，共呼为"吐蕃麦庄"，前后无敢拒之者。至是，翰使王难得、杨景晖等潜引兵至积石军，设伏以待之。吐蕃以五千骑至，翰于城中率骁勇驰击，杀之略尽，余或挺走，伏兵邀击，匹马不还。翰有家奴曰左车，年十五六，亦有膂力。翰善使枪，追贼及之，以枪搭其肩而喝之，贼惊顾，翰从而刺其喉，皆剔高三五尺而堕，无不死者。左车辄下马斩首，率以为常。

其冬，玄宗在华清宫，王忠嗣被劾。敕召翰至，与语悦之，遂以为鸿胪卿，兼西平郡太守，摄御史中丞，代忠嗣为陇右节度支度营田副大使，知节度事。仍极言救忠嗣，上起入禁中，翰叩头随之而前，言词慷慨，声泪俱下，帝感而宽之，贬忠嗣为汉阳太守，朝廷义而壮之。

明年，筑神威军于青海上，吐蕃至，攻破之；又筑城于青海中龙驹岛，有白龙见，遂名为应龙城，吐蕃屏迹不敢近青海。吐蕃保石堡城，路远而险，久不拔。八载，以朔方、河东群牧十万众委翰总统攻石堡城。翰使麾下将高秀岩、张守瑜进攻，不旬日而拔之。上录其功，拜特进、鸿胪员外卿，与一子五品官，赐物千匹、庄宅各一所，加摄御史大夫。十一载，加开府仪同三司。

翰素与禄山、思顺不协，上每和解之为兄弟。其冬，禄山、思顺、翰并来朝，上使内侍高力士及中贵人于京城东驸马崔惠童池亭宴会。翰母尉迟氏，于阗之族也。禄山以思顺恶翰，尝衔之，至是忽谓翰曰："我父是胡，母是突厥；公父是突厥，母是胡。与公族类同，何不相亲乎？"翰应之曰："古人云，野狐向窟嗥，不祥，以其忘本也。敢不尽心焉！"禄山以为讥其胡也，大怒，骂翰曰："突厥敢如此耶！"翰欲应之，高力士目翰，翰遂止。

十二载，进封凉国公，食实封三百户，加河西节度使，寻封西平郡王。时杨国忠有隙于禄山，频奏其反状，故厚赏翰以亲结之。十三载，拜太子太保，更加实封三百户，又兼御史大夫。

翰好饮酒，颇恣声色。至土门军，入浴室，遘风疾，绝倒良久乃苏。因入京，废疾于家。

及安禄山反，上以封常清、高仙芝丧败，召翰入，拜为皇太子先锋兵马元帅，以田良丘为御史中丞，充行军司马，以王思礼、钳耳大福、李承光、苏法鼎、管崇嗣及蕃将火拔归仁、李武定、浑萼、契苾宁等为裨将，河陇、朔方兵及蕃兵与高仙芝旧卒共二十万，拒贼于潼关。上御勤政楼劳遣之，百僚出钱于郊。十五载，加翰尚书左仆射、同中书门下平章事。

翰至潼关，或劝翰曰："禄山阻兵，以诛杨国忠为名，公若留兵三万守关，悉以精锐回诛国忠，此汉挫七国之计也，公以为何如？"翰心许之，未发。有客泄其谋于国忠，国忠大惧，及奏曰："兵法'安不忘危'，今潼关兵众虽盛，而无后殿，万一不利，京师得无恐乎！请选监牧小儿三千人训练于苑中。"诏从之，遂遣剑南军将李福、刘光庭分统焉。又奏召募一万人，屯于灞上，令其腹心杜乾运将之。翰虑为所图，乃上表请乾运兵隶于潼关，遂召乾运赴潼关计事，因斩之。自是，翰心不自安。又素有风疾，至是颇甚，军中之务，不复躬亲，委政于行军司马田良丘。良丘复不敢专断，教令不一，颇无部伍。其将王思礼、李承光又争长不叶，人无斗志。

先是，翰数奏禄山虽窃河朔，而不得人心，请持重以弊之，彼自离心，因而翦灭之，可不伤兵擒兹寇矣。贼将崔乾祐于陕郡潜锋蓄锐，而觇者奏云"贼殊无备"，上然之，命悉众速讨之。翰奏曰："贼既始为凶逆，禄山久习用兵，必不肯无备，是阴计也。且贼兵远来，利在速战。今王师自战其地，利在坚守，不利轻出；若轻出关，是入其算。乞更观事势。"杨国忠恐其谋己，屡奏使出兵。上久处太平，不练军事，既为国忠眩惑，中使相继督责。翰不得已，引师出关。

六月四日，次于灵宝县之西原。八日，与贼交战，官军南迫险峭，北临黄河；崔乾祐以数千人先据险要。翰及良丘等浮船中流以观进退，谓乾祐兵少，轻之，遂促将士令进，争路拥塞，无复队伍。午后，东风急，乾祐以草车数十乘纵火焚之，烟焰亘天。将士掩面，开目不得，因为凶徒所乘，王师自相排挤，坠于河。其后者见前军陷败，悉溃，填委于河，死者数万人，号叫之声振天地，缚器械，以枪为楫，投北岸，十不存一二。军既败，翰与数百骑驰而西归，为火拔归仁执降于贼。禄山谓之曰："汝常轻我，今日如何？"翰惧，俯伏称："肉眼不识陛下，遂至于此。陛下为拨乱主，今天下未平，李光弼在土门，来瑱在河南，鲁炅在南阳，但留臣，臣以尺书招之，不日平矣。"禄山大喜，遂伪署翰司空。作书招光弼等，诸将报书皆让翰不死节。禄山知事不谐，遂闭翰于苑中，潜杀之。

翰之守潼关也，主天下兵权，肆志报怨，诬奏户部尚书安思顺与禄山潜通，伪令人为禄山遗思顺书，于关门擒之以献。其年三月，思顺及弟太仆卿元贞并坐诛，徙其家属于岭外，天下冤之。

史臣曰：大盗作梗，禄山乱常，词虽欲诛国忠，志则谋危社稷。于时承平日久，金革道消，封常清、高仙芝相次率不教之兵，募市人之众，以抗凶寇，失律丧师。哥舒翰废疾于家，起专兵柄，二十万众拒贼关门，军中之务不亲，委任又非其所。及遇羯贼，旋致败亡，天子以之播迁，自身以之拘执，此皆命帅而不得其人也。《礼》曰："大夫死众。"又曰："谋人之军师败则死之。"翰受署贼庭，苟延视息，忠义之道，即可知也，岂不愧于颜杲卿乎！抑又闻之，古之命将者，推毂而谓之曰："阃外之事，将军裁之。"观杨国忠之奏事，边令诚之护戎，又掣肘于军政者也，未可偏责三帅，不尤伊人。后之君子，得不深鉴！

　　赞曰：羯贼犯顺，戎车启行。委任失所，封、高败亡。虔刘圻甸，僭窃衣裳。丑哉舒翰，不能死王。

卷一百五　　　列传第五十五

宇文融　韦坚　杨慎矜　王鉷

宇文融，京兆万年人，隋礼部尚书平昌公弼之玄孙也。祖节，贞观中为尚书右丞，明习法令，以干局见称。时江夏王道宗尝以私事托于节，节遂奏之，太宗大悦，赐绢二百匹，仍劳之曰："朕所以不置左右仆射者，正以卿在省耳。"永徽初，累迁黄门侍郎、同中书门下三品，代于志宁为侍中。坐房遗爱事配流桂州而卒。父峤，莱州长史。

融，开元初累转富平主簿，明辩有吏干，源乾曜、孟温相次为京兆尹，皆厚礼之，俄拜监察御史。时天下户口逃亡，免役多伪滥，朝廷深以为患。融乃陈便宜，奏请检察伪滥，搜括逃户。玄宗纳其言，因令融充使推勾。无几，获伪滥及诸免役甚众，特加朝散大夫，再迁兵部员外郎，兼侍御史。融于是奏置劝农判官十人，并摄御史，分往天下，所在检括田畴，招携户口。其新附客户，则免其六年赋调，但轻税入官。议者颇以为扰人不便，阳翟尉皇甫憬上疏曰：

　　臣闻智者千虑，或有一失，愚夫千计，亦有一得。且无益之事繁，则不急之务众；不急之务众，则数役；数役，则人疲；人疲，则无聊生矣。是以太上务德，以静为本；其次化之，以安为上。但责其疆界，严之堤防，山水之余，即为见地。何必聚人阡陌，亲遣括量，故夺农时，遂令受弊。又应出使之辈，未识大体，所由殊不知陛下爱人至深，务以勾剥为计。州县惧罪，据牒即征。逃亡之家，邻保代出；邻保不济，又便更输。急之则都不谋生，缓之则虑法交及。臣恐逃逸从此更深。至如澄流在源，止沸由火，不可不慎。今之具僚，动逾万数，蚕食府库，侵害黎人。国绝数载之储，家无经月之畜，虽其厚税，亦不可供。户口逃亡，莫不由此。纵使伊、皋申术，管、晏陈谋，岂息兹弊？若以此给，将何以堪！虽东海、南山尽为粟帛，亦恐不足，岂括田税客能周给也！

左拾遗杨相如上书，咸陈括客为不便。上方委任融，侍中源乾曜及中书舍人陆坚皆赞成其事，乃贬憬为盈川尉。于是诸道括得客户凡八十余万，田亦称是。州县希融旨意，务于获多，皆虚张其数，亦有以实户为客者。岁终征得客户钱数百万，融由是擢拜御史中丞。言事者犹称括客损居人，上令集百僚于尚书省议。公卿已下惧融恩势，皆雷同不敢有异词，唯户部侍郎杨玚独建议以括客不利居人，征籍外田税，使百姓困弊，所得不补所失。无几，玚出为外职。

融乃驰传巡历天下，事无大小，先牒上劝农使而后申中书，省司亦待融指执而后决断。融之所至，必招集老幼宣上恩命，百姓感其心，至有流泪称父母者。融使还具奏，乃下制曰：

　　人惟邦本，本固邦宁，必在安人，方能固本。永言理道，实获朕心。思所以康济黎庶，宠绥华夏，上副宗庙乾坤之寄，下答宇县贡献之勤，何尝不夜分辍寝，日旰忘食。然后以眇眇之身，当四海之贵。虽则长想遐迩，不可家至日见。至于宣布政教，安辑逋亡，言念再三，其勤至矣。莫副朕命，实用恶焉，当宸永怀，静言厥绪。岂人流自久，招谕不还，上情靡通于下，众心罔达于上。求之明发，想见其人。当属括地使宇文融谒见于延英殿，朕以人必土著，因议逃亡，嘉其忠说，堪任大事，乃授其田户纪纲，兼委之郡县厘革，便令充使，奉以安人。遂能恤我黎元，克将朕命，发自夏首，及于岁终，巡按所及，归首百万。仍闻宣制之日，老幼欣跃，惟令是从，多流泪以感朕心，咸吐诚以荷王命。犹恐朕之薄德，未孚于人，抚字安存，更冀良算。遂命百司长吏，方州岳牧，佥议庙堂，广征异见。群情盈于札翰，环省弥于旬日，庶广朕意，岂以为劳，稽众考言，谓斯折衷。欲人必信，期于令行，凡尔司存，勉以遵守。

夫食为人天，富而后教，经教彝体，前哲至言。故平籴行于昔王，义仓加于近代，所以存九年之蓄，收上中之敛。穰贱则农不伤财，灾馑则时无菜色，救人活国，其利博哉！今流户大来，王田载理，敖庾之务，瘝瘵所怀。其客户所税钱，宜均充所在常平仓用，仍许预付价值，任粟麦兼贮。并旧常平钱粟，并委本道判官勾当处置，使敛散及时，务以矜恤。且分灾恤患，州党之常情；损余济阙，亲邻之善贷。故木铎云徇，里胥均功，夜绩相从，齐俗以赡。今阳和布泽，丁壮就田，言念鳏惸，事资拯助。宜委使司与州县商量，劝作农社，贫富相恤，耕耘以时。仍每至雨泽之后，种获忙月，州县常务，一切停减，使趋时急于备寇，尺璧贱于寸阴，是则天无虚施，人无遗力。

又政在经远，功惟久著，今逃亡初复，居业未康，循逃户及籍外剩田，犹宜劳徕，理资存抚。其十道分判官，三五年内，使就厥功，令有终始。当道覆屯，及须推勾，并以委之，不须广差余使，示专其事，不扰于人。政术有能，必行赏罚。其已奏复业归首，勾当州县，每季一申，不须挟名，致有劳扰。其归首户，各令新首处与本贯计会年户色役，勿欺隐及其两处征科。宣布天下，使明知朕意。

中书令张说素恶融之为人，又患其权重，融之所奏，多建议争之。融揣其意，先事图之。中书舍人张九龄言于说曰:"宇文融承恩用事,辩给多词,不可不备也。"说曰:"此狗鼠辈,焉能为事!"融寻兼户部侍郎。从东封还,又密陈意见,分吏部为十铨典选事,所奏又为说所抑。融乃与御史大夫崔隐甫连名劾说,廷奏其状,说由是罢知政事。融恐说复用为己患,数潜毁之。上恶其朋党,寻出融为魏州刺史。俄转汴州刺史,又上表请用《禹贡》九河旧道,开稻田以利人,并回易陆运本钱,官收其利。虽兴役不息,而事多不就。

十六年,复入为鸿胪卿,兼户部侍郎。明年,拜黄门侍郎,与裴光庭并兼同中书门下平章事。融既居相位,欲以天下为己任,谓人曰:"使吾居此数月,庶令海内无事矣。"于是荐宋璟为右丞相,裴耀卿为户部侍郎,许景先为工部侍郎,甚允朝廷之望。然性躁急多言,又引宾客故人,晨夕饮谑,由是为时论所讥。时礼部尚书、信安王祎为朔方节度使,殿中侍御史李宙劾之,驿召将下狱。祎既申诉得理,融坐阿党李宙,出为汝州刺史,在相凡百日而罢。

裴光庭时兼御史大夫,又弹劾交游朋党及男受赃等事,贬昭州平乐尉。在岭外岁余,司农少卿蒋岑举奏融在汴州回造船脚,隐没巨万,给事中冯绍烈又深文案其事实,融于是配流岩州。地既瘴毒,忧患发疾,遂诣广府,将停留未还。都督耿仁忠谓融曰:"明公负朝廷深谴,以至于此,更欲故犯严命,淹留他境,仁忠见累,诚所甘心,亦恐朝廷知明公在此,必不相容也。"融遽还,卒于路。上闻之,思其旧功,赠台州刺史。

韦坚,京兆万年人。父元珪,先天中,银青光禄大夫,开元初,兖州刺史。坚姊为赠惠宣太子妃,坚妻又楚国公姜皎女,坚妹又为皇太子妃,中外荣盛,故早从官叙。二十五年,为长安令,以干济闻。与中贵人善,探候主意。见宇文融、杨慎矜父子以勾剥财物争行进奉而致恩顾,坚乃以转运江淮租赋,所在置吏督察,以裨国之仓廪,岁益巨万。玄宗以为能。

天宝元年三月,擢为陕郡太守、水陆转运使。自西汉及隋,有运渠自关门西抵长安,以通山东租赋。奏请于咸阳拥渭水作兴成堰,截灞、浐水傍渭东注,至关西永丰仓下与渭合。于长安城东九里长乐坡下,浐水之上架苑墙,东面有望春楼,楼下穿广运潭以通舟楫,二年而成。坚预于东京、汴、宋取小斛底船三二百只置于潭侧,其船皆署牌表之。若广陵郡船,即于栿背上堆积广陵所出锦、镜、铜器、海味;丹阳郡船,即京口绫衫段;晋陵郡船,即折造官端绫绣,会稽郡船,即铜器、罗、吴绫、绛纱;南海郡船,即瑇瑁、真珠、象牙、沉香;豫章郡船,即名瓷、酒器、茶釜、茶铛、茶碗;宣城郡船,即空青石、纸笔、黄连,始安郡船,即蕉葛、蚺蛇胆、翡翠。船中皆有米,吴郡即三破糯米、方丈绫。凡数十郡。驾船人皆大笠子、宽袖衫、芒屦,如吴、楚之制。先是,人间戏唱歌词云:"得丁冬反体都董复纥那也,纥囊得体耶?潭里船车闹,扬州铜器多。三郎当殿坐,看唱《得体歌》。"至开元二十九年,田同秀上言"见玄元皇帝,云有宝符在陕州桃林县古关令尹喜宅",发中使求而得之,以为殊祥,改桃林为灵宝县。及此潭成,陕县尉崔成甫以坚为陕郡太守凿成新潭,又致扬州铜器,翻出此词,广集两县官,使妇人唱之,言:"得宝弘农野,弘农得宝耶!潭里船车闹,扬州铜器多。三郎当殿坐,看唱《得宝歌》。"成甫又作歌词十首,自衣缺胯绿衫,锦半臂,偏袒膊,红罗抹额,于第一船作号头唱之。和者妇人一百人,皆鲜服靓妆,齐声接影,鼓笛胡部以应之。余船沓进,至楼下,连樯弥亘数里,观者山积。京城百姓多不识驿马船樯竿,人人骇视。

坚跪上诸郡轻货,又上百牙盘食,府县进奉,教坊出乐迭奏。玄宗欢悦,下诏敕曰:

古之善政者,贵于足食,欲求富国者,必先利人。朕关辅之间,尤资殷赡,比来转输,未免艰辛,故置此潭,以通漕运。万代之利,一朝而成,将允叶于永图,岂苟求于纵观。其陕郡太守韦坚,始终检校,夙夜勤劳,赏以懋功,则惟常典。宜特与三品,仍改授一三品京官兼太守,判官等并即量与改转。其专知检校始末不离潭所者并孔目官,及至典选日,优与处分,仍委韦坚具名录奏。应役人夫等,虽各酬佣直,终使役日多,并放今年地税。且启凿功毕,舟楫已通,既涉远途,又能先至,永言劝励,稍宜甄奖。其押运纲各赐一中上考,准前录奏。船夫等宜共赐钱二千贯,以充宴乐。外郡进土物,赐贵戚朝官。赐名广运潭。

时坚姊故惠宣太子妃亦出宝物供楼上铺设,进食竟日而罢。

李林甫以坚姜氏婿,甚狎之。至是惧其诡计求进,承恩日深,坚又以李适之善,益怒之,恐入为相,乃与腹心构成其罪。四月,进银青光禄大夫、左散骑常侍、陕郡太守、水陆转运使,勾当缘河及江淮南租庸转运处置使并如故;又以判官元㧑、豆卢友除监察御史。三年正月,坚又加兼御史中丞,封韦城男。九月,拜守刑部尚书,夺诸使,以杨慎矜代之。

五载正月望夜,坚与河西节度、鸿胪卿皇甫惟明夜游,同过景龙观道士房,为林甫所发,以坚戚里,不合与节将狎昵,是构谋规立太子。玄宗惑其言,遽贬坚为缙云太守,惟明为播川太守。寻发使杀惟明于黔中,籍其资财。六月,又贬坚为江夏别驾。又构坚与李适之善,贬适之为宜春太守。七月,坚又长流岭南临封郡,坚弟将作少匠兰、鄠县令冰、兵部员外郎芝、坚男河南府户曹谅并远贬。至十月,使监察御史罗希奭逐而杀之,诸弟及男谅并死。坚妻姜氏,林甫以其久遭轻贱,特放还本宗。仓部员外郎郑章贬南丰丞,殿中侍御史郑钦说贬夜郎尉,监察御史豆卢友贬富水尉,监察御史杨惠贬巴东尉,连累者数十人。又敕嗣薛王琄夷陵郡员外别驾长任,其母随男任;女婿新贬巴陵太守卢幼林长流合浦郡。肃宗时为皇太子,恐惧上表,称与新妇离绝。七载,嗣薛王琄停,仍于夜郎郡安置,其母亦勒随男。坚贬黜后,林甫讽所司发使于江淮、东京缘河转运使,恣求坚之罪以闻,因之纲典船夫溢于牢狱,郡县征剥不止,邻伍尽成裸形,死于公府,林甫死乃停。

　　杨慎矜，隋炀帝玄孙也。曾祖隋齐王暕，祖正道，大业末，随宇文化及至河北，为窦建德所破，因与其祖母萧皇后入于建德军，建德送于突厥处罗可汗牙。贞观初，李靖击破颉利可汗，胡酋康苏密以萧后及正道归，授尚衣奉御。父隆礼，长安中天官郎中，神龙后，历洛、梁、滑、汾、怀五州刺史，皆以清严能检察人吏绝于欺隐闻。景云中，以名犯玄宗上字，改为崇礼。开元初，擢为太府少卿，虽钱帛充牣，丈尺间皆躬自省阅，时议以为前后为太府者无与为比。擢拜太府卿，加银青光禄大夫，进封弘农郡公。在职二十年，公清如一。年九十馀，授户部尚书致仕。时太平且久，御府财物山积，以为经杨卿者无不精好，每岁勾剥省便出钱数百万贯。

　　慎矜沉毅有材干，任气尚狷执。初，为汝阳令，有能名。崇礼罢太府，玄宗访其子堪委父任者。宰臣以慎馀、慎矜、慎名三人皆勤恪清白有父风，而慎矜为其最，因拜监察御史，知太府出纳。慎馀先为司农丞，除太子舍人，监右仓。寻丁父忧。二十六年服阕，累迁侍御史，仍知太府出纳。慎名授大理评事，摄监察御史，充都含嘉仓出纳使，甚承恩顾。慎矜于诸州纳物者有水渍伤破及色下者，皆令本州征折估钱，转市轻货，州县征调，不绝于岁月矣。在台数年，又专知杂事，风格甚高。

　　天宝二年，迁权判御史中丞，充京畿采访使，知太府出纳使并如故。时右相李林甫握权，慎矜以迁拜不由其门，惧不敢居其任，固让之，因除谏议大夫，兼侍御史，仍依旧知太府出纳。以鸿胪少卿萧谅为御史中丞，谅至台，无所执让，颇不相能，竟出为陕郡太守。林甫以慎矜屈于己，复擢为御史中丞，仍充诸道铸钱使，馀如故。

　　时散骑常侍、陕郡太守韦坚兼御史中丞，为水陆漕运使，权倾宰相。侍御史王鉷推坚狱，慎矜引身中立以候望，鉷恨之，林甫亦憾焉。慎矜与鉷父琚中外兄弟，鉷即表侄，少相狎，鉷入台，慎矜为台端，亦有推引。及鉷迁中丞，虽与鉷同列，每呼为王鉷，鉷恃于林甫善，渐不平之。五载，慎矜迁户部侍郎，中丞、使如故。林甫见慎矜受主恩，心嫉之，又知王鉷与慎矜有间，又诱而啖之，鉷乃伺其隙以陷。慎矜夺鉷职田，背訾鉷，诋其母氏，鉷不堪其辱。慎矜性疏快，素昵于鉷，尝话谶书于鉷，又与还俗僧史敬忠游处，敬忠有学业。鉷于林甫构成其罪，云慎矜是隋家子孙，心规克复隋室，故蓄异书，与凶人来往，而说国家休咎。

　　时天宝六载十一月，玄宗在华清宫，林甫令人发之。玄宗震怒，系之于尚书省，诏刑部尚书萧隐之、大理卿李道邃、少卿杨琦、侍御史杨钊、殿中侍御史卢铉同鞫之；又使京兆士曹吉温往东京收慎矜兄少府少监慎馀、弟洛阳令慎名等杂讯；又令温于汝州捕史敬忠获之，便赴行在所。先令卢铉收太府少卿张瑄于会昌驿，系而推之，瑄不肯答辩。铉百端拷讯不得，乃令不良枷瑄，以手力绊其足，以木按其足间，橛其枷柄向前，挽其身长校数尺，腰细欲绝，眼鼻皆血出，谓之"驴驹拔橛"，瑄竟不肯答。

　　又使铉与御史崔器入城搜慎矜宅，无所得，拷其小妻韩珠团，乃在竖柜上作一暗函盛谶书等，铉于袖中出而纳之，诉以示慎矜。慎矜曰："他日不见，今乃来，是命也。吾死矣。"及温以敬忠至戏水驿东十余里，使典说之："若至温汤，即求首陈不可得矣。"去温汤十馀里，敬忠乞纸笔于桑树下具吐之。比见慎矜，敬忠证之，慎矜皆引实。二十五日，诏杨慎矜、慎馀、慎名并赐自尽；史敬忠决重杖一百；鲜于贲、范滔并决重杖，配流远郡；慎矜外甥前通事舍人辛景凑决杖配流。义阳郡司马、嗣虢王巨与敬忠相识，解官于南宾郡安置；太府少卿张瑄决六十，长流岭南临封郡，亦死于流所。慎矜兄弟并史敬忠庄宅官收，以男女配流岭南诸郡；其张瑄、万俟承晖、鲜于贲等准此配流。乃使临察御史颜真卿送敕至东京，殿中侍御史崔寓引慎名，令河南法曹张万顷宣敕示之。慎名见慎矜赐自尽，初尚抚膺，及闻慎馀之身皆尔，遂止。及宣敕了，慎名曰："今奉圣恩，不敢稽留晷刻，但以寡姊老年，请作数行书以别之。"寓揖真卿，真卿许之。慎名神色不变，入房中作书曰："拙于谋运，不能静退。兄弟并命，唯姊尚存，老年孤茕，何以堪此！"书后又数条事。又宅中作一板池，池中鱼一皆放之，遂缢而死。监察御史平洌赍敕至大理寺，慎馀闻死，合掌指天而缢。

　　初，慎矜至温汤，正食，忽见一鬼物长丈馀，朱衣冠帻，立于门扇后，慎矜叱之，良久不灭，以热羹投之乃灭。无何，下狱死。兄弟甚友爱，事寡姊如母，皆伟仪形，风韵高朗，爱客喜饮，籍甚于时。慎名尝览镜，见其须面神彩，有过于人，覆镜叹惋曰："吾兄弟三人，尽长六尺馀，有如此貌、如此材而见容当代以期全，难矣！何不使我少体弱耶？"竟如其言。

　　王鉷，太原祁人也。祖方翼，夏州都督，为时名将，生珣、璿、珘。珣、璿，开元初并历中书舍人。珘，兵部侍郎、秘书监。鉷，即璿之孽子。开元十年，为鄠县尉、京兆尹稻田判官。二十四年，再迁监察御史。二十九年，累除户部员外郎，常兼御史。天宝二年，充京和市和籴使，迁户部郎中。三载，长安令柳升以贿败。初，韩朝宗为京兆尹，引升为京令。朝宗又于终南山下为苟家觜买山居，欲以避世乱。玄宗怒，敕鉷推之，朝宗自高平太守贬为吴兴别驾。又加鉷长春宫使。四载，加勾户口色役使，又迁御史中丞，兼充京畿采访使。五载，又为京畿、关内道黜陟使，又兼充关内采访使。

　　时右相李林甫估权用事。志谋不利于东储，以除不附己者，而鉷有吏干，倚之转深，以为己用。既为户口色役使，时有敕给百姓一年复。鉷即奏征其脚钱，广张其数，又市轻货，乃甚不放。输纳物者有浸渍，折估皆下本郡征纳。又敕本郡高户为租庸脚士，皆破其家产，弥年不了。恣行割剥，以媚于时，人用嗟怨。古制，天子六宫，皆有品秩高下，其俸物因有等差。唐法沿于周、隋，妃嫔宫官，位有尊卑，亦随其品而给授，以供衣服铅粉之费，以奉于宸极。玄宗在位多载，妃御承恩多赏赐，不欲频于左右藏取之。鉷探旨意，岁进钱宝百亿万，便贮于内库，以恣主恩锡贲。铦云："此是常年额外物，非征税物。"玄宗以为铦有富国之术，利于王用，益厚待之。丁嫡母忧，起复旧职，使如故。

七载，又加检察内作使，迁户部侍郎，仍兼御史中丞，赐紫金鱼袋。八载，兼充闲厩使及苑内营田五坊宫苑等使、陇右群牧都支度营田使，余并如故。太白山人李浑言于金星洞见老人，云有玉版石记符，圣上长生久视。玄宗令铦入山洞求而得之。因上尊号，加铦银青光禄大夫、都知总监及栽接等使。九载五月，兼京兆尹，使并如故。

铦威权转盛，兼二十余使，近宅为使院，文案堆积，胥吏求押一字，即累日不遂。中使赐遗，不绝于门，虽晋公林甫亦畏避之。林甫子岫为将作监，供奉禁中；铦子准卫尉少卿，亦斗鸡供奉，每谑岫，岫常下之。万年尉韦黄裳、长安尉贾季邻常于厅事贮钱数百绳，名倡珍馔，常有备拟，以候所适。又于宅侧自有追欢之所。铦与弟户部郎中锋，召术士任海川游其门，问其相命，言有王否。海川震惧，潜匿不出。铦惧泄其事，令逐之，至冯翊郡，得，诬以他事杖杀之。定安公主男韦会任王府司马，闻之，话于私庭，乃被佣儿说于佣保者。或有憾于会，告于铦，铦遣贾季邻收于长安狱，入夜缢之，明晨载尸还其家。会皇堂外甥，同产兄王繇尚永穆公主，而惕息不敢言。

十载，封太原县公，又兼殿中监。十一载四月，锋与故鸿胪少卿邢琦子缚情密累年，缚潜构逆谋，引右龙武军万骑刻取十一月杀龙武将军，因烧诸城门及市，分数百人杀杨国忠及右相李林甫、左相陈希烈等。先期二日事发，玄宗临朝，召铦，上于玉案前过状与铦。铦好弈棋，缚善棋，铦因锋与之交故，至是意锋在缚处金城坊，密召之，日晏，始令捕贼官捕之。万年尉薛荣光、长安尉贾季邻等捕之，逢锋于化度寺门。季邻为铦所引用，为赤尉，锋谓之曰："我与邢缚故旧，缚今反，恐事急妄相引，请足下勿受其言。"荣先等至缚门，缚等十余人持弓刃突出，荣先等遂与格战。季邻以锋语白铦，铦谓之曰："我弟何得与之有谋乎！"铦与国忠共讨逐缚，缚下人曰："勿损太夫人。"国忠为剑南节度使，有随身官以白国忠曰："贼有号，不可战。"须臾，骠骑大将军、内侍高力士领飞龙小儿甲骑四百人讨之，缚为乱兵所斩，擒其党善射人韦瑶等以献。国忠以白玄宗，玄宗以铦委任深，必不与之知情，铦与锋别生，嫉其富贵，故欲陷锋耳，遂特原锋不问，然意欲铦请罪之。上密令国忠讽之，国忠不敢泄上意，讽铦曰："且主上眷大夫深，今日大夫须割慈存门户，但抗疏请罪郎中。郎中亦未必至极刑，大夫必存，何必并命！"铦俯首久曰："小弟先人余爱，平昔颇有处分，义不欲舍之而谋存。"乃进状。十二日，铦入朝，左相陈希烈言语侵之，铦恨之，愤诉言气颇高。铦朝回，于中书侍郎厅修表，令人进状，门司已不纳矣。须臾，敕希烈推之。铦以表示宰相，林甫曰："大夫后之矣。"遂不许。俄锋至，国忠问："大夫知否？"锋未及应。侍御史裴冕恐铦引之，冕叱詈之曰："足下为臣不忠，为弟不义。圣上以大夫之故，以足下为户部郎中，又加五品，恩亦厚矣。大夫岂知缚事乎？"国忠愕然，谓锋曰："实知，即不可

隐；不知，亦不可妄引。"锋方曰："七兄不知。"季邻证其罪。及日暮，奏之。锋决杖死于朝堂，赐铦自尽于三卫厨。明日，移于资圣寺廊下，裴冕言于国忠，令归宅权敛之，又请令妻、女送墓所，国忠义而许之，令铦判官齐奇营护之。男准除名，长流岭南承化郡，偶长流珠崖郡，至故驿杀之；妻薛氏及在室女并流。初，铦与御史中丞、户部侍郎杨慎矜亲，且情厚，颇为汲引，及贵盛争权，铦附于李林甫，为所诱，陷慎矜家。经五年而铦至赤族，岂天道欤！

史臣曰：夫奸佞之辈，惟事悦人；聚敛之臣，无非害物。贾祸招怨，败国丧身，罕不由斯道也。君人者，中智已降，亦心缘利动，言为甘闻，志虽慕于圣明，情不胜于嗜欲，徒有贤佐，无如之何，所以礼经戒其勿畜。宇文融、韦坚、杨慎矜、王铦，皆开元之幸人也，或以括户取媚，或以漕运承恩，或以聚货得权，或以剥下获宠，负势自用，人莫敢违。张说、李林甫手握大权，承主恩顾，尚遭凌摈，以身下之，他人即可知也。然天道恶盈，器满则覆，终虽不令，其弊已多，良可痛也。宋璟、裴耀卿、许景先获居重任，因融荐之，此亦有凤之一毛也。玄宗以圣哲之姿，处高明之位，未免此累，或承之羞，后之帝王，得不深鉴！

赞曰：财能域人，聚则民散。如何帝王，志求余羡。融、坚、矜、铦，因利乘便。以徼宠荣，宜招后患。

卷一百六　　列传第五十六

李林甫　杨国忠　张暐
王琚　王毛仲 陈玄礼附

李林甫，高祖从父弟长平王叔良之曾孙。叔良生孝斌，官至原州长史。孝斌生思诲，官至扬府参军，思诲即林甫之父也。林甫善音律，初为千牛直长，其舅楚国公姜皎深爱之。开元初，迁太子中允。时源乾曜为侍中，乾曜侄孙光乘，姜皎妹婿，乾曜与之亲。乾曜之男洁白其父曰："李林甫求为司门郎中。"乾曜曰："郎官须有素行才望高者，哥奴岂是郎官耶？"数日，除谕德。哥奴，林甫小字。累迁国子司业。

十四年，宇文融为御史中丞，引之同列，因拜御史中丞，历刑、吏二侍郎。时武惠妃爱倾后宫，二子寿王、盛王以母爱特见宠异，太子瑛益疏薄。林甫多与中贵人善，乃因中官白惠妃云："愿保护寿王。"惠妃德之。初，侍中裴光庭妻武三思女，诡谲有材略，与林甫私。中官高力士本出三思家，及光庭卒，武氏衔哀祈于力士，请林甫代其夫位，力士未敢言，玄宗使中书令萧嵩择相，嵩久之以右丞韩休对，玄宗然之，乃令草诏。力士遽漏于武氏，乃令林甫白休。休既入相，甚德林甫，与嵩不和，乃荐林甫堪为宰相，惠妃阴助之，因拜黄门侍郎，玄宗眷遇益深。

二十三年，以黄门侍郎平章事裴耀卿为侍中，中书侍郎平章事张九龄为中书令，林甫为礼部尚书、同中书门下三品，并加银青光禄大夫。林甫面柔而有狡计，能伺侯人主意，故骤历清列，为时委任。而中官妃家，皆厚结托，伺上动静，皆预知之，故出言进奏，动必称旨。而猜忌阴中人，不见于词色，朝廷受主恩顾，不由其门，则构成其罪；与之善者，虽厮养下士，尽至荣宠。寻历户、兵二尚书，知政事如故。

寻又以太子瑛、鄂王瑶、光王琚皆以母失爱而有怨言，驸马都尉杨洄白惠妃。玄宗怒，谋于宰臣，将罪之。九龄曰：「陛下三个成人儿不可得。太子国本，长在宫中，受陛下义方，人未见过，陛下奈何以喜怒间忍欲废之？臣不敢奉诏。」玄宗不悦。林甫惘然而退，初无言，既而谓中贵人曰：「家事何须谋及于人。」时朔方节度使牛仙客在镇，有政能，玄宗加实封，九龄又奏曰：「边将训兵秣马，储蓄军实，常务耳，陛下赏之可也；欲赐实赋，恐未得宜。惟圣虑思之。」帝默然。林甫以其言告仙客，仙客翌日见上，泣让官爵。玄宗欲行实封之命，兼为尚书，九龄执奏如初。帝变色曰：「事总由卿？」九龄顿首曰：「陛下使臣待罪宰相，事有未允，臣合尽言。违忤圣情，合当万死。」玄宗曰：「卿以仙客无门籍耶？卿有何门阀？」九龄对曰：「臣荒徼微贱，仙客中华之士。然陛下擢臣践台阁，掌纶诰；仙客本河湟一使典，目不识文字，若大任之，臣恐非宜。」林甫退而言曰：「但有材识，何必辞学；天子用人，何有不可？」玄宗滋不悦。

九龄与中书侍郎严挺之善。挺之初娶妻出之，妻乃嫁蔚州刺史王元琰。时元琰坐赃，诏三司使推之，挺之救免其罪。玄宗察之，谓九龄曰：「王元琰不无赃罪，严挺之嘱托所由辈有颜面。」九龄曰：「此挺之前妻，今已婚崔氏，不合有情。」玄宗曰：「卿不知，虽离之，亦却有私。」玄宗籍前事，以九龄有党，与裴耀卿俱罢知政事，拜左、右丞相，出挺之为洺州刺史，元琰流于岭外。即日林甫代九龄为中书、集贤殿大学士、修国史；拜牛仙客工部尚书、同中书门下平章事，知门下省事。监察御史周子谅言仙客非宰相器，玄宗怒而杀之。林甫言子谅本九龄引用，乃贬九龄为荆州长史。

玄宗终用林甫之言，废太子瑛、鄂王瑶、光王琚为庶人，太子妃兄驸马都尉薛锈长流瀼州，死于故驿，人谓之"三庶"，闻者冤之。其月，佞媚者言有乌鹊巢于大理狱户，天下几致刑措。玄宗推功元辅，封林甫晋国公，仙客豳国公。其冬，惠妃病，三庶人为祟而薨。储宫虚位，玄宗未定所立。林甫曰：「寿王年已成长，储位攸宜。」玄宗曰：「忠王仁孝，年又居长，当守器东宫。」乃立为皇太子。自是林甫惧，巧求阴事以倾太子。

林甫既秉枢衡，兼领陇右、河西节度，又加吏部尚书。天宝改易官名，为右相，停知节度事，加光禄大夫，迁尚书左仆射。六载，加开府仪同三司，赐实封三百户，而恩渥弥深。凡御府膳羞，远方珍味，中人宣赐，道路相望。与宰相李适之虽同宗属，而适之轻率，尝与林甫同论时政，多失大体，由是主恩益疏，以至罢免。黄门侍郎陈希烈性便佞，尝曲事林甫，适之既罢，乃引希烈同知政事。林甫久典枢衡，天下威权，并归于己，台司机务，希烈不敢参议，但唯诺而已。每有奏请，必先赂遗左右，伺察上旨，以固恩宠。上在位多载，倦于万机，恒以大臣接对拘检，难徇私欲，自得林甫，一以委成。故杜绝逆耳之言，恣行宴乐，任席无别，不以为耻，由林甫之赞成也。

林甫京城邸第，田园水硙，利尽上腴。城东有薛王别墅，林亭幽邃，甲于都邑，特以赐之，及女乐二部，天下珍玩，前后赐与，不可胜纪。宰相用事之盛，开元已来，未有其比。然每事过慎，条理众务，增修纲纪，中外迁除，皆有恒度。而耽宠固权，已自封植，朝望稍著，必阴计中伤之。初，韦坚登朝，以坚皇太子妃兄，引居要职，示结恩信，实图倾之，乃潜令御史中丞杨慎矜阴伺坚隙。会正月望夜，皇太子出游，与坚相见，慎矜知之，奏上。上大怒，以为不轨，黜坚，免太子妃韦氏。林甫因是奏李适之与坚昵狎，及裴宽、韩朝宗并曲附适之，上以为然，赐坚自尽，裴、韩皆坐之斥逐。后杨慎矜权位渐盛，林甫又忌之，乃引王鉷为御史中丞，托以心腹。鉷希林甫意，遂诬罔密奏慎矜左道不法，遂族其家。杨国忠以椒房之亲，出入中禁，奏请多允，乃擢在台省，令按刑狱。会皇太子良娣杜氏父有邻与子婿柳勣不叶，勣飞书告有邻不法，引李邕为证，诏王鉷与国忠按问。鉷与国忠附会林甫奏之，于是赐有邻自尽，出良娣为庶人，李邕、裴敦复枝党数人并坐极法。林甫之苞藏安忍，皆此类也。

林甫自以始谋不佐皇太子，虑为后患，故屡起大狱以危之，赖太子重慎无过，流言不入。林甫尝以济阳别驾魏林告陇右、河西节度使王忠嗣，林往任朔州刺史，忠嗣时为河东节度，自云与忠王同养宫中，情意相得，欲拥兵以佐太子。玄宗闻之曰：「我儿在内，何路与外人交通？此妄也。」然忠嗣亦左授汉阳太守。八载，咸宁太府赵奉章告林甫罪状二十余条。告未上，林甫知之，讽御史台逮捕，以为妖言，重杖决杀。

十载，林甫兼领安西大都护、朔方节度，俄兼单于副大都护。十一载，以朔方副使李献忠叛，让节度，举安思顺自代。国家武德、贞观已来，蕃将如阿史那社尔、契苾何力，忠孝有才略，亦不专委大将之任，多以重臣领使以制之。开元中，张嘉贞、王晙、张说、萧嵩、杜暹皆以节度使入知政事，林甫固位，志欲杜出将入相之源，尝奏曰：「文士为将，怯当矢石，不如用寒族、蕃人，蕃人善战有勇，寒族则无党援。」帝以为然，乃用思顺代林甫领使。自是高仙芝、哥舒翰皆专任大将，林甫利其不识文字，无入相由，然而禄山竟为乱阶，由专得大将之任故也。

林甫恃其早达，舆马被服，颇极鲜华。自无学术，仅能秉笔，有才名于时者尤忌之。而郭慎微、苑咸文士之阘茸者，代为题尺。林甫典选部时，选人严迥判语有用"杕杜"二字者，林甫不识"杕"字，谓吏部侍郎韦陟曰：「此云『杖杜』，何也？」陟俯首不敢言。太常少卿姜度，林甫舅子，度妻诞子，林甫手书庆之曰：「闻有弄獐之庆。」客视之掩口。

初，杨国忠登朝，林甫以微才不之忌；及位至中司，权倾朝列,林甫始恶之。时国忠兼领剑南节度,会南蛮寇边,林甫请国忠赴镇。帝虽依奏,然待国忠方渥,有诗送行,句末言入相之意。又曰:"卿且到蜀郡处置军事,屈指待卿。"林甫心尤不悦。林甫时已寝疾。其年十月,扶疾从幸华清宫,数日增剧,巫言一见圣人差减,帝欲视之,左右谏止。乃敕林甫出于庭中,上登降圣阁遥视,举红巾招慰之,林甫不能兴,使人代拜于席。翌日,国忠自蜀还,谒林甫,拜于床下,林甫垂涕托以后事。寻卒,赠太尉、扬州大都督,给班剑、西园秘器。诸子以吉仪护枢还京师,发丧于平康坊之第。

林甫晚年溺于声妓,姬侍盈房。自以结怨于人,常忧刺客窃发,重扃复壁,络板甃石,一夕屡徙,虽家人不之知。有子二十五人、女二十五人:岫为将作监,崿为司储郎中,屿为太常少卿;子婿张博济为鸿胪少卿,郑平为户部员外郎,杜位为右补阙,齐宣为谏议大夫,元拔为京兆府户曹。

初,林甫尝梦一白皙多须长丈夫逼己,接之不能去。既寤,言曰:"此形状类裴宽,宽谋代我故也。"时宽为户部尚书、兼御史大夫,故因李适之党斥逐之。是时杨国忠始为金吾胄曹参军,至是不十年,林甫卒,国忠竟代其任,其形状亦类宽焉。国忠素憾林甫,既得志,诬奏林甫与蕃将阿布思同构逆谋,诱林甫亲族间素不悦者为之证。诏夺林甫官爵,废为庶人,岫、崿诸子并谪于岭表。林甫性沉密,城府深阻,未尝以爱憎见于容色。自处台衡,动循格令,衣冠士子,非常调无仕进之门。所以秉钧二十年,朝野侧目,惮其威权。及国忠诬构,天下以为冤。

杨国忠,本名钊,蒲州永乐人也。父珣,以国忠贵,赠兵部尚书。则天朝幸臣张易之,即国忠之舅也。国忠无学术拘检,能饮酒,蒲博无行,为宗党所鄙。乃发愤从军,事蜀帅,以屯优当迁,益州长史张宽恶其为人,因事笞之,竟以屯优授新都尉。稍迁金吾卫兵曹参军。太真妃,即国忠从祖妹也。天宝初,太真有宠,剑南节度使章仇兼琼引国忠为宾佐,既而擢授监察御史。去就轻率,骤履清贯,朝士指目嗤之。

时李林甫将不利于皇太子,掎摭阴事以倾之。侍御史杨慎矜承望风旨,诬太子妃兄韦坚与皇甫惟明私谒太子,以国忠怙宠敢言,援之为党,以按其事。京兆府法曹吉温舞文巧诋,为国忠爪牙之用,因深竟坚狱,坚及太子良娣杜氏、亲属柳勋、杜昆吾等,痛绳其罪,以树威权。于京城别置推院,自是连兴大狱,追捕挤陷,诛夷者数百人,皆国忠发之。林甫方深阻保位,国忠凡所奏劾,涉疑似于太子者,林甫虽不明言以指导之,皆林甫所使,国忠乘而为邪,得以肆意。上春秋高,意有所爱恶,国忠探知其情,动契所欲。骤迁检校度支员外郎,兼侍御史,监水陆运及司农、出纳钱物、内市场买、召募剑南健儿等使。以称职迁度支郎中,不期年,兼领十五余使,转给事中、兼御史中丞,专判度支事。是岁,贵妃姊虢国、韩国、秦国三夫人同日拜命,兄铦拜鸿胪卿。八载,玄宗召公卿百僚观左藏库,喜其货币山积,面赐国忠金紫,兼权太府卿事。

国忠既专钱谷之任,出入禁中,日加亲幸。

初,杨慎矜希林甫旨,引王铁为御史中丞,同构大狱,以倾东宫。既帝意不回,慎矜稍避事防患,因与铁有隙。铁乃附国忠,奏诬慎矜,诛其昆仲,由是权倾内外,公卿惕息。吉温为国忠陈移夺执政之策,国忠用其谋,寻兼兵部侍郎。京兆尹萧炅、御史中丞宋浑皆林甫所亲善,国忠皆诬奏谴逐,林甫不能救。王铁为御史大夫,兼京兆尹,恩宠侔于国忠,而位望居其右。国忠忌其与己分权,会邢𫘧事泄,乃陷铁兄弟诛之,因代铁为御史大夫,权京兆尹,赐名国忠。乃穷竟邢𫘧狱,令引林甫交私铁、𫘧与阿布思事状,而陈希烈、哥舒翰附会国忠,证成其状,上由是疏薄林甫。

南蛮质子阁罗凤亡归不获,帝怒甚,欲讨之。国忠荐阆州人鲜于仲通为益州长史,令率精兵八万讨南蛮,与罗凤战于泸南,全军陷没。国忠掩其败状,仍叙其战功,仍令仲通上表请国忠兼领益部。十载,国忠权知蜀郡都督府长史,充剑南节度副大使,知节度事,仍荐仲通代己为京兆尹。国忠又使司马李宓率师七万再讨南蛮。宓渡泸水,为蛮所诱,至和城,不战而败,李宓死于阵。国忠又隐其败,以捷书上闻。自仲通、李宓再举讨蛮之军,其征发皆中国利兵,然于土风不便,沮洳之所陷,瘴疫之所伤,馈饷之所乏,物故者十八九。凡举二十万众,弃之死地,只轮不还,人衔冤毒,无敢言者。国忠寻兼山南西道采访使。十一载,南蛮侵蜀,蜀人请国忠赴镇,林甫亦奏遣之。将辞,雨泣言陈必为林甫所排,帝怜之,不数月召还。会林甫卒,遂代为右相,兼吏部尚书、集贤殿大学士、太清太微宫使、判度支、剑南节度、山南西道采访、两京出纳租庸铸钱等使并如故。

国忠本性疏躁,强力有口辩,既以便佞得宰相,剖决机务,居之不疑。立朝之际,或攘袂扼腕,自公卿已下,皆颐指气使,无不詟惮。故事,宰相居台辅之地,以元功盛德居之,不务威权,出入骑从简易。自林甫承恩顾年深,每出车骑满街,节将、侍郎有所关白,皆趋走辟易,有同案吏。旧例,宰相午后六刻始出归第,林甫奏太平无事,以巳时还第,机务填委,皆决于私家。主书吴珣持籍就左相陈希烈之第,希烈引籍署名,都无可否。国忠代之,亦如前政。国忠自侍御史以至宰相,凡领四十余使,又专判度支、吏部三铨,事务鞅掌,但署一字,犹不能尽,皆责成胥吏,贿赂公行。

国忠既以宰臣典选,奏请铨日便定留放,不用长名。先天已前,诸司官知政事,午后归本司决事,兵部尚书、侍郎亦分铨注拟。开元已后,宰臣数少,始崇其任,不归本司。故事,吏部三铨,三注三唱,自春及夏,才终其事。国忠使胥吏于私第暗定官员,集百僚于尚书省对注唱,一日令毕,以夸神速,资格差谬,无复伦序。明年注拟,又于私第大集选人,令诸女弟垂帘观之,笑语之声,朗闻于外。故事,注官讫,过门下侍中、给事中。国忠注官时,呼左相陈希烈于座隅,给事中在列,曰:"既对注拟,过门下了矣。"吏部侍郎韦见素、张倚皆衣紫,是日与本曹郎官同咨事,趋走于屏树之间。既退,国忠谓诸妹曰:

"两员紫袍主事何如人？"相对大噱。其所昵京兆尹鲜于仲通、中书舍人窦华、侍御史郑昂讽选人于省门立碑，以颂国忠铨综之能。

贵妃姊虢国夫人，国忠与之私，于宣义里构连甲第，土木被绨绣，栋宇之盛，两都莫比，昼会夜集，无复礼度。有时与虢国并辔入朝，挥鞭走马，以为谐谑，衢路观之，无不骇叹。玄宗每年冬十月幸华清宫，常经冬还宫。国忠山第在宫东门之南，与虢国相对，韩国、秦国甍栋相接，天子幸其第，必过五家，赏赐宴乐。每扈从骊山，五家合队，国忠以剑南旌节引于前，出有饯路，还有软脚，远近饷遗，珍玩狗马，阉侍歌儿，相望于道。进封卫国公，食实封三百户，俄拜司空。

时安禄山恩宠特深，总握兵柄，国忠知其跋扈，终不出其下，将图之，屡于上前言其悖逆之状，上不之信。是时，禄山已专制河北，聚幽、并劲骑，阴图逆节，动未有名，伺上千秋万岁之后，方图叛换。及见国忠用事，虑不利于己，禄山遥领内外闲厩使，遂以兵部侍郎吉温知留后，兼御史中丞、京畿采访使，内伺朝廷动静。国忠使门客蹇昂、何盈刺禄山阴事，围捕其宅，得李超、安岱等，使侍御史郑昂缢杀于御史台。又奏贬吉温于合浦，以激怒禄山，幸其摇动，内以取信于上，上竟不之悟。由是禄山惶惧，遂举兵以诛国忠为名。玄宗闻河朔变起，欲以皇太子监国，自欲亲征，谋于国忠。国忠大惧，归谓姊妹曰："我等死在旦夕。今东宫监国，当与娘子等并命矣。"姊妹哭诉于贵妃，贵妃衔土请命，其事乃止。及哥舒翰守潼关，诸将以函关距京师三百里，利在守险，不利出攻。国忠以翰持兵未决，虑反图己，欲其速战，自中督促之。翰不获已出关，及接战桃林，王师奔败，哥舒受擒，败国丧师，皆国忠之误惑也。

自禄山兵起，国忠以身领剑南节制，乃布置腹心于梁、益间，以图自全之计。六月九日，潼关不守。十二日凌晨，上率龙武将军陈玄礼、左相韦见素、京兆尹魏方进、国忠与贵妃及亲属，拥上出延秋门，诸王妃主从之不及，虑贼奄至，令内侍曹大仙击鼓于春明门外，又焚刍藁之积，烟火烛天。既渡渭，即令断便桥。辰时，至咸阳望贤驿，官吏骇窜，无复贵贱，坐宫门大树下。亭午，上犹未食，有老父献麨，帝令具饭，始得食。翌日，至马嵬，军士饥而愤怒，龙武将军陈玄礼惧乱，先谓军士曰："今天下崩离，万乘震荡，岂不由杨国忠割疣眦庶，朝野怨咨，以至此耶？若不诛之以谢天下，何以塞四海之怨愤！"众曰："念之久矣。事行，身死固所愿也。"会吐蕃和好使在驿门遮国忠诉事，军士呼曰："杨国忠与蕃人谋叛。"诸军乃围驿擒国忠，斩首以徇。是日，贵妃既缢，韩国、虢国二夫人亦为乱兵所害。御史大夫魏方进死，左相韦见素伤。良久兵解，陈玄礼等见上谢罪曰："国忠挠败国经，构兴祸乱，使黎元涂炭，乘舆播越，此而不诛，患难未已。臣等为社稷大计，请矫制之罪。"帝曰："朕识之不明，任寄失所。近亦觉悟，审其诈佞，意欲到蜀，肆诸市朝。今神明启卿，谐朕夙志，将畴爵赏，何至言焉。"

是时，禄山虽据河洛，其兵锋东止于梁、宋，南不过许、邓。李光弼、郭子仪统河朔劲卒，连收恒、定，若崞、函固守，兵不妄动，则凶逆之势，不讨自弊。及哥舒翰出师，凡不数日，乘舆迁幸，朝廷陷没，百僚系颈，妃主被戮，兵满天下，毒流四海，皆国忠之召祸也。

国忠子：暄、昢、晓、晞。暄为太常卿兼户部侍郎，尚延和郡主；昢为鸿胪卿，尚万春公主。兄弟各立第于亲仁里，穷极奢侈。国忠娶蜀倡裴氏女曰裴柔，国忠既死，柔与虢国夫人皆自到死。暄死于马嵬；昢陷贼被杀；晓走汉中郡，汉中王王瑀榜杀之；晞走至陈仓，为追兵所杀。

国忠之党翰林学士张渐、窦华、中书舍人宋昱、吏部郎中郑昂等，凭国忠之势，招来赂遗，车马盈门，财货山积；及国忠败，皆坐诛灭，其斫丧王室，俱一时之沴气焉。

张暐，汝州襄城人也。祖德政，武德中郓州刺史。暐，景龙初为铜鞮令，家本豪富，好宾客，以弋猎自娱。会临淄王为潞州别驾，暐潜识英姿，倾身事之，日奉游处。及乐人赵元礼自山东来，有女美丽，善歌舞，王幸之，止于暐第，生废太子瑛。唐隆元年六月，王清内难，升为皇太子，召暐拜宫门大夫，每与诸王、姜皎、崔涤、李令问、王守一、薛伯阳在太子左右以接欢。其年，擢拜左台侍御史，数月迁左御史台中丞。

先天元年，太子即位，帝居武德殿。太平公主有异谋，广树朋党，暐与仆射刘幽求请先为备。太平闻之，白于睿宗，乃流暐于岭南峰州，幽求谪于岭外。及太平之败，幽求追拜尚书左仆射、兼侍中；暐为大理卿，封邓国公，实封三百户，逾月又加权兼雍州长史。其年十二月，改元开元，以雍州为京兆府，长史为尹。暐首迁京兆尹，入侍宴私，出主都政，以为荣宠之极。暐亦有应务才干，迁太子詹事，判尚书左右丞，再除左羽林大将军，三为左金吾大将军，又为殿中监、太仆卿。

二十年，以暐年高，加特进。子履冰、季良、弟晤皆居清列。天宝初，暐还乡拜扫，特赐锦袍缯彩，御赐诗以宠异之，乘传来往，敕郡县供拟。暐鬓发华皓，在舆中，子弟车马连接数里，衣冠荣之。中使中路追赐药物。至襄城月余，诏还京。五载薨，年九十余，赠开府仪同三司。其后，履冰为金吾将军，季良殿中监，俱列荣戴，时人美之。暐寿考。善保终始。

王琚，怀州河内人也。叔父隐客，则天朝为凤阁侍郎。琚少孤而聪敏，有才略，好玄象合炼之学。神龙初，年二十余，尝谒驸马王同皎，同皎甚器之，益欢洽。言及刺武三思事，琚义而许之，与周璟、张仲之为忘年之友。及同皎败，琚恐为吏所捕，变姓名诣于江都，佣书于富商家，主人后悟其非佣者，以女嫁之，赀给其财。经四五年，睿宗登极，琚具白主人，厚资其行装，乃至长安。遇玄宗为太子监国，为太平公主所忌，思立屠弱，以窃威权，太子忧危。沙门普润先与玄宗筮，克清内难，加三品，食实封，常入太子宫。琚见之，说以天时人事，历然可观。普润白玄宗，玄宗异之。及琚于吏部选补诸暨主簿，于东宫过谢，及殿，而行徐视高，中官曰："殿下在帘下。"琚曰："在外只闻有太平公主，不闻有太子。太子有大功于社稷，大孝于君亲，何得有此声？"玄宗遽召见之，琚曰："顷韦庶人智识浅短，亲行弑逆，人心尽摇，思立李氏，殿下诛之为易。今社稷已安，太平则天之女，凶狡无比，专思立功，朝之大臣，多为其用。主上以元妹之爱，能忍其过。贱臣浅识，为殿下深忧。"玄宗命之同榻而坐。玄宗泣曰："四哥仁孝，同气唯有太平，言之恐有违犯，不言忧患转深，为臣为子，计无所出。"琚曰："天子之孝，贵于安宗庙。定万人。征之于昔，盖主，汉帝之长姊，帝幼，盖主共养帝于宫中，后与上官桀、燕王谋害大司马霍光，不议及君上，汉主恐危刘氏，以大义去之。况殿下功格天地，位尊储贰。太平虽姑，臣妾也，何敢议之！今刘幽求、张说、郭元振一二大臣，心辅殿下。太平之党，必有移夺安危之计，不可立谈。"玄宗又曰："公有何小艺，可隐迹与寡人游处？"琚曰："飞丹炼药，谈谐嘲咏，堪与优人比肩。"玄宗益喜，与之为友，恨相知晚，呼为王十一。翌日，奏授詹事府司直、内供奉兼崇文学士，日与诸王及姜皎等侍奉焉，独琚常预秘计。逾月，又拜太子舍人，寻又兼谏议大夫、内供奉，又赠其父故下邳丞仲友楚州刺史。

先天元年七月，玄宗居尊位，在武德殿。八月，擢拜中书侍郎。时刘幽求、张暐并流于岭外，琚见事迫，请早为之计。二年七月三日，琚与岐王范、薛王业、姜皎、李令问、王毛仲、王守一并预诛逆，以铁骑至承天门。时睿宗闻鼓噪声，召郭元振升承天楼，宣诏下关，侍御史任知古召募数百人于朝堂，不得入。顷间，琚等从玄宗至楼上，诛萧至忠、岑羲、窦怀贞、常元楷、李慈、李猷等。睿宗逊居百福殿。十日，拜琚银青光禄大夫、户部尚书，封赵国公，食实封五百户；皎银青光禄大夫、工部尚书，封楚国公，实封五百户；令问银青光禄大夫、殿中监、宋国公，实封三百户；毛仲辅国大将军、左武卫大将军、检校闲厩兼知监牧使、霍国公，实封五百户；守一银青光禄大夫、太常卿员外置同正员，进封晋国公，实封五百户。琚、皎、令问并固让尚书、殿中监，不上。十八日，琚、皎依旧官各加实封二百户，通前七百户。累日，玄宗宴于内殿，赐功臣金银器皿各一床，杂彩各一千匹，绢一千匹，列于庭，宴慰终夕，载之而归。

琚转见恩顾，每延入阁中，迄夜方出。归休之日，中官至第召之。中官亦使尚宫就琚宅问讯琚母，时果珍味赉之，助其甘旨。琚在帷幄之侧，常参闻大政，时人谓之"内宰相"，无有比者。又赠其父魏州刺史。或有上说于玄宗曰："彼王琚、麻嗣宗谲诡纵横之士，可与履危，不可得志。天下已定，宜益求纯朴经术之士。"玄宗乃疏之。

十一月，令御史大夫持节巡天兵以北诸军。十二月，改年号为开元，又改官名，与苏颋同为紫微侍郎。二年二月回，未及京，便除泽州刺史，削封。历衡、郴、滑、虢、沔、夔、许、润九州刺史，又复其封。二十年，丁母忧。二十二年，起复右庶子，兼豳州刺史，又改同、蒲、通、邓、蔡五州刺史。天宝后，又为广平、邺郡二太守。性豪侈，著勋中朝，又食实封，典十五州，常受馈遗，下檐帐设，皆数千贯。玄宗念旧，常优容之。侍儿二十人，皆居宝帐。家累三百余口，作造不遵于法式。虽居州伯，与佐官、胥吏、酋豪连榻饮谑，或樗蒱、藏钩以为乐。每移一州，车马填路，数里不绝。携妓从禽，恣为欢赏，垂四十年矣。

时李邕、王琚与琚皆年齿尊高，久在外郡，书疏尺题来往，有"谴谪留落"之句。右相林甫以琚等负材使气，阴议除之。五载正月，琚果为林甫构成其罪，贬琚江华郡员外司马，削阶封。至任未几，林甫使罗希奭重按之。希奭排马牒至，琚惧，仰药，竟不能死；及希奭至，遂自缢而卒。死非其罪，人用怜之。宝应元年，赠太子少保。

王毛仲，本高丽人也。父游击将军职事求娄，犯事没官，生毛仲，因隶于玄宗。性识明悟，玄宗为临淄王，常伏事左右。及出兼潞州别驾，又见李宜德趫捷善骑射，为人苍头，以钱五万买之。景龙三年冬，玄宗还长安，以二人挟弓矢为翼。

初，太宗贞观中，择官户蕃口中少年骁勇者百人，每出游猎，令持弓矢于御马前射生，令骑豹文鞯，著画兽文衫，谓之"百骑"。至则天时，渐加其人，谓之"千骑"，分隶左右羽林营。孝和谓之"万骑"，亦置使以领之。玄宗在藩邸时，常接其豪俊者，或赐饮食财帛，以此尽归心焉。毛仲亦悟玄宗旨，待之甚谨，玄宗益怜其敏惠。

及四年六月，中宗遇弑，韦后称制，令韦播、高嵩为羽林将军，令押千骑营，榜棰以取威。其营长葛福顺、陈玄礼等相与见玄宗诉冤，会玄宗已与刘幽求、麻嗣宗、薛崇简等谋举大计，相顾益欢，令幽求讽之，皆愿决死从命。及二十日夜，玄宗入苑中，宜德从焉，毛仲避之不入。乙夜，福顺等至，玄宗曰："与公等除大逆，安社稷，各取富贵，在于俄顷，何以取信？"福顺等请号而行，斯须斩韦播、韦璿、高嵩等头来，玄宗举火视之。又召钟绍京领总监丁匠刀锯百人至，因斩关而入，后及安乐公主等皆为乱兵所杀。其夜，少帝以玄宗著大勋，进封平王。以绍京、幽求知政事，署诏敕。崇简、嗣宗及福顺、宜德，功大者为将军，次者为中郎将。其时，梓宫在殡，举城缟素。及明，玄宗引新立功者皆衣紫衣绯，持满铁骑而出，倾城聚观欢慰。其犯逆者，尽曝尸于城外。毛仲数日而归，玄宗不责，又超授将军。

及玄宗为皇太子监国，因奏改左右万骑左右营为龙武军，与左右羽林为北门四军，以福顺等为将军以押之。龙武官尽功臣，受锡赉，号为"唐元功臣"。长安良家子避征徭，纳资以求隶于其中，遂每军至数千人。毛仲专知东宫驼马鹰狗等坊，未逾年，已至大将军，阶三品矣。及先天二年七月，毛仲预诛萧、岑等功，授辅国大将军、左武卫大将军、检校内外闲厩兼知监牧使，进封霍国公，实封五百户。毛仲奉公正直，不避权贵，两营万骑功臣、闲厩官吏皆惧其威，人不敢犯。苑中营田草莱常收，率皆丰溢，玄宗以为能。开元十四年，赠其父秦州刺史。

毛仲虽有赐庄宅，奴婢、驼马、钱帛不可胜纪，常于闲厩侧内宅住。每入侍宴赏，与诸王、姜皎等御幄前连榻而坐。玄宗或时不见，则悄然如有所失；见之则欢洽连宵，有至日晏。其妻已邑号国夫人；赐妻李氏又为国夫人。每入内朝谒，二夫人同承赐赉，生男，孩稚已授五品，与皇太子同游，故中官杨思勖、高力士等常避畏之。七年，进位特进，行太仆卿，余并如故。九年，持节充朔方道防御讨击大使，仍以左领军大总管王晙与天兵军节度张说，东与幽州节度裴伷先等计会。

毛仲部统严整，群牧孳息，遂数倍其初。刍粟之类，不敢盗窃，每岁可残，常致数万斛。不三年，扈从东封，以诸牧马数万匹从，每色为一队，望如云锦，玄宗益喜。于岳下以宰相源乾曜、张说加左右丞相，毛仲加开府仪同三司。自玄宗先天正位后，以后父王同皎及姚崇、宋璟及毛仲十五年间四人至开府，又敕张说为《监牧颂》以美之。十七年，从朝五陵，又赠毛仲父益州大都督。毛仲益骄，尝求为兵部尚书，玄宗不悦，毛仲怏怏，见于词色。又福顺子娶毛仲女，宜德、唐地文等数十人皆与毛仲善，倚之多为不法。中官等妒其全盛逾己，专发其罪，尤倨慢之。中官高品者，毛仲视之蔑如也；如卑品者，小忤意则挫辱如己之僮仆。力士辈恨入骨髓。毛仲承恩遇，妻产，尝借苑中亭子纳凉，玄宗借之。中官构之弥甚，曰："北门奴官太盛，豪者皆一心，不除之，必起大患。"

后毛仲索甲仗于太原军器监，时严挺之为少尹，奏之。玄宗恐其党震惧为乱，乃隐其实状，诏曰："开府仪同三司、兼殿中监、霍国公、内外闲厩监牧都使王毛仲，是惟微细，非有功绩，擢自家臣，升于朝位。恩宠莫二，委任斯崇。无涓尘之益，肆骄盈之志。往属艰难，遽兹逃匿，念深惟旧，义在优容，仍荷殊荣，蔑闻俊悔。在公无竭尽之效，居常多怨望之词。迹其深愆，合从诛殛；恕其庸昧，宜从远贬。可瀼州别驾员外置长任，差使驰驿领送至任，勿许东西及判事。"左领军大将军耿国公葛福顺，贬壁州员外别驾；左监门将军卢龙子唐地文，贬振州员外别驾；右武卫将军成纪侯李守德，贬严州员外别驾，守德，本宜德也，立功后改名；右威卫将军王景耀，贬党州员外别驾；右威卫将军高广济，贬道州员外别驾。毛仲男太子仆守贞，贬施州司户；太子家令守廉，贬溪州司户；率更令守庆，贬鹤州司仓；左监门长史守道，贬涪州参军。连累者数十人。又诏杀毛仲，及永州而缢之。

其后，中官益盛，而陈玄礼以淳朴自检，宿卫宫禁，志节不衰。天宝中，玄宗在华清宫，乘马出宫门，欲幸虢国夫人宅，玄礼曰："未宣敕报臣，天子不可轻去就。"玄宗为之回辔。他年在华清宫，逼正月半，欲夜游，玄礼奏曰："宫外即是旷野，须有备预，若欲夜游，愿归城阙。"玄宗又不能违。及安禄山反，玄礼欲于城中诛杨国忠，事不果，竟于马嵬斩之。从玄宗入巴蜀回，封蔡国公，实封三百户。上元元年八月致仕。

史臣曰：李林甫以谄佞进身，位极台辅，不惧盈满，蔽主聪明，生既唯务陷人，死亦为人所陷，得非彼苍假手，以示祸淫者乎！杨国忠禀性奸回，才薄行秽，领四十余使，恣弄威权，天子莫见其非，群臣由之杜口，致禄山叛逆，銮辂播迁，枭首覆宗，莫救趋步。以玄宗之睿哲，而惑于二人者，盖巧言令色，先意承旨，财利诱之，迷而不悟也。开元任姚崇、宋璟而治，幸林甫、国忠而乱，与夫齐桓任管仲、隰朋，幸竖刁、易牙，亦何异哉！《书》曰："臣有作福作威，害于而家，凶于而国。"孔子曰："佞人殆。"诚哉是言也。张暐、王琚、王毛仲，皆邓通、闳孺之流也。琚有缔构之功，过多僭侈，死于非罪，亦何惜之！

赞曰：天启乱阶，甫、忠当国。蔽主聪明，秉心谗慝。暐同二王，亦承恩德。吁哉僭逾，不知纪极。

卷一百七　　　列传第五十七

玄宗诸子

靖德太子琮　庶人瑛　棣王琰　庶人瑶　靖恭太子琬　庶人琚　夏悼王一　仪王璲　颍王璬　怀哀王敏　永王璘　寿王瑁　延王玢　盛王琦　济王环　信王瑝　义王玼　陈王珪　丰王珙　恒王瑱　凉王璿　汴哀王璥

玄宗三十子：元献杨皇后生肃宗，刘华妃生奉天皇帝琮、靖恭太子琬、仪王璲，赵丽妃生废太子瑛，钱妃生棣王琰，皇甫德仪生鄂王瑶，刘才人生光王琚，贞顺武皇后生夏悼王一、怀哀王敏、寿王瑁、盛王琦，高婕妤生颍王璬，郭顺仪生永王璘，柳婕妤生延王玢，钟美人生济王环，卢美人生信王瑝，阎才人生义王玼，王美人生陈王珪，陈美人生丰王珙，郑才人生恒王瑱，武贤仪生凉王璿、汴哀王璥，余七王早夭。

奉天皇帝琮，玄宗长子也，本名嗣直。景云元年九月，封许昌郡王。先天元年八月，进封郯王。开元四年正月，遥领安西大都护，仍充安抚河东、关内、陇右诸蕃大使。十三年，改封庆王，仍改名潭。十五年，遥领凉州都督，兼河西诸军节度大使。二十一年，加太子太师，改名琮。二十四年，拜司徒。天宝元年，兼太原牧。十一载薨，赠靖德太子，葬于渭水之南细柳原，仍于启夏门内置庙祔享焉。肃宗元年建寅月九日，诏追册为奉天皇帝，妃窦氏为恭应皇后，备礼改葬于华清宫北齐陵，以尚书右仆射、冀国公裴冕为其使。初，开元二十五年，太子瑛得罪废，令琮养其子，及天宝十一载琮薨，以瑛子俅为嗣庆王，除秘书监同正员。

废太子瑛，玄宗第二子也，本名嗣谦。景云元年九月，封真定郡王。先天元年八月，进封郢王。开元三年正月，立为皇太子。七年正月，加元服。其年，玄宗又令太子诣国子学行齿胄之礼，仍敕右散骑常侍褚无量升筵讲论，学官及文武百官节级加赐。十三年，改名鸿，纳妃薛氏，礼毕，曲赦京城之内，侍讲潘肃等并加级改职，中书令萧嵩亲迎，特封徐国公。二十五年七月，改名瑛。

瑛母赵丽妃，本伎人，有才貌，善歌舞，玄宗在潞州得幸。及景云升储之后，其父元礼、兄常奴擢为京职，开元初皆至大官。及武惠妃宠幸，丽妃恩乃渐弛。时鄂王瑶母皇甫德仪、光王琚母刘才人，皆玄宗在临淄邸以容色见顾，出子朗秀而母加爱焉。及惠妃承恩，鄂、光之母亦渐疏薄，惠妃之子寿王瑁，钟爱非诸子所比。瑛于内第与鄂、光王等自谓母氏失职，尝有怨望。惠妃女咸宜公主出降于杨洄，洄希惠妃之旨，规利于己，日求其短，潜于惠妃。妃泣诉于玄宗，以太子结党，将害于妾母子，亦指斥于至尊。玄宗惑其言，震怒，谋于宰相，意将废黜。中书张九龄奏曰："陛下纂嗣鸿业，将三十年，太子已下，常不离深宫，日受圣训。今天下之人，皆庆陛下享国日久，子孙蕃育，不闻有过，陛下奈何以一日之间废弃三子？伏惟陛下思之。且太子国本，难于动摇。昔晋献公惑宠嬖之言，太子申生忧死，国乃大乱。汉武威加六合，受江充巫蛊之事，将祸及太子，遂至城中流血。晋惠帝有贤子为太子，容贾后之谮，以至丧亡。隋文帝取宠妇之言，废太子勇而立晋王广，遂失天下。由此而论之，不可不慎。今太子既长无过，二王又贤，臣待罪左右，敢不详悉。"玄宗默然，事且寝。其年，驾幸西京，以李林甫代张九龄为中书令，希惠妃之旨，托意于中贵人，扬寿王瑁之美，惠妃深德之。二十五年四月，杨洄又构于惠妃，言瑛兄弟三人与太子妃兄驸马薛锈常构异谋。玄宗遽召宰相筹之，林甫曰："此盖陛下家事，臣不合参知。"玄宗意乃决矣。使中官宣诏于宫中，并废为庶人，锈配流，俄赐死于城东驿。天下之人不见其过，咸惜之。其年，武惠妃数见三庶人为崇，怖而成疾，巫者祈请弥月，不痊而殒。

瑛有六男：俨、伸、倩、佽、备、儆。庆王琮先无子，瑛得罪后，玄宗遣鞠之。天宝中，俨为新平郡王、光禄卿同正员，伸为平原郡王、宗正卿同正员，佽为嗣庆王。宝应元年，诏雪瑶、瑛、琚之罪，赠瑛为皇太子，瑶、琚复赠为王。

棣王琰，玄宗第四子也，初名嗣真。开元二年十二月，封为鄫王。十二年三月，改封棣王，仍改名洽。十五年，遥领太原牧、太原已北诸军节度大使。二十二年，加太子太傅，余如故。二十四年，改名琰。天宝元年六月，遥领兼武威郡都督、河西陇右经略节度大使。

先是，琰妃韦氏有过，琰怒之，不敢奏闻，乃斥于别室。宠二孺人，孺人又不相协。至十一载，孺人乃密求巫者，书符置于琰履中以求媚。琰与监院中官有隙，中官闻其事，密奏于玄宗，云琰厌魅圣躬。玄宗使人掩其履而获之。玄宗大怒，引琰诘责之。琰顿首谢曰："臣之罪合死矣，请一言以就鼎镬。然臣与新妇，情义绝者，二年于兹，臣有二孺人，又皆争长。臣实不知有符，恐此三人所为也。惟三哥辩其罪人。"及推问之，竟孺人也。玄宗犹疑琰知情，怒未解，太子已下皆为请，命囚于鹰狗坊中，绝朝请，忧惧而死。琰妃即少师韦滔女，无子，琰死后，妃得还其父。琰男女繁衍，至五十五人。天宝中封为王者三人：僙为汝南郡王、秘书监同正员，侨为宜都王、卫尉卿同正员，

俊为济南王、光禄卿同正员。宝应元年五月，代宗即位，舍琰罪，赠其王位。

鄂王瑶，玄宗第五子也，初名嗣初。开元二年五月，封为鄂王。十二年，改名涓，遥领幽州都督、河北道节度大使。二十一年四月，加太子太保，兼幽州都督，余如故。二十三年，改名瑶。二十五年，得罪废。宝应元年五月追复。

靖恭太子琬，玄宗第六子也，初名嗣玄。开元二年三月，封为甄王。十二年三月，改名滉，封为荣王。十五年，授京兆牧，又遥领陇右节度大使。二十三年，加开府仪同三司，余如故。二十五年，改名琬。天宝元年六月，授单于大都护。十四年十一月，安禄山反于范阳，其月制以琬为征讨元帅，高仙芝为副，令仙芝征河、陇兵募屯于陕郡以御之。数日，琬薨。琬素有雅称，风格秀整，时士庶冀琬有所成功，忽然殂谢，远近咸失望焉。赠靖恭太子，葬于见子原原。琬诸子尤繁衍，男女五十八人。天宝中封为郡王者二：俯为济阴王、太仆卿同正员，偕为北平王、国子祭酒同正员。

光王琚，玄宗第八子也。开元十二年，封为光王。十五年，遥领广州都督、五府经略大使。二十三年七月，光王琚、仪王潍、颍王澐、寿王清、延王泂、盛王沐、信王沔、义王溃等十王，并授开府仪同三司；皇子珪封为陈王，澄封为翌王，潓封为恒王，滔封为汴王。陈王已下第四王，幼未授官，并置府官僚属。其日，光、仪等十人同于东宫尚书省上，诏宰臣及文武百僚送，仪注甚盛。俄除十五王府元僚，并未有府幕，同于礼院上，亦无精选。其时，琚兼广州都督，余如故。琚与鄂王瑶，皇子中有学尚才识，同居内宅，最相爱狎。琚有才力，善骑射。初封甚善，玄宗爱之。以母见疏薄，尝有怨言，为人所构得罪，人用怜之。宝应元年五月，追复官爵。无子。

夏悼王一，玄宗第九子也。母贞顺皇后为惠妃，见宠。一生而美秀，上钟爱无比，名之为一。开元五年，孩孺而薨，玄宗追封谥。时车驾在东都，葬于城南龙门东岑，欲宫中举目见之。

仪王璲，玄宗第十二子也，初名潍。开元十三年五月，封为仪王。十五年，授河南牧。二十三年，加开府仪同三司，兼河南牧，其年改名璲。永泰元年二月薨，废朝三日，赠太傅。天宝中有子封王者二人：优为钟陵郡王、光禄卿同正员，佺为广陵王、国子祭酒同正员。

颍王璬，玄宗第十三子也。读书有文词。初名澐。开元十三年，封颍王。十五年，遥领安东都护、平卢军节度大使。二十三年，加开府仪同三司，改名璬。安禄山反，除蜀郡大都督、剑南节度大使，杨国忠为之副。玄宗幸蜀，令御史大夫魏方进充置顿使，先移牒至蜀，托以颍王之

藩，令设储供。玄宗至马嵬，方进被杀，乃令璬先赴本郡，以蜀郡长史崔圆为副。璬性俭率，将渡绵州江，登舟见彩缘席为藉者，顾曰："此可以为寝处，奈何践之？"命撤去。璬初奉命之藩，卒遽不遑受节，绵州司马史贲进说曰："王，帝子也，且为节度大使。今之藩而不持节，单骑径进，人何所瞻？请建大旆，蒙之油囊，为旌节状，先驱道路，足以威众。"璬笑曰："但为真王，何用假旌节乎？"将至成都，崔圆迓之，拜于马前，璬不止之，圆颇怒。玄宗至，璬视事两月，人甚安之。为圆所奏，罢居内宅。后令宣慰肃宗于彭原，遂从归京师。建中四年薨。年六十六，辍朝三日。子伸，天宝中封荥阳郡王，授卫尉卿同正员。

怀哀王敏，玄宗第十五子也。幼而丰秀，以母惠妃之宠，玄宗特加念。才晬，开元八年二月薨，追封谥，权窆于景龙观。天宝十三载，改葬京城南，以祔其母敬陵也。

永王璘，玄宗第十六子也。母即郭顺仪，剑南节度尚书虚己之妹。璘数岁失母，肃宗收养，夜自抱眠之。少聪敏好学，貌陋，视物不正。开元十三年三月，封为永王。十五年五月，遥领荆州大都督。二十年七月，加开府仪同三司，改名璘。

天宝十四载十一月，安禄山反范阳。十五载六月，玄宗幸蜀，至汉中郡，下诏以璘为山南东路及岭南黔中江南西路四道节度采访等使、江陵郡大都督，余如故。璘七月至襄阳，九月至江陵，召募士将数万人，恣情补署，江淮租赋，山积于江陵，破用巨亿。以薛镠、李台卿、蔡坰为谋主，因有异志。肃宗闻之，诏令归觐于蜀，璘不从命。十二月，擅领舟师东下，甲仗五千人趋广陵，以季广琛、浑惟明、高仙琦为将。璘生于宫中，不更人事，其子襄城王偒又勇而有力，驭兵权，为左右眩惑，遂谋狂悖。璘虽有窥江左之心，而未露其事。吴郡采访使李希言乃平牒璘，大署其名，璘遂激怒，牒报曰："寡人上皇天属，皇帝友于，地尊侯王，礼绝僚品，简书来往，应有常仪，今乃平牒抗威，落字署字，汉仪隳紊，一至于斯！"乃使浑惟明取希言，季广琛趣广陵攻采访李成式。璘进至当涂，希言在丹阳，令元景曜、阎敬之等以兵拒之，身走吴郡，李成式使将李承庆拒之。先是，肃宗以璘不受命，先使中官啖廷瑶、段乔福招讨之。中使至广陵，成式括得马数百匹。时河北招讨判官、司虞郎中李铣在广陵，瑶等结铣为兄弟，求之将兵。铣麾下有骑一百八十人，遂率所领屯于杨子，成式使判官评事裴茂以广陵步卒三千□拒于瓜步洲伊娄埭。希言将元景曜及成式将李神庆并以其众迎降于璘，璘又杀丹徒太守阎敬之以徇。江左大骇。

裴茂至瓜步洲，广张旗帜，耀于江津。璘与偒登陴望之竟日，始有惧色。季广琛召诸将割臂而盟，以贰于璘。是日，浑惟明走于江宁，冯季康、康谦投于广陵之白沙。广琛以步卒六千趋广陵，璘使骑追之，广琛曰："我感王恩，是以不能决战，逃而归国。若逼我，我则不择地而回战矣。"使者返报。其夕，铣等多燃火，人执两炬以疑之，隔江望者，兼水中之影，一皆为二矣。璘军又以火应之。璘惧，以官军悉济矣，遂以儿女及麾下宵遁。迟明，不见济者，遂入城具舟楫，使襄城王驱其众以奔晋陵。宵谍曰："王走矣。"于是江北之军齐进，募敢死士赵侃、库狄岫、赵连城等共二十人，先锋游弈于新丰，皆因醉而寐。璘闻官军之至，乃使襄城王、高仙琦逆击之。驿骑奔告，侃等介马而出，襄城王已随而至，铣等奔救，张左右翼击之，射中襄城王首，偒军遂败。高仙琦等四骑与璘南奔，至鄱阳郡，司马陶备闭城拒之。璘怒，命焚其城。至余干，及大庾岭，将南投岭外，为江西采访使皇甫侁下防御兵所擒，因中矢而薨。子偒等为乱兵所害。肃宗以璘爱弟，隐而不言。

寿王瑁，玄宗第十八子也，初名清。初，瑁母武惠妃，开元元年见幸，宠倾后宫，频产夏悼王、怀哀王、上仙公主，皆端丽，襁褓不育。及瑁之初生，让帝妃元氏请瑁在于邸中收养，妃自乳之，名为己子。十余年在宁邸，故封建之事晚于诸王。宫中常呼为十八郎。十三年三月，封为寿王，始入宫中。十五年，遥领益州大都督、剑南节度大使。二十三年，加开府仪同三司，改名瑁。二十五年，惠妃薨，葬以后礼。二十九年，让帝薨，瑁请制服，以报乳养之恩，玄宗从之。瑁，天宝中有子封为王者二人：怀为济阳郡王，偒为广阳郡王、鸿胪卿同正员。

唐法，亲王食封八百户，有至一千户；公主三百户，长公主加三百户，有至六百户。高宗朝以沛、英、豫王、太平公主武后所生，食逾于制。垂拱中，太平至一千二百户。圣历初，皇嗣封为相王，食封与太平同三千户。长安中，寿春王兄弟五人，并赐实封三百户。神龙初，相府与太平同至五千户，卫王三千户，温王二千户，成王七百户。寿春王加四百户，通前七百户；嗣雍、衡阳、临淄、巴陵、中山各加二百户，通前五百户。安乐初封二千户，长宁一千五百户，宣城、宜城、宣安各一千户，相王女为县主者各三百户。卫王寻升储位，相府增至七千户，太平至五千户，安乐三千户，长宁二千五百户，宣城已下各二千户。相府、太平、长宁、安乐皆以七千为限，虽水旱亦不破损免，以正租庸充数。唐隆元年，遗制以嗣雍王守礼、寿春王成器封为亲王，各赐实封一千户。开元之后，朝恩睦亲，以宁府最长，封至五千五百户；岐、薛爱弟著勋，五千户；申府以外家微，至四千户；邠府以外枝，至一千八百户。皇妹为公主者，食封一千户，中宗女亦同。其后，皇子封王者赐封二千户，皇女为公主者赐封五百户。咸宜赐汤沐，以母惠妃封至一千户，诸皇女为公主者，例加至一千户。其封自开元已来，皆约以三千为限。

延王玢，玄宗第二十子也，初名泂。玢母即尚书右丞柳范孙也，最为名家，玄宗深重之。玢亦仁爱，有学问。开元十三年，封为延王。十五年，遥领安西大都护、碛西节度大使。二十三年七月，加开府仪同三司，余如故，改名玢。天宝十五载，玄宗幸蜀，玢男女三十六人，不忍弃于道路，数日不及行在所，玄宗怒之；赖汉中王瑀抗疏救之，听归于灵武。兴元元年薨。天宝末，封子偒彭城郡王、秘书监同正员，俚平阳郡王、殿中监同正员。

盛王琦，玄宗第二十一子也。寿王母弟，初名沐。十三年三月，封为盛王。十五年，领扬州大都督。二十年，加开府仪同三司，余如故，改名琦。天宝十五年六月，玄宗幸蜀，在路除琦为广陵大都督，仍领江南东路及淮南河南等路节度支度采访等使，以前江陵大都督府长史刘汇为之副，以广陵长史李成式为副大使、兼御史中丞。琦竟不行。广德二年四月薨，赠太傅。天宝末有子封王者二人：偘真定郡王，太常卿同正员，佩封武都郡王、殿中监同正员。

济王环，玄宗第二十二子也，初名溢。开元十三年三月，封济王。二十三年七月，授开府仪同三司，其月改名环。天宝末有子封为王者二人，儇为永嘉郡王、卫尉卿同正员，俛为平乐郡王、光禄卿同正员。

信王瑝，玄宗第二十三子也，初名沔。开元十三年三月，封为信王。二十三年七月，授开府仪同三司，仍改名瑝。天宝末有子封为王者二人：佟为新安郡王、太常卿同正员，偁为晋陵郡王、光禄卿同正员。

义王玼，玄宗第二十四子也，初名漼。开元十三年三月，封为义王。二十三年七月，授开府仪同三司，仍改名玼。天宝末有子封为王者二人：仪为舞阳郡王、太仆卿同正员，僇为高密郡王、宗正卿同正员。

陈王珪，玄宗第二十五子也，初名涣。开元二十三年七月，封为陈王。二十四年三月改名珪。天宝末男女二十一人，封为王者二人：佗为临淮郡王、太常卿同正员，佼为安阳王、殿中监同正员。

丰王珙，玄宗第二十六子也，初名澄。开元二十三年七月，封为丰王。二十四年二月改名珙。天宝十五年六月，玄宗幸蜀，至扶风郡，授珙武威郡都督，仍领河西陇右安西北庭等路节度支度采访使；以陇右太守邓景山为之副，兼武威长史、御史中丞，充都副大使。珙竟不行。

广德元年十月，吐蕃凌逼上都，上将幸陕州，自苑中而出，骑从半渡浐水。将军王怀忠遂闭苑门，横截五百余骑，拥十宅诸王西投吐蕃。至城西，适遇元帅郭子仪，怀忠讽子仪曰："主上东迁，社稷无主，万国颙颙，何所瞻仰！今仆奉诸王等西奔，以副天下之望。令公身为元帅，废置在手，何不行册立之事乎？"子仪未及对，珙遂越次而言曰："令公作何语，何不言也？"行军司马王延昌责之曰："主上虽蒙尘于外，圣德钦明，王身为藩翰，何乃发狂悖之词也？延昌当奏闻于上。"子仪又数让之，命军士领之尽赴行在。潼关谒见，上不之责，珙归幕次，词又不

顺。群臣恐遂为乱，请除之，遂赐死。天宝中有子二人为王：佻齐安郡王、宗正卿同正员，佝宜春郡王、鸿胪卿同正员。

恒王瑱，玄宗第二十七子也，初名漶。开元二十三年七月，封为恒王。性好道，常服道士衣。授右卫大将军，加开府仪同三司。二十四年二月改名瑱。天宝十五载，从幸巴蜀，不复衣道士衣矣。

凉王璿，玄宗第二十九子也，初名泚。母武贤仪，则天时高平王重规女也，开元中入宫中，号为"小武妃"。二十三年七月，封为凉王。二十四年二月，改名璿。

初，贞观中，高宗为晋王，以文德皇后最少子，后崩后累年，太宗怜之，不令出阁，至立为太子。高宗朝，睿宗为豫王，虽成长，亦以则天最小子，不令出阁。及至圣历初，封为相王，始出阁。中宗时，以谯王重福失爱，出迁外藩，卫王重俊为太子，入与成王千里等起兵，将诛韦后，故温王重茂虽年十六七，竟亦居中。先天之后，皇子幼则居内，东封年，以渐成长，乃于安国寺东附苑城同为大宅，分院居，为十王宅。令中官押之，于夹城中起居，每日家令进膳。又引词学工书之人入教，谓之侍读。十王，谓庆、忠、棣、鄂、荣、光、仪、颍、永、延、济，盖举全数。其后，盛、仪、寿、陈、丰、恒、凉六王又就封，入内宅。二十五年，鄂、光得罪，忠继大统，天宝中，庆、棣又殁，唯荣、仪等十四王居院，而府幕列于外坊，时通名起居而已。外诸孙成长，又于十宅外置百孙院。每岁幸华清宫，宫侧亦有十王院、百孙院。宫人每院四百，百孙院三四十人。又宫中置维城库，诸王月俸物，约之而给用。诸孙纳妃嫁女，亦就十宅中。太子不居于东宫，但居于乘舆所幸之别院。太子亦分院而居，婚嫁则同亲王、公主，在于崇仁之礼院。

天宝十五载六月，玄宗幸蜀，仪王已下十三王从。至汉中郡，遣永王璘出镇荆州。至德二年十月，从还京。广德元年十二月五日，上都失守，有仪、颍、寿、延、盛、济、信、义、陈、恒、凉十一王扈从，幸陕州。十二月，从还上都。璿之子，天宝中封为王者一人：伋，泸阳郡王、殿中监同正员。

汴哀王璥，玄宗第三十子也，初名滔。开元二十五年七月，封为汴王。二十四年二月，改名璥，以其月薨。

史臣曰：前史有云："母爱者子抱"，太子瑛之废，有由然矣。琬为元帅，不幸遘薨，岂天启乱阶，何失众望之速也！永王璘，父在蜀城，兄居灵武，不能立忠孝之节，为社稷之谋，而乃聚兵江上，规为己利，不义不昵，以灾其身，《书》所谓"自作孽，不可逭"也。丰王珙因缘厄运，窃有觊觎，不慎枢机，自贻伊咎，悲矣！

赞曰：《螽斯》之咏，乐有子孙。用建藩屏，以崇本根。逸胜瑛废，恩移至尊。盗炽琬卒，情乖万民。口祸丰珙，自灾永璘。惜乎二胤，不如仁人。

卷一百八　　　列传第五十八

韦见素 子谔　益　益子颛　**崔圆**
崔涣 子纵　**杜鸿渐**

韦见素，字会微，京兆万年人。父凑，开元中太原尹。见素学科登第。景龙中，解褐相王府参军，历卫佐、河南府仓曹。丁父忧，服阕，起为大理寺丞，袭爵彭城郡公。坐事出为坊州司马。入为库部员外郎，加朝散大夫，历右司兵部二员外，左司兵部二郎中，迁谏议大夫。天宝五年，充江西、山南、黔中、岭南等黜陟使，观省风俗，弹纠长吏，所至肃然。使还，拜给事中，驳正绳违，颇振台阁旧典。寻检校尚书工部侍郎，改右丞。九载，迁吏部侍郎，加银青光禄大夫。见素仁恕长者，意不忤物，及典选累年，铨叙平允，人士称之。时右相杨国忠用事，左相陈希烈畏其权宠，凡事唯诺，无敢发明，玄宗颇知之，圣情不悦。天宝十三载秋，霖雨六十余日，京师庐舍垣墉颓毁殆尽，凡一十九坊污潦。天子以宰辅或未称职，见此咎征，命杨国忠精求端士，时兵部侍郎吉温方承宠遇，上意用之。国忠以温禄山宾佐，惧其威权，奏寝其事。国忠访于中书舍人窦华、宋昱等，华、昱言见素方雅，柔而易制。上亦以经事相王府，有旧恩，可之。其年八月，拜武部尚书、同中书门下平章事，充集贤院学士，知门下省事，代陈希烈。见素既为国忠引用，心德之。时禄山与国忠争宠，两相猜嫌，见素亦无所是非，署字而已，遂至凶胡犯顺，不措一言。

十五年六月，哥舒翰兵败桃林，潼关不守。是月，玄宗苍黄出幸，莫知所诣。杨国忠以身领剑南旌钺，请幸成都。见素与国忠、御史大夫魏方进遇上于延秋门，便扈从之咸阳。翌日，次马嵬驿，军士不得食，流言不逊。龙武将军陈玄礼惧其乱，乃与飞龙马家李护国谋于皇太子，请诛国忠，以慰士心。是日，玄礼等禁军围行宫，尽诛杨氏。见素遁走，为乱兵所伤，众呼曰："勿伤韦相！"识者救之，获免。上闻之，令寿王瑁宣慰，赐药傅疮。魏方进为乱兵所杀。是日，朝士独见素一人。是夜宿马嵬，上命见素子京兆府司录参军谔为御史中丞，充置顿使。凌晨将发，六军将士曰："国忠反叛，不可更往蜀川，请之河、陇。"或言灵武、太原，或云还京，议者不一。上意在剑南，虑违士心，无所言。谔曰："还京须有捍贼之备。今兵马数少，恐非万全，不如且至扶风，徐图去就。"上询于众，众以为然，乃令皇太子后殿。

上至扶风郡，从驾诸军各图去就，颇出丑言。陈玄礼不能制，上闻之忧惧。会益州贡春彩十万疋，乃以其纲使濛阳尉刘景温为监察御史，其彩悉陈于廷，召六军将士等入，上谓之曰："卿等皆国之功臣，勋劳素著，朕之优赏，常亦不轻。逆胡负恩，事须回避，甚知卿等不得别父

母妻子，朕亦不及辞九庙。"言发涕流。又曰："朕今须幸蜀，蜀路险狭，人若多往，恐难祗供。今有此彩，卿等即宜分取，各自图去就。朕自有子弟、中官等相随，便与卿等诀别。"众咸俯伏号泣，曰："死生从陛下。"上良久曰："去住听卿自便。"自是丑言方息。七月，至巴西郡，以见素兼左相、武部尚书。数日，至蜀郡，加金紫光禄大夫，进封豳国公，与一子五品官。

是月，皇太子即位于灵武，道路艰涩，音驿未通。八月，肃宗使至，始知灵武即位。寻命见素与宰臣房琯赍传国宝玉册奉使灵武，宣传诏命，便行册礼。将行，上皇谓见素等曰："皇帝自幼仁孝，与诸子有异，朕岂不知。往十三年，已有传位之意，属其岁水旱，左右劝朕且俟丰年。尔来便属禄山构逆，方隅震扰，未遂此心。昨发马嵬，亦有处分。今皇帝受命，朕心顿如释负。劳卿等远去，勉辅佐之。多难兴王，自古皆有，卿等乃心王室，以宗社为念，早定中原，吾之望也。"见素等悲泣不自胜。仍以见素子谔及中书舍人贾至充册礼使判官。时肃宗已回幸顺化郡。九月，见素等至，册礼毕，从幸彭原郡。肃宗在东宫，素闻房琯名重，故虚怀以待；以见素常附国忠，礼遇稍薄。明年，至凤翔。三月，除左仆射，罢知政事，以宪部尚书致仕苗晋卿代为左相。

初，肃宗在凤翔，丧乱之后，纲纪未立，兵吏三铨，簿籍煨烬，南曹选人，文符悉多伪滥。上以凶丑未灭，且示招怀，据到注拟，一无检括。见素曰："臣典选久矣，周知此弊。今寰区未复，员阙不多。若总无条纲，恐难持久。"上然之，未暇厘革。及还京，选人数千，补授无所，喧诉于朝，由是行见素之言。及房琯以败军下降，崔圆、崔涣等皆罢知政事，上皇所命宰臣，无知政事者。五月，迁见素太子太师。十一月，肃宗自右辅还京，诏见素入蜀奉迎太上皇。十二月，上皇至京师，肃宗御楼大赦。见素以奉上皇幸蜀功，加开府仪同三司，食实封三百户。上元中，以足疾上表请致仕，许之。宝应元年十二月卒，年七十六，赠司空，谥曰忠贞，丧事官给。子俱、谔、益、晢。俱、谔皆位至给事中，益终刑部员外郎，晢终秘书丞。俱子颂。

益子颛，字周人，生一岁而孤，事姊称为恭孝。性嗜学，尤精阴阳、象纬、经略、风俗之书。善持论，有清誉。少以门荫补千牛备身，自鄠县尉判入等，授万年尉，历御史、补阙、尚书郎，累迁给事中、尚书左丞、户部郎、中丞、吏部侍郎。其在谏垣，与李约、李正辞送申禅讽，颇回大政。宰相裴垍、李绛、崔群辈多与友善，而后进之有浮名者，亦游其门，以是称有时望。及李逢吉驾朋党以专政柄，而颛附丽之迹尤密，颇为时人所讥。然处身俭约，有足多者。著《易蕴解》，推演潜亢终始之义，甚有奥旨。宝历元年七月卒，赠礼部尚书。

崔圆，清河东武城人也。后魏左仆射亮之后。父景旺，官至大理评事。圆少孤贫，志尚闳博，好读兵书，有经济宇宙之心。开元中，诏搜访遗逸，圆以钤谋射策甲科，授执戟。自负文艺，获武职，颇不得意。萧炅为京兆尹，荐为会昌丞，累迁司勋员外郎。宰臣杨国忠遥制剑南节度

使，引圆佐理，乃奏授尚书郎，兼蜀郡大都督府左司马、知节度留后。天宝末，玄宗幸蜀郡，特迁蜀郡大都督府长史、剑南节度。圆素怀功名，初闻国难，潜使人探国忠深旨，知有行幸之计，乃增修城池，建置馆宇，储备什器。及乘舆至，殿宇牙帐咸如宿设，玄宗甚嗟赏之，即日拜中书侍郎、同中书门下平章事、剑南节度，余如故。

肃宗即位，玄宗命圆同房琯、韦见素并赴肃宗行在所，玄宗亲制遗爱碑于蜀以宠之。从肃宗还京，以功拜中书令，封赵国公，赐实封五百户。明年，罢知政事，迁太子少师，留守东都。会官军不利于相州，军回过洛阳，所在剽掠。圆弃城南奔襄阳，诏削除阶封。寻起为济王傅。李光弼用为怀州刺史，除太子詹事，改汾州刺史，皆以理行称。拜扬州大都督府长史、淮南节度观察使，加检校右仆射、兼御史大夫，转检校左仆射知省事。大历三年六月薨，年六十四，辍朝三日，赠太子太师，谥曰昭襄。

崔涣，祖玄暐，神龙功臣，封博陵郡王。父璩，文学知名，位至礼部侍郎。涣少以士行闻，博综经籍，尤善谈论，累迁尚书司门员外郎。天宝末，杨国忠出不附己者，涣出为剑州刺史。天宝十五载七月，玄宗幸蜀，涣迎谒于路，抗词忠恳，皆究理体，玄宗嘉之，以为得涣晚。宰臣房琯又荐之，即日拜黄门侍郎、同中书门下平章事，扈从成都府。

肃宗灵武即位。八月，与左相韦见素、同平章事房琯、崔圆同赍册赴行在。时未复京师，举选路绝，诏涣充江淮宣谕选补使，以收遗逸。惑于听受，为下吏所鬻，滥进者非一，以不称职闻。乃罢知政事，除左散骑常侍，兼余杭太守、江东采访防御使。旋授正议大夫、太子宾客。乾元三年正月，转大理卿。再迁吏部侍郎、检校工部尚书、集贤院待诏。性尚简澹，不交世务，颇为时望所归。迁御史大夫，加检地青苗钱物使。时以此钱充给京百官料，涣为属吏希中，以下估为使料，上估为百官料。其时为皇城副留守张清发之，诏下有司讯鞫，涣无词以对，坐是贬道州刺史。大历三年十二月壬寅，以疾终。

子纵，初以荫补协律郎，三迁为监察御史。诏择令长于台省，除蓝田令，宽明勤干，德化大行，县人为之立碑颂德。转京兆府司录，累迁金部员外郎。以父贬道州刺史，弃官就养。丁父忧，终制，六迁大理卿、兼御史中丞、汴西水陆运两税盐铁等使。田悦连败，走魏州，婴城自守，诸道兵围之，屡乏食，诏纵兼魏州四节度粮料使，军储稍给。德宗幸奉天，四方握兵，未有至者。纵先知之，潜告李怀光劝令奔命，怀光从之。纵乃悉敛军财与怀光俱来，调给具备。怀光兵士久战河外，及次河中，将迁延。纵之货币先已渡河，纵谓众曰："若济，悉以分赐。"众利之，乃西。至奉天，加右庶子，充使。无几，拜京兆尹、兼御史大夫。数奏怀光刚愎反覆，宜阴备之。及行幸梁州，左右或短之曰："纵素善怀光，今不来矣。"上曰："他人不知纵，吾可保其心。"不数日，纵至，拜御史大夫。尝议其大体，不亲细事，狱讼仪制，皆付之僚吏。

贞元元年，亲祠南郊，为大礼使。属兵旱之后，赋入尚少，纵裁定文物，俭而中礼。无何，万年丞源邃为京兆尹李齐运所抑摔至死，纵劾奏不行。数月，除吏部侍郎，寻检校礼部尚书、东畿唐汝邓都观察使、河南尹。是时兵革甫定，民耗六七，纵悉心求瘼，为理简易。先是，戍边之师由洛阳者，储饩取办于编户。纵始官备，不征于人，令五家相保，俾自占告发敛，以绝胥吏之私。又伊、洛水以通里閈，都中灌溉济之逮为十一二，人甚安之。征拜太常卿。贞元七年六月卒官，年六十二，谥曰忠，赠吏部尚书。

纵孝悌，修饬自立，以父为元载排抑，居退十余年，左宦外府，讫载得罪，不求闻达。初，涣有宠妾郑氏，纵以母事之。郑氏性刚戾，待纵不以理，虽为大僚，每加笞诟。纵率妻子候颜，敬顺不懈，时以为难。

杜鸿渐，故相暹之族子。祖慎行，益州长史。父鹏举，官至王友。鸿渐敏悟好学，举进士，解褐王府参军。天宝末，累迁大理司直，朔方留后、支度副使。

肃宗北幸，至平凉，未知所适。鸿渐与六城水运使魏少游、节度判官崔漪、支度判官卢简金、关内盐池判官李涵谋曰："今胡羯乱常，二京陷没，主上南幸于巴蜀，皇太子理兵于平凉。然平凉散地，非聚兵之处，必欲制胜，非朔方不可。若奉殿下，旬日之间，西收河、陇，回纥方强，与国通好，北征劲骑，南集诸城，大兵一举，可复二京。雪社稷之耻，上报明主，下安苍生，亦臣子之用心，国家之大计也。"鸿渐即日草笺具陈兵马招集之势，录军资、器械、仓储、库物之数，令李涵赍赴平凉，肃宗大悦。鸿渐知肃宗发平凉，于北界白草顿迎谒，因劳诸使及兵士，进言曰："朔方天下劲兵，灵州用武之处。今回纥请和，吐蕃内附，天下郡邑，人皆坚守，以待制命。其中虽为贼所据，亦望不日收复，殿下整理军戎，长驱一举，则逆胡不足灭也。"肃宗然之。及至灵武，鸿渐与裴冕等劝即皇帝位，以归中外之望，五上表，乃从。鸿渐素习帝王陈布之仪，君臣朝见之礼，遂采摭旧仪，绵苊其事。城南设坛墠，先一日具仪注草奏。肃宗曰："圣君在远，寇逆未平，宜罢坛场。"余可其奏。肃宗即位，授兵部郎中，知中书舍人事，寻转武部侍郎。至德二年，兼御史大夫，为河西节度使、凉州都督。两京平，迁荆州大都督府长史、荆南节度使。

襄州大将康楚元、张嘉延盗所管兵，据襄州城叛，刺史王政逋走。嘉延南袭荆州，鸿渐闻之，弃城而遁。澧、朗、硖、归等州闻鸿渐出奔，皆惶骇，潜窜山谷。岁余，征拜尚书右丞、吏部侍郎、太常卿，充礼仪使。二圣晏驾，鸿渐监护仪制，山陵毕，加光禄大夫，封卫国公。广德二年，代宗将享郊庙，拜鸿渐兵部侍郎、同中书门下平章事，寻转中书侍郎。

永泰元年十月，剑南西川兵马使崔旰杀节度使郭英乂，据成都，自称留后。邛州衙将柏贞节、泸州衙将杨子琳、剑州衙将李昌夔等兴兵讨旰，西蜀大乱。明年二月，命鸿渐以宰相兼充山、剑副元帅、剑南西川节度使，以平蜀乱。鸿渐心无远图，志气怯懦，又酷好浮图道，不喜军戎。既至成都，惧旰雄武，不复问罪，乃以剑南节制表让于旰。时西戎寇边，关中多事，鸿渐孤军陷险，兵威不振，代宗不获已，从之。仍以旰为剑南西川行军司马，柏贞节为邛州刺史，杨子琳为泸州刺史，各罢兵。寻请入觐，仍表崔旰为西川兵马留后。大历二年，诏以旰为成都尹、剑南西川节度使，召鸿渐还京。鸿渐仍率旰同入觐，代宗嘉之。后知政事，转门下侍郎，让山南副元帅。三年八月，代王缙为东都留守，充河南、淮西、山南东道副元帅，平章事如故。以疾上表乞骸骨，从之，竟不之任。四年十一月卒，赠太尉，谥曰文宪。辍朝三日，赐物五百匹，粟五百石。

鸿渐晚年乐于退静，私第在长兴里，馆宇华靡，宾僚宴集。鸿渐悠然赋诗曰："常愿追禅理，安能挹化源。"朝士多属和之。及休致后病，令僧剃顶发，及卒，遗命其子依胡法塔葬，不为封树，冀类缁流，物议哂之。

史臣曰：禄山狂悖已显，玄宗宠任无疑，见素知国危，陈庙算，直言极谏，而君不从，独正犯难，而人不咎，出生入死，善始令终者鲜矣。时论以见素取容于国忠，无言匡大政。且国忠恃内戚，弄重权，沮林甫奸豪，取其大位，若见素之孤直，岂许取容？盖祸胎已成，政柄久絷，见素入相余年，言不从而难作，虽有周、孔之才，其能匡救者乎？谔才辩，颖俭约，雅符积善之庆矣。圆守文之士，非御侮之才。涣才兼行闻，命与时会。发言上沃主意，遽致显荣；当官屡为吏欺，终及窜逐。所谓可与适道，未可与权。纵忠于国，能于官，孝于家，三者备矣，孰能继之？鸿渐有卫社之功，非干城之责，时以任崔旰为非，则不然矣。且旰前拒贞节，北败献诚，宜以怀来，未可力制，终致归国，岂非臧谋？向讨之，即为剧贼矣。然事佛徼福，朋势取容，非君子之道焉。

赞曰：玄宗失德，禄山肆逆。见素竭节，诸公协力。

卷一百九　　列传第五十九

冯盎　阿史那社尔子道真　叔祖苏尼失　苏尼失子忠附　契苾何力　黑齿常之　李多祚　李嗣业　白孝德

冯盎，高州良德人也。累代为本部大首领。盎少有武略，隋开皇中为宋康令。仁寿初，潮、成等五州獠叛，盎驰至京，请讨之。文帝敕左仆杨素与盎论贼形势，素曰："不意蛮夷中有此人，大可奇也。"即令盎发江、岭兵击之。贼平，授金紫光禄大夫，仍除汉阳太守。

武德三年，广、新二州贼帅高法澄、冼宝彻等并受林士弘节度，杀害隋官吏，盎率兵击破之。既而宝彻兄子智臣又聚兵于新州，自为渠帅，盎趋往击之。兵交，盎却兜鍪大呼曰："尔等颇识我否？"贼多弃戈肉袒而拜，其徒遂

溃，擒宝彻、智臣等，岭外遂定。或有说盎曰："自隋季崩离，海内骚动。今唐虽应运，而风教未洽，南越一隅，未有所定。公克平五岭二十余州，岂与赵佗九郡相比？今请上南越王之号。"盎曰："吾居南越，于兹五代，本州牧伯，唯我一门，子女玉帛，吾之有也。人生富贵，如我殆难，常恐弗克负荷，以坠先业。本州衣锦便足，余复何求？越王之号，非所闻也。"

四年，盎以南越之众降，高祖以其地为罗、春、白、崖、儋、林等八州，仍授盎上柱国、高罗总管，封吴国公，寻改封越国公。拜其子智戴为春州刺史，智彧东合州刺史，徙封盎耿国公。贞观五年，盎来朝，太宗宴赐甚厚。俄而罗窦诸洞獠叛，诏令盎率部落二万为诸军先锋。时有贼数万屯据险要，不可攻逼。盎持弩语左右曰："尽吾此箭，可知胜负。"连发七矢，而中七人，贼退走，因纵兵乘之，斩首千余级。太宗令智戴还慰省之，自后赏赐不可胜数。盎奴婢万余人，所居地方二千里，勤于簿领，诘擿奸状，甚得其情。二十年卒。赠左骁卫大将军、荆州都督。

阿史那社尔，突厥处罗可汗子也。年十一，以智勇称于本蕃，拜为拓设，建牙于碛北，与欲谷设分统铁勒、纥骨、同罗等诸部。在位十年，无所课敛。诸首领或鄙其不能富贵，社尔曰："部落既丰，于我便足。"诸首领咸畏而爱之。

武德九年，延陀、回纥等诸部皆叛，攻破欲谷设，社尔击之，复为延陀所败。贞观二年，遂率其余众保于西偏，依可汗浮图。后遇颉利灭，而西蕃叶护又死，奚利邲咄陆可汗兄弟争国，社尔扬言降之，引兵西上，因袭破西蕃，半有其国，得众十余万，自称都布可汗。谓其诸部曰："首为背叛破我国者，延陀之罪也。今我据有西方，大得兵马，不平延陀而取安乐，是忘先可汗，为不孝也。若天令不捷，死亦无恨。"其酋长咸谏曰："今新得西方，须留镇压。若即弃去，远击延陀，只恐叶护子孙必来复国。"社尔不从，亲率五万余骑讨延陀于碛北，连兵百余日。遇我行人刘善因立咥娑设为咥利始可汗，社尔部兵又苦久役，多委之逃。延陀因纵击败之，复保高昌国。其旧兵在者才万余人，又与西蕃结隙。

九年，率众内属，拜左骁卫大将军。岁余，令尚衡阳长公主，授驸马都尉，典屯兵于苑内。十四年，授行军总管，以平高昌。诸人咸即受赏，社尔以未奉诏旨，秋毫无所取。及降别敕，然后受之。及所取，唯老弱故弊而已。军还，太宗美其廉慎，以高昌所得宝刀并杂彩千段赐之，仍令检校北门左屯营，封毕国公。十九年，从太宗征辽，至驻跸阵，频遭流矢，拔而又进。其所部兵士，人百其勇，尽获殊勋。师旋，兼授鸿胪卿。二十一年，为昆丘道行军大总管，征龟兹。明年，军次西突厥，击处密，大破之，余众悉降。又下龟兹大拨换城，虏龟兹王白诃黎布失毕及大臣那利等百余人而还。属太宗崩，请以身殉葬，高宗遣使喻以先旨，不许。迁右卫大将军。永徽四年，加位镇军大将军。六年卒，赠辅国大将军、并州都督，陪葬昭陵。起家以象葱山，仍为立碑，谥曰元。子道真，位至左屯卫

大将军。

贞观初，阿史那苏尼失者，启民可汗之母弟，社尒叔祖也。其父始毕可汗以为沙钵罗设，督部落五万家，牙直灵州之西北，骁雄有恩惠，甚得种落之心。及颉利政乱，而苏尼失所部独不携离。突利之来奔也，颉利乃立苏尼失为小可汗。及颉利为李靖所破，独骑闰之，苏尼失遂举其众归国，因令子忠擒颉利以献。太宗赏赐优厚。拜北宁州都督、右卫大将军，封怀德郡王。贞观八年卒。

忠以擒颉利功，拜左屯卫将军，妻以宗女定襄县主，赐名为忠，单称史氏。贞观九年，迁右卫大将军。永徽初，封薛国公，累迁右骁卫大将军。所历官皆以清谨见称，时人比之金日䃅。上元初卒，赠镇军大将军，陪葬昭陵。

子暕，袭封薛国公，垂拱中，历位司仆卿。

契苾何力，其先铁勒别部之酋长也。父葛，隋大业中继为莫贺咄特勒，以地逼吐谷浑，所居隘狭，又多瘴疠，遂入龟兹，居于热海之上。特勒死，何力时年九岁。降号大俟利发。至贞观六年，随其母率众千余家诣沙州，奉表内附，太宗置其部落于甘、凉二州。何力至京，授左领军将军。

七年，与凉州都督李大亮、将军薛万均同征吐谷浑。军次赤水川，万均率骑先行，为贼所攻，兄弟皆中枪堕马，徒步而斗，兵士死者十六七。何力闻之，将数百骑驰往，突围而前，纵横奋击，贼兵披靡，万均兄弟由是获免。时吐谷浑主在突沦川，何力复欲袭之，万均惩其前败，固言不可。何力曰："贼非有城郭，逐水草以为生，若不袭其不虞，便鸟惊鱼散，一失机会，安可倾其巢穴耶！"乃自选骁兵千余骑，直入突沦川，袭破吐谷浑牙帐，斩首数千级，获驼马牛羊二十余万头，浑主脱身以免，俘其妻子而还。有诏劳于大斗拔谷。万均乃排毁何力，自称己功。何力不胜愤怒，拔刀而起，欲杀万均，诸将劝止之。太宗闻而责问其故，何力言万均败恶之事，太宗怒，将解其官回授，何力固让曰："以臣之故而解万均，恐诸蕃闻之，以为陛下厚蕃轻汉，转相诬告，驰竞必多。又夷狄无知，或谓汉臣皆如此辈，固非安宁之术也。"太宗乃止。寻令北门宿卫，检校屯营事，敕尚临洮县主。

十四年，为葱山道副大总管，讨平高昌。时何力母姑臧夫人、母弟贺兰州都督沙门并在凉府。十六年，诏许何力觐省其母，兼抚巡部落。时薛延陀强盛，契苾部落皆愿从之。何力至，闻而大惊："主上于汝有厚恩，任我又重，何忍而图叛逆！"诸首领皆曰："可敦及都督已去，何故不行？"何力曰："我弟沙门孝而能养，我以身许国，终不能去也。"于是众共执何力至延陀所，置于可汗牙前。何力箕踞而坐，拔佩刀东向大呼曰："岂有大唐烈士，受辱蕃庭，天地日月，愿知我心！"又割左耳以明志不夺也。可汗怒，欲杀之，为其妻所抑而止。初，太宗闻何力之延陀，明非其本意。或曰："人心各乐其土，何力今入延陀，犹鱼之得水也。"太宗曰："不然，此人心如铁石，必不背我。"会有使自延陀至，具言其状，太宗泣谓群臣曰："契苾何力竟如何？"遂遣兵部侍郎崔敦礼持节入延陀，许降公主，

求何力。由是还，拜右骁卫大将军。太宗既许公主于延陀，行有日矣，何力抗表固言不可。太宗曰："吾闻天子无戏言，既已许之，安可废？"何力曰："然。臣本请延缓其事，不谓总停。臣闻六礼之内，婿合亲迎，宜告延陀亲来迎妇，纵不敢至京邑，即当使诣灵州。畏汉必不敢来，论亲未可有成日。既忧闷，臣又携离，不盈一年，自相猜忌。延陀志性狠戾，若死，必两子相争，坐而制之，必然之理。"太宗从之。延陀恐有诈，竟不至灵州。自后常悒悒不得志，一年而死，两子果争权，各立为主。

太宗征辽东，以何力为前军总管，军次白崖城，为贼所围，被槊中腰，疮重疾甚，太宗自为傅药。及拔贼城，敕求伤之者高突勃，付何力自杀之。何力奏言："犬马犹为其主，况于人乎？彼为其主，况致命冒白刃而刺臣，是其义勇士也。本不相识，岂是冤仇？"遂舍之。二十二年，为昆丘道总管，击龟兹，获其王河梨布失毕及诸首领等。太宗崩，何力欲杀身以殉，高宗谕而止之。

永徽二年，处月、处密叛，以何力为弓月道大总管，讨平之，擒其渠帅处密时健俟斤、合支贺等以归。显庆二年，迁左骁卫大将军，累封郕国公，兼检校鸿胪卿。龙朔元年，又为辽东道行军大总管。九月，次于鸭绿水，其地即高丽之险阻，莫离支男生以精兵数万守之，众莫能济。何力始至，会层冰大合，趣即渡兵，鼓噪而进，贼遂大溃，追奔数十里，斩首三万级，余众尽降，男生仅以身免。会有诏班师，乃还。其年，九姓叛，以何力为铁勒道安抚大使。乃简精骑五百驰入九姓中，贼大惊，何力乃谓曰："国家知汝被诖误，遂有翻动，使我舍汝等过，皆可自新。罪在酋渠，得之则已。"诸姓大喜，共擒伪叶护及设、特勒等同恶二百余人以归，何力数其罪而诛之。乾封元年，又为辽东道行军大总管，兼安抚大使。高丽有众十五万，屯于辽水，又引靺鞨数万据南苏城。何力奋击，皆大破之。斩首万余级，乘胜而进，凡拔七城。乃回军会英国公李勣于鸭绿水，共攻辱夷、大行二城，破之。勣顿军于鸭绿栅，何力引蕃汉兵五十万先临平壤。勣仍继至，共拔平壤城，执男建，虏其王还。授镇军大将军，行左卫大将军，徙封凉国公，仍检校右羽林军。仪凤二年卒，赠辅国大将军、并州都督，陪葬昭陵，谥曰烈。

有三子：明、光、贞。明，左鹰扬卫大将军，兼贺兰都督，袭爵凉国公。光，则天时右豹韬卫将军，为酷吏所杀。贞，司膳少卿。

黑齿常之，百济西部人。长七尺余，骁勇有谋略。初在本蕃，仕为达率兼郡将，犹中国之刺史也。显庆五年，苏定方讨平百济，常之率所部随例送降款。时定方絷左王及太子隆等，仍纵兵劫掠，丁壮者多被戮。常之恐惧，遂与左右十余人遁归本部，鸠集亡逸，共保任存山，筑栅以自固，旬日而归附者三万余人。定方遣兵攻之，常之领敢死之士拒战，官军败绩，遂复本国二百余城，定方不能讨而还。龙朔三年，高宗遣使招谕之，常之尽率其众降。累转左领军员外将军。

仪凤中，吐蕃犯边，常之从李敬玄击之。刘审礼之没

贼，敬玄欲抽军，却阻泥沟，而计无所出。常之夜率敢死之兵五百人进掩贼营，吐蕃首领跋地设弃军宵遁，敬玄因此得还。高宗叹其才略，擢授左武卫将军，兼检校左羽林军，赐金五百两、绢五百匹，仍充河源军副使。时吐蕃赞婆及素和贵等贼徒三万余屯于良非川。常之率精骑三千夜袭贼营，杀获二千级，获羊马数万，赞婆等单骑而遁。擢常之为大使，又赏物四百匹。常之以河源军正当贼冲，欲加兵镇守，恐有运转之费，遂远置烽戍七十余所，度开营田五千余顷，岁收百余万石。开耀中，赞婆等屯于青海，常之率精兵一万骑袭破之，烧其粮贮而还。常之在军七年，吐蕃深畏惮之，不敢复为边患。嗣圣元年，迁左武卫大将军，仍检校左羽林军。垂拱二年，突厥犯边，命常之率兵拒之。蹑至两井，忽逢贼三千余众，常之见贼徒争下马著甲，遂领二百余骑，身当先锋直冲，贼遂弃甲而散。俄顷，贼众大至。及日将暮，常之令伐木，营中燃火如烽燧，时东南忽有大风起，贼疑有救兵相应，遂狼狈夜遁。以功进封燕国公。三年，突厥入寇朔州，常之又充大总管，以李多祚、王九言为副。追蹑至黄花堆，大破之，追奔四十余里，贼散走碛北。时有中郎将爨宝璧表请穷追余贼，制常之与宝璧会，遥为声援。宝璧以为破贼在朝夕，贪功先行，竟不与常之谋议，遂全军而没。寻为周兴等诬构，云与右鹰扬将军赵怀节等谋反，系狱，遂自缢而死。

常之尝有所乘马为兵士所损，副使牛师奖等请鞭之。常之曰："岂可以损私马而决官兵乎！"竟赦之。前后所得赏赐金帛等，皆分给将士；及死，时惜之。

李多祚，代为靺鞨酋长。多祚骁勇善射，意气感激。少以军功历位右羽林军大将军，前后掌禁兵，北门宿卫二十余年。

神龙初，张柬之将诛张易之兄弟，引多祚将筹其事，谓曰："将军在北门几年？"曰："三十年矣。"柬之曰："将军击钟鼎食，金章紫绶，贵宠当代，位极武臣，岂非大帝之恩乎？"曰："然。"又曰："将军既感大帝殊泽，能有报乎？大帝之子见在东宫，逆竖张易之兄弟擅权，朝夕危逼。宗社之重，于将军，诚能报恩，正属今日。"多祚曰："苟缘王室，惟相公所使，终不顾妻子性命。"因即引天地神祇为要誓，词气感动，义形于色。遂与柬之等定谋诛易之兄弟，以功进封辽阳郡王，食实封八百户，仍拜其子承训为卫尉少卿。其年，将有事于太庙，特令多祚与安国相王登辇夹侍。监察御史王觌上疏谏曰："窃惟祔庙之礼，在于尊祖奉先；肃事之仪，岂厌惟亲与德。伏见恩敕令安国相王与李多祚参乘，且多祚夷人，有功于国，适可加之宠爵，岂宜逼奉至尊，侍帝弟而连衡，与吾君而共辇？诚恐万方之人，不允所望。昔文帝引赵谈参乘，盎伏车前曰：'臣闻天子所共六尺舆者，皆天下豪英。今汉虽乏人，陛下独奈何与刀锯之余共载！'于是斥而下之。多祚虽无赵谈之累，亦非卿相之重，不自循省，无闻让让，岂国乏良辅，更无其人。史官所书，将示于后。何衮盖之强谏，独微臣之不及。惟陛下详择焉。"上谓觌曰："多祚虽是夷人，缘其有功，委以心腹，特令侍辇，卿勿复言也。"

节愍太子之杀武三思也，多祚与羽林大将军李千里等率兵以从。太子令多祚先至玄武楼下，冀上问以杀三思之意，遂按兵不战。时有宫闱令杨思勖于楼上侍帝，请拒其先锋。多祚子婿羽林中郎将野呼利为先军总管，思勖挺刃斩之，兵众大沮。多祚俄为左右所杀，并杀其二子，籍没其家。睿宗即位，下制曰："以忠报国，典册所称；感义捐躯，名节斯在。故右羽林大将军、上柱国、辽阳郡王李多祚，三韩贵种，百战余雄。席宠禁营，乃心王室，仗兹诚信，翻陷诛夷。赖彼神明，重清奸慝，永言徽烈，深合褒崇。宜追殁后之荣，以复生前之命。可还旧官，仍宥其妻子。"

李嗣业，京兆高陵人也。身长七尺，壮勇绝伦。天宝初，随募至安西，频经战斗，于时诸军初用陌刀，咸推嗣业为能。每为队头，所向必陷。节度使马灵察知其勇健，每出师，令嗣业与焉。累迁至中郎将。

天宝七载，安西都知兵马使高仙芝奉诏总军，专征勃律，选嗣业与郎将田珍为左右陌刀将。于时吐蕃聚十万众于婆勒城，据山因水，堑断崖谷，编木为城。仙芝夜引军渡信图河，奄至城下。仙芝谓嗣业与田珍曰："不午时须破此贼。"嗣业引步军持长刀上，山头抛檑蔽空而下，嗣业独引一旗于绝险处先登，诸将因之齐上。贼不虞汉军暴至，遂大溃，填溪谷，投水溺死，仅十八九。遂长驱至勃律城擒勃律王、吐蕃公主，斩藤桥，以兵三千人戍。于是拂林、大食诸胡七十二国皆归国家，款塞朝献，嗣业之功也。由此拜右威卫将军。十载，又从平石国，及破九国胡并背叛突骑施，以跳荡加特进，兼本官。初，仙芝绐石国王约为和好，乃将兵袭破之，杀其老弱，虏其丁壮，取金宝瑟瑟驼马等，国人号哭，因掠石国王东，献之于阙下。其子逃难奔走，告于诸胡国。群胡忿之，与大食连谋，将欲攻四镇。仙芝惧，领兵二万深入胡地，与大食战，仙芝大败。会夜，两军解，仙芝为大食所杀，存者不过数千。事窘，嗣业白仙芝曰："将军深入胡地，后绝救兵。今大食战胜，诸胡知，必乘胜而并力事汉。若全军没，嗣业与将军俱为贼所虏，则何人归报主？不如驰守白石岭，早图奔逸之计。"仙芝曰："尔，战将也。吾欲收合余烬，明日复战，期一胜耳。"嗣业曰："愚者千虑，或有一得，势危若此，不可胶柱。"固请行，乃从之。路隘，人马鱼贯而奔。会拔汗那兵众先奔，人及驼马塞路，不克过。嗣业持大棒前驱击之，人马应手俱毙。胡等遁，路开，仙芝获免。仙芝表其功，加骠骑左金吾大将军。

及禄山反，两京陷，上在灵武，诏嗣业赴行在。嗣业自安西统众万里，威令肃然，所过郡县，秋毫不犯。至凤翔谒见，上曰："今日得卿，胜数万众，事之济否，实在卿也。"遂与郭子仪、仆固怀恩等常犄角为先锋将。嗣业每持大棒冲击，贼众披靡，所向无敌。

禄山之乱，两京未复，肃宗在凤翔。至德二年九月，嗣业从广平王收复京城，与贼大战于香积寺北，西拒澧水，东临大川，十里间军容不断。嗣业时为镇西、北庭支度行营节度使，为前军，朔方右行营节度使郭子仪为中军，关内行营节度王思礼为后军。戈鋋鼓鼙，震曜山野，距贼军数里，列长阵而待之。贼将李归仁初以锐师数来挑战，我师攒矢而逐之，贼军大至，逼我追骑，突入我营，我师嚣乱。嗣业谓郭子仪曰："今日之事，若不以身啖寇，决战于阵，万死而冀其一生。不然，则我军无孑遗矣。"嗣业乃脱衣徒搏，执长刀立于阵前大呼，当嗣业刀者，人马俱碎，杀十数人，阵容方驻。前军之士尽执长刀而出，如墙而进。嗣业先登奋命，所向摧靡。是时，贼先伏兵于营东，侦者知之，元帅广平王分回纥锐卒，令击其伏兵，贼将大败。嗣业出贼营之背，与回纥合势，表里夹攻，自午及酉，斩首六万级，填沟壑而死者十二三。贼帅张通儒、安守忠、李归仁等收合残卒，东走保陕郡。庆绪又命严庄率众数万，赴陕助通儒辈以拒官军。广平王、郭子仪、王思礼等大军营于陕西。嗣业与子仪遇贼于新店，与之力战，数合，我师初胜而后败，嗣业逐急应接。回纥从南山望见官军败，曳白旗而下，径抵贼背，穿贼阵，贼阵西北角先陷。嗣业又率精骑前击，表里齐进，贼众大败，走河北。子仪遂收东都。嗣业以功加开府仪同三司、卫尉卿，封虢国公，食实封二百户。

乾元二年，诸将同围相州。是时筑堤引漳水灌城，经月余，城不拔。是时，军无统帅，诸将自图全，人无斗志。贼每出战，嗣业被坚冲突，履锋冒刃，为流矢所中。数日，疮欲愈，卧于帐中，忽闻金鼓之声，因而大叫，疮中血出数升注地而卒。上闻之震悼，嗟惜久之，诏曰："临难忘身，为臣之大节；念功加赠，经国之常典。故卫尉卿、兼怀州刺史、充北庭行营节度使、虢国公李嗣业，植操沉厚，秉心忠烈，怀干时之勇略，有戡难之远谋。久仕边陲，备经任使。自凶渠构乱，中夏不宁，持感激之诚，总骁果之众，亲当矢石，频立勋庸。壮节可嘉，将谋于百胜；忠诚未遂，空恨于九原。言念其功，良深悯悼。死于王事，礼有可加，宜赠裂土之封，用广饰终之义。可赠武威郡王。其赗赠及缘葬事，所司倍于常式，仍令官给灵舆，递还所在。以其子佐国袭其官爵，食实封二百户。"

白孝德，安西胡人也，骁悍有胆力。乾元中，事李光弼为偏裨。史思明攻河阳，使骁将刘龙仙率铁骑五千临城挑战。龙仙捷勇自恃，举右足加马鬣上，嫚骂光弼。光弼登城望，顾诸将曰："孰可取者？"仆固怀恩请行，光弼曰："此非大将所为。"历选其次，左右曰："白孝德可。"光弼乃招孝德前，问曰："可乎？"曰："可。"光弼问："所要几何兵？"孝德曰："可独往耳。"光弼壮之。终问所欲，对曰："愿选五十骑于军门为继，兼请大军鼓噪以增气势，他无所用。"光弼抚其背而遣之。孝德挟二矛，策马截流而渡。半济，怀恩贺曰："克矣。"光弼曰："未及，何知其克？"怀恩曰："观其揽辔便辟，可万全者。"龙仙见其独来，甚易之，足不降鬣。稍近，将动，孝德摇手示之，若使其不动，龙仙不之测，乃止。孝德呼曰："侍中使余致辞，非他也。"龙仙去十步与之言，褒骂如初。孝德息马伺便，因瞋目曰："贼识我乎？"龙仙曰："谁耶？"曰："我，国之大将白孝德也。"龙仙曰："是何猪狗！"孝德发

声㠱唉，持矛跃马而搏之。城上鼓噪，五十骑继进。龙仙矢不暇发，环走堤上。孝德追及，斩首，携之而归，贼徒大骇。其后，累战功至安西北庭行营节度、邠坊邠宁节度使，历检校刑部尚书，封昌化郡王。以家难去职，服阕复旧官。

大历十四年九月，转太子少傅，寻卒，时年六十六，赠太子太保。

史臣曰：历代武臣，壮勇出众者有诸，节行励俗者鲜矣，矧蛮夷之人乎！如冯盎智勇守节，社尒廉慎知足，苏尼失恩惠，忠义清谨。凡用兵破吐蕃、谷浑，勇也；心如铁石，忠也；不解万均官，恕也；阻延陀之亲，智也；舍高突勃之死，识也。立大功，居显位，夙夜匪懈者，何力有焉。常之以私马恕官兵，与将士均赏赐，古之名将，无以加焉。多祚忘身许国，孝德壮勇立功，皆三军之杰也，岂九夷之陋哉！嗣业力赞中兴，终殁王事，未可伦而拟也。

赞曰：君子之居，九夷无陋。壮哉嗣业，孰出其右！

卷一百一十　　　列传第六十

李光弼　王思礼　邓景山　辛云京

李光弼，营州柳城人。其先，契丹之酋长。父楷洛，开元初，左羽林将军同正、朔方节度副使，封蓟国公，以骁果闻。光弼幼持节行，善骑射，能读班氏《汉书》。少从戎，严毅有大略，起家左卫郎。丁父忧，终丧不入妻室。

天宝初，累迁左清道率兼安北都护府、朔方都虞候。五载，河西节度王忠嗣补为兵马使，充赤水军使。忠嗣遇之甚厚，常云："光弼必居我位。"边上称为名将。八载，充节度副使，封蓟郡公。十一载，拜单于副使都护。十三载，朔方节度安思顺奏为副使、知留后事。思顺爱其材，欲妻之，光弼称疾辞官。陇右节度哥舒翰闻而奏之，得还京师。禄山之乱，封常清、高仙芝战败，斩于潼关。又以哥舒翰率师拒贼。寻命郭子仪为朔方节度，收兵河西。玄宗眷求良将，委以河北、河东之事，以问子仪，子仪荐光弼堪当闻寄。十五载正月，以光弼为云中太守，摄御史大夫，充河东节度副使、知节度事。二月，转魏郡太守、河北道采访使，以朔方兵五千会郭子仪军，东下井陉，收常山郡。贼将史思明以卒数万来援常山，追击破之，进收藁城等十余县，南攻赵郡。三月八日，光弼兼范阳长史、河北节度使，拔赵郡。自禄山反，常山为战场，死人蔽野，光弼酹其尸而哭之，为贼幽囚者出之，暂平寇难，以慰其心。六月，与贼将蔡希德、史思明、尹子奇战于常山郡之嘉山，大破贼党，斩首万计，生擒四千。思明露发跣足，奔于博陵。河北归顺者十余郡。

光弼以范阳禄山之巢穴，将先断之，使绝根本。会哥舒翰潼关失守，玄宗幸蜀，人心惊骇。肃宗理兵于灵武，

遣中使刘智达追光弼、子仪赴行在,授光弼户部尚书,兼太原尹、北京留守、同中书门下平章事,以景城、河间之卒五千赴太原。时节度王承业军政不修,诏御史崔众交兵于河东。众侮易承业,或裹甲持枪,突入承业厅事玩谑之。光弼闻之素不平。至是,交众兵于光弼。众以麾下来,光弼出迎,旌旗相接而不避。光弼怒其无礼,又不即交兵,令收系之。顷中使至,除众御史中丞,怀其敕问众所在。光弼曰:"众有罪,系之矣!"中使以敕示光弼,光弼曰:"今只斩侍御史;若宣制命,即斩中丞;若拜宰相,亦斩宰相。"中使惧,遂寝之而还。翌日,以兵仗围众,至碑堂下斩之,威震三军。命其亲属吊之。

二年,贼将史思明、蔡希德、高秀岩、牛廷玠等四伪帅率众十余万来攻太原。光弼经河北苦战,精兵尽赴朔方,麾下皆乌合之众,不满万人。思明谓诸将曰:"光弼之兵寡弱,可屈指而取太原,鼓行而西,图河陇、朔方,无后顾矣!"光弼所部将士闻之皆惧,议欲修城以待之,光弼曰:"城周四十里,贼垂至,今兴功役,是未见敌而自疲矣。"乃躬率士卒百姓外城掘壕以自固。作壓数十万,众莫知所用。及贼攻城于外,光弼即令增垒于内,坏辄补之。贼城外诟詈戏侮者,光弼令穿地道,一夕而擒之,自此贼将行皆视地,不敢逼城。强弩发石以击之,贼骁者劲卒死者十二三。城中长幼咸伏其勤智,懦兵增气而皆欲出战。史思明揣知之,先归,留蔡希德等攻之。月余,我怒而寇急,光弼率敢死之士出击,大破之,斩首七万余级,军资器械一皆委弃。贼始至及遁,五十余日,光弼设小幕,宿于城东南隅,有急即应,行过府门,未尝回顾。贼退三日,决军事毕,始归府第。转检校司徒,收清夷、横野等军,擒贼将李弘义以归。诏曰:"银青光禄大夫、检校司徒、兼户部尚书、同中书门下平章事、兼御史大夫、鸿胪卿、太原尹、北京留守、河东节度副大使、蓟国公光弼,全德挺生,英才间出,干城御侮,坐甲安边。可守司空、兼兵部尚书、中书门下平章事,进封魏国公,食实封八百户。"

乾元元年,与关内节度使王思礼入朝,敕朝官四品已上出城迎谒。迁侍中,改封郑国公。二年七月,制曰:"元帅之任,实属于师贞;左军之先,谅资于邦杰。自非道申启沃,学富韬钤,则何以翊分阃而专征,膺凿门而受律。求诸将相,允得其人。司空、兼侍中、郑国公光弼,器识弘远,志怀沉毅,蕴孙、吴之略,有文武之材。往属艰难,备彰忠勇,协风云而经始,保宗社于贴危。由是出备长城,入扶大厦,茂功悬于日月,嘉绩被于岩廊。属残寇犹虞,总戎有命,用择惟贤之佐,式弘建亲之典。必能缉宁邦国,协赞天人,誓于丹浦之师,剿彼绿林之寇。载明朝奖,爰籍旧勋。宜副出车之命,仍践分麾之宠。为天下兵马元帅赵王系之副,知节度行营事。"八月,兼幽州大都督府长史、河北节度支度营田经略等使,余如故。与九节度兵围安庆绪于相州,拔有日矣。史思明自范阳来救,属绝粮道,光弼身先士卒,苦战胜之。属大风晦冥,诸将引众而退,所在剽掠,唯光弼所部不散。东京留守崔圆、河南尹苏震南奔襄阳,郭子仪率众屯于谷水。史思明因杀安庆绪,即伪位,纵兵河南。加光弼太尉、兼中书令,

代郭子仪为朔方节度、兵马副元帅,以东师委之。左厢兵马使张用济承子仪之宽,惧光弼之令,与诸将颇有异议,欲逗留其众。光弼以数千骑出次汜水县,用济单骑迎谒,即斩于辕门。诸将慴伏,都兵马使仆固怀恩先期而至。

初,光弼次汴州,闻思明悉众且至,谓许叔冀曰:"大夫能守此城浃旬,我必将兵来救。"叔冀曰:"诺。"光弼还东京;思明至汴,叔冀与战不利,遂与董秦、梁浦、刘从谏率众降思明。贼势甚炽,遣梁浦、刘从谏、田神功等将兵徇江淮,谓之曰:"收得其地,每人贡两船玉帛。"思明乘胜而西。光弼整众徐行,至洛,谓留守韦陟曰:"贼乘邺下之胜,再犯王畿,宜按甲以挫其锋,不利速战。洛城非御备之所,公计若何?"陟曰:"加兵陕州,退守潼关,据险以待之,足挫其锐矣!"光弼曰:"此盖兵家常势,非用奇之策也。夫两军相寇,贵进尺寸之间耳。今委五百里而不顾,是张贼势也。若移军河阳,北阻泽潞、三城以抗,胜则擒之,败则自守,表里相应,使贼不敢西侵,此则猿臂之势也。夫辨朝廷之礼,光弼不如公;论军旅之事,公不如光弼。"陟无以应。判官韦损曰:"东京帝宅,侍中何不守之?"光弼曰:"若守洛城,汜水、崿岭皆须人守,子为兵马判官,能守之乎?"遂移牒留守及河南尹并留司官、坊市居人,出城避寇,空其城,率军士运油铁诸物,以为战守之备。时史思明已至偃师,光弼悉军赴河阳。贼已至洛城,光弼军方至石桥。日暮,令秉炬徐行,与贼相随,而不敢来犯。乙夜,入河阳三城。排阅守备,号令严明,与士卒同甘苦,咸誓力战。贼惮光弼威略,顿兵白马寺,南不出百里,西不敢犯宫阙,于河阳南筑月城,掘壕以拒光弼。十月,贼攻城。于中潬城西大破逆党五千余众,斩首千余级,生擒五百余人,溺死者大半。

初,光弼谓李抱玉曰:"将军能为我守南城二日乎?"抱玉曰:"过期若何?"光弼曰:"过期而救不至,任弃也。"抱玉禀命,勒兵守南城,将陷,抱玉绐贼曰:"吾粮尽,明日当降。"贼众大喜,敛军以俟之。抱玉复得缮完设备,明日,坚壁请战。贼怒见欺,急攻之。抱玉出奇兵,表里夹击,杀伤甚众,贼帅周挚领军而退。光弼自将中潬城,城外置栅,栅外大掘堑,阔二丈,深亦如。周挚舍南城,并力攻中潬。光弼命荔非元礼出劲卒于羊马以拒贼。光弼于城东北角树小红旗,下望贼军。贼恃众直逼其城,以车二乘载木鹅、蒙冲、斗楼、橦车随其后,督兵填城下堑,三面各八道过其兵,又当堑开栅,各置一门。光弼遥望贼逼城,使人语荔非元礼曰:"中丞看贼填堑开栅过兵,居然不顾,何也?"元礼报曰:"太尉拟守乎,拟战乎?"光弼曰:"战。"元礼曰:"若战,贼为我填堑,复何嫌也!"光弼曰:"吾智不及公,公其勉之!"元礼俟栅开,率其勇敢出战,一逼贼军,退走数百步。元礼料敌阵坚,虽出入驰突,不足破贼,收军稍退,以怠其寇而攻之。光弼望见收军,大怒,使人唤元礼,欲按军令。元礼曰:"战正忙,唤作何物?"良久,令军中鼓噪出栅门,徒搏齐进,贼大溃。

周挚复整军押北城而下,将攻之。光弼遽率众入北城,登城望曰:"彼虽众,乱而嚣,不足惧也。当为公等

日午而破之。"命出将战。及期,不决,谓诸将曰:"向来战,何处最坚而难犯?"或曰:"西北角。"遽命郝玉曰:"尔往击之。"玉曰:"玉,步卒也,请骑军五百翼之。"光弼与之三百。又问:"何处最坚?"曰:"东南隅。"即命论惟贞以所部往击之。对曰:"贞,蕃将也,不知步战,请铁骑三百。"与之百。光弼又出赐马四十匹分给,且令之曰:"尔等望吾旗而战,若麾旗缓,任尔观望便宜;吾旗连麾三至地,则万众齐入,生死以之,少退者斩无舍。"玉策马赴贼,有一人将援枪刺贼,洞马腹,连刺数人;一人逢贼,不战而退。光弼召不战者斩,赏援枪者绢五百匹。须臾,郝玉奔归。光弼望之,惊曰:"郝玉退,吾事危矣。"命左右取玉头来。玉见使者曰:"马中箭,非敢败也。"使者驰报,光弼令换马遣之。玉换马复入,决死而前。光弼连麾,三军望旗俱进,声动天地,一鼓而贼大溃,斩万余级,生擒八千余人,军资器械粮储数万计,临阵擒其大将徐璜玉、李秦授、周挚。其大将安太清走保怀州。思明不知挚等败,尚攻南城。光弼悉驱俘囚临河以示之,杀数十人以威之,余众惧,投河赴南岸,光弼皆斩之。初,光弼将战,谓左右曰:"战,危事,胜负系之。光弼位为三公,不可死于贼手,苟事之不捷,继之以死。"及是击贼,常纳短刀于靴中,有决死之志,城上面西拜舞,三军感动。贼既败走,光弼收怀州,思明来救,迎击于沁水之上,又败之。城守安太清极力拒守,月余不下。光弼令仆固怀恩、郝玉由地道而入,得其军号,乃登陴大呼,我师同登,城遂拔。生擒安太清、周挚、杨希文等,送于阙下,即日怀州平。以功进爵临淮郡王,累加实封至一千五百户。

观军容使鱼朝恩屡言贼可灭之状,朝旨令光弼速收东都。光弼屡表:"贼锋尚锐,请候时而动,不可轻进。"仆固怀恩又害光弼之功,潜附朝恩,言贼可灭。由是中使督战,光弼不获已,进军列阵于北邙山下。贼悉精锐来战,光弼败绩,军资器械并为贼所有。时李抱玉亦弃河阳,光弼渡河保闻喜。朝旨以怀恩异同致败,优诏征之。光弼自河中入朝,抗表请罪,诏释之。光弼恳让太尉,遂加开府仪同三司、侍中、河南尹、行营节度使。俄复拜太尉,充河南、淮南、山南东道、荆南等副元帅,侍中如故,出镇临淮。史朝义乘邙山之胜,寇申、光等十三州,自领精骑围李岑于宋州。将士皆惧,请南保扬州,光弼径赴徐州以镇之,遣田神功击败之。浙东贼首袁晁攻剽郡县,浙东大乱。光弼分兵除讨,克定江左,人心乃安。

初,光弼将赴临淮,在道舁疾而行。监军使口袁晁方扰江淮,光弼兵少,请保润州以避其锋。光弼曰:"朝廷寄安危于我,令贼虽强,未测吾众寡,若出其不意,当自退矣。"遂径往泗州。光弼未至河南也,田神功平刘展后,逗留于扬府,尚衡、殷仲卿相攻于兖、郓,来瑱旅拒于襄阳,朝廷患之。及光弼轻骑至徐州,史朝义退走,田神功遽归河南,尚衡、殷仲卿、来瑱皆惧其威名,相继赴阙。宝应元年,进封临淮王,赐铁券,图形凌烟阁。

广德初,吐蕃入寇京畿,代宗诏征天下兵。光弼与程元振不协,迁延不至。十月,西戎犯京师,代宗幸陕。朝廷方倚光弼为援,恐成嫌疑,数诏问其母。吐蕃退,乃除光弼东都留守,以察其去就。光弼伺知之,辞以久待救不至,且归徐州,欲收江淮租赋以自给。代宗还京,二年正月,遣中使往宣慰。光弼母在河中,密诏子仪舆归京师。其弟光进,与李辅国同掌禁兵,委为心膂。至是,以光进为太子太保、兼御史大夫、凉国公、渭北节度使,上遇之益厚。

光弼御军严肃,天下服其威名,每申号令,诸将不敢仰视。及惧朝恩之害,不敢入朝,田神功等皆不禀命,因愧耻成疾,遣衙将孙珍奉遗表自陈。广德二年七月,薨于徐州,时年五十七。辍朝三日,赠太保,谥曰武穆。光弼既疾亟,将吏问以后事,曰:"吾久在军中,不得就养,既为不孝子,夫复何言!"因取已封绢布各三千匹、钱三千贯文分给将士。部下护丧柩还京师。代宗遣中官开府鱼朝恩吊问其母于私第,又命京兆尹第五琦监护丧事。十一月,葬于三原,诏宰臣百官祖送于延平门外。母李氏,有须数十茎,长五六寸,以子贵,封韩国太夫人,二子皆节制一品。光弼十年间三入朝,与弟光进在京师,虽与光弼异母,性亦孝悌,双旌在门,鼎味就养,甲第并开,往来追欢,极一时之荣。

王思礼,营州城傍高丽人也。父虔威,为朔方军将,以习战闻。思礼少习戎旅,随节度使王忠嗣至河西,与哥舒翰对为押衙。及翰为陇右节度使,思礼与中郎周泌为翰押衙,以拔石堡城功,除右金吾卫将军,充关西兵马使,兼河源军使。十一载,加云麾将军。十二载,翰征九曲,思礼后期,欲引斩之,续使舍释之。思礼徐言曰:"斩则斩,却唤何物?"诸将皆壮之。十三年,吐蕃苏毗王款塞,诏翰至磨环川应接之。思礼坠马损脚,翰谓中使李大宜曰:"思礼既损脚,更欲何之?"

十四载六月,加金城太守。禄山反,哥舒翰为元帅,奏思礼加开府仪同三司,兼太常卿同正员,充帅府马军都将,每事独与思礼决之。十五载二月,思礼白翰谋杀安思顺父元贞,于纸隔上密语翰,请抗表诛杨国忠,翰不应。复请以三十骑劫之,横驮来潼关杀之,翰曰:"此乃翰反,何预禄山事。"六月,潼关失守,思礼西赴行在,至安化郡。思礼与吕崇贲、李承光并引于纛下,责以不能坚守,并从军令。或救之可收后效,遂斩承光而释思礼、崇贲,与房琯为副使。便桥之战又不利,除为关内节度使。寻遣守武功。贼将安守忠及李归仁、安泰清来战,思礼以其众退守扶风。贼兵分至大和关,去凤翔五十里。王师大骇,凤翔戒严,中官及朝官皆出其孥,上使左右巡御史虞候书其名,乃止。遂命司徒郭子仪以朔方之众击之而退。至德二年九月,思礼从元帅广平王收西京,既破贼,思礼领兵先入景清宫。又从子仪战陕城、曲沃、新店,贼军继败,收东京。思礼又于绛郡破贼六千余众,器械山积,牛马万计。迁户部尚书、霍国公,食实封三百户。乾元二年,与子仪等九节度围安庆绪于相州。思礼领关内及潞府行营步卒三万,马军八千,大军溃,唯思礼与李光弼两军独全。及光弼镇河阳,制以思礼为太原尹、北京留守、河东节度使、兼御史大夫,贮军粮百万,器械精锐。寻加守司空。

自武德已来，三公不居宰辅，唯思礼而已。

上元二年四月，以疾薨，辍朝一日，赠太尉，谥曰武烈，命鸿胪卿监护丧事。思礼长于支计，短于用兵，然立法严整，士卒不敢犯，时议称之。

邓景山，曹州人也。文吏见称。天宝中，自大理评事至监察御史。至德初，擢拜青齐节度使，迁扬州长史、淮南节度。为政简肃，闻于朝廷。居职四年，会刘展作乱，引平卢副大使田神功兵马讨贼。神功至扬州，大掠居人资产，鞭笞发掘略尽，商胡大食、波斯等商旅死者数千人。

上元二年十月，追入朝，拜尚书左丞。太原尹、北京留守王思礼军储丰实，其外又别积米万石，奏请割其半送京师。属思礼薨，以管崇嗣代之，委任左右，失于宽缓，数月之间，费散殆尽，唯存陈烂万余石。上闻之，即日召景山代崇嗣。及至太原，以镇抚纪纲为己任，检覆军吏隐没者，众惧。有一偏将抵罪当死，诸将各请赎其罪，景山不许；其弟请以身代其兄，又不许；弟请纳马一匹以赎兄罪，景山许其减死。众咸怒，谓景山曰："我等人命轻如一马乎？"军众愤怒，遂杀景山。上以景山统驭失所，不复验其罪，遣使谕之。军中因请以都知兵马使、代州刺史辛云京为节度使，从之。

辛云京者，河西之大族也。代掌戎旅，兄弟数人，并以将帅知名。云京有胆略，志气刚决，不畏强御，每在戎行，以擒生斩馘为务。累建勋劳，官至北京都知兵马使、代州刺史。邓景山统驭失所，为军士所杀，请云京为节度使，因授兼太原尹，以北门委之。云京质性沉毅，部下有犯令者，不贷丝毫，其赏功效亦如之，故三军整肃。回纥恃旧勋，每入汉界，必肆狼贪。至太原，云京以戎狄之道待之，房畏云京，不敢惕息。数年间，太原大理，无烽警之虞。累加检校左仆射、同中书门下平章事。

大历三年八月庚午薨，上追悼发哀，为之流涕，册赠太尉，辍朝三日，谥曰忠献。后宰臣子仪、元载等见上，言及云京，泫然久之。十一月葬，命中使吊祭。时宰相及诸道节度使祭者凡七十余幄。

史臣曰：凡言将者，以孙、吴、韩、白为首。如光弼至性居丧，人子之情显矣；雄才出将，军旅之政肃然。以奇用兵，以少败众，将今比古，询事考言，彼四子者，或有惭德。邙山之败，阃外之权不专；徐州之留，君侧之人伺隙。失律之尤虽免，匪躬之义或亏，令名不全，良可惜也。然阃外之事，君侧之人，得不慎诸？思礼法令严整，储廪丰盈，节制之才，固不易得。景山始以文吏，或有虚名。仗钺扬州，召匪人而劫掠士庶；分茅并部，持小法而全昧机权。贵马贱人，众怒身死，宜哉！云京赏善惩恶，静乱安边，功著军中，宠加身后，不亦美欤！

赞曰：光弼雄名，思礼刑清。始致乱者邓景山，何以救之辛云京。

卷一百一十一　　列传第六十一

崔光远　房琯 子孺复 从子式
张镐　高适　畅璀

崔光远，滑州灵昌人也。本博陵旧族。祖敬嗣，好樗蒲饮酒。则天初，为房州刺史。中宗为庐陵王，安置在州，官吏多无礼度，敬嗣独以亲贤待之，供给丰赡，中宗深德之。及登位，有益州长史崔敬嗣，既同姓名，每进拟官，皆御笔超拜之者数四。后引与语，始知误宠。访敬嗣已卒，乃遣中书令韦安石授其子汪官。汪嗜酒不堪职任，且授洛州司功，又改五品。

光远即汪之子，虽无学术，颇有祖风，勇决任气，身长六尺余，目睛白黑分明。少历仕州县。开元末为蜀州唐安令，与杨国忠以博徒相得，累迁至左赞善大夫。天宝十一载，京兆尹鲜于仲通举光远为长安令。十四载，迁京兆少尹。其载，使吐蕃吊祭。十五载五月，使回。十余日，潼关失守，玄宗幸蜀，诏留光远为京兆尹、兼御史中丞，充西京留守采访使。驾发，百姓乱入宫禁，取左藏大盈库物，既而焚之，自旦及午，火势渐盛，亦有乘驴上紫宸、兴庆殿者。光远与中官将军边令诚号令百姓救火，又募人摄府县官分守之，杀十数人方定。使其息东见禄山，禄山大悦，伪敕复本官。先是禄山已令张休摄京兆尹十余日，既得光远归款，召休归洛。八月，同罗背禄山，以厩马二千出至浐水。孙孝哲、安神威从而召之，不得，神威惧而忧死，府县官吏惊走，狱囚皆空。光远以为贼且逃矣，命所由守神威孝哲宅。孝哲以光远之状报禄山。光远闭府门，斩为盗曳落河二人，遂与长安令苏震等同出。至开远门，使人前谓门官曰："尹巡诸门。"门官具器仗以迎，至则皆斩之。领府县官十余人，于京西号令百姓，赴召者百余人，夜过咸阳，遂达灵武。上喜之，擢拜御史大夫，兼京兆尹，仍使光远于渭北召集人吏之归顺者。尝有贼剽掠泾阳县界，于僧寺中椎牛酾酒，连夜酣饮，去光远营四十里。光远侦知之，率马步二千乙夜趋其所。贼徒多醉，光远领百余骑持满扼其要，分命骁勇持陌刀呼而斩之，杀贼徒二千余人，房马千匹，俘其渠酋一人。贼中以光远勇劲，常避其锋。及扈从还京，论功行赏，制曰："持节京畿采访、计会、招召、宣慰、处置等使崔光远，毁家成国，致命前茅。可特进，行礼部尚书，封邺国公，食实封三百户。"

乾元元年，兼御史大夫。五月，为河南节度使。八月，代张镐为汴州刺史，兼本州防御使。十二月，代萧华为魏州刺史，充魏州节度使。初，司徒郭子仪与贼战于汲郡，光远率汴师千人渡河援之。及代萧华入魏州，使将军李处崟拒贼，贼大至，连战不利，子仪怒不救，处崟遂败，奔还。贼逐处崟至城下，反问之曰："处崟召我来，何为不出？"光远乃腰斩处崟。处崟善战有勇，众皆倚之，及死，人用危惧。魏州城自禄山反，袁知泰、能元皓等皆缮完之，甚为坚峻。光远不能守，遂夜溃围而出，度河而还。肃宗不之罪，除太子少保。

襄州将士康楚元、张嘉延率众为乱，陷荆、襄、澧、朗等州，以光远兼御史大夫，持节荆襄招讨，仍充山南东道处置兵马都使。三年，除凤翔尹，充本府及秦陇观察使。先是，岐、陇吏人郭愔等为土贼，掠州县，为五堡，光远使判官、监察御史严侁召而降之。光远在官好蒲酒，晚年不亲戎事。上元元年冬，愔等潜连党项及奴剌、突厥败韦伦于秦、陇，杀监军使，击黄戎。肃宗追还，以李鼎代之。二年，兼成都尹，充剑南节度营田观察处置使，仍兼御史大夫。及段子璋反，东川节度使李奂败走，投光远，率将花惊定等讨平之。将士肆其剽劫，妇女有金银臂钏，兵士皆断其腕以取之，乱杀数千人，光远不能禁。肃宗遣监军官使按其罪，光远忧患成疾，上元二年十月卒。

房琯，河南人，天后朝正议大夫、平章事融之子也。琯少好学，风仪沉整，以门荫补弘文生。性好隐遁，与东平吕向于陆浑伊阳山中读书为事，凡十余岁。开元十二年，玄宗将封岱岳，琯撰《封禅书》一篇及笺启以献。中书令张说奇其才，奏授秘书省校书郎，调补同州冯翊尉。无几去官，应堪任县令举，授虢州卢氏令，政多惠爱，人称美之。二十二年，拜监察御史。其年坐鞫狱不当，贬睦州司户。历慈溪、宋城、济源县令，所在为政，多兴利除害，缮理廨宇，颇著能名。天宝元年，拜主客员外郎。三年，迁试主客郎中。五年正月，擢试给事中，赐爵漳南县男。时玄宗企慕古道，数游幸近甸，乃分新丰县置会昌县于骊山下，寻改会昌为昭应县，又改温泉宫为华清宫，于宫所立百司廨舍。以琯雅有巧思，令充使缮理。事未毕，坐与李适之、韦坚等善，贬宜春太守。历琅邪、邺郡、扶风三太守，所至多有遗爱。十四年，征拜左庶子，迁宪部侍郎。

十五年六月，玄宗苍黄幸蜀，大臣陈希烈、张倚等衔失恩，不时赴难。琯结张均、张垍兄弟与韦述等行至城南十数里山寺，均、垍同行，皆以家在城中，逗留不进，琯独驰蜀路。七月，至普安郡谒见，玄宗大悦，即日拜文部尚书、同中书门下平章事，赐紫金鱼袋。从幸成都，加银青光禄大夫，仍与一子官。其年八月，与左相韦见素、门下侍郎崔涣等奉使灵武，册立肃宗。至顺化郡谒见，陈上皇传付之旨，因言时事，词情慷慨，肃宗为之改容。时潼关败将王思礼、吕崇贲、李承光等引于纛下，将斩之，琯从容救谏，独承光而已。肃宗以琯素有重名，倾意待之，琯亦自负其才，以天下为己任。时行在机务，多决之于琯，凡有大事，诸将无敢预言。寻抗疏自请将兵以诛寇孽，收复京都，肃宗望其成功，许之。诏加持节、招讨西京兼防御蒲潼两关兵马节度等使，乃与李仪、光弼等计会进兵。琯请自选参佐，乃以御史中丞邓景山为副，户部侍郎李揖为行军司马，中丞宋若思、起居郎知制诰贾至、右司郎中魏少游为判官，给事中刘秩为参谋。既行，又令兵部尚书王思礼副之。琯分为三军：遣杨希文将南军，自宜

寿入；刘悊将中军，自武功入；李光进将北军，自奉天入。琯自将中军，为前锋。十月庚子，师次便桥。辛丑，二军先遇贼于咸阳之陈涛斜，接战，官军败绩。时琯用春秋车战之法，以车二千乘，马步夹之。既战，贼顺风扬尘鼓噪，牛皆震骇，因缚刍纵火焚之，人畜挠败，为所伤杀者四万余人，存者数千而已。癸卯，琯又率南军即战，复败，希文、刘悊并降于贼。琯等奔赴行在，肉袒请罪，上并宥之。

琯好宾客，喜谈论，用兵素非所长，而天子采其虚声，冀成实效。琯既自无庙胜，又以虚名择将吏，以至于败。琯之出师，戎务一委于李揖、刘秩，秩等亦儒家子，未尝习军旅之事。琯临戎谓人曰："逆党曳落河虽多，岂能当我刘秩等？"及与贼对垒，琯欲持重以伺之，为中使邢延恩等督战，苍黄失据，遂及于败。上犹待之如初，仍令收合散卒，更图进取。

会北海太守贺兰进明自河南至，诏授南海太守，摄御史大夫，充岭南节度使。中谢，肃宗谓之曰："朕处分房琯与卿正大夫，何为摄也？"进明对曰："琯与臣有隙。"上以为然。进明因奏曰："陛下知晋朝何以至乱？"上曰："卿有说乎？"进明曰："晋朝以好尚虚名，任王夷甫为宰相，祖习浮华，故至于败。今陛下方兴复社稷，当委用实才，而琯性疏阔，徒大言耳，非宰相器也。陛下待琯至厚，以臣观之，琯终不为陛下用。"上问其故，进明曰："琯昨于南朝为圣皇制置天下，乃以永王为江南节度，颍王为剑南节度，盛王为淮南节度，制云'命元子北略朔方，命诸王分守重镇'。且太子出为抚军，入曰监国，琯乃以枝庶悉领大藩，皇储反居边鄙，此虽于圣皇似忠，于陛下非忠也。琯立此意，以为圣皇诸子，但一人得天下，即不失恩宠。又各树其私党刘秩、李揖、刘汇、邓景山、窦绍之徒，以副戎权。推此而言，琯岂肯尽诚于陛下乎？臣欲正衙弹劾，不敢不先闻奏。"上由是恶琯，诏以进明为河南节度、兼御史大夫。

崔圆本蜀中拜相，肃宗幸扶风，始来朝谒。琯意以为圆才到，当即免相，故待圆礼薄。圆厚结李辅国，到后数日，颇承恩渥，亦憾于琯。琯又多称病，不时朝谒，于政事简惰。时议以两京陷贼，车驾出次外郊，天下人心惴恐。当主忧臣辱之际，此时琯为宰相，略无匡懈之意，但与庶子刘秩、谏议李揖、何忌等高谈虚论，说释氏因果、老子虚无而已。此外，则听董庭兰弹琴，大招集琴客置宴。朝官往往因庭兰以见琯，自是亦大招纳货贿，奸赃颇甚。颜真卿时为大夫，弹何忌不孝，琯既党何忌，遽托以酒醉入朝，贬为西平郡司马。宪司又奏弹董庭兰招纳货贿，琯入朝自诉，上叱出之，因归私第，不敢关预人事。谏议大夫张镐上疏，言琯大臣，门客受赃，不宜见累。二年五月，贬为太子少师，仍以镐代琯为宰相。其年十一月，从肃宗还京师。十二月，大赦，策勋行赏，加琯金紫光禄大夫，进封清河郡公。琯既在散位，朝臣多以为言，琯亦常自言有文武之用，合当国家驱策，冀蒙任遇。又招纳宾客，朝夕盈门，游其门者，又将琯言议暴扬于朝。琯又多称病，上颇不悦。乾元元年六月，诏曰：

崇党近名，实为害政之本；黜华去薄，方启至公之路。房琯素表文学，风推名器，由是累阶清贵，致位台衡。而率情自任，怙气悖权。虚浮简傲者进为同人，温让谨令者捐于异路。所以辅佐之际，谋猷匪弘。顷者时属艰难，擢居将相，朕永怀厂席，冀有成功。而丧我师徒，既亏制胜之任；升其亲友，悉彰浮诞之迹。曾未逾时，遽从败绩。自合首明军令，以谢师旅，犹尚矜其万死，擢以三孤。

或云缘其切直，遂见斥退。朕示以堂案，令观所以，咸知乖舛，旷于政事。诚宜效兹忠恳，以奉国家，而乃多称疾疹，莫申朝谒。郤縠为政，曾不疾其迂回；亚夫事君，翻有怀于郁怏。又与前国子祭酒刘秩、前京兆少尹严武等潜为交结，轻肆言谈，有朋党不公之名，违臣子奉上之体。何以仪刑王国，训导储闱？但以尝践台司，未忍致之于理。况秩、武遽更相尚，同务虚求，不议典章，何成沮劝？宜从贬秩，俾守外藩。琯可邠州刺史，秩可阆州刺史，武可巴州刺史，散官、封如故；并即驰驿赴任，庶各增修。朕自临御寰区，荐延多士，常思事求贤哲，共致雍熙。深嫉比周之徒，虚伪成俗。今兹所遣，实属其辜。犹以琯等妄自标持，假延浮称，虽周行具悉，恐流俗多疑，所以事必缕言，盖欲人知不滥。凡百卿士，宜悉朕怀。

时邠州久屯军旅，多以武将兼领刺史，法度骫废，州县廨宇，并为军营，官吏侵夺百姓家屋以居，人甚弊之。琯到任，举陈令式，令州县恭守，又缉理公馆，僚吏各归官曹，颇著政声。二年六月，诏褒美之，征拜太子宾客。上元元年四月，改礼部尚书，寻出为晋州刺史。八月，改汉州刺史。琯长子乘，自少两目盲。琯到汉州，乃厚结司马李锐以财货，乘聘锐外甥女卢氏，时议薄其无士行。宝应二年四月，拜特进、刑部尚书。在路遇疾，广德元年八月四日，卒于阆州僧舍，时年六十七。赠太尉。

孺复，琯之孽子也。少黠慧，年七八岁，即粗解缀文，亲党奇之。稍长，狂疏僄慢，任情纵欲。年二十，淮南节度陈少游辟为从事，多招阴阳巫觋，令扬言已过三十必为宰相。德宗幸奉天，包佶掌赋于扬州，少将军抑夺之。佶闻而奔出，少游方遣人劫佶令回，孺复请行，会佶已过江南，乃还。及少游卒，浙西节度韩滉又辟入幕。其长兄宗偃先贬官岭下而卒，及丧柩到扬州，孺复未尝吊。初娶郑氏，恶贱其妻，多畜婢仆，妻之保母累言之，孺复乃先具棺槥而集家人，生敛保母，远近惊异。及妻在产蓐三四日，遽令上船即路，数日，妻遇风而卒。孺复以宰相子，年少有浮名，而奸恶不甚露，累拜杭州刺史。又娶台州刺史崔昭女，崔妒悍甚，一夕杖杀孺复侍儿二人，埋之雪中。观察使闻之，诏发使鞫案有实，孺复坐贬连州司马，仍令与崔氏离异。孺复久之迁辰州刺史，改容州刺史、本管经略使。乃潜与妻往来，久而上疏请合，诏从之。二岁余，又奏与崔氏离异，其为取舍恣逸，不顾礼法也如此。贞元十三年九月卒，时年四十二。

式，琯之侄，举进士。李泌观察陕州，辟为从事。泌入为相，累迁起居郎，出入泌门，为其耳目。及泌卒，再除忠州刺史，韦皋表为云南安抚使，兼御史中丞。皋卒，诏除兵部郎中。属刘辟反，式留不得行。性便佞，又惧辟，每于座中数赞辟之德美，比之刘备，同陷于贼者皆恶之。高崇文既至成都，式与王良士、崔从、卢士玖等白衣麻蹻衔土请罪，崇文宽礼之，乃表其状，寻除吏部郎中。时河朔节度刘济、王士真、张茂昭皆以兵壮气豪，相持短长，屡以表闻，迭请加罪。上欲止其兵，李吉甫荐式为给事中，将命于河朔。式历使诸镇讽谕之，还奏惬旨，除陕虢观察使、兼御史中丞，转河南尹。时讨王承宗于镇州，配河南府馈运车四千两，式表以凶旱，人贫力微，难以征发，宪宗可其奏，既免力役，人怀而安之。明年，移授宣歙池观察使。元和七年七月卒，赠左散骑常侍。

张镐，博州人也。风仪魁岸，廓落有大志，涉猎经史，好谈王霸大略。少时师事吴兢，兢甚重之。后游京师，端居一室，不交世务。性嗜酒，好琴，常置座右。公卿或有邀之者，镐杖策径往，求醉而已。

天宝末，杨国忠以声名自高，搜天下奇杰。闻镐名，召见荐之，自褐衣拜左拾遗。及禄山阻兵，国忠屡以军国事咨于镐，镐举赞善大夫来瑱可当方面之寄。数月，玄宗幸蜀，镐自山谷徒步扈从。肃宗即位，玄宗遣镐赴行在所。镐至凤翔，奏议多有弘益，拜谏议大夫，寻迁中书侍郎、同中书门下平章事。时供奉僧在内道场晨夜念佛，动数百人，声闻禁外。镐奏曰："臣闻天子修福，要在安养含生，靖一风化，未闻区区僧教，以致太平。伏愿陛下以无为为心，不以小乘为挠圣虑。"肃宗甚然之。时方兴军戎，帝注意将帅，以镐有文武才，寻命兼河南节度使，持节都统淮南等道诸军事。镐既发，会张巡宋州围急，倍道兼进，传檄濠州刺史闾丘晓引兵出救。晓素慢戾，驭下少恩，好独任己。及镐信至，略无禀命，又虑兵败，祸及于己，遂逗留不进。镐至淮口，宋州已陷，镐怒晓，即杖杀之。及收复两京，加镐银青光禄大夫，封南阳郡公，诏以本军镇汴州，招讨残孽。时贼帅史思明表请以范阳归顺，镐揣知其伪，恐朝廷许之，手书密表奏曰："思明凶竖，因逆窃位，兵强则众附，势夺则人离。包藏不测，禽兽无异，可以计取，难以义招。伏望不以威权假之。"又曰："滑州防御使许叔冀，性狡多谋，临难必变，望追入宿卫。"肃宗计意已定，表入不省。镐为人简澹，不事中要。会有宦官自范阳及滑州使还者，皆言思明、叔冀之诚悫。肃宗以镐不切事机，遂罢相位，授荆州大都督府长史。后思明、叔冀之伪皆符镐言。寻征为太子宾客，改左散骑常侍。属嗣岐王珍被诬告构逆伏法，镐买珍宅坐累，贬辰州司户。

代宗即位，推恩海内，拜抚州刺史。迁洪州刺史、饶吉等七州都团练观察等使，寻正授江南西道都团练观察等使。广德二年九月卒。

镐自入仕凡三年，致位宰相。居身清廉，不营资产，谦恭下士，善谈论，多识大体，故天下具瞻，虽考秩至浅，推为旧德云。

高适者，渤海蓚人也。父从文，位终韶州长史。适少溇落，不事生业，家贫，客于梁、宋，以求丐取给。天宝中，海内事干进者注意文词。适年过五十，始留意诗什，数年之间，体格渐变，以气质自高，每吟一篇，已为好事者称诵。宋州刺史张九皋深奇之，荐举有道科。时右相李林甫擅权，薄于文雅，唯以举子待之。解褐汴州封丘尉，非其好也，乃去位，客游河右。河西节度哥舒翰见而异之。表为左骁卫兵曹，充翰府掌书记，从翰入朝，盛称之于上前。

禄山之乱，征翰讨贼，拜适左拾遗，转监察御史，仍佐翰守潼关。及翰兵败，适自骆谷西驰，奔赴行在，及河池郡，谒见玄宗，因陈潼关败亡之势曰："仆射哥舒翰忠义感激，臣颇知之，然疾病沉顿，智力将竭。监军李大宜与将士约为香火，使倡妇弹箜篌琵琶以相娱乐，樗蒱饮酒，不恤军务。蕃浑及秦、陇武士，盛夏五六月于赤日之中，食仓米饭且犹不足，欲其勇战，安可得乎？故有望敌散亡，临阵翻动，万全之地，一朝而失。南阳之军，鲁炅、何履光、赵国珍各皆持节，监军等数人更相用事，宁有是，战而能必胜哉？臣与杨国忠争，终不见纳。陛下因此履巴山、剑阁之险，西幸蜀中，避其蛊毒，未足为耻也。"玄宗嘉之，寻迁侍御史。至成都，八月，制曰："侍御史高适，立节贞峻，植躬高朗，感激怀经济之略，纷纶赡文雅之才。长策远图，可云大体；诡言义色，实谓忠臣。宜回纠逖之任，俾超讽谕之职，可谏议大夫，赐绯鱼袋。"适负气敢言，权幸惮之。

二年，永王璘起兵于江东，欲据扬州。初，上皇以诸王分镇，适切谏不可。及是永王叛，肃宗闻其论谏有素，召而谋之。适因陈江东利害，永王必败。上奇其对，以适兼御史大夫、扬州大都督府长史、淮南节度使。诏与江东节度来瑱率本部兵平江淮之乱，会于安州。师将渡而永王败，乃招季广琛于历阳。兵罢，李辅国恶适敢言，短于上前，乃左授太子少詹事。未几，蜀中乱，出为蜀州刺史，迁彭州。剑南自玄宗还京后，于梓、益二州各置一节度，百姓劳敝，适因出西山三城置戍，论之曰：

剑南虽名东西两川，其实一道。自邛关、黎、雅，界于南蛮也；茂州而西，经羌中至平戎数城，界于吐蕃也。临边小郡，各举军戎，并取给于剑南。其运粮戍，以全蜀之力，兼山南佐之，而犹不举。今梓、遂、果、阆等八州分为东川节度，岁月之计，西川不可得而参也。而嘉、陵比为夷獠所陷，今虽小定，疮痍未平。又一年已来，耕织将废，而衣食之业，皆贸易于成都，则其人不可得而役明矣。今可税赋者，成都、彭、蜀、汉州。又以四州残敝，当他十州之重役，其于终久，不亦至艰？又言利者穿凿万端，皆取之百姓；应差科者，自朝至暮，案牍千重。官吏相承，惧于罪谴，或责之于邻保，或威之以杖罚。督促不已，逋逃益滋，欲无流亡，理不可得。比日关中米贵，而衣冠士庶，颇亦出城，山南、剑南，道路相望，村坊市肆，与蜀人杂居，其升合斗储，皆求于蜀人矣。且田土疆界，盖亦有涯；赋税差科，乃无涯矣。为蜀人之计，不亦难哉！

今所界吐蕃城堡而疲于蜀人，不过平戎以西数城矣。逸在穷山之巅，垂于险绝之末，运粮于束马之路，坐甲于无人之乡。以戎狄言之，不足以利戎狄；以国家言之，不足以广土宇。奈何以险阻弹丸之地，而困于全蜀太平之人哉？恐非今日之急务也。国家若将已成之地不可废，已镇之兵不可收，当宜却停东川，并力从事，犹恐狼狈，安可仰于成都、彭、汉、蜀四州哉！虑乖圣朝洗荡关东扫清逆乱之意也。倘人复扰，岂不贻陛下之忧？昔公孙弘愿罢西南夷、临海，专事朔方，贾捐之请弃珠崖以宁中土，谠言政本，匪一朝一夕。臣愚望罢东川节度，以一剑南，西山不急之城，稍以减削，则事无穷顿，庶免倒悬。陛下若以微臣所陈有裨万一，下宰相廷议，降公忠大臣定其损益，与剑南节度终始处置。

疏奏不纳。

后梓州副使段子璋反，以兵攻东川节度使李奂，适率州兵从西川节度使崔光远攻于璋，斩之。西川牙将花惊定者，恃勇，既诛子璋，大掠东蜀。天子怒光远不能戢军，乃罢之，以适代光远为成都尹、剑南西川节度使。代宗即位，吐蕃陷陇右，渐逼京畿。适练兵于蜀，临吐蕃南境以牵制之，师出无功，而松、维等州寻为蕃兵所陷。代宗以黄门侍郎严武代还，用为刑部侍郎，转散骑常侍，加银青光禄大夫，进封渤海县侯，食邑七百户。永泰元年正月卒，赠礼部尚书，谥曰忠。

适喜言王霸大略，务功名，尚节义。逢时多难，以安危为己任，然言过其术，为大臣所轻。累为藩牧，政存宽简，吏民便之。有文集二十卷。其《与贺兰进明书》，令疾救梁、宋，以亲诸军；《与许叔冀书》，绸缪继好，使释他憾，同援梁、宋；《未过淮先与将校书》，使绝永王，各求自白，君子以为义而知变。而有唐已来，诗人之达者，唯适而已。

畅璀，河东人也。乡举进士。天宝末，安禄山奏为河北海运判官。三迁大理评事，副元帅郭子仪辟为从事。至德初，肃宗即位，大收俊杰，或荐璀，召见悦之，拜谏议大夫。累转吏部侍郎。广德二年十二月，为散骑常侍、河中尹，兼御史大夫。永泰元年，复为左常侍，与裴冕并集贤院待制。大历五年，兼判太常卿，迁户部尚书。十年七月卒，赠太子太师。

璀廓落有口才，好谈王霸之略，居职责成属吏。龊龊无过而已。

史臣曰：禄山寇陷两京，儒生士子，被胁从、怀苟且者多矣；去逆效顺，毁家为国者少焉。如光远勇决任气，会权变以立功；房琯文学致身，全节义以避寇。陟危之时，颠沛之际，有足称者。然光远居重藩，掌军政，琯登相位，夺将权，聚浮薄之徒，败军旅之事，不知机而固位，竟无德以自危。孺复凶狂，式之便佞，获令终者幸焉。镐直躬居位，重德镇时，其为人也鲜矣。适以诗人为戎帅，险难之际，名节不亏，君子哉！璀擢第居官，守分无过，又何咎焉。

赞曰：光远、房琯，有始有终。张镐国器，适、璀儒风。

卷一百一十二　　列传第六十二

李暠 族弟齐物　齐物子复　暠族弟若水　李麟　李国贞 子锜　李峘 弟峄　岘　李巨 子则之

李暠，淮安王神通玄孙，清河王孝节孙也。暠少孤，事母甚谨。睿宗时，累转卫尉少卿。丁忧去职，在丧柴毁，家人密亲未尝窥其言笑。开元初，授汝州刺史，为政严简，州境肃然。与兄升弟晕，尤相笃睦，升等每月自东都省暠，往来微行，州人不之觉，其清慎如此。俄入授太常少卿，三迁黄门侍郎，兼太原尹，仍充太原已北诸军节度使。太原旧俗，有僧徒以习禅为业，及死不殓，但以尸送近郊以饲鸟兽。如是积年，土人号其地为"黄坑"。侧有饿狗千数，食死人肉，因侵害幼弱，远近患之，前后官吏不能禁止。暠到官，申明礼宪，期不再犯，发兵捕杀群狗，其风遂革。久之，转太常卿，旬日，拜工部尚书、东都留守。

开元二十一年正月，制曰："继好之义，虽属边鄙；受命以出，必在亲贤。事欲重于当时，礼故崇于殊俗，选众之举，无出宗英。工部尚书李暠，体含柔嘉，识致明允，为公族之领袖，是朝廷之羽仪。金城公主既在蕃中，汉庭公卿非无专对，有怀于远，夫岂能忘，宜持节充入吐蕃使，准式发遣。"以国信物一万匹、私觐物二千匹，皆杂以五彩遣之。及还，金城公主上言，请以今年九月一日树碑于赤岭，定蕃、汉界。树碑之日，诏张守珪、李行祎与吐蕃使莽布支同往观焉。既而吐蕃遣其臣随汉使分往剑南及河西、碛西，历告边州曰："两国和好，无相侵掠。"汉使告亦如之。以暠奉使称职，转吏部尚书。时吏部告身印与曹印文同，行用参杂，难以区分，暠奏请准司勋兵部印文例，加"官告"两字，至今行之。

暠风仪秀整，所历皆以威重见称，朝廷称其有宰相之望。累封武都具伯，俄为太子少傅。病卒，年六十余，赠益州大都督。

齐物，淮安王神通子盐州刺史锐孙也。齐物无学术，在官严整。开元二十四年后，历怀、陕二州刺史。齐物天宝初开砥柱之险，以通流运，于石中得古铁犁铧，有"平陆"字，因改河北县为平陆县，加齐物银青光禄大夫，为鸿胪卿、河南尹。齐物与右相李适之善，适之为林甫所构贬官，齐物坐谪竟陵太守。入为司农、鸿胪卿。至德初，拜太子宾客，迁刑部尚书、凤翔尹、太常卿、京兆尹。为政发官吏阴事，以察为能，于物少恩，而清廉自饬，人吏莫敢抵犯。晚年除太子太傅、兼宗正卿。上元二年五月卒，辍朝一日。诏曰："故金紫光禄大夫、太子太傅、兼宗正

卿齐物，宗室珪璋，士林桢干，清廉独断，刚毅不群。历践周行，备经中外，威名益振，忠效弥彰。三尹神州，一登会府，擒奸掩钩距之术，恤狱正喉舌之官。遂令调护储闱，再登师傅，从容宾友，师长官僚。桑榆之时，壮志逾励；松柏之性，晚岁常坚。天不慭遗，奄然殂谢，念亲感旧，深轸于怀。宜锡宠章，载光营魄。可赠太子太师。"

子复，字初阳，以父荫累官至江陵府司录。精晓吏道，卫伯玉厚遇之，府中之事，多以咨委。性苛刻，为伯玉所信，奏为江陵县令，迁少尹，历饶州、苏州刺史，皆著政声。李希烈背叛，荆南节度张伯仪数出兵，为希烈所败，朝廷忧之。以复久在江陵，得军民心，复方在母丧，起为江陵少尹、兼御史中丞，充节度行军司马。伯仪既受代，以复为容州刺史、兼御史中丞，充本管招讨使，加检校常侍。先时西原叛乱，前后经略使讨反者，获其人皆没为官奴婢，配作坊重役，复乃令访其亲属，悉归还之。在容州三岁，南人安悦。迁广州刺史、兼御史大夫、岭南节度观察使。会安南经略使高正平、张应相次卒官，其下参佐偏裨李元度、胡怀义等阻兵，黩乱州县，奸赃狼藉。复诱怀义杖杀之，奏元度流于荒裔。又劝导百姓，令变茅屋为瓦舍。琼州久陷于蛮獠中，复累遣使喻之，因奏置琼州都督府以绥抚之。复晓于政道，所在称理，征拜宗正卿，加检校工部尚书。未一岁，会华州节度李元谅卒，以复为华州刺史、潼关防御镇国军使，仍检校户部尚书，兼御史大夫。

贞元十年，郑滑节度使李融卒，军中溃乱，以复检校兵部尚书，兼滑州刺史、义成军节度、郑滑观察营田等使、兼御史大夫。复到任，置营田数百顷，以资军食，不率于民，众皆悦之。十二年，加检校左仆射。十三年四月卒官，年五十九。废朝三日，赠司空。赐布帛米粟有差。复久典方面，积财颇甚，为时所讥。

若水，齐物族弟，累官至左金吾大将军，兼通事舍人。容貌甚伟，在馆三十年，多识旧仪，每宣劳赞导，周旋俯仰，有可观者。建中元年八月卒。

李麟，皇室之疏属，太宗之从孙也。父浚，开元初置十道按察使，精选吏才，以浚为润州刺史、江南东道按察使。转虢、潞二州刺史，益州大都督府长史、摄御史大夫、剑南节度按察使。所历以诚信待物，称为良吏。八年卒，赠户部尚书，谥曰诚。

麟以父任补职，累授京兆府户曹。开元二十二年，举宗室异能，转殿中侍御史，历户部、考功、吏部三员外郎。天宝元年，迁郎中，寻改谏议大夫。五载，充河西、陇右、碛西等道黜陟使，称旨，迁给事中。七载，迁兵部侍郎。同列杨国忠专权，不悦麟同职，宰臣奏麟以本官权知礼部贡举。俄而国忠为御史大夫，麟复本官。十一载，迁银青光禄大夫、国子祭酒。十四年七月，以本官出为河东太守、河东道采访使，为政清简，民吏称之。其年冬，禄山构逆，朝廷以麟儒者，恐非御侮之用，仍以将军吕崇贲代还。复以祭酒归朝，赐爵渭源县男。六月，玄宗幸蜀，麟奔赴行在。既至成都，拜户部侍郎，兼左丞。迁宪部尚书。至德

二年正月，拜同中书门下平章事。时扈从宰相韦见素、房琯、崔涣已赴凤翔，俄而崔圆继去，玄宗以麟宗室子，独留之，行在百司，麟总摄其事。其年十一月，从上皇还京，策勋行赏，加金紫光禄大夫、刑部尚书、同中书门下三品，进封褒国公。

时张皇后干预朝政，殿中监李辅国以翊卫肃宗之劳，判天下兵马事，充元帅府行军司马，势倾同朝。宰相苗晋卿、崔圆已下惧其威权，倾心事之，唯麟正身谨事，无所依附，辅国不悦。乾元元年，罢麟知政事，守太子少傅。二年八月卒，时年六十六，赠太子太傅，赙绢二百匹。葬日，诏京兆府差官护送，官给所须。麟好学能文，尝编聚皇朝已来制集五十卷，行于时。

李国贞，淮安王神通子淄川王孝同之曾孙。父广业，剑州长史。国贞本名若幽，性刚正，有吏才，历安定、扶风录事参军，皆称职。乾元中累迁长安令，寻拜河南尹。会史思明逼城，元帅李光弼东保河阳，国贞领官吏寓于陕。数月，征为京兆尹。上元初，改成都尹、兼御史大夫，充剑南节度使。入为殿中监。二年八月，迁户部尚书、兼御史大夫，持节充朔方、镇西、北庭、兴平、陈郑等节度行营兵马及河中节度都统处置使，镇于绛，赐名国贞。既至，又加充管内河中、晋、绛、慈、隰、沁等州观察处置等使，余并如故。

国贞既至绛，属军中素无储积，百姓饥馑，难为聚敛，将士等粮赐多阙。国贞频以状闻，未报。军中喧喧怨讟，左右以告国贞，国贞喻之曰："军将何苦如是，已为奏闻，终有所给。"信宿军乱，攻国贞，夜烧衙城门。国贞莫知所图，左右劝国贞弃城遁去，国贞曰："吾衔命为将，不能靖难，安可弃城乎！"左右固劝回避，乃隐于州狱，诈负缧绁。会国贞麾下为贼所擒，因指所在，遂于狱中执国贞，将害之，国贞曰："军中乏粮，已有陈请，人不堪赋，予无负于将士耳。"众引退。突将王元振独曰："今日之事，岂须问焉！"抽刀害国贞及二男、三大将。

国贞有风采，清白守法，为政急于操下，时论以辨吏称之。追赠扬州大都督。

子锜，以父荫贞元中累至湖、杭二州刺史。多以宝货赂李齐运，由是迁润州刺史兼盐铁使，持积财进奉，以结恩泽，德宗甚宠之。锜恃恩骄恣，有浙西人布衣崔善贞诣阙上封，论锜罪状，而德宗械送赐锜，锜遂坑杀善贞，天下切齿。乃增置兵额，选善弓矢者聚之一营，名曰"挽硬随身"；以胡、奚杂类虬须者为一将，名曰"蕃落健儿"。德宗复于润州置镇海军，以锜为节度使，罢其盐铁使务。锜虽罢其利权，且得节度，反状未发。

宪宗即位已二年，诸道偃强者入朝，而锜不自安，亦请入朝，乃拜锜左仆射。锜又署判官王澹为留后。既而迁延发期，澹与中使频喻之，不悦，遂讽将士以给冬衣日杀澹而食。监军使闻乱，遣衙将赵锜慰喻，又胾食之。复以兵注中使之颈，锜佯惊救解之，囚于别馆。遂称兵，室五剑，分授管内镇将，令杀刺史。于是常州刺史颜防用客李云谋，矫制传檄于苏、杭、湖、睦等州，遂杀其镇将李深；湖州辛秘亦杀其镇将赵惟忠；而苏州刺史李素为镇将姚志安所系，钉于船舷，生致于锜，未至而锜败，得免。

初，锜以宣州富饶，有并吞之意，遣兵马使张子良、李奉仙、田少卿领兵三千分略宣、池等州。三将夙有向顺志，而锜甥裴行立亦思向顺，其密谋多决于行立，乃回戈趣城，执锜于幕，缒而出之，斩于阙下，年六十七。其"挽硬"、"蕃落"将士，或投井自缢，纷纷枕藉而死者，不可胜纪。

宰相郑絪等议锜所坐，亲疏未定，乃召兵部郎中蒋武问曰："诏罪李锜一房，当是大功内耶？"武曰："大功是锜堂兄弟，即淮安王神通之下，淮安有大功于国，不可以孽孙而上累。"又问："锜亲兄弟从坐否？"武曰："锜亲兄弟是若幽之子，若幽有死王事之功，如令锜兄弟从坐，若幽即宜削籍，亦所未安。"宰相颇以为然，故诛锜诏下，唯止元恶一房而已。

李峘，太宗第三子吴王恪之孙。恪第三子琨生信安王祎，祎生三子：峘、峄、岘。峘志行修立，天宝中为南宫郎，历典诸曹十余年。居父丧，哀毁得礼，服阕，以郡王子例封赵国公。杨国忠秉政，郎官不附己者悉出于外，峘自考功郎中出为睢阳太守。寻而弟岘出为魏郡太守，兄弟夹河典郡，皆以理行称。十四载，入计京师。属禄山之乱，玄宗幸蜀，峘奔赴行在，除武部侍郎，兼御史大夫。俄拜蜀郡太守、剑南节度采访使。上皇在成都，健儿郭千仞夜谋乱，上皇御玄英楼招谕，不从，峘与六军兵马使陈玄礼等平之，以功加金紫光禄大夫。时岘为凤翔太守，匡翊肃宗，兄弟俱效勋力。从上皇还京，为户部尚书，岘为御史大夫，兼京兆尹，封梁国公。兄弟同制封公。

乾元初，兼御史大夫，持节都统淮南、江南、江西节度、宣慰、观察处置等使。二年，以宋州刺史刘展握兵河南，有异志，乃阳拜展淮南节度使，而密诏扬州长史邓景山与峘图之。时展徒党方强，既受诏，即以兵渡淮。景山、峘拒之寿春，为展所败。峘走渡江，保升阳，坐贬袁州司马。宝应二年，病卒于贬所，追赠扬州大都督，官给递乘，护柩还京。

初，峘为户部尚书，岘为吏部尚书、知政事，峄为户部侍郎、银青光禄大夫，兄弟同居长兴里第，门列三戟，两国公门十六戟，一、三品门十二戟，荣耀冠时。峄位终蜀州刺史。

岘，乐善下士，少有吏干。以门荫入仕，累迁高陵令，政术知名。特迁万年令、河南少尹、魏郡太守；入为金吾将军，迁将作监，改京兆府尹，所在皆著声绩。天宝十三载，连雨六十余日，宰臣杨国忠恶其不附己，以雨灾归咎京兆尹，乃出为长沙郡太守。时京师米麦踊贵，百姓谣曰："欲得米粟贱，无过追李岘。"其为政得人心如此。至德初，朝廷务收才杰，以清寇难，岘召至行在，拜扶风太守、兼御史大夫。至德二年十二月，制曰："银青光禄大夫、守礼部尚书李岘，馈军周给，开物成务。可光禄大夫，行御史大夫，兼京兆尹，封梁国公。"乾元二年，制曰："李岘朝廷硕德，宗室荩臣。可中书侍郎、同中书门下平章事。"

与吕谭、李揆、第五琦同拜相。岘位望稍高，军国大事，诸公莫敢言，皆独决于岘，由是谭等衔之。

初，李辅国判行军司马，潜令官军于人间听察是非，谓之察事。忠良被诬构者继有之，须有追呼，诸司莫敢抗。御史台、大理寺重囚在狱，推断未了，牒追就银台，不问轻重，一时释放，莫敢违者。每日于银台门决天下事，须处分，便称制敕，禁中符印，悉佩之出入。纵有敕，辅国押署，然后施行。及岘为相，叩头论辅国专权乱国，上悟，赏岘正直，事并变革。辅国以此让行军司马，请归本官，察事等并停，由是深怨岘。

凤翔七马坊押官，先颇为盗，劫掠平人，州县不能制，天兴县令知捕贼谢夷甫擒获决杀之。其妻进状诉夫冤。辅国先为飞龙使，党其人，为之上诉，诏监察御史孙蓥推之。蓥初直其事。其妻又诉，诏令御史中丞崔伯阳、刑部侍郎李晔、大理卿权献三司讯之，三司与蓥同。妻论诉不已，诏令侍御史毛若虚覆之，若虚归罪于夷甫，又言伯阳等有情，不能质定刑狱。伯阳怒，使人召若虚，词气不顺。伯阳欲上言之，若虚先驰谒，告急于肃宗，云："已知，卿出去。"若虚奏曰："臣出即死。"上因留在帘内。有顷，伯阳至，上问之，伯阳颇言若虚顺旨，附会中人。上怒，叱出之。伯阳贬端州高要尉，权献郴州桂阳尉，凤翔尹严向及李晔皆贬岭下一尉，蓥除名长流播州。岘以数人咸非其罪，所责太重，欲理之，遂奏："若虚希旨用刑，不守国法，陛下若信之重轻，是无御史台。"上怒岘言，出岘为蜀州刺史。时右散骑常侍韩择木入对，上谓之曰："岘欲专权耶？何乃云任毛若虚是无御史台也？令贬蜀州刺史，朕自觉用法太宽。"择木对曰："岘言直，非专权。陛下宽之，只益圣德尔。"

代宗即位，征岘为荆南节度、江陵尹，知江淮选补使。入为礼部尚书，兼宗正卿。属銮舆幸陕，岘由商山路赴行在。既还京师，拜岘为黄门侍郎、同中书门下平章事。故事，宰臣不于政事堂邀客，时海内多务，宰相元载等见中官传诏命至中书者，引之升政事堂，仍置榻待之；岘为宰相，令去其榻。奏请常参官各举堪任谏官、宪官者，不限人数。

初收东京，受伪官陈希烈已下数百人，崔器希旨深刻，奏皆处死；上意亦欲惩劝天下，欲从器议。时岘为三司使，执之曰："夫事有首从，情有轻重，若一概处死，恐非陛下含弘之义，又失国家惟新之典。且羯胡乱常，无不凌据，二京全陷，万乘南巡，各顾其生，衣冠荡覆。或陛下亲戚，或勋旧子孙，皆置极法，恐乖仁恕之旨。昔者明王用刑，歼厥渠魁，胁从罔理。况河北残寇未平，官吏多陷，苟容漏网，适开自新之路，若尽行诛，是坚叛逆之党，谁人更图效顺？困兽犹斗，况数万人乎！"崔器、吕谭，皆守文之吏，不识大体，殊无变通。廷议数日，方从岘奏，全活甚众。其料敌决事皆此类。竟为中官所挤，罢知政事，为太子詹事，寻迁吏部尚书，知江淮举选，置铨洪州。明年，改检校兵部尚书，兼衢州刺史。永泰二年七月以疾终，时年五十八。

李巨，曾祖父虢王凤，高祖之第十四子也。凤孙邕，嗣虢王，巨即邕之第二子也。刚锐果决，颇涉猎书史，好属文。开元中为嗣虢王。天宝五载，出为西河太守。皇太子杜良娣之妹婿柳勣陷诏狱，巨母扶余氏，吉温嫡母之妹也，温为京兆士曹，推勣之党，以徐征等往来巨家，资给之，由是坐贬义阳郡司马。六载，御史中丞杨慎矜为李林甫、王鉷构陷得罪，其党史敬忠亦伏法。以巨与敬忠相识，坐解官，于南宾郡安置。又起为夷陵郡太守。及禄山陷东京，玄宗方择将帅，张垍言巨善骑射，有谋略，玄宗追至京师。杨国忠素与巨相识，忌之，谓人曰："如此小儿，岂得令见人主！"经月余日不得见。玄宗使中官召入奏事，玄宗大悦，遂令中官刘奉庭宣敕令宰相与巨语，几亭午，方出。国忠颇急，对奉庭谓巨曰："比来人多口打贼，公不尔乎？"巨曰："不知若个军将能与相公手打贼乎？"寻授陈留谯郡太守、摄御史大夫、河南节度使。翌日，巨称官衔奉谢，玄宗惊曰："何得今摄？"即日诏兼御史大夫。巨奏曰："方今艰难，恐为贼所诈，如忽召臣，不知何以取信？"玄宗劈木契分授之，遂以巨兼统岭南节度使何履光、黔中节度使赵国珍、南阳节度使鲁炅，先领三节度事。有诏贬炅为果毅，以颍川太守来瑱兼御史中丞代之。巨奏曰："若炅能存孤城，其功足以补过，则何以处之？"玄宗曰："卿随宜处置。"巨至内乡，趣南阳，贼将毕思琛闻之，解围走。巨趣何履光、赵国珍同至南阳，宣敕贬炅，削其章服，令随军效力。至日晚，以恩命令炅复位。

至德二年，为太子少傅。十月，收西京，为留守、兼御史大夫。三年夏四月，加太子少师、兼河南尹，充东京留守，判尚书省事，充东畿采访等使。于城市桥梁税出入车牛等钱以供国用，颇有干没，士庶怨讟。后与妃张氏不睦，张氏即皇后从父妹也。宗正卿李遵构之，发其所犯赃贿，贬为遂州刺史。属剑南东川节度兵马使、梓州刺史段子璋反，以众袭节度使李奂于绵州，路经遂州，巨苍黄修属郡礼迎之，为子璋所杀。

子则之，以宗室历官，好学，年五十余，每执经诣太学听受。嗣曹王皋自荆南来朝，称荐之，贞元二年，自睦王府长史迁左金吾卫大将军，以从父甥窦申追游无闲亲累，贬昭州司马。

史臣曰：峘孝友清慎，居官有称；齐物贞廉整肃，复节制权谋；国贞清白守法，皆神通之曾玄，宗室之翘楚。铸之为逆，不累其亲，前人之积德彰矣，当朝之用法明矣。然峘发人阴私，齐物积财兴议，国贞急于操下，皆尺之短也。麟修整，岅循良，匪躬立事，始终无玷者，皆宗室之英也。岘之刚正才略，有足可称。初为国忠所憎，终沮朝恩之势。处群邪之内，坚独正之心，是不吐也；活东都之命，是不茹也。庶几乎仲山甫之道焉！巨以刚锐果决，亦可嘉焉，终以赃贿贪残，良可痛也。

赞曰：宗室贤良，枝叶茂盛。最尤者谁？岘独守正。

卷一百一十三　　列传第六十三

苗晋卿　裴冕　裴遵庆
子向　向子寅　寅子枢

苗晋卿，上党壶关人。世以儒素称。祖夔，高道不仕，追赠礼部尚书。父殆庶，官至绛州龙门县丞，早卒，以晋卿赠太子少保。

晋卿幼好学，善属文，进士擢第。初授怀州修武县尉，历奉先县尉，坐累贬徐州司户参军。秩满随调，判入高等，授万年县尉。迁侍御史，历度支、兵、吏部三员外郎。开元二十三年，迁吏部郎中。二十四年，与吏部郎中孙遹并拜中书舍人。二十七年，以本官权知吏部选事。晋卿性谦柔，选人有诉讼索好官者，虽至数千言，或声色甚厉者，晋卿必含容之，略无愠色。二十九年，拜吏部侍郎。前后典选五年，政既宽弛，胥吏多因缘为奸，贿赂大行。时天下承平，每年赴选常万余人。李林甫为尚书，专任庙堂，铨事唯委晋卿及同列侍郎宋遥主之。选人既多，每年兼命他官有识者同考定书判，务求其实。天宝二年春，御史中丞张倚男奭参选，晋卿与遥以倚初承恩，欲悦附之，考选人判等凡六十四人，分甲乙丙科，奭在其首。众知奭不读书，论议纷然。有苏孝愠者，尝为范阳蓟令，事安禄山，具其事告之。禄山恩宠特异，谒见不常，因而奏之。玄宗大集登科人，御花萼楼亲试，登第者十无一二；而奭手持试纸，竟日不下一字，时谓之"曳白"。上怒，晋卿贬为安康郡太守，遥为武当郡太守，张倚为淮阳太守。敕曰："门庭之间，不能训子；选调之际，仍以托人。"时士子皆以为戏笑。

天宝三载闰二月，转魏郡太守，充河北采访处置使，居职三年，政化洽闻。会入计，因上表请归乡里。既至壶关，望县门而步。小吏进曰："太守位高德重，不宜自轻。"晋卿曰："《礼》：'下公门，式路马。'况父母之邦，'所宜尊敬。汝何言哉！"大会乡党，欢饮累日而去。又出俸钱三万为乡学本，以教授子弟。寻改河东太守、河东采访使，入为尚书、东京留守，征为宪部尚书。属禄山叛逆，杨国忠以晋卿有时望，将抑之，乃奏云："宜以大臣镇遏东道。"遂出为陕州刺史、陕虢两州防御使。及对，固辞老病，由是忤旨，改宪部尚书致仕。及朝廷失守，衣冠流离道路，多为逆党所胁，自陈希烈、张均已下数十人尽赴洛阳，晋卿潜遁山谷，南投金州。会肃宗至凤翔，手诏追晋卿赴行在，即日拜为左相，军国大务悉以咨之。既收两京，以功封韩国公，食实封五百户，改为侍中。后以贼寇渐除，屡乞骸骨，优诏许之，罢知政事，为太子太傅。明年，帝思旧臣，复拜为侍中。

晋卿宽厚廉谨，为政举大纲，不问小过，所到有惠化。魏人思之，为立碑颂德。及秉钧衡，小心畏慎，未尝忤人

意。性聪敏，达练事体，百司文簿，经目必晓，而修身守位，以智自全，议者比汉之胡广。

玄宗崩，肃宗诏晋卿摄冢宰。上表固辞曰："臣闻古者殷高宗在谅闇之中，百官听于冢宰，更无事迹，但存文字。且一时之事，礼不相沿。今残寇犹虞，日殷万务，皆缘兵马屯守讨袭，善算良谋，立胜擒敌。陛下若行古之道，居丧不言，苍生何依，百事皆废。伏读国家起居注，亦于礼部检见旧敕，恭惟太宗、高宗大行皇帝在位之日，皆有国哀，视事不辍，以为君临天下，难徇常情。今遗诏有处分，皇帝宜三日而听政。陛下遵太宗故事，则无冢宰；遵大行皇帝遗诏，便合听朝。万姓颙颙，不胜大愿。伏惟陛下知理国之重，顺人心之切，以义断恩，从宜无改。今朝臣一命已上，皆言臣心昏貌朽，加以疾病，事有急速，断在须臾，凡圣不同，岂合受诏。陛下发哀已五日矣，愿准遗诏听政，则四夷万国，无任悲幸。"肃宗时疾弥留，览表殒绝，乃许。

数日，肃宗晏驾，代宗践祚，又诏晋卿摄冢宰。晋卿上表恳辞曰："臣以昔者天子居丧之时，百官听于冢宰者，盖君幼小，御极事殷，情理当然。沿革不一，今古异同，而周武、汉文，合于通变，垂范作则，可举而行。又士或墨缞，时遇金革，岂非衔恤，谓义在断恩。且百善之至，无加于孝也，其有容瘁心绝，指景悼亡，此匹夫孝节之常情，殊王者嗣续之大计。昨二十日，陛下于大行皇帝枢前即位，是承先帝遗顾之言，亦前代不易之典。则知所略不为害，所存是适权，防威灭端，所利者大。陛下因心纯至，天地明察。伏以报劬劳之恩，申罔极之思，终身之痛，岂计朝夕！但以一日之内，万务在中，须达宸聪，始成国政。百僚万姓及僧道耆寿等，相顾聚言，以臣老且无能，愚岂测圣，况久无居摄，臣不敢奉诏。特乞陛下遵遗命，三日而听政。臣博听众情，不胜恳愿，伏望割痛抑哀，则天下悲幸。"上号泣从之。时晋卿年已衰暮，又患两足，上特许肩舆至中书，入阁不趋，累日一视事。历三朝，皆以谨密见称。

广德初，吐蕃寇长安。晋卿时病卧于私第，蕃闻之，舆入逼胁，晋卿闭口不言，贼不敢害。及上自陕至，册为太保，罢知政事，又诏以太保致仕。永泰元年四月薨。辍朝三日，令京兆少尹一员护丧事，缘葬诸物并官给，赗绢布五百段、米粟五百石。太常议谥曰"懿献"。初，晋卿东都留守，引用大理评事元载为推官。至是载为中书侍郎、平章事，怀旧恩，讽有司改谥曰文贞。大历七年，令配享肃宗庙庭。

裴冕，河东人也，为河东冠族。天宝初，以门荫再迁渭南县尉，以吏道闻。御史中丞王鉷充京畿采访使，表为判官。迁监察御史，历殿中侍御史。冕虽无学术，守职通明，果于临事，鉷甚委之。及鉷得罪伏法，时宰臣李林甫方窃权柄，人咸惧之，鉷宾佐数百，不敢窥鉷门。冕独收鉷尸，亲自护丧，瘗于近郊，冕自是知名。河西节度使哥舒翰表为行军司马，累迁员外郎中。

玄宗幸蜀，至益昌郡，遥诏太子充天下兵马元帅，以

冕为御史中丞兼左庶子，为之副。是时，冕为河西行军司马，授御史中丞，诏赴朝廷。遇太子于平凉，具陈事势，劝之朔方，亟入灵武。冕与杜鸿渐、崔漪等劝进曰："主上厌勤大位，南幸蜀川，宗社神器，须有所归，天意人事，不可固违。若逡巡退让，失亿兆心，则大事去矣！臣等犹知之，况贤智乎！"太子曰："南平寇逆，奉迎銮舆，退居储贰，侍膳左右，岂不乐哉！公等何言之过也？"冕与杜鸿渐又进曰："殿下藉累圣之资，有天下之表。元贞万国，二十余年，殷忧启圣，正在今日。所从殿下六军将士，皆关辅百姓，日夜思归。大军一散，不可复集，不如因而抚之以从众，臣等敢以死请。"凡劝进五上，乃依。肃宗即位，以定策功，迁中书侍郎、同中书门下平章事，倚以为政。

冕性忠勤，悉心奉公，稍得人心。然不识大体，以聚人曰财，乃下令卖官鬻爵，度尼僧道士，以储粟为务。人不愿者，科令就之，其价益贱，事转为弊。肃宗移幸凤翔，罢冕知政事，迁右仆射。两京平，以功封冀国公，食实封五百户。寻加御史大夫、成都尹，充剑南西川节度使。又入为右仆射。永泰元年，与裴遵庆等并集贤待制。代宗求旧，拜兼御史大夫，充护山陵使。冕以幸臣李辅国权盛，将附之，乃表辅国亲昵术士中书舍人刘烜充山陵使判官。烜坐法，冕坐贬施州刺史。数月，移澧州刺史，复征为左仆射。元载秉政。载为新平尉，王铁辟为巡内，冕常引之，载颇德冕。会宰臣杜鸿渐卒，载遂举冕代之。冕时已衰瘵，载以其顺己，引为同列。受命之际，蹈舞颠倒，载趋而扶起，代为谢词。冕兼掌兵权留守之任，俸钱每月二千余贯。性本侈靡，好尚车服及营珍馔，名马在枥，直数百金者常十数。每会宾友，滋味品数，坐客有昧不名者。自创巾子，其状新奇，市肆因而效之，呼为"仆射样"。初代鸿渐，小吏以俸钱文簿白之，冕顾子弟，喜见于色，其嗜利若此。拜职未盈月，卒，大历四年十二月也。上悼之，辍朝三日，赠太尉，赙帛五百匹、粟五百石。

裴遵庆，绛州闻喜人也。代袭冠冕，为河东著族。遵庆志气深厚，机鉴敏达，自幼强学，博涉载籍，谨身晦迹，不干当世之务。以门荫累授潞府司法参军，时年已老，未为人所知。随调吏部，授大理寺丞，剖断刑狱，举正纲条，理行始著。迁司门员外、吏部员外郎，专判南曹。天宝中，海内无事，九流辐辏会府，每岁吏部选人，动盈万数。遵庆敏识强记，精核文簿，详而不滞，时称举事第一，由是大知名。

天宝末，杨国忠当国，出不附己者例为外官，遵庆亦出为郡守。肃宗即位，征拜给事中、尚书右丞、吏部侍郎。恭俭克己，迟重谨密，颇有时望。上元中，萧华辅政，素知遵庆，每奏见，累称之，迁黄门侍郎、同中书门下平章事。广德初，仆固怀恩阻兵汾上，指中官为词，上以遵庆忠纯，特遣往汾州宣慰怀恩。遵庆既见怀恩，具陈朝旨，怀恩引足听命，将随遵庆朝谒，为副将范志诚以邪说惑之，怀恩遂以惧死为词。会寇陷京师，乘舆幸陕，遵庆自汾州奔赴行在。及乘舆还京，以遵庆为太子少傅。永泰元年，与裴冕等并于集贤院待制，罢知政事。寻改吏部尚书、右仆射，复知选事。时有选人天兴县尉陈琯于铨庭言词不逊，凌突无礼，代宗诏付遵庆于省门鞭三十，贬为吉州员外司户参军。遵庆敦守儒行，老而弥谨。尝为风狂族侄挝登闻鼓告以不顺，上知其谬，不省，其见信如此。大历十年十月薨于位，年九十余。

遵庆初登省郎，尝著《王政记》，述今古礼体，识者览之，知有公辅之量。

子向，字俨仁，少以门荫历官至太子司议郎。建中初，李纾为同州刺史，奏向为从事。朱泚反，李怀光又叛河中，使其将赵贵先筑垒于同州，纾来奔奉天，向领州务。贵先因胁县尉林宝役徒板筑，不及期，将斩之，吏人百姓奔窜。向即诣贵先军垒，以逆顺之理责之，贵先感悟，遂来降，故同州不陷。向由是知名。累为京兆府户曹，转栎阳、渭南县令，奏课皆第一，朝廷亟闻其理行，擢为户部员外郎。

德宗季年，天下方镇副倅多自选于朝，防一日有变，遂就而授之节制。向已选为太原少尹，德宗召见喻旨，寻用为行军司马、兼御史中丞，改汾州刺史，转郑州。又复为太原少尹，兼河东节度副使。改晋州刺史，充本州防御使，迁虢州刺史。入为京兆少尹，拜同州刺史，充本州防御使。入为大理寺卿，出迁陕虢都防御、观察使。三岁，拜左散骑常侍，自常侍复为大理。

向本以名相子，以学行自饬，谨守其门风。历官仁智推爱，利及于人。至是，以年过致政，朝廷优异，乃以吏部尚书致仕于新昌里第。内外支属百余人，向所得俸禄，必同其费，及领外任，亦挈而随之。有孤悖疾苦不能自恤，向尤周给，至今称其孝睦焉。大和四年九月卒，年八十。赠太子少保。

子寅，登进士第，累官至御史大夫卒。

子枢，字纪圣，咸通十二年登进士第。宰相杜审权出镇河中，辟为从事，得秘书省校书郎，再迁蓝田尉。直弘文馆。大学士王铎深知之，铎罢相失职，枢亦久之不调。从僖宗幸蜀，中丞李焕奏为殿中侍御史，迁起居郎。中和初，王铎复见用，以旧恩奏为郑滑掌书记、检校司封郎中，赐金紫，入朝历兵、吏二员外郎。龙纪初，擢拜给事中，改京兆尹。宰相孔纬尤深奖遇。大顺中，纬以用兵无功贬官，枢坐累为右庶子，寻出为歙州刺史。乾宁初，入为右散骑常侍，从昭宗幸华州，为汴州宣谕使。

初，枢自歙州罢郡归朝，路经大梁，时朱全忠兵威已振，枢以兄事之，全忠由是重之。及枢传诏，全忠皆禀朝旨，献奉相继，昭宗甚悦，乃迁兵部侍郎。时崔胤专政，亦倚全忠，二人因是相结，改吏部侍郎。未几，换户部侍郎、同平章事。其年冬，昭宗幸华州，崔胤贬官，枢亦为工部尚书。天子自岐下还宫，以枢检校右仆射、同平章事，出为广南节度使。制出，朱全忠保荐之，言枢有经世才，不可弃之岭表，寻复拜门下侍郎，监修国史，累兼吏部尚书，判度支。崔胤诛，以全忠素厚，相位如故。从昭宗迁洛阳，驻跸陕州，进右仆射、弘文馆大学士、太清宫使，充诸道盐铁转运使。

哀帝初嗣位,柳璨用事,全忠尝奏用牙将张廷范为太常卿,诸相议,枢曰:"廷范勋臣,幸有方镇节钺之命,何藉乐卿?恐非元帅梁王之旨。"乃持之不下。俄而全忠闻枢言,谓宾佐曰:"吾常以裴十四器识真纯,不入浮薄之伍,观此议论,本态露矣。"切齿含怒。柳璨闻全忠言,寻希旨罢枢相位,和陵衬享,拜尚书左仆射。五月,责授朝散大夫、登州刺史,寻再贬泷州司户。六月十一日,行及滑州,全忠遣人杀之于白马驿,投尸于河,时年六十五。

史臣曰:晋卿谨身莅事,足为纯臣,避寇全忠,固彰大节。然博达精审,岂不知宽猛之道也!奉林甫之旨,顺胥吏之意,悦附张倚,欺罔时君。生为重臣,谄林甫之势也;殁改美谥,引元载之恩焉。或言晋卿不为巧宦者,诚不信也。冕力赞中兴,名居大位,奉公抱义,可以致身;卖官度僧,是何为政?及其老也,贪冒尤深。遵庆学术贞明,为国忠所出;恭俭谨密,遇萧华索知。位重行纯,老而弥笃,彼二公固有惭德。向克荷堂构,不坠门风。枢因盗而振,盗憎而亡,宜哉!君子守道远刑,盖虑此也。

赞曰:奥矣晋卿,贪哉裴冕。遵庆父子,及之者鲜。

卷一百一十四　　列传第六十四

鲁炅　裴茙　来瑱　周智光

鲁炅,范阳人也。身长七尺余,涉猎书史。天宝六年,陇右节度使哥舒翰引为别奏。颜真卿为监察御史,使至陇右,翰尝设宴,真卿谓翰曰:"中丞自郎将授将军,便登节制,后生可畏,得无人乎?"炅时立在阶下,翰指炅曰:"此人后当为节度使矣。"后以陇右破吐蕃跳荡功,累授右领军大将军同正员,赐紫金鱼袋。

禄山之乱,选任将帅。十五载正月,拜炅上洛太守,未行,迁南阳太守、本郡守捉,仍充防御使。寻兼御史大夫,充南阳节度使,以岭南、黔中、山南东道子弟五万人屯叶县北,滍水之南,筑栅,四面掘壕以自固。至五月,贼将武令珣、毕思琛等来击之,众欲出战,炅不许。贼于营西顺风烧烟,营内坐立不得,横门扇及木争出,贼矢集如雨,炅与中使薛道等挺身走避,余众尽没。岭南节度使何履光、黔中节度使赵国珍、襄阳太守徐浩未至,禆将岭南、黔中、荆襄子弟半在军,多怀金银为资粮,军资器械尽弃于路如山积。至是贼徒不胜其富。炅收合残卒,保南阳郡,为贼所围。寻而潼关失守,贼使哥舒翰招之,不从。又使伪将豫州刺史武令珣等攻之,累月不能克。武令珣死,又令田承嗣攻之。颍川太守来瑱、襄阳太守魏仲犀合势救之。犀使弟孟驯为将,领兵至明府桥,望贼而走,众遂大败。炅城中食尽,煮牛皮筋角而食之,米斗至四五十千,有价无米,鼠一头至四百文,饿死者相枕藉。肃宗使中官将军曹日升来宣慰,路绝不得入。日升请单骑入致命,仲犀曰:"不可,贼若擒吾敕使,我亦何安!"颜真卿适自河北次于襄阳,谓仲犀曰:"曹使既果决,不顾万死之地,何得沮之!纵为贼所获,是亡一使者;苟得入城,则万人之心固矣。公何爱焉?"中官冯廷瑰曰:"将军必能入,我请以两骑助之。"日升又自有俦骑数人,仲犀又以数骑共十人同行。贼徒望见,知其骁锐,不敢逼。日升既入城,炅众初以为望绝,忽有使来宣命,皆踊跃一心。日升以其十人至襄阳取粮,贼虽追之,不敢击,遂以一千人取音声路运粮而入,贼亦不能遏,又得相持数月。

炅在围中一年,救兵不至,昼夜苦战,人相食。至德二年五月十五日,率众持满傅矢突围而出南阳,投襄阳。田承嗣来追,苦战二日,杀贼甚众。贼又知其决死,遂不敢逼,朝廷因除御史大夫、襄阳节度使。时贼志欲南侵江、汉,赖炅奋命扼其冲要,南夏所以保全。十月,王师收两京,承嗣、令珣等奔于河北。南阳遭大乱之后,距邓州二百里,人烟断绝,遗骸委积于墙堑间。

十二月,策勋行赏。诏曰:"特进、太仆卿、南阳郡守、兼御史大夫、权知襄阳节度事、上柱国、金乡县公鲁炅,蕴是韬略,副兹节制,竭节保邦,悉心陷敌。表之旗帜,分以土田。可开府仪同三司、兼御史大夫,封岐国公,食实封二百户,兼京兆尹。"

乾元元年,兼郑州刺史,充郑、陈、颍、亳等州节度使。上元二年,为淮西襄阳节度使、邓州刺史。十月,与朔方节度使司徒郭子仪、河东节度使太尉李光弼等九节度同围安庆绪于相州。炅领淮西、襄阳节度行营步卒万人,马军三百,以李抱玉为兵马使,炅分界知东面之北。二年六月六日,贼将史思明自范阳来救,战于安阳河北,王师不利,炅中流矢奔退。时诸节度以回纥战败,因而退散,尽弃军粮器械,所过房掠,炅麾士剽夺尤甚,人因惊怨。五日,至新郑县,闻郭子仪已整众屯谷水,李光弼还太原,炅忧惧,仰药而卒。

裴茙,以门荫入仕,累迁京兆府司录参军。来瑱镇陕州,引为判官。瑱移襄州,又为瑱行军司马,瑱遇之甚厚。及瑱淮西之败,逗留不行,茙密表闻奏。朝廷以瑱掌重兵,恶之,密诏以茙代瑱为襄州刺史,充防御使。茙本镇谷城,及受密命,乃率麾下二千人赴襄阳。时瑱亦奉诏依旧任,瑱遂设具于江津以俟之。茙初声言假道入朝,及见瑱,即云奉代,且欲视事。瑱报曰:"瑱已奉恩命复任此。"茙惶惑,喻其麾下曰:"此言必妄。"遂引射瑱军,因与瑱兵交战,茙大败,士卒死伤殆尽。茙走还谷城旧营,瑱追擒之。朝旨务安汉南,乃归咎于茙。宝应元年七月,敕曰:"前襄州刺史裴茙,性本顽疏,行惟狂悖。顷因试用,爰委军戎,守在要冲,无闻方略。所以申命来瑱,重抚汉南,即宜奔赴阙廷,谢其旷职。而乃顾惜名位,轻图异端,诬构忠良,妄兴兵甲。遽令追召,敢欲逗留,是有无君之心,不唯罔上之罪。又转输之物,军国所资,擅为费用,其数甚广。据其抵犯,合置严诛。但自朕登极已来,屡施恩宥,肆诸朝市,所未忍为。宜宽殊死之刑,俾就投荒之谪,宜除名,长流费州。"

戎器局轻褊，初兴师徒，给用无节。及败挠，迟回赴召，将至京师，会有命。既行，至蓝田驿，赐自尽。

来瑱，邠州永寿人也。父曜，起于卒伍。开元十八年，为鸿胪卿同正员、安西副都护、持节碛西副大使、四镇节度使，后为右领军大将军、仗内五坊等使，名著西陲。宝应元年，以子贵，赠太子太保。

瑱少尚名节，慷慨有大志，颇涉书传。天宝初，四镇从职。十一载，为左赞善大夫、殿中侍御史，充伊西、北庭行军司马。玄宗诏朝臣举智谋果决、才堪统众者各一人。拾遗张镐荐瑱有纵横之略，临事能断，堪当御侮之任。丁母忧，以孝闻。

安禄山反，张垍复荐之，起复兼汝南郡太守，未行，改颍川太守。贼攻之。城中积粟素多，瑱缮修有备。贼继至城下，瑱亲射之，无不应弦而毙。贼使降将毕思琛招瑱，琛即瑱父曜故将，城下拜泣吊瑱，瑱不应。前后杀贼颇众，咸呼瑱为"来嚼铁"。以功加银青光禄大夫，摄御史中丞、本郡防御使及河南淮南游弈逐要招讨等使。鲁炅败于叶县，退守南阳，乃以瑱为南阳太守、兼御史中丞，充山南东道节度防御处置等使以代炅。寻以嗣虢王巨为御史大夫、河南节度使，因奏炅能守南阳，诏迄复本位。贼攻围南阳累月，瑱分兵与襄阳节度使魏仲犀救之。犀遣弟孟驯将兵至明府桥，望风败走，贼追蹙，大败而还。兵素少，遇败，人情恟惧，瑱绥抚训练，贼不能侵。诏为淮南西道节度使。收复两京，与鲁炅同制加开府仪同三司、兼御史大夫，封颍国公，食实封二百户，余如故。

乾元元年，召为殿中监。二年，初除凉州刺史、河南节度经略副大使。未行，属相州官军为史思明所败，东京震骇。元帅司徒郭子仪镇谷水，乃以瑱为陕州刺史，充陕、虢等州节度，并潼关防御、团练、镇守使。乾元三年四月十三日，襄州军将张维瑾、曹玠率众谋乱，杀刺史史翙。以瑱为襄州刺史、兼御史大夫，充山南东道襄、邓、均、房、金、商、随、郢、复十州节度观察处置使。

上元三年，肃宗召瑱入京。瑱乐襄州，将士亦慕瑱之政，因讽将吏、州牧、县宰上表请留之，身赴诏命，行及邓州，复诏归镇。肃宗闻其计而恶之。后吕諲、王仲升及中官皆言瑱布恩惠，惧其得士心，以瑱为邓州刺史，充山南东道襄、邓、唐、复、郢、随等六州节度，余并如故。俄而淮西节度王仲升与贼将谢钦让战于申州城下，为贼所虏。初，仲升被围累月，吕諲病于江陵，瑱在襄州，又恐仲升构己，遂顾望不救。及师出，仲升已没。裴茙频表陈瑱之状，谋夺其位，称"瑱善谋而勇，崛强难制，宜早除之，可一战而擒也。"肃宗然之，遂以瑱检校户部尚书、兼御史大夫、安州刺史，允淮西申、安、蕲、黄、光、沔节度观察，兼河南陈、豫、许、郑、汴、曹、宋、颍、泗十五州节度观察使，外示尊崇，实夺其权也。加裴茙兼御史中丞、襄邓等七州防御使以代之。瑱惧不自安，上表称"淮西无粮馈军，臣去秋种得麦，请待收麦毕赴上"，复讽属吏请留之。裴茙于商州召募，以窥去就。

宝应元年五月，代宗即位，因复授瑱襄州节度、奉义军渭北兵马等使，官如故，潜令裴茙图之。其月十九日，裴茙率众浮汉江而下。日暮，候史白瑱，谋于帐下，副使薛南阳曰："尚书奉诏留镇，裴茙以兵代，是无名也。且茙之智勇，非尚书敌也，众心归尚书，不归于茙。彼若乘我之不虞，今夕而至，直烧城市，我众必惧而乱，彼乘乱而击，则可忧也。若及明而至，尚书破之必矣。"翌日平明，茙督军士五千列于谷水北，瑱以兵逆之，登高而阵，呼茙将士告之曰："尔何事来？"曰："尚书不受命，谨奉中丞伐罪人。若尚书受替，谨当释兵。"瑱曰："恩制复除瑱此州。"及取告身敕书以示，茙军皆曰："伪也。承命讨君，岂千里空归，富贵在于今日。"遂争射之。瑱奔归旗下，薛南阳曰："事急矣，请以三百骑为奇兵，尚书勿与之战。"两军相见，遂以麾下旁万山而出其背，表里夹击，茙军大败，投水而死，杀获殆尽。茙及弟荐脱身北走，妻子并为瑱所擒，瑱表厚抚之。因抗表谢罪。擒茙于申口，送至京师，长流费州，赐死于蓝田故驿。

八月，瑱入朝谢罪，代宗特宠异之，迁兵部尚书、同中书门下平章事，依前山南东道节度、观察等使，代左仆射裴冕充山陵使。时中官骠骑大将军程元振居中用事，发瑱言涉不顺，王仲升贼平来归，证瑱与贼合，故令仲升陷贼三年。代宗含怒久之，因是下诏曰：

《春秋》之义，贵在于必书；君臣之间，法存于无赦。沮劝式遵于前典，进退莫匪于至公，恶稔既彰，明罚难贷。开府仪同三司、行兵部尚书、中书门下平章事、充山南东道节度观察处置等使、上柱国、颍国公来瑱，谬当任用，素乏器能，亟历班荣，累经节制。苟职蔑闻于成绩，登朝虚美于崇名。顷者分阃颂条，久淹江、汉。或频征不至，或移镇迟留，实乖堂陛之仪，爰及干戈之忿。朕以旧臣宿将，道在含弘，会其来庭，用甄后效。超登宰辅，光拜夏卿，列在三台，掩其一眚。山陵先远，事委近臣，谋谟素阙于大猷，卜祝颇闻于私议。实亏周慎，且间枢言，何以辅弼鼎司，仪刑簪绂？据其所犯，合置殊科。以尝侍轩闼，用存宽免之幸；缅范旧章，兼膺黜削之谴。其身官爵，一切削除。

宝应二年正月，贬播州县尉员外置。翌日，赐死于鄠县，籍没其家。瑱之被刑也，门客四散，掩于坎中。校书郎殷亮后至，独哭于尸侧，货所乘驴以备棺衾，夜诣县令长孙演以情告之，演义而从之。亮夜葬而祭，走归京师。代宗既悟元振之诬构，积其过而配流溱州。

先是，瑱行军司马庞充统兵二千人赴河南，至汝州，闻瑱死，将士角目等回兵袭襄州，左兵马使李昭御之，奔房州。昭及薛南阳与右兵马使梁崇义不叶相图，为崇义所杀。朝廷授崇义节度使、兼御史中丞以代瑱。崇义为瑱立祠，四时拜飨，不居瑱厅及正堂视事，于东厢下构一小室而寝止，抗疏哀请收葬，优诏许之。广德元年，追复官爵。

周智光，本以骑射从军，常有戎捷，自行间登偏裨。宦官鱼朝恩为观军容使，镇陕州，与之昵狎。朝恩以虑从功,恩渥崇厚,奏请多允,屡于上前赏拔智光,累迁华州刺史、同华二州节度使及潼关防御使,加检校工部尚书、兼御史大夫。

永泰元年,吐蕃、回纥、党项羌、浑、奴剌十余万众寇奉天、醴泉等县,智光邀战,破于澄城,收驼马军资万计,因逐贼至鄜州。智光与杜冕不协,遂杀鄜州刺史张麟,坑杜冕家属八十一人,焚坊州庐舍三千余家。惧罪,召不赴命。朝廷外示优容,俾杜冕使梁州,实避仇也。

永泰二年十二月,智光专杀前虢州刺史、兼御史中丞庞充。充方居缞绖,潜行,智光追而斩之。又劫诸节度使进奉货物及转运米二万石,据москва反。智光自鄜坊专杀,朝廷患之,遂聚亡命不逞之徒,众至数万,纵其剽掠,以结其心。初,与陕州节度使皇甫温不协,监军张志斌自陕入奏,智光馆给礼慢,志斌责其不肃。智光大怒曰:"仆固怀恩岂有反状!皆由尔鼠辈作福作威,惧死不敢入朝。我本不反,今为尔作之。"因叱下斩之,脔其肉以饲从者。时淮南节度使、检校右仆射崔圆入觐,方物百万,智光强留其半。举选之士竦骇,或窃问州路以过,智光使部将邀斩于乾坑店,横死者众。优诏以智光为尚书左仆射,遣中使余元仙持告身以授之。智光受诏慢骂曰:"智光有数子,皆弯弓二百斤,有万人敌,堪出将入相。只如挟天子令诸侯。天下只有周智光合作。"因历数大臣之过。元仙股栗,智光增绢百匹遣之。于州郭置生祠,俾将吏百姓祈祷。

大历二年正月,密诏关内河东副元帅、中书令郭子仪率兵讨智光,许以便宜从事。时同、华路绝,上召子仪女婿工部侍郎赵纵受口诏付子仪,纵裂帛写诏置蜡丸中,遣家童间道达焉。子仪奉诏将出师,华州将士相顾携贰。智光大将李汉惠自同州以其所管降子仪。贬智光为澧州刺史,散官勋封如故。乃听将一百人随身,便路赴任,其所部将士官吏,一无所问。乃以兵部侍郎张仲光为华州刺史、兼御史大夫、潼关防御使;又以大理卿敬括为同州刺史、兼御史大夫、长春宫等使。是日,智光为帐下将斩首,并子元耀、元干等二人来献。丁卯,枭智光首于皇城之南街,二子腰斩以示众。判官监察御史邵贲、都虞候蒋罗汉并伏诛,余党各以亲疏准法定罪。命有司具仪奏告太清宫、太庙、七陵。时淮西节度使李忠臣入觐,次潼关,闻智光阻兵,驻所部将往御之。及智光死,忠臣进兵入华州大掠,自赤水至潼关二百里间,畜产财物殆尽,官吏至有著纸衣或数日不食者。

史臣曰:尝读《李陵传》,战败不能死,屈节降虏庭,君不得为忠臣,母不得为孝子,每长叹久之。戭收㳽水败众,守南阳孤城,每蹈危机,竟效死节,料敌虽非其良将,事君不失为忠臣。岕浮躁无行,狂悖用兵,宜其死矣。瑱善军政,得士心,庶几干城御侮者哉!始固名位,为裴茙巧言;终归朝廷,遭元振诬构。赐死之宰匪辨,用刑之道不明。致旧将立祠,门吏偷葬,出将入相,一至于斯,惜哉!智光狂悖,不足与论。

赞曰:鲁炅竭节,来瑱柱死。裴茙凶人,智光逆子。

卷一百一十五　　列传第六十五

崔器　赵国珍　崔瓘　敬括
韦元甫　魏少游　卫伯玉　李承

崔器,深州安平人也。曾祖恭礼,状貌丰硕,饮酒过斗。贞观中,拜驸马都尉,尚神尧馆陶公主。父肃然,平阴丞。

器有吏才,性介而少通,举明经,历官清谨。天宝六载,为万年尉,逾月拜监察御史。中丞宋浑为东畿采访使,引器为判官;浑坐赃流贬岭南,器亦随贬。十三年,量移京兆府司录,转都官员外郎,出为奉先令。逆胡陷西京,器没于贼,仍守奉先。居无何,属贼党同罗叛贼,长安将安守忠、张通儒并亡匿。又渭上义兵起,一朝聚徒数万,器惧,所受贼文牒符敕,一时焚之,榜召义师,欲应渭上军。及渭上军破,贼将崔乾祐先镇蒲、同,使麾下骑三十人捉器,器遂北走灵武。

器素与吕𬤇善,𬤇引为御史中丞、兼户部侍郎。从肃宗至凤翔,加礼仪使。克复二京,为三司使。器草仪注,驾入城,令陷贼官立于含元殿前,露头跣足,抚膺顿首罪,以刀杖环卫,令扈从群官宰臣已下视之。及收东京,令陈希烈已下数百人如西京之仪。器性阴刻祸贼,残忍寡恩,希旨奏陷贼官准律并合处死。肃宗将从其议。三司使、梁国公李岘执奏,固言不可,乃六等定罪,多所原宥,唯陈希烈、达奚珣斩于独柳树下。后萧华自相州贼中仕贼官归阙,奏云:"贼中仕官等多为安庆绪所驱,胁至相州,初闻广平王奉宣恩命,释放陈希烈已下,皆相顾曰:'我等国家见待如此,悔恨何及。'及闻崔器议刑太重,众心复摇。"肃宗曰:"朕几为崔器所误。"

吕𬤇骤荐器为吏部侍郎、御史大夫。上元元年七月,器病脚肿,月余疾亟,瞑目则见达奚珣,叩头曰:"大尹不自由。"左右问之,器答曰:"达奚大尹尝诉冤于我,我不之许。"如是三日而器卒。

赵国珍,牂柯之苗裔也。天宝中,以军功累迁黔府都督,兼本管经略等使。时南蛮阁罗凤叛,宰臣杨国忠兼剑南节度,遥制其务,屡丧师徒。中书舍人张渐荐国珍有武略,习知南方地形,国忠遂奏用之。在五溪凡十余年,中原兴师,唯黔中封境无虞。代宗践祚,特嘉之,召拜工部尚书。大历三年九月,以疾终,赠太子太傅。

崔瓘,博陵人也。以士行闻,莅职清谨。累迁至澧州刺史,下车削去烦苛,以安人为务。居二年,风化大行,流亡襁负而至,增户数万。有司以闻,优诏特加五阶,至银青光禄大夫,以甄能政。迁潭州刺史、兼御史中丞,充湖南都团练观察处置使。瓘到官,政在简肃,恭守礼法。

将吏自经时艰，久不奉法，多不便之。大历五年四月，会月给粮储，兵马使臧玠与判官达奚觐忿争，觐曰："今幸无事。"玠曰："有事何逃？"厉色而去。是夜，玠遂构乱，犯州城，以杀达奚觐为名。瑊惶遽走，逢玠兵至，遂遇害。代宗闻其事，悼惜久之。

敬括，河东人也。少以文词称。乡举进士，又应制登科，再迁右拾遗、内供奉、殿中侍御史。天宝末，宰臣杨国忠出不附己者，括以例为果州刺史。累迁给事中、兵部侍郎、大理卿。性深厚。志尚简淡，在职不务求名，因循而已。大历初，叛臣周智光伏诛，诏选循良为近辅，以括为同州刺史。岁余，入为御史大夫。迟重推诚于下，未尝以私害公，士颇称焉；而从容养望，不举纲纪，士亦以此少之。大历六年三月卒。

韦元甫，少修谨，敏于学行。初任滑州白马尉，以吏术知名。本道采访使韦陟深器之，奏充支使，与同幕判官员锡齐名。元甫精于简牍，锡详于讯覆，陟推诚待之，时谓"员推韦状"。元甫有器局，所莅有声，累迁苏州刺史、浙江西道都团练观察等使。大历初，宰臣杜鸿渐首荐之，征为尚书右丞。会淮南节度使缺，鸿渐又荐堪当重寄，遂授扬州长史、兼御史大夫、淮南节度观察等使。在扬州三年，政尚不扰，事亦粗理。大历六年八月，以疾卒于位。

魏少游，钜鹿人也。早以吏干知名，历职至朔方水陆转运副使。肃宗幸灵武，杜鸿渐等奉迎，留少游知留后，备宫室扫除之事。少游以肃宗远离宫阙，初至边藩，故丰供具以悦之。将至灵武，少游整骑卒千余，干戈耀日，于灵武南界鸣沙县奉迎，备威仪振旅而入。肃宗至灵武，殿宇御幄，皆象宫闱，诸王、公主各设本院，饮食进御，穷其水陆。肃宗曰："我至此本欲成大事，安用此为！"命有司稍去之。累迁卫尉卿。乾元二年十月，议率朝马以助军，少游与汉中郡王瑀沮其议，上知之，贬渠州长史。后为京兆尹，请中书门下及两省五品已上、尚书省四品已上、诸司正员三品已上、诸王、驸马中期周已上亲及女婿外甥，不得任京兆府判官、畿令、赤县丞簿尉，敕从之。迁刑部侍郎。

大历二年四月，出为洪州刺史、兼御史大夫，充江西道都团练观察等使。四年六月，封赵国公。贾明观者，本万年县捕贼小胥，事刘希暹，恃鱼朝恩之势，恣行凶忍，毒甚豺虺。朝恩、希暹既诛，元载当权，纳明观奸谋，容之，特令江西效力。明观未出城，百姓万众聚于城外，皆怀砖石候之，期投击以快意。载闻，特令所由吏拥百姓入城内，由是获免。在洪州二年，少游为观察使，承元载意苟容之。及路嗣恭代少游，到州，即日杖杀，识者以为减魏之名，多路之政。大历六年三月己未卒于官，赠太师。

少游居职，缘饰成务，有规检，善任人，果于集事。前后四领京尹，虽无赫赫之名，而齦齦廉谨，有足称者。

卫伯玉，有膂力，幼习艺。天宝中杖剑之安西，以边功累迁至员外诸卫将军。肃宗即位，兴师靖难，伯玉激愤，思立功名，自安西归长安。初为神策军兵马使出镇。乾元二年十月，逆贼史思明遣伪将李归仁铁骑三千来犯，伯玉以数百骑于疆子坂击破之，积尸满野，虏马六百匹，归仁与其党东走。以功迁右羽林军大将军，知军事。转四镇、北庭行营节度使。献俘百余人至阙下，诏解缚而赦之，迁伯玉神策军节度。上元二年二月，史思明领众西下图长安，史朝义率其党夜袭陕州。伯玉以兵逆击，大破贼于永宁。贼退，进位特进，封河东郡公。

广德元年冬，吐蕃寇京师，乘舆幸陕。以伯玉有干略，可当重寄，乃拜江陵尹、兼御史大夫，充荆南节度观察等使。寻加检校工部尚书，封城阳郡王。大历初，丁母忧，朝廷以王昂代其任，伯玉潜讽将吏不受诏，遂起复以本官为荆南节度等使，时议丑之。大历十一年二月入觐，以疾卒于京师。

李承，赵郡高邑人，吏部侍郎至远之孙，国子司业畲之第二子也。承幼孤，兄晔鞠养之。既长，事兄以孝闻。举明经高第，累至大理评事，充河南采访使郭纳判官。尹子奇围汴州，陷贼，拘承送洛阳。承在贼庭，密疏奸谋，多获闻达。两京克复，例贬抚州临川尉。数月除德清令，旬日拜监察御史。淮南节度使崔圆请留充判官，累迁检校刑部员外郎、兼侍御史。圆卒，历抚州、江州二刺史，课绩连最。迁检校考功郎中兼江州刺史，征拜吏部郎中。寻为淮南西道黜陟使，奏于楚州置常丰堰以御海潮，屯田瘠卤，岁收十倍，至今受其利。时梁崇义纵恣倨慢，朝廷将加讨伐。李希烈揣知之，上表数崇义过恶，请率先诛讨。上悦之，每对朝臣多称希烈忠诚。承自黜陟回，因奏之曰："希烈将兵讨伐，必有微勋，但恐立功之后，纵恣跋扈，不禀朝宪，必劳王师问罪。"上初未之信。无几，希烈既平崇义，果有不顺之迹，上思承言，故骤加擢用。建中二年七月，拜同州刺史、河中尹、晋绛都防御观察使。九月，转襄州刺史、山南东道节度观察盐铁等使。希烈既破崇义，拥兵襄州，遂有其地。朝廷虑不受命，欲以禁兵送承，承请单骑径行。既至，希烈处承于外馆，迫胁万态，承恬然自安，誓死王事。希烈不能屈，遂剽房阃境所有而去，襄、汉为之空。承治之一年，颇得完复。

初，希烈虽归蔡州，留将校等于襄州守当时所掠得财帛什物等，后使襄、汉，往来不绝。承亦使腹心臧叔雅往来许、蔡，厚结希烈腹心周曾、王玢、姚憺等。及曾等谋杀希烈，以众归朝，多承首建谋也。累赐密诏褒美之。承寻改检校工部尚书，兼潭州刺史、湖南都团练观察使。建中四年七月，卒于位，年六十二，赠吏部尚书。承少有雅望，至其从官，颇以贞廉才术见称于时。

史臣曰：自古酷吏滥刑，幸免者多矣，苟无强魂为崇，沮议者惑焉。器深文乐祸，居官令终，非达奚诉冤，无以显其阴责矣。国珍守黔溪，瑊修礼法，括推诚驭下，元甫为政宽简，少游规检集事，皆可称者。伯玉破敌立功，足为猛士，丁忧冒宠，终是武夫。承忠悫谋议，勤劳尽瘁，方之者鲜矣。

赞曰：崔器深文，达奚作祟。七子伊何？李承为最。

卷一百一十六　　列传第六十六

肃宗代宗诸子 肃宗十三子 代宗二十子

越王係　承天皇帝倓　卫王佖　彭王仅　兖王佣　泾王侹　郓王荣　襄王僙　杞王倕　召王偲　恭懿太子佋　定王侗　淮阳王僖　昭靖太子邈　均王遐　睦王述　丹王逾　恩王连　韩王迥　简王遘　益王迺　隋王迅　荆王选　蜀王遡　忻王造　韶王暹　嘉王运　端王遇　循王遹　恭王通　原王逵　雅王逸

肃宗皇帝十四子：章敬皇后生代宗皇帝，宫人孙氏生越王係，张氏生承天皇帝，王氏生卫王佖，陈婕妤生彭王仅，韦妃生兖王佣，张美人生泾王侹，裴昭仪生襄王僙，段婕妤生杞王倕，崔妃生召王偲，张皇后生恭懿太子佋、定王侗，宫人生郓王荣、宋王僖。

越王係，本名儋，肃宗第二子也。天宝中，封南阳郡王，授特进。至德二年十二月，进封赵王。乾元二年三月，九节度之兵溃于河北，史思明僭号于相州，王师未集，朝廷震骇。诏以李光弼握兵关东以代子仪。光弼请以亲贤统师，七月，诏曰：

握兵之要，古先为重；命帅之道，心膂攸凭。是知靖难夷凶，必资于金革；总戎授律，实仗于亲贤。盖将底宁邦家，保息黎献者矣。朕以薄德，缵承鸿绪，往属元凶暴乱，中夏不宁。上凭宗社之灵，下藉熊罴之力，由是廓清咸、洛，拯生人命。顷以河朔残妖，尚稽天讨，蛇豕窃依于城堡，涂炭久被于齐甿，朕为人父母，宁忘闵念。虽好生息战，每冀其归降；而余孽昧恩，靡闻于悔祸。所以轩后亲征于獯鬻，周文致役于昆夷，古之用兵，盖非获已。赵王係幼禀异操，夙怀韬略，负东平之文学，蕴任城之智勇。性惟忠孝，持爱敬以立身；志尚权谋，有经通之远智。知子者父，方有属于维城；择能而授，俾克申于戎律。且凶徒啸聚，颇历岁时，恶既贯盈，理当扑灭。君亲有命，可不敬乎！俾展龙豹之韬，永清枭獍之类。可充天下兵马元帅，仍令司空、兼侍中、蓟国公光弼副知节度行营事。应缘军司署置，所司准式。

九月，史思明陷洛阳，光弼以副元帅董兵守河阳，王不出京师。十月，下诏车驾亲征，谏官论奏乃止；王请行，不许。三年四月，改封越王。宝应元年四月，肃宗寝疾弥留。皇后张氏与中官李辅国有隙，因皇太子监国，谋诛辅国，使人以肃宗命召太子入宫。皇后谓太子曰："贼臣辅国，久典禁军，四方诏令，皆出其口。顷矫制命，逼徙圣皇。今圣体弥留，心怀怏怏，常忌吾与汝。又闻射生内侍程元振结托黄门，将图不轨，若不诛之，祸在顷刻。"太子泣而对曰："此二人是陛下勋旧内臣，今圣躬不康，重以此事惊挠圣虑，情所难任。若决行此命，当出外徐图之。"后知太子难与共事，乃召係谓之曰："皇太子仁惠，不足以图平祸难。"复以除辅国谋告之，曰："汝能行此事乎？"係曰："能。"后令内谒者监段恒俊与越王谋，召宦官有武勇者二百余人，授甲于长生殿。是月乙丑，皇后矫诏召太子，程元振伺知之，告辅国。元振握兵于凌霄门候之，太子既至，以难告。太子曰："必无此事。圣恙危笃，吾岂惧死不赴召乎？"元振曰："为社稷计，行则祸及矣。"遂以兵护太子匿于飞龙厩。丙寅夜，元振、辅国勒兵于三殿前，收捕越王及同谋内侍朱光辉、段恒俊等百余人禁系。幽皇后于别殿，侍者十数人随之。是日，皇后、越王俱为辅国所害。

係子：建、逌、逾。建，建中元年十一月，封武威郡王，授殿中监同正员；逌封兴道郡王，授殿中监同正员；逾封齐国公，光禄卿同正员。

承天皇帝倓，肃宗第三子也。天宝中，封建宁郡王，授太常卿同正员。英毅有才略，善射。禄山之乱，玄宗幸蜀，倓兄弟典亲兵扈从。车驾渡渭，百姓遮道乞留太子，太子谕之曰："至尊奔播，吾不忍违离左右，俟吾见上奏闻。"倓于行宫谓太子曰："逆胡犯顺，四海分崩，不因人情，何以兴复？夫有国家者，大孝莫若存社稷。今从至尊入蜀，则散关已东，非皇家所有，何以维属人情？殿下宜购募豪杰，暂往河西，收拾戎马，点集防边将卒，不下十万人，光弼、子仪，全军河朔，谋为兴复，计之上也。"广平王亦赞成之，于是令李辅国奏闻。玄宗欣然听纳，乃分从官、士卒以遣之。时败卒胆破，兵仗不完，太子既北上，渡渭，一日百战。倓自选骁骑数百卫从，每苍黄颠沛之际，血战在前。太子或过时不得食，倓涕泗不自胜，上尤怜之，军士属目归于倓。至灵武，太子即帝位。广平既为元子，欲以倓为天下兵马元帅。侍臣曰："广平王冢嗣，有君人之量。"上曰："广平地当储贰，何假更为元帅？"左右曰："广平今未册立，艰难时人尤属望于元帅。况太子从曰抚军，守曰监国。今之元帅，抚军也，广平为宜。"遂以广平为元帅，倓典亲军，李辅国为元帅府司马。

时张良娣有宠，倓性忠謇，因侍上屡言良娣颇自恣，辅国连结内外，欲倾动皇嗣。自是，日为良娣、辅国所构，云"建宁恨不得兵权，颇畜异志。"肃宗怒，赐倓死。既而省悟，悔之。

明年冬，广平王收复两京，遣判官李泌入朝献捷。泌与上有东宫之旧，从容语及建宁事，肃宗改容谓泌曰："倓于艰难时实得气力，无故为下人之所间，欲图害其兄，朕以社稷大计，割爱而为之所也。"泌对曰："尔时臣在河西，岂不知其故。广平兄弟，天伦笃睦，至今广平言及建宁，则呜咽不已。陛下之言，出于逸口也。"帝因泣下曰："事已及此，无如之何！"泌因奏曰："臣幼稚时念《黄台瓜辞》，陛下尝闻其说乎？高宗大帝有八子，睿宗最幼。天后所生四子，自为行第，故睿宗第四。长曰孝敬皇帝，为太子监国，而仁明孝悌。天后方图临朝，乃鸩杀孝敬，立雍王贤为太子。贤每日忧惕，知必不保全，与二弟同侍于父母之侧，无由敢言。乃作《黄台瓜辞》，令乐工歌之，冀天后闻之省悟，即生哀愍。辞云：'种瓜黄台下，瓜熟子离离。一摘使瓜好，再摘令瓜稀，三摘犹尚可，四摘抱蔓归。'而太子贤终为天后所逐，死于黔中。陛下有今日运祚，已一摘矣，慎无再摘。"上愕然曰："公安得有是言！"时广平王立大功，亦为张皇后所忌，潜构流言，泌因事讽动之。

及代宗即位，深思建宁之冤，追赠齐王。大历三年五月，诏曰："故齐王倓，承天祚之庆，保鸿名之光。降志尊贤，高才好学，艺文博洽，智略宏通。断必知来，谋皆先事，识无不达，理至逾精。乃者寇盗横流，銮舆南幸。先圣以宸扆之恋，将侍君亲；惟王以宗庙之重，誓宁家国。克协朕志，载符天时，立辨群议之非，同献五原之计。中兴之盛，实藉奇功。景命不融，早从厚夜，天伦之爱，震悼良深。流涕追封，胙于东海，顷加表饰，未极哀荣。夫以参旧邦再造之勤，成天下一家之业，而存未峻其等，殁未尊其称，非所以旌徽烈，明至公也。朕以眇身，缵膺大宝，不及让王之礼，莫申太弟之嗣，所怀靡殚，邈想逾切，非常之命，宠锡攸宜。敬用追谥曰承天皇帝，与兴信公主第十四女张氏冥婚，谥曰恭顺皇后。有司准式，择日册命，改葬于顺陵，仍祔于奉天皇帝庙，同殿异室焉。"

卫王佖，肃宗第四子。天宝中，封西平郡王，授殿中监同正员。早薨。宝应元年五月，追赠卫王。

彭王仅，肃宗第五子。天宝中，封新城郡王，授鸿胪卿同正员。至德二年十二月，进封彭王。乾元二年冬，史思明再陷河洛，关东用兵，人情震惧，群臣请以亲王遥统兵柄。三年四月诏曰：

古之哲王，宅中御宇，莫不内封子弟，外建藩维。故周称百代，抑闻麟趾之美；汉命六官，亦树犬牙之制。历考前载，率由旧章。朕以薄德，缵承鸿绪，属豺狼未殄，金革犹虞。赖文武荩臣，协心同德，庶克清于玄祲，期永保于皇图。且授钺分符，义已先于用武；又维城作翰，道方弘于建亲。咨尔分阃之崇，成予磐石之固。彭王仅等，银潢毓庆，璇萼分辉，忠孝禀于天成，文武称其备用。今三秦之地，万国来庭，诚宜列皇子以建封，崇懿藩而制胜，是贤固本之义，委以临戎。彭王仅可充河西节度大使，兖王僴可充北庭节度大使，泾王侹可充陇右节度大使，杞王倕可充陕西节度大使，兴王佋可充凤翔节度大使。

仅，是岁薨。子镇，授太仆卿同正员，封常山郡王。

兖王僴，肃宗第六子。母韦妃，刑部尚书坚之妹。肃宗在东宫，选为太子妃，生僴及永和公主。坚后为李林甫诬构被诛，太子惧，奏请与妃离异，于别宫安置，僴，天宝中封颍川郡王，授太子詹事同正员。至德二年十二月，进封兖王。乾元三年，领北庭节度大使。宝应元年薨。

泾王侹，肃宗第七子。天宝中，封东阳郡王，授光禄卿同正员。至德二载十二月，进封泾王。乾元三年，领陇右节度大使。兴元元年薨。

郓王荣，肃宗第八子。天宝中，封灵昌郡王。早世。宝应元年五月，追赠郓王。

襄王僙，肃宗第九子。至德二载十二月，封襄王。贞元七年正月薨。

杞王倕，肃宗第十子。母段婕妤，贞元六年六月赠为昭仪。倕，至德二载封，贞元十四年薨。

召王偲，肃宗第十一子。至德二载十二月封，元和元年薨。

恭懿太子佋，肃宗第十二子。至德二载封兴王。上元元年六月薨。佋，皇后张氏所生，上尤钟受。后屡危太子，欲以兴王为储贰，会薨而止。七月丁亥，诏曰：

厚礼所以饰终，易名所以表行。况情钟天属，宠及褒封，载畴加等之美，式备元储之赠，永怀轸念，有恻彝章。第十二子故兴王佋，毓庆璇源，分华若木，天资纯孝，神假聪明。河间聚书，幼闻乐善之旨；延陵听乐，早得知音之妙。顷以暂婴沉瘵，殆积旬时，而资敬益彰，颖晤逾爽。爱亲之恋，言不间于斯须；告诀之辞，事先符于梦寐。顾惟至性，实切深哀。将胙土析珪，载崇藩翰，闻《诗》对《易》，爰就琢磨。方冀成立，岂期夭丧。瑶英始茂，遽摧于当春；隙驷俄迁，忽沉于厚夜。兴言痛悼，闵惜良深。宜贲宠于青宫，俾哀荣于玄岁。可赠太子，谥曰恭懿。应缘丧葬，所司准式，仍令京兆尹刘晏充监护使。

诏宰臣李揆持节册命。十一月，葬于高阳原。其哀册曰：

维上元元年，太岁庚子，六月己未朔，二十六日甲申，皇第十二子、持节凤翔等四州节度观察大使兴王佋，薨于中京内邸，殡于寝之西阶。粤八月丁亥，册赠皇太子，庙号恭懿。冬十一月庚寅，诏葬于长安之高阳原，礼也。燕隧开封，龙辀进驾，陈祖载而就位，俨涂刍以成列。皇帝哀玉林之闳景，悯璇萼之罹霜，瞻龙绰而增思，怀雁池而水伤。考谥惟占，褒崇有式。爰诏史司，恭宣懿德。其辞曰：

惟天祚唐，累叶重光，中兴宸景，再纽乾纲。本枝建国，磐石疏疆，克井龙胤，实曰贤土。骊源孕彩，日干腾芳，深仁广孝，蕴艺含章。秀发童年，惠彰龀齿，蹈礼知方，承尊叶旨。对日流辩，占凤擅美，鲁、卫后尘，间、平绝轨。胡孽初构，王师未班，爱从襁褓，载历险艰。爰备中掖，名崇懿藩，居常禀训，动不违颜。礼及佩觿，朝加分器，胙土延渥，登坛受帅。玉质金声，文经武纬，乐善为宝，崇儒是贵。浚哲外朗，温文内深，阅书成诵，观乐表音。《五经》在口，六律谐心，才优艺洽，绝古超今。蛇豕犹梗，寰区未乂。涤虑祈真，焚香演偈。食去辜血，心依定惠。庶福邦家，俾清凶秽。雾露婴疾，聪明害神，沉痾始遘，弥旷盈旬。止虑无扰，发言有伦，在膏方亟，问膳逾勤。云物告征，星辰变象，楚药无救，秦医莫伐。灵仪宵而上宾，徽音邈其长往。违旧邸于青社，即幽陵之黄壤。呜呼哀哉！魂气夺兮去何之，精灵存兮孝有思。念君亲之永隔，托梦寐而来辞。延桂宫而震悼，贯椒壶而缠悲。旌遗芳于碣馆，贲新命于储闱。呜呼哀哉！先远戒候，占龟献吉。指鹑野而西临，背凤城而右出。天惨惨而苦雾，山苍苍而噎日。望驰道而长辞，赴幽涂而永毕。呜呼哀哉！生为宠王兮宸爱所钟，殁追上嗣兮朝典斯崇。升玉筵于洞府，阅银榮于泉宫。金石谁固，人生有终，简册攸记兮德音无穷。敢直词于篆美，庶永代而成风。呜呼哀哉！

佋薨时年八岁。既薨之夕，肃宗、张后俱梦佋有如平昔，拜辞流涕而去。帝方寝疾，追念过深，故特以储闱之赠宠之。上疾累月方平。

定王侗，肃宗第十三子。亦张后所生，佋之母弟。至德二载，封定王。宝应初薨，时年甚幼。

宋王僐，肃宗第十四子。初封淮阳王，早夭，追封宋王。

代宗皇帝二十子：睿真皇后沈氏生德宗皇帝，崔妃生昭靖太子，独孤皇后生韩王迥；余十七王，旧史不载母氏所出。

昭靖太子邈，代宗第二子。宝应元年，封郑王。大历初，代皇太子为天下兵马元帅。王好读书，以儒行闻。大历九年薨，废朝三日，由是罢元帅之职。上惜其才早夭，册赠昭靖太子，葬于万年县界。

均王遐，代宗第三子。早夭，贞元八年追封。

睦王述，代宗第四子。大历九年冬，田承嗣谋乱河朔，时郑王居长，典兵师，不幸薨落，诸王皆幼，多未封建。大臣奏议请封亲王，分领戎师，以威天下。十年二月，诏曰：

虞、夏之制，诸子疏封；汉、魏以还，十连授律。是用锡珪班瑞，盘石开疆，信通邑之纪纲，为中都之屏翰。然则旌钺之寄，推择攸难，因亲之任，各膺其命。第四子述、第五子逾、第六子连、第七子迥、第八子遘、第十三子造、第十四子逼、第十五子运、第十六子遇、第十七子遘、第十八子通、第十九子逵、第二十子逸等，并敏茂纯懿，禀于衷诚，温良孝恭，形于进对，动皆合义，居必有常。可以理众靖人，抚封宣化，而总列城之赋，缮分阃之谋，克勤公家，允辅王室。今则均茅社之宠，盛槐庭之仪，授钺登车，

嗣兹朝典，维城之固，尔其懋哉。述可封睦王，充岭南节度支度营田、五府经略观察处置等大使；逾可封郴王，充渭北鄜、坊等州节度大使；连可封恩王；韩王迥可汴、宋等节度观察处置等大使；遘可封鄜王；造可封忻王，充昭义军节度观察处置等大使；逼可封韶王，运可封嘉王，遇可封端王，遘可封循王，通可封恭王，逵可封原王，逸可封雅王；仍并可封开府仪同三司。

是时，皇子胜衣者尽加王爵，不出阁。德宗朝，述为诸王之长。时分命中使周行天下，求访沈太后，诏以睦王为奉迎太后使，以工部尚书乔琳副之。贞元七年薨。

丹王逾，代宗第五子。大历十年，封郴王，领渭北鄜坊节度大使。建中四年，改丹王。元和十五年薨。

恩王连，代宗第六子。大历十年封，元和十二年薨。

韩王迥，代宗第七子。以母宠，既生而受封，虽冲幼，恩在郑王之亚。宝应元年，封韩王。贞元十二年薨，时年四十七。

简王遘，代宗第八子。大历十年，封鄜王，建中四年，改封简王。元和四年薨。

益王迺，代宗第九子。大历四年封。

隋王迅，代宗第十子。大历十年封，兴元元年薨。

荆王选，代宗第十一子，早世。建中二年正月，追封荆王，赠开府仪同三司。

蜀王遡，代宗第十二子。大历十四年封。本名遂，建中二年改今名。

忻王造，代宗第十三子。大历十年封，仍领昭义军节度观察大使。元和六年薨。

韶王逼，代宗十四子。大历十年封，贞元十二年薨。

嘉王运，代宗十五子。大历十年封，元和十七年薨。

端王遇，代宗十六子。大历十年封，贞元七年薨。

循王遘，代宗第十七子。大历十年封。

恭王通，代宗第十八子。大历十年封。

原王逵，代宗第十九子。大历十年封。大和六年薨。

雅王逸，代宗第二十子。大历十年封，贞元十五年薨。

史臣曰：艳妻破国，孽子败宗。前代英杰之君，率不免于斯累者，何也？良以爱恶不由于义断，毁誉遽逐于情移。虽申生孝己之仁，卒不能回君父之爱，悲哉！孝宣皇帝当屯剥之运，收忠义之心，忍行爱子之刑，终宥奸阍之罪，大雅君子，为之痛心。张后卒以凶终，固其宜矣。

赞曰：床第之爱，人情易惑。以义制情，哲王令德。李侯悟主，韵谐金石。褒谥建宁，良堪太息。

卷一百一十七　　列传第六十七

严武　郭英乂　崔宁 弟宽 密 从孙蠡　蠡子茳 从孙躇　严震　严砺

严武，中书侍郎挺之子也。神气隽爽，敏于闻见。幼有成人之风，读书不究精义，涉猎而已。弱冠以门荫策名，陇右节度使哥舒翰奏充判官，迁侍御史。至德初，肃宗兴师靖难，大收才杰，武杖节赴行在。宰相房琯以武名臣之子，素重之，及是，首荐才略可称，累迁给事中。既收长安，以武为京兆少尹、兼御史中丞，时年三十二。以史思明阻兵不之官，优游京师，颇自矜大。出为绵州刺史，迁剑南东川节度使；入为太子宾客、兼御史中丞。

上皇诰以剑两川合为一道，拜武成都尹、兼御史大夫，充剑南节度使；入为太子宾客，迁京兆尹、兼御史大夫。二圣山陵，以武为桥道使。无何，罢兼御史大夫，改吏部侍郎，寻迁黄门侍郎。与宰臣元载深相结托，冀其引在同列。事未行，求为方面，复拜成都尹，充剑南节度等使。广德二年，破吐蕃七万余众，拔当狗城。十月，取盐川城，加检校吏部尚书，封郑国公。

前后在蜀累年，肆志逞欲，恣行猛政。梓州刺史章彝初为武判官，及是小不副意，赴成都杖杀之，由是威震一方。蜀土颇饶珍产，武穷极奢靡，赏赐无度，或由一言赏至百万。蜀方闾里以征敛殆至匮竭，然蕃虏亦不敢犯境。而性本狂荡，视事多率胸臆，虽慈母言不之顾。初为剑南节度使，旧相房琯出为管内刺史，琯于武有导引之恩，武骄倨，见琯略无朝礼，甚为时议所贬。永泰元年四月，以疾终，时年四十。

郭英乂，先朝陇右节度使、左羽林军将军知运之季子也。少以父业，习知武艺，策名河、陇间，以军功累迁诸卫员外将军。至德初，肃宗兴师朔野，英乂以将门子特见任用，迁陇右节度使、兼御史中丞。既收二京，征还阙下，掌禁兵。迁羽林军大将军，加特进。以家艰去职。

朝廷方讨史思明，选任将帅，乃起英乂为陕州刺史，充陕西节度、潼关防御等使，寻加御史大夫，兼神策军节度。代宗即位，加检校户部尚书、兼御史大夫。元帅雍王自陕统诸军讨贼洛阳，留英乂在陕为后殿。东都平，以英乂权为东都留守。既至东都，不能禁暴，纵麾下兵与朔方、回纥之众大掠都城，延及郑、汝等州，比屋荡尽。广德元年，策勋加实封二百户，征拜尚书右仆射，封定襄郡王。恃富而骄，于京城创起甲第，穷极奢靡。与宰臣元载交结，以久其权。

会剑南节度使严武卒，载以英乂代之，兼成都尹，充剑南节度使。既至成都，肆行不轨，无所忌惮。玄宗幸蜀时旧宫，置为道士观，内有玄宗铸金真容及乘舆侍卫图画。先是，节度使每至，皆先拜而后视事。英乂以观地形胜，乃入居之，其真容图画，悉遭毁坏。见者无不愤怒，以军政苛酷，无敢发言。又颇恣狂荡，聚女人骑驴击球，制钿驴鞍及诸服用，皆侈靡装饰，日费数万，以为笑乐。未尝问百姓间事，人颇怨之。又以西山兵马使崔旰得众心，屡抑之。旰因蜀人之怨，自西山率麾下五千余众袭成都，英乂出军拒之，其众皆叛，反攻英乂。英乂奔于简州，普州刺史韩澄斩英乂首以送旰，并屠其妻子焉。

崔宁，卫州人，本名旰。虽儒家子，喜纵横之术。卫州刺史茹璋授旰符离令，既罢，久不调，遂客游剑南，从军为步卒，事鲜于仲通。又随李宓讨云南，宓战败，旰归成都。行军司马崔论见旰，悦其状貌，又以其宗姓厚遇之，荐为衙将。历事崔圆、裴冕。冕遭流谤，朝廷将遣使推按，旰部下截耳称冤，中使奏之。旰亦赴京师，授司戈，历司阶、折冲郎将军等官。

宝应初，蜀中乱，山贼拥绝县道，代宗忧之。严武荐旰为利州刺史，既至，山贼遁散，由是知名。严武为剑南节度，赴镇过利州，心欲辟旰为部将，以利非属部，旰难辄去，俾旰筹之。旰曰："节度使张献诚见忌，且又好利，诚能重赂之，旰可以从大夫矣。"武至剑南，遗献诚奇锦珍贝，价兼百金，献诚大悦。武乃遗献诚书求旰，献诚然之，令旰移疾去郡。旰乃之剑南，武奏为汉州刺史。久之，吐蕃与诸杂羌戎寇陷西山柘、静等州，诏严武收复。武遣旰统兵西山，旰善抚士卒，皆愿致死命。始次贼城，周围皆石砾，攻具无所设。唯东南隅环丈之地，壤土可穴，谍知之以告。旰昼夜穿地道攻之，再宿而拔其城。因拓地数百里，下城寨数四。番众相语云："崔旰，神兵也。"将更前进，以粮尽还师。武大悦，装七宝舆迎旰入成都，以夸士众，赏赉过厚。

永泰元年五月，严武卒，杜济为西川行军司马，权知军府事。时郭英乂为都知兵马使，郭嘉琳为都虞候，皆请英干兄英乂为节度使。旰时为西山都知兵马使，与军众共请大将王崇俊为节度使。二奏俱至京师，会朝廷已除英乂，旰使因见英乂陈其事。英乂至成都，数日，诬杀王崇俊，又召旰还成都。英乂减将健粮赐，人心怨怒。旰在西山闻之，大恐，乃托备吐蕃，未赴成都。英乂怒，出兵声言助旰讨吐蕃，其实袭之也。旰家在汉州，英乂迁之成都，通其妾媵。旰知之，转入深山。英乂自率师攻旰，值天大寒，雪深数尺，英乂士马冻死者数百人，众心离叛。旰遂出兵拒敌，英乂与之接战，英乂军大败而还，收余兵才千人，归成都，将卒因多逃散。

初,天宝中,剑南节度使鲜于仲通尝建一使院,院宇甚华丽。及玄宗幸蜀,尝居之,因为道观,兼写玄宗真容,置之正室。英乂因入观行香,悦其竹树,遂奏请以仲通旧院为军营,乃移去真容自居之。旰闻之,谓将士曰:"英乂反矣!不然,何得除毁玄宗真容而自居之?"乃率兵攻成都。英乂出兵于城西门,令柏茂琳为前军,郭英干为左军,郭嘉琳为后军,与旰战。茂琳等军累败,军人多投旰。旰令降将统兵与英乂转战,大败之。兵至子城,英乂单骑奔简州,为普州刺史韩澄所杀。时邛、剑所在起兵相攻,剑南大乱。

永泰二年二月,乃以黄门侍郎平章事杜鸿渐兼成都尹、山南西道剑南东川西川邛南等道副元帅、剑南西川节度使。鸿渐出骆谷,有谋者曰:"相公驻车阆州,遥制剑南,数移牒述英乂过失,言旰有方略;旰腹心摄诸州刺史者皆奏正之,令旰及将校不疑怨。然后与东川节度使张献诚及诸贼帅合议,数出兵攻旰。既数道连兵,未经一年,兵势减耗,旰穷,必束身归朝。此上策也。"鸿渐畏懦,计疑未决。会旰使至,卑辞厚礼,送缯锦数千匹。鸿渐贪其利,遂至成都,日与判官杜亚、杨炎将吏等高会纵观,军州政事悉委旰,乃连表闻荐。

先时,张献诚数与旰战,献诚屡败,旌节皆为旰所夺。朝廷因鸿渐之请,加成都尹,兼西山防御使、西川节度行军司马,仍赐名曰宁。大历二年,鸿渐归朝,遂授宁西川节度使。恃地险人富,乃厚敛财货,结权贵,令弟宽留京师。元载及诸子有所欲,宽恣与之,故宽骤历御史知杂事、御史中丞。宽兄审亦任郎中、谏议大夫、给事中。宁在蜀十余年,地险兵强,肆侈穷欲,将吏妻妾,多为所淫污,朝廷患之而不能诘。累加尚书左仆射。

大历十四年入朝,迁司空、平章事,兼山陵使,寻代乔琳为御史大夫、平章事。宁以为选御史当出大夫,不谋及宰相,乃奏请以李衡、于结等数人为御史。杨炎大怒,其状遂寝。炎又数逸毁刘晏,宁又求解之。宁既厚结元载已久,杨炎又出自载门,宁初附炎,炎因此大怒。

其年十月,南蛮大下,与吐蕃三道合进。一出茂州,过文川及灌口。一出扶、文,过方维、白坝。一出黎坝、雅,过邛、郏。戎酋诫其众曰:"吾要蜀川为东府,凡伎巧之工皆送婆娑,平岁赋一缣而已。"是蛮之入,连陷郡邑,士庶奔亡山谷。属宁在朝,军中无帅,德宗促宁还镇。炎惧宁怨己,入蜀难制,谓德宗曰:"蜀川天下奥壤,自宁擅置其中,朝廷失其外府十四年矣。今宁来朝,尚有全师守蜀。货利之厚,适中奉给,贡赋所入,与无地同。始宁与诸蛮等夷,独因叛乱得位,不敢自有,以恩柔煦育,威令不行。今虽归之,必无功,是徒遣也;若有功,义不可夺。则西川之奥,败固失之,胜亦非国家所有。陛下熟察。"帝曰:"卿策何从?"炎曰:"请无归宁。今朱泚所部范阳劲兵,戍在近甸,促令与禁兵杂往,举无不捷。因是役得置亲兵内其腹中,蜀将必不敢动。然后换授他帅,以收其权,得千里肥饶之地,是因小祸受大福也。"帝曰:"善",即止宁不行。乃发禁兵四千、范阳兵五千,赴援东川。出军自江油趣白坝,与山南兵合击,蛮兵败走。范阳

军又击破于七盘,遂拔新城,戎、蛮大败。凡斩馘六千,生擒六百,伤者殆半,饥寒陨于崖谷者八九万。

宁遂罢西川节度使,制授检校司空、同中书门下平章事、御史大夫、京畿观察使,兼灵州大都督、单于镇北大都护、朔方节度等使,兼鄜坊丹延都团练观察使。托以重臣绥靖北边,但令居鄜州。虽以宁为节度,每道皆置留后,自得奏事,炎必讽令伺宁过犯。杜希全为灵州,王翃为振武,李建徽为鄜州,及戴休颜、杜从政、吕希倩等,皆炎署置也。宁巡边至夏州,刺史吕希倩与宁力招抚党项,归降者甚多。炎恶之,因奏希倩抚绥之功,才堪委任。召归朝,除右仆射知省事,以神武将军时常春代之。

朱泚之乱,上卒迫行幸,百僚谓王鲜有知者。宁后数日自贼中来,上初喜甚。宁私谓所亲曰:"圣上聪明英迈,从善如转规,但为卢杞所惑至此尔。"杞闻之,潜与王翃图议陷之。初,泾原兵作乱之夕,宁与翃及御史大夫于颀俱出延平门而西,数下马便液,每下辄良久。翃等促之,不敢前。又惧贼兵追及,翃乃大声而言曰:"已至此,不必顾望。"至奉天,翃具以事闻。会朱泚行反间,伪除柳浑宰相,署宁中书令。宁朔方掌书记康湛时为盩厔尉,翃逼湛作宁遗朱泚书,使宁无以自辩,翃遂献之。杞因诬奏曰:"崔宁初无葵藿向日之心,闻于城中与朱泚坚为盟约,所以后于百辟。今事果验。使凶渠外逼,奸臣内谋,则大事去矣。"因俯伏歔欷曰:"臣备位宰相,危不能持,颠不能扶,宜当万死,伏待斧钺。"上命左右扶起之。既还,俄有中人引宁于幕后,二力士自后缢杀之,时年六十一。初,将诛宁,召至朝堂,云令江淮宣慰。寻命翰林学士陆贽草诛宁制;仍求宁与泚书,将以状生之。复乱言云,其书已失。宁既得罪,籍没其家,中外称其冤,乃赦其家,归其资产。贞元十二年六月,宁故将夏、绥、银节度使韩潭奏请以新加礼部尚书恩制以雪宁之罪。诏从之,任其家收葬。

初,宁入朝,留弟宽守成都。泸州杨子琳乘间以精骑数千突入成都,据城守之。宽屡战力屈,子琳威声颇盛。宁妾任氏魁伟果干,乃出其家财十万募勇士,信宿间得千人,设队伍将校,手自麾兵,以逼子琳。子琳惧,城内粮尽,乃拔城自溃。子琳素有妖术,其夕致大雨,引舟至庭除,登之而遁。

宁季弟密,密子绘,父子皆以文雅称,历使府从事。绘生四子:蠡、黯、确、颜,皆以进士擢第。

蠡,字越卿,元和五年擢第,累辟使府。宝历中,入朝监察御史。大和初,为侍御史,三迁户部郎中,出为汝州刺史。开成初,以司勋郎中征,寻以本官知制诰。明年,正拜舍人。三年,权知礼部贡举。四年,拜礼部侍郎,转户部。上疏论国忌日设僧斋,百官行香,事无经据。诏曰:"朕以郊庙之礼,严奉祖宗,备物尽诚,庶几昭格。恭惟忌日之感,所谓终身之忧。而近代以来,归依释、老,征二教以设食,会百辟以行香。将以有助圣灵,冥资福祚。有异皇王之术,颇乖教义之宗。昨得崔蠡奏论,合遣讨寻本末,礼文令式,曾不该明,习俗因循,雅当整革。其两京、天下州府,以国忌日为寺观设斋焚香,从今已后,并

宜停罢。"蠡寻为华州刺史、镇国军等使，再历方镇。子荛。

荛，字野夫。大中二年，擢进士第，累官至尚书郎、知制诰。正拜中书舍人、户部侍郎。乾符中，自尚书右丞迁吏部侍郎。荛美文词，善谈论，而驭事简率，铨管非所长。出为陕州观察使，以器韵自高，不屑细故，权移仆下。时河南寇盗蜂起，王仙芝乱汉南，朝纲不振，而荛自恃清贵，不恤人之疾苦。百姓诉旱，荛指庭树曰："此尚有叶，何旱之有？"乃笞之，吏民结怨。既而为军人所逐，饥渴甚，投民舍求水，民以溺饮之。初为军人所俘，剪其髭发，拜而获免。以失守贬端州司马，复入为左散骑常侍，卒。

子居敬、居俭。居敬终尚书郎，居俭中兴终户部尚书。

黯，字直卿，大和二年，进士擢第。开成初，为青州从事。入为监察御史，奏郊庙祭器不虔，请敕有司。文宗谓宰臣曰："宗庙之事，朕合亲奉其礼，但以千乘万骑，动费国用，每有司行事之日，被衣冠坐以俟旦。比闻主者不虔，祭器劳敝，非事神蠲洁之义。卿宜严敕有司，道吾此意。"黯具条奏以闻。寻迁员外郎。会昌中，为谏议大夫。

确，字岳卿，颜，字希卿，位皆至尚书郎。

严震，字遐闻，梓州盐亭人。世为田家，以财雄于乡里。至德、乾元已后，震屡出家财以助边军，授州长史、王府谘议参军。东川节度判官韦收荐震才用于节度使严武，遂授合州长史。及严武移西川，署为押衙，改恒王府司马。严武以宗姓之故，军府之事多以委之，又历试卫尉、太常少卿。严武卒，乃罢归。东川节度使又奏为渝州刺史，以疾免。山南西道节度使又奏为凤州刺史，加侍御史，丁母忧罢。起复本官，仍充兴、凤两州团练使，累加开府仪同三司、兼御史中丞。为政清严，兴利除害，远近称美。建中初，司勋郎中韦桢为山、剑黜陟使，荐震理行为山南第一，特赐上下考，封郧国公。在凤州十四年，能政不渝。

建中三年，代贾耽为梁州刺史、兼御史大夫、山南西道节度观察等使。及朱泚窃据京城，李怀光顿军咸阳，又与之连结。泚令腹心穆庭光、宋瑗等赍白书诱震同叛，震集众斩庭光等。时李怀光连贼，德宗欲幸山南。震既闻顺动，遣史驰表往奉天迎驾，仍令大将张用诚领兵五千至盩厔已东迎护，上闻之喜。既而用诚为贼所诱，欲谋背逆，朝廷忧之。会震又遣牙将马勋奉表迎候，上临轩召勋与之语，勋对曰："臣请计日至山南取节度使符召用诚，即不受召，旦当斩其首以复。"上喜曰："卿何日当至？"勋克日时而奏，帝勉劳之。勋既得震符，乃请壮丁五人偕行。既出骆谷，用诚以勋未知其谋，乃以数百骑迎勋，勋与俱之传舍，用诚左右森然。勋先聚草发火于驿外，军士争附火。勋乃从容出怀中符示之曰："大夫召君。"用诚惶惧起走，壮士自臂束手而擒之。不虞用诚子居后，引刀斫勋，勋左右遽承其臂，刀下不甚，微伤勋首。遂格杀其子，而仆用诚于地。壮士跨其腹，以刃拟其喉曰："出声即死！"勋即其营，军士已被甲执兵矣。勋大言曰："汝等父母妻子皆在梁州，一朝弃之，欲从用诚反逆，有何利也？但灭汝族耳！大夫使我取张用诚，不问汝辈，欲何为乎？"众皆耸服。于是缚用诚送州，震杖杀之，拔其副将，使率其众迎驾。勋以药封首驰赴行在，亟约半日，上颇忧之，及勋至，上喜动颜色。翌日，车驾发奉天，及入骆谷，李怀光遣数百骑来袭，赖山南兵击之而退，舆驾无警急之患。寻加震检校户部尚书，赐实封二百户。

三月，德宗至梁州。山南地贫，粮食难给，宰臣议请幸成都府。震奏曰："山南地接京畿，李晟方图收复，藉六军声援。如幸西川，则晟未见收复之期也。幸陛下徐思其宜。"议未决，李晟表至，请车驾驻跸梁、洋，以图收复，群议乃止。梁、汉之间，刀耕火耨，民以采稆为事，虽节察十五郡，而赋额不敌中原三数县。自安、史之后，多为山贼剽掠，户口流散大半。洎六师驻跸，震设法劝课，鸠聚财赋，以给行在，民不至烦，供亿无阙。其年六月，收复京城，车驾将还京师，进位检校尚书左仆射。诏曰："朕遭罹寇难，播越梁、岷，蒸庶烦于供亿，武旅勤于捍卫。凡百执事，各奉厥司，眷于是邦，复我兴运，宜加崇大，以示将来。宜改梁州为兴元府，官名品制，同京兆、河南府；郑县升为赤，诸县升为畿。见任州县官，考满日放选，百姓给复一年。洋州宜升为望，见任州县官，考满减两选。山南西道将士，并与甄叙。"以震为兴元尹，赐实封二百户。

贞元元年十一月，德宗亲祀昊天上帝于南郊，震入朝陪祭。十一年二月，加同平章事。贞元十五年六月卒，时年七十六，废朝三日，册赠太保，赙布帛米粟有差。及丧将至，令百官以次赴宅吊哭。

严砺，震之宗人也。性轻躁，多奸谋，以便佞在军，历职至山南东道节度都虞候、兴州刺史、兼监察御史。贞元十五年，严震卒，以砺权留府事，兼遗表荐砺才堪委任。七月，超授兴元尹，兼御史大夫，山南西道节度、支度营田、观察使。诏下，谏官御史以为除拜不当。是日，谏议、给事、补阙、拾遗并归门下省共议：砺资历甚浅，人望素轻，遽领节旄，恐非允当。既兼杂话，发论喧然。拾遗李繁独奏云："昨除拜严砺，众以为不当，谏议大夫苗拯云：'已三度表论，未见听允。'给事中许孟容曰：'诚如此，不旷职矣。'"又云："李元素、陈京、王舒并见拯及孟容言议。"上遣三司使诘之。拯状云："实于众中言曾论奏，不言三度。"繁证之不已。孟容等云："拯实言两度。"拯请依众状。翌日，贬拯万州刺史，李繁播州参军，并同正。砺在位贪残，士民不堪其苦。素恶凤州刺史马勋，诬奏贬贺州司户。纵情肆志，皆此类也。

元和四年三月卒。卒后，御史元稹奉使两川按察，纠劾砺在任日赃罪数十万。诏征其赃，以死恕其罪。

史臣曰：爵人于朝，与众共之；刑人于市，与众弃之。缢崔宁，除严砺，时君之政可知矣，辅相之才可见矣！武不禀父风，有违母诲，凡为人子者，得不戒哉！虽有周、孔之才，不足称也，况狂夫乎！英父失政，其死也宜哉。严震立功，其道也显矣。

赞曰：英父失政，崔宁发身。武为士子，震作纯臣。

卷一百一十八　　列传第六十八

元载 王昂 李少良 邠谋附　王缙　杨炎　黎干 刘忠翼附　庾准

元载，凤翔岐山人也，家本寒微。父景升，任员外官，不理产业，常居岐州。载母携载适景升，冒姓元氏。载自幼嗜学，好属文，性敏惠，博览子史，尤学道书。家贫，徒步随乡赋，累上不升第。天宝初，玄宗崇奉道教，下诏求明庄、老、文、列四子之学者。载策入高科，授邠州新平尉。监察御史韦镒充使监选黔中，引载为判官，载名稍著，迁大理评事。东都留守苗晋卿又引为判官，迁大理司直。

肃宗即位，急于军务，诸道廉使随才擢用。时载避地江左，苏州刺史、江东采访使李希言表载为副，拜祠部员外郎，迁洪州刺史。两京平，入为度支郎中。载智性敏悟，善奏对，肃宗嘉之，委以国计，俾充使江、淮，都领漕挽之任，寻加御史中丞。数月征入，迁户部侍郎、度支使并诸道转运使。既至朝廷，会肃宗寝疾。载与幸臣李辅国善。辅国妻元氏，载之诸宗，因是相昵狎。时辅国权倾海内，举无违者，会选京尹，辅国乃以载兼京兆尹。载意属国柄，诣辅国恳辞京尹，辅国识其意，然之。翌日拜载同中书门下平章事，度支转运使如故。旬日，肃宗晏驾，代宗即位，辅国势愈重，称载于上前。载能伺上意，颇承恩遇，迁中书侍郎、同中书门下平章事，加集贤殿大学士，修国史。又加银青光禄大夫，封许昌县子。载以度支转运使职务繁碎，负荷且重，虑伤名，阻大位，素与刘晏相友善，乃悉以钱谷之务委之，荐晏自代，载自加营田使。李辅国罢职，又加判天下元帅行军司马。广德元年，与宰臣刘晏、裴遵庆同扈从至陕。及舆驾还宫，遵庆皆罢所任，载恩宠弥盛。辅国死，载复结内侍董秀，多与之金帛，委主书卓英倩潜通密旨。以是上有所属，载必先知之，承意探微，言必玄合，上益信任之。妻王氏狠戾自专，载出朝谒，纵子伯和等游于外，上封人顾繇奏之，上方任载以政，反罪繇而已。

内侍鱼朝恩负恃权宠，不与载协，载常惮之。大历四年冬，乘间密奏朝恩专权不轨，请除之。朝恩骄横，天下咸怒，上亦知之，及闻载奏，适会于心。载遂结北军大将同谋，以防万virtue。五年三月，朝恩伏法，度支使第五琦以朝恩党坐累，载兼判度支，志气自若，谓己有除恶之功，是非前贤，以为文武才略，莫己之若。外委胥吏，内听妇言。城中开南北二甲第，室宇宏丽，冠绝当时。又于近郊起亭榭，所至之处，帷帐什器，皆于宿设，储不改供。城南膏腴别墅，连疆接畛，凡数十所，婢仆曳罗绮一百余人，恣为不法，侈僭无度。江、淮方面，京辇要司，皆排去忠良，引用贪狠。士有求进者，不结子弟，则谒主书，货贿公行，近年以来，未有其比。与王缙同列，缙方务聚财，

遂睦于载，二人相得甚欢，日益纵横。代宗尽察其迹，以载任寄多年，欲全君臣之分，载尝独见，上诫之，不悛。

初，扈驾自陕还，与缙上表，请以河中府为中都，秋杪行幸，春首还京，以避蕃戎侵轶之患。帝初纳之，遣条奏以闻。自鱼朝恩就诛，志颇盈满，遂抗表请建中都，文多不载。大略以关辅、河东等十州户税入奉京师，创置精兵五万，管在中都，以威四方，辞多开阖。自以为表入事行，潜遣所由吏于河中经营。

节度寄理于泾州。大历八年，蕃戎入邠宁之后，朝议以为三辅已西，无襟带之固，而泾州散地，不足为守。载尝为西州刺史，知河西、陇右之要害，指画于上前曰："今国家西境极于潘源，吐蕃防戍在摧沙堡，而原州界其间。原州当西塞之口，接陇山之固，草肥水甘，旧垒存焉。吐蕃比毁其垣墉，弃之不居。其西则监牧故地，皆有长濠巨堑，重复深固。原州虽早霜，黍稷不艺，而有平凉附其东，独耕一县，可以足食。请移京西军戍原州，乘间筑之，贮粟一年。戎人夏牧多在青海，羽书覆至，已逾月矣。今运筑并作，不二旬可毕。移子仪大军居泾，以为根本。分兵守石门、木峡、陇山之关，北抵于河，皆连山峻岭，寇不可越。稍置鸣沙县、丰安军为之羽翼，北带灵武五城为之形势。然后举陇右之地以至安西，是谓断西戎之胫，朝廷可高枕矣。"兼图其地形以献。载密使人逾陇山，入原州，量井泉，计徒庸，车乘畚锸之器皆具。检校左仆射田神功沮之曰："夫兴师料敌，老将所难。陛下信一书生言，举国从之，听误矣。"上迟疑不决，会载得罪乃止。

初，六年，载条奏应缘别敕授文武六品以下，敕出后望令吏部、兵部便附甲团奏，不得检勘，从之。时功状奏拟，结衔多谬，载欲权归于己，虑有司驳正。会有上封人李少良密以载丑迹闻，载知之，奏于上前，少良等数人悉毙于公府。由是道路以目，不敢议载之短。门庭之内，非其党与不接，平素交友，涉于道义者悉疏弃之。

代宗宽仁明恕，审其所由，凡累年，载长恶不悛，众怒上闻。大历十二年三月庚辰，仗下后，上御延英殿，命左金吾大将军吴凑收载、缙于政事堂，各留系本所，并中书主事卓英倩、李待荣及载男仲武、季能并收禁，命吏部尚书刘晏讯鞫。晏以载受任树党，布于天下，不敢专断，请他官共事。敕御史大夫李涵、右散骑常侍萧昕、兵部侍郎袁傪、礼部侍郎常衮、谏议大夫杜亚同推究其状。辩罪问端，皆出自禁中，仍遣中使诘以阴事，载、缙皆伏罪。是日，宦官左卫将军、知内侍省事董秀与载同恶，先载于禁中杖杀之。敕曰："任直去邪，悬于帝典；奖善惩恶，急于时政。和鼎之寄，匪易其人。中书侍郎、同中书门下平章事元载，性颇奸回，迹非正直。宠待逾分，早践钧衡。亮弼之功，未能经邦成务；挟邪之志，常以罔上面欺。阴托妖巫，夜行解祷，用图非望，庶蠲典章。纳受私权，贸鬻官秩。凶妻忍害，暴子侵牟，曾不堤防，恣其凌虐。行僻辞矫，心狠貌恭，使沉抑之流，无因自达，赏罚差谬，罔不由兹。顷以君臣之间，重于去就，冀其迁善，掩而不言。曾无悔非，弥益凶戾，年序滋远，衅恶贯盈。将肃政于朝班，俾申明于宪纲，宜赐自尽。朕涉道犹浅，知人不

明，理绩未彰，遗阙斯众，致兹刑辟，悯愧良深。俛俯行之，务申沮劝，凡在中外，悉朕怀焉。"又制曰："门下侍郎、同中书门下平章事王缙，附会奸邪，阿谀逸佞。据兹犯状，罪至难容，矜以耋及，未忍加刑。俾申屈法之恩，贷以岳牧之秩。可使持节括州诸军事，守括州刺史，宜即赴任。於戏！朕恭已南面，推诚股肱，敷求哲人，将弼予理。昧于任使，过在朕躬，无旷厥官，各慎厥职。"初，晏等承旨，缙亦处极法，晏谓涵曰："重刑再覆，国之常典，况诛大臣，岂得不覆奏！又法有首从，二人同刑，亦宜重取进止。"涵等咸听命。及晏等覆奏，上乃减缙罪从轻。

载长子伯和，先是贬在扬州兵曹参军，载得罪，命中使驰传于扬州赐死。次子仲武，祠部员外郎，次子季能，秘书省校书郎，并载妻王氏并赐死。女资敬寺尼真一，收入掖庭。王氏，开元中河西节度使忠嗣之女也，素以凶戾闻，恣其子伯和等为虐。伯和恃父威势，唯以聚敛财货，征求音乐为事。

载在相位多年，权倾四海，外方珍异，皆集其门，资货不可胜计，故伯和、仲武等肆其志。轻浮之士，奔其门者，如恐不及。名姝、异乐，禁中无者有之。兄弟各贮妓妾于室，倡优偎亵之戏，天伦同观，略无愧耻。及得罪，行路无嗟惜者。中使董秀、主书卓英倩、李待荣及阴阳人李季连，以载之故，皆处极法。遣中官于万年县界黄台乡毁载祖及父母坟墓，斫棺弃柩，及私庙木主；并载大宁里、安仁里二宅，充修百司廨宇。以载籍没钟乳五百两分赐中书门下御史台五品已上、尚书省四品已上。

王昂者，出自戎旅，以军功累迁河中尹，充河中节度使。贪纵不法，务于聚敛，以货藩身。永泰元年正月，检校刑部尚书知省事，改殿中少监。元载秉政，与载深相结托。大历五年六月，为江陵尹、兼御史大夫，充荆南节度观察使，代卫伯玉。昂既行，伯玉讽大将杨锐等拒昂，乞留伯玉，诏许之。昂复检校刑部尚书，知省事。专事奢靡，广修第宅，多畜妓妾，以逞其志。在刑部，虽公务有程，昂耽徇私宴，连日不视曹事。性贪吝，无愧苟得，乃鬻公廨园菜，收其钱以润屋，甚为时论所丑。元载诛，贬连州刺史，遣中使监至万州，过硖江，坠江而卒。

李少良者，以吏用，早从使幕，因职迁殿中侍御史。罢，游京师，干谒权贵。时元载专政，所居第宅崇侈，子弟纵横，货贿公行，士庶咸嫉之。少良怨不见用，乘众怒以抗疏上闻。留少良于禁内客省，少良友人韦颂因至禁门访少良，少良漏其言；颂不慎密，遂为载备知之，乃奏少良狂妄，诏下御史台讯鞫。是时御史大夫缺，载以张延赏为之，属意焉。少良以泄禁中奏议，制使陆珽同伏聚。初，韦颂及珽俱与少良善，与载子弟亲党款狎。颂得少良微旨，漏于载所亲，遂达于载。载密召珽问之，珽具白其状及禁中语。载得之，奏于上前，上大怒，并付京兆府决杀。珽，国子司业善经之子也，少传父业，颇通经史，性浮躁而疏，故及于累。

大历中，元载弄权自恣，人皆恶之。八年七月，晋州男子郇谟以麻辫发，持竹筐及苇席哭于东市。人问其故，对曰："有三十字请献于上。若无堪，便以竹筐贮尸，弃之于野。"京兆府以闻。上既召见，赐衣，馆于禁内客省。其献三十字，各论一事。其要者："团"字、"监"字。团者，请罢诸州团练使；监者，请罢诸道监军使。殿中御史杨护职居左巡，郇谟哭市，护不闻奏，上以为蔽匿，贬连州桂阳县丞员外置。元载当承宠得志，每改张朝政，出于载手，中外共怒，当时归咎于载，故少良封事于前，郇谟哭市于后。凡百有位，宜为明诚。

王缙，字夏卿，河中人也。少好学，与兄维早以文翰著名。缙连应草泽及文辞清丽科举，累授侍御史、武部员外。禄山之乱，选为太原少尹，与李光弼同守太原，功效谋略，众所推先，加宪部侍郎，兼本官。时兄维陷贼，受伪署，贼平，维付吏议，缙请以己官赎维之罪，特为减等。

缙寻入拜国子祭酒，改凤翔尹、秦陇州防御使，历工部侍郎、左散骑常侍。撰《玄宗哀册文》，时称为工。改兵部侍郎。属平殄史朝义，河朔未安，诏缙以本官河北宣慰，奉使称旨。广德二年，拜黄门侍郎、同平章事、太微宫使、弘文崇贤馆大学士。其年，河南副元帅李光弼薨于徐州，以缙为侍中、持节都统河南、淮西、山南东道诸节度行营事。缙恳让侍中，从之，加上柱国，兼东都留守。岁余，迁河南副元帅，请减军资钱四十万贯修东都殿宇。大历三年，幽州节度使李怀仙死，以缙领幽州、卢龙节度。缙赴镇而还，委政于燕将朱希彩。又属河东节度辛云京卒，遂兼太原尹、北都留守、河东节度营田观察等使。缙又让河南副元帅、东都留守，从之。太原旧将王无纵、张奉璋等恃功力，且以缙儒者易之，每事多违约束。缙一朝悉召斩之，将校股栗。

二岁，罢河东归朝，授门下侍郎、中书门下平章事。时元载用事，缙卑附之，不敢与忤，然恃才与老，多所傲忽。载所不悦，心虽希载旨，然以言辞凌诉，无所惮忌。时京兆尹黎干者，戎州人也，数论事，载甚病之，而力不能去也。干尝白事于缙，缙曰："尹，南方君子也，安知朝礼！"其慢而侮人，率如此类。

缙弟兄奉佛，不茹荤血，缙晚年尤甚。与杜鸿渐舍财造寺无限极。妻李氏卒，舍道政里第为寺，为之追福，奏其额曰宝应，度僧三十人住持。每节度观察使入朝，必延至宝应寺，讽令施财，助己修缮。初，代宗喜祠祀，未甚重佛，而元载、杜鸿渐与缙喜饭僧徒。代宗尝问以福业报应事，载等因而启奏，代宗由是奉之过当，尝令僧百余人于宫中陈设佛像，经行念诵，谓之内道场。其饮膳之厚，穷极珍异，出入乘厩马，度支具廪给。每西蕃入寇，必令群僧讲诵《仁王经》，以攘虏寇。苟幸其退，则横加锡赐。胡僧不空，官至卿监，封国公，通籍禁中，势移公卿，争权擅威，日相凌夺。凡京畿之丰田美利，多归于寺观，吏不能制。僧之徒侣，虽有赃奸畜乱，败戮相继，而代宗信心不易，乃诏天下官吏不得箠曳僧尼。又见缙等施财立寺，穷极瑰丽，每对扬启沃，必以业果为证。以为国家庆祚灵长，皆福报所资，业力已定，虽小有患难，不足道也。故禄山、思明毒乱方炽，而皆有子祸；仆固怀恩将乱而死，西戎犯阙，未击而退。此皆非人事之明征也。帝信之愈甚。

公卿大臣既挂以业报,则人事弃而不修,故大历刑政,日以陵迟,有由然也。

五台山有金阁寺,铸铜为瓦,涂金于上,照耀山谷,计钱巨亿万。缙为宰相,给中书符牒,令台山僧数十人分行郡县,聚徒讲说,以求货利。代宗七月望日于内道场造盂兰盆,饰以金翠,所费百万。又设高祖已下七圣神座,备幡节、龙伞、衣裳之制,各书尊号于幡上以识之,舁出内,陈于寺观。是日,排仪仗,百僚序立于光顺门以俟之,幡花鼓舞,迎呼道路。岁以为常,而识者嗤其不典,其伤教之源始于缙也。

李氏,初为左丞韦济妻,济卒,奔缙。缙嬖之,冒称为妻,实妾也。又纵弟妹女尼等广纳财贿,贪猥之迹如市贾焉。元载得罪,缙连坐贬括州刺史,移处州刺史。大历十四年,除太子宾客,留司东都。建中二年十二月卒,年八十二。

杨炎,字公南,凤翔人。曾祖大宝,武德初为龙门令,刘武周陷晋、绛,攻之不降,城破被害,褒赠全节侯。祖哲,以孝行有异,旌其门闾。父播,登进士第,隐居不仕,玄宗征为谏议大夫,弃官就养,亦以孝祯祥,表其门闾。肃宗就加散骑常侍,赐号玄靖先生,名在《逸人传》。

炎美须眉,风骨峻峙,文藻雄丽,汧、陇之间,号为小杨山人。释褐,辟河西节度掌书记。神乌令李大简尝因醉辱炎,至是与炎同幕,率左右反接之,铁棒挝之二百,流血被地,几死。节度使吕崇贲爱其才,不之责。后副元帅李光弼奏为判官,不应,征拜起居舍人,辞禄就养岐下。丁忧,庐于墓前,号泣不绝声,有紫芝白雀之祥,又表其门闾。孝著三代,门树六阙,古未有也。服阕久之,起为司勋员外郎,改兵部,转礼部郎中、知制诰。迁中书舍人,与常衮并掌纶诰,衮长于除书,炎善为德音,自开元已来,言诏制之美者,时称常、杨焉。

炎乐贤下士,以汲引为己任,人士归之。尝为《李楷洛碑》,辞甚工,文士莫不成诵之。迁吏部侍郎,修国史。元载自作相,常选擢朝士有文学器望者一人厚遇之,将以代己。初,引礼部郎中刘单;单卒,引吏部侍郎薛邕,邕贬,又引炎。载亲重炎,无与为比。载败,坐贬道州司马。德宗即位,议用宰相,崔祐甫荐炎有文学器用,上亦自闻其名,拜银青光禄大夫、门下侍郎、同平章事。炎有风仪,博以文学,早负时称,天下翕然,望为贤相。

初,国家旧制,天下财赋皆纳于左藏库,而太府四时以数闻,尚书比部覆其出入,上下相辖,无失遗。及第五琦为度支、盐铁使,京师多豪将,求取无节,琦不能禁,乃悉以租赋进入大盈内库,以中人主之意,天子以取给为便,故不复出。是以天下公赋,为人君私藏,有司不得窥其多少,国用不能计其赢缩,殆二十年矣。中官以冗名持簿书,领其事者三百人,皆奉给其间,连结根固不可动。及炎作相,顿首于上前,论之曰:"夫财赋,邦国之大本,生人之喉命,天下理乱轻重皆由焉。是以前代历选重臣主之,犹惧不集,往往覆败,大计一失,则天下动摇。先朝权制,中人领其职,以五尺宦竖操邦之本,丰俭盈虚,虽

大臣不得知,则无以计天下利害。臣愚待罪宰辅,陛下至德,惟人是恤,参校蠹弊,无斯之甚。请出之以归有司,度宫中经费一岁几何,量数奉入,不敢亏用。如此,然后可以议政。惟陛下察焉。"诏曰:"凡财赋皆归左藏库,一用旧式,每岁于数中量进三五十万入大盈,而度支先以其全数闻。"炎以片言移人主意,议者以为难,中外称之。

初定令式,国家有租赋庸调之法。开元中,玄宗修道德,以宽仁为理本,故不为版籍之书,人户浸溢,堤防不禁。丁口转死,非旧名矣;田亩移换,非旧额矣;贫富升降,非旧第矣。户部徒以空文总其故书,盖得非当时之实。旧制,人丁戍边者,蠲其租庸,六岁免归。玄宗方事夷狄,戍者多死不返,边将怙宠而讳,不以死申,故其贯籍之名不除。至天宝中,王铁为户口使,方务聚敛,以丁籍且存,则丁身焉往,是隐课而不出耳。遂案旧籍,计除六年之外,积征其家三十年租庸。天下之人苦而无告,则租庸之法弊久矣。迨至德之后,天下兵起,始以兵役,因之饥疠,征求运输,百役并作,人户凋耗,版图空虚。军国之用,仰给于度支、转运二使;四方征镇,又自给于节度、都团练使。赋敛之司数四,而莫相统摄,于是纲大坏,朝廷不能覆诸使,诸使不能覆诸州,四方贡献,悉入内库。权臣猾吏,因缘为奸,或公托进献,私为赃盗者动万万计。河南、山东、荆襄、剑南有重兵处,皆厚自奉养,王赋所入无几。吏职之名,随人署置;俸给厚薄,由其增损。故科敛之名凡数百,废者不削,重者不去,新旧仍积,不知其涯。百姓受命而供之,沥膏血,鬻亲爱,旬输月送无休息。吏因其苛,蚕食千人。凡富人多丁者,率为官为僧,以色役免;贫人无所入则丁存。故课免于上,而赋增于下。是以天下残瘁,荡为浮人,乡居地著者百不四五,如是者殆三十年。

炎因奏对,恳言其弊,乃请作两税法,以一其名,曰:"凡百役之费,一钱之敛,先度其数而赋于人,量出以制入。户无主客,以见居为簿;人无丁中,以贫富为差。不居处而行商者,在所郡县税三十之一,度所与居者均,使无侥利。居人之税,秋夏两征之,俗有不便者正之。其租庸杂徭悉省,而丁额不废,申报出入如旧式。其田亩之税,率以大历十四年垦田之数为准而均征之。夏税无过六月,秋税无过十一月。逾岁之后,有户增而税减轻,及人散而失均者,进退长吏,而以尚书度支总统焉。"德宗善而行之,诏谕中外。而掌赋者沮其非利,言租庸之令四百余年,旧制不可轻改。上行不疑,天下便之。人不土断而地著,赋不加敛而增人,版籍不造而得其虚实,贪吏不诚而奸无所取。自是轻重之权,始归于朝廷。

炎救时之弊,颇有嘉声。莅事数月,属崔祐甫疾病,多不视事,乔琳罢免,炎遂独当国政。祐甫之所制作,炎隳之。初减薄护作元陵功优,人心始不悦。又专意报恩复仇。道州录事参军王沼有微恩于炎,举沼为监察御史。感元载恩,专务行载旧事以报之。初,载得罪,左仆射刘晏讯劾之,元载诛,炎亦坐贬,故深怨晏。晏领东都、河南、江淮、山南东道转运、租庸、青苗、盐铁使,炎作相数月,欲贬晏,先罢其使,天下钱谷皆归金部、仓部。又献议开

丰州陵阳渠，发京畿人夫于西城就役，闾里骚扰，事竟无成。

初，大历末，元载议请城原州，以遏西番入寇之冲要，事未行而载诛。及炎得政，建中二年二月，奏请城原州，先牒泾原节度使段秀实，令为之具。秀实报曰："凡安边却敌之长策，宜缓以计图之，无宜草草兴功也。又春事方作，请待农隙而缉其事。"炎怒，征秀实为司农卿。以邠宁别驾李怀光居前督作，以检校司空平章事朱泚、御史大夫平章事崔宁各统兵万人以翼后。三月，诏下泾州为具。泾军怒而言曰："吾曹为国西门之屏，十余年矣！始治于邠，才置农桑，地著之安；而徙于此，置榛莽之中，手披足践，才立城垒；又投之塞外，吾何罪而置此乎！"李怀光监朔方军，法令严峻，频杀大将。泾州裨将刘文喜因人怨怒，拒不受诏，上疏复求段秀实为帅，否则朱泚。于是以朱泚代怀光，文喜又不奉诏。泾有劲兵二万，闭城拒守，令其子入质吐蕃以求援。时方炎旱，人情骚动，群臣皆请赦文喜，上皆不省。德宗减服御以给军人，城中军士当受春服，赐与如故。命朱泚、李怀光等军攻之，乃筑垒环之。泾州别将刘海宾斩文喜首，传之阙下。苟非海宾效顺，必生边患，皆因炎以喜怒易帅，泾帅结怨故也。原州竟不能城。

炎既构刘晏之罪贬官，司农卿庾准与晏有隙，乃用准为荆南节度使，讽令诬晏以忠州叛，杀之，妻子徙岭表，朝野为之侧目。李正己上表请杀晏之罪，指斥朝廷。炎惧，乃遣腹心分往诸道：裴冀，东都、河阳、魏博；孙成，泽潞、磁邢、幽州；卢东美，河南、淄青；李舟，山南、湖南；王定，淮西。声言宣慰，而意实说谤。且言"晏之得罪，以昔年附会奸邪，谋立独孤妃为皇后，上自恶之，非他过也。"或有密奏"炎遣五使往诸镇者，恐天下以杀刘晏之罪归己，推过于上耳。"乃使中人复炎辞于正己，还报信然。自此德宗有意诛炎矣，待事而发。乃擢用卢杞为门下侍郎、平章事，炎转中书侍郎，仍平章事。二人同事秉政，杞无文学，仪貌寝陋，炎恶而忽之，每托疾息于他阁，多不会食，杞亦衔恨之。旧制，中书舍人分押尚书六曹，以平奏报，开元初废其职，杞请复之，炎固以为不可。杞益怒，又密启中书主书过，逐之。炎怒曰："主书，吾局吏也，有过吾自治之，奈何而相侵？"

属梁崇义叛换，德宗欲以淮西节度使李希烈统诸军讨之。炎谏曰："希烈始与李忠臣为子，亲任无双，竟逐忠臣而取其位，背本若此，岂可信也！居常无尺寸功，犹强不奉法，异日平贼后，恃功邀上，陛下何以驭之？"初，炎之南来，途经襄、汉，固劝崇义入朝，崇义不能从，已怀反侧。寻又使其党李舟使驰说，崇义固而拒命，遂图叛逆，皆炎迫而成之。至是，德宗欲假希烈兵势以讨崇义，然别图希烈。炎又固言不可，上不能平，乃曰："朕业许之矣，不能食言。"遂以希烈统诸军。

会德宗尝访宰相群臣中可以大任者，卢杞荐张镒、严郢，而炎举崔昭、赵惠伯。上以炎论议疏阔，遂罢炎相，为左仆射。后数日中谢，对于延英，及出，驰归，不至中书，卢杞自是益怒焉。杞寻引严郢为御史大夫。初，郢为京兆尹，不附炎，炎怒之，讽御史张著弹郢，郢罢兼御史中丞。炎又风闻源休与郢有隙，乃拔休自流人为京兆尹，令伺郢过。休莅官后，与郢友善，炎大怒。张光晟方谋议杀回纥酋帅，炎乃以休为入回纥使，休几为房所杀。郢寻坐以度田不实，改为大理卿，时人惜之。至是，杞因群情所欲，又知郢与炎有隙，故引荐之。

炎子弘业不肖，多犯禁，受赂请托，郢按之，兼得其他过。初，炎将立家庙，先有私第在东都，令河南尹赵惠伯货之，惠伯为炎市为官廨。时惠伯自河中尹、都团练观察等使初受代，郢奏追捕惠伯诘案。御史以炎为宰相，抑吏货市私第，贵估其宅，贱入其币，计以为赃。杞召大理正田晋评罪，晋曰："宰臣于庶官，比之监临，官市贾有羡利，计其利以乞取论罪，当夺官。"杞怒，谪晋衡州司马。更召他吏绳之，曰："监主自盗，罪绞。"开元中，萧嵩将于曲江南立私庙，寻以玄宗临幸之所，恐置庙非便，乃罢之。至是，炎以其地为庙，有飞语者云："此地有王气，炎故取之，必有异图。"语闻，上愈怒。及台司上具狱，诏三司使同覆之。建中二年十月，诏曰："尚书左仆射杨炎，托以文艺，累登清贯。虽谪居荒服，而虚称犹存。朕初临万乘，思弘大化，务擢非次，招纳时髦。拔自郡佐，登于鼎司，独委心膂，信任无疑。而乃不思竭诚，敢为奸蠹，进邪丑正，既伪且坚，党援因依，动涉情故。隳法败度，罔上行私，苟利其身，不顾于国。加以内无训诫，外有交通，纵恣诈欺，以成赃贿。询其事迹，本末乖谬，蔑恩弃德，负我何深！考状议刑，罪在难宥。但以朕于将相，义切始终，顾全大体，特有弘贷，俾从远谪，以肃具僚。可崖州司马同正，仍驰驿发遣。"去崖州百里赐死，年五十五。

炎早有文章，亦励志节，及为中书舍人，附会元载，时议已薄之。后坐载贬官，愤恚益甚，归而得政，睚眦必雠，险害之性附于心，唯其爱憎，不顾公道，以至于败。惠伯亦坐炎贬费州多田尉，寻亦杀之。

黎干者，戎州人。始以善星纬数术进，待诏翰林，累官至谏议大夫。寻迁京兆尹，以严肃为理，人颇便之，而因缘附会，与时上下。大历二年，改刑部侍郎。鱼朝恩伏诛，坐交通出为桂州刺史、本管观察使。至江陵，丁母忧。久之，会京兆尹缺，人颇思干。八年，复拜京兆尹、兼御史大夫。干自以得志，无心为理，贪暴益甚，徇于财色。十三年，除兵部侍郎。性险，挟左道，结中贵，以希主恩，代宗甚惑之。时中官刘忠翼宠任方盛，干结之素厚，尝通其奸谋。及德宗初即位，干犹以诡道求进，密居舆中诣忠翼第。事发，诏曰："兵部侍郎黎干，害若豺狼，特进刘忠翼，掩义隐贼，并除名长流。"即行，市里儿童数千人噪聚，怀瓦砾投击之，捕贼尉不能止，遂皆赐死于蓝田驿。

忠翼，宦官也，本名清潭，与董秀皆有宠于代宗。天宪在口，势回日月，贪饕纳贿，货产巨万。大历中，德宗居东宫，干及清潭尝有奸谋动摇。及是，积前罪以诛之。

庾准，常州人。父光先，天宝中，文部侍郎。准以门荫入仕，昵于宰相王缙，缙骤引至职方郎中、知制诰，迁中书舍人。准素寡文学，以柔媚自进，既非儒流，甚为时论所薄。寻改御史中丞，迁尚书左丞。缙得罪，出为汝州刺史。复入为司农卿，与杨炎厚善。炎欲杀刘晏，知准与晏有隙，乃用为荆南节度。准乃上言得晏与朱泚书，且有怨望，又召补州兵以拒命。于是先杀晏，然后下诏赐自尽，海内冤之。炎以杀晏征准为尚书左丞。建中三年六月丁巳卒，时年五十一。赠工部尚书。

史臣曰：仲尼云：富与贵是人之欲，不以道得之不处。反乎是道者小人。载诣辅国以进身，弄时权而固位，众怒难犯，长恶不悛，家亡而诛及妻儿，身死而殃及祖祢。缙附会奸邪，以至颠覆。炎隳崔祐甫之规，怒段秀实之直，酬恩报怨，以私害公。三子者咸著文章，殊乖德行。"不常其德，或承之羞"，大《易》之义也。富贵不以其道，小人之事哉！观庚准之忿，遭王缙之复，徇杨炎之意，曲致刘晏之冤。积恶而获令终者，其在余殃乎！

赞曰：载、缙、炎、准，交相附会。《左传》有言，贪人败类。

卷一百一十九　　列传第六十九

杨绾　崔祐甫 子植　植再从兄俊
常衮

杨绾，字公权，华州华阴人也。祖温玉，则天朝为户部侍郎、国子祭酒。父侃，开元中醴泉令，皆以儒行称。绾生聪惠，年四岁，处群从之中，敏识过人。尝夜宴亲宾，各举坐中物以四声呼之，诸宾未言，绾应声指铁灯树曰："灯盏柄曲。"众咸异之。及长，好学不倦，博通经史，九流七略，无不该览，尤工文辞，藻思清赡。而宗尚玄理，沉静寡欲，常独处一室，左右经书，凝尘满席，澹如也。含光晦用，不欲名彰，每属文，耻于自白，非知己不可得而见。早孤家贫，养母以孝闻，甘旨或阙，忧见于色。亲友讽令干禄，举进士，调补太子正字。天宝十三年，玄宗御勤政楼，试博通坟典、洞晓玄经、辞藻宏丽、军谋出众等举人，命有司供食，既暮而罢。取辞藻宏丽外，别试诗赋各一首。制举试诗赋，自此始也。时登科者三人，绾为之首，超授右拾遗。

天宝末，安禄山反，肃宗即位于灵武。绾自贼中冒难，披榛求食，以赴行在。时朝廷方急贤，及绾至，众心咸悦，拜起居舍人、知制诰。历司勋员外郎、职方郎中，掌诰如故。迁中书舍人，兼修国史。故事，舍人年深者谓之"阁老"，公廨杂料，归阁老者五之四。绾以为品秩同列，给受宜均，悉平分之，甚为时论归美。再迁礼部侍郎，上疏条奏贡举之弊曰：

国之选士，必藉贤良。盖取孝友纯备，言行敦实，居常育德，动不违仁。体忠信之资，履谦恭之操，藏器则未尝自伐，虚心而所应必诚。夫如是，故能率己从政，化人镇俗者也。自叔叶浇讹，兹道浸微，争尚文辞，互相矜炫。马卿浮薄，竟不周于任用；赵壹虚诞，终取摈于乡间。自时厥后，其道弥盛，不思实行，皆徇空名，败俗伤教，备载前史，古人比文章于郑、卫，盖有由也。

近炀帝始置进士之科，当时犹试策而已。至高宗朝，刘思立为考功员外郎，又奏进士加杂文，明经填帖，从此积弊，浸转成俗。幼能就学，皆诵当代之诗，长而博文，不越诸家之集。递相党与，用致虚声，《六经》则未尝开卷，《三史》则皆同挂壁。况复征以孔门之道，责其君子之儒者哉。祖习既深，奔竞为务，矜能者曾无愧色，勇进者但欲凌人，以毁訾为常谈，以向背为己任。投刺干谒，驱驰于要津；露才扬己，喧腾于当代。古之贤良方正，岂有如此者乎！朝之公卿，以此待士，家之长老，以此垂训。欲其返淳朴，怀礼让，守忠信，识廉隅，何可得也！譬之于水，其流已浊，若不澄本，何当复清。方今圣德御天，再宁寰宇，四海之内，颙颙向化，皆延颈举踵，思圣朝之理也。不以此时而理之，则太平之政又乖矣。

凡国之大柄，莫先择士。自古哲后，皆侧席待贤；今之取人，令投牒自举，非经国之体也。望请依古制，县令察孝廉，审知其乡间有孝友信义廉耻之行，加以经业，才堪策试者，以孝廉为名，荐之于州。刺史当以礼待之，试其所通之学，其通者送名于省。自县至省，不得令举人辄自陈牒。比来有到状保辩识牒等，一切并停。其所习经，取《左传》、《公羊》、《穀梁》、《礼记》、《周礼》、《仪礼》、《尚书》、《毛诗》、《周易》，任通一经，务取深义奥旨，通诸家之义。试日，差诸司有儒学者对问，每经问义十条，问毕对策三道。其策皆问古今理体及当时要务，取堪行用者。其经义并策全通为上第，望付吏部便与官；其经义通八、策通二为中第，与出身；下第罢归。其明经比试帖经，殊非古义，皆诵帖括，冀图侥幸。并近有道举，亦非理国之体，望请与明经、进士并停。其国子监举人，亦请准此。如有行业不著，所由妄相推荐，请量加贬黜。所冀数年之间，人伦一变，既归实学，当识大猷。居家者必修德业，从政者皆知廉耻，浮竞自止，敦庞自劝，教人之本，实在兹焉。事若施行，即别立条例。

诏左右丞、诸司侍郎、御史大夫、中丞、给、舍同议奏闻。给事中李廙、给事中李栖筠、尚书左丞贾至、京兆尹兼御史大夫严武所奏议状与绾同。尚书左丞至议曰：

谨按夏之政尚忠，殷之政尚敬，周之政尚文，然则文与忠敬，皆统人之行也。且夫谥号述行，美极人文，人文兴则忠敬存焉。是故前代以文取士，本文行也，由辞以观行，则及辞也。宣父称颜子不迁怒，不贰过，谓之好学。至乎修《春秋》，则游、夏之徒不能措一辞，不亦明乎！间者礼部取人，有乖斯义。

《易》曰："观乎人文以化成天下。"《关雎》之义曰："先王以是经夫妇，成孝敬，厚人伦，美教化，移风俗，盖王政之所由废兴也。"故延陵听《诗》，知诸侯之存亡。今试学者以帖字为精通，不穷旨义，岂能知迁怒贰过之道乎？考文者以声病为是非，唯择浮艳，岂能知移风易俗化天下之事乎？是以上失其源而下袭其流，波荡不知所止，先王之道，莫能行也。夫先王之道消，则小人之道长；小人之道长，则乱臣贼子生焉。臣弑其君，子弑其父，非一朝一夕之故，其所由来者渐矣。渐者何？谓忠信之凌颓，耻尚之失所，末学之驰骋，儒道之不举，四者皆取士之失也。

夫一国之事，系一人之本谓之风。赞扬其风，系卿大夫也，卿大夫何尝不出于士乎？今取士试之小道，而不以远者大者，使干禄之徒，趋驰末术，是诱导之差也。夫以蜗蚓之饵杂垂沧海，而望吞舟之鱼，不亦难乎！所以食垂饵者皆小鱼，就科目者皆小艺。四人之业，士最关于风化。近代趋仕，靡然向风，致使禄山一呼而四海震荡，思明再乱而十年不复。向使礼让之道弘，仁义之道著，则忠悌孝子比屋可封，逆节不得而萌也，人心不得而摇也。

且夏有天下四百载，禹之道丧而殷始兴焉；殷有天下六百祀，汤之法弃而周始兴焉；周有天下八百年，文、武之政废而秦并兴焉。观三代之选士任贤，皆考实行，故能风化淳一，运祚长远。秦坑儒士，二代而亡。汉兴，杂三代之政，弘四科之举，西京始振经术之学，东都终持名节之行。至有近戚窃位，强臣擅权，弱主孤立，母后专政，而社稷不陨，终彼四百，岂非兴学行道、扇化于乡里哉？厥后文章道弊，尚于浮侈，取士术异，苟济一时。自魏至隋，仅四百载，三光分景，九州阻域，窃号僭位，德义不修，是以子孙速颠，享国咸促。国家革魏、晋、梁、隋之弊，承夏、殷、周、汉之业，四隩既宅，九州攸同，覆焘亭育，合德天地。安有舍皇王举士之道，踪乱代取人之术？此公卿大夫之辱也。杨绾所奏，实为正论。

然自典午覆败，中原版荡，戎狄乱华，衣冠迁徙，南北分裂，人多侨处。圣朝一平区宇，尚复因循，版图则张，间井未设，士居乡土，百无一二，因缘官族，所在耕筑，地望系之数百年之外，而身皆东西南北之人焉。今欲依古制乡举里选，犹恐取士之未尽也，请兼广学校，以弘训诱。今京有太学，州县有小学，兵革一动，生徒流离，儒臣师氏，禄廪无向。贡士不称行实，胄子何尝讲习，独礼部每岁擢甲乙之第，谓弘奖擢，不其谬欤？只足长浮薄之风，启侥幸之路矣。其国子博士等，望加员数，厚其禄秩，选通儒硕生，间居其职。十道大郡，量置太学馆，令博士出外，兼领郡官，召置生徒。依乎故事，保桑梓者乡里举焉，在流寓者庠序推焉。朝而行之，夕见其利。如此则青青不复兴刺，抚抚必归本矣。人伦之始，王化之先，不是过也。

李廙等议与绾协，文多不载。宰臣等奏以举人旧业已成，难于速改，其今岁举人，望且许应旧举，来岁奉诏，仍敕礼部即具条例奏闻。代宗以废进士科问翰林学士，对曰："进士行来已久，遽废之，恐失人业。"乃诏孝廉与旧举兼行。绾又奏岁贡孝悌力田及童子科等，其孝悌力田，宜有实状，童子越众，不在常科，同之岁贡，恐长侥倖之路。诏停之。再迁吏部侍郎，历典举选，精核人物，以公平称。

时元载秉政，公卿多附之，绾孤立中道，清贞自守，未尝私谒。载以绾雅望素高，外示尊重，心实疏忌。会鱼朝恩死，载以朝恩尝判国子监事，尘污太学，宜得名儒，以清其秩，乃奏为国子祭酒，实欲以散地处之。载贪冒日甚，天下清议，亦归于绾，上深知之，以载久在枢衡，未即罢遣。仍迁绾为太常卿，充礼仪使，以郊庙礼久废，藉绾振起之也，亦以观其效用。是年三月，载伏诛，上乃拜绾中书侍郎、同中书门下平章事、集贤殿崇文馆大学士，兼修国史。绾久积公辅之望，及诏出，朝野相贺。绾累表恳让，上属意稍重，绾不敢辞。

绾素以德行著闻，质性贞廉，车服俭朴，居庙堂未数月，人心自化。御史中丞崔宽，剑南西川节度使宁之弟，家富于财，有别墅在皇城之南，池馆台榭，当时第一，宽即日潜遣毁拆。中书令郭子仪在邠州行营，闻绾拜相，座内音乐减散五分之四。京兆尹黎干以承恩，每出入驺驭百余，亦即日减损车骑，唯留十骑而已。其余望风变奢从俭者，不可胜数，其镇俗移风若此。

绾有宿瘤疾，居职旬日，中风，优诏令就中书省摄养，每引见延英殿，特许扶入。时厘革旧弊，唯绾是瞻，恩遇莫二。绾累抗疏辞位，频诏敦勉不许。及绾疾亟，上日发中使就第存问，尚药御医，旦夕在侧，上闻其有间，喜见容色。数日而薨，中使在门，驰奏于上，代宗震悼久之，辍朝三日。诏曰：

王者之于大臣也，存则寄其腹心，均于肢体，参于军国之重，叙以阴阳之和；殁则谏其事功，加之命数，告于宗庙之祭，襚以绂冕之章，则九原可归，百辟知劝。故朝议大夫、守中书侍郎、同中书门下平章事、集贤殿崇文馆大学士、监修国史、上柱国、赐紫金鱼袋杨绾，性合元和，身齐律度，道匡雅俗，器重宗彝。宽柔敬恭，协于九德；文行忠信，弘于四教。内无耳目之役，以孝悌传于家；外无车服之容，以贞实形于代。西掖专有密之地，南宫领选举之源。以儒术首于国庠，以礼度掌于高庙，简廉其质，条职同休。顷以任非其才，毒流于政，爰登清净之辅，庶谐至理之期。道风既穆于朝班，俭德已行于海内。虽贤人之业，冀于可久，而夫子之命，末如之何。方有凭依，遽此沦谢，屏予之叹，震悼良深。所怀莫从，长想何及。况历官有素丝之节，居家无匹帛之余，故饰以华衮，增其法赗，备膺典策，载贲朝经。可赠司徒。

又诏文武百僚临于其第，遣内常侍吴承倩会吊，赠绢千匹、布三百端。上深惜之，顾谓朝臣曰："天不使朕致太平，何夺我杨绾之速也！俯及大敛，与卿等悲悼同之。"宰辅赗赠恩遇哀荣之盛，近年未有其比。太常初谥曰

"文贞"。诏曰："褒德劝善，《春秋》之旧章；考行易名，礼经之通典。垂范作则，存乎格言。朝议大夫、中书侍郎、同中书门下平章事、集贤殿崇文馆大学士、修国史、上柱国、赐紫金鱼袋、赠司徒杨绾，履道居贞，含和毓德，行为人纪，文合典谟。清而晦名，无自伐之善；约以师俭，有不矜之谦。方册直书，秩宗相礼，辞称良史，学茂醇儒。委在枢衡，掌兹密命，弥契沃心之道，累陈造膝之诚。将以布天下五行之和，同君臣一德之运，遽轸藏舟之叹，未展济川之才。素业久而弥彰，清风殁而可尚。自古饰终之义，皆锡以美名。谥法曰：'忠信爱人曰文，平易不懈曰简。'宜谥曰文简。"比部郎中苏端，性疏狂，嫉其贤，乃肆毁黩，异同其议。上怒，贬端为广州员外司马。

绾俭薄自乐，未尝留意家产，口不问生计，累任清要，无宅一区，所得俸禄，随月分给亲故。清识过人，至如往哲微言，《五经》奥义，先儒未悟者，绾一览究其精理。雅尚玄言，宗释道二教，尝著《王开先生传》以见意，文多不载。凡所知友，皆一时名流。或造之者，清谈终日，未尝及名利。或有客欲以世务干者，见绾言必玄远，不敢发辞，内愧而退。大历中，德望日崇，天下雅正之士争趋其门，至有数千里来者。以清德坐镇雅俗，时比之杨震、邴吉、山涛、谢安之俦也。

崔祐甫，字贻孙。祖晔，怀州长史。父沔，黄门侍郎，谥曰孝公。家以清俭礼法，为士流之则。祐甫举进士，历寿安尉。安禄山陷洛阳，士庶奔迸，祐甫独崎危于矢石之间，潜入私庙，负木主以窜。历起居舍人、司勋吏部员外郎，累拜兼御史中丞、永平军行军司马，寻知本军京师留后。性刚直，无所容受，遇事不回。累迁中书舍人。时中书侍郎阙，祐甫省事，数为宰相常衮所侵，祐甫不从；衮怒之，奏令分知吏部选，每有拟官，衮多驳下，言数相侵。时朱泚上言，陇州将赵贵家猫鼠同乳，不相为害，以为祯祥。诏遣中使以示于朝，衮率百僚庆贺，祐甫独否。中官诘其故，答曰："此物之失常也，可吊不可贺。"中使征其状，祐甫上奏言：

臣闻天生万物，刚柔有性，圣人因之，垂训作则。《礼记·郊特牲》曰："迎猫，为其食田鼠也。"然则猫之食鼠，载在礼典，以其除害利人，虽微必录。今此猫对鼠不食，仁则仁矣，无乃失于性乎！鼠之为物，昼伏夜动，诗人赋之曰："相鼠有体，人而无礼。"又曰："硕鼠硕鼠，无食我黍。"其序曰："贪而畏人，若大鼠也。"臣旋观之，虽云动物，异于麋鹿麕兔，彼皆以时杀获，为国之用。猫受人养育，职既不修，亦何异于法吏不勤触邪，疆吏不勤捍敌？又按礼部式具列三瑞，无猫不食鼠之目，以兹称庆，臣所未详。伏以国家化洽理平，天符洊至，纷纶杂沓，史不绝书。今兹猫鼠，不可滥厕。若以刘向《五行传》论之，恐须申命宪司，察听贪吏，诫诸边候，无失徼巡。猫能致功，鼠不为害。

代宗深嘉之。衮益恶祐甫。

代宗初崩，发哀于西宫，衮以独受任遇，哀逾等礼。例，晨夕临者，皆十五举音，而衮辄哀恸涕泗，或中瘗返哭，顾慕若不能去，同列者皆不悦。及衮与礼司议群臣丧服，曰："案《礼》，为君斩衰三年。汉文权制，犹三十六日。国家太宗崩，遗诏亦三十六日，而群臣延之，既葬而除，约四月也。高宗崩，服绝轻重，如汉故事，武太后崩亦然。及玄宗、肃宗崩，始变天子丧为二十七日，且当时遗诏虽曰：'天下吏人三日释服'在朝群臣实服二十七日而除，则朝臣宜如皇帝之制。"祐甫执曰："伏准遗诏，无朝臣庶人之别，但言'天下人吏，敕到后出临，三日皆释服'，则朝野中外，何非天下？凡百执事，谁非吏职？则皇帝宜二十七日而群臣当三日也。"衮曰："案贺循注义，吏者，谓官长所署，则今胥吏耳，非公卿百僚之例。"祐甫曰："《左传》云：'委之三吏。'则三公也。史称循吏、良吏者，岂胥徒欤？"衮曰："礼，非天降地出，人情而已。且公卿大臣，荣受殊宠，故宜异数。今与黔首同制，信宿而除之，于尔安乎？"祐甫曰："若遗诏何？诏旨可改，孰不可？"衮坚净不服，而声色甚厉，不为礼节。又衮方哭于钩陈之前，而衮从吏或扶之，祐甫指示于众曰："臣哭于君前，有扶礼乎？"衮闻之，不堪其怒。乃上言祐甫率情变礼，轻议国典，请谪为潮州刺史。内议太重，改为河南少尹。

初，肃宗时天下事殷，而宰相不减三四员，更直掌事。若休沐各在第，有诏旨出入，非大事不欲历抵诸第，许令直事者一人假署同列之名以进，遂为故事。是时，中书令郭子仪、检校司空平章事朱泚，名是宰臣，当署制敕，至于密勿之议，则莫得闻。时德宗践祚未旬日，居不言之际，衮循旧事，代署二人之名进。贬祐甫敕出，子仪及泚皆表明祐甫不当贬谪，上曰："向言可谪，今言非罪，何也？"二人皆奏实未尝有可谪之言，德宗大骇，谓衮诬罔。是日，百僚甚经序立于月华门，立贬衮为河南少尹，以祐甫为门下侍郎、平章事，两换其职。祐甫出至昭应县，征还。寻转中书侍郎，修国史，仍平章事。

上初即位，庶务皆委宰司。自至德、乾元中，天下多战伐，启奏填委，故官赏紊杂。及永泰之后，四方既定，而元载秉政，公道隘塞，官由贿成。中书主书卓英倩、李待荣辈用事，势倾朝列，天下官爵，大者出元载，小者自倩、荣。四方赍货贿求官者，道路相属，靡不称遂而去，于是纲纪大坏。及元载败，杨绾寻卒，常衮当国，杜绝其门，四方奏请，莫有过者，虽权势与匹夫等。非以辞赋登科者，莫得进用。虽贿赂稍绝，然无所甄异，故贤愚同滞。及祐甫代衮，荐延推举，无复疑滞，日除十数人，作相未逾年，凡除吏几八百员，多称允当。上尝谓曰："有人谤卿所除拟官，多涉亲故，何也？"祐甫奏曰："臣频奉圣旨，令臣进拟庶官，进拟必须谙其才行。臣若与其相识，方可粗谙，若素不知闻，何由知其言行？获谤之由，实在于此。"上以为然。

神策军使王驾鹤掌禁兵十余年，权倾中外，德宗初登极，将令白琇珪代之，惧其生变。祐甫召驾鹤与语，留连之，琇珪已赴军视事矣。时李正己畏惧德宗威德，乃表献钱三十万贯。上欲纳其奏，虑正己未可诚信，以计逗留止之，未有其辞，延问宰相。祐甫对曰："正己奸诈，诚如圣虑。臣请因使往淄青，便令宣慰将士，因正己所献钱锡赉诸军人，且使深荷圣德，又令外藩知朝廷不重财货。"上悦，从之，正己大惭，而心畏服焉。祐甫谋猷启沃，多所弘益，天下以为可复贞观、开元之太平也。

至冬被疾，肩舆入中书，卧而承旨。或休假在第，大事必令中使咨决。薨时年六十，上甚悼惜，废朝三日，册赠太傅，赙布帛米粟有差，谥曰文贞。无子，遗命犹子植为嗣。有文集三十卷。故事，门下侍郎未尝有赠三师者，德宗以祐甫謇謇有大臣节，故特宠异之。朱泚之乱，祐甫妻王氏陷于贼中，泚以尝与祐甫同列，雅重其为人，乃遗王氏缯帛菽粟，王氏受而缄封之，及德宗还京，具陈其状以献。士君子益重祐甫家法，宜其享令名也。

植字公修，祐甫弟庐江令婴甫子。植既为相，上言出继伯父胤，推恩不及于父，诏赠婴甫吏部侍郎。植潜心经史，尤精《易象》。累历清要，为给事中，时称举职。时皇甫镈以宰相判度支，请减内外官俸禄，植封还敕书，极谏而止。镈复奏诸州府盐院两税、榷酒、盐利、匹段等加估定数，及近年天下所纳盐酒利抬估者一切征收，诏皆可之。植抗疏论奏，令宰臣召植宣旨嘉谕之，物议罪镈而美植。寻除御史中丞，入阁弹事，颇振纲纪。

长庆初，拜中书侍郎、同中书门下平章事。穆宗尝谓侍臣曰："国家贞观中，文皇帝躬行帝道，治致升平。及神龙、景龙之间，继有内难，玄宗平定，兴复不易，而声明最盛，历年长久，何道而然？"植对曰："前代创业之君，多起自人间，知百姓疾苦。初承丕业，皆能厉精思理。太宗文皇帝特禀上圣之资，同符尧、舜之道，是以贞观一朝，四海宁晏。有房玄龄、杜如晦、魏徵、王珪之属为辅佐股肱，君明臣忠，事无不理，圣贤相遇，固宜如此。玄宗守文继体，尝经天后朝艰危，开元初得姚崇、宋璟，委之为政。此二人者，天生俊杰，动必推公，夙夜孜孜，致君于道。璟尝手写《尚书·无逸》一篇，为图以献。玄宗置之内殿，出入观省，咸记在心，每叹古人至言，后代莫及，故任贤戒欲，心胃冲漠。开元之末，因《无逸图》朽坏，始以山水图代之。自后既无座右箴规，又信奸臣用事，天宝之世，稍怠于勤，王道于斯缺矣。建中初，德宗皇帝尝问先臣祐甫开元、天宝治乱之殊，先臣具陈本末。臣在童幼，即闻其说，信知古人以韦、弦作戒，其益弘多。陛下既虚心理道，亦望以《无逸》为元龟，则天下幸甚。"穆宗善其对。

他日，复谓宰臣曰："前史称汉文帝惜十家之产而罢露台。又云身衣弋绨，履革舄，集上书囊以为殿帷，何太俭也！信有此乎？"植对曰："良史所记，必非妄言。汉兴，承亡秦残酷之后，项氏战争之余，海内雕弊，生人力竭。汉文仁明之主，起自代邸，知稼穑之艰难，是以即位之后，躬行俭约。继以景帝，犹遵此风。由是海内黔首，咸乐其生，家给户足。迨至武帝，公私殷富，用能出师征伐，威行四方，钱至贯朽，谷至红腐。上务侈靡，资用复竭，末年税及舟车六畜，人不聊生，户口减半，乃下哀痛之诏，封丞相为富人侯。皆汉史明征，用为事实。且耕蚕之劝，出自人力，用既无度，何由以至富强！据武帝嗣位之初，物力阜殷，前代无比，固当因文帝俭约之致也。"上曰："卿言甚善，患行之为难耳。"

宪宗皇帝削平群盗，河朔三镇复入提封。长庆初，幽州节度使刘总表以幽、蓟七州上献，请朝廷命帅。总仍惧部将构乱，乃籍其豪锐者先送京师。时朱克融在籍中。植与同列杜元颖素不知兵，且无远虑。克融等在京羁旅穷饿，日诣中书乞官，殊不介意。及张弘靖赴镇，令克融等从还。不数月，克融囚弘靖，害宾佐，结王廷凑，国家复失河朔，职植兄弟之由。乃罢知政事，守刑部尚书，出为华州刺史。大和三年正月卒，年五十八。植虽器量谨厚，而无开物成务之才，及丧师异方，天下尤其失策。

俊，字德长。祖涛，大理卿孝公沔之弟也。涛生仪甫，终大理丞，即俊之父。以门荫由太庙斋郎调授太平、东阳二主簿。李衡廉察湖南、江西，辟为宾佐，坐事沉废。久之，复以选授宣州录事参军。观察使崔衍奇其才，奏加章服，俊辞而不受。李巽镇江西，奏为副使，得监察里行，又从巽领使，为河阴院盐铁留后。入为侍御史，寻改膳部员外，充转运判官。入为膳部郎中，充剂襄十道两税使，赐金紫。迁苏州刺史，理行为第一。转潭州刺史、湖南都团练观察使。湖南旧法，丰年贸易不出境，邻部灾荒不相恤。俊至，谓属吏曰："此非人情也，无宜闭粜，重困于民也。"自是商贾通流。入为户部侍郎、判度支。

时俊再从弟植为宰相，俊性刚褊，恃其权宠，与夺任情。时朝廷以王承元归国，命田弘正移帅镇州。弘正之行，以魏卒二千为帐下，又以常山之人久隔朝化，人情易为变扰，累表请留魏卒为纲纪，其粮赐请支岁给。穆宗下宰臣议，俊固言魏、镇各有镇兵，朝廷无例支给，恐为事例，不可听从。弘正不获已，遣魏卒还藩，不数日而镇州乱，弘正遇害。穆宗失德，俊党方盛，人不敢纠其罪。罢领度支，检校礼部尚书，出为凤翔节度等使。不期岁，召为河南尹，时年七十，抗疏致仕，诏以户部尚书归第。明年暴卒，辍朝一日，赠太子少保，谥曰肃。俊居官清严，所至必理，然性介急，待僚属不以礼节，恃己之廉，见赃污者如仇焉。

子岩，登进士第，辟襄阳掌书记、监察御史，方雅有父风。

常衮，京兆人也。父无为，三原县丞，以衮累赠仆射。衮，大宝末举进士，历太子正字，累授补阙、起居郎。宝应二年，选为翰林学士、考功员外郎中、知制诰，依前翰林学士。永泰元年，迁中书舍人。衮文章俊拔，当时推重，与杨炎同为舍人，时称为常、杨。性清直孤洁，不妄交游。内侍鱼朝恩恃权宠，兼领国子监事，衮上疏以为不可。时朝廷多事，西北边虏，连为寇盗，衮累上章陈其利害，代宗甚顾遇之，加集贤院学士。大历元年，迁礼部侍郎，仍为学士。时中官刘忠翼权倾内外，泾原节度马璘又累著功勋，恩宠莫二，各有亲戚干贡部及求为两馆生，衮皆执理，人皆畏之。

元载之得罪，令衮与刘晏、李涵等鞠之，狱竟，拜衮门下侍郎、同平章事,太清、太微宫使,崇文、弘文馆大学士,与杨绾同掌枢务。代宗尤信重绾。绾弘通多可,衮颇务苛细,求清俭之称,与绾之道不同。先是,百官俸料寡薄,绾与衮奏请加之。时韩滉判度支,衮与滉各骋私怀,所加俸料,厚薄由己。时少列各定月俸为三十五千,滉怒司业张参,唯止给三十千;衮恶少詹事赵长,遂给二十五千。太子洗马,实司经局长官,文学为之贰。衮有亲戚任文学者给十二千,而给洗马十千。其轻重任情,不通时政,多如此类。

无几,杨绾卒,衮独当政。故事,每日出内厨食以赐宰相,馔可食十数人,衮特请罢之,迄今便为故事。又将故让堂封,同列以为不可而止。议者以为厚禄重赐,所以优贤崇国政也,不能,当辞位,不宜辞禄食。政事堂有后门,盖宰相时到中书舍人院,咨访政事,以自广也,衮又塞绝其门,以示尊大,不相往来。既惩元载为政时公道梗涩,贿赂朋党大行,不以财势者无因入仕。衮一切杜绝之。中外百司奏请,皆执不与,权与匹夫等,尤排摈非文辞登科第者。虽窒卖官之路,政事大致壅滞。

代宗既素重杨绾,欲以政事委之。绾寻卒,衮与绾志尚素异,嫉而怨之。有司议谥绾为文贞,衮微讽比部郎中苏端令驳之,毁绾过甚,端坐黜官。时既无中书侍郎,舍人崔祐甫领省事,衮以为同中书门下平章事兼得总中书省,遂管综中书胥吏、省事去就及其案牍,祐甫不能平之,累至忿竞。遂令祐甫分知吏部选事,所拟官又多驳下。时衮散官尚朝议,又无封爵,郭子仪因入朝奏之,遂特加银青光禄大夫,封河内郡公。及代宗崩,与祐甫争论丧服轻重,代相署奏。初换祐甫河南少尹,再贬为潮州刺史。杨炎入相,素与衮善,建中元年,迁福建观察使。四年正月卒,时年五十五。久之。赠左仆射。有文集六十卷。

史臣曰:善人为邦百年,即可胜残去杀,杨绾入相数日,遽致移风易俗。周、召、伊、傅、萧、张、房、杜,历代为相之显者,蔑闻斯道也。尝读诸集,赏善多溢美,书罪多溢恶,如杨绾拜相之麻,赠官之制,改谥之诏,则当时秉笔者无愧色矣。昔赵文子荐士七十,古为美谈;崔祐甫除吏八百,人无间言。开物成务之才,灭私徇公之道可知也。嘻!公权余旬日而薨,贻孙未期年而逝,邃古已来,理世少而乱世多,其义在兹矣。常衮之辈,不足云尔。

赞曰:公权儒道,贻孙相才。命乎不永,时哉可哀。

卷一百二十　　列传第七十

郭子仪子曜 晞 曖 曙 晤 映 晞子钢
曖子钊 釟 钊子仲文　子仪族弟幼明　幼明子昕

郭子仪,华州郑县人。父敬之,历绥、渭、桂、寿、泗五州刺史,以子仪贵,赠太保,追封祁国公。子仪长六

尺余,体貌秀杰,始以武举高等补左卫长史,累历诸军使。天宝八载,于木剌山置横塞军及安北都护府,命子仪领其使,拜左卫大将军。十三载,移横塞军及安北都护府于永清栅北筑城,仍改横塞为天德军,子仪为之使,兼九原太守、朔方节度右兵马使。

十四载,安禄山反。十一月,以子仪为卫尉卿,兼灵武郡太守,充朔方节度使,诏子仪以本军东讨。遂举兵出单于府,收静边军,斩贼将周万顷,传首阙下。禄山遣大同军使高秀岩寇河曲,子仪击败之,进收云中马邑,开东陉,以功加御史大夫。十五载正月,贼将蔡希德陷常山郡,执颜杲卿,河北郡县皆为贼守。二月,子仪与河东节度使李光弼率师下井陉,拔常山郡,破贼于九门,南攻赵郡,生擒贼四千,皆舍之,斩伪太守郭献璆,获兵仗数万。师还常山,贼将史思明以数万人踵其后,我行亦行,我止亦止。子仪选骁骑五百更挑之,三日至行唐,贼疲乃退,我军乘之,又败于沙河。禄山闻思明败,乃以精兵益之。我军至恒阳,贼亦随至。子仪坚壁自固,贼来则守,贼去则追,昼扬其兵,夕袭其幕,贼人不及息。数日,光弼议曰:"贼急矣,可以战。"六月,子仪、光弼率仆固怀恩、浑释之、陈回光等阵于嘉山,贼将史思明、蔡希德、尹子奇等亦结阵而至,一战败之,斩馘四万级,生擒五千人,获马五千匹,思明露发跣足奔于博陵。于是河北十余郡皆斩贼守者以迎王师。子仪将北图范阳,军声大振。

是月,哥舒翰为贼所败,潼关不守,玄宗幸蜀,肃宗幸灵武,子仪副使杜鸿渐为朔方留后,奏迎车驾。七月,肃宗即位,以贼据两京,方谋收复,诏子仪班师。八月,子仪与李光弼率步骑五万至自河北。时朝廷初立,兵众寡弱,虽得牧马,军容缺然。及子仪、光弼全师赴行在,军声遂振,兴复之势,民有望焉。诏以子仪为兵部尚书、同中书门下平章事,依前灵州大都督府长史、朔方军节度使。肃宗大阅六军,南趋关辅,至彭原郡,宰相房琯请兵万人,自为统帅以讨贼,帝素重琯,许之。兵及陈涛,为贼所败,丧师殆尽。方事讨除,而军半蹙,唯倚朔方军为根本。十一月,贼将阿史那从礼以同罗、仆骨五千骑出塞,诱河曲九府、六胡州部落数万,欲迫行在。子仪与回纥首领葛逻支往击败之,斩获数万,河曲平定。

贼将崔乾祐守潼关。二年三月,子仪大破贼于潼关,崔乾祐退保蒲津。时永乐尉赵复、河东司户韩旻、司士徐戣、宗子李藏锋等,陷贼在蒲州,四人密谋俟王师至,则为内应。及子仪攻蒲州,赵复等斩贼守陴者,开门纳子仪。乾祐与麾下数千人北走安邑,安邑百姓伪降,乾祐兵入将半,下悬门击之,乾祐未入,遂得脱身东走。子仪遂收陕郡永丰仓。自是潼、陕之间无复寇抄。

是月,安禄山死,朝廷欲图大举,诏子仪还凤翔。四月,进位司空,充关内、河东副元帅。五月,诏子仪帅师趋京城。师于潏水之西,与贼将安太清、安守忠战,王师不利,其众大溃,尽委兵仗于清渠之上。子仪收合余众,保武功,诣阙请罪,乞降官资,乃降为左仆射,余如故。九月,从元帅广平王率蕃汉之师十五万进收长安。回纥遣叶护太子领四千骑助国讨贼,子仪与叶护宴犒修好,相与

誓平国难,相得甚好。子仪奉元帅为中军,与贼将安守忠、李归仁战于京西香积寺之北,王师结阵横亘三十里,贼众十万陈于北。归仁先薄我军,我军乱,李嗣业奋命驰突,擒贼十余骑乃定。回纥以奇兵出贼阵之后夹攻之,贼军大溃,自午至酉,斩首六万级。贼将张通儒守长安,闻归仁等败,是夜奔陕郡。翌日,广平王入京师,老幼百万,夹道欢叫,涕泣而言曰:"不图今日复见官军。"广平王休士三日,率师东趋。肃宗在凤翔闻捷,群臣称贺,帝以宗庙被焚,悲咽不自胜,臣僚无不感泣。

十月,安庆绪遣严庄悉其众十万来赴陕州,与张通儒同抗官军。贼闻官军至,悉其众屯于陕西,负山为阵。子仪以大军击其前,回纥登山乘其背,遇贼潜师于山中,与斗过期,大军稍却。贼分兵三千人,绝我归路,众心大摇,子仪麾回纥令讨,尽杀之。师驰至其后,于黄埃中发十余箭,贼惊顾曰:"回纥来!"即时大败,僵尸遍山泽。严庄、张通儒走归洛阳,遂与安庆绪渡河保相州。子仪奉广平王入东都,陈兵于天津桥南,士庶欢呼于路。伪侍中陈希烈、伪中书令张垍等三百余人素服请罪,王慰抚遣之。是时,河东、河西、河南贼所盗郡邑皆平,以功加司徒,封代国公,食邑千户。寻入朝,天子遣兵仗戎容迎于灞上,肃宗劳之曰:"虽吾之家国,实由卿再造。"子仪顿首感谢。十二月,还东都,命子仪经营北讨。乾元元年七月,破贼河上,擒伪将安守忠以献,遂朝京师,敕百僚班迎于长乐驿,帝御望春楼待之,进位中书令。九月,奉诏大举,子仪与河东节度使李光弼、关内节度使王思礼、北庭行营节度李嗣业、襄邓节度使鲁炅、荆南节度季广琛、河南节度使崔光远、滑濮节度许叔冀、平卢兵马使董秦等九节度之师讨安庆绪。帝以子仪、光弼俱是元勋,难相统属,故不立元帅。唯以中官鱼朝恩为观军容宣慰使。十月,子仪自杏园渡河,围卫州。安庆绪与其骁将安雄俊、崔乾祐、薛嵩、田承嗣悉其众来援,分为三军。子仪阵以待之,预选射者三千人伏于壁内,诫之曰:"俟吾小却,贼必争进,则登城鼓噪,弓弩齐发以迫之。"既战,子仪伪遁,贼果乘之,及垒门,遽闻鼓噪,俄而弓弩齐发,矢注如雨,贼徒震骇,子仪整众追之,贼众大败。是役也,获伪郑王安庆和以献,遂收卫州。进军趋邺,与贼再战于愁思冈,贼军又败,乃连营围之。庆绪遣薛嵩以所乘马十匹求救于史思明,且言禅代。十二月,思明遣将李归仁率众赴之,营于滏阳。

二年正月,史思明自率范阳精卒复陷魏州,乃伪称燕王。王师虽众,军无统帅,进退无所禀承,自冬徂春,竟未破贼,但引漳水以灌其城,城中食尽,易子而食。二月,思明率众自魏州来。李光弼、王思礼、许叔冀、鲁炅前军遇贼于邺南,与之接战,夷伤相半,鲁炅中流矢。子仪为后阵,未及合战,大风遽起,吹沙拔木,天地晦暝,跬步不辩物色。我师溃而南,贼军溃而北,委弃兵仗辎重,累积于路。诸军各还本镇。子仪以朔方军保河阳,断浮桥,有诏令留守东都。三月,以子仪为东都畿、山南东道、河南诸道行营元帅。

中官鱼朝恩素害子仪之功,因其不振,媒孽之,寻召还京师。天子以赵王系为天下兵马元帅,李光弼副之,委以陕东军事,代子仪之任。子仪虽失兵柄,乃思王室,以祸难未平,不遑寝息。俄而史思明再陷河洛,朝廷旰食,复虑蕃寇逼迫京畿,三年正月,授子仪邠宁、鄜坊两镇节度使,仍留京师。言事者以子仪有社稷大功,今残孽未除,不宜置之散地,肃宗深然之。上元元年九月,以子仪为诸道兵马都统,管崇嗣副之,令率英武、威远等禁军及河西、河东诸镇之师,取邠宁、朔方、大同、横野,径抵范阳。诏下旬日,复为朝恩所间,事竟不行。

上元二年二月,李光弼兵败于邙山,河阳失守,鱼朝恩退保陕州。三年二月,河中军乱,杀其帅李国贞。时太原节度邓景山亦为部下所杀,恐其合从连贼,朝廷忧之。后辈帅臣未能弹压,势不获已,遂以子仪为朔方、河中、北庭、潞、仪、泽、沁等州节度行营兼兴平、定国副元帅,充本管观察处置使,进封汾阳郡王,出镇绛州。三月,子仪辞赴镇,肃宗不豫,群臣莫有见者。子仪请曰:"老臣受命,将死于外,不见陛下,目不瞑矣。"帝乃引至卧内,谓子仪曰:"河东之事,一以委卿。"子仪呜咽流涕。赐御马、银器、杂彩,别赐绢四万匹、布五万端以赏军。子仪至绛,擒其杀国贞贼首王元振数十人诛之。太原辛云京闻子仪诛元振,亦诛害景山者,由是河东诸镇率皆奉法。四月,代宗即位,内官程元振用事,自矜定策之功,忌嫉宿将,以子仪功高难制,巧行离间,请罢副元帅,加实封七百户,充肃宗山陵使。子仪既谢恩,上表进肃宗所赐前后诏敕,因自陈诉曰:

臣德薄蝉翼,命轻鸿毛,累蒙国恩,猥厕朝列。会天地震荡,中原血战,臣北自灵武,册先皇帝,乃举兵而南,大搜于岐阳。先帝忧勤宗社,托臣以家国,俾副陛下扫两京之妖祲。陛下雄图丕断,再造区宇,自后不以臣寡劣,委文武之二柄,外敷邦教,内调鼎饪,是以常许国家之死,实荷日月之明。臣本愚浅,言多诋直,虑此招谤,上渎冕旒。陛下居高听卑,察臣不贰,皇天后土,察臣无私。伏以器忌满盈,日增兢惕,焉敢偷安,久妨贤路?自受恩塞下,制敌行间,东西十年,前后百战。天寒剑折,溅血沾衣;野宿魂惊,饮冰伤骨。跋涉难阻,出没死生,所仗唯天,以至今日。陛下曲垂惠奖,念及勤劳,贻臣诏书一千余首,圣旨微婉,慰谕绸缪,彰微臣一时之功,成子孙万代之宝。自灵武、河北、河南、彭原、鄜坊、河东、凤翔、两京、绛州,臣所经行,赐手诏敕书凡二十卷,昧死上进,庶烦听览。

诏答曰:"朕不德不明,俾大臣忧疑,朕之过也。朕甚自愧,公勿以为虑。"代宗以子仪顷同患难,收复两京,礼之逾厚。时史朝义尚据洛阳,元帅雍王率师进讨,代宗欲以子仪副之,而鱼朝恩、程元振乱政,杀裴茙、来瑱,子仪既为所间,其事遂寝,乃留京师。

俄而梁崇义据襄阳叛,仆固怀恩阻兵于汾州,引回纥、吐蕃之众入寇河西。明年十月,吐蕃陷泾州,虏刺史高晖,晖遂与蕃军为乡导,引贼深入京畿,掠奉天、武功,济渭而南,缘山而东。渭北行营兵马使吕日将逆战于盩厔,自辰至酉,杀蕃军数千,然其徒多殪。贼将逼京师,君上计无所出,遽诏子仪为关内副元帅,出镇咸阳。子仪自相州不利,李光弼代掌兵柄,及征还朝廷,部曲散去。及是承诏,部下唯二十骑,强取民家畜产以助军。至咸阳,蕃军已过渭水。其日,天子避狄幸陕州。子仪闻上避狄,雪涕还京,至则车驾已发。射生将王献忠从驾,沿路遂以四百骑叛,仍逼丰王已下十王欲投于贼。子仪入开远门,遇之,诘丰王等所向,遂护送行在。子仪以三千骑傍南山,至商州,得武关防兵及六军散卒四千人,招辑亡逸,其军渐振。蕃犯京城,得故邠王守礼子广武王承宏,立帝号,假署百官。子仪遣六军兵马使张知节、乌崇福、羽林军使长孙全绪等将兵万人为前锋,营于韩公堆,盛张旗帜,鼓鞞震山谷。全绪遣禁军旧将王甫入长安,阴结少年豪侠以为内应,一日,齐击鼓于朱雀街,蕃军惶骇而去。大将李忠义先屯兵苑中,渭北节度使王仲升守朝堂。子仪以大军续进,至浐西。射生将王抚自署为京兆尹,聚兵二千人,扰乱京城,子仪召抚杀之。诏子仪权京城留守。

自西蕃入寇,车驾东幸,天下皆咎程元振,谏官屡论之。元振惧,又以子仪复立功,不欲天子还京,劝帝且都洛阳以避蕃寇,代宗然之,下诏有日。子仪闻之,因兵部侍郎张重光宣慰回,附章论奏曰:

臣闻雍州之地,古称天府,右探陇、蜀,左扼崤、函,前有终南、太华之险,后有清渭、浊河之固,神明之奥,王者所都。地方数千里,带甲十余万,兵强士勇,雄视八方,有利则出攻,无利则入守。此用武之国,非诸夏所同,秦、汉因之,卒成帝业。其后或处之而泰,去之而亡,前史所书,不唯一姓。及隋氏季末,炀帝南迁,河、洛丘墟,兵戈乱起。高祖唱义,亦先入关,惟能鞠刈奸雄,底定区宇。以至于太宗、高宗之盛,中宗、玄宗之明,多在秦川,鲜居东洛。间者羯胡构乱,九服分崩,河北、河南,尽从逆命。然而先帝仗朔方之众,庆绪奔亡;陛下藉西土之师,朝义就戮。岂唯天道助顺,抑亦地形使然,此陛下所知,非臣饰说。

近因吐蕃凌逼,銮驾东巡。盖以六军之兵,素非精练,皆市肆屠沽之人,务挂虚名,苟避征赋,及驱以就战,百无一堪。亦有潜输货财,因以求免。又中官掩蔽,庶政多荒。遂令陛下振荡不安,退居陕服。斯盖关于委任失所,岂可谓秦地非良者哉!今道路云云,不知信否,咸谓陛下已有成命,将幸洛都。臣熟思其端,未见其利。夫以东周之地,久陷贼中,宫室焚烧,十不存一。百曹荒废,曾无尺椽,中间畿内,不满千户。井邑榛荆,豺狼所嗥,既乏军储,又鲜人力,东至郑、汴,达于徐方,北自覃怀,经于相土,人烟断绝,千里萧条。将何以奉万乘之牲饩,供百官之次舍?矧其土地狭陋,才数百里间,东有成皋,南有二室,险不足恃,适为战场。陛下奈何弃久安之势,从至危之策,忽社稷之计,生天下之心。臣虽至愚,窃为陛下不取。

且圣旨所虑,岂不以京畿新遭剽掠,田野空虚,恐粮食不充,国用有阙,以臣所见,深谓不然。昔卫文公小国之君,诸侯之主耳,遭懿公为狄所灭,始庐于曹,衣大布之衣,冠大帛之冠,元年革车三十乘,季年三百乘,卒能恢复旧业,享无疆之休。况明明天子,躬俭节用,苟能黜素餐之吏,去冗食之官,抑竖刁、易牙之权,任蘧瑗、史鰌之直,薄征驰力,恤隐追鳏,委诸相以简贤任能,付老臣以练兵御侮,则黎元自理,寇盗自平,中兴之功,旬月可冀,卜年之期,永永无极矣。愿时迈顺动,回銮上都,再造邦家,唯新庶政,奉宗庙以修荐享,谒陵寝以崇孝思,臣虽陨越,死无所恨。

代宗省表,垂泣谓左右曰:"子仪用心,真社稷臣也。可亟还京师。"十一月,车驾自陕还宫,子仪伏地请罪,帝驻车劳之曰:"朕用卿不早,故及于此。"乃赐铁券,图形凌烟阁。

是时,河北副元帅仆固怀恩方顿军汾州,掠并、汾诸县以为己邑。乃以子仪兼关内河东副元帅、河中节度观察使,出镇河中。蕃戎既退,仆固怀恩部下离散。是月,怀恩子玚主兵榆次,为帐下将张惟岳所杀,传首京师。惟岳以玚之众归于子仪,怀恩惧,弃其母而走灵州。明年九月,以子仪守太尉,充北道邠宁、泾原、河西已东通和蕃及朔方招抚观察使,其关内河东副元帅、中书令如故。子仪以怀恩未诛,不宜让使,坚辞太尉,曰:"太尉职雄任重,窃忧非据,辄敢上闻。伏奉诏书,未允诚恳。臣畴昔之分,早知止足,今兹累请,窃惧满盈。义实由衷,事非矫饰,志之所至,敢不尽言。自兵乱已来,纪纲浸坏,时多躁竞,俗少廉隅。德薄而位尊,功微而赏厚,实繁有众,不可殚论。臣每见之,深以为念。昔范宣子让,其下皆让,栾黡为汰,不敢违也。臣诚薄劣,窃慕古人,务欲以身率先,大变浮俗,是用勤勤恳恳,愿罢此官,庶礼让兴行,由臣而致也。臣位为上相,爵为真王,参启沃之谋,受腹心之寄,恩荣已极,功业已成,寻合乞骸,保全余齿。但以寇仇在近,家国未安,臣子之心,不敢宁处。苟西戎即叙,怀恩就擒,畴昔官爵,誓无所受,必当追踪范蠡,继迹留侯。臣之鄙怀,切在于此。"优诏不许。子仪见上,感泣恳让,乃止。

十月,仆固怀恩引吐蕃、回纥、党项数十万南下,京师大恐,子仪出镇奉天。帝召子仪问御戎之计,子仪曰:"以臣所见,怀恩无能为也。"帝问其故,对曰:"怀恩虽称骁勇,素失士心,今所以能为乱者,引思归之人耳。怀恩本臣偏将,其下皆臣之部曲,臣恩信尝及之,今臣为大将,必不忍以锋刃相向,以此知其无能为也。"虏寇邠州,子仪在泾阳,子仪令长男朔方兵马使曜率师援之,与邠宁节度使白孝德闭城拒守。怀恩前锋至奉天,近城挑战,诸将请击之,子仪止之曰:"夫客兵深入,利在速战,不可争锋。彼皆吾之部曲,缓之自当携贰;若迫之,是速其战,战则胜负未可知。敢言战者斩!"坚壁待之,果不战而退。子仪自泾阳入朝,帝御安福门待之,命子仪楼上行朝见之礼,宴赐隆厚。

十一月,以子仪为尚书令,上表恳辞曰:"臣以薄劣,素乏行能,逢时扰攘,猥蒙驱策,内参朝政,外总兵权,上不能翼戴三光，下不能纠逖群慝，功微赏厚，任重恩深，覆悚之忧，实盈瘝寐。臣昨所以固辞太尉，乞保余年，殊私曲临，遂见矜许。窃谓陛下已知其愿，深察其心，岂意未历旬时，复延宠命。以臣襛浅，又寡智谋，安可谬职南宫，当兹大任？况太宗昔居藩邸，尝践此官，累圣相承，旷而不置。皇太子为雍王之日，陛下以其总兵薄伐，平定关东，饮至策勋，再有斯授。岂臣末职，敢乱大伦？德薄位尊，难逃天子之责；负乘致寇，复速神明之诛。伏乞天慈，俯停新命。"答诏不允。翌日，敕所司令子仪于尚书省视事。诏宰相百僚送上，遣射生五百骑执戟翼从，自朝堂至省，赐教坊乐。子仪不受，复上表曰：

  臣伏以尚书令，武德之际，太宗为之，昨沥恳上陈，请罢斯职；而陛下未垂亮察，务欲褒崇，区区微诚，益用惶惧。何则？太宗立极之主，圣德在人，自后因废此官，永代作则。陛下守文继体，固当奉而行之，岂可猥私老臣，颠厥成式，上掩陛下之德，下贻万方之非。臣虽至愚，安敢轻受？况久经兵乱，僭赏者多，一人之身，兼官数四，朱紫同色，清浊不分，"烂羊"之谣，复闻圣代。臣顷观其弊，思革其源，以逆寇犹存，未敢轻议。今元凶沮败，计日成擒，中外无虞，妖氛渐息。此陛下作法之际，审官之时，固合始于老臣，化及班列。岂可轻为此举，以乱国章？国章乱于上，则庶政隳于下，海内之政皆乱，则国家又安得永代而无患哉！陛下苟能从臣之言，俯察诚请，彼贪荣冒进者，亦将各让其所兼之官，自然天下文明，百工式叙，太平之业，可得而复也。臣诚蒙鄙，识昧古今，志之所切，实在于此。

手诏答曰："优崇之命，所以报功；总领之司，期于赋政。卿入居台铉，出统戎旃，爰自先朝，累匡多难，靖群氛于海表，凝庶绩于天阶。敏事而寡言，居敬而行简，人难其易，尔易其难。所以命掌六联，首兹百辟，顾循时议，佥谓允谐。而屡拜封章，悃怀让揖，守淳素之道，语政理之源，无待礼成，曲从德让。宜宣示于外，编之史册。"遣内侍鱼朝恩传诏，赐美人卢氏等六人，从者八人，并车服、帷帐、床蓐、珍玩之具。

  时蕃虏屡寇京畿，倚蒲、陕为内地，常以重兵镇之。永泰元年五月，以子仪总统河南道节度行营，出镇河中。八月，仆固怀恩诱吐蕃、回纥、党项、羌、浑、奴剌，山贼任敷、郑庭、郝德、刘开元等三十余万南下，先发数万人掠同州，期自华阴趋蓝田，以扼南路，怀恩率重兵继其后。回纥、吐蕃自泾、邠、凤翔数道寇京畿，掠奉天、醴泉。京师震恐，天子下诏亲征，命李忠臣屯东渭桥，李光进屯云阳，马璘、郝廷玉屯便桥，骆奉先、李日越屯盩厔，李抱玉屯凤翔。周智光屯同州，杜冕屯坊州，天子以禁军屯苑内。京城壮丁，并令团结。城二门塞其一。鱼朝恩括士庶私马，重兵捉城门，市民由窦穴而遁去，人情危迫。

  是时，急召子仪自河中至，屯于泾阳，而虏骑已合。子仪一军万余人，而杂虏围之数重。子仪使李国臣、高升拒其东，魏楚玉当其南，陈回光当其西，朱元琮当其北。子仪率甲骑二千出没于左右前后，虏见而问曰："此谁也？"报曰："郭令公也。"回纥曰："令公存乎？仆固怀恩言天可汗已弃四海，令公亦谢世，中国无主，故从其来。今令公存，天可汗存乎？"报之曰："皇帝万岁无疆。"回纥皆曰："怀恩欺我。"子仪又使谕之曰："公等顷年远涉万里，翦除凶逆，恢复二京。是时子仪与公等周旋艰难，何日忘之。今忽弃旧好，助一叛臣，何其愚也！且怀恩背主弃亲，于公等何有？"回纥曰："谓令公亡矣，不然，何以至此。令公诚存，安得而见之？"子仪将出，诸将谏曰："戎狄之心，不可信也，请无往。"子仪曰："虏有数十倍之众，今力固不敌，且至诚感神，况虏辈乎！"诸将曰："请选铁骑五百卫从。"子仪曰："适足以为害也。"乃传呼曰："令公来！"虏初疑，持满矢以待之。子仪以数十骑徐出，免胄而劳之曰："安乎？久同忠义，何至于是？"回纥皆舍兵下马齐拜曰："果吾父也。"子仪召其首领，各饮之酒，与之罗锦，欢言如初。子仪说回纥曰："吐蕃本吾舅甥之国，无负而至，是无亲也。若倒戈乘之，如拾地芥耳。其羊马满野，长数百里，是谓天赐，不可失也。今能逐戎以利举，与我继好而凯旋，不亦善乎！"会怀恩暴死于鸣沙，群虏无所统摄，遂许诺，乃遣首领石野那等入朝。子仪遣朔方兵马使白元光与回纥会军。吐蕃知其谋，是夜奔退。回纥与元光追之，子仪大军继其后，大破吐蕃十余万于灵武台西原，斩首五万，生擒万人，收其所掠士女四千人，获牛羊驼马，三百里内不绝。子仪自泾阳入朝，加实封二百户，还镇河中。

  大历元年十二月，华州节度使周智光杀监军张志斌谋叛，帝以同、华路阻，召子仪女婿工部侍郎赵纵受口诏往河中，令子仪起军讨之。纵请为蜡书，令家僮间道赐子仪。奉诏大阅军戎，将发，同华将吏闻军起，乃斩智光父子，传首京师。二年二月，子仪入朝，宰相元载、王缙、仆射裴冕、京兆尹黎干、内侍鱼朝恩共出钱三十万，置宴于子仪第，恩出罗锦二百匹，为子仪缠头之费，极欢而罢。九月，吐蕃寇泾州，诏子仪以步骑三万自河中移屯泾阳。十月，蕃军退至灵州，邀击败之，斩馘二万。十二月，盗发子仪父墓，捕盗未获。人以鱼朝恩素恶子仪，疑其使之。子仪心知其故，及自泾阳将入，议者虑其构变，公卿忧之。及子仪入见，帝言之，子仪号泣奏曰："臣久主兵，不能禁暴，军士残人之墓，固亦多矣。此臣不忠不孝，上获天谴，非人患也。"朝廷乃安。二年二月，还河中。八月，吐蕃寇灵武。九月，诏子仪率师五万自河中移镇奉天。是月，白元光大破吐蕃于灵武。十月，子仪入朝，还镇河中。时议以西蕃侵寇，京师不安，马璘虽在邠州，力不能拒，乃以子仪兼邠宁庆节度，自河中移镇邠州，徙马璘为泾原节度使。八年十月，吐蕃寇泾州，子仪遣先锋兵马使浑瑊逆战于宜禄，不利。会马璘设伏于潘源，与瑊合击，大破蕃军，俘斩数万计。回纥赤心卖马一万匹，有司以国计不充，请市千匹。子仪以回纥前后立功，不宜阻意，请自纳一年奉物，充回纥马价，虽诏旨不允，内外称之。九年，入朝，代宗召对延英，语及西蕃充斥，苦战不暇，言发涕零。既退，复上封论备吐蕃利害，曰：

朔方，国之北门，西御犬戎，北虞猃狁，五城相去三千余里。开元、天宝中，战士十万，战马三万，才敌一隅。自先皇帝龙飞灵武，战士从陛下收复两京，东西南北，曾无宁岁。中年以仆固之役，又经耗散，人亡三分之二，比于天宝中有十分之一。今吐蕃充斥，势强十倍，兼河、陇之地，杂羌、浑之众，每岁来窥近郊。以朔方减十倍之军，当吐蕃加十倍之骑，欲求制胜，岂易为力！近入内地，称四节度，每将盈万，每贼兼乘数四。臣所统将士，不当贼四分之一，所有征马，不当贼百分之二，诚合固守，不宜与战。又得马璘牒，贼拟涉渭而南。臣若坚壁，恐犯畿甸；若过畿内，则国人大恐，诸道易摇。外有吐蕃之强，中有易摇之众，外畏内惧，将何以安？

臣伏以陛下横制胜之术，力非不足，但虑简练未精，进退未一，时淹师老，地阔势分。愿陛下更询谠议，慎择名将，俾之统军，于诸道各抽精卒，成四五万，则制胜之道必矣，未可失时。臣又料河南、河北、山南、江淮小镇数千，大镇数万，空耗月饩，曾不习战。臣请抽赴关中，教之战阵，则军声益振，攻守必全，亦长久之计也。臣猥蒙任遇，垂二十年，今齿发已衰，愿避贤路，止足不诚，神明所鉴。

诏曰："卿忧深虑远，殊沃朕心，始终倚赖，未可执辞也。"

德宗即位，诏还朝，摄冢宰，充山陵使，赐号"尚父"，进位太尉、中书令，增实封通计二千户，给一千五百人粮，二百匹马草料，所领诸使副元帅并罢。诸子弟女婿拜官者十余人。建中二年夏，子仪病甚，德宗令舒王谊传诏省问。及门，郭氏子弟迎拜于外，王不答拜；子仪卧不能兴，以手叩头谢恩而已。六月十四日薨，时年八十五，德宗闻之震悼，废朝五日，诏曰：

天地以四时成物，元首以股肱作辅，公台之任，鼎足相承，上以调三光，下以蒙五岳。允釐庶绩，镇抚四夷，体元和之气，根贞一之德，功至大而不伐，身处高而更安。尚父比吕望之名，为师增周公之位，盛业可久，殁而弥光。故太尉、兼中书令、上柱国、汾阳郡王、尚父子仪，天降人杰，生知王佐，训师如子，料敌若神。昔天宝多难，羯胡作祸，咸秦失险，河洛为戎。公能扶翼肃宗，载造区夏。于国有患，劳其戡定；于边有寇，藉其驱除。安社稷必在于绛侯，定羌戎无逾于充国。绛台绥四散之众，泾阳降十万之虏。勋高今古，名著夷狄，而劳于征镇，二纪于兹。顷以春秋既高，疆场多事，罢彼旌钺，宠在台衡。以公柱石四朝，藩翰万里，忠贞悬于日月，宠遇冠于人臣，尊其元老，加以崇号，期寿考之永，养勋贤之德。膏肓生疾，药石靡攻，人之云亡，梁木斯坏。虽赗礼加等，辍朝增日，悼之流涕，曷可弭忘！更议追崇，名位斯极，而尊为尚父，官协太师，虽爵秩则同，而体望尤重。敛以衮冕，旌我元臣。圣祖园陵，所宜陪葬，式墓表文终之德，象山追去病之勋。千载如存，九原可作，册命之礼，有司备焉。可赠太师，陪葬建陵。仍令所司备礼册命，赗绢三千匹、布三千端、米麦三千石。

旧令一品坟高丈八，而诏特加十尺。群臣以次赴宅吊哭。凶丧所须，并令官给。及葬，上御安福门临哭送之，百僚陪位陨泣，赐谥曰忠武，配飨代宗庙庭。

子曜、旰、晞、昢、晤、暧、曙、映等八人，婿七人，皆朝廷重官。诸孙数十人，每群孙问安，不尽辨，颔之而已。参佐官吏六十余人，后位至将相，升朝秩贵位，勒其姓名于石，今在河中府。人士荣之。

史臣裴垍曰：汾阳事上诚荩，临下宽厚，每降城下邑，所至之处，必得士心。前后遭罹幸臣程元振、鱼朝恩谮毁百端，时方握强兵，或方临戎敌，诏命征之，未尝不即日应召，故谗谤不能行。代宗幸陕时，令以数十骑觇贼，及在泾阳，又陷于胡虏重围之中，皆以身许国，未尝以危亡易虑，亦遇天幸，竟免患难。田承嗣方跋扈魏州，傲狠无礼，子仪尝遣使至，承嗣西望拜之，指其膝谓使者曰："兹膝不屈于人若干岁矣，今为公拜。"李灵曜据汴州，公私财赋一皆遏绝，独子仪封币经其境，莫敢留之，必持兵卫送。其为豺虎所服如此。麾下老将若李怀光辈数十人，皆王侯重贵，子仪颐指进退，如仆隶焉。幕府之盛，近代无比。始与李光弼齐名，虽威略不逮，而宽厚得人过之。岁入官俸二十四万贯，私利不在焉。其宅在亲仁里，居其里四分之一，中通永巷，家人三千，相出入者不知其居。前后赐良田美器，名园甲馆，声色珍玩，堆积羡溢，不可胜纪。代宗不名，呼为大臣。天下以其身为安危者殆二十年。校中书令考二十有四。权倾天下而朝不忌，功盖一代而主不疑，侈穷人欲而君子不之罪。富贵寿考，繁衍安泰，哀荣终始，人道之盛，此无缺焉。唯以谗怒，诬奏判官户部郎中张谭杖杀之，物议为薄。

曜，子仪长子。性孝友廉谨。子仪出征于外，留曜治家，少长千人，皆得其所。诸弟争饰池馆，盛其车服，曜以俭朴自处。累迁至太子宾客。建中初，子仪罢兵柄，乃遍加诸子官，以曜为太子少保。子仪薨，曜遵遗命，四朝所赐名马珍玩，悉皆上献，德宗复赐之，曜乃散诸昆弟。子仪薨后，杨炎、卢杞相次秉政，奸谄用事，尤忌勋族。子仪之婿太仆卿赵纵、少府少监李洞清、光禄卿王宰，皆以家人告讦细过，相次贬黜。曜家大恐，赖宰相张镒力为庇护。奸人幸其危惧，多论夺田宅奴婢，曜不敢诉。德宗微知之，诏曰："尚父子仪，有大勋力，保乂皇家，尝誓以山河，琢之金石，十世之宥，其可忘也！其家前时与人为市，以子仪身殁，或被诬构，欲论夺之，有司无得为理。"诏下方已。曜居丧得礼，若儒家子，服未阕寝疾，或劝其茹葱薤，曜竟不属口。建中四年三月卒，赠太子太傅。

晞，子仪第三子。少善骑射，常从父征伐。初以战功授左赞善大夫，从广平王收复两京，晞力战于香积寺、陕西，皆出奇兵克捷，以功加银青光禄大夫、鸿胪卿。后河中军乱，杀节度使李国贞、荔非元礼于绛，诏以子仪为河东关内副元帅，镇绛州，时四方扰叛，多逐戎帅，子仪至绛，诛其元恶，其党颇不自安，欲谋翻变。晞知其谋，选亲兵四千，伏甲以防之，常持弓警夜，不寐者凡七十日，叛将竟不敢发，以功拜殿中监。广德二年，仆固怀恩诱吐蕃、回纥入寇。加晞御史中丞，领朔方军以援邠州，与马璘合势，大破蕃军。其年冬，怀恩诱虏再寇邠州，阵于泾北，子仪令晞率步卒五千、骑军五百，出西南掩击之。晞以兵寡不敌，持而不战，及至晡晚，乘其半济而击之，大破獯虏，斩首五千级。是时连战皆捷，诏加御史大夫，子仪固让不受。永泰二年，检校左散骑常侍。大历七年，加开府仪同三司。十二年，丁母忧；服除，加检校工部尚书，判秘书省事。建中二年，丁父丧，持服京城。朱泚构逆，遣人就第问讯，欲令掌兵，晞佯瘖，嗫口不言，泚以兵胁之，晞终不语，贼知其不可用，乃止。晞潜奔奉天，仅而获免。

初，晞兄曜袭父代国公，实封二千户，及曜卒，诏曰："故尚父、太尉、中书令、汾阳王，功格上玄，道光下土，积其善庆，垂裕无穷。虽嫡长云殂，支宗斯盛，汾阳旧邑，盍有丕承。其男前左散骑常侍、驸马都尉、食实封五百户暧，凤禀义方，居忠履孝，俪崇褒榜，摅美金章，继抚先封，允宜听复。暧兄检校工部尚书、守太子宾客、赵国公晞，并弟右金吾将军、祁国公、食实封二百五十户曙，太子左谕德映等，并休有令名，保其先业，宜允推恩之典，以明延嗣之诚。其实封二千户，宜准式减半，余可分袭。暧可袭代国公，仍通前袭三百户；晞可二百五十户；曙可五十户，通前三百七十户；映可二百三十五户。"寻又诏尚父子仪男晞、暧、映、曙四人所袭实封，各减五十户，以赐郭曜男铧、郭晤男镨，各袭一百户。

晞至行在，复检校工部尚书、太子詹事；从驾还京，改太子宾客。晞子钢为朔方节度使杜希全宾佐，希全以钢摄丰州刺史。晞以钢幼弱，恐不任边职，贞元七年，晞上章请罢钢官。德宗遣中使召之，钢疑以他事见摄，乃单骑走入吐蕃。蕃将见钢独叛，不纳，置之筏上，流入黄河令归，杜希全得之，送赴京师，赐钢自尽，晞亦坐子免官。明年，复授太子宾客。贞元十年卒，赠兵部尚书。晞次子钧。钧子承嘏别有传。

暧，子仪第六子。年十余岁，尚代宗第四女升平公主，时升平年亦与暧相类。大历中，恩宠冠于戚里，岁时锡赉珍玩，不可胜纪。大历十三年，有诏毁除白渠水支流碾硙，以妨民溉田。升平有脂粉碾两轮，郭子仪私碾两轮，所司未敢毁彻。公主见代宗诉之，帝谓公主曰："吾行此诏，盖为苍生，尔岂不识我意耶？可为众率先。"公主即日命毁。由是势门碾硙八十余所，皆毁之。暧检校左散骑常侍。建中末，公主坐事，留之禁中，暧亦不令出入。既而朱泚之乱，不知车驾幸奉天，为贼所逼，欲授伪官，暧辞以居丧被疾。既而与兄晞、弟曙及升平公主皆奔奉天，德宗喜，并释前咎，待之如初，复银青光禄大夫、检校左散骑常侍。从驾至山南，改太常卿同正员。

贞元中，帝为皇孙广陵郡王纳暧女为妃。暧，贞元十六年七月卒，赠尚书左仆射。升平公主，元和五年十月薨，赠虢国大长公主，谥曰懿。广陵王即位，为宪宗皇帝，妃生穆宗皇帝。元和十五年，穆宗即位，尊郭妃为皇太后，诏曰："追远饰终，先王令典。况积仁累义，事已显于身前；祥会庆传，福遂流于天下。式光盛德，爰举徽章，尊尊亲亲，于是乎在。皇太后父赠尚书左仆射暧，克荷崇构，有劳王家，孝友本于生知，英华发于事任，实修一德，历仕三朝。建中末年，属有大难，毕力扈驾，忘躯即戎，忠贞之节，国史明备。才高望洽，是膺沁水之祥；德厚流光，乃启涂山之祚。肆予小子，获缵大业，未展定申之命，敢缘褒纪之恩，俾继维师，用光缛礼。可赠太傅。"暧子钊、釴、铦。

曙，代宗朝累历司农卿，居父忧。建中三年冬，舒王谊为淮西、山南诸道大元帅，以曙检校左庶子，为元帅府都押牙。京城乱，从幸山南，转太府卿。随驾还京，拜左金吾卫大将军。贞元末卒。

钊，伟姿仪，身长七尺，方口丰下，沉默寡言。母升平长公主。代宗朝，钊为外孙，恩宠逾等，起家为太常寺奉礼郎。德宗朝，累官至太子右庶子。元和初，为左金吾卫大将军，充左街使。九年十一月，检校工部尚书，兼邠州刺史，充邠宁节度使。数岁，检校户部尚书，入为司农卿。钊，大勋之后，姻联戚里，而谦和接物，恭慎自持，居家临民，无骄怠之色，无奢侈之失，士君子重之。十五年正月，宪宗寝疾弥旬，诸中贵人秉权者欲议废立，纷纷未定。穆宗在东宫，心甚忧之，遣人问计于钊，钊曰："殿下身为皇太子，但旦夕视膳，谨守以俟，又何虑乎！"迄今称钊得元舅之体。

穆宗即位，册皇太后南内，推崇外氏，以钊兼司农卿。未几，检校户部尚书，充河阳三城怀节度使。岁中，换河中尹、河中晋绛慈隰节度使。钊历践藩镇，以汾阳胄胤，材能选用，不独凭椒房之势，所莅简约不挠，其俗自理。敬宗即位，尊郭太后为太皇太后，征钊为兵部尚书，兼检校尚书左仆射。明年，出为梓州刺史、剑南东川节度使。文宗即位，加司空。大和三年冬，南蛮陷巂州，遂寇西川，杜元颖失于控御，蛮军陷成都府外城。朝廷未暇除帅，乃以钊兼领西川节度。蛮军已寇梓州，诸道援军未至，川军寡弱，不可令战。钊致书于蛮首领篯巅，责以侵寇之意，篯巅曰："杜元颖不守疆场，屡侵吾圉，以是修报也。"与钊修好而退。朝廷嘉之，授成都尹、剑南西川节度使。与南诏立约，疆陲不扰。以疾求代。四年，入为太常卿、检校司徒。十二月，在道卒，诏赠司徒。子仲文、仲辞。

釴，母升平长公主，大历、贞元之间，恩礼冠诸主。顺宗在东宫，以女德阳郡主尚釴，时釴与公主年未及冠，郡主尤为德宗之所钟爱，故釴之贵宠，焜耀一时。顺宗即位，改封德阳为汉阳公主。釴累官至卫尉卿、驸马都尉，改殿中监。穆宗即位，釴为叔舅，改右金吾卫大将军、兼御史大夫，充左街使。城南有汾阳王别墅，林泉之致，莫之与比，穆宗常游幸之，置酒极欢而罢，赐釴甚厚。俄加检校工部尚书，兼太子詹事，充闲厩宫苑使。从容贵位三十余年，而椒房之宠，国舅之恩，近代已来，无有其比。而釴恭逊虔恪，不以富贵骄人，士无贤不肖，接之以礼，由是中外称之。长庆二年十月卒，赠尚书左仆射，仍以其弟铦代釴为太子詹事，充闲厩宫苑使。

仲文，大和末为殿中少监。开成初，诏仲文袭父太原郡公，制下，给事中封敕奏曰："伏准制书，赠司徒郭钊嫡男仲文袭封太原郡公者，臣近访知郭钊妻沈氏，公主之女，代宗皇帝外孙，有男仲辞，已选尚主。仲文不合假冒，自称嫡子。若仲文承嫡，即沈氏须黜居别室，仲辞不合配尚贵主。伏以郭仲文，尚父子仪之孙，太皇太后之侄，戚里勋门，无与俦比，婚姻嫡庶，朝野具知，夺宗之配，实玷风教。且仲文、仲辞既非同出，袭封尚主，不可并行。伏请付台勘当。"诏曰："以万年县尉仲辞袭封。"仲文落下，以太皇太后侄，不之罪。寻以仲辞为银青光禄大夫、检校中少监、驸马都尉，袭封太原郡公，尚饶阳公主。又仲辞兄詹事府丞仲恭，为银青光禄大夫，尚金堂公主。

幼明，尚父子仪之母弟也。性谨愿无过，不工武艺，喜宾客饮宴，居家御众，皆得其欢心。以子仪勋业，累历大卿监，大历八年卒，赠太子三傅。

子昕，肃宗末为四镇留后。自关、陇陷蕃，为虏所隔，其四镇、北庭使额，李嗣业、荔非元礼皆遥领之。昕阻隔十五年，建中二年，与伊西北庭节度使李元忠俱遣使于朝，德宗嘉之。诏曰："四镇、二庭，统任西夏五十七蕃十姓部落，国朝以来，相次率职。自关、陇失守，东西阻绝，忠义之徒，泣血相守，慎固封略，奉尊朝法，皆侯伯守将交修共理之所致也。伊西北庭节度使李元忠，可北庭大都护；四镇节度留后郭昕，可安西大都护、四镇节度使。其将吏已下叙官，可超七资。"

李元忠，本姓曹，名令忠，以功赐姓名。时昕使自回纥历诸蕃部，方达于朝。又有袁光庭者，为伊州刺史，陇右诸郡皆陷，光庭坚守伊州，吐蕃攻之累年，兵尽食竭，光庭先刃其妻子，自焚而死。因昕使知之，赠工部尚书。

史臣曰：天宝之季，盗起幽陵，万乘播迁，两都覆没。天祚土德，实生汾阳。自河朔班师，关西殄寇，身捍豺虎，手披荆榛。七八年间，其勤至矣，再造王室，勋高一代。及国威复振，群小肆逸，位重恩辞，失宠无怨。不幸危而邀君父，不挟憾以报仇雠，晏然效忠，有死无二，诚大雅君子，社稷纯臣。自秦、汉已还，勋力之盛，无与伦比。而晞、暖于缥粗之中，拔身虎口，赴难奉天，可谓忠孝之门有嗣矣。

赞曰：猗欤汾阳，功扶昊苍。秉仁蹈义，铁心石肠。四朝静乱，五福其昌。为臣之节，敢告忠良。

卷一百二十一　　列传第七十一

仆固怀恩　梁崇义　李怀光

仆固怀恩，铁勒部落仆骨歌滥拔延之曾孙，语讹谓之仆固：贞观二十年，铁勒九姓大首领率其部落来降，分置瀚海、燕然、金微、幽陵等九都督府于夏州，别为蕃州以御边，授歌滥拔延为右武卫大将军、金微都督。拔延生乙李啜拔，乙李啜拔生怀恩，世袭都督。天宝中，加左领军大将军同正员、特进。历事节度王忠嗣、安思顺，皆以善格斗，达诸蕃情，有统御材，委之心腹。及安禄山反，从郭子仪讨高秀岩于云中，破之，又败薛忠义于背度山下，抗贼七千骑，生擒忠义男，袭下马邑郡。十五载，进军与李光弼合势，及史思明战于常山、赵郡、沙河、嘉山，皆大破之，怀恩功居多。

肃宗即位于灵武，怀恩从郭子仪赴行在所。时同罗部落自西京叛贼，北寇朔方，子仪与怀恩击之。怀恩子玢领徒击贼，兵败而降，寻又自拔而归，怀恩叱而斩之。将士慑骇，无不一当百，遂破同罗千余骑于河上，尽收其器械、驼马。肃宗虽仗朔方之众，将假蕃兵以张形势，乃遣怀恩与燉煌王承寀使于回纥，请兵结好。回纥可汗遂以女妻承寀，兼请公主，遣首领随怀恩入朝。二年正月，又从子仪下冯翊、河东二郡。走伪将崔乾祐，又袭破潼关。贼将安守忠、李归仁自京率众来援，苦战二日，官军败绩。怀恩退至渭水，无舟楫，抱马以渡，存者仅半，乃奔归子仪于河东，整其余众。四月，子仪赴凤翔，李归仁以劲卒五千邀之于三原北。子仪窘急，使怀恩及王升、陈回光、浑释之、李国贞等五将伏兵于白渠留运桥以待之，贼至伏发，归仁大败而走。又从子仪战于清渠，不利，归于凤翔。及回纥使叶护帝得数千骑来赴国难，南蛮、大食之卒相继而至。肃宗乃遣广平王为元帅，以子仪为副，而怀恩领回纥兵从之澧水。贼伏兵于营东，怀恩引回纥驰杀，匹马不归，贼乃大溃。日暮，怀恩谓王曰："贼必弃城走矣，请以二百骑马追之，缚取李归仁、田乾真、安守忠、张通儒。"王曰："将军战亦疲兴，且休息，诘明而后图之。"怀恩曰："归仁、守忠，天下骁贼也，骤胜而败，此天与我也，奈何纵之不取？若使得众，复为我患，虽悔无及。夫战尚速，何明日为？"王固止之，令还营。怀恩又固请，往而复反，一夕四五起。迟明谍至，守忠等果逃。又从王大破贼于陕西之新店，收两京，皆立殊功。以前后功加开府仪同三司、鸿胪卿同正员、同节度副使。十二月，封丰国公，食实封二百户。

乾元元年九月，遣九节度击安庆绪于相州。从郭子仪领朔方行营，破安太清，下怀、卫二州，围相州，战愁思岗。凡经五月，常为先锋，坚敌大阵，必经其战，勇冠三军。寻充都知兵马使。及李光弼代子仪，怀恩又副之。乾元二年，进封大宁郡王，迁御史大夫、朔方行营节度。又从李光弼守河阳，破周挚，擒徐璜玉、安太清，拔怀州，皆摧锋陷敌，功冠诸将。其男玚又以开府仪同三司从将兵于其军，每深入房阵，以勇敢闻，军中号为"斗将"。

怀恩为人雄毅寡言，应对舒缓，而刚决犯上，始居偏裨之中，意有不合，虽主将必诟怒之。郭子仪为帅，以宽厚容众，素重怀恩，其麾下皆朔方蕃汉劲卒，恃功怙将，多为不法，子仪每事优容之，行师用兵，倚以辑事。而光弼持法严肃，法不贷下，怀恩心惮而颇不叶。上元二年，从李光弼与史思明战于邙山，不利。肃宗以怀恩功高，恩顾特异诸将，至冬，加工部尚书，敕李辅国及常参官送上，太官造食以宠之。

代宗即位，拜陇右节度，未行，改朔方行营节度，以副郭子仪。其秋，上使中官刘清潭请兵于回纥登里可汗，登里已为史朝义诱之倾国入塞，众号十万，关中骚扰，上使殿中监药子昂驰于塞上劳之，遇于忻州。先是，肃宗以宁国公主下嫁于毗伽阙可汗，毗伽阙可汗又以少子请婚，肃宗以怀恩女妻之。毗伽可汗死，少子代立，即登里可汗。登里立，以怀恩女为可敦。至是，可汗请与怀恩及怀恩之母相见，诏从之。怀恩嫌疑不敢，上因赐铁券，手诏以遣之，即令其母便发。怀恩与回纥可汗相见于太原，可汗大悦，遂许助讨朝义，于是进兵，历太原、汾、晋，营于陕州以俟期。十月，诏天下兵马元帅雍王为中军先锋，以怀恩为副，加同中书门下平章事，领河东、朔方节度行营及镇西、回纥兵马赴陕州，并令诸道节度一时齐进。怀恩与回纥左杀为先锋，观军容使鱼朝恩、陕州节度郭英乂为后殿，自渑池入；陈郑节度李抱玉自河阳入；河南副元帅、雍王留陕州。怀恩等师至黄水，贼徒数万，坚栅自固。怀恩阵于西原上，广张旗帜以当之，命骁骑及回纥之众傍南山出于东北，两军朱旗内应，表里击之，一鼓而拔，贼死者数万。朝义领铁骑十万来救，阵于昭觉寺，贼皆殊死决战，短兵既接，相杀甚众。官军骤击之，贼阵而不动。鱼朝恩令射生五百人下马，弓弩乱发，多中贼而死，阵亦如初。镇西节度使马璘曰："事急矣！"遂掩旗而进，单骑奔击，夺贼两牌，突入万众之中，左右披靡，大军乘之而入，朝义大败，斩首一万六千级，生擒四千六百人，降者三万二千人。转战于石榴园、老君庙，贼党又败，人马蹂践，填于尚书谷，朝义轻骑而走。怀恩乃进收东京及河阳城，封其府库，伪中书令许叔冀、王伷等，承制释之，悉皆安堵。

怀恩留回纥可汗营于河阳，乃使其子右厢兵马使玚、北庭朔方兵马使高辅成以步军万余众乘胜逐北。怀恩常压贼而行，至于郑州，再战皆捷；进至汴州，伪节度张献诚开门出降；又拔滑州，追破朝义于卫州。伪睢阳节度田承嗣、李进超、李达卢等兵马四万余众，又与朝义合，据河来拒。玚连盘济师，登岸薄之，贼党悉奔，长驱至昌乐县东。朝义率魏州兵马来战，又败走；达卢来降，贼徒震骇。于是相州伪节度薛嵩以相、卫州、洺、邢、赵降于李抱玉、高辅成、尚文悊；伪恒阳节度李宝臣以深、恒、定、易四州降于河东节度辛云京。朝义至贝州，又与伪大将薛忠义两节度合。玚至临清县，惧贼气盛，驻军以俟变。朝义领众三万并攻具来攻，玚令高彦崇、浑日进、李光逸等设三伏以待之，贼半渡，伏发，合击而走之。其时回纥又至，官军益振，玚卷甲驰之，大战于下博县东南。贼背水而阵，大军冲击而崩之，积尸拥流而下。朝义又走莫州。于是河南副元帅都知兵马使薛兼训、兵马使郝廷玉、兖郓节度使辛云京会师于下博，进军莫州城下。朝义与田承嗣频出挑战，大败而旋，临阵杀其伪尚书敬荣。朝义惧，自分万余众投归义县，留承嗣守城。于是淄青节度侯希逸继诸将同为攻守，凡月余日。玚与高彦崇、侯希逸、薛兼训等以众三万追及朝义于归义县，交锋而贼溃。属幽州节度使李怀仙送降款，玚顿兵于其境，遣怀仙分兵追蹑。二年三月，朝义至平州石城县温泉栅，穷蹙，走入长林自缢，怀仙使妻弟徐有济传其首以献。又降田承嗣之军，河北悉平，怀恩乃与诸将班师。

先是，去冬郭子仪以怀恩有平定河朔之功，让位于怀恩，遂授河北副元帅、尚书左仆射、兼中书令、灵州大都督府长史、单于镇北大都护、朔方节度使，仍加实封四百户，通前一千户。春，又加太子少师，充朔方都知兵马使、同节度副大使，食实封五百户，庄宅各一所，仍与一子五品官。高辅成太子少傅、兼御史中丞，充河北副元帅都知兵马使，加实封三百户，仍与一子五品官。高彦崇太子宾客，依旧朔方右厢兵马使，实封二百户，庄宅各赐一所，与一子五品官。

遂诏怀恩统可汗还蕃，遂自相州西郭口趣潞州，与回纥可汗会，出太原之北。怀恩初至太原，辛云京以可汗是其子婿，疑其召戎，闭关不报，且惧可汗相袭，不敢犒军；及还，亦如之。怀恩父子宣力王室，攻城野战，无役不从，一举灭史朝义，复燕、赵、韩、魏之地，自以为功无以让。至是，又为云京所拒，怀恩怒，上表列其状，顿军汾州。会中官骆奉先使于云京，云京言怀恩与可汗为约，逆状已露，乃与奉先厚结纳。奉先回至怀恩所，其母数让奉先曰："尔等与我儿约为兄弟，今又亲云京，何两面乎？虽然，前事勿论，自今母子兄弟如初。"酒酣，怀恩起舞，奉先赠缠头彩。怀恩将酬其贶，奉先遽告发，怀恩曰："明日端午，请宿为令节。"奉先固辞，怀恩苦邀之，命藏其马。中夕谓其从者曰："向者责吾，又收吾马，是将害我也。"奉先惧，遂逾垣而走。怀恩惊，遽令追还其马。奉先使回，奏其反状。怀恩累奏请诛云京、奉先，上以云京有功，手诏和解之，怀恩遂有贰于我。至七月，改元广德，册勋拜太保，仍与一子三品、一子四品官并阶，仍加实封五百户。仍固玚一子五品官，加实封一百户。仍赐铁券，以名藏太庙，画像于凌烟阁。寻以玚为御史大夫、朔方行营节度。

怀恩以寇难已来，一门之内死王事者四十六人，女嫁绝域，再收两京，皆导引回纥，摧灭强敌，而为人媒蘖，蕃性犷戾，怏怏不已。乃上书自叙功伐，曰：

广德元年八月二十三日，开府仪同三司、尚书左仆射、兼中书令、朔方节度副大使、河北副元帅、上柱国、大宁郡王臣怀恩，刺肝沥血，谨顿首顿首上书宝应圣文神武皇帝陛下：臣家本蕃夷，代居边塞，爰自祖父，早沐国恩。臣年未弱冠，即蒙上皇驱策，出入死生，竭力疆场，叨承先帝报功，时年已授特进。洎乎禄山作乱，大振王师，臣累任偏裨，决死靖难，上以安社稷，下以拯生灵，仗皇天之威神，灭狂胡之丑类。无何，思明继逆，又据东周，宸极不安，海内腾沸。臣谬承大行皇帝委任，授以兵权，誓雪国仇，以匡时难。阖门忠烈，咸愿杀身，野战攻城，皆先士卒。兄弟死于阵敌，子侄没于军前，九族之亲，十不存一，纵有在者，疮痍遍身。况陛下潜龙之时，亲统师旅，臣忝事麾下，陛下悉臣愚诚。大行皇帝未捐宫馆之时，臣频立微效，累沾官赏，遂被辅国等谮害，几至破家，便夺兵权，逾年宿卫。臣虽内省无疚，终惧逸佞倾危,以日继时,命悬秋叶,至将归骨泉壤,永谢明时。幸遇陛下龙跃天衢,继缵鸿业,知臣负谤,察臣丹心,遂开独见之明,杜绝众多之口,特拔臣于汧、陇,再任臣于朔方。诚谓游魂返骸,枯骨再肉,使臣得竭驽骞之力,效锥刀之功,上答陛下再造之恩,下展微臣犬马之志。

去年秋末,回纥伏义而来,士庶不知,悉皆惊骇。陛下以臣与其姻娅,令至太原祗迎,一切事宜,许臣逐便处置。遂与可汗计议,分道用兵,克复洛阳,平荡幽、蓟,惟有神策兵马,顿军独住陈留。可汗时在洛阳,即被朝恩猜阻,要为流议,已失蕃情。臣自平贼却回,天恩又令饯送,臣遂罄竭家资,为国周旋,发遣外蕃,贵图上道。行至山北,被奉先、云京共生异见,妄作加诸,闭城不出祗迎,仍令潜行窃盗。蕃夷怨怒,早欲相仇,臣遂弥缝,方得出界。及其祖饯事了,回至太原,臣忝迹鼎司,又承重寄,奉先、云京曾无礼数,闭关不出相看。臣遂过汾州,休息士马,凡经数日,不遣一介知闻。自以行事乘疏,恐臣先有论奏,遂乃构其谤黩,妄起异端,扇动军城,以为设备。又臣从潞府过日,见抱玉祗迎回纥,庶事用心,恳称家资罄于公用,又与臣马兼银器四事,臣于回纥处得绢,便与抱玉二千匹以充答赠。今被抱玉共相组织,将此往来之觊,便为结托之私,贵在厚诬,务相倾夺。陛下不垂明察,采听流言,欲令忠直之臣,枉陷逸邪之党。臣实不欺天地,不负神明,夙夜三思,臣罪有六:

往年同罗背叛,河曲骚然,经略数军,兵围不解。臣不顾老母,走投灵州,先帝嘉臣忠诚,遂遣征兵讨叛,使得河曲清泰,贼徒奔亡。是臣不忠于国,其罪一也。臣男玢尝被同罗虏将,盖亦制不由己,旋即弃逆归顺,却来投臣,臣斩之以令士众。且臣不爱骨肉之重,而徇忠义之诚,是臣不忠于国,其罪二也。臣有二女,俱聘远蕃,为国和亲,合从讨难,致使贼徒殄灭。寰宇清平。是臣不忠于国,其罪三也。臣及男玚,不顾危亡,身先行阵,父子效命,志宁邦家。是臣不忠于国,其罪四也。陛下委臣副元帅之权,令臣指麾河北。其新附节度使,皆提强兵,臣之抚绥,悉安反侧,州县既定,赋税以时。是臣不忠于国,其罪五也。臣叶和回纥,裁定凶徒,天下削平,蕃夷归国,使其永为邻好。义著急难,万姓安宁,干戈止息,二圣山陵事毕,陛下忠孝两全。是臣不忠于国,其罪六也。臣既负六罪,诚合万诛,延颈辕门,以待斧锧。过此以往,更无他违。陛下若以此诛臣,何异伍子胥存吴,卒浮尸于江上,大夫种霸越,终赐剑于稽山。唯以吞恨九泉,衔冤千古,复何诉哉!复何诉哉!

且葵藿尚解仰阳,犬马犹能恋主,臣忝恩至重,委任非轻,夙夜思奉天颜,岂暂心离魏阙,诚恐以忠获罪,龟镜不遥。顷者来瑱受诛,朝廷不示其罪,天下忠义,从此生疑。况来瑱功业素高,人多所忌,不审圣衷独断,复为奸臣弄权?臣欲入朝,恐罹斯祸,

诸道节度使皆惧,非臣独敢如此。近闻追诏数人,并皆不至,实畏中官谗口,又惧陛下损伤,岂唯是臣不忠,只为回邪在侧。且臣前后所奏骆奉先词情,非不撝实,陛下竟无处置,宠用弥深。皆由同类相从,致蒙蔽圣聪,人皆惧死,谁复敢言!臣义切君臣,志忧社稷,若无极谏,有负圣朝,敢肆愚忠,以干鼎镬。况今西有犬戎背乱,东有吴、越不庭,均、房群盗纵横,郧、坊稽胡草扰。陛下不思外御,而乃内稽忠良,何以混一车书,而使梯航纳贽?天下至大,岂可暂轻。

伏承四方敷奏之人,引对之时,陛下皆云与骠骑商量,曾不委宰臣可否。或有稽留数月,不放归还,远近之心,转加疑阻。且臣朔方将士,功效最高,为先帝中兴主人,是陛下蒙尘故吏,曾不别加优奖,却信嫉妒谤词,子仪先已被猜,臣今又遭毁黩。弓藏鸟尽,兔死犬烹,臣昔谓非,今方知实。且臣息军汾上,关键大开,收马放羊,曾无守备,分兵数郡,贵免殷粮,劝课农桑,务安黎庶,有何状迹,而涉异端。陛下必信矫词,何殊指鹿为马?陛下倘斥逐邪佞,亲附忠良,蠲削狐疑,敷陈政化,使君臣无二,天下归心,则窥边之戎,不足为患,梗命之寇,将复何忧,偃武修文,其则不远。陛下若不纳愚恳,且贵因循,臣实不敢保家,陛下岂能安国!忠言利行,良药愈病,伏惟陛下图之。

臣今戎事已安,粮储且继,深愿一至阙下,披露心肝,再睹圣颜,万死无恨。臣欲公然进发,虑恐将士留连。臣今便托巡晋、绛等州,于彼迁延且住,谨遣押衙开府仪同三司、试太常卿张休臧先进书兼口奏事。伏惟陛下览臣此书,知臣诚恳,特垂圣断,不议近臣,待臣如初,浮谤不入,臣当死节王命,誓酬国恩。仍请遣一介专使至绛州问臣,臣即便与同行,冀获蹈舞轩陛。鄙臣愚虑,不顾死亡,轻触天威,战汗无地。

九月,上以回纥近塞,怀恩又与辛云京有隙,上欲其悔过,推心以待之。恐其不信,诏黄门侍郎裴遵庆使汾州喻旨,且察其去就。遵庆即至,怀恩抱其足号泣而诉,遵庆因宣圣恩优厚,讽令入朝,怀恩许诺。副将范志诚说之曰:"公以谗言交构,有功高不赏之惧,嫌隙已成,奈何入不测之朝?公不见来瑱、李光弼之事乎!功成而不见容,二臣以走、诛。"怀恩然之。明日,又以惧死为辞,许令一子入朝,志诚又不可。遵庆复命。御史大夫王翊自回纥使还,怀恩与可汗往来,恐泄其事,乃止之。遂令子玚率众攻云京,云京出战,玚大败而旋,进围榆次,朝廷患之。先是,尚书右丞颜真卿请奉诏召怀恩,上因以真卿为刑部尚书、兼御史大夫往宣慰之。真卿曰:"臣往请行者,时也;今方受命,事无益矣。"上问其故,对曰:"怀恩阻兵,是其反侧明矣。项陛下避狄于陕郊,臣方责以《春秋》之义,云寡君蒙尘于郊,敢不恭问官守。当是时也,怀恩来朝,以助讨贼,则其辞顺。今陛下攘去犬戎,即宫京邑,怀恩进不勤王,退不释众,其辞曲不来矣。且明怀恩反者,独辛云京、李抱玉、骆奉先、鱼朝恩四人耳,

自外朝臣，咸言其枉。然怀恩将士，皆子仪部曲，恩信结其心，陛下何不以子仪代之，喻以逆顺祸福，必相率而归耳。"上从之。子仪至河中，仆固玚已为朔方兵马使张惟岳等四人斩其首，献于阙下。怀恩闻之，率麾下数百骑，弃其母，渡河北走灵武。余众闻子仪到，束甲来奔，归者数万。怀恩至灵武，啸聚亡命，其众复振。上念其勋旧，不欲罪功臣，厚抚其家，怀恩终不从。其母月余日竟以寿终。又遥授太师、兼中书令、大宁王，余并停。

是秋为乡导，诱吐蕃十万入寇泾、邠州，祭来瑱之墓，自序云"俱遭放逐"。寇奉天、醴泉，郭子仪拒之而退。永泰元年，上征天下兵以防之。怀恩又纠合诸蕃，众号二十万，南犯京师；遣吐蕃之众自北道先寇醴泉、奉天，任敷、郑庭、郝德自东道寇奉先、同州，羌、浑、奴剌之众自西道寇盩厔、凤翔。朝廷大骇，诏遣郭子仪屯泾阳，浑日进、白元光屯奉天，李光进屯云阳，马璘、郝廷玉屯中渭桥，董秦屯东渭桥，骆奉先、李日越屯盩厔，李抱玉屯凤翔，周智光、杜冕屯同州。上亲率六军，令鱼朝恩屯苑中，下诏亲征。怀恩领回纥及朔方之众继进，行至鸣沙县，遇疾舁归。九月九日，死于灵武，部曲以乡法焚而葬。张韶代领其众，为徐璜玉所杀；璜玉领其众，又为范志诚所杀，志诚领其众。回纥进寇泾阳，诸军坚壁不战。吐蕃相持二十余日，又闻怀恩死，与回纥争长，自相疑贰，莫敢先进，遂大掠居人，焚烧舍宇，驱男女数万而去，所过践禾谷殆尽。回纥乃诣子仪降，请击吐蕃以自效。子仪分兵随之，大破吐蕃于泾州界。任敷又败走，羌、浑又多降于李抱玉。

怀恩逆命三年，再犯顺，连诸蕃之众，为国大患，士不解甲，粮尽馈军，适幸天亡，而上为之隐恶，前后下制，未尝言其反。及怀恩死，群臣以闻，上为之恻默曰："怀恩不反，为左右所误。"其宽仁如此。闰十月，怀恩侄名臣领千余骑来降。

梁崇义，长安人。以升斗给役于市，有膂力，能卷金舒钩。后为羽林射生，从来瑱于襄阳。沉默寡言，众悦之，累迁为偏裨。瑱朝京师，分使诸将戍福昌、南阳。来瑱被诛，戍者皆溃归。崇义时在南阳，统归师径入襄州，与同列李昭、薛南阳相让为长，不决。诸将请曰："兵非梁卿主之不可。"遂推崇义为帅。宝应二年三月，崇义杀昭与南阳，以胁众心，朝廷因授其节度焉。以襄州荐履兵祸，屈法含容，姑务息人也。历御史中丞、大夫、尚书。遂与田承嗣、李正己、薛嵩、李宝臣为辅车之势，奄有襄、汉七州之地，带甲二万，连结根固，未尝朝觐，然于群凶地最褊，兵最少，法令最理，礼貌最恭。其地跨东南之冲，数有王命之所宣洽，故其人知化。所亲尝劝其来朝，崇义曰："吾本帅来公有大勋庸，当上元中以阉竖谗谮，逡巡稽召，及代宗嗣位，不俟驾行，旋见诛族。今吾衅盈而事久，若之何见上。"

建中元年，淮西节度使李希烈数请兴师讨崇义，崇义惧，军旅之事加严焉。流人郭昔告其为变，崇义闻之，请罪昔，坐决杖配流，命金部员外郎李舟谕旨以安之。初，刘文喜作难，舟尝入其城说利害，文喜拘之，会帐下杀文喜而降。四方反侧者闻之，谓舟必能覆军杀将，是以皆恶。及舟至，又劝其入觐，言颇切直，崇义益不悦。二年春，发五使宣谕诸道，而舟复如荆、襄，崇义虑有变，拒境不纳，上言"军中疑惧，请换他使"。由是益不安，凶谋日深，宾僚或有忠言沮劝，多遭伤害。

时群凶方自疑阻，朝廷将仗大信，欲来而安之，以示天下。仍加崇义同平章事，其妻子悉加封赏，且赐铁券誓之，兼授其裨将蔺杲为邓州刺史，遣御史张著赍手诏征之。崇义益恐怖，使持满而受命。蔺杲奉诏书，又不敢发，驰诣崇义请命，崇义益疑惧，对著号哭，不受诏。由是征四方兵，使希烈统击之。崇义乃发兵攻江陵，以通黔、岭，及四望，大败而归，遂屯襄、邓。希烈先发千余人守临汉，崇义屠之，无遗噍。既而希烈统大军缘汉而上，崇义使将翟晖、杜少诚迎战于蛮水，希烈大破之；复合于涑口，又破之。二将求降，希烈受之，使统本兵入襄阳号令，以安百姓。崇义领亲兵老小闭壁，将守者斩关争出，不可止。其年八月，崇义与其妻投井而死，传首阙下。其亲戚希烈皆戮之，选其尝从临汉之役者三千人，悉斩之。

李怀光，渤海靺鞨人也。本姓茹，其先徙于幽州，父常为朔方列将，以战功赐姓氏，更名嘉庆。怀光少从军，以武艺壮勇称，朔方节度使郭子仪礼之益厚。上元中，累迁试太仆、太常卿，主右衙兵，积功劳至开府仪同三司，为朔方军都虞候。永泰初，实封三百户。大历六年，兼御史中丞，间一年，兼御史大夫，加为军都虞候。性清勤严猛，而敢诛杀，虽亲戚犯法，皆不挠避。子仪性宽厚，不亲军事，纪纲任怀光，军中尤畏之，亦称为理。十二年，以母忧罢职。明年，起复本官，仍兼邠、宁、庆三州都将。德宗即位，罢子仪节度副元帅，以其所部分隶诸将，遂以怀光起复检校刑部尚书，兼河中尹、邠州刺史、邠宁庆晋绛慈隰节度支度营田观察押诸蕃部落等使。先是，怀光频岁率师城长武以处军士，城据原首，临泾水，俯瞰通道，吐蕃自是不敢南侵，为西边要防矣。建中初，泾原四镇节度使段秀实为宰相杨炎所恶，征为司农卿。上将复城原州，乃以怀光兼泾州刺史、泾原四镇北庭节度使。时怀光挟私怨，新诛杀朔方旧将温儒雅等数人，泾州军士咸畏之。刘文喜因众不欲，遂以城叛。诏朱泚与怀光将兵讨平之，加检校太子少师。二年，迁检校左仆射，兼灵州大都督、单于镇北大都护、朔方节度支度营田观察盐池押诸蕃部落六城水运使，实封四百户。邠宁节度等使如故。

时马燧、李抱真诸军同讨魏城未拔，朱滔、王武俊皆反，连兵救悦。三年，诏遣怀光统朔方兵步骑一万五千同讨田悦。怀光勇而无谋，至魏城之日，营垒未设，因与滔等大战于惬山，为滔等所败。复为悦决水以灌之，诸军不利，因与燧等退军于魏县。寻加同平章事，益实封二百户。自是与滔等相持不战。明年十月，泾原之卒叛，上居奉天。朱泚既僭大号，遣中使驰告河北诸帅，怀光率军奔命。时属泥潦，怀光奋厉军士，道自蒲津渡河，败泚骑兵于醴泉，直赴奉天。前数日，先遣裨将张韶持表封蜡丸随贼攻城，乘间逾堑，呼城上人曰："朔方军使也。"乃以绳引上城而入，比登堞，身中数十矢。时上在重围中，守拒益急，既知怀光军至，令张韶号令于城上，人心乃安。怀光又败泚兵于鲁店，泚乃解兵还走入城。

怀光性粗厉疏惺，缘道数言卢杞、赵赞、白志贞等奸佞，且曰："天下之乱，皆此辈也，吾见上，当请诛之。"杞等微知之，惧甚，因说上令怀光乘胜逐泚，收复京师，不可许至奉天，德宗从之。怀光屯军咸阳，数上表暴扬杞等罪恶，上不得已为贬杞、赵赞、白志贞以慰安之。又疏中使翟文秀，上之信任也，又杀之。怀光既不敢进军，迁延自疑，因谋为乱。初，诏遣崔汉衡使于吐蕃，出兵佐收京城，蕃相尚结赞曰："蕃法，进军以统兵大臣为信。今奉制书，无怀光名署，故不敢前。"上闻之，遣翰林学士陆贽诣怀光议用蕃军，怀光坚执言不可者三，不肯署制，词慢，且谓贽曰："尔何所能？"兴元元年二月，诏加太尉，兼赐铁券，遣李升及中使邓鸣鹤赍券谕旨。怀光怒甚，投券于地曰："凡人臣反，则赐铁券，今授怀光，是使反也。"词气益悖，众为之惧。时怀光部将韩游瑰掌兵在奉天，怀光乃与游瑰书，约今为变，游瑰密奏之。翌日，怀光又使趣之，游瑰复奏闻。数日，怀光又使趣游瑰，为门者所捕。怀光且宣言曰："吾今与朱泚连和，车驾当须引避。"由是上遽幸梁州。时李晟已移军东渭桥，怀光复劫李建徽、杨惠元等军，移于好畤，其下颇多携贰。先是朱泚甚畏之，至是因欲臣之。怀光房劫无所得，益疑惧不自安，居二旬，乃驱兵分为部队，掠泾阳、三原、富平，自同州往河中。神策将孟涉、段威勇自三原拥兵三千余人奔归李晟，怀光不能遏。韩游瑰杀怀光留后张昕，以邠州从顺。戴休颜自奉天令于军曰："怀光已反。"乃令城分驰表以闻。上于是授游瑰、休颜节度使。乃除怀光太子太保，罢其余官，其所管委本军择一人功高望崇者统之，皆不奉诏。四月，怀光至河中，遂偷有同、绛等州，按兵观望。

李晟既收复京师，上遣给事中孔巢父、中使啖守盈持诏征之，怀光素服受命。巢父乃宣言于众："太尉军中谁可领军事者？"怀光左右皆胡虏，因发怒，乱持兵杀巢父及守盈，自是缮兵益修守拒。上还京师，以侍中浑瑊为河中节度副元帅，将兵讨怀光。瑊复破同州，屯军不进，数为怀光所败。时仍岁旱蝗，京师初复，经费不给，言事者多请赦怀光。时河东节度使马燧威名素著，乃加燧副元帅，与瑊及镇国军节度骆元光、邠宁节度韩游瑰、鄜坊节度唐朝臣会兵同讨怀光。燧率军拔绛州，至宝鼎，虑怀光西走，唐突京邑，乃舍军朝京师。既还，与瑊先自河东而降其骁将尉珪、徐庭光，统诸军以围河中。贞元元年秋，朔方部将牛名俊斩怀光首以降燧，其子琟刃其弟数人，乃自杀。怀光死时年五十七。寻诏以男一人为嗣，赐庄宅一所，仍还怀光尸首，任其收葬，妻子并徙澧州。五年，又诏曰：

怀旧念功，仁之大也；兴灭继绝，义之弘也。昔蔡叔纪族，周公封其子于东土，韩信干纪，汉后爵其孥以弓高。侯君集之不率景化，我太宗存其胤以主祀。详考先王之道，洎乎烈祖之训，皆以刑佐德，俾人向方，则斧钺之诛，甲兵之伐，盖不得已而用也。暴岁盗臣窃发，国步多虞，朕狩于近郊，指期薄伐，将振昆阳之旅，以兴涿鹿之功，征师未达于诸侯，卫士且疲于七萃。而李怀光三军凤驾，千里勤王，上假雷霆之威，下逐虎狼之众。议功方始，守节靡终，潜构祸胎，拒违朝命，弃同即异，舍顺效逆。为臣至此，在法必诛，犹示绥怀，庶其牵复。而枭音益厉，猘突莫迁，大戮所加，曾无噍类。虽自贻伊戚，与众弃之，而言念尔劳，何嗟及矣！以其前效犹在，孤魂无归，怀之怆然，是用凄轸。予欲布陈大惠，冀以化成，保合太和，期于刑措。宜以怀光外孙燕八八赐姓李氏，名承绪，授左卫率府胄曹参军，承怀光之后。仍赐钱一千贯，任于怀光墓侧置立庄园，侍养怀光妻王氏，并备四时享奠之礼。呜呼！朕实不德，临于兆人，泣辜宥罪，素诚所志。尔其保姓受氏，宣力承家，勉绍乃考之建国庸，无若尔父之违王命。

初，怀光首，其子琟、瑷等皆死，唯妻王氏在，故上特舍其死。及是又思怀光旧勋，哀其绝后，乃命承绪继之。

史臣曰：仆固怀恩、李怀光，咸以勇力，有劳王家，为臣不终，遂行反噬，其罪大矣。然辛云京、骆奉先、卢杞、白志贞辈，致彼二逆，贻忧时君，亦可谓国之谗贼矣。梁崇义既无令始，又无善终，与妻投泉，何塞其咎。

赞曰：臣之事君，有死无二。怀恩、怀光，凶终一致。崇义多奸，国家所弃。迷而亡归，自速其毙。

卷一百二十二　　列传第七十二

张献诚 _{弟献恭　献甫　献恭子煦}
路嗣恭 _{子恕}　曲环　崔汉衡　杨朝晟　樊泽　李叔明　裴胄

张献诚，陕州平陆人，幽州节度使、幽州大都督府长史守珪之子也。天宝末，陷逆贼安禄山，受伪官；连陷史思明，为思明守汴州，统逆兵数万。宝应元年冬，东都平，史朝义逃出汴州，献诚不纳，举州及所统兵归国，诏拜汴州刺史，充汴州节度使。逾年来朝，代宗宠赐甚厚。三迁检校工部尚书，兼梁州刺史，充山南西道观察使。广德二年十月，擒南山贼帅高玉以献。永泰二年正月，献名马二、丝绢杂货共十万匹。是月，兼充剑南东川节度观察使，封邓国公。西川崔旰杀郭英乂，献诚率众战于梓州，为旰所败，献诚仅以身免。大历二年四月，献诚以疾上表乞归私第，仍荐堂弟试太常卿兼右羽林将军献恭以自代。诏许之，以献诚检校户部尚书，知省事。八月，献诚以疾抗疏辞官，无几，卒于私第。

献恭，守珪之弟守瑜子也。累以军功官至试太常卿，兼右羽林将军，代献诚为梁州刺史、兼御史中丞，充山南西道节度观察使。大历十二年七月，献恭破吐蕃万余众于岷州。建中二年正月，加检校兵部尚书，为东都留守。三年正月，为太府卿、容州刺史、本管经略招讨使。四年七月，与浑瑊、卢杞、司农卿段秀实与吐蕃尚结赞筑坛于京城之西会盟，如清水之仪。兴元元年六月，转检校吏部尚书，仍与一子正员官。卢杞移饶州刺史，给事中袁高论其不可。献恭因入对紫宸殿，上言："高所奏至当，臣恐烦圣听，不敢缕陈其事。"德宗不悟，献恭复奏曰："袁高是陛下一良臣，望特优异。"德宗顾谓宰臣李勉等曰："朕欲授杞一小州刺史可乎？"对曰："陛下授大州亦可，其奈士庶失望何！"献恭守正不挠也如此。

献甫，守珪弟左武卫将军、赠户部尚书守琦之子。献甫少随诸兄从军，初为偏裨，以军功累授试光禄卿、殿中监、河中节度副元帅都知兵马使，检校兵部尚书、兼御史大夫。建中初，从节度使贾耽征梁崇义于襄、汉，以功加太子詹事。及幸奉天、兴元，献甫首至，从浑瑊征讨有功，及复京邑，入为金吾将军。时李怀光未平，吐蕃侵扰西边，献甫领禁军出镇咸阳，凡累年，军民悦之。贞元四年，迁检校刑部尚书，兼邠州刺史、邠宁庆节度观察使。乃于彭原置义仓，方渠、马岭等县选险要之地以为烽堡。又上疏请复盐州及洪门、洛原等镇，各置兵防以备蕃寇，朝廷从之。贞元四年九月，吐蕃将尚志董星、论莽罗等寇宁州，献甫率众御之，斩首百余级，吐蕃遁边境。贞元十二年，加检校左仆射。五月丙申卒，年六十一，废朝三日，赠司空，赗物有差。

献恭子煦，尝随献甫征讨，积战功累迁至夏州节度使。元和八年十二月，振武军逐出节度使李进贤而屠其家，杀判官严澈。宪宗怒，遣煦以夏州兵二千人赴振武，仍许以便宜击断。九年正月，赐绢三万匹以助军资。河东节度使王锷遣兵五千会煦于善羊栅，诏煦入振武，诛作乱苏国珍等二百五十三人乃定。是岁十二月卒，赠太子太保。

路嗣恭，京兆三原人。始名剑客，历仕郡县，有能名，累至神乌令，考绩上上，为天下最，以其能，赐名嗣恭。历工部尚书、兼御史大夫，灵州大都督府长史，充关内副元帅郭子仪副使，知朔方节度营田押诸蕃部落等使。嗣恭披荆棘以守之。大将御史中丞孙守亮握重兵，倔强不受制，嗣恭称疾召至，因杀之，威信大行。永泰三年，检校刑部尚书，知省事。大历六年七月，为江南西道都团练观察使，在官恭恪，善理财赋。贾明观者，事北平郡虞候刘希暹、鱼朝恩诛，希暹从坐，明既积恶犯众怒。时宰相元载受贿，遣江南效力，魏少游承载意苟容之。及嗣恭代少游，即日杖杀，识者称之。大历八年，岭南将哥舒晃杀节度使吕崇贲反，五岭骚扰，诏加嗣恭兼岭南节度观察使。嗣恭擢流人孟瑶、敬冕，使分其务；瑶主大军，当其冲，冕自间道轻入，招集义勇，得八千人，以挠其心腹。二人皆有全策诡计，出其不意，遂斩晃及诛其同恶万余人，筑为京观。俚洞之宿恶者皆族诛之，五岭削平。拜检校兵部尚书，知省事。

嗣恭起于郡县吏，以至大官，皆以恭恪为理著称。及平广州，商舶之徒，多因晃事诛之，嗣恭前后没其家财宝数百万贯，尽入私室，不以贡献。代宗心甚衔之，故嗣恭虽有平方面功，止转检校兵部尚书，无所酬劳。及德宗即位，杨炎受其货，始叙前功，除兵部尚书、东都留守。寻加怀郑汝陕四州、河阳三城节度及东都畿观察使。征至京师卒，时年七十一，废朝一日，赠左仆射。

子恕，字体仁。初，岭南衙将哥舒晃反，诏嗣恭自江西致讨，授检校工部员外郎，得以军前便宜从事。俄而降者继路，于是擢降将伊慎，推心用之。贼平，恕功居多，年才三十，为怀州刺史。久之，转京兆少尹、监门卫大将军、兼御史中丞、教练招讨等使。其后为鄜坊观察使、太子詹事。坐事贬吉州刺史，迁太子宾客。以右散骑常侍致仕卒，年七十三，赠洪州都督。恕私第有佳林园，自贞元初李纾、包佶辈迄于元和末，仅四十年，朝之名卿，咸从之游，高歌纵酒，不屑外虑，未尝问家事，人亦以和易称之。

曲环，陕州安邑人也。父彬，为南使正监，因家于陇右，以环故累赠兵部尚书。环少读兵书，尤以勇敢骑射闻。天宝中，从哥舒翰攻拔石堡城，收黄河九曲、洪济等城，累授果毅别将。安禄山反，从襄阳节度鲁炅守邓州，拒贼将武令珣，战数十合，环功居多，超授左清道率。又从李抱玉守河阳南城，寻将兵守泽州，破贼骁将安晓，救特拜羽林将军。又将别部合诸军同讨史朝义，平河北，累转金吾大将军，并同正员，随李抱玉移军京西。大历中，领兵陇州，频破吐蕃，加特进、太常卿。上初嗣位，吐蕃大寇剑南，诏环以邠、陇兵五千驰往，大破戎虏，收七盘城、威武军及维、茂二州，西戎奔遁。环大振功名而还，加太子宾客，赐以名马。与诸将讨泾州叛将刘文喜，平之，加开府仪同三司、兼御史中丞，充邠、陇两军都知兵马使。时李纳拥兵侵逼徐州，令环与刘玄佐同救援，累破李纳叛党，环以功最，加御史大夫。建中三年十月，加检校左常侍，充邠、陇行营节度使。

李希烈侵陷汴州，环与诸军守固宁陵、陈州，大破希烈军于陈州城下，杀逆党三万五千人，擒其骁将翟晖以献，希烈因遁归蔡州。环以功加检校工部尚书，兼陈州刺史。希烈平，加环兼许州刺史。陈许等州节度观察，加实封三百户。陈、蔡二州以希烈扰乱，遭剽劫颇甚，人多逃窜他邑以避祸。环勤身恭俭，赋税均平，政令宽简，不三二岁，襁负而归者相属，训农理戎，兵食皆丰羡。十二年，加检校左仆射。卒时年七十四，废朝一日，赠司空，赗布帛米粟有差。

崔汉衡，博陵人也。性沉厚宽博，善与人交。释褐，授沂州费令。滑州节度使令狐彰奏署掌记，累迁殿中侍御史。大历六年，拜检校礼部员外郎，为和吐蕃副使；还，迁右司郎中，改万年令。建中三年，为殿中少监、兼御史大夫，充和蕃使，与吐蕃使区颊赞至自蕃中。时吐蕃大相尚结息忍而好杀，以常覆败于剑南，思刷其耻，不肯约和。其次相尚结赞有材略，因言于赞普，请定界明约，以息边人，赞普然之，竟以结赞代结息为大相，约和好，期以十月十五日会盟于境上。戊申，以汉衡为鸿胪卿。四年，吐蕃朝贡，加检校工部尚书，复使吐蕃。兴元初，上居奉天，吐蕃遣帅佐浑瑊败朱泚兵于武功，以功转检校兵部尚书、兼秘书监、西京留守。无几，真拜兵部尚书，为东都、淄青、魏博赈给宣慰使。明年，为幽州宣慰使，所至皆称职。贞元三年，副侍中浑瑊与吐蕃会盟于平凉，吐蕃背约，瑊仅免，时无备预，在会免者什无一二，士卒死者以千数。汉衡与同陷者并至河州，结赞令召之，以频使于蕃，结赞素信重，与孟日华、中官刘延邕俱至石门，而遣五骑送至境上。四年七月，加检校吏部尚书、晋慈隰观察使，寻加都防御使。十一年四月卒。

杨朝晟，字叔明，夏州朔方人也。初在朔方为步军先锋，尝有功，授甘泉府果毅。建中初，从李怀光讨刘文喜于泾州，斩获生擒居多，授骠骑大将军，稍为右先锋兵马使。后李纳寇徐州，从唐朝臣征讨，尝冠军锋，以功授开府仪同三司、检校太子宾客。

上在奉天，李怀光自山东赴难，以朝晟为左厢兵马使，将千余人下咸阳以挫朱泚，加御史中丞，实封一百五十户。及怀光反于河中，朝晟被胁在军。上幸梁、洋，韩游瑰退于邠、宁。怀光尝在邠、宁，追制如属城，以贼党张昕在邠州总后务。昕惧难作，乃大索军资，征卒乘，约明潜发，归于怀光。朝晟父怀宾为游瑰将，因夜以数十骑斩昕及同谋，游瑰即日使怀宾奉表闻奏，上召劳问，授兼御史中丞，正除游瑰邠宁节度使。间谍至河中，朝晟闻其事。泣告怀光曰："父立功于国，子合诛戮，不可主兵矣。"怀光遂絷之。及诸军进围河中，韩游瑰营于长春宫，怀宾身当战伐。及怀光平，上念其忠，俾副元帅浑瑊特原朝晟，遂为游瑰都虞候。时父子同军，皆为开府宾客、御史中丞，荣于军中。

后诏征游瑰宿卫，以左金吾将军张献甫为检校刑部尚书、兼御史大夫、邠宁庆节度观察使，代韩游瑰。初，游瑰以吐蕃犯塞，自将兵戍宁州，及受代，以是月壬子夜轻骑潜遁归阙。其将卒素骄怠，畏张献甫之严，因游瑰夜出，衙内千余人遂叛掠，且因监军杨明义邀奏以奔将范希朝为节度。朝晟时为都虞候，初逃于郊，翌日乃来，给其众曰："所请甚惬，我来贺也。"由是稍安。朝晟及诸将谋诛首恶者。乙卯，朝晟率诸经数日以告曰："前请者不获，张尚书昨日已入邠州，汝等皆当死，吾不能尽杀，各言戎首以归罪焉，余无所问。"于是众中唱二百余人，斩之乃定。上擢希朝为宁州刺史，以副献甫。献甫入奏朝晟功，加御史大夫。

九年，城盐州，征兵以护外境，朝晟分统士马镇木波。献甫卒，诏以朝晟代之。其年，丁母忧，起复左金吾大将军同正、邠州刺史，大夫如故。十年春，朝晟奏："方渠、合道、木波，皆贼路也，请城其地以备之。"诏问："所须几何？"朝晟奏曰："臣部下兵自可集事，不烦外助。"复问："前筑盐州，凡兴师七万，今何其易也？"朝晟曰："盐州之役，诸军蕃戎尽知之。今臣境迫虏，若大兴兵，即蕃戎来寇，寇则战，战则无暇城矣。今请密发军士，不十日至塞下，未三旬而功毕。"蕃人始障疑，数日而退。初，军次方渠，无水，师徒嚣然，遂有青蛇乘高而下，视其迹，水随而流。朝晟令筑防环之，遂为停泉，军人仰饮以足，图其事上闻，诏置祠焉。十五年二月，免丧，加检校工部尚书。是夏，以防秋移军宁州，遘疾，来年正月卒。

樊泽，字安时，河中人也。父咏，开元中举草泽，授试大理评事，累赠兵部尚书。泽长于河朔，相卫节度薛嵩奏为磁州司仓、尧山县令。建中元年，举贤良对策，礼部侍郎于邵厚遇之。与杨炎善，荐为补阙，历都官员外郎。泽好读兵书，朝廷以其有将帅材，寻兼御史中丞，充通和蕃使，蕃中用事宰相尚结赞深礼之。寻从凤翔节度张镒与吐蕃会盟于清水，迁金部郎中、御史中丞、山南节度行军司马。时李希烈背叛，诏以普王为行军元帅，征泽为谏议大夫、元帅行军司马。属驾幸奉天，普王不行，泽改右庶子、兼中丞，复为山南东道行军司马。寻代贾耽为襄州刺史、兼御史大夫、山南东道节度观察等使。

泽有武艺，每与诸将射猎，常出其右，人心服之，贼众畏焉。频与李希烈凶党接战，前后擒降其骁将张嘉瑜、杜文朝、梁俊之、李克诚、薛翼等，收唐、随二州。希烈既平，泽丁母忧，起复右卫大将军同正，余如故。三年，代张伯仪为荆南节度观察等使、江陵尹、兼御史大夫。三岁，加检校礼部尚书，会襄州节度曹王皋卒于镇，军中剽劫扰乱，以泽威惠素著于襄、汉，复代曹王皋为襄州刺史、山南东道节度使。十二年，加检校右仆射。卒年五十，赠司空，赙布帛米粟有差。其日将宴百官，废朝，改取他日。

李叔明，字晋卿，阆州新政人。本姓鲜于氏，代为豪族。兄仲通，天宝末为京兆尹、剑南节度使。兄弟并涉学，轻财好施。叔明初为剑南节度使杨国忠判官。乾元后为司勋员外郎，副汉中王瑀使回纥，回纥接礼稍倨，叔明离位责之曰："大国通好，贤王奉使，可汗于大唐子婿，岂可恃微功而傲乎！唐法不然。"可汗改容加敬。复命，迁司门郎中。后为京兆少尹，无几，以疾辞，除右庶子，出为邛州刺史。寻拜东川节度、遂州刺史，后移镇梓州，检校户部尚书。时东川兵荒之后，雕残颇甚，叔明理之近二十年，招抚氓庶，夷落获安。大历末，有阆州严氏子上疏称："叔明少孤，养子于外族，遂冒姓焉，请复之"。诏从焉。叔明初不知其从外氏姓，意丑其事，遂抗表乞赐宗姓。代宗以戎镇寄重，许之，仍置严氏子于法。及驾幸奉天，其子升朝从。叔明每私疏诫励，见危临难，当誓以死。升奉父严训，果著勋效，识者嘉之。叔明既朝京师，以本官兼右仆射，乞骸骨，改太子太傅致仕，卒，谥曰襄。叔明总戎年深，积聚财货，子孙骄淫，殁才数年，遗业荡尽。

裴胄，字胤叔，其先河东闻喜人，今代葬河南。伯父宽，户部尚书，有名于开元、天宝间。胄明经及第，解褐补太仆寺主簿。属二京陷覆，沦避他州。贼平，授秘书省正字，累转秘书郎。陈少游郑郑节度留后，奏胄试大理司直。少游罢，陇右节度李抱玉奏授监察御史，不得意，归免。陈少游为宣歙观察，复辟在幕府，抱玉怒，奏贬桐庐尉。浙西观察使李栖筠有重望，虚心下士，幕府盛选才彦。观察判官许鸿谦有学识，栖筠常异席，事多咨之；崔造辈皆所荐引，一见胄，深重之，荐于栖筠，奏授大理评事、观察支度使。代宗以元载鬻爵朝纲，征栖筠入朝，内制授御史大夫，方将大用，载怙权，栖筠居顾问刺举之职，与不平。及栖筠卒，胄护栖筠丧归洛阳，众论危之，胄坦然行心，无所顾望。淮南节度陈少游奏检校主客员外、兼侍御史、观察判官。寻为行军司马，迁宣州刺史。

杨炎初作相，锐意为元载报仇，凡其枝党无漏。适会胄部人积胄官时服杂俸钱为赃者，炎命酷吏员寓深按其事，贬汀州司马。寻征为少府少监，除京兆少尹，以父名不拜，换国子司业。迁湖南观察都团练使，移江南西道。前江西观察使李兼罢省南昌军千余人，收其资粮，分为月进，胄至，奏其本末，罢之。会荆南节度樊泽移镇襄阳，宰相方议其人，上首命胄代泽，仍兼御史大夫。

胄简俭恒一，时诸道节度观察使竞剥下厚敛，制奇锦异绫，以进奉为名。又贵人宣命，必竭公藏以买其欢。胄待之有节，皆不盈数金，常赋之外无横敛，宴劳礼止三爵，未尝酣乐。时武臣多厮养畜宾介，微失则奏流死，胄以书生始，奏贬书记梁易从，君子薄其进退宾客不以礼，物议薄之。贞元十九年十月卒，时年七十五，赠右仆射，谥曰成。

史臣曰：三献军谋臣节，克绍家风。路嗣恭从微至著，执法简廉。环理兵劝农，独彰善政。汉衡诚悫奉职。朝晟忠孝权谋。泽威惠荆、襄。叔明见危誓死，立政惠民。胄抱义危行，守政奉公。皆贤帅矣。然嗣恭聚财，为功名之瑕玷；叔明聚财，致子孙之骄淫。财之污人，诚可诫也。

赞曰：张、路、曲、崔、樊、杨、李、裴，守忠臣之道，皆贤帅之才。

卷一百二十三　　列传第七十三

刘晏　第五琦　班宏　王绍　李巽

刘晏，字士安，曹州南华人。年七岁，举神童，授秘书省正字。累授夏县令，有能名。历殿中侍御史，迁度支郎中、杭陇华三州刺史，寻迁河南尹。时史朝义盗据东都，寄理长水。入为京兆尹，顷之，加户部侍郎、兼御史中丞，判度支，委府事于司录张群、杜亚，综大体，议论号为称职。无何，为酷吏敬羽所构，贬通州刺史。复入为京兆尹、户部侍郎，判度支。时颜真卿以文学正直出为利州刺史，晏举真卿自代为户部，乃加国子祭酒。宝应二年，迁吏部尚书、平章事，领度支盐铁转运租庸使。坐与中官程元振交通，元振得罪，晏罢相，为太子宾客。寻授御史大夫，领东都、河南、江淮、山南等道转运租庸盐铁使如故。时新承兵戈之后，中外艰食，京师米价斗至一千，官厨无兼时之积，禁军乏食，畿县百姓乃接穗以供之。晏受命后，以转运为己任，凡其所经历，必究利病之由。至江淮，以书遗元载曰：

浮于淮、泗，达于汴，入于河，西循底柱、硖石、少华，楚帆越客，直抵建章、长乐，此安社稷之奇策也。晏宾于东朝，犹有官谤，相公终始故旧，不信流言，贾谊复召宣室，弘羊重兴功利，敢不悉力以答所知。驱马陕郊，见三门渠津遗迹。到河阴、巩、洛，见宇文恺置梁公堰，分黄河水入通济渠；大夫李杰新堤故事，饰像河庙，凛然如生。涉滎郊、浚泽，遥瞻淮甸，步步探讨，知昔人用心，则潭、衡、桂阳必多积谷，关辅汲汲，只缘兵粮。漕引潇、湘、洞庭，万里几日，沦波挂席，西指长安。三秦之人，待此而饱；六军之众，待此而强。天子无侧席之忧，都人见泛舟之役；四方旅拒者可以破胆，三河流离者于兹请命。相公匡戴明主，为富人侯，此今之切务，不可失也。使仆涮洗瑕秽，率罄愚儒，当凭经义，请护河堤，冥勤在官，不辞水死。

然运之利病，各有四五焉。晏自尹京入为计相，共五年矣。京师三辅百姓，唯苦税亩伤多，若使江、湖米来每年三二十万，即顿减徭赋，歌舞皇泽，其利一也。东都残毁，百无一存。若米运流通，则饥人皆附，村落邑廛，从此滋多。受命之日，引海陵之仓以食巩、洛，是计之得者，其利二也。诸将有在边者，诸戎有侵败王略者，或闻三江、五湖，贡输红粒，云帆桂楫，输纳帝乡，军志曰："先声后实，可以震耀夷夏。"其利三也。自古帝王之盛，皆云书同文，车同轨，日月所照，莫不率俾。今舟车既通，商贾往来，百货杂集，航海梯山，圣神辉光，渐近贞观、永徽之盛，其利四也。

所可疑者，函、陕雕残，东周尤甚。过宜阳、熊耳，至武牢、成皋，五百里中，编户千余而已。居无尺椽，人无烟爨，萧条凄惨，兽游鬼哭。牛必羸角，舆必说輗，栈车挽漕，亦不易求。今于无人之境，兴此劳人之运，固难就矣，其病一也。河、汴有初，不修则毁澳，故每年正月发近甸丁男，塞长茭，决沮洳，清明桃花已后，远水自然安流，阳侯、宓妃，不复太息。顷因寇难，总不掘拓，泽灭水，岸石崩，役夫需于沙，津吏旋于泞，千里洄上，冈水舟行，其病二也。东垣、底柱、渑池、二陵，北河运处五六百里，戍卒久绝，县吏空拳。夺攘奸究，窟穴囊橐。夹河为薮，豺狼猖猎，舟行所经，寇亦能往，其病三也。东自淮阴，西临蒲坂，亘三千里，屯戍相望。中军皆鼎司元侯，贱卒仪同青紫，每云食半菽，又云无挟纩，挽漕所至，船到便留，即非单车使折简书所能制矣，其病四也。惟小子毕其虑奔走之，惟中书详其利病裁成之。

晏累年已来，事缺名毁，圣慈含育，特赐生全。月余家居，遽即临遣，恩荣感切，思殒百身。见一水不通，愿荷锸而先往；见一粒不运，愿负米而先趋。焦心苦形，期报明主，丹诚未克，漕引多虞，屏营中流，掩泣献状。

自此每岁运米数十万石以济关中。

又至德初，为国用不足，令第五琦于诸道榷盐以助军用，及晏代其任，法益精密，官无遗利。初，岁入钱六十万贯，季年所入逾十倍，而人无厌苦。大历末，通计一岁征赋所入总一千二百万贯，而盐利且过半。累迁吏部尚书。大历四年六月，与右仆射裴遵庆同赴本曹视事，敕尚食增置储供，许内侍鱼朝恩及宰臣已下常朝官咸诣省送上。八年，知三铨选事。十二年三月，诛宰臣元载，晏奉诏讯鞫。晏以载居任树党，布于天下，不敢专断，请他官共事。敕御史大夫李涵、右散骑常侍萧昕、兵部侍郎袁傪、礼部侍郎常衮、谏议大夫杜亚同推，载皆款伏。初，晏承旨，门下侍郎、同平章事王缙亦处极法，晏谓涵等曰：重刑再覆，国之常典，况诛大臣，得不覆奏？又法有首从，二人同刑，亦宜重取进止。"涵等从命。及晏等覆奏，代宗乃减缙罪从轻。缙之生，晏平反之力也。

十三年十二月，为尚书左仆射。时宰臣常衮专政，以晏久掌铨衡，时议平允，兼司储蓄，职举功深，虑公望日崇，上心有属。窃忌之，乃奏晏朝廷旧德，宜为百僚师长，外示崇重，内实去其权。及奏上，以晏使务方理，代其任者难其人，使务、知三铨并如故。李灵曜之乱也，河南节帅所据，多不奉法令，征赋亦随；州县虽益减，晏以羡余相补，人不加赋，所入仍旧，议者称其能。自诸道巡院距京师，重价募疾足，置递相望，四方物价之上下，虽极远不四五日知，故食货之重轻，尽权在掌握，朝廷获美利而天下无甚贵甚贱之忧，得其术矣。凡所任使，多收后进有干能者。其所总领，务乎急促，趋利者化之，遂以成风。当时权势，或以亲戚为托，晏亦应之，俸给之多少，命官之迟速，必如其志，然未尝得亲职事。其所领要务，必一时之选，故晏没后二十余年，韩洄、元琇、裴腆、包佶、卢征、李衡继掌财赋，皆晏故吏。其部吏居数千里之外，奉教令如在目前，虽寝兴宴语，而无欺给，四方动静，莫不先知，事有可贺者，必先上章奏。江淮茶、橘，晏与本道观察使各岁贡之，皆欲其先至。有土之官，或封山断道，禁前发者，晏厚以财力致之，常先他司，由是甚不为藩镇所便。

晏理家以俭约称，而重交故旧，颇以财货遗天下名士，故人多称之。善训诸子，咸有学艺。任事十余年，权势之重，邻于宰相，要官重职，颇出其门。既有材力，视事敏速，乘机无滞，然多任数，挟权贵，固恩泽，有口者必利啖之。当大历时，事贵因循，军国之用，皆仰于晏，未尝检辖。

德宗嗣位，言事者称转运可罢多矣。初，杨炎为吏部侍郎，晏为尚书，各恃权使气，两不相得。炎坐元载贬，晏快之，昌言于朝。及炎入相，追怨前事，且以晏与元载

隙憾，时人言载之得罪，晏有力焉。炎将为载复仇，又时人风言代宗宠独孤妃而又爱其子韩王迥，晏密启请立独孤为皇后。炎因对扬流涕奏言："赖祖宗福祐，先皇与陛下不为贼臣所间。不然，刘晏、黎干之辈，摇动社稷，凶谋果矣。今干以伏罪，晏犹领权，臣为宰相，不能正持此事，罪当万死。"崔祐甫奏言："此事暧昧，陛下已以廓然大赦，不当究寻虚语。"朱泚、崔宁又从傍与祐甫救解之，宁言颇切，炎大怒，故斥宁令出镇鄜坊以摧挫之。遂罢晏转运等使，寻贬为忠州刺史。炎欲诬构其罪，知庾准与晏素有隙，举为荆南节度，以伺晏动静。准乃奏晏与朱泚书祈救解，言多怨望。炎又证成其事，上以为然。是月庚午，晏已受诛，使回奏报，诬奏以忠州谋叛，下诏暴言其罪，时年六十六，天下冤之。家属徙岭表，连累者数十人。贞元五年，上悟，方录晏子执经，授太常博士；少子宗经，秘书郎。执经上请削官赠父，特追赠郑州刺史。

第五琦，京兆长安人。少孤，事兄华，敬顺过人。及长，有吏才，以富国强兵之术自任。天宝初，事韦坚，坚败贬官。累至须江丞，时太守贺兰进明甚重之。会安禄山反，进明迁北海郡太守，奏琦为录事参军。禄山已陷河间、信都等五郡，进明未有战功，玄宗大怒，遣中使封刀促之，曰："收地不得，即斩进明之首。"进明惶惧，莫知所出，琦乃劝令厚以财帛募勇敢士，出奇力战，遂收所陷之郡。令琦奏事，至蜀中，琦得谒见，奏言："方今之急在兵，兵之强弱在赋，赋之所出，江淮居多。若假臣职任，使济军须，臣能使赏给之资，不劳圣虑。"玄宗大喜，即日拜监察御史，勾当江淮租庸使。寻拜殿中侍御史。寻加山南等五道度支使，促办应卒，事无违阙。迁司金郎中、兼御史中丞，使如故。于是创立盐法，就山海井灶收榷其盐，官置吏出粜。其旧业户并浮人愿为业者，免其杂徭，隶盐铁使，盗煮私市罪有差。百姓除租庸外，无得横赋，人不益税而上用以饶。迁户部侍郎、兼御史中丞，专判度支，领河南等道支度都勾当转运租庸盐铁铸钱、司农太府出纳、山南东西江西淮南馆驿等使。

乾元二年，以本官加同中书门下平章事。初，琦以国用未足，币重货轻，乃请铸乾元重宝钱，以一当十行用之。及作相，又请更铸重轮乾元钱，一当五十，与乾元钱及开元通宝钱三品并行。既而谷价腾贵，饿殍死亡，枕藉道路，又盗铸争起，中外皆以琦变法之弊，封奏日闻。乾元二年十月，贬忠州长史，既在道，有告琦受人黄金二百两者，遣御史刘期光追按之。琦对曰："二百两金十三斤重，忝为宰相，不可自持。若其付受有凭，即请准法科罪。"期光以为此是琦伏罪也，遽奏之，请除名，配流夷州，驰驿发遣，仍差纲领送至彼。宝应初，起为朗州刺史，甚有能政，入迁太子宾客。属吐蕃寇陷京师，代宗幸陕，关内副元帅郭子仪请琦为粮料使、兼御史大夫，充关内元帅副使。未几，改京兆尹。车驾克复，专判度支，兼诸道铸钱盐铁转运常平等使。累封扶风郡公。又加京兆尹，改户部侍郎，判度支。前后领财赋十余年。鱼朝恩伏诛，琦坐与款狎，出为处州刺史，历饶、湖二州。入为太子宾客、东都留司。

上以其材，将复任用，召还京师，信宿而卒，年七十，赠太子少保。

子峰，峰妇郑氏女，皆以孝著，旌表其门。

班宏，卫州汲人也。祖思简，春官员外郎。父景倩，秘书监。宏少举进士，授右司御胄曹，后为薛景先凤翔掌书记，又为高适剑南观察判官，累拜大理司直，摄监察御史。时青城山有妖贼张安居以左道惑众，事觉，多诬引大将，冀以缓死，宏验理而速杀之，人心乃安。既而郭英乂代适，以厌人望，奏署秘书郎，兼雒令，以疾免。大历三年，迁起居舍人，寻兼理匦使，四迁至给事中。时李宝臣卒于其位，子惟岳匿丧求位，上遣宏使成德问疾，且喻之。惟岳厚赂宏，皆不受，还报合旨，迁刑部侍郎，兼京官考使。时右仆射崔宁考兵部侍郎刘迺上下，宏驳曰："夷荒靖难，专在节制，尺籍伍符，不校省司。夫上行宜美之名，则下开趋竞之路；上行阿容，下必比党。"因削去之。迺知而谢曰："迺虽不敏，敢掠一美以徼二罪乎？"寻除吏部侍郎，为汪蓥会盟使李揆之副。

贞元初，仍岁旱蝗，上以赋调为急，改户部侍郎，为度支使韩滉之副。迁尚书，复副窦参。参初为大理司直，宏已为刑部侍郎，及参为相，领度支，上以宏久司国计，因令副之。且曰："朕藉参宰相以临远，众务悉委于卿，勿以辞也。"参以宏先贵，常私解悦之曰："参后来，一朝居尚书之上，甚不自安，一年之后，当归此使。"宏心喜，岁余，参绝不复言。宏性刚愎，为人间之，且怒食言，公事多异。扬子院，盐铁转运委藏也，宏以御史中丞徐粲主之，既不理，且以贿闻，参欲代之，宏执不可。参又选诸院吏，未尝访宏，乃疏参所用者过恶以闻，事辄留中。无何，参以使劳加吏部尚书，而宏进封萧国公，怨参以虚号宠之，间恶愈甚。每奉诏营建，宏必极壮丽，亲程课役，又厚结权幸以倾参。

张滂先善于宏，宏荐为司农少卿，及参欲以滂分掌江淮盐铁，询之于宏，宏以滂嫉恶，虑以法绳徐粲，因曰："滂强戾难制，不可用。"滂知之。八年三月，参遂为上所疏，乃让度支使，遂以宏专判，而参不欲使务悉归于宏，问计京兆尹薛珏，珏曰："二子交恶，而滂刚决，若分盐铁转运于滂，必能制宏。"参乃荐滂为户部侍郎、盐铁使、判转运，尚隶于宏以悦之。江淮两税，悉宏主之，置巡院，然令宏、滂共择其官。滂请盐铁旧簿书于宏，宏不与之。每署院官，宏、滂更相是非，莫有用者。滂乃奏曰："班宏与臣相戾，巡院多阙官。臣掌财赋，国家大计，职不修，无所逃罪。今宏若此，何以辑事？"遂令分掌之。无几，宏言于宰相赵憬、陆贽曰："宏职转运，年运江淮米五十万斛，前年增七十万斛，以实太仓，幸无过。今职移于人，不知何谓？"滂时在侧，愆然曰："尚书失言甚矣！若运务毕举，朝廷固不夺之，盖由丧公钱、纵奸吏故也。且凡为度支胥吏，不一岁，资累巨万，僮马第宅，僭于王公，非盗官财，何以致是？道呼喧喧，无不知之，圣上故令滂分掌。公向所言，无乃归怨于上乎？"宏默然不对。是日，宏称疾于第，滂往问之，宏不见，憬、贽乃以宏、滂之言上闻。由是遵大历故事，如刘晏、韩滉所分。滂至扬州按徐粲，逮仆妾子侄，得赃巨万，乃徙岭表。故参得罪，宏颇有力焉。勤恪官署，晨入夕归，下吏劳而未尝厌苦，清白勤干，称之于时。贞元八年七月卒，年七十三，废朝，加赠，谥曰敬。

王绍，本家于太原，今为京兆万年人。旧名与宪宗同，永贞年改焉。少时，颜真卿器重之，因绍旧名，字之曰德素，奏授武康尉。萧复为常州刺史，辟为从事；包佶领租庸盐铁，亦以绍为判官。时李希烈阻兵，江淮租输，所在艰阻，特移运路自颍入汴。绍奉佶表诣阙，属德宗西幸，绍力督缘路轻货，趣金、商路，倍程出洋州以赴行在。德宗亲劳之，谓绍曰："六军未有春服，我犹衣裘。"绍俯伏流涕，奏曰："包佶令臣间道进奉数约五十万。"上曰："道路回远，经费悬急，卿之所奏，岂可望耶？"后五日而所督继至，上深赖焉。

贞元中，为仓部员外郎。时属兵革旱蝗之后，令户部收阙官俸，兼税茶及诸色无名之钱，以为水旱之备。绍自拜仓部，便准诏主判，及迁户部、兵部郎中，皆独司其务。擢拜户部侍郎，寻判度支。后二年，迁户部尚书。德宗临驭岁久，机务不由台司，自窦参、陆贽已后，宰臣备位而已。德宗以绍谨密，恩遇特异，凡主重务八年，政之大小，多所访决。绍未尝泄漏，亦不矜衒。顺宗即位，王叔文始夺其权，拜兵部尚书，寻除检校吏部尚书、东都留守。元和初，迁检校尚书右仆射，徐州刺史、武宁军节度，复以濠、泗二州隶焉。时承张愔之后，兵骄难治，绍修辑军政，人甚安之。六年，征拜兵部尚书，兼判户部事。九年卒，年七十二，赠左仆射，谥曰敬。

李巽，字令叔，赵郡人。少苦心为学，以明经调补华州参军，拔萃登科，授鄠县尉。周历台省，由左司郎中出为常州刺史。逾年，召为给事中，出为湖南观察使，锐于为理。五年，改江西观察使，加检校散骑常侍、兼御史大夫。巽持下以法，吏不敢欺，而动必察之。顺宗即位，入为兵部侍郎。司徒杜佑判度支盐铁转运使，以巽干治，奏为副使。佑辞重位，巽遂专领度支盐铁使。榷管之法，号为难重，唯大历中仆射刘晏雅得其术，赋入丰羡。巽掌使一年，征课所入，类晏之多岁，明年过之，又一年加一百八十万贯。旧制，每岁运江淮米五十万斛抵河阴，久不盈其数，唯巽三年登焉。迁兵部尚书，明年改吏部尚书，使任如故。

巽精于吏职，盖性使然也。虽在私家，亦置案牍簿书，勾检如公署焉。人吏有过，丝毫无所贷，虽在千里外，其恐栗如在巽前。初，程异附王叔文贬窜，巽知其吏才明辩，奏而用之，宪宗不违其请。异勾检簿籍，又精于巽，故课最加衍，亦异之助焉。巽为吏部尚书，卧疾，郎官相率省问，巽初不言其病，与之考校程课，商略功利，至其夕而卒。然性强很狡恶，忌刻颇甚，乘德宗之怒，谋杀窦参，物论冤之。初，参为宰相，不悦于巽，自左司郎中出为常州刺史，仍促其行。不数月，参贬郴州司马。久之，巽自给事中为湖南观察使，郴即属郡也。宣武军节度使刘士宁以擅袭父任，物议不可，朝廷不得已而授之。及参之贬，士宁尝以绢数千匹赂参，巽在湖南具奏其事，言参与藩镇交通，德宗怒，遂赐参死，议者冤之。巽廉察江西，徇喜怒之情，而无罪被戮者多矣。元和四年四月卒，时年七十一，赠尚书左仆射。

史臣曰：历代操利柄为国计者，莫不损下益上，危人自安，变法以弄权，敛怨以构祸，皆有之矣。如刘晏通拥滞，任才能，富其国而不劳于民，俭于家而利于众。或问曰：郑子产吏不能欺，宓子贱吏不忍欺，西门豹吏不敢欺。三子者，古之贤人也，吏皆怀其欺而不能、不忍、不敢也。晏之吏，远近自不欺者何也？答曰：盖任其才而得其人也。晏殁，故吏二十余年继掌财赋，不其是哉！《史记·货殖》云："平粜齐物，关市不乏，治国之道也。"晏治天下，无甚贵甚贱之物，泛言治国者，其可及乎！举真卿才，忠也，减王缙罪，正也，忠正之道，复出于人，呜呼！木秀于林，风必摧之，常衮见忌于前，杨炎致冤于后，可为长叹息矣！时讥有口者以利啖之，苟不塞谗口，何以持重权？即无以展其才，济其国矣。是其术也，又何讥焉。第五琦促办应卒，民不加赋，而国丰饶，亦庶几矣。然铸钱变法，物贵身危，其何陋哉！凡利国者，农商之外，不可为也。宏、滂争权树党，皆非令人。绍之谨密干事，巽之瞰察精辨，亦足可称。

赞曰：丰财忠良，晏道为长。琦、宏、滂、巽，咸以利彰。

卷一百二十四　　列传第七十四

薛嵩 弟崿　嵩子平　嵩族子雄　**令狐彰** 子建
运　通　**田神功** 弟神玉　**侯希逸**
李正己 子纳　纳子师古　师道　宗人洧附

薛嵩，绛州万泉人。祖仁贵，高宗朝名将，封平阳郡公。父楚玉，为范阳、平卢节度使。嵩少以门荫，落拓不事家产，有膂力，善骑射，不知书。自天下兵起，束身戎伍，委质逆徒。广德元年，东都平，时皇太子为天下兵马元帅，遣仆固怀恩东收河朔。嵩为贼守相州，闻贼朝义兵溃，王师至，嵩惶惑迎拜于怀恩马前，怀恩释之，令守旧职。时怀恩二心已萌。怀恩平河朔旋，乃奏嵩及田承嗣、张忠志、李怀仙分理河北道；诏遂以嵩为相州刺史，充相、卫、洺、邢等州节度观察使，承嗣镇魏州，忠志镇恒州，怀仙镇幽州，各据数州之地。时事之后，姑欲安人，遂以重寄委嵩。嵩感恩奉职，数年间，管内粗理，累迁检校右仆射。大历八年正月卒。诏谥弟崿知留后，累加崿太子少师。大历十年正月丁酉，昭义军兵马使裴志清盗所将兵逐崿，举众归田承嗣以叛。崿奔于洺州，上表乞入朝，许

之。至京，素服于银台门待罪，诏释之。

嵩子平，年十二，为磁州刺史。嵩卒，军吏欲用河北故事，胁平知留后务，平伪许之，让于叔父崿，一夕乃归。及免丧，累授右卫将军，在南衙凡三十年。宰相杜黄裳深器之，荐为汝州刺史、兼御史中丞，理有能名。元和七年，淮西用兵，自左龙武大将军授兼御史大夫、滑州刺史、郑滑节度观察等使，累有战功。滑州城西距黄河二里，每岁常为水患。平询访得古河道，接卫州黎阳县界。平率魏博节度使田弘正同上闻，开古河南北长十四里，决旧河以分水势，滑人遂无水患。居镇六年，入为左金吾大将军。未几，复为郑滑节度观察使。及平李师道，朝廷以东平十二州析为三道，以淄、青、齐、登、莱五州为平卢军，以平为节度、观察等使，仍押新罗、渤海两蕃使。

长庆元年，幽镇叛。杜叔良统横海全军讨伐不胜，王庭凑围牛元翼于深州。棣州为贼所窘，朝廷乃委平以偏师援棣州，平即遣将李叔佐以兵五百救之。居数月，刺史王稷馈给稍薄，兵士怨怒，叔佐不能戢，宵溃而归。仍推突将马狼儿为帅，行及青城镇，劫镇将李自劝，并其众；次至博昌镇，复劫其镇兵，共得七千余人，径逼青州城。城中兵士不敌，平悉府库并家财募二千精卒，逆击之，仍先以骑兵掩其家属辎重，贼众惶惑反顾，因大败。狼儿与其同恶十数辈脱身窜匿，余党降，稍后者斩于鞠场。明日，狼儿亦就擒戮，胁从者放归田里。诏加右仆射，进封魏国公，由是远近畏伏平之威略。

在镇六周岁，兵甲完利，井赋均一。至是入觐，百姓遮道乞留，数日乃得出。时人以为近日节制，罕有其比。宝历元年，归朝，进加检校左仆射、兼户部尚书。逾月，复检校司空，兼河中绛隰节度观察等使。大和二年，复以晋州、慈州隶河中，益兵三千人，加平检校司徒。在河中凡六年，召拜太子太保。明年，上疏乞老，以司徒致仕，居一年卒，册赠太傅。嵩族子雄，初为嵩属吏，知卫州事，嵩殁，特诏授卫州刺史。魏博节度田承嗣诱为乱，雄不从，承嗣遣刺客盗杀之。

令狐彰，京兆富平人也。远祖自燉煌徙家焉，代有冠冕。父溥，天宝中任邓州录事参军，以清白闻，本道采访使宋鼎引为判官。初任范阳县尉，通幽州人女，生彰，及秩满，留彰于母氏，彰遂少长范阳。倜傥有胆气，涉猎书传，粗知文义，善弓矢，乃策名从军，事安禄山。天宝中，以军功累迁至左卫员外郎将。

安禄山叛逆，以本官随贼党张通儒赴京师，通儒伪署为城内左街使。王师收复二京，随通儒等遁走河朔，又陷逆贼史思明，伪署为博州刺史及滑州刺史，令统数千戍滑台。彰感激忠义，思立名节，乃潜谋归顺。会中官杨万定监滑州军，彰遂募勇士善于水者，俾乘夜泅河，达表奏于万定，请以所管贼一将兵马及州县归顺，万定以闻。自禄山构逆，为贼守者，未有举州向化，肃宗得彰表，大悦，赐书慰劳。时彰移镇杏园渡，遂为思明所疑，思明乃遣所亲薛岌统精卒围杏园攻之。彰乃明示三军，晓以逆顺，众心感附，咸悉力为用。与贼兵战，大破之，溃围而出，遂

以麾下将士数百人随万定入朝。肃宗深奖之，礼甚优厚，赐甲第一区、名马数匹，并帷帐什器颇盛，拜御史中丞，兼滑州刺史，滑亳魏博等六州节度，仍加银青光禄大夫，镇滑州，委平残寇。及史朝义灭，迁御史大夫，封霍国公，寻加检校工部尚书。未几，检校右仆射，余并如故。

彰在职，风化大行。滑州疮痍未复，城邑为墟，彰以身励下，一志农战，内检军戎，外牧黎庶，法令严酷，人不敢犯。数年间，田畴大辟，库藏充积，岁奉王税及修贡献，未尝暂阙。时犬戎犯边，征兵防秋。彰遣属吏部统营伍，自滑至京之西郊，向二千余里，甲士三千人，率自赍粮，所过州县，路次供拟，皆让而不受，经闾里不犯秋毫，识者称之。然性识猜阻，人有忤意，不加省察，辄至毙踣，此其短也。临终，手疏辞表，诫子以忠孝守节，又举能自代。表曰：

臣自事陛下，得备藩守，受恩则重，效节未终，长辞圣朝，痛入心骨，臣诚哀恳，顿首顿首。臣受性刚拙，亦能包含。顷因鱼朝恩将掠亳州，遂与臣结怨，当其纵暴，臣不敢入朝，专听天诛，即欲奔谒。及鱼朝恩死，即臣属疾苦，又遭家艰，力微眼暗，行动须人，拜舞不能，数月有阙。欲请替辞退，即日望稍瘳，冀得康强，荣归朝觐。自冬末旧疾益重，疮肿又生，气息奄奄，遂期殒毙。不遂一朝天阙，一拜龙颜，臣礼不终，忠诚莫展，臣之大罪，下惭先代，仰愧圣朝。臣竭诚事上，誓立大节，天地神明，实知臣心。心不遂行，言发自痛。当使仓粮钱绢羊马牛畜一切已上，并先有部署；三军兵士，州县官吏等，各恭旧职，祇待圣恩。臣伏见吏部尚书刘晏及工部尚书李勉，知识忠贞，堪委大事，伏愿陛下速令检校，上副圣心。臣男建等，性不为非，行亦近道，今勒归东都私第，使他年为臣报国，下慰幽魂。临殁昏乱，伏表哀咽。

上览表，嗟悼久之。特下诏褒美曰：

中卫社稷，外修疆事，合于一体，以靖庶邦，其在有终，谓之不朽。观前代文武通贤，有匡时戡难，迫于大化，不忘时君，未尝不嘉尚而流叹也。今有忠烈之臣彰，刚直形外，纯和积中，本于孝敬，辅以才略，统制藩阃，服劳王家。往以母老，躬于就养，岂不恋阙，以兹旷年。及苴麻在艰，优谕权夺，踊绝伤足，泪尽丧明，入觐之期，良愿莫遂。想其风彩，久轸顾怀，遽见沦没，用深追悼。嗟乎！方疾之时，以情自疏，无所有隐，见之于词。复节守常，条上军簿，请择良帅，命于中朝。乃令遗胤，爰归东洛，教忠以报国，约礼以居丧。古人所谓生不交利，死不属其子，夫岂远哉！节概诚亮，高绝无邻，喟然感伤，鉴寐增恸。有以见东州士大夫勤王尊主之志，用嘉其休，可以垂范，宣付史馆，式昭名臣。

子建、运、通。

建，大历四年十二月，彰遣入朝，特加兼御史中丞，归滑州。及彰卒，滑三军逼夺情礼，建守死不从，举家归京师。服阕，累转右龙虎军使。德宗以泾原兵乱，出幸奉天，建方教射于军中，遂以四百人随驾为后殿。至奉天，以建为行在中军鼓角使。幸梁州，转行在右厢兵马使、右羽林大将军、兼御史大夫。兴元元年六月，加检校左散骑常侍、行在都知兵马使、左神武大将军。建妻李氏，恒帅宝臣女也，建恶，将弃，乃诬与傅教生邢士伦奸通。建召士伦榜杀之，因逐其妻。士伦母闻，不胜其痛，卒。李氏奏请按劾，诏令三司诘之。李氏及奴婢款证，被诬颇明白，建方首伏。建会赦免坐。德宗诏曰："子育黎元，未能禁暴，在予之责，用轸于怀。宜辍常膳五百千文，充葬士伦母子。其父既衰耄，至无所归，良深矜念，委京兆尹厚加存恤。"贞元四年七月，以前官为右领军大将军。五年三月，以专杀不辜，德宗念旧勋，特容贷之；复陈诉，词甚虚罔，遂贬施州别驾同正，卒于贬所。贞元六年九月，赠右领军大将军。十年，赠扬州大都督。

运为东都留守将，逐贼出郊，其日有劫转运绢于道者，杜亚以运豪家子，意其为之，乃令判官穆员及从事张弘靖同鞫其事。员与弘靖皆以运职在牙门，必不为盗，抗请不按。亚不听，而怒斥逐员等，令亲事将武金鞫之。金笞箠运从者十余人，一人笞死，九人不胜考掠自诬，竟无赃状。亚具以闻，请流运于岭表。德宗令侍御史李元素、刑部员外崔从质、大理司直卢士瞻三司覆按运狱，既竟，明运迹非行盗，以曾捕掠人于家，配流归州。武金肆虐作威，教人通款，配流建中。后岁余，齐抗捕得劫转运绢贼郭鹄、朱罡昱等七人及赃绢，诏令杜亚与留台同劾之，皆首伏。然终不原运，运死于归州，众冤之。

通，元和中，宰相李吉甫奏曰："臣伏见代宗朝滑州节度使令狐彰临终上表，悉以土地兵甲籍上朝廷，遣诸子随表归阙。代宗以彰遗表宣示百僚，当时在位者闻之，无不感叹。今有次子通在。臣每感彰同时河朔诸镇，付子传孙，无不燻灼数代；唯彰忠义感激，奉国忘家，遣子入朝，以土地归于先帝。贞元中，长子建坐事死于施州，幼子运亦无罪流于归州，欲使忠义之人，何所激劝？今通幸存，得遇明圣，伏乞陛下召之与语，如堪用，望垂奖录。"宪宗念彰之忠，即授通赞善大夫，出为宿州刺史。时讨淮、蔡，用为泗州刺史。岁中改寿州团练使、检校御史中丞。每与贼战，必虚张虏获，得贼数人，即为露布上之。宰相武元衡笑而不奏；如有败衄，即不敢上闻。后为贼所攻，境上城栅并陷，通走固州城，闭壁不出。宪宗遣李文通往宣慰，度其将至，遂令代通，贬为昭州司户，移抚州司马。十四年，征为右卫将军，制下，给事中崔植封还制书，言通前刺寿州失律，不宜遽加奖任。宪宗令宰相宣喻门下，言通父有功于国，不宜逐弃其子，制命方行。岁余，出为淄州刺史。长庆初，入为左卫大将军，卒。

田神功，冀州人也。家本微贱。天宝末，为县里胥，会河朔兵兴，从事幽、蓟。上元元年，为平卢节度都知兵马使，兼鸿胪卿，于郑州破贼四千余众，生擒逆贼大将四人，牛马器械不可胜数。寻为邓景山所引，至扬州，大掠百姓商人资产，郡内比屋发掘略遍，商胡波斯被杀者数千人。二年二月，生擒逆贼刘展，送于阙下。以擒展功，累迁检校工部尚书、兼御史大夫、汴宋等八州节度使。大历三年三月,朝京师,献马十匹、金银器五十件、缯彩一万匹。时郭子仪入朝,请宴宰臣等于私第,神功效其请,亦以许之。寻加检校右仆射,赴尚书省视事,特诏宰臣已下百官送上,仍加知省事以宠之。神功忠朴干勇,当时所称。八年冬,复觐阙廷,遘疾,信宿而终。上悼惜,为之彻乐,废朝三日;赠司徒,赗绢一千匹、布五百端;特许百官吊丧,赐屏风茵褥于灵座,并赐千僧斋以追福,至德已来,将帅不兼三事者,哀荣无比。

弟神玉,自曹州刺史权汴州留后。大历十年正月,加检校兵部郎中、兼御史中丞,为汴州刺史,知汴州节度观察留后事并河阳、泽潞等兵马,直据淇门,会李承昭讨魏博田承嗣。十一年卒,诏滑州李勉代之。

侯希逸,平卢人也。少习武艺。天宝末,安禄山反,署其腹心徐归道为平卢节度。希逸时为平卢裨将,率兵与安东都护王玄志袭杀归道,使以闻,诏以玄志为平卢节度使。乾元元年冬,玄志病卒,军人共推立希逸为平卢军使,朝廷因授节度使。既数为贼所迫,希逸率励将士,累破贼徒向润客、李怀仙等。既淹岁月,且无救援,又为奚虏所侵,希逸拔其军二万余人,且行且战,遂达于青州。会田神功、能元皓于兖州,青州遂陷于希逸,诏就加希逸为平卢、淄青节度使。自是迄今,淄青节度皆带平卢之名也。

希逸初领淄青,甚著声称,理兵务农,远近美之。宝应元年,与诸节度同讨袭史朝义,平之,加检校工部尚书,赐实封,图形凌烟阁。以私艰去职。大历十一年九月,起复检校尚书右仆射、上柱国,封淮阳郡王。后渐纵恣,政事怠惰,尤崇拳释教,且好畋游,兴功创寺宇,军州苦之。永泰元年,因与巫者夜宿于城外,军士乃闭之不纳。希逸奔归朝廷,拜检校右仆射,久之,加知省事,迁司空。诏出而卒,废朝三日,赠太保。

李正己,高丽人也。本名怀玉,生于平卢。乾元元年,平卢节度使王玄志卒,会有敕遣使来存问,怀玉恐玄志子为节度,遂杀之,与军人共推立侯希逸为军帅。希逸母即怀玉姑也。后与希逸同至青州,累至折冲将军,骁健有勇力。宝应中,众军讨史朝义,至郑州。回纥方强暴恣横,诸节度皆下之,正己时为军候,独欲以气吞之。因与其角逐,众军聚观,约曰:"后者批之。"既逐而先,正己擒其领而批其背,回纥尿液俱下,众军呼笑,房惭,繇是不敢为暴。

节度使侯希逸即其外兄也,用为兵马使。正己沉毅得众心,希逸因事解其职,军中皆言其非罪,不当废。会军人逐希逸,希逸奔走,遂立正己为帅,朝廷因授平卢淄青节度观察使、海运押新罗渤海两蕃使、检校工部尚书、兼御史大夫、青州刺史,赐今名。寻加检校尚书右仆射,封饶阳郡王。大历十一年十月,检校司空、同中书门下平章事。十三年,请入属籍,从之。为政严酷,所在不敢偶语。初有淄、青、齐、海、登、莱、沂、密、德、棣等州之地,与田承嗣、令狐彰、薛嵩、李宝臣、梁崇义更相影响。大历中,薛嵩死,及李灵曜之乱,诸道共攻其地,得者为己邑,正己复得曹、濮、徐、兖、郓,共十有五州,内视同列,货市渤海名马,岁岁不绝。法令齐一,赋税均轻,最称强大。尝攻田承嗣,威震邻敌。历检校司空、左仆射、兼御史大夫,加平章事、太子太保、司徒。

后自青州徙居郓州,使子纳及腹心之将分理其地。建中后,畏惧朝廷,多不自安。闻将筑汴州,乃移兵屯济阴,昼夜教习为备。河南骚然,天下为忧,羽檄驰走,征兵以益备。又于徐州增兵,以扼江淮,于是运输为之改道。未几,发疽卒,时年四十九。子纳擅总兵政,秘之数月,乃发丧。纳阻兵,兴元元年四月,归顺,方赠正己太尉。

纳少时,正己遣将兵备秋,代宗召见,嘉之,自奉礼郎超拜殿中丞、兼侍御史,赐紫金鱼袋。历检校仓部郎中,兼总父兵,奏署淄州刺史。正己将兵击田承嗣,奏署节度观察留后。寻迁青州刺史,又奏署行军司马,兼曹州刺史、曹濮徐兖沂海留后,又加御史大夫。

建中初,正己、田悦、梁崇义、张惟岳皆反。二年,正己卒,纳秘丧,统父众,仍复为乱。比会悦于濮阳,遣大将卫俊将兵一千救悦,为河东节度使马燧败于洹水,杀伤殆尽。诸军诛之,纳从叔父洧以徐州,及棣州李长卿,皆以州归顺。纳以彭城险阻,又怒洧背宗,乃悉兵围之。诏宣武军节度刘洽与诸军救之,大败纳兵于城下。后将兵于濮阳,洽攻破其城外。纳自城上见洽,涕泣悔罪,遣判官房说以其弟经、男成务朝京师,请因洽从顺。会中使宋凤朝见之,谓纳计蹙,欲诛破之以为己功,奏请无舍,上乃械说等系禁中。纳遂归郓州,复与李希烈、朱滔、王武俊、田悦合谋皆反,伪称齐王,建置百官。及兴元之降罪己诏,纳乃效顺,诏加检校工部尚书、平卢军节度、淄青等州观察使。无几,检校右仆射、同中书门下平章事。时希烈围陈州,纳遣兵与诸军奋击,大破之,因解围。加检校司空,封五百户。贞元初,升郓州为大都督府,改授长史。年三十四,薨于位,废朝三日,赠赗有差。

子师古,累奏至青州刺史。贞元八年,纳死,军中以师古代其位而上请,朝廷因而授之。起复右金吾大将军同正、平卢及青淄齐节度营田观察、海运陆运押新罗渤海两蕃使。成德军节度王武俊率师次于德、棣二州,将取蛤蝶及三汊城。棣州之盐池与蛤蝶岁出盐数十万斛,棣州之隶淄青也,其刺史李长卿以城入朱滔,而蛤蝶为纳所据,因城而戍之,以专盐利。其后武俊以败朱滔功,以德、棣二州隶之,蛤蝶犹为纳戍。纳初于德州南跨河而城以守之,谓之三汊,交田绪以通魏博路,而侵掠德州,为武俊患。及纳卒,师古继之。武俊以其年弱初立,旧将多死,心颇易之,乃率众兵以取蛤蝶、三汊为名,其实欲窥纳之境。师古令棣州降将赵镐拒之。武俊令其子士清将兵先济于滴河,会士清营中火起,军惊,恶之,未进。德宗遣使谕旨,武俊即罢还。师古毁三汊口城,从诏旨。师古虽外奉朝命,而尝畜侵轶之谋,招集亡命,必厚养之,其得罪于朝而逃诣师古者,因即用之。其有任使于外者,皆留其妻子,或谋归款于朝,事泄,族其家,众畏死而不敢异图。

贞元十年五月,师古服阕,加检校礼部尚书。十二年正月，检校尚书右仆射。十一月，师古丁母忧，起复左金吾上将军同正。十五年正月，师古、杜佑、李栾妾媵并为国夫人。十六年六月，与淮南节度使杜佑同制加中书门下平章事。及德宗遗诏下，告哀使未至，义成军节度使李元素以与师古邻道，录遗诏报师古，以示无外。师古遂集将士，引元素使者谓曰："师古近得邸吏状，具承圣躬万福。李元素岂欲反，乃忽伪录遗诏以寄。师古三代受国恩，位兼将相，见贼不可以不讨。"遂杖元素使者，遽出兵以讨元素为名，冀因国丧以侵州县。俄闻顺宗即位，师古乃罢兵。后累官至检校司徒、兼侍中。卒赠太傅。

师道，师古异母弟。其母张忠志女。师道时知密州事，师古死，其奴不发丧，潜使迎师道于密而奉之。朝命久未至，师道谋于将吏，或欲加兵于四境，其判官高沐固止之。乃请进两税，守盐法，申官员，遣判官崔承宠、孔目官林英相继奏事。时杜黄裳作相，欲乘其未定也，以计分削之，宪宗以蜀川方扰，不能加兵于师道。元和元年七月，遂命建王审遥领节度，授师道检校左散骑常侍、兼御史大夫，权知郓州事，弃淄青节度留后。十月，加检校工部尚书，兼郓州大都督府长史，充平卢军及淄青节度副大使，知节度事、管内支度营田观察处置、陆运海运押新罗渤海两蕃等使。自正己至师道，窃有郓、曹等十二州，六十年矣。惧众不附己，皆用严法制之。大将持兵镇于外者，皆质其妻子；或谋归款于朝，事泄，其家无少长皆杀之。以故能劫其众，父子兄弟相传焉。五年七月，检校尚书右仆射。

十年，王师讨蔡州，师道使贼烧河阴仓，断建陵桥。初，师道置留邸于河南府，兵谍杂以往来，吏不敢辨。因吴元济北犯汝、郑，郊畿多警，防御兵尽戍伊阙，师道潜以兵数十百人内其邸，谋焚宫阙而肆杀掠。既烹牛飨众矣，明日将出，会有小将杨进、李再兴者诣留守吕元膺告变，元膺追伊阙兵围之，半日不敢进攻。防御判官王茂元杀一人而后进，或有毁其埤而入者。贼众突出杀人，围兵奔骇，贼得结伍中衢，内其妻子于囊橐中，以甲胄殿而行，防御兵不敢追。贼出长夏门，转掠郊墅，东济伊水，入嵩山。元膺诚境上兵重购以捕之。数月，有山棚鬻鹿于市，贼遇而夺之，山棚走而征其党，或引官军共围之谷中，尽获之。穷理得其魁首，乃中岳寺僧圆静，年八十余，尝为史思明将，伟悍过人。初执之，使巨力者奋锤，不能折胫。圆静骂曰："鼠子，折人脚犹不能，敢称健儿乎！"乃自置其足教折之。临刑，乃曰："误我事，不得使洛城流血。"死者凡数十人。留守御将二人、都亭驿卒五人、甘水驿卒三人，皆潜受其职署，而为之耳目，自始谋及将败，无知者。初，师道多买田于伊阙、陆浑之间，凡十所处，欲以舍山棚而衣食之。有訾嘉珍、门察者，潜部分之，以属圆静，以师道钱千万伪理嵩山之佛光寺，期以嘉珍窃发时举火于山中，集二县山棚人作乱。及穷按之，嘉珍、门察，乃贼武元衡者，元膺具状以闻。及诛吴元济，师道恐惧，上表乞听朝旨，请割三州并遣长子入侍宿卫，诏许之。

师道识暗，政事皆决于群婢。婢有号蒲大姊、袁七娘者，为谋主，乃言曰："自先司徒以来，有此十二州，奈

何一日无苦而割之耶！今境内兵士数十万人，不献三州，不过发兵相加，可以力战，战不胜，乃议割地，未晚也。"师道从之而止，表言军情不叶，乃诏诸军讨伐。十年十二月，武宁军节度使李愿遣将王智兴击破师道之众九千，斩首二千余级，获牛马四千，遂至平阴。十一年十一月，加师道司空，仍遣给事中柳公绰往宣慰，且观所为，欲宽容之。师道苟以逊顺为辞，长恶不悛。十三年七月，沧州节度使郑权破淄青贼于齐州福城县，斩首五百余级。十月，徐州节度使李愬、兵马使李祐于兖州鱼台县破贼三千余人。魏博节度使田弘正率本军自阳刘渡河，距郓州九十里下营，再接战，破贼三万余众，生擒三千人，收器械不可胜纪。陈许节度使李光颜于濮阳县界破贼，收斗门城、杜庄栅。田弘正复于故东阿县界破贼五万。诸军四合，累下城栅。

师道使刘悟将兵当魏博军，既败，数令促战。师未进，乃使奴召悟计事。悟知其来杀己，乃称病不出，召将吏谋曰："魏博兵强，乘胜出战，必败吾师，不出则死。今天子所诛，司空一人而已。悟与公等皆被驱逐就死地，何如转祸为福，杀其来使，以兵趣郓州，立大功以求富贵。"众皆曰："善。"乃迎其使而斩之，遂赍师道追牒，以兵趣郓州。及夜，至门，示以师道追牒，乃得入。兵士继进，至球场，围困其内城，以火攻之，擒师道而斩其首，送于魏博军，元和十四年二月也。是月，弘正献于京师，天子命左右军如受馘仪，先献于太庙郊社，宪宗御兴安门受之，百僚称贺。

初，东军诸道行营节度擒逆贼将夏侯澄等共四十七人，诏曰："附丽凶党，拒抗王师，国有常刑，悉合诛戮。朕以久居污俗，皆被胁从，况讨伐以来，时日不几，纵怀转祸之计，未有效款之由，情似可矜，朕不忍杀。况三军百姓，孰非吾人，诏令颁行，罪止师道。方欲拯于涂炭，是用活其性命，诚为屈法，庶使知恩。并宜特从释放，仍令却递送至魏博及义成行营，各委节度收管驱使。如父母血属犹在贼中，或羸老疾病情切归还者，仍量事优当放去，务相全贷，何所疑留。"及澄等至行营，贼觇知传告，叛徒皆感朝恩，由是刘悟得行其谋焉。

师道妻魏氏及小男并配掖庭。堂弟师贤、师智配流春州，侄弘巽配流雷州。诏分其十二州为三节度，俾马总、薛平、王遂分镇焉。仍命宰臣崔群撰碑以纪其绩。国家自天宝末安禄山首乱两河，至宝应元年王师平史朝义，其将薛嵩、李怀仙、田承嗣、李宝臣等受伪命分领州郡，朝廷厌兵，因仆固怀恩请，就加官爵。及侯希逸为军人逐出，正己又据齐、鲁之地，既而递相胶固，联结姻娅，职贡不入，法令不加，率以为常。仍皆署其子为副大使，父死子立，则以三军之请闻，亦有为大将所杀而自立者。自安、史以后，迄至于贞元，朝廷多务优容，每闻擅袭，因而授之，以故六十余年，两河号为反侧之俗。宪宗知人善任，削平乱迹，两河复为王土焉。师道妻魏氏，元和十五年出家为尼。

洧，正己从父兄也。正己用为徐州刺史。正己死，子纳犯宋州，洧以其州归顺，加御史大夫，封潮阳郡王，食

实封二百户，充招谕使。初，洧遣摄巡官崔程奉表至京师，令口奏并白宰相："徐州恐不能独当贼，若得徐、海、沂三州节度都团练使，即必立功。况海、沂两州，亦并为贼纳所据，非国家州县。其刺史王涉、马万通等，洧并素与之约，若有诏命，冀必成功。"程乍自外到阙，以为宰相一也，乃先以其言白张镒，镒言于卢杞。杞怒程不先白己，故洧所请不行，杞妨公害私，皆此类也。及李纳遣兵攻徐州，刘洽与诸将击退之，贼势未衰，始加洧徐、海、沂都团练观察使，寻加密州。时海、密州皆为贼所据，不受洧命。旋加洧检校户部尚书。未几，疽发背，稍平，乃大具糜饼，饭僧于市，洧乘平肩舆自临其场，市人欢呼，洧惊，疽溃于背而卒，赠左仆射。

史臣曰：自安、史乱离，河朔割据，虽外尊朝旨，而内蓄奸谋。薛嵩祖父，国之名将，及身濡足贼廷，既沐国恩，尚存家法，守土奉职，终身一心，果有令人，克全余庆。彰居丧循礼，有士子之风；驭众权谋，著将军之业。中外善政，终始令名，成功不居，告老致仕，方之者鲜矣。背逆归国，治兵牧民，上表推诚，举贤代己，时称能善始善终者也。建志禀遗训，克全令名，不能终保功业，惜哉！神功忠勇，竟著勋名，希逸荒狂，自失茅土。师道祖父弟兄，盗据青、郓，得计则潜图凶逆，失势则伪奉朝旨，向背任情，数十年矣。或问曰：师古之前，三帅而不灭；师道继立，数年而亡者，何哉？答曰：纳与师古，自运奸谋，躬临戎事；朝廷任卢杞，以私妨公，致怀光变忠为逆，李纳父子，宜其苟延。洎宪宗当朝，裴度为相，君臣道合，中外情通；师道外任诸奴，内听群婢，军民携贰，家族灭亡，不亦宜乎！假息数年，犹为多矣，何所疑焉。

赞曰：田神功勇能立勋，令狐彰死不失节。薛平振家世以显扬，师道任臧获而亡灭。

卷一百二十五　　列传第七十五

张镒 冯河清附　刘从一　萧复　柳浑

张镒，苏州人，朔方节度使齐丘之子也。以门荫授左卫兵曹参军。郭子仪为关内副元帅，以尝伏事齐丘，辟镒为判官。授大理评事，迁殿中侍御史。乾元初，华原令卢枞以公事呵责邑人内侍省令诶，令诶衔之，构诬。外发镒按验，枞当降官，及下有司，枞当杖死。镒具公服白其母曰："上疏理枞，枞必免死，镒必坐贬。若以私则镒负于当官，贬则以太夫人为忧，敢问所安？"母曰："尔无累于道，吾所安也。"遂执奏正罪，枞获配流，镒贬抚州司户。量移晋陵令，未之官，洪吉观察张镐辟为判官，奏授殿中侍御史。迁屯田员外郎，转祠部、右司二员外郎。母忧居丧有闻，免丧，除司勋员外。交游不杂，与杨绾、崔祐甫相善。大历五年，除濠州刺史，为政清净，州事大理。乃招经术之士，讲训生徒，比去郡，升明经者四十余人。撰《三礼图》九卷、《五经微旨》十四卷、《孟子音义》三卷。李灵曜反于汴州，镒训练乡兵，严守御之备，诏书褒异，加侍御史、沿淮镇守使。寻迁寿州刺史，使如故。德宗即位，除江南西道都团练观察使、洪州刺史、兼御史中丞，征拜吏部侍郎，寻除河中晋绛都防御观察使。到官数日，改汴滑节度观察使、汴州刺史、兼御史大夫，以疾辞，逗留于中路，征入，养疾私第。未几，拜中书侍郎、平章事、集贤殿学士，修国史。

建中三年正月，太仆卿赵纵为奴当千发其阴事，纵下御史台，贬循州司马，留当千于内侍省。镒上疏论之曰：

伏见赵纵为奴所告下狱，人皆震惧，未测圣情。贞观二年，太宗谓侍臣曰："比有奴告其主谋逆，此极弊法，特须禁断。假令有谋反者，必不独成，自有他人论之，岂藉其奴告也。自今已后，奴告主者皆不受，尽令斩决。"由是贱不得干贵，下不得陵上，教化之本既正，悖乱之渐不生。为国之经，百代难改，欲全其事体，实在防微。顷者长安令李济得罪因奴，万年令霍晏得罪因婢，愚贱之辈，悖慢成风，主反畏之，动遭诬告，充溢府县，莫能断决。建中元年五月二十八日，诏曰："准斗竞律，诸奴婢告主，非谋叛已上者，同自首法，并准律处分。"自此奴婢复顺，狱讼稍息。今赵纵非叛逆，奴实奸凶，奴在禁中，纵独下狱，考之于法，或恐未正。将帅之功，莫大于子仪；人臣之位，莫大于尚父。殁身未几，坟土仅干，两婿先已当辜，赵纵今又下狱。设令纵实抵法，所告非奴，才经数月，连累三婿。录勋念旧，犹或可容，况在章程，本宜宥免。陛下方诛群贼，大用武臣，虽见宠于当时，恐息望于他日。太宗之令典尚在，陛下之明诏始行，一朝偕违，不与众守，于教化恐失，于刑法恐烦，所益悉无，所伤至广。臣非私赵纵，非恶此奴，叨居股肱，职在匡弼，斯是大体，敢不极言。伏乞圣慈，纳臣愚恳。

上深纳之，纵于是左贬而已，当千杖杀之。镒乃令召子仪家僮数百人，以死奴示之。

卢杞忌镒名重道直，无以陷之，以方用兵西边，杞乃伪请行，上固以不可，因荐镒以中书侍郎为凤翔陇右节度使代朱泚，与吐蕃相尚结赞等盟于清水。将盟，镒与结赞约各以二千人赴坛所，执兵者半之，列于坛外二百步；散从者半之，分立坛下。镒与宾佐齐映、齐抗及盟官崔汉衡、樊泽、常鲁、于頔等七人，皆朝服；结赞与其本国将相论悉颊藏、论臧热、论利陁、斯官者、论力徐等亦七人，俱升坛为盟。初，约汉以牛，蕃以马为牲，镒耻与之盟，将杀其礼，乃请结赞曰："汉非牛不田，蕃非马不行，今请以羊豕犬三物代之。"结赞许诺。时塞外无豕，结赞请以羝羊，镒出犬、白羊，乃坎于坛北刑之，杂血一器而歃，盟文曰：

唐有天下，恢奄禹迹，舟车所至，莫不率俾。以累圣重光，卜年惟永，恢王者之丕业，被四海以声教。与吐蕃赞普，代为婚姻，因结邻好，安危同体，甥舅之国，将二百年。其间或因小忿，弃惠为仇，封疆骚然，靡有宁岁。皇帝践阼，愍兹黎元，乃释俘囚，悉归蕃落。二国展礼，同兹协和，行人往复，累布成命。是必诈谋不起，兵革不用矣。彼犹以两国之要，求之永久，古有结盟，今请用之。国家务息边人，外其故地，弃利蹈义，坚盟从约。今国家所守界：泾州西至弹筝峡西口，陇州西至清水县，凤州西至同谷县，暨剑南西山、大渡河东，为汉界。蕃国守镇在兰、渭、原、会，西至临洮，又东至成州，抵剑南西界磨些诸蛮、大渡水西南，为蕃界。其兵马镇守之处州县见有居人，彼此两边见属汉诸蛮，以今所分见住处依前为定。其黄河以北，从故新泉军直北至大碛，南至贺兰山骆驼岭为界，中间悉为闲田。盟文所有不载者，蕃有兵马处蕃守，汉有兵马处汉守，不得侵越。其先未有兵马处，不得杂置并筑城堡耕种。今二国将相受辞而会，斋戒将事，告天地山川之神，惟神照临，无得愆坠。其盟文藏于郊庙，副在有司，二国之诚，其永保之。

结赞亦出盟文，不加于坎，但埋牲而已。盟毕，结赞请镒就坛之西南隅佛幄中焚香为誓，誓毕，复升坛饮酒。献酬之礼，各用其物，以将厚意而归。

德宗将幸奉天，镒窃知之，将迎銮驾，具财货服用献行在。李楚琳者，尝事朱泚，得其心。军司马齐映等密谋曰："楚琳不去，必为乱。"乃遣楚琳屯于陇州。楚琳知其谋，乃托故不时发。镒始以迎驾心忧惑，以楚琳承命去矣，殊不促其行。镒修饰边幅，不为军士所悦。是夜，楚琳遂与其党王汾、李卓、牛僧伽等作乱。镒夜缒而走，判官齐映自水窦出，齐抗为佣保负荷而逃，皆获免。镒出凤翔三十里，及二子皆为候骑所得，楚琳俱杀之；判官王沼、张元度、柳遇、李渼被杀。寻赠太子太傅，葬事官给。

冯河清者，京兆人也。初以武艺从军，隶朔方节度郭子仪，以战功授左卫大将军同正；隶泾原节度马璘，频以偏师御吐蕃，甚有杀获之功。历试太子詹事、兼御史中丞，充兵马使。建中四年，节度使姚令言奉诏率兵赴关东，以河清知兵马留后，判官、殿中侍御史姚况知州事。及令言至京师，所统兵叛，上幸奉天，河清与况闻之，乃集三军大哭，因共激励将吏，誓敦诚节，众颇义之。即时发甲仗、器械、车百余辆，连夜送行在所。时驾初迁幸，六军虽集，苍黄之际，都无戎器，及泾州甲仗至，军士大振，特诏褒其诚效，拜四镇北庭行军泾原节度使、兼御史大夫，姚况兼御史中丞、行军司马。俄加河清检校工部尚书。贼泚及姚令言累遣间谍招诱，河清辄拘而戮焉。及驾幸梁州，其将田希鉴潜通泚，使结凶党害河清。寻赠尚书左仆射，葬事官给。兴元元年，赠太子少傅。

刘从一，中书侍郎林甫之玄孙也。祖令植，礼部侍郎。父孺之，京兆府少尹。从一少举进士，大历中宏词，授秘书省校书郎，以调中第，补渭南尉，雅为常衮所推重。及衮为相，迁监察御史。居无何，丁母忧。服除，宰相卢杞荐之，超迁侍御史。居数月，以亲避除刑部员外郎。建中末，普王之为元帅也，迁吏部郎中、兼御史中丞，为元帅判官。德宗居奉天，拜刑部侍郎、平章事，从幸梁州。明年六月，改中书侍郎、平章事。岁中，加集贤殿大学士、修史。上遇之甚厚，以容身远罪而已，不能有所匡辅。无几，以疾请告，至是，病甚辞位，章疏六上，乃许，除户部尚书。寻卒，年四十四，辍朝三日，赠太子太傅。初，林甫生祥道，麟德初为右相，祥道即从一曾伯祖也。令植从父兄齐贤，弘道初为侍中。自祥道至从一，刘氏凡三相。

萧复，字履初，太子太师嵩之孙，新昌公主之子。父衡，太仆卿、驸马都尉。少秉清操，其群从兄弟，竞饰舆马，以侈靡相尚，复衣浣濯之衣，独居一室，习学不倦，非词人儒士不与之游。伯华每叹异之。以主荫，初为宫门郎，累至太子仆。

广德中，连岁不稔，谷价翔贵，家贫，将鬻昭应别业。时宰相王缙闻其林泉之美，心欲之，乃使弟纮诱焉，曰："足下之才，固宜居右职，如以别业奉家兄，当以要地处矣。"复对曰："仆以家贫而鬻旧业，将以拯济媭幼耳，倘以易美职于身，令门内冻馁，非鄙夫之心也。"缙憾之，乃罢复官。沉废数年，复处之自若。后累至尚书郎。大历十四年，自常州刺史为潭州刺史、湖南观察使。及为同州刺史，州人阻饥，有京畿观察使储廪在境内，复辄以赈贷，为有司所劾，削阶。朋友唁之，复怡然曰："苟利于人，敢惮薄罚。"寻为兵部侍郎。建中末，普王为襄汉元帅，以复为户部尚书、统军长史，以复父名衡，特诏避之，未行。扈驾奉天，拜吏部尚书、平章事。复尝奏曰："宦者自艰难已来，初为监军，自尔恩幸过重。此辈只合委宫掖之寄，不可参兵机政事之权。"上不悦，又请别对，奏云："陛下临御之初，圣德光被，自用杨炎、卢杞秉政，悖渎皇猷，以致今日。今虽危急，伏愿陛下深革睿思，微臣敢当此任。若令臣依阿偷免，臣不敢旷职。"卢杞奏对于上前，阿谀顺旨，复正色曰："卢杞之词不正。"德宗愕然，退谓左右曰："萧复颇轻朕。"遂令往江南宣抚。

先时，淮南节度陈少游首称臣于李希烈，凤翔将李楚琳杀节度使张镒以应朱泚，镒判官韦皋先知陇州留后，首杀幽叛卒数百人，不应楚琳。复江南使回，与宰相同对讫，复独留，奏曰："陛下自返宫阙，勋臣已蒙官爵，唯旌善惩恶，未有区分。陈少游将相之寄最崇，首败臣节；韦皋名宦最卑，特建忠义。请令韦皋代少游，则天下明然知逆顺之理。"上许之。复出，宰相李勉、卢翰、刘从一方同归中书，中使马钦绪至，揖从一，附耳语而退，诸相各归阁。从一诣复曰："适钦绪宣旨，令与公商量朝来所奏便进，勿令李勉、卢翰知。"复曰："适来奏对，亦闻斯旨，然未谕圣心，已面陈述，上意尚尔，复未敢言其事。"复又曰："唐、虞有金曰之论，朝廷有事，尚合与公卿同议。今勉、翰不可在相位，即去之；既在相位，合同商量，何故独避此一节？且与公行之无爽，但恐浸以成俗，此政之大弊也。"竟不言于从一。从一奏之，上滋不悦。复累表辞疾，请罢知政事，从之，守太子左庶子。三年，坐郜国公主亲累，检校左庶子，于饶州安置。四年，终于饶州,时年五十七。

复门望高华,志砺名节,与流俗不甚通狎。及登台辅,临事不苟,颇为同列所嫉,以故居位不久。性孝友,居家甚睦,为族子所累,晏然屏退,口未尝言。

郜国公主者,肃宗之女也,出降驸马萧升,升于复为从兄弟,升早卒。贞元中,蜀州别驾萧鼎、商州丰阳令韦恪、前彭州司马李万、太子詹事李升等出入主第,秽声流闻。德宗怒,幽主于别第,李万决杀,升贬岭南,萧鼎、韦恪决四十,长流岭表。又言公主行厌祷,其子位为祷文,位弟佩、儒、偲及异父兄驸马都尉裴液,并长流端州。公主女为皇太子妃,即顺宗也。太子惧,亦请与妃离婚。六年,郜国薨,位兄弟及液诏还京师。液父徽,初尚郜国;徽卒,降萧升。

柳浑,字夷旷,襄州人,其先自河东徙焉。六代祖惔,梁仆射。浑少孤,父庆休,官至渤海丞,而志学栖贫。天宝初,举进士,补单父尉。至德中,为江西采访使皇甫侁判官,累除衢州司马。未至,召拜监察御史。台中执法之地,动限仪矩,浑性放旷,不甚检束,僚长拘局,悠其疏纵。浑不乐,乞外任,执政惜其才,奏为左补阙。明年,除殿中侍御史,知江西租庸院事。

大历初,魏少游镇江西,奏署判官,累授检校司封郎中。州理有开元寺僧与徒夜饮,醉而延火,归罪于守门瘖奴,军候亦受财,同上其状,少游信焉。人知奴冤,莫肯言。浑与崔祐甫遽入白,少游惊问,醉僧首伏。既而谢曰:"微二君子,几成老夫暗劣矣。"自此以公式闻。及路嗣恭领镇,复以为都团练副使。十二年,拜衰州刺史。居二年,崔祐甫入相,荐为谏议大夫、浙江东西黜陟使,累迁尚书左丞。及驾在奉天,微服徒行,遁终南山谷,逾旬方达行在。扈从至梁州,改左散骑常侍。初,浑之归行在,贼泚籍其名甚,愿以致之,犹疑匿在闾里,乃加宰相。及克复,浑尚名载,乃上言:"顷为狂贼点秽,臣实耻称旧名,剀字或带戈,时当偃武,请改名浑。"

贞元二年,拜兵部侍郎,封宜城县伯。三年正月,加同平章事,仍判门下省。时上命玉工为带,坠坏一銙,乃私市以补;及献,上指曰:"此何不相类?"工人伏罪,上命决死。诏至中书,浑执曰:"陛下若便杀则已,若下有司,即须议谳。且方春行刑,容臣条奏定罪。"以误伤乘舆器服,杖六十,余工释放,诏从之。复奏:"故尚书左丞田季羔,公忠正直,先朝名臣。其祖、父皆以孝行表门闾,京城隋朝旧氏,季羔一家而已。今被堂侄伯强进状,请货宅召市人马,以讨吐蕃。一开此门,恐滋不逞。讨贼自有国计,岂资侥幸之徒?且毁弃义门,亏损风教,望少责罚,亦可惩劝。"上可其奏。

先时,韩滉自浙西入觐,朝廷委政待之,至于调兵食,笼盐铁,勾官吏赃罚,锄豪强兼并,上悉仗焉。每奏事,或日旰,他相充位而已,公卿救过不能暇,无敢枝梧者。浑虽滉所引,心恶其专政,正色让之曰:"先相公以狷察为相,不满岁而罢;今相公榜吏于省中至死,且非刑人之地,奈何蹈前非而又甚焉?专立威福,岂尊主卑臣

之礼!"滉感悟愧悔,为霁威焉。及白志贞除浙西观察使,浑奏曰:"志贞一末吏俭人,纵称廉谨,不当顿居重职。"适遇浑以疾称告,即日诏下。疾间,因乞骸骨,优诏不许。其判门下,主吏白当过官,浑愀然曰:"列官分职,复更挠之,非礼法也。千里辞家,以干微禄,邑主辞办,岂虑无能,矧旌善进贤,事不在此。"故其年注拟,无退量者。

及浑與吐蕃会盟之日,上御便殿谓宰相曰:"和戎息师,国之大计,今日将士与卿同欢。"马燧前贺曰:今之一盟,百年内更无蕃寇。"浑曰:"五帝无诰誓之盟,皆在季末。今盛明之代,岂又行于夷狄!人面兽心,难以信结,今日盟约,臣窃忧之。"李晟继言曰:"臣生长边城,知蕃戎心,今日之事,诚如浑言。"上变色曰:"柳浑书生,未达边事;大臣智略,果亦有斯言乎!"皆顿首俯伏,遽令归中书。其夜三更,邠宁节度韩游瑰飞驿叩苑门,奏盟会不成,将校覆没,兵临近镇,上惊叹,即递其表以示浑。诘旦,临轩慰勉浑曰:"卿文儒之士,而万里知军戎之情。"自此骤加礼异。时张延赏与浑同列,延赏怙权矜己,而嫉浑守正,俾其所厚谓浑曰:"相公旧德,但节言于庙堂,则重位可久。"浑曰:"为吾谢张相公,柳浑头可断,而舌不可禁也。"自是为其所挤,寻除常侍,罢知政事。贞元五年二月,以疾终,年七十五。有文集十卷。

浑母兄识,笃意文章,有重名于开元、天宝间,与萧颖士、元德秀、刘迅相亚。其练理创端,往往诣极,当时作者,咸伏其简拔,而趣尚辨博。浑亦善为文,然趋时向功,非沉思之所及。浑警辩,好谐谑放达,与人交,豁然无隐。性节俭,不治产业,官至丞相,假宅而居。罢相数日,则命亲族寻胜,宴醉方归,陶陶然忘其黜免。时李勉、卢翰皆退罢居第,相谓曰:"吾辈方柳宜城,悉为拘俗之人也。"

史臣曰:张镒、萧复、柳浑,节行才能,讦谟亮直,皆足相明主,平泰阶,而卢杞忌之于前,延赏排之于后,管仲有言:"任君子,使小人间之,之害霸也。"德宗黜贤相,位奸臣,致朱泚、怀光之乱,是失其人也,岂尤其时哉!河清殁于王事,乃显忠贞;从一举自奸人,固宜循默。

赞曰:得人则兴,失人则亡。镒、复、浑去,宗社其殃。

卷一百二十六　　列传第七十六

李揆　李涵　陈少游　卢慬　裴谞

李揆字端卿,陇西成纪人,而家于郑州,代为冠族。秦府学士、给事中玄道玄孙,秘书监、赠吏部尚书成裕之子。少聪敏好学,善属文。开元末,举进士,补陈留尉。献书阙下,诏中书试文章,擢拜右拾遗。改右补阙、起居郎,知宗子表疏。迁司勋员外郎、考功郎中,并知制诰。

扈从剑南，拜中书舍人。

乾元初，兼礼部侍郎。揆尝以主司取士，多不考实，徒峻其堤防，索其书策，殊未知艺不至者，文史之囿亦不能摛词，深昧求贤之意也。其试进士文章，请于庭中设《五经》、诸史及《切韵》本于床，而引贡士谓之曰："大国选士，但务得才，经籍在此，请恣寻检。"由是数月之间，美声上闻，未及毕事，迁中书侍郎、平章事、集贤殿崇文馆大学士、修国史。

揆美风仪，善奏对，每有敷陈，皆符献替。肃宗赏叹，尝谓揆曰："卿门地、人物、文章，皆当代所推。"故时人称为三绝。其为舍人也，宗室请加张皇后"翊圣"之号，肃宗召揆问之，对曰："臣观往古后妃，终则有谥。生加尊号，未之前闻。景龙失政，韦氏专恣，加号翊圣，今若加皇后之号，与韦氏同。陛下明圣，动遵典礼，岂可踪景龙故事哉！"肃宗惊曰："凡才几误我家事。"遂止。时代宗自广平王改封成王，张皇后有子数岁，阴有夺宗之议。揆因对见，肃宗从容曰："成王嫡长有功，今当命嗣，卿意何如？"揆拜贺曰："陛下言及于此，社稷之福，天下幸甚，臣不胜大庆。"肃宗喜曰："朕计决矣。"自此颇承恩遇，遂蒙大用。

时京师多盗贼，有通衢杀人置沟中者，李辅国方恣横，上请选羽林骑士五百人以备巡检。揆上疏曰："昔西汉以南北军相统摄，故周勃入南军入北军，遂安刘氏。皇朝置南北衙，文武区分，以相伺察。今以羽林代金吾警夜，忽有非常之变，将何以制之？"遂制罢羽林之请。

揆在相位，决事献替，虽甚博辨，性锐于名利，深为物议所非。又其兄皆自有时名，滞于冗官，竟不引进。同列吕諲，地望虽悬，政事在揆之右，罢相，自宾客为荆南节度，声问甚美。惧其重入，遂密令直省至谭管内构求諲过失。諲密疏自陈，乃贬揆莱州长史同正员，其制旨曰："扇湖南之八州，沮江陵之节制。"揆既黜官，数日，其兄皆改授为司门员外郎。后累年，揆量移歙州刺史。初，揆秉政，侍中苗晋卿累荐元载为重官。揆自恃门望，以载地寒，意甚轻易，不纳，而谓晋卿曰："龙章凤姿之士不见用，獐头鼠目之子乃求官。"载衔恨颇深。及载登相位，因揆当徙职，遂奏为试秘书监，江淮养疾。既无禄俸，家复贫乏，嫠孤百口，丐食取给。萍寄诸州，凡十五六年，其牧守稍薄，则又移居，故其迁徙者，盖十余州焉。元载以罪诛，除揆睦州刺史，入拜国子祭酒、礼部尚书，为卢杞所恶。德宗在山南，令充入蕃会盟使，加左仆射。行至凤州，以疾卒，兴元元年四月也，年七十四。赠司空，丧事官给。

李涵，高平王道立曾孙。父少康，宋州刺史。涵简素恭慎，有名宗室，累授赞善大夫、兼侍御史。朔方节度郭子仪奏为关内盐池判官。肃宗北幸平凉，未有所适。涵与朔方留后杜鸿渐，草笺具朔方兵马招集之势，军资仓储库物之数，咸推涵宗枝之英，纯厚忠信，乃令涵奉笺至平凉谒见。涵敷奏明辨，动合事机，肃宗大悦，除右司员外郎，累至司封郎中、宗正少卿。

宝应元年，初平河朔，代宗以涵忠谨洽闻，迁左庶子、兼御史中丞、河北宣慰使。会丁母忧，起复本官而行，每州县邮驿，公事之外，未尝启口，疏饭饮水，席地而息。使还，请罢官终丧制，代宗以其毁瘠，许之。服阕，除给事中，迁尚书左丞。以幽州之乱，充河朔宣慰使。大历六年正月，为苏州刺史、兼御史大夫，充浙江西道都团练观察等使。十一年，来朝，拜御史大夫。京畿观察使李栖筠殁，代之。德宗即位，以涵和易，无刚割之才，除太子少傅，充山陵副使。涵判官殿中侍御史吕渭上言："涵父名少康，今官名犯讳，恐乖礼典。"宰相崔祐甫奏曰："若朝廷有事乖舛，群臣不能如此，实太平之道。"除渭司门员外郎。寻有人言："涵昔为宗正少卿，此时无言，今为少傅，妄有奏议。"诏曰："吕渭僭陈章奏，为其本使薄诉官名。朕以宋有司城之嫌，晋有词曹之讳，叹其忠于所事，亦谓确以上闻。乃加殊恩，俾膺厚赏。近闻所陈'少'字，往岁已任少卿，昔是今非，罔我何甚！岂得谬当朝典，更厕周行，宜佐遐藩，用诫薄俗。可歙州司马同正。"由是改涵为检校工部尚书、兼光禄卿，仍充山陵副使。无几，以右仆射致仕。兴元元年九月卒，追赠太子太保。

陈少游，博州人也。祖俨，安西副都护。父庆，右武卫兵曹参军，以少游累赠工部尚书。少游幼聪辩，初习《庄》、《列》、《老子》，为崇玄馆学生，众推引讲经。时同列有私习经义者，期升坐日相问难。及会，少游摄齐升坐，音韵清辩，观者属目。所引文句，悉兼他义，诸生不能对，甚为大学士陈希烈所叹赏，又以同宗，遇之甚厚。既擢第，补渝州南平令，理甚有声。至德中，河东节度王思礼奏为参谋，累授大理司直、监察殿中侍御史、节度判官。宝应元年，入为金部员外郎。寻授侍御史、回纥粮料使，改检校职方员外郎。充使检校郎官，自少游始也。明年，仆固怀恩奏为河北副元帅判官、兵部郎中、兼侍御史。迁晋州刺史，改同州刺史，未视事，又历晋、郑二州刺史。少游为理，长于权变，时推干济，然厚敛财货，交结权幸，以是频获迁擢。无几，泽潞节度使李抱玉表为副使、御史中丞、陈郑二州留后。

永泰二年，抱玉又奏为陇右行军司马，拜检校左庶子，依前兼中丞。其年，除桂州刺史、桂管观察使。少游以岭徼遐远，欲规求近郡。时中官董秀掌枢密用事，少游乃宿于其里，候其下直，际晚谒之，从容曰："七郎家中人数几何？每月所费复几何？"秀曰："久忝近职，家累甚重，又属时物腾贵，一月过千余贯。"少游曰："据此之费，俸钱不足支数日，其余必须数求外人，方可取济。倘有输诚供亿者，但留心庇覆之，固易为力耳。少游虽不才，请以一身独供七郎之费，每岁请献钱五万贯。今见有大半，请即受纳，余到官续送。免贵人劳虑，不亦可乎？"秀既逾于始望，欣怆颇甚，因与之厚相结。少游言讫，泣曰："南方炎瘴，深怆违辞，但恐不生还再睹颜色矣。"秀遽曰："中丞美才，不当远官，请从容旬日，冀竭蹇分。"时少游又已纳赂于元载子仲武矣。秀、载内外引荐，数日，拜宣州刺史、宣歙池都团练观察使。

大历五年，改越州刺史、兼御史大夫、浙东观察使。八年迁扬州大都督府长史、淮南节度观察使。仍加银青光禄大夫，封颍川县开国子。所在悉心绥辑，而多以任数为政，好行小惠，胥吏得职，人亦获安。及朝廷多事。奏请本道两税钱千增二百。因诏诸道悉如淮南，盐每一斗更加一百文。少游十余年间，三总大藩，皆天下殷厚处也。以故征求贸易，且无虚日，敛积财宝，累巨亿万，多赂遗权贵，视文雅清流之士，蔑如也。初结元载，每年馈金帛约十万贯，又多纳赂于用事中官骆奉先、刘清潭、吴承倩等，由是美声达于中禁。后见元载在相位年深，以过犯渐见疑忌，少游亦稍疏之。无何，载子伯和贬官扬州，少游外与之交结，而阴使人伺其过失，密以上闻。代宗以为忠，待之益厚。

上即位，累加检校礼部、兵部尚书。建中三年，李纳反叛，少游以师收徐、海等州，寻弃之，退军盱眙。又加检校左仆射，赐实封三百户。其年，就加同平章事。关播尝为少游宾僚，卢杞早年与之同在仆固怀恩使府，故骤加其官秩。

四年十月，驾幸奉天，度支汴东两税使包佶在扬州，尚未知也。佶判官崔沅遽报少游，佶时所总赋税钱帛约八百万贯在焉，少游意以为贼陷京师，未即收复，遂胁取其财物。先使判官崔颋就佶强索其纳给文历，并请供二百万贯钱物以助军费，佶答曰："所用财帛，须承敕命。"未与之。颋勃然曰："中丞若得，为刘长卿；不尔，为崔众矣。"长卿尝任租庸使，为吴仲孺所困，崔众供军名财，为光弼所杀，故颋言及之，佶大惧，不敢固护，财帛将转输入京师者，悉为少游夺之。佶自谒，少游止焉，长揖而遣，既惧祸，奔往白沙。少游又遣判官房孺复召之，佶愈惧，托以巡检，因急棹过江，妻子伏篋中。至上元，复为韩滉所拘留。佶先有兵三千，守御财货，令高越、元甫将焉，少游尽夺之。随佶渡江者，又为韩滉所留，佶但领胥吏往江、鄂等州。佶于弹丸中具表，以少游胁取财帛事。会少游使继至，上问曰："少游取包佶财货，有之乎？"对曰："臣发扬州后，非所知也。"上曰："少游国之守臣，或防他盗，供费军旅，收亦何伤。"时方隔阻绝，国命未振，远近闻之大惊，咸以圣情达于变通，明见万里。少游后闻之，乃安。

及李希烈陷汴州，声言欲袭江淮。少游惧，乃使参谋温述由寿州送款于希烈曰："濠、寿、舒、庐，寻令罢垒，韬戈卷甲，伫候指挥。"少游又遣巡官赵诜于郓州结李纳。其年，希烈僭号，遣其将杨丰赍伪赦书赴扬州，至寿州，为刺史张建封候骑所得，建封对中使二人及少游判官许子瑞廷责丰而斩之。希烈闻之大怒，即署其大将杜少诚为伪仆射、淮南节度，令先平寿州，后取广陵。建封于霍丘坚栅，严加守禁，少诚竟不能进。后包佶入朝，具奏少游夺财赋事状，少游大惧，乃上表，以所取包佶财货，皆是供军急用，今请据数却纳。既而州府残破，无以上填，乃与腹心孔目官等设法重税管内百姓以供之。无何，刘洽收汴州，得希烈伪起居注"某月日陈少游上表归顺。"少游闻之，惭惶发疾，数日而卒，年六十一，赠太尉，赙布帛，葬祭如常仪。

卢慈，幽州范阳人也，贞观中工部侍郎义恭玄孙也。父子骞，颖王府谘议参军，以慈赠秘书少监。慈少以门荫入仕，在职以干局称。累授阆州录事参军、监察殿中御史、侍御史、金州刺史。宰相杨炎遇之颇厚，召入左司郎中、京兆少尹，迁大尹。慈无术学，善事权要，为政苛躁。卢杞甚恶之，讽有司弹奏，坐贬抚州司马同正，改饶州刺史，迁福州刺史、福建观察使。贞元二年七月，以疾终。

裴谓，字士明，河南洛阳人。父宽，礼部尚书，有重名于开元、天宝间。谓少举明经，补河南府参军，通达简率，不好苛细。积官至京兆仓曹，丁父丧，居东都。是时，安禄山盗陷二京，东都收复，迁太子司议郎。无几，虢王巨奏署侍御史、襄邓营田判官，丁母忧。东都复为史思明所陷，谓藏匿山谷。思明尝为谓父将校，怀旧恩，又素慕谓名，欲必得之，因令捕骑数十迹逐得谓。思明见之，甚喜，呼为郎君，不名，伪授御史中丞，主击断。时思明残杀宗室，谓阴缓之，全活者数百人。又尝疏贼短长以闻，事泄，思明大怒诟骂，仅而免死。贼平，除太子中允，迁考功郎中，数召见言事。

代宗居陕，谓步怀考功及南曹二印赴行在，上见而谓之曰："疾风知劲草，果信矣。"将以为御史中丞，为元载所排，为河东道租庸盐铁等使。时关辅大旱，谓入计，代宗召见便殿，问谓："榷酤之利，一岁出入几何？"谓久之不对。上复问之，对曰："臣有所思。"上曰："何思？"对曰："臣自河东来，其间所历三百里，见农人愁叹，谷菽未种。诚愿陛下轸念，先问人之疾苦，而乃责臣以利。孟子曰：理国者，仁义而已，何以利为？由是未敢即对也。"上前坐曰："微公言，吾不闻此。"拜左司郎中。上时访以事，执政者忌之，出为虔州刺史，历饶、庐、亳三州刺史。入为右金吾将军。

建中初，上以刑名理天下，百吏震悚。时十月禁屠杀，以甫近山陵，禁益严。尚父、汾阳王郭子仪隶人杀羊以入，门者觉之，谓列奏状，上以为不畏强御，累遣宣谕。或谓谓曰："郭公有社稷功，岂不为盖乎？"谓笑曰："非尔所解。且郭公威权太盛，上新即位，必谓党附者众。今发其细过，以明不弄权耳。吾上以尽事君之道，下以安大臣，不亦可乎？"时于朝堂别置三司以决庶狱，辩争者辄击登闻鼓，谓上疏曰："夫谏鼓谤木之设，所以达幽枉；延直言。今轻猾之人，援桴鸣鼓，始动天听，竟因纤微。若然者，安用吏理乎！"上然之，悉归有司。谓以法吏舞文，多挟宿怨，因献《狱官箴》以讽。无何，坐所善僧抵法，贬闻州司马。征为右庶子，改千牛上将军。会吐蕃入寇，寻拜吏部侍郎、兼御史大夫，为吐蕃使，不行。无几，转太子宾客、兵部侍郎、河南尹、东都副留守。

谓自河南凡五代为官，入视事，未尝当正处，不鞫人于赃罪，以宽厚和易为理。贞元九年十一月，以疾终，年七十五，赠礼部尚书。

史臣曰：李揆发言沃心，幸遇明主；蔽贤固位，终非令人。少游逐势利随时，卢慎事权要巧宦，察言观行，皆无可称。涵节行著闻，谓和易为理，庶几近仁也。

赞曰：李、陈、卢慎，言行非真。涵、谓和易，庶乎近仁。

卷一百二十七　　列传第七十七

姚令言　张光晟　源休　乔琳
张涉　蒋镇　洪经纶　彭偃

姚令言，河中人也。少应募，起于卒伍，隶泾原节度马璘。以战功累授金吾大将军同正，为衙前兵马使，改试太常卿、兼御史中丞。建中元年，孟睥为泾原节度留后，自以文吏进身，不乐军旅，频表荐令言谨肃，堪任将帅。睥寻归朝廷，遂拜令言为四镇北庭行营泾原节度使、泾州刺史、兼御史大夫。

建中四年，李希烈叛，寇陷汝州，诏哥舒曜率师攻之，营于襄城。希烈兵数万围襄城，势甚危急。十月，诏令言率本镇兵五万赴援。泾师离镇，多携子弟而来，望至京师以获厚赏，及师上路，一无所赐。时诏京兆尹王翃犒军士，唯粝食菜啖而已，军士覆而不顾，皆愤怒，扬言曰："吾辈弃父母妻子，将死于难，而食不得饱，安能以草命捍白刃耶！国家琼林、大盈，宝货堆积，不取此以自活，何往耶？"行次浐水，乃返戈，大呼鼓噪而还。令言曰："比约东都有厚赏，儿郎勿草草，此非求活之良图也。"众不听，以戈环令言请退，令言急奏之。上恐，令内库出缯彩二十车驰赐之，军声浩浩，令言不能戢。街市居人狼狈走窜，乱兵呼曰："勿走，不税汝间架矣！"德宗令普王与学士姜公辅往抚劳之，才出内门，贼已斩关，阵于丹凤楼下。是日，德宗仓卒出幸，贼纵入府库辇运，极力而止。

时太尉朱泚罢镇居晋昌里第，是夜，叛卒谋曰："朱太尉久囚于宅，若迎为主，大事济矣。"泚尝节制泾州，众知其失权，废居怏怏，又幸泚宽和，乃请令言率骑迎泚于晋昌里。泚初迟疑，以食饲之，徐观众意，既而诸校齐至，乃自第张炬火入居含元殿。既僭号，乃以令言为侍中，与源休同知贼政事。既以身先逆乱，颇尽心于贼，害宗室，围奉天，皆令言为首帅也。群凶宴乐，既醉，令言与源休论功，令言自此萧何，源休曰："帷幄之谋，成桀之业，无出予之右者。吾比萧何无让，子当曹参可矣。"时朝士在贼廷者，闻之皆笑，谓源休为火迫酂侯。朱泚败，令言与张廷芝尚有众万人，从泚将入吐蕃。至泾州，欲投田希鉴，希鉴伪致礼诱之，与泚俱斩首来献。

张光晟，京兆盩厔人，起于行间。天宝末，哥舒翰兵败潼关，大将王思礼所乘马中流矢而毙，光晟时在骑卒之中，因下，以马授思礼。思礼问其姓名，不告而退，思礼阴记其形貌，常使人密求之。无何，思礼为河东节度使，其偏将辛云京为代州刺史，屡为将校谮毁，思礼怒焉。云京惶惧，不知所出。光晟时隶云京麾下，因间进曰："光晟素有德于王司空，比不言者，耻以旧恩受赏。今使君忧迫，光晟请奉命一见司空，则使君之难可解。"云京然其计，即令之太原。乃谒思礼，未及言旧，思礼识之，遽曰："尔岂非吾故人乎？何相见之晚也！"光晟遂陈潼关之事，思礼大喜，因执其手感泣曰："吾有今日，子之力也。求子颇久，竟此相遇，何慰如之？"命同榻而坐，结为兄弟。光晟遂述云京之屈，思礼曰："云京比涉谤言，过亦不细，今为故人，特舍之矣。"即日擢光晟为兵马使，赉田宅、缯帛甚厚，累奏特进，试太常少卿，委以心腹。及云京为河东节度使，又奏光晟为代州刺史。

大历末，迁单于都护、兼御史中丞、振武军使。代宗密谓之曰："北蕃纵横日久，当思所御之计。"光晟既受命，至镇，威令甚行。建中元年，回纥突董梅录领众并杂种胡等自京师还国，舆载金帛，相属于道。光晟讶其装橐颇多，潜令驿吏以长锥刺之，则皆辇归所诱致京师妇人也。遂给突董及所领徒悉令赴宴，酒酣，光晟伏甲尽拘而杀之，死者千余人，唯留二胡归国复命。遂剖其妇人，给粮还京，收其金帛，赏赉军士。后回纥遣使来诉，上不欲甚阻蕃情，征拜右金吾将军。回纥犹怨怼不已，又降为睦王傅，寻改太仆卿，负才怏怏不得志。

贼泚僭逆，署光晟伪节度使兼宰相。及泚众频败，遂择精兵五千配光晟，营于九曲，去东渭桥凡十余里。光晟潜使于李晟，有归顺之意。晟进兵入苑，光晟劝贼泚宜速西奔，光晟以数千人送泚出城，因率众回降于晟。晟以其诚款，又爱其材，欲奏用之，俾令归私第，表请特减其罪。每大宴会，皆令就坐，华州节度使骆元光诟之曰："吾不能与反房同席！"拂衣还营。晟不得已，拘之私第，后有诏言其状迹不可原，乃斩之。

源休，相州临漳人，京兆尹光舆之子也。休以干局，累授监察御史、殿中侍御史、青苗使判官，迁虞部员外郎。出潭州刺史，入为主客郎中，迁给事中、御史中丞、左庶子。其妻即吏部侍郎王翊女也。因小忿而离，妻族上诉，下御史台验理，休迟留不答款状，除名，配流溱州。久之，移岳州。

建中初，杨炎执政，以京兆尹严郢威名稍著，心欲倾之。郢，即王翊甥婿也。休与王氏离绝之时，炎风闻休、郢有隙，遂擢休自流人为京兆少尹，俾令伺郢过失。休既职久，与郢亲善，炎怒之，奏令以本官兼御史中丞，奉使回纥。休至振武，军使张光晟已杀回纥突董等，上初欲遂绝其使，令休还，待命于太原。久之方遣，仍令休归其突董、翳密施大小梅录等四尸。突董者，即武义可汗之叔父也。尸既至，可汗令宰臣已下具彩服车马来迎。其宰相颉于思迦坐大帐，立休等于帐外雪中，诘杀突董等故。休曰："突董等自与张光晟忿斗而死，非天子命也。"又问："使者背唐国，负罪当死，不能自戮耶？不然，何假手于我杀之也？"凡将杀者数矣，言颇悖慢，乃引去，供饩甚薄，留之五十余日，乃得还。可汗使谓休曰："我国人皆欲杀汝，唯我不然。汝国已杀突董等，吾又杀汝，犹以血洗血，污益甚尔。吾今以水洗血，不亦善乎！所欠吾马直绢一百八十万匹，当速归之。"遣散支将军康赤心等随休来朝，休竟不得见其可汗。寻遣赤心等归，与之帛十万匹、金银十万两，偿其马直。休履危而还，宰相卢杞又恐复命之日以口辩结恩，将至太原，遽奏为光禄卿。休以其远使赏薄，居常怨望。

会泾原兵叛，立朱泚为主。初但称太尉，朝官谒泚者，悉劝奏迎銮驾，既不合泚意而退。及休至，遂屏人移时，言多悖逆，盛陈成败，称述符命，劝令僭号。泚悦其言，以休为宰相，判度支。休遂与为谋主，至于兵食军资，迁除补拟，内外咨谋，一禀休画。故时人云："源休之逆，甚于朱泚。"朝廷大臣之奔窜不获者，多为休所诱致，以至戮辱，职休为而，盖非一焉。又劝泚锄翦宗室，以绝人望，命万年县贼曹尉杨偘专其断决，诸王子孙遇害不可胜数。泚败走，休随至宁州。泚死，休走凤翔，为其部曲所杀，传首来献。休三子并斩于东市，籍没其家。

乔琳，太原人。少孤贫志学，以文词称。天宝初，举进士，补成武尉，累授兴平尉。朔方节度郭子仪辟为掌书记，寻拜监察御史。琳倜傥疏诞，好谈谐，侮谑僚列，颇无礼检。同院御史毕耀初与琳嘲诮往复，因成衅隙，遂以公事互相告诉，坐贬巴州员外司户。遂起为南郭令，改殿中侍御史，充山南节度张献诚行军司马。使罢，为剑南东川节度鲜于叔明判官。改检校驾部郎中、果绵遂三州刺史、兼御史中丞。入为大理少卿、国子祭酒。出为怀州刺史。琳素与张涉友善，上在春宫，涉尝为侍读。及嗣位，多以政事询访于涉，盛称琳识度材略，堪备大用，因拜御史大夫、平章事。琳本粗材，又年高有耳疾，上每顾问，对答失次，论奏不合时。幸居相位，凡八十余日，除工部尚书，罢知政事，寻加迎皇太后副使。

朱泚之乱，扈从至奉天，转吏部尚书，迁太子少师。再幸梁、洋，琳从至盩厔，托以马乏迟留，上以琳旧老，心敬重之，慰谕颇至，以御马一匹给焉。又恳辞以老疾不堪山阻登顿，上怅然，赐之所执策曰："勉为良图，与卿决矣。"后数日，乃削发为僧，止仙游寺。贼泚闻之，遂令数十骑追至京城，俾为伪吏部尚书。令源休被公服，馈肉食，琳虽辞让，而僧言求施。琳掌贼中吏部，选人前请曰："所注某官不稳便。"琳谓之曰："足下谓此选竞稳便乎？"及官军收京师，当处极刑，时琳已七十余，李晟悯其衰老，表请减死。上以其累经重任，顿亏臣节，自受逆命，颇闻讥谐悖慢之言，背义负恩，固不可舍，命斩之。临刑叹曰："乔琳以七月七日生，亦以此日死，岂非命欤！"

张涉者，蒲州人，家世儒者。涉依国学为诸生讲说，稍迁国子博士，亦能为文，尝请有司日试万言，时呼张万言。德宗在春宫，受经于涉。及即位之夕，召涉入宫，访以庶政，大小之事皆咨之。翌日，诏居翰林，恩礼甚厚，亲重莫比。自博士迁散骑常侍。上方属意宰辅，唯贤是择，故求人于不次之地。涉举怀州刺史乔琳为相，上授之不疑，天下闻之者皆愕然。数月，琳以不称职罢，上由是疏涉。俄受前湖南都团练使辛京杲赃事发，诏曰："尊师之道，礼有所加；议故之法，恩有所掩。张涉贿赂交通，颇骇时听，常所亲重，良深叹惜。宜放归田里。"

蒋镇，常州义兴人，尚书左丞洌之子也。与兄炼并以文学进。天宝末举贤良，累授左拾遗、司封员外郎，转谏议大夫。时户部侍郎、判度支韩滉上言："河中盐池生瑞盐，实土德之上瑞。"上以秋霖稍多，水潦为患，不宜生瑞，命镇驰驿检行之。镇奏与滉同，仍上表贺，请宣付史馆，并请置神祠，锡其嘉号宝应灵庆池。时霖潦弥月，坏居人庐舍非一，盐池为潦水所入，其味多苦。韩滉虑盐户减税，诈奏雨不坏池，池生瑞盐，镇庀之饰诈，识者丑之。转给事中、工部侍郎，以简俭称于时。

其妹婿源溥，即休之弟也，以姻娅之故，与休交好。泾师之叛，镇潜窜，夜至鄠县西，马蹶堕沟涧中，伤足不能进。时兄炼已与源休相率受贼伪官。镇仆人有逃归投炼，云镇病足在鄠。炼与源休闻之大喜，遂言于贼泚。泚素慕镇清名，即令骑二百求之鄠县西。明日，拥镇而至，署为伪宰相。既知不免，每忧沮，常怀刃将自裁，多为兄炼所救而罢。数日后，复谋窜匿，竟以性懦得怯，计终不果。然源休与泚频议，欲逼胁潜藏衣冠，大加杀戮，镇辄力争救，获全者甚众。至是，与兄炼等并授伪职，斩于东市西北街。

初镇父洌，叔涣，当禄山、思明之乱，并授伪职，然以家风修整，为士大夫所称。镇兄弟亦以教义礼法为己任，而贪禄爱死，节隳身戮，为天下笑。

洪经纶，建中初为黜陟使。至东都，访闻魏州田悦食粮兵凡七万人，经纶素昧时机，先以符停其兵四万人，令归农亩。田悦伪顺命，即依符罢之；而大集所罢兵士，激怒之曰："尔等在军旅，各有父母妻子，既为黜陟使所罢，如何得衣食？"遂大哭。悦乃尽出家财衣服厚给之，各令还其部伍，自此人坚叛心，由是罢职。及朱泚反，伪授太常少卿。

彭偃，少负俊才，锐于进取，为当涂者所抑，形于言色。大历末，为都官员外郎。时剑南东川观察使李叔明上言，以"佛、道二教，无益于时，请粗加澄汰。其东川寺观，请定为二等：上寺留僧二十一人；上观留道士十四人，降杀以七，皆精选有道行者，余悉令返初。兰若、道场无名者皆废。"德宗曰："叔明此奏，可为天下通制，不唯剑南一道。"下尚书集议。偃献议曰：

王者之政，变人心为上，因人心次之，不变不因，循常守固者为下。故非有独见之明，不能行非常之事。今陛下以惟新之政，为万代法，若不革旧风，以归正道者，非也。当今道士，有名无实，时俗鲜重，乱政犹轻。唯有僧尼，颇为秽杂。自西方之教，被于中国，去圣日远，空门不行五浊，比丘但行粗法。爰自后汉,至于陈、隋,僧之废灭,其亦数乎!或至坑杀,殆无遗余。前代帝王,岂恶僧道之善如此之深耶?盖其乱人亦已甚矣。且佛之立教,清净无为,若以色见,即是邪法,开示悟入,唯有一门,所以三乘之人,比之外道。况今出家者皆是无识下劣之流,纵其戒行高洁,在于王者,已无用矣,况是苟避征徭,于杀盗淫秽,无所不犯者乎!今叔明之心甚善,然臣恐其奸吏诋欺,而去者未必非,留者不必是,无益于国,不能息奸。既不变人心,亦不因人心,强制力持,难致远耳。

臣闻天生烝人,必将有职,游行浮食,王制所禁。故有才者受爵禄,不肖者出租征,此古之常道也。今天下僧道,不耕而食,不织而衣,广作危言险语,以惑愚者。一僧衣食,岁计约三万有余,五丁所出,不能致此。举一僧以计天下,其费可知。陛下日旰忧勤,将去人害,此而不救,奚其为政?臣伏请僧道未满五十者,每年输绢四匹;尼及女道士未满五十者,每年输绢二匹;其杂色役与百姓同。有才智者令入仕,请还俗为平人者听。但令就役输课,为僧何伤。臣窃料其所出,不下今之租赋三分之一,然则陛下之国富矣,苍生之害除矣。其年过五十者,请皆免之。夫子曰:"五十而知天命。"列子曰:"不班白,不知道。"人年五十,嗜欲已衰,纵不出家,心已近道,况戒律检其情性哉!臣以为此令既行,僧道规避还俗者固已太半。其年老精修者,必尽为人师,则道、释二教益重明矣。

议者是之,上颇善其言。大臣以二教行之已久,列圣奉之,不宜顿扰,宜去其太甚,其议不行。

偃以才地当掌文诰,为躁求为时论所抑,郁郁不得志。泾师之乱,从驾不及,匿于田家,为贼所得。朱泚素知之,得偃甚喜,伪署中书舍人,檄号辞令,皆偃为之。贼败,与伪中丞崔宣、贼将杜如江、吴希光等十三人,李晟收之,俱斩于安国寺前。

史臣曰:肇分阴阳,爰有生死,修短二事,贤愚一途。故君子遇夷险之机,不易其节;小人昧逆顺之道,而陷于刑。鸿毛泰山,斯为至论。令言远总师徒,首为叛逆;光晟初当委任,危输款诚;源休虽曰士流,甚于元恶;乔琳巧辞真主,俯就伪官;蒋镇贪禄瘝节,皆曰小人。经纶之徒,不足言尔。

赞曰:时争逆顺,命系死生。君子守节,小人正刑。

卷一百二十八　　列传第七十八

段秀实 子伯伦　颜真卿 子颢　硕　曾孙弘式

段秀实,字成公,陇州汧阳人也。祖达,左卫中郎。父行琛,洮州司马,以秀实赠扬州大都督。秀实性至孝,六岁,母疾,水浆不入口七日,疾有间,然后饮食。及长,沉厚有断。

天宝四载,安西节度马灵察署为别将,从讨护蜜有功,授安西府别将。七载,高仙芝代灵察,举兵围怛逻斯,黑衣救至,仙芝大衄,军士相失。夜中闻都将李嗣业之声,因大呼责之曰:"军败而求免,非丈夫也。"嗣业甚惭,遂与秀实收合散卒,复得成军。师还,嗣业请于仙芝,以秀实为判官,授斥候府果毅。十二载,封常清代仙芝,讨大勃律,师次贺萨劳城,一战而胜。常清逐之,秀实进曰:"贼兵羸,饵我也,请备左右,搜其山林。"遂殪其伏,改绥德府折冲。肃宗即位于灵武,征安西兵节度使梁宰,宰潜怀异图。秀实谓嗣业曰:"岂有天子告急,臣下晏然,信浮妄之说,岂明公之意耶?"嗣业遂见宰,请发兵,从之。乃出步骑五千,令嗣业统赴朔方,以秀实为援,累有战功。而秀实父殁,哀毁过礼。嗣业既授节制,思秀实如失左右手,表请起复,为义王友,充节度判官。

安庆绪奔邺,嗣业与诸军围之,安西辎重委于河内。乃奏秀实为怀州长史,知军州,加节度留后。诸军进战于愁思冈,嗣业为流矢所中,卒于军,众推安西兵马使荔非元礼代之。秀实闻嗣业之丧,乃遣先锋将白孝德书,令发卒护嗣业丧送河内。秀实率将吏哭待于境,倾私财以奉葬事。元礼多其义,奏试光禄少卿,依前节度判官。

邙山之败,军徙翼城,元礼为麾下所杀,将佐亦多遇害,而秀实独以智全。众推白孝德为节度使,人心稍定。又迁试光禄卿,为孝德判官。孝德改镇邠宁,奏秀实试太常卿、支度营田二副使。大军西迁,所过掠夺。又以邠宁乏食,难于馈运,乃请军于奉天。是时公廪亦竭,县吏忧恐多逃匿,群行剽盗,孝德不能禁。秀实私曰:"使我为军候,当不如此。"军司马言之,遂以秀实为都虞候,权知奉天行营事,号令严一,军府安泰,代宗闻而嗟赏久之。兵还于邠宁,复为都虞候,寻拜泾州刺史。

大历元年,马璘奏加开府仪同三司。军中有能引二十四弓而犯盗者,璘欲免之,秀实曰:"将有私爱,则法令不一,虽韩、白复生,亦不能为理。"璘善其议,竟使杀之。璘决事有不合理者,必固争之,得璘引过乃已。璘城泾州,秀实掌留后,归还,加御史中丞。璘既奉诏徙镇泾州,其士众尝自四镇、北庭赴难中原,侨居骤移,颇积劳怨。刀斧将王童之因人心动摇,导以为乱。或告其事,且曰:"候严,警鼓为约矣。"秀实乃召鼓人,阳怒失节,且戒之曰："每更筹尽，必来报。"每白之，辄延数刻，四更毕而曙。既差互，童之乱不能作。明日，告者复曰："今夜将焚草场，期救火者同作乱。"秀实使严加警备。夜半火发，乃使令于军中曰："救火者斩。"童之居外营，请入救火，不许。明日斩之，捕杀其党凡十余人以徇，曰："敢后徒者族！"于是迁泾州。既至其理所，人烟复绝，兵无廪食。朝廷忧之，遂诏璘遥管郑、颍二州，以赡泾原军，俾秀实为留后，二州甚理。璘思其绩用，又奏行军司马，兼都知兵马使。

八年，吐蕃来寇，战于盐仓，我军不利。璘为寇戎所隔，逮暮未还，败将溃兵争道而入。时都将焦令谌与诸将四五辈狼狈而至，秀实召让之曰："兵法：失将，麾下当斩。公等忘其死而欲安其家耶！"令谌等恐惧，下拜数十。秀实乃悉驱城中士卒未出战者，使骁将统之，东依古原，列奇兵示贼将战，且以收合败亡。蕃众望之，不敢逼。及夜，璘方获归。十一年，璘疾甚，不能视事，请秀实摄节度副使兼左厢兵马使。秀实乃以十将张羽飞为招召将，分兵按甲，以备非常。璘卒，而军中行哭赴丧事于内，李汉惠接宾客于外，非其亲不得居丧侧，族谈离立者捕而囚之。都虞候史廷干、裨将崔珍、张景华谋作乱，秀实乃送廷干于京师，徙珍及景华外镇，军中遂定，不戮一人。寻拜秀实泾州刺史、兼御史大夫，四镇北庭行军泾原郑颍节度使。三四年间，吐蕃不敢犯塞，清约率易，远近称之。非公会，不听乐饮酒，私室无妓媵，无赢财，退公之后，端居静虑而已。德宗嗣位，就加检校礼部尚书、张掖郡王。

建中元年，宰相杨炎欲行元载旧志，筑原州城，开陵阳渠，诏中使以闻，仍问秀实可否之状。秀实以为方春不可兴土功，请俟农隙。炎以其沮己之谋，遂除司农卿，以邠宁节度李怀光兼泾原节度使，以事西拓。无何，刘文喜叛，亦不果城。

四年，朱泚盗据宫阙，源休教泚伪迎銮驾，阴济逆志。泚乃遣其将韩旻领马步三千疾趋奉天。时苍黄之中，未有武备。泚以秀实尝为泾原节度，颇得士心，后罢兵权，以为蓄愤且久，必肯同恶，乃召与谋议。秀实初诈从之，阴说大将刘海宾、何明礼、姚令言判官岐灵岳同谋杀泚，以兵迎乘舆。三人者，皆秀实夙所奖遇，遂皆许诺。及韩旻追驾，秀实以为宗社之危，期于顷刻，乃使人走谕灵岳，窃令言印。不遂，乃倒用司农印符以追兵。旻至骆驿得符，军人亦莫辩其印文，惶遽而回。秀实谓海宾等曰："旻之来，吾党无遗类矣！我当直搏杀泚，不得则死，终不能向此贼称臣。"乃与海宾约，事急为继，而令明礼应于外。明日，泚召秀实议事，源休、姚令言、李忠臣、李子平皆在坐。秀实戎服，与泚并膝，语至僭位，秀实勃然而起，执休腕夺其象笏，奋跃而前，唾泚面大骂曰："狂贼，吾恨不斩汝万段，我岂逐汝反邪！"遂击之。泚举臂自捍，才中其颡，流血匍匐而走。凶徒愕然，初不敢动；而海宾等不至，秀实乃曰："我不同汝反，何不杀我！"凶党群至，遂遇害焉。海宾、明礼、灵岳相次被杀。德宗在奉天闻其事，惜其委用不至，垂涕久之。

初，秀实见禁兵寡少，不足以备非常，乃上疏曰："臣闻天子曰万乘，诸侯曰千乘，大夫曰百乘，此盖以大制小，以十制一也。尊君卑臣，强干弱枝之义，在于此矣。今外有不庭之房，内有梗命之臣，窃观禁兵不精，其数全少，卒有患难，将何待之！且猛虎所以百兽畏者，为爪牙也。若去其爪牙，则犬豕马牛悉能为敌。伏愿少留圣虑，冀神万一。"及泾原兵作乱，召神策六军，遂无一人至者。秀实守节不二，竟殁于贼，其明略义烈如此。

兴元元年二月，诏曰："见危致命之谓忠，临义有勇之谓烈。惟尔克励臣节，不惮杀身；惟予式嘉乃勋，懋昭大典。曰台不德，罔克若天，遘兹殷忧，变起都邑。惟尔卿士，嗷然靡依，逼畏所加，淄渑共混。故开府仪同三司、检校礼部尚书、兼司农卿、上柱国、张掖郡王段秀实，操行岳立，忠厚精至，义形于色，勇必有仁。顷者尝镇泾原，克著威惠，叛卒知训，咨尔以诚。贼泚藏奸，欺尔以诈。守人臣之大节，见元恶之深情，端委国门，挺身白刃。誓碎凶渠之首，以敌君父之仇，视死如归，履虎委咥。噫，天未悔祸，事乖垂成，雄风壮图，振骇群盗。昔王蠋守死以全节，周顗正色而抗词，惟我信臣，无愧前哲。声震寰宇，义冠古今，足以激励人伦，光昭史册。不有殊等之赏，孰表非常之功。爰议畴庸，特超检限，著之甲令，树此风声。可赠太尉，谥曰忠烈，宣付史官，仍赐实封五百户、庄宅各一区。长子与三品正员官，诸子并与五品正员官。仍废朝三日，收京城之后，以礼葬祭，旌表门闾。朕承天子人，临驭亿兆，一夫不获，时予之辜，况诚信不达，屡致寇戎，使抱义之臣，陷于凶逆。有临危致命，殁而逾彰；有因事成功，权以合道。苟利社稷，存亡一致，酬报之典，岂限常伦。并委所司访其事迹，续具条奏，当加褒异，锡其井赋。图形云阁，书功鼎彝，以彰我有服节死义之臣，传于不朽。"德宗还京，又诏曰："赠太尉秀实，授乎贞烈，激其颓风，苍黄之中，密蕴雄断。将纾国难，诡收寇兵，挠其凶谋，果集吾勇。挺身径进，奋击渠魁，英名凛然，振迈千古。宜差官致祭，并旌表门闾，缘葬所须，一切官给。仍于墓所官为立碑，以扬徽烈。"自贞元后累朝凡赦书节文褒奖忠烈，必以秀实为首。

其子伯伦，累官至太子詹事。大和二年正月奏："亡父赠太尉秀实，准前后制敕令所司置庙立碑，今营造已毕，取今月二十五日行升祔礼。"诏曰："秀实忠卫宗社，功配庙食，义风所激，千载凛然。间代勋力，须异等夷，宜赐绫绢五百匹，以度支物充。仍令所司供少牢，并给卤簿人夫，兼太常博士一人检校。"寻加伯伦检校左散骑常侍，兼殿中监。大和四年十一月，迁右金吾卫大将军、兼御史大夫，充街使。八年七月，检校工部尚书，充福建等州都团练观察使，入为太仆卿，卒。宰臣李石奏曰："伯伦，秀实之子。自古殁身以卫社稷者，无如秀实之贤。"文宗恻然曰："伯伦宜加赗赠。"仍辍朝一日，以礼忠臣之嗣。

颜真卿，字清臣，琅邪临沂人也。五代祖之推，北齐黄门侍郎。真卿少勤学业，有词藻，尤工书。开元中，举进士，登甲科。事亲以孝闻。四命为监察御史，充河西陇右军试覆屯交兵使。五原有冤狱，久不决，真卿至，立辩之。天方旱，狱决乃雨，郡人呼之为"御史雨"。又充河东朔方试覆屯交兵使。有郑延祚者，母卒二十九年，殡僧舍垣地，真卿劾奏之，兄弟三十年不齿，天下耸动。迁殿中侍御史、东都畿采访判官，转侍御史、武部员外郎。杨国忠怒其不附己，出为平原太守。

安禄山逆节颇著，真卿以霖雨为托，修城浚池，阴料丁壮，储廪实，乃阳会文士，泛舟外池，饮酒赋诗。或逸于禄山，禄山亦密侦之，以为书生不足虞也。无几，禄山果反，河朔尽陷，独平原城守具备，乃使司兵参军李平驰奏之。玄宗初闻禄山之变，叹曰："河北二十四郡，岂无一忠臣乎！"得平来，大喜，顾左右曰："朕不识颜真卿形状何如，所为得如此！"禄山初举移牒真卿，令以平原、博平军屯七千人防河津，以博平太守张献直为副。真卿乃募勇士，旬日得万人，遣录事参军李择交统之简阅，以刁万岁、和琳、徐浩、马相如、高抗朗等为将。禄山既陷洛阳，杀留守李憕、御史中丞卢奕、判官蒋清，以三首遣段子光来徇河北。真卿恐摇人心，乃绐谓诸将曰："我识此三人，首皆非也。"遂腰斩子光，密藏三首。异日，乃取三首冠饰，草续支体，棺敛祭殡，为位恸哭，人心益附。禄山遣其将李钦凑、高邈、何千年等守土门。真卿从父兄常山太守杲卿与长史袁履谦谋杀凑、邈，擒千年送京师。土门既开，十七郡同日归顺，共推真卿为帅，得兵二十余万，横绝燕、赵。诏加真卿户部侍郎，依前平原太守。

清河客李萼，年二十余，与郡人来乞师，谓真卿曰："闻公义烈，首唱大顺，河朔诸郡恃公为长城。今清河，实公之西邻也，仆幸寓家，得其虚实，知可为长者用。今计其蓄积，足以三平原之富，士卒可以二平原之强。公因而抚之，腹心辅车之郡，其他小城，运之如臂使指耳。唯公所意，谁敢不从。"真卿借兵千人。萼将去，真卿谓之曰："兵出也，吾子何以教我？"萼曰："今闻朝廷使程千里统众十万自太行东下，将出崞口，为贼所扼，兵不得前。今若先伐魏郡，斩袁知泰，太守司马垂使为西南主；分兵开崞口之路，出千里之兵使讨邺、幽陵；平原、清河合同志十万之众徇洛阳，分兵而制其冲。计王师亦不下十万，公当坚壁，无与挑战，不数十日，贼必溃而相图矣。"真卿然之，乃移牒清河等郡，遣其大将李择交、副将平原县令范冬馥、裨将和琳、徐浩等进兵，与清河四千人合势，而博平以千人来，三郡之师屯于博平，去堂邑县西南十里。袁知泰遣其将白嗣深、乙舒蒙等以二万人来拒战，贼大败，斩首万余级。肃宗幸灵武，授工部尚书、兼御史大夫、河北采访招讨使。禄山乘虚遣史思明、尹子奇急攻河北诸郡，饶阳、河间、景城、乐安相次陷没，独平原、博平、清河三郡城守，然人心危荡，不可复振。

至德元年十月，弃郡渡河，历江淮、荆襄。二年四月，朝于凤翔，授宪部尚书，寻加御史大夫。中书舍人兼吏部侍郎崔漪带酒容入朝，谏议大夫李何忌在班不肃，真卿劾之；贬漪为右庶子，何忌西平郡司马。元帅广平王领朔方蕃汉兵号二十万来收长安，出师之日，百僚致谒于朝堂。百僚拜，答拜，辞亦如之。王当阙不乘马，步出木马门而后乘。管崇嗣为王都虞候，先王上马，真卿进状弹之。肃

宗曰："朕儿子每出，谆谆教诫之，故不敢失礼。崇嗣老将，有足疾，姑欲优容之，卿勿复言。"乃以奏状还真卿。虽天子蒙尘，典法不废。洎銮舆将复宫阙，遣左司郎中李巽先行，陈告宗庙之礼，有司署祝文，称"嗣皇帝"。真卿谓礼仪使崔器曰："上皇在蜀，可乎？"器遽奏改之。中旨宣劳，以为名儒深达礼体。时太庙为贼所毁，真卿奏曰："春秋时，新宫灾，鲁成公三日哭。今太庙既为盗毁，请筑坛于野，皇帝东向哭，然后遣使。"竟不能从。军国之事，知无不言。为宰相所忌，出为同州刺史，转蒲州刺史。为御史唐旻所构，贬饶州刺史。旋拜升州刺史、浙江西道节度使，征为刑部尚书。李辅国矫诏迁玄宗居西宫，真卿乃首率百僚上表请问起居，辅国恶之，奏贬蓬州长史。

代宗嗣位，拜利州刺史，迁户部侍郎，除荆南节度使，未行而罢，除尚书左丞。车驾自陕将还，真卿请皇帝先谒五陵、九庙而后还宫。宰相元载谓真卿曰："公所见虽美，其如不合事宜何？"真卿怒，前曰："用舍在相公耳，言者何罪？然朝廷之事，岂堪相公再破除耶！"载深衔之。旋改检校刑部尚书知省事，累进封鲁郡公。时元载引用私党，惧朝臣论奏其短，乃请：百官凡欲论事，皆先白长官，长官白宰相，然后上闻。真卿上疏曰：

御史中丞李进等传宰相语，称奉进止："缘诸司官奏事颇多，朕不惮省览，但所奏多挟谗毁；自今论事者，诸司官皆须先白长官，长官白宰相，宰相定可否，然后奏闻者。"臣自闻此语已来，朝野嚣然，人心亦多衰退。何则？诸司长官皆达官也，言皆专达于天子也。郎官、御史者，陛下腹心耳目之臣也。故其出使天下，事无巨细得失，皆令访察，回日奏闻，所以明四目、达四聪也。今陛下欲自屏耳目，使不聪明，则天下何述焉。《诗》云："营营青蝇，止于棘。谗言罔极，交乱四国。"以其能变白为黑，变黑为白也。诗人深恶之，故曰："取彼谗人，投畀豺虎。豺虎不食，投畀有北。"则夏之伯明、楚之无极、汉之江充，皆谗人也，孰不恶之？陛下恶之，深得君人之体矣。陛下何不深回听察，其言虚诬者，则谗人也，因诛殛之；其言不虚者，则正人也，因奖励之。陛下舍此不为，使众人皆谓陛下不能明察，倦于听览，以此为辞，拒其谏诤，臣窃为陛下痛惜之。

臣闻太宗勤于听览，庶政以理，故著《司门式》云："其有无门籍人，有急奏者，皆令监门司与仗家引奏，不许关碍。"所以防壅蔽也。并置立仗马二匹，须有乘骑便往，所以理天下，正用此道也。天宝已后，李林甫威权日盛，群臣不先谘宰相辄奏事者，仍托以他故中伤，犹不敢明约百司，令先白宰相。又阉官袁思艺日宣诏至中书，玄宗动静，必告林甫，先意奏请，玄宗惊喜若神。以此权柄恩宠日甚，道路以目。上意不下宣，下情不上达，所以渐致潼关之祸，皆权臣误主，不遵太宗之法故也。陵夷至于今日，天下之蔽，尽萃于圣躬，岂陛下招致之乎？盖其所从来者渐矣。自艰难之初，百姓尚未雕弊，太平之理，立可便致。属李辅国用权，宰相专政，递相姑息，莫肯直言。

大开三司，不安反侧，逆贼散落，将士北走党项，合集土贼，至今为患。伪将更相惊恐，因思明危惧，扇动却反。又今相州败散，东都陷没，先帝由此忧勤，至于损寿，臣每思之，痛切心骨。

今天下兵戈未戢，疮痍未平，陛下岂得不日闻谠言以广视听，而欲顿隔忠谠之路乎！臣窃闻陛下在陕州时，奏事者不限贵贱，务广闻见，乃尧、舜之事也。凡百臣庶，以为太宗之理，可翘足而待也。臣又闻君子难进易退，由此言之，朝廷开不讳之路，犹恐不言，况怀厌怠，令宰相宣进止，使御史台作条目，不令直进。从此人人不敢奏事，则陛下闻见，只在三数人耳。天下之士，方钳口结舌，陛下后见无人奏事，必谓朝廷无事可论，岂知惧不敢进，即林甫、国忠复起矣。凡百臣庶，以为危殆之期，又翘足而至也。如今日之事，旷古未有，虽李林甫、杨国忠犹不敢公然如此。今陛下不早觉悟，渐成孤立，后纵悔之无及矣！臣实知忤大臣者，罪在不测，不忍孤负陛下，无任恳迫之至。

其激切如此。于是中人争写内本布于外。

后摄祭太庙，以祭器不修言于朝，载坐以诽谤，贬硖州别驾、抚州湖州刺史。元载伏诛，拜刑部尚书。代宗崩，为礼仪使。又以高祖已下七圣谥号繁多，乃上议请取初谥为定。袁傪以谄言排之，遂罢。杨炎为相，恶之，改太子少傅，礼仪使如旧，外示崇宠，实去其权也。

卢杞专权，忌之，改太子太师，罢礼仪使，谕真卿曰："方面之任，何处为便？"真卿候杞于中书曰："真卿以褊性为小人所憎，窜逐非一。今已羸老，幸相公庇之。相公先中丞传首至平原，面上血真卿不敢衣拭，以舌舐之，相公忍不相容乎？"杞矍然下拜，而含怒心。会李希烈陷汝州，杞乃奏曰："颜真卿四方所信，使谕之，可不劳师旅。"上从之，朝廷失色，李勉闻之，以为失一元老，贻朝廷羞，乃密表请留。又遣逆于路，不及。

初见希烈，欲宣诏旨，希烈养子千余人露刃争前迫真卿，将食其肉。诸将丛绕慢骂，举刃以拟之，真卿不动。希烈遽以身蔽之，而麾其众，众退，乃揖真卿就馆舍。因逼为章表，令雪己，愿罢兵马。累遣真卿兄子岘与从吏凡数辈继来京师。上皆不报。每于诸子书，令严奉家庙，恤诸孤而已。希烈大宴逆党，召真卿坐，使观倡优斥黩朝政为戏，真卿怒曰："相公，人臣也，奈何使此曹如是乎？"拂衣而起，希烈惭，亦可止。时朱滔、王武俊、田悦、李纳使在坐，目真卿谓希烈曰："闻太师名德久矣，相公欲建大号，而太师至，非天命正位？欲求宰相，孰先太师乎？"真卿正色叱之曰："是何宰相耶！君等闻颜杲卿无？是吾兄也。禄山反，首举义兵，及被害，诟骂不绝于口。吾今年向八十，官至太师，守吾兄之节，死而后已，岂受汝辈诱胁耶！"诸贼不敢发出口。希烈乃拘真卿，令甲士十人守，掘方丈坎于庭，曰"坑颜"，真卿怡然不介意。后张伯仪败绩于安州，希烈令赍伯仪旌节首级夸示真卿，真卿恸哭投地。后其大将周曾等谋袭汝州，因回兵杀希烈，奉真卿为节度。事泄，希烈杀曾等，遂送真卿于龙兴寺。

真卿度必死，乃作遗表，自为墓志、祭文，常指寝室西壁下云："吾殡所也。"希烈既陷汴州，僭伪号，使人问仪于真卿，真卿曰："老夫耄矣，曾掌国礼，所记者诸侯朝觐礼耳。"

兴元元年，王师复振，逆贼虑变起蔡州，乃遣其将辛景臻、安华至真卿所，积柴庭中，沃之以油，且传逆词曰："不能屈节，当自烧。"真卿乃投身赴火，景臻等遽止之，复告希烈。德宗复宫阙，希烈弟希倩在朱泚党中，例伏诛。希烈闻之怒。兴元元年八月三日，乃使阉奴与景臻等杀真卿。先曰："有敕。"真卿拜，奴曰："宜赐卿死。"真卿曰："老臣无状，罪当死，然不知使人何日从长安来？"奴曰："从大梁来。"真卿骂曰："乃逆贼耳，何敕耶！"遂缢杀之，年七十七。

及淮、泗平，贞元元年，陈仙奇使护送真卿丧归京师。德宗痛悼异常。废朝五日，谥曰文忠。复下诏曰："君臣之义，上录其功，殁厚其礼，况才优匡国，忠至灭身。朕自兴叹，劳于寤寐。故光禄大夫、守太子太师、上柱国、鲁郡公颜真卿，器质天资，公忠杰出，出入四朝，坚贞一志。属贼臣扰乱，委以存谕，拘胁累岁，死而不挠，稽其盛节，实谓犹生。朕致贻斯祸，惭悼靡及，式崇嘉命，兼延尔嗣。可赠司徒，仍赐布帛五百端。男颎、硕等丧制终，所司奏超授官秩。"贞元六年十一月南郊，敕书节文授真卿一子五品正员官，故颎得录用。文宗诏曰："朕每览国史，见忠烈之臣，未尝不嗟叹久之，思有以报。如闻从览、弘式，实杲卿、真卿之孙。永惟九原，既不可作，旌其嗣续，谅协典彝。考绩已深于宦途者，命列于中台；官次未齿于搢绅者，俾佐于左辅。庶使天下再新义风。"以真卿曾孙弘式为同州参军。

史臣曰：每思先轸免胄，子路结缨，虽云忠其，未闻于道。如成公孝于家，能于军，忠于国，是武之英也；苟无杨炎弄权，若任之为将，遂展其才，岂有朱泚之祸焉！如清臣富于学，守其正，全其节，是文之杰也；苟无卢杞恶直，若任之为相，遂行其道，岂有希烈之叛焉！夫国得贤则安，失贤则危。德宗内信奸邪，外斥良善，几致危亡，宜哉。噫，"仁以为己任，不亦重乎；死而后已，不亦远乎！"二君守道殁身，为时垂训，希代之士也，光文武之道焉。

赞曰：自古皆死，得正为顺。二公云亡，万代垂训。

卷一百二十九　　列传第七十九

韩滉_{子皋　弟洄}　张延赏_{子弘靖　弘靖子文规　次宗}

韩滉，字太冲，太子少师休之子也。少贞介好学，以荫解褐左威卫骑曹参军，出为同官主簿。至德初，青齐节度邓景山辟为判官，授监察御史、兼北海郡司马，以道路阻绝，因避地山南。采访使李承昭奏充判官，授通州长史、彭王府谘议参军。邓景山移镇淮南，又表为宾佐，未行，除殿中侍御史，追赴京师。先是，滉兄法知制诰，草王玙拜官之词，不加虚美，玙颇衔之。及其秉政，诸使奏滉兄弟者，必以冗官授之。玙免相，群议称其屈，累迁至祠部、考功、吏部三员外郎。

滉公洁强直，明于吏道，判南曹凡五年，详究簿书，无遗纤隐。大历中，改吏部郎中、给事中。时盗杀富平令韦当，县吏捕获贼党，而名隶北军，监军鱼朝恩以有武材，请诏原其罪，滉密疏驳奏，贼遂伏辜。迁尚书右丞。五年，知兵部选。六年，改户部侍郎、判度支。自至德、乾元已后，所在军兴，赋税无度，帑藏给纳，多务因循。滉既掌司计，清勤检辖，不容奸妄，下吏及四方行纲过犯者，必痛绳之。又属大历五年已后，蕃戎罕侵，连岁丰稔，故滉能储积谷帛，帑藏稍实。然苛克颇甚，覆治案牍，勾剥深文，人多咨怨。

大历十二年秋，霖雨害稼，京兆尹黎干奏畿县损田，滉执云旱奏不实。乃命御史巡覆，回奏诸县凡损三万一千一百九十五顷。时渭南令刘藻曲附滉，言所部无损，白于府及户部。分巡御史赵计复检行，奏与藻合。代宗览奏，以为水旱咸均，不宜渭南独免，申命御史朱敖再检，渭南损田三千余顷。上谓敖曰："县令职在字人，不损犹宜称损，损而不问，岂有恤隐之意耶！卿之此行，可谓称职。"下有司讯鞫，藻、计皆伏罪，藻贬万州南浦员外尉，计贬丰州员外司户。滉弄权树党，皆此类也。俄改太常卿，议未息，又出为晋州刺史。数月，拜苏州刺史、浙江东西都团练观察使。寻加检校礼部尚书、兼御史大夫、润州刺史、镇海军节度使。滉既移镇，安辑百姓，均其租税，未及逾年，境内称理。及建中年冬，泾师之乱，德宗出幸，河、汴骚然，滉训练士卒，锻砺戈甲，称为精锐。李希烈既陷汴州，滉乃择其锐卒，令裨将李长荣、王栖曜与宣武军节度刘玄佐掎角讨袭，解宁陵之围，复宋、汴之路，滉功居多。

然自关中多难，滉即于所部闭关梁，筑石头五城，自京口至玉山，禁马牛出境；造楼船战舰三十余艘，以舟师五千人由海门扬威武，至申浦而还；毁撤上元县佛寺道观四十余所，修坞壁，建业抵京岘，楼雉相属，以佛殿材于石头城缮置馆第数十。时滉以国家多难，恐有永嘉渡江之事，以为备预，以迎銮驾，亦申儆自守也。城中穿深井十丈近百所，下与江平，俾偏将丘涔督其役。涔酷虐士卒，日役千人，朝令夕办，去城数十里内先贤丘墓，多令毁废。明年正月，追李长荣等戍军还，以其所亲吏卢复为宣州刺史、采石军使，增营垒，教习长兵。以佛寺铜钟铸弩牙兵器。陈少游时镇扬州，以甲士三千人临江大阅，滉亦以兵三千人临金山，与少游相应，楼船于江中，以金银缯彩互相聘赍。而自德宗出居，及归京师，军用既繁，道路又阻，关中饥馑，加之以灾蝗，江南、两浙转输粟帛，府无虚月，朝廷赖焉。

兴元元年，就加检校吏部尚书。数月，又加检校右仆射。贞元元年七月，拜检校左仆射、同平章事，使并如故。二年春，特封晋国公。其年十一月，来朝京师。时右丞元琇判度支，以关辅旱俭，请运江淮租米以给京师。上以滉浙江东西节度，素著威名，加江淮转运使，欲令专督运务。琇以滉性刚愎，难与集事，乃条奏滉督运江南米至扬子，凡一十八里，扬子之北，皆元琇主之。滉深怒于琇。琇以京师钱重货轻，切疾之，乃于江东监院收获见钱四十余万贯，令转送入关。滉不许，乃诬奏云："运千钱至京师，费钱至万，于国有害。"请罢之。上以问琇，琇奏曰："一千之重，约与一斗米均。自江南水路至京，一千之所运，费三百耳，岂至万乎？"上然之，遣中使赍手诏令运钱。滉坚执以为不可。其年十二月，加滉度支诸道转运盐铁等使，遂逞宿怨，累诬奏琇，贬雷州司户。其责既重，举朝以为非罪，多窃议者。尚书左丞董晋谓宰臣刘滋、齐映曰："元左丞忽有贬责，未知罪名，用刑一滥，谁不危惧？假有权臣骋志，相何不奏请三司详断之。去年关辅用兵，时方蝗旱，琇总国计，夙夜忧勤，以赡给师旅，不增一赋，军国皆济，斯可谓之劳臣也。今见播逐，恐失人心，人心一摇，则有闻鸡起舞者矣。窃为相公痛惜之。"滋、映但引过而已。给事袁高又抗疏申理之，滉诬以朋党，寝而不行。

时两河罢兵，中土宁乂，滉上言："吐蕃盗有河湟，为日已久。大历已前，中国多难，所以肆其侵轶。臣闻其近岁已来，兵众浸弱，西迫大食之强，北病回纥之众，东有南诏之防，计其分镇之外，战兵在河、陇五六万而已。国家第令三数良将，长驱十万众，于凉、鄯、洮、渭并修坚城，各置二万人，足当御之要。臣请以当道所贮蓄财赋为馈运之资，以充三年之费。然后营田积粟。且耕且战，收复河、陇二十余州，可翘足而待也。"上甚纳其言。滉之入朝也，路由汴州，厚结刘玄佐，将荐其可任边事，玄佐纳其赂，因许之。及来觐，上访问焉，初颇禀命，及滉以疾归第，玄佐意怠，遂辞边任，盛陈犬戎未衰，不可轻进。滉贞元三年二月，以疾薨，遂寝其事，年六十五。上震悼久之，废朝三日，赠太傅，赙布帛米粟有差。

滉，宰相子，幼有美名，其所结交，皆时之俊彦，非公直者不与之亲密。性持节俭，志在奉公，衣裘茵衽，十年一易，居处陋薄，才蔽风雨。弟洄常于里宅增修廊宇，滉自江南至，即命撤去之，曰："先公容焉，吾辈奉之，常恐失坠，所有摧圮，葺之则已，岂敢改作，以伤俭德。"自居重位，愈清俭嫉恶，弥缝阙漏，知无不为，家人资产，未尝在意。入仕之初，以至卿相，凡四十年，相继乘马五匹，皆及敝帷。尤工书，兼善丹青，以绘事非急务，自晦其能，未尝传之。好《易象》及《春秋》，著《春秋通例》及《天文事序议》各一卷。然以前辈早达，稍薄后进。晚岁至京师，丞郎卿佐，接之颇倨，众不能平。其在浙右也，政令明察，末年伤于严急，巡内婺州傍县有犯其令者，诛及邻伍，死者数十百人。又俾推覆官分察境内，情涉疑似，必置极法，诛杀残忍，一判即剿数十人，且无虚日。虽令行禁止，而冤滥相寻。议者以滉统制一方，颇著勤绩，自幼立名贞廉，晚途政甚苛惨，身未达则饰情以进，得其皋字仲闻，夙负令名，而器质重厚，有大臣之度。由云阳尉擢贤良科，拜右拾遗，转左补阙，累迁起居郎、考功员外郎。俄丁父艰，德宗遣中人就第慰问，仍宣令论撰滉之事业，皋号泣承命，立草数千言，德宗嘉之。及免丧，执政者拟考功郎中，御笔加知制诰。迁中书舍人、御史中丞、尚书右丞、兵部侍郎，皆称职。改京兆尹，奏郑锋为仓曹，专掌钱谷。锋苛刻剥下为事，人皆咨怨。又劝皋搜索府中杂钱，折籴百姓粟麦等三十万石进奉，以图恩宠。皋纳其计。寻奏锋为兴平县令。

及贞元十四年，春夏大旱，粟麦枯槁，畿内百姓，累经皋陈诉，以府中仓库虚竭，忧迫惶惑，不敢实奏。会唐安公主女出适右庶子李愻，内官中使于愻家往来，百姓遮道投状，内官继以事上闻。德宗下诏曰："京邑为四方之则，长吏受亲人之寄，实系邦本，以分朕忧，苟非其才，是紊于理。正议大夫、守京兆尹、赐紫金鱼袋韩皋，比践清贯，颇闻谨恪，委之尹正，冀效公忠。乃者邦畿之间，粟麦不稔，朕念兹黎庶，方议蠲除，自宜悉心，以副勤恤。皋奏报失实，处理无方，致令闾井不安，嚣然上诉。及令覆视，皆涉虚词，壅蔽颇深，罔惑斯甚。宜加惩诫，以勖守官。可抚州司马，员外置同正员，驰驿发遣。"锋亦寻出为汀州司马。皋无几移杭州刺史，复拜尚书右丞。

皋恃前辈，颇以简倨自处。顺宗时，王叔文党盛，皋嫉之，谓人曰："吾不能事新贵。"皋从弟晔，幸于叔文，以告之，因出为鄂州刺史、岳鄂蕲沔等州观察使。入为东都留守。元和八年六月，加检校吏部尚书，兼许州刺史，充忠武军节度等使。以陈、许二州水潦之后，赐皋绫绢布葛十万端匹，以助军资宴赏。所理以简俭称。入为吏部尚书，兼太子少傅，判太常卿事。元和十一年三月，皇太后王氏崩，以皋充大明宫使。十五年闰正月，充宪宗山陵礼仪使。三月，穆宗以师保之旧，加检校右仆射。十二月，以铨司考科目人失实，与刑部侍郎知选事李建罚一月俸料。长庆元年正月，正拜尚书右仆射。二年四月，转左仆射，赴尚书省上事，命中使宣赐酒馔，及宰臣百僚送上，皆如近式。其年，以本官东都留守，行及戏源驿暴卒，年七十九。赠太子太保。大和元年，谥曰贞。

皋生知音律，尝观弹琴，至《止息》，叹曰："妙哉！嵇生之为是曲也，其当晋、魏之际乎！其音主商，商为秋声。秋也者，天将摇落肃杀，其岁之晏乎！又晋乘金运，商，金声，此所以知魏之季而晋将代也。慢其商弦，与宫同音，是臣夺君之义也，所以知司马氏之将篡也。司马懿受魏明帝顾托后嗣，反有篡夺之心，自诛曹爽，逆节弥露。王陵都督扬州，谋立荆王彪；毋丘俭、文钦、诸葛诞前后相继为扬州都督，咸有匡复魏室之谋，皆为懿父子所杀。叔夜以扬州故广陵之地，彼四人者，皆魏室文武大臣，咸败散于广陵，散言魏氏散亡，自广陵始也。止息者，晋虽暴兴，终止息于此也。其哀愤躁蹙，憯痛迫胁之旨，尽在于是矣。永嘉之乱，其应乎！叔夜撰此，将贻后代之知音者，且避晋、魏之祸，所以托之神鬼也。"

洄以荫绪受任，刘晏判盐铁度支，辟为属吏，累官至谏议大夫、知制诰。与元载善，载诛，以累贬邵州司户同正员。建中元年二月，复谏议大夫。先以刘晏兼领度支，晏既罢黜，令天下钱谷各归尚书省。本司废职罢事，久无纲纪，徒收其名而莫综其任，国用出入，未有所统，故转洄户部侍郎、判度支。洄上言："江淮七监，岁铸钱四万五千贯，输于京师，度工用转送之费，每贯计钱二千，是本倍利也。今商州有红崖冶，出铜益多，又有洛源监，久废不理。请增工凿山以取铜，兴洛源故监，置十炉铸之。岁计出钱七万二千贯，度工用转送之费，贯计钱九百，则利浮本矣。其江淮七监，请皆罢之。"复以"天下铜铁之冶，是曰山泽之利，当归于王者，非诸侯方岳所有。今诸道节度都团练使皆占之，非宜也，请总隶盐铁使"。皆从之。

洄与杨炎善，炎得罪，常不自安。无何，兄子皋抗疏理炎罪，德宗意洄令为之，寻贬蜀州刺史。兴元元年三月，入为兵部侍郎。六月，为京兆尹。七月，加御史大夫。贞元二年正月，刑部侍郎刘太真党于宰相卢杞得罪，以洄代太真为刑部侍郎，寻复兵部侍郎。贞元七年十一月，为国子祭酒。

张延赏，中书令嘉贞之子。幼孤，本名宝符，开元末，玄宗召见，赐名延赏，取"赏延于世"之义，特授左司御率府兵曹参军。博涉经史，达于政事，侍中、韩国公苗晋卿见而奇之，以女妻焉。肃宗在凤翔，擢拜监察御史，赐绯鱼袋，转殿中侍御史。关内节度使王思礼请为从事，思礼领河东，又为太原少尹，兼行军司马、北都副留守。

代宗幸陕，除给事中，转御史中丞、中书舍人。大历二年，拜河南尹，充诸道营田副使。河洛久当兵冲，闾井丘墟，延赏勤身率下，政尚简约，疏导河渠，修筑宫庙，数年间流庸归附，邦畿复完，诏书褒美焉。时罢河南、淮西、山南副元帅，以其兵镇东都，延赏权知东都留守以领之，理行第一，入朝拜御史大夫。初，上封人李少良潜以元载阴事闻，载党知之，奏少良狂妄，下御史台讯鞫，欲有所属。延赏不承其意，寻出为扬州刺史、淮南节度观察等使。属岁旱歉，人有亡去他境者，吏或拘之。延赏曰："夫食，人之所恃而生也，此居而坐毙，适彼而可生，得存吾人，又何限于彼也。"乃具舟楫而遣之，俾吏修其庐室，已其逋债，而归者增于其旧。边江之瓜洲，舟航凑会，而县属江南，延赏奏请以江为界，人甚为便。寻以母忧去职，终制授检校礼部尚书、江陵尹、兼御史大夫、荆南节度观察使。

数年，改检校兵部尚书、成都尹、剑南西川节度观察使，依前兼御史大夫，寻就加吏部尚书。建中四年十一月，部将西山兵马使张朏以兵入成都为乱，延赏奔汉州鹿头，戍将叱干遂等讨之。其月，斩朏及同恶者，复归成都。先是兵革屡扰，自天宝末杨国忠用事南蛮，三蜀疲弊，属车驾迁幸；其后郭英乂淫崔宁之室，遂纵崔宁、杨琳交乱；及崔宁得志，复极侈靡，故蜀土残弊，荡然无制度。延赏薄赋约事，动遵法度，仅至庶富焉。建中末，驾在山南，延赏贡奉供亿，颇竭忠力焉。驾在梁州，倚剑南蜀川为根本。

贞元元年，以宰相刘从一有疾，诏征延赏为中书侍郎、同中书门下平章事。与凤翔节度使李晟不协，晟表论延赏过恶，德宗重违晟意，延赏至兴元，改授左仆射。初，大历末，吐蕃寇剑南，李晟领神策军戍之，及旋师，以成都官妓高氏归。延赏闻而大怒，即使将吏令追还焉。晟颇衔之，形于词色。三年正月，晟入朝，诏晟与延赏释憾，德宗注意于延赏，将用之。会浙西观察使韩滉来朝，尝有德于晟，因会宴说晟使释憾，遂同饮极欢，且请晟表荐为相，晟然之，于是复加同中书门下平章事。及延赏当国用事，晟请一子聘其女，固情好焉，延赏拒而不许。晟谓人曰："武人性快，若释旧恶于杯酒之间，终欢可解。文士难犯，虽修睦于外，而蓄怒于内，今不许婚，衅未忘也，得无惧焉！"无几，延赏果谋罢晟兵权。初，吐蕃尚结赞兴兵入陇州，抵凤翔，无所房掠，且曰："召我来，何不持牛酒劳军？"徐乃引去，持是以间晟。晟令牙将王佖选锐兵三千设伏汧阳，大败吐蕃，结赞仅免，自是数遣使乞和。晟朝于京师，奏曰："戎狄无信，不可许。"宰相韩滉又扶晟议，请调军食以继之，上意将帅生事邀功。会滉卒，延赏揣上意，遂行其志，奏令给事中郑云逵代之。上不许，且曰："晟有社稷之功，令自举代己者。"于是始用邢君牙焉。拜晟太尉、兼中书令，奉朝请而已。是年五月，吐蕃果背约以劫浑瑊。及册晟太尉，故事，临轩册拜三公，中书令读册，侍中奉礼，如阙，即以宰相摄之。延赏欲轻其礼，始令兵部尚书崔汉衡摄中书令读册，时议非之。

延赏奏议请省官员，曰："为政之本，必先命官。旧制官员繁而且费，州县残破，职此之由。臣在荆南、剑南，所管州县阙官员者，少不下十数年，吏部未尝补授，但令一官假摄，公事亦理。以此言之，员可减无疑也。请减官员，收其禄俸，资幕职战士，俾刘玄佐复河湟，军用不乏矣。"上然之。初，韩滉入朝，至汴州，厚结刘玄佐，将荐其可委边任，玄佐亦欲自效，初禀命，及滉卒，玄佐以疾辞，上遣中官劳问，卧以受命。延赏知不可用，奏用李抱真，抱真亦辞不行。时抱真判官陈昙奏事京师，延赏俾昙劝抱真，竟拒绝之。盖以延赏挟怨罢李晟兵柄，由是武臣不附。自建议减员之后，物议不平。延赏惧，量留其官，下诏曰："诸州府停减及所留官，并合厘务。其中有先考满及充职掌，遇停减或恐公务有阙，宜委长吏于合停官中取考浅人清白干举者，留填阙官，差摄讫闻奏。但取才堪，不限资序。如当州官少，任以邻州官充。其州县诸色部送，准旧例以当州官及本土寄客有资产干了者差遣。"及减员人众，道路怨叹，日闻于上。侍中马燧奏减员太甚，恐不可行；太子少保韦伦及常参官等各抗疏以减员招怨，并请复之；浙西观察使白志贞亦以疏论。时延赏疾甚，在私第；李泌初为相，采于群情，由是官员悉复。

贞元三年七月薨，年六十一，废朝三日，赠太保，赙礼加等，谥曰成肃。

子弘靖，字元理，雅厚信直。少以门荫授河南府参军，调补蓝田尉。东都留守杜亚辟为从事，奏改监察御史里行，转殿中侍御史、内供奉。留守将令狐运逐贼出郊，其日有劫转运绢于道者，亚以运豪家子，意其为之，乃令判官穆员及弘靖同鞫其事。员与弘靖皆以运职在牙门，必不为盗，坚请不按。亚不听，遂以狱闻，仍斥员及弘靖出幕府，有诏令三司使杂治之，后果于河南界得贼。无何，德阳公主下嫁，治第将侵弘靖家庙。弘靖拜表陈情，具述祖考之德，德宗慰抚之，不令毁庙。又献赋美二京之制，德宗嘉其文，擢授监察御史。转殿中侍御史、礼部员外郎；迁兵部郎中、知制诰、中书舍人、知东都选事；拜工部侍郎，转户部侍郎、陕州观察、河中节度使；拜刑部尚书、同中书门下平章事。

吴少阳死，其子元济擅主留务，宪宗怒，欲下诏诛之。弘靖请先命吊赠使，待其不恭，然后加兵，宪宗从其议。寻加中书侍郎平章事。盗杀宰相武光衡，京师索贼未得。时王承宗邸中有镇卒张晏辈数人，行止无状，人多意之，诏录付御史陈中师按之，皆附致其罪，如京中所说。弘靖疑其不直，骤于上前言之，宪宗不听，竟杀张晏辈。及田弘正入郓，按簿书，亦有杀元衡者，但事暧昧，互有所说，卒未得其实。又杀张晏后，宪宗欲遂伐承宗。弘靖以为戎事并兴，鲜有济者，不若并攻元济，待淮西平，然后悉师河朔。宪宗业已北讨，不为之止，然亦重违其言。弘靖知终不听用，遂自陈乞罢政事。俄检校吏部尚书、同中书门下平章事，充太原节度使。行未及镇，果下诏诛承宗。弘靖以骤谏不行，宜用自效，大阅军实，请躬讨承宗。诏许出军，不许自往。俄而魏博、泽潞悉为承宗所败，有诏赏其前言。弘靖即间道发使宣喻承宗，承宗因亦款附。旋征拜吏部尚书，迁检校右仆射、宣武军节度使，时韩弘入觐之后也。弘靖用政宽缓，代弘之理。俄以刘总累求归阙，且请弘靖代己，制加检校司空平章事，充幽州、卢龙等军节度使。

弘靖之入幽州也，蓟人无老幼男女，皆夹道而观焉。河朔军帅冒寒暑，多与士卒同，无张盖安舆之别。弘靖久富贵，又不知风土，入燕之时，肩舆于三军之中，蓟人颇骇。弘靖以禄山、思明之乱，始自幽州，欲于事初尽革其俗，乃发禄山墓，毁其棺柩，人尤失望。从事有韦雍、张宗厚数辈，复轻肆嗜酒，常夜饮醉归，烛火满街，前后呵叱，蓟人所不习之事。又雍等诟责吏卒，多以反虏名之，谓军士曰："今天下无事，汝辈挽得两石力弓，不如识一丁字。"军中以意气自负，深恨之。刘总归朝，以钱一百万贯赐军士，弘靖留二十万贯充军府杂用。蓟人不胜其愤，遂相率以叛，囚弘靖于蓟门馆，执韦雍、张宗厚辈数人，皆杀之。续有张彻者，自远使回，军人以其无过，不欲加害，将引置馆中。彻不知其心，遂索弘靖所在，大骂军人，亦为乱兵所杀。明日，吏卒稍稍自悔，悉诣馆，请弘靖为帅，愿改心事之。凡三请，弘靖卒不对。军人乃相谓曰："相公无言，是不赦吾曹必矣，军中岂可一日无帅！"遂取朱洄为兵马留后。朝廷既除洄子克融为幽州节度使，乃贬弘靖为抚州刺史。未几，迁太子宾客、少保、少师。长庆四年六月卒，年六十五。

元和初，王承宗阻兵，刘总父济备陈征讨之术，请身先之。及出军，累拔城邑。总既继父，愿述先志，且欲尽更河朔旧风。长庆初，累表求入朝，兼请分割所理之地，然后归朝。其意欲以幽、涿、营州一道，请弘靖理之；瀛州为一道，卢士玫理之；平、蓟、妫、檀为一道，请薛平理之。仍籍军中宿将，尽荐于阙下，因望朝廷升奖，使幽、蓟之人，皆有希美爵禄之意。及疏上，穆宗且欲速得范阳，宰臣崔植、杜元颖又不为远大经略，但欲重弘靖所授而省其事局。唯瀛、莫两州许置观察使，其他郡县悉命弘靖统之。时总所荐将校俱在京师旅舍中，久而不问，朱克融辈仅至假衣丐食，日诣中书求官，不胜其困。及除弘靖，命悉还本军。克融辈虽得复归，皆深怀觖望，其后因为叛乱。初，总以平、蓟、妫、檀请薛平，于分裂之中尤为上策，而朝廷不能行之，竟致后患，人到于今惜之。

子文规、景初、嗣庆、次宗。

文规，历拾遗、补阙、吏部员外郎。开成三年十一月，右丞韦温弹劾文规：长庆中父弘靖陷在幽州，文规徘徊京师，不寻赴难，不宜尘污南宫，乃出为安州刺史。累迁右散骑常侍、兼御史中丞、桂管都防御观察使。

景初，历职使府，官止殿中侍御史。

嗣庆，位终河南少尹。

次宗最有文学，稽古履行。开成中，为起居舍人。文宗复故事，每入阁，左右史执笔立于螭头之下，宰相奏事，得以备录。宰臣既退，上召左右史更质证所奏是非，故开成政事，详于史氏，次宗尤称奉职。改礼部员外郎，以兄文规为韦温不放入省出官，次宗坚辞省秩，改国子博士兼史馆修撰。出为舒州刺史，卒。

文规子彦远，大中初由左补阙为尚书祠部员外郎。景初子天保，嗣庆子彦修，次宗子曼容。延赏东都旧第在思顺里，亭馆之丽，甲于都城，子孙五代，无所加功，时号"三相张氏"云。

史臣曰：君民足则国富，将相和则国安，反是道焉，非得人者。滉杀元琇，奏瑞盐，逞幹运之能，非贞纯之士，刻下罔上，以为己功。幸逢多事之朝，例在姑息之地，幸而获免，余无可称。延赏以私害公，罢李晟兵柄，使武臣不陈其力矣；恶直丑正，挤柳浑相位，致贤者不进其才矣。象恭僭功，皆四凶之迹也，虽以荫继世，以才进身，蹈非道者，实小人哉！延赏历典名藩，皆称善政，及登大位，乃彰饰情。皋迭处大僚，徒称旧德，弘靖轻傲边事，欺减军资；泂附元载、杨炎，继及累贬，俱非守正中立者也。《书》云："世禄之家，鲜克由礼。"不其是欤！

赞曰：韩滉刻下，延赏害公。皋、泂继世，弘靖兴戎。

卷一百三十　　列传第八十

王玙 道士李国祯附　李泌 子繁　顾况附
崔造　关播 李元平附

王玙，少习礼学，博求祠祭仪注以干时。开元末，玄宗方尊道术，靡神不宗。玙抗疏引古今祀典，请置春坛，祀青帝于国东郊，玄宗甚然之，因迁太常博士、侍御史，充祠祭使。玙专以祀事希幸，每行祠祷，或焚纸钱，祷祈福祐，近于巫觋，由是过承恩遇。肃宗即位，累迁太常卿，以祠祷每多赐赉。乾元三年七月，兼蒲州刺史，充蒲、同、绛等州节度使。中书令崔圆罢相，乃以玙为中书侍郎、同中书门下平章事。人物时望，素不为众所称，及当枢务，声问顿减。玙又奏置太一神坛于南郊之东，请上躬行祀事。肃宗尝不豫，太卜云："祟在山川。"玙乃遣女巫分行天下，祈祭名山大川。巫皆盛服乘传而行，上令中使监之，因缘为奸，所至干托长吏，以邀赂遗。一巫盛年而美，以恶少年数十自随，尤为蠹弊，与其徒宿于黄州传舍。刺史左震晨至，驿门肩镝，不可启，震破锁而入，曳女巫阶下斩之，所从恶少年皆毙。阅其赃贿数十万，震籍以上闻，仍请赃钱代贫民租税，其中使发遣归京，肃宗不能诘。肃宗亲谒九宫神，殷勤于祠祷，皆玙所启也。岁余，罢知政事，为刑部尚书。上元二年，兼扬州长史、御史大夫，充淮南节度使。肃宗南郊礼毕，以玙使持节都督越州诸军事、越州刺史，充浙江东道节度观察处置使，本官兼御史大夫，祠祭使如故。入为太子少保，转少师。大历三年六月卒。

玙以祭祀妖妄致位将相，时以左道进者，往往有之。广德二年八月，道士李国祯以道术见，因奏皇室仙系，宜修崇灵迹。请于昭应县南三十里山顶置天华上宫露台、大地婆父、三皇、道君、太古天皇、中古伏羲娲皇等祠堂，并置扫洒宫户一百户。又于县之东义扶谷故湫置龙堂，并许之。时岁饥荒，人甚不安，昭应县令梁镇上表曰：

臣闻国以人为本，害其本则非国；神以人为主，虐其主则非神。故昔之圣王，所以极陈理道，明著祀典，将爱其人而慎用其财力，敬其神而虔恭于祠祭。故神享其明德而降之福，人受其大赉而尽其力，然后神人以和，而国家可保也。一昨蟊贼作孽，水旱为灾，虽王畿皆遍，而臣县最苦。此则神之不能御大灾明矣，又何力于陛下而得列祀典哉！且以残弊之余，当凶荒之岁，丁壮素出家入仕，赢老方飞刍挽粟，令但供亿王事，已不堪命，更奔走鬼道，何以聊生？

臣又闻天地之神，尊之极者，扫地可祭，精意可飨。陛下亦何必废先王之典，崇俗巫之说，走南亩之客，杀东邻之牛，而后冀非妄之福。陛下虽欲为人祈福，福未至而人已困矣！其不可一也。陛下不视昔者有道之君，至德之后，曷不卑宫室，恶饮食，恭己以遂万物之性哉！陛下今违神亭育之心，竭人疲困之力，如是又何从而致其福哉？此又不可二也。又陛下宗庙之敬极矣，尚无一月三祭之礼；今此独为，则宗庙之灵，将等以亲疏，校以厚薄，陛下又何以言哉？此又不可三也。又大地婆父，祀典无文，言甚不经，义无可取。若陛下特与大地建祖宗之庙，必上天贻向背之责，陛下又何以为词哉？此又不可四也。夫湫者，龙之所居也。龙得水则神，无水则蝼蚁之匹也。故知水存则龙在，水竭则龙亡，此愚智之所同知矣。今湫竭已久，龙安所存？陛下又崇饰祠宇，丰洁荐奠，为去龙之穴，破生人之产，人且怨矣，神何歆哉！此又不可五也。其道君、三皇、五帝，则两京及所都之处，皆建宫观祠庙，时设斋醮飧祀，国有彝典，官有常礼，盖无阙失，何劳神役灵？此又不可六也。臣稽先王之典礼，观前圣之轨躅，休咎丰凶，灾祥祸福，必主帝王五事，不在山川百神。此又不可七也。

臣伏察此弊，颇知其由。盖以道士李国祯等劝众则得人，兴工则获利，祭祀则受胙，主执则弄权。是以鼓动禁中，荧惑天听，逾越险阻，负荷粱盛，以日系年，无时而息。曾不谓神功力，空止竭人膏血，以使人神胥怨，灾蘖并生。罔上害人，左道乱政，原情定罪，非杀而何！

臣昨受命之时，亲承圣旨，务存安绥，许逐权宜。诚愿沉鄢县之巫，安流弊之俗，其所兴两祠土木之功、丹青之役、三六之祭、洒扫之户，谨明宣旨，并以权宜停讫。人吏百姓等，知陛下以从善为心，嫉恶为务，蠲除不急，划革烦苛，皆喧呼于庭，抃跃于路，所征粮粮，无不乐输。臣伏以国祯等并交结中贵，狡蠹成性，臣虽忘身许国，不惧逸构，终恐赇与豪右，复为奸恶。其国祯等见据状推勘，如获赃状，伏望许臣征收，便充当县邮馆本用。其湫既竭，不可更置祠堂，又不当为大地建立祖庙，臣并请停。其三皇、道君、天皇、伏羲、女娲等，既先各有宫庙，望请并于本所依礼斋祭。

上从之。

李泌，字长源，其先辽东襄平人，西魏太保、八柱国司徒徒何弼之六代孙。今居京兆，吴房令承休之子。少聪敏，博涉经史，精究《易象》，善属文，尤工于诗，以王佐自负。张九龄、韦虚心、张廷珪皆器重之。泌操尚不羁，耻随常格仕进。天宝中，自嵩山上书论当世务，玄宗召见，令待诏翰林，仍东宫供奉。杨国忠忌其才辩，奏泌尝为《感遇诗》，讽刺时政，诏于蕲春郡安置，乃潜遁名山，以习隐自适。天宝末，禄山构难，肃宗北巡，至灵武即位，遣使访召。会泌自嵩、颍间冒难奔赴行在，至彭原郡谒见，陈古今成败之机，甚称旨，延致卧内，动皆顾问。泌称山人，固辞官秩，特以散官宠之，解褐拜银青光禄大夫，俾掌枢务。至于四言文状、将相迁除，皆与泌参议，权逾宰相，仍判元帅广平王军司马事。肃宗每谓曰："卿当上皇天宝中，为朕师友，下判广平王行军，朕父子三人，资卿道义。"其见重如此。寻为中书令崔圆、幸臣李辅国害其能，将有不利于泌。泌惧，乞游衡山，优诏许之，给以三品禄俸，遂隐衡岳，绝粒栖神。

数年，代宗即位，召为翰林学士，颇承恩遇。及元载辅政，恶其异己，因江南道观察都团练使魏少游奏求参佐，称泌有才，拜检校秘书少监，充江南西道判官，幸其出也。寻改为检校郎中，依前判官。元载诛，乃驰传入谒，上见悦之。又为宰相常衮所忌，出为楚州刺史。及谢恩，具陈恋阙，上素重之，留京数月。会澧州刺史阙，衮盛陈泌理行，以荆南雕瘵，遂辍泌理之。诏曰："荆南都会，粤在澧阳，俾人归厚，惟贤是牧。以泌文可以代成风俗，政可以全活悍蟿。爰命颁条，期乎共理，无薄淮阳之守，勉思渤海之功。可检校御史中丞，充澧朗硖团练使。"重其礼而遣之。无几，改杭州刺史，以理称。

兴元初，征赴行在，迁左散骑常侍。贞元元年，除陕州长史，充陕、虢都防御观察使。二年六月，泌奏："虢州卢氏山冶，近出瑟瑟，请充献，禁人开采。"诏曰："瑟瑟之宝，中土所无，今产于近甸，实为灵贶。朕不饰器玩，不尚珍奇，常思返朴之风，用明躬俭之节。其出瑟瑟之处，任百姓求采，不宜禁止。"就加泌检校礼部尚书。时陈、许戍边卒三千自京西逃归，至州境，泌潜师险隘，左右攻击，尽诛之。寻拜中书侍郎、平章事、集贤崇文馆学士、修国史。初，张延赏大减官员，人情咨怨，泌请复之，以从人欲，因是奏罢兼试额内占阙等官，加百官俸料，随闲剧加置手力课，上从之，人人以为便。而窦参旁奏，遂改易，使同品之内，月俸多少累等。泌又奏请罢拾遗、补阙，上虽不从，亦不授人，故谏司惟韩皋、归登而已。泌仍命收其署镞钱，令登等寓食于中书舍人，故时戏云："韩谏议虽分左右，归拾遗莫辨存亡。"如是者三年。至贞元五年，以前东都防御判官、殿中侍御史、内供奉韦绶为左补阙，监察御史梁肃右补阙。既复置，人心忻然。顺宗在春宫，妃萧氏母郜国公主交通外人，上疑其他，连坐贬黜者数人，皇储亦危。泌百端奏说，上意方解。

泌颇有谠直之风，而谈神仙诡道，或云尝与赤松子、王乔、安期、羡门游处，故为代所轻，虽诡道求容，不为时君所重。德宗初即位，尤恶巫祝怪诞之士。初，肃宗重阴阳祠祝之说，用妖人王玙为宰相，或命巫媪乘驿行郡县以为厌胜。凡有所兴造功役，动牵禁忌。而黎干用左道位至尹京，尝内集众工，编刺珠绣为御衣，既成而焚之，以为禳袚，且无虚月。德宗在东宫，颇知其事，即位之后，罢集僧于内道场，除巫祝之祀。有司言宣政内廊坏，请修缮。而太卜云："孟冬为魁冈，不利穿筑，请卜他月。"帝曰："《春秋》之义，启塞从时，何魁冈之有？"卒命修之。又代宗山陵灵驾发引，上号送于承天门，见辒辌不当道，稍指午未间。问其故，有司对曰："陛下本命在午，故不敢当道。"上号泣曰："安有枉灵驾而谋身利。"卒命直午而行。及建中末，寇戎内梗，桑道茂有城奉天之说，上稍以时日禁忌为意，而雅闻泌长于鬼道，故自外征还，以至大用，时论不以为惬。及在相位，随时俯仰，无足可称。

复引顾况辈轻薄之流，动为朝士戏侮，颇贻讥诮。年六十八薨，赠太子太傅，赙礼有加。泌放旷敏辩，好大言，自出入中禁，累为权幸忌嫉，恒由智免；终以言论纵横，上悟圣主，以跻相位。有文集二十卷。

子繁，少聪警，有才名，无行义。泌为相，尝引荐夏县处士北平阳城为谏议大夫。城道直，既遇知己，深德之。及泌殁，户部尚书裴延龄巧佞奉上，德宗信任，窃弄威权，举朝侧目。城中正之士，尤忿嫉之。一日尽疏其过恶，欲密论奏，以繁故人子，为可亲信，遂示其疏草，兼请繁缮写。繁既写，悉能记之，其夕乃径诣延龄，具述其事。延龄闻之，即时请对，尽以城章中欲论事件，一一先自解。及城疏入，德宗以为妄，不之省。泌与右补阙、翰林学士梁肃友善，尝命繁持所著文请肃润色。繁亦自有学术，肃待之甚厚，因许师事，日熟其门。及肃卒，繁乱其配，士君子无不叹骇，积年委弃。后起为太常博士，太常卿权德舆奏斥之，除河南府士曹掾。以其警悟异常，泌之故人为宰相，左右援拯，后得累居郡守，而力学不倦。罢随州刺史，归京师，久不承恩。

韦处厚入相，厚待之。宝历二年六月，敬宗降诞日，御三殿，特诏兵部侍郎丁公著、太常少卿陆亘与繁等三人抗浮图道士讲论。九月，除大理少卿，复加弘文馆学士。时谏官御史章疏相继，宰臣不得已，出为亳州刺史。州境尝有群贼，剽人庐舍，劫取货财，累政擒捕不获。繁潜设机谋，悉知贼之巢穴，出兵尽加诛斩。时议责繁以不先启闻廉使，涉于擅兴之罪，朝廷遣监察御史舒元舆按问。元舆素与繁有隙，复以初官，锐于生事，乃尽反其狱辞，以为繁滥杀无辜，状奏，敕于京兆府赐死，时人冤之。其后元舆被祸，人以为有报应焉。

初，泌流放江南，与柳浑、顾况为人外之交，吟咏自适。而浑先达，故泌复得入官于朝。

顾况者，苏州人。能为歌诗，性诙谐，虽王公之贵与之交者，必戏侮之，然以嘲诮能文，人多狎之。柳浑辅政，以校书郎征。复遇李泌继入，自谓己知秉枢要。当得达官，久之方迁著作郎。况心不乐，求归于吴。而班列群官，咸有侮玩之目，皆恶嫉之。及泌卒，不哭，而有调笑之言，为宪司所劾，贬饶州司户。有文集二十卷。其《赠柳宣城》辞句，率多戏剧，文体皆此类也。

子非熊，登进士第，累佐使府，亦有诗名于时。

崔造，字玄宰，博陵安平人。少涉学，永泰中，与韩会、卢东美、张正则为友，皆侨居上元，好谈经济之略，尝以王佐自许，时人号为"四夔"。浙西观察使李栖筠引为宾僚，累至左司员外郎。与刘晏善，及晏遭杨炎、庾准诬奏伏诛，造累贬信州长史。

朱泚之逆，造为建州刺史，闻难作，驰檄邻州，请齐举义兵，遂调发所部，得二千人，德宗闻而嘉之。及收京师，诏征造至蓝田，以舅源休明逆伏诛，上疏请罪，不敢即赴阙。上以为知礼，优诏慰勉，拜吏部郎中、给事中。贞元二年正月，与中书舍人齐映各守本官，同平章事。时京畿兵乱之后，仍岁蝗旱，府无储积。德宗以造敢言，为能立事，故不次登用。

造久从事江外，嫉钱谷诸使罔上之弊，乃奏天下两税钱物，委本道观察使、本州刺史选官典部送上都；诸道水陆运使及度支、巡院、江淮转运使等并停；其度支、盐铁，委尚书省本司判；其尚书省六职，令宰臣分判。乃以户部侍郎元琇判诸道盐铁、榷酒等事；户部侍郎吉中孚判度支及诸道两税事；宰臣齐映判兵部承旨及杂事；宰臣李勉判刑部；宰臣刘滋判吏部、礼部；造判户部、工部。又以岁饥，浙江东西道入运米每年七十五万石，今更令两税折纳米一百万石，委两浙节度使韩滉运送一百万石至东渭桥；其淮南濠寿旨米、洪潭屯米，委淮南节度使杜亚运送二十万石至东渭桥。诸道有盐铁处，依旧置巡院勾当；河阴见在米及诸道先付度支、巡院般运在路钱物，委度支依前勾当，其未离本道者，分付观察使发遣，仍委中书门下年终类例诸道课最闻奏。造与元琇素厚，罢使之后，以盐铁之任委之。而韩滉方司转运，朝廷仰给其漕发。滉以司务久行，不可遽改。德宗复以滉为江淮转运使，余如造所条奏。元琇以滉性刚难制，乃复奏江淮转运，其江南米自江至扬子凡十八里，请滉主之；扬子已北，琇主之。滉闻之怒，掎摭琇盐铁司事论奏。德宗不获已，罢琇判使，转尚书右丞。其年秋初，江淮漕米大至京师，德宗嘉其功，以滉专领度支、诸道盐铁转运等使，造所条奏皆改。物议亦以造所奏虽举旧典，然凶荒之岁，难为集事，乃罢造知政事，守太子右庶子，贬琇雷州司户。造初奏太锐，及琇改官，忧惧成疾，数月不能视事。明年九月卒，年五十一。

关播，字务元，卫州汲人也。天宝末，举进士。邓景山为淮南节度使，辟为从事，累授卫佐评事，迁右补阙。善言物理，尤精释氏之学。大历中，神策军使王驾鹤妻关氏以播与同宗，深遇之。元载恶其交往，出为河南府兵曹，摄职数县，皆有政能。陈少游领浙东、淮南，又辟为判官，历检校金部员外，摄滁州刺史。李灵曜阻兵，跋扈于梁汴。少游自总兵镇淮上，所在盗贼峰起。播调阅州兵，令其守备。又为政清净简惠，既无盗贼，人甚安之。杨绾、常衮知政事，荐播为都官员外郎。

德宗登极，湖南山洞中有王国良者，聚众为盗，令播往宣抚之。临行，召对于别殿，上问政理之要，播奏云："为政之本，须求有道贤人，乃可得理。"上谓播云："朕下诏求贤良，当躬亲阅试，亦遣使臣黜陟，广加搜访闻荐，擢其能者用之，冀以傅理。"播奏曰："下诏求贤，黜陟举荐，唯得求名文词之士，安有有道贤人肯随牒举选乎？"上悦其言，谓播曰："卿且使去，回日当与卿论政事。"播又奏曰："臣今奉诏招抚，国良不受命，臣请便宣恩命，语邻境速出兵翦除。"上曰："卿言深合朕意。"使回，改兵部员外，迁河中少尹。

建中初，张镒为河中少尹，镒寻入相，二年七月，迁播给事中。旧例，诸司甲库，皆是胥吏掌知，为弊颇久，播始建议并以士人知之，至今称当。转刑部侍郎、奉迎皇太后副使。**卢杞以播柔缓，冀其易制**，骤称荐之。寻迁吏部侍郎，转刑部尚书、知删定。奏上元中，诏择古今名将十人于武成王庙配享,如文宣王庙之仪。播以"太公古称大贤,今其下称亚圣,于义不安。又孔子十哲,皆是当时弟子,今所择名将,年代不同,于义既乖,于事又失。臣请删去名将配享之仪及十哲之称。"从之。

建中三年十月,拜银青光禄大夫、中书侍郎、同中书门下平章事、集贤殿崇文馆大学士、修国史。时政事决在卢杞,播但敛衽取容而已。乏于知人之鉴,好大言虚诞者,播必悦而亲信之。有李元平、陶公达、张愁、刘承诫,皆言谈诡妄,夸大可立功名,亦有微材薄艺。播累奏云元平等皆可将相也,请阅试用之,上以为然,以元平为补阙。会淮西节度李希烈叛乱,上以汝州要镇,令选择刺史。播荐元平为汝州刺史,寻加检校吏部郎中、汝州别驾、知州事。元平至州旬日,为希烈所擒,汝州陷贼,中外哂之。由是公达等未克任用。播与卢杞等从驾幸奉天,既而杞、白志贞等并贬黜,播尚知政事,中外嚣然,以为不可,遂罢相,改刑部尚书。大臣韦伦等泣于朝曰:"宰相不能谋猷翊赞,以至今日,而尚为尚书,可痛心也!"

贞元四年,回纥请和亲,以咸安公主出降可汗,令播以本官加检校右仆射、兼御史大夫,持节充送咸安公主及册可汗使,奉使往来,皆清俭谨慎,蕃人悦之。使回,迁兵部尚书,固辞疾,请罢官,改太子少师致仕。播致仕之后,减去僮仆车骑,闭关守静,不紊外事,士君子重之。贞元十三年正月卒,时年七十九,废朝一日,赠太子太保。

李元平者,宗室子。始为湖南观察使萧复判官,试大理评事。性疏傲,敢大言,好论兵,天下贤士大夫无可其意者,以是人多衔怨。关播奇重之,许以将帅。时希烈反叛,朝廷以汝州与贼接壤,刺史韦光裔懦弱不任职,播乃盛称元平,特召见,超右补阙,不数日,擢为检校吏部郎中、兼汝州别驾、知州事。既至部,募工徒缮理郛郭,希烈乃使勇士应募,执役板筑,凡入数百人,元平不之觉。希烈遣伪将李克诚以数百骑突至其城,先应募执役者应于内,缚元平驰去。既见希烈,遗下污地。希烈见其无须眇小,戏谓克诚曰:"使汝取李元平,何得将元平儿来?"因嫚骂曰:"盲宰相使汝当我,何待我浅耶!"伪署为御史中丞。播闻元平见用,仍欺于人曰:"李生功力济矣。"言必能覆希烈而建功也。居无何,希烈用为宰相,或告其有二者,乃断一指以自誓。希烈既死,或有人言在贼中微有谋虑,贷死流于珍州。会赦得归剡中,浙东观察使皇甫政表闻其到,以发上怒,复流贺州而死。

史臣曰:烝尝礿祀,前王制以奉先;怪力乱神,宣圣鄙而不语。凡云左道,固有旧章。珣假于鬼神,乃至将相,既处代天之位,爰滋乱政之源。国祯妖人疑众,妄恢其祀典;梁镇正士抗疏,方悟其上心。泌见可进而知难退,足为高率智辩之士;居相位而谈鬼神,乃见狂妄浮薄之踪。《王制》云:"执左道以乱政,杀。"宁无畏乎!繁之丑行,弃于当时,竟陷非辜,谅由素履。造为臣得礼,莅事非能;播居位取容,举人败事。皆非国器,咸历台司。失人者亡,国其危矣。

赞曰:珣、泌、造、播,俱非相材。国祯左道,梁生直哉!

卷一百三十一　　列传第八十一

李勉　李皋 子象古 道古

李勉,字玄卿,郑王元懿曾孙也。父择言,为汉褒相岐四州刺史、安德郡公,所历皆以严干闻。在汉州,张嘉贞为益州长史、判都督事,性简贵,待管内刺史礼隔,而引择言同榻,坐谈政理,时人荣之。勉幼勤经史,长而沉雅清峻,宗于虚玄,以近属陪位,累授开封尉。时升平日久,且汴州水陆所凑,邑居庞杂,号为难理,勉与联尉卢成轨等,并有擒奸擿伏之名。

至德初,从至灵武,拜监察御史。属朝廷右武,勋臣恃宠,多不知礼。大将管崇嗣于行在朝堂背阙而坐,言笑自若,勉劾之,拘于有司,肃宗特原之,叹曰:"吾有李勉,始知朝廷尊也。"迁司膳员外郎。时关东献俘百余,诏并处斩,囚有仰天叹者,勉过问之,对曰:"某被胁制守官,非逆者。"勉乃哀之,上言曰:"元恶未殄,遭点污者半天下,皆欲澡心归化。若尽杀之,是驱天下以资凶逆也。"肃宗遽令奔骑宥释,由是归化日至。克复西京,累历清要,四迁至河南少尹。累为河东节度王思礼、朔方河东都统李国贞行军司马,寻迁梁州都督、山南西道观察使。勉以故使前密县尉王晬勤干,俾摄南郑令,俄有诏处死,勉问其故,乃为权幸所诬。勉询将吏曰:"上方藉牧宰为人父母,岂以潜言而杀不辜乎!"即停诏拘晬,飞表上闻,晬遂获宥,而勉竟为执政所非,追入为大理少卿。谒见,面陈王晬无罪,政事条举,尽力吏也。肃宗嘉其守正,乃除太常少卿。王晬后以推择拜大理评事、龙门令,终有能名,时称知人。

肃宗将大用勉,会李辅国宠任,意欲勉降礼于己。勉不为之屈,竟为所抑,出历汾州、虢州刺史,改京兆尹、检校右庶子、兼御史中丞、都畿观察使。寻兼河南尹,明年罢尹,以中丞归西台,又除江西观察使。贼帅陈庄连陷江西州县,偏将吕太一、武日升相继背叛,勉与诸道力战,悉攻平之。部人有父病,以盅道为木偶人,署勉名位,瘗于其陇,或以告,曰:"为父禳灾,亦可矜也。"舍之。大历二年,来朝,拜京兆尹、兼御史大夫,政尚简肃。宦官鱼朝恩为观军容使,仍知国子监事,恃宠含威,天宪在舌。前尹黎干写心候事,动必求媚,每朝恩入监,倾府人吏具数百人之馔以待之。及勉莅职旬月,朝恩入监,府吏先期有请,勉曰:"军容使判国子监事,勉候太学,军容宜厚具主礼。勉忝京尹,军容倘惠顾府廷,岂敢不具蔬僎。"朝恩闻而衔之,因不复至太学,勉亦寻受代。

四年,除广州刺史,兼岭南节度观察使。番禺贼帅冯崇道、桂州叛将朱济时等阻洞为乱,前后累岁,陷没十余州。勉至,遣将李观与容州刺史王翃并力招讨,悉斩之,五岭平。前后西域舶泛海至者岁才四五，勉性廉洁，舶来都不检阅，故末年至者四十余。在官累年，器用车服无增饰。及代归，至石门停舟，悉搜家人所贮南货犀象诸物，投之江中，耆老以为可继前朝宋璟、卢奂、李朝隐之徒。人吏诣阙请立碑，代宗许之。十年，拜工部尚书。及滑亳永平军节度令狐彰卒，遗表举勉自代，因除之。在镇八年，以旧德清重，不严而理，东诸侯虽暴骜者，亦宗敬之。

十一年，汴宋留后田神玉卒，诏加勉汴州刺史、汴宋节度使。未行，汴州将李灵曜阻兵，北结田承嗣，承嗣使侄悦将锐兵戍之。诏勉与李忠臣、马燧等攻讨，大破之，悦仅以身免。灵曜北走，勉骑将杜如江擒之以献，代宗褒赏甚厚。既而李忠臣代镇汴州，而勉仍旧镇。忠臣过下贪虐，明年为麾下所逐，诏复加勉汴宋节度使，移理汴州，余并如故。德宗嗣位，加检校吏部尚书，寻加平章事。建中元年，检校左仆射，充河南汴宋滑亳河阳等道都统，余如故。四年，李希烈反，以他盗为名，悉众来寇汴州。勉城守累月，救援莫至，谓其将曰："希烈凶逆残酷，若与较力，必多杀无辜，吾不忍也。"遂潜师溃围，南奔宋州。诏以司徒平章事征。既至朝廷，素服请罪，优诏复其位，勉引过备位而已。无何，卢杞自新州员外司马除澧州刺史，给事中袁高以杞邪佞蠹政，贬未塞责，停诏执表，遂授澧州别驾。他日，上谓勉曰："众人皆言卢杞奸邪，朕何不知！卿知其状乎？"对曰："天下皆知其奸邪，独陛下不知，所以为奸邪也。"时人多其正直，然自是见疏。累表辞位，遂罢知政事，加太子太保。贞元四年卒，年七十二，上颇愍悼之，册赠太傅，赙物有差，丧葬官给。

勉坦率素淡，好古尚奇，清廉简易，为宗臣之表。善鼓琴，好属诗，妙知音律，能自制琴，又有巧思。及在相位，向二十年，禄俸皆资亲党，身殁而无私积。其在大官，礼贤下士，终始尽心。以名士李巡、张参为判官，卒于幕，三岁之内，每遇宴饮，必设虚位于筵次，陈膳执醑，辞色凄恻，论者美之。或曰："勉失守梁城，亦可贬也。"议者曰："不然。当贼烈之始乱，其慓悍阴祸，凶焰不可当，天方厚其毒而降之罚。况勉应变非长，援军莫至，又其时关辅已傲扰矣，人心已动摇矣。以文吏之才，当虎狼之队，其全师奔宋，非量力之耻也。与其坐受丧败，不犹愈乎！"

李皋，字子兰，曹王明玄孙，嗣王戢之子。少补左司御率府兵曹参军。天宝十一载嗣封，授都水使者，三迁至秘书少监，皆同正。多智数，善因事以自便。奉太妃郑氏以孝闻。

上元初，京师旱，米斗直数千，死者甚多。皋度俸不足养，亟请外官，不允，乃故抵微法，贬温州长史。无几，摄行州事。岁俭，州有官粟数十万斛，皋欲行赈救，掾吏叩头乞候上旨，皋曰："夫人日不再食，当死，安暇禀命！若杀我一身，活数千人命，利莫大焉。"于是开仓尽散之，以擅贷之罪，飞章自劾。天子闻而嘉之，答以优诏，就加少府监。皋行县，见一媪垂白而泣，哀而问之，对曰："李氏之妇，有二子：钧、锷，宦游二十年不归，贫无以自给。"时钧为殿中侍御史，锷为京兆府法曹，俱以文艺登科，名重于时。皋曰："'入则孝，出则悌，行有余力，然后可以学文。'若二子者，岂可备于列位！"由是举奏，并除名勿齿。改处州别驾，行州事，以良政闻。征至京，未召见，因上书言理道，拜衡州刺史。坐小法，贬潮州刺史。时杨炎谪官道州，知皋事直，及为相，复拜衡州。初，皋为御史覆讯，惧贻太妃忧，竟出则素服，入则公服，言貌如平常，太妃竟不知。及为潮州，诡词谓迁，至是复位，方泣以白，且言非疾不敢有闻。

建中元年，迁湖南观察使。前使辛京杲贪残，有将王国良镇邵州武冈县，豪富，京杲以死罪加之。国良危惧，因人所苦，遂散财聚众，据县以叛，诸道同讨，联岁不能下。皋授命日，乃曰："驱疲氓，诛反侧，非所以奉圣朝事。"遣使遗国良书曰："观将军非敢大逆，盖遭逸嫉，救误死而已。将军遇我，何不速降？我与将军同为辛京杲所构，我已蒙圣朝昭雪，使我何心持刃杀将军耶！将军以为不然，我以阵术破将军阵，以攻法屠将军城，非将军所度也。"国良捧书，且忧且喜，遣使请降，亦未决决。皋即日赴县受降，中道有候骑驰告曰："国良军中有变，言降是诈也。"皋曰："非尔辈所知。"遂留麾下兵，单骑假称使者，径入国垒中。国良召使者入，皋遂大叫军中曰："有人识曹王否？只我是。国良何不速降？"一军愕眙不敢动。适有识者走至，传呼曰："是。"国良匍匐叩头请罪。皋执手约为兄弟，尽焚攻守之备，散仓库，给兵士，令复农桑。有诏赦国良罪，赐名惟新。

建中二年，丁母艰，奉丧至江陵。会梁崇义反，乃授起复左卫大将军，复还湖南，寻加散骑常侍。李希烈反，迁江西道节度使、洪州刺史、兼御史大夫。至州，集将吏而令曰："尝有功未申者，别为行；有策谋及器能堪佐军者，别为行。"有裨将伊慎、李伯潜、刘旻皆自占，皋察其词气，验其有功，悉补大将。擢王锷委之中军，以马彝、许孟容为宾佐。缮甲兵，具战舰，将军二万余。初，伊慎将江西兵从李希烈平襄州，及反，惧皋任之，乃阴遣遗之锁中，又诈为慎书往复，置遗于境。上闻，即遣中使斩慎，皋表请舍令自效。会与贼夹江为阵，中使又至，皋乃勉令以功自赎，赐之以所乘马及器甲，令将锋而先，皋率军继之，责其有功，果大破贼，斩首数百级，慎方得免罪。贼树堡栅于蔡山，皋度峻险不可攻，乃声言西取蕲州，理战舰，分兵傍南涯，与舟师溯江而上。贼以老弱守栅，引军循江随战舰，南北与皋兵相直。去蔡山三百余里，皋令步兵登舟，顺流东下，不日拨蔡山。贼还救，间一日方至，大破之，因进拨蕲州，降其将李良，又取黄州，斩首千余，兵益振，舒王为元帅，加皋前军兵马使。

德宗居奉天，淮南节度使陈少游强取盐铁钱，其使包佶以财币溯江，次于蕲口。时希烈已屠汴州，又遣骁将杜少诚将步骑万余来寇蕲、黄，将绝江道。皋遣伊慎将七千众御之，遇于永安戍。慎列三栅，相去才四里，列鼓角中栅。少诚至，分兵围之，部队未严，声鼓而三栅齐出奋击，不为行阵，贼乱，少诚败走，斩首万级，封尸为京观。以功加银青光禄大夫，进封五百户。上至梁州，进献继至。皋以上蒙尘于外，不敢居城府，乃于西塞山上游大洲屯军，从近县为军市，商货毕至。加工部尚书。驾还京师，又遣伊慎、王锷将兵围安州，州城阻㵎水为固，攻之累日不下。希烈遣甥刘戒虚将步骑八千来援。皋命李伯潜分师迎击于应山，获戒虚及大将二、裨将二十，斩首千余。面缚戒虚等之城下，乃使人说之，贼曰："得大将及宾佐一二人为信，当降。"皋乃使王锷、马彝绳城而入，城中大呼，乃出降。希烈又遣兵援随州，皋令伊慎击于厉乡，大破之，复平静、白雁等关。希烈惧，乃戢兵。贞元初，拜江陵尹、荆南节度等使，江汉倚皋为固。未几，李思登以随州降。凡下州四、县十七，大小十余阵，未尝败衄。淮西既平，请护丧祔东都，上遣中使吊，赠父右仆射，母曹国太妃，葬毕来朝，诏还镇，出东都以拜墓，观者荣之。

先，江陵东北有废田傍汉古堤二处，每夏则溢，皋始命塞之，广田五千顷，亩得一钟。规江南废洲为庐舍，架江为二桥，流人自占二千余户。自荆至乐乡凡二百里，旅舍乡聚凡十数，大者皆数百家。楚俗佻薄，不穿井，饮陂泽，皋始命合钱开井以便人。

初平希烈，吴少诚杀陈仙奇，上以襄、邓要陲，三年，除襄州刺史、山南东道节度等使，割汝、随隶焉。练兵积粮，市回鹘马益骑兵，尝大败以教士，少诚惮之。性勤俭，知人疾苦，设监司，能参听下，持将吏短长，赏罚必信。所至常平物价，贵则出卖之，给将吏廪俸，豪家不得擅其利。常运心巧思为战舰，挟二轮蹈之，翔风鼓浪，疾若挂帆席，所造省易而久固。又造欹器，进入内中。每遗人物，常自秤量。署之官匹帛皆印之，绝吏之私。

初，扶风马彝未知名，皋始辟之，卒以正直称。汉阳王张柬之有林园在州西，公府多假之游宴，皋将买之，彝敛衽而言曰："张汉阳有中兴功，今遗业当百代保之，王纵欲之，奈何令其子孙自鬻焉！"皋谢曰："主吏失词，为足下羞；微足下，安得闻此言！"以改过迁善、知人任下为己任，故宾从将佐多至大官。贞元八年三月，暴卒于位，年六十，废朝三日，赠右仆射，赙吊有差，谥曰成。子象古、道古、复古。

象古自衡州刺史为安南都护。元和十四年，为杨清所杀，妻子支党无噍类焉。杨清者，代为南方酋豪，属象古贪纵，人心不附，又恶清之强，自驩州刺史召为牙门将，郁郁不快。无何，邕管黄家贼叛，诏象古发兵数道共讨之，象古命清领兵三千赴援。清与其子志烈及所亲杜士交潜谋回戈，夜袭安南，数日城陷，象古故及于害。朝廷命唐州刺史桂仲武为都护，且招谕之。叛清，以为琼州刺史。仲武至境，清不纳，复约束部署，刑戮憯虐，人无聊生。仲武使人谕其酋豪，数月间，归附继至，约兵七千余人，收其城，斩清及其子志贞，籍没其家。志烈与士交败，保于长州之凿溪，寻以所部兵来降。

道古登进士第，迁司门员外郎。便佞巧宦，早升朝籍，常以酒肴棋博游公卿门，角赌之际，每伪为不胜而厚偿之，故当时有虚名，而嗜利者悉与之狎。历利、随、唐、睦四州刺史，由黔中观察为鄂、岳、沔、蕲、安、黄团练观察使，时元和十一年也。初，以柳公绰在镇无功，议将代之，裴度言："道古嗣曹王皋之子，皋尝以江汉兵遏希烈之乱，威惠至今在人，复用其子，必能继美。"宪宗然之，故有此授。及赴镇，倍道而行，以数骑径入安州城。时公绰殊未意道古至，惶骇而出，家财多为所夺。十二年，道古攻申州，克其罗城，乃进逼其中城。城中守卒夜帅妇人登城而呼，悬门窃发，分出其众，道古之众惊乱，为虏所杀。初，李听守安州，未尝退衄。及道古至，诬奏听，移去之，乃自帅兵出穆陵。士卒骄惰，赐给多阙，其度支供军钱，道古半以奉权幸，半以没己，人皆怨怒，不肯力战。贼亦易道古，以羸兵抵之，故道古前后再攻破申州外城而不能拔。至李愬入蔡州，乃降。

元和十三年，入为宗正卿。道古在鄂州日，以贪暴闻，惧终得罪，乃荐山人柳泌以媚于上。后又为左金吾卫将军。宪宗季年颇信方士，锐于服食，诏天下搜访奇士。宰相皇甫镈方谀媚固宠，道古言柳泌有道术，镈得而进之，待诏翰林。宪宗服饵过当，暴成狂躁之疾，以至弃代。穆宗在东宫，扼腕于其事，及居丧，皆窜逐诛之。镈既贬责，授道古循州司马，终以服丹药，欧血而卒。

史臣曰：李勉、李皋，禀性端庄，处身廉洁，临民莅事，动有美声，可谓宗臣之英也。若夫治军旅，御寇戎，谋必臧，战必胜，则又勉不及皋远矣。道古便佞，奸以事君，何父子之不相类也。

赞曰：我宗之英，曰皋与勉，才虽不同，道岂相远。

卷一百三十二　　列传第八十二

李抱玉　李抱真　王虔休　卢从史　李芃　李澄族弟元素

李抱玉，武德功臣安兴贵之裔。代居河西，善养名马，为时所称。群从兄弟，或徙居京华，习文儒，与士人通婚者，稍染士风。抱玉少长西州，好骑射，常从军幕，沉毅有谋，小心忠谨。

乾元初，太尉李光弼引为偏裨，屡建勋绩，由是知名。二年，自特进、右羽林军大将军、知军事，迁鸿胪卿员外置同正员，持节郑州诸军事兼郑州刺史、摄御史中丞、郑陈颍亳四州节度。时史思明陷洛阳，光弼守河阳，贼兵锋方盛，光弼谓抱玉曰："将军能为我守南城二日乎？"抱玉曰："过期若何？"光弼曰："过期而救不至，任弃城也。"贼帅周挚领安太清、徐黄玉等先次南城，将陷之，抱玉乃绐之曰："吾粮尽，明日当降。"贼众大喜，敛军以俟之。抱玉因缮完设备，明日，坚壁请战。贼怒欺绐，急攻之。抱玉出奇兵，表里夹攻，杀伤甚众，挚军退。光弼自将于中潬城，挚舍南城攻中潬，不胜，乃整军将攻北城。光弼以兵出战，大败之。固河阳，复怀州，皆功居第一，迁泽州刺史、兼御史中丞。代宗即位，擢为泽潞节度使、潞州大都督府长史、兼御史大夫，加领陈、郑二州，迁兵部尚书。抱玉上言："臣贯属凉州，本姓安氏，以禄山构祸，耻与同姓，去至德二年五月，蒙恩赐姓李氏，今请割贯属京兆府长安县。"许之，因是举宗并赐国姓。

广德元年冬，吐蕃寇京师，乘舆幸陕，诸军溃卒及村间亡命相聚为盗，京城南面子午等五谷群盗颇害居人，朝廷遣薛景仙领兵为五谷使招讨，连月不捷，乃诏抱玉兼凤翔节度使讨之。抱玉探知贼帅行止之处，先分屯诸谷，乃设奇潜使轻锐数百南自洋州入攻之。贼帅高玉方与诸偷会，遽为锐卒数十人掩擒之，因大搜获偷党，悉斩之，余党不讨自溃，旬日内五谷平。以功迁司空，余并如故。

时吐蕃每岁犯境，上以岐阳国之西门，寄在抱玉，恩宠无比，迁同中书门下平章事，又兼山南西道节度使、河西陇右山南西道副元帅、判梁州事，连统三道节制，兼领凤翔、潞、梁三大府，秩处三公。抱玉以任位崇重，抗疏恳让司空及山南西道节度、判梁州事，乞退授兵部尚书。上嘉其谦让，许之。抱玉凡镇凤翔十余年，虽无破敌之功，而禁暴安人，颇为当时所称。大历十二年卒，上甚悼之，辍朝三日，赠太保。

李抱真，抱玉从父弟也。抱玉为泽潞节度使，甚器抱真，任以军事，累授汾州别驾。当是时，仆固怀恩反于汾州，抱真陷焉，乃脱身归京师。代宗以怀恩倚回纥，所将朔方兵又劲，忧甚，召见抱真问状，因奏曰："郭子仪领朔方之众，人多思之。怀恩欺其众，曰'子仪为朝恩所杀'，诈而用之。今复子仪之位，可不战而克。"其后怀恩子玚为其下所杀，怀恩奔遁，多如抱真策，因是迁殿中少监。居顷之，为陈郑、泽潞节度留后，抱真因中谢言曰："臣虽无可取，当今百姓劳逸，系在牧守，愿得一郡以自试。"上许之，改授泽州刺史，兼为泽潞节度副使。居二年，转怀州刺史，复为怀泽潞观察使留后，凡八年。抱玉卒，抱真仍领留后。抱真密揣山东当有变，上党且当兵冲，是时乘战余之地，土瘠赋寡，人益困，无以养军士。籍户丁男，三选其一，有材力者免其租徭，给弓矢，令之曰："农之隙，则分曹角射；岁终，吾当会试。"及期，按簿而征之，都试以示赏罚，复命之如初。比三年，则皆善射，抱真曰："军可用矣。"于是举部内乡兵，得成卒二万，前既不廪费，府库益实，乃缮甲兵，为战具，遂雄视山东。是时，天下称昭义军步兵冠诸军。无几，复代李承昭为昭义军及磁邢节度观察留后，加散骑常侍。

德宗即位，拜检校工部尚书，兼潞州长史、昭义军节度支度营田、泽潞磁邢观察使。建中二年，田悦以魏博反，乃悉兵围邢州及临洺益急，诏河东节度使马燧及神策兵救之。抱真与燧败悦兵于双冈，斩悦将杨朝光，又击破悦于临洺，遂解临洺及邢州之围，以功加检校兵部尚书。复与燧大破悦于洹水，悦以数百骑走归魏州。复与燧围魏州，又败悦于城下，以功加检校左仆射。时悦窘蹙，朱滔、王武俊皆反，联兵救悦，抱真与燧等退次魏县。上幸奉天，中使告问至，诸将皆仰天恸哭。李怀光席卷奔命，马燧、李芃引兵归镇。朱泚既污宫阙，时李希烈陷大梁，李纳亦反郓州。无何，上幸梁州，李怀光又窃据河中。抱真独于扰攘倾溃之中，以山东三御外抗群贼，内辑军士，群贼深惮之。

兴元初，迁检校左仆射、平章事。时朱滔悉幽蓟军，借兵回纥，拥众五万，南向以应泚，攻围贝州。初，群贼附于希烈，希烈僭伪，有臣属群贼意，群心稍离。上自奉天下罪己之诏，悉赦群贼，抱真乃遣门客贾林以大义说武俊，合从击朱滔，武俊许之。时两军尚相疑，抱真乃以数骑径入武俊营。其将去也，宾客皆止之，抱真遗军司马卢玄卿勒军部分曰："仆今日此举，系天下安危。仆死不还，领军事以听朝命，亦唯子；奋励士马，东向雪仆之耻，亦唯子。"言讫而去。武俊设备甚严，抱真曰："朱泚、希烈僭窃大位，朱滔攻围贝州，此辈皆欲陵驾吾属。足下既不能自振数贼之上，舍九叶天子而北面臣反虏乎？乃者圣上奉天下罪己之诏，可谓禹、汤之主也。"因言及播越，持武俊哭，涕泗交下，武俊亦哭，感动左右。因退卧武俊帐中，酣寝久之。武俊感其不疑，待之益恭，指心仰天曰："此身已许公死敌矣。"遂与结为兄弟而别，约明日合战，遂击破朱滔于经城，以功加检校司空，实封五百户。贞元初，朝于京师，居顷之，还镇。

抱真沉断多智计，尝欲招致天下贤俊，闻人之善，必令持货币数千里邀致之；至与语无可采者，渐退之。时天下无事，乃大起台榭，穿池沼以自娱。晚节又好方士，以冀长生。有孙季长者，为抱真炼金丹，绐抱真曰："服之当升仙。"遂署为宾僚。数谓参佐曰："此丹秦皇、汉武皆不能得，唯我遇之，他年朝上清，不复偶公辈矣。"复梦驾鹤冲天，寤而刻木鹤、衣道士衣以习乘之。凡服丹二万丸，腹坚不食，将死，不知人者数日矣。道士牛洞玄以猪肪谷漆下之，殆尽。病少间，季长复曰："垂上仙，何自弃也！"益服三千丸，顷之卒。初，抱真久疾，好礼祥，或令厌胜，为巫祝所惑，请降官爵以禳除之。是年，凡七上章让司空，复为检校左仆射。贞元十年卒，时年六十二，废朝三日，赠太保，赙以布帛米粟有差。

抱真薨之日，其子殿中侍御史緘匿丧不发。营田副使卢会昌令抱真从甥元仲经潜与緘谋，其明日，将吏会集，仲经诈为抱真令曰："吾疾甚，不能莅职，今令緘掌军事，诸军善佐之。"节度副使李说及诸将吏俯首，皆曰："诺。"须臾，緘盛服而出，众皆拜之，緘乃悉府藏颁赏军士。卢会昌伪诈为抱真表，请以职事付緘。翌日，又令诸寮连奏请緘领军。上已闻抱真卒，乃遣中使第五守进驰传观变，且令军事属于大将王延贵。守进至潞州，緘诈言抱真疾病，请见明日。如此者凡三日，緘乃出造中使，左右皆陈兵，甚严备。中使谓緘曰："朝廷已知相公薨殁，令以兵务属延贵，侍御宜归发丧行服也。"緘愕然，出谓诸将曰："有诏不许緘掌事，诸公意若何？"将吏莫有对者。緘惧而退，遽以使印及管钥归监军。是日，乃发丧，毕一哭。中使召延贵，以口词令视事，趣遣緘赴东都。元仲经逃于外，延贵捕得杀之。既归罪仲经，卢会昌得不坐。緘初谋乱，遣神将陈荣诈以文书告成德节度使王武俊，求假财帛，武俊大怒曰："吾与汝府公善者，冀恭王命，非同恶也。今闻已亡，孰诈令其子而不俟朝旨耶？何敢告我，况有求也！"乃囚陈荣而遣使让缄焉。

王虔休，字君佐，汝州梁人也。本名延贵。少涉猎书籍，乡里间以信义畏慕之，尤好武艺。大历中，汝州刺史李深用之为将。久之，泽潞节度李抱真闻名，厚以财帛招之，累授兵马使押衙。建中初，抱真统兵马与诸将征讨河北，其双冈、水寨营等阵，虔休攻战居多，擢为步军都虞候，累加兼御史中丞、大夫，赐实封百户。洎抱真卒，裨将元仲经等议立抱真子缄，军中扰乱，虔休正色言于众曰："军州是天子军州，将帅阙，合待朝命，何乃云云，妄生异意！"军中服从其言，由是竟免溃乱。朝廷知而嘉之，以邕王为昭义节度观察大使，授虔休潞州左司马，依前兼御史大夫，掌留后，仍赐名虔休。号令安抚。军州大理。二岁，迁潞州长史、昭义军节度、泽潞磁邢洺观察使，寻加检校工部尚书。贞元十五年卒，年六十二。废朝三日，赠左仆射，赙以布帛米粟。

虔休性恭勤，俭省节用，管内州仓庾皆积粮储，可支军人数岁。又尝撰《诞圣乐曲》以进，其表曰：

臣闻于师，夫君子为能知乐，是故审音以知声，审乐以知政，则理道备矣。清明广大，终始周旋，与天地同其和，与四时合其序，岂止于钟鼓管磬云乎哉！臣伏见开元中天长节著于甲令，每于是日海县欢娱，称万寿之无疆，乐一人之有庆，故能追尧接舜，迈禹逾汤，自周已后，不能议矣。臣窃以陛下降诞之辰，未有惟新之曲。虽太和已布于六气，而大乐未宣于八音，无乃臣子之分，或有所阙。愚臣不揆顽昧，敢思祖述，每思歌窃抃，忘寝与食久矣。适遇有知音者，与臣论及乐章，探微赜奥，穷理尽性，臣乃遣造《继天诞圣乐》一曲。大抵以宫为调，表五音之奉君也；以土为德，知五运之居中也。凡二十五遍，法二十四气而足成一岁。每遍一十六拍，象八元、八凯登庸于朝也。所冀《云门》《咸池》，永传于律吕，空桑、孤竹，合荐于宫悬，不闻沾滞之声，长作中和之乐。可使九域之人，顿忘于肉味；四夷之俗，皆播于薰风。与唐惟休，终古尽善。臣不胜恳款屏营之至，谨昧死陈献以闻。其所造谱，谨同封进。

先时，有太常乐工刘玠流落至潞州，虔休因令造此曲以进，今《中和乐》起此也。

卢从史，其先自元魏已来，冠冕颇盛。父虔，少孤，好学，举进士，历御史府三院、刑部郎中、江汝二州刺史、秘书监。从史少矜力，习骑射，游泽、潞间，节度使李长荣用为大将。德宗中岁，每命节制，必令采访本军为其所归者。长荣卒，从史因军情，且结迎奉中使，得授昭义军节度使。渐狂恣不道，至夺部将妻妾，而辩给矫妄，从事孔戡等以言直不从引去。前年丁父忧，朝旨未议起复，属王士真卒，从史窃献诛承宗计，以希上意，用是起授，委其成功。及诏下讨贼，兵出，逗留不进，阴与承宗通谋，令军士潜怀贼号，又高其刍粟之价，售于度支，讽朝廷求宰相；且诬奏诸军与贼通，兵不可进。上深患之。

护军中尉吐突承璀将神策兵与之对垒，从史往往过其营博戏。从史贪贪好得，承璀出宝带、奇玩以炫耀之，时其爱悦而遗焉，从史喜甚，日益狎。上知其事，取裴垍之谋，因戒承璀伺其来博，挥语，幕下伏壮士，突起，持摔出帐后缚之，内车中，驰以赴阙。从者惊乱，斩十数人，余号令乃定，且宣谕密诏，追赴阙庭。都将乌重胤素怀忠顺，乃严戒其军，众不敢动。会夜，使疾驱，未明出境，道路人莫知。元和五年四月，制曰：

邪以蓄众，自致覆车；奸以事君，所宜用钺。故楚人告变，韩信息释于事先；蜀土征灾，钟会祸生于部下。况害深楚、蜀，功匪钟、韩，构此厉阶，布于公议。怀私负德，合置于严科；屈法申恩，尚从于宽典。前昭义军节度副大使、知节度事卢从史，擢自裨将，居于大藩，不思报国之诚，每设徇身之计。比丁家祸，曾无戚容，行弃人伦，孝亏大性。属常山称乱，朝制未行，固愿兴师，苟求复位。刻期效用，请以身先；指日诚说，誓云独致。示于怀抚，推以信诚。排众论以释其苴麻，决中心而授之铁钺，委以重任，命之专征。章奏所陈，事无违者；恩光是贷，予何爱焉。而乃冒利蓄奸，黩政败度，成师既出，保敌而交通。邪计以行，临戎而向背。诸侯尽力而不应，遗寇游魂而是托。臣节既丧，恩岂念于生成；台位干求，礼顿亏于忠敬。肆其丑行，炽以凶威，至于逼胁军中，潜施贼号；陵污麾下，实玷皇风。货以藩身，虐而用众，士庶怨而罔恤，将校劳而不图。禀于陶钧，行事至此，视于天地，负我何多，且辜覆载之仁，宁逭神鬼之责。况顷年上请，就食山东，及遣旋师，不时恭命，致劲其众，觊生其心，赖刘济抗忠正之辞，使邪竖绝迟回之计。加以遍毁邻境，密疏事情，反覆百端，高下万变，心无耻愧，事至满盈。朕念以始终，务于含贷，所期悔过，岂谓逾凶。而昭义军忠节凤彰，义声昭著，发其众怒，叶以一心，顾大恶而不容，幸全躯而自免，宜从大戮，以正彝章。尚以曾列方隅，尝经任使，惜君臣之体，抑中外之情，俾投魑魅之乡，以解人神之愤。可贬骧州司马。呜呼！奸由事验，自开弃绝之门；祸实已招，岂漏恢疏之网。凡百多士，宜谅朕怀。

子继宗等四人并贬岭外。

李芃，字茂初，赵郡人也。解褐上邽主簿，三迁试大理评事，摄监察御史、山南东道观察支使。严武为京兆尹，举为长安尉。李勉为江西观察使，署奏秘书郎、兼监察御史，为判官。永泰初，转兼殿中侍御史。

时宣、饶二州人方清、陈庄聚众山洞，西绝江路，劫商旅以为乱。芃乃请于秋浦置州，守其要地，以破其谋。李勉然其计，以闻，代宗嘉之，以宣州之秋浦、青阳、饶州之至德置池州焉。芃摄行州事，无几，乃兼侍御史。居无何，魏少游代勉为使，复署奏检校虞部员外郎，赐金紫，为都团练副使。顷之，摄江州刺史，州人便之。丁母忧，免丧，永平军节度李勉署奏检校工部郎中、兼侍御史，为判官，寻摄陈州刺史。岁中，即值李灵曜反于汴州，勉署芃兼亳州防御使，练达军事，兵备甚肃；又开陈、颍运路，以通漕挽。

德宗嗣位，授检校太常少卿、兼御史中丞、河阳三城镇遏使。抚劳备至，资廪善者，必先军士。间一年，为节度使路嗣恭之副，加检校左庶子、河阳三城怀州节度观察使，以东畿汜水等五县隶焉。时河南北连大兵，诏益以神策、汝、陕之师。芃进收新乡、共城，遂围卫州。明年，诏与河东节度马燧等诸军破田悦于洹水，以功加检校兵部尚书，累封开郡王，实封一百户。进围悦于魏州，将符璘以精骑五百夜降，芃开营以纳之。明日，归璘于招讨使。上居奉天，敛军还。

兴元初，检校右仆射，无何，以疾固让罢归。芃将请告，谓所亲曰："今年夏被蝗旱，人主厌兵革，然则天下城垒坚厚矣，戈铤铦利矣，以力胜之，则有得失，其可尽乎！除弊之急，莫先德化，循而理之，斯易致耳。方镇之戴翼时主，宜先退让，贪权持禄，吾所不取也。吾既疾病，岂能言而不践乎！"乃手疏乞罢。贞元元年卒，年六十四，废朝一日，赠太子太保。

李澄，辽东襄平人，隋蒲山公宽之后也，居京兆。父镐，清江太守，以澄赠工部尚书。澄以武艺为偏将，累除试将作监，隶于江淮都统李峘。建中初，以检校太子宾客、兼御史中丞，隶于永平军节度使李勉。及勉移理汴州，乃奏澄为滑州刺史。四年冬，李希烈陷汴州，勉奔归行在，澄遂以城降希烈，伪署尚书令，兼滑州永平军节度使。

兴元元年春，澄密令亲信人卢融间道赍表达于奉天，上嘉之，乃以帛诏藏于蜡丸中，加赠刑部尚书，兼汴州刺史、汴滑节度观察使。澄秘而未宣，乃集州兵严加训习。希烈颇疑之，乃令养子六百人戍之，以虞其变。希烈苦攻宁陵，邀澄率其众至石柱。澄令纵火焚营，而伪诮，诱六百人因惊行剽而加其罪，果大俘掠，悉令斩之以告。希烈不能穷诘焉。无几，希烈遣其将翟晖等寇陈州，久之未复。是岁十月，澄以汴州兵寡，度希烈不能制己，又会中官薛盈珍持节且至，加检校兵部尚书，封武威郡王，赐实封五百户。澄乃乘势力焚贼旌节，誓众归国。及十一月，希烈既失澄，又闻翟晖大败，由是奔归蔡州。澄遽率众复汴州，屯于城北门，恇怯不敢进。及宣武军节度使刘洽师至城东门，贼将田怀珍开关以纳之。翌日，澄方自北入，洽已据子城。澄乃舍于浚仪县，两军将士，日有忿竞，不自安。会郑州贼将孙液通款于澄，澄遣其子清赴之。先是，河阳军节度使李芃遣其将雍颢攻郑州，颢所过纵掠，液拒之尤固；及清至，遂纳之。颢怒攻液，清以众助之，杀登城者数十人，颢方引退，又焚阳武而归。澄乃出赴郑州，朝廷特授清检校太子宾客、兼御史中丞，更名克宁。

贞元元年三月，就加澄检校左仆射、义成军郑滑许等州节度使。二年卒，年五十四，废朝一日，赠司空，赙布帛粟有差，仍令左散骑常侍归崇敬充吊祭使，所缘丧葬，并勒官给。澄实以八月癸未终，克宁秘之，以九月庚寅，欲自起视事。其行军司马马铉不许，克宁阴遣杀之，乃墨

经而出，加卒于城门，将为不顺。刘洽出师屯于境上以制之，且使告谕切至，由是克宁不敢妄发，然道路绝商旅者凡十四五日。及贾耽代澄，克宁护丧将归，乃悉索府中财货，以夜出城，军人从而剽夺，及明殆尽。澄柩至京师，又赐克宁庄一所、钱千贯、粟麦二千石。澄初封陇西郡公，进武威郡王，每上疏连称二封，颇为时人所哂。

李元素，字大朴，蒲山公密之孙。任侍御史，时杜亚为东都留守，恶大将令狐运，会盗发洛城之北，运适与其部下畋于北郊，亚意其为盗，遂执讯之，逮系者四十余人。监察御史杨宁按其事，亚以为不直，密表陈之，宁遂得罪。亚将逞其宿怨，且以得贼为功，上表表明运为盗之状，上信而不疑。宰臣以狱大宜审，奏请覆之，命元素就决，亚迎路以狱成告。元素验之五日，尽释其囚以还。亚大惊，且怒，亲追送，马上责之，元素不答。亚遂上疏，又诬元素。元素还奏，言未毕，上怒曰："出俟命。"元素曰："臣未尽词。"上又曰："且去"。元素复奏曰："一出不得复见陛下，乞容尽词。"上意稍缓，元素尽言运冤状明白，上乃寤曰："非卿，孰能辨之！"后月余，竟得其真贼，元素由是为时器重，迁给事中。时美官缺，必指元素。迁尚书右丞。数月，郑滑节度卢群卒，遂命元素兼御史大夫，镇郑滑，就加检校工部尚书，在镇称理。

元和初，征拜御史大夫。自贞元中位缺，久难其人，至是元素以名望召拜，中外耸听。及居位，一无修举，但规求作相。久之，浸不得志，见客必曰："无以某官散相疏也。"见属官必先拜，脂韦在列，大失人情。李锜为乱江南，遂授元素浙西道节度观察处置等使。数月受代，入拜国子祭酒，寻迁太常卿，转户部尚书、判度支。

元素少孤，奉长姊友敬加于人，及其姊殁，沉悲遘疾，上疏恳辞职，从之。数月，以出妻免官。初，元素再娶妻王氏，石泉公方庆之孙，性柔弱，元素为郎官时娶之，甚礼重，及贵，溺情仆妾，遂薄之。且又无子，而前妻之子已长，无良，元素寝疾昏惑，听谮遂出之，给与甚厚。妻族上诉，乃诏曰："李元素病中上表，恳切披陈，云'妻王氏，礼义殊乖，愿与离绝'。初谓素有丑行，不能显言，以其大官之家，所以令自处置。访闻不曾告报妻族，亦无明过可书，盖是中情不和，遂至于此。胁以王命，当日遣归，给送之间，又至单薄。不唯王氏受辱，实亦朝情悉惊。如此理家，合当惩责。宜停官，仍令与王氏钱物，通所奏数满五千贯。"元和五年卒，赠陕州大都督。

史臣曰：李抱玉、李抱真，以武勇之材，兼忠义之行，有唐之良将也。且如农隙教潞人之射，数骑入武俊之营，非有奇谋，孰能如是。惜乎服食求仙，为药所误。王虔休不党僭命，有足可嘉；卢从史动多怀奸，自贻伊戚。芃则老也知足，澄则过而改图。元素为御史时，执德不回；居大夫日，其心甚短。因缘七出，益露丑声，善少恶多，又何足算。

赞曰：抱玉、抱真，我朝良将。虔休之心，亦多可尚。史怀奸谋，芃将禄让。澄迷却行，素贪一向。吾谁与欺，岂如忠谅。

卷一百三十三　　列传第八十三

李晟子愿 愬 听 宪 凭 恕 恭　王佖附

李晟，字良器，陇右临洮人。祖思恭，父钦，代居陇右为裨将。晟生数岁而孤，事母孝谨，性雄烈，有才，善骑射。年十八从军，身长六尺，勇敢绝伦。时河西节度使王忠嗣击吐蕃，有骁将乘城拒斗，颇伤士卒，忠嗣募军中能射者射之。晟引弓一发而毙，三军皆大呼，忠嗣厚赏之，因抚其背曰："此万人敌也。"凤翔节度使高升雅闻其名，召补列将。尝击叠州叛羌于高当川，又击宕州连狂羌于罕山，皆破之，累迁左羽林大将军同正。广德初，凤翔节度使孙志直署晟总游兵，击破党项羌高玉等，以功授特进、试光禄卿，转试太常卿。大历初，李抱玉镇凤翔，署晟为右军都将。四年，吐蕃围灵州，抱玉遣晟将兵五千以击吐蕃，晟辞曰："以众则不足，以谋则太多。"乃请将兵千人疾出大震关，至临洮，屠定秦堡，焚其积聚，虏堡帅慕容谷钟而还，吐蕃因解灵州之围而去。拜开府仪同三司。无几，兼左金吾卫大将军、泾原四镇北庭都知兵马使，并总游兵。无何，节度使马璘与吐蕃战于盐仓，兵败，晟率所部横击之，拔璘出乱兵之中，以功封合川郡王。璘忌晟威名，又遇之不以礼，令朝京师，代宗留晟宿卫，为右神策都将。德宗即位，吐蕃寇剑南，时节度使崔宁朝京师，三川震恐，乃诏晟将神策兵救之，授太子宾客。晟乃逾漏天，拔飞越，廓清肃宁三城，绝大渡河，获首虏千余级，虏乃引退，因留成都数月而还。

建中二年，魏博田悦反，将兵围临洺、邢州，诏以晟为神策先锋都知兵马使，与河东节度使马燧、昭义节度使李抱真合兵救临洺。寻加兼御史中丞。河东、昭义军攻杨朝光于临洺南，晟与河东骑将李自良、李奉国击悦于双冈，悦兵却，遂斩朝光。战于临洺，诸军皆却。晟引兵渡洺水，乘冰而济，横击悦军，王师复振，击悦，大破之。三年正月，复以诸道军击败悦军于洹水，遂进攻魏州，以功加检校左散骑常侍，实封百户。无几，兼魏府左司马。时朱滔、王武俊联兵在深、赵，怒朝廷赏功薄，田悦知其可间，遣使求援，滔与武俊应之，遂以兵围康日知于赵州。李抱真分兵二千人守邢州，马燧大怒，欲班师。晟谓燧曰："初奉诏进讨，三帅齐进。李尚书以邢州与赵州接壤，分兵守之，诚未为害，其精卒锐将皆在于此，令公遽自引去，奈王事何？"燧释然谢焉，燧乃自造抱真垒，与之交欢如初。

王武俊攻赵州，晟乃献状请解赵州之围，欲引兵赴定州与张孝忠合势，欲图范阳，德宗壮之，加晟御史大夫，俾禁军将莫仁擢、赵光铣、杜季泚皆隶焉。晟自魏州引军而北，径趋赵州，武俊闻之，解围而去。晟留赵州三日，与孝忠兵合，北略恒州，围朱滔将郑景济于清苑，决水以灌之。田悦、王武俊皆遣兵来救，战于白楼。贼犯义武军，稍却，晟引步骑击破之，晟所乘马连中流矢。逾月，城中益急，滔、武俊大惧，乃悉收魏博之众而来，复围晟军。晟内围景济，外与滔等拒战，日数合，自正月至于五月。会晟病甚，不知人者数焉。军吏合谋，乃以马舆还定州，贼不敢逼。晟疾间，复将进师，会京城变起，德宗在奉天，诏晟赴难。晟承诏泣下，即日欲赴关辅。义武军间于朱滔、王武俊，倚晟为轻重，不欲晟去，数谋沮止晟军。晟谓将吏曰："天子播越于外，人臣当百舍一息，死而后已。张义武欲沮吾行，吾当以爱子为质，选良马以咴其意。"乃留子凭以为婚。义武军有大将为孝忠委信者谒晟，晟乃解玉带以遗之，因曰："吾欲西行，愿以为别。"陈赴难之意，受带者果德晟，乃谏孝忠勿止晟。晟得引军逾飞狐，师次代州，诏加晟检校工部尚书、神策行营节度使，实封二百户。晟军令严肃，所过樵采无犯。自河中由蒲津而军渭北，壁东渭桥以逼泚。时刘德信将子弟军救襄城，败于扈涧，闻难，率余军先次渭南，与晟合军。军无统一，晟不能制，因德信入晟军，乃数其罪斩之。晟以数骑驰入德信军，抚劳其众，无敢动者。既并德信军，军益振。

时朔方节度使李怀光亦自河北赴难，军于咸阳，不欲晟独当一面以分己功，乃奏请与晟兵合，乃诏晟移军合怀光军。晟奉诏引军至陈涛斜，军垒未成，贼兵遽至，晟乃出阵，且言于怀光曰："贼坚保宫苑，攻之未必克；今离其窟穴，敢出索战，此殆天以贼赐明公也！"怀光恐晟立功，乃曰："召军适至，马未秣，士人饭，讵可战耶？不如蓄锐养威，俟时而举。"晟知其意，遂收军入垒，时兴元元年正月也。每将合战，必自异，衣锦裘、绣帽前行，亲自指导。怀光望见恶之，乃谓晟曰："将帅当持重，岂宜自表饰以咴贼也！"晟曰："晟久在泾原，军士颇相畏服，故欲令其先识以夺其心耳。"怀光益不悦，阴有异志，迁延不进。晟因人说怀光曰："寇贼窃据京邑，天子出居近甸，兵柄庙略，属在明公。公宜观兵速进，晟愿以所部得奉严令，为公前驱，虽死不悔。"怀光益拒之。晟兵军于朔方军北，每晟与怀光同至城下，怀光军辄虏驱牛马，百姓苦之；晟军无所犯。怀光恶其独善，乃分所获与之，晟军不敢受。

久之，怀光将谋沮晟军，计未有所出。时神策军以旧例给赐厚于诸军，怀光奏曰："贼寇未平，军中给赐，咸宜均一。今神策独厚，诸军皆以为言，臣无以止之，惟陛下裁处。"怀光计欲因是令晟自署侵削己军，以挠破之。德宗忧之，欲以诸军同神策，则财赋不给，无可奈何，乃遣翰林学士陆贽往怀光军宣谕，仍令怀光与晟参议所宜以闻。贽、晟俱会于怀光军，怀光言曰："军士禀赐不均，何以令战？"贽未有言，数顾晟。晟曰："公为元帅，弛张号令，皆得专之。晟当将一军，唯公所指，以效死命。至于增损衣食，公当裁之。"怀光默然，无以难晟，又不欲侵刻神策军发于自己，乃止。

怀光屯咸阳，坚壁八十余日，不肯出军，德宗忧之，屡降中使，促以收复之期。怀光托以卒疲，更请休息，以伺其便，然阴与朱泚交通，其迹渐露。晟惧为所并，乃密疏请移军东渭桥，以分贼势。上初未之许。晟以怀光反状已明，缓急宜有所备。蜀、汉之路，不可壅也，请以裨将赵光铣为洋州刺史，唐良臣为利州刺史，子婿张彧为剑州刺史，各将兵五百以防不然。上初纳之，未果行。无何，吐蕃请以兵佐诛泚，上欲亲总六师，移幸咸阳，以促诸军进讨。怀光闻之大骇，疑上夺其军，谋乱益急。时鄜坊节度李建徽、神策将杨惠元及晟，并与怀光联营，晟以事迫，会有中使过晟军，晟乃宣令云："奉诏徙屯渭桥。"乃结阵而行，至渭桥。不数日，怀光果劫建徽、惠元而并其兵，建徽遁免，惠元为怀光所害。是日，车驾幸梁州。时变生仓卒，百官扈从者十二三，骆谷道路险阻，储供无素，从官乏食，上叹曰："早从李晟之言，三蜀可坐致也。"晟大将张少弘自行在传口诏授晟尚书左仆射、同中书门下平章事，以安众心。晟拜哭受命，且曰："长安宗庙所在，为天下本，若皆执羁靮，谁复京师？"乃浚城隍，缮兵甲，以图收复。晟以孤军独当强寇，恐为二贼之所并，乃卑词厚币，伪致诚于怀光，外示推崇，内为之备。时仓粟未集，乃令检校户部郎中张彧假京兆少尹，择官吏以赋渭北畿县。不旬日，刍粮皆足，晟乃大陈三军，令之曰："国家多难，乱逆继兴，属车驾西幸，关中无主。予代受国恩，见危死节，臣子之分，况当此时，不能诛灭凶渠，以取富贵，非人豪也。渭桥横跨大川，断贼首尾，吾与公等戮力勤王，择利而进，兴复大业，建不世之功，能从我乎？"三军无不泣下，曰："唯公所使。"晟亦欷歔流涕。

是时，朱泚盗据京城，怀光图为反噬，河朔僭伪者三，李纳虎视于河南，希烈鸱张于汴、郑。晟内无货财，外无转输，以孤军而抗贼锐，而锐气不衰，徒以忠义感于人心，故英豪归向。戴休颜率奉天之众，韩游瑰治邠宁之师，骆元光以华州之兵守潼关，尚可孤以神策之旅屯七盘，皆禀晟节度，晟军大振。怀光以休颜、游瑰从晟，益惧。晟又致书于怀光，谕以祸福，令破贼迎銮，以掩前过。怀光卒不悟，军众渐多离散，糗粮且竭，房飙无所得，惧为晟所袭。三月，怀光自三原、富平东抵奉天，所至焚掠，乃自冯翊入据河中。怀光以孟涉、段威勇者，本神策将，恶怀光之不臣，既至富平，结阵于军中，外向大呼而去，怀光不能制。涉、威勇以数千人归晟，乃陈兵受涉及降卒，乃奏授涉检校工部尚书，威勇兼御史大夫。

德宗之幸山南，既入骆谷，谓浑瑊曰："渭桥在贼腹内，兵势悬隔，李晟可办事乎？"瑊对曰："李晟秉义执志，临事不可夺，以臣计之，破贼必矣。"帝意始安。是月，浑瑊步将上官望自间道怀诏书加晟检校右仆射，兼河中尹、河中晋绛慈隰节度使，益实封三百户，又兼京畿、渭北、鄜坊丹延节度使招讨使。晟承诏流涕。时帝欲移幸西川，晟上表："请驻跸梁汉，系亿兆之心，图剪灭之势。若规小舍大，作都岷峨，即人心失望，武士谋臣无所施矣。"四月，有诏加晟京畿、渭北、鄜坊、商华兵马副元帅。时京兆府司录李敬仲自京城来，谏议大夫郑云逵自奉天至，晟以京兆少尹张彧为副使，郑云逵为行军司马，李敬仲为节度判官，俾同主军画。又请以怀光旧将唐良臣保潼关，以

河中节度授之；戴休颜守奉天，请以鄜坊节度授之；上皆从之。渭桥旧有粟十余万斛，度支先馈怀光军欲尽，晟又奏曰："近畿虽乘兵乱，犹可赋敛，傥寇贼未灭，宿兵旷时，人废耕桑，又无储蓄，非防微制胜之术也。"上纳之。晟乃于畿甸率聚征赋，吏民乐输，守御益固，由是军不乏食。

神策军家族多陷于泚，晟家亦百口在贼中，左右或有言及家者，晟因泣下曰："乘舆何在，而敢恤家乎！"泚又使晟小吏王无忌之婿诣晟军，且曰："公家无恙，城中有书闻。"晟曰："尔敢与贼为间！"遽命斩之。时转输不至，盛夏军士或衣裘褐，晟亦同劳苦，每以大义奋激士心，卒无离叛者。会将吏数辈自贼中逃来，言泚众携离可灭之状，士心益奋。先是，贼将姚令言及伪中丞崔宣咸使谍觇我军，为逻骑所得，拘送于晟，晟解缚，食而遣之，诫之曰："尔报崔宣，善为贼守，诸人勉力自固，勿不忠于贼也！"

五月三日，晟引军抵通化门，耀武而还，贼不敢出。晟集将佐，图兵所向，诸将曰："先拔外城，既有市里，然后北清宫阙。"晟曰："若先收坊市，巷陌隘狭，闾以居人，若贼设伏格斗，百姓嚣溃，非计也。且贼重兵坚甲，皆在苑中，若自苑击其心腹，彼将图走不暇，如此则宫阙保安，市不易肆，计之上也。"诸将曰："善"。乃移书浑瑊、骆元光、尚可孤，克期进军于城下。

其月二十五日夜，晟自东渭桥移军于光泰门外米仓村，以薄京城。晟临高指麾，令设壕栅以候贼军。俄而贼众大至，贼骁将张庭芝、李希倩逼栅求战，晟谓诸将曰："吾恐贼不出，今冒死而来，天赞我也！"勒吴诜、康英俊、史万顷、孟涉等纵兵击之。时华州营在北，兵少，贼并力攻之，晟遣李演、孟华以精卒救之。中军鼓噪，演力战，大破之，乘胜入光泰门；再战，又败之，僵尸蔽地，余众走入白华，夜闻恸哭之声。

翌日，将复出师，诸将请待西军至，则左右夹攻。晟曰："贼既伤败，须乘胜扑灭，若俟其有备，岂王师之利耶！如待西军，恐失机便。"二十八日，晟大集诸将骆元光、尚可孤，兵马使吴诜、王佖，都虞候邢君牙、李演、史万顷，神策将孟涉、康英俊，华州将郭审金、权文成，商州将彭元俊等，号令誓师毕，陈兵于光泰门外。乃使王佖、李演率骑军，史万顷领步卒，直抵苑墙鳖村。晟先是夜使人开苑墙二百余步，至是贼已树木栅之，贼倚栅拒战。晟叱军士曰："安得纵贼如此，当先斩公等！"万顷惧，先登，拔栅而入，王佖骑军继进，贼即奔溃，获贼将段诚谏，大军分道并入，鼓噪雷动。姚令言、张庭芝、李希倩犹力捍官军，晟令决胜军使唐良臣、兵马使赵光铣、杨万荣、孟日华等步骑齐进，贼军阵成而屡北。战十余合，乘胜驱蹙，至于白华。忽有贼骑千余出于官军之背，晟以麾下百余骑驰之，左右呼曰："相公来！"贼闻之惊溃，官军追斩，不可胜计。朱泚、姚令言、张庭芝尚有众万人，相率遁走，晟遣田子奇追之，其余凶党相率来降。是日，晟军入京城，勒兵屯于含元殿前，晟舍于右金吾仗，仍号令诸军曰："晟实不武，上凭睿算，下赖士心，幸得歼厥凶

渠，肃清宫禁，皆三军之力也。长安士庶，久陷贼庭，若小有震惊，则非伐罪吊人之义也。晟与公等各有家室，离别数年，今已成功，相见非晚，五日内不得辄通家信，违命者斩。"乃遣京兆尹李齐运、摄长安令陈元众、摄万年令韦上仪告喻百姓，居人安堵，秋毫无所犯。尚可孤军人有擅取贼马者，晟大将高明曜房贼女妓一人，司马伷取贼马二匹，晟皆立斩之，莫敢忤视。士庶无不感悦，咸歔欷流涕，远坊居人，亦有经宿方知者。二十九日，令孟涉屯于白华，尚可孤屯望仙门，骆元光屯章敬寺，晟自屯于安国寺。是日，斩贼将李希倩等八人，徇于市。

六月四日，晟破贼露布至梁州，上览之感泣，群臣无不陨涕，因上寿称万岁，奏曰："李晟虔奉圣谟，荡涤凶丑。然古之树勋，力复都邑者，往往有之；至于不惊宗庙，不易市肆，长安人不识旗鼓，安堵如初，自三代以来，未之有也。"上曰："天生李晟，为社稷万人，不为朕也。"百官拜贺而退。是日，晟斩伪相李忠臣、张光晟、蒋镇、乔琳、洪经纶、崔宣等，又表守臣节不屈于贼者程镇之、刘迺、蒋沇、赵晔、薛岊等。

晟初屯渭桥时，荧惑守岁，久之方退，宾介或劝曰："今荧惑已退，皇家之利也，可速用兵。"晟曰："天子外次，人臣但当死节，垂象玄远，吾安知天道耶！"至是，谓参佐曰："前者士大夫劝晟出兵，非敢拒也，且军可用之，不可使知之。尝闻五纬盈缩无准，晟惧复来守岁，则我军不战而自溃。"参佐叹服，皆曰："非所及也。"寻拜晟司徒，兼中书令，实封一千户。

晟综理以备百司，令大将吴诜将兵三千至宝鸡清道，晟又请至凤翔迎鸾，不许。七月十三日，德宗至自兴元，浑瑊、韩游瑰、戴休颜以其兵扈从，晟与骆元光、尚可孤以其兵奉迎。时元从禁军及山南、陇州、凤翔之众，步骑凡十余万，旌旗连亘数十里，倾城士庶，夹道欢呼。晟以戎服谒见于三桥，上驻马劳之。晟再拜稽首，初贺元恶殄灭，宗庙再清，宫闱咸肃，抃舞感涕，跪而言曰："臣忝备爪牙之任，不能早诛妖逆，至銮舆再迁。及师至城隅，累月方殄贼寇，皆臣庸懦不任职之责，敢请死罪。"伏于路左。上为之掩涕，命给事中齐映宣旨，令左右起晟于马前。是月，御殿大赦，赠晟父钦太子太保，母王氏赠代国夫人，赐永崇里第及泾阳上田、延平门之林园、女乐八人。入第之日，京兆府供帐酒馔，赐教坊乐具，鼓吹迎导，宰臣节将送之，京师以为荣观。上思晟勋力，制纪功碑，俾皇太子书之，刊石立于东渭桥，与大地悠久，又令太子书碑词以赐晟。

晟以泾州倚边，屡害戎帅，数为乱阶，乃上书请理不用命者，兼备耕以枳棐，攘却西蕃，上皆从之。诏以晟兼凤翔尹、凤翔陇右节度使，仍充陇右泾原节度，兼管内诸军及四镇、北庭行营兵马副元帅，改封西平郡王。初，帝在奉天，凤翔军乱，杀其帅张镒，立小将李楚琳。至是楚琳入朝，晟请以楚琳俱往凤翔，将诛之，上以初复京师，方安反侧，不许。八月，晟至凤翔，理杀张镒之罪，斩王斌等十余人。初，朱泚乱时，泾州亦杀其帅冯河清，立别将田希鉴，方属播迁，不遑讨伐，以泾帅授之。至是，

晟奏曰："近者中原兵祸，皆起泾州，且其地逼西戎，易为反覆。希鉴凶徒，将校骄逆，若不惩革，终为后患。"从之。晟至凤翔，托以巡边，至泾州，希鉴迎谒，于坐执而诛之，并诛害河清者石奇等三十余人，具事以闻。上曰："泾州乱逆渠薮，非晟莫理之。"还镇，表右龙武军李观为泾原节度使，吐蕃深畏之。晟常曰："河、陇之陷也，岂吐蕃力取之，皆因将帅贪暴，种落携贰，人不得耕稼，展转东徙，自弃之耳。且土无丝絮，人苦征役，思唐之心，岂有已乎！"乃倾家财以赏降者，以怀来之。降虏浪息曩，晟奏封王，每蕃使至，晟必置息曩于坐，衣以锦袍、金带以宠异之。蕃人皆相指目，荣羡息曩。

蕃相尚结赞颇多诈谋，尤恶晟，乃相与议云："唐之名将，李晟与马燧、浑瑊耳。不去三人，必为我忧。"乃行反间，遣使因马燧以请和，既和，即请盟，复因盟以房瑊，因以卖燧。贞元二年九月，吐蕃用尚结赞之计，乃大兴兵入陇州，抵凤翔，无所房掠，且曰："召我来，何不以牛酒犒劳？"徐乃引去，持是间晟也。是役也，晟先令衙将王佖选锐兵三千，设伏于汧阳，诫之曰："蕃军过城下，勿击首尾，首尾纵败，中军力全，若合势攻汝，必受其弊。但俟其前军已过，见五方旗、武豹衣，则其中军也，突其不意，可建奇功。"佖如晟节度，果遇结赞。及出奋击，贼皆披靡，佖军不识结赞，故结赞仅而获免。十月，晟出师袭吐蕃摧沙堡，拔之，斩其堡使扈屈律悉蒙等，自是结赞数遣使乞和。十二月，晟朝京师，奏曰："戎狄无信，不可许。"宰相韩滉又扶晟议，请调军食以给晟，命将击之。上方厌兵，疑者帅生事邀功。会滉卒，张延赏秉政，与晟有隙，屡于上前间晟，言不可久令典兵。延赏欲用刘玄佐、李抱真，委于西北边事，俾立功以压晟，德宗竟纳延赏之言，罢晟兵柄。三年三月，册拜晟为太尉、中书令，奉朝请而已。其年闰五月，浑瑊与尚结赞同盟于平凉，果为蕃兵所劫，瑊单马仅免，将吏皆陷。六月，罢河东节度使马燧为司徒，尽中尚结赞之谋。

晟既罢兵权，朝谒之外，罕所过从。有通王府长史丁琼者，亦为张延赏所排，心怀怨望，乃求见晟言事，且曰："太尉功业太大，犹罢兵权，自古功高，无有保全者。国家倘有变故，琼愿备左右，狡兔三穴，盍早图之。"晟怒曰："尔安得不祥之言之！"遽执琼以闻。四年三月，诏为晟立五庙，以晟高祖芝赠陇州刺史，曾祖嵩赠泽州刺史，祖思恭赠幽州大都督。庙成，官给牲牢、祭器、床帐，礼官相仪以袝焉。

五年九月，晟与侍中马燧见于延英殿，上嘉其勋力，诏曰："昔我列祖，乘乾坤之荡涤，扫隋季之荒屯，体元御极，作人父母；则亦有熊罴之士，不二心之臣，左右经纶，参翊缔构，昭文德，恢武功，威不若，康不乂，用端命于上帝，付畀四方。宇宙既清，日月既贞，王业既成，太阶既平；乃图厥容，列于斯阁，懋昭绩效，式表仪形，一以不忘于朝夕，一以永垂乎来裔，君臣之义，厚莫重焉。贞元己巳岁秋九月，我行西宫，瞻宏阁崇构，见老臣遗像，颙然肃然，和敬在色，想云龙之叶应，感致来之艰难。睹往思今，取类非远。且功与时并，才为代生，苟蕴其才，

遇其时，尊主庇人，何代不有？在中宗，则桓彦范等著其辅戴之绩；在玄宗，则刘幽求等申翼奉之勋；在肃宗，则郭子仪扫殄氛祲；今则李晟等保宁朕躬。咸宣力肆勤，光复宗社。订之前烈，夫曷多谢，阙而未录，孰谓旌贤。况念功纪德，文祖所为也，在予曷其敢怠！有司宜叙年代先后，各图其像于旧臣之次，仍令皇太子书朕是命，纪于壁焉。庶播嘉庸，式昭于下，俾后来者尚挹清颜，知元勋之不朽。"复命皇太子书其文以赐晟，晟刻石于门左。

初，晟在凤翔，谓宾介曰："魏徵能直言极谏，致太宗于尧、舜之上，真忠臣也，仆所慕之。"行军司马李叔度对曰："此搢绅儒者之事，非勋德所宜。"晟敛容曰："行军失言。传称'邦有道，危言危行'。今休明之期，晟幸得备位将相，心有不可，忍而不言，岂可谓有犯无隐，知无不为者耶！是非在人主所择耳。"叔度惭而退。故晟为相，每当上所顾问，必极言匪躬。尽大臣之节。性沉默，未尝泄于所亲。临下明察，每理军，必曰某有劳，某能其事，虽厮养小善，必记姓名。尤恶下为朋党相构，好善嫉恶，出于天性。尝有恩者，厚报之。初，谭元澄为岚州刺史，尝有恩于晟，后坐贬于岳州；比贵贵，上疏理之，诏赠元澄宁州刺史。元澄三子，晟抚待勤至，皆为成就宦学，人皆义之。理家以严称，诸子侄非晨昏不得谒见，言不及公事，视王氏甥如己子。尝正岁，崔氏女归省，未及阶，晟却之曰："尔有家，况姑在堂，妇当奉酒醴供馈，以待宾客。"遂不视而遣还家，其达礼敦教如此。贞元九年八月薨，时年六十七。上震悼出涕，废朝五日，令百官就第临吊，命京兆尹李充监护丧事，官给葬具，赗赙加等。比大敛，上手书致意，送柩前，曰：

皇帝遣宫闱令第五守进致旨于故太尉、中书令、西平郡王、赠太师之灵曰："天祚我邦，是生才杰，禀阴阳之粹气，实山岳之降灵。弘济屯难，保佑王室；扫荡氛祲，廓清上京。忠诚感于人神，功业施于社稷，匡时定乱，实赖元勋。洎领上台，克谐中外，吁谟帝道，叶赞皇猷。常竭嘉言，以匡不逮，情所亲重，义无间然。方期与国同休，永为邦翰。比婴疾恙，虽历旬时，日冀瘳除，重期相见，弼予在位，终致和平。岂图药饵无征，奄至薨逝，丧我贤哲，亏我股肱，天不慭遗，痛惜何极，呜呼！大厦方构，旋失栋梁；巨川未济，遂亡舟楫。君臣之义，追恸益深，循省遗章，倍增感切。卿一门胤嗣，朕必终始保持。况愿等弟兄，承卿教训，朕之志义，岂忘平生？纵卿不言，朕亦存信。比者卿在之日，却未见朕深心，今卿与朕长乖，方冀知朕诚志。无以为念，发言涕零，是用躬述数行，贵写所怀得尽。临纸遗使，不能饰词，魂而有知，当体朕意。

册赠太师，谥曰忠武。晟薨后，城盐州，复盐池，上赐宰臣新盐，恻然思晟，乃令致盐于灵座。又时遣中使至晟第存抚诸子，教戒备至，闻愿等有一善，上喜形于色。眷遇终始，无与晟比。

元和四年，诏曰："夫能定社稷，济生人，存不朽之名，垂可久之业者，必报以殊常之宠，待以亲比之恩，与国无穷，时惟茂典。故奉天定难功臣、太尉、兼中书令、上柱国、西平郡王、食实封一千五百户、赠太师李晟，间代英贤，自天忠义，迈济时之宏算，抱经武之长材，贯以至诚，协于一德，尝遭屯难之际，实著戡定之功。鲸鲵既歼，宫庙斯复，眷兹勋伐，则既褒崇。永言天步之夷，载怀邦杰之力，思加崇于往烈，爰协比于后昆，睦以宗亲，将予厚意。其家宜令编附属籍。晟配飨德宗庙庭。"

晟十五子：侗、伷、偕，无禄早世；次愿、聪、总、愻、凭、恕、宪、愬、懿、听、慗、慇、聪、总官卑而卒，而愿、愬、听最知名。

愿，幼谦谨寡过，晟立大勋，诸子犹未官，宰相奏陈，德宗即日召愿拜银青光禄大夫、太子宾客、上柱国。旧制，勋至上柱国，赐门戟，即令赐愿，乃与父并列荣戟于门。九年，丁父忧。十二年，服阕，德宗召见愿等于延英，悯然久之曰："朕在宫中，常念卿等，追怀勋德，何日忘之。又闻卿等居丧有礼，朕甚嘉之。"各赐衣一袭，绢三千匹。愿依前授太子宾客，兄弟同日拜官者九人。寻转左卫大将军。元和元年八月，检校礼部尚书，兼夏州刺史、夏绥银宥等州节度使，威令简肃，甚得绥怀之术。客有亡马者，以状告愿，愿以状榜于路，悬金以购之。不三日，所亡马系之榜下，仍置书一缄云："马逸及群，不时告，罪当死，敢以良马一匹赎罪，并亡马谨纳于路。"愿付客亡马而纵其良马。境内严肃，多如此类。转徐州刺史、武宁军节度使。到镇，以青、郓不恭，奉命讨伐，屠城下邑，捷奏屡闻。无何，有疾，以其弟愬代为徐帅，入为刑部尚书。疾愈，检校尚书左仆射，兼凤翔尹、凤翔陇右节度使。然自是颇怠于为理，无复素志，声色之外，全不介怀。

长庆二年二月，检校司空，兼汴州刺史、宣武军节度使。先是，张弘靖为汴帅，以厚赏安士心。及愿至，帑藏已竭，而愿恣其奢侈，门内数百口，仰给官司，不恤军政，赏赉不及弘靖时，而以威刑驭下。又令妻弟窦缪举亲兵，缪亦骄傲黩货，以是群情聚怨。是岁七月四日夜，牙将李臣则、薛志忠、秦邻等三人宿直，突入窦缪帐中，斩缪首以徇。愿闻有变，与左右数人露发而走，登子城北楼，悬缒而下，由水窦而出。比晓，行十数里，遇野人驱驴，夺而乘之，得至郑州。愿妻窦氏死于乱兵之手，子三人匿而获免，仆妾为军士所俘。城中大掠三日，乃立其牙将李齐为留后，以邀旌钺，月余，方诛之。愿坐贬随州刺史。朝廷念晟之勋，终不加罪，入为左金吾卫大将军。长庆四年六月，复检校司空，兼河中尹，充河中、晋、绛、慈、隰节度使。河中之政，亦如岐、梁。加以愿结托权幸，厚介赂遗，赋入随尽，军府萧然，赖遽衷终，不尔，蒲人必有更变。宝应元年六月卒，赠司徒。

愬以父荫起家，授太常寺协律郎，迁卫尉少卿。愬早丧所出，保养于晋国夫人王氏，及卒，晟以本非正室，令服缌，号哭不忍，晟感之，因许服缞。既练，丁父忧，愬与仲弟宪庐于墓侧，德宗不许，诏令归第。居一宿，徒跣复往，上知不可夺，遂许终制。服阕，授右庶子，转少府监、左庶子。出为坊、晋二州刺史。以理行殊异，加金紫光禄大夫。复为庶子，累迁至太子詹事，宫苑闲厩使。

愬有筹略，善骑射。元和十一年，用兵讨蔡州吴元济。七月，唐邓节度使高霞寓战败，又命袁滋为帅，滋亦无功。愬抗表自陈，愿于军前自效。宰相李逢吉亦以愬才可用，遂检校左散骑常侍，兼邓州刺史、御史大夫，充随、唐、邓节度使。兵士摧败之余，气势伤沮，愬揣知其情，乃不肃军阵，不齐部伍。或以不肃为言，愬曰："贼方安袁尚书之宽易，吾不欲使其改备。"乃给告三军曰："天子知愬柔而忍耻，故令抚养尔辈。战者，非吾事也。"军众信而乐之。愬又散其优乐，未尝宴乐，士卒伤痍者，亲自抚之。贼以尝败高、袁二帅，又以愬名位非所畏惮者，不甚增其备。愬沉勇长算，推诚待士，故能用其卑弱之势，出贼不意。居半岁，知人可用，乃谋袭蔡，表请济师。诏河中、鄜坊骑兵二千人益之，由是完缉器械，阴计戎事。尝获贼将丁士良，召入与语，辞气不挠，愬异之，因释其缚，置为捉生将。士良感之，乃曰："贼将吴秀琳总众数千，不可遽破者，用陈光洽之谋也。士良能擒光洽以降秀琳。"愬从之，果擒光洽。十二月，吴秀琳以文成栅兵三千降。愬乃径徙之新兴栅，遂以秀琳之众攻吴房县，收其外城。初，将攻吴房，军吏曰："往亡日，请避之。"愬曰："贼以往亡谓吾不来，正可击也。"及战，胜捷而归。贼以骁骑五百追愬，愬下马据胡床，令众悉力赴战，射杀贼将孙忠宪，乃退。或劝愬遂拔吴房，愬曰："取之则合势而固其穴，不如留之以分其力。"

初，吴秀琳之降，愬单骑至栅下与之语，亲释其缚，署为衙将。秀琳感恩，期于效报，谓愬曰："若欲破贼，须得李祐，某无能为也。"祐者，贼之骑将，有胆略，守兴桥栅，常侮易官军，去来不可备。愬召其将史用诚诫之曰："今祐以众获麦于张柴，尔可以三百骑伏旁林中，又使摇旆于前，示将焚麦者。祐素易我军，必轻而来逐，尔以轻骑搏之，必获祐。"用诚等如其料，果擒祐而还。官军常苦祐，皆请杀之，愬不听，解缚而客礼之。愬乘间常召祐及李忠义，屏人而语，或至夜分。忠义，亦降将也，本名宪，愬致之。军中多谏愬，愬益宠祐。始募敢死者三千人以为突将，愬自教习之。愬将袭元济，会雨水，自五月至七月不止，沟塍溃溢，不可出师。军吏咸以杀祐为言，简翰日至，且言得贼谍者具言其事。愬无以止之，乃持祐泣曰："岂天意不欲平此贼，何尔一身见夺于众口！"愬又虑诸军先以谤闻，则不能全祐，乃械送京师，先表请释，且言："必杀祐，则无以成功者。"比祐至京，诏特以还愬，乃署为散兵马使，令佩刀巡警，出入帐中，略无猜闲。又改为六院兵马使。旧军令，有舍贼谍者屠其家，愬除其令，因使厚之，谍反以情告愬，愬益知贼中虚实。

陈许节度使李光颜勇冠诸军，贼悉以精卒抗光颜。由是愬乘其不备，十月，将袭蔡州。其月七日，使判官郑澥告师期于裴度。十日夜，以李祐率突将三千为先锋，李忠义副之，愬自帅中军三千，田进诚以后军三千殿而行。初出文成栅，众请所向，愬曰："东六十里止。"至贼境，曰张柴寨，尽杀其戍卒，令军士少息，缮鞯鞲甲胄，发刃彀弓，复建旆而出。是日，阴晦雨雪，大风裂旗旆，马栗而不能跃，士卒苦寒，抱戈僵仆者道路相望。其川泽梁径险夷，张柴已东，师人未尝蹈其境，皆谓投身不测。初至张柴，诸将请所止，愬曰："入蔡州取吴元济也。"诸将失色。监军使哭而言曰："果落李祐计中！"愬不听，促令进军，皆谓必生还，然已从愬之令，无敢为身计者。愬道分五百人断洄曲路桥，其夜冻死者十二三。又分五百人断朗山路。自张柴行七十里，比至悬瓠城，夜半，雪愈甚。近城有鹅鸭池，愬令惊击之，以杂其声。贼恃吴房、朗山之固，晏然无一人知者。李祐、李忠义坎墉而先登，敢锐者从之，尽杀守门卒而登其门，留击柝者。黎明，雪亦止，愬入，止元济外宅。蔡吏告元济曰："城已陷矣。"元济曰："是洄曲子弟归求寒衣耳。"俄闻愬军号令将士云："常侍传语。"乃曰："何常侍得至于此？"遂驱率左右乘子城拒捍。田进诚以兵环而攻之。愬计元济犹望董重质来救，乃令访重质家安恤之，使其家人持书召重质。重质单骑而归愬，白衣泥首，愬以客礼待之。田进诚焚子城南门，元济城上请罪，进诚梯而下之，乃槛送京师。其申、光二州及诸镇兵尚二万余人，相次来降。

自元济就擒，愬不戮一人，其为元济执事帐下厨厩之间者，皆复其职，使之不疑。乃屯兵鞠场以待裴度。翌日，度至，愬具橐鞬候度马首。度将避之，愬曰："此方不识上下等威之分久矣，请公因以示之。"度以宰相礼受愬迎谒，众皆耸观。明日，愬军还于文成栅。十一月，诏以愬检校尚书左仆射，兼襄州刺史、山南东道节度、襄邓随唐复郢均房等州观察等使、上柱国，封凉国公，食邑三千户，食实封五百户，一子五品正员。

宪宗有意复陇右故地，元和十三年五月，授愬凤翔陇右节度使，仍诏路由阙下。愬未发，属李师道再叛，诏田弘正、义成、宣武等军讨之，乃移愬为徐州刺史、武宁军节度使，代其兄愿。兄弟交换岐、徐二镇，旬日间再践父兄之任。愬至徐方，理兵有方略。时蔡将董重质贬春州司户，愬上表请愬重质赐之，堪于军前驱使，即诏征还送武宁军，愬乃署为牙将。愬破贼金乡，凡十一战，擒贼将五十，俘斩万计。淄青平，将有事燕、赵。元和十五年九月，以愬检校左仆射、同中书门下平章事、潞州大都督府长史、昭义节度使，仍赐兴宁里第。十月，王承宗卒，魏博田弘正移任镇州。愬至潞州，四月，迁魏州大都督府长史、魏博节度使。长庆元年，幽、镇复乱，愬闻之，素服以令三军："魏人所以富庶而能通知圣化者，由田公故也。天子以其仁而爱人，俾理镇、冀。且田公出于魏，抚师七年，一旦镇人不道，敢兹残害，以魏为无人也。若父兄子弟食田公恩者，其何以报？"众皆恸哭。又以玉带、宝剑与牛元翼，遣使谓之曰："吾先人常以此剑立大勋，吾又以此剑平蔡寇，今镇人叛逆，公以此翦之。"元翼承命感激，乃以剑及带令于军中，报之曰："愿以众从，竭其死力。"方有制置，会疾作，不能治军，人违纪律，功遂无成。朝廷以田布代之，除太子少保，归东都。是年十月，卒于洛阳，时年四十九。穆宗闻之震悼，赠赗加等，赠太尉。

始，晟克复京城，市不改肆；及愬平淮蔡，复踵其美。父子仍建大勋，虽昆仲皆领兵符，而功业不侔于愬，近代无以比伦。加以行己有常，俭不违礼，弟兄席父勋宠，率以仆马第宅相矜，唯愬六迁大镇，所处先人旧宅一院而已。晚岁忽于取士，辟请不得其人，至使吏缘为奸，军政不肃，物论稍减，惜哉！

听七岁，以荫授太常寺协律郎，常入公署，吏胥小之，不为致敬，听令鞭之见血，父晟奇之。后随吐突承璀讨王承宗，为神策行营兵马使。时昭义卢从史持两端，无心讨贼，承璀用听计，擒从史以献。转左骁卫将军、兼御史中丞。出为安州刺史，随鄂岳观察使柳公绰讨吴元济，军中动静，悉用听谋，军声遂振。元和中，讨李师道，听为楚州刺史，统淮南之师。郓人素易淮军，听潜训练，出其不意，趋海州，据险要，破沭阳兵，降朐山戍，怀仁、东海两城望风乞降，山东平。元和十四年五月，以功授检校左散骑常侍、夏州刺史、夏绥银宥节度使。十五年六月，改灵州大都督府长史、灵盐节度使。境内有光禄渠，废塞岁久，欲起屯田以代转输，听复开决旧渠，溉田千余顷，至今赖之。就加检校工部尚书。

初，听为羽林将军，有名马，穆宗在东宫，令近侍讽听献之，听以职总亲军，不敢从。及即位之始，幽、冀不廷，太原与二镇接境，方议易帅，宰臣进拟，上皆不允，谓宰臣曰："李听为羽林将军，不与朕马，是必可任。"长庆二年二月，授检校兵部尚书、太原尹、北京留守、河东节度使，代裴度。四年七月，转滑州刺史、义成军节度使。大和二年，讨李同捷。时魏博行营将亓志沼潜结沧、镇，擅回戈攻其帅史宪诚。诏听帅师之，大破其叛卒，志沼奔镇州，为王庭凑所杀，听遂凯旋，以功封凉国公，授一子五品官。王庭凑再违朝旨，诏听以全师屯贝州。路由魏州，史宪诚惧听见袭，衷甲郊迎，候吏密白听，乃令兵士匿刃櫜弓，休于野外，魏人遂安。后宪诚欲入觐，竭其府库，魏人怨之，杀宪诚，衙军立其大将何进滔。诏听兼领魏博节度使，将兵北渡，魏人不纳听，乘城拒守，乃屯兵馆陶。魏兵遽袭，听不为备，其军大败，无复部伍，昼夜奔走，仅而获免，丧师过半，辎车兵仗并皆委弃。御史中丞温造、殿中侍御史崔蠡弹之曰：

臣闻赏罚不立，无以示天下；是非一贯，莫能建大中。窃见义成军节度使李听，昨者资其积藉，委以统戎，俾代宪诚，付之雄镇。总二万虎貔之旅，位极宠荣；兼两藩节制之权，心无报效。况陛下授以神算，假以天威，入魏之期，克日先定。而听拥旄观望，按甲迁延，荧惑人心，逗挠军政。遂使宪诚陷于屠戮，乱众肆其奸凶，失六郡于垂成，固危巢于已覆。委贝州而不守，烧劫无遗；望浅口而疾驱，狼狈就道。自图苟免，不吝苞羞，蔑弃宪章，有同儿戏。魏州之乱，职听之由，论其负恩，万死犹幸。伏以封常清河南失律，斩于关门；高霞寓唐邓破伤，投诸遐裔；浑镐节制易定，将战而兵力不支；袁滋逗留西川，欲进而凶渠尚在。或亲当矢石，或躬历艰危，势屈贼锋，竟申朝典，未曾贷法，必震皇威。今李听罪状凤闻，中外愤惋，比之常清等辈，万万过之。若陛下犹示含弘，不置极法，臣等恐典章坠地，天下寒心。伏请付法。

上不之罪，罢兵柄，为太子少师。听颇赂遗权幸以为援，居无何，复检校司徒，起为邠宁节度使。邠州衙厅，相传不利葺修，以至黦坏，听曰："帅臣凿凶门而出，岂有拘于巫祝而黦公署耶！"遂命葺之，卒无变异。大和六年，转武宁军节度使。时听有苍头为徐州将，不欲听至，听先使亲吏慰劳徐人，为苍头所杀。听不敢进，固以疾辞，用为太子太保。七年，出守凤翔，时人荣之。九年，改陈许节度使，未至镇，复除太子太保分司。开成元年，出为河中尹、河中晋慈隰节度使。四年，以疾求代，除太子太保。是岁十月卒，时年六十一，赠司徒。

听十领节旄，所不至者三镇。莅官苛细，好将迎遗赂，故急于聚敛，穷极侈欲。位至一品，竟终膴下，非西平之遗德，焉能及此乎！

宪，晟第五子。晟十子，宪、愬最仁孝。及长，好儒术，以礼法修整，起家太原府参军、醴泉县尉。于頔镇襄阳，辟为从事。时吴少诚据淮西，独惮頔之威，当时咸以宪谋画致之。元和八年，田弘正以魏博奉朝旨，辟宪为从事，授卫州刺史，迁绛州，所至以理行称。入为宗正少卿，迁光禄卿。穆宗即位，以太和公主降回鹘，命金吾大将军胡证充送公主使，命宪副之。使还，献《入蕃道里记》，迁检校左散骑常侍，兼太府卿。出为洪州刺史、江西观察使。大和二年，转岭南节度使。宪虽勋伐之家，然累历事任，皆以吏能擢用，所履官秩，政绩流闻。性本明恕，尤精律学，屡详决冤狱，活无罪者数百人。以能入官，官无败事，士君子多之。大和三年八月卒，时年五十六。

凭累历诸卫大将军，愬太子洗马，并以荫授官，累迁至少卿监。慧累官至右龙武大将军，沉湎酒色，恣为豪侈，积债至数千万。其子贷回鹘钱一万余贯不偿，为回鹘所诉，文宗怒，贬慧为定州司法参军。

王佖，晟之甥。雄武善骑射，自晟河西、河北出师，佖无役不从。朱泚之乱，晟攻贼于光泰门，贼锋尚劲，佖与兵马使李演逾苑墙血战，败贼前锋，诸军互振，论功为神策将。吐蕃之寇泾原，佖伏卒击尚结赞，几获，由是深为吐蕃所畏。晟视佖恩宠与愿、愬不殊，给与过之。晟既为张延赏媒蘖罢兵权，亦不用佖为将帅，入为左卫上将军。元和中，愿、愬兄弟在方镇，佖检校工部尚书、灵州大都督府长史、朔方灵盐节度使。先是，吐蕃欲成乌兰桥于河壖，先贮材木，朔方节度使每遣人潜载之，委于河流，终莫能成。至是，蕃人知佖贪而无谋，先厚遗之，然后并役成桥，仍筑月城围守。自是朔方御寇不暇，边上至今为恨。长庆三年四月卒。

史臣曰：西平器伟材雄，人望而畏，出身事主，落落有将帅之风，见义能勇，听受不疑，忠于事君，长于应变，诚一代之贤将也。观恒山之役，立谈释二帅之憾；泾师之乱，号哭赴奉天之危，可不为忠义乎！对白华之进军，知平凉之必诈，沮星变之议，移渭桥之军，可不为应变乎！解带结孝忠之心，请婚释延赏之怨，嫉恶有楚琳之请，惩乱行希鉴之诛，可不为明于决断乎！而德宗皇帝听断不明，无人君之量，俾功臣困谗慝之口，奸人秉衡石之权，丁琼之言，诚堪太息。虽醒醒刻渭桥之石，区区赐烟阁之铭，亦何心哉！作善遗庆，诸子俱才，元和平贼之功，听、愬居其半。父子昆弟，皆以功名始终，道家所忌之谈，李氏以善胜矣。

赞曰：桓桓太师，义勇天资。运钟祸乱，力拯颠危。愬事章武，诛蔡平齐。凌烟画图，父子为宜。

卷一百三十四　　列传第八十四

马燧 子畅 燧兄炫　浑瑊 子镐 钧

马燧，字洵美，汝州郏城人，其先自右扶风徙焉。祖珉，官至左玉钤卫仓曹。父季龙，尝举明《孙》、《吴》，俶傥善兵法，官至岚州刺史、幽州经略军使。燧少时，尝与诸兄读书，乃辍卷叹曰："天下将有事矣，丈夫当建功于代，以济四海，安能茕茕为一儒哉！"燧姿度魁异，长六尺二寸，沉勇多智略，该涉群书，尤善兵法。

安禄山反，俾光禄卿贾循留守范阳。燧说循曰："禄山负恩首乱，虽陷洛城，必当夷灭。公盍建不代之功，诛其逆将向润客、牛廷玠，拔其根柢，禄山西不能入关，则坐而受擒，天下可定也。"循虽善之，计不时决，事泄，禄山果遣韩朝阳来召循。朝阳至范阳，与循语，阴伏壮士以弓弦缢杀之。燧脱身走西山，隐者徐遇匿之。逾月，间行归平原。平原不守，复走魏郡。

宝应中，泽潞节度使李抱玉署奏赵城尉。是时回纥大军还国，恃复东都之功，倔强恣睢，所过或房掠廪粟，供饩小不如意，恣行杀害。抱玉具供办，宾介皆惮不敢行，燧自赞请主邮驿。比回纥至，则先赂其渠帅，与明要约，回纥乃授燧旗帜以识，犯令者命燧戮之。燧取死囚给左右厮役，小违令，辄杀之。回纥相顾失色，房涉其境，无敢暴掠。抱玉益奇之。燧因说抱玉曰："属者与回纥言，燧得其情。今仆固怀恩恃功树党，李怀仙、张忠志、薛嵩、田承嗣分授疆土，皆出于怀恩，其子玚佻勇不义。以燧度之，将必窥太原西山以为乱，公宜深备之。"无何，怀恩果与太原都将李竭诚通谋，将取太原，其帅辛云京觉之，斩竭诚，固城自守，怀恩遣其子玚率兵围之。初，回纥北归，遣其将安恪、石常庭将兵数百及诱募附丽者复数千人以守河阳，东都所房掠重货，悉积河阳。是时，怀恩遣薛嵩自相、卫馈粮以绝河津。抱玉令燧诣薛嵩说之，嵩乃绝怀恩从顺。署奏左武卫曹。历太了通事舍人，迁著作郎、营田判官。无几，迁秘书少监、兼殿中侍御史，为节度判官、承务郎，迁郑州刺史。燧乃劝课农亩，总其户籍，岁一税之，州人以为便。大历四年，改怀州刺史。乘乱兵之后，其夏大旱，人失耕稼；燧乃务修教化，将吏有父母者，燧辄造之施敬，收葬暴骨，去其烦苛。至秋，界中生穞谷，人颇赖之。

抱玉移镇凤翔，以汧阳被边，署奏陇州刺史、兼御史中丞。州西有通道，广二百余步，上连峻山，山与吐蕃相直，房每入寇，皆出于此。燧乃按行险易，立石种树以塞之，下置二门，设篱櫓，八日而功毕。会抱玉入觐，与燧俱行。久之，代宗知其能，召见，拜商州刺史、兼御史中丞、防御水陆运使。

大历十年，河阳三城兵乱，逐镇将常休明，以燧检校左散骑常侍、御史大夫、河阳三城使。十一年五月，汴州大将李灵耀反，因据州城，绝运路，以邀节制。代宗务姑息人，因授灵耀汴、宋等八州节度留后。灵耀不受命。乃潜结魏博；田承嗣乃遣兄子悦将兵援灵耀，破永平军将刘洽。诏燧与淮西节度使李忠臣合军讨灵耀。忠臣惧贼，焚庐舍西走。燧劝其还兵，请为前锋，击破田悦，进逼汴州。忠臣行汴南，燧引军行汴北，又败灵耀将张清于西梁固。灵耀选锐兵八千，号为"饿狼军"；燧独引军击破之，进至浚仪。是时，河阳兵冠诸军。承嗣又遣悦将兵二万救灵耀，破永平军将杜如江，略曹州，又败李正己游军，击走刘洽、长孙全绪等军，乘胜去汴州一舍，方阵而进。忠臣会宋州、淮南、浙西兵，与战不利，请救于燧，燧引四千人为奇兵击破之，田悦匹马遁去。灵耀知悦败，明日以百骑夜走，汴州悉降。燧让功于忠臣。忠臣素暴戾，燧不欲入汴城，乃引军退舍于板桥。忠臣入城，果专其功，因会击杀宋州刺史李僧惠。燧还河阳。

大历十四年六月，检校工部尚书、太原尹、北都留守、河东节度留后，寻为节度使。太原承前政鲍防百井败军之后，兵甲寡弱，燧乃悉召将吏牧马厮役，得数千人，悉补骑卒，教之数月，为精骑。造甲者必令长短三等，称其所衣，以便进趋。又造战车，蒙以犀貌象，列戟于后，行则载兵甲，止则为营阵，或塞险以遏奔冲，器械无不犀利。居一年，陈兵三万，开广场以习战阵，教其进退坐作之势。

建中二年六月，朝于京师，加检校兵部尚书，令还太原。初，田悦新代承嗣统兵，恐人不附己，诈效诚款，燧上疏明其必反，宜先备之。其年，悦果与淄青、恒冀通谋，自将兵三万围邢州，次临洺，筑重城，绝其内外，以拒救兵。邢州将李洪、临洺将张伾，皆坚守不拔。昭义军告急，乃诏燧将步骑二万与昭义节度使李抱真、神策行营兵马使李晟合军救临洺。燧军出邺口，兵未过险，乃遣持书喻悦，且示之好，悦谓燧畏之。十一月，师次邯郸，悦遣使至，燧皆斩之以徇；遣兵击破其支军，射杀其将成炫之。悦自攻临洺，遣大将杨朝光将兵万人，于临洺南双冈东西列二栅以御燧。燧乃率李抱真、李晟进军，营于二栅之中。其夜，东栅走归悦。明日，燧进军营明山，取其弃栅以置辎重。悦谓其吏曰："朝光坚栅不下万人，假令燧等尽锐攻之，比数日，计不能下，杀伤必甚。吾此必拔临洺，赏劳军士而与之战，必胜之术也。"悦乃分恒州李惟岳救兵五千以助朝光，燧率军攻朝光，田悦将万余人救之。燧乃令大将李自良、李奉国将骑兵合神策军于双冈御之，令曰："令悦得过，当斩尔！"自良等击却悦。燧乃令推火车以焚其栅，斩朝光及大将卢子昌，斩首五千余级，生虏八百余人。居五日，进军至临洺，田悦悉军复战。燧自将锐兵扼其冲口，凡百余合，士皆决死，悦兵大败，斩首万余级，生房九百人，得谷三十万斛，器甲称是。悦收败兵夜遁，邢州围亦解。以功加右仆射。先战，燧誓军中，战胜请以家财行赏，既胜，尽出其私财以颁将士。德宗嘉之，诏度支出钱五万贯行赏，还燧家财。寻加魏博招讨使。

三年正月，田悦求救于淄青、恒冀，李纳遣大将卫俊将兵万人救悦，李惟岳亦遣兵三千赴援。悦收合散卒二万余人，壁于洹水，淄青军其东，恒冀军其西，首尾相应。燧率诸军进屯于邺，奏请益河阳兵，诏河阳节度使李芃将兵会之。军次于漳，悦遣将王光进以兵守长桥，筑月城以为固，军不得渡。燧乃于下流以车数百乘，维以铁锁，锁绝中流，实以土囊以遏水，水稍浅，诸军毕渡。是时军粮少，悦深壁不战，欲老燧军。燧令诸军持十日粮，进次仓口，与悦夹洹水而军。抱真与李芃问曰："粮少而深入，何也？"燧曰："粮少利速战，兵法善于致人，不致于人。今田悦与淄青、恒三军为首尾，计欲不战，以老我师；若分军击其左右，兵少未可必破，悦且来救，是前后受敌也。兵法所谓攻其必救，彼固当战也，燧与诸军合而破之。"燧乃造三桥道逾洹水，日挑战，悦不敢出。恒州兵以军少，惧为燧所并，引军合于悦。悦谓燧明日复挑战，乃伏兵万人，欲邀燧。燧乃令诸军半夜皆食，先鸡鸣时击鼓吹角，潜师傍洹水径趋魏州，令曰："闻贼至，则止为阵。"又令百骑吹鼓角，皆留于后，仍抱薪持火，待军毕发，止鼓角置其旁，伺悦军毕渡，焚其桥。军行十数里，悦乃率淄青、恒州步骑四万余人逾桥掩其后，乘风纵火，鼓噪而进。燧乃坐，申令无动，命前除草斩榛棘广百步以为阵；燧出阵，募勇力得五千余人，分为前列，以俟贼至。比悦军至，则火止气乏，力少衰，乃纵兵击之，悦军大败。时神策、昭义、河阳军小却，河东军既胜，诸军还斗，合击又大破之。迫洹水，悦军走桥，桥已焚矣。悦军乱，赴水，斩首二万余级，杀大将孙晋卿、安墨啜，生获三千余人，溺死者不可胜纪。淄青军殆尽，死者相枕藉三十余里。悦收败卒千余人走魏州，至门，州将李长春闭门不纳。久之，追兵不至，比明，乃纳悦。悦既入，杀长春，婴城自守。数日，李再春以博州降，悦兄昂以洺州降，王光进以长桥降。悦遣符璘、李瑶将五百骑送淄青兵还镇，璘、瑶因来降燧。魏州先引御河入城南流，燧令塞其领口，河流绝，城中益恐。悦乃遣许士则、侯臧徒步间行说朱滔、王武俊，借兵求救。时王武俊已杀李惟岳，传首京师，授武俊恒冀观察都防御使；时武俊同列张孝忠已为易定节度使，武俊独为防御使，又割赵、深二州为一镇，以康日知为观察使，甚为怨望，且素轻孝忠，耻名在下。时朱滔讨李惟岳，拔深州，求隶幽州不得，亦怨望。由是滔、武俊同谋救悦。悦恃燕、赵之援，又出兵二万背城而阵，燧复与诸军击破之。五月，加燧同中书门下平章事。六月，朱滔、王武俊联兵五万来救悦，至于城下。诸帅议退兵，燧固不可，德宗遣朔方节度使李怀光将朔方军步骑万五千人赴燧。是月晦，怀光亦至。怀光勇而无谋，军至之日，未休息，坚请与滔等战，王师不利。悦等决水灌燧等军，燧兵屈粮少，七月，燧与诸军退次魏县。是月，诏加燧魏州大都督府长史，兼

魏、博、贝四州节度、观察、招讨等使。田悦、朱滔、王武俊军亦至魏县，与官军隔河对垒。十一月，三盗于魏县军中递相推奖王号：朱滔称冀王，田悦称魏王，王武俊称赵王；又遣使于李纳，纳称齐王。四道共推淮西李希烈为天下兵马元帅、太尉、建兴王，皆伪署官号，如国初行台之制，而名目颇有妖僻者，然未敢伪称年号。而五盗合从图倾社稷，两河鼎沸，寇盗横行；燧等虽志在勤王，竟莫能驱攘患难。

四年十月，泾师犯阙，帝幸奉天，燧引军还太原。议者云："燧若乘田悦洹水之败，并力攻之，时城中败卒无三二千人，皆夷伤未起，日夕俟降；燧与抱真不和，迁延于击贼，乃致三盗连结，至今为梗，职燧之由。"燧至太原，遣行军司马王权将兵五千赴奉天，又遣男汇及大将之子与俱来，壁于中渭桥。及帝幸梁州，权、汇领兵还镇。燧以晋阳王业所起，度都城东面平易受敌，时天下骚动，北边数有警急，乃引晋水架汾而注城之东，潴以为池，寇至计省守陴者万人；又决汾水环城，多为池沼，树柳以固堤。寻兼保宁军节度使。

兴元元年正月，加检校司徒，封北平郡王。七月，德宗还京，加燧奉诚军及晋、绛、慈、隰节度并管内诸军行营副元帅，令与侍中浑瑊、镇国军节度使骆元光同讨河中。初，李怀光据河中，燧遣使招谕之，怀光妹婿要廷珍守晋州，衙将毛朝敫守隰州，郑抗守慈州，皆相次降燧。初，王武俊自魏县还镇，虽去伪号，而困围赵州不解，康日知窘蹙，欲弃赵州，燧奏曰："可诏武俊与抱真同击朱滔，以深、赵隶武俊，请改日知为晋、慈、隰节度使。"日知未至而三州降燧，故又加燧晋、慈、隰节度使。燧乃表让三州于日知，且言因降而授之，恐后有功者踵以为常。上嘉而许之。燧乃遣使迎日知，既至，籍府库而归之，日知喜且过望。

九月十五日，燧帅步骑三万次于绛，分兵收夏县，略稷山，攻龙门，降其将冯万兴、任象玉。燧以兵攻绛州，十月，拔其外城，其夜伪刺史王克同与大将达奚小进弃城走，降其众四千人。又遣大将李自良、谷秀分兵略定闻喜、夏县、万泉、虞乡、永乐、猗氏六县，降其将辛忱及兵五千人。谷秀以犯令虏士女，斩之以徇。

贞元元年，军次宝鼎，败贼骑兵于陶城，前锋将李黯追击之，射杀贼将徐伯文，斩首万余级，获马五百匹。是岁，天下蝗旱，物价腾踊，军乏粮饷，而京师言事多请舍怀光，上意未决。燧以怀光逆节尤甚，河中密迩京邑，反覆不可保信，舍之无以示天下，虑上为左右所惑，且兵事尚密。六月，燧乃舍军以数百骑朝于京师。比召见，燧曰："臣虽不武，得刍粮支一月，足以平河中。"上许之。

七月，燧因朝京师，乃与浑瑊、骆元光、韩游瑰合军，次于长春宫。怀光将徐廷光以兵六千守宫城，御备甚严。燧度长春不下，则怀光自固，攻之旷日持久，所伤必甚，乃挺身至城下呼廷光。廷光素惮燧威名，则拜于城上。燧度廷光心已屈，乃徐谓之曰："我来自朝廷，可西面受命。"廷光复拜。燧乃喻之曰："公等皆朔方将士，禄山以来，首建大勋，四十余年，功伐最高，奈何弃祖父之勋力，背君

上，为族灭之计耶！从吾，非止免祸，富贵可图也。"贼徒皆不对。燧又曰："尔以吾言不诚，今相去不远数步，尔当射我！"乃披襟示之。廷光感泣俯伏，军士亦泣下。先一日，贼焦篱堡守将尉珪以兵二千因堡降燧；廷光东道既绝，乃率众出降。燧以数骑径入城，处之不疑，莫不畏服，众大呼曰："吾辈复得为王人矣！"浑瑊由是服燧，私谓参佐曰："予尝谓马公用兵与予不相远，但惊怪累败田悦；今观其行兵料敌，吾不迨远矣！"八月，燧移军于焦篱堡。其夜，贼太原堡守将吴冏弃堡而遁，其下皆降。燧率诸军济河，兵凡八万，阵于城下。是日，贼将牛名俊斩怀光首以城降。其守兵犹一万六千人，斩贼将阎晏、孟宝、张清、吴冏等七人以徇，为怀光胁胁者皆舍之。

燧自朝京师还行营，凡二十七日而河中平。诏书褒美，迁光禄大夫，兼侍中，仍与一子五品正员官。宴赐毕，还太原。是行也，德宗赐燧《宸扆》、《台衡》二铭。序曰：

朕每览上古之书，用及唐、虞之际，君臣相得，圣贤同时，日夕孜孜，讲论至道，或陈其鉴诫，或讽以咏歌，焕乎典谟，百代是式，有以见启沃之道，理化之端，意甚慕之，而未能迨也。顷灵盐节度使杜希全著书上献，多所规谏，聊为《君臣箴》，用答其意。河东等道副元帅、司徒燧固请勒石，贻厥后人。朕以文既非工，义又非备，垂诸来裔，良所恧焉。起予者商，因之有作，庶乎朝夕自儆，且俾后代知我文武殿邦之臣欤。

《宸扆铭》曰：

天生蒸人，性命元淳，嗜欲交驰，利害纠纷。无主乃乱，树之以君，九域茫茫，万情云云。目不备睹，耳难遍闻，睹之闻之，矧又非真。事失其源，道远莫亲，理得其要，化行如神。失源维何，不自正身，正身之方，先诚其意。罔从尔欲，罔载尔伪，体道崇德，本仁率义。必信若寒暑，无私象天地，感而遂通，百虑一致。任人之术，各当其器，舍短从长，理无求备。事多总集，众才咸遂，知而必任，任而勿贰。以天下之目为鉴，我鉴斯明；以天下之心为谋，我谋则智。求贤惟广，辨理惟精，逆耳咈心，必嘉乃诚。顺旨苟容，亦察其情，斥去奸谀，全度忠贞。先人立言，为代作程，谔谔者昌，唯唯者倾，系以兴亡，曷云其轻。承天子人，夫岂不贵？伊昔哲王，夙夜祗畏。驭朽为戒，纳隍为志，神将害盈，天匪假易。四海为家，夫岂不富？伊昔哲王，勤俭固陋。土阶罔饰，露台罢构，远奇伎淫巧，放珍禽怪兽。敬之慎之，天命可祐。欲令必行，顺人之情，欲诚必著，清己之虑，心无亿诈，事必息怨。凡将有为，靡不三思，喜怒以节，动静以时。毫厘或差，祸害亦随，慢易厥初，悔其曷追。刑不可长，武不可恃，作威逞力，厉阶斯起。垂疏蔽聪，黈纩塞耳，含弘光大，是亦为美。覆之如天，爱之如子，仁心感人，率土自理。嗟予寡昧，嗣守丕图，寇戎荐兴，德化未孚。大业兢兢，其敢于渝，俯察物情，仰稽典谟，作诚斯言，置于坐隅。

《台衡铭》曰：

天列台星，垂象于人，圣人则天，亦建辅臣。以翼以弼，为衡为钧，如耳目应心，如股肱运身，是则同体，孰云非亲？阴阳相推，四序成岁，君臣相得，万邦作乂。感同风云，合若符契，以道匡救，尽规献替，木必从绳，金其用砺。帝者之盛，时惟陶唐，乃闻畴咨，仄陋明扬。泊乎有虞，二八腾芳。爰追伊尹，相于成汤。载生姜牙，谅彼武王。道无不行，谋无不臧，君圣臣贤，运泰时康。汉高既兴，萧、曹亦彰。烈烈我祖，膺期而昌，划灭群凶，砥平四方。惟卫及英，启辟封疆；曰房与杜，振理维纲；亦有魏徵，忠謇昂昂。伟兹众材，为栋为梁，荡荡巍巍，邦家有光。是知道之废兴，系于时主，主之得失，资于台辅。经之以文，纬之以武，出为方、伯，入作申、甫，绝维载张，阙衮斯补。惟德是倚，惟才是求，人不易知，德亦难周。傅说板筑，夷吾射钩，任之不疑，千载垂休，体于至公，何鄙何雠。追惟哲主，必赖良弼，矧予不德，暗于理术。师旅繁起，政刑多失，遘兹艰屯，夙夜祗栗。朔我戴我，实惟勋贤，内熙庶绩，外总方连，威武载扬，谋猷日宣。长城压境，巨舰济川，同德同心，扶危持颠。予嘉尔诚，尔相予理，惟后失道，亦臣之耻。自昔格言，慎终如始，功藏鼎彝，道冠图史。无俾伊、傅，克专厥美，作鉴勒铭，永世是纪。

燧至太原，乃勒二铭于起义堂西偏，帝为题额，其崇宠如此。

二年冬，吐蕃大将尚结赞陷盐、夏二州，各留兵守之，结赞大军屯于鸣沙，自冬及春，羊马多死，粮饷不继。德宗以燧为绥、银、麟、胜招讨使，令与华帅骆元光、邠帅韩游瑰及凤翔诸镇之师会于河西进讨。燧出师，次石州。结赞闻之惧，遣使请和，仍约盟会，上皆不许。又遣其大将论颊热厚礼卑辞申情于燧请和，燧频表论奏，上坚不许。三年正月，燧军还太原。四月，燧与论颊热俱入朝，燧盛言蕃情可保，请许其盟，上然之。燧既入朝，结赞遽自鸣沙还蕃。是岁闰五月十五日，侍中浑瑊与蕃相尚结赞盟于平凉，为蕃军所劫，狼狈仅免，陷将吏六十余员，由燧之谬谋也，坐是夺兵权。六月，以燧守司徒，兼侍中、北平王如故，仍赐妓乐，奉朝请而已。

五年九月，燧与太尉李晟召见于延英殿，上嘉其有大勋力，皆图形凌烟阁，列于元臣之次。九年七月，燧对于延英。初，上以燧足疾，不令朝谒；是日，燧以冬首入朝，敕许不拜而坐。时太尉晟初薨，帝谓燧曰："常时卿与太尉晟同来，今独见卿，不觉悲恸。"上歔欷久之。燧既退，足疾，仆于地，上亲掖起之，送及陛，燧顿首泣谢。累上表乞骸，陈让侍中，优诏不许。贞元十一年八月薨，时年七十。先是，司天频奏荧惑太白犯太微上将，间一月而燧薨。废朝四日，诏京兆尹韩皋监护丧事，嗣吴王献为吊祭赠赙使，册赠太尉，谥曰庄武。子汇、畅。

畅以父荫累迁至鸿胪少卿，留京师。建中三年，燧讨田悦于山东，时岁旱，京师括率商户，人心甚摇。凤翔留镇幽州兵，多离散入南山为盗。殿中丞李云端与其党袁封、单超俊、李诚信、冀信等与畅善，因饮食聚会，言时事将危；畅乃遣家人温靖与父书，具陈利害，可班师还镇。燧怒，执靖具奏其状，令兄炫执畅请罪。德宗以燧方讨贼，不竟其事，诛云端等十一人，敕炫就第杖畅三十，于是罢括率之令。燧赀货甲天下，燧既卒，畅承旧业，屡为豪幸邀取。贞元末，中尉杨志廉讽畅令献田园第宅，顺宗复赐畅。初为汇妻所诉，析其产，中贵又逼取，仍指使施于佛寺，畅不敢辞；晚年财产并尽，身殁之后，诸子无室可居，以至冻馁。今奉诚园亭馆，即畅旧第也。畅终少府监，赠工部尚书。

子继祖，以祖荫，四岁为太子舍人，累迁至殿中少监，年三十七卒。

炫，字弱翁，燧之仲兄，少以儒学闻于时，隐居苏门山，不应辟召。至德中，李光弼镇太原，辟为掌书记、试大理评事、监察御史，历侍御史。常参谋议，光弼甚重之，奏授比部、刑部郎中。田神功镇汴州，奏授节度判官、检校兵部郎中。转连州刺史，征拜吏部郎中，又出为阆州刺史，入为大理少卿。建中初，为润州刺史，黜陟使柳载以清白闻，征拜太子右庶子，迁左散骑常侍。弟燧为司徒，以亲比拜刑部侍郎，以疾辞，改兵部尚书致仕。贞元七年卒，时年七十九。

史臣曰：燧雄勇强力，常先计后战，又善誓师，将战，亲自号令，士无不慷慨感动，战皆决死，未尝折北，谋得兵胜，冠于一时。然力能擒田悦而不取，纳蕃帅之伪款而保其必盟；平凉之会，大臣几陷，关畿摇动，此谓才有余而心不至，议者惜而恨之。

浑瑊，皋兰州人也，本铁勒九姓部落之浑部也。高祖大俟利发浑阿贪支，贞观中为皋兰州刺史。曾祖元庆、祖大寿、父释之，皆代为皋兰都督。大寿，开元初历左领卫中郎将、太子仆同正。释之，少有武艺，从朔方军，积战功于边上，累迁至开府仪同三司、试太常卿、宁朔郡王。广德中，与吐蕃战，没于灵武，年四十九。

瑊本名曰进，年十余岁即善骑射，随父战伐，破贺鲁部，下石堡城，收龙驹岛，勇冠诸军，累授折冲果毅。后节度使安思顺遣瑊提偏师深入葛禄部，经狐媚碛，略特罗斯山，大破阿布思部；又与诸军城永清栅、天安军，迁中郎将。

安禄山构逆，瑊从李光弼出师河北，定诸郡邑。贼将有李立节者，素称骁勇，与瑊格斗，临阵斩之，迁右骁卫将军。既而肃宗即位于灵武，瑊统兵赴行在，至天德，遇蕃军入寇，瑊击败之。从郭子仪收两京，讨安庆绪，破贼于新乡。改检校太仆卿，充武锋军使。又从仆固怀恩讨史朝义，前后数十战。朝义平，加开府仪同三司、太常卿，赐实封二百户。

及怀恩谋乱，令子玚与瑊率军围榆次，朔方将杀玚，瑊率所部归郭子仪。会瑊父释之战死，又起复本官，为朔方行营左厢兵马使。从子仪讨吐蕃于邠州，以功加御史中丞。军还，盛秋于邠。会吐蕃大入寇，至奉天，瑊拒战于漠谷，大破蕃军，以功加太子宾客，复屯于奉天。华州周智光反，子仪奉诏讨之，令瑊领马步万人攻下同州。智

平，诏以邠、宁、庆三州隶朔方军，子仪领之；子仪令瑊先率兵至邠州，便于宜禄县防秋。岁余，加兼御史大夫。

大历七年，吐蕃大连边，瑊与泾原节度使马璘会兵，大破蕃贼于黄菩原。自是，每年常戍于长武城，临盛秋。十一年，领邠州刺史。其年，吐蕃入寇庆州方渠、怀安等镇，瑊击却之。十二年，子仪入朝，令瑊知邠宁庆三州兵马留后。十三年，回纥侵太原，破鲍防军，北归，颇为边患。以瑊为石岭关已南诸军都知兵马使，率兵掎角逐之，虏骑引退。其年八月，加检校工部尚书、单于副都护、振武军使。十四年，郭子仪拜太尉，号尚父，分所管内别置三节度，以瑊兼单于大都护，充振武军、东受降城、镇北大都护府、绥银麟胜等军州节度副大使知节度使事、管内支度营田等使。其年，复以崔宁为朔方节度使，领子仪旧管，征瑊为左金吾卫大将军，兼左街使。

建中四年，李希烈遣间谍诈为瑊书与希烈交通，瑊奏其状，上特保证之，仍赐瑊马一匹并鞍辔，锦彩二百匹。时以普王为荆襄等道兵马元帅讨李希烈，大开府幕，以瑊检校户部尚书、御史大夫，充中军œ虞候。会泾师乱，德宗幸奉天，后三日，瑊率家人子弟自京城至，乃署为行在都虞候、检校兵部尚书、京畿渭北节度观察使。居数日，邠宁节度使韩游瑰与庆州刺史论惟明统兵三千，自乾陵北过，赴醴泉以拒朱泚。会谍报泚已出兵，帝遽令追游瑰兵，才至奉天，贼军果至。游瑰等战于城东，王师不利，遂乘胜奔突，将入，官军与贼隔门相持，自卯至午，杀伤颇甚。门内有草车数乘，瑊令推车塞门，焚之以外御，乘火力战，贼方解去，然重围已合。贼大修攻具，以僧法坚为匠师，毁佛寺房宇以为梯橹。是月，贼自丁未至辛未，四面攻城，昼夜矢石不绝，瑊随机应敌，仅能自固。

十一月，灵武节度使杜希全、盐州刺史戴休颜、夏州刺史时常春合兵六千人赴难。将至，上议其所向，宰相卢杞、白志贞以漠谷路为便。瑊曰："漠谷险隘，必为贼所邀，不若取乾陵北过，附柏城而行，便取城东北鸡子堆下营，与城中掎角相应，且分贼势，朱泚必不更于陵寝往来。"杞曰："漠谷路近，若虑逆贼邀击，即出兵以应接，若取乾陵路，恐惊陵寝。"瑊曰："今朱泚围城，斩伐柏城，以夜继昼，惊动已多。今城中危急，伫望救军，唯希全等率先赴难，安危是赖，所系非轻，制置不宜差跌。但令希全等于鸡子堆下营，固守善地，贼泚可以计破也。"卢杞等曰："陛下以顺讨逆，不可自惊陵寝。"白志贞从而赞，上从杞议。希全等进至漠谷，果为贼军邀击，夺取水口，乘高以大弩、巨石左右夹击，杀伤颇甚；城中出兵应援，亦为贼挫锐而退。希全等各归还本镇，贼攻城逾急，壕堑围之。旬日，复偏攻东北角，矢石乱入，昼夜如雨，城中死伤者甚众。重围救绝，刍粟俱尽，城中伺贼休息，辄遣人城外捃拾樵采以进御。人心危蹙，上与瑊对泣。贼泚北据乾陵，下瞰城内，身衣黄衣，蔽以翟扇，前后左右皆朱紫阉官，宴赐拜舞，纷纭旁午。城中动息，贼俯窥之，慢辞戏侮，以为破在漏刻之顷，时令骑将环城招公卿、士庶，责以不识天命。十五日，贼造云桥成，阔数十丈，以巨轮为脚，推之使前，施湿毡生牛革，多悬水囊以为障，

直指城东北隅,两旁构木为庐,冒以牛革,回环相属,负土运薪于其下,以填壕堑,矢石不能伤。城中恟惧,相顾失色。上召瑊勉谕之,令赍空名告自御史大夫、实封五百户已下者千余轴,募诸军突将敢死之士以当之;兼赐瑊御笔一管,当战胜,量其功伐,即署其名授之,不足者,笔书其身,因命以位。仍谓瑊曰:"朕便与卿别,更不用对来,纵有急切,令马承倩在卿处,但令附奏。"瑊俯伏呜咽,上亦悲恸不自胜,抚瑊背而遣之。前一日,瑊与防城使侯仲庄揣云桥来路,先凿地道,下可深丈余,上积马粪,深五六尺。次二日,即令爇火,次一日复下柴薪夜烧之,平明,火焰高于城垒。是时,北风正急,贼乃随风推桥以薄城下,贼三千余人相继而登。城上士卒皆久寒馁,又少甲胄,瑊但感激诫厉之。以饥弱之众,当剧贼之锋,虽力战应敌,人忧不济,公卿已下,仰首祝天。贼徒至地道所,桥脚偏陷,不能进。须臾,风回焰转,云桥焚为灰烬,贼焚死者数千,城中欢噪振地。时瑊中流矢,遽自拔之,血流沾沫,格斗不已,初不言疮痛,以激士心。是日,上先授瑊二子官,余授将校有差。贼又别造云桥,周以重铁,方就,而朔方节度使李怀光自魏县行营赴难,先遣兵马使张韶入奏。韶至奉天,与贼填堑者相杂,临城忽大呼,谓城上曰:"我李怀光使也,怀光自河北领大军至矣。"即绳引而登。城中得怀光表,欢声振动,贼众不之测,乃令昇部巡于城上。翌日,怀光大军次醴泉,是夜,贼解围而去。

兴元元年正月,以瑊为行在都知兵马使。二月,赐实封五百户。是月,德宗移幸山南。时怀光叛逆,二贼连结,寇盗纵横,瑊分布诸军,以为翼卫,才入谷口,而怀光追骑遽至,瑊令侯仲庄以后军击败之。三月,加检校左仆射、同中书门下平章事,兼灵州都督、灵盐丰夏等州、定远西城天德军节度等使,仍充朔方邠宁振武等道兼永平军奉天行营兵马副元帅,上临轩授钺,用汉拜韩信故事。是月,瑊将诸军赴京畿,贼将韩旻、张廷芝、宋归朝等拒我师于武功,瑊与吐蕃将论莽罗之众大破贼于武亭川,斩首万余级。瑊便赴奉天应接李晟,抗京城西面。五月,李晟自东渭桥抵京城攻贼,瑊亦与韩游瑰、戴休颜西面诸军会合。晟破贼之日,瑊亦进收咸阳。寻闻朱泚、姚令言奔败,命诸军分道邀击,其众离溃,相率来降。选劲骑三千急追泚至泾州,贼将诛泚,传首来献。六月,加瑊侍中。论收京城之功,加实封李晟一千户,瑊八百户,韩游瑰、戴休颜四百户,骆元光、尚可孤五百户。七月,德宗还宫,以瑊守本官,兼河中尹、河中绛慈隰节度使,仍充河中同陕虢节度及管内诸军行营兵马副元帅,改封咸宁郡王。九月,赐瑊大宁里甲第、女乐五人,入第之日,宰臣、节将送之,一如李晟入第之仪。以李怀光未平,又加朔方行营兵马副元帅,与河东节度使马燧会兵进讨。贞元元年八月,河中平,以功加检校司空,与一子五品正员官。是冬望,皇帝亲郊昊天上帝,瑊入朝陪祀毕,还镇河中。

三年,吐蕃内寇,至凤翔,为李晟邀击之,又袭破其摧沙堡,吐蕃深恨之。尚结赞内寇,陷我盐、夏二州,以兵守之。欲长驱犯京师,而畏瑊与李晟、马燧,欲阴计图之。乃卑词逊礼告马燧,请重立盟誓,则蕃军引去,德宗不许。马燧自入朝言之,上乃令崔翰入蕃报结赞,言还我盐、夏,则许同盟。结赞谓翰曰:"清水之会,同盟人少,是以和好轻慢不成;今蕃相及元帅已下凡二十一人赴盟,灵州节度使杜希全、泾原节度使李观皆和善守信,境外重之,此时须请预盟。"翰约盟于清水,且先归我盐、夏二州,结赞曰:"清水非吉地,请会盟于原州土梨树。"又请盟毕归二州。翰归,备奏其事,神策将马有麟奏曰:"土梨树地多险,恐蕃军隐伏不利,不如于平凉,其地坦平,且近泾州,就之为便。"乃定盟于平凉川。初,结赞请李观、杜希全预盟,欲执之,径犯京师。诏报之曰:"杜希全职在灵州,不可出境,李观又已改官;今遣侍中浑瑊充盟会使。"五月,瑊自咸阳入朝,诏授平凉盟会使,兵部尚书崔汉衡副之,司勋郎中宋叔矩为判官。瑊统兵二万,又诏华州节度使骆元光以本镇兵从瑊。闰月十五日,瑊与结赞会平凉。初,约以兵三千列于坛之东西,散手四百人至坛下,各遣游军相觇伺。是时,蕃军精骑数万列于坛西,蕃之游军贯穿我军之中。瑊将梁奉贞率六十骑为游军,才至坛所,为蕃军所执。结赞又谓瑊曰:"请侍中已下具衣冠剑佩。"瑊与监军宋凤朝、崔汉衡等入幕次,坦无他虑。结赞命伐鼓三通,其众呼噪而至。瑊遽出自幕后,偶得他马,跨而奔驰,追骑云合,流矢雨集而不伤。会城将辛荣以数百人入据北阜,与贼血战,追骑方止,瑊仅得免,辛荣兵尽矢穷,力屈而降。宋凤朝、瑊判官郑叡,为追兵所杀;崔汉衡、中官俱文珍、刘延、李清朝,汉判官郑叔矩,瑊判官路泌、袁同直,大将军扶余准、马宁、神策将孟且华、李至言、乐演明、范澄、马衾等六十余人,皆陷于贼。尚结赞至原州,列坐帐中,召陷蕃将吏让之,因怒瑊曰:"武功之捷,吐蕃之力,许以泾州、灵州相报,竟食其言,负我深矣,举国同怨。本劫是盟,志在擒瑊。吾已为金枷待瑊,将献赞普;既已失之,虚致君等何为?"乃放俱文珍、马宁、马衾归朝。七月,瑊自奉天入朝,素服待罪,诏释之而后见。俄而吐蕃入寇京畿,瑊镇奉天。十月,还河中。四年七月,加邠、宁、庆副元帅。十二年二月,加检校司徒,兼中书令,诸使、副元帅如故。十五年十二月二日,薨于镇。废朝五日,群臣于延英奉慰。诏赠太师,谥曰忠武,赗绢布四千匹、米粟三千石。及丧车将至,又为废朝。应缘丧事,所司准式支给,命京兆尹监护。葬日,赐绢五百匹。

瑊忠勤谨慎,功高不伐,在潘方岁时贡奉,必躬亲阅视;每有颁锡,虽居远地,如在帝前。位极将相,无忘谦抑,物论方之金日䃅,故深为德宗委信,猜间不能入,君子多之。子炼、镐、锷。

镐,瑊第二子。性谦谨,多与士大夫游。历延、唐二州刺史,军政吏职,有可称者。及元和中,诸道出师讨王承宗,属义武军节度使任迪简病不能军,以镐藉父威名,足以镇定,乃以镐检校右散骑常侍,充义武军节度副使。九月六日,加检校工部尚书,代迪简为节度使。镐治兵练卒,颇有威望,然不能观衅养锐,以期必胜。镇、定相去九十里,元和十一年冬,镐率全师压贼境而军,距贼垒三十里。镐谋虑不周，但耀兵锋，无所控制，贼乃分兵潜入定州界焚烧驱掠。镐怒，进攻贼垒，交锋而败，师徒殆丧其半，余众还定州，乱不可遏，朝廷乃除陈楚代之。楚闻乱，驰入定州。镐为乱兵所劫，以至裸露。楚既整戢，于乱兵处率敛衣服还镐，方得归朝，坐贬韶州刺史。后代州刺史韩重华奏收得镐供军钱绢十余万贯匹，再贬循州刺史。岁余卒。

锽，珹第三子，以父荫起家为诸卫参军，历诸卫将军。元和初，出为丰州刺史、天德军使，坐赃贬袁州司户，宪宗思咸宁之勋，比例从轻。五年，征为袁王傅，复赐金紫，迁殿中监。开成初，宰相拟寿州刺史，文宗曰："锽，勋臣子弟，岂可委以牧民？仲尼有言，'不如多与之邑'，今我念其先人之功，与之致富可也。"宰臣曰："锽常历名郡，有政能。"乃从之。三年，入为右金吾卫大将军、知街事，历诸卫大将军，卒。

史臣曰：马司徒之方略，浑咸宁之忠荩，各奋节义，为时名臣。然元城之师，失策于田悦；平凉之会，几陷于吐蕃，此亦术有所不至也。缅思建中之乱，四海波腾，贼泚窃发之辰，宗祧不绝如线，苟非忠臣致命，化危为安，则李氏之宗社倾矣。

赞曰：北平之勋，排难解纷。咸宁蹈义，感慨匡君。再隆基构，克殄昏氛。回天捧日，实赖将军。

卷一百三十五　　列传第八十五

卢杞 子元辅　**白志贞**　**裴延龄**
韦渠牟　**李齐运**　**李实**　**韦执谊**　**王叔文** 王伾附　**程异**
皇甫镈 弟镛

卢杞，字子良，故相怀慎之孙。父奕，天宝末为东台御史中丞；洛城为安禄山所陷，奕守司而遇害。杞以门荫，解褐清道率府兵曹。朔方节度使仆固怀恩辟为掌书记、试大理评事、监察御史，以病免。入补鸿胪丞，迁殿中侍御史、膳部员外郎，出为忠州刺史。至荆南，谒节度使卫伯玉，伯玉不悦。杞移病归京师，历刑部员外郎、金部吏部二郎中。

杞貌陋而色如蓝，人皆鬼视之。不耻恶衣粝食，人以为能嗣怀慎之清节，亦未识其心。颇有口辩。出为虢州刺史。建中初，征为御史中丞。时尚父子仪病，百官造问，皆不屏姬侍。及闻杞至，子仪悉令屏去，独隐几以待之。杞去，家人问其故，子仪曰："杞形陋而心险，左右见之必笑。若此人得权，即吾族无类矣。"及居纠弹顾问之地，论奏称旨，迁御史大夫。旬日，为门下侍郎、同中书门下平章事。既居相位，忌能妒贤，迎吠阴害，小不附者，必

致之于死，将起势立威，以久其权。杨炎以杞陋貌无识，同处台司，心甚不悦，为杞所谮，逐于崖州。德宗幸奉天，崔宁流涕论时事，杞闻恶之，谮于德宗，言宁与朱泚盟誓，故至迟回，宁遂见杀。恶颜真卿之直言，令奉使李希烈，竟殁于贼。初，京兆尹严郢与杨炎有隙，杞乃擢郢为御史大夫以倾炎；炎既贬死，心又恶郢，图欲去之。宰相张镒忠正有才，上所委信，杞颇恶之。会朱滔、朱泚弟兄不睦，有泚判官蔡廷玉者离间滔，滔论奏，请杀之。廷玉既贬，殿中侍御史郑詹遣吏监送，廷玉投水而卒。杞因奏曰："恐朱泚疑为诏旨，请三司按鞫詹；又御史所为，禀大夫命，并令按郢。"詹与张镒善，每伺杞昼眠，辄诣镒，杞知之。他日，杞假寝佯熟，伺詹果来，方与镒语，杞遽至镒阁中，詹趋避杞，杞遽言密事，镒曰："殿中郑侍御在此。"杞佯愕曰："向者所言，非他人所宜闻。"时三司使方按詹、郢，狱未具而奏杀詹，贬郢为驩州刺史。镒寻罢相，出镇凤翔。其阴祸贼物如此。李揆旧德，虑德宗复用，乃遣使西番，天下无不扼腕痛愤，然无敢言者。户部侍郎、判度支杜佑，甚承恩顾，为杞媒孽，贬饶州刺史。

初，上即位，擢崔祐甫为相，颇用道德宽大，以弘上意，故建中初政声蔼然，海内想望贞观之理；及杞为相，讽上以刑名整齐天下。初，李希烈请讨梁崇义，崇义诛而希烈叛，尽据淮右、襄、邓之郡邑。恒州李宝臣死，其子惟岳邀节钺，遂与田悦缔结以抗王师，由是河北、河南连兵不息。度支使杜佑计诸道用军月费一百余万贯，京师帑廪不支数月；且得五百万贯，可支半岁，则用兵济矣。杞乃以户部侍郎赵赞判度支，赞亦计无可施，乃与其党太常博士韦都宾等谋行括率，以为泉货所聚，在于富商，钱出万贯者，留万贯为业，有余，官借以给军，冀得五百万贯。上许之，约以罢兵后以公钱还。敕即下，京兆少尹韦祯督责颇峻，长安尉薛萃荷校乘车，搜人财货，意其不实，即行搒箠，人不胜冤痛，或有自缢而死者，京师嚣然如被贼盗。都计富户田宅奴婢等估，才及八十八万贯。又以僦柜纳质积钱贮粟麦等，一切借四分之一，封其柜窖，长安为之罢市，百姓相率千万众邀宰相于道诉之。杞初虽慰谕，后无以遏，即疾驱而归。计僦质与借商，才二百万贯。德宗知下民流怨，诏罢之，然宿师在野，日须供馈。

明年六月，赵赞又请税间架、算除陌。凡屋两架为一间，分为三等：上等每间二千，中等一千，下等五百。所由吏秉笔执筹，入人第舍而计之。凡没一间，杖六十，告者赏钱五十贯文。除陌法，天下公私给与贸易，率一贯旧算二十，益加算为五十，给与物或两换者，约钱为率算之。市主人牙子各给印纸，人有买卖，随自署记，翌日合算之。有自贸易不用市牙子者，验其私簿，投状自其有私簿投状。其有隐钱百，没入；二千，杖六十；告者赏钱十千，出于其家。法既行，主人市牙得专其柄，率多隐盗，公家所入，百不得半，怨讟之声，嚣然满于天下。及十月，泾师犯阙，乱兵呼于市曰："不夺汝商户僦质矣！不税汝间架除陌矣！"是时人心愁怨，泾师乘间谋乱，奉天之奔播，职杞之由。故天下无贤不肖，视杞如仇。

德宗在奉天,为朱泚攻围,李怀光自魏县赴难。或谓王翃、赵赞曰:"怀光累叹愤,以为宰相谋议乖方,度支赋敛烦重,京尹刻薄军粮,乘舆播迁,三臣之罪也。今怀光勋业崇重,圣上必开襟布诚,询问得失,使其言入,岂不殆哉!"翃、赞白于杞,杞大骇惧,从容奏曰:"怀光勋业,宗社是赖。臣闻贼徒破胆,皆无守心。若因其兵威,可以一举破贼;今若许其朝觐,则必赐宴,赐宴则留连,使贼得京城,则从容完备,恐难图之。不如使怀光乘胜进收京城,破竹之势,不可失也。"帝然之,乃诏怀光率众屯便桥,克期齐进。怀光大怒,遂谋异志,德宗方悟为杞所构。物议喧腾,归咎于杞,乃贬为新州司马,白志贞恩州司马,赵赞为播州司马。

遇赦,移吉州长史。在贬所谓人曰:"吾必再入用。"是日,上果用杞为饶州刺史。给事中袁高宿直,当草杞制,遂执以谒宰相卢翰、刘从一曰:"杞作相三年,矫诬阴贼,排斥忠良,朋附者咳唾立至青云,睚眦者顾盼已挤沟壑。傲狠背德,反乱天常,播越銮舆,疮痍天下,皆杞之为也。幸免诛戮,唯示贬黜,寻已稍近迁地,更授大郡,恐失天下望,惟相公执奏之,事尚可救。"翰、从一不悦,遂改命舍人草制。明日诏下,袁高执奏曰:"卢杞为政,极恣凶恶,三军将校,愿食其肉,百辟卿士,嫉之若仇。"谏官赵需、裴佶、宇文炫、卢景亮、张荐等上疏曰:"伏以吉州长史卢杞,外矫俭简,内藏奸邪,三年擅权,百揆失序,恶直丑正,乱国殄人,天地神祇所知,蛮夷华夏同弃。伏惟故事,皆得上闻,自杞为相,要官大臣,动逾月不敢奏闻,百僚惴惴,常惧颠危。及京邑倾沦,皇舆播越,陛下炳然觉悟,出弃遐荒,制曰:'忠谠壅于上闻,朝野为之侧目。'由是忠良激劝,内外欢欣;今复用为饶州刺史,众情失望,皆谓非宜。臣闻君之所以临万姓者,政也;万姓之所以载君者,心也。倘加巨奸之宠,必失万姓之心,乞回圣慈,遽辍新命。"疏奏不答。谏官又论曰:"卢杞蒙蔽天听,朦紊朝典,致乱危国,职杞之由,可谓公私巨蠹,中外弃物。自闻再加擢用,忠良痛俨,士庶寒心。臣昨者沥肝上闻,冒死不恐,冀回宸眷,用快群情;至今拳拳,未奉圣旨,物议腾沸,行路惊嗟。人之无良,一至于此。伏乞俯从众望,永弃奸臣。幸免诛夷,足明恩贷;特加荣宠,恐造祸阶。臣等忝列谏司,今陈狂瞽。"给事中袁高坚执不下,乃改授澧州别驾。翌日延英,上谓宰臣曰:"朕欲授杞一小州刺史,可乎?"李勉对曰:"陛下授杞大郡亦可,其如兆庶失望何?"上曰:"众人论杞奸邪,朕何不知?"勉曰:"卢杞奸邪,天下人皆知;唯陛下不知,此所以为奸邪也!"德宗默然良久。散骑常侍李泌复对,上曰:"卢杞之事,朕已可袁高所奏,如何?"泌拜而言曰:"累日外人窃议,以陛下同汉之桓、灵;臣今亲承圣旨,乃知尧、舜之不逮也!"德宗大悦,慰勉之。杞寻卒于澧州。

子元辅,字子望,少以清行闻于时。进士擢第,授崇文馆校书郎。德宗思杞不已,乃求其后,特恩拜左拾遗,再迁左司员外郎,历杭、常、绛三州刺史。以课最高,征为

吏部郎中,迁给事中,改刑部侍郎。自兵部侍郎出为华州刺史、潼关防御、镇国军等使,复为兵部侍郎。元辅自祖至曾,以名著著于史册。元辅简絜贞方,绰继门风,历践清贯,人亦不以父之丑行为累,人士归美。大和三年八月卒,时年五十六。

白志贞者,太原人,本名琇珪。出于胥吏,事节度使李光弼,小心勤恪,动多计数,光弼深委信之,帐中之事,与琇珪多决。代宗素知之,光弼薨后,用为司农少卿,迁太卿,在寺十余年。德宗尝召见与语,引为腹心,遂用为神策军使、检校左散骑常侍、兼御史大夫,赐名志贞。善伺候上意,言无不从。

建中四年,李希烈陷汝州,命志贞为京城召募使。时尚父子仪婿端王傅吴仲孺家财巨万,以国家召募有急,惧不自安,乃上表请以子弟奴客从军,德宗嘉之,超授五品官。由是志贞请令节度、观察、团练等使并尝为是官者,令家出子弟甲马从军,亦与其男官。是时豪家不肖子幸之,贫而有知者苦之。自是京师人心摇震,不保家室。时禁军募致,悉委志贞,两军应赴京师,杀伤殆尽,都不奏闻,皆以京师沽贩之徒以填其阙。其人皆在市廛,及泾师犯阙,诏志贞以神策军拒贼,无人至者,上无以御寇,乃图出幸。时令狐建以龙武军四百人从驾至奉天,仍以志贞为行在都知兵马使。闻李怀光至,恐暴扬其罪,乃与卢杞同沮怀光入朝,众议喧沸,言致播迁,卢杞、志贞之罪也。故与杞同贬,遇赦量移闽州别驾。贞元二年,迁果州刺史,宰臣李勉及谏官表疏论列,言志贞与卢杞罪均,未宜叙用,固执不许,凡旬日,方下其诏。贞元三年,迁润州刺史、兼御史大夫、浙西观察使。是年六月卒。

裴延龄,河东人。父旭,和州刺史。延龄,乾元末为汜水县尉,遇东都陷贼,因寓居鄂州,缀缉裴骃所注《史记》之阙遗,自号小裴。后华州刺史董晋辟为防御判官;黜陟使荐其能,调授太常博士。卢杞为相,擢为膳部员外郎、集贤院直学士,改祠部郎中。崔造作相,改易度支之务,令延龄知东都度支院。及韩滉领度支,召赴京,守本官,延龄不待诏命,遽入集贤院视事。宰相延赏恶其轻率,出为昭应令,与京兆尹郑叔则论辨是非,攻讦叔则之短。时李泌为相,厚于叔则;中丞窦参恃恩宠,恶泌而佑延龄。叔则坐贬为永州刺史,延龄改著作郎。窦参寻作相,用为太府少卿,转司农少卿。贞元八年,班宏卒,以延龄守本官,权领度支。自揣不通殖货之务,乃多设钩距,召度支老吏与谋,以求恩顾,乃奏云:"天下每年出入钱物,新陈相因,常不减六七千万贯,唯有一库,差舛散失,莫可知之。请于左藏库中分置别库:欠、负、耗、剩等库及季库、月库,纳诸色钱物。"上皆从之。且欲多张名目以惑上听,其实于钱物更无增加,唯虚费簿书、人吏耳。

其年,迁户部侍郎、判度支,奏请令京兆府以两税青苗钱市草百万围送苑中。宰相陆贽、赵憬议,以为:"若市送百万围草,即一府百姓,自冬历夏,般载不了,百役供应,须悉停罢,又妨夺农务。请令府县量市三二万围,

各贮侧近处，他时要即支用。"京西有污池卑湿处，时有芦苇生焉，亦不过数亩，延龄乃奏曰："厩马冬月合在槽枥秼饲，夏中即须牧放。臣近寻访和长安、咸阳两县界有陂池数百顷，请以为内厩牧马之地；且去京城十数里，与苑厩中无别。"上初信之，言于宰相，对曰："恐必无此。"上乃差官阅视，事皆虚妄，延龄既惭且怨。又诬奏李充为百姓妄请积年和市物价，特敕令折填，谓之"底折钱"。尝因奏对请积年钱帛以实帑藏，上曰："若为可得钱物？"延龄奏曰："开元、天宝中，天下户仅千万，百司公务殷繁，官员尚或有阙；自兵兴已来，户口减耗大半，今一官可兼领数司。伏请自今已后，内外百司官阙，未须补置，收其阙官禄俸，以实帑藏。"

后因对事，上谓延龄曰："朕所居浴堂院、殿一楸，以年多之故，似有损蠹，欲换之未能。"对曰："宗庙事至重，殿楸事至轻。况陛下自有本分钱物，用之不竭。"上惊曰："本分钱何也？"对曰："此是经义证据，愚儒常材不能知，陛下正合问臣，唯臣知之。准礼经，天下赋税当为三分：一分充乾豆，一分充宾客，一分充君之庖厨。乾豆者，供宗庙也。今陛下奉宗庙，虽至敬至严，至丰至厚，亦不能一分财物也。只如鸿胪礼宾、诸国蕃客，至于回纥马价，用一分钱物，尚有赢羡甚多。况陛下御膳宫厨皆极简俭，所用外分赐百官充俸料、飧钱等，犹未能尽。据此而言，庖厨者之余，其数尚多，皆陛下本分也。用修数十殿亦不合疑虑，何况一楸。"上曰："经义如此，人总不曾言之。"颔之而已。又因计料造神龙寺，须长五十尺松木，延龄奏曰："臣近于同州检得一谷木，可数千条，皆长八十尺。"上曰："人言开元、天宝中侧近求觅长五六十尺木，尚未易，须于岚、胜州采市，如今何为近处便有此木？"延龄奏曰："臣闻贤材、珍宝、异物，皆在处常有，但遇圣君即出见。今此木生关辅，盖为圣君，岂开元、天宝合得有也！"

时陆贽秉政，上素所礼重，每于延英极论其诞妄，不可令掌财赋。德宗以为排摈，待延龄益厚。贽上书疏其失曰：

前岁秋首，班宏丧亡，特诏延龄继司邦赋。数日之内，遽衒功能，奏称，"勾获隐欺，计钱二十万贯，请贮别库以为羡余，供御所须，永无匮乏。"陛下欣然信纳，因谓委任得人。既赖盈余之财，稍弘心意之欲，兴作浸广，宣索渐多。延龄务实前言，且希睿旨，不敢告阙，不敢辞难。勾获既是虚言，无以应命；供办皆承严约，苟在及期。遂乃搜求市廛，豪夺入献；追捕夫匠，迫胁就功。以敕索为名，而不酬其直；以和雇为称，而不偿其佣。都城之中，列肆为之昼闭；兴役之所，百工比于幽囚。聚诅连գ，遮诉路歧，持纲者莫敢致诘，巡察者莫敢为言。时有讦而言之，翻谓党邪丑直。天子毂下，嚣声沸腾，四方观瞻，何所取则。伤心于上，敛怨于人，欺天陷君，远近危惧，此其罪之大者也。

总制邦用，度支是司；出纳货财，太府攸职。凡是太府出纳，皆禀度支文符，太府依符以奉行，度支凭案以勘覆，互相关键，用绝奸欺。其出纳之数，则每旬申闻；见在之数，则每月计奏。皆经度支勾覆，又有御史监临，旬旬相承，月月相继。明若指掌，端如贯珠，财货多少，无容隐漏。延龄务行邪谄，公肆诳欺，遂奏云"左藏库司多有失落，近因检阅使置簿书，乃于粪土之中收得十三万两，其匹段杂货又百万有余，皆是文帐脱遗，并同已弃之物。今所收获，即是羡余，悉合移入杂库，以供别敕支用者。"其时特宣进止，并依所奏施行。太府卿韦少华抗疏上陈，殊不引伏，确称"每月申奏，皆是见在数中，请令推寻，足验奸诈。"两司既有论执，理须详辨是非，陛下纵其妄欺，不加按问。以在库之物为收获之功，以常赋之财为羡余之费，罔上无畏，示人不惭，此又罪之大者也。

国家府库，出纳有常，延龄险猾售奸，诡谲求媚，遂于左藏之内，分建六库之名，意在别贮赢余，以奉人主私欲。曾不知王者之体，天下为家，国不足则取之于人，人不足则资之于国，在国为官物，在人为私财，何谓赢余，须别收贮？是必巧诈以变移官物，暴法以刻削私财，舍此二途，其将安取？陛下方务崇信，不加检裁，姑务保持，曾无诘责。延龄谓能蔽惑，不复惧思，奸威既沮于四方，恣态复行于内府。由是蹂躏官属，倾倒货财，移东就西，便为课绩，取此适彼，遂号羡余，愚弄朝廷，有同儿戏。

夫理天下者，以义为本，以利为末，以人为本，以财为末，本盛则其末自举，末大则其本必倾。自古及今，德义立而利用不丰，人庶安而财货不给，因以丧邦失位者，未之有也。故曰："不患寡而患不均，不患贫而患不安。""有德必有人，有人必有土，有土必有财。""百姓足，君孰与不足？"盖谓此也。自古及今，德义不立而利用克宣，人庶不安而财货可保，因以兴邦固位者，未之有也。故曰："财散则人聚，财聚则人散。""与其有聚敛之臣，宁有盗臣。"无令侵削兆人，为天子取怨于下也。且陛下初膺宝历，志翦群凶，师旅繁兴，征求浸广，榷算侵削，下无聊生。是以泾原叛徒，乘人怨咨，白昼犯阙，都邑旰庶，恬然不惊，反与贼众相从，比肩而入宫殿。虽蚩蚩之性，靡所不为，然亦由德泽未浃，而暴令驱之，以至于是也。于时内府之积，尚如丘山，竟资凶渠，以饵贪卒，此则陛下躬睹之矣。是乃失人而聚货，夫何利之有焉！

车驾既幸奉天，逆泚旋肆围逼，一垒之内，万乘所屯，窘如涸流，庶物空匮。尝欲发一健步出觇贼军，其人恳以苦寒为辞，跪奏乞一襦裤，陛下为之求觅不致，竟闵默而遣之。又尝宫壸之中，服用有阙，圣旨方以戎事为急，不忍重烦于人，乃剥亲王饰带之金，卖以给直。是时行从将吏，赴难师徒，苍黄奔驰，咸未冬服，渐属凝冱，且无薪蒸，饥冻内攻，矢石外迫。昼则荷戈奋迅，夜则映堞呻吟，凌风飚，冒霜雪，逾四旬而众无携贰，卒能走强贼全危城者，陛下岂有严刑重赏使之然耶？唯以不厚其身，不藏其货，与众庶同其忧患，与士伍共其有无，乃能使人捐躯命而捍寇仇，馁之不离，冻之不憾，临危而不易其守，见死而不去其君，所谓"圣人感人心而天下和平"，此其效也。

及乎重围既解，诸路稍通，赋税渐臻，贡献继至，乃于行宫外庑之下，别置琼林、大盈之司。未赏功劳，遽私贿玩，甚沮惟新之望，颇携死义之心，于是舆诵兴讥，而军士始怨矣。财聚人散，不其然乎！旋属蚁贼内兴，翠华南狩，奉天所积财货，悉复歼于乱军。即迁岷、梁，日不暇给，独凭大顺，遂复皇都。是知天子者，以得人为资，以蓄义为富，人苟归附，何患蔑资？义苟修崇，何忧不富？岂在贮之内府，方为己有哉！故藏于天下者，天子之富也；藏于境内者，诸侯之富也；藏于困仓箧椟者，农夫、商贾之富也。奈何以天子之贵，海内之富，而狠行诸侯之弃德，守农商之鄙业哉！陛下若谓厚取可以恢武功，则建中之取既无成矣；若谓多积可以为己有，则建中之积又不在矣；若谓徇欲不足伤理化，则建中之失伤已甚矣；若谓敛怨不足致危亡，则建中之乱危亦至矣！然而遽能靖滔天之祸，成中兴之功者，良以陛下有侧身修励之志，有罪己悔惧之辞，罢息诛求，敦尚节俭，涣发大号，与人更新；故灵祇感陛下之诚，臣庶感陛下之意，释憾回虑，化危为安。陛下亦当为宗庙社稷建不拔之永图，为子孙黎元立可久之休业，惩前事徇欲之失，复日新盛德之言；岂宜更纵俭邪，复行克暴，事之追悔，其可再乎！

臣又窃虑陛下纳彼盗言，堕其奸计，以为搏噬挚攫，怨集有司，积聚丰盈，利归君上，是又大谬，所宜慎思。夫人主昏明，系于所任，咎繇、夔、契之道长，而虞舜享浚哲之名；皇甫、栾、楀之孽行，而周厉婴颠覆之祸。自古何尝有小人柄用，而灾患不及邦国者乎！譬犹操兵以刃人，天下不委罪于兵而委罪于所操之主；畜蛊以殃物，天下不归咎于蛊而归咎于所畜之家；理有必然，不可不察。

臣伏虑陛下以延龄之进，独出宸衷，延龄之言，多顺圣旨，今若以罪置辟，则似为众所挤，故欲保持，用彰坚断。若然，陛下与人终始之意则美矣。其于改过勿吝、去邪勿疑之道，或未尽善。今希旨自默，浸以成风，奖之使言，犹惧不既，若又阻抑，谁当贡诚？或恐未亮斯言，请以一事为证。只如延龄凶妄，流布寰区，上自公卿近臣，下逮舆台贱品，喧喧谈议，亿万为徒，能以上言，其人有几？陛下诚令亲信博采舆词，参较比来所闻，足鉴人间情伪。

臣以卑鄙，位当台衡，既极崇高，又承渥泽。岂不知观时附会，足保旧恩，随众沉浮，免贻厚责。谢病黜退，获知几之名；党奸苟容，无见嫉之患。何急自苦，独当豺狼，上违欢情，下饵谗口。良以内顾庸昧，一无所堪，凤蒙眷知，唯以诚直，绸缪帷扆，一纪于兹，圣慈既以此见容，愚臣亦以此自负。从陛下历播迁之危，睹陛下致兴复之难，至今追思，犹为心悸；所以畏覆车而骇虑，惧毁室而悲鸣，盖情激于衷，虽欲罢而不能自默也！因事陈请，虽已频烦，天听尚高，未垂谅察，辄申恳款，以极愚诚。忧深故语烦，意恳故词切，以微臣自固之谋则过，于陛下虑患之计则忠。糜躯奉君，所不敢避；沽名衒直，亦不忍为。愿回睿聪，为国熟虑，社稷是赖，岂唯微臣。

书奏，德宗不悦，待延龄益厚。时盐铁转运使张滂、京兆尹李充、司农卿李锘，以事相关，皆证延龄矫妄。德宗罢陆贽知政事，为太子宾客；滂、充、锘悉罢职左迁。

十一年春暮，上数畋于苑中，时久旱，人情忧惴，延龄遽上疏曰："陆贽、李充等失权，心怀怨望，今专大言于众曰：'天下炎旱，人庶流亡，度支多欠阙诸军粮草。'以激怒群情。"后数日，上又幸苑中，适会神策军人诉度支欠厩马刍草。上思延龄言，即时回驾，下诏斥逐贽、充、滂、锘等，朝廷中外惴恐。延龄方谋害在朝正直之士，会谏议大夫阳城等伏阁切谏，事遂且止。贽、充等虽已贬黜，延龄憾之未已，乃掩捕李充腹心吏张忠，捶掠楚痛，令为之词，云"前后隐没官钱五十余万贯，米麦称是，其钱物多结托权势，充妻常于犊车中将金宝缯帛遗陆贽妻。"忠不胜楚毒，并依延龄教抑之辞，具于款占。忠妻、母于光顺门投匦诉冤，诏御史台推问，一宿得其实状，事皆虚，乃释忠。延龄又奏京兆府妄破用钱谷，请令比部勾覆，以比部郎中崔元尝为陆贽所黜故也。及崔元勾覆钱谷，又无交涉。延龄既锐意以苛刻剥下附上为功，每奏对际，皆恣骋诡怪虚妄，他人莫敢言者，延龄言之不疑，亦人之所未尝闻。德宗颇知其延妄，但以其敢言无隐，且欲访闻外事，故断意用之。延龄恃之，谓必得宰相，尤好慢骂，毁诋朝臣，班行为之侧目。及卧病，载度支官物置于私家，亦无敢言者。贞元十二年卒，时年六十九。延龄死，中外相贺，唯德宗悼惜不已，册赠太子少保。

韦渠牟，京兆万年人。六代祖范，魏西阳太守，后周封郿城公。渠牟少慧悟，涉览经史。初为道士，后为僧。兴元中，韩滉镇浙西，奏授试秘书郎，累转四门博士。

贞元十二年四月，德宗诞日，御麟德殿，召给事中徐岱、兵部郎中赵需、礼部郎中许孟容与渠牟及道士万参成、沙门谭延等十二人，讲论儒、道、释三教。渠牟枝词游说，捷口水注；上谓其讲辨有素，听之动容，数日，转秘书郎，奏诗七十韵，旬日，迁右补阙、内供奉，僚列初不有之。在延英既对宰相，多使中贵人召渠牟于官次，同辈始注目矣。岁终，迁右谏议大夫。时延英于秉政赋之臣，昼漏率下二三刻为常，渠牟奏事，率漏下五六刻，上笑语款狎，往往外闻。渠牟形神佻躁，无士君子之器，志向不根道德，众雅知不能以正道开悟上意。

陆贽免相后，上躬亲庶政，不复委成宰相，庙堂备员，行文书而已。除守宰、御史，皆自选择。然居深宫，所狎而取信者裴延龄、李齐运、王绍、李实、韦执谊洎渠牟，皆权倾相府。延龄、李实，奸欺多端，甚伤国体；绍无所发明；而渠牟名素轻，颇张恩势以招趋向者，门庭填委。

茅山处士崔芊征至阙下，郑随自山人再至补阙，冯伉自醴泉令为给事中、皇太子侍读，皆渠牟延荐之。上既偏有所听，浮薄率背本衙进，不复藏器蕴德，皆奔驰请谒，刲蹄甘辞以附渠牟。居无何，迁太府卿，赐金紫，又转太常卿。贞元十七年卒，时年五十三，赠刑部尚书，仍谥曰忠。

李齐运者，蒋王恽之孙也。解褐宁王府东阁祭酒，七迁至监察御史。江淮都统李峘辟为幕府，累转工部郎中，为长安县令，职事修理。历京兆少尹、陕府长史。建中末，改河中尹、晋绛慈隰观察使。时李怀光自山东卷甲奔难，昼夜倍道，比至河中，力疲，休兵三日，齐运倾力犒设，军人皆悦。怀光既反，驱兵还保河中，齐运不能敌，弃城而走，除为京兆尹，兼御史大夫。时贼据京城，李晟军东渭桥，齐运扰攘之中，征募工役，版筑城垒，飞刍挽粟以应晟。收复之际，颇有力焉。

贞元中，蝗旱方炽，齐运无政术，乃以韩洄代之，改宗正卿，兼御史大夫、闲厩宫苑使。改检校礼部尚书，兼殿中监。寻正拜礼部尚书，兼殿中监使如故。其后十余岁，宰臣内殿对后，齐运常次进，贡其计虑，以决群议。齐运无学术，不知大体，但甘言取信而已。荐李锜为浙西观察使，受赂数十万计。举李词为湖州刺史，既而邑人告其赃犯，上以齐运故，不问而遣之。齐运被疾，岁余不能朝请，朝廷除授，往往降中人就宅咨决。末以姜卫氏为正室，身为礼部尚书，冕服以行其礼，人士嗤诮。贞元十二年卒，时年七十二，赠尚书左仆射。

李实者，道王元庆玄孙。以荫入仕，六转至潭州司马。洪州节度使、嗣曹王皋辟为判官，迁蕲州刺史。皋为山南东道节度使，复用为节度判官、检校太子宾客、员外郎。皋卒，新帅未至，实知留后，刻薄军士衣食，军士怨叛，谋杀之，实夜缒城而出，归诣京师，用为司农少卿，加检校工部尚书、司农卿。

贞元十九年，为京兆尹，卿及兼官如故。寻封嗣道王。自为京尹，恃宠强愎，不顾文法，人皆侧目。二十年春夏旱，关中大歉，实为政猛暴，方务聚敛进奉，以固恩顾，百姓所诉，一不介意。因入对，德宗问人疾苦，实奏曰："今年虽旱，谷田甚好。"由是租税皆不免，人穷无告，乃彻屋瓦木，卖麦苗以供赋敛。优人成辅端因戏作语，为秦民艰苦之状云："秦城城池二百年，何期如此贱田园，一顷麦苗伍石米，三间堂屋二千钱。"凡如此语有数十篇。实闻之怒，言辅端诽谤国政，德宗遽令决杀，当时言者曰："謦诵箴谏，取其诙谐以托讽谏，优伶旧事也。设谤木，采刍荛，本欲达下情，存讽议，辅端不可加罪。"德宗亦深悔，京师无不切齿以怒实。

故事，府官避台官。实常遇侍御史王播于道，实不肯避，导从如常。播诘其从者，实怒，奏播为三原令，谢之日，庭诟。陵轹公卿百执事，随其喜怒，诬奏迁逐者相继，朝士畏而恶之。又诬奏万年令李众，贬虔州司马，奏虞部员外郎房启代众，升黜如其意，怙势之色，謷然在眉睫间。故事，吏部将奏科目，奥密，朝官不通书问，而实身诣选曹迫赵宗儒，且以势恐之。前岁，权德舆为礼部侍郎，实托私荐士，不能如意，后遂大录二十人迫德舆曰："可依此第之；不尔，必出外官，悔无及也。"德舆虽不从，然颇惧其诬奏。

二十一年，有诏蠲畿内通租，实违诏征之，百姓大困，官吏多遭笞罚，剥割掊敛，聚钱三十万贯，胥吏或犯者，即按之。有乞丐丝发固死；无者，且曰"死亦不屈"，亦杖杀之。京帅贵贱同苦其暴虐。顺宗在谅闇逾月，实毙人于府者十数，遂议逐之，乃贬通州长史。制出，市人皆袖瓦石投其首；实知之，由月营门自苑西出，人人相贺。后遇赦量移虢州，在道卒。

韦执谊者，京兆人。父浼，官卑。执谊幼聪俊有才，进士擢第，应制策高等，拜右拾遗，召入翰林为学士，年才二十余。德宗尤宠异，相与唱和歌诗，与裴延龄、韦渠牟等出入禁中，略备顾问。德宗载诞日，皇太子献佛像，德宗命执谊为画像赞，上令太子赐执谊缣帛以酬之。执谊至东宫谢太子，卒然无以藉言，太子因曰："学士知王叔文乎？彼伟才也。"执谊因是与叔文交甚密。俄丁母忧，服阕，起为南宫郎。德宗时，召入禁中。

初，贞元十九年，补阙张正一因上书言事得召见，王仲舒、韦成季、刘伯刍、裴茝、常仲孺、吕洞等以尝同官相善，以正一得召见，偕往贺之。或告执谊曰："正一等上疏论君与王叔文朋党事。"执谊信然之，因召对，奏曰："韦成季等朋聚觊望。"德宗令金吾伺之，得其相过从饮食数度，于是尽逐成季等六七人，当时莫测其由。

及顺宗即位，久疾不任朝政，王叔文用事，乃用执谊为宰相，乃自朝议郎、吏部郎中、骑都尉赐绯鱼袋，授尚书左丞、同平章事，仍赐金紫。叔文欲专国政，故令执谊为宰相于外，已专于于内。执谊既为叔文引用，不敢负情，然迫于公议，时时立异，密令人谢叔文曰："不敢负约为异，欲共成国家之事故也。"叔文诟怒，遂成仇怨；执谊既因之得位，亦欲矛盾掩其迹。及宪宗受内禅，王伾、王叔文徒党并逐，尚以执谊是宰相杜黄裳之婿，故数月后贬崖州司户。初，执谊自卑官，常忌讳不欲人言岭南州县名。为郎官时，尝与同舍诣职方观图，每至岭南州，执谊遽命去之，闭目不视。及拜相，还所坐堂，见北壁有图，不就省，七八日，试观之，乃崖州图也，以为不祥，甚恶之，不敢出口。及坐叔文之贬，果往崖州，卒于贬所。

王叔文者，越州山阴人也。以棋待诏，粗知书，好言理道。德宗令直东宫。太子尝与侍读论政道，因言宫市之弊，太子曰："寡人见上，当极言之。"诸生称赞其美，叔文独无言。罢坐，太子谓叔文曰："向论宫市，君独无言何也？"叔文曰："皇太子之事上也，视膳问安之外，不合辄预外事。陛下在位岁久，如小人离间，谓殿下收取人情，则安能自解？"太子谢之曰："苟无先生，安得闻此言？"由是重之，宫中之事，倚之裁决。每对太子言，则曰："某可为相，某可为将，幸异日用之。"密结当代知名之士而欲侥幸速进者，与韦执谊、陆质、吕温、李景俭、韩晔、韩泰、陈谏、柳宗元、刘禹锡等十数人，定为死交；而凌准、程异，又因其党以进；藩镇侯伯，亦有阴行赂遗请交者。

德宗崩，已宣遗诏，时上寝疾久，不复关庶政，深居施帘帷，阉官李忠言、美人牛昭容侍左右，百官上议，自帷中可其奏。王伾常谕上属意叔文，宫中诸黄门稍稍知之。其日，召自右银台门，居于翰林，为学士。叔文与吏部郎中韦执谊相善，请用为宰相。叔文因王伾，伾因李忠言，忠言因牛昭容，转相结构。事下翰林，叔文定可否，宣于中书，俾执谊承奏于外。与韩泰、柳宗元、刘禹锡、陈谏、凌准、韩晔唱和，曰管，曰葛，曰伊，曰周，凡其党倜然自得，谓天下无人。

叔文贱时，每言钱谷为国大本，将可以盈缩兵赋，可操柄市士。叔文初入翰林，自苏州司功为起居郎，俄兼充度支、盐铁副使，以杜佑领使，其实成于叔文。数月，转尚书户部侍郎，领使、学士如故。内官俱文珍恶其弄权，乃削去学士之职。制出，叔文大骇，谓人曰："叔文须时至此商量公事，若不带此职，无由入内。"王伾为之论请，乃许三、五日一入翰林，竟削内职。叔文始入内廷，阴构密命，机形不见，因腾口善恶进退之。人未窥其本，信为奇才。及司两使利柄，齿于外朝，愚智同曰："城狐社鬼，必夜号窟居以祸福人，亦神而畏之；一旦昼出路驰，无能必矣。"

叔文在省署，不复举其职事，引其党与窃语，谋夺内官兵柄，乃以故将范希朝统京西北诸镇行营兵马使，韩泰副之。初，中人尚未悟，会边上诸将各以状辞中尉，且言方属希朝，中人始悟兵柄为叔文所夺，中尉乃止诸镇无以兵马入。希朝、韩泰已至奉天，诸将不至，乃还。无几，叔文母死。前一日，叔文置酒馔于翰林院，宴诸学士及内官李忠言、俱文珍、刘光奇等。中饮，叔文白诸人曰："叔文母疾病，比来尽心戮力为国家事，不避好恶难易者，欲以报圣人之重知也。若一去此职，百谤斯至，谁肯助叔文一言者，望诸君开怀见察。"又曰："羊士谔非毁叔文，欲杖杀之，而韦执谊懦而不遂。叔文生平不识刘辟，乃以韦皋意求领三川，辟排闼相干，欲执叔文手，岂非凶人耶！叔文已令扫外场，将斩之，韦执谊苦执不可。每念失此两贼，令人不快。"又自陈判度支以来，兴利除害，以为己功。俱文珍随语折之，叔文无以对。

叔文未欲立皇太子。顺宗既久疾未平，群臣中外请立太子，既而诏下立广陵王为太子，天下皆悦；叔文独有忧色，而不敢言其事，但吟杜甫题诸葛亮祠堂诗末句云："出师未捷身先死，长使英雄泪满襟。"因歔欷泣下，人皆窃笑之。皇太子监国，贬为渝州司户，明年诛之。

王伾，杭州人。始为翰林侍书待诏，累迁至正议大夫、殿中丞、皇太子侍书。顺宗即位，迁为散骑常侍，依前翰林待诏。

伾闒茸，不如叔文，唯招贿赂，无大志，貌寝陋，吴语，素为太子之所褻狎；而叔文颇任气自许，粗知书，好言事，顺宗稍敬之，不得如伾出入无间。叔文入止翰林，而伾入至柿林院，见李忠言、牛昭容等。然各有所主：伾主往来传授；王叔文主决断；韦执谊主文诰；刘禹锡、陈谏、韩晔、韩泰、柳宗元、房启、凌准等谋议唱和，采听外事。而伾与叔文及诸朋党之门，车马填凑，而伾门尤盛，珍玩赂遗，岁时不绝。室中为无门大柜，唯开一窍，足以受物，以藏金宝，其妻或寝卧于上。与叔文同贬开州司马。

王叔文最所重者，李景俭、吕温。叔文用事时，景俭居丧于东都；吕温使吐蕃，留半岁，叔文败方归。陆质为皇太子侍读，寻卒。

伾、叔文既逐，诏贬其党韩晔饶州司马，韩泰虔州司马，陈谏台州司马，柳宗元永州司马，刘禹锡朗州司马，凌准连州司马，程异郴州司马，韦执谊崖州司马。

韩晔，宰相滉之族子，有俊才，依附韦执谊，累迁尚书司封郎中。叔文败，贬池州刺史，寻改饶州司马，量移汀州刺史，又转永州卒。

陈谏至叔文败，已出为河中少尹，自台州司马量移封州刺史，转通州卒。

凌准，贞元二十年自浙东观察判官、侍御史召入，王叔文与准有旧，引用为翰林学士，转员外郎。坐叔文贬连州。准有史学，尚古文，撰《邠志》二卷。

韩泰，贞元中累迁至户部郎中，王叔文用为范希朝神策行营节度行军司马。泰最有筹画，能决阴事，深为伾、叔文之所重，坐贬，自虔州司马量移漳州刺史，迁郴州。

柳宗元、刘禹锡自有传。

程异，京兆长安人。尝侍父疾，乡里以孝悌称。明经及第，释褐扬州海陵主簿。登《开元礼》科，授华州郑县尉。精于吏职，剖判无滞。杜确刺同州，帅河中，皆从为宾佐。

贞元末，擢授监察御史，迁虞部员外郎，充盐铁转运、扬子院留后。时王叔文用事，由径放利者皆附之，异亦被引用。叔文败，坐贬岳州刺史，改郴州司马。元和初，盐铁使李巽荐异晓达钱谷，请弃瑕录用，擢为侍御史，复为扬子留后，累检校兵部郎中、淮南等五道两税使。异自悔前非，厉己竭节，江淮钱谷之弊，多所铲革。入为太府少卿、太卿，转卫尉卿，兼御史中丞，充盐铁转运副使。

时淮西用兵，国用不足，异使江表以调征赋，且讽有土者以饶羡入贡，至则不剥下，不浚财，经费以赢，人颇便之。由是专领盐铁转运使、兼御史大夫。十三年九月，转工部侍郎、同中书门下平章事，领使如故。议者以异起钱谷吏，一旦位冠百僚，人情大为不可。异自知叨据，以谦逊自牧，月余日，不敢知印秉笔。异知西北边军政不理，建请置巡边使，上问谁可使者，异请自行。议未决，无疾而卒，元和十四年四月也。赠左仆射，谥曰恭。异性廉约，殁官第，家无余财，人士多之。

皇甫镈，安定朝那人。祖邻几，汝州刺史。父愉，常州刺史。镈贞元初登进士第，登贤良文学制科，授监察御史。丁母忧，免丧，坐居丧时薄游，除詹事府司直。转吏部员外郎、判南曹，凡三年，颇钤制奸吏。改吏部郎中，三迁司农卿、兼御史中丞，赐金紫，判度支，俄拜户部侍郎。时方讨淮西，切于馈运，镈勾剥严急，储供办集，益承宠遇，加兼御史大夫。

十三年，与盐铁使程异同日以本官同平章事，领使如故。镈虽有吏才，素无公望，特以聚敛媚上，刻削希恩。诏书既下，物情骇异，至于贾贩无识，亦相嗤诮。宰相崔群、裴度以物议上闻，宪宗怒而不听。度上疏乞罢知政事，因论之曰：

> 臣日昨于延英陈乞，伏奉圣旨，未遂愚衷。窃以上古明王圣帝，致理兴化，虽由元首，亦在股肱。所以述尧、舜之道，则言稷、契、皋、夔；纪太宗、玄宗之德，则言房、杜、姚、宋。自古至今，未有不任辅弼而能独理天下者。况今天下，异于十年已前，方驱驾文武，廓清寇乱，建升平之业，十已得八九。然华夏安否，系于朝廷，朝廷轻重，在于宰相。如臣驽钝，夙夜战兢，常以为上有圣君，下无贤臣，不能增日月之明，广天地之德。遂使每事皆劳圣心，所以平贼安人，费力如此，实由臣辈不称所职。方期陛下博采物议，旁求人望，致之辅弼，责之化成；而乃忽取微人，列于重地，始则殿庭班列，相与惊骇，次则街衢市肆，相与笑呼。伏计远近流闻，与京师无异。何者？天子如堂，宰臣如陛，陛高则堂高，陛卑则堂不得高矣，宰臣失人，则天子不得尊矣。
>
> 伏以陛下睿哲文明，唯在所授，凡所阅视，洞达无遗。所以比来选任宰相，纵道不周物，才不济时，公望所归，皆有可取。况皇甫镈自掌财赋，唯事割剥，以苛为察，以刻为明。自京北、京西城镇及百司并远近州府，应是仰给度支之处，无不苦口切齿，愿食其肉；犹赖臣等每加劝诫，或为奏论，庶事之中，抑令通济。比者淮西诸军粮料，所破五成钱，其实只与一成、两成，士卒怨怒，皆欲离叛。臣到行营，方且慰喻，直其迁延不进，供军渐难，俱能前行，必有优赏，以此约定，然后切勒供军官，且支九月一日两成已上钱，俱容努力，方将小安，不然必有溃散。今旧兵悉向淄青讨伐，忽闻此人入相，则必相与惊扰，以为更有前时之事，则无告诉之忧。虽侵刻不少，然漏落亦多，所以罢兵之后，经费钱数一千三十万贯，此事犹可。直以性惟狡诈，言不诚实，朝三暮四，天下共知，惟能上惑圣聪，足见奸邪之极。程异虽人品凡俗，然心事和平，处之烦剧，或亦得力，但升之相位，便在公卿之上，实亦非宜。如皇甫镈，天下之人，怨入骨髓，陛下今日收为股肱，列在台鼎，切恐不可，伏惟图之。倘陛下纳臣恳款，速赐移易，以副天下之望，则天下幸甚。伏闻李鄘疾病，亦求入来，如浙西观察使，且与亦得。
>
> 臣知一言出口，必犯天威，但使言行，甘心获戾。今者臣若不退，天下之人谓臣有负恩宠；今退既未许，言又不听，如火烧心，若箭攒体。臣自无足惜，惜陛下今日事势。何者？淮西荡定，河北咸宁，承宗敛手削地，程权束身赴阙，韩弘舆疾讨贼，此岂京师气力能制其命，只是朝廷处置能服其心。今既开中兴，再造区夏，陛下何忍却自破除，使亿万之众离心，四方诸侯解体？凡百君子，皆欲恸哭。况陛下任臣之意，岂比常人；臣事陛下之心，敢同众士？所以昧死重封以闻，如不足观，臣当引领受责。陛下引一市肆商徒，与臣同列，在臣亦有何损，陛下实有所伤，不胜愤懑惶恐之至。

时宪宗以世道渐平，欲肆意娱乐，池台馆宇，稍增崇饰，而异、镈探知上旨，数贡羡余，以备经构，故帝独排物议相之；见裴度疏，以为朋党，竟不省觉。镈知公议不可，益于巧媚自固，奏减内外官俸钱以赡国用；敕下，给事中崔祐封还诏书，其事方罢。时内出积年库物付度支估价，例皆陈朽，镈尽以善价买之，以给边军。罗縠缯彩，触风断裂，随手散坏，军士怨怒，皆聚而焚之。裴度奏事，因言边军焚赐之意，镈因引其足奏曰："此靴乃内库出者，臣以俸钱二千买之，坚韧可以久服，所言不可用，皆诈也。"帝以为然，由是镈益无忌惮。裴度有用兵伐叛之功，镈心嫉之，与宰相李逢吉、令狐楚合势挤度出镇太原。崔群有公望，为搢绅所重，屡言时政之弊，镈恶之，因议宪宗尊号，乃奏曰："昨群臣议上徽号，崔群于陛下惜'孝德'两字。"宪宗怒，黜群为湖南观察使。又与金吾将军李道古叶为奸谋，荐引方士柳泌、僧大通，言可致长生。中尉吐突承璀恩宠莫二，镈厚赂结其欢心，故及相位。

穆宗在东宫，备闻镈之奸邪，及居谅闇，听政之日，诏："皇甫镈器本凡近，性惟险狭，行靡前顾，文无可观，虽早践朝伦，而素乖公望。自掌邦计，属当军兴，以剥下为徇公，既鼓众怒；以矫迹为孤立，用塞人言。汩尘台司，益蠹时政，不知经之大体，不虑安边之远图，三军多冻馁之忧，百姓深雕瘵之弊。事皆罔蔽，言悉虚诬，远近咸知，朝野同怨。而又恣求方士，上惑先朝，潜通奸人，罪在难舍。合加窜殛，以正刑章，俾黜遐荒，尚存宽典。"又诏曰："山人柳泌辄怀左道，上惑先朝，固求牧人，贵欲疑众，自知虚诞，仍便奔逃。僧大通医方不精，药术皆妄。既延祸衅，俱是奸邪，邦国固有常刑，人神所宜共弃，宜付京兆府决重杖一顿处死。"

柳泌本曰杨仁力，少习医术，言多诞妄。李道古奸回巧宦，与泌密谋求进，言之于皇甫镈，因征入禁中。自云能致灵药，言："天台山多灵草，群仙所会，臣尝知之，而力不能致。愿为天台长吏，因以求之。"起徒步为台州刺史，仍赐金紫。谏官论奏曰："列圣亦有好方士者，亦与官号，未尝令赋政临民。"宪宗曰："烦一郡之力而致神仙长年，臣子于君父何爱焉！"由是莫敢有言者。裴潾以极言被黜。泌到天台，驱役吏民于山谷间，声言采药，鞭笞躁急。岁余一无所得，惧诈发获罪，举家入山谷。浙东观察使追捕，送于京师，镈与李道古悬保证之，必能可致灵药，乃待诏翰林院。宪宗服泌药，日益烦躁，喜怒不常，内官惧非罪见戮，遂为弑逆。大通自云寿一百五十岁，久得药力。又有田佐元者，凤翔虢人，自言有奇术，能变瓦砾为金，白衣授虢县令。初，柳泌系京兆府，狱吏叱之曰："何苦作此虚矫？"泌曰："吾本无此心，是李道古教我，且云寿四百岁。"府吏防虞周密,恐其隐化;及解衣就诛,一无变异,但灸灼之瘢痕浃身而已。镈卒于贬所。

镈弟镛,端士也。亦进士擢第,累历宣歙、凤翔使府从事,入为殿中侍御史,转比部员外郎、河南县令、都官郎中、河南少尹。时镈为宰相,领度支,恩宠殊异。镛恶其太盛,每弟昆宴语,即极言之,镈颇不悦。乃求为分司,除右庶子。及镈获罪,朝廷素知镛有先见之明,不之罪,征为国子祭酒,改太子宾客、秘书监。开成初,除太子少保分司,卒年四十九。镛能文,尤工诗什,乐道自怡,不屑世务,当时名士皆与之交。有集十八卷,著《性言》十四篇。

史臣曰:奸邪害正,自古有之;而矫诞无忌,妬贤伤善,未有如延龄、皇甫之甚也。臣每读陆丞相论延龄疏,未尝不泣下沾衿,其守正效忠,为宗社大计,非端士益友,安能感激犯难如此?异哉德宗之为人主也,忠良不用,谗慝是崇,乃至身播国屯,几将覆灭,尚独保延龄之是,不悟卢杞之非,悲夫!执谊、叔文,乘时多僻,而欲斡运六合,斟酌万几;刘、柳诸生,逐臭市利,何狂妄之甚也!章武雄材睿断,剗削厉阶;洎逐群、度而相异、镈,盖季年之妖惑也,夫何言哉!

赞曰:贞元之风,好佞恶忠。龄、镈害善,为国蠹虫。裴、陆献替,嫉恶如风。天听匪谌,吾道斯穷。

卷一百三十六　　列传第八十六

窦参从子申附　齐映　刘滋从兄赞附　卢迈　崔损　齐抗

窦参,字时中,工部尚书诞之玄孙。父审言,闻喜尉,以参贵赠吏部尚书。参习法令,通政术,性矜严,强直而果断。少以门荫,累官至万年尉。时同僚有直官曹者,将夕,闻亲疾,请参代之。会狱囚亡走,京兆尹按直簿,将奏,参遽请曰:"彼以不及状谒,参实代之,宜当罪。"坐贬江夏尉,人多义之。

累迁奉先尉。县人曹芬,名隶北军,芬素凶暴,因醉殴其女弟,其父救之不得,遂投井死。参捕理芬兄弟当死,众官皆请俟免丧,参曰:"子因父生,父由子死,若以丧延罪,是杀父不坐也。"皆正其罪而杖杀之,一县畏伏。转大理司直。按狱江淮,次扬州,节度使陈少游骄蹇,不郊迎,令军吏传问,参正辞让之,少游悔惧,促诣参,参不俟济江。还奏合旨。时婺州刺史邓珽坐赃八千贯,珽与执政有旧,以会赦,欲免赃。诏百僚于尚书省杂议,多希执政意,参独坚执正之于法,竟征赃。明年,除监察御史,奉使按湖南判官马彝狱。时彝举属令赃至千贯,为得罪者之子因权幸诬奏彝,参竟白彝无罪。彝实能吏,后累佐曹王皋,以正直强干闻。

参转殿中侍御史,改金部员外郎、刑部郎中、侍御史、知杂事。无几,迁御史中丞,不避权贵,理狱以严称。数蒙召见,论天下事,又与执政多异同,上深器之,或参决大政。时宰颇忌之,多所排抑,亦无以伤参。然多率情坏法。初定百官俸料,以尝为司直,党其官,故给俸多于本寺丞;又定百官班秩,初令太常少卿在左右庶子之上;又恶詹事李昇,遂移詹事班退居诸府尹之下,甚为有识所嗤。寻兼户部侍郎。时京师人家豕生两首四足,有司欲奏;参曰:"此为豕祸,安可上闻!"命弃之。是时,郊牛生犊有六足者,太仆卿周皓白宰相请奏,李泌亦戏答以遣之。

故淮南节度使陈少游子正仪请袭封,参大署尚书省门曰:"陈少游位兼将相之崇,节变艰危之际,君上含垢,未能发明,愚子何心,辄求传袭。"正仪惧,不敢封书去。时神策将军孟华有战功,为大将军所诬奏,称华谋反;有右龙武将军李建王,前陷吐蕃,久之自拔,为部曲诬告潜通吐蕃,皆当死,无以自白,参悉理出之,由是人皆属望。明年,拜中书侍郎、同平章事,领度支、盐铁转运使。每宰相间日于延英召对,诸相皆出,参必居后久之,以度支为辞,实专大政。参无学术,但多引用亲党,使居要职,以为耳目,四方藩帅,皆畏惧之。李纳既惮参,馈遗毕至,外示敬参,实阴间之。上所亲信,多让毁参。窦申又与吴通玄通犯事觉,参任情好恶,恃权贪利,不知纪极,终以此败。贬参郴州别驾,贞元八年四月也。

参至郴州,汴州节度使刘士宁遗参绢五千匹。湖南观察使李巽与参有隙,遂具以闻,又中使逢士宁使于路,亦奏其事。德宗大怒,欲杀参。宰相陆贽曰:"窦参与臣无分,因事报怨,人之常情。然臣参宰衡,合存公体,以参罪犯,置之于死,恐用刑太过。"于是且止。寻又遣中使谓贽等曰:"卿等所奏,于大体虽好,然此人交结中外,其意难测,朕寻情状,其事灼然。又窦参在彼,与诸戎帅交通,社稷事重,卿等速进文书处分。"贽奏曰:"臣面承德音,幸奉密旨,皆以社稷为言,又知根寻已审,敢不上同忧愤,内绝狐疑,岂愿迟回,更贻念虑?但以参常经重任,斯谓大臣,进退之间,犹宜有礼,诛戮之际,不可无名。刘晏久掌货财,当时亦招怨谤,及加罪责,事不分明,叛者既得以为辞,众人亦为之怀愍。用刑暧昧,损累不轻,事例未遥,所宜重慎。窦参顷司钧轴,颇怙恩私,贪受货财,引纵亲党,此则朝廷同议,天下共传。至于潜怀异图,将起大恶,迹既未露,人皆莫知。臣等亲奉天颜,议加刑辟,但闻凶险之意,尚昧结构之由。况在众流,何由备悉,忽行峻罚,必谓冤诬,群情震惊,事亦非细。若不付外推鞫,则恐难定罪名,乞留睿聪,更少详度。窦参于臣,素亦无分,陛下固已明知,有何顾怀,辄欲营救?良以事关国体,义绝私嫌,所冀典刑不滥于清时,君道免亏于圣德。"乃再贬为驩州司马。男崇伯,配泉州;女尼真如,隶郴州;其财物媵妾,传送京师。参时为左右中官深怒,谤沮不已,未至驩州,赐死于邕州武经镇,时年六十。

窦申者,参之族子。累迁至京兆少尹,转给事中。参特爱之,每议除授,多访于申,申或泄之,以招权受赂。申所至,人目之为喜鹊。德宗颇闻其事,数诫参曰:"卿他日必为申所累，不如出之以掩物议。"参曰："臣无强子侄，申虽疏属，臣素亲之，不忍远出，请保无他犯。"帝曰："卿虽自保，如众人何？"参固如前对。申亦不悛。

兵部侍郎陆贽与参有隙。吴通微弟兄与贽同在翰林，俱承德宗顾遇，亦争宠不协。金吾大将军、嗣虢王则之与申及通微、通玄善，遂相与倾。贽考贡举，言贽考贡不实。吴通玄取宗室女为外妇，德宗知其毁贽，且令察视，具得其奸状，乃贬则之为昭州司马，吴通玄为泉州司马，窦申为道州司马。不旬日，贬参郴州别驾，即日以陆贽为宰相。明年，窦参再贬骧州。德宗谓陆贽曰："窦申、窦荣、李则之首末同恶，无所不至，又并细微，不比窦参，便宜商量处置，所有亲密，并发遣于远恶处。"贽奏曰：

窦参罪犯，诚合诛夷，圣德含弘，务全事体，特宽严宪，俯贷馀生。始终之恩，实足感于庶品；仁煦之惠，不独幸于斯人。所议贬官，谨具别状。其窦申、窦荣、李则之等，既皆同恶，固亦难容；然以得罪相因，法有首从，首当居重，从合从轻。参既蒙恩矜全，申等亦宜减降。又于党与之内，亦有淑慝之殊，稍示区分，足彰沮劝。窦荣与参虽非近属，亦甚相亲，然于款密之中，都无邪僻之事。仍闻激愤，屡有直言，因此渐构猜嫌，晚年颇见疏忌。若论今者阴事，则尚未究端由，如据比来所行，应不至凶险，恐须差异，以表详明。臣等商量，窦荣更贬远官，窦申、则之并除名配流，庶允从轻之典，以洽好生之恩。夫趋势附权，时俗常态，苟无高节出众，何能特立不群？窦参久尘钧衡，特承宠渥，君之所任，孰敢不从？或游于门庭，或序以中表，或偏被接引，或骤与荐延，如此之徒，十常八九。若听流议，皆谓党私，自非甚与交亲，安可悉从贬累？况窦参罢黜，殆欲周星，应是私党近亲，当时并已连坐，人心久定，不可复摇。臣等商量，除与窦参阴谋邪事处，一切不问。

诏从之，由是申等得配流岭南。既赐参死，乃杖杀申，诸窦皆贬，荣得免死。

齐映，瀛州高阳人。父伉，试太常少卿，兼检校工部郎中。映登进士第，应博学宏辞，授河南府参军。滑亳节度使令狐彰辟为掌记，累授监察御史。彰疾甚，映草遗表，因与谋后事，映说彰令上表请代，令子建归京师，彰皆从之，因妻以女。彰卒后兵乱，映脱身归东都，河阳三城使马燧辟为判官，奏殿中侍御史。建中初，卢杞为宰相，荐之，迁刑部员外郎，会张镒出镇凤翔，奏为判官。映口辩，颇更军事，数以论奏合旨，寻转行军司马、兼御史中丞。德宗在奉天，凤翔逼于贼泚。镒懦缓不晓兵家事，部将有李楚琳者，剽悍凶暴，军中畏之，乘间将谋乱。先数日，映与同列齐抗觉其谋，乃言于镒，请早图之。镒不从映言，乃示其宽大，召楚琳语之曰："欲令公使于外。"楚琳恐，是夜作乱，乃杀镒以应泚；军中多为映指道，故得免。因赴奉天行在，除御史中丞。

兴元初，从幸梁州，每过险，映常执辔。会御马逸骇，奔跳颇甚，帝惧伤映，令舍辔，映坚执久之，乃止。帝问其故，曰："马奔蹶，不过伤臣；如舍之，或犯清尘，虽臣万死，何以塞责？"上嘉奖无已。在梁州，拜给事中。映白皙长大，言音高朗。上自山南还京，常令映侍左右，或令前马，至城邑州镇，俾映宣诏令，帝益亲信之。其年冬，转中书舍人。

贞元二年，以本官与左散骑常侍刘滋、给事中崔造同拜平章事。滋以端默雅重寡言，映谦和美言悦下，无所是非，政事多决于造。无几，造疾病，映当国政，乘间亦敢言事。时吐蕃数入寇，人情摇动，且言帝欲行幸避狄。映奏曰："戎狄乱华，臣之罪也。今人情恟惧，谓陛下理装具糗粮，臣闻大福不再，奈何不与臣等熟计之？"因俯伏流涕，上亦为之感动。时给事中袁高忤旨，映连请为左丞、御史大夫。

映于东都举进士及宏词时，张延赏为河南尹、东都留守，厚映。及映为相，延赏罢相为左仆射，数画时事令映行之，及为所亲求官，映多不应。延赏怒，言映非宰相器。三年正月，贬映夔州刺史，又转衡州。七年，授御史中丞、桂管观察使，又改洪州刺史、江西观察使。映常以顷为相辅，无大过而罢，冀其复入用，乃掊敛贡奉，及大为金银器以希旨。先是，银瓶高者五尺馀，李兼为江西观察使，乃进六尺者，至是，因帝诞日端午，映为瓶高八尺者以献。贞元十一年七月卒，时年四十八，赠礼部尚书。

刘滋，字公茂，左散骑常侍子玄之孙。父贶，开元初为左拾遗，父子仍代为史官。贶依刘向《说苑》撰《续说苑》一十卷以献，玄宗嘉之。滋少以门荫，调授太子正字，历涟水令。吏部侍郎杨绾荐滋堪为谏官，拜左补阙，改太常卿，复为左补阙。辞官侍亲还东都，河南尹李廙署奏功曹参军。无几，丁母丧，服除，迁屯田员外郎，转司勋员外郎，判南曹，勤于吏职，孜孜奉法。迁司勋郎中，累拜给事中。从幸奉天，转太常少卿，掌礼仪。兴元元年，改吏部侍郎，往洪州知选事。时京师寇盗之后，天下蝗旱，谷价翔贵，选人不能赴调，乃命滋江南典选，以便江、岭之人，时称举职。

贞元二年，迁左散骑常侍、同中书门下平章事，在相位无所启奏，但多谦退，廉谨畏慎而已。三年正月，守本官，罢知政事。四年，复为吏部侍郎。六年，迁吏部尚书。窦参以宰相为吏部尚书，换刑部尚书。无何，御史台劾奏滋前在吏部选人渝滥，诏夺金紫阶。滋有经学，善持论，性廉洁刻苦，嫉恶，掌选多所发擿更代，诈伪者尤畏之。十年十月卒，时年六十六，赠陕州大都督。

滋从兄赞，大历中左散骑常侍汇之子。少以资荫补吏，累授鄠县丞，宰相杜鸿渐自剑南还朝，途出于鄠，赞储供精办。鸿渐判官杨炎以赞名儒之子，荐之，累授侍御史、浙江观察判官。杨炎作相，擢为歙州刺史，以勤干闻。有老妇人捃拾榛橠间，猛兽将噬之，幼女号呼搏兽而救之，母子俱免。宣歙观察使韩滉表其异行，加金紫之服，再迁常州刺史。韩滉入相，分旧所统为三道，以赞为宣州刺史、兼御史中丞、宣歙池都团练观察使。赞在宣州十馀年。

赞祖子玄，开元朝一代名儒，父汇博涉经史，唯赞不知书，但以强猛立威，官吏畏之，重足一迹。宣为天下沃饶，赞久为廉察，厚敛殖货，务贡奉以希恩。子弟皆亏庭训，虽童年稚齿，便能侮易骄人，人士鄙之。贞元十二年卒，时年七十，赠吏部尚书。

卢迈，字子玄，范阳人。少以孝友谨厚称，深为叔舅崔祐甫所亲重。两经及第，历太子正字、蓝田尉。以书判拔萃，授河南主簿，充集贤校理。朝臣荐其文行，迁右补阙、侍御史、刑部吏部员外郎。迈以叔父兄弟姊妹悉在江介，属蝗虫岁饥，恳求江南上佐，由是授滁州刺史。入为司门郎中，迁右谏议大夫，累上表言时政得失。转给事中，属校定考课，迈固让，以授官日近，未有政绩，不敢当上考，时人重之。迁尚书右丞。

将作监元亘当摄太尉享昭德皇后庙，以私忌日不受誓诫，为御史劾奏，诏尚书省与礼官、法官集议。迈奏状曰："臣按《礼记》，大夫士将祭于公，既视濯而父母死，犹奉祭。又按唐礼，散斋有大功之丧，致斋有周亲丧，斋中疾病，即还家不奉祭事，皆无忌日不受誓诫之文。虽假宁令忌日给假一日，《春秋》之义，不以家事辞王事。今亘以假宁常式，而违摄祭新命，酌其轻重，誓诫则祀事之严，校其礼式，忌日乃寻常之制，详求典据，事缘荐献，不宜以忌日为辞。"由是亘坐罚俸。

迈九年以本官同中书门下平章事；岁余，迁中书侍郎。时大政决在陆贽、赵憬，迈谨身中立，守文奉法而已。而友爱恭俭。迈从父弟记，为剑南西川判官，卒于成都，归葬于洛阳，路由京师，迈奏请至城东哭于其枢，许之。近代宰臣多自以为崇重，三服之亲，或不过从而吊临；而迈独振薄俗，请临弟丧，士君子是之。十二年九月，迈于政事堂中风，肩舆而归，上表请罢官，不许，诏宰臣就第问疾。自是凡五上表，坚乞骸骨，诏曰："卿操履贞方，器识淹茂，自居台辅，益见忠清。方藉谋猷，遽婴疾疹，岁月滋久，章表屡闻，陈请再三，执谦难夺。且备养贤之礼，宜遂优闲之秩，告免之诚，虽无恳至，俯从来奏，良用怃然。"乃除太子宾客。贞元十四年卒，时年六十，赠太子太傅，赗以布帛。迈再娶无子，以从父弟子纪为嗣。

崔损，字至无，博陵人。高祖行功已后，名位卑替。损大历末进士擢第，登博学宏词科，授秘书省校书郎，再授咸阳尉。外舅王翊为京兆尹，改大理评事，累迁兵部郎中。贞元十一年，迁右谏议大夫。会门下侍郎平章事赵憬卒，中书侍郎平章事卢迈风病请告，户部尚书裴延龄素与损善，乃荐之于德宗。十二年，以本官同中书门下平章事，与给事中赵宗儒同日知政事，并赐金紫。初，二相有故旬日，中外颙望名德，损ני无声实，及制下之日，中外失望。性醒龊谨慎，每延英论事，未尝有言。十四年秋，转门下侍郎平章事。是岁，以昭陵旧宫为野火所焚，所司请修奉。"昭陵旧宫在山上，置来岁久，曾经野火烧爇，摧毁略尽，其宫寻移在瑶台寺左侧。今属通年，欲议修置，缘供水稍远，百姓劳弊，今欲于见住行宫处修创，冀久远便人。又为移改旧制，恐礼意未周，宜令宰臣百僚集议。"议者多云："旧宫既焚，宜移就山下。"上意不欲迁移，只于山上重造，命损为八陵修奉使。于是献、昭、乾、定、泰五陵造屋五百七十间，桥陵一百四十间，元陵三十间，唯建陵仍旧，但修葺而已。所缘陵寝中床蓐帷幄一事以上，帝亲自阅视，然后授损送之陵所。

损以久疾在家，赐绢二百匹以为医药。南北两省清要，损皆历践之，在位无称于人者。身居宰相，母野殡，不言展墓，不议迁祔；姊为尼，没于近寺，终丧不临，士君子罪之。加以过为恭逊，接见便僻，不止于容身而已。自建中以后，宰相罕有久在位者，数岁罪黜；损用此中上意，窃大任者八年。上亦知物议鄙其持禄取容，然怜而厚之。贞元十九年卒，赠太子太傅，赙布帛五百端、米粟四百石。

齐抗，字退举，天宝中平阳太守浣之孙。父翱，一命卑官卒，以抗贵，累赠国子祭酒。抗少会稽剡中读书，为文长于笺奏。大历中，寿州刺史张镒辟为判官，明闲吏事，敏于文学，镒甚重之。建中初，镒为江西观察使，抗亦随在幕府。三年，镒自中书侍郎平章事出镇凤翔，奏抗为监察御史，仍为宾佐，幕中筹画，多出于抗。

德宗在奉天，镒为李楚琳所害。抗奔赴行在，拜侍御史，旬日改户部员外郎。宰臣萧复为江淮宣慰使，以抗为判官。德宗还京，大盗之后，天下旱蝗，国用尽竭。盐铁转运使元琇以抗有才用，奏授仓部郎中，条理江淮盐务。贞元初，为水陆运副使，督江淮漕运以给京师。迁谏议大夫。历处州刺史，转潭州刺史、湖南都团练观察使。入为给事中，又为河南尹，历秘书监、太常卿，代郑余庆为中书侍郎、同中书门下平章事。

先是每年吏部选人试判，别奏官考覆，第其上下；既考，中书门下复奏择官覆定，浸以为便。抗乃奏曰："吏部尚书、侍郎，已是朝廷精选，不宜别差考官重覆。"其年他官考判讫，俾吏部侍郎自覆，一岁遂除考判官，盖抗所论奏也。故事，礼部侍郎掌贡举，其亲故即试于考功。谓之"别头举人"，抗亦奏罢之。寻奏省诸州府别驾、田曹、司田官及判司之双曹者，复省中书省驱使官及诸胥吏。寻加修国史。抗虽读书，无远智大略，凡为官，必求至精，末乃滋彰，物论薄其隘刻。遇疾，上表请罢，改太子宾客，竟不任朝谢。贞元二十年卒，时年六十五，赠户部尚书，又赐其家绢二百匹。

史臣曰：窦参朋党，不顾君上之诫，斯为悖矣。齐映曲贡希用甚谬，而爱君莅事，往往有长者之言。滋、迈家行修谨，临事可称，器虽醒龊，无废为君子矣。而损、抗之比，夫何足云，遽污台槐，盖时主之容易耳。

赞曰：物之同器，贵于弘通。窦阿齐佞，偏诐斯同。滋、迈之行，可以饰躬。康济蒸民，胡为厥中。

卷一百三十七　　列传第八十七

徐浩　赵涽子博宣　卢南史附　**刘太真　李纾　邵说　于邵　崔元翰　于公异　吕渭**子温　恭　俭　让　**郑云逵　李益　李贺**

徐浩，字季海，越州人。父峤，官至洛州刺史。浩少举明经，工草隶，以文学为张说所器重，调授鲁山主簿。说荐为丽正殿校理，三迁右拾遗，仍为校理。幽州节度使张守珪奏在幕府，改监察御史。丁父忧，服除，授京兆司录，以母忧去职。数年，调授河南司录，历河阳令，以善政称。拜太子司议郎，迁金部员外郎，历宪部郎中。安禄山反，出为襄阳太守、本郡防御使，赐以金紫之服。肃宗即位，召拜中书舍人，时天下事殷，诏令多出于浩。浩属词赡给，又工楷隶，肃宗悦其能，加兼尚书右丞。玄宗传位诰册，皆浩为之，参两宫文翰，宠遇罕与为比。除国子祭酒，坐事贬庐州长史。代宗征拜中书舍人、集贤殿学士，寻迁工部侍郎、岭南节度观察使、兼御史大夫，又为吏部侍郎、集贤殿学士。坐以妾弟冒选，托侍郎薛邕注授京尉，为御史大夫李栖筠所弹，坐贬明州别驾。

德宗即位，征拜彭王傅。建中三年，以疾卒，年八十，赠太子少师。初，浩以文雅称；及授广州，典选部，多积货财，又嬖其妾侯莫陈氏，颇干政事，为时论所贬。

赵涽，冀州人也。幼有文学。天宝初，举进士，补郾城尉，累授监察御史、右司员外郎。河南副元帅王缙奏充判官，授检校兵部郎中、兼侍御史，迁给事中、太常少卿，出为衢州刺史。

永泰初，涽为监察御史。时禁中失火，烧屋室数十间，火发处与东宫稍近，代宗深疑之，涽为巡使，俾令即讯。涽周历墙面，按据迹状，乃上直中官遗火所致也，推鞫明审，颇尽事情。既奏，代宗称赏焉。德宗时在东宫，常感涽之究理详细，及刺衢州，年考既深，又与观察使韩滉不相得，滉奏免涽官，德宗见其名，谓宰臣曰："岂非永泰初御史赵涽乎？"对曰："然。"即拜尚书左丞。无何，知吏部选，扈从梁州。兴元元年卒，赠户部尚书。

子博宣，登进士第，文章俊拔，性率多酒。陈许节度使曲环辟为从事，宾筵之间，多所忽略，环不能容。朝廷方讨淮、蔡，环诬奏博宣受吴少诚赂为反间，又妄说国家休咎，扇惑军情。时博宣权知舞阳县事，诏令环决杖四十，流于康州，人皆以为枉。

先是，侍御史卢南史坐事贬信州员外司马，至郡，准例得厅吏一人，每月请纸笔钱，前后五年，计钱一千贯。南史以官闲冗，放吏归，纳其纸笔钱六十余千。刺史姚骥劾奏南史，以为赃，又劾南史买铅烧黄丹。德宗遣监察御史郑楚相、刑部员外郎裴澥、大理评事陈正仪充三司使，同往按鞫。将行，并召于延英，谓之曰："卿等必须详审，无令漏罪衔冤。"三人将退，裴澥独留，奏曰："臣按姚骥奏状，称南史取厅吏纸笔钱计赃六十余贯，虽于公法有违，量事且非巨蠹。"上曰："此事亦未为甚，未知烧铅何如？"澥曰："烧铅为丹，格令不禁。准天宝十三载敕，铅、铜、锡不许私家买卖货易，盖防私铸钱，本亦不言烧铅为丹。南史违敕买铅，不得无罪。伏以陛下自登宝位，及天宝、大历以来，未曾降三司使至江南；今忽录此小事，令三司使往，非唯损耗州县，亦恐远处闻之，各怀忧惧。臣闻开元中张九龄为五岭按察使，有录事参军告龄非法，朝廷止令大理评事往按。大历中，鄂岳观察使吴仲孺与转运使判官刘长卿纷竞，仲孺奏长卿犯赃二十万贯，时止差监察御史苗伾就推。今姚骥所奏事状无多，臣堪任此行，即请独往，恐不须三司并行为使。"德宗忻然曰："卿言是矣。"乃复召楚相、正仪与澥俱坐，谓之曰："朕槽于理道，处事未精，适见裴澥所奏，深协事宜，亦不用三人总去，但行首一人行可也，卿等便宜行宰臣改敕。"德宗不务大体，以察为明，皆此类也。而博宣、南史坐诬枉摈逐，赖裴澥悟主，南史不至深罪，后得召还。

刘太真，宣州人。涉学，善属文，少师事词人萧颖士。天宝末，举进士。大历中，为淮南节度使陈少游掌书记，征拜起居郎。累历台阁，自中书舍人转工部、刑部二侍郎。性怯懦诡随。及转礼部侍郎，掌贡举，宰执姻族，方镇子弟，先收擢之。又常叙少游勋绩，拟之桓、文，大招物论。贞元五年，贬信州刺史，到州寻卒。

太真尤长于诗句，每出一篇，人皆讽诵。德宗文思俊拔，每有御制，即命朝臣毕和。贞元四年九月，赐宴曲江亭，帝为诗，序曰：

朕在位仅将十载，实赖忠贤左右，克致小康。是以择三令节，锡兹宴赏，俾大夫、卿士得同欢洽也。夫共其戚者同其休，有其初者贵其终，咨尔群僚，颁朕不暇，乐而能节，职思其忧，咸若时则，庶乎理矣。因重阳之会，聊示所怀。早衣对庭燎，躬化勤意诚。时此万机暇，适与佳节并。曲池絜寒流，芳菊舒金英。乾坤爽气澄，台殿秋光清。朝野庆年丰，高会多欢声。永怀无荒诫，良士同斯情。

因诏曰："卿等重阳会宴，朕想欢洽，欣慰良多，情发于中，因制诗序。今赐卿等一本，可中书门下简定文词士三五十人应制，同用'清'字，明日内于延英门进来。"宰臣李泌等虽奉诏简择，难于取舍，由是百僚皆和。上自考其诗，以太真及李纾等四人为上等，鲍防、于邵等四人为次等，张濛、殷亮等二十三人为下等；而李晟、马燧、李泌三宰相之诗，不加考第。

初，朱泚、怀光之乱，关辅荐饥，贞元三年以后，仍岁丰稔，人始复生人之乐。德宗诏曰："比者卿士内外，朝夕公务，今方隅无事，蒸民小康，其正月晦日、三月三日、九月九日三节日，宜任文武百僚择胜地追赏。每节宰相、常参官共赐钱五百贯文、翰林学士一百贯文，左右神威、神策等十军各赐五百贯。金吾、英武、威远及诸卫将军共赐二百贯，客省奏事共赐一百贯，委度支每节前五日支付，永为常制。"

李纾，字仲舒，礼部侍郎希言之子。少有文学。天宝末，拜秘书省校书郎。大历初，吏部侍郎李季卿荐为左补阙，累迁司封员外郎、知制诰，改中书舍人。寻自虢州刺史征拜礼部侍郎。德宗居奉天，择为同州刺史，寻弃州诣梁州行在，拜兵部侍郎。反正，兼知选事。李怀光诛，河东节度及诸军会河中，诏往宣劳节度、使还，敷奏合旨，拜礼部侍郎。

纾通达，善诙谐，好接后进，厚自奉养，鲜华舆马，以放达蕴藉称。虽为大官，而佚游佐宴，不尝自忘。尝议享武成王不当视文宣庙，奏云："准开元十九年敕，置齐太公庙，以张良配，太常卿及少卿、丞充三献官。又按《开元礼》祝文云'皇帝遣某官昭告于齐太公、汉留侯'。至上元年，敕追赠太公为武成王，享祭之典，一同文宣王，有司因差太尉充献官，兼御署祝板。伏以太公即周之太师，张良即汉之少傅，圣朝列于祀典，已极褒崇；今屈礼于至尊，施敬于臣佐，理或过当，神何敢歆。伏以文宣垂教，百代宗师，五常三纲，非其训不明，有国有家，非其制不立，故孟轲称'生人已来，一人而已'。由是正素王之位，加先圣之名，乐用宫悬，献差太尉，尊师崇道，雅合政经。且太公述作止于《六韬》，勋业形于一代，岂宜拟诸盛德，均其殊礼！其祝文请不进署，'敢昭告'请改为'敬祭于'，'其昭告'请改为'致祭于留侯'，其献官请准旧式，差太常卿已下充。"诏百僚进议。文武官上言，互有异同。诏曰："帝德广运，乃武乃文，文化武功，皇王之二柄，祀礼教敬，国章孔明。自今宜上将军以下充献官，余依纾所奏。"纾又奏诏为《兴元纪功述》及郊庙乐章，诸所论著甚众。卒于官，年六十二。贞元八年，赠礼部尚书。

邵说，相州安阳人。举进士，为史思明判官，历事思明、朝义，常掌兵事。朝义之败，说降于军前，郭子仪爱其才，留于幕下。累授长安令、秘书少监，迁吏部侍郎、太子詹事，以才干称。谈者或以宰相许之，金吾将军裴儆谓谏议大夫柳载曰："以鄙夫所度，说得祸不久矣。且说与史思明父子定君臣之分，居剧官，掌兵柄，亡躯犯顺，前后百战，于贼庭掠名家子女以为婢仆者数十人，剽盗宝货，不知纪极。力屈然后降，朝廷宥以不死。获齿班序，无厚颜，而又遑遑求财，崇饰第宅，附托贵幸，以求大用，不知愧惧，而有得色，其能久乎！"建中三年，严郢得罪，说与郢厚善，劝朱泚抗疏申其冤，说为草其奏，上知之，贬说归州刺史，竟卒于贬所。

于邵，字相门，其先家于代，今为京兆万年人。曾祖筠，户部尚书。邵天宝末进士登科，书判超绝，授崇文馆校书郎。累历使府，入为起居郎，再迁比部郎中，尚二十考第于吏部，以当称。无何，出为道州刺史，未就道，转巴州。时岁俭，夷獠数千相聚山泽，围州掠众，邵励州兵以拒之。旬有二日，遣使说喻，盗邀邵面降，邵儒服出城，盗罗拜而降，围解，节度使李抱玉以闻，超迁梓州，以疾不至，迁兵部郎中。西川节度使崔宁请留为支度副使。寻拜谏议大夫、知制诰，再迁礼部侍郎、史馆修撰，为三司使。以撰上尊号册，赐阶三品，当时大诏令，皆出于邵。顷之，与御史中丞袁高、给事中蒋镇杂理左丞薛邕诏狱。邵以为邕犯在赦前，奏出之，失旨，贬桂州长史。贞元初，除原王傅，后为太子宾客，与宰相陆贽不睦。八年，出为杭州刺史，以疾请告，坐贬衢州别驾，移江州别驾，卒年八十一。

邵性孝悌，内行修洁，老而弥笃。初，樊泽常举贤良方正，邵一见之于京师，曰："将相之材也。"不十五年，泽为节将。崔元翰年近五十，始举进士，邵异其文，擢第甲科，且曰："不十五年，当掌诏令。"竟如其言。独孤授举博学宏词，吏部考为乙第，在中书覆升甲科，人称其当。有集四十卷。

崔元翰者，博陵人。进士擢第，登博学宏词制科，又应贤良方正、直言极谏科，三举皆升甲第，年已五十余。李汧公镇滑台，辟为从事。后北平王马燧在太原，闻其名，致礼命之，又为燧府掌书记。入朝为太常博士、礼部员外郎。窦参辅政，用为知制诰，诏令温雅，合于典谟。然性太刚褊简傲，不能取容于时，每发言论，略无阿徇，忤执政旨，故掌诰二年，而官不迁。竟罢知制诰，守比部郎中。元翰苦心文章，时年七十余，好学不倦。既介独耿直，故少交游，唯秉一操，伏膺翰墨。其对策及奏记、碑志、师法班固、蔡伯喈，而致思精密。为时所摈，终于散位。

于公异者，吴人。登进士第，文章精拔，为时所称。建中末，为李晟招讨府掌书记。兴元元年，收京城，公异为露布上行在云："臣已肃清宫禁，祗奉寝园，钟簴不移，庙貌如故。"德宗览之，泣下不自胜，左右为之鸣咽。既而曰："不知谁为之？"或对曰："于公异之词也。"上称善久之。

公异初应进士时，与举人陆贽不协；至是贽为翰林学士，闻上称与，尤不悦。时议者言之，公异少时不为后母所容，自游宦成名，不归乡里；及贞元中陆贽为宰相，奏公异无素行，黜之。诏曰："祠部员外郎于公异，顷以才名，升于省闼。其少也，为父母之所不容，宜其引慝在躬，孝行不匮，匿名迹于畎亩，候安否于门闾，俾其亲之过不彰，庶其诚之至必感。安于弃斥，游学远方，忘其温清之恋，竟至存亡之隔，为人子者，忍至是乎！宜放归田里，俾自循省。其举公异官尚书左丞卢迈，宜夺俸两月。"时中书舍人高郢荐监察御史元敦义，及睹公异遭逐，惧为所累，乃上疏首陈敦义亏于礼教，诏嘉郢之知过，俾敦义罢归。公异竟名位不振，轗轲而卒，人士惜其才，恶贽之褊急焉。

吕渭,字君载,河中人。父延之,越州刺史、浙江东道节度使。渭举进士,累授婺州永康令、大理评事。浙西观察使李涵辟为支使,再迁殿中侍御史。涵自御史大夫改太子少傅,渭上言:"涵父名少康,今涵为少傅,恐乖朝典。"由是特授渭司门员外郎。寻为御史台劾奏:"涵再任少卿,此时都不言;今为少傅,疑以散慢,乃为不可。"由是贬渭歙州司马,改涵检校工部尚书、兼光禄卿。

渭累授舒州刺史、吏部员外、驾部郎中、知制诰、中书舍人,母忧罢。服阕,授太子右庶子、礼部侍郎。中书省有柳树,建中末枯死,兴元元年车驾还京后,其树再荣,人谓之瑞柳。渭试进士,取瑞柳为赋题,上闻而嘉之。渭又结附裴延龄之子操,举进士,文词非工,渭擢之登第,为正人嗤鄙。因人阁遗失请托文记,遂出为潭州刺史、兼御史中丞、湖南都团练观察使,在任三岁,政甚烦碎。贞元十六年卒,年六十六,赠陕州大都督。子温、恭、俭、让。

温,字化光,贞元末登进士第,与翰林学士韦执谊善。顺宗在东宫,侍书王叔文劝太子招纳时之英俊以自辅,温与执谊尤为叔文所眷,起家再命拜左拾遗。二十年冬,副工部侍郎张荐为入吐蕃使,行至凤翔,转侍御史,赐绯袍牙笏。明年,德宗晏驾,顺宗即位,张荐卒于青海,吐蕃以中国丧祸,留温经年。时王叔文用事,故与温同游东宫者,皆不次任用,温在蕃中,悲叹久之。元和元年,使还,转户部员外郎。时柳宗元等九人坐叔文贬逐。唯温以奉使免。

温天才俊拔,文彩赡逸,为时流柳宗元、刘禹锡所称。然性多险诈,好奇近利,与窦群、羊士谔趣尚相狎。群以韦夏卿所荐,自处士不数年至御史中丞,李吉甫尤奇待之。三年,吉甫为中官所恶,将出镇扬州,温欲乘其有间倾之。温自司封员外郎转刑部郎中,窦群请为知杂。吉甫以疾在第,召医人陈登诊视,夜宿于安邑里第。温伺知之,诘旦,令吏捕登鞫问之,又奏劾吉甫交通术士。宪宗异之,召登面讯,其事皆虚,乃贬群为湖南观察使,羊士谔资州刺史,温均州刺史。朝议以所责太轻,群再贬黔南,温贬道州刺史。五年,转衡州,秩满归京,不得意,发疾卒。温文体富艳,有丘明、班固之风,所著《凌烟阁功臣铭》、《张始兴画赞》、《移博士书》,颇为文士所赏,有文集十卷。

恭、俭皆至侍御史,让至太子右庶子,皆有美才。自后吉甫再入中书,长庆以后,李德裕党盛,吕氏诸子无至达官者。

郑云逵,荥阳人。大历初,举进士。性果诞敢言。客游两河,以画干于朱泚,泚悦,乃表为节度掌书记、检校祠部员外郎,仍以弟滔女妻之。泚将入觐,先令云逵入奏;及泚至京,以事怒云逵,奏贬莫州参军。滔代泚后,请为判官。滔助田悦为逆,云逵谕之不从,遂弃妻子驰归长安,帝嘉其来,留于客省,超拜谏议大夫。奉天之难,云逵奔赴行在,李晟以为行军司马,戎略多以咨之。历秘书少监、给事中,寻拜大理卿,迁刑部、兵部二侍郎、迁御史中丞,充顺宗山陵桥道置顿使。

云逵初为朱泚判官,常忤同幕蔡庭玉;庭玉白泚,黜为莫州录事参军。滔复奏为判官,因深构庭玉于滔;滔为泚留后事,有请于泚,庭玉又辄踬之。又有判官朱体微,亦蒙泚亲信,与庭玉常从容言于泚曰:"滔非长者,不可付以兵权。"滔窃知之。后滔南讨有功,云逵数激怒之,滔乃抗表论庭玉等离间骨肉;及滔叛,帝乃召泚以表示之,故归罪于庭玉等以悦滔,滔亦终恨之。三年,云逵奏:其弟前太仆丞方逵,"受性凶悖,不知君亲,众恶备身,训教莫及,结聚凶党,江中劫人。臣亡父先臣眆杖至一百,终不能毙。张延赏任扬州日,亦曾犯延赏法,决杀复苏。至于常言,皆呼臣亡父先臣名,亲戚所知,无可教语。昨闻于邠、宁、庆等州干谒节度及州县乞丐,今见在武功县南,西戎俯近,恐有异谋;若不冒死奏闻,必恐覆臣家族。"诏令京兆府锢身递送黔州,付李模于僻远州驱使,勿许东西。

云逵元和元年拜右金吾卫大将军,岁中改京兆尹。五年五月卒。

李益,肃宗朝宰相揆之族子。登进士第,长为歌诗。贞元末,与宗人李贺齐名。每作一篇,为教坊乐人以赂求取。唱为供奉歌词。其《征人歌》、《早行篇》,好事者画为屏障;"回乐峰前沙似雪,受降城外月如霜"之句,天下以为歌词。然少有痴病,而多猜忌,防闲妻妾,过为苛酷,而有散灰扃户之谭闻于时,故时谓妒痴为"李益疾";以是久之不调,而流辈皆居显位。益不得意,北游河朔,幽州刘济辟为从事,常与济诗而有"不上望京楼"之句。

宪宗雅闻其名,自河北召还,用为秘书少监、集贤殿学士。自负才地,多所凌忽,为众不容,谏官举其幽州诗句,降居散秩。俄复用为秘书监,迁太子宾客、集贤学士判院事,转右散骑常侍。太和初,以礼部尚书致仕,卒。

李贺,字长吉,宗室郑王之后。父名晋肃,以是不应进士,韩愈为之作《讳辨》,贺竟不就试。手笔敏捷,尤长于歌篇。其文思体势,如崇岩峭壁,万仞崛起,当时文士从而效之,无能仿佛者。其乐府词数十篇,至于云韶乐工,无不讽诵。补太常寺协律郎,卒,时年二十四。

史臣曰:文学之士,代不乏才。永泰、贞元之间,如徐浩、赵涓诸公,可谓一时之秀也。然太真以畏懦闻,邵说以僭侈失,于公异、吕渭、李益皆有微累,故知全其德者罕矣。

赞曰:名以才显,才兼德尊。徐、赵、刘、李,厥声远闻。邵、于、吕、郑,其名久存。半乏全德,愧于后人。

卷一百三十八　　列传第八十八

赵憬　韦伦　贾耽　姜公辅

赵憬，字退翁，天水陇西人也。总章中吏部侍郎、同东西台三品仁本之曾孙。祖諠历左司郎中。父道先，洪州录事参军。

憬少好学，志行修洁，不求闻达。宝应中，玄宗、肃宗梓宫未祔，有司议山陵制度。时西蕃入寇，天下饥馑，憬以褐衣上疏，宜遵俭制，时人称之。后连为州从事，试江夏尉。累迁监察御史，随牒藩府，历殿中侍御史、太子舍人。居母忧，哀毁几绝。服除，建中初，擢授水部员外郎。未拜，会湖南观察使李承请为副使、检校工部郎中充职。岁余，承卒，遂知留后事。寻授潭州刺史、兼御史中丞、湖南观察使，仍赐金紫。居二岁，受代归京师，闭门静居，不与人交。久之，特召对于别殿。憬多学问，有辞辩，敷奏称旨，上悦，拜给事中。

贞元四年，回纥请结和亲。诏以咸安公主降回纥，命检校右仆射关播充使。憬以本官兼御史中丞为副。前后使回纥者，多私赍缯絮，蕃中市马回以规利。憬一无所市，人叹美之。使还，迁尚书左丞，纲辖省务，清勤奉职。窦参为宰相，恶其能，请出为同州刺史，上不从。

八年四月，窦参罢黜，憬与陆贽并拜中书侍郎、同中书门下平章事。憬深于法理，常言："为政之本，在于选贤能，务节俭，薄赋敛，宽刑罚。"对扬之际，必以此为言，乃献《审官六议》曰：

臣谬登宰府，四年于兹，恭承德音，未尝不以求贤为切。至于延荐，职在愚臣，虽当代天之工，且乏知人之鉴。渐积岁月，负于圣明，无补王猷，有妨贤路。况多疾恙，兼虑阙遗，顷奉表章，备陈肝膈。陛下以臣性拙直，身病可矜，不弃屡微，尚加委任。自此思省，报效尤难，莫副尧、舜之心，空怀尸素之惧。伏惟陛下法象应期，圣神广运，云行雨施，皆发自然，训诰典谟，悉经睿览。臣所以不敢援引古昔，上烦天聪，且以用人之要，愿伸鄙见。复念稽颡丹陛，仰对宸严，謇讷易穷，遽数难辩，理详则尘渎颇甚，言略则利害未宣。若默以求容，苟而窃位，纵天地之仁幸免，而中外之责何逃！非陛下用臣之意也。其所欲言者，皆陛下圣虑之内。臣以顶戴恩造，不知所为，身被风毒，渐觉沉痼，是以勤勤恳恳，切于愚诚也。

臣闻贞观、开元之际，宰辅论事，或多上书，所冀获尽情理。今臣酌前代之损益，体当时之通变，谨献《审官六议》，伏惟闲宴时赐省览。

其大指，议相，则曰："宜博采众贤，用为辅弼。今中外知其贤者，伏愿陛下用之，识其能者任之，求其全材，恐不可得。"

议进用庶官，则曰："异同之论，是非难辨。由考课难于实效，好恶杂于众声，所以访之弥多，得之弥少。选士古今为难，拔十得五，贤愚犹半。陛下谓臣曰：'何必五也？十得二三斯可矣！'圣主思贤至是，而宰臣不能进之，臣之罪也。进贤在于广任用，明殿最，举大节，弃其小瑕，随其所能，试之以事，用人之大纲也。"

议京诸司阙官，则曰："当今要官多阙，闲官十无一二。文武任用，资序递迁，要官本以材行，闲官多由恩泽。朝廷或将任，多拟要官则人少阙多，闲官则人多阙少；明当选拔者转少，在优容者转多，宜补阙员，务育材用。大厦永固，是栋梁榱桷之全也；圣朝致理，亦庶官群吏之能也。"

议中外考课官，则曰："汉以数易长吏，谓之弊政。其有能理者，辄增秩赐金，或八九年、十余年，乃入为九卿，或迁三辅。功绩茂异，遂至丞相，其间不隔数官。今陛下内选庶僚，外委州府，课绩高者，不次超升，致理之法，无逾于此。臣愚以为黜陟宜立年限，若所居要重，未当迁移，就加爵秩。其余进退，令知褒贬之必应，迟速之有常。如课绩在中，年考及限，与之平转。中外迭处，历试其能，使无苟且之心，又无滞淹之虑。"

议举遗滞，则曰："官司既广，必委宰辅以举之；宰辅不能遍知，又询于庶官；庶官不能遍知，又访于众人。众声嚣然，互有臧否，十人举之未信，一人毁之可疑，迨至于今，兹弊未改。其所以然者，非尽为爱憎也，苦于不审实而承声言之。大凡常人之心，以称人之善为清，以攻人之过为直，苟有除授，多生横议。由是宰臣每将荐用，亦自重难，日往月来，未副圣意。宜须采听时论，以所举多者先用，必非大故，皆不弃之。"

议擢用诸使府僚属，则曰："诸使辟吏，各自精求，务于得人，将重府望。既经试效，能否可知，擢其贤能，置之朝列。或曰外使须才，固不可夺。臣知必不然也。属者使府宾介，每有登朝，本使殊以为荣，自喜知人，且明公选。大凡才能之士，名位未达，多在方镇。日月在上，谁不知之，思登阙庭，如望霄汉，宜须博采，无宜久滞。"上优诏答之。

时吏部侍郎杜黄裳为中贵谗谮及他过犯，御史中丞穆赞、京兆少尹韦武、万年县令李宣、长安令卢云，皆为裴延龄构陷，将加斥逐。憬保护救解之，故多从轻贬。

初，憬廉察湖南，令狐峘、崔儆并为巡属刺史。峘尝历中书舍人、礼部侍郎，儆久在朝列，所为或亏法令，憬每以正道制之。峘、儆密遣人数憬罪状，毁之于朝。及憬为相，拔儆自大理卿为尚书右丞，峘先贬官为别驾，又擢为吉州刺史，时人多之。

憬与陆贽同知政事。贽恃久在禁庭，特承恩顾，以国政为己任，才周岁，转憬为门下侍郎。憬由是深衔之，数以目疾请告，不甚当政事，因是不相协。裴延龄奸诈恣睢，满朝侧目。憬初与贽约于上前论之，及延英奏对，贽极言延龄奸邪诳诞之状，不可任用。德宗不悦，形于颜色。憬默然无言，由是罢贽平章事，而憬当国矣。

时宰相贾耽、卢迈与憬三人。十二年春正月，耽、迈皆有假,故憬独对于延英。上问曰:"近日起居注记何事?"憬对曰:"古者左史记言,人君动止,有实言随即记录,起居注是也。国朝永徽中,起居唯得对仗承旨,仗下后谋议皆不得闻,其记注唯编制敕,更无他事。所以长寿中姚璹知政事,以为亲承德音谟训,若不宣旨宰相,史官无以得书。璹请宰相一人记录所论军国政事,谓之时政记,每月送史馆。既而时政记又废。"上曰:"君举必书,义存劝诫。既尝有时政记,宰臣宜依故事为之。"无何,憬卒,时政记亦不行。

憬特承恩顾,性清俭,虽为宰辅,居第仆使,类贫士大夫之家,所得俸入,先置私庙,而竟不立第舍田产。

其年八月,遇暴疾,信宿而卒,时年六十一。子元亮进遗表草曰:"臣叨荷圣慈,窃尘台鼎,年序颇久,绩用无闻,负乘之败已彰,覆𫗧之咎俄及。而天与之疾,福过生灾,自今日卯时以来,稍加困重,针灸不及,药饵奚施。奄然游魂,终当就木,冥冥残喘,岂忍辞天!号呼涕零,侧息心断,反风结草,誓报深恩,虽死犹生,岂孤素愿。无任感恩,呜咽痛恨之至。"德宗尤悼惜之,废朝三日,册赠太子太傅,賵帛五百端、米粟四百石,令鸿胪卿王权充册吊使。

元亮官至左司郎中、侍御史知杂事卒。次子全亮,官至侍御史、桂管防御判官。元亮兄宣亮、弟承亮,皆以门荫授官。

韦伦,开元、天宝中朔方节度使光乘之子。少以荫累授蓝田县尉。以吏事勤恪,杨国忠署为铸钱内作使判官。国忠恃权宠,又邀名称,多征诸州县农人令铸钱。农夫既非本色工匠,被所由抑令就役,多遭箠罚,人不聊生。伦白国忠曰:"铸钱须得本色人,今抑百姓农人为之,尤费力无功,人且兴谤。请厚悬市估价,募工晓者为之。"由是役使减少,而益铸钱之数。天宝末,宫内土木之功无虚日,内作人吏因缘为奸,伦乃躬亲阅视,省费减倍。改大理评事。

会安禄山反,车驾幸蜀,拜伦监察御史、剑南节度行军司马,兼充置顿使判官,寻改屯田员外、兼侍御史。时内官禁军相次到蜀,所在侵暴,号为难理;伦清俭率身以化之,蜀川咸赖其理。竟遭中官毁谮,贬衡州司户。属东都、河南并陷贼,漕运路绝,度支使第五琦荐伦有理能,拜商州刺史,充荆襄等道租庸使。会襄州裨将康楚元、张嘉延聚众为叛,凶党万余人,自称东楚义王。襄州刺史王政弃城遁走。嘉延又南袭破江陵,汉、沔馈运阻绝,朝廷旰食。伦乃调发兵甲驻邓州界,凶党有来降者,必厚加接待。数日后,楚元众颇怠,伦进军击之。生擒楚元以献,余众悉走散,收租庸钱物仅二百万贯,并不失坠。荆、襄二州平。诏除崔光远为襄州节度使,征伦为卫尉卿,旬日,又以本官兼宁州刺史、招讨处置等使,寻又兼陇州刺史。

乾元三年,襄州大将张瑾杀节度使史翙作乱,乃以伦为襄州刺史、兼御史大夫、山南东道襄、邓等十州节度使。时李辅国秉权用事,节将除拜,皆出其门。伦既为朝廷公用,又不私谒辅国。伦受命未行,改秦州刺史、兼御史中丞、本州防御使。时吐蕃、党项岁岁入寇,边将奔命不暇。伦至秦州,屡与虏战。兵寡无援,频致败衄,连贬巴州长史、思州务川县尉。

代宗即位,起为忠州刺史,历台、饶二州。以中官吕太一于岭南矫诏募兵为乱,乃以伦为韶州刺史、兼御史中丞、韶、连、郴三州都团练使。竟遭太一用赂反间,贬信州司马、虔州司户、隋州司户、随州司马。遇赦,旅寓于洪州十数年。

德宗即位,选堪使绝域者,征伦拜太常少卿、兼御史中丞,持节充通和吐蕃使。伦至蕃中,初宣谕皇恩,次述国威德远振,蕃人大悦,赞普入献方物。使还,迁太常卿、兼御史大夫,加银青光禄大夫。再入吐蕃,奉使称旨,西蕃敬服。朝廷得失,数上疏言之。又为宰相卢杞所恶,改太子少保,累加开府仪同三司。泾师之乱,驾幸奉天。及卢杞、白志贞、赵赞等贬官,关播罢相为刑部尚书,伦于朝堂呜咽而言曰:"宰相不能弼谐启沃,使天下一至于此。仍为尚书,天下何由致理?"闻者敬惮之。从驾梁州,还京,又欲擢用卢杞为饶州刺史。伦又上表切言不可,深为忠正之士所称叹。以年逾七十,表请休官,改太子少师致仕,封郢国公。时李楚琳以仆射兼卫尉卿,李忠诚以尚书兼少府监,伦上言曰:"楚琳凶逆,忠诚蕃戎丑类,不合厕列清班。"又表请置义仓以防水旱,择贤良任之左右。又言吐蕃必无信约,专须防备,不可轻易。上每善遇之。

伦居家孝友,抚弟侄以慈爱称。贞元十四年十二月卒,时年八十三,赠扬州都督。

贾耽,字敦诗,沧州南皮人。以两经登第,调授贝州临清县尉。上疏论时政,授绛州正平尉。从事河东,检校膳部员外郎、太原少尹、北都副留守。又检校礼部郎中、节度副使,改汾州刺史。在郡七年,政绩茂异。入为鸿胪卿,时左右威远营隶鸿胪,耽仍领其使。大历十四年十一月,检校左散骑常侍、兼梁州刺史、御史大夫、山南西道节度使。

建中三年十一月,检校工部尚书、兼御史大夫、山南东道节度使。德宗移幸梁州。兴元元年二月,耽使行军司马樊泽奏事于行在,泽既复命,方大宴诸将,有急牒至,言泽代耽为节度使,而召耽为工部尚书。耽得牒内怀中,宴饮不改容。及散,召樊泽,以诏授之曰:"诏以行军为节度使,耽今即上路。"因告亲吏使谒泽。牙将张献甫曰:"天子巡幸山南,尚书使行军奉表起居,而行军敢自图节钺,潜夺尚书土地,此可谓事人不忠。军中皆不伏,请杀樊泽。"耽曰:"公是何言欤!天子有命,即为节度使矣。耽今赴行在,便与公偕行。"即日离镇,以献甫自随,军中乃安。寻以本官为东都留守、东畿汝南防御使。

贞元二年,改检校右仆射、兼滑州刺史、义成军节度使。是时淄青节度使李纳虽去伪王号,外奉朝旨,而心常蓄并吞之谋。纳兵士数千人自行营归,路由滑州,大将请城外馆之。耽曰:"与人邻道,奈何野处其兵?"命馆之城内,淄青将士皆心服之。耽善射好猎,每出畋不过百骑,往往猎于李纳之境。纳闻之,大喜,心畏其度量,不敢异图。九年，征为右仆射、同中书门下平章事。

耽好地理学，凡四夷之使及使四夷还者，必与之从容，讯其山川土地之终始。是以九州之夷险，百蛮之土俗，区分指画，备究源流。自吐蕃陷陇右积年，国家守于内地，旧时镇戍，不可复知。耽乃画陇右、山南图，兼黄河经界远近，聚其说为书十卷，表献曰：

臣闻楚左史倚相能读《九丘》，晋司空裴秀创为六体；《九丘》乃成赋之古经，六体则为图之新意。臣虽愚昧，夙尝采范，累蒙拔擢，遂忝台司。虽历践职任，诚多旷阙，而率土山川，不忘瘵瘝。其大图外薄四海，内别九州，必藉精详，乃可摹写，见更缵集，续冀毕功。然而陇右一隅，久沦蕃寇，职方失其图记，境土难以区分。辄扣课虚微，采掇舆议，画《关中陇右及山南九州等图》一轴。伏以洮、湟旧墟，连接监牧；甘、凉右地，控带朔陲。岐路之侦候交通，军镇之备御冲要，莫不匠意就实，依稀像真。如圣恩遣将护边，新书授律，则灵、庆之设险在目，原、会之封略可知。诸州诸军，须论里数人额；诸山诸水，须言首尾源流。图上不可备书，凭据必资记注，谨撰《别录》六卷。又黄河为四渎之宗，西戎乃群羌之帅，臣并研寻史牒，翦弃浮词，罄所闻知，编为四卷，通录都成十卷。文义鄙朴，伏增惭悚。

德宗览之称善，赐厩马一匹、银采百匹、银瓶盘各一。

至十七年，又撰成《海内华夷图》及《古今郡国县道四夷述》四十卷，表献之，曰：

臣闻地以博厚载物，万国棋布；海以委输环外，百蛮绣错。中夏则五服、九州，殊俗则七戎、六狄，普天之下，莫非王臣。昔毋丘出师，东铭不耐；甘英奉使，西抵条支；奄蔡乃大泽无涯，罽宾则悬度作险。或道理回远，或名号改移，古来通儒，罕遍详究。臣弱冠之岁，好闻方言，筮仕之辰，注意地理，究观研考，垂三十年。绝域之比邻，异蕃之习俗，梯山献琛之路，乘舶来朝之人，咸究竟其源流，访求其居处。阛阓之行贾，戎貊之遗老，莫不听其言而掇其要。闾阎之琐语，风谣之小说，亦收其是而芟其伪。

然殷、周以降，封略益明，承历数者八家，浑区宇者五姓，声教所及，惟唐为大。秦皇罢侯置守，长城起于临洮；孝武却地开边，障塞限于鸡鹿；东汉则哀牢请吏；西晋则裨离结辙；隋室列四郡于卑和海西，创三州于扶南江北，辽阳失律，因而弃之。高祖神尧皇帝诞膺天命，奄有四方。太宗继明重熙，柔远能迩，逾大碛通道，北至仙娥，于骨利干置玄阙州。高宗嗣守丕绩，克广前烈，遣单车赍诏，西越葱山，于波剌斯立疾陵府。中宗复配天之业，不失旧物。睿宗含先天之量，惟新永图。玄宗以大孝清内，以无为理外，大宛骥骤，岁充内厩，与贰师之穷兵黩武，岂同年哉！肃宗扫平氛祲，润泽生人。代宗划除残孽，彝伦攸叙。

伏惟皇帝陛下，以上圣之姿，当太平之运，敦信明义，履信包元，惠养黎蒸，怀柔遐裔。故泸南贡丽水之金，漠北献余吾之马，玄化洋溢，率土沾濡。

臣幼切磋于师友，长趋侍于轩墀，自揣屠愚，叨荣非据，鸿私莫答，夙夜兢惶。去兴元元年，伏奉进止，令臣修撰国图，旋即充使魏州、汴州，出镇东洛、东郡，间以众务，不遂专门，绩用尚亏，忧愧弥切。近乃力竭衰病，思殚所闻见，丛于丹青。谨令工人画《海内华夷图》一轴，广三丈，从三丈三尺，率以一寸折成百里。别章甫左衽，奠高山大川。缩四极于纤缟，分百郡于作绘。宇宙虽广，舒之不盈庭；舟车所通，览之咸在目。并撰《古今郡国县道四夷述》四十卷，中国以《禹贡》为首，外夷以《班史》发源；郡县纪其增减，蕃落叙其衰盛。前地理书以黔州属酉阳，今则改入巴郡；前西戎志以安国为安息，今则改入康居。凡诸疏舛，悉从厘正。陇西、十地，播弃于永初之中；辽东、乐浪，陷屈于建安之际。曹公弃陉北，晋氏迁江南，缘边累经侵盗，故墟日致堙毁。旧史撰录，十得二三，今书搜补，所获太半。《周礼·职方》，以淄、时为幽州之浸，以华山为荆河之镇，既有乖于《禹贡》，又不出于淹中，多闻阙疑，讵敢编次。其古郡国题以墨，今州县题以朱，今古殊文，执习简易。臣学谢小成，才非博物。伏波之聚米，开示众军；郑侯之图书，方知陇塞。企慕前哲，尝所寄心，辄罄庸陋，多惭纰缪。

优诏答之，赐锦彩二百匹、袍段六、锦帐二、银瓶盘各一、银榼二、马一匹，进封魏国公。

顺宗即位，检校司空，守左仆射，知政事如故。时王叔文用事，政出群小，耽恶其乱政，屡称病乞骸，不许。耽性长者，不喜臧否人物。自居相位，凡十三年，虽不能以安危大计启沃于人主，而常以检身厉行以律人。每自朝归第，接对宾客，终日无倦。至于家人近习，未尝见其喜愠之色，古之淳德君子，何以加焉！

永贞元年十月卒，时年七十六。废朝四日，册赠太傅，谥曰元靖。

姜公辅，不知何许人。登进士第，为校书郎。应制策科高等，授左拾遗，召入翰林为学士。岁满当改官，公辅上书自陈，以母老家贫，以府掾俸给稍优，乃求兼京兆尹户曹参军，特承恩顾。才高有器识，每对见言事，德宗多从之。

建中四年十月，泾师犯阙。德宗苍黄自苑北便门出幸，公辅马前谏曰："朱泚尝为泾原帅，得士心。昨以朱滔叛，坐夺兵权，泚常忧愤不得志。不如使人捕之，使陪銮驾，忽群凶立之，必贻国患。臣顷曾陈奏，陛下苟不能坦怀待之，则杀之，养兽自贻其患，悔且无益。"德宗曰："已无及矣！"从幸至奉天，拜谏议大夫，俄以本官同中书门下平章事。

从幸山南，车驾至城固县，唐安公主薨。上之长女，昭德皇后所生，性聪敏仁孝，上所钟爱。初，诏尚韦宥，未克礼会而遇播迁；及薨，上悲悼尤甚，诏所司厚其葬礼。公辅谏曰："非久克复京城，公主必须归葬，今于行路，且宜俭薄,以济军士。"德宗怒,谓翰林学士陆贽曰:"唐安天亡,不欲于此为茔垅,宜令造一砖塔安置,功费甚微,不合关宰相论列。姜公辅忽进表章,都无道理,但欲指朕过失,拟自取名。朕比擢拔为腹心,乃负朕如此!"贽对曰:"公辅官是谏议,职居宰衡,献替固其职分。本立辅臣,置之左右,朝夕纳诲,意在防微,微而弼之,乃其所也。陛下以造塔役费微小,非宰相所论之事。但问理之是非,岂论事之大小!若造塔为是,役虽大而作之何伤!若造塔为非,费虽小而言者何罪!"帝又曰:"卿未会朕意。朕以公辅才行,共宰相都不相当,在奉天时已欲罢免,后因公辅辞退,朕已面许。寻属怀光背叛,遂且因循,容至山南。公辅知朕拟改官,所以固论造塔,卖直取名。据此用心,岂是良善!朕所惆怅者,只缘如此。"贽再三救护,帝怒不已,乃罢为左庶子。寻丁母忧,服阕,授右庶子,久之不迁。

泊陆贽知政事,以有翰林之旧,数告贽求官。贽密谓公辅曰:"予尝见郴州窦相,言为公奏拟数矣,上旨不允,有怒公之言。"公辅恐惧,上疏乞罢官为道士,久之未报。后又廷奏,德宗问其故,公辅不敢泄贽,便以参言为对。帝怒,贬公辅为泉州别驾,又遣中使赍诏责窦参。顺宗即位,起为吉州刺史,寻卒。宪宗朝,赠礼部尚书。

史臣曰:贾魏公以温克长者,致位丞相,拒献甫之请,败李纳之郊,则器略可知矣!韦郢公慷慨节义,困于逸邪,命矣夫!赵丞相区分检裁,求为雅士,以争权而陷陆贽,则前时以德报怨,其可信乎!公辅一言悟主,骤及台司;一言不合,礼遇疏薄,则加膝坠泉之间,君道可知矣!

赞曰:元靖訏谟,真谓纯儒。手调鼎饪,心运地图。姜躁赵险,并跃天衢。哀哉韦公,终困逸夫。

卷一百三十九　　列传第八十九

陆　贽

陆贽,字敬舆,苏州嘉兴人。父侃,溧阳令,以贽贵,赠礼部尚书。贽少孤,特立不群,颇勤儒学。年十八登进士第,以博学宏词登科,授华州郑县尉。罢秩,东归省母,路由寿州,刺史张镒有时名,贽往谒之。镒初不甚知,留三日,再见与语,遂大称赏,ився结忘年之契。及辞,遗贽钱百万,曰:"愿备太夫人一日之膳。"贽不纳,唯受新茶一串而已,曰:"敢不承君厚意。"又以书判拔萃,选授渭南县主簿,迁监察御史。德宗在东宫时,素知贽名,乃召为翰林学士,转祠部员外郎。贽性忠荩,既居近密,感人主重知,思有以效报,故政或有缺,巨细必陈,由是顾待益厚。

建中四年,朱泚谋逆,从驾幸奉天。时天下叛乱,机务填委,征发指踪,千端万绪,一日之内,诏书数百。贽挥翰起草,思如泉注,初若不经思虑,既成之后,莫不曲尽事情,中于机会;胥吏简札不暇,同舍皆伏其能。转考功郎中,依前充职。尝启德宗曰:"今盗遍天下,舆驾播迁,陛下宜痛自引过,以感动人心。昔成汤以罪己勃兴,楚昭以善言复国。陛下诚能不吝改过,以言谢天下,使书诏无忌,臣虽愚陋,可以仰副圣情,庶令反侧之徒,革心向化。"德宗然之。故奉天所下书诏,虽武夫悍卒,无不挥涕感激,多贽为之也。

其年冬,议欲以新岁改元。而卜祝之流,皆以国家数钟百六,凡事宜有变革,以应时数。上谓贽曰:"往年群臣请上尊号'圣神文武'四字,今缘寇难,诸事并宜改更,众欲朕旧号之中更加一两字,其事何如?"贽奏曰:"尊号之兴,本非古制。行于安泰之日,已累谦冲;袭乎丧乱之时,尤伤事体。今者銮舆播越,未复宫闱,宗社震惊,尚怨禋祀,中区多梗,大憝犹存。此乃人情向背之秋,天意去就之际,陛下宜深自惩励,收揽群心,痛自贬损,以谢灵谴,不可近从末议,重益美名。"帝曰:"卿所奏陈,虽理体甚切,然时运必须小有改迹,亦不可执滞,卿更思量。"贽曰:"古之人君称号,或称皇称帝,或称王,但一字而已。至暴秦,乃兼皇帝二字,后代因之。及昏僻之君,乃有圣刘、天元之号。是知人主轻重,不在自称,崇其号无补于徽猷;损其名不伤其德美。然而损之有谦光稽古之善,崇之获矜能纳谄之讥,得失不侔,居然可辨。况今世遭迍否,事属倾危,尤宜惧思,以自贬抑。必也俯稽术数,须有变更。与其增美称而失人心,不若黜旧号以祗天戒。天时人事,理必相符,人既好谦,天亦助顺。陛下诚能断自宸鉴,焕发德音,引咎降名,深示刻责,惟谦与顺,一举而二美从之。"德宗从之,但改兴元年号而已。

初,德宗仓皇出幸,府藏委弃,凝冽之际,士众多寒,服御之外,无尺缣丈帛。及贼泚解围,诸藩贡奉继至,乃于奉天行在贮贡物于廊下,仍题曰"琼林"、"大盈"二库名。贽谏曰:

"琼林"、"大盈",自古悉无其制,传诸耆旧之说,皆云创自开元。贵臣贪权,饰巧求媚,乃言:"郡邑贡赋所用,盍各区分:赋税当委于有司,以给经用;贡献宜归于天子,以奉私求。"玄宗悦之。新是二库,荡心侈欲,萌柢于兹,迨乎失邦,终以饵寇。《记》曰:"货悖而入,必悖而出。"岂其效欤!

陛下嗣位之初,务遵理道,敦行俭约,斥远贪饕。虽内库旧藏,未归太府,而诸方曲献,不入禁闱,清风肃然,海内不变。近以寇逆乱常,銮舆外幸,既属忧危之运,宜增儆励之诚。臣昨奉使军营,出经行殿,忽睹右廊之下,榜列二库之名,愕然若惊,不识所以。何者?天衢尚梗,师旅方殷,痛心呻吟之声,噢咻未息;忠勤战守之效,赏赉未行。诸道贡珍,遽私别库,万目所视,孰能忍情?窃揣军情,或生觖望,或忿形谤讟,或丑肆讴谣,颇含思乱之情,亦有悔忠之意。是知啙窳昏鄙,识昧高卑,不可以尊极临,而可以诚义感。

顷者六师初降,百物无储,外捍凶徒,内防危堞,昼夜不息，殆将五旬。冻饿交侵，死伤相枕，毕命同力，竟夷大艰。良以陛下不厚其身，不私其欲，绝甘以同卒伍，辍食以啖功劳。无猛制人而不携，怀所感也；无厚赏士而不怨，悉所无也。今者攻围已解，衣食已丰，而谤讟方兴，军情稍沮，岂不以勇夫常性，嗜货矜功，其患难既与之同忧，而好乐不与之同利，苟异恬默，能无怨咨！此理之常，故不足怪。《记》曰："财散则民聚。"岂其效欤！陛下天资英圣，见善必迁，是将化蓄怨为衔恩，反过差为至当，促殄遗寇，永垂鸿名，大圣应机，固当不俟终日。

上嘉纳之，令去其题署。

兴元元年，李怀光异志已萌，欲激怒诸军，上表论诸军衣粮薄，神策衣粮厚，厚薄不均，难以驱战，意在挠沮进军。李晟密奏，恐其有变，上忧之，遣贽使怀光军宣谕。使还，贽奏事曰：

贼泚稽诛，保聚宫苑，势穷援绝，引日偷生。怀光总仗顺之军，乘制胜之气，鼓行芟薙，易若摧枯。而乃寇奔不追，师老不用，诸帅每欲进取，怀光辄沮其谋。据兹事情，殊不可解。陛下意在全护，委曲听从，观其所为，亦未知感。若不别为规略，渐相制持，唯以姑息求安，终恐变故难测。此诚事机危迫之秋也，故不可以寻常容易处之。

今李晟奏请移军，适遇臣衔命宣慰，怀光偶论此事，臣遂泛问所宜，怀光乃云："李晟既欲别行，某亦都不要藉。"臣犹虑有翻覆，因美其军强盛。怀光大自矜夸，转有轻晟之意。臣又从容云："昨发离行在之日，未知有此商量；今日从此却回，或恐圣旨顾问，事之可否，决定何如？"怀光已肆轻言，不可中变，遂云："恩command许去，事亦无妨。"要约再三，非不详审，虽欲追悔，固难为词。伏望即以李晟表付中书，敕下依奏，别赐怀光手诏，示以移军事由。其手诏大意云："昨得李晟奏，请移军城东以分贼势。朕缘未知利害，本欲委卿商量，适会陆贽从彼宣慰回，云见卿论叙军情，语及于此，仍言许去，事亦无妨，遂敕本军允其所请。卿宜授以谋略，分路夹攻，务使叶齐，克平寇孽。"如此词婉而直，理当而明，虽蓄异端，何由起怨？

臣初奉使谕旨，本缘粮料不均，偶属移军，事相谐会。又幸怀光诡对，且无阻绝之言，机宜合并。若有幽赞，一失其便，后何可追，幸垂裁察！

德宗初望怀光回意破贼，故晟屡奏移军不许；及贽缕陈怀光反状，乃可晟之奏，遂移军东渭桥。而鄜坊节度李建徽、神策行营阳惠元犹在咸阳，贽虑怀光并建徽等军，又奏曰：

怀光当管师徒，足以独制凶寇，逗留未进，抑有他由。所患太强，不资傍助。比者又遣李晟、李建徽、阳惠元三节度之众附丽其营，无益成功，只忧生事。何则？四军悬垒，群帅异心，论势力则悬绝高卑，据职名则不相统属。怀光轻晟等兵微位下，而忿其制不从心。晟等疑怀光养寇蓄奸，而怨其事多陵己。端居则互防飞谤，欲战则递恐分功，龃龉不和，嫌衅遂构，俾之同处，必不两全。强者恶积而后亡，弱者势危而先覆，覆亡之祸，翘足可期。旧寇未平，新患方起，忧叹所切，实堪疚心。太上消愆于未萌，其次救失于始兆，况乎事情已露，祸难垂成，委而不谋，何以制乱？李晟见机虑变，先请移军就东，建徽、惠元，势转孤弱，为其吞噬，理在必然。他日虽有良图，亦恐不能自拔，拯其危急，唯在此时。今因李晟愿行，便遣合军同往，托言晟兵素少，虑为贼泚所邀，藉此两军，迭为掎角。仍先谕旨，密使促装，诏书至营，即日进路。怀光意虽不欲，然亦计无所施。是谓先人有夺人之心，疾雷不及掩耳者也。

夫制军驭将，所贵见情，离合疾徐，各有宜适。当离者合之则乱，当合者离之则寡功；当疾而徐则失机，当徐而疾则漏策。得其要，契其时，然后举无败谋，措无危势。而今者屯兵而不肯为用，聚将而困能叶心，自为鲸鲵，变在朝夕。留之不足以相制，徒长厉阶；析之各竞于擅能，或成勋绩。事有必应，断无可疑。

德宗曰："卿之所料极善。然李晟移军，怀光心已悒怅，若更遣建徽、惠元就东，则使得为词。且俟旬时。"晟至东渭桥，不旬日，怀光果夺两节度兵，建徽单骑遁而获免，惠元中路被执，害之。报至行在，人情大恐。翌日，移幸山南。贽练达兵机，率如此类。

二月，从幸梁州，转谏议大夫，依前充学士。先是，凤翔衙将李楚琳乘泾师之乱，杀节度使张镒，归款朱泚。及奉天解围，楚琳遣使贡奉，时方艰阻，不获已，命为凤翔节度使。然德宗忿其弑逆，心不能容，才至汉中，欲令浑瑊代为节度。贽谏曰："楚琳之罪，固不容诛，但以乘舆未复，大憝犹存，勤王之师，悉在畿内，急宣速告，晷刻是争。商岭则道迂且遥，骆谷复为贼所扼，仅通王命，唯在褒斜，此路若又阻艰，南北便成隔绝。以诸镇危疑之势，居二逆诱胁之中，惝惝群情，各怀向背。贼胜则往，我胜则来，其间事机，不容差跌。倘楚琳发憾，公肆猖狂，南塞要冲，东延巨猾，则我咽喉梗而心膂分矣，其势岂不病哉！"上释然开悟，乃善待楚琳使，优诏安慰其心。

德宗至梁，欲以谷口已北从臣赐号曰"奉天定难功臣"，谷口已南随扈者曰"元从功臣"，不选朝官，一例俱赐。贽奏曰："破贼捍难，武臣之效。至如宫闱近侍，班列员僚，但驰走从行而已，忽与介胄奋命之士，俱号功臣，伏恐武臣愤懑。"乃止。

李晟既收京城，遣中使宣付翰林院具录先散失宫人名字，令草诏赐浑瑊，遣于奉天寻访，以得为限，仍量与资粮送赴行在。贽不时奉诏，进状论之曰：

顷以理道乖错，祸乱荐钟，陛下思咎惧灾，裕人罪己，屡降大号，誓将更新。天下之人，垂涕相贺，惩忿释怨，煦仁戴明，毕力同心，共平多难。止土崩于绝岸，收版荡于横流，殄寇清都，不失旧物。实由陛下至诚动于天地，深悔感于神人，故得百灵降康，兆庶归德。苟不如此，自古何尝有捐弃宫阙，失守宗桃，继逆于赴难之师，再迁于蒙尘之日，不逾半岁，而复兴大业者乎！

今渠魁始平，法驾将返，近自郊甸，远ængbewohn寰瀛，百役疲瘵之氓，重战伤残之卒，皆忍死扶病，倾耳耸肩，想闻德声，翘望圣泽。陛下固当感上天悔祸之眷，荷列祖垂裕之休，念将士锋刃之殃，愍黎元涂炭之酷。以致寇为戒，以居上为危，以务理为忧，以复宫为急。损之又损，尚惧汰侈之易滋；艰之惟艰，犹患戒慎之难久。谋始尽善，克终已稀；始而不谋，终则何有！夫以内人为号，盖是中壸末流。天子之尊，富有宫掖，如此等辈，固繁有徒，但恐伤多，岂忧乏使！翦除元恶，曾未浃辰，奔贺往来，道途如织。何必自亏君德，首访妇人，又令资装速赴行在！万目阅视，众口流传，恐非所以答庆赖之心，副惟新之望也。

夫事有先后，义有重轻，重者宜先，轻者宜后。武王克殷，有未及下车而为之者，有下车而为之者，盖美其不失先后之宜也。自翠华播越，万姓靡依，清庙震惊，三时乏祀，当今所务，莫大于斯。诚宜速遣大臣，驰传先往，迎复神主，修整郊坛，展禋享之仪，申告谢之意。然后吊恤死义，慰犒有功，绥辑黎蒸，优问耆耋。安定反侧，宽宥胁从；宣畅郁堙，褒奖忠直；官失职之士，复废业之人。是皆宜先，不可后也。至如崇饰服器，缮缉殿台，备耳目之娱，选巾栉之侍，是皆宜后，不可先也。

散失内人，已经累月，既当离乱之际，必为将士所私。其人若稍有知，不求当自陈献；其人若甚无识，求之适使忧虞。自因寇乱丧亡，颇有大于此者，一闻搜索，怀惧必多；馀孽尚繁，群情未一，因而善抚，犹恐危疑，若又惧之，于何不有！昔人所以掩绝缨而饮盗马者，岂必忘其情爱，盖知为君之体然也。以小妨大，明者不为。天下固多褻人，何必独在于此。所令撰赐浑瑊诏书，未敢顺旨。

帝遂不降诏，但遣使而已。

德宗还京，转中书舍人，学士如故。初，贽受张镒知，得居内职；及镒为卢杞所排，贽常忧惕；及杞贬黜，始敢上书言事。德宗好文，益深顾遇。奉天解围后，德宗言及违离宗庙，呜咽流涕曰："致寇之由，实朕之过。"贽亦流涕而对曰："臣思致今日之患者，群臣之罪也。"贽意盖为卢杞、赵赞等也。上欲掩杞之失，则曰："虽朕德薄，致兹祸乱，亦运数前定，事不由人。"贽又极言杞等罪状，上虽貌从，心颇不说。吴通微兄弟俱在翰林，亦承德宗宠遇，文章才器不迨贽；而能交结权幸，共短贽于上前。故刘从一、姜公辅自卑品苍黄之中，皆登辅相；而贽为朋党所挤，同职害其能，加以言事激切，动失上之欢心，故久之不为辅相。其于议论应对，明练体理，敷陈剖判，下笔如神，当时名流，无不推挹。

贞元初，李抱真入朝，从容奏曰："陛下幸奉天、山南时，赦书至山东，宣谕之时，士卒无不感泣。臣即时见人情如此，知贼不足平也。"

时贽母韦氏在江东，上遣中使迎至京师，搢绅荣之。俄丁母忧，东归洛阳，寓居嵩山丰乐寺。藩镇赗赠及别陈饷遗，一无所取。与韦皋布衣时相善，唯西川致遗，奏而受之。贽父初葬苏州，至是欲合葬。上遣中使护其柩车至洛，其礼遇如此。免丧，权知兵部侍郎，依前充学士。申谢日，贽伏地而泣，德宗为之改容叙慰。恩遇既隆，中外属意为辅弼，而宰相窦参素忌贽，贽亦短参之所为，言参黩货，由是与参不平。

七年，罢学士，正拜兵部侍郎，知贡举。时崔元翰、梁肃文艺冠时，贽输心于肃。肃与元翰推荐艺实之士，升第之日，虽众望不惬，然一岁选士，才十四五，数年之内，居台省清近者十余人。

八年四月，窦参得罪，以贽为中书侍郎、门下同平章事。贽久为邪党所挤，困而得位，意在不负恩奖，悉心报国，以天下事为己任。上即位之初，用杨炎、卢杞秉政，树立朋党，排摈良善，卒致天下沸腾，銮舆奔播。惩是之失，贞元已后，虽立辅臣，至于小官除拟，上必再三详问，久之方下。及贽知政事，请许台省长官自荐属官，仍保任之，事有旷败，兼坐举主。上许之，俄又宣旨曰："外议云：'诸司所举，多引用亲党，兼通赂遗，不得实才。'此法行之非便，今后卿等宜自选择，勿用诸司延荐。"贽论奏曰：

臣实顽鄙，一无所堪，猥蒙任使，待罪宰相。虽怀窃位之惧，且乏知人之明，自揣庸虚，终难上报。唯知广求才之路，使贤者各以汇征；启至公之门，令职司皆得自达。既蒙允许，即宜宣行。南宫举人，才至十数，或非台省旧吏，则是使府佐僚，累经荐延，多历事任。论其资望，既不愧于班行；考其行能，又未闻于阙败。遽以腾口，上烦圣聪，道之难行，亦可知矣！

陛下勤求理道，务徇物情，因谓举荐非宜，复委宰臣拣择。其为崇任辅弼，博采舆词，可谓圣德之盛者。然于委任责成之道，听言考实之方，闲邪存诚，犹恐有阙。陛下既纳臣言而用之，旋闻横议而止之，于臣谋不责成，于横议不考实，此乃谋失者得以辞其罪，议曲者得以肆其诬。率是而行，触类而长，固无必定之计，亦无必实之言。计不定则理道难成，言不实则小人得志。国家之病，常必由之。昔齐桓公问管仲害霸之事，对曰："得贤不能任，害霸也；用而不能终，害霸也；与贤人谋事，而与小人议之，害霸也。"为小人者，不必悉怀险诐，故覆邦家。盖以其意性回邪，趣向狭促，以沮议为出众，以自异为不群，趋近利而昧远图，效小信而伤大道，况又言行难保，恣其非心者乎！

伏以宰辅，常制不过数人，人之所知，固有限极，不能遍谙诸士，备阅群才。若令悉命群官，理须展转询访，是则变公举为私荐，易明扬为暗投。傥如议者之言，所举多有情故，举于君上，且未绝私；荐于宰臣，安肯无诈！失人之弊，必又甚焉。所以承前命官，罕有不涉私谤，虽则秉钧不一，或自行情，亦由私访所亲，转为所卖。其弊非远，圣鉴明知。今又将徇浮言，专任宰臣除吏，宰臣不遍谙识，踵前须访于人。若访亲朋，则是悔其覆车，不易故辙；若访于朝列，则是求其私荐，不如公举之愈也。二者利害，惟陛下更详择焉。恐不如委任长官，慎拣僚属，所拣既少，所求亦精，得贤有鉴识之名，失实当暗谬之责。人之常性，莫不爱身，况于台省长官，皆是当朝华选，孰肯徇私妄举，以伤名取责者耶！所谓台省长官，即仆射、尚书、左右丞、侍郎及御史大夫、中丞是也。陛下比择辅相，多亦出于其中。今之宰臣，则往日台省长官也；今之台省长官，乃将来之宰臣也，但是职名暂异，固非行业顿殊。岂有为长官之时不能举一二属吏，居宰臣之位则可择千百具僚，物议悠悠，其惑斯甚。

夫求才贵广，考课贵精。求广在于各举所知，长吏之荐择是也；贵精在于按名责实，宰臣之序进是也。往者则天太后践祚临朝，欲收人心，尤务拔擢，弘委任之意，开汲引之门，进用不疑，求访无倦，非但人得荐士，亦许自举其才。所荐必行，所举辄试，其于选士之道，岂不伤于容易哉！而课责既严，进退皆速，不肖者旋黜，才能者骤升，是以当代谓知人之明，累朝赖多士之用。此乃近于求才贵广，考课贵精之效也。

陛下诞膺宝历，思致理平，虽好贤之心，有逾于前哲，而得人之盛，未迨于往时。盖由赏鉴独任于圣聪，搜择颇难于公举，仍启登延之路，罕施练核之方。遂使先进者渐益雕讹，后来者不相接续，施一令则谤沮互起，用一人则疵病立成。此乃失于选才太精，制法不一之患也。则天举用之法，伤易而得人；陛下慎拣之规，太精而失士。陛下选任宰相，必异于庶官；精择长官，必愈于末品。及至宰相献规，长吏荐士，陛下即但纳横议，不稽始谋。是乃任之重者轻其言，待以轻者重其事，且又不辨所毁之虚实，不校试之短长。人之多言，何所不至，是将使人无所措其手足，岂独选任之道失其端而已乎！

上虽嘉其所陈，长官荐士之诏，竟追寝之。

国朝旧制，吏部选人，每年调集。自乾元已后，属宿兵于野。岁或凶荒，遂三年一置选。由是选人停拥，其数猥多，文书不接，真伪难辨，吏缘为奸，注授乖滥，而有十年不得调者。贽奏吏部分内外官员为三分，计阙集人，每年置选。故选司之弊，十去七八，天下称之。

贽与贾耽、卢迈、赵憬同知政事，百司有所申覆，皆更让不言可否。旧例，宰臣当旬秉笔决事，每十日一易，贽请准故事，令秉笔者以应之。又以河陇陷蕃已来，西北边常以重兵守备，谓之防秋，皆河南、江淮诸镇之军也，更番往来，疲于戍役。贽以中原之兵，不习边事，及捍房战贼，多有败衄，又苦边将名目太多，诸军统制不一，缓急无以应敌，乃上疏论其事曰：

臣历观前代书史，皆谓镇抚四夷，宰相之任，不揆暗劣，屡敢上言。诚以备边御戎，国家之重事；理兵足食，备御之大经。兵不治则无可用之师，食不足

则无可固之地。理兵在制置得所，足食在敛导有方。陛下幸听愚言，先务积谷，人无加赋，官不费财，坐致边储，数逾百万。诸镇收籴，今已向终，分贮军城，用防艰急，纵有寇戎之患，必无乏绝之忧。守此成规，以为永制，常收冗费，益赡边农，则更经二年，可积十万人三岁之粮矣。足食之原粗立，理兵之术未精，敢议筹量，庶备采择。

伏以戎狄为患，自古有之，其于制御之方，得失之论，备存史籍，可得而言。大抵尊即序者，则曰"非德无以化要荒"，曾莫知威不立，则德不能驯也。乐武威者，则曰"非兵无以服凶犷"，曾莫知德不修，则兵不可恃也。务和亲者，则曰"要结可以睦邻好"，曾莫知我结之而彼复解也。美长城者，则曰"设险可以固邦国而捍寇仇"，曾莫知力不足，兵不堪，则险之不能有也。尚薄伐者，则曰"驱遏可以禁侵暴而省征徭"，曾莫知兵不锐，垒不完，则遏之不能胜，驱之不能去也。议边之要，略尽于斯，虽互相讥评，然各有偏驳。听一家之说，则例理可征；考历代所行，则成败异效。是由执常理以御其不常之势，徇所见而昧于所遇之时。

夫中夏有盛衰，夷狄有强弱，事机有利害，措置有安危，故无必定之规，亦无长胜之法。夏后以序戎而圣化茂，古公以避狄而王业兴；周城朔方而狁攘，秦筑临洮而宗社覆；汉武讨匈奴而贻悔，太宗征突厥而致安；文、景约和亲而不能弭患于当年，宣、元弘抚纳而足以保宁于累叶。盖以中夏之盛衰异势，夷狄之强弱异时，事机之利害异情，措置之安危异便。知其事而不度其时则败，附其时而不失其称则成。形变不同，胡可专一！

夫以中国强盛，夷狄衰微，而能屈膝称臣，归心受制，拒之则阻其向化，威之则类于杀降，安得不存而抚之，即而序之也？又如中国强盛，夷狄衰微，而尚弃信奸盟，蔑恩肆毒，谕之不变，责之不惩，安得不取乱推亡，息人固境也？其有遇中国丧亡之弊，当夷狄强盛之时，图之则彼衅未萌，御之则我力不足，安得不卑词降礼，约好通和，啖之以亲，纾其交祸？纵不必信，且无大侵，虽非御戎之善经，盖时事亦有不得已也。傥或夷夏之势，强弱适同，抚之不宁，威之不靖；力足以自保，不足以出攻，得不设险以固军，训师以待寇，来则薄伐以遏其深入，去则攘斥而戒于远追。虽为安边之令图，盖势力亦有不得不然也。故夏之即序，周之于攘，太宗之戡乱，皆乘其时而善用其势也。古公之避狄，文、景之和亲，神尧之降礼，皆顺其时而不失其称也。秦皇之长城，汉武之穷讨，皆知其事而不度其时者也。向若遇孔炽之势，行即序之方，则见侮而不从矣！乘可取之资，怀畏避之志，则失机而养寇矣！有攘却之力，用和亲之谋，则示弱而劳费矣！当降屈之时，务蓟伐之略，则召祸而危殆矣！故曰：知其事而不度其时则败，附其时而不失其称则成。是无必定之规，亦无长胜之法，得失著效，

不其然欤！至于察安危之大情，计成败之大数，百代之不变易者，盖有之矣。其要在于失人肆欲则必蹶，任人从众则必全，此乃古今所同，而物理之所壹也。

国家自禄山构乱、河陇用兵以来，肃宗中兴，撤边备以靖中邦，借外威以宁内难。于是吐蕃乘衅，吞噬无厌；回纥矜功，凭陵亦甚。中国不遑振旅，四十余年。使伤耗遗甿，竭力蚕织，西输贿币，北偿马资，尚不足塞其烦言，满其骄志。复乃远征士马，列戍疆陲，犹不能遏其奔冲，止其侵侮。小入则驱略黎庶，深入则震惊邦畿。时有议安边策者，多务于所难而忽于所易，勉于所短而略于所长。遂使所易所长者，行之而其要不精；所难所短者，图之而其功靡就。忧患未弭，职斯之由。

夫制敌行师，必量事势，势有难易，事有先后。力大而敌脆，则先其所难，是谓夺人之心，暂劳而永逸者也；力寡而敌坚，则先其所易，是谓固国之本，观衅而后动者也。顷属多故，人劳未瘳，而欲广发师徒，深践寇境，复其侵地，攻其坚城，前有胜负未必之虞，后有馈运不继之患。傥或挠败，适所以启戎心而挫国威，以此为安边之谋，可谓不量事势而务于所难矣！

天之授者，有分事，无全功；地之产者，有物宜，无兼利。是以五方之俗，长短各殊。长者不可逾，短者不可企；勉所短而敌其所长必殆，用所长而乘其所短必安。强者，乃以水草为邑居，以射猎供饮茹，多马而尤便驰突，轻生而不耻败亡，此戎狄之所长也。戎狄之所长，乃中国之所短，而欲益兵蒐乘，角力争驱，交锋原野之间，决命寻常之内，以此为御寇之术，可谓勉所短而校其所长矣！务所难，勉所短，劳费百倍，终于无成。虽果成之，不挫则废，岂不以越天授而违地产，亏时势以反物宜者哉！

将欲去危就安，息费从省，在慎守所易，精用所长而已。若乃择将吏以抚宁众庶，修纪律以训齐师徒，耀德以佐威，能迩以柔远，禁侵抄之暴以彰吾信，抑攻取之议以安戎心；彼求和则善待而勿与结盟，彼为寇则严备而不务报复，此当今之所易也。贱力而贵智，恶杀而好生，轻利而重人，忍小以全大，安其居而后动，俟其时而后行。是以修封疆，守要害，堑蹊隧，垒军营，谨禁防，明斥候，务农以足食，练卒以蓄威，非全不谋，非百克不斗。寇小至则张声势以遏其入，寇大至则谋其人以邀其归，据险以乘之，多方以误之。使其勇无所加，众无所用；掠则靡获，攻则不能；进有腹背受敌之虞，退有首尾难救之患，所谓乘其弊，不战而屈人之兵，此中国之所长也。我之所长，乃戎狄之所短；我之所易，乃戎狄之所难。以长制短，则用力寡而见功多；以易敌难，则财不匮而事速就。舍此不务，而反为所乘，斯谓倒持戈矛，以镡授寇者也！今则皆务之矣，犹且守封未固，寇戎未息者，其病在于谋无定用，众无适从。所任不必才，才者不必任；所闻不必实，实者不必闻；所信不

必诚，诚者不必信；所行不必当，当者未必行。故令措置乖方，课责亏度；财匮于兵众，力分于将多，怨生于不均，机失于遥制。臣请为陛下粗陈六者之失，惟明主慎听而熟察之：

臣闻工欲善其事，必先利其器；武欲胜其敌，必先练其兵。练兵之中，所用复异。用之于救急，则权以纾难；用之于暂敌，则缓以应机。故事有便宜，而不拘常制；谋有奇诡，而不徇众情。进退死生，唯将所命，此所谓攻讨之兵也！用之于屯戍，则事资可久，势异从权，非物理所慊不宁，非人情所欲不固。夫人情者，利焉则劝，习焉则安，保亲戚则乐生，顾家业则忘死，故可以理术驭，不可以法制驱，此所谓镇守之兵也。夫欲备封疆，御戎狄，非一朝一夕之事，固当选镇守之兵以置焉。古之善选置者，必量其性习，辨其土宜，察其伎能，知其欲恶。用其力而不违其性，齐其俗而不易其宜，引其善而不责其所不能，禁其非而不处其所不欲。而又类其纪伍，安其室家，然后能使之乐其居，定其志，奋其气势，结其恩情。抚之以惠，则感而不骄；临之以威，则肃而不怨。靡督课而人自为用，弛禁防而众自不携。故出则足兵，居则足食，守则固，战则强。其术无他，便于人情而已矣！今者散征士卒，分戍边陲，更代往来，以为守备。是则不量性习，不辨土宜，邀其所不能，强其所不欲。求广其数而不考其用，将致其力而不察其情，斯可以为羽卫之仪，而无益于备御之实也。何者？穷边之地，千里萧条，寒风裂肤，惊沙惨目；与豺狼为邻伍，以战斗为嬉游；昼则荷戈而耕，夜则倚烽而觇，日有剽害之虑，永无休暇之娱，地恶人勤，于斯为甚！自非生于其域，习于其风，幼而睹焉，长而安焉，不见乐土而迁焉，则罕能宁其居而狎其敌也。关东之地，百物阜殷，从军之徒，尤被优养。惯于温饱，狎于欢康，比诸边隅，若异天地。闻绝塞荒服之苦，则辛酸动容；聆强蕃劲虏之名，则慑骇夺气。而乃使之去亲族，舍园庐，甘其所辛酸，抗其所慑骇，将冀为用，不亦疏乎！矧又有休代之期，无统帅之驭，资奉若骄子，姑息如倩人，进不邀之以成功，退不处之以严宪。其来也咸负得色，其止也莫有固心，屈指计归，张颐待饲。徼幸者犹患还期之赊缓，常念戎丑之充斥；王师挫伤，则将乘其乱离，布路东溃，情志且尔，得之奚为？平居则殚耗资储以奉浮冗之众，临难则拔弃城镇以摇远近之心，其弊岂惟无益哉！固亦将有所挠也。复有抵犯刑禁，谪徙军城，意欲增户实边，兼令展效自赎。既是无良之类，且加怀土之情，思乱幸灾，又甚戍卒。适足烦于防卫，谅无望于功庸，虽前代时或行之，固非良算之可遵者也。复有拥旄之帅，身不临边，但分偏师，俾守疆场。大抵军中壮锐，元戎例选自随，委其疲羸，乃配诸镇。节将既居内地，精兵祗备纪纲，遂令守要御冲，常在寡弱之辈。寇戎每至，乃势不支，入垒者才足闭关，在野者悉遭劫执，恣其芟蹂，尽其搜驱。比及都府闻知，虏已克获旋返。且安边之本，

所切在兵，理兵若斯，可谓措置乖方矣！

夫赏以存劝，罚以示惩，劝以懋有庸，惩以威不恪。故赏罚之于驭众也，犹绳墨之于曲直，权衡之揣重轻，輗軏之所以行车，衔勒之所以服马也。驭众而不用赏罚，则善恶相混而能否莫殊；用之而不当功过，则奸妄宠荣而忠实摈抑。夫如是，若聪明可衒，律度无章，则用与不用，其弊一也。自顷权移于下，柄失于朝，将之号令既鲜克行之于军，国之典章又不能施之于将，务相遵养，苟度岁时。欲赏一有功，翻虑无功者反侧；欲罚一有罪，复虑同恶者忧虞。罪以隐忍而不彰，功以嫌疑而不赏，姑息之道，乃至于斯。故使忘身效节者，获诮于等夷；率众先登者，取怨于士卒；债军蠹国者不怀于愧畏；缓救失期者自以为智能。褒贬既阙而不行，称毁复纷然相乱，人虽欲善，谁为言之？况又公忠者直己而不求于人，反罹困厄；败挠者行私而苟媚于众，例获优崇。此义士所以痛心，勇夫所以解体也。又有遇敌而所守不固，陈谋而其效靡成；将帅则以资粮不足为词，有司复以供给无阙为解。既相执证，理合辨明，朝廷每为含糊，未尝穷究曲直。措理者吞声而靡诉，诬善者罔上而不惭。驭众若斯，可谓课责亏度矣！

课责亏度，措置乖方，将不得竭其材，卒不得尽其力，屯集虽众，战阵莫前。虏每越境横行，若涉无人之地；递相推倚，无敢谁何，虚张贼势上闻，则曰兵少不敌。朝廷莫之省察，惟务征发益师，无神备御之功，重增供亿之弊。闾井日耗，征求日繁，以编户倾家破产之资，兼有司榷盐税酒之利，总其所入，半以事边，制用若斯，可谓财匮于兵众矣！

今四夷之最强盛为中国甚患者，莫大于吐蕃，举国胜兵之徒，才当中国十数大郡而已。其于内虞外备，亦与中国不殊，所能寇边，数则盖寡。且又器非犀利，甲不坚完，识迷韬钤，艺乏趫敏。动则中国畏其众而不敢抗，静则中国惮其强而不敢侵，厥理何哉？良以中国之节制多门，蕃丑之统帅专一故也。夫统帅专则人心不分，人心不分则号令不贰，号令不贰则进退可齐，进退可齐则疾徐如意，疾徐如意则机会靡愆，机会靡愆则气势自壮。斯乃以少为众，以弱为强，变化禽辟，在于反掌之内。是犹臂之使指，心之制形，若所任得人，则何敌之有！夫节制多门则人心不一，人心不一则号令不行，号令不行则进退难必，进退难必则疾徐失宜，疾徐失宜则机会不及，机会不及则气势自衰！斯乃勇废为尪，众散为弱，逗挠离析，兆乎战阵之前。是犹一国三公，十羊九牧，欲令齐肃，其可得乎？开元、天宝之间，控御西北两蕃，唯朔方、河西、陇右三节度而已，犹虑权分势散，或使兼而领之。中兴已来，未遑外讨，侨隶四镇于安定，权附陇右于扶风，所当西北两蕃，亦朔方、泾原、陇右、河东节度而已，关东戍卒，至则属焉。虽委任未尽得人，而措置尚合典制。自顷逆泚诱泾、陇之众叛，怀光污朔方之军，割裂诛锄，所余无几。而又分朔方之

地，建牙拥节者，凡三使焉。其余镇军，数且四十，皆承特诏委寄，各降中贵监临，人得抗衡，莫相禀属。每俟边书告急，方令计会用兵，既无军法下临，唯以客礼相待。是乃从容拯溺，揖让救焚，冀无贴危，固亦难矣！夫兵，以气势为用者也，气聚则盛，散则消，势合则威，析则弱。今之边备，势弱气消，建军若斯，可谓力分于将多矣。

理戎之要，最在均齐，故军法无贵贱之差，军实无多少之异，是将所以同其志而尽其力也。如或诱其志意，勉其艺能，则当阅其材，程其勇，校其劳逸，度其安危，明申练核优劣之科，以为衣食等级之制。使能者企及，否者息心，虽有薄厚之殊，而无觖望之衅。盖所谓日省月试，饩禀均事，如权量之无情于物，万人莫不安其分而服其平也。今者穷边之地，长镇之兵，皆百战伤夷之余，终年勤苦之剧，角其所能则练习，度其所处则孤危，考其服役则劳，察其临敌则勇。然衣粮所给，唯止当身，例为妻子所分，常有冻馁之色。而关东戍卒，岁月践更，不安危城，不习戎备，怯于应敌，懒于服劳。然衣粮所颁，厚逾数等，继以茶药之馈，益以蔬酱之资。丰约相形，悬绝斯甚。又有素非禁旅，本是边军，将校诡为媚词，因请遥隶神策，不离旧所，唯改虚名，其于禀赐之饶，遂有三倍之益。此偩类所以忿恨，忠良所以忧嗟，疲人所以流亡，经费所以褊匮。夫事业未异，而给养有殊，人情之所不能甘也，况乎矫佞行而禀赐厚，绩艺劣而衣食优，苟未忘怀，能无愠怒！不为戎首，则已可嘉，而欲使其协力同心，以攘寇难，虽有韩、白、孙、吴之将，臣知其必不能焉。养士若斯，可谓怨生于不均矣！

凡欲选任将帅，必先考察行能，然后指以所授之方，语以所委之事，令其自揣可否，自陈规模。须某色甲兵，藉某人参佐，要若干士马，用若干资粮，某处置军，某时成绩，始终要领，悉俾经纶，于是观其计谋，校其声实。若谓材不足取，言不可行，则当退之于初，不宜贻虑于其后也。若谓志气足任，方略可施，则当要之于终，不宜掣肘于其间也。夫如是，则疑者不使，使者不疑；劳神于选才，端拱于委任。既委其事，既足其求，然后可以核其否臧，行其赏罚。受赏者不以为滥，当罚者无得而辞，付授之柄既专，苟且之心自息。是以古之遣将帅者，君亲推毂而命之曰："自阃以外，将军裁之。"又赐铁钺，示令专断。故军容不入国，国容不入军，将在军，君命有所不受。诚谓机宜不可以远决，号令不可以两从，未有委任不专，而望其克敌成功者也。自顷边军去就，裁断多出宸衷，选置戎臣，先求易制，多其部以分其力，轻其任以弱其心，虽有所惩，亦有所失。遂令分阃责成之义废，死绥任咎之志衰，一则听命，二亦听命，爽于军情亦听命，乖于事宜亦听命。若所置将帅，必取于承顺无违，则如斯可矣；若有意平凶靖难，则不可。夫两境相接，两军相持，事机之来，间不容息，蓄谋而俟，犹恐失之，临时始谋，固已疏矣。况乎千里之

远，九重之深，陈述之难明，听览之不一，欲其事无遗策，虽圣者亦有所不能焉。设使谋虑能周，其如权变无及！戎虏驰突，迅如风飚，驿书上闻，旬月方报。守土者以兵寡不敢抗敌，分镇者以无诏不肯出师，逗留之间，寇已奔逼，托于救援未至，各且闭垒自全。牧马屯牛，鞠为樵剽，稽夫樵妇，磬作俘囚。虽诏诸镇发兵，唯以虚声应援，互相瞻顾，莫敢遮邀，贼既纵掠退归，此乃陈功告捷。其败丧则减百而为一，其掳获则张百而成千。将帅既幸于总制在朝，不忧于罪累，陛下又以为大权由己，不究事情。用师若斯，可谓机失于遥制矣！

理兵而措置乖方，驭将而赏罚亏度，制用而财匮，建兵而力分，养士而怨生，用师而机失，此六者，疆场之蠹贼，军旅之膏肓也。蠹贼不除，而但滋之以粪溉，膏肓不疗，而唯哙之以滑甘，适足以养其害，速其灾，欲求稼穑丰登，肤革充美，固不可得也。

臣愚谓宜罢诸道将士番替防秋之制，率因旧数而三分之：其一分委本道节度使募少壮愿住边城者以徙焉；其一分则本道但供衣粮，委关内、河东诸军州募蕃、汉子弟愿傅边军者以给焉；又一分亦令本道但出衣粮，加给应募之人，以资新徙之业。又令度支散于诸道和市耕牛，兼雇召工人，就诸军城缮造器具。募人至者，每家给耕牛一头，又给田农水火之器，皆令充备。初到之岁，与家口二人粮，并赐种子，劝之播植，待经一稔，俾自给家。若有余粮，官为收籴，各酬倍价，务奖营田。既息践更征发之烦，且无幸灾苟免之弊。寇至则人自为战，时至则家自力农。是乃兵不得不强，食不得不足，与夫倏来忽往，岂可同等而论哉！

臣又谓宜择文武能臣一人为陇右元帅，应泾、陇、凤翔、长武城、山南西道等节度管内兵马，悉以属焉；又择一人为朔方元帅，应鄜坊、邠宁、灵夏等节度管内兵马，悉以属焉；又择一人为河东元帅，河东、振武等节度管内兵马，悉以属焉。三帅各选临边要会之州以为理所，见置节度，有非要者，随所便近而并之。唯元帅得置统军，余并停罢。其三帅部内太原、凤翔等府及诸郡户口稍多者，慎拣良吏以为尹守，外奉师律，内课农桑，俾为军粮，以壮戎旅。理兵之宜既得，选帅之授既明，然后减奸滥虚浮之费以丰财，定衣粮等级之制以和众，弘委任之道以宣其用，悬赏罚之典以考其成。而又慎守中国之所长，谨行当今之所易，则八利可致，六失可除。如是而戎狄不威怀，疆场不宁谧者，未之有也。诸侯轨道，庶类服从。如是而教令不行，天下不理者，亦未之有也。以陛下之英鉴，民心之思安，四方之小休，两寇之方静，加以频年丰稔，所在积粮，此皆天赞国家，可以立制垂统之时也。时不久居，事不常兼，已过而追，虽悔无及。明主者，不以言为罪，不以人废言，罄陈狂愚，惟所省择。

德宗极深嘉纳，优诏褒奖之。

赞在中书，政不便于时者，多所条奏。德宗虽不能皆可，而心颇重之。初，窦参既贬郴州，节度使刘士宁饷参绢数千匹。湖南观察使李巽与参有隙，具事奏闻，德宗不悦。会右庶子姜公辅于上前闻奏，称"窦参尝语臣云：'陛下怒臣未已'"，德宗怒，再贬参，竟杀之。时议云公辅奏窦参语得之于赞，云参之死，赞有力焉。又素恶于公异、于邵，既辅政而逐之，谈者亦以为陋。

户部侍郎、判度支裴延龄，奸宄用事，天下嫉之如仇。以得幸于天子，无敢言者。赞独以身当之，屡于延英面陈其不可，累上疏极言其弊。延龄日加潜毁。十年十二月，除太子宾客，罢知政事。赞性畏慎，及策免私居，朝谒之外，不通宾客，无所过从。十一年春，旱，边军刍粟不给，具事论诉；延龄言赞与张滂、李充等摇动军情，语在《延龄传》。德宗怒，将诛赞等四人，会谏议大夫阳城等极言论奏，乃贬赞为忠州别驾。

赞初入翰林，特承德宗异顾，歌诗戏狎，朝夕陪游。及出居艰阻之中，虽有宰臣，而谋猷参决，多出于赞，故当时目为"内相"。从幸山南，道途艰险，扈从不及，与帝相失，一夕不至，上喻军士曰："得赞者赏千金。"翌日赞谒见，上喜形颜色，其宠待如此。既与二吴不协，渐加浸润，恩礼稍薄；及通玄败，上知诬枉，遂复见用。赞以受人主殊遇，不敢爱身，事有不可，极言无隐。朋友规之，以为太峻，赞曰："吾上不负天子，下不负吾所学，不恤其他。"精于吏事，斟酌决断，不失锱铢。尝以"词诏所出，中书舍人之职，军兴之际，促迫应务，权令学士代之；朝野乂宁，合归职分，其命将相制诏，却付中书行遣。"又言"学士私臣，玄宗初令待诏，止于唱和文章而已"。物议是之。德宗以赞指斥通微、通玄，故不可其奏。

赞在忠州十年，常闭关静处，人不识其面，复避谤，不著书。家居瘴乡，人多疠疫，乃抄撮方书，为《陆氏集验方》五十卷，行于代。初，赞秉政，贬驾部员外郎李吉甫为明州长史，量移忠州刺史。赞在忠州，与吉甫相遇，昆弟、门人咸为赞忧，而吉甫忻然厚礼，都不衔前事，以宰相礼事之，犹恐其未信不安，日与赞相狎，若平生交契者。赞初犹惭惧，后乃深交。时论以吉甫为长者。后有薛延者，代吉甫为刺史，延朝辞日，德宗令宣旨慰安。而韦皋累上表请以赞代己。顺宗即位，与阳城、郑余庆同诏征还。诏未至而赞卒，时年五十二，赠兵部尚书，谥曰宣。

子简礼，登进士第，累辟使府。

史臣曰：近代论陆宣公，比汉之贾谊，而高迈之行，刚正之节，经国成务之要，激切仗义之心，初蒙天子重知，末涂沦踬，皆相类也。而谊止中大夫，赞及台铉，不为不遇矣。昔公孙鞅挟三策说秦王，淳于髡以隐语见齐君，从古以还，正言不易。昔周昭戒急论议，正为此也。赞居珥笔之列，调饪之地，欲以片心除众弊，独手遏群邪，君上不亮其诚，群小共攻其短，欲无放逐，其可得乎！《诗》称"其维哲人，告之话言"，又有"诲尔"、"听我"之恨，此皆贤人君子，叹言不见用也。故尧咨禹拜，千载一时，携手提耳，岂容易哉！

赞曰：良臣悟主，我有嘉猷。多僻之君，为善不周。忠言救失，启沃曰仇。勿贻天问，苍昊悠悠。

卷一百四十　　列传第九十

韦皋 刘辟附　张建封　卢群

韦皋，字城武，京兆人。大历初，以建陵挽郎调补华州参军，累授使府监察御史。宰相张镒出为凤翔陇右节度使，奏皋为营田判官，得殿中侍御史，权知陇州行营留后事。

建中四年，泾师犯阙，德宗幸奉天，凤翔兵马使李楚琳杀张镒，以府城叛归于朱泚，陇州刺史郝通奔于楚琳。先是，朱泚自范阳入朝，以甲士自随；后泚为凤翔节度使，既罢，留范阳五百人戍陇州，而泚旧将牛云光督之。时泚既以逆徒围奉天，云光因称疾，请皋为帅，将谋乱，擒皋以赴泚。皋将翟晔伺知之，白皋为备；云光知事泄，遂率其兵以奔泚。行及汧阳，遇泚家僮苏玉将使于皋所，苏玉谓云光曰："太尉已登宝位，使我持诏以韦皋为御史中丞，君可以兵归陇州。皋若承命，即为吾人；如不受诏，彼书生，可以图之，事无不济矣。"乃反旆疾趋陇州。皋迎劳之，先纳苏玉，受其伪命，乃问云光曰："始不告而去，今又来，何也？"云光曰："前来未知公心，故潜去；知公有新命，今乃复还。愿与公戮力建功，同其生死。"皋曰："善。"又谓云光曰："大使苟不怀诈，请纳器甲，使城中无所危疑，乃可入。"云光以书生待皋，且以为信然，乃尽付弓矢戈甲。皋既受之，乃内其兵。明日，皋犒宴苏玉、云光之卒于郡舍，伏甲于两廊。酒既行，伏发，尽诛之，斩云光、苏玉首以徇。泚又使家僮刘海广以皋为凤翔节度使，皋斩海广及从者三人，生一人，使报泚。于是诏以皋为御史大夫、陇州刺史，置奉义军节度以旌之。皋遣从兄平及弇继入奉天城，城中闻皋有备，士气增倍。

皋乃筑坛于廷，血牲与将士等盟曰："上天不吊，国家多难，逆臣乘间，盗据宫闱。而李楚琳亦扇凶徒，倾陷城邑，酷虐所加，爰及本使，既不事上，安能恤下。皋是用激心愤气，不遑底宁，誓与群公，竭诚王室。凡我同盟，一心协力，仅顺除凶，先祖之灵，必当幽赞。言诚则志合，义感则心齐；粉骨糜躯，决无所顾。有渝此志，明神殛之，追于子孙，亦罔遗类。皇天后土，当兆斯言。"又遣使入吐蕃求援。十一月，加检校礼部尚书。兴元元年，德宗还京，征为左金吾卫将军，寻迁大将军。

贞元元年，拜检校户部尚书，兼成都尹、御史大夫、剑南西川节度使，代张延赏。皋以云南蛮众数十万，与吐蕃和好，蕃人入寇，必以蛮为前锋。四年，皋遣判官崔佐时入南诏蛮，说令向化，以离吐蕃之助。佐时至蛮国羊咀咩城，其王异牟寻忻然接遇，请绝吐蕃，遣使朝贡。其年，遣东蛮鬼主骠傍、苴梦冲、苴乌等相率入朝。南蛮自巂州陷没，臣属吐蕃，绝朝贡者二十余年，至是复通。

五年，皋遣大将王有道简习精卒以入蕃界，与东蛮于故巂州台登北谷大破吐蕃青海、腊城二节度，斩首二千级，生擒笼官四十五人，其投崖谷而死者不可胜计。蕃将乞臧遮遮者，蕃之骁将也，久为边患。自擒遮遮，城栅无不降，数年之内，终复巂州，以功加吏部尚书。九年，朝廷筑盐州城，虑为吐蕃掩袭，诏皋出兵牵维之。乃命大将董勔、张芬出西山及南道，破峨和城、通鹤军。吐蕃南道元帅论莽热率众来援，又破之，杀伤数千人，焚定廉城。凡平堡栅五十余所，以功进位检校右仆射。皋又招抚西山羌女、诃陵、白狗、逋租、弱水、南王等八国酋长，入贡阙廷。十一年九月，加统押近界诸蛮、西山八国兼云南安抚等使。十二年二月，就加同中书门下平章事。十三年，收复巂州城。十六年，皋命将出军，累破吐蕃于黎、巂二州。吐蕃怒，遂大搜阅，筑垒造舟，欲谋入寇，皋悉挫之。于是吐蕃酋帅兼监统曩贡、腊城等九节度婴、笼官马定德与其大将八十七人举部落来降。定德有计略，习知兵法及山川地形，吐蕃每用兵，定德常乘驿计事，蕃中诸将禀其成算。至是，自以捍众失律，惧得罪而归心焉。

十七年，吐蕃昆明城管磨些蛮千余户又降。赞普以其众外溃，遂北寇灵、朔，陷麟州。德宗遣使至成都府，令皋出兵深入蕃界。皋乃令镇静军使陈泊等统兵万人出三奇路，威戎军使崔尧臣兵千人出龙溪石门路南，维保二州兵马使仇冕、保霸二州刺史董振等兵二千趋吐蕃维州城中，北路兵马使邢玼等四千趋吐蕃栖鸡、老翁城，都将高倜、王英俊兵二千趋故松州，陇东兵马使元膺兵八千人出南道雅、邛、黎、巂路。又令镇南军使韦良金兵一千三百续进，雅州经略使路惟明等兵三千趋吐蕃租、松等城，黎州经略使王有道兵二千人过大渡河，深入蕃界，巂州经略使陈孝阳，兵马使何大海、韦义等及磨些蛮、东蛮二部落主苴那时等兵四千进攻昆明城、诺济城。自八月出军齐入，至十月破蕃兵十六万，拔城七、军镇五、户三千，擒生六千，斩首万余级，遂进攻维州。救军再至，转战千里，蕃军连败。于是寇灵、朔之众引而南下，赞普遣论莽热以内大相兼东境五道节度兵马都群牧大使，率杂虏十万众来解维州之围。蜀师万人据险设伏以待之，先出千人挑战。莽热见我师之少，悉众追之。发伏掩击，鼓噪雷骇，蕃兵自溃，生擒论莽热，虏众十万，歼夷者半。是岁十月，遣使献论莽热于朝；德宗数而释之，赐第于崇仁里。皋以功加检校司徒，兼中书令，封南康郡王。

顺宗即位，加检校太尉。顺宗久疾，不能临朝听政，宦者李忠言、侍棋待诏王叔文、侍书待诏王伾等三人颇干国政，高下在心。皋乃遣支度副使刘辟使于京师，辟私谒王叔文曰："太尉使致诚于足下，若能致某都领剑南三川，必有以相酬；如不留意，亦有以奉报。"叔文大怒，将斩辟以徇；韦执谊固止之，辟乃私去。皋知王叔文人情不附，又知与韦执谊有隙，自以大臣可议社稷大计，乃上表请皇太子监国，曰："臣闻上承宗庙，下镇黎元，永固无疆，莫先储两。伏闻圣明以山陵未祔，哀毁逾制，心劳万几，伏计旬月之间，未甚痊复。皇太子睿质已长，淑问日彰，四海之心，实所倚赖。伏望权令皇太子监抚庶政，以俟圣躬痊平，一日万几，免令壅滞。"又上皇太子笺曰：

殿下体重离之德，当储贰之重，所以克昌九庙，式固万方，天下安危，系于殿下。皋位居将相，志切匡扶，先朝奖知，早承恩顾。人臣之分，知无不为，愿上答眷私，罄输肝膈。伏以圣上嗣膺鸿业，睿哲英明，攀感先朝，志存孝理。谅闇之际，方委大臣，但付托偶失于善人，而参决多亏于公政。今群小得志，隳紊纪纲，官以势迁，政由情改，朋党交构，荧惑宸聪。树置腹心，遍于贵位；潜结左右，难在萧墙。国赋散于权门，王税不入天府，亵慢无忌，高下在心。货贿流闻，迁转失叙，先圣屏黜赃犯之类，咸擢居省寺之间。至令忠臣陨涕，正人结舌，遐迩痛心，人知不可。伏恐奸雄乘便，因此谋动干戈，危殿下之家邦，倾太宗之王业。伏惟太宗栉沐风雨，经营庙朝，将垂二百年，欲及千万祀；而一朝使叔文奸佞之徒，侮弄朝政，恣其胸臆，坐致倾危。臣每思之，痛心疾首！伏望殿下斥逐群小，委任贤良，悾悾血诚，输写于此！

太子优令答之。而裴均、严绶笺表继至，由是政归太子，尽逐伾、文之党。是岁，暴疾卒，时年六十一，赠太师，废朝五日。

皋在蜀二十一年，重赋敛以事月进，卒致蜀土虚竭，时论非之。其从事累官稍崇者，则奏为属郡刺史，或又署在府幕，多不令还朝，盖不欲泄所为于阙下故也。故刘辟因皋故态，图不轨以求三川，厉阶之作，盖有由然。

皋兄聿，时为国子司业，刘辟与卢文若据西川叛，皋侄行式，先娶文若妹，而聿不奏。既收行式，以其妻没官，诏御史台按聿，聿下狱。有司以行式妻在远，不与兄同情，不当连坐，诏归行式妻而释聿。

刘辟者，贞元中进士擢第，宏词登科，韦皋辟为从事，累迁至御史中丞、支度副使。永贞元年八月，韦皋卒，辟自为西川节度留后，率成都将校上表请降节钺。朝廷不许，除给事中，便令赴阙。辟不奉诏。时宪宗初即位，以无事息人为务，遂授辟检校工部尚书，充剑南西川节度使。辟益凶悖，出不臣之言，而求统三川，与同幕卢文若相善，欲以文若为东川节度使，遂举兵围梓州。宪宗难于用兵，宰相杜黄裳奏："刘辟一狂蹶书生耳，王师鼓行而俘之，兵不血刃。臣知神策军使高崇文，骁果可任，举必成功。"帝数日方从之。于是令高崇文、李元奕将神策京西行营兵相续进发，令与严砺、李康掎角相应以讨之，仍许其自新。

元和元年正月，崇文出师。三月，收复东川。乃下诏曰：

朕闻皇祖玄元之诫曰："兵者，凶器也，不得已而用之。"恭惟圣谟，常所祇服。故惟文诰有所不至，诚信有所未孚，始务安人，必能忍耻，朕之此志，亦可明征。近者德宗皇帝举柔服之规，授宰衡之杰，弘我庙胜，遂康巴、庸，故得南诏入贡，西戎寝息。成绩始究，元臣丧亡，刘辟乘此变故，坐邀符节。朕以成狂命者虽乖于理体，从权便者所冀为之辑宁，竟乖卿士之谋，遂允幸求之志。朕之于辟，恩亦弘矣。曾不知恩，负牛羊之力，饱则逾凶；畜枭獍之心，驯之益悖。诳惑士伍，围逼梓州；诱陷戎臣，塞绝剑路。师徒所至，烧劫无遗，干纪之辜，擢发难数。朕为人司牧，字彼黎元，如辟之罪，非朕敢舍，可削夺在身官爵。

六月，崇文破鹿头关，进收汉州。九月，崇文收成都府。刘辟以数十骑遁走，投水不死；骑将郦定进入水，擒辟于成都府西洋灌田。卢文若先自刃其妻子，然后缒石投江，失其尸。辟槛送京师，在路饮食自若，以为不当死。及至京西临皋驿，左右神策壮士迎之，以帛系首及手足，曳而入，乃惊曰："何至于是？"或绐之曰："国法当尔，无忧也。"是日，诏曰："刘辟生于士族，敢蓄枭心，驱劫蜀人，拒捍王命。肆其狂逆，诖误一州，俾我黎元，肝脑涂地。贼将崔纲等同恶相扇，至死不回，咸宜伏辜，以正刑典。刘辟男超郎等九人，并处斩。"辟入京城，上御兴安楼受俘馘，令中使于楼下诘辟反状。辟曰："臣不敢反，五院子弟为恶，臣不能制。"又遣诘之曰："朕遣中使送旌节官告，何故不受？"辟乃伏罪。令献太庙、郊社，徇于市，即日戮于子城西南隅。

初，辟尝病，见诸问疾者来，皆以手据地，倒行入辟口，辟因礔裂食之；惟卢文若至，则如平常。故尤与文若厚，竟以同恶俱赤族，不其怪欤！

张建封，字本立，兖州人。祖仁范，洪州南昌县令，贞元初赠郑州刺史。父玠，少豪侠，轻财重士。安禄山反，令伪将李庭伟率蕃兵胁下城邑，至鲁郡；太守韩择木具礼郊迎，置于邮馆。玠率乡豪张贵、孙邑、段绛等集兵将杀之。择木怯懦，大惧，唯员外司兵张孚然其计，遂杀庭伟并其党数十人，择木方遣使奏闻。择木、张孚俱受官赏，玠因游荡江南，不言其功。以建封贵，赠秘书监。

建封少颇属文，好谈论，慷慨负气，以功名为己任。宝应中，李光弼镇河南，时苏、常等州草贼寇掠郡邑，代宗遣中使马日新与光弼将兵马同征讨。建封乃见日新，自请说喻贼徒。日新从之，遂入虎窟、蒸里等贼营，以利害祸福喻之。一夕，贼党数千人并诣日新请降，遂悉放归田里。

大历初，道州刺史裴虬荐建封于观察使韦之晋，辟为参谋，奏授左清道兵曹，不乐吏役而去。滑亳节度使令狐彰闻其名，辟之；彰既未曾朝觐，建封心不悦之，遂投刺于转运使刘晏，自述其志，不愿仕于彰也。晏奏试大理评事，勾当军务。岁余，复罢归。

建封素与马燧友善，大历十年，燧为河阳三城镇遏使，辟为判官，奏授监察御史，赐绯鱼袋。李灵曜反于梁、宋间，与田悦掎角，同为叛逆，燧与李忠臣同讨平之，军务多咨于建封。及燧为河东节度使，复奏建封为判官，特拜侍御史。建中初，燧荐之于朝，杨炎将用为度支郎中，卢杞恶之，出为岳州刺史。

时淮西节度使李希烈乘破灭梁崇义之势，渐纵恣跋扈，寿州刺史崔昭数书疏往来。淮南节度使陈少游奏之，上遽召宰相令选寿州刺史。卢杞本恶建封，是日苍黄，遂荐建封以代崔昭牧寿阳。李希烈称兵，寇陷汝州，擒李元平，击走刘德信、唐汉臣等，又摧破哥舒曜于襄城，连陷郑、汴等州，李勉弃城而遁。泾师内逆，驾幸奉天，贼锋益盛。淮南陈少游潜通希烈，寻称伪号，改元，遣将杨丰赍伪赦书二道，令送少游及建封。至寿州，建封缚杨丰徇于军中。适会中使自行在及使江南回者同至，建封集众对中使斩丰于通衢，封伪赦书送行在，远近震骇。陈少游闻之，既怒且惧。建封乃具奏少游与希烈往来事状。希烈又伪署其党杜少诚为淮南节度使，令先平寿州，趣江都。建封令其将贺兰元均、邵怡等守霍丘秋栅。少诚竟不能侵轶，乃南掠蕲、黄等州，又为伊慎所挫衄。寻加建封兼御史中丞、本州团练使。车驾还京，陈少游忧愤而卒。

兴元元年十二月，乃加兼御史大夫，充濠寿庐三州都团练观察使。于是大修缉城池，悉心绥抚，远近悦附，自是威望益重。李希烈选凶党精悍者率劲卒以攻建封，旷日持久，无所克获而去。及希烈平，进阶封，赐一子正员官。

初，建中年，李洧以徐州归附。洧寻卒，其后高承宗父子、独孤华相继为刺史。为贼侵削，贫困不能自存；又咽喉要地，据江淮运路，朝廷思择重臣以镇者久之。贞元四年，以建封为徐州刺史，兼御史大夫、徐泗濠节度、支度营田观察使。既创置军伍，建封触事躬亲，性宽厚，容纳人过误，而按据纲纪，不妄曲法贷人。每言事，忠义感激，人皆畏悦。七年，进位检校礼部尚书。十二年，加检校右仆射。十三年冬，入觐京师，德宗礼遇加等，特以双日开延英召对，又令朝参入大夫班，以示殊宠。建封赋《朝天行》一章上献，赐名马珍玩颇厚。

时宦者主宫中市买，谓之宫市，抑买人物，稍不如本估。末年不复行文书，置白望数十百人于两市及要闹坊曲，阅人所卖物；但称宫市，则敛手付与，真伪不复可辨，无敢问所从来及论价之高下者。率用直百钱物买人直数千物，仍索进奉门户及脚价银。人将物诣市，至有空手而归者，名为宫市，其实夺之。尝有农夫以驴驮柴，宦者市之，与绢数尺，又就索门户，仍邀驴送柴至内。农夫啼泣，以所得绢与之，不肯受，曰："须得尔驴。"农夫曰："我有父母妻子，待此而后食；今与汝柴，而不取直而归，汝尚不肯，我有死而已。"遂殴宦者。街使擒之以闻，乃黜宦者，赐农夫绢十匹。然宫市不为之改，谏官御史表疏论列，皆不听。吴凑以戚里为京兆尹，深言其弊。建封入觐，具奏之，德宗颇深嘉纳；而户部侍郎、判度支苏弁希宦者之旨，因入奏事，上问之，弁对曰："京师游手堕业者数千万家，无土著生业，仰宫市取给。"上信之，凡言宫市者皆不听。诏书矜免百姓诸色逋赋，上问建封，对曰："凡逋赋残欠，皆是累积年月，无可征收，虽蒙陛下忧恤，百姓亦无所裨益。"时河东节度使李说、华州刺史卢徵，皆中风疾，口不能言，足不能行，但信任左右胥吏决遣之。建封皆悉闻奏，上深嘉纳。又金吾大将军李翰好伺察城中细事，加诸闻奏，冀求恩宠，人畏而恶之。建封亦奏之，乃下诏曰："比来朝官或诸处过从，金吾皆有上闻。其间如素是亲故，或曾同僚友，伏腊岁序，时有还往，亦是常

礼，人情所通。自今以后，金吾不须闻。"

十四年春上巳，赐宰臣百僚宴于曲江亭，特令建封与宰相同座而食。贞元已后，藩帅入朝及还镇，如马燧、浑瑊、刘玄佐、李抱真、曲环之崇秩鸿勋，未有获御制诗以送者，建封将还镇，特赐诗曰："牧守寄所重，才贤生为时。宣风自淮甸，授钺膺藩维。入觐展遐恋，临轩慰来思。忠诚在方寸，感激陈清词。报国尔所尚，恤人予是资。欢宴不尽怀，车马当还期。谷雨将应候，行春犹未迟。勿以千里遥，而云无已知。"又令高品中使赍常所执鞭以赐之，曰："以卿忠贞节义，岁寒不移，此鞭朕久执用，故以赐卿，表卿忠节也。"建封又献诗一篇，以自警励。

建封在彭城十年，军州称理。复又礼贤下士，无贤不肖，游其门者，皆礼遇之，天下名士向风延颈，其往如归。贞元时，文人如许孟容、韩愈诸公，皆为之从事。

十六年，遇疾，连上表请速除代，方用韦夏卿为徐泗行军司马。未至而建封卒，时年六十六，册赠司徒。子愔。

愔以荫授虢州参军。初，建封卒，判官郑通诚权知留后事。通诚惧军士谋乱，适遇浙西兵迁镇，通诚欲引入州城为援。事泄，三军怒，五六千人斫开甲仗库取戈甲，执带环绕衙城，请愔为留后。乃杀通诚、杨德宗，大将段伯熊、吉遂、曲澄、张秀等。军众请于朝廷，乞授愔旄节。初不之许，乃割濠、泗二州隶淮南，加杜佑同平章事以讨徐州。既而泗州刺史张伾以兵攻埇桥，与徐军接战，伾大败而还。朝廷不获已，乃授愔起复右骁卫将军同正，兼徐州刺史、御史中丞，充本州团练使，知徐州留后。仍以泗州刺史张伾为泗州留后，濠州刺史杜兼为濠州留后。正授武宁军节度、检校工部尚书。元和元年，被疾，上表请代，征为兵部尚书，以东都留守王绍为武宁军节度代愔，复隶濠、泗二州于徐。徐军喜复得二州，不敢为乱，而愔遂赴京师，未出界卒。愔在徐州七年，百姓称理，诏赠右仆射。

卢群，字载初，范阳人。少好读书，初学于太安山。淮南节度使陈少游闻其名，辟为从事。建中末，荐于朝廷，会李希烈反叛，诏诸将讨之。以群为监察御史、江西行营粮料使。兴元元年，江西节度、嗣曹王皋奏为判官。曹王移镇江陵、襄阳，群皆从之，幕府之事，委以咨决，以正直闻。

贞元六年，入拜侍御史。有人诬告故尚父子仪婢人张氏宅中有宝玉者，子仪兄弟又与尚父家子孙相告诉，诏促按其狱。群奏曰："张氏以子仪在时分财，子弟不合争夺。然张氏宅与子仪亲仁宅，皆子仪家事。子仪有大勋，伏望陛下特赦而勿问，俾私自引退。"德宗从其言，时人嘉其识大体。累转左司、职方、兵部三员外郎中。

淮西节度使吴少诚擅开决司、洧等水漕挽溉田，遣中使止之，少诚不奉诏。令群使蔡州诘之，少诚曰："开大渠，大利于人。"群曰："为臣之道，不合自专，虽便于人，须俟君命。且人臣须以恭恪为事，若事君不尽恭恪，即责下吏恭恪，固亦难矣。"凡数百千言，谕以君臣之分，忠顺之义，少诚乃从命，即停工役。

群博涉，有口辨，好谈论，与少诚言古今成败之事，

无不耸听。又与唱和赋诗,自言以反侧,常蒙隔在恩外,群于筵中醉而歌曰:"祥瑞不在凤凰、麒麟,太平须得边将、忠臣。卫、霍真诚奉主,貔虎十万一身。江、河潜注息浪,蛮貊款塞无尘。但得百僚师长肝胆,不用三军罗绮金银。"少诚大感悦。群以奉使称旨,俄迁检校秘书监,兼御史中丞、义成军节度行军司马。

贞元十六年四月,节度姚南仲归朝,拜群义成军节度、郑滑观察等使。先寓居郑州,典质良田数顷;及为节度使至镇,各与本地契从,分付所管令长,令召还本主,时论称美。寻遇疾,其年十月卒,时年五十九,废朝一日,赠工部尚书,赙赠布帛、米粟有差。

史臣曰:韦南康、张徐州,慷慨下位之中,横身丧乱之际,力扶衰运,气激壮图,义风凛凛,耸动群丑,春盗之喉,折贼之角,可谓忠矣!而韦公季年,惑贼辟之奸说,欲兼巴、益,则志未可量。徐州请觐,颇有规谏之言,所谓以道匡君,能以功名始终者。卢载初喻少诚,还地券,君子哉!三子之贤,不可多得。

赞曰:南康英壮,力匡交丧。张侯义烈,志平乱象。见危能振,蹈利无谤。韦德不周,张心可亮。

卷一百四十一 列传第九十一

田承嗣 任悦 子绪 绪子季安 田弘正 子布 群 牟 布子在宥 子茂昭 茂昭 子克勤 弟茂宗 茂和 陈楚附 张孝忠

田承嗣,平州人,世事卢龙军为裨校。祖璟,父守义,以豪侠闻于辽、碣。承嗣,开元末为军使安禄山前锋兵马使,累俘斩奚、契丹功,补左清道府率,迁武卫将军。禄山构逆,承嗣与张忠志等为前锋,陷河洛。禄山败,史朝义再陷洛阳,承嗣为前导,伪授魏州刺史。代宗遣朔方节度使仆固怀恩引回纥军讨平河朔。帝以二凶继乱,郡邑伤残,务在禁暴戢兵,屡行赦宥,凡为安、史诖误者,一切不问。时怀恩阴图不轨,虑靴平宠衰,欲留贼将为援,乃奏承嗣及李怀仙、张忠志、薛嵩等四人分帅河北诸郡,乃以承嗣检校户部尚书、郑州刺史。俄迁魏州刺史、贝博沧瀛等州防御使。居无何,授魏博节度使。

承嗣不习教义,沉猜好勇,虽外受朝旨,而阴图自固。重加税率,修缮兵甲;计户口之众寡,而老弱事耕稼,丁壮从征役,故数年之间,其众十万。仍选其魁伟强力者万人以自卫,谓之衙兵。郡邑官吏,皆自署置。户版不籍于天府,税赋不入于朝廷,虽曰藩臣,实无臣节。代宗以黎元久罹寇虐,姑务优容,累加检校尚书仆射、太尉、同中书门下平章事,封雁门郡王,赐实封千户。及升魏州为大都督府,以承嗣为长史,仍以其子华尚永乐公主,冀以结固其心,庶其悛革。而生于朔野,志性凶逆,每王人慰安,言词不逊。

大历八年,相卫节度使薛嵩卒,其弟崿欲邀旄节;及用李承昭代嵩,衙将裴志清谋乱逐崿,崿率众归于承嗣。十年,薛崿归朝,承嗣使亲党扇惑相州将吏谋乱,遂将兵袭击,谬称救应。代宗遣中使孙知古奉魏州宣慰,令各守封疆。承嗣不奉诏,遣大将卢子期攻洺州,杨光朝攻卫州。杀刺史薛雄,仍逼知古令巡磁、相二州,讽其大将割耳劓面,请承嗣为帅,知古不能诘。四月,诏曰:

田承嗣出自行间,策名边戍,早参戎秩,效用无闻,尝辅凶渠,驱驰有素。洎再平河朔,归命辕门。朝廷俯念遗黎,久罹兵革。自禄山首祸,瀛、博流离,思明继衅,赵、魏埋殣;以至农桑井邑,靡获安居,骨肉室家,不能相保。念其雕瘵,思用抚宁,以其先布款诚,寄之为理。所以委授旌钺之任,假以方面之荣,期尔知恩,庶能自效。崇资茂赏,首冠朝伦,列异姓之苴茅,登上公之礼命。子弟童稚,皆联台阁之华;妻妾仆媵,并受国邑之号。人臣之宠,举集其门;将相之权,兼领其职。

夫宰相者,所以尽忠,而乃据国家之封壤,仗国家之兵戈,安国家之黎人,调国家之征赋。掩有资实,凭窃宠灵,内包凶邪,外示归顺。且相、卫之略,所管素殊,而逼胁军人,使之翻溃。因其惊扰,便进军师,事迹暴彰,奸邪可见。不然,岂志清之乱,曾未崇朝;子期、光朝,会于明日。足知先有成约,指期而来,是为蔑弃典刑,擅兴戈甲。既云相州骚扰,邻境救灾,旋又更取磁州,重行威虐。此实自矛盾,不究始终。三州既空,远遂穷陷,更移兵马,又赴洺州,实为暴恶不仁,穷极残忍。

薛雄乃卫州刺史,固非本藩,忿其不附,横加凌虐,一门尽屠,非复噍类,酷烈无状,人神所冤。又四州之地,皆列屯营,长史属官,任情补署。精甲利刃,良马劲兵,全实之资装,农藏之积实,尽收魏府,罔有孑遗。其为盖在无赦,欲行讨问,正厥刑书。犹示含容,冀其迁善,抑于典宪,务在慰安。乃遣知古远奉诏书,谕以深旨,乃命承昭副兹麾下,抚彼旧封。而承昭又遣亲将刘浑先传诏命。承嗣逡巡磁、相,仍劫知古在偕行,先令侄悦权扈军吏,至使引刀自割,抑令腾口相稽,当众喧哗,请归承嗣。论其奸状,足以为凭,此而可容,何者为罪?

承嗣宜贬永州刺史,仍许一幼男女从行,便路赴任。委河东节度使薛兼训、成德军节度使李宝臣、幽州节度留后朱滔、昭义节度李承昭、淄青节度李正己、淮西节度李忠臣、永平军节度使李勉、汴宋节度田神玉等,掎角进军。如承嗣不时就职,所在加讨,按军法处分。

诏下,承嗣惧;而麾下大将,复多携贰,仓黄失图。乃遣牙将郝光朝奉表请罪,乞束身归朝。代宗重劳师旅,特恩诏允,并侄悦等悉复旧官,仍诏不须入觐。

十一年,汴将李灵曜据城叛,诏近镇加兵。灵曜求援于魏。承嗣令田悦率众五千赴之,为马燧、李忠臣逆击败之；悦仅而获免，兵士死者十七八，复诏诛之。十二年，承嗣复上章请罪，又赦之，复其官爵。承嗣有贝、博、魏、卫、相、磁、洺等七州，复为七州节度使，于是承嗣弟廷琳及从子悦、承嗣子绾、绪等皆复本官，仍令给事中杜亚宣谕，赐铁券。

十三年九月，卒，时年七十五。有子十一人：维、朝、华、绎、纶、绾、绪、绘、纯、绅、缙等。维为魏州刺史；朝，神武将军；华，太常少卿、驸马都尉，尚永乐公主，再尚新都公主；余子皆幼。而悦勇冠军中，承嗣爱其才，及将卒，命悦知军事，而诸子佐之。

悦初为魏博中军兵马使、检校右散骑常侍、魏府左司马。大历十三年，承嗣卒，朝廷用悦为节度留后。骁勇有膂力，性残忍好乱，而能外饰行义，倾财散施，人多附之，故得兵柄。寻拜检校工部尚书、御史大夫，充魏博七州节度使。大历末，悦尚恭顺。建中初，黜陟使洪经纶至河北，方闻悦军七万。经纶素昧时机，先以符停其兵四万，令归农亩。悦伪亦顺命，即依符署之。既而大集所罢将士，激怒之曰：“尔等久在军戎，各有父母妻子，既为黜陟使所罢，如何得衣食自资？”众遂大哭。悦乃尽出其家财帛衣服以给之，各令还其部伍。自此魏博感悦而怨朝廷。

居无何，或谬称车驾将东封，而李勉增广汴州城。李正己闻而猜惧，以兵万人屯曹州，遣使说悦，同为拒命。悦乃与正己、梁崇义等谋各阻兵，以判官王侑、扈崿、许士则为腹心，邢曹俊、孟希祐、李长春、符璘、康愔为爪牙。建中二年，镇州李宝臣卒，子惟岳求袭节钺。俄而淄青李正己卒，子纳亦求节钺。朝廷皆不允，遂与惟岳、李纳同谋叛逆。时朝廷遣张孝忠等讨恒州，悦将孟希祐率兵五千援之。又遣将康愔率兵八千围邢州，杨朝光五千人营于邯郸西北卢家砦，绝昭义粮饷之路，悦自将兵甲数万继进。邢州刺史李洪、临洺将张伾，为贼力攻，御备将竭，诏河东节度使马燧、河阳李芃，与昭义军讨悦。七月三日，师自壶关东下，收贼卢家砦，大破贼于双冈；邢州解围，悦众遁走，保洹水。马燧等三帅距悦军三十里为垒，李纳遣兵八千人助悦。

魏将邢曹俊者，承嗣之旧将，老而多智，颇知兵法，悦昵于扈崿，以曹俊为贝州刺史。及悦拒官军于临洺，大为王师所破，悦乃召曹俊而问计焉。曹俊曰：“兵法十倍则攻，尚书以逆犯顺，势且不侔。宜于峄口置兵万人以遏西师，则河北二十四州悉为尚书有矣。今于临洺、武安设攻城之计，粮竭卒尽，危凶立至，未见其可也。”祐等以其异己，咸潜毁，悦复令守贝州。

悦与淄青兵三万余人阵于洹水，马燧等三帅与神策将李晟等来攻，悦之众复败，死伤二万计。悦收合残卒奔魏州，至南郭外，大将李长春拒关不内，以俟官军。三帅虽进，顿兵于魏州南平邑浮图，咸迟留不进，长春乃开门内之。悦持佩刀立于军门，谓军士百姓曰：“悦藉伯父余业，久与卿等同事，今既败丧相继，不敢图全。然悦所以坚拒天诛者，特以淄青、恒冀二大人在日，为悦保荐于先朝，方获承袭。今二帅云亡，子弟求袭，悦既不能报效，以至兴师。今军旅败亡，士民涂炭，此皆悦之罪也。以母亲之故，不能自到，公等当斩悦首以取功勋，无为俱死也！”乃自马投地，众皆怜之。或前抚持悦曰：“久蒙公恩，不忍闻此！今士民之众，犹可一战，生死以之。”悦收涕言曰：“诸公不以悦丧败，犹愿同心，悦纵身死，宁忘厚意于地下乎！”悦乃自割一匕，以为要誓，于是将士自断其臂，结为兄弟，誓同生死。其将符璘、李再春、李瑶，悦从兄昂，相次以郡邑归国。璘等家在魏州者，无少长悉为悦所害。悦观城内兵仗罄乏，士众衰减，甚为惶骇，乃复召邢曹俊与之谋。既至，完整徒旅，缮修营壁，人心复坚。经旬余日，马燧进至城下。向使燧等乘胜长驱，袭其未备，则魏城屠之久矣！识者痛惜之。

会王武俊杀李惟岳，朱滔攻深州，下之，朝廷以武俊为恒州刺史，又以宝臣故将康日知为深赵二州观察使。是以武俊怨赏功在日知下，朱滔怨不得深州，二将有憾于朝廷。悦知其可间，遣判官王侑、许士则使于北军，说朱滔曰：“昨者司徒奉诏征伐，径趋贼境。旬日之内，拔束鹿，下深州，惟岳势蹙，故王大夫获珍凶渠，皆因司徒胜势。又闻司徒离幽州日，有诏德惟岳郡县，使隶本镇；今割深州与日知，是国家无信于天下也。且今上英武独断，有秦皇、汉武之才，诛夷豪杰，欲扫除河朔，不令子孙嗣袭。又朝臣立功立事如刘晏辈，皆被屠灭。昨破梁崇义，杀三百余口，投之汉江，此司徒之所明知也。如马燧、抱真等破魏博后，朝廷必以儒德大臣以镇之，则燕、赵之危可翘足而待也。若魏博全，则燕、赵无患，田尚书必以死报恩义。合从连衡，救灾恤患，《春秋》之义也。春秋时诸侯有危者，桓公不能救耻之。今司徒声振宇宙，雄略命世，救邻之急，非徒立义，且有利也。尚书以贝州奉司徒，命某送孔目，惟司徒熟计之。”滔既有贰于国，欣然从之。乃命判官王郅与许士则同往恒州说王武俊，仍许还武俊深州。武俊大喜，即令判官王巨源报滔，仍知深州事。武俊又说张孝忠同援悦，孝忠不从，恐为后患，乃遣小校郑悷筑垒于北境，以拒孝忠；仍令其子士真为恒、冀、深三州留后，以兵围赵州。

三年五月，悦以救军将至，率其众出战于御河之上，大败而还。四月，朱滔、武俊蒐军于宁晋县，共步骑四万。五月十四日，起军南下，次宗城，滔判官郑云逵及弟方逵背滔归马燧。六月二十八日，滔、武俊之师至魏州，会神策将李怀光亦至。怀光锐气不可遏，坚欲与贼战，遂径薄朱滔阵，杀千余人。王武俊与骑将赵琳、赵万敌等二千骑横击怀光阵，滔军继踵而进，禁军大败，人相蹈藉，投尸于河三十里，河水为之不流。马燧等收军保垒。是夜，王武俊决河水入王莽故河，欲隔官军，水已深三尺，粮饷路绝。王师计无从出，乃遣人告朱滔曰："鄙夫辄不自量，与诸人合战。王大夫善战，天下无敌；司徒五郎与王君图之，放老夫归镇，必得闻奏，以河北之事委五郎。"时武俊战胜，滔心忌之，即曰："大夫二兄败官军，马司徒卑屈若此，不宜迫人于险也。"武俊曰："燧等连兵十万，皆是国之名臣，一战而北，贻国之耻，不知此等何面见天子耶！然吾不惜放还，但不行五十里，必反相拒。"燧等至魏县，军于河西；武俊等三将，壁于河东。两军相持，自七月至十月，胜负未决。

悦感朱滔救助，欲推为盟主。滔判官李子牟、武俊判官郑儒等议曰："古有战国，连衡誓约以抗秦，请依周末七雄故事，并建国号为诸侯，用国家正朔。今年号不可改也。"于是朱滔称冀王，悦称魏王，武俊称赵王，又请李纳称齐王。十一月一日，筑坛于魏县中，告天受之。滔为盟主，称孤；武俊、悦、纳称寡人。滔以幽州为范阳府，恒州为真定府，魏州为大名府，郓州为东平府，皆以长子为元帅。伪册之日，其军上有云物稍异，马燧等望而笑曰："此云无知，乃为贼瑞。"又其营地前三年土长高三尺余，魏州户曹朱稔为《土长颂》曰："益土之兆也。"

四年十月，泾师犯阙，诸师各还本镇。悦、滔、武俊互相疑惑，各去王号，遣使归国。悦亦致书于抱真，遣使闻奏。兴元元年正月，加悦检校尚书右仆射，封济阳王，使并如故。仍令给事中、兼御史大夫孔巢父往魏州宣慰。时悦阻兵四年，身虽骁猛，而性愎无谋。以故频致破败，士众死者十七八。魏人苦于兵革，愿息肩焉；闻巢父至，莫不舞忭。悦方宴巢父，为其从弟绪所杀。

绪，承嗣第六子。大历末，授京兆府参军。承嗣卒时，绪年幼稚。承嗣虑诸子不任军政，以从子悦便弓马，性狡黠，故任遇之，俾代为帅守。及绪年长，悦以承嗣委遇之厚，待绪等无间，令主衙军。绪凶险多过，悦不忍，尝笞而拘之。绪颇怨望，常俟衅隙。会兴元元年，朝廷宥悦，仍令孔巢父往宣慰。悦既顺命，门阶颇警。悦宴巢父夜归，绪率左右数十人先杀悦腹心蔡济、扈崿、许士则等，挺剑而入。其两弟止之；绪斩止者，遂径升堂。悦方沉醉，手刃悦并悦妻高氏，又入别院杀悦母马氏。自河北诸盗残害骨肉，无酷于绪者。绪惧众不附，奔出北门。邢曹俊、孟希祐等领徒数百追及之。遥呼曰："节度使须郎君为之，他人固不可也。"乃以绪归衙，推为留后。明日，归罪于扈崿，以其首徇；然后禀于孔巢父，遣使以闻。时绪兄纶居长，为乱兵所杀，遂以绪为留后。朝廷授绪银青光禄大夫、魏州大都督府长史、兼御史大夫、魏博节度使。时朱滔率兵兼引回纥之众南侵，绪遣兵助王武俊、李抱真，大破朱滔于泾城，以功授检校工部尚书。贞元元年，以嘉诚公主出降绪，加驸马都尉。寻迁检校左仆射，封常山郡王，食邑三千户。改封雁门郡王，食实封五百户。寻加同平事。

初，田悦性俭啬，衣服饮食，皆有节度；而绪等兄弟，心常不足。绪既得志，颇纵豪侈，酒色无度。贞元十二年四月，暴卒，时年三十三，赠司空，赙赠加等。

子三人：季和、季直、季安。季和为澶州刺史；季直为衙将；季安最幼，为嫡嗣。

季安，字夔。母微贱，嘉诚公主蓄为己子，故宠异诸兄。年数岁，授左卫冑曹参军，改著作佐郎、兼侍御史，充魏博节度副大使。累加至试光禄少卿、兼御史大夫。绪卒时，季安年才十五，军人推为留后，朝廷因授起复左金吾卫将军，兼魏州大都督府长史、魏博节度营田观察处置等使。服阕，拜银青光禄大夫、检校尚书右仆射，进位检校司空，袭封雁门郡王。未几，加金紫光禄大夫，以本官同中书门下平章事。

季安幼守父业，惧嘉诚之严，虽无他才能，亦粗修礼法。及公主薨，遂颇自恣，击鞠、从禽色之娱。其军中政务，大抵任徇情意，宾僚将校，言皆不从。免公主丧，加检校司徒。元和中，王承宗擅袭戎帅，宪宗命吐突承璀为招抚使，会诸军进讨。季安亦遣大将率兵赴会，仍自供粮饷。师还，加太子太保。

季安性忍酷，无所畏惧。有进士丘绛者，尝为田绪从事，及季安为帅，绛与同职侯臧不协，相持争权。季安怒，斥绛为下县尉；使人召还，先掘坎于路左，既至坎所，活排而瘗之，其凶暴如此！元和七年卒，时年三十二，赠太尉。子怀谏、怀礼、怀询、怀让。

怀谏母，元谊女。及季安卒，元氏召诸将欲立怀谏，众皆唯唯。怀谏幼，未能御事，军政无巨细皆取决于私白身蒋士则，数以爱憎移易将校。衙军怒，取前临清镇将田兴为留后，遣怀谏归第，杀蒋士则等十余人。田兴葬季安毕，送怀谏于京师，乃起复授右监门卫将军，赐第一区，禀米甚厚。田氏自承嗣据魏州至怀谏，四世相传袭四十九年，而田兴代焉。

田弘正，本名兴。祖延恽，魏博节度使承嗣之季父也，位终安东都护府司马。延恽生廷玠，幼敦儒雅，不乐军职，起家为平舒丞。迁乐寿、清池、束城、河间四县令，所至以良吏称。大历中，累官至太府卿、沧州别驾，迁沧州刺史、兼御史中丞，充横海军使。承嗣与淄青李正己、恒州李宝臣不协，承嗣既令廷玠守沧州，而宝臣、朱滔联兵攻击，欲兼其土宇。廷玠婴城固守，连年受敌，兵尽食竭，人易子而食，卒无叛者，卒能保全城守。朝廷嘉之，迁洺州刺史，又改相州。属薛崿之乱，承嗣蚕食薛嵩所部。廷玠守正字民，不以宗门回避而改节。建中初，族侄悦代承嗣领军政，志图凶逆，虑廷玠不从，召为节度副使。悦奸谋颇露，廷玠谓悦曰："尔藉伯父遗业，可禀守朝廷法度，坐享富贵，何苦与恒、郓同为叛臣？自兵乱已来，谋叛国家者，可以历数，鲜有保完宗族者。尔若狂志不悛，可先杀我，无令我见田氏之赤族也。"乃谢病不出。悦过其第而谢之；廷玠杜门不纳，将吏请纳。建中三年，郁愤而卒。

弘正，廷玠之第二子。少习儒书，颇通兵法，善骑射，勇而有礼，伯父承嗣爱重之。当季安之世，为衙内兵马使。季安惟享侈靡，不恤军务，屡行杀戮；弘正每从容规讽，军中甚赖之。季安以人情归附，乃出为临清镇将，欲挤陷其害之。弘正假以风痹请告，灸灼满身，季安谓其无能为。及季安病笃，其子怀谏幼骏，乃召弘正署其旧职。

季安卒，怀谏委家僮蒋士则改易军政，人情不悦，咸曰："都知兵马使田兴，可为吾帅也！"衙兵数千诣兴私第陈请，兴拒关不出，众呼噪不已。兴出，众环而拜，请入府署。兴顿仆于地，久之。度终不免，乃令于军中曰："三军不以兴不肖，令主军务，欲与诸军前约，当听命否？"咸曰："惟命是从！"兴曰："吾欲守天子法，以六州版籍请吏，勿犯副大使，可乎？"皆曰："诺！"是日，入府视事，杀蒋士则十数人而已。晚自府归第，其兄融责兴曰："尔卒不能自晦，取祸之道也！"翌日，具事上闻。宪宗嘉之，加兴银青光禄大夫、检校工部尚书，魏州大都督府长史、兼御史大夫、上柱国、沂国公，充魏、博等州节度、观察、处置、支度、营田等使，仍赐名弘正。仍令中书舍人裴度使魏州宣慰，赐魏博三军赏钱一百五十万贯。

弘正既受节钺，上表曰：

臣闻君臣父子，是谓大伦，爰立纪纲，以正上下。其或子不为子，臣不为臣，覆载莫可得容，幽明所宜共殛。臣家本边塞，累代唐人；从乃祖乃父以来，沐文子文孙之化。臣幸因宗族，早列偏裨，驱驰戎马之乡，不睹朝廷之礼。惟忠与孝，天与臣心。常思奋不顾生，以身殉国，无由上达，私自感伤。岂意命偶昌时，事缘难故，白刃之下，谬见推崇。天慈遽临，免书罪累，朝章荐及，仍委旄钺。锡封壤于全藩，列班荣于八座；君父之恩已极，丝毫之效未伸，但以觍冒知羞，低徊自愧。是知功荣所著，必俟危乱之时；徼幸之来，却在清平之日。循涯揣分，以宠为忧。伏自天宝已还，幽陵肇乱，山东奥壤，悉化戎墟。外抚车马，内怀枭獍，官封代袭，刑赏自专，国家含垢匿瑕，垂六十载。臣每思此事，当食忘餐。若稍假天年，得奉宸算，兼弱攻昧，批亢捣虚，竭鹰犬之资，展获禽之用，导扬和气，洗涤伪风，然后退归田园，以避贤路。臣怀此志，陛下察之！

优诏褒美。

弘正乐闻前代忠孝立功之事，于府舍起书楼，聚书万余卷，视事之隙，与宾佐讲论古今言行可否。今河朔有《沂公史例》十卷，弘正客为弘正所著也。魏州自承嗣已来，馆宇服玩有逾常制者，悉命擿彻之，以正厅太侈不居，乃视事于采访使厅。宾僚参佐，请之于朝。颇好儒书，尤能史氏，《左传》、《国史》，知其大略。

自弘正归国，幽、恒、郓、蔡有齿寒之惧，屡遣客间说，多方诱阻，而弘正终始不移其操。裴度明理体，词说雄辩；弘正听其言，终夕不倦。遂深相结纳，由是奉上之意逾谨。元和十年，朝廷用兵讨吴元济，弘正遣子布率兵三千进讨，屡战有功。李师道以弘正效忠，又袭其后，不敢显助元济，故绝其掎角之援，王师得致讨焉。俄而王承宗叛，诏弘正以全师压境。承宗惧，遣使求救于弘正，遂表其事，承宗遂纳二子，献德、棣二州以自解。

十三年，王师加兵于郓，诏弘正与宣武、义成、武宁、横海等五镇之师会军齐进。十一月，弘正自帅全师自杨刘渡河筑垒，距郓四十里。师道遣大将刘悟率重兵以抗弘正，结垒相望。前后合战，魏军大捷。而李愬、李光颜三面进攻，贼皆挫败，其势将危。十四年三月，刘悟以河上之众倒戈入郓，斩师道首，诣弘正请降。淄青十二州平，论功加检校司徒、同中书门下平章事。是年八月，弘正入觐，宪宗待之隆异，对于麟德殿，参佐将校二百余人皆有颁锡，进加检校司徒、兼侍中，实封三百户。仍以其兄检校刑部尚书、相州刺史融为太子宾客，东都留司。弘正三上章，愿留阙下，宪宗劳之曰："昨韩弘至朝，称疾恳辞戎务，朕不得不从。今卿复请留，意诚可尚，然魏土乐卿之政，邻境服卿之威，为我长城，不可辞也。可亟归藩。"弘正每惧有一旦之忧，嗣袭之风不革，兄弟子侄，悉仕于朝，宪宗皆擢居班列，朱紫盈庭，当时荣之。

十五年十月，镇州王承宗卒，穆宗以弘正检校司徒、兼中书令、镇州大都督府长史，充成德军节度、镇冀深赵观察等使。弘正以新与镇人战伐，有父兄之怨，乃以魏兵二千为卫从。十一月二十六日，至镇州，时赐镇州三军赏钱一百万贯，不时至，军众喧腾以为言。弘正亲自抚喻，人情稍安。仍表请留魏兵为纪纲之仆，以持众心，其粮赐请给于有司。时度支使崔倰不知大体，固阻其请，凡四上表不报。明年七月，归卒于魏州，是月二十八日夜军乱，弘正并家属、参佐、将吏等三百余口并遇害。穆宗闻之震悼，册赠太尉，赗赙加等。弘正孝友慈惠，骨肉之恩甚厚。兄弟子侄在两都者数十人，竞为崇饰，日费约二十万，魏、镇州之财，皆辇属于道。河北将卒心不平之，故不能尽变其俗，竟以此致乱。弘正子布、群、牟。

布，弘正第三子。始，弘正为田季安裨将，镇临清，布年尚幼，知季安身世必危，密白其父因其所镇之众归朝，弘正甚奇之。及弘正节制魏博，布掌亲兵，国家讨淮、蔡，布率偏师隶严绶，军于唐州，授检校秘书监、兼殿中侍御史。前后十八战，破凌云栅，下郾城，布皆有功，擢授御史中丞。时裴度为宣抚使，尝观兵于沱口，贼将董重质领骁骑遽至，布以二百骑突出沟中击之；俄而诸军大集，贼乃退去。淮西平，拜左金吾卫将军、兼御史大夫。十三年，丁母忧，起复旧官。十五年冬，弘正移镇成德军，仍以布为河阳三城怀节度使，父子俱拥节旄，同日拜命。时韩弘亦与子公武俱为节度使，然人以忠勤多田氏。

长庆元年春，移镇泾原。其秋，镇州军乱，害弘正，都知兵马使王廷凑为留后。时魏博节度使李愬病不能军，无以捍廷凑之乱；且以魏军田氏旧旅，乃急诏布至，起复为魏博节度使，仍迁检校工部尚书，令布乘传之镇。布丧服居垩室，去旌节导从之饰；及入魏州，居丧御事，动皆得礼。其禄俸月入百万，一无所取，又籍魏中旧产，无巨细计钱十余万贯，皆出以颁军士。牙将史宪诚出己麾下，谓必能输诚报效，用为先锋兵马使，精锐悉委之。时屡有急诏促令进军。十月，布以魏军三万七千讨之，结垒于南宫县之南。十二月，进军，下贼二栅。时朱克融囚张弘靖，据幽州，与廷凑掎角拒命。河朔三镇，素相连衡，宪诚阴有异志。而魏军骄侈，怯于格战，又属雪寒，粮饷不给，以此愈无斗志，宪诚从而间之。俄有诏分布军与李光颜合势，东救深州，其众自溃，多为宪诚所有，布得其众八千。是月十日，还魏州。十一日，会诸将卒复议兴师，而将卒益倨，咸曰："尚书能行河朔旧事，则死生以之；若使复战，皆不能也。"布以宪诚离间，度众终不为用，叹曰："功无成矣！"即日，密表陈军情，且称遗表，略曰："臣观众意，终负国恩，臣既无功，不敢忘死。伏愿陛下速救光颜、元翼，不然，则义士忠臣，皆为河朔屠害。"奉表号哭，拜授其从事李石。乃入启父灵，抽刀自刺，曰：

"上以谢君父,下以示三军。"言讫而绝。时议以布才虽不足,能以死谢家国,心志决烈,得燕、赵之古风焉。穆宗闻之骇叹,废朝三日,诏曰:

> 故魏博节度使、起复宁远将军、检校工部尚书、兼魏州大都督府长史、御史大夫、赐紫金鱼袋田布,朕以寡昧,临御万邦,威刑不能禁干纪之徒,道化不能驯多僻之俗,致使上公罹祸,田氏衔冤。爰整旅以徂征,每终食而浩叹,自兹吊伐,骤历寒暄。虽良将锐师,率皆协力;而俟时观衅,未即齐驱。嗟我诚臣,结其哀愤,引迁延之咎以自刻责,奋决烈之志以谢君亲。白刃置于肝心,鸿毛论其生死,忠臣孝子,一举两全。晋称卞氏之门,汉表尸乡之节,比方于布,今古为邻。况其临命须臾,处之不挠;载形章表,益深衷悃。间使发缄,悼心疾首。从先臣于厚载,尔则无愧;睹遗像于麟阁,予何所堪!端拱崇名,职垂彝典,据斯以报,聊摅永怀。可赠尚书右仆射。

布子在宥,大中年为安南都护,颇立边功。

群,太和八年为少府少监,充入吐蕃使,历棣州刺史、安南都护。

牟,会昌初为丰州刺史、天德军使,历武宁军节度使。大中朝为兖海节度使,移镇天平军。诸子皆以边上立功,累更藩镇,以忠义为谈者所称。

张孝忠,本奚之种类。曾祖靖,祖逊,代乙失活部落酋帅。父谧,开元中以众归国,授鸿胪卿同正,以孝忠贵,赠户部尚书。孝忠以勇闻于燕、赵。时号张阿劳、王没诺干,二人齐名。阿劳,孝忠本字;没诺干,王武俊本字。孝忠形体魁伟,长六尺余,性宽裕,事亲恭孝。天宝末,以善射授内供奉。安禄山奏为偏将,破九姓突厥,先登陷阵,以功授果毅折冲。禄山、史思明继陷河洛,孝忠皆为其前锋。史朝义败,入李宝臣帐下。上元中,奏授左领军郎将,累加左金吾卫将军同正、试殿中监,仍赐名孝忠,历飞狐、高阳二军使。李宝臣以孝忠谨重骁勇,甚委信之,以妻妹昧谷氏妻焉,仍悉以易州诸镇兵马令其统制。前后居城镇十余年,甚著威惠。

田承嗣之寇冀州也,宝臣俾孝忠以精骑数千御之。承嗣见其整肃,叹曰:"张阿劳在焉,冀州未易图也!"乃焚营宵遁。及宝臣与朱滔战于瓦桥,常虑滔来攻,故以孝忠为易州刺史,选精骑七千配焉,使捍幽州。奏授太子宾客、兼御史中丞,封范阳郡王。既而宝臣疑忌大将,杀李献诚等四五人,使召孝忠,孝忠惧不往。宝臣使孝忠弟孝节召焉。孝忠命孝节复命曰:"诸将无状,连颈受戮,孝忠惧死不敢往,亦不敢叛,犹公之不觐于朝,虑祸而已,无他志也。"孝节泣曰:"兄不行,吾归死矣!"孝忠曰:"偕往则并命,吾留无患也。"乃归,果无患。

无几,宝臣死,其子惟岳阻兵不受命,朝廷诏幽州节度使讨之。滔以孝忠宿将善战,有精兵八千在易州,虑军兴则挠其后,乃使判官蔡雄说孝忠曰:"惟岳小子骄贵,不达人事,辄拒朝命。滔奉命伐罪,使君何用助逆,不自求多福耶!今昭义、河东攻破田悦,淮西李仆射收下襄阳,梁崇义投井而卒,临汉江而诛者五千人,即河南军计日北首,赵、魏灭亡可见也。使君诚能去逆效顺,必受重任,有先归国之功矣!"孝忠然之,乃遣衙官随雄报滔,又遣易州录事参军董稹入朝。德宗嘉之,授孝忠检校工部尚书、恒州刺史、兼御史大夫,充成德军节度使,便令与滔合兵攻惟岳,仍赐实封二百户。其弟孝义及孝忠三女已适人在恒州者,悉为惟岳所害。孝忠甚德滔之保荐,以其子茂和聘滔之女,契约甚密,遂合兵破惟岳之师于束鹿,惟岳遁归恒州。滔请乘胜袭之,孝忠仍引军西北,还营义丰,滔大骇。孝忠将佐曰:"尚书布赤心于朱司徒,相信至矣。今逆寇已溃,不终其功,窃所未喻。"孝忠曰:"本求破贼,贼已破矣。然恒州宿将尚多,迫之则困兽犹斗,缓之必翻然改图。又朱滔言大识浅,可以虑始,难与守成。吾壁义丰,坐待惟岳之殄灭耳!"既而朱滔屯束鹿,不敢进军。月余,王武俊果斩惟岳首以献,如孝忠所料。后定州刺史杨政义以州降,孝忠遂有易、定之地。时既诛惟岳,分四州各置观察使,武俊得恒州,康日知得深、赵二州,孝忠得易州。以成德军额在恒州,孝忠既降政义,朝廷乃于定州置义武军,以孝忠检校兵部尚书,为义武军节度、易定沧等州观察等使。

及朱滔、王武俊谋叛,将救田悦于魏州,虑孝忠踵后,滔军将发,复遣蔡雄往说之。孝忠曰:"李惟岳背国作逆,孝忠归国,今为忠臣。孝忠性直,业已效忠,不复助逆矣!往与武俊同行,且孝忠与武俊俱出蕃部,少长相狎,深知其心僻,能翻覆,语司徒,当记鄙言,忽有蹉跌,始相忆也!"滔又啖以金帛,终拒之不从。易定居二凶之间,四面受敌,孝忠修峻沟垒,感励将士,竟不受二凶之荧惑,议者多之。又加检校左仆射,实封至三百户。后孝忠为朱滔侵逼,诏神策兵马使李晟、中官窦文场率师援之。孝忠以女妻晟子凭,与晟戮力同心,整训士众,竟全易定,贼不敢深入。及上幸奉天,令大将杨荣国提锐卒六百从晟入关赴难,收京城,荣国有功。

兴元元年正月,诏以本官同平章事。沧州本隶成德军,既移隶义武,其刺史李固烈者,惟岳妻兄也,请还恒州。是岁,孝忠遣牙将程华往沧州交检府藏。固烈辎车数十乘上路,沧州军士呼曰:"士皆菜色,刺史不垂赈恤,乃稛载而归,官物不可得也!"杀固烈而剽之。程华宣乱,由窦而遁,将士追之,谓曰:"固烈贪暴,已诛之矣,押牙且知州务。"孝忠即令摄刺史事。及朱滔、王武俊称伪国,华与孝忠阻绝,不能相援。华婴城拒贼,一州获全,朝廷嘉之,乃拜华沧州刺史、御史中丞,充横海军使,仍改名曰华,令每岁以沧州税钱十二万贯供义武军。

贞元二年,河北蝗旱,米斗一千五百文。复大兵之后,民无蓄积,饿殍相枕。孝忠所食,豆豉而已,其下皆甘粗粝,人皆服其勤俭,孝忠为一时之贤将也。三年,加检校司空,仍以其子茂宗尚义章公主。孝忠遣其妻邓国夫人昧谷氏入朝,执亲迎之礼。上嘉之,赏赍隆厚。五年七月,为将佐所惑,以兵入蔚州。寻诏归镇,仍以擅兴削检校司空。七年三月卒,时年六十二,废朝三日,追封上谷郡王,赠太傅,再赠魏州大都督,册赠太师,谥曰贞武。子茂昭、茂宗、茂和。

茂昭，本名升云。幼有志气，好儒书，以父荫累官至检校工部尚书。贞元七年，孝忠卒，德宗以邕王谅为义武军节度大使、易定观察使；以升云为定州刺史，起复左金吾卫大将军，充节度观察留后，仍赐名茂昭。九年正月，授节度使，累迁检校仆射、司空。二十年十月，入朝，累陈奏河北及西北边事，词情忠切，德宗耸听，叹曰："恨见卿之晚！"锡宴于麟德殿，赐良马、甲第、器用、珍币甚厚，仍以其第三男克礼尚晋康郡主。德宗方欲委之以边任，明年晏驾，茂昭入临于太极殿，每朝晡预列，声哀气咽，人皆奖其忠恳。顺宗听政，加中书门下平章事，且令还镇，赐女乐二人，三表辞让。及中使押妓车至第，茂昭立谓中使曰："女乐出自禁中，非臣下所宜目睹。昔汾阳、咸宁、西平、北平尝受此赐，不让为宜。茂昭无四贤之功，述职入觐，人臣常礼，奈何当此宠赐！后有立功之臣，陛下何以加赏？"顺宗闻之，深加礼异，允其所让。又锡安仁里第，亦固让不受。元和二年，又请入觐，五上章恳切，宪宗许之。冬十月，至京师，留数月，诏令归镇。茂昭愿奉朝请于阙下，不许；加太子太保，复令还镇。

四年，王承宗叛，诏河东、河中、振武三镇之师，合义武军，为恒州北道招讨。茂昭创廪庾，开道路，以待西军。属正月望夜，军吏请曰："旧例，上元前后三夜，不止行人，不闭里门。今外道军戎方集，请如军令。"茂昭曰："三镇兵马，官军也，安得言外道！放灯一如常岁。"使长男克让与诸军分道并进。克让渡木刀沟，与贼接战屡胜。茂昭亲擐甲胄，为诸军前锋，累献戎捷，几覆承宗。会朝廷洗雪承宗，乃诏班师，加检校太尉，兼太子太傅。

自安、史之乱，两河藩帅多阻命自固，父死子代，唯茂昭表请举族还朝。邻藩累遣游客间说，茂昭志意坚决，拜表求代者数四。上乃命左庶子任迪简为其行军司马，乘驿赴之。以两郡之簿书、管钥、符印付迪简，遣其妻季氏、男克让、克恭等先就路。将行，诫之曰："吾使尔曹侍亲出易者，庶后之子孙不为风俗所染，则吾无恨矣！"时五年冬也。行及晋州，拜检校太尉、兼中书令，充河中晋绛慈隰等州节度观察等使。十二月十二日，至京师。故事双日不坐，是日特开延英殿对茂昭，五刻乃罢。又上表请迁祖考之骨墓于京兆。在朝两月，未之镇。六年二月，疽发于首，卒，时年五十。废朝五日，册赠太师，赗绢三千匹、布一千端、米粟三千石，丧事所须官给，诏京兆尹监护，谥曰献武。

宪宗念其忠荩，诸昆仲子侄皆居职秩，仍诏每年给绢二千匹，春秋分给。克让、克恭官至诸卫大将军。小男克勤，长庆中为武卫大将军。时有赦文许一子五品官，克勤以子幼，请准近例回授外甥。状至中书，下吏部员外郎判废置，裴夷直断曰："一子官，恩在念功，贵于延赏；若无己子，许及宗男。今张克勤自有息男，妄以外甥奏请，移于他族，知是何人！傥涉卖官，实为乱法。虽援近日敕例，难破著定格文，国章既在必行，宅相恐难虚授。具状上中书门下，克勤所请，望宜不允。"遂为定例。

茂宗以父荫累官至光禄少卿同正。贞元三年，许尚公主，拜银青光禄大夫、本官驸马都尉，以公主幼待年，十三，属茂宗母亡，遗表请终嘉礼。德宗念茂昭之勋，即日授云麾将军，起复授左卫将军同正、驸马都尉。谏官蒋乂等论曰："自古以来，未闻有驸马起复而尚公主者。"上曰："卿所言，古礼也；如今人家往往有借吉为婚嫁者，卿何苦固执？"又奏曰："臣闻近日人家有不甚知礼教者，或女居父母服，家既贫乏，且无强近至亲，即有借吉以就亲者。至于男子借吉婚娶，从古未闻，今忽令驸马起复成礼，实恐惊骇物听。况公主年幼，更俟一年出降，时既未失，且合礼经。"太常博士韦彤、裴堪曰："伏见驸马都尉张茂宗犹在母丧，圣恩念其亡母遗表所请，许公主出降，仍令茂宗即吉就婚者。伏以夫妇之义，人伦大端，所以《关雎》冠于《诗》首者，王化所先也。天属之亲，孝行为本，所以齐斩五服之重者，人道之厚也。圣人知此二端为训人之本，不可变也，故制婚礼，上以承宗庙，下以继后嗣，至若墨衰夺情，事缘金革。若使茂宗释衰服而衣冕裳，去垩室而为亲迎，虽云辍哀借吉，是亦以凶渎嘉。伏愿抑茂宗亡母之请，顾典章不易之义，待其终制，然后赐婚。"德宗不纳，竟以义章公主降茂宗。自是以戚里之亲，颇承恩顾。

元和中，为闲厩使。国家自贞观中至于麟德，国马四十万匹在河、陇间。开元中尚有二十七万，杂以牛羊杂畜，不啻百万，置八使四十八监，占陇右、金城、平凉、天水四郡，幅员千里，自长安至陇右，置七马坊，为会计都领。岐、陇间善水草及腴田，皆属七马坊。至麟德以后，西戎陷陇右，国马尽散，监牧使与七马坊名额尽废，其地利因归于闲厩使。宝应中，凤翔节度使请以监牧赋给贫民为业，土著相承，十数年矣。又有别敕赐诸寺观凡千余顷。及茂宗掌闲厩，与中尉吐突承璀善，遂恃恩举旧事，并以监牧地租归闲厩司。茂宗又奏麟游县有岐阳马坊，按旧图地方三百四十顷，制下闲厩司检计。百姓纷纭论诉，节度使李惟简具事上闻，诏监察御史孙革往按问之。革还奏曰："天兴县东五里有隋故岐阳马坊，地在其侧，盖因监为名，与今岐阳所指百姓侵占处不相接，皆有明验。"茂宗怒，恃有中助，诬革所奏不实。又令侍御史范传式覆按，乃附茂宗，尽翻前奏，遂夺居人田业，皆属闲厩，乃罢革官。长庆初，岐人论诉不已，诏御史按验明白，乃复以其地还百姓，贬传式官。

茂宗俄授左金吾卫大将军。长庆二年，检校工部尚书，兼兖州刺史、御史大夫，充兖海沂节度等使，加检校兵部尚书。太和五年，入为左金吾卫大将军，充左卫使，转左龙武统军卒。

茂和，元和中为左武卫将军。裴度为淮西行营处置，用兵讨吴元济，建牙赴行营，奏用茂和为都押衙。茂和尝以胆气才略自誉于相府，故度奏用之。茂和虑度无功，淮、蔡不可平，乃辞之以疾。度怒甚，奏请斩茂和以励行者。宪宗曰："予以其家门忠顺，为卿远贬。"后复用为诸卫将军，卒。

陈楚者，定州人，茂昭之甥。少有武干，为义勇牙将，事茂昭，每出征伐，必令典精卒。随茂昭入朝，授诸卫大将军。元和十二年，义武军节度使浑镐丧师，定州兵乱，乃除楚易定节度，令驰传赴任。乱犹未弥，楚夜驰入州城。楚家世久在定州，军中部校皆楚之旧卒，人情大悦，军卒帖然。转河阳三城怀节度使。前后亟立战功，入为龙武统军。长庆三年卒。

史臣曰：朝廷治乱，在法制当否，形势得失而已。秦人叛上，法制失也；汉道勃兴，形势得也。臣观开元之政举，坐制百蛮；天宝之法衰，遂沦四海。玄宗一失其势，横流莫救，地分于群盗，身播于九夷。河朔二十余州，竟为盗穴，诸田凶险，不近物情。而弘正、孝忠，颇达人臣之节，沂国力善无报，殆天意之好乱恶治欤！茂昭忠梗有礼，明祸福大端，近代之贤侯也！

赞曰：田宗不令，祸淫无应。谓天辅仁，胡覆弘正。茂昭知止，终以善胜。孰生厉阶，上失威柄。

卷一百四十二　　列传第九十二

李宝臣 子惟岳　惟诚　惟简　惟简子元本
王武俊 子士真　士平　士则　士真子承宗
承元　**王廷凑** 子元逵　元逵子绍鼎　绍懿
绍鼎子景崇　景崇子镕

李宝臣，范阳城旁奚族也。故范阳将张锁高之假子，故姓张，名忠志。幼善骑射，节度使安禄山选为射生官。天宝中，随禄山入朝，玄宗留为射生子弟，出入禁中。及禄山叛，忠志遁归范阳；禄山喜，录为假子，姓安，常给事帐中。禄山兵将指阙，使忠志领骁骑八千人入太原，劫太原尹杨光翙。忠志挟光翙出太原，万兵追之不敢近。禄山使董秦甲，扼井陉路，军于土门。安庆绪伪署为恒州刺史。九节度之师围庆绪于相州，忠志惧，献章归国，肃宗因授恒州刺史。及史思明复渡河，伪授忠志工部尚书、恒州刺史、恒赵节度使，统众三万守常山。及思明败，不受朝义之命，乃开土门路以内王师。河朔平定，忠志与李怀仙、薛嵩、田承嗣各举其地归国，皆赐铁券，誓以不死。因授忠志开府仪同三司、检校礼部尚书、恒州刺史，实封二百户，仍旧为节度使。乃以恒州为成德军，赐姓名曰李宝臣。

时宝臣有恒、定、易、赵、深、冀六州之地，后又得沧州，步卒五万、马五千匹，当时勇冠河朔诸帅。宝臣以七州自给，军用殷积，招集亡命之徒，缮阅兵仗，与薛嵩、田承嗣、李正己、梁崇义等连结姻娅，互为表里，意在以土地传付子孙，不禀朝旨，自补官吏，不输王赋。初，天宝中，天下州郡皆铸铜为玄宗真容，拟佛之制。及安、史之乱，贼之所部，悉熔毁之，而恒州独存，由是实封百户。

初，宝臣、正己皆为承嗣所易。宝臣弟宝正娶承嗣女，在魏州与承嗣子维击鞠，宝正马驰骇，触杀维。承嗣怒，縶宝正以告。宝臣谢为教不谨，缄杖令承嗣以示责，承嗣遂鞭杀之，由是交恶。

大历十年，宝臣、正己更言承嗣之罪，请讨之。代宗欲因其相图，乃从其请。时幽州节度留后朱滔方恭顺朝廷，诏滔与宝臣及太原之师攻其北，正己与滑亳、河阳、江淮之师攻其南。宝臣、正己会军于枣强，椎牛酾酒，犒劳将士，仍颁优赏。宝臣军赏厚，正己军赏薄。既罢会，正己军中啾啾有辞，正己闻，惧有变，即时引退。由是宝臣、朱滔共攻承嗣之沧州，连年未下。时承嗣使腹心将卢子期攻邢州，城将陷，宝臣发精卒赴救，击败之，擒子期来献。河南诸将又大破田悦于陈留，正己收承嗣之德州，以重兵临其境，指期进讨。承嗣大慑，遂求解于宝臣，宝臣不许。

初，正己将发兵，使人至魏，承嗣囚之。及是，乃厚礼遣归，发使与俱，具列境内户口兵粮之数，悉以奉正己。且告曰："承嗣老矣，今年八十有六，形体支离，无日月焉。己子不令，悦亦孱弱，不足保其后业。今之所有，为公守耳，曷足辱公师旅焉！"立使者于廷，南向，拜而授书。又图正己形，焚香事之如神，谓人曰："真圣人也！"正己闻之，且得其欢，乃止诸军，莫敢进者。

承嗣止正己，无南军之虞。又知范阳宝臣故里，生长其间，心常欲得之；乃勒石为谶，密瘗宝臣境内，使望气者云："此中有玉气。"宝臣掘地得之，有文曰："二帝同功势万全，将田作伴入幽、燕。"二帝，指宝臣、正己也。承嗣又使客讽之曰："公与朱滔共举，取吾沧州，设得之，当归国，非公所有。诚能舍承嗣之罪，请以沧州奉献，可不劳师而致，愿取范阳以自效。公将骑为前驱，承嗣率步卒从，此万全之势。"宝臣喜，以为事合符命，遂与承嗣通谋，割州与之。宝臣乃密图范阳，承嗣亦陈兵境上。宝臣谓朱滔使曰："吾闻朱公貌如神，安得而识之？愿因绘事而观，可乎？"滔乃图其形以示之。宝臣悬于射堂，命诸将熟视之，曰："朱公信神人也！"他日，滔出军，宝臣密选精卒劫之，戒其将曰："取彼貌如射堂所悬者。"是时，二军不相虞有变，滔与战于瓦桥。滔适衣他服，以不识免。承嗣闻与滔交锋，其衅已成，乃旋军，使告宝臣曰："河内有警急，不暇从公。石上谶文，吾戏为之耳！"宝臣惭怒而退。

迁左仆射，封陇西郡王、检校司空、同中书门下平章事。德宗即位，拜司空，兼太子太傅。宝臣名位既高，自擅一方，专贮异志。妖人伪为谶语，言宝臣终有天位。宝臣乃为符瑞及灵芝朱草，作朱书符。又于深室斋戒筑坛，上置金匦、玉罂，云"甘露神酒自出"。又伪刻玉为印，金填文字，告谕内云："天降灵瑞，非予所求，不祈而至。"将吏无敢言者。妖辈虑其诈发，乃曰："相公须饮甘露汤，即天神降。"宝臣然之。妖人置堇汤中，饮之，三日而卒。

宝臣暮年，益多猜忌，以惟岳暗懦，诸将不服，即杀大将辛忠义、卢俶、定州刺史张南容、赵州刺史张彭老、许崇俊等二十余人，家口没入，自是诸将离心。建中二年春卒，时年六十四，废朝三日，册赠太保。子惟岳、惟诚、惟简。

宝臣卒时，惟岳为行军司马，三军推为留后，仍遣使上表求袭父任，朝旨不允。魏博节度使田悦上章保荐，请赐旄节，不许。惟岳乃与田悦、李正己同谋拒命，判官邵真泣谏，以为不可。惟岳暗懦，初虽听从，终为左右所惑而止。而所与图议，皆奸吏胡震、家人王他奴等，唯劝拒逆为事。

惟岳舅谷从政者，有智略。为宝臣所忌，称病不出，至是知惟岳之谋，虑其覆宗，乃出谏惟岳曰："今天下无事，远方朝贡，主上神武，必致太平。如至不允，必至加兵。虽大夫恩及三军，万一不捷，孰为大夫用命者？又先朝相公与幽帅不协，今国家致讨，必命朱滔为帅。彼尝切齿，今遂复仇，可不惧乎！又顷者相公诛灭军中将校，其子弟存者，口虽不言，心宁无愤？兵犹火也，不戢自焚。往者田承嗣佐安禄山、史思明谋乱天下，千征百战。及顷年侵扰洺、相等州，为官军所败，及贬永州，仰天垂泣。赖先相公佐佑保援，方获赦宥，若雷霆不收，承嗣岂有生理！今田悦凶狂，何如承嗣名望？苟欲坐邀富贵，不料破家覆族。而况今之将校，罕有义心，因利乘便，必相倾陷。为大夫画久长之计，莫若令惟诚知留后，大夫自速入朝。国家念先相公之功，见大夫顺命，何求而不得？今与群逆为自危之计，非保家之道也。"惟岳亦素忌从政，皆不听，竟与魏、齐谋叛。

既而惟岳大将张孝忠以郡归国，朝廷以孝忠为成德军节度使，仍诏朱滔与孝忠合势讨之。惟岳以精甲屯束鹿以抗之，田悦遣大将孟祐率兵五千助惟岳。建中三年正月，朱滔、孝忠大破恒州军于束鹿，惟岳烧营而遁。惟岳大将赵州刺史康日知以郡归国，惟岳乃令衙将卫常宁率士卒五千，兵马使王武俊率骑军八百同讨日知。武俊既出恒州，谓常宁曰："武俊尽心于本使，大夫信谗，颇相猜忌，所谓朝不谋夕，岂图生路！且赵州用兵，捷与不捷，武俊不复入恒州矣！妻子任从屠灭，且以残生往定州事张尚书去也，孰能持颈就戮！"常宁曰："中丞以大夫不可事，且有诏书云，斩大夫首者，以其官爵授。自大夫拒命已来，张尚书以易州归国得节度使。今闻日知已得官爵。观大夫事势，终为朱滔所灭。此际转祸为福，莫倒戈入使府，诛大夫以取富贵也。况大夫暗昧，左右诖惑，其实易图。事苟不捷，归张尚书非晚。"武俊然之。三年闰正月，武俊与常宁自赵州回戈，达明至恒，武俊士真应于内。武俊兵突入府署，遣虞候任越劫擒惟岳，缢死于戟门外。又诛惟岳妻父郑华及长庆、王他奴等二十余人，传首京师。

惟诚，惟岳异母兄，以父荫为殿中丞，累迁至检校户部员外郎。好儒术理道，宝臣爱之，委以军事；性谦厚，以惟岳嫡嗣，让而不受。同母妹嫁李正己子纳。宝臣以其宗姓，请惟诚归本姓，又令入仕于郓州，为李纳营田副使。历兖、淄、济、淮四州刺史，竟客死东平。

惟简，宝臣第三子。初，王武俊既诛惟岳，又械惟简送京师。德宗拘于客省，防伺甚峻。朱泚之乱，惟简斩关而出，赴奉天。德宗嘉之，用为禁军将。从浑瑊率师讨贼，频战屡捷，加御史中丞。从幸山南，得"元从功臣"之号，封武安郡王。后授左神威大将军，转天威统军。元和初，检校户部尚书、左金吾卫大将军，充街使；俄拜凤翔陇右节度使。元和十三年正月卒，赠尚书右仆射。

子元本，生于贵族，轻薄无行。初，张茂昭子克礼尚襄阳公主。长庆中，主纵恣不法，常游行市里。有士族子薛枢、薛浑者，俱得幸于主。尤爱浑，每诣浑家，谒浑母行事姑之礼。有吏谁何者，即以厚赂啖之。浑与元本皆少年，遂相诱掖；元本亦得幸于主，出入主第。张克礼不胜其忿，上表陈闻，乃召主幽于禁中。以元本功臣之后，得减死，杖六十，流象州。枢、浑以元本之故，亦从轻杖八十，长流崖州。

王武俊，契丹怒皆部落也。祖可讷干，父路俱。开元中，饶乐府都督李诗率其部落五千帐，与路俱南河袭冠带，有诏褒美，从居蓟。武俊初号没诺干，年十五，能骑射。上元中，为史思明恒州刺史李宝臣裨将。宝应元年，王师入井陉。将平河朔，武俊谓宝臣曰："以寡敌众，以曲遇直，战则离，守则溃，锐师远斗，庸可御乎？"宝臣遂彻警备，以恒、定、深、赵、易五州归国，与王师协力，东袭遗寇。宝臣除恒、定等州节度使，以武俊构谋，奏兼御史中丞，充本军先锋兵马使。

大历十年，田承嗣因薛嵩死，兼有相、卫、磁、邢、洺五州。承嗣遣将卢子期寇磁州，诏令宝臣与李正己、李勉、李承昭、田神玉、朱滔、李抱真各出兵讨之。诸军与子期战于清水，大破之。宝臣将有节生擒子期以献。代宗嘉其功，使中贵人马承倩赍诏宣劳。承倩将归，止传舍，宝臣亲遗百缣。承倩诟詈，掷出道中；宝臣顾左右有愧色。还休府中，诸将散归，宝臣潜伺屏间，独武俊佩刀立于门下。召入，解刀与语："见向者顽竖乎？"武俊曰："今阁下有功尚尔，寇平后，天子以幅纸之诏召置京下，一匹夫耳，可乎？"宝臣曰："为之若何？"武俊曰："不如玩养承嗣，以为己资。"宝臣曰："今与承嗣有衅矣，可推腹心哉？"武俊曰："势同患均，转寇仇为父子，咳唾间。若传虚言，无益也。今中贵人刘清谭在驿，斩首送承嗣，立质妻孥矣！"宝臣曰："恐不能如此。"武俊曰："朱滔为国屯兵沧州，请擒送承嗣以取信。"许之。立选锐士二千，皆乘骏马，通夜驰三百里，晨至滔营，掩其不备。滔军出战，大败，擒类滔者，滔故得脱。自此宝臣与田承嗣、李正己更相为援，皆武俊萌之。

宝臣死，其子惟岳谋袭父位。宝臣旧将易州刺史张孝忠以州顺命，遂以孝忠代宝臣。俾惟岳护丧归京，惟岳不受命。建中三年正月，诏朱滔、张孝忠合军讨之。惟岳与武俊复统万余众战于束鹿。武俊率三千骑先进，为滔所败，惟岳遁走。赵州刺史康日知遂以州顺命，惟岳令武俊统兵击之。日知遣人谓武俊曰："惟岳孱微而无谋，何足同反！我城坚众一，未可以岁月下。且惟岳恃田悦为援，前岁悦之丁男涂地于邢州城下，犹不能陷，况此城乎！"复给伪手诏招武俊，信之；遂倒兵入恒州，率数百骑入衙门。使谓惟岳曰："大夫举兵与魏、齐同恶，今田尚书已丧败，李尚书为赵州所间，军士自束鹿之役，伤痛轸心。朱仆射强兵宿境内，张尚书已授定州，三军俱惧殒首丧家。闻有诏征大夫，宜亟赴命，不尔，祸在漏刻。"惟岳怖，遽瞗盱。武俊子士真斩惟岳，持首而出。武俊杀不同己者十数人，遂定。传首上闻，授武俊检校秘书少监、兼御史大夫、恒州刺史、恒冀都团练观察使，实封五百户，以康日知为深赵团练观察使。

时惟岳伪定州刺史杨政义以州顺命，深州刺史杨荣国降，朱滔分兵镇之。朝廷既以定州属张孝忠，深州属康日知。武俊怒失赵、定二州，且名位不满其志。朱滔怒失深州，因诱武俊谋反，斥言朝廷，遂连率劲兵救田悦。时马燧、李抱真、李芃、李晟讨田悦，败悦于洹水。后连岁暴兵，然悦势已蹙。至是武俊、朱滔复振起之。悦势益张。

十一月，武俊使大将张钟葵寇赵州，康日知击败之，斩首上献。是日，武俊僭建国，称赵王，以恒州为真定府，伪命官秩。朱滔、田悦、李纳一同僭号，分据所部，各遣使劝诱蔡州李希烈同僭位号。四年三月，希烈既为周曾谋溃其腹心，或传希烈已死，马燧等四节度军中闻之，欢声震外。

六月，李抱真使辩客贾林诈降武俊。林至武俊壁曰："是来传诏，非降也。"武俊色动，征其说。林曰："天子知大夫宿诚，及登坛建国之日，抚膺顾左右曰：'我本忠义，天子不省。'是后诸安曾同表论列大夫。天子览表动容，语使者曰：'朕前事误，追无及已。朋友间失意尚可谢，朕四海主，毫芒安可复念哉！'"武俊曰："仆房将，尚知存抚百姓，天子固不专务杀人以安天下。今山东大兵者五，比战胜，骨尽暴野，虽胜与谁守？今不惮归国，以与诸侯盟约，房性直，不欲曲在己。朝廷能降恩涤荡之，仆首倡归国，不从者，于以奉辞，则上不负天子，下不负朋友。此谋既行，河朔不五旬可定。"

十月，泾原兵犯阙，上幸奉天。京师问至，诸将退军。李抱真将还潞泽，田悦说武俊与朱滔袭击之。贾林复说武俊曰："今退军前辎重，后锐师，人心固一，不可图也。且胜而得地，则利归魏博；丧师，即成德大伤。大夫本部易、定、沧、赵四州，何不先复故地？"武俊遂北马首，背田悦约。贾林复说武俊曰："大夫冀邦望族，不合谋据中华。且滔心幽险，王室强即藉大夫援之，卑即思有并吞。且河朔无冀国，唯赵、魏、燕耳！今朱滔称冀，则窥大夫冀州，其兆已形矣。若勠力制山东，大夫须整臣礼；不从，即为所攻夺；此时臣滔乎？"武俊投袂作色曰："二百年宗社，我尚不能臣，谁能臣田舍汉！"由此计定，遂南修好抱真，西连盟马燧。会兴元元年德宗罪己，大赦反侧。二月，武俊集三军，削伪国号。诏国子祭酒兼御史大夫董晋、中使王进杰，自行在至恒州宣命，授武俊检校兵部尚书、成德军节度使。三月，加司空、同中书门下平章事，兼幽州、卢龙两道节度使、琅邪郡王。

时朱泚伪册滔为皇太弟，滔率幽、檀劲卒，诱回纥二千骑，已围贝州数十日，将绝白马津，南盗洛都，与泚合势。时李怀光反，据河中；李希烈已陷大梁，南逼江、汉；李纳尚反于齐，田绪未为用；李晟孤军壁渭上。天子羽书所制者，天下才十二三，海内荡析，人心失归。贾林又说

武俊与抱真合军，同救魏博，为武俊陈利害曰："朱滔此行，欲先平魏博，更逢田悦被害，人心不安。旬日不救，魏、贝必下，滔益数万。张孝忠见魏、贝已拔，必臣朱滔。三道连衡，兼统回纥，长驱至此，家族可得免乎？常山不守，则昭义退保山西，河朔地尽入滔。今乘魏、贝未下，孝忠未附，公与昭义合军破之，如掇遗耳！此计就，则声振关中，京邑可坐复，銮舆反正自公，则勋业无二也。"武俊欢然许之。两军议定，卜日同征。五月，武俊、抱真会军于钜鹿东。两军既交，滔震恐。抱真为方阵，武俊用奇兵，朱滔倾全出战。武俊不掼甲而驰之。滔望风奔溃，自相蹂践，死者十四五。收其辎重、器甲、马牛不可胜计，滔夜奔还幽州。武俊班师，表让幽州卢龙节度使，许之。乃升恒州为大都督府，以武俊为长史，加检校司徒，实封七百户，余如故。

车驾还京，宠之逾厚。子尚贵主，子弟在孩稚者，皆赐官名。寻丁母忧，起复加左金吾上将军同正；免丧，加开府仪同三司。十二年，上念旧勋，加检校太尉，兼中书令。

十七年六月卒，时年六十七，废朝五日，群臣诣延英门奉慰，如浑瑊故事。诏左庶子上公持节册赠太师，赗绢三千匹、布千端、米粟三千石。太常谥曰威烈，德宗曰："武俊竭忠奉国，宜赐谥忠烈。"子士真、士清、士平、士则。士真嗣。

士真，武俊长子。少骁悍，冠于军中，沉谋有断。事李宝臣为帐中亲将，仍以女妻之。宝臣末年，虑身后诸子暗弱，为诸将所夺，屡行诛戮，诸子离心。武俊官位虽卑，而勇略迈世；宝臣惜其才，不忍诛之。而士真密结宝臣左右，保护其父，以是获免。

惟岳之世，尤加委任，武俊亦尽心匡佐。既兵败束鹿，张孝忠、康日知以地归国，受官赏；惟岳稍贮防疑，武俊谋自贬损，出入不过三两人。左右谓惟岳曰："先相公委任武俊，以遗大夫，兼有治命。今披肝胆为大夫者，武俊耳。又士真即大夫妹婿，保无异志。今势危急，若不坦怀待之，若更如康日知，则大事去矣！"惟岳曰："我待武俊自厚，不独先公遗旨。"由是无疑，即令将兵攻赵州。士真更宿于府廨，与同职谋事。及武俊倒戈，士真等数人擒惟岳出衙，缢死之。武俊领节钺，以士真为副大使。

建中年，武俊僭称赵王于魏县，以士真为司空、真定府留守，充元帅。及武俊破朱滔顺命，以武俊兼幽州卢龙军节度使，仍以士真为副使、检校工部尚书。德宗还京，进位检校兵部尚书，充德州刺史、德棣观察使，封清河郡王。十七年，武俊卒，起复授左金吾卫大将军同正、恒州大都督府长史，充成德军节度、恒冀深赵德棣等州观察等使。寻检校尚书左仆射。顺宗即位，进位检校司空。

士真佐父立功，备历艰苦；得位之后，恬然守善，虽自补属吏，赋不上供，然岁贡货财，名为进奉者，亦数十万，比幽、魏二镇，最为承顺。元和元年，就加同中书门下平章事。四年三月卒。子承宗、承元、承通、承迪、承荣。

士清，以父勋累加官至殿中少监同正。元和初，为冀

州刺史、御史大夫,封北海郡王,早卒。

士平,以父勋补原王府谘议。贞元二年,选尚义阳公主,加秘书少监同正,附马都尉。元和中,累迁至安州刺史。时公主纵恣不法,士平与之争忿;宪宗怒,幽公主于禁中,士平幽于私第,不令出入。后释之,出为安州刺史。坐与中贵交结,贬贺州司户。时轻薄文士蔡南、独孤申叔为义阳主歌词,曰《团雪》、《散雪》等曲,言其游处离异之状,往往歌于酒席。宪宗闻而恶之,欲废进士科,令所司网捉搦,得南、申叔贬之,由是稍止。及盗杀宰相武元衡,旬日捕贼未获。士平与兄士则庭奏盗主于承宗,既获张晏等诛之,乃以士平为左金吾卫大将军。及夺承宗官爵,仍以士平袭父实封。

士则,士平异母兄。承宗既立为节度使,不容诸父,乃奔于京师,用为神策大将军。及承宗叛逆,盗杀宰相,士则请移贯京兆府。诸镇兵讨承宗,裴度言士则武俊子,其军中必有怀之者,乃用士则为邢州刺史,兼本州团练使,从昭义节度使郗士美讨贼,冀携离承宗之党,且许以节制。士则恃此,颇不受士美节制,行止以兵自卫,虽谒士美,而卫兵如故。吏呵止之,士则不能平,见于辞气。士美恶之,密以状闻,乃以张遵代还。

承宗,士真长子。河朔三镇自置副大使,以嫡长为之。承宗累奏至镇州大都督府右司马、知州事、御史大夫,充都知兵马使、副大使。

元和四年三月,士真卒;三军推为留后,朝廷伺其变,累月不问。承宗惧,累上表陈谢。至八月,上令京兆少尹裴武往宣谕,承宗奉诏甚恭,且曰:"三军见迫,不候朝旨,今请割德、棣二州上献,以表丹恳。"由是起复云麾将军、左金吾卫大将军同正、检校工部尚书、镇州大都督府长史、御史大夫、成德军节度、镇冀深赵等州观察等使。又以德州刺史薛昌朝检校右散骑常侍、德州刺史、御史大夫,充保信军节度、德棣观察等使。

昌朝,故昭义节度使嵩之子,婚姻于王氏,入仕于成德军,故为刺史。

承宗既献二州,朝廷不欲别命将帅,且授其亲将。保信旌节未至德州,承宗遣数百骑驰往德州,房昌朝归真定囚之。朝廷又加棣州刺史田涣充本州团练守捉使,冀渐离之。令中使景忠信往谕旨,令遣昌朝还镇,承宗不奉诏。宪宗怒,卜诏曰:"王承宗顷在苦庐,潜窥戎镇;而内外以事君之礼,逆向必诛,分土之仪,专则有辟。朕念其先祖尝有茂勋,贷以私恩,抑为公议。使臣旁午以告谕,孳童俯伏以陈诚,愿献两州,期无二事。朕欲收其后效,用以曲全,授节制于旧疆,齿勋贤于列位。况德、棣本非成德所管,昌朝又是承宗懿亲,俾抚近邻,斯诚厚渥,外虽两镇,中实一家。而承宗象恭怀奸,肖貌稔祸。欺裒武于得位之后,缧昌朝于受命之中。豺狼之心,饱之而愈发,枭獍之性,养之而益凶。加以表疏之中,悖慢斯甚。式遏乱略,期于无刑;恭行天诛,示于有制。可削承宗在身官爵。"诏左神策护军中尉吐突承璀为左右神策、河中、河阳、浙西、宣歙等道赴镇州行营兵马招讨处置等使,会诸道军进讨。神策兵马使赵万敌者,王武俊之骑将也,骁悍

闻于燕、赵,具言进讨必捷。承璀因得兵柄,与万敌偕行。承璀至行营,威令不振,禁军屡挫衄。都将郦定进前擒刘辟有功,号为骁将,又陷于贼。唯范阳节度使刘济、易定节度使张茂昭至效忠赤,战贼屡捷。而昭义节度使卢从史反复难制,阴附于贼;宪宗密诏承璀擒之,送于京师。

五年七月,承宗遣巡官崔遂上表三封,乞自陈首,且归过于卢从史。其略曰:

臣顷在苦庐,绵历时序,恭守朝旨,罔敢阙违。复奉诏书,令献州郡,迫以三军之势,不从孤臣之心。今天兵四临,王命久绝,白刃之下,难避国刑;殷忧之中,转积衅隙。中由卢从史首为乱阶,兴天下之兵,生海内之乱,既不忠于国,又不孝于家。当其闻父之丧,已变为臣之节,迫胁天使,渎紊朝经。而乃幸臣居丧,败臣求利,上敢欺于圣主,下不顾其死亲;矫情徒见于封章,邪妄素萌于胸臆。今构祸者已就擒获,抱冤者实冀辩明。况臣之一军,素守忠义,横被从史离间君臣,哀号辕门,痛隔恩外。伏冀陛下以天地之德,容纳为心;弘好生之仁,许自新之路。顺阳和而布泽,因雷雨以覃恩。追念祖父之前劳,俯观臣子之来效,特开汤网,使乐尧年。

时朝廷以承璀宿师无功,国威日沮,颇忧。会承宗使至,宰臣商量,请行赦宥,乃以全六郡付之。承宗送薛昌朝入朝,授以右武卫将军。

承宗以国家加兵不胜,诬从史奸计得行,虽上章表谦恭,而心无忌惮。十年,王师讨吴元济,承宗与李师道继献章表,请宥元济。其牙将尹少卿奏事,因为元济游说。少卿至中书,见宰相论列,语意不逊;武元衡怒,叱出之,承宗益不顺。自是与李师道奸计百端,以沮用兵。四月,遣盗烧河阴仓。六月,遣盗伏于靖安里,杀宰相武元衡,京师震恐,大索旬日,天子为之旰食。是时,承宗、师道之盗,所在窃发,焚襄州佛寺,斩建陵门戟,烧献陵寝宫,欲伏甲屠洛阳。宪宗赫怒,命田弘正出师临其境,并邻道六节度之众讨之。时方淮西用兵,国用虚竭,河北诸军多观望不进。独昭义节度使郗士美率精兵压贼垒,欲乘衅而取之,军威甚盛。承宗惧,不敢犯。俄诏权罢河北用兵,并力淮西。

十二年十月,诛吴元济,承宗始惧,求救于田弘正。十三年三月,弘正遣人送承宗男知感、知信及其牙将石汛等诣阙请命,令于客舍安置;又献德、棣二州图印,兼请入管内榷税,除补官吏。上以弘正表疏相继,重违其意,乃下诏曰:

帝者承天子人,下临万国。观乾坤覆载之施,常务其曲全;用德刑抚御之方,每先其弘贷。叛则必伐,服而舍之,访于典谟,亦尚斯道。朕祗符前训,缵嗣丕图,底宁方隅,荡涤氛祲。上以摅祖宗之宿愤,下以致黎庶之阜康,思厚者生,务去者杀。至于包荒藏慝,屈法伸恩,苟衷诚之可矜,则宥过而无大。

王承宗顷居丧纪,见卖于邻封;后邻藩城,受疑于朝野。国恩虽厚,时宪不容。戚实自贻,宠非我绝。百辟卿士,昌言在廷;四方诸侯,飞奏盈篚,竞请致

讨,争先出军。尚复广示招怀,务存容纳,至于动众,事岂愿然!开境愍罹其伤,退舍为伏其士伍,取陷救溺,能无惨嗟!以其先祖武俊,有劳王室,书于甲令,铭在景钟;虽用驾王师,再从人欲,而十代之宥,常切朕怀。

近以三朝称庆,八表流泽,广此鸿霈,开其自新。而承宗果能翻然改图,披露忠恳,远遣二子,进陈表章,缄图印以上闻,献德、棣之名部,发囷奉粟,并灶贡盐,地愿帅于职方,物请归于司会。且天子所临,莫非王土;析兹旧服,将表尔诚,谅由效顺之心,悉见纳忠之志,抑而不抚,何以示怀。朕念此方,亦犹赤子,一物失所,寝兴靡宁;忍驱乐土之人,竟就陈原之戮!既克翦暴,常思止戈,予之此心,天地临鉴。况常山师旅,旧有功劳,将改往以修来,誓酬恩而迁善,鉴精诚之俱切,俾涣汗而再敷。旷涤乃愆,断于朕志;复此殊渥,当怀永图。承宗可依前银青光禄大夫、检校吏部尚书、镇州大都督府长史、御史大夫,充成德军节度、镇冀深赵观察等使。

仍令右丞崔从往镇州宣慰。承宗素服俟命,乃以华州刺史郑权为德州刺史,充横海军节度、德棣沧景观察等使。明年,加金紫光禄大夫、检校尚书左仆射。是岁,李师道平,承宗奉法逾谨,请当管四州,每州置录事参军一员、判司三员,每县令一员、主簿一员,吏补授皆听朝旨。十五年十一月卒,赠侍中。子知感、知信在朝。

承元,士真第二子。兄承宗既领节钺,奏承元为观察支使、朝议郎、左金吾卫冑曹参军,兼监察御史,年始十六。劝承宗以二千骑佐王师平李师道,承宗不能用其言。

元和十五年冬,承宗卒,秘不发丧,大将潜取帅于旁郡。时参谋崔燧密与握兵者谋,乃以祖母凉国夫人之命,告亲兵及诸将,使拜承元。承元拜辞不受,诸将请之不已。承元曰:"天子使中贵人监军,有事盍先与议。"及监军至,因以诸将意赞之。承元谓诸将曰:"诸公未忘先德,不以承元齿幼,欲使领事。承元欲效忠于国,以奉先志,诸公能从之乎?"诸将许诺。遂于衙门都将所理视事,约左右不得呼留后,事无巨细,决之参佐。密疏请帅,天子嘉之,授银青光禄大夫、检校工部尚书,兼滑州刺史、义成军节度、郑滑观察等使。邻镇以两河近事讽之,承元不听,诸将亦悔。及起居舍人柏耆赍诏宣谕滑州之命,兵士或拜或泣。承元与柏耆于馆驿召诸将谕之,诸将号哭喧哗。承元诘之曰:"诸公以先世之故,不欲承元失此,意甚隆厚;然奉诏迟留,其罪大矣!前者李师道未败时,议赦其罪,时师道欲行,诸将止之,他日杀师道,亦诸将也!今公辈幸勿为师道之事,敢以拜请。"遂拜诸将,泣涕不自胜。承元乃尽出家财,籍其人以散之,酌其勤者擢之。牙将李寂等十数人固留承元,斩寂等,军中始定。承元出镇州,时年十八,所从吏,有具器用货币而行者,承元悉命留之。承元昆弟及从父昆弟,授郡守者四人,登朝者四人,从事将校有劳者,亦皆擢用。祖母凉国夫人入朝,穆宗命内宫筵待,锡赉甚厚。

俄而王廷凑杀田弘正,据镇州叛。移镇鄜坊丹延节度使,便道请觐,穆宗器之,数召顾问。未几,改凤翔节度使。凤翔西北界接泾原,无山谷之险,吐蕃由是径往入寇。承元于要冲筑垒,分兵千人守之,赐名曰临汧城。诏袭岐国公,累加检校左仆射。凤翔城东,商旅所集,居人多以烽火相警,承元奏益城以环之。居镇十年,加检校司空、御史大夫,移授平卢军节度、淄青登莱观察等使。时均输盐法未尝行于两河,承元首请盐法,归之有司,自是兖、郓诸镇,皆禀均输之法。承元宽惠有制,所理称治。太和七年十二月,卒于平卢,时年三十三,册赠司徒。

王廷凑,本回鹘阿布思之种族,世隶安东都护府。曾祖曰五哥之,事李宝臣父子。王武俊养为假子,骁果善斗,武俊爱之。以军功累授左武卫将军同正,赠越州都督。祖末怛活,赠左散骑常侍。父升朝,赠礼部尚书。皆以廷凑贵加赠典。祖父世为王氏骑将,累迁右职。

廷凑沉勇寡言,雄猜有断,为王承元衙内兵马使。初,承元上禀朝旨,田弘正帅成德军,国家赏钱一百万贯,度支辇运不时至,军情不悦。廷凑每抉其细故,激怒众心。会弘正以魏兵二千为衙队,左右有备不能间。长庆元年六月,魏军还镇。七月二十八日夜,廷凑乃结衙兵噪于府署;迟明,尽诛弘正与将吏家族三百余人。廷凑自称留后、知兵马使,将吏逼监军宋惟澄上章请授廷凑节钺。穆宗怒,下诏征邻道兵,仍以河东节度裴度充幽、镇两道招抚使,仍以弘正子泾原节度使布代李愬为魏博节度使,令率魏军进讨。又以承宗故将深州刺史牛元翼为成德军节度使,下诏购诛廷凑。是月,镇州大将王位等谋杀廷凑事泄,坐死者二千余人。

时朱克融囚张弘靖,廷凑杀弘正,合从构逆,谋拒王命。两镇并力,讨除虑难应接,诏朝臣议其可否。东川节度使王涯献状曰:"幽、镇两州,悖乱天纪,迷亭育之厚德,肆狼虎之非心。囚絷鼎臣,戕贼戎帅,毒流州郡,衅及宾僚。凡在有情,孰不痛愤?伏以国家文德诞敷,武功继立,远无不伏,迩无不安,矧兹二方,敢逆天理。臣窃料诏书朝下,诸镇夕驱,以貔貅问罪之师,当猖狂失节之寇,倾山压卵,决海灌荧,势之相悬,不是过也。但常山、蓟郡、虞、虢相依,一时兴师,恐费财力。罪有轻重,事有后先,譬之攻坚,宜从易者。如闻范阳肇乱,出自一时,事非宿谋,迹亦可验。镇州构祸,殊匪偶然,扇诸属城,以兵拒境。如此,则幽蓟之众,可示宽刑;镇冀之戎,可资先讨。况廷凑闻茸,不席父祖之资;成德分离,又多迫胁之势。今以魏博思复仇之众,昭义愿尽敌之师,参之晋阳,辅以沧德,掎角而进,实若建瓴。尽屠其城,然后北首燕路,在朝廷不为失信,于军势实得机宜。臣之愚诚,切在于此。臣又闻用兵若斗,先扼其喉。今瀛、郑、易定,两贼之咽喉也。诚宜假之威柄,成以重兵,俾其死生不相知,间谍无所入;而以大军先进冀、赵,次临井陉,此一举万全之势也。"

于是命易定节度使开境以抗克融,诸军三面进讨。初,以沧德乌重胤独当一面,重胤宿将,知不可进,颇迟留,乃以杜叔良代重胤。叔良有中官之援,朝辞日,大言云："贼不足破。"时廷凑合幽蓟之兵围深州，梯冲云合，牛元翼婴城拒守。十一月，杜叔良为贼所败，众皆陷没，仅以身免，乃以德州王日简代之。裴度率众屯承天军，诸将挫败，深州危急。乃以凤翔节度使李光颜为忠武节度使，兼深冀节度，救深州，仍以中官杨永和监光颜军。

国家自宪宗诛除群盗，帑藏虚竭；穆宗即位，赏赐过当；及幽、镇共起，征发百端，财力殚竭。时诸镇兵十五万余，才出其境，便仰给度支，置南北供军院。既深入贼境，辇运艰阻，刍薪不继，诸军多分番樵采。俄而度支转运车六百乘，尽为廷凑邀而虏之，兵食益困。贼围深州数重，虽光颜之善将，亦无以施其方略。其供军院布帛衣赐，往往不得至院，在途为诸军强夺，而悬军深斗者，率无支给。复又每军遣内官一人监军，悉选骁健者自卫，羸懦者即战，以是屡多奔北。而廷凑、克融之众，不过万余，而抗官军十五万者，良以统制不一，玩寇邀利故也。宰相崔祐甫不晓兵家，胶柱于常态，以至复失河朔。既无如之何，遂议休兵而赦廷凑。

二年正月，魏府牙将史宪诚诱其军谋叛，田布不能止，其众自溃于南宫。二月，诏赦廷凑，仍授检校右散骑常侍、镇州大都督府长史、成德军节度、镇冀深赵等州观察等使；以牛元翼为山南东道节度使。遣兵部侍郎韩愈至镇州宣慰，又遣中使衔命入深州，监元翼赴镇。廷凑虽受命，而深州之围不解。招抚使裴度与幽、镇书，以大义责之；朱克融解围而去，廷凑亦退舍。朝廷欲其禀命，并加克融检校工部尚书。三月，朱元翼率十余骑突围出深州赴阙，深州将校臧平以城降。廷凑责其固守，杀将吏一百八十余人。五月，遣中使杨再昌至镇州，取牛元翼家族及田弘正骸骨。廷凑曰："弘正骸骨，不知所在；元翼家族，请至秋发遣。"俄而元翼卒，廷凑乃尽屠其家，其酷毒如此。自获赦宥，遂与朱克融、史宪诚连衡相应，谋拒朝廷。

大和初，沧州李全略死，其子同捷欲效河朔事，求代父任。文宗授以兖海节度使；同捷不奉诏，据郡构逆，以珍玩器币妓女子弟投款于廷凑及幽州李载义。时载义初代克融，输诚效顺，尽送同捷所遣赴阙，诏征幽、魏、徐、兖之师进讨。廷凑出兵挠魏北境，以援同捷。二年，下诏绝廷凑进奉。既魏博将亓志沼以行营兵叛，倒戈攻魏州，诸军击志沼，廷凑出兵应之。史宪诚危急，诏义武军节度使李听击败之，志沼奔于廷凑。三年六月，诛李同捷。寻又何进滔杀史宪诚，据魏州。朝廷厌兵，诛之不果，遂授进滔魏博节度。八月，廷凑遣使诣阙请罪，朝廷因而赦之；依前检校司徒、成德军节度使。

镇冀自宝臣已来，虽惟岳、承宗继叛，而犹亲邻畏法，期自新之路。而凶毒好乱，无君不仁，未如廷凑之甚也！又就加太子太傅、太原郡开国公，食邑二千户。八年十一月卒，册赠太尉，累赠至太师。

子元逵，为镇州右司马，兼都知兵马使。廷凑卒，三军推主军事，请命于朝。乃起复检校工部尚书、镇州大都督府长史、成德军节度使，累迁检校左仆射。元逵素怀忠顺，顿革父风。及领藩垣，颇输诚款，岁时贡奉，结辙于途，文宗嘉之。开成二年，诏以寿安公主出降，加驸马都尉。元逵遣段氏姑诣阙纳聘礼。段氏进食二千盘，并御衣战马、公主妆奁及私身女口等，其从如云，朝野荣之。会昌中，昭义节度使刘从谏卒，其子稹擅领军政，武宗怒，诛之。命邻藩分地而进讨，以元逵为北面招讨使。诏至之日，出师次赵州，与魏博何弘敬同收山东三州。元逵进攻邢州，俄而贼将裴问、高元武降元逵，王钊、安玉降何弘敬，并拔三郡。累迁检校司徒、同中书门下平章事。以破刘稹功，加太傅、太原郡开国公，食邑二千户，食实封二百户。大中十一年二月卒，册赠太师，谥曰忠。子绍鼎、绍懿。

绍鼎，时为镇州大都督府左司马、知府事、节度副使、都知兵马使。起复授检校工部尚书、镇府长史、成德军节度、镇深冀赵观察等使，累加光禄大夫、尚书左仆射。其年七月卒，赠司空，赗布帛三百段、米粟二百硕，累赠司徒、太尉，又赠太傅。

子景胤、景崇、景嶝；景崇为嫡，时年幼。

绍鼎卒，宣宗以昭王汭为镇州大都督、成德军节度使，以绍鼎弟节度副使、都知兵马使、检校右散骑常侍、镇府左司马、知府事、兼御史中丞王绍懿，本官充成德军节度、观察留后，仍赐紫金鱼袋。寻正授节度使、检校工部尚书。累加检校右仆射、兼御史大夫、太原县开国伯，食邑七百户，又加检校司空。卒，赠司徒。

景胤，初为成德军中军兵马使、银青光禄大夫、检校太子宾客、监察御史。绍鼎卒，出为深州刺史、兼殿中侍御史，充本州团练守捉使。

景崇，于季父绍懿时为镇州大都督府左司马、知府事、都知兵马使。绍鼎卒，三军立绍懿。数月，疾笃。召景崇谓之曰："亡兄以军政托予，以俟汝成立。今危慑如此，殆将不救。汝虽少年，勉自负荷，下礼藩邻，上奉朝旨，俾吾兄家业不坠，惟汝之才也！"言讫而卒。时监军在席，奏其治命，上嘉之，诏起复忠武将军、守左金吾卫将军同正、检校右散骑常侍，充成德军节度观察留后，仍赐上柱国，赐紫金鱼袋。寻正授节度使、检校工部尚书。

咸通中，景崇以公主嫡孙，特承恩渥。季年，盗起徐方，王师进讨，景崇令大将从诸军。徐寇平，以功授检校右仆射，封太原县男，食邑三百户。祖母章惠长公主薨，景崇居丧得礼，朝野称之。起复金吾卫上将军同正，进位检校司空。明年，同中书门下平章事，累加检校太尉、赵国公，食邑三千户，食实封二百户，寻进封常山王。丁母秦国夫人忧，起复本官。乾符末，盗起河南，黄巢犯阙，驾幸剑南；景崇与定州节度使王处存驰檄藩邻，以兵赴处存入关讨贼，奔问行在，贡输相继。关辅平定，以功真拜太尉。中和二年十二月卒。

子镕，时年十岁，三军推为留后，朝廷因授旄钺、检校工部尚书。时天子蒙尘，九州鼎沸，河东节度李克用虎视山东，方谋吞据，镕以重赂结纳，以修和好。晋军讨孟方立于邢州，镕常奉牛刍粮。及方立平，晋将李存孝侵镕南部，镕求援于幽州。幽帅李匡威率众三万赴之，存孝退去。景福元年，镕乘存孝有间于其帅，乃出兵攻尧山。晋帅遣大将李存质来援，大败镇人于尧山，死者万计。晋人乘胜至赵州，镕复求援于燕。二年，匡威率众数万来援。会邢州节度使李存孝背其帅据城自固，存孝单骑入镇州，与镕面相盟约。俄而李克用自率全师攻存孝，时匡威离镇后，其弟匡筹夺据其位，匡威退无归路。镕感其援助之恩，乃迎入府城，筑第以居之，事之如父；匡威亦尽心神益，军中之事，皆为训练。是年五月，镕过匡威第，阴遣部下伏甲劫镕；镕抱持之，镕曰："公诚止人勿仓卒！吾为晋人所困，赖公获济，犹吾父也，军政请公帅之。"即并辔归府署，镇军拒之，竟杀匡威。晋人知匡威死，克用自率师至城下；镕出练二十万犒劳，修好而退。

及汴宋节度使朱全忠领郓、青三镇，兵强天下，遣将葛从周、张存敬寇陷邢、洺二州，乘胜北掠燕、赵。俄而全忠率亲兵薄于城下。镕仓卒无备，谓宾佐曰："势危矣，计将安出？"判官周式者，率先而对曰："敌人迫我，兵不能抗，此可以理说耳，请见梁帅图之！"式即时出见全忠，全忠逆诘式曰："尔不必言。王令朋柳并汾，违盟爽信，敝赋业已及此，期于无舍！"式曰："公言过矣！且公为唐室之桓、文，当以礼义而成霸业。乃欲穷兵黩武，困人于险难，天下其谓公何！"全忠喜，引式袂而慰之曰："前言戏之耳！且君为王令计如何？"式曰："但修好耳！"即复见镕，请出牛酒货币以犒军；仍以镕子昭祚及牙将梁公儒、李弘规子各一人，从昭祚入官于大梁，全忠以女妻昭祚。

及全忠僭号，天下无主；镕不获已，行其正朔。镕累迁至开府仪同三司，守太师、中书令，仍赐"敦睦保定大功臣"、上柱国、赵王，食邑一万五千户，食实封一千户，袭食实封二百五十户，伪梁加尚书令，及唐室中兴，去伪尚书令之号。天祐七年，母魏国太夫人何氏卒，起复本官。十八年，为其大将王德明所杀，至于赤族。其后事在中兴云。

史臣曰：土运中微，群盗孔炽。宝臣附丽安、史，流毒中原，终窃土疆，为国蠢贼。加以武俊之狠狡，为其腹心，或叛或臣，见利忘义，蛇吞蝮吐，垂二百年。哀哉，王政不纲，以至于此。若使明皇不懈于开元之政，姚崇久握于阿衡，讵有柳城一胡，敢窥佐伯，况其下者哉！观此无君，可为太息。

赞曰：鸲鹆为怪，必取其昏。人君失政，为盗启门。牙旗金钺，虎子狼孙。茫茫黔首，于何叫阍？

卷一百四十三　　列传第九十三

李怀仙朱希彩附　**朱滔**　**刘怦**子济
　　　　　　 　　　　　 　　滋　济子总　**程日华**子怀直　怀直子权
李全略子同捷

李怀仙，柳城胡人也。世事契丹，降将，守营州。禄山之叛，怀仙以裨将从陷河洛。安庆绪败，又事史思明。善骑射，有智数。朝义时，伪授为燕京留守、范阳尹。宝应元年，元帅雍王统回纥诸兵收复东都，朝义渡河北走，乃令副元帅仆固怀恩率兵追之。时群凶瓦解，国威方振，贼党闻怀恩至，望风纳款。朝义以余孽数千奔范阳，怀仙诱而擒之，斩首来献。属怀恩私欲树党以固兵权，乃保荐怀仙可用。代宗复授幽州大都督府长史、检校侍中、幽州卢龙等军节度使，与贼将薛嵩、田承嗣、张忠志等分河朔而帅之。既而怀恩叛逆，西蕃入寇，朝廷多故，怀仙等四将各招合遗孽，治兵缮邑；部下各数万劲兵，文武将吏，擅自署置；贡赋不入于朝廷，虽称藩臣，实非王臣也。朝廷初集，姑务怀安，以是不能制。怀仙大历三年为其麾下兵马使朱希彩所杀。

希彩自称留后。恒州节度使张忠志以怀仙世旧，无辜覆族，遣将率众讨之；为希彩所败。朝廷不获已，宥之。以河南副元帅、黄门侍郎、同平章事王缙为幽州节度使，授希彩御史中丞，充幽州节度副使，权知军州事，诏缙赴镇。希彩闻缙之来，搜选卒伍，大陈戎备以逆之。缙晏然建旌节，而希彩迎谒甚恭。缙知终不可制，劳军旬日而还。寻加希彩御史大夫，充幽州节度留后。十二月，加希彩幽州大都督府长史、幽州卢龙军节度使。五年，封高密郡王。既得位，暴横自恣，无礼于朝廷。七年，孔目官李瑗因人之怒，伺隙斩之，军人立其兵马使朱泚为留后。泚自有传。

朱滔，贼泚之弟也。平州刺史朱希彩为幽州节度，以滔同姓，甚爱之，常令将腹心亲兵。及泚为节度使，遂使滔将劲兵三千赴京师，请率先诸军备塞。自禄山反后，山东范阳，外虽示顺，实皆倔强不庭。泚首效臣节，代宗喜甚，命滔勒兵东入长安通化门，西出开远门，出师劳还；未有兵还王城者，今而许之，盖示优异。召泚对于三殿，代宗临轩劳问。既而曰："卿材孰与泚多？"滔曰："各有长短。统御士众，方略明辨，臣不及泚；臣年二十八，获谒龙颜，泚长臣五岁，未朝凤阙，此不及臣。"代宗愈喜。

大历九年，泚朝觐，因乞留西征吐蕃。以滔试殿中监，权知幽州卢龙节度留后、兼御史大夫。及田承嗣反，与李宝臣、李正己等解磁州围。建中二年，宝臣死，其子惟岳谋袭父位。滔与成德军节度张孝忠征之，大破惟岳于束鹿。滔命偏师守束鹿，进围深州。惟岳方统万余众及田悦援兵围束鹿。惟岳将王武俊以骑三千方陈横进。滔绘帛为狻猊象，使猛士百人蒙之，鼓噪奋驰，贼为惊乱，随击大破之，惟岳焚营而遁。以功加检校司徒，为幽州卢龙军节度使，以德、棣二州隶焉。朝廷以康日知为深赵二州团练使，王武俊为恒冀二州团练使。滔怒失深州，武俊怒失宝臣故地，滔构武俊同己反。马燧围田悦于魏州，悦告急，滔与武俊遂连兵救悦，败李怀光于惬山。三年十一月，滔僭称大冀王，伪署百官，与李纳、田悦、王武俊并称王，南结李希烈。兴元初，田悦、王武俊以朱泚据京师，滔兵强盛，首尾相应，田悦常谓武俊曰："朱滔心险，不可堤防。"遂相率归顺。

泚既僭号，立滔为皇太弟，仍令以重赂招诱回纥，南攻魏、贝，即西入关。兴元元年正月，滔驱率燕、蓟之众及回纥杂虏,号五万,次南河,攻围贝州。三月,田绪杀田悦,魏州乱。滔令大将马寔分兵逼魏州,营于王莽河。德宗在山南,虑二凶兵合,遣使授王武俊平章事,令与李抱真叶力击滔。四月,恒、潞两军次泾城北,行营相距十里;抱真自率二百骑径入武俊军,面申盟约,结为兄弟。五月四日,进军距贝州三十里而军。翌日,滔令大将马寔、卢南史引回纥、契丹来挑战,武俊遣骁将赵珍提精骑三百当之,抱真将王虔休倚角待之。武俊与其子士清自当回纥、契丹部落。两军既合,鼓噪震地,回纥恃捷,穿武俊阵而过。武俊乘骑勒马不动,俟回纥引退,因而薄之,回纥势不能止。武俊父子纵马急击,获回纥三百骑。滔阵乱,东走,两边追斩,俘馘数万计。遇夜,夹滔垒而军。是夜,滔以残众千人奔德州,委弃戈甲山积。滔至瀛州,杀骑将蔡雄、扬布。以其前锋先败,又杀阴阳人尹少伯,以其言举兵必胜故也。

六月,李晟收京城,朱泚、姚令言死。滔还幽州,为武俊所攻,仅不能军,上章待罪。九月,诏曰:"朱滔累献款疏,深效恳诚,省之恻然,良用悯叹!宜委武俊、抱真开示大信,深加晓谕。若诚心益固,善迹克彰,朕当掩衅录勋,与之昭雪。"贞元元年,寻卒于位,时年四十,赠司徒。

刘怦,幽州昌平人也。父贡,尝为广边大斗军使。怦即朱滔姑之子,积军功为雄武军使,广屯田,节用,以办理称。稍迁涿州刺史。居数年,朱滔将兵讨田承嗣,奏署怦领留府事,以宽缓得众心。时李宝臣为田承嗣间说,与之通谋。承嗣又以沧州与宝臣,乃以兵劫朱滔于瓦桥关,滔脱身走,乘胜欲袭取幽州。怦设方略镇抚,宝臣不敢进,以功加御史中丞。

宝臣死,子惟岳拒朝命,德宗令滔与张孝忠同力讨之。及惟岳平,滔怨朝廷违约不与深州,含怒不已。会王武俊亦怨割地深、赵,相谋叛,欲救田悦。怦时为幽州留后事,遣人赍书谓滔曰:"司徒位崇太尉,尊居宰相,恩宠冠藩臣之右,荣遇极矣!至昌平故里,朝廷改为尉卿、司徒里,此亦大夫不朽之名也。但以忠顺自持,则事无不济。窃思近日,务大乐战,不顾成败,而家灭身屠者,安、史是也。暴乱易亡,今复何有?怦忝密亲,世荷恩遇,默而无告,是负重知。惟司徒图之,无贻后悔也!"滔虽不用其言,亦嘉其尽言,卒无疑贰。凡出征伐,必以怦总留后事。及僭称大冀王,伪署怦为右仆射、范阳留守。及泚据京邑,召滔南河,至贝州,挫败而还,兵甲尽丧。怦闻滔将至,悉搜范阳兵甲,夹道排列二十余里,以迎滔归于府第,人皆嘉怦忠义。

贞元元年,滔卒,三军推怦权抚军府事。怦为众所服,卒有其地。朝廷因授怦幽州大都督府长史、兼御史大夫、幽州卢龙节度副大使、知节度事、管内营田观察、押奚契丹、经略卢龙军使。居位三月,以贞元元年九月卒,年五十九,废朝三日,赠兵部尚书,赐布帛有差。子济继为幽州节度使。

济,怦之长子。初,母难产;既产,侍者初见济是一大蛇,黑气勃勃,莫不惊走。及长,颇异常童。所居室焚,人皆惊救,济从容而出,众异之。累历本管州县牧宰。及怦为节度使,以济兼御史中丞,充行军司马。怦卒,军人习河朔旧事,请济代父为帅,朝廷姑务便安,因而从之。累加至检校兵部尚书。

贞元五年,迁左仆射,充幽州节度使。时乌桓、鲜卑数寇边,济率军击走之;深入千余里,虏获不可胜纪,东北晏然。贞元中,朝廷优容藩镇方甚,两河擅自继袭者,尤骄蹇不奉法。惟济最务恭顺,朝献相继,德宗亦以恩礼接之。寻加同中书门下平章事。顺宗即位,再迁检校司徒。元和初,加兼侍中。及诏讨王承宗,诸军未进,济独率先前军击破之,生擒三百余人,斩首千余级,献逆将于阙,优诏褒之。又为诗四韵上献,以表忠愤之志。明年春,将大军次瀛州,累攻乐寿、博陆、安平等县,前后大献俘获。赏功颇厚,仍与子孙六品官者凡四人。未几,有疾,会赦承宗,录功拜兼中书令。济在镇二十余年,虽输忠款,竟不入觐。又谋杀其弟瀄,瀄归国为信臣。及济疾,次子总与济亲吏唐弘实通谋鸩杀济,数日,乃发丧。时年五十四,诏赠太师,废朝三日,赙礼有加,谥曰庄武。

弟源,贞元十六年八月,为检校工部尚书,兼左武卫将军。初,为涿州刺史,不受兄教令,济奏之,贬漠州参军,复不受诏。济帅师至涿州,源出兵拒之,未合自溃。济擒源至幽州,上言请令入觐,故授官以征之。

瀄,济之异母弟也。喜读书,工武艺,轻财爱士,得人死力。事朱滔,常陈逆顺之理。后怦为卢龙军节度使,病将卒,瀄在父侧,即以父命召兄济自漠州至,竟得授节度使。济常感瀄奉己,瀄为瀛州刺史,亦许以瀄代己任;其后济乃以其子为副大使。瀄既怒济,遂请以所部西捍陇塞,拔其所部兵一千五百人、男女万余口直趋京师,在道无一人犯令者。德宗宠遇,特授秦州刺史,以普润县为理所。

及顺宗传位,称太上皇,有山人罗令则诣瀄言异端数百言,皆废立之事,瀄立命系之。令则又云某之党多矣,约以德宗山陵时伺便而动。瀄械令则送京师,杖死之。后录功,赐其额曰保义。其军蕃戎畏之,不敢为寇,常有复河湟之志,议者壮之。元和二年十二月,卒。

总,济之第二子也,性阴贼险谲。元和五年,济奉诏讨王承宗,使长子绲假为副使,领留务。时总为瀛州刺史,济署为行营都兵马使,屯军饶阳,师久无功。总潜伺其隙,与判官张玘、孔目官成国宝及帐内小将为谋,使诈自京至,曰:"朝廷以相公逗留不进,除副大使为节度使矣。"明日,又使人曰:"副大使旌节已到太原。"又使人走而呼曰:"旌节过代州。"举军惊。济惊惶愤怒,不知所为,因杀主兵大将数十人及与绲素厚者。乃追绲,以张玘兄皋代知留务。济自朝至日晏不食,渴索饮,总因置毒而进之。济死,绲行至涿州,总矫以父命杖杀之,总遂领军务。朝廷不知其事,因授以斧钺,累迁至检校司空。

及王承宗再拒命,总遣兵取贼武强县,遂驻军持两端,以利朝廷供馈赏赐。是时吴元济尚存,王承宗方跋扈,易定孤危,宪宗暂务姑息,加总同中书门下平章事。及元济就擒，李师道枭首，王承宗忧死，田弘正入镇州，总既无党援，怀惧，每谋自安之计。初，总弑逆后，每见父兄为祟，甚惨惧，乃于官署后置客百僧，厚给衣食，令昼夜乞恩谢罪。每公退，则憩于道场，若入他室，则恼悸不敢寐。晚年恐悸尤甚，故请落发为僧，冀以脱祸，乃以判官张皋为留后。总已落发，上表归朝，穆宗授天平军节度使；既闻落发，乃赐紫，号大觉师。总行至易州界，暴卒。辍朝五日，赠太尉，择日备礼册命，赙绢布一千五百段、米粟五百石。

先是，元和初，王承宗阻兵，总父济备陈征伐之术，请身先之。及出军，累拔城邑，旋属被病，不克成功。总既继父，愿述先志，且欲尽反河朔旧风。长庆初，累疏求入觐，兼请分割所理之地，然后归朝。其意欲以幽、涿、营州为一道，请弘靖理之；瀛、漠州为一道，请卢士玫理之；平、蓟、妫、檀为一道，请薛平理之。仍籍军中宿将尽荐于阙下，因望朝廷升奖，使幽蓟之人皆有希羡爵禄之意。及疏上，穆宗且欲速得范阳，宰臣崔植、杜元颖又不为久大经略，但欲重弘靖所授，而未能省其使局，惟瀛、漠两州许复观察使，其他郡县悉命弘靖统之。时总所荐将校，又俱在京师旅舍中，久而不问。如朱克融辈，仅至假衣丐食，日诣中书求官，不胜其困。及除弘靖，又命悉还本军。克融辈虽得复归，皆深怀觖望，其后果为叛乱。

总既以土地归国，授其弟约及男等一十一人，领郡符，加命服者五人，升朝班，佐宿卫者六人。

程日华，定州安喜人，本单名华。父元皓，事安禄山为帐下将，从陷两京，颇称勇力，史思明时为定州刺史。华少事本军，为张孝忠牙将。

初，李宝臣授恒州节度，吞削藩邻，有恒、冀、深、赵、易、定、沧、德等八州。宝臣既卒，惟岳拒朝命，以图继袭。宝臣部将张孝忠以定州归国，授成德军节度使，令与朱滔讨惟岳。及惟岳诛，朝廷以恒、冀授王武俊，深、赵授康日知，易、定、沧授张孝忠，分为三帅。时惟岳将李固烈守沧州，孝忠令华诣固烈交郡。固烈将归真定，悉取沧州府藏，累乘而还。军人怒，杀固烈，皆夺其财，相与诣华曰："李使君贪鄙而死，军州请押牙权领。"不获已，从之。孝忠因授华知沧州事。未几，朱滔合武俊谋叛，沧、定往来艰阻，二盗遂欲取沧州，多遣人游说，又加兵攻围，华俱不听从，乘城自固。久之，录事参军李宇为华谋曰："使君受围累年，张尚书不能致援，论功献捷，须至中山，所谓劳而无功者也。请为足下至京师，自以一州为使。"华即遣之。宇入阙，备陈华当二盗之间，疲于矢石。德宗深嘉之，拜华御史中丞、沧州刺史。复置横海军，以华为使。寻加工部尚书、御史大夫，赐名日华，仍岁给义武军粮饷数万。自是别为一使，孝忠唯有易、定二州而已。

武俊遣人说华归己，华曰："相公欲敝邑仍旧隶恒州，且借骑二百以抗贼，俟道路通即从命。"武俊喜，即以二百骑助之。华乃留其马，遣人皆还。武俊怒其背约，又以朱滔方攻围，虑为所有而止。及武俊归国，河朔无事，日华即遣所留马还武俊，别陈珍币谢过，武俊欢然而释。贞元四年卒，赠兵部尚书。子怀直。

怀直习河朔事，父卒，自知留后事。朝廷嘉父之忠，起复授检校工部尚书、兼御史大夫，升横海军为节度，以怀直为留后。又于弓高县置景州，管东光、景城二县，以为属郡。累加至检校尚书右仆射。五年，起复正授节度观察使。

怀直荒于畋猎，数日方还，不恤军政，军士不胜寒馁。其帐下将从父兄怀信因众怒闭门不内，怀直因来朝觐，贞元九年也。德宗优容之，依前检校右仆射，兼龙武统军，赐安业里甲第，妓女一人。既而怀信死，怀直子执恭知留后事，乃遣怀直归沧州。十六年卒，年四十九，废朝一日，赠扬州大都督。

执恭代袭父位，朝廷因而授之。元和六年入朝，宪宗礼遇遣之，加尚书左仆射。尝梦沧州衙门楼额悉帖"权"字，遂奏请改名权。十三年，淮西贼平，藩方慑息，权以父子世袭如三镇事例，心不自安，乃请入朝。十三年，至京师，表辞戎帅，因命华州刺史郑权代之，以靖安里私第侧狭，赐地二十亩，令广其居。寻迁检校司空、邠州刺史、邠宁节度使。十四年十一月卒，赠司徒。权兄弟子侄在朝列宿卫者三十余人。

李全略者，本姓王，名日简。为镇州小将，事王武俊。元和中，节度使王承宗没，军情不安，自拔归朝，授代州刺史。及长庆初，镇州军乱，杀田弘正；穆宗为之旰食，以日简尝为镇将，召问其计。日简遂于御前极言利害，兼愿有以自效，因授德州刺史，经略其事。明年，擢拜横海军节度使，赐姓李氏，名全略，以崇树之。未几，令子同捷入侍，兼进钱千万。逾岁，同捷归觐，乃奏请授沧州长史、知州事，兼主中军兵马；朝廷初不之许，后虑其奇策，将副经略之旨，遂从之。及得请，全略分阴结军士，潜为久计，外示忠顺，内蓄奸谋。棣州刺史王稷善抚众，且得其心，全略忌而杀之，仍孥戮其属。凡所为事，大率类此。宝历二年四月卒。

子同捷，初为副大使，居丧，擅领留后事，仍重赂藩邻以求缵袭，朝廷知其所为，经年不问。属昭愍晏驾，文宗即位，同捷冀易世之后，稍行恩贷，即令母弟同志、同巽入朝，令掌书记崔长奉表，备达悃诚，请从朝旨。诏授同捷检校左散骑常侍、兖州刺史、兖海节度使，以天平军节度使乌重胤为沧州节度以代之。诏下，同捷托以三军乞留，拒命。乃命乌重胤率郓、齐兵加讨。又诏徐帅王智兴、滑帅李听、平卢康志睦、魏博史宪诚、易定张璠、幽州李载义等四面进攻。

同捷世行奸诈，自以尝在成德军为将校，燕、赵之师，可结为城社，乃以玉帛子女赂河北三镇，以求庇钺。李载义初受朝命，坚以效顺，乃囚同捷侄及所赂玉帛妓女四十七人表献。又表朝廷加载义左仆射、王廷凑司徒，以悦其心事。廷凑本蓄狼心，欲吞横海，乃出兵于境以赴同捷。

王智兴师次棣州，诏曰："李同捷幸袭旧勋，不思缵绪，斩麻未几，私行墨缞。毒杀忠良，扰惑部校，稽之国宪，难逭常刑。朕以顷在先朝，已稽中旨，实遵成命，未议改图。乃由留务之权，授以戎帅；拔负海之陋，置之中华，推恩含垢，斯亦至矣！而同捷益怀迷执，闭境练兵，大诟邻封，拒捍中使。遐迩愤怨，中外惊嗟，叛命既彰，大义当绝，事非获已，良用怃然。其同捷在身官爵，并宜削夺，令诸军进讨。"俄而乌重胤卒，授神策节度使李寰代重胤出师，无功召还，乃加王智兴平章事，充行营招抚使。史宪诚遣大将丌志沼与子唐帅兵二万五千攻德州。大和二年九月，智兴收棣州，因割隶淄青。时诸军在野，朝廷特置供军粮料使，日费浸多。两河诸帅每有小捷，虚张俘级，以邀赏赉，实欲困朝廷而缓贼也；缯帛征马，赐之无算。

同捷既窘，王廷凑援之不及，乃令人诱丌志沼，俾倒戈攻宪诚，许以代为魏博节度。志沼信其言而叛。宪诚告难，诏李听以诸道兵攻之。志沼败，奔于镇州。李寰赴阙，又以李祐代为横海节度。三年三月，诏谏议大夫柏耆军前慰抚。四月，李祐收德州。同捷乞降于祐，祐疑其诈；柏耆请以骑兵三百入沧州，祐从之。耆径入沧州，取同捷与其家属赴京师。其月二十六日，至德州界，谍言廷凑兵来劫篡，耆乃斩同捷首，传而献捷，百僚称贺。同捷母孙、妻崔、儿元达等既献，诏悉宥之，配于湖南安置。

史臣曰：国家崇树藩屏，保界山河，得其人则区宇以宁，失其授则干戈勃起。若怀仙之辈，习乱河朔，志深狡蠹，忠义之谈，罔经耳目；以暴乱为事业，以专杀为雄豪，或父子弟兄，或将帅卒伍，迭相屠灭，以成风俗。斯乃王道浸微，教化不及。惜哉蒸民，陷彼虎吻！其间刘总，粗贮臣诚，然而杀父兄以图荣，落鬓而避祸；未旋踵而暴卒他境，斯谓报应之验与！

赞曰：国法不纲，贼臣鸱张。虽曰父子，凶如虎狼。恶稔族灭，身屠地亡。蠢兹伏莽，污我彝章。

卷一百四十四　列传第九十四

尚可孤　李观　戴休颜　阳惠元　李元谅　韩游瑰　贾隐林　杜希全　尉迟胜　邢君牙　杨朝晟　张敬则

尚可孤，东部鲜卑宇文之别种也，代居松、漠之间。天宝末归国，隶范阳节度安禄山，后事史思明。上元中归顺，累授左、右威卫二大将军同正，充神策大将，以前后功改试太常卿，仍赐实封一百五十户。鱼朝恩之统禁军，爱其勇，甚委遇之，俾为养子，奏姓鱼氏，名智德，以禁兵三千镇于扶风县，后移武功。可孤在扶风、武功凡十余年，士伍整肃，军邑安之。朝恩死，赐可孤姓李氏，名嘉勋。会李希烈反叛，建中四年七月，除兼御史中丞、荆襄应援淮西使，仍复本姓名尚可孤，以所统之众赴山南，累有战功。

及泾原兵叛，诏征可孤军至蓝田，贼众方盛，遂营于七盘，修城栅而居之。贼将仇敬等来寇，可孤频击破之，因收蓝田县。兴元元年三月，迁检校工部尚书、兼御史大夫、神策京畿渭南商州节度使。四月，仇敬又来寇，可孤率兵急击，擒仇敬斩之，遂进军与副元帅李晟决策攻讨。五月，晟率可孤及骆元光之军收京城，可孤之军为先锋。京师平，以功升检校右仆射，封冯翊郡王，增邑通前八百户，实封二百户。

可孤性谨愿沉毅，既有勋绩，众会之中，未尝言功。贼平之后，营于白花亭，御众公平，号令严整，时人称焉。李晟甚亲重之。及李怀光以河中叛，诏可孤帅师与诸军进讨，次于沙苑，遇疾，卒于军。赠司徒，赐布帛米粟加等，丧葬所须，并令官给。

李观，洛阳人，其先自赵郡徙焉，秋官员外郎敬仁侄孙也。少习武艺，沉厚寡言，有将帅识度。乾元中，以策干朔方节度使郭子仪；子仪善之，令佐坊州刺史吴仙，充防遏使。寻以忧免，居盩厔别业。广德初，吐蕃入寇，銮驾之陕，觐于盩厔，率乡里子弟千余人守黑水之西，戎人不敢近。会岭南节度使杨慎微将之镇，以观权谋，奏充偏将，俾总军政。及徐浩、李勉继领广州，尤加信任，麾下兵甲悉委之。平冯崇道、朱泚时有功，累迁大将。李勉移镇滑州，累奏授试殿中监，加开府仪同三司。追赴阙，授右龙武将军。

建中末，泾师叛，观时上直，领卫兵千余人扈从奉天。诏都巡警训练诸军戍卒，三数日间，加召二千余众，列之通衢，整肃鼙鼓，城内因之增气。德宗倚赖之，赐封二百户；二子宏、寓，授八品京官。及驾出奉天，与令狐建、李升、韦清等咸执羁鞯，周旋艰险，皆著功劳。驾还京师，诏总后军禁卫。

兴元元年闰十月，拜四镇北庭行军泾原节度使、检校兵部尚书。在镇四年，虽无拓境之绩，励卒储粮，训整宁辑。及平凉之师会，浑瑊既无戎备，观伺知狡谋，潜择精兵五千要伏险道。及瑊遁归，赖观游军及李元谅之师表里以免。帝优赏，赐赉甚厚，特诏褒美。其年，朝京师，除少府监、检校工部尚书，以疾终。贞元四年，赠太子少傅。

戴休颜，夏州人。在军伍以胆略称。大历中，为郭子仪部将，以战功累迁至盐州刺史。奉天之难，倍道以所部蕃汉三千人号泣赴难；德宗嘉之，赐实封二百户。与浑瑊、杜希全、韩游瑰等捍御有功。车驾再幸梁、洋，留守奉天。及李怀光叛据咸阳，使诱休颜；休颜集三军斩其使，婴城自守。怀光大骇，遂自泾阳夜遁。其月，拜检校工部尚书、奉天行营节度使。李晟收京师，乃与浑瑊破泚偏师，斩首三千级，休颜追贼至中渭桥。李晟既清宫阙，休颜与瑊等率兵赴岐阳邀击泚余众。及策勋，加检校右仆射，封至六百户。七月，扈驾至京，特赐女乐、甲第以褒功伐，寻拜左龙武将军。贞元元年卒，年五十九，废朝一日，赠赙有阳惠元,平州人。以材力从军,隶平卢节度刘正臣。后与田神功、李忠臣相继泛海至青、齐间,忠勇多权略,称为名将。又以兵隶神策,充神策京西兵马使,镇奉天。

初,大历中,两河平定,事多姑息。李正己有淄、青、齐、海、登、莱、沂、密、德、棣、曹、濮、徐、兖、郓十五州之地,养兵十万;李宝臣有恒、易、深、赵、沧、冀、定七州之地,有兵五万;田承嗣有魏、博、相、卫、洺、贝、澶七州之地,有兵五万;梁崇义有襄、邓、均、房、复、郢六州之地,其众二万。皆始因叛乱得侯,各擅土宇,虽泛禀朝旨,而威刑爵赏,生杀自专,盘根结固,相为表里。朝廷常示大信,不为拘限,缓之则嫌衅自作,急之则合谋。或闻诏旨将增一城,浚一池,必皆怨怒有辞,则为之罢役;而自于境内治兵缮垒以自固。凡历三朝,殆二十年,国家不敢兴拳石撮土之役。

代宗性宽柔无怨,一切从之。凡河朔诸道健步奏计者,必获赐赉。及德宗即位,严察神断,自诛刘文喜之后,知朝法不可犯,四盗俱不自安。奏计者空还,无所赏赐,归者多怨。或传说飞语,云帝欲东封,汴州奏以城隍狭,增筑城郭。李正己闻之,移兵万人屯于曹州,田悦亦加兵河上;河南大扰,羽书警急。乃诏移京西戎兵万二千人以备关东。帝御望春楼亲誓师以遣之,曰:"呜呼!东鄙之警,事非获已。唯尔将校群士,各以忠节,勤于王家;南赴蜀门,西定泾垒,甲胄不解,疮痍未平;今载用尔分镇于周、郑之郊,敬听明命。夫王者之师,有征无战,稽诸理道,用正邦国。宜励乃戈甲,保固城池,以德和人,以义制事。将备其侵轶,不用越境攻取,戢而后动,可谓正矣!今外夷来庭,方春生植,品物资始,农桑是时。俾尔将士,暴露中野,我心痛悼,郁如焚灼。嗟尔有众,其悉予怀。"士卒多泣下。及赐宴,诸将列坐,酒至,神策将士皆不饮,帝使问之。惠元时为都将,对曰:"臣初发奉天,本军帅张巨济与臣约曰:'斯役也,将策大勋,建大名。凯旋之日,当共为欢;苟未戎捷,无以饮酒。'故臣等不敢违约而饮。"既发,有司供饩于道路,他军无孑遗,唯惠元一军瓶罍不发。上称叹久之,降玺书慰劳。

及田悦反,诏惠元领禁兵三千与诸将讨伐,战御河,夺三桥,皆惠元之功也。寻加检校工部尚书,摄贝州刺史,令以兵属李怀光。建中四年冬,自河朔与怀光同赴国难,解奉天之围。明年二月,怀光背国叛逆,惠元义不受污,脱身奔窜奉天。会乘舆南幸,怀光怒惠元之逸,令其将冉宗以百余骑追及于好畤县。惠元计穷,父子三人并投人家井中,冉宗并出而害之。兴元元年,赠右仆射,仍赙绢百匹。惠元男尚食奉御晟,赠殿中监,左卫兵曹参军昙赠邠州刺史,褒死难也。

李元谅,本骆元光,姓安氏,其先安息人也。少为宦官骆奉先所养,冒姓骆氏。元谅长大美须,勇敢多计。少从军,备宿卫,积劳试太子詹事。镇国军节度使李怀让署奏镇国军副使,俾领州事。元谅尝在潼关领军,积十数年,军士皆畏服。

德宗居奉天,贼泚遣伪将何望之轻骑袭华州,刺史董晋弃州走;望之遂据城,将聚兵以绝东道。元谅自潼关将所部,仍令义兵因其未设备,径攻望之。遂拔华州,望之走归。元谅乃修城隍器械召募,不数日,得兵万余人,军益振。以功加御史中丞。贼泚数遣兵来寇,辄击却之。是时,尚可孤守蓝田,与元谅掎角;贼东不能逾渭南,元谅功居多。无几,迁华州刺史、兼御史大夫、潼关防御、镇国军节度使,寻加检校工部尚书。

兴元元年五月,诏元谅与副元帅李晟进收京邑。兵次于浐西,贼悉众来攻,元谅先士卒奋击,大败之。进军至苑东,与晟力战,坏苑垣而入,贼联战皆败,遂复京师。元谅让功于晟,出屯于章敬佛寺。帝还宫,加检校尚书右仆射,实封七百户,赐甲第、女乐,仍与一子六品正员官。

李怀光反于河中,绝河津。诏元谅与副元帅马燧、浑瑊同讨之。时贼将徐庭光以锐兵守长春宫,元谅遣使招之。庭光素轻易元谅,且慢骂之;又以优胡为戏于城上,辱元谅先祖。元谅深以为耻。及马燧以河东兵至,庭光降于马燧,诏以庭光为试殿中监、兼御史大夫。河中平,燧待庭光益厚。元谅因遇庭光于军门,命左右劾而斩之,乃诣燧匍匐请罪。燧盛怒,将杀元谅;久之,以其功高,乃止。德宗以元谅专杀,虑有章疏,先令宰相谕谏官勿论。

贞元三年,诏元谅将本军从浑瑊与吐蕃会盟于平凉。元谅谓瑊曰:"本奉诏,令营于潘原堡,以应援侍中。窃思潘原去平凉六七十里,蕃情多诈,倘有急变,何由应赴?请次侍中为营。"瑊以违诏,固止之。元谅竟与瑊同进。瑊营距盟所二十里,元谅营次之,壕栅深固。及瑊赴会,乃戒严部伍,结阵营中。是日,虏果伏甲,乘瑊无备窃发。时士大夫皆朝服就执,军士死者十七八。瑊单马奔还,群虏追蹑,瑊营将李朝彩不能整众,多已奔散;瑊至,空营而已。赖元谅之军严固,瑊既入营,虏皆散去。是日无元谅军,瑊几不免。元谅乃整军,先遣辎重,次与瑊俱申号令,严其部伍而还,时谓元谅有将帅之风。德宗嘉之,赐良马十匹,金银器、锦彩等甚厚。丁母忧,加右金吾卫上将军,起复本官。帝念其勋劳,又赐姓李氏,改名元谅。

四年春,加陇右节度支度营田观察、临洮军使,移镇良原。良原古城多摧圮,陇东要地,虏入寇,常牧马休兵于此。元谅远烽堠,培城补堞,身率军士,与同劳逸。芟林薙草,斩荆榛,俟干,尽焚之,方数十里,皆为美田。劝军士树艺,岁收粟菽数十万斛,生殖之业,陶冶必备。仍距城筑台,上彀车弩,为城守备益固。无几,又进筑新城,以据便地。虏每寇掠,辄击却之,泾、陇由是父安,虏深惮之。以疾,贞元九年十一月,卒于良原,年六十二。帝甚悼惜,废朝三日,赠司空,赙布帛米粟有差。

韩游瓌,河西灵武人。仕本军,累历偏裨,积功至邠宁节度使。德宗出幸奉天,卫兵未集,游瓌与庆州刺史论惟明合兵三千人赴难,自乾陵北过赴醴泉以拒泚。会有人自京城来,言贼信宿当至,上遽令追游瓌等军伍。才入壁,泚党果至。乃出斗城下,小不利,乃退入城。贼急夺门,游瑰与贼隔门血战,会暝方解。自是贼日攻城,游瑰、惟明乘城拒守,躬当矢石,不暇寝息,赴难之功,游瑰首焉。

李怀光反,从驾山南。德宗以禁军无职局,六军特置统军一员,秩从二品,以游瑰、惟明、贾隐林等分典从驾禁兵。李晟移军东渭桥,与骆元光、尚可孤分扼京东要路;浑瑊与游瑰、戴休颜分典京西要路,掎角进攻。兴元元年,检校刑部尚书、兼御史大夫,例授"奉天定难功臣"。李晟收京城,游瑰三将亦破贼于咸阳。德宗自兴元还京,浑瑊与游瑰、休颜三将从;李晟、尚可孤、骆元光三将奉迎,论功行封,与瑊等相次,还镇邠宁。

三年,以子钦绪与妖贼李广弘同谋不轨,时游瑰镇长武城,事将发,钦绪奔于邠州;邠州将吏械送京师。游瑰以子大逆,请代归,固欲诣阙,诏不许。游瑰锁系钦绪二子送京师,请从坐,上亦宥之。十二月,游瑰入朝,素服待罪,入朝堂;遽命释之,劳遇如故,复令还镇。初,游瑰入觐,邠州将吏以其子谋叛,又御军无政,谓必受代,饯送之礼甚薄。及游瑰见上,盛论边事,请筑丰义城以备蕃寇,上以特达,委用如初。及还镇,军中惧不自安。大将范希朝善将兵,名闻军中;游瑰畏其逼己,将因事诛之。希朝惧,出奔凤翔。上素知名,召入宿卫。及游瑰遣五百人筑丰义城,两板而溃。又宁州戍卒数百人,纵掠而叛。其无方略,失士心,皆此类也。自宁州卒叛,吐蕃入寇,游瑰自率众戍宁州。

四年七月,除将军张献甫代,游瑰不俟献甫至,又不告众知,乃轻骑夜出归朝。将卒素骄,闻献甫严急,因其无帅,纵兵大掠,且围监军杨明义第,请奏范希朝为帅。都虞侯杨朝晟初逃难郊外,翌日闻请希朝,乃复入城,与军众曰:"所请甚惬,我来贺也。"叛卒稍安。朝晟乃与诸将密谋,晨率甲兵而出,召叛卒告曰:"前请者不获,张尚书来,昨日已入邠州。汝等谋叛,皆当死。吾不尽杀,谁为贼首,各言之,以罪归之,余悉不问。"于众中唱二百余人,立斩之,军城方定。上闻军情欲希朝,乃授宁州刺史,为献甫邠宁之副。游瑰至京,授右龙武统军。十四年卒。

李广弘者,或云宗室亲王之胤。落发为僧,自云见五岳、四渎神,己当为人主。贞元三年,自邠州至京师,有市人董昌者,通导广弘,舍于资敬寺尼智因之室。智因本宫人。董昌以酒食结殿前射牛将韩钦绪、李ông谏、南珍霞、神策将魏修、李傪、前越州参军刘昉、陆缓、陆绛、陆充、徐纲等,同谋为逆。广弘言岳渎神言,可以十月十日举事,必捷。自钦绪已下,皆有署置为宰相,以智因尼为后。谋于举事日夜,令钦绪击鼓于凌霄门,焚飞龙厩舍草积;又令珍霞盗击街鼓,集城中人;又令玠谏、修、傪等领射生、神策兵内应;事克,纵剽五日,朝官悉杀之。事未发,魏修、李傪上变,令内官王希迁等捕其党与斩之,德宗因禁止诸色人不得辄入寺观。

贾隐林者,滑州牙将也。建中初,为本军兵马使,令率兵宿卫。朱泚之乱,诸军未集,隐林率众扈从。性质朴,在奉天,贼急攻城,隐林与侯仲庄逐急救应,难险备至。既而怀光军至,逆贼解围,从臣称庆。隐林抃舞毕,奏曰:"贼泚奔遁,臣下大庆,此皆宗社无疆之休。然陛下性灵太急,不能容忍,若旧性未改,贼虽奔亡,臣恐忧未艾也。"上不以为忤,甚称之。累官至检校右散骑常侍,封武威郡王。将幸山南而卒,赠左仆射,赐其家实封三百户,赙绢百匹、米百硕,丧葬官给。

杜希全,京兆醴泉人也。少从军,尝为郭尚父子仪裨将,积功为朔方军节度使;军令严肃,士卒皆悦服。初,德宗居奉天,希全首将所部与盐州刺史戴休颜、夏州刺史时常春合兵赴难。军已次漠谷,为贼泚邀击,乘高纵礧,又以大弩射之,伤者众。德宗令出兵援之,不得进;希全退次邠州。以赴难功,加检校户部尚书、行在都知兵马使。从幸梁州。帝还京师,迁太子少师、检校右仆射,兼灵州大都督、御史大夫、受降定远城天德军灵盐丰厦等州节度支度营田观察押蕃落等使、余姚郡王。

希全将赴灵州,尝献《体要》八章,多所规谏。德宗深纳之,乃著《君臣箴》以赐之,其辞曰:

夫惟德惠人,惟辟奉天,从谏则圣,共理惟贤。皇立有极,骏命不易,总万机以成务,齐六合之殊致。一心不能独鉴,一目不能周视,敷求哲人,式序在位。于戏!君之任臣,必求一德;臣之事君,咸思正直。何启沃之所宜,自古今而未得?且以说言者逆耳,逸谀者伺侧,故下情未通,而上听已惑,俾夫忠贤,败于凶慝。譬彼轻舟,烝徒楫之;亦有和羹,宰夫膳之。孰云理国,不自得师,覆车之轨,予其惩而。高以下升,和由甘受,惟君无良,亦臣之咎。闻诸辛毗,牵裾魏后,则有禽息,竭忠碎首,勉思献替,以平可否。勿谓无伤,自微而彰;勿谓可害,积小成大。事有隐而必见,令既出而焉悔!鼓钟在宫,声闻于外,浩然涉水,朕未有艾。将负扆以虚心,期尽忠而纳诲。在昔稷、契,实匡舜、禹;近兹魏徵,佑我文祖,君臣协德,混一区宇。肆予寡昧,获缵丕绪,臣哉邻哉,尔翼尔辅。

高秋始肃,我武惟扬,辍此禁卫,殿于大邦。恋阙方甚,嘉言乃昌,是规是谏,金玉其相。辞高理要,入德知方,总彼千虑,备于八章,宣父有言,启予者商。殷有盘铭,周有欹器,或诫以辞,或警以事。披图演义,发于尔志,与金镜而高悬,将座右而同置。人皆有初,鲜慎厥终,汝其夙夜,期保朕躬。无曰尔身在外,而尔诚不通,一言之应,千里攸同。导彼遐俗,达余四聪,华夷仰德,时乃之功。既往既来,怀贤忡忡,唱予和汝,式示深衷。

寻兼本管及夏绥节度都统,加太子少师。希全以盐州地当要害,自贞元三年西蕃劫盟之后,州城陷虏;自是塞外无保障,灵武势隔,西通鄜坊,甚为边患,朝议是之。九年,诏曰:

设险守国,《易象》垂文,有备无患,先王令典。况修复旧制,安固疆里,偃甲息人,必在于此。

盐州地当冲要，远介朔陲，东达银夏，西援灵武，密迩延庆，保捍王畿。乃者城池失守，制备无据，千里庭障，烽燧不接，三隅要害，役戍其勤。若非兴集师徒，缮修壁垒，设攻守之具，务耕战之方，则封内多虞，诸华屡警，由中及外，皆靡宁居。深惟永图，岂忘终食！顾以薄德，至化未孚，既不能复前古之治，致四夷之守，与其临事而重扰，岂若先备而即安！是用弘久远之谋，修五原之垒，使边城有守，中夏克宁，不有暂劳，安能永逸？

宜令左右神策及朔方河中绛邠宁庆兵马副元帅浑瑊、朔方灵盐丰夏绥银节度都统杜希全、邠宁节度使张献甫、神策行营节度使邢君牙、银夏节度使韩潭、鄜坊节度使王栖曜、振武节度使范希朝，各于所部简练将士，令三万五千人同赴盐州。神策将军张昌宜权知盐州事，应板筑杂役，取六千人充。其盐州防秋将士，率三年满更代，仍委杜彦先具名奏闻，悉与改转。

朕情非已欲，志在靖人。咨尔将相之臣，忠良之士，输诚奉命，陈力忘忧，勉茂功勋，永安疆场。必集兵事，实惟众心，各相率励，以副朕志。

凡役六千人，二旬而毕。时将板筑，仍诏泾原、剑南、山南诸军深讨吐蕃以牵制之，由是板筑之时，虏不及犯塞。城毕，中外称贺。由是灵武、银夏、河西稍安，虏不敢深入。

希全久镇河西，晚节倚边多恣横，帝尝宽之。丰州刺史李景略威名出其右，希全深忌之，疑畏代己，乃诬奏景略；德宗不得已为贬之。素病风眩，暴戾益甚。判官监察御史李起颇忤之，希全又诬奏杀之。将吏皆重足胁息。贞元十年正月卒，废朝三日，赠司空。

尉迟胜，本于阗王珪之长子，少嗣位。天宝中来朝，献名马、美玉，玄宗嘉之，妻以宗室女，授右威卫将军、毗沙府都督，还国。与西安节度使高仙芝同击破萨毗播仙，以功加银青光禄大夫、鸿胪卿，改光禄卿，皆同正。

至德初，闻安禄山反，胜乃命弟曜行国事，自率兵五千赴难。国人留胜，以少女为质而后行。肃宗待之甚厚，授特进，兼殿中监。广德中，拜骠骑大将军、毗沙府都督、于阗王，令还国。胜固请留宿卫，加开府仪同三司，封武都王，实封百户。胜请以本国王授曜，诏从之。胜乃于京师修行里盛饰林亭，以待宾客，好事者多访之。

建中末，从幸奉天，为兼御史中丞。驾在兴元，胜为右领军将军，俄迁右威卫大将军，历祁王傅。

贞元初，曜遣使行上疏，称："有国以来，代嫡承嗣，兄胜既让国，请传胜子锐。"上乃以锐为检校光禄卿、兼毗沙府长史还。固辞，且言曰："曜久行国事，人皆悦服。锐生于京华，不习国俗，不可遣往。"因授曜王诰议。兄弟让国，人多称之。府除，以胜为原王傅。卒，时年六十四。贞元十年，赠凉州都督。子锐嗣。

邢君牙，瀛州乐寿人也。少从军于幽蓟、平卢，以战功历果毅折冲郎将，充平卢兵马使。安禄山反，随平卢节度使侯希逸过海，至青、徐间。田神功之讨刘展，君牙又从神功战伐有功，历ray军、试光禄卿。神功既为兖郓节度使，令君牙领防秋兵入镇好畤。属吐蕃陵犯，代宗幸陕，君牙隶属禁军扈从。后又以战功加鸿胪卿，累封河间郡公。

建中初，河北诸节帅叛，李晟率禁军助马燧等征之。晟以君牙为都虞候，累于武安、襄国、洹水、魏县、清丰讨贼有功，君牙擒生斩级居多。属德宗幸奉天，晟率君牙统所部兵，倍道兼程，来赴国难。及驻军咸阳，移营渭桥，军中之事，晟惟与君牙商之，他人莫可得而闻也。收复宫阙，骤加御史大夫、检校常侍。既而晟为凤翔、泾原元帅，数出军巡边，常令君牙掌知留后，军府安悦。贞元三年，晟以太尉、中书令归朝，君牙代为凤翔尹、凤翔陇州都防御观察使，寻迁右神策行营节度、凤翔陇州观察使，加检校工部尚书。吐蕃连岁犯边，君牙且耕且战，以为守备，西戎竟不能为大患。寻加检校右仆射。贞元十四年卒，时年七十一，废朝一日，赠司空，赙布帛米粟有差。

杨朝晟，字叔明，夏州朔方人也。初，在朔方为部军前锋，常有功，授甘泉果毅。建中初，从李怀光讨刘文喜于泾州，斩获擒生居多，授骠骑大将军，稍迁右先锋兵马使。后李纳寇徐州，从唐朝臣征讨，常冠军锋，以功授开府仪同三司、检校太子宾客。

上在奉天，李怀光自山东赴难，以朝晟为右厢兵马使，将千余人下咸阳，以挫朱泚。加御史中丞，实封一百五十户。及怀光反于河中，朝晟被胁在军。上幸梁、洋，韩游瑰退于邠宁，怀光以尝在邠宁，追制如属城，以贼党张昕在邠州总后务。昕惧难作，乃大索军资，征卒乘，约明潜发，归于怀光。时朝晟父怀宾为游瑰将，夜后以数十骑斩昕及同谋者。游瑰即日使怀宾奉表闻奏，上召劳问，授兼御史中丞，正授游瑰邠宁节度使。间谍至河中，朝晟闻其事，泣告怀光曰："父立功于国，子合诛戮，不可主兵。"怀光遂系之。及诸军进围河中，韩游瑰营于长春宫，怀宾身当诛伐。及怀光平，上念其忠，俾副元帅浑瑊特原朝晟，用为游瑰都虞候。时父子同军，皆为开府、宾客、御史中丞，异姓王，荣于军中。

后诏征游瑰宿卫，以张献甫代之。献甫在道，军中有裴满者，扇乱劫朝晟，朝晟阳许之，密计斩三百余人。献甫入，改御史大夫。九年，城盐州，征兵以护外境，朝晟分统士马镇木波堡。献甫卒，诏以朝晟代之。其年，丁母忧，起复左金吾大将军同正、邠州刺史、兼御史大夫。十三年春，朝晟奏："方渠、合道、木波，皆贼路也，请城其地以备之。"诏问："须兵几何？"朝晟奏曰："臣部下兵自可集事，不烦外助。"复问："前筑盐州，凡兴师七万，今何其易也？"朝晟曰："盐州之役，咸集诸军，番戎尽知之。今臣境迫虏，若大兴兵，即番戎来寇，来寇则战，战则无暇城矣！今请密发军士，不十日至塞下，未旬而功毕，番人始知，已无奈何。"上从之。已事，军还至马岭，吐蕃始来，数日而退。

初，军次方渠，无水，师旅嚣然。遽有青蛇乘高而下，视其迹，水随而流，朝晟命筑防环之，遂为淳泉。军人仰饮以足，图其事上闻，诏置祠焉。免丧，加检校工部尚书。是夏，以防秋移军宁州，遘疾，旬余而卒。

张敬则者，不知何许人，本名昌，后赐名敬则。初助刘玄佐，累有军功，官至凤翔节度使。常有复河湟之志，遣大将野诗良辅发锐卒至陇西，番戎大骇。元和二年六月卒。

史臣曰：有唐中否，逆寇勃兴，天王窘以蒙尘，诸侯忠而赴难。可孤生居沙漠，挺然怀效命之风；功冠貔貅，屹尔有不矜之色。李观文儒之胄，乐习兵戎，戴圣主著定难之勋，救浑瑊于会盟之变。休颜斩使婴城，怀光股栗；惠元穷蹙自殁，天子轸悼。元谅退兵章敬，力战让功，雅有器度。及不忍小忿，专杀庭光，请罪军门，壮哉烈士！其下诸将，郁有劳能。胜生异域，推位让国，坚留宿卫，顾慕华风；居中土者，岂不思廉让耶！斯乃高祖之基，太宗之业，贻厥孙谋，不徒虚语。

赞曰：建中失国，啸聚氛氲。景命载延，群雄毕力。歌钟甲第，珪组繁锡。凡百人臣，忠为令德。

卷一百四十五　　列传第九十五

刘玄佐_{子士宁　士干　李万荣附}　**董晋**
陆长源　刘全谅　李忠臣
李希烈　吴少诚_{弟少阳　少阳子元济附}

刘玄佐，本名洽，滑州匡城人也。少倜傥，不理生业；为县捕盗吏，违法，为令所答，仅死，乃亡命从军。大历中，为永平军裨将。李灵曜据汴州，洽将兵乘其无备，径入宋州，遂诏以州隶永平军，节度使李勉奏署宋州刺史。建中二年，加兼御史中丞、亳颍节度等使。

李正己死，子纳匿丧谋叛，而李洧以徐州归顺，纳遣兵围之。诏洽与诸军援洧，与贼接战，大破之，斩首万余级。由是转输路通，加御史大夫。又收濮州，降其将杨令晖，分兵挟之，徇濮阳，降其将高彦昭，以通濮阳津。迁尚书，累封四百户，兼曹濮观察使，寻加淄青兖郓招讨使，又加汴滑都统副使。李希烈攻汴州，德宗在奉天，连战，贼稍却。兴元初，进加检校左仆射，加平章事。希烈围宁陵，洽大将刘昌言坚守不下。希烈攻陈州，洽遣昌言与诸军救之，大败贼党，获其将翟崇晖。希烈弃汴州，洽率军收汴，诏加汴宋节度。无几，授本管及陈州诸军行营都统，赐名玄佐。是岁来朝，又拜泾原四镇北庭等道兵马副元帅，检校司空，益封八百户。

玄佐性豪侈，轻财重义，厚赏军士，故百姓益困。是以汴之卒，始于李忠臣，迄于玄佐，而日益骄恣，多逐杀将帅，以利剽劫。又宠任小吏张士南及养子乐士朝，财物钜万。士朝通玄佐嬖妾。玄佐在镇，李纳每使来，必重赠遗，饰美女名乐，从其游娱，故多得其阴事，常先为备，故纳惮其心计。贞元三年三月，薨于位，年五十八，废朝三日，赠太傅。将佐初匿丧，称疾俟代，帝亦为之隐，数日乃发丧。子士宁、士干。

初，将佐匿丧，既发，帝遣问所欲立："吴凑可乎？"监军孟介、行军卢瑗皆曰"便"。及凑次汜水，柩将迁，请备仪；瑗不许，又令留什物俟新使，将士大怒。玄佐子婿及亲兵乃以三月晦夜激怒三军。明晨，衙兵皆甲胄，拥士宁登重榻，衣以墨缞，呼为留后。军士执城将曹金岸、浚仪令李迈，曰："尔等皆请吴凑者！"遂脔之，唯卢瑗获免。士宁乃以财物分赐将士，请之为帅，孟介以闻。帝召宰臣问计，窦参曰："今汴人挟李纳以邀命，若不许，惧合于纳。"遂从之，授士宁起复金吾卫将军同正、汴州刺史、宣武军节度等使。士宁位未定时，遣使通王武俊、刘济、田绪，以士宁未受诏于国，皆留之。

士宁初授节制，诸将多不悦服。性忍暴淫乱，或弯弓挺刃，手杀人于杯案间，悉焚父之妓妾，又强取人之妇女，好倮观妇人。每出畋猎，数日方还，军府苦之。其大将李万荣与其父玄佐同里闬，少相善，宽厚得众心；士宁疑之，去其兵权，令摄汴州事。万荣深怨之，将伺其隙逐之。十年正月，士宁以众二万畋于城南，兵既出，万荣晨入士宁廨舍，召其所留心腹兵千余人，矫谓之曰："有诏征大夫入朝，俾吾掌留务，汝辈人赐钱三千贯，无他忧也。"兵士皆拜。万荣既约亲兵于内，又召各营兵于外，以是言令之，军皆听命。万荣乃分兵闭城门，驰使白士宁曰："诏征大夫，宜速即路；若迁延不行，当传首以献。"士宁知众不为用，计无所出，乃将五百骑走归京师。比至中牟，亡走大半；至东都，所余僮隶妾妓数十人而已。既至京师，诏令归第服丧，禁绝出入。万荣乃斩士宁所亲之将辛液、白英贤以令于军，凡赏军士钱二十万贯，诏令籍没士宁家财以分赏焉。遂授万荣宣武军兵马留后。

初，万荣遣兵三千备秋于京西，有亲兵三百前为刘士宁所骄者，日益横。万荣恶之，悉置行籍中，由是深怨万荣。大将韩惟清、张彦琳请将往，不许；万荣令其子迺将之，未发。惟清、彦琳不得志，因亲兵衔怨，乃作乱，共攻万荣。万荣分兵击之，叛卒兵械少，战不胜，乃劫转运财货及居人而溃，杀伤千余人。叛兵四出，多投宋州，刺史刘逸准厚抚之。韩惟清走郑州，张彦琳走东都，以束身归罪，宥以不死，并流窜焉。万荣悉擒逃叛将卒妻孥数千人，皆诛之。万荣诛叛卒之后，人心恟恟不安，军卒数人呼于市曰："今夜大兵四面至，城当破。"众惊骇。万荣悉捕得，或云士宁所教，万荣斩之以闻；遂以士宁废处郴州。十一年五月，授万荣宣武军节度使。其年八月，万荣病，遂署其子迺为司马。迺勒大将李湛、伊娄说、张伾往外镇，寻皆令杀之。说、伾皆已死，惟李湛至尉氏，尉氏镇将郝忠节不肯杀湛。是夜军士逐出李迺，遂执送京师。万荣以其日病卒。迺至京师，付京兆府杖杀。

刘士干，玄佐养子，前为太府少卿。有乐士朝者，亦为玄佐养子，因冒刘姓，与士干有隙。及玄佐卒，或云为士朝所鸩。士干知之，及至京师，遣奴持刀于丧位，语士朝曰："有吊客至。"因诱杀之。赐士干死。

董晋，字混成，河中虞乡人。明经及第。至德初，肃宗自灵武幸彭原，晋上书谒见，授校书郎、翰林待制，再转卫尉丞，出为汾州司马。未几，刺史崔圆改淮南节度，奏晋以本官摄殿中侍御史，充判官，寻归台，授本官，迁侍御史、主客员外郎、祠部郎中。大历中，兵部侍郎李涵送崇徽公主使回纥，奏晋为判官。使还，拜司勋郎中。历秘书太府太常少卿监、左金吾将军。旬日，德宗嗣位，迁太常卿，迁右散骑常侍，兼御史中丞知台事。以清勤谨慎，故骤迁右职。寻为华州刺史、兼御史中丞、潼关防御使。久之，加兼御史大夫。朱泚僭逆于京师，使凶党仇敬、何望之侵逼华州，晋奔遁赴行在，授国子祭酒，寻令往恒州宣慰。从车驾还京师，迁左金吾卫大将军，改尚书左丞。时右丞元琇领度支使，为韩滉所挤贬黜，晋嫉之，见宰相极言非罪，举称之。复拜太常卿。

五年，迁门下侍郎、同平章事。时政事决在窦参，晋但奉诏书，领然诺而已。金吾卫将军沈房有弟丧，公除，衣惨服入阁。上问宰相，对曰："准式，朝官有周年已下丧者，诸纯缦，不合衣浅色。"帝曰："南班安得有之？"对曰："因循而然。"又问晋冠冕之制，对曰："古人服冠冕者，动有佩玉之响，所以节步也。《礼》云'堂上接武，堂下布武'，至恭也；步武有常，君前之礼，进趋而已。今或奔走以致颠仆，非恭慎也。在式，朝官皆是绫袍袄，五品已上金玉带，取其文彩画饰，以奉上也。是以禹恶衣食而致美乎黻冕，君亲一致。昔尚书郎含香，老莱彩服，皆此义也。服纯缦，非制也。"上深然之，遂诏曰："常参官入阁，不得趋走；周期已下丧者，禁惨服朝会。"又令服本品绫袍金玉带。晋明于礼学如此。

窦参骄满既甚，帝渐恶之。八年，参讽晋奏其侄给事中窦申为吏部侍郎，帝正色曰："岂不是窦参遣卿奏也？"晋不敢隐。因问参过失，晋具奏之。旬日，参贬官，晋忧惧，累上表辞位。九年夏，改礼部尚书、兵部尚书、东都留守、东都畿汝州都防御使。

会汴州节度李万荣疾甚，其子迺为乱，以晋为检校左仆射、同平章事，兼汴州刺史、宣武军节度营田、汴宋观察使。晋既受命，唯将幕客僚从十数人，都不召集兵马。既至郑州，宣武军迎候将吏无至者。晋左右及郑州官吏皆惧，共劝晋云："邓惟恭承万荣疾病之甚，遂总领军州事。今相公到此，尚不使人迎候，其情状岂可料；即恐须且迟回，以候事势。"晋曰："奉诏为汴州节度使，即合准敕赴官，何可妄为逗留！"人皆忧其不测，晋独恬然。未至汴州十数里，邓惟恭方来迎候，晋俾其不下马；既入，乃委惟恭以军政，众服晋明于事体机变，而未测其深浅。

初，万荣逐刘士宁，代为节度使，委兵于惟恭，以其同乡里。及疾甚，李迺将为乱，惟恭迺与监军同谋缚迺，送归朝廷。惟恭自以当便代居其位，故不遣候吏，以疑惧

晋心，冀其不敢进。不意晋之速至。晋已近，方遽出迎之。然心常怏怏，竟以骄盈慢法，潜图不轨，配流岭南。

朝廷恐晋柔懦，寻以汝州刺史陆长源为晋行军司马。晋谦恭简俭，每事因循多可，故乱兵粗安。长源好更张云为，数请改易旧事，务从削刻。晋初皆然之，及案牍已成，晋乃命且罢。又委钱谷支计于判官孟叔度。叔度轻佻，好慢易军人，皆恶之。晋十五年二月卒，年七十六，废朝三日，赠太傅，赐布帛有差。卒后未十日，汴州大乱，杀长源、叔度等。

陆长源，字泳之，开元、天宝中尚书左丞、太子詹事余庆之孙，西河太守璟之子。长源淑书史。乾元中，陷河北诸贼，因佐昭义军节度薛嵩卒后。久之，历建、信二州刺史。浙西节度韩滉兼领江、淮转运，奏长源检校郎中、兼中丞，充转运副使。罢为都官郎中，改万年县令，出为汝州刺史。

贞元十二年，授检校礼部尚书、宣武军行军司马，汴州政事，皆决断之。性轻佻，言论容易，恃才傲物，所在人畏而恶之。及至汴州，欲以峻法绳骄兵；而董晋判官杨凝、孟叔度亦纵恣淫湎，众情共怒。晋性宽缓，事务因循，以收士心。长源每事守法，晋或苟且，长源辄执而正之。

及晋卒，令长源知留后事。长源扬言曰："将士多弛慢，不守宪章，当以法绳之。"由是人人恐惧。加以叔度苛刻，多纵声色，数至乐营与诸妇人嬉戏，自称孟郎，众皆薄之。旧例，使长薨，放散布帛于三军制服。至是，人请服，长源初固不允，军人求之不已，长源等议给其布直。叔度高其盐价而贱为布直，每人不过得盐三二斤，军情大变。或劝长源，故事有大变，皆赏三军，三军乃安。长源曰："不可使我同河北贼，以钱买健儿取旌节。"兵士怨怒滋甚，乃执长源及叔度等脔而食之，斯须骨肉糜散。长源死之日，诏下以为节度使，及闻其死，中外惜之，赠尚书右仆射。

刘全谅，怀州武涉人也。父客奴，由征行家于幽州之昌平。少有武艺，从平卢军。开元中，有室韦首领段普恪，恃骁勇，数苦边。节度使薛楚玉以客奴有胆气，令抗普恪。客奴单骑袭之，斩首以献，自白身授左骁卫将军，充游奕使，自是数有战功。性忠谨，为军人所信。天宝末，安禄山反，诏以安西节度封常清为范阳节度，以平卢节度副使吕知诲为平卢节度，以太原尹王承业为河东节度。禄山既僭位于东都，遣腹心韩朝阳等招诱知诲；知诲遂受逆命，诱杀安东副都护、保定军使马灵詧，禄山遂署知诲为平卢节度使。客奴与平卢诸将同议，取知诲杀之；仍遣与安东将王玄志遥相应援，驰以奏闻。十五载四月，授客奴柳城郡太守、摄御史大夫、平卢节度支度营田陆运、押两蕃渤海黑水四府经略及平卢军使，仍赐名正臣。又以王玄志为安东副大都护、摄御史中丞、保定军及营田使。正臣仍领兵平卢来袭范阳，未至，为逆贼将史思明等大败之。正臣奔归，为王玄志所鸩而卒。逆贼署徐归道平卢节度，王玄志与平卢将侯希逸等又袭杀归道。大历九年，追赠正臣

工部尚书。

全谅本名逸准，以父勋授别驾、长史。建中初，刘玄佐为宋亳节度使，召署为牙将，以勇果骑射闻。玄佐以宗侄厚遇之，累署都知兵马使，试太仆卿、兼御史中丞。玄佐卒，子士宁代为节度使，疑宋州刺史翟良佐不附己，阳言出巡，至宋州，遽以逸准代良佐为刺史。及董晋卒，兵乱，杀陆长源，监军俱文珍与大将密召逸准赴汴州，令知留后。朝廷因授以检校工部尚书、汴州刺史，兼宣武军节度观察等使，仍赐名全谅。贞元十五年二月卒，年四十九，废朝一日，赠右仆射。

李忠臣，本姓董，名秦，平卢人也，世家于幽州蓟县。自云曾祖文昱，棣州刺史；祖玄奖，安东都护府录事参军；父神峤，河内府折冲。忠臣少从军，在卒伍之中，材力冠异。事幽州节度薛楚玉、张守珪、安禄山等，频委征讨，积劳至折冲郎将、将军同正、平卢军先锋使。

及禄山反，与其伦辈密议，杀伪节度吕知海，立刘正臣为节度，以忠臣为兵马使。攻长杨，战独山，袭榆关、北平，杀贼将申子贡、荣先钦，擒周钊送京师，忠臣功多。又从正臣破渔阳，逆将李归仁、李咸、白秀芝等来拒战，约数十合，并摧破之；无何，潼关失守，郭子仪、李光弼退师，忠臣乃引军北归。奚王阿笃孤初以众与正臣合，后诈言请以万余骑同收范阳，至后城南，中夜反攻，忠臣与战，遂至温泉山，破之；擒大首领阿布离，斩以祭蠹衅鼓。正臣卒，又与众议以安东都护王玄志为节度使。

至德二载正月，玄志令忠臣以步卒三千自雍奴为苇筏过海。贼将石帝庭、乌承洽来拒；忠臣与董竭忠退之，转战累日，遂收鲁城、河间、景城等，大获资粮，以赴本军。复与大将田神功率兵讨平原、乐安郡，下之；擒伪刺史臧瑜等。防河招讨使李铣承制以忠臣为德州刺史。属史思明归顺，河南节度张镐令忠臣以兵赴郓州，与诸军使收河南州县。又与神将阳惠元大破贼将王福德于舒舍口，肃宗累下诏慰谕，仍令镇濮州，寻移韦城。

乾元元年九月，改光禄卿同正。其年，与郭子仪等九节度围安庆绪于相州。明年二月，诸军溃归，忠臣亦退。至荥阳，贼将敬釭来袭官船，忠臣大破之，获米二百余艘，以资汴州军士。寻拜濮州刺史，缘河守捉使，移镇杏园渡。及史思明陷汴州，节度使许叔冀与忠臣并力屈降贼。思明抚忠臣背曰："吾比只有左手，今得公，兼有右手矣！"与俱寇河阳。数日，忠臣夜以五百人斫其营，突围归。李光弼以闻，诏加开府仪同三司、殿中监同正，赐实封二百户。召至京师，赐姓李氏，名忠臣，封陇西郡公，赐良马、庄宅、银器、彩物等。

时陕西、神策两节度郭英乂、卫伯玉镇陕州，以忠臣为两军节度兵马使。鱼朝恩亦在陕，俾忠臣与贼将李归仁、李感义等战于永宁、莎栅；前后数十阵，皆摧破之。会淮西节度王仲升为贼所擒，宝应元年七月，拜忠臣太常卿同正、兼御史中丞、淮西十一州节度。寻拜安州刺史，仍镇蔡州。其年，令忠臣会元帅诸军收复东都。二年六月，就加御史大夫。时回纥可汗既归其国，留判官安恪、石帝庭于河阳守御财物，因此招聚亡命为寇，道路壅隔，诏忠臣讨平之。

永泰元年，吐蕃犯西陲，京师戒严。代宗命中使追兵，诸道多不时赴难。使至淮西，忠臣方会鞠，即令整师饰驾。监军大将国请曰："军行须择吉日。"忠臣奋臂于众曰："焉有父母遇寇难，待拣好日，方救患乎！"即日进发。自此方隅有警，忠臣必先期而至。由是代宗嘉其忠节，加本道观察使，宠赐颇厚。及同华节度周智光举兵反，诏忠臣与神策将李太清等讨平之。大历三年，加检校工部尚书，实封通前三百户。五年，加蔡州刺史。七年，检校右仆射、知省事。李灵曜之叛，田承嗣使侄悦援之，忠臣与诸军大破悦等，汴州平。十一年十二月，加检校司空平章事、汴州刺史。

忠臣性贪残好色，将吏妻女多被诱胁以通之。又军无纪纲，所至纵暴，人不堪命。而以妹婿张惠光为衙将，恃势凶虐，军中苦之；数有言于忠臣，不之信也。俄以惠光为节度副使，令惠光子为衙将，陵横甚于其父。忠臣所信任大将李希烈，素善骑射，群情所伏，因众心之怒，以十四年三月，与少将丁暠、贾子华、监军判官蒋知璋等举兵斩惠光父子，以胁逐忠臣。单骑赴京师，朝廷方宠武臣，不之责也，依前检校司空、平章事，留京师奉朝请。

建中初，尝因奏对，德宗谓之曰："卿耳甚大，真贵人也。"忠臣对曰："臣闻驴耳甚大，龙耳甚小；臣耳虽大，乃驴耳也。"上说之。时常侍张涉承恩用事，坐受财贿事露，帝将以法绳之，涉即帝在春宫时侍讲也。忠臣奏曰："陛下贵为天子，而先生以乏财抵法，以愚臣观之，非先生之过也。"帝意解，但令归田里。前湖南观察辛京杲尝以忿怒杖杀部曲，有司劾奏京杲杀人当死，从之。忠臣奏曰："京杲合死久矣。"上问之，对曰："渠伯叔某于某处战死，兄弟某于某处战死，渠尝从行，独不死，是以知渠合死久矣。"上亦悯然，不令加罪，改授王傅而已。

忠臣木强率直，不识书，不喜儒生；及罢兵权，官位崇重，常郁郁不得志。及朱泚反，以为伪司空、兼侍中。泚率兵逼奉天，命忠臣京城留守。泚败，忠臣走樊川别业，李晟下将士擒忠臣至，系之有司。兴元元年，并其子并诛斩之，时年六十九，籍没其家。

李希烈，辽西人。父大定。希烈少从平卢军，后随李忠臣过海至河南。宝应初，忠臣为淮西节度，署希烈为偏裨，累授将军、试光禄卿、殿中监。忠臣兼领汴州，希烈为左厢都虞候，加开府仪同三司。大历末，忠臣军政不修，事多委妹婿张惠光，为押衙，弄权纵恣，人怨。与少将丁暠等斩惠光父子，忠臣奔赴朝廷。诏以忻王为淮西节度副大使，授希烈蔡州刺史、兼御史中丞、淮西节度留后，令滑亳节度李勉兼领汴州。

德宗即位后月余，加御史大夫，充淮西节度支度营田观察使，又改淮西节度淮宁军以宠之。建中元年，又加检校礼部尚书。会山南东道节度梁崇义拒捍朝命，迫胁使臣，二年六月，诏诸军节度率兵讨之；加希烈南平郡王，兼汉北都知诸兵马招抚处置使。希烈破崇义众，遂讨平之。录希烈功，加检校右仆射、同平章事，赐实封五百户。淄青节度李正己又谋不轨，三年秋，加希烈检校司空，兼淄青兖郓登莱齐等州节度支度营田、新罗渤海两蕃使，令讨袭正己。希烈遂率所部三万人移居许州，声言遣使往青州招谕李纳，其实潜与交通，又移牒汴州令备供拟，将与纳同为乱。李勉以其道路合自陈留，乃除道具馔以待之，希烈不从，乃大慢骂。自是志意纵肆，言多悖慢，日遣使交通河北诸贼帅等。是岁长至日，朱滔、田悦、王武俊、李纳各僭称王，滔使至希烈，希烈亦僭称建兴王、天下都元帅。

四年，希烈遣其将袭陷汝州，执李元平而去，东都大扰乱。朝廷犹为含容，遣太子太师颜真卿往宣慰。真卿发后数日，以龙武将军哥舒曜为东都兼汝州行营兵马节度。希烈既见真卿，但肆凶言，令左右慢骂，指斥朝廷。又遣逆党董侍名、韩霜露、刘敬宗、陈质、翟晖等四人伺外，侵抄州县，官军皆为其所败，荆南节度张伯仪全军覆没。又令周曾、王玢、姚憺、吕从贲、康琳等来袭曜，曾、玢、憺等谋回军据蔡州袭讨希烈，事泄，并遇害。神策军使白志贞又献策谋，令尝为节度、都团练使者各出家僮部曲一人及马，令刘德信总之讨希烈。寻诏李勉为淮西招讨使，哥舒曜为副。至四月，曜率众屯襄城，频与贼战，皆不胜。八月，希烈率众二万围襄城，李勉又令将唐汉臣率兵与刘德信同为曜之影援，皆望风败衄。希烈凶逆既甚，帝乃命舒王为荆襄、江西、沔鄂等道节度诸军行营兵马都元帅，大开幕府，文武僚属之盛，前后出师，未有其比。又令泾原诸道出兵，皆赴襄城。军未发，会泾州兵乱，车驾幸奉天。其日，希烈大破曜军于襄城，曜遁归东都，贼因乘胜攻陷汴州，李勉奔归宋州。

希烈性惨毒酷，每对战阵杀人，流血盈前，而言笑饮馔自若，以此人畏而服从其教令，尽其死力。其攻汴州，驱百姓，令运木土筑垒道，又怒其未就，乃驱以填之，谓之湿梢。既入汴州，于是僭号曰武成，以孙广、郑贲、李绶、李元平为宰相；以汴州为大梁府，李清虚为尹，署百官。遣兵东讨，至宁陵，竟为刘洽所拒，不得前。又遣将翟晖率精卒袭陈州，为刘洽、李纳大破之，生擒晖以献。诸«乘胜进攻汴州，希烈遁归蔡州，擒其伪署将相郑贲、刘敬宗等。李皋、樊泽、曲环、张建封又四面讨袭之，累拔其郡县，希烈败衄。贞元二年三月，因食牛肉遇疾，其将陈仙奇令医人陈仙甫置药以毒之而死。妻男骨肉兄弟共一十七人，并诛之。

初，希烈于唐州得象一头，以为瑞应，又上蔡、襄城获其珍宝，乃是烂车釭及滑石伪印也。

陈仙奇者，起于行间，性忠果。自希烈死，朝廷授淮西节度，颇竭诚节。未几，为别将吴少诚所杀，赠太子太保，赗布帛、米粟有差，丧事官给。

吴少诚，幽州潞县人。父为魏博节度都虞候。少诚以父勋授一子官，释褐王府户曹。后至荆南，节度使庾准奇之，留为衙门将。准入觐，从至襄汉，见梁崇义不遵宪度，知有异志，少诚密计有成擒之略，将自陈于阙下。属李希

烈初授节制，锐意立功，见少诚计虑，乃以少诚所见录奏，有诏慰恂，不次封通义郡王。未几，崇义违命，希烈受制专征，以少诚为前锋。崇义平，赐实封五千户。后希烈叛，少诚颇为其用。希烈死，少诚等初推陈仙奇统戎事，朝廷已命仙奇，寻为少诚所杀，众推少诚知留务。朝廷遂授以申光蔡等州节度观察兵马留后，寻正授节度。

少诚善于治，勤俭无私，日事完聚，不奉朝廷。贞元三年，判官郑常及大将杨冀谋逐少诚以听命于朝，试校书郎刘涉假为手诏数十，潜致于大将，欲因少诚之出，闭城门以拒之。属少诚将出饯中使，常、冀等遂谋举事；临发，为人所告，常、冀先遇害。其将李嘉节等各持假诏请罪，少诚悉宥之。其大将宋旻、曹齐奔归京师。

十五年，陈许节度曲环卒，少诚擅兴兵攻掠临颍县，节度留后上官说遣兵赴救，临颍镇使韦清与少诚通，救兵三千余人，悉擒缚而去。九月，遂围许州。寻下诏削夺少诚官爵，分遣十六道兵马进讨。十二月，官军败衄于小溵河。明年正月，夏州节度使韩全义为淮蔡招讨处置使，北路行营诸军将士，并取全义指挥，陈许节度留后上官说充副使。五月，全义与少诚将吴秀、吴少阳等战于溵水南，官军复败。七月，全义顿军于五楼村营，为贼所乘，大溃，全义与都监军使贾秀英、贾国良等夜遁，遂弃守溵水。汴宋、徐泗、淄青兵马直趣陈州，列营四面。少诚兵逼溵水五、六里下营，韩全义诸军又退保陈州。其汴州、河阳等兵各私归本道，陈许将孟元阳与神策军各率所部留军溵水。全义斩昭义、滑州、河阳、河中都将凡四人，然竟未尝整阵交锋，而王师累摧溃。少诚寻引兵退归蔡州。遂下诏洗雪，复其官爵，累加检校仆射。顺宗即位，加同中书门下平章事。元和初，迁检校司空，依前平章事。元和四年十一月卒，年六十，废朝三日，赠司徒。

吴少阳，本沧州清池人。初，吴少诚父翔在魏博军中，与少阳相爱。及少诚知淮西留守，乃厚以金帛取少阳至，则名以堂弟，署为军职，累奏官爵，出入少诚家，情旨甚昵。少阳度少诚猜忍，惧为所害，乃请出外以任防捍之任，少诚乃表为申州刺史、兼御史大夫，凡五年。少阳颇宽易，而少诚之众悦附焉。及少诚病亟，家僮单于熊儿者，伪以少诚意取少阳至，时少诚已不知人，乃伪署少阳摄副使、知军州事。少诚子元庆，年二十余，先为军职，兼御史中丞，少阳密害之。及少诚死，少阳自为留后。时王承宗求继士真，不受诏；宪宗怒，以讨承宗，不欲兵连两河，乃诏遂王宥遥领彰义军节度大使，以少阳为留后。遂授彰义军节度使、检校工部尚书。少阳据蔡州凡五年，不朝觐。汝南多广野大泽，得豢马畜，时夺掠寿州茶山之利，内则数匿亡命，以富实其军。又屡以牧马来献，诏因善之。元和九年九月卒，赠右仆射。

吴元济，少阳长子也。初为试协律郎、兼监察御史，摄蔡州刺史。及父死，不发丧，以病闻，因假为少阳表，请元济主兵务。帝遣医工候之，即称少阳疾愈，不见而还。先是，少阳判官苏兆、杨元卿及其将侯惟清尝同为少阳画朝觐计；及元济自领军，凶狠无义，唯昵军中凶悍之徒。素不便兆，缢杀之，归其尸于家，械侯惟清而囚之。时朝

廷误闻惟清已死，赠兵部尚书，赠苏兆以右仆射。杨元卿先奏事在京师，得尽言经略淮西事于宰相李吉甫。始，少阳以病闻，元卿请凡淮西使在道路者，所在留止之。及少阳卒，凡四十日，不为辍朝，但易将加兵于外以待。其邸吏何妄传董重质已杀元济，并屠其家；李吉甫遽请对拜贺，乃辍朝。数日，知元济尚在。时贼阴计已成，群众四出，狂悍而不可遏，屠舞阳，焚叶县，攻掠鲁山、襄城。汝州、许州及阳翟人多逃伏山谷荆棘间，为其杀伤驱剽者千里，关东大恐。

十月，以陈州刺史李光颜为忠武军节度使，又以山南东道节度使严绶充申光蔡等州招抚使，仍令内常侍崔潭峻监绶军。十年正月，绶军临贼西境。诏曰：

> 吴元济逆绝人理，反易天常；不居父丧，擅领军政。谕以诏旨，曾无谦恭，荧惑一方之人，迫胁三军之众。以少阳尝经任使，为之轸悼，命申吊祭，临遣使臣。陵虐封疆，遂致稽阻，绝朝廷之理，忘父子之恩。旋又掩寇舞阳，伤残吏卒，焚烧叶县，骚扰闾阎，恣行夺攘，无所畏忌。朕念赏延之义，重егo藩帅之门，尚欲纳于忠顺之途，处之显荣之地。未能饮怒，犹为包荒，再降诏书，俾申招抚。而毒螫滋甚，奸心靡悛，寿春西南，又陷镇栅，穷凶稔恶，纵暴延灾。覆载之所不容，人神之所共弃，良非获已，致此兴戎。吴元济在身官爵，并宜令削夺。令宣武、大宁、淮南、宣歙等道兵马合势，山南东道及魏博、荆南、江西、剑南东川兵马与鄂岳计会，东都防御使与怀郑汝节度及义成兵马掎角相应，同期进讨。

二月，绶兵为贼所袭，败于磁丘，退保唐州。四月，光颜破贼党，元济遣人求援于镇州王承宗、淄郓李师道；二帅上表于朝廷，请赦元济之罪，朝旨不从。自是两河贼帅所为窃议，冀以沮挠王师。五月，承宗、师道遣盗烧河阴仓，诏御史中丞裴度于军前宣喻，观用兵形势。度还奏曰："臣观诸将，唯光颜勇义尽心，必有成功。"上意甚悦。翌日，光颜奏大破贼于时曲，上曰："度知光颜，可谓至矣！"乃以度兼刑部侍郎。自是中外相贺，决不赦贼，征天下兵环申、蔡之郊，大小十余镇。六月，承宗、师道遣盗伏于京城，杀宰相武元衡、中丞裴度；衡先死，度重伤而免。宪宗特怒，即命度为宰相，淮右用兵之事，一以委之。七月，李师道遣嵩山僧圆净结山贼与留邸兵，欲焚烧东都，先事败而祸弭。严绶退罢，乃以汴州节度使韩弘为淮右行营兵马都统；以高霞寓有名，用为唐邓节度。

十一年春，诸军云合，惟李光颜、怀汝节度乌重胤心无顾望，旦夕血战，继献戎捷。六月，高霞寓为贼所击，败于铁城，退保新兴栅。时诸军胜负皆不实闻，多虚称克捷；及霞寓败，中外恟恟。宰相谏官屡以罢兵为请，唯裴度坚以破贼。寻以袁滋代霞寓为唐邓帅，滋柔懦不能军。十二年正月，袁滋复贬，闲厩使李愬表请军前自效，乃用愬为唐邓帅以代滋。愬军压境，拔贼文城栅，擒栅将吴秀琳，又获贼将李祐。李光颜亦拔贼郾城。元济始惧，尽发左右及守城卒，属董重质以抗光颜、重胤。

六月，元济乞降，为群贼所制，不能自拔。上以元凶已歼，兵未临于贼城，挽馈日殚，因延英问计于宰相。裴度曰："贼力已困，但群帅不一，故未能决降。"上曰："卿决能行乎？"曰："臣誓不与贼偕全。"七月，诏以度为彰义军节度使，兼申光蔡四面行营招抚使，以郾城为行在，蔡州为节度所。八月，度至郾城，激励士众，军士喜度至，以赏罚必行，皆愿输謦；每出劳，军士有流涕者。

时李愬营文城栅，既得吴秀琳、李祐，知其可用，委信无疑，日夜与计事于帐中。祐曰："元济劲军，多在洄曲西境防捍，而守蔡者皆市人疲氅之卒，可以乘虚掩袭，直抵悬瓠，比贼将闻之，元济成擒矣！"愬然之，咨于裴度。度曰："兵非出奇不胜，常侍良图也。"十一月，愬夜出军，令李祐率劲骑三千为前锋，田进诚三千为后军，愬自率三千为中军。其月十日夜，至蔡州城下，坎墙而毕登，贼不之觉。十一日，攻衙城，擒元济并其家属以闻。

初，元济之叛，恃其凶狠，然治军无纪纲。其将赵昌洪、凌朝江、董重质等各怀兵外寇。李师道郓州之盐，城往来宁陵、雍丘之间，韩弘知而不禁。淮右自少诚阻兵已来，三十余年，王师加讨，未尝及其城下，尝走韩全义，败于䟽颃，故骄悍无所顾忌。且恃城池重固，有陂浸阻回，故以天下兵环攻三年，所克者一县而已。及黜高霞寓、李逊、袁滋，诸军始进。又得阴山府沙陀骁骑、邯郸勇卒，光颜、重胤之奋命，及丞相临统，破诸将首尾之计，方擒元恶。

申、蔡之始，人劫于希烈、少诚之虐法，而忘其所归。数十年之后，长者衰丧，而壮者安于毒暴而恬于搏噬。地既少马，而广畜骡，乘之教战，谓之骡子军。尤称勇悍，而甲仗皆画为雷公星文，以为厌胜；而少诚能以奸谋固众心。

初，韩全义败于溵水，蔡兵于全义帐中得公卿间问讯书，少诚束而谕众曰："朝廷公卿以此书托全义，收蔡州日，乞一将士妻女以为婢妾。"以此激怒其众，绝其归向之心。是以蔡人有老死不闻天子恩宥者，故坚为贼用。地虽中州，人心过于夷貊，乃至搜阅天下豪锐，三年而后屈者，彼非将才而力备，盖势驱性习，不知教义之所致也。

元济至京，宪宗御兴安门受俘，百僚楼前称贺，乃献庙社，徇于两市，斩之于独柳，时年三十五。其夜失其首。妻沈氏，没入掖庭；弟二人、子三人，流于江陵诛之；判官刘协庶七人皆斩。光、蔡等州平，始复为王土矣。

史臣曰：治乱，势也，势乱不能卒治。长源以法绳骄军，祸不旋踵；则董公之宽柔不无谓。古之名将，以阴谋怨望，鲜全其族者。董秦始奋忠义，多长者言，宜其显赫，及失意挟邪，俄被淮阴之戮，惜哉！吴少诚为希烈之乱胎，虽谋夺其军，及嗣而灭。而元济效希烈之狂悖，谓无天地，人之凶险，一至于斯！是知王者御治之道，其可忽诸！

赞曰：圣哲之君，慎名与器。不轨之臣，得宠则戾。董怨而族，吴悖而菹。好乱乐祸，可监前车。

卷一百四十六　　列传第九十六

薛播　鲍防　李自良　李说
严绶　萧昕　杜亚　王纬　李
若初　于颀　卢徵　杨凭　郑
元　杜兼　裴玢　薛伾

薛播，河中宝鼎人，中书舍人文思曾孙也。父元晖，什邡令，以播赠工部郎中。播，天宝中举进士，补校书郎，累授万年县丞、武功令、殿中侍御史、刑部员外郎、万年令。播温敏，善与人交，李栖筠、常衮、崔祐甫皆引擢之。及祐甫辅政，用为中书舍人。出汝州刺史，以公事贬泉州刺史。寻除晋州刺史，河南尹，迁尚书左丞，转礼部侍郎。遇疾，贞元三年卒，赠礼部尚书。

初，播伯父元暖终于隰城丞，其妻济南林氏，丹阳太守洋之妹，有母仪令德，博涉《五经》，善属文，所为篇章，时人多讽咏之。元暖卒后，其子彦辅、彦国、彦伟、彦云及播兄据、摠并早孤孑，悉为林氏所训导，以至成立，咸致文学之名。开元、天宝中二十年间，彦辅、据等七人并举进士，连中科名，衣冠荣之。

鲍防，襄州人。幼孤贫，笃志好学，善属文。天宝末举进士，为渐东观察使薛兼训从事，累至殿中侍御史。入为职方员外郎，改太原少尹，正拜节度使。入为御史大夫，历福建、江西观察使，征拜左散骑常侍。扈从奉天，除礼部侍郎，寻迁工部尚书致仕。

防历洪、福、京兆，皆有政声，唯总戎非其宜，而谬执兵柄。以太原革车胡骑雄杂，而回鹘深入寇，防出拒战，为虏所败。为礼部侍郎时，尝遇知杂侍御史窦参于通衢，导骑不时引避，仆人为参所鞭；及秉政，遽令致仕。防谓亲友曰："吾与萧昕之子齿，而与昕同日悬车，非朽迈之致，以余岁见废。"防文学旧人，历职中外，不因罪戾，而为俗吏所摈，竟以愤终。众颇悯防而咎参，故参之败不旋踵，非不幸也。

李自良，兖州泗水人。初，禄山之乱，自良从兖郓节度使能元皓，以战功累授右卫率。后从袁傪讨袁晁、陈庄贼，积功至试殿中监，隶浙江东道节度使薛兼训。兼训移镇太原，自良从行，授河东军节度押衙。兼训卒，鲍防代，又事防为牙将。会回鹘入寇，防令大将焦伯瑜、杜荣国将兵击之。自良谓防曰："回鹘远来求战，未可与争锋。但于归路筑二垒，以兵守之，坚壁不动，虏求战不得，师老自旋。俟其返斾，即乘之，纵不甚捷，虏必狼狈矣。二垒陇其归路，策之上也。"防不从，促伯瑜等逆战，遇虏于百井。伯瑜等大败而还，由是稍知名。马燧代防为帅，署

奏自良代州刺史、兼御史大夫，仍为军候。自良勤恪有谋，燧深委信之。建中年，田悦叛，燧与抱真东讨；自良常为河东大将，摧锋陷阵，破田悦。及讨李怀光于河中，自良专河东军都将，前后战绩居多。燧之立功名，由自良协辅之力也。

贞元三年，从燧入朝，罢燧兵权，德宗欲以自良代燧。自良恳辞事燧久，不欲代为军帅，物议多之，乃授右龙武大将军。德宗以河东密迩胡戎，难于择帅，翌日，自良谢，上谓之曰："卿于马燧存军中事分，诚为得礼，然北门之寄，无易于卿。"即日拜检校工部尚书、兼御史大夫、太原尹、北都留守、河东节度支度营田观察使。在镇九年，以简俭守职，军民胥悦。虽出身戎伍，动必循法，略不以暴戾加人。十一年五月，卒于军，年六十三，上甚嗟惜之，废朝一日，赠左仆射，赙布帛米粟有差。

李说，淮安王神通之裔也。父遇，天宝中为御史中丞。说以门荫历仕，累佐使幕。马燧为河阳三城、太原节度，皆辟为从事。累转御史郎官，御史中丞，太原少尹，出为汾州刺史。节度使李自良复奏为太原少尹、检校庶子、兼中丞。

贞元十一年五月，自良病，凡六日而卒。匿丧，阳言病甚，数日发丧。先是，都虞候张瑶久在军，素得士心，尝请假迁葬，自良未许。至是，说与监军王定远谋，乃给瑶假，以大将毛朝阳代瑶，然后遣使告自良病。中使第五国珍自云、朔使还，过太原，闻自良病，中使迟留信宿。自良卒，国珍急驰至京，先说使至。乃下制以通王领河东节度大使，以说为行军司马，充节度留后、北都副留守；仍令国珍赍说官告及军府将吏部内刺史等敕书三十余通往太原宣赐，军中始定。

定远恃立说之功，颇恣纵横，军政皆自专决，仍请赐印。监军有印，自定远始也。定远既得印，益暴，将吏辄自补授，说浸不欢，遂成嫌隙。是岁七月，定远署虞候田宏为列将，以代彭令茵。令茵不伏，扬言曰："超补列将，非功不可，宏有何功，敢代予任！"定远闻而含怒，召令茵斩之，埋于马粪之中。家人请尸，不与，三军皆怨。说具以事闻。德宗以定远有奉天扈从之功，恕死停任。制未至，定远怒说奏闻，趋府谋杀说，升堂未坐，抽刀刺说，说走而获免。定远驰至府门，召集将吏，于箱中陈敕牒官告二十余轴，示诸将曰："有敕，令李景略知留后，遣说赴京，公等皆有恩命。"指箱中示之，诸将方拜抃，大将马良辅呼而麾众曰："箱中皆监军旧官告，非恩命也，不可受，但备急变尔。"定远知事败，走登乾明楼，召其部下将卒，多不之应。比夜，定远坠城下榰梯，伤而不死。寻有诏削夺，长流崖州。大将高迪等同其谋，说皆斩之。寻正拜河东节度使，检校礼部尚书。

说在镇六年，初勤心吏职，后遇疾，言语行步蹇涩，不能录军府之政，悉监军主之。又为孔目吏宋季等欺诳，军政事多隳紊，如此累年。十六年十月卒，年六十一，废朝一日，赠左仆射。

是月，制以河东节度行军司马郑儋检校工部尚书，兼

太原尹、御史大夫、河东节度度支营田观察等使、北都留守，在任不期年而卒。

严绶，蜀人。曾祖方约，利州司功。祖挹之，符离尉。父丹，殿中侍御史。绶，大历中登进士第，累佐使府。贞元中，由侍御史充宣歙团练副使，深为其使刘赞委遇，政事多所咨访。十二年，赞卒，绶掌宣歙留务，倾府藏以进献，由是有恩，召为尚书刑部员外郎。天下宾佐进献，自绶始也。

未几，河东节度使李说婴疾，事多旷弛，行军司马郑儋代综军政；既而说卒，因授儋河东节度使。是时姑息四方诸侯，未尝特命帅守，物故即用行军司马为帅，冀军情厌伏。儋既为帅，德宗选朝士可以代儋为行军司马者。因绶前日进献，上颇记之，故命检校司封郎中，充河东行军司马。不周岁，儋卒，迁绶银青光禄大夫、检校工部尚书，兼太原尹、御史大夫、北都留守，充河东节度支度营田观察处置等使。元和元年，杨惠琳叛于夏州，刘辟叛于成都，绶表请出师讨伐。绶悉选精甲，付牙将李光颜兄弟，光颜累立战功。蜀、夏平，加绶检校尚书左仆射。寻拜司空，进阶金紫，封扶风郡公。绶在镇九年，以宽惠为政，士马蕃息，境内称治。

四年，入拜尚书右仆射。绶虽名家子，为吏有方略，然锐于势利，不存名节，人士以此薄之。尝预百僚廊下食，上令中使马江朝赐樱桃。绶居两班之首，在方镇时识江朝，叙语次，不觉屈膝而拜，御史大夫高郢亦从而拜。是日，为御史所劾，绶待罪于朝，命释之。翌日，责江朝，降官一等。寻出镇荆南，进封郑国公。有溆州蛮首张伯靖者，杀长吏，据辰、锦等州，连九洞以自固，诏绶出兵讨之。绶遣部将李忠烈赍书晓谕，尽招降之。

九年，吴元济叛，朝议加兵，以绶有弘恕之称，可委以戎柄，乃授山南东道节度使，寻加淮西招抚使。绶自帅师压贼境，无威略以制寇；到军日，遽发公藏以赏士卒，累年蓄积，一旦而尽。又厚赂中贵人以招学援。师徒万余，闭壁而已，经年无尺寸功。裴度见上，屡言绶非将帅之才，不可责以戎事，乃拜太子少保代归。寻检校司空。久之，进位太傅，食封至三千户。长庆二年五月卒，年七十七，诏赠太保。

绶材器不逾常品，事兄嫂过谨，为时所称。常以宽柔自持，位跻上公，年至大耋，前后统临三镇，皆号雄藩，所辟士亲睹为将相者凡九人，其贵寿如此。

萧昕，河南人。少补崇文进士。开元十九年，首举博学宏辞，授阳武县主簿。天宝初，复举宏辞，授寿安尉，再迁左拾遗。昕尝与布衣张镐友善，馆而礼之，表荐之曰："如镐者，用之则为王者师，不用则幽谷一叟尔。"玄宗擢镐拾遗，不数年，出入将相。及安禄山反，昕举赞善大夫来瑱堪任将帅；思明之乱，瑱功居多。累迁宪部员外郎，为副元帅哥舒翰判官掌书记。潼关败，间道入蜀，迁司门郎中。寻兼安陆长史，为河南等道都统判官。迁中书舍人，兼扬府司马，佐军仍旧，入拜本官，累迁秘书监。代宗幸陕，昕出武关诣行在，转国子祭酒。大历初，持节吊回鹘。时回鹘恃功，廷诘昕曰："禄山、思明之乱，非我无以平定，唐国奈何市马而失信，不时归价？"众皆失色。昕答曰："国家自平寇难，赏功无丝毫之遗，况邻国乎！且仆固怀恩，我之叛臣，乃者尔助为乱，联西戎而犯郊畿；及吐蕃败走，回纥悔惧，启颡乞和。非大唐存念旧功，则当匹马不得出塞矣！是回纥自绝，非我失信。"回纥惭退，加礼以归，为常侍。十二年。朱泚之乱，徒步出城，泚急求之，亡匿山谷间。至奉天，迁太子少傅。贞元初，兼礼部尚书，寻复知贡举。五年，致仕。七年，卒于家，年九十，废朝，谥曰懿。

杜亚，字次公，自云京兆人也。少颇涉学，善言物理及历代成败之事。至德初，于灵武献封章，言政事，授校书郎。其年，杜鸿渐为河西节度，辟为从事，累授评事、御史。后入朝，历工、户、兵、吏四员外郎。永泰末，剑南叛乱，鸿渐以宰相出领山、剑副元帅，以亚及杨炎并为判官。使还，授吏部郎中、谏议大夫。炎为礼部郎中、知制诰、中书舍人。亚自以才用合当柄任，虽为谏议大夫，而心不悦。李栖筠承恩，众望必为宰相，亚厚结之。元载得罪，亚与刘晏、李涵等七人同鞫讯之。载死之翌日，亚迁给事中、河北宣慰使。宰相常衮亦不悦亚，岁余，出为洪州刺史、兼御史中丞、江西都团练观察使。

德宗初嗣位，励精求贤，令中使召亚。亚自揣必以宰辅见征，乃促程而进，累路与人言议，语及行宰相事，方面或以公事谘祈，亚皆纳之。既至，帝微知之，不悦；又奏对辞旨疏阔，出为陕州观察使兼转运使。寻迁河中、晋、绛等州防御观察使。杨炎作相，刘晏得罪，亚坐贬睦州刺史。

兴元初，召拜刑部侍郎。出为扬州长史、兼御史大夫、淮南节度观察使。时承陈少游征税烦重，奢侈僭滥之后，又新遭王绍乱兵剽掠；淮南之人，望亚之至，革划旧弊，冀以康宁。亚自以材当公辅之选，而联出外职，志颇不适，政事多委参佐，招引宾客，谈论而已。扬州官河填淤，漕挽埋塞，又侨寄衣冠及工商等多侵衢造宅，行旅拥弊。亚乃开拓疏启，公私悦赖，而盛为奢侈。江南风俗，春中有竞渡之戏，方舟并进，以急趋疾进者为胜。亚乃令以漆涂船底，贵其速进；又为绮罗之服，涂之以油，令舟子衣之，入水而不濡。亚本书生，奢纵如此，朝廷亟闻之。

贞元五年，以户部侍郎窦觎为淮南节度代亚。亚犹以旧望，窦觎甚畏之。改检校吏部尚书，判东都尚书省事，充东都留守、都防御使。既病风，尚建利以固宠，奏请开苑内地为营田，以资军粮；减度支每年所给，从之。亚不躬亲部署，但委判官张荐、杨腆。初，奏请取荒地营田，其苑内地堪种食者，先为留司中官及军人等开垦已尽。亚计急，乃取军中杂钱举息与畿内百姓，每至田收之际，多令军人车牛散入村乡，收敛百姓所得菽粟将还军。民家略尽，无可输税，人多艰食，由是大致流散。乃厚赂中官，令奏河南尹无政，亚自此亦规求兼领河南尹，事不果。帝渐知虚诞，乃以礼部尚书董晋代为东都留守，召亚还京师。既风疾渐深，又患脚膝，不任朝谒。贞元十四年卒于家，年七十四，赠太子少傅。

王纬，字文卿，太原人也。祖景，司门员外、莱州刺史。父之咸，长安尉；与昆弟之贲、之涣皆善属文。之咸以纬贵，故累赠刺史。纬举明经，又书判入等，历长安尉，出佐使府，授御史郎官，入朝为金部员外郎、剑南租庸使、检校司封郎中、彭州刺史、检校庶子、兼御史中丞、西川节度营田副使。初，大历中，路嗣恭为江西观察使，陷害判官李泌，将诛之；纬亦为路嗣恭判官，说谕救解，获免。贞元三年，泌为相，擢授纬给事中。未数日，又擢为润州刺史、兼御史中丞、浙江西道都团练观察使。十年，加御史大夫，兼诸道盐铁转运使。三岁，加检校工部尚书。纬性勤俭，历官清洁，而伤于苛碎，多用削刻之吏，督察巡属，人不聊生。贞元十四年卒，年七十一，废朝一日，赠太子少保。

李若初，赵郡人。贞观中并州长史、工部侍郎弘节之曾孙也。祖道谦，太府卿。若初少孤贫，初为转运使刘晏下微冗散职；晏判官包佶重其勤干，以女妻之。历陈州太康令。刺史李芃初莅官，若初献计，请收敛羡余钱物，交结权贵，芃厚遇之。累岁，芃迁河阳三城使，奏若初为从事，军中之事，多以委之。累授检校郎中、兼中丞、怀州刺史。转虢州刺史，坐公事为观察使劾奏，免归。久之，出为衢州刺史，迁福州刺史、兼御史中丞、福建都团练使。寻迁越州刺史、浙江东道都团练观察使。十四年秋，代王纬为润州刺史、兼御史大夫、浙江都团练观察、诸道盐铁转运使。善于吏道，性严强力，束敛下吏，人甚畏服。方整理盐法，颇有次叙。贞元十五年，遇疾卒，废朝一日，赠礼部尚书。

于颀，字休明，河南人也。父庭谓，济王府仓曹，累赠尚书左仆射。颀少以吏事闻，累授京兆府士曹，为尹史翙所赏重。翙出镇襄、汉，奏为御史，充判官。翙为乱兵所杀，颀挺出收葬遗骸，时人义之。度支使第五琦署为河东租庸使，累授凤翔少尹、度支郎中、兼御史中丞、转运租庸粮料盐铁等使。颀因奏移转运汴州院于河阴，以汴州累遇兵乱，散失钱帛故也。元载为诸道营田使，又署为郎官，令于东都、汝州开置屯田。历户部侍郎、秘书少监、京兆尹、太府卿，代杜济为京兆尹。

及为大官，好任机数，专候权要，朝列中无势利者，视之蔑如也。曲事元载，亲昵之。而为政苛刻无大体；丁所生母忧罢。及载得罪后，出为郑州刺史，迁河南尹，以无政绩代还。时征汾州刺史刘遍，遍刚肠嫉恶，历典数州，皆为廉使畏惧。宰相卢杞恐遍为御史大夫，亏沮己之所见，遽称荐颀为御史大夫，以其柔佞易制也。从幸奉天，改左散骑常侍，历左千牛上将军，徙大理卿、太子少保、工部尚书。因入朝仆地，为金吾仗卫掖起，改太子少师致仕。贞元十五年卒，时年七十四。

卢徵，范阳人也，家于郑之中牟。少涉猎书记。永泰中，江淮转运使刘晏辟为从事，委以腹心之任，累授殿中侍御史。晏得罪，贬珍州司户。元琇亦晏之门人，兴元中，为户部侍郎、判度支，荐徵为京兆司录、度支员外。琇得罪，坐贬为信州长史。迁信州刺史。入为右司郎中，骤迁给事中。户部侍郎窦参深遇之，方倚以自代。贞元八年春，同州刺史阙，参请以尚书左丞赵憬补之，特用中徵，以间参腹心也。数岁，转华州刺史。徵冀复入用，深结托中贵，厚遗之。故事，同、华以近地人贫，每正至端午降诞，所献甚薄；徵遂竭其财赋，每有所进献，辄加常数，人不堪命。疾病卧理者数年，贞元十六年卒，时年六十四。

杨凭，字虚受，弘农人。举进士，累佐使府。征为监察御史，不乐检束，遂求免。累迁起居舍人、左司员外郎、礼部兵部郎中、太常少卿、湖南江西观察使，入为左散骑常侍、刑部侍郎、京兆尹。凭工文辞，少负气节；与母弟凝、凌相友爱，皆有时名。重交游，尚然诺，与穆质、许孟容、李鄘、王仲舒为友，故时人称杨、穆、许、李之友，仲舒以后进慕而入焉。性尚偏僻，不能接下，以此人多怨之。及历二镇，尤事奢侈。

元和四年，拜京兆尹，为御史中丞李夷简劾奏凭前为江西观察使赃罪及他不法事，敕付御史台覆按，刑部尚书李鄘、大理卿赵昌同鞫问台中。又捕得凭前江西判官、监察御史杨瑗系于台，复命大理少卿胡珦、左司员外郎胡证、侍御史韦顗同推鞠之。诏曰："杨凭顷在先朝，委以藩镇，累更选用，位列大官。近者宪司奏劾，暴扬前事，计钱累万，曾不报闻，蒙蔽之罪，于何逃责？又营建居室，制度过差，侈靡之风，伤我俭德。以其自尹京邑，人颇怀之，将议刑书，是加愍恻。宜从遐谴，以诫百僚，可守贺州临贺县尉同正，仍驰驿发遣。"先是，凭在江西，夷简自御史出，官在巡属。凭颇疏纵，不顾接之。夷简常切齿。及凭归朝，修第于永宁里，功作并兴，又广蓄妓妾于永乐里之别宅，时人大以为言。夷简乘众议，劾举前事，且言修营之僭，将欲杀之。及下狱，置对数日，未得其事。夷简持之益急，上闻，且贬焉，追旧从事以验。自贞元以来居方镇者，为德宗所姑息，故窳极僭作，无所畏忌。及宪宗即位，以法制临下，夷简首举凭罪，故时议以为宜；然绳之太过，物论又讥其深切矣。

郑元，举进士第，累迁御史中丞。贞元中为河中节度使杜确行军司马。确卒，遂继为节度使，入拜尚书左丞。元和二年，转户部侍郎、兼御史大夫、判度支。三年春，迁刑部尚书，兼京兆尹。九月，复判度支，依前刑部尚书、兼御史大夫。元性严毅，有威断，更践剧任，时称其能。元和四年，以疾辞职，守本官，逾月卒。

杜兼，京兆人，贞观中宰相杜正伦五代孙。举进士，累辟诸府从事，拜濠州刺史。兼性浮险，豪侈矜气。属贞元中德宗厌兵革，姑息戎镇，至军郡刺史，亦难于更代。兼探上情，遂练卒修武，占召劲勇三千人以上闻，乃恣凶威。录事参军韦赏、团练判官陆楚，皆以守职论事忤兼，兼密诬奏二人通谋，扇动军中。忽有制使至，兼率官吏迎于驿中，前呼韦赏、陆楚出，宣制杖杀之。赏进士擢第，楚兖公象先之孙，皆名家，有士林之誉；一朝以无罪受戮，郡中股栗，天下冤叹之。又诬奏李藩，将杀之，语在藩事中。故兼所至，人侧目焉。元和初，入为刑部、吏部郎中，拜给事中，除金商防御使，旋授河南少尹、知府事，寻正拜河南尹。皆杜佑在相位所借护也。元和四年，卒于官。

裴玢，京兆人。五代祖疏勒国王绰，武德中来朝，授鹰扬大将军，封天山郡公，因留阙下，遂为京兆人。玢初为金吾将军论惟明傔，德宗幸奉天，以战功封忠义郡王。惟明镇鄜坊，累署玢为都虞候。后节度王栖曜卒，中军将何朝宗谋作乱，中夜纵火，玢匿身不救火，迟明而擒朝宗。德宗发三司使按问，竟斩朝宗及行军司马崔辂，以同州刺史刘公济为节度使，以玢为坊州长史、兼侍御史，充行军司马。明年，公济卒，拜玢鄜州刺史、兼御史大夫，充节度观察等使。三年，改授山南西道节度观察等使。

玢历二镇，颇以公清苦节为政；不交权幸，不务贡献，蔬食敝衣，居处才避风雨，而廪库饶实，三军百姓安业，近代将帅无比焉。及绵疾辞位，请归长安。元和七年卒，年六十五，赠尚书左仆射，谥曰节。

薛伾，胜州刺史涣之子。尚父汾阳王召置麾下，著名于诸将间。左仆射李揆使西蕃，伾为将从役。时贼沘之难，昆夷赴义，伾驰骑乡导，至于武功，擢授左威卫将军。使绝域者前后数四，累迁左金吾卫大将军、检校工部尚书、兼将作监，出为鄜坊观察使。元和八年，卒于官，赠潞州大都督。

史臣曰：薛播温敏有文，鲍防董戎无术，李、严太原之政，可谓美矣。萧昕抱则哲之知，杜亚怀非次之望。王纬清洁而伤苛碎，若初善理而性刚严。于颀好任机权，趋附势利。卢徵厚敛货贿，结托中人。杨凭好奢，郑元有断。杜兼杀戮端士，怙乱邀君。裴玢发奸谋，安民和众。而玢敝衣粝食，不交权幸，帑庾咸实，郡邑以宁。若夫君子无求备于人，舍短从长，彰善瘅恶，则裴玢之善，抑之更扬；杜兼之恶，欲盖而彰耳。

卷一百四十七　列传第九十七

杜黄裳　高郢子定　杜佑子式方 从
郁　式方子悰　从郁子牧

杜黄裳，字遵素，京兆杜陵人也。登进士第、宏辞科，杜鸿渐深器重之。为郭子仪朔方从事，子仪入朝，令黄裳主留务于朔方。邠将李怀光与监军阴谋代子仪，乃为伪诏

书，欲诛大将温儒雅等。黄裳立辨其伪，以诘怀光，怀光流汗伏罪。诸将有难制者，黄裳矫子仪命尽出之，数月而乱不作。后入为台省官，为裴延龄所恶，十年不迁。贞元末，为太常卿。王叔文之窃权，黄裳终不造其门。尝语其子婿韦执谊，令率百官请皇太子监国，执谊逡曰："丈人才得一官，可复开口议禁中事耶！"黄裳勃然曰："黄裳受恩三朝，岂可以一官见卖！"即拂衣而出。寻拜平章事。

邠州节度使韩全义曾居讨伐之任，无功，黄裳奏罢之。刘辟作乱，议者以剑南险固，不宜生事；唯黄裳坚请讨除，宪宗从之。又奏请不以中官为监军，只委高崇文为使。黄裳自经营伐蜀，以至成功，指授崇文，无不悬合。崇文素惮刘澭，黄裳使人谓崇文曰："若不奋命，当以刘澭代之。"由是得崇文之死力。既平辟，宰臣入贺，帝目黄裳曰："此卿之功也。"后与宪宗语及方镇除授，黄裳奏曰："德宗自艰难之后，事多姑息。贞元中，每帅守物故，必先命中使侦伺其军动息，其副贰大将中有物望者，必厚赂近臣以求见闻，帝必随其称美而命之，以是因循，方镇罕有特命帅守者。陛下宜熟思贞元故事，稍以法度整肃诸侯，则天下何忧不治！"宪宗然其言。由是始用兵诛蜀、夏之后，不容藩臣蹇傲，克复两河，威令复振，盖黄裳启其衷也。黄裳有经画之才，达于权变，然检身律物，寡廉洁之誉，以是居鼎职不久。二年正月，检校司空，同平章事，兼河中尹、河中晋绛等州节度使。八月，封邠国公。三年九月，卒于河中，年七十一，赠司徒，谥曰宣。

黄裳性雅澹宽恕，心虽从长，口不忤物。始为卿士，女嫁韦执谊，深不为执谊所称；及执谊谴逐，黄裳终保全之，泊死岭表，请归其丧，以办葬事。及是被疾，医人误进其药，疾甚而不怒。然为宰相，除授不分流品，或官以赂迁，时论惜之。

黄裳殁后，贿赂事发。八年四月，御史台奏："前永乐令吴凭为僧鉴虚受托，与故司空杜黄裳，于故州邠宁节度使高崇文处纳赂四万五千贯，并付黄裳男载，按问引伏。"敕曰："吴凭曾佐使府，忝履宦途，自宜畏法惜身，岂得为人通货！事关非道，理合惩愆，宜配流昭州。其付杜载钱物，宰辅之任，宠寄实深，致兹货财，不能拒绝，已令按问，悉合征收，贵全终始之恩，俾弘宽大之典。其所取钱物，并宜矜免，杜载等并释放。"

载为太子仆，长庆中，迁太仆少卿、兼御史中丞，充入吐蕃使。

载弟胜，登进士第，大中朝位给事中。胜子廷坚，亦进士擢第。

高郢，字公楚，其先渤海蓨人。九岁通《春秋》，能属文。天宝末，盗据京邑，父伯祥先为好畤尉，抵贼禁，将加极刑。郢时年十五，被发解衣，请代其父，贼党义之，乃俱释。后举进士擢第，应制举，登茂才异行科，授华阴尉。尝以鲁不合用天子礼乐，乃引《公羊传》，著《鲁议》，见称于时，由是授咸阳尉。

郭子仪节制朔方，辟为掌书记。子仪尝怒从事张昙，奏杀之；郢极言争救，忤子仪旨，奏贬猗氏丞。李怀光节

制邠宁，奏为从事，累转副元帅判官、检校礼部郎中。怀光背叛，将归河中，郢言："西迎大驾，岂非忠乎！"怀光忿而不听。及归镇，又欲悉众而西。时浑瑊军孤，群帅未集，郢与李鄘誓死驻之。属怀光长子璀候郢，郢乃谕以逆顺曰："人臣所宜效顺。且自天宝以来阻兵者，今复谁在？况国家自有天命，非独人力。今若恃众西向，自绝于天，十室之邑，必有忠信，安知三军不有奔溃者乎？"李璀震惧，流泪气索。明年春，郢与都知兵马使吕鸣岳、都虞候张延英同谋间道上表；及受密诏，事泄，二将立死。怀光乃大集将卒，白刃盈庭，引郢诘之。郢挺然抗辞，无所惭隐，愤气感发，观者泪下，怀光惭沮而止。德宗还京，命谏议大夫孔巢父、中人啖守盈赴河中宣慰怀光，授以太保，而怀光怒，激其亲兵诟詈，杀守盈及巢父。巢父之被刃也，委于地，郢就而抚之。及怀光被诛，马燧辟郢为掌书记。

未几，征拜主客员外，迁刑部郎中，改中书舍人。凡九岁，拜礼部侍郎。时应进士举者，多务朋游，驰逐声名；每岁冬，州府荐送后，唯追奉宴集，罕肆其业。郢性刚正，尤嫉其风，既领职，拒绝请托，虽同列通熟，无敢言者。志在经艺，专考程试。凡掌贡部三岁，进幽独，抑浮华，朋滥之风，翕然一变。拜太常卿。贞元十九年冬，进位银青光禄大夫，守中书侍郎、同中书门下平章事。顺宗即位，转刑部尚书，为韦执谊等所惮。寻罢知政事，以本官判吏部尚书事。明年，出镇华州。

元和元年冬，复拜太常卿，寻除御史大夫。数月，转兵部尚书。逾月，再表乞骸，不许。又上言曰："臣闻劳生佚老，天理自然，蠕动翾飞，日入皆息。自非贡禹之守经据古，赵喜之正身匪懈，韩暨之志节高洁，山涛之道德模表，纵过常期，讵为贪冒。其有当仁不让，急病忘身，岂止君命，犹宜身举。臣郢不才，久辱高位，无任由衷沥恳之至。"乃授尚书右仆射致仕。六年七月卒，年七十二。赠太子太保，谥曰贞。

郢性恭慎廉洁，罕与人交游，守官奉法勤恪，掌诰累年，家无制草。或谓之曰："前辈皆留制集，公焚之何也？"曰："王言不可存私家。"时人重其慎密。与郑珣瑜并命拜相；未几，德宗升遐。时同在相位，杜佑以宿旧居上，而韦执谊由朋党专柄。顺宗风恙方甚，枢机不宣，而王叔文以翰林学士兼户部侍郎，充度支副使。是时政事，王叔文谋议，王伾通导，李忠言宣下，韦执谊奉行。珣瑜自受命，忧形颜色，至是以势不可夺，因称疾不起。郢则因循，竟无所发，以至于罢。物论定此为优劣焉。子定嗣。

定，幼聪警绝伦，年七岁时，读《尚书·汤誓》，问郢曰："奈何以臣伐君？"郢曰："应天顺人，不为非道。"又问曰："用命赏于祖，不用命戮于社，是顺人乎？"父不能对。仕至京兆参军。小字董二，人以幼慧，多以字称之。尤精《王氏易》，尝为《易图》，合入出之画八卦，上圆下方，合则重，转则演，七转而六十四卦六甲八节备焉。著《易外传》二十二卷。

杜佑，字君卿，京兆万年人。曾祖行敏，荆、益二州都督府长史、南阳郡公。祖悫，右司员外郎、详正学士。父希望，历鸿胪卿、恒州刺史、西河太守，赠右仆射。佑以荫入仕，补济南郡参军、剡县丞。时润州刺史韦元甫尝受恩于希望，佑谒见，元甫未之知，以故人子待之。他日，元甫视事，有疑狱不能决。佑时在旁，元甫试讯于佑；佑口对响应，皆得其要。元甫奇之，乃奏为司法参军。元甫为浙西观察、淮南节度，皆辟为从事，深所委信。累官至检校主客员外郎，入为工部郎中，充江西青苗使，转抚州刺史。改御史中丞，充容管经略使。杨炎入相，征入朝，历工部、金部二郎中，并充水陆转运使，改度支郎中，兼和籴等使。时方军兴，馈运之务，悉委于佑；迁户部侍郎、判度支。为卢杞所恶，出为苏州刺史。佑母在，杞以苏州忧阙授之。佑不行，俄换饶州刺史。未几，兼御史大夫，充岭南节度使。时德宗在兴元。朝廷故事，执政往往遗脱；旧岭南节度，常兼五管经略使，佑独不兼。故五管不属岭南，自佑始也。

贞元三年，征为尚书左丞，又出为陕州观察使，迁检校礼部尚书、扬州大都督府长史，充淮南节度使。丁母忧，特诏起复，累转刑部尚书、检校右仆射。十六年，徐州节度使张建封卒，其子愔为三军所立，诏佑以淮南节制检校左仆射、同平章事，兼徐泗节度使，委以讨伐。佑乃大具舟舰，遣将孟准先当之。淮渡淮而败，佑杖之，固境不敢进。及诏以徐州授愔，而加佑兼濠、泗等州观察使。在扬州开设营垒三十余所，士马修葺。然于宾僚间依阿无制，判官南宫傅、李亚、郑元均争权，颇紊军政，德宗知之，并窜于岭外。

十九年入朝，拜检校司空、同平章事，充太清宫使。德宗崩，佑摄冢宰，寻进位检校司徒，充度支盐铁等使，依前平章事。旋又加弘文馆大学士。时王叔文为副使，佑虽总统，而权归叔文。叔文败，又奏李巽为副使，颇有所立。顺宗崩，佑复摄冢宰，寻让金谷之务，引李巽自代。先是，度支以制用惜费，渐权百司之职，广署吏员，繁而难理；佑始奏营缮归之将作，木炭归之司农，染练归之少府，纲条颇整，公议多之，朝廷允其议。

元和元年，册拜司徒、同平章事，封岐国公。时河西党项潜导吐蕃入寇，边将邀功，亟请击之。佑上疏论之曰：

臣伏见党项与西戎潜通，屡有降人指陈事迹，而公卿廷议，以为诚当谨兵戎，备侵轶，益发甲卒，邀其寇暴。此盖未达事机，匹夫之常论也。

夫蛮夷猾夏，唐虞已然。周宣中兴，猃狁为害，但命南仲往城朔方，追之太原，及境而止，诚不欲弊中国而怒远夷也。秦平六国，恃其兵力，北筑长城，以拒匈奴；西逐诸羌，出于塞外。劳力扰人，结怨阶乱，中国未静，白徒竞起，海内云扰，实生谪戍。汉武因文、景之富，命将兴师，遂至户口减半，竟下哀痛之诏罢田轮台。前史书之，尚嘉其先迷而后复。盖圣王之理天下也，唯务绥静蒸人，西至流沙，东渐于海，在南与北，亦存声教。不以远物为珍，匪求遐方之贡，岂疲内而事外，终得少而失多。故前代纳忠之臣，并有匡君之议。淮南王请息师于闽越，贾捐之愿弃地于珠崖，安危利害，高悬前史。

昔冯奉世矫汉帝之诏，击莎车，传其王首于京师，威震西域。宣帝大悦，议加爵土之赏。萧望之独以为矫制违命，虽有功效，不可为法；恐后之奉使者争逐发兵，为国家生事，述理明白，其言遂行。国家自天后已来，突厥默啜兵强气勇，屡寇边城，为害颇甚。开元初，边将郝灵佺亲捕斩之，传首阙下，自以为功，代莫与二，坐望荣宠。宋璟为相，虑武臣邀功，为国生事，止授以郎将。由是讫开元之盛，无人复议开边，中国遂宁，外夷亦静。此皆成败可征，鉴戒非远。

且党项小蕃，杂处中国，本怀我德，当示抚绥。间者边将非廉，亟有侵刻，或利其善马，或取其子女，便赇方物，征发役徒。劳苦既多，叛亡遂起，或与北狄通使，或与西戎寇边，有为使然，固当惩革。《传》曰："远人不服，则修文德以来之。"《管子》曰："国家无使勇猛者为边境。"此诚圣哲识微知著之远略也。今戎丑方强，边备未实，诚宜慎择良将，诫之完葺，使保诚信，绝其求取，用示怀柔。来则惩御，去则谨备，自然怀柔，革其奸谋，何必遽图兴师，坐致劳费！

陛下上圣君人，覆育群类，动必师古，谋无不臧。伏望坚保永图，置兵衽席，天下幸甚！臣识昧经纶，学惭博究，窃鼎铉之宠任，为朝廷之老臣，恩深莫伦，志恳思报，臧否备阅，刍荛上陈，有渎旒扆，伏深惶悚。

上深嘉纳。

岁余，请致仕，诏不许，但令三五日一入中书，平章政事。每入奏事，宪宗优礼之；不名，常呼司徒。佑城南樊川有佳林亭，卉木幽邃，佑每与公卿宴集其间，广陈妓乐。诸子咸居朝列，当时贵盛，莫之与比。元和七年，被疾，六月，复乞骸骨。表四上，情理切至，宪宗不获已，许之。诏曰：

宣力济时，为臣之懿躅；辞荣告老，行己之高风。况乎任重公台，义深翼赞，秉冲让之志，坚金石之诚。敦谕既勤，所执弥固，则当遂其衷恳，进以崇名；尚齿优贤，斯王化之本也。

金紫光禄大夫、守司徒、同中书门下平章事、兼充弘文馆大学士、太清宫使、上柱国、岐国公、食邑三千户杜佑，岩廊上才，邦国茂器；蕴经通之识，履温厚之姿，宽裕本乎性情，谋猷彰乎事业。博闻强学，知历代沿革之宜；为政惠人，审群黎病利之要。由是再司邦用，累历藩方，出总戎麾，入和鼎实，聿膺重寄，历事先朝，左右朕躬，凤夜不懈。命以诏册，登之上公，肃恭在廷，华发承弁。兹可谓国之元老，人之具瞻者也。

朕缵承丕业，思弘景化，选劳求旧，期致时雍，方伸引翼之仪，遽抗悬车之请。而又固辞年疾，乞就休闲，已而复来，星躔屡变，有不可抑，良用耿然。永惟古先哲王，君臣之际，臣有耆艾以求其退，君有

优赐以徇其情；乃辍邓禹敷教之功，仍增王祥辅导之秩，俾养浩然之气，安于敬止之乡，庶乎怡神葆和，永绥福履。仍加阶级，以厚宠章，可光禄大夫、守太保致仕，宜朝朔望。

是日，上遣中使就佑第赐绢五百匹、钱五百千。其年十一月薨，寿七十八，废朝三日，册赠太傅，谥曰安简。

佑性敦厚强力，尤精吏职，虽外示宽和，而持身有术。为政弘易，不尚鹯察，掌计治民，物便而济，驭戎应变，即非所长。性嗜学，该涉古今，以富国安人之术为己任。初开元末，刘秩采经史百家之言，取《周礼》六官所职，撰分门书三十五卷，号曰《政典》，大为时贤称赏；房琯以为才过刘更生。佑得其书，寻味厥旨，以为条目未尽，因而广之，加以《开元礼》、《乐》，书成二百卷，号曰《通典》。贞元十七年，自淮南使人诣阙献之，曰：

臣闻太上立德，不可庶几；其次立功，遂行当代；其次立言，见志后学。由是往哲递相祖述，将施有政，用乂邦家。臣本以门资，幼登官序，仕非游艺，才不逮人，徒怀自强，颇玩坟籍。虽履历叨幸，或职剧务殷，窃惜光阴，未尝轻废。夫《孝经》、《尚书》、《毛诗》、《周易》、《三传》，皆父子君臣之要道；十伦五教之宏纲，如日月之下临，天地之大德，百王是式，终古攸遵。然多记言，罕存法制；愚管窥测，莫达高深，辄肆荒虚，诚为亿度。每念愦学，莫探政经，略观历代众贤著论，多陈紊失之弊，或阙匡拯之方。臣既庸浅，宁详损益，未原其始，莫畅其终。尚赖周氏典礼，秦皇荡灭不尽，纵有繁杂，且用准绳。至于往昔是非，可为来今龟镜，布在方册，亦粗研寻。自顷缵修，年逾三纪，识寡思拙，心昧辞芜。图籍实多，事目非少，将事功毕，罔愧乖疏，固不足发挥大猷，但竭愚尽虑而已。书凡九门，计氏百卷，不敢不具上献，庶明鄙志所之，尘渎圣聪，兢惶无措。

优诏嘉之，命藏书府。其书大传于时，礼乐刑政之源，千载如指诸掌，大为士君子所称。

佑性勤而无倦，虽位极将相，手不释卷。质明视事，接对宾客，夜则灯下读书，孜孜不怠。与宾佐谈论，人惮其辩而伏其博，设有疑误，亦能质正。始终言行，无所玷缺，唯在淮南时，妻梁氏亡后，升嬖妾李氏为正室，封密国夫人，亲族子弟言之不从，时论非之。

三子，师损嗣，位终司农少卿。

式方，字考元。以荫授扬府参军，转常州晋陵尉。浙西观察使王纬辟为从事，入为太子通事舍人，改太常寺主簿。明练钟律，有所考定，深为高郢所赏。时父作镇扬州，家财钜万，甲第在安仁里，杜城有别墅，亭馆林池，为城南之最。昆仲皆在朝廷，与时贤游从，乐而有节。既而佑入中书，出为昭应令。丁父忧，服阕，迁司农少卿，赐金紫，加正议大夫、太仆卿。时少子悰选尚公主，式方以右戚移病不视事。久之，穆宗即位，转兼御史中丞，充桂管观察都防御使。长庆二年三月，卒于位，赠礼部尚书。

式方性孝友，弟兄尤睦。季弟从郁，少多疾病，式方每躬自煎调，药膳水饮，非经式方之手，不入于口。及从

郁夭丧，终年号泣，殆不胜情，士友多之。

子恽、憪、悰、恂。恽嗣，富平尉；憪，兴平尉。

悰，以荫三迁太子司议郎。元和九年，选尚公主，召见于麟德殿。寻尚岐阳公主，加银青光禄大夫、殿中少监、驸马都尉。岐阳，宪宗长女，郭妃之所生。

自顷选尚，多于贵戚，或武臣节将之家。于时翰林学士独孤郁，权德舆之女婿，时德舆作相，郁避嫌辞内职。上颇重学士，不获已许之，且叹德舆有佳婿，遂令宰臣于卿士家选尚文雅之士可居清列者。初于文学后进中选择，皆辞疾不应，唯悰愿焉。累迁至司农卿。太和六年，转京兆尹。七年，检校刑部尚书，出为凤翔尹、凤翔陇右节度。丁内艰，八年，起复授忠武军节度使、陈许蔡观察等使，就加兵部尚书。开成初，入为工部尚书、判度支。属岐阳公主薨，久而未谢。文宗怪之，问左右。户部侍郎李珏对曰："近日驸马为公主服斩衰三年，所以士族之家不愿为国戚者，半为此也。杜悰未谢，拘此服纪也。"上愕然曰："予初不知。"乃诏曰："制服轻重，必由典礼。如闻往者驸马为公主服三年，缘情之义，殊非故实，违经之制，今乃闻知。宜令行杖周，永为通制。"三年，改户部尚书，兼判户部度支事。会昌中，拜中书侍郎、同中书门下平章事，寻加左仆射。

大中初，出镇西川，降先没吐蕃维州。州即古西戎地也，其地南界江阳，岷山连岭而西，不知其极；北望陇山，积雪如玉；东望成都，若在井底。地接石纽山，夏禹生于石纽山是也。其州在岷山之孤峰，三面临江。天宝后，河、陇继陷，惟此州为焉。吐蕃利其险要，二十年间，设计得之，遂据其城，因号曰"无忧城"，吐蕃由是不虞邛、蜀之兵。先是，李德裕镇西川，维州吐蕃首领悉怛谋以城来降，德裕奏之；执政者与德裕不协，遽勒还其城。至是复收之，亦不因兵刃，乃人情所归也。俄复入相，加司空，继加司徒，历镇重藩。至是加太傅、邠国公。悰无他才，唯延接寒素，甘食窃位而已。

从郁，以荫贞元末再迁太子司议郎。元和初，转左补阙。谏官崔群、韦贯之、独孤郁等以从郁宰相子，不合为谏官，乃降授左拾遗。群等复执曰："拾遗之与补阙，虽资品有殊，皆名谏列。父为宰相，子为谏官，若政有得失，不可使子论父。"乃改为秘书丞，终驾部员外郎。

子牧、颛，俱登进士第。颛后病目而卒。

牧，字牧之，既以进士擢第，又制举登乙第，解褐弘文馆校书郎，试左武卫兵曹参军。沈传师廉察江西宣州，辟牧为从事、试大理评事。又为淮南节度推官、监察御史里行，转掌书记。俄真拜监察御史，分司东都，以弟颛病自弃官。授宣州团练判官、殿中侍御史、内供奉。迁左补阙、史馆修撰，转膳部、比部员外郎，并兼史职。出牧黄、池、睦三郡，复迁司勋员外郎、史馆修撰，转吏部员外郎。又以弟病免归。授湖州刺史，入拜考功郎中、知制诰，岁中迁中书舍人。牧好读书，工诗为文，尝自负经纬才略。武宗朝诛昆夷、鲜卑，牧上宰相书论兵事，言"胡戎入寇，在秋冬之间，盛夏无备，宜五六月中击胡为便"。李德裕称之。注曹公所定《孙武十三篇》行于代。

牧从兄悰隆盛于时，牧居下位，心常不乐。将及知命，得病，自为墓志、祭文。又尝梦人告曰："尔改名毕。"逾月，奴自家来，告曰："炊将熟而甑裂。"牧曰："皆不祥也。"俄又梦书行纸曰："皎皎白驹，在彼空谷。"寤寐而叹曰："此过隙也。吾生于角，徵还于角，为第八宫，吾之甚厄也。予自湖守迁舍人，木还角，足矣。"其年，以疾终于安仁里，年五十。有集二十卷，曰《杜氏樊川集》，行于代。子德祥，官至丞郎。

史臣曰：黄裳以道致君，持诚奉主；辨怀光之诈，罢全义之征。讨贼辟之凶，举无遗算；葬执谊之柩，岂曰不仁。郛天纵之性，总丱之年，代父命于临刑，孝也；怀光之乱，王人被伤，抚巢父于贼庭，义也；抑浮滥之流，考艺文之士，尽搜幽滞，大变时风，正也；保止足之名，辞荣辱之路，高避世利，遐蹰昔贤，智也。忠孝全矣，仁智备矣！此二者，皆临大节而不可夺也。佑承荫入仕，谳狱受知，博古该今，输忠效用；位居极品，荣逮子孙，操修之报，不亦宜哉！及其宾僚綦法，嬖妾受封，事重因循，难乎语于正矣！牧之文章，悰之长厚，能否既异，才位不伦，命矣夫！

赞曰：贞公壮节，临难奋发。言行无玷，斯为明哲。戡乱阜俗，时泰位隆。国之名臣，邠公、岐公。

卷一百四十八　　列传第九十八

裴垍　李吉甫　李藩　权德舆 子璩

裴垍，字弘中，河东闻喜人。垂拱中宰相居道七代孙。垍弱冠举进士。贞元中，制举贤良极谏，对策第一，授美原县尉。秩满，藩府交辟，皆不就。拜监察御史，转殿中侍御史、尚书礼部考功二员外郎。时吏部侍郎郑珣瑜请垍考词判，垍守正不受请托，考核皆务才实。

元和初，召入翰林为学士，转考功郎中、知制诰，寻迁中书舍人。李吉甫自翰林承旨拜平章事，诏将下之夕，感出涕。谓垍曰："吉甫自尚书郎流落远地，十余年方归，便入禁署，今才满岁，后进人物，罕所识认。宰相之职，宜选擢贤俊，今则懵然莫知能否。卿多精鉴，今之才杰，为我言之。"垍取笔疏其名氏，得三十余人。数月之内，选用略尽，当时翕然称吉甫有得人之称。三年，诏举贤良，时有皇甫湜对策，其言激讦；牛僧儒、李宗闵亦苦诋时政。考官杨於陵、韦贯之升三子之策皆上第，垍居中覆视，无所同异。及为贵幸泣诉，请罪于上，宪宗不得已，出於陵、贯之官，罢垍翰林学士，除户部侍郎。然宪宗知垍好直，信任弥厚。

其年秋，李吉甫出镇淮南，遂以垍代为中书侍郎、同平章事。明年，加集贤院大学士、监修国史。垍奏："集贤御书院，请准《六典》，登朝官五品已上为学士，六品已下为直学士；自非登朝官，不问品秩，并为校理；其余名目一切勒停。史馆请登朝官入馆者，并为修撰；非登朝官，并为直史馆。仍永为常式。"皆从之。

元和五年，中风病。宪宗甚嗟惜，中使旁午致问，至于药膳进退，皆令疏陈。疾益痼，罢为兵部尚书，仍进阶银青。明年，改太子宾客。卒，废朝，赙礼有加，赠太子少傅。

初，垍在翰林承旨，属宪宗代平吴、蜀，励精思理，机密之务，一以关垍。垍小心敬慎，甚称中旨。及作相之后，恳请旌别淑慝，杜绝蹊径，齐整法度，考课吏理，皆蒙垂意听纳。吐突承璀自春宫侍宪宗，恩顾莫二。承璀承间欲有所关说，宪宗惮垍，诫勿复言，在禁中常以官呼垍而不名。杨於陵为岭南节度使，与监军许遂振不和，遂振诬奏於陵，宪宗令追与慢官。垍曰："以遂振故罪一藩臣，不可。"请授吏部侍郎。严绶在太原，其政事一出监军李辅光，绶但拱手而已，垍具奏其事，请以李鄘代之。

王士真死，其子承宗以河北故事请代父为帅。宪宗意速于太平，且频荡寇孽，谓其地可取。吐突承璀恃恩，谋挠垍权，遂伺君意，请自征讨。卢从史阴苞逆节，内与承宗相结约，而外请兴师，以图厚利。垍一一陈其不可，且言："武俊有大功于朝，前授李师道而后夺承宗，是赏罚不一，无以沮劝天下。"逗留半岁，宪宗不决，承璀之策竟行。及师临贼境，从史果携贰，承璀数督战，从史益骄倨反覆，官军病之。时王ır久暴露无功，上意亦怠。

后从史遣其衙门将王翃元入奏，垍延与语，微动其心，且喻以为臣之节，翃元因吐诚言从史恶稔可图之状。垍遣再往，比复还，遂得其大将乌重胤等要领。垍因从容启言："从史暴戾，有无君之心。今闻其视承璀如婴孩，往来神策壁垒间，益自恃不严，是天亡之时也。若不因其机而致之，后虽兴师，未可以岁月破也。"宪宗初愕然，熟思其计，方许之。垍因请密其谋，宪宗曰："此唯李绛、梁守谦知之。"时绛承旨翰林，守谦掌密命。后承璀竟擒从史，平上党，其年秋班师。垍以"承璀首唱用兵，今还无功，陛下纵念旧劳，不能加显戮，亦请贬黜以谢天下"。遂罢承璀兵柄。

先是，天下百姓输赋于州府：一曰上供，二曰送使，三曰留州。建中初定两税时，货重钱轻；是后货轻钱重，齐人所出，固已倍其初征。而其留州送使，所在长吏又降省估使就实估，以自封殖而重赋于人。及垍为相，奏请："天下留州、送使物，一切令依省估。其所在观察使，仍以其所莅之郡租赋自给；若不足，然后征于支郡。"其诸州送使额，悉变为上供，故江淮稍息肩。

垍虽年少，骤居相位，而器局峻整，有法度，虽大僚前辈，其造请不敢干以私。谏官言时政得失，旧事，操权者多不悦其举职。垍在中书，有独孤郁、李正辞、严休复自拾遗转补阙，及参谢之际，垍廷语之曰："独孤与李二补阙，孜孜献纳，今之迁转，可谓酬劳不愧矣。严补阙官业，或异于斯，昨者进拟，不无疑缓。"休复悚恧而退。垍在翰林，举李绛、崔群同掌密命；及在相位，用韦贯之、裴度知制诰，擢李夷简为御史中丞，其后继踵入相，咸著名迹。其余量材赋职，皆叶人望，选任之精，前后莫及。议者谓垍作相，才与时会，知无不为，于时朝无幸人，百度浸理；而再周遘疾，以至休谢，公论惜之。

李吉甫，字弘宪，赵郡人。父栖筠，代宗朝为御史大夫，名重于时，国史有传。吉甫少好学，能属文。年二十七，为太常博士，该洽多闻，尤精国朝故实，沿革折衷，时多称之。迁屯田员外郎，博士如故，改驾部员外。宰臣李泌、窦参推重其才，接遇颇厚。及陆贽为相，出为明州员外长史；久之遇赦，起为忠州刺史。时贽已谪在忠州，议者谓吉甫必逞憾于贽，重构其罪；及吉甫到部，与贽甚欢，未尝以宿嫌介意。六年不徙官，以疾罢免。寻授郴州刺史，迁饶州。先是，州城以频丧四牧，废而不居，物怪变异，郡人信验；吉甫至，发城门管钥，剪荆榛而居之，后人乃安。

宪宗嗣位，征拜考功郎中、知制诰。既至阙下，旋召入翰林为学士，转中书舍人，赐紫。宪宗初即位，中书小吏滑涣与知枢密中使刘光琦昵善，颇窃朝权，吉甫请去之。刘辟反，帝命诛讨之；计未决，吉甫密赞其谋，兼请广征江淮之师，由三峡路入，以分蜀寇之力。事皆允从，由是甚见亲信。二年春，杜黄裳出镇，擢吉甫为中书侍郎、平章事。吉甫性聪敏，详练物务，自员外郎出官，留滞江淮十五余年，备详闾里疾苦。及是为相，患方镇贪恣，乃上言使属郡刺史得自为政。叙进群材，甚有美称。

三年秋，裴均为仆射、判度支，交结权幸，欲求宰相。先是，制策试直言极谏科，其中有讥刺时政，忤犯权幸者，因此均党扬言皆执政教指，冀以摇动吉甫，赖谏官李约、独孤郁、李正辞、萧俛密疏陈奏，帝意乃解。吉甫早岁知奖羊士谔，擢为监察御史；又司封员外郎吕温有词艺，吉甫亦眷接之。窦群亦与羊、吕善。群初拜御史中丞，奏请士谔为侍御史，温为郎中、知杂事。吉甫怒其不先关白，而所请又有超资者，持之数日不行，因而有隙。群遂伺得日者陈克明出入吉甫家，密捕以闻；宪宗诘之，无奸状。吉甫以裴垍久在翰林，宪宗亲信，必当大用，遂密荐垍代已，因自图出镇。其年九月，拜检校兵部尚书，兼中书侍郎、平章事，充淮南节度使，上御通化门楼饯之。在扬州，每有朝廷得失，军国利害，皆密疏论列。又于高邮县筑堤为塘，溉田数千顷，人受其惠。

五年冬，裴垍病免。明年正月，授吉甫金紫光禄大夫、中书侍郎、平章事、集贤殿大学士、监修国史、上柱国、赵国公。及再入相，请减省冗员并诸色出身胥吏等，及量定中外官俸料，时以为当。京城诸僧有以庄砒免税者，吉甫奏曰："钱米所征，素有定额，宽缩徒有余之力，配贫下无告之民，必不可许。"宪宗乃止。又请归普润军于泾原。

七年，京兆尹元义方奏："永昌公主准礼令起祠堂，请其制度。"初，贞元中，义阳、义章二公咸于墓所造祠堂一百二十间，费钱数万；及永昌之制，上令义方减旧制之半。吉甫奏曰："伏以永昌公主，稚年夭枉，举代同悲，况于圣情，固所钟念。然陛下犹减制造之半，示折衷之规，昭俭训人，实越古今。臣以祠堂之设，礼典无文，德宗皇帝恩出一时，事因习俗，当时人间不无窃议。昔汉章帝时，欲为光武原陵、明帝显节陵各起邑屋，东平王苍上疏言其不可。——东平王即光武之爱子，明帝之爱弟。贤王之心，岂惜费于父兄哉！诚以非礼之事，人君所当慎也。今者，依义阳公主起祠堂，臣恐不如量置墓户，以充守奉。"翌日，上谓吉甫曰："卿昨所奏罢祠堂事，深惬朕心。朕初疑其冗费，缘未知故实，是以量减。览卿所陈，方知无据。然朕不欲破二十户百姓，当拣官户委之。"吉甫拜贺上曰："卿，此岂是难事！有关朕身，不便于时者，苟闻之则改，此岂足多耶！卿但勤匡正，无谓朕不能行也。"

七年七月，上御延英，顾谓吉甫曰："朕近日畋游悉废，唯喜读书。昨于《代宗实录》中，见其时纲纪未振，朝廷多事，亦有所鉴诫。向尔见卿先人事迹，深可嘉叹。"吉甫降阶跪奏曰："臣先父伏事代宗，尽心尽节，迫于流运，不待圣时，臣之血诚，常所追恨。陛下耽悦文史，听览日新，见臣先父忠于前朝，著在实录，今日特赐褒扬，先父虽在九泉，如睹白日。"因俯伏流涕，上慰谕之。

八年十月，上御延英殿，问时政记记何事。时吉甫监修国史，先对曰："是宰相记天子事以授史官之实录也。古者，左史记言，今起居舍人是；右史记事，今起居郎是。永徽中，宰相姚璹监修国史，虑造膝之言，或不可闻，因请随奏对而记于仗下，以授于史官，今时政记是也。"上曰："间或不修，何也？"曰："面奉德音，未及施行，总谓机密，故不可书以送史官；其间有谋议出于臣下者，又不可自书以付史官；及已行者，制令昭然，天下皆得闻知，即史官之记，不待书以授也。且臣观时政记者，姚璹修之于长寿，及璹罢而事寝；贾耽、齐抗修之于贞元，及耽、抗罢而事废。然则关时政化者，不虚美，不隐恶，谓之良史也。"

是月，回纥部落南过碛，取西城柳谷路讨吐蕃。西城防御使周怀义表至，朝廷大恐，以为回纥声言讨吐蕃，意是入寇。吉甫奏曰："回纥入寇，且当渐绝和事，不应便来犯边，但须设备，不足为虑。"因请自夏州至天德，复置废馆一十一所，以通缓急。又请发夏州骑士五百人，营于经略故城，应援驿使，兼护党项。九年，请于经略故城置宥州。六胡州以在灵盐界，开元中废六州。曰："国家旧置宥州，以宽宥为名，领诸降户。天宝末，宥州寄理于经略军，盖以地居其中，可以总统蕃部，北以应接天德，南援夏州。今经略遥隶灵武，又不置军镇，非旧制也。"宪宗从其奏，复置宥州，诏曰："天宝中宥州寄理于经略军，宝应已来，因循遂废。由是昆夷屡扰，党项靡依，蕃部之人，抚怀莫及。朕方弘远略，思复旧规，宜于经略军置宥州，仍为上州，于郭下置延恩县，为上县，属夏绥银观察使。"

淮西节度使吴少阳卒，其子元济请袭父位。吉甫以为淮西内地，不同河朔，且四境无党援，国家常宿数十万兵以为守御，宜因时而取之。颇叶上旨，始为经度淮西之谋。

元和九年冬，暴病卒，年五十七。宪宗伤悼久之，遣中使临吊；常赠之外，内出绢五百匹以恤其家，再赠司空。吉甫初为相，颇徇时情，及淮南再征，中外延望风采。秉政之后，视听时有所蔽，人心疑惮之。时负公望者虑为吉甫所忌，多避畏。宪宗潜知其事，未周岁，遂擢用李绛，大与绛不协；而绛性刚讦，于上前互有争论，人多直绛。然性畏慎，虽其不悦者，亦无所伤。服物食味，必极珍美，而不殖财产，京师一宅之外，无他第墅，公论以此重之。有司谥曰敬宪；及会议，度支郎中张仲方驳之，以为太优。宪宗怒，贬仲方，赐吉甫谥曰忠懿。

吉甫尝讨论《易象》异义，附于一行集注之下；及缀录东汉、魏、晋、周、隋故事，讫其成败损益大端，目为《六代略》，凡三十卷。分天下诸镇，纪其山川险易故事，各写其图于篇首，为五十四卷，号为《元和郡国图》。又与史官等录当时户赋兵籍，号为《国计簿》，凡十卷。纂《六典》诸职为《百司举要》一卷。皆奏上之，行于代。子德修、德裕。

李藩，字叔翰，赵郡人。曾祖至远，天后时李昭德荐为天官侍郎，不诣昭德谢恩，时昭德怒，奏黜为壁州刺史。祖畲，开元时为考功郎中，事母孝谨，母卒，不胜丧死。至远、畲皆以志行名重一时。父承，为湖南观察使，亦有名。

藩少恬淡修检，雅容仪，好学。父卒，家富于财，亲族吊者，有挚去不禁，愈务散施，不数年而贫。年四十余未仕，读书扬州，困于自给，妻子怨尤之，晏如也。杜亚居守东都，以故人子署为从事。洛中盗发，有诬将令狐运者，亚信之，拷掠竟罪。藩知其冤，争之不从，遂辞出。后获真盗宋瞿昙，藩益知名。

张建封在徐州，辟为从事，居幕中，谦谦未尝论细微。杜兼为濠州刺史，带使职，建封病革，兼疾驱到府，阴有冀望。藩与同列省建封，出而泣语兼曰："仆射公奄忽如此，公宜在州防遏，今弃州此来，欲何也？宜疾去！不若此，当奏闻。"兼错愕不虞，遂径归。建封死，兼悔所志不就，怨藩甚。既归扬州，兼因诬奏藩建封死时摇动军中。德宗大怒，密诏杜佑杀之。佑素重藩，怀诏旬日不忍发，因引藩论释氏，曰："因报之事，信有之否？"藩曰："信然。"曰："审如此，君宜遇事无恐。"因出诏。藩览之，无动色，曰："某与兼信为报也。"佑曰："慎勿出口，吾已密论，持百口保君矣。"德宗得佑解，怒不释，亟追藩赴阙。及召见，望其仪形，曰："此岂作恶事人耶！"乃释然，除秘书郎。

王绍持权，邀藩一相见即用，终不就。王仲舒、韦成季、吕洞辈为郎官，朋党辉赫，日会聚歌酒，慕藩名，强致同会，藩不得已一至。仲舒辈好为谑语俳戏，后召藩，坚不去，曰："吾与仲舒辈终日，不晓所与言何也。"后果败。迁主客员外郎，寻换右司。时顺宗册广陵王淳为皇太子，兵部尚书王绍请改名绍，时议非之，皆云："皇太子亦人臣也，东宫之臣改之宜也，非其属而改之，谄也。如纯辈岂为以礼事上耶！"藩谓人曰："历代故事，皆自不识大体之臣而失之，因不可复正，无足怪也。"及太子即位，宪宗是也。宰相改郡县名以避上名，唯监察御史韦淳不改。既而有诏以陆淳为中允，改名质；淳不得已改名贯之，议者嘉之。

藩寻改吏部员外郎。元和初，迁吏部郎中，掌曹事，为使所蔽，滥用官阙，黜为著作郎。转国子司业，迁给事中。制敕有不可，遂于黄敕后批之。吏曰："宜别连白纸。"藩曰："别以白纸，是文状，岂曰批敕耶！"裴垍言于帝，以为有宰相器，属郑絪罢免，遂拜藩门下侍郎、同平章事。藩性忠荩，事无不言，上重之，以为无隐。

四年冬，顾谓宰臣曰："前代帝王理天下，或家给人足，或国贫下困，其故何也？"藩对曰："古人云：'俭以足用。'盖足用系于俭约。诚使人君不贵珠玉，唯务耕桑，则人无淫巧，俗自敦本，百姓既足，君孰与不足！自然帑藏充羡，稼穑丰登。若人君竭民力，贵异物，上行下效，风俗日奢，去本务末，衣食益乏，则百姓不足！君孰与足！自然国贫家困，盗贼乘隙而作矣！今陛下永鉴前古，思跻富庶，躬尚勤俭，自当理平。伏愿以知之为非艰，保之为急务，宫室舆马，衣服器玩，必务损之又损，示人变风，则天下幸甚。"帝曰："俭约之事，是我诚心；贫富之由，如卿所说。唯当上下相勖，以保此道，似有逾滥，极言箴规，此固深期于卿等也。"藩等拜贺而退。

帝又问曰："禳灾祈福之说，其事信否？"藩对曰："臣窃观自古圣达，皆不祷祠。故楚昭王有疾，卜者谓河为祟，昭王以河不在楚，非所获罪，孔子以为知天道。仲尼病，子路请祷，仲尼以为神道助顺，系于所行，已既全德，无愧屋漏。故答子路云：'丘之祷久矣。'《书》云：'惠迪吉，从逆凶。'言顺道则吉，从逆则凶。《诗》云：'自求多福。'则祸福之来，咸应行事，若苟为非道，则何福可求？是以汉文帝每有祭祀，使有司敬而不祈，其见超然，可谓盛德。若使神明无知，则安能降福；必其有知，则私己求媚之事，君子尚不可悦也，况于明神乎！由此言之，则履信思顺，自天佑之，苟异于此，实难致福。故尧、舜之德，唯在修己以安百姓。管仲云：'义于人者和于神。'盖以人为神主，故但务安人而已。虢公求神，以致危亡，王莽妄祈，以速汉兵，古今明诫，书传所纪。伏望陛下每以汉文、孔子之意为准，则百福具臻。"帝深嘉之。

时河东节度使王锷用钱数千万赂遗权幸，求兼宰相。藩与权德舆在中书，有密旨曰："王锷可兼宰相，宜即拟来。"藩遂以笔涂"兼相"字，却奏上云："不可。"德舆失色曰："纵不可，宜别作奏，岂可以笔涂诏耶！"曰："势迫矣！出今日，便不可止。日又暮，何暇别作奏！"事果寝。李吉甫自扬州再入相，数日，罢藩为詹事。后数月，上思藩，召对，复有所论列。元和六年，出为华州刺史、兼御史大夫。未行卒，年五十八，赠户部尚书。藩为相材能不及裴垍，孤峻颇后韦贯之，然人物清规，亦其流也。

权德舆，字载之，天水略阳人。父皋，字士繇，后秦尚书翼之后。少以进士补贝州临清尉。安禄山以幽州长史充河北按察使，假其才名，表为蓟县尉，署从事。皋阴察禄山有异志，畏其猜虐，不可以洁退，欲潜去，又虑祸及老母。天宝十四年，禄山使皋献戎俘，自京师回，过福昌。福昌尉仲谟，皋从父妹婿也，密以计约之。比至河阳，诈以疾亟召谟，谟至，皋示已瘖，瞪谟而瞑。谟乃勉哀而哭，手自含袭，既瘗皋而葬其棺，人无知者。从吏以诏书还，皋母初不知，闻皋之死，恸哭伤行路。禄山不疑其诈死，许其母归。皋时微服匿迹，候母于淇门；既得侍其母，乃奉母昼夜南去，及渡江，禄山已反矣。由是名闻天下。淮南采访使高适表皋试大理评事，充判官。属永王璘乱，多劫士大夫以自从，皋惧见迫，又变名易服以免。玄宗在蜀，闻而嘉之，除监察御史。会丁母丧，因家洪州。时南北隔绝，或逾岁不闻诏命。有中使奉宣至洪州，经时未复，过有求取，州县苦之。时有王遹为南昌令，将执按之，因见皋白其事；皋不言，久之，垂涕曰："方今何由可致一敕使，而遽有此言。"因掩涕而起，遹遽拜谢之。浙西节度使颜真卿表皋为行军司马，诏征为起居舍人，又以疾辞。尝曰："本自全吾志，岂受此之名耶！"李季卿为江淮黜陟使，奏皋节行，改著作郎，复不起。两京蹂于胡骑，士君子多以家渡江东，知名之士如李华、柳识兄弟者，皆仰皋之德而友善之。大历三年，卒于家，年四十六。元和中谥曰贞孝。

初，皋卒，韩洄、王定为服朋友之丧，李华为其墓表，以为分天下善恶，一人而已。前赠秘书监，至是因子德舆为相，立家庙。至元和十二年，复赠太子太保。

德舆生四岁，能属诗；七岁居父丧，以孝闻；十五为文数百篇，编为《童蒙集》十卷，名声日大。韩洄黜陟河南，辟为从事，试秘书省校书郎。贞元初，复为江西观察使李兼判官，再迁监察御史。府罢，杜佑、裴胄皆奏请，二表同日至京。德宗雅闻其名，征为太常博士，转左补阙。八年，关东大水，上疏请降诏恤隐，遂命奚陟等四人使。

裴延龄以巧幸判度支，九年，自司农少卿除户部侍郎，仍判度支。德舆上疏曰：

臣伏以爵人于朝，与众共之，况经费之司，安危所系。延龄顷自权判，逮今间岁，不称之声，日甚于初。群情众口，喧于朝市，不敢悉烦圣听，今谨略举所闻。多云以常赋正额支用未尽者，便为剩利，以为己功。又重破官钱买常平先所收市杂物，遂以再给估价，用充别贮利钱。又云边上诸军皆至悬阙，自今春已来，并不支粮。伏以疆场之事，所虞非细，诚圣谟前定，终事切有司。陛下必以延龄孤贞独立，为时所抑，丑正有党，结此流言，何不以新收剩利，征其本末，为分析条疏？又择朝贤信臣，与中使一人巡覆边军，察其资储有无虚实。倘延龄受任已来，精心勤力，每事省约，别收羡余，于正数各有区分，边军储蓄，实犹可支，身自敛怨，为国惜费；自宜显示优奖，以洗群疑，明书厥劳，昭示天下。如或言者非谬，罔上实多，岂以邦国重务，委之非据！臣职在谏曹，合采群议，正拜已来，今已旬日，道路云云，无不言此。岂京师士庶之众，愚智之多，合而为党，共有仇嫉。陛下亦宜稍回圣鉴，俯察群心。况臣之事君，如子事父；今当圣明不讳之代，若犹爱身隐情，是不忠不孝，莫大之罪。敢沥肝血，伏待刑书。

十年，迁起居舍人。岁中，兼知制诰。转驾部员外郎、司勋郎中，职如旧。迁中书舍人。是时，德宗亲览庶政，重难除授，凡命于朝，多补自御札。始，德舆知制诰，给事有徐岱，舍人有高郢；居数岁，岱卒，郢知礼部贡举，独德舆直禁垣，数旬始归。尝上疏请除两省官，德宗曰："非不知卿之劳苦，禁掖清切，须得如卿者，所以久难其人。"德舆居西掖八年，其间独掌者数岁。贞元十七年冬，以本官知礼部贡举。来年，真拜侍郎，凡三岁掌贡士，至今号为得人。转户部侍郎。元和初，历兵部、吏部侍郎，坐郎吏误用官阙，改太子宾客，复为兵部侍郎，迁太常卿。

五年冬，宰相裴垍寝疾，德舆拜礼部尚书、平章事，与李藩同作相。河中节度王锷来朝，贵幸多誉锷者，上将加平章事，李藩坚执以为不可。德舆继奏曰："夫平章事，非序进而得，国朝方镇带宰相者，盖有大忠大勋。大历已来，又有跋扈难制者，不得已而与之。今王锷无大忠勋，又非姑息之时，欲假此名，实恐不可！"上从之。

运粮使董溪、于皋谟盗用官钱，诏流岭南。行至湖外，密令中使皆杀之。他日，德舆上疏曰：

窃以董溪等，当陛下忧山东用兵时，领粮料供军重务，圣心委付，不比寻常；敢负恩私，恣其赃犯，使之万死，不足塞责。弘宽大之典，流窜太轻，陛下合改正罪名，兼责臣等疏略。但诏令已下，四方闻知，不书明刑，有此处分，窃观众情，有所未喻。伏自陛下临御以来，每事以诚，实与天地合德，与四时同符，万方之人，沐浴皇泽。至如于、董所犯，合正典章，明下诏书，与众同弃，即人各惧法，人各谨身。

臣诚知其罪不容诛，又是已过之事，不合论辩，上烦圣聪。伏以陛下圣德圣姿，度越前古，顷所下一诏，举一事，皆合理本，皆顺人心。伏虑他时更有此比，但要有司穷鞫，审定罪名，或致之极法，或使自尽，罚一劝百，孰不甘心！巍巍圣朝，事体非细，臣每于延英奏对，退思陛下求理之言，生逢盛明，感涕自贺。况以愚滞朴讷，圣鉴所知，伏惟恕臣迂疏，察臣丹恳。

及李吉甫自淮南诏征，未一年，上又继用李绛。时上求理方切，军国无大小，一付中书。吉甫、绛议政颇有异同，或于上前论事，形于言色；其有诣于理者，德舆亦不能为发明，时人以此讥之。竟以循默而罢，复守本官。寻以检校吏部尚书为东都留守，后拜太常卿，改刑部尚书。先是，许孟容、蒋乂等奉诏删定格敕。孟容等寻改他官，乂独成三十卷，表献之，留中不出。德舆请下刑部，与侍郎刘伯刍等考定，复为三十卷奏上。十一年，复以检校吏部尚书出镇兴元。十三年八月，有疾，诏许归阙，道卒，年六十。赠左仆射，谥曰文。

德舆自贞元至元和三十年间，羽仪朝行，性直亮宽恕，动作语言，一无外饰，蕴藉风流，为时称向。于述作特盛，《六经》百氏，游泳渐渍，其文雅正而弘博，王侯将相泊当时名人薨殁，以铭纪为请者什八九，时人以为宗匠焉。尤嗜读书，无寸景暂倦，有文集五十卷，行于代。

子璩，中书舍人。

史臣曰：裴垍精鉴默识，举贤任能，启沃帝心，弼谐王道。如崔群、裴度、韦贯之辈，咸登将相，皆垍之荐达。立言立事，知无不为。吉甫该洽典经，详练故实，仗裴垍之抽擢，致朝伦之式序。吉甫知垍之能别髦彦，垍知吉甫之善任贤良，相须而成，不忌不克。叔翰修身慎行，力学承家，批制敕有夕郎之风，涂御书见宰执之器；而乃轻财散施，天爵是期，伟哉，自待之意也！德舆孝悌力学，謇谔有闻，疏延龄恣行巧佞，论皋谟不书明刑，三十年羽仪朝行，实皋之余庆所钟。此四子者，所谓经纬之臣，又何惭于王佐矣！

赞曰：二李秉钧，信为名臣。甫柔而党，藩俊而纯。裴公鉴裁，朝无屈人。权之藻思，文质彬彬。

卷一百四十九　　列传第九十九

于休烈 子肃　肃子敖　敖子琮　令狐峘
归崇敬 子登　登子融　奚陟　张荐 子
又新　希复　希复子读　蒋乂 子系　伸　柳
登 弟冕　子璟　沈传师 子询

于休烈，河南人也。高祖志宁，贞观中任左仆射，为十八学士。父默成，沛县令，早卒。休烈至性贞悫，机鉴敏悟。自幼好学，善属文，与会稽贺朝、万齐融、延陵包融为文词之友，齐名一时。举进士，又应制策登科，授秘书省正字。累迁右补阙、起居郎、集贤殿学士，转比部员外郎，郎中。杨国忠辅政，排不附己者，出为中部郡太守。

值禄山构难，肃宗践祚，休烈自中部赴行在，擢拜给事中。迁太常少卿，知礼仪事，兼修国史。肃宗自凤翔还京，励精听受，尝谓休烈曰："君举必书，良史也。朕有过失，卿书之否？"对曰："禹、汤罪己，其兴也勃焉。有德之君，不忘规过，臣不胜大庆。"时中原荡覆，典章殆尽，无史籍检寻。休烈奏曰："《国史》一百六卷，《开元实录》四十七卷，起居注并余书三千六百八十二卷，并在兴庆宫史馆。京城陷贼后，皆被焚烧。且《国史》、《实录》，圣朝大典，修撰多时，今并无本。伏望下御史台推勘史馆所由，令府县招访。有人别收得《国史》、《实录》，如送官司，重加购赏。若是史官收得，仍赦其罪。得一部，超授官资，得一卷赏绢十匹。"月日之内，唯得一两卷。前修史官工部侍郎韦述陷贼，入东京，至是以其家藏《国史》一百一十三卷送于官。

肃宗以太常钟磬，自隋已来，所传五音，或有不调，乾元初谓休烈曰："古者圣人作乐，以应天地之和，以合阴阳之序，则人不夭扎，物不疵疠。且金石丝竹，乐之器也。比亲享郊庙，每听悬乐，宫商不备，或钟磬失度。可尽将钟磬来，朕当于内自定。"太常集乐工考试，数日审知差错，然后令别铸造磨刻。及事毕，上临殿亲试考击，皆合五音，群臣称庆。

休烈寻转工部侍郎、修国史，献《五代帝王论》，帝甚嘉之。宰相李揆矜能忌贤，以休烈国史与己齐列，嫉之，奏为国子祭酒，权留史馆修撰以下之。休烈恬然自持，殊不介意。旧仪，元正冬至，百官不于光顺门朝贺皇后，乾元元年，张皇后遂行此礼。休烈奏曰："《周礼》有命夫朝人主，命妇朝女君。自显庆已来，则天皇后始行此礼。其日，命妇又朝光顺门，与百官杂处，殊为失礼。"肃宗诏停之。

代宗即位，甄别名品，宰臣元载称之，乃拜右散骑常侍，依前兼修国史，寻加礼仪使。迁工部侍郎。又改检校工部尚书，兼判太常卿事，正拜工部尚书，累封东海郡公，加金紫光禄大夫。在朝凡三十余年，历掌清要，家无儋石之蓄。恭俭温仁，未尝以喜愠形于颜色。而亲贤下士，推毂后进，虽位崇年高，曾无倦色。笃好坟籍，手不释卷，以至于终。大历七年卒，年八十一。有集十卷行于代。

嗣子益，次子肃，相继为翰林学士。

是岁春，休烈妻韦氏卒。上以休烈父子儒行著闻，特诏赠韦氏国夫人，葬日给卤簿鼓吹。及闻休烈卒，追悼久之，褒赠尚书左仆射，赗绢百匹、布五十端，遣谒者内常侍吴承倩就私第宣慰。儒者之荣，少有其比。

肃官至给事中。肃子敖。

敖字蹈中，以家世文史盛名。少为时彦所称，志行修谨。登进士第，释褐秘书省校书郎。湖南观察使杨凭辟为从事；府罢，凤翔节度使李鄘、鄂岳观察使吕元膺相继辟召。自协律郎、大理评事试监察御史，元和六年，真拜监察御史，转殿中，历仓部司勋二员外、万年令，拜右司郎中，出为商州刺史。长庆四年，入为吏部郎中。其年，迁给事中。

昭愍初即位，李逢吉用事，与翰林学士李绅素不叶，遂诬绅以不测之罪，逐于岭外。绅同职驾部郎中知制诰庞严、司封员外郎知制诰蒋防，坐绅党左迁信、汀等州刺史。黜诏下，敖封还诏书。时人以为与严相善，诉其非罪，皆曰："于给事犯宰执之怒，伸庞、蒋之屈，不亦仁乎？"及驳奏出，乃是论庞严贬黜太轻，中外无不大噪，而逢吉由是奖之。寻转工部侍郎，迁刑部，出为宣歙观察使、兼御史中丞。

敖温裕长者，与物无忤，居官亦未尝有立。周践台阁，三为列曹侍郎，谨顺自容而已。太和四年八月卒，年六十六，赠礼部尚书。

四子：球、珪、瑰、琮，皆登进士第。

琮，落拓有大志，虽以门资为吏，久不见用。大中朝，驸马都尉郑颢以琮世故，独以器度奇之。会有诏于士族中选人才尚公主，衣冠多避之。颢谓琮曰："子才才甚佳，但不护细行，为世誉所抑，久而不调，能应此命乎？"琮然之。会李藩知贡举，颢托之登第；其年遂升谏列，尚广德公主，拜驸马都尉。累践台阁，扬历藩府。乾符中同平章事。

黄寇犯京师，僖宗出幸，琮病不能从。既僭号，起琮为相。琮以疾辞。迫胁不已，琮曰："吾病亟矣，死在旦夕。加以唐室亲姻，义不受命，死即甘心。"竟为贼所害，而赦公主。主视琮受祸，谓贼曰："妾李氏女也，义不独存，愿与于公并命。"贼不许，公主入室自缢而卒。广德闱门有礼，咸通、乾符中誉在人口。于族内外冠婚丧祭，主必自预行礼，诸妇班而见之，尊卑答劳，咸有仪法，为时所称。珪、球皆至清显。

令狐峘，德棻之玄孙。登进士第。禄山之乱，隐居南山豹林谷，谷中有峘别墅。司徒杨绾未仕时，避乱南山，止于峘舍。峘博学，贯通群书，有口辩，绾甚称之。及绾为礼部侍郎，修国史，乃引峘入史馆。自华原尉拜右拾遗，累迁起居舍人，皆兼史职，修《玄宗实录》一百卷、《代宗实录》四十卷。著述虽勤，属大乱之后，起居注亡失，峘纂开元、天宝事，虽得诸家文集，编其诏策，名臣传记十无三四，后人以漏落处多，不称良史。大历八年，改刑部员外郎。

德宗即位，将厚奉元陵，峘上疏谏曰：

臣闻《传》曰："近臣尽规"，《礼记》曰："事君有犯而无隐"。臣幸偶昌运，谬参近列，敢竭狂愚，庶裨分守，伏惟陛下详察。

臣读《汉书·刘向传》，见论王者山陵之诫，良史称叹，万古芬芳。何者？圣贤之心，勤俭是务，必求诸道，不作无益。故舜葬苍梧，不变其肆；禹葬会稽，不改其列。周武葬于毕陌，无丘垅之处；汉文葬于霸陵，因山谷之势。禹非不忠也，启非不顺也，周公非不悌也，景帝非不孝也，其奉君亲，皆从微薄。昔宋文公始为厚葬，用蜃炭，益车马，其臣华元、乐举，《春秋》书为不臣。秦始皇葬骊山，鱼膏为灯烛，水银为江海，珍宝之藏，不可胜计，千载非之。宋桓魋为石椁，夫子曰："不如速朽"。子游问丧具，夫子曰："称家之有无"。张释之对孝文曰："使其中无可欲，虽无石椁，又何戚焉？"汉文帝霸陵皆以瓦器，不以金银为饰。由是观之，有德者葬逾薄，无德者葬逾厚，昭然可睹矣！

陛下自临御天下，圣政日新。进忠去邪，减膳节用，不珍云物之瑞，不近鹰犬之娱。有司给物，悉依元估，利于人也。远方底贡，唯供祀事，薄于己也。故泽州奏庆云，诏曰："以时和为嘉祥"；邕州奏金坑，诏曰："以不贪为宝"。恭惟圣虑，无非至理。而独六月一日制节文云"应缘山陵制度，务从优厚，当竭帑藏，以供费用"者，此诚仁孝之德，切于圣衷。伏以尊亲之义，贵于合礼。陛下每下明诏，发德音，皆比踪唐、虞，超迈周、汉。岂取悦凡常之目，有违贤哲之心，与失德之君竞其奢侈者也？臣又伏读遗诏曰："其丧仪制度，务从俭约，不得以金银锦彩为饰。"陛下恭顺先志，动无违者。若制度优厚，岂顾命之意耶？

伏惟陛下远览虞、夏、周、汉之制，深惟夫子、张释之之诚，虔奉先旨，俯遵礼经，为万代法，天下幸甚！今赦书虽已颁行，诸条尚犹未出，此时奉遗制，敷圣理，固未晚也。伏望速诏有司，悉从古礼。臣闻愚夫之言，明主择焉。况臣忝职史官，亲逢睿德，耻同华元、乐举之为不臣也，愿以舜、禹之理，纪圣猷也。夙夜恳迫，不敢不言，抵犯圣明，实忧罪谴。言行身黜，虽死犹生。

优诏答曰："朕顷议山陵，心方迷谬，忘遵先旨，遂有优厚之文。卿闻见该通，识度弘远，深知不可，形于至言。援引古今，依据经礼，非唯中朕之病，抑亦成朕之躬。免朕获不子之名，皆卿之力也。敢不闻义而徙，收之桑榆，奉以始终，期无失坠。古之遗直，何以加焉！"

初，大历中，刘晏为吏部尚书，杨炎为侍郎，晏用峘判吏部南曹事。峘荷晏之举，每分阙，必择其善者送晏，不善者送炎，炎心不平之。及建中初，峘为礼部侍郎，炎为宰相，不念旧事。有士子杜封者，故相鸿渐子，求补弘文生。炎尝出杜氏门下，托封于峘。峘谓使者曰："相公诚怜封，欲成一名，乞署封名下一字，峘得以志之。"炎不意峘卖，即署名托封。峘以炎所署奏论，言宰相迫臣以私，臣若从之，则负陛下，不从则炎当害臣。德宗出疏问炎，炎言其事，德宗怒甚，曰："此奸人，无可奈何！"欲决杖流之，炎苦救解，贬衢州别驾。迁衢州刺史。

贞元中，李泌辅政，召拜右庶子、史馆修撰。性既僻异，动失人和。在史馆，与同职孔述睿等争忿细故，数侵述睿。述睿长者，让而不争。无何，泌卒，窦参秉政，恶其为人，贬吉州别驾。久之，授吉州刺史。

齐映廉察江西，行部过吉州。故事，刺史始见观察使，皆戎服趋庭致礼；映虽尝为宰相，然骤达后进，峘自恃前辈，有以过映，不欲以戎服谒。入告其妻韦氏，耻袜首趋庭。谓峘曰："卿自视何如人，白头走小生前，卿如不以此礼见映，虽黜死，我亦无恨。"峘曰"诺"，即以客礼谒之。映虽不言，深以为憾。映至州，奏峘纠前政过失，鞫之无状，不宜按部临人，贬衢州别驾。衢州刺史田敦，峘知举时进士门生也。初峘当贡部，放榜日贬逐，与敦不相面。敦闻峘来，喜曰："始见座主。"迎谒之礼甚厚。敦月分俸之半以奉峘。峘在衢州殆十年。顺宗即位，以秘书少监征，既至而卒。

元和三年，峘子太仆寺丞丕，始献峘所撰《代宗实录》四十卷。初，峘坐李泌贬，监修国史奏峘所撰实录一分，请于贬所毕功。至是方奏，以功赠工部尚书。

归崇敬，字正礼，苏州吴郡人也。曾祖奥，以崇敬故，追赠秘书监。祖乐，赠房州刺史。父待聘，亦赠秘书监。

崇敬少勤学，以经业擢第。遭丧哀毁，以孝闻，调授四门助教。天宝末，对策高第，授左拾遗，改秘书郎。迁起居郎、赞善大夫，兼史馆修撰，又加集贤殿校理。以家贫求为外职，历同州、润州长史，会玄宗、肃宗二帝山陵，参掌礼仪，迁主客员外郎。又兼史馆修撰，改膳部郎中。

崇敬以百官朔望朝服裤褶非古，上疏云："按三代典礼，两汉史籍，并无裤褶之制，亦未详其所起之由。隋代已来，始有服者。事不师古，伏请停罢。"从之。

又谏："东都太庙，不合置木主。谨按典礼，虞主用桑，练主用栗。作桑主则埋栗主，作栗主则埋桑主，所以神无二主，天无二日，土无二王也。东都太庙，是则天皇后所建，以置武氏木主。中宗去其主而存其庙，盖将以备行幸迁都之置也。且殷人屡迁，前八后五，则前后迁都一十三度，不可每都而别立神主也。议者或云：'东都神主已曾虔奉而礼之，岂可一朝废之乎？'且虞祭则立桑主而虔祀，练祭则立栗主而埋桑主，岂桑主不曾虔祀而乃埋之？又所阙之主，何须更作？作之不时，恐非礼也。"

又议云："每年春秋二时释奠文宣王，祝板御署讫，北面揖，臣以为礼太重。谨按《大戴礼》，师尚父授周武王丹书，武王东面而立。今署祝板，伏请准武王东面之礼，轻重庶得其中。"

时有术士巨彭祖上疏云："大唐土德，千年合符，请每四季郊祀天地。"诏礼官儒者议之。崇敬议曰："按旧礼，立春之日，迎春于东郊，祭青帝。立夏之日，迎夏于南郊，祭赤帝。先立秋十八日，迎黄灵于中地，祀黄帝。秋、冬各于其方。黄帝于五行为土王，在四季生于火，故火用事之末而祭，三季则否。汉、魏、周、隋，共行此礼。国家土德乘时，亦以每岁六月土王之日，祀黄帝于南郊，以后土配，所谓合礼。今彭祖请用四季祠祀，多凭纬候之说，且据阴阳之说。事涉不经，恐难行用。"又议祭五人帝不称臣云："太昊五帝，人帝也，于国家即为前后之礼，无君臣之义。若于人帝而称臣，则于天帝复何称也？议者或云：'五人帝列于《月令》，分配五时。'则五神、五音、五祀、五虫、五臭、五谷皆备，以备其时之色数，非谓别有尊崇也。"又请太祖景皇帝配天，事已具《礼仪志》。自是国典大礼，崇敬常议焉。

大历初，以新罗王卒，授崇敬仓部郎中、兼御史中丞，赐紫金鱼袋，充吊祭、册立新罗使。至海中流，波涛迅急，舟船坏漏，众咸惊骇。舟人请以小艇载崇敬避祸，崇敬曰："舟中凡数十百人，我何独济？"逡巡，波涛稍息，竟免为害。故事，使新罗者，至海东多有所求，或携资帛而往，贸易货物，规以为利。崇敬一皆绝之，东夷称重其德。使还，授国子司业，兼集贤学士。与诸儒官同修《通志》，崇敬知《礼仪志》，众称允当。

时皇太子欲以仲秋之月，于国学行齿胄之礼。崇敬以国学及官名不称，请改国学之制，兼更其名，曰：

《礼记·王制》曰，天子学曰"辟雍"。又《五经通义》云："辟雍，养老教学之所也。"以形制言之，雍，壅也；辟，璧也，壅水环之，圆如璧形。以义理言之，辟，明也；雍，和也，言以礼乐明和天下。《礼记》亦谓之泽宫。《射义》云：天子将祭，必先习射于泽宫。故前代文士，亦呼云璧池，亦曰璧沼，亦谓之学省。后汉光武立明堂、辟雍、灵台，谓之三雍宫。至明帝，躬行养老于其中。晋武帝亦作明堂、辟雍、灵台，亲临辟雍，行乡饮酒之礼。又别立国子学，以殊士庶。永嘉南迁，唯有国子学，不立辟雍。北齐立国子寺，隋初亦然。至炀帝大业十三年，改为国子监。今国家富有四海，声明文物之盛，唯辟雍独阙，伏请改国子监为辟雍省。

又以：

祭酒之名，非学官所宜。按《周礼》："师氏掌以义诏王，教国子。"请改祭酒为太师氏，位正三品。又司业者，义在《礼记》，云"乐正司业"。正，长也，言乐官之长，司主此业。《尔雅》云："大板谓之业。"按《诗·周颂》："设业设簴，崇牙树羽。"则业是悬钟磬之栒簴也。今太学既不教牙，于义则无所取，请改司业一为左师，一为右师，位正四品。

又以：

《五经》六籍，古先哲王致理之式也。国家创业，制取贤之法，立明经，发微言于众学，释回增美，选贤与能。自艰难已来，取人颇易，考试不求其文义，及第先取于帖经，遂使专门业废，请益无从，师资礼亏，传受义绝。今请以《礼记》、《左传》为大经；《周礼》、《仪礼》、《毛诗》为中经；《尚书》、《周易》为小经，各置博士一员。其《公羊》、《穀梁》文疏少，请共准一中经，通置博士一员。所择博士，兼通《孝经》、《论语》，依凭章疏，讲解分明，注引旁通，问十得九；兼德行纯洁，文词雅正，仪形规范，可为师表者。令四品以上各举所知。在外者给驿，年七十已上者蒲轮。其国子、太学、四门、三馆，各立五经博士，品秩上下，生徒之数，各有差。其旧博士、助教、直讲、经直及律馆、算馆助教，请皆罢省。

其教授之法，学生至监，谒同业师。其所执贽，脯脩一束、清酒一壶、衫布一段，其色随师所服。师出中门，延入与坐，割脯斟酒，三爵而止。乃发篋出经，抠衣前请。师为依经辨理，略举一隅，然后就室。每朝、晡二时请益，师亦二时居讲堂，说释道义，发明大体，兼教以文行忠信之道，示以孝悌睦友之义。旬省月试，时考岁贡。以生徒及第多少，为博士考课上下。其有不率教者，则榎楚扑之。国子不率教者，则申礼部，移为太学。太学之不变者，移之四门。四门之不变者，归本州之学。州学之不变者，复本役，终身不齿。虽率教九年而学不成者，亦归之州学。

其礼部考试之法，请无帖经，但于所习经中问大义二十，得十八为通；兼《论语》、《孝经》各问十得八，兼读所问文注义疏，必令通熟者之一通。又于本经问时务策三道，通二为及第。其中有孝行闻于乡闾者，举解具言于习业之下。省试之日，观其所实，义少两道，亦请兼收。其天下乡贡，亦如之。习业考试，并以明经为名。得第者，授官之资与进士同。若此，则教义日深，而礼让兴；礼让兴，则强不犯弱，众不暴寡。此由太学而来者也。

诏下尚书集百僚定议以闻。议者以为省者，禁也，非外司所宜。《周礼》代掌其职者曰氏，国学非代官，不宜曰太师氏。其余大抵以习俗既久，重难改作，其事不行。

会国学胥吏以餐钱差讼，御史台按问，坐贬饶州司马。建中初，又拜国子司业。寻选为翰林学士，迁左散骑常侍，加银青光禄大夫。寻兼普王元帅参谋，累加光禄大夫。以两河叛涣之徒初禀朝命，令崇敬以本官兼御史大夫持节宣慰，奉使称旨。及还，上表请归拜墓，许之，赐以缯帛，儒者荣之。寻加特进、检校户部尚书，迁工部尚书，并依前翰林学士，充皇太子侍读。累表辞，以年老乞骸骨，改兵部尚书致仕。贞元十五年卒，时年八十，废朝一日，赠右仆射。子登嗣。

登，字冲之。雅实弘厚，事继母以孝称。大历七年，举孝廉高第，补四门助教。贞元初，复登贤良科，自美原尉拜右拾遗。时裴延龄以奸佞有恩，欲为相，谏议大夫阳城上疏切直，德宗赫怒。右补阙熊执易等亦以危言忤旨。初执易草疏成，示登，登愕然曰："愿寄一名。雷电之下，安忍令足下独当！"自是同列切谏。登每联署其奏，无所回避，时人称重。转右补阙、起居舍人，三任十五年。同列尝出其下者，多以驰骛至显官，而登与右拾遗蒋武，退然自守，不以淹速介意。后迁兵部员外郎，充皇子侍读，寻加史馆修撰。

顺宗初，以东朝旧恩，超拜给事中，旋赐金紫，仍锡衫笏焉。迁工部侍郎。与孟简、刘伯刍、萧俛受诏同翻译《大乘本生心地观经》。又为东宫及诸王侍读，献《龙楼箴》以讽。久之，改左散骑常侍。因中谢，宪宗问时所切，登以纳谏为对，时论美之。转兵部侍郎，兼判国子祭酒事，迁工部尚书。元和十五年卒，年六十七，赠太子少保。

登有文学，工草隶。宽博容物。尝使僮饲马，马蹄躩，僮怒，击折马足，登知而不责。晚年颇好服食，有馈金石之药者，且云先尝之矣，登服之不疑。药发毒几死，方讯云未之尝；他人为之怒，登视之无愠色。常慕陆象先之为人，议者亦以为近之。子融嗣。

融，进士擢第，自监察拾遗入省，拜工部员外郎，迁考功员外。六年，转工部郎中，充翰林学士。八年，正拜舍人。九年，转户部侍郎。开成元年，兼御史中丞。湖南观察使卢周仁违敕进羡余钱十万贯。融奏曰："天下一家，何非君土？中外财赋，皆陛下府库也。周仁辄陈小利，妄设异端，言南方火灾，恐成灰烬，进于京国，姑徇私诚。入财货以希恩，待朝廷而何浅！臣恐天下放效，以羡余为名，因缘刻剥，生人受弊。周仁请行重责，以例列藩。其所进钱，请还湖南，代贫下租税。"诏周仁所进于河阴院收贮，以备水旱。金部员外郎韩益判度支案，子弟受人赂三千余贯，半是拟赃。上问融曰："韩益所犯，与卢元中、姚康孰甚？"对曰："元中与康枉破官钱三万余贯，益所取受人事，比之殊轻。"乃贬梧州司户。

寻迁京兆尹。时府司物力不充，特敕赐钱五万贯；府司以所赐之半还司农寺菜钱，融因对言之。上以融学家，因问"'蔬粝'字有赖音，何也？'粝'是饭之极粗者耶？"融以义类对之。时两公主出降，府司供帐事殷，又俯近上巳，曲江赐宴奏请改日。上曰："去年重阳，取九月十九日，未失重阳之意，今改取十三日可也。"既而李固言作相，素不悦融，罢尹。月余，授秘书监。俄而固言罢，杨嗣复辅政，以融权知兵部侍郎。一年内拜吏部。三年检校礼部尚书、兴元尹、兼御史大夫，充山南西道节度使。

融子仁晦、仁翰、仁宪、仁召、仁泽，皆登进士第。咸通中并至达官。

奚陟，字殷卿，亳州人也。祖乾绎，天宝中弋阳郡太守。陟少好读书，登进士第，又登制举文词清丽科，授弘文馆校书，寻拜大理评事。佐入吐蕃使，不行，授左拾遗。丁父母忧，哀毁过礼，亲朋慜之。车驾幸兴元，召拜起居郎、翰林学士。辞以疾病，久不赴职，改太子司议郎。历金部、吏部员外郎、左司郎中，弥纶省闼。又累奉使，皆称旨。

贞元八年，擢拜中书舍人。是岁，江南、淮西大雨为灾，令陟劳问巡慰，所在人安悦之。中书省故事，姑息胥徒，以常在宰相左右也，陟皆以公道处之。先是右省杂给，率分等第，皆据职田顷亩，即主书所受与右史等。陟乃约以料钱为率，自是主书所得减拾遗。时中书令李晟所请纸笔杂给，皆不受；但告杂事舍人，令且贮之，他日便悉以遗舍人。前例，杂事舍人自携私入，陟以所得均分省内官。又躬亲庶务，下至园蔬，皆悉自点阅，人以为难，陟处之无倦。迁刑部侍郎。

裴延龄恶京兆尹李充有能政，专意陷害之，诬奏充结陆贽，数厚赂遗金帛。充既贬官，又奏比者妄破用京兆府钱谷至多，请令比部勾覆，以比部郎中崔元翰陷充，怨恶贽也。诏许之。元翰曲附延龄，劾治府史。府史到者，虽无过犯，皆笞决以立威，时论喧然。陟乃躬自阅视府案，具得其实，奏言："据度支奏，京兆府贞元九年两税及已前诸色羡余钱，共六十八万余贯，李充并妄破用。今所勾勘，一千二百贯已来是诸县供馆驿加破，及在诸色人户腹内合收，其斛斗共三十二万石，唯三百余石诸色输纳所由欠折，其余并是准敕及度支符牒，给用已尽。"陟之宽平守法，多如此类。元翰既不遂其志，因此愤恚而卒。

陟寻以本官知吏部选事，铨综平允，有能名，迁吏部侍郎。所莅之官，时以为称职。贞元十五年卒，年五十五，赠礼部尚书。

张荐，字孝举，深州陆泽人。祖鷟，字文成，聪警绝伦，书无不览。为儿童时，梦紫色大鸟，五彩成文，降于家庭。其祖谓之曰："五色赤文，凤也；紫文，鸑鷟也，为凤之佐，吾儿当以文章瑞于明廷。"因以为名字。初登进士第，对策尤工，考功员外郎骞味道赏曰："如此生，天下无双矣！"调授岐王府参军。又应下笔成章及才高位下、词标文苑等科。鷟凡应八举，皆登甲科。再授长安尉，迁鸿胪丞。凡四参选，判策为铨府之最。员外郎员半千谓人曰："张子之文如青钱，万简万中，未闻退时。"时流重之，目为"青钱学士"。然性褊躁，不持士行，尤为端士所恶，姚崇甚薄之。开元初，澄正风俗，鷟为御史李全交所纠，言鷟语多讥刺时，坐贬岭南。刑部尚书李日知奏论，乃追敕移于近处。开元中，入为司门员外郎卒。鷟下笔敏速，著述尤多，言颇诙谐。是时天下知名，无贤不肖，皆记诵其文。天后朝，中使马仙童陷默啜，默啜谓仙童曰："张文成在否？"曰："近自御史贬官。"默啜曰："国有此人而

不用，汉无能为也。"新罗、日本东夷诸蕃，尤重其文，每遣使入朝，必重出金贝以购其文，其才名远播如此。

荐少精史传，颜真卿一见叹赏之。天宝中，浙西观察使李涵表荐其才可当史任，乃诏授左司御率府兵曹参军。既至阙下，以母老疾，竟不拜命。母丧阕，礼部侍郎于邵举前事以闻，召充史馆修撰，兼阳翟尉。朱泚之乱，变姓名伏匿城中，因著《史通先生传》。德宗还宫，擢拜左拾遗。贞元元年冬，上亲郊。时初克复，簿籍多失，礼文错乱，乃以荐为太常博士，参典礼仪。四年，回纥和亲，以检校右仆射、刑部尚书关播充使，送咸安公主入蕃，以荐为判官，转殿中侍御史。使还，转工部员外郎，改户部本司郎中。十一年，拜谏议大夫，仍充史馆修撰。

时裴延龄恃宠，谮毁士大夫。荐欲上书论之，屡扬言未果。延龄闻之怒，奏曰："谏官论朝政得失，史官书人君善恶，则领史职者不宜兼谏议。"德宗以为然。荐为谏议月余，改秘书少监。延龄排摈不已，会差使册回纥毗伽怀信可汗及吊祭，乃命荐兼御史中丞，入回纥。二十年，吐蕃赞普死，以荐为工部侍郎、兼御史大夫，充入吐蕃吊祭使。涉蕃界二千余里，至赤岭东被病，殁于纥壁驿，吐蕃传其柩以归。顺宗即位，凶问至，诏赠礼部尚书。

荐自拾遗至侍郎，仅二十年，皆兼史馆修撰。三使绝域，皆兼宪职。以博洽多能，敏于占对被选。有文集三十卷，及所撰《五服图》、《宰辅略》、《灵怪集》、《江左寓居录》等，并传于时。子又新、希复，皆登进士第。

又新，幼工文，善于傅会。长庆中，宰相李逢吉用事，翰林学士李绅深为穆宗所宠，逢吉恶之；求朝臣中凶险敢言者搞撼绅阴事，俾暴扬于搢绅间。又新与拾遗李续之、刘栖楚，尤蒙逢吉眷待，指为鹰犬。穆宗崩，昭愍初即位，又新等构绅，贬端州司马，朝臣表贺，又至中书贺宰相。及门，门者止之曰："请少留，缘张补阙在斋内与相公谈。"俄而又新挥汗而出，旅揖群官曰："端溪之事，又新不敢多让。"人皆辟易惮之。与续之等七人，时号"八关十六子"。

宝历三年，逢吉出为山南东道节度使，请又新为副使，李续之为行军司马。逢吉为宰相时，用门下省主事田伾。伾犯赃亡命，逢吉保之于外。及罢相，裴度发其事，逢吉坐罚俸。又诏曰："朕在亿兆人之上，不令而人化，不言而人信者，法也。法行则君重，法废则朝廷轻。田伾常挂亡命之章，偷请养贤之禄，迹在搜捕，公行人间，而更冒选吏曹，显拟郡佐。及黄枢覆验，乌府追擒，证逮皆明，奸状尽得。三移宪牒，一无申陈。众状满前，群议溢耳，终则步健不至，琅铛空来。蔑视纪纲，颇同侮谑，顾兹参画，负我上台。阅视连名，伊尔二子，又新可汀州刺史，李续之可涪州刺史。"及逢吉致仕，李训用事，复召二子为尚书郎。训贬，复贬而卒。

希复子读，登进士第，有俊才。累官至中书舍人、礼部侍郎，典贡举，时称得士。位终尚书左丞。

蒋乂，字德源，常州义兴人也。祖瓌，太子洗马，开元中弘文馆学士。父将明，累迁至左司郎中、国子司业、集贤殿学士、副知院事，代为名儒。而乂史官吴兢之外孙，

以外舍富坟史，幼便记览不倦。七岁时，诵庾信《哀江南赋》，数遍而成诵在口，以聪悟强力，闻于亲党间。弱冠博通群籍，而史才尤长。其父在集贤时，以兵乱之后，图籍溷杂，乃白执政，请携乂入院，令整比之。宰相张镒见而奇之，乃署为集贤小职。乂编次逾年，于乱中勒成部帙，得二万余卷，再迁王屋尉，充太常礼院修撰。贞元九年，转右拾遗，充史馆修撰。

十三年，以故河中节度使张茂昭弟光禄少卿同正茂宗尚义章公主，茂宗方居母丧，有诏起复云麾将军成礼。诏下，乂上疏谏曰："墨缞之礼，本缘金革。从古已来，未有驸马起复尚主者。既乖典礼，且违人情，切恐不可。"上令中使宣谕云："茂宗母临亡有请，重违其心。"乂又拜疏，辞逾激切。德宗于延英特召入对，上曰："卿所言，古礼也。朕闻如今人家，往往有借吉为婚嫁者，卿何苦固执？"对曰："臣闻里俗有不甚知礼法者，或女居父母服内，家既贫匮，旁无至亲，即有借吉以就礼者。男子借吉而娶，臣未尝闻之。况陛下临御已来，每事宪章典礼。建中年郡县主出降，皆诏有司依礼，不用俗仪，天下庆戴。忽今驸马起复成礼，实恐惊骇物听。臣又闻公主年甚幼小，即更俟一年出降，时既未失，且合礼经，实天下幸甚！"上曰："卿言甚善，更俟商量。"俄而韦彤、裴堪谏疏继入，上不悦，促令奉行前诏，然上心颇重乂。

上尝登凌烟阁，见左壁颓剥，文字残缺，每行仅有三五字，命录之以问宰臣。宰臣遽受宣，无以对；即令召乂至，对曰："此圣历中《侍臣图赞》，臣皆记忆。"即于御前口诵，以补其缺，不失一字。上叹曰："虞世南暗写《列女传》，无以加也。"十八年，迁起居舍人，转司勋员外郎，皆兼史职。时集贤学士甚众，会诏问神策军建置之由。相府讨求，不知所出，诸学士悉不能对，乃访于乂。乂征引根源，事甚详悉，宰臣高郢、郑珣瑜相对曰："集贤有人矣！"翌日，诏兼判集贤院事。父子代为学士，儒者荣之。时顺宗祔庙，将行祧迁之礼，诏公卿议。咸云："中宗中兴之主，不当迁。"乂建议云："中宗既正位枢前，乃受母后篡夺，五王翼戴，方复大业。此乃由我失之，因人得之，止可同于返正，不得号为中兴。"群议纷然，竟依乂所执。

元和二年，迁兵部郎中。与许孟容、韦贯之等受诏删定制敕，成三十卷，奏行用。改秘书少监，复兼史馆修撰。寻奉诏与独孤郁、韦处厚同修《德宗实录》。五年，书成奏御，以功拜右谏议大夫。明年监修国史裴垍罢相，李吉甫再入，以父垍之修撰，改授太常少卿。久之，迁秘书监。

乂性朴直，不能事人，或遇权臣专政，辄数岁不迁官。在朝垂三十年，前后每有大政事、大议论，宰执不能裁决者，必召以咨访。乂征引典故，以参时事，多合其宜，然亦以此自滞。而好学不倦，老而弥笃，虽甚寒暑，手不释卷。旁通百家，尤精历代沿革。家藏书一万五千卷。本名武，因宪宗召对，奏曰："陛下已诛群寇，偃武修文，臣名于义未允，请改名乂。"上忻然从之。时帝方用兵两河，乂亦因此讽谕耳。乂居史任二十年，所著《大唐宰辅录》

七十卷、《凌烟阁功臣》、《秦府十八学士》、《史臣》等传四十卷。长庆元年卒，年七十五，赠礼部尚书，谥曰懿。子系、伸、偕、仙、佶。

系，太和初授昭应尉，直史馆。二年，拜右拾遗、史馆修撰，典实有父风。与同职沈传师、郑浣、陈夷行、李汉等受诏撰《宪宗实录》。四年，书成奏御，转尚书工部员外，迁本司郎中，仍兼史职。宰相宋申锡为北军罗织，罪在不测，系与谏官崔玄亮泣谏于玉阶之下，申锡亦减死，时论称之。开成中，转谏议大夫。武宗朝，李德裕用事，恶李汉，以系与汉僚婿，出为桂管都护御观察使。宣宗即位，征拜给事中、集贤殿学士、判院事。转吏部侍郎，改左丞。出为兴元节度使，入为刑部尚书。俄检校户部尚书、凤翔尹，充凤翔陇节度使，入为兵部尚书。以弟伸为丞相，恳辞朝秩，检校尚书左仆射、襄州刺史、山南东道节度使，封淮阳县开国公，食邑五百户。

伸，登进士第，历佐使府。大中初入朝，右补阙、史馆修撰，转中书舍人，召入翰林为学士。自员外郎中，至户部侍郎、学士承旨，转兵部侍郎。大中末，中书侍郎、平章事。

仙、佶，皆至刺史。

偕，有史才，以父任历官左拾遗、史馆修撰，转补阙。咸通中，与同职卢耽、牛丛等受诏修《文宗实录》。

蒋氏世以儒史称，不以文藻为事，唯伸及系子兆有文才，登进士第，然不为文士所誉。与柳氏、沈氏父子相继修国史实录，时推良史，京师云《蒋氏日历》，士族靡不家藏焉。

柳登，字成伯，河东人。父芳，肃宗朝史官，与同职韦述受诏添修吴兢所撰《国史》；杀青未竟而述亡，芳绪述凡例，勒成《国史》一百三十卷。上自高祖，下止乾元，而叙天宝后事，绝无伦类，取舍非工，不为史氏所称。然芳勤于记注，含毫罔倦。属安、史乱离，国史散落，编缀所闻，率多阙漏。上元中坐事徙黔中，遇内官高力士亦贬巫州，遇诸途。芳以所疑禁中事，咨于力士。力士说开元、天宝中时政事，芳随口志之。又以《国史》已成，经于奏御，不可复改，乃别撰《唐历》四十卷，以力士所传，载于年历之下。芳自永宁尉、直史馆，转拾遗、补阙、员外郎，皆居史任，位终右司郎中、集贤学士。

登少嗜学，与弟冕咸以该博著称。登年六十余，方从宦游，累迁至膳部郎中。元和初，为大理少卿，与刑部侍郎许孟容等七人，奉诏删定开元已后敕格。再迁右庶子，以衰病改秘书监，不拜，授右散骑常侍致仕。长庆二年卒，时九十余，辍朝一日，赠工部尚书。弟冕。

冕，文史兼该，长于吏职。贞元初，为太常博士。二年，昭德王皇后之丧，论皇太子服纪。左补阙穆质请依礼周期而除，冕与同职张荐等奏议曰：

准《开元礼》，子为母齐衰三年，此王公已下服纪。皇太子为皇后丧服，国礼无闻。昔晋武帝元皇后崩，其时亦疑太子所服。杜元凯奏议曰："古者天子三年之丧，既葬除服。魏氏革命，亦以既葬为节。故天子诸侯之礼,尝已具矣,恶其害己而削去其籍。今其存者唯《士丧礼》一篇,戴胜之记错杂其内,亦难以取正。皇太子配二尊,与国为体,固宜卒哭而除服。"于是山涛、魏舒并同其议,晋朝从之。历代遵行,垂之不朽。

臣谨按实录,文德皇后以贞观十年九月崩,十一月葬,至十一年正月,除晋王治为并州都督。晋王即高宗在藩所封,文德皇后幼子,据其命官,当已除之义也。今请皇太子依魏、晋故事,为大行皇后丧服,葬而虞,虞而卒哭,卒哭而除,心丧终制,庶存厌降之礼。

事下中书,宰臣召问礼官曰:"《语》云:'子食于有丧者之侧,未尝饱也。'今岂可令皇太子衰服侍膳,至于既葬乎?准令,群臣齐衰,给假三十日即公除。约于此制,更审议之。"张荐曰:"请依宋、齐间皇后为父母服三十日公除例,为皇太子丧服之节。"三十日公除诣于正内,则服墨惨,归至本院,衰麻如故。穆质曰:"杜元凯既葬除服之论,不足为法。臣愚以为遵三年之制则太重,从三十日之变太轻,唯行古之道,以周年为定。"诏宰臣与礼官定可否。宰臣以穆质所奏问博士,冕对曰:"准《礼》,三年丧,无贵贱一也。岂有以父母贵贱而差降丧服之节乎?且《礼》有公门脱齐衰,《开元礼》皇后为父母服十三月,其禀朝旨,十三日而除;皇太子为外祖父母服五月,其从朝旨,则五日而除。所以然者,恐丧服侍奉,有伤至尊之意也。故从权制,昭著国章,公门脱衰,义亦在此,岂皆为金革乎?皇太子今若抑哀公除,墨惨朝觐,归至本院,依旧衰麻,酌于变通,庶可传继。"宰臣然其议,遂命太常卿郑叔则草奏,以冕议为是。而穆质坚执前义,请依古礼,不妨太子墨衰于内也。宰臣齐映、刘滋参酌群议,请依叔则之议,制人之。及董晋为太常卿,德宗谓之曰:"皇太子所行周服,非朕本意,有谏官横论之。今熟计之,即礼官请依魏、晋故事,斯甚折衷。"明年冬,上以太子久在丧,合至正月晦受吉服,欲以其年十一月释衰麻,以及新正称庆。有司皆论不可,乃止。

六年十一月,上亲行郊享。上重慎祀典,每事依礼。时冕为吏部郎中,摄太常博士,与司封郎中徐岱、仓部郎中陆质、工部郎中张荐,皆摄礼官,同修郊祀仪注,以备顾问。初,诏以皇太子亚献终献,当受誓戒否,冕对曰:"准《开元礼》有之,然誓词云'不供其职,国有常刑',今太子受誓,请改云'各扬其职,肃奉常仪'。"上又问升郊庙去剑履,及象剑尺寸之度,祝文轻重之宜,冕据礼经沿革闻奏,上甚嘉之。

冕言事颇切,执政不便之,出为婺州刺史。十三年,兼御史中丞、福州刺史,充福建都团练观察使。冕在福州,奏置万安监牧,于泉州界置群牧五,悉索部内马五千七百匹、驴骡牛八百头、羊三千口,以为监牧之资。人情大扰,期年,无所滋息,诏罢之。以政无状,诏以阎济美代归而卒。子璟,登进士第,亦以著述知名。

璟,宝历初登进士第,三迁监察御史。时郊庙告祭,差摄三公行事,多以杂品;璟时监察,奏曰:"准开元二十三年敕,宗庙大祠,宜差左右丞相、嗣王、特进、少保、少傅、尚书、宾客、御史大夫。又二十五年敕,太庙五享,差丞相、师傅、尚书、嗣郡王通摄,余司不在差限。又元和四年敕,太庙告祭摄官,太尉以宰相充,其摄司空、司徒,以仆射、尚书、师傅充,余司不在差限。比来吏部因循,不守前敕文,用人稍轻。请自今年冬季,勒吏部准开元、元和敕例差官。"从之。再迁度支员外郎,转吏部。开成初,换库部员外郎、知制诰,寻以本官充翰林学士。

初,璟祖芳精于谱学,永泰中按宗正谱牒,自武德已来宗枝昭穆相承,撰皇室谱二十卷,号曰《永泰新谱》,自后无人修续。璟因召对,言及图谱事,文宗曰:"卿祖尝为皇家图谱,朕昨观之,甚为详悉。卿检永泰后试修续之。"璟依芳旧式,续德宗后事,成十卷,以附前谱,仍诏户部供纸笔厨料。五年,拜中书舍人充职。武宗朝,转礼部侍郎,再司贡籍,时号得人。子韬亦以进士擢第。

沈传师,字子言,吴人。父既济,博通群籍,史笔尤工,吏部侍郎杨炎见而称之。建中初,炎为宰相,荐既济才堪史任,召拜左拾遗、史馆修撰。既济以吴兢撰《国史》,以则天事立本纪,奏议非之曰:

史氏之作,本乎惩劝,以正君臣,以维家邦。前端千古,后法万代,使其生不敢差,死不妄惧。纬人伦而经世道,为百王准的;不止属辞比事,以日系月而已。故善恶之道,在乎劝诫;劝诫之柄,存乎褒贬。是以《春秋》之义,尊卑轻重升降,几微仿佛,虽一字二字,必有微旨存焉。况鸿名大统,其可以贷乎?

伏以则天皇后,初以聪明睿哲,内辅时政,厥功茂矣。及弘道之际,孝和以长君嗣位,而太后以专制临朝,俄又废帝,或幽或徙。既而握图本箓,移运革名,牝司燕啄之踪,难乎备述。其后五王建策,皇运复兴,议名之际,得无降损。必将义以亲隐,礼从国讳,苟不及损,当如其常,安可横绝彝典,超居帝籍?昔仲尼有言,必也正名,故夏、殷二代为帝者三十世矣,而周人通名之曰王,吴、楚、越之君为王者百余年,而《春秋》书之为子。盖高下自乎彼,而是非稽乎我。过者抑之,不及者援之,不为弱减,不为僭夺。握中持平,不振不倾,使其求不可得,而盖不可掩,斯古君子所以慎其名也。

夫则天体自坤顺,位居乾极,以柔乘刚,天纪倒张,进以强有,退非德让。今史臣追书,当称之太后,不宜曰"上"。孝和虽迫母后之命,降居藩邸,而体元继代,本吾君也,史臣追书,宜称曰"皇帝",不宜曰"庐陵王"。睿宗在景龙已前,天命未集,徒禀后制,假临大宝,于伦非次,于义无名,史臣书之,宜曰"相王",未宜曰"帝"。若以得失既往,遂而不举,则是非褒贬,安所辨正,载笔执简,谓之何哉?则天废国家历数,用周正朔,废国家太庙,立周七庙。鼎命革矣,徽号易矣,旗裳服色,既已殊矣!今安得以周氏年历而列为《唐书》帝纪?征诸礼经,是谓乱名。且孝和继天践祚,在太后之前,而叙年制纪,居太后之下；方之跻僖。是谓不智，详今考古，并未为可。

或曰：班、马良史也，编述汉事，立高后以续帝载，岂有非之者乎？答曰：昔高后称制，因其旷嗣，独有分王诸吕，负于汉约，无迁鼎革命之甚。况其时孝惠已殁，孝文在下，宫中二子，非刘氏种，不纪吕后，将纪谁焉？虽云其然，议者犹为不可，况迁鼎革命者乎？

或曰：若天后不纪，帝绪缺矣，则二十二年行事，何所系乎？曰：孝和以始年登大位，以季年复旧业，虽尊名中夺，而天命未改，足以首事，足以表年，何所拘阂，裂为二纪？昔鲁昭之出也，《春秋》岁书其居，曰"公在乾侯"。且君在，虽失位，不敢废也。今请并《天后纪》合《孝和纪》，每于岁首，必书孝和所在以统之，书曰某年春正月，皇帝在房陵，太后行某事，改某制云云。则纪称孝和，而事述太后，俾名不失正，而礼不违常；名礼两得，人无间矣！其姓氏名讳，入宫之由，历位之资，才艺智略，年辰崩葬，别纂录入《皇后传》，列于废后王庶人之下，题其篇曰"则天顺圣武后"云。

事虽不行，而史氏称之。

德宗初即位，锐于求理。建中二年夏，敕中书、门下两省，分置待诏官三十员，以见官前任及同正试摄九品已上，择文学理道、韬钤法度之深者为之，各准品秩给俸钱，廪饩、干力、什器、馆宇之设，以公钱为之本，收息以赡用。物论以为两省皆名侍臣，足备顾问，无劳别置冗员。既济上疏论之曰：

> 臣伏以陛下今日之理，患在官烦，不患员少；患在不问，不患无人。且中书、门下两省常侍、谏议、补阙、拾遗，总四十员，及常参待制之官，日有两人，皆备顾问，亦不少矣。中有二十一员，尚阙人未充，他司缺职，累倍其数。陛下若谓见官非才，不足与议，则当选求能者，以代其人。若欲务广聪明，毕收淹滞，则当择其可者，先补缺员。则朝无旷官，俸不徒费。且夫置钱息利，是有司权宜，非陛下经理之法。今官三十员，皆给俸钱，干力及厨廪什器、建造厅宇，约计一月不减百万，以他司息例准之，当以钱二千万为之本，方获百万之利。若均本配人，当复除二百户，或许其入流。反覆计之，所损滋甚。当今关辅大病，皆为百司息钱，伤人破产，积于府县。实思改革，以正本源。又臣尝计天下财赋耗敩之大者，唯二事焉：最多者兵资，次多者官俸。其余杂费，十不当二事之一。所以黎人重困，杼轴犹空。方期缉熙，必藉裁减。今四方形势，兵罢未得，资费之广，盖非获已。陛下躬行俭约，节用爱人，岂俾闲官，复为冗食？籍旧而置，犹可省也，若之何加焉？陛下必以制出不可改，请重难慎择，迁延寝罢。

其事竟不得行。既而杨炎谴逐，既济坐贬处州司户。后复入朝，位终礼部员外郎。

传师擢进士，登制科乙第，授太子校书郎、鄠县尉、直史馆，转左拾遗、左补阙，并兼史职。迁司门员外郎、知制诰，召充翰林学士。历司勋、兵部郎中，迁中书舍人。性恬退无竞，时翰林未有承旨，次当传师为之，固称疾，宣召不起，乞以本官兼史职。俄兼御史中丞，出为潭州刺史、湖南观察使。入为尚书右丞。出为洪州刺史、江南西道观察使，转宣州刺史、宣歙池观察使。入为吏部侍郎。太和元年卒，年五十九，赠吏部尚书。

初，传师父既济撰《建中实录》十卷，为时所称。传师在史馆，预修《宪宗实录》未成，廉察湖南，特诏赍一分史稿，成于理所。

有子枢、询，皆登进士第。

询历清显，中书舍人、翰林学士、礼部侍郎。咸通中，检校户部尚书、潞州长史、昭义节度使。为政简易，性本恬和。奴归秦者，通询侍者，询将戮之未果；奴结牙将为乱，夜攻府第，询举家遇害。

史臣曰：前代以史为学者，率不偶于时，多罹放逐，其故何哉？诚以褒贬是非在于手，贤愚轻重系乎言，君子道微，俗多忌讳，一言切己，嫉之如仇。所以岠、荐坎壈于仕涂，沈、柳不登于显贯，后之载笔执简者，可以为之痛心！道在必伸，物不终否，子孙藉其余祐，多至公卿者，盖有天道存焉！

赞曰：褒贬以言，孔道是模。诛乱以笔，亦有董狐。邦家大典，班、马何辜？惩恶劝善，史不可无。

卷一百五十　　列传第一百

德宗顺宗诸子

舒王谊　通王谌　虔王谅　肃王详　文敬太子谌　资王谦　代王谭　昭王诚　钦王谔　珍王诚　郯王经　均王纬　漵王纵　莒王纾　密王绸　郇王综　邵王约　宋王结　集王缃　冀王絿　和王绮　衡王绚　钦王绩　会王纁　福王绾　珍王缮　抚王纮　岳王绲　袁王绅　桂王纶　翼王绰　蕲王缉

德宗皇帝十一子：昭德皇后王氏生顺宗皇帝；舒王谊，昭靖太子之子；文敬太子，顺宗之子；诸妃生通王已下八王，本录不载母氏。

舒王谊，本名谟，代宗第三子昭靖太子邈之子也。以其最幼，德宗怜之，命之为子。大历十四年六月，封舒王，拜开府仪同三司，与通王、虔王同日封。仍诏所司，其开府俸料，逐月进内，寻以军兴罢支。建中元年，领四镇北庭行军、泾原节度大使；以泾州刺史孟皞为节度留后。以谊爱弟之子，诸王之长，军国大事，欲其更践，必委试之。

明年，尚父郭子仪病笃，上御紫宸，命谊持制书省之。谊冠远游冠，绛纱袍，乘象辂，驾驷马，飞龙骑士三百人随之。国府之官，皆裤褶骑而导前，卤簿备引而不乐，在遏密故也。及门，郭氏子弟迎拜于外，王不答拜。子仪卧不能兴，以手叩头谢恩而已。王解冠珮，以常服传诏劳问之。

三年，蔡帅李希烈叛，诏哥舒曜讨之。八月，希烈自帅众三万，围哥舒曜于襄城，又诏河南都统李勉援之。勉舍襄城，令大将唐汉臣等选劲兵，径袭许州以解围。汉臣未至许，上遣中使追之，责以违诏，亟旋师，为贼所乘，汉臣之众大败。勉恐东都危急，乃分兵数千赴洛，又为贼所隔。贼众急攻汴、滑，勉走宋州，朝廷大耸，乃诏谊为扬州大都督，持节荆襄、江西、沔鄂等道节度，兼诸军行营兵马元帅，改名谊。又以哥舒翰声近，士卒窃议，改封普王，令统摄诸军，进攻希烈。仍以兵部侍郎萧复为户部尚书、兼御史大夫、元帅府统军长史。旧例有行军长史，以复父名衡，特更之。又以新除潭州观察使孔巢父为右庶子、兼御史大夫，充行军司马；以山南东道节度行军司马、检校兵部郎中、兼御史中丞樊泽为谏议大夫、兼御史中丞、行军右司马。刑部员外郎刘从一为吏部郎中、兼中丞，侍御史韦儇为工部郎中、兼中丞，并充元帅府判官。兵部员外郎高参为本司郎中，充元帅府掌书记。以右金吾大将军浑瑊检校工部尚书、兼御史大夫，为中军虞候。江西节度使嗣曹王皋为前军兵马使，鄂岳团练使李兼为之副。山南东道节度使贾耽为中军兵马使。荆南节度使张伯仪充后军兵马使。以神武军使王价检校太子宾客；左卫将军高承谦检校太子詹事；前司农少卿郭曙检校左庶子，前秘书省著作郎常愿为秘书少监，并充元帅府押衙。制下未行，泾原兵乱而止。

德宗初闻兵士出怨言，不得赏设，乃令谊与翰林学士姜公辅传诏安抚，许以厚赏。行及内门，兵已阵于阙前，谊狼狈而还，遂奉德宗出幸奉天。贼之攻城，谊昼夜传诏，慰劳诸军，仅不解带者月余。从车驾还宫，复封舒王、开府仪同三司，扬州大都督如故。永贞元年十月薨，废朝三日。

通王谌，德宗第三子也。大历十四年封，制授开府仪同三司。贞元九年十月，领宣武军节度大使、汴宋等州观察支度营田等使，以宣武都知兵马使李万荣为留后，王不出阁。十一年，河东帅李自良卒，以谌为河东节度大使，以行军司马李说知府事，充留后，亦不出阁。

虔王谅，德宗第四子。大历十四年封，授开府仪同三司。贞元二年，领蔡州节度大使、申光蔡观察等使，以大将吴少诚为留后。十年，领朔方灵盐节度大使、灵州大都督，以朔方行军司马李栾为灵府左司马，知府事，朔方留后。十一年九月，横海大将程怀信逐其帅怀直。十月，以谅领横海节度大使、沧景观察等使，以都知兵马使程怀信为留后，王不出阁。十六年，徐帅张建封卒，徐军乱，又以谅领徐州节度大使、徐泗濠观察处置等使，以建封子愔为留后。

肃王详，德宗第五子。大历十四年六月封。建中三年十月薨，时年四岁，废朝三日，赠扬州大都督。性聪惠，上尤怜之，追念无已，不令起坟墓，诏如西域法，议层砖造塔。礼仪使判官、司门郎中李岩上言曰："坟墓之义，经典有常，自古至今，无闻异制。层砖起塔，始于天竺，名曰'浮图'，行之中华，窃恐非礼。况肃王天属，名位尊崇，丧葬之仪，存乎简册，举而不法，垂训非轻。伏请准令造坟，庶遵典礼。"诏从之。

文敬太子谌，顺宗之子。德宗爱之，命为子。贞元四年，封邕王，授开府仪同三司。七年，定州张孝忠卒，以谌领义武军节度大使、易定观察等使，以定州刺史张茂昭为留后。十年六月，潞帅李抱真卒，又以谌领昭义节度大使、泽潞邢洺磁观察等使，以潞将王虔休为潞府司马、知留后。十五年十月薨，时年十八，废朝三日，赠文敬太子，所司备礼册命。其年十二月，葬于昭应，有陵无号。发引之日，百官送于通化门外，列位哭送。是日风雪寒甚，近岁未有。诏置陵署令丞。

资王谦，德宗第七子。大历十四年封。

代王谭，德宗第八子。本封缙云郡王，早薨。建中二年，追封代王。

昭王诚，德宗第九子。贞元二十一年封。

钦王谔，德宗第十子。顺宗即位，诏曰："王者之制，子弟毕封，所以固藩辅而重社稷，古今之通义也。第十弟谔等，宽简忠厚，生知孝敬，行皆由礼，志不违仁。乐善本于性情，好贤宗于师傅。缵修六艺，达人伦风化之源；博习群言，知惠和睦友之道。温恭朝夕，允茂厥猷，克有嘉闻，宜封土宇。谔可封钦王。第十一弟可封珍王。"

珍王諴，德宗第十一子，与钦王同制封。

德宗仁孝，动循法度，虽子弟姑妹之亲，无所假借。建中初，诏亲王子弟带开府朝秩者，出就本班。又以公主、郡县主出降，与舅姑抗礼。诏曰："冠婚之义，人伦大经。昔唐尧降嫔，帝乙归妹。迨于汉氏，同姓主之。爰自近古，礼教陵夷，公郡法度，僭差殊制。姻族阙齿序之义，舅姑有拜下之礼，自家刑国，多愧古人。今县主有行，将俟嘉令，俾亲执枣栗，以见舅姑；敬遵宗妇之仪，降就家人之礼。事资变革，以抑浮华。其令礼仪使与礼官博士，约古今旧仪及《开元礼》，详定公主、郡县主出降、觐见之文初，开元中置礼会院于崇仁里。自兵兴已来，废而不修，故公、郡、县主不时降嫁，殆三十年，至有华发而犹卯者，虽居内馆，而不获觐见十六年矣。凡皇族子弟，皆散弃无位，或流落他县，湮沉不齿录，无异匹庶。及德宗即位，叙用枝属，以时婚嫁，公族老幼，莫不悲感。初即位，将谒太庙，始与公、郡、县主相见于大次中，尊者展其敬，幼者申其爱，欢欷哭泣之声闻于朝，公卿陪列者为之凄然。每将有大礼，必与诸父昆弟同其斋次。及岳阳、信宁、宜芳、永顺、朗陵、阳安、襄城、德清、南华、元城、新乡等十一县主同月出降，敕所司大小之物，必周其用。至于栉、缅、笄、总，皆经于心，各给钱三百万，使中官主之，以买田业，不得佗用。其衣服之饰，使内司计造，不在此数。是时所司度人用一笼花，计钱七十万。帝曰："笼花首饰，妇礼不可阙，然用费太广，即无谓也。宜损之又损之。"及三万而止。帝谓主等曰："吾非有所爱，但不欲无益之费耳。"各以余钱六十万赐之，以备他用。

旧例，皇姬下嫁，舅姑返拜而妇不答。及是制下，礼官定制曰："既成婚于礼会院，明晨，舅坐于堂东阶西向，姑南向，妇执笄，盛以枣栗，升自西阶，再拜，跪奠于舅席前。退降受笄，盛以腶修。升，北面再拜，跪奠于姑席前。降，东面拜婿之伯叔兄弟姊妹。已而谢恩于光顺门，婿之亲族亦随之，然后会宴于十六宅。"是日，县主皆如其制。初，赠司徒沈易良之妻崔氏，即太后之季父母也，帝每见之，方蹔而靴，召王、韦二美人出拜。敕崔氏坐受勿答。故戚属之间，罔不惮其敬，不肃而遵礼法焉。

顺宗二十三子：庄宪皇后王氏生宪宗皇帝；王昭仪生郯王经；赵昭仪生宋王结；王昭仪生郇王综；王昭训生衡王绚；余十八王，本录不载母氏。

郯王经，本名浈，顺宗次子。始封建康郡王，贞元二十一年进封。太和八年薨。

均王纬，本名沔，顺宗第三子。始封洋川郡王，贞元二十一年进封。

漵王纵，本名洵，顺宗第四子。初授殿中监，封临淮郡王，贞元二十一年进封。

莒王纾，本名浣，顺宗第五子。初授秘书监，封弘农郡王，贞元二十一年进封。太和八年薨。

密王绸，本名泳，顺宗第六子。始封汉东郡王，贞元二十一年进封。元和二年九月薨。

郇王综，本名湜，顺宗第七子。初授少府监，封晋陵郡王，贞元二十一年进封。元和三年四月薨。

邵王约，本名淑，顺宗第八子。初授国子祭酒，封高平郡王，贞元二十一年进封。

宋王结，本名滋，顺宗第九子。始封云安郡王，贞元二十一年进封。长庆二年薨。

集王缃，贞元二十一年封。长庆二年薨。

冀王绿，本名淮，顺宗第十子。初授太常卿，封宣城郡王，贞元二十一年进封。太和九年薨。

和王绮，本名湑，顺宗第十一子。始封德阳郡王，贞元二十一年进封。太和七年薨。

衡王绚，顺宗第十二子。贞元二十一年封。宝历二年薨。

钦王绩，顺宗第十三子。贞元二十一年封。

会王纁，顺宗第十四子。贞元二十一年封。元和五年十一月薨。

福王绾，本名涓，顺宗第十五子。母庄宪王皇后，宪宗同出。初授光禄卿，封河东郡王，贞元二十一年进封。咸通元年，特册拜司空。明年薨。

珍王缮，本名况，顺宗第十六子。初授卫尉卿，封洛交郡王，贞元二十一年进封。

抚王纮，顺宗第十七子。贞元二十一年封。咸通四年，特册拜司空。五年，册司徒。乾符三年，册太尉。其年薨。

岳王绲，顺宗第十八子。贞元二十一年封。太和二年薨。

袁王绅，顺宗第十九子。贞元二十一年封。太和十四年薨。

桂王纶，顺宗第二十子。贞元二十一年封。太和九年薨。

翼王绰，顺宗第二十一子。贞元二十一年封。咸通二年薨。

蕲王缉，顺宗第二十二子。咸通八年封。

史臣曰：夫圣人君临宇县，肇启邦基，莫不受命上玄，膺名帝箓。自太昊已降，五运相推，迄于殷汤，历数绵永。但设均平之化，未闻封建之名。洎乎周、汉，始以子弟建侯树屏，以作维城。及王室浸微，遂有莽、卓之乱。唐室自艰难已后，两河兵革屡兴，诸王虽封，竟不出阁，夫帝王居寰宇之尊，抚亿兆之众，但能平一理道，夙夜严恭，任贤使能，设官分职，自然四海乐推。天命所祐，纵无封建，亦鸿基永固，安俟婴孺镇重哉？

赞曰：孝文秉礼，道弘藩邸。睦族展亲，仪刑戚里。自阁临藩，所谓周爱。无如恶鸟，终怀笼樊。

卷一百五十一　　列传第一百一

高崇文 子承简　伊慎　朱忠亮
刘昌裔　范希朝　王锷 子稷　阎
巨源　孟元阳　赵昌

高崇文，其先渤海人。崇文生幽州，朴厚寡言，少从平卢军。贞元中，随韩全义镇长武城，治军有声。五年夏，吐蕃三万寇宁州，崇文率甲士三千救之，战于佛堂原，大破之，死者过半。韩全义入观，崇文掌本营节度留务，迁兼御史中丞。十四年，为长武城使，积粟练兵，军声大振。

永贞元年冬，刘辟阻兵，朝议讨伐，宰臣杜黄裳以为独任崇文，可以成功。元和元年春，拜检校工部尚书、兼御史大夫，充左神策行营节度使，兼统左右神策、奉天麟游诸镇兵以讨辟。时宿将专征者甚众，人人自谓当选，及诏出大惊。崇文在长武城，练卒五千，常若寇至。及是，中使至长武，卯时宣命，而辰时出师五千，器用无阙者。军至兴元，军中有折逆旅之匕箸，斩之以徇。西从阆中入，遂却剑门之师，解梓潼之围，贼将邢泚遁归。屯军梓州，因拜崇文为东川节度使。先是，刘辟攻陷东川，擒节度使李康；及崇文克梓州，乃归康求雪己罪，崇文以康败军失守，遂斩之。

成都北一百五十里有鹿头山，扼两川之要，辟筑城以守，又连八栅，张掎角之势以拒王师。是日，破贼二万于鹿头城下，大雨如注，不克登，乃止。明日，又破于万胜堆。堆在鹿头之东，使骁将高霞寓亲鼓，士扳缘而上，矢石如雨，又命敢死士连登，夺其堆，烧其栅，栅中之贼歼焉。遂据堆下瞰鹿头城，城中人物可数。凡八大战皆大捷，贼摇心矣。

八月，阿跌光颜与崇文约，到行营愆一日。惧诛，乃深入以自赎，故军于鹿头西大河之口，以断贼粮道，贼大骇。是日，贼绵江栅将李文悦以三千人归顺，寻而鹿头将仇良辅举城降者众二万。辟之男方叔、子婿苏强，先监良辅军，是日槛系之送京师，降卒投戈面缚者弥十数里，遂长驱而直指成都。德阳等县城皆镇以重兵，莫不望旗率服，师无留行。辟大惧，以亲兵及逆党卢文若赍重宝西走吐蕃。吐蕃素受其赂，且将启之。崇文遣高霞寓、郦定进倍道追之，至羊灌田及焉。辟自投岷江，擒于涌湍之中。西蜀平，乃槛辟送京师伏法。文若赴水死。王师入成都，介士屯于大逵，军令严肃，珍宝山积，市井不移，无秋毫之犯。

先是，贼将邢泚以兵二万为鹿头之援，既降又贰，斩之以徇。衣冠陷逆者，皆匍匐衙门请命，崇文条奏全活之。制授崇文检校司空，兼成都尹，充剑南西川节度、管内度支营田观察处置、统押近界诸蛮西山八国云南安抚等使。改封南平郡王，食实封三百户，诏刻石纪功于鹿头山下。

崇文不通文字，厌大府案牍谘禀之繁，且以优富之地，无所陈力，乞居塞上以捍边戍，恳疏累上。二年冬，制加同中书门下平章事、邠州刺史、邠宁庆三州节度观察等使，仍充京西都统。恃其功而侈心大作，帑藏之富，百工之巧，举而自随，蜀都一罄。以不习朝仪，惮于入观，优诏令便道之镇。居三年，大修戎备。元和四年卒，年六十四，废朝三日，赠司徒，谥曰威武，配享宪宗庙庭。

子承简，少为忠武军部将，后入神策军。以父征刘辟，拜嘉王傅。裴度征淮、蔡，奏承简以本官兼御史中丞，为其军都押衙。淮西平，诏以郾城、上蔡、遂平三县为溵州，治郾城，用承简为刺史。寻转邢州刺史，值观察使责时赋急，承简代数百户出其租。

迁宋州刺史，属汴州逐其帅，以部将李齐行帅事。齐遣其将责宋官私财物，承简执而囚之。自是汴使来者，辄系之，一日并击斩于军门之外，威震郡中。及齐兵大至，宋州凡三城，已陷南一城，承简保北两城以拒，凡十余战。会徐州救兵至，齐为汴将李质杀之，传送京师，兵围宋者即遁去。授承简检校左散骑常侍、充海沂密等州节度观察处置等使。

俄迁检校工部尚书、义成军节度、郑滑颍等州观察处置等使。就加检校尚书右仆射。入拜右金吾卫大将军，充右街使。复出为邠宁庆等州节度观察处置等使。先是，羌房多以秋月犯西边，承简请军宁州以备之。因疾，上言乞入观，即随表诣阙。太和元年八月，行至永寿县传舍卒，赠司空。

崇文孙骈，历位崇显，终淮南节度使，自有传。

伊慎，兖州人。善骑射，始为果毅。丧母，将营合祔，不识其父之墓。昼夜号哭，未浃日，梦寐有指导焉。遂发垅，果得旧记验。

大历八年，江西节度使路嗣恭讨岭南哥舒晃之乱，以慎为先锋，直逼贼垒，疾战破之，斩首三千级，由是复始兴之地。未几，与诸将追斩晃于泔溪，函首献于阙下。嗣恭表慎功，授连州长史，知当州团练副使，三迁江州别驾。

讨梁崇义之岁，慎以江西牙将从李希烈，摧锋陷敌，功又居多。江汉既平，希烈爱慎之材，数遗善马，意欲縻之，慎以计遁，归命本道。明年，希烈果反。嗣曹王皋始至钟陵，大集专吏，得慎而壮。大集兵将，缮理舟师。希烈惧慎为曹王所任，遗慎七属之甲，诈为慎书行间焉。上遣中使即军以诘之，曹王乃抗疏论雪。上章未报，会贼兵溯江来寇，曹王乃召慎勉之令战，大破三千余众，朝廷始信其不贰。累破蔡山栅，取蕲州，降其将李良。又攻黄梅县，杀贼将韩霜露，斩首千余级。优诏褒异，授试太子詹事，封南充郡王，又兼御史中丞、蕲州刺史，充节度都知兵马使。

建中末，车驾在梁、洋，盐铁使包佶以金币溯江将进献，次于蕲口。时贼已屠汴州，遣骁将杜少诚将步骑万余来寇黄梅，以绝江道。慎兵七千，遇于永安戍。慎列树三栅，相去数里，偃旗卧鼓。于中栅声鼓，三栅悉兵以击，贼军大乱，少诚脱身以免，斩级不可胜数，江路遂通。又破苟荠栅，进兵围安州。贼阻涢水，攻之不能下。希烈遣其甥刘戒虚将骑八千来援，慎分兵迎击，战于应山，擒戒虚，缚诣城下，遂开门请罪。以功拜安州刺史、兼御史大夫，仍赐实封一百户。希烈又遣将援隋州，慎击之于厉乡，走康叔夜，斩首五千级。希烈死，李惠登为贼守隋州，慎飞书招谕，惠登遂以城降。因密奏惠登可用，诏授隋州刺史。

贞元十五年，以慎为安黄等州节度、管内支度营田观察等使。十六年，吴少诚阻命，诏以本道步骑五千，兼统荆南、湖南、江西三道兵，当其一面。于申州城南前后破贼数千，以例加检校刑部尚书。二十一年，于安黄置奉义军额，以为奉义军节度使、检校右仆射。宪宗即位，入真拜右仆射。元和二年，转检校左仆射，兼右金吾卫大将军。以赂第五从直求镇河中，为从直所奏，贬右卫将军。数月，复为检校尚书右仆射，兼右卫上将军。元和六年卒，年六十八，赠太子太保。

朱忠亮，本名士明，沛州浚仪人。初事薛嵩为将。大历中，诏镇普润县，掌屯田。朱泚之乱，以麾下四十骑奔奉天。德宗嘉之，封东阳郡王，为"奉天定难功臣"。及大驾南幸，为房骑所获，系于长安。贼平，李晟释之，荐于浑瑊，署定平镇都虞候。镇使李朝寀卒，遂代之。宪宗即位，加御史大夫。筑临泾城有劳，特加检校工部尚书、泾原四镇节度使，仍赐名。泾土旧俗多卖子，忠亮以俸钱赎而还其亲者约二百人。元和八年卒，赠右仆射。

刘昌裔，太原阳曲人。少游三蜀。杨琳之乱，昌裔说其归顺。及琳授洺州刺史，以昌裔为从事，琳死乃去。曲环以幽陇兵收濮州也，辟为判官。诏授监察御史，累加至检校兵部尚书，赐紫，兼中丞，充营田副使。贞元十五年，环镇许州，卒，诏上官说知节度留后。吴少诚攻许州，说领事，欲弃城走。昌裔追止之曰："留后既受诏，宜以死守城。况城中士马足以破贼，但坚壁不战，不过五七日，贼势必衰，我以全制之可也。"说然之。贼日夕攻急，堞坏不得修，昌裔令造战棚木栅以待；募壮士破营，得突将千人，凿城分出，大破之，因立战棚木栅于城上，城以故不陷。兵马使安国宁与说不善，谋反以城降贼；事泄，昌裔密计斩之。即召其麾下千余人食之，赏缣二匹，伏兵诸要巷，令持缣者悉斩之，无一人得脱。十六年，以全陈许功，以说为节度使，昌裔为陈州刺史。

韩全义之败溵水也，与诸道兵皆走陈州；求舍，昌裔登城谓曰："天子命公讨蔡州，今来陈州，义不敢纳，请舍城外。"而从千骑入全义营，持牛酒劳军。全义不自意，惊喜叹服。十八年，改充陈许行军司马。明年，说卒，诏昌裔为许州刺史，充陈许节度使，再加检校右仆射。

元和八年五月，许州大水，坏庐舍，漂溺居人。六月，征昌裔加检校左仆射，兼左龙武统军。初，昌裔以老疾而军府无政，因其水败军府，上乃促令韩皋代之。昌裔赴召，至长乐驿，闻有是命，乃上言风眩，请归私第，许之。其年卒，赠潞州大都督。

范希朝，字致君，河中虞乡人。建中年，为邠宁虞候，戎政修举，事节度使韩游瑰。及德宗幸奉天，希朝战守有功，累加兼中丞，为宁州刺史。游瑰入觐，自奉天归邠州，以希朝素整肃有声，畏其逼己，求其过，将杀之。希朝惧，奔凤翔。德宗闻之，趣召至京师，置于左神策军中。游瑰殁，邠州诸将列名上请希朝为节度，德宗许之。希朝让于张献甫，曰："臣始逼而来，终代其任，非所以防凯觎安反侧也。"诏嘉之，以献甫统邠宁。数日，除希朝振武节度使，就加检校礼部尚书。

振武有党项、室韦，交居川阜，凌犯为盗，日入慝作，谓之"刮城门"。居人惧骇，鲜有宁日。希朝周知要害，置堡栅，斥候严密，人遂获安。异蕃虽鼠窃狗盗，必杀无赦，戎虏甚惮之，曰："有张光晟，苦我久矣，今闻是乃更姓名而来。"其见畏如此。蕃落之俗，有长帅之，必效奇驼名马，虽廉者犹曰当从俗，以致其欢，希朝一无所受。积十四年，皆保塞而不为横。单于城中旧少树，希朝于他处市柳子，命军人种之，俄遂成林，居人赖之。贞元末，累表请修朝觐。时节将不以他故自述职者，惟希朝一人，德宗大悦。既至，拜检校右仆射，兼右金吾大将军。

顺宗时，王叔文党用事，将授韩泰以兵柄；利希朝老疾易制，乃命为左神策、京西诸城镇行营节度使，镇奉天，而以泰为副，欲因代之，叔文败而罢。宪宗即位，复以检校仆射为右金吾，出拜检校司空，充朔方灵盐节度使。

突厥别部有沙陀者，北方推其勇劲，希朝诱致之，自甘州举族来归，众且万人。其后以之讨贼，所至有功，迁河东节度使。率师讨镇州无功。既耄且疾，事不理，除左龙武统军，以太子太保致仕。元和九年卒，赠太子太师。

希朝近代号为名将，人多比之赵充国。及张茂昭击王承宗，几覆，希朝玩寇不前，物议罪之。

王锷，字昆吾，自言太原人。本湖南团练营将。初，杨炎贬道州司马，锷候炎于路，炎与言异之。后嗣曹王皋为团练使，擢任锷，颇便之。使招邵州武冈叛将王国良有功，表为邵州刺史。及皋改江西节度使，李希烈南侵，皋请锷以劲兵三千镇寻阳。后皋自以全军临九江，既袭得蕲州，尽以众渡，乃表锷为江州刺史、兼中丞，充都虞候，因以锷从。小心习事，善探得军府情状，至于言语动静，巨细毕以白皋。皋亦推心委之，虽家宴妻女之会，锷或在焉。锷感皋之知，事无所避。

后皋攻安州，使伊慎盛兵围之；贼惧，请皋使至城中以约降，皋使锷悬而入。既成约，杀不从者以出。明日城开，皋以其众入。伊慎以贼恟惧，由其围也，不下锷，锷称疾避之。及皋为荆南节度使，表锷为江陵少尹、兼中丞，欲列于宾倅。马彝、裴泰鄙锷请去，乃复以为都虞候。

明年,从皋至京师,皋称锷于德宗曰:"锷虽文用小不足,他皆可以试验。"遂拜鸿胪少卿。寻除容管经略使,凡八年,溪洞安之。迁广州刺史、御史大夫、岭南节度使。广人与夷人杂处,地征薄而丛求于川市。锷能计居人之业而榷其利,所得与两税相埒。锷以两税钱上供时进及供奉外,余皆自入。西南大海中诸国舶至,则尽没其利,由是锷家财富于公藏。日发十余艇,重以犀象珠贝,称商货而出诸境。周以岁时,循环不绝,凡八年,京师权门多富锷之财。拜刑部尚书。时淮南节度使杜佑屡请代,乃以锷检校兵部尚书,充淮南副节度使。锷始见佑,以趋拜悦佑,退坐司马厅事。数日,诏杜佑以锷代之。

锷明习簿领,善小数以持下,吏或有奸,锷毕究之。尝听理,有遗匿名书于前者,左右取以授锷,锷内之靴中,靴中先有他书以杂之。及吏退,锷探取他书焚之,人信其以所匿名者焚也。既归省所告者,异日乃以他微事连其所告者,固穷按验之以谲众,下吏以为神明。锷长于部领,程作有法,军州所用竹木,其余碎屑无所弃,皆复为用。橡曹帘坏,吏以新帘易之,锷察知,以故者付舡坊以替篷,其他率如此。每有飨宴,辄录其余以备后用,或云卖之,收利皆自归,故锷钱流衍天下。在镇四年,累至司空。

元和二年来朝,真拜右仆射,未几除检校司徒、河中节度。居三年,兼太子太傅,移镇太原。时方讨镇州,锷缉绥训练,军府称理。锷受符节居方面凡二十余年。九年,加同平章事。十年卒,年七十六,赠太尉。锷将卒,约束后事甚明,如知其死日。

锷附太原王翃为从子,以婚阀自炫,翃子弟多附锷以致名宦。又尝读《春秋左氏传》,自称儒者,人皆笑之。

子稷,历官鸿胪少卿。锷在藩镇,稷尝留京师,以家财奉权要,视官高下以进略,不待白其父而行之。广治第宅,尝奏请藩坊以益之,作复垣洞穴,实金钱于其中。贵官清品,溺其赏宴而游,不惮清议。及父卒,为奴所告稷换锷遗表,隐没所进钱物。上令鞫其奴于内仗,又发中使就东都验责其家财。宰臣裴度苦谏,于是罢其使而杀奴。稷长庆二年为德州刺史,广赍金宝仆妾以行。节度使李全略利其货而图之,故致本州军乱,杀稷,其室女为全略所虏,以妓媵处之。

稷子叔泰。开成四年,沧州节度使刘约上言:"王稷为李全略所杀,家无遗类。稷男叔泰,时年五岁,郡人宋忠献匿之获免,乃收养之,今已成长。臣奖其义,忠献已补职,叔泰津送以闻。"文宗诏曰:"王锷累朝宣力,王稷一旦捐躯,须录孤遗,微申悯恻。王叔泰委吏部与九品官,令奉祭。"

阎巨源,贞元十九年以胜州刺史摄振武行军司马。属希朝入觐,遂代为节度。以材力进,无他智能。初不知书而好文其言,辄乖误,时人多摭其谈说以为戏,然以宽厚为将卒所怀。后为邠宁节度使、检校左仆射。元和九年卒。

孟元阳,起于陈许军中,理戎整肃,勤事,善部署。

曲环之为节度,元阳已为大将,环使董作西华屯。元阳盛夏芒屩立稻田中,须役者退而后就舍,故其田岁无不稔,军中足食。环卒,吴少诚寇许州,元阳城守;外无救兵,攻围甚急,而终不能傅其城,贼乃罢兵。韩全义五楼之败,诸军多私归,元阳及神策都将苏元策、宣翼都将王千各率部留军溵水,破贼二千余人。兵罢,加御史大夫。元和初,拜河阳节度、检校尚书。五年,拜右仆射、昭义节度,入为右羽林统军,封赵国公。俄拜左金吾大将军,复除统军。元和九年卒,赠扬州大都督。

赵昌,字洪祚,天水人。祖不器,父居贞,皆有名于时。李承昭为昭义节度,辟昌在幕府。贞元七年,为虔州刺史。属安南都护为夷獠所逐,拜安南都护,夷人率化。十年,因屋坏伤胫,恳疏乞还,以检校兵部郎中裴泰代之,入拜国子祭酒。及泰为首领所逐,德宗诏昌问状。昌时年七十二,而精健如少年者,德宗奇之,复命为都护,南人相贺。

宪宗即位,加检校工部尚书,寻转户部尚书,充岭南节度。元和三年,迁镇荆南,征为太子宾客。及得见,拜工部尚书、兼大理卿。岁余,让卿守本官。六年,除华州刺史,辞于麟德殿。时年八十余,趋拜轻捷,召对详明,上退而叹异,宣宰臣密访其颐养之道以奏焉。在郡三年,入为太子少保。九年卒,年八十五,赠扬州大都督,谥曰成。

史臣曰:高崇文以律贞师,勤于军政,戎麾指属,遽立奇功,可谓近朝之良将也。伊慎、朱忠亮、刘昌裔、范希朝、阎巨源、孟元阳、赵昌等,各立功立事,亦一时之名臣。王锷明可照奸,忠能奉主,此乃垂名于后也。至若竹头木屑,曾无弃遗,作事有程,俭而足用,则又士君子之为也。如贱收贵出,务积珠金,唯利是求,多财为累,则与夫清白遗子孙者远矣!凡百在位,得不鉴之。

赞曰:崇文之功,显于西蜀。伊慎之忠,见乎南服。朱、刘、范、阎,各有其目。元阳、赵昌,不无遗躅。惟彼太原,战勋可录。累为多财,子孙不禄。

卷一百五十二　　列传第一百二

马璘　郝廷玉　王栖曜 子茂元
刘昌 子士泾　李景略　张万福
高固　郝玼　段佐　史敬奉
野诗良辅附

马璘,扶风人也。祖正会,右威卫将军。父晟,右司御率府兵曹参军。璘少孤,落拓不事生业。年二十余,读《马援传》至"大丈夫当死于边野,以马革裹尸而归",慨然叹曰:"岂使吾祖勋业坠于地乎!"开元末,杖剑从戎,自效于安西。以前后奇功，累迁至左金吾卫将军同正。

至德初，王室多难，璘统甲士三千，自二庭赴于凤翔。肃宗奇之，委以东讨。殄寇陕郊，破贼河阳，皆立殊效。尝从李光弼攻贼洛阳，史朝义自领精卒，拒王师于北邙，营垒如山，旌甲耀日，诸将愕眙不敢动。璘独率所部横戈而出，入贼阵者数四，贼因披靡溃去。副元帅李光弼壮之，曰："吾用兵三十年，未见以少击众，有雄捷如马将军者。"迁试太常卿。

明年，蕃贼寇边，诏璘赴援河西。广德初，仆固怀恩不顺，诱吐蕃入寇，代宗避狄陕州。璘即日自河右转斗戎房间，至于凤翔。时蕃军云合，凤翔节度使孙志直方闭城自守，璘乃持满外向，突入悬门，不解甲，背城出战，吐蕃奔溃。璘以劲骑追击，俘斩数千计，血流于野，由是雄名益振。代宗还宫，召见慰劳之，授兼御史中丞。

永泰初，拜四镇行营节度，兼南道和蕃使，委之禁旅，俾清残寇。俄迁四镇、北庭行营节度及邠宁节度使、兼御史大夫，旋加检校工部尚书。以犬戎浸骄，岁犯郊境，泾州最邻戎虏，乃诏璘移镇泾州，兼知邠凤翔陇右节度副使、泾原节度、泾州刺史，四镇、北庭行营节度使如故。复以郑、滑二州隶之。璘词气慷慨，以破虏为己任。既至泾州，分建营堡，缮完战守之具，频破吐蕃，以其生口俘馘来献，前后破吐蕃约三万余众。在泾州令宽而肃，人皆乐为之用。镇守凡八年，虽无拓境之功，而城堡获全，虏不敢犯，加检校右仆射。上甚重之，迁检校左仆射知省事，诏宰臣百僚于尚书省送上，进封扶风郡王。

璘虽生于士族，少无学术，忠而能勇，武干绝伦，艰难之中，颇立忠节，中兴之猛将也。年五十六，大历十二年卒，德宗悼之，废朝，赠司徒。

璘久将边军，属西蕃寇扰，国家倚为屏翰。前后赐与无算，积聚家财，不知纪极。在京师治第舍，尤为宏侈。天宝中，贵戚勋家，已务奢靡，而垣屋犹存制度。然卫公李靖家庙，已为嬖臣杨氏马厩矣。及安、史大乱之后，法度隳弛，内臣戎帅，竞务奢豪，亭馆第舍，力穷乃止，时谓"木妖"。璘之第，经始中堂，费钱二十万贯，他室降等无几。及璘卒于军，子弟护丧归京师，士庶观其中堂，或假称故吏，争往赴吊者数十百人。德宗在东宫，宿闻其事；及践祚，条举格令，第舍不得逾制，仍诏毁璘中堂及内官刘忠翼之第；璘之家园，进属官司。自后公卿赐宴，多于璘之山池。子弟无行，家财寻尽。

郝廷玉者，骁勇善格斗，事太尉李光弼，为帐中爱将。乾元中，史思明再陷洛阳，光弼拔东都之师保河阳。时三城壁垒不完，刍粮不支旬日；贼将安太清等率兵数万，四面急攻。光弼惧贼势犯河、潼，极力保孟津以扼其后，昼夜婴城，血战不解，将士夷伤。光弼召诸将讯之曰："贼党何面难抗？"或对曰："西北隅最为劲敌。"乃亟召廷玉谓之曰："凶渠攻西北者难奈，尔为我决胜而还。"辞曰："廷玉所领，步卒也，愿得骑军五百。"光弼以精骑三百授之。光弼法令严峻，是日战不利而还者，不解甲斩之。廷玉奋命先登，流矢雨集，马伤不能军而退。光弼登堞见之，骇然曰："廷玉奔还，吾事败矣！"促令左右取廷玉首来。廷玉见使者曰："马中毒箭，非败也。"光弼命易马而复，径骑冲贼阵，驰突数四。俄而贼党大败于河壖，廷玉擒贼将徐璜而还。由是贼解中渾之围，信宿退去。前后以战功累授开府仪同三司，试太常卿，封安边郡王。从光弼镇徐州。光弼薨，代宗用为神策将军。

永泰初，仆固怀恩诱吐蕃、回纥入犯京畿，分命诸将屯于要害，廷玉与马璘率五千人屯于渭桥西窦底。观军容使鱼朝恩以廷玉善阵，欲观其教阅。廷玉乃于营内列部伍，鸣鼓角而出，分而为阵，箕张翼舒，乍离乍合，坐作进退，其众如一。朝恩叹曰："吾在兵间十余年，始见郝将军之训练耳。治戎若此，岂有前敌乎？"廷玉凄然谢曰："此非末校所长，临淮王之遗法也。太尉善御军，赏罚当功过。每校旗之日，军士小不如令，必斩之以徇，由是人皆自效，而赴蹈驰突，有心破胆裂者。太尉薨已来，无复校旗之事，此不足军容见赏。"

王缙为河南副元帅，诏以廷玉为其都知兵马使，累授秦州刺史。大历八年卒，追录旧勋，赠工部尚书。

王栖曜，濮州濮阳人也。初游乡学。天宝末，安禄山叛，尚衡起义兵讨之，以栖曜为牙将。下兖、郓诸县，军威稍振。进为衙前总管。初，逆将邢超然据曹州，栖曜攻之。超然乘城号令，栖曜曰："彼可取也！"一箭殪之，城中气慑，遂拔曹州。及衡居节制，授右威卫将军、先锋游奕使。随衡入朝，授试金吾卫将军。

上元元年，王玙为浙东节度使，奏为马军兵马使。广德中，草贼袁晁起乱台州，连结郡县，积众二十万，尽有浙江之地。御史中丞袁傪东讨，奏栖曜与李长为偏将，联日十余战，生擒袁晁，收复郡邑十六，授常州别驾、浙西都知兵马使。

时江左兵荒，诏内常侍马日新领汴滑军五千镇之。日新贪暴，贼萧庭兰乘人怨诉，逐之而劫其众。时栖曜游奕近郊，为贼所胁，进围苏州。栖曜因其懈怠，挺身登城，率城中人复出击贼，其众大溃。迁试金吾大将军。

李灵曜叛于汴州，浙西观察使李涵俾栖曜将兵四千为河南掎角。以功加银青光禄大夫，累加至御史中丞。李希烈既陷汴州，乘胜东侵，连陷陈留、雍丘，顿军宁陵，期袭宋州。浙西节度使韩滉命栖曜将强弩数千，夜入宁陵。希烈不之知，晨朝，弩矢及希烈坐幄，希烈惊曰："此江、淮锐士入矣！"遂不敢东去。

贞元初，拜为龙武大将军，旋授鄜坊丹延节度观察使、检校礼部尚书、兼御史大夫。贞元十九年卒于位。子茂元。

茂元，幼有勇略，从父征讨知名。元和中，为右神策将军。太和中，检校工部尚书、广州刺史、岭南节度使。在安南招怀蛮落，颇立政能。南中多异货，茂元积聚家财钜万计。李训之败，中官利其财，捃摭其事，言茂元因王涯、郑注见用。茂元惧，罄家财以赂两军，以是授忠武军节度、陈许观察使。会昌中，为河阳节度使。是时河北诸军讨刘稹，茂元亦以本军屯天井，贼未平而卒。

刘昌，字公明，汴州开封人也。出自行间，少学骑射。及安禄山反，昌始从河南节度张介然，授易州遂城府左果毅。及史朝义遣将围宋州；昌在围中，连月不解，城中食尽，贼垂将陷之。刺史李岑计蹙，昌为之谋曰："今河阳有李光弼制胜，且江、淮足兵，此廪中有数千斛曲，可以屑食。计援兵不二十日当至。东南隅之敌，众以为危，昌请守之。"昌遂被铠持盾登城，陈逆顺以告谕贼，贼众畏服。后十五日，副元帅李光弼救军至，贼乃宵溃。光弼闻其谋，召置军中，超授试左金吾卫郎将。光弼卒，宰臣王缙令归宋州，为牙门将。转太仆卿，兼许州别驾。

李灵曜据汴州叛，刺史李僧惠将受灵曜牵制；昌密遣曾神表潜说僧惠。僧惠召昌问计，昌泣陈其逆顺；僧惠感之，乃使神表赍表诣阙，请讨灵曜，遂翦灵曜左翼。汴州平，李忠臣嫉僧惠功，遂欲杀昌，昌潜遁。及刘玄佐为刺史，乃复其职。又转太常卿，兼华州别驾。玄佐寻为宋亳颍宣武军节度使；昌自下军为左厢兵马使。

李纳反，以师收考城，充行营诸军马步都虞候，加检校太子詹事、兼御史中丞。明年，玄佐围濮州，昌摄濮州刺史。李希烈既陷汴州，玄佐遣将高翼以精兵五千保援襄邑；城陷，翼赴水死。自宋及江、淮，人心震恐。时昌以三千人守宁陵，希烈率五万众阵于城下；昌深堑以遏地道，凡四十五日，不解甲胄，躬励士卒，大破希烈。希烈解围攻陈州，刺史李公廉计穷，昌从刘玄佐以浙西兵合三万人救之。至陈州西五十里与贼遇，昌晨压其阵，及未成列，大破之，生擒其将翟曜。希烈退保蔡州，自此不复侵轶。诏加检校左散骑常侍。随玄佐收汴州，加检校工部尚书，增实封通前二百户。丁母忧，起复加金吾卫大将军，赠其母梁国夫人。

贞元三年，玄佐朝京师，上因以宣武士众八千委昌北出五原。军中有前却沮事，昌继斩三百人，遂行。寻以本官授京西北行营节度使。岁余，授泾州刺史，充四镇、北庭行营、兼泾原节度支度营田等使。昌躬率士众，力耕三年，军食丰羡，名闻阙下。复筑连云堡，受诏城平凉，以扼弹筝峡口。昌命徒庀事，旬余而毕。又于平凉西别筑胡谷堡，名曰彰信。平凉当四会之冲，居北地之要，分兵援戍，遏其要冲，遂以保宁边鄙，加检校右仆射。

昌初至平凉劫盟之所，收聚亡殁将士骸骨坎瘗之，因感梦于昌，有愧谢之意。昌上闻，德宗下诏深自克责，遣秘书少监孔述睿及中使以御馔、内造衣服数百袭，令昌收其骸骨，分为大将三十人，将士百人，各具棺椁衣服，葬于浅水原。建二冢，大将曰"旌义冢"，将士曰"怀忠冢"。诏翰林学士撰铭志祭文。昌盛陈兵设幕次，具牢馔祭之，昌与大将皆素服临之，焚其衣服纸钱，别立二石堆题以冢名。诸道师徒，莫不感泣。

昌在西边仅十五年，强本节用，军储丰羡。及婴疾，约以是日赴京求医，未发而卒，年六十四，废朝一日，赠司空。子士泾。

士泾，德宗朝尚主，官至少列十余年，家富于财。结托中贵，交通权幸。宪宗朝，迁太府卿。制下，给事中韦弘景等封还制书，言士泾不合居九卿，辞语激切。宪宗谓弘景曰："士泾父有功于国，又是戚属，制书宜下。"弘景奉诏。士泾善胡琴，多游权幸之门，以此为之助，时论鄙之。

李景略，幽州良乡人也。大父楷固。父承悦，檀州刺史、密云军使。景略以门荫补幽州功曹。大历末，寓居河中，闭门读书。李怀光为朔方节度，招在幕府。五原有偏将张光者，挟私杀妻，前后不能断。光富于财货，狱吏不能劾。景略讯其实，光竟伏法。既而亭午有女厉被发血身，膝行前谢而去。左右有识光妻者，曰："光之妻也。"因授大理司直，迁监察御史。及怀光屯军咸阳，反状始萌。景略时说怀光请复宫阙，迎大驾，怀光不从。景略出军门恸哭曰："谁知此军一日陷于不义。"军士相顾甚义之，因退归私家。

寻为灵武节度杜希全辟在幕府，转殿中侍御史，兼丰州刺史、西受降城使。丰州北扼回纥，回纥使来中国，丰乃其通道。前为刺史者多懦弱，虏使至则敌礼抗坐。时回纥遣梅录将军随中官薛盈珍入朝，景略欲以气制之。郊迎，传言欲先见中使，梅录初未喻。景略既见盈珍，乃使谓梅录曰："知可汗初没，欲申吊礼。"乃登高堭位以待之。梅录俯偻前哭，景略因抚之曰："可汗弃代，助尔号慕。"虏之骄容威气，索然尽矣，遂以父行呼景略。自此回纥使至景略，皆拜之于庭，由是有威名。杜希全忌之，上表诬奏，贬衰州司马。希全死，征为左羽林将军，对于延英殿，奏对衎衎，有大臣风彩。

时河东李说有疾，诏以景略为太原少尹、节度行军司马。时方镇节度使少征入换代者，皆死亡乃命焉，行军司马尽简自上意。受命之日，人心以属。景略居疑帅之地，势已难处。回纥使梅录将军入朝，说置宴会，梅录争上下坐，说不能遏，景略叱之。梅录，前过丰州者也，识景略语音，疾趋前拜曰："非丰州李端公耶？不拜麾下久矣，何其瘁也。"又拜，遂命之居次坐。将吏宾客顾景略，悉加严惮。说心不平，厚赂中尉窦文场，将去景略，使为内应。

岁余，风言回纥将南下阴山，丰州宜得其人。上素知景略在边时事。上方轸虑，文场在旁，言景略堪为边任，乃以景略为丰州刺史、兼御史大夫、天德军西受降城都防御使。迫塞苦寒，土地卤瘠，俗贫难处。景略节用约己，与士同甘苦，将卒安之。凿咸应、永清二渠，溉田数百顷，公私利焉。廪储备，器械具，政令肃，智略明。二岁后，军声雄冠北边，回纥畏之，天下皆惜其理未尽景略之能。贞元二十年，卒于镇，年五十五，赠工部尚书。

张万福，魏州元城人。自曾祖至其父，皆明经，止县令州佐。万福以父祖业儒皆不达，不喜为书生，学骑射。年十七八，从军辽东有功，为将而还。累摄舒庐寿三州刺史、舒庐寿三州都团练使。州送租赋诣京师，至颍州界为盗所夺，万福领轻兵驰入颍州界讨之。贼不意万福至，忙迫不得战，万福悉聚而诛之，尽得其所亡物，并得前后所掠人妻子、财物、牛马等万计，悉还其家；不能自致者，万福给船乘以遣之。

寻真拜寿州刺史、淮南节度副使。为节度使崔圆所忌，失刺史，改鸿胪卿；以节度副使将千人镇寿州，万福不以为恨。

许杲以平卢行军司马将卒三千人驻濠州不去，有窥淮南意。圆令万福摄濠州刺史。杲闻，即提卒去，止当涂陈庄。贼陷舒州，圆又以万福为舒州刺史，督淮南岸盗贼，连破其党。

大历三年，召赴京师，代宗谓曰："闻卿名久，欲一识卿面，且将累卿以许杲。"万福拜谢，因前奏曰："陛下以一许杲召臣，如河北诸将叛，欲以属何人？"代宗笑谓曰："且与吾了许杲事，方当大用卿。"以为和州刺史、行营防御使，督淮南岸盗贼。至州，杲惧，移军上元。杲至楚州大掠，节度使韦元甫命万福追讨之。未至淮阴，杲为其将康自劝所逐。自劝拥兵继掠，循淮而东，万福倍道追而杀之，免者十二三，尽得其虏掠金帛妇人等，皆送致其家。元甫将厚赏将士，万福曰："官健常虚费衣粮，无所事，今乃一小赖之，不足过赏，请用三之一。"代宗发诏以劳之，赐衣一袭、宫锦十双。

久之，诏以本镇之兵千五百人防秋西京。万福诣扬州交所领兵，会元甫死，诸将皆愿得万福为帅，监军使米重耀亦请万福知节度事。万福曰："某非幸人，勿以此相待。"遂去之。带利州刺史镇咸阳，因留宿卫。

李正己反，将断江、淮路，令兵守埇桥、涡口。江、淮进奏舡千余只，泊涡下不敢过。德宗以万福为濠州刺史，召见谓曰："先帝改卿名'正'者，所以褒卿也。朕以为江、淮草木亦知卿威名，若从先帝所改，恐культ不知是卿也。"复赐名万福。驰至涡口，立马岸上，发进奉舡，淄青兵马倚岸睥睨不敢动，诸道舡继进。改泗州刺史。魏州饥，父子相卖，饿死者接道。万福曰："魏州吾乡里，安可不救？"令其兄子将米百车往馈之。又使人于汴口，魏人自卖者，给车牛赎而遣之。

为杜亚所忌，征拜右金吾将军。召见，德宗惊曰："杜亚言卿昏耄，卿乃如是健耶！"诏图形于凌烟阁，数赐酒馔衣服，并敕度支籍口畜给其费。及阳城等于延英门外请对论事，伏阁不去。德宗大怒，不可测。万福扬言："国有直臣，天下太平矣！万福年已八十，见此盛事。"阁前遍揖城等，天下益重其名。

贞元二十一年，以左散骑常侍致仕。其年五月卒，年九十。万福自始从军至卒，禄食七十余年，未尝病一日，典九郡皆有惠爱。在泗州时，遇德宗幸奉天，李希烈反，陈少游悉令管内刺史送妻子在扬州以为质。万福独不送，谓使者曰："为某白相公，万福妻老且丑，不足烦相公寄意。"终不之遣，由是为人所称。

高固，高祖侃，永徽中，为北庭安抚使，有生擒车鼻可汗之功，官至安东都护，事具前录。固生微贱，为叔父所卖，展转为浑瑊家奴，号曰黄芩。性敏惠，有膂力，善骑射，好读《左氏春秋》。瑊大爱之，养如己子，以乳母之女妻之，遂以固名，取《左氏传》高固之名也。

少随瑊从戎于朔方，德宗幸奉天，固犹在瑊麾下。是时，贼兵已突入东壅门，固引甲士乱挥长刀，连斫数贼，拽车塞阓，一以当百，贼乃退去。众咸壮之。以功封渤海郡王。李怀光既反，德宗再幸梁汉。怀光发遣邠宁，至是，使留后张昕取将士万余人以资援河中。固时在军中，乃伺便突入张昕帐中，斩首以徇。拜检校右散骑常侍、前军兵马使。贞元十七年，节度使杨朝晟卒，军中请固为帅，德宗念固功，因授检校工部尚书。顺宗即位，就加检校礼部尚书。宪宗朝，进检校右仆射。数年受代，入为统军，转检校左仆射，兼右羽林统军。元和四年七月卒，赠陕州大都督。

郝玼者，泾原之戍将也。贞元中，为临泾镇将，勇敢无敌，声振虏庭。玼以临泾地居险要，当虏要冲，白其帅曰："临泾草木丰茂，宜畜牧，西蕃入寇，每屯其地，请完垒益军，以折虏之入寇。"前帅不从。及段佐节制泾原，深然其策。元和三年，佐请筑临泾城，朝廷从之。仍以为行凉州，诏玼为刺史以戍之。自此西蕃入寇，不过临泾。

玼出自行间，前无坚敌。在边三十年，每战得蕃俘，必剖剔而归其尸，蕃人畏之如神。赞普下令国人曰："有生得郝玼者，赏之以等身金。"蕃中儿啼者，呼玼名以怖之。十三年，检校左散骑常侍、渭州刺史、御史大夫，充泾原行营节度、平凉镇遏都知兵马使，封保定郡王。吐蕃畏其威，纲纪欲图之，朝廷虑失骁将，移授庆州刺史，竟终墉下。

段佐者，亦以勇敢知名。少事汾阳王子仪为牙将，从征边朔，绩效居多。贞元末，为泾原节度使，练卒保边，亦为西蕃畏惮。累至检校工部尚书、右神策大将军。元和五年卒。

史敬奉，灵武人，少事本军为牙将。元和十四年，敬奉大破吐蕃于盐州城下，赐实封五十户。先是，西戎频岁犯边，敬奉白节度杜叔良请兵三千，备一月粮，深入蕃界；叔良以二千五百人授之。敬奉既行十余日，人莫知其所向，皆谓吐蕃尽杀之矣。乃由他道深入，突出蕃众之后。戎人惊溃，敬奉率众大破之，杀戮不可胜纪，驱其余众于芦河，获羊马驼牛万数。

敬奉形甚短小，若不能胜衣。至于野外驰逐，能擒奔马，自执鞍勒，随鞍跃上，然后羁带，矛矢在手，前无强敌。甥侄及僮使仅二百人，每以自随；临入敌，辄分其队为四五，随逐水草，每数日各不相知；及相遇，已皆有获虏矣。

与凤翔将野诗良辅、泾原将郝玼各以名雄边上。吐蕃尝谓汉使曰："唐国既与吐蕃和好，何妄语也！"问曰："何谓？"曰："若不妄语，何因遣野诗良辅作陇州刺史？"其畏惮如此。

史臣曰：自盗起中原，河、陇陷虏，犬戎作梗，屡犯郊畿。谋臣运策以竭精，武士荷戈而不暇。如璘、昌之材力,扼腕奋命,欲吞虏于胸中;郝、史骁雄,斩将搴旗,将申威于塞外。而竟不能北逾白道,西出萧关,俾十九郡生民,竟沦左衽,仅能自保,功何取焉!虽运使时然,亦将略有所未至。栖曜、万福之节概,景略之负气,壮哉!

赞曰:马、刘、史、郝,气雄边朔。力捍獯虏,终惭卫、霍。万福义勇,景略气豪。为人所忌,慷慨徒劳。

卷一百五十三　　列传第一百三

姚南仲　刘乃子伯刍　孙宽夫　端夫　曾孙允章附　**袁高　段平仲　薛存诚**子廷老　廷老子保逊　保逊子昭纬　**卢坦**

姚南仲,华州下邽人。乾元初,制科登第,授太子校书,历高陵、昭应、万年三县尉。迁右拾遗,转右补阙。大历十三年,贞懿皇后独孤氏崩,代宗悼惜不已,令于近城为陵墓,冀朝夕临望于目前。南仲上疏谏曰:

伏闻贞懿皇后今于城东章敬寺北以起陵庙,臣不知有司之请乎,陛下之意乎,阴阳家流希旨乎?臣愚以为非所宜也。谨具疏陈论,伏愿暂留天眷而省察焉。

臣闻人臣宅于家,君上宅于国。长安城,是陛下皇居也,其可穿凿兴动,建陵墓于其侧乎?此非宜一也。

夫葬者藏也,欲人之不得见也。是以古帝前王葬后妃,莫不凭丘原,远郊郭。今则西临宫阙,南迫康庄,若使近而可见,死而复生,虽在西宫待之可也。如骨肉归土,魂无不之,章敬之北,竟何所益?视之兆庶,则彰溺爱;垂之万代,则累明德,此非所宜二也。

夫帝王者,居高明,烛幽滞。先皇所以因龙首建望春,盖为此也。今若起陵目前,动伤宸虑,天心一伤,数日不平。且匹夫向隅,满堂为之不乐;万乘不乐,人其可欢心乎?又暇日起歌,动钟于内,此地皆闻,此非宜三也。

伏以贞懿皇后,坤德合天,母慈逮下,陛下以切轸旒扆,久俟蓍龟。始谥之以贞懿,终待之以亵近,臣窃惑焉,非所以述后德,光被下泉。今国人皆曰:"贞懿皇后之陵迩于城下者,主上将日省而时望焉。"斯有损于圣德,无益于贞懿。将欲宠之,而反辱之,此非宜四也。

凡此数事,实玷大猷,天下咸知,伏惟陛下熟计而取其长也。陛下方将偃武靖人,一误于此,其伤实多。臣恐君子是非,史官褒贬,大明忽亏于掩蚀,至德翻后于尧、舜,不其惜哉!今指日未遥,改卜何害?抑皇情之殊眷,成贞懿之美号。

疏奏,帝甚嘉之,赐绯鱼袋,特加五品阶,宣付史馆。

与宰相常衮善,衮贬官,南仲坐出为海盐县令。浙江东、西道观察使韩滉辟为推官,奏授殿中侍御史、内供奉,充支使。寻征还,历左司兵部员外,转郎中,迁御史中丞、给事中、同州刺史、陕虢观察使。

贞元十五年,代李复为郑滑节度使。监军薛盈珍恃势夺军政,南仲数为盈珍逸毁,德宗颇疑之。十六年,盈珍遣小使程务盈驰驿奉表,诬奏南仲阴事。南仲裨将曹文洽亦入奏事京师,伺知盈珍表中语。文洽私怀愤怒,遂连夜兼道追务盈,至长乐驿及之,与同舍宿;中夜杀务盈,沉盈珍表于厕中,乃自杀。日旰,驿吏辟门,见血流涂地,旁得文洽二缄,一告于南仲,一表理南仲之冤,且陈首杀务盈。上闻其事,颇骇异之。南仲虑衅深,遂乞入朝。德宗曰:"盈珍扰军政耶?"南仲对曰:"盈珍不扰军政,臣自䗖陛下法耳。如盈珍辈所在有之,虽羊、杜复生,抚百姓,御三军,必不能成恺悌父母之政,师律善阵之制矣。"上默然久之。授尚书右仆射。贞元十九年七月,终于位,年七十四,赠太子太保,谥曰贞。

刘迺,字永夷,洺州广平人。高祖武干,武德初拜侍中,即中书侍郎林甫从祖兄子也。父如璿,昫山丞,以迺贵,赠民部郎中。迺少聪颖志学,暗记《六经》,日数千言。及长,文章清雅,为当时推重。天宝中,举进士,寻丁父艰,居丧以孝闻。既终制,从调选曹。迺常以文部选才未为尽善,遂致书于知铨舍人宋昱曰:

《虞书》称:"知人则哲,能官人则惠。"巍巍唐、虞,举以为难。今夫文部,既始之以抡材,终之以授位,是则知人官人,斯为重任。昔在禹、稷、皋陶之众圣,犹曰载采有九德,考绩以九载。近代主司,独委一二小冢宰,察言于一幅之判,观行于一揖之内,古今迟速,何不侔之甚哉!夫判者,以狭词短韵,语有定规为体,亦犹以一小冶而鼓众金,虽欲为鼎为镛,不可得也。故曰:判之在文,至局促者。夫铨者,必以崇衣冠,自媒耀为贤,斯又士之丑行,君子所病。若引文公、尼父登之于铨廷,则虽图书《易象》之大训,以判体挫之,曾不及徐、庾。虽有至德,以喋喋取之,曾不若啬夫。呜呼!彼干霄蔽日,诚巨树也,当求尺寸之材,必后于杙杙。龙吟武啸,诚希声也,若尚颊舌之感,必下于蛙黾。观察之际,犹不悲夫!执事虑过龟策,文合雅诰,岂拘以琐琐故事,曲折因循哉?诚能先资以政事,次征以文学,退观其理家,进察其临节,则庞鸿深沉之事,亦可以窥其门户矣!

其载,补剡县尉,改会稽尉。宣州观察使殷日用奏为判官,宣慰使李季卿又以表荐,连授大理评事、兼监察御史。转运使刘晏奏令巡覆江西,多所蠲免。改殿中侍御史、检校仓部员外、民部郎中,并充浙西留后。佐晏征赋,颇有裨益,晏甚任之。

大历十二年,元载既诛,以迺久在职,召拜司门员外郎。十四年,崔祐甫秉政,素与迺友善。会加郭子仪尚父,以册礼久废,至是复行之。祐甫令两省官撰册文,未称旨;召迺至阁草之,立就。词义典裁,祐甫叹赏久之。数日,擢为给事中，寻迁权知兵部侍郎。及杨炎、卢杞为相，意多丑正，以故五岁不迁。建中四年夏，但真拜而已。

其冬，泾师作乱，驾幸奉天。迥卧疾在私第，贼泚遣使以甘言诱之，迥称疾笃。又令其伪宰相蒋镇自来招诱，迥托瘖疾，灸灼遍身。镇再至，知不可劫胁，乃叹息曰："镇亦尝忝列曹郎，苟不能死，以至于斯，宁以自辱膻腥，复欲污秽贤哲乎？"歔欷而退。及闻舆驾再幸梁州，痛自投于床，搏膺呼天，因是危惙，绝食数日而卒，时年六十。德宗还京，闻迥之忠烈，追赠礼部尚书。子伯刍。

伯刍，字素芝，登进士第，志行修谨。淮南杜佑辟为从事，府罢，屏居吴中。久之，征拜右补阙，迁主客员外郎。以过从友人饮噱，为韦执谊密奏，贬虔州掾曹，复为考功员外郎。裴垍善其应对机捷，迁考功郎中、集贤院学士，转给事中。裴垍罢相，为太子宾客，未几而卒。李吉甫复入相，与垍宿嫌，不加赠官；伯刍上疏论之，赠垍太子少傅。伯刍妻，垍从姨也。或谮于吉甫，以此论奏。伯刍惧，亟请散地，因出为虢州刺史。吉甫卒，裴度擢为刑部侍郎，俄知吏部选事。元和十年，以左常侍致仕，卒，年六十一，赠工部尚书。伯刍风姿古雅，涉学，善谈笑，而动与时适，论者稍薄之。

子宽夫，登进士第，历诸府从事。宝历中，入为监察御史。尝上言曰："近日摄祭多差王府官僚，位望既轻，有乖严敬。伏请今后摄太尉，差尚书省三品已上及保傅宾詹等官；如人少，即令丞郎通摄之。"俄转左补阙。少列陈岵进注《维摩经》，得濠州刺史。宽夫与同列，因对论之，言岵因供奉僧进经以图郡牧。敬宗怒谓宰相曰："陈岵不因僧得郡，谏官安得此言，须推排头首来。"宽夫奏曰："昨论陈岵之时，不记发言前后，唯握笔草状，即是微臣。今论事不当，臣合当罪。若寻究推排，恐伤事体。"帝嘉其引过，欣然释之。

宽夫弟端夫，为太常博士，驳韦绶谥议知名。宽夫子允章、焕章。

允章登进士第，累官至翰林学士承旨、礼部侍郎。咸通九年，知贡举，出为鄂州观察使、检校工部尚书，后迁东都留守。黄巢犯洛阳，允章不能拒，贼不之害，坐是废于家。以疾卒。

袁高，字公颐，恕己之孙。少慷慨，慕名节。登进士第，累辟使府，有赞佐裨益之誉。代宗登极，征入朝，累官至给事中、御史中丞。建中二年，擢为京畿观察使。以论事失旨，贬韶州长史，复拜为给事中。

贞元元年，德宗复用吉州长史卢杞为饶州刺史，令高草诏书。高执词头以谒宰相卢翰、刘从一曰："卢杞作相三年，矫诈阴贼，退斥忠良。朋附者咳唾立至青云，睚眦者顾盼已挤沟壑。傲很明德，反易天常，播越銮舆，疮痏天下，皆杞之为也。爰免族戮，虽示贬黜，寻已稍迁近地，若更授大郡，恐失天下之望。惟相公执奏之，事尚可救。"翰、从一不悦，改命舍人草之。诏出，执之不下，仍上奏曰："卢杞为政，穷极凶恶。三军将校，愿食其肉；百辟卿士，嫉之若仇。"遗补陈京、赵需、裴佶、宇文炫、卢景亮、张荐等上疏论奏。次日，又上疏。高又於正殿奏云："陛下用卢杞独秉钧轴，前后三年，弃斥忠良，附下罔上，使陛下越在草莽，皆杞之过。且汉时三光失序，雨旱不时，皆宰相请罪，小者免官，大者刑戮。杞罪合至死，陛下好生恶杀，赦杞万死，唯贬新州司马，旋复迁移。今除刺史，是失天下之望。伏惟圣意裁断。"上谓曰："卢杞有不逮，是朕之过。"复奏曰："卢杞奸臣，常怀诡诈，非是不逮。"上曰："朕已有赦。"高曰："赦乃赦其罪，不宜授刺史。且赦文至优黎民，今饶州大郡，若命奸臣作牧，是一州苍生，独受其弊。望引常参官顾问，并择谨厚中官，令采听於众。若亿兆之人异臣之言，臣当万死。"于是，谏官争论于上前，上良久谓曰："若与卢杞刺史太优，与上佐可乎？"曰："可矣！"遂追饶州制。翌日，遣使宣慰高云："朕思卿言深理切，当依卿所奏。"太子少保韦伦、太府卿张献恭等奏："袁高所奏至当，高是陛下一良臣，望加优异。"

贞元二年，上以关辅禄山之后，百姓贫乏，田畴荒秽，诏诸道进耕牛，待诸道观察使各选拣牛进贡，委京兆府劝课民户，勘责有地无牛百姓，量其地著，以牛均给之。其田五十亩已下人，不在给限。高上疏论之："圣慈所忧，切在贫下。有田不满五十亩者尤是贫人，请量三两家共给牛一头，以济农事。"疏奏，从之。寻卒于官，年六十，中外叹惜。宪宗朝，宰臣李吉甫尝言高之忠鲠，诏赠礼部尚书。

段平仲，字秉庸，武威人。隋人部尚书段达六代孙也。登进士第。杜佑、李复相继镇淮南，皆表平仲为掌书记。复移镇华州、滑州，仍为从事。入朝为监察御史。平仲磊落尚气节，嗜酒傲言。时德宗春秋高，多自听断。由是庶务壅隔，事或不理，中外畏上严察，无敢言者。平仲尝谓人曰："主上聪明神武，臣下畏惧不言，自循默耳。如平仲一得召见，必当大有开悟。"贞元十四年，京师旱，诏择御史、郎官各一人，发廪赈恤。平仲与考功员外陈归当奉使，因辞得对，乃入近御座，粗陈本事。上察平仲意有所蓄，以归在侧不言。及奏事毕退，平仲独不退，欲有奏启；上因兼留归问之，声色甚厉，杂以他语。平仲错愕，都不得言，因误称其名。上怒，叱出之。平仲苍黄，又误趋御障后，归下阶连呼，乃得出。由是坐废七年，然亦因此名显。

后除屯田膳部二员外郎、东都留守判官，累拜右司郎中。元和初，迁谏议大夫。内官吐突承璀为招讨使，征镇州，无功而还。平仲与吕元膺抗疏论列，请加黜责。转给事中。自在要近，朝廷有得失，未尝不论奏，时人推其狷直。转尚书左丞，以疾改太子左庶子卒。

薛存诚，字资明，河东人。父胜，能文，尝作《拔河赋》，词致浏亮，为时所称。存诚进士擢第，累辟使府，入朝为监察御史，知馆驿。元和初，王师讨刘辟，邮传多事，上特令中官为馆驿使。存诚密表论奏，以为有伤公体。会谏官亦论奏，上乃罢之。转殿中侍御史，迁度支员外郎。裴垍作相，用为起居郎，转司勋员外、刑部郎中、兼侍御史、知杂事,改兵部郎中、给事中。琼林库使奏占工徒太广,存诚以为此皆奸人窜名,以避征役,不可许。咸阳县尉袁儋与军镇相竞,军人无理,遂肆侵诬,儋反受罚。二敕继至,存诚皆执之。上闻甚悦,命中使嘉慰之,由是擢拜御史中丞。

僧鉴虚者,自贞元中交结权幸,招怀赂遗,倚中人为城社,吏不敢绳。会于𬱖、杜黄裳家私事发,连逮鉴虚下狱。存诚案鞫得奸赃数十万,狱成,当大辟。中外权要,更于上前保救,上宣令释放,存诚不奉诏。明日,又令中使诣台宣旨曰:"朕要此僧面诘之,非赦之也。"存诚附中使奏曰:"鉴虚罪款已具,陛下若召而赦之,请先杀臣,然后可取。不然,臣期不奉诏。"上嘉其有守,从之,鉴虚竟笞死。洪州监军高重昌诬奏信州刺史李位谋大逆,追赴京师。上令付仗内鞫问。存诚一日三表,请付位于御史台。及推案无状,位竟得雪。

未几,再授给事中。数月,中丞阙,上思存诚前效,谓宰相持宪无以易存诚,遂复为御史中丞。未视事,暴卒。宪宗深惜之,赠刑部侍郎。存诚性和易,于人无所不容,及当官御事,即确乎不拔,士友以是称重之。子廷老。

廷老谨正有父风,而性通锐。宝历中为右拾遗。敬宗荒恣,宫中造清思院新殿,用铜镜三千片、黄白金薄十万番。廷老与同僚入阁奏事曰:"臣伏见近日除拜,往往不由中书进拟,或是宣出。伏恐纲纪渐坏,奸邪恣行。"敬宗厉声曰:"更谏何事?"舒元褒对曰:"近日宫中修造太多。"上色变曰:"何处修造?"元褒不能对,廷老进曰:"臣等职为谏官,凡有所闻,即合论奏。莫知修造之所,但见运瓦木绝多,即知有用。乞陛下勿罪臣言。"帝曰:"所奏已知。"寻加史馆修撰。

时李逢吉秉权,恶廷老言太切直。郑权因郑注得广州节度,权至镇,尽以公家珍宝赴京师以酬恩地。廷老上疏请按权罪,中人由是切齿。又论逢吉党人张权舆、程昔范不宜居谏列,逢吉大怒。廷老告满十旬,逢吉乃出廷老为临晋县令。

文宗即位,入为殿中侍御史。大和四年,以本官充翰林学士,与同职李让夷相善。廷老之入内署,让夷荐挚之。廷老性放逸嗜酒,不持检操,终日酣醉,文宗知之不悦。五年,罢职,守本官,让夷亦坐廷老罢职,守职方员外郎。廷老寻拜刑部员外郎,转郎中,迁给事中。开成三年卒。廷老当官举职,不求虚誉,侃侃于公卿之间,甚有正人风望。赠刑部侍郎。

子保逊,登进士第,位亦至给事中。

保逊子昭纬,乾宁中为礼部侍郎,贡举得人,文章秀丽。为崔胤所恶,出为磁州刺史,卒。

卢坦,字保衡,河南洛阳人,其先自范阳徙焉。父峦,赠郑州刺史。坦尝为义成军判官,节度使李复疾笃,监军使薛盈珍虑变,遽封府库,入其麾下五百人于使牙,军中恟恟;坦密言于盈珍促收之。及复卒,坦护丧归东都。后为寿安令。

时河南尹征赋限穷,而县人诉以机织未就;坦请延十日,府不许。坦令户人但织而输,勿顾限也,违之不过罚令俸耳。既成而输,坦亦坐罚,由是知名。累迁至库部员外郎、兼侍御史、知杂事。会李锜反,有司请毁锜祖父庙墓。坦常为锜从事,乃上言曰:"淮安王神通有功于草昧。且古之父子兄弟,罪不相及,况以锜故累五代祖乎?"乃不毁。因赐神通墓五户,以备洒扫。及武元衡为宰相,以坦为中丞,李元素为大夫,命坦分司东都,未几归台。裴均为仆射,在班逾位,坦请退之,均不受。坦曰:"姚南仲为仆射,例如此。"均曰:"南仲何人?"坦曰:"南仲是守正而不交权幸者也。"寻罢为右庶子,时人归咎于均。旬月,出为宣歙池观察使。三年,入为刑部侍郎、盐铁转运使,改户部侍郎、判度支。

元和八年,西受降城为河徙浸毁,宰相李吉甫请移兵于天德故城。坦与李绛叶议,以为:"西城张仁愿所筑,制匈奴上策。城当碛口,居房要冲,美水丰草,边防所利。今河流之决,不过退就二三里,奈何舍万代永安之策,徇一时省费之谋?况天德故城僻处确瘠,其北枕山,与河绝远,烽候警备,不相统接。虏之唐突,势无由知,是无故而蹙国二百里,非所利也。"城使周怀义奏利害,与坦议同。事竟不行。未几,出为剑南东川节度使。在镇累年,后请收闰月军吏粮料,以助军行营,人多非之。贞元十二年九月卒,年六十九,赠礼部尚书。

史臣曰:古之诤臣,有死于言者。其次,引裾折槛,不改其操,亦难矣哉!袁高之执卢杞,存诚之戮鉴虚,有古人之遗风焉!平仲触鳞之气,纠其谬欤?文洽夺章,以摅府愤;永夷绝食,不饮盗泉,节义之士也。南仲非葬之言,卢坦西城之议,量之深也。如数子,道为时无君子,乃是厚诬。

赞曰:灵草指佞,谏臣匡失。惟袁与薛,人中屈轶。宽夫雀跃,廷老鸿轩。姚、卢启奏,君子之言。

卷一百五十四　　列传第一百四

孔巢父 从子戣 戡 戢　**许孟容**
吕元膺　刘栖楚　张宿
熊望　柏耆

孔巢父,冀州人,字弱翁。父如珪,海州司户参军,以巢父赠工部郎中。巢父早勤文史,少时与韩准、裴政、李白、张叔明、陶沔隐于徂来山,时号"竹溪六逸"。永王璘起兵江淮,闻其贤,以从事辟之。巢父知其必败,侧身潜遁,由是知名。

广德中,李季卿为江淮宣抚使,荐巢父,授左卫兵曹参军。大历初,泽潞节度使李抱玉奏为宾幕,累授监察御史,转殿中、检校库部员外郎,出授归州刺史。建中初,泾原节度留后孟皞表巢父试秘书少监,兼御史中丞、行军司马。寻拜汾州刺史，入为谏议大夫，出为潭州刺史、湖南观察使。未行，会普王为荆襄副元帅，以巢父为元帅府行军司马，兼御史大夫。

寻属泾师之难，从德宗幸奉天，迁给事中、河中陕华等州招讨使。累献破贼之谋，德宗甚赏之。寻兼御史大夫，充魏博宣慰使。巢父博辩多智，对田悦之众，陈逆顺利害君臣之道，士众欣悚喜抃，曰："不图今日复睹王化！"及就宴，悦酒酣，自矜其骑射之艺、拳勇之略，因曰："若蒙见用，无坚不摧。"巢父谓之曰："若如公言而不早归国者，但为一好贼耳。"悦曰："为贼既曰好贼，为臣当作功臣。"巢父曰："国方有虞，待乎而息。"悦起谢焉。悦背叛日久，其下厌乱，且喜巢父之至。数日，田承嗣之子绪以失职怨望，因人心之摇动，遂构谋杀悦，而与大将邢曹俊等禀命于巢父。巢父因其众意，令田绪权知军务，以纾其难。

兴元元年，李怀光拥兵河中。七月，复以巢父兼御史大夫，充宣慰使。既传诏旨，怀光以巢父宣使魏博，田悦死于帐下，恐祸及。又朔方蕃浑之众数千，皆在行列，颇骄悖不肃。闻罢怀光兵权，时怀光素服待命，巢父不止之。众咸忿恚，呫嗫曰："太尉尽无官矣！"方宣诏，喧噪，怀光亦不禁止，巢父、守盈并遇害。上闻之震悼，赠尚书左仆射，仍诏收河中日备礼葬祭。赐其家布帛米粟甚厚，仍授子正员官。从子戣、㦿、戡。

㦿，巢父兄岑文之子。方严有家法，重然诺，尚忠义。卢从史镇泽潞，辟为书记。从史浸骄，与王承宗、田绪阴相连结，欲效朔方事以固其位。㦿每秉笔至不轨之言，极谏以为不可，从史怒。㦿岁余谢病归洛阳。李吉甫镇扬州，召为宾佐。从史知之，上疏论列，请行贬逐。宪宗不得已，授卫尉丞，分司洛阳。初，贞元中藩帅诬奏从事者，皆不验理，便行降黜。及㦿诏下，给事中吕元膺执之，上令中使慰喻元膺，制书方下。㦿不调而卒，赠驾部员外郎。

戣，字君严。登进士第，郑滑节度使卢群辟为从事。群卒，命戣权掌留务，监军使以气凌之，戣无所屈降。入为侍御史，累转尚书郎。元和初，改谏议大夫，侃然忠谠，有谏臣体。上疏论时政四条，帝意嘉纳。

六年十月，内官刘希光受将军孙璹赂二十万贯，以求方镇。事败，赐希光死。时吐突承璀以出军无功，谏官论列，坐希光事出为淮南监军使。太子通事舍人李涉知上待承璀意未衰，欲投匦上疏，论承璀有功，希光无事，久委心腹，不宜遽弃。戣为匦使，得涉副章，不受，面诘责之。涉乃进疏于光顺门。戣极论其与中官交结，言甚激切。诏贬涉为陕州司仓。幸臣闻之侧目，人为危之。

戣高步公卿间，以方严见惮。俄兼太子侍读，迁吏部侍郎，转左丞。

九年，信州刺史李位为州将韦岳谗谮于本使监军高重谦，言位结聚术士，以图不轨。追位至京师，鞫于禁中。戣奏曰："刺史得罪，合归法司按问，不合劾于内仗。"乃出付御史台。戣与三司讯鞫，得其状。位好黄老道，时修斋箓，与山人王恭合炼药物，别无逆状。以岳诬告，决杀。贬位建州司马。时非戣论谏，罪在不测，人士称之。愈

为中官所恶，寻出为华州刺史、潼关防御等使。入为大理卿，改国子祭酒。

十二年，岭南节度使崔咏卒，三军请帅，宰相奏拟皆不称旨。因入对，上谓裴度曰："尝有上疏论南海进蚶菜者，词甚忠正，此人何在，卿第求之。"度退访之。或曰祭酒孔戣尝论此事，度征疏进之。即日授广州刺史，兼御史大夫、岭南节度使。

戣刚正清俭，在南海，请刺史俸料之外，绝其取索。先是帅南海者，京师权要多托买南人为奴婢，戣不受托。至郡，禁绝卖女口。先是准诏祷南海神，多令从事代祠。戣每受诏，自犯风波而往。韩愈在潮州，作诗以美之。时桂管经略使杨旻、桂仲武、裴行立等骚动生蛮，以求功伐，遂至岭表累岁用兵。唯戣以清俭为理，不务邀功，交、广大理。

穆宗即位，召为吏部侍郎。长庆中，或告戣在南海时家人受赂，上不之责，改右散骑常侍。二年，转尚书左丞。累请老，诏以礼部尚书致仕，优诏褒美。仍令所司岁致羊酒，如汉礼征士故事。长庆四年正月卒，时年七十三。

子遵孺、温裕，皆登进士第。大中已后，迭居显职。温裕位京兆尹、天平军节度使。遵孺子纬，自有传。

戡，字方举，戣母弟也。以季父巢父死难，德宗嘉其忠，诏与一子正员官，因授戡修武尉。以长兄戣未仕，固乞回授。举明经登第，判入高等，授秘书省校书郎、阳翟尉，入拜监察御史，转殿中，分司东都。时昭义节度判官徐玫，以狡憸助成从史之恶。从史既得罪，孟元阳为昭义节度，复欲用玫为宾佐，戡遂牒泽潞收玫以俟命，然后列状上闻，竟流玫播州。转侍御史、库部员外郎。

初，泾师之乱，朱泚署彭偃为舍人。至是偃子充符为鄜坊从事，或荐其才，执政者召至京师。戡谓京兆尹裴武曰："朱泚为伪诏，指斥乘舆，皆彭偃之词也。悖逆之子，不能鸟窜兽伏，乃违道以干誉，子盍效季孙行父之逐莒仆，以勉事君者。"武即日逐充符。

迁京兆尹，出为汝州刺史、大理卿。出为潭州刺史、湖南观察使。时兄戣为岭南，兄弟皆居节镇，朝野荣之。入为右散骑常侍，拜京兆尹。时累月亢旱，深轸圣情。戡自祷雨于曲池，是夕大雨。文宗甚悦，诏兼御史大夫。大和三年正月卒，赠工部尚书。

子温业，登进士第。大中后，历位通显。温业子晦。

许孟容，字公范，京兆长安人也。父鸣谦，究通《易象》，官至抚州刺史，赠礼部尚书。孟容少以文词知名，举进士甲科，后究《王氏易》登科，授秘书省校书郎。赵赞为荆、襄等道黜陟使，表为判官。贞元初，徐州节度使张建封辟为从事，四迁侍御史。李纳屯兵境上，扬言入寇。建封遣将吏数辈告谕，不听。于是遣孟容单车诣纳，为陈逆顺祸福之计。纳即日发使追兵，因请修好。遂表孟容为濠州刺史。无几，德宗知其才，征为礼部员外郎。

有公主之子，请补弘文、崇文馆诸生，孟容举令式不许。主诉于上，命中使问状。孟容执奏，竟得迁本曹郎中。德宗降诞日，御麟德殿，命孟容等登座，与释、老之徒讲

论。十四年,转兵部郎中。未满岁,迁给事中。

十七年夏,好畤县风雹伤麦,上命品官覆视,不实,诏罚京兆尹顾少连已下。敕出,孟容执奏曰:"府县上事不实,罪止夺俸停官,其于弘宥,已是殊泽。但陛下使品官覆视后,更择宪官一人,再令验察,覆视转审,隐欺益明。事宜观听,法归纲纪。臣受官中谢日,伏请敕有须详议者,则乞停留晷刻,得以奏陈。此敕既非急宣,可以少驻。"诏虽不许,公议是之。

十八年,浙江东道观察使裴肃卒,以摄副使齐总为衢州刺史。时总为肃剥下进奉以希恩,遽授大郡,物议喧然。诏出,孟容执奏曰:"陛下比者以兵戎之地,或有不获已超授者。今衢州无他虞,齐总无殊绩,忽此超授,群情惊骇。总是浙东判官,今诏敕称权知留后,摄都团练副使,向来无此敕命。便用此诏,尤恐不可。若总必有可录,陛下须要酬劳,即明书课最,超一两资与改。今举朝之人,不知总之功绩,衢州浙东大郡,总自大理评事兼监察御史授之,使遐迩不甘,凶恶腾口。如臣言不切,乞陛下暂停此诏,密使人听察,必贺圣朝无私。今齐总诏谨随状封进。"寻有谏官论列,乃留中不下。德宗召孟容对于延英,谕之曰:"使百执事皆如卿,朕何忧也。"自给事中袁高论卢杞后,未尝有可否,及闻孟容之奏,四方皆感上之听纳,嘉孟容之当官。

十九年夏旱,孟容上疏曰:

臣伏闻陛下数月已来,斋居损膳,为兆庶心疲,又敕有司,走于群望,牲于百神,而密云不雨,首种未入。岂觳醪有阙,祈祝非诚,为阴阳适然,丰歉前定,何圣意精至,甘泽未答也?臣历观自古天人交感事,未有不由百姓利病之急者、切者,邦家教令之大者、远者。京师是万国所会,强干弱枝,自古通规。其一年税钱及地租,出入一百万贯。臣伏冀陛下即日下令,全放免之;其次,三分放二。且使旱涸之际,免更流亡。若播种无望,征敛如旧,则必愁怨迁徙,不顾坟墓矣。臣愚以为德音一发,膏泽立应,变灾为福,期在斯须。户部所收掌钱,非度支岁计,本防缓急别用。今此炎旱,直支一百余万贯,代京兆百姓一年差科,实陛下巍巍睿谋,天下鼓舞歌扬者也。复更省察庶政之中,有流移征防,当还而未还者,徒役禁锢,当释而未释者,逋悬馈送,当免而未免者,沉滞郁抑,当伸而未伸者,有一于此,则特降明命,令有司条列,三日内闻奏。其当还、当释、当免、当伸者,下诏之日,所在即时施行。臣愚以为如此而神不监,岁不稔,古未之有。

事虽不行,物议嘉之。贞元末,坐裴延龄、李齐运等逸谤流贬者,动十数年不量移,故因旱歉,孟容奏此以讽。然终贞元世,罕有迁移者。

孟容以讽谕太切,改太常少卿。元和初,迁刑部侍郎、尚书右丞。四年,拜京兆尹,赐紫。神策吏李昱假贷长安富人钱八千贯,满三岁不偿。孟容遣吏收捕械系,克日命还之,曰:"不及期当死。"自兴元已后,禁军有功,又中贵人之尤有渥恩者,方得护军。故军士日益纵横,府县不能制。孟容刚正不惧,以法绳之,一军尽惊,冤诉于上。立命中使宣旨,令送本军,孟容系之不遣。中使再至,乃执奏曰:"臣诚知不奉诏当诛,然臣职司辇毂,合为陛下弹抑豪强。钱未尽输,昱不可得。"上以其守正,许之。自此豪右敛迹,威望大震。改兵部侍郎。俄以本官权知礼部贡举,颇抑浮华,选择才艺。出为河南尹,亦有威名。俄知礼部选事,征拜吏部侍郎。

会十年六月,盗杀宰相武元衡,并伤议臣裴度。时淮夷逆命,凶威方炽,王师问罪,未有成功。言事者继上章疏请罢兵。是时盗贼窃发,人情甚惑,独孟容诣中书雪涕而言曰:"昔汉廷有一汲黯,奸臣尚为寝谋。今主上英明,朝廷未有过失,而狂贼敢尔无状,宁谓国无人乎?然转祸为福,此其时也。莫若上闻,起裴中丞为相,令主兵柄,大索贼党,穷其奸源。"后数日,度果为相,而下诏行诛。时孟容议论人物,有大臣风彩。由太常卿为尚书左丞,奉诏宣慰汴宋陈许河阳行营诸军,俄拜东都留守。元和十三年四月卒,年七十六,赠太子少保,谥曰宪。

孟容方劲,富有文学。其折衷礼法,考详训典,甚坚正,论者称焉。而又好推毂,乐善拔士,士多归之。

吕元膺,字景夫,郓州东平人。曾祖绍宗,右拾遗。祖需,殿中侍御史。父长卿,右卫仓曹参军,以元膺赠秘书监。

元膺质度瑰伟,有公侯之器。建中初,策贤良对问第,授同州安邑尉。同州刺史侯鐈闻其名,辟为长春宫判官。属浦贼侵轶,鐈失所,元膺遂潜迹不务进取。

贞元初,论惟明节制渭北,延在宾席,自是名达于朝廷。惟明卒,王栖曜代领其镇。德宗俾栖曜留署使职,咨以军政。累转殿中侍御史,征入,真拜本官,转侍御史。丁继母忧,服阕,除右司员外郎。出为蕲州刺史,颇著恩信。尝岁终阅郡狱囚,因有自告者曰:"某有父母在,明日元正不得相见。"因泣下。元膺悯焉,尽脱其械纵之,与为期。守吏曰:"贼不可纵。"元膺曰:"吾以忠信待之。"及期,无后到者。由是群盗感义,相引而去。

元和初,征拜右司郎中、兼侍御史,知杂事,迁谏议大夫、给事中。规谏驳议,大举其职。及镇州王承宗之叛,宪宗将以吐突承璀为招讨处置使。元膺与给事中穆质、孟简,兵部侍郎许孟容等八人抗言不可,且曰:"承璀虽贵宠,然内臣也。若为帅总兵,恐不为诸将所伏。"指谕明切,宪宗纳之,为改使号,然犹专戎柄,无功而还。出为同州刺史,及中谢,上问时政得失,元膺论奏,辞气激切,上嘉之。翌日谓宰相曰:"元膺有谠言直气,宜留在左右,使言得失,卿等以为何如?"李藩、裴垍贺曰:"陛下纳谏,超冠百王,乃宗社无疆之休。臣等不能广求端士,又不能数进忠言,孤负圣心,合当罪戾。请留元膺给事左右。"寻兼皇太子侍读,赐以金紫。

寻拜御史中丞。未几,除鄂岳观察使,入为尚书左丞。度支使潘孟阳与太府卿王遂迭相奏论,孟阳除散骑常侍,遂为邓州刺史,皆假以美词。元膺封还诏书,请明示枉直。江西观察使裴堪奏虔州刺史李将顺赃状,朝廷不覆按,遽贬将顺道州司户。元膺曰："廉使奏刺史赃罪，不覆检即谪去，纵堪之词足信，亦不可为天下法。"又封诏书，请发御史按问，宰臣不能夺。代权德舆为东都留守、检校工部尚书、兼御史大夫、都畿防御使。旧例，留守赐旗甲，与方镇同。及元膺受任不赐，朝论以淮西用兵，特用元膺守洛，不宜削其仪制，以沮威望，谏官论列，援华、汝、寿三州例。上曰："此数处并宜不赐。"留守不赐旗甲，自元膺始。

十年七月，郓州李师道留邸伏甲谋乱。初，师道于东都置邸院，兵谍杂以往来，吏不敢辨。因吴元济北犯，郊畿多警，防御兵尽戍伊阙。师道伏甲百余于邸院，将焚宫室而肆杀掠。已烹牛飨众，明日将出。会小将李再兴告变，元膺追兵伊阙，围之半日，无敢进攻者。防御判官王茂元杀一人而后进。或有毁其墙而入者，贼众突出，围兵奔骇。贼乃团结，以其孥偕行。出长夏门，转掠郊墅，夺牛马，东济伊水，望山而去。元膺诫境上兵重购以捕之。数月，有山棚卖鹿于市。贼过，山棚乃召集其党，引官兵围于谷中，尽获之。穷理其魁，乃中岳寺僧圆净，年八十余，尝为史思明将，伟悍过人。初执之，使折其胫，锤之不折。圆净骂曰："脚犹不解折，乃称健儿乎！"自置其足教折之。临刑叹曰："误我事，不得使洛城流血！"死者凡数十人。留守防御将二人，都亭驿卒五人，甘水驿卒三人，皆潜受其职署而为之耳目，自始谋及将败无知者。初，师道多买田于伊阙、陆浑之间，凡十余处，故以舍山棚而衣食之。有訾嘉珍、门察者，潜部分之，以属圆净。以师道钱千万伪理佛寺，期以嘉珍窃发时举火于山中，集二县山棚人作乱。及穷按之，嘉珍、门察皆称害武元衡者。元膺以闻，送之上都，赏告变人杨进、李再兴锦彩三百匹、宅一区，授之郎将。元膺因请募山河子弟以卫宫城，从之。盗发之日，都城震恐，留守兵寡弱，不可倚，而元膺坐皇城门，指使部分，气意自若，以故居人帖然。

数年，改河中尹，充河中节度等使。时方镇多事姑息，元膺独以坚正自处，监军使洎往来中贵，无不敬惮。入拜吏部侍郎，因疾固让，改太子宾客。元和十五年二月卒，年七十二，赠吏部尚书。

元膺学识深远，处事得体，正色立朝，有台辅之望。初游京师时，故相齐映谓人曰："吾不及识娄、郝，殆斯人之类乎！"其业官行己，始终无缺云。

刘栖楚，出于寒微，为吏镇州，王承宗甚奇之。后有荐于李逢吉，自邓掾擢为拾遗。性果敢。逢吉以为鹰犬之用，欲中伤裴度及杀李绅。

敬宗即位，畋游稍多，坐朝常晚。栖楚出班，以额叩龙墀出血，苦谏曰："臣历观前王，嗣位之初，莫不躬勤庶政，坐以待旦。陛下即位已来，放情嗜寝，乐色忘忧，安卧宫闱，日晏方起。西宫密迩，未过山陵，鼓吹之声，日喧于外。伏以宪宗皇帝、大行皇帝，皆是长君，恪勤庶政，四方犹有叛乱。陛下运当少主，即位未几，恶德布闻，臣虑福祚之不长也。臣忝谏官，致陛下有此，请碎首以谢！"遂以额叩龙墀，久之不已。宰臣李逢吉出位宣曰："刘栖楚休叩头，候诏旨。"栖楚捧首而起，因更陈论，磕头见血。上为之动容，以袖连挥令出。栖楚又云："不可臣奏，臣即碎首死。"中书侍郎牛僧孺复宣示而出，敬宗为之动容。

无何，迁起居郎，至谏议。俄又宣授刑部侍郎。丞郎宣授，未之有也。改京兆尹，摧抑豪右，甚有钩距，人多比之于西汉赵广汉者。后恃权宠，常以词气凌宰相韦处厚，遂出为桂州观察使。逾年，卒于任，时大和元年九月。

张宿者，布衣诸生也。宪宗为广陵王时，因军使张茂宗荐达，出入邸第。及上在东宫，宿时入谒，辩谲敢言。洎监抚之际，骤承顾擢，授左拾遗。以旧恩数召对禁中，机事不密，贬郴州郴县丞。十余年征入，历赞善大夫、左补阙、比部员外郎。宰相李逢吉恶之，数于上前言其狡谲，不可保信，乃用为濠州刺史。制下，宿自理乞留，乃追制。上欲以为谏议大夫，逢吉奏曰："谏议职重，当以能可否朝政者为之。宿细人，不足以污贤者位。陛下必须用宿，请先去臣可也。"上不悦。又逢吉与裴度是非不同，上方委度讨伐，乃出逢吉为剑南东川节度。乃用宿权知谏议大夫，俄而内使宣授。

初，宰相崔群、王涯奏曰："谏议大夫前时亦有拔自山林、起于卒伍者，其例则少，用皆有由。或道义彰明，不求闻达；或山林卓异，出于群萃。以此选求，是惬公议。或事迹未著，恩由一时，虽有例超升，即时议未允。宿本非文辞入用，望实稍轻。骤加不次之荣，翻恐以身为累。臣等所以累有论谏，依资且与郎中，事冀适中，非于此人情有厚薄，请授职方郎中。"上命如初，群等又请权知，寻又宣授。宿怨执政摈己，颇加谗毁。依附皇甫镈等，伤害清正之士，阴事中要，以图进取。

十三年正月，充淄青宣慰使，至东都，暴病卒，于是正人相贺。诏赠秘书监。

熊望者，登进士第。粗有文词，而性憸险。有口辩，往往得游公卿间，率以大言诡意，指抉时政。既由此而得进士第，务进不已。而京兆尹刘栖楚以不次骤居清贯，广树朋党，门庭无昼夜填委不息。望出入栖楚之门，为伺密机，阴佐计画，人无知者。昭愍嬉游之隙，学为歌诗。以翰林学士崇重，不可亵狎，乃议别置东头学士，以备曲宴赋诗，令采卑官才堪任学士者为之。栖楚以望名荐送，事未行而昭愍崩。

文宗即位，韦处厚辅政，大去奸党。既逐栖楚，又诏曰："孔门高悬百行，由而顺者，其身必荣；朝廷广设众官，践正途者，其道必达。前乡贡进士熊望，因缘薄伎，偷冀亵幸。营居中之密职，扰惑朝经；鼓遗下之器声，因依邪隙。及众议波涌，累月不宁；司门验繻，累月至四。考覆谬妄，乃非坦途。朕大启康庄，以端群望，俾示投荒之典，用正向方之流。可漳州司户。"

柏耆者，将军良器之子。素负志略，学纵横家流。会王承宗以常山叛，朝廷厌兵，欲以恩泽抚之。耆于蔡州行营以画干裴度，请以朝旨奉使镇州，乃自处士授左拾遗。既见承宗，以大义陈说。承宗泣下，请质二男，献两郡，由是知名。

元和十年，王承宗归国，移镇滑州，朝廷赐成德军赏钱一百万贯，令谏议大夫郑覃宣慰军人，赏钱未至，浩浩然腾口。穆宗诏耆往谕旨。耆至，令承宗集三军，宣导上旨，众心乃安。转兵部郎中。

大和初，迁谏议大夫。俄而，李同捷叛，两河藩帅加兵沧、德，宿师于野连年。同捷穷蹙求降。耆既宣谕讫，与节度使李祐谋。耆乃帅数百骑入沧州，取同捷赴京。沧、德平。诸将害耆邀功，争上表论列。文宗不获已，贬循州司户，判官沈亚之贬虔州南康尉。内官马国亮又奏耆于同捷处取婢九人，再命长流爱州，寻赐死。

史臣曰：人臣事君，犯颜匡政，不避死亡之诛。议者以为徇名，臣恶其讦也。如许京兆之劾军吏，吕尚书之封诏书，词义可观，耸动人听，以为沽激，伤善何多！而栖楚、张宿之徒，鹰犬下材，为人鸣吠，诚可丑也。柏耆恃纵横之算，欲俯拾卿相，忘身蹈利，旋踵而诛，宜哉！巢父使不辱命，志在致君，遭罹丧乱，竟陷虎吻。而戣、戡诸子，世载忠贞，大中之后，郁为昌族。为善之利，岂虚言哉！

赞曰：君子重义，小人殉利。巢殒耆诛，其道即异。许、吕封驳，照耀黄扉。死而可作，吾谁与归？

卷一百五十五　　列传第一百五

穆宁 子赞 质 员 赏　　崔邠 弟鄯 郾
郸　窦群 兄常 年 弟庠 巩　李逊 弟建
薛戎 弟放

穆宁，怀州河内人也。父元休，以文学著。撰《洪范外传》十篇，开元中献之。玄宗赐帛，授偃师县丞、安阳令。

宁清慎刚正，重交游，以气节自任。少以明经调授盐山尉。是时，安禄山始叛，伪署刘道玄为景城守，宁唱义起兵，斩道玄首。传檄郡邑，多有应者。贼将史思明来寇郡，宁以摄东光令将兵御之。思明遣使说诱，宁立斩之。郡惧贼怨深 后大兵至，夺兵及摄县。初，宁佐采访使巡按，常过平原，与太守颜真卿密揣禄山必叛。至是，真卿亦唱义，举郡兵以拒禄山。会间使持书遗真卿曰："夫子为卫君乎？"更无他词。真卿得书大喜，因奏署大理评事、河北采访支使。宁以长子属母弟曰："惟尔所适，苟不乏嗣，吾无累矣。"因往平原，谓真卿曰："先人有嗣矣！古所谓死有轻于鸿毛者，宁是也。愿佐公以定危难。"真卿深然之。其后，宁计或不行，真卿迫蹙，弃郡，夜渡河而南，见肃宗于凤翔。帝问拒贼之状，真卿曰："臣不用

穆宁之言，功业不成。"帝奇之，发驿召宁，将以右职待之。会真卿以抗直失旨，事遂止。

上元二年，累官至殿中侍御史，佐盐铁转运使。副元帅李光弼以饷运不继，或恶宁者，诬谮于光弼，光弼扬言欲杀宁。宁直抵徐州见光弼，喻以大义，不为挠折。光弼深重之，宁得行其职。宝应初，转转御史，为河南转运租庸盐铁等副使。明年，迁户部员外郎。无几，加兼御史中丞，为河南、江南转运使。广德初，加库部郎中。是时河运不通，漕挽由汉、沔自商山达京师。选镇夏口者，诏以宁为鄂州刺史、鄂岳沔都团练使，及淮西鄂岳租庸盐铁沿江转运使，赐金紫。时淮西节度使李忠臣贪暴不奉法，设防戍以税商贾，又纵兵士剽劫，行人殆绝。与宁夹淮为理，惮宁威名，寇盗辄止。沔州别驾薛彦伟坐事忤旨，宁杖之致死。宁坐贬虔州司马，重贬昭州平集尉。

大历四年，起授监察御史，领转运留后事于淄青。间一年，改检校司封郎中、兼侍御史，领转运留后事于江西。明年，拜检校秘书少监，兼和州刺史，理有善政。居无何，官罢。代宁者以天宝版籍校见户，诬以逋亡多，坐贬泉州司户。宁子赞，守阙三年告冤。诏遣御史按覆，而人户增倍，诏书召宁，除右谕德。宁强毅，不能事权贵。执政者以为不附己，且惮其难制，故处之散位。宁默默不得志，且曰："时不我容，我不时殉，则非吾之进也，在于退乎！"辞病居家，请告几十旬者数矣。亲友强之，复一朝请。上居奉天，宁诣行在，拜秘书少监。兴元初，改右庶子。德宗还京师，宁曰："可以行吾志矣。"因移病，罢归东都。贞元六年，就拜秘书监致仕。

宁好学，善教诸子，家道以严称。事寡姊以悌闻。通达体命，未尝服药。每诫诸子曰："吾闻君子之事亲，养志为大，直道而已。慎无为诟，吾之志也。"贞元十年十月卒，时年七十九。四子：赞、质、员、赏。

赞，字相明，释褐为济源主簿。时父宁为和州刺史，以刚直不屈于廉使，遂被诬奏，贬泉州司户参军。赞奔赴阙庭，号泣上诉。诏御史覆问，宁方得雪。诏曰："令子申父之冤，宪臣奉君之命，楚剑不冲于牛斗，秦台自洗于尘埃。"由是知名。累迁京兆兵曹参军、殿中侍御史，转侍御史，分司东都。

时陕州观察使卢岳妾裴氏，以有子，岳妻分财不及，诉于官，赞鞫其事。御史中丞卢佋佐之，令深绳裴罪。赞持平不许。宰臣窦参与佋善，参、佋俱持权，怒赞以小事不受指使，遂下赞狱。侍御史杜伦希其意，诬赞受裴之金，鞫其使以成其狱，甚急。赞弟赏，驰诣阙，挝登闻鼓。诏三司使覆理无验，出为郴州刺史。参败，征拜刑部郎中。因次对，德宗嘉其才，擢为御史中丞。时裴延龄判度支，以奸巧承恩。属吏有赃犯，赞鞫理承伏。延龄请曲法出之，赞三执不许，以款状闻。延龄诬赞不平，贬饶州别驾。丁母忧，再转虔、常二州刺史。

宪宗即位，拜宣州刺史、御史中丞，充宣歙观察使，所莅皆有政声。永贞元年十一月卒，时年五十八，赠工部尚书。

赞与弟质、员、赏以家行人材为搢绅所仰。赞官达，

父母尚无恙，家法清严。赞兄弟奉指使，笞责如僮仆，赞最孝谨。

质强直，应制策入第三等。其所条对，至今传之。自补阙至给事中，时政得失，未尝不先论谏。元和初，掌赋使院多擅禁系户人，而有笞掠至死者。质乃论奏盐铁转运司应决私盐，系囚须与州府长吏监决。自是刑名画一。宪宗以王承宗叛，用内官吐突承璀为招讨使。质率同列伏阁论奏，言自古无以中官为将帅者。上虽改其名，心颇不悦，寻改质为太子左庶子。五年，坐与杨凭善，出为开州刺史。未几卒。

员工文辞，尚节义。杜亚为东都留守，辟为从事、检校员外郎。早卒，有文集十卷。

质兄弟俱有令誉而和粹，世以"滋味"目之：赞俗而有格，为酪；质美而多入，为酥；员为醍醐；赏为乳腐。近代士大夫言家法者，以穆氏为高。

崔邠，字处仁，清河武城人。祖结，父俌，官卑。邠少举进士，又登贤良方正科。贞元中授渭南尉。迁拾遗、补阙。常疏论裴延龄，为时所知。以兵部员外郎知制诰至中书舍人，凡七年。又权知吏部选事。明年，为礼部侍郎，转吏部侍郎，赐以金紫。

邠温裕沉密，尤敦清俭。上亦առ重之。裴垍将引为相，病难于承答，事竟寝。兄弟同时奉朝请者四人，颇以孝敬怡睦闻。后改太常卿，知吏部尚书铨事。故事，太常卿初上，大阅《四部乐》于署，观者纵焉。邠自私第去帽，亲导母舆，公卿逢者回骑避之，衢路以为荣。居母忧，岁余卒，元和十年三月也，时年六十二。赠吏部尚书，谥曰文简。

弟鄯、郾、郸等六人。子璀、璜，璀子彦融，皆登进士第，历位台阁。

鄯少有文学，举进士。元和中，历监察御史。大和元年十月，自太子詹事拜左金吾卫大将军。鄯昆弟六人，仕官皆至三品。邠、郾、郸三人，知贡举，掌铨衡。冠族闻望，为时名德。

鄯大和九年冬，为左金吾大将军，无病暴亡。不旬日有训、注之乱，其乱始自金吾。君子乃知鄯之亡，崔氏积善之征也。赠礼部尚书。子瑄。

郾，字广略。举进士，平判入等，授集贤殿校书郎。三命升朝，为监察御史、刑部员外郎。资质秀伟，神情闲雅，人望而爱之，终不可舍，不知者以为事高简，拘静默耳。居内忧，释服为吏部员外。奸吏不敢欺，孤寒无援者未尝留滞，铨叙之美，为时所称。再迁左司郎中。

元和十三年，郑余庆为礼仪详定使，选时有礼学者共事，以郾为详定判官、吏部郎中。十五年，迁谏议大夫。

穆宗即位，荒于禽酒，坐朝常晚。郾与同列郑覃等延英切谏。穆宗甚嘉之，畋游稍简。长庆中，转给事中。

昭愍即位，选侍讲学士，转中书舍人。入思政殿谢恩，奏曰："陛下用臣为侍讲，半岁有余，未尝问臣经义。今蒙转改，实惭尸素，有愧厚恩。"帝曰："朕机务稍闲，即当请益。"高钺曰："陛下意虽乐善，既未延接儒生，天下

之人，宁知重道？"帝深引咎，赐之锦彩。郾退，与同列高重抄撮《六经》嘉言要道，区分事类，凡十卷，名曰《诸经纂要》，冀人主易于省览。上嘉之，赐锦彩二百匹、银器等。

其年转礼部侍郎，东都试举人。凡两岁掌贡士，平心阅试，赏拔艺能，所擢者无非名士，至大中、咸通之代，为辅相名卿者十数人。出为陕州观察使。旧弊有上供不足，夺吏俸以益之，岁八十万，郾以廉使常用之直代之。居二年，政绩闻于朝。迁鄂岳安黄等州观察使。又五年，移浙西道都团练观察使，至，用宽政安疲人。及居鄂渚，则峻法严刑，未常贷一死罪。江湖之间，雚蒲是丛，因造蒙冲小舰，上下千里，期月而尽获群盗。凡三按廉车，率由清简少事，财用有余，人遂宁泰。开成元年卒，年六十九，赠吏部尚书，谥曰德。

郾与兄邠、弟郸等皆有令誉。而郾疏财恢廓，昆仲所不及。子瑶、瑰、瑾、珮、璆。

瑶，大和三年登进士第，出佐藩方，入升朝列，累至中书舍人。大中六年，知贡举，旋拜礼部侍郎。出为浙西观察使，又迁鄂州刺史、鄂岳观察使，终于位。瑰、珮、璆官至郎署给谏。

瑾，大中十年登进士第，累居使府，历尚书郎、知制诰。咸通十三年，知贡举，选拔颇为得人。寻拜礼部侍郎，出为湖南观察使。

郸，登进士第，累迁监察御史，三迁考功郎中。大和三年，以本官充翰林学士，转中书舍人。六年，罢学士。八年，为工部侍郎、集贤殿学士，权知礼部，真拜兵部侍郎，本官判吏部东铨事。

文宗勤于政道，每苦选曹讹弊，延英谓宰臣曰："吏部殊不选才，安得撝实无滥，可厘革否？"李石对曰："令录可以商量，他官且宜循旧。"上曰："循旧如配官耳，贤不肖安能甄别？"帝召三铨谓之曰："卿等比选令录，如何注拟？"郸对曰："资叙相当，问其为治之术，视可否而拟之。"帝曰："依资合得，而才劣者何授？"对曰："与边远慢官。"帝曰："如以不肖之才治边民，则疾苦可知也。凡朝廷求理，远近皆须得人。苟非其才，人受其弊矣。"寻拜吏部侍郎。

开成二年，出为宣州刺史，兼御史中丞、宣歙观察使。四年，入为太常卿。七月，以本官同中书门下平章事，寻加中书侍郎、银青光禄大夫。会昌初，李德裕用事，与郸弟兄素善。郸在相位累年，历方镇、太子师保卒。

窦群，字丹列，扶风平陵人。祖亶，同昌郡司马。父叔向，以工诗称，代宗朝，官至左拾遗。群兄常、牟，弟巩，皆登进士第，唯群独为处士，隐居毗陵，以节操闻。及母卒，啮一指置棺中，因庐墓次终丧。后学《春秋》于啖助之门人卢庇者，著书三十四卷，号《史记名臣疏》。贞元中，苏州刺史韦夏卿以丘园茂异荐，兼献其书，不报。及夏卿入为吏部侍郎，改京兆尹，中谢日，因对复荐群。征拜左拾遗，迁侍御史，充入蕃使秘书监张荐判官。群因入对，奏曰："陛下即位二十年，始自草泽擢臣为拾遗，是

难其进也。今陛下以二十年难进之臣，用为和蕃判官，一何易也？"德宗异其言，留之，复为侍御史。

王叔文之党柳宗元、刘禹锡皆慢群，群不附之。其党议欲贬群官，韦执谊止之。群尝谒王叔文，叔文命撤榻而进。群挥之曰："夫事有不可知者。"叔文曰："如何？"群曰："去年李实伐恩恃贵，倾动一时，此时公逡巡路旁，乃江南一吏耳。今公已处实形势，又安得不虑路旁有公者乎？"叔文虽异其言，竟不之用。

宪宗即位，转膳部员外，兼侍御史知杂，出为唐州刺史。节度使于頔素闻其名，既谒见，群言激切，頔甚悦。奏留充山南东道节度副使、检校兵部郎中，兼御史中丞，赐紫金鱼袋。宰相武元衡、李吉甫皆爱重之，召入为吏部郎中。元衡辅政，举群代己为中丞。群奏刑部郎中吕温、羊士谔为御史。吉甫以羊、吕险躁，持之数日不下，群等怒怨吉甫。

三年八月，吉甫罢相，出镇淮南，群等欲因失恩倾之。吉甫尝召术士陈登宿于安邑里第。翌日，群令吏捕登考劾，伪构吉甫阴事，密以上闻。帝召令面讯之，立辩其伪。宪宗怒，将诛群等，吉甫救之，出为湖南观察使。数日，改黔州刺史、黔州观察使。在黔中，属大水坏其城郭，复筑其城，征督溪洞诸蛮。程作颇急，于是，辰、锦生蛮乘险作乱，群讨之不能定。六年九月，贬开州刺史。在郡二年，改容州刺史、容管经略观察使。九年，诏还朝，至衡州病卒，时年五十。

群性狠戾，颇复恩仇，临事不顾生死。是时征入，云欲大用，人皆惧骇，闻其卒方安。二子：谦余、审余。

兄常，字中行，大历十四年登进士第，居广陵之柳杨。结庐种树，不求苟进，以讲学著书为事，凡二十年不出。贞元十四年，镇州节度使王武俊闻其贤，遣人致聘，辟为掌书记，不就。其年，杜佑镇淮南，奏授校书郎，为节度参谋。元和六年，自湖南判官入为侍御史，转水部员外郎。出为朗州刺史，历固陵、浔阳、临川三郡守。入为国子祭酒，求致仕。宝历元年卒，时年七十。子弘余，会昌中为黄州刺史。

牟，字贻周。贞元二年登进士第，试秘书省校书郎、东都留守巡官。历河阳、昭义从事，检校水部郎中，赐绯，再为留守判官。入为都官郎中，出为泽州刺史，入为国子祭酒。长庆二年卒，时年七十四。子周余，大中年秘书监。

牟弟庠，字胄卿，释褐国子主簿。吏部侍郎韩皋出镇武昌，辟为推官。皋移镇浙西，奏庠为节度副使、殿中侍御史，迁泽州刺史。又为宣歙副使，除奉天令、登州刺史、东都留守判官，历信、婺二州刺史。卒年六十三。子繇、载。

巩，字友封，元和二年登进士第。袁滋镇滑州，辟为从事。滋改荆、襄二镇，皆从之，掌管记之任。平卢薛平又辟为副使。入朝，拜侍御史，历司勋员外、刑部郎中。元稹观察浙东，奏为副使、检校秘书少监，兼御史中丞，赐金紫。稹移镇武昌，巩又从之。巩能五言诗，昆仲之间，与牟诗俱为时所赏重。性温雅，多不能持论，士友言议之际，吻动而不发，白居易等目为"嗫嚅翁"。终于鄂渚，时

年六十。子六人，景余、师裕最知名。

李逊，字友道，后魏申公发之后，于赵郡谓之申公房。曾祖进德，太子中允。祖珍玉，昌明令。父震，雅州别驾。世寓于荆州之石首。

逊登进士第，辟襄阳掌书记。复从事于湖南，主其留务，颇有声绩，累拜池、濠二州刺史。先是，濠州之都将杨腾，削刻士卒，州兵三千人谋杀腾。腾觉之，走扬州，家属皆死。濠兵不自戢，因行攘剽。及逊至郡，余乱未殄。徐驱其间，为陈逆顺利害之势，众皆释甲请罪，因以宁息。观察使旨限外征役，皆不从。入拜虞部郎中。

元和初，出为衢州刺史。以政绩殊尤，迁越州刺史，兼御史大夫、浙东都团练观察使。先是，贞元初，皇甫政镇浙东，尝福建兵乱，逐观察使吴诜。政以所镇实压闽境，请权益兵三千，俟贼平而罢。贼平向三十年，而所益兵仍旧。逊视事数日，举奏停之。逊为政以均一贫富、扶弱抑强为己任，故所至称理。

九年，入为给事中。逊以旧制只日视事对群臣，逊奏论曰："事君之义，有犯无隐。陈诚启沃，不必择辰。今群臣敷奏，乃候只日，是毕岁臣下睹天颜、献可否能几何？"宪宗嘉之，乃许不择时奏对。俄迁户部侍郎。

元和十年，拜襄州刺史，充山南东道节度、观察等使。襄阳前领八郡，唐、邓、隋在焉。是时方讨吴元济，朝议以唐、蔡邻接，遂以邓隶唐州，三郡别为节制，命高霞寓领之，专俟攻讨。逊以五州赋饷之。

时孙代严绶镇襄阳。绶以八州兵讨贼在唐州。既而绶以无功罢兵柄，命高霞寓代绶将兵于唐州，其襄阳军隶于霞寓。军士家口在襄州者，逊厚抚之，士卒多含霞寓亡归。既而霞寓为贼所败，乃移过于逊，言供馈不时。霞寓本出禁军，内官皆佐之。既贬官，中人皆言逊挠霞寓军，所以致败。上令中使至襄州听察曲直，奏言逊不直，乃左授太子宾客分司，又降为恩王傅。

十三年，李师道效顺，命逊为左散骑常侍，驰赴东平谕之。师道得诏意动，即请效顺，旋为其下所惑而止。逊还，未几，除京兆尹，改国子祭酒。

十四年，拜许州刺史，充忠武节度、陈许溵蔡等州观察处置等使。是时，新罹兵战，难遽完缉。及逊至，集大军与之约束；严具示赏罚必信，号令数百言，士皆感悦。

长庆元年，幽、镇继乱。逊请身先讨贼，不许。但命以兵一万，会于行营。逊奉诏，即日发兵，故先诸军而至，由是进位检校吏部尚书。寻改凤翔节度使，行至京师，以疾陈乞，改刑部尚书。长庆三年正月卒，年六十三，废朝一日，赠右仆射。

逊幼孤，寓居江陵。与其弟建，皆安贫苦，易衣并食，讲习不倦。逊兄造，知二弟贤，日为营丐，成其志业。建先逊一年卒，兄弟同致休显，士君子多之。谥曰恭肃。造早卒。

建，字构直，家素清贫，无旧业。与兄造、逊于荆南躬耕致养，嗜学力文。举进士，选授秘书省校书郎。德宗闻其名，用为右拾遗、翰林学士。元和六年，坐事罢职，

降詹事府司直。高郢为御史大夫，奏为殿中侍御史，迁兵部郎中、知制诰。自以草诏思迟，不愿司文翰，改京兆尹。与宰相韦贯之友善。贯之罢相，建亦出为澧州刺史。征拜太常少卿，寻以本官知礼部贡举。建取舍非其人，又惑于请托，故其年选士不精，坐罚俸料。明年，除礼部侍郎，竟以人情不洽，改为刑部。

建名位虽显，以廉俭自处，家不理垣屋，士友推之。长庆二年二月卒，赠工部尚书。三子：讷、恪、朴。讷最知名，官至华州刺史、检校尚书右仆射。

薛戎，字元夫，河中宝鼎人。少有学术，不求闻达，居于毗陵之阳羡山。年余四十，不易其操。江西观察使李衡辟为从事，使者三返方应。故相齐映代衡，又留署职，府罢归山。福建观察使柳冕表为从事，累月，转殿中侍御史。会泉州阙刺史，冕署戎权领州事。

是时，姚南仲节制郑滑，从事马总以其道直为监军使诬奏，贬泉州别驾。冕附会权势，欲构成总罪，使发按问曲成之。戎以总无辜，不从冕意，别白其状。戎还自泉州，冕盛气据箘而见宾客。戎遂历东厢从容而入。冕度势未可屈，徐起以见，一揖而退。又构其罪以状闻，置戎于佛寺，环以武夫，恣其侵辱，如是累月，诱令成总之罪。操心如一，竟不动摇。杜佑镇淮南，知戎之冤，乃上其表，发书谕冕，戎难方解，遂辞职寓居于江湖间。

后阎济美为福建观察使，备闻其事，奏充副使。又随济美移镇浙东，改侍御史，入拜刑部员外郎。出为河南令，累改衢、湖、常三州刺史，迁浙东观察使。所莅皆以政绩闻。居数岁，以疾辞官。长庆元年十月卒，赠左散骑常侍。

戎检身处约，不务虚名。俸入之余，散于宗族。身殁之后，人无讥焉。兄弟五人，季弟放最知名。

放登进士第，性端厚寡言，于是非不甚系意。累佐藩府，莅事干敏。官至试大理评事，擢拜右拾遗，转补阙，历水部、兵部二员外，迁兵部郎中。

遇宪宗以储皇好书，求literary士辅导经义，选充皇太子侍读。及穆宗嗣位，未听政间，放多在左右，密参机命。穆宗常谓放曰："小子初承大宝，惧不克荷，先生宜为相，以匡不逮。"放叩头曰："臣实庸浅，获侍冕疏，不足猥尘大位。辅弼之任，自有贤能。"其言无矫饰，皆此类也。穆宗深嘉其诚，因召对思政殿，赐以金紫之服。转工部侍郎、集贤学士。虽任非峻切，而恩顾转隆。转刑部侍郎，职如故。

穆宗常谓侍臣曰："朕欲习学经史，何先？"放对曰："经者，先圣之至言，仲尼之所发明，皆天人之极致，诚万代不刊之典也。史记前代成败得失之迹，亦足鉴其兴亡。然得失相参，是非无准，固不可以经典比也。"帝曰："《六经》所尚不一，志学之士，白首不能尽通，如何得其要？"对曰："《论语》者《六经》之菁华，《孝经》者人伦之本。穷理执要，真可谓圣人至言。是以汉朝《论语》首列学官，光武令虎贲之士习以《孝经》，玄宗亲为《孝经》注解，皆使当时大理，四海乂宁。盖人知孝慈，气感和乐之所致也。"上曰："圣人以孝为至德要道，其信

然乎！"转兵部侍郎、礼部尚书，判院事。

放围门之内，尤推孝睦，孤孀百口，家贫每不给赡，常苦俸薄。放因召对，恳求外任。其时偶以节制无阙，乃授以廉问。及镇江西，惟用清洁为理，一方之人，至今思之。宝历元年，卒于江西观察使，废朝一日。

史臣曰：穆秘监之刚正不夺，如寒松倚岩，千丈劲节。而窦容州之敢决，如鸷鸟逐雀，英气动人，岩穴之流，罕能及此。然矫激过当，君子不为。如埌如篪，不通不介，士行之美，崔氏诸子有焉。建、逊之贞方，戎、放之道义，元和已来，称为令族，宜哉！

赞曰：穆之赞、质，窦之常、群，迹参时杰，气爽人文。二李英英，四崔济济。薛氏三门，难兄难弟。

卷一百五十六　　列传第一百六

于頔　韩弘子公武　弘弟充　李质附
王智兴子晏平　晏宰

于頔，字允元，河南人也，周太师燕文公谨之后也。始以荫补千牛，调授华阴尉，黜陟使刘湾辟为判官。又以栎阳主簿摄监察御史，充入蕃使判官。再迁司门员外郎，兼侍御史，赐紫。充入西番计会使，将命称旨，时论以为有出疆专对之能。历长安县令、驾部郎中。

出为湖州刺史。因行县至长城方山，其下有水曰西湖，南朝疏凿，溉田三千顷，久堙废。頔命设堤塘以复之，岁获粳稻蒲鱼之利，人赖以济。州境陆地褊狭，其送终者往往不掩其棺椁，頔葬枯骨凡十余所。改苏州刺史，浚沟渎，整街衢，至今赖之。吴俗事鬼，頔疾其淫祀废生业，神宇皆撤去，唯吴太伯、伍员等三数庙存焉。虽为政有绩，然横暴已甚，追憾湖州旧尉，封杖以计强决之。观察使王纬奏其事，德宗不省。及后頔累迁，乃与纬书曰："一蒙恶奏，三度改官。"由大理卿迁陕虢观察使。自以为得志，益恣威虐。官吏日加科罚，其惴恐重足一迹。掾姚岘不胜其虐，与其弟泛舟于河，遂自投而死。

贞元十四年，为襄州刺史，充山南东道节度观察。地与蔡州邻。吴少诚之叛，頔率兵赴唐州，收吴房、朗山县，又破贼于瀖神沟。于是广军籍，募战士，器甲犀利，俨然专有汉南之地。小失意者，皆以军法从事。因请升襄州为大都督府，府比邙、魏。时德宗方姑息方镇，闻頔事状，亦无可奈何，但允顺而已。頔奏请无不从。于是公然聚敛，恣意虐杀，专以凌上威下为务。邓州刺史元洪，頔诬以赃罪奏闻，朝旨不得已为流端州，命中使监焉。至隋州枣阳县，頔命部将领士卒数百人，劫洪至襄州，拘留之。中使奔归京师。德宗怒，笞之数十。頔又表洪其责太重，复降中使景忠信宣旨慰谕。遂除洪吉州长史，然后洪获赴谪所。又怒判官薛正伦，奏贬峡州长史。及敕下，頔

怒已解，复奏请为判官，德宗皆从之。正伦卒，未殡，颐以兵围其宅，令孽男逼娶其嫡女。颐累迁至左仆射、平章事、燕国公。俄而不奉诏旨，擅总兵据南阳，朝廷几为之旰食。

及宪宗即位，威肃四方，颐稍戒惧。以第四子季友求尚主。宪宗以长女永昌公主降焉。其第二子方，屡讽其父归朝，入觐，册拜司空、平章事。

元和中，内官梁守谦掌枢密，颇招权利。有梁正言者，勇于射利，自言与守谦宗盟情厚，颐子敏与之游处。正言取颐财贿，言赂守谦，以求出镇。久之无效，敏责其货于正言。乃诱正言之僮，支解弃于溷中。八年春，敏奴王再荣诣银台门告其事，即日捕颐孔目官沈璧、家僮十余人，于内侍狱鞫问。寻出付台狱，诏御史中丞薛存诚、刑部侍郎王播、大理卿武少仪为三司使按问，乃搜死奴于其第，获之。颐率其男赞善大夫正、驸马都尉季友，素服单骑，将赴阙下，待罪于建福门。门司不纳，退于街南，负墙而立，遣人进表。阁门使以无引不受，日没方归。明日，复待罪于建福门。宰相喻令还第，贬为恩王傅。敏长流雷州，锢身发遣。殿中少监、驸马都尉季友，追夺两任官阶，令其家循省。左赞善大夫正、秘书丞方并停见任。孔目官沈璧决四十，配流封州。奴犀牛与刘干同手杀人，宜付京兆府决杀。敏行至商山赐死。梁正言、僧鉴虚并付京兆府决杀。颐其年十月，改授太子宾客。

十年，王师讨淮、蔡，诸侯贡财助军。颐进银七千两、金五百两、玉带二，诏不纳，复还之。十三年，颐表求致仕。宰臣拟授太子少保，御笔改为太子宾客。其年八月卒，赠太保，谥曰"厉"。其子季友从猎苑中，诉于穆宗，赐谥曰"思"。右丞张正甫封敕，请还本谥。

右补阙高钺上疏论之曰：

夫谥者，所以惩恶劝善，激浊扬清，使忠臣义士知劝，乱臣贼子知惧。虽窃位于当时，死加恶谥者，所以惩狠戾，垂泪劝。孔子修《春秋》，乱臣贼子惧，盖为此也。垂范如此而不能救，况又隳其典法乎？

臣风闻此事是徐泗节度使李愬奏请。李愬勋臣节将，陛下宠其勋劳，赐其爵禄、车服、第宅则可，若乱朝廷典法，将何以沮劝？仲尼曰："唯名与器，不可以假人。"名器，君之所司，若以假人，与之政也，政亡则国家从之。颐顷镇襄、汉，杀戮不幸，恣行凶暴。移军襄、邓，迫胁朝廷，擅留逐臣，微遮天使。当先朝嗣位之始，贵安反侧，以靖四方。幸免铁钺之诛，得全腰领而毙，诚宜谥之"缪厉"，以沮凶邪，岂可曲加美名，以惠奸宄。如此，则是颐生为奸臣，死获美谥，窃恐天下有识之士，谓圣朝无人，有此倒置。伏请速追前诏，却依太常谥为厉，使朝典无亏，国章不滥。

太常博士王彦威又疏曰：

古之圣王立谥法者，所以彰善恶、垂劝诫。使一字之褒，赏逾绂冕；一言之贬，辱过朝市。此有国之典礼，陛下劝惩之大柄也。颐顷拥节旄，肆行暴虐，人神共愤，法令不容。擅兴全师，僭为正乐，侵辱中使，擅止制囚，杀戮不幸，诛求无度，臣故定谥为厉。今陛下不忍，改赐为"思"，诚出圣慈，实害圣政。伏以陛下自临宸扆，懋建大中，闻善若惊，从谏不倦。况当统天立极之始，所谓执法慎名之时，一垂恩光，大启徼幸。且如颐之不法，然而陛下不忍加惩，臣恐今后不逞之徒如颐者众矣！死援颐例，陛下何以处之？是恩曲于前而弊生于后。若以李吉甫有赐谥之例，则甫之为相也，有犯上杀人之罪乎？以颐况之，恐非伦类。如以颐常入财助国，改过来觐，两使绝域，可以赎论，夫伤物害人，剥下奉上，纳贿求幸，尤不可长其渐焉。

自两河宿兵，垂七十年，王师愎征，疮痏未息。及张茂昭以易定入觐，程权以沧景归朝，故恩礼殊尤，以劝来者。而于颐以文吏之职，居腹心之地，而倔强犯命，不获已而入朝，岂茂昭之比乎！纵有入财使远之勤，何以掩其恶迹！伏望陛下恩由义断，泽以礼成，褒贬道存，侥幸路绝，则天下幸甚。

疏奏不报，竟谥为思。

长庆中，以戚里勋家诸贵引用于方，复至和王傅，家富于财。方交结游侠，务于速进。元稹作相，欲以其策平河朔群盗，方以策画干稹。而李逢吉之党欲倾裴度，乃令人告稹欲结客刺度。事下法司，按鞫无状，而方竟坐诛。

韩弘，颍川人。其祖、父无闻，世为滑之匡城。少孤，依母族。刘玄佐即其舅也。事玄佐为州掾，累奏试大理评事。玄佐卒，子士宁被逐。弘出汴州，为宋州南城将。刘全谅时为都知兵马使。贞元十五年，全谅卒，汴军怀玄佐之惠，又以弘长厚，共请为留后，环监军使请表其事，朝廷亦以玄佐故许之。自试大理评事检校工部尚书、汴州刺史，兼御史大夫、宣武军节度副大使知节度事、宋亳汴颍观察等使。

时吴少诚遣人至汴，密与刘全谅谋，因曲环卒袭陈许。会全谅卒，其人在传舍，弘喜获节钺，即斩其人以闻。立出军三千，助禁军西讨少诚。汴州自刘士宁之后，军益骄恣，及陆长源遇害，颇轻主帅。其为乱魁党数十百人。弘视事数月，皆知其人。有部将刘锷者，凶卒之魁也。弘欲大振威望。一日，引短兵于衙门，召锷与其党三百，数其罪，尽斩之以徇，血流道中。弘对宾僚言笑自若。自是讫弘入朝，二十余年，军众十万，无敢枯乱者。累授检校左右仆射、司空。宪宗即位，加同平章事。时王锷检校司空、平章事。致书于宰臣武元衡，耻在王锷之下。宪宗方欲用形势以临淮西，乃授以司徒、平章事，班在锷上。及用严绶为招讨，为贼所败，弘方镇汴州，当两河贼之冲要，朝廷虑其异志，欲以兵柄授之，而令李光颜、乌重胤实当旗鼓。乃授弘淮西诸军行营都统，令兵部郎中、知制诰李程宣赐官告。弘实不离理所，唯令其子公武率师三千隶李光颜军。弘虽居统帅，常不欲诸军立功，阴为逗挠之计。每闻献捷，辄数日不怡，其危国邀功如是。吴元济诛，以统帅功，加检校司徒、兼侍中，封许国公，罢行营都统。

十四年，诛李师道，收复河南二州，弘大惧。其年七月,尽携汴之牙校千余人入觐。对于便殿,拜舞之际,以其足疾,命中使掖之。宴赐加等,预册徽号大礼。进绢三十五万匹,绝三万匹,银器二百七十件。三上章坚辞戎务,愿留京师奉朝请。诏曰:

纳大忠,树嘉绩,为臣所以明极节;锡殊宠,进高秩,有国所以待元臣。况乎邦教诞敷,王言总会,百辟攸宪,四方式瞻。永念于怀,久虚其位,载扬成命,金曰休哉。

宣武军节度副大使知节度事、汴宋亳颖等州观察处置等使、开府仪同三司、守司徒、兼侍中、使持节汴州诸军事、汴州刺史、上柱国、许国公、食邑三千户韩弘,降神挺材,积厚成器;中蕴深闳之量,外标严重之姿。有匡国济时之心,推诚不耀;有夷凶禁暴之略,仗义益彰。自镇浚郊,二十余载,师徒禀训而咸肃,吏士奉法而愈明。俗臻和平,人用庶富,威声之重,隐若山崇。

属者,淮渎灌征,统领群帅,克殄残孽,惟乃有指踪之功。及齐境兴妖,分师进讨,遂枭元恶,惟乃有略地之效。既闻旋斾,俄请执珪,深陈魏阙之诚,远继韩侯之志。朝天有庆,就日方伸。又抗表章,固辞戎旅,三加敦谕,所守弥坚。于蕃于宣,谅切于注意;我弼我辅,难违其衷恳。式遂良愿,载兼上司。论道之荣,因之以齐八政;中枢之长,升之以赞万务。玄衮赤舄,备于宠光;不有其人,孰膺斯任?可守司徒、兼中书令。

乃以吏部尚书张弘靖兼平章事,代弘镇宣武。

宪宗崩,以弘摄冢宰。十五年六月,以本官兼河中尹、河中晋绛节度观察等使。时弘弟充为郑滑节度使,子公武为鄜坊节度使。父子兄弟,皆秉节钺,人臣之宠,冠绝一时。二年,请老乞罢戎镇,三表从之。依前守司徒、中书令。其年十二月病卒,时年五十八。赠太尉,赙绢二千匹、布七百端、米粟千硕。

初,弘镇大梁二十余载,四州征赋皆为己有,未尝上供。有私钱百万贯、粟三百万斛、马七千匹,兵械称是。专务聚财积粟,峻法树威。而庄重寡言,沉谋勇断,邻封如吴少诚、李师道辈皆惮之。诏使宣谕,弘多倨待。及齐、蔡贼平,势屈入觐,两朝宠待加等,弘竟以名位始终,人臣之幸也。时公武已卒,弘孙绍宗嗣。

公武自宣武马步都虞候将兵诛蔡,贼平,检校右散骑常侍、鄜州刺史、鄜坊等州节度使。丁所生忧,起复金吾将军,仍旧职。十四年,父弘入朝,公武乞罢节度,入为右金吾将军。既而弘出镇河中,季父充移镇宣武,公武叹曰:“二父联居重镇,吾以孺子当执金吾职,家门之盛,惧不克胜。”坚辞宿卫,改右骁卫将军。性颇恭逊,不以富贵自处。弘罢河中,居永崇里第;公武居宣阳里之北门,因省父,无疾暴卒,赠户部尚书。

充依舅刘玄佐,历阳、昭义牙将。及兄弘节制宣武,召归主亲兵,奏授御史大夫。弘颇酷法,人人不自保。充独谦恭执礼,未尝懈息,由是遍得士心。然以亲逼权重,常不自安。元和六年,因猎近郊,单骑归于洛阳。时朝廷方姑息弘,亦怜充之无异志,擢拜右金吾卫将军。十二月,转大将军,历少府监。十五年,代侄公武为鄜坊节度使、检校工部尚书。

长庆二年,幽、镇、魏复乱。朝廷以王承元有冀卒数千在滑州,恐封疆相接,复相劝诱。命充与承元更换所守,检校左仆射。是岁,汴州节度使李愿被三军所逐,立都将李齐为留后。朝廷以充久在汴州,从心悦附,命充为宣武节度使,兼统义成之师往讨齐。会齐尪发脑,属兵于纪纲李质。质以计诛首乱,送齐归京师。充遂不战而入大梁。时陈许李光颜亦奉诏讨齐,军于尉氏,意欲必先收汴,因大肆俘掠。汴州监军使姚文寿亦欲招许下之师。充在中牟闻其谋,率众径至城下。汴人素怀充来,皆踊跃相贺,无复疑贰。诏加检校司空。诏割颍州隶滑州。充既安堵,密籍部伍间,得尝构恶者千余人。一日下令,并父母妻子立出之,敢逸巡境内者斩!自是军政大理,汴人无不爱戴。

四年八月,例加司徒。诏未至,暴疾卒,时年五十五。赠司徒,谥曰肃。充虽内外皆将家,素不事豪侈,常以简约自持。临机决策,动无遗悔,善将者之。

李质者,汴之牙将。李齐既为留后,倚质为心腹。及朝廷以齐为郡守,志邀节钺,质劝喻不从。会齐尪发首,乃与监军姚文寿共谋,斩齐传首京师。有诏以韩充镇汴。充未至,质权知军州事。使衙牙兵二千人,皆日给酒食,物力为之损屈。充将至,质曰:“若韩公始至,顿去二千人日膳,人情必大去;若不除之,后当无继。不可留此弊以遗吾帅。”遂处分停日膳而后迎充。召为金吾将军,长庆三年四月卒。

王智兴,字匡谏,怀州温县人也。曾祖靖,左武卫将军。祖瑰,右金吾卫将军。父缙,太子詹事。

智兴少骁锐,为徐州衙卒,事刺史李洧。及李纳谋叛,欲害洧,洧遂以徐州归国。纳怒,以兵攻徐甚急。智兴健行,不四五日赍表京师求援。德宗发朔方军五千人随智兴赴之,淄青围解。自是,智兴常以徐军抗纳,累历滕、丰、沛、狄四镇将。自是二十余年为徐将。

元和中,王师诛吴元济,李师道与蔡贼谋挠沮王师,频出军侵徐,徐帅李愿以所部步骑悉委智兴以抗之。郓将王朝晏以兵攻沛,智兴击败之。贼又令姚海率劲兵二万围丰,攻城甚急。智兴复击败之。于贼壁获美妾,智兴惧军士争之,乃曰:“军中有女子,安得不败?此虽无罪,违军法也。”即斩之以徇。累官至侍御史、本军都押衙。

十三年,王师诛李师道,智兴率徐军八千会诸道之师进击。与陈许之军大破贼于金乡,拔鱼台,俘斩万计,以功迁御史中丞。贼平,授沂州刺史。

长庆初,河朔复乱,征兵进讨。穆宗素知智兴善将,迁检校左散骑常侍、兼御史大夫,充武宁军节度副使、河北行营都知兵马使。

初,召智兴以徐军三千渡河,徐之劲卒皆在部下。节度使崔群虑其旋军难制,密表请追赴阙,授以他官。事未行,会赦王廷凑,诸道班师。智兴先期入境,群颇忧疑,令府僚迎劳,且诫之曰:“兵士悉输甲仗于外,副使以十骑入城。"智兴既首处宾僚,闻之心动,率归师斩关而入,杀军中异己者十余人。然后诣衙谢群曰:"此军情也。"群治装赴阙,智兴遣兵士援送群家属至埇桥。遂掠盐铁院缗币及汴路进奉物,商旅赀货,率十取七八。逐濠州刺史侯弘度。弘度弃城走。朝廷以罢兵,力不能加讨,遂授智兴检校工部尚书、徐州刺史、御史大夫,充武宁军节度、徐泗濠观察使。自是智兴务积财贿,以赂权势,贾其声誉,用度不足,税泗口以衰益之。累加至检校仆射、司空。

太和初,李同捷据沧德叛,智兴上章,请躬督士卒讨贼。从之。乃出全军三万,自备五月粮饷,朝廷嘉之。加检校司徒、同平章事,兼沧德行营招抚使。初,同捷狂桀犯命,济之以王廷凑,王师经年无功。及智兴拔棣州,贼大惧,诸军稍务进取。以智兴首功,加守太傅,封雁门郡王。贼平入朝,上赐宴麟德殿,赏赐珍玩名马,进位侍中,改许州刺史、忠武军节度、陈许蔡等州观察使。

太和七年,改授河中尹、河中节度、晋磁隰观察等使。智兴因入朝。九年五月,改汴州刺史、宣武军节度、宋亳汴颍观察等使。

开成元年七月卒,年七十九。赠太尉,不视朝三日。葬于洛阳榆林之北原,四镇将校会葬者千人。

智兴九子:晏平、晏宰、晏皋、晏实、晏恭、晏逸、晏深、晏斌、晏韬,而晏平、晏宰最知名。

晏平幼从父征伐,以讨李同捷功,授检校右散骑常侍、灵州大都督府长史、朔方灵盐节度。丁父忧,奔归洛阳。晏平居官贪黩,去镇日,擅将征马四百余匹及兵仗七千事自卫,为宪司所纠。减死,长流康州。以父丧,未赴流所,告于河北三镇。三帅上表救解,请从昭雪,改授抚州司马。给事中韦温、薛廷老、卢弘宣封还制书,改永州司户。韦温又执不下,文宗令中使宣谕方行。

晏宰于昆仲间最称伟器,大中后,历上党、太原节度使。捍回鹘、党项,屡立边功。

晏皋仕至左威卫将军。

史臣曰:于燕公以儒家子,逢时扰攘,不持士范,非义非侠,健者不为,末涂沦踬,固其宜矣。韩、王二帅,乘险蹈利,犯上无君,豺狼噬人,鸱鹗幸夜,爵禄过当,其可已乎?谓之功臣,恐多惭色。

赞曰:于子清狂,轻犯彝章。韩虐王剽,专恣一方。元和赫斯,挥剑披攘。择肉之伦,爪距摧藏。

卷一百五十七　　列传第一百七

王翃 兄翊　郗士美　李廙 子柱
柱子碛 辛祕　马摁　韦弘景　王彦威

王翃,太原晋阳人也。兄翊,乾元中累官至京兆少尹。性谦柔,淡于声利。自商州刺史迁襄州刺史、山南东道节度观察等使。入朝,充北蕃宣慰使,称职。代宗素重之,及即位,目为纯臣。迁刑部侍郎、御史中丞。居宪司,虽不能举振纲条,然以谨重知名。大历二年卒。

翊为侍郎时,翃自折冲授辰州刺史,迁朗州,有威望智术,所莅立名。大历五年迁容州刺史、容管经略使。

自安、史之乱,频诏征发岭南兵募,隶南阳鲁炅军。炅与贼战于叶县,大败,余众离散。岭南溪洞夷獠,乘此相恐为乱,其首领梁崇牵,自号"平南十道大都统"。及其党覃问等,诱西原贼张侯、夏永攻陷城邑,据容州。前后经略使陈仁琇、李抗、侯令仪、耿慎惑、元结、长孙全绪等,虽容州刺史,皆寄理藤州,或寄梧州。

及翃至藤州,言于众曰:"吾为容州刺史,安得寄理他邑!"乃出私财募将健,许奏以好爵,以是人各尽力。不数月,斩贼魁欧阳珪。驰于广州,见节度使李勉,求兵为援。勉曰:"容州陷贼已久,群獠方强,卒难图也。若务速攻,只自败耳,郡不可复也。"翃请曰:"大夫如未暇出师,但请移牒诸州,扬言出千兵援助,冀藉声势,成万一之功。"勉然之。翃乃以手札告谕义州刺史陈仁瓘、藤州刺史李晓庭等,同盟约讨贼。翃复募三千余人同力战,日数合。节度使牒止翃用兵。翃虑惑将士,匿其牒,奋起士卒,大破贼数万众,擒其帅梁崇牵。贼遁数百里外,尽复容州故境。翃发使以闻,奏置顺州,以遏余寇。前后大小百余战,生擒贼帅上献者七十余人。累加银青光禄大夫、兼御史中丞,充招讨处置使。

翃又令其将张利用、李实等分兵讨袭西原。遂收复郁林诸州,部内渐安。后因哥舒晃杀节度使吕崇贲,岭南复乱。翃遣大将李实悉所管兵赴援广州。西原贼覃问复招合夷獠曰:"容州兵马尽赴广州,郡可图也。"于是悉众来袭。翃知其来,伏兵御之,生擒覃问,其众大败。代宗闻而壮之,遣中使慰劳,加金紫光禄大夫。

时西蕃入寇河中,元帅郭子仪统兵备之。乃征翃为河中少尹,充节度留后,领子仪之务。有悍将凌正者,横暴扰军政,约其徒夜噪斩关以逐翃。有告者,翃缩夜漏数刻,以差其期。贼惊而遁,卒诛正,军城乂安。

历汾州刺史、京兆尹。属发泾原兵讨李希烈,军次浐水。翃备供顿,肉败粮臭,众怒以叛。翃奔至奉天,加御史大夫,改将作监,从幸山南。车驾还京,改大理卿。出为福州刺史、福建观察使,入为太子宾客。

贞元十二年,检校礼部尚书,代董晋为东都留守,判尚书省事、东畿汝防御使。凡开置二十余屯,市劲勮良铁以为兵器,简练士卒,军政颇修。无何,吴少诚阻命,翃赋车籍甲,不待缮完,东畿之人赖之。十八年卒,时七十余,赠礼部尚书。

郗士美,字和夫,高平金乡人也。父纯,字高卿,为李邕、张九龄等知遇,尤以词学见推。与颜真卿、萧颖士、李华皆相友善。举进士,继以书判制策,三中高第,登朝历拾遗、补阙、员外、郎中、谏议大夫、中书舍人。处事不回,为元载所忌。鱼朝恩署牙将李琮为两街功德使。琮暴横，于银台门毁辱京兆尹崔昭。纯诣元载抗论，以为国耻，请速论奏。载不从，遂以疾辞。退归东洛凡十年，自号"伊川田父。"清名高节，称于天下。及德宗即位，崔祐甫作相，召拜左庶子、集贤学士。到京，以年老乞身，表三上。除太子詹事致仕，东归洛阳。德宗召见，屡加褒叹，赐以金紫。公卿大夫皆赋诗祖送于都门，搢绅以为美谈。有文集六十卷行于世。

士美少好学，善记览。父友颜真卿、萧颖士辈尝与之讨论经传，应对如流。既而相谓曰："吾曹异日，当交于二郎之间矣。"未冠，为阳翟丞。李抱真镇潞州，辟为从事，雅有参赞之绩。其后易二帅，皆诏士美佐之。

由坊州刺史为黔州刺史、兼御史大夫、持节黔中经略招讨观察盐铁等使。时溪州贼帅向子琪连结夷獠，控据山洞，众号七八千。士美设奇略讨平之。诏书劳慰，加检校右散骑常侍，封高平郡公，再迁京兆尹。每别殿延问，必咨访大政。出为鄂州观察使。

贞元十八年，伊慎有功，特授安黄节度。二十年，慎来朝，其子宥主留事，朝廷未能去。会宥母卒于京师，利主军权，不时发丧。士美命从事托以他故过其境。宥果迎之，告以凶问，先备肩舆，即日遣之。

元和五年，拜河南尹。明年三月，检校工部尚书、潞州大都督府长史，充昭义节度。前政之丰给浮费，至皆减损，号令严肃。

及朝廷讨王承宗，士美遣兵马使王献领劲兵一万为先锋。献凶恶恃乱，逗挠不进，遽令召至，数其罪斩之。下令曰："敢后出者斩！"士美亲鼓之。兵既合，而贼军大败，下三营，环柏乡，屡以捷闻。上大悦曰："吾故知士美能办吾事。"于时四面七、八镇兵共十余万，以环镇、冀，未有首功，多犯法。士美兵士勇敢畏法，威声甚振。承宗大惧，指期有破亡之势，会诏班师，至今两河间称之。

十二年，以疾征为工部尚书。稍间，拜忠武节度使、检校刑部尚书。至镇逾月，寝疾。元和十四年九月卒，年六十四。赠尚书左仆射，谥曰景。

士美善与人交，然诺之际蔼如也，当时名称翕然。

李鄘，字建侯，江夏人。北海太守邕之侄孙。父暄，官至起居舍人。鄘大历中举进士，又以书判高等，授秘书正字。为李怀光所辟，累迁监察御史。及怀光据蒲津叛，鄘与母、妻陷贼中。恐祸及亲，因伪白怀光曰："兄病在洛，请母往视之。"怀光许焉，且戒妻子无得从。鄘皆遣行。后怀光知，责之。对曰："鄘名隶军籍，不得随侍老母，奈何不使妇随姑行也。"怀光无以罪之。时与故相高郢同在贼廷，乃密奏贼军虚实及攻取之势。德宗赐手诏以劳之。后事泄，怀光严兵召郢与鄘诘责。鄘词激气壮，三军义之。怀光不敢杀，囚之狱中。怀光死，马燧就狱致礼，表为河东从事。寻以言不行，归养洛中。襄州节度使嗣曹王皋致礼延辟，署为从事，奏兼殿中侍御史。入为吏部员外郎。

徐州张建封卒，其子愔为将校所迫，俾领军务。诏择临难不慑者，即其军以谕之，遂命鄘为徐州宣慰使。鄘

直抵其军，召将士，传朝旨，陈祸福，脱监军使桎梏，令复其位。凶党不敢犯。及愔上表称兵马留后，鄘以为非诏令所加，不宜称号，立使削去，方受其表。迁吏部郎中。

顺宗登极，拜御史中丞，迁京兆尹、尚书右丞。元和初，以京师多盗，复选为京兆尹，擒奸禁暴，威望甚著。寻拜检校礼部尚书、凤翔尹、凤翔陇右节度使。是镇承前命帅，多用武将，有"神策行营"之号。初受命，必诣军修谒。鄘既受命，表陈其不可，诏遂去"神策行营"字，但为凤翔陇右节度。未几，迁镇太原，入为刑部尚书、兼御史大夫、诸道盐铁转运使。

五年冬，出为扬州大都督府长史、淮南节度使。鄘前在两镇，皆以刚严操下，遽变旧制，人情不安，故未几即改去。至淮南数岁，就加检校左仆射，政严事理，府廪充积。

及王师征淮夷，郓寇李师道表里相援。鄘发楚、寿等州二万余兵，分压贼境，日费甚广，未尝请于有司。时宪宗以兵兴，国用不足，命盐铁副使程异乘驿谕江淮诸道，俾助军用。鄘以境内富实，乃大籍府库，一年所蓄之外，咸贡于朝廷。诸道以鄘为倡首，悉索以献，自此王师无匮乏之忧。

先是，吐突承璀监淮南军，贵宠莫贰。鄘亦以刚严素著，而差相敬惮，未尝稍失。承璀归，遂引以为相。十二年，征拜门下侍郎、同平章事。鄘出入显重，素不以公辅自许，年侵势过，颇安外镇。登祖筵，闻乐而泣下，曰："宰相之任，非吾所长也。"行颇缓，至京师，又辞疾归第。既未朝谒，亦不领政事，竟以疾辞，改授户部尚书。俄换检校左仆射，兼太子宾客，分司东都。寻以太子少傅致仕。元和十五年八月卒，赠太子太保，谥曰肃。

鄘强直无私饰，与杨凭、穆质、许孟容、王仲舒友善，皆任气自负。然鄘当官严重，为吏以峻法立操，所至称理，而刚决少恩。镇扬州七年，令行禁止。擒摘生杀，一委军吏，参佐束手，居人颇陷非法，物议以此少之。子柱，官至浙东观察使。

柱子磎，字景望，博学多通，文章秀绝。大中十三年，一举登进士第。归仁晦镇大梁，穆仁裕镇河阳，自监察、殿中相次奏为从事。入为尚书水部员外郎，累迁吏部郎中，兼史馆修撰，拜翰林学士、中书舍人。广明中，分司洛下。遇巢、让之乱，逃于河桥。光启中，避乱淮海，有伪襄王诏命，磎皆不从。

王铎镇滑台，杖策诣之。铎表荐于朝。昭宗雅重之，复召入翰林为学士，拜户部侍郎，迁礼部尚书。

景福二年十月，与韦昭度并命中书门下平章事。宣制日，水部郎中、知制诰刘崇鲁掠其麻哭之，奏云："李磎奸邪，挟附权幸，以忝学士，不合为相。"时宰臣崔昭纬与昭度及磎素不相协，密遣崇鲁沮之也，乃左授太子少师。磎因上十章及《纳谏论》三篇自雪，且数崇鲁之恶。议者重其文而鄘其讼。昭宗素爱其才，而急于大用。至乾宁初，又上第十一表，乃复命为相。数月，与昭度同为王行瑜等所杀。

磎自在台省，聚书至多，手不释卷，时人号曰"李书

楼"。所撰文章及注解书传之阙疑，仅百余卷，经乱悉亡。王行瑜死，德音昭雪，赠司徒，谥曰文。

子沇，字东济，有俊才。与父同日遇害，诏赠礼部员外郎。

辛祕，陇西人。少嗜学。贞元年中，累登《五经》、《开元礼》科，选授华原尉，判入高等，调补长安尉。高郢为太常卿，嘉其礼学，奏授太常博士。迁祠部、兵部员外郎，仍兼博士。山陵及郊丘二礼仪使，皆署为判官。当时推其达礼。

元和初，拜湖州刺史。未几，属李锜阻命，将收支郡，遂令大将监守五郡。苏常杭睦四州刺史，或以战败，或被拘执。贼党以祕儒者，甚易之。祕密遣衙门将丘知二勒兵数百人，候贼将动，逆战大破之。知二中流矢坠马，起而复战，斩其将，焚其营，一州遂安。贼平，以功赐金紫，由是金以祕材堪将帅。

及太原节度范希朝领全师出讨王承宗，征祕为河东行军司马，委以留务。寻召拜左司郎中，出为汝州刺史。

九年，征拜谏议大夫，改常州刺史，选为河南尹。莅职修政，有可称者。

十二年，拜检校工部尚书，代郗士美为潞州大都督府长史、御史大夫，充昭义军节度、泽潞磁洺邢等州观察使。是时以再讨王承宗，泽潞压境，雕费尤甚。朝议以兵革之后，思能复者，遂以命祕。凡四岁，府库积钱七十万贯，馈粮器械称是。

及归，道病，先自为墓志。将殁，又为书一通，命缄致几上。其家发之，皆送终遵俭之旨。久历重任，无丰财厚产，为时所称。元和十五年十二月卒，年六十四。赠左仆射，谥曰昭。

马摠，字会元，扶风人。少孤贫好学。性刚直，不妄交游。贞元中，姚南仲镇滑台，辟为从事。南仲与监军使不叶，监军诬奏南仲不法。及罢免，摠坐贬泉州别驾，监军入掌枢密。福建观察使柳冕希旨欲杀摠，从事穆赞鞫摠，赞称无罪，摠方免死。后量移恩王傅。

元和初，迁虔州刺史。四年，兼御史中丞，充岭南都护、本管经略使。摠敦儒学，长于政术。在南海累年，清廉不挠，夷獠便之。于汉所立铜柱之处，以铜一千五百斤特铸二柱，刻省唐德，以继伏波之迹。以绥蛮功，就加金紫。

八年，转桂州刺史、桂管经略观察使，入为刑部侍郎。裴度宣慰淮西，奏为制置副使。吴元济诛，度留摠蔡州，知彰义军留后。寻检校工部尚书、蔡州刺史、兼御史大夫，充淮西节度使。摠以申、光、蔡等州久陷贼寇，人不知法，威刑劝导，咸令率化。奏改彰义军曰淮西，贼之伪迹，一皆削荡。

十三年，转许州刺史、忠武军节度、陈许溵等州观察处置等使。明年，改华州刺史、潼关防御、镇国军等使。

十四年，迁检校刑部尚书、郓州刺史、天平军节度、郓曹濮等州观察等使，就加检校尚书左仆射。入为户部尚书。长庆三年卒，赠右仆射。

摠理道素优，军政多暇，公务之余，手不释卷。所著《奏议集》、《年历》、《通历》、《子钞》等书百余卷，行于世。

韦弘景，京兆人，后周逍遥公复之后。祖嗣立，终宣州司户。父尧，终洋州兴道令。弘景贞元中始举进士，为汴州、浙东从事。

元和三年，拜左拾遗，充集贤殿学士，转左补阙。寻召入翰林为学士。普润镇使苏光荣为泾原节度使，弘景草麻，漏叙光荣之功，罢学士，改司门员外郎，转吏部员外、左司郎中，改吏部度支郎中。张仲方贬李吉甫谥，上怒，贬仲方。弘景坐与仲方善，出为绵州刺史。宰相李夷简出镇淮南，奏为副使，赐以金紫。入为京兆少尹，迁给事中。

刘士泾以驸马交通邪幸，穆宗用为太仆卿。弘景与给事薛存庆封还诏书，谕士泾曰："伏以司仆正卿，位居九列。在周之命，伯冏其人，所以惟月膺名，象河称重。汉朝亦以石庆之谨愿，陈万年之行洁，皆践斯职，谓之大僚。今士泾戚里常人，班叙散秩，以父任将帅，家富赀财，声名不在于士林，行义无闻于朝野，忽长卿寺，有渎官常。以亲则人物未贤，以勋则宠待常厚，今叨显任，诚谓谬官。《传》曰：'惟名与器，不可假人。'盖士泾之谓。臣等职司违失，实在守官。其刘士泾新除太仆卿敕，未敢下。"穆宗遣宰臣宣谕，弘景等固执如前。宰臣不得已，改卫尉少卿。穆宗复遣谕弘景曰："士泾父昌有边功，士泾为列十余年，又尚云安公主，宜有加恩。朕思赏劳睦亲之意，竟行前命。"穆宗怒，乃令弘景使安南、邕、容宣慰，时论翕然推重。

时萧俛以清直在位，弘景议论，常所辅助。迁刑部侍郎，转吏部侍郎，铨综平允，权邪惮其严劲，不敢干以非道。掌选二岁，改陕虢观察使。岁满，征拜尚书左丞，驳吏部授官不当者六十人。弘景素以鲠亮称，及居纲辖之地，郎吏望风修整。会吏部员外郎杨虞卿以公事为下吏所讪，狱未能辨，诏下弘景与宪司就尚书省详谳。虞卿多朋游，人多向附之。弘景素所不悦，时已请告在第，及准诏就召，以公服来谒。弘景谓之曰："有敕推公。"虞卿失容自退。转礼部尚书，充东都留守，判东都尚书省事。缮完宫室，至今赖之。

大和五年五月卒，年六十六，赠尚书左仆射。弘景历官行事，始终以直道自立，议论操持，无所阿附，当时风教，尤为倚赖。自长庆已来，目为名卿。

王彦威，太原人。世儒家，少孤贫苦学，尤通《三礼》。无由自达，元和中游京师，求为太常散吏。卿知其书生，补充检讨官。彦威于礼阁掇拾自隋已来朝廷沿革、吉凶五礼，以类区分，成三十卷献之，号曰《元和新礼》，由是知名，特授太常博士。

宪宗晏驾，未定谥。淮南节度使李夷简以宪宗功高列圣，宜特称祖，穆宗下礼官议。彦威奏曰："据礼经，三代之制，始封之君，谓之太祖。太祖之外，又祖有功而宗有德，故夏后氏祖颛顼而宗禹，殷人祖契而宗汤，周人郊祀后稷，祖文王而宗武王。自东汉魏晋，渐违经意，沿革不一。子孙以推美为先，自始祖已下并有建祖之制。盖非典训，不可法也。国朝祖宗制度，本于《周礼》，以景皇帝为太祖，又祖神尧而宗太宗。自高宗已降，但称宗。谓之尊名，可为成法。不然，则太宗造有区夏，理致升平；玄宗扫清内难，翊戴圣父；肃宗龙飞灵武，收复两都，此皆应天顺人，拨乱返正，至于庙号，亦但称宗。谨按经义，祖者始也，宗者尊也，故《传》曰：'始封必为祖。'《书》曰：'德高可宗，故号高宗。'今宜本三代之定制，去魏、晋之乱法，守贞观、开元之宪章，而拟议大名，垂以为训。大行庙号，宜称宗。"制从之。

故事，祔庙之礼，先告于太极殿，然后奉神主赴太庙。祔礼毕，不再告于太极殿。时宪宗祔庙礼毕，执政详旧典，令有司再告祔享礼毕于太极殿。彦威执议以为不可，执政怒。会宗正寺进祝版，误以宪宗为睿宗。执政衔其强，奏祝版参差，博士之罪，彦威坐削一阶，夺两季俸。彦威殊不低回，每议礼事，守正不阿附，君子称之。累转司封员外郎中。弘文馆旧不置学士，文宗特置一员以待彦威。寻使魏博宣慰，特赐金紫。五年，迁谏议大夫。朝廷自诛李师道，收复淄青十二州，未定户籍。乃命彦威充十二州勘定两税使。朝法振举，人不以为烦。以本官兼史馆修撰。

彦威通悉典故，宿儒硕学皆让之。时以仆射上事仪注，前后不定，中丞李汉奏定，朝议未以为允。中书门下奏请依元和七年已前仪注，左右仆射上日，请受诸司四品六品丞郎已下拜。彦威奏论曰："臣谨按《开元礼》：凡受册官，并与卑官答拜。国朝官品令，三师三公正一品，尚书令正二品，并是册拜授官。上之日，亦无受朝官再拜之文。仆射班次三公，又是尚书令副贰之职，虽端揆之重，有异百寮，然与群官比肩事主。《礼》曰'非其臣即答拜之'。又曰'大夫之臣不稽首'。非尊家臣，以避君也。即仆射上日受常参官拜，事颇非仪。况元和七年已经奏议，酌为定制，编在国章。近年上仪，又有受拜之礼，礼文乍变，物论未安，请依元和七年敕为定。"时李程为左仆射，宰执难于改革，虽不从其议，论者称之。

兴平县人上官兴，因醉杀人亡窜，吏执其父下狱，兴自首请罪，以出其父。京兆尹杜悰、御史中丞宇文鼎，以其首罪免父，有光孝义，请减死配流。彦威与谏官上言曰："杀人者死，百王共守。若许杀人不死，是教杀人。兴虽免父，不合减死。"诏竟许决流。彦威诣中书投宰相面论，语评气盛。执政怒，左授河南少尹。未几，改司农卿。李宗闵重之。既秉政，授青州刺史、兼御史大夫，充平卢军节度、淄青等观察使。开成元年，召拜户部侍郎，寻判度支。

彦威儒学虽优，亦勤吏事，然货泉之柄，素非所长，性既刚讦，自恃有余。尝紫宸廷奏曰："臣自计司按见管钱谷文簿，皆量入以为出，使经费必足，无所刻削。且百口之家，犹有岁蓄，而军用钱物，一切通用，悉随色额占定，终岁支给，无毫厘之差。倘臣一旦愚迷，欲自欺窃，亦不可得也。"名曰《度支占额图》。既而又进《供军图》曰："起至德、乾元之际，迄于永贞、元和之初，天下有观察者十，节度二十有九，防御者四，经略者三。掎角之师，犬牙相制，大都通邑，无不有兵，都计中外兵额，至八十余万。长庆户口凡三百三十五万，而兵额约九十九万，通计三户资一兵。今计天下租赋，一岁所入，总不过三千五百余万，而上供之数三之一焉。三万之中，二给衣赐。自留州留使兵士衣赐之外，其余四十万众，仰给度支。伏以时逢理安，运属神圣，然而兵不可弭，食哉惟时。忧勤之端，兵食是切。臣谬司邦计，虔奉睿图，辄纂事功，庶裨圣览。"又纂集国初已来至贞元帝代功臣，如《左氏传》体叙事，号曰《唐典》，进之。

彦威既掌利权，心希大用。时内官仇士良、鱼弘志禁中用事。先是左右神策军多以所赐衣物于度支中估，判使多曲从，厚给其价。开成初，有诏禁止，然趋利者犹希意从其请托。至是，彦威大结私恩，凡内官请托，无不如意，物议鄙其躁妄。复修王播旧事，贡奉羡余，殆无虚日。会边军上诉衣赐不时，兼之朽故。宰臣恶其所为，令摄度支人吏付台推讯。彦威略不介怀，入司视事。及人吏受罚，左授卫尉卿，停务，方还私第。

三年七月，检校礼部尚书，代贾餗为许州刺史，充忠武军节度、陈许溵观察等使。会昌中，入为兵部侍郎，历方镇，检校兵部尚书。卒，赠仆射，谥曰靖。

史臣曰：世以治军戎，决权变，非儒者之事。而王翃、郗士美释缞披之儒衣，奋将军之旗鼓，俾士赴汤火，威振藩篱，何其壮也！所谓非秦无人，吾谋适不用也。二子遭遇英主，伸其效用，宜哉！李建侯不屈于贼庭，马会元见伸于贝锦，临危挺操，所谓贞臣，将相之荣，固其宜矣。辛潞州之特达，韦仆射之峻整，王尚书之果敢，皆一时之伟器也。若以道自牧，求福不回，即能臣也。而彦威欲为巧宦，不亦疏乎？

赞曰：见危致命，临难不恐。士美、建侯，仁者之勇。弘景陆离，驳正黄扉。贪名丧道，狂哉彦威。

卷一百五十八　　列传第一百八

武元衡 从父弟儒衡　**郑余庆** 子浣　浣子允谟　茂休　处诲　从谠　**韦贯之** 兄绶　弟缜　子澳

武元衡，字伯苍，河南缑氏人。曾祖载德，天后从父弟，官至湖州刺史。祖平一，善属文，终考功员外郎、修文馆学士，事在《逸人传》。父就，殿中侍御史，以元衡贵，追赠吏部侍郎。元衡进士登第，累辟使府，至监察御史。后为华原县令。时畿辅有镇军督将恃恩矜功者，多挠吏民。元衡苦之，乃称病去官。放情事外，沉浮宴咏者久之。德宗知其才，召授比部员外郎。一岁，迁左司郎中。时以详整称重。

贞元二十年，迁御史中丞。尝因延英对罢，德宗目送之，指示左右曰："元衡真宰相器也。"

顺宗即位，以病不亲政事。王叔文等使其党以权利诱元衡，元衡拒之。时奉德宗山陵，元衡为仪仗使。监察御史刘禹锡，叔文之党也，求充仪仗判官。元衡不与，其党滋不悦。数日，罢元衡为右庶子。宪宗即位，始册为皇太子，元衡赞引，因识之。及登极，复拜御史中丞。持平无私，纲条悉举，人甚称重。寻迁户部侍郎。元和二年正月，拜门下侍郎、平章事，赐金紫，兼判户部事。上为太子时，知其进退守正，及是用为宰相，甚礼信之。

初，浙西节度李锜请入觐，乃拜为右仆射，令入朝。既而又称疾，请至岁暮。上问宰臣，郑絪请如锜奏。元衡曰："不可。且锜自请入朝，诏既许之，即又称疾，是可否在锜。今陛下新临大宝，天下属耳目，若使奸臣得遂其私，则威令从兹去矣。"上以为然，遽追之。锜果计穷而反。

先是，高崇文平蜀，因授以节度使。崇文理军有法，而不知州县之政。上难其代者，乃以元衡代崇文，拜检校吏部尚书，兼门下侍郎、平章事，充剑南西川节度使。将行，上御安福门以临慰之。高崇文既发成都，尽载其军资、金帛、帷幕、伎乐、工巧以行。元衡至，则庶事节约，务以便人。比三年，公私稍济。抚蛮夷，约束明具，不辄生事。重慎端谨，虽淡于接物，而开府极一时之选。八年，征还。至骆谷，重拜门下侍郎、平章事。

时李吉甫、李绛情不相叶，各以事理曲直于上前。元衡居中，无所违附，上称为长者。及吉甫卒，上方讨淮、蔡，悉以机务委之。时王承宗遣使奏事，请赦吴元济。请事于宰相，辞礼悖慢，元衡叱之。承宗因飞章诋元衡，怨怨颇结。元衡宅在静安里，十年六月三日，将朝，出里东门，有暗中叱使灭烛者，导骑诃之，贼射之，中肩。又有匿树阴突出者，以棓击元衡左股。其徒驭已为贼所格奔逸，贼乃持元衡马，东南行十余步害之，批其颅骨怀去。及众呼偕至，持火照之，见元衡已踣于血中，即元衡宅东北隅墙之外。时夜漏未尽，陌上多朝骑及行人，铺举连呼十余里，皆云贼杀宰相，声达朝堂，百官恟恟，未知死者谁也。须臾，元衡马走至，遇人始辨之。既明，仗至紫宸门，有司以元衡遇害闻。上震惊，却朝而坐延英，召见宰相。愧恸者久之，为之再不食。册赠司徒，赠赗布帛五百匹、粟四百石，辍朝五日，谥曰忠愍。

元衡工五言诗，好事者传之，往往被于管弦。

初，八年，元衡自蜀再辅政，时太白犯上相，历执法。占者言："今之三相皆不利，始轻末重。"月余，李绛以足疾免。明年十月，李吉甫以暴疾卒。至是，元衡为盗所害，年五十八。始元衡与吉甫齐年，又同日为宰相。及出镇，分领扬、益。及吉甫再入，元衡亦还。吉甫先一年以元衡生月卒，元衡后一年以吉甫生月卒。吉凶之数，若符会焉。先是，长安谣曰："打麦麦打三三三"，既而旋其袖曰"舞了也"。解者谓："打麦"，打麦时也；"麦打"者，盖谓暗中突击也；"三三三"，谓六月三日也；"舞了也"，谓元衡之卒也。自是京师大恐，城门加卫兵，察其出入，物色伺之。其伟状异制、燕赵之音者，多执讯之。元衡从父弟儒衡。

儒衡，字庭硕。才度俊伟，气直貌庄，言不妄发，与人交友，终始不渝。相国郑余庆不事华洁，后进趋其门者多垢衣败服，以望其知。而儒衡谒见，未尝辄易所好，但与之正言直论，余庆因亦重之。宪宗以元衡横死王事，尝嗟惜之，故待儒衡甚厚。累迁户部郎中。十二年，权知谏议大夫事，寻兼知制诰。皇甫镈以宰相领度支，剥下以媚上，无敢言其罪者。儒衡上疏论列，镈密诉其事，帝曰："勿以儒衡上疏，卿将报怨耶！"镈不复敢言。

儒衡气岸高雅，论事有风彩，群邪恶之。尤为宰相令狐楚所忌。元和末年，垂将大用，楚畏其明俊，欲以计沮之，以离其宠。有狄兼谟者，梁公仁杰之后，时为襄阳从事。楚乃自草制词，召狄兼谟为拾遗，曰："朕听政余暇，躬览国书，知奸臣擅权之由，见母后窃位之事。我国家神器大宝，将遂传于他人。洪惟昊穹，降鉴储祉，诞生仁杰，保佑中宗，使绝维更张，明辟乃复。宜福胄胤，与国无穷。"及兼谟制出，儒衡泣诉于御前，言其祖平一在天后朝辞荣终老，当时不以为累。宪宗再三抚慰之。自是薄楚之为人。然儒衡守道不回，嫉恶太甚，终不至大任。寻正拜中书舍人。时元稹依倚内官，得知制诰，儒衡深鄙之。会食瓜阁下，蝇集于上，儒衡以扇挥之曰："适从何处来，而遽集于此？"同僚失色，儒衡意气自若。迁礼部侍郎。长庆四年卒，年五十六。

郑余庆，字居业，荥阳人。祖长裕，官至国子司业，终颍川太守。长裕弟少微，为中书舍人、刑部侍郎。兄弟有名于当时。父慈，与元德秀友善，官至太子舍人。

余庆少勤学，善属文。大历中举进士。建中末，山南节度使严震辟为从事，累官殿中侍御史，丁父忧罢。贞元初入朝，历左司、兵部员外郎，库部郎中。八年，选为翰林学士。

十三年六月，迁工部侍郎，知吏部选事。时有玄法寺僧法凑为寺众所诉，万年县尉卢伯达断还俗，后又复为僧，伯达上表论之。诏中丞字文邈、刑部侍郎张彧、大理卿郑云逵等三司，与功德使判官诸葛述同按鞫。时议述胥吏，不合与宪臣等同入省按事。余庆上疏论列，当时翕然称重。

十四年，拜中书侍郎、平章事。余庆通究《六经》深旨，奏对之际，多以古义傅之。与度支使于頔素善，每奏事余庆皆议可之。未几，頔以罪贬。时又岁旱人饥，德宗与宰臣议，将赈给禁卫六军。事未行，为中书吏所泄，余庆贬郴州司马，凡六载。顺宗登极，征拜尚书左丞。

宪宗嗣位之月，又擢守本官、平章事。未几，属夏州将杨惠琳阻命，宰臣等论奏，多议兵事。余庆复以古义上言，夏州军士皆仰给县官，又有"介马万蹄"之语。时议以余庆虽好古博雅而未适时。有主书滑涣，久司中书簿籍，与内官典枢密刘光琦情通。宰相议事，与光琦异同者，令涣达意，未尝不遂所欲。宰相杜佑、郑絪皆姑息之。议者云佑私呼为滑八，四方书币赆贺，充集其门，弟泳官至刺史。及余庆再入中书，与同僚集议。涣指陈是非，余庆怒其僭，叱之。寻而余庆罢相，为太子宾客。其年八月，涣赃污发，赐死。上浸闻余庆叱涣事，甚重之，乃改为国子祭酒，寻拜河南尹。三年，检校兵部尚书，兼东都留守。六年四月，正拜兵部尚书。

余庆再为相，罢免皆非大过，尤以清俭为时所称。泊中外践更，郁为耆德，朝廷得失，言成准的。时京兆尹元义方、户部侍郎判度支卢坦，皆以勋官前任至三品，据令合立门戟，各请戟立于其第。时义方以加上柱国、坦以前任宣州观察使请戟。近代立戟者，率有银青阶，而义方只据勋官，有司不详覆而给之，议者非之，台司将劾而未果。会余庆自东都来，发论大以为不可。由是，台司移牒诘礼部，左司郎中陆则、礼部员外崔备皆罚俸，夺元、卢之门戟。

余庆受诏撰《惠昭太子哀册》，其辞甚工。有医工崔环，自淮南小将为黄州司马。敕至南省，余庆执之封还，以为诸道散将无故授正员五品官，是开侥幸之路，且无阙可供。言或过理，由是稍忤时权，改太子少傅，兼判太常卿事。初德宗自山南还宫，关辅有怀光、吐蕃之虞，都下惊忧，遂诏太常集乐去大鼓。至是，余庆始奏复用大鼓。

九年，拜检校右仆射，兼兴元尹，充山南西道节度观察使，三岁受代。

十二年，除太子少师。寻以年及悬车，请致仕，诏不许。时累有恩赦叙阶，及天子亲谒郊庙，行事官等皆得以恩授三品五品，不复计考，其使府宾吏，又以军功借赐命服而后入拜者十八九。由是，在朝衣绿者甚少，郎官谏官有被紫垂金者。又丞郎中谢泊郎官出使，多赐章服，以示加恩。于是宠章尤滥，当时不以服章为贵，遂诏余庆详格令立制，条奏以闻。

十三年，拜尚书左仆射。自兵兴以来，处左右端揆之位者多非其人，及余庆以名臣居之，人情美洽。宪宗以余庆谙练典章，朝廷礼乐制度有乖故事，专委余庆参酌施行，遂用为详定使。余庆复奏刑部侍郎韩愈、礼部侍郎李程为副使，左司郎中崔郾、吏部郎中陈珮、刑部员外郎杨嗣复、礼部员外郎庚敬休，并充详定判官。朝廷仪制、吉凶五礼，咸有损益焉。改凤翔尹、凤翔陇节度使。

十四年，兼太子少师、检校司空，封荥阳郡公，兼判国子祭酒事。以太学荒毁日久，生徒不振，奏率文官俸给修两京国子监。

及穆宗登极，以师傅之旧，进位检校司徒，优礼其至。元和十五年十一月卒，诏曰："故金紫光禄大夫、检校司徒、兼太子少师、上柱国、荥阳郡开国公、食邑二千户郑余庆，始以衣冠礼乐，行于山东，余力文章，遂成志学。出入清近，盈五十年。再秉台衡，屡分戎律。凡所要职，无不践更。贵而能贫，卑以自牧。謇谔闻于台阁，柔睦化于闺门。受命有考父之恭，待士比公孙之广。焚书逸礼，尽可口传；古史旧章，如因心匠。朕方咨禀，庶罔昏逾。神将祝予，痛悼何及！乞言既阻，赠礼宜优，可赠太保。"

时年七十五，谥曰贞。

余庆砥名砺行，不失儒者之道；清俭率素，终始不渝。四朝居将相之任，出入垂五十年，禄赐所得，分给亲党，其家颇类寒素。自至德已来，方镇除授，必遣中使领旌节就第宣赐，皆厚以金帛遗之。求媚者唯恐其数不广，故王人一来，有获钱数百万者。余庆每受方任，天子必诫其使曰："余庆家贫，不得妄有求取。"专欲振起儒教，后生谒见者，率以经学讽之。而周其所急，理家理身，极其俭薄。及修官政，则喜开广。镇岐下一岁，戎事可观。又创立儒宫，以来学者。虽行己可学，而往往近于沽激，故当时议者不全德许之。上以家素清贫，不办丧事，宜令所司特给一月俸料，以充赙赠，用示哀荣。有文集、表疏、碑志、诗赋共五十卷行于世。

兄承庆，官不显。弟膺甫，官至主客员外郎中、楚怀郑三州刺史。次弟具瞻、羽客、时然，皆官至县令宾佐。余庆子澣。

澣本名涵，以文宗藩邸时名同，改名澣。贞元十年举进士。以父谪官，累年不任。自秘书省校书郎迁洛阳尉，充集贤院修撰。改长安尉、集贤校理。转太常寺主簿，职仍故。迁太常博士，改右补阙。献疏切直，人为危之。及余庆入朝，宪宗谓余庆曰："卿之令子，朕之直臣，可更相贺。"遂迁起居舍人，改考功员外郎。刺史有驱迫人吏上言政绩，请刊石纪政者，澣探得其情，条责廉使，巧迹遂露，人服其敏识。时余庆为仆射，请改省郎。乃换国子博士、史馆修撰。丁母忧，除丧，拜考功郎中。复丁内艰，终制，退居沔上。长庆中，征为司封郎中、史馆修撰，累迁中书舍人。

文宗登极，擢为翰林侍讲学士。上命撰《经史要录》二十卷。书成，上喜其精博，因摘所上书语类。上亲自发问，澣应对无滞，锡以金紫。太和二年，迁礼部侍郎。典贡举二年，选拔造秀，时号得人。转兵部侍郎，改吏部，出为河南尹，皆著能名。入为左丞，旋拜刑部尚书，兼判左丞事。出为山南西道节度观察使，检校户部尚书、兴元尹、兼御史大夫。余庆之镇兴元，创立儒宫，开设学馆，至澣之来，复继前美。开成四年闰正月，以户部尚书征。诏下之日，卒于兴元，年六十四，赠右仆射，谥曰宣。有文集、制诰共三十卷，行于世。澣四子：允谟、茂谌、处诲、从谠。

允谟，以荫累官台省，历蜀、彭、濠、晋四州刺史，位终太子右庶子。

茂谌，避国讳改茂休，开成二年登进士第，四迁太常博士、兵部员外郎、吏部郎中、绛州刺史，位终秘书监。

处诲，字延美，于昆仲间文章拔秀，早为士友所推。太和八年登进士第。释褐秘府，转监察、拾遗、尚书郎、给事中。累迁工部、刑部侍郎，出为越州刺史、浙东观察使、检校刑部尚书、汴州刺史、宣武军节度观察等使，卒于汴。处诲族父朗。初朗为定州节度使时，处诲为工部侍郎，因早朝假寐于待漏院，忽梦己为浙东观察使，经过汴州，而朗为汴帅，留连饮饯，仰视屋栋，饰以黄土，宾从皆所识。明年，朗果自定州镇宣武，辟韦重掌书记。重将行，处诲告以所梦。明年，处诲转刑部侍郎。其年秋，授浙东观察使。行及潼关，朗遣从事迎劳，仍致手书，令先疏所梦。比至汴，宴于清暑亭，宾佐悉符梦中。朗仰视屋栋曰："此亦黄土也。"四座感叹移时。后五年，朗卒，处诲继为汴州节度使，乃赋诗一章，刻于厅事，以尽思朗之悲。处诲方雅好古，且勤于著述，撰集至多。为校书郎时，撰次《明皇杂录》三篇，行于世。

从谠，字正求，会昌二年登进士第，释褐秘书省校书郎，历拾遗、补阙、尚书郎、知制诰。故相令狐绹、魏扶，皆父贡举门生，为之延誉，寻迁中书舍人。咸通三年，知贡举，拜礼部侍郎，转刑部，改吏部侍郎。典选平允，时无屈人。垂将作辅，以权臣请托不行，改检校刑部尚书、太原尹、北都留守、河东节度观察等使。逾年，乞还，不允，改检校兵部尚书、汴州刺史、宣武军节度观察等使。期年报政，美声流闻。当途者惧其大用，改广州刺史、岭南节度使。

五管为南诏蛮所扰，天下征兵，时有庞勋之乱，不暇边事。从谠在镇，北兵寡弱，夷獠梦然，乃择其土豪，授之右职，御侮捍城，皆得其效。虽郡邑屡陷，而交、广晏然。俄而懿宗厌代，从谠以久在番禺，不乐风土，思归恋阙，形于赋咏，累上章求以分司散秩。僖宗征还，用为刑部尚书。寻以本官同平章事。

乾符中，盗起河南，天下骚动。阴山府沙陀都督李国昌部族方强，虎视北边。属灵州防御使段文楚军储不继，郡兵乏食，乃密引沙陀部攻城，杀文楚，遂据振武军云、朔等州。又令其子克章、克用大合诸部，南侵忻、代。前帅窦瀚、李侃、李蔚相继以重臣镇并部，皆不能遏。俄而康传圭为三军所杀，军士益骄，矜功责赏，动为噪聚。加以河南、河北七道兵帅，云合都下，人不聊生，沙陀连陷城邑，朝廷难于择帅。僖宗欲以宰臣临制之，诏曰："开府仪同三司、门下侍郎、兼兵部尚书、充太清宫使、弘文馆大学士、延资库使、上柱国、荥阳郡开国公、食邑二千户郑从谠：自处钧衡，屡来麟凤，才高应变，动必研机。朕以北门兴王故地，以尔尝施惠化，尚有去思。方当用武之时，暂辍调元之职，仁矜凶丑，副我忧勤。可检校司空、同平章事、太原尹、北都留守、河东节度，兼行营招讨等使。"制下，许自择参佐。乃奏长安令王调为副使，兵部员外郎、史馆修撰刘崇龟为节度判官，前司勋员外郎、史馆修撰赵崇为观察判官，前进士刘崇鲁充推官，前左拾遗李渥充掌书记，前长安尉崔泽充支使。开幕之盛，冠于一时。时中朝瞻望者，目太原为"小朝廷"，言名人之多也。时新承军乱之后，杀掠攻剽，无日无之。

从谠貌温而气劲，沉机善断，奸无遁情。凡凶谋盗发，无不落其彀中，以是群豪慴息。旧府城都虞候张彦球者，前帅令率兵三千逐沙陀于百井，中路而还，纵兵破钥，杀故帅康传圭。及从谠至，搜索其魁诛之。知彦球意善，有方略，召之开喻，坦然无疑，悉以兵柄委之。

广明初，李钧、李涿继率本道之师出雁门，为沙陀所败。十二月，黄巢犯长安，僖宗出幸。传诏谓从谠曰："卿志安封域，权总戎麾，夷夏具瞻，社稷全赖。今月五日，草贼黄巢奔冲；十六日，驻跸梁、汉。上惭九庙，下愧万方。藩阃乍闻，痛愤应切。专差供奉官刘全及往彼慰喻。卿宜差点本道兵士，酌量多少，付北面副招讨使诸葛爽，俾令入援。"从谠承诏雪涕，团结戎伍，遣牙将论安、后院军使朱玫率步骑五千，从诸葛爽入关赴难。时中和元年五月也。

论安军次离石。是月，沙陀李克用军奄至，营于汾东，称奉诏赴难入关。从谠具廪饩犒劳，信宿不发。克用傅城而呼曰："本军将南下，欲与相公面言。"从谠登城谓之曰："仆射父子，咸通以来，旧激忠义，血战为国，天下之人受赐。老夫历事累朝，位忝将相，今日群盗扰攘，舆驾奔播，荡覆神州，不能荷戈讨贼，以酬圣奖，老夫之罪也。然多难图勋，是仆射立功立事之时也。所恨受命守藩，不敢辱命，无以仰陪戎荣。若仆射终以君亲为念，破贼之后，车驾还宫，却得待罪阙庭，是所愿也。唯仆射自爱。"克用拜谢而去。然杂虏不戢，肆掠近甸。从谠遣大将王蟾、薛威出师追击之。翌日，契苾部救兵至，沙陀大败而还。

初，论安师入关，至阴地，以数百卒擅归，从谠集诸部校斩之于鞠场，并以兵众付朱玫赴难。时郑畋亦以宰相镇凤翔，与从谠宗人，同年登进士第。畋亦举兵岐下，以遏贼巢。广明首唱仗义，断贼首尾，逆徒名为"二郑"。国威复振，二儒帅之功也。

二年十一月，代北监军使陈景思奉诏赦沙陀部，许讨贼自赎。由是沙陀五部数万人南下，不敢蹈境。乃自岚、石沿河而南，唯李克用以数百骑临城叙别。从谠遗之名马、器币而诀。三年，克用破贼立功，授河东节度代从谠。还至榆次，遣使致礼，谓从谠曰："予家尊在雁门，且还觐省。相公徐治行装，勿遽首途。"从谠承诏，即日牒监军使周从寓请知兵马留后事。书记刘崇鲁知观察留后事，戒之曰："俟面李公，按籍而还。"

五月十五日，从谠离太原。时京城虽复，车驾未还，道途多寇。行次绛州，唐彦谦为刺史，留驻数月。冬，诏使追赴行在，复辅政，历司空、司徒，正拜侍中。光启末，固辞机务，以疾还第。卒。有司谥曰文忠。

从谠知人善任，性不骄矜，故所至有声绩。在太原时，大将张彦球强杰难制，前后帅守以疑间贻衅，故军旅不宁。及从谠抚封四年，知其才用可委，开怀任遇，得其死力。故抗房全城，多彦球之效也。累奏为行军司马。及再秉政，用为金吾将军，累郡刺史。在绛州时，彦谦判官陆宸嗜学有才思，寓于郡斋，日与之谈宴，无间先后。乃称之于朝，位至清显。在汴时，以兄处诲尝为镇帅，殁于是郡，讫一政受代，不于公署举乐，其友悌知礼，操履如此。国之名臣，文忠有焉。

韦贯之，本名纯，以宪宗庙讳，遂以字称。八代祖夐，仕周，号逍遥公。父肇，官至吏部侍郎，有重名于时。贯之即其第二子。少举进士。贞元初，登贤良科，授校书郎。秩满，从调判入等，再转长安县丞。

德宗末年，京兆尹李实权移宰相，言其可否，必数日而诏行。人有以贯之名荐于实者，答曰："是其人居与吾同里，亟闻其贤，但吾得识其面而进于上。"举笏示说者曰："实已记其名氏矣。"说者喜，骤以其语告于贯之，且曰："子今日诣实而明日受贺矣。"贯之唯唯，数岁终不往，然是后竟不迁。

永贞中，始除监察御史。上书举季弟缤自代，时议不以为私。转右补阙，而缤代为监察。元和元年，杜从郁为左补阙，贯之与崔群奏论，寻降为左拾遗。又论遗、补虽品不同，皆是谏官。父为宰相，子为谏官，若政有得失，不可使子论父。改为秘书丞。

后与中书舍人张弘靖考制策，第其名者十八人，其后多以文称。转礼部员外郎。新罗人金忠义以机巧进，至少府监，荫其子为两馆生。贯之持其籍不与，曰："工商之子，不当仕。"忠义以艺通权幸，为请者非一，贯之持之愈坚。既而疏陈忠义不宜污朝籍，词理恳切，竟罢去之。改吏部员外郎。三年，复策贤良之士，又命贯之与户部侍郎杨於陵、左司郎中郑敬、都官郎中李益同为考策官。贯之奏居上第者三人，言实指切时病，不顾忌讳，虽同考策者皆难其词直，贯之独署其奏。遂出为果州刺史，道中黜巴州刺史。俄征为都官郎中、知制诰。逾年，拜中书舍人，改礼部侍郎。凡二年，所选士大抵抑浮华，先行实，由是趋竞者稍息。转尚书右丞，中谢日，面赐金紫。

明年，以本官同中书门下平章事。淮西之役，镇州盗窃发辇下，杀宰相武元衡，伤御史中丞裴度。及度为相，二寇并征，议者以物力不可。贯之请释镇以养威，攻蔡以专力。上方急于太平，未可其奏。贯之进言："陛下岂不知建中之事乎？天下之兵，始于蔡急魏应，齐赵同恶。德宗率天下兵，命李抱真、马燧急攻之，物力用屈，于是朱泚乘之为乱，朱滔随而向阙，致使梁、汉为府，奉天有行，皆陛下所闻见。非他，不能忍待次第，速于扑灭故也。陛下独不能宽岁月，俟拔蔡而图镇邪？"上深然之，而业已下伐镇诏。后灭蔡而镇自服，如其策焉。

初，王师征蔡，以汴帅韩弘为都统，又命汝帅乌重胤、许帅李光颜合兵而进。贯之以为诸将四面讨贼，各锐进取，今若置统督，复令二帅连营，则持重养威，未可以岁月下也。贯之议不从，四年而始克蔡。寻迁中书侍郎。同列以张仲素、段文昌进名为学士，贯之阻之，以行止未正，不宜在内庭。

贯之为相，严身律下，以清流品为先，故门无杂宾。有张宿者，有口辩，得幸于宪宗，擢为左补阙。将使淄青，宰臣裴度欲为请章服。贯之曰："此人得幸，何要假其恩宠耶？"其事遂寝。宿深衔之，卒为所构，诬以朋党，罢为吏部侍郎。不涉旬，出为湖南观察使。弟虢州刺史缤，亦贬远郡。时两河留兵，国用不足，命盐铁副使程异使诸道督课财赋。异所至方镇，皆讽令捃拾进献。贯之谓两税外，不忍横赋加人，所献未满异意，遂率属内六州留钱以继献。由是罢为太子詹事，分司东都。

上即位，擢为河南尹，征拜工部尚书。未行，长庆元年卒于东都，年六十二，诏赠尚书右仆射。

贯之自布衣至贵位，居室无改易。历重位二十年，苞苴宝玉，不敢到门。性沉厚寡言，与人交，终岁无款曲，未曾伪词以悦人。身殁之后，家无羡财。有文集三十卷。

伯兄绶，德宗朝为翰林学士。贞元之政，多参决于内署。绶所议论，常合中道，然畏慎致伤，晚得心疾，故不极其用。

缤有精识奥学，为士林所器。闺门之内，名教相乐。故韦氏兄弟令称，推于一时。缤累官至太常少卿。

贯之子澳、潾。

澳，字子斐，太和六年擢进士第，又以弘词登科。性贞退寡欲，登第后十年不仕。伯兄温，与御史中丞高元裕友善。温请用澳为御史，谓澳曰："高二十九持宪纲，欲与汝相面，汝必得御史。"澳不答。温曰："高君端士，汝不可轻。"澳曰："然恐无呈身御史。"竟不诣元裕之门。

周墀镇郑滑，辟为从事。墀辅政，以澳为考功员外郎、史馆修撰。墀初作相，私谓澳曰："才小任重，何以相救？"澳曰："荷公重知，愿公无权足矣。"墀愕然，不喻其旨。澳曰："爵赏刑罚，非公公欲行者，愿不以喜怒憎爱行之。但令百司群官各举其职，则公敛衽于庙堂之上，天下自理，何要权耶？"墀深然之。不周岁，以本官知制诰。寻召充翰林学士，累迁户部、兵部侍郎、学士承旨。与同僚萧寘深为宣宗所遇，每二人同直，无不召见，询访时事。每有邦国刑政大事，中使传宣草词，澳心欲论谏，即曰："此一事，须降御札，方敢施行。"迟留至旦，必论其可否。上旨多从之。出为京兆尹，不避权豪，京师耆悍。

会判户部宰相萧邺改判度支，澳于延英对。上曰："户部阙判使。"澳对以府事。上言"户部阙判使"者三，又曰："卿意何如？"澳对曰："臣近年心力减耗，不奈繁剧，累曾危乞一小镇，圣慈未垂允之。"上默然不乐其奏。澳甥柳玭知其对，谓澳曰："舅之奖遇，特承圣知，延英奏对，恐未得中。"澳曰："吾不为时相所信，忽自宸旨委以使务，必以吾他歧得之，何以自明？我意不错。尔须知时事渐不堪，是吾徒贪爵位所致，尔宜志之！"

大中十二年，检校工部尚书，兼孟州刺史，充河阳三城怀孟泽节度等使，辞于内殿。上曰："卿自求便，我不去卿。"在河阳累年，中使王居方使魏州，令传诏旨谓澳曰："久别无恙，知卿奉道，得何药术，可具方口奏。"澳因中使上章陈谢，又曰："方士殊不可听，金石有毒，切不宜服食。"帝嘉其忠，将召之，而帝厌代。

懿宗即位，迁检校户部尚书，兼青州刺史、平卢节度观察处置等使。入为户部侍郎，转吏部，综综平允，不受请托。为执政所恶，出为邠州刺史、邠宁节度使。宰相杜审权素不悦于澳，会吏部发澳时簿籍，吏缘为奸，坐莫镇，以秘书监分司东都。尝戏吟云："若将韦鉴同殳鉴，错认容身作保身。"此句闻于京师，权幸尤怒之。上表求致仕，宰相疑其怨望，拜河南尹。制出，累上章辞疾，以松槚在秦川，求归樊川别业，许之。逾年，复授户部侍郎。以疾不拜而卒。赠户部尚书，谥曰贞。

潾亦登进士第，无位而卒。潾子庾、庠、序、雍、郊。

庾登进士第，累佐使府，入朝为御史，累迁兵部郎中、谏议大夫。从僖宗幸蜀，改中书舍人，累拜刑部侍郎，判户部事。车驾还京，充顿递使，至凤翔病卒。

序、雍、郊皆登进士第。序、雍官至尚书郎。郊文学尤高，累历清显。自礼部员外郎知制诰，正拜中书舍人。昭宗末，召充翰林学士，累官户部侍郎、学士承旨，卒。

史臣曰：二武朗拔精裁，为时羽仪，嫉恶太甚，遭罹不幸，俾刃喋血，诚可哀哉！令狐中伤，为恶滋甚，君子之行，其若是乎？郑贞公博雅好古，一代儒宗。文忠致君，无忝乃祖，衣冠之盛，近代罕俦。韦氏三宗，世多才俊。纯、缜忠懿，为时元龟，作辅论兵，言皆体国。澳之贞亮，不替祖风。三代谥贞，考行无愧。

赞曰：后族峥嵘，平一辞荣。高风袭庆，钟在二衡。猗与贞公，继以文忠。纯、缜文雅，绰有父风。

卷一百五十九　　列传第一百九

卫次公　郑絪 子祇德　祇德子颢　**韦处厚　崔群　路随** 父泌

卫次公，字从周，河东人。器韵和雅，弱冠举进士。礼部侍郎潘炎目为国器，擢居上第。参选调。礼部侍郎卢翰嘉其才，补崇文馆校书郎，改渭南尉。次公善鼓琴，京兆尹李齐运使其子交欢，意欲次公授之琴。次公拒之，由是终身未尝操弦。

严震之镇兴元，辟为从事，授监察，转殿中侍御史。贞元八年，征为左补阙，寻兼翰林学士。二十一年正月，德宗升遐，时东宫疾恙方剧，仓卒召学士郑絪等至金銮殿。中人或云：“内中商量，所立未定。”众人未对。次公遽言曰：“皇太子虽有疾，地居冢嫡，内外系心。必不得已，当立广陵王。若有异图，祸难未已。”絪等随而唱之，众议方定。

及顺宗在谅闇，外有王叔文辈操权树党，无复经制。次公与郑絪同处内廷，多所匡正。

转司勋员外郎。久之，以本官知制诰，赐紫金鱼袋，仍为学士，权知中书舍人。寻知礼部贡举，斥浮华，进贞实，不为时力所摇。真拜中书舍人，仍充史馆修撰，迁兵部侍郎、知制诰，复兼翰林学士。与郑絪善，会郑絪罢相，次公左授太子宾客，改尚书右丞，兼判户部事，拜陕、虢等州都防御观察处置等使。请阙钱三百万，人得苏息，政闻于朝。征为兵部侍郎。选人李勘、徐有功之孙，名在黜中，次公召而谓之曰：“子之祖先，勋在王府，岂限常格。”并优秩而遣之。改尚书左丞，恩顾弥厚。上方命为相，已命翰林学士王涯草诏。时淮夷宿兵岁久，次公累疏请罢。会有捷书至，相诏方出，宪宗令追之。遂出为淮南节度使、检校工部尚书，兼扬州大都督府长史、御史大夫。

元和十三年十月，受代归朝，道次病卒。赠太子少保，年六十六，谥曰敬。次公自少入仕，历大寮，节操趋尚，始终如一，为众推重。

子洙，登进士第，尚宪宗女临真公主。累官至给事中、驸马都尉、工部侍郎。

郑絪，字文明。父羡，池州刺史。絪少有奇志，好学，善属文。大历中，有儒学高名如张参、蒋乂、杨绾、常衮，皆相知重。絪擢进士第，登宏词科，授秘书省校书郎、鄠县尉。张延赏镇西川，辟为书记，入除补阙、起居郎，兼史职。无几，擢为翰林，转司勋员外郎、知制诰。德宗朝，在内职十三年，小心兢谦，上遇之颇厚。

贞元末，德宗晏驾，顺宗初即位，遗诏不时宣下。絪与同列卫次公密申正论，中人不敢违。及王伾、王叔文朋党擅权之际，絪又能守道中立。宪宗监国，迁中书舍人，依前学士。俄拜中书侍郎、平章事，加集贤殿大学士，转门下侍郎、弘文馆大学士。

宪宗初，励精求理，絪与杜黄裳同当国柄。黄裳多所关决，首建议诛惠琳、斩刘辟及他制置。絪谦默多无所事，由是贬秩为太子宾客。出为岭南节度观察等使、广州刺史、检校礼部尚书。以廉政称。为工部尚书，转太常卿，又为同州刺史、长春宫使，改东都留守。入历兵部尚书，旋为河中节度使。太和二年，入为御史大夫、检校左仆射、兼太子少保。

絪以文学进，恬淡，践历华显，出入中外者逾四十年。所居虽无赫奕之称，而守道敦笃，耽悦坟典，与当时博闻好古之士，为讲论名理之游，时人皆仰其耆德焉。及文宗即位，以年力衰耄，累表陈乞，遂以太子太傅致仕。三年十月卒，年七十八，赠司空，谥曰宣。子祇德。

祇德子颢，登进士第，始缀弘文馆校书。迁右拾遗、内供奉，诏授银青光禄大夫，迁起居郎。尚宣宗女万寿公主，拜驸马都尉。历尚书郎、给事中、礼部侍郎。典贡士二年，振拔滞才，至今称之。迁刑部、吏部侍郎。大中十三年，检校礼部尚书、河南尹。

颢居戚里，有器度。大中时，恩泽无对。及宣宗弃代，追感恩遇，尝为诗序曰：“去年寿昌节，赴麟德殿上寿，回憩于长兴里第。昏然昼寝，梦与十数人纳凉于别馆。馆宇萧洒，相与联句。予为数联，同游甚称赏。既寤，不全记诸联，唯省十字云‘石门雾露白，玉殿莓苔青’，乃书之于楹。私怪语不祥，不敢言于人。不数日，宣宗不豫，废朝会，及宫车上仙，方悟其事。追惟顾遇，续石门之句为十韵云：‘间岁流虹节，归轩出禁扃。奔波陶畏景，萧洒梦殊庭。境象非曾到，崇严昔未经。日车乌敛羽，风动鹤飘翎。异苑人争集，凉台笔不停。石门雾露白，玉殿莓苔青。若匪灾先兆，何当思入冥。御炉虚仗马，华盖负云亭。白日成千古，金縢閟九龄。小臣哀绝笔，湖上泣青萍。’”未几，颢亦卒。

韦处厚，字德载，京兆人。父万，监察御史，为荆南节度参谋。处厚本名淳，避宪宗讳，改名处厚。幼有至性，事继母以孝闻。居父母忧，庐于墓次。既免丧，游长安。

通《五经》，博览史籍，而文思赡逸。

元和初，登进士第，应贤良方正，擢居异等，授秘书省校书郎。裴垍以宰相监修国史，奏以本官充直馆，改咸阳县尉，迁右拾遗，并兼史职。修《德宗实录》五十卷上之，时称信史。转左补阙、礼部考功二员外。早为宰相韦贯之所重，时贯之以议兵不合旨出官，处厚坐友善，出为开州刺史。入拜户部郎中，俄以本官知制诰。穆宗以其学有师法，召入翰林，为侍讲学士，换谏议大夫，改中书舍人，侍讲如故。

时张平叔以便佞诙谐，他门捷进，自京兆少尹为鸿胪卿、判度支，不数月，宜授户部侍郎。平叔以征利中穆宗意，欲希大任。以榷盐旧法，为弊年深，欲官自粜盐，可富国强兵，劝农积货，疏利害十八条。诏下其奏，令公卿议。处厚抗论不可，以平叔条奏不周，经虑未尽，以为利者返害，为简者至烦，乃取其条目尤不可者，发十难以诘之。时平叔倾巧有恩，自谓言无不允。及处厚条件驳奏，穆宗称善，令示平叔。平叔词屈无以答，其事遂寝。

处厚以幼主荒惑，不亲政务，既居纳诲之地，宜有以启导性灵，乃铨择经义雅言，以类相从，为二十卷，谓之《六经法言》，献之。锡以缯帛银器，仍赐金紫。以《宪宗实录》未成，诏处厚与路随兼充史馆修撰。实录未成，许二人分日入内，仍放常参。处厚俄又权兵部侍郎。

敬宗嗣位，李逢吉用事，素恶李绅，乃构成其罪，祸将不测。处厚与绅皆以孤进，同年进士，心颇伤之，乃上疏曰：

臣窃闻朋党议论，以李绅贬黜尚轻。臣受恩至深，职备顾问，事关圣德，不合不言。绅先朝奖用，擢在翰林，无过可书，无罪可戮。今群党得志，逢嫉大兴。询于人情，皆甚叹骇。《诗》云："萋兮菲兮，成是贝锦。彼潜人者，亦已太甚。"又曰："谗言罔极，交乱四国。"自古帝王，未有远君子近小人而致太平者。古人云："三年无改于父之道，可谓孝矣。"李绅是前朝出使，纵有罪愆，犹宜洗衅涤瑕，念旧忘过，以成无改之美。今逢吉门下故吏，遍满朝行，侵毁加诬，何词不有？所贬如此，犹为太轻。盖曾参有投杼之疑，先师有拾尘之戒。伏望陛下断自圣虑，不惑奸邪，则天下幸甚！建中之初，山东向化，只缘宰相朋党，上负朝廷。杨炎为元载复仇，卢杞为刘晏报怨，兵连祸结，天下不平。伏乞圣明，察臣愚恳。

帝悟其事，绅得减死，贬端州司马。

处厚正拜兵部侍郎，谢恩于思政殿。时昭愍狂恣，屡出畋游。每月坐朝不三四日。处厚因谢，从容奏曰："臣有大罪，伏乞面首。"帝曰："何也？"处厚对曰："臣前为谏官，不能先朝死谏，纵先圣好畋及色，以至不寿，臣合当诛。然所以不死谏者，亦为陛下此时在春宫，年已十五。今则陛下皇子始一岁矣，臣安得更避死亡之诛？"上深感悟其意，赐锦彩一百匹、银器四事。

宝历元年四月，群臣上尊号，御殿受册肆赦。李逢吉以李绅之故，所撰赦文但云左降官已经量移者与量移，不言未量移者，盖欲绅不受恩例。处厚上疏曰："伏见赦文节目中，左降官有不该恩泽者。在宥之体，有所未弘。臣闻物议皆言逢吉恐李绅量移，故有此节。若如此，则应是近年流贬官，因李绅一人皆不得量移。事体至大，岂敢不言？李绅先朝奖任，曾在内廷，自经贬官，未蒙恩宥。古人云：'人君当记人之功，忘人之过。'管仲拘囚，齐桓举为国相；冶长缧绁，仲尼选为密亲。有罪犹宜涤荡，无辜岂可终累？况鸿名大号，册礼重仪，天地百灵之所鉴临，亿兆八纮之所瞻戴。恩泽不广，实非所宜。臣与逢吉素无仇嫌，与李绅本非亲党，所论者全大体，所陈者在至公，伏乞圣慈察臣肝胆。倘蒙允许，仍望宣付宰臣，应近年左降官，并编入赦条，令准旧例，得量移近处。"帝览奏其事，乃追改赦文，绅方沾恩例。处厚为翰林承旨学士，每立视草，惬会圣旨。常奉急命于宣州征鹰鹯及杨、益、两浙索奇文绫锦，皆抗疏不奉命，且引前时赦书为证，帝皆可其奏。

宝历季年，急变中起。文宗底绥内难，诏命将降，未有所定。处厚闻难奔赴，昌言曰："《春秋》之法，大义灭亲，内恶必书，以明逆顺。正名讨罪，于义何嫌？安可依违，有所避讳！"遂奉藩教行焉。是夕，诏命制置及践祚礼仪，不暇责所司，皆出于处厚之议。及礼行之后，皆叶旧章。以佐命功，旋拜中书侍郎、同中书门下平章事、监修国史，加银青光禄大夫，进爵灵昌郡公。处厚在相位，务在济时，不为身计。中外补授，咸得其宜。

初，贞元中，宰相齐抗奏减冗员，罢诸州别驾，其在京百司，当入别驾者，多处之朝列。元和以来，两河用兵，偏裨立功者，往往擢在周行。率以储采王官杂补之，皆盛服趋朝，朱紫填拥。久次当进，及受代闲居者，常数十人，趋中书及宰相私第，摩肩候谒，繁于辞语。及处厚秉政，复奏置六雄、十望、十紧、三十四州别驾以处之。而清流不杂，朝政清肃。

文宗勤于听政，然浮于决断，宰相奏事请行，往往中变。处厚常独论奏曰："陛下不以臣等不肖，用为宰相，参议大政。凡有奏请，初蒙听纳，寻易圣怀。若出自宸衷，即示臣等不信；若出于横议，臣等何名鼎司？且裴度元勋宿德，历辅四朝，孜孜竭诚，人望所属，陛下固宜亲重。窦易直良厚，忠事先朝，陛下固当委信。微臣才薄，首蒙陛下擢用，非出他门，言既不从，臣宜先退。"即趋下再拜陈乞。上矍然曰："何至此耶！卿之志业，朕素自知，登庸作辅，百职斯举。纵朕有所失，安可遽辞，以彰吾薄德？"处厚谢之而去，出延英门，复令召还。谓曰："凡卿所欲言，并宜启论。"处厚因时彰善瘅恶，归之法制，凡数百言。又裴度勋高望重，为人尽心切直，宜久任，可壮国威。帝皆听纳。自是宰臣敷奏，人不敢横议。

俄而沧州李同捷叛，朝廷加兵。魏博史宪诚，中怀向背，裴度以宿旧自任，待宪诚于不疑。尝遣亲吏请事至中书。处厚谓曰："晋公以百口于上前保尔使主，处厚则不然，但仰俟所为，自有朝典耳。"宪诚闻之大惧，自此输竭，竟有功于沧州。又尝以理财制用为国之本，撰《大和国计》二十卷以献。李载义累破沧、镇两军，兵士每有俘执，多遣剖剔。处厚以书喻之，载义深然其旨。自此沧、镇所获生口，配隶远地，前后全活数百千人。

处厚居家循易，如不克任。至于廷诤敷启，及驭辖待胥吏，劲确巍然不可夺。质状非魁伟，如甚懦者；而庶僚请事，畏惕相顾，虽与语移晷，不敢私谒。急于用才，酷嗜文学。尝病前古有以浮议坐废者，故推择群材，往往弃瑕录用，亦为时所讥。雅信释氏因果，晚年尤甚。聚书逾万卷，多手自刊校。奉诏修《元和实录》，未绝笔，其统例取舍，皆处厚创起焉。大和二年十二月，因延英奏对，造膝之际，忽奏"臣病作"，遽退。文宗命中官扶出，归第一夕而卒，年五十六，赠司空。

处厚当国柄二周岁，启沃之谋，颇叶时誉，咸共惜之。

崔群，字敦诗，清河武城人，山东著姓。十九登进士第，又制策登科，授秘书省校书郎，累迁右补阙。元和初，召为翰林学士，历中书舍人。群在内职，常以谠言正论闻于时。宪宗嘉赏，降宣旨云："自今后学士进状，并取崔群连署，然后进来。"群以禁密之司，动为故事，自尔学士或恶直丑正，则其下学士无由上言。群坚不奉诏，三疏论奏方允。

元和七年，惠昭太子薨，穆宗时为遂王，宪宗以澧王居长，又多内助，将建储贰，命群与澧王作让表。群上言曰："大凡己合当之，则有陈让之仪；己不合当，因何遽有让表？今遂王嫡长，所宜正位青宫。"竟从其奏。时魏博节度使田季安进绢五千匹，充助修开业寺。群以为事实无名，体尤不可，请止其所进。群前后所论多恺旨，无不听纳。迁礼部侍郎，选拔才行，咸为公当。转户部侍郎。

十二年七月，拜中书侍郎、同中书门下平章事。十四年，诛李师道，上顾谓宰臣曰："李师古虽自袭祖父，然朝廷待之始终。其妻于师道也即嫂叔也，虽云逆族，若量罪轻重，亦宜降等。又李宗奭虽抵严宪，其情比之大逆，亦有不同。其妻士族也，今其子女俱在掖廷，于法皆似稍深。卿等留意否？"群对曰："圣情仁恻，罪止元凶。其妻近属，倘获宽宥，实合弘煦之道。"于是师古妻裴氏、女宜娘，诏出于邓州安置。宗奭妻韦氏及男女，先没掖廷，并释放；其奴婢、资货皆复赐之。又盐铁福建院官权长孺坐赃，诏付京兆府决杀。长孺母刘氏求哀于宰相，群因入对言之。宪宗愍其母耄年，乃曰："朕将屈法赦长孺何如？"群曰："陛下仁恻即赦之，当速令中使宣谕。如待正敕，即无及也。"长孺竟得免死长流。群之启奏平恕，多此类也。

时宪宗急于荡寇，颇奖聚敛之臣。故藩府由是希旨，往往掊拾，目为进奉。处州刺史苗稷进羡余钱七千贯，群议以为违诏，受之则失信于天下，请却赐本州，代贫下租税。时论美之。

度支使皇甫镈阴结幸臣，以求宰相，群累疏其奸邪。尝因对面论，语及天宝、开元中事，群曰："安危在出令，存亡系所任。玄宗用姚崇、宋璟、张九龄、韩休、李元纮、杜暹则理；用林甫、杨国忠则乱。人皆以天宝十五年禄山自范阳起兵，是理乱分时，臣以为开元二十年罢贤相张九龄，专任奸臣李林甫，理乱自此分矣。用人得失，所系非小。"词意激切，左右为之感动。镈深恨之。而宪宗终用镈为宰相。无何，群臣议上尊号，皇甫镈欲加"孝德"两字，群曰："有睿圣，则孝德在其中矣。"竟为镈所构。宪宗不乐，出为湖南观察都团练使。

穆宗即位，征拜吏部侍郎，召见别殿，谓群曰："我升储位，知卿为羽翼。"群曰："先帝之意，元在陛下。顷者授陛下淮西节度使，臣奉命草制，且曰：'能辨南阳之牍，允符东海之贵。'若不知先帝深旨，臣岂敢轻言？"数日，拜御史中丞。浃旬，授检校兵部尚书，兼徐州刺史、武宁军节度、徐泗濠观察等使。

初，幽、镇逆命，诏授沂州刺史王智兴为武宁军节度副使，领徐州兵讨伐。群以智兴早得士心，表请因授智兴旄钺，竟寝不报。智兴自河北回戈，城内皆是父兄，开关延入，群为智兴所逐。朝廷坐其失守，授秘书监，分司东都。未几，改华州刺史、兼御史大夫。复改宣州刺史、歙池等州都团练观察等使，征拜兵部尚书。久之，改检校吏部尚书、江陵尹、荆南节度观察使。逾岁，改检校右仆射，兼太常卿。大和五年，拜检校左仆射，兼吏部尚书。六年八月卒，年六十一，册赠司空。

群有冲识精裁，为时贤推。清议以俭素之节，其终不及厥初。群年未冠举进士，陆贽知举，访于梁肃，议其登第有才行者，肃曰："崔群虽少年，他日必至公辅。"果如其言。

群弟于，登进士，官至郎署，有令名。

子充，亦以文学进，历三署，终东都留守。

路随，字南式，其先阳平人。高祖节，高宗朝为越王府东阁祭酒。曾祖惟悫，官至睦州刺史。祖俊之，仕终太子通事舍人。

父泌，字安期，少好学，通《五经》，尤嗜《诗》、《易》、《左氏春秋》，能讽其章句，皆究深旨。博涉史传，工五言诗。性端亮寡言，以孝悌闻于宗族。建中末，以长安尉从调，举李益、韦绶等上判同居高第，泌授城门郎。属德宗违难奉天，泌时在京师，弃妻子潜诣行在所。又从幸梁州，排溃军而出，再为流矢所中，裂裳濡血。以策说浑瑊，瑊深重之，辟为从事。瑊讨怀光，累奏为副元帅判官、检校户部郎中、兼御史中丞。河中平，随瑊与吐蕃会盟于平凉，因劫盟陷蕃。在绝域累年，栖心于释氏之教，为赞普所重，待以宾礼，卒于戎鹿。

贞元十九年，吐蕃遣边将书求和。随哀泣上疏，愿允其请。表三上，德宗命中使谕旨。朝廷惩其宿诈，俟更要于后信，讫数岁不报。元和中，蕃使复款塞，随复五献封章，请修和好。又上书于宰执哀诉。裴垍、李藩皆协力敷奏，宪宗可之。命祠部郎中徐复报聘，乃特于诏中疏平凉陷蕃者名氏，令归中国。吐蕃因复等还，遣使来朝。遂以泌及郑叔矩之丧与铭及遗录至，朝野伤叹。宪宗悯之，赠绛州刺史，赐绢二百匹。至葬日，委所在官给丧事。泌累赠太子少保。

泌陷蕃之岁，随方在孩提；后稍长成，知父在蕃，乃日夜啼号，坐必西向，饌不食肉，母氏言其形貌肖先君，遂终身不照镜。后以通经调授润州参军，为李锜所困。使知市事，随俯然坐市中，一不介意。韦夏卿为东都留守，闻而辟之，由是声名日振。元和五年，边吏以讣至。随居丧，益以孝闻。服阕，擢拜左补阙。

会李绛讽上纳谏，宪宗皇帝曰："谏官路随、韦处厚章疏相继，朕常深用其言。"自是识者敬伏焉。俄迁起居郎，转司勋员外郎。自补阙至司勋员外，皆充史馆修撰。穆宗即位，迁司勋郎中，赐绯鱼袋。与韦处厚同入翰林为侍讲学士。采三代皇王兴衰，著《六经法言》二十卷奏之。拜谏议大夫，依前侍讲学士。将修《宪宗实录》，复命兼充史职。敬宗登极，拜中书舍人、翰林学士，仍赐紫。有以金帛谢除制者，必叱而却之曰："吾以公事接私财耶？"终无所纳。文宗即位，韦处厚入相，随代为承旨，转兵部侍郎、知制诰。大和二年，处厚薨，随代为相，拜中书侍郎，加监修国史。初，韩愈撰《顺宗实录》，说禁中事颇切直，内官恶之，往往于上前言其不实，累朝有诏改修。及随进《宪宗实录》后，文宗复令改正永贞时事，随奏曰：

臣昨面奉圣旨，以《顺宗实录》颇非详实，委臣等重加刊正，毕日闻奏。臣自奉宣命，取史本欲加笔削。近见卫尉卿周居巢、谏议大夫王彦威、给事中李固言、史官苏景胤等各上章疏，具陈刊改非甚便宜。又闻班行如此议论颇众。臣伏以史册之作，劝诫所存，事有当书，理宜归实。匹夫美恶尚不可诬，人君得失无容虚载。圣旨以前件《实录》记贞元末数事，稍非摭实，盖出传闻，审知差舛，便令刊正。顷因坐日，屡形圣言，通计前后，至于数四。臣及宗闵、僧孺亦以永贞已来，岁月至近，禁中行事，在外固难详知。陛下所言，皆是接于耳目。既闻乖谬，因述古今，引前史直不疑盗嫂之言，及第五伦挝公之说，皆多此比类，难尽信书。所冀睿鉴详于听言，深宫慎于行事。持此比类，上开聪明，特蒙降察，稍恕前谬。由是近垂宣命，令有改修。

臣等伏以贞观已来，累朝实录有经重撰，不敢固辞。但欲粗删深误，亦固尽存诸说。宗闵、僧孺相与商量，缘此书成于韩愈，今史官李汉、蒋系皆愈之子婿，若遣参撰，或致私嫌。以臣既职监修，尽令详正，及经奏请，事遂施行。今者庶僚竞言，不知本起，表章交奏，似有他疑。臣虽至昧，容非自请。既迫群议，辄冒上闻。纵臣果获修成，必惧终为时累。且韩愈所书，亦非己出，元和之后，已是相循。纵其密亲，岂害公理？使归本职，实谓止名。其《实录》伏望条示旧记最错误者，宣付史官，委之修定。则冀圣祖垂休，永无惭于传信。下臣非据，获减戾于侵官。彰清朝立政之方，表公器不私之义。流言自弭，时论攸宜。

诏曰："其《实录》中所书德宗、顺宗朝禁中事，寻访根柢，盖起谬传，谅非信史。宜令史官详正刊去，其他不要更修。余依所奏。"

四年，转门下侍郎，加崇文馆大学士。七年，兼太子太师，备礼册拜。表上史官所修宪宗穆宗《实录》。八年，辞疾，不得谢。会李德裕连贬至袁州长史，随不署奏状，始为郑注所忌。九年四月，拜检校尚书右仆射、同中书门下平章事，兼润州刺史、镇海军节度、浙江西道观察等使。

大和九年七月，遘疾于路，薨于扬子江之中流，年六十。册赠太保，谥曰贞。

随有学行大度，为谏官能直言，在内廷匡益。自宝历初为承旨学士，即参大政矣。后十五年在相位。宗闵、德裕朋党交兴，攘臂于其间；李训、郑注始终奸诈，接武于其后。而随藏器韬光，隆污一致，可谓得君子中庸而常居之也。

史臣曰：卫次公、郑絪、韦处厚、崔群、路随等，皆以文学饰身，致位崇极。兼之忠谠，垂名简书，兹实有足多也。絪有其位，有其时，怀独善之谋，晦众济之道，左迁非不幸也。次公因献捷之书，辍已成之诏，命也夫。处厚危言切议，振士友之急，称同列之善，君子哉！

赞曰：卫、郑、韦、路，兼之博陵。文学政事，为时所称。

卷一百六十　列传卷第一百一十

韩愈　张籍　孟郊　唐衢　李翱　宇文籍　刘禹锡　柳宗元　韦辞

韩愈，字退之，昌黎人。父仲卿，无名位。愈生三岁而孤，养于从父兄。愈自以孤子，幼刻苦学儒，不俟奖励。大历、贞元之间，文字多尚古学，效杨雄、董仲舒之述作，而独孤及、梁肃最称渊奥，儒林推重。愈从其徒游，锐意钻仰，欲自振于一代。洎举进士，投文于公卿间，故相郑余庆颇为之延誉，由是知名于时。寻登进士第。

宰相董晋出镇大梁，辟为巡官。府除，徐州张建封又请为其宾佐。愈发言真率，无所畏避，操行坚正，拙于世务。调授四门博士，转监察御史。德宗晚年，政出多门，宰相不专机务。宫市之弊，谏官论之不听。愈尝上章数千言极论之，不听，怒贬为连州阳山令，量移江陵府掾曹。

元和初，召为国子博士，迁都官员外郎。时华州刺史阎济美以公事停华阴令柳涧县务，俾摄掾曹。居数月，济美罢郡，出居公馆，涧遂讽百姓遮道索前年军顿役直。后刺史赵昌按察涧罪以闻，贬房州司马。愈因使过华，知其事，以为刺史相党，上疏理涧，留中不下。诏监察御史李宗奭按验，得涧赃状，再贬涧封溪尉。以愈妄论，复为国子博士。愈自以才高，累被摈黜，作《进学解》以自喻曰：

国子先生晨入太学，召诸生立馆下，诲之曰："业精于勤，荒于嬉；行成于思，毁于随。方今圣贤相逢，治具毕张。拔去凶邪，登崇俊良。占小善者率以录，名一艺者无不庸。爬罗剔抉，刮垢磨光。盖有幸而获选，孰云多而不扬？诸生业患不能精，无患有司之不明；行患不能成，无患有司之不公！"

言未既，有笑于列者曰："先生欺予哉！弟子事先生，于兹有年矣。先生口不绝吟于六艺之文，手不停披于百家之编。记事者必提其要，纂言者必钩其玄。贪多务得，细大不捐。烧膏油以继晷，常矻矻以穷年。先生之业，可谓勤矣。觚排异端，攘斥佛、老；补苴罅漏，张皇幽眇；寻坠绪之茫茫，独旁搜而远绍；障百川而东之，回狂澜于既倒。先生之于儒，可谓有劳矣。沉浸醲郁，含英咀华，作为文章，其书满家。上规姚、姒，浑浑无涯；《周诰》《殷盘》，佶屈聱牙；《春秋》谨严，《左氏》浮夸；《易》奇而法，《诗》正而葩；下逮《庄》《骚》，太史所录，子云、相如，同工异曲。先生之于文，可谓闳其中而肆其外矣。少始知学，勇于敢为；长通于方，左右具宜。先生之于为人，可谓成矣。然而公不见信于人，私不见助于友；跋前疐后，动辄得咎。暂为御史，遂窜南夷；三为博士，冗不见治。命与仇谋，取败几时。冬暖而儿号寒，年丰而妻啼饥。头童齿豁，竟死何裨？不知虑此，而反教人为！"

先生曰："吁，子来前！夫大木为杗，细木为桷，欂栌侏儒，椳闑扂楔，各得其宜，施以成室者，匠氏之工也。玉札丹砂，赤箭青芝，牛溲马勃，败鼓之皮，俱收并蓄，待用无遗者，医师之良也。登明选公，杂进巧拙，纡馀为妍，卓荦为杰，校短量长，唯器是适者，宰相之方也。昔者，孟轲好辩，孔道以明，辙环天下，卒老于行。荀卿守正，大论是弘，逃谗于楚，废死兰陵。是二儒者，吐辞为经，举足为法，绝类离伦，优入圣域，其遇于世何如也？今先生学虽勤，不由其统；言虽多，不要其中；文虽奇，不济于用；行虽修，不显于众。犹且月费俸钱，岁靡廪粟，子不知耕，妇不知织，乘马从徒，安坐而食，踵常涂之促促，窥陈编以盗窃。然而圣主不加诛，宰臣不见斥，此非其幸欤！动而得谤，名亦随之。投闲置散，乃分之宜。若夫商财贿之有无，计班资之崇庳，忘己量之所称，指前人之瑕疵，是所谓诘匠氏之不以杙为楹，而訾医师以昌阳引年，欲进其豨苓也。"

执政览其文而怜之，以其有史才，改比部郎中、史馆修撰。逾岁，转考功郎中、知制诰，拜中书舍人。俄有不悦愈者，摭其旧事，言愈前左降为江陵掾曹，荆南节度使裴均馆之颇厚，均子锷凡鄙，近者锷还省父，愈为序饯锷，仍呼其字。此论喧于朝列，坐是改太子右庶子。

元和十二年八月，宰臣裴度为淮西宣慰处置使，兼彰义军节度使，请愈为行军司马，仍赐金紫。淮、蔡平，十二月随度还朝，以功授刑部侍郎，仍诏愈撰《平淮西碑》，其辞多叙裴度事。时先入蔡州擒吴元济，李愬功第一，愬不平之。愬妻出入禁中，因诉碑辞不实，诏令磨愈文。宪宗命翰林学士段文昌重撰文勒石。

凤翔法门寺有护国真身塔，塔内有释迦文佛指骨一节，其书本传法，三十年一开，开则岁丰人泰。十四年正月，上令中使杜英奇押宫人三十人，持香花赴临皋驿迎佛骨。自光顺门入大内，留禁中三日，乃送诸寺。王公士庶，奔走舍施，唯恐在后。百姓有废业破产、烧顶灼臂而求供养者。愈素不喜佛，上疏谏曰：

伏以佛者，夷狄之一法耳。自后汉时始流入中国，上古未尝有也。昔黄帝在位百年，年百一十岁；少昊在位八十年，年百岁；颛顼在位七十九年，年九十八岁；帝喾在位七十年，年百五岁；帝尧在位九十八年，年百一十八岁；帝舜及禹年皆百岁。此时天下太平，百姓安乐寿考，然而中国未有佛也。其后殷汤亦年百岁，汤孙太戊在位七十五年，武丁在位五十年，书史不言其寿，推其年数，盖亦俱不减百岁。周文王年九十七岁，武王年九十三岁，穆王在位百年。此时佛法亦未至中国，非因事佛而致此也。

汉明帝时始有佛法，明帝在位，才十八年耳。其后乱亡相继，运祚不长。宋、齐、梁、陈、元魏已下，事佛渐谨，年代尤促。唯梁武帝在位四十八年，前后三度舍身施佛，宗庙之祭，不用牲牢，昼日一食，止于菜果。其后竟为侯景所逼，饿死台城，国亦寻灭。事佛求福，乃更得祸。由此观之，佛不足信，亦可知矣。

高祖始受隋禅，则议除之。当时群臣识见不远，不能深究先王之道、古今之宜，推阐圣明，以救斯弊，其事遂止。臣尝恨焉！伏惟皇帝陛下，神圣英武，数千百年以来未有伦比。即位之初，即不许度人为僧尼、道士，又不许别立寺观。臣当时以为高祖之志，必行于陛下之手。今纵未能即行，岂可恣之转令盛也！

今闻陛下令群僧迎佛骨于凤翔，御楼以观，舁入大内，令诸寺递迎供养。臣虽至愚，必知陛下不惑于佛，作此崇奉以祈福祥也。直以年丰人乐，徇人之心，为京都士庶设诡异之观、戏玩之具耳。安有圣明若此而肯信此等事哉！然百姓愚冥，易惑难晓，苟见陛下如此，将谓真心信佛。皆云天子大圣，犹一心敬信；百姓微贱，于佛岂合惜身命。所以灼顶燔指，百十为群，解衣散钱，自朝至暮。转相仿效，唯恐后时，老幼奔波，弃其生业。若不即加禁遏，更历诸寺，必有断臂脔身以为供养者。伤风败俗，传笑四方，非细事也。

佛本夷狄之人，与中国言语不通，衣服殊制。口不道先王之法言，身不服先王之法行，不知君臣之义、父子之情。假如其身尚在，奉其国命，来朝京师，陛下容而接之，不过宣政一见，礼宾一设，赐衣一袭，卫而出之于境，不令惑于众也。况其身死已久，枯朽之骨，凶秽之余，岂宜以入宫禁！孔子曰："敬鬼神而远之。"古之诸侯，行吊于国，尚令巫祝先以桃茢，祓除不祥，然后进吊。今无故取朽秽之物，亲临观之，巫祝不先，桃茢不用，群臣不言其非，御史不举其失，臣实耻之。乞以此骨付之水火，永绝根本，断天下之疑，绝后代之惑。使天下之人，知大圣人之所作为，出于寻常万万也，岂不盛哉！岂不快哉！佛如有灵，能作祸祟，凡有殃咎，宜加臣身。上天鉴临，臣不怨悔。

疏奏，宪宗怒甚。间一日，出疏以示宰臣，将加极法。裴度、崔群奏曰："韩愈上忤尊听，诚宜得罪，然而非内怀忠恳，不避黜责，岂能至此？伏乞稍赐宽容，以来谏者。"上曰："愈言我奉佛太过，我犹为容之。至谓东汉奉佛之后，帝王咸致夭促，何言之乖剌也？愈为人臣，敢尔狂妄，固不可赦！"于是人情惊惋，乃至国戚诸贵，亦以罪愈太重，因事言之，乃贬为潮州刺史。

愈至潮阳，上表曰：

臣今年正月十四日，蒙恩授潮州刺史，即日驰驿就路。经涉岭海，水陆万里。臣所领州，在广府极东。去广府虽云二千里，然来往动皆逾月。过海口，下恶水，涛泷壮猛，难计期程，飓风鳄鱼，患祸不测。州南近界，涨海连天，毒雾瘴氛，日夕发作。臣少多病，年才五十，发白齿落，理不久长。加以罪犯至重，所处又极远恶，忧惶惭悸，死亡无日。单立一身，朝无亲党，居蛮夷之地，与魑魅同群。苟非陛下哀而念之，谁肯为臣言者。

臣受性愚陋，人事多所不通，唯酷好学问文章，未尝一日暂废，实为时辈推许。臣于当时之文，亦未有过人者。至于论述陛下功德，与《诗》《书》相表里。作为歌诗，荐之郊庙，纪太山之封，镂白玉之牒；铺张对天之宏休，扬厉无前之伟迹，编于《诗》《书》之策而无愧，措于天地之间而无亏。虽使古人复生，臣未肯多让。伏以大唐受命有天下，四海之内，莫不臣妾，南北东西，地各万里。自天宝之后，政治少懈，文致未优，武克不纲。孽臣奸隶，外顺内悖；父死子代，以祖为孙。如古诸侯，自擅其地，不朝不贡，六七十年。四圣传序，以至陛下，躬亲听断，干戈所麾，无不从顺。宜定乐章，以告神明；东巡泰山，奏功皇天，使永永万年，服我成烈。当此之际，所谓千载一时，不可逢之嘉会。而臣负罪婴衅，自拘海岛，戚戚嗟嗟，日与死迫；曾不得奏薄伎于从官之内，隶御之间，穷思毕精，以赎前过。怀痛穷天，死不闭目！瞻望宸极，魂神飞去。伏惟陛下，天地父母，哀而怜之。

宪宗谓宰臣曰："昨得韩愈到潮州表，因思其所谏佛骨事，大是爱我，我岂不知！然愈为人臣，不当言人主事佛乃年促也。我以是恶其容易。"上欲复用愈，故先语及，观宰臣之奏对。而皇甫镈恶愈狷直，恐其复用，率先对曰："愈终太狂疏，且可量移一郡。"乃授袁州刺史。

初，愈至潮阳，既视事，询吏民疾苦，皆曰："郡西湫水有鳄鱼，卵而化，长数丈，食民畜产将尽，以是民贫。"居数日，愈往视之，令判官秦济炮一豚一羊，投之湫水，咒之曰：

前代德薄之君，弃楚、越之地，则鳄鱼涵泳于此可也。今天子神圣，四海之外，抚而有之。况扬州之境，刺史县令之所治，出贡赋以共天地宗庙之祀，鳄鱼岂可与刺史杂处此土哉？刺史受天命，令守此土，而鳄鱼睅然不安溪潭，食民畜熊鹿獐豕，以肥其身，以繁其卵，与刺史争为长。刺史虽驽弱，安肯为鳄鱼低首而下哉！今潮州大海在其南，鲸鹏之大，虾蟹之细，无不容，鳄鱼朝发而夕至。今与鳄鱼约，三日乃至七日，如顽而不徙，须为物害，则刺史选材伎壮夫，操劲弓毒矢，与鳄鱼从事矣！

咒之夕，有暴风雷起于湫中。数日，湫水尽涸，徙于旧湫西六十里。自是潮人无鳄患。

袁州之俗，男女隶于人者，逾约则没入出钱之家。愈至，设法赎其所没男女，归其父母。仍削其俗法，不许隶人。

十五年，征为国子祭酒，转兵部侍郎。会镇州杀田弘正，立王廷凑，令愈往镇州宣谕。愈既至，集军民，谕以逆顺。辞情切至，廷凑畏重之。改吏部侍郎。转京兆尹，兼御史大夫。以不台参，为御史中丞李绅所劾。愈不伏，言准敕仍不台参。绅、愈性皆褊僻，移刺往来，纷然不止，乃出绅为浙西观察使，愈亦罢尹为兵部侍郎。及绅面辞赴镇，泣涕陈叙。穆宗怜之，乃追制以绅为兵部侍郎，愈复为吏部侍郎。长庆四年十二月卒，时年五十七，赠礼部尚书，谥曰文。

愈性弘通，与人交，荣悴不易。少时与洛阳人孟郊、东郡人张籍友善。二人名位未振，愈不避寒暑，称荐于公卿间，而籍终成科第，荣于禄仕。后虽通贵，每退公之隙，则相与谈宴，论文赋诗，如平昔焉。而观诸权门豪士，如仆隶焉，瞪然不顾。而颇能诱厉后进，馆之者十六七，虽晨炊不给，怡然不介意。大抵以兴起名教，弘奖仁义为事。凡嫁内外及友朋孤女仅十人。

常以为自魏、晋已还，为文者多拘偶对，而经诰之指归，迁、雄之气格，不复振起矣。故愈所为文，务反近体；抒意立言，自成一家新语。后学之士，取为师法。当时作者甚众，无以过之，故世称"韩文"焉。然时有恃才肆意，亦有盩孔、孟之旨。若南人妄以柳宗元为罗池神，而愈撰碑以实之；李贺父名晋，不应进士，而愈为贺作《讳辨》，令举进士；又为《毛颖传》，讥戏不近人情：此文章之甚纰缪者。时谓愈有史笔，及撰《顺宗实录》，繁简不当，叙事拙于取舍，颇为当代所非。穆宗、文宗尝诏史臣添改，时愈婿李汉、蒋系在显位，诸公难之。而韦处厚竟别撰《顺宗实录》三卷。有文集四十卷，李汉为之序。

子昶，亦登进士第。

张籍者，贞元中登进士第。性诡激，能为古体诗，有警策之句传于时。调补太常寺太祝，转国子助教、秘书郎。以诗名当代，公卿裴度、令狐楚，才名如白居易、元稹，皆与之游，而韩愈尤重之。累授国子博士、水部员外郎，转水部郎中，卒。世谓之张水部云。

孟郊者，少隐于嵩山，称处士。李翱分司洛中，与之游。荐于留守郑余庆，辟为宾佐。性孤僻寡合，韩愈一见以为忘形之契，常称其字曰东野，与之唱和于文酒之间。郑余庆镇兴元，又奏为从事，辟书下而卒。余庆给钱数万葬送，赙给其妻子者累年。

唐衢者，应进士，久而不第。能为歌诗，意多感发。见人文章有所伤叹者，读讫必哭，涕泗不能已。每与人言论，既相别，发声一号，音辞哀切，闻之者莫不凄然泣下。尝客游太原，属戎帅军宴，衢得预会。酒酣言事，抗音而哭，一席不乐，为之罢会，故世称唐衢善哭。左拾遗白居易遗之诗曰："贾谊哭时事，阮籍哭路歧。唐生今亦哭，异代同其悲。唐生者何人？五十寒且饥。不悲口无食，不悲身无衣。所悲忠与义，悲甚则哭之。太尉击贼日，尚书叱盗时。大夫死凶寇，谏议谪蛮夷。每见如此事，声发涕辄随。我亦君之徒，郁郁何所为？不能发声哭，转作乐府辞。"其为名流称重若此。竟不登一命而卒。

李翱，字习之，凉武昭王之后。父楚金，贝州司法参军。翱幼勤于儒学，博雅好古，为文尚气质。贞元十四年登进士第，授校书郎。三迁至京兆府司录参军。元和初，转国子博士、史馆修撰。

十四年，太常丞王泾上疏请去太庙朔望上食，诏百官议。议者以《开元礼》，太庙每岁祫、祠、烝、尝、腊，凡五享。天宝末，玄宗令尚食每月朔望具常馔，令宫闱令上食于太庙，后遂为常。由是朔望不视朝，比之大祠。翱奏议曰：

《国语》曰：王者日祭。《礼记》曰：王立七庙，皆月祭之。《周礼》时祭，禴祠烝尝。汉氏皆杂而用之。盖遭秦火，《诗》、《书》、《礼经》烬灭；编残简缺，汉乃求之。先儒穿凿，各伸己见，皆托古圣贤之名，以信其语，故所记各不同也。古者庙有寝而不墓祭；秦、汉始建寝庙于园陵，而上食焉。国家因之而不改。《贞观》、《开元礼》并无宗庙日祭、月祭之礼，盖以日祭、月祭，既已行于陵寝矣。故太庙之中，每岁五飨六告而已。不然者，房玄龄、魏徵辈皆一代名臣，穷极经史，岂不见《国语》、《礼记》有日祭、月祭之词乎？斯足以明矣。

伏以太庙之飨，笾豆牲牢，三代之通礼，是贵诚之义也。园陵之奠，改用常馔；秦、汉之权制，乃食味之道也。今朔望上食于太庙，岂非用亵味而贵多品乎？且非《礼》所谓"至敬不飨味而贵气臭"之义也。《传》称：屈到嗜芰，有疾，召其宗老而属之曰："祭我必以芰。"及祭，荐芰，其子违命去芰而用羊，馈笾豆脯醢，君子是之。言事祖考之义，当以礼为重，不以其生存所嗜为献，盖明非食味也。然则荐常馔于太庙，无乃与芰为比乎？且非三代圣王之所行也。况祭器不陈俎豆，祭官不命三公，执事者唯宫闱令与宗正卿而已。谓之上食也，安得以为祭乎？且时享于太庙，有司摄事，祝文曰："孝曾孙皇帝臣某，谨遣太尉臣名，敢昭告于高祖神尧皇帝、祖妣太穆皇后窦氏。时惟孟春，永怀罔极。谨以一元大武、柔毛刚鬣、明粢芗萁、嘉蔬嘉荐醴齐，敬修时享，以申追慕。"此祝辞也。前享七日质明，太尉誓百官于尚书省曰：

"某月某日时享于太庙，各扬其职。不供其事，国有常刑。"凡陪享之官，散斋四日，致斋三日，然后可以为祭也。宗庙之礼，非敢擅议，虽有知者，其谁敢言？故六十余年行之不废。今圣朝以弓矢既囊，礼乐为大，故下百僚，可得详议。臣等以为《贞观》、《开元礼》并无太庙上食之文，以礼断情，罢之可也。至若陵寝上食，采《国语》、《礼记》日祭、月祭之词，因秦、汉之制，修而存之，以广孝道可也。如此，则经义可据，故事不遗。大礼既明，永息异论，可以继二帝三王，而为万代法。与其渎礼越古，贵因循而惮改作，犹天地之相远也。

知礼者是之，事竟不行。

翱性刚急，论议无所避。执政虽重其学，而恶其激讦，故久次不迁。翱以史官记事不实，奏状曰："臣谬得秉笔史馆，以记注为职。夫劝善惩恶，正言直笔，纪圣朝功德，述忠贤事业，载奸臣丑行，以传无穷者，史官之任也。凡人事迹，非大善大恶，则众人无由得知，旧例皆访于人，又取行状谥议，以为依据。今之作行状者，多是其门生故吏，莫不虚加仁义礼智，妄言忠肃惠和。此不唯其处心不实，苟欲虚美于受恩之地耳。盖为文者，又非游、夏、迁、雄之列，务于华而忘其实，溺于文而弃其理。故为文则失《六经》之古风，纪事则非史迁之实录。臣今请作行状者，但指事实，直载事功。假如作《魏徵传》，但记其谏诤之辞，足以为正直；段秀实但记其倒用司农印以追逆兵，以象笏击朱泚，足以为忠烈。若考功视行状，不依此者不得受。依此，则考功下太常，牒史馆，然后定谥。伏乞以臣此奏下考功。"从之。寻权知职方员外郎。十五年六月，授考功员外郎，并兼史职。

翱与李景俭友善。初，景俭拜谏议大夫，举翱自代。至是，景俭贬黜，七月，出翱为朗州刺史。俄而景俭复为谏议大夫，翱亦入为礼部郎中。翱自负辞艺，以为合知制诰，以久未如志，郁郁不乐。因入中书谒宰相，面数李逢吉之过失。逢吉不之校。翱心不自安，乃请告。满百日，有司准例停官，逢吉奏为庐州刺史。大和初，入朝为谏议大夫，寻以本官知制诰。三年二月，拜中书舍人。

初，谏议大夫柏耆将使沧州军前宣谕，翱尝赞成此行。柏耆寻以擅入沧州得罪，翱坐谬举，左授少府少监。俄出为郑州刺史。五年，出为桂州刺史、御史中丞，充桂管都防御使。七年，改授潭州刺史、湖南观察使。八年，征为刑部侍郎。九年，转户部侍郎。七月，检校户部尚书、襄州刺史，充山南东道节度使。会昌中，卒于镇，谥曰文。

宇文籍，字夏龟。父滔，官卑。少好学，尤通《春秋》。窦群自处士征为右拾遗，表籍自代，由是知名。登进士第。宰相武元衡出镇西蜀，奏为从事。以咸阳尉直史馆，与韩愈同修《顺宗实录》，迁监察御史。王承宗叛，诏捕其弟驸马都尉承系，其宾客中有为误识者。又苏表以破淮西策干宰相武元衡，元衡不用。以籍旧从事，令召表讯之，籍因与表狎。元衡怒，坐贬江陵府户曹参军。至任，节度使孙简知重之，欲令兼幕府职事。籍辞曰："籍以君命遣黜，亦当以君命升。假荣偷奖，非所愿也。"后考满，连辟藩府，入为侍御史，转著作郎，迁驾部员外郎、史馆修撰。与韦处厚、韦表微、路随、沈传师同修《宪宗实录》。俄以本官知制诰，转库部郎中。大和中，迁谏议大夫，专掌史笔，罢知制诰。

籍性简淡寡合，耽玩经史，精于著述，而风望峻整，为时辈推重。大和二年正月卒，时年五十九，赠工部侍郎。子监，大中初登进士第。

刘禹锡，字梦得，彭城人。祖云。父溆，仕历州县令佐，世以儒学称。禹锡贞元九年擢进士第，又登宏辞科。禹锡精于古文，善五言诗，今体文章复多才丽。从事淮南节度使杜佑幕，典记室，尤加礼异。从佑入朝，为监察御史。与吏部郎中韦执谊相善。

贞元末，王叔文于东宫用事，后辈务进，多附丽之。禹锡尤为叔文知奖，以宰相器待之。顺宗即位，久疾不任政事，禁中文诰，皆出于叔文。引禹锡及柳宗元入禁中，与之图议，言无不从。转屯田员外郎、判度支盐铁案，兼崇陵使判官。颇怙威权，中伤端士。宗元素不悦武元衡，时武元衡为御史中丞，乃左授右庶子。侍御史窦群奏禹锡挟邪乱政，不宜在朝。群即日罢官。韩皋凭藉贵门，不附叔文党，出为湖南观察使。既任喜怒凌人，京师人士不敢指名，道路以目，时号"二王、刘、柳。"

叔文败，坐贬连州刺史。在道，贬朗州司马。地居西南夷，士风僻陋，举目殊俗，无可与言者。禹锡在朗州十年，唯以文章吟咏，陶冶情性。蛮俗好巫，每淫祠鼓舞，必歌俚辞。禹锡或从事于其间，乃依骚人之作，为新辞以教巫祝。故武陵溪洞间夷歌，率多禹锡之辞也。

初，禹锡、宗元等八人犯众怒，宪宗亦怒，故再贬。制有"逢恩不原"之令。然执政惜其才，欲洗涤痕累，渐序用之。会程异复掌转运，有诏以韩皋及禹锡等为远郡刺史。属武元衡在中书，谏官十余人论列，言不可复用而止。禹锡积岁在湘、澧间，郁悒不怡，因读《张九龄文集》，乃叙其意曰："世称曲江为相，建言放臣不宜于善地，多徙五溪不毛之乡。今读其文章，自内职牧始安，有瘴疠之叹，自退相守荆州，有拘囚之思。托讽禽鸟，寄辞草树，郁然与骚人同风。嗟夫，身出于遐陬，一失意而不能堪，矧华人士族，而必致丑地，然后快意哉！议者以曲江为良臣，识胡雏有反相，羞与凡器同列，密启廷诤，虽古哲人不及。而燕翼无似，终为馁魂。岂忮心失恕，阴谪最大，虽二美莫赎耶？不然，何衰公一言明楚狱而钟祉四叶。以是相较，神可诬乎？"

元和十年，自武陵召还，宰相复欲置之郎署。时禹锡作《游玄都观咏看花君子诗》，语涉讥刺，执政不悦，复出为播州刺史。诏下，御史中丞裴度奏曰："刘禹锡有母，年八十余。今播州西南极远，猿狖所居，人迹罕至。禹锡诚合得罪，然其老母必去不得，则与此子为死别，臣恐伤陛下孝理之风。伏请屈法，稍移近处。"宪宗曰："夫为人子者，每事尤须谨慎，常恐贻亲之忧。今禹锡所坐，更合重于他人，卿岂可以此论之？"度无以对。良久，帝改容而言曰："朕所言，是责人子之事，然终不欲伤其所亲之心。"乃改授连州刺史。去京师又十余年。连刺数郡。

大和二年，自和州刺史征还，拜主客郎中。禹锡衔前事未已，复作《游玄都观诗序》曰："予贞元二十一年为尚书屯田员外郎，时此观中未有花木。是岁出牧连州，寻贬朗州司马。居十年，召还京师，人人皆言有道士手植红桃满观，如烁晨霞，遂有诗以志一时之事。旋又出牧，于今十有四年，得为主客郎中。重游兹观，荡然无复一树，唯兔葵燕麦动摇于春风，因再题二十八字，以俟后游。"其前篇有"玄都观里桃千树，总是刘郎去后栽"之句，后篇有"种桃道士今何在，前度刘郎又到来"之句，人嘉其才而薄其行。禹锡甚怒武元衡、李逢吉，而裴度稍知之。大和中，度在中书，欲令知制诰。执政又闻《诗序》，滋不悦。累转礼部郎中、集贤院学士。度罢知政事，禹锡求分司东都。终以恃才褊心，不得久处朝列。六月，授苏州刺史，就赐金紫。秩满入朝，授汝州刺史，迁太子宾客，分司东都。

禹锡晚年与少傅白居易友善，诗笔文章，时无在其右者。常与禹锡唱和往来，因集其诗而序之曰："彭城刘梦得，诗豪者也。其锋森然，少敢当者。予不量力，往往犯之。夫合应者声同，交争者力敌。一往一复，欲罢不能。由是每制一篇，先于视草，视竟则兴作，兴作则文成。一二年来，日寻笔砚，同和赠答，不觉滋多。大和三年春以前，纸墨所存者，凡一百三十八首。其余乘兴仗醉，率然口号者，不在此数。因命小侄龟儿编录，勒成两轴。仍写二本，一付龟儿，一授梦得小男仑郎，各令收藏，附两家文集。予顷与元微之唱和颇多，或在人口。尝戏微之云：'仆与足下二十年来为文友诗敌，幸也！亦不幸也。吟咏情性，播扬名声，其适遗形，其乐忘老，幸也！然江南士女语才子者，多云元、白，以子之故，使仆不得独步于吴、越间，此亦不幸也！今垂老复遇梦得，非重不幸耶？'梦得梦得，文之神妙，莫先于诗。若妙与神，则吾岂敢？如梦得'雪里高山头白早，海中仙果子生迟'，'沉舟侧畔千帆过，病树前头万木春'之句之类，真谓神妙矣！在在处处，应有灵物护持，岂止两家子弟秘藏而已！"其为名流许与如此。梦得尝为《西塞怀古》、《金陵五题》等诗，江南文士称为佳作，虽名位不达，公卿大僚多与之交。

开成初，复为太子宾客分司，俄授同州刺史。秩满，检校礼部尚书、太子宾客分司。会昌二年七月卒，时年七十一，赠户部尚书。

子承雍，登进士第，亦有才藻。

柳宗元，字子厚，河东人。后魏侍中济阴公之系孙。曾伯祖奭，高祖朝宰相。父镇，太常博士，终侍御史。宗元少聪警绝众，尤精西汉《诗》《骚》。下笔构思，与古为侔。精裁密致，璨若珠贝。当时流辈咸推之。登进士第，应举宏辞，授校书郎、蓝田尉。贞元十九年，为监察御史。

顺宗即位，王叔文、韦执谊用事，尤奇待宗元。与监察吕温密引禁中，与之图事。转尚书礼部员外郎。叔文欲大用之，会居位不久，叔文败，与同辈七人俱贬。宗元为邵州刺史。在道，再贬永州司马。既罹窜逐，涉履蛮瘴，崎岖堙厄，蕴骚人之郁悼。写情叙事，动必以文。为骚文十数篇，览之者为之凄恻。

元和十年，例移为柳州刺史。时朗州司马刘禹锡得播州刺史，制书下，宗元谓所亲曰："禹锡有母年高，今为郡蛮方，西南绝域，往复万里，如何与母偕行？如母子异方，便为永诀。吾于禹锡为执友，胡忍见其若是？"即草章奏，请以柳州授禹锡，自往播州。会裴度亦奏其事，禹锡终易连州。

柳州土俗，以男女质钱，过期则没入钱主，宗元革其乡法。其已没者，仍出私钱赎之，归其父母。江岭间为进士者，不远数千里皆随宗元师法；凡经其门，必为名士。著述之盛，名动于时，时号柳州云。有文集四十卷。

元和十四年十月五日卒，时年四十七。子周六、周七，才三四岁。观察使裴行立为营护其丧及妻子还于京师，时人义之。

韦辞，字践之。祖召卿，洛阳丞。父翊，官至侍御史。辞少以两经擢第，判入等，为秘书省校书郎。贞元末，东都留守韦夏卿辟为从事。后累佐使府，皆以参画称职。元和九年，自蓝田令入拜侍御史，以事累出为朗州刺史，再贬江州司马。

长庆初，韦处厚、路随以公望居要，素知辞有文学理行，亟称荐之。擢为户部员外，转刑部郎中，充京西北和籴使。寻为户部郎中、兼御史中丞，充盐铁副使，转吏部郎中。文宗即位，韦处厚执政，且以澄汰浮华、登用艺实为事，乃以辞与李翱同拜中书舍人。

辞素无清藻，文笔不过中才，然处事端实，游官无党。与李翱特相善，俱擅文学高名。疏达自用，不事检操。处厚以激时用，颇不厌公论；辞亦倦于润色，苦求外任。乃出为潭州刺史、御史中丞、湖南观察使。在镇二年，吏民称治。大和四年卒，时年五十八，赠右散骑常侍。

史臣曰：贞元、大和之间，以文学耸动搢绅之伍者，宗元、禹锡而已。其巧丽渊博，属辞比事，诚一代之宏才。如俾之咏歌帝载，黼藻王言，足以平揖古贤，气吞时辈。而蹈道不谨，昵比小人，自致流离，遂踬素业。故君子群而不党，戒慎惧独，正为此也。韩、李二文公，于陵迟之末，遑遑仁义；有志于持世范，欲以人文化成，而道未果也。至若抑扬、墨，排释、老，虽于道未弘，亦端士之用心也。

赞曰：天地经纶，无出斯文。愈、翱挥翰，语切典坟。牺鸡断尾，害马败群。僻涂自噬，刘、柳诸君。

卷一百六十一

列传第一百一十一

李光进 弟光颜　乌重胤　王沛 子逢
李珙　李祐　董重质　杨元卿
子延宗　刘悟 子从谏 孙稹　刘沔　石雄

李光进，本河曲部落稽阿跌之族也。父良臣，袭鸡田州刺史，隶朔方军。光进姊适舍利葛旃，杀仆固玚而事河东节度使辛云京。光进兄弟少依葛旃，因家于太原。

光进勇毅果敢，其武艺兵略次于葛旃。肃宗自灵武观兵，光进从郭子仪破贼，收两京，累有战功。至德中，授代州刺史，封范阳郡公，食邑二百户。上元初，郭子仪为朔方节度，以军讨大同、横野、清夷、范阳及河北残寇，用光进为都知兵马使。寻迁渭北节度使。永泰初，进封武威郡王。大历四年，检校户部尚书，知省事。未几，又转检校刑部尚书、兼太子太保。是岁冬十月，葬母于京城之南原，将相致祭者凡四十四幄，穷极奢靡，城内士庶，观者如堵。

元和四年，王承宗反。范希朝引师救易定，表光进为步都虞候，战于木刀沟，光进有功。六年，拜银青光禄大夫、检校工部尚书，充单于大都护、振武节度使。诏以光进夙有诚节，克著茂勋，赐姓李氏。其弟光颜除洺州刺史，充本州团练使。兄弟恩泽同时，人皆叹异。八年，迁灵武节度使。光进尝从马燧救临洺，战洹水，收河中，皆有功。前后军中之职，无所不历；中丞、大夫悉皆兼带。先是救易定之师，光进、光颜皆在其行，故军中呼光进为大大夫，光颜为小大夫。十年七月卒。

光进兄弟少以孝睦推于军中。及居母丧，三年不归寝室。光颜先娶妻，其母委以家事。母卒，光进始娶。光颜使其妻奉管籥、家籍、财物，归于其姒。光进命反之，谓光颜曰："新妇逮事母，尝命以主家，不可改也。"因相持泣良久，乃如初。卒时年六十五，赠尚书左仆射。

光颜与兄光进以葛旃善骑射，兄弟自幼皆师之，葛旃独许光颜之勇健，己不能逮。及长，从河东军为裨将，讨李怀光、杨惠琳，皆有功。后随高崇文平蜀，搴旗斩将，出入如神，由是稍稍知名。自宪宗元和已来，历授代、洺二州刺史、兼御史大夫。

九年，将讨淮、蔡，九月，迁陈州刺史，充忠武军都知兵马使。逾月，迁忠武军节度使、检校工部尚书。会朝廷征天下兵，环申、蔡而讨吴元济，诏光颜以本军独当一面。光颜于是引兵临溵水，抗洄曲。明年五月，破元济之师于时曲。初，贼众晨压光颜之垒而阵，光颜不得出，乃自毁其栅之左右，出骑以突之。光颜将数骑冒坚而冲之，出入者数四。贼众尽识，矢集于身如猬。其子揽光颜马鞅，止其深入。光颜举刃叱之，乃退。于是人争奋跃。贼乃大溃，死者数千人。捷声至京师，人人相贺。时伐蔡之师，大小凡十余镇，自裴度使还，唯奏光颜勇而知义，终不辱命。至是，果立功焉。是岁十一月，光颜又与怀汝节度乌重胤同破元济之众于小溵河，平其栅。

初，都统韩弘令诸军齐攻贼城，贼又径攻乌重胤之垒。重胤御之，中数枪，驰请救于光颜。光颜以小溵桥贼之堡也，乘其无备，使田颖、宋朝隐袭而取之。乃平其城堑，由是克救重胤。韩弘以光颜违令，取颖及朝隐将戮之。颖及朝隐勇而材，军中皆惋惜之。光颜畏弘不敢留。会中使景忠信至，知其情，乃矫诏令所在械系之。走马入见，具以本末闻。宪宗赦忠信矫诏罪，令即往释颖及朝隐。弘及光颜送以表论。宪宗谓弘使曰："颖等违都统令，固当处死。但光颜以其袭贼有功，亦可宥之。军有三令五申，宜舍此以收来效。"及以诏谕弘，弘不悦。十一年，光颜连败元济之众，拔贼凌云栅，宪宗大悦，赐其告捷者奴婢银锦。进位检校尚书左仆射。

十二年四月，光颜败元济之众三万于郾城。其将张伯良奔于蔡州，杀其贼什二三，获马千匹，器甲三万联，皆画雷公符。仍书云："速破城北军。"寻而郾城守将邓怀金请以城降。光颜许之，而收郾城。

初，邓怀金以官军围青陵城，绝其归路，怀金惧，谋于郾城令董昌龄。昌龄母素诫其子令降，昌龄因此劝怀金归款于光颜，且曰："城中之人，父母妻子皆质于蔡州，如不屈而降，则家尽屠矣。请来攻城，我则举烽求救。救兵将至，官军逆击之必败，此时当以城降。"光颜从之，贼果败走。于是昌龄执印，帅吏列于门外，怀金与诸将素服倒戈列于门内；光颜受降，乃入罗城，其城自坏五十余步。

时韩弘为汴帅，骄矜倔强。常倚贼势索朝廷姑息，恶光颜力战，阴图挠屈，计无所施。遂举大梁城求得一美妇人，教以歌舞弦管六博之艺，饰之以珠翠金玉衣服之具，计费数百万，命使者送遗光颜，冀一见悦惑而怠于军政也。使者即赍书先造光颜垒曰："本使令公德公私爱，忧公暴露，欲进一妓，以慰公征役之思，谨以候命。"光颜曰："今日已暮，明旦纳焉。"诘朝，光颜乃大宴军士；三军咸集，命使者进妓。妓至，则容止端丽，殆非人间所有，一座皆惊。光颜乃于座上谓来使曰："令公怜光颜离家室久，以美妓见赠，诚有以荷德也。然光颜受国家恩深，誓不与逆贼同生日月下。今战卒数万，皆背妻子，蹈白刃，光颜奈何以女色为乐？"言讫，涕泣呜咽。堂下兵士数万，皆感激流涕。乃厚以缯帛酬其来使，俾领其妓自席上而回，谓使者曰："为光颜多谢令公。光颜事君许国之心，死无贰矣！"自此兵众之心，弥加激励。

及裴度至行营，率宾从于方城沱口观板筑，五沟贼遽至，注弩挺刃，势将及度。光颜决战于前以却之。时光颜预虑其来，先使出布以二百骑伏于沟中，出贼不意交击之，度方获免。布又先扼其沟中归路，贼多弃骑越沟，相牵坠压而死者千余人。是日微光颜之救，度几陷矣。是月，贼知光颜勇冠诸将，乃悉其众出当光颜之师。时李愬乘其无备，急引兵袭蔡州，拔之，获元济。董重质弃洄曲军，入城降愬。光颜知之，跃马入贼营，大呼以降，贼众万余人，皆解甲投戈请命。贼平，加检校司空。

十三年春，命中官宴光颜于居第，赐刍米二十余车。宪宗又御麟德殿召对，赐金带锦彩。朝廷东讨李师道，授光颜义成军节度使。至镇，寻赴行营。数旬之内，再败贼军于濮阳，杀戮数千人，进军深入。

十四年，西蕃入寇，移授邠宁节度使。时盐州为吐蕃所毁，命李文悦为刺史，令光颜充勾当修筑盐州城使。仍许以陈许六千人随赴邠宁。是岁，吐蕃侵泾原。自田缙镇夏州，以贪狠侵挠党项羌，乃引吐蕃入寇。及蕃军攻泾州，边将郝玼血战始退。初，光颜闻贼攻泾州，料兵赴救，邠师喧然曰："人给五十千而不识战阵，彼何人也！常额衣资不得而前蹈白刃，此何人也！"愤声恟恟不可遏。光颜素得士心，曲为陈说大义，言发涕流。三军感之，亦泣下，乃欣然即路，击贼退之。

穆宗即位，就加特进，仍与一子四品正员官。寻诏赴阙，赐开化里第，加授同中书门下平章事。穆宗以光颜功冠诸将，故召赴阙，宴赐优给。已而带平章复镇，所以报励臣也。

长庆初，迁凤翔节度使，依前检校司空、同中书门下平章事。岁末，复授许州节度使。朝廷以光颜昔镇陈许，颇得士心，将讨镇、冀，故有此拜。赴镇日，宰相百僚以故事送别于章敬寺，穆宗御通化门临送之，赐锦彩、银器、良马、玉带等物。二年，讨王廷凑，命光颜兼深州行营诸军节度使。光颜既受命而行，悬军讨贼，艰于馈运。朝廷又以沧、景、德、棣等州俾之兼管，以其邻贼之郡，可便飞挽。光颜以朝廷制置乖方，贼帅连结，未可朝夕平定，事若差跌，即前功悉弃，乃恳辞兼镇。寻以疾作，表祈归镇。朝廷果讨贼无功而赦廷凑。四年，敬宗即位，正拜司徒。

汴州李齐逐其帅叛，诏光颜率陈许之师讨之。营于尉氏，俄而诛齐。迁太原尹、北京留守、河东节度使，进阶开府仪同三司，仍于正衙受册司徒兼侍中。二年九月卒，年六十六，废朝三日，赠太尉，谥曰忠。

乌重胤，潞州牙将也。元和中，王承宗叛，王师加讨。潞帅卢从史虽出军，而密与贼通。时神策行营吐突承璀与从史军相近，承璀与重胤谋，缚从史于帐下。是日，重胤戒严，潞军无敢动者。宪宗赏其功，授潞府左司马，迁怀州刺史，兼充河阳三城节度使。会讨淮、蔡，用重胤压境，仍割汝州隶河阳。自王师讨淮西三年，重胤与李光颜掎角相应，大小百余战，以至元济诛。就加检校尚书右仆射，转司空。蔡将有李端者，过溵河降重胤。其妻为贼束缚于树，脔食至死，将绝，犹呼其夫曰："善事乌仆射。"其得人心如此。

元和十三年，代郑权为横海军节度使。既至镇，上言曰："臣以河朔能拒朝命者，其大略可见。盖刺史失其职，反使镇将领兵事。若刺史各得职分，又有镇兵，则节将虽有禄山、思明之奸，岂能据一州为叛哉？所以河朔六十年能拒朝命者，只以夺刺史、县令之职，自作威福故也。臣所管德、棣、景三州，已举公牒，各还刺史职事讫，应在州兵，并令刺史收管。又景州本是弓高县，请却废为县，归化县本是草市,请废县依旧属德州。"诏并从之。由是法制修立,各归名分。

及屯军深州,重胤以朝廷制置失宜,贼方凭凌,未可轻进,观望岁月。穆宗急于诛叛,遂以杜叔良代之,以重胤检校司徒,兼兴元尹,充山南西道节度使。召至京师,复以本官为天平军节度、郓曹濮等州观察等使。李同捷据沧州,请袭父位,朝廷不从。议者虑狡童拒命,欲以重臣代。乃移镇充海,加太子太师、平章事,俾兼领沧景节度,仍旧割齐州隶之,盖望不劳师而底定。制出旬日,重胤卒,赠太尉。

重胤出自行间,及为长帅,赤心奉上。能与下同甘苦,所至立功,未尝矜伐。而善待宾客,礼分同至,当时名士,咸愿依之。身殁之日,军士二十余人,皆割股肉以为祭酹,虽古之名将,无以加焉。

子汉弘嗣,起复授左领军卫将军。汉弘上表乞终服纪,文宗嘉诏从之。服阕,方授官。

王沛,许州人。年十八,有勇决。许州节度使上官说奇其才,以女妻之,署为牙门将。及说卒,子婿田偶迫胁说子,欲邀袭位,惧监军使不顺其事,将结谋伏兵以图之。沛窃知其谋,密告监军,因尽擒其党于伏匿之所。监军范日用以其事闻,德宗乃以陈许行军司马刘昌裔总统其军,赐沛手诏,令护说之子赴上都。既至,召见,德宗谓之曰:"据卿忠义,宠宜加等。但昌裔所奏,只请加监察御史,朕意殊为不足。卿速归,便宜付昌裔,更令奏来。"遂驰骑而还。未至许州,拜开府仪同三司、兼御史中丞,依前本职。

吴元济反,李光颜受命攻讨,奇沛节概,署行营兵马使,别统劲兵屯于近郊。及军合,连破蔡寇。频诏进军,诸将观望,无敢先渡洇河。沛率兵五千,夜渡洇河合流口,径扼贼喉而成城。自是,河阳、宣武、太原、魏博等军继渡,掎角进攻郾城。沛先结垒与贼对,贼将邓怀金率众面缚而降。蔡贼平。沛随李光颜入朝,光颜具陈沛功,加御史大夫。

既还镇,光颜受诏讨郓寇。及李师道诛,诏分许州兵戍于郓,以沛为都将,救盐州,击退吐蕃。以功加宁州刺史,迁陈州。李齐反,诏沛兼忠武节度副使,率师讨齐。齐平,加检校右散骑常侍,迁充海沂密节度、观察等使。此邦新造,人情犷骛,沛明申法令,选宽军政,期年大理。明年,改检校工部尚书,充忠武军节度、陈许蔡观察等使。卒于镇,赠右仆射。子逢。

逢,少沉勇,从父征伐有功,为忠武都知兵马使。大和中,入宿卫,历诸卫将军。从石雄、刘沔破回纥于天德。性果决,用法严。其时有二千人不上阵,官赐赏给,逢皆不与。或非之,逢曰:"健儿向前冒白刃,若无功而赏,其如冒刃者何?"王宰攻刘稹,逢领陈许七千人屯翼城,代田令昭。贼平,检校左散骑常侍。累迁至忠武军节度、陈许观察等使。

李珙,山东甲姓,代修婚姻。至珙,不好读书,唯以弓马为务。长六尺余,气貌魁岸。尝诣泽潞谒李抱真,异之,将选为衙门将,旋以酒酣使气,复欲弃之。都将王虔休谓抱真曰:"李珙,奇士也,若不能用,不如杀之,无为他人所得。"

抱真死,虔休为帅,乃依虔休,累为昭义大将。吐突承璀之擒卢从史,乌重胤实预其谋,珙初不知,将救从史。闻重胤受朝旨,乃观望不进,重胤以此德之。后领河阳,乃置于麾下。然朝廷以与从史厚善,竟出为北边一校。

元和十年,征淮西,重胤恳表为诸道行营都虞候,诏特从之,俄以母忧去职。服阕,除右武卫上将军。长庆四年八月卒,年六十四,废朝一日。

李祐,本蔡州牙将。事吴元济,骁勇善战。自王师讨淮西,祐为行营将,每抗官军,皆惮之。元和十二年,为李愬所擒。愬知祐有胆略,释其死,厚遇之。推诚定分,与同寝食,往往帐中密语,达曙不寐。人有耳属于外者,但屡闻祐感泣声。而军中以前时为祐杀伤者多,营垒诸卒会议,皆恨不杀祐。愬以众情归怨,虑不能全,因送祐于京师,乃上表救之。宪宗特恕,遂遣祐赐愬。愬大喜,即以三千精兵付之。祐所言,无有所疑,竟以祐破蔡,擒元济。以功授神武将军,迁金吾将军、检校左散骑常侍、夏州刺史、御史大夫、夏绥银节度使。

宝历初,入为右金吾大将军。寻以吐蕃入寇,出为泾州刺史、泾原节度使。大和初,讨李同捷,迁检校户部尚书、沧州刺史、沧德景节度使。大和三年五月卒。

董重质,本淮西牙将,吴少诚之子婿也。性勇悍,识军机,善用兵。及元济拒命,重质又为谋主,领大军当王师,连岁不拔,皆重质之谋也。元和十二年,宰相裴度督兵淮西,至郾城,元济乃悉发左右及守城之卒,委重质而拒度。时李愬乘虚入蔡。既擒元济,重质之家在蔡,愬乃安恤之,仍使其子持书礼以召重质。重质见其子,知城已陷,及元济囚窖之状,乃慨然以单骑归愬,白衣叩伏。愬揖登阶,以宾礼与之食。宪宗欲杀之,愬奏许以不死而降,请免之,且乞于本军驱使。于是,贬春州司户参军。

明年,转太子少詹事,委武宁军收管驱使,仍加金紫。十五年,征入,授左神武军将军,知军事,兼御史中丞。仍赐金帛,与有功者等。寻授盐州刺史,又迁左右神策及诸道剑南西川行营节度使、检校左散骑常侍。大和四年,又转夏绥银节度使。五年,就加检校工部尚书。重质训兵立法,羌戎畏服。八年八月卒,赠尚书右仆射。

杨元卿,祖子华,德州安陵县丞。父寓,申州钟山县令。元卿少孤,慷慨有才略。及冠,尚漂荡江岭之表,纵游放言,人谓之狂生。时吴少诚专蔡州,朝廷姑息之。元卿白衣谒见,署以剧县,旋辟为从事,奏授试大理评事。亦事少阳,后奏转监察里行。因上奏,宰相李吉甫深加慰纳,自是一岁或再随奏至京师。元卿每与少阳言,谕以大义。乃为凶党所构,赖节度判官苏肇保持,故免。元卿潜奉朝廷,内耗少阳之事。

及少阳死，其子元济继立。元卿说曰："先尚书性吝，诸将皆饥寒。今须布惠以自固也。府中有无，元卿熟知之，曷若散聘诸道，卑辞厚礼，以丈人行呼群帅，庶几一助，而诸将大获矣。元卿愿作留后表上闻，朝廷安得不从哉？"元济许之。元卿即日离蔡，以贼势盈虚条奏，潜请诏诸道拘留使者。及元济觉，元卿妻陈氏并四男并为元济所杀，同坎一射堞。苏肇以保持元卿，亦同日被害。诏授元卿岳王府司马，寻迁太子仆射。

元和十三年，授蔡州刺史、兼御史中丞。未行，改授光禄少卿。初，朝廷比令元卿与李愬会议，于唐州东境选要便处，权置行蔡州。如百姓官健有归顺者，便准敕优恤，必令全活。既而召见，元卿遽奏请借度支钱，及言事颇多不合旨。宰相裴度亦以诸将讨贼三年，功成在旦暮，如更分土地与元卿，即恐相侵生事，故罢前命而改授焉。是岁，既平淮西，元卿奏曰："淮西甚有宝货及犀带，臣知之，往取必得。"上曰："朕本讨贼，为人除害，今贼平人安，则我求之得矣。宝货犀带，非所求也，勿复此言。"是月，诏授左金吾卫将军。未几，改汾州刺史，复征为左金吾卫将军。

长庆初，易置镇、魏守臣。元卿诣宰相深陈利害，并具表其事。后穆宗感悟，赐白玉带，旋授检校左散骑常侍、泾州刺史、泾原渭节度观察等使，兼充四镇北庭行军。元卿乃奏置屯田五千顷，每屯筑墙高数仞，键闭牢密，卒然寇至，尽可保守。加检校工部尚书。营田成，复加使号。居六年，泾人论奏，为立德政碑，移授怀州刺史，充河阳三城节度观察等使。大和五年，就加检校司空，进阶光禄大夫，以其营田纳粟二十万石，以纾经费故也。是岁，改授汴宋亳观察等使。凡所废置，皆有弘益，诏并从之。年七十，寝疾，归洛阳，诏授太子太保。是岁八月卒，废朝三日，赠司徒。元卿始以毁家效顺，累授方镇。然性险巧，所至好聚敛，善结交，泾人得情，亦由此也。

子延宗，开成中为磁州刺史，坐谋逐河阳节度使以自立，为其党所告，台司推鞫得实，诛之。

刘悟，正臣之孙也。正臣本名客奴。天宝末，禄山叛，平卢军节度使柳知晦受贼伪署。客奴时职居牙门，袭杀知晦，驰章以闻。授平卢军节度使，赐名正臣。

悟少有勇力。叔逸准为汴帅，积缗钱数百万于洛中，悟辄破扃镝，悉盗用之。既而惧，亡归李师古。始亦未甚知，后因击球驰突，冲师古马仆，师古怒，将斩之。悟猛以气语捍触师古，师古奇而免之。因令管士兵，将后军，累署衙门卑职，奏授淄青节度都知兵马使、兼监察御史。

元和末，宪宗既平淮西，下诏诛师道。师道遣悟将兵拒魏博军，而数促悟战。悟未及进，驰使召之。悟度使来必杀己，乃伪疾不出，令都虞候往迎之。使者亦果以诚告其人，云"奉命杀悟以代悟"。都虞候即时先言，悟劲之得其实，乃召诸将与谋曰："魏博田弘正兵强，出战必败，不出则死。今天子所诛者，司空一人而已，悟与公等皆为所驱迫，使就其死。何如杀其来使，整戈以取郓，立大功，转危亡为富贵耶！"众咸曰："善，唯都将所命！"悟于是

立斩其使，以兵取郓，围其内城，兼以火攻其门。不数刻，擒师道并男二人，并斩其首以献。擢拜悟检校工部尚书、兼御史大夫、义成军节度使，封彭城郡王，仍赐实封五百户，钱二万贯，庄、宅各一区。十五年正月入觐，又加检校兵部尚书，余如故。

穆宗即位，以恩例迁检校尚书右仆射。是岁十月，移镇泽潞，旋以本官兼平章事。

长庆元年，幽州大将朱克融叛，囚其帅张弘靖，朝廷求名将以镇渔阳。乃加悟检校司空、平章事，充卢龙军节度使。悟以幽州方乱，未克进讨，请授之节钺，徐图之。乃复以悟为泽潞节度，拜检校司徒，兼太子太傅，依前平章事。时监军刘承偕颇恃恩权，常对众辱悟；又纵其下乱法，悟不能平。异日有中使至，承偕宴之，请悟，悟欲往。左右皆曰："往则必为其困辱矣！"军众因乱，悟不止。乃擒承偕至牙门，杀其二仆，欲并害承偕，悟救之获免。朝廷不获已，贬承偕。自是悟颇纵恣，欲效河朔三镇。朝廷失意不逞之徒，多投寄潞州以求援。往往奏章论事，辞旨不逊。

宝历元年九月病卒，赠太尉。遗表请以其子从谏继缵戎事。敬宗下大臣议。仆射李绛以泽潞内地，与三镇事理不同，不可许。宰相李逢吉、中尉王守澄受其赂，曲为奏请。

从谏自将作监主簿，起复云麾将军，守金吾卫大将军同正、检校左散骑常侍、兼御史大夫，充昭义节度副大使，知节度观察等留后。二年，加金吾上将军、检校工部尚书，充昭义节度等使。文宗即位，进检校司空。六年十二月入觐。七年春归藩，加同中书门下平章事。九年，李训事败，宰相王涯等四人被祸。时涯兼掌邦计，虽不与李训同谋，然不自异于其间，既死非其罪。从谏索德涯之私恩，心颇不平，四上章请涯等罪名，仇士良辈深惮之。是时中官颇横，天子不能制。朝臣日忧陷族，赖从谏论列，而郑覃、李石方能粗秉朝政。

先是，有萧洪者，诈称太后弟，因仇士良保任，许之厚赂。及洪累授方镇，纳赂不满士良之志，士良怒，遣人上书论洪非太后之亲，又以萧本者为太后弟。从谏深知内宫之故，乃自潞府飞章论之曰："臣闻造伪以乱真者，匹夫知之尚不可，况天下皆知乎？执疏以为亲者，在匹夫之家尚不可，况处大国之朝乎？臣受国恩深，奉公心切，知有此失，安敢不言！伏惟皇帝陛下仁及万方，孝敦九族，而推心无党，唯理是求。微臣所以不避直言，切论深事。伏见金吾将军萧本，称是太后亲弟，受此宠荣。今喧然国都，迨闻藩府，自上及下，异口同音，皆言萧弘是真，萧本是伪。臣傍听众论，遍察群情，咸思发明，以正名分。今年二月，其萧弘投臣当道，求见上闻，自言：比者福建观察使唐扶及监军刘行立来审根源，已曾论奏。其时属萧本得为外戚，来自左军，台司既不敢研穷，圣意遂勒还乡里。自兹议论，转益沸腾。臣亦令潜问左军，榷论大体，而士良推主公之道，发不党之言。盖萧本自度孤危，妄有凭恃。伏以名居国舅，位列朝班，而真伪不分，中外所耻。切虑皇太后受此罔惑，已有恩情，若含垢于一时，终取笑

于千古。伏乞追萧弘赴阙，与萧本对推，细诘根源，必辨真伪。"诏令三司使推按。帝以二萧虽诈，托名太后之宗，不欲诛之，俱流岭表。从谏进位检校司徒。会昌三年卒。

大将郭谊等匿丧，用其侄稹权领军务。时宰相李德裕用事，素恶从谏之奸回，奏请刘稹护丧归洛，以听朝旨。稹竟叛。德裕用中丞李回奉使河朔，说令三镇加兵讨稹；乃削夺稹官，命徐许滑孟魏镇幽并八镇之师，四面进攻。四年，郭谊斩稹，传首京师。

从谏妻裴氏。初，稹拒命，裴氏召集大将妻同宴，以酒为寿，泣下不能已。诸妇请命，裴曰："新妇各与汝夫文字，勿忘先相公之拔擢，莫效李丕背恩，走投国家。子母为托，故悲不能已也。"诸妇亦泣下，故潞将叛志益坚。稹死，裴亦以此极刑。稹族属昆仲九人，皆诛。

刘沔，许州牙将也。少事李光颜为帐中亲将。元和末，光颜讨吴元济，常用沔为前锋。蔡将有董重质者，守洄曲，其部下乘骡即战，号"骡子军"，最为劲悍，官军常警备之。沔骁锐善骑射，每与骡军接战，必冒刃陷坚，俘馘而还，故忠武一军，破贼第一。淮、蔡平，随光颜入朝。宪宗留宿卫，历三将军。历盐州刺史、天德军防御使，在西北边累立奇效。

大和末，河西党项羌叛。沔以天德之师屡诛其酋渠，移授振武节度使，检校右散骑常侍、单于大都护。开成中，党项杂虏大扰河西。沔率吐浑、契苾、沙陀三部落等诸族万人、马三千骑，径至银、夏讨袭，大破之。俘获万计，告捷而还。以功加检校户部尚书。会昌初，回纥部饥，乌介可汗奉太和公主至汉南求食。过杷头峰，犯云、朔、北川。朝廷以太原重地，控扼诸戎，乃移沔河东节度使、检校尚书左仆射、太原尹、北京留守。诏与幽州张仲武协力招抚回鹘，竟破房寇，迎公主还宫。以功进位检校司空，寻改滑州刺史、义成军节度使。

四年，潞帅刘从谏卒，子稹匿丧，擅主留务，要求旌钺。武宗怒，命忠武节度使王宰、徐州节度李彦佐等，充潞府西南面招抚使。遂复授沔太原节度，充潞府北面招讨使。沔与张仲不协，方征兵幽州，乃移沔为郑滑节度使，进位检校司徒。既而以疾归洛阳，授太子太保，卒。

初，沔为忠武小校，从李光颜讨淮西，为捉生将。前后遇贼血战，锋刃所伤，几死者数四。尝伤重卧草中，月黑不知归路，昏然而睡，梦人授之双烛，曰："子方大贵，此行无患，可持此而还。"既行，炯然有双光在前。自后破房危难，每行常有此光。及罢镇后，双光息。五年，李德裕出镇，罢沔为太子太保。明年，以太子太保致仕卒。

石雄，徐州牙校也。王智兴之讨李同捷，以雄为右厢捉生兵马使。勇敢善战，气凌三军。自智兴以兵临贼境，率先收棣州，雄先驱渡河，前无坚阵。徐人伏雄之抚待，恶智兴之虐，欲逐之而立雄。智兴以军在贼境，惧其变生，因其立功，请授一郡刺史。朝廷征赴京师，授壁州刺史。智兴寻杀雄之素相善诸将士百余人，仍奏雄摇动军情，请行诛戮。文宗雅知其能，惜之，乃长流白州。

大和中，河西党项扰乱，选求武士。乃召还，隶振武刘沔军为裨将，累立破羌之功。文宗以智兴故，未甚推擢，而李绅、李德裕与崔群旧将，素嘉之。

会昌初，回鹘寇天德，诏命刘沔为招抚回鹘使。三年，回鹘大掠云、朔北边，牙于五原。沔以太原之师屯于云州。沔谓雄曰："黠虏离散，不足驱除。国家以公主之故，不欲急攻。今观其所为，气凌我辈。若禀朝旨，或恐依违。我辈捍边，但能除患，专之可也。公可选骁健，乘其不意，径趋虏帐，彼以疾雷之势，不暇枝梧，必弃公主亡窜。事苟不捷，吾自继进，亦无患也。"雄受教，自选劲骑，得沙陀李国昌三部落，兼契苾拓拔杂虏三千骑，月暗夜发马邑，径趋乌介之牙。时虏帐逼振武，雄既入城，登堞视其众寡。见毡车数十，从者皆衣朱碧，类华人服饰。雄令谍者讯之："此何大人？"虏曰："此公主帐也。"雄喻其人曰："国家兵马欲取可汗。公主至此，家国也，须谋归路。俟兵合时不得动帐幕。"雄乃大率城内牛马杂畜及大鼓，夜穴城为十余门。迟明，城上立旗帜炬火，乃于诸门纵其牛畜，鼓噪从之，直犯乌介牙帐。炬火烛天，鼓噪动地，可汗惶骇莫测，率骑而奔。雄率劲骑追至杀胡山，急击之。斩首万级，生擒五千，羊马车帐皆委之而去。遂迎公主还太原。以功加检校左散骑常侍、丰州刺名、兼御史大夫、天德防御等使。

雄沉勇徇义，临财甚廉。每破贼立功，朝廷特有赐与，皆不入私室；置于军门，首取一分，余并分给，以此军士感义，皆思奋发。累迁检校左仆射、河中尹、河中晋绛节度使。

俄而昭义刘从谏卒，其子稹擅主军务，朝议问罪。令徐帅李彦佐为潞府西南面招抚使，以晋州刺史李丕为副。时王宰在万善栅，刘沔在石会，相顾未进。雄受代之翌日，越乌岭，破贼五砦，斩获千计。武宗闻捷大悦，谓侍臣曰："今之义而有勇，罕有雄之比者。"雄既率先破贼，不旬日，王宰收天井关，何弘敬、王元逵亦收磁、洺等郡。先是潞州狂人折腰于市，谓人曰："雄七千人至矣。"刘从谏捕而诛之。及稹危蹙，大将郭谊密款请斩稹归朝，军中疑其诈。雄倡言曰："贼稹之叛，郭谊为谋主。今请斩稹，即谊自谋，又何疑焉？"武宗亦以狂人之言，诏雄以七千兵受降。雄即径驰潞州降谊，尽擒其党与。贼平，进加检校司空。

王宰，智兴之子，于雄不足，雄以辕门子弟善礼之。然讨潞之役，雄有始卒之功，宰心恶之。及李德裕罢相，宰党排摈雄，罢镇。既而闻德裕贬，发疾而卒。

史臣曰：古所谓名将者，不必蒙轮拔距之材，拉虎批熊之力；要当以义终始，好谋而成。而阿跌昆仲，禀气阴山，率多令范。让家权于主妇，拒美妓于奸臣；章武恢复之功，义师之效也。重胤忠于事上，仁于抚下，淮、蔡之役，勋亚光颜；殿邦之臣也，不可多得。王沛之擒僚婿，李祐之执贼渠，皆因事立功，转祸为福。智则智矣，仁者不为！而刘悟自恃太尤，世邀缵袭，至于赤族，报亦晚耶！雄、沔负羽边城，声驰沙漠，奉迎贵主，摧破昆戎，不亦壮乎！雄能感于知己，不为无义，美哉！

赞曰：淮、郓砥平，义将输诚。二凶受缚，亦其同恶。毁义弃忠，必殄尔宗。孰称善将？刘沔、石雄。

卷一百六十二
列传第一百一十二

潘孟阳　李翛　王遂　曹华
韦绶　郑权　卢士玫　韩全
义　高霞寓　高瑀　崔戎
陆亘　张正甫 子毅夫　毅夫子祎

潘孟阳，礼部侍郎炎之子也。孟阳以父荫进，登博学宏辞科。累迁殿中侍御史，降为司议郎。孟阳母，刘晏女也。公卿多父友及外祖宾从，故得荐用，累至兵部郎中。德宗末，王绍以恩幸，数称孟阳之材，因擢授权知户部侍郎，年未四十。顺宗即位，永贞内禅，王叔文诛，杜佑始专判度支，请孟阳代叔文为副。时宪宗新即位，乃命孟阳巡江淮省财赋，仍加盐铁转运副使，且察东南镇之政理。时孟阳以气豪权重，领行从三四百人，所历镇府，但务游赏，与妇女为夜饮。至盐铁转运院，广纳财贿，补吏职而已。及归，大失人望，罢为大理卿。三年，出为华州刺史，迁梓州刺史、剑南东川节度使。与武元衡有旧，元衡作相，复召为户部侍郎、判度支，兼京北五城营田使，以和籴使韩重华为副。太府卿王遂与孟阳不协，议以营田非便，持之不下，孟阳忿憾形于言。二人俱请对，上怒不许，乃罢孟阳为左散骑常侍。明年，复拜户部侍郎。

孟阳气尚豪俊，不拘小节。居第颇极华峻。宪宗微行至乐游原，见其宏敞，工犹未已，问之。左右以孟阳对，孟阳惧而罢工作。性喜宴，公卿朝士多与之游，时指怒者不一。俄以风缓不能行，改左散骑常侍。元和十年八月卒，赠兵部尚书。宪宗每事求理，常发江淮宣慰使，左司郎中郑敬奉使。辞，上诫之曰："朕宫中用度，一匹已上皆有簿籍，唯赈恤贫民，无所计算。卿经明行修，今登车传命，宜体吾怀，勿学潘孟阳奉使，所至但务酣饮、游山寺而已。"其为人主所薄如此！

李翛，不知何许人。起士寒贱，以庄宪皇后妹婿，元和已来骤阶仕进。以恩泽为坊州、绛州刺史。无他才，性纤巧承迎。常饰厨传以奉往来中使及禁军中尉宾客，以求善誉。治民莅事，粗有政能。上以为才，召拜司农卿，迁京兆尹。

十年，庄宪太后崩，翛为山陵桥道置顿使。恃能惜费，每事减损。灵驾至灞桥顿，从官多不得食。及至渭城北门，门坏。先是，桥道司请改造渭城北门，计钱三万。翛以劳费不从，令深凿轨道以通灵驾。掘土既深，旁柱皆悬，因而顿坏，所不及辒辌车者数步而已。初欲坏城之东北墉，以出灵驾，中人皆不可，乃停驾，彻去坏门土木而后行。

翛惧，诬奏辒辌轴折，山陵使李逢吉令御史封其车轴，自陵还，奏请免翛官。上以用兵务集财赋，以翛前后进奉，不之责，但罚俸而已。逢吉极言其罪，乃削银青阶。翌日，复赐金紫。自此，朝廷端士，多遭谮毁，义士为之侧目。时宿师于野，馈运不集。浙西重镇，号为殷阜，乃以翛为润州刺史、浙西观察使，令设法鸠聚财货。淮西用兵，颇赖其赋。十四年，以病求还京师，未朝谒而卒。

王遂，宰相方庆之孙也。以吏能闻于时。尤长于兴利，锐于操下，法颇严酷。累迁至邓州刺史。以晓达钱谷，入为太府卿。潘孟阳判度支，与遂私憾，互有争论。遂为西北供军使，言营田非便，与孟阳会议相非，各求请对。上怒，俱不见，出遂为柳州刺史。遂亲吏韦行素、柳季常请课料于两池务。属遂罢务，季常等为吏所诬，各笞四十。遂柳州制出，左丞吕元膺执奏曰："遂以补吏犯赃，法当从坐。其除官制云'清能业官'，据遂犯状，不宜有'清'字。柳州大郡，出守为优。谨封还制书。"上令喻之，方行。数年，用兵淮西。天子藉钱谷吏以集财赋，知遂强干，乃用为宣州刺史、宣歙观察使。淮、蔡平，王师东讨，召拜光禄卿，充淄青行营诸军粮料使。以光禄职当祠祭，改检校左散骑常侍、兼御史大夫。

初，师之出也，岁计兵食三百万石。及郓贼诛，遂进羡馀一百万，上以为能。时分师道所部十二州为三镇，乃以遂为沂州刺史、沂兖海等州观察使。

遂性狷忿，不存大体。而军州民吏，久染污俗，率多犷戾，而遂数因公事詈辱将卒曰"反虏"，将卒不胜其忿。牙将王弁乘人心怨怒，十四年七月，遂方宴集，弁噪集其徒，害遂于席，判官张弇、李甫同遇害。及曹华代遂至镇，尽擒乱党王弁等诛之。

遂器用不弘，僻于聚敛，而非兼抚之才。但峻威刑，以绳乱俗。其所制笞杖，率逾常制。遂既死，监军使封其杖进呈。上令出示于朝，以诫廉使。

曹华，宋州楚丘人，仕宣武军为牙校。贞元末，吴少诚叛，本军以华骁果有智算，用为襄城戍将。蔡贼攻襄城，华屡败之，德宗特赐旗甲。元和九年，以功授宁州刺史。未行而吴元济叛，朝廷命河阳帅乌重胤讨贼。重胤请华为怀汝节度行营副使。前后数十战，大破贼于青陵城。贼平，授棣州刺史，封陈留郡王。棣邻于郓，贼屡侵逼，华招幕群盗之劲者，补之军卒，分据要路。其后，贼至皆击败之，郓人不敢北顾。及李师道诛，分所管十二州为三镇。王遂为沂兖海观察使，褊刻不能驭众，为牙将王弁所害，朝廷遂授华左散骑常侍、沂州刺史、沂海兖观察使。

华至镇，视事三日，宴将吏，伏甲士千人于幕下。群校既集，华喻之曰："吾受命廉问，奉圣旨，以郓州将士分割三处，有道途转徙之劳。今有颁给，北州兵稍厚。郓州士卒处右，州兵处左，冀易以区别。"分定，并令州兵出外。既出阃门，乃谓郓卒曰："天子深知郓人之劳，然前害主帅者，不能免罪。"甲士自幕中出，周环之，凡郓一千二百人，立斩于庭，血流成渠。是日，门屏之间，有赤雾高丈余，久之方散。自是海、沂之人，重足股栗，无敢为盗者。

华恶沂之地褊，请移理于兖，许之。初，李正己盗有青、郓十二州，传袭四世，垂五十年，人俗顽骜，不知礼教。华令将吏曰："邹、鲁儒者之乡，不宜忘于礼义。"乃躬礼儒士，习俎豆之容，春秋释奠于孔子庙，立学讲经，儒冠四集。出家财赡给，俾成名入仕，其往者如归。

及镇州军乱，杀田弘正，华表请以本军进讨，就加检校工部尚书，升充海为武宁节度，赐之节钺。李齐叛于大梁，华不俟命赴讨。齐方遣兵三千人取宋州，华逆击败之。由是，宋、亳不从齐乱。齐平，以功加检校尚书右仆射。以河朔拒命，移华为滑州刺史、义成军节度使。长庆三年七月，卒于镇，时年六十九。

华虽出自戎行，而动必由礼。尤重士大夫，未尝以富贵骄人；下逮仆隶走使之徒，必待之以诚信，人以为难。赠司空。

韦绶，字子章，京兆人。少有至性，丧父，刺血写佛经。初为长安县尉，遭朱泚之乱，变服乘驴赴奉天。于颀镇襄阳，辟为宾佐。尝因言政，面刺颀之纵恣。入朝为工部员外，转屯田郎中。元和十年，改职方郎中，充太子诸王侍读，再迁谏议大夫。

时穆宗在东宫，方幼好戏。绶讲书之隙，颇以嘲诮悦之。尝赍家所造食，入宫饷太子。宪宗尝召对，绶奏曰："太子学书，至'依'字，辄去旁'人'。臣问之，太子云：'君父以此字可天下奏事，臣子不合全书。'"上益嘉太子之贤，赐绶锦彩。绶无威仪，时以人间鄙说戏言以取悦太子。太子因入侍，道绶语。宪宗不悦，谓侍臣曰："凡侍读者，当以经义辅导太子，纳之轨物，而绶语及此，予何望耶？"乃罢侍读，出为虔州刺史。

穆宗即位，以师友之恩，召为尚书右丞，兼集贤院学士，甚承恩顾，出入禁中。绶以七月六日是穆宗载诞节，请以是日百官诣光顺门贺太后，然后上皇帝寿。时政道颇僻，敕出，人不敢议。久之，宰臣奏古无生日称贺之仪，其事终寝。绶在集贤，遇重阳，赐宰臣百官曲江宴；绶请与集贤学士别为一会，从之。长庆元年三月，转礼部尚书，判集贤院事。

帝尝问："禳灾祈福，其必可乎？"绶对曰："昔宋景公以一善言而法星退之三舍，此禳灾以德也。汉文帝除秘祝，每于祠祭，尽敬而已，言无所祈，以明福不可以求致也。而二君卒能变已变之灾，享自致之福，著于史传，其理甚明。如失德以祈灾消，媚神以祈福至，神苟有知，当因之致谴，非祈禳之道也。"时人主敬德，绶因以讽之。

二年十月，检校户部尚书、兴元尹、山南西道节度使。辞日，请门戟十二，自将赴镇。又诉家贫，请赐钱二百万。又面乞授子元弼官。上皆可之。绶御事无术，泊临戎镇，庶政隳紊。二年八月卒，赠尚书右仆射。博士刘端夫请谥为"通"，殿中侍御史孟琯上言以为非当。博士权安请谥为"缪"，竟不施行。

郑权，荥阳开封人也。登进士第，释褐泾原从事。节度使刘昌符病亟，请入觐，度军情必变，以权宽厚容众，俾主留务。及昌符上路，兵果乱。权挺身入白刃中，抗辞喻以逆顺。因杀其首乱者数人，三军畏伏。德宗闻而嘉之。时天子厌兵，藩镇将吏得军情者，多超授官爵。自试卫佐擢授行军司马、御史中丞。入朝为仓部郎中，累迁至河南尹。十一年，代李逊为襄州刺史、山南东道节度使。十二年，转华州刺史、潼关防御、镇国军使。十三年，迁德州刺史、德棣沧景节度使。

时朝廷用兵讨李师道，权以德、棣之兵临境。奏于平原、安德二县之间置归化县，以集降民。沧州刺史李宗奭与权不协，每事多违，不禀节制。权奏之，上令中使追之。宗奭讽州兵留己，上言惧乱，未敢离郡，乃以乌重胤镇横海，代权归朝。沧州将吏惧，共逐宗奭。宗奭方奔归京师。诏以悖慢之罪，斩于独柳之下。其弟宗爽，长流汀州。授权邠宁节度。会天德军使上章论宗奭之冤，为权诬奏，权降授原王傅。寻迁右金吾卫大将军，充左街使。

穆宗即位，改左散骑常侍，充入回鹘告哀使。惮其远役，辞以足疾，不获免，肩舆而行。权器度魁伟，有辞辩。既至虏廷，与虏主争论曲直，言辞激壮，可汗深敬异之。

长庆元年使还。出为河南尹，入拜工部侍郎，迁本曹尚书。以家人数多，俸入不足，求为镇守。旬月，检校右仆射、广州刺史、岭南节度使。初，权出镇，有中人之助。南海多珍货，权颇积聚以遗之，大为朝士所嗤。四年十月卒。

卢士玫，山东右族，以文儒进。性端厚，与物无竞，雅有令闻。始为吏部员外郎，称职，转郎中、京兆少尹。奉宪宗园寝，刑简事集，时论推其有才，权知京兆尹事。会幽州刘总愿释兵柄入朝，请用张弘靖代己。复请析瀛、漠两州，用士玫为帅，朝廷一皆从之。士玫遂授检校右常侍，充瀛、漠两州都防御观察使。

无何，幽州乱，害宾佐，縶弘靖，取裨将朱克融领军务，遣兵袭瀛、漠。朝廷虑防御之名不足抗凶逆，即日除士玫检校工部尚书，充瀛漠节度使。士玫亦罄家财助军用，坚拒叛徒者累月。竟以官军救之不至，又瀛漠之卒亲爱多在幽州，遂为其下阴导克融之兵以溃。士玫及从事皆被拘执，送幽州，囚于宾馆。及朝廷宥克融之罪，士玫方得归东洛。寻拜太子宾客，留司洛中，旋除虢州刺史，复为宾客。宝历元年七月卒，赠工部尚书。

韩全义，出自行间，少从禁军，事窦文场。及文场为中尉，用全义为帐中偏裨，典禁兵在长武城。贞元十三年，为神策行营节度、长武城使，代韩潭为夏绥银宥节度，诏以长武兵赴镇。全义贪而无勇，短于抚御。制未下，军中知之，相与谋曰："夏州沙碛之地，无耕蚕生业。盛夏移徙，吾所不能。"是夜，戍卒鼓噪为乱，全义逾城而免，杀其亲将王栖岩、赵虔曜等。赖都虞候高崇文诛其乱首而止之，全义方获赴镇。

明年，吴少诚拒命，诏征十七镇之师讨之。时军无统帅，兵无多少，皆以内官监之，师之进退不由主将。十五年冬，王师为贼所败于小溵河。德宗以文场素待全义，乃用为蔡州四面行营招讨使，仍以陈许节度使上官涚副之。诸镇之师，皆取全义节度。全义将略非所长，能以巧佞财贿结中贵人，以被荐用。及师临贼境，又制在监军，每议兵出，一帐之中，中人十数，纷然争论莫决。蔡贼闻之，屡求决战。十六年五月，遇贼于溵水南广利城。旗鼓未交，诸军大溃，为贼所乘。全义退保五楼，贼对垒相望。溃兵未集，乃与监军贾英秀、贾国良等保溵水县。贼距溵水五六里而军，全义惧其凌突，退保陈州。其汴宋、河北之军，皆亡归本镇，唯陈许将孟元阳、神策将苏光荣等数千人守溵水。全义诱潞州大将夏侯仲宣、滑将时昂、河阳将权文度、河中将郭湘等诛之。由是军情稍固。少诚知王师无能为，致书币以告监军，愿求昭洗。德宗召大臣议，宰相贾耽曰："昨全义五楼退军，贼不追袭者，应望国家恩贷。臣伏恐须开生路。"上然之。又得监军等奏，即下制洗涤，加其爵秩。

十七年，全义自陈州班师，而中人掩其败迹，上待之如初。全义武臣，不达朝仪，托以足疾，不任谒见。全义司马崔放入对，德宗劳问，放引过，言招抚无功。德宗曰："全义为招讨使，招得吴少诚归国，其功大矣。何必杀人乃为功耶！"旋命还镇，令中使就第赐宴，锡赉颇厚。自还至阙，都不谒见而去。议者以骎败法制，从古已还，未如贞元之甚。宪宗在藩，常恶其事。及即位，全义惧，求入觐，诏以太子太保致仕。其年七月卒。

高霞寓，范阳人。祖仙，父栖鹤，皆以孝闻。凡五代同爨。德宗朝，采访使洪经纶奏旌表其门闾，乡里称美其事。霞寓少读《左氏春秋》及孙、吴《兵法》，好大言，颇以节概自许。

贞元中，徒步造长武城使高崇文，待以犹子之分，擢授军职，累奏宪官，甚见委信。元和初，诏授兼御史大夫，从崇文将兵击刘辟，连战皆克，下鹿头城，降李文悦、仇良辅。蜀平，以功拜彭州刺史，寻继崇文为长武城使，封感义郡王。元和五年，以左威卫将军随吐突承璀击王承宗，又加左散骑常侍。明年，改丰州刺史、三城都团练防御使。六迁至检校工部尚书。

元和十年，朝廷讨吴元济，以霞寓宿将，乃析山南东道为两镇，以霞寓为唐邓隋节度使。

霞寓虽称男敢，素昧机略；至于制人，尤非所长。及达所部，乃率兵趣萧陂，与贼决战。既小胜，又进至文城栅。贼军伪败而退，霞寓逐之不已，因为伏兵所掩，王师大衄，霞寓仅以身免。坐贬归州刺史。后以恩例，征为右卫大将军。

十三年，出为振武节度使，入为左武卫大将军。长庆元年，授邠宁节度使。三年，就加检校右仆射。四年，加检校司空，又加司徒。

宝历二年，疽发首，不能理事，求归阙下。其夏，授右金吾卫大将军、检校司徒，途次奉天而卒，年五十五，赠太保。

霞寓卒伍常材，始因宦官进用，遂阶节将。位望既高，言多不逊。朝廷知之，欲议移罢。霞寓颇怀忧恐，舍私第为佛寺，上言请额为"怀恩"，用资圣福。大率奸妄凶狡如此。又非斥朝列，侮慢僚属，鄙辞俚语，日闻于时。

高瑀，渤海蓓人。少好论兵，释褐右金吾胄曹，累辟诸府从事，历陈、蔡二郡刺史，入为太仆卿。大和初，忠武节度使王沛卒，物议以陈许军四征有功，必自择帅；或以禁军之将得之。宰相裴度、韦处厚议瑀深沉方雅，曾刺陈、蔡，人怀良政，又熟忠武军情，欲请用瑀。事未闻，陈许表至，果请瑀为帅，乃授检校左散骑常侍、许州刺史、忠武节度使。自大历已来，节制之除拜，多出禁军中尉。凡命一帅，必广输重略。禁军将校当为帅者，自无家财，必取资于人；得镇之后，则膏血疲民以偿之。及瑀之拜，以内外公议，搢绅相庆曰："韦公作相，债帅鲜矣！"

三年，就加检校工部尚书。比年水旱，人民荐饥。瑀召集州民，绕郭立堤塘一百八十里，蓄泄既均，人无饥年。加检校右仆射。六年，移授徐州刺史、武宁军节度等使。议者以徐泗王智兴之后，军士骄恣，宜得雄帅镇之。乃以太府卿崔珙代瑀，征为刑部尚书。以疾求分司，拜太子少傅。其月，复授检校右仆射、陈许蔡节度使。八年六月卒，赠司空。

瑀性宽和，有体量，为官虽无赫赫之誉，所至皆理，尤得士心，论者美之。

崔戎，字可大。高伯祖玄暐，神龙初有大功，封博陵郡王。祖婴，郢州刺史。父贞固，太原榆次尉。戎举两经登科，授太子校书，调判入等，授蓝田主簿，为藩镇名公交辟。

裴度领太原，署为参谋。时王承宗据镇州叛，度请戎单车往谕之，承宗感泣受教。入为殿中侍御史，累拜吏部郎中，迁谏议大夫。寻为剑南东、西两川宣慰使。西州承蛮寇之后，戎既宣抚，兼再定征税，废置得所，公私便之。还，拜给事中，驳奏为当时所称。改华州刺史，迁兖海沂密都团练观察等使。将行，州人恋惜遮道，至有解靴断镫者。理兖一年，大和八年五月卒，赠礼部尚书。

陆亘，字景山，吴郡人。祖元明，睦州司马。父持诠，惠陵台令。亘以书判授集贤殿正字、华原具尉。应制举，授万年县丞。自京兆府兵曹参军拜太常博士。寺有礼生孟真，久于其事，凡吉凶大仪，礼官不能达，率访真。真亦赖是须要姑息。元和七年，册皇太子，将撰仪注，真亦欲参预；亘答之，由是礼仪不专于胥吏。自虞部员外郎出为邓州刺史。其后入为户部郎中、秘书少监、太常少卿，历刺兖、蔡、虢、苏四郡。迁越州刺史、浙东团练观察等使。移宣歙观察使，加御史大夫。大和八年九月卒，年七十一，赠礼部尚书。

亘强明严毅，所至称理。初赴兖州，延英面奏曰："凡节度使握兵分屯属郡者，刺史不能制，遂为一州之弊，宜有处分。"因诏天下兵分屯属郡者，隶于刺史。越之永嘉郡，城于海壖，常陷寇境，集官吏廪禄之半，以代常赋，因循相踵，吏返为幸。亘按举赃罪，表请郡守以降，增给其俸，人皆赖之。

张正甫，字践方，南阳人。曾祖大礼，坊州刺史。祖绍贞，尚书右丞。父泚，苏州司马。正甫登进士第，从樊泽为襄阳从事，累转监察御史。于頔代泽，辟留正甫。正甫坚辞之，遂诬奏贬郴州长史。后由邕府征拜殿中侍御史，迁户部员外郎，转司封员外、兼侍御史知杂事。迁户部郎中，改河南尹。由尚书右丞为同州刺史，入拜左散骑常侍、集贤殿学士判院事。转工部尚书。五年，检校兵部尚书、太子詹事。明年，以吏部尚书致仕。正甫仁而端亮，莅官清强。居外任，所至称理。大和八年九月卒，年八十三，累赠太师。子毅夫。

毅夫，登进士第。初正甫兄式，大历中进士登第，继之以正甫，式子元夫、杰夫、徵夫又相次登科。大和中，文章之盛，世共称之。元夫，大和初兵部郎中、知制诰，迁中书舍人，出为汝州刺史。毅夫位至户部侍郎、弘文馆学士判院事。诸群从登第者数人，而毅夫子祎最知名。

祎，字冠笔，释褐汴州从事、户部判官，入为蓝田尉、集贤校理。赵隐镇浙西，刘邺镇淮南，皆辟为宾佐。入为监察御史，迁左补阙。乾符中，召入翰林为学士，累官至中书舍人。黄巢犯京师，从僖宗幸蜀，拜工部侍郎，判户部事。奉使江淮还，为当涂者不协，改太子宾客、左散骑常侍，转吏部侍郎，历刑部、兵部尚书。从昭宗在华，为韩建所构，贬衡州司马。昭宗还京，征拜礼部尚书、太常卿，充礼仪使，迁兵部尚书。

祎苦心为文，老而益壮。为刑部时，刘邺子覃，当巢寇时避祸于金吾将军张直方之第，被害。僖宗还京，而恶覃者以托附逆党，死不以义，下三司详判。祎上章申理，言覃父子并命于贼廷，岂附逆耶？其家竟获洗雪，覃亦赠官。其行义始终，皆如此类。

史臣曰：孟阳、王遂儒雅之曹，才有可称，竟以财媚时君，陷为俗吏。蹈道之论，可不惧耶！全义官由妄进，霞寓位以卒升，勇毅不足以启行，谋虑不足以应变，败亡之辱，不亦宜乎？朝无责帅之刑，盖自耻也。权、璩长者，末涂丧真，虽牵于食贫，纯则伪矣。

赞曰：蕴仁则哲，蕴利则狂。搢绅之胤，勿效潘、王。全义逃责，贞元失策。霞寓薄刑，元和复兴。

卷一百六十三
列传第一百一十三

孟简　胡证 证子溵 湘　崔元略 子铉
铉子沆　元略弟元受　元式　元儒　杜元
颖　崔弘礼　李虞仲　王质
卢简辞 兄简能　弟弘正　简求　简能子知猷
简求子嗣业　汝弼

孟简，字几道，平昌人。天后时同州刺史诜之孙。工诗有名。擢进士第，登宏辞科，累官至仓部员外郎。户部侍郎王叔文窃政，简为子司，多不附之；叔文恶之虽甚，亦不至摈斥。寻迁司封郎中。元和四年，超拜谏议大夫，知匦事。简明于内典。六年，诏与给事中刘伯刍、工部侍郎归登、右补阙萧俛等，同就醴泉佛寺翻译《大乘本生心地观经》，简最擅其理。

王承宗叛，诏以吐突承璀为招讨使。简抗疏论之，坐语讦，出为常州刺史。八年，就加金紫光禄大夫。简始到郡，开古漕渎，长四十一里，灌溉沃壤四千余顷，为廉使举其课绩，是有就加之命。是岁，征拜为给事中。九年，出为越州刺史、兼御史中丞、浙东观察使。承李逊抑遏士族、恣纵编户之后，及简为政，一皆反之，而农估多受其弊，当时以为两未可也。十二年，入为户部侍郎。十三年，代崔元略为御史中丞，仍兼户部侍郎。是岁，出为襄州刺史、山南东道节度使。十四年，敕于谷城县置群牧，命曰"临汉监"，令简充使。简奏造均州郧乡县镇遏使赵洁充本县令，台司奏有亏刑典，罚一月俸。是岁，改授太子宾客，分司东都。十五年，穆宗即位，贬吉州司马员外置同正员。初，简在襄阳，以腹心吏陆翰知上都进奏，委以关通中贵。翰持简阴事，渐不可制。简怒，追至州，以土囊杀之，且欲灭口。翰子弟诣阙，进状诉冤，且告简赃状。御史台按验，获简赂吐突承璀钱帛等共计七千余贯匹，事状明白，故再贬之。长庆元年大赦，量移睦州刺史。二年，移常州刺史。三年，入为太子宾客，分司东都。其年十二月卒。

简性俊拔尚义。早岁交友先殁者，视其孤，每厚于周恤，议者以为有前辈风。然溺于浮图之教，为儒曹所诮。

胡证，字启中，河东人。父璜，伯父珌，登进士第。证，贞元中继登科，咸宁王浑瑊辟为河中从事。自殿中侍御史拜韶州刺史，以母年高不可适远，改授太子舍人。襄阳节度使于頔请为掌书记，检校祠部员外郎。

元和四年，由侍御史历左司员外郎、长安县令、户部郎中。田弘正以魏博内属，请除副贰，乃兼御史中丞，充魏博节度副使，仍兼左庶子。入迁左谏议大夫。

九年，以党项寇边，以证有安边才略，乃授单于都护、御史大夫、振武军节度使。前任将帅非统驭之才，边事旷废，朝廷故特用证以镇。十三年，征为金吾大将军，依前兼御史大夫。十四年，充京西、京北巡边使，访其利害以闻。

长庆元年，太和公主出降回纥，诏以本官检校工部尚书充和亲使。旧制，以使车出境，有行人私觐之礼，官不能给，召富家子纳赀于使者而命之官。及证将行，首请厘革，俭受省费，以绝鬻官之门。行及漠南，房骑继至，狼心犬态，一日千状，欲以戎服变革华服，又欲以王姬疾驱径路。证抗志不拔，守汉仪，黜夷法，竟不辱君命。使还，拜工部侍郎。

敬宗即位之初，检校户部尚书，守京兆尹。数月，迁左散骑常侍。宝历初，拜户部尚书、判度支，上表乞免，愿效藩服。二年，检校兵部尚书、广州刺史，充岭南节度使。大和二年，以疾上表求还京师。是岁十月卒于岭南，时年七十一，废朝一日，赠左仆射。

广州有海之利，货贝狎至。证善蓄积，务华侈，厚自奉养，童奴数百，于京城修行里起第，连亘闾巷。岭表奇货，道途不绝，京邑推为富家。证素与贾𫗧善，及李训事败，禁军利其财，称证子溦匿𫗧，乃破其家。一日之内，家财并尽。军人执溦入左军，仇士良命斩之以徇。时溦弟湘为太原从事，忽白昼见绿衣人无首，血流被地，入于室，湘恶之。翌日，溦凶问至，而湘获免。

崔元略，博陵人。祖浑之。父儆，贞元中官至尚书左丞。元略举进士，历佐使府。元和八年，拜殿中侍御史。十二年，迁刑部郎中、知台杂事，擢拜御史中丞。元和十三年，以李夷简自西川征拜御史大夫，乃命元略留司东台。寻除京兆少尹，知府事，仍加金紫。数月，真拜京兆尹。明年，改左散骑常侍。

穆宗即位，命元略使党项宣抚。辞疾不行，出为黔南观察使、兼御史中丞。初，元略令使党项，意宰臣以私憾排斥，颇出怨言。宰相崔植奏曰："比以圣意切在安抚党项，乃差元略往使。受命之后，苦不乐行，言辞之间，颇乖去就。岂有身忝重恩，不思报效？苟非便己，即不肯行。须有薄惩，以肃在位，请出为黔中观察使。"初，崔植任吏部郎中，元略任刑部郎中知杂。时中丞改京兆尹，物议以植有风宪之望。元略因入阁，妄称植失仪，命御史弹之。时二人皆进拟为中丞，中旨果授元略，植深衔之。及植为相，元略以左散骑常侍使于党项；元略意植之见排，辞疾不行。被谴出。逾年，转鄂州刺史、鄂岳都团练观察使。长庆四年，入为大理卿。

敬宗即位，复为京兆尹，寻兼御史大夫。以误征畿甸经赦免放缗钱万七千贯，为侍御史萧澈弹劾。有诏刑部郎中赵元亮、大理正元从质、侍御史温造充三司覆理。元略有中助，止于削兼大夫。初，元略有宰相望，及是事，望益减。

宝历元年，迁户部侍郎。议者以元略版图之拜，出于宣授。时谏官有疏，指言内常侍崔潭峻方有权宠，元略以诸父事之，故虽被弹劾，而遽迁显要。元略亦上章自辨，且曰："一昨府县条疏，台司举劾，孤立无党，谤言益彰，不谓诏出宸衷，恩延望外。处南宫之重位，列左户之清班，岂臣庸虚，敢自干冒。天心所择，虽惊特进之恩；众口相非，乃致因缘之说。"诏答之曰："朕所命官，岂非公选？卿能称职，奚恤人言！"然元略终不能逃父事潭峻之名。

宝历二年四月，京兆府以元略前任尹日为桥道使，造东渭桥时，被本典郑位、判官郑复虚长物价，抬估给用，不还人工价直，率敛工匠破用，计赃二万一千七百九贯。敕云："元略不能检下，有涉慢官，罚一月俸料。"时刘栖楚自为京兆尹，有觊觎相位之意。元略方在次对，又多游裴度门，栖楚恐碍已，以计摧之，乃按举山陵时钱物以污之。

大和三年，转户部尚书。四年，判度支。五年，检校吏部尚书。出为东都留守、畿汝等防御使。是岁，又迁滑州刺史、义成军节度使。十二月卒，废朝三日，赠尚书左仆射。子铉。

铉，字台硕，登进士第。三辟诸侯府，荆南、西蜀掌书记。会昌初，入为左拾遗，再迁员外郎，知制诰，召入翰林，充学士。累迁户部侍郎承旨。会昌末，以本官同平章事。为同列李德裕所嫉，罢相，为陕虢观察使、检校刑部尚书。

宣宗即位，迁检校兵部尚书、河中尹、博陵县开国子，食邑五百户。大中三年，召拜御中大夫，寻加正议大夫、中书侍郎、同平章事。累迁金紫光禄大夫，守左仆射、门下侍郎、太清宫使、弘文馆大学士、博陵县开国公，食邑至二千户。七年，以馆中学士崔瑑、薛逢等撰《续会要》四十卷，献之。九年，检校司徒、扬州大都督长史，进封魏国公、淮南节度使。宣宗于太液亭赋诗宴饯，有"七载秉钧调四序"之句，儒者荣之。

咸通初，移镇襄州。咸通八年，徐州戍将庞勋自桂管擅还，道途剽掠。铉时为荆南节度，闻徐州军至湖南，尽率州兵，点募丁壮，分扼江、湘要害，欲尽擒之。徐寇闻之，逾岭自江西、淮右北渡，朝议壮之。卒于江陵。

子沆、汀、潭、沂。

沆，登进士第，官至员外郎，知制诰，拜中书舍人。坐事贬循州司户。乾符初，复拜舍人，寻迁礼部侍郎，典贡举。选名士十数人，多至卿相。乾符末，本官同平章事。遇京国盗据，从驾不及而卒。沂后官亦隆显。

元略弟元受、元式、元儒。

元受登进士第，高陵尉，直史馆。元和初，于皋谟为河北行营粮料使。元受与韦岵、薛巽、王湘等皆为皋谟判官，分督供馈。既罢兵，或以皋谟隐没赃罪，除名赐死。元受从坐，皆逐岭表，竟坎壈不达而卒。子钧、铏、铢相继登进士第，辟诸侯府。

元式，会昌三年检校左散骑常侍、河中尹、河中晋绛观察使。四年，检校礼部尚书、太原尹、北都留守、河东节度使。六年，入为刑部尚书。宣宗朝领度支，以本官同平章事。

元儒，元和五年登进士第。

元式子锴，仕至京兆尹。

杜元颖，莱公如晦裔孙也。父佐，官卑。元颖，贞元末进士登第，再辟使府。元和中为左拾遗、右补阙，召入翰林，充学士。手笔敏速，宪宗称之。吴元济平，以书诏之勤，赐绯鱼袋。转司勋员外郎，知制诰。穆宗即位，召对思政殿，赐金紫，超拜中书舍人。其年冬，拜户部侍郎承旨。长庆元年三月，以本官同平章事，加上柱国、建安男。元颖自穆宗登极，自补阙至侍郎，不周岁居辅相之地。辞臣速达，未有如元颖之比也。

三年冬，带平章事出镇蜀州，穆宗御安福门临饯。昭愍即位，童心多僻，务为奢侈，而元颖求蜀中珍异玩好之具，贡奉相继，以固恩宠。以故箕敛刻削，工作无虚日，军民嗟怨，流闻于朝。大和三年，南诏蛮攻陷戎、巂等州，径犯成都。兵及城下，一无备拟，方率左右固牙城而已。蛮兵大掠蜀城玉帛、子女、工巧之具而去。是时，蛮三道而来，东道攻梓州，郭钊御之而退。时元颖几陷，赖郭钊击败其众，方还。蛮驱蜀人至大渡河，谓之曰："此南吾境，放尔哭别乡国。"数万士女，一时恸哭，风为之惨凄。哭已，赴水而死者千余。怨毒之声，累年不息。蛮首领筚篥颠遣人上表曰："蛮军比修职贡，遽敢侵边？但杜元颖不恤三军，令入蛮疆作贼；移文报彼，都不见信。故蜀部军人，继为乡导，盖蜀人怨苦之深，祈我此行，诛虐帅也。诛之不遂，无以慰蜀士之心，愿陛下诛之。"监军小使张士谦至，备言元颖之咎。坐贬循州司马，判官崔璜连州司马，纥干臮鄂州长史，卢并唐州司马，皆以佐元颖无状也。六年，卒于贬所。临终，上表乞赠官，赠湖州刺史。

元颖弟元绛，位终太子宾客。绛子审权，位至宰相，自有传。

崔弘礼，字从周，博陵人。北齐怀远之七伐孙。祖育，常州江阴令。父孚，湖州长城令。弘礼风貌魁伟，磊落有大志。举进士，累佐藩府，官至侍御史。

元和中，吕元膺为东都留守，以弘礼为从事。时淮西吴少阳初死，吴元济阻兵拒命，山东反侧之徒，为之影援；东结李师道，谋袭东洛，以胁朝廷。弘礼为元膺筹画，部分兵众，以固东都，卒亦无患。累除汾州、棣州刺史。会田弘正请入觐，请副使，乃授弘礼卫州刺史，充魏博节度副使，历郑州刺史。

长庆元年，刘总入觐，张弘靖移镇范阳，复加弘礼检校左散骑常侍，充幽州卢龙军节度副使。未及境，幽、镇兵乱，改为绛州刺史。明年，汴州李㴻反，急诏追弘礼为河南尹、兼御史大夫、东都畿汝都防御副使。㴻平，迁河阳节度使。整缮戈矛，颇壮戎备。又上言请于秦渠下辟荒田三百顷，岁收粟二万斛，诏皆从之。以疾连表请代。数岁，拜检校户部尚书、华州刺史。会天平军节度使乌重胤卒，朝廷难其人，复以弘礼为天平军节度使，仍诏即日乘递赴镇。

文宗即位，就加检校左仆射。理郓三载，改授东都留守，仍迁刑部尚书。诏赴阙，以疾未至。大和四年十月，复除留守。是岁十二月卒，年六十四，赠司空。

弘礼少时，专以倜傥意气自任；通涉兵书，留心军旅之要，用此累更选用，历践藩镇。所居无可尚之绩，虽缮完有素，然善治生蓄积，物议少之。

李虞仲，字见之，赵郡人。祖震，大理丞。父端，登进士第，工诗。大历中，与韩翃、钱起、卢纶等文咏唱和，驰名都下，号"大历十才子"。时郭尚父少子暧尚代宗女升平公主，贤明有才思，尤喜诗人，而端等十人，多在暧之门下。每宴集赋诗，公主坐视帘中，诗之美者，赏百缣。暧因拜官，会十子曰："诗先成者赏。"时端先献，警句云："熏香荀令偏怜小，傅粉何郎不解愁。"主即以百缣赏之。钱起曰："李校书诚有才，此篇宿构也。愿赋一韵正之，请以起姓为韵。"端即襞笺而献曰："方塘似镜草芊芊，初月如钩未上弦。新开金埒教调马，旧赐铜山许铸钱。"暧曰："此愈工也。"起等始服。端自校书郎移疾江南，授杭州司马而卒。

虞仲亦工诗。元和初，登进士第，又以制策登科，授弘文校书。从事荆南，入为太常博士，迁兵部员外、司勋郎中。宝历中，考制策甚精，转兵部郎中，知制诰，拜中书舍人。大和四年，出为华州刺史、兼御史大夫。入拜左散骑常侍，兼秘书监。八年，转尚书右丞。九年，为兵部侍郎，寻改吏部。开成元年四月卒，时年六十五。

虞仲简淡寡欲，立性方雅，奕代文学，达而不矜，士友重之。

王质，字华卿，太原祁人。五代祖通，字仲淹，隋末大儒，号文中子。通生福祚，终上蔡主簿。福祚生勉，登进士第，制策登科，位终宝鼎令。勉生怡，终渝州司户。怡生潜，扬州天长丞。质则潜之第五子。少负志操，以家世官卑，思立名于世，以大其国。寓居寿春，躬耕以养母，专以讲学为事，门人受业者大集其门。年甫强仕，不求闻达，亲友规之曰："以华卿之才，取名位如俯拾地芥耳，安自苦于闾茸者乎？扬名显亲，非耕稼可致也。"质乃白于母，请赴乡举。元和六年，登进士甲科。释褐岭南管记，历佐淮蔡、许昌、梓潼、兴元四府，累奏兼监察御史。入朝为殿中，迁侍御史、户部员外郎。为旧府延荐，检校司封郎中，赐金紫，充兴元节度副使。入为户部郎中，迁谏议大夫。

大和中，王守澄构陷宰相宋申锡。文宗怒，欲加极法。质与常侍崔玄亮雨泣切谏，请付外推，申锡方从轻典。质为中人侧目，执政出为虢州刺史。质射策时，深为李吉甫所器；及德裕为相，甚礼之，事必咨决。寻召为给事中、河南尹。八年，为宣州刺史、兼御史中丞、宣歙团练观察使。在政三年。开成元年十二月，无疾暴卒，时年六十八，赠左散骑常侍，谥曰定。

质清廉方雅，为政有声。虽权臣倚之厚，而行已有素，不涉朋比之议。在宣城辟崔珦、刘蕡、裴夷直、赵皙为从事，皆一代名流。视其所与，人士重之。子曰庆存。

卢简辞，字子策，范阳人，后徙家于蒲。祖翰。父纶，天宝末举进士，遇乱不第，奉亲避地于鄱阳，与郡人吉中孚为林泉之友。大历初，还京师，宰相王缙奏为集贤学士、秘书省校书郎。王缙兄弟有诗名于世，缙既官重，凡所延辟，皆辞人名士，以纶能诗，礼待逾厚。会缙得罪，坐累。久之，调陕府户曹、河南密县令。建中初，为昭应令。朱泚之乱，咸宁王浑瑊充京城西面副元帅，乃拔纶为元帅判官、检校金部郎中。贞元中，吉中孚为翰林学士、户部侍郎，典邦赋，荐纶于朝。会丁家艰，而中孚卒。太府卿韦渠牟得幸于德宗，纶即渠牟之甥也，数称纶之才。德宗召之内殿，令和御制诗，超拜户部郎中。方欲委之掌诰，居无何，卒。

初，大历中，诗人李端、钱起、韩翃辈能为五言诗；而辞情捷丽，纶作尤工。至贞元末，钱、李诸公雕落，纶尝为《怀旧诗》五十韵，叙其事曰："吾与吉侍郎中孚、司空郎中曙、苗员外发、崔补阙峒、耿拾遗沨、李校书端，风尘追游，向三十载。数公皆负当时盛称，荣耀未几，俱沉下泉。伤悼之际，畅当博士追感前事，赋诗五十韵见寄。辄有所酬，以申悲旧，兼寄夏侯审侍御。"其历言诸子云："侍郎文章宗，杰出淮楚灵。掌赋若吹籁，司言如建瓴。郎中善庆余，雅韵与琴清。郁郁松带雪，萧萧鸿入冥。员外贞贵儒，弱冠被华缨。月香飘桂实，乳溜沥琼英。补阙思冲融，巾拂艺亦精。彩蝶戏芳圃，瑞云滋翠屏。拾遗兴难俦，逸调旷无程。九酝贮弥洁，三花寒转馨。校书才智雄，举世一娉婷。赌墅鬼神变，属辞鸾凤惊。差肩曳长裾，总辔奉和铃。共赋瑶台雪，同观金谷笙。倚天方比剑，沉水忽如瓶。君持玉盘珠，写我怀袖盈。读罢涕交颐，愿言跻百龄。"纶之才思，皆此类也。文宗好文，尤重纶诗，尝问侍臣曰："《卢纶集》几卷？有子弟否？"李德裕对曰："纶有四男，皆登进士第，今员外郎简能、侍御史简辞是也。"即遣中使诣其家，令进文集。简能尽以所集五百篇上献，优诏嘉之。

简辞，元和六年登第，三辟诸侯府。长庆末，入朝为监察，转侍御史。文雅之余，尤精法律，历朝簿籍，靡不经怀。宝历中，故京兆尹黎干男熅诣台讼父叶县旧业，台司莫知本末。简辞曰："干坐鱼朝恩党诛，田产籍没。大历已来，多少赦令，岂有雪朝恩、黎干节文？况其田产分给百姓，将及百年，而熅侍中助而冒论耶！"乃移汝州刺史裴通，准大历元年敕给百姓。又福建盐铁院官卢昂坐赃三十万，简辞按之，于其家得金床、瑟瑟枕大如斗。昭愍见之曰："此宫中所无，而卢昂为吏可知也！"寻转考功员外郎，转郎中。大和中，坐事自太仆卿出为衢州刺史。会昌中，入为刑部侍郎，转户部。大中初，转兵部侍郎、检校工部尚书、许州刺史、御史大夫、忠武军节度使，迁检校刑部尚书、襄州刺史、山南东道节度使，卒。简辞兄简能。

简能，字子拙，登第后再辟藩府，入为监察御史。大和九年，由驾部员外检校司封郎中，充凤翔节度判官。时郑注得幸，李训与之谋诛宦官，俾注镇凤翔，仍妙选当时才俊以为宾佐。简能与萧俛弟杰、钱起子可复，皆为训所选，从注。及训败，注诛。简能、萧杰等四人皆为监军使所害。

简辞弟弘正、简求。

弘正，字子强，元和末登进士第，累辟使府掌书记。入朝为监察御史、侍御史。大和中，华州刺史宇文鼎、户部员外卢允中坐赃，弘正按之。文宗怒，将杀鼎，弘正奏曰："鼎历持纲宪，绳纠之官，今为近辅刺史，以赃污闻，死固常典。但取受之首，罪在允中，监司之责，鼎当连坐。"文宗释之，鼎方减等。三迁兵部郎中、给事中。

会昌末，王师讨刘稹。时诏河北三帅收山东诸郡。俄而何弘敬、王元逵得邢、洺、磁三郡。宰臣奏议曰："山东三郡，以贼稹未诛，宜且立留后。如弘敬、元逵有所陈请，则朝廷难以依违。"上曰："然，谁可任者？"李德裕曰："给事中卢弘正尝为昭义判官，性又通敏，推择攸宜。"即命为邢洺磁团练观察留后。未行而稹诛，乃令弘正衔命宣谕河北三镇。使还，拜工部侍郎。

大中初，转户部侍郎，充盐铁转运使。前是，安邑、解县两池盐法积弊，课入不充。弘正令判官司空舆至池务检察，特立新法，仍奏舆为两池使。三年，课入加倍，其法至今赖之。检校户部尚书，出为徐州刺史、武宁军节度使、徐泗濠观察等使。徐方自智兴之后，军士骄怠，有银刀都，尤劳姑息，前后屡逐主帅。弘正在镇期年，皆去其首恶，喻之忠义。讫于受代，军旅无哗。镇徐四年，迁检校兵部尚书、汴州刺史、宣武军节度、宋亳颍观察等使，卒于镇。

简求，字子臧，长庆元年登进士第，释褐江西王仲舒从事。又从元稹为浙东、江夏二府掌书记。裴度镇襄阳，保厘洛都，皆辟为宾佐，奏殿中侍御史。入朝，拜监察。裴度镇太原，复奏为记室。入为殿中，赐绯。牛僧孺镇襄汉，辟为观察判官。入为水部、户部二员外郎。会昌末，讨刘稹，诏以许帅李彦佐为招讨使。朝廷以简求累佐使府，达于机略，乃以简求为忠武节度副使知节度事、本道供军使。入为吏部员外，转本司郎中，求为苏州刺史。

时简辞镇汉南，弘正为侍郎，领使务，昆仲皆居显列，时人荣之。既而宰执不协，弘正出镇，罢简求为左庶子分司。数年，出为寿州刺史。九年，党项叛，以简求为四镇北庭行军、泾州刺史、泾原渭武节度押蕃落等使、检校左散骑常侍、上柱国、范阳县男、食邑三百户。十一年，迁检校工部尚书、定州刺史、御史大夫、义武军节度、北平军等使。十三年，检校刑部尚书、凤翔尹、凤翔陇西节度观察等使。十四年八月，代裴休为太原尹、北都留守，充河东节度观察等使。

简求辞翰纵横，长于应变，所历四镇，皆控边陲。属杂虏寇边，因之移授，所至抚御，边鄙晏然。太原军素管退浑、契苾、沙陀三部落，或抚纳不至，多为边患。前政或要之诅盟，质之子弟，然为盗不息。简求开怀抚待，接以恩信，所质子弟，一切遣之。故五部之人，欣然听命。咸通初，以疾辞，表章沥恳。制以太子太师致仕，还于东都。都城有园林别墅，岁时行乐，子弟侍侧，公卿在席，诗酒赏咏，竟日忘归，如是者累年。五年十月卒，时年七十六。赠尚书左仆射。

简能子知猷。知猷登进士第，释褐秘书省正字。宰臣萧邺镇江陵、成都，辟为两府记室。入拜左拾遗，改右补阙、史馆修撰，转员外郎。出为饶州刺史。入拜兵部郎中，赐绯鱼，改吏部郎中、太常少卿。出为商州刺史。征拜给事中，转中书舍人。僖宗幸山南，襄王伪署，乃避地金州。驾还，征拜工部侍郎，转户部，判史馆，迁尚书右丞、兵部侍郎。历太常卿，工部、户部尚书，复领太常卿。昭宗在华下，加检校右仆射，守太子少师。进位太子太师，检校司空，卒于华下。知猷器度长厚，文辞美丽。尤工书，落简措翰，人争模仿。子文度，位亦至丞郎。

简辞无子，以简求子贻殷、玄禧入继。贻殷终光禄少卿。玄禧登进士第，终国子博士。

弘正子虔灌，有俊才，进士登第。所著文笔，为时所称。位终秘书监。

简求十子，而嗣业、汝弼最知名。

嗣业进士登第，累辟使府。广明初，以长安尉直昭文馆、左拾遗、右补阙。王铎征兵收两京，辟为都统判官、检校礼部郎中，卒。

汝弼登进士第，累迁至祠部员外郎、知制诰，从昭宗迁洛。属柳璨党附贼臣，诬陷士族，汝弼惧，移疾退居，客游上党。遇潞府为太原所攻，节度使丁会归降，从会至太原，李克用奏为节度副使，累奏户部侍郎。太原使府有龙泉亭，简求节制时手书诗一章，在亭之西壁。汝弼复为亚帅，每亭中宴集，未尝居宾位，西向俯首而已，人士嘉之。

卢氏两世贵盛，六卿方镇相继，而未有居辅相者。至中兴，嗣业子文纪，仕至尚书中书侍郎、平章事。

史臣曰：孟襄阳之清节，胡广州之坚正，卒以结权幸而败，积货贿而亡。人如面焉，固难知也。二崔以纲宪相倾，元颖以献奇取媚，虽遭时多僻，位至鼎司。言之正人，亦孔之丑，而父事宦者，何所逃讥？以端、纶之才，任不逾元士，而卢简辞之昆仲，云抟水击，郁为鼎门，非德积庆钟，安能及此？辞人之后，不亦休哉！

赞曰：君子喻义，小人近利。孟遭胡亡，家财扫地。声势相倾，崔、杜丑名。端、纶诸子，奕叶光荣。

卷一百六十四
列传第一百一十四

王播 子式 弟炎 起 起子龟 龟子荛
炎子铎 **李绛 杨於陵**

王播，字明扬。曾祖珣，嘉州司马。祖升，咸阳令。父恕，扬府参军。播擢进士第，登贤良方正制科，授集贤校理，再迁监察御史，转殿中，历侍御史。贞元末，幸臣李实为京兆尹，恃恩颇横，尝遇播于途，不避。故事，尹避台官。播移文诘之；实怒，后奏播为三原令，欲挫之。播受命，趋府谒谢，尽府县之仪。及临所部，政理修明，

恃势豪门，未尝贷法。岁终考课，为畿邑之最。实以其人有政术，甚礼重之，频荐之于上。德宗奇之，将不次拔用，会母丧。

顺宗即位，除驾部郎中，改长安令。岁中，迁工部郎中，知台杂，刺举纲宪，为人所称。转考功郎中，出为虢州刺史。李巽领盐铁，奏为副使、兵部郎中。

元和五年，代李夷简为御史中丞。振举朝章，百职修举。十月，代许孟容为京兆尹。时禁军诸镇布列畿内，军人出入，属鞭佩剑，往往盗发，难以擒奸。而播奏请畿内军镇将卒，出入不得持戎具，诸王驸马权豪之家，不得于畿内按试鹰犬畋猎之具。诏从之，自是奸盗弭息。六年三月，转刑部侍郎，充诸道盐铁转运使。

播长于吏术，虽案牍鞅掌，剖析如流，黠吏诋欺，无不彰败。时天下多故，法寺议谳，科条繁杂。播备举前后格条，置之座右。凡有详决，疾速如神。当时属僚，叹服不暇。

十年四月，改礼部尚书，领使如故。先是，李巽以程异为江淮院官，异又通泉货，及播领使，奏之为副。当王师讨吴元济，令异乘传往江淮，赋舆大集，以至贼平，深有力焉。及皇甫镈用事，恐播大用，乃请以使务命程异领之，播守本官而已。十三年，检校户部尚书、成都尹、剑南西川节度使。

穆宗即位，皇甫镈贬，播累表求还京师。长庆元年七月，征还，拜刑部尚书，复领盐铁转运等使。十月，兼中书侍郎、平章事，领使如故。长庆中，内外权臣，率多假借。播因铜盐擢居辅弼，专以承迎为事，而安危启沃，不措一言。时河北复叛，朝廷用兵。会裴度自太原入觐，朝野物论，言度不宜居外。明年三月，留度复知政事，以播代度为淮南节度使、检校右仆射，领使如故。仍请携盐铁印赴镇，上都院印，请别给赐，从之。播至淮南，属岁旱俭，人相啖食，课最不充，设法掊敛，比屋嗟怨。

敬宗即位，就加银青光禄大夫、检校司空，罢盐铁转运使。时中尉王守澄用事，播自落利权，广求珍异，令腹心吏内结守澄，以为之助。守澄乘闲启奏，言播有才，上于延英言之。谏议大夫独孤朗、张仲方，起居郎孔敏行、柳公权、宋申锡，补阙韦仁实、刘敦儒，拾遗李景让、薛廷老等，请开延英面奏播之奸邪，交结宠幸，复求大用。天子冲幼，不能用其言。自是，物议纷然不息。明年正月，播复领盐铁转运使。播既得旧职，乃于铜盐之内，巧为赋敛，以事月进。名为羡余，其实正额，务希奖擢，不恤人言。

时扬州城内官河水浅，遇旱即滞漕船。乃奏自城南阊门西七里港开河向东，屈曲取禅智寺桥通旧官河，开凿稍深，舟航易济；所开长一十九里，其工役料度，不破省钱，当使方圆自备，而漕运不阻。后政赖之。

文宗即位，就加检校司徒。大和元年五月，自淮南入觐，进大小银碗三千四百枚、绫绢二十万匹。六月，拜尚书左仆射、同平章事，领使如故。二年，进封太原公、太清宫使。四年正月，患喉肿暴卒，时年七十二。废朝三日，赠太尉。

播出自单门，以文辞自立；践升华显，郁有能名。而随势沉浮，不存士行；奸邪进取，君子耻之。然天性勤于吏事，使务填委，胥吏盈廷取决，簿书堆案盈几，他人若不堪胜，而播用此为适。播子式，弟炎、起。

炎，贞元十五年登进士第，累官至太常博士，早世。子铎、镶。

起，字举之，贞元十四年擢进士第，释褐集贤校理，登制策直言极谏科，授蓝田尉。宰相李吉甫镇淮南，以监察充掌书记。入朝为殿中，迁起居郎、司勋员外郎、直史馆。元和十四年，以比部郎中知制诰。穆宗即位，拜中书舍人。

长庆元年，迁礼部侍郎。其年，钱徽掌贡士，为朝臣请托，人以为滥。诏起与同职白居易覆试，覆落者多。徽贬官，起遂代徽为礼部侍郎。掌贡二年，得士尤精。先是，贡举猥滥，势门子弟，交相酬酢；寒ני俊造，十弃六七。及元稹、李绅在翰林，深怒其事，故有覆试之科。及起考贡士，奏当司所选进士，据所考杂文，先送中书，令宰臣阅视可否，然后下当司放榜。从之。议者以为起虽避是非，失贡职也，故出为河南尹。入为吏部侍郎。

文宗即位，加集贤学士、判院事。以兄播为仆射辅政，不欲典选部，改兵部侍郎。大和二年，出为陕虢观察使、兼御史大夫。四年，入拜尚书左丞。居播之丧，号毁过礼，友悌尤至。迁户部尚书、判度支。以西北边备，岁有和市以给军，劳人馈挽，奏于灵武，邠宁起营田。六年，检校吏部尚书、河中尹、河中晋绛节度使。时属蝗旱，粟价暴踊，豪门闭籴，以邀善价。起严诫储蓄之家，出粟于市，隐者致之于法，由是民获济焉。七年，入为兵部尚书。八年，检校右仆射、襄州刺史，充山南东道节度。江、汉水田，前政挠法，塘堰缺坏。起下车，命从事李业行属郡，检视而补缮，特为水法，民无凶年。九年，就加银青光禄大夫。时李训用事，训即起贡举门生也，欲援起为相。八月，诏拜兵部侍郎，判户部事。其冬，训败，起以儒素长者，人不以为累，但罢判户部事。

文宗好文，尤尚古学。郑覃长于经义，起长于博洽，俱引翰林，讲论经史。起僻于嗜学，虽官位崇重，耽玩不斁；凤夜孜孜，殆忘寝食，书无不览，经目靡遗。转兵部尚书。以庄恪太子登储，欲令儒者授经，乃兼太子侍读，判太常卿，充礼仪详定使，创造礼神九玉，奏议曰：

邦国之礼，祀为大事；珪璧之议，经有前规。谨按《周礼》："天地四方，以苍璧礼天，黄琮礼地，青珪礼东方，赤璋礼南方，白琥礼西方，黑璜礼北方。"又云："四圭有邸以祀天"，"两圭有邸以祀地"，"圭璧以祀日月星辰"。凡此九器，皆祀神之玉也。又云："以禋祀祀昊天上帝。"郑玄云："禋，烟也，为玉币，祭讫燔之，而升烟以报阳也。"今与《开元礼》义同，此则焚玉之验也。又《周礼》："掌国之玉镇大宝器，若大祭，既事而藏之。"此则收玉之证也。梁代崔灵恩撰《三礼义宗》云："凡祭天神，各有二玉：一以礼神，一则燔之。礼神者，讫事却收；祀神者，与牲俱燔。"则灵恩之义，合于《礼经》。今国家郊天祀地，祀神之玉常用；守经据古，礼神之玉则无。臣等请下有司，精求良玉，创造苍璧、黄琮等九器，祭讫则藏之。其燎玉即依常制。

从之。为太子广《五运图》及《文场秀句》等献之。三年，以本官充翰林侍讲学士。庄恪太子薨，诏起为哀册文，辞情婉丽。

四年，迁太子少师，判兵部事，侍讲如故。以其家贫，特诏每月割仙韶院月料钱三百千添给。起富于文学，而理家无法，俸料入门，即为仆妾所有。帝以师友之恩，特加周给。议者以与伶官分给，可为耻之。

武宗即位，八月，充山陵卤簿使。枢密使刘弘逸、薛季稜惧诛，欲因山陵兵士谋废立。起与山陵使知其谋，密奏，皆伏诛。寻检校左仆射、东都留守，判东都尚书省事。

会昌元年，征拜吏部尚书，判太常卿事。三年，权知礼部贡举。明年，正拜左仆射，复知贡举。

起前后四典贡部，所选皆当代辞艺之士，有名于时，人皆赏其精鉴徇公也。其年秋，出为兴元尹，兼同平章事，充山南西道节度使。赴镇日，延英辞。帝谓之曰："卿国之耆老，宰相无内外，朕有阙政，飞表以闻。"宴赐颇厚。在镇二年，以老疾求代，不许。大中元年，卒于镇，时年八十八。废朝三日，赠太尉，谥曰文懿。文集一百二十卷，《五纬图》十卷，《写宣》十卷。起侍讲时，或僻字疑事，令中使口宣，即以榜子对，故名曰《写宣》。子龟嗣。

龟，字大年。性简淡萧洒，不乐仕进。少以诗酒琴书自适，不从科试。京城光福里第，起兄弟同居，斯为宏敞。龟意在人外，倦接朋游，乃于永达里园林深僻处创书斋，吟啸其间，目为"半隐亭"。及从父起在河中，于中条山谷中起草堂，与山人道士游，朔望一还府第，后人目为"郎君谷"。及起保厘东周，龟于龙门西谷构松斋，栖息往来，放怀事外。起镇兴元，又于汉阳之龙山立隐舍，每浮舟而往，其闲逸如此。武宗知之，以左拾遗征。久之，方至殿廷一谢，陈情曰："臣才疏散，无用于时，加以疾病所婴，不任禄仕。臣父年将九十，作镇远藩，喜惧之年，阙于供侍。乞罢今职，以奉晨昏。"上优诏许之。明年，丁父忧。服阕，以右补阙征，迁侍御史、尚书郎。

大中末，出为宣歙团练观察副使，赐绯。入为祠部郎中、史馆修撰。前从崔玙贰宣歙，及玙镇河中，又奏为副使。入为兵部郎中，赐金紫，寻知制诰。

咸通末，以弟铎在中书，不欲在禁掖，改太常少卿，寻检校右散骑常侍、同州刺史。牙将白约者，甚狡蠹，前后防御使不能制。龟因事发，笞死以徇，人皆畏威效。十四年，转越州刺史、御史大夫、浙东团练观察使。先是，龟兄式抚临此郡，有惠政；闻龟复至，舞抃迎之。属徐、泗之乱，江淮盗起，山越乱，攻郡，为贼所害。赠工部尚书。子茏。

茏苦学，善属文。以季父作相，避嫌不就科试。乾符初，崔瑾廉察湖南，崔涓镇江陵，皆辟为从事。萧遘作相，奏授蓝田尉，直史馆，迁左拾遗、右补阙，中丞卢涯奏为侍御史。从僖宗幸山南，拜右司员外郎，卒。子权，中兴仕至兵部尚书。

式以门荫，累迁监察御史，转殿中，亦巧宦。大和中，依倚郑注，谓王守澄，为中丞归融所劾，出为江陵少尹。大中后，践更省署。咸通初，为浙东观察使。草贼仇甫据明州叛，来攻会稽，式讨平之。式有威略。三年，徐州银刀军叛，以式为徐州节度使。式至镇，尽诛银刀等七军，徐方平定。天子嘉之。后累历方任，卒。

铎，字昭范。会昌初进士第，两辟使府。大中初，入为监察御史。咸通初，由驾部郎中知制诰，拜中书舍人。五年，转礼部侍郎，典贡士两岁，时称得人。七年，以户部侍郎、判度支，迁礼部尚书。十二年，以本官同平章事。时宰相韦保衡以拔擢之恩，事铎尤谨，累兼刑部、吏部尚书。僖宗即位，加右仆射。保衡得罪，以铎检校右仆射，出为汴州刺史、宣武军节度使。

铎有经世大志，以安邦为己任，士友推之。乾符二年，河南、江左相继寇盗结集，内官田令孜素闻铎名，乃复召铎，拜右仆射、门下侍郎、同平章事。四年，贼陷江陵，杨知温失守，宋威破贼失策。朝议统率，宰相卢携称高骈累立战功，宜付军柄，物议未允。铎廷奏曰："臣忝宰执之长，在朝不足分陛下之忧。臣愿自率诸军，荡涤群盗。"朝议然之。五年，以铎守司徒、门下侍郎、同平章事，兼江陵尹、荆南节度使，充诸道行营兵马都统。铎至镇，绥怀流散，完葺军戎，期年之间，武备严整。

时兖州节度使李系者，西平王晟之孙，以其家世将才，奏用为都统都押衙，兼湘南团练使。时黄巢在岭南，铎悉以精甲付系，令分兵扼岭路。系无将略，微有口才，军政不理。广明初，贼自岭南寇湖南诸郡，系守城自固，不敢出战。贼编木为筏，沿湘而下，急攻潭州，陷之。系甲兵五万，皆为贼所杀，投尸于江。铎闻系败，令部将董汉宏守江陵，自率兵万余会襄阳之师。江陵竟陷于贼。天子不之责。罢相，守太子太师。宰相卢携用事，竟以淮南高骈代铎为都统。

其年秋，贼焚剽淮南，高骈挫败。及贼陷两京，卢携得罪，天子用郑畋为兵马都统。明年，畋病归行在，朝议复以铎为侍中、滑州刺史、义成军节度使，充诸道行营都统。率禁军、山南、东蜀之师三万，营于盩厔东，进屯灵感寺。

明年春，兖、郓、徐、许、郑、滑、邠、宁、凤翔十镇之师大集关内。时贼已僭名号，以前浙东观察使崔璆、尚让为宰相，传伪命。天下藩帅，多持两端。既闻铎传檄四方，诸侯翻然景附。贼之号令，东西不过岐、华，南北止及山、河。而劲卒骁将，日驰突于国门，群贼由是离心。其年秋，贼将朱温降，收同州。十一月，贼华州戍卒七千来奔。三年二月，沙陀军至，收华州。四月，败贼于良田坡，遂收京城。封铎晋国公。铎加中书令，以收城诸将，量其功伐高下，承制爵赏以闻。是时国命危若缀旒，天子播越蛮陬，大事去矣。若非郑畋之奋发，铎之忠义，则土运之隆替，未可知也。

自巢、让之乱，关东方镇牙将，皆逐主帅，自号藩臣。时溥据徐州，朱瑄据郓州，朱瑾据兖州，王敬武据青州，周岌据许州，王重荣据河中，诸葛爽据河阳，皆自擅一藩，职贡不入，赏罚由己。既逐贼出关，尤恃功伐，朝廷姑息不暇。巢贼出关东，与蔡帅秦宗权合纵。时溥举兵徐方，请身先讨贼，乃授溥都统之命。十军军容使田令孜，以内官杨复光有监护用师之功，尤忌儒臣立事，故有时溥之授。

初，铎出军，兼郑滑节度使，以便供馈。至是，罢铎都统之权，令仗节归藩。铎以朱全忠于己有恩，倚为藩蔽。初，全忠辞礼恭顺，既而全忠军旅稍集，其意渐倨。铎知不可依，表求还朝。

其年冬，僖宗自蜀将还，乃以铎为沧景节度使。时杨全玫在沧州，闻铎之来，诉于魏州乐彦贞。铎受命赴镇，至魏州旬日，彦贞迎谒，宴劳甚至。铎以上台元老，功盖群后，行则肩舆，妓女夹侍，宾僚服御，尽美一时。彦贞子从训，凶戾无行，窃所慕之；令甘陵州卒数百人，伏于漳南之高鸡泊。及铎行至，皆为所掠，铎与宾客十余人，皆遇害。时光启四年十二月也。

铎弟镣，累官至汝州刺史。王仙芝陷郡城，被害。

李绛，字深之，赵郡赞皇人也。曾祖贞简。祖刚，官终宰邑。父元善，襄州录事参军。绛举进士，登宏辞科，授秘书省校书郎。秩满，补渭南尉。贞元末，拜监察御史。元和二年，以本官充翰林学士。未几，改尚书主客员外郎。逾年，转司勋员外郎。五年，迁本司郎中、知制诰。皆不离内职，孜孜以匡谏为己任。

宪宗即位，叛臣李锜阻兵于浙右。锜既诛，朝廷将鬻其所没家财。绛上言曰："李锜凶狡叛戾，僭侈诛求，刻剥六州之人，积成一道之苦。圣恩本以叛乱致讨，苏息一方。今辇运钱帛，播闻四海，非所谓式遏乱略，惠绥困穷。伏望天慈，并赐本道，代贫下户今年租税，则万姓欣戴，四海歌咏矣。"宪宗嘉之。

时中官吐突承璀自藩邸承恩宠，为神策护军中尉，乃于安国佛寺建立《圣政碑》，大兴功作，仍请翰林为其文。绛上言曰：

陛下布惟新之政，划积习之弊，四海延颈，日望德音。今忽立《圣政碑》，示天下以不广。《易》称：大人者与天地合德，与日月合明。执契垂拱，励精求理，岂可以文字而尽圣德，碑表而赞皇猷？若可叙述，是有分限，亏损盛德，岂谓敷扬至道哉？故自尧、舜、禹、汤、文、武，并无建碑之事。至秦始皇荒逸之君，烦酷之政，然后有峄、罘之碑，扬诛伐之功，纪巡幸之迹，适足为百王所笑，万代所讥。至今称为失道亡国之主，岂可拟议于此！陛下嗣高祖、太宗之业，举贞观、开元之政，思理不遑食，从谏如顺流；固可与尧、舜、禹、汤、文、武方驾而行，又安得追秦皇暴虐不经之事，而自损圣政？近者，阎巨源请立纪圣功碑，陛下详尽事宜，皆不允许。今忽令立此，与前事颇乖。况此碑既在安国寺，不得不叙载游观崇饰之事。述游观且乖理要，叙崇饰又匪政经，固非哲王所宜行也。其碑，伏乞圣恩特令寝罢。

宪宗深然之，其碑遂止。

绛后因浴堂北廊奏对，极论中官纵恣、方镇进献之事。宪宗怒，厉声曰："卿所论奏，何太过耶？"绛前论不已，曰："臣所谏论，于臣无利，是国家之利。陛下不以臣愚，使处腹心之地，岂可见事亏圣德，致损清时，而惜身不言？仰屋窃叹，是臣负陛下也。若不顾患祸，尽诚奏论，旁忤幸臣，上犯圣旨，以此获罪，是陛下负臣也。且臣与中官，素不相识，又无嫌隙，只是威福太盛，上损圣朝，臣所以不敢不论耳。使臣缄默，非社稷之福也。"宪宗见其诚切，改容慰喻之曰："卿尽节于朕，人所难言者，卿悉言之，使朕闻所不闻，真忠正诚节之臣也。他日南面，亦须如此。"绛拜恩而退。遽宣宰臣，令与改官，乃授中书舍人，依前翰林学士。翌日，面赐金紫，帝亲为绛择良笏赐之。

前后朝臣裴武、柳公绰、白居易等，或为奸人所排陷，特加贬黜；绛每以密疏申论，皆获宽宥。及镇州节度使王士真死，朝廷将用兵讨除，绛深陈以为未可。绛既尽心匡益，帝每有询访，多协事机。六年，犹以中人之故，罢学士，守户部侍郎，判本司事。尝因次对，宪宗曰："户部比有进献，至卿独无，何也？"绛曰："将户部钱献入内藏，是用物以结私恩。"上耸然，益嘉其直。吐突承璀恩宠莫二，是岁，将用绛为宰相；前一日，出承璀为淮南监军。翌日，降制，以绛为中书侍郎、同中书门下平章事。同列李吉甫便僻，善逢迎上意；绛梗直，多所规谏，故与吉甫不协。时议者以吉甫通于承璀，故绛尤恶之。绛性刚讦，每与吉甫争论，人多直绛。宪宗察绛忠正自立，故绛论奏，多所允从。

上尝谓绛曰："卜筮之事，习者罕精，或中或否。近日风俗，尤更崇尚，何也？"对曰："臣闻古先哲王畏天命，示不敢专，邦有大事可疑者，故先谋于卿士庶人，次决于卜筮，俱协则行之。末俗浮伪，幸以徼福。正行虑危，邪谋觊安，迟疑昏惑，谓小数能决之。而愚夫愚妇，假时日鬼神者，欲利欺诈，参之见闻，用以刺射小近之事，神而异之。近者，风俗近巫，此诚弊俗。圣旨所及，实辨邪源。但存而不论，弊斯息矣。"

他日延英，上曰："朕读《玄宗实录》，见开元致理，天宝兆乱。事出一朝，治乱相反，何也？"绛对曰：

臣闻理生于危心，乱生于肆志。玄宗自天后朝出居藩邸，尝莅官守，接时贤于外，知人事之艰难。临御之初，任姚崇、宋璟，二人皆良鲠上才，动以致主为心。明皇乘思理之初，亦励精听纳，故当时名贤在位，左右前后，皆尚忠正。是以君臣交泰，内外宁谧。开元二十年以后，李林甫、杨国忠相继用事，专引柔佞之人，分居要剧，苟媚于上，不闻直言。嗜欲转炽，国用不足，奸臣说以兴利，武夫说以开边。天下骚动，奸盗乘隙，遂至两都覆败，四海沸腾，乘舆播迁，几至难复。盖小人启导，纵逸生骄之致也。至今兵宿两河，西疆削尽，眈户雕耗，府藏空虚，皆因天宝丧乱，以至于此。安危理乱，实系时主所行。陛下思广天聪，亲览国史，垂意精赜，鉴于化源，实天下幸甚。

上又曰："凡人行事，常患不通于理，已然之失，追悔诚难。古人处此，复有道否？"绛对曰："行事过差，圣哲皆所不免，故天子致诤臣以匡其失。故主心理于中，臣论正于外，制理于未乱，销患于未萌。主或过举，则谏以正之，故上下同体，犹手足之于心膂，交相为用，以致康宁。此亦常理，非难遵之事。但矜得护失，常情所蔽。古人贵改过不吝，从善如流，良为此也。臣等备位，无所发明，但陛下不废刍言，则端士贤臣，必当自效。"帝曰："朕擢用卿等，所冀直言。各宜尽心无隐，以匡不逮。无以护失为虑也！"

其秋，魏博节度使田季安死，其子怀谏幼弱，军中立其大将田兴，使主军事，兴卒以六州之地归命。其经始营创，皆绛之谋也。

时教坊忽称密旨，取良家士女及衣冠别第姬人，京师嚣然。绛谓同列曰："此事大亏损圣德，须有论谏。"或曰："此嗜欲间事，自有谏官论列。"绛曰："相公居常病谏官论事，此难事即推与谏官，可乎？"乃极言论奏。翌日延英，宪宗举手谓绛曰："昨见卿状所论采择事，非卿尽忠于朕，何以及此？朕都不知向外事，此是教坊罪过，不谕朕意，以至于此。朕缘丹王已下四人，院中都无侍者，朕令于乐工中及闾里有情愿者，厚其钱帛，只取四人，四王各与一人。伊不会朕意，便如此生事。朕已令科罚，其所取人，并已放归。若非卿言，朕宁知此过？"

八年，封高邑县男。绛以足疾，拜章求免。九年，罢知政事，授礼部尚书。十年，检校户部尚书，出为华州刺史。未几，入为兵部尚书。丁母忧。十四年，检校吏部尚书，出为河中观察使。河中旧为节制，皇甫镈恶绛，只以观察命之。十五年，镈得罪，绛复为兵部尚书。

穆宗即位，改御史大夫。穆宗亟于畋游行幸，绛于延英切谏，帝不能用。绛以疾辞，复为兵部尚书。长庆元年，转吏部尚书。是岁，加检校尚书右仆射，判东都尚书省事，充东都留守。二年正月，检校本官、兖州刺史、兖海节度观察等使。三年，复为东都留守。四年，就加检校司空。

宝历初，入为尚书左仆射。二年九月，昭议节度使刘悟卒，遗表请以子从谏嗣袭，将吏诣阙论请。绛密奏请速除近泽潞四面将帅一人，以充节度；令倍程赴镇，使从谏未及拒命，新使已到，所谓"疾雷不及掩耳"。潞州军心，自有所系。从谏无位，何名主张。时宰相李逢吉、王守澄已受从谏赂，俱请以从谏留后，不能用绛言。

绛以直道进退，闻望倾于一时。然刚肠嫉恶，贤不肖太分，以此为非正之徒所忌。又尝与御史中丞王播相遇于道，播不为之避；绛奏论事体，敕命两省详议，咸以绛论奏是。李逢吉佑播恶绛，乃罢绛仆射，改授太子少师，分司东都。

文宗即位，征为太常卿。二年，检校司空，出为兴元尹、山南西道节度使。三年冬，南蛮寇西蜀，诏征赴援。绛于本道募兵千人赴蜀；及中路，蛮军已退，所募皆还。兴元兵额素定，募卒悉令罢归。四年二月十日，绛晨兴视事，召募卒，以诏旨喻而遣之，仍给以廪麦，皆怏怏而退。监军使杨叔元贪财怙宠，怨绛不奉已，乃因募卒赏薄，众辞之际,以言激之,欲其为乱,以逞私憾。募卒因监军之言,怒气益甚,乃噪聚趋府,劫库兵以入使衙。绛方与宾僚会宴,不及设备。闻乱北走登陴,衙将王景延力战以御之。兵折矢穷,景延死。绛乃为乱兵所害,时年六十七。

绛初登陴,左右请绛缒城,可以避免,绛不从。乃并从事赵存约、薛齐俱死焉。

文宗闻奏震悼,下制曰:"朝有正人,时称令德,入参庙算,出总师干。方当宠任之臣,横罹不幸之酷。殄瘁兴叹,搢绅所同。故山南西道节度、管内观察处置等使、银青光禄大夫、检校司空、兼兴元尹、御史大夫、上柱国、赵郡开国公、食邑二千户李绛,神授聪明,天赋清直。抱仁义以希前哲,立标准以程后来。抑扬时情,坐致台辅。佐我烈祖,格于皇天。仗钺宣风,联居乐土。乘轩鸣玉,尝极清班。先声而物议皆归,不约而群情自许。汉中名部,俾遂便安。而变起不图,祸生无兆。奸良之恸,闻讣增伤。是极哀荣,用优典礼。三公正秩,品数甚崇,式表异恩,以摅沉痛。可赠司徒。仍令所司择日备礼册命。"赙布帛三千段、米粟二百硕。子璋、顼。

璋,登进士第。卢钧镇太原,辟为从事。大中末,入朝为监察,转侍御史。出刺两郡,终宣歙观察使。子德林。

杨於陵,字达夫,弘农人。汉太尉震之第五子奉之后。曾祖珪,为辰州掾曹。祖冠俗,奉先尉。父太清,宋州单父尉。於陵,天宝末家寄河朔。禄山乱,其父殁于贼,於陵始六岁。及长,客于江南。好学,有奇志。弱冠举进士,释褐为润州句容主簿。时韩滉节制金陵,滉性刚严,少所接与。及於陵以属吏谒谢,滉甚奇之,谓其妻柳氏曰:"夫人常择佳婿,吾阅人多矣,无如杨主簿者。"后竟以女妻之。秩满,为鄂岳、江南二府从事,累官至侍御史。

韩滉自江南入朝,总将相财赋之任,颇承顾遇,权倾中外。於陵自江府罢,以妇翁权幸方炽,不欲进取。乃卜筑于建昌,以读书山水为乐。滉殁,贞元八年始入朝,为膳部员外郎,历考功、吏部三员外,判南曹。时宰相有密亲调集,文书不如式,於陵驳之,大协物议。迁右司郎中,复转吏部郎中,改京兆少尹。出为绛州刺史。德宗雅闻其名,将辞赴郡,诏留之,拜中书舍人。时李实为京兆尹,恃承恩宠,於陵与给事中许孟容俱不附协,为实媒孽,孟容改太常少卿,於陵为秘书少监。贞元末,实辈败,迁於陵为华州刺史,充潼关防御、镇国军等使。未几,迁浙江东道都团练观察等使。政声流闻,入拜户部侍郎,复改京兆尹。先是,禁军影占编户,无以区别。自於陵请致挟名,每五丁者,得两丁入军,四丁、三丁者,各以条限。由是京师豪强,复知所畏。再迁户部侍郎。

元和初,以考策,升直言极谏牛僧孺等,为执政所怒,出为岭南节度使。会监军使许遂振悍戾贪恣,干挠军政。於陵奉公洁己,遂振无能奈何,乃以飞语上闻。宪宗惊惑,赖宰相裴垍为於陵申理,宪宗感悟。

五年,入为吏部侍郎。遂振终自得罪。

於陵为吏部,凡四周岁,监察奸吏,调补平允,当时称之。初,吏部试判,别差考判官三人校能否,元和初罢之。

七年,吏部尚书郑余庆以疾请告,乃复置考判官,以兵部员外郎韦颛、屯田员外张仲素、太学博士陆亘等为之。於陵自东都来,言曰:"本司考判,自当公心。非次置官,不知曹内公事。考官只论判之能否,不计阙员;本司只计员阙几何,定其留放。置官不便。"宰执以已置颛等,只令考科目选人,其余常调,委本司自考。於陵又以甲历年深朽断,吏缘为奸,奏换大历七年至贞元二十年甲库历,令本司郎官监换。

九年,妖人杨叔高自广州来干於陵,请为己辅,於陵执奏杀之。改兵部侍郎、判度支。时淮西用兵,於陵用所亲为唐邓供军使,节度使高霞寓以供军有阙,移牒度支,於陵不为之易,其阙如旧。霞寓军屡有摧败,诏书督责之;乃奏以度支馈运不继。宪宗怒,

十一年,贬於陵为桂阳郡守,量移原王傅。复迁户部侍郎,知吏部选事。会诛李师道,分其地为三镇,朝廷思有所制置,以於陵兼御史大夫,充淄、青十二州宣慰使,还奏合旨。

穆宗即位,迁户部尚书。长庆初,拜太常卿,充东都留守,年高,拜章辞位。宝历二年,授检校右仆射、兼太子太傅。旋以左仆射致仕,诏给全俸,恳让不受。

於陵器度弘雅,进止有常。居职三十余年,践更中外,始终不失其正。居官奉职,亦尝操守,时人皆仰其风德。大和四年十月卒,年七十八,册赠司空,谥贞孝。

子四人:景复、嗣复、绍复、师复。

嗣复自有传。景复位终同州刺史。绍复进士擢第,弘辞登科,位终中书舍人。师复位终大理卿。

大中后,杨氏诸子登进士第者十人:嗣复子授、技、拭、扔;绍复子擢、拯、据、揆;师复子抽、振等。擢终给事中。拯捕封员外郎。据右补阙。揆左谏议大夫。抽左庶子。振左拾遗。

史臣曰:王氏二英,播、起位崇将相,善始令终。而炎薄祐短龄,美钟于铎,而能骧首矫翼,凌厉亨衢,仗钺秉衡,扶持衰运。天胡罚善,遇盗而殂,悲哉!李赵公颉颃禁林,讦谟相府,嘉言启沃,不以身为。糜躯将坛,没有余裕。杨仆射避妇翁之当轴,疏骄尹之怙权,守道居贞,寿考终吉,行己始卒,人以为难。美哉!

赞曰:王氏儒宗,一门三相。赵公排摈,言犹鲠亮。干将虽折,不改其刚。杨君之德,《韶》、《夏》洋洋。

卷一百六十五
列传第一百一十五

韦夏卿　王正雅族孙凝　柳公绰子仲郢孙璧玭弟公权伯父子华子华子公度　崔玄亮　温造子璋　郭承嘏　殷侑孙盈孙　徐晦

韦夏卿，字云客，杜陵人。父迢，检校都官郎中、岭南节度行军司马。夏卿苦学，大历中与弟正卿俱应制举，同时策入高等，授高陵主簿。累迁刑部员外郎。时久旱蝗，诏于郎官中选赤畿令，改奉天县令。以课最第一，转长安令。改吏部员外郎，转本司郎中，拜给事中。出为常州刺史。夏卿深于儒术，所至招礼通经之士。时处士窦群寓于郡界，夏卿以其所著史论，荐之于朝，遂为门人。改苏州刺史。贞元末，徐州张建封卒，初授夏卿徐州行军司马，寻授徐泗濠节度使。夏卿未至，建封子愔为军人立为留后，因授旄钺。征夏卿为吏部侍郎，转京兆尹、太子宾客，检校工部尚书、东都留守，迁太子少保。卒时年六十四，赠左仆射。

夏卿有风韵，善谈宴，与人同处，终年而喜愠不形于色。抚孤侄，恩逾己子，早有时称。其所与游辟之宾佐，皆一时名士。为政务通适，不喜改作。始在东都，倾心辟士，颇得才彦，其后多至卿相，世谓之知人。

王正雅，字光谦，其先太原人。东都留守翃之子。伯父翊，代宗朝御史大夫，以贞亮鲠直，名于当代，卒谥曰忠惠。正雅少时，以孝行修谨闻。元和初，举进士，登甲科，礼部侍郎崔郾甚知之，累从职使府。元和十一年，拜监察御史，三迁为万年县令。

当穆宗时，京邑号为难理，正雅抑强扶弱，政甚有声。会柳公绰为京兆尹，上前褒称，穆宗命以绯衣银章，就县宣赐。迁户部郎中，寻加知台杂事，再迁太常少卿，出为汝州刺史，充本州防御使。有中人为监军，怙权干政，正雅不能堪，乃谢病免。

入为大理卿。会宋申锡事起，狱自内出，卒无证验。是时王守澄之威权，郑注之宠势，虽宰相重臣，无敢显言其事者。唯正雅与京兆尹崔琯上疏，请出造事者，付外考验其事，别具状闻。由是狱情稍缓，申锡止于贬官，中外翕然推重之。大和五年十一月卒，赠为散骑常侍。

正雅从弟重，翊之子也，位止河东令。重子众仲，登进士第，累官衡州刺史。众仲子凝。

凝，字致平，少孤，宰相郑肃之甥，少依舅氏。年十五，两经擢第。尝著《京城六岗铭》，为文士所称。再登进士甲科。崔璪领盐铁，辟为巡官。历佐梓潼、宣歙使幕。宰相崔龟从奏为鄠县尉、集贤校理，迁监察御史，转殿中。宰相崔铉出镇扬州，奏为节度副使。入为起居郎，历礼部、兵部、考功三员外。迁司封郎中、长安令。中丞郑处海奏知台杂，换考功郎中，迁中书舍人。时政不协，出为同州刺史，赐金紫。暮年，移疾华州敷水别墅。逾年，以礼部侍郎征。

凝性坚正，贡闱取士，拔其寒俊，而权豪请托不行，为其所怒，出为商州刺史。明年，检校右散骑常侍、潭州刺史、湖南团练观察使。入为兵部侍郎，领盐铁转运使。又以不奉权幸，改秘书监。出为河南尹、检校礼部尚书、宣州刺史、宣歙观察使。凝咸通中两佐宣城使幕，备究人之利病，涤除积弊，民俗阜康。

逾岁，黄巢自岭表北归，大掠淮南，攻围和州。凝令牙将樊俦率师据采石以援之。俦犯令，凝即斩之以徇，命别将乌颖代俦赴援，竟解历阳之围。贼怒，引众攻宣城。大将王涓请出军逆战，凝曰："贼忿恚而来，宜持重待之。彼众我寡，万一不捷，则州城危矣！"涓锐意请行，凝即阅集丁壮，分守要害，登陴设备。涓果战死。贼乘胜而来，则守有备矣。贼为梯冲之具，急攻数月，御备力殚，吏民请曰："贼之凶势不可当，愿尚书归款退之，惧覆尚书家族。"凝曰："人皆有族，予岂独全？誓与此城同存亡也。"既而贼退去，时乾符五年也。其年夏，疾甚，有大星坠于正寝。八月卒于郡，时年五十八。无子，以弟子镳为嗣。镳兄钜，位终兵部侍郎。

柳公绰，字起之，京兆华原人也。祖正礼，邠州士曹参军。父子温，丹州刺史。公绰幼聪敏。年十八，应制举，登贤良方正、直言极谏科，授秘书省校书郎，贞元元年也。贞元四年，复应制举，再登贤良方正科，时年二十一。制出，授渭南尉。

公绰性谨重，动循礼法。属岁饥，其家虽给，而每饭不过一器。岁稔复初。家甚贫，有书千卷，不读非圣之书。为文不尚浮靡。慈隰观察使姚齐梧奏为判官，得殿中侍御史。冬，荐授开州刺史，入为侍御史，再迁吏部员外郎。武元衡罢相镇西蜀，与裴度俱为元衡判官，尤相善。先度入为吏部郎中，度以诗饯别，有"两人同日事征西，今日君先捧紫泥"之句。

元和初，宪宗颇出游畋，锐意用兵；公绰欲因事讽谏。五年十一月，献《太医箴》一篇，其辞曰：

　　天布寒暑，不私于人。品类既一，崇高以均。惟谨好爱，能保其身。清净无瑕，辉光以新。寒暑满天地之间，浃肌肤于外；好爱溢耳目之前，诱心知于内。清洁为堤，奔射犹败，气行无间，隙不在大。睿圣之姿，清明绝俗；心正无邪，志高寡欲。谓天高矣，气蒙晦之；谓地厚矣，横流溃之。圣德超迈，万方赖之。饮食所以资身也，过则生患；衣服所以称德也，侈则生慢。唯过与侈，心必随之，气与心流，疾亦伺之。圣心不惑，孰能移之？畋游恣乐，流情荡志；驰骋劳形，咤叱伤气。惟天之重，从禽为累。不养其外，前修所忌。圣心非之，孰敢违之？人乘气生，嗜欲以萌，气离有患，气凝则成。巧必丧真，智必诱情，去彼烦虑，在此诚明。医之上者，理于未然，患居虑后，防处事先。心静乐行，体和道全，然后能德施万物，以享亿年。圣人在上，各有攸处。庶政有官，群艺有署。臣司太医，敢告诸御。

宪宗深嘉之。翌日，降中使奖劳之，曰："卿所献之文云：'气行无间，隙不在大。'何忧朕之深也？"逾月，拜御史中丞。

公绰素与裴垍厚，李吉甫出镇淮南，深怨垍。六年，吉甫复辅政，以公绰为潭州刺史、兼御史中丞，充湖南观察使。湖南地气卑湿，公绰以母在京师，不可迎侍，致书宰相，乞分司洛阳，以便奉养，久不许。八年，移为鄂州刺史、鄂岳观察使，乃迎母至江夏。

九年，吴元济据蔡州叛，王师讨伐。诏公绰以鄂岳兵五千隶安州刺史李听，率赴行营。公绰曰："朝廷以吾儒生不知兵耶？"即日上奏，愿自征行，许之。公绰自鄂济湘江，直抵安州；李听以廉使之礼事之。公绰谓之曰："公所以属鞭负弩者，岂非为兵事耶？若去戎容，被公服，两郡守耳，何所统摄乎？以公名家晓兵，若吾不足以指麾，则当赴阙；不然，吾且署职名，以兵法从事矣。"听曰："唯公所命。"即署听为鄂岳都知兵马使、中军先锋、行营兵马都虞候，三牒授之。乃选卒六千属听，戒其部校曰："行营之事，一决都将。"听感恩畏威，如出麾下。其知权制变，甚为当时所称。鄂军既在行营，公绰时令左右省问其家。如疾病、养生、送死，必厚廪给之。军士之妻治容不谨者，沉之于江。行卒相谓曰："中丞为我辈知家事，何以报效？"故鄂人战每克捷。

十一年，入为给事中。李师道归朝，遣公绰往郓州宣谕。使还，拜京兆尹，以母忧免。

十四年，起为刑部侍郎，领盐铁转运使。转兵部侍郎、兼御史大夫，领使如故。长庆元年，罢使，复为京兆尹、兼御史大夫。

时河朔复叛，朝廷用兵，补行营诸将，朝令夕改，驿骑相望。公绰奏曰："自幽、镇用兵，使命繁并，馆递匮乏，鞍马多阙。又敕使行李人数，都无限约。其衣绯紫乘马者，二十、三十匹，衣黄绿者，不下十匹、五匹。驿吏不得视券牒，随口即供。驿马既尽，遂夺路人鞍马。衣冠士庶，惊扰怨嗟，远近喧腾，行李将绝。伏望圣慈，聊为定限。"乃下中书条疏人数。自是吏不告劳。以言直为北司所恶，寻转吏部侍郎。

二年九月，迁御史大夫。韩弘病，自河中入朝。以弘守司徒、中书令，诏百僚问疾。弘遣其子达情，言不能见。公绰谓其子曰："圣上以公官重，令百司省问，异礼也。如拜君赐，宜力疾公见。安有卧令子弟传言耶？"弘惧，挟扶而出，人皆耸然。

三年，改尚书左丞，又拜检校户部尚书、襄州刺史、山南东道节度使。行部至邓县，县二吏犯法，一赃贿，一舞文。县令以公绰守法，必杀赃吏。狱具，判之曰："赃吏犯法，法在；奸吏坏法，法亡。诛舞文者。"公绰马害圉人，命斩之。宾客进言曰："可惜良马，圉人自防不至。"公绰曰："安有良马害人乎？"亟命杀之。牛僧孺罢相镇江夏，公绰具戎容，于邮舍候之。军吏自以汉上地高于鄂，礼太过。公绰曰："奇章才离台席，方镇重宰相，是尊朝廷也。"竟以戎容见。有道士献丹药，试之有验，问所从来，曰："炼此丹于蓟门。"时朱克融方叛，公绰遽谓之曰："惜哉，至药来于贼臣之境，虽验何益！"乃沉之于江，而逐道士。邓县人郑怀政病狂，妄称天子，公绰捕而杀之。

敬宗即位，加检校左仆射。宝历元年，入为刑部尚书。

二年，授邠州刺史、邠宁庆节度使。所部有神策诸镇，屯列要地，承前不受节度使制置，遂致北房深入。公绰上疏论之，因诏诸镇皆禀邠宁节度使制置。

三年，入为刑部尚书，京兆人有姑鞭妇致死者，府断以偿死。公绰议曰："尊殴卑非斗，且其子在，以妻而戮其母，非教也。"竟减死。

大和四年，复检校左仆射、太原尹、北都留守、河东节度观察等使。是岁，北房遣梅禄将军李畅以马万匹来市，托云入贡。所经州府，守帅假之礼分，严其兵备。留馆则戒卒于外，惧其袭夺。太原故事，出兵迎之。畅及界上，公绰使牙将祖考恭单马劳问，待以修好之意。畅感义出涕，徐驱道中，不妄驰猎。及至，辟牙门，令译引谒，宴以常礼。及市马而还，不敢侵犯。陉北有沙陀部落，自九姓、六州皆畏避之。公绰至镇，召其酋朱耶执宜，直抵云、朔塞下，治废栅十一所，募兵三千付之，留屯塞上，以御匈奴。其妻母来太原者，请梁国夫人对酒食问遗之。沙陀感之，深得其效。

六年，以病求代。三月，授兵部尚书，征还京师。四月卒，赠太子太保，谥曰成。

公绰天资仁孝，初丁母崔夫人之丧，三年不沐浴。事继亲薛氏三十年，姻戚不知公绰非薛氏所生。外兄薛宫早卒，一女孤，配张毅夫，资遗甚于己子。性端介寡合，与钱徽、蒋乂、杜元颖、薛存诚文雅相知，交情款密。凡六开府幕，得人尤盛。钱徽掌贡之年，郑朗覆落，公绰将赴襄阳，首辟之，朗竟为名相。卢简辞、崔玙、夏侯孜、韦长、李续、李拭，皆至公卿。为吏部侍郎，与舅左丞崔从同省，人士荣之。子仲郢，弟公权、公谅。

仲郢，字谕蒙，元和十三年进士擢第，释褐秘书省校书郎。牛僧孺镇江夏，辟为从事。仲郢有父风，动修礼法，僧孺叹曰："非积习名教，安能及此！"入为监察御史。

五年，迁侍御史。富平县人李秀才，籍在禁军，诬乡人斫父墓柏，射杀之。法司以专杀论。文宗以中官所庇，决杖配流。右补阙蒋系上疏论之，不省。仲郢执奏曰："圣王作宪，杀人有必死之令；圣明在上，当官无坏法之臣。今秀才犯杀人之科，愚臣备监决之任，此贼不死，是乱典章。臣虽至微，岂敢旷职？其秀才未敢行决，望别降敕处分。"乃诏御史萧杰监之。杰又执奏。帝遂诏京兆府行决，不用监之。然朝廷嘉其守法。

会昌中，三迁吏部郎中，李德裕颇知之。武宗有诏减冗官，吏部条疏，欲牒天下州府取额外官员。仲郢曰："诸州每冬申阙，何烦牒耶？"幸门顿塞。仲郢条理旬日，减一千二百员，时议为惬。迁谏议大夫。

五年，淮南奏吴湘狱，御史崔元藻覆按得罪。仲郢上疏理之，人皆危惧。德裕知其无私，益重之。武宗筑望仙台，仲郢累疏切谏。帝召谕之曰："聊因旧趾增葺，愧卿忠言。"德裕奏为京兆尹，谢日，言曰："下官不期太尉恩奖及此，仰报厚德，敢不如奇章门馆。"德裕不以为嫌。时废浮图法，以铜像铸钱。仲郢为京畿铸钱使，钱工欲于模加"新"字；仲郢止之，唯淮南加"新"字，后竟为僧人取之为像设钟磬。纥干臮诉表甥刘诩殴母，诩为禁军小校，仲郢不俟奏下，杖杀。为北司所谮，改右散骑常侍，权知吏部尚书铨事。

宣宗即位，德裕罢相，出仲郢为郑州刺史。周墀自江西移镇滑台。过郑，观其境内大理，甚奖之。俄而墀入辅政，迁为河南尹。莅事逾月，召拜户部侍郎。居无何，墀罢知政事。同列有疑仲郢与墀善，左授秘书监。数月，复出为河南尹。以宽惠为政，言事者以为不类京兆之政。仲郢曰："辇毂之下，弹压为先；郡邑之治，惠养为本。何取类耶？"

大中年，转梓州刺史、剑南东川节度使。孔目吏边章简者，以货交近幸，前后廉使无如之何。仲郢因事决杀，部内肃然，不俟行法而自理。在镇五年，美绩流闻，征为吏部侍郎。入朝未谢，改兵部侍郎，充诸道盐铁转运使。

大中十二年，罢使，守刑部尚书。咸通初，转兵部，加金紫光禄大夫、河东男、食邑三百户。俄出为兴元尹、山南西道节度使。凤州刺史卢方乂以轻决部民，数日而毙。其妻列诉，又旁引他吏，械系满狱。仲郢召其妻谓之曰："刺史科小罪诫人，但本非死刑，虽未出辜，其实病死。"罚方乂百直，系者皆释，郡人深感之。因决赃吏过当，以太子宾客分司东都。逾年，为虢州刺史。数月，检校尚书左仆射、东都留守。盗发先人墓，弃官归华原。除华州刺史，不拜。数月，以本官为郓州刺史，天平军节度观察等使，授节钺于华原别墅，卒于镇。

初，仲郢自拜谏议后，每迁官，群乌大集于升平里第，廷树戟架皆满，凡五日而散。诏下，不复集，家人以为候，唯除天平，乌不集。

仲郢严礼法，重气义，尝感李德裕之知。大中朝，李氏无禄仕者。仲郢领盐铁时，取德裕兄子从质为推官，知苏州院事，令以禄利赡南宅。令狐绹为宰相，颇不悦。仲郢与绹书自明，其要云："任安不去，常自愧于昔人；吴咏自裁，亦何施于今日？李太尉受责既久，其家已空，遂绝蒸尝，诚增痛恻。"绹深感叹，寻与从质正员官。

仲郢以礼法自持，私居未尝不拱手，内斋未尝不束带。二为大镇，厩无名马，衣不薰香。退公布卷，不舍昼夜。《九经》、《三史》一钞；魏、晋已来南北史再钞；手钞分门三十卷，号《柳氏自备》。又精释典，《瑜伽》、《智度大论》皆再钞；自余佛书，多手记要义。小楷精谨，无一字肆笔。撰《尚书二十四司箴》，韩愈、柳宗元深赏之。有文集二十卷。子珪、璧、玭。

珪，字镇方，大中五年登进士第，累辟使府，早卒。

璧，大中九年登进士第。文格高雅。尝为《马嵬诗》，诗人韩琮、李商隐嘉之。马植镇陈许，辟为掌书记，又从植汴州。李瓒镇桂管，奏为观察判官。军政不惬，璧极言不纳，拂衣而去。桂府寻乱，入为右补阙。僖宗幸蜀，召

充翰林学士，累迁谏议大夫，充职。

玭应两经举，释褐秘书正字。又书判拔萃，高湜辟为度支推官。逾年，拜右补阙。湜出镇泽潞，奏为节度副使。入为殿中侍御史。李蔚镇襄阳，辟为掌书记。湜再镇泽潞，复为副使。入为刑部员外。湜为乱将所逐，贬高要尉，玭三上疏申理。湜见疏本叹曰："我自辨析，亦不及此。"寻出为广州节度副使。明年，黄巢陷广州，郡人邓承勋以小舟载玭脱祸。召为起居郎。贼陷长安，为刃所伤，出奔行在，历谏议给事中，位至御史大夫。

玭尝著书诫其子弟曰：

夫门地高者，可畏不可恃。可畏者，立身行己，一事有坠先训，则罪大于他人。虽生可以苟取名位，死何以见祖先于地下？不可恃者，门高则自骄，族盛则人之所嫉。实艺懿行，人未必信；纤瑕微累，十手争指矣。所以承世胄者，修己不得不恳，为学不得不坚。夫人生世，以无能望他人用，以无善望他人爱，用爱无状，则曰"我不遇时，时不急贤"。亦由农夫卤莽而种，而怨天泽之不润，虽欲弗馁，其可得乎！

予幼闻先训，讲论家法。立身以孝悌为基，以恭默为本，以畏怯为务，以勤俭为法，以交结为末事，以气义为凶人。肥家以忍顺，保交以简敬。百行备，疑身之未готов；三缄密，虑言之或失。广记如不及，求名如傥来。去奢与骄，庶几减过。莅官则洁己省事，而后可以言守法；守法而后可以言养人。直不近祸，廉不沽名。廪禄虽微，不可易黎甿之膏血；榎楚虽用，不可恣褊狭之胸襟。忧与福不偕，洁与富不并。比见门家子孙，其先正直当官，耿介特立，不畏强御；及其衰也，唯好犯上，更无他能。如其先退顺处己，和柔保身，以远悔尤；及其衰也，但有暗劣，莫知所宗。此际几微，非贤不达。

夫坏名灾己，辱先丧家。其失尤大者五，宜深志之。其一，自求安逸，靡甘澹泊，苟利于己，不恤人言。其二，不知儒术，不悦古道；懵前经而不耻，论当世而解颐；身既寡知，恶人有学。其三，胜己者厌之，佞己者悦之，唯乐戏谭，莫思古道。闻人之善嫉之，闻人之恶扬之。浸渍颇僻，销刻德义，簪裾徒众，厮养何殊。其四，崇好慢游，耽嗜曲糵，以衔杯为高致，以勤事为俗流，习之易荒，觉已难悔。其五，急于名宦，昵近权要，一资半级，虽或得之；众怒群猜，鲜有存者。兹五不是，甚于痤疽。痤疽则砭石可瘳，五失则巫医莫及。前贤炯戒，方册具存，近代覆车，闻见相接。

夫中人已下，修辞力学者，则躁进患失，思展其用；审命知退者，则业荒文芜，一不足采。唯上智则研其虑，博其闻，坚其习，精其业，用之则行，舍之则藏。苟异于斯，岂为君子？

初公绰理家甚严，子弟克禀诫训，言家法者，世称柳氏云。

公权，字诚悬。幼嗜学，十二能为辞赋。元和初，进士擢第。释褐秘书省校书郎。李听镇夏州，辟为掌书记。

穆宗即位，入奏事，帝召见，谓公权曰："我于佛寺见卿笔迹，思之久矣。"即日拜右拾遗，充翰林侍书学士。迁右补阙、司封员外郎。穆宗政僻，尝问公权笔何尽善，对曰："用笔在心，心正则笔正。"上改容，知其笔谏也。历穆、敬、文三朝，侍书中禁。公绰在太原，致书于宰相李宗闵云："家弟苦心辞艺，先朝以侍书见用，颇偕工祝，心实耻之，乞换一散秩。"乃迁右司郎中，累换司封、兵部二郎中、弘文馆学士。

文尝思之，复召侍书，迁谏议大夫。俄改中书舍人，充翰林书诏学士。每浴堂召对，继烛见跋，语犹未尽，不欲取烛，宫人以蜡泪揉纸继之。从幸未央宫，苑中驻辇谓公权曰："我有一喜事，边上衣赐，久不及时，今年二月给春衣讫。"公权前奉贺，上曰："单贺未了，卿可贺我以诗。"宫人迫其口进，公权应声曰："去岁虽无战，今年未得归。皇恩何以报，春日得春衣。"上悦，激赏久之。便殿对六学士，上语及汉文恭俭，帝举袂曰："此浣濯者三矣。"学士皆赞咏帝之俭德，唯公权无言。帝留而问之，对曰："人主当进贤良，退不肖，纳谏诤，明赏罚。服浣濯之衣，乃小节耳。"时周墀同对，为之股栗，公权辞气不可夺。帝谓之曰："极知舍人不合作谏议，以卿言事有诤臣风彩，却授卿谏议大夫。"翌日降制，以谏议知制诰，学士如故。

开成三年，转工部侍郎，充职。尝入对，上谓曰："近日外议如何？"公权对曰："自郭旼除授邠宁，物议颇有臧否。"帝曰："旼是尚父之从子，太皇太后之季父，在官无过。自金吾大将授邠宁小镇，何事议论耶？"公权曰："以旼勋德，除镇攸宜。人情论议者，言旼进二女入宫，致此除拜，此信乎？"帝曰："二女入宫参太后，非献也。"公权曰："瓜李之嫌，何以户晓？"因引王珪谏太宗出庐江王妃故事。帝即令南内使张日华送二女还旼。公权忠言匡益，皆此类也。累迁学士承旨。

武宗即位，罢内职，授右散骑常侍。宰相崔珙用为集贤学士、判院事。李德裕素待公权厚，及为珙奏荐，颇不悦。左授太子詹事，改宾客。累迁金紫光禄大夫、上柱国、河东郡开国公、食邑二千户。复为左常侍、国子祭酒。历工部尚书。咸通初，改太子少傅，改少师，居三品、二品班三十年。六年卒，赠太子太师，时年八十八。

公权初学王书，遍阅近代笔法，体势劲媚，自成一家。当时公卿大臣家碑板，不得公权手笔者，人以为不孝。外夷入贡，皆别署货贝，曰此购柳书。上都西明寺《金刚经碑》备有钟、王、欧、虞、褚、陆之体，尤为得意。文宗夏日与学士联句，帝曰："人皆苦炎热，我爱夏日长。"公权续曰："薰风自南来，殿阁生微凉。"时丁、袁五学士皆属继，帝独讽公权两句，曰："辞清意足，不可多得。"乃令公权题于殿壁，字方圆五寸，帝视之，叹曰："钟、王复生，无以加焉！"

大中初，转少师，中谢，宣宗召升殿，御前书三纸，军容使西门季玄捧砚，枢密使崔巨源过笔。一纸真书十字，曰"卫夫人传笔法于王右军"；一纸行书十一字，曰"永禅师真草《千字文》得家法"；一纸草书八字，曰"谓语助者焉哉乎也"。赐锦彩、瓶盘等银器，仍令自书谢状，勿拘真行，帝尤奇惜之。

公权志耽书学，不能治生；为勋戚家碑板，问遗岁时钜万，多为主藏竖海鸥、龙安所窃。别贮酒器杯盂一笥，缄縢如故，其器皆亡。讯海鸥，乃曰："不测其亡。"公权晒曰："银杯羽化耳。"不复更言。所宝唯笔砚图画，自扃镐之。常评砚，以青州石末为第一，言墨易冷，绛州黑砚次之。尤精《左氏传》、《国语》、《尚书》、《毛诗》、《庄子》。每说一义，必诵数纸。性晓音律，不好奏乐。常云："闻乐令人骄怠故也。"

公绰伯父子华，永泰初，为严武西蜀判官，奏为成都令。累迁池州刺史。入为昭应令，知府东十三县捕贼，寻检校金部郎中、修葺华清宫使。元载欲用为京兆尹，未拜而卒。自知死日，预为墓志。有知人之明。公绰生三日，视之，谓其弟子温曰："保惜此儿，福祚吾兄弟不能及。兴吾门者，此儿也。"因以起之为公绰字。

子华二子：公器、公度。

公度善摄生，年八十余，步履轻便。或祈其术，曰："吾初无术，但未尝以元气佐喜怒，气海常温耳！"位止光禄少卿。

公器子遵。遵子璨。璨仕至宰相，自有传。

崔玄亮，字晦叔，山东磁州人也。玄亮贞元十一年登进士第，从事诸侯府。性雅淡，好道术，不乐趋竞，久游江湖。至元和初，因知己荐达入朝。再迁监察御史，转侍御史。出为密、湖、曹三郡刺史。每一迁秩，谦让辄形于色。

大和初，入为太常少卿。四年，拜谏议大夫，中谢日，面赐金紫。朝廷推其名望，迁右散骑常侍。

来年，宰相宋申锡为郑注所构，狱自内起，京师震惧。玄亮首率谏官十四人，诣延英请对，与文宗往复数百言。文宗初不省其谏，欲置申锡于法。玄亮泣奏曰："孟轲有言：众人皆曰杀之，未可也；卿大夫皆曰杀之，未可也；天下皆曰杀之，然后察之，方置于法。今至圣之代，杀一凡庶，尚须合于典法，况无辜杀一宰相乎？臣为陛下惜天下法，实不为申锡也。"言讫，俯伏呜咽，文宗为之感悟。玄亮由此名重于朝。

七年，以疾求为外任；宰相以弘农便其所请。乃授检校左散骑常侍、虢州刺史。是岁七月，卒于郡所，中外无不叹惜。

始玄亮登第，弟纯亮、寅亮相次升进士科。藩府辟召，而玄亮最达。玄亮孙贻孙，位至侍郎。

温造，字简舆，河内人。祖景倩，南郑令。父辅国，太常丞。造幼嗜学，不喜试吏，自负节概，少所降志，隐居王屋，以渔钓逍遥为事。寿州刺史张建封闻风致书币招延，造欣然谓所亲曰："此可人也。"徒家从之。建封动静咨询，而不敢縻以职任。及建封授节彭门，造归下邳，有高天下之心。建封恐一旦失造，乃以兄女妻之。

时李希烈方悖，侵寇藩邻，屡陷郡邑。天下城镇恃兵者，从而动摇，多逐主帅，自立留后，邀求节钺。德宗患之，以范阳刘济方输忠款，但未能尽达朝廷倚赖之意，乃密诏建封选特达识略之士往喻之。建封乃强署造节度参谋，使于幽州。造与语未讫，济俯伏流涕曰："济僻在遐裔，不知天子神圣，大臣忠荩。愿得率先诸侯，效以死节。"造还，建封以其名上闻。德宗爱其才，召至京师，谓之曰："卿谁家子？年复几何？"造对曰："臣五代祖大雅，外五代祖李勣。臣犬马之年三十有二。"德宗奇之，欲用为谏官，以语泄事寝。

长庆元年，授京兆府司录参军。奉使河朔称旨，迁殿中侍御史。既而幽州刘总请以所部九州听朝旨。穆宗选可使者，或荐造。帝召而谓之曰："朕以刘总输忠，虽书诏便蕃，未尽朕之深意。以卿素能办事，为朕此行。"造对曰："臣府县走吏，初受宪职，望轻事重，恐辱国命，无能谕旨。"帝曰："我在东宫时，闻刘总请觐；及我即位，比年上书不绝，及约以行期，即瘖默不报。卿识机知变，往喻我怀，无多让也。"乃拜起居舍人，赐绯鱼袋，充太原、镇州、幽州宣谕使。造初至范阳，刘总具橐鞬郊迎；乃宣圣旨，示以祸福。总俯伏流汗，若兵加于颈矣。及造使还，总遂移家入觐，朝廷遂以张弘靖代之。及朱克融逐弘靖，镇州杀田弘正，朝廷用兵，乃先令造衔命河东、魏博、泽潞、横海、深冀、易定等道，喻以军期，事皆称旨。

俄而坐与谏议大夫李景俭史馆饮酒，景俭醉谒丞相，出造为朗州刺史。在任开后乡渠九十七里，溉田二千顷，郡人获利，乃名为右史渠。居四年，召拜侍御史，请复置弹事朱衣、豸冠于外廊，大臣阻而不行。李祐自夏州入拜金吾，违制进马一百五十匹。造正衙弹奏，祐股战汗流。祐私谓人曰："吾夜逾蔡州城擒吴元济，未尝心动，今日胆落于温御史。吁，可畏哉！"迁左司郎中，再知杂事。寻拜御史中丞。

大和二年十一月，宫中昭德寺火。寺在宣政殿东隔垣，火势将及，宰臣、两省、京兆尹、中尉、枢密，皆环立于日华门外，令神策兵士救之，晡后稍息。是日，唯台官不到。造奏曰："昨宫中遗火，缘台有系囚，恐缘为奸，追集人吏堤防，所以至朝堂在后，臣请自罚三十直。其两巡使崔蠡、姚合火灭方到，请别议责罚。"敕曰："事出非常，台有囚系，官曹警备，亦为周虑，即合待罪朝堂，候取进止。量罚自许，事涉乖仪。温造、姚合、崔蠡各罚一月俸料。"

造性刚褊，人或激触，不顾贵势，以气凌藉。尝遇左补阙李虞于街，怒其不避，捕袛承人决脊十下。左拾遗舒元褒等上疏论之曰："国朝故事，供奉官衔中，除宰相外，无所回避。温造蔑朝廷典礼，凌陛下侍臣，恣行胸臆，曾无畏忌。凡事有小而关分理者，不可失也。分理一失，乱由之生。遗、补官秩虽卑，陛下侍臣也；中丞虽高，法吏也。侍臣见凌，是不广敬；法吏坏法，何以持绳？前时中书舍人李虞仲与造相逢，造乃曳去引马。知制诰崔咸与造相逢，造又捉其从人。当时缘不上闻，所以暴犯益甚。臣闻元和、长庆中，中丞行李不过半坊，今乃远至两坊，谓之'笼街喝道'。但以崇高自大，不思僭拟之嫌。若不纠

绳，实亏彝典。"敕曰："宪官之职，在指佞触邪，不在行李自大；侍臣之职，在献可替否，不在道路相高。并列通班，合知名分，如闻喧竞，亦已再三，既招人言，甚损朝体。其台官与供奉官同道，听先后而行，道途即袛揖而过，其参从人则各随本官之后，少相辟避，勿言冲突。又闻近日已来，应合导从官，事力多者，街衢之中，行李太过。自今后，传呼前后，不得过三百步。"然造之举奏，无所吐茹。朝廷有丧不以礼、配丧不以类者，悉劾之。获伪官王果等九十余人杖杀，南曹吏李贲等六人刑于都市。迁尚书右丞，加大中大夫，封祁县开国子，赐金紫。

四年，兴元军乱，杀节度使李绛。文宗以造气豪嫉恶，乃授检校右散骑常侍、兴元尹、山南西道节度使。造辞赴镇，以兴元兆乱之状奏之，文宗尽悟其根本，许以便宜从事。帝虑用兵劳费，造奏曰："臣计诸道征蛮之兵已回，俟臣行程至褒县，望赐臣密诏，使受约束。比臣及兴元，诸军相续而至，臣用此足矣。"乃授造手诏四通。神策行营将董重质、河中都将温德彝、邠阳都将刘士和等，咸令禀造之命。造行至褒城，会兴元都将卫志忠征蛮回，谒见。造即留以自卫，密与志忠谋。又召亚将张丕、李少直各谕其旨。暨发褒城，以八百人为衙队，五百人为前军，入府分守诸门。造下车置宴，所司供帐于厅事。造曰："此隘狭，不足以飨士卒，移之牙门。"坐定，将卒罗拜，志忠兵周环之。造曰："吾欲问新军去住之意。可悉前，旧军无得错杂。"劳问既毕，传言令坐，有未至者，因令异酒巡行。及酒匝，未至者皆至，牙兵围之亦合。坐卒未悟，席上有先觉者，挥令起，造传言叱之，因帖息不敢动。即召坐卒，诘以杀绛之状。志忠、张丕夹阶立，拔剑呼曰"杀"。围兵齐奋，其贼首教练使丘铸等并官健千人，皆斩首于地，血流四注。监军杨叔元在座，遽起求哀，拥造靴以请命；遣兵卫出之，以俟朝旨。敕旨配流康州。其亲刃绛者斩一百断，号令者斩三断，余并斩首。内一百首祭李绛，三十首祭王景延、赵存约等，并投尸于江。以功就加检校礼部尚书。

五年四月，入为兵部侍郎，以耳疾求退。七月，检校户部尚书、东都留守，判东都尚书省事、东畿汝防御使。

造至洛中。九月，制改授河阳怀节度观察等使。造以河内膏腴，民户雕瘵，奏开浚怀州古秦渠枋口堰；役工四万，溉济源、河内、温、武陟四县田五千余顷。

七年十一月，入为御史大夫。造初赴镇汉中，遇大雨，平地水深尺余，乃祷鸡翁山祈晴，俄而疾风驱云，即时开齐。文宗尝闻其事，会造入对言之，乃诏封鸡翁山为侯。

九年五月，转礼部尚书。其年六月病卒，时年七十，赠右仆射。有文集八十卷。造于晚年积聚财货，一无散施，时颇讥之。子璋嗣。

璋以荫入仕，累佐使府，历三郡刺史。咸通末，为徐泗节度使。徐州牙卒曰银刀军，颇骄横。璋至，诛其恶者五百余人，自是军中畏法。入为京兆尹，持法太深，豪右一皆屏迹。会同昌公主薨，懿宗怒，杀医官，其家属宗枝下狱者三百人。璋上疏切谏，以为刑法太深。帝怒，贬璋振州司马。制出，璋叹曰："生不逢时，死何足惜？"是夜

自缢而卒。

郭承嘏，字复卿。曾祖尚父汾阳王。祖晞，诸卫将军。父钧。承嘏生而秀异，乳保之年，即好笔砚。比及成童，能通《五经》。元和四年，礼部侍郎张弘靖知其才，擢升进士第，累辟使幕。历渭南尉。入朝为监察御史，迁起居舍人。丁内艰，以孝闻，终丧，为侍御史，职方、兵部二员外，兵部郎中。大和六年，拜谏议大夫。频上疏，言时政得失。文宗以郑注为太仆卿，承嘏论谏激切，注甚惧之。本官知匦院事。九年，转给事中。

开成元年，出为华州刺史、兼御史中丞。诏下，两省迭诣中书，求承嘏出麾之由。给事中卢载封还诏书，奏曰："承嘏自居此官，继有封驳，能奉其职，宜在琐闼。牧守之才，易为推择。"文宗谓宰臣曰："承嘏久在黄扉，欲优其禄俸，暂令廉问近关。而谏列拜章，惜其称职，甚美事也。"乃复为给事中。

文宗以淮南诸道累岁大旱，租赋不登，国用多阙。及是，以度支、户部分命宰臣镇之。承嘏论之曰："宰相者，上调阴阳，下安黎庶，致君尧、舜，致时清平。俾之阅簿书，算缗帛，非所宜也。"帝深嘉之，迁刑部侍郎。时因朔望，以刑法官得对，文宗从容顾问，恩礼甚厚。未及大用，以二年二月卒。承嘏身殁之后，家无余财，丧祭所费，皆亲友共给而后具。搢绅之流，无不痛惜。赠吏部尚书。

殷侑，陈郡人。父怿。侑为儿童时，励志力学，不问家人资产。及长，通经，以讲习自娱。贞元末，以《五经》登第，精于历代沿革礼。元和中，累为太常博士。时回纥请和亲，朝廷计费五百万缗。朝廷方用兵伐叛，费用百端，欲缓其期。乃命京正少卿李孝诚奉使宣谕，以侑为副。侑谨重有节概，临事俊辩。既至虏庭，可汗初待汉使，盛陈兵甲，欲臣汉使而不答拜。侑坚立不动，宣谕毕，可汗责其倨，宣言欲留之不遣。行者皆惧，侑谓房使曰："可汗是汉家子婿，欲坐受使臣拜，是可汗失礼，非使臣之倨也。"可汗惮其言，卒不敢逼。使还，拜虞部员外郎。王承宗拒命，遣侑衔命招谕之。承宗寻禀朝旨，献德、棣二州，遣二子入朝。迁侑谏议大夫。凡朝廷之得失，悉以陈论。前后上八十四章，以言激切，出为桂管观察使。

宝历元年，检校右散骑常侍、洪州刺史，转江西观察使。所至以洁廉著称。入为卫尉卿。文宗初即位，沧州李同捷叛，而王廷凑助逆，欲加兵镇州，诏五品已上都省集议。时上锐于破贼，宰臣莫敢异议。独侑以廷凑再乱河朔，方徇招怀，虽附凶徒，未甚彰露，宜且含容，专讨同捷。其疏末云："伏愿以宗社安危为大计，以善师攻心为神武，以含垢安人为远图，以网漏吞舟为至诚。"文宗虽不纳，深所嘉之。

沧景平，以侑尝为沧州行军司马。大和四年，加检校工部尚书、沧齐德观察使。时大兵之后，满目荆榛，遗骸蔽野，寂无人烟。侑不以妻子之官，始至，空城而已。侑攻苦食淡，与士卒同劳苦。周岁之后，流民襁负而归。侑上表请借耕牛三万，以给流民，乃度支赐绫绢五万匹，买牛以给之。数年之后，户口滋饶，仓廪盈积，人皆忘亡。初州兵三万，悉取给于度支。侑一岁而赋入自赡其半，二岁而给用悉周，请罢度支给赐。而劝课多方，民吏胥悦，上表请立德政碑。以功加检校吏部尚书。侑以郭下清池县在子城北，非便，奏移于南郭之内。

六年，入为刑部尚书，寻复检校吏部尚书、郓州刺史、兼御史大夫，充天平军节度、郓曹濮观察等使。自元和末，收复师道十二州为三镇。朝廷务安反侧，征赋所入，尽留赡军，贯缗尺帛，不入王府。侑以军赋有余，赋不上供，非法也，乃上表起大和七年，请岁供两税、榷酒濮等钱十五万贯、粟五万硕。诏曰："郓、曹、濮等州，元和已来，地本殷实，自分三道，十五余年，虽颁诏书，竟未入赋。殷侑承兵戈之后，当歉旱之余，勤力奉公，谨身守法。才及周岁，已致阜安。而又体国输忠，率先入贡，成三军奉上之志，陈一境乐输之心。寻有表章，良用嘉叹！"寻就加检校右仆射。

九年，御史大夫温造劾侑不由制旨，增监军俸入，赋敛于人。上不问，以庾承宣代还。

其年，濮州录事参军崔约武，于五县人吏率敛，及县官料钱，以私马抬估纳官，计绢一百二十匹。大理寺断三犯俱发，以重者论。只以中私马为重，止令削三任官。而刑部覆奏，令决杖配流。狱未决。侑奏曰："法官不习法律，三犯不同，即坐其所重。约武所犯，皆枉法取受，准律，枉法十五匹已上绞。《律疏》云：即以赃致罪，频犯者并累科。据约武所犯，令当入处绞刑。"疏奏，约武依刑部奏，决六十，流贺州。乃授侑刑部尚书。八月，检校右仆射，复为天平军节度使。上以温造所奏深文故也。

开成元年，复召为刑部尚书。时初经李训之乱，上问侑治安之术。侑极言委任责成，宜在朝之耆德，新进小生，无宜轻用。帝深嘉之，赐锦彩三百匹。及中谢，又令中使就第赐金十斤。其年七月，检校左仆射，出为襄州刺史、山南东道节度使。

二年三月，以病求代，以太子宾客分司东都。十一月，复检校右仆射，出为忠武节度、陈许蔡观察等使。三年七月，卒于镇，时年七十二，赠司空。

侑以通经入仕，观风抚俗，所莅有声。而晚年急于大用，稍通权幸，物望减于往时。子羽。

羽大和五年登进士第，藩府辟召，不至通显。子盈孙。

盈孙，乾符末为成都掾。驾在西川，用为太常博士，礼学有祖风。光启二年冬，随驾自成都还。三年二月，驻跸凤翔。时宗庙为贼所焚，车驾至京，告享无所。四月，盈孙谓宰执曰："太庙十一室，并祧庙八室，及三太后三室，因光启元年十二月二十五日车驾出宫，其缘室法物神主，本司载行，至鄠县并被盗剽夺。皇帝还宫，合先制造。"宰相郑延昌奏曰："太庙大殿二十二间，功绩至大，计料支费不少；兼宗庙制度，损益重难，今未审依元料修奉，为复别有商量。"敕付礼院详议。

时博士四人，杜用励在利州，崔澄在河中，封舜卿在巴南。独盈孙献议曰："太庙制度。历代参详，皆符典经，难议损益。谨按旧制，十一室，二十三间，十一架。垣墉广袤之度，堂室浅深之规，阶陛等级之差，栋宇崇低之则，前古所谓奢不能侈，俭不能逾者也。今以朝廷帑藏方虚，费用稍广，须资变礼，将务从宜，固不可易前圣之规模，狭大朝之制度，当凭典实，别有参详。谨按至德二年，以太庙方修，新作神主，于长安殿安置，便行祫告之礼，如同宗庙之仪，以俟庙成，方为迁祔。当时议论，无所是非。窃知今者京城除大内正衙外，别无殿宇。伏闻先有诏旨，且以少府监大厅权充太庙。伏缘十一室于五间之中，陈设隘狭，伏请接续厅之两头，成十一室，荐飨之。三太后庙，即于监内西南，别取屋宇三间，且充庙室。候太庙修奉毕日，别议迁祔。"敕旨依奏。其神主、法物、乐悬，皆盈孙奏重修制，知礼者称为博洽。

龙纪元年十一月，昭宗郊祀圆丘。两中尉杨复恭及两枢密，皆请朝服。盈孙上疏曰："臣昨赴斋宫，见中尉、枢密内臣，皆具朝服。臣寻前代及国朝典令，无内官朝服制度。伏以皇帝陛下，承天御历，圣作中兴，祇见宗祧，克陈大礼，皆禀高祖、太宗之成制，必循虞、夏、商、周之旧经。轩冕服章，式遵彝宪。若内官要衣朝服，令依所守官本品之服。事虽无据，粗可行之。臣忝礼司，合具陈奏。"时中贵皆如宰相大臣朝服，故盈孙论之。帝虽不从，嘉其所守。转秘书少监，卒。

徐晦，进士擢第，登直言极谏制科，授栎阳尉，皆自杨凭所荐。及凭得罪，贬临贺尉，交亲无敢祖送者；独晦送至蓝田，与凭言别。时故相权德舆与凭交分最深，知晦之行，因谓晦曰："今日送临贺，诚为厚矣，无乃为累乎！"晦曰："晦自布衣受杨公之眷，方兹流播，争忍无言而别？如他日相公为奸邪所潜，失意于外，晦安得与相公轻别乎？"德舆嘉其真恳，大称之于朝。不数日，御史中丞李夷简请为监察，晦白夷简曰："生平不践公门，公何取信而见奖拔？"夷简曰："闻君送杨临贺，不顾犯难，肯负国乎？"由是知名。历殿中侍御史、尚书郎，出为晋州刺史。入拜中书舍人。宝历元年，出为福建观察使。二年，入为工部侍郎，出为同州刺史、兼御史中丞。大和四年，征拜兵部侍郎。五年，为太子宾客，分司东都。晦性强直，不随世态，当官守正。唯嗜酒太过，晚年丧明，乃至沉废。以礼部尚书致仕。开成三年三月卒，赠兵部尚书。

史臣曰：温、柳二公，以文行饰躬，砥砺名节，当官守法，侃侃有大臣之节，而竟不登三事，位止正卿。所以知公辅之量，以和为贵。汉武帝畏汲黯而相孙弘，太宗重魏徵而委玄龄，其旨远也。韦、崔名士，荐贤致主，绰有古风。殷司空治民，斯为循吏，而忠规壮节，至晚不衰。徐、郭谠言，郁为佳士。如数君者，实为令人。

赞曰：柳氏礼法，公忠节概。搏击为优，弥纶则隘。夏卿奖拔，晦叔匡将。徐、郭之议，金玉锵锵。

卷一百六十六
列传第一百一十六

元稹 庞严附　白居易 弟行简　敏中附

元稹，字微之，河南人。后魏昭成皇帝，稹十代祖也。兵部尚书、昌平公岩，六代祖也。曾祖延景，岐州参军。祖悱，南顿丞。父宽，比部郎中、舒王府长史，以稹贵，赠左仆射。

稹八岁丧父。其母郑夫人，贤明妇人也；家贫，为稹自授书，教之书学。稹九岁能属文。十五两经擢第。二十四调判入第四等，授秘书省校书郎。二十八应制举才识兼茂、明于体用科，登第者十八人，稹为第一，元和元年四月也。制下，除右拾遗。

稹性锋锐，见事风生。既居谏垣，不欲碌碌自滞，事无不言，即日上疏论谏职。又以前时王叔文、王伾以猥亵待诏，蒙幸太子，永贞之际，大挠朝政。是以训导太子宫官，宜选正人。乃献《教本书》曰：

臣伏见陛下降明诏，修废学，增胄子，选司成。大哉，尧之为君，伯夷典礼，夔教胄子之深旨也！然而事有万万于此者，臣敢冒昧殊死而言之。臣闻诸贾生曰："三代之君，仁且久者，教之然也。"诚哉是言！且夫周成王，人之中才也，近管、蔡则逸入，有周、召则义闻，岂可谓天聪明哉？然而克终于道者，得不谓教之然耶？俾伯禽、唐叔与之游，《礼》、《乐》、《诗》、《书》为之习，目不得阅淫艳妖诱之色，耳不得闻优笑凌乱之音，口不得习操断击博之书，居不得近容顺阴邪之党，游不得纵追禽逐兽之乐，玩不得有遐异僻绝之珍。凡此数者，非备之于前而不为也，亦将不得见之矣。及其长而为君也，血气既定，游习既成，虽有放心快己之事日陈于前，固不能夺已成之习、已定之心矣。则彼忠直道德之言，固吾之所习闻也，陈之者有以谕焉；彼庸佞违道之说，固吾之所积惧也，诣之者有以辨焉。人之情，莫不欲耀其所能而党其所近；苟将得志，则必快其所蕴矣。物之性亦然。是以鱼得水而游，马逸驾而走，鸟得风而翔，火得薪而炽。此皆物之快其所蕴也。今夫成王所蕴道德也，所近圣贤也。是以举其近，则周公左而召公右，伯禽鲁而太公齐。快其蕴，则兴礼乐而朝诸侯，措刑罚而美教化。教之至也，可不谓信然哉！

及夫秦则不然。灭先王之学，曰将以愚天下；黜师保之位，曰将以明君臣。胡亥之生也，《诗》、《书》不得闻，圣贤不得近。彼赵高者，诈宦之戮人也，而傅之以残忍戕贼之术，且曰恣睢天下以为贵，莫见其面以为尊。是以天下之人人未尽愚，而胡亥固已不能分兽畜矣。赵高之威慑天下，而胡亥固已自幽于深宫矣。彼李斯，秦之宠丞相也。因逊冤死，无所自明,而况于疏远之臣庶乎!若然,则秦之亡有以致之也。

汉高承之以兵革,汉文守之以廉谨,卒不能苏复大训。是以景、武、昭、宣,天资甚美,才可以免祸乱;哀、平之间,则不能虞篡弑矣。然而惠帝废易之际,犹赖羽翼以胜邪心。是后有国之君,议教化者,莫不以兴廉举孝、设学崇儒为意,曾不知教化之不行,自贵始。略其贵者,教其贱者,无乃邻于倒置乎?

洎我太宗文皇帝之在藩邸,以至于为太子也,选知道德者十八人与之游习。即位之后,虽游宴饮食之间,若十八人者,实在其中。上失无不言,下情无不达。不四三年而名高盛古,岂一日二日而致是乎?游习之渐也!贞观已还,师傅皆宰相兼领,其余宫僚,亦甚重焉。马周以位高恨不得为司议郎,此其验也。文皇之后,渐疏贱之。用至母后临朝,篡弃王室。当中、睿二圣勤劳之际,虽有骨鲠敢言之士,既不得在调护保安之职,终不能吐扶卫之一辞。而令医匠安金藏剖腹以明之,岂不大哀也耶?

兵兴已来,兹弊尤甚。师资保傅之官,非疾废眊聩不任事者为之,即休戎罢帅不知书者处之。至于友谕赞议之徒,疏冗散贱之甚者,缙绅耻由之。夫以匹士之爱其子者,犹求明哲慈惠之师以教之,直谅多闻之友以成之。岂天下之元良,而可以疾废眊聩不知书者为之师乎?疏冗散贱不适用者为之友乎?此何不及上古之甚也!近制,宫僚之外,往往以沉滞僻老之儒,充侍直、侍读之选,而又疏弃斥逐之,越月逾时,不得召见,彼又安能傅成道德而保养其身躬哉?臣以为积此弊者,岂不以皇天眷佑,祚我唐德,以舜继尧,传陛下十一圣矣,莫不生而神明,长而仁圣,以是为屑屑习仪者故不之省耳。臣独以为于列圣之谋则可也,计传后嗣则不可。脱或万代之后,若有周成之中才,而又生于深宫优笑之间,无周、召保助之教,则将不能知喜怒哀乐之所自矣,况稼穑艰难乎?

今陛下以上圣之资,肇临海内,是天下之人倾耳注心之日。特愿陛下思成王训导之功,念文皇游习之渐,选重师保,慎择宫僚,皆用博厚弘深之儒,而又明达机务者为之。更相进见,日就月将。因令皇太子聚诸生,定齿胄讲业之仪,行严师问道之礼。至德要道以成之,彻膳记过以警之。血气未定,则去禽色之娱以就学;圣质已备,则资游习之善以弘德。此所谓"一人元良,万方以贞"之化也。岂直修废学,选司成,而足伦匹其盛哉?而又俾则百王,莫不幼同师,长同术,识君道之素定,知天伦之自然,然后选用贤良,树为藩屏。出则有晋、郑、鲁、卫之盛,入则有东牟、朱虚之强,盖所谓宗子维城、犬牙盘石之势也,又岂与夫魏、晋以降,囚贱其兄弟而自翦其本枝者,同年而语哉?

宪宗览之甚悦。

又论西北边事,皆朝政之大者。宪宗召对,问方略。为执政所忌,出为河南县尉。丁母忧,服除,拜监察御史。

四年,奉使东蜀,劾奏故剑南东川节度使严砺违制擅赋,又籍没涂山甫等吏民八十八户田宅一百一十一、奴婢二十七人、草千五百束、钱七千贯。时砺已死,七州刺史皆责罚。稹虽举职,而执政有与砺厚者恶之。使还,令分务东台。浙西观察使韩皋封杖决湖州安吉令孙澥,四日内死。徐州监军使孟升卒,节度使王绍传送升丧柩还京,给券乘驿,仍于邮舍安丧柩。稹并劾奏以法。河南尹房式为不法事,稹欲追摄,擅令停务。既飞表闻奏,罚式一月俸,仍召稹还京。宿敷水驿,内官刘士元后至,争厅。士元怒,排其户,稹袜而走厅后。士元追之,后以棰击稹伤面。执政以稹少年后辈,务作威福,贬为江陵府士曹参军。

稹聪警绝人,年少有才名,与太原白居易友善。工为诗,善状咏风态物色,当时言诗者,称元、白焉。自衣冠士子,至闾阎下俚,悉传讽之,号为"元和体"。既以俊爽不容于朝,流放荆蛮者仅十年。俄而白居易亦贬江州司马,稹量移通州司马。虽通、江悬邈,而二人来往赠答。凡所为诗,有自三十、五十韵乃至百韵者。江南人士,传道讽诵,流闻阙下,里巷相传,为之纸贵。观其流离放逐之意,靡不凄惋。

十四年,自虢州长史征还,为膳部员外郎。宰相令狐楚一代文宗,雅知稹之辞学,谓稹曰:"尝览足下制作,所恨不多,迟之久矣。请出其所有,以豁予情。"稹因献其文,自叙曰:

稹初不好文,徒以仕无他歧,强由科试。及有罪谴弃之后,自以为废滞潦倒,不复为文字有闻于人矣。曾不知好事者抉摘乌芜,尘渎尊重。窃承相公特于廊庙间道稹诗句,昨又面奉教约,令献旧文。战汗悚踊,惭觍无地。

稹自御史府谪官,于今十余年矣。闲诞无事,遂专力于诗章。日益月滋,有诗句千余首。其间感物寓意,可备矇瞽之风者有之。辞直气粗,罪尤是惧,固不敢陈露于人。唯杯酒光景间,屡为小碎篇章,以自吟畅。然以为律体卑痹,格力不扬,苟无姿态,则陷流俗。常欲得思深语近,韵律调新,属对无差,而风情宛然,而病未能也。江湖间多新进小生,不知天下文有宗主,妄相放效,而又从而失之,遂至于支离褊浅之辞,皆目为元和诗体。

稹与同门生白居易友善。居易雅能诗,就中爱驱驾文字,穷极声韵,或为千言,或五百言律诗,以相投寄。小生自审不能过之,往往戏排旧韵,别创新辞,名为次韵相酬,盖欲以难相挑。自尔江湖间为诗者,复相放效,力或不足,则至于颠倒语言,重复首尾,韵同意等,不异前篇,亦目为元和诗体。而司文者考变雅之由,往往归咎于稹。尝以为雕虫小事,不足以自明。始闻相公记忆,累旬已来,实虑粪土之墙,庇之以大厦,使不复破坏,永为板筑者之误。辄写古体歌诗一百首,百韵至两韵律诗一百首,为五卷,奉启跪陈。或希构厦之余,一赐观览,知小生于章句中桑栌榱桷之材,尽曾量度,则十余年之遭回,不为无用矣。

楚深称赏，以为今代之鲍、谢也。

穆宗皇帝在东宫，有妃嫔左右尝诵稹歌诗以为乐曲者，知稹所为，尝称其善，宫中呼为元才子。荆南监军崔潭峻甚礼接稹，不以掾吏遇之，常征其诗什讽诵之。长庆初，潭峻归朝，出稹《连昌宫辞》等百余篇奏御。穆宗大悦，问稹安在。对曰："今为南宫散郎。"即日转祠部郎中、知制诰。朝廷以书命不由相府，甚鄙之。然辞诰所出，夐然与古为俦，遂盛传于代，由是极承恩顾。尝为《长庆宫辞》数十百篇，京师竞相传唱。居无何，召入翰林，为中书舍人、承旨学士。中人以潭峻之故，争与稹交，而知枢密魏弘简尤与稹相善，穆宗愈728知重。河东节度使裴度三上疏，言稹与弘简为刎颈之交，谋乱朝政，言甚激讦。穆宗顾中外人情，乃罢稹内职，授工部侍郎。上恩顾未衰。长庆二年，拜平章事。诏下之日，朝野无不轻笑。

时王廷凑、朱克融连兵围牛元翼于深州，朝廷俱赦其罪，赐节钺，令罢兵，俱不奉诏。稹以天子非次拔擢，欲有所立以报上。有和王傅于方者，故司空颐之子，干进于稹。言有奇士王昭、王友明二人，尝客于燕、赵间，颇与贼党通熟，可以反间而出元翼。仍自以家财资其行，仍赂兵吏部令史为出告身二十通，以便宜给赐，稹皆然之。有李赏者，知于方之谋，以稹与裴度有隙，乃告度云："于方为稹所使，欲结客王昭等刺度。"度隐而不发。及神策军中尉奏于方之事，乃诏三司使韩皋等讯鞫，而害裴事无验，而前事尽露。遂俱罢稹、度平章事，乃出稹为同州刺史，度守仆射。谏官上疏，言责度太重，稹太轻。上心怜稹，止削长春宫使。

稹初罢相，三司狱未奏，京兆尹刘遵古遣坊所由潜逻稹居第，稹奏诉之。上怒，罚遵古，遣中人抚谕稹。稹至同州，因表谢上，自叙曰：

臣稹辜负圣明，辱累恩奖，便合自求死所，岂谓尚忝官荣？臣稹死罪。

臣八岁丧父，家贫无业。母兄乞丐以供资养。衣不布体，食不充肠。幼学之年，不蒙师训。因感邻里儿稚有父兄为开学校，涕咽发愤，愿知《诗》、《书》。慈母哀臣，亲为教授。年十有五，得明经出身，由是苦心为文，夙夜强学。年二十四，登吏部乙科，授校书郎。年二十八，蒙制举首选，授左拾遗。始自为学，至于升朝，无朋友为臣吹嘘，无亲戚为臣援庇。莫非苦己，实不因人，独立性成，遂无交结。任拾遗日，屡陈时政，蒙先皇帝召问于延英。旋为宰相所憎，出臣河南县尉。及为监察御史，又不规避，专心纠绳，复为宰相怒臣不庇亲党，因以他事贬臣江陵判司。废弃十年，分死沟渎。

元和十四年，宪宗皇帝开释有罪，始授臣膳部员外郎。与臣同省署者，多是臣登朝时举人；任卿相者，半是臣同谏院时拾遗、补阙。愚臣既不料陛下天听过卑，知臣薄艺，朱书授臣制诰，延英召臣赐绯。宰相恶臣不出其门，由是百万侵毁。陛下察臣无罪，宠奖逾深，召臣固授舍人，遣充承旨翰林学士，金章紫服，光饰陋躯，人生之荣，臣亦至矣。然臣益遭诽谤，

日夜忧危。唯陛下圣鉴昭临，弥加保任，竟排群议，擢授台司。臣忝有肺肝，岂并寻常宰相？况当行营退散之后，牛元翼未出之间，每闻陛下轸念之言，愚臣恨不身先士卒。所问于方计策，遣王友明等救解深州，盖欲上副圣情，岂是别怀他意？不料奸人疑臣杀害裴度，妄有告论，尘渎圣聪，愧羞天地。臣本待辨明一了，便拟杀身谢责，岂料圣慈尚加，薄贬同州。虽违咫尺之间，不远郊圻之境，伏料必是宸衷独断，乞臣此官。若遣他人商量，乍可与臣远处方镇，岂肯遣臣俯近阙廷？

所恨今月三日，尚蒙召对延英。此时不解泣血，仰辞天颜，乃至今日窜逐。臣自离京国，目断魂销。每至五更朝谒之时，实制泪不已。臣若余生未死，他时万一归还，不敢更望得见天颜，但得再闻京城钟鼓之音，臣虽黄土覆面，无恨九泉。臣无任自恨自惭，攀恋圣慈之至。

在郡二年，改授越州刺史、兼御史大夫、浙东观察使。会稽山水奇秀，稹所辟幕职，皆当时文士，而镜湖、秦望之游，月三四焉。而讽咏诗什，动盈卷帙。副使窦巩，海内诗名，与稹酬唱最多，至今称兰亭绝唱。稹既放意娱游，稍不修边幅，以渎货闻于时。凡在越八年。

大和初，就加检校礼部尚书。三年九月，入为尚书左丞。振举纪纲，出郎官颇乖公议者七人。然以稹素无检操，人情不厌服。会宰相王播仓卒而卒，稹大为路歧，经营相位。四年正月，检校户部尚书，兼鄂州刺史、御史大夫、武昌军节度使。五年七月二十二日暴疾，一日而卒于镇，时年五十三，赠尚书右仆射。有子曰道护，时年三岁。稹仲兄司农少卿积，营护丧事。所著诗赋、诏册、铭诔、论议等杂文一百卷，号曰《元氏长庆集》。又著古今刑政书三百卷，号《类集》，并行于代。

稹长庆末因编删其文稿，《自叙》曰：

刘歆云：制不可削。予以为有可得而削之者，贡谋猷，持嗜欲，君有之则誉归于上，臣专之则誉归于下。苟而存之，其攘也，非道也。经制度，明利害，区邪正，辨嫌惑，存之则事分著，去之则是非泯。苟而削之，其过也，非道也。

元和初，章武皇帝新即位，臣下未有以言刮视听者。予时始以对诏在拾遗中供奉，由是献《教本书》、《谏职》、《论事》等表十数通，仍为裴度、李正辞、韦聪讼所言当行，而宰相曲道上语。上颇悟，召见问状。宰相大恶之，不一月，出为河南尉。后累岁，补御史，使东川。谨以元和敕书，劾节度使严砺浸山甫等八十八家，过赋梓、遂之民数百万。朝廷异之，夺七刺史料，悉以所籍归于人。会潘孟阳代砺为节度使，贪过砺，且有所承迎，虽不敢尽废诏，因命当得所籍者皆入资。资过其称，权薪盗赋无不为，仍为砺密状不当得五谥。予自东川还，朋砺者潜切齿矣。

无何，分莅东都台。天子久不在都，都下多不法者。百司皆牢狱，有栽接吏械人逾岁而台府不得而知之者，予因飞奏绝百司专禁锢。河南尉判官，予劾之，

忤宰相旨。监徐使死于军，徐帅邮传其柩，柩至洛，其下欧诟主邮吏，予命吏徙柩于外，不得复乘传。浙西观察使封杖决安吉令至死；河南尹诬奏书生尹太阶请死之；飞龙使诱赵寔家逃奴为养子；田季安盗娶洛阳衣冠女；汴州没入死商钱且千万；滑州赋于民以千，授予人以八百；朝廷饩东师，主计者误命牛车四千三百乘飞刍越太行。类是数十事，或移或奏，皆主之。贞元已来，不惯用文法，内外宠臣皆暗呜。会河南尹房式诈谖事发，奏摄之。前所暗呜者叫噪。宰相素以劾叛官事相衔，乘是黜予江陵掾。后十年，始为膳部员外郎。

穆宗初，宰相更相用事，丞相段公一日独得对，因请亟用兵部郎中薛存庆、考功员外郎牛僧孺，予亦在请中，上然之。不十数日次用为给、舍，他忿恨者日夜构飞语，予惧罪，比上书自明。上怜之，三召与语。语及兵赋洎西北边事，因命经纪之。是后书奏及进见，皆言天下事，外间不知，多臆度。陛下益怜其不漏禁中语，召入禁林，且欲亟用为宰相。是时裴度在太原，亦有宰相望，巧者谋欲俱废之，乃以予所无构于裴。裴奏至，验之皆失实。上以裴方握兵，不欲校曲直，出于为工部侍郎，而相裴之期亦衰矣。不累月，上尽得所构者，虽不能暴扬之，遂果初意，卒用予与裴俱为宰相。复有购狂民告予借客刺裴者，鞫之复无状，而裴与予以故俱罢免。

始元和十五年八月得见上，至是未二岁，僭忝恩宠，无是之速者；遭罹谤咎，亦无是之甚者。是以心腹肾肠，糜费于扶卫危亡之不暇，又恶暇经纪陛下之所付哉！然而造次颠沛之中，前后列上兵赋边防之状，可得而存者一百一十五。苟而削之，是伤先帝之器使也。至于陈畅辨谤之章，去之则无以自明于朋友矣。其余郡县之奏请，贺庆之礼，因亦附于件目。始《教本书》，至于为人杂奏，二十有七轴，凡二百二十有七奏。终殁吾世，贻之子孙式，所以明经制之难行，而销毁之易至也。

其自叙如此，欲知其作者之意，备于此篇。

稹文友与白居易最善。后进之士，最重庞严，言其文体类己，保荐之。

庞严者，寿春人。父景昭。严元和中登进士第，长庆元年应制举贤良方正、能直言极谏科，策入三等，冠制科之首。是月，拜左拾遗。聪敏绝人，文章峭丽。翰林学士元稹、李绅颇知之。明年二月，召入翰林为学士。转左补阙，再迁驾部郎中、知制诰。严与右拾遗蒋防俱为稹、绅保荐，至谏官内职。

四年，昭愍即位，李绅为宰相李逢吉所排，贬端州司马。严坐累，出为江州刺史。给事中于敖素与严善，制既下，敖封还，时人凛然相顾曰："于给事犯宰相怒而为知己，不亦危乎！"及覆制出，乃知敖驳制书贬严太轻，中外无不嗤诮，以为口实。初李绅谪官，朝官皆贺逢吉，唯右拾遗吴思不贺。逢吉怒，改为殿中侍御史，充入蕃告哀使。严复入为库部郎中。

大和二年二月，上试制举人，命严与左散骑常侍冯宿、太常少卿贾𫗧为试官，以裴休为甲等制科之首。有应直言极谏举人刘蕡，条对激切，凡数千言。不中选，人咸以为屈。其所对策，大行于时，登科者有请以身名授蕡者。严再迁太常少卿。

五年，权知京兆尹，以强干不避权豪称，然无士君子之检操，贪势嗜利。因醉而卒。

白居易，字乐天，太原人。北齐五兵尚书建之仍孙。建生士通，皇朝利州都督。士通生志善，尚衣奉御。志善生温，检校都官郎中。温生锽，历酸枣、巩二县令。锽生季庚，建中初为彭城令。时李正己据河南十余州叛。正己宗人洧为徐州刺史，季庚说洧以彭门归国，因授朝散大夫、大理少卿、徐州别驾，赐绯鱼袋，兼徐泗观察判官。历衢州、襄州别驾。自锽至季庚，世敦儒业，皆以明经出身。季庚生居易。初，建立功于高齐，赐田于韩城，子孙家焉，遂移籍同州。至温徙于下邽，今为下邽人焉。

居易幼聪慧绝人，襟怀宏放。年十五六时，袖文一编，投著作郎吴人顾况。况能文，而性浮薄，后进文章无可意者。览居易文，不觉迎门礼遇，曰："吾谓斯文遂绝，复得吾子矣。"

贞元十四年，始以进士就试，礼部侍郎高郢擢升甲科，吏部判入等，授秘书省校书郎。元和元年四月，宪宗策试制举人，应才识兼茂、明于体用科，策入第四等，授盩厔县尉、集贤校理。

居易文辞富艳，尤精于诗笔。自雠校至结绶畿甸，所著歌诗数十百篇，皆意存讽赋，箴时之病，补政之缺。而士君子多之，而往往流闻禁中。章武皇帝纳谏思理，渴闻谠言，二年十一月，召入翰林为学士。三年五月，拜左拾遗。居易自以逢好文之主，非次拔擢，欲以生平所贮，仰酬恩造。拜命之日，献疏言事曰：

蒙恩授臣左拾遗，依前翰林学士，已与崔群同状陈谢。但言忝冒，未吐衷诚。今再渎宸严，伏惟重赐详览。臣谨按《六典》，左右拾遗，掌供奉讽谏，凡发令举事，有不便于时、不合于道者，小则上封，大则廷净。其选甚重，其秩甚卑，所以然者，抑有由也。大凡人之情，位高则惜其位，身贵则爱其身；惜位则偷合而不言，爱身则苟容而不谏，此必然之理也。故拾遗之置，所以卑其秩者，使位未足惜，身未足爱。所以重其选者，使下不忍负心，上不忍负恩也。夫位不足惜，恩不忍负，然后能有阙必规，有违必谏。朝廷得失无不察，天下利病无不言。此国朝置拾遗之本意也。由是而言，岂小臣愚劣暗懦所宜居之哉？

况臣本乡校竖儒，府县走吏，委心泥滓，绝望烟霄。岂意圣慈，擢居近职，每宴饮无不先预，每庆赐无不先沾，中厩之马代其劳，内厨之膳给其食。朝惭夕惕，已逾半年，尘旷渐深，忧愧弥剧。未申微效，又擢清班。臣所以授官已来仅经十日，食不知味，寝不遑安。唯思粉身以答殊宠，但未获粉身之所耳。

今陛下肇临皇极，初受鸿名，凤夜忧勤，以求致理。每施一政、举一事，无不合于道、便于时者。万一事有不便于时者，陛下岂不欲闻之乎？万一政有不合于道者，陛下岂不欲知之乎？倘陛下言动之际，诏令之间，小有阙遗，稍关损益，臣必密陈所见，潜献所闻，但在圣心裁断而已。臣又职在禁中，不同外司，欲竭愚诚，合先陈露。伏希天鉴，深察赤诚。

居易与河南元稹相善，同年登制举，交情隆厚。稹自监察御史谪为江陵府士曹掾，翰林学士李绛、崔群上前面论稹无罪，居易累疏切谏曰：

臣昨缘元稹左降，频已奏闻。臣内察事情，外听众议，元稹左降有不可者三。何者？元稹守官正直，人所共知。自授御史已来，举奏不避权势，只如奏李佐公等事，多是朝廷亲情。人谁无私，因以挟恨，或假公议，将报私嫌，遂使诬谤之声，上闻天听。臣恐元稹左降已后，凡在位者，每欲举职，必先以稹为诫，无人肯为陛下当官守法，无人肯为陛下嫉恶绳愆。内外权贵亲党，纵有大过大罪者，必相容隐而已，陛下从此无由得知。此其不可者一也。

昨元稹所追勘房式之事，心虽徇公，事稍过当。既从重罚，足以惩违，况经谢恩，旋又左降。虽引前事以为责辞，然外议喧喧，皆以为稹与中使刘士元争厅，因此获罪。至于争厅事理，已具前状奏陈。况闻士元蹋破驿门，夺将鞍马，仍索弓箭，吓辱朝官，承前已来，未有此事。今中官有罪，未闻处置；御史无过，却先贬官。远近闻知，实损圣德。臣恐从今已后，中官出使，纵暴益甚；朝官受辱，必不敢言。纵有被凌辱殴打者，亦以元稹为戒，但吞声而已。陛下从此无由得闻。此其不可二也。

臣又访闻元稹自去年已来，举奏严砺在东川日枉法，没入平人资产八十余家；又奏王绍违法给券，令监军押柩及家口入驿；又奏裴玢违敕征百姓草；又奏韩皋使军将封杖打杀县令。如此之事，前后甚多，属朝廷法行，悉有惩罚。计天下方镇，皆怒元稹守官。今贬为江陵判官，即是送与方镇，从此方便报怨，朝廷何由得知？臣伏闻德宗时有崔善贞者，告李锜必反，德宗不信，送与李锜，锜掘坑炽火，烧杀善贞。曾未数年，李锜果反，至今天下为之痛心。臣恐元稹贬官，方镇有过，无人敢言，陛下无由得知不法之事。此其不可者三也。

若无此三不可，假如朝廷误左降一御史，盖是小事，臣安敢烦渎圣听，至于再三！诚以所损者深，所关者大，以此思虑，敢不极言！

疏入不报。

又淄青节度使李师道进绢，为魏徵子孙赎宅。居易谏曰："徵是陛下先朝宰相，太宗尝赐殿材成其正室，尤与诸家第宅不同。子孙典贴，其钱不多，自可官中为之收赎，而令师道掠美，事实非宜。"宪宗深然之。

上又欲加章东王锷平章事，居易谏曰："宰相是陛下辅臣，非贤良不可当此位。锷诛剥民财，以市恩泽，不可使四方之人谓陛下得王锷进奉，而与之宰相，深无益于圣

朝。"乃止。

王承宗拒命，上令神策中尉吐突承璀为招讨使，谏官上章者十七八。居易面论，辞情切至。既而又请罢河北用兵，凡数千百言，皆人之难言者，上多听纳。唯谏承璀事切，上颇不悦，谓李绛曰："白居易小子，是朕拔擢致名位，而无礼于朕，朕实难奈。"绛对曰："居易所以不避死亡之诛，事无巨细必言者，盖酬陛下特力拔擢耳，非轻言也。陛下欲开谏诤之路，不宜阻居易言。"上曰："卿言是也。"由是多见听纳。

五年，当改官，上谓崔群曰："居易官卑俸薄，拘于资地，不能超等，其官可听自便奏来。"居易奏曰："臣闻姜公辅为内职，求为京府判司，为奉亲也。臣有老母，家贫养薄，乞如公辅例。"于是，除京兆府户曹参军。六年四月，丁母陈夫人之丧，退居下邽。九年冬，入朝，授太子左赞善大夫。

十年七月，盗杀宰相武元衡，居易首上疏论其冤，急请捕贼以雪国耻。宰相以宫官非谏职，不当先谏官言事。会有素恶居易者，掎摭居易，言浮华无行，其母因看花堕井而死，而居易作《赏花》及《新井》诗，甚伤名教，不宜置彼周行。执政方恶其言事，奏贬为江表刺史。诏出，中书舍人王涯上疏论之，言居易所犯状迹，不宜治郡，追诏授江州司马。

居易儒学之外，尤通释典，常以忘怀处顺为事，都不以迁谪介意。在浔阳，立隐舍于庐山遗爱寺，尝与人书言之曰："予去年秋始游庐山，到东西二林间香炉峰下，见云木泉石，胜绝第一。爱不能舍，因立草堂。前有乔松十数株，修竹千余竿，青萝为墙援，白石为桥道，流水周于舍下，飞泉落于檐间，红榴白莲，罗生池砌。"居易与凑、满、朗、晦四禅师，追永、远、宗、雷之迹，为人外之交。每相携游咏，跻危登险，极林泉之幽邃。至于儳然顺适之际，几欲忘其形骸。或经时不归，或逾月而返，郡守以朝贵遇之，不之责。

时元稹在通州，篇咏赠答往来，不以数千里为远。尝与稹书，因论作文之大旨曰：

夫文，尚矣，三才各有文。天之文三光首之；地之文五材首之；人之文《六经》道之。就《六经》言，《诗》又首之。何者？圣人感人心而天下和平。感人心者，莫先乎情，莫始乎言，莫切乎声，莫深乎义。诗者，根情，苗言，华声，实义。上自贤圣，下至愚呆，微及豚鱼，幽及鬼神。群分而气同，形异而情一。未有声入而不应、情交而不感者。圣人知其然，因其言，经之以六义；缘其声，纬之以五音。音有韵，义有类。韵协则言顺，言顺则声易入；类举则情见，情见则感易交。于是乎孕大含深，贯微洞密，上下通而二气泰，忧乐合而百志熙。二帝三王所以直道而行、垂拱而理者，揭此以为大柄，决此以为大窦也。故闻"元首明，股肱良"之歌，则知虞道昌矣。闻五子洛汭之歌，则知夏政荒矣。言者无罪，闻者作诫，言者闻者莫不两尽其心焉。

洎周衰秦兴，采诗官废，上不以诗补察时政，下

不以歌泄导人情。用至于谄成之风动，救失之道缺。于时六义始刓矣。《国风》变为《骚辞》，五言始于苏、李。《诗》、《骚》皆不遇者，各系其志，发而为文。故河梁之句，止于伤别；泽畔之吟，归于怨思。彷徨抑郁，不暇及他耳。然去《诗》未远，梗概尚存。故兴离别则引双凫一雁为喻，讽君子小人则引香草恶鸟为比。虽义类不具，犹得风人之什二三焉。于时六义始缺矣。晋、宋已还，得者盖寡。以康乐之奥博，多溺于山水；以渊明之高古，偏放于田园。江、鲍之流，又狭于此。如梁鸿《五噫》之例者，百无一二。于时六义浸微矣。陵夷至于梁、陈间，率不过嘲风雪、弄花草而已。噫！风雪花草之物，三百篇中岂舍之乎？顾所用何如耳。设如"北风其凉"，假风以刺威虐；"雨雪霏霏"，因雪以愍征役；"棠棣之华"，感华以讽兄弟；"采采芣苢"，美草以乐有子也。皆兴发于此而义归于彼。反是者，可乎哉！然则"余霞散成绮，澄江净如练"，"归花先委露，别叶乍辞风"之什，丽则丽矣，吾不知其所讽焉。故仆所谓嘲风雪、弄花草而已。于时六义尽去矣。

唐兴二百年，其间诗人不可胜数。所可举者，陈子昂有《感遇诗》二十首，鲍防《感兴诗》十五篇。又诗之豪者，世称李、杜。李之作，才矣！奇矣！人不逮矣！索其风雅比兴，十无一焉。杜诗最多，可传者千余首。至于贯穿古今，覼缕格律，尽工尽善，又过于李焉。然撮其《新安》、《石壕》、《潼关吏》、《芦子关》、《花门》之章，"朱门酒肉臭，路有冻死骨"之句，亦不过十三四。杜尚如此，况不逮杜者乎？仆常痛诗道崩坏，忽忽愤发，或废食辍寝，不量才力，欲扶起之。嗟乎！事有大谬者，又不可一二而言，然亦不能不粗陈于左右。

仆始生六七月时，乳母抱弄于书屏下，有指"之"字、"无"字示仆者，仆口未能言，心已默识。后有问此二字者，虽百十其试，而指之不差。则知仆宿习之缘，已在文字中矣。及五六岁，便学为诗。九岁谙识声韵。十五六，始知有进士，苦节读书。二十已来，昼课赋，夜课书，间又课诗，不遑寝息矣。以至于口舌成疮，手肘成胝。既壮而肤革不丰盈，未老而齿发早衰白；瞥然而飞蝇垂珠在眸子中者，动以万数，盖以苦学力文之所致！

又自悲家贫多故，年二十七，方从乡赋。既第之后，虽专于科试，亦不废诗。及授校书郎时，已盈三四百首。或出示交友如足下辈，见皆谓之工，其实未窥作者之域耳。自登朝来，年齿渐长，阅事渐多。每与人言，多询时务；每读书史，多求理道。始知文章合为时而著，歌诗合为事而作。是时皇帝初即位，宰府有正人，屡降玺书，访人急病。

仆当此日，擢在翰林，身是谏官，月请谏纸。启奏之间，有可以救济人病，裨补时阙，而难于指言者，辄咏歌之，欲稍稍进闻于上。上以广宸听，副忧勤；次以酬恩奖，塞言责；下以复吾平生之志。岂图志未就而悔已生，言未闻而谤已成矣！

又请为左右终言之。凡闻仆《贺雨诗》，众口籍籍，以为非宜矣；闻仆《哭孔戡诗》，众面脉脉，尽不悦矣；闻《秦中吟》，则权豪贵近者，相目而变色矣；闻《登乐游园》寄足下诗，则执政柄者扼腕矣；闻《宿紫阁村》诗，则握军要者切齿矣！大率如此，不可遍举。不相与者，号为沽誉，号为诋讦，号为讪谤。苟相与者，则如牛僧孺之诫焉。乃至骨肉妻孥，皆以我为非也。其不我非者，举世不过三两人。有邓鲂者，见仆诗而喜，无何鲂死。有唐衢者，见仆诗而泣，未几而衢死。其余即足下。足下又十年来困踬若此。呜呼！岂六义四始之风，天将破坏，不可支持耶？抑又不知天意不欲使下人病苦闻于上耶？不然，何有志于诗者，不利若此之甚也！

然仆又自思关东一男子耳，除读书属文外，其他懵然无知，乃至书画棋博，可以接群居之欢者，一无通晓，即其愚拙可知矣！初应进士时，中朝无缌麻之亲，达官无半面之旧；策蹇步于利足之途，张空拳于战文之场。十年之间，三登科第，名落众耳，迹升清贯，出交贤俊，入侍冕旒。始得名于文章，终得罪于文章，亦其宜也。

日者闻亲友间说，礼、吏部举选人，多以仆私试赋判为准的。其余诗句，亦往往在人口中。仆恧然自愧，不之信也。及再来长安，又闻有军使高霞寓者，欲聘倡妓，妓大夸曰："我诵得白学士《长恨歌》，岂同他哉？"由是增价。又足下书云：到通州日，见江馆柱间有题仆诗者。何人哉？又昨过汉南日，适遇主人集众娱乐，他宾诸妓见仆来，指而相顾曰：此是《秦中吟》、《长恨歌》主耳。自长安抵江西三四千里，凡乡校、佛寺、逆旅、行舟之中，往往有题仆诗者；士庶、僧徒、孀妇、处女之口，每有咏仆诗者。此诚雕篆之戏，不足为多，然今时俗所重，正在此耳。虽前贤如渊、云者，前辈如李、杜者，亦未能忘情于其间。

古人云："名者公器，不可多取。"仆是何者，窃时之名已多。既窃时名，又欲窃时之富贵，使己为造物者，肯兼与之乎？今之屯穷，理固然也。况诗人多蹇，如陈子昂、杜甫，各授一拾遗，而屯剥至死。孟浩然辈不及一命，穷悴终身。近日孟郊六十，终试协律；张籍五十，未离一太祝。彼何人哉？况仆之才又不逮彼。今虽谪佐远郡，而官品至第五，月俸四五万，寒有衣，饥有食，给身之外，施及家人。亦可谓不负白氏子矣。微之，微之！勿念我哉！

仆数月来，检讨囊帙中，得新旧诗，各以类分，分为卷目。自拾遗来，凡所遇所感，关于美刺兴比者；又自武德至元和，因事立题，题为《新乐府》者，共一百五十首，谓之讽谕诗。又或退公，或卧病闲居，知足保和，吟玩性情者一百首，谓之闲适诗。又有事物牵于外，情理动于内，随感遇而形于叹咏者一百首，谓之感伤诗。又有五言、七言、长句、绝句，自百韵至两韵者,四百余首,谓之杂律诗。凡为十五卷,约八百首。异时相见,当尽致于执事。

微之,古人云:"穷则独善其身,达则兼济天下。"仆虽不肖,常师此语。大丈夫所守者道,所待者时。时之来也,为云龙,为风鹏,勃然突然,陈力以出;时之不来也,为雾豹,为冥鸿,寂兮寥兮,奉身而退。进退出处,何往而不自得哉!故仆志在兼济,行在独善,奉而始终之则为道,言而发明之则为诗。谓之讽谕诗,兼济之志也;谓之闲适诗,独善之义也。故览仆诗者,知仆之道焉。其余杂律诗,或诱于一时一物,发于一笑一吟,率然成章,非平生所尚者,但以亲朋合散之际,取其释恨佐欢,今铨次之间,未能删去。他时有为我编集斯文者,略之可也。

微之,夫贵耳贱目,荣古陋今,人之大情也。仆不能远征古旧,如近岁韦苏州歌行,才丽之外,颇近兴讽;其五言诗,又高雅闲淡,自成一家之体,今之秉笔者谁能及之?然当苏州在时,人亦未甚爱重,必待身后,人始贵之。今仆之诗,人所爱者,悉不过杂律诗与《长恨歌》已下耳。时之所重,仆之所轻。至于讽谕者,意激而言质;闲适者,思澹而辞迂。以质合迂,宜人之不爱也。今所爱者,并世而生,独足下耳。然百千年后,安知复无如足下者出,而知爱我诗哉?故自八九年来,与足下小通则以诗相戒,小穷则以诗相勉,索居则以诗相慰,同处则以诗相娱。知吾罪吾,率以诗也。

如今年春游城南时,与足下马上相戏,因各诵新艳小律,不杂他篇,自皇子陂归昭国里,迭吟递唱,不绝声者二十里余。攀、李在傍,无所措口。知我者以为诗仙,不知我者以为诗魔。何则?劳心灵,役声气,连朝接夕,不自知其苦,非魔而何?偶同人当美景,或花时宴罢,或月夜酒酣,一咏一吟,不觉老之将至。虽骖鸾鹤、游蓬瀛之适,无以加于此焉,又非仙而何?微之,微之!此吾所以与足下外形骸、脱踪迹、傲轩鼎、轻人寰者,又以此也。

当此之时,足下兴有余力,且欲与仆悉索还往中诗,取其尤长者,如张十八古乐府,李二十新歌行,卢、杨二秘书律诗,窦七、元八绝句,博搜精掇,编而次之,号为《元白往还集》。众君子得拟议于此者,莫不踊跃欣喜,以为盛事。嗟乎!言未终而足下左转,不数月而仆又继行,心期索然,何日成就?又可为之太息矣!

仆常语足下,凡人为文,私于自是,不忍于割截,或失于繁多。其间妍媸,益又自惑。必待交友有公鉴无姑息者,讨论而削夺之,然后繁简当否,得其中矣。况仆与足下,为文尤患其多。已尚病,况他人乎?今且各纂诗笔,粗为卷第,待与足下相见日,各出所有,终前志焉。又不知相遇是何年,相见是何地,溘然而至,则如之何?微之知我心哉!

浔阳腊月,江风苦寒,岁暮鲜欢,夜长少睡。引笔铺纸,悄然灯前,有念则书,言无铨次。勿以繁杂为倦,且以代一夕之话言也。

居易自叙如此,文士以为信然。

十三年冬,量移忠州刺史。自浔阳浮江上峡。十四年三月,元稹会居易于峡口,停舟夷陵三日。时季弟行简从行,三人于峡州西二十里黄牛峡口石洞中,置酒赋诗,恋恋不能诀。南宾郡当峡路之深险处也,花木多奇。居易在郡,为《木莲荔枝图》,寄朝中亲友,各记其状曰:"荔枝生巴、峡间,形圆如帷盖。叶如桂,冬青;华如橘,春荣;实如丹,夏熟。朵如蒲萄,核如枇杷,壳如红缯,膜如紫绡,瓤肉莹白如雪,浆液甘酸如醴酪。大略如此,其实过之。若离本枝,一日而色变,二日而香变,三日而味变,四五日外,色香味尽去矣。""木莲大者高四五丈,巴民呼为黄心树,经冬不雕。身如青杨,有白文。叶如桂,厚大无脊。花如莲,香色艳腻皆同,房独蕊有异。四月初始开,自开迨谢,仅二十日。元和十四年夏,命道士毋丘元志写之。惜其遐僻,因以三绝赋之。"有"天教抛掷在深山"之句,咸传于都下,好事者喧然模写。

其年冬,召还京师,拜主客员外郎。明年,转主客郎中、知制诰,加朝散大夫,始著绯。时元稹亦征还为尚书郎、知制诰,同在纶阁。长庆元年三月,受诏与中书舍人王起,覆试礼部侍郎钱徽下及第人郑朗等一十四人。十月,转中书舍人。十一月,穆宗亲试制举人,又与贾𫗧、陈岵为考策官。凡朝廷文字之职,无不首居其选,然多为排挤,不得用其才。

时天子荒纵不法,执政非其人,制御乖方,河朔复乱。居易累上疏论其事,天子不能用,乃求外任。七月,除杭州刺史。俄而元稹罢相,自冯翊转浙东观察使。交契素深,杭、越邻境,篇咏往来,不间旬浃。尝会于境上,数日而别。秩满,除太子左庶子,分司东都。宝历中,复出为苏州刺史。文宗即位,征拜秘书监,赐金紫。九月上诞节,召居易与僧惟澄、道士赵常盈对御讲论于麟德殿。居易论难锋起,辞辨泉注,上疑宿构,深嗟挹之。大和二年正月,转刑部侍郎,封晋阳县男,食邑三百户。三年,称病东归,求为分司官,寻除太子宾客。

居易初对策高第,擢入翰林,蒙英主特达顾遇,颇欲奋厉效报,苟致身于訏谟之地,则兼济生灵,蓄意未果,望风为当路者所挤,流徙江湖。四五年间,几沦蛮瘴。自是宦情衰落,无意于出处,唯以逍遥自得,吟咏情性为事。大和已后,李宗闵、李德裕朋党事起,是非排陷,朝升暮黜,天子亦无如之何。杨颖士、杨虞卿与宗闵善,居易妻,颖士从父妹也。居易愈不自安,惧以党人见斥,乃求致身散地,冀于远害。凡所居官,未尝终秩,率以病免,固求分务,识者多之。五年,除河南尹。七年,复授太子宾客分司。

初,居易罢杭州,归洛阳。于履道里得故散骑常侍杨凭宅,竹木池馆,有林泉之致。家妓樊素、蛮子者,能歌善舞。居易既以尹正罢归,每独酌赋咏于舟中,因为《池上篇》曰:

东都风土水木之胜在东南偏,东南之胜在履道里,里之胜在西北隅,西闬北垣第一第,即白氏叟乐天退老之地。地方十七亩,屋室三之一,水五之一,竹九之一,而岛树桥道间之。初乐天既为主,喜且曰:"虽有池台,无粟不能守也",乃作池东粟廪。又曰:"虽有子弟,无书不能训也。"乃作池北书库。又曰:"虽有宾朋,无琴酒不能娱也",乃作池西琴亭,加石樽焉。

乐天罢杭州刺史,得天竺石一、华亭鹤二以归。始作西平桥,开环池路。罢苏州刺史时,得太湖石五、白莲、折腰菱、青板舫以归,又作中高桥,通三岛迳。罢刑部侍郎时,有粟千斛,书一车,洎臧获之习管磬弦歌者指百以归。先是颍川陈孝仙与酿酒法,味甚佳;博陵崔晦叔与琴,韵甚清;蜀客姜发授《秋思》,声甚淡;弘农杨贞一与青石三,方长平滑,可以坐卧。

大和三年夏,乐天始得请为太子宾客,分秩于洛下,息躬于池上。凡三任所得,四人所与,洎吾不才身,今率为池中物。每至池风春,池月秋,水香莲开之旦,露清鹤唳之夕,拂杨石,举陈酒,援崔琴,弹《秋思》,颓然自适,不知其他。酒酣琴罢,又命乐童登中岛亭,含奏《霓裳散序》,声随风飘,或凝或散,悠扬于竹烟波月之际者久之。曲未竟,而乐天陶然石上矣。睡起偶咏,非诗非赋,阿龟握笔,因题石间。视其粗成韵章,命为《池上篇》云:

十亩之宅,五亩之园,有水一池,有竹千竿。勿谓土狭,勿谓地偏,足以容膝,足以息肩。有堂有亭,有桥有船,有书有酒,有歌有弦。有叟在中,白须飒然,识分知足,外无求焉。如鸟择木,姑务巢安;如蛙作坎,不知海宽。灵鹊怪石,紫菱白莲,皆吾所好,尽在我前。时引一杯,或吟一篇。妻孥熙熙,鸡犬闲闲。优哉游哉,吾将老乎其间。

又效陶潜《五柳先生传》,作《醉吟先生传》以自况。文章旷达,皆此类也。

大和末,李训构祸,衣冠涂地,士林伤感,居易愈无宦情。开成元年,除同州刺史,辞疾不拜。寻授太子少傅,进封冯翊县开国侯。四年冬,得风病,伏枕者累月,乃放诸妓女樊、蛮等,仍自为墓志,病中吟咏不辍。自言曰:"予年六十有八,始患风痹之疾,体瘵首眩,左足不支。盖老病相乘,有时而至耳。予栖心释梵,浪迹老、庄,因疾观身,果有所得。何则?外形骸而内忘忧患,先禅观而后顺医治。旬月以还,厥疾少间,杜门高枕,淡然安闲。吟咏兴来,亦不能遏,遂为《病中诗》十五篇以自谕。"

会昌中,请罢太子少傅,以刑部尚书致仕。与香山僧如满结香火社,每肩舆往来,白衣鸠杖,自称香山居士。大中元年卒,时年七十六,赠尚书右仆射。有文集七十五卷,《经史事类》三十卷,并行于世。长庆末,浙东观察使元稹,为居易集序曰:

乐天始未言,试指"之"、"无"字能不误。始既言,读书勤敏,与他儿异。五六岁识声韵,十五志辞赋,二十七举进士。贞元末,进士尚驰竞,不尚文,就中六籍尤摈落。礼部侍郎高郢始用经艺为进退,乐天一举擢上第。明年,中拔萃甲科,由是《性习相近

远》、《玄珠》、《斩白蛇》等赋洎百节判,新进士竞相传于京师。会宪宗皇帝策召天下士,对诏称旨,又登甲科。未几,选入翰林,掌制诰。比比上书言得失,因为《贺雨诗》、《秦中吟》等数十章,指言天下事,时人比之《风》、《骚》焉。

予始与乐天同秘书,前后多以诗章相赠答。予遣掾江陵,乐天犹在翰林,寄为百韵律体及杂体,前后数十诗。是后各佐江、通,复相酬寄。巴、蜀、江、楚间洎长安中少年,递相仿效,竞作新辞,自谓为元和诗。而乐天《秦中吟》、《贺雨》讽谕闲适等篇,时人罕能知者。然而二十年间,禁省观寺、邮候墙壁之上无不书;王公妾妇、牛童马走之口无不道。其缮写模勒,衒卖于市井,或因之以交酒茗者,处处皆是。其甚有至盗窃名姓,苟求自售,杂乱间厕,无可奈何。予尝于平水市中,见村校诸童,竞习歌咏,召而问之,皆对曰:"先生教我乐天、微之诗。"固亦不知予为微之也。又鸡林贾人求市颇切,自云:"本国宰相,每以一金换一篇,甚伪者,宰相辄能辨别之。"自篇章已来,未有如是流传之广者。

长庆四年,乐天自杭州刺史以右庶子召还,予时刺会稽,因得尽征其文,手自排缵,成五十卷,凡二千二百五十一首。前辈多以前集、中集为名,予以为陛下明年当改元,长庆讫于是矣,因号《白氏长庆集》。

大凡人之文各有所长,乐天长可以为多矣。夫讽谕之诗长于激,闲适之诗长于遣,感伤之诗长于切,五字律诗百言而上长于赡,五字、七字百言而下长于情,赋赞箴诫之类长于当,碑记叙事制诰长于实,启奏表状长于直,书檄辞册剖判长于尽。总而言之,不亦多乎哉!

人以为稹序尽其能事。

居易尝写其文集,送江州东西二林寺、洛城香山圣善等寺,如佛书杂传例流行之。无子,以其侄孙嗣。遗命不归下邽,可葬于香山如满师塔之侧,家人从命而葬焉。

行简,字知退。贞元末,登进士第,授秘书省校书郎。元和中,卢坦镇东蜀,辟为掌书记。府罢,归浔阳。居易授江州司马,从兄之郡。十五年,居易入朝为尚书郎,行简亦授左拾遗。累迁司门员外郎、主客郎中。长庆末,振武奏水运营田使贺拔志言营田数过实,诏令行简按覆之。不实,志惧,自刺死。行简宝历二年冬病卒,有文集一十卷。行简文笔有兄风,辞赋尤称精密,文士皆师法之。居易友爱过人,兄弟相待如宾客。行简子龟儿,多自教习,以至成名。当时友悌,无以比焉。

敏中,字用晦,居易从父弟也。祖镇,位终扬府录事参军。父季康,溧阳令。敏中少孤,为诸兄之所训历。长庆初,登进士第,佐李听,历河东、郑滑、邠宁三府节度掌书记,试大理评事。大和七年,丁母忧,退居下邽。会昌初,为殿中侍御史,分司东都。寻除户部员外郎,还京。

武宗皇帝素闻居易之名,及即位,欲征用之。宰相李

德裕言居易衰病，不任朝谒，因言从弟敏中辞艺类居易，即日知制诰，召入翰林充学士，迁中书舍人。累至兵部侍郎、学士承旨。会昌末，同平章事，兼刑部尚书、集贤史馆大学士。宣宗即位，加右仆射、金紫光禄大夫、太清宫使、太原郡开国公、食邑二千户。及李德裕再贬岭南，敏中居四辅之首，雷同毁誉，无一言伸理，特论罪之。五年，罢相，检校司空，出为邠州刺史、邠宁节度、招抚党项都制置等使。七年，进位特进、成都尹、剑南西川节度副大使、知节度等事。十一年二月，检校司徒、平章事、江陵尹、荆南节度使。懿宗即位，征拜司徒、门下侍郎、平章事，复辅政。寻加侍中。三年罢相，为河中尹、河中晋绛节度使。累迁中书令。太子太师致仕，卒。

史臣曰：举才选士之法，尚矣！自汉策贤良，隋加诗赋，罢中正之法，委铨举之司。由是争务雕虫，罕趋函丈，矫首皆希于屈、宋，驾肩并拟于《风》、《骚》。或俸箴阙之篇，或敩补亡之句。咸欲锱铢《采葛》，糠秕《怀沙》，较丽藻于碧鸡，斗新奇于白凤。暨编之简牍，播在管弦，未逃季绪之诋诃，孰望《子虚》之称赏？迨今千载，不乏辞人，统论六义之源，较其三变之体，如二班者盖寡，类七子者几何？至潘、陆情致之文，鲍、谢清便之作，迨于徐、庾，踵丽增华，纂组成而耀以珠玑，瑶台构而间之金碧。国初开文馆，高宗礼茂才，虞、许擅价于前，苏、李驰声于后。或位升台鼎，学际天人，润色之文，咸布编集。然而向古者伤于太僻，徇华者或至不经，醒醐者局于宫商，放纵者流于郑、卫。若品调律度，扬摧古今，贤不肖皆赏其文，未如元、白之盛也。昔建安才子，始定霸于曹、刘；永明辞宗，先让功于沈、谢。元和主盟，微之、乐天而已。臣观元之制策，白之奏议，极文章之壶奥，尽治乱之根萌。非徒谣颂之片言，盘盂之小说。就文观行，居易为优，放心于自得之场，置器于必安之地，优游卒岁，不亦贤乎。

赞曰：文章新体，建安、永明。沈、谢既往，元、白挺生。但留金石，长有《茎英》。不习孙、吴，焉知用兵？

卷一百六十七
列传第一百一十七

赵宗儒　窦易直　李逢吉　段文昌 子成式　宋申锡　李程

赵宗儒，字秉文。八代祖彤，仕后魏为征南将军。父骅，为秘书少监。宗儒举进士，初授弘文馆校书郎。满岁，又以书判入高等，补陆浑主簿。数月，征拜右拾遗，充翰林学士。时父骅秘书少监，与父并命，出于一日，当时荣之。建中四年，转屯田员外郎，内职如故。居父忧，免丧，授司门、司勋二员外郎。

贞元六年，领考功事，定百吏考绩，黜陟公当，无所畏避。右司郎中独孤良器、殿中侍御史杜伦，各以过黜之。尚书左丞裴郁、御名中丞卢绍，比皆考中上，宗儒贬之中中。又秘书少监郑云逵考其同官孙昌裔入上下，宗儒复入中上。凡考之中上者，不过五十人，余多减入中中。德宗闻而善之，迁考功郎中。

丁母忧，终丧，授吏部郎中。十一年，迁给事中。十二年，与谏议大夫崔损同日以本官同中书门下平章事，俱赐紫金鱼袋。十四年，罢相，为右庶子。

宗儒端居守道，勤奉朝请而已，德宗闻而嘉之。二十年，迁吏部侍郎，召见，劳之曰：“知卿闭关六年，故有此拜。曩者与先臣并命，尚念之耶？”宗儒因俯伏流涕。德宗崩，顺宗命为德宗哀册文，辞颇凄惋。

元和初，检校礼部尚书，判东都尚书省事、兼御史大夫，充东都留守、畿汝都防御使。入为礼部、户部二尚书，寻检校吏部尚书，守江陵尹、兼御史大夫、荆南节度营田观察等使。散冗食之戍二千人。六年，又入为刑部尚书。八年，转检校吏部尚书、兴元尹、兼御史大夫，充山南西道节度观察等使。九年，召拜御史大夫，俄迁检校右仆射、河中尹、兼御史大夫、晋绛慈隰节度观察等使。赴镇后，擅用供军钱八千余贯，坐罚一月俸。十一年七月，入为兵部尚书。九月，改太子少傅，权知吏部尚书铨事。十四年九月，拜吏部尚书。

穆宗即位，以初释服，令尚书省官试先朝所征集应制举人。宗儒奏曰："准今月十五日敕：比者先朝征集应制人等，已及时限，恐皆来自远方，难于久住，酌宜审事，遂委有司定日就试。如闻所集之人多已分散，须知审的，然后裁定，宜令所司商量闻奏者。伏以制科所设，本在亲临，南省试人，亦非旧典。今覃恩既毕，庶政惟新。况山陵日近，公务繁迫，待问之士，就试非多。臣等商量，恐须权罢。"从之。复拜太子少傅，判太常卿事。

长庆元年二月，检校右仆射，守太常卿。太常有《师子乐》，备五方之色，非会朝聘享不作，幼君荒诞，伶官纵肆，中人掌教坊者移牒取之。宗儒不敢违，以状白宰相。宰相以为事在有司守，不合关白。以宗儒怯不任事，改太子少师。

宝历元年，迁太子太保。昭肃晏驾，为大明宫留守。大和四年，拜检校司空、兼太子太傅。文宗召见，谘以理道。对曰："尧、舜之化，慈俭而已。愿陛下守而勿失。"文宗嘉纳之。五年，宋申锡被诬，上召师保已下议其刑。上以宗儒高年，宣令不拜。寻拜疏请老。六年，诏以司空致仕。是岁九月卒，年八十七，废朝，册赠司徒。

宗儒以文学进，前后三镇方任，八领选部，略以仪矩，切于治生，时论以此少之。

窦易直，字宗玄，京兆人。祖元昌，彭州九陇县令。父或，庐州刺史。易直举明经，为秘书省校书郎，再以判入等，授蓝田尉。累历右司、兵部、吏部三郎中。元和六年，迁御史中丞。谢日，赐绯鱼袋。八年，改给事中。九月，出为陕虢都防御观察使，仍赐紫。入为京兆尹。万年尉韩晤奸赃事发，易直令曹官韦正晤讯之，得赃三十万。

上意其未尽，诏重鞫，坐赃三百万，贬易直金州刺史，正晤长流昭州。十三年六月，迁宣州刺史、宣歙池都团练观察等使。

长庆二年七月，汴州将李㳅逐其帅李愿，易直闻之，欲出官物以赏军。或谓易直曰："赏给无名，却恐生患。"乃已。军士已闻之。时江、淮旱，水浅，转运司钱帛委积不能漕，州将王国清指以为赏，激讽州兵谋乱。先事有告者，乃收国清下狱。其党数千，大呼入狱中，篡取国清而出之，因欲大剽。易直登楼谓将吏曰："能诛为乱者，每获一人，赏十万。"众喜，倒戈击乱党，并擒之。国清等三百余人，皆斩之。九月，以李德裕代还，为吏部侍郎。十一月，改户部，兼御史大夫，判度支。四年五月，以本官同平章事，判使如故。改门下侍郎，封晋阳郡公。

宝历元年七月，罢判度支。大和二年十月罢相，检校左仆射、平章事、襄州刺史、山南东道节度使。五年，入为左仆射，判太常卿事。十一月，检校司空、凤翔尹、凤翔陇节度使。六年，以疾求还京师。七年四月卒，赠司徒，谥曰恭惠。

易直自入仕十年余，常居散秩，不应请辟；及居方任，亦以公廉闻。在相位，未尝论用亲党，凡公举，即无所避。然元和中，吏部尚书郑余庆议仆射上日仪制，不与隔品官亢礼。易直时为御史中丞，奏驳余庆所议。及易直为左仆射，却行隔品致敬之礼，时论非之。

李逢吉，字虚舟，陇西人。贞观中学士李玄道曾孙。祖颜，父归期。逢吉登进士第，释褐授振武节度掌书记。入朝为左拾遗、左补阙，改侍御史，充入吐蕃册命副使、工部员外郎，又充入南诏副使。元和四年，使还，拜祠部郎中，转司勋。六年，迁给事中。七年，与司勋员外郎李巨并为太子诸王侍读。九年，改中书舍人。十一年二月，权知礼部贡举、骑都尉，赐绯。四月，加朝议大夫、门下侍郎、同平章事，赐金紫。其贡院事，仍委礼部尚书王播署榜。

逢吉天与奸回，妒贤伤善。时用兵讨淮、蔡，宪宗以兵机委裴度，逢吉虑其成功，密沮之，由是相恶。及度亲征，学士令狐楚为度制辞，言不合旨，楚与逢吉相善，帝皆黜之；罢楚学士，罢逢吉政事，出为剑南东川节度使、检校兵部尚书。

穆宗即位，移襄州刺史、山南东道节度使。逢吉于帝有侍读之恩，遣人密结幸臣，求还京师。长庆二年三月，召为兵部尚书。时裴度亦自太原入朝。以度招怀河朔功，复留度，与工部侍郎元稹相次拜平章事。度在太原时，尝上表论稹奸邪。及同居相位，逢吉以为势必相倾，乃遣人告和王傅于方结客，欲为元稹刺裴度。及捕于方，鞫之无状，稹、度俱罢相位，逢吉代度为门下侍郎平章事。自是浸以恩泽结朝臣之不逞者，造作谤言，百端中伤裴度。赖学士李绅、韦处厚等显于上前，言度为逢吉排斥，而度于国有功，不宜摈弃，故得以仆射在朝。时已失河朔，而王智兴擅据徐州，李㳅据汴州。国威不振，天下延颈俟度再秉国钧，以攘暴乱。及为逢吉嫁祸，夺其权，四海为之侧目，朝士上疏论列者十余人。属时君荒淫，政出群小，而度竟逐外藩。

学士李绅有宠，逢吉恶之，乃除为中丞，又欲出于外。乃以吏部侍郎韩愈为京兆尹，兼御史大夫，放台参。以绅褊直，必与愈争。及制出，绅果移牒往来。愈性木强，遂至语辞不逊，喧论于朝。逢吉乃罢愈为兵部侍郎，绅为江西观察使。绅中谢日，帝留时而不遣。

翼城人郑注以医药得幸于中尉王守澄，逢吉令其从子仲言赂注，求结于守澄。仲言辩谲多端，守澄见之甚悦。自是，逢吉有助，事无违者。

敬宗初即位，年方童卯，守澄从容奏曰："陛下得为太子，逢吉之力也。是时，杜元颖、李绅坚请立深王为太子。"乃贬绅端州司马。朝士代逢吉鸣吠者，张又新、李续之、张权舆、刘栖楚、李虞、程昔范、姜洽、李仲言，时号"八关十六子"。又新等八人居要剧，而胥附者又八人，有求于逢吉者，必先经此八人纳赂，无不如意者。逢吉寻封凉国公，邑千户，兼右仆射。

昭愍即位，左右屡言裴度之贤，曾立大勋，帝甚嘉之。因中使往兴元，即令问讯。

宝历初，度连上章请入觐。逢吉之党坐不安席，如矢攒身，乃相与为谋，欲沮其来。张权舆撰"非衣小儿"之谣，传于闾巷。言度相有天分，应谣谶。而韦处厚于上前解析，言权舆所撰之言。既不能沮，又令卫尉卿刘遵古从人安再荣告武昭谋害逢吉。武昭者，有才力，裴度破淮、蔡时奖用之，累奏为刺史。及度被斥，昭以门吏久不见用，客于京师，途穷颇有怨言。逢吉冀法司鞫昭行止，则显裴度任用，以沮入朝之行。逢吉又与同列李程不协。太学博士李涉、金吾兵曹茅汇者，于京师贵游间以气侠相许，二人出入程及逢吉之门。水部郎中李仍叔，程之族，知武昭郁郁恨不得官，仍叔谓昭曰："程欲与公官，但逢吉阻之。"昭愈愤怒，因酒与京师人刘审、张少腾说刺逢吉之言。审以昭言告张权舆，乃闻于逢吉，即令茅汇召昭相见，逢吉厚相结托，自是疑怨之言稍息。逢吉待茅汇尤厚，尝与汇书云："足下当字仆为'自求'，仆当字足下为'利见'。"文字往来，其间甚密。及裴度求觐，无计沮之，即令讦武昭事，以暴扬其迹。再荣既告，李仲言诚汇曰："言武昭与李程同谋则活，否则尔死。"汇曰："冤死甘心。诬人以自免，予不为也。"及昭下狱，逢吉之丑迹皆彰。昭死，仲言流象州，茅汇流巂州，李涉流康州，李虞自拾遗为河南士曹。敬宗待裴度益厚，乃自汉中召还，复知政事。

逢吉检校司空、平章事、襄州刺史、山南东道节度使，仍请张又新、李续之为参佐。大和二年，改汴州刺史、宣武军节度使。五年八月，入为太子太师、东都留守、东畿汝防御使，加开府仪同三司。八年，李训用事。三月，征拜左仆射，兼守司徒。时逢吉已老，病足，不任朝谒，即以司徒致仕。九年正月卒，时年七十八。赠太尉，谥曰成。

段文昌，字墨卿，西河人。高祖志玄，陪葬昭陵，图形凌烟阁。祖德皎，赠给事中。父谔，循州刺史，赠左仆射。文昌家于荆州，倜傥有气义，节度使裴胄知之而不能用。韦皋在蜀，表授校书郎。李吉甫刺忠州，文昌尝以文干之。及吉甫居相位，与裴垍同加奖擢，授登封尉、集贤校理。俄拜监察御史，迁右补阙，改祠部员外郎。元和十一年，守本官，充翰林学士。

文昌，武元衡之子婿也。元衡与宰相韦贯之不协，宪宗欲召文昌为学士，贯之奏曰："文昌志尚不修，不可擢居近密。"至是贯之罢相，李逢吉乃用文昌为学士，转祠部郎中，赐绯，依前充职。十四年，加知制诰。十五年，穆宗即位，正拜中书舍人，寻拜中书侍郎、平章事。

长庆元年，拜章请退。朝廷以文昌少在西蜀，诏授西川节度使、同中书门下平章事。文昌素洽蜀人之情，至是以宽政为治，严静有断，蛮夷畏服。二年，云南入寇，黔中观察使崔元略上言，朝廷忧之，乃诏文昌御备。文昌走一介之使以喻之，蛮寇即退。

敬宗即位，征拜刑部尚书，转兵部，兼判左丞事。

文宗即位，迁御史大夫，寻检校尚书右仆射、扬州大都督府长史、同平章事、淮南节度使。大和四年，移镇荆南。

文昌于荆、蜀皆有先祖故第，至是赎为浮图祠。又以先人坟墓在荆州，别营居第，以置祖祢影堂，岁时伏腊，良辰美景享荐之。彻祭，即以音声歌舞继之，如事生者，搢绅非焉。

六年，复为剑南西川节度。九年三月，赐春衣中使至，受宣毕，无疾而卒，年六十三，赠太尉。有文集三十卷。

文昌布素之时，所向不偶。及其达也，扬历显重，出入将相，洎二十年。其服饰玩好、歌童妓女，苟悦于心，无所爱惜，乃至奢侈过度，物议贬之。子成式。

成式，字柯古，以荫入官，为秘书省校书郎。研精苦学，秘阁书籍，披阅皆遍。累迁尚书郎。咸通初，出为江州刺史。解印，寓居襄阳，以闲放自适。家多书史，用以自娱，尤深于佛书。所著《酉阳杂俎》传于时。

宋申锡，字庆臣。祖素，父叔夜。申锡少孤贫，有文学。登进士第，释褐秘书省校书郎。韦贯之罢相，出湖南，辟为从事。其后累佐使府。长庆初，拜监察御史。二年，迁起居舍人。宝历二年，转礼部员外郎，寻充翰林侍讲学士。

申锡始自策名，及在朝行，清慎介洁，不趋党与。当长庆、宝历之间，时风嚣薄，朋比大扇。及申锡被用，时论以为激劝。

文宗即位，拜户部郎中、知制诰。大和二年，正拜中书舍人，复为翰林学士。

初，文宗常患中人权柄太盛，自元和、宝历，比致宫禁之祸。及王守澄之领禁兵，恃其宿旧，跋扈尤甚。有郑注者，依恃守澄为奸利，出入禁军，卖官贩权，中外咸扼腕视之。文宗雅知之，不能堪。申锡时居内廷，文宗察其忠厚，可任以事。尝因召对，与申锡从容言及守澄，无可奈何，令与外廷朝臣谋去之，且约命为宰相。申锡顿首谢之。未几，拜左丞。逾月，加平章事。申锡素能谨直，宠遇超辈，时情大为属望。及到中书，剖断循常，望实颇不相副。

大和五年，忽降中人召宰相入赴延英。路随、李宗闵、牛僧孺等既至中书东门，中人云："所召无宋申锡。"申锡始知被罪，望延英以笏叩头而退。随等至，文宗以神策军中尉王守澄所奏，得本军虞候豆卢著状，告宋申锡与漳王谋反，随等相顾愕然。初，守澄于浴堂以郑注所告于文宗，守澄即时于市肆追捕，又将以二百骑就靖恭里屠申锡之家。会内官马存亮同入，净于文宗曰："谋反者适宋申锡耳，何不召南司会议。今卒然如此，京师企足自为乱矣。"守澄不能难，乃止。乃召三相告之。又遣右军差人于申锡宅捕孔目官张全真、家人买子缘信等。又于十六宅及市肆追捕胥吏，以成其狱。文宗又召师保、仆射、尚书丞郎、常侍、给事、谏议、舍人、御史中丞、京兆尹、大理卿，同于中书及集贤院参验其事。

翌日，开延英，召宰臣及议事官，帝自询问。左常侍崔玄亮，给事中李固言，谏议大夫王质，补阙卢钧、舒元褒、罗泰、蒋系、裴休、窦宗直、韦温，拾遗李群、韦端符、丁居晦、袁都等一十四人，皆伏玉阶下奏以申锡狱付外，请不于禁中讯鞫。文宗曰："吾已谋于公卿大僚，卿等且出。"玄亮固言，援引今古，辞理恳切。玄亮泣涕久之，文宗意稍解，贬申锡为右庶子，漳王为巢县公。再贬申锡为开州司马。

初，申锡既得密旨，乃除王璠为京兆尹，以密旨喻之。璠不能谋，而注与守澄知之，潜为其备。漳王凑，文宗之爱弟也，贤而有人望。豆卢著者，职属禁军，与注亲表。文宗不省其诈，乃罢申锡为庶子。时京城恟恟，众庶哗言，以为宰相真连十宅谋反，百僚震骇。居一二日，方审其诈。谏官伏阁恳论，文宗震怒，叱谏官令出者数四。时中外属望大僚三数人廷辩其事。仆射窦易直曰："人臣无将，将而必诛。"闻者愕然。唯京兆尹崔琯、大理卿王正雅连上疏请出内狱，且曰："王师文未获，即狱未具，请出豆卢著与申锡同付外廷勘。"当时人情翕然推重。初议申锡抵死，顾物论不可，又将投于岭表。文宗终悟外廷之言，乃有开州之命。

初，申锡既被罪，怡然不以为意，自中书归私第，止于外厅，素服以俟命。其妻出谓之曰："公为宰相，人臣位极于此，何负天子反乎？"申锡曰："吾生被厚恩，擢相位，不能锄去奸乱，反为所罗织，夫人察申锡，岂反者乎？"因相与泣下。

申锡自居内廷，及为宰相，以时风侈靡，居要位者尤纳贿赂，遂成风俗，不暇更方远害，且与贞元时甚相背矣。申锡至此，约身谨洁，尤以公廉为己任，四方问遗，悉无所受。既被罪，为有司验劾，多获其四方受领所还问遗之状，朝野为之叹息。

七年七月，卒于开州。诏曰："申锡虽不能周慎，自抵宪章，闻其亡殁遐荒，良用悲恻。宜许其归葬乡里，以示宽恩。"开成元年九月，诏复申锡正议大夫、尚书左丞、同中书门下平章事、上柱国，赐紫，兼赠兵部尚书。仍以其子慎微为城固县尉。

李程，字表臣，陇西人。父鹓伯。程，贞元十二年进士擢第，又登宏辞科，累辟使府。二十年，入朝为监察御史。其年秋，召充翰林学士。

顺宗即位，为王叔文所排，罢学士。三迁为员外郎。元和中，出为剑南西川节度行军司马。十年，入为兵部郎中，寻知制诰。韩弘为淮西都统，诏程衔命宣谕。明年，拜中书舍人，权知京兆尹事。十二年，权知礼部贡举。十三年四月，拜礼部侍郎。六月，出为鄂州刺史、鄂岳观察使。入为吏部侍郎，封渭源男，食邑三百户。敬宗即位之五月，以本官同平章事。

敬宗冲幼，好治宫室，畋游无度，欲于宫中营新殿。程谏曰："自古圣帝明王，以恭俭化天下。陛下在谅闇之中，不宜兴作，愿以瓦木回奉园陵。"上欣然从之。程又奏请置侍讲学士，数陈经义。程辩给多智算，能移人主之意。寻加中书侍郎，进封彭原郡公。宝历二年，罢相，检校兵部尚书、同平章事、太原尹、北京留守、河东节度使。大和四年三月，检校尚书左仆射、平章事、河中尹、河中晋绛节度使。

六年，就加检校司空。七月，征为左仆射。中谢日奏曰："臣所忝官上礼，前后仪注不同。在元和、长庆中，仆射数人上日，不受四品已下官拜。近日再定仪注，四品已下官悉许受拜，王涯、窦易直已行之于前。今御史台云：'已闻奏，太常寺定取十五日上'。臣进退未知所据。"时中丞李汉以为受四品已下拜太重。敕曰："仆射上仪，近已详定。所缘拜礼，皆约令文，已经施行，不合更改。宜准大和四年十一月六日敕处分。"

程艺学优深，然性放荡，不修仪检，滑稽好戏，而居师长之地，物议轻之。七年六月，检校司空、汴州刺史、宣武军节度使。九年，复为河中晋绛节度使，就加检校司徒。开成元年五月，复入为右仆射，兼判太常卿事。十一月，兼判吏部尚书铨事。二年三月，检校司徒，出为襄州刺史、山南东道节度使。卒，有司谥曰缪。子廓。

廓进士登第，以诗名闻于时。大中末，累官至颍州刺史，再为观察使。廓子昼，亦登进士第。

史臣曰：宗儒、易直，以宽柔养望，坐致公台；与时沉浮，寿考终吉，可谓能奉身矣。逢吉起徒步而至鼎司，欺蔽幼君，依凭内竖，蛇虺其腹，毒害正人，而不与李训同诛，天道福淫明矣。申锡小器大谋，贬死为幸。程不持士范，殁获丑名。君子操修，岂宜容易！

赞曰：赵、窦优柔，坐享公侯。蝮蛇野葛，逢吉之流。岂无令人？主辅谟猷。程、锡殢谐，于道难周。

卷一百六十八
列传第一百一十八

韦温 萧祐附　独孤郁 弟朗　钱徽 子可复
高钺 弟铢 锴　冯宿 弟定 审　封敖

韦温，字弘育，京兆人。祖肇，吏部侍郎。父绶，德宗朝翰林学士，以散骑常侍致仕。绶弟贯之，宪宗朝宰相，自有传。温七岁时，日念《毛诗》一卷。年十一岁，应两经举登第。释褐太常寺奉礼郎。以书判拔萃，调补秘书省校书郎。时绶致仕田园，闻温登第，愕然曰："判入高等，在群士之上，得非交结权幸而致耶？"令设席于廷，自出判目试两节。温命笔即成，绶喜曰："此无愧也！"调授咸阳尉。入为监察御史，以父在田里，宪府礼拘，难于省谒，不拜。换著作郎，一谢即还。侍省父疾，温侍医药，衣不解带，垂二十年。父忧，毁瘠逾制。免丧，久之为右补阙，忠鲠救时。宋申锡被诬，温倡言曰："宋公履行有素，身居台辅，不当有此，是奸人陷害也。吾辈谏官，岂避一时之雷电，而致圣君贤相蒙蔽惑之咎耶？"因率同列伏阁切争之，由是知名。

大和五年，太庙第四、第六室缺漏，上怒，罚宗正卿李锐、将作王堪，乃诏中使鸠工补葺之。温上疏曰："臣闻吏举其职，国家所以治；事归于正，朝廷所以尊。夫设制度，立官司，事存典故，国有经费，而最重者，奉宗庙也。伏以太庙当修，诏下逾月，有司弛堕，曾不加诫。宜黜慢官，以惩不恪之罪；择可任者，责以缮完之功。此则事归于正，吏举其职也。而圣思不劳，百职无旷。今慢官不恪，止于罚俸，宗庙所切，便委内臣，是许百司之官，公然废职，以宗庙之重，为陛下所私，群官有司，便同委弃。此臣窃为圣朝惜此事也。事关宗庙，皆书史策，苟非旧典，不可率然。伏乞陛下诏书，得委所司营缮，则制度不紊，官业交修。"上乃止内使。

群臣上尊号，温上疏曰："德如三皇止称皇，功如五帝止称帝。徽号之来，乃圣王之末事。今岁三川水灾，江淮旱歉，恐非崇饰徽称之时。"帝深嘉之，乃止。改侍御史。

李德裕作相，迁礼部员外郎。或以温厚于牛僧孺，言于德裕。德裕曰："此人坚正中立，君子也。"郑注镇凤翔，自知不为所齿，求德门弟子为参佐，请温为副使。或以理不可拒，拒则生患。温曰："择祸莫若轻。拒之止于远贬，从之有不测之祸。"郑注诛，转考功员外郎。寻知制诰，召入翰林为学士。以父职禁廷，忧畏成病，遗诫不令居禁职，恳辞不拜。

俄兼太子侍读，每晨至少阳院，午见庄恪太子。温曰："殿下盛年，宜早起，学周文王为太子，鸡鸣时问安西宫。"太子幼，不能行其言。称疾。上不悦，改太常少卿。未几，拜给事中。王晏平为灵武，刻削军士，赃罪发，帝以智兴之故，减死，贬官。温三封诏书，文宗深奖之。庄恪得罪，召百僚谕之。温曰："太子年幼，陛下训之不早，到此非独太子之过。"迁尚书右丞。

吏部员外郎张文规父弘靖，长庆初在幽州为朱克融所囚；文规不时省赴，人士喧然罪之。温居纲辖，首纠其事，出文规为安州刺史。盐铁判官姚勖知河阴院，尝雪冤狱。盐铁使崔珙奏加酬奖，乃令权知职方员外郎。制出，令勖上省。温执奏曰："国朝已来，郎官最为清选，不可以赏能吏。"上令中使宣谕，言勖能官，且放入省。温坚执不奉诏，乃改勖检校礼部郎中。翌日，帝谓杨嗣复曰："韦温不放姚勖入省，有故事否？"嗣复对曰："韦温志在铨择清流。然姚勖士行无玷，梁公元崇之孙，自殿中判盐铁案，陛下奖之，宜也。若人有吏能，不入清流，孰为陛下当烦剧者？此衰晋之风也。"上素重温，亦不夺其操，出为陕虢观察使。

武宗即位，李德裕用事，召拜吏部侍郎，欲引以为相。时李汉以家行不谨，贬汾州司马。温从容白德裕曰："李汉不为相公所知，昨以不孝之罪绌免，乞加按问。"德裕曰："亲情耶？"温曰："虽非亲昵，久相知耳。"德裕不悦。居无何，出温为宣歙观察使，辟郑处海为观察判官，德裕愈不悦。池州人讼郡守，温按之无状，杖杀之。

明年，疡生于首，谓爱婿张复鲁曰："予任校书郎时，梦二黄衣人赍符来追，及浐，将渡，一人续至曰：'彼坟至大，功须万日。'遂不涉而瘳。计今万日矣，与公诀矣。"明日卒，赠工部尚书，谥曰孝。

温在朝时，与李珏、杨嗣复周旋。及杨、李祸作，叹曰："杨三、李七若取我语，岂至是耶！"初温以杨、李与德裕交怨，及居位，温劝杨、李征用德裕，释憾解仇。二人不能用，故及祸。温无子，女适薛蒙，善著文，续曹大家《女训》十二章，士族传写，行于时。温刚肠寡合，人多疏简，唯与常侍萧祐善。

萧祐者，兰陵人。少孤贫。耿介苦学，事亲以孝闻。自处士征拜左拾遗，累迁至考功郎中。祐博雅好古，尤喜图画。前代钟、王遗法，萧、张笔势，编序真伪，为二十卷，元和末进御，优诏嘉之，授兵部郎中。出为虢州刺史，入为太常少卿，转谏议大夫。逾月为桂州刺史、御史中丞、桂管防御观察使。大和二年八月，卒于官，赠右散骑常侍。

祐闲淡贞退，善鼓琴赋诗，书画尽妙。游心林壑，啸咏终日，而名人高士，多与之游。给事中韦温尤重之，结为林泉之友。

独孤郁，河南人。父及，天宝末与李华、萧颖士等齐名。善为文，所著《仙掌铭》，大为时流所赏，位终常州刺史。郁，贞元十四年登进士第，文学有父风，尤为舍人权德舆所称，以子妻之。贞元末，为监察御史。

元和初，应制举才识兼茂、明于体用，策入第四等，拜左拾遗。太子司议郎杜从郁拜左补阙，郁与同列，论之曰："从郁是宰臣佑之子，父居宰执，从郁不宜居谏列。"乃改为左拾遗，又论曰："补阙之与拾遗，资品虽殊，同是谏官，若时政或有得失，不可令子论父。"从郁竟改他官。

四年，转右补阙，又与同列拜章论中官吐突承璀不宜为河北招讨使，乃改招抚宣慰使。

五年，兼史馆修撰。寻召充翰林学士，迁起居郎。权德舆作相，郁以妇公辞内职。宪宗曰："德舆乃有此佳婿。"因诏宰相于士族之家，选尚公主者。迁郁考功员外郎，充史馆修撰、判馆事，预修《德宗实录》。

七年，以本官复知制诰。八年，转驾部郎中。其年十月，复召为翰林学士。九年，以疾辞内职。十一月，改秘书少监，卒。

郁弟朗，尝居谏官，请罢淮西用兵，不协旨，贬兴元户曹。入为监察御史，转殿中。十五年，兼充史馆修撰，迁都官员外郎。

长庆初，谏议大夫李景俭于史馆饮酒，凭醉谒宰相，语辞侵侮；朗坐同饮，出为漳州刺史。入为左司员外郎，迁谏议大夫。扬州节度使王播罢兼盐铁使，行赂于中人，求复领铜盐。朗上章论之。

宝历元年十一月，拜御史中丞。二年六月，赐金紫之服。侍御史李道枢乘醉谒朗；朗劾之，左授司议郎。宪府故事，三院御史由大夫、中丞自辟，请命于朝。时崔冕、郑居中不由宪长而除，皆丞相之僚旧也，敕命虽行，朗拒而不纳，冕竟改太常博士，居中分司东台。其年十月，高少逸入阁失仪，朗不弹奏，宰相衔阻崔冕事，左授少逸赞善大夫，朗亦罚俸。朗称执法不称，乞罢中丞，敬宗令中使谕之，不允其让。文宗即位，改工部侍郎。大和元年八月，出为福州刺史、御史中丞、福建观察使。是月赴官，暴卒于路，赠右散骑常侍。

郁子庠，亦登进士第。大中后官达，亦至侍郎。

钱徽，字蔚章，吴郡人。父起，天宝十年登进士第。起能五言诗。初从乡荐，寄家江湖，尝于客舍月夜独吟，遽闻人吟于庭曰："曲终人不见，江上数峰青。"起愕然，摄衣视之，无所见矣，以为鬼怪，而志其十字。起就试之年，李暐所试《湘灵鼓瑟诗》题中有"青"字，起即以鬼谣十字为落句，暐深嘉之，称为绝唱。是岁登第，释褐秘书省校书郎。大历中，与韩翃、李端辈十人，俱以能诗，出入贵游之门，时号"十才子"，形于图画。起位终尚书郎。

徽，贞元初进士擢第，从事戎幕。元和初入朝，三迁祠部员外郎，召充翰林学士。六年，转祠部郎中、知制诰。八年，改司封郎中、赐绯鱼袋，内职如故。九年，拜中书舍人。十一年，王师讨淮西，诏朝臣议兵，徽上疏言用兵累岁，供馈力殚，宜罢淮西之征。宪宗不悦，罢徽学士之职，守本官。

长庆元年，为礼部侍郎。时宰相段文昌出镇蜀川。文昌好学，尤喜图书古画。故刑部侍郎杨凭兄弟，以文学知名，家多书画，钟、王、张、郑之迹在《书断》、《画品》者，兼而有之。凭子浑之求进，尽以家藏书画献文昌，求致进士第。文昌将发，面托钱徽，继以私书保荐。翰林学士李绅亦托举子周汉宾于徽。及榜出，浑之、汉宾皆不中选。李宗闵与元稹素相厚善。初稹以直道遭逐久之，及得还朝，大改前志。由径以徼进达，宗闵亦急于进取，二人遂有嫌隙。杨汝士与徽有旧。是岁，宗闵子婿苏巢及汝士季弟殷士俱及第。故文昌、李绅大怒。文昌赴镇。辞日，内殿面奏，言徽所放进士郑朗等十四人，皆子弟艺薄，不当在选中。穆宗以其事访于学士元稹、李绅，二人对与文昌同。遂命中书舍人王起、主客郎中知制诰白居易，于子亭重试，内出题目《孤竹管赋》、《鸟散余花落》诗，而十人不中选。诏曰：

国家设文学之科，本求才实，苟容侥幸，则异至公。访闻近日浮薄之徒，扇为朋党，谓之关节，干挠主司。每岁策名，无不先定，永言败俗，深用兴怀。郑朗等昨令重试，意在精核艺能，不于异书之中，固求深僻题目，责令所试成就，以观学艺浅深。孤竹管是祭天之乐，出于《周礼》正经，阅其呈试之文，都不知其本事，辞律鄙浅，芜累亦多。比令宣示钱徽，庶其深自怀愧，诚宜尽弃，以警将来。但以四海无虞，人心方泰，用弘宁抚，式示殊恩，特掩尔瑕，庶明予志。孔温业、赵存约、窦洵直所试粗通，与及第；裴譔特赐及第；郑朗等十人并落下。自今后礼部举人，宜准开元二十五年敕，及第讫，所试杂文并策，送中书门下详覆。

寻贬徽为江州刺史，中书舍人李宗闵剑州刺史，右补阙杨汝士开江令。初议贬徽，宗闵、汝士令徽以文昌、李绅私书进呈，上必开悟。徽曰："不然。苟无愧心，得丧一致，修身慎行，安可以私书相证耶？"令子弟焚之，人士称徽长者。

既而穆宗知其朋比之端，乃下诏曰：

昔者，卿大夫相与让于朝，士庶人相与让于列；周成王刑措不用，汉文帝耻言人过，真理古也，朕甚慕焉。中代已还，争端斯起，掩抑其言则专蔽，诱掖其说则侵诬。自非责实循名，不能彰善瘅恶，故孝宣必有告讦及下，光武不以单辞遽行。《语》称讪上之非，律有匿名之禁，皆以防三至之毁，重两造之明。是以爵人于朝则皆劝，刑人于市则皆惧，罪有归而赏当事也。

末代偷巧，内荏外刚。卿大夫无进思尽忠之诚，多退有后言之谤；士庶人无切磋琢磨之益，多销铄浸润之谗。进则谀言谄笑以求合，退则群居州处以相议。留中不出之请，盖发其阴私；公论不容之诛，是生于朋党。擢一官，则曰恩皆自我；黜一职，则曰事出他门。比周之迹已彰，尚矜介特；由径之踪尽露，自谓贞方。居省寺者不以勤恪莅官，而曰务从简易；提纪纲者不以准绳检下，而曰密奏风闻。献章疏者更相是非，备顾问者互有憎爱。苟非秦镜照胆，尧羊触邪，时君听之，安可不惑？参断一谬，俗化益讹。祸发齿牙，言生枝叶，率是道也，朕甚悯焉。

我国家贞观、开元，同符三代，风俗归厚，礼让皆行。兵兴已来，人散久矣。始欲导之以德，不欲驱之以刑。然而信有未孚，理有未至，曾无耻格，益用

雕刓。小则综核之权，见侵于下辈；大则枢机之重，旁挠于薄徒。尚念因而化之，亦冀去其尤者。而宰臣惧其浸染，未克澄清。备引祖宗之书，愿垂劝诫之诏，遂伸告谕，颇用殷勤。各当自省厥躬，与我同底于道。

元稹之辞也。制出，朋比之徒，如挞于市，咸睚眦于绅、稹。

徽明年迁华州刺史、潼关防御、镇国军等使。文宗即位，征拜尚书左丞。大和元年十二月，复授华州刺史。二年秋，以疾辞位，授吏部尚书致仕。三年三月卒，时年七十五。子可复、可及，皆登进士第。

可复累官至礼部郎中。大和九年，郑注出镇凤翔，李训选名家子以为宾佐，授可复检校兵部郎中、兼御史中丞，充凤翔节度副使。其年十一月，李训败，郑注诛，可复为凤翔监军使所害。

高钅元，字翘之。祖郑宾，宋州宁陵令。父去疾，摄监察御史。钅元，元和初进士及第，判入等，补秘书省校书郎，累迁至右补阙，充史馆修撰。十四年，上疏请不以内官为京西北和籴使。十五年，转起居郎，依前充职。

钅元孤贞无党，而能昌陈时政得失。长庆元年，穆宗怜之，面赐绯于思政殿，仍命以本官充翰林学士。二年，迁兵部员外郎，依前充职。四年四月，禁中有张韶之变，敬宗幸左军。是夜，钅元从帝宿于左军。翌日贼平，赏从臣，赐钅元锦彩七十匹，转户部郎中、知制诰。十二月，正拜中书舍人，充职如故。谢恩于思政殿，因谏敬宗，以求理莫若躬亲，用示忧勤之旨也。帝深纳其言，又赐锦彩五十匹。

宝历二年三月，罢学士，守本官。大和三年七月，授刑部侍郎。四年冬，迁吏部侍郎。铨综之司，官业振举。七年，出为同州刺史、兼御史中丞。八年六月卒，赠兵部尚书，遗命薄葬。钅元少时孤贫，洁己力行，与弟铢、锴皆以检静自立，致位崇显，居家友睦，为搢绅所重。

铢，元和六年登进士第。穆宗即位，入朝为监察御史，累迁员外郎、吏部郎中。大和五年，拜给事中。七年，为外官监考使。八年十月，文宗用国子助教李仲言为侍讲，铢率谏官伏阁论曰："仲言素行纤邪，若听用，必乱国经。"上令中使宣谕曰："朕要仲言讲书，非有听用也。"是岁，先旱后水，京师谷价腾踊，彗星为变，举选皆停，人情杂然流议。郑注奸谋，日闻于外。铢等犯难论净，冀上省悟。既奉宣传，相顾失色，以其危亡可翘足而待也。明年，训、注窃权，恶铢不附己，五月，出为越州刺史、御史中丞、浙东观察使。开成三年，就加检校左散骑常侍，寻入为刑部侍郎。四年七月，出为河南尹。会昌末，为吏部侍郎。

锴，元和九年登进士第，升宏辞科，累迁吏部员外。大和三年，准敕试别头进士明经郑齐之等十八人。榜出之后，语辞纷竞。监察御史姚中立以闻，诏锴审定。乃升李景、王淑等，人以为公。六年二月，自司勋郎中转谏议大夫。七年，迁中书舍人。九年十月，以本官权知礼部贡举。开成元年春，试毕，进呈及第人名，文宗谓侍臣曰："从

前文格非佳，昨出进士题目，是朕出之，所试似胜去年。"郑覃曰："陛下改诗赋格调，以正颓俗，然高锴亦能励精选士，仰副圣旨。"帝又曰："近日诸侯章奏，语太浮华，有乖典实。宜罚掌书记，以诫其流。"李石曰："古人因事为文，今人以文害事，惩弊抑末，实在盛时。"乃以锴为礼部侍郎。凡掌贡部三年，每岁登第者四十人。三年，榜出后，敕曰："进士每岁四十人，其数过多，则乖精选。官途填委，要窒其源，宜改每年限放三十人，如不登其数，亦听。"然锴选擢虽多，颇得实才，抑豪华，擢孤进，至今称之。寻转吏部侍郎。其年九月，出为鄂州刺史、御史大夫、鄂岳观察使，卒。

锴子浞，锴子湘，偕登进士第。浞，咸通十二年为礼部侍郎。湘自员外郎知制诰，正拜中书舍人。咸通年，改谏议大夫。坐宰相刘瞻亲厚，贬高州司马。乾符初，复为中书舍人。三年，迁礼部侍郎，选士得人。出为潞州大都督府长史、昭义节度、泽潞观察等使，卒。

冯宿，东阳人。卯岁随父子华庐祖墓，有灵芝、白兔之祥。宿昆弟二人，皆幼有文学。宿登进士第，徐州节度张建封辟为掌书记。后建封卒，其子愔为军士所立，李师古欲乘丧袭取。时王武俊且观其衅，愔恐惧，计无所出。宿乃以檄书招师古，而说武俊曰："张公与君为兄弟，欲同力驱两河归天子，众所知也。今张公殁，幼子为乱兵所胁，内则诚款隔绝于朝廷，外则境土侵逼于强寇。孤危若此，公安能坐视哉！诚能奏天子，念先仆射之忠勋，舍其子之迫胁，使得束身自归，则公于朝廷有靖乱之功，于张氏有继绝之德矣！"武俊大悦，即以表闻。由是朝廷赐愔节钺，仍赠建封司徒。

宿以尝从建封，不乐与其子处，乃从浙东观察使贾全府辟。愔恨其去己，奏贬泉州司户。征为太常博士。王士真死，以其子承宗不顺，不加谥。宿以为怀柔之义，不可遗其忠劳，乃加之美谥。转虞部、都官二员外郎。

元和十二年，从裴度东征，为彰义军节度判官。淮西平，拜比部郎中。会韩愈论佛骨，时宰疑宿草疏，出为歙州刺史。入为刑部郎中。十五年，权判考功。宿以宰臣及三品已下官，故事内校考，别封以进；翰林学士职居内署，事莫能知，请依前书上考；谏官御史亦请仍旧，并书中上考。

长庆元年，以本官知制诰。二年，转兵部郎中，依前允职。牛元翼以深州不从王庭凑，诏授襄州节度使。元翼未出，深州为庭凑所围。二年，以宿检校右庶子、兼御史中丞，赐紫金鱼袋，往总留务。监军使周进荣不遵诏命，宿以状闻。元翼既至，宿归朝，拜中书舍人，转太常少卿。

敬宗即位，宿常导引乘舆，出为华州刺史。以父名拜章乞罢，改左散骑常侍，兼集贤殿学士，充考制策官。

大和二年，拜河南尹。时洛苑使姚文寿纵部下侵欺百姓，吏不敢捕。一日，遇大会，尝所捕者傲睨于文寿之侧，宿知而掩之，杖死。

大和四年，入为工部侍郎。六年，迁刑部侍郎，修《格后敕》三十卷，迁兵部侍郎。九年，出为剑南东川节度使，检校礼部尚书。

开成元年十二月卒，废朝，赠吏部尚书，谥曰懿。有文集四十卷。子图、陶、韬，三人皆登进士，扬历清显。

宿弟定，字介夫。仪貌壮伟，与宿俱有文学，而定过之。贞元中皆举进士，时人比之汉朝二冯君。于頔牧姑苏也，定寓焉，頔友于布衣间。后頔帅襄阳，定乘驴诣军门；吏不时白，定不留而去。頔惭，笞军吏，驰载钱五十万，及境谢之。定饭逆旅，复书责以贵傲而返其遗，頔深以为恨。权德舆掌学士，擢居上第，后于润州佐薛苹幕，得校书郎，寻为鄂县尉，充集贤校理。定先时居父忧，因号毁得肺病，趋府或不及时，大学士疑其恃才简怠，乃夺其职，俾为大理评事。登朝为太常博士，转祠部员外郎。

宝历二年，出为郢州刺史。长寿县尉马洪沼告定强夺人妻，及将阙官职田禄粟入己费用，诏监察御史李顾行鞫之。狱具上闻，制曰："冯定经使臣推问，无入己赃私，所告罚钱，又皆公用。然长吏之体，颇涉无仪，刑赏或乖，宴游不节。缘经恩赦，难更科书，犹持郡符，公议不可，宜停见任。"寻除国子司业、河南少尹。

大和九年八月，为太常少卿。文宗每听乐，鄙郑、卫声，诏奉常习开元中《霓裳羽衣舞》，以《云韶乐》和之。舞曲成，定总乐工阅于庭，定立于其间。文宗以其端凝若植，问其姓氏。翰林学士李珏对曰："此冯定也。"文宗喜，问曰："岂非能为古章句者耶？"乃召升阶。文宗自吟定《送客西江诗》，吟罢益喜，因锡禁中瑞锦，仍令大录所著古体诗以献。寻迁谏议大夫、知匦事。

是岁，李训事败伏诛，衣冠横罹其祸，中外危疑。及改元御殿，中尉仇士良请用神策仗卫在殿门；定抗疏论罢，人情危之。又请许左右史随宰臣入延英记事，宰臣不乐。二年，改太子詹事。三年，宰臣郑覃拜太子太师，欲于尚书省上事。定奏曰："据《六典》，太师居詹事府，不合于都省礼上。"乃诏于本司上事，人推美之。四年，迁卫尉卿。是岁，上章请老，诏以左散骑常侍致仕。会昌六年，改工部尚书而卒。

先长庆中，源寂使新罗国，见其国人传写讽念定所为《黑水碑》、《画鹤记》。韦休符之使西番也，见其国人写定《商山记》于屏障。其文名驰于戎夷如此。

子衮、颛、轩、岩四人，皆进士登第。咸通中，历任台省。宿从弟审、宽。

审父子郁。审，贞元十二年登进士第，累辟使府。入为监察御史，累迁至兵部郎中。开成三年，迁谏议大夫。四年九月，出为桂州刺史、桂管观察使。入为国子祭酒。国子监有《孔子碑》，睿宗篆额，加"大周"两字，盖武后时篆也。审请琢去伪号，复"大唐"字，从之。咸通中，卒于秘书监。

审弟宽，子缄，皆进士擢第，知名于时。

封敖，字硕夫，其先渤海蓨人。祖希奭。父谅，官卑。敖，元和十年登进士第，累辟诸侯府。大和中，入朝为右拾遗。会昌初，以员外郎知制诰，召入翰林为学士，拜中书舍人。

敖构思敏速，语近而理胜，不务奇涩，武宗深重之。尝草《赐阵伤边将诏》，警句云："伤居尔体，痛在朕躬。"帝览而善之，赐之宫锦。李德裕在相位，定策破回鹘，诛刘稹。议兵之际，同列或有不可之言，唯德裕筹计指画，竟立奇功。武宗赏之，封卫国公，守太尉。其制语有："遏横议于风波，定奇谋于掌握。逆稹盗兵，壶关昼锁，造膝嘉话，开怀静思，意皆我同，言不他惑。"制出，敖往庆之，德裕口诵此数句，抚敖曰："陆生有言，所恨文不逮意。如卿此语，秉笔者不易措言。"座中解其所赐玉带以遗敖，深礼重之。

然敖不持士范，人重其才而轻其所为，德裕不能大用之。德裕罢相，敖亦罢内职。宣宗即位，迁礼部侍郎。大中二年，典贡部，多擢文士。转吏部侍郎、渤海男、食邑七百户。四年，出为兴元尹、御史大夫、山南西道节度使，历左散骑常侍。十一年，拜太常卿，出为淄青节度使，入为户部尚书，卒。

子彦卿、望卿，从子特卿，皆进士及第，咸通后，历位清显。

史臣曰：韦公鲠亮守官，犯而得礼。萧子恬于吏隐，抑亦名贤。蔚章操韵非高，而从容长者。郁、朗襟概，郁有世风。三高并秀于一时，二冯争驱于千里，威以摛英掞藻，华国扬名。润色之能，封无与让，寿考垂庆，儒何负哉！

赞曰：伏蒲进谏，染翰为文。独孤、韦氏，志在匡君。冯、高诸子，绮绣缤纷。禁垣擅美，渤海凌云。

卷一百六十九
列传第一百一十九

李训　郑注　王涯　王璠　贾
悚　舒元舆　郭行余　罗立言
李孝本

李训，肃宗时宰相揆之族孙也。始名仲言。进士擢第。形貌魁梧，神情洒落；辞敏智捷，善揣人意。宝历中，从父逢吉为宰相，以训阴险善计事，愈亲厚。初与茅汇等欲中伤李程，及武昭事发，训坐长流岭表，会赦得还。丁母忧，居洛中。

时逢吉为留守，思复为宰相，且深怨裴度，居常愤郁不乐。训揣知其意，即以奇计动之。自言与郑注善，逢吉以为然，遗训金帛珍宝数百万，令持入长安，以赂注。注得赂甚悦，乘间荐于中尉王守澄，乃以注之药术，训之《易》道，合荐于文宗。守澄以训缜粗，难入禁中。帝令训戎服，号王山人，与注入内。帝见其指趣，甚奇之。及训释服，在京师。大和八年，自流人补四门助教，召入内殿，面赐绯鱼。其年十月，迁国子《周易》博士，充翰林侍讲学士。入院日，赐宴，宣法曲弟子二十人就院奏法曲以宠之。两省谏官伏阁切谏，言训奸邪，海内闻知，不宜令侍宸展，终不听。

文宗性守正嫉恶，以宦者权宠太过，继为祸胎，元和末弑逆之徒尚在左右，虽外示优假，心不堪之。思欲芟落本根，以雪仇耻，九重深处，难与将相明言。前与侍讲宋申锡谋。谋之不臧，几成反噬，自是巷伯尤横。因郑注得幸守澄，俾之援训，冀黄门之不疑也。训既在翰林，解《易》之际，或语及巷伯事，则再三愤激，以动上心。以其言论纵横，谓其必能成事，遂以真诚谋于训、注。自是二人宠幸，言无不从；而深秘之谋，往往流闻于外。上虑中人猜虑，乃疏《易》义六条，示于百辟，有能出训之意者赏之，盖欲知上以师友宠之。九年七月，改兵部郎中、知制诰，充翰林学士。九月，迁礼部侍郎、同平章事，仍赐金紫之服。诏以平章之暇，三五日一入翰林。

训既秉权衡，即谋诛内竖。中官陈弘庆者，自元和末负弑逆之名，忠义之士无不扼腕。时为襄阳监军，乃召自汉南，至青泥驿，遣人封杖决杀。王守澄自长庆已来知枢密，典禁军，作威作福。训既作相，以守澄为六军十二卫观军容使，罢其禁旅之权，寻赐鸩杀之。训愈承恩顾，每别殿奏对，他宰相莫不顺成其言，黄门禁军迎拜戢敛。训本以纤达，门庭趋附之士，率皆狂怪险异之流。时亦能取正人伟望，以镇人心。天下之人，有冀训以致太平者，不独人主惑其言。

训虽与郑注引用，及禄位俱大，势不两立；托以中外应赴之谋，出注为凤翔节度使。俟诛内竖，即兼图注。约以其年十一月诛中官，须假兵力，乃以大理卿郭行余为邠宁节度使，户部尚书王璠为太原节度使，京兆少尹罗立言权知大尹事，太府卿韩约为金吾街使，刑部郎中知杂李孝本权知中丞事，皆训之亲厚者。冀王璠、郭行余未赴镇间，广令召募豪侠及金吾台府之从者，俾集其事。

是月二十一日，帝御紫宸。班定，韩约不报平安，奏曰："金吾左仗院石榴树，夜来有甘露，臣已进状讫。"乃蹈舞再拜。宰相百官相次称贺。李训奏曰："甘露降祥，俯在宫禁。陛下宜亲幸左仗观之。"班退，上乘软舆出紫宸门，由含元殿东阶升殿，宰相侍臣分立于副阶，文武两班，列于殿前。上令宰相两省官先往视之。既还，曰："臣等恐非真甘露，不敢轻言。言出，四方必称贺也。"上曰："韩约妄耶？"乃令左右军中尉、枢密内臣往视之。

既去，训召王璠、郭行余曰："来受敕旨！"璠恐悚不能前，行余独拜殿下。时两镇官健，皆执兵在丹凤门外，训已令召之，唯璠从兵入，邠宁兵竟不至。中尉、枢密至左仗，闻幕下有兵声，惊恐走出。阍者欲扃锁之，为中人所叱，执关而不能下。内官回奏，韩约气慑汗流，不能举首。中官谓之曰："将军何及此耶？"又奏曰："事急矣，请陛下入内。"即举软舆迎帝。训殿上呼曰："金吾卫士上殿来，护乘舆者，人赏百千。"内官决殿后熏罳，举舆疾趋。训攀呼曰："陛下不得入内。"金吾卫士数十人，随训而入。罗立言率府中人自东来，李孝本率台中从人自西来，共四百余人，上殿纵击内官，死伤者数十人。训时愈急，逦迪入宣政门。帝瞋目叱训，内官郗志荣奋拳击其胸，训即僵仆于地。帝入东上阁门，门即阖，内官呼万岁者数四。须臾，内官率禁兵五百人，露刃出阁门，遇人即杀。宰相王涯、贾𫗧、舒元舆方中书会食，闻难出走，诸司从吏死者六七百人。

是日，训中拳而仆，知事不济，乃单骑走入终南山，投寺僧宗密。训与宗密素善，欲剃其发匿之。从者止之，乃趋凤翔，欲依郑注。出山，为盩厔镇将宗楚所得，械送京师。至昆明池，训恐入军则受搒掠，乃谓兵士曰："所在有兵，得我者即富贵，不如持我首行，免被夺取。"乃斩训，持首而行。

训弟仲景、再从弟户部员外郎元皋，皆伏法。

仇士良以宗密容李训，遣人缚入左军，责以不告之罪。将杀之，宗密怡然曰："贫僧识训年深，亦知反叛。然本师教法，遇苦即救，不爱身命，死固甘心。"中尉鱼弘志嘉之，奏释其罪。

郑注，绛州翼城人，始以药术游长安权豪之门。本姓鱼，冒姓郑氏，故时号鱼郑。注用事时，人目之为"水族"。

元和十三年，李愬为襄阳节度使，注往依之。愬得其药力，因厚遇之，署为节度衙推。从愬移镇徐州，又为职事，军政可否，愬与之参决。注诡辩阴狡，善探人意旨，与愬筹谋，未尝不中其意。然挟邪任数，专作威福，军府患之。时王守澄监徐军，深怒注。一日，以军情患闻白于愬。愬曰："彼虽如此，实奇才也。将军试与之语；苟不如旨，去未为晚。"愬即令谒监军。守澄初有难色，及延坐与语，机辩纵衡，尽中其意，遂延于内室，促膝投分，恨相见之晚。翌日，守澄谓愬曰："诚如公言，实奇士也。"自是出入守澄之门，都无限隔。愬署为巡官，齿于宾席。

及守澄入知枢密，当长庆、宝历之际，国政多专于守澄。注昼伏夜动，交通赂遗。初则逸邪奸巧之徒附之以图进取；数年之后，达僚权臣，争凑其门。累从山东、京西诸军，历卫佐、评事、御史，又检校库部郎中，为昭义节度副使。既以阴事诬陷宋申锡，守道正人，始侧目焉。

大和七年，罢邠宁行军司马，入京师。御史李款阁内弹之曰："郑注内通敕使，外结朝官，两地往来，卜射财货，昼伏夜动，干窃化权。人不敢言，道路以目。请付法司。"旬日内，谏章十数，文宗不纳。寻授注通王府司马，充右神策判官，中外骇叹。八年九月，注进药方一卷，令守澄召注对浴堂门，赐锦彩。召对之夕，彗出东方，长三尺，光耀甚紧。其年十二月，拜太仆卿、兼御史大夫。

注起第和里，通于永巷，长廊复壁。日聚京师轻薄子弟、方镇将吏，以招权利。间日入禁军，与守澄款密，语必移时，或通夕不寐。李训既附注以进，承间入谒；而轻浮躁进者，盈于注门。九年八月，迁工部尚书，充翰林侍讲学士。召自九仙门，帝面赐告身。时李训已在禁庭，二人相洽，日侍君侧，讲贯太平之术，以为朝夕可致升平。两奸合从，天子益惑其说。是时，训、注之权，赫于天下。既得行其志，生平恩仇，丝毫必报。因杨虞卿之狱，挟忌

李宗闵、李德裕，心所恶者，目为二人之党。朝士相继斥逐，班列为之一空，人人惴栗，若崩厥角。帝微知之，下诏慰谕，人情稍安。

训、注天资狂妄，偷合苟容，至于经略谋猷，无可称者。初浴堂召对，上访以富人之术，乃以榷茶为对。其法，欲以江湖百姓茶园，官自造作，量给直分，命使者主之。帝惑其言，乃命王涯兼榷茶使。又言秦中有灾，宜兴工役以禳之。文宗能诗，尝吟杜甫《江头篇》云："江头宫殿锁千门，细柳新蒲为谁绿？"始知天宝已前，环曲江四岸，有楼台行宫廨署，心切慕之。既得注言，即命左右神策军差人淘曲江、昆明二池，仍许公卿士大夫之家于江头立亭馆，以时追赏。时两军造紫云楼、彩霞亭，内出楼额以赐之。注言无不从，皆此类也。

九月，检校尚书左仆射、凤翔尹、凤翔节度使。盖与李训谋事有期，欲中外协势。十一月，注闻训事发，自凤翔率亲兵五百余人赴阙。至扶风，闻训败，乃还。监军使张仲清已得密诏，迎而劳之，召至监军府议事。注倚兵卫即赴之，仲清已伏兵幕下。注方坐，伏兵发，斩注，传首京师，部下溃散。注家属屠灭，靡有孑遗。初未获注，京师忧恐。至是，人人相庆。

注两目不能远视，自言有金丹之术，可去痿弱重胝之疾。始李愬自云得效，乃移之守澄，亦神其事。由是中官视注皆怜之，卒以是售其狂谋。而守澄自贻其患，复致衣冠涂地，岂一时之沴气欤？既籍没其家财，得绢一百万匹，他货称是。

王涯，字广津，太原人。父晃。涯，贞元八年进士擢第，登宏辞科。释褐蓝田尉。贞元二年十月，召充翰林学士，拜左拾遗、左补阙、起居舍人，皆充内职。元和三年，为宰相李吉甫所怒，罢学士，守都官员外郎，再贬虢州司马。五年，入为吏部员外。七年，改兵部员外郎、知制诰。九年八月，正拜舍人。十年，转工部侍郎、知制诰，加通议大夫、清源县开国男，学士如故。十一年十二月，加中书侍郎、同平章事。十三年八月，罢相，守兵部侍郎，寻迁吏部。

穆宗即位，以检校礼部尚书、梓州刺名、剑南东川节度使。其年十一月，吐蕃南北掎角入寇，西北边骚动，诏两川兵拒之。时蕃军逼雅州，涯上疏曰："臣当道出军，径入贼腹有两路：一路从龙州清川镇入蕃界，径抵故松州城，是吐蕃旧置节度之所；一路从绵州威蕃栅入蕃界，径抵栖鸡城，皆吐蕃险要之地。"又曰："臣伏见方今天下无犬吠之警，海内同覆盂之安。每蕃戎一警，则中外咸震，致陛下有旰食轸怀之忧，斯乃臣等居大官、受重寄者之深责也。虽承诏发卒，心驰寇廷，期于为国讨除，使戎人芟剪。昼夜思忖，何补涓毫？所以悾悾寒心，愿陈万一。臣观自古长策，昭然可征。在于实边兵，选良将，明斥候，广资储，杜其奸谋，险其走集，此立朝士大夫皆知，不独微臣知之也，只在举行之耳。然臣愚见所及，犹欲布露者，诚愿陛下不爱金帛之费，以钓北虏之心。临遣信臣，与之定约曰：犬戎悖乱负恩，为边鄙患者数矣，能制而服之者，

唯在北蕃。如能发兵深入，杀若干人，取若干地，则受若干之赏。开怀以示之，厚利以哄之，所以劝耸要约者异于他日，则匈奴之锐，可得出矣。一战之后，西戎之力衰矣。"穆宗不能用其谋。

长庆元年，幽、镇复乱，王师征之，未闻克捷。涯在镇上书论用兵曰：

伏以幽、镇两州，悖乱天纪，迷亭育之厚德，肆豺虎之非心。囚系鼎臣，戕贼戎帅，毒流列郡，衅及宾僚。凡在有情，孰不扼腕？咸欲横戈荷载，问罪贼廷。伏以国家文德诞敷，武功继立，远无不服，迩无不安。矧兹二方，敢逆天理？臣窃料诏书朝下，诸镇夕驱，以貔貅问罪之师，当猖狂失节之寇，倾山压卵，决海灌荧，势之相悬，不是过也。

但以常山、燕郡，虞、虢相依，一时兴师，恐费财力。且夫罪有轻重，事有后先，攻坚宜从易者。如闻范阳肇乱，出自一时，事非宿谋，情亦可验。镇州构祸，殊匪偶然，扇动属城，以兵拒逸。如此则幽、蓟之众，可示宽刑；镇、冀之戎，必资先讨。况廷凑阔茸，不席父祖之恩；成德分离，人多迫胁之势。今以魏博思复仇之众，昭义愿尽敌之师，参之晋阳，辅以沧、易，掎角而进，易若建瓴，尽屠其城，然后北首燕路。在朝廷不为失信，于军势实得机宜。臣之愚忠，辄在于此。

臣又闻用兵若斗，先扼其喉。今瀛、莫、易、定，两贼之咽喉也，诚宜假之威柄，戍以重兵。俾其死生不相知，间谍无所入，而以大军先迫冀、赵，次下井陉，此百举百全之势也。臣受恩深至，无以上酬，轻冒陈闻，不胜战越。

洎涯疏至，卢士玫已为贼劫，陷瀛、莫州，凶势不可遏。俄而二凶俱宥之。

三年，入为御史大夫。敬宗即位，改户部侍郎、兼御史大夫，充盐铁转运使，俄迁礼部尚书，充职。宝历二年，检校尚书左仆射、兴元尹、山南西道节度使，就加检校司空。

大和三年正月，入为太常卿。文宗以乐府之音，郑卫太甚，欲闻古乐，命涯询于旧工，取开元时雅乐，选乐童按之，名曰《云韶乐》。乐曲成，涯与太常丞李廓、少府监庾承宪押乐工献于黎园亭，帝按之于会昌殿。上悦，赐涯等锦彩。

四年正月，守吏部尚书、检校司空，复领盐铁转运使。其年九月，守左仆射，领使。奏李师道前据河南十二州，其兖、郓、淄、青、濮州界，旧有铜铁冶，每年额利百余万，自收复，未定税额，请复系盐铁司，依建中元年九月敕例制置，从之。

七年七月，以本官同平章事，进封代国公，食邑二千户。八年正月，加检校司空、门下侍郎、弘文馆大学士、太清宫使。九年五月，正拜司空，仍令所司册命，加开府仪同三司，仍兼领江南榷茶使。

十一月二十一日，李训事败，文宗入内。涯与同列归中书会食，未下箸，吏报有兵自阁门出，逢人即杀。涯等苍惶步出，至永昌里茶肆，为禁兵所擒，并其家属奴婢，皆系于狱。仇士良鞫涯反状，涯实不知其故。械缚既急，榜笞不胜其酷，乃令手书反状，自诬与训同谋。狱具，左军兵马三百人领涯与王璠、罗立言，右军兵马三百人领贾悚、舒元舆、李孝本，先赴郊庙，徇两市，乃腰斩于子城西南隅独柳树下。涯以权茶事，百姓怨恨，诟骂之，投瓦砾以击之。中书房吏焦寓、焦璩、台吏李楚等十余人，吏卒争取杀之，籍没其家。涯子工部郎中、集贤殿学士孟坚，太堂博士仲翔，其余稚小妻女，连襟系系，送入两军，无少长尽诛之。自涯已下十一家，资货悉为军卒所分。涯积家财钜万计，两军士卒及市人乱取之，竟日不尽。

涯博学好古，能为文，以辞艺登科。践扬清峻，而贪权固宠，不远邪佞之流，以至赤族。涯家书数万卷，侔于秘府。前代法书名画，人所保惜者，以厚货致之；不受货者，即以官爵致之。厚为垣窍，而藏之复壁。至是，人破其垣取之，或剔取函签金宝之饰与其玉轴而弃之。

涯之死也，人以为冤。昭义节度使刘从谏三上章，求示涯等三相罪名，仇士良颇怀忧恐。初宦官纵毒，凌藉南司。及从谏奏论，凶焰稍息，人士赖之。

王璠，字鲁玉。父础，进士，文辞知名。元和五年，擢进士第，登宏辞科。风仪修饰，操履甚坚，累辟诸侯府。元和中，入朝为监察御史，再迁起居舍人，副郑覃宣慰于镇州。长庆中，累历员外郎。十四年，以职方郎中知制诰。宝历元年二月，转御史中丞。

时李逢吉为宰相，与璠亲厚，故自郎官掌诰，便拜中丞。恃逢吉之势，稍横。尝与左仆射李绛相遇于街，交车而不避。绛上疏论之曰："左、右仆射，师长庶僚，开元中名之丞相。其后虽去三事机务，犹总百司之权。表状之中，不署其姓。尚书已下，每月合衙。上日百僚列班，宰相居上，中丞御史列位于廷。礼仪之崇，中外特异。所以自武德、贞观已来，圣君贤臣，布政除弊，不革此礼，谓为合宜。苟有不安，寻亦合废。近年缘有才不当位，恩加特拜者，遂从权便，不用旧仪。酌于群情，事实未当。今或有仆射初除，就中丞院门相看，即与欲参何殊。或中丞新授，亦不见仆射处。又参贺处，或仆射先至，中丞后来，宪度乖宜，尊卑倒置。倘人才忝位，自合别授贤人；若朝命守官，岂得有亏法制？伏望下百僚详定事体，使永可遵行。"敕旨令两省详议。两省奏曰："元和中，伊慎忝居师长之位，太常博士韦谦削去旧仪。今李绛所论，于礼甚当。"逢吉素恶绛之直，天子虽许行旧仪，中书竟无处分，乃罢璠中丞，迁工部侍郎。寻罢绛仆射，以太子少师分司东都。其弄权怙宠如此。

璠二年七月出为河南尹。大和二年，以本官权知东都选。十月，转尚书右丞，敕选毕入朝。三年，改吏部侍郎。四年七月，拜京兆尹、兼御史大夫。十二月，迁左丞，判太常卿事。六年八月，检校礼部尚书、润州刺史、浙西观察使。

八年，李训得幸，累荐于上。召还，复拜右丞。璠以逢吉故吏，自是倾心于训，权幸倾朝。九年五月，迁户部尚书、判度支。谢日,召对浴堂,锡之锦彩。其年十一月,李训将诛内官,令璠召募豪侠,乃授太原节度使,托以募爪牙为名。训败之日,璠归长兴里第。是夜为禁军所捕,举family家下狱;斩璠于独柳树,家无少长皆死。

璠子遐休,直弘文馆。李训举事之日,遐休于馆中礼上,同职驾部郎中令狐定等五六人送之,是日悉为乱兵所执。定以兄楚为仆射,军士释之,独执遐休诛之。

初璠在浙西,缮城壕。役人掘得方石,上有十二字,云:"山有石,石有玉,玉有瑕,瑕即休。"璠视莫知其旨,京口老人讲之曰:"此石非尚书之吉兆也。尚书祖名鉴,鉴生础,是山有石也。础生尚书,是石有玉也。尚书之子名遐休,休,绝也。此非吉征。"果赤族。

贾餗,字子美,河南人。祖渭。父宁。餗进士擢第,又登制策甲科,文史兼美,四迁至考功员外郎。长庆初,策召贤良,选当时名士考策,餗与白居易俱为考策官,选文人以为公。寻以本官知制诰,迁库部郎中,充职。四年,为张又新所构,出为常州刺史。大和初,入为太常少卿。二年,以本官知制诰。三年七月,拜中书舍人。四年九月,权知礼部贡举。五年,榜出后,正拜礼部侍郎。凡典礼闱三岁,所选士七十五人,得其名人多至公卿者。七年五月,转兵部侍郎。八年十一月,迁京兆尹、兼御史大夫。九年四月,检校礼部尚书、润州刺史、浙西观察使。制出未行,拜中书侍郎、同平章事,进金紫阶,封姑臧男,食邑三百户。未几,加集贤殿学士,监修国史。

其年十一月,李训事发,兵交殿廷,禁军肆掠。餗易服步行出内,潜身人间。翌日,自投神策军,与王涯等皆族诛。餗虽中立自持,然不能以身犯难,排斥奸纤,脂韦其间,遂至覆族。逢时多僻,死非其罪,世多冤之。

舒元舆者,江州人。元和八年登进士第,释褐诸府从事。大和初,入朝为监察,转侍御史。

初,天宝中,玄宗祀九宫坛,次郊坛行事,御署祝板。元舆为监察,监祭事,以为太重,奏曰:"臣伏见祀九宫贵神祝板九片,陛下亲署御名,及称臣于九宫之神。臣伏以天子之尊,除祭天地宗庙之外,无合称臣也。王者父天母地,兄日姊月。而贵神以九宫为目,是宜分方而守其位。臣数其名号,太一、天一、招摇、轩辕、咸池、青龙、太阴、天符、摄提也。此九神,于天地犹子男也,于日月犹侯伯也。陛下为天子,岂可反臣于天之子男耶?臣窃以为过。纵阴阳家流言其合祀,则陛下当合称'皇帝遣某官致祭于九宫之神',不宜称臣与名。臣虽愚瞽,未知其可。乞下礼官详议。"从之。寻转刑部员外郎。

元舆自负奇才,锐于进取,乃进所业文章,乞试效用,宰执谓其躁竞。五年八月,改授著作郎,分司东都。时李训丁父忧在洛,与元舆性俱诡激,乘险蹈利,相得甚欢。及训为文宗宠遇,复召为尚书郎。九年,以右司郎中知台杂。七月,权知中丞事。九年,拜御史中丞,兼判刑部侍郎。是月,以本官同平章事,与训同知政事。而深谋诡算,荧惑主听,皆生于二凶也。训窃发之日,兵自内出。元舆易服单马出安化门,为追骑所擒,送左军族诛之。

郭行余者,亦登进士第。大和初,累官至楚州刺史。五年,移刺汝州,兼御史中丞。九月,入为大理卿。李训在东都时,与行余亲善,行余相饷遗,至是用为九列,十一月,训欲窃发,令其募兵,乃授邠宁节度使。训败,族诛。

罗立言者,父名欢。贞元末,登进士第。宝历初,检校主客员外郎,为盐铁河阴院官。二年,坐籴米不实,计赃一万九千贯,盐铁使惜其吏能,定罪止削所兼侍御史。大和中,为司农少卿,主太仓出纳物,以货厚赂郑注,李训亦重之。训将窃发,须兵集事,以京兆府多吏卒,用立言为京兆少尹,知府事。训败日,族诛。

长安县令孟瑱贬硖州长史,万年县令姚中立朗州长史。以两县捕贼官受立言指使故也。初立言集两县吏卒,万年捕贼官郑洪惧禀祸托疾,既而诈死,令家人丧服聚哭。姚中立阴知其故,恐以诈闻,不免其累,乃以状告洪之诈。仇士良拘洪入军,洪衔中立之告,谓士良曰:"追集所由,皆因县令处分,予何罪也。"故中立坐贬,洪免死。

李孝本者,宗室之子也。累官至刑部郎中,而依于训、注以求进。舒元舆作相,训用孝本知台杂,权知中丞事,最预训谋。窃发之日,孝本从人杀内官十余人于殿廷。知事不济,单骑走投郑注。至咸阳西原,为追骑所捕,族诛之。坐训、注而族者,凡十一家,人以为冤。

史臣曰:王者之政以德,霸者之政以权。古先后王,率由兹道,而遂能息人靖乱,垂统作则者。如梓人共柯而殊工,良奕同枰而独胜,盖在得其术,则事无后艰。昭献皇帝端冕深帷,愤其厮养,欲铲宫居之弊,载澄刑政之源。当宜礼一代正人,访先朝耆德,修文教而厚风俗,设武备以服要荒。俾西被东渐,皆陶于景化;柔祗苍昊,必降于阙祥,自然怀德以宁,无思不服。况区区宦者,独能悖化哉?故竖刁、易牙,不废齐桓之霸;韩嫣、籍孺,何妨汉帝之明。盖有管仲、亚夫之贤,属之以大政故也。此二君者,制御阉寺,得其道也。而昭献忽君人之大体,惑纤狡之庸儒。虽终日横经,连篇属思,但得好文之誉,庸非致治之先。且李训者,狙诈百端,阴险万状,背守澄而劝鸩,出郑注以擅权。只如尽陨四星,兼权八校,小人方寸,即又难知。但虑为蚕虱而采溪苏,翻获螟蜓之患也。呜呼明主!夫何不思,遽致血溅黄门,兵交青琐。苟无藩后之势,黄屋危哉!涯、餗绰有士风,晚为利丧,致身鬼蜮之伍,何逃瞰室之灾。非天不仁,子失道也!

赞曰:奭、旦兴周,斯、高亡秦。祸福非天,治乱由人。训、注奸伪,血溅象魏。非时乏贤,君迷倒置。

卷一百七十　　列传第一百二十

裴　度

　　裴度,字中立,河东闻喜人。祖有邻,濮州濮阳令。父溆,河南府渑池丞。度,贞元五年进士擢第,登宏辞科。应制举贤良方正、能直言极谏科,对策高等,授河阴县尉。迁监察御史,密疏论权幸,语切忤旨,出为河南府功曹。迁起居舍人。元和六年,以司封员外郎知制诰,寻转本司郎中。

　　七年,魏博节度使田季安卒。其子怀谏幼年不任军政,牙军立小将田兴为留后。兴布心腹于朝廷,请守国法,除吏输常赋,宪宗遣度使魏州宣谕。兴承僭侈之后,车服垣屋,有逾制度,视事斋阁,尤加宏敞。兴恶之,不于其间视事,乃除旧采访使厅居之,请度为壁记,述兴谦降奉法,魏人深德之。兴又请度遍至属郡,宣述诏旨,魏人郊迎感悦。使还,拜中书舍人。

　　九年十月,改御史中丞。宣徽院五坊小使,每岁秋按鹰犬于畿甸,所至官吏必厚遗供饷,小不如意,即恣其须索,百姓畏之如寇盗。先是,贞元末,此辈暴横尤甚,乃至张网罗于民家门及井,不令出入汲水,曰:"惊我供奉鸟雀。"又群聚于卖酒食家,肆情饮啖。将去,留蛇一箧,诫之曰:"吾以此蛇致供奉鸟雀,可善饲之,无使饥渴。"主人赂而谢之,方肯携蛇箧而去。至元和初,虽数治其弊,故态未绝。小使尝至下邽县,县令裴寰性严刻,嫉其凶暴,公馆之外,一无曲奉。小使怒,构寰出慢言。及上闻,宪宗怒,促令摄寰下狱,欲以大不敬论。宰相武元衡等以理开悟,帝怒不解。度入延英奏事,因极言论列,言寰无罪。上愈怒曰:"如卿之言,寰无罪即决五坊小使;如小使无罪,即决裴寰。"度对曰:"按罪诚如圣旨,但以裴寰为令长,忧惜陛下百姓如此,岂可加罪?"上怒色遽霁。翌日,令释寰。寻以度兼刑部侍郎,奉使蔡州行营,宣谕诸军。既还,帝问诸将之才,度曰:"臣观李光颜见义能勇,终有所成。"不数日,光颜奏大破贼军于时曲,帝尤叹度之知人。

　　十年六月,王承宗、李师道俱遣刺客刺宰相武元衡,亦令刺度。是日,度出通化里,盗三以剑击度,初断靴带,次中背,才绝外衣,后微伤其首,度堕马。会度带毡帽,故创不至深。贼又挥刃追度,度从人王义乃持贼连呼甚急,贼反刃断义手,乃得去。度已堕沟中,贼谓度已死,乃舍去。居三日,诏以度为门下侍郎、同中书门下平章事。

　　度劲正而言辩,尤长于政体,凡所陈谕,感动物情。自魏博使还,宣达称旨,帝深嘉属。又自蔡州劳军还,益听其言。尚以元衡秉政,大用未果,自盗发都邑,便以大计属之。

　　初,元衡遇害,献计者或请罢度官以安二镇之心,宪宗大怒曰:"若罢度官,是奸计得行,朝纲何以振举?吾用度一人,足以破此二贼矣。"度亦以平贼为己任。度以所伤请告二十余日,诏以卫兵宿度私第,中使问讯不绝。未拜前一日,宣旨谓度曰:"不用宣政参假,即延英对来。"及度入对,抚谕周至。时群盗干纪,变起都城,朝野恐骇。及度命相制下,人情始安,以为必能殄寇。自是诛贼之计,日闻献替,用军愈急。

　　十一年,庄宪皇后崩,度为礼仪使。上不听政,欲准故事置冢宰,以总百司。度献议曰:"冢宰是殷、周六官之首,既掌邦理,实统百司。故王者谅闇,百官有权听之制。后代设官,既无此号,不可虚设。且国朝故事,或置或否,古今异制,不必因循。"敕旨曰:"诸司公事,宜权取中书门下处分。"识者是之。

　　六月,蔡州行营唐邓节度使高霞寓兵败于铁城,中外恟骇。先是,诏群臣各献诛吴元济可否之状。朝臣多言罢兵赦罪为便,翰林学士钱徽、萧俛语尤切,唯度言贼不可赦。及霞寓败,宰相以上必厌兵,欲以罢兵为对。延英方奏,宪宗曰:"夫一胜一负,兵家常势。若帝王之兵不合败,则自古何难于用兵,累圣不应留此凶贼。今但论此兵合用与否,及朝廷制置当否,卿等唯须要害处置。将帅有不可者,去之勿疑;兵力有不足者,速与应接。何可以一将不利,便沮成计?"于是宰臣不得措言,朝廷无敢言罢兵者,故度计得行。

　　王锷家二奴告锷换父遗表,隐没进奉物。留其奴于仗内,遣中使往东都检责锷之家财。度奏曰:"王锷身殁之后,其家进奉已多。今因其奴告检责其家事,臣恐天下将帅闻之,必有以家为计者。"宪宗即日遣中使还,二奴付京兆府决杀。

　　十二年,李愬、李光颜屡奏破贼,然国家聚兵淮右四年,度支供饷,不胜其弊,诸将玩寇相视,未有成功,上亦病之。宰相李逢吉、王涯等三人,以劳师弊赋,意欲罢兵,见上互陈利害。度独无言。帝问之,对曰:"臣请身自督战。"明日延英重议,逢吉等出,独留度,谓之曰:"卿必能为朕行乎?"度俯伏流涕曰:"臣誓不与此贼偕全。"上亦为之改容。度复奏曰:"臣昨见吴元济乞降表,料此逆贼势实窘蹙。但诸将不一,未能迫之,故未降耳。若臣自赴行营,则诸将各欲立功以固恩宠,破贼必矣!"上然之。翌日,诏曰:

　　辅弼之臣,军国是赖。兴化致理,秉钧以居。取威定功,则分阃而出。所以同君臣之体,一中外之任焉。属者问罪汝南,致诛淮右,盖欲刷其污俗,吊彼顽人。虽挈地求生者实繁有徒,而婴城执迷者未鬻其类,何兽困而犹斗,岂鸟穷之无归欤?由是遥听鼓鼙,更张琴瑟,烦我台席,董兹戎旃。朝议大夫、守中书侍郎、同平章事、飞骑尉、赐紫金鱼袋裴度,为时降生,协朕梦卜,精辨宣力,坚明纳忠。当轴而才谋老成,运筹而智略有定。司其枢务,备知四方之事;付以兵要,必得万人之心。是用祷于上玄,拣此吉日,带丞相之印绶,所以尊其名;赐诸侯之斧钺,所以重其命。尔宜宣布清问，恢壮皇猷，感励连营，荡平多垒，招怀孤疾，字抚夷伤。况淮西一军，素效忠节，过海赴难，史册书勋。建中初，攻破襄阳，擒灭崇义。比者胁于凶逆，归命无由。每念前劳，常思安抚。所以内辍辅臣，俾为师率，实欲保全慰谕，各使得宜。汝往钦哉！无越我丕训。可门下侍郎、同中书门下平章事、蔡州刺史，充彰义军节度、申光蔡观察等使，仍充淮西宣慰招讨处置使。

诏出，度以韩弘为淮西行营都统，不欲更为招讨，请只称宣慰处置使。又以此行既兼招抚，请改"翦其类"为"革其志"。又以弘已为都统，请改"更张琴瑟"为"近辍枢衡"，请改"烦我台席"为"授以成算"，皆从之。仍奏刑部侍郎马总为宣慰副使，太子右庶子韩愈为彰义行军司马，司勋员外郎李正封、都官员外郎冯宿、礼部员外郎李宗闵等为两使判官书记，皆从之。

初，德宗朝政多僻，朝官或相过从，多令金吾伺察密奏，宰相不敢于私第见宾客。及度辅政，以群贼未诛，宜延接奇士，共为筹画，乃请于私居接延宾客，宪宗许之。自是天下贤俊，得以效计议于丞相，接士于私第，由度之请也。

自讨淮西，王师屡败。论者以杀伤滋甚，转输不逮，拟议密疏，纷纭交进。度以腹心之疾，不时去之，终为大患，不然，两河之盗，亦将视此为高下。遂坚请讨伐，上深委信，故听之不疑。

度既受命，召对于延英，奏曰："主忧臣辱，义在必死。贼灭，则朝天有日；贼在，则归阙无期。"上为之恻然流涕。

十二年八月三日，度赴淮西，诏以神策军三百骑卫从，上御通化门慰勉之。度楼下衔涕而辞，赐之犀带。度名虽宣慰，其实行元帅事，仍以郾城为治所。上以李逢吉与度不协，乃罢知政事，出为剑南东川节度。

既离京，淮西行营大将李光颜、乌重胤谓监军梁守谦曰："若俟度至而有功，即非我利。可疾战，先事立功。"是月六日，将出兵，与贼战于贾店，为贼所败。度二十七日至郾城，巡抚诸军，宣达上旨，士皆贾勇。时诸道兵皆有中使监阵，进退不由主将，战胜则先使献捷，偶衄则凌挫百端。度至行营，并奏去之，兵柄专制之于将，众皆喜悦。军法严肃，号令画一，以是出战皆捷。度遣使入蔡州，元济与度书曰："比密有降款，而索日进隔河大呼，遂令三军防元济，故归首无路。"

十月十一日，唐邓节度使李愬，袭破悬瓠城，擒吴元济。度先遣宣慰副使马总入城安抚。明日，度建彰义军节，领洄曲降卒万人继进。李愬具櫜鞬以军礼迎度，拜之路左。度既视事，蔡人大悦。旧令：途中偶语，夜不燃烛，人或以酒食相过从者，以军法论。度乃约法，唯盗贼、斗杀外，余尽除之，其往来者，不复以昼夜为限。于是蔡之遗黎，始知有生人之乐。

初，度以蔡卒为牙兵。或以为反侧之子，其心未安，不可自去其备。度笑而答曰："吾受命为彰义军节度使，元恶就擒，蔡人即吾人也。"蔡之父老，无不感泣。申、光

之民，即时平定。

十一月二十八日，度自蔡州入朝，留副使马总为彰义军留后。初，度入蔡州，或谮度没入元济妇女珍宝。闻，上颇疑之。上欲尽诛元济旧将，封二剑以授梁守谦，使往蔡州。度回至郾城遇之，乃复与守谦入蔡州，量罪加刑，不尽如诏。守谦固以诏止，度先以疏陈，乃径赴阙下。二月，诏加度金紫光禄大夫、弘文馆大学士，赐勋上柱国，封晋国公，食邑三千户，复知政事。

宪宗以淮西贼平，因功臣李光颜等来朝，欲开内宴，诏六军使修麟德殿之东廊。军使张奉国以公费不足，出私财以助用，诉于执政。度从容启曰："陛下营造，有将作监等司局，岂可使功臣破产营缮？"上怒奉国泄漏，乃令致仕。其浚龙首渠，起凝晖殿，雕饰绮焕，徙佛寺花木以植于庭。有程异、皇甫镈者，奸纤用事，二人领度支盐铁，数贡羡余钱，助帝营造。帝又以异、镈平蔡时供馈不乏，二人并命摄同平章事。度延英面论曰："程异、皇甫镈，钱谷吏耳，非代天理物之器也。陛下徇耳目之欲，拔置相位，天下人腾口掉舌，以为不可，于陛下无益。愿徐思其宜。"帝不省纳。度三上疏论之，请罢己相位，上都不省。事见《镈传》。

又贾人张陟负五坊使杨朝汶息利钱潜匿，朝汶于陟家得私簿记，有负钱人卢载初，云是故西川节度使卢坦大夫书迹，朝汶即捕坦家人拘之。坦男不敢申理，即以私钱偿之。及征验书迹，乃故郑滑节度卢群手书也。坦男理其事，朝汶曰："钱已进过，不可复得。"御史中丞萧俛及谏官上疏陈其暴横之状，度与崔群因延英对，极言之。宪宗曰："且欲与卿商量东军，此小事我自处置。"度奏曰："用兵，小事也；五坊追捕平人，大事也。兵事不理，只忧山东；五坊使暴横，恐乱辇毂。"上不悦。帝久方省悟，召杨朝汶数之曰："向者为尔使我羞见宰相。"遽命诛之。

初，淮、蔡既平，镇、冀王承宗甚惧。度遣辩士游说，客于赵、魏间。使说承宗，令割地入质以效顺。故承宗求援于田弘正，由度使客讽动之，故兵不血刃，而承宗鼠伏。

十三年，李师道翻覆违命，诏宣武、义成、武宁、横海四节度之师与田弘正会军讨之。弘正奏请取黎阳渡河，会李光颜等军齐进。帝召宰臣于延英议可否，皆曰："阃外之事，大将制之，既有奏陈，宜遂其请。"度独以为不可，奏曰："魏博一军，不同诸道。过河之后，却退不得，便须进击，方见成功。若取黎阳渡河，既才离本界，便至滑州，徒有供饷之劳，又生顾望之势。况弘正、光颜并少威断，更相疑惑，必恐迁延。然兵事不从中制，一定处分。或虑不可。若欲于河南持重，则不如河北养威。不然，则且秣马厉兵，候霜降水落，于杨刘渡河，直抵郓州。但得至阳谷已来下营，则兵势自盛，贼形自挠。"上曰："卿言是矣。"乃诏弘正取杨刘渡河。及弘正军既济河而南，距郓州四十里筑垒，贼势果蹙。顷之，诛师道。

度执性不回，忠于事上，时政或有所阙，靡不极言之，故为奸臣皇甫镈所构，宪宗不悦。十四年，检校左仆射、同中书门下平章事、太原尹、北都留守、河东节度使。

穆宗即位，长庆元年秋，张弘靖为幽州军所囚，田弘

正于镇州遇害，朱克融、王廷凑复乱河朔，诏度以本官充镇州四面行营招讨使。时骄主荒僻，辅相庸才，制置非宜，致其复乱。虽李光颜、乌重胤等称为名将，以十数万兵击贼，无尺寸之功。盖以势区横流，无能复振。然度受命之日，搜兵补卒，不遑寝息。自董西师，临于贼境，屠城斩将，屡以捷闻。穆宗深嘉其忠款，中使抚谕无虚月，进位检校司空，兼充押北山诸蕃使。

时翰林学士元稹，交结内官，求为宰相，与知枢密魏弘简为刎颈之交。稹虽与度无憾，然颇忌前达加于己上。度方用兵山东，每处置军事，有所论奏，多为稹辈所持。天下皆言稹恃宠荧惑上听，度在军上疏论之曰：

臣闻主圣臣直。今既遇圣主，辄为直臣，上答殊私，下塞群谤，誓除国蠹，无以家为。苟献替之可行，何性命之足惜？伏惟皇帝陛下恭承丕业，光启雄图，方珍顽人之风，以立太平之事。而逆竖构乱，震惊山东；奸臣作朋，挠败国政。陛下欲扫荡幽、镇，宜肃清朝廷。何者？为患有大小，议事有先后。河朔逆贼，只乱山东；禁闱奸臣，必乱天下。是则河朔患小，禁闱患大。小者，臣等与诸戎臣必能翦灭；大者，非陛下制断，非陛下觉悟，无计驱除。今文武百僚，中外万品，有心者无不愤怨，有口者无不咨嗟。直以威权方重，奖用方深，无所畏避，不敢抵触，恐事未行祸已及，不为国计，且为身谋。

臣比者犹思隐忍，不愿发明。一则以罪恶如山，怨谤如雷，伏料圣明，必自诛殛；一则以四方无事，万枢且过，虽纪纲潜坏，贿赂公行，俟其贯盈，必自颠覆。今属凶徒扰攘，宸衷忧轸，凡有制命，计于安危。痛此奸邪，恣行欺罔，干乱圣略，非止一途。又翰苑旧臣，结为朋党，陛下听其所说，更访于近臣，私相计会，更唱迭和，蔽惑聪明。所以臣自兵兴已来，所陈章疏，事皆要切，所奉书诏，多有参差。惜陛下委付之意不轻，被奸臣抑损之事不少。

臣素知佞幸，亦无仇嫌，只是昨者，臣尝乘传诣阙，面陈戎事，奸臣之徒，最所畏惧。知臣若到御坐之前，必能悉数其过，以此百计止臣此行。臣又请领兵齐进，逐便攻讨，奸臣之党，曲加阻碍。恐臣统率诸道，或有成功，进退皆受羁牵，意见悉遭蔽塞。复共一二检狡，同辞合力。或两道招抚，逗留旬时；或遣蔚州行营，拖曳日月。但欲令臣失所，使臣无成，则天下理乱，山东胜负，悉不顾矣。为臣事君，一至于此。且陛下左右前后，忠良至多，亦有熟会典章，亦有饱谙师旅，足得任使，何独斯人？以臣愚见，若朝中奸臣尽去，则河朔逆贼，不讨自平；若朝中奸臣尚在，则逆贼纵平无益。

臣读国史，知代宗朝蕃戎侵轶，直犯都城。代宗不知，盖被程元振蒙蔽，几危社稷。当时柳伉，乃太常一博士耳，犹能抗表归罪，为国除害。今臣年处，兼总将相，岂肯坐观凶邪，有暗日月。不胜感愤嫉恶之至！谨附中使赵奉国以闻。倘陛下未信忠言，犹惑奸党，伏乞出臣此表，令三事大夫与百僚集议。彼

不受责，臣合伏辜，天鉴孔明，照臣肝血。但得天下之人，知臣不负陛下，则虽死之日，犹生之年。

继上三章，辞情激切。穆宗虽不悦，虽惧大臣正议，乃以魏弘简为弓箭库使，罢元稹内职。然宠稹之意未衰。俄拜稹平章事，寻罢度兵权，守司徒、同平章事，充东都留守。谏官相率伏阁诣延英门者日二三。帝知其谏，不即被召，皆上疏言：时未偃兵，度有将相全才，不宜置之散地。帝以章疏旁午，无如之何，知人情在度，遂诏度自太原由京师赴洛。及元稹为相，请上罢兵，洗雪廷凑、克融，解深州之围，盖欲罢度兵柄故也。

二年三月，度至京师。既见，先叙克融、廷凑暴乱河朔，受命讨贼无功；次陈除职东都，许令入觐。辞和气劲，感动左右。度伏奏龙墀，涕泗呜咽，帝为之动容，口自谕之曰："所谢知，朕于延英待卿。"

初，人以度无左右之助，为奸邪排摈，虽度勋德，恐不能感动人主。及度奏河北事，慷慨激切，扬于殿廷，在位者无不耸动。虽武夫贵介，亦有咨嗟出涕者。翌日，以度守司徒、扬州大都督府长史，充淮南节度使，进阶光禄大夫。

时朱克融、王廷凑虽受朝廷节钺，未解深州之围。度初发太原，与二镇书，谕以大义。克融解围而去，廷凑亦退舍。有中使自深州来言之，穆宗甚喜。即日又遣中使往深州取牛元翼，更命度致书与廷凑。度沿路奉诏，中使得度书云："朝谢后，即归留务。恐廷凑知度无兵权，即背前约，请度易之。"中使乃进度书草，具奏其事。及度至京师，进退明辩，帝方忧深州之围，遂授度淮南节度使。

先是，监军使刘承偕恃宠凌节度使刘悟，三军愤发大噪，擒承偕，欲杀之。已杀其二仆，悟救之获免，而囚承偕。诏遣归京，悟托以军情，不时奉诏。至是，宰臣延英奏事，度亦在列。上顾谓度曰："刘悟拘承偕而不遣，如何处置？"度辞以藩臣不合议军国事。上固问之，且曰："刘悟负我，我以仆射宠之，近又赐绢五百万匹，不思报功，翻纵军众凌辱监军，我实难奈此事。"度对曰："承偕在昭义不法，臣尽知之，昨刘悟在行营与臣书，数论其事。是时有中使赵弘亮在臣军，仍持悟书将去，欲自奏，不知奏否？"上曰："我都不知，悟何不密奏其事，我岂不能处置？"度曰："刘悟武臣，不知大臣体例。虽然，臣窃以悟纵有密奏，陛下必不能处置。今日事状如此，臣等面论，陛下犹未能决，悟单辞岂能动圣听哉？"上曰："前事勿论，直言此时如何处置？"度曰："陛下必欲收忠义之心，使天下戎臣为陛下死节，唯有下半纸诏书，言任使不明，致承偕乱法如此，令悟集三军斩之。如此，则万方毕命，群盗破胆，天下无事矣。苟不能如此，虽与刘悟改官赐绢，臣亦恐于事无益。"上俯首良久，曰："朕不惜承偕。缘是太后养子，今被囚絷，太后未知，如卿处置未得，可更议其宜。"度与王播等复奏曰："但配流远恶处，承偕必得出。"上以为然，承偕果得归。

度方受册司徒，徐州奏节度副使王智兴自河北行营率师还，逐节度使崔群，自称留后。朝廷骇惧，即日宣制，以度守司徒、同平章事，复知政事。乃以宰相王播代度镇

淮南。度与李逢吉素不协。度自太原入朝，而恶度者以逢吉善于阴计，足能构度，乃自襄阳召逢吉入朝，为兵部尚书。度既复知政事，而魏弘简、刘承偕之党在禁中。逢吉用族子仲言之谋，因医人郑注与中尉王守澄交结，内官皆为之助。五月，左神策军奏告人李赏称和王府司马于方受元稹所使，结客欲刺裴度。诏左仆射韩皋、给事中郑覃与李逢吉三人鞫于方之狱。未竟，罢元稹为同州刺史，罢度为左仆射，李逢吉代度为宰相。自是，逢吉之党李仲言、张又新、李续等，内结中官，外扇朝士，立朋党以沮度，时号"八关十六子"，皆交结相关之人数也。而度之丑誉日闻，俄出度为山南西道节度使，不带平章事。

长庆四年，襄阳节度使牛元翼卒。其家先在镇州，朝廷累遣中使取之，王廷凑迁延不遣。至是，闻元翼卒，乃尽屠其家。昭愍皇帝闻之，嗟惋累日，因叹宰辅非才，致奸臣悖逆如此。翰林学士韦处厚上言曰：

臣闻汲黯在朝，淮南不敢谋叛；干木处魏，诸侯不敢加兵。王霸之理，皆以一士而止百万之师，以一贤而制千里之难。臣伏以裴度勋高中夏，声播外夷，廷凑、克融皆惮其用，吐蕃、回鹘悉服其名。今若置之岩廊，委其参决，西夷北房，未测中华；河北山东，必禀庙算。况幽、镇未静，尤资重臣。管仲曰："人离而听之则愚，合而听之则圣。"理乱之本，非有他术，顺人则理，违人则乱。伏承陛下当食叹息，恨无萧、曹。今有一裴度尚不留驱使，此冯生所以感悟汉文，云虽有廉颇、李牧不能用也。

夫御宰臣，当委之信之，亲之礼之。如于事不效，于国无劳，则置之散僚，黜之远郡。如此，则在位者不敢不励，将进者不敢苟求。陛下存终始之分，但不永弃，则君臣之厚也。今进皆负四海责望，退不失六部尚书，不肖者无因而劝。臣与李逢吉素无仇嫌，臣尝被裴度因事贬黜。今之所陈，上答圣明，下达君议，披肝感激，伏地涕流。伏望鉴臣爱君，矜臣体国，则天下幸甚。

昭愍愕然省悟，见度奏状不带平章事，谓处厚曰："度曾为宰相，何无平章事？"处厚因奏："为逢吉所挤，度自仆射出镇兴元，遂于旧使衔中减落。"帝曰："何至是也。"翌日下制，复兼同平章事。

然逢吉之党，巧为毁沮，恐度复用。有陈留人武昭者，性果敢而辩舌。度之讨淮西也，昭求进于军门，乃令入蔡州说吴元济。元济临之以兵，昭气色自若，善待而还。度以为可用，署之军职，随度镇太原，奏授石州刺史。罢郡，除衮王府长史。昭既在散位，心微悒郁，而有怨逢吉之言。而奸邪之党，使卫尉卿刘遵古从人安再荣告事，言武昭欲谋害李逢吉。狱具，而武昭死，盖欲讦度旧事以污之也。然士君子公论，皆佑度而罪逢吉。天子渐明其端，每中使过兴元，必传密旨抚谕，且有征还之约。

宝历元年十一月，度疏请入觐京师。明年正月，度至，帝礼遇隆厚，数日，宣制复知政事。而逢吉党有左拾遗张权舆者，尤出死力。度自兴元请入朝也，权舆上疏曰："度名应图谶，宅据冈原，不召自来，其心可见。"先是奸党忌度，作谣辞云："非衣小儿坦其腹，天上有口被驱逐。""天口"言度尝平吴元济也。又帝城东西，横亘六岗，合《易象乾》卦之数。度平乐里第，偶当第五岗，故权舆取为语辞。昭愍虽少年，深明其诬谤，奖度之意不衰，奸邪无能措言。

时昭愍欲行幸洛阳，宰相李逢吉及两省谏官，累疏论列，帝正色曰："朕去意已定。其从官宫人，悉令自备糗粮，不劳百姓供馈。"逢吉顿首言曰："东都千里而近，宫阙具存，以时巡游，固亦常典。但以法驾一动，事须备仪，千乘万骑，不可减省。纵不费用绝广，亦须丰俭得宜，岂可自备糗粮，顿失大体？今干戈未甚戢，边鄙未甚宁，恐人心动摇，伏乞稍回宸虑。"帝不听，令度支员外郎卢贞往东都已来，检计行宫及洛阳大内。朝廷方怀忧恐，会度自兴元来，因延英奏事，帝语及巡幸。度曰："国家营创两都，盖备巡幸。然自艰难已来，此事遂绝。东都宫阙及六军营垒、百司廨署，悉多荒废。陛下必欲行幸，亦须稍稍修葺。一年半岁后，方可议行。"帝曰："群臣意不及此，但云不合去。若如卿奏，不行亦得止后期。"旋又朱克融、史宪诚各请以丁匠五千，助修东都，帝遂停东幸。

幽州朱克融执留赐春衣使杨文端，奏称衣段疏薄；又奏今岁三军春衣不足，拟于度支请给一季春衣，约三十万端匹；又请助丁匠五千修东都。上忧其不逊，问宰臣曰："克融所奏，如何处分？我欲遣一重臣往宣慰，便索春衣使，可乎？"度对曰："克融家本凶族，无故又行凌悖，必将灭亡，陛下不足为虑。譬如一豺虎，于山林间自吼自跃，但不以为事，则自无能为。此贼只敢于巢穴中无礼，动即不得。今亦不须遣使宣慰，亦不要索所留敕使，但更缓旬日已来，与一诏云：'闻中官到彼稍失去就，待到，我当有处分。所赐卿春衣，有司制造不谨，我甚要知之，已令料处。'所请丁匠五千人及兵马赴东都，固是虚语。臣料贼中，必出不得，今欲直挫其奸意，即报云：'卿所请丁匠修宫阙，可速遣来，已敕魏博等道，令所在排比供拟。'料得此诏，必章惶失计。若未能如此，犹示含容，则报云：'东都宫阙，所要修葺，事在有司，不假卿遣丁匠远来。又所言三军春衣，自是本道常事。比来朝廷或有事赐与，皆缘征发，须是优恩，若寻常则无此例。我固不惜三二十万端匹，只是事体不可独与范阳。卿宜知悉。'只如此处分即得，陛下更不要介意。"上从之，遂进诏章，至皆如度所料。不旬日，幽州杀克融并其二子。

时帝童年骄纵，倦接群臣。度从容奏曰："比者，陛下每月约六七度坐朝。天下人心，无不知陛下躬亲庶政，乃至河北贼臣远闻，亦皆耸听。自两月已来，入阁开延英稍稀，或恐大段公事须禀睿谋者，有所拥滞。伏冀陛下乘凉数坐，以广延问。伏以颐养圣躬，在于顺适时候。若饮食有节，寝兴有常，四体唯和，万寿可保。《道书》云：'春夏早起，取鸡鸣时；秋冬晏起，取日出时。'盖在阳则欲及阴凉，在阴则欲及温暖。今陛下忧勤庶政，亲览万机，每御延英，召臣等奏对，方属盛夏，宜在清晨。如至巳午之间，即当炎赫之际，虽日昃忘食，不惮其劳，仰瞻宸扆，亦似烦热。臣等已曾陈论，切望听纳。"自后，视事稍频。

未几，兼领度支。属盗起禁闱，宫车晏驾，度与中贵人密谋，诛刘克明等，迎江王立为天子。以功加门下侍郎、集贤殿大学士、太清宫使，余如故。以赞导之勋，进阶特进。

时沧景节度使李全略死，其子同捷窃弄兵柄，以求继袭。度请行诛伐，逾年而同捷诛。因拜疏上陈调兵食非宰相事，请归诸有司。诏从之。赐实封三百户。

度年高多病，上疏恳辞机务，恩礼弥厚。文宗遣御医诊视，日令中使抚问。四年六月，诏曰：

昔汉以孔光降置几之诏，晋以郑冲申奉册之命。虽优隆耆德，显重元臣，而议政不及于咨询，用礼止在于安逸。朕勤求至理，所宝唯贤，顾谒旧劳，敢不加敬。由是委宰制于大政，释参决于繁务。时因听断，诚望弼谐，迁秩上公，式是殊宠。特进、守司徒、兼门下侍郎、同中书门下平章事，充集贤殿大学士、上柱国、晋国公、食邑三千户、食实封三百户裴度，禀河岳之英灵，受乾坤之间气；珪璋特达，城府洞开。外茂九功，内苞一德。器为社稷之镇，才实邦国之桢。故能祗事累朝，宣融景化。

在宪宗时，扫涤区宇，尔则有出车殄寇之勋；在穆宗时，混同文轨，尔则有参决入辅之绩；在敬宗时，阜康兆庶，尔则有活国庇人之勤。迨弼朕躬，总齐方夏，尔则有吊伐底宁之力。皆不遗庙算，布在简编，功利及人，不可悉数。而朝论益重，我心实知。方用皋陶之谟，适值留侯之疾，沥恳牢让，备列奏章，塞诏上言，动形颜色。果闻勿药之喜，更俟调鼎之功，而体力未和，音容尚阻。不有优赞之命，孰彰宠待之恩？宜其协赞机衡，弘敷教典，论道而仪刑卿士，宣德而镇抚华夷。啬养精神，保绥福履，为国元老，毗予一人。可司徒、平章军国重事，待疾损日，每三日、五日一度入中书。散官勋封实封如故。仍备礼册命。

度表辞曰：“伏以公台崇礼，典册盛仪，庸臣当之，实谓忝越。况累承宠命，亦为便蕃，前后三度，已行此礼。令臣犹参枢近，窃惧无以弼谐，重此劳烦，有觍面目。伏乞天恩且课臣效官，责臣实事，册命之仪，特赐停罢。则素餐高位，空负耻于中心；弁冕轻车，免讥诮于众口。”优诏从之。九月，加守司徒、兼侍中、襄州刺史，充山南东道节度观察、临汉监牧等使。

度素称坚正，事上不回，故累为奸邪所排，几至颠沛。及晚节，稍浮沉以避祸。初，度支盐铁使王播，广事进奉以希宠，度亦掇拾羡余以效播，士君子少之。复引韦厚叔、南卓为补阙拾遗，俾弥缝结纳，为自安之计。而后进宰相李宗闵、牛僧孺等不悦其所为，故因度谢病罢相位，复出为襄阳节度。

初，元和十四年，于襄阳置临汉监牧。废百姓田四百顷，其牧马三千二百余匹。度以牧马数少，虚废民田，奏罢之，除其使名。八年三月，以本官判东都尚书省事，充东都留守。九年十月，进位中书令。十一月，诛李训、王涯、贾悚、舒元舆等四宰相，其亲属门从坐者数十百人；下狱讯劾，欲加流窜。度上疏理之，全活者数十家。

自是，中官用事，衣冠道丧。度以年及悬舆，王纲版荡，不复以出处为意。东都立第于集贤里，筑山穿池，竹木丛萃，有风亭水榭，梯桥架阁，岛屿回环，极都城之胜概。又于午桥创别墅，花木万株；中起凉台暑馆，名曰"绿野堂"。引甘水贯其中，酾引脉分，映带左右。度视事之隙，与诗人白居易、刘禹锡酣宴终日，高歌放言，以诗酒琴书自乐，当时名士，皆从之游。每有人士自都还京，文宗必先问之曰："卿见裴度否？"

上以其足疾，不便朝谒，而年未甚衰，开成二年五月，复以本官兼太原尹、北都留守、河东节度使。诏出，度累表固辞老疾，不愿更典兵权。优诏不允。文宗遣吏部郎中卢弘往东都宣旨曰："卿虽多病，年未甚老，为朕卧镇北门可也。"促令上路，度不获已，之任。三年冬，病甚，乞还东都养病。四年正月，诏许还京，拜中书令。以疾未任朝谢。诏曰："司徒、中书令度，绰有大勋，累居台鼎。今以疾恙，未任谢上，其本官俸料，宜自计日支给。"又遣国医就第诊视。

属上巳曲江赐宴，群臣赋诗，度以疾不能赴。文宗遣中使赐度诗曰："注想待元老，识君恨不早。我家柱石衰，忧来学丘祷。"仍赐御札曰："朕诗集中欲得见卿唱和诗，故令示此。卿疾恙未痊，固无心力，但异日进来。春时俗说难于将摄，勉加调护，速就和平。千百胸怀，不具一二。药物所须，无惮奏请之烦也。"御札及门，而度已薨，四年三月四日也。上闻之，震悼久之，重令缮写，置之灵座。时年七十五，册赠太傅，辍朝四日，赠赙加等。诏京兆尹郑复监护丧事，所须皆官给。

上怪度无遗表。中使问之，家人进其稿草。其旨以未定储贰为忧，言不及家事。

度始自书生以辞策中科选，数年之间，翔泳清切。逢时艰否，而能奋命决策，横身讨贼，为中兴宗臣。当元和、长庆间，乱臣贼子，蓄锐丧气，惮度之威棱。度状貌不逾中人，而风彩俊爽，占对雄辩，观听者为之耸然。时有奉使绝域者，四夷君长必问度之年龄几何，状貌孰似，天子用否？其威名播于憕俗，为华夷畏服也如此。时威望德业，侔于郭子仪，出入中外，以身系国之安危、时之轻重者二十年。凡命将相，无贤不肖，皆推度为首，其为士君子爱重也如此。虽江左王导、谢安坐镇雅俗，而讦谟方略，度又过之。

有子五人：识、譔、让、谂、议。

识以荫授官，累迁至通议大夫、检校右散骑常侍、寿州刺史、本州团练使、上柱国、袭晋国公、食邑三千户、实封一百五十户，赐紫金鱼袋。大中初，改潭州刺史、御史中丞，充河南都团练观察。八年，加检校户部尚书、凤翔尹、凤翔陇右节度使。十一年，本官移许州刺史、忠武军节度、陈许观察等使。

譔，长庆元年登进士第。

让初任京光府参军，大和中度镇襄阳，奏乞让从行。

谂，大中五年，自大中大夫检校右散骑常侍、御史大夫、宣州刺史、宣歙观察使、上柱国、河东男、食邑三百户，赐紫金鱼袋，入朝权知刑部侍郎。兄弟并列方镇，时人荣之。

史臣曰：德宗惩建中之难，姑息藩臣，贞元季年，威令衰削。章武皇帝志摅宿愤，廷访嘉猷。始得杜邠公，用高崇文诛刘辟。中得武丞相，运筹训戎，赞成睿断。终得裴晋公，耀武伸威，竟殄两河宿盗。雄哉，章武之果断也！晋公以书生素业，致位台衡，逢进遭屯，扼腕凶丑，誓以身徇，不亦壮乎！夫人臣事君，唯忠与义。大则以讦谟排祸难，小则以说正匡过失，内不虑身计，外不恤人言，古人所难也。晋公能之，诚社稷之良臣，股肱之贤相；元和中兴之力，公明让焉！昔仲尼叹周室陵迟，齐桓霸翼，而有微管之论。当承宗、师道之济恶也，奸人遍四海，刺客满京师。乃至关吏禁兵，附贼阴计，议臣言未出口，刃已揕胸。苟非死义之臣，孰肯横身冒难，以辅天子者？苟裴令不用，元和之世则时运未可知也。臣所以明左衽之叹，宣圣奖贤之深。

赞曰：晋公伐叛，以身犯难。用之则治，舍之则乱。公去岩廊，复失冀方。颖、植之谋，信为不臧。

卷一百七十一
列传第一百二十一

李渤　张仲方　裴潾 张皋附　李中敏　李甘　高元裕 兄少逸　李汉　李景俭

李渤，字浚之，后魏横野将军申国公发之后。祖玄珪，卫尉寺主簿。父钧，殿中侍御史，以母丧不时举，流于施州。渤耻其家污，坚苦不仕；励志于文学，不从科举，隐于嵩山，以读书业文为事。

元和初，户部侍郎盐铁转运使李巽、谏议大夫韦况更荐之，以山人征为左拾遗。渤托疾不赴，遂家东都。朝廷政有得失，附章疏陈论。又撰《御戎新录》二十卷，表献之。九年，以著作郎征之。诏曰："特降新恩，用清旧议。"渤于是赴官。岁余，迁右补阙。连上章疏忤旨，改丹王府谘议参军，分司东都。十二年，迁赞善大夫，依前分司。

十三年，遣人上疏论时政，凡五事：一礼乐，二食货，三刑政，四议都，五辨仇。渤以散秩在东都，以上章疏为己任，前后四十五封。再迁为库部员外郎。

时皇甫镈作相，剥下希旨。会泽潞节度使郗士美卒，渤充吊祭使，路次陕西。渤上疏曰："臣出使经行，历求利病。窃知渭南县长源乡本有四百户，今才一百余户；阌乡县本有三千户；今才一千户，其他州县大约相似。访寻积弊，始自均摊逃户。凡十家之内，大半逃亡，亦须五家摊税。似投石井中，非到底不止。摊逃之弊，苟虐如斯，此皆聚敛之臣剥下媚上，唯思竭泽，不虑无鱼。乞降诏书，绝摊逃之弊。其逃亡户以其家产钱数为定，征有所欠，乞降特恩免之。计不数年，人必归于农矣。夫农者，国之本，本立然后可以议太平。若不由兹，而云太平者，谬矣。"又言道途不修，驿马多死。宪宗览疏惊异，即以飞龙马数百匹，付畿内诸驿。渤既以草疏切直，大忤宰相，乃谢病东归。

穆宗即位，召为考功员外郎。十一月，定京官考，不避权幸，皆行升黜。奏曰：

宰臣萧俛、段文昌、崔植，是陛下君临之初，用为辅弼，安危理乱，决在此时。况陛下思天下和平，敬大臣礼切，固未有昵比左右、侈满自贤之心。而宰相之权，宰相之事，陛下一以付之，实君义臣行，千载一遇之时也。此时若失，他更无时。而俛等上不能推至公，申炯诫，陈先王道德，以沃君心；又不能正色匡躬，振举旧法，复百司之本，俾教化大立。臣闻政之兴废，在于赏罚。俛等作相以来，未闻奖一人德义，举守官奉公者，使天下在官之徒有所激劝；又不闻黜一人职事不理、持禄养骄者，使尸禄之徒有所惧。如此，则刑法不立矣！邪正莫辩，混然无章，教化不行，赏罚之设，天下之事，复何望哉！

一昨陛下游幸骊山，宰相、翰林学士是陛下股肱心腹，宜皆知之。萧俛等不能先事未形，忘躯恳谏，而使陛下有忽谏之名流于史册，是陷君于过也。孔子曰："所谓大臣者，以道事君，不可则止。"若俛等言行计从，不当如是。若言不行，计不从，须奉身速退，不宜尸素于化源。进退戾也，何所避辞？其萧俛、段文昌、崔植三人并翰林学士杜元颖等，并请考中下。

御史大夫李绛、左散骑常侍张惟素、右散骑常侍李益等谏幸骊山，郑覃等谏畋游，是皆恐陛下行幸不息，恣情无度；又恐马有衔蹶不测之变，风寒生疾之忧，急奏无所诣，国玺委于妇人中幸之手。绛等能率御史谏官论列于朝，有恳激事君之体。其李绛、张惟素、李益三人，伏请赐上下考外，特与迁官，以彰陛下优忠赏谏之美。

其崔元略冠供奉之首，合考上下；缘与于䫻上下考，于䫻以犯赃处死，准令须降，请赐考中中。大理卿许季同，任使于䫻、韦道冲、韦正牧，皆以犯赃，或左降，或处死，合考中下；然顷者陷刘辟之乱，弃家归朝，忠节明著，今宜以功补过，请赐考中中。少府监裴通，职事修举，合考中上；以其请追封所生母而舍嫡母，是明罔于君，幽欺其先，请考中下。伏以昔在宰夫入寝，擅饮师旷、李调。今愚臣守官，请书宰相学士中下考。卜爱圣运，下振颓纲，故臣惧不言之为罪，不惧言之为罪也。其三品官考，伏缘限在今月内进，辄先具如前。其四品以下官，续具条疏闻奏。

状入，留中不下。议者以宰辅旷官，自宜上疏论列，而渤越职钓名，非尽事君之道。未几，渤以坠马伤足，请告，会魏博节度使田弘正表渤为副使。杜元颖奏曰："渤卖直沽名，动多狂躁。圣恩矜贷，且使居官。而干进多端，外交方镇，远求奏请，不能自安。久留在朝，转恐生事。"乃出为虔州刺史。

渤至州，奏还邻境信州所移两税钱二百万，免税米二万斛，减所由一千六百人。观察使以其事上闻。未满岁，迁江州刺史。张平叔判度支，奏征久远逋悬，渤在州上疏曰："伏奉诏敕，云度支使所奏，令臣设计征填当州贞元二年逃户所欠钱四千四百一十贯。臣当州管田二千一百九十七顷，今已旱死一千九百顷有余，若更勒徇度支使所为，必惧史官书陛下于大旱中征三十六年前逋悬。臣任刺史，罪无所逃。臣既上不副圣情，下不忍鞭笞黎庶，不敢轻持符印，特乞放臣归田。"乃下诏曰："江州所奏，实为恳诚。若不蠲容，必难存济。所诉通欠并放。"长庆二年，入为职方郎中。三年，迁谏议大夫。

敬宗冲年即位，坐朝常晚。一日入阁，久不坐，群臣候立紫宸门外，有耆年衰病者，几将顿仆。渤出次白宰相曰："昨日拜疏陈论，今坐益晚，是谏官不能回人主之意，渤之罪也。请先出阁，待罪于金吾仗。"语次唤仗，乃止。渤又以左右常侍，职参规讽，而循默无言，论之曰："若设官不责其事，不如罢之，以省经费。苟未能罢，则请责职业。"渤充理匦使，奏曰："事之大者闻奏，次申中书门下，次移诸司。诸司处理不当，再来投匦，即具事奏闻。如妄诉无理，本罪外加一等。准敕告密人付金吾留身待进止。今欲留身后牒台府，冀止绝凶人。"从之。

长庆、宝历中，政出多门，事归邪幸。渤不顾患难，章疏论列，曾无虚日。帝虽昏纵，亦为之感悟。转给事中，面赐金紫。

宝历元年，改元大赦。先是，鄠县令崔发闻门外喧斗，县吏言五坊使下殴击百姓。发怒，命吏捕之。曳捽既至，时已曛黑，不问色目。良久与语，乃知是一内官。天子闻之怒，收发系御史台。御楼之日，放系囚，发亦在鸡竿下。时有品官五十余人，持仗殴发，纵横乱击，发破面折齿。台吏以席蔽之，方免。是日系囚皆释，发独不免。渤疏论之曰："县令不合曳中人，中人不合殴御囚，其罪一也。然县令所犯在恩前，中人所犯在恩后。中人横暴，一至于此，是朝廷驯致使然。若不早正刑书，臣恐四夷之人及藩镇奏事传道此语，则慢易之心萌矣。"渤又宣言于朝云："郊礼前一日，两神策军于青城内夺京兆府进食牙盘，不时处置，致有殴击崔发之事。"上闻之，按问左右，皆言无夺食事。以渤党发，出为桂州刺史、兼御史中丞，充桂管都防御观察使。

渤虽被斥，正论不已，而谏官继论其屈。后宰相李逢吉、窦易直、李程因延英上语及崔发，逢吉等奏曰："崔发凌轹中人，诚大不敬。然发母是故相韦贯之姊，年仅八十。自发下狱，积忧成疾。伏以陛下孝治天下，稍垂恩宥。"帝恻然良久，曰："比谏官论奏，但言发屈，未尝言不敬之罪，亦不言有老母。如卿等言，宁无愍恻！"即遣中使送发至其家，兼抚问发母。韦夫人号哭，对中使杖发四十，拜章谢恩。帝又遣中使慰安之。

渤在桂管二年，风恙求代，罢归洛阳。大和五年，以太子宾客征至京师。月余卒，时年五十九，赠礼部尚书。渤孤贞，力行操尚，不苟合，而阘茸之流，非其沽激。至于以言摈退，终不息言，以救时病，服名节者重之。

子祝，会昌中登进士第，辟诸侯府。

张仲方，韶州始兴人。祖九皋，广州刺史、殿中监、岭南节度使。父抗，赠右仆射。仲方伯祖始兴文献公九龄，开元朝名相。仲方，贞元中进士擢第，宏辞登科，释褐集贤校理，丁母忧免。服阕，补秘书省正字，调授咸阳尉。出为邠州从事，入朝历侍御史、仓部员外郎。

会吕温、羊士谔诬告宰相李吉甫阴事，二人俱贬。仲方坐吕温贡举门生，出为金州刺史。吉甫卒，入为度支郎中。时太常定吉甫谥为"恭懿"，博士尉迟汾请为"敬宪"，仲方驳议曰：

古者，易名请谥，礼之典也。处大位者，取其巨节，蔑诸细行，垂范当代，昭示后人，然后书之，垂于不朽。善善恶恶，不可以诬，故称一字，则至明矣；定褒贬是非之宜，泯同异纷纶之论。

赠司徒吉甫，禀气生材，乘时佐治，博涉多艺，含章炳文。燮赞阴阳，经纬邦国。惜乎通敏资性，便媚取容。故载践枢衡，叠致台衮，大权在己，沈谋罕成，好恶徇情，轻诺寡信。谄泪在脸，遇便则流；巧言如簧，应机必发。

夫人臣之翼戴元后者，端恪致治，孜孜夙夜，绢熙庶绩，平章百揆。兵者凶器，不可从我始；及乎伐罪，则料敌以成功。至使内有害辅臣之盗，外有怀毒蛋之孽。师徒暴野，戎马生郊。皇上旰食宵衣，公卿大夫且惭且耻。农人不得在亩，缉妇不得在桑。耗敛赋之常资，散帑廪之中积；征边徼之备，竭运挽之劳。僵尸血流，骸骨成岳，酷毒之痛，号诉无辜，剿绝群生，迄今四载。祸胎之兆，实始其谋；遗君父之忧，而岂谓之先觉者乎？

夫论大功者，不可以妄取，不可以枉致。为资画者体理，不显不竞，而岂妨今美？当削平西蜀，乃言语侍从之臣；擒蕲东吴，则讦谟廊庙之辅。较其功则有异，言其力则不伦。何舍其所重而录其所轻，收其所小而略其所大？且奢靡是嗜，而曰爱人以俭；受授无守，而曰慎才以补。斥谏诤之士于外，岂不近之蔽聪？举忠烈之庙于内，岂不近之昵爱也？焉有蔽聪昵爱，家范无制，而能垂法作程，宪章百度乎？

谨按谥法，敬以直内，内而不肃，何以刑于外？宪者，法也。《戴记》曰："宪章文武。"又曰："发虑宪。"义以为敬恪终始，载考历位，未尝效一法官，议一小狱。及居重位，以安和平易宽柔自处。考其名，与其行不类；研其事，与其道不侔。一定之辞，惟精惟审，异日详制，贻诸史官。请俟蔡寇将平，天下无事，然后都堂聚议，谥亦未迟。

宪宗方用兵，恶仲方深言其事，怒甚，贬为遂州司马，量移复州司马。迁河东少尹。未几，拜郑州刺史。

荥阳大海佛寺，有高祖为隋郑州刺史日，为太宗疾祈福，于此寺造石像一躯，凡刊勒十六字以志之。岁久刓缺，荥阳令李光庆重加修饰，仲方再刊石记之以闻。

及敬宗即位，李程作相，与仲方同年登进士第，召仲方为右谏议大夫。敬宗童年戏慢,诏淮南王播造上巳竞渡船三十只。播将船材于京师造作,计用半年转运之费方得成。仲方诣延英面论,言甚恳激。帝乃令造十只以进。帝又欲幸华清宫,仲方谏曰:"万乘所幸,出须备仪。无宜轻行,以失威重。"帝虽不从,慰劳之。

大和初,出为福州刺史、兼御史中丞、福建观察使。三年,入为太子宾客。五年四月,转右散骑常侍。七年,李德裕辅政,出为太子宾客分司。八年,德裕罢相,李守闵复召仲方为常侍。

九年十一月,李训之乱,四宰相、中丞、京兆尹皆死。翌日,两省官入朝。宣政衙门未开,百官错立于朝堂,无人更引接。逡巡,阁门使马元贽斜开宣政衙门传宣曰:"有敕召左散骑常侍张仲方。"仲方出班。元贽宣曰:"仲方可京兆尹。"然后衙门大开,唤仗。月余,郑覃作相,用薛元赏为京兆尹,出仲方为华州刺史。开成元年五月,入为秘书监。外议以郑覃党李德裕,排摈仲方。覃恐涉朋党,因紫宸奏事,覃启曰:"丞郎阙人,臣欲用张仲方。"文宗曰:"中台侍郎,朝选华选。仲方作牧守无政,安可以丞郎处之?"累加银青光禄大夫、上柱国、曲江县开国伯,食邑七百户。二年四月卒。

仲方贞确自立,绰有祖风。自驳谥之后,为德裕之党摈斥,坎坷而殁,人士悲之。有文集三十卷。

兄仲端,位终都昌令。弟仲孚,登进士第,为监察御史。

裴潾,河东人也。少笃学,善隶书。以门荫入仕。元和初,累迁右拾遗,转左补阙。元和中,两河用兵。初,宪宗宠任内官,有至专兵柄者,又以内官充馆驿使。有曹进玉者,恃恩暴戾,遇四方使多倨,有至捽辱者,宰相李吉甫奏罢之。十二年,淮西用兵,复以内官为使。潾上疏曰:"馆驿之务,每驿皆有专知官。畿内有京兆尹,外道有观察使、刺史迭相监administered;台中又有御史充馆驿使,专察过阙。伏知近有败事,上闻圣聪。但明示科条,督责官吏,据其所犯,重加贬黜,敢不惕惧,日夜厉精。若令宫闱之臣,出参馆驿之务,则内臣外事,职分各殊,切在塞侵官之源,绝出位之渐。事有不便,必诫于初;令或有妨,不必大。当扫静妖氛之日,开太平至理之风。澄本正名,实在今日。"言虽不用,帝意嘉之,迁起居舍人。

宪宗季年锐于服饵,诏天下搜访奇士。宰相皇甫镈与金吾将军李道古挟邪固宠,荐山人柳泌及僧大通、凤翔人田佐元,皆待诏翰林。宪宗服泌药,日增躁渴,流闻于外。潾上疏曰:

臣闻除天下之害者,受天下之利;共天下之乐者,飨天下之福。故上自黄帝、颛顼、尧、舜、禹、汤,下及周文王、武王,咸以功济生灵,德配天地,故天皆报之以上寿,垂祚于无疆。伏见陛下以大孝安宗庙,以至仁牧黎元。自践祚已来,划积代之妖凶,开削平之洪业。而礼敬宰辅,待以终始;内能大断,外宽小故。夫此神功圣化,皆自古圣主明君所不及,陛下躬亲行之,实光映千古矣。是则天地神祇,必报

陛下以山岳之寿;宗庙圣灵,必福陛下以亿万之龄;四海苍生,咸祈陛下以覆载之永。自然万灵保祐,圣寿无疆。

伏见自去年已来,诸处频荐药术之士,有韦山甫、柳泌等,或更相称引,迄今狂谬,荐送渐多。臣伏以真仙有道之士,皆匿其名姓,无求于代,潜遁山林,灭影云壑,唯恐人见,唯惧人闻。岂肯干谒公卿,自鬻其术?今者所有夸炫药术者,必非知道之士。咸为求利而来,自言飞炼为神,以诱权贵贿赂。大言怪论,惊听惑时,及其假伪败露,曾不耻于逃遁。如此情状,岂可保信其术,亲饵其药哉?《礼》曰:"夫人,食味别声,被色而生者也。"《春秋左氏传》曰:"味以行气,气以实志。"又曰:"水火醯醢盐梅,以烹鱼肉。宰夫和之,齐之以味;君子食之,以平其心。"夫三牲五谷,禀自五行,发为五味,盖天地生之所以奉人也,是以圣人节而食之,以致康强逢吉之福。若夫药石者,前圣以之疗疾,盖非常食之物。况金石皆含酷烈热毒之性,加以烧治,动经岁月,既兼烈火之气,必恐难为防制。若乃远征前史,则秦、汉之君,皆信方士,如卢生、徐福、栾大、李少君,其后皆奸伪事发,其药竟无所成。事著《史记》、《汉书》,皆可验视。《礼》曰:"君之药,臣先尝之;亲之药,子先尝之。"臣子一也,臣愿所有金石,炼药人及所荐之人,皆先服一年,以考其真伪,则自然明验矣。

伏惟元和圣文神武法天应道皇帝陛下,合日月照临之明,禀乾元利贞之德,崇正若指南,受谏如转规,是必发精金之刃,断可疑之网。所有药术虚诞之徒,伏乞特赐罢遣,禁其幻惑。使浮云尽彻,朗日增辉;道化俟羲、农,悠久配天地,实在此矣。伏以贞观已来,左右起居有褚遂良、杜正伦、吕向、韦述等,咸能竭其忠诚,悉心规谏。小臣谬参侍从,职奉起居,侍从之中,最近左右。传曰:"近臣尽规。"则近侍之臣,上达忠款,实其本职也。

疏奏忤旨,贬为江陵令。

穆宗即位,柳泌等诛,征潾为兵部员外郎,迁刑部郎中。有前率府仓曹曲元衡者,杖杀百姓柏公成母。法官以公成母死在辜外,元衡父任军使,使以父荫征铜。柏公成私受元衡资货,母死不闻公府,法寺以经恩免罪。潾议曰:"典刑者,公柄也。在官者得施于部属之内;若非在官,又非部属,虽有私罪,必告于官。官为之理,以明不得擅行鞭捶于齐人也。且元衡身非在官,公成母非部属,而擅凭威力,横此残虐,岂合拘于常典?柏公成取货于仇,利母之死,悖逆天性,犯则必诛。"奏下,元衡杖六十配流,公成以法论至死,公议称之。转考功、吏部二郎中。

宝历初,拜给事中。大和四年,出为汝州刺史、兼御史中丞,赐紫。坐违法杖杀人,贬左庶子,分司东都。

七年,迁左散骑常侍,充集贤殿学士。集历代文章续梁昭明太子《文选》,成三十卷,目曰《大和通选》,并音义、目录一卷,上之。当时文士,非素与潾游者,其文章少在其选,时论咸薄之。

八年，转刑部侍郎，寻改华州刺史。九年，复拜刑部侍郎。开成元年，转兵部侍郎。二年，加集贤院学士，判院事。寻出为河南尹，入为兵部侍郎。三年四月卒，赠户部尚书，谥曰敬。

潾以道义自处，事上尽心，尤嫉朋党，故不为权幸所知。宪宗竟以药误不寿，君子以潾为知言。穆宗虽诛柳泌，既而自惑，左右近习，稍稍复进方士。时有处士张皋上疏曰：

> 神虑淡则血气和，嗜欲胜则疾疹作。和则必臻于寿考，作则必致于伤残。是古之圣贤，务自颐养，不以外物挠耳目，不徇声色败性情。由是和平自臻，福庆斯集。故《易》曰："无妄之疾，勿药有喜。"《诗》曰："自天降康，降福穰穰。"此皆理合天人，著在经训。然则药以攻疾，无疾固不可饵之也。高宗朝，处士孙思邈者，精识高道，深达摄生，所著《千金方》三十卷，行之于代。其《序论》云："凡人无故不宜服药，药气偏有所助，令人脏气不平。"思邈此言，可谓洞于事理也。或寒暑为寇，节宣有乖，事资医方，尚须重慎。故《礼》云："医不三代，不服其药。"施于凡庶，犹且如此，况在天子，岂得自轻？先朝暮年，颇好方士，征集非一，尝试亦多；果致危疾，闻于中外，足为殷鉴。皆陛下素所详知，必不可更蹈前车，自贻后悔。今朝野之人，纷纭窃议，直畏忤旨，莫敢献言。臣蓬艾微生，麋鹿同处，既非邀宠，亦又何求？但泛览古今，粗知忠义，有闻而默，于理不安。愿陛下无怒刍荛，庶裨万一。

穆宗叹奖其言，寻令访皋，不获。

李中敏，陇西人。父婴。中敏元和末登进士第，性刚褊敢言。与进士杜牧、李甘相善，文章趣向，大率相类。中敏累从府辟，入为监察，历侍御史。大和中，为司门员外郎。

六年夏旱，时王守澄方宠郑注，及诬构宋申锡后，人侧目畏之。上以久旱，诏求致雨之方。中敏上言曰："仍岁大旱，非圣德不至，直以宋申锡之冤滥，郑注之奸弊。今致雨之方，莫若斩郑注而雪申锡。"士大夫皆危之，疏留中不下。明年，中敏谢病归洛阳。及训、注诛，竟雪申锡，召中敏为司勋员外郎。寻迁刑部郎中，知台杂。

其年，拜谏议大夫，充理匦使。上言曰："据旧例，投匦进状人先以副本呈匦使，或诡异难行者，不令进入。臣检寻文按，不见本敕，所由但云贞elem奉宣，恐是一时之事。臣以为本置匦函，每日从内将出，日暮进入，意在使冤滥无告，有司不为申理者，或论行政，或陈利害；宜听其必达之路，所以广聪明而虑幽枉也。若令有司先见，裁其可否，即非重密其事，俾壅塞自伸于九重之意。臣伏请今后所有进状及封事，臣但为引进，取舍可否，断自中旨。庶使名实在兹，以明置匦之本。"从之。寻拜给事中。

李甘，字和鼎。长庆末，进士擢第，又制策登科。大和中，累官至侍御史。郑注入翰林侍讲，舒元舆既作相，注亦求入中书。甘唱于朝曰："宰相者，代天理物，先德望而后文艺。注乃何人，敢兹叨窃？白麻若出，吾必坏之。"会李训亦恶注之所求，相注之事竟寝。训不获已，贬甘封州司马。

又有李款者，与中敏同时为侍御史。郑注邠宁入朝，款伏阁弹注云："内通敕使，外结朝官，两地往来，卜射财货。"文宗不之省。及注用事，款亦被逐。开成中，累官至谏议大夫，出为苏州刺史，迁洪州刺史、江西观察使。杜牧自有传。

高元裕，字景圭，渤海人。祖赳。父集，官卑。元裕登进士第，本名允中，大和初，为侍御史，奏改元裕。累迁左司郎中。李宗闵作相，用为谏议大夫，寻改中书舍人。九年，宗闵得罪再贬，元裕出城饯送，为李训所怒，出为阆州刺史。时郑注入翰林，元裕草注制辞，言注以医药奉君亲，注怒。会送宗闵，乃贬之。训、注既诛，复征为谏议大夫。

开成三年，充翰林侍讲学士。文宗宠庄恪太子，欲正人为师友。乃兼太子宾客。四年，改御史中丞，风望峻整。上言曰："御史府纪纲之地，官属选用，宜得实才。其不称者，臣请出之。"监察御史杜宣猷、柳瑰、崔郢、侍御史魏中庸、高弘简，并以不称，出为府县之职。寻而蓝田县人贺兰进，与里内五十余人相聚念佛，神策镇将皆捕之，以为谋逆，当大辟。元裕疑其冤，上疏请出贺兰进等付台覆问，然后行刑，从之。

会昌中，为京兆尹。大中初，为刑部尚书。二年，检校吏部尚书、襄州刺史，加银青光禄大夫、渤海郡公、山南东道节度使。入为吏部尚书，卒。元裕兄少逸、元恭。

少逸，长庆末为侍御史，坐弟元裕贬官，左授赞善大夫，累迁左司郎中。元裕为中丞，少逸任谏议大夫，代元裕为侍讲学士。兄弟迭处禁密，时人荣之。会昌中，为给事中，多所封奏。大中初，检校礼部尚书、华州刺史、潼关防御、镇国军使。入为左散骑常侍、工部尚书，卒。

元裕子璩，登进士第。大中朝，由内外制历丞郎，判度支。咸通中，守中书侍郎、平章事。

李汉，字南纪，宗室淮阳王道明之后。道明生景融，景融生务该，务该生思晊，思晊生戣。戣已上无名位，至戣为蜀州晋原尉。戣生荆，荆为陕州司马。荆生汉。

汉，元和七年登进士第，累辟使府。长庆末，为左拾遗。敬宗好治宫室，波斯贾人李苏沙献沈香亭子材。汉上疏论之曰："若以沈香为亭子，即与瑶台琼室同事。"宝历中，王政日僻，汉与同列薛廷老，因入阁廷奏曰："近日除授不由中书拟议，多是宣出施行。臣恐自此纪纲大坏，奸邪恣行。愿陛下各敕有司，稍存典故。"坐言忤旨，出为兴元从事。

文宗即位，召为屯田员外郎、史馆修撰。汉，韩愈子婿，少师愈为文，长于古学，刚讦亦类愈。预修《宪宗实录》，尤为李德裕所憎。大和四年，转兵部员外郎。李宗闵作相，用为知制诰，寻迁驾部郎中。

八年，代宇文鼎为御史中丞。时李程为左仆射，以仪注不定，奏请定制。先是，大和三年，两省官同定左右仆射仪注：御史中丞已下，与仆射相遇，依令致敬，敛马侧立待。仆射谢官日，大夫中丞、三院御史，就幕次参见，其观象门外立班，既以后至为重。大夫中丞到班后，朝堂所由引仆射就位，传呼赞导，如大夫就列之仪。班退，赞导亦如之。御史大夫与仆射道途相遇，则分道而行。旧事，左右仆射初上，御史中丞、吏部侍郎已下罗拜。四年，中书奏曰："仆射受中丞侍郎拜，则似太重；答郎官已下拜，则太轻。起今后，诸司四品已下官，及御史台六品已下并郎官，并望准故事，余依元和七年敕处分。"可之。至是，因李程奏，汉议曰："左右仆射初上，受左右丞、诸曹侍郎、诸司四品及御史中丞已下拜。谨按《开元礼》及《六典》，并无此仪注，不知所起之由。或以为仆射师长百僚，此语亦无证据，唯有曹魏时贾诩《让官表》中一句语耳。且尚书令是正长，尚无受拜之文。故事，与御史中丞、司隶校尉，号三独坐。伏以朝廷比肩，同事圣主，南面受拜，臣下何安？纵有明文，尚须厘革。故《礼记》曰：'君于士不答拜，非其臣则答之。'况御史中丞、殿中御史是供奉官，尤为不可。仪制令虽有隔品之文，不知便是受拜否？及御史大夫，亦曾受御史已下拜，今并不行。盖以礼数僭逼，非人臣所安。元和六年七月，诏崔邠、段平仲与当时礼官王泾、韦公肃等同议其事，理甚精详。今请举而行之，庶为折衷。"时程入省，竟依旧仪，议者以汉奏为是。

七年，转礼部侍郎。八年，改户部侍郎。九年四月，转吏部侍郎。六月，李宗闵得罪罢相，汉坐其党，出为汾州刺史。宗闵再贬，汉亦改汾州司马，仍三二十年不得录用。会昌中，李德裕用事，汉竟沦踬而卒。

汉弟浐、洗、潘，皆登进士第。潘，大中初为礼部侍郎。汉子贶，亦登进士第。

李景俭，字宽中，汉中王瑀之孙。父褚，太子中舍。景俭，贞元十五年登进士第。性俊朗，博闻强记，颇阅前史，详其成败。自负王霸之略，于士大夫间无所屈降。

贞元末，韦执谊、王叔文东宫用事，尤重之，待以管、葛之才。叔文窃政，属景俭居母丧，故不及从坐。韦夏卿留守东都，辟为从事。窦群为御史中丞，引为监察御史。群以罪左迁，景俭坐贬江陵户曹。累转忠州刺史。

元和末入朝。执政恶之，出为澧州刺史。与元稹、李绅相善。时绅、稹在翰林，屡言于上前。及延英辞日，景俭自陈己屈，穆宗怜之，追诏拜仓部员外郎。月余，骤迁谏议大夫。

性既矜诞，宠擢之后，凌忽公卿大臣，使酒尤甚。中丞萧俛、学士段文昌相次辅政，景俭轻之，形于谈谑。二人俱诉之，穆宗不获已，贬之。制曰："谏议大夫李景俭，擢自宗枝，尝探儒术，荐历台阁，亦分郡符。动或违仁，行不由义。附权幸以亏节，通奸党之阴谋。众情皆疑，群议难息。据因缘之状，当置严科；顺长养之时，特从宽典。勉宜省过，无或徇非。可建州刺史。"未几元稹用事，自郡召还，复为谏议大夫。

其年十二月，景俭朝退，与兵部郎中知制诰冯宿、库部郎中知制诰杨嗣复、起居舍人温造、司勋员外郎李肇、刑部员外郎王镒等同谒史官独孤朗，乃于史馆饮酒。景俭乘醉诣中书谒宰相，呼王播、崔植、杜元颖名，面疏其失，辞颇悖慢。宰相逊言止之，旋奏贬漳州刺史。是日同饮于史馆者皆贬逐。

景俭未至漳州而元稹作相，改授楚州刺史。议者以景俭使酒，凌忽宰臣，诏令才行，遽迁大郡。稹惧其物议，追还，授少府少监。从坐者皆召还。而景俭竟以忤物不得志而卒。景俭疏财尚议，虽不厉名节，死之日，知名之士咸惜之。

景俭弟景儒、景信、景仁，皆有艺学，知名于时。景信、景仁，皆登进士第。

史臣曰：仲尼有言："不得中行而与之，必也狂狷乎！"若渤论考第，仲方驳谥，诚知后悔，不能息言，可谓狷欤？当贼注挟邪之辰，群公结舌而寝默，而中敏、李甘、元裕，或肆其言，或奋其笔，暴扬丑迹，不惮撩须。谓之为狂，即有遗恨，比夫请剑断佞，亦可同年而语也。南纪有良史才，足以自立，而协比权幸，颠沛终身。君子慎独，庸可忽诸。景俭自负太过，荡而无检，良骥蹉跌之患也。

赞曰：张、李切言，利刃决云。裴谏方士，深诚爱君。言排贼注，高、李不群。汉、俭朋比，夫何足云。

卷一百七十二
列传第一百二十二

令狐楚 弟定 子绪 绹 绹子滈　牛僧孺 子蔚 藂 蔚子徽　萧俛 弟杰 俶 从弟仿 仿子廪　李石 弟福

令狐楚，字壳士，自言国初十八学士德棻之裔。祖崇亮，绵州昌明县令。父承简，太原府功曹。家世儒素。楚儿童时已学属文，弱冠应进士，贞元七年登第。桂管观察使王拱爱其才，欲以礼辟召，惧楚不从，乃先闻奏而后致聘。楚以父掾太原，有庭闱之恋，又感拱厚意，登第后径往桂林谢拱。不预宴游，乞归奉养，即还太原，人皆义之。李说、严绶、郑儋相继镇太原，高其行义，皆辟为从事。自掌书记至节度判官，历殿中侍御史。

楚才思俊丽。德宗好文，每太原奏至，能辨楚之所为，颇称之。郑儋在镇暴卒，不及处分后事，军中喧哗，将有急变。中夜十数骑持刃迫楚至军门，诸将环之，令草遗表。楚在白刃之中，搦管即成，读示三军，无不感泣，军情乃安。自是声名益重。丁父忧，以孝闻。免丧，征拜右拾遗，改太常博士、礼部员外郎。母忧去官。服阕，以刑部员外郎征，转职方员外郎、知制诰。

楚与皇甫镈、萧俛同年登进士第。元和九年，镈初以财赋得幸，荐俛、楚俱入翰林，充学士，迁职方郎中、中书舍人，皆居内职。时用兵淮西，言事者以师久无功，宜宥贼罢兵，唯裴度与宪宗志在殄寇。十二年夏，度自宰相兼彰义军节度、淮西招抚宣慰处置使。宰相李逢吉与度不协，与楚相善。楚草度淮西招抚使制，不合度旨，度请改制内三数句语。宪宗方责度用兵，乃罢逢吉相任，亦罢楚内职，守中书舍人。

元和十三年四月，出为华州刺史。其年十月，皇甫镈作相，其月以楚为河阳怀节度使。十四年四月，裴度出镇太原。七月，皇甫镈荐楚入朝，自朝议郎授朝议大夫、中书侍郎、同平章事，与镈同处台衡，深承顾待。

十五年正月，宪宗崩，诏楚为山陵使，仍撰哀册文。时天下怒皇甫镈之奸邪。穆宗即位之四日，群臣素服，班于月华门外，宣诏贬镈，将杀之。会萧俛作相，托中官救解，方贬崖州。物议以楚因镈作相而逐裴度，群情共怒。以萧俛之故，无敢措言。

其年六月，山陵毕，会有告楚亲吏赃污事发，出为宣歙观察使。楚充奉山陵时，亲吏韦正牧、奉天令于翚、翰林阴阳官等同隐官钱，不给工徒价钱，移为羡余十五万贯上献。怨诉盈路，正牧等下狱伏罪，皆诛。楚再贬衡州刺史。

时元稹初得幸，为学士，素恶楚与镈胶固希宠，稹草楚衡州制，略曰："楚早以文艺，得践班资，宪宗念才，擢居禁近。异端斯害，独见不明，密赞讨伐之谋，潜附奸邪之党。因缘得地，进取多门，遂忝台阶，实妨贤路。"楚深恨稹。

长庆元年四月，量移郢州刺史，迁太子宾客，分司东都。二年十一月，授陕州大都督府长史、兼御史大夫、陕虢观察使。制下旬日，谏官论奏，言楚所犯非轻，未合居廉察之任。上知之，遽令追制。时楚已至陕州，视事一日矣。复授宾客，归东都。时李逢吉作相，极力援楚，以李绅在禁密沮之，未能擅柄。敬宗即位，逢吉逐李绅，寻用楚为河南尹、兼御史大夫。

其年九月，检校礼部尚书、汴州刺史、宣武军节度、汴宋亳观察等使。汴军素骄，累逐主帅；前后韩弘兄弟，率以峻法绳之，人皆偷生，未能革志。楚长于抚理，前镇河阳，代乌重胤移镇沧州，以河阳军三千人为牙卒，卒咸不愿从，中路叛归，又不敢归州，聚于境上。楚初赴任，闻之，乃疾驱赴怀州，溃卒亦至，楚单骑喻之，咸令橐弓解甲，用为前驱，卒不敢乱。及莅汴州，解其酷法，以仁惠为治，去其太甚，军民咸悦，翕然从化，后竟为善地。汴帅前例，始至率以钱二百万实其私藏，楚独不取，以其羡财治廨舍数百间。

大和二年九月，征为户部尚书。三年三月，检校兵部尚书、东都留守、东畿汝都防御使。其年十一月，进位检校右仆射、郓州刺史、天平军节度、郓曹濮观察等使。奏故东平县为天平县。属岁旱俭，人至相食，楚均富赡贫，而无流亡者。六年二月，改太原尹、北都留守、河东节度等使。楚久在并州，练其风俗，因人所利而利之，虽属旱，人无转徙。楚始自书生，随计成名，皆在太原，实如故里。及是秉旄作镇，邑老欢迎。楚绥抚有方，军民胥悦。

七年六月，入为吏部尚书，仍检校右仆射。故事，检校高官者，便从其班。楚以正官三品不宜从二品之列，请从本班，优诏嘉之。九年六月，转太常卿。十月，守尚书左仆射，进封彭阳郡开国公。十一月，李训兆乱，京师大扰。训乱之夜，文宗召右仆射郑覃与楚宿于禁中，商量制敕，上皆欲用为宰相。楚以王涯、贾𫗧冤死，叙其罪状浮泛，仇士良等不悦，故辅弼之命移于李石。乃以本官领盐铁转运等使。

先是，郑注上封置榷茶使额，盐铁使兼领之，楚奏罢之，曰：

伏以江、淮数年已来，水旱疾疫，雕伤颇甚，愁叹未平。今夏及秋，稍校丰稔，方须惠恤，各使安存。昨者忽奏榷茶，实为蠹政。盖是王涯破灭将至，怨怒合归，岂有令百姓移茶树于官场中栽植，摘茶叶于官场中造作，有同儿戏，不近人情。方在恩权，孰敢沮议？朝班相顾而失色，道路以目而吞声。今宗社降灵，奸凶尽戮，圣明垂祐，黎庶合安。微臣蒙恩，兼领使务，官衔之内，犹带此名。俯仰若惊，夙宵知惧。伏乞特回圣听，下鉴愚诚，速委宰臣，除此使额。缘军国之用或阙，山泽之利有遗，许臣条疏，续具闻奏。采造将及，妨废为虞。

前月二十一日，内殿奏对之次，郑覃与臣同陈论讫。伏望圣慈早赐处分，一依旧法，不用新条。唯纳榷之时，须节级加价，商人转卖，必校稍贵，即是钱出万国，利归有司。既不害茶商，又不扰茶户，上以彰陛下爱人之德，下以竭微臣忧国之心。远近传闻，必当感悦。

从之。

先是，元和十年，出内库弓箭陌刀赐左右街使，充宰相入朝以为翼卫，及建福门而止。至是，因训、注之乱，悉罢之。楚又奏："诸道新授方镇节度使等，具帑抹、带器仗，就尚书省兵部参辞。伏以军国异容，古今定制，若不由旧，斯为改常。未闻省阁之门，忽内弓刀之器。郑注外蒙恩宠，内蓄凶狂，首创奸谋，将兴乱兆。致王璠、郭行余之辈，敢驱将吏，直诣阙庭。震惊乘舆，骚动京国，血溅朝路，尸僵禁街。史册所书，人神共愤，既往不咎，其源尚开。前件事宜，伏乞速令停罢，如须参谢，即具公服。"从之。又奏请罢修曲江亭绢一万三千七百匹，回修尚书省，从之。

开成元年上巳，赐百僚曲江亭宴。楚以新诛大臣，不宜赏宴，独称疾不赴，论者美之。以权在内官，累上疏乞解使务。其年四月，检校左仆射、兴元尹，充山南西道节度使。二年十一月，卒于镇，年七十二，册赠司空，谥曰文。

楚风仪严重，若不可犯；然宽厚有礼，门无杂宾。尝与从事宴语方酣，有非类偶至，立命彻席，毅然色变。累居重任，贞操如初。未终前三日，犹吟咏自若。疾甚，诸子进药，未尝入口，曰："修短之期，分以定矣，何须此物？"前一日，召从事李商隐曰："吾气魄已殚，情思俱尽，然所怀未已，强欲自写闻天，恐辞语乖舛，子当助我成之。"即秉笔自书曰：

臣永惟际会，受国深恩。以祖以父，皆蒙褒赠；有弟有子，并列班行。全腰领以从先人，委体魄而事先帝，此不自达，诚为甚愚。但以永去泉扃，长辞云陛，更陈尸谏，犹进詟言。虽号叫而不能，岂诚明之敢忘？今陛下春秋鼎盛，寰海镜清，是修教化之初，当复理平之始。然自前年夏秋已来，贬谴者至多，诛戮者不少，望普加鸿造，稍霁皇威。殁者昭洗以云雷，存者沾濡以雨露，使五谷嘉熟，兆人安康。纳臣将尽之苦言，慰臣永蛰之幽魄。

书讫，谓其子绪、绚曰："吾生无益于人，勿请谥号。葬日，勿请鼓吹，唯以布车一乘，余勿加饰。铭志但志宗门，秉笔者无择高位。"当殁之夕，有大星陨于寝室之上，其光烛廷。楚端坐与家人告诀，言已而终。嗣子奉行遗旨。诏曰："生为名臣，殁有理命。终始之分，可谓两全。卤簿哀荣之末节，难违往意；谥谧国家之大典，须守彝章。卤簿宜停，易名须准旧例。"后绚贵，累赠至太尉。有文集一百卷，行于时。所撰《宪宗哀册文》，辞情典郁，为文士所重。

楚弟定，字履常。元和十一年进士及第，累辟使府。大和九年，累迁至职方员外郎、弘文馆直学士、检校右散骑常侍、桂州刺史、桂管都防御观察等使。卒，赠礼部尚书。

绪以荫授官，历随、寿、汝三郡刺史。在汝州日，有能政，郡人请立碑颂德。绪以弟绚在辅弼，上言曰："臣先父元和中特承恩顾，弟绚官不因人，出自宸衷。臣伏睹诏书，以臣刺汝州日，粗立政劳，吏民求立碑颂，寻乞追罢。臣任随州日，郡人乞留，得上下考。及转河南少尹，加金紫。此名已闻于日下，不必更立碑颂，乞赐寝停。"宣宗嘉其意，从之。

绚字子直。大和四年登进士第，释褐弘文馆校书郎。开成初为左拾遗。二年，丁父丧。服阕，授本官，寻改左补阙、史馆修撰，累迁库部、户部员外郎。会昌五年，出为湖州刺史。大中二年，召拜考功郎中，寻知制诰。其年，召入充翰林学士。三年，拜中书舍人，袭封彭阳男，食邑三百户，寻拜御史中丞。四年，转户部侍郎，判司事。其年，改兵部侍郎、同中书门下平章事。绚以旧事带尚书省官，合先省上。日同列集于少府监。时白敏中、崔龟从曾为太常博士，至相位，欲荣其旧署，乃改集于太常礼院，龟从手笔志其事于壁。

绚辅政十年，累官至吏部尚书、右仆射、凉国公，食邑二千户。十三年，罢相，检校司空、同中书门下平章事、河中尹、河中晋绛等节度使。

咸通二年，改汴州刺史、宣武军节度使。三年冬，迁扬州大都督府长史、淮南节度副大使、知节度事。累加开府仪同三司、检校司徒，进食邑至三千户。

九年，徐州戍兵庞勋自桂州擅还。七月至浙西，沿江自白沙入浊河，剽夺舟船而进。绚闻勋至，遣使慰抚，供给刍米。都押衙李湘白绚曰："徐兵擅还，必无好意。虽无诏命除讨，权变制在藩方。昨其党来投，言其数不逾二千，而虚张舟航旗帜，恐人见其实。涉境已来，心颇忧惴。计其水路，须出高邮县界，河岸斗峻而水深狭。若出奇兵邀之，俾获船纵火于前，劲兵奋击于后，败走必矣。若不于此诛锄，俟济淮、泗，合徐人负怨之徒，不下十万，则祸乱非细也。"绚性懦缓，又以不奉诏命，谓湘曰："长淮已南，他不为暴。从他过去，余非吾事也。"

其年冬，庞勋杀崔彦曾，据徐州，聚众六七万。徐无兵食，乃分遣贼帅攻剽淮南诸郡，滁、和、楚、寿继陷。谷食既尽，淮南之民多为贼所啗。时两淮郡县多陷，唯杜慆守泗州，贼攻之经年，不能下。初，诏绚为徐州南面招讨使。贼攻泗州急，绚令李湘将兵五千人援之。贼闻湘来援，遣人致书于绚，辞情逊顺，言："朝廷累有诏赦宥，但抗拒者三两人耳，且夕图去之，即束身请命，愿相公保任之。"绚即奏闻，请赐勋节钺，仍诫李湘但戍淮口，贼已招降，不得立异。由是湘军解甲安寝，去警彻备，日与贼军相对，欢笑交言。一日，贼军乘间，步骑径入湘垒，淮卒五千人皆被生縶送徐州，为贼蒸而食之。湘与监军郭厚本为庞勋断手足，以徇于康承训军。时浙西杜审权发军千人，与李湘约会兵，大将翟行约勇敢知名。浙西未至而湘军败。贼乃分兵，立淮南旗帜，为交斗之状。行约军望见，急趋之，千人并为贼所缚。送徐州。

绚既丧师，朝廷以左卫大将军、徐州西南面招讨使马举代绚为淮南节度使。十二年八月，授检校司徒、太子太保，分司东都。十三年，以本官为凤翔尹、凤翔陇节度使，进封赵国公，食邑三千户，卒。子滈、涣、沨。

滈，少举进士，以父在内职而止。及绚辅政十年，滈以郑颢之亲，骄纵不法，日事游宴，货贿盈门，中外为之侧目。以绚党援方盛，无敢措言。及懿宗即位，讼者不一，故绚罢权轴。既至河中，上言曰："臣男滈，爱自孩提，便从师训，至于词艺，颇及辈流。会昌二年，臣任户部员外郎时，已令应举，至大中二年犹未成名。臣自湖州刺史蒙先帝擢授考功郎中、知制诰，寻充学士。继叨渥泽，遂忝枢衡，事体有妨，因令罢举，自当废绝，一十九年。每遣退藏，更令勤励。臣以禄位逾分，齿发已衰。男滈年过长成，未沾一第，犬马私爱，实切悯伤。臣二三年来，频乞罢免，每年取得文解，意待才离中书，便令赴举。昨蒙恩制，宠以近藩。伏缘已逼礼部试期，便令就试。至于与夺，出自主司，臣固不敢挠其衡柄。臣初离机务，合具上闻，昨延英奉辞，木拟面奏，伏以恋恩方切，陈诚至难。伏冀宸慈，察臣丹恳。"诏令就试。

是岁，中书舍人裴坦权知贡举，登第者三十人。有郑羲者，故户部尚书浣之孙，裴弘余，故相休之子，魏筜故相扶之子，及滈，皆名臣子第，言无实才。谏议大夫崔瑄上疏论之曰："令狐滈昨以父居相位，权在一门。求请者诡党风趋，妄动者群邪云集。每岁贡闱登第，在朝清列除官，事望虽出于绚，取舍全由于滈。喧然如市，旁若无人，权动寰中，势倾天下。及绚罢相作镇之日，便令滈纳卷贡闱。岂可以父在枢衡，独挠文柄？请下御史台按问文解日月者。"奏疏不下。

滈既及第，释褐长安尉、集贤校理。咸通二年，迁右拾遗、史馆修撰。制出，左拾遗刘蜕、起居郎张云，各上疏极论滈云："恃父秉权，恣受货赂。取李琢钱，除琢安南都护，遂致蛮陷交州。"张云言："大中十年，绚以谏议大夫豆卢籍、刑部郎中李郸为夔王已下侍读，欲立夔王为东宫，欲乱先朝子弟之序。滈内倚郑颢，人谁敢言？"时绚在淮南，累表自雪。懿宗重伤大臣意，贬云为兴元少尹，蜕为华阴令，改滈詹事府司直。滈为众所非，宦名不达。

涣、沨俱登进士第。涣位至中书舍人。定子缄，缄子澄、湘。澄亦以进士登第，累辟使府。

牛僧孺，字思黯，隋仆射奇章公弘之后。祖绍。父幼简，官卑。僧孺进士擢第，登贤良方正制科，释褐伊阙尉，迁监察御史，转殿中，历礼部员外郎。元和中，改都官，知台杂，寻换考功员外郎，充集贤直学士。

穆宗即位，以库部郎中知制诰。其年十一月，改御史中丞。以州府刑狱淹滞，人多冤抑，僧孺条疏奏请，按劾相继，中外肃然。

长庆元年，宿州刺史李直臣坐赃当死，直臣赂中贵人为之申理，僧孺坚执不回。穆宗面谕之曰："直臣事虽儆失，然此人有经度才，可委之边任，朕欲贷其法。"僧孺对曰："凡人不才，止于持禄取容耳。帝王立法，束缚奸雄，正为才多者。禄山、朱泚以才过人，浊乱天下，况直臣小才，又何屈法哉？"上嘉其守法，面赐金紫。二年正月，拜户部侍郎。三年三月，以本官同平章事。

初，韩弘入朝，以宣ікий旧事，人多流言，其子公武以家财厚赂权幸及多言者，班列之中，悉受其遗。俄而父子俱卒，孤孙幼小，穆宗恐为厮养窃盗，乃命中使至其家，阅其宅簿，以付家老。而簿上具有纳赂之所，唯于僧孺官侧朱书曰："某月日，送牛侍郎物若干，不受，却付讫。"穆宗按簿甚悦。居无何，议命相，帝首可僧孺之名。

敬宗即位，加中书侍郎、银青光禄大夫，封奇章子，邑五百户。十二月，加金紫阶，进封郡公、集贤殿大学士、监修国史。

宝历中，朝廷政事出于邪幸，大臣朋比。僧孺不奈群小，拜章求罢者数四。帝曰："俟予郊礼毕放卿。"及穆宗祔庙郊报后，又拜章陈退，乃于鄂州置武昌军额，以僧孺检校礼部尚书、同中书门下平章事、鄂州刺史、武昌军节度、鄂岳蕲黄观察等使。江夏城风土散恶，难立垣堵，每年加板筑，赋青茆以覆之。吏缘为奸，蠹弊绵岁。僧孺至，计茆苦板筑之费，岁十余万，即赋之以砖，以当苦筑之价。凡五年，埤皆甃甓，蠹弊永除。属郡沔州与鄂隔江相对，虚张吏员，乃奏废之，以其所管汉阳、汶川两县隶鄂州。文宗即位，就加检校吏部尚书，凡镇江夏五年。

大和三年，李宗闵辅政，屡荐僧孺有才，不宜居外。四年正月，召还，守兵部尚书、同平章事。

五年正月，幽州军乱，逐其帅李载义。文宗以载义输忠于国，遽闻失帅，骇然，急召宰臣谓之曰："范阳之变奈何？"僧孺对曰："此不足烦圣虑。且范阳得失，不系国家休戚，自安、史已来，翻覆如此。前时刘总以土地归国，朝廷耗费百万，终不得范阳尺帛斗粟入于天府，寻复为

梗。至今志诚，亦由前载义也，但因而抚之，俾捍奚、契丹不令入寇，朝廷所赖也。假以节旄，必自陈力，不足以逆顺治之。"帝曰："吾初不详思，卿言是也。"即日命中使宣慰。寻加门下侍郎、弘文馆大学士。

六年，吐蕃遣使论董勃义入朝修好。俄而西川节度李德裕奏，吐蕃维州守将悉怛谋以城降。德裕又上利害云："若以生羌三千，出戎不意，烧十三桥，捣戎之腹心，可以得志矣。"上惑其事，下尚书省议，众状请如德裕之策。僧孺奏曰："此议非也。吐蕃疆土，四面万里，失一维州，无损其势。况论董勃义才还，刘元鼎未到，比来修好，约罢戍兵。中国御戎，守信为上，应敌次之，今一朝失信，戎丑得以为词。闻赞普牧马茹川，俯于秦、陇。若东袭陇坂，径走回中，不三日抵咸阳桥，而发兵枝梧，骇动京国。事或及此，虽得百维州，亦何补也。"上曰："然。"遂诏西川不内维州降将。僧孺素与德裕仇怨，虽议边公体，而怙德裕者以僧孺害其功，谤议沸然，帝亦以为不直。其年十二月，检校左仆射、兼平章事、扬州大都督府长史、淮南节度副大使、知节度事。

时中尉王守澄用事，多纳纤人，窃议时政，禁中事密，莫知其说。一日，延英对宰相，文宗曰："天下何由太平，卿等有意于此乎？"僧孺奏曰："臣等待罪辅弼，无能康济，然臣思太平亦无象。今四夷不至交侵，百姓不至流散；上无淫虐，下无怨讟；私室无强家，公议无壅滞。虽未及至理，亦谓小康。陛下若别求太平，非臣等所及。"既退至中书，谓同列曰："吾辈为宰相，天子责成如是，安可久处兹地耶？"旬日间，三上章请退，不许。

会德裕党盛，垂将入朝，僧孺故请。上既令左右邪说，急于太平，奸人伺其锐意，故训、注见用。数年之间，几危宗社，而僧孺进退以道，议者称之。

开成初，搢绅道丧，阉寺弄权，僧孺嫌处重藩，求归散地，累拜章不允，凡在淮甸六年。

开成二年五月，加检校司空，食邑二千户，判东都尚书省事、东都留守、东畿汝都防御使。

僧孺识量弘远，心居事外，不以细故介怀。洛都筑第于归仁里。任淮南时，嘉木怪石，置之阶廷，馆宇清华，竹木幽邃。常与诗人白居易吟咏其间，无复进取之怀。

三年九月，征拜左仆射，仍令左军副使王元直赍告身宣赐。旧例，留守入朝，无中使赐诏例，恐僧孺退让，促令赴阙。僧孺不获已入朝。属庄恪太子初薨，延英中谢日，语及太子，乃恳陈父子君臣之义，人伦大经，不可轻移国本。上为之流涕。是时宰辅皆僧孺僚旧，未尝造其门。上频宣召，托以足疾。久之，上谓杨嗣曰："僧孺称疾，不任趋朝，未可即令自便。"四年八月，复检校司空、兼平章事、襄州刺史、山南东道节度使，加食邑至三千户。辞日，赐觚、散、樽、杓等金银古器，令中使喻之曰："以卿正人，赐此古器，卿且少留。"僧孺奏曰："汉南水旱之后，流民待理，不宜淹留。"再三请行，方允。

武宗即位，就加检校司徒。会昌二年，李德裕用事，罢僧孺兵权，征为太子少保，累加太子少师。大中初卒，赠太子太师，谥曰文贞。

僧孺少与李宗闵同门生，尤为德裕所恶。会昌中，宗闵弃斥，不为生还。僧孺数为德裕掎摭，欲加之罪，但以僧孺贞方有素，人望式瞻，无以伺其隙。德裕南迁，所著《穷愁志》，引里俗犊子之讖以斥僧孺。又目为"太牢公"，其相憎恨如此。僧孺二子：蔚、丛。

蔚，字大章，十五应两经举。大和九年，复登进士第。三府辟署为从事，入朝为监察御史。大中初，为右补阙，屡陈奏疏，指斥时病。宣宗嘉之，曰："牛氏子有父风，差慰人意。"寻改司门员外郎，出为金州刺史，入拜礼、吏二郎中。以祀事准礼，天官司所掌班列，有恃权越职者，蔚奏正之，为时权所忌，左授国子博士，分司东都。逾月，权臣罢免，复征为吏部郎中，兼史馆修撰，迁左谏议大夫。咸通中，为给事中，延英谢日，面赐金紫。蔚封驳无避，帝嘉之。逾岁，迁户部侍郎，袭封奇章侯，以公事免。岁中复本官，历工、礼、刑三尚书。咸通末，检校兵部尚书、兴元尹、山南西道节度使。在镇三年。时中官用事，急于贿赂。属徐方用兵，中两中尉讽诸藩贡奉助军，蔚尽索军府之有三万端匹，随表进纳。中官怒，即以神策将吴行鲁代还。及黄巢犯阙，乃自京师奔遁，避地山南，拜章请老，以尚书左仆射致仕。卒，累赠太尉。子循、徽。

徽，咸通八年登进士第，三佐诸侯府，得殿中侍御史，赐绯鱼。入朝为右补阙，再迁吏部员外郎。乾符中，选曹猥滥，吏为奸弊，每岁选人四千余员。徽性贞刚，特为奏请。由是铨叙稍正，能否旌别，物议称之。

巢贼犯京师，父蔚方病，徽与其子自扶篮舆，投窜山南。阁路险狭，盗贼纵横，谷中遇盗，击徽破首，流血被体，而捉舆不辍。盗苦迫之，徽拜曰："父年高疾甚，不欲骇动。人皆有父，幸相垂恤。"盗感之而止。及前谷，又逢前盗，相告语曰："此孝子也。"即同举舆，延于其家，以帛封创，馈饣奉蔚。留之信宿，得达梁州。故吏感恩，争来奔问。时僖宗已幸成都，徽至行朝拜章，乞归侍疾。已除谏议大夫，不拜。谓宰相杜让能曰："愿留兄循在朝，以当门户，乞侍医药。"时循为给事中，丞相许之。

其年钟家艰，执丧梁、汉。既除，以中书舍人征，未赴，疾作。以舍人纶制之地，不可旷官，请授散秩，改给事中。从驾还京，至陈仓，疾甚，经年方间。

宰相张浚为招讨使，奏徽为判官，检校左散骑常侍。诏下凤翔，促令赴阙。徽谓所亲曰："国步方艰，皇居初复，帑廪皆虚，正赖群臣协力，同心王室。而于破败之余，图雄霸之举，俾诸侯离心，必贻后悔也。以吾衰疾之年，安能为之捍难。"辞疾不起。明年，浚败，召徽为给事中。

杨复恭叛归山南，李茂贞上表，请自出兵粮问罪，但授臣招讨使。奏不待报，茂贞与王行瑜军已出疆。上怒其专，不时可之，茂贞恃强，章疏不已。昭宗延英召谏官宰相议可否。以邠、凤皆有中人内应，不敢极言，相顾辞逊，上情不悦。徽奏曰："两朝多艰，茂贞实有翼卫之功，恶诸杨阻兵，意在嫉恶。所遣次者，不俟命而出师也。近闻两镇兵入界，多有杀伤，陛下若不处分，梁、汉之民尽矣。须授以使名，明行约束，则军中争不畏法。"帝曰："此言极是。"乃以招讨之命授之。及茂贞平贼，自恃浸骄，多

挠国政，命杜让能料兵讨之。徽谏曰："岐是国门，茂贞倔强，不顾祸患。万一蹉跌，挫国威也，不若渐以制之。"及师出，复召徽谓之曰："卿能斟酌时事，岐军乌合，朕料必平，卿以为捷在何日？"徽对曰："臣忝侍从谏诤之列，所言军国，据理陈闻。如破贼之期，在陛下考蓍龟，责将帅，非臣之职也。"而王师果衄，大臣被害。

徽寻改中书舍人。岁中，迁刑部侍郎，封奇章男。崔胤连结汴州，恶徽言事，改散骑常侍。不拜，换太子宾客。天复初，贼臣用事，朝政不纲，拜章请罢。诏以刑部尚书致仕，乃归樊川别墅。病卒，赠吏部尚书。

丛，字表龄，开成二年登进士第，出佐使府，历践台省。乾符中，位至剑南西川节度使。黄巢之乱，从幸西川，拜太常卿。以病求为巴州刺史，不许。驾还，拜吏部尚书。襄王之乱，避地太原，卒。子峤，位至尚书郎。

萧俛，字思谦。曾祖太师徐国公嵩，开元中宰相。祖华，袭徐国公，肃宗朝宰相。父恒，赠吏部尚书。皆自有传。俛，贞元七年进士擢第。元和初，复登贤良方正制科，拜右拾遗，迁右补阙。元和六年，召充翰林学士。七年，转司封员外郎。九年，改驾部郎中、知制诰，内职如故。坐与张仲方善，仲方驳李吉甫谥议，言用兵征发之弊，由吉甫而生。宪宗怒，贬仲方。俛亦罢学士，左授太仆少卿。

十三年，皇甫镈用事，言于宪宗，拜俛御史中丞。俛与镈及令狐楚，同年登进士第。明年，镈援楚作相，二人双荐俛于上。自是，顾眄日隆，进阶朝议郎、飞骑尉，袭徐国公，赐绯鱼袋。穆宗即位之月，议命宰相，令狐楚援之，拜中书侍郎、平章事，仍赐金紫之服。八月，转门下侍郎。

十月，吐蕃寇泾原，命中使以禁军援之。穆宗谓宰臣曰："用兵有必胜之法乎？"俛对曰："兵者凶器，战者危事，圣主不得已而用之。以仁讨不仁，以义讨不义，先务招怀，不为掩袭。古之用兵，不斩祀，不杀厉，不擒二毛，不犯田稼。安人禁暴，师之上也。如救之甚于水火。故王者之师，有征无战，此必胜之道也。如或纵肆小忿，轻动干戈，使敌人怨结，师出无名，非惟不胜，乃自危之道也。固宜深慎！"帝然之。

时令狐楚左迁西川节度使，王播广以货币赂中人权幸，求为宰相。而宰相段文昌复左右之。俛性嫉恶，延英面言播之纤邪纳贿，喧于中外，不可以污台司。事已垂成，帝不之省，俛三上章乞罢相任。长庆元年正月，守左仆射，进封徐国公，罢知政事。俛居相位，孜孜正直，重慎名器。每除一官，常虑乖当，故鲜有简拔而涉克深，然志嫉奸邪，脱屣重位，时论称之。

穆宗乘章武恢复之余，即位之始，两河廓定，四鄙无虞。而俛与段文昌屡献太平之策，以为兵以静乱，时已治矣，不宜黩武，劝穆宗休兵偃武。又以兵不可顿去，请密诏天下军镇有兵处，每年百人之中，限八人逃死，谓之"消兵"。帝既荒纵，不能深料，遂诏天下，如其策而行之。而藩籍之卒，合而为盗，伏于山林。明年，朱克融、王廷凑复乱河朔，一呼而遗卒皆至。朝廷方征兵诸藩，籍既不

充，寻行招募。乌合之徒，动为贼败，由是复失河朔，盖"消兵"之失也。

俛性介独，持法守正。以已辅政日浅，超擢太骤，三上章恳辞仆射，不拜。诏曰："萧俛以勤事国，以疾退身，本末初终，不失其道，既罢枢务，俾居端揆。朕欲加恩超等，复吾前言。而继有让章，至于三四，敦谕颇切，陈乞弥坚。成尔谦光，移之选部，可吏部尚书。"俛又以选曹簿书烦杂，非摄生之道，乞换散秩。其年十月，改兵部尚书。二年，以疾求求分司，不许。三月，改太子少保，寻授同州刺史。宝历二年，复以少保分司东都。

文宗即位，授检校左仆射、守太子少师。俛称疾笃，不任赴阙，乞罢所授官。诏曰："新除太子少师萧俛，代炳台耀，躬茂天爵。文可以经纬邦俗，行可以感动神祇。夷澹粹和，精深敏直，进退由道，周旋令名。近以师傅之崇，畴于旧德，俾从优逸，冀保养颐。而抗疏恳辞，勇退知止，尝亦敦谕，确乎难拔。遂兹牢让，以厚时风，可银青光禄大夫、守尚书左仆射致仕。"

俛趣尚简洁，不以声利自污。在相位时，穆宗诏撰《故成德军节度使王士真神道碑》，对曰："臣器褊狭，此不能强。王承宗先朝阻命，事无可观，如臣秉笔，不能溢美。或撰进之后，例行贶遗。臣若公然阻绝，则违陛下抚纳之宜，俛俛受之，则非微臣平生之志。臣不愿为之秉笔。"帝嘉而免之。

俛家行尤孝。母韦氏，贤明有礼，理家甚严。俛虽为宰相，侍母左右，不异褐衣时。丁母丧，毁瘠逾制。免丧，文宗征诏，恳以疾辞。既致仕于家，以洛都官属宾友，避岁时请谒之烦，乃归济源别墅，逍遥山野，啸咏穷年。

八年，以庄恪太子在东宫，上欲以耆德辅导，复以少师征之。俛令弟杰奉表京师，复纳制书，坚辞痼疾。诏曰："不待年而求谢，于理身之道则至矣，其如朝廷之望何？朕以肇建元良，精求师傅，退想汉朝故事，玄成、石庆，当时重德，咸历此官。吾以元子幼冲，切于师训，欲以敕汝发明古今，冀忠孝之规，日闻于耳。特遣左右，至于林园。而卿高蹈修然，屏绝趋进，复遣令弟还吾诏书。天爵自优，冥鸿方远，不转之志，其坚若山。循省来章，致烦为愧。终以日尚之秩，遂其疏旷之心。励俗激贪，所补多矣。有益于政，寄声以闻，亦有望于旧臣矣。可太子太傅致仕。"

开成二年，俛弟倣授楚州刺史。辞日，文宗谓倣曰："萧俛先朝名相，筋力未衰，可一来京国。朕赐俛诏书匹帛，卿便赍至济源，道吾此意。"诏曰："卿道冠时髦，业高儒行。著作砺济川之效，弘致君匡国之规，留芳岩廊，逸老林壑。累降褒诏，亟加崇秩，而志不可夺，情见乎辞。鸿飞入冥，吟想增叹。今赐绢三百匹，便令萧倣宣示。"俛竟不起，卒。

杰，字豪士。元和十二年登进士第。累官侍御史，迁主客员外郎。大和九年十月，郑注为凤翔节度使，慎选参佐。李训以杰检校工部郎中，充凤翔陇观察判官。其年十一月，郑注诛，杰为凤翔监军使所害。

倣以荫授官。大和中，累迁至河南少尹。九年五月，拜谏议大夫。开成二年，出为楚州刺史。四年三月，迁越州刺史、御史中丞、浙东都团练观察使。会昌中，入为左散骑常侍，迁检校刑部尚书、华州刺史、潼关防御等使。大中初，坐在华州时断狱不法，授太子宾客分司。四年，检校户部尚书、兖州刺史、兖沂海节度使。复入为太子宾客。大中十二年，以太子少保分司东都，卒。俛从父弟仿。

仿，父悟，恒之弟也。悟，仕至大理司直。仿，大和元年登进士第。大中朝，历谏议大夫、给事中。咸通初，迁左散骑常侍。

懿宗怠临朝政，僻于奉佛，内结道场，聚僧念诵。又数幸诸寺，施与过当。仿上疏论之曰：

臣闻玄祖之道，由慈俭为先；而素王之风，以仁义为首。相沿百代，作则千年，至圣至明，不可易也。如佛者，生于天竺，去彼王宫，割爱中之至难，取灭后之殊胜，名归象外，理绝尘中，非为帝王之所能慕也。昔贞观中，高宗在东宫，以长孙皇后疾亟，尝上言曰："欲请度僧，以资福事。"后曰："为善有征，吾未为恶，善或无报，求福非宜。且佛者，异方之教，所可存而勿论。岂以一女子而紊王道乎？"故谥为文德。且母后之论，尚能如斯，哲王之谟，安可反是？

伏睹陛下留神天竺，属意桑门，内设道场，中开讲会，或手录梵笑，或口扬佛音。虽时启于延英，从容四辅；虑稍稀于听政，废失万机。居安思危，不可忽也。夫从容者，君也，必畴咨于臣，尽忠匡救，外逆其耳，内沃其心；陈皋陶之谟，述仲虺之诰；发挥王道，恢益帝图，非赐对之间，徒侍坐而已。夫废失者，上拒其谏，下希其旨，言则powered，意在顺从。汉重神仙，东方朔著《十洲》之记；梁崇佛法，刘孝仪咏《七觉》之诗。致祠祷无休，讲诵不已，以至大空海内，中辍江东。以此言之，是废失也。然佛者，当可以悟取，不可以求取。汉、晋已来，互兴宝刹；姚、石之际，亦有高僧。或问以苦空，究其不灭，止闻有性，多曰忘言。执著贪缘，非其旨也。必乞陛下力求民瘼，虔奉宗祧。思缪赏与滥刑，其殃立至；侯胜残而去杀，得福甚多。幸罢讲筵，频亲政事。昔年韩愈已得罪于宪宗，今日微臣固甘心于遐徼。

疏奏，帝甚嘉之。

四年，本官权知贡举，迁礼部侍郎，转户部。以检校工部尚书，出为滑州刺史，充义成军节度、郑滑颍观察处置等使。在镇四年，滑地黄河，频年水潦，河流泛溢，坏西北堤。仿奏移河四里，两月毕功，画图以进。懿宗嘉之，就加刑部尚书，入为兵部尚书、判度支，转吏部尚书，选序平允。咸通末，复为兵部尚书、判度支。寻以本官同平章事，累迁中书、门下二侍郎，兼户部、兵部尚书。迁左右仆射，改司空、弘文馆大学士、兰陵郡开国侯。

俄而盗起河南，内官握兵，王室浊乱。仿气劲论直，同列忌之；罢知政事，出为广州刺史、岭南节度使。

仿性公廉，南海虽富珍奇，月俸之外，不入其门。家人疾病，医工治药，须乌梅，左右于公厨取之；仿知而命还，促买于市。遇乱，不至京师而卒。

子廩,咸通三年进士擢第,累迁尚书郎。乾符中,以父出镇南海,免官侍行。中和中,征为中书舍人,再迁京兆尹。僖宗再幸山南,廩以疾不能从。襄王熅窃,廩宗人遵受伪署;廩惧,自洛避地河朔,镇冀节度使王镕馆之于深州。光化三年卒。

廩贞退寡合,绰有家法。初从父南海,地多谷纸,仿敕子弟缮写缺落文史。廩白曰:"家书缺者,诚宜补葺。然此去京师,水陆万里,不可露赍,当须篋笥。人观兼乘,谓是货财,古人薏苡之嫌,得为深诫。"仿曰:"吾不之思也。"故浊乱之际,克保令名。

子颀,亦登进士第,后官位显达。

李石,字中玉,陇西人。祖坚,父明。石,元和十三年进士擢第,从凉国公李听历四镇从事。石机辩有方略,尤精吏术,藩府称之。自听征伐,常司留使务,事无不办。大和三年,为郑滑行军司马。时听握兵河北,令石入朝奏事,占对明辩,文宗目而嘉之。府罢,入为工部郎中,判盐铁案。五年,改刑部郎中。由兵部郎中令狐楚请为太原节度副使。七年,拜给事中。九年七月,权知京兆尹事。十月,迁户部侍郎,判度支事。

文宗自德裕、宗闵朋党相倾。大和七年以后,宿素大臣,疑而不用。意在擢用新进孤立,庶几无党,以革前弊,故贾𫗧、舒元舆骤阶大用。及训、注伏诛,欲用令狐楚,寻而中辍。石自朝议郎加朝议大夫,以本官同平章事,判使如故。石器度豁如,当官不挠。自京师变乱之后,宦者气盛,凌轹南司,延英议事,中贵语必引训以折文臣。石与郑覃尝谓之曰:"京师之乱,始自训、注;而训、注之起,始自何人?"仇士良等不能对。其势稍抑,搢绅赖之。是时,逾月,人情不安。帝谓侍臣曰:"如闻人心尚未安帖,比日何如?"石对曰:"比日苦寒,盖刑杀太过,致此阴沴。昨闻郑注到凤翔,招募士卒不至,捕索诛夷不已,臣恐边上闻之,乘此生事。宜降诏安喻其心。"从之。

江西、湖南两道观察使以新经训、注之乱,吏卒多死,进官健衣粮一百二十分,充宰相募召从人。石奏曰:"宰相上弼圣政,下理群司。若忠正无私,宗社所祐,纵逢盗贼,兵不能伤;若事涉隐欺,心怀矫妄,虽有防卫,鬼得而诛。臣等愿推赤心以答圣奖。孟轲知非臧氏,孔子不畏匡人。其两道所进衣粮,并望停寝,依从前制置,只以金吾手力引从。"可之。帝又曰:"宰相之任,在选贤任能。"石曰:"臣与郑覃常以此事为切,但以人各有求,苟遂所欲则美誉至,稍不如意则谤议生。只宜各委所司荐用,臣等择可授之,则物议息矣。"

其年十二月,中使田全操、刘行深巡边回,走马入金光门。从者讹言兵至,百官朝退,仓惶骇散。有不及束带、袜而乘者。市人叫噪,尘坌四起。二相在中书,人吏稍散。郑覃曰:"耳目颇异,且宜出去。"石曰:"事势不可知,但宜坚坐镇之,冀将宁息。若宰相亦走,则中外乱矣。必若继乱,走亦何逃?任重官崇,人心所属,不可忽也。"石视簿书,沛然自若。京城无赖之徒,皆攻服兵仗,北望阙门以俟变。内使连催闭皇城门,金吾大将军陈君赏率其徒

立望仙门下,谓中使曰:"假如有贼,闭门不晚。请徐观其变,无宜自弱。"晡晚方定。是日,苟非石之镇静,君赏之御侮,几将乱矣。

开成元年,改元,大赦。石等商量节文,放京一年租税。及正、至、端午进奉,并停三年,其钱代充百姓纽配钱。诸道除药物、口味,茶果外,不得进献。诸司宣索制造,并停三年。赦后,紫宸宣对。郑覃曰:"陛下改元御殿,全放京畿一年租税,又停天下节镇进奉。恩泽所该,实当要切。近年赦令,皆不及此。"上曰:"朕务行其实,不欲崇长空文。"石对曰:"赦书须内置一本,陛下时省览之。十道黜陟使发日,付与公事根本,令与长吏详择施行,方尽利害之要。"石以从前德音虽降,人君不能守,奸吏从而违之,故有内置之奏以讽之。

寻加中书侍郎、集贤殿大学士,领盐铁转运使。上御紫宸论政曰:"为国之道,致治甚难。"石对曰:"朝廷法令行则易。臣闻文王陟降在上,陛下推赤诚,上达于天,何忧不治?"上又曰:"治乱由人邪正、由时运耶?"郑覃对曰:"由圣帝、由忠臣,是由人也。"石曰:"亦由时运。九庙圣灵,钟德于陛下,时也;陛下行己之道,则是由人。而前代帝王甚有德者,当乱离无奈何之际,又安得不推运耶?"帝曰:"卿言是也。"石又奏:"咸阳令韩辽请开兴成渠。旧漕在咸阳县西十八里,东达永丰仓,自秦、汉已来疏凿,其后堙废。昨辽计度,用功不多。此漕若成,自咸阳抵潼关,三百里内无车挽之勤,则辕下牛尽得归耕,永利秦中矣。"李固言曰:"王涯已前曾陈奏,实秦中之利,但恐征役今非其时。"上曰:"莫有阴阳拘忌否?苟利于人,朕无所虑也。"石辞领使务。八月,罢盐铁转运使。石用金部员外郎韩益判度支案,益坐赃系台。石奏曰:"臣以韩益晓钱谷录用,不谓贪猥如此!"帝曰:"宰相但知人则用,有过则惩。卿所用人,且不掩其恶,可谓至公。从前宰相用人,有过曲为蔽之,不欲人弹劾,此大谬也。但知能则举,举不失职则奖之,自然易得其人,何必容隐。"

三年正月五日,石自亲仁里将曙入朝,盗发于故郭尚父宅;引弓追及,矢才破肤,马逸而回。盗已伏坊门,挥刀斫石,断马尾,竟以马逸得还私第。上闻之骇愕,遣中使抚问,赐金疮药,因差六军兵士三十人卫从宰相。是日,京师大恐,常参官入朝者,九人而已,旬日方安。石拜章辞位者三。乃加金紫光禄大夫、中书侍郎、同平章事、江陵尹、荆南节度使。

李训之乱,人情危迫,天子起石于常僚之中,付以衡柄。石以身徇国,不顾患难;振举朝纲,国威再复。而中官仇士良切齿恶之,而伏攸加害。天子深知其故,畏逼而不能理,乃至罢免。及石赴镇,赐宴之仪并阙,人士伤之,耻君子之道消也。石至镇,表让中书侍郎,乃加检校兵部尚书、兼平章事。

武宗即位,就加检校尚书右仆射。会昌三年十月,加检校司空、平章事、陇西郡开国伯、食邑七百户、太原尹、北都留守、河东节度观察等使。时泽潞刘稹阻兵,以石尝为太原副使,谙练北门军政,故代刘沔镇之。

初,沔以兵三千人戍横水。王师之讨泽潞也,王逢军

于榆社，诉兵少，请益之，诏石以太原之卒赴榆社。石乃割横水戍卒一千五百人，令别将杨弁率之，以赴王逢。旧例发军，人给二缣。石以支计不足，量减一匹，军人聚怨。又将及岁除，促令上路，众愈不悦。杨弁乘其衅谋乱，出言激动军人。

四年正月，军乱逐石，朝廷乃以晋绛观察使崔元式代还。五年，检校司徒、东都留守、判东都尚书省事、畿汝都防御使。以太子少保分司卒。

石弟福，字能之。大和七年登进士第，累辟使府。石为宰相，自荐弟于延英，言福才堪理人，授监察御史。累迁尚书郎，出为商、郑、汝、颍四州刺史。大中时，检校工部尚书、滑州刺史、兼御史大夫，充义成军节度、郑滑颍观察使。入为刑部侍郎，累迁刑部、户部尚书。乾符初，以检校右仆射、襄州刺史、兼御史大夫充山南东道节度。

四年，草贼王仙芝徒党数万寇掠山南。福团练乡兵，屯集要路，贼不敢犯。其秋，贼陷岳、鄂、饶、信等州。十二月，逼江陵，节度使杨知温求援于福；福即自率州兵及沙陀五百骑赴援。时贼已陷江陵之郛，闻福兵至，乃退去。僖宗嘉之，就加检校司空、同平章事。归朝，终于太子太傅。

史臣曰：彭阳奇章，起徒步而升台鼎。观其人文彪炳，润色邦典，射策命中，横绝一时，诚俊贤也。而峨冠曳组，论道于皋、夔之伍，孰曰不然？如能蹈道匪躬，中立无党，则其善尽矣。萧太师贞独嫉恶，不为利回，不以夷、惠傃之，俾之经纶，则其道至矣。开成之始，帝道方沦，石于此时欲振颓绪，几婴戕贼，可为咄嗟。多僻之时，止堪太息。

赞曰：乔松孤立，萝茑贪缘。柔附凌云，岂曰能贤？呜呼楚、孺，道丧曲全！萧、李相才，致之外篇。

卷一百七十三
列传第一百二十三

郑覃_{弟朗} 陈夷行 李绅 _{吴汝纳}
李回 李珏 李固言

郑覃，故相珣瑜之子。以父荫补弘文校理，历拾遗、补阙、考功员外郎、刑部郎中。元和十四年二月，迁谏议大夫。宪宗用内官五人为京西北和籴使，覃上疏论罢。穆宗不恤政事，喜游宴；即位之始，吐蕃寇边，覃与同职崔玄亮等廷奏曰："陛下即位以来，宴乐过多，畋游无度。今蕃寇在境，缓急奏报，不知乘舆所在。臣等忝备谏官，不胜忧惕，伏愿稍减游纵，留心政道。伏闻陛下晨昵狎倡优，近习之徒，赏赐太厚。凡金银货币，皆出自生灵膏血，不可使无功之人，滥沾赐与。纵内藏有余，亦乞用之有节，如边上警急，即支用无阙。免令有司重敛百姓，实天下幸甚。"帝初不悦其言，顾宰相萧俛曰："此辈何人？"俛对

曰："谏官也。"帝意稍解，乃曰："朕之过失，臣下尽规，忠也。"乃谓覃曰："阁中奏事，殊不从容。今后有事面陈，朕与卿延英相见。"时久无阁中奏事，覃等抗论，人皆相贺。

镇冀节度使王承宗死，其弟承元听朝旨，移授郑滑节度。镇之三军留承元，以难不能赴镇；承元乞重臣宣谕，乃以覃为宣谕使，起居舍人王璠副之。

初，镇卒辞语不逊，覃至宣诏，谕以大义，军人释然听命。长庆元年十一月，转给事中。四年，迁御史中丞，十一月，权知工部侍郎。宝历元年，拜京兆尹。文宗即位，改左散骑常侍。三年，以本官充翰林侍讲学士。四年四月，拜工部侍郎。

覃长于经学，稽古守正，帝尤重之。覃从容奏曰："经籍讹谬，博士相沿，难为改正。请召宿儒奥学，校定六籍；准后汉故事，勒石于太学，永代作则，以正其阙。"从之。

五年，李宗闵、牛僧孺辅政。宗闵以覃与李德裕相善，薄之。时德裕自浙西入朝，复为闵、孺所排，出镇蜀川。宗闵恶覃禁中言事，奏为工部尚书，罢侍讲学士。文宗好经义，心颇思之。六年二月，复召为侍讲学士。七年春，德裕作相。五月，以覃为御史大夫。文宗尝于延英谓宰相曰："殷侑通经学，为人颇似郑覃。"宗闵曰："覃、侑诚有经学，于议论不足听览。"李德裕对曰："殷、郑之言，他人不欲闻，唯陛下切欲闻之。"覃尝嫉人朋党，为宗闵所薄故也。八年，迁户部尚书。其年，德裕罢相，宗闵复知政，与李训、郑注同排斥李德裕、李绅。二人贬黜，覃亦左授秘书监。九年六月，杨虞卿、李宗闵得罪长流，复以覃为刑部尚书。十月，迁尚书右仆射，兼判国子祭酒。训、注伏诛，召覃入禁中草制敕，明日以本官同平章事，封荥阳郡公，食邑二千户。

覃虽精经义，不能为文。嫉进士浮华。开成初，奏礼部贡院宜罢进士科。初，紫宸对，上语及选士，覃曰："南北朝多用文华，所以不治。士以才堪即用，何必文辞？"帝曰："进士及第人已曾为州县官者，方镇奏署即可之，余即否。"覃曰："此科率多轻薄，不必尽用。"帝曰："轻薄敦厚，色色有之，未必独在进士。此科置已二百年，亦不可遽改。"覃曰："亦不可过有崇树。"帝尝谓宰臣曰："百司弛慢，要重举举。"因指香炉曰："此炉始亦华好，用之既久，乃无光彩。若不加饰，何由复初？"覃对曰："不变风俗，当考实效。自三十年已来，多不务实，取于颜情。如稽、阮之流，不摄职事。"李石云："此本因治平，人人无事，安逸所致。今之人俗亦慕王夷甫，耻不能及之。"上曰："卿等辅朕，在振举法度而已。"

时太学勒石经，覃奏起居郎周墀、水部员外郎崔球、监察御史张次宗、礼部员外郎温业等，校定《九经》文字，旋令上石。加门下侍郎、弘文馆大学士、监修国史。上尝于延英论古今诗句工拙，覃曰："孔子所删，三百篇是也。降此五言七言，辞非雅正，不足帝王赏咏。夫《诗》之《雅》、《颂》，皆下刺上所为，非上化下而作。王者采诗，以考风俗得失。仲尼删定，以为世规。近代陈后主、隋炀

帝皆能章句，不知王者大端，终有季年之失。章句小道，愿陛下不取也。"覃以宰相兼判国子祭酒，奏太学置五经博士各一人，缘无职田，请依王府官例，赐禄粟。从之。又进《石壁九经》一百六十卷。

其年，李固言复为宰相。固言与李宗闵、杨嗣复善，覃憎之。因起居郎阙，固言奏曰："周敬复、崔球、张次宗等三人，皆堪此任。"覃曰："崔球游宗闵之门，且赤墀下秉笔，为千古法，不可朋党。如裴中孺、李让夷，臣不敢有纤芥异论。"乃止。三年，杨嗣复自西川入拜平章事，与覃尤相矛盾；加之以固言、李珏，入对之际，是非蜂起。二月，覃进位太子太师。

文宗以旱放系囚，出宫人刘好奴等五百余人，送两街寺观，任归亲戚。紫宸对，李珏曰："陛下放宫女数多，德迈千古。汉制，八月选人，晋武平吴，亦多采择。仲尼所谓'未见好德如好色'。今陛下以为无益放之，微臣敢贺。"覃曰："晋武帝以采择之失，中原化为左衽；陛下以为殷鉴，放去攸宜。"其年十二月，三上章求罢，诏落太子太师，余如故。仍三五日一入中书，商量政事。四年五月，罢相，守左仆射。

武宗即位，李德裕用事，欲援为宰相。固以足疾不任朝谒。会昌二年，守司徒致仕，卒。

子裔绰，以荫授渭南尉，直弘文馆。

覃少清苦贞退，不造次与人款狎。位至相国，所居未尝增饰，才庇风雨。家无媵妾，人皆仰其素风。然嫉恶太过，多所不容，众惮而恶之。

覃弟朗、潜。

朗，字有融。长庆元年，登进士甲科，再迁右拾遗。开成中，为起居郎。初，大和末风俗稍奢，文宗恭勤节俭，冀革此风。宰臣等言曰："陛下节俭省用，风俗已移，长裾大袂，渐以减损。若更令戚属绝其侈靡，不虑下不从教。"帝曰："此事亦难户晓，但去其泰甚，自以俭德化之。朕闻前时内库唯二锦袍，饰以金鸟，一袍玄宗幸温汤御之，一即与贵妃。当时贵重如此，如今奢靡，岂复贵之？料今富家往往皆有。左卫副使张元昌便用金唾壶，昨因李训，已诛之矣。"时朗执笔螭头下，宰臣退，上谓朗曰："适所议论，卿记录未？吾试观之。"朗对曰："臣执笔所记，便名为史。伏准故事，帝王不可取观。昔太宗欲览国史，谏议大夫朱子奢云：'史官所述，不隐善恶。或主非上智，饰非护失，见之则致怨，所以义不可观。'又褚遂良曰：'今之起居郎，古之左右史也；记人君言行，善恶必书，庶几不为非法，不闻帝王躬自观史。'"帝曰："适来所记，无可否臧，见亦何爽？"乃宣谓宰臣曰："郑朗引故事，不欲朕见起居注。夫人君之言，善恶必书。朕恐平常闲话，不关理体，垂诸将来，窃为之耻。异日临朝，庶几稍改，何妨一见，以诫丑言。"朗遂进之。朗转考功郎中。四年，迁谏议大夫。

会昌初，为给事中。出为华州刺史，入为御史中丞、户部侍郎，判本司事。大中朝，出为定州刺史、义武军节度、易定观察、北平军等使。寻迁检校户部尚书、汴州刺史、宣武军节度、宋亳汴颍观察等使。入为工部尚书，判度支。迁御史大夫，改礼部尚书。以本官同平章事，加中书侍郎、集贤殿大学士，修国史。

大中十年，以疾辞位。进加检校右仆射、守太子少师。十一年十月卒。诏曰：

故通议大夫、检校尚书右仆射、兼太子少师、上柱国、赐紫金鱼袋郑朗，植操端方，禀气庄重；蔼若瑞玉，淡如澄川。智略合乎蓍龟，诚信服于僚友。自膺宠寄，颇负全才，竭匪躬于谏垣，彰无瘵于琐闼。载践方岳，亟登师坛。观风推惠爱之心，训士得抚循之术。政溢闻听，念兹征还，位冠冬卿，职重邦计。经费有节，财用不亏。繄彼休功，明我推择。爰嘉峭峻，俾总纪纲。公望益隆，典彝具举；式谐注意，且沃深衷。俄参化源，以提政柄。三事仰清廉之节，百度见损益之能。近煦和风，远浃膏雨。方侯坐镇雅俗，表率庶官，颐养或乖，腠理生疾，屡陈章疏，乞遂退闲。既坚乃诚，式允其请。每图懿绩，唯冀有瘳。何竟至于弥留，而遽闻于捐代。阅奏兴悼，临轩载怀。将辍视朝之仪，兼列上公之秩。慰兹幽壤，期尔有知，可赠司空。

潜，字无闷，亦登进士第。

陈夷行，字周道，颍川人。祖忠，父邑。夷行，元和七年登进士第，累辟使府。宝历末，由侍御史改虞部员外郎，皆分务东都。大和三年，入为起居郎、史馆修撰，预修《宪宗实录》。四年献上，转司封员外郎。五年，迁吏部郎中。四月，召充翰林学士。八年，兼充皇太子侍读，诏五日一度入长生院侍太子讲经。上召对，面赐绯衣牙笏，迁谏议大夫、知制诰，余职如故。九年八月，改太常少卿，知制诰、学士侍讲如故。

开成二年四月，以本官同平章事。三年，杨嗣复、李珏继入辅政。夷行介特，素恶其所为，每上前议政，语侵嗣复，遂至往复。性不能堪，上表称足疾辞位；不许，诏中使就第宣劳。七月，以王彦威为忠武节度使，史孝章为邠宁节度使，皆嗣复拟议。因延英对，上问夷行曰："昨除二镇，当否？"夷行对曰："但出自圣心即当。"杨嗣复曰："若出自圣心当，即人情皆惬。如事或过当，臣下安得无言？"帝曰："诚如此，朕固无私也。"夷行曰："自三数年来，奸臣窃权，陛下不可倒持太阿，授人镡柄。"嗣复曰："齐桓用管仲于仇虏，岂有太阿之虑乎？"上不悦。

仙韶院乐官尉迟璋授王府率，右拾遗窦洵直当衙论曰："伶人自有本色官，不合授之清秩。"郑覃曰："此小事，何足当衙论列！王府率是六品杂官，谓之清秩，与洵直得否？此近名也。"嗣复曰："尝闻洵直幽，今当衙论一乐官，幽则有之，亦不足怪。"夷行曰："谏官当衙，只合论宰相得失，不合论乐官。然业已陈论，须与处置。今后乐人每七八年与转一官，不然，则加手力课三数人。"帝曰："别与一官。"乃授光州长史，赐洵直绢百匹。夷行寻转门下侍郎。

上紫宸议政，因曰："天宝中政事，实不甚佳。当时姚、宋在否？"李珏曰："姚亡而宋罢。"珏因言："人君明哲，终始尤难。玄宗尝云：'自即位已来，未尝杀一不辜。'而任林甫陷害破人家族，不亦惑乎？"夷行曰："陛下不可移权与人。"嗣复曰："夷行之言容易，且太宗用房玄龄十六年、魏徵十五年，何尝失道？臣以为用房、魏多时不为不理，用邪佞一日便足。"夷行之言，皆指嗣复专权。

文宗用郭薳为坊州刺史，右拾遗宋祁论列，以为不可。既而薳坐赃。帝谓宰相曰："宋祁论事可嘉，祁授官来几时？"嗣复曰："去年。"因曰："谏官论事，陛下但记其姓名，稍加优奖。如不当，亦须令知。"夷行曰："谏官论事，是其本职。若论一事即加一官，则官何由得，不免有情。"帝曰："情固不免，理平之时，亦不可免。"上竟以夷行议论太过，恩礼渐薄。寻罢知政事，守吏部尚书。

四年九月，检校礼部尚书，出为华州刺史。五年，武宗即位，李德裕秉政。七月自华召入，复为中书侍郎、平章事。

会昌三年十一月，检校司空、平章事、河中尹、河中晋绛节度使。卒，赠司徒。

弟玄锡、夷实，皆进士擢第。玄锡又制策登科。

李绅，字公垂，润州无锡人。本山东著姓。高祖敬玄，则天朝中书令，封赵国文宪公，自有传。祖守一，成都郫县令。父晤，历金坛、乌程、晋陵三县令，因家无锡。

绅六岁而孤，母卢氏教以经义。绅形状眇小而精悍，能为歌诗。乡赋之年，讽诵多在人口。元和初，登进士第，释褐国子助教，非其好也。东归金陵，观察使李锜爱其才，辟为从事。绅以锜所为专恣，不受其书币；锜怒，将杀绅，遁而获免。锜诛，朝廷嘉之，召拜右拾遗。

岁余，穆宗召为翰林学士，与李德裕、元稹同在禁署，时称"三俊"，情意相善。寻转右补阙。长庆元年三月，改司勋员外郎、知制诰。二年二月，超拜中书舍人，内职如故。

俄而稹作相，寻为李逢吉教人告稹阴事；稹罢相，出为同州刺史。时德裕与牛僧孺俱有相望，德裕恩顾稍深。逢吉欲用僧孺，惧绅与德裕沮于禁中。二年九月，出德裕为浙西观察使，乃用僧孺为平章事，以绅为御史中丞，冀离内职，易搞撼而逐之。乃以吏部侍郎韩愈为京兆尹，兼御史大夫，放台参。知绅刚褊，必与韩愈忿争。制出，绅果移牒往来，论台府事体。而愈复性讦，言辞不逊，大喧物议，由是两罢。愈改兵部侍郎，绅为江西观察使。天子待绅素厚，不悟逢吉之嫁祸，为其心希外任，乃令中使就第宣劳，赐之玉带。绅对中使泣诉其事，言为逢吉所排，恋阙之情无已。及中谢日，面自陈诉，帝方省悟，乃改授户部侍郎。

中尉王守澄用事，逢吉令门生故吏结托守澄为援以倾绅，昼夜计画。会绅族子虞，文学知名，隐居华阳，自言不乐仕进，时来京师省绅。虞与从伯耆、进士程昔范，皆依绅。及耆拜左拾遗，虞在华阳寓书与耆求荐，书误达于绅。绅以其进退二三，以书诮之。虞大怨望。及来京师，尽以绅尝所密话言逢吉奸邪附会之语告逢吉。逢吉大怒，问计于门人张又新、李续，咸曰："擢绅皆自惜毛羽，孰肯为相公搏击！须得非常奇士出死力者。有前邓州司仓刘栖楚者，尝为吏。镇州王承宗以事绳之。栖楚以首触地固争，而承宗竟不能夺，其果锐如此。若相公取之为谏官，令伺绅之失，一旦于上前暴扬其过，恩宠必替。事苟不行，过在栖楚，亦不足惜也。"逢吉乃用李虞、程昔范、刘栖楚，皆擢为拾遗，以伺绅隙。

俄而穆宗晏驾。敬宗初即位，逢吉快绅失势，虑嗣君复用之。张又新等谋逐绅。会荆州刺史苏遇入朝，遇能决阴事，众问计于遇。遇曰："上听政后，当开延英，必有次对官，欲拔本塞源，先以次对为虑，余不足恃。"群党深然之。逢吉乃以遇为左常侍。王守澄每从容谓敬宗曰："陛下登九五，逢吉之助也。先朝初定储贰，唯臣备知。时翰林学士杜元颖、李绅劝立深王，而逢吉固请立陛下，而李续之、李虞继献章疏。"帝虽冲年，亦疑其事。会逢吉进拟，言李绅在内署时，尝不利于陛下，请行贬逐。帝初即位，方倚大臣，不能自执，乃贬绅端州司马。贬制既行，百僚中书贺宰相，唯右拾遗吴思不贺。逢吉怒，改为殿中侍御史，充入吐蕃告哀使。

绅之贬也，正人腹诽，无敢有言。唯翰林学士韦处厚上疏，极言逢吉奸邪，诬搆绅罪，语在《处厚传》。天子亦稍开悟。会禁中检寻旧事，得穆宗时封书一箧。发之，得裴度、杜元颖与绅三人所献疏，请立敬宗为太子。帝感悟兴叹，悉命焚逢吉党所上谤书，由是逸言稍息，绅党得保全。

及宝历改元大赦，逢吉定赦书节文，不欲绅量移，但云左降官已经量移者与量移，不言左降官与量移。韦处厚复上疏论之，语在《处厚传》。帝特追赦书，添节文云"左降官与量移"，绅方移为江州长史。再迁太子宾客，分司东都。

大和七年，李德裕作相。七月，检校左常侍、越州刺史、浙东观察使。九年，李训用事，李宗闵复相，与李训、郑注连衡排摈德裕罢相，绅与德裕俱以太子宾客分司。

开成元年，郑覃辅政，起德裕为浙西观察使，绅为河南尹。六月，检校户部尚书、汴州刺史、宣武节度、宋亳汴颍观察等使。二年，夏秋旱，大蝗，独不入汴、宋之境，诏书褒美。又于州置利润楼店。四年，就加检校兵部尚书。

武宗即位，加检校尚书右仆射、扬州大都督府长史，知淮南节度大使事。会昌元年，入为兵部侍郎、同平章事，改中书侍郎，累迁守右仆射、门下侍郎、监修国史、上柱国、赵国公，食邑二千户。四年，暴中风恙，足缓不任朝谒，拜章求罢。十一月，守仆射、平章事，出为淮南节度使。六年，卒。

绅始以文艺节操进用，受顾禁中。后为朋党所挤，滨于祸患。赖正人匡救，得以功名始终。殁后，宣宗即位，李德裕失势罢相，归洛阳；而宗闵、嗣复之党崔铉、白敏中、令狐绹欲置德裕深罪。大中初，教人发绅镇扬州时旧事，以倾德裕。

初，会昌五年，扬州江都县尉吴湘坐赃下狱，准法当死，具事上闻。谏官疑其冤，论之。遣御史崔元藻覆推，与扬州所奏相同，湘竟伏法。及德裕罢相，群怨方构，湘兄进士汝纳，诣阙诉冤，言绅在淮南恃德裕之势，枉杀臣弟。德裕既贬，绅亦追削三任官告。

吴汝纳者，澧州人，故韶州刺史武陵兄之子。武陵进士登第，有史学，与刘轲并以史才直史馆。武陵撰《十三代史驳议》二十卷。自尚书员外郎出为忠州刺史，改韶州。坐赃贬潘州司户卒。

汝纳亦进士擢第，以季父赃罪，久之不调。会昌中，为河南府永宁县尉。初，武陵坐赃时，李德裕作相，贬之。故汝纳不调挟怨，而附宗闵、嗣复之党，同作谤言。会汝纳弟湘为江都尉，为部人所讼赃罪，兼娶百姓颜悦女为妻，有逾格律。李绅令观察判官魏铏鞫之，赃状明白，伏法。湘妻颜、颜继母焦，皆笞而释之。仍令江都令张弘思以船监送湘妻颜及儿女送澧州。

及扬州上具狱，物议以德裕素憎吴氏，疑李绅织成其罪。谏官论之，乃差御史崔元藻为制使，覆吴湘狱。据款伏妄破程粮钱，计赃准法。其恃官娶百姓颜悦女为妻，则称悦是前青州衙推。悦先娶王氏，是衣冠女，非继室焦所生，与扬州案小有不同。德裕以元藻无定夺，奏贬崖州司户。及汝纳进状，追元藻覆问。元藻既恨德裕，阴为崔铉、白敏中、令狐绹所利诱，即言湘虽坐赃，罪不至死。又云，颜悦实非百姓，此狱是郑亚首唱，元寿协李恪锻成，李回便奏。遂下三司详鞫。故德裕再贬，李回、郑亚等皆窜逐。吴汝纳、崔元藻为崔、白、令狐所奖，数年并至显官。

李回，字昭度，宗室郇王祎之后。父如仙。回本名躔，以避武宗庙讳。长庆初，进士擢第，又登贤良方正制科。释褐滑台从事，扬州掌书记，得监察御史。入为京兆府户曹，转司录参军。登朝为左补阙、起居郎，尤为宰相李德裕所知。回强干有吏才，遇事通敏，官曹无不理。授职方员外郎，判户部案，历吏部员外郎，判南曹。以刑部员外郎知台杂，赐绯。开成初，以库部郎中知制诰，拜中书舍人，赐金紫服。武宗即位，拜工部侍郎，转户部侍郎，判本司事。三年，兼御史中丞。

会昌三年，刘稹据潞州，邀求旄钺，朝议不允，加兵问罪。武宗惧稹阴附河朔三镇，以沮王师，乃命回奉使河朔。魏博何弘敬、镇冀王元逵皆具橐鞬郊迎。回喻以朝旨，言泽潞密迩王畿，不同河北，自艰难已来，唯魏、镇两藩，列圣皆许袭，而稹无功，欲效河朔故事，理即太悖。圣上但以山东三郡，境连魏、镇，用军便近，王师不欲轻出山东，请魏、镇两藩只收山东三郡。弘敬、元逵俯偻从命。幽州张仲武与太原刘沔攻回鹘。时两人不协，朝廷方用兵，不欲藩帅不和。回至幽州，喻以和协之旨，仲武欣然释憾。乃移刘沔镇滑台，命仲武领太原军攻潞。贼平，以本官同平章事，累加中书侍郎，转门下，历户、吏二尚书。

武宗崩，回充山陵使，祔庙竟，出为成都尹、剑南西川节度。大中元年冬，坐与李德裕亲善，改潭州刺史、湖南观察使，再贬抚州刺史。白敏中、令狐绹罢相，入朝为兵部尚书，复出为成都尹、剑南西川节度使。卒，赠司徒，谥曰文懿。

李珏，字待价，赵郡人。父仲朝。珏进士擢第，又登书判拔萃科，累官至右拾遗。穆宗荒于酒色，才终易月之制，即与勋臣饮宴。珏与同列上疏论之曰：

臣闻人臣之节，本于忠荩，苟有所见，即宜上陈。况为陛下谏官，食陛下厚禄，岂敢腹诽巷议，辜负恩荣？臣等闻诸道路，不知信否，皆云有诏追李光颜、李愬，欲于重阳节日，合宴群臣。倘诚有之，乃陛下念群臣，敷惠泽之慈旨也。然元朔未改，园陵尚新。虽陛下执易月之期，俯从人欲；而礼经著三年之制，犹服心丧。今遵同轨之会，适去于中邦；告远夷之使，未复其来命。遏密弛禁，盖为齐人，合宴内廷，事将未可。夫明王之举，动为天下法；王言既降，其出如纶。苟玷皇猷，徒章直谏，臣等是以昧死上闻。且光颜、李愬，久立忠劳，今方盛秋，务拓边境。如或召见，诏以谋猷，褒其勋励，付之疆事，则与歌钟合宴，酒食邀欢，不得同年而语也。陛下自缵嗣以来，发号施令，无非孝理中心，形于诏敕，固以感动于人伦。更在敬慎威仪，保持圣德而已。

上虽不用其言，慰劳遣之。

长庆元年，盐铁使王播增茶税，初税一百，增之五十，珏上疏论之曰：

权率救弊，起自干戈，天下无事，即宜蠲省。况税茶之事，尤出近年，在贞元元年中，不得不尔。今四海镜清，八方砥平，厚敛于人，殊伤国体。其不可一也。

茶为食物，无异米盐，于人所资，远近同俗。既祛竭乏，难舍斯须，田间之间，嗜好尤切。今增税既重，时估必增，流弊于民，先及贫弱。其不可二也。

且山泽之饶，出无定数，量斤论税，所冀售多。价高则市者稀，价贱则市者广，岁终上计，其利几何？未见阜财，徒闻敛怨。其不可三也。

臣不敢远征故事，直以目前所见陈之。伏望暂留聪明，稍垂念虑，特追成命，更赐商量。陛下即位之初，已惩聚敛，外官押贯，旋有诏停，洋洋德音，千古不朽。今若榷茶加税，颇失人情。臣忝谏司，不敢缄默。

时禁中造百尺楼，国计不充。王播希恩增税，奉帝嗜欲，疏奏不省。迁吏部员外郎，转司勋员外郎、知制诰。

大和五年，李宗闵、牛僧孺在相，与珏亲厚，改度支郎中、知制诰，遂入翰林充学士。七年三月，正拜中书舍人。九年五月，转户部侍郎充职。七月，宗闵得罪，珏坐累，出为江州刺史。开成元年四月，以太子宾客分司东都，迁河南尹。二年五月，李固言入相，召珏复为户部侍郎，判本司事。三年，杨嗣复辅政，荐珏以本官同平章事。珏与固言、嗣复相善，自固言得位，相继援引；居大政，以倾郑覃、陈夷行、李德裕三人。凡有奏议，必以朋党为谋，屡为覃所廷折之。珏自朝议郎进阶正议大夫，其年十二月,上疏求罢,不许。

四年三月,文宗谓宰臣曰:"朕在位十四年,属天下无事,虽未至理,亦少有如今日之无事也。"珏对曰:"邦国安危,亦知人之身。当四体和平之时,长宜调适,以顺寒暄之节。如恃安自忽,则疾患旋生。朝廷当无事之时,思省阙失而补之,则祸难不作矣。"

文宗以杜悰领度支称职,欲加户部尚书,因紫宸言之。陈夷行曰:"一切恩权,合归君上。陛下自看可否?"珏对曰:"太宗用宰臣,天下事皆先平章,谓之平章事。代天理物,上下无疑,所以致太平者也。若拜一官,命一职,事事皆决于君上,即焉用彼相?昔隋文帝一切自劳心力,臣下发论则疑,凡臣下用之则宰相,不用则常僚,岂可自保?陛下常语臣云:'窦易直劝我,宰相进拟,但五人留三人、两人,勾一人。渠即合劝我择宰相,不合劝我疑宰相。'帝曰:"易直此言甚鄙。"又曰:"韦处厚作相,三日荐六度师,亦大可怪。"珏曰:"处厚溺于奉佛,不悟其是非也。"

其年五月,上谓宰臣曰:"贞元政事,初年至好。"珏曰:"德宗中年好货,方镇进奉,即加恩泽。租赋出自百姓,更令贪吏剥削,聚货以希恩,理道故不可也。"上曰:"人君聚敛,犹自不可。但轻赋节用可也。"珏又曰:"贞观中,房、杜、王、魏启告文皇,意只在初,请不易初心。自古好事,克终实难。"上曰:"朕心终不改也。"寻封赞皇男,食邑三百户。

武宗即位之年九月,与杨嗣复俱罢相,出为桂州刺史、桂管观察使。三年,长流驩州。大中二年,崔铉、白敏中逐李德裕,征入朝为户部尚书。出为河阳节度使。入为吏部尚书,累迁金紫光禄大夫、检校尚书右仆射、扬州大都督府长史、淮南节度使、上柱国、赞皇郡开国公、食邑一千五百户。大中七年卒,赠司空。

李固言,赵郡人。祖并,父现。固言,元和七年登进士甲科。大和初,累官至贺部郎中、知台杂。四年,李宗闵作相,用为给事中。五年,宋申锡为王守澄诬陷,固言与同列伏阁论之。将作监王堪修奉太庙弛慢,罚俸,仍改官为太子宾客。制出,固言封还曰:"东宫调护之地,不可令弛慢被罚之人处之。"改为均王傅。六年,迁工部侍郎。七年四月,转尚书左丞,奉诏定左右仆射上事仪注。八年,李德裕辅政,出为华州刺史。

其年十月,宗闵复入,召拜吏部侍郎。九年五月,迁御史大夫。六月,宗闵得罪,固言代为门下侍郎、平章事,寻加崇文馆大学士。时李训、郑注用事,自欲窃辅相之权。宗闵既逐,外示公体,爱立固言,其实恶与宗闵朋党。九月,以兵部尚书出为兴元节度使。李训自代固言为平章事。训、注诛,文宗思其谠正,开成元年四月,复召为平章事,判户部事。

二年,君臣上徽号,上紫宸言曰:"中外上章,请加徽号。朕思理道犹郁,实愧岳牧之请。如闻州郡甚有无政处?"固言曰:"人言邓州王堪衰老,隋州郑襄无政。"帝曰:"堪是贞元时御史,只有此一人。"郑覃曰:"臣以王堪旧人,举为刺史。郑襄比来守官,亦无败事。若言外郡不理,何止二人?"帝曰:"济济多士,文王以宁。德宗时,班行多闲员,岂时乏才耶?"李石对曰:"十室之邑,必有忠信。安有大国无人?盖贞元中仕进路塞,所以有才之人或托迹他所,此乃不叙进人才之过也。"固言曰:"求才之道,有人保任,便宜奖用。随其称职与否升黜。"上曰:"宰相荐人,莫计亲疏。窦易直作相,未尝论用亲情。若己非相才,自宜引退。若是公举,亲亦何嫌?人鲜全才,但用其所长尔。"

寻进阶金紫,判户部事。其年十月,以门下侍郎平章事出为成都尹、剑南西川节度使,代杨嗣复。上表让门下侍郎,乃检校左仆射。会昌初入朝,历兵、户二部书。宣宗即位,累授检校司徒、东都留守、东畿汝都防御使。大中末,以太常卿孙简代之,拜太子太傅,分司东都,卒。

史臣曰:陈、郑诸公,章疏议论,绰有端士之风。天子待以贤能,付之以鼎职。延英献纳,罕闻康济之谟;文陛敷扬,莫副具瞻之望。加以互生倾夺,竞起爱憎。惟回奉使命而喻藩臣,救危邦而除宿憾。况昭献文章可以为世范,德行可以为人师,有启、诵之上才,非桓、灵之失道,讵可不思已过,只务面欺。辅弼之宜,安可垂训?若俾韩非之言进矣,子辈安可逃乎?土运之衰,斯为魍魉,悲夫!

赞曰:爱而知恶,憎不忘善。平心救非,可居鼎铉。吠声济恶,结党专朝。谋身坏国。何名燮调?

卷一百七十四
列传第一百二十四

李 德 裕 子烨

李德裕,字文饶,赵郡人。祖栖筠,御史大夫。父吉甫,赵国忠公,元和初宰相。祖、父自有传。德裕幼有壮志,苦心力学,尤精《西汉书》、《左氏春秋》。耻与诸生从乡赋,不喜科试。年才及冠,志业大成。贞元中,以父谴逐蛮方,随侍左右,不求仕进。元和初,以父再秉国钧,避嫌不仕台省,累辟诸府从事。十一年,张弘靖罢相,镇太原,辟为掌书记。由大理评事得殿中侍御史。十四年府罢,从弘靖入朝,真拜监察御史。明年正月,穆宗即位,召入翰林,充学士。帝在东宫,素闻吉甫之名,既见德裕,尤重之。禁中书诏大手笔,多诏德裕草之。是月,召对思政殿,赐金紫之服。逾月,改屯田员外郎。

穆宗不持政道,多所恩贷,戚里诸亲,邪谋请谒;传导中人之旨,与权臣往来,德裕嫉之。长庆元年正月,上疏论之曰:"伏见国朝故事,驸马缘是亲密,不合与朝廷要官往来。玄宗开元中,禁止尤切。访闻近日驸马辄至宰相及要官私第,此辈无他才伎可以延接,唯是泄漏禁密;交通中外,群情所知,以为甚弊。其朝官素是杂流,则不妨来往。若职在清列,岂可知闻?伏乞宣示宰臣,其驸马诸亲，今后公事即于中书见宰相，请不令诣私第。"上然之。寻转考功郎中、知制诰。二年二月，转中书舍人，学士如故。

初，吉甫在相位时，牛僧孺、李宗闵应制举直言极谏科。二人对诏，深诋时政之失，吉甫泣诉于上前。由是，考策官皆贬，事在《李宗闵传》。元和初，用兵伐叛，始于杜黄裳诛寇。吉甫经画，欲定两河，方欲出师而卒。继之元衡、裴度。而韦贯之、李逢吉沮议，深以用兵为非。而韦、李相次罢相，故逢吉常怨吉甫、裴度。而德裕于元和时，久之不调，而逢吉、僧孺、宗闵以私怨恒排挤之。

时德裕与李绅、元稹俱在翰林，以学识才名相类，情颇款密。而逢吉之党深恶之。其月，罢学士，出为御史中丞。其元稹自禁中出，拜工部侍郎、平章事。三月，裴度自太原复辅政。是月，李逢吉亦自襄阳入朝，乃密赂纤人，构成于方狱。六月，元稹、裴度俱罢相。稹出为同州刺史。逢吉代裴度为门下侍郎、平章事。既得权位，锐意报怨。时德裕与牛僧孺俱有相望，逢吉欲引僧孺，惧绅与德裕禁中沮之；九月，出德裕为浙西观察使，寻引僧孺同平章事。由是交怨愈深。

润州承王国清兵乱之后，前使窦易直倾府藏赏给，军旅浸骄，财用殚竭。德裕俭于自奉，留州所得，尽以赡军，虽施与不丰，将卒无怨。二年之后，赋舆复集。

德裕壮年得位，锐于布政，凡旧俗之害民者，悉革其弊。江、岭之间信巫祝，惑鬼怪，有父母兄弟疠疾者，举室弃之而去。德裕欲变其风，择乡人之有识者，谕之以言，绳之以法，数年之间，弊风顿革。属郡祠庙，按方志，前代名臣贤后则祠之。四郡之内，除淫祠一千一十所。又罢私邑山房一千四百六十，以清寇盗。人乐其政，优诏嘉之。

昭愍皇帝童年缵历，颇事奢靡。即位之年七月，诏浙西造银盝子妆具二十事进内。德裕奏曰：

臣百生多幸，获遇昌期。受寄名藩，常忧旷职，孜孜夙夜，上报国恩。数年已来，灾旱相继，罄竭微悫，粗免流亡，物力之间，尚未完复。臣伏准今年三月三日赦文，常贡之外，不令进献。此则陛下至圣至明，细微洞照，一恐聚敛之吏缘以成奸，一恐雕瘵之人不胜其弊。上弘俭约之德，下敷恻悯之心。万国群甿，鼓舞未息。昨奉五月二十三日诏书，令访茅山真隐，将欲师处谦守约之道，发务实去华之美。虽无人上塞丹诏，实来土已偃玄风，岂止微臣，独怀抃贺。

况进献之事，臣子常心，虽有敕文不许，亦合竭力上贡。唯臣当道，素号富饶，近年已来，比旧即异。贞元中，李锜任观察使日，职兼盐铁。百姓除随贯出榷酒钱外，更置官酤，两重纳榷，获利至厚。又访闻当时进奉，亦兼用盐铁羡余，贡献繁多，自后莫及。至薛苹任观察使时，又奏置榷酒。上供之外，颇有余财，军用之间，实为优足。自元和十四年七月三日敕，却停榷酤。又准元和十五年五月七日赦文，诸州羡余，不令送使，唯有留使钱五十万贯。每年支用，犹欠十三万贯不足，常须是事节俭，百计补填，经费之中，未免悬欠。至于绫纱等物，犹是本州所出，易于方圆。金银不出当州，皆须外处回市。

去二月中奉宣令进盝子，计用银九千四百余两。其时贮备，都无二三百两，乃诸头收市，方获制造上供。昨又奉宣旨，令进妆具二十件，计用银一万三千两，金一百三十两。寻令并合四节进奉金银，造成两具进纳讫。今差人于淮南收买，旋到旋造，星夜不辍；虽力营求，深忧不迨。臣若因循不奏，则负陛下任使之恩；若分外诛求，又累陛下慈俭之德。伏乞陛下览前件榷酤及诸州羡余之目，则知臣军用褊短，本末有由。伏料陛下见臣奏论，必赐详悉，知臣竭爱君守事之节，尽纳忠謇直之心。伏乞圣慈，宣令宰臣商议，何以遣臣上不违宣索，下不阙军储，不困疲人，不敛物怨，前后诏敕，并可遵承。辄冒宸严，不胜战汗之至。

时准敕不许进献。逾月之后，征贡之使，道路相继。故德裕因诉而讽之。事奏，不报。

又诏进可幅盘绦缭绫一千匹，德裕又论曰：

臣昨缘宣索，已具军资岁计及近年物力闻奏，伏料圣慈，必垂省览。又奉诏旨，令织定罗纱袍段及可幅盘绦缭绫一千匹。伏读诏书，倍增惶灼。

臣伏见太宗朝，台使至凉州见，名鹰讽李大亮献之；大亮密表陈诚。太宗赐诏云："使遣献之，遂不曲顺。"再三嘉叹，载在史书。又玄宗命中使于江南采鸂鶒诸鸟，汴州刺史倪若水陈论，玄宗亦赐诏嘉纳，其鸟即时皆放。又令皇甫询于益州织半臂背子、琵琶捍拨、镂牙合子等，苏颋不奉诏书，辄自停织。太宗、玄宗皆不加罪，欣纳所陈。臣窃以鸂鶒、镂牙，至为微细，若水等尚以劳人损德，沥款效忠。当圣祖之朝，有臣如此，岂明王之代，独无其人？盖有位者蔽而不言，必非陛下拒而不纳。

又伏睹四月二十三日德音云："方、召侯伯有位之士，无或弃吾谓不可教。其有违道伤理，徇欲怀安，面刺廷攻，无有隐讳。"则是陛下纳诲从善，道光祖宗，不尽忠规，过在臣下。况玄鹅天马，椒豹盘绦，文彩珍奇，只合圣躬自服。今所织千匹，费用至多，在臣愚诚，亦所未谕。昔汉文帝衣弋绨之衣，元帝罢轻纤之服，仁德慈俭，至今称之。伏乞陛下，近览太宗、玄宗之容纳，远思汉文、孝元之恭己；以臣前表宣示群臣，酌臣当道物力所宜，更赐节减。则海隅苍生，无不受赐。臣不胜恳切兢惶之至。

优诏报之。其缭绫罢进。

元和已来，累敕天下州府，不得私度僧尼。徐州节度使王智兴聚货无厌，以敬宗诞月，请于泗州置僧坛，度人资福，以邀厚利。江、淮之民，皆群党渡淮。德裕奏论曰：

王智兴于所属泗州置僧尼戒坛，自去冬于江、淮已南，所在悬榜招置。江、淮自元和二年后，不敢私度。自闻泗州有坛，户有三丁，必令一丁落发，意在规避王徭，影庇资产。自正月已来，落发者无算。臣今于蒜山渡点其过者，一日一百余人，勘问唯十四人是旧日沙弥，余是苏、常百姓，亦无本州文凭，寻已勒还本贯。访闻泗州置坛次第，凡僧徒到者，人纳二缣，给牒即回，别无法事。若不特行禁止，比到诞节，计江、淮已南，失却六十万丁壮。此事非细，系于朝廷法度。

状奏，即日诏徐州罢之。

敬宗荒僻日甚，游幸无恒；疏远贤能，昵比群小。坐朝月不二三度，大臣罕得进言。海内忧危，虑移宗社。德裕身居廉镇，倾心王室，遣使献《丹扆箴》六首，曰："臣闻'心乎爱矣，遐不谓矣'，此古之贤人所以笃于事君者也。夫迹疏而言亲者危，地远而意忠者忤。然臣窃念拔自先圣，偏荷宠光，若不爱君以忠，则是上负灵鉴。臣顷事先朝，属多阴沴，尝献《大明赋》以讽，颇蒙先朝嘉纳。臣今日尽节明主，亦由是心。昔张敞之守远郡，梅福之在遐徼，尚竭诚尽忠，不避尤悔。况臣尝学史旧，颇知箴讽，虽在疏远，犹思献替。谨献《丹扆箴》六首，仰尘睿鉴，伏积兢惶。"

其《宵衣箴》曰："先王听政，昧爽以俟。鸡鸣既盈，日出而视。伯禹大圣，寸阴为贵。光武至仁，反支不忌。无俾姜后，独去簪珥。彤管记言，克念前志。"

其《正服箴》曰："圣人作服，法象可观。虽在宴游，尚不怀安。汲黯庄色，能正不冠。杨阜毅然，亦讥缥纨。四时所御，各有其官。非此勿服，惟辟所难。"

其《罢献箴》曰："汉文罢献，诏还骥耳。銮辂徐驱，焉用千里？厥后令王，亦能恭己。翟裘既焚，筒布则毁。道德为丽，慈仁为美。不过天道，斯之至理。"

其《纳诲箴》曰："惟后纳诲，以求厥中。从善如流，乃能成功。汉骛流湎，举白浮钟。魏睿侈汰，凌霄作宫。忠虽不怿，善亦不从。以规为瑱，是谓塞聪。"

其《辨邪箴》曰："居上处深，在察微萌。虽有逸慝，不能蔽明。汉之有昭，德过周成。上书知伪，照奸得情。燕、盖既折，王猷洽平。百代之后，乃流淑声。"

其《防微箴》曰："天子之孝，敬following王度。安必思危，乃无遗虑。乱臣猖獗，非可遽数。玄黄莫辨，触瑟始忤。柏谷微行，豺豕塞路。睹貌献飧，斯可诫惧。"

帝手诏答曰："卿文雅大臣，方隅重寄。表率诸部，肃清全吴。化洽行春，风澄坐啸，眷言善政，想叹在怀。卿之宗门，累著声绩，冠内廷者两代，袭侯伯者六朝。果能激爱君之诚，喻诗人之旨。在远而不忘忠告，讽上而常深虑微。博我以端躬，约予以循礼。三复规谏，累夕称嗟。置之座隅，用比韦弦之益；铭诸心腑，何啻药石之功？卿既以投诚，朕每怀开谏，苟有过举，无忘密陈。山川既邈，眷属何已，必当克己，以副乃诚。"

德裕意在切谏，不欲斥言，托箴以尽意。《宵衣》，讽坐朝稀晚也；《正服》，讽服御乖异也；《罢献》，讽征求玩好也；《纳诲》，讽侮弃谠言也；《辨邪》，讽信任群小也；《防微》，讽轻出游幸也。帝虽不能尽用其言，命学士韦处厚殷勤答诏，颇嘉纳其心焉。德裕久留江介，心恋阙廷，因事寄情，望回圣奖。而逢吉当轴，积棘其涂，竟不得内徙。

宝历二年，亳州言出圣水，饮之者愈疾。德裕奏曰："臣访闻此水，本因妖僧诳惑，狡计丐钱。数月已来，江南之人，奔走塞路。每三二十家，都顾一人取水。拟取之时，疾者断食荤血，既饮之后，又二七日蔬飡，危疾之人，俟之愈病。其水斗价三贯，而取者益之他水，沿路转以市人，老疾饮之，多至危笃。昨点两浙、福建百姓渡江者，日三五十人。臣于蒜山渡已加捉搦。若不绝其根本，终无益黎甿。昔吴时有圣水，宋、齐有圣火，事皆妖妄，古人所非。乞下本道观察使令狐楚，速令填塞，以绝妖源。"从之。

敬宗为两街道士赵归真说以神仙之术，宜访求异人以师其道。僧惟贞、齐贤、正简说以祠祷修福，以致长年。四人皆出入禁中，日进邪说。山人杜景先进状，请于江南求访异人。至浙西，言有隐士周息元，寿数百岁。帝即令高品薛季棱往润州迎之。仍诏德裕给公乘遣之。德裕因中使还，献疏曰：

臣闻道之高者，莫如广成、玄元，人之圣者，莫若轩黄、孔子。昔轩黄问广成子：理身之要，何以长久？对曰："无视无听，抱神以静。形将自正，神必自清。无劳子形，无摇子精，乃可长生。慎守其一，以处其和。故我修身千二百岁矣，吾形未尝衰。"又云："得吾道者，上为皇而下为王。"玄元语孔子曰："去子之骄气与多欲，态色与淫志，是皆无益于子之身。吾所告子者是已。"故轩黄发谓天之叹，孔子兴犹龙之感。前圣于道，不其至乎？

伏惟文武大圣广孝皇帝陛下，用玄祖之训，修轩黄之术；凝神闲馆，物色异人；将以觊冰雪之姿，屈顺风之请。恭惟圣感，必降真仙。若使广成、玄元混迹而至，语陛下之道，授陛下之言，以臣度思，无出于此。臣所虑赴召者，必迂怪之士，苟合之徒，使物淖冰，以为小术，炫耀邪僻，蔽欺聪明。如文成、五利，一无可验。臣所以三年之内，四奉诏书，未敢以一人塞诏，实有所惧。

臣又闻前代帝王，虽好方士，未有服其药者。故《汉书》称黄金可成，以为饮食器则益寿。又高宗朝刘道合、玄宗朝孙甑生，皆成黄金，二祖竟不敢服。岂不以宗庙社稷之重，不可轻易！此事炳然载于国史。以臣微见，倘陛下睿虑精求，必致真隐，唯问保和之术，不求饵药之功，纵使必成黄金，止可充于玩好。则九庙灵鉴，必当慰悦；寰海兆庶，谁不欢心？臣思竭愚衷，以神玄化，无任兢忧之至。

息元至京，帝馆之于山亭，问之道术。自言识张果、叶静能，诏写真待诏李士昉问其形状，图之以进。息元山野常人，本无道学，言事诞妄，不近人情。及昭愍遇盗而殂，文宗放还江左。德裕深识守正，皆此类也。

文宗即位，就加检校礼部尚书。大和三年八月，召为兵部侍郎，裴度荐以为相。而吏部侍郎李宗闵有中人之助，是月牵平章事，惧裕大用。九月，检校礼部尚书，出为郑滑节度使。德裕为逢吉所挤，在浙西八年。虽远阙庭，每上章言事。文宗素知忠荩，采朝论征之。到未旬时，又为宗闵所逐，中怀不怛，无以自申。赖郑覃侍讲禁中，时称其善；虽朋党流言，帝乃心未已。宗闵寻引牛僧孺同知政事，二憾相结，凡德裕之善者，皆斥之于外。四年十月，以德裕检校兵部尚书、成都尹、剑南西川节度副大使、知节度事、管内观察处置、西山八国云南招抚等使。裴度于宗闵有恩。度征淮西时，请宗闵为彰义观察判官，自后名位日进。至是恨度援德裕，罢度相位，出为兴元节度使，牛、李权赫于天下。

西川承蛮寇剽虏之后，郭钊抚理无术，人不聊生。德裕乃复葺关防，缮完兵守。又遣人入南诏，求其所俘工匠，得僧道工巧四千余人，复归成都。五年九月，吐蕃维州守将悉怛谋请以城降。其州南界江阳，岷山连岭而西，不知其极；北望陇山，积雪如玉；东望成都，若在井底。一面孤峰，三面临江，是西蜀控吐蕃之要地。至德后，河、陇陷蕃，唯此州尚存。吐蕃利其险要，将妇人嫁于此州阍者。二十年后，妇人生二子成长。及蕃兵攻城，二子内应，其州遂陷。吐蕃得之，号曰"无忧城"。贞元中，韦皋镇蜀，经略西山八国，万计取之不获，至是悉怛谋遣人送款。德裕疑其诈，遣人送锦袍金带与之，托云候取进止，悉怛谋乃尽率郡人归成都。德裕乃发兵镇守，因陈出攻之利害。时牛僧孺沮议，言新与吐蕃结盟，不宜败约，语在《僧孺传》。乃诏德裕却送悉怛谋一部之人还维州，赞普得之，皆加虐刑。德裕六年复修邛崃关，移巂州于台登城以捍蛮。

德裕所历征镇，以政绩闻。其在蜀也，西拒吐蕃，南平蛮、蜑。数年之内，夜犬不惊；疮痍之民，粗以完复。会监军王践言入朝知枢密，尝于上前言悉怛谋缚送以快戎心，绝归降之义，上颇尤僧孺。其年冬，召德裕为兵部尚书。僧孺罢相，出为淮南节度使。七年二月，德裕以本官平章事，进封赞皇伯，食邑七百户。六月，宗闵亦罢，德裕代为中书侍郎、集贤大学士。

其年十二月，文宗暴风恙，不能言者月余。八年正月十六日，始力疾御紫宸见百僚。宰臣退问安否，上叹医无名工者久之。由是王守澄进郑注。初，注构宋申锡事，帝深恶之，欲令京兆尹杖杀之。至是以药稍效，始善遇之。守澄复进李训，善《易》。其年秋，上欲授训谏官。德裕奏曰："李训小人，不可在陛下左右。顷年恶积，天下皆知；无故用之，必骇视听。"上曰："人谁无过，俟其悛改。朕以逢吉所托，不忍负言。"德裕曰："圣人有改过之义。训天性奸邪，无悛改之理。"上顾王涯曰："商量别与一官。"遂授四门助教。制出，给事中郑肃、韩佽封之不下。土涯召肃面喻令下。俄而郑注亦自绛州至。训、注恶德裕排己，九月十日，复召宗闵于兴元，授中书侍郎、平章事，代德裕。出德裕为兴元节度使。德裕中谢日，自陈恋阙，不愿出藩，追敕守兵部尚书。宗闵奏制命已行，不宜自便，寻改检校尚书左仆射、润州刺史、镇海军节度、苏常杭润观察等使，代王璠。

德裕至镇，奉诏安排宫人杜仲阳于道观，与之供给。仲阳者，漳王养母，王得罪，放仲阳于润州故也。九年三月，左丞王璠、户部侍郎李汉进状，论德裕在镇，厚赂仲阳，结托漳王，图为不轨。四月，帝于蓬莱殿召王涯、李固言、路随、王璠、李汉、郑注等，面证其事。璠、汉加诬构结，语甚切至。路随奏曰："德裕实不至此。诚如璠、汉之言，微臣亦合得罪。"群论稍息。寻授德裕太子宾客，分司东都。其月，又贬袁州长史。路随坐证德裕，罢相，出镇浙西。其年七月，宗闵坐救杨虞卿，贬处州。李汉坐党宗闵，贬汾州。十一月，王璠与李训造乱伏诛，而文宗深悟前事，知德裕为朋党所诬。明年三月，授德裕银青光禄大夫，量移滁州刺史。七月，迁太子宾客。十一月，检校户部尚书，复浙西观察使。德裕凡三镇浙西，前后十余年。

开成二年五月，授扬州大都督府长史、淮南节度副大使、知节度使事，代牛僧孺。初，僧孺闻德裕代己，乃以军府事交付副使张鹭，即时入朝。时扬州府藏钱帛八十万贯匹，及德裕至镇，奏领得止四十万，半为张鹭支用讫。僧孺上章讼其事，诏德裕重检括，果如僧孺之数。德裕称初到镇疾病，为吏隐欺，请罚。诏释之。补阙王绩、魏谟、崔黠、韦有翼、拾遗令狐绹、韦楚老、樊宗仁等连章论德裕妄奏钱帛以倾僧孺，上竟不问。四年四月就加检校尚书左仆射。五年正月，武宗即位。七月，召德裕于淮南。九月，授门下侍郎、同平章事。

初，德裕父吉甫，年五十一出镇淮南，五十四自淮南复相。今德裕镇淮南，复入相，一如父之年，亦为异事。

会昌元年，兼左仆射。开成末，回纥为黠戛斯所攻。战败，部族离散。乌介可汗奉大和公主南来。会昌二年二月，牙于塞上，遣使求助兵粮，收复本国，权借天德军以安公主。时天德军使田牟，请以沙陀、退浑诸部落兵击之。上意未决，下百僚商议，议者多云如牟之奏。德裕曰："顷者国家艰难之际，回纥继立大功。今国破家亡，窜投无所，自居塞上，未至侵淫。以穷来归，遽行杀伐，非汉宣待呼韩邪之道也。不如聊济资粮，徐观其变。"宰相陈夷行曰："此借寇兵而资盗粮，非计也，不如击之便。"德裕曰："田牟、韦仲平言沙陀、退浑并愿击贼，此缓急不可听也。夫见利则进，遇敌则散，是杂虏之常态，必不肯为国家捍御边境。天德一城，戍兵寡弱，而欲与劲虏结仇，陷必之矣。不如以理恤之，俟其越轶，用兵为便。"帝以为然，许借米三万石。

俄而回纥宰相嗢没斯杀赤心宰相，以其众来降。赤心部族又投幽州。乌介势孤，而不与之米，其众饥乏，渐近振武保大栅、杷头峰，突入朔州州界。沙陀、退浑皆以其家保山险；云州张献节婴城自固，虏大纵掠，卒无拒者。上忧之，与宰臣计事。德裕曰："杷头峰北，便是沙碛，彼中野战，须用骑兵。若以步卒敌之，理难必胜。今乌介所恃者公主，如令勇将出奇夺得公主，虏自败矣。"上然之，即令德裕草制分代北诸军，固关防，以出奇形势授刘沔。沔令大将石雄急击可汗于杀胡山；败之，迎公主还宫，语在《石雄传》。寻进位司空。

三年二月，赵蕃奏黠戛斯攻安西、北庭都护府，宜出师应援。德裕奏曰：

据地志，安西去京七千一百里，北庭去京五千二百里。承平时，向西路自河西、陇右出玉门关，迤逦是国家州县，所在皆有重兵。其安西、北庭要兵，便于侧近征发。自艰难已后，河、陇尽陷吐蕃，若通安西、北庭，须取回纥路去。今回纥破灭，又不知的属黠戛斯否。纵令救得，便须却置都护，须以汉兵镇守。每处不下万人，万人从何征发？馈运取何道系？今天德、振武去京至近，兵力常苦不足。无事时贮粮不支得三年，朝廷力犹不及，况保七千里安西哉！臣所以谓纵令得之，实无用也。昔汉宣帝时，魏相请罢车师之田；汉元帝时，贾捐之请弃珠崖郡；国朝贤相狄仁杰亦请弃四镇，立斛瑟罗为可汗，又请弃安东，却立高氏。盖不欲贪外虚内，耗竭生灵。此三臣者，当自有之时，尚欲弃之，以肥中国，况隔越万里，安能救之哉！臣恐蕃戎多计，知国力不及，伪且许之，邀求中国金帛。陛下不可中悔，此则将实费以换虚事，即是灭一回纥而又生之，恐计非便。

乃止。

德裕又以大和五年，吐蕃维州守将以城降，为牛僧孺所沮，终失维州，奏论之曰：

臣在先朝，出镇西蜀。其时吐蕃维州首领悉怛谋，虽是杂虏，久乐皇风，将彼坚城，降臣本道。臣寻差兵马，入据其城，飞章以闻，先帝惊叹。其时与臣不足者，望风嫉臣，遽献疑言，上罔宸听，以为与吐蕃盟约，不可背之，必恐将此为辞，侵犯郊境。诏臣还却此城，兼执送悉怛谋等，令彼自戮。复降中使，迫促送还。昔白起杀降，终于杜邮致祸，陈汤见徙，是为郅支报仇。感叹前事，愧心终日。今者幸逢英主，忝备台司，辄敢追论，伏希省察。

且维州据高山绝顶，三面临江，在戎虏平川之冲，是汉地入兵之路。初，河、陇尽没，此州独存。吐蕃潜将妇人嫁与此州门子。二十年后，两男长成，窃开垒门，引兵夜入，因兹陷没，号曰"无忧"。因并力于西边，遂无虞于南路，凭陵近甸，宵旰累朝。贞元中，韦皋欲经略河湟，须以此城为始，尽锐万旅，急攻累年。吐蕃爱惜既甚，遂遣舅论莽热来援。雉堞高峻，临冲难及于层霄；鸟径盘盘，猛士多縻于礧石。莫展公输之巧，空擒莽热而还。

及南蛮负恩，扫地驱劫。臣初到西蜀，众心未安，外扬国威，中缉边备。其维州执旨信令，乃送款与臣。臣告以须俟奏闻，所冀探其情伪。其悉怛谋寻率一城之兵众，并州印甲仗，塞途相继，空壁归臣。臣大出牙兵，受其降礼。南蛮在列，莫敢仰视。况西山八国，隔在此州，比带使名，都成虚语。诸羌久苦蕃中征役，愿作大国王人。自维州降后，皆云但得臣信牒帽子，便相率内属。其蕃界合水、栖鸡等城，既失险陇，自须抽归，可减八处镇兵，坐收千里旧地。臣见莫大之利，乃为恢复之基。继具奏闻，请以酬赏。臣自与锦袍金带，顾俟诏书。且吐蕃维州未降已前一年，犹围鲁州。以此言之，岂守盟约？况蕃未尝用兵攻取，彼自感化来降。又沮议之人，不知事实。犬戎迟钝，土旷人稀，每欲乘秋犯边，皆须数岁就食。臣得维州逾月，未有一使入疆。自此之后，方应破胆，岂有虑后怨，鼓此游词。

臣受降之时，指天为誓，宁忍将三百余人性命，弃信偷安。累表上陈，乞垂矜赦。答诏严切，竟令执还，加以体披桎梏，异于竹箄。及将就路，冤叫呼天。将吏对臣，无不流涕。其部送者，使遭蕃帅讥诮，曰："既已降彼，何须送来？"乃却将此降人，戮于汉界之上，恣行残害，用固携离。乃至掷其婴孩，承以枪槊。臣闻楚灵诱杀蛮子，《春秋》明讥；周文外送邓叔，简册深鄙。况乎大国，负此异类，绝忠款之路，快凶虐之情，从古以来，未有此事。臣实痛悉怛谋举城受酷，由臣陷此无辜，乞慰忠魂，特加褒赠。

帝意伤之，寻赐赠官。

其年，德裕兼守司徒。四月，泽潞节度使刘从谏卒，军人以其侄稹擅总留后，三军请降旄钺。帝与宰臣议可否，德裕曰："泽潞国家内地，不同河朔。前后命帅，皆用儒臣。顷者李抱真成立此军，身殁之后，德宗尚不许继袭，令李缄护丧归洛。洎刘悟作镇，长庆中颇亦自专。属敬宗因循，遂许从谏继袭。

开成初，于长子屯军，欲兴晋阳之甲，以除君侧；与郑注、李训交结至深，外托效忠，实怀窥伺。自疾病之初，便令刘稹管兵马。若不加讨伐，何以号令四方？若因循授之，则藩镇相效，自兹威令去矣！"帝曰："卿算用兵必克否？"对曰："刘稹所恃者，河朔三镇耳。但得魏镇不与稹同，破之必矣。请遣重臣一人，传达圣旨，言泽潞命帅，不同三镇。自艰难已来，列圣皆许三镇嗣袭，已成故事。今国家欲加兵诛稹，禁军不欲出山东。其山东三州，委镇魏出兵攻取。"上然之，乃令御史中丞李回使三镇谕旨，赐魏镇诏书云："卿勿为子孙之谋，欲存辅车之势。"何弘敬、王元逵承诏，耸然从命。初议出兵，朝官上疏相继，请依从谏例，许之继袭，而宰臣四人，亦有以出师非便者。德裕奏曰："如师出无功，臣请自当罪戾，请不累李绅、让夷等。"及弘敬、元逵出兵，德裕又奏曰："贞元、大和之间，朝廷伐叛，诏诸道会兵，才出界便费度支供饷，迟留逗挠，以困国力。或密与贼商量，取一县一栅以为胜捷，所以师出无功。今请处分元逵、弘敬，只令收州，勿攻县邑。"帝然之。及王宰、石雄进讨，经年未拔泽潞。及弘敬、元逵收邢、洺、磁三州，稹党遂离，以至平殄，皆如其算。

时王师方讨泽潞。三年十二月，太原横水戍兵因移戍榆社。乃倒戈入太原城，逐节度使李石，推其都将杨弁为留后。武宗以贼稹未殄，又起太原之乱，心颇忧之。遣中使马元贯往太原宣谕，觇其所为。元贯受杨弁赂，欲保祐之。四年正月，使还，奏曰："杨弁兵马极多，自牙门列队至柳子，十五余里，明光甲曳地。"德裕奏曰："李石比以城内无兵，抽横水兵一千五百人赴榆社，安能朝夕间便致十五里兵甲耶？"元贯曰："晋人骁敢，尽可为兵，重赏招致耳。"德裕曰："招召须财，昨横水兵乱，止为欠绢一匹。李石无处得，杨弁从何致耶？又太原有一联甲，并在行营，安致十五里明光耶？"元贯词屈。德裕奏曰："杨弁微贼，决不可恕！如国力不及，宁舍刘稹。"即时请降诏，令王逢起榆社军，又令王元逵兵自土门入，会于太原。河东监军吕义忠闻之，即日召榆社本道兵，诛杨弁以闻。

自开成五年冬回纥至天德，至会昌四年八月平泽潞，首尾五年，其筹度机宜，选用将帅，军中书诏，奏请云合，起草指踪，皆独决于德裕，诸相无预焉。以功兼守太尉，进封卫国公，三千户。五年，武宗上徽号后，累表乞骸，不许。德裕病月余，坚请解机务，乃以本官平章事兼江陵尹、荆南节度使。数月追还，复知政事。宣宗即位，罢相，出为东都留守、东畿汝都防御使。

德裕特承武宗恩顾，委以枢衡。决策论兵，举无遗悔，以身捍难，功流社稷。及昭肃弃天下，不逞之伍，咸害其功。白敏中、令狐绹，在会昌中德裕不以朋党疑之，置之台阁，顾待甚优。及德裕失势，抵掌载手，同谋斥逐，而崔铉亦以会昌末罢相怨德裕。

大中初，敏中复荐铉在中书，乃相与掎摭构致，令其党人李咸者，讼德裕辅政时阴事。乃罢德裕留守，以太子少保分司东都，时大中元年秋。寻再贬潮州司马。敏中等又令前永宁县尉吴汝纳进状，讼李绅镇扬州时谬断刑狱。明年冬，又贬潮州司户。德裕既贬，大中二年，自洛阳水路经江、淮赴潮州。其年冬，至潮阳，又贬崖州司户。至三年正月，方达珠崖郡。十二月卒，时年六十三。

德裕以器业自负，特达不群。好著书为文，奖善嫉恶，虽位极台辅，而读书不辍。有刘三复者，长于章奏，尤奇待之。自德裕始镇浙西，迄于淮甸，皆参佐宾筵。军政之余，与之吟咏终日。在长安私第，别构起草院。院有精思亭；每朝廷用兵，诏令制置，而独处亭中，凝然握管，左右侍者无能预焉。东都于伊阙南置平泉别墅，清流翠篠，树石幽奇。初未仕时，讲学其中。及从官藩服，出将入相，三十年不复重游，而题寄歌诗，皆铭之于石。今有《花木记》、《歌诗篇录》二石存焉。有文集二十卷。记述旧事，则有《次柳氏旧闻》、《御臣要略》、《伐叛志》、《献替录》行于世。

初贬潮州，虽苍黄颠沛之中，犹留心著述，杂序数十篇，号曰《穷愁志》。其《论冥数》曰：

仲尼罕言命，不语神，非谓无也。欲人严三纲之道，奉五常之教，修天爵而致人爵，不欲信富贵于天命，委福禄于冥数。昔卫卜协于沙兵，为谶已久；秦塞属于临洮，名子不悟；朝歌未灭，而国流丹乌；白帝尚在，而汉断素蛇。皆兆发于先，而符应于后，不可以智测也。周、孔与大地合德，与神明合契，将来之数，无所遁情。而狼跋于周，凤衰于楚，岂亲戚之义，不可去也，人伦之教，不可废也。条侯之贵，邓通之富，死于兵革可也，死于女室可也，唯不宜以馁终，此又不可以理得也。命偶时来，盗有名器者，谓祸福出于胸怀，荣枯生于口吻，沛然而安，溢然而笑，曾不知黄雀游于茂树，而挟弹者在其后也。

乙丑岁，予自荆楚，保厘东周，路出方城间，有隐者困于泥涂，不知其所如，谓方城长曰："此官人居守后二年，南行万里。"则知憾予者必因天谴，潜予者乃自鬼谋。虽抱至冤，固不为恨。予尝三遇异人，非卜祝之流，皆通世者。初掌记北门，管涔隐者谓予曰："君明年当在人君左右，为文翰之职，须值少主。"予闻之，愕然变色，隐者亦悔失言，避席求去。予问曰："何为事少主?"对曰："君与少主已有宿缘。"其年秋登朝，至明年正月，穆宗缵绪，召入禁苑。及为中丞，闽中隐者叩门请见，予下榻与语，曰："时事非久，公不早去，冬必作相，祸将至矣。若亟请居外，则代公者受患。公后十年终当作相，自西而入。"是秋，出镇吴门，时年三十六岁。经八稔，寻又仗铖南燕。秋暮，有邑子于生引邺郡道士至。才升阶，未及命席，谓予曰："公当为西南节制，孟冬望舒前，符节至矣。"三者皆与之协，不差岁月。自宪闻竟十年居相位，由西蜀而入，代予持宪者，俄亦窜逐。唯再谪南荒，未尝有前知之士为予言之。岂祸患不可移者，神道所秘，莫得预闻。

其自序如此。斯论可以警夫躁竞者，故书于事末。

德裕三子。烨，检校祠部员外郎、汴宋亳观察判官。大中二年，坐父贬象州立山尉。二子幼，从父殁于崖州。烨咸通初量移郴州郴县尉，卒于桂阳。子延古。

史臣曰：臣总角时，亟闻耆德言卫公故事。是时天子神武，明于听断；公亦以身犯难，酬特达之遇。言行计从，功成事遂，君臣之分，千载一时。观其禁披弥纶，岩廊启奏，料敌制胜，襟灵独断，如由基命中，罔有虚发，实奇才也。语文章，则严、马扶轮；论政事，则萧、曹避席。罪其窃位，即太深文。所可议者，不能释憾解仇，以德报怨，泯是非于度外，齐彼我于环中。与夫市井之徒，力战锥刀之末，沦身瘴海，可为伤心。古所谓攫金都下，忽于市人，离娄不见于眉睫。才则才矣，语道则难。

赞曰：公之智决，利若青萍。破虏诛叛，摧枯建瓴。功成北阙，骨葬南溟。呜呼烟阁，谁上丹青？

卷一百七十五
列传第一百二十五

宪宗二十子　穆宗五子　敬宗五子　文宗二子　武宗五子　宣宗十一子　懿宗八子　僖宗二子　昭宗十子嗣襄王煴　朱玫　王行瑜附

宪宗二十子：穆宗皇帝、宣宗皇帝、惠昭太子宁、澧王恽、深王悰、洋王忻、绛王悟、建王恪、鄜王憬、琼王悦、沔王恂、婺王怿、茂王愔、淄王协、衡王憺、澶王悦、棣王惴、彭王惕、信王憻、荣王愤。

惠昭太子宁，宪宗长子也。母曰纪美人。贞元二十一年四月，封平原郡王。元和元年八月，进封邓王。四年闰三月，立为皇太子，改名宙，寻复今名。其年有司将行册礼，以孟夏、孟秋再卜日，临事皆以雨罢，至十月方行册礼。元和六年十二月薨，年十九，废朝十三日。时敕国子司业裴茝摄太常博士，西内勾当。茝通习古今礼仪，尝为太常博士。及官至郎中，每兼其职，至改司业，方罢兼领。国典无皇太子薨礼，故又命茝领之。废朝十三日，盖用期服以日易月之制也。谥曰惠昭。

澧王恽，宪宗第二子也，本名宽。贞元二十一年，封同安郡王。元和元年，进封澧王。七年，改今名。时吐突承璀恩宠特异，惠昭太子薨，议立储副，承璀独排群议，属澧王，欲以威权自树，赖宪宗明断不惑。上将册拜太子，诏翰林学士崔群代澧王作让表一章。群奏曰："凡事己合当之而不为，则有退让焉。"上深纳之。及宪宗晏驾，承璀死，王亦薨于其夕。以元和十五年四月丁丑发丧，废朝三日。长子汉，东阳郡王。次子源，安陆郡王。第三子演，临安郡王。

深王悰，本名察，宪宗第四子也。贞元二十一年，封彭城郡王。元和元年，进封深王，改今名。长子潭，河内郡王。次子淑，吴兴郡王。

洋王忻，本名寰，宪宗第五子也。贞元二十一年，封为高密郡王。元和元年，进封洋王。七年，改今名。大和二年薨。长子沛，大和八年，封颍川郡王。

绛王悟，本名寮，宪宗第六子也。贞元二十一年，封文安郡王。元和元年，进封绛王。七年，改今名。宝历二年冬遇害。长子洙，大和八年，封新安郡王。第二子滂，封高平郡王。

建王恪，本名审，宪宗第十子也。元和元年八月，淄青节度李师古卒，其弟师道擅领军务，以邀符节。朝廷方兴讨罚之师，不欲分兵两地，乃封审为建王。间一日，授开府仪同三司、郓州大都督，充平卢军淄青等州节度营田观察处置、陆运海运、押新罗渤海两蕃等使，而以师道为节度留后。不出阁。七年，改今名。长庆元年薨。

鄜王憬，长庆元年封，开成四年七月薨。长子溥，平阳郡王。

琼王悦，长庆元年封。第二子津，河间郡王。

沔王恂，长庆元年封。长子瀛，晋陵郡王。

婺王怿，长庆元年封。长子清，新平郡王。

茂王愔，长庆元年封。长子潓，武功郡王。

淄王协，宪宗第十四子也。长庆元年封，开成元年薨。长子浣，大和八年八月封许昌郡王。第三子涣，冯翊郡王。

衢王憺，长庆元年封。长子涉，晋平郡王。

澶王忱，长庆元年封。长子泞，雁门郡王。

棣王惴，大中六年封，咸通三年薨。

彭王惕，大中三年封。

信王憻，大中十四年封，咸通八年薨。

荣王㥁，咸通三年封，广明元年八月十九日，授开府仪同三司，守司空，其年十月九日薨。其子令平嗣王。

穆宗五子：敬宗皇帝、文宗皇帝、武宗皇帝、怀懿太子凑、安王溶。

怀懿太子凑，穆宗第六子。少宽和温雅，齐庄有度。长庆初，封漳王。文宗以王守澄恃权，深怒阉官，欲尽诛之，密令宰相宋申锡与外臣谋画其计。守澄门人郑注伺知其事，欲先事诛申锡。以漳王贤而有望，乃令神策虞候豆卢著告变言："十六宅宫市典晏敬则、朱训与申锡亲吏王师文同谋不轨，朱训与王师文言圣上多病，太子年小，若立兄弟，次是漳王，要先结托，乃于师文处得银五铤、绢八百匹；又晏敬则于十六宅将出漳王吴绫汗衫一领、熟线绫一匹，以答申锡。"其事皆郑注凭虚结构，而擒朱训等于黄门狱，锻炼伪成其款。居三四日，朝臣方悟其诬构。谏官崔玄亮等阁中极谏，叩头出血，请出申锡狱付外勘鞫。郑注辈恐其伪迹败露，乃请行贬黜。制曰："王者教先入爱，义不遗亲。岂于同气之中，可致异词之间。如或慎修不至，诖误有闻，构为厉阶，犯我邦纪，未加葅醢，尚屈彝章。漳王凑手足之亲，盘石是固，居崇宠秩，列在戚藩。顷多克顺之心，亦有尚贤之志。而满盈生患，败覆是图，奸凶会同，谋议联及。污我皇化，彰于外朝，初骇予衷，再惊群听。尚以未具狱词，犹资审慎，建侯之命，姑务从宽。可降封巢县公。"制下，上令中使赍巢县官告，就十宅赐凑。言国法须此，尔宜宽勉。八年薨，赠封齐王。

郑注伏诛。帝思凑被陷而心伤之，开成三年正月制曰：

褒善饰终，王者常典。况我友于之爱，手足之亲，永言痛悼之怀，用锡元良之命。故齐王凑孕灵天宇，擢秀本枝，孝敬知于孩提，惠和洽于亲爱。将固磐石，遂分茅社。学探蚁术之精，智有象舟之妙。好书乐善，造次不失其清规；置醴尊师，风雨不忘其至敬。方期台耇，以保怡怡，天胡不仁，歼我同气。念周宣好爱之分，长恸莫追；览魏文荣乐之言，轸怀无已。由是稽诸前典，式展追荣，特峻彝章，表恩泉壤。虽礼命之仪则尔，而天伦之恨何撼？遐想幽魂，宜膺宠数。可赠怀懿太子，有司择日册命。

安王溶，穆宗第八子。母杨贤妃，长庆元年封。大和八年，授开府仪同三司、检校吏部尚书。开成初，敕安王、颍王，并以百官例，逐月给料钱。武宗即位，李德裕秉政，或告文宗崩时，杨嗣复以与贤妃宗家，欲立安王为嗣，故王受祸，嗣复贬官。

敬宗五子：悼怀太子普、梁王休复、襄王执中、纪王言扬、陈王成美。

悼怀太子普，敬宗长子也。母曰郭妃。宝历元年，封晋王。大和二年薨，年五岁。上抚念之甚厚，册赠悼怀太子。

梁王休复。开成二年八月诏曰："王者胙土画疆，封建子弟，所以承卫帝室，蕃茂本枝，祖宗成式，朕曷敢废？况天付正性，夙奉至训，尊贤好善，体仁由礼，是可举建侯之命，膺分社之荣。亲亲贤贤，于是乎在。敬宗皇帝第二子休复、第三子执中、第四子言扬、第六子成美，皆气蕴中和，行推敬慎，游泳《坟》、《索》，佩服师言。宜开土宇之封，用申睦族之典。休复可封梁王，执中可封襄王，言扬可封纪王，成美可封陈王。宜令有司择日备礼册命。"

襄王执中，与梁王同时受封。第三男寂，乐平郡王。纪王，与襄王同时受封。

陈王成美，与纪王言扬同时受封。开成四年十月，诏曰："古先哲王之有天下也，何尝不正国本而承天序，建储贰而主重离？朕以寡昧，祗荷丕图。虔恭寅畏，思固鸿业，慎择全懿，旷于旬时。而卿士献谋，龟筮告吉，以为少阳虚位，愿举盛仪。列圣垂休，俾合予志，选贤而立，式表无私。敬宗皇帝第六男陈王成美，天假忠孝，日新道德，温文合雅，谦敬保和。裕端明之体度，尚《诗》、《书》之辞训，言皆中礼，行不违仁。是可以训考旧章，钦若成命，授之匕鬯，以奉粢盛。宜回朱邸之荣，俾践青宫之重，可立为皇太子。宜令所司择日备礼册命。"自庄恪太子薨，将相大臣洎职言者，拜章面陈凡累月，上遂命立陈王。未行册礼，复降仍旧，其年殂于藩邸。第十九男俨，宣城郡王。

文宗二子：庄恪太子永、蒋王宗俭。

庄恪太子永，文宗长子也。母曰王德妃。大和四年正月，封鲁王。六年，上以王年幼，思得贤傅辅导之。时王傅和元亮，因待制召问。元亮出于卒吏，不知书，一不能对。后宰相延英奏事，上从容曰："鲁王质性可教，宜择贤士大夫为官属，不可复用和元亮之辈。"因以户部侍郎庾敬休守本官，兼鲁王傅；太常卿郑肃守本官，兼王府长史；户部郎中李践方守本官，兼王府司马。其年十月，降诏册为皇太子。

上自即位，承敬宗盘游荒怠之后，恭俭惕慎，以安天下。以晋王谨愿，且欲建为储贰。未几，晋王薨，上哀悼甚，不复言东宫事久之。今有是命，中外庆悦。后以王起、陈夷行为侍读。

开成三年，上以皇太子宴游败度，不可教导，将议废黜。特开延英，召宰臣及两省御史台五品已上、南班四品已上官对。宰臣及众官以为储后年小，可俟改过，国本至重，愿宽敦。御史中丞狄兼谟上前雪涕以谏，词理恳切。翌日，翰林学士六人洎神策六军军使十六人又进表陈论，上意稍解。

其日一更，太子归少阳院，以中人张克己、柏常心充少阳院使；如京使王少华、判官袁载和及品官、白身、内园小儿、宫人等数十人，连坐至死及剥色、流窜。寻诏侍读窦宗直、周敬慎依前隔日入少阳院。

其年薨，敕兵部尚书王起撰哀册文曰：

维大唐开成三年，岁次戊午，十月乙酉朔，十六日庚子，皇太子薨于少阳院。十七日辛丑，迁座于大吉殿。十一月乙卯朔，二十四日戊寅，命册使太子太师兼右仆射、门下侍郎、国子祭酒、平章事郑覃，副使中书侍郎、平章事杨嗣复，持节册谥曰庄恪。十二月乙酉朔，十二日丙申，葬于骊山之北原庄恪陵，礼也。玉瑁岁穷，金壶漏尽，祖奠告彻，哀笳将引。庭灭燎而月寒，路摇旌而风紧。皇帝念主鬯之缺位，悼佩觽之夭年。铜楼已闭，银牒徒悬。方追思于对日，

遽冥寞而宾天。典册具举，文物咸备。爰诏侍臣，显扬上嗣，其词曰：

皇矣帝绪，肇基绵古；种德尊道，宗文祖武。上圣开成，天下和平；储祉发祥，是生元良。覃讦之初，岐嶷用彰；蕴才游艺，玉裕金相。既免孩提，是加封殖，俾维城于东鲁，锡介珪于上国。辞荣朱邸，正位青宫；尊师重傅，养德含聪。畏驰道而不绝，问寝门而益恭。招贤警戒，齿胄谦冲；冀月跻于三善，奉天慈于九重。汉庄好学，既显于外；魏丕能文，方循于内。美不二于颜过，嘉得三于鲤退。焜耀甲观，铿锵瑜珮。方积善于为山，何反真而游岱。呜呼哀哉！

忧兢损寿，沉疴始遘；群望并走，百灵宜祐。吴客之问徒为，越人之方靡救。占前星之掩曜，知东朝之降昝；天垂象而则然，人由己而何有？呜呼哀哉！税驾乘华兮即宫夜台，凤笙长绝兮虡辂徐来。启青宫而右出，历玄灞而左回；度雕林兮魂断，入旷野兮心摧。水助挽而幽咽，云带翠而徘徊；悲佳城之已掩，见新庙之方开。呜呼哀哉！授经兮曷期，执绋兮增欷；九原作兮何嗟及，七日还兮安可希。有少海之波逝，无西园之盖飞；商山之羽翼已散，望苑之宾客咸归。瑟彼玉简，闷于泉扉；用传信于文字，愿不昧于音徽。呜呼哀哉！

初，上以太子稍长，不循法度，昵近小人，欲加废黜。迫于公卿之请，乃止。太子终不悛改，至是暴薨。时传云：太子德妃之出也，晚年宠衰。贤妃杨氏，恩渥方深。俱太子他日不利于己，故日加诬谮，太子终不能自辨明也。太子既薨，上意追悔。四年，因会宁殿宴。小儿缘樘，有一夫在下，忧其堕地，有若狂者。止问之，乃其父也。上因感泣，谓左右曰："朕富有天下，不能全一子。"遂召乐官刘楚材、宫人张十十等责之，曰："陷吾太子，皆尔曹也。今已有太子，更欲踵前耶？"立命杀之。

蒋王宗俭，文宗第二子，开成二年封。

武宗五子：杞王峻，开成五年封；益王岘、兖王岐、德王峄、昌王嵯，皆会昌二年封。

宣宗十一子：懿宗皇帝，余并封王。

靖怀太子汉，会昌六年封雍王，大中六年薨，册赠靖怀太子。

雅王泾，宣宗第二子。大中元年封。

卫王灌，大中十一年封，十四年薨。

夔王滋，宣宗第三子也。会昌六年封，咸通四年薨。

庆王沂，第四子也。会昌六年封，大中十四年薨。

濮王泽，第五子也。大中二年封。

鄂王润，第六子也。大中五年封，乾符三年薨。

怀王洽，第七子也。大中八年封。

昭王汭，第八子也。大中八年封，乾符三年薨。

康王汶，大中八年封。

广王澭，大中十一年封。

懿宗八子：僖宗皇帝、昭宗皇帝，余并封王。

魏王佾，咸通三年封。

凉王侹，咸通三年封，乾符六年薨。

蜀王佶，咸通三年封。

威王偘，咸通六年封郢王，十年改封今王。

吉王保，咸通十三年封，文德元年八月九日授开府仪同三司、检校太傅，仍加食邑三百户。

睦王倚，咸通十三年封。

僖宗二子：

建王震，中和元年九月十六日封。

益王升，光启三年十一月十四日封。

昭宗十子：哀帝，余并封王。

德王裕，昭宗长子也。大顺二年六月二十八日封，乾宁四年二月十四日册为皇太子。时驾在华州，韩建畏诸王主兵，诱防城卒张行思、花重武相次告建王以下欲杀建。建他日又造讹言云：诸王欲劫迁车驾，别幸藩镇。诸王惧，诣建自陈。建乃延入卧内，密遣人奏云："今日睦王、济王、韶王、通王、彭王、韩王、仪王、陈王等八人到臣理所，不测事由。臣窃量事体，不合与诸王相见，兼恐久在臣所，于事非宜。忽然及门，意不可测。"又上疏抗请归十六宅。如是者数四，帝不允。建惧为诸王所图，乃以精甲数千围行宫，请诛定州护驾军都将李筠。帝惧甚，诏斩筠于大云桥。其三都军士，寻放还本道。殿后都亦与三都兀绕行宫扈跸。至是，并急诏散之。罢诸王兵柄。建虑上不悦，乃上表请立德王为皇太子。其年八月，嗣延王戒丕自太原还，诏与通王已下八王并赐死于石堤谷。

光化末，枢密使刘季述、王仲先等幽昭宗于东内，册裕为帝。及天复初诛季述、仲先，与寺人藏于右军。群臣请杀之，昭宗曰："太子冲幼，为贼辈所立。"依旧令归少阳院。及朱全忠自凤翔迎驾还京，以德王眉目疏秀，春秋渐盛，常恶之。谓崔胤曰："德王曾窃居宝位，天下知之。大义灭亲，何得久留？是教后代以不孝也。请公密启。"胤然之，昭宗不纳。他日言于全忠，全忠曰："此国家大事，臣安敢窃议？乃崔胤卖臣也。"寻以哀帝为天下兵马元帅。

后昭宗至洛下，一日幸福先寺，谓枢密使蒋玄晖曰："德王，朕之爱子，全忠何故须令废之，又欲杀之？"言讫泪下，因啮其中指血流。玄晖具报全忠，由是转恚。昭宗遇弑之日，蒋玄晖于西内置社筵；酒酣，德王已下六王皆为玄晖所杀，投尸九曲池。

棣王祤。乾宁元年十月八日封。

虔王禊、沂王禋、遂王祎，并与棣王同时封册。

景王祕，乾宁四年十月二十二日封。

祁王祺与景王同时封册。

雅王禛、琼王祥，并光化元年十一月九日封。

嗣襄王煴，性柔善，无他能。光启二年春，车驾在宝鸡，西军逼请幸岐陇；帝以数十骑自大散关幸兴元。时煴有疾，不能从，因为朱玫所挟至凤翔。有台省官从行未及者仅百人。四月，玫乃与宰相萧遘、裴澈率群僚册煴为监国。煴以郑昌图判度支，而盐铁、户部各置副使，三司之事，一以委焉，目曰"废置相公"。五月，煴遣伪户部侍郎柳陟等十余人，分谕关东、河北诸道，纳伪命者甚众。十月，朱玫率萧遘等册煴为帝，改元曰永贞，遥尊僖宗为太上元皇圣帝。

初，河中王重荣表率东诸侯进贡，唯蔡贼与太原不顺。秦宗权自僭号，太原不协于朱玫故也。及王行瑜杀朱玫，煴奔至渭上，王重荣使人迎之，煴与伪百官泣别，谓曰："朕见重荣，当令与卿等各备所服以接卿。"杀朱玫之翊日，煴为鄜州乱军所杀，行瑜函首送行在。煴四月监国，至十二月死，凡在伪位九月矣。

朱玫者，邠州人也。少从边，以功历郡守。乾符末，领邠宁节制。中和中，收复京师，与太原李克用、东方达同制加使相。光启元年冬，受诏招讨河中，军败。以军容使田令孜失策，时诸军皆怒，乃徇人情，表请诛令孜。令孜与杨复恭挟帝西幸，玫又失策。乃房嗣襄王煴，与萧遘等同立为帝，大行封拜，以哄诸侯；而天下之人，归者十五六焉。与李昌符始谋册立，及后，玫自称大丞相，吐握在己。昌符怒之。乃以表送款行在，复密结枢密使杨复恭，人心乃离。

时行在出令，有能斩朱玫首者，则授以邠帅。贼将王行瑜以大唐峰不利，退保凤州。终虑得罪，与腹心密谋，径入京师。时玫有第在和善里，行瑜率兵仗入见。玫犹责以擅还，行瑜曰："我要代尔领邠州节制，何复多言？"遂斩之。

王行瑜者，邠州人也。少隶本军，事朱玫为偏将，平巢寇有功。光启二年，玫册嗣襄王煴为伪帝，授天平军节度使。领兵守大散关，玫大唐峰，为李铤所败，乃送款行在。以部下反攻朱玫于阙下，斩之，因授邠州节度使。后平杨守亮于山南，以功累加至中书令。景福中，逼朝廷加尚书令。宰臣韦昭度密奏不可。会韩建、李茂贞称兵入觐，欲行废立。不果，乃请杀昭度与李磎。是岁，又遣弟行约攻河中；河中引太原军至，由是大败。行约、行实劫驾不获，遂归邠州。行瑜率兵屯梨园，王师围急。行实、行约先败，次保龙泉。行瑜又遁至邠州，不能守。乾宁二年十一月，挈族至庆州，为部下所杀。

史臣曰：自天宝已降，内官握禁旋，中闱篡继，皆出其心。故手才揽于万机，目已眂于六宅；防闲禁锢，不近人情。文宗好古睦亲，至敦友悌。悔前非于齐凑，褒以储闱；付后事于陈王，归其胄席。或降舆朱邸，对食琼筵，怡怡申肺腑之情，穆穆尽棣华之义；近朝盛美，可治风谣。昭肃感遘，毒流安邸。虽览大臣之议，欲使磐维；竟无出阁之仪，终身幽桎。《谷风》之怨，可为伤心。大中、咸通已来，宝图世及。犬牙麟趾，虽不迂于姬周；豆什布谣，未甚悲于宗籍。于姬不足，比魏有余。

赞曰：周封子弟，运祚绵长。管、蔡剿绝，鲁、魏克昌。诛叛赏顺，王者大纲。法不私亲，棣尊其芳。

卷一百七十六
列传第一百二十六

李宗闵　杨嗣复 子授 损 技 拭
扬　杨虞卿 弟汉公 从兄汝士 汝士弟鲁士
汝士子知温 知远 知权附　马植　李
让夷　魏谟　周墀　崔龟从
郑肃　卢商

李宗闵，字损之，宗室郑王元懿之后。祖自仙，楚州别驾。父翱，宗正卿，出为华州刺史、镇国军潼关防御等使。翱兄夷简，元和中宰相。宗闵，贞元二十一年进士擢第，元和四年，复登制举贤良方正科。

初，宗闵与牛僧孺同年登进士第，又与僧孺同年登制科。应制之岁，李吉甫为宰相当国，宗闵、僧孺对策，指切时政之失，言甚鲠直，无所回避。考策官杨於陵、韦贯之、李益等又第其策为中等，又为不中第者注解牛、李策语，同为唱酬。又言翰林学士王涯甥皇甫湜中选，考核之际，不先上言。裴垍时为学士，居中覆视，无所异同。吉甫泣诉于上前，宪宗不获已，罢王涯、裴垍学士。垍守户部侍郎，涯守都官员外郎，吏部尚书杨於陵出为岭南节度使，吏部员外郎韦贯之出为果州刺史。王涯再贬虢州司马，贯之再贬巴州刺史；僧孺、宗闵亦久之不调，随牒诸侯府。七年，吉甫卒，方入朝为监察御史，累迁礼部员外郎。

元和十二年，宰相裴度出征吴元济，奏宗闵为彰义军观察判官。贼平，迁驾部郎中，又以本官知制诰。穆宗即位，拜中书舍人。时翱自宗正卿出刺华州，父子同时承恩制，人士荣之。长庆元年，子婿苏巢于钱徽下进士及第，其年，巢覆落。宗闵涉请托，贬剑州刺史。时李吉甫子德裕为翰林学士，钱徽榜出，德裕与同职李绅、元稹连衡言于上前，云徽受请托，所试不公，故致重覆。比相嫌恶，因是列为朋党，皆挟邪取权，两相倾轧。自是纷纭排陷，垂四十年。

复入为中书舍人。三年冬，权知礼部侍郎。四年，贡举事毕，权知兵部侍郎。宝历元年，止拜兵部侍郎，父忧免。大和二年，起为吏部侍郎，赐金紫之服。三年八月，以本官同平章事。

时裴度荐李德裕，将大用。德裕自浙西入朝，为中人助宗闵者所沮，复出镇。寻引牛僧孺同知政事，二人唱和，凡德裕之党皆逐之。累转中书侍郎、集贤大学士。七年，德裕作相。六月，罢宗闵知政事，检校礼部尚书、同平章事、兴元尹、山南西道节度使。

宗闵为吏部侍郎时，因驸马都尉沈䢸结托女学士宋若宪及知枢密杨承和，二人数称之于上前，故获征用。及德裕秉政，群邪不悦，而郑注、李训深恶之。文宗乃复召宗闵于兴元，为中书侍郎、平章事，命德裕代宗闵为兴元尹。既再得权位，辅之以训、注，尤恣所欲，进封襄武侯，食邑千户。

九年六月，京兆尹杨虞卿得罪，宗闵极言救解，文宗怒叱之曰："尔尝谓郑覃是妖气，今作妖，覃耶、尔耶？"翌日，贬明州刺史，寻再贬处州长史。七月，郑注发沈䢸、宋若宪事，内官杨承和、韦元素、沈䢸及若宪姻党坐贬者十余人，又贬宗闵潮州司户。时训、注窃弄威权，凡不附己者，目为宗闵、德裕之党，贬逐无虚日，中外震骇，连月阴晦，人情不安。九月诏曰：

朕承天缵历，烛理不明，劳虚襟以求贤，励宽德以容众。顷者，或台辅乖弼违之道，而具僚扇朋附之风；翕然相从，实致彝宪。致使薰莸共器，贤不肖并驰；退迹者成后时之夫，登门者有迎吠之客。缪戾之气，堙郁和平，而望阴阳顺时，疵疠不作；朝廷清肃，班列和安，自古及今，未尝有也。今既再申朝典，一变浇风，扫清朋比之徒，匡饬贞廉之俗。凡百卿士，惟新令猷。如闻周行之中，尚蓄疑惧，或有妄相指目，令不自安，今斯旷然，明喻朕意。应与宗闵、德裕或亲或故及门生旧吏等，除今日已前黜远之外，一切不问。各安职业，勿复为嫌。

文宗以二李朋党，绳之不能去，尝谓侍臣曰："去河北贼非难，去此朋党实难。"宗闵虽骤放黜，竟免李训之祸。

开成元年，量移衢州司马。三年，杨嗣复辅政，与宗闵厚善，欲拔用之，而畏郑覃沮议，乃托中人密讽于上。上以嗣复故，因紫宸对，谓宰相曰："宗闵在外四五年，宜别授一官。"郑覃曰："陛下怜其地远，宜移近内地三五百里，不可再用奸邪。陛下若欲用宗闵，臣请先退。"陈夷行曰："比者，宗闵得罪，以朋党之故，恕死为幸。宝历初，李续之、张又新、苏景胤等，朋比奸险，几倾朝廷，时号'八关十六子'。"李珏曰："主此事者，罪在逢吉。李续之居丧服阕，不可不与一官，臣恐中外衣冠，交兴议论，非为续之辈也。"夷行曰："昔舜逐四凶天下治。朝廷求理，何惜此十数纤人？"嗣复曰："事贵得中，不可但徇憎爱。"上曰："与一郡可也。"郑覃曰："与郡太优，止可洪州司马耳。"夷行曰："宗闵养成郑注之恶，几覆邦家，国之巨蠹也。"嗣复曰："比者，陛下欲加郑注官，宗闵不肯，陛下亦当记忆。"覃曰："嗣复党庇宗闵。臣观宗闵之恶，甚于李林甫。"嗣复曰："覃语大过。昔玄宗季年，委用林甫，妒贤害能，破人家族。宗闵在位，固无此事。况大和末，宗闵、德裕同时得罪。二年之间，德裕再领重镇，而宗闵未离贬所。陛下惩恶劝善，进退之理宜均，非臣独敢党庇。昨殷侑与韩益奏官及章服，臣以益前年犯赃，未可其奏；郑覃托臣云'幸且勿论。'孰为党庇？"翌日，以宗闵为杭州刺史。四年冬，迁太子宾客，分司东都。时郑覃、陈夷行罢相，嗣复方再拔用宗闵知政事，俄而文宗崩。

会昌初，李德裕秉政，嗣复、李珏皆窜岭表。三年，刘稹据泽潞叛。德裕以宗闵素与刘从谏厚，上党近东都，宗闵分司非便，出为封州刺史。又发其旧事，贬郴州司马，卒于贬所。

子琨、璿，大中朝皆进士擢第。令狐绹作相，特加奖拔。璿自员外郎知制诰，历中书舍人、翰林学士。绹罢相，出为桂管观察使。御军无政，为卒所逐，贬死。

自天宝艰难之后，宗室子弟，贤而立功者，唯郑王、曹王子孙耳。夷简再从季父涓国公勉，德宗朝宰相。夷简诸弟夷亮、夷则、夷范，皆登进士第。宗闵弟宗冉。宗冉子深、汤。汤累官至给事中，咸通中践更台阁，知名于时。

杨嗣复，字继之，仆射於陵子也。初，於陵十九登进士第，二十再登博学宏词科，谓补润州句容尉。浙西观察使韩滉有知人之鉴，见之甚悦。滉有爱女，方择佳婿，谓其妻柳氏曰："吾阅人多矣，无如杨生贵而有寿，生子必为宰相。"於陵秩满，寓居扬州而生嗣复。后滉见之，抚其首曰："名位果逾于父，杨门之庆也。"因字曰庆门。

嗣复七八岁时已能秉笔为文。年二十，进士擢第。二十一，又登博学宏词科，释褐秘书省校书郎。迁右拾遗，直史馆。以嗣复深于礼学，改太常博士。元和十年，累迁至刑部员外郎。郑余庆为详定礼仪使，奏为判官，改礼部员外郎。时父於陵为户部侍郎，嗣复上言与父同省非便，请换他官。诏曰："应同司官有大功以下亲者，但非连判及勾检之官并官长，则不在回避之限。如官署同，职司异，虽父子兄弟无所避嫌。"再迁兵部郎中。长庆元年十月，以库部郎中知制诰，正拜中书舍人。

嗣复与牛僧孺、李宗闵皆权德舆贡举门生，情义相得，进退取舍，多与之同。四年，僧孺作相，欲荐拔大用，又以於陵为东都留守。未历相位，乃令嗣复权知礼部侍郎。宝历元年二月，选贡士六十八人，后多至达官。文宗即位，拜户部侍郎。以父於陵太子少傅致仕，年高多疾，恳辞侍养，不之许。大和四年，丁父忧免。七年三月，起为尚书左丞。其年宗闵罢相，德裕辅政。七月，以嗣复检校礼部尚书、梓州刺史、剑南东川节度观察等使。九年，宗闵复知政事。三月，以嗣复检校户部尚书、成都尹、剑南西川节度副大使知节度事、观察处置等使。

开成二年十月，入为户部侍郎，领诸道盐铁转运使。三年正月，与同列李珏并以本官同平章事，领使如故，进阶金紫，弘农伯，食邑七百户。上以币轻钱重，问盐铁使何以去其太甚？嗣复曰："此事累朝制置未得，但且禁铜，未可变法。法变扰人，终亦未能去弊。"李珏曰："禁铜之令，朝廷常典，但行之不严，不如无令。今江淮已南，铜器成肆，市井逐利者，销钱一缗，可为数器，售利三四倍。远民不知法令，率以为常。纵国家加炉铸钱，何以供销铸之弊？所以禁铜之令，不得不严。"

八月，紫宸奏事，曰："圣人在上，野无遗贤。陆洿上疏论兵，虽不中时事，意亦可奖。闲居苏州累年，宜与一官。"李珏曰："士子趋竞者多，若奖陆洿，贪夫知劝矣。昨宴洿直论事，陛下赏之以币帛，况与陆洿官耶？"帝曰："洿直奖其直心，不言事之当否。"郑覃曰："若苞藏则不可知。"嗣复曰："臣深知洿直无邪恶，所奏陆洿官，尚未奉圣旨。"郑覃曰："陛下须防朋党。"嗣复曰："郑覃疑臣朋党，乞陛下放臣归去。"因拜乞罢免。李珏曰："比来朋党，近亦稍弭。"覃曰："近有小朋党生。"帝曰："此辈雕丧向尽。"覃曰："杨汉公、张又新、李续之即今尚在。"珏曰："今有边事论奏。"覃曰："论边事安危，臣不如珏；嫉恶则珏不如臣。"嗣复曰："臣闻左右佩剑，彼此相笑。臣今不知郑覃指谁为朋党。"因当香案前奏曰："臣待罪宰相，不能申夔、龙之道，唯以朋党见讥，必乞陛下罢臣鼎职。"上慰勉之。文宗方以政事委嗣复，恶覃言切。

帝延英谓宰臣曰："人传符谶之语，何自而来？"嗣复对曰："汉光武好以谶书决事，近代隋文帝亦信此言，自是，此说日滋，只如班彪《王命论》所引，盖矫意以止贼乱，非所重也。"李珏曰："丧乱之时，佐命者务神符命；理平之代，只合推诸人事。"上曰："卿言是也。"帝又曰："天后用人，有自布衣至宰相者，当时还得力否？"嗣复曰："天后重行刑辟，轻用官爵，皆自图之计耳。凡用人之道，历试方见其能否。当艰难之时，或须披擢，无事之日，不如且循资级。古人拔卒为将，非治平之时，盖不获已而用之也。"上又问新修《开元政要》，叙致何如。嗣复曰："臣等未见。陛下若遗贤之子孙，则请宣付臣等，参详可否。玄宗或好游畋，或好声色，与贞观之政不同，故取舍须当，方堪流传。"

四年五月，上问延英政事，逐日何人记录监修？李珏曰："是臣职司。"陈夷行曰："宰相所录，必当自伐，圣德即将掩之。臣所以频言，不欲威权在下。"珏曰："夷行此言，是疑宰相中有卖威权、货刑赏者。不然，何自为宰相而出此言？臣累奏求退，若得王傅，臣之幸也。"郑覃曰："陛下开成元年、二年政事至好，三年、四年渐不如前。"嗣复曰："元年、二年是郑覃、夷行用事，三年、四年臣与李珏同之。臣蒙圣慈擢处相位，不能悉心奉职。郑覃云'三年之后，一年不如一年'，臣之罪也。陛下纵不诛夷，臣合自求泯灭。"因叩头曰："臣今日便辞玉阶，不敢更入中书。"即趋去。上令中使召还，劳之曰："郑覃失言，卿何及此？"覃起谢曰："臣性愚拙，言无顾虑。近日事亦渐好，未免些些不公，亦无甚处。臣亦不独斥嗣复，遽何至此。所为若是，乃嗣复不容臣耳。"嗣复曰："陛下不以臣微才，用为中书侍郎。时政善否，其责在臣。陛下月费俸钱数十万，时新珍异，必先赐与，盖欲辅佐圣明，臻于至理。既一年不如一年，非惟臣合得罪，亦上累圣德。伏请别命贤能，许臣休退。"上曰："郑覃之言偶然耳，奚执咎耶？"嗣复数日不入，上表请罢。帝方委用，乃罢郑覃、夷行知政事。自是，政归嗣复，进加门下侍郎。明年正月，文宗崩。

先是，以敬宗子陈王为皇太子。中尉仇士良违遗令立武宗。武宗之立，既非宰相本意，甚薄执政之臣。其年秋，李德裕自淮南入辅政。九月，出嗣复为湖南观察使。明年，诛枢密薛季稜、刘弘逸。中人言："二人顷附嗣复、李珏，不利于陛下。"武宗性急，立命中使往湖南、桂管，杀嗣复与珏。宰相崔郸、崔珙等亟请开延英，因极言国朝故事，大臣非恶逆显著，未有诛戮者，愿陛下复思其宜。帝良久改容曰："朕缵嗣之际，宰相何尝比数。李珏、季稜志在扶册陈王，嗣复、弘逸志在树立安王。立陈王犹是文宗遗旨，嗣复欲立安王，全是希杨妃意旨。嗣复尝与妃书云：'姑姑何不敕则天临朝？'珙等曰："此事暧昧，真虚难辨。"帝曰："杨妃曾卧疾，妃弟玄思，文宗令入内侍疾月余，此时通导意旨。朕细问内人，情状皎然，我不欲宣出于外。向使安王得志，我岂有今日？然为卿等恕之。"乃追潭、桂二中使，再贬嗣复潮州刺史。

宣宗即位，征拜吏部尚书。大中二年，自潮阳还，至岳州病，一日而卒，时年六十六。赠左仆射，谥曰孝穆。

子损、授、技、拭、扔，而授最贤。

授，字得符，大中九年进士擢第，释褐从事诸侯府，入为鄠县尉、集贤校理。历监察御史、殿中，分务东台。再迁司勋员外郎、洛阳令、兵部员外郎。李福为东都留守，奏充判官，改兵部郎中，由吏部拜左谏议大夫、给事中，出为河南尹。卢携作相，召拜工部侍郎。黄巢犯京师，僖宗幸蜀，征拜户部侍郎。以母病，求散秩，改秘书监分司。车驾还，拜兵部侍郎。宰相有报怨者，改左散骑常侍、国子祭酒，又转太子宾客。从昭宗在华下，改刑部尚书、太子少保。卒，赠左仆射。

子巽，字公隐，进士及第，再迁左拾遗。昭宗初即位，喜游宴，不恤时事，巽上疏极谏，帝面赐绯袍象笏。崔安潜出镇青州，辟为支使。不至镇，改太常博士。历主客、户部二员外郎。关中乱，崔胤引朱全忠入京师，乃挈家避地湖南，官终谏议大夫。

损，字子默，以荫受官，为蓝田尉。三迁京兆府司录参军，入为殿中侍御史。家在新昌里，与宰相路岩第相接。岩以地狭，欲易损马厩广之，遣人致意。时损își叔昆仲在朝者十余人，相与议曰："家门损益恃时相，何可拒之？"损曰："非也。凡尺寸地，非吾等所有。先人旧业，安可以奉权臣？穷达，命也。"岩不悦。会差制使鞫狱黔中，乃遣损使焉。逾年而还，改户部员外郎、洛阳县令。入为吏部员外，出为绛州刺史。路岩罢相，征拜给事中，迁京兆尹。卢携作相，有宿憾，复拜给事中，出为陕虢观察使。时军乱，逐前使崔荛。损至，尽诛其乱首。逾年，改青州刺史、御史大夫、淄青节度使。又检校刑部尚书、郓州刺史、天平军节度使。未赴郓，复留青州，卒于镇。

技进士及第，位至中书舍人。

拭官终考功员外郎。扔终兵部郎中。拭、扔并进士擢第。

杨虞卿，字师皋，虢州弘农人。祖燕客。父宁，贞元中为长安尉。少有栖遁之志，以处士征入朝。有口辩，优游公卿间。窦参尤重之，会参贬，仕进不达而卒。

虞卿，元和五年进士擢第，又应博学宏辞科。元和末，累官至监察御史。穆宗初即位，不修政道，盘游无节，虞卿上疏谏曰：

臣闻鸷鸟遭害则仁鸟逝，诽谤不诛则良言进。况诏旨勉谕，许陈愚诚，故臣不敢避诛，以献狂瞽。

窃闻尧、舜受命，以天下为忧，不闻以位为乐。况北房犹梗，西戎未宾，两河之疮痍未平，五岭之妖氛未解。生人之疾苦尽在，朝廷之制度莫修，边储屡空，国用犹屈。固未可以高枕无虞也。

陛下初临万宇，有忧天下之志。宜日延辅臣公卿百执事，凝旒而问，造膝以求，使四方内外，有所观焉。自听政已来，六十日矣，八开延英，独三数大臣仰龙颜，承圣问。其余侍从诏诰之臣，偕入而齐出，何足以闻政事哉！谏臣盈廷，忠言未闻于圣听，臣实羞之。盖由主恩尚疏，而众正之路未启也。

夫公卿大臣，宜朝夕接见论道，赐与从容，则君臣之情相接，而理道备闻矣。今自宰相已下四五人，时得顷刻侍坐，天威不远，鞠躬陨越，随旨上下，无能往来。此由君太尊、臣太卑故也。自公卿已下，虽历践清地，曾未祗奉天眷，以承下问，郁塞正路，偷安幸门。况陛下神圣如五帝，臣下莫能望清光。所宜周遍顾问，惠其气色，使支体相辅，君臣喻明。陛下求理于公卿，公卿求理于臣辈，自然上下孜孜相问，使进忠若趋利，论政若诉冤。如此而不闻过失、不致升平者，未之有也。

自古帝王，居危思安之心不相殊，而居安虑危之心不相及，故不得皆为圣帝明王。

小臣疏贱，岂宜及此，独不忍冒荣偷禄，以负圣朝。惟陛下图之。

帝深奖其言。寻令奉使西北边，犒赏戍卒，迁侍御史，再转礼部员外郎、史馆修撰。长庆四年八月，改吏部员外郎。

大和二年，南曹令史李赏等六人，伪出告身签符，卖凿空伪官，令赴任者六十五人，取受钱一万六千七百三十贯。虞卿按得伪状，捕赍等移御史台鞫劾。赏称六人共率钱二千贯，与虞卿厅典温亮，求不发举滥事迹。乃诏给事中严休复、中书舍人高锴、左丞韦景休充三司推案，而温亮逃窜。赏等既伏诛，虞卿以检下无术，停见任。

及李宗闵、牛僧孺辅政，起为左司郎中。五年六月，拜谏议大夫，充弘文馆学士，判院事。六年，转给事中。七年，宗闵罢相，李德裕知政事，出为常州刺史。

虞卿性柔佞，能阿附权幸以为奸利。每岁铨曹贡部，为举选人驰走取科第，占员阙，无不得其所欲；升沉取舍，出其唇吻。而李宗闵待之如骨肉，以能朋比唱和，故时号党魁。八年，宗闵复入相，寻召为工部侍郎。九年四月，拜京兆尹。其年六月，京师讹言郑注为上合金丹，须小儿心肝，密旨捕小儿无算。民间相告语，扃锁小儿甚密，街肆恟恟。上闻之不悦，郑注颇不自安。御史大夫李固言素嫉虞卿朋党，乃奏曰："臣昨穷问其由，此语出于京兆尹从人，因此扇于都下。"上怒，即令收虞卿下狱。虞卿弟汉公并男知进等八人自系，挝鼓诉冤，诏虞卿归私第。翌日，贬虔州司马，再贬虔州司户，卒于贬所。

子知进、知退，堪，弟汉公，皆登进士第。知退历都官、户部二郎中；堪库部、吏部二员外郎。

汉公，大和八年擢进士第，又书判拔萃，释褐为李绛兴元从事。绛遇害，汉公遁而获免。累迁户部郎中、史馆修撰。大和七年，迁司封郎中。

汉公子范、筹，皆登进士第，累辟使府。

虞卿从兄汝士。汝士，字慕巢，元和四年进士擢第，又登博学宏词科，累辟使府。长庆元年为右补阙。坐弟殷士贡举覆落，贬开江令。入为户部员外，再迁职方郎中。太和三年七月，以本官知制诰。时李宗闵、牛僧孺辅政，待汝士厚。寻正拜中书舍人，改工部侍郎。八年，出为同州刺史。九年九月，入为户部侍郎。开成元年七月，转兵部侍郎。其年十二月，检校礼部尚书、梓州刺史、剑南东川节度使。时宗人嗣复镇西川，兄弟对居节制，时人荣之。四年九月，入为吏部侍郎，位至尚书，卒。

子知温、知远、知权，皆登进士第。

知温累官至礼部郎中、知制诰，入为翰林学士、户部侍郎，转左丞。出为河南尹、陕虢观察使。迁检校兵部尚书、襄州刺史、山南东道节度使。

知温弟知至，累官至比部郎中、知制诰。坐故府刘瞻罢相，贬官。知至亦贬琼州司马。入为谏议大夫，累迁京兆尹、工部侍郎。知温、知至皆位至列曹尚书。

汝士弟鲁士。鲁士，字宗尹，本名殷士。长庆元年，进士擢第，其年诏翰林覆试。殷士与郑朗等覆落，因改名鲁士。复登制科，位不达而卒。

初汝士中第，有时名，遂历清贯。其后诸子皆至正卿，郁为昌族。所居静恭里，知温兄弟，并列门戟。咸通中，昆仲子孙，在朝行方镇者十余人。

马植，扶风人。父曛。植，元和十四年进士擢第，又登制策科，释褐寿州团练副使。得秘书省校书郎，三迁饶州刺史。开成初，迁安南都护、御史中丞、安南招讨使。

植文雅之余，长于吏术。三年，奏："当管羁縻州首领，或居巢穴自固，或为南蛮所诱，不可招谕，事有可虞。臣自到镇，约之以信诚，晓之以逆顺。今诸首领，总发忠言，愿纳赋税。其武陆县请升为州，以首领为刺史。"从之。又奏陆州界废珠池复生珠。以能政，就加检校左散骑常侍，加中散大夫，转黔中观察使。会昌中，入为大理卿。

植以文学政事为时所知。久在边远，及还朝，不获显官，心微有望，李德裕素不重之。宣宗即位，宰相白敏中与德裕有隙，凡德裕所薄者，必不次拔擢之。乃加植金紫光禄大夫，行刑部侍郎，充诸道盐铁转运使。转户部侍郎，领使如故。俄以本官同平章事，迁中书侍郎，兼礼部尚书。敏中罢相，植亦罢为太子宾客，分司东都。数年，出为许州刺史、检校刑部尚书、忠武军节度观察等使。大中末，迁汴州刺史、宣武军节度观察等使。卒于镇。

李让夷，字达心，陇西人。祖悦，父应规。让夷，元和十四年擢进士第，释褐诸侯府。大和初入朝，为右拾遗，召充翰林学士，转左补阙。三年，迁职方员外郎、左司郎中充职。九年，拜谏议大夫。

开成元年，以本官兼知起居舍人事。时起居舍人李褒有痼疾，请罢官。宰臣李石奏阙官，上曰："褚遂良为谏议大夫，尝兼此官，卿可尽言今谏议大夫姓名。"石遂奏李让夷、冯定、孙简、萧俶。帝曰："让夷可也。"李固言欲用崔球、张次宗。郑覃曰："崔球游宗闵之门，赤墀下秉笔记注，为千古法，不可用朋党。如裴中孺、李让夷，臣不敢有纤芥异论。"其为人主大臣知重如此。二年，拜中书舍人。以郑覃此言，深为李珏、杨嗣复所恶，终文宗世，官不达。

及德裕秉政，骤加拔擢，历工、户二侍郎，转左丞。累迁检校尚书右仆射，俄拜中书侍郎，同平章事。宣宗即位罢相，以太子宾客分司卒。

魏谟，字申之，钜鹿人。五代祖文贞公徵，贞观朝名相。曾祖殷，汝阳令。祖明，亦为县令。父冯，献陵台令。谟，大和七年登进士第。杨汝士牧同州，辟为防御判官，得秘书省校书郎。汝士入朝，荐为右拾遗。文宗以谟魏徵之裔，颇奇待之。

前邕管经略使董昌龄枉杀录事参军衡方厚，坐贬溆州司户。至是量移硖州刺史，谟上疏论之曰："王者施涣汗之恩以赦有罪，唯故意杀人无赦。昌龄比者录以微效，授之方隅，不能祗慎宠光，恣其狂暴，无辜专杀，事迹显彰。妻孥衔冤，万里披诉。及按鞫伏罪，贷以微生，中外议论，以为屈法。今若授之牧守，以理疲人，则杀人者拔擢，而冤苦者何伸？交紊宪章，有乖至理。"疏奏，乃改为洪州别驾。

御史中丞李孝本，皇族也，坐李训诛，有女没入掖廷。谟谏曰：

臣闻治国家者，先资于德义；德义不修，家邦必坏。故王者以德服人，以义使人。服使之术，要在修身；修身之道，在于孜孜。夫一失百亏之戒，存乎久要之源。前志曰："勿以小恶而为之，勿以小善而不为。"斯则惧於渐也！臣又闻，君如日焉，显晦之微，人皆瞻仰；照临之大，何以掩藏？前代设敢谏之鼓，立诽谤之木，贵闻其过也。陛下即位以来，诞敷文德，不悦声色，出后宫之怨妇，配在外之鳏夫。洎今十年，未尝采择。自数月已来，天眷稍回，留神妓乐，教坊百人、二百人，选试未已；庄宅司收市，亹亹有闻。昨又宣取李孝本之女入内。宗姓不异，宠幸何名？此事深累慎修，有亏一篑。陛下九重之内，不得闻知。凡此之流，大生物议，实伤理道之本，未免尘秽之嫌。夫欲人不知，莫若勿为。谚曰："止寒莫若重裘，止谤莫若自修。"伏希陛下照鉴不惑；崇千载之盛德，去一旦之玩好。教坊停息，宗女遣还，则大正人伦之风，深弘王者之体。

疏奏，帝即日出孝本女，迁谟右补阙。诏曰："昔乃先祖贞观中谏书十上，指事直言，无所避讳。每览国史，未尝不沉吟伸卷，嘉尚久之。尔为拾遗，其风不坠，屡献章疏，必道其所以。至于备洒扫于诸王，非自广其声妓也；衄髻毗之宗女，固无嫌于征取也。虽然，疑似之间，不可家至而户晓。尔能词旨深切，是博我之意多也。噫！人能匪躬謇谔，似其先祖；吾岂不能虚怀延纳，仰希贞观之理欤？而谟居官日浅，未当叙进，吾岂限以常典，以待直臣！可右补阙。"帝谓宰臣曰："昔太宗皇帝得魏徵，裨补阙失，弼成圣政。我得魏谟，于疑似之间，必能极谏。不敢希贞观之政，庶几处无过之地矣。"

教坊副使云朝霞善吹笛，新声变律，深惬上旨。自左骁卫将军宣授兼扬府司马。宰臣奏曰："扬府司马品高，郎官刺史迭处，不可授伶官。"上意欲授之，因宰臣对，亟称朝霞之善。谟闻之，累疏陈论，乃改授润州司马。荆南监军使吕令琮从人，擅入江陵县，毁骂县令韩忠，观察使韦长申状与枢密使诉之。谟上疏曰："伏以州县侵屈，只合上闻。中外关连，须存旧制。韦长任膺廉使，体合精详，公事都不奏闻，私情擅为逾越。况事无巨细，不可将迎。县令官业有乖，便宜理罪；监军职司侵越，即合闻天。或以虑烦圣听，何不但申门下？今则首紊常典，理合纠绳。伏望圣慈，速加惩诫！"疏奏不出，时论惜之。

三年，转起居舍人。紫宸中谢，帝谓之曰："以卿论事忠切，有文贞之风，故不循月限，授卿此官。"又谓之曰："卿家有何旧书诏？"对曰："比多失坠，惟簪笏见存。"上令进来。郑覃曰："在人不在笏。"上曰："郑覃不会我意，此即《甘棠》之义，非在笏而已。"谟将退，又召诫之曰："事有不当，即须奏论。"谟曰："臣顷为谏官，合伸规讽。今居史职，职在记言，臣不敢辄逾职分。"帝曰："凡两省官并合论事，勿拘此言。"寻以本官直弘文馆。

四年，拜谏议大夫，仍兼起居舍人，判弘文馆事。紫宸入阁，遣中使取谟起居注，欲视之。谟执奏曰："自古置史官，书事以明鉴诫。陛下但为善事，勿畏臣不书。如陛下所行错忤，臣纵不书，天下之人书之。臣以陛下为文皇帝，陛下比臣如褚遂良。"帝又曰："我尝取观之。"谟曰："由史官不守职分，臣岂敢陷陛下为非法？陛下一览之后，自此书事须有回避。如此，善恶不直，非史也。遗后代，何以取信？"乃止。

谟初立朝，为李固言、李珏、杨嗣复所引，数年之内，至谏议大夫。武宗即位，李德裕用事，谟坐杨、李之党，出为汾州刺史。杨、李贬官，谟亦贬信州长史。宣宗即位，白敏中当国，量移郢州刺史，寻换商州。二年，内征为给事中，迁御史中丞。谢日，面赐金紫之服。弹驸马都尉杜中立赃罪，贵戚悚之。兼户部侍郎，判本司事。谟奏曰："御史台纪纲之地，不宜与泉货吏杂处，乞罢中司，专综户部公事。"从之。

寻以本官同平章事，判使如故。谢日，奏曰："臣无夔、契之才，骤叨夔、契之任，将何以仰报鸿私？今边戍粗安，海内宁息，臣愚所切者，陛下未立东宫，俾正人傅导，以存副贰之重。"因泣下。上感而听之。

先是，累朝人君不欲人言立储贰，若非人主已欲，臣下不敢献替。宣宗春秋高，嫡嗣未辨，谟作相之日，率先启奏，人士重之。寻兼集贤大学士。詹毗国献象，谟以其性不安中土，请还其使，从之。太原节度使李业杀降虏，北边大扰。业有所恃，人不敢非。谟即奏其事，乃移业滑州。加中书侍郎。大理卿马曙从人王庆告曙家藏兵甲。曙坐贬官，而庆无罪。谟引法律论之，竟杖杀庆。

进阶银青光禄大夫，兼礼部尚书、监修国史。修成《文宗实录》四十卷，上之。其修史官给事中卢耽、太常少卿蒋偕、司勋员外郎王沨、右补阙卢告、膳部员外郎牛丛，皆颁赐锦彩、银器，序迁职秩。谟转门下侍郎，兼户部尚书。大中十年，以本官平章事、成都尹、剑南西川节度副大使知节度事。十一年，以疾求代，征拜吏部尚书。以疾未瘳，乞授散秩，改检校右仆射，守太子少保。十二年十二月卒，时年六十六，赠司徒。

谟仪容魁伟，言论切直，与同列上前言事，他宰相必委曲规讽，唯谟谠言无所畏避。宣宗每曰："魏谟绰有祖风，名公子孙，我心重之。"然竟以语辞太刚，为令狐绹所忌，罢之。

谟尝钞撮子书要言，以类相从，二十卷，号曰《魏氏手略》。有文集十卷。

子潜、滂。潜登进士第。潜子敖，韦琮甥。后琮为相，潜历显官。

周墀，字德升，汝南人。祖颀，父孺。墀，长庆二年擢进士第，大和末，累迁至起居郎。墀能为古文，有史才。文宗重之，补集贤学士，转考功员外郎，仍兼起居舍人事。开成二年冬，以本官知制诰，寻召充翰林学士。三年，迁职方郎中。四年十月，正拜中书舍人，内职如故。武宗即位，出为华州刺史、镇国军潼关防御等使，改鄂州刺史、御史中丞、鄂岳观察使。会昌六年十一月，迁洪州刺史、江南西道观察使。大中初，检校礼部尚书、滑州刺史、义成军节度、郑滑观察等使、上柱国、汝南男，食邑三百户。入朝为兵部侍郎、判度支。寻以本官同平章事，累迁银青光禄大夫、中书侍郎、监修国史，兼刑部尚书。罢相，检校刑部尚书、梓州刺史、御史大夫、剑南东川节度使。未行，追制改检校右仆射，加食邑五百户。历方镇卒。

崔龟从，字玄告，清河人。祖璜，父诚，官微。龟从，元和十二年擢进士第，又登贤良方正制科，及书判拔萃二科，释褐拜右拾遗。大和二年，改太常博士。

龟从长于礼学，精历代沿革，问无不通。时飨宗庙于敬宗室，祝板称皇帝孝弟。龟从议曰："臣审祥孝字，载考礼文，义本主於子孙，理难施於兄弟。按《礼记》卜虞之文，子孙曰哀，兄弟曰某。然则虞之称哀，与祭之称孝，其义一也。于祖祢则理宜称孝，於伯仲则止可称名。又东晋温峤议宗庙祝辞，于孝字非子则不称，傍亲直言敢告。当时朝议，咸以为宜。今臣上考礼经，无兄弟称孝之义；下征晋史，有不称傍亲之文。臣谓飨敬宗庙，宜去孝弟两字。"

又以祀九宫坛，旧是大祠。龟从议曰："九宫贵神，经典不载。天宝中，术士奏请，遂立祠坛。事出一时，礼同郊祀。臣详其图法，皆主星名，纵司水旱兵荒，品秩不过列宿。今者，五星悉是从祀，日月犹在中祀，岂容九宫独越常礼，备列王事，诚誓百官？尊卑乖仪，莫甚于此。若以尝在祀典，不可废除，臣请降为中祠。"制从之。

龟从又以大臣薨谢，不于闻哀日辍朝，奏议曰："伏以废朝轸悼，义重君臣，所贵及哀，尤宜示信。自顷已来，辍朝非奏报之时，备礼於数日之外。虽遵常制，似不本情。臣不敢远征古书，请引国朝故事：贞观中任瑰卒，有司对仗奏闻，太宗责其乖礼；岑文本既殁，其夕为罢警严；张公谨之亡，哭之不避辰日。是知闵悼之意，不宜过时。臣谓大臣薨，礼合辍朝。纵有机务急速，便殿须召宰臣，不临正朝，无爽事体。如此，则由衷之信，载感于幽明；称情之文，无亏于典礼。"又奏："文武三品官薨卒辍朝。有未经亲重之官，今任又是散列者，为之变礼，诚恐非宜。自今后，文武三品以上官，非曾任将相，及曾在密近，宜加恩礼者，余请不在辍朝之限。"从之。

累转考功郎中、史馆修撰。九年，转司勋郎中、知制诰。十二月，正拜中书舍人。开成初，出为华州刺史。三年三月，入为户部侍郎，判本司事。四年，权判吏部尚书铨事。大中四年，为中书侍郎、同平章事，兼吏部尚书。五年七月，撰成《续唐历》三十卷，上之。六年，罢相，检校吏部尚书，汴州刺史、宣武军节度观察等使，累历方镇卒。

郑肃，荥阳人。祖烈，父阅，世儒家。肃苦心力学。元和三年，擢进士第，又以书判拔萃，历佐使府。大和初，入朝为尚书郎。六年，转太常少卿。肃能为古文，长于经学，左丘明、《三礼》、仪注疑议，博士以下必就肃决之。

时鲁王永有宠，文宗择名儒为其府属，用户部侍郎庾敬休兼王傅，户部郎中李践方兼司马，以肃本官兼长史，由是知名。明年，鲁王为太子，肃加给事中。九年，改刑部侍郎，寻改尚书右丞，权判吏部西铨事。开成初，出为陕虢都防御观察使、兼御史大夫。二年九月，召拜吏部侍郎。帝以肃尝侍太子，言论典正，复令兼太子宾客，为东宫授经。既而太子失宠，上不悦，有废斥意。肃因召见，深陈邦国大本、君臣父子之义。上改容嘉之。而太子竟以杨妃故得罪。乃以肃检校礼部尚书，兼河中尹、河中节度、晋绛观察等使。会昌初，武宗思太子永之无罪，尽诛陷永之党。朝议称肃忠正，有大臣之节。召拜太常卿，累迁户部、兵部尚书。

五年，以本官同平章事，加中书、门下二侍郎，监修国史，兼尚书右仆射。素与李德裕亲厚。宣宗即位，德裕罢知政事，肃亦罢相，复为河中节度使。以疾辞，拜太子太保，卒。

子洎，咸通中累官尚书郎，出为刺史。洎子仁规、仁表，俱有俊才，文翰高逸。

仁规累迁拾遗、补阙、尚书郎、湖州刺史、尚书郎知制诰，正拜中书舍人，卒。

仁表擢第后，从杜审权、赵骘为华州、河中掌书记，入为起居郎。仁表文章尤称俊拔，然恃才傲物，人士薄之。自谓门地、人物、文章具美，尝曰："天瑞有五色云，人瑞有郑仁表。"刘邺少时，投文於洎，仁表兄弟嗤鄙之。咸通末，邺为宰相，仁表竟贬死南荒。

卢商，字为臣，范阳人。祖昂，澧州刺史。父广，河南县尉。商，元和四年擢进士第，又书判拔萃登科。少孤贫力学，释褐秘书省校书郎。范传式廉察宣歙，辟为从事。王播、段文昌相继镇西蜀，商皆佐职为记室，累改礼部员外郎。入朝为工部员外郎、河南县令，历工部、度支、司封三郎中。大和九年，改京兆少尹，权大理卿事。开成初，出为苏州刺史。中谢日，赐金紫之服。

初，郡人苦盐法太烦，奸吏侵渔。商至，籍见户，量所要自售，无定额。苏人便之，岁课增倍。宰相领盐铁，以其绩上，迁润州刺史、浙西团练观察使。入为刑部侍郎，转京兆尹。三年，朝廷用兵上党，飞挽越太行者，环地六七镇，以商为户部侍郎，判度支，兼供军使，军用无阙。逆稹荡平，加检校礼部尚书，梓州刺史、剑南东川节度使。

宣宗即位，入为兵部侍郎。寻以本官同平章事、范阳郡开国公，食邑二千户，加兼工部尚书。数年，检校工部尚书，出为鄂岳观察使，就加检校兵部尚书。大中十三年，以疾求代，征拜户部尚书。其年八月，卒于汉阴驿，时年七十一。

子知远、知微、知宗、僧朗、荛。

史臣曰：宗闵、嗣复，承宗室世家之地胄，有文学政事之美名，徊翔清华，出入隆显。苟能义以为上，群而不党，议太平于稷、契之列，致人主于勋、华之盛，遭时得位，谁曰不然？而舍披鸿猷，狎兹鼠辈，养虞卿而射利，抗德裕以报仇。矛盾相攻，几倾王室，没身蛮瘴，其利伊何？古者，廉、蔺解仇，冀全国体，而邀欢释憾，实乱大伦。世道销刓，一至于此！崔、魏二丞相，嘉言启奏，无忝正人。墀、让史才，肃之礼学，商之长者，或登三事，或践六卿，以道始终，夫何不韪。

赞曰：汉诛钩党，魏破痃囊。何邓之后，二李三杨。偷权报怨，任国存亡。书兹覆辙，敢告岩廊！

卷一百七十七

列传第一百二十七

崔慎由 弟安潜 伯父能 能子彦曾 慎由子胤 崔珙 兄琯 弟瑨 玙 球 玙子澹 澹子远 卢钧 裴休 杨收 兄发 弟严 子钜 鏻 严子涉 注 韦保衡 路岩 夏侯孜 刘瞻 刘瑑 曹确 毕诚 杜审权 子让能 彦林 弘徽 刘邺 豆卢瑑

崔慎由，字敬止，清河武城人。高祖融，位终国子司业，谥曰文，自有传。曾祖翘，位终礼部尚书、东都留守。祖异，位终渠州刺史。

父从，少孤贫。寓居太原，与仲兄能同隐山林，苦心力学。属岁兵荒，至于绝食。弟兄采柏拾橡实，饮水栖衡；而讲诵不辍。怡然终日，不出山岩，如是者十年。贞元初，进士登第，释褐山南西道推官，府公严震，待以殊礼。以父忧免。弟兄庐于父墓，手植松柏。免丧，不应辟命。久之，西川节度使韦皋开西南夷，置两路运粮使，奏从掌西山运务，后权知邛州事。及皋薨，副使刘辟阻命，欲并东川，以谋告从。从以书谕辟，辟怒，出兵攻之，从婴城拒守，卒不从之。高崇文平蜀，从事坐累多伏法，惟从以拒辟免。卢坦在宣州，辟为团练观察副使。

元和初入朝，累迁吏部员外郎。九年，裴度为中丞，奏从为侍御史知杂，守右司郎中。度作相，用从自代为中丞。

从气貌孤峻，正色立朝，弹奏不避权幸。事关台阁或付仗内者，必抗章论列，请归有司。选辟御史，必先质重贞退者。改给事中，数月，出为陕州大都督府长史、陕虢团练观察使、兼御史中丞，赐紫金鱼袋。入为尚书右丞。

淄青贼平，镇州王承宗惧，上章请割德、棣二州自赎，又令二子入侍。宪宗选使臣宣谕，以从中选。议者以承宗罪恶贯盈，每多奸谲，入朝二子，必非血胤，人颇忧之。从次魏州，田弘正以路由寇境，欲以五百骑援之，从辞之。以僮奴十数骑，径至镇州。于鞠场宣敕，三军大集。从谕以逆顺，辞情慷慨，军士感动，承宗泣下，礼貌益恭，遂按德、棣户口符印而还。

其年八月，出为兴元尹、御史大夫、山南西道节度观察等使。监军使知上意欲大用之，每为中贵传达意旨，欲其赂遗，从终不答。

穆宗即位，召拜尚书左丞。长庆二年，检校礼部尚书、鄜州刺史、鄜坊丹延节度等使。鄜時内接畿甸，神策军镇相望，逾禁犯法，累政不能制。而从抚遏举奏，军士惕然。党项羌有以羊马来市者，必先遗帅守，从皆不受，抚谕遣之。群羌不敢为盗。四年，入为吏部侍郎，寻改太常卿。宝历二年，检校吏部尚书，充东都留守。

大和三年，入为户部尚书。李宗闵秉政，以从与裴度、李德裕厚善，恶之。改检校尚书右仆射、太子宾客东都分司。从请告百日，罢官，物论咎执政。宗闵惧，四年三月，召拜检校左仆射，兼扬州大都督府长史、御史大夫，充淮南节度副大使，知节度事。扬府旧有货曲之利，资产奴婢交易者，皆有贯率，羊有口算，每岁收利以给用，从悉除之。旧制，官吏禄俸有布帛加估之给，节度使独不在此例。从至，一例估折给之。六年十月，卒于镇，赠司空，谥曰贞。

从少以贞晦恭让自处，不交权利，忠厚方严，正人多所推仰。阶品合立门戟，终不之请。四为大镇，家无妓乐，士友多之。

慎由，大和初擢进士第，又登贤良方正制科。聪敏强记，字量端厚，有父风。释褐诸侯府。大中初入朝，为右拾遗、员外郎、知制诰，正拜舍人，召充翰林学士、户部侍郎。再历方镇，入朝为工部尚书。十年，以本官同平章事，兼集贤殿大学士，转监修国史、上柱国，加太中大夫、兼礼部尚书。

初，慎由与萧邺同在翰林，情不相洽。及慎由作相，罢邺学士。俄而邺自判度支为平章事，恩顾甚隆。邺引刘瑑同知政事。十二年二月，诏曰："太中大夫、中书侍郎、兼礼部尚书、同中书门下平章事、监修国史、上柱国、赐紫金鱼袋崔慎由，继美德门，承家贵位，搢绅伟望，礼乐上流。挺松筠之贞姿，服兰荪之懿行。自居名器，累历清华。禁林才擅于多能，纶阁词推于巨丽。物情愈茂，延誉甚高，再列二卿之崇，亟阐六条之化。爰加奖任，益委重难。屡启嘉谟，俄参大柄，而周涉寒暑，备见器能。道已著于始终，思岂殊于中外！可检校礼部尚书、梓州刺史、兼御史大夫、剑南东川节度使。"

咸通初，改为华州刺史、潼关防御、镇国军等使，加检校司空、河中尹、河中晋绛节度使。入为吏部尚书。移疾请老，拜太子太保，分司东都，卒。

子胤。弟安潜。安潜，字进之，大中三年，登进士第。咸通中，累历清显，出为许州刺史、忠武军节度观察等使。乾符中，迁成都尹、剑南西川节度等使。黄巢之乱，从僖宗幸蜀。王铎为诸道行营都统，奏安潜为副。收复两京，以功累加至检校侍中。龙纪初，青州王敬武卒，以安潜代。敬武子师范拒命，安潜赴镇。至棣州，刺史张蟾出州兵攻青州，为师范所败，朝廷竟授之节钺。安潜还京师，累加太子太傅。卒，赠太师，谥曰贞孝。

子柅、舣。柅、景福中为起居郎。舣为右拾遗。柅累官至尚书。

从兄能，少励志苦学，累赴使府。元和初，为蜀州刺史。六年，转黔中观察使。坐为南蛮所攻，陷郡邑，贬永州刺史。穆宗即位，弟从居显列，召拜将作监。长庆四年九月，出为广州刺史、御史大夫、岭南节度使，卒。

子彦曾，有干局。大中末，历三郡刺史。咸通初，累迁太仆卿。七年，检校左散骑常侍、徐州刺史、御史大夫，充武宁军节度使。

彦曾通于法律，性严急。以徐军骄，命彦曾治之，长于抚养，而短于军政。用亲吏尹戡、徐行俭当要职。二人贪猥，不恤军旅，士卒怨之。先是，六年，南蛮寇五管，陷交址，诏徐州节度使孟球召募二千人赴援，分八百人戍桂州。旧三年一代，至是戍卒求代。尹戡以军帑匮乏，难以发兵，且留旧戍一年。其戍卒家人飞书桂林。戍卒怒，牙官许佶、赵可立、王幼诚、刘景、傅宓、张实、王弘立、孟敬文、姚周等九人，杀都头王仲甫，立粮料判官庞勋为都将。群伍突入监军院取兵甲。乃剽湘潭、衡山两县，虏其丁壮。乃擅回戈，沿江自浙西入淮南界，由浊河达泗口。其众千余人，每将过郡县，先令倡卒弄傀儡以观人情，虑其邀击。既离泗口，彦曾令押牙田厚简慰劳，又令都虞候元密伏兵任山馆。庞勋遣吏送状启诉，以军士思归，势不能遏，愿至府外解甲归兵。便还家，彦曾怒，诛之。勋等拥众攻宿州，陷之。出官帑召募。翌日，得兵二千人，乃舁夺舟船五千余艘。步卒在船，骑军夹岸，鼓噪而进。元密发伏邀之，为贼所败。时亡命者归贼如市，彦曾驱城中丁男城守。九年九月十四日，贼逼徐州。十五日后，每旦大雾不开。十六日，彦曾并诛逆卒家口。十七日，昏雾尤甚，贼四面斩关而入。庞勋先谒汉高祖庙，便入牙城。监军张道谨相见，不交一言，乃止大彭馆。收尹戡、徐行俭及判官焦璐、李棁、崔蕴、温廷皓、韦廷乂，并杀之。翌日，贼将赵可立害彦曾，庞勋自称武宁军节度使。

慎由子胤。胤，字昌遐，乾宁二年登进士第。王重荣镇河中，辟为从事。入朝，累迁考功、吏部二员外郎，转郎中、给事中、中书舍人。大顺中，历兵部、吏部二侍郎，寻以本官同平章事。时王室多故，南北司争权，咸树朋党，外结藩帅。胤长于阴计，巧于附丽；外示凝重而心险躁。自李茂贞、王行瑜怙乱，兵势不逊，杜让能、韦昭度继遭诛戮，而宰臣崔昭纬深结行瑜以自固；而待胤以宗人之分，屡加荐用。累迁中书侍郎、判户部事。昭宗出幸石门，胤与同列徐彦若、王抟等从。车驾还宫，加礼部尚书，并赐号"扶危匡国致理功臣"。

三年，李茂贞犯京师，扈昭宗幸华州。帝复雪杜让能、韦昭度、李磎之枉；惩昭纬之前愆，罢胤政事，检校兵部尚书、广州刺史、岭南东道节度等使。时朱全忠方霸于关东，胤密致书全忠求援。全忠上疏理胤之功，不可离辅弼之地。胤已至湖南，复召拜平章事。胤既获汴州之援，颇弄威权。恨徐彦若、王抟发昭纬前事，深排抑之。俄出彦若为南海节度。又搆王抟交结枢使，同危宗社，令全忠上疏论之。光化中，贬抟溪州司马，赐死于蓝田驿。诛中尉宋道弼、景务修。自是朝廷权政，皆归於己，兼领三司使务。宦官侧目，不胜其忿。

及刘季述幽昭宗于东内，以德王监国。季述畏全忠之强，不敢杀胤，但罢知政事，落使务，守本官而已。胤复致书于全忠，请出师反正。故全忠令大将张存敬急攻晋绛河中。胤以天子幽囚，诸侯观衅，有神策军巡使孙德昭者，颇怒季述之废立，胤伺知之，令判官石戬与德昭游，伺其深意。每酒酣，德昭泣下，戬知其诚，乃与之谋曰："今中外大臣，自废立已来，无不含怒。至于军旅，亦怀愤慨。今谋反者，独季述、仲先耳。足下诛此二竖，复帝宝位，垂名万代，今正其时。持疑不断，则功落他人之手也！"德昭谢曰："予军吏耳，社稷大计，不敢自专。如相公委使，不敢避也。"胤乃割衣带，手书以通其意。十二月晦，德昭伏兵诛季述。昭宗反正，胤进位司空，复知政事，兼领度支、盐铁、三司使。

明年夏，朱全忠攻陷河中、晋绛，进兵至同华。中尉韩全诲以胤交结全忠，虑汴师逼京师，请罢知政事，落使务。其年冬，全诲挟帝幸凤翔。胤怨帝废黜，不虞从，遣使告全忠，请于岐阳迎驾，令太子太师卢知猷率百官迎全忠入京师。初，全忠至华州，遣掌书记裴铸入奏凤翔，言欲以兵士迎驾。及入京师，又上表曰：

臣独兼四镇，追事两朝，分数千里之封疆，受二十年之恩渥。微同物类，犹解感知，忝齿人伦，宁忘报效？臣昨将兵士，奔赴阙庭，寻过京畿，远迎车驾。初因幕吏，面奉德音；寻有宰臣，频飞密札。或以京都纷扰，委制置于中朝；或以銮辂播迁，俾奉迎于近甸。臣是以远离藩镇，不惮疲劳，昨奉诏书，兼宣口敕，令臣速抽兵士，且归本藩，仍遣百官，俾赴行在。睹纶言于凤纸，若面丹墀；认御札于龙衣，如亲翠盖。然知从来书诏，出自宰臣，每降宣传，皆非圣旨。致臣误将师旅，遽入关畿，比令迎驾之行，翻挂胁君之

过。臣今见与茂贞要约，释两地猜嫌，早致万乘归京，以副八纮悬望。其宰臣百官已下，非臣辄有阻留，伏乞诏赴行朝，以备还驾。

昭宗得全忠表，怒胤尤甚。是月二十六日诏曰：

食君之禄，合务于尽忠；秉国之钧，宜思于致理。其有叠膺异渥，继执重权，邀萌狂悖之心，忽构倾危之计，人知不可，天固难容。扶危定乱致理功臣、开府仪同三司、守司空，兼门下侍郎、同平章事，充太清宫使、弘文馆大学士、延资库使、诸道盐铁转运等使、判度支、上柱国、魏国公、食邑五千户崔胤，奕叶公台，蝉联珪组。冠岁名升于甲乙，壮年位列于公卿，趣向有闻，行藏可尚。朕采于群议，询彼舆情，有冀小康，遂登大用。殊不知漏卮难满，小器易盈，曾无报国之心，但作危邦之计，四居极位，一无可称。岂有都城，合聚兵甲，暗养死士，将乱国经。聚貔武以保其一坊，致刁斗远连于右辅。始则令京兆府官钱委元规召卒，后则用度支使权利令陈班聚兵；事去公朝，权归私室。百辟休戚，由其顾眄之间；四方是非，系彼指呼之际。令狐涣奸纤有素，操守无堪，用作腹心，共张声势。遂令滥居深密，日在禁闱，罔惑朕躬，伪行书诏。致兹播越，职尔之由。岂有权重位崇，恩深奖厚，曾无惕厉，转恣睢盱，显构外兵，将图不轨！

朕以庶士流散，兵革繁多，遂命宰臣，与之商议。五降内使，一贡表章，坚卧不来，拒召如此。况又拘留庶吏，废阙晨趋。人既奔惊，朕须巡幸。果见兵缠辇毂，火照宫闱，烟尘涨天，干戈匝野。致朕奔迫，及于岐阳。翠辇未安，铁骑旋至，围逼行在，焚烧屋庐。睹此贴危，咎将谁执？近省全忠章表，兼遣幕吏敷陈，言宰臣继飞密缄，促其兵士西上，静详构扇，孰测苞藏，无功及人，为国生事。于戏！君人之道，委之宰衡，庶务殷繁，岂能亲理？尽将机事，付尔主张，负我何多，构乱至此！仍存大体，不谓无恩。可责授朝散大夫，守工部尚书。

初，天复反正之后，宦官尤畏胤，事无大小咸禀之。每内殿奏对，夜则继之以烛。常说昭宗请尽诛内官，但以宫人掌内司事。中尉韩全诲、张弘彦、袁易简等伺知之，于帝前求哀请命，乃诏胤密事进囊封，勿更口奏。宦官无由知其谋，乃求知书美妇人进内，以侦阴事。由是胤谋颇泄。宦官每相聚流涕，愈不自安。故全诲等为劫幸之谋，由胤忌嫉之太过也。

及全忠攻凤翔，胤寓居华州，为全忠画图王之策。天复二年，全忠自岐下还河中，胤迎谒于渭桥，捧卮上寿，持板为全忠唱歌，仍自撰歌辞，赞其功业。三年，李茂贞杀韩全诲等，与全忠通和，昭宗急诏征胤赴行在。凡四降诏，三赐朱书御札，称病不赴。及帝出凤翔，胤乃迎于中路，即日降制，复旧官，知政事，进位司徒，兼判六军诸卫事。仍诏移家入左军，赐帐幄器用十车。胤奏京兆尹郑元规为六军副使。胤与全忠奏罢左右神策、内诸司等使及诸道监军、副监、小使。内官三百余人，同日斩之于内侍省。诸道监军，随处斩首以闻。

昭宗初幸凤翔，命卢光启、韦贻范、苏检等作相；及还京，胤皆贬斥之。又贬陆扆为沂王傅，王溥太子宾客，学士薛贻矩虁州司户，韩偓濮州司户，姚泊县王府咨议。应从幸群官，贬逐者三十余人。唯用裴贽为相，以其孤立易制也。内官既尽屠戮，诸使悉罢，天子宣传诏命，惟令宫人宠颜等宣事。而欺君蠹国，所不忍闻。胤所悦者阘茸下辈，所恶者正人君子。人人悚惧，朝不保夕。

其年十月，全忠子友伦宿卫京师，因击鞠坠马而卒。全忠爱之，杀会鞠者十余人，而疑胤阴谋，由是怒胤。初，天子还宫，全忠东归，胤以事权在己，虑全忠急于篡代，乃与郑元规谋招致兵甲，以捍茂贞为辞。全忠知其意，从之。胤毁城外木浮图，取铜铁为兵仗。全忠令汴州军人入关应募者数百人。及友伦死，全忠怒，遣其子宿卫军使友谅诛胤，而应募者突然而出。四年正月初，贬太子宾客，寻为汴军所杀。

胤倾险乐祸，外示宽宏。初拜平章事，其季父安潜谓所亲曰："吾父兄刻苦树立门户，一旦终当为缁郎所坏。"果如其言。胤累加至侍中，封魏国公。初，朱全忠虽窃有河南方镇，惮河朔、河东，未萌问鼎之志。及得胤为乡导，乃电击潼关，始谋移国。自古与盗合从，覆亡宗社，无如胤之甚也。子有邻。

崔珙，博陵安平人。祖懿。父颋，贞元初进士登第。元和初累官至少府监。四年，出为同州刺史，卒。颋有子八人，皆至达官，时人比汉之荀氏，号曰"八龙"。

长曰琯，贞元十八年进士擢第。又制策登科，释褐诸侯府，入朝为尚书郎。大和初，累迁给事中，宣慰幽州称旨。俄而兴元兵乱，杀李绛，命琯平乱褒中，三军寂然从命。使还，改工部侍郎。四年冬，拜京兆尹。五年四月，改尚书右丞。六年十二月，出为江陵尹、御史大夫、荆南节度使。八年，入为兵部侍郎，转吏部，权判左丞事。开成二年，真拜左丞。时弟珙为京兆尹，兄弟并居显列。以本官权判兵部西铨、吏部东铨事。三年，检校户部尚书，判东都尚书省事、东都留守、东畿汝都防御等使。会昌中，迁银青光禄大夫、检校吏部尚书、兴元尹，充山南西道节度使。以弟珙罢相罢官，琯亦罢镇归东都。五年卒。诏曰：

孔氏以颜、冉之行，首于四科；汉代以荀、陈之门，方之"八凯"。乃眷时哲，得兹令名，用举饰终之恩，以抒奸良之叹。故山南西道节度使崔琯，诚明履正，粹密邻几，有于政之精忠，得公绰之不欲。礼乐二事，以为身文；仁义五常，自成家范。往以茂器，列于大僚。属贤相受诬，庙堂议法，由长孺之道，以佔正人；微京兆之言，岂闻非罪？既是魏其之直，益彰王凤之邪。庄色于朝，群公耸视，谠词不挠，淑问攸归。历践名藩，皆留遗爱。居常慎独，清则畏知。爱自青衿，迄于白首，厉翼之志，始终不渝。未陟台阶，实辜公论；追荣左相，式示优崇。可赠尚书左仆射。

珙，琯之母弟也。以书判拔萃高等，累佐使府。性威重，尤精吏术。大和初，累官泗州刺史，入为太府卿。七年正月，拜广州刺史、岭南节度使。延英中谢，帝问以抚理南海之宜。珙奏对明辩，帝深嘉之。时高瑀镇徐州，承智兴之后，军骄难制，军士数犯法，上欲择威望之帅以临之，久难其才。会珙言事慷慨，谓宰臣曰："崔珙言事，神气精爽，此可以临徐人。"即以王茂元代珙镇广南，授珙兼检校工部尚书、徐州刺史、兼御史大夫，充武宁军节度、徐泗濠观察使。

开成初，就加检校兵部尚书。二年，检校吏部尚书、右金吾大将军，充街使。六月，迁京兆尹。是岁，京畿旱，珙奏浐水入内者，十分量减九分，赐贫民溉田，从之。三年正月，盗发亲仁里，欲杀宰相李石。其贼出于禁军，珙坐捕盗不获，罚俸料。会昌初，李德裕用事，与珙亲厚，累迁户部侍郎，充诸道盐铁转运等使。寻以本官同中书门下平章事，累兼刑部尚书、门下侍郎，进阶银青光禄大夫，兼尚书左仆射。素与崔铉不叶，及李让夷引铉辅政，代珙领使务，乃摭撼珙领使日妄破宋滑院盐铁钱九十万贯文，又言珙尝保护刘从谏，坐贬澧州刺史，再贬恩州司马。宣宗即位，以赦召还，为太子宾客，出为凤翔节度使。

三年，崔铉复知政事，珙辞疾请罢。制曰："将相大臣，与国同体，诚欲自便，岂宜不从？苟非其时，涉于避事。前凤翔陇州节度观察处置等使、光禄大夫、检校尚书右仆射、兼凤翔尹、御史大夫、上柱国、安平郡开国公、食邑二千户崔珙，早以器能，周历显重。行己每称其友悌，在公亦竭其精忠。自负谴前朝，远移南徼，及我嗣守，颇闻嘉名。由是剖竹近关，扬斾右辅，为国垣翰，适资谋猷。近者犬戎输诚，归我故地，下议纳款，且筹开疆。宜其率先启行，副此宠寄。忽览退闲之请，颇乖毗倚之诚。陈力之方，岂无其道？匪躬之故，或异于是。以其故老，特为优容，俾居青宫之辅，仍从分洛之命。君臣礼分，予无愧焉。可太子少师，分司东都。"未几，卒。

子涓，大中四年进士擢第。

珙弟瑨、璪、玙、球、珦。

瑨以书判拔萃，开成中，累迁至刑部郎中。会昌中，历三郡刺史，位终方镇。

璪，开成初，为吏部郎中，转给事中。会昌初，出为陕虢观察使，迁河南尹，入为御史中丞，转吏部侍郎。大中初，改兵部侍郎，充诸道盐铁转运使。崔铉再辅政，罢璪使务，检校兵部尚书，兼河中尹、御史大夫，充河中晋绛磁隰等州节度观察使。七年，入为左丞，再迁刑部尚书。子滔，大中初登进士第。

玙，字朗士，长庆初进士擢第，又制策登科。开成末，累迁至礼部员外郎。会昌初，以考功郎中知制诰，拜中书舍人。大中五年，迁礼部侍郎。六年，选士，时谓得才。七年，权知户部侍郎，进封博陵子，食邑五百户，转兵部侍郎。子澹。

澹，大中十三年，登进士第，累迁礼部员外郎，位终吏部侍郎。澹子远。

远，龙纪元年，登进士第。大顺初，以员外郎知制诰，召充翰林学士，正拜中书舍人。乾宁三年，转户部侍郎、博陵县男、食邑三百户，转兵部侍郎承旨。寻以本官同平章事,迁中书侍郎,兼吏部尚书。天祐初,从昭宗东迁洛阳。罢相,守右仆射。二年,为柳璨希朱全忠旨,累贬白州长史。行至滑州,被害于白马驿。

远文才清丽,风神峻整,人皆慕其为人,当时目为"钉座梨",言席上之珍也。

球,字叔休,宝历二年登进士第。会昌中,为凤翔节度判官,入朝为尚书郎。子涚。涚,大中末亦进士登第。

崔氏咸通、乾符间,昆仲子弟纡组拖绅,历台阁、践藩岳者二十余人。大中以来盛族,时推甲等。

卢钧,字子和,本范阳人。祖峣,父继。钧,元和四年进士擢第,又书判拔萃,调补校书郎,累佐诸侯府。大和五年,迁左补阙。与同职理宋申锡之枉,由是知名。历尚书郎,出为常州刺史。九年,拜给事中。开成元年,出为华州刺史、潼关防御、镇国军等使。

其年冬,代李从易为广州刺史、御史大夫、岭南节度使。南海有蛮舶之利,珍货辐凑。旧帅作法兴利以致富,凡为南海者,靡不棍载而还。钧性仁恕,为政廉洁,请监军领市舶使,已一不干预。自贞元已来,衣冠得罪流放岭表者,因而物故,子孙贫悴,虽遇赦不能自还。凡在封境者,钧减俸钱为营槥椟。其家疾病死丧,则为之医药殡殓,孤儿稚女,为之婚嫁,凡数百家。由是山越之俗,服其德义,令不严而人化。三年将代,华蛮数千人诣阙请立生祠,铭功颂德。先是土人与蛮獠杂居,婚娶相通,吏或挠之,相诱为乱。钧至,立法,俾华蛮异处,婚娶不通,蛮人不得立田宅;由是徼外肃清,而不相犯。

会昌初,迁襄州刺史、山南东道节度使。四年,诛刘稹,以钧检校兵部尚书,兼潞州大都督府长史、昭义节度、泽潞邢洺磁观察等使。是冬,诏钧出潞军五千戍代北。钧升城门饯送,其家设幄观之。潞卒素骄,因与家人决别,乘醉倒戈攻城门。监军以州兵拒之,至晚抚劳方定。诏钧入朝,拜户部侍郎、判度支,迁户部尚书。

大中初,检校尚书右仆射、汴州刺史、御史大夫、宣武军节度、宋亳汴颍观察等使,就加检校司空。四年,入为太子少师,进位上柱国、范阳郡开国公、食邑二千户。六年,复检校司空、太原尹、北都留守、河东节度使。

九年,诏曰:"河东军节度使卢钧,长才博达,敏识宏深。蔼山河之灵,抱瑚琏之器。多能不耀,用晦而彰。由岭表而至太原,五换节钺,仁声载路,公论弥高。藩垣之和气不衰,台阁之清风常在,宜升揆路,以表群僚。可尚书左仆射。"

钧践历中外,事功益茂,后辈子弟,多至台司。至是急征,谓当辅弼,虽居端揆,心殊失望。常移病不视事,与亲旧游城南别墅,或累日一归。宰臣令狐绹恶之,乃罢仆射,仍加检校司空,守太子太师。物议以钧长者,罪绹弄权。绹惧。

十一年九月,以钧检校司徒、同中书门下平章事、兴元尹,充山南西道节度使,入为太子太师,卒。

裴休,字公美,河内济源人也。祖宣,父肃。肃,贞元中自常州刺史兼御史中丞、越州刺史、浙东团练观察等使。时山贼栗锽诱山越为乱,陷浙东郡县。肃召州兵讨平之,因纪其事,号《平戎记》,上之。德宗嘉赏。

肃生三子,俦、休、俅,皆登进士第。

休志操坚正。童龀时,兄弟同学于济源别墅。休经年不出墅门,昼讲经籍,夜课诗赋。虞人有以鹿贽俦者,俦、俅烹之,召休食。休曰:"我等穷生,菜食不充,今日食肉,翌日何继? 无宜改馔。"独不食。长庆中,从乡赋登第,又应贤良方正,升甲科。大和初,历诸藩辟召,入为监察御史、右补阙、史馆修撰。会昌中,自尚书郎历典数郡。

大中初,累官户部侍郎,充诸道盐铁转运使,转兵部侍郎,兼御史大夫,领使如故。六年八月,以本官同平章事,判使如故。自大和已来,重臣领使者,岁漕江、淮米不过四十万石,能至渭河仓者十不三四。漕吏狡蠹,败溺百端。官舟沉溺者,岁七十余只。缘河奸史,大紊刘晏之法。洎休领使,分命僚佐深按其弊。因是所过地里,悉令县令兼董漕事,能者奖之。自江津达渭口,以四十万之佣,岁计缗钱二十八万贯,悉使归诸漕吏,巡院无得侵牟。举新法凡十条,奏行之,又立税茶法二十条,奏行之,物议是之。

初,休典使三岁,漕米至渭、河仓者一百二十万斛,更无沉舟之弊。累转中书侍郎,兼礼部尚书。休在相位五年。

十年,罢相,检校户部尚书、汴州刺史、御史大夫,充宣武军节度使。其年冬,进阶金紫光禄大夫、上柱国、河东县子、食邑五百户,守太子少保,分司东都。

十一年冬,检校户部尚书、潞州大都督府长史、御史大夫,充昭义节度、潞磁邢洺观察使。十三年十月,加检校吏部尚书、太原尹、北都留守、河东节度观察等使。十四年八月,以本官兼凤翔尹,充凤翔陇州节度使。

咸通初,入为户部尚书,累迁吏部尚书、太子少师,卒。

休性宽惠,为官不尚瞰察,而吏民畏服。善为文,长于书翰,自成笔法。家世奉佛,休尤深于释典。太原、凤翔近名山,多僧寺。视事之隙,游践山林,与义学僧讲求佛理。中年后,不食荤血,常斋戒,屏嗜欲。香炉贝典,不离斋中;咏歌赞呗,以为法乐。与尚书纥干皋皆以法号相字。时人重其高洁而鄙其太过,多以词语嘲之,休不以为忤。

俅,字冠识,亦登进士第。休子弢。

杨收,字藏之,同州冯翊人。自言隋越公素之后。高祖悟虚,应贤良制科擢第,位终朔州司马。曾祖幼烈,位终宁州司马。祖藏器,邠州三水丞。父遗直,位终濠州录事参军。家世为儒,遗直客于苏州,讲学为事,因家于吴。遗直生四子:发、假、收、严。

发,字至之,大和四年登进士第,又以书判拔萃,释褐校书郎、湖南观察推官,再辟西蜀从事。入朝为监察,转侍御史,累迁至礼部郎中。大中三年,改左司郎中。

宣宗追尊顺宗、宪宗等尊号，礼院奏庙中神主已题旧号，请改造及重题，诏礼官议。发与都官郎中卢搏献议曰：

　　臣等伏寻旧典，栗主升祔之后，在礼无改造之文，亦无重加尊谥、改题神主之例。求之旷古，复无其文。周加太王、王季、文王之谥，但以德合王周，遂加王号，未闻改谥易主。且文物大备，礼法可称，最在两汉，并无其事。光武中兴，都洛阳，遣大司马邓禹入关，奉高祖已下十一帝后神主祔洛阳宗庙，盖神主不合新造故也。自魏、晋迄于周、隋，虽代有放恣之君，亦有知礼讲学之士，不闻加谥追尊、改主重题。书之史策，可以覆视。

　　今议者惟引东晋重造郑太后神主事为证。伏以郑太后本琅邪王妃，薨后已祔琅邪邸庙。其后，母以子贵，将升祔太庙。贺循请重造新主，改题皇后之号，备礼告祔，当时用之。伏以诸侯庙主与天子庙主长短不同。若以王妃八寸之主上配至极，礼似不同。时诣神贪君之私，用此谬礼，改造神主。比量晋事，又绝非宜。且宣懿非穆宗之后，实武宗之母。母以子之贵，已祔别庙，正为得礼，飨荐无亏。今若从祀至尊，题主称为太后，因臣因子，正得其宜。今乃别造新主，题去太字，即是穆宗上仙之后，臣下追致作殡之礼，渎乱正经，实惊有识。

　　臣当时并列朝行，实知谬戾。以汉律，擅论宗庙者以大不敬论，又其时不诏下议，遂默塞不敢出言。今又欲重用东晋谬礼，秽媟圣朝大典。猥蒙下问，敢不尽言。

　　臣谨按国朝前例，甚有明文。武德元年五月，备法驾于长安通义里旧庙，奉迎宣简公、懿王、景皇帝神主，升祔太庙。既言于旧庙奉迎，足明必奉旧主。

　　其加谥追尊之礼，自古本无其事，自则天太后摄政之后累有之。自此之后，数用其礼。历检国史，并无改造重题之文。若故事有之，无不书于简册。臣等愚见，宜但告新谥于庙而止。其改造重题之文，开元初，太常卿韦绍以高宗庙题武后神主云"天后圣帝武氏"，绍奏请削去"天后圣帝"之号，别题云"则天顺圣皇后武氏"，诏从之。即不知其时削旧题耶？重造主耶？亦不知用何代典礼？礼之疑者，决在宸衷。以臣所见，但以新谥宝册告陵庙，正得其宜。改造重题，恐乖礼意。

时宰相覆奏就神主改题，而知礼者非之，以议为是。

改授太常少卿，出为苏州刺史。苏，发之乡里也。恭长慈幼，人士称之。还，改福州刺史、福建观察使。瓯闽之人，美其能政，耆老并善缣缗。朝廷以发长于边事，移授广州刺史、岭南节度使。属前政不率，蛮、夏咸怨；发以严为理，军乱，为军人所囚，致于邮舍。坐贬婺州刺史，卒于治所。

子乘，亦登进士第，有俊才，尤能为歌诗，历显职。

假，字仁之，进士擢第。故相郑覃刺华州，署为从事。从覃镇京口，得大理评事。入为监察，转侍御史。由司封郎中知杂事，转太常少卿。出为常州刺史，卒官。

初，遗直娶元氏，生发、假。继室长孙氏，生收、严。

收长六尺二寸，广颡深颐，疏眉秀目；寡言笑，方于事上，博闻强记。初，家寄浔阳，甚贫。收七岁丧父，居丧有如成人。而长孙夫人知书，亲自教授。十三，略通诸经义，善于文咏，吴人呼为"神童"。兄发戏令咏蛙，即曰："兔边分玉树，龙底耀铜仪。会当同鼓吹，不复问官私。"又令咏笔，仍赋钻字，即曰："虽匪囊中物，何坚不可钻？一朝操政事，定使冠三端。"每良辰美景，吴人造门观神童，请为诗什，观者压败其藩。收嘲曰："尔幸无赢角，何用触吾藩。若是升堂者，还应自得门。"收为母奉佛，幼不食肉，母亦勖之曰："俟尔登进士第，可肉食也。"

收以仲兄假未登第，久之不从乡赋。开成末，假擢第；是冬，收之长安，明年，一举登第，年才二十六。

时发为润州从事，因家金陵。收得第东归，路由淮右，故相司徒杜悰镇扬州，延收署节度推官，奏授校书郎。悰领度支，以收为巡官。悰罢相镇东蜀，奏授掌书记，得协律郎。悰移镇西川，复管记室。宰相马植奏授渭南尉，充集贤校理，改监察御史。收辞曰："仆兄弟进退以义。顷仲兄假乡赋未第，收不出衡门。今假从事侯府，仆不忍先为御史。相公必欲振恤孤生，俟仆禀兄旨命可也。"马公嘉之。收即密达意于西蜀杜公，愿复为参佐，悰即表为节度判官。马公乃以收弟严为渭南尉、集贤校理，代收之任。

周墀罢相，镇东蜀，表严为掌书记。墀至镇而卒，悰乃辟严为观察判官。兄弟同幕，为两使判官，时人荣之。俄而假自浙西观察判官入为监察御史，收亦自西川入为监察。兄弟并居宪府，特为新例。

裴休作相，以收深于礼学，用为太常博士。时收弟严亦自扬州从事入为监察。寻丁母丧，归苏州。既除，崔珙罢相，镇淮南，以收为观察支使。入为侍御史，改职方员外郎，分司东都。宰相夏侯孜领度支，用收为判官。罢职，改司勋员外郎、长安令。秩满，改吏部员外郎。上言先人未葬，旅殡毗陵，拟迁卜于河南之偃师，请兄弟自往。从之。及葬，东周会葬者千人。时故府杜悰、夏侯孜皆在洛，二公联荐收于执政。宰相令狐绹用收为翰林学士，以库部郎中知制诰，正拜中书舍人，赐金紫，转兵部侍郎、学士承旨。左军中尉杨玄价以收宗姓，深左右之，乃加银青光禄大夫、中书侍郎、同平章事，累迁门下侍郎、刑部尚书。

收以交阯未复，南蛮扰乱，请治军江西，以壮出岭之师。乃于洪州置镇南军，屯兵积粟，以饷南海。天子嘉之，进位尚书右仆射、太清太微宫使、弘文馆大学士、晋阳县男、食邑三百户。

收居位稍务华靡，颇为名辈所讥。而门吏僮奴，倚为奸利。时杨玄价弟兄掌机务，招来方镇之赂，屡有请托，收不能尽从。玄价以为背己，由是倾之。

八年十月，罢知政事，检校工部尚书，出为宣歙观察使。韦保衡作相，又发收阴事，言前用严譔为江西节度，纳赂百万。明年八月，贬为端州司马，寻尽削官封，长流驩州。又令内养郭全穆赍诏赐死。九年三月十五日，全穆追及之，宣诏讫，收谓全穆曰："收为宰相无状，得死为幸。心所悲者，弟兄沦丧将尽，只有弟严一人，以奉先人之祀。予欲昧死上尘天听，可容一刻之命，以俟秉笔乎？"全穆许之。收自书曰：

臣猷庸下才，谬当委任。心乖报国，罪积弥天；特举朝章，赐之显戮。臣诚悲诚感，顿首死罪。臣出自寒门，旁无势援，幸逢休运，累污清资。圣奖曲流，遂叨重任。上不能罄输臣节，以答宠光；下不能回避祸胎，以延俊乂。苟利尸素，频历岁时，果至圣朝，难宽大典。诚知一死未塞深愆，固不合将泉壤之词，上尘天听。伏乞陛下哀臣愚蠢，稍缓雷霆。臣顷蒙擢在台衡，不敢令弟严守官阙下，旋蒙圣造，令刺浙东。所有罪愆，是臣自负，伏乞圣慈，贷严微命。臣血属皆幼，更无近亲，只有弟严，才力尫悴。家族所恃，在严一人，俾存殁曲全，在陛下弘覆。臣无任魂魄望恩之至。

全穆复奏，懿崇憖然宥严。判官朱佩、常濑、阎均、族人杨公庆、严季实、杨全益、何师玄、李孟勋、马全祐、李羽、王彦复等，皆配流岭表。

收子鉴、钜、镣，皆登进士第。

钜，乾宁初以尚书郎知制诰，召充翰林学士，拜中书舍人、户部侍郎，封晋阳男、食邑三百户。从昭宗东迁，为左散骑常侍，卒。

镣，登第后补集贤校理，蓝田尉。乾宁中，累迁尚书郎。

严，字凛之，会昌四年进士擢第。是岁仆射王起典贡部，选士三十人，严与杨知至、窦缄、源重、郑朴五人试文合格，物议以子弟非之，起覆奏。武宗敕曰："杨严一人可及第，余四人落下。"严释褐诸侯府。咸通中，累迁吏部员外，转郎中，拜给事中、工部侍郎，寻以本官充翰林学士。兄收作相，封章请外职，拜越州刺史、御史中丞、浙东团练观察使。收罢相贬官，严坐贬郐州刺史。收得雪，严量移吉王傅。乾符四年，累迁兵部侍郎。五年，判度支。其年病卒。二子：涉、注。

涉，乾符二年登进士第。昭宗朝，累迁吏部郎中、礼、刑二侍郎。乾符四年，改吏部侍郎。天祐初，转左丞。从昭宗迁洛阳，改吏部尚书。辉王即位，本官平章事，加中书侍郎。涉性端厚秉礼。乾宁之后，贼臣窃发，王室浸微。及天祐东迁，大事去矣。涉为时所婴，不能自退。及命相之日，与家人相向洒泣曰："吾不能脱此网罗，祸将至矣。"谓其子凝式曰："今日之命，吾家重不幸矣，必累尔等。"涉谦退善处，竟以令终。

注，中和二年进士登第。昭宗朝，累官考功员外、刑部郎中。寻知制诰，正拜中书舍人，召充翰林学士，累迁户部侍郎。辉王缵历，兄涉为宰相，注避嫌辞内职，守户部侍郎。

韦保衡者，字蕴用，京兆人。祖元贞，父悫，皆进士登第。悫，字端士，大和初登第，后累佐使府，入朝亟历台阁。大中四年，拜礼部侍郎。五年选士，颇得名人，载领方镇节度，卒。

保衡，咸通五年登进士第，累拜起居郎。十年正月，尚懿宗女同昌公主。公主郭淑妃所生，妃有宠，出降之日，倾宫中珍玩以为赠送之资。寻以保衡为翰林学士，转郎中，正拜中书舍人、兵部侍郎承旨。不期年，以本官平章事。

保衡恃恩权，素所不悦者，必加排斥。王铎贡举之师，萧遘同门生，以素薄其为人，皆摈斥之。以杨收、路岩在中书不加礼接，媒孽逐之。自起居郎至宰相，二年之间，阶至特进、扶风县开国侯、食邑二千户、集贤殿大学士。十一年八月，公主薨，自后恩礼渐薄。咸通末，淮、徐盗起，素所怨者发其阴事，保衡竟得罪赐死。

弟保乂，进士登第，尚书郎、知制诰，召充翰林学士，历礼、户、兵三侍郎、学士承旨。坐保衡免官。

路岩者，字鲁瞻，阳平冠氏人也。祖季登，大历六年登进士第，累辟诸侯府。升朝为尚书郎，迁左谏议大夫，卒。生三子，群、庠、单，皆登进士第。

群，字正夫，既擢进士，又书判拔萃，累佐使府。入朝为监察御史。穆宗初即位，遣使西北边犒宴军士，称旨，累加兵部郎中。大和二年，迁谏议大夫，以本官充侍讲学士。四年，罢侍讲为翰林学士。五年，正拜中书舍人，学士如故。

群精经学，善属文。性仁孝，志行贞洁。父母殁后，终身不茹荤血。历践台阁，受时君异宠，未尝以势位自矜。与士友结交，荣达如一。八年正月病卒，君子惜之。二子：岳、岩，大中中相次进士登第。

岩，幼聪敏过人，父友践方镇，书币交辟，久之方就。数年之间，出入禁署。累迁中书舍人、户部侍郎。咸通三年，以本官同平章事，年始三十六。在相位八年，累兼左仆射。懿宗时，王政多僻，宰臣用事。岩既承委遇，稍务奢靡，颇通赂遗。及韦保衡尚公主，素恶岩为人。保衡作相，罢岩知政事，以检校左仆射出为成都尹、剑南西川节度使。未几，改荆南节度。诏令六月下峡赴镇，寻复罢之。

岳，历两郡刺史，入为给事中。子德延。

夏侯孜，字好学，本谯人。父审封。孜，宝历二年登进士第，释褐诸侯府，累迁婺、绛二郡刺史。入为谏议大夫，转给事中。十年，改刑部侍郎。十一年，兼御史中丞，迁尚书右丞、上柱国，赐紫金鱼袋。十一年二月，迁朝议大夫，守户部侍郎，判户部事。再加兵部侍郎，充诸道盐铁转运等使。懿宗即位，以本官同平章事，领使如故。累加左仆射、门下侍郎，封谯县侯，与路岩、杨收同辅政。咸通八年，罢相，检校司空、同平章事，兼成都尹，充剑南西川节度使。属南蛮入寇，蜀中饥馑，军储不备，蛮陷巂州，蜀川大扰。寻移孜为河中尹、检校司徒、河中晋绛节度使。

九年，庞勋据徐州，南蛮深入。天子愆孜治蜀无政，诏曰：

河中晋绛磁隰节度使、开府仪同三司、检校司徒、同中书门下平章事、河中尹、上柱国、谯郡开国公、食邑二千户夏侯孜,早以文词,遂登科第,累更清贯,亦有能名。东阳推抚俗之能,故绛著临人之称。其后用司风宪,宠领藩条,皆以公才,不辜时选。洎掌于经费,备历重难,居然要会之权,颇得均平之道。录其绩效,擢处钧衡。造膝之时,亦闻其算画;沃心之际,备见其谋猷。于是念彼边隅,控临巴蜀,藉其才术,再静蛮陬。翻致帑廪空虚,军资窘竭,冤流阖境,寇逼连营。虽易帅以来,频移星琯,而无备之后,岁有干戈。昨者徼障初安,疮痍复蜍。敷寻事实,果验根由。既乖经济之源,益昧君臣之义。出于物论,非独予怀,是议难处近藩,爰更散秩。可太子少保,分司东都。

未几卒。

子潭、泽,皆登进士第。潭,累官至礼部侍郎。中和三年选士,多至卿相。子坦。

刘瞻,字几之,彭城人。祖升,父景。瞻,大中初进士擢第。四年,又登博学宏词科,历佐使府。咸通初升朝,累迁太常博士。刘瑑作相,以宗人遇之,荐为翰林学士。转员外郎中,正拜中书舍人、户部侍郎承旨。出为太原尹、河东节度使。入拜京兆尹,复为户部侍郎、翰林学士。十年,以本官同平章事,加中书侍郎,兼刑部尚书、集贤殿大学士。

十一年八月,同昌公主薨,懿宗尤嗟惜之。以翰林医官韩宗召、康仲殷等用药无效,收之下狱。两家宗族,枝蔓尽捕三百余人,狴牢皆满。瞻召谏官令上疏,无敢极言。瞻自上疏曰:

臣闻修短之期,人之定分。贤愚共一,今古攸同。乔松薤花,禀气各异。至如筮铿寿考,不因有智而延龄;颜子早亡,不为不贤而促寿。此皆含灵禀气,修短自然之理也。一昨同昌公主久婴危疾,深轸圣慈。医药无征,幽明遽隔。陛下过钟宸爱,痛切追思,爰责医工,令从严宪。然韩宗召等因缘艺术,备荷宠荣,想于诊候之时,无不尽其方术。亦欲病如沃雪,药暂通神,其奈祸福难移,竟成差跌。原其情状,亦可哀矜。而差误之愆,死未塞责。

自陛下雷霆一怒,朝野震惊,囚九族于狴牢,因两人之药误。老幼械系三百余人,咸云:“宗召荷恩之日,寸禄不沾,进药之时,又不同议。此乃祸从天降,罪匪己为。”物议沸腾,道路嗟叹。

陛下以宽仁厚德,御宇十年,四海万邦,咸歌圣政。何事遽移前志,顿易初心。以达理知命之君,涉肆暴不明之谤。且殉宫女而违道,囚平人而结冤,此皆陛下安不思危,忿不顾难者也。

陛下信崇释典,留意生天,大要不过喜舍慈悲,方便布施,不生恶念,所谓福田。则业累尽消,往生忉利,比居浊恶,未可同年。伏望陛下尽释系囚,易怒为喜,虔奉空王之教,以资爱主之灵。中外臣僚,同深恳激。

帝阅疏大怒,即日罢瞻相位,检校刑部尚书、同平章事、江陵尹,充荆南节度等使。再贬康州刺史,量移虢州刺史。入朝为太子宾客分司。翰林学士户部侍郎郑畋、右谏议大夫高湘、比部郎中知制诰杨知至、礼部郎中魏筜、兵部员外张颜、刑部员外崔彦融、御史中丞孙瑝等,皆坐瞻亲善贬逐。京兆尹温璋仰药而卒。

刘瑑者,彭城人。祖璠,父熠。瑑,开成初进士擢第。会昌末,累迁尚书郎、知制诰,正拜中书舍人。大中初,转刑部侍郎。瑑精于法律,选大中以前二百四十四年制敕可行用者二千八百六十五条,分为六百四十六门,议其轻重,别成一家法书,号《大中统类》,奏行用之。出为河南尹,迁检校工部尚书、汴州刺史、宣武军节度使。十一年五月,加检校礼部尚书、太原尹、北都留守、河东节度观察等使。其年十二月入朝,拜户部侍郎,判度支。寻以本官同平章事,领使如故。十二年,累加集贤殿大学士。罢相,又历方镇,卒。弟项,亦登进士第。

曹确,字刚中,河南人。父景伯,贞元十九年进士擢第,又登制科。确,开成二年登进士第,历聘藩府。入朝为侍御史,以工部员外郎知制诰,转郎中,入内署为学士,正拜中书舍人,赐金紫,权知河南尹事。入为兵部侍郎。咸通五年,以本官同平章事,加中书侍郎、监修国史。

确精儒术,器识谨重,动循法度。懿宗以伶官李可及为威卫将军,确执奏曰:“臣览贞观故事,太宗初定官品令,文武官共六百四十三员,顾谓房玄龄曰:'朕设此官员,以待贤士。工商杂色之流,假令术逾侪类,止可厚给财物,必不可超授官秩,与朝贤君子比肩而立,同坐而食。'大和中,文宗欲以乐官尉迟璋为王府率,拾遗窦洵直极谏,乃改授光州长史。伏乞以两朝故事,别授可及之官。”帝不之听。

可及善音律,尤能转喉为新声,音辞曲折,听者忘倦。京师屠沽效之,呼为“拍弹”。同昌公主除丧后,帝与淑妃思念不已。可及乃为《叹百年舞曲》。舞人珠翠盛饰者数百人,画鱼龙地衣,用官绢五千匹。曲终乐阕,珠玑覆地,词语凄恻,闻者涕流,帝故宠之。尝于安国寺作《菩萨蛮舞》,如佛降生,帝益怜之。可及尝为子娶妇,帝赐酒二银榼,启之非酒,乃金翠也。人无敢非之者,唯确与中尉西门季玄屡论之,帝犹顾待不衰。僖宗即位,崔彦昭奏逐之,死于岭表。

确累加右仆射,判度支事。在相位六年。九年罢相,检校司徒、平章事、润州刺史、镇海军节度观察等使。以出师捍庞勋功,就加太子太师。弟汾,亦进士登第,累官尚书郎、知制诰,正拜中书舍人。出为河南尹,迁检校工部尚书、许州刺史、忠武军节度观察等使。入为户部侍郎,判度支。弟兄并列将相之任,人士荣之。

确与毕诚俱以儒术进用,及居相位,廉俭贞苦,君子多之,称为曹、毕。

毕诚者,字存之,郓州须昌人也。伯祖构,高宗时吏部尚书。构弟栩,鄎王府司马,生凌。凌为汾州长史,生匀，为协律郎。匀生诚，少孤贫，燃薪读书，刻苦自励。既长，博通经史，尤能歌诗。端悫好古，交游不杂。大和中，进士擢第，又以书判拔萃，尚书杜悰镇许昌，辟为从事。悰领度支，诚为巡官。悰镇扬州，又从之。悰入相，诚为监察，转侍御史。

武宗朝，宰相李德裕专政，出悰为东蜀节度。悰之故吏，莫敢饯送问讯，唯诚无所顾虑，问遗不绝。德裕怒，出诚为磁州刺史。宣宗即位，德裕得罪，凡被遣者皆征还。诚入为户部员外郎，分司东都，历驾部员外郎、仓部郎中。故事，势门子弟，鄙仓、驾二曹，居之者不悦。唯诚受命，恬然恭逊，口无异言，执政多之。改职方郎中，兼侍御史知杂。期年。召为翰林学士、中书舍人，迁刑部侍郎。

自大中末，党项羌叛，屡扰河西。宣宗召学士对边事。诚即援引古今，论列破羌之状。上悦，曰："吾方择能帅，安集河西，不期颇、牧在吾禁署，卿为朕行乎？"诚忻然从命，即用诚为邠宁节度、河西供军安抚等使。诚至军，遣使告喻叛徒，诸羌率化。又以边境御戎，以兵多积谷为上策。乃召募军士，开置屯田，岁收谷三十万石，省度支钱数百万。诏书嘉之，就加检校工部尚书，移镇泽潞，充昭义节度使。二年，改太原尹、北都留守、河东节度使。太原近胡，九姓为乱。诚明赏罚，谨斥候，期年，诸部革心。就加检校尚书左仆射，移授汴州刺史，充宣武军节度、宋亳汴观察等使。其年，入为户部尚书，领度支。月余，改礼部尚书，同平章事，累迁中书侍郎、兵部尚书、集贤大学士。

在相位三年，十月以疾固辞位，诏守兵部尚书，以其本官同平章事，出镇河中。十二月二十三日，卒于镇，时年六十二。

诚谨重，长于文学，尤精史术。在相位，以同官任情不法，固辞而免，君子美之。

子绍颜、知颜，登进士第，累历显官。

杜审权，字殷衡，京兆人也。国初莱成公如晦六代孙。祖佐，位终大理正。佐生二子：元颖、元绛。

元颖，穆宗朝宰相。绛位终太子宾客。绛生二子：审权、蔚，并登进士第。

审权，释褐江西观察判官，又以书判拔萃，拜右拾遗，转左补阙。大中初，迁司勋员外郎，转郎中知杂。又以本官知制诰，正拜中书舍人。十年，权知礼部贡举。十一年，选士三十人，后多至达官。正拜礼部侍郎。其年冬，出为陕州大都督府长史、陕虢都团练观察使，加检校户部尚书、河中尹、河中晋绛节度使。

懿宗即位，召拜吏部尚书。三年，以本官同平章事，累加门下侍郎、右仆射。九年罢相，检校司空，兼润州刺史、镇海军节度使、苏杭常等州观察使。

时徐州戍将庞勋自桂州擅还，据徐、泗，大扰淮南。审权与淮南节度使令狐绹、荆南节度使崔铉，奉诏出师，掎角讨贼；而浙西馈运不绝，继破徐戎。贼平，召拜尚书左仆射。十一年，制曰：

开府仪同三司、检校司空、守尚书左仆射、上柱国、襄阳郡开国公、食邑二千户杜审权，韵合黄钟，行真白璧。冲粹孕灵岳之秀，精明涵列宿之光，尘外孤标，云间独步。践历华贯，余二十年；鉴裁名流，凡几百辈。清切之任无不试，重难之务无不经。静而立名，严以肃物。绝分毫徇己之意，秉尺寸度量之怀。贞方饰躬，温茂缮性。俭不逼下，畏以居高。语默适时，喜愠莫见。顷罢机务，镇于金陵，值淮夷猖狂，干戈悖起。累发猛士，挫彼贼锋；广备糗粮，助兹军食。深惟将相之大体，颇睹文武之全才。王导以萧洒之名，不忘戎事；谢安以恬淡之德，亦在兵间。及驷马来朝，擢居端揆，严重自处，恬旷不渝。虞芮之故都，前踪尚尔；郇瑕之旧地，往事依然。兼以股肱之良，为吾腹心之寄。改佩相印，更握兵符。仍五教之崇名，极一时之盛礼。可检校司徒、同平章事、河中尹，充河中晋绛节度观察等使。

数年以本官兼许州刺史、忠武军节度观察等使，入为太子太傅，分司东都。卒，赠太师，谥曰德。

三子：让能、彦林、弘徽。

让能，咸通十四年登进士第，释褐咸阳尉。宰相王铎镇汴，奏为推官。入为长安尉、集贤校理。丁母忧，以孝闻。服阕，淮南节度使刘邺辟掌记室，得殿中，赐绯。入为监察。牛蔚镇兴元，奏为节度判官。入为右补阙，历侍御史、起居郎、礼部、兵部员外郎。萧遘领度支，以本官判度支案。

黄巢犯京师，奔赴行在，拜礼部郎中、史馆修撰。寻以本官知制诰，正拜中书舍人。谢日，面赐金紫之服，寻召充翰林学士。六飞在蜀，关东用兵，征发招怀，书诏云委。

让能词才敏速，笔无点窜，动中事机，僖宗嘉之，累迁户部侍郎。从驾还京，加礼部尚书，进阶银青光禄大夫，封建平县开国子，食邑五百户。转兵部尚书、学士承旨。

沙陀逼京师，僖宗苍黄出幸。是夜，让能宿直禁中，闻难作，步出从驾。出城十余里，得遗马一匹，无羁勒，以绅束首而乘之。驾在凤翔，朱玫兵遽至；僖宗急幸宝鸡，近臣唯让能独从。翌日，孔纬等六七人至。邠师攻关，帝幸梁、汉，栈道为石协所毁，崎岖险阻之间，不离左右。帝顾谓之曰："朕之失道，再致播迁。险难之中，卿常在侧，古所谓忠于所事，卿无负矣！"让能谢曰："臣家世历重任，蒙国厚恩，陛下不以臣愚，擢居近侍。临难苟免，臣之耻也；获陪牧圉，臣之幸也。"至襄中，加金紫光禄大夫，改兵部侍郎，同平章事。

时朱玫立襄王称制，天下牧伯附之者十六七，贡赋殆绝。朝士才十数人，行帑无寸金，卫兵不宿饱。帝垂泣侧席，无如之何。让能首陈大计，请以重臣使河中，谕王重荣以大义，果承诏请雪，以图讨逆。京师平，拜特进、中书侍郎，兼兵部尚书、集贤殿大学士，进封襄阳郡开国公，食邑二千户。驾在凤翔，李昌符作乱，倏然变起，让能单步入侍。时朝臣受伪署者众，法司请行极法，以戒事君。让能固争之，获全者十七八。昭宗纂嗣，赐"扶危启运保父功臣"，加开府仪同三司、尚书左仆射，封晋国公，增邑千户，仍赐铁券。诛秦宗权，许、蔡平定，加司空、门下侍郎、监修国史。昭宗郊礼毕，进位司徒、太清宫使、弘文馆大学士、延资库使、诸道盐铁转运等使，加食邑一千户。明年，册拜太尉，加食邑一千户。

自大顺已来，凤翔李茂贞大聚兵甲，恃功骄恣。会杨复恭走山南，茂贞欲兼有梁、汉之地，亟请问罪，诏未允而出师。昭宗怒其专，不得已而从之。及山南平，诏授以茂贞镇兴元，徐彦若镇凤翔，仍割果、阆两州隶武定军。茂贞怒，上章论列，语辞不逊。又与让能书曰：

宰相之职，外抚四夷，内安百姓。阴阳不顺，犹资燮理之功；宇宙将倾，须假扶持之力。即万灵憯惨，四海安危，尽系朝纲，咸由庙算，既为重任，方属元臣。况今国步犹艰，皇居未壮。曩日九衢三市，草拥荒墟；当时万户千门，霜凝白骨。大厦倾欹而未已，沉疴绵息以无余。皆云非贤后无以拯社稷之危，非真宰无以革寰区之弊。

今明公舍筑入梦，投竿为师，践履中台，制临外阃，不究兴亡之理，罕闻沉断之机。盖意有所不平，心有所未悟，辄思上问，愿审臧谋。

窃见杨守亮擅举干戈，阻艰西道，将图割据，吞并东川。居巴、资为一窟豺狼，在梁、汉致十年荆棘。果闻败衄，寻挫凶狂。既前去而不谐，思却归而无地。当道与邠州见为隔绝纲运，方举问罪兵师，忽闻朝廷授武定之双旌，割果、阆之两郡，未审是何名目？酬何功劳？紊大国之纪纲，蠹天子之州县，非惟取笑于童稚，抑亦包羞于马牛。自谓奇谋，信为独见。伏虑是明公赏凶党无君之辈，挫忠臣奉国之心。要助奸邪，须摧正直。又闻公切于保位，利在安家。商量不自于中书，划割全通于内地。虽知深奥，罕测津涯，亦闻骇异群情，颇是喧腾众口。

其悖戾如此。

京师百姓，闻茂贞聚兵甲，群情恟恟，数千百人守阙门。候中尉西门重遂出，拥马论列曰："乞不分割山南，请姑息凤翔，与百姓为主。"重遂曰："此非吾事，出于宰相也。"昭宗怒，诏让能只在中书调发画计，不归第。月余，宰相崔昭纬阴结邠、岐为城社，凡让能出一言，即日达于茂贞、行瑜。茂贞令健儿数百人，杂市人于街。崔昭纬、郑延昌归第，市人拥肩舆诉曰："岐帅无罪，幸相公不加讨伐，致都邑不宁。"二相舆中喻之曰："大政圣上委杜太尉，吾等不预。"市豪褰帘熟视，又不之识，因投瓦石，击二相之舆。崔、郑下舆散走，匿身获免。是日，丧堂印公服，天子怒，捕魁首诛之，由是用兵之意愈坚。京师之人，相与藏窜，严刑不能已。让能奏曰："陛下初临大宝，国步未安。自艰难以来，且行贞元故事，姑息藩镇。茂贞迩在国门，不宜起怨。臣料此时未可行也。"帝曰："政刑削弱，诏令不出城门，此贾生恸哭之际也。又《书》不云乎？药不瞑眩，厥疾弗瘳。朕不能屡屡度日，坐观凌弱。卿为我主张调发，用兵吾委诸王。"让能对曰："陛下愤藩臣之倔强，必欲强干弱枝以隆王室，此则中外大臣所宜戮力，

以成陛下之志，不宜独任微臣。"帝曰："卿位居元辅，与朕同休共戚，无宜避事。"让能泣辞曰："臣待罪台司，未乞骸骨者，思有以报国恩耳，安敢爱身避事？况陛下之心，宪祖之志也。但时有所不便，势有所必然。他日臣虽受晁错之诛，但不足以珍七国之患，敢不奉诏，继之以死！"

景福二年秋，上以嗣覃王为招讨使，神策将李钤副之，率禁军三万，送彦若赴镇。崔昭纬密与邠、凤结托，心害让能；言讨伐非上意，出于太尉之谋。九月，茂贞出军逆战，王师败于盩厔。岐兵乘胜至三桥。让能奏曰："臣固预言之矣。请归罪于臣，可以纾难。"上涕下不能已，曰："与卿诀矣。"即日贬为雷州司户。茂贞在临皋驿，请诛让能。寻赐死，时年五十三。驾自石门还京，念让能之冤，追赠太师。

子光乂、晓，以父枉横，不求闻达。晓入梁，位亦至宰辅。

彦林、弘徽，乾符中相次登进士第。彦林，光化中累官至尚书郎、知制诰，拜中书舍人。天祐初，为御史中丞。

弘徽，累官至中书舍人，迁户部侍郎，充弘文馆学士判馆事，与兄同日被害。

刘邺，字汉藩，润州句容人也。父三复，聪敏绝人，幼善属文。少孤贫，母有废疾，三复丐食供养，不离左右，久之不遂乡赋。

长庆中，李德裕拜浙西观察使，三复以德裕禁密大臣，以所业文诣郡干谒。德裕阅其文，倒屣迎之，乃辟为从事，管记室。母亡，哀毁殆不胜丧。德裕三为浙西，凡十年，三复皆从之。大和中，德裕辅政，用为员外郎。居无何，罢相，复镇浙西，三复从之。汝州刺史刘禹锡以宗人遇之。深重其才，尝为诗赠三复，序曰："从弟三复，三为浙右从事，凡十余年。往年主公入相，荐用登朝，中复从公之京口，未几而罢。昨以尚书员外郎奉使至潞，旋承新命，改辕而东。三从公皆在旧地，征诸故事，复无其比，因赋诗饯别以志之。"又从德裕历滑台、西蜀、扬州，累迁御史中丞。会昌中，德裕用事，自谏议、给事拜刑部侍郎、弘文馆学士判馆事。

朝廷用兵诛刘稹，泽潞既平，朝议以刘从谏妻裴氏是裴问之妹，欲原之。法司定罪，以刘稹之叛，裴以酒食会潞州将校妻女，泣告以固逆谋。三复奏曰：

刘从谏苞藏逆谋，比虽已露，今推穷仆妾，尤得事情。据其图谋语言，制度服物，人臣僭乱，一至于斯。虽生前幸免于显诛，而死后已从于追戮，凡在朝野，同深庆快。且自古人臣叛逆，合有三族之诛。《尚书》曰："乃有颠越不恭，我则劓殄灭之，无遗育，无俾易种于兹新邑。"如此则阿裴已不得免于极法矣！又况从谏死后，主张狂谋，罪状非一。刘稹年既幼小，逆节未深，裴为母氏，固宜诚诱。若广说忠孝之道，深陈祸福之源，必冀虺毒不施，枭音全革。而乃激厉凶党，胶固叛心，广招将校之妻，适有酒食之宴；号哭激其众意，赠遗结其群情。遂使叛党稽不舍之诛，孽童延必死之命，以至周岁。方就诛夷，此阿

裴之罪也。虽以裴问之功，或希减等，而国家有法，难议从轻。伏以管叔，周公之亲弟也，有罪而且诛之。以周公之贤，尚不舍兄弟之罪，况裴问之功效，安能破朝廷法耶？据阿裴废臣妾之道，怀逆乱之谋，裴问如周公之功，尚合行周公之戮。况于朝典，固在不疑。阿裴请准法。

从之。三复未几病卒。

邺六七岁能赋诗，李德裕尤怜之，与诸子同砚席师学。大中初，德裕贬逐，邺无所依，以文章客游江、浙。每有制作，人皆称诵。高元裕廉察陕虢，署为团练推官，得秘书省校书郎。咸通初，刘瞻、高璩居要职，以故人子荐为左拾遗，召充翰林学士，转尚书郎中知制诰，正拜中书舍人、户部侍郎、学士承旨。

邺以李德裕贬死珠崖，大中朝以令狐绹当权，累有赦宥，不蒙恩例。懿宗即位，绹在方镇，属郊天大赦，邺奏论之曰："故崖州司户参军李德裕，其父吉甫，元和中以直道明诚，高居相位，中外咸理，讦谟有功。德裕以伟望宏才，继登台衮；险夷不易，劲直无群。禀周勃厚重之姿，慕杨秉忠贞之节。顷以微累，窜于遐荒，既迫衰残，竟归冥寞。其子烨坐贬象州立山县尉。去年遇陛下布惟新之命，罩作解之恩，移授郴州郴县尉，今已殁于贬所。倘德裕犹有亲援，可期振扬，微臣固不敢上论，以招浮议。今骨肉将尽，生涯已空，皆伤荣戚之门，遽作荆榛之地；孤骨未归于茔兆，一男又没于湘江。特乞圣明，俯垂哀愍，俾还遗骨，兼赐赠官。上弘录旧之仁，下激徇公之节。"诏从之。

邺寻以本官领诸道盐铁转运使。其年同平章事，判度支，转中书侍郎，兼吏部尚书，累加太清宫使、弘文馆大学士。僖宗即位，萧仿、崔彦昭秉政，素恶邺，乃罢邺知政事，检校尚书左仆射、同平章事、扬州大都督府长史、淮南节度使。是日邺押班宣麻竟，通事引邺内殿谢，不及笏记，邺自叙十余句语云："霖雨无功，深愧代天之用；烟霄失路，未知归骨之期。"帝为之恻然。

黄巢渡淮而南，诏以浙西高骈代还，寻除凤翔尹、凤翔陇右节度使，以疾辞，拜左仆射。巢贼犯长安，邺从驾不及，与崔沆、豆卢瑑匿于金吾将军张直方之家。旬日，贼严切追捕，三人夜窜；为贼所得，迫以伪命，称病不应，俱为贼所害。

豆卢瑑者，河东人。祖愿，父籍，皆以进士擢第。瑑，大中十三年亦登进士科。咸通末，累迁兵部员外郎，转户部郎中知制诰，召充翰林学士，正拜中书舍人。乾符中，累迁户部侍郎、学士承旨。六年，与吏部侍郎崔沆同日拜平章事。宣制日，大风雷雨拔树。左丞韦蟾与瑑善，往贺之。瑑言及雷雨之异，蟾曰："此应相公为霖作解之祥也。"瑑笑答曰："霖何甚耶？"及巢贼犯京师，从僖宗出开远门，为盗所制，乃匿于张直方之家，遇害。识者以风雷，不令之兆也。

弟瓒、璨，皆进士登第，累历清要。瓒子革，中兴位亦至宰辅。

史臣曰：近代衣冠人物，门族昌盛，从、颀之后，实富名流。而彦曾属徐乱之秋，胤接李亡之数，计则缪矣，天可逃乎？杨、刘、曹、毕诸族，门非世胄，位以艺升，伏膺典坟，俯拾青紫。而收得位求侈，以至败名。行已饬躬，此为深诫！杜氏三世辅相，太尉陷于横流，临难忘身，可为流涕。

赞曰：汉代荀、陈，我朝崔、杜。有子有弟，多登宰辅。裴士改节，杨子败名。膏粱移性，信而有征。

卷一百七十八
列传第一百二十八

赵隐 弟骘 子光逢 光裔 光胤 张祎 子文蔚 济美 贻宪 李蔚 崔彦昭 郑畋 卢携 王徽

赵隐，字大隐，京兆奉天人也。祖植。建中末朱泚之乱，德宗幸奉天，时仓卒变起，羽卫不集，数日间贼来攻城，植以家人奴客奋力拒守，仍献家财以助军赏，天子嘉之。贼平，咸宁王浑瑊辟为推官，累迁殿中侍御史。贞元初，迁郑州刺史。郑滑节度使李融奏兼副使。十年，融病，军府之政委于植。大将宋朝晏构三军为乱，中夜火发，植与监军列卒待之。迟明，乱卒自溃，即日诛斩皆尽。帝优诏嘉之，入为卫尉少卿，三迁尚书工部侍郎。十七年，出为广州刺史、兼御史大夫、岭南东道节度观察等使，卒于镇。子存约、溁。

存约，大和三年为兴元从事。是时军乱，存约与节度使李绛方宴语，吏报："新军乱，突入府廨，公宜避之。"绛曰："吾为帅臣，去之安往？"麾存约令遁，存约曰："荷公厚德，获奉宾阶。背恩苟免，非吾志也。"即欲部分左右拒贼，是日与绛同遇害。

隐以父罹非祸，泣守松楸十余年，杜门读书，不应辟命。会昌中，父友当权要，敦勉仕进，方应弓招，累为从事。大中三年，应进士登第，累迁郡守、尚书郎、给事中、河南尹，历户、兵二侍郎，领盐铁转运等使。咸通末，以本官同平章事，加中书侍郎，兼礼部尚书，进阶特进、天水伯、食邑七百户。

隐性仁孝，与弟骘尤称友悌。少孤贫，弟兄力耕稼以奉亲，造次不干亲戚。既居宰辅，不以权位自高。退朝易衣，弟兄侍母左右。岁时伏腊，公卿大臣盈门通讯，而大臣及母之荣，无如其比。乾符中罢相，检校兵部尚书、润州刺史、浙西观察等使。入为太常卿，转吏部尚书，累加尚书左仆射。广明中卒。子光逢、光裔、光胤。

弟骘，亦以进士登第。大中末，与兄隐并践省阁。咸通初，以兵部员外郎知制诰，转郎中，正拜中书舍人。六年，权知贡举。七年，选士，多得名流，拜礼部侍郎、御史中丞，累迁华州刺史、潼关防御、镇国军等使，卒光逢，乾符五年登进士第，释褐凤翔推官。入朝为监察御史，丁父忧免。僖宗还京，授太常博士，历礼部、司勋、吏部三员外郎，集贤殿学士，转礼部郎中。景福中，以祠部郎中知制诰，寻召充翰林学士，正拜中书舍人、户部侍郎、学士承旨。改兵部侍郎、尚书左丞，学士如故。乾宁三年，从驾幸华州，拜御史中丞，改礼部侍郎。

刘季述废立之后，宰相崔胤与黄门争权，衣冠道丧。光逢移疾，退居洛阳，闭关却扫六七年。昭宗迁洛，起为吏部侍郎，复为左丞，历太常卿。鼎没于梁，累官至宰辅，封齐国公。

光裔，光启三年进士擢第。乾宁中，累迁司勋郎中、弘文馆学士，改膳部郎中、知制诰，赐金紫之服。兄弟对掌内外制命，时人荣之。季述废立之后，光逢归洛。光裔旅游江表以避患。岭南刘隐深礼之，奏为副使，因家岭外。

光胤，大顺二年进士登第。天祐初，累官至驾部郎中。入梁，历显位。中兴用为宰辅。

张裼，字公表，河间人。父君卿，元和中举进士，词学知名，累历郡守。裼，会昌四年进士擢第，释褐寿州防御判官。于琮布衣时，客游寿春，郡守待之不厚。裼以琮衣冠子，异礼遇之。琮将别，谓裼曰："吾饷逆旅翁五十千，郡将之惠不登其数，如何？"裼方奉母，家贫，适得俸绢五十匹，尽以遗琮，约曰："他时出处穷达，交相恤也。"裼累辟太原掌书记。大中朝，琮为翰林学士，俄登宰辅，判度支。琮召裼为司勋员外郎、判度支。寻用为翰林学士，转郎中、知制诰，拜中书舍人、户部侍郎、学士承旨。咸通末，琮为韦保衡所构谴逐，裼坐贬封州司马。保衡诛，琮得雪。裼量移入朝，为太子宾客，迁吏部侍郎、京兆尹。乾符三年，出为华州刺史。其年冬，检校吏部尚书、郓州刺史、天平军节度观察等使。四年，卒于镇，时年六十四。子文蔚、济美、贻宪。

文蔚，乾符二年进士擢第，累佐使府。龙纪初，入朝为尚书郎。乾宁中，以祠部郎中知制诰，正拜中书舍人，赐紫。崔胤擅朝政，与蔚同年进士，尤相善，用为翰林学士、户部侍郎，转兵部。从昭宗迁洛阳。辉王时，拜中书侍郎、平章事。入梁，卒。

济美、贻宪，相继以进士登第。贻宪覆试落籍，为户部巡官、集贤校理。

李蔚，字茂休，陇西人。祖上公，位司农卿，元和初为陕虢观察使。父景素，大和中进士。蔚，开成末进士擢第，释褐襄阳从事。会昌末调选，又以书判拔萃，拜监察御史，转殿中监。大中七年，以员外郎知台杂，寻知制诰，转郎中，正拜中书舍人。咸通五年，权知礼部贡举。六年，拜礼部侍郎，转尚书右丞。

懿宗奉佛太过，常于禁中饭僧，亲为赞呗。以旃檀为二高座，赐安国寺僧彻，逢八饭万僧。蔚上疏谏曰：

臣闻孔丘，圣者也，言则引周任之言；苻融，贤者也，谏必称王猛之议。诚以事求师古，词贵达情。陛下自缵帝图，克崇佛事，止当修外，未甚得中。臣略采本朝名臣启奏之言，以证奉佛初终之要。

天后时，曾营大像，功费百万，狄仁杰谏曰："夫宝铰殚于缀饰，瑰材竭于轮奂。功不使鬼，必在役人；物不天来，皆从地出；非苦百姓，物何以求？物生有时，用之无度。臣每思惟，实所悲痛。至如往在江表，像法盛兴；梁武、简文，施舍无限。及乎三淮沸浪，五岭腾烟，列刹盈衢，无救危亡之祸；缁衣蔽路，岂益勤王之师？况近年以来，风尘屡扰；水旱失节，征役稍繁。必若多费官财，又苦人力，一隅有难，将何以救？"此切当之言一也。

中宗时，公主外戚，奏度僧尼，姚崇谏曰："佛不在外，求之于心。佛图澄最贤，无益于后赵；罗什多艺，不救于姚秦。何充、苻融，皆遭败灭；齐襄、梁武，未免灾殃。但志发慈悲，心行利益，若苍生安乐，即是佛身。"此切当之言二也。

睿宗为金仙、玉真二公主造二道宫，辛替否谏曰："自夏以来，淫雨不解，谷荒于垅，麦烂于场。入秋以来，亢旱为灾，苗而不实，霜损虫暴，草菜枯黄；下人咨嗟，未加赈贷。陛下爱两女而造两观，烧瓦运木，载土填沙。道路流言，皆云用钱百万。陛下圣人也，远无不知；陛下明君也，细无不见。既知且见，知仓有几年之储？库有几年之帛？知百姓之间可存活乎？三边之士可转输乎？今发一卒以捍边陲，追一兵以卫社稷，多无衣食，皆带饥寒；赏赐之间，迥无所出。军旅骤败，莫不由斯。而陛下破百万贯钱，造不急之观，以贾六合之怨，以违万人之心。"此切当之言三也。

替否又谏造寺曰："释教以清净为基，慈悲为主。常体道以济物，不利己而害人。每去己以全真，不营身以害教。今三时之月，筑山穿池，损命也；殚府虚藏，损人也；广殿长廊，营身也。损命，则不慈悲，损人，则不济物，营身，则不清净。岂大圣至神之心乎？佛书曰：'一切有为法，如梦幻泡影，如露亦如电。'臣以为减雕琢之费以赈贫人，是有如来之德；息穿掘之苦以全昆虫，是有如来之仁；罢营葺之直以给边陲，是有汤武之功；回不急之禄以购清廉，是有唐虞之治。陛下缓其所急，急其所缓；亲未来而疏见在，失真实而冀虚无。重俗人之所为，轻天子之功业，臣实痛之！"此切当之言四也。

臣观仁杰，天后时上公也；姚崇，开元时贤相也；替否，睿宗之直臣也。臣每览斯言，未尝不废卷而太息，痛其言之不行也。

伏以陛下深重缁流，妙崇佛事，其为乐善，实迈前踪。但细详时代之安危，渺鉴昔贤之敷奏，则思过半矣，道远乎哉！臣过忝渥恩，言亏匡谏，但举从绳之义，少裨负扆之明。营缮之间，稍宜停减。

优诏嘉之。寻拜京兆尹、太常卿。

寻以本官同平章事，加中书侍郎，与卢携、郑畋同辅政。罢相，出为襄州刺史、山南东道节度使。入为吏部尚书，加检校尚书右仆射、汴州刺史、宣武军节度观察等使。

咸通十四年,转扬州大都督府长史、淮南节度副大使知节度事。乾符三年受代,百姓诣阙乞留一年,从之。四年,复为吏部尚书,寻迁检校司空、东都留守、东畿汝都防御使。六年,河东军乱,杀崔季康,诏以邠宁李侃镇太原,军情不伏。以蔚尝为太原从事,军民怀之。八月,以蔚为太原尹、北都留守、河东节度观察等使。其年十月到镇,下车三日,暴病卒。

弟绾,从兄绘,累官至刺史。

蔚三子:渥、洵、泽。

渥,咸通末进士及第,释褐太原从事,累拜中书舍人、礼部侍郎。光化三年,选贡士。洵至福建观察使。

崔彦昭,字思文,清河人。父岂。彦昭,大中三年进士擢第,释褐诸侯府。咸通初,累迁兵部员外郎,转郎中、知制诰,拜中书舍人,再迁户部侍郎,判本司事。

彦昭长于经济,儒学优深,精于吏事。前治数郡,所莅有声,动多遗爱。十年,检校礼部尚书、孟州刺史、河阳怀节度使,进阶金紫。十二年正月,加检校刑部尚书、太原尹、北都留守、河东节度管内观察等使。

时徐、泗用兵之后,北戎多寇边,沙陀诸部动干纪律。彦昭柔以恩惠,来以兵威,三年之间,北门大治,军民歌之。考满受代,耆老数千诣阙乞留。诏报曰:"彦昭早著令名,累更剧任。入司邦计,开张用经纬之文;出统藩维,抚驭得韬钤之术。自临并部,隐若长城。但先и众安人,不欲恃险与马。遂致三军百姓,沥悃同词,备述政能,唯恐罢去。顾兹重镇,方委长材。既获便安,未议移替,想当知悉。"

僖宗即位,就加检校吏部尚书。时赵隐、高璩知政事,与彦昭同年进士,荐彦昭长于治财赋。十五年三月,召为吏部侍郎,充诸道盐铁转运使。乾符初,以本官同平章事、判度支。

先是,杨收、路岩、韦保衡皆以朋党好赂得罪。萧仿秉政,颇革前弊。而彦昭辅政数月,百职斯举,察而不烦,士君子称之。二年,因其转官,僖宗诫曰:

彦昭历试有劳,佥谐无愧。涉于六月,秉是一心。修乃文可以兴文教,励乃武可以成武功。重整前规,两司大计,清能壁立,政乃风行。奸欺屏绝于多歧,请托销摧于正议。不烦内库,有助涓毫;不假外藩,有进丝发。军食所入,余剩于明年;郊庙所供,克办于今岁。颇符神化,真谓庙谋。不有良臣,安能富国?宜酬勋于黄阁,俾正位于紫垣。敬服诚词,永坚茂业,呜呼!秉钧之道,何所难哉!覆车之涂,近已多矣!与其树党,不若修身;与其收恩,不如秉直。买暂胜者贻其永败,沽小智者囊其大愚。不贵及人,唯争自我;初诚润屋,寻с危家。金玉满堂,莫之能守,纵经营而得位,用枉挠而当宰。唯朕选自朕心,采于人望。宣诏既毕,闲门未知,来遂奔车,退无私谢。独推元老,曾请急征;以守道而自臻,实荣亲之最重。尔其坚持正义,允执规模。但畏幽阴,必归公当。甘言可惮,叙往而自嘻。奖善须明,惩奸须锐。利

于人者,虽难必举;利于己者,虽易勿为。频念孤寒,每思耕织,常自勤于数事,便有望于中兴。彰朕知臣,在卿匡国,必使恩从下布,法自上行。但立直标,终无曲影。苟致我于尧、舜,亦比尔于皋、夔。可中书侍郎,依前判度支事。

彦昭事母至孝,虽位居宰辅,退朝侍膳,与家人杂处,承奉左右,未尝高言。岁时庆贺,公卿拜席,时人荣之。累迁门下侍郎,兼刑部尚书,充太清宫使、弘文馆大学士。与郑畋、李蔚同知政事,三加兼官,皆颂度支如故。进阶特进,累兼尚书右仆射。罢相,历方镇,以太子太保分司卒。子保谦。

郑畋,字台文,荥阳人也。曾祖邻,祖穆,父亚,并登进士第。亚,字子佐,元和十五年擢进士第,又应贤良方正、直言极谏制科。吏部调选,又以书判拔萃,数岁之内,连中三科。聪悟绝伦,文章秀发。李德裕在翰林,亚以文干谒,深知之。出镇浙西,辟为从事。累属家艰,人多忌嫉,久之不调。会昌初,始入朝为监察御史,累迁刑部郎中。中丞李回奏知杂,迁谏议大夫、给事中。五年,德裕罢相镇诸宫,授亚正议大夫,出为桂州刺史、御史中丞、桂管都防御经略使。大中二年,吴汝纳诉冤,德裕再贬潮州,亚亦贬循州刺史,卒。

畋年十八,登进士第,释褐汴宋节度推官,得秘书省校书郎。二十二,吏部调选,又以书判拔萃。授渭南尉、直史馆事。未行,亚出桂州,畋随侍左右。大中朝,白敏中、令狐绹相继秉政十余年,素与德裕相恶。凡德裕亲厚多废斥之,畋久不偕于士伍。咸通中,令狐绹出镇,刘瞻镇北门,辟为从事。入朝为虞部员外郎。右丞郑薰,令狐之党也,摭畋同事覆奏,不放入省,畋复出为从事。五年,入为刑部员外郎,转万年令。九年,刘瞻作相,荐为翰林学士,转户部郎中。

畋以久罹摈弃,幸承拔擢,因授官自陈曰:"臣十八进士及第,二十二书判登科。此时结绶王畿,便贮青云之望。洎一沉风水,久换星霜,厌外府之樽罍,渴明庭之礼乐。咸通五年,方始登朝。若匪遭逢圣君,无以发扬幽迹。臣任刑部员外郎日,累于阁内对扬。去冬蒙擢宰万年,又得延英中谢。倾藿亲依于白日,舍盆终睹于青天。昨以京县浩穰,苦心为政,疲羸粗息,强御无踪。方专宰字之心,用副忧勤之化。陛下过垂采听,超授恩荣,擢于百里之中,致在三清之上。才超翰苑,遽改郎曹。"

寻加知制诰,又自陈曰:"臣会昌二年,进士及第,大中首岁,书判登科。其时替故昭义节度使沈询作渭南县尉;两考罢免,杨收以结绶替臣。询则备历显荣,畋经数载;收则宠极台辅,绌已三年。臣则外困宾筵,内甘散秩,仰窥霄汉,空叹云泥。虽云赋命屯奇,实以遭人排忌。"其因事自洗涤如此。

俄迁中书舍人。十年,王师讨徐方,禁庭书诏旁午。畋洒翰易涌,动无滞思,言皆破的,同僚阁笔推之。寻迁户部侍郎。庞勋平,以本官充承旨。畋以德望先达,沦滞久之。既冠禁庭,当为宰辅,因谢承旨自陈曰:"禁林素

号清严，承旨尤称峻重。偏膺顾问，首冠英贤。今之宰辅四人，三以此官腾跃，其为盛美，更异寻常。岂谓凡流，继兹芳躅，臣所以忧不称承旨之任也。至若继刘瞻之慎密，守保衡之规程，沥恳事君，披肝翊圣。以贞方为介胄，用忠信作藩篱。丹青帝文，金玉王度，臣亦不敢让承旨之职。况沉舟坠羽，因圣主发扬，有薄艺微才，受鸿恩知遇。再周寒暑，六忝官荣，由郎吏以至于贰卿，自末僚而迁于上列。"其切于大用如此。

其年八月，刘瞻以谏囚医工宗族，罢相，出为荆南节度使。畋草制讨为美词。懿宗省之甚怒，责之曰："畋顷以行迹玷秽，为时弃捐，朝籍周行，无阶践历。竟因由径，遂致叨居。尘忝既多，狡蠹尤甚。且居承旨，合体朕怀。一昨刘瞻出藩，朕岂无意？尔次当视草，过为美词。逞谲诡于笔端，笼爱憎于形内。徒知报瞻咳唾之惠，谁思蔑我拔擢之恩？载详言伪而坚，果明同恶相济。人之多僻，一至于斯！宜行窜逐之科，用屏回邪之党。可梧州刺史。"

僖宗即位，召还。授右散骑常侍，改兵部侍郎。乾符四年，迁吏部侍郎。寻降制曰："顷者时郁正途，权归邪幸。尔畋执心无惑，秉节被逭，征复驾行，愈洽人望。既负弥纶之业，宜居辅弼之司。可本官同平章事。"僖宗上尊号礼毕，进加中书侍郎，进阶特进，转门下侍郎，兼礼部尚书、集贤殿大学士。

五年，黄巢起曹、郓，南犯荆、襄，东渡江、淮，众归百万，所经屡陷郡邑。六年，陷安南府据之。致书与浙东观察使崔璆，求郓州节钺。璆言贼势难图，宜因授之，以绝北顾之患。天子下百僚议。初，黄巢之起也，宰相卢携以浙西观察使高骈素有军功，奏为淮南节度使，令扼贼冲。寻骈为诸道行营都统。及崔璆之奏，朝臣议之。有请假节以纾患者。畋采群议，欲以南海节制縻之。携以始用高骈，欲立奇功以图胜。携曰："高骈将略无双，淮土甲兵甚锐。今诸道之师方集，蕞尔寇窃，不足平殄。何事舍之示怯，而令诸军解体耶！"畋曰："巢贼之乱，本因饥岁。人以利合，乃至实繁。江、淮以南，荐食殆半。国家久不用兵，士皆忘战；所在节将，闭门自守，尚不能枝。不如释咎包容，权降恩泽。彼本以饥年利合，一遇丰岁，孰不怀思乡土？其众一离，则巢贼几上肉耳，此所谓不战而屈人兵也！若此际不以计攻，全恃兵力，恐天下之忧未艾也。"

群议然之，而左仆射于琮曰："南海有市舶之利，岁贡珠玑。如令妖贼所有，国藏渐当废竭。"上亦望骈成功，乃依携议。及中书商量制敕，畋曰："妖贼百万，横行天下，高公迁延玩寇，无意翦除，又从而保之，彼得计矣。国祚安危，在我辈三四人画度。公倚淮南用兵，吾不知税驾之所矣！"携怒，拂衣而起，袂染于砚，因投之。僖宗闻之怒，曰："大臣相诟，何以表仪四海？"二人俱罢政事，以太子宾客分司东都。

广明元年，贼自岭表北渡江、浙，虏崔璆，陷淮南郡县。高骈止令张璘控制冲要，闭壁自固。天子始思畋前言，二人俱征还，拜畋礼部尚书。寻出为凤翔陇右节度使。是冬，贼陷京师，僖宗出幸。畋闻难作，候驾于斜谷迎谒，垂泣曰："将相误陛下，以至于此。臣实罪人，请死以惩无状。"上曰："非卿失也。朕以狂寇凌犯，且驻跸兴元。卿宜坚扼贼冲，勿令滋蔓。"畋对曰："臣心报国，死而已，请陛下无东顾之忧。然道路艰虞，奏报梗涩，临机不能远禀圣旨，愿听臣便宜从事。"上曰："苟利宗社，任卿所行。"畋还镇，搜乘补卒，缮修戎仗，浚饰城垒。尽出家财以散士卒。昼夜如临大敌。

中和元年二月，贼将尚让、王璠率众五万，欲攻凤翔。畋预知贼至，令大将李昌言等伏于要害。贼以畋儒者，必不能拒，步骑长驱，部伍不整。畋以锐卒数千，陈于高冈，虚立旗帜，延袤数里。距贼十余里，伐鼓而阵。贼不之测众寡，始欲列卒而阵，后军未至，而昌言等发长击之，其众大挠。日既晡矣，岐军四合，追击于龙尾陂，贼委兵仗自溃，斩馘万计，得其铠仗，岐军大振。天子闻之，谓宰相曰："予知畋不尽，儒者之勇，甚慰于怀。"即授畋检校尚书左仆射、同平章事，充京西诸道行营都统。

时畿内诸镇禁军尚数万，贼巢污京师后，众无所归。畋承制招谕，诸镇将校皆萃岐阳。畋分财以结其心，与之盟誓，期匡王室。又传檄天下曰：

凤翔陇右节度使、检校尚书左仆射、同中书门下平章事、充京西诸道行营都统、上柱国、荥阳郡开国公、食邑二千户郑畋，移檄告诸藩镇、郡县、侯伯、牧守、将吏曰：夫屯亨有数，否泰相沿，如日月之蔽亏，似阴阳之愆伏。是以汉朝方盛，则莽、卓肆其奸凶；夏道未衰，而羿、浞骋其残酷。不无僭越，寻亦诛夷。即知妖孽之生，古今难免。代有忠贞之士，力为匡复之谋。我国家应五运以承乾，蹑三王之垂统，绵区饮化，匝宇归仁。十八帝之鸿猷，铭于神鼎；三百年之睿泽，播在人谣。加以政尚宽弘，刑无枉滥，翼翼勤行于王道，孜孜务恤于生灵。足可传宝祚于无穷，御瑶图于不朽。

近岁螟蝗作害，旱暵延灾，因令无赖之徒，遽起乱常之暴。虽加讨逐，犹肆猖狂。草贼黄巢，奴仆下才，豺狼丑类。寒耕热耨，不励力于田畴；媮食靡衣，务偷生于剽夺。结连凶党，驱迫平人，始扰害于里间，遂侵凌于郡邑。属以藩臣不武，戎士贪财，徒加讨逐之名，竟作迁延之役。致令滋蔓，累有邀求。圣上爱育情深，含弘道广，指万方而罪己，用百姓以为心。假以节旄，委之藩镇，冀其悛革，免困疲羸。而殊无犬马之诚，但恣虫蛇之毒。剽掠我征镇，覆没我京都，凌辱我衣冠，屠残我士庶。视人命有同于草芥，谓大宝易取如弈棋。而乃窃据宫闱，伪称名号。烂羊头而拜爵，续狗尾以命官。燕巢幕以夸安，鱼在鼎而犹戏。殊不知五侯拱怒，期分项羽之尸；四家既成，待葬蚩尤之骨。犹复广侵田宅，滥渎货财，比溪壑以难盈，类乌鸢而纵攫。茫茫赤县，仅同夷貊之乡；惴惴黔黎，若在狴牢之内。固已人神共怒，行路伤心。

畋谬领藩垣，荣兼将相，每枕戈而待旦，常泣血以忘餐；誓与义士忠臣，共翦狐鸣狗盗。近承诏命，会合诸军。皇帝亲御六师，即离三蜀；霜戈万队，铁马千群；雕虎啸以风生，应龙骧而云起。淮南高相公，会关东诸道百万雄师，计以夏初，会于关内。畋与泾原节度使程宗楚、秦州节度使仇公遇等，已驱组练，大集关畿；争麾陇右之蛇矛，待扫关中之蚁聚。而吐蕃、党项以久被皇化，深愤国仇，愿以沙漠之军，共献荡平之捷。此际华戎合势，藩镇连衡，旌旗焕烂于云霞，剑戟晶荧于霜雪。莫不持绳待试，贾勇争先；思垂竹帛之功，誓雪朝廷之耻。矧兹残孽，不足殄除。况诸道世受国恩，身縻好爵，皆贮匡邦之略，咸倾致主之诚。自函、洛构氛，銮舆避狄，莫不指铜驼而眦裂，望玉垒以魂销。闻此勤王，固宜投袂。更希愤激，速殄寇仇。永图社稷之勋，以报君亲之德，迎銮反正，岂不休哉？

时驾在坤维，音驿阻绝，以为朝廷无能复振。及畋传檄，诸藩耸动，各治勤王之师，巢贼闻之大惧。自是贼骑不过京西。当时非畋扼贼之冲，襄、蜀危矣。寻进位检校司空。

其年冬，畋暴病，以岐山方御贼冲，宜须骁将镇守，表荐大将李昌言，诏可之。诏畋赴行在。二年正月至成都，以王铎代畋将兵收复。畋寻以仆射平章事，以疾，久之不拜，累表乞解机务。二年冬，罢相，授太子少保。僖宗以畋子给事中凝绩为陇州刺史，诏侍畋就郡养疾，薨于郡舍，时年五十九。

光启末，李茂贞授凤翔节度使。畋会兵时，茂贞为博野军小校在奉天，畋尽召其军至岐下，以茂贞勤于军旅，甚奇之，委以游逻之任。至是，茂贞思畋奖待之恩，上表论之曰：

臣伏见当道故检校司空、同平章事郑畋，瑞应星精，祥开月角；建洪炉于圣代，成庶绩于明昌。凤毛方浴于春池，龙节忽移于右辅。旋以群鸱啸聚，万猬锋攒，苍黄而玉辂省方，次第而金门彻钥。九州相望，初犹豫以从风；百辟无归，半狐疑而委质。而畋冲冠怒发，投袂治兵；罗剑戟于樽前，练貔貅于闑外。坎牲誓众，桴鼓出师；驰羽檄于四方，畅皇威于万里。身维地轴，决横流而尽入东溟；手正天关，扫妖星而重尊北极。及至囊沙减灶，伐鼓扬旌；四凶方侈于兽心，一阵尽涂于龙尾。大振建瓴之捷，只于反掌之间。不期天柱朝摧，将星夜陨；竹帛徒书于茂烈，松楸未焕于易名。臣始仕从戎，爰承指顾，禀三令五申之戒，预一匡九合之谋。今则谬以微功，获居重镇。寻武侯之遗爱，城垒宛然；念叔子之高踪，涕泗何极？伏冀特加赠谥，以慰泉扃。

昭宗嘉之，诏赠司徒，谥曰文昭。

畋文学优深，器量弘恕。美风仪，神彩如玉，尤能赋诗。与人结交，荣悴如一。始为员外郎，为郑薰不放省上，畋不以为憾。及畋作相，薰子为郎，畋特奖拔为给事中，列曹侍郎。其以德报怨，多此类也。

子凝绩，景福中历刑部、户部侍郎。

卢携，字子升，范阳人。祖损。父求，宝历初登进士第，应诸府辟召。位终郡守。携，大中九年进士擢第，授集贤校理，出佐使府。咸通中，入朝为右拾遗、殿中侍御史，累转员外郎中、长安县令、郑州刺史。召拜谏议大夫。乾符初，以本官召充翰林学士，拜中书舍人。乾符末，加户部侍郎、学士承旨。四年，以本官同中书门下平章事，累加门下侍郎，兼兵部尚书、弘文馆大学士。

五年，黄巢陷荆南、江西外郭及虔、吉、饶、信等州，自浙东陷福建，遂至岭南，陷广州，杀节度使李岧，遂抗表求节钺。初，王仙芝起河南，携举宋威、齐克让、曾衮等有将略，用为招讨使。及宋威杀尚君长，致贼充斥。朝廷遂以宰臣王铎为都统，携深不悦。浙帅崔璆等上表，请假黄巢广州节钺，上令宰臣议。携与王铎为统帅，欲激怒黄巢，坚言不可假贼节制，止授率府率而已。与同列郑畋争论，投砚于地。由是两罢之，为太子宾客分司。

六年，高骈大将张璘频破贼。携素待高骈厚，常举可为统帅。天子以骈立功，复召携辅政。及王铎失守，罢都统，以高骈代之。由是自潼关以东，汝、陕、许、邓、汴、滑、青、兖皆易帅。王铎、郑畋所授任者，皆易之。携内倚田令孜，外以高骈为援，朝廷大政，高下在心。时携病风，精神恍惚。政事可否，皆决于亲吏温季修，货贿公行。及贼扰淮南，张璘被杀，而许州逐帅，溵水兵溃。朝廷震惧，皆归罪于携。及贼陷潼关，罢携相，为太子宾客，是夜仰药而死。

子晏，天祐初，为河南县尉，为柳璨所杀。

王徽，字昭文，京兆杜陵人，其先出于梁魏。魏为秦灭，始皇徙关东豪族实关中，魏诸公子徙于霸陵。以其故王族，遂为王氏。后周同州刺史熊，徽之十代祖，葬咸阳之凤岐原，子孙因家焉。曾祖择从兄易从，天后朝登进士第。从弟明从、言从，睿宗朝并以进士擢第。昆仲四人，开元中三至凤阁舍人，故时号"凤阁王家"。其后，易从子定，定子逢，逢弟仲周，定兄密，密子行古，行古子收，收子超，皆以进士登第。王氏自易从已降，至大中朝登进士科者，一十八人；登台省，历牧守、宾佐者，三十余人。择从，大足三年登进士第，先天中，又应贤良方正制举，升乙第，再迁京兆士曹参军，充丽正殿学士。祖察，至德二年登进士第，位终连州刺史。父自立，位终缑氏令。

徽大中十一年进士擢第，释褐秘书省校书郎。户部侍郎沈询判度支，辟为巡官。宰相徐商领盐铁，又奏为参佐。时宣宗诏宰相于进士中选子弟尚主，或以徽籍上闻。徽性冲淡，远势利，闻之忧形于色。徽登第时，年逾四十，见宰相刘瑑哀祈，具陈年已高矣，居常多病，不足以尘污禁闱。瑑于上前言之方免。从令狐绹历宣武、淮南两镇掌书记，得大理评事。召拜右拾遗，前后上疏论事二十三，人难言者必犯颜争之，人士耸然称重。

会徐商罢相镇江陵，以徽旧僚，欲加奏辟而不敢言。徽探知其旨，即席言曰："仆在进士中，荷公重顾，公佩印临戎，下官安得不从？"商喜甚，奏授殿中侍御史，赐绯，荆南节度判官。

高湜时持宪纲，奏为侍御史知杂，兼职方员外郎，转考功员外。时考簿上中下字朱书，吏缘为奸，多有揩改。徽白仆射，请以墨书，遂绝奸吏之弊。宰相萧仿以徽明于吏术，尤重之。乾符初，迁司封郎中、长安县令。学士阙人，仿用徽为翰林学士，改职方郎中、知制诰，正拜中书舍人。延英中谢，面赐金紫，迁户部侍郎、学士承旨。改兵部侍郎、尚书左丞，学士承旨如故。

广明元年十二月三日，改户部侍郎、同平章事。是日，黄巢入潼关，其夜僖宗出幸。徽与同列崔沆、豆卢瑑、仆射于琮，至曙方知车驾出幸，遂相奔驰赴行在。徽夜落荆榛中，坠于崖谷，为贼所得，迫还京师。将授之伪命，徽示以足折口瘖，虽白刃环之，终无惧色。贼令舆归第，命医工视之。月余，守视者稍息，徽乃杂于负贩，窜之河中，遣人间道奉绢表入蜀。

天子嘉之，诏授光禄大夫，守兵部尚书。将赴行在，寻诏徽以本官充东面宣慰催阵使。时王铎都统行营兵马在河中，累年未能破贼。徽与行营都监杨复光谋，赦沙陀三部落，令赴难。其年夏，代北军至，决战累捷，收复京师，以功加尚书右仆射。

光启中，潞州军乱，杀其帅成麟，以兵部侍郎郑昌图权知昭义军事。时孟方立割据山东三州，别为一镇。上党支郡，唯泽州耳，而军中之人多附方立，昌图不能制。宰相奏请以重臣镇之，乃授徽检校尚书左仆射、同平章事、潞州大都督府长史、泽潞邢洺磁观察等使。时銮辂未还，关东聚盗。而河东李克用与孟方立方争泽潞。以朝廷兵力必不能加，上表诉之曰：

臣闻量才授任，本切于安人；奉上推忠，莫先于体国。臣早逢昌运，备历华资，止仗竭诚，幸无躁迹。六年内置，虽叨侍从之荣；一日台司，未展匡扶之志。敢忘急病，用副忧勤。况重镇兵符，元戎相印，特膺宠寄，出自宸衷，岂合惮劳，更陈衷款。但以郑昌图主留累月，将结深根；孟方立专据三州，转成积衅。招其外则潞人胥怨，抚其内则邢州益疑。祸方炽于既焚，计奚何于已失。须观胜负，乃决安危。欲遵命而勇行，则寝兴百虑；思奉身而先退，则事体两全。伏乞圣慈，博求廷议，择可其付，理在从长。免微臣负怀宠之讥，使上党破必争之势。触藩知难，庶无愧于前言；报国图功，岂有伸于此日。

天子乃以昌图镇之，以徽为诸道租庸供军等使，余官如故。

时京师收复之后，宫寺焚烧，园陵毁废，故车驾久而未还。乃以徽为大明宫留守、京畿安抚制置、修奉园陵等使。徽方治财赋，又兼制置，王畿之人，大半流丧，乃招合遗散，抚之如子。数年之间，版户稍葺，东内斋阁，缮完有序。徽拜表请车驾还京，曰："昨者狂寇将逃，延灾方甚。而端门凤时，镇福地而独存；王气龙盘，郁祥烟而不散。足表宗祧降祉，临御非遥。今虽初议修崇，未全壮丽，式示卑宫之俭，更凝驭道之尊。且肃宗才见捷书，便离岐下；德宗虽当盛暑，不驻汉中。故事具存，昌期难缓，愿回銮辂，早复京师。臣谬以散材，叨膺重寄，闭阁深念，拜章累陈。审时事之安危，系庙谋之得失。臣虽随宜制置，

竭力抚绥，如或銮驾未回，必恐人心复散。纵成微效，终负殊私。势有必然，理宜过虑。以兹淹驻，转失机宜。实希永挂宸聪，亟还清跸。"帝深嘉纳，进位检校司空、御史大夫，权知京兆尹事。

中外权臣，遣人治第京师。因其乱后，多侵犯居人，百姓告诉相继。徽不避权豪，平之以法。由是残民安业，而权幸侧目恶其强。乃以其党薛杞为少尹，知府事。杞方居父丧，徽执奏不令入府。权臣愈怒，奏罢徽使务，以本官征赴行在。寻授太子少师，移疾退居蒲州。满十旬，请罢。僖宗还宫，复授太子少师，疾，未任朝谒。宰相以徽怨望，奏贬集州刺史，徽乃舆疾赴贬所。不旬日，沙陀逼京师，僖宗出幸宝鸡，而军容田令孜得咎。天子以徽无罪，召拜吏部尚书，封琅邪郡侯，食邑千户。徽将赴行在，而襄王僭伪。邠、岐兵士，追逼乘舆。天子幸汉中，徽不能进。李煴伪制至河中府，召徽赴阙。徽托以风疾，不能步履。煴称僭号，逼内外臣僚署誓状。徽称臂缓，不能秉笔，竟不署名。

朱玫既诛，天子自襄中还，至凤翔，召徽拜御史大夫。车驾还宫，徽上章，以足膝风痹，不任朝拜，乞除散秩，复授太子少师。及便殿中谢，昭宗顾瞻进对，曰："王徽神气尚强，安可自便？"乃改授吏部尚书。大乱之后，铨选失绪，吏为奸蠹，有重叠补拟者。徽从初注授，便置手历，一一检视，人无拥滞，内外称之。进位检校司空，守尚书右仆射。大顺元年十二月卒，赠太尉，谥曰贞。

子三人：椿、槔、松。

史臣曰：议兵之难，古无百胜，盖以行权制变，法断在于临机；出奇无穷，声实悬于中的。昔晋国之平孙皓，贾公闾坚沮渡江，吴人欲拒曹瞒，张辅吴终惭失策。彼之贤俊，未免悔尤。况卢子升平代书生，素迷军志，只保高骈之平昔，不料高骈之苞藏；以至力困黄巢，毒流赤县，绝吭仰药，何所补焉？台文气激壮图，志摅宿愤，慷慨誓众，叱咤临戎；竟扼贼喉，以康天步，谓之不武，斯焉取斯？崔、赵以鼎职奉亲，天伦并达，积庆垂裕，播美士林。徽志吐盗泉，脱身虎口，功名不坠，君子多之。

赞曰：武以伸威，谋以制敌。何必临戎，陈师衽席。高骈玩寇，卢携保奸。圣断一误，崎岖剑山。

卷一百七十九
列传第一百二十九

萧遘　孔纬　韦昭度　崔昭纬　张浚　朱朴　郑綮　刘崇望（兄崇龟　弟崇鲁　崇谟）　徐彦若　陆扆　柳璨

萧遘，兰陵人。开元朝宰相太师徐国公嵩之四代孙。

嵩生衡。衡生复，德宗朝宰相。复生湛。湛生寘，咸通中宰相。寘生遘，以咸通五年登进士第，释褐秘书省校书郎、太原从事。入朝为右拾遗，再迁起居舍人。与韦保衡同年登进士第，保衡以幸进无艺，同年门生皆薄之。

遘形神秀伟，志操不群。自比李德裕，同年皆戏呼"太尉"，保衡心衔之。及保衡作相，搞遘之失，贬为播州司马。途经三峡，维舟月夜赋诗自悼。虑保衡见害，遘有神人谓之曰："相公勿忧，予当御侮奉卫。"遘心异之。过峡州，经白帝祠，即所睹之神人也。

保衡诛，以礼部员外郎征还，转考功外郎、知制诰。乾符初，召充翰林学士，正拜中书舍人，累迁户部侍郎、翰林承旨。

黄巢犯阙，僖宗出幸，以供馈不给，须近臣掌计，改兵部侍郎，判度支。中和元年三月，自褒中幸成都，次绵州。以本官同平章事，加中书侍郎，累兼吏部尚书、监修国史。

遘少负大节，以经济为己任。洎处台司，风望尤峻，奏对朗拔，天子器之。光启初，王纲不振。是时天下诸侯，半出群盗；强弱相噬，怙众邀宠，国法莫能制。

有李凝古者，从支详为徐州从事。详为衡将时溥所逐，而宾佐陷于徐。及溥为节度使，因食中毒。而恶凝古者潜之，云为支详报仇行鸩。溥收凝古杀之。凝古父损，时为右常侍，溥上章披诉，言损与凝古同谋。内官田令孜受溥厚赂，曲奏请收损下狱。中丞卢渥附令孜，锻炼其狱。侍御史王华嫉恶，坚执奏证损无罪。令孜怒，奏移损付神策狱按问，王华拒不奉诏，奏曰："李损位居近侍，当死即死，安可取辱于黄门之手？"遘非时进状，请开延英，奏曰："李凝古行鸩之谋，其事暧昧，已遭屠害，今不复论。李损父子相别三四年，音问断绝，安得诬罔同谋？时溥恃勋坏法，凌蔑朝廷，而抗表请按持臣，悖何甚？厚诬良善，人皆痛心。若李损罗织而诛，行当便及臣等。"帝为之改容，损得免，止于停任。

时田令孜专总禁军，公卿僚庶，无不候其颜色，唯遘以道自处，未尝屈降。是年冬，令孜奏安邑两池盐利，请直属禁军。王重荣上章论列。乃奏移重荣别镇。重荣不受，令孜请率禁军讨之。重荣求援于太原，李克用引军赴之，拒战沙苑，禁军大败，逼京城。僖宗惧，出幸凤翔。诸藩上章抗论令孜事，离间方面。遘素恶令孜，乃与裴澈致书召朱玫。玫以邠州之军五千迎驾，仍与河中、太原修睦，请同匡王室。由是，诸镇继上章，请驾还京。令孜闻玫军至，追胁天子幸陈仓。时僖宗仓卒出城，夜中百官不及扈从。玫怒令孜弄权，又以天子不谅其忠，语辞怨望，乃诉于遘曰："主上六年奔播，百端艰险。中原士庶，与贼血战，肝脑涂地，十室九空。比至收复京都，十亡七八。残民遗老，方喜车驾归宫。主上不念生灵转输之劳，甲士血战之效，将勤王之功业，为敕使之宠荣；而更志在乱邦，与国生事，召戎结怨，不自他人。昨奉指踪，径来奔问，不蒙见信，翻类胁君。古者忠而获罪，正如此也！吾等报国之心极矣！战贼之力殚矣！安能垂头叠翼，喘喘于阃寺之手哉！《春秋》之义，丧君有君。相国徐思其宜，改图可也。"遘曰："主上临御十余年，未闻过行。比来丧乱播越，失于授任非才。近年令孜掣肘，动不如意，上每言之，流涕不已。昨去陈仓，上无行意，令孜陈兵帐下，列卒阶前，造次迫行，不容俟旦。静言此贼，罪不容诛。至尊之心，孰不深鉴？足下乃心王室，止有归朱还镇，拜表迎銮，德业功名，益光图史。舍此已往，理或未安。改图之言，未敢闻命。"玫曰："李家王子极多，有天下者，岂一王哉？"遘曰："废立危事，虽有伊尹、霍光之贤，尚贻后悔。古人云：'勿为福始，勿为祸先。'如公矢谋，未见其利。"玫退而宣言曰："我册个王子为主，不从者斩。"及立襄王，请遘为册文。遘曰："少婴衰疾，文思减落。比来禁署，未免倩人，请命能者。"竟不措笔。乃命郑昌图为之，玫滋不悦。及还长安，以昌图代遘为相，署遘太子太保。乃移疾，满百日，退居河中之永乐县。

遘在相位五年，累兼尚书右仆射，进封楚国公。僖宗再迁京，宰相孔纬与遘不协，以其受伪命，奏贬官。寻赐死于永乐。咸通中，王铎掌贡籍，遘与韦保衡俱以进士中选，而保衡暴贵，与铎同在中书。及僖宗在蜀，遘又与铎并居相位。帝尝召宰臣，铎年高，升阶足跌，踏勾陈中，遘旁掖起，帝目之，喜曰："辅弼之臣和，予之幸也。"谓遘曰："适见卿扶王铎，予喜卿善事长矣。"遘对曰："臣扶王铎不独仗长。臣应举岁，铎为主司，以臣中选门生也。"上笑曰："王铎选进士，朕选宰相，于卿无负矣。"遘谢之而退。

遘为大臣，士行无缺。逢时不幸，为伪熘所污，不以令终，人士惜之。

弟蓬，时为永乐令。

孔纬，字化文，鲁曲阜人，宣尼之裔。曾祖岑父，位终秘书省著作佐郎，谏议大夫巢父兄也。祖戣，位终礼部尚书，自有传。父遵孺，终华阴县丞。

纬少孤，依诸父温裕、温业，皆居方镇，与名公交，故纬声籍早达。大中十三年，进士擢第，释褐秘书省校书郎。崔慎由镇梓州，辟为从事。又从崔铉为扬州支使，得协律郎。崔慎由镇华州、河中，纬皆从之，历观察判官。宰相杨收奏授长安尉，直弘文馆。御史中丞王铎奏为监察御史，转礼部员外郎。宰相徐商奏兼集贤直学士，改考功员外郎。丁内忧免。服阕，以右司员外郎入朝。宰臣赵隐嘉其能文，荐为翰林学士，转考功郎中、知制诰，赐绯。正拜中书舍人，累迁户部侍郎。谢日，面赐金紫之服。乾符中，罢学士，出为御史中丞。

纬器志方雅，嫉恶如仇。既总宪纲，中外不绳而自肃。历户部、兵部、吏部三侍郎。居选曹，动循格令。权要有所托，私书盈几，不之省。执政怒之，改太常卿。

黄巢之乱，从僖宗幸蜀，改刑部尚书，判户部事。宰臣萧遘在翰林时，与纬情旨不协。至是，因户部取给不充，移之散秩，改太子少保。光启元年，从驾还京。

是时，田令孜军败，沙陀逼京师，帝移幸凤翔，邠帅朱玫引兵来迎驾。令孜挟帝幸山南。时中夜出幸，百官不及扈从，而随驾者黄门卫士数百人而已。帝驻宝鸡，候百官,诏授纬御史大夫,遣中使传诏,令纬率百僚赴行在。时京师急变,从驾官属至盝屋,并为乱兵所剽,资装殆尽。纬承命见宰相论事,萧遘、裴澈以田令孜在帝左右,意不欲行,辞疾不见纬。纬遣台吏促百官上路,皆以袍笏不具为词。纬无如之何,乃召三院御史谓之曰:"吾辈世荷国恩,身居宪秩。虽六飞奔迫,而咫尺天颜,累诏追征,皆无承禀,非臣子之义也。凡布衣交旧,缓急犹相救恤,况在君亲?策名委质,安可背也!"言竟泣下。三院曰:"夫岂不怀,但盝屋剽剥之余,乞食不给。今若首途,聊营一日之费,俟信宿纪行可也。"纬拂衣起曰:"吾妻危疾,且不保夕,丈夫岂以妻子之故,急君父之急乎?公辈善自为谋,吾行决矣。"

即日见李昌符告曰:"主上再有诏命,令促百僚前进。观群公立意,未有发期。仆忝宪闱,不宜居后。道途多梗,明公幸假五十骑,送至陈仓。"昌符嘉之,谓纬曰:"路无顿递,裹粮办耶?"乃送钱五十缗,令骑士援纬达散关。纬知朱玫必蓄异志,奏曰:"关城小邑,不足以驻六师,请速幸梁州。"翌日,车驾离陈仓,才入关而邠、岐之兵围宝鸡,攻散关。微纬之言几危矣!

至襄中,改兵部侍郎、同中书门下平章事,寻改中书侍郎、集贤殿大学士。王行瑜斩朱玫,平定京城,迁门下侍郎、监修国史。从驾还京,驻跸岐阳,进阶特进,兼吏部尚书,领诸道盐铁转运使。车驾还宫,进位左仆射,赐"持危启运保乂功臣",食邑四千户,食实封二百户,赐铁券,恕十死罪,赐天兴县庄、善和里宅各一区,兼领京畿营田使。

僖宗晏驾,充山陵使。僖宗祔庙,纬准故事,不入朝。昭宗遣中使召赴延英,令纬依旧视事,进加司空。以国学盗火所焚,令纬重葺,仍兼领国子祭酒。蔡贼秦宗权伏诛,进阶开府仪同三司,进位司徒,封鲁国公。

十一月,昭宗谒郊庙,两中尉、内枢密请朝服。所司申前例,中贵人无朝服助祭之礼,少府监亦无素制冠服。中尉怒,立令制造,下太常礼院。礼官举故事,亦称无中尉朝服助祭之文,谏官亦论之。纬奏曰:"中贵不衣朝服助祭,国典也。陛下欲以权道宠内臣,则请依所兼之官而为之服。"天子召谏官谓之曰:"大礼日近,无宜立异,为朕容之。"于是内官以朝服助祭。郊礼毕,进位兼太保。

大顺元年夏,幽州、汴州请讨太原。宰臣张浚请自率禁军以招讨。上持疑未决,问计于纬。纬以讨之为便,语在《浚传》。其年秋,浚军为太原所击,大败而还。浚罢相贬官,纬坐附浚,以检校太保、江陵尹、荆南节度观察等使,未离阙下,再贬均州刺史。纬、浚密遣人求援于汴州,朱全忠上章论救。纬至商州,有诏俾令就便,遂寓居华州。

乾宁二年五月,三镇入京师,杀宰相韦昭度、李谿。帝以大臣朋党,外交方镇,思用骨鲠正人,遣中使趋华州召纬入朝,以疾未任上路。六月,授太子宾客。其月之夕,改吏部尚书。翌日,拜司空,兼门下侍郎、同平章事、太清宫使,修奉太庙、弘文馆大学士、延资库使。阶爵、功臣名、食邑并如故。旬日之内,驿骑敦促,相望于路,扶疾至京师。

延英中谢,奏曰:"臣前时待罪宰相,智术短浅,有负弼谐。陛下特贷刑书,曲全腰领。臣期于死报泉壤,不望生叩玉阶。复拜龙颜,实臣荣幸。然臣比婴衰病,伏枕累年,形骸虽存,生意都尽。平居勉强,御事犹疏。况比尪羸,宁胜重委?国祚方泰,英彦盈庭,岂以朽腐之人,再尘机务!臣力疾一拜殿庭,乞陛下许臣自便。"因呜咽流涕。纬久疾,拜蹈艰难,上令中使止之,改容轸念。令阁门使送纬中书视事。不旬日,沙陀次河中,同州王行约入京师谋乱,天子出幸石门。纬从驾至莎城,疾渐危笃,先还京城。九月,卒于光德里第,赠太尉。

纬家尚节义,挺然不屈。虽权势熏灼,未尝假以恩礼。大顺初,天武都头李顺节恃恩颇横,不期年领浙西节度使,俄加平章事。谢日,台吏申中书,称天武相公衙谢,准例班见百僚。纬判曰:"不用立班。"顺节粗暴小人,不闲朝法,盛饰趋中书,既见无班,心甚怏怏。他日因会,顺节微言之。纬曰:"必知公慊也。夫百辟卿士,天子庭臣也,比来班见宰相,以辅臣居班列之首,奉长之义也。公握天武健儿,而于政事厅受百僚班见,意自安乎?必若须此仪,俟去'都头'二字可也。"顺节不敢复言。其秉礼不回,多此类也。

孔氏自元和后,昆仲贵盛,至正卿、方镇者六七人,未有为宰辅者,至纬始在鼎司。

子崇弼,亦登进士第,仕至散骑常侍。

韦昭度,字正纪,京兆人。祖绪,父逢。昭度,咸通八年进士擢第。乾符中,累迁尚书郎、知制诰,正拜中书舍人。从僖宗幸蜀,拜户部侍郎。中和元年,权知礼部贡举。明年,以本官同平章事,兼吏部尚书。

昭宗即位,阆州刺史王建攻陈敬瑄于成都,隔绝贡奉。乃以昭度检校司空、同平章事、成都尹、剑南西川节度招抚宣慰等使。昭度赴镇,敬瑄不受诏。诏东川顾彦朗与王建合势讨之。昭度为行营招讨。卒岁,止拔汉州。王建谓昭度曰:"相公劳师弊众,远事蛮夷。访闻京洛以东,群侯相噬,祸难未已。朝廷不治,腹心之疾也。相公宜亟还京师,咨谋匡合,平定两河,国家之利也。敬瑄小丑,以日月制之,擒之必矣!此事责建可办。"昭度然之,奏请还都。昭度未及京师,建以重兵守剑门,急攻成都下之。杀敬瑄,自称留后。昭度还,以检校司空充东都留守。召还,为右仆射。

景福二年冬,宰相杜让能为凤翔所杀,复委昭度知政事,与李谿并命。时宰相崔昭纬专政,恶谿之为人。降制日,令知制诰刘崇鲁哭麻以沮之。谿上表论列,天子待谿益厚。明年春,复命谿同平章事,昭纬不胜其忿。

先是,邠州王行瑜求为尚书令,昭度奏议云:"国朝已来,功如郭子仪,未省曾兼此官。"乃赐号"尚父"。崔昭纬宗人铤,曾为行瑜从事,朝廷每降制敕,不便于昭纬者,即令铤诉于行瑜,俾上章论列。朝旨小有依违,即表章不逊。至是李谿入拜。昭纬谓铤曰:"前时尚父之命已行,而昭度沮之,今又引谿同列。此人奸纤,惑上视听,宗社不宁。恐复有杜太尉之事。"行瑜与李茂贞上章言：
"命相非其人，惧危宗社。"天子优诏晓谕，言豁有才。其
年五月，行瑜、茂贞、华州韩建以兵入觐，面奏昭度、李
豁之奸邪，请加遣逐。制敕未行，三镇兵害昭度于都亭
驿。及行瑜诛，降制复其官爵，令其家收葬。

　　崔昭纬，清河人也。祖庇，滑州酸枣县尉。父璩，鄂
州观察使。昭纬进士及第。昭宗朝，历中书舍人、翰林学
士、户部侍郎、同平章事。性奸纤，忌前达。内结中人，
外连藩阃。属朝廷微弱，每托援以凌人主。昭宗明察，心
不能堪。以诱召三镇将兵诣阙，贼杀宰辅内臣，帝深切齿。
会太原之师诛行瑜，罢相，授右仆射。后又以托附汴州，
再贬梧州司马。寻降制曰：

　　崔昭纬顷居内署，粗著微劳。擢于侍从之司，委
以燮调之任。不能忠贞报国，端慎处身。潜交结于奸
臣，致漏泄于机事。星霜累换，匡辅蔑闻。尔罪一也。

　　又快其私忿，辄恣阴谋。托崔铤之险巇，连行瑜
之计画，遂致称兵向阙，怙众胁君。故宰臣韦昭度、
李豁并以无辜见害，几危宗社，显辱君亲。尔罪二
也。

　　及行瑜败灭，京国甫安，而乃自惧欺诬，别谋托
附。又于藩阃，潜请荐论，不唯苟免罪愆，兼亦再希
任用。贪荣冒宠，僭滥无厌，败俗伤风，贤愚共鄙。
尔罪三也。

　　又将厚赂，欲结诸王，轻渎我宪章，玷渎我骨肉。
货财之数，文字具存。赖诸王作朕腹心，嫉其蠹害，
尽将昭纬情款，兼其亲吏姓名，直具奏闻，拒其求托。
昭纬曾居宰辅，久历清崇，但欲逞其回邪，都不顾其
事体。观其识见，实骇听闻。尔罪四也。

　　自奸邪既露，情状难容。尚示宽刑，未行严宪，
投于荒裔，冀其自新。而不能退省过尤，恭承制命，
速赴贬所，用守常规。而犹自务宴安，寻闻所在留驻，
搅扰藩镇，侮慢朝章。曾无禀畏之心，可验苞藏之计。
罔知怨咎，唯谤朝廷。尔罪五也。

　　朕以恩泽者，帝王之雨露，刑法者，邦国之雷霆；
无雨露则庶物不荣，无雷霆则万邦不肃。朕体天道以
化育，遵王度以澄清，罪既昭彰，理难含垢。凡百多
士，宜体予怀。宜所在赐自尽。

时昭纬行次至荆南，中使至，斩之。
兄昭符，仕至礼部尚书。昭愿，太子少保。昭矩，给
事中。昭远，考功员外郎。

　　张浚，字禹川，河间人。祖仲素，位至中书舍人。父
铧，官卑，家寓州。浚倜傥不羁，涉猎文史，好大言，为
士友之所摈弃。初从乡赋随计，咸薄其为人。浚愤愤不得
志，乃田衣野服，隐于金凤山，学鬼谷纵横之术，欲以捭
阖取贵仕。乾符中，枢密使杨复恭因使遇之，自处士荐为
太常博士，累转度支员外郎。

　　黄巢将逼关辅，浚托疾请告，侍其母，挈族避乱商
州。贼犯京师，僖宗出幸，途无供顿，卫军不得食。汉阴
令李康献糇饵数百骡纲，军士始得食。僖宗召康问曰：
"卿为县令，安操心及此？"康对曰："臣为尘吏，敢有此
进献？张浚员外教臣也。"帝异之，急召至行在，拜兵部
郎中。未几，拜谏议大夫。

　　其年冬，宰相王铎至滑台，兼充天下行营都统。方征
兵诸侯，奏用浚为都统判官。时王敬武初破弘霸郎，军
威大振，累诏征平卢兵，敬武独不赴援。铎遣浚往说之，
敬武已受伪命，复怙强不迎诏使。浚至，谒见，责之曰：
"公为天子守藩，王臣赍诏宣谕，而侮慢诏使。既未识君
臣礼分，复何颜以御军民哉？"敬武愕然谢咎。既宣诏，军
士按兵默然，浚并召将佐集于鞠场面谕之曰："人生效忠
仗义，所冀粗分顺逆，悬知利害。黄巢前日贩盐房耳，公
等舍累叶天子而臣贩盐白丁，何利害之可论耶？今诸侯勤
王，天下响应，公等独据一州，坐观成败。贼平之后，去
就何安？若能此际排难解纷，陈师鞠旅，共诛寇盗，迎奉
銮舆，则富贵功名，指掌可取。吾惜公辈舍安而即危也！"
诸将改容引过，谓敬武曰："谏议之言是也。"即时出军，
从浚入援京师。贼平，累迁户部侍郎。僖宗再幸山南，拜
平章事、判度支。

　　浚初发迹，依杨复恭。及复恭失势，乃依田令孜，以
至重位，而反薄复恭。及再幸山南，复恭代令孜为中尉，
罢浚知政事。昭宗初在藩邸，深嫉宦官，复恭有援立大
勋，恃恩任事，上心不平。当时趋向者，多言浚有方
略，能画大计，复用为宰相、判度支。上尝问浚，致理
何事最急？对曰："莫若强兵。兵强而天下服。"上由是专
务搜补兵甲，欲以武功胜天下。后延英论前代为治得失，
浚曰："不必远征汉、晋之弊。臣窃见陛下春秋鼎盛，英
睿如此，内外逼于强臣。臣每思之，实痛心而泣血也。"

　　会朱全忠诛秦宗权，安居受杀李克恭，以潞州降全
忠。幽州李匡威、云州赫连铎等奏请出军讨太原。诏四品
以上官议，皆言："国祚未安，不宜生事。假如得太原，亦
非国家所有。"浚议曰："先帝频至播越，王室不宁。原其
乱阶，由克用、全忠之矛盾也。请因其奏，乘全忠立功，
可断两雄之势。"上曰："收复之功，克用第一。今乘其危
困而加兵，诸侯其谓我何？"浚恳论用兵之利害，盖欲示
外势而挤复恭也。上旨未决。宰臣孔纬曰："张浚所陈，
万代之利也。陛下所惜，即日之利也。以臣所料，师渡河
而贼必自破。昨计度军中转饷犒劳，一二年间，必无阙事，
陛下断意行之。"

　　既二相俱论，乃以浚为河东行营兵马招讨宣慰
使，以京兆尹孙揆副之。仍授揆昭义节度使，华州韩建为
供军使，朱全忠为太原西南面招讨使，李匡威、赫连铎为
太原东北面招讨使。全忠以汴军三千为浚牙队。大顺元
年六月，浚率军五十二都，兼邠宁、鄜、夏杂虏共五万人
骑，发自京师。昭宗御安喜楼临送，浚酒酣泣奏曰："陛
下动为贼臣掣肘，臣所以誓死愤惋，为陛下除其僭逼。"杨
复恭闻之不悦。中尉内使饯于长乐，复恭奉卮酒属浚，浚
辞曰："圣人赐酒，已醉矣。"复恭戏曰："相公握禁兵，拥
大旆，独当一面，不领复恭意作面子耶！"浚笑曰："贼平
之后，方见面子。"复恭衔之。

时汴、华、邠、岐之师渡河，会浚于晋州。汴将朱崇节权知潞州事，太原将李存孝攻之。浚虑贼平汴人据昭义，乃令孙揆分兵赴镇，中使韩归范送旌节至军。八月，揆与归范赴潞州。至潞，并为存孝擒送太原。九月，汴将葛从周弃潞州。十月，浚军至阴地，邠、岐、华三镇之师营平阳。李存孝击之，一战而败，委兵仗溃散。进攻晋州。数日，中夜浚敛众遁走。比曙，丧师殆半。存孝进收晋、绛、慈、隰等州。浚狼狈由含山逾王屋，出河清，拆屋木缚筏济河，部下离散将尽。李克用上章论诉曰：

晋州长宁关使张承晖于当道录到张浚榜并诏曰，张浚充招讨制置使，令率师讨臣，兼削臣属籍官爵者。臣诚冤诚愤，顿首，顿首！伏以宰臣张浚欺天蔽日，廊庙不容。逸臣于君，夺臣之位。凭燕帅妄奏，与汴贼结恩；矫托皇威，擅宣王命，征集师旅，挠乱乾坤。误陛下中兴之谋，资黔黎重伤之困。臣实何罪，而陛下伐之？此则宰臣持权，面欺陛下。

况臣父子三代，受恩四朝，破徐方，救荆楚，收凤阙，碎枭巢，致陛下今日冠通天之冠，佩白玉之玺。臣之属籍，懿皇所赐；臣之师律，先帝所命。臣无逆节，浚讨何名？陛下若厌逐功臣，欲用文吏，自可迁臣封邑，以俟就第。奈何加诸其罪，孰肯无词？若以臣云中之伐，获罪于时，则拓拔思恭取鄜、延，朱全忠侵徐、郓，陛下何不讨之？假令李孝德不忠于主，伐之为是，则朱瑄、时溥有何罪耶？此乃同坐而异名，赏彼而诛此，使天下藩服，强者扼腕，弱者自动，流言窃议，为臣怨嗟，固非中兴之术也。

且陛下阽危之秋，则奖臣为韩、彭、伊、霍；既安之后，骂臣戎戎、羯、蕃、夷。海内握兵立事如臣者众矣，宁不惧陛下他时之骂哉？臣昨遇燕军，以礼退舍。匡威浅昧，厚自矜夸，乃言臣中矢石，覆士卒。致内外吠声一发，短谋竞陈，误陛下君臣之分。况命官选将，自有典刑，不必幸臣之弱而后取之，倘臣延期挺命，尚固一方，彼实何颜以见陛下。此则奸邪朋党，轻弄邦典，陛下凝旒端扆，何由知之？今张浚既以出军，微臣固难束手。臣便欲叫阍，轻骑面叩玉阶，诉邪佞于陛下之彤墀，纳诰命于先皇之宗庙，然后束身司败，甘处宪章。

时克用令所擒中使奉表，表至而浚败，朝廷耸震，制曰：

汉武因恭俭富庶之后，建置朔方，孙弘沮之，十不得一。而良史以弘有宰相体者，诚以爱人治国为先，拓境开疆为末。及孝宣值雄才削平之余，将议北征，魏相争之，五将寻罢。果致中兴，号为贤辅。况朕承大侦兵戈之后，人思休息之时。敢望皋、夔，共成尧日；庶几孙、魏，粗及汉年。苟易于斯，如何倚注！

光禄大夫、门下侍郎、兼户部尚书、同中书门下平章事、上柱国、清河郡开国伯、食邑一千二百户、充河东行营诸道兵马招讨制置等使张浚，早以盛名，称为奇士，由是再加征用，委以钧衡，谓其必致小康，克胜大任。而乃罔思守道，但欲邀功，用不诡之询谋，起无名之兵革。自云一举，止在旬时，坚请抗论，势莫能夺。轻葛亮渭滨之役，小裴度淮右之行。经历寒暄，耗费百万。虚诞彰于朝野，诈诡布于华夷，横草蔑闻，燎原愈急。俾拥旄乘驿之使，囚在房庭；勤王奉国之军，怀归本土。忘廊庙之威重，结藩屏之仇雠。欲使海内生灵，竭其贡赋；不独河中郡邑，荡为丘墟。潜生厉阶，欲谁归咎？

于戏！征晁错之故事，思王恢之旧章，国有明文，尔当何逭？尚以爱人以礼，理体宜然。廉镇剧权，武昌善地，宜罢枢轴之务，仍停支度之司。勉自思惟，以逃后命。可检校户部尚书、鄂州刺史、武昌军节度观察等使。

寻贬连州刺史，驰驿发遣。行至蓝田关不行，留华州依韩建。时朝廷微弱，竟不能诘。

乾宁二年，三镇杀韦昭度，帝召孔纬欲大用，亦以浚为兵部尚书，又领天下租庸使。三年，天子幸华州，罢浚使务，守尚书右仆射。上疏乞致仕，授左仆射致仕。乃还洛阳，居于长水县别墅。浚虽退居山墅，朝廷或有得失，必章疏上言。德王废立之际，浚致书诸藩，请图匡复。王师范青州起兵，欲取浚为谋主。事虽不果，其迹颇泄。朱全忠将图篡代，惧浚构乱四方，不欲显诛，密讽张全义令图之。乃令牙将杨麟率健卒五十人，有如劫盗，围其墅而杀之，天复三年十二月晦夜也。

永宁县吏叶彦者，张氏待之素厚。杨麟之来，彦知之，告浚第二子格曰："相公之祸不可免，郎君宜自为谋。"格、浚父子号咷而已。浚谓格曰："留则并命，去或可免。汝自图之，勿以吾为累，冀存与祀也。"格拜辞而去。叶彦率义士三十人，送渡汉江而旋。格由荆上峡入蜀。王建僭号，用为宰相。中兴平蜀，任圜携格而还。格感叶彦之惠，访之，身已殁，而厚报其家。浚第三子窜于杨行密。

自乾宁之后，贼臣内侮，王室浸微。昭宗不堪凌弱，欲简拔奇材以为相。然采于群小之论，未尝获一名人。登用之徒，无不为时嗤诮。

朱朴者，乾宁中为国子博士。腐儒木强，无他才伎。道士许岩士出入禁中，尝依朴为奸利，从容上前荐朴有经济才。昭宗召见，对以经义，甚悦，即日拜谏议大夫、平章事。在中书与名公齿，笔札议论，动为笑端。数月，岩士事败，俱为韩建所杀。

郑綮者，以进士登第，历监察、殿中、仓、户二员外，金、刑、右司三郎中。家贫求отребn，出为庐州刺史。黄巢自岭表还，经淮南剽掠。綮移黄巢文牒，请不犯郡界。巢笑而从之，一郡独不被寇。天子嘉之，赐绯鱼袋。罢郡，有钱千缗，寄州帑。后郡数陷，盗不犯郑使君寄库钱。至杨行密为刺史，送所寄于京师还綮。

綮善为诗，多侮剧刺时，故落格调，时号郑五歇后体。初去庐江，与郡人别云："唯有两行公廨泪，一时洒向渡头风。"滑稽皆此类也。

王徽为御史大夫，奏綮为兵部郎中、知台杂，迁给事中，赐金紫。僖宗自山南还，以宰相杜让能弟弘徽为中书舍人。綮以弘徽兄在中书，弟不宜同居禁近，封还制书。天子不报，綮即移病休官。无几，以左散骑常侍征还。朝政有阙，无不上章论列。事虽不行，喧传都下，执政恶之，改国子祭酒。物议以綮匡谏而置之散地，不可，执政惧，复用为常侍。

光化初，昭宗还宫，庶政未惬。綮每形于诗什而嘲之，中人或诵其语于上前。昭宗见其激讦，谓有蕴蓄，就常奏班簿侧注云："郑綮可礼部侍郎、平章事。"中书胥吏诣其家参谒，綮笑而问之曰："诸君大误，俾天下人并不识字，宰相不及郑五也。"胥吏曰："出自圣旨特恩，来日制下。"抗其手曰："万一如此，笑杀他人。"明日果制下，亲宾来贺，搔首言曰："歇后郑五作宰相，时事可知矣。"累表逊让，不获。既入视事，侃然守道，无复诙谐。终以物望非宜，自求引退。三月余，移疾乞骸，以太子少保致仕。光化二年卒。

时议以昭宗命台臣浚、朴、綮三人尤谬，季末之妖也。

刘崇望，字希徒。其先代郡人，随元魏孝文帝徙洛阳，遂为河南人。八代祖隋大理卿坦，生政会，辅太宗起义晋阳，官至户部尚书，封渝国公，图形凌烟阁。政会生玄意，尚太宗女南平公主，历洪、饶八州采访使。玄意生奇，位至吏部侍郎。奇生慎知，仕至获嘉令。慎知生裛，仕至东阿令。裛生藻，位终秘书郎。藻生符，进士登第，咸通中位终蔡州刺史，生八子：崇龟、崇望、崇鲁、崇谟最知名。

崇龟，咸通六年进士擢第，累迁起居舍人，礼部、兵部二员外。丁母忧免。广明元年春，郑从谠罢相，镇太原，奏崇龟为度支判官、检校吏部郎中、御史中丞，赐金紫。中和三年入朝，为兵部郎中，拜给事中。大顺中，迁左散骑常侍、集贤殿学士、判院事，改户部侍郎，检校户部尚书。出为广州刺史、清海军节度、岭南东道观察处置等使，卒。

崇望，咸通十五年登进士科。王凝廉问宣歙，辟为转运巡官。户部侍郎裴坦领盐铁，辟为参佐。崔安潜镇许昌、成都，崇望昆仲四人，皆在安潜幕下。入为长安尉，直弘文馆，迁监察御史、右补阙、起居郎、弘文馆学士，转司勋、吏部二员外郎。崔安潜为吏部尚书，崇望判南曹，涤除宿弊，复清选部。田令孜干政，藩镇怨望，河中尤甚，不修职贡。僖宗在山南，以蒲坂近关，欲其效用，选使谕旨，以崇望为谏议大夫。既至，谕以大义，重荣奉诏恭顺，誓心匡复，请杀朱玫自赎。使还，上悦，召入翰林充学士，累迁户部侍郎、承旨，转兵部，在禁署四年。

昭宗即位，拜中书侍郎、同平章事，累兼兵部、吏部尚书。大顺初，同列张浚画策讨太原，崇望以为不可，浚果败。浚黜，崇望代为门下侍郎、监修国史、判度支。

明年，玉山都头杨守信协杨复恭称兵阙下，阵于通化门。上陈兵于延嘉门。是夜，命崇望守度支库。明日晓，入含光门。未开，门内禁军列于左右，俟门开即劫掠两市。及闻传呼宰相来，门方启，崇望驻马慰谕之曰："圣上在街东亲总戎事。公等禁军，何不楼前杀贼，立取功名。切不可剽掠街市，图小利以成恶名也。"将士唯唯，从崇望至长乐门。守信见兵来，即遁去，军士呼万岁。是日库市获全，军人不乱，繁崇望之方略也。寻加左仆射。

时溥与朱全忠争衡，全忠谋兼徐、泗，上表请以重臣镇徐，乃以崇望守本官，充武宁军节度使。溥不受代，行至华阴而还，拜太常卿。王重盈死，王珂、王珙争河中节钺，朝廷以宰相崔胤为河中节度使。珂，李克用之子婿也。河东进奏官薛志勤扬言曰："崔相虽重德，如作镇河中代王珂，不如光德刘公，于我公事素也。"及三镇以兵入朝，杀害大臣，以志勤之言，责授崇望昭州司马。及王行瑜诛，太原上表言崇望无辜放逐。时已至荆南，有诏召还，拜吏部尚书。未至，王溥再知政事，兼吏部尚书，乃改崇望兵部尚书。

时西川侵寇顾彦晖，欲并东川，以崇望检校右仆射、平章事、梓州刺史、剑南东川节度使。未至镇，召还，复为兵部尚书。光化二年卒，时年六十二，册赠司空。

崇鲁，广明元年登进士第，郑从谠奏充太原推官。时兄崇龟为节度判官，昆仲同居幕府，寻转掌书记。中和二年入朝，拜左拾遗、左补阙。景福初，以水部员外郎知制诰。二年，杜让能得罪，昭宗复命韦昭度为相，翰林学士李谿同平章事。崇鲁与崔昭纬相善。昭纬倚邠、岐之援。让能既诛之后，权归于己，昭宗师李谿为文，惧居位得宠则恩顾渐衰，乃私与崇鲁谋沮之。及谿宣制之日，出班而哭，谓昭纬曰："朝廷虽乏贤，不可用纤人为宰辅。谿比依复恭、重遂居内职。前日杜太尉狼籍，为朝廷深耻。今则削弱如此，安可更覆辙乎？"由是谿命不行。谿自十一月初至岁暮，联上十表诉冤，其词诋毁，所不忍闻。明年春，复命谿为平章事。昭纬召李茂贞、王行瑜、韩建称兵入朝，杀昭度与谿。其年，太原诛王行瑜，昭纬贬官，崇鲁坐贬崖州司户。初崇龟在外，闻崇鲁哭麻，大恚，数日不食，谓所亲曰："吾家兄弟进身有素，未尝以声利败名。吾门不幸，生此等儿。"

崇谟，中和三年进士及第。乾宁末，为太常少卿、弘文馆直学士。

徐彦若，天后朝大理卿有功之裔。曾祖宰，祖陶，父商，三世继登进士科。商，字义声，大中十三年及第，释褐秘书省校书郎。累迁侍御史，改礼部员外郎。寻知制诰，转郎中，召充翰林学士，拜中书舍人、户部侍郎判本司事，检校户部尚书、襄州刺史、山南东道节度等使。入为御史大夫。咸通初，加刑部尚书，充诸道盐铁转运使，迁兵部尚书、东莞子、食邑五百户。四年，以本官同平章事。六年罢相，检校右仆射、江陵尹、荆南节度观察等使。入为吏部尚书，累迁太子太保，卒。

彦若，咸通十二年进士擢第。乾符末，以尚书郎知制诰，正拜中书舍人。昭宗即位，迁御史中丞，转吏部侍郎，检校户部尚书，代李茂贞为凤翔陇节度使。茂贞不受代，复拜中丞，改吏部侍郎、同平章事，进加中书侍郎，累兼左仆射、监修国史。扈昭宗石门还宫，加开府仪同三司、守司空，进封齐国公，太清宫、修奉太庙等使，加弘文馆大学士，赐"扶危匡国致理功臣"名。昭宗自华还宫，进位太保、门下侍郎。时崔胤专权，以彦若在己上，欲事权萃于其门。二年九月，以彦若检校太尉、同平章事、广州刺史、清海军节度、岭南东道节度等使。卒于镇。

弟彦枢，位至太常少卿。

子绾，天祐初历司勋、兵部二员外，户部、兵部二郎中。

陆扆，字祥文，本名允迪，吴郡人。徙家于陕，今为陕州人。曾祖澧，位终殿中侍御史。祖师德，淮南观察支使。父鄯，陕州法曹参军。扆，光启二年登进士第，其年从僖宗幸兴元。九月，宰相韦昭度领盐铁，奏为巡官。明年，宰相孔纬奏直史馆，得校书郎，寻丁母忧免。龙纪元年冬，召授蓝田尉，直弘文馆，迁左拾遗，兼集贤学士。中丞柳玭奏改监察御史。大顺二年三月，召充翰林学士，改屯田员外郎，赐绯。景福元年，加祠部郎中、知制诰，二年元日朝贺，面赐金紫之服。五月，拜中书舍人。

扆文思敏速，初无思虑，挥翰如飞，文理俱惬，同舍服其能。天子顾待特异。尝金銮赋赋，命学士和，扆先成。帝览而嗟挹之，曰："朕闻贞元时有陆贽、吴通玄兄弟，能作内庭文书，后来绝不相继。今吾得卿，斯文不坠矣。"

乾宁初，转户部侍郎。二年，改兵部，进阶银青光禄大夫，嘉兴男、三百户。三年正月，宣授学士承旨，寻改左丞。其年七月，改户部侍郎、同平章事。故事，三署除拜，有光署钱以宴旧僚，内署即无斯例。扆拜辅相之月，送学士光院钱五百贯，特举新例，内署荣之。八月，加中书侍郎、集贤殿大学士、判户部事。

九月，覃王率师送徐彦若赴凤翔。师之起也，扆坚请曰："播越之后，国步初集，不宜与近辅交恶，必为他盗所窥。加以亲王统兵，物议腾口，无益于事，只贻后患。"昭宗已发兵，怒扆沮议，是月十九日，责授峡州刺史。师出果败，车驾出幸。四年二月，复授扆工部尚书。八月，转兵部尚书，从昭宗自华还宫。

明年正月，复拜中书侍郎、同平章事。光化三年四月，兼户部尚书，进封吴郡开国公，食邑一千户。九月，转门下侍郎、监修国史。天复元年五月，进阶特进，兼兵部尚书，加食邑五百户。车驾自凤翔还京，敕后诸道皆降诏书，独凤翔无诏。扆奏曰："凤翔近在国门，责其心迹，罪实难容。然比来职贡无亏，朝廷未与之绝。一朝独无诏命，示人不广也。"崔胤怒，奏贬扆沂王傅，分司东都，削阶至正议大夫。居无何，崔胤诛，复授吏部尚书，阶封如故。从昭宗还洛。其年秋，昭宗遇弑。明年正月，责授濮州司户，与裴枢、崔远、独孤损等被害于滑州白马驿，时年五十九。

子璨，后为猴氏令。

柳璨，河东人。曾祖子华。祖公器，仆射公绰之再从弟也。父遵。璨少孤贫好学，僻居林泉。昼则采樵，夜则燃木叶以照书。性謇直，无缘饰。宗人壁、玭，贵仕于朝，鄙璨朴钝，不以诸宗齿之。光化中，登进士第。尤精《汉史》，鲁国颜荛深重之。荛为中书舍人，判史馆，引为直学士。璨以刘子玄所撰《史通》讥驳经史不当，璨纪子玄之失，别为十卷，号《柳氏释史》，学者伏其优赡。迁左拾遗。公卿朝野，托为笺奏，时誉日洽。以其博奥，目为"柳箧子"。

昭宗好文，初宠待李谿颇厚。洎谿不得其死，心常惜之，求文士似谿者。或荐璨高才，召见，试以诗什，甚喜。无几，召为翰林学士。崔胤得罪前一日，召璨入内殿草制敕。胤死之日，既夕，璨自内出，前驱传呼相公来。人未见制敕，莫测所以。翌日对学士，上谓之曰："朕以柳璨奇特，似可奖任。若令预政事，宜授何官？"承旨张文蔚曰："陛下拔用贤能，固不拘资级。恩命高下，出自圣怀。若循两省迁转，拾遗超等入起居郎，临大位非宜也。"帝曰："超至谏议大夫可乎？"文蔚曰："此命甚惬。"即以谏议大夫平章事，改中书侍郎。任人之速，古无兹例。

同列裴枢、独孤损、崔远皆宿素名德，遽与璨同列，意微轻之，璨深蓄怨。昭宗迁洛，诸司内使、宿卫将佐，皆朱全忠腹心也，璨皆将迎，接之以恩，厚相交结，故当时权任皆归之。

二年五月，西北长星竟天，扫太微、文昌、帝座诸宿。全忠方谋篡代，而妖星谪见，占者云："君臣俱灾，宜刑杀以应天变。"蒋玄晖、张廷范谋杀衣冠宿望难制者，璨即首疏素所不快者三十余人，相次诛杀。班行为之一空，冤声载路。伤害既甚，朱全忠心恶之。会全忠授九锡，蒋玄晖等别陈意见。王殷至大梁，诬玄晖等通导宫掖，欲兴复李氏。全忠怒，捕廷范，令河南聚众，五车分裂之，兼诛璨，临刑呼曰："负国贼柳璨，死其宜矣！"初，璨迁洛后，累兼户部尚书、守司空，进阶光禄大夫、盐铁转运使。

其弟瑀、珹坐璨笞死。

史臣曰：呜呼！李氏之失驭也，孛沴之气纷如，仁义之徒殆尽。狐鸣鸱啸，瓦解土崩。带河砺岳之门，寂无琨、逊；奋挺揭竿之类，唯效敦、玄。手未舍于棘矜，心已萌于问鼎。加以嚣浮士子，闻葺鲰儒。昧管、葛济时之才，无王、谢扶颠之业，邀功射利，陷族丧邦。浚、纬养虎于前，胤、璨剥庐于后。逐徐、薛于瘴海，置綮、朴于岩廊。殿廷有哭制之夫，辅弼走破舆之党。九畴既紊，百怪斯呈。木将朽而蠹蝎生，厉既笃而夔魃见。妖徒若此，亡国宜然。何必长星，更临衰运？

赞曰：萧召朱玫，孔符张浚，身世罹殃，邦家起衅。如木斯蠹，自溃于中。抵巇侮乱，安责伏戎。

卷一百八十　　列传第一百三十

朱克融　李载义　杨志诚　张仲武子直方　张允伸　张公素　李可举　李全忠子匡威　匡筹

朱克融，贼泚之从孙也。祖滔，父洄。克融少为幽州军校，事节度使刘总。总将归朝，虑其有变，籍军中素有异志者，荐之阙下，时克融亦在籍中。宰相崔植、杜元颖不知兵，且无远略，谓两河无虞，遂奏勒归镇。长庆初，幽州军乱，囚其帅张弘靖。时洄废疾于家，军中素伏其谋略，至是众欲立之。洄自以老且病，推克融统军务焉。朝廷寻加检校左散骑常侍，授以符节。

宝历二年，遣使送方镇及三军时服，克融怒所赐疏弱，执中使以闻。上特优容，别命中使宣谕，仍改赐衣物，流其使杨文端等。先是，克融执中使，奏称："窃闻陛下欲幸东都，请将兵马并丁匠五千人，修理宫阙，迎候车驾。"又上言无衣，拟于朝廷请三十万端匹，以备一岁所费，不然则三军不安。天子怒其悖慢，取宰臣裴度谋，优容之，语见别卷。克融官至检校司空、吴兴郡王。

其年五月，本州军乱，杀之，子延龄亦遇害。次子延嗣窃立，寻为大将李载义所杀。

李载义，字方谷，常山愍王之后。代以武力称，继为幽州属郡守。载义少孤，与乡曲之不令者游。有勇力，善挽强角抵。刘济为幽州节度使，见而伟之，致于亲军，从征伐。以功迁衙前都知兵马使，检校光禄大夫、兼监察御史。宝历中，幽师杀朱克融。其子延嗣窃袭父位，不遵朝旨，虐其人；载义遂杀之，数其罪以闻。敬宗嘉之，拜检校户部尚书、兼御史大夫，封武威郡王，充幽州卢龙等军节度副大使，知节度事。

未几，李同捷据沧景为邀袭父爵。载义上表，请讨同捷以自效。上嘉其诚恳，特加检校右仆射。累破贼军，以功加司空，进阶金紫。大和三年，平沧景，策勋加平章事，仍赐实封三百户。四年，契丹寇边，以兵击走之，仍虏其名王，就加太保。五年春，为其部下杨志诚所逐，因入觐。上以载义有平沧景之功，又能恭顺朝旨，再拜太保、同平章事。其年，改山南西道节度、观察等使，兼兴元尹。七年，迁北都留守，兼太原尹，充河东节度观察处置等使。寻加开府仪同三司。丁母忧，起复骠骑大将军，余如故。

回鹘每遣使入朝，所至强暴。边城长吏多务苟安，不敢制之以法。但严兵防守，虏益骄悍，或突入市肆，暴横无所惮。至是，有回鹘将军李畅者，晓习中国事，知不能以法制驭，益骄恣。鞭捶驿吏，贪求无已。载义因召李畅与语曰："可汗使将军朝贡，以固舅甥之好，不当使将军暴践中华。今朝廷饩饩至厚，所以礼蕃客也。苟有不至，

吏当坐死。若将军之部伍不戢，凌侮上国，剽掠庐舍，载义必杀为盗者。将军勿以法令可轻而不戒励之！"遂罢防守之兵，而使两卒司其门。畅知其不为下，无敢犯令。九年，加侍中。开成二年卒，年五十，赠太尉。

载义晚年骄恣，惨暴一方。以杨志诚复为部下所逐，过太原，载义躬身殴击，遂欲杀之，赖从事救解以免。然而擅杀志诚之妻孥及将卒。朝廷录其功，屈法不问。

杨志诚，大和五年为幽州后院副兵马使，事李载义。时朝廷赐载义德政碑文。载义延中使击鞠，志诚亦与焉，遂于鞠场叫呼谋乱。载义奔于易州，志诚乃为本道马步都知兵马使。

文宗闻之惊，急召宰臣。时牛僧孺先至，上谓曰："幽州今日之事可奈何？"僧孺曰："此不足烦圣虑，臣被召疾趋气促，容臣稍缓息以对。"上良久曰："卿以为不足忧，何也？"僧孺对曰："陛下以范阳得失系国家休戚耶？且自安、史之后，范阳非国家所有。前时刘总向化，以土地归阙，朝廷约用钱八十万贯，而未尝得范阳尺布斗粟上供天府；则今日志诚之得，犹前日载义之得也。陛下但因而抚之，亦事之宜也。且范阳，国家所赖者，以其北捍突厥，不令南盗。今若假志诚节钺，惜其土地，必自为力。则爪牙之用，固不计于逆顺。臣固曰不足烦圣虑。"上大喜曰："如卿之言，吾洗然矣。"寻以嘉王运遥领节度，以志诚为节度观察留后，检校左散骑常侍，兼幽州左司马。寻改检校工部尚书、节度副大使，知节度事。

七年，转检校吏部尚书。诏下，进奏官徐迪诣中书白宰相曰："军中不识朝廷体位，只知自尚书改仆射为迁，何知工部转吏部为美？且军士盛饰以待新恩，一旦复为尚书，军中必惭。今中使往彼，其势恐不得出。"及使至，其傔奔还，奏曰："杨志诚怒不得仆射，三军亦有怨言。春衣使魏宝义、兼他使焦奉鸾，尹士恭，并为志诚絷留矣。"志诚遣将王文颖谢恩，并让官，复赐官告批答，文颖不受而归。朝廷纳裴度言，务以含垢，下诏谕之，因再遣使加尚书右仆射。

八年，为三军所逐，则立史元忠。元忠进志诚所造衮龙衣二副及被服鞍辔，皆绣饰鸾凤日月之形，或为王字。因付御史台按问，流岭南。行至商州，杀之。

初，元忠既逐志诚，诏以通王淳遥领节度，授元忠左散骑常侍、幽州大都督府左司马、知府事，充节度留后。明年，转检校工部尚书、节度副大使，知节度事。后为偏将陈行泰所杀。

张仲武，范阳人也。仲武少业《左氏春秋》，掷笔为蓟北雄武军使。会昌初，陈行泰杀节度使史元忠，权主留后。俄而，行泰又为次将张绛所杀，令三军上表，请降符节。时仲武遣军吏吴仲舒表请以本军伐叛。上遣宰臣询其事，仲舒曰："绛与行泰，皆是游客，主军人心不附。仲武是军中旧将张光朝之子，年五十余，兼晓儒书，老于戎事，性抱忠义，愿归心阙廷。"李德裕因奏："陈行泰、张绛皆令大将上奏，邀求节旄，所以必不可与。今仲武上表

布诚，先陈密款，因而拔用，即似有名。"许之，乃授兵马留后，诏抚王纮遥领节度。寻改仲武节度副大使、知节度事，检校工部尚书、幽州大都督府长史、兼御史大夫、兰陵郡王。俄而回鹘扰边。

时回鹘有特勤那颉啜拥赤心宰相一族七千帐，东逼渔阳。仲武遣其弟仲至与裨将游奉寰、王如清等，率锐兵三万人大破之。前后收其侯王贵族千余人，降三万人，获牛马、橐驼、旗纛、罽幕不可胜计。遣从事李周瞳、牙门将国从弨，相次献捷。诏加检校兵部尚书，兼东面招抚回鹘使。先是，奚、契丹皆有回鹘监护使，督以岁贡，且为汉谍。至是，遣裨将石公绪等谕意两部，凡戮八百余人。又回鹘初遣宣门将军等四十七人，诡词结欢，潜伺边隙。仲武使密赂其下，尽得阴谋。且欲驰入五原，驱掠杂虏。遂逗遛其使，缓彼师期。人马病死，竟不遣之。回鹘乌介可汗既败，不敢近边，乃依康居求活，尽徙余种，寄托黑车子。

仲武由是威加北狄，表请于蓟北立《纪圣功铭》，敕李德裕为之文，其铭曰：

大和之初，赤气宵兴；开成之末，彤云暮凝。异鸟南来，胡灭之征。北夷飚扫，厥国土崩，逼迫迁徙，震我边鄙；长蛇去穴，奔鲸失水。上都蓟门，兵连千里；曾不畏天，犹为骄子。丐我边谷，邀我王师，假我一城，建彼幡旗。归计强汉，郅支嫚辞，狼顾朔野，伏莽见嬴。雁门之北，羌戎杂处，濊濊群羊，茫茫大卤。纵我枭骑，惊我牧圉；暴若豺狼，疾如风雨。皇赫斯怒，羽檄征兵；谋ով泉默，断乃霆声。沉机变化，动合神明，沙漠之外，虏无隐情。渔阳突骑，燕歌壮气，赳赳元戎，眈眈虎视。金鼓誓众，千旆蔽地，爰命其弟，属大之事。翩翩飞将，董我三军；禀兄之制，代帅之勤。威略火烈，胡马星分，戈回白日，剑薄浮云。天衢之北，旄头已落；绝响之野，蚩尤未缚。俾我元侯，恢弘远略；终取单于，系之徽索。阴山寝锋，亭徼弢弓，万里昆夷，九译而通。蛮夷既同，天子之功；儒臣篆美，刊石垂鸿。

仲武历官至司徒、中书门下平章事。大中年卒，谥曰庄。

子直方，以幽州节度副使袭父位。动多不法，虑为将卒所图。三年冬，托以游猎，奔赴阙庭，寻授金吾将军。直方性率暴，行豪夺之事，以罪累贬柳州司马。十一年，迁右骁卫将军，分司东都。咸通中，位至羽林统军。中和岁，贼巢犯阙，公卿恃其豪，多隐藏于第。直方纳招立命，谋欲劫巢。或有告者，由是以兵围而害之。

张允伸，字逢昌，范阳人也。曾祖秀，檀州刺史。祖岩，纳降军使。父朝玬，赠太尉。允伸世仕幽州军门，累职至押衙，兼马步都知兵马使。大中四年，戎帅周綝寝疾，表允伸为留后，朝廷可其奏，加右散骑常侍。其年冬，诏赐旌节，迁检校工部尚书。咸通九年，累加至光禄大夫、检校司徒、兼太傅、同中书门下平章事、燕国公。

十年，徐人作乱，请以弟允皋领兵伐叛，懿宗不允。进助军米五十万石，盐二万石。诏嘉之，赐以锦彩、玉带、金银器等。冬，又加特进，兼侍中。十二年，以风痹拜章请就医药，诏许之。以子简会检校工部尚书，充节度副使。十三年，允伸再上表进纳所赐旌节。朝命未至，其年正月二十五日卒，年八十八。再赠太尉，谥曰忠烈。

允伸领镇凡二十三年，克勤克俭，比岁丰登。边鄙无虞，军民用乂。至今谈者美之。有子十四人。

简真，幽府左司马，先允伸卒。简寿，右领军卫大将军。余或升朝籍，或为刺史、郡佐。

张公素，范阳人。咸通中，为幽州军校。事张允伸，累迁至平州刺史。允伸卒，子简会权主留后事，公素领本郡兵赴焉。三军素畏公素威望，简会知力不能制，即时出奔，遂立为帅。朝廷寻授旌节，累加至中书门下平章事。无几，李茂勋夺其位，公素归阙，贬复州司户参军。

李可举，本回鹘阿布思之族也。张仲武破回鹘，可举父茂勋与本部侯王降焉。茂勋善骑射，性沉毅，仲武器之。常遣拓边，以功封郡王，赐姓名。

咸通末，纳降军使陈贡言者，幽之宿将，人所信服。茂勋密谋劫而杀之，声云贡言举兵。张公素以兵逆击不利，公素走，茂勋入城，军民方知其非贡言也。既有其众，遂推而立之，朝廷即降符节。无几，以疾告老，授右仆射致仕，表可举自节度副使、幽州右司马加右散骑常侍，为节度留后。中和中，累官至检校太尉。

中和末，以太原李克用兵势方盛，与定州王处存密相缔结。可举虑其窥伺山东，终为己患，遂遣使构云中赫连铎乘其背，则与镇州合谋举兵，兼言易、定是燕、赵之余，云得其地则正其疆理而分之。时可举遣将李全忠攻易州。有次将刘仁恭者，多权数；攻之弥月不下，乃穴地道以入其城。既下易州，士卒稍骄。王处存引轻军三千，以羊皮蒙之，夜伏于城外，仍别于间道以骑士伺之。燕军望见，谓之群羊，争趋焉。处存乘其无部伍，一击大败之，寻复其城。全忠遁归，惧可举罪之，收其余众，反攻幽州。可举危急，收集其族，登楼自燔而死。

李全忠，范阳人。广明中，为棣州司马。有芦生于室，一尺三节，心恶之。谓别驾张建曰："吾室生芦，无乃怪欤？"建曰："芦，茅类，得泽而滋，公家有茅土之庆，殆天意乎！其生三节，必传节钺者三人。公勉树功名，无忘斯言。"全忠秩满还乡里，事节度使李可举为牙将。时可举兵锋方盛，欲与镇人分易、定，遣全忠将兵攻之，为定州军大败于易水。全忠惧，率其余众掩攻幽州。可举死。三军推全忠为留后，朝廷因以节钺授之，光启元年春也。

全忠卒，子匡威自袭父位，称留后。匡威素称豪爽，属遇乱离，缮甲燕蓟，有吞四海之志。赫连铎据云中，屡引匡威与河东争云、代，交兵积年。景福初，镇州王镕诱河东将李存孝。克用怒，加兵讨之。时镕童幼，求援于燕；匡威亲率军应之。二年春，河东复出师井陉，再乞师，匡威来援。

匡威弟匡筹，妻张氏有国色。师将发，家人会别，匡威酒酣，留张氏报之。匡筹私怀忿怒，匡威军至博野，匡筹乃据城自为节度。匡威部下闻之，亡归者半。匡威退无归路，将入觐京师。时匡威留于深州，遣判官李抱贞奉章以闻。属京师大乱之后，闻匡威来朝，市人震恐，咸曰"金头王来谋社稷"，士庶有亡窜山谷者。匡威其实不行，欲图镇州，示无留意。镕以匡威再来援己，致其失师，遣使迎归府第，父事之。匡威为镕城郛缮甲，指陈方略，视镕如子。每阴谋骤施，以悦人心。镇之三军，素忠于王氏，恶其所为。会镕过匡威第慰忌辰，匡威缟衣裹甲，伏兵劫镕入牙城。镕兵逆战，燔东偏门，军士呼噪登屋，矢下如雨。镕仆墨君和乱中扶镕登屋免难，而斩匡威以徇。

是岁，匡筹出师攻镇之乐寿、武强以报耻。匡威部曲刘仁恭归于河东。乾宁元年冬，河东听仁恭之谋，出师进讨。二月，败燕军于居庸，匡筹挈其族遁去，将赴京师。至景城，为沧州节度使卢彦威所杀，掠其辎车、妓妾。匡筹妻张氏产于路，不能进，刘仁恭获之，献于李克用，后立为夫人，嬖宠专房。李氏父子三叶，十年而亡。

史臣曰：大都偶国，乱之本也。故古先哲王建国，公侯之封，不过千乘，所以强干弱枝，防其悖慢。彼幽州者，列九围之一，地方千里而遥，其民刚强，厥田沃壤。远则慕田光、荆卿之义，近则染禄山、思明之风。二百余年，自相崇树，虽朝廷有时命帅，而土人多务逐君。习苦忘非，尾大不掉，非一朝一夕之故也。若李载义、张仲武、张允伸因利乘便，获领旌旗，以仁守之，恭顺朝旨，亦足多也。如朱克融、杨志诚、史元忠、张公素、李可举、李全忠，以不仁得之，糜更曩志。或寻为篡夺，或仅传子孙，咸非令终，盖其宜也。

赞曰：碣石之野，气劲人豪。二百余载，自相尊高。载义、仲武，亦多忠劳。余因篡得，不仁何逃？

卷一百八十一
列传第一百三十一

史宪诚 子孝章　**何进滔** 子弘敬　**韩允忠** 子简　**乐彦祯** 子从训　**罗弘信** 子威

史宪诚，其先出于奚虏，今为灵武建康人。祖道德，开府仪同三司、试太常卿、上柱国、怀泽郡王。父周洛，为魏博军校，事田季安，至兵马大使、银青光禄大夫、检校太子宾客、兼御史中丞、柱国、北海郡王。宪诚始以材勇，随父历军中右职，兼监察御史。元和中，田弘正讨李师道，令宪诚以先锋四千济河，累下其城栅。复以大军齐进，乘势逐北，魏之全师迫于郓之城下。师道穷蹙，刘悟斩首投魏军。录功，超授宪诚兼中丞。

镇州王承宗死，弘正自魏移领镇州。居数月，为王廷凑所杀，遂以兵叛。朝廷以弘正子布为魏博节度使，领兵讨伐，俾复父冤。时幽州朱克融援助廷凑，布不能制，因

自引决，军情嚣然。

宪诚为中军都知兵马使，乘乱以河朔旧事动其人心，诸军即拥而归魏，共立为帅，国家因而命之。时克融、廷凑并据兵为乱，宪诚喜得旄节，虽外顺朝旨，而中与朱、王为辅车之势，长庆二年正月也。

寻遣司门郎中韦文恪宣慰。时李齐为乱，与宪诚书问交通。宪诚表请与齐节钺，仍于黎阳舣舟，示欲渡河。及见文恪，举止骄倨，其言甚悖。旋闻齐为帐下所杀，乃从改过，谓文恪曰："宪诚蕃人，犹狗也，唯能识主。虽被棒打，终不忍离。"其狡谲如此。朝廷每为优容，寻加左仆射。敬宗即位，进秩司空。

大和二年，沧景节度使李全略卒，其子同捷窃据军城，表邀符节，举兵伐之。先是，宪诚与全略婚媾，及同捷叛，复潜以粮饷为助。上屡发使申谕，寻又就加平章事。宪诚尝遣骁将至阙下，恣为张大，宰相韦处厚以语折锉之，宪诚不敢复与同捷为应。时宪诚示出师共讨同捷。及沧景平，加司徒。宪诚心不自安，乃遣子孝章入觐，又飞章愿以所管奉命。上嘉之。乃加侍中，移镇河中。宪诚素怀向背，不能以忠诚感激其众。未及出城，大和三年六月二十六日夜，为军众所害，册赠太尉。

孝章，幼聪悟好学。元和中，李愬为魏帅，取大将子弟列于军籍。孝章倡言愿效文职，愬奇之，令摄府参军。及宪诚领节钺，改士曹参军、兼监察御史，赐绯。孝章以父在镇多违朝旨，尝雪涕极谏，备陈逆顺之理。朝廷闻而嘉之，乃授检校太子左谕德、兼侍御史，充节度副使。累迁至散骑常侍、兼御史大夫，赐紫。领本道兵同平沧景，加工部尚书。寻请赴阙，文宗慰劳甚厚，宪诚亦因恳乞朝觐。上知宪诚之入觐，自孝章之谋，遂加礼部尚书，分相、卫、澶三州别为一镇，俾孝章领之。孝章未到镇，宪诚遇害。上以孝章有忠节，起复为右金吾卫将军。间岁，授鄜坊节度使。居四年，迁于滑。一岁，入为右领军大将军，改右金吾大将军，俄授邠宁节度。

孝章历三镇，虽无异绩，而谨身畏法，以保初终。开成三年十月卒，赠右仆射。

何进滔，灵武人也。曾祖孝物，祖俊，并本州军校。父默，夏州衙前兵马使，检校太子宾客，试太常卿。以进滔之贵，赠左散骑常侍。进滔客寄于魏，委质军门，事节度使田弘正。弘正奉诏讨郓州，破李师道，时进滔为衙内都知兵马使，以功授兼侍御史。大和三年，军众害史宪诚，连声而呼曰："得衙内都知兵马使何端公知留后，即三军安矣。"推而立之。朝廷因授进滔左散骑常侍、魏博等州节度观察处置等使。为魏帅十余年，大得民情，累官至司徒、平章事卒。

子弘敬袭其位。朝廷时遣河中帅李执方、沧州帅刘约各遣使劝令归阙，别俟朝旨。弘敬不从，竟就加节制。及刘稹反，不时起兵。镇州王元逵下邢、洺二州，兵次上党，弘敬方出师压境。大中后，宣宗务其姑息，继加官爵，亦至使相。咸通初，卒。子全皞嗣之。朝廷寻降符节，累官亦至同平章事。十一年，为军人所害。子孙相继，四十

余年。

韩允忠,魏州人也。旧名君雄,懿宗改赐今名。父国昌,历本州右职。会昌中,从何弘敬破刘稹,以功为贝州刺史、兼御史中丞。以允忠故,累赠兵部尚书。允忠少仕军门,继升裨校。潞州之役,亦与其行。咸通十一年,何全皞为军众所杀,推允忠为帅。时僖宗为普王,即降诏遥领节度,授允忠左散骑常侍、兼御史中丞,充节度观察留后。不数月,转检校工部尚书、魏州大都督府长史、充魏博节度观察等使。累加至检校司空、同平章事。乾符元年十一月卒,年六十一。累赠太尉。

子简,自允忠初授戎帅,便为节度副使。乾符初,累官至检校工部尚书。允忠卒,即起复为节度观察留后。逾月,加检校右仆射。其后累加至侍中,封昌黎郡王。

贼巢之乱,诸葛爽受其伪命河阳节度使。时僖宗在蜀,寇盗蜂起,简据有六州,甲兵强盛,窃怀僭乱之志,且欲启其封疆,乃举兵攻河阳,爽弃城而走。简遂留兵保守,因北掠邢、洺而归,遂移军攻郓。郓帅曹全晸出战,为简所败,死之。郓将崔君裕收合残众,保郓州。简进攻其城,半年不下,河阳复为诸葛爽所袭。简因欲先讨君裕,次及河阳,乃举兵至郓,君裕请降。寻移军复攻河阳,行及新乡,为爽军逆击,败之。简单骑奔回,忧愤,疽发背而卒,时中和元年十一月也。

乐彦祯,魏州人也。父少寂,历澶、博、贝三州刺史,赠工部尚书。彦祯少为本州军校。韩简之领节旄也,以彦祯为马步军都虞候,转博州刺史。下河阳,走诸葛爽。有功,迁澶州刺史。简再讨河阳之败也。彦祯以一军先归,魏人遂共立之。朝廷寻授检校工部尚书,知魏博留后。俄加户部尚书,充节度观察处置等使。中和四年,累加至尚书左仆射、同平章事。僖宗自蜀回,加开府仪同三司,册拜司徒。

彦祯志满骄大,动多不法。一旦征六州之众,板筑罗城,约河门旧堤,周八十里,月余时毕,人用怨咨。

又其子从训天资悖逆。王铎自滑移镇沧州,过魏郊,从训见其女妓,利之,先伏兵于漳南高鸡泊,俟铎之至,围而害之,掠其所有。时朝廷微弱,不能诘。魏人素知铎名望,议者惜之,而罪从训。从训又召亡命之徒五百余辈,出入卧内,号为"子将",委以腹心。军人籍籍,各有异议。从训闻而忌之,易服遁出,止于近县。彦祯因命为六州都指挥使。未几,又兼相州刺史。到任之后,般辇军器,取索钱帛,使人来往,交午涂路,军府疑贰。

彦祯危愤而卒,众推都将赵文玕知留后事。从训自相州领兵三万余人至城下,文玕按兵不出。众怀疑惧,复害文玕,推罗弘信为帅。弘信以兵出战,败之。从训招集余众,次于洹水。弘信遣将程公佐领兵讨击,大败之,枭从训首于军门,时文德元年春也。

罗弘信,字德孚,魏州贵乡人。曾祖秀,祖珍,父让,皆为本州军校。弘信少从戎役,历事节度使韩简、乐彦祯。

光启末,彦祯子从训忌牙军,出居于外,军众废彦祯,推赵文玕权主军州事。众复以为不便,因推弘信为帅。先是,有邻人密谓弘信曰:"某尝夜遇一白须翁,相告云,君当为土地主。如是者再三。"弘信窃异之。及废文玕,军人聚呼曰:"孰愿为节度使者?"弘信即应之曰:"白须翁早以命我。"众乃环而视之,曰:"可也。"由是立之。僖宗闻之,文德元年四月,诏加工部尚书,权知节度留后。七月,复加金紫光禄大夫、检校尚书右仆射,充魏博节度观察处置等使。龙纪中,加检校司空、同平章事,封豫章郡公。

乾宁中,朱全忠急攻兖郓,朱瑄求援于太原。太原发军,假道于魏,令大将李存信屯莘县。存信御军无法,侵魏之刍牧,弘信不平之。全忠复遣人谓之曰:"太原志吞河朔,回戈之日,贵道堪忧。"弘信乃托好于汴,出师三万攻存信,败之。太原怒,举兵攻魏,营于观音门外。汴将葛从周援之,屯于洹水。李克用子落落时为铁林军使,为从周所擒,乃退归。自是太原之师,每岁侵扰相、魏,魏人患之。

朱全忠方事兖郓,惧弘信离贰,每岁时赂遗,必卑辞厚礼答贶。全忠对魏使北面拜而受之,曰:"六兄比予倍年已上,兄弟之国,安得以常邻遇之。"弘信以为厚己,亦推心焉。弘信累官至检校太师、守侍中、临清王。光化元年九月卒,年六十三,赠太师,追封北平王,谥曰庄肃。子威。

威,字端己。文德初,授左散骑常侍,充天雄军节度副使。自龙纪至乾宁,十年之中,累加官爵。弘信卒,袭父位为留后,朝廷从而命之。天复末,累加至检校太傅、兼侍中、长沙王。天祐初,授检校太尉、守侍中,进封邺王,赐号"忠勤宣力致理功臣"。

魏之牙中军者,自至德中,田承嗣盗据相、魏、澶、博、卫、贝等六州,召募军中子弟置之部下,遂以为号。皆丰给厚赐,不胜骄宠。年代浸远,父子相袭,亲党胶固。其凶戾者,强买豪夺,逾法犯令;长吏不能禁。变易主帅,有同儿戏,如史宪诚、何进滔、韩君雄、乐彦祯,皆为其所立。优奖小不如意,则举族被害。威惩其往弊,虽以货赂姑息,而心衔之。

威嗣世之明年,正月,幽州刘仁恭拥兵十万,谋乱河朔,进陷贝州,长驱攻魏。威求援于汴。朱全忠遣将李思安屯于洹水。葛从周自邢、洺引军入魏。燕将刘守文、单可及攻汴军于内黄。思安逆战,大败之,乘胜追蹑。从周出会掩击,复败燕军,斩首三万。三年,威引汴军攻沧州以报之。自是,威感仝忠援助之恩,合从景附。

天祐二年七月十三日夜,牙军裨校李公佺作乱,威仅以身免。公佺出奔沧州。自是愈惧,遣使求援于全忠,密谋破之。全忠遣李思安会魏博军,再攻沧州。全忠女妻威子廷规,先是卒。全忠遣长直军校马嗣勋选兵千人,密于舁中实兵甲入魏,言助女葬事。三年正月五日,嗣勋至,全忠亲率大军济河,言视行营于沧景。威欲因而出迎,至期,即假全忠帐下锐卒入而夹攻之。牙军颇疑,坚请不出。威恐泄其事,慰纳之。是月十四日夜,率厮养百十辈,与嗣勋合攻之。时宿于牙城者千人，迟明杀之殆尽；凡八千家，皆破其族。魏军攻沧州者，在历亭闻有变，其将史仁遇拥之，保于高唐。六州之内，皆为仇敌，累月平之。威仕梁数年后卒，年三十四，位至守太师、兼中书令，赠尚书令，谥曰贞壮。

威性明敏，达于吏道。伏膺儒术，招纳文人，聚书至万卷。每花朝月夕，与宾佐赋咏，甚有情致。钱塘人罗隐者，有当世诗名，自号"江东生"。威遣使赂遗，叙其宗姓，推为叔父。隐亦集其诗寄之。威酷嗜其作，目己所为曰《偷江东集》，凡五卷，今邺中人士讽咏之。

史臣曰：魏、镇、燕三镇，不能制之也久矣。兵强地广，合从连衡。爵命虽假于朝廷，群臣自谋于元帅。如史宪诚等五家，其初皆因此而得之，其后亦因此而失之。盖不知取之以权，守之以仁，则远矣。若善继者，史氏、罗氏之二子有焉，其余不足观也。

赞曰：逆取顺守，古亦有之。如其逆守，灭亡必随。史、何、韩、乐，世数盛衰。足以为鉴，念兹在兹。

卷一百八十二
列传第一百三十二

王重荣 子珂　王处存 弟处直　诸葛爽
高骈 毕师铎 秦彦　时溥　朱
瑄 弟瑾

王重荣，河中人。父纵，盐州刺史，咸通中有边功。重荣以父荫补军校，与兄重盈俱号骁雄，名慑军中。广明初，重荣为河中马步军都虞候。巢贼据长安，蒲帅李都不能拒，称臣于贼，贼伪授重荣节度副使。河中密迩京师，贼征求无已，军府疲于供亿，贼使百辈，填委传舍。重荣谓都曰："吾以外援未至，诡谋附贼以纾难。今军府积实，苦被征求，复来收兵，是贼危我也。倘不改图，危亡必矣！请绝桥道，婴城自固。"都曰："吾兵微力寡，绝之立见其患。唯公图之，愿以节钺假公。"翌日，都归行在，重荣知留后事，乃斩贼使，求援邻藩。既而贼将朱温舟师自同州至，黄邺之兵自华阴至，数万攻之。重荣戒励士众，大败之。获其兵仗，军声益振。朝廷遂授节钺，检校司空。时中和元年夏也。

俄而忠武监军杨复光率陈、蔡之师万人，与重荣合。贼将李祥守华州，重荣合势攻之，擒祥以徇。俄而朱温以同州降。贼既失同、华，狂躁益炽。黄巢自率精兵数万，至梁田坡。时重荣军华阴南，杨复光在渭北，掎角破贼，出其不意，大败贼军，获其将赵璋。巢中流矢而退。而重荣之师，亡耗殆半。惧贼复来，深忧之。谓复光曰："军虽小捷，锐旅亡失。万一贼党复来，其将何军以应？吾之成败，未可知也。"复光曰："雁门李仆射，与仆家世事旧，其尊人与仆父兄同患难。仆射奋不顾身，死义知已。倘得李雁门为援，吾事济矣。"因遣使传诏征兵。明年，李克用领兵至，大败巢贼，收复京城。其倡义启导之功，实重荣居首。京师平，以功检校太尉、同平章事、琅邪郡王。

光启元年，僖宗还京。丧乱之后，六军初复，国藏虚竭。观军容使田令孜奏以安邑、解县两池榷课，直属省司，以充赡给。旧事，河中节度兼榷使，每年额输省课。重荣累表论列，既循往例，兼恃大功。令孜不许，奏请移重荣为定州节度。制下，不奉诏，令孜率禁军攻之，屯于沙苑，为重荣击败之。十二月，令孜挟天子出幸宝鸡，太原闻之，乃与重荣入援京师，遣使迎驾还宫。令孜尤惧，却劫幸山南。及朱玫立襄王称制，重荣不受命，会太原之师于河西，以图兴复。明年，王行瑜杀朱玫，僖宗反正，重荣之忠力居多。

重荣用法稍严，季年尤甚。部下常行儒者，尝有所谴罚，深衔之。光启三年六月，行儒以兵攻府第，重荣夜出于城外别墅。诘旦，为行儒所害，行儒乃推重盈为帅。重盈既立，诛行儒与其党，安集军民。

乾宁初，重盈卒，军府推行军司马王珂为留后。重盈子珙，时为陕帅，瑶为绛州刺史。珂即重荣兄重简子，出继重荣。由是争为蒲帅。瑶、珙上章论列，又与朱温书云："珂非吾兄弟，家之苍头也。小字虫儿，安得继嗣？"珂上章云："亡父有兴复之功。"遣使求援于太原，太原保荐于朝。珙厚结王行瑜、李茂贞、韩建为援，三镇互相表荐。昭宗诏谕之曰："吾以太原与重荣有再造之功，已俞其奏矣。"故明年五月，茂贞等三人率兵入觐，贼害时政，请以河中授珙。珙、瑶连兵攻河中。李克用怒，出师讨三镇。瑶、珙兵退，克用拔绛州，斩瑶，乃师于渭北。天子以珂为河中节度，授以旄钺，仍充供军粮料使。既诛王行瑜，克用以女妻之。珂亲至太原、太原令李嗣昭将兵助珂攻珙，珙每战频败。珙性惨刻，人有逾犯，必斩首置于座前，言笑自若，部下咸苦之。因其削弱，皆怀离叛。光化二年六月，部将李璠杀珙，自称留后。

光化末，朱温初伏镇、定，将图关辅，属刘季述废立之际，京师俶扰。崔胤潜乞师于汴，以图反正。温谓其将张存敬、侯言曰："王珂恃太原之势，侮慢藩邻，骨肉相残，自大其事，尔为我持一绳以缚之。"存敬等率兵数万渡河，由含山出其不意，天复元年正月，兵攻晋、绛。珂将绛州刺史陶建钊、晋州刺史张汉瑜既无备，即开门降。温令别将何绚守晋州，扼其援路。二月，存敬大军逼河中，珂遣告急于太原。晋、绛既当兵冲，援师不能进。珂妻书告太原曰："势攻逼，朝夕为俘囚，乞食大梁，大人安忍不救？"克用曰："贼阻前途，众寡不敌，救则与尔两亡。可与王郎归朝廷。"珂计无从出，即谋归京师。又使人告李茂贞曰："圣上初返正，诏藩镇无相侵伐，同匡王室。朱公不顾国家约束，卒遣贼臣，急攻敝邑，则朱公之心可见矣！敝邑若亡，则同、华、邠、岐非诸君所能保也。天子神器，拱手而授人矣！此自然之势也。公可与华州令公早出精锐固潼关，以应敝邑。仆自量不武，请于公之西偏求为镇守，此地请公有之。关西安危，国祚延促，系公此举也。"茂贞不答。

珂势蹙，将渡河归京师，人情离合。时河桥毁圮，凌澌鲠塞，舟楫难济。珂族舣舟有日。珂夜自慰谕守阵者，默然无应。牙将刘训夜半至珂寝门，珂叱之曰："兵欲反耶？"训解衣袒臂曰："公苟怀疑，训请断臂。"珂曰："事势如何，计将安出？"训曰："若夜出整棹径济，人必争舟。苟一夫鸱张，其祸莫测。不如俟明旦，以情谕三军，愿从者必半，然后登舟赴阙，可以前济。不然，则召诸将校，且为款状，以缓贼军，徐图向背，策之上也。"珂然之，即登城谓存敬曰："吾于汴王有家世事分，公宜退舍。俟汴王至，吾自听命。"存敬即日退舍。

三月，朱温自洛阳至，先哭于重荣之墓，悲不自胜，陈辞致祭，蒲人闻之感悦。珂欲面缚牵羊以见。温报曰："太师阿舅之恩，何时可忘耶？郎君若以亡国之礼相见，黄泉其谓我何？"及珂出，迎之于路，握手歔欷，联辔而入。

居半月，以存敬守河中，珂举家徙于汴。后温令珂入觐，遣人杀之于华州传舍。自重荣初帅河中，传至珂二十年。

王处存，京兆万年县胜业里人。世隶神策军，为京师富族，财产数百万。父宗，自军校累至检校司空、金吾大将军、左街使，遥领兴元节度。宗善兴利，乘时贸易，由是富拟王者，仕宦因赀而贵，侯服玉食，僮仆万指。处存起家右军镇使，累至骁卫将军、左军巡使。乾符六年十月，检校刑部尚书、义武军节度使。

明年，黄巢犯阙，僖宗出幸。处存号哭累日，不俟诏命，即率本军入援。遣二千人间道往山南，卫从车驾。时李都守河中降贼，会王重荣斩伪使，通使于处存，乃同盟誓师，营于渭北。时巢贼僭号，天下藩镇，多受其伪命，唯郑畋于凤翔，郑从谠守太原。处存、王重荣首倡义举，以招太原。俄而郑畋破贼前锋，王铎自行至，故诸镇翻然改图，以出勤王之师。

中和元年四月，泾原行军唐弘夫败贼将林言、尚让军，乘胜进逼京师。处存自渭北亲选骁卒五千，皆以白缯为号，夜入京城。贼已遁去。京师故人见处存，遮道恸哭，欢呼塞路。军人皆释兵，争据第宅，坊市少年多带白号杂军。翌日，贼侦知，自灞上复袭京师，市人以为王师，欢呼迎之。处存为贼所迫，收军还营。贼怒，召集两市丁壮七八万，并杀之，血流成渠。

处存家在京师，世受国恩，以贼寇未平，銮舆出狩，每言及时事，未尝不喑呜流涕，诸军义之。前后遣使十辈迎李克用，既奕世姻好，特相款昵。洎收京师，王铎第其功；勤王举义，处存为之最；收城破贼，克用为之最。以功检校司空。后又遣大将张公庆率劲兵三千，合诸军灭贼巢于泰山，以功检校司徒。

田令孜讨王重荣，诏处存为河中节度。处存上章申理，言："重荣无罪，有大功于国，不宜轻有除改，以摇藩镇之心。"初，幽、镇两藩，兵甲强盛，易定于其间，疲于侵寇。及匡威得志骄盈，恒欲兼并之。赖与太原姻好，每为之援。处存亦睦邻以礼，优抚军民，折节下士，人多归之，以至抗衡列镇。累加侍中、检校太尉。乾宁二年九月卒，年六十五，赠太子太师，谥曰忠肃。

三军以河朔旧事，推其子副大使郜为留后。朝廷从而命之。授以旄钺，寻加检校司空、同平章事，累至太保。光化三年七月，汴将张存敬进寇幽州，旋入祁沟。郜遣马步都将王处直将兵拒之，为存敬所败，退营沙河。汴人进击，营于怀德驿。处直之众奔挠，城中大恐。十月，郜委城携族奔于太原，太原累表授检校太尉。天复初，卒于晋阳。

其弟郾，克用以女妻之，历岚、石、沔三州刺史、大同军防御使。天祐中卒。

处直，字允明，处存母弟也。初为定州后院军都知兵马使。汴人入寇，处直拒战不利而退；三军大噪，推处直为帅。及郜出奔，乃权留后事。汴将张存敬攻城，梯冲云合，处直登城呼曰："敝邑于朝廷未尝不忠，于藩邻未尝失礼，不虞君之涉吾地，何也？"朱温遣人报之曰："何以附太原而弱邻道？"处直报曰："吾兄与太原同时立勋王室，地又亲邻，修好往来，常道也。请从此改图。"温许之。仍归罪于孔目吏梁问，出绢十万匹，牛酒以犒汴军。存敬修盟而退。温因表授旄钺，检校左仆射。天祐元年，加太保，封太原王。后仕伪梁，授北平王，检校太尉。不数岁，复于庄宗。后十余年，为其子都废归私第，寻卒，年六十一。

诸葛爽，青州博昌人。役属县为伍伯，为令所笞，乃弃役，以里闾自给。会庞勋之乱，乃委身为徐卒，累军功至小校。官军讨徐，庞勋势蹙，率百余人与泗州守将阳群归国。累授汝州防御使。李琢为招讨使，讨沙陀于云州，表爽为副。广明元年，贼陷京师，诏爽率代北行营兵马，赴难关中。爽军屯栎阳。潼关不守，车驾出幸，爽乃降贼。巢以爽为河阳节度使。巢贼败，复表归国，进位检校司徒。

时魏博韩简军势方盛。中和元年四月，魏人攻河阳，大败爽军于修武，爽弃城遁走。简令大将守河阳。乃出师讨曹全晸于郓州。十月，孟州人复诱爽，爽自金商率兵千人，复入河阳。乃犒劳魏人，令赵文琲率之而去。十一月，爽攻新乡。简自郓来逆战，军于获嘉西北。时简将引魏人入趋关辅，诛除巢孽，自有图王之志，三军屡谏不从。偏将乐彦祯因众心摇，说激之，牙军奔归魏州。爽军乘之。简乡兵八万大败，奔腾乱死，清水为之不流。明年正月，简为牙军所杀，爽军由是大振。

及巢贼将败，爽复归国。爽虽起群盗，既贵之后，善于为理；所至法令澄清，人无怨叹，人士以此多之。光启二年，爽卒，帐中将刘经、张言以爽子仲方为孟帅。俄而蔡贼孙儒率众攻之，城陷于贼，仲方归于汴，儒遂据孟州。

高骈，字千里，幽州人。祖崇文，元和初功臣，封南平王，自有传。父承明，神策虞候。骈，家世仕禁军，幼而朗拔，好为文，多与儒者游，喜言理道。两军中贵，翕然称重，乃廪之勇爵，累历神策都虞候。会党项羌叛，令率禁兵万人戍长武城。时诸将御羌无功，唯骈伺隙用兵，出无不捷。懿宗深嘉之。西蕃寇边，移镇秦州，寻授秦州刺史、本州经略使。

先是，李琢为安南都护，贪于货贿，虐赋夷獠，人多怨叛，遂结蛮军合势攻安南，陷之。自是累年亟命将帅，未能收复。五年，移骈为安南都护。至则匡合五管之兵，期年之内，招怀溪洞，诛其首恶，一战而蛮卒遁去，收复交州郡邑。又以广州馈运艰涩，骈视其水路，自交至广，多有巨石梗途，乃购募工徒，作法去之。由是舟楫无滞，安南储备不乏，至今赖之。天子嘉其才，迁检校工部尚书、郓州刺史、天平军节度观察等使。治郓之政，民吏歌之。

南诏蛮寇巂州，渡泸肆掠。乃以骈为成都尹、剑南西川节度观察等使。蜀土散恶，成都比无垣墉，骈乃计每岁完葺之费，甃之以砖甓。雉堞由是完坚。传檄云南，以兵压境，讲信修好，不敢入寇。进位检校尚书右仆射、江陵尹、荆南节度观察等使。乾符四年，进位检校司空、润州刺史、镇海军节度、浙江西道观察等使，封燕国公。

时草贼王仙芝陷荆襄，宋威率诸道师讨逐，其众离散过江表。天子以骈前镇郓，军民畏服，仙芝徒党，郓人也，故授骈京口节钺，以招怀之。寻授诸道兵马都统、江淮盐铁转运等使。骈令其将张璘、梁缵分兵讨贼，前后累捷，降其首领数十人。贼南趋岭表，天子嘉之。六年冬，进位检校司徒、扬州大都督府长史、淮南节度副大使知节度事，兵马都统、盐铁转运使如故。骈至淮南，缮完城垒，招募军旅，土客之军七万。乃传檄征天下兵，威望大振。朝廷深倚赖之，进位检校太尉、同平章事。

既而黄巢贼合仙芝残党，复陷湖南、浙西州郡，众号百万。巢据广州，求天平节钺。朝廷议欲以南海节钺授之。宰相卢携与骈素善，以骈前在浙西已立讨贼之效，今方集诸道之师于淮甸，不宜舍贼，以弱士心。郑畋议是宜假贼方镇以纾难。二人争论于朝，以言词不逊，由是两罢之。骈方持兵柄，闻朝议异同，心颇不平。

广明元年夏，黄巢之党自岭表北趋江淮，由采石渡江。张璘勒兵天长，欲击之。骈怨朝议有不附己者，欲贼纵横河洛，令朝廷耸振，则从而诛之。大将毕师铎曰："妖贼百万，所经镇戍若蹈无人之境。今朝廷所恃者都统，破贼要害之地，唯江淮为首。彼众我寡，若不据津要以击之，俾北渡长淮，何以扼乎？中原陷覆必矣！"骈骇然曰："君言是也。"即令出军。有爱将吕用之者，以左道媚骈，骈颇用其言。用之惧师铎等立功，即夺己权，从容谓骈曰："相公勋业高矣，妖贼未殄，朝廷已有间言。贼若荡平，则威望震主，功居不赏，公安税驾耶？为公良画，莫若观衅，自求多福。"骈深然之，乃止诸将，但严兵保境而已。

其年冬，贼陷河洛，中使促骈讨贼，冠盖相望。骈终逗挠不行。既而两京覆没，卢携死。骈大阅军师，欲兼并两浙，为孙策三分之计。天子在蜀，亟命出师。中和二年五月，雄雉于扬州廨合，占者云："野鸟入室，军府将空。"骈心恶之。其月，尽出兵于东塘，结垒而处，每日教阅，如赴难之势。仍与浙西周宝书，请同入援京师。宝大喜，即点阅，将赴之，遣人侦之，知其非实。骈在东塘凡百日，复还广陵，盖禳雉雉之异也。

僖宗知骈无赴难意，乃以宰臣王铎为京城四面诸道行营兵马都统，崔安潜副之，韦昭度领江淮盐铁转运使。增骈阶爵，使务并停。骈既失兵柄，又落利权，攘袂大诟，累上章论列，语词不逊。其末章曰：

臣伏奉诏命，令臣自省，更勿依违者。臣仰天诉地，血泪交流；如剑戟攒心，若汤火在己。只如黄巢大寇，围逼天长小城，四旬有余，竟至败走。臣散征诸道兵甲，尽出家财赏给，而诸道多不发兵，财物即为己有。纵然遣使征得，敕旨不许过淮。其时黄巢残凶，才及二万，经过数千里，军镇尽若无人。只如潼关已东，止有一径，其为险固，甚于井陉。岂有狂寇奔冲，略无阻碍，即百二之地，固是虚言。神策六军，此时安在？陛下苍黄西出，内官奔命东来，黎庶尽被杀伤，衣冠悉遭屠戮。今则园陵开发，宗庙荆榛，远近痛伤，遐迩嗟怨。

虽然，奸臣未悟，陛下犹迷，不思宗庙之焚烧，不痛园陵之开毁。臣之痛也，实在于斯！此事见之多年，不独知于今日。况自崔蒲盗起，朝廷征用至多，上至帅臣，下及裨将，以臣所料，悉可坐擒，用此为谋，安能办事？陛下今用王铎，尽主兵权，诚知狂寇必歼，枭巢即覆。臣读《礼》至宣尼射于矍相之圃，盖观者如堵墙，使子路出延射曰："溃军之将，亡国之大夫，与为人后者，不入于射也。"严诫如斯，图功也，岂宜容易？陛下安忍委败军之将，陷一儒臣？崔安潜到处贪残，只如西川，可为验矣，委之副贰，讵可戎乎？况天下兵骄，在处僭越，岂二儒士，能戢强兵，万一乖张，将何救助？愿陛下下念黎庶，上为宗祧，无使百代有抱恨之臣，千古留刮席之耻！臣但虑寇生东土，刘氏复兴，即轵道之灾，岂独往日！乞陛下稍留神虑，以安宗社。

今贤才在野，恰人满朝，致陛下为亡国之君，此等计将安出？伏乞戮卖官鬻爵之辈，征鲠直公正之臣，委之重难，置之左右，克复宫阙，莫尚于斯！若此时谤诽忠臣，沉埋烈士，匡复宗社，未见有期！臣受国恩深，不觉语切，无任忧惧之至。

诏报骈曰：

省表具悉。卿一门忠孝，三代勋庸，铭于景钟，焕在青史。卿承祖父之训，袭弓冶之基，起自禁军，从微至著。始则囊锥露颖，稍有知音；寻则天骥呈才，急于试效。自秦州经略使，授交趾节旄，联翩宠荣，汗漫富贵，未尝断绝，仅二十年。

卿报国之功，亦可悉数。最显赫者，安南拒蛮，至今海隅尚守。次则汶阳之日，政声洽平。洎临成都，胁归骠信，三载之内，亦无侵凌。创筑罗城，大新锦里，其为雄壮，实少比俦。渚宫不暇于施为，便当移镇；建邺才闻于安静，旋即渡江。自到广陵，并钟多垒，即亦招降草寇，救援临淮。大约昭灼功勋，不大于此数者。朝廷累加渥泽，靡吝徽章，位极三公，兵环大镇。铜盐重务，绾握约及七年；都统雄藩，幅员几于万里。朕瞻如太华，倚若长城，凡有奏论，无不依允，其为托赖，岂愧神明？

自黄巢肆毒咸京，卿并不离隋苑。岂金陵苑水，能遮鹅鹳之雄；风伯雨师，终阻帆樯之利？自闻归止，宁免郁陶。卿既安住芜城，郑畋以春初入觐，遂命上相，亲领师徒，因落卿都统之名，固亦不乖事例。仍加封实，贵表优恩。何乃疑忿太深，指陈过当，移时省读，深用震嗟。聊举诸条，粗申报复。

卿表云："自是陛下不用微臣，固非微臣有负陛下"者。朕拔卿汶上，超领剑南，荆、润、维扬，联居四镇。绾利则牢盆在手，主兵则都统当之。直至京北、京南、神策诸镇，悉在指挥之下，可知董制之雄。而乃贵作司徒，荣为太尉，以为不用，何名为用乎？

卿又云："若欲俯念旧勋，伫观后效，何不以王铎权位，与臣主持，必能纠率诸侯，诛锄群盗"者。朕缘久付卿兵柄，不能翦灭元凶。自天长漏网过淮，不出一兵袭逐，奄残京国，首尾三年；广陵之师，未离封部，忠臣积望，勇士兴讥。所以擢用元臣，诛夷巨寇，心期貔武，便扫欃枪。卿初委张璘，请放却诸道兵士，辛勤召置，容易放还，璘果败亡，巢益颠越。卿前年初夏，遽发神机，与京中朝贵书，题云："得灵仙教导，芒种之后，贼必荡平。"寻闻围逼天长，必谓死在卿手，岂知鱼跳鼎釜，狐脱网罗，遽过长淮，竟为大憝。都统既不能御遏，诸将更何以枝梧？果致连犯关河，继倾都邑。从来倚仗之意，一旦控告无门，凝睇东南，惟增凄恻。及朕蒙尘入蜀，宗庙污于贼庭，天下人心，无不雪涕。既知历数犹在，讴谣未移，则怀忠拗怒之臣，贮救难除奸之志，便须果决，安可因循？况恩厚者其报深，位重者其心急。此际天下义举，皆望淮海率先。岂知近辅儒臣，先为首唱；而穷边勇将，誓志平戎，关东寂寥，不见干羽。洎乎初秋览表，方云仲夏发兵，便诏军前，并移汶上。喜闻兵势，渴见旌幢。寻称宣润阻艰，难从天讨。谢玄破苻坚于淝水，裴度平元济于淮西，未必儒臣不如武将！

卿又云："若不斥逐邪佞，亲近忠良，臣既不能保家，陛下岂能安国？忽当今日，弃若寒灰"者。未委谁是忠良，谁为邪佞？终日宠荣富贵，何尝不保其家；无人捍御冠戎，所以不安其国。岂有位兼将相，使带铜盐，自谓寒灰，真同浪语。

卿又云："不痛园陵之开毁，不念宗庙之焚烧，臣实痛之，实在兹也。"且龟玉毁于椟中，谁之过也？鲸鲵漏于网外，抑有其由！卿手握强兵，身居大镇，不能遮围擒戮，致令脱漏猖狂，虽则上系天时，抑亦旁由人事。朕自到西蜀，不离一室之中，屏弃笙歌，杜绝游猎，蔬食适口，布服被身，焚香以望园陵，雪涕以思宗庙，省躬罪己，不敢遑安。"奸臣未悟"之言，谁人肯认？"陛下犹迷"之语，朕不敢当！

卿又云："自来所用将帅，上至帅臣，下及裨将，以臣所料，悉可坐擒，用此为谋，安能集事"者。且十室之邑，犹有忠信，天下至大，岂无英雄？况守固城池，悉严兵甲，纵非尽美，安得平欺？卿尚不能缚黄巢于天长，安能坐擒诸将？只如拓拔思恭、诸葛爽辈，安能坐擒耶？勿务大言，不堪垂训。

卿又云：王铎是败军之将，兼征引瞿相射义者。昔曹沫三败，终复鲁仇，孟明再奔，竟雪秦耻。近代汾阳尚父，咸宁太师，亦曾不利鼓鼙，寻则功成钟鼎。安知王铎不立大勋？

卿又云："无使百代有抱恨之臣，千古留刮席之耻。但虑寇生东土，刘氏复兴，即轵道之灾，岂独往日"者。我国家景祚方远，天命未穷，海内人心，尚乐唐德。朕不荒酒色，不亏刑名，不结怨于生灵，不贪财于宇县。自知宠历，必保florida洪。况巡省已来，祯祥荐降；西蜀半年之内，声名又以备全。塞北、日南，悉来朝贡；黠戛、善阐，并至梯航。但虑天宝、建中，未如今日；清宫复国，必有近期。卿云"刘氏复兴"，不知谁为其首？遽言"刮席之耻"，比朕于刘盆子耶？仍忧"轵道之灾"，方朕于秦子婴也？虽称直行，何太罔诬！三复斯言，尤深骇异。

卿又云："贤才在野，佥人满朝，致陛下为亡国之君，此子等计将安出？伏乞戮卖官鬻爵之辈，征鲠直公正之臣"者。且唐、虞之世，未必尽是忠良；今岩野之间，安得不遗贤彦？朕每令铨择，亦遣访求。其于选将料兵，安人救物，但属收复之业，讲求理化之基，自有长才，同匡大计。卖官鬻爵之士，中外必不有之，勿听狂辞，以资游说。且朕远违宫阙，寄寓巴邛，所失恩者甚多，尚不兴怨，卿落一都统，何足介怀？况天步未倾，皇纲尚整，三灵不昧，百度犹存。但守君臣之轨仪，正上下之名分，宜遵教约，未可躐凌。朕虽冲人，安得轻侮！但以卿卿岁久，许卿分深，贵存终始之恩，忽贮猜嫌之虑。所宜深省，无更过言！

骈始以兵权，欲临藩镇，吞并江南；一朝失之，威望顿灭，阴谋自阻。故累表坚论，欲其复故。明年四月，王铎与诸道之师败贼关中，收复京城。骈闻之，悔恨万状。而部下多叛，计无所出，乃托求神仙，屏绝戎政，军中可否，取决于吕用之。

光启初，僖宗再幸山南。李煴僭号，伪授骈中书令、诸道兵马都统、江淮盐铁转运等使。骈方怨望，而甘于伪署，称藩纳赂，不绝于途；晏安自得，日以神仙为事。吕用之又荐暨工诸葛殷、张守一有长年之术，骈并署为牙将。于府第别建道院，院有迎仙楼、延和阁，高八十尺，饰以珠玑金钿。侍女数百，皆羽衣霓服，和声度曲，拟之钧天。日与用之、殷、守一三人授道家法箓，谈论于其间，宾佐罕见其面。

府第有隋炀帝所造门屋数间，俗号中书门，最为宏壮，光启元年，无故自坏。明年，淮南饥，蝗自西来，行而不飞，浮水缘城而入府第。道院竹木，一夕如翦，经像幢节，皆啮去其首。扑之不能止。旬日之内，蝗自食唼而尽。

其年九月，雨鱼。是月十日夜，大星陨于延和阁前，其声如雷，火光烁地。自二年十一月雨雪阴晦，至三年二月不解。比岁不稔，食物踊贵，道殣相望，饥骸蔽地。是月，浙西周宝为三军所逐。骈喜，以为妖异当之。

三月，蔡贼过淮口，骈令毕师铎出军御之。师铎与高邮镇将张神剑、郑汉璋等，率行营兵反攻扬州。四月，城陷，师铎囚骈于道院，召宣州观察使秦彦为广陵帅。既而蔡贼杨行密自寿州率兵三万，乘虚攻城。城中米斗五十千，饿死大半。骈家属并在道院，秦彦供给甚薄，薪蒸亦阙。奴仆彻延和阁槛槛煮革带食之，互相篡啖。骈召从事卢悦谓之曰："予三朝为国，粗立功名。比摆脱尘埃，自求清净，非与人世争利。一旦至此，神道其何望耶？"掩涕不能已。

初，师铎之入城也，爱将申及谓骈曰："逆党人数不多，即日弛于防禁，愿奉令公潜出广陵，依投支郡，以图雪耻，贼不足平也。若持疑不决，及旦夕不得在公左右。"骈怯惧，不能行其谋。九月，师铎出城战败，虑骈为贼内应，又有尼奉仙，自言通神，谓师铎曰："扬府灾，当有大人死应之，自此善也。"秦彦曰："大人非高令公耶？"即令师铎以兵攻道院。侍者白骈曰："有贼攻门。"曰："此秦彦来。"整衣候之。俄而，乱卒升阶，曳骈数之曰："公上负天子恩，下陷扬州民，淮南涂炭，公之罪也。"骈未暇言，首已堕地矣。

骈既死，左右奴客逾垣而通，入行密军。行密闻之，举军缟素，绕县大哭者竟日；仍焚纸奠酒，信宿不已。骈与儿侄死于道院，都一坎瘗之，裹之以毡。行密入城，以骈孙俞为判官，令主丧事。葬送未行而俞卒，后故吏邝师虔收葬之。

初，师铎入城，吕用之、张守一出奔杨行密，诈言所居有金。行密入城，掘其家地下，得铜人，长三尺余，身被桎梏，钉其心，刻"高骈"二字于胸，盖以魅道厌胜蛊惑其心，以至族灭。

毕师铎者，曹州冤朐人。乾符初，与里人王仙芝啸聚为盗，相与陷曹、郓、荆、襄。师铎善骑射，其徒目为"鹞子"。仙芝死，来降高骈。初败黄巢于浙西，皆师铎、梁缵之效也，颇宠待之。

骈末年惑于吕用之，旧将俞公楚、姚归礼皆为用之逸构见杀。师铎意不安，有爱妾复为用之所夺。

光启三年三月，蔡贼杨行密逼淮口，骈令师铎率三百骑戍高邮。戍将张神剑亦怨用之，两人谋自安之计。用之伺知，亟请召还。师铎母在广陵，遣信令师铎遁去。或谓师铎曰："请杀神剑，并高邮之兵趋府，令公必杀用之为解。"又曰："不如投徐州，则身存而家保。"师铎曰："非计也。吕用之诳惑主帅，涂炭生民，七八年来，鬼怨人怒。今日之事，安知天不假手诛妖乱而康淮甸耶？"又曰："郑汉璋是我归顺时副使，常切齿于用之，今率精兵在淮口。闻吾此举，即乐从也。"乃趋淮口，与汉璋合，得兵千人。又相与至高邮，问计于张神剑。神剑曰："公见事晚耶？用之一妖物耳，前受襄王伪命，作镇广州，迟留不行，志图淮海节镇。令公已夺其魄，彼一旦成事，焉能北面事妖物耶！"即割臂血为盟，推师铎为盟主，称大丞相。移檄郡县，以诛用之、守一、殷为名，乃署其卒长唐宏、王朗、骆玄真、倪详、逯本、赵简等，分董其卒三千人。

四月，趋广陵，营于大明寺，扬州大骇。吕用之分兵城守，高骈登延和阁，闻鼓噪声怪之。用之曰："师铎兵士回戈，止遏不得，适已随宜处置，公幸勿忧。苟不听，徒劳玄女一符耳。"师铎陈兵数日，用之屡出战，师铎忧其不克，求救于宣州秦彦曰："苟得广陵，则迎公为帅。"彦令牙将秦稠，率兵三千助之。师铎门客毕慕颜自城中出，曰："人心已离，破之必矣！"秦稠军至，兵威渐振。骈闻甚忧，谓用之曰："吾以心腹仗尔，不能驾驭此辈，误我何多？百姓遭罹饥馑，不可虐用。吾自枉手札喻师铎，可令大将一人自行。"用之即以其党许戡送骈书。师铎怒曰："梁缵、韩问何在？令尔来耶！"即斩之。用之选劲兵自卫。一日至道院，骈叱去之。乃令犹子杰握牙兵，令师铎母作书，遣大将古锷与师铎子出城喻之。师铎令子还，白曰："不敢负令公恩德，正为淮南除弊。但斩用之、守一，即日退还高邮。"秦稠攻西南隅，城中应之，即日城陷。吕用之由参佐门遁走。骈闻师铎至，改服俟之，与师铎交拜，如宾主之仪。即日署为节度副使，汉璋、神剑皆署职事。

秦稠点阅府库，监守之，仍密召彦于宣州。或谓师铎曰："公昨举兵诛二妖物，故人情乐从。今军府已安，以事理论之，公宜还政高公，自典兵马，戎权在手，取舍自由，藩邻闻之，不失大义。议者皆言秦稠破城之日，已召秦彦。彦若为帅，兵权非足下有也。公感其援，但以金玉报之，阻其渡江，最为上策。若秦彦作帅，则杨行密朝闻夕至。如高令复帅，外寇必自卷怀。"师铎犹豫未决，而秦彦军至。

五月，彦为节度使，署师铎为行军司马，移居牙外，心颇不悦。是月，杨行密引军攻扬州，彦兵拒战继败。八月，师铎与郑汉璋出军万人击行密，皆大败而还，自是不复出。九月，师铎杀高骈。十月，秦彦、师铎突围而遁。十一月，秦彦、师铎引蔡贼孙儒之兵三万围扬州。行密求救于汴，朱全忠遣大将李璠率师淮口，以为声援。孙儒以广陵未下，而汴卒来，又虑秦彦、师铎异志。四年正月，孙儒斩秦彦、师铎于高邮之南，郑汉璋亦死焉。

秦彦者，徐州人，本名立。为卒，隶徐军。乾符中，坐盗系狱，将死，梦人谓之曰："尔可随我。"及寤，械破，乃得逸去，因改名彦。乃聚徒百人，杀下邳令，取其资装入黄巢军。巢兵败于淮南，乃与许勍俱降高骈，累奏授和州刺史。中和二年，宣歙观察使窦潏病，彦以兵袭取之。遂代潏为观察使，朝廷因而命之。

光启三年，扬州牙将毕师铎囚其帅高骈，惧外寇来侵，乃迎彦为帅。彦召池州刺史赵锽知宣州事，自率众入扬州。师铎推彦为帅。

五月，寿州刺史杨行密率兵攻彦，遣其将张神剑令统兵屯湾头山光寺。行密屯大云寺，北跨长岗，前临大道，自扬子江北至槐家桥，栅垒相联。秦彦登城望之，惧形于色。令秦稠、师铎率劲卒八千出斗，为行密所掩，尽没。稠死之。彦急求援于苏州刺史张雄。雄率兵赴之，屯于东塘。重围半年，城中刍粮并尽，草根木实、市肆药物、皮囊革带，食之亦尽。外军掠人而卖，人五十千。死者十六七，纵存者鬼形鸟面，气息奄然。张雄多军粮，相约交市。城中以宝贝市米，金一斤，通犀带一，得米五升。雄军得货，不战而去。九月，毕师铎出战，又败。自是日与秦彦相对嗟惋。问神尼奉仙何以获济，尼曰："走为上计也。"十月，彦与师铎突围投孙儒，并为所杀。

江淮之间，广陵大镇，富甲天下。自师铎、秦彦之后，孙儒、行密继踵相攻，四五年间，连兵不息，庐舍焚荡，民户丧亡，广陵之雄富扫地矣！

时溥，彭城人，徐之牙将。黄巢据长安，诏征天下兵进讨。中和二年，武宁军节度使支详遣溥与副将陈璠率师五千赴难。行至河阴，军乱，剽河阴县回。溥招合抚谕，其众复集，惧罪，屯于境上。详遣人迎犒，悉恕之，溥乃移军向徐州。既入，军人大呼，推溥为留后，送详于大彭馆。溥大出资装，遣陈璠援详归京。详宿七里亭，其夜为璠所杀，举家屠害。溥以璠为宿州刺史，竟以违命杀详。溥诛璠，又令别将帅军三千赴难京师。天子还宫，授之节钺。

及黄巢攻陈州，秦宗权据蔡州，与贼连结。徐、蔡相近，溥出师讨之。军锋益盛，每战屡捷。黄巢之败也，其将尚让以数千人降溥，后林言又斩黄巢首归徐州，时溥功居第一，诏授检校太尉、中书令、钜鹿郡王。宗权未平，仍授溥徐州行营兵马都统。

蔡贼平，朱全忠与之争功，遂相嫌怨。淮南乱，朝廷以全忠遥领淮南节度，以平孙儒、行密之乱，汴人应援，路出徐方，溥阻之。全忠怒，出师攻徐。自光启至大顺六七年间，汴军四集，徐、泗三郡，民无耕稼，频岁水灾，人丧十六七。溥窘蹙，求和于汴。全忠曰："移镇则可。"然之。朝廷以尚书刘崇望代溥，以溥为太子太师。溥惧出城见害，不受代。汴将庞师古陈兵于野，溥求援于兖州。朱瑾出兵救之，值大雪，粮尽而还。城中守阵者饥甚，加之病疫。汴将王重师、牛存节夜乘梯而入，溥与妻子登楼自焚而卒，景福二年四月也。地入于汴。

朱瑄，宋州人。父庆，盗盐抵法。瑄逃于青州，为王敬武牙卒。中和初，黄巢据长安，诏征天下兵。敬武遣牙将曹全晸率兵三千赴难关西，以瑄为军候。会青州警急，敬武召全晸还，路出郓州。时郓帅薛崇为草贼王仙芝所杀，郓将崔君裕权知州事。全晸知其兵寡，袭杀君裕，据有郓州，自称留后。以瑄有功，署为濮州刺史，留将牙军。

光启初，魏博韩简欲兼并曹郓，以兵济河收郓。全晸出兵逆战，为魏军所败，全晸死之。瑄收合残卒，保州城。韩简攻围半年，不能拔。会魏军乱，退去。朝廷嘉之，授以节钺。

时瑄有众三万。其弟瑾，勇冠三军，有争天下之心。秦宗权之盛也，屡侵郑、汴。朱全忠为贼所攻，甚窘，求救于瑄。瑄令朱瑾出师援之。击败秦宗权，全忠乃与瑄情极隆厚。

全忠狡谲翻覆，虎视藩邻。会宗权诛，乃急攻徐州。时溥求援于瑄，瑄与全忠书，请释溥修好，伪许之。瑄以恩及全忠，遣使让之，又令朱瑾出军援溥。及徐、泗平，全忠乃移兵攻郓。三四年间，每春秋入其境剽掠，人不得耕织，民为俘者十五六，瑄御备殚竭。景福末，与弟瑾合两镇之兵，与汴人大战于鱼山下，瑄、瑾俱败，兵士陷没。汴将朱友裕以长堑围之。乾宁四年正月，城中食竭，瑄与妻荣氏出奔，至中都，为野人所害，传首汴州。荣氏至汴州为尼。

朱瑾，瑄之母弟，骁果善战。初，乾符末，朝廷以将军齐克让为兖州节度。瑾将袭取之，乃求婚于克让。及亲迎，瑾选勇士卫从，礼会之夜窃发，逐克让，遂据城称留后。朝廷不获已，以节钺授之。及朱瑄平，汴人移兵攻兖，经年食尽，瑾出城求食。比还，为别将所拒，不得入。乃渡淮依杨行密。行密宠待之，用为寿州刺史，大败汴军于清口，自此全忠不敢以兵渡淮。瑾、杨溥时谋乱，为徐知训所杀。

史臣曰：疾风知劲草，世乱见忠臣，诚哉是言也！土运中微，贼巢僭越，藩伯勤王，赴难者，率有声而无实。唯重荣斩贼使于近关，处存举义师于安喜，横身泣赴，不顾祸患，遂得义徒云合，逆党势穷。宜乎服冕乘轩，传家胙土。而重荣伤于峻法，严而少恩，祸发舆台，诚悲枉横。高骈起家禁旅，颇立功名，玩寇崇妖，致兹狼籍。后来勋德，可诫前车。瑄、溥不以善取，固宜凶终。瑾持此狼心，安逃虎口？王纲之紊，群盗及兹，复何言哉！

赞曰：王者抚运，居安虑危。不以德处，即为盗窥。乾坤荡覆，生聚流离。读骈章疏，可为涕洟！

卷一百八十三
列传第一百三十三

外戚

独孤怀恩　窦德明 <small>侄怀贞　族弟孝谌　孝谌子希瓗　希球　希瑾　希瑾从父弟维鋈</small>　长孙敞 <small>从父弟操　赵持满附</small>　武承嗣 <small>子延秀　从父弟三思　三思子崇训　从祖弟懿宗　攸暨　攸暨妻太平公主　从父弟攸绪　薛怀义附</small>　韦温　王仁皎 <small>子守一</small>　吴溆 <small>弟凑</small>　窦覦　柳晟　王子颜

自古后族，能以德礼进退、全宗保名者，鲜矣。盖恃宫掖之宠，接宴私之欢，高爵厚禄骄其内，声色服玩惑于外；莫知师友之训，不达危亡之道。故以中才处之，罕不覆败，亦由重植之木，自然颠披也。明哲之君，知骄侈之易满，荣宠之难保；授任各当其才，禄位不过其量；告之以天命不易，诫之以大义灭亲；使居无过之地，永享不赀之福，与国终始，不失其所以亲也。《易》曰："震来虩虩，恐致福也。"又曰："妇子嘻嘻，失家节也。"与其爱而失节，曷若惧而致福？魏氏惩汉人之败，著矫枉之法：幼主嗣位，母后不得临朝；外氏无功，时主不得封爵。虽曰刻薄，而卞、甄之族，竟无大过。皇唐受命，长孙、窦氏以勋贤任职，而武氏、韦氏以盈满致覆。夫废兴者，岂天命哉，盖人事也！窦威、长孙无忌各自有传，其余载其得失，为《外戚传》，以存鉴诫焉。

独孤怀恩，元贞皇后弟之子也。父整，隋涿郡太守。怀恩幼时，以献皇后之侄，养于宫中。后仕为鄠县令。高祖平京城，授长安令。在职严明，甚得时誉。及高祖受禅，擢拜工部尚书。时虞州刺史韦义节击尧君素于蒲州，而义节文吏怯懦，频战不利。高祖遣怀恩代总其众。怀恩督兵城下，为贼所拒，频战不利。高祖切让之，因是怨望。高祖尝戏之曰："弟姑子悉为天子，次当舅子乎？"怀恩遂自以为符命，每扼腕曰："我家岂女独富贵耶？"由是阴图异计。

时虞乡南山多群盗。刘武周将宋金刚寇陷浍州，高祖悉发关中卒以隶太宗，屯于柏壁。怀恩遂与解县令荣静、前五原县主簿元君宝谋引王行本兵及武周连和，与山贼劫永丰仓而断柏壁粮道，割河东地以啖武周。事临发，会夏县人吕崇茂杀县令，据县起兵，应武周。高祖遣怀恩与永安王孝基、陕州总管于筠、内史侍郎唐俭攻崇茂。宋金刚潜兵来袭，诸将尽没。君宝与开府刘让亦同陷于贼中，遂泄怀恩之谋。既而怀恩逃归，高祖复令率师攻蒲州。唐俭在贼中，说贼将尉迟敬德，请使让还，连和罢兵，遂使发其事。会尧君素为其下所杀，小帅王行本以蒲州降，怀恩勒兵入据其城。高祖将济河，已御舟矣，会让至，乃使召怀恩，怀恩不知事已泄，轻舟来赴。及中流而执之，收其党按验，遂诛之，时年三十六，籍没其家。

窦德明，太穆顺圣皇后兄之孙也。祖照，尚后魏文帝女义阳公主，封钜鹿公。父彦，袭父封，仕隋为西平郡守。德明少师事陈留王孝逸，颇涉文史。会汉王谅作乱，遣其将綦良攻黎州。德明时年十八，募得五千人，倍道而进，号令严整，一战破之。以功累拜齐王府属，坐事免。及义师围长安，永安王孝基、襄邑王神符、江夏王道宗与高祖之婿窦诞、赵慈景并系狱，隋将卫文升、阴世师欲杀之。德明谓文升曰："罪不在此辈，杀之无伤于彼，适足招怨。"文升乃止。及谒见高祖，竟不自言，时人称其长者。武德初，拜考功郎中。从太宗击王世充，频有战功，封显武男。贞观初，历常、爱二州刺史。寻卒。

弟德玄，高宗时为左相。德玄子怀贞。

怀贞，少有名誉，时兄弟宗族，并以舆马为事，怀贞独折节自修，衣服俭素。圣历中为清河令，治有能名。俄历越州都督、扬州大都督府长史，所在皆以清干著称。

神龙二年，累迁御史大夫，兼检校雍州长史。时韦庶人及安乐公主等干预朝政。怀贞每诡顺委曲取容，改名从一，以避后父之讳，自是名称日损。庶人微时乳母王氏，本蛮婢也，特封莒国夫人，嫁为怀贞妻。俗谓乳母之婿为阿𦑺，怀贞每因谒见之次及进表疏，列在官位，必曰"皇后阿𦑺"，时人或以"国𦑺"呼之，初无惭色。宦官用权，怀贞尤所畏敬，每视事听讼，见无须者，误以接之。监察御史魏传弓尝以内常侍辅信义尤纵暴，将奏劾之。怀贞曰："辅常侍深为安乐公主所信任，权势甚高，言成祸福，何得辄有弹纠？"传弓曰："今王纲渐坏，君子道消，正由此辈擅权耳！若得今日杀之，明日受诛，无所恨。"怀贞无以答，但固止之。

韦庶人败，左迁濠州司马。寻擢授益州大都督府长史。以附会太平公主，累拜侍中、兼御史大夫，代韦安石为尚书左仆射，监修国史，赐爵魏国公。

睿宗为金仙、玉真二公主创立两观，料功甚多，时议皆以为不可。唯怀贞赞成其事，躬自监役。怀贞族弟詹事司直维鍌谓怀贞曰："兄位极台衮，当思献可替否，以辅明主。奈何校量瓦木，厕迹工匠之间，欲令海内何所瞻仰也？"怀贞不能对，而监作如故。时人为之语曰："窦仆射前为韦氏国𦑺，后作公主邑丞。"言怀贞伏事公主，同于邑官也。

先天二年，太平公主逆谋事泄，怀贞惧罪，投水而死。追戮其尸，改姓毒氏。

德明族弟孝谌。

孝谌，刑部尚书诞之子，昭成顺圣皇后父也。则天时，历太常少卿、润州刺史。长寿二年，后母庞氏被酷吏所陷，诬与后咒诅不道，孝谌左迁罗州司马而卒。

子希瑊、希球、希瓘，并流岭南。神龙初，随例雪免。景云年，追赠孝谌太尉、邠国公，希瑊袭爵。玄宗即位，加赠孝谌太保，希瑊等以舅氏，甚见优宠。

希瑊累迁太子少傅、酅国公，寻卒。

希球官至太子宾客，封冀国公，开元二十七年卒。及卒，谥曰靖。

希瓘初赐爵毕国公，后改名锹。初为左散骑常侍，及希球卒，因授开府仪同三司。玄宗以早失太后，尤重外家，锹兄弟三人皆国公，食实封。

锹子锷，又尚玄宗女永昌长公主，恩宠赐赉，实为厚矣。而兄弟皆贪鄙，过自封植，锹又甚之。

天宝七年，有窦勉潜交巫祝，勉犯法，锹坐信其诡说，被停官，放归田园。寻以尊老，又授开府仪同三司，依旧朝会。十三载十二月卒，玄宗哭于行在，赠司徒。财货钜万。

锹从父弟维鍌，好学，以撰著为业。时宗族咸以外戚，崇饰舆马，维鍌独清俭自守。中书令张说、黄门侍郎卢藏用、给事中裴子余皆与之亲善。官至水部郎中卒。撰《吉凶礼要》二十卷，行于代。

长孙敞，文德顺圣皇后之叔父也。仕隋为左卫郎将。

炀帝幸江都，留敞守京城禁苑。及义旗入关，率子弟迎谒于新丰，从平京城，以功除将作少监。出为杞州刺史。贞观初，坐赃免。太宗以后亲，常令内给绢以供私费。寻拜宗正少卿致仕，加金紫光禄大夫，累封平原郡公。卒，赠幽州都督，谥曰良，陪葬昭陵。

敞从父弟操，周大司徒、薛国公览之子也。武德中，为陕东道行台金部郎中，出为陕州刺史。自州东引水入城，以代井汲，百姓于今利之。贞观中，历洺州刺史、益扬二州都督府长史，并有善政。二十三年，以子诠尚太宗女新城公主，拜岐州刺史。永徽初，加金紫光禄大夫，赐爵乐寿男。寻卒，赠吏部尚书、并州都督，谥曰安。

诠官至尚衣奉御。诠即侍中韩瑗妻弟也。及瑗得罪，事连于诠，减死配流巂州。诠至流所，县令希旨杖杀之。

诠之甥有赵持满者，工书善射，力搏猛兽，捷及奔马；而亲仁爱众，多所交结，京师无贵贱皆爱慕之。初为凉州长史，尝逐野马，自后射之，无不洞于胸腋，边人深伏之。许敬宗惧其作难，诬与诠及无忌同反。及拷讯，终无异词，且曰："身可杀，辞不可夺。"吏竟代为款以杀之。

武承嗣，荆州都督士彟之孙，则天顺圣皇后兄子也。初，士彟娶相里氏，生元庆、元爽。又娶杨氏，生三女：长适越王府功曹贺兰越石，次则天，次适郭氏。士彟卒后，兄子惟良、怀运及元爽等遇杨氏失礼。及则天立为皇后，追赠士彟为司徒、周忠孝王，封杨氏代国夫人。贺兰越石早卒，封其妻为韩国夫人。寻又加赠士彟为太尉，杨氏改封为荣国夫人。时元庆仕为宗正少卿，元爽为少府少监，惟良为卫尉少卿。荣国夫人恨其畴日薄己，讽皇后抗疏请出元庆等为外职，佯为退让，其实恶之也。于是元庆为龙州刺史，元爽为濠州刺史，惟良为始州刺史。元庆至州病卒，元爽自濠州又配流振州而死。

乾封年，惟良与弟淄州刺史怀运，以岳牧例集于泰山之下。时韩国夫人女贺兰氏在宫中，颇承恩宠。则天意欲除之，讽高宗幸其母宅，因惟良等献食，则天密令人以毒药贮贺兰氏食中，贺兰氏食之，暴卒，归罪于惟良、怀运，乃诛之。仍讽百僚抗表请改其姓为蝮氏，绝其属籍。元爽等缘坐配流岭外而死，乃以韩国夫人之子敏之为士彟嗣，改姓武氏，累拜左侍极、兰台太史，袭爵周国公。仍令鸠集学士李嗣真、吴兢之徒，于兰台刊正经史，并著撰传记。

敏之既年少色美，烝于荣国夫人，恃宠多愆犯，则天颇不悦。咸亨二年，荣国夫人卒，则天出内大瑞锦，令敏之造佛像追福，敏之自隐用之。又司卫少卿杨思俭女有殊色，高宗及则天自选以为太子妃，成有定日矣，敏之又逼而淫焉。及在荣国服内，私释衰绖，著吉服，奏妓乐。时太平公主尚幼，往来荣国之家，宫人侍行，又尝为敏之所逼。俄而奸污事发，配流雷州，行至韶州，以马缰自缢而死。

承嗣，元爽子也。敏之死后，自岭南召还，拜尚衣奉御，袭祖爵周国公。俄迁秘书监。则天临朝，追尊士彟为忠孝太皇，置崇先府官属，五代祖已下，皆为王。嗣圣元年，以承嗣为礼部尚书。寻除太常卿、同中书门下三品。

垂拱中，转春官尚书，依旧知政事。载初元年，代苏良嗣为文昌左相、同凤阁鸾台三品，兼知内史事。

天授元年，于东都创置武氏七庙，追尊周文王为始祖文皇帝，王子武为睿祖康皇帝，云武氏之先也。后五代祖赠太原靖王居常为严祖成皇帝，高祖赠赵肃恭王克己为肃祖章敬皇帝，曾祖赠魏康王俭为烈祖昭安皇帝，祖赠周安成王华为显祖文穆皇帝，考忠孝太皇为太祖孝明高皇帝，妣皆随帝号曰皇后。元庆为梁宪王，元爽为魏德王。又追封伯父及兄弟俱为王，诸姑姊为长公主。于是封承嗣为魏王，元庆子夏官尚书三思为梁王，后从父兄子纳言攸宁为建昌王，太子通事舍人攸归为九江王，司礼卿重规为高平王，左卫亲府中郎将载德为颍川王，右卫将军攸暨为千乘王，司农卿懿宗为河内王，左千牛中郎将嗣宗为临川王，右卫勋二府中郎将攸宜为建安王，尚乘直长攸望为会稽王，太子通事舍人攸绪为安平王，攸止为恒安王。又封承嗣男延基为南阳王，延秀为淮阳王，三思男崇训为高阳王，崇烈为新安王，后兄子赠陈王承业男延晖为嗣陈王，延祚为咸安王。

承嗣尝讽则天革命，尽诛皇室诸王及公卿中不附己者，承嗣从父弟三思又盛赞其计，天下于冤之。俄又赐承嗣实封千户，仍监修国史。承嗣自为次当为皇储，令凤阁舍人张嘉福讽谕百姓抗表陈请，则天竟不许。如意元年，授特进。寻拜太子太保，罢知政事。承嗣以不得立为皇太子，怏怏而卒，赠太尉、并州牧，谥曰宣。

子延基袭爵，则天避其父名，封为继魏王。寻与其妻永泰郡主及懿德太子等，话及张易之兄弟出入宫中，恐有不利，后忿争不协，泄之，则天闻而大怒，咸令自杀。复以承嗣次子延义为继魏王。

中宗即位，侍中敬晖等以唐室中兴，武氏诸王宜削其王爵，乃率群官上表曰：

臣闻神器者，天下之至公，必归乎有德；皇极者，域中之大宝，必顺乎天命。历考前古，详观帝业，皆不并兴，莫有二主。故三皇氏没而五帝氏兴，夏、商氏衰而周、汉氏作。何则？帝王之历数，心应乎五行，水盛则火衰，木衰则金盛。天地之运也，合乎四时，春往则夏来，暑退则寒集。则知五行之数也，帝王不可违，违之则宗社不安，生人不理。四时之序，天地不能变，变之则霜露不均，水旱交错。

自有隋失御，海内崩离，天历之重，归于唐室。万方乐业，荷拨乱之功；三圣重光，布生成之德。可谓有功于四海，有德于蒸人。自弘道遐密，生灵降祸，百辟哀号，如丧考妣。

则天皇后临御帝图，明目达聪，躬亲庶绩。则有逸邪凶孽，诬惑睿德，构害宗枝，诛夷殆尽。英藩贤戚，百不一存，余类在者，投窜荒裔。冤酷人神，感伤天地，忠臣义士，实所痛心。自天授之际，时称改革，武家子侄，咸树封建，十余年间，实亦荣极。于时唐室藩屏，岂得并封，故知事有升降，时使然也。

今则天皇帝厌倦万机，神器大宝，重归陛下。百姓讴歌，欣复唐业，上至卿士，下及苍生，黄发之伦，童儿之辈，莫不欢欣舞忭，如见父母。岂不以唐家恩德，感幽祇之心；陛下仁明，顺天下之望？今皇业重构，圣祚中兴，神祇之道，有助于先圣矣！黎人之诚，无负于陛下矣！臣又闻之，业不两盛，事不两大，故天无二日，土无二王，前圣之格言，先哲之明诫。自皇明反正，天命惟新，武家诸王，封建依旧，生者既加茅土，死者仍追赋邑，万姓失望，卿士寒心，何则？开辟以来，罕有斯理，帝王之道，实无此法。陛下纵欲开恩，以行私惠，岂可违五行之历数乎？乖四时之寒暑乎？

又海内众情，朝廷窃议，为武氏诸王身计，亦适将有损。何则？处之未得其所，居之实恐不安，陛下虽欲宠之，翻乃陷之，不遵古典故也。且唐历有归，周命已去，爵重则难保，禄薄则易全。又则天皇帝亲政之时，武氏诸王，亦分外职。今居京辇，不降旧封，天下之心，窃将不可。陛下纵欲敦崇外戚，曲流恩贷，奈宗庙社稷之计何？奈卿士黎庶之议何？

伏愿陛下为社稷之远图，割私情之小爱，内崇经邦之要，外顺遐迩之心，岂不固宗社之基，允人灵之愿？则陛下巍巍之业，贯三光而洞九泉。亲亲之义，上有伦而下有序。臣特承荣宠，思竭丹赤，既为唐臣，实为唐计，伏乞圣慈，俯垂矜纳。

中书舍人岑羲之词也。上答曰：

朕尝因暇景，博览前修，帝籍皇图，略稽其迹。至若二灵肇判，三才并兴，骊连粟陆之辰，尊卢大庭之日，时犹朴略，未著图书。洎乎出震应期，画八卦而成象；炎皇御历，播百谷以兴农。车服创于轩辕之朝，历象建于唐尧之代，封建之事，阙尔无闻。自周汉已来，方崇蕃屏。至于三微更王，五运迭兴，以古揆今，事迹有爽。

比者别宗抚历，异姓兴邦，伏以则天大圣皇帝，内辅外临，将五十载，在朕躬则为慈母，于士庶即是明君。往者垂拱之中，嗣皇临政，当此之际，鲁卫并存。及乎全节兴妖，琅邪构逆，灾连七国，衅结三监，既行大义之怀，遂有泣诛之事。周唐革命，盖为从权，子侄封王，国之常典。卿等表云"天授之际，武家封建，唐家藩屏，岂得并封"者，至如千里一房，不预逆谋，还依姓李，无改旧惠，岂非善恶区分，申明逆顺矣？今以圣上乖豫，高枕怡神，委政朕躬，篡承丕绪。昨者二月之首，攸暨等屡请削封，朕独断襟怀，不依来请。昔汉祖以布衣取天下，犹封异姓为王，况朕以累圣开基，岂可削封外族？群公等以"天无二日，土无二王"，抗表紫庭，用申丹恳者。然以赏罚之典，经国大纲，攸暨、三思，皆悉预告凶竖，虽不亲冒白刃，而亦早献丹诚，今若却除旧封，便虑有功难劝。于是降封梁王三思为德静郡王，量减实封二百户，定王、驸马都尉攸暨为乐寿郡王，河内郡王懿宗为耿国公，建昌郡王攸宁为江国公，会稽郡王攸望为邺国公，临川郡王嗣宗为管国公，建安郡王攸宜为息国公，高平郡王重规为郐国公，继魏王延义为魏国公，安平郡王攸绪为巢国公，高阳郡王、驸马都尉崇训为酆国公，淮阳郡王延秀为桓国公，咸安郡王延祚为咸安公。

中宗时，嗣宗至曹州刺史，攸宜工部尚书，重规岐州刺史，相次病卒。攸望至太常卿，左迁春州司马而死。延秀伏诛后，武氏宗属缘坐诛死及配流，殆将尽矣。先天二年，制削士䕫帝号，依旧追赠太原王，妻杨氏亦削后号，依旧为太原王妃。

延秀，承嗣第二子也。则天时，突厥默啜上言有女请和亲，制延秀与阎知微俱往突厥，将亲迎默啜女为妻。既而默啜执知微，入寇赵、定等州，故延秀久不得还。神龙初，默啜更请通和，先令延秀送款，始得归，封桓国公，又授左卫中郎将。时武崇训为安乐公主婿，即延秀从父兄，数引至主第。延秀久在蕃中，解突厥语，常于主第，延秀唱突厥歌，作胡旋舞，有姿媚，主甚喜之。及崇训死，延秀得幸，遂尚公主。

主，韦后所生男女中最小。初，中宗迁于房州，欲达州境，生于路次。性惠敏，容质秀绝。中宗、韦后爱宠日深，恣其所欲，奏请无不允许。恃宠横纵，权倾天下，自王侯宰相已下，除拜多出其门。所营第宅并造安乐佛寺，拟于宫掖，巧妙过之。令杨务廉于城西造定昆池于其庄，延袤数里。出降之时，以皇后仗发于宫中，中宗与韦后御安福门观之，灯烛供拟，彻明如昼。延秀拜席日，授太常卿，兼右卫将军、驸马都尉，改封恒国公，实封五百户。废休祥宅，于金城坊造宅，穷极壮丽，帑藏为之空竭。崇训子数岁，因加金紫光禄大夫、太常卿同正员、左卫将军，封镐国公，赐实封五百户，以嗣其父。公主产男满月，中宗、韦后幸其第，就第放赦，遣宰臣李峤、文士宋之问、沈佺期、张说、阎朝隐等数百人赋诗美之。

延秀既恃恩，放纵无所忌惮。又公主府仓曹符凤知延秀有不臣之心，遂说曰："今天下苍生，犹以武氏为念，大周必可再兴。按谶书云'黑衣神孙披天裳'，驸马即神皇之孙也。"每劝令著皂袄子以应之。及韦庶人败，延秀与公主在内宅，格战良久。皆斩之。后追贬为悖逆庶人。

三思，元庆子也。少以后族累转右卫将军。则天临朝，擢拜夏官尚书。及革命，封梁王，赐实封一千户。寻拜天官尚书。证圣元年，转春官尚书，监修国史。圣历元年，检校内史。二年，进拜特进、太子宾客，仍从依旧监修国史。

三思略涉文史，性倾巧便僻，善事人，由是特蒙信任。则天数幸其第，赏赐甚厚。时薛怀义、张易之、昌宗皆承恩顾。三思与承嗣每折节事之。怀义欲乘马，承嗣、三思必为之执辔。又赠昌宗诗，盛称昌宗才貌是王子晋后身，仍令朝士递相属和。三思又以则天厌居宫中，又欲与张易之、昌宗等扈从驰骋，以弄其权。乃请创造三阳宫于嵩高山，兴泰宫于万寿山，请则天每岁临幸，前后工役甚众，百姓怨之。

神龙初，进拜司空、同中书门下三品，加实封五百户，固辞不受。未几，随例降封为德静郡王，量减实封二百户。寻拜左散骑常侍，则天遗制令复其所减实封。

初，敬晖等立功后，掌知国政，三思虑其更为己患，而令其子崇训因安乐公主构诬敬晖等，并流于岭表而死。自是三思威权日盛，军国政事，多所参综。敬晖等所斥黜者，皆能引复旧职，令百官复修则天之法。时人皆言其阴怀篡逆，以比曹孟德、司马仲达。

雍州人韦月将、高轸等并上疏言三思父子必为逆乱。三思知而求索其罪。有司希旨，奏："月将坐当弃市，轸配流岭外。"黄门侍郎宋璟执奏云："月将所犯，不合至死。"三思怒，竟斥宋璟为外职。三思既猜嫉正士，尝言"不知何等名作好人，唯有向我好者，是好人耳。"又与其所亲兵部尚书宗楚客、将作大匠宗晋卿、太府卿纪处讷、鸿胪卿甘元柬递相引致，干黩时政。侍御史周利用、冉祖雍，太仆丞李俊，光禄丞宋之逊，监察御史姚绍之等五人，常为其耳目，时人呼为"三思五狗"。

中宗寻又制：武氏崇恩庙，一依天授时旧礼享祭，其昊陵、顺陵，并置官员，皆三思意也。

三思既与韦庶人及上官昭容私通，尝忌节愍太子，又因安乐公主密谋废黜之。三年七月，太子率羽林大将军李多祚等，发左右羽林兵，杀三思及其子崇训于其第，并杀其亲党十余人。俄而事变，太子既死，中宗为三思举哀，废朝五日，赠太尉，追封梁王，谥曰宣。安乐公主又以节愍太子首致祭于三思及崇训灵柩前。睿宗践祚，以三思父子俱有逆节，制令斫棺暴尸，平其坟墓。

崇训，三思第二子也。则天时，封为高阳郡王。长安中，尚安乐郡主。时三思用事于朝，欲宠其礼。中宗为太子在东宫，三思宅在天津桥南，自重光门内行亲迎礼，归于其宅。三思又令宰臣李峤、苏味道，词人沈佺期、宋之问、徐彦伯、张说、阎朝隐、崔融、崔湜、郑愔等赋《花烛行》以美之。其时张易之、昌宗、宗楚客兄弟贵盛，时假词于人，皆有新句。崇训授左卫中郎将。神龙元年，拜驸马都尉，迁太常卿，兼左卫将军。降封鄢国公，仍赐实封五百户，寻徙封镐国公。二年，兼太子宾客，摄左卫将军。及为节愍太子所杀，优制赠开府仪同三司，追赠鲁王，谥曰忠。

懿宗，则天伯父士逸之孙也。父元忠，高宗时仕至仓部郎中。天授年，封士逸为蜀王，懿宗封为河内郡王，历迁洛州长史、左金吾卫大将军。万岁通天年中，契丹贼帅孙万荣寇河北，命懿宗为大总管讨之。军次赵州，及闻贼将至冀州，懿宗惧，便欲弃军而遁。人或谓曰："贼众极多，然其军无辎重，以抄掠为资，若按兵以守，势必离散，因而击之。可有大功也。"懿宗不听，遂退据相州，时人嗤其怯懦。由是贼众进屠赵州而去。寻又令懿宗安抚河北诸州。

先是，百姓有胁从贼众，后得归来者。懿宗以为同反，总杀之。仍生刳取其胆，后行刑，流血盈前，言笑自若。初，孙万荣别帅何阿小攻陷冀州，亦多屠害士女。至是，时人号懿宗与阿小为两何，为之语曰："唯此两何，杀人最多。"懿宗又自天授已来，尝受中旨，推鞫制狱，王公大臣，多被陷成其罪，时人以为周兴、来俊臣之亚焉。神龙初，随例降爵，封耿国公，累转怀州刺史，寻卒。

攸暨，则天伯父士让孙也。天授中，封士让为楚王，攸暨封千乘郡王。赐爵实封三百户。兄攸宁为建昌郡王，实封四百户。攸宁历迁凤阁侍郎、纳言、冬官尚书，病卒。

攸暨初为右卫中郎将，尚太平公主，授驸马都尉。累迁右卫将军，进封定王，又加实封三百户。俄又改安定郡王，历迁司礼卿、左散骑常侍，加特进。神龙中，拜司徒，复封定王，实封满一千户，固辞不拜。寻而随例降封乐寿郡王，拜右散骑常侍，加开府仪同三司。延秀等诛后，又降封楚国公。延和元年卒，赠太尉、并州大都督，追封定王。寻以公主谋逆，令平毁其墓。

太平公主者，高宗少女也。以则天所生，特承恩宠。初，永隆年降驸马薛绍。绍，垂拱中被诬告与诸王连谋伏诛，则天私杀攸暨之妻以配主焉。公主丰硕，方额广颐，多权略，则天以为类己，每预谋议，宫禁严峻，事不令泄。公主亦畏惧自检，但崇饰邸第。二十余年，天下独有太平一公主，父为帝，母为后，夫为亲王，子为郡王，贵盛无比。永淳已前朝制，亲王食实封八百户，有至一千户；主出降三百户，公主加五十户。太平食汤沐之邑一千二百户，圣历初加至三千户。

神龙元年，预诛张易之谋有功，进号镇国太平公主，相王加号安国相王，并食实封通前五千户，赏赐不可胜纪。公主薛氏二男二女，武氏二男一女，并食实封。又相王、卫王重俊、成王千里宅，遣卫士宿卫，环其所居，十步置一伏舍，持兵巡徼，同于宫禁。太平、长宁、安乐三公主，置铺一如亲王。二年正月，置公主府。景龙二年，公主男崇简、崇敏、崇行，同授三品，与渔阳王兄弟四人同制。时中宗仁善，韦后、上官昭容用事禁中，皆以为智谋不及公主，甚惮之。公主日益豪横，进达朝士，多至大官，词人后进造其门者，或有贫窭，则遗之金帛，士亦翕然称之。

及唐隆元年六月，韦后作逆称制，伪尊温王。玄宗居临淄邸，愤之，将清内难。公主又预其谋，令男崇简从之。及立温王，数日，天下之心归于相府，难为其议。公主入启幼主，以王室多故，资于长君，乃提下幼主，因与玄宗、大臣尊立睿宗。公主频著大勋，益尊重，乃加实封五千户，通前满一万户。公主子崇行、崇敏、崇简三人，封异姓王；崇行国子祭酒，四人九卿三品。每入奏事，坐语移时，所言皆听。荐人或骤历清职，或至南北衙将相，权移人主。军国大政，事必参决，如不朝谒，则宰臣就第议其可否。

公主由是滋骄，田园遍于近甸膏腴，而市易造作器物，吴、蜀、岭南供送，相属于路。绮疏宝帐，音乐舆乘，同于宫掖。侍儿披罗绮，常数百人，苍头监妪，必盈千数。外州供狗马玩好滋味，不可纪极。有胡僧惠范，家富于财宝，善事权贵，公主与之私，奏为圣善寺主，加三品，封公，殖货流于江剑。公主惧玄宗英武，乃连结将相，专谋异计。其时宰相七人，五出公主门，常元楷、李慈掌禁兵，常私谒公主。

先天二年七月，玄宗在武德殿，事渐危逼，乃勒兵诛其党窦怀贞、萧至忠、岑羲等，公主遽入山寺，数日方出，赐死于家。公主诸子及党与死者数十人。籍其家，财货山积，珍奇宝物，侔于御府，马牧羊牧田园质库，数年征敛不尽。惠范家产亦数十万贯。

攸绪,惟良子也。少有志行。天授中封安平郡王,历迁殿中监,出为扬州大都督府长史。圣历中,弃官隐于嵩山,以琴书药饵为务。中宗即位,以安车备礼征之,降书曰:

朕闻大隐忘情,不去朝市,至人无迹,何所凝滞。王高标峻尚,雅操孤贞;有咸一之用,弘体二之德;学究深远,理实精微。草芥貂蝉,锱铢缨绂,荫松山而辞竹苑,去朱邸而卧清溪;逍遥林壑,傲睨箕颍,有年岁矣。

朕虔膺圣历,重阐皇基;保乂邦家,宁辑区宇;求贤采彦,俯谷窥山。王之所居,接近嵩岳,长望高烈,思满风烟。驻骅乔岩,追寻大隗;鸣銮峒岫,询访广成;机务殷繁,有怀莫遂。今遣国子司业杜慎盈以礼命征辟,扫夔、龙之弟,虚稷、契之筵,神化丹青,朕之志也。岂以黄屋之贵,倾彼白云之心?通变之宜,希从降志;延贮闾阎,若在汾阳。

攸绪应召至都,授太子宾客。寻请归嵩山,制从之,令京官五品已上饯送于定鼎门外。

及三思、延秀等构逆,诸武多坐诛戮,唯攸绪以隐居不预其祸,时论美之。睿宗即位,又降敕曰:"顷以贼臣结党,后族擅权,扇动宫闱,肆行鸩毒。灵祇所感,奸恶伏诛;今得宗社乂安,天地交泰。卿久厌簪绂,早慕林泉,守道不回,见几而作,兴言高尚,有足嘉称。但怒用不迁,罪无相及,为善有验,卿之谓与!或虑惊疑,故令慰谢。"其见重如此。寻征为太子宾客,不就。开元二年,攸绪又请就庐山居止,制不许。仍令州县数加存问,不令外人侵扰。十一年卒,年六十九。

薛怀义者,京兆鄠县人,本姓冯,名小宝。以鬻台货为业,伟形神,有膂力,为市于洛阳,得幸于千金公主侍儿。公主知之,入宫言曰:"小宝有非常材用,可以近侍。"因得召见,恩遇日深。则天欲隐其迹,便于出入禁中,乃度为僧。又以怀义非士族,乃改姓薛,令与太平公主婿薛绍合族,令绍以季父事之。自是与洛阳大德僧法明、处一、惠俨、棱行、感德、感知、静轨、宣政等在内道场念诵。怀义出入乘厩马,中官侍从,诸武朝贵,匍匐礼谒,人间呼为薛师。

垂拱初,说则天于故洛阳城西修故白马寺,怀义自护作。寺成,自为寺主。颇恃恩狂蹶,其下犯法,人不敢言。右台御史冯思勖屡以法劾之;怀义遇勖于途,令从者殴之,几死。又于建春门内敬爱寺别造殿宇,改名佛授记寺。

垂拱四年,拆乾元殿,于其地造明堂,怀义充使督作。凡役数万人,曳一大木千人,置号头,头一唱,千人齐和。明堂大屋凡三层,计高二百尺。又于明堂北起天堂,广袤亚于明堂。怀义以功拜左威卫大将军,封梁国公。

永昌中,突厥默啜犯边,以怀义为清平道大总管,率军击之,至单于台,刻石纪功而还。加辅国大将军,进右卫大将军,改封鄂国公、柱国,赐帛二千段。

怀义与法明等造《大云经》,陈符命,言则天是弥勒下生,作阎浮提主,唐氏合微。故则天革命称周,怀义与法明等九人并封县公,赐物有差,皆赐紫袈裟、银龟袋。其伪《大云经》颁于天下寺,各藏一本,令升高座讲说。则天将革命,诛杀宗诸王,唯千金公主以巧媚善进奉独存;抗疏请以则天为母,因得曲加恩宠,改邑号为延安大长公主,加实封,赐姓武氏。以子克乂娶魏王武承嗣女,内门参问,不限早晚,见则尽欢。

长寿二年,默啜复犯塞,又以怀义为代北道行军大总管,以李多祚、苏宏晖为将。未行,改朔方道行军大总管,以内史李昭德为行军长史,凤阁侍郎、平章事苏味道为行军司马,契苾明、曹仁师、沙吒忠义等十八将军以讨之。未行虏退,乃止。

怀义后厌入宫中,多居白马寺,刺血画大像,选有膂力白丁度为僧,数满千人。侍御史周矩疑其奸,奏请劾之,不许。固请之,则天曰:"卿且退,朕即令去。"矩至台,薛师亦至,乘马蹋阶而下,便坦腹于床。矩召台吏,将按之,遽乘马而去。矩具以闻,则天曰:"此道人风病,不可苦问。所度僧任卿勘当。"矩按之,穷其状以闻,诸僧悉配远州。迁矩天官员外郎,竟为薛师所构,下狱,免官。

后有御医沈南璆得幸,薛师恩渐衰,恨怒颇甚。证圣中,乃焚明堂、天堂,并为灰烬,则天愧而隐之,又令怀义充使督作。乃于明堂下置九州鼎,铸铜为十二属形象,置于本辰位,皆高一丈,怀义率人作号头安置之。

其后益骄倨,则天恶之,令太平公主择膂力妇人数十,密防虑之。人有发其阴谋者,太平公主乳母张夫人令壮士缚而缢杀之,以辇车载尸送白马寺。其侍者僧徒,皆流窜远恶处。

韦温,中宗韦庶人从父兄也。父玄俨,高宗末官至许州刺史。玄俨弟玄贞,初为普州参军,以女为皇太子妃,擢拜豫州刺史。中宗嗣位,妃为后。及帝降为庐陵王,玄贞配流钦州而死。后母崔氏,为钦州首领宁承兄弟所杀。

玄贞有四子:洵、浩、洞、泚,亦死于容州。后二妹,逃窜获免,间行归长安。

及中宗复位,韦氏复为皇后。其日,追赠玄贞为上洛郡王。左拾遗贾虚己上疏谏曰:"孔子曰:'惟名与器,不可以假人。'且非李氏而王,自古盟分所弃。今陛下创制谋始,垂范将来,为皇王令图,子孙明镜。匡复未几,后族有私,臣虽庸愚,尚知未可;史官执简,必是直书。今万姓颙然,闻一善令,莫不途歌里颂,延颈向风,欣然慕化,日恐不及。陛下奈何行私惠,使樵夫议之。即先朝赠太原王,殷鉴不远。同云生于肤寸,寻木起于蘖栽,诚可惜也。涣汗既行,难成改命,臣望请皇后抗表固辞,使天下知弘让之风,彤管著冲谦之德,是则巍巍圣鉴,无得而称。"疏奏不省。

寻又追赠玄贞为太师、雍州牧、益州大都督;玄俨为特进、并州大都督、鲁国公。遣使迎玄贞及崔氏丧柩归京师。又遣广州都督周仁轨率兵讨斩宁承兄弟,以其首祭于崔氏。擢拜仁轨左羽林大将军,赐爵汝南郡公,食实封五百户。及玄贞等柩将至,上与后登长乐宫,望丧而泣。加赠玄贞为酆王,谥曰文献,仍号其庙曰褒德,陵曰荣先。

各置官员，并给户一百人守卫洒扫。又赠玄贞子洄为吏部尚书、汝南郡王，浩太常卿、武陵郡王，洞卫尉卿、淮南郡王，泚太仆卿、上蔡郡王，亦遣使迎其丧枢于京师。

温，神龙中累迁礼部尚书，封鲁国公。弟湑，左羽林将军，封曹国公。后妹夫陆颂为国子祭酒，冯太和为太常少卿，太和寻卒，又适嗣虢王邕。湑子捷，尚成安公主，温从弟濯，尚定安公主，皆拜驸马都尉。

景龙三年，温迁太子少保、同中书门下三品，仍遥授扬州大都督。温等既居荣要，熏灼朝野，时人比之武氏。湑及陆颂相次病卒，赙赠甚厚。及中宗崩，后令温总知内外兵马，守援宫掖。又引从子播、族弟璿、弟捷、濯等，分掌屯营及左右羽林军。临淄王讨韦氏，温等皆坐斩，宗族无少长皆死，语在《韦庶人传》。睿宗即位，仍令削平玄贞及洄等坟墓。

王仁皎，玄宗王庶人父也。景龙中，官至长上果毅。玄宗即位，以后父，历将作大匠、太仆卿，迁开府仪同三司，封祁国公。仁皎不预朝政，但厚自奉养，积子女财货而已。开元七年卒，赠太尉，官供葬事。柩车既发，上于望春亭遥望之，令张说为其碑文，玄宗亲书石焉。子守一。

守一与后双生。守一与玄宗有旧，及上登极，以清阳公主妻之。从讨萧至忠、岑羲等有功，自尚乘奉御迁殿中少监，特封晋国公，累转太子少保。父卒，袭爵祁国公。十一年，坐与庶人潜通左道，左迁柳州司马，行至蓝田驿，赐死。守一性贪鄙，积财巨万，及籍没其家，财帛不可胜计。

吴溆，章敬皇后之弟也，濮州濮阳人。祖神泉，位终县令。父令珪，益州郫县丞。宝历二年，代宗始封拜外族，赠神泉司徒，令珪太尉，令珪弟前宣城令令瑶为开府仪同三司、太子家令，封濮阳郡公；中郎将令瑜为开府仪同三司、太子谕德、济阳郡公。溆时为盛王府录事参军，拜开府仪同三司、太子詹事、濮阳郡公。以元舅迁鸿胪少卿、金吾将军。建中初，迁大将军。溆虽居戚属，恭逊谦和，人皆重之。

泾师之乱，从幸奉天，卢杞、白志贞谓德宗曰："臣细观朱泚心迹，必不至为戎首，伫当效顺。宜择大臣一人，入京师慰谕，以观其心。"上召从幸群臣言之，皆惮其行。溆起奏曰："不以臣才望无堪，臣愿此行。"德宗甚悦。溆退而谓人曰："人臣食君之禄，死君之难，临危自计，非忠也。吾忝戚属，今日委身于贼，诚知必死，不欲圣情慊于无人犯难也。"即日赍诏见泚，深陈上待属之意。时泚逆谋已定，貌虽从命，而心已异，乃留溆于客省，竟被害。上闻之，悲悼不已，赠太子太傅，赐其家实封二百户，一子五品正员官，敕收城日葬事官给。弟凑。

凑，宝历中与兄溆同日开府，授太子詹事，俱封濮阳郡公。凑以兄弟三品，固辞太过，乞授卑官。乃以凑检校太子宾客，兼太子家令，充十宅王使。累转左金吾大将军。

凑小心谨慎，智识周敏，特承顾问，偏见委信。大历中，滑帅令狐彰、汴帅田神功相次殁于理所，时藩方兵骄，乘戎帅丧亡，人情多梗。代宗命凑衔命抚慰，至必委曲说谕，随所欲为之奏请，皆得军民和协，帝深重之。

宰臣元载弄权，招致贿赂，丑迹日彰。帝恶之，将加之法，恐左右泄漏，无与言者，唯与凑密计图之。及收载于内侍省，同列王缙，其党杨炎、王昂、韩洄、包佶、韩会等，皆当从坐籍没。凑谏救万端，言："法宜从宽，缙等从坐，理不至死。若不降以等差，一例极刑，恐亏损圣德。"由是缙等得减死，流贬之。

大历末，丁继母丧免。建中初，起为右卫将军，兼通州刺史。贞元初，入为太子宾客，出为福州刺史、御史中丞、福建观察使。为政勤俭清苦，美誉日闻。宰相窦参以私怨恶之，数加谮毁，又言凑风病，不任趋驰。德宗召凑至京师，对于别殿，上令殿上行走，以验其病否，由是悟参之诬，因是恶参。寻以凑为陕州大都督府长史、陕虢观察使，以代参之党李翼。会刘玄佐卒，以凑检校兵部尚书、汴州刺史、御史大夫、宣武军节度使。

时汴州军乱，杀牙将曹金岸、县令李迈，谋立玄佐子士宁。上将遣兵送凑赴镇，召宰臣议。窦参深沮其行，恐军中拒命，乃召凑回，授右金吾卫大将军，而以梁宋节钺授士宁。

贞元十四年春夏旱，谷贵，人多流亡。京兆尹韩皋以政事不理黜官。上召凑，面授京兆尹，即日令视事，经宿方下制。凑孜孜为理，以勤俭为务，人乐其政。时宫中选内官买物于市，倚势强买物，不充价，人畏而避之，呼为"宫市"。掌赋者多与中贵人交结假借，不言其弊。凑为京尹，便殿从容论之，曰："物议以中人买物于市，稍不便于人，此事甚细，虚拟流议。凡宫中所须，责臣可办，不必更差中使。若以臣府县外吏，不合预闻宫中所须，则乞选内官年高谨重者，充宫市令，庶息人间论议。"又奏："掌闲圹骑、飞龙内园、芙蓉及禁军诸司等使，杂供手力资课太多，量宜减省。"上多从之。

初，府掾吏以凑起自戚藩，不谙簿领，凡有疑狱难决之事，多候凑出时方呈，冀免指摘瑕病。凑虽仓卒阅视，必指其奸幸之处，下笔决断，无毫厘之差。掾吏非大过，不行笞责；而召面按问，诘责而释之。吏尤惕厉，庶务咸举。

文敬太子、义章公主相继薨殁，上深追念，葬送之仪颇厚。召集工役，载土筑坟，妨民农务。凑候上顾问，极言之。宗属门吏以凑论谏太繁，恐上厌苦，每以简约规之。凑曰："圣上明哲，忧劳四海，必不以公主、太子之钟念而忽疲民。但人多顺旨不言，若再三启谏，必动宸情，则生民受赐。长吏不言，是为阿旨。如穷民上诉，罪在何人？"议者重之。以能政，兼兵部尚书。官衙树缺，所司植榆以补，凑曰："榆非九衢之玩。"亟命易之以槐。及槐阴成而凑卒，人指树而怀之。

凑于德宗为老舅，汉魏故事，多退居散地，才免罪戾而已。凑自贞元以来，特承恩顾，历中外显贵，虽圣奖隆深，亦由凑小心办事，奉职有方故也。

凑既疾，不召巫医，药不入口，家人泣而勉之。对曰：

"吾以凡才，滥因外戚进用，起家便授三品，历显位四十年，寿登七十，为人足矣，更欲何求？古之以亲戚进用者，罕有善终，吾得归全以侍先人，幸也。"德宗知之，令御医进药，不获已，服之。贞元十六年四月卒，时年七十一，赠尚书左仆射，罢朝一日。

窦觎，昭成皇后族侄。父光，华原尉。觎以亲荫，释褐右卫率府兵曹参军。鄜坊节度臧希让奏为判官，累授监察殿中侍御史、检校工部员外郎、坊州刺史。兴元元年，讨李怀光于河中，诏觎以坊州兵七百人屯郃阳。贼平，以功兼御史中丞。迁同州刺史，入朝为户部侍郎。

觎无他才伎，为吏有计数，又以韩滉子婿，故藩府辟召，遂历牧守。宰相窦参，觎再从侄。参少依觎，及参秉政，力荐于朝，故有贰卿之拜。数月，为扬州大都督府长史、御史大夫、充淮南节度副大使、知节度事，既非德举，人咸薄之。赴镇旬日，暴卒，诏赠礼部尚书。

柳晟者，肃宗皇后之甥。母和政公主。父潭，官至太仆卿、驸马都尉。晟少无检操，代宗于诸甥之中，特加抚鞠，俾与太子、诸王同学，授诗书，恩宠罕比。累试太常卿。

德宗即位，以与晟幼同砚席，尤亲之。泾师之乱，从幸奉天，晟密启曰："愿受诏入京城，游说群贼，冀其携贰。"德宗壮而许之。晟与贼帅多有旧，出入其门说诱之。事泄，为朱泚所擒，械之于狱。晟有力，乃于狱中穿垣破械而遁，落发为僧，间道归行在。迁将作少监。元和初，检校工部尚书、兴元尹、山南西道节度使。罢镇入朝，以违诏进奉，为御史元稹所劾，诏宥之。俄充入回鹘册立使，复命，迁左金吾卫大将军。元和十三年卒，赠太子少保。

王子颜，琅邪临沂人，庄宪皇后之父也。祖思敬，少从军，累试太子宾客。父难得，有勇决，善骑射，天宝初为河源军使。吐蕃赞普王子郎支都有勇，乘谙真马，宝钿装鞍，出阵求斗，无敢与校者。难得挟枪奋马突前，刺杀郎支都，斩其首，传于京师。军还，玄宗召见之，令于殿前乘马挟枪作刺郎支都之状。赐以锦袍金带，累拜金吾将军同正员。

天宝七载，从哥舒翰击吐蕃于积石，虏吐谷浑王子悉弄参及子婿悉颊藏而还，累拜左武卫将军、关西游奕使。九载，击吐蕃，收五桥，拔树敦城，补白水军使。十三载，从收九曲，加特进。

禄山之叛，从哥舒翰战于潼关；关门不守，从肃宗幸灵武。时行在阙军赏，难得进绢三千匹及金银器等。至德初，试卫尉卿、兴平军使，兼凤翔都知兵马使。进收京城，与贼军战。其下靳元晕晒堕马，难得驰救之，贼射之中眉，皮穿披下覆目。难得自拔去箭，并皮挚洛，驰马复战，血流被面，而抗贼不已。肃宗深嘉之。从郭子仪攻安庆绪于相州，累封琅邪郡公，英武军使。宝应二年卒，赠潞州大都督。

子颜少从父征役，累官金紫光禄大夫、检校卫尉卿，

生后而卒。顺宗内禅，以后生宪宗皇帝，褒赠先代：思敬司徒，难得太傅，子颜太师。

颜子重荣，官至福王傅；用，官至太子宾客、金吾将军。

赞曰：戚里之贤，避宠畏权。不恤祸患，鲜能保全。福盈者败，势压者颠。武之惟良，明于自然。

卷一百八十四
列传第一百三十四

宦　官

杨思勖　高力士　李辅国　程元振　鱼朝恩（刘希暹　贾明观）　窦文场　霍仙鸣　俱文珍　吐突承璀　王守澄　田令孜　杨复光　杨复恭

唐制有内侍省，其官员：内侍四人；内常侍六人；内谒者监六人；内给事八人；谒者十二人；典引十八人；寺伯二人；寺人六人。别有五局：掖廷局掌宫人簿籍；宫闱局掌宫内门禁，其属有掌扇、给使等员；奚官局掌宫人疾病死丧；内仆局掌宫中供帐灯烛；内府局主中藏给纳。五局有令丞，皆内官为之。

贞观中，太宗定制，内侍省不置三品官，内侍是长官，阶四品。至永淳末，向七十年，权未假于内官，但在阁门守御，黄衣廪食而已。则天称制，二十年间，差增员位。中宗性慈，务崇恩贷，神龙中，宦官三千余人，超授七品以上员外官者千余人，然衣朱紫者尚寡。

玄宗在位既久，崇重宫禁，中官稍称旨者，即授三品、左右监门将军，得门施棨戟。开元、天宝中，长安大内、大明、兴庆三宫，皇子十宅院，皇孙百孙院。东都大内、上阳两宫，大率宫女四万人，品官黄衣已上三千人，衣朱紫者千余人。后李辅国从幸灵武，程元振翼卫代宗，枯宠遨君，乃至守三公，封王爵，干预国政，亦未全握兵权。代宗时，子仪北伐，亲王东讨，遂特立观军容宣慰使，命鱼朝恩为之，然自有统帅，亦监领而已。

德宗避泾师之难，幸山南，内竖窦文场、霍仙鸣拥从。贼平之后，不欲武臣典重兵，其左右神策、天威等军，欲委宦者主之。乃置护军中尉两员、中护军两员，分掌禁兵，以文场、仙鸣为两中尉，自是神策亲军之权，全归于宦者矣。自贞元之后，威权日炽，兰锜将臣，率皆子蓄；藩方戎帅，必以贿成；万机之与夺任情，九重之废立由己。元和之季，毒被乘舆。长庆缵隆，徒郁枕干之愤；临轩暇逸，旋忘涂地之冤。而易月未除，滔天尽怒。甲第名园之赐，莫匪伶官；朱袍紫绶之荣，无非巷伯。是时高品白身之数，四千六百一十八人，内则参我戎权，外则监临藩岳。

文宗包祖宗之耻，痛肘腋之仇，思翦厉阶，去其太甚。宋申锡言未出口，寻以破家；李仲言谋之不臧，几乎败国。何、窦之徒转戾，让、珪之势尤狂，五十余年，祸胎逾煽，昭宗之季，所不忍闻。

臣遍览前书，考兹覆辙，试言大较，庶竭其源。何者？自书契已来，不无阉寺，况垂之天象，备见职官。即如秦皇、汉武，宫闱之内，宦官以侍宴游。但英睿之君，措置斯得；及荒僻之主，奢荡是求。委番、聚、蹶、楳之徒，饰姬姜狗马之玩，外言不入，惟欲是从。虽并列五侯，犹为赏薄；遍封万户，尚嫌恩疏。苟思捧日之勤，遂据回天之势。及三纲错乱，四海崩离。袁本初之入北宫，无须殆尽；石冉闵之攻邺下，内竖咸诛。旋至殄瘁邦家，不独感伤和气，淫刑斯逞，可为伤心。向使不假威权，但趋帷扆，何止四星终吉，抑亦万乘延洪！昔贤为社鼠之喻，不其然乎？

今录杨思勖已下所行事，以为鉴诫云。

杨思勖，本姓苏，罗州石城人。为内官杨氏所养，以阉，从事内侍省。预讨李多祚功，超拜银青光禄大夫，行内常侍。思勖有膂力，残忍好杀。从临淄王诛韦氏，遂从王为爪士，累迁右监门卫将军。

开元初，安南首领梅玄成叛，自称"黑帝"。与林邑、真腊国通谋，陷安南府。诏思勖将讨之。思勖至岭表，鸠募首领子弟兵马十余万，取伏波故道以进，出其不意。玄成遽闻兵至，惶惑计无所出，竟为官军所擒，临阵斩之，尽诛其党与，积尸为京观而还。

十二年，五溪首领覃行璋作乱，思勖复受诏率兵讨之，生擒行璋，斩其党三万余级。以军功累加辅国大将军。后从东封，又加骠骑大将军，封虢国公。

十四年，邕州贼帅梁大海拥宾、横等数州反叛。思勖又统兵讨之，生擒梁大海等三千余人，斩余党二万余级，复积尸为京观。

十六年，泷州首领陈行范、何游鲁、冯璘等聚徒作乱，陷四十余城。行范自称帝，游鲁称定国大将军，璘称南越王，割据岭表。诏思勖率永、连、道等及淮南弩手十万人进讨。兵至泷州，临阵擒游鲁、冯璘，斩之。行范潜窜深州，投云际、盘辽二洞。思勖悉众攻之，生擒行范，斩之。斩其党六万级，获口马金玉巨万计。思勖性刚决，所得俘囚，多生剥其面，或劙发际，掣去头皮，将士已下，望风慑惮，莫敢仰视，故所至立功。内给事牛仙童使幽州，受张守珪厚赂。玄宗怒，命思勖杀之。思勖缚架之数日，乃探取其心，截去手足，割肉而啖之，其残酷如此。二十八年卒，时年八十余。

高力士，潘州人，本姓冯。少阉，与同类金刚二人，圣历元年岭南讨击使李千里进入宫。则天嘉其黠惠，总角修整，令给事左右。后因小过，挞而逐之。内官高延福收为假子。延福出自武三思家，力士遂往来三思第。岁余，则天复召入禁中，隶司宫台，廪食之。长六尺五寸，性谨

密，能传诏敕，授宫闱丞。

景龙中，玄宗在藩，力士倾心奉之，接以恩顾。及唐隆平内难，升储位，奏力士属内坊，日侍左右，擢授朝散大夫、内给事。先天中，预诛萧、岑等功，超拜银青光禄大夫，行内侍同正员。开元初，加右监门卫将军，知内侍省事。

玄宗尊重宫闱，中官稍称旨，即授三品将军，门施棨戟，故杨思勖、黎敬仁、林招隐、尹凤祥等，贵宠与力士等。杨则持节讨伐，黎、林则奉使宣传，尹则主书院。其余孙六、韩庄、杨八、牛仙童、刘奉廷、王承恩、张道斌、李大宜、朱光辉、郭全、边令诚等，殿头供奉、监军、入蕃、教坊、功德主当，皆为委任之务。监军则权过节度，出使则列郡辟易。其郡县丰赡，中官一至军，则所冀千万计，修功德，市鸟兽，诣一处，则不啻千贯，皆在力士可否。故帝城中甲第，畿甸上田、果园池沼，中官参半于其间矣。

每四方进奏文表，必先呈力士，然后进御，小事便决之。玄宗常曰："力士当上，我寝则稳。"故其止于宫中，稀出外宅。若附会者，想望风彩，以冀吹嘘，竭肝胆者多矣。宇文融、李林甫、李适之、盖嘉运、韦坚、杨慎矜、王铁、杨国忠、安禄山、安思顺、高仙芝因之而取将相高位，其余职不可胜纪。肃宗在春宫，呼为二兄，诸王公主皆呼"阿翁"，驸马辈呼为"爷"。力士于寝殿侧帘帷中休息，殿侧亦有一院，中有修功德处，雕甍璀璨，穷极精妙。力士谨慎无大过，然自宇文融已下，用权相噬，以紊朝纲，皆力士之由。又与时消息，观其势候，虽至亲爱，临覆败皆不之救。

力士义父高延福夫妻，正授供奉。岭南节度使于潘州求其本母麦氏送长安，令两妪在堂，备于甘脆。金吾大将军程伯献与力士结为兄弟，麦氏亡，伯献为灵筵散发，具缞绖，受宾吊答。十七年，赠力士父广州大都督，麦氏越国夫人。

开元初，瀛州吕玄晤作吏京师，女有姿色，力士娶之为妇，擢玄晤为少卿、刺史，子弟皆为王傅。吕夫人卒，葬城东，葬礼甚盛。中外争致祭赠，充溢衢路；自第至墓，车马不绝。

天宝初，加力士冠军大将军、右监门卫大将军，进封渤海郡公。七载，加骠骑大将军。力士资产殷厚，非王侯能拟。于来庭坊造宝寿佛寺、兴宁坊造华封道士观，宝殿珍台，侔于国力。于京城西北截沣水作碾，并转五轮，日碾麦三百斛。初，宝寿寺钟成，力士斋庆之，举朝毕至。凡击钟者，一击百千；有规其意者，击至二十杵，少尚十杵。

其后又有华州袁思艺，特承恩顾。然力士巧密，人悦之；思艺骄倨，人士疏惧之。十四载，置内侍省内侍监两员，秩正三品，以力士、思艺对任之。玄宗幸蜀，思艺走投禄山，力士从幸成都，进封齐国公。从上皇还京，加开府仪同三司，赐实封五百户。

上元元年八月，上皇移居西内甘露殿，力士与内官王承恩、魏悦等，因侍上皇登长庆楼，为李辅国所构，配流

黔中道。力士至巫州，地多荠而不食，因感伤而咏之曰："两京作斤卖，五溪无人采。夷夏虽不同，气味终不改。"

宝应元年三月，会赦归，至朗州，遇流人言京国事，始知上皇厌代。力士北望号恸，呕血而卒。代宗以其耆宿，保护先朝，赠扬州大都督，陪葬泰陵。

李辅国，本名静忠，闲厩马家小儿。少为阉，貌陋，粗知书计。为仆，事高力士，年且四十余，令掌厩中簿籍。天宝中，闲厩使王铣嘉其畜牧之能，荐入东宫。禄山之乱，玄宗幸蜀；辅国侍太子扈从，至马嵬，诛杨国忠。辅国献计太子，请分玄宗麾下兵，北趋朔方，以图兴复。辅国从至灵武，劝太子即帝位，以系人心。肃宗即位，擢为太子家令，判元帅府行军司马事，以心腹委之。仍赐名护国，四方奏事，御前符印军号，一以委之。辅国不茹荤血，常为僧行，视事之隙，手持念珠，人皆信以为善。从幸凤翔，授太子詹事，改名辅国。

肃宗还京，拜殿中监，闲厩、五坊、宫苑、营田、栽接、总监等使。又兼陇右群牧、京畿铸钱、长春宫等使，勾当少府、殿中二监都使。至德二年十二月，加开府仪同三司，进封郕国公，食实封五百户。

宰臣百司，不时奏事，皆因辅国上决。常在银台门受事，置察事厅子数十人，官吏有小过，无不伺知，即加推讯。府县按鞫，三司制狱，必诣辅国取决，随意区分，皆称制敕，无敢异议者。每出则甲士数百人卫从。中贵人不敢呼其官，但呼五郎。宰相李揆，山东甲族，位居台辅，见辅国执子弟之礼，谓之五父。肃宗又为辅国娶故吏部侍郎元希声侄擢女为妻。擢弟抱，时并引入台省，擢为梁州长史。辅国判元帅行军司马，专掌禁兵，赐内宅居止。

上皇自蜀还京，居兴庆宫，肃宗自夹城中起居。上皇时召伶官奏乐，持盈公主往来宫中，辅国常阴候其隙而间之。上元元年，上皇尝登长庆楼，与公主语。剑南奏事官过朝谒，上皇令公主及如仙媛作主人。

辅国起微贱，贵达日近，不为上皇左右所礼，虑顾或衰，乃潜画奇谋以自固。因持盈待客，乃奏云："南内有异谋。"矫诏移上皇居西内，送持盈于玉真观，高力士等皆坐流窜。

二年八月，拜兵部尚书，余官如故。诏群臣于尚书省送上，赐御府酒馔、太常乐，武士戎服夹道，朝列毕会。辅国骄恣日甚，求为宰臣，肃宗曰："以公勋力，何官不可，但未允朝望，如何？"辅国讽仆射裴冕联章荐己。肃宗密谓宰臣萧华曰："辅国欲带平章事，卿等欲有章荐，信乎？"华不对。问裴冕，曰："初无此事，吾臂可截，宰相不可得也。"华复入奏，上喜曰："冕固堪大用。"辅国衔之。宝应元年四月，肃宗寝疾，宰臣等不可谒见，辅国诬奏华专权，请黜之。上不许，辅国固请不已。乃罢华知政事，守礼部尚书。及帝崩，华竟被斥逐。

代宗即位，辅国与程元振有定策功，愈恣横。私奏曰："大家但内里坐，外事听老奴处置。"代宗怒其不逊，以方握禁军，不欲遽责。乃尊为尚父，政无巨细，皆委参决。五月，加司空、中书令，食实封八百户。程元振欲夺其权，请上渐加禁制，乘其有间，乃罢辅国判元帅行军事，其闲厩已下使名，并分授诸贵，仍移居外。辅国始惧，茫然失据。诏进封博陆王，罢中书令，许朝朔望。辅国欲入中书修谢表，阍吏止之曰："尚父罢相，不合复入此门。"乃气愤而言曰："老奴死罪，事郎君不了，请于地下事先帝。"上犹优诏答之。十月十八日夜，盗入辅国第，杀辅国，携首臂而去。诏刻木首葬之，仍赠太傅。

程元振，以宦者直内侍省，累迁至内射生使。宝应末，肃宗晏驾，张皇后与太子有怨，恐不附己，引越王系入宫，欲令监国。元振知其谋，密告李辅国，乃挟太子，诛越王并其党与。代宗即位，以功拜飞龙副使、右监门将军、上柱国，知内侍省事。寻代辅国判元帅行军司马，专制禁兵，加镇军大将军、右监门卫大将军，封保定县侯，充宝应军使。九月，加骠骑大将军，封邠国公，赠其父元贞司空。母郄氏赵国夫人。是时元振之权，甚于辅国，军中呼为"十郎"。

元振常请托于襄阳节度使来瑱，瑱不从。及元振握权，征瑱入朝。瑱迁延不至。广德元年，破裴戎，遂入朝，拜兵部尚书。元振报私憾，诬瑱之罪，竟坐诛。宰臣裴冕为肃宗山陵使，有事与元振相违，乃发小吏赃私，贬冕施州刺史。来瑱名将，裴冕元勋，二人既被诬陷，天下方镇皆解体。元振犹以骄豪自处，不顾物议。

九月，吐蕃、党项入犯京畿，下诏征兵，诸道卒无至者。十月，蕃军至便桥，代宗苍黄出幸陕州；贼陷京师，府库荡尽。及至行在，太常博士柳伉上疏切谏诛元振以谢天下，代宗顾人情尤咎，乃罢元振官，放归田里，家在三原。

十二月，车驾还京。元振服缞麻于车中，入京城，以规任用。与御史大夫王昇饮酒，为御史所弹。诏曰：

族谈错立，法尚不容；同恶阴谋，议当从重。有于于此，情实难原。程元振性惟凶愎，质本庸愚，蕞尔之身，合当万死。顷已宽其严典，念其微劳，屈法伸恩，放归田里。仍乖克己，尚未知非；既忘含煦之仁，别贮觊觎之望。敢为啸聚，仍欲动摇，不令之臣，共为睥睨。妄谈休咎，仍怀怨望。束兵裹甲，变服潜行，无顾君亲，将图不轨。按验皆是，无所逃刑，首足异门，未云塞责。朕犹不忘薄效，再舍罪人；特宽斧钺之诛，俾正投荒之典。宜长流溱州百姓，委京兆府差纲递送；路次州县，差人防援，至彼捉搦，勿许东西。纵有非常之赦，不在会恩之限。凡百僚庶，宜体朕怀。

鱼朝恩，天宝末以宦者入内侍省，初为品官，给事黄门。性黠惠，善宣答，通书计。至德中，常令监军事。九节度讨安庆绪于相州，不立统帅，以朝恩为观军容宣慰处置使。观军容使名，自朝恩始也。以功累加左监门卫大将军。时郭子仪频立大功，当代无出其右；朝恩妒其功高，屡行间谍；子仪悉心奉上，殊不介意。肃宗英悟，特察其心，故朝恩之间不行。自相州之败，史思明再陷河洛，朝恩常统禁军镇陕，以殿东夏。广德元年，西蕃入犯京畿，代宗幸陕。时禁军不集，征召离散，比至华阴，朝恩大军邀至迎奉，六师方振。由是深加宠异，改为天下观军容宣慰处置使。时四方未宁，万务事殷，上方注意勋臣，朝恩专典神策军，出入禁中，赏赐无算。

朝恩性本凡劣，恃勋自伐，靡所忌惮。时引腐儒及轻薄文士于门下，讲授经籍，作为文章，粗能把笔释义，乃大言于朝士之中，自谓有文武才干，以邀恩宠。上优遇之，加判国子监事，光禄、鸿胪、礼宾、内飞龙、闲厩等使。赴国子监视事，特诏宰臣、百僚、六军将军送上，京兆府造食，教坊赐乐。大臣群官二百余人，皆以本官备章服充附学生，列于监之廊下，待诏给钱万贯充食本，以为附学生厨料。朝恩恣横，求取无厌，凡有奏请，以必允为度，幸臣未有其比。

大历二年，朝恩献通化门外赐庄为寺，以资章敬太后冥福；仍请以章敬为名，复加兴造，穷极壮丽。以城中材木不足充费，乃奏坏曲江亭馆、华清宫观楼及百司行廨、将相没宦宅给其用，土木之役，仅逾万亿。三年，让判国子监事，加韩国公。

章敬太后忌日，百僚于兴唐寺行香，朝恩置斋馔于寺外之车坊，延宰臣百僚就食。朝恩恣口谈时政，公卿惕息。户部郎中相里造、殿中侍御史李衍以正言折之。朝恩不悦，乃罢会。

后尝释奠于国子监。宰臣百僚皆会，朝恩讲《易》，征《鼎卦》"覆餗"之义，以讥元载。载心衔之，阴图除去之。上以朝恩太横，亦恶之。载欲伺其便，巧中伤之；乃用腹心崔昭为京兆尹，伺朝恩出处。昭不吝财赂，潜与朝恩党陕州观察使皇甫温相结，温与昭协。自是朝恩动静，载皆知之，巨细悉以闻。上益怒，朝恩未之察，日以骄横。载奏加朝恩实封，又加皇甫温权位，以肆其欲。

五年，朝恩所昵武将刘希暹微有过忤，上讽之。诏罢朝恩观军容使，加实封通前一千户。朝恩始疑，然每朝谒，恩顾如常，亦不以载为意。会寒食宴近臣，朝恩入谒。先是，每宴罢，必出至营，是日有诏留之。朝恩始惧，言颇悖慢，上亦以旧恩不之责。是日朝恩还第，雉经而卒。刘希暹亦下狱赐死。

希暹，出自戎伍，有膂力，形貌光伟，以骑射闻。朝恩用之为神策都虞候，封交河郡王。善候朝恩意旨，深被委信。累迁至太仆卿，与兵马使王驾鹤同掌禁兵，所为不法。讽朝恩于北军置狱，召坊市凶恶少年，罗织城内富人，诬以违法，捕置狱中，惨酷考讯，录其家产，并没于军。或有举选之士，财货稍殷，客于旅舍，遇横死者非一。坊市苦之，谓之"入地牢"。捕贼吏有贾明观者，尤凶蠹，以屡置大狱，家产巨万。希暹党之，地在禁密，人无敢言者。朝恩死，上宽宥之。以素志非顺，虑不见容，常自疑惧。与王驾鹤联职，希暹辞多不逊。驾鹤纯谨，上信任之，至是以希暹语上闻，乃诛之。

贾明观者，本万年县捕贼吏。事希暹，恣为凶恶，毒甚豺狼。朝恩、希暹既死，元载复受明观奸谋，潜容之，特奏令江西效力。明观将出城，百姓数万人怀砖石候之，载令市吏止约。明观在洪州二年，观察使魏少游容之。及

路嗣恭代少游，至郡之日，召明观笞杀之。识者减魏之名，多路之正。

朝恩素待礼部尚书裴士淹，户部侍郎、判度支第五琦，二人亦坐贬官。

窦文场、霍仙鸣者，始在东宫事德宗。初鱼朝恩诛后，内官不复典兵，德宗以亲军委白志贞。志贞多纳豪民赂，补为军士，取其佣直，身无在军者，但以名籍请给而已。泾师之乱，帝召禁军御贼，志贞召集无素，是时并无至者，唯文场、仙鸣率诸宦者及亲王左右从行。志贞贬官，左右禁旅，悉委文场主之。从幸山南，两军渐集。

德宗还京，颇忌宿将，凡握兵多者，悉罢之。禁旅文场、仙鸣分统焉。贞元十二年六月，特立护军中尉两员、中护军两员，以帅禁军。乃以文场为左神策护军中尉，仙鸣为右神策护军中尉，右神威军使张尚进为右神策中护军，内谒者监焦希望为左神策中护军，自文场等始也。

时窦、霍之权，振于天下，藩镇节将，多出禁军，台省清要，时出其门。文场累加骠骑大将军。是岁仙鸣病，帝赐马十匹，令于诸寺为僧斋以祈福。久病不愈，十四年，仓卒而卒。上疑左右小使正将食中加毒，配流者数十人。仙鸣死后，以开府内常侍第五守亮为右军中尉。文场连表请致仕，许之。

十五年已后，杨志廉、孙荣义为左右军中尉，亦踵窦、霍之事，怙宠骄恣。贪利冒宠之徒，利其纳贿，多附丽之。至于贞元末，宦官复盛。顺宗即位，王叔文用事，与韦执谊谋夺神策军权，乃用宿将范希朝为京西北禁军都将。事未行，为内官俱文珍等所排，叔文贬而止。

俱文珍，贞元末宦官，后从义父姓，曰刘贞亮。性忠正，刚而踏义。顺宗即位，风疾不能视朝政，而宦官李忠言与牛美人侍病。美人受旨于帝，复宣之于忠言；忠言授之王叔文。叔文与朝士柳宗元、刘禹锡、韩晔图议，然后下中书，俾韦执谊施行，故王之权振天下。叔文欲夺宦者兵权，每忠言宣命，内臣无敢言者，唯贞亮建议与之争。知其朋徒炽，虑隳朝政，乃与中官刘光琦、薛文珍、尚衍、解玉等谋，奏请立广陵王为皇太子，勾当军国大事。顺宗可之。贞亮遂召学士卫次公、郑絪、李程、王涯入金銮殿，草立储君诏。及太子受内禅，尽逐叔文之党，政事悉委旧臣，时议嘉贞亮之忠荩。累迁至右卫大将军，知内侍省事。元和八年卒，宪宗思其翊戴之功，赠开府仪同三司。

吐突承璀，幼以小黄门直东宫，性敏慧，有才干。宪宗即位，授内常侍，知内省事，左监门将军。俄授左军中尉、功德使。四年，王承宗叛，诏以承璀为河中、河南、浙西、宣歙等道赴镇州行营兵马招讨等使，内侍省常侍宋惟澄为河南、陕州、河阳已来馆驿使，内官曹进玉、刘国珍、马江朝等分为河北行营粮料馆驿等使。谏官、御史上疏相属，皆言自古无中贵人为兵马统帅者，补阙独孤郁、段平仲尤激切。宪宗不获已，改为充镇州已来招抚处置等使。及承璀率禁军上路，帝御通化门楼，慰谕遣之。出师

经年无功，乃遣密人告王承宗，令上疏待罪，许以罢兵为解。仍奏昭义节度使卢从史与贼通，许为承宗求节钺。乃诱潞州牙将乌重胤谋执从史送京师。及承宗表至，朝廷议罢兵，承璀班师，仍为禁军中尉。段平仲抗疏极论承璀轻谋弊赋，请斩之以谢天下，宪宗不获已，降为军器使。俄复为左卫上将军，知内侍省事。

时弓箭库使刘希先取羽林大将军孙璹钱二十万，以求方镇，事发赐死，辞相告讦，事连承璀，乃出为淮南节度监军使。太子通事舍人李涉，性狂险，投匦上书，论希先、承璀无罪，不宜贬戮。谏议大夫、知匦事孔戣，见涉疏之副本，不受其章。涉持疏于光顺门欲进之，戣上疏论其纤邪，贬涉硖州司仓。上待承璀之意未已，而宰相李绛在翰林，时数论承璀之过，故出之。八年，欲召承璀还，乃罢绛相位。承璀还，复为神策中尉。惠昭太子薨，承璀建议请立澧王宽为太子，宪宗不纳，立遂王宥。穆宗即位，衔承璀不佑己，诛之。敬宗时，中尉马存亮论承璀之冤，诏雪之，仍令假子士晔以礼收葬。

王守澄，元和末宦者。宪宗疾大渐，内官陈弘庆等弑逆。宪宗英武，威德在人，内官秘之，不敢除讨，但云药发暴崩。时守澄与中尉马进潭、梁守谦、刘承偕、韦元素等定册立穆宗皇帝。长庆中，守澄知枢密事。

初，元和中，守澄为徐州监军，遇翼城医人郑注，出入节度使李愬家。注敏悟过人，博通典艺，棋奕医卜，尤臻于妙，人见之者，无不欢然。注尝为李愬煮黄金，服一刀圭，可愈痿弱重胭之疾，复能反老成童。愬与守澄服之，颇效。守澄知枢密，荐引入禁中，穆宗待之亦厚。注多奇诡，每与守澄言必通夕。

文宗即位，守澄为骠骑大将军，充右军中尉。注复得幸于文宗，后依倚守澄，大为奸弊。文宗以元和逆党尚在，其党大盛，心常愤惋，端居不怡。翰林学士宋申锡尝独对探知，上略言其意，申锡请渐除其逼。帝亦以申锡沉厚有方略，为其事可成，乃用为宰相。申锡谋未果，为注所察，守澄乃令军吏豆卢著诬告申锡与漳王谋逆，申锡坐贬。

宰相李逢吉从子训，与注交通，训亦机诡万端，二人情义相得，俱为守澄所重。复引训入禁中，为上讲《周易》。既得幸，又探知帝旨，复以除宦官谋中帝意。帝训才辩纵横，以为其事必捷，待以殊宠，自流人中用为学官，充侍进学士。时仇士良有翊上之功，为守澄所抑，位未通显。训奏用士良分守澄之权，乃以士良为左军中尉；守澄不悦，两相矛盾。训因其恶。

大和九年，帝令内养李好古赍鸩赐守澄，秘而不发，守澄死，仍赠扬州大都督。其弟守涓为徐州监军，召还，至中牟，诛之。守澄豢养训、注，反罹其祸，人皆快其受佞，而恶训、注之阴狡。

李训既杀守澄，复恶郑注，乃奏用注为凤翔节度使。训欲尽诛宦官，乃与金吾将军韩约、新除太原节度使王璠、新除邠宁节度使郭行余、权御史中丞李孝本、权京兆尹罗立言谋。其年十一月二十一日，上御宣政殿，百僚班定，韩约不奏平安，乃奏曰："臣当仗廨内石榴树，夜来降甘露，请陛下幸仗舍观之。"帝乘辇趋金吾仗。中尉仇士良与诸官先往石榴树观之，伺知其诈，又闻幕下兵仗声，苍黄而还，奏曰："南衙有变。"遂扶帝辇入阁门。李训从辇大呼曰："邠宁、太原之兵，何不赴难？卫乘舆者，人赏百千！"于是谁何之卒，及御史台从人，持兵入宣政殿院，宦官死者甚众。辇既入阁门，内官呼万岁。俄而士良等率禁兵五百余人，露刃出东上阁门，逢人即杀，王涯、贾餗、舒元舆、李训等四人宰相及王璠、郭行余等十一人，尸横阙下。自是权归士良与鱼弘志。至宣宗即位，复诛其太甚者，而阉寺之势，仍握军权之重焉。

田令孜，本姓陈。咸通中，从义父入内侍省为宦者。颇知书，有谋略，自诸司小使监诸镇用兵，累迁神策中尉、左监门卫大将军。乾符中，盗起关东。诸军诛盗，以令孜为观军容、制置左右神策、护驾十军等使。京师不守，从僖宗幸蜀。鸾舆返正，令孜颇有匡佐之功，时令孜威权振天下。

时关中寇乱初平，国用虚竭，诸军不给。令孜请以安邑、解县两池榷盐课利，全隶神策军。诏下，河中王重荣抗章论列，言使名久例隶当道，省赋自有常规。令孜怒，用王处存为河中节度使，重荣不奉诏。令孜率禁兵讨之。重荣引太原军为援，战于沙苑，禁军大败。京师复乱，僖宗出幸宝鸡，又移幸山南，方镇皆憾令孜生事。令孜惧，引前枢密杨复恭代己，从幸梁州，求为西川监军。西川节度使陈敬瑄，即令孜之弟也。

昭宗即位，三川大乱。诏宰相韦昭度镇西川，陈敬瑄不受代。令孜引阆州刺史王建为援，建素以父事令孜。时建方乱东川，闻其召也，以西蜀可图，欣然赴之。建以所领千余兵至汉州，陈敬瑄以建雄豪难制，辞而遣之。建曰："十军阿父召予，及门而拒，邻藩闻之，孰肯相容？为予报令公，建至此，无所归也。"遂遣使上表，请讨陈敬瑄以自效。朝廷嘉之，即命昭度为招讨，入蜀加兵，经年无功，昭度还京。建遂绝栈道，不通诏使。岁中急击成都，陈敬瑄计窘，遣令孜出城，与建通和。建竟自为蜀帅，令孜以义父之故，依倚仍旧监军事。既而陈敬瑄遇鸩，令孜亦为建所杀。

杨复光，内常侍杨玄价之养子也。幼以宦者入内侍省，慷慨负节义，有筹略，为小黄门，监镇兵征讨。乾符中，贼渠黄巢之犯江西，复光为排阵使，遣判官吴彦弘入城喻朝旨。巢即令其将尚君长奉表归国。招讨使宋威害其功，并兵击贼，巢怒，复作剧。朝廷诛尚君长，怨怒愈深。宋威战败，复光总其兵权，进攻洪州，擒贼将徐唐莒。诏以荆南节度使王铎为招讨，代宋威。复光监忠武军，屯于邓州，以遏贼冲。

京师陷贼，节度使周岌受伪命，贼使往来旁午。岌尝夜宴，急召复光。左右曰："周公归贼，必谋害内侍，不如勿往。"复光曰："事势如此，义不图全。"即赴之。酒酣，岌言本朝事，复光因泣下。良久曰："丈夫所感者恩义，而规利害，非丈夫也。公自匹夫享公侯之贵，岂舍十八叶天子而北面臣贼，何恩义利害之可言乎！"声泪俱发，岌亦为之流涕。岌曰："吾不能独力拒贼，貌奉而心图之，故召公。"沥酒为盟。是夜，复光遣其养子守亮杀贼使于传舍。

时秦宗权叛发，据蔡州。复光得忠武之师三千入蔡州，说宗权，俾同义举。宗权遣将王淑率众万人从复光收荆襄。次邓州，王淑逗留不进，复光斩之，并其军，分为八都。鹿晏弘、晋晖、李师泰、王建、韩建等，皆八都之大将也。进攻南阳，贼将朱温、何勤来逆战。复光败之，进收邓州，献捷行在，中和元年五月也。复光乘胜追贼，至蓝桥，丁母忧还。寻起复，受诏充天下兵马都监，押诸军入定关辅。王重荣为东面招讨使，复光以兵会之。

二年七月，至河中。贼将朱温守同州，复光遣使谕之。九月，温以所部来降。时贼将李翔守华州，巢寇益盛，王重荣忧之。谓复光曰："臣贼则负国，拒战则兵微，今日成败，未可知也，公其图之。"复光曰："雁门李仆射以雄武振北陲，其家尊与吾先世同患难。李雁门奋不顾身，自播迁已来，征兵未至者，盖太原阻路也。如以朝旨谕郑公，诏到，其军必至。"重荣曰："善！"王铎遣使奉墨诏之太原，太原以兵从之。及收京城，三败巢贼，复光与其子守亮、守宗等身先犯难，功烈居多。其年六月，卒于河中，时年四十二。

复光虽黄门近幸，然慷慨有大志，善抚士卒；及死之日，军中恸哭累日。身后平贼立功者，多是复光部下门人故将也。

诸假子：守亮，兴元节度使；守宗，忠武节度使；守信，商州防御使；守忠，洋州节度使；其余以守为名者数十人，皆为牧守将帅。

杨复恭，贞元末中尉杨志廉之后。志廉子钦义，大中朝为神策中尉。钦义子三人：玄翼、玄价、玄寔。

玄翼，咸通中掌枢密；玄寔，乾符中为右军中尉；玄价，河阳监军。

复恭，即玄翼子也。以父，幼为宦者，入内侍省。知书，有学术，每监诸镇兵。庞勋之乱，监阵有功，自河阳监军入为宣徽使。咸通十年，玄翼卒，起复为枢密使。时黄巢犯阙，左军中尉田令孜为天下观军容制置使，专制中外。复恭每事力争得失，令孜怒，左授复恭飞龙使，乃称疾退于蓝田。

僖宗自蜀还京，田令孜出师失律，车驾再幸山南，复用复恭为枢密使，寻代令孜为右军中尉。时行在制置，内外经略，皆出于复恭。车驾还京，授观军容使，封魏国公。

僖宗晏驾，迎寿王践祚。文德元年，加开府、金吾上将军，专典禁兵，既军权在手，颇擅朝政。昭宗恶之，政事多访于宰臣。故韦昭度、张浚、杜让能每有陈奏，即举大中故事，稍抑宦者之权。上性明察，由是偏听之衅生焉。国舅王瑰，颇居中任事，复恭恶之，奏授黔南节度。至吉柏江，覆舟而没，物议归咎于复恭，上每切齿谴复恭。复恭假子天威军使守立，权勇冠于六军，人皆避之。上欲罪复恭，惧守立为乱，乃谓复恭曰："吾要卿家守立在左右，可进来。"乃赐姓李，名顺节，恩宠特异，势侔枢要。乃与复恭争权，每中伤其阴事，授顺节镇海军节度使、同平章事。

大顺二年九月，诏复恭致仕，赐杖履。复恭既失势，欲退止商山别居，第在昭化里，近玉山营。假子守信为玉山军使，守信时候复恭于其第，或诬告云玉山军使与复恭谋乱，诏李顺节率禁军攻之。昭宗御延喜楼。守信以兵拒之，顺节屡败。际晚，守信、复恭挈其族出通化门，趋兴元。守信令部将张绾殿其后，绾战败，被擒。复恭至兴元，节度使杨守亮乃纠合诸守义兄弟举兵，以讨顺节为名。天子诏李茂贞、王行瑜讨之。

明年，守亮兵败，复恭与守亮挈其族，将奔太原，入商山。至乾元县，为华州兵所获，执送京师，皆枭首于市。李茂贞收兴元，进复恭前后与守亮私书六十纸，内诉致仕之由云："承天是隋家旧业，大伾但积粟训兵，不要进奉。吾于荆榛中援立寿王，有如此负心门生天子，既得尊位，乃废定策国老。"其不逊如是。后复恭假子彦博奔太原，收复恭骸骨，葬于介休县之抱腹山。

复恭之后，宦者西门重遂为右军中尉。李茂贞初并山南，兵众强盛，干预朝政，宰相杜让能与重遂等谋诛之。师兴，为茂贞所败，重遂被诛，乃以内官骆全瓘、刘景宣为左右军中尉。

乾宁二年春，李茂贞、王行瑜以兵入朝，杀宰相韦昭度、李谿。河东节度使李克用率师渡河，讨邠、岐二帅，军于渭北。骆全瓘与茂贞宿卫将阎圭，胁天子幸岐州，昭宗苍黄幸莎城。茂贞以太原问罪，乃诛全瓘、阎圭以自解。昭宗幸华州，宦官稍微。

及光化还宫，内官景务修、宋道弼复专国政，宰相崔胤深恶之，中外不睦。宰相徐彦若、王抟有度量，见其阴险相倾，惧危时事，尝奏曰："人君当务大体，平心御物，无有偏私。偏任偏听，古人所患。今中官怙宠，道路目之，皆知此弊，然未能卒改。俟多难渐平，以道消息之。陛下勿泄圣谟，启其奸诈。"崔胤知抟所奏，颇衔之，他日见上，曰："王抟奸邪，已为敕使外应，不可在相位。"二年六月，贬抟官，赐死于蓝田。道弼、务修亦赐死。以枢密使刘季述、王奉先为两军中尉，出徐彦若镇南海。

崔胤秉政而排摈宦官，季述等外结藩侯，以为党援。十一月六日，季述矫诏以皇太子监国，遂废昭宗。居东内，夺传国宝授太子。昭宗以何皇后宫嫔数人随行，幽于东宫。季述手持银杖，于上前以杖画地数上罪状，云："某时某事，你不从我言，其罪一也。"其悖逆如此。乃令师虔以兵围之。熔锡锢其扃鐍。时方凝冽，嫔御无被，哭声闻于外。穴墙通食者两月。十二月晦，崔胤等谋反正，诛季述、奉先，复迎昭宗即位，改元天复元年。

其岁十一月，朱全忠寇河中华州，陷之；京师震恐。中尉韩全诲请上且幸凤翔。全忠追逼乘舆，兵围凤翔者累年。三年正月，茂贞杀两军中尉韩全海、张弘彦、枢密使袁易简、周敬容等二十二人，意斩首之，以布囊贮之，令学士薛贻矩送于全忠求和。是月，全忠迎驾还长安，诏以崔胤为宰相，兼判六军诸卫。

胤奏曰："高祖、太宗承平时，无内官典军旅。自天宝以后，宦官浸盛。贞元、元和，分羽林卫为左、右神策军，以使卫从，令宦官主之，唯以二千人为定制。自是参掌枢密。由是内务百司，皆归宦者，上下弥缝，共为不法；大则倾覆朝政，小则构扇藩方。车驾频致播迁，朝廷渐加微弱，原其祸作，始自中人。自先帝临御已来，陛下篡承之后，朋侪日炽，交乱朝纲，此不翦其本根，终为国之蟊贼。内诸司使务宦官主者，望一切罢之，诸道监军使，并追赴阙廷，即国家万世之便也。"诏曰：

"宦官之兴，肇于秦、汉。赵高、阎乐，竟灭嬴宗；张让、段珪，遂倾刘祚。肆其志则国必受祸，悟其事则运可延长。朕所以断在不疑，祈天永命者也。

先皇帝嗣位之始，年在幼冲，群竖相推，奄专大政。于是毒流宇内，兵起山东，迁幸三川，几沦神器。回銮之始，率土思安，而田令孜能忌功，迁摇近镇，陈仓播越，患难相仍。洎朕篡承，益相侮慢，复恭、重遂逞其祸，道弼、季述继其凶；幽辱朕躬，凌胁孺子。天复返正，罪已求安，两军内枢，一切假借。韩全诲等每怀愤懑，曾务报仇；视将相若血仇，轻君上如木偶。未周星岁，竟致播迁；及在岐阳，过于羁绁。上忧宗社倾坠，下痛民庶流离，茫然孤居，无所控告。

全忠位兼二柄，深识朕心，驻兵近及于三年，独断方诛于元恶。今谢罪郊庙，即宅宫闱，正刑当在于事初，除恶实绝其根本。先朝及朕，五致播迁，王畿之内，减耗大半；父不能庇子，夫不能室妻。言念于兹，痛深骨髓，其谁之罪？尔辈之由！

帝王之为治也，内有宰辅卿士，外有藩翰大臣，岂可令刑余之人，参预大政？况此辈皆朕之家臣也，比于人臣之家，则奴隶之流。恣横如此，罪恶贯盈，天命诛之，罪岂能舍？横尸伏法，固不足矜，含容久之，亦所多愧。其第五可范已下，并宜赐死。其在畿甸同华、河中，并尽底处置讫。诸道监军使已下，及管内经过并居停内使，敕到并仰随处诛夷讫闻奏。已令准国朝故事，量留三十人，各赐黄绢衫一领，以备宫内指使，仍不得辄有养男。其左右神策军，并令停废。

是日，诸司宦官百余人，及随驾凤翔群小又二百余人，一时斩首于内侍省，血流涂地。及宫人宋柔等十一人，两街僧道与内官相善者二十余人，并笞死于京兆府。内诸司一切罢之，皆归省寺。自是京城内无宦官，天子每宣传诏命，即令宫人出入。崔胤虽复仇快志，国祚旋亦覆亡，悲夫！

赞曰：崇埤大厦，壮其楗碣。殿邦御侮，亦俟明德。宵人意褊，动不量力。投鼠败器，良堪太息。

卷一百八十五上
列传第一百三十五

良 吏 上

韦仁寿　陈君宾　张允济　李桐客　李素立　孙至远　至远子畬　薛大鼎　贾敦颐　弟敦实　李君球　崔知温　高智周　田仁会　子归道　韦机　孙岳　岳子景骏　权怀恩　叔祖万纪　冯元常　弟元淑　蒋俨　王方翼　薛季昶

汉宣帝曰："使政平讼息，民无愁叹，与我理，其惟良二千石乎！"故汉代命官，重外轻内，郎官出宰百里，郡守入作三公。世祖中兴，尤深吏术，慎选名儒为辅相，不以吏事责功臣；政优则增秩赐金，绩负则论输左校。选任之道，皇汉其优。

隋政不纲，彝伦斯紊。天子事巡游而务征伐，具僚遑侧媚而窃恩权。是时朝廷无正人，方岳无廉吏。跨州连郡，莫非豺虎之流；佩紫怀黄，悉奋爪牙之毒。以至土崩不救，旋踵而亡。

武德之初，余风未殄。太宗皇帝削平乱迹，澍洗污风，唯思稼穑之艰，不以珠玑为宝。是以人知耻格，俗尚贞修，太平之基，率由兹道。洎天后、玄宗之代，贞元、长庆之间，或以卿士大夫莅方州，或以御史、郎官宰畿甸，行古道也，所病不能。

自武德已还，历年三百，其间岳牧，不乏循良。今录其政术有闻，为之立传，所冀表吏师而儆不恪也。

韦仁寿，雍州万年人也。大业末，为蜀郡司法书佐，断狱平恕，其得罪者皆曰："韦君所断，死而无恨。"高祖入关，遣使定巴蜀，使者承制拜仁寿巂州都督府长史。时南宁州内附，朝廷每遣使安抚，类皆受贿，边人患之，或有叛者。高祖以仁寿素有能名，令检校南宁州都督，寄听政于越巂，使每岁一至其地以慰抚之。仁寿将兵五百人至西洱河，承制置八州十七县，授其豪帅为牧宰，法令清肃，人怀欢悦。及将还，酋长号泣曰："天子遣公镇抚南宁，何得便去？"仁寿以城池未立为辞，诸酋长乃相与筑城，立廨舍，旬日而就。仁寿又曰："吾奉诏但令巡抚，不敢擅住。"及将归，蛮夷父老各挥涕相送。因遣子弟随之入朝，贡方物，高祖大悦。仁寿复请徙居南宁，以兵镇守。有诏特听以便宜从事，令益州给兵送之。刺史窦轨害其功，托以蜀中山獠反叛，未遑远略，不时发遣。经岁余，仁寿病卒。

陈君宾,陈鄱阳王伯山子也。仕隋为襄国太守。武德初,以郡归款,封东阳公,拜邢州刺史。贞观元年,累转邓州刺史。州邑丧乱之后,百姓流离。君宾为才期月,皆来复业。二年,天下诸州并遭霜涝,君宾一境独免。当年多有储积,蒲、虞等州户口,尽入其境逐食。太宗下诏劳之曰:

> 朕以隋末乱离,毒被海内;率土百姓,零落殆尽,州里萧条,十不存一;瘝瘝思之,心焉若疚。是以日昃忘食,未明求衣,晓夜孜孜,惟以安养为虑。每见水旱降灾,霜雹失所,抚躬责己,自惭德薄。恐贫乏之黎庶,不免饥馁;倾竭仓廪,普加赈恤。其有一人绝食,若朕夺之,分命庶僚,尽心匡救。去年关内六州及蒲、虞、陕、鼎等州复遭亢旱,禾稼不登,粮储既少,遂令分房就食。比闻刺史以下及百姓等并识朕怀,逐粮户到,递相安养,回还之日,各有赢粮。乃别赍布帛,以申赠遗,如此用意,嘉叹实深。一则知水旱无常,彼此递相拯赡,不虑凶年。二则知礼让兴行,轻财重义,四海士庶,皆为兄弟。变浇薄之风,敦仁慈之俗,政化如此,朕复何忧。其安置客口,官人支配得所,并考司录为功最。养户百姓,不吝财帛,已敕主者免今年调物。宜知此意,善相劝勉。

其年,入为太府少卿,转少府少监。九年,坐事除名。后起授虔州刺史,卒。

张允济,青州北海人也。隋大业中为武阳令,务以德教训下,百姓怀之。元武县与其邻接,有人以牸牛依其妻家者八九年,牛孳产至十余头;及将异居,妻家不与,县司累政不能决。其人诣武阳质于允济。允济曰:"尔自有令,何至此乎?"其人垂泣不止,具言所以。允济遂令左右缚其主,以衫蒙其头,将诣妻家村中,云捕盗牛贼,召村中牛悉集,各问所从来处。妻家不知其故,恐被连及,指其所诉牛曰:"此是女婿家牛也,非我所知。"允济遂发蒙,谓妻家人曰:"此即女婿,可以牛归之。"妻家叩头服罪。元武县司闻之,皆大惭。又尝道逢一老母种葱者,结庵守之。允济谓母曰:"但归,不烦守也。若遇盗,当来告令。"老母如其言,居一宿而葱大失。母以告允济。悉召葱地十里中男女毕集,允济呼前验问,果得盗葱者。曾有行人候晓先发,遗衫于路,行十数里方觉。或谓曰:"我武阳境内,路不拾遗,但能回取,物必当在。"如言果得。远近称之。政绩尤异。

迁高阳郡丞,时无郡将,允济独统大郡,吏人畏悦。及贼帅王须拔攻围,时城中粮尽,吏人取槐叶蘽节食之,竟无叛者。贞观初,累迁刑部侍郎,封武城县男。出为幽州刺史,寻卒。

李桐客,冀州衡水人也。仕隋为门下录事。大业末,炀帝幸江都,时四方兵起,谋欲徙都丹阳,召百僚会议。公卿希旨,俱言"江右黔黎,皆思望幸,巡狩吴会,勒石纪功,复禹之迹,今其时也。"桐客独议曰:"江南卑湿,地狭州小,内奉万乘,外给三军,吴人力屈,恐不堪命。且逾越险阻,非社稷之福。"御史奏桐客谤毁朝政,仅而获免。后隋灭,从宇文化及至黎阳,转没窦建德。建德平,太宗召授秦府法曹参军。贞观初,累迁通、巴二州。所在清平流誉,百姓呼为慈父。后卒于家。

李素立,赵州高邑人,北齐梁州刺史文深曾孙也。祖騊,散骑常侍。父政藻,隋水部郎中,大业末充使淮南,为盗所杀。素立,武德初为监察御史。时有犯法不至死者,高祖特命杀之,素立谏曰:"三尺之法,与天下共之,法一动摇,则人无所措手足。陛下甫创鸿业,遐荒尚阻,奈何辇毂之下,便弃刑书?臣忝法司,不敢奉旨。"高祖从之。自是屡承恩顾。素立寻丁忧,高祖令所司夺情,授以七品清要官,所司拟雍州司户参军。高祖曰:"此官要而不清。"又拟秘书郎。高祖曰:"此官清而不要。"遂擢授侍御史,高祖曰:"此官清而复要。"

贞观中,累转扬州大都督府司马。时突厥铁勒部相率内附,太宗于其地置瀚海都护府以统之,以素立为瀚海都护。又有阙泥孰别部,犹为边患。素立遣使招谕降之。夷人感其惠,率马牛以馈素立,素立唯受其酒一杯,余悉还之。为建立廨舍,开置屯田。久之,转绵州刺史。永徽初,迁蒲州刺史,及将之任,所余粮储及什物,皆令州司收之,唯赍己之书籍而去。道病卒,高宗闻而特为废朝一日,谥曰平。

其孙至远,有重名。长寿中为天官郎中。内史李昭德重其才,荐于则天,擢令知流内选事。或劝至远谢其私恩,至远曰:"李公以公见用,岂得以私谒也。"竟不谢,遂为昭德所衔,因事出为壁州刺史卒。

至远子畲,初为氾水主簿。处事敏速,有声称,虽村童厮养之辈,一阅之后,无不知替代姓名者。累转国子司业。事母甚谨,闺门邕睦,累代同居。每岁时拜庆,长幼男女,咸有礼节。及妻卒,时母已先病,畲恐伤母意,约家人不令哭声使闻于母,朝夕定省,不曾见其忧念之色,士友甚以此称之。及母终,过毁,卒于丧。

至远弟从远,景云中历黄门侍郎、太府卿。

素立从兄子游道,则天时官至冬官尚书、同凤阁鸾台三品。

薛大鼎,蒲州汾阳人,周太子少傅博平公善孙也。父粹,隋介州长史。汉王谅谋反,授绛州刺史,谅败伏诛。大鼎以年幼免死,配流辰州,后得还乡里。义旗初建,于龙门谒高祖,因说:"请勿攻河东,从龙门直渡,据永丰仓,传檄远近,则足食足兵。既总天府,据百二之所,斯亦拊背扼喉之计。"高祖深然之。时将士咸请先攻河东,遂从众议。授大将军府察非掾。

贞观中,累转鸿胪少卿、沧州刺史。州界有无棣河,隋末填废。大鼎奏开之,引鱼盐于海。百姓歌之曰:"新河得通舟楫利,直达沧海鱼盐至。昔日徒行今骋驷,美哉薛公德滂被。"大鼎又以州界卑下,遂决长芦及漳、衡等三河,分泄夏潦,境内无复水害。时与瀛州刺史贾敦颐、曹州刺史郑德本,俱有美政,河北称为"铛脚刺史"。

永徽四年，授银青光禄大夫，行荆州大都督府长史。明年卒。有二子：克构、克勤。

克构，天授中官至麟台监。克勤，历司农少卿，为来俊臣所陷伏诛。克构坐配流岭表而死。

贾敦颐，曹州冤句人也。贞观中，历迁沧州刺史。在职清洁，每入朝，尽室而行，唯弊车一乘，羸马数匹；羁勒有阙，以绳为之，见者不知其刺史也。二十三年，转瀛州刺史。州界滹沱河及滱水，每岁泛溢，漂流居人，敦颐奏立堤堰，自是无复水患。

永徽五年，累迁洛州刺史。时豪富之室，皆籍外占田，敦颐都括获三千余顷，以给贫乏。又发奸摘伏，有若神明。寻卒。弟敦实。

敦实，贞观中为饶阳令，政化清静，老幼怀之。时敦颐复授瀛州刺史。旧制，大功以上不复连官。朝廷以其兄弟在职，俱有能名，竟不迁替。咸亨元年，累转洛州长史，甚有惠政。时洛州令杨德干杖杀人吏，以立威名，敦实曰："政在养人，义须存抚，伤生过多，虽能亦不足贵也。"常抑止德干，德干亦为之稍减。四年，迁太子右庶子。

初敦颐为洛州刺史，百姓共树碑于大市通衢；及敦实去职，复刻石颂美，立于兄之碑侧，时人号为"棠棣碑"。敦实后为怀州刺史。永淳初，以年老致仕。及病笃，子孙迎医视之，敦实曰："未闻良医能治老也。"终不服药。垂拱四年卒，时年九十余。

子膺福，先天中，历左散骑常侍、昭文馆学士，坐预窦怀贞等谋逆伏诛。

李君球，齐州平陵人也。父义满，属隋乱，纠合宗党，保固村间，外盗不敢侵逼，以功累授齐郡通守。武德初，远申诚款，诏以其地为谭州，仍拜为总管，封平陵郡公。

君球少任侠，颇涉书籍。贞观中，齐州都督齐王据州城举兵作乱，君球与兄子行均守其本城。事平，太宗闻而嘉之，擢授游击将军，仍改其本县为全节县。君球累补左骁卫、义全府折冲都尉。

龙朔三年，高宗将伐高丽，君球上疏谏曰：

臣闻心之病者，不能缓声；事之急者，不能安言；性之慈者，不能隐情。且食君之禄者，死君之事。今臣食陛下之禄矣，其敢爱身乎？臣闻《司马法》曰："国虽大，好战必亡；天下虽安，忘战必危。"兵者，凶器。战者，危事。故圣主明王重行之也。爱人力之尽，恐府库之殚，惧社稷之危，生中国之患。故古人云："务广德者昌，务广地者亡。"昔秦始皇好战不已，至于失国，是不爱其内而务其外故也。汉武远讨朔方，殆乎万里，广拓南海，分为八郡；终于户口减半，国用空虚。至于末年，方垂哀痛之诏，自悔其失。

彼高丽者，辟侧小丑，潜藏山海之间，得其人不足以彰圣化，弃其地不足以损天威。何至乎疲中国之人，倾府库之实，使男子不得耕耘，女子不得蚕织！陛下为人父母，不垂恻隐之心，倾其有限之赀，贪于无用之地。设令高丽既灭，即不得不发兵镇守，少发则兵威不足，多发则人心不安，是乃疲于转戍，万姓无聊生也。万姓无聊，即天下败矣！天下既败，陛下何以自安？故臣以为征之不如不征，灭之不如不灭。

书奏不纳。

寻迁蔚州刺史。未行，改为兴州刺史。累迁扬州大都督府长史。政尚严肃，人吏惮之，盗贼屏迹，高宗频降书劳勉。时有吐谷浑犯塞，以君球素有威重，转为灵州都督。寻卒官。

崔知温，许州鄢陵人。祖枢，司农卿。父义真，陕州刺史。知温初为左千牛。麟德中，累转灵州都督府司马。州界有浑、斛薛部落万余帐，数侵掠居人，百姓咸废农业，习骑射以备之。知温表请徙于河北，斛薛不愿迁移。时将军契苾何力为之言于高宗，遂寝其奏。知温前后十五上，诏竟从之，于是百姓始就耕获。后斛薛入朝，因过州谢曰："前蒙奏徙河北，实有怨心。然牧地膏腴，水草不乏，部落日富，始荷公恩。"拜伏而去。

知温四迁兰州刺史。会有党项三万余众来寇州城，城内胜兵既少，众大惧，不知所为。知温使开城门延贼，贼恐有伏，不敢进。俄而将军权善才率兵来救，大破党项之众。善才因其降，欲尽坑之，以绝后患，知温曰："弗逆克奔，古人之善战。诛无噍类，祸及后昆。又溪谷峥嵘，草木幽蔚，万一变生，悔之何及！"善才然其计。又欲分降口五百人以与知温。知温曰："向论安危之策，乃公事也，岂图私利哉！"固辞不受。党项余众由是悉来降附。

知温累迁尚书左丞，转黄门侍郎、同中书门下三品，兼修国史。永隆二年七月，迁中书令。永淳三年三月卒，年五十七，赠荆州大都督。

子泰之，开元中官至工部尚书。

少子谔之。谔之，神龙初为将作少匠，预诛张易之有功，封博陵县侯，赐实封二百户。开元初，累迁少府监。

知温兄知悌。知悌，高宗时官至户部尚书。

高智周，常州晋陵人。少好学，举进士。累补费县令，与丞、尉均分俸钱，政化大行，人吏刊石以颂之。寻拜秘书郎、弘文馆直学士，预撰《瑶山玉彩》、《文馆辞林》等。三迁兰台大夫。时孝敬在东宫，智周与司文郎中贺凯、司经大夫王真儒等，俱以儒学诏授为侍读。总章元年，请假归葬其父母，因谓所亲曰："知进而不知退，取患之道也。"乃称疾去职。

俄起授寿州刺史，政存宽惠，百姓安之。每行部，必先召学官。见诸生，试其讲诵，访以经义及时政得失，然后问及垦田狱讼之事。咸亨二年，召拜正谏大夫，兼检校礼部侍郎。寻迁黄门侍郎、同中书门下三品，兼修国史。俄转御史大夫，累表固辞烦剧之任，高宗嘉其意，拜右散骑常侍。又请致仕，许之。永淳二年十月，卒于家，年八十二，赠越州都督府。

智周少与乡人蒋子慎善，同诣善相者，曰："明公位极人臣，而胤嗣微弱；蒋侯官禄至薄，而子孙转盛。"子慎后累年为建安尉卒，其子绘来谒智周。智周已贵矣，曰：

"吾与子父有故,子复有才。"因以女妻之。永淳中,为缑氏尉、郑州司兵卒。

绘子捷,举进士。开元中,历台省,仕至湖、延二州刺史。子贵,赠扬州大都督。

捷子洌、涣,并进士及第。洌,历礼、吏、户部三侍郎,尚书左丞;涣,天宝末给事中,永泰初右散骑常侍。高氏殄灭已久,果符相者之言。初,洌兄弟在父艰,庐于墓侧,植松柏千余株,又同时荣贵,人推其友爱。

洌子錬,涣子铢,亦进士举。

田仁会,雍州长安人。祖轨,隋幽州刺史、信都郡公。父弘,陵州刺史,袭信都郡公。仁会,武德初应制举,授左卫兵曹,累迁左武候中郎将。贞观十八年,太宗征辽发后,薛延陀数万骑抄河南,太宗令仁会及执失思力率兵击破之,逐北数百里,延陀脱身走免。太宗嘉其功,降玺书慰劳。

永徽二年,授平州刺史,劝学务农,称为善政。转郢州刺史,属时旱,仁会自曝祈祷,竟获甘泽。其年大熟,百姓歌曰:"父母育我田使君,精诚为人上天闻。田中致雨山出云,仓廪既实礼义申。但愿常在不患贫。"五迁胜州都督。州界有山贼阻险,劫夺行李,仁会发骑尽捕杀之。自是外户不闭,盗贼绝迹。入为太府少卿。

麟德二年,转右金吾将军,所得禄俸,估外有余,辄以纳官,时人颇讥其邀名。仁会强力疾恶,昼夜巡警,自宫城至于衢路,丝毫越法,无不立发。每日庭引百余人,躬自阅罚,略无宽者。京城贵贱,咸畏惮之。

时有女巫蔡氏,以鬼道惑众,自云能令死者复生,市里以为神明,仁会验其假妄,奏请徙边。高宗曰:"若死者不活,便是妖妄;若死者得生,更是罪过。"竟依仁会所奏。

仁会,总章二年迁太常正卿,咸亨初又转右卫将军,以年老致仕。仪凤四年卒,年七十八,谥曰威。神龙中,以子归道赠户部尚书。

归道,弱冠明经举。长寿中累补司宾丞,仍通事舍人内供奉。久之,转左卫郎将。

圣历初,突厥默啜遣使请和,制遣左豹韬卫将军阎知微入蕃,册为立功报国可汗。默啜又遣使入朝谢恩,知微遇诸途,便与之绯袍、银带,兼表请蕃使入都日,大备陈设。归道上言曰:"突厥背恩积稔,悔过来朝,宜待圣恩,宽其罪庾,解辩削衽,须禀天慈。知微擅与袍带,国家更将何物充赐?望反初服,以俟朝恩。且小蕃使到,不劳大备之仪。"则天然之。

及默啜将至单于都护府,乃令归道摄司宾卿迎劳之。默啜又奏请六胡州及单于都护府之地,则天不许。默啜深怨,遂拘絷归道,将害之。归道辞色不挠,更责以无厌求请,兼喻其祸福,默啜意稍解。会有制赐默啜粟三万石、杂彩五万段、农器三千事,并许之结婚。于是归道得还,遂面陈默啜不利之状,请加防御,则天纳焉。顷之,默啜果叛,挟阎知微入寇赵、定等州。擢拜归道夏官侍郎,甚见亲委。累迁左金吾将军、司膳卿,兼押千骑。未几,除尚方监,加银青光禄大夫。转殿中监,仍令依旧押千骑,宿卫于玄武门。

敬晖等讨张易之、昌宗也,遣使就索千骑。归道既先不预谋,拒而不与。及事定,晖等将诛之,归道执辞免,令归私第。中宗嘉其忠壮,召拜太仆少卿,骤除殿中少监、右金吾将军。岁余病卒,赠辅国大将军,追封原国公,中宗亲为文以祭之。

子宾庭,开元中为光禄卿。

韦机,雍州万年人。祖元礼,隋浙州刺史。父恪,洛州别驾。机,贞观中为左千牛胄曹,充使往西突厥,册立同俄设为可汗。会石国反叛,路绝,三年不得归。机裂裳录所经诸国风俗物产,名为《西征记》。及还,太宗问蕃中事,机因奏所撰书。太宗大悦,擢拜朝散大夫,累迁至殿中监。

显庆中为檀州刺史。边州素无学校,机敦劝生徒,创立孔子庙,图七十二子及自古贤达,皆为之赞述。会契苾何力东讨高丽,军众至檀州,而滦河泛涨,师不能进,供其资粮,数日不乏。何力全师还,以其事闻。高宗以为能,超拜司农少卿,兼知东都营田,甚见委遇。有宦者于苑中犯法,机杖而后奏。高宗嗟赏,赐绢数十匹,谓曰:"更有犯者,卿即鞭之,不烦奏也。"

上元中,迁司农卿,检校园苑。造上阳宫,并移中桥从立德坊曲徙于长夏门街,时人称其省功便事。有道士朱钦遂为天后所使,驰传至都,所为横恣。机囚之,因密奏曰:"道士假称中宫驱使,依倚形势,臣恐亏损皇明,为祸患之渐。"高宗特发中使慰谕机,而钦遂配流边州,天后由是不悦。

仪凤中,机坐家人犯盗,为宪司所劾,免官。永淳中,高宗幸东都,至芳桂宫驿,召机,令白衣检校园苑。将复本官,为天后所挤而止,俄令检校司农少卿事,会卒。

子余庆。余庆官至右骁卫兵曹,早卒。余庆子岳。

岳亦以吏干著名,则天时,累转汝州司马。会则天幸长安,召尚舍奉御,从驾还京,因召见。则天谓曰:"卿是韦机之孙,勤干固有家风也。卿之家事,朕悉知之。"因问家人名,赏慰良久。寻拜太原尹,岳素不习武,固辞边任。由是忤旨,左迁宋州长史,历海、虢二州刺史,所在皆著威名。睿宗时,入为殿中少监,甚承恩顾。及窦怀贞、李晋等诛,以岳尝与交往,为姜皎所陷,左迁渠州别驾,稍迁陕州刺史。开元中,卒于颍州别驾。岳子景骏。

景骏明经举,神龙中,累转肥乡令。县北界漳水,连年泛溢。旧堤迫近水漕,虽修筑不息,而漂流相继。景骏审其地势,拓南数里,因高筑堤。暴水至,堤南以无患,水去而堤北称为腴田。漳水旧有架柱长桥,每年修葺,景骏又改造为浮桥。自是无复水患,至今赖焉。时河北饥,景骏躬抚合境,村闾必通赠恤,贫弱独免流离。及去任,人吏立碑颂德。

开元中,为贵乡令。县人有母子相讼者,景骏谓之曰:"吾少孤,每见人养亲,自恨终天无分,汝幸在温清之地,何得如此?锡类不行,令之罪也。"因垂泣呜咽,仍取

《孝经》付令习读之。于是母子感悟，各请改悔，遂称慈孝。

累转赵州长史，路由肥乡，人吏惊喜，竞来犒饯，留连经日。有童稚数人，年甫十余岁，亦在其中，景骏谓曰："计吾为此令时，汝辈未生，既无旧恩，何殷勤之甚也？"咸对曰："此间长宿传说，县中廨宇、学堂、馆舍、堤桥，并是明公遗迹。将谓古人，不意亲得瞻睹，不觉欣恋倍于常也。"其为人所思如此。

十七年，迁房州刺史。州带山谷，俗参蛮夷，好淫祀而不修学校。景骏始开贡举，悉除淫祀。又通狭路，并造传馆，行旅甚以为便。二十年，转奉先令，未行而卒。

权怀恩，雍州万年人，周荆州刺史、千金郡公景宣玄孙也。其先自天水徙家焉。祖弘寿，大业末为临汾郡司仓书佐。高祖镇晋阳，引判留守事。以从义师之功，累转秦王府长史，太宗遇之甚厚。又从平王世充，拜太仆卿。累封卢国公卒，谥曰恭。父知让，袭爵，官至博州刺史。

怀恩初以荫授太子洗马。咸亨初，累转尚乘奉御，袭爵卢国公。时有奉乘安毕罗善于调马，甚为高宗所宠。怀恩奏事，遇毕罗在帝左右戏无礼，怀恩退而杖之四十。高宗知而嗟赏之，谓侍臣曰："怀恩乃能不避强御，真良吏也。"即日拜万年令。为政清肃，令行禁止，前后京县令无及之者。后历庆、莱、卫、邢四州刺史，洛州长史。

怀恩姿状雄毅，束带之后，妻子不敢仰视。所历皆以威名御下，人吏重足而立。俄出为宋州刺史。时汴州刺史杨德干亦以严肃与怀恩齐名。至是怀恩路由汴州，德干送之出郊，怀恩见新桥中途立木以禁车过者，谓德干曰："一言处分岂不得，何用此为？"德干大惭，时议以为不如怀恩也。转益州大都督府长史，寻卒。

侄楚璧，官至左领军卫兵曹参军。开元十年，驾在东都，楚璧乃与故兵部尚书李迥秀男齐损、从祖弟金吾淑、陈仓尉卢玢及京城左屯营押官长上折冲周履济、杨楚剑、元令琪等举兵反。立楚璧兄子梁山，年十五，诈称襄王男，号为光帝。拥左屯营兵百余人，梯上景风门，逾城而入，踞长乐恭礼门。入宫城，求留守、刑部尚书王志愔，不获。属天晓，屯营兵自相翻覆，尽杀梁山等。传首东都，楚璧并坐籍没。

怀恩叔祖万纪。万纪性强正，好直言。贞观中，为治书侍御史，以公事奏劾魏徵、温彦博等，太宗以为不避豪贵，甚礼之。迁尚书左丞，封冀氏男，再转齐王祐府长史。祐既失德，数匡正之，竟为祐所杀，语在《祐传》。祐既死，赠万纪齐州都督、武都公，谥曰敬。

子玄福，高宗时为兵部侍郎。

冯元常，相州安阳人，自长乐徙家焉，北齐右仆射子琮曾孙也。举明经。高宗时，累迁监察御史，为剑南道巡察使，兴利除害，蜀土赖焉。永淳中，为尚书左丞。元常清鉴有理识，甚为高宗之所赏。尝密奏"中宫权重，宜稍抑损"，高宗虽不能用，深以其言为然。则天闻而甚恶之。及临朝，四方承旨，多献符瑞。嵩阳令樊文进瑞石，则天命于朝堂示百官。元常奏言："状涉谄伪，不可诬罔士庶。"则天不悦，出为陇州刺史。

俄而天下岳牧集乾陵会葬，则天不欲元常赴陵所，中途改授眉州刺史。剑南先时光火贼夜掠居人，昼潜山谷。元常至，喻以恩信，许其首露，仍切加捕逐，贼徒舍器杖，面缚自陈者相继。又转广州都督，便道之任，不许诣都。

寻属安南首领李嗣仙杀都护刘延祐，剽陷州县，敕元常讨之。率士卒济南海，先驰檄示以威恩，喻以祸福。嗣仙徒党多相率归降，因纵兵诛其魁首，安慰居人而旋。虽屡有政绩，则天竟不赏。寻为酷吏周兴所陷，追赴都，下狱死。

元常闺门雍肃，雅有礼度，虽小功之丧，未尝寝于私室，甚为士类所称。

从父弟元淑，则天时为清漳令，政有殊绩，百姓号为神明。又历浚仪、始平二县令，皆单骑赴职，未尝以妻子之官。所乘马，午后则不与刍，云令其作斋。身及奴仆，每日一食而已。俸禄之余，皆供公用，并给与贫士。人或讥其邀名，元淑曰："此吾本性，不为苦也。"中宗时，降玺书劳勉，仍令史官编其事迹。卒于祠部郎中。

蒋俨，常州义兴人。贞观中，为右屯卫兵曹参军。太宗将征辽东，募使高丽者，众皆畏惮。俨谓人曰："主上雄略，华夷畏威，高丽小蕃，岂敢图其使者。纵其凌虐，亦是吾死所也。"遂出请行。及至高丽，莫离支置于窟室中，胁以兵刃，终不屈挠。会高丽败，得归。太宗奇之，拜朝散大夫。再迁幽州司马。以善政为巡察使刘祥道所荐，擢为会州刺史。再迁殿中少监，数陈意见，高宗每优纳之。再转蒲州刺史。蒲州户口殷剧，前后刺史，多不称职。俨下车未几，令行禁止，称为良牧。

永淳元年，拜太仆卿；以父名卿，固辞，乃除太子右卫副率。时征隐士田游岩为太子洗马，在宫竟无匡辅。俨乃贻书以责之曰："足下负巢、由之峻节，傲唐、虞之圣主。养烟霞之逸气，守林壑之遁情，有年载矣！故能声出区宇，名流海内。主上屈万乘之重，申三顾之荣，遇子以商山之客，待子以不臣之礼。将以辅导储贰，渐染芝兰耳。皇太子春秋鼎盛，圣道未周，拾遗补阙，臣子恒务。仆以不才，犹参廷谍，诚以素非德望，位班卒伍，言以人废，不蒙采掇。足下受调护之寄，是可言之秋；唯唯而无一谈，悠悠以卒年岁。向使不餐周粟，仆何敢言！禄及亲矣，将何酬塞？想为不达，谨书起予。"游岩竟不能答。

俨寻检校太常卿。文明中，封义兴县子，历右卫大将军、太子詹事，以年老致仕。垂拱三年卒于家，年七十八。文集五卷。

王方翼，并州祁人也，高宗王庶人从祖兄也。祖裕，武德初隋州刺史。裕妻即高祖妹同安大长公主也。太宗时，以公主属尊年老，特加敬异，数幸其第，赏赐累万。方翼父仁表，贞观中为岐州刺史。仁表卒，妻李氏为主所斥，居于凤泉别业。时方翼尚幼，乃与佣保齐力勤作，苦心计。功不虚弃，数年辟田数十顷，修饰馆宇，列植竹木，遂为富室。公主卒后，归长安。友人赵持满犯罪被诛，暴尸于城西，亲戚莫敢收视。方翼叹曰："栾布之哭彭越，大义也；周文之掩朽骼，至仁也。绝友之义，蔽主之仁，何以事君？"乃收其尸，具礼葬之。高宗闻而嘉叹，由是知名。

永徽中累授安定令。诛大姓皇甫氏，盗贼止息，号为善政。五迁肃州刺史。时州城荒毁，又无壕堑，数为寇贼所乘。方翼发卒浚筑，引多乐水环城为壕。又出私财造水碾硙，税其利以养饥馁，宅侧起舍十余行以居之。属蝗俭，诸州贫人死于道路，而肃州全活者甚众，州人为立碑颂美。

会吏部侍郎裴行俭西讨遮匐，奏方翼为副，兼检校安西都护。又筑碎叶镇城，立四面十二门，皆屈曲作隐伏出没之状，五旬而毕。西域诸胡竞来观之，因献方物。

永隆中，车簿反叛，围弓月城。方翼引兵救之，至伊丽河。贼前来拒，因纵击。大破之，斩首千余级。俄而三姓咽面悉发众十万，与车簿合势以拒。方翼屯兵热海，与贼连战，流矢贯臂，徐以佩刀截之，左右莫有觉者。既而所将蕃兵怀贰，谋执方翼以应贼。方翼密知之，悉召会议，伴出军资以赐之。续续引去，便令斩之。会大风，又振金鼓以乱其声，遂诛七千余人。因遣裨将分道夜袭咽面等。贼既无备，因是大溃，擒首领突骑施等三百人，西域遂定。以功迁夏州都督。属牛疫，无以营农，方翼造人耕之法，施关键，使人推之，百姓赖焉。

永淳二年，诏征方翼，将议西域之事，于奉天宫谒见，赐食与语。方翼衣有旧时血渍之处，高宗问其故，方翼具对热海苦战之状。高宗使袒，视其疮，叹曰："吾亲也。"赏赐甚厚。俄属绥州白铁余举兵反，乃诏方翼副程务挺讨之。贼平，封太原郡公。

则天临朝，以方翼是庶人近属，阴欲除之。及程务挺被诛，以方翼与务挺连职素善，追赴都下狱，遂流于崖州而死。

子瑶、珣、瑶，并知名。瑶、瑶，开元中皆为中书舍人；珣，至秘书监。

薛季昶，绛州龙门人也。则天初，上封事，解褐拜监察御史。频按制狱称旨，累迁御史中丞。万岁通天元年，夏官郎中侯味虚统兵讨契丹不利，奏言"贼徒炽盛，常有蛇虎导其军"。则天命季昶按验其状，便为河北道按察使。季昶先驰至军，斩味虚以闻。又有藁城尉吴泽者，贪虐纵横，尝射杀驿使，截百姓子女发以为髢，州将不能制，甚为人吏所患。季昶又杖杀之。由是威震远近，州县望风慑惧。然后布以恩信，旌扬善吏。有汴州孝女李氏，年八岁，父卒，柩殡在堂十余载，每日哭临无限。及年长，母欲嫁之。遂截发自誓，请在家终养。及丧母，号毁殆至灭性，家无丈夫，自营棺椁，州里钦其至孝，送葬者千余人。葬毕，庐于墓侧，蓬头跣足，负土成坟，手植松柏数百株。季昶列上其状，有制特表门闾，赐以粟帛。

久视元年，季昶自定州刺史入为雍州长史，威名甚著，前后京尹，无及之者。俄迁文昌左丞，历魏、陕二州刺史。长安末，为洛州长史，所在皆以严肃为政。

神龙初，以预诛张易之兄弟功，加银青光禄大夫，拜户部侍郎。时季昶劝敬晖等因兵势杀武三思。晖等不从，竟以此败，语在《晖传》。季昶亦因是累贬，自桂州都督授儋州司马。初，季昶与昭州首领周庆立及广州司马光楚客不协。及将之儋州，惧庆立见杀，将往广州，又恶楚客，乃叹曰："薛季昶行事至是耶！"因自制棺，仰药而死。

睿宗即位，下制曰："故儋州司马薛季昶，刚干义烈。早承先顾，驱策中外，绩誉昭宣；有庄、汤之推举，同汲黯之强直。属丑正操衡，除其异己，横加窜责，卒至殂亡。言念忠冤，有怀嘉悼。可赠左御史大夫，仍同敬晖等例，与一子官。"

卷一百八十五下
列传第一百三十五

良 吏 下

裴怀古　张知謇　兄知玄　知晦　弟知泰　知默　杨元琰　倪若水　李浚　阳峤　宋庆礼　姜师度　强循　和逢尧　潘好礼　杨茂谦　杨玚　崔隐甫　李尚隐　吕谭　萧定　蒋沇　薛珏　李惠登　任迪简　范传正　袁滋　薛苹　阎济美

裴怀古，寿州寿春人也。仪凤中，诣阙上书，授下邽主簿。长寿中，累转监察御史。时姚、巂蛮首反叛，诏怀古往招辑之。怀古申明赏罚，贼徒归附者日以千数，乃俘其魁首，处其居人而还。蛮夷荷恩，立碑颂德。时恒州鹿泉寺僧净满为弟子所谋，密画女人居高楼，仍作净满引弓而射之，藏于经笥。已而诣阙上言僧咒诅，大逆不道。则天命怀古按问诛之。怀古究其辞状，释净满以闻。则天大怒。怀古奏曰："陛下法无亲疏，当与天下画一。岂使臣诛无辜之人，以希圣旨？向使净满有不臣之状，臣复何颜能宽之乎？臣今慎守平典，虽死无恨也。"则天意乃解。

圣历中，阎知微充使往突厥，怀古监其军。至虏庭，默啜立知微为南面可汗。将授怀古伪职，怀古不从，将杀之。怀古抗辞曰："宁守忠以就死，不毁节以求生，请就斩，所不避也！"乃禁锢随军，因挺身奔窜以归，拜祠部员外郎。

时姚、巂蛮首相率诣阙颂怀古绥抚之状，请为牧守以抚之。遂授姚州都督。以疾不行，转司封郎中。时始安贼欧阳倩拥徒数万，剽陷州县，授怀古桂州都督，仍充招慰讨击使。才及岭，飞书招诱，示以祸福，贼徒迎降，自陈为吏人侵逼，乃举兵耳。怀古知其诚恳，乃轻骑以赴之。左右曰："夷獠难亲，未可信也。"怀古曰："吾仗忠信，可通于神明，况于人乎！"因造其营以慰谕之。群贼喜悦，归其所掠财货，纳于公府。诸洞酋长素持两端者，尽来款附，岭外悉定。

复历相州刺史、并州大都督府长史，所在为人吏所慕。神龙中，迁左羽林大将军，行未达都，复授并州长史。吏人闻怀古还，老幼相携，郊野欢迎。时崔宣道代怀古为并州，下车而罢，出郊以候怀古。怀古恐伤宣道之意，命官吏驱逐出迎之人，而百姓奔赴愈众，其为人所思如此。俄转幽州都督，征为左威卫大将军。寻卒。

张知謇，蒲州河东人也，徙家于岐。少与兄知玄、知晦，弟知泰、知默五人，励志读书，皆以明经擢第。仪质瑰伟，眉目疏朗，晓于玄理，清介自守，故当时名公争引荐之，递历畿赤。知謇、知泰、知默，调露后又历台省。

知謇，天授后历房、和、舒、延、德、定、稷、晋、洺、宣、贝十一州刺史，所莅有威严，人不敢犯。通天中，知泰为洛州司马，知默为秋官郎中。知謇自德州入计，则天重其才干，又目其状貌过人，命画工写之，以赐其本。曰："人或有才，未必有貌，卿家昆弟，可谓两绝。"时人称之。寻以知泰为夏官、地官侍郎，益州长史，中台右丞。

初，知謇为房州时，中宗以庐陵王安置房州，制约甚急。知謇与董玄质、崔敬嗣相次为刺史，皆保护，供拟丰赡，中宗德之。及神龙元年，中宗践极，自贝州追知謇为左卫将军，加云麾将军，封范阳郡公。知泰自兵部侍郎授右御史大夫，加银青光禄大夫，进封渔阳郡公。须发华皓，同贵于朝，时望甚美之。

知泰以忤武三思，出为并州刺史，天平军使，仍带本官。寻又为魏州刺史。景龙二年卒，优诏褒赠，谥曰定。时知謇为洛州长史、东都副留守。又历左、右羽林大将军，同、华州刺史，大理卿致仕。开元中卒，年八十。

知謇敏于从政，性亮直，不喜有请托求进、无才而冒位者。故子侄经义不精，不许论举。知默尝与来俊臣、周兴等同掌诏狱，陷于酷吏，子孙禁锢。知泰，开元中累赠刑部尚书、特进。

知玄子景升，知泰子景佚，开元中皆至大官，门列棨戟。

杨元琰，虢州阌乡人，隋礼部尚书希曾孙也。初生时，数岁不能言，相者曰："语迟者神定，此必成大器也。"及长，伟姿仪，以器局见称。初为平棘令，号为善政。载初中，累迁安南副都护，又历蕲、蒲、晋、魏、宣、许六州刺史，凉、梁二都督，荆府长史。前后九度清白升进，累降玺书褒美。

长安中，张柬之代元琰为荆州长史，与元琰泛江中流，言及则天革命，议诸武擅权之状，元琰发言慷慨，有匡复之意。及柬之知政事，奏引元琰为右羽林将军。至都，柬之谓曰："记昔江中之言乎？今日之授，意不细也。"乃结元琰与李多祚等，定计诛张易之兄弟。及事成，加云麾将军，封弘农郡公，食实封五百户，仍赐铁券，恕十死。

俄而张柬之、敬晖等为武三思所构，元琰觉变，奏请削发出家，仍辞官爵实封。中宗不许。敬晖闻而笑曰："向不知奏请出家，合赞成其事，剃却胡头，岂不妙也。"元琰多须类胡，晖以此言戏之。元琰曰："功成名遂，不退将危。此由衷之请，不徒然也。"晖知其意，瞿然不悦。

及晖等得罪，元琰竟以先觉获全。寻加金紫光禄大夫，转卫尉卿。明年，李多祚等被诛，元琰以曾与多祚同立功，亦被系狱问状。赖中书侍郎萧至忠保明之，竟得免罪，又转光禄卿。景云中，抗疏请削在身官爵，回赠父官。中宗许之，乃追赠其父越州长史。睿宗即位，三迁刑部尚书，改封魏国公。开元初，拜太子宾客致仕。六年，卒于家，年七十九。

子仲嗣，密州刺史；仲昌，吏部郎中。

倪若水，恒州藁城人也。开元初，历迁中书舍人、尚书右丞，出为汴州刺史。政尚清静，人吏安之。又增修孔子庙堂及州县学舍，劝励生徒，儒教甚盛，河、汴间称咏不已。

四年，玄宗令宦官往江南采鵁鶄等诸鸟，路由汴州。若水知之，上表谏曰："方今九夏时忙，三农作苦，田夫拥耒，蚕妇持桑。而以此时采捕奇禽异鸟，供园池之玩，远自江、岭，达于京师，水备舟船，陆倦担负，饭之以鱼肉，间之以稻粱。道路观者，岂不以陛下贱人贵鸟也！陛下方当以凤皇为凡鸟，麒麟为凡兽，即鵁鶄、鸂鶒，曷足贵也？陛下昔潜龙藩邸，备历艰虞。今氛祲廓清，高居九五，玉帛子女，充于后庭，职贡珍奇，盈于内府，过此之外，复何求哉？臣承国厚恩，超居重任。草芥贱命，常欲杀身以效忠；葵藿微心，常愿剺肝以报主。瞻望庭阙，敢布腹心，直言忤旨，甘从鼎镬。"手诏答曰："朕先使人取少杂鸟，其使不识朕意，采鸟稍多。卿具奏其事，辞诚忠恳，深称朕意。卿达识周材，义方敬直，故辍纲辖之重，委以方面之权。果能闲邪存诚，守节弥固，骨鲠忠烈，遇事无隐。言念忠谠，深用嘉慰。使人朕已量事决罚，禽鸟并令放讫。今赐卿物四十段，用答至言。"

寻入拜户部侍郎。七年，复授尚书右丞，卒。

李浚，陇西人，祖世武。睿宗即位，加银青光禄大夫。上在东宫，选为太子中允。又出为麟州刺史，政有能名。开元初，置诸道按察使，盛选能吏，授浚润州刺史、江东按察使，累封其源县子。州人孙处玄以学行著名，浚特加礼异，累表荐之，仍令子麟与之结交。处玄竟称疾不起。浚寻拜虢、潞二州刺史，又拜益州长史、剑南节度使，摄御史大夫。所历皆以诚信待物，称为良吏。及去职，咸有遗爱。八年卒官，赠户部尚书，谥曰成。子麟，自有传。

阳峤，河南洛阳人，其先自北平徙焉，北齐右仆射休之玄孙也。仪凤中应八科举，授将陵尉，累迁詹事司直。长安中，桓彦范为左御史中丞，袁恕己为右御史中丞，争荐峤，请引为御史。内史杨再思素与峤善，知峤不乐搏击之任，谓彦范等曰："闻其不情愿，如何？"彦范曰："为官择人，岂待情愿。唯不情愿者，尤须与之，所以长难进之风，抑躁求之路。"再思然其言，擢为右台侍御史。景龙末，累转国子司业。峤恭谨好学，有儒者之风。又勤于政理，循循善诱。及在学司，时人以为称职。奏修先圣庙及讲堂，因建碑前庭，以纪崇儒之事。

睿宗即位，拜尚书右丞。时分建都督府以统外台，精择良吏，以峤为泾州都督府，寻停不行。又历魏州刺史，充兖州都督、荆州长史，为本道按察使，所在以清白闻。魏州人诣阙割耳，请峤重临其郡，又除魏州刺史。入为国子祭酒，累封北平伯，荐尹知章、范行恭、赵玄默等为学官，皆称名儒。时学徒渐弛，峤课率经业，稍行鞭笞，学生怨之，颇有喧谤，乃相率乘夜于街中殴之。上闻而令所由杖杀无理者，由是始息。

峤素友悌，抚孤侄如己子。常谓人曰："吾虽位登方伯，而心不异于曩时一尉耳。"识者甚称叹之。寻以年老致仕，卒于家，谥曰敬。

宋庆礼，洺州永年人。举明经，授卫县尉。则天时，侍御史桓彦范受诏于河北断塞居庸、岳岭、五回等路，以备突厥，特召庆礼以谋其事。庆礼雅有方略，彦范甚礼之。寻迁大理评事，仍充岭南采访使。时崖、振等五州首领，更相侵掠，荒俗不安，承前使人，惧其炎瘴，莫有到者。庆礼躬至其境，询问风俗，示以祸福。于是安堵，遂罢镇兵五千人。开元中，累迁贝州刺史，仍为河北支度营田使。

初，营州都督府置在柳城，控带奚、契丹。则天时，都督赵文翙政理乖方，两蕃反叛，攻陷州城，其后移于幽州东二百里渔阳城安置。开元五年，奚、契丹各款塞归附，玄宗欲复营州于旧城。侍中宋璟固争以为不可，独庆礼甚陈其利。乃诏庆礼及太子詹事姜师度、左骁卫将军邵宏等充使，更于柳城筑营州城，兴役三旬而毕。俄拜庆礼御史中丞，兼检校营州都督。开屯田八十余所，追拔幽州及渔阳、淄青等户，并招辑商胡，为立店肆。数年间，营州仓廪颇实，居人渐殷。

庆礼为政清严，而勤于听理，所历之处，人吏不敢犯。然好兴功役，多所改更。尝于边险置阱立枪，以邀贼路，议者颇嗤其不切事也。七年卒，赠工部尚书。太常博士张星议曰："宋庆礼大刚则折，至察无徒，有事东北，所亡万计，所谓害于而家，凶于而国。案谥法，好巧自是曰'专'，请谥曰'专'。"礼部员外郎张九龄驳曰：

庆礼在人苦节，为国劳臣，一行边陲，三十年所。户庭可乐，彼独安于传递；稼穑为艰，又能实于军廪。莫不服劳辱之事而匪懈其心，守贞坚之规而自尽其力，有一于此，人之所难。况营州者，镇抚戎夷，扼喉断臂，逆则制其死命，顺则为其主人，是称乐都，其来尚矣。往缘赵翙作牧，驭之非才，自经隳废，便长寇孽。故二十年间，有事东鄙，僵尸暴骨，败将覆军，盖不可胜纪。

大明临下，上谋独断，恢祖宗之旧，复大禹之迹。以数千之役徒，无甲兵之强卫，指期遂往，禀命而行。于是量畚筑，执蓍鼓，亲总其役，不愆所虑。俾柳城为金汤之险，林胡生腹心之疾，盖为此也。寻而罢海运，收岁储，边亭晏然，河朔无扰。与夫兴师之费，转输之劳，较其优劣，孰为利害？而云"所亡万计"，一何谬哉！及契丹背诞之日，惧我掎角之势，虽鼠穴自固，而驹牧无侵。盖张皇彼我繄赖之力也！安有践其迹以制其实，贬其谥以徇其虚，采虑始之谤声，忘经远之权利，义非得所，孰谓其可？请以所议，更下太常，庶素行之迹可寻，易名之典不坠者也。

星复执前议，庆礼兄子辞玉又诣阙称冤，乃谥曰敬。

姜师度，魏人也。明经举。神龙初，累迁易州刺史、兼御史中丞，为河北道监察兼支度营田使。师度勤于为政，又有巧思，颇知沟洫之利。始于蓟门之北，涨水为沟，以备奚、契丹之寇。又约魏武旧渠，傍海穿漕，号为平虏渠，以避海艰，粮运者至今利焉。寻加银青光禄大夫，累迁大理卿。景云二年，转司农卿。

开元初，迁陕州刺史。州西太原仓控两京水陆二运，常自仓车载米至河际，然后登舟。师度遂凿地道，自上注之，便至水次，所省万计。六年，以蒲州为河中府，拜师度为河中尹，令其缮缉府寺。

先是，安邑盐池渐涸，师度发卒开拓，疏决水道，置为盐屯，公私大收其利。再迁同州刺史，又于朝邑、河西二县界，就古通灵陂，择地引雒水及堰黄河灌之，以种稻田，凡二千余顷，内置屯十余所，收获万计。特加金紫光禄大夫，寻迁将作大匠。

明年，左拾遗刘彤上言："请置盐铁之官，收利以供国用，则免重赋贫人，使穷困者获济。"疏奏，令宰相议其可否，咸以为盐铁之利，甚裨国用。遂令师度与户部侍郎强循并摄御史中丞，与诸道按察使计会，以收海内盐铁。其后颇多沮议者，事竟不行。

师度以十一年病卒，年七十余。师度既好沟洫，所在必发众穿凿，虽时有不利，而成功亦多。先是，太史令傅孝忠善占星纬，时人为之语曰："傅孝忠两眼看天，姜师度一心穿地。"传之以为口实。

强循者，凤州人。亦以吏干知名，官至大理卿。

又有和逢尧者，岐州岐山人。性诡谲，有辞辩。睿宗时，突厥默啜请尚公主，许之。逢尧以御史中丞摄鸿胪卿充使报命。既至房庭，默啜遣其大臣谓逢尧曰："敕书送金镂鞍，检乃银胎金涂，岂是天子意，为是使人换却。如此虚假，公主必应非实。请还信物，罢和亲之事。"遂策马而去。逢尧大呼，命左右引马回，谓曰："汉法重女婿，令送鞍者，只取平安长久之义，何必以金银为升降耶？若尔，乃是可汗贪金而轻银，岂是重人而贵信？"默啜闻之，曰："承前汉使，不敢如此，不可轻也。"遂设宴备礼。逢尧又说默啜令裹头著紫衫，南面再拜，遣子随逢尧入朝。

逢尧以奉使功，骤迁户部侍郎。寻以附会太平公主，左迁朗州司马。开元中，累转柘州刺史，卒于官。

潘好礼，贝州宗城人。少与乡人孟温礼、杨茂谦为莫逆之友。好礼举明经，累授上蔡令，理有异绩，擢为监察御史。开元三年，累转邠王府长史。俄而邠王出为滑州刺史，以好礼兼邠王府司马，知滑州事。王欲有所游观，好礼辄谏止之。后王将鹰犬与家人出猎，好礼闻而遮道请还。王初不从，好礼遂卧于马前，呼曰："今正是农月，王何得非时将此恶少狗马践暴禾稼，纵乐以损于人！请先蹋杀司马，然后听王所为也！"王惭惧，谢之而还。

好礼寻迁豫州刺史，为政孜孜，而繁于细事，人吏虽惮其清严，亦厌其苛察。其子请归乡预明经举，好礼谓曰："国法须平，汝若经业未精，则不可妄求也。"乃自试其子。经义未通，好礼大怒，集州僚答而枷之，立于州门以徇于众。俄坐事左迁温州别驾卒。好礼常自以直道，不附于人。又未尝叙累阶勋，服用粗陋，形骸土木，议者亦嫌其邀名。

杨茂谦者，清河人。窦怀贞初为清河令，甚重之。起家应制举，拜左拾遗，出为临洺令。时洺州称茂谦与清漳令冯元淑、肥乡令韦景骏，皆有政理之声。茂谦以清白闻，擢为秘书郎。时窦怀贞为相，数称荐之，由是历迁大理正、御史中丞。开元初，出为魏州刺史、河北道按察使，与司马张怀玉本同乡曲，初善而末隙，遂相纠讦，坐贬桂州都督。寻转广州都督，以疾卒。

杨玚，华阴人。高祖缙，陈中书舍人，以辞学知名。陈亡，始自江左徙关中。祖琼，绛州刺史。玚初为麟游令，时御史大夫窦怀贞检校造金仙、玉真二观，移牒近县，征百姓所隐逆人资财，以充观用。玚拒不受，怀贞怒曰："焉有县令卑微，敢拒大夫之命乎？"玚曰："所论为人冤抑，不知计位高卑。"怀贞壮其对。又中宗时，韦庶人上表请以年二十二为丁限。及韦氏败，省司举征租调。玚执曰："韦庶人临朝当国，制书非一，或进阶卿士，或赦宥罪人，何独于已役中男，重征丁课，恐非保人之术。"省司遂依玚所执，一切免之。玚由是知名，擢拜殿中侍御史。

开元初，迁侍御史。时崔日知为京兆尹，贪暴犯法。玚与御史大夫李杰将纠劾之。杰反为日知所构，玚廷奏曰："纠弹之司，若遭恐胁，以成奸人之谋，御史台固可废矣。"上以其言切直，遽令杰依旧视事，贬日知为歙县丞。玚历迁御史中丞、户部侍郎。上曾于延英殿召中书门下与诸司尚书及玚议户口之事，玚因奏人间损益，甚见嗟赏。时御史中丞宇文融奏括户口，议者或以为不便，敕百僚省中集议。时融方在权要，公卿已下，多雷同融议，玚独与尽理争之。寻出为华州刺史。

十六年，迁国子祭酒，表荐："沧州人王迥质、瀛州人尹子路、汴州人白履忠，皆经学优长，德行纯茂，堪为后生师范，请追授学官，令其教授，以奖儒学之路。"及追至，迥质起家拜谏议大夫，仍为皇太子侍读；履忠以年老，不任职事，拜朝散大夫，放归家；子路直弘文馆教授。玚又奏曰："窃见今之举明经者，主司不详其述作之意，曲求其文句之难，每至帖试，必取年头月尾，孤经绝句。且今之明经，习《左传》者十无二三。若此久行，臣恐左氏之学，废无日矣。臣望请自今已后，考试者尽帖平文，以存大典。又《仪礼》及《公羊》、《穀梁》，殆将废绝，若无甄异，恐无代便弃。望请能通《周》、《仪礼》、《公羊》、《穀梁》者，亦量加优奖。"于是下制："明经习左氏及通《周礼》等四经者，出身免任散官。"遂著于式。由是生徒为玚立颂于学门之外。再迁大理卿，以老疾辞职。二十三年，拜左散骑常侍。寻卒。赠户部尚书，谥曰贞。

玚常叹《仪礼》废绝，虽士大夫不能行之。其家子女婚冠及有吉凶之会，皆按据旧文，更为仪注，使长幼遵行焉。

崔隐甫，贝州武城人，散骑侍郎儦之曾孙也。祖济，太子洗马。父元彦，太平令。隐甫，开元初再迁洛阳令，理有威名。九年，自华州刺史转太原尹，人吏刊石颂其美政。十二年，入为河南尹。十四年，代李行谌为御史大夫。时中书令张说当朝用事，隐甫与御史中丞宇文融、李林甫劾其犯状，说遂罢知政事。

隐甫在职强正，无所回避。自贞观年李乾祐为御史大夫，别置台狱，有所鞫讯，便辄系之。由是自中丞、侍御史已下，各自禁人，牢扉常满。隐甫引故事，奏以为不便，遂掘去之。又宪司故事，大夫已下至监察御史，竟为官政，略无承禀。隐甫一切督责，事无大小，悉令谘决；稍有忤意者，便列上其罪，前后贬黜者殆半，群僚侧目。是冬，敕隐甫校外官考。旧例皆委细参问，经春未定。隐甫召天下朝集使，一时集省中，一日校考便毕，时人伏其敏断。帝尝谓曰："卿为御史大夫，海内咸云称职，甚副朕之所委也。"

隐甫既与张说有隙，俄又递为朋党，帝闻而恶之，特免官，令归侍母。岁余，复授御史大夫。迁刑部尚书，母忧去官。二十一年，起复太原尹，仍为河东采访处置使。复为刑部尚书，兼河南尹。二十四年，车驾还京，以隐甫为东都留守，为政严肃，甚为人吏之所叹服。寻卒。

李尚隐，其先赵郡人，世居潞州之铜鞮，近又徙家京兆之万年。弱冠明经累举，补下邽主簿。时姚珽为同州刺史，甚礼之。景龙中，为左台监察御史。时中书侍郎、知吏部选事崔湜及吏部侍郎郑愔同时典选，倾附势要，逆用三年员阙，士庶嗟怨。寻而相次知政事，尚隐与同列御史李怀让于殿廷劾之，湜等遂下狱推究，竟贬黜之。时又有睦州刺史冯昭泰，诬奏桐庐令李师等二百余家，称其妖逆，诏御史按覆。诸御史惮昭泰刚愎，皆称病不敢往。尚隐叹曰："岂可使良善陷枉刑而不为申明哉！"遂越次请往，竟推雪李师等，奏免之。俄而崔湜、郑愔等复用，尚隐自殿中侍御史出为伊阙令，怀让为魏县令。湜等既死，尚隐又自定州司马擢拜吏部员外郎，怀让自河阳令擢拜兵部员外郎。尚隐累迁御史中丞。时御史王旭颇用威权，为士庶所患。会为仇者所讼，尚隐按之，无所容贷，获其奸赃钜万，旭遂得罪。尚隐寻转兵部侍郎，再迁河南尹。

尚隐性率刚直，言无所隐，处事明断。其御下，豁如也。又详练故事，近年制敕，皆暗记之，所在称为良吏。

十三年夏，妖贼刘定高夜犯通洛门，尚隐坐不能觉察所部，左迁桂州都督。临行，帝使谓之曰："知卿公忠，然国法须尔。"因赐杂彩百匹以慰之。俄又迁广州都督，仍充五府经略使。及去任，有怀金以赠尚隐者，尚隐固辞之，曰："吾自性分，不可改易，非为慎四知也。"竟不受之。累转京兆尹，历蒲、华二州刺史，加银青光禄大夫，赐爵高邑伯，入为大理卿，代王铁为御史大夫。

时司农卿陈思问多引小人为其属吏，隐盗钱谷，积至累万。尚隐又举按之，思问遂流岭南而死。尚隐三为宪官，辄去朝廷之所恶者，时议甚以此称之。二十四年，拜户部尚书、东都留守。二十八年，转太子宾客。寻卒，年七十五，谥曰贞。

吕諲，蒲州河东人。志行修整，勤于学业。少孤贫，不能自振。里人程楚宾家富于财，諲娶其女，楚宾及子震皆重其才，厚与资给，遂游京师。天宝初，进士及第，调授宁陵尉，本道采访使韦陟嘉其才，辟为支使。陇右、河西节度使哥舒翰奏充度支判官，累兼卫佐、太子通事舍人。諲性谨守，勤于吏职，虽同僚追赏，而块然视事，不离案簿，翰益亲之，累兼虞部员外郎、侍御史。

禄山之乱，哥舒翰败，肃宗即位于灵武，諲驰赴行在。内官朱光辉、李遵骤荐有才，帝深遇之，超拜御史中丞，进奏无不允从。幸凤翔，迁武部侍郎，赐金紫之服。十月，克复两京，诏諲与三司官详定陷贼官陈希烈已下数百人罪戾轻重。諲用法太深，君子薄之。

乾元二年三月，以本官同中书门下平章事，知门下省事。七月，丁母忧免。十月，起复授本官，兼充度支使，迁黄门侍郎。上元元年正月，加同中书门下三品，赐门戟。既立于第门，或谓諲曰："吉庆之事，不宜凶服受之。"諲遂权释缞麻，当中而拜，人皆笑其失礼。累加银青光禄大夫，东平男。

諲既为相，用妻父程楚宾为卫尉少卿，子震为员外郎。中官马上言出纳诏命，諲眤之。有纳赂于上言求官者，諲补之蓝田尉。五月，上言事泄笞死，以其肉令从官食之，諲坐贬太子宾客。

七月，授諲荆州大都督府长史、兼御史大夫，充澧、朗、荆、忠、硖五州节度观察处置等使。諲至治所，上言请于江陵置南都。九月，敕改荆州为江陵府，永平军团练三千人，以遏吴、蜀之冲。又析江陵置长宁县。又请割潭、衡、连、道、邵、柳、涪等七州隶江陵府。

先是，张惟一为荆州长史，已为防御使，陈希昂为司马。希昂，衡州酋帅，家兵千人在部下，自为藩卫。有牟遂金仕至将军，为惟一亲将，与希昂积憾。率兵入惟一衙，索遂金之首，惟一惧，即令斩首与之。自是军政归于希昂。及諲至，奏追希昂赴上都，除侍御史，出为常州刺史、本州防御使。希昂路由江陵，諲伏甲击杀之，部下皆斩，积尸于府门。府中慑服，始奏其罪。

又妖人申泰芝以左道事李辅国，擢为谏议大夫。辅国奏于道州界置军，令泰芝为军校，诱引群蛮，纳其金帛，赏以绯紫，用囊中敕书赐衣以示之，人用听信。军人例衣朱紫，作剽溪洞，吏不敢制，已积年矣。潭州刺史庞承鼎忿之，因泰芝入奏，至长沙，縶之。首赃巨万，及左道文记，一时搜获，遣使奏闻。辅国党芝，奏召泰芝赴阙。既得召见，具言承鼎曲加诬陷。诏鞫承鼎诬罔之罪，令荆南府按问。諲令判官、监察御史严郢鞫之。諲上疏论其事，肃宗怒，流郢于建州。承鼎竟得雪，后泰芝竟以赃败流死。人重諲之守正，其刚断不挠，皆此类也。

初諲作相，与同列李揆不协。及諲被斥二年，以善政闻，揆恶之，因言置军湖南不便，又使人往荆、湖，密伺諲过。諲知之，乃上疏论揆，揆坐贬袁州长史。

諲素羸疾，元年建卯月卒，赠吏部尚书，有司谥曰肃。故吏度支员外郎严郢请以二字曰"忠肃"，博士独孤及坚议以"肃"为当，从之。諲在台司无异称，及理江陵三年，号为良守。初郡人立祠，諲殁后岁余，江陵将吏合钱十万，于府西爽垲地大立祠宇，四时祠祷之。

萧定，字梅臣，江南兰陵人，左仆射、宋国公瑀曾孙也。父恕，虢州刺史，以定赠工部尚书。定以荫授陕州参军、金城丞，以吏事清干闻。给事中裴遵庆奏为选补黜陟使判官。回改万年主簿，累迁侍御史、考功员外郎、左右司二郎中。为元载所挤，出为秘书少监，兼衰州刺史，历信、湖、宋、睦、润五州刺史，所莅有政声。

大历中，有司条天下牧守课绩，唯定与常州刺史萧复、豪州刺史张镒为理行第一。其勤农桑，均赋税，逋亡归复，户口增加，定又冠焉。寻迁户部侍郎、太常卿。朱泚之逆，变姓名藏匿里闾间。京师平，首蒙旌擢，除太子少师。兴元元年卒，年七十七，加赠太子太师。

蒋沇，莱州胶水人，吏部侍郎钦绪之子也。性介独好学，早有名称。以孝廉累授洛阳尉、监察御史。与兄演、溶、弟清，俱以干局吏事擅名于天宝中。长史韩朝宗、裴迥咸以推覆检勾之任委之，处事平允，剖断精当，动为群僚楷式。乾元后，授陆浑、温屋、咸阳、高陵四县令。当军旅之后，疮痍未平，沇竭心绥抚，所至安辑。副元帅郭子仪每统兵由其县，必诫军吏曰："蒋沇令清而严干，供亿故当有素，士众得蔬饭见馈则足，无挠清政。"其为名人所知如此。

稍迁长安令、刑部郎中、兼侍御史，领渭桥河运出纳使。时元载秉政，廉洁守道者多不更职，沇以故滞于郎位，久不徙官。

大历十二年，常衮以群议称沇屈，擢拜御史中丞、东都副留守。寻迁刑部侍郎、删定副使。改大理卿，持法明审，号为称职。

建中元年冬，銮驾幸奉天，沇奔行在，为贼候骑所拘执，欲以伪职诱之，因绝食称病，潜窜里闾间。京师平，首蒙旌擢，拜右散骑常侍。寻以疾终，年七十四，追赠工部尚书。

薛珏，字温如，河中宝鼎人。祖宝胤，邠州刺史。父纮，蒲州刺史。珏少以门荫授懿德太子庙令，累授乾陵台令。无几，拜试太子中允，兼渭南尉，奏课第一。间岁，复以清名尤异闻，迁昭德令。县人请立碑纪政，珏固让不受。迁楚州刺史、本州营田使。

先是，州营田宰相遥领使，刺史得专达，俸钱及他给百余万，田官数百员，奉厮役者三千户，岁以优授官者复十余人。珏皆条去之，十留一二，而租入有赢。为观察使诬奏，左授硖州刺史，迁陈州刺史。

建中初，上分命使臣黜陟官吏，使淮南李承以珏楚州之去烦政简，使山南赵赞以珏硖州之廉清，使河南卢翰以珏之肃物，皆以陟状闻，加中散大夫，赐紫。宣武军节度使刘玄佐署奏兼御史大夫、汴宋都统行军司马。无几，李希烈自汴州走，除珏汴州刺史，迁河南尹，入为司农卿。

当是时，诏天下举可任刺史、县令者，殆有百人。有诏令与群官询考，及延问人间疾苦，及胥吏得失，取其有恻隐、通达事理者条举，什才一二。宰相将以辞策校之。珏曰："求良吏不可兼责以文学，宜以圣君爱人之本为心。"执政卒无难之，皆叙进官，颇多称职。

贞元五年，拜京兆尹。珏刚严明察，练达法理，以勤身率下，失于纤巧，无文学大体。八年，坐窦参改太子宾客。无几，除岭南节度观察使。以疾卒，年七十四，废朝一日，赠工部尚书。有子存庆，自有传。

李惠登，平卢人也。少为平卢神将。安禄山反，遂从兵马使董秦海转收沧、棣等州，轻师远斗，贼不能支。史思明反，复陷于贼。脱身投山南节度使来瑱，奏授试金吾卫将军。

李希烈反，授惠登兵二千，镇隋州。贞元初，举州归顺，授隋州刺史、兼御史中丞。遭李忠臣、希烈歼残之后，野旷无人。惠登朴素不知学，居官无拔萃，率心为政，皆与理顺。利人者因行之，病人者因去之，二十年间，田畴辟，户口加。诸州奏吏入其境，无不歌谣其能。及于𬱖为山南东道节度，以其绩上闻，加御史大夫，升其州为上。寻加检校国子祭酒。及卒，加赠洪州都督。

任迪简，京兆万年人。举进士。初为天德军使李景略判官。性重厚，尝有军宴，行酒者误以醯进。迪简知误，以景略性严，虑坐主酒者，乃勉饮尽之，而伪容其过，以酒薄白景略，请换之，于是军中皆感悦。及景略卒，众以迪简长者，议请为帅。监军使闻之，拘迪简于别室，军众连呼而至，发户扃取之。表闻，德宗使察焉，具以军情奏，除丰州刺史、天德军使，自殿中授兼御史大夫，再加常侍。追入，拜太常少卿、汝州刺史、左庶子。

及张茂昭去易定，以迪简为行军司马。既至，属虞候杨伯玉以府城叛，俄而众杀之。迪简兵马使张佐元又叛，迪简攻杀之，乃得入。寻加检校工部尚书，充节度使。

初，茂昭奢荡不节，公私弹磬。迪简至，欲飨士，无所取给，乃以粝食与士同之。身居戟门下凡周月，军吏感之，请归堂寝，迪简乃安其位。三年，以疾代，除工部侍郎，至京，竟不能朝谢。改太子宾客卒，赠刑部尚书。

范传正，字西老，南阳顺阳人也。父伦，户部员外郎，与郡人李华敦交友之契。传正举进士，又以博学宏辞及书判皆登甲科，授集贤殿校书郎、渭南尉，拜监察、殿中侍御史。自比部员外郎出为歙州刺史，转湖州刺史，历三郡，以政事修理闻。擢为宣歙观察使，受代至京师，宪宗闻其里第过侈，薄之，因拜光禄卿。以风恚卒，赠左散骑常侍。

传正精悍有立，好古自饬。及为廉察，颇事奢侈，厚以财货问遗权贵，视公蓄如私藏，幸而不至甚败。褐衣时游西边，著《西陲要略》三卷。

袁滋，字德深，陈郡汝南人也。弱岁强学，以外兄道州刺史元结有重名，往来依焉。每读书，玄解旨奥，结甚重之。无何，黜陟使赵赞以处士荐，授试校书郎。何士干镇武昌，辟为从事，累官詹事府司直。部有邑长，下吏诬以盗金，滋察其冤，竟出之。御史中丞韦绍闻之，荐为侍御史，转工部员外郎。

贞元十九年，韦皋始通西南蛮夷，酋长异牟寻贡琛请使，朝廷方命抚谕，选郎吏可行者，皆以西南遐远惮之。滋独不辞，德宗甚嘉之，以本官兼御史中丞，持节充入南诏使。未行，迁祠部郎中，使如故。来年夏，使还，擢为谏议大夫。俄拜尚书右丞，知吏部选事。出为华州刺史、兼御史中丞、潼关防御使、镇国军使。以宽易清简为政。百姓有至自他境者，皆纵地以居，名其居曰义合里。专以慈惠为本，人甚爱之。然百姓有过犯者，皆纵而不理。擒盗辄舍，或以物偿之。征拜金吾卫大将军，耆蚩鳏寡遮道不得进。杨於陵代其任，宣言谓百姓曰："於陵不敢易袁公之政。"然后罗拜而诀。

上始监国，与杜黄裳俱为相，拜中书侍郎、平章事。会韦皋殁，刘辟拥兵擅命，滋持节安抚。行及中路，拜检校吏部尚书、平章事、剑南西川节度使，贼兵方炽，滋惧而不进，贬吉州刺史。俄拜义成军节度使，百姓立生祠祷之。征拜户部尚书，连为荆襄二帅，改彰义军节度、随唐邓申光等州观察使。逆贼吴元济与官军对垒者数年，滋竟以淹留无功，贬抚州刺史。未几，迁湖南观察使卒，年七十，赠太子少保。

滋工篆籀书，雅有古法。因使行，著《云南记》五卷。尝读刘晖《悲甘陵赋》，叹其褒善惩恶虽失《春秋》之旨，然其文不可废，因著《甘陵赋后序》。

子都，仕至翰林学士。

薛苹，河东宝鼎人也。少以吏事进，累官至长安令，拜虢州刺史。朝廷以尤课擢为湖南观察使，又迁浙江东道观察使，以理行迁浙江西道观察使。廉风俗，守法度，人甚安之。理身俭薄，尝衣一绿袍，十余年不易，因加赐朱绂，然后解去。

苹历三镇，凡十余年，家无声乐，俸禄悉以散诸亲族故人子弟。除左散骑常侍致仕。时有年过悬车而不知止者，唯苹年至而无疾请告，角巾东洛，时甚高之。卒，年七十四，赠工部尚书。

阎济美，登进士第。累历台省，有长者之誉。自婺州刺史为福建观察使，复为润州刺史、浙西观察使。所至以简澹为理，两地之人，常赋之外，不知其他。入拜右散骑常侍。华州刺史、潼关防御、镇国军使，入为秘书监。以年及悬车，上表乞骸骨，以工部尚书致仕。后以恩例，累有进改。及殁于家，年九十余。

赞曰：圣人造世，才杰济时。在理致治，无为而为。坑阱非议，简易从规。乐只君子，邦家之基。

卷一百八十六上
列传第一百三十六

酷 吏 上

来俊臣　周兴　傅游艺　丘神勣　索元礼　侯思止　万国俊　来子珣　王弘义　郭霸　吉顼

古今御天下者，其政有四：五帝尚仁，体文德也；三王仗义，立武功也；五霸崇信，取威令也；七雄任力，重刑名也。盖仁义既废，然后齐之以威刑；威刑既衰，而酷吏为用，于是商鞅、李斯谲诈设矣。持法任术，尊君卑臣，奋其策而鞭挞宇宙，持危救弊，先王不得已而用之，天下之人谓之苛法。降及两汉，承其余烈。于是前有郅都、张汤之徒持其刻，后有董宣、阳球之属肆其猛。虽然异代，亦克公方，天下之人谓之酷吏，此又鞅、斯之罪人也！然而网既密而奸不胜矣。夫子曰："刑罚不中，则人无所措手足。"诚哉，是言也！

唐初革前古之敝，务于胜残，垂衣而理，且七十载，而人不敢欺。由是观之，在彼不在此。逮则天以女主临朝，大臣未附；委政狱吏，剪除宗枝。于是来俊臣、索元礼、万国俊、周兴、丘神勣、侯思止、郭霸、王弘义之属，纷纷而出。然后起告密之刑，制罗织之狱，生人屏息，莫能自固。至于怀忠蹈义，连颈就戮者，不可胜言。武后因之坐移唐鼎，天网一举，而卒笼八荒；酷之为用，斯害也已。遂使酷吏之党，横噬于朝，制公卿之死命，擅王者之威力。贵从其欲，毒侈其心，天诛发于唇吻，国柄秉于掌握。凶愿之士，荣而慕之，身赴鼎镬，死而无悔。若是者，何哉？要时希旨，见利忘义也！

尝试而论之，今夫国家行斧钺之诛，设狴牢之禁以防盗者，虽云固矣，而犹逾垣掘冢，揭箧探囊，死者于前，盗者于后，何者？以其间有欲也！然所徇者不过数金之资耳！彼酷吏与时上下，取重人主，无怵惕之忧，坐致尊宠，杖起卒伍，富拟封君，岂唯数金之利耶？则盗官者为幸矣！故有国者则必窒觊觎之路，杜侥幸之门，可不务乎！况乎乐观时变，恣怀阴贼，斯又郅都、董宣之罪人也。异哉，又有效于斯者！中兴四十载而有吉温、罗希奭之蠹政，又

数载而有敬羽、毛若虚之危法。朝经四叶，狱讼再起，比周恶党，勤绝善人。屡挠将措之刑，以伤太和之气，幸灾乐祸，苟售其身，此又来、索之罪人也！

呜呼！天道祸淫，人道恶杀，既为祸始，必以凶终。故自鞅、斯至于毛、敬，蹈其迹者，卒以诛夷，非不幸也。

呜呼！执愚贾害，任天下之怨；反道辱名，归天下之恶。或肆诸原野，人得而诛之；或投之魑魅，鬼得而诛之。天人报应，岂虚也哉！俾千载之后，闻其名者，曾蛇豕之不若。

悲夫！昔《春秋》之义，善恶不隐，今为《酷吏传》，亦所以示惩劝也。语曰："前事不忘，将来之师。"意在斯乎！意在斯乎！

来俊臣，雍州万年人也。父操，博徒。与乡人蔡本结友，遂通其妻，因樗蒲赢本钱数十万，本无以酬，操遂纳本妻。入操门时，先已有娠，而生俊臣。凶险不事生产，反覆残害，举世无比。曾于和州犯奸盗被鞫，遂妄告密。召见奏，刺史东平王续杖之一百。后续天授中被诛，俊臣复告密，召见，奏言前所告密是豫、博州事，枉被续决杖，遂不得申。则天以为忠，累迁侍御史，加朝散大夫。按制狱，少不会意者，必引之，前后坐族千余家。

二年，擢拜左台御史中丞。朝廷累息，无交言者，道路以目。与侍御史侯思止、王弘义、郭霸、李仁敬，司刑评事康暐、卫遂忠等，同恶相济。招集无赖数百人，令其告事，共为罗织，千里响应。欲诬陷一人，即数处别告，皆是事状不异，以惑上下。仍皆云："请付来俊臣推勘，必获实情。"则天于是于丽景门别置推事院，俊臣推勘必获，专令俊臣等按鞫，亦号为新开门。但入新开门者，百不全一。弘义戏谓丽景门为"例竟门"，言入此门者，例皆竟也。

俊臣与其党朱南山辈造《告密罗织经》一卷，皆有条贯支节，布置事状由绪。

俊臣每鞫囚，无问轻重，多以醋灌鼻，禁地牢中，或盛之瓮中，以火圜绕炙之，并绝其粮饷，至有抽衣絮以啖之者。又令寝处粪秽，备诸苦毒。自非身死，终不得出。每有赦令，俊臣必先遣狱卒尽杀重囚，然后宣示。

又以索元礼等作大枷，凡有十号：一曰定百脉，二曰喘不得，三曰突地吼，四曰著即承，五曰失魂胆，六曰实同反，七曰反是实，八曰死猪愁，九曰求即死，十曰求破家。复有铁笼头连其枷者，轮转于地，斯须闷绝坐矣。囚人无贵贱，必先布枷棒于地，召囚前曰："此是作具。"见之魂胆飞越，无不自诬矣。则天重其赏以酬之，故吏竞劝为酷矣。由是告密之徒，纷然道路；名流俾俊阅日不已。朝士多因入朝，默遭掩袭，以至于族，与其家无复音息。故每入朝者，必与其家诀曰："不知重相见不？"

如意元年，地官尚书狄仁杰、益州长史任令晖、冬官尚书李游道、秋官尚书袁智宏、司宾卿崔神基、文昌左丞卢献等六人，并为其罗告。俊臣既以族人家为功，苟引之承反，乃奏请降敕，一问即承，同首例得减死。及胁仁杰等反，仁杰叹曰："大周革命，万物惟新，唐朝旧臣，甘

从诛戮。反是实。"俊臣乃少宽之。其判官王德寿谓仁杰曰："尚书事已尔，得减死。德寿今业已受驱策，欲求少阶级，凭尚书牵杨执柔，可乎？"仁杰曰："若之何？"德寿曰："尚书昔在春官时，执柔任某司员外，引之可也。"仁杰曰："皇天后土，遣狄仁杰行此事！"以头触柱，血流被面，德寿惧而止焉。

仁杰既承反，有司但待报行刑，不复严备。仁杰得凭守者求笔砚，拆被头帛书之，叙冤苦，置之绵衣，遣谓德寿曰："时方热，请付家人去其绵。"德寿不复疑矣，家人得衣中书，仁杰子光远持之称变，得召见。则天览之愕然，召问俊臣曰："卿言仁杰等承反，今子弟讼冤，何故也？"俊臣曰："此等何能自伏其罪！臣寝处甚安，亦不去其巾带。"则天令通事舍人周綝视之。俊臣遽令狱卒令假仁杰等巾带，行立于西，命綝视之。綝惧俊臣，莫敢西顾，但视东唯诺而已。俊臣令綝少留，附进状，乃令判官妄为仁杰等作谢死表，代署而进之。凤阁侍郎乐思晦男年八九岁，其家已族，宜隶于司农，上变，得召见，言"俊臣苛毒，愿陛下假条反状以付之，无大小皆如状矣。"则天意少解，乃召见仁杰曰："卿承反何也？"仁杰等曰："不承反，臣已死于枷棒矣。"则天曰："何谓作谢死表？"仁杰曰："无。"因以表示之，乃知其代署，遂出此六家。

俊臣复按大将军张虔勖、大将军内侍范云仙于洛阳牧院。虔勖等不堪其苦，自讼于徐有功，言辞颇厉。俊臣命卫士以乱刀斩杀之。云仙亦言历事先朝，称所可冤苦，俊臣命截去其舌。士庶破胆，无敢言者。

俊臣累坐赃，为卫吏纪履忠所告下狱。长寿二年，除殿中丞。又坐赃，出为同州参军。逼夺同列参军妻，仍辱其母。

万岁通天元年，召为合宫尉，擢拜洛阳令、司农少卿。则天赐其奴婢十人，当受于司农。时西蕃酋长阿史那斛瑟罗家有细婢，善歌舞，俊臣因令其党罗告斛瑟罗反，将图其婢。诸蕃长诣阙割耳劓面讼冤者数十人，乃得不族。时綦连耀、刘思礼等有异谋，明堂尉吉顼知之，不安，以白俊臣发之，连坐族者数十辈。俊臣将擅其功，复罗告顼，得召见，仅而免。

俊臣先逼妻太原王庆诜女。俊臣与河东卫遂忠有旧。遂忠行虽不著，然好学，有词辩。尝携酒谒俊臣，俊臣方与妻族宴集，应门者绐云："已出矣。"遂忠知妄，入其宅，慢骂毁辱之。俊臣耻其妻族，命殴击反接，既而免之，自此构隙。

俊臣将罗告武氏诸王及太平公主、张易之等，遂相掎摭，则天屡保持之。而诸武及太平公主恐惧，共发其罪。乃弃市。国人无少长皆怨之，竞剐其肉，斯须尽矣。

中宗神龙元年三月八日，诏曰：

国之大纲，惟刑与政。刑之不中，其政乃亏。刘光业、王德寿、王处贞、屈贞筠、鲍思恭、刘景阳等，庸流贱职，奸吏险夫，以粗暴为能官，以凶残为奉法。往从按察，害虐在心，倏忽加刑，呼吸就戮，曝骨流血，其数甚多，冤滥之声，盈于海内。朕唯布新泽，恩被人祇，抚事长怀，尤深恻隐。光业等五人积恶成衅，并谢生涯，虽其人已殂，而其迹可贬，所有官爵，并宜追夺。其枉被杀人，各令州县以礼埋葬，还其官荫。刘景阳身今见在，情不可矜，特以会恩，免其严罚，宜从贬降，以雪冤情，可棣州乐单县员外尉。

自今内外法官，咸宜敬慎。其文深刺骨，迹徇凝脂，高下任情，轻重随意，如酷吏丘神勣、来子珣、万国俊、周兴、来俊臣、鱼承晔、王景昭、索元礼、傅游艺、王弘义、张知默、裴籍、焦仁亶、侯思止、郭霸、李仁敬、皇甫文备、陈嘉言等，其身已死，自垂拱已来，枉滥杀人，有官者并令削夺。唐奉一依前配流，李秦授、曹仁哲，并与岭南恶处。

开元十三年三月十二日，御史大夫程行谌奏：

周朝酷吏来子珣、万国俊、王弘义、侯思止、郭霸、焦仁亶、张知默、李敬仁、唐奉一、来俊臣、周兴、丘神勣、索元礼、曹仁哲、王景昭、裴籍、李秦授、刘光业、王德寿、屈贞筠、鲍思恭、刘景阳、王处贞二十三人，残害宗枝，毒陷良善，情状尤重，子孙不许为官。陈嘉言、鱼承晔、皇甫文备、傅游艺四人，情状稍轻，子孙不许近任。

周兴者，雍州长安人也。少以明习法律，为尚书省都事。累迁司刑少卿、秋官侍郎。自垂拱以来，屡受制狱，被其陷害者数千人。天授元年九月革命，除尚书左丞，上疏除李家宗正属籍。二年十一月，与丘神勣同下狱。当诛，则天特免之，徙于岭表。在道为仇人所杀。

傅游艺，卫州汲人也。载初元年，为合宫主簿、左肃政台御史，除左补阙。上书称武氏符瑞，合革姓受命。则天甚悦，擢为给事中。数月，加同凤阁鸾台平章事。同月，又加朝散大夫，守鸾台侍郎，依旧同平章事。其年九月革命，改天授元年，赐姓武氏。二年五月，加银青光禄大夫。

兄神童，为冬官尚书，兄弟并承荣宠。逾月，除司礼少卿，停知政事。梦登湛露殿，旦而陈于所亲，为其所发，伏诛。时人号为四时仕宦，言一年自青而绿，及于朱紫也。希则天旨，诬族皇枝。神龙初，禁锢其子孙。

初，游艺请则天发六道使，虽身死之后，竟从其谋，于是万国俊辈恣斩戮矣。

丘神勣，左卫大将军行恭子也。永淳元年，为左金吾卫将军。弘道元年，高宗崩，则天使于巴州害章怀太子，既而归罪于神勣，左迁叠州刺史。寻复入为左金吾卫将军，深见亲委。受诏与周兴、来俊臣鞠制狱，俱号为酷吏。垂拱四年，博州刺史、琅邪王冲起兵，以神勣为清平道大总管。寻而冲为百姓孟青棒、吴希智所杀。神勣至州，官吏素服来迎，神勣挥刃尽杀之，破千余家，因加左金吾卫大将军。天授二年十月，下诏狱伏诛。

索元礼，胡人也。光宅初，徐敬业起兵扬州，以匡复为名。则天震怒，又恐人心动摇，欲以威制天下。元礼探其旨，告事。召见，擢为游击将军，令于洛州牧院推案制狱。元礼性残忍,推一人,广令引数十百人,衣冠震惧,甚于狼虎。则天数召见赏赐,张其权势,凡为杀戮者数千人。于是周兴、来俊臣之徒,效之而起矣。时有诸州告密人,皆给公乘,州县护送至阙下,于宾馆以廪之。稍称旨,必授以爵赏以诱之,贵以威于远近。元礼寻以酷毒转甚,则天收人望而杀之。天下之人谓之来、索,言酷毒之极,又首按制狱也。

载初元年十月,左台御史周矩上疏谏曰:

顷者小人告讦,习以为常,内外诸司,人怀苟免。姑息台吏,承接强梁,非故欲,规避诬构耳。又推劾之吏,皆以深刻为功,凿空争能,相矜以虐。泥耳笼头,枷研楔毂,折胁签爪,悬发熏耳,卧邻秽溺,曾不聊生,号为"狱持"。或累日节食,连宵缓问,昼夜摇撼,使不得眠,号曰"宿囚"。此等既非木石,且救目前,苟求赊死。臣窃听舆议,皆称天下太平,何苦须反。岂被告者尽是英雄,以求帝王耶?只是不胜楚毒自诬耳。何以核之?陛下试取所告状酌其虚实者,付令推,微讯动以探其情,所推者必上下其手,希圣旨也。愿陛下察之。今满朝侧息不安,皆以为陛下朝与之密,夕与之仇,不可保也。闻有追摄,与妻子即为死诀。故为国者以仁为宗,以刑为助。周用仁而昌,秦用刑而亡,此之谓也。愿陛下缓刑用仁,天下幸甚!

则天从之,由是制狱稍息。

侯思止,雍州醴泉人也。贫穷不能理生业,乃乐事渤海高元礼家。性无赖诡谲。时恒州刺史裴贞杖一判司。则天将不利王室,罗反之徒已兴矣。判司教思止说游击将军高元礼,因请状乃告舒王元名及裴贞反。周兴按之,并族灭。授思止游击将军。元礼惧而曲媚,引与同坐,呼为侯大,曰:"国家用人以不次,若言侯大不识字,即奏云:'獬豸兽亦不识字,而能触邪。'"则天果如其言,思止以獬豸对之,则天大悦。天授三年,乃拜朝散大夫、左台侍御史。元礼复教曰:"在上知侯大无宅,倘以诸役官宅见借,可辞谢而不受。在上必问所由,即奏云:'诸反逆人,臣恶其名,不愿坐其宅。'"则天复大悦,恩泽甚优。

思止既按制狱,苛酷日甚。尝按中丞魏元忠,曰:"急认白司马,不然,即吃孟青。"白司马者,洛阳有坂号白司马坂。孟青者,将军姓孟名青棒,即杀琅邪王冲者也。思止闾巷庸奴,常以此谓诸囚也。

元忠辞气不屈,思止怒而倒曳元忠。元忠徐起曰:"我薄命,如乘恶驴坠,脚为镫所挂,被拖曳。"思止大怒,又曳之曰:"汝拒捍制使,奏斩之。"元忠曰:"侯思止,汝今为国家御史,须识礼数轻重。如必须魏元忠头,何不以锯截将,无为抑我承反。奈何尔佩服朱紫,亲衔天命,不行正直之事,乃言白司马、孟青,是何言也!非魏元忠,无人抑教。"思止惊起悚怍,曰:"思止死罪,幸蒙中丞教。"引上床坐而问之。元忠徐就坐自若,思止言竟不正。时人效之,以为谈谑之资。侍御史霍献可笑之,思止以闻。则天怒,谓献曰:"我已用之,卿笑何也?"献可具以其言奏,则天亦大笑。

时来俊臣弃故妻,逼娶太原王庆诜女,思止亦奏请娶赵郡李自挹女,敕政事商量。凤阁侍郎李昭德抚掌谓诸宰相曰:"大可笑。"诸宰相问故,昭德曰:"往年来俊臣贼劫王庆诜女,已大辱国。今日此奴又请索李自挹女,无乃复辱国乎!"竟为李昭德榜杀之。

万国俊,洛阳人。少谲异险诈。垂拱后,与来俊臣同为《罗织经》,屠覆宗枝朝贵,以作威势。自司刑评事,俊臣同引为判官。

天授二年,摄右台监察御史,常与俊臣同按制狱。长寿二年,有上封事言岭南流人有阴谋逆者,乃遣国俊就按之,若得反状,便斩决。国俊至广州,遍召流人,置于别所,矫制赐自尽,并号哭称冤不服。国俊乃引出,拥之水曲,以次加戮,三百余人,一时并命。然后锻炼,曲成反状,仍诬奏云:"诸流人咸有怨望,若不推究,为变不遥。"则天深然其奏,乃命右卫翊二府兵曹参军刘光业、司刑评事王德寿、苑南面监丞鲍思恭、尚辇直长王大贞、右武卫兵曹参军屈贞筠等,并摄监察御史,分往剑南、黔中、安南等六道鞫流人。寻擢授国俊朝散大夫、肃政台侍御史。光业等见国俊盛行残杀,得加荣贵,乃共肆其凶忍,唯恐后之。光业杀九百人,德寿杀七百人,其余少者咸五百人。亦有远年流人,非革命时犯罪,亦同杀之。则天后知其冤滥,下制:"被六道使所杀之家口未归者,并递还本管。"国俊等俄亦相次而死,皆见鬼物为祟,或有流窜而终。

来子珣,雍州长安人。永昌元年四月,以上书陈事,除左台监察御史。时朝士有不带靴而朝者,子珣弹之曰:"臣闻束带立于朝。"举朝大噱。则天委之按制狱,多希旨,赐姓姓武氏,字家臣。天授中,丁父忧,起复朝散大夫、侍御史。时雅州刺史刘行实及弟渠州刺史行瑜、尚衣奉御行威并兄子鹰扬郎将虔通等,为子珣诬告谋反诛,又于盱眙毁其父左监门大将军伯英棺柩。俄又转为游击将军、右羽林中郎将。常衣锦半臂,言笑自若,朝士诮之。长寿元年,配流爱州卒。

王弘义,冀州衡水人也。告变,授游击将军。天授中,拜右台殿中侍御史。长寿中,拜左台侍御史,与来俊臣罗告衣冠。延载元年,俊臣贬,弘义亦流放琼州,妄称敕追。时胡元礼为侍御史,使岭南道,次于襄、邓,会而按之。弘义词穷,乃谓曰:"与公气类。"元礼曰:"足下任御史,元礼任洛阳尉。元礼今为御史,公乃流囚,复何气类?"乃榜杀之。

弘义每暑月系囚,必于小房中积蒿而施毡褥,遭之者斯须气绝矣。苟自诬引,则易于他房。与俊臣常行移牒,州县慑惧,自矜曰:"我之文牒,有如狼毒野葛也。"弘义常于乡里傍舍求瓜,主吝之,弘义乃状言瓜园中有白兔,县官命人捕逐,斯须园苗尽矣。内史李昭德曰:"昔闻苍鹰狱吏,今见白兔御史。"

郭霸，庐江人也。天授二年，自宋州宁陵丞应革命举，拜左台监察御史。如意元年，除左台殿中侍御史。长寿二年，右台侍御史。初举集，召见，于则天前自陈忠鲠云："往年征徐敬业，臣愿抽其筋，食其肉，饮其血，绝其髓。"则天悦，故拜焉，时人号为"四其御史"。

时大夫魏元忠卧疾，诸御史尽往省之，霸独居后。比见元忠，忧惧，请示元忠便液，以验疾之轻重。元忠惊悚，霸悦曰："大夫粪味甘，或不瘳。今味苦，当即愈矣。"元忠刚直，殊恶之，以其事露朝士。尝推芳州刺史李思征，搒掠考禁，不胜而死。圣历中，屡见思征，甚恶之。尝因退朝遽归，命家人曰："速请僧转经设斋。"须臾见思征从数十骑上其廷，曰："汝枉陷我，我今取汝。"霸周章惶怖，援刀自刳其腹，斯须蛆烂矣。是日，闾里亦见兵马数十骑驻于门，少顷不复见矣。时洛阳桥坏，行李弊之，至是功毕。则天尝问群臣："比在外有何好事？"舍人张元一素滑稽，对曰："百姓喜洛桥成，幸郭霸死，此即好事。"

吉顼，洛州河南人也。身长七尺，阴毒敢言事。进士举，累转明堂尉。万岁通天二年，有箕州刺史刘思礼，自云学于张憬藏，善相，云洛州录事参军綦连耀应图谶，有"两角骐骥儿"之符命。顼告之，则天付武懿宗与顼对讯。懿宗与顼诱思礼，令广引朝士，必全其命。思礼乃引凤阁侍郎李元素、夏官侍郎孙元通、天官侍郎刘奇、石抱忠、凤阁舍人王处、来庭、主簿柳璆、给事中周潘、泾州刺史王勔、监察御史王助、司议郎路敬淳、司门员外郎刘慎之、右司员外郎宇文全志等三十六家，微有忤意者，必构之，楚毒百端，以成其狱。皆海内贤士名家，天下冤之，亲故连累窜逐者千余人。顼由是擢拜右肃政台中丞，日见恩遇。

明年，突厥寇陷赵、定等州。则天召顼检校相州刺史，以断贼南侵之路。顼以素不习武为辞，则天曰："贼势将退，藉卿威名镇遏耳。"

初，太原有术士温彬茂，高宗时老，临死，封一状谓其妻曰："吾死后，年名垂拱，即诣阙献之，慎勿开也。"垂拱初，其妻献之。状中预陈则天革命及突厥至赵、定之事，故则天知贼至赵州而退。顼初至州募人，略无应者。俄而诏以皇太子为元帅，应募者不可胜数。及贼退，顼入朝奏之，则天甚悦。

圣历二年腊月，迁天官侍郎、同凤阁鸾台平章事。时易之、昌宗讽则天置控鹤监官员，则天以易之为控鹤监。顼素与易之兄弟亲善，遂引顼，以殿中少监田归道、凤阁舍人薛稷、正谏大夫员半千、夏官侍郎李迥秀，俱为控鹤内供奉，时议甚不悦。

初，则天以顼干辩有口才，伟仪质，堪委心腹，故擢任之。及与武懿宗争赵州功于殿中，懿宗短小俯偻，顼声气凌厉，下视懿宗，尝不相假。则天以为："卑我诸武于我前，其可倚与！"其年十月，以弟作伪官，贬琰川尉，后改安固尉。寻卒。

初，中宗未立为皇太子时，易之、昌宗尝密问顼自安之策。顼云："公兄弟承恩既深，非有大功于天下，则不全矣。今天下士庶，咸思李家，庐陵既在房州，相王又在幽闭，主上春秋既高，须有付托。武氏诸王，殊非属意。明公若能从容请建立庐陵及相王，以副生人之望，岂止转祸为福，必长享茅土之重矣！"易之然其言，遂伺间奏请。则天知顼首谋，召而问之。顼曰："庐陵王及相王，皆陛下之子，先帝顾托于陛下，当有主意，唯陛下裁之。"则天意乃定。顼既得罪，时无知者。睿宗即位，左右发明其事，乃下制曰："故吏部侍郎、同中书门下平章事吉顼，体识宏远，风规久大。尝以经纬之才，允膺匡佐之委。时王命中否，人谋未辑，首陈返政之议，克副祈天之基。永怀遗烈，宁忘厥效。可赠左御史台大夫。"

卷一百八十六下
列传第一百三十六

酷　吏　下

姚绍之　周利贞　王旭　吉温
　　　王钧　严安之　卢铉附　罗希奭　毛
若虚　敬羽　裴升　毕曜附

姚绍之，湖州武康人也。解褐典仪，累拜监察御史。中宗朝，武三思恃庶人势，驸马都尉王同皎谋之。事泄，令绍之按问而诛同皎。绍之初按问同皎，张仲之、祖延庆谋衣袖中发调弩射三思，伺其便，未果。宋之逊以其外妹妻延庆，曰："今日将行何事，而以妻为？"之逊固抑与延庆，且泊其心矣。之逊子昙密发之，乃敕台大夫李承嘉与绍之按于新开门内。

初，绍之将直尽其事。诏宰相李峤等对问。诸相俱三思威权，但俛俛佯不问。仲之、延庆言曰："宰相中有附会三思者。"峤与承嘉耳言，复说诱绍之，其事乃变。遂密置人力十余，命引仲之对问。至，即为绍之所擒，塞口反接，送狱中。绍之还，谓仲之曰："张三，事不谐矣！"仲之固言三思反状，绍之命棒之而臂折，大呼天者六七。谓绍之曰："反贼，臂且折矣，命已输汝，当诉尔于天帝！"因裂衫以束之，乃自诬反而遇诛。绍之自此神气自若，朝廷侧目。累迁左台侍御史。奉使江左，经汴州，辱录事参军魏传弓。寻拜监察御史。绍之后坐赃污，诏传弓按之，获赃五千余贯以闻，当坐死。韦庶人妹保持之，遂黜放为岭南琼山尉。传弓初按绍之，绍之在扬州，色动，谓长吏卢万石曰："顷辱传弓，今为所按，绍之死矣！"逃入西京，为万年尉擒之，击折其足，因授南陵令员外置。开元十三年，累转括州长史同正员，不预知州事，死。

周利贞，神龙初为侍御史。附托权要，为桓彦范、敬晖等五王嫉之，出为嘉州司马。时中书舍人崔湜与桓、敬善。武三思用事禁中，彦范忧之，托心腹于湜。湜反露其计于三思，为三思所中，尽流岭南。湜劝尽杀之，以绝其归望。三思问："谁可使者？"利贞即湜之表兄，因举为此行。利贞至，皆鸩杀之，因擢为左台御史中丞。先天元年，为广州都督。时湜为中书令，与仆射刘幽求不叶，陷幽求徙于岭表，讽利贞杀之，为桂州都督王晙护之，逗留获免。无何，玄宗正位，利贞与薛季昶、宋之问同赐死于桂州驿。

王旭，太原祁人也。曾祖珪，贞观初为侍中，尚永宁公主。旭解褐鸿胪参军，转兖州兵曹。神龙元年正月，张柬之、桓彦范等诛张易之、昌宗兄弟，尊立孝和皇帝。其兄昌仪先贬乾封尉，旭斩之，赍其首，赴于东都。迁并州录事参军。唐隆元年，玄宗诛韦庶人等，并州长史周仁轨，韦氏之党，有诏诛之。旭不覆奏，又斩其首，驰赴西京。

开元二年，累迁左台侍御史。时光禄少卿卢崇道以崔湜妻父，贬于岭外。逃归，匿于东都，为仇家所发，诏旭究其狱。旭欲擅其威权，因捕崇道亲党数十人，皆极其楚毒，然后结成其罪。崇道及三子并杖死于都亭驿，门生亲友皆决杖流贬。时得罪多是知名之士，四海冤之。旭又与御史大夫李杰不叶，递相纠讦，杰竟左迁衢州刺史。旭既得志，擅行威福，由是朝廷畏而鄙之。

五年，迁左司郎中，常带侍御史。旭为吏严苛，左右无敢支梧，每衔命推劾，一见无不输款者。时宋王宪府掾纪希虬兄任剑南县令，被告有赃私，旭使至蜀鞠之。其妻美，旭威逼之，因奏决杀县令，纳赃数千万。至六年，希虬遣奴诈为祗承人，受顾在台，事旭累月。旭赏之，召入宅中，委以腹心。其奴密记旭受馈遗嘱托事，乃成数千贯，归谒希虬。希虬衔泣见宪，叙以家冤。宪悯之，执其状以奏，诏付台司劾之。赃私累巨万，贬龙平尉，愤恚而死，甚为时人之所庆快。

吉温，天官侍郎顼弟琚之孽子也。谲诡能诳事人，游于中贵门，爱若亲戚。性禁害，果于推劾。天宝初，为新丰丞。时太子文学薛嶷承恩幸，引温入对。玄宗目之而谓嶷曰："是一不良汉，朕不要也。"时萧炅为河南尹，河南府有事，京台差温推诘，事连炅，坚执不舍，赖炅与右相李林甫善，抑而免之。及温选，炅已为京兆尹，一唱万年尉，即就其官，人为危之。时骠骑高力士常止宿宫禁，或时出外第，炅必谒焉。温先驰与力士言谐甚洽，握手呼行第，炅觇之叹伏。及他日，温谒炅于府庭，遽布心腹曰："他日不敢隳国家法，今日已后，洗心事公。"炅复与尽欢。

会林甫与左相李适之、驸马张垍不叶，适之兼兵部尚书，垍兄均为兵部侍郎，林甫遣人讦出兵部铨曹主簿事令史六十余人伪滥事，图覆其官长，诏出付京兆府与宪司对问。数日，竟不究其由。炅使温劾之。温于院中分囚于两处，温于后厅佯取两重囚讯之，或杖或压，痛苦之声，所不忍闻。即云："若存性命，乞纸尽答。"

令史辈素谙温，各自诬伏罪，及温引问，无敢违者。晷刻间事辑，验囚无栲讯决罚处。常云："若遇知己，南山白额兽不足缚也。"会李林甫将起刑狱，除不附己者，乃引之于门，与罗希奭同锻炼诏狱。

五载，因中官纳其外甥武敬一女为盛王琦妃，擢京兆府士曹。时林甫专谋不利于东储，以左骁卫兵曹柳勣杜良娣妹婿，令温推之。温追著作郎王曾、前右司御率府仓曹王修己、左武卫司戈卢宁、左威卫曹徐征同就台鞠，数日而狱成。勣等杖死，积尸于大理寺。

六载，林甫又以户部侍郎、兼御史中丞杨慎矜违忤其旨，御史中丞王鉷与慎矜亲而嫉之，同构其事，云："蓄图谶，以己是隋炀帝子孙，窥于兴复"，林甫又奏付温鞠焉，慎矜下狱系之。使温于东京收捕其兄少府少监慎余、弟洛阳令慎名，于汝州捕其门客史敬忠。敬忠颇有学，尝与朝贵游。蹉跎不进。与温父琚情契甚密，温孩孺时，敬忠尝抱抚之。温令河南丞姚开就擒之，锁其颈，布袂蒙面以见温。温驱之于前，不交一言。欲及京，使典诱之云："杨慎矜今款招已成，须子一辨。若解人意，必活；忤之，必死。"敬忠回首曰："七郎，乞一纸。"温佯不与，见词恳，乃于桑下令答，三纸辩皆符温旨。喜曰："丈人莫相怪！"遂徐下拜。及至温汤，始鞠慎矜，以敬忠词为证。及再搜其家，不得图谶。林甫恐事泄，危之，乃使御史卢铉入搜。铉乃袖谶书而入，于隐僻中诉而出曰："逆贼牢藏秘记，今得之矣！"指于慎矜小妾韩珠团婢见，举家惶惧，且行捶击，谁敢忤焉！狱乃成，慎矜兄弟赐死。温自是威振，衣冠不敢偶言。

温早以严毒闻，频知诏狱，忍行枉滥，推事未讯问，已作奏状，计赃数。及被引问，便惬惧，即随意而书，无敢惜其生者。因不加栲击，狱成矣。林甫深以温为能，擢户部郎中，常带御史。林甫虽倚以爪牙，温又见安禄山受主恩，骠骑高力士居中用事，皆附会其间，结为兄弟。常谓禄山曰："李右相虽多观察人事，亲于三兄，必不以兄为宰相。温虽被驱使，必不超擢。若三兄奏温为相，即奏兄堪大任，挤出林甫，是两人必为相矣。"禄山悦之。

时禄山承恩无敌，骤言温能，玄宗亦忘曩岁之语。十载，禄山加河东节度，因奏温为河东节度副使，并知节度营田及管内采访监察留后事。其载，又加兼雁门太守，仍知安边郡铸钱事，赐紫金鱼袋。及丁所生忧，禄山又奏起复为本官。寻复奏为魏郡太守、兼侍御史。

杨国忠入相，素与温交通，追入为御史中丞，仍充京畿、关内采访处置使。温于范阳辞，禄山令累路馆驿作白纻帐以候之，又令男庆绪出界送，拢马出驿数十步。及至西京，朝廷动静，辄报禄山，信宿而达。

十三载正月，禄山入朝，拜左仆射，充闲厩使。因奏加温武部侍郎、兼御史中丞，充闲厩、苑内、营田、五坊等副使。时杨国忠与禄山嫌隙已成，温转厚于禄山，国忠又忌之。其冬，河东太守韦陟入奏于华清宫，陟自谓失职，托于温结欢于禄山，广载河东土物馈于温，又及权贵。国忠讽评事吴豸之使乡人告之，召付中书门下，对法官鞠之，陟伏其状，贬桂岭尉，温澧阳长史。温判官员锡新兴尉。

明年，温又坐赃七千匹及夺人口马奸秽事发，贬端州高要尉。温至岭外，迁延不进，依于张博济，止于始安郡。

八月，遣大理司直蒋洌鞫之。温死于狱中，博济及始安太守罗希奭死于州门。

初，温之贬斥，玄宗在华清宫，谓朝臣曰："吉温是酷吏子侄，朕被人诳惑，用之至此。屡劝朕起刑狱以作威福，朕不受其言。今去矣，卿等皆可安枕也！"初，开元九年，有王钧为洛阳尉。十八年，有严安之为河南丞。皆性毒虐，罚人畏其不死，皆杖讫不放起，须其肿溃，徐乃重杖之，壖血流地，苦楚欲死，钧与安之始眉目喜畅，故人吏慄惧。温则售身权贵，噬螫衣冠，来颇异耳。温九月死始兴。十一月，禄山起兵作乱，人谓与温报仇耳。禄山入洛阳城，即伪位。玄宗幸蜀后，禄山求得温一子，才六七岁，授河南府参军，给与财帛。

初，温之按杨慎矜，侍御史卢铉同其事。铉初为御史，作韦坚判官。及坚为李林甫所嫉，铉以坚款曲发于林甫，冀售其身。及按慎矜，铉先与张瑄同台，情旨素厚，贵取媚于权臣，诬瑄与杨慎矜共解图谶。持之，为驴驹拔撅以成其狱。又与王铁闲厩判官，铁缘邢縡事朝堂被推，铉证云："大夫将白帖索厩马五百匹以助逆，我不与之。"铁死在暑刻，铉忍诬之，众咸怒恨焉。及被贬为庐江长史，在郡忽见瑄为祟，乃云："端公何得来乞命？不自由。"铉须臾而卒。

罗希奭，本杭州人也，近家洛阳，鸿胪少卿张博济堂外甥。为吏持法深刻。天宝初，右相李林甫引与吉温持狱，又与希奭姻娅，自御史台主簿再迁殿中侍御史。自韦坚、皇甫惟明、李适之、柳勣、裴敦复、李邕、邬元昌、杨慎矜、赵奉璋下狱事，皆与温锻炼，故时称"罗钳吉网"，恶其深刻也。八载，除刑部员外，转郎中。十一载，李林甫卒，出为中部、始安二太守，仍充当管经略使。

十四载，以张博济、吉温，韦陟、韦诚奢、李从一、员锡等流贬，皆于始安，希奭或令假摄。右相杨国忠奏遣司直蒋洌往按之，复令张光奇替为始安太守。仍降敕曰：

前始安郡太守、充当管经略使罗希奭，幸此资序，叨居牧守。地列要荒，人多窎殊，尤加委任，冀绝奸讹。翻乃啸结逋逃，群聚不逞，应是流贬，公然安置。或差摄郡县，割剥黎甿；或辍借馆宇，侵扰吏人。不唯轻侮典宪，实亦黩坏纪纲。擢发数愆，岂多其罪，可贬海东郡海康尉、员外置。张博济往托回邪，迹惟凭恃，尝自抵犯，又坐亲姻，前后贬官，岁月颇久，逗留不赴，情状难容。及命按举，仍更潜匿，亡命道刑，莫斯为甚。并当切害，合峻常刑，宜于所在各决重杖六十。使夫为政之士，克守章程；负罪之人，期于俊革。凡厥在位，宜各悉心。

时员锡、李从一、韦诚奢、吉承恩并决杖，遣司直宇文审往监之。

毛若虚，绛州太平人也。眉毛覆于眼，其性残忍。初为蜀川县尉，使司以推勾见任。天宝末，为武功丞，年已六十余矣。肃宗收两京，除监察御史。审用不足，上策征剥财货。有润于公者，日有进奉，渐见任用称旨。每推一人，未鞫，即先收其家资，以定赃数。不满望，即摊征乡里近亲。峻其威权，人皆惧死，输纳不差暑刻。

乾元二年，凤翔府七坊押官先行剽劫，州县不能制，因有劫杀事。县尉谢夷甫因众怒，遂榜杀之。其妻诉于李辅国，辅国奏请御史孙莹鞫之。莹不能正其事。又令中丞崔伯阳三司使杂讯之，又不证成其罪。因令若虚推之，遂归罪于夷甫。伯阳与之言，若虚颇不逊。伯阳数让之，若虚驰谒告急。肃宗："卿且出。"对曰："臣出即死矣。"肃宗潜留若虚帘内，召伯阳至，伯阳颇短若虚。上怒，叱出之。因流贬伯阳同推官十余人，皆于岭外远恶处。宰相李岘以左右于莹等，亦被贬斥。于是若虚威震朝列，公卿慴惧矣！寻擢为御史中丞。上元元年，贬宾化尉而死。

敬羽，宝鼎人也。父昭道，开元初为监察御史。羽貌寝而性便僻，善候人意旨。天宝九载，为康成县尉。安思顺为朔方节度使，引在幕下。及肃宗于灵武即大位，羽寻擢为监察御史。以苛刻征剥求进。及收两京后，转见委任。作大枷，有勣尾榆，著即闷绝。又卧囚于地，以门关辗其腹，号为"肉馎饦"。掘地为坑，实以棘刺，以败席覆上，领囚临坑讯之，必坠其中，万刺攒之。又捕逐钱货，不减毛若虚。

上元中，擢为御史中丞。太子少傅、宗正卿、郑国公李遵，为宗子通事舍人李若冰告其赃私，诏羽按之。羽延遵，各危坐于小床。羽小瘦，遵丰硕，顷间即倒，请垂足。羽曰："尚书下狱是囚，羽礼延坐，何得慢耶！"遵绝倒者数四。请问，羽徐应之，授纸笔，书赃数千贯，奏之。肃宗以勋旧舍之，但停宗正卿。

及嗣薛王珍潜谋不轨，诏羽鞫之。羽召支党罗于廷，索勣尾榆枷之，布栲讯之具以绕之，信宿成狱。珍坐死，右卫将军窦如玢、试都水使者崔昌等九人并斩，太子洗马赵非熊、陈王府长史陈闳、楚州司马张昂、左武卫兵曹参军焦自荣、前凤翔府郿县主簿李岊、广文馆进士张复等六人决杀，驸马都尉薛履谦赐自尽，左散骑常侍张镐贬辰州司户。

胡人康谦善贾，资产亿万计。杨国忠为相，授安南都护。至德中，为试鸿胪卿，专知山南东路。驿人嫉之，告其阴通史朝义。谦髭须长三尺过带，按之两宿，鬓发皆秃，膝踝亦栲碎，视之者以为鬼物，非人类也。乞舍其生，以后送状奏杀之，没其资产。

羽与毛若虚在台五六年间，台中囚系不绝。又有裴升、毕曜同为御史，皆酷毒。人之陷刑，当时有毛、敬、裴、毕之称。

裴、毕寻又流黔中。羽，宝应元年贬为道州刺史。寻有诏杀之，羽闻之，衣凶服南奔溪洞，为吏所擒。临刑，袖中执州县官吏犯赃私状数纸，曰："有人通此状，恨不得推究其事。主州政者，无宜寝也。"

赞曰：王德将衰，政在奸臣。鹰犬搏击，纵之者人。遭其毒螫，可为悲辛。作法为害，延滥不仁。

卷一百八十七上
列传第一百三十七

忠 义 上

夏侯端　刘感　常达　罗士信　吕子臧　张道源（族子楚金附）　李公逸　张善相　李玄通　敬君弘　冯立　谢叔方　王义方　成三郎　尹元贞　高睿（子仲舒　崔琳附）　王同皎（周憬附）　苏安恒　俞文俊　王求礼　燕钦融（郎岌附）　安金藏

《语》曰："无求生以害仁，有杀身以成仁。"孟轲曰："生亦我所欲，义亦我所欲，舍生而取义可也。"古之德行君子，动必由礼，守之以仁，造次颠沛，不愆于素。有若仲由之结缨，钼麂之触树，纪信之蹈火，豫让之斩衣，此所谓杀身成仁，临难不苟者也！然受刑一代，顾瞻七族。不犯难者，有终身之利；随市道者，获当世之荣。苟非气义不群，贞刚绝俗，安能碎所重之支体，徇他人之义哉！则由、麂、信、让之徒，君人者常宜血祀，况自有其臣乎！即如安金藏剖腹以明皇嗣，段秀实挺笏而击元凶，张巡、姚訚之守城，呆卿、真卿之骂贼，又愈于金藏。秀实等各见本传。今采夏侯端、李憕已下，附于此篇。

夏侯端，寿州寿春人，梁尚书左仆射详之孙也。仕隋为大理司直，高祖龙潜时，与其结交。大业中，高祖师师于河东讨捕，乃请端为副。时炀帝幸江都，盗贼日滋。端颇知玄象，善相人，说高祖曰："金玉床摇动，此帝座不安。参墟得岁，必有真人起于实沉之次。天下方乱，能安之者，其在明公。但主上晓察，情多猜忍，切忌诸李，强者先诛，全才既死，明公当非其次？若早为计，则应天福；不然者，则诛矣！"高祖深然其言。及义师起，端在河东，为吏所捕，送于长安，囚之。高祖入京城，释之。引入卧内，与语极欢，授秘书监。

属李密为王世充所破，以众来降，关东之地，未有所属。端固请往招谕之，乃加大将军，持节为河南道招慰使。至黎阳，李勣发兵送之，自澶水济河，传檄郡县，东至于海，南至于淮，二十余州，并遣使送款。行次谯州，会亳州刺史丁叔则及汴州刺史王要汉并以所部降于世充，路遂隔绝。

端素得众心，所从二千人，虽粮尽，不忍委去。端知事必不济，乃坐泽中，尽杀私马，以会军士。因歔欷曰："今王师已败，诸处并没，卿等土壤，悉皆从伪，特以共事之情，未能见委。然我奉王命，不可从。卿有妻子，无宜效我。可斩吾首，持归于贼，必获富贵。"众皆流涕。端又曰："卿不忍见杀，吾当自刎。"众士抱持之，皆曰："公于唐家，非有亲属，但以忠义之故，不辞于死。诸人与公共事，经涉艰危，岂有害公而取富贵！"复与同进。潜行五日，馁死者十三四；又为贼所击，奔溃相失者大半。端唯与三十余人东走，采生荳豆而食之。犹持节与之俱卧起，谓众人曰："平生不知死地乃在此中。我受国恩，所以然耳，今卿等何乃相伴死乎！可散投贼，犹全性命。吾当抱此一节，与之俱殒。"众又不去。

属李公逸为唐守杞州，闻而勒兵迎馆。于时河南之地，皆入世充，唯公逸感端之义，独坚守不下。世充遣使召端，解衣遗之。礼甚厚，仍送除书，以端为淮南郡公、吏部尚书。端对其使者曰："夏侯端天子大使，岂受王世充之官！自非斩我头将往见汝，何容身苟活而屈于贼乎！"遂焚其书，拔刀斩其所遗衣服。因发路西归，解节旄怀之，取竿加刃，从间道得至宜阳。

初，山中险峻，先无蹊径，但冒履榛梗，昼夜兼行，从者三十二人，或坠崖溺水、遇猛兽而死又半，其余至者，皆鬓发秃落，形貌枯瘠。端驰驿奉见，但谢无功，殊不自言艰苦。高祖悯之，复以为秘书监。俄出为梓州刺史。所得料钱，皆散施孤寡。贞观元年病卒。

刘感，岐州凤泉人，后魏司徒高昌王丰生之孙也。武德初，以骠骑将军镇泾州。薛仁杲率众围之。感婴城拒守，城中粮尽，遂杀所乘马以分将士，感一无所啖，唯煮马骨取汁，和木屑食之。城垂陷者数矣。长平王叔良援兵至，仁杲解围而去。感与叔良出战，为贼所擒。仁杲复围泾州，令感语城中云："援军已败，徒守孤城，何益也！宜早出降，以全家室。"感许之。及至城下，大呼曰："逆贼饥饿，亡在朝夕！秦王率数十万众，四面俱集，城中勿忧，各宜自勉，以全忠节！"仁杲大怒，执感于城边，埋脚至膝，驰骑射杀之，至死声色逾厉。

贼平，高祖购得其尸，祭以少牢，赠瀛州刺史，封平原郡公，谥曰忠壮。令其子袭官爵，并赐田宅。

常达，陕人也。初仕隋为鹰扬郎将，数从高祖征伐，甚蒙亲待。及义兵起，达在霍邑，从宋老生来拒战。老生败，达惧，自匿不出。高祖谓达已死，令人阅尸求之。及达奉见，高祖大悦，以为统军。武德初，拜陇州刺史。时薛举屡攻之，不能克，乃遣其将仵士政以数百人伪降达。达不之测，厚加抚接。士政伺隙以其徒劫达，拥城中二千人而叛，牵达以见于举。达词色抗厉，不为之屈。举指其妻谓达曰："识皇后否？"达曰："正是瘿老妪，何足可识！"竟释之。有贼帅张贵谓达曰："汝识我否？"答曰："汝逃死奴。"瞋目视之，贵怒，拔刀将斫达。人救之，获免。

及仁杲平，高祖见达，谓曰："卿之忠节，便可求之古人。"命起居舍人令狐德棻曰："刘感、常达，须载之史策也。"执仵士政，扑杀之。赐达布帛三百段，复拜陇州刺史，卒。

罗士信，齐州历城人也。大业中，长白山贼王簿、左才相、孟让来寇齐郡，通守张须陀率兵讨击。士信年始十四，固请自效。须陀谓曰："汝形容未胜衣甲，何可入阵！"士信怒，重著二甲，左右双鞬而上马，须陀壮而从之。击贼潍水之上。阵才列，士信驰至贼所，刺倒数人，斩一人首，掷于空中，用枪承之，戴以略阵。贼众愕然，无敢逼者；须陀因而奋击，贼众大溃。士信逐北，每杀一人，辄割其鼻而怀之；及还，则验鼻以表杀贼之多少。须陀甚加叹赏，以所乘马遗之，引置左右。每战，须陀先登，士信为副。炀帝遣使慰喻之，又令画工写须陀、士信战阵之图，上于内史。

及须陀为李密所杀，士信随裴仁基率众归于密，署为总管。使统所部，随密击王世充。败，士信跃马突进，身中数矢，乃陷于世充军。世充知其骁勇，厚礼之，与同寝食。后世充破李密，得密将邴元真等，尽拜为将军，不复专重之。士信耻与为伍，率所部千余人奔于谷州。高祖以为陕州道行军总管，使图世充。及大军至洛阳，士信以兵围世充千金堡。中有大骂之者，士信怒，夜遣百余人将婴儿数十至于堡下，诈言"从东都来投罗总管"。因令婴儿啼噪，既而佯惊曰："此千金堡，吾辈错矣！"忽然而去。堡中谓是东都逃人，遽出兵追之。士信伏兵于路，俟其开门，奋击大破之，杀无遗类。世充平，擢授绛州总管，封剡国公。

寻从太宗击刘黑闼于河北，有洺水人以城来降，遣士信入城据守。贼悉众攻之甚急，遇雨雪，大军不得救，经数日，城陷，为贼所擒。黑闼闻其勇，意欲活之；士信词色不屈，遂遇害，年二十。太宗闻而伤惜，购得其尸，葬之，谥曰勇。士信初为裴仁基所礼，尝感其知己之恩，及东都平，遂以家财收敛，葬于北邙。又云："我死后，当葬此墓侧。"及卒，果就仁基左而托葬焉。

吕子臧，蒲州河东人也。大业末，为南阳郡丞。高祖克京师，遣马元规抚慰山南，子臧坚守不下，元规遣使讽谕之，前后数辈，皆为子臧所杀。及炀帝被杀，高祖又遣其婿薛君倩赍手诏谕旨，子臧乃为炀帝发丧成礼。而后归国，拜邓州刺史，封南阳郡公。

时朱粲新败，子臧率所部数千人，与元规并力将击之。谓元规曰："朱粲新破之后，上下危惧，一战可擒。若更迁延，部众稍集，力强食尽，必死战于我，为患不细也。"元规不纳，子臧请以本兵独战，又不许。俄而粲众大至，元规惧，退保南阳。子臧谓元规曰："言不见纳，以至于此，老夫今坐公死矣！"粲果率兵围之，遇霖雨，城壁皆坏，所亲者知城必陷，固劝其降。子臧曰："安有天子方伯降贼者乎！"于是率其麾下，赴敌而死。俄而城陷，元规亦遇害。

张道源，并州祁人也。年十五，父死，居丧以孝行称，县令郭湛改其所居为复礼乡至孝里。道源尝与友人客游，友人病，中宵而卒，道源恐惊扰主人，遂共尸卧，达曙方哭，亲步营送，至其本乡里。高祖举义，召授大将军府户曹参军。及平京城，遣道源抚慰山东，燕、赵之地争来款附。高祖下书褒美，累封范阳郡公，后拜大理卿。时何稠、士澄有罪，家口籍没，仍以赐之。道源叹曰："人有否泰，盖亦是常。安可因己之泰，利人之否，取其子女以为仆妾，岂近仁者之心乎！"皆舍之，一无所取。寻转太仆卿，后历相州都督。武德七年卒官，赠工部尚书，谥曰节。道源虽历职九卿，身死日，唯有粟石两，高祖深异之，赐其家帛三百段。

族子楚金。

楚金，少有志行，事亲以孝闻。初，与兄越石同预乡贡进士，州司将罢越石而荐楚金，辞曰："以顺则越石长，以才则楚金不如。"固请俱退。时李勣为都督，叹曰："贡士本求才行，相推如此，何嫌双居也。"乃俱荐擢第。楚金，高宗时累迁刑部侍郎。仪凤年，有妖星见，楚金上疏，极言得失。高宗优纳，赐帛二百段。则天临朝，历位吏部侍郎、秋官尚书，赐爵南阳侯。为酷吏周兴所陷，配流岭表，竟卒于徙所。著《翰苑》三十卷、《绅诫》三卷，并传于时。

李公逸，汴梁雍丘人也。隋末，与族弟善行以义勇为人所附。初归王世充，知其必败，遣间使请降。高祖因以雍丘置杞州，拜为总管，封阳夏郡公。又以善行为杞州刺史。世充遣其从弟辨率众攻之，公逸遣使请援。高祖以其悬隔贼境，未即出兵。公逸乃留善行居守，自入朝请援，行至襄城，为世充伊州刺史张殷所获，送于洛阳。世充谓曰："卿越郑臣唐，其说安在？"公逸答曰："我于天下，唯闻有唐。"世充怒，斩之。善行竟没于贼。高祖闻而悼惜，封其子为襄邑县公。

张善相，许州襄城人也。大业末，为里长，每督县兵，逐小盗，为众所附，遂据本郡，归于李密。密败，以城归国，高祖授伊州总管。王世充数攻之，善相频遣使请救。兵既不赴，城中粮尽，自知必败，谓僚属曰："死当斩吾头以归世充。"众皆泣曰："宁与公同死，终不独生！"后城陷被擒，送于世充，辞色不挠，骂世充极口，寻被害。高祖叹曰："吾负善相，善相不负吾。"封其子为襄城郡公。

李玄通，雍州蓝田人。仕隋鹰扬郎将。义兵入关，率所部归国，累除定州总管。刘黑闼反叛，攻之，城陷被擒。黑闼重其才，欲以为大将，玄通叹息曰："吾荷朝恩，作潘东夏，孤城无援，遂陷虏庭。当守臣节，以忠报国，岂能降志，辄受贼官。"拒而不受。故吏有以酒食馈之者，玄通曰："诸君哀吾困辱，故以酒食来相宽慰，吾当为诸君一醉。"遂与乐饮。谓守者曰："吾能舞剑，可借吾刀。"守者与之。及曲终，太息而言："大丈夫受国厚恩，镇抚方面，不能保全所守，亦何面目视息世间哉！"因溃腹而死。高祖闻而为之流涕，拜其子伏护为大将。

敬君弘，绛州太平人，齐右仆射显儁曾孙也。武德中，为骠骑将军，封黔昌县侯，掌屯营兵于玄武门，加授云麾将军。隐太子建成之诛也，其余党冯立、谢叔方率兵犯玄武门，君弘挺身出战。其所亲止之曰："事未可知，当且观变，待兵集，成列而战，未晚也。"君弘不从，乃与中郎将吕世衡大呼而进，并遇害。太宗甚嗟赏之，赠君弘左屯卫大将军，世衡右骁卫将军。

冯立，同州冯翊人也。有武艺，略涉书记，隐太子建成引为翊卫车骑将军，托以心膂。建成被诛，其左右多逃散，立叹曰："岂有生受其恩而死逃其难！"于是率兵犯玄武门，苦战久之，杀屯营将军敬君弘。谓其徒曰："微以报太子矣！"遂解兵遁于野。俄而来请罪。太宗数之曰："汝在东宫，潜为间构，阻我骨肉，汝罪一也。昨日复出兵来战，杀伤我将士，汝罪二也。何以逃死！"对曰："出身事主，期之效命，当职之日，无所顾惮。"因伏地歔欷，悲不自胜。太宗慰勉之。立归，谓所亲曰："逢莫大之恩，幸而获济，终当以死奉答。"

未几，突厥至便桥。立率数百骑与虏战于咸阳，杀获甚众。太宗闻而嘉叹，拜广州都督。前后作牧者，多以黩货为蛮夷所患，由是数怨叛。立到，不营产业，衣食取给而已。尝至贪泉，叹曰："此吴隐之所酌泉也。饮一杯水，何足道哉！吾当汲而为食，岂止一杯耶，安能易吾性乎！"遂毕饮而去。在职数年，甚有惠政，卒于官。

谢叔方，雍州万年人也。初从巢刺王元吉征讨，数有战功，元吉奏授屈咥直府左军骑。太宗诛隐太子及元吉于玄武门，叔方率府兵与冯立合军，拒战于北阙下，杀敬君弘、吕世衡。太宗兵不振，秦府护军尉迟敬德传元吉首以示之，叔方下马号哭而遁。明日出首，太宗曰："义士也！"命释之。历迁西、伊二州刺史，善绥边镇，胡戎爱而敬之，如事严父。贞观末，累加银青光禄大夫，历洪、广二州都督。永徽中卒。

王义方，泗州涟水人也。少孤贫，事母甚谨，博通《五经》，而骞傲独行。初举明经，因诣京师，中路逢徒步者，自云父为颍上令，闻病笃，倍道将往焉，徒步不前，计无所出。义方解所乘马与之，不告姓名而去。俄授晋王府参军，直弘文馆。特进魏徵礼之，将以侄女妻之。义方竟娶徵之侄女，告人曰："昔不附宰相之势，今感知己之言故也。"转太子校书。

无何，坐与刑部尚书张亮交通，贬为儋州吉安丞。行至海南，舟人将以酒脯致祭。义方曰："黍稷非馨，义在明德。"乃酌水而祭，为文曰："思帝乡而北顾，望海浦而南浮。必也行愆诸己，义负前修。长鲸击水，天吴覆舟。因忠获戾，以孝见尤。四维雾廓，千里安流。灵应如响，无作神羞。"时当盛夏，风涛蒸毒，既而开霁，南渡吉安。蛮俗荒梗，义方召诸首领，集生徒，亲为讲经，行释奠之礼；清歌吹籥，登降有序，蛮酋大喜。

贞观二十三年，改授洹水丞。时张亮兄子皎，配流在崖州，来依义方而卒。临终托以妻子及致尸还乡。义方与皎妻自誓于海神，使奴负柩，令皎妻抱其赤子，乘义方之马，身独步从而还。先之原武葬皎，告祭张亮，送皎妻归其家而往洹水。转云阳丞，擢为著作佐郎。

显庆元年，迁侍御史。时中书侍郎李义府执权用事，妇人淳于氏有美色，坐事系大理，义府悦之，托大理丞毕正义枉法出之。高宗又敕给事中刘仁轨、侍御史张伦重按其事。正义自缢。高宗特原义府之罪。义方以义府奸蠹害政，将加弹奏，以问其母。母曰："昔王陵母伏剑成子之义，汝能尽忠立名，吾之愿也，虽死不恨！"义方乃先奏曰：

臣闻春莺鸣于献岁，蟋蟀吟于始秋，物有微而应时，人有贱而言忠。臣去岁冬初，云阳下县丞耳。今春及夏，陛下擢臣著作佐郎，极文学之清选。未几，又拜臣侍御史，滥朝廷之雄职。顾视生涯，陨首非报，唯欲有犯无隐，以广天听。

伏以李义府枉杀寺丞，陛下已赦之，臣不应更有鞫问。然天子置三公、九卿、二十七大夫、八十一元士，本欲水火相济，盐梅相成，然后庶绩咸熙，风雨交泰。亦不可独是独非，皆由圣旨。昔唐尧失之于四凶，汉祖失之于陈豨，光武失之于逄萌，魏武失之于张邈。此四帝者，英杰之主，然失之于前，得之于后。今陛下继圣，抚育万邦，蛮陬夷落，犹惧疏网。况辇毂咫尺，奸臣肆虐，足使忠臣抗愤，义士扼腕。纵令正义自缢，弥不可容，便是畏义府之权势，能杀身以灭口。此则生杀之威，上非王出；赏罚之柄，下移佞宠。臣恐履霜坚冰，积小成大，请重鞫正义死由，雪冤气于幽泉，诛奸臣于白日。

乃廷劾义府，曰：

臣闻附下罔上，圣主之所宜诛；心狠貌恭，明时之所必罚。是以隐贼掩义，不容唐帝之朝；窃幸乘权，终齿汉皇之剑。中书侍郎李义府，因缘际会，遂阶通显。不能尽忠竭节，对扬王休，策蹇励驾，祗奉皇眷，而反凭附城社，蔽亏日月，请托公行，交游群小。贪冶容之美，原有罪之淳于；恐漏泄其谋，殒无辜之正义。虽挟山超海之力，望此犹轻；回天转日之威，方斯更劣。此而可恕，孰不可容！金风届节，玉露启涂，霜简与秋典共清，忠臣将鹰鹯并击。请除君侧，少答鸿私，碎首玉阶，庶明臣节。

高宗以义方毁辱大臣，言词不逊，左迁莱州司户参军。秩满，家于昌乐，聚徒教授。母卒，遂不复仕进。总章二年卒，年五十五。撰《笔海》十卷、文集十卷。门人何彦光、员半千为义方制师服，三年丧毕而去。

半千者，齐州全节人也。事义方经十余年，博涉经史，知名河朔。则天时官至天官侍郎。撰《三国春秋》二十卷，行于代。自有传。

成三郎，幽州渔阳人也。光宅年，为左豹韬卫长上果毅。李孝逸之讨徐敬业，以为前锋，与贼战于高邮。官军败绩，被擒，送于江都。贼党唐之奇绐其众曰："此李孝逸也！"将斩之。三郎大呼曰："我，是果毅成三郎，不是将军李孝逸。官军已围尔数重，破尔在于朝夕。我死，妻子受荣；尔死，家口配没，终不及我！"之奇怒，斩之。敬业平，赠左监门将军，谥曰勇。时曲阿令尹元贞，亦死敬业之难。

尹元贞者，瀛州河间人也。在曲阿，闻敬业攻陷润州，率兵赴援。及战败，被擒。敬业临以白刃，胁令附己，将加任用。元贞词色慷慨，竟不之屈，寻遇害。敬业平，赠润州刺史，谥曰壮。

高睿，雍州万年人，隋尚书左仆射颎孙也。父表仁，谷州刺史。睿少以明经累除桂州都督，寻加银青光禄大夫，转赵州刺史，封平昌县子。圣历初，突厥默啜来寇，睿又婴城固守。长史唐波若见城围甚急，遂潜谋应贼。睿觉之，将自杀，不死，俄而城陷被擒，更令招喻诸县未降者。睿竟不从，遂为所杀。

初，贼将至州境。或谓睿曰："突厥所向无前，百姓丧胆；明公力不能御，不若降之。"睿曰："吾为天子刺史，不战而降，其罪大矣。"则天闻而深叹息之，赠冬官尚书，谥曰节。及贼退，唐波若伏诛，家口籍没。因下制曰："故赵州刺史高睿，狂贼既至，死节不降；长史唐波若，不能固城，相率归贼。高睿已加褒赠，波若等身死破家。赏罚既行，须敦惩劝，宜颁示天下，咸使知闻。"

子仲舒，博通经史，尤明《三礼》及诂训之书。神龙中，为相王府文学，王甚敬重之。开元中，累授中书舍人，侍中宋璟、中书侍郎苏颋每询访故事焉。

时又有中书舍人崔琳，深达政理，璟等亦礼焉。尝谓人曰："古事问高仲舒，今事问崔琳，则又何所疑矣！"仲舒累迁太子右庶子卒。

王同皎，相州安阳人，陈侍中、驸马都尉宽之曾孙。其先自琅邪仕江左，陈亡，徙家河北。同皎，长安中尚皇太子女定安郡主。授朝散大夫，行太子典膳郎。敬晖等讨张易之兄弟也。遣同皎与右羽林将军李多祚迎太子于东宫，请太子至玄武门指麾将士。太子初拒之不许，同皎讽谕切至，太子乃就驾。以功授右千牛将军，封琅邪郡公，赐实封五百户。及郡主进封为公主，拜同皎为驸马都尉。寻加银青光禄大夫，迁光禄卿。

神龙二年，同皎以武三思专权任势，谋为逆乱，乃招集壮士，期以则天灵驾发引，劫杀三思。同谋人抚州司仓冉祖雍，具以其计密告三思。三思乃遣校书郎李悛上言："同皎潜谋杀三思后，将拥兵诣阙，废黜皇后。"帝然之，遂斩同皎于都亭驿前，籍没其家。临刑神色不变，天下莫不冤。睿宗即位，令复其官爵。执冉祖雍、李悛，并诛之。

初与同皎叶谋，有武当丞周憬者，寿州寿春人也。事既泄，遁于比干庙中，自刎而死。临终，谓左右曰："比干，古之忠臣也。倘神道聪明，应知周憬忠而死也。韦后乱朝，宠树邪佞，武三思干上犯顺，虐害忠良，吾知其灭亡不久也！可悬吾头于国门，观其身首异门而出。"其后皆如其言。

苏安恒，冀州武邑人也。博学，尤明《周礼》及《春秋左氏传》。大足元年，投匦上疏曰：

陛下钦圣皇之顾托，受嗣子之推让，应天顺人，二十年矣。岂不思虞舜蹇裳，周公复辟，良以大禹至圣，成王既长，推位让国，其道备焉！故舜之于禹，是其族亲；且举成王，不离叔父。且族亲何如子之爱？叔父何如母之恩？今太子孝敬是崇，春秋既壮，若使统临宸极，何异陛下之身！陛下年德既尊，宝位将倦，机务殷重，浩荡心神，何不禅位东宫，自怡圣体！

臣闻自昔明王之孝理天下者，不见二姓而俱王也。当今梁、定、河内、建昌诸王等，承陛下之荫覆，并得封王，臣恐千秋万岁之后，于事非便，臣请黜为公侯，任以闲简。

臣又闻陛下有二十余孙，今无尺土之封，此非长久之计也。臣请四面都督府及要冲州郡，分土而王之。纵今年尚幼小，未娴养人之术，请择立师傅，成其孝敬之道，将以夹辅周室，藩屏皇家，使累叶重光，飨祀不辍，斯为美矣，岂不大哉！

疏奏，则天召见，赐食慰谕而遣之。长安二年，又上疏曰：

忠臣不顺时而取宠，烈士不惜死而偷生。故君道不明者，忠臣之过欤！臣道不轨者，烈士之过欤！昔者先皇晏驾，留其顾托，将以万机殷广，令陛下兼知其事。虽唐尧、虞舜居其位，而共工、驩兜在其间，陛下于骨肉之恩阻，陛下子母之爱忘。臣谓圣情以运祚将丧，极斯大节；天下谓陛下微弱李氏，贪天之功。何以年在耄倦，而不能复子明辟，使忠言莫进，奸佞成朋，夷狄纷扰，屠害黎庶！陛下虽纳隍轸念，亦罔能救此生灵。

臣闻天下者，神尧、文武之天下也。昔有隋失驭，小人道长，群雄骇鹿，四海瞻乌。皇唐亲事戎旃，凤翔参野，削平宇县，龙践宸极。歃血为盟，指河为誓，非李氏不王，非功臣不封。陛下虽居正统，实唐氏旧基。故《诗》曰："惟鹊有巢，唯鸠居之。"此言虽小，可以喻大。陛下自坤生德，乘乾作主，岂不以上符天意，下顺人心！东宫昔在谅阴，相王又非长子，陛下恐宗祀中绝，所以应其讴歌。当今太子追回，年德俱盛，陛下贪其宝位而忘母子深恩。臣闻京邑翼翼，四方取则。陛下蔽太子之元良，柱太子之神器，何以教天下母慈子孝！焉能使天下移风易俗焉？惟陛下思之，将何圣颜以见唐家宗庙？将何诰命以谒大帝坟陵？陛下何故日夜积忧，不知钟鸣漏尽？臣愚以天意人事，还归李家。陛下虽安天位，殊不知物极则反，器满则倾。故语曰："当断不断，反受其乱。"此之谓也。陛下不如高揭机务，自恬圣躬，命史臣以书之，令乐府以歌之，斯亦太平之盛事也！

臣闻见过不谏，非忠臣也；畏死不言，非勇士也。臣何惜一朝之命，而不安万乘之国哉！故曰：苟利国家，虽死可矣！愿陛下稍辍万机，详臣愚见。陛下若以臣为忠，则从谏如流，择是而用；若以臣为不忠，则斩取臣头，以令天下。

疏奏不纳。明年，御史大夫魏元忠为张易之兄弟所构，安恒又抗疏申理之曰：

臣闻明王有含天下之量，有济天下之心，能进天下之善，除天下之恶。若为君王而不行此四者，则当神冤鬼怒，阴错阳乱，欲使国家荣泰，其可得乎！陛下革命之初，勤于庶政，亲总万机，博采谋猷，傍求俊乂，故海内以陛下为纳谏之主矣！暮年已来，怠于政教，谗邪结党，水火成灾，百姓不亲，五品不逊，故四海之内，以陛下为受佞之主矣！当今邪正莫辩，诉讼含冤，岂陛下昔是而今非，盖居安忘危之失也！

臣窃见御史大夫、检校太子右庶子、同凤阁鸾台平章事魏元忠，廉直有闻，位居宰辅。履忠正之基者，用元忠为龟镜；践邪佞之路者，嫉元忠若仇雠。麟台监张易之兄弟，在身无德，于国无功，不逾数年，遂极隆贵。自当饮冰怀惧，酌水思清，夙夜兢兢，以答恩造。不谓溪壑其志，豺狼其心，欲指鹿而献马，先害忠而损善；将斯乱代之法，污我明君之朝。自元忠下狱，臣见长安城内，街谈巷议，皆以陛下委任奸宄，斥逐贤良，以元忠必无不顺之言，以易之必有交乱之意，相逢偶语，人心不安。虽有忠臣烈士，空抚髀于私室。而钳口不敢言者，皆惧易之等威权，恐无辜而受戮，亦徒虚死耳！

今贼虏强盛，征敛烦重，以臣言之，万姓不胜其弊。况又闻陛下纵逸逸慝，禁锢良善，赏刑失中，则遐迩生变。臣恐四夷因之，则窥觇得失，以为边郡之患；百姓因之，即结聚义兵，以除君侧之恶。复恐逐鹿之党，叩关而至；乱阶之徒，从中相应；争锋于朱雀门内，问鼎于大明殿前，陛下将何事以谢之？复何方以御之？臣今为陛下计，安百姓之心者，莫若收雷电之威，解元忠之网，复其爵位，君臣如初，则天下幸甚！陛下好生恶杀，纵不能斩佞臣头以塞人望，臣请夺其荣宠，翦其羽翼，无使权柄在手，骄横日滋。专国倍于穰侯，回天过于左悺，则社稷危矣，惟陛下图之。

臣本微贱，不识元忠、易之，岂此可亲而彼可疏？但恐谗邪长而忠臣绝！伏愿陛下暂垂天鉴，察臣此心，即微臣朝志得行，夕死无恨！

疏奏，易之等大怒，欲遣刺客杀之。赖正谏大夫朱敬则、凤阁舍人桓彦范、著作郎魏知古等保护以免。

安恒，神龙初为集艺馆内教。节愍太子之诛武三思也，或言安恒预其谋，遂下狱死。睿宗即位，知其冤，下制曰："故苏安恒，文学基身，鲠直成操，往年抗疏，忠谠可嘉。属回邪擅构，奄从非命，兴言轸悼，用恻于怀。宜赠宠章，式旌徽烈，可赠谏议大夫。"时又有俞文俊、王求礼，亦以直言见称。

俞文俊者，荆州江陵人。则天载初年，新丰因风雷山移，乃改县名为庆山，四方毕贺。文俊诣阙上书曰："臣闻天气不和而寒暑并，人气不知而疣赘生，地气不和而堆阜出。今陛下以女主处阳位，反易刚柔，故地气隔塞而山变为灾。陛下谓之庆山，臣以为非庆也。臣愚以为宜侧身修德，以答天谴。不然，恐殃祸至矣！"则天大怒，流于岭外。后为六道使所杀。

王求礼者，许州长社人。则天时，为左拾遗。时武懿宗统兵讨契丹，畏懦不敢进。及贼平，懿宗奏沧、瀛等数百家从贼，请诛之。求礼廷折之曰："此等素无武备，城池不完，遇贼畏惧，苟从之以求生，岂素有背叛之心也！懿宗拥强兵数十万，闻贼辄退，使其滋蔓。又欲移罪于草泽诖误之人，岂为臣之道！臣请先斩懿宗，以谢河北。"懿宗不能答。则天遂宽胁从者之罪。后都城三月雨雪，凤阁侍郎苏味道以为瑞雪，率群官表贺。求礼曰："公为宰相，不能燮理阴阳，非时降雪，又将灾而为瑞，诬罔视听。若以三月雪为瑞雪，即腊月雷亦为瑞雷耶？"味道不从。求礼累迁左台殿中侍御史。神龙初，为卫王掾，病卒。

燕钦融，洛州偃师人也。景龙末，为许州司户参军。时韦庶人干预国政，盛封拜群从子弟。又与悖逆庶人及驸马都尉武延秀、中书令宗楚客等将图危宗社。钦融连上奏其事，庶人大怒，劝中宗召钦融廷见，扑杀之。宗楚客又私令执法者加刃，钦融因而致死。睿宗即位，下制曰："故许州司户参军燕钦融，先陈忠谠，颇列章奏，虽干非其位，而进不顾身。永言奄亡，诚所伤悼，开开谏路，宜慰窀穸。可赠谏议大夫，仍令备礼改葬，特授一子官。"

先是，定州人郎岌，亦备陈韦庶人及宗楚客将为逆乱之状，中宗不纳，而韦庶人劝杖杀之。睿宗即位，追赠谏议大夫。

安金藏，京兆长安人，初为太常工人。载初年，则天称制，睿宗号为皇嗣。少府监裴匪躬、内侍范云仙并以私谒皇嗣腰斩。自此公卿已下，并不得见之，唯金藏等工人得在左右。或有诬告皇嗣潜有异谋者，则天令来俊臣穷鞫其状。左右不胜楚毒，皆欲自诬，唯金藏确然无辞，大呼谓俊臣曰："公不信金藏之言，请剖心以明皇嗣不反。"即引佩刀自剖其胸，五藏并出，流血被地，因气绝而仆。则天闻之，令舆入宫中，遣医人却纳五藏，以桑白皮为线缝合，傅之药。经宿，金藏始苏。则天亲临视之，叹曰："吾子不能自明，不如尔之忠也！"即令俊臣停推，睿宗由是免难。

金藏，神龙初丧母，寓葬于都南阙口之北，庐于墓侧，躬造石坟石塔，昼夜不息。原上旧无水，忽有涌泉自出。又有李树盛冬开花，犬鹿相狎。本道使卢怀慎上闻，敕旌表其门。景云中，累迁右武卫中郎将。玄宗即位，追思金藏忠节，下制褒美，擢拜右骁卫将军，乃令史官编次其事。开元二十年，又特封代国公，仍于东岳等诸碑镌勒其名。竟以寿终，赠兵部尚书。

卷一百八十七下
列传第一百三十七

忠 义 下

李憕 子源 彭 彭孙景让　张介然　崔无诐　卢奕　蒋清　颜杲卿 子泉明　薛愿 庞坚附　张巡 姚訚附　许远　程千里　袁光庭　邵真　符璘　赵晔　石演芬 张名振附　张伾　甄济　刘敦儒　高沐　贾直言　庾敬休　辛谠

李憕，太原文水人。父希倩，中宗神龙初，右台监察御史。憕早聪敏，以明经举，开元初为咸阳尉。时张说自紫微令、燕国公出为相州刺史、河北按察使，有洺州刘行善相人，说问："寮采后谁贵达？"行乃称憕及临河尉郑岩。说乃以女妻岩，妹婿阴行真女妻于憕。及说为并州长史、天兵军大使，引憕常在幕下。九年，入为相，憕又为长安尉。属宇文融为御史，括田户，奏知名之士崔希逸、咸廙业、宇文顺、于孺卿、李宙及憕为判官，摄监察御史，分路检察，以课并迁监察御史。憕骤历兵、吏部郎中、给事中。憕有吏干，明于几案，甚有当官之称。

二十八年，为河南少尹。时萧炅为尹，依倚权贵，莅事多不法。憕以公直正之，人用系赖。又道士孙甄生以左道求进，托以修功德，往来嵩山，求请无度，憕必挫之。炅及甄生患之，而构于朝廷。天宝初，出为清河太守。十一载，累转河东太守、本道采访。谒于行在所，改尚书右丞、京兆尹。十四载，转光禄卿、东京留守，判尚书省事。

其载十一月，安禄山反于范阳，人心震惧。玄宗遣安西节度封常清兼御史大夫为将，召募于东京以御之。憕与留台御史中丞卢奕、河南尹达奚珣，绥辑将士，完缮城郭，遏其侵逼。迁憕礼部尚书，依前留守。自逆徒发范阳，至渡河，令严，觇候计绝。及渡河，陷陈留、荥阳二郡，杀张介然、崔无诐，数日间已至都城下。禄山所统，皆蕃汉精兵，训练已久；常清之众，多市井之人，初不知战。及兵交之后，被铁骑驰突，飞矢如雨，皆魂慑色沮，望贼奔散。憕谓奕曰："吾曹荷国重寄，誓无避死，虽力不敌，其若官守何！"奕亦便许愿守本司。于是憕居留守宅，奕独居台中。

及常清西奔，禄山领其众，椎鼓大呼，以入都城，杀掠数千人，箭及宫阙。然后住居于闲厩内，令擒憕及奕、判官蒋清等三人，害之，以威于众。禄山传憕、奕、清三人之首，以徇河北。信宿，至平原，太守颜真卿斩其使，浴其首，殓以木函，祭而瘗之，以闻。玄宗赠憕司徒，仍与一子五品官。奕武部尚书，崔无诐工部尚书，各与一子官。蒋清文部郎中。

憕丰于产业，伊川膏腴，水陆上田，修竹茂树，自城及阙口，别业相望，与吏部侍郎李彭年皆有地癖。郑岩，天宝中仕至绛郡太守，入为少府监，田产亚于憕。

憕有子十余人，二子为僧，与憕同遇害；二子彭、源，存焉。

源，时年八岁，为贼所俘，转徙流离，凡七八年。及史朝义走河北，洛阳故吏有义源者，赎之于民家。代宗闻之，授河南府参军，转司农寺主簿。以父死祸难，无心禄仕，誓不婚妻，不食酒肉。洛阳之北惠林寺，憕之旧墅也，源乃依寺僧，寓居一室，依僧斋戒，人未尝见其所习。先穴地为墓，预为终制，时时偃仰于穴中。

长庆三年，御史中丞李德裕表荐之曰："处士李源，即故礼部尚书、东都留守、赠司徒、忠烈公憕之少子。天与忠孝，嗣兹贞烈。以父死国难，哀缠终身，自司农寺主簿，绝心禄仕，垂五十年。暨于衰暮，多依惠林佛寺，本憕之墅也。寺之正殿，即憕之寝室，源过殿必趋，未尝登践。随僧一食，已五十年。其端心执孝，无有不至。抱此贞节，弃于清朝，臣窃为陛下惜之。"诏曰：

《礼》著死绥，《传》称握节，捐生守位，取重人伦。为义甚明，其风或替，言念于此，慨然兴怀。而朝之公卿，有上言者，云天宝之季，盗起幽陵，振荡生灵，噬吞河洛。赠司徒、忠烈公憕，处难居首，正色受屠，两河闻风，再固危壁，首立效节，到今称之。其子源，有曾、闵之行，可贯于神明；有巢、由之风，可希于太古。山林以寄其迹，爵禄不入于心，泊然无营，五十余载。夫褒忠可以劝臣节，旌孝可以激人伦，尚义可以警浇浮，敬老可以厚风俗。举兹四者，大儆于时。是用擢自衡门，立于文陛，处以谏职，冀闻谠言，仍加印绶，式示光宠。可守左谏议大夫，赐绯鱼袋。仍敕河南尹差官就所居敦谕遣发。

穆宗寻令中使赍手诏、绯袍、牙笏、绢二百匹，往洛阳惠林寺宣赐。源受诏，对中使苦陈疾甚年高，不能趋拜，附表谢恩，其官告服色绢，皆辞不受。竟卒于寺。

彭，以一子官累历州县令长。子宏，仕官愈卑。生三子：景让、景庄、景温，自元和后，相继以进士登第。

景让，大和中为尚书郎，出为商州刺史。开成二年，入朝为中书舍人。二年十月，出为华州刺史、潼关防御、镇国军使。四年，入为礼部侍郎。五年，选贡士李蔚，后至宰相；杨知退为尚书。大中朝，为襄州刺史、山南道节度使，入为吏部尚书。十一年，转御史大夫。

景让有大志，事亲以孝闻，正色立朝，言无避忌。为大夫时，宣宗舅郑光卒，诏赠司徒，罢朝三日。景让曰："国舅虽亲，朝典有素，无容过越。"乃上言曰：

郑光是陛下亲舅，外族之爱，诚轸圣心，况皇太后哀切之时，理合加等，而赐之粟帛，隆其第宅，自家刑国，允谓合宜。今以辍朝之数，比于亲王公主，则前例所无。纵有，亦不可施用。何者？先王制礼，所以防微。大凡人情，于外族则深，于宗属则薄。所以先王制礼，割爱厚亲，士庶犹然，况当万乘！亲王公主，宗属也；舅氏，外族也。今朝廷公卿以至庶人，据《开元礼》，外祖父母及亲舅丧服，小功五月，若亲伯叔亲兄弟即服齐缞周年。所以疏其外而密于内也。有天下者，尤不可使外戚强盛。故西汉有吕氏之侈，几灭刘氏；国朝有则天之篡，殆革唐命。皆非一朝一夕，其所由来渐也。今郑光辍朝日数，与亲王公主同，设使陛下速改诏命，辍朝一日或两日，示其升降有差，恩礼无僭，使四方见陛下钦明之德，青史传陛下制度之文，垂之百王，播之芳烈。

臣愚不肖，谬窃恩私，实愿陛下处于尧、舜之上，羲、轩之列，所以甘心鼎镬，伏进危言！

优诏报之，乃罢两日。景让复为吏部尚书，卒，谥曰孝。

景温，登第后践历台阁。咸通中，自工部侍郎出为华州刺史、潼关防御、镇国军使。景庄，亦至达官。

张介然者，蒲州猗氏人也。本名六朗。谨慎善筹算，为郡守在河、陇。及天宝中，王忠嗣、皇甫惟明、哥舒翰相次为节将，并委以营田支度等使。进位卫尉卿，仍兼行军司马，使如故。及加银青光禄大夫，带上柱国，因入奏称旨，特加赐赉。介然乘间奏曰："臣今三品，合列荣戟。若列于帝城，乡里不知臣贵。臣，河东人也，请列戟于故乡。"玄宗曰："所给可列故乡，京城伫当别赐。"介然拜谢而出，仍赐绢五百匹，令宴集闾里，以宠异之。本乡列戟，自介然始。哥舒翰追在西京，荐为少府监。

安禄山将犯河洛，以介然为河南防御使，令守陈留。陈留水陆所凑，邑居万家，而素不习战。介然至任数日，贼已渡河。虽率兵登城，兼守要害，房骑十万，所过杀戮，烟尘亘天，弥漫数十里。介然之众，闻吹角鼓噪之声，授甲不得，气已夺矣，故至覆败。

初，玄宗以禄山起逆，于河南要路悬榜以购其首，又谕已杀其子庆宗等。禄山入陈留北郭，安庆绪见榜，白于禄山。禄山于舆中两手抚胸，大哭数声，曰："我有何罪，已杀我儿？"便纵凶毒。前有陈留兵将降者向万人，行列于路，禄山命其牙将杀戮皆尽，流血如川。乃斩介然于军门，禄山气乃稍解。顿军于陈留郭下，以其将李庭望为节度镇之。十五载，玄宗赠介然工部尚书，与一子五品官。

崔无诐者，京兆长安人也。本博陵旧族。父从礼，中宗韦庶人之舅，景龙中卫尉卿。时中书令、鄎国公萧至忠才位素高，甚承恩顾，敕亡长女冥婚韦庶人亡弟。无诐婚全忠女，后为女家，中宗为儿家，供拟甚厚，时人为之语曰："皇后嫁女，天子娶妇。"及韦庶人败，至忠女亦死，无诐坐累久贬在外。

开元中，为益州司马。会杨国忠为新都尉，与之欢甚，国忠因事引用之，累转陕郡太守、少府监、荥阳郡太守。安禄山率众南向，无诐召募拒之。及贼陷陈留郡后，凶威转盛，戈矛鼓角，惊骇城邑，两宿及荥阳。乘城自坠如雨，故无诐及官吏，尽为贼所虏。贼以其将武令珣镇之。

卢奕，黄门监怀慎之少子也。与其兄免齐名。大腹丰下，眉目疏朗。谨愿寡欲，不尚舆马，克己自励。开元中，任京兆司录参军。天宝初，为鄠县令、兵部郎中。所历有声，皆如奂之所治也。天宝八载，转给事中。十一载，为御史中丞。始怀慎及奂并为中丞，父子三继，清节不易，时人美之。奕留台东都，又分知东都武部选事。

十四载，安禄山犯东都，人吏奔散；奕在台独居，为贼所执，与李憕同见害。玄宗闻而愍之，赠兵部尚书。太常议谥，博士独孤及议曰：

卢奕刚毅朴忠，直方而清，励精吏事，所居可纪。天宝十四载，洛阳陷没。于时东京人士，狼狈鹿骇，猛虎磨牙而争其肉，居位者皆欲保命而全妻子。或先策高足，争脱羁鞚；或不耻苟活，甘饮盗泉。奕独正身守位义不去，以死节誓不辱。势穷力屈，以朝服就执，犹慷慨感愤，数贼枭獍之罪。观者股栗，奕不变其色，而北面辞君，然后受害。虽古烈士，方之者鲜矣！

或曰："洛阳之存亡，操师者实任其咎，非执法吏所能抗。师败将奔，去之可也。委身寇仇，以死谁懟？"及以为不然。勇者御而忠者守，必社稷是卫，则死生以之。危而去之，是智免也，于忠何有？昔荀息杀身于晋，不食其言也；仲由结缨于卫，食焉不避其难也；玄冥勤其官而水死，守位而忘躯也；伯姬待保姆而火死，先礼而后身也。彼四人者，死之日，皆于事无补，夫岂爱死而贾祸也！以为死轻于义，故蹈义而捐生。古史书之，使事君者劝。然则禄之乱，大于里克、孔悝；奕廉察之任，切于玄冥之官。分命所系，不啻于保姆；逆党兵威，甚于水火。于斯时也，能与执干戈者同其戮力，挽之不来，推之不去，岂不以师可亏，免不可苟，身可杀，节不可夺。故全其特操于白刃之下，孰与夫怀安偷生者同其风哉！

谨按谥法，图国忘身曰"贞"，秉德遵业曰"烈"。奕执宪戎马之间，志藩王室，可谓图国；国危不能拯，而继之以死，可谓忘身；历官一十任，言必正，事必果，而清节不挠，去之若始至，可谓秉德；先黄门以直道佐时，奕嗣之以纯纯，可谓遵业。请谥曰"贞烈"。

从之。

蒋清者，故吏部侍郎钦绪之子。举明经，调补太子校书郎、巩县丞，卢奕留之宪府。清与诸兄溢、演、沇，知名于时。奕之被害，清亦死焉。

颜杲卿，琅邪临沂人。世仕江左。五代祖之推，北齐黄门侍郎、修文馆学士。齐亡入周，始家关内，遂为长安人焉。曾伯祖师古，贞观中秘书监，自有传。曾祖勤礼，崇文馆学士。祖甫，曹王侍读。父元孙，垂拱初登进士第，考功员外郎刘奇榜其词策，文瑰俊拔，多士耸观。历官长安尉、太子舍人、亳州刺史卒。

杲卿以荫受官,性刚直,有吏干。开元中,为魏州录事参军,振举纲目,政称第一。天宝十四载,摄常山太守。时安禄山为河北、河东采访使,常山在其部内。其年十一月,禄山举范阳之兵诣阙。十二月十二日,陷东都。杲卿忠诚感发,惧贼遂寇潼关,即危宗社。时从弟真卿为平原太守,初闻禄山逆谋,阴养死士,招怀豪右,为拒贼之计。至是遣使告杲卿,相与起义兵,掎角断贼归路,以纾西寇之势。杲卿乃与长史袁履谦、前真定令贾深、前内丘丞张通幽等,谋开土门以背之。时禄山遣蒋钦凑、高邈率众五千守土门。杲卿欲诛钦凑,开土门之路。时钦凑军隶常山郡,属钦凑遣高邈往幽州未还,杲卿遣吏召钦凑至郡计事。是月二十二日夜,钦凑至,舍之于传舍。会饮既醉,令袁履谦与参军冯虔、县尉李栖默、手力翟万德等杀钦凑。中夜,履谦以钦凑首见杲卿,相与垂泣,喜事交济也。是夜,槀城尉崔安石报高邈还至蒲城,即令冯虔、翟万德与安石往图之。诘朝,高邈之骑从数人至槀城驿,安石皆杀之。俄而邈至,安石绐之曰:"太守备酒乐于传舍。"邈方据厅下马,冯虔等擒而絷之。是日,贼将何千年自东都来赵郡,冯虔、万德伏兵于醴泉驿,千年至,又擒之。即日缚二贼将还郡。杲卿遣子安平尉泉明及贾深、张通幽、翟万德,函钦凑之首,械二贼,送于京师。

至太原,节度使王承业留泉明、贾深等,寝杲卿之表。承业自上表献之,以为己功。玄宗不之知,擢拜承业大将军,牙官获赏者百数。玄宗寻知杲卿之功,乃加卫尉卿、兼御史大夫,以袁履谦为常山太守,贾深为司马。

杲卿既斩贼将,收兵练卒,乃檄告河北郡县,言朝廷以荣王为河北东兵马大元帅,哥舒翰为副,统众三十万,即出土门。郡县闻之,皆杀贼守将,远近响应,时十五郡皆为国家所守。时安禄山遣使传李憕、卢奕之首徇河北。至平原,真卿杀贼使,收藏憕等首。清池尉贾载亦斩伪署景城守刘玄道,传首于平原。饶阳郡守卢全诚亦据郡举兵,会于真卿。时常山、平原二郡兵威大振。禄山方自率众而西,已至陕虢,闻河北有变而还,乃命史思明、蔡希德率众渡河。

十五年正月,思明攻常山郡。城中兵少,众寡不敌,御备皆竭。其月八日,城陷,杲卿、履谦为贼所执,送于东都。思明既陷常山,遂攻诸郡,邺、广平、钜鹿、赵郡、上谷、博陵、文安、魏郡、信都,复为贼守。禄山见杲卿,面责之曰:"汝昨自范阳户曹,我奏为判官,遂得光禄、太常二丞,便用汝摄常山太守,负汝何事而背我耶?"杲卿瞋目而报曰:"我世为唐臣,常守忠义,纵受汝奏署,复合从汝反乎!且汝本营州一牧羊羯奴耳,叨窃恩宠,致身及此,天子负汝何事而汝反耶?"禄山怒甚,令缚于中桥南头从西第二柱,节解之,比至气绝,大骂不息。

是日杲卿幼子诞、侄诩及袁履谦,皆被先截手足,何千年弟在傍,含血喷其面,因加割骨,路人见之流涕。其年二月,李光弼、郭子仪之师自土门东下,复收常山郡。杲卿、履谦等妻女数百人,系之狱中,光弼破械出之,令行丧服,给遣周厚。

至德二年冬,广平王收复两京,史思明以河朔归国。时真卿为蒲州刺史,乃令泉明于河北求访血属。杲卿妹先适故榆次令张景儋,妹女流落贼中,泉明一女亦落贼中,俱索购钱三万。泉明悉索所费,购妹女而还,比复纳购,已女遂失。而袁履谦已下,父之将吏妻子奴隶三百余人,转徙贼中,穷窘无告。泉明悉以归蒲州,真卿赡给久之,随其所诣而资送之。泉明求其父尸于东都,得其行刑者,言杲卿被害时,先断一足,与履谦同坎瘗之。及发瘗得尸,果无一足,即日与履谦之尸,各为一柩,扶护还长安。初,履谦妻疑夫柩殓衣俭薄,发棺视之,一与杲卿等,履谦妻号踊感叹,待之如父。泉明之志行仁义如此。

乾元元年五月,诏曰:"故卫尉卿、兼御史中丞、恒州刺史颜杲卿,任彼专城,志枭狂房,艰难之际,忠义在心。愤群凶而慷慨,临大节而奋发,遂擒元恶,成此茂勋。属胡房凭陵,流毒方炽,孤城力屈,见陷寇仇,身殁名存,实彰忠烈。夫仁者有勇,验之于临难;臣之报国,义存于捐躯。嘉其死节之诚,未备饰终之礼,可赠太子太保。"

薛愿,河东汾阴人。父绍,礼部郎中。兄崇一,尚惠宣太子女宜君县主。女弟为废太子瑛妃。愿坐宫废贬官。禄山之乱,南阳节度使鲁炅奏用愿为颍川太守、本郡防御使。时贼已陷陈留、荥阳、汝南等郡,方围南阳。颍川当其来往之路,愿与防御副使庞坚同力固守,城中储蓄无素,兵卒单寡。自至德元年正月至十一月,贼昼夜攻之不息,距城百里,庐舍坟墓林树开发斩伐殆尽,而外救无至。贼将阿史那承庆悉以锐卒并攻,为木驴木鹅,云梯冲棚,四面云合,鼓噪如雷,矢石如雨,力攻十余日,城中守备皆竭,贼夜半乘梯而入。愿、坚俱被执,送于东都,将支解之。或说禄山曰:"薛愿、庞坚,义士也。人各为其主,屠之不祥。"乃系于洛水之滨,属苦寒,一夕冻死。

坚,武德功臣玉之玄孙。初娶邠王守礼女建宁县主。鲁炅奏为颍川郡长史,兼防御副使。

张巡,蒲州河东人。兄晓,开元中监察御史。兄弟皆以文行知名。巡聪悟有才干,举进士,三以书判拔萃入等。天宝中,调授清河令。有能名,重义尚气节,人以危窘告者,必倾财以恤之。

禄山之乱,巡为真源令。说谯郡太守,令完城,募市人,为拒贼之势。时吴王祗为灵昌太守,奉诏纠率河南诸郡,练兵以拒逆党,济南太守李随副之。巡与单父尉贾贲各召募豪杰,同为义举。

时雍丘令令狐潮欲以其城降贼,民吏百余人不从命,潮皆反接,仆之于地,将斩之。会贼来攻城,潮遽出斗,而反接者自解其缚,闭城门拒潮召贲。贲与巡引众入雍丘,杀潮妻子,婴城守备。吴王祗承制授贲监察御史。数日,贼来攻城,贲出斗而死,巡乃合贲之众城守。令狐潮引贼将李廷望交围累月,贼伤夷大半。禄山乃于雍丘北置杞州,筑城垒以绝饷路,自是内外隔绝。又相持累月,贼锋转炽,城中益困。

时许远为睢阳守,与城父令姚訚同守睢阳城,贼攻之不下。初禄山陷河洛,许叔冀守灵昌,薛愿守颍川,许远守睢阳，皆城孤无援。愿守一年而城陷，督冀一年而自拔，独睢阳坚守。贼将尹子奇攻围经年。巡以雍丘小邑，储备不足，大寇临之，必难保守，乃列卒结阵诈降，至德二年正月也。玄宗闻而壮之，授巡主客郎中、兼御史中丞。尹子奇攻围既久，城中粮尽，易子而食，析骸而爨，人心危恐，虑将有变。巡乃出其妾，对三军杀之，以飨军士。曰："诸公为国家戮力守城，一心无二，经年乏食，忠义不衰。巡不能自割肌肤，以啖将士，岂可惜此妇人，坐视危迫。"将士皆泣下，不忍食，巡强令食之。乃括城中妇人；既尽，以男夫老小继之，所食人口二三万，人心终不离变。

时贺兰进明以重兵守临淮，巡遣帐下之士南霁云夜缒出城，求援于进明。进明日与诸将张乐高会，无出师意。霁云泣告之曰："本州强寇凌逼，重围半年，食尽兵穷，计无从出。初围城之日，城中数万口，今妇人老幼，相食殆尽，张中丞杀爱妾以啖军人，今见存之数，不过数千，城中之人，分当饵贼。但睢阳既拔，即及临淮，皮毛相依，理须援助。霁云所以冒贼锋刃，匍匐乞师，谓大夫深念危亡，言发响应，何得宴安自处，殊无救恤之心？夫忠臣义士之所为，岂宜如此！霁云既不能达主将之意，请啮一指，留于大夫，示之以信，归报本州。"霁云自临淮还睢阳，绳城而入。城中将吏知救不至，恸哭累日。

十月，城陷。巡与姚訚、南霁云、许远，皆为贼所执。巡神气慷慨，每与贼战，大呼誓师，眦裂血流，齿牙皆碎。城将陷，西向再拜，曰："臣智勇俱竭，不能式遏强寇，保守孤城。臣虽为鬼，誓与贼为厉，以答明恩。"及城陷，尹子奇谓巡曰："闻君每战眦裂，嚼齿皆碎，何至此耶？"巡曰："吾欲气吞逆贼，但力不遂耳！"子奇以大刀剔巡口，视其齿，存者不过三数。巡大骂曰："我为君父义死。尔附逆贼，犬彘也，安能久哉！"子奇义其言，将礼之，左右曰："此人守义，必不为我用。素得士心，不可久留。"是日，与姚訚、霁云同被害，唯许远执送洛阳。

姚訚者，浃州平陆人，故相梁国公崇之侄孙。父弈，开元初历处州刺史。訚性豪荡，好饮谑，善丝竹。历寿安尉、城父令，与张巡素相亲善。以守睢阳之功，至德二年春，加检校尚书侍郎。

贾贲者，故闽州刺史璿之子也。

许远者，杭州盐官人也。世仕江右。曾祖高阳公敬宗，龙朔中宰相，自有传。远清干，初从军河西，为碛西支度判官。章仇兼琼镇剑南，又辟为从事。慕其门，欲以子妻之。远辞，兼琼怒，积他事中伤，贬为高要尉。后遇赦得还。

禄山之乱，不次拔将帅，或荐远素练戎事。玄宗召见，拜睢阳太守，累加侍御史、本州防御使。及贼将尹子奇攻围，远与张巡、姚訚婴城拒守经年，外救不至，兵粮俱尽而城陷。尹子奇执送洛阳，与哥舒翰、程千里，俱囚之客省。及安庆绪败，渡河北走，使严庄皆害之。

初，贺兰进明与房琯素不相叶。及琯为宰相，进明时为御史大夫。琯奏用进明为彭城太守、河南节度使、兼御史大夫，代嗣虢王巨；复用灵昌太守许叔冀为进明都知兵

马、兼御史大夫，重其官以挫进明。虢王巨受代之时，尽将部曲而行，所留者拣退赢兵数千人、劣马数百匹，不堪捍贼。叔冀恃部下精锐，又名位等于进明，自谓匹敌，不受进明节制。故南霁云之乞师，进明不敢分兵，惧叔冀见袭。两相观望，坐视危亡，致河南郡邑为墟，由执政之乖经制也。

程千里，京兆人。身长七尺，骨相魁岸，有勇力。本碛西募人，累以戎勋，官至安西副都护。天宝十一载，授御史中丞。十二载，兼北庭都护，充安西北庭节度使。突厥首领阿布思先率众内附，隶朔方军，玄宗赐姓名曰李献忠。李林甫遥领朔方节度，用献忠为副将。后有诏移献忠部落隶幽州，献忠素与禄山有隙，惧不奉诏，乃叛归碛北，数为边患。玄宗愤之，命千里将兵讨之。

十二载十一月，千里兵至碛西，以书喻葛禄，令其相应。献忠势穷，归葛禄部。葛禄缚献忠并其妻子及帐下数千人，送之千里，飞表献捷，天子壮之。十三载三月，千里献俘于勤政楼，斩之于朱雀街，以功授右金吾卫大将军同正，仍留佐羽林军。禄山之乱，诏千里于河东召募，充河东节度副使、云中太守。

十五载正月，迁上党郡长史、特进，摄御史中丞，以兵守上党。贼来攻城，屡为千里所败，以功累加开府仪同三司、礼部尚书、兼御史大夫。

至德二年九月，贼将蔡希德围城，数以轻骑挑战。千里恃其骁果，开悬门，率百骑，欲生擒希德。劲骑搏之，垂将擒而希德救兵至，千里敛骑而退，桥坏队坑，反为希德所执。仰首告诸骑曰："非吾战之过，此天也！为我报诸将士，乍可失帅，不可失城。"军人闻之泣下，昼夜严兵城守，贼竟不能拔。千里至东都，安庆绪舍之，伪署特进，囚之客省。及庆绪败走，为严庄所害。

其年十二月，上御丹凤楼大赦，节文曰："忠臣事君，有死无贰；烈士徇义，虽殁如存。其李憕、卢奕、袁履谦、张巡、许远、张介然、蒋清、庞坚等，即与追赠，访其子孙，厚其官爵，家口深加优恤。"自是赦恩，无不该于节义，而程千里终以生执贼庭，不沾褒赠。

袁光庭者，河西戎将，天宝末为伊州刺史。禄山之乱，西北边戎兵入赴难，河、陇郡邑，皆为吐蕃所拔。唯光庭守伊州累年，外救不至。虏百端诱说，终不之屈，部下如一。及矢石既尽，粮储并竭，城将陷没，光庭手杀其妻子，自焚而死。朝廷闻之，赠工部尚书。

邵真者，恒州节度使李宝臣之判官也。累加检校司封郎中、兼御史中丞，专掌文翰，宝臣深所信任。宝臣死，其子惟岳擅领父众。李正己、田悦遣人说惟岳同叛，真泣谏曰："先公位兼将相，受国厚恩，大夫缞绖之中，遽欲违命，同邻道之恶，违先公之志，必不可也！田悦与我密迩，绝之又恐速祸；正己稍远，绝之易耳。但令悦使还报，请徐思其宜；执正己使送京师，因请致讨，朝廷必嘉大夫之忠，而旄节可得。"惟岳然之，令真草奏。将发，孔目

吏胡震谓惟岳曰："此事非细，请与将吏会议。"长史毕华曰："先公与二道亲好，二十余年，一朝背之，伏恐生事。今执其来使，送于京师，大善。脱未为朝廷所信，正己兵强，忽来袭城，孤军无援，何以敌之？不若仍旧勿绝，徐观其变。"惟岳又从之。真又劝惟岳遣其弟惟简入朝，仍遣军吏薛广嗣诣河东节度马燧军求保荐。田悦屯兵束鹿，闻其谋，遣人谓惟岳曰："邵真惑乱军政，必速杀之。不然，吾且讨其罪矣。"惟岳惧，遂杀真。朝廷闻而嘉之，赠户部尚书。

符璘者，田悦之将。初，马燧、李抱真、李芃等破田悦于洹水，燧等进屯魏州。时悦与李纳会于濮阳，因请助兵，纳分麾下数千人随之。至是纳为河南诸军所逼，自濮阳奔归濮州，征兵于悦，悦遣璘将三百骑护送之。纳兵既归，遂悉其众降于燧。迁璘试太子詹事、兼御史中丞，封义阳郡王，实封一百户。

璘父令奇，初为悦部将，至是因璘之出，遂令三子同降于燧。悦怒，执令奇，令奇大呼慢骂，悦族其家。赠令奇户部尚书。

赵晔，字云卿，邓州穰人，其先自天水徙焉。贞观中主客员外郎德言曾孙也。父敬先，殿中侍御史。

晔志学，善属文。开元中，举进士，连擢科第，补太子正字，累授大理评事，贬北阳尉，移雷泽、河东二丞。河东采访使韦陟以晔履操清直，颇推敬之，表为宾僚。陟罢，陈留采访使郭纳复奏晔为支使。及安禄山陷陈留，因没于贼。时有京兆韦氏，夫任畿官，以不供贼军遇害，韦被逆贼没入为婢。江西观察使韦儇，族兄弟也。晔哀其冤抑，以钱赎之，俾其妻置之别院，厚供衣食，而晔竟不面其人。明年，收复东都，晔以家财资给，而访其亲属归之，识者咸重焉。

乾元初，三司议罪，贬晋江尉。数年，改录事参军。征拜左补阙，未至。福建观察使李承昭奏为判官，授试大理司直、兼监察御史。试司议郎、兼殿中侍御史。入为膳部、比部二员外，膳部、仓部二郎中，秘书少监。

晔性孝悌，敦重交友，虽经艰危，不改其操。少时与殷寅、颜真卿、柳芳、陆据、萧颖士、李华、邵轸、同志友善，故天宝中语曰："殷、颜、柳、陆、萧、李、邵、赵"，以其重行义，敦交道也。而晔早擅高名，在宦途五十年，累经贬谪，壅踬备至。入仕三十年，方沾省官，身在郎署，子常徒步。官既散曹，俸禄单寡，衣食不充，以至亡殁，服名检者为之叹息。建中四年冬，泾原兵叛，晔窜于山谷。寻以疾终，追赠华州刺史。

子宗儒，别有传。

石演芬，本西域胡人也。以武勇为朔方邠宁节度兵马使、兼御史大夫。李怀光养为子，累至右武锋都将。时怀光军屯三桥，将与朱泚通谋。演芬乃使门客郜成义密疏，具言怀光无状，请罢其总统。成义至奉天，乃反以其言告怀光子璀，璀密告其父。怀光乃召演芬责曰："以尔为子，奈何欲破我家！今死可乎？"演芬对曰："天子以公为腹心，公上负天子，安可责演芬！且演芬胡人，不解异心，欲守事一人，幸免呼为贼。死，常分也！"怀光使左右脔食之，皆曰："此忠烈士也！可令速死。"乃以刀断其颈。德宗追思忠义烈，赠兵部尚书，仍赐钱三百千。又捕得郜成义于朔方，戮之。

先是，诏赐怀光铁券。怀光奉诏倨慢，左都将张名振大呼军门曰："太尉见贼不击，天使到不迎，固将反耶！且安史两贼，扑固怀恩，今皆族灭，公欲何为？是资忠义之士立功勋耳！"怀光闻之，召谓曰："我不反，为贼强盛，须蓄锐俟时耳。"无几，怀光引军入咸阳，名振曰："公乃言不反，今此来何也？何不急攻朱泚，收复京城，以图富贵？"怀光曰："名振病狂。"使左右杀之。

张伾，建中初，以泽潞将镇临洺。田悦攻之，伾度兵力不能出战，严设守备，婴城拒守，贼不能拔。累月，攻之益急，士多死伤，粮储渐乏，救兵未至。伾知事不济，无以激士心，乃悉召将卒于军门，命其女出拜之，谓曰："将士辛苦力战，伾之家无尺寸物与公等，独有此女，幸未嫁人，愿出卖之，为将士一日之费。"众皆大哭，曰："誓为将军死战，幸无虑也！"会马燧与太原之师至，与众合击悦于城下，大败之。伾乘势出战，士卒无不一当百。围解，以功迁泗州刺史。在州十余年，拜右金吾卫大将军，诏未至，病卒。贞元二十一年，赠尚书右仆射。

有子重政，军吏欲立为郡帅，重政母徐氏固拒不从。诏曰："前昭义军泗州行营衙前兵马使、大中大夫、试太子宾客、兼监察御史张重政，门有勋力，惟推义勇。夙闻克家之美，常称抚众之才。近者其父初亡，群小扇惑，诱以奇计，俾执军麾。而重政与其母兄，号泣固拒，遂全恳愿，奔告元戎，不为利回，成其先志。于家为孝子，在国为忠臣，军政义安，行义昭著。念兹名节，感叹良深，宜洽恩荣，俾弘激劝。礼无避于金革，理当由于权夺，戎章宪府，式示兼崇。可起复云麾将军，守金吾卫大将军员外置同正员，检校太子詹事、兼御史中丞，仍委淮南节度使与要职事任使。"

又诏曰："张重政母高平郡夫人徐氏，族茂姻阀，行表柔明，怀正家之美，有择邻之识。顷当变故，曾不诡随，保其门宗，训成忠孝，虽图史所载，何以加之！念其令子，已申奖用，特彰母仪之德，俾崇封国之荣。可封鲁国太夫人。"

甄济，字孟成，中山无极人，家于卫州。少孤，天宝中隐居卫州青岩山。人伏其操行，约不败渔。采访使安禄山表荐之，授试大理评事，充范阳郡节度掌书记。

天宝末，安禄山有异志，谋以智免。卫县令齐玘诚信可托，乃求使至卫，具以诚告。弟憕密求羊血以为备，至夜，伪呕血疾不能支，遂舁归。及禄山反，使伪节度使蔡希德领行戮者李挺等二人，封刀来召，察济诈不起，即就戮之。济以左手书云："去不得！"李挺持刀而前，济引首以待，希德歔欷嗟叹之，曰："李挺退。"以实病报禄山。后安庆绪亦使人至县，强异至东都安国观。经月余，代宗收东京。济起，诣军门上谒，乃送上都。肃宗馆之于三司使，令受伪命官瞻望，以愧其心。授秘书郎，转太子舍人。宝应初，拜刑部员外郎。魏少游奏授著作郎、兼侍御史，终于襄州。

元和中，襄州节度使袁滋奏其节行，诏曰："符风树节，谓之立名；殁加褒赠，所以诱善。故朝散大夫、秘书省著作郎、兼侍御史甄济，早以文雅，见称于时。尝因辟召，亦佐戎府。而能保坚贞之正性，不履危机；睹逆乱之潜萌，不从胁污。义声可传于竹帛，显赠未贲于松楸。藩方所陈，允叶彝典，追加命秩，以奖忠魂。可赠秘书少监。"

刘敦儒，开元朝史官左散骑常侍子玄之孙。敦儒母有心疾，非日鞭人不安，子弟仆使，不胜其苦，皆逃遁他处，唯敦儒侍养不息，体常流血。及母亡，居丧毁瘠骨立，洛中谓之刘孝子。

元和中，东都留守权德舆具奏其行，诏曰："孝子刘敦儒，生于儒门，禀此至性。王祥笃行，起孝敬而不移；曾参养志，积岁年而罔息。用弘劝奖，而服官常，分曹洛师，俾遂私志。可左龙武军兵曹参军，分司东都。"

高沐，渤海人。父凭，从事于宣武军，知曹州事。李灵曜作乱，凭密遣使奏贼中事状，诏除曹州刺史。无何，李正己盗有曹、濮，凭遂陷于贼，数年卒。

沐，贞元中进士及第。以家族在郓，李师古置为判官。居数年，师道擅袭，每谋不顺，沐与同列郭昈、李公度等，必广引古今成败谕之，前后说师道为善者凡千言。其判官李文会、孔目官林英，皆为师道信用，乘间相与涕泣于师道前曰："文会等血诚怀忧尚书家事，反为高沐辈所嫉。尚书奈何不惜十二州之城，成高沐等百代之名乎！"复日夜逸构，由是渐见疑忌，令沐知莱州事。林英因奏事至京，逼邸吏密报师道云："高沐潜有诚款至朝廷矣！"师道大怒，李文会从而构成之。沐遂遇害于迁所，而囚郭昈于莱州，其血属皆徙远地。

及淮西平，师道渐惧。李公度与其将李英昙乘其惧也，说师道献三州及入质长子。初，甚然之，中悔，将杀公度。贾直言闻之，谓师道用事奴曰："今大祸将至，岂非高沐冤气所为！又杀公度，是益其疾也！"乃止。逐英昙于莱州。未至，缢杀之。又有崔承宠、杨偕、陈佑、崔清，皆以仗顺为贼所恶，李文会呼为高沐之党。沐遇害，承宠等同被囚放。郭昈名亚于沐，虽不死，备尝困辱矣。及刘悟平贼，遽召李公度，执手歔欷。既除滑州节度，首辟昈及公度为从事。

元和十四年四月，诏曰：

图难忘死，为臣之峻节；显忠旌善，有国之令猷。日者妖竖反覆，侮我朝章，而濮州刺史高沐，劫在凶威，潜输忠款。讽其不庭之咎，将冀革心；数其煮海之饶，聿求利国。伏奏必陈于逆节，漏师常破其阴谋。竟以众憎，遂死王事，殁而不朽，风声凛然。式表漏泉之泽，且彰劲草之节。可赠吏部尚书。仍委马总访

其遗骸，以礼收葬，优恤其家。若有子孙，具名闻奏。

贾直言者，父道冲，以伎术得罪，贬之，赐鸩于路。直言伪令其父拜四方，辞上下神祇，伺使者视稍怠，即取其鸩以饮，遂迷仆而死。明日鸩泄于足而复苏。代宗闻之，减父死，直言亦自此病瘖。后从事于李师道。师道不恭朝命，直言冒刃说者二，舆榇说者一。师道讫不从。及刘悟斩师道，节制郑滑，得直言于禁锢之间，又嘉其所为，因奏置幕中。后迁于潞，亦与之俱行。悟纤微乖失，直言必尽理箴规，以是美誉日闻于朝。穆宗以谏议大夫征之，悟拜章乞留，复授检校右庶子、兼御史大夫，依前充昭义军行军司马。悟用其言，终身不亏臣节。后历太子宾客。大和九年三月卒，废朝一日，赠工部尚书。

庾敬休，字顺之，其先南阳新野人。祖光烈，与仲弟光先，禄山迫以伪官，皆潜伏奔窜。光烈为大理少卿，光先为吏部侍郎。父河，当贼泚盗据宫阙，与季弟倬逃窜山谷。河终兵部郎中。

敬休举进士，以宏词登科，授秘书省校书郎，从事宣州。旋授渭南尉、集贤校理。迁右拾遗、集贤学士。历右补阙，称职，转起居舍人，俄迁礼部员外郎。入为翰林学士，迁礼部郎中，罢职归官。又迁兵部郎中、知制诰。丁忧，服阕，改工部侍郎，权知吏部选事，迁吏部侍郎。

上将立鲁王为太子，慎选师傅，改工部侍郎，兼鲁王傅。奏："剑南西川、山南西道每年税茶及除陌钱，旧例委度支巡院勾当，权税当司于上都召商人便换。大和元年，户部侍郎崔元略与西川节度使商量，取其稳便，遂奏请茶税事使自勾当，每年出钱四万贯送省。近年已来，不依元奏，三道诸色钱物，州府逗留，多不送省。请取江西例，于归州置巡院一所，自勾当收管诸色钱物送省，所冀免有遗漏。欲令巡官李溃专往与德裕、遵古商量制置，续具奏闻。"从之。又奏："两川米价腾踊，百姓流亡。请粜两川阙官职田禄米，以救贫人。"从之。再为尚书左丞。大和九年三月，卒于家。

敬休姿容温雅，襟抱夷旷，不饮酒茹荤，不迩声色。著《谕善录》七卷。赠吏部尚书。

辛谠，故太原尹云京之孙，寿州刺史晦之犹子也。性慷慨，重然诺，专务赈人之急。年五十，不求苟进，有济时匡难之志。

咸通十年，庞勋乱徐泗。时杜慆守泗州，贼以郡当江淮要害，极力攻之。时两淮郡县皆陷。慆守临淮久之，援军虽集，贼未解围。时谠寓居广陵，乃仗剑挈小艇趋泗口，贯城栅入城见慆。慆素闻有义而不相面，喜谠至，握手谢曰："判官李建枢方话于为人，何遽至耶？吾无忧矣！"时贼三面攻城，王师结垒于洪源驿。相顾不前。谠夜以小舟穿贼垒至洪源驿。见监军郭厚本，论泗州危急，且宜速救，厚本然之。淮南都将王公弁谓厚本曰："贼众我寡，无宜轻举，当俟可行。"谠坐中拔剑瞋目谓公弁曰："贼百道攻城，陷在旦夕。公等奉诏赴援，而逗留不进，更

欲何为？不唯有负国恩，丈夫气义，亦宜感发！假如临淮陷贼，淮南即是寇场，公何独存耶！"即欲挥刃向公弁，厚本持之。说望泗州大哭经日，帐下为之流涕。厚本义其心，选勇士三百，随说入泗州。夜半斩贼栅，大呼，由水门而入，贼军大骇。既知援兵入，贼乃退舍，人心遂固。

浙西观察使杜审权遣大将翟行约率军三千赴援，屯莲塘驿。恉欲遣人劳之，将吏皆惮其行。说曰："杜相公以大夫宗盟，急难相赴，安得令使者无言而还！"即赍恉书币，犒其使。淮南大将李湘率师五千来援，贼诈降，败于淮口，湘与郭厚本皆为贼所执，自是无援。贼并兵急攻，以铁锁断淮流，梯冲云合，凡周七月，昼夜不息。乘城之士，不遑寝寐，面目生疮，军储渐少，分食稀粥。赖说犯难仗义，求救于淮北诸军。既而马举以大军至，贼解围而去。

说无子，犹子山僧、元老等寄在广陵。每出城，则书二姓名，谓恉曰："志之，得嗣为幸。"恉益感之。贼平，授说泗州团练判官、侍御史。恉迁郑滑节度，说亦从之，为宾佐。恉卒，乃退归江东，以隐居为事。

赞曰：兽解触邪，草能指佞。烈士徇义，见危致命。国有忠臣，亡而复存。何以丧邦？奸邪受恩。

卷一百八十八
列传第一百三十八

孝　友

李知本　张志宽　刘君良　宋兴贵　张公艺附　王君操　周智寿　智爽　许坦　王少玄附　赵弘智　陈集原　元让　裴敬彝　裴守真　子子余　李日知　崔沔　陆南金　弟赵璧　张琇　兄瑝　梁文贞　李处恭　张义贞　吕元简附　崔衍　丁公著　罗让

善父母为孝，善兄弟为友。夫善于父母，必能隐身锡类，仁惠逮于胤嗣矣；善于兄弟，必能因心广济，德信被于宗族矣！推而言之，可以移于君，施于有政，承上而顺下，令终而善始，虽蛮貊犹行焉，虽窘迫犹享焉！自昔立身扬名，未有不借孝友而成者也。前代史官，所传《孝友传》，多录当时旌表之士，人或微细，非众所闻，事出闾里，又难详究。今录衣冠盛德，众所知者，以为称首。至于州县荐饰者，必覆其殊尤，可以劝世者，亦载之。

李知本，赵州元氏人，后魏洛州刺史灵六世孙也。父孝端，隋获嘉丞。初，孝端与族弟太冲，俱有世阀，而太冲官宦最高，孝端方之为劣。乡族为之语，曰："太冲无兄，孝端无弟。"知本颇涉经史，事亲至孝，与弟知隐甚称雍睦。子孙百余口，财物僮仆，纤毫无间。隋末，盗贼过其间而不入，因相让曰："无犯义门。"同时避难者五百余家，皆赖而获免。

知本贞观初官至夏津令，知隐至伊阙丞。知本孙琪，开元中为给事中、扬州刺史。知隐孙颛，有文词，亦历给事中、太常少卿。从祖兄弟，凡为给事者四人。

张志宽，蒲州安邑人。隋末丧父，哀毁骨立，为州里所称。贼帅王君廓屡为寇掠，闻其名，独不犯其间，邻里赖之而免者百余家。后为里正，诣县称母疾，急求归。县令问其状，对曰："母尝有所苦，志宽亦有所苦。向患心痛，知母有疾。"令怒曰："妖妄之辞也！"系之于狱。驰验其母，竟如所言。令异之，慰喻遣去。

及丁母忧，负土成坟，庐于墓侧，手植松柏千余株。高祖闻之，遣使就吊，授员外散骑常侍，赐物四十段，表其门闾。

刘君良，瀛州饶阳人也。累代义居，兄弟虽至四从，皆如同气，尺布斗粟，人无私焉。大业末，天下饥馑，君良妻劝其分析，乃窃取庭树上鸟鷇，交置诸巢中，令群鸟斗竞。举家怪之，其妻曰："方今天下大乱，争斗之秋，禽鸟尚不能相容，况于人乎！"君良从之。分别后月余，方知其计。中夜，遂揽妻发大呼曰："此即破家贼耳！"召诸昆弟，哭以告之。是夜弃其妻，更与诸兄弟同居处，情契如初。

属盗起，闾里依之为堡者数百家，因名为义成堡。武德七年，深州别驾杨弘业造其第，见有六院，唯一爨，子弟数十人，皆有礼节，咨嗟而去。贞观六年，诏加旌表。

又有宋兴贵者，雍州万年人。累世同居，躬耕致养，至兴贵已四从矣。高祖闻而嘉之，武德二年，诏曰：

人禀五常，仁义为重；士有百行，孝敬为先。自古哲王，经邦致治，设教垂范，皆尚于斯。叔世浇讹，人多伪薄，修身克己，事资诱劝。朕恭膺灵命，抚临四海，愍兹弊俗，方思迁导。宋兴贵立操雍和，志情友穆，同居合爨，累代积年，务本力农，崇谦履顺。弘长名教，敦励风俗，宜加褒显，以劝将来。可表其门闾，蠲免课役。布告天下，使明知之。

兴贵寻卒。

郓州寿张人张公艺，九代同居。北齐时，东安王高永乐诣宅慰抚旌表焉。隋开皇中，大使、邵阳公梁子恭亦亲慰抚，重表其门。贞观中，特敕吏加旌表。麟德中，高宗有事泰山，路经郓州，亲幸其宅，问其义由。其人请纸笔，但书百余"忍"字。高宗为之流涕，赐以缣帛。

王君操，莱州即墨人也。其父隋大业中与乡人李君则斗竞，因被殴杀。君操时年六岁，其母刘氏告县收捕，君则弃家亡命，追访数年弗获。贞观初，君则自以世代迁革，不虑国刑，又见君操孤微，谓其无复仇之志，遂诣州府自首。而君操密袖白刃刺杀之，剖腹取其心肝，啖食立尽，诣刺史具自陈告。州司以其擅杀戮，问曰："杀人偿死，律有明文，何方自理，以求生路？"对曰："亡父被杀，二十余载。闻诸典礼，父仇不可同天。早愿图之，久而未遂，常惧亡灭，不展冤情。今大耻既雪，甘从刑宪。"州司据法处死，列上其状，太宗特诏原免。

周智寿者，雍州同官人。其父永徽初被族人安吉所害。智寿及弟智爽乃候安吉于途，击杀之。兄弟相率归罪于县，争为谋首，官司经数年不能决。乡人或证智爽先谋，竟伏诛。临刑神色自若，顾谓市人曰："父仇已报，死亦何恨！"智寿顿绝衢路，流血遍体。又收智爽尸，舐取智爽血，食之皆尽，见者莫不伤焉。

豫州人许坦，年十岁余，父入山采药，为猛兽所噬，即号叫以杖击之，兽遂奔走，父以得全。太宗闻而谓侍臣曰："坦虽幼童，遂能致命救亲，至孝自中，深可嘉尚。"授文林郎，赐帛五十段。

博州聊城人王少玄者，父隋末于郡西为乱兵所害。少玄遗腹生，年十余岁，问父所在。其母告之，因哀泣，便欲求尸以葬。时白骨蔽野，无由可辨。或曰："以子血沾父骨，即渗入焉。"少玄乃刺其体以试之。凡经旬日，竟获父骸以葬。尽体病疮，历年方愈。贞观中，本州闻荐，拜徐王府参军。

赵弘智，洛州新安人。后魏车骑大将军肃孙。父玄轨，隋陕州刺史。弘智早丧母，事父以孝闻。学通《三礼》、《史记》、《汉书》。隋大业中，为司隶从事。武德初，大理卿郎楚之应诏举之，授詹事府主簿。又预修《六代史》。

初，与秘书丞令狐德棻、齐王文学袁朗等十数人同修《艺文类聚》，转太子舍人。贞观中，累迁黄门侍郎，兼弘文馆学士。以疾出为莱州刺史。弘智事兄弘安，同于事父，所得俸禄，皆送于兄处。及兄亡，哀毁过礼。事寡嫂甚谨，抚孤侄以慈爱称。稍迁太子右庶子。及宫废，坐除名。寻起为光州刺史。

永徽初，累转陈王师。高宗令弘智于百福殿讲《孝经》，召中书门下三品及弘文馆学士、太学儒者，并预讲筵。弘智演畅微言，备陈五孝。学士等难问相继，弘智酬应如响。高宗怡然曰："朕颇耽坟籍，至于《孝经》，偏所习睹。然孝之为德，弘益实深，故云'德教加于百姓，刑于四海'，是知孝道之为大也。"顾谓弘智："宜略陈此经切要者，以辅不逮。"弘智对曰："昔者天子有诤臣七人，虽无道不失其天下。微臣颛愚，愿以此言奏献。"帝甚悦，赐彩绢二百匹、名马一匹。寻拜国子祭酒，仍为崇贤馆学士。四年卒，年八十二，谥曰宣。有文集二十卷。

陈集原，泷州开阳人也。代为岭表酋长。父龙树，钦州刺史。集原幼有孝行，父才有疾，即终日不食。永徽中，丧父，呕血数升，枕毁苫庐，悲毁行路。资财田宅及僮仆三十余人，并以让兄弟。则天时，官至左豹韬卫将军。

元让，雍州武功人也。弱冠明经擢第。以母疾，遂不求仕。躬亲药膳，承侍致养，不出闾里者数十余年。及母终，庐于墓侧，蓬发不栉沐，菜食饮水而已。

咸亨中，孝敬监国，下令表其门闾。永淳元年，巡察使奏让孝悌殊异，擢拜太子右内率府长史。后以岁满还乡里。乡人有所争讼，不诣州县，皆就让决焉。圣历中，中宗居春宫，召拜太子司议郎。及谒见，则天谓曰："卿既能孝于家，必能忠于国。今授此职，须知朕意。宜以孝道辅弼我儿。"寻卒。

裴敬彝，绛州闻喜人也。曾祖子通，隋开皇中太中大夫。母终，庐于墓侧，哭泣无节，目遂丧明。俄有白鸟巢于坟树。子通弟兄八人，复以友悌著名，诏旌表其门，乡人至今称为"义门裴氏"。

敬彝少聪敏，七岁解属文。性又端谨，宗族咸重之，号为"甘露顶"。年十四，侍御史唐临为河北巡察使，敬彝父智周时为内黄令，为部人所讼，敬彝诣临论其冤。临大奇之，因令作词赋。智周事得释，特表荐敬彝，补陈王府典签。智周在官暴卒，敬彝时在长安，忽涕洟不食，谓所亲曰："大人每有痛处，吾即辄然不安。今日心痛，手足皆废，事在不测，得无戚乎？"遂请急还，倍道言归。果闻父丧，羸毁逾礼。事母复以孝闻。

乾封初，累转监察御史。时母病，有医人许仁则，足疾不能乘马，敬彝每肩舆之以候母焉。及母卒，特诏赠以缣帛，仍官造灵舆。服阕，拜著作郎，兼修国史。仪凤中，自中书舍人历吏部侍郎、左庶子。则天临朝，为酷吏所陷，配流岭南，寻卒。

裴守真，绛州稷山人也。后魏冀州刺史叔业六世孙也。父眘，大业中为淮南郡司户。属郡人杨琳、田瓒据郡作乱，尽杀官吏。以眘素有仁政，相诫不许惊害，仍令人护送眘及妻子还乡。贞观中，官至鄜令。

守真早孤，事母至孝。及母终，哀毁骨立，殆不胜丧。复事寡姊及兄甚谨，闺门礼则，士友所推。初举进士，及应八科举，累转乾封尉，属永淳间关中大饥，守真尽以禄俸供姊及诸甥，身及妻子粗粝不充，初无倦色。寻授太常博士。

守真尤善礼仪之学，当时以为称职。高宗时封嵩山，诏礼官议射牲之事，守真奏曰：

据《周礼》及《国语》，郊祀天地，天子自射其牲。汉武唯封太山，令侍中儒者射牲行事。至于余祀，亦无射牲之文。但亲舂射牲，虽是古礼，久从废省。据封禅祀礼曰：未明十五刻，宰人以鸾刀割牲，质明而行事。比鸾驾至时，宰牲总毕，天皇唯奠玉酌献而已。今祀前一日射牲，事即伤早；祀日方始射牲，事又伤晚。若依汉武故事，即非亲射之仪，事不可行。

又《神功破阵乐》、《功成庆善乐》二舞，每奏，上皆立对。守真又议曰：

窃唯二舞肇兴，讴吟攸属，赞九功之茂烈，叶万国之欢心。义均《韶》、《夏》，用兼宾祭，皆祖宗盛德，而子孙享之。详览传记，未有皇王立观之礼。况升中大事，华夷毕集，九服仰垂拱之安，百蛮怀率舞之庆。甄陶化育，莫匪神功，岂于乐舞，别申严敬。臣等详议，奏二舞时，天皇不合起立。

时并从守真议。会高宗不豫，事竟不行。及高宗崩，时无大行凶仪，守真与同时博士韦叔夏、辅抱素等讨论旧事创为之，当时称为得礼之中。

守真天授中为司府丞，则天特令推究诏狱，务存平恕，前后奏免数十家。由是不合旨，出为汴州司录，累转成州刺史。为政不务威刑，甚为人吏所爱。俄转宁州刺史，成州人送出境者数千人。长安中卒。

子子余，事继母以孝闻。举明经，累补鄠县尉。时同列李朝隐、程行谌皆以文法著称，子余独以词学知名。或问雍州长史陈崇业，子余与朝隐、行谌优劣，崇业曰："譬如春兰秋菊，俱不可废也。"景龙中，为左台监察御史。时泾、岐二州有隋代蕃户子孙数千家，司农卿赵履温奏，悉没为官户奴婢，仍充赐口，以给贵幸。子余以为官户承恩，始为蕃户，又是子孙，不可抑之为贱，奏劾其事。时履温依附宗楚客等，与子余廷对曲直。子余词色不挠，履温等词屈，从子余奏为定。

开元初，累迁冀州刺史。政存宽惠，人吏称之。又为岐王府长史，加银青光禄大夫。十四年卒，谥曰孝。子余居官清俭，友爱诸兄弟。

兄弟六人，皆有志行。次弟巨卿，卫尉卿；耀卿，别有传。

李日知，郑州荥阳人也。举进士。天授中，累迁司刑丞。时用法严急，日知独宽平，无冤滥。尝免一死囚，少卿胡元礼请断杀之，与日知往复至于数四。元礼怒，曰："元礼不离刑曹，此囚终无生理。"答曰："日知不离刑曹，此囚终无死法。"因以两状列上，日知果直。

神龙初，为给事中。日知事母至孝。时母老，尝疾病，日知取急调侍，数日而鬓发变白。寻加朝散大夫。其母未受命妇邑号而卒，将葬发引，吏人赍告身而至，日知于路上即时殒绝，久之乃苏。左右皆哀恸，莫能仰视。巡察使、卫州司马路敬潜将闻其孝悌之迹，使求其状，日知辞让不报。服阕，累迁黄门侍郎。

时安乐公主池馆新成，中宗亲往临幸，从官皆预宴赋诗。日知独存规诫，其末章曰："所愿暂思居者逸，莫使时称作者劳。"论者多之。

景云元年，同中书门下平章事，转御史大夫，知政事如故。明年，进拜侍中。先天元年，转刑部尚书，罢知政事。频乞骸骨，请致仕，许之。

初，日知将有陈请，而不与妻谋，归家而使左右饰装，将出居别业。妻惊曰："家产屡空，子弟名宦未立，何为遽辞职也？"日知曰："书生至此，已过本分。人情无厌，若恣其心，是无止足之日。"及归田园，不事产业，但葺构池亭，多引后进，与之谈宴。开元三年卒。

初，日知以官在权要，诸子弟年才总角，皆结婚名族，时议以为失礼之中。卒后，少子伊衡，以妾为妻，费散田宅，仍列讼诸兄，家风替矣。

崔沔，京兆长安人，周陇州刺史士约玄孙也。自博陵徙关中，世为著姓。父皑，库部员外郎、汝州长史。沔淳谨，口无二言，事亲至孝，博学有文词。初应制举，对策高第。俄被落第者所诉，则天令所司重试，沔所对策，又工于前，为天下第一，由是大知名。再转陆浑主簿。秩满调迁，吏部侍郎岑羲深赏重之，谓曰："此今之郄诜也。"特表荐擢为左补阙，累迁祠部员外郎。沔为人舒缓，讷于造次，当官正色，未尝挠沮。

睿宗时，征拜中书舍人。时沔母老疾在东都，沔不忍舍之，固请闲官，以申侍养，由是改为虞部郎中。无何，检校御史中丞。时监察御史宋宣远，恃卢怀慎之亲，颇犯法，沔举劾之。又姚崇之子光禄少卿彝，留司东都，颇通宾客，广纳贿赂，沔又将按验其事。姚、卢时在政事，遽荐沔有史才，转为著作郎，其实去权也。

开元七年，为太子左庶子。母卒，哀毁逾礼，常于庐前受吊，宾客未尝至于灵座之室，谓人曰："平生非至亲者，未尝升堂入谒，岂可以存亡而变其礼也。"中书令张说数称荐之。服阕，拜中书侍郎。或谓沔曰："今之中书，皆是宰相承宣制命。侍郎虽是副贰，但署位而已，甚无事也。"沔曰："不然。设官分职，上下相维，各申所见，方为济理。岂可俯默偷安，而为怀禄士也！"自是每有制敕及曹事，沔多所异同，张说颇不悦焉。寻出为魏州刺史，奏课第一，征还朝廷，分掌吏部十铨事。以清直，历秘书监、太子宾客。

二十四年，制令礼官议加笾豆之数及服制之纪。太常卿韦绍奏请加宗庙之奠，每坐笾豆各十二。外祖服，请加至大功九月，舅服加至小功五月，堂姨、堂舅、舅母服，请加至袒免。时又令百官详议可否。沔建议曰：

窃闻识礼乐之情者能作，达礼乐之文者能述。述作之义，圣贤所重；礼乐之本，古今所崇。变而通之，所以久也。所谓变者，变其文也；所谓通者，通其情也。祭祀之兴，肇于太古，人所饮食，必先严献。未有火化，茹毛饮血，则有毛血之荐；未有曲蘖，污樽抔饮，则有玄酒之奠。施及后王，礼物渐备，作为酒醴，伏其牺牲，以致馨香，以极丰洁，故有三牲八簋之盛，五齐九献之殷。然以神道至玄，可存而不可测也；祭礼主敬，可备而不敢废也。是以血腥爓熟，玄樽牺象，靡不毕登于明荐矣！

然而荐贵于新，味不尚亵，虽则备物，犹存节制。故《礼》云："天之所生，地之所长，苟可荐者，莫不咸在。"备物之情也。"三牲之俎，八簋之实，美物备矣；昆虫之异，草木之实，阴阳之物备矣。"此则节制之文也。铏俎、笾豆、簠簋、樽罍之实，皆周人之时馔也，其用通于宴飨宾客。而周公制礼，咸与毛血玄酒同荐于先。晋中郎卢谌，近古之知礼、著《家祭礼》者也。观其所荐，皆晋时常食，不复纯用礼经旧文。然则当时饮食，不可阙于祭祀明矣，是变礼文而通其情也！

我国家由礼立训，因时制范，考图史于前典，稽周、汉之旧仪。清庙时享,礼馔毕陈,用周制也,而古式存焉;园寝上食,时膳具设,遵汉法也,而珍味极焉。职贡来祭,致远物也;有新必荐,顺时令也。苑囿之内,躬稼所收,蒐狩之时,亲发所中,莫不割鲜择美,荐而后食,尽诚敬也。若此至矣,复何加焉!但当申敕有司,祭如神在,无或简急,勖增虔诚。其进贡珍羞,或时物鲜美,考诸祠典,无有漏落。皆详名目,编诸甲令,因宜而荐,以类相从。则新鲜肥浓,尽在是矣,不必加于笾豆之数也。至于祭器,随物所宜。故大羹,古食也,盛于瓰。瓰,古器也;和羹,时馔也。盛于铏。铏,时器也。亦有古馔而盛于时器,故毛血盛于盘,玄酒盛于樽。未有荐时馔而追用古器者,由古质而今文,便于事也。虽加笾豆十二,未足以尽天下美物,而措诸清庙,有兼倍之名,近于侈矣!鲁人丹桓宫之楹,又刻其桷,《春秋》书以"非礼"。御孙谏曰:"俭,德之恭也;侈,恶之大也。先君有恭德,而君纳诸恶,无乃不可乎!"是不可以越礼而崇侈于宗庙也。又据《汉书·艺文志》:"墨家之流,出于清庙,是以贵俭"。由此观之,清庙之不尚于奢,旧矣。太常所请,恐未可行。

又按太常奏状"今酌献酒爵,制度全小,仅未一合,执持甚难,不可全依古制,犹望稍须广大"者。窃据礼文,有以小为贵者,献以爵,贵其小也。小不及制,敬而非礼,是有司之失其传也。固可随失厘正,无待议而后革。然礼失于敬,犹奢而宁俭,非大过也。未知令制,何所依准。请兼详令式,据文而行。

又按太常奏状"外祖服请加至大功九月,舅服请加至小功五月,堂姨、堂舅、舅母请加至袒免"者。窃闻大道既隐,天下为家,圣人因之,然后制礼。礼教之设,本于正家,家道正而天下定矣!正家之道,不可以贰;总一之义,理归本宗。所以父以尊崇,母以厌降,岂亡爱敬,宜存伦序。是以内有齐斩,外服皆缌,尊名所加,不过一等,此先王不易之道。前圣所志,后贤所传,其来久矣。昔辛有适伊川,见被发而祭于野者,曰:"不及百年,此其戎乎!其礼先亡矣!"往修新礼,时改旧章,渐广《渭阳》之恩,不遵洙、泗之典。及弘道之后,唐元之间,国命再移于外族矣。礼亡征兆,倘或斯见,天人之际,可不戒哉!

开元初,补阙卢履冰尝进状论丧服轻重,敕令佥议。于时群议纷拏,各安积习,太常礼部奏依旧定。陛下运稽古之明,特降别敕,一依古礼。事咨典故,人知向方,式固宗盟,社稷之福。更图异议,窃所未详。

时职方郎中韦述、户部郎中杨伯成、礼部员外郎杨仲昌、监门兵曹刘秩等,亦建议与沔相符。俄又令中书门下参详为定。于是宗庙之典,笾豆每座各加至六,亲姨、舅为小功,舅母加缌麻,堂姨至袒免,余依旧定,乃下制施行焉。沔既善礼经,朝廷每有疑议,皆取决焉。二十七年卒,时年六十七,赠礼部尚书。

陆南金,苏州吴郡人也。祖士季,从同郡顾野王学《左氏传》,兼通《史记》、《汉书》。隋末,为越王侗记室兼侍读。侗称制,授著作郎。时王世充将行篡夺,侗不平之,谓士季曰:"隋有天下,三十余载,朝廷文武,遂无烈者乎?"士季对曰:"见危授命,臣之宿心。请因其启事,便加手刃。"事颇泄,遂停士季侍读。

贞观初,为太学博士,兼弘文馆学士,寻卒。

南金初为奉礼郎。开元初,太常少卿卢崇道犯罪,流岭表,逃归东都。时南金以母丧在家,崇道事急,假称吊宾,造南金,言其情,南金哀而纳焉。崇道俄为仇人所发,诏使侍御史王旭按其事,遂捕获崇道,连引南金,旭遂绳以重法。

南金弟赵璧诣旭,自言藏崇道,请代兄死。南金固称:"弟实自诬,身请当罪。"兄弟让死,旭怪而问其故。赵璧曰:"兄是长嫡,又能干家事。亡母未葬,小妹未嫁,自惟幼劣,生无所益,身自请死。"旭遂列上状,上嘉其友义,并特宥之。南金由是大知名。

南金颇涉经史,言行修谨,左丞相张说及宗人太子少保象先,皆钦重之。累转库部员外郎,以疾,固辞不堪繁剧,转为太子洗马。卒,年五十余。

张琇者,蒲州解人也。父审素,为嶲州都督,在边累载。俄有纠其军中赃罪,敕监察御史杨汪驰传就军按之。汪在路,为审素党与所劫,对汪杀告者,胁汪令奏雪审素之罪。俄而州人翻杀审素之党,汪始得还。至益州,奏称审素谋反,因深按审素,构成其罪。斩之,籍没其家。琇与兄瑝,以年幼坐徙岭外。寻各逃归,累年隐匿。汪后累转殿中侍御史,改名万顷。

开元二十三年,瑝、琇候万顷于都城,挺刃杀之。瑝虽年长,其发谋及手刃,皆琇为之。既杀万顷,系表于斧刃,自言报仇之状。便逃奔,将就江外,杀与万顷同谋构父罪者。行至汜水,为捕者所获。时都城士女,皆矜琇等幼稚孝烈,能复父仇,多言其合矜恕者。中书令张九龄又欲活之。

裴耀卿、李林甫固言:"国法不可纵报仇。"上以为然,因谓九龄等曰:"复仇虽礼法所许,杀人亦格律具存。孝子之情,义不顾命,国家设法,焉得容此!杀之成复仇之志,赦之亏律格之条。然道路喧议,故须告示。"乃下敕曰:"张瑝等兄弟同杀,推example问款承。律有正条,俱各至死。近闻士庶,颇有喧词,矜其为父复仇,或言本罪冤滥。但国家设法,事在经久,盖以济人,期于止杀。各申为子之志,谁非徇孝之夫,展转相继,相杀何限!咎繇作士,法在必行;曾参杀人,亦不可恕。不能加以刑戮,肆诸市朝,宜付河南府告示决杀。"

瑝、琇既死,士庶咸伤愍之,为作哀诔,榜于衢路。市人敛钱,于死所造义井,并葬瑝、琇于北邙。又恐万顷家人发之,并作疑冢数所。其为时人所伤如此。

梁文贞,虢州阌乡人。少从征役,比回而父母皆卒。文贞恨不获终养,乃穿圹为门,磴道出入,晨夕洒扫其中。

结庐墓侧,未尝暂离。自是不言三十年,家人有所问,但画字以对。其后山水冲断驿路,更于原上开道,经文贞墓前。由是行旅见之,远近莫不钦叹。有甘露降茔前树,白兔驯扰,乡人以为孝感所致。

开元初,县令崔季友刊石以纪之。十四年,刺史许景先奏:"文贞孝行绝伦,泣血庐墓,三十余年,请宣付史官。"是岁,御史大夫崔隐甫廷奏:"恒州鹿泉人李处恭、张义贞两家,祖父自国初已来,异姓同居,至今三代,百有余年。又青州北海人吕元简,四代同居,至所畜牛马羊狗,皆异母共乳。请加旌表,仍编入史馆。"制皆许之。

崔衍,左丞伦之子。继母李氏,不慈于衍。衍时为富平尉,伦使于吐蕃,久方归,李氏衣弊衣以见伦。伦问其故,李氏称:"自伦使于蕃中,衍不给衣食。"伦大怒,召衍责诟,命仆隶拉于地,袒其背,将鞭之。衍涕泣,终不自陈。伦弟殷,闻之趋往,以身蔽衍,杖不得下。因大言曰:"衍每月俸钱,皆送嫂处,殷所具知,何忍乃言衍不给衣食!"伦怒乃解。由是伦遂不听李氏之谮。及伦卒,衍事李氏益谨。李氏所生子郃,每多取子母钱,使其主以契书征负于衍。衍岁为偿之,故衍官至江州刺史,而妻子衣食无所余。

后历苏、虢二州刺史。虢居陕、华二州之间,而税重数倍。其青苗钱,华、陕之郊,亩出十有八;而虢之郊,每征十之七。衍乃上其事。时裴延龄领度支,方务聚敛,乃给衍以前后刺史无言者。衍又上陈人困,曰:"臣所治多是山田,且当邮传冲要,属岁不登,颇甚流离。旧额赋租,特望蠲减。臣伏见比来诸郡论百姓间事,患在长吏因循不为申请,不诣实,不患朝廷不矜放。有以不言受谴者,未有言而获罪者。陛下拔臣牧大郡,委臣抚疲民,臣所以不敢顾望,苟求自安,敢罄狂瞽,上干圣览。"帝以衍词理切直,乃特敕度支,令减虢州青苗钱。

迁宣歙池观察使,政务简便,人颇怀之。其所择从事,多得名流。时有位者待宾僚率轻傲,衍独加礼敬,幕中之士,后多显达。

贞元中,天下好进奉以结主恩,征求聚敛,州郡耗竭,韦皋、刘赞、裴肃为之首。赞死而衍代其位。衍虽不能骤革其弊,居宣州十年,颇勤俭,府库盈溢。及穆赞代衍,宣州岁馑,遂以钱四十二万贯代百姓税,故宣州人不至流散。贞元二十一年,诏加工部尚书。

丁公著,字平子,苏州吴郡人。祖衷,父绪,皆不仕。公著生三岁,丧所亲。七岁,见邻母抱其子,哀感不食,因请于父,绝粒奉道,冀其幽赞,父悯而从之。年十七,父勉令就学。年二十一,《五经》及第。明年,又通《开元礼》,授集贤校书郎。秩未终,归侍乡里,不应请辟。居父丧,躬负土成坟,哀毁之容,人为忧之,里闾闻风,皆敦孝悌。观察使薛华表其行,诏赐粟帛,旌其门闾。

淮南节度使李吉甫慕其才行,荐授太子文学,兼集贤殿校理。吉甫自淮南入相,廷荐其行,即日授右补阙。迁集贤直学士,寻授水部员外郎,充皇太子及诸王侍读。著《皇太子及诸王训》十卷。转驾部员外,仍兼旧职。

穆宗即位,未及听政,召居禁中,询访朝典,以宰相许之。公著陈情,词意极切,超授给事中,赐紫金鱼袋。未几,迁工部侍郎,仍兼集贤殿学士,宠青宫之旧也。知吏部选事。公著知将欲大用,以疾辞退,因求外官,遂授浙江西道都团练观察使。二年,授河南尹。皆以清静为理。改尚书右丞,转兵部、吏部侍郎,迁礼部尚书、翰林侍讲学士。上以浙西灾寇,询求良帅,命检校户部尚书领之。诏赐米七万石以赈给,浙民赖之。改授太常卿,以疾请归乡里,未至而终,年六十四。赠右仆射,废朝一日。著《礼志》十卷。

公著清俭守道,每得一官,未尝不忧色满容。年四十四丧室,以至终身,无妓妾声乐之好。凶问至日,中外痛惜之。

罗让,字景宣。祖怀操。父珦,官至京兆尹。让少以文学知名,举进士,应诏对策高等,为咸阳尉。丁父忧,服除,尚衣麻茹菜,不从四方之辟者十余年。李献为淮南节度使,就其所居,请为从事。除监察御史,转殿中,历尚书郎、给事中,累迁至福建观察使、兼御史中丞,甚著仁惠。有以女奴遗让者,让问其所因,曰:"本某等家人。兄姊九人,皆为官所卖,其留者唯老母耳。"让惨然,焚其券书,以女奴归其母。入为散骑常侍。未几,除江西都团练观察使、兼御史大夫。年七十一卒。赠礼部尚书。

子劭京,字子峻,进士擢第,又登科。让再从弟咏。咏子劭权,字昭衡,进士擢第。劭京、劭权知名于时,并历清贯。

赞曰:麒麟凤凰,飞走之类。唯孝与悌,亦为人瑞。表门赐爵,劝乃锡类。彼禽者枭,伤仁害义。

卷一百八十九上
列传第一百三十九

儒学 上

徐文远　陆德明　曹宪 许淹
李善 公孙罗附　欧阳询 子通　朱子奢
张士衡　贾公彦 李玄植附　张后胤
盖文达 宗人文懿　谷那律　萧德言
许叔牙 子子儒　敬播　刘伯庄 子之宏
秦景通　罗道琮

古称儒学家者流,本出于司徒之官,可以正君臣,明贵贱,美教化,移风俗,莫若于此焉。故前古哲王,咸用儒术之士;汉家宰相,无不精通一经。朝廷若有疑事,皆引经决定，由是人识礼教，理致升平。近代重文轻儒，或参以法律，儒道既丧，淳风大衰，故近理国多劣于前古。自隋氏道消，海内版荡，彝伦攸斁，戎马生郊，先代之旧章，往圣之遗训，扫地尽矣！

及高祖建义太原，初定京邑，虽得之马上，而颇好儒臣。以义宁三年五月，初令国子学置生七十二员，取三品已上子孙；太学置生一百四十员，取五品已上子孙；四门学生一百三十员，取七品已上子孙。上郡学置生六十员，中郡五十员，下郡四十员。上县学并四十员，中县三十员，下县二十员。武德元年，诏皇族子孙及功臣子弟，于秘书外省别立小学。二年，诏曰：

盛德必祀，义存方策，达人命世，流庆后昆。建国君人，弘风阐教，崇贤彰善，莫尚于兹。自八卦初陈，九畴攸叙，徽章互垂，节文不备。爰始姬旦，匡翊周邦，创设礼经，尤明典宪。启生人之耳目，穷法度之本源，化起《二南》，业隆八百，丰功茂德，冠于终古。暨乎王道既衰，颂声不作，诸侯力争，礼乐陵迟。粤若宣父，天资睿哲；经纶齐、鲁之内，揖让洙、泗之间；综理遗文，弘宣旧制。四科之教，历代不刊；三千之文，风流无歇。

惟兹二圣，道著群生，守祀不修，明褒尚阙。朕君临区宇，兴化崇儒，永言先达，情深绍嗣。宜令有司于国子学立周公、孔子庙各一所，四时致祭。仍博求其后，具以名闻，详考所宜，当加爵土。是以学者慕向，儒教聿兴。

至三年，太宗讨平东夏，海内无事，乃锐意经籍，于秦府开文学馆。广引文学之士，下诏以府属杜如晦等十八人为学士，给五品珍膳，分为三番更直，宿于阁下。

及即位，又于正殿之左，置弘文学馆，精选天下文儒之士虞世南、褚亮、姚思廉等，各以本官兼署学士，令更日宿直。听朝之暇，引入内殿，讲论经义，商略政事，或至夜分乃罢。又召勋贤三品已上子孙，为弘文馆学生。

贞观二年，停以周公为先圣，始立孔子庙堂于国学，以宣父为先圣，颜子为先师。大征天下儒士，以为学官。数幸国学，令祭酒、博士讲论。毕，赐以束帛。学生能通一大经已上，咸得署吏。又于国学增筑学舍一千二百间，太学、四门博士亦增置生员，其书算合置博士、学生，以备艺文，凡三千二百六十员。其玄武门屯营飞骑，亦给博士，授以经业；有能通经者，听之贡举。是时四方儒士，多抱负典籍，云会京师。俄而高丽及百济、新罗、高昌、吐蕃等诸国酋长，亦遣子弟请入于国学之内。鼓箧而升讲筵者，八千余人。济济洋洋焉，儒学之盛，古昔未之有也。

太宗又以经籍去圣久远，文字多讹谬，诏前中书侍郎颜师古考定《五经》，颁于天下，命学者习焉。又以儒学多门，章句繁杂，诏国子祭酒孔颖达与诸儒撰定《五经》义疏，凡一百七十卷，名曰《五经正义》，令天下传习。

十四年，诏曰："梁皇侃、褚仲都，周熊安生、沈重，陈沈文阿、周弘正、张讥，隋何妥、刘炫等，并前代名儒，经术可纪。加以所在学徒，多行其疏，宜加优异，以劝后生。可访其子孙见在者，录名奏闻，当加引擢。"

二十一年，又诏曰："左丘明、卜子夏、公羊高、穀梁赤、伏胜、高堂生、戴圣、毛苌、孔安国、刘向、郑众、杜子春、马融、卢植、郑玄、服虔、何休、王肃、王弼、杜元凯、范甯等二十一人，并用其书，垂于国胄。既行其道，理合褒崇。自今有事太学，可与颜子俱配享孔子庙堂。"其尊重儒道如此。

高宗嗣位，政教渐衰，薄于儒术，尤重文吏。于是醇酽日去，华竞日彰，犹火销膏而莫之觉也。及则天称制，以权道临下，不吝官爵，取悦当时。其国子祭酒，多授诸王及驸马都尉，准贞观旧事。祭酒孔颖达等赴上日，皆讲《五经》题。至是，诸王与驸马赴上，唯判祥瑞按三道而已。至于博士、助教，唯有学官之名，多非儒雅之实。是时复将亲祠明堂及南郊，又拜洛，封嵩岳，将取弘文国子生充斋郎行事，皆令出身放选，前后不可胜数。因是生徒不复以经学为意，唯苟希侥幸。二十年间，学校顿时隳废矣。

玄宗在东宫，亲幸太学，大开讲论，学官生徒，各赐束帛。及即位，数诏州县及百官荐举经通之士。又置集贤院，招集学者校选，募儒士及博涉著实之流。以为《儒学篇》。

徐文远，洛州偃师人，陈司空孝嗣玄孙，其先自东海徙家焉。父彻，梁秘书郎，尚元帝女安昌公主而生文远。属江陵陷，被虏于长安，家贫无以自给。其兄休，鬻书为事，文远日阅书于肆，博览《五经》，尤精《春秋左氏传》。时有大儒沈重讲于太学，听者常千余人。文远就质问，数日便去。或问曰："何辞去之速？"答曰："观其所说，悉是纸上语耳，仆皆先已诵得之。至于奥赜之境，翻似未见。"有以其言告重者，重呼与议论，十余反，重甚叹服之。

文远方正纯厚，有儒者风。窦威、杨玄感、李密皆从其受学。开皇中，累迁太学博士。诏令往并州，为汉王谅讲《孝经》、《礼记》。及谅反，除名。大业初，礼部侍郎许善心举文远与包恺、褚徽、陆德明、鲁达为学官，遂擢授文远国子博士，恺等并为太学博士。时人称文远之《左氏》、褚徽之《礼》、鲁达之《诗》、陆德明之《易》，皆为一时之最。文远所讲释，多立新义，先儒异论，皆定其是非，然后诘驳诸家，又出己意，博而且辨，听者忘倦。

后越王侗署为国子祭酒。时洛阳饥馑，文远出城樵采，为李密军所执。密令文远南面坐，备弟子礼北面拜之。文远曰："老夫畴昔之日，幸以先王之道，仰授将军。时经兴替，倏焉已久。今将军属风云之际，为义众所归，权镇万物，威加四海，犹能屈体弘尊师之义，此将军之德也，老夫之幸也！既荷兹厚礼，安不尽言乎！但未审将军意耳！欲为伊、霍继绝扶倾，虽迟暮，犹愿尽力；若为莽、卓乘危迫险，则老夫耄矣，无能为也。"密顿首曰："昨奉朝命，垂拜上公，冀竭庸虚，匡奉国难。所以未朝见者，不测城内人情。且欲先征化及，报复冤耻，立功赎罪，然后凯旋，入拜天阙。此密之本意，惟先生教之。"文远曰："将军名臣之子，累显忠节，前受误于玄感，遂乃暂坠家声。行迷未远，而回车复路，终于忠孝，用康家国，天下之人，是所望于将军也。"密又顿首曰："敬闻命矣，请奉以周旋。"

及征化及还，而王世充已杀元文都等，权兵专制。密又问计于文远，答曰："王世充亦门人也，颇得识之。是人残忍，意又褊促，既乘此势，必有异图。将军前计为不谐矣，非破王世充，不可朝觐。"密曰："尝谓先生儒者，不学军旅之事，今筹大计，殊有明略。"

及密败，复入东都，王世充给其廪食，而文远尽敬，见之先拜。或问曰："闻君踞见李密，而敬王公，何也？"答曰："李密，君子也，能受郦生之揖；王公，小人也，有杀故人之义。相时而动，岂不然欤！"后王世充僭号，复以为国子博士。因出樵采，为罗士信获之，送于京师，复授国子博士。

武德六年，高祖幸国学，观释奠，遣文远发《春秋》题，诸儒设难蜂起，随方占对，皆莫能屈。封东莞县男。年七十四，卒官。撰《左传音》三卷、《义疏》六十卷。孙有功，自有传。

陆德明，苏州吴人也。初受学于周弘正，善言玄理。陈大建中，太子征四方名儒，讲于承先殿。德明年始弱冠，往参焉。国子祭酒徐克开讲，恃贵纵辨，众莫敢当；德明独与抗对，合朝赏叹。解褐始兴王国左常侍，迁国子助教。陈亡，归乡里。隋炀帝嗣位，以为秘书学士。大业中，广召经明之士，四方至者甚众。遣德明与鲁达、孔褒俱会门下省，共相交难，无出其右者。授国子助教。王世充僭号，封其子为汉王，署德明为师，就其家，将行束脩之礼。德明耻之，因服巴豆散，卧东壁下。王世充子入，跪床前，对之遗痢，竟不与语。遂移病于成皋，杜绝人事。

王世充平，太宗征为秦府文学馆学士，命中山王承乾从其受业。寻补太学博士。后高祖亲临释奠，时徐文远讲《孝经》，沙门惠乘讲《波若经》，道士刘进喜讲《老子》，德明难此三人，各因宗指，随端立义，众皆为之屈。高祖善之，赐帛五十匹。

贞观初，拜国子博士，封吴县男。寻卒。撰《经典释文》三十卷、《老子疏》十五卷、《易疏》二十卷，并行于世。太宗后尝阅德明《经典释文》，甚嘉之，赐其家束帛二百段。

子敦信，龙朔中官至左侍极，同东西台三品。

曹宪，扬州江都人也。仕隋为秘书学士。每聚徒教授，诸生数百人。当时公卿已下，亦多从之受业。宪又精诸家文字之书，自汉代杜林、卫宏之后，古文泯绝，由宪，此学复兴。

大业中，炀帝令与诸学者撰《桂苑珠丛》一百卷，时人称其该博。宪又训注张揖所《博雅》，分为十卷，炀帝令藏于秘阁。

贞观中，扬州长史李袭誉表荐之，太宗征为弘文馆学士。以年老不仕，乃遣使就家拜朝散大夫，学者荣之。

太宗又尝读书有难字，字书所阙者，录以问宪，宪皆为之音训及引证明白，太宗甚奇之。年一百五岁卒。所撰《文选音义》，甚为当时所重。初，江、淮间为《文选》学者，本之于宪，又有许淹、李善、公孙罗复相继以《文选》教授，由是其学大兴于代。

许淹者，润州句容人也。少出家为僧，后又还俗。博物洽闻，尤精诂训。撰《文选音》十卷。

李善者，扬州江都人。方雅清劲，有士君子之风。明庆中，累补太子内率府录事参军、崇贤馆直学士，兼沛王侍读。尝注解《文选》，分为六十卷，表上之。赐绢一百二十匹，诏藏于秘阁。除潞王府记室参军，转秘书郎。乾封中，出为经城令。坐与贺兰敏之周密，配流姚州。后遇赦得还，以教授为业，诸生多自远方而至。又撰《汉书辩惑》三十卷。载初元年卒。子邕，亦知名。

公孙罗，江都人也。历沛王府参军，无锡县丞。撰《文选音义》十卷，行于代。

欧阳询，潭州临湘人，陈大司空颃之孙也。父纥，陈广州刺史，以谋反诛。询当从坐，仅而获免。陈尚书令江总与纥有旧，收养之，教以书计。虽貌甚寝陋，而聪悟绝伦，读书即数行俱下，博览经史，尤精《三史》。仕隋为太常博士。高祖微时，引为宾客。及即位，累迁给事中。

询初学王羲之书，后更渐变其体，笔力险劲，为一时之绝。人得其尺牍文字，咸以为楷范焉。高丽甚重其书，尝遣使求之。高祖叹曰："不意询之书名，远播夷狄，彼观其迹，固谓其形魁梧耶！"

武德七年，诏与裴矩、陈叔达撰《艺文类聚》一百卷。奏之，赐帛二百段。

贞观初，官至太子率更令、弘文馆学士，封渤海县男。年八十余卒。

子通，少孤，母徐氏教其父书。每遗通钱，绐云："质汝父书迹之直。"通慕名甚锐，昼夜精力无倦，遂亚于询。仪凤中，累迁中书舍人。丁母忧，居丧过礼。起复本官，每入朝，必徒跣至皇城门外。直宿在省，则席地藉藁。非公事不言，亦未尝启齿。归家必衣缞绖，号恸无恒。自武德已来，起复后而能哀戚合礼者，无与通比。年凶未葬，四年居庐不释服，家人冬月密以毡絮置所眠席下，通觉，大怒，遽令彻之。

五迁，垂拱中至殿中监，赐爵渤海子。天授元年，封夏官尚书。二年，转司礼卿，判纳言事。为相月余，会凤阁舍人张嘉福等请立武承嗣为皇太子，通与岑长倩固执以为不可，遂忤诸武意，为酷吏所陷，被诛。神龙初，追复官爵。

朱子奢，苏州吴人也。少从乡人顾彪习《春秋左氏传》，后博观子史，善属文。隋大业中，直秘书学士。及天下大乱，辞职归乡里，寻附于杜伏威。武德四年，随伏威入朝，授国子助教。贞观初，高丽、百济同伐新罗，连兵数年不解，新罗遣使告急。乃假子奢员外散骑侍郎充使，喻可以释三国之憾，雅有仪观，东夷大钦敬之，三国王皆上表谢罪，赐遣甚厚。

初，子奢之出使也，太宗谓曰："海夷颇重学问，卿为大国使，必勿藉其束脩，为之讲说。使还称旨，当以中书舍人待卿。"子奢至其国，欲悦夷房之情，遂为发《春秋左传》题，又纳其美女之赠。使还，太宗责其违旨，犹惜其才，不至深谴，令散官直国子学。转谏议大夫、弘文馆学士，迁国子司业，仍为学士。

子奢风流蕴藉，颇滑稽，又辅之以文义，由是数蒙宴遇，或使论难于前。十五年卒。

张士衡，瀛州乐寿人也。父之庆，齐国子助教。士衡九岁丧母，哀慕过礼。父友齐国博士刘轨思见之，每为掩泣。谓其父曰："昔伯饶号'张曾子'，亦岂能远过！吾闻君子不亲教，当为成就之。"及长，轨思授以《毛诗》、《周礼》，又从熊安生及刘焯受《礼记》，皆精究大义。此后遍讲《五经》，尤攻《三礼》。仕隋为余杭令，后以年老归乡里。

贞观中，幽州都督、燕王灵夔备玄𫄸束帛之礼，就家迎聘，北面师之。庶人承乾在东宫，又加旌命。及至洛阳宫谒见，太宗延之升殿，赐食，擢授朝散大夫、崇贤馆学士。承乾见之，问以齐氏灭亡之由绪，对曰："齐后主悖虐无度，昵近小人。至如高阿那瑰、骆提婆、韩长鸾等，皆奴仆下才，凶险无赖，是信是使，以为心腹。诛害忠良，疏忌骨肉。穷极奢靡，剥丧黎元。所以周师临郊，人莫为用，以至覆灭，实此之由。"承乾又问曰："布施营功德，有果报不？"对曰："事佛在于清净无欲，仁恕为心。如其贪婪无厌，骄虐是务，虽复倾财事佛，无救目前之祸。且善恶之报，若影随形，此是儒书之言，岂徒佛经所说。是为人君父，当须仁慈；为人臣子，宜尽忠孝。仁慈忠孝，则福祚攸永；如或反此，则殃祸斯及。此理昭然，愿殿下勿以为忧虑。"及承乾废黜，敕给乘传，令归本乡。十九年卒。

士衡既礼学为优，当时受其业擅名于时者，唯贾公彦为最焉。

贾公彦，洺州永年人。永徽中，官至太学博士。撰《周礼义疏》五十卷、《仪礼义疏》四十卷。

子大隐，官至礼部侍郎。

时有赵州李玄植，又受《三礼》于公彦，撰《三礼音义》行于代。玄植兼习《春秋左氏传》于王德韶，受《毛诗》于齐威，博涉汉史及老、庄诸子之说。贞观中，累迁太子义学、弘义馆直学士。高宗时，屡被召见。与道士、沙门在御前讲论经义，玄植辨论甚美，申规讽，帝深礼之。后坐事左迁汜水令，卒官。

张后胤，苏州昆山人也。父中，有儒学，隋汉王谅出牧并州，引为博士。后胤从父在并州，以学行见称。时高祖镇太原，引居宾馆。太宗就受《春秋左氏传》。武德中，累除燕王谘议参军。

贞观中，后胤上言："陛下昔在太原，问臣：'隋氏运终，何族当得天下？'臣奉对：'李姓必得。公家德业，天下系心，若于此首谋，长驱关右，以图帝业，孰不幸赖！'

此实微臣早识天命。"太宗曰："此事并记之耳。"因诏入赐宴，言及平昔，从容谓曰："今弟子何如？"后胤对曰："昔孔子领徒三千，达者无子男之位。臣翼赞一人，为万乘主，计臣功逾于先圣。"太宗甚悦，赐良马五匹，拜燕王府司马。迁国子祭酒，转散骑常侍。

永徽初，请致仕，加金紫光禄大夫，给赐并同职事。卒，赠礼部侍郎，陪葬昭陵。

盖文达，冀州信都人也。博涉经史，尤明《三传》。性方雅，美须貌，有士君子之风。刺史窦抗尝广集儒生，令相问难，其大儒刘焯、刘轨思、孔颖达咸在坐，文达亦参焉。既论难，皆出诸儒意表，抗大奇之，问曰："盖生就谁受学？"刘焯对曰："此生岐嶷，出自天然。以多问寡，焯为师首。"抗曰："可谓冰生于水而寒于水也。"

武德中，累授国子助教。太宗在藩，召为文学馆直学士。贞观十年，迁谏议大夫，兼弘文馆学士。十三年，除国子司业。俄拜蜀王师，以王有罪，坐免。十八年，授崇贤馆学士。寻卒。其宗人文懿，亦以儒业知名，当时称为"二盖"焉。

文懿者，贝州宋城人也。武德初，历国子助教。时高祖别于秘书省置学，教授王公之子，时以文懿为博士。文懿尝开讲《毛诗》，发题，公卿咸萃，更相问难，文懿发扬风雅，甚得诗人之致。贞观中，卒于国子博士。

谷那律，魏州昌乐人也。贞观中，累补国子博士。黄门侍郎褚遂良称为"九经库"。寻迁谏议大夫，兼弘文馆学士。尝从太宗出猎，在途遇雨，因问："油衣若为得不漏？"那律曰："能以瓦为之，必不漏矣。"意欲太宗不为畋猎。太宗悦，赐帛二百段。永徽初，卒官。

萧德言，雍州长安人，齐尚书左仆射思话玄孙也。本兰陵人，陈亡，徙关中。祖介，梁侍中、都官尚书。父引，陈吏部侍郎。并有名于时。德言博涉经史，尤精《春秋左氏传》，好属文。贞观中，除著作郎，兼弘文馆学士。

德言晚年尤笃志于学，自昼达夜，略无休倦。每欲开《五经》，必束带盥濯，危坐对之。妻子候间请曰："终日如是，无乃劳乎？"德言曰："敬先圣之言，岂惮如此！"时高宗为晋王，诏德言授经讲业。及升春宫，仍兼侍读。寻以年老，请致仕，太宗不许。又遗之书曰：

朕历观前代，详览儒林，至于颜、闵之才，不终其寿；游、夏之德，不逮其学。惟卿幼挺珪璋，早标美誉。下帷闭户，包括《六经》；映雪聚萤，牢笼百氏。自隋季版荡，庠序无闻，儒道坠泥涂，《诗书》填坑阱。眷言坟典，每用伤怀。顷年已来，天下无事，方欲建礼作乐，偃武修文。卿年齿已衰，教将何恃！所冀才德犹茂，卧振高风，使济南伏生，重在于兹日；关西孔子，故显于当今。令问令望，何其美也！念卿疲朽，何以可言！

寻赐爵封阳县侯。十七年，拜秘书少监。两宫礼赐甚厚。二十三年，累表请致仕，许之。高宗嗣位，以师傅恩，加银青光禄大夫。永徽五年,卒于家,年九十七。高宗为之辍朝,赠太常卿。文集三十卷。

曾孙至忠,自有传。

许叔牙,润州句容人。少精于《毛诗》、《礼记》,尤善讽咏。贞观初,累授晋王文学兼侍读,寻迁太常博士。升春宫,加朝散大夫,迁太子洗马,兼崇贤馆学士,仍兼侍读。尝撰《毛诗纂义》十卷,以进皇太子。太子赐帛百段,兼令写本付司经局。御史大夫高智周尝谓人曰:"凡欲言《诗》者,必须先读此书。"贞观二十三年卒。子子儒。

子儒,亦以学艺称。长寿中,官至天官侍郎、弘文馆学士。子儒居选部,不以藻鉴为意,委令史句直,以为腹心。注官之次,子儒但高枕而卧,时云"句直平配"。由是补授失序,无复纲纪,道路以为口实。其所注《史记》,竟未就而终。

敬播,蒲州河东人也。贞观初,举进士。俄有诏诣秘书内省佐颜师古、孔颖达修《隋史》,寻授太子校书。史成,迁著作郎,兼修国史。与给事中许敬宗撰《高祖》、《太宗实录》,自创业至于贞观十四年,凡四十卷。奏之,赐物五百段。太宗之破高丽,名所战六山为驻跸,播谓人曰:"圣人者,与天地合德,山名驻跸,此盖以銮舆不复更东矣。"卒如所言。

时梁国公房玄龄深称播有良史之才,曰:"陈寿之流也。"玄龄以颜师古所注《汉书》,文繁难省,令播撮其机要,撰成四十卷,传于代。寻以撰实录功,迁太子司议郎。时初置此官,极为清望。中书令马周叹曰:"所恨资品妄高,不获厉居此职。"参撰《晋书》,播与令狐德棻、阳仁卿、李严等四人总其类。

会刑部奏言:"准律:谋反大逆,父子皆坐死,兄弟处流。此则轻而不惩,望请改从重法。"制遣百僚详议。播议曰:"昆季孔怀,天伦虽重,比于父子,性理已殊。生有异室之文,死有别宗之义。今有高官重爵,本荫唯逮子孙;祚土锡珪,余光不及昆季。岂有不沾其荫,辄受其辜,背礼违情,殊为太甚!必期反兹春令,踵彼秋荼,创次骨于道德之辰,建深文于措刑之日,臣将以为不可。"诏从之。

永徽初,拜著作郎。与许敬宗等撰《西域图》。后历谏议大夫、给事中,并依旧兼修国史。又撰《太宗实录》,从贞观十五年至二十三年,为二十卷。奏之,赐帛三百段。后坐事出为越州都督府长史。龙朔三年,卒官。播又著《隋略》二十卷。

刘伯庄,徐州彭城人也。贞观中,累除国子助教。与其舅太学博士侯孝遵齐为弘文馆学士,当代荣之。寻迁国子博士,其后又与许敬宗等参修《文思博要》及《文馆词林》。龙朔中,兼授崇贤馆学士。撰《史记音义》、《史记地名》、《汉书音义》各二十卷,行于代。

子之宏,亦传父业。则天时,累迁著作郎,兼修国史。卒于相王府司马。睿宗即位,以故吏赠秘书少监。

秦景通,常州晋陵人也。与弟暐,尤精《汉书》,当时习《汉书》者皆宗师之,常称景通为大秦君,暐为小秦君。若不经其兄弟指授,则谓之"不经师匠,无足采也"。景通,贞观中累迁太子洗马,兼崇贤馆学士。为《汉书》学者,又有刘纳言,亦为当时宗匠。

纳言,乾封中,历都水监主簿,以《汉书》授沛王贤。及贤为皇太子,累迁太子洗马,兼充侍读。尝撰《俳谐集》十五卷,以进太子。及东宫废,高宗见而怒之。诏曰:"刘纳言收其余艺,参侍经史,自府入宫,久淹岁月,朝游夕处,竟无匡赞。阙忠孝之良规,进诙谐之鄙说,储宫败德,抑有所由。情在好生,不忍加戮,宜从屏弃,以励将来。可除名。"后又坐事配流振州而死。

罗道琮,蒲州虞乡人也。祖顺,武德初,为兴州刺史。勤于学业,而慷慨有节义。贞观末,上书忤旨,配流岭表。时有同被流者,至荆、襄间病死,临终,泣谓道琮曰:"人生有死,所恨委骨异壤。"道琮曰:"我若生还,终不独归,弃卿于此!"瘗之路左而去。岁余,遇赦得还,至殡所,属霖潦滂漫,尸柩不复可得。道琮设祭恸哭,告以欲与俱归之意,若有灵者,幸相警示。言讫,路侧水中,忽然涌沸。道琮又咒云:"若尔沸处是,愿更令一沸。"咒讫,又沸。道琮便取得其尸,铭志可验,遂负之还乡。当时识者称道琮诚感所致。道琮寻以明经登第。高宗末,官至太学博士。每与太学助教康国安、道士李荣等讲论,为时所称。寻卒。

卷一百八十九下
列传第一百三十九

儒 学 下

邢文伟　高子贡　郎余令　路敬淳　王元感　王绍宗　韦叔夏　祝钦明　郭山恽　柳冲　卢粲　尹知章　孙季良附　徐岱　苏弁　兄衮　冕　陆质　冯伉　韦表微　许康佐

邢文伟,滁州全椒人也。少与和州高子贡、寿州裴怀贵俱以博学知名于江、淮间。咸亨中,累迁太子典膳丞。时孝敬在东宫,罕与宫臣接见,文伟辄减膳,上书曰:

臣窃见《礼·戴记》曰:"太子既冠成人,免于保傅之严,则有司过之史,彻膳之宰。史之义,不得不可过;宰之义,不得不彻膳,不彻膳则死。"今皇帝式稽前典,妙简英俊,自庶子已下,至谘议、舍人及学士、侍读等,使翼佐殿下,以成圣德。近日已来,未甚延纳,谈议不狎,谒见尚稀,三朝之后,但与内人独居,何由发挥圣智,使睿哲文明者乎?今史虽阙官,宰当奉职,忝备所司,未敢逃死,谨守礼经,辄申减膳。

太子答书曰:

顾以庸虚,早尚典坟,每欲研精政术,极意书林。但往在幼年,未闲将卫,竭诚耽诵,因即损心。比日以来,风虚更积,中奉恩旨,不许重劳。加以趋侍含元,温清朝夕,承亲以无专之道,遵礼以色养为先。所以屡阙坐朝,时乖学绪。公潜申勖戒,聿荐忠规,敬寻来请,良符宿志。自非情思审谕,义均弼谐,岂能进此药言,形于简墨!抚躬三省,感愧兼深!

文伟自是益知名。

其后右史缺官,高宗谓侍臣曰:"邢文伟事我儿,能减膳切谏,此正直人也。"遂擢拜右史。则天临朝,累迁凤阁侍郎,兼弘文馆学士。载初元年,迁内史。

天授初,内史宗秦客以奸赃获罪,文伟坐附会秦客,贬授珍州刺史。后有制使至其州境,文伟以为杀己,遂自缢而死。

高子贡者,和州历阳人也。弱冠游太学,遍涉《六经》,尤精《史记》。与文伟及亳州朱敬则为莫逆之交。明经举,历秘书正字、弘文馆直学士。郁郁不得志,弃官而归。

属徐敬业作乱于扬州,遣弟敬猷统兵五千人,缘江西上,将逼和州。子贡率乡曲数百人拒之,自是贼不敢犯。以功擢授朝散大夫,拜成均助教。

虢王凤之子东莞公融,曾为和州刺史,从子贡受业,情义特深。及融为申州,阴怀异志。令黄公譔结交于子贡,推为谋主。潜谋密议,书信往复,诸王内外相应,皆出自其策。寻而事发,被诛。

郎余令,定州新乐人也。祖楚之,少与兄蔚之,俱有重名。隋大业中,蔚之为左丞,楚之为尚书民曹郎。炀帝重其兄弟,称为二郎。楚之,武德初为大理卿,与太子少保李纲、侍中陈叔达撰定律令。后受诏招谕山东,为窦建德所获,胁以兵刃,又诱以厚利,楚之竟不为屈。及还,以年老致仕。贞观初,卒,时年八十。

余令父知运,贝州刺史;兄余庆,高宗时万年令,理有威名,京城路不拾遗,后卒于交州都督。

余令少以博学知名,举进士。初授霍王元轨府参军,数上词赋,元轨深礼之。先是,余令从父知年为霍王友,亦见推仰。元轨谓人曰:"郎氏两贤,人之望也。相次入府,不意培塿而松柏成林。"转幽州录事参军。时有客僧聚众欲自焚,长史裴照率官属欲往观之。余令曰:"好生恶死,人之性也。违越教义,不近人情。明公佐守重藩,须察其奸诈,岂得轻举,观此妖妄!"照从其言,因收僧按问,果得诈状。

孝敬在东宫,余令续梁元帝《孝德传》,撰《孝子后传》三十卷,以献,甚见嗟重。累转著作佐郎。撰《隋书》未成,会病卒,时人甚痛惜之。

路敬淳,贝州临清人也。父文逸。隋大业末,阖门遇盗,文逸潜匿草泽,昼伏于死人中,夜行避难。自伤穷梗,闭口不食。同侣闵其谨愿,劝以不当灭性,捃拾以食之,递负之而行,遂免于难。贞观末,官至申州司马。

敬淳与季弟敬潜俱早知名。敬淳尤勤学,不窥门庭,遍览坟籍,而孝友笃敬。遭丧,三年不出庐寝。服免,方号恸入见其妻,形容羸毁,妻不之识也。

后举进士。天授中,历司礼博士、太子司议郎,兼修国史,仍授崇贤馆学士。数受诏修缉吉凶杂仪,则天深重之。万岁通天二年,坐与綦连耀结交,下狱死。

敬淳尤明谱学,尽能究其根源枝派,近代已来,无及之者。撰《著姓略记》十卷,行于时。又撰《衣冠本系》,未成而死。神龙初,追赠秘书少监。

敬潜仕至中书舍人。

王元感,濮州鄄城人也。少举明经,累补博城县丞。兖州都督、纪王慎深礼之,命其子东平王续从元感受学。天授中,稍迁左卫率府录事,兼直弘文馆。是后则天亲祠南郊及享明堂,封嵩岳,元感皆受诏共诸儒撰定仪注,凡所立议,众咸推服之。转四门博士,仍直弘文馆。元感时虽年老,犹能烛下看书,通宵不寐。

长安三年,表上其所撰《尚书纠谬》十卷、《春秋振滞》二十卷、《礼记绳愆》三十卷,并所注《孝经》、《史记》稿草,请官给纸笔,写上秘书阁。诏令弘文、崇贤两馆学士及成均博士详其可否。

学士祝钦明、郭山恽、李宪等皆专守先儒章句,深讥元感掎摭旧义,元感随方应答,竟不之屈。凤阁舍人魏知古、司封郎中徐坚、左史刘知几、右史张思敬,雅好异闻,每为元感申理其义,连表荐之。寻下诏曰:"王元感质性温敏,博闻强记,手不释卷,老而弥笃。掎前达之失,究先圣之旨,是谓儒宗,不可多得。可太子司议郎,兼崇贤馆学士。"魏知古尝称其所撰书曰:"信可谓《五经》之指南也。"中宗即位,以春宫旧僚,进加朝散大夫,拜崇贤馆学士。寻卒。

王绍宗,扬州江都人也,梁左民尚书铨曾孙也,其先自琅邪徙焉。绍宗少勤学,遍览经史,尤工草隶。家贫,常佣力写佛经以自给,每月自支钱足即止,虽高价盈倍,亦即拒之。寓居寺中,以清净自守,垂三十年。文明中,徐敬业于扬州作乱,闻其高行,遣使征之,绍宗称疾固辞。又令唐之奇亲诣所居逼之,竟不起。敬业大怒,将杀之。之奇曰:"绍宗人望,杀之恐伤士众之心。"由是获免。及贼平,行军大总管李孝逸以其状闻,则天驿召赴东都,引入禁中,亲加慰抚,擢拜太子文学,累转秘书少监,仍侍皇太子读书。

绍宗性淡雅,以儒素见称,当时朝廷之士,咸敬慕之。张易之兄弟,亦加厚礼。易之伏诛,绍宗坐以交往见废,卒于乡里。

韦叔夏，尚书左仆射安石兄也。少而精通《三礼》。其叔父太子詹事琨尝谓曰："汝能如是，可以继丞相业矣！"举明经。调露年，累除太常博士。后属高宗崩，山陵旧仪多废缺，叔夏与中书舍人贾太隐、太常博士裴守贞等，草创撰定，由是授春官员外郎。则天将拜洛及享明堂，皆别受制，共当时大儒祝钦明、郭山恽撰定仪注。凡所立议，众咸推服之。累迁成均司业。久视元年，特下制曰："吉凶礼仪，国家所重，司礼博士，未甚详明。成均司业韦叔夏、太子率更令祝钦明等，博涉礼经，多所该练，委以参掌，冀弘典式。自今司礼所修仪注，并委叔夏等刊定讫，然后进奏。"

长安四年，擢春官侍郎。神龙初，转太常少卿，充建立庙社使。以功进银青光禄大夫。三年，拜国子祭酒。累封沛国郡公。卒时年七十余。撰《五礼要记》三十卷，行于代。赠兖州都督、修文馆学士，谥曰文。

子绍，太常卿。

祝钦明，雍州始平人也。少通《五经》，兼涉众史百家之说。举明经。长安元年，累迁太子率更令，兼崇文馆学士。中宗在春宫，钦明兼充侍读。

二年，迁太子少保。中宗即位，以侍读之故，擢拜国子祭酒、同中书门下三品，加位银青光禄大夫，历刑部、礼部二尚书，兼修国史，仍旧知政事，累封鲁国公，食实封三百户。寻以匿忌日，为御史中丞萧至忠所劾，贬授申州刺史。久之，入为国子祭酒。

景龙三年，中宗将亲祀南郊，钦明与国子司业郭山恽二人奏言皇后亦合助祭，遂建议曰：

谨按《周礼》，天神曰祀，地祇曰祭，宗庙曰享。大宗伯职曰："祀大神，祭大祇，享大鬼，理其大礼。若王有故不预，则摄位。凡大祭祀，王后不预，则摄而荐豆笾，彻。"又追师职："掌王后之首服，以待祭祀。"又内司服职："掌王后之六服。凡祭祀，供后之衣服。"又九嫔职："大祭祀，后裸献则赞，瑶爵亦如之。"据此诸文，即皇后合助皇帝祀天神、祭地祇，明矣。故郑玄注《内司服》云："阙狄，皇后助王祭群小祀之服。"然则小祀尚助王祭，中、大推理可知。阙狄之上，犹有两服：第一袆衣，第二揄狄，第三阙狄。此三狄，皆助祭之服。阙狄即助祭小祀，即知揄狄助祭中祀，袆衣助祭大祀。郑举一隅，故不委说。唯祭宗庙，《周礼》王有两服，先王衮冕，先公鷩冕。郑玄因此以后助祭宗庙，亦分两服，云："袆衣助祭先王，揄狄助祭先公。"不言助祭天地社稷，自宜三隅而反。

且《周礼》正文："凡祭，王后不预。"既不专言宗庙，即知兼祀天地，故云"凡"也。又《春秋外传》云："禘郊之事，天子亲射其牲，王后亲舂其粢。"故代妇职但云："诏王后之礼事"，不主言宗庙也。若专主宗庙者，则内宗、外宗职皆言"掌宗庙之祭祀"。此皆礼文分明，不合疑惑。

旧说以天子父天、母地、兄日、姊月，所以祀天于南郊，祭地于北郊，朝日于东门之外，以昭事神，训人事，君必躬亲以礼之，有故然后使摄，此其义也。《礼记·祭统》曰："夫祭也者，必夫妇亲之，所以备内外之官。官备则具备。"又，"哀公问于孔子曰：'冕而亲迎，不已重乎？'孔子愀然作色而对曰：'合二姓之好，以继先圣之后，以为天地宗庙社稷之主，君何谓已重焉！'"又《汉书·郊祀志》云："天地合祭，先祖配天，先妣配地。天地合精，夫妇判合。祭天南郊，则以地配，一体之义也。"据此诸文，即知皇后合助祭，望请别修助祭仪注同进。

帝颇以为疑，召礼官亲问之。太常博士唐绍、蒋钦绪对曰："皇后南郊助祭，于礼不合。但钦明所执，是祭宗庙礼，非祭天地礼。谨按魏、晋、宋及齐、梁、周、隋等历代史籍，至于郊天祀地，并无皇后助祭之事。"帝令宰相取两家状对定。钦绪与唐绍及太常博士彭景直又奏议曰：

《周礼》凡言祭、祀、享三者，皆祭之互名，本无定义。何以明之？按《周礼》典瑞职云："两珪有邸，以祀地。"则祭地亦称祀也。又司筵云："设祀先王之胙席。"则祭宗庙亦称祀也。又内宗职云："掌宗庙之祭祀。"此又非独天称祀，地称祭也。又按《礼记》云："惟圣为能享帝。"此即祀天帝亦言享也。又按《孝经》云："春秋祭祀，以时思之。"此即宗庙亦言祭祀也。经典此文，不可备数。据此则钦明所执天曰祀，地曰祭，庙曰享，未得为定，明矣！又《周礼》凡言大祭祀者，祭天地宗庙之总名，不独天地为大祭也。何以明之？按《爵人职》云："大祭祀，与量人授举斝之卒爵。"尸与斝，皆宗庙之事，则宗庙亦称大祭祀。又钦明状引九嫔职："大祭祀，后裸献则赞瑶爵。"据祭天无裸，亦无瑶爵，此乃宗庙称大祭祀之明文。钦明所执大祭祀即为祭天地，未得为定，明矣！

又《周礼》大宗伯职云："凡大祭祀，王后有故不预，则摄而荐豆笾，彻。"钦明唯执此文，以为王后有祭天地之礼。钦绪等据此，乃是王后荐宗庙之礼，非祭天地之事。何以明之？按此文："凡祀大神，祭大祇，享大鬼，帅执事而卜日宿，视涤濯，莅玉鬯，省牲镬，奉玉盉，制大号，理其大礼，诏相王之大礼。若王不与祭祀，则摄位。"此已上一"凡"，直是王兼祭天地宗庙之事，故通言大神、大祇、大鬼之祭也。已下文云："凡大祭祀，王后不与，则摄而荐豆笾，彻。"此一"凡"，直是王后祭庙之事，故唯言大祭祀也。若云王后助祭天地，不应重起"凡大祭祀"之文也。为嫌王后有祭天地之疑，故重起后"凡"以别之耳。王后祭庙，自是大祭祀，何故取上"凡"相王之礼，以混下"凡"王后祭宗庙之文？此是本经科段明白。

又按《周礼》："外宗掌宗庙之祭祀，佐王后荐玉豆。凡后之献，亦如之。王后有故不预，则宗伯摄而荐豆笾。"外宗无佐祭天地之礼。但天地尚质,宗庙尚文。玉豆,宗庙之器,初非祭天所设。请问钦明,若王后助祭天地,在《周礼》使何人赞佐?若宗伯摄后荐豆祭天,又合何人赞佐?并请明征礼文,即知摄荐是宗庙之礼明矣。

按《周礼·司服》云:"王祀昊天上帝,则服大裘而冕。享先王,则衮冕。"内司服,"掌王后祭服",无王后祭天之服。按《三礼义宗》明王后六服,谓袆衣、摇翟、阙翟、鞠衣、展衣、褖衣。"袆衣从王祭先王则服之,摇翟祭先公及飨诸侯则服之,鞠衣以采桑则服之,展衣以礼见王及见宾客则服之,褖衣燕居服之。"王后无助祭于天地之服,但自先王已下。又《三礼义宗》明后夫人之服云:"后不助祭天地五岳,故无助天地四望之服。"按此,则王后无祭天之服,明矣。《三礼义宗》明王后五辂,谓重翟、厌翟、安车、翟车、辇车也。"重翟者,后从王祭先王、先公所乘也;厌翟者,后从王飨诸侯所乘也;安车者,后宫中朝夕见于王所乘也;翟车者,后求桑所乘也;辇车者,后游宴所乘也。"按此,则王后无祭天之车明矣。

又《礼记·郊特牲·义赞》云:"祭天无祼。郑玄注云:'唯人道宗庙有祼。天地大神,至尊不祼。'圆丘之祭,与宗庙袷同。朝践,王酌泛齐以献,是一献。后无祭天之事,大宗伯次酌醴齐以献,是为二献。"按此,则祭圆丘,大宗伯次王为献,非摄王后之事。钦明等所执王后有故不预,则宗伯摄荐豆笾,更明摄王后宗庙之荐,非摄天地之祀明矣。

钦明建议引《礼记·祭统》曰:"夫祭也者,必夫妇亲之。"按此,是王与后祭宗庙之礼,非关祀天地之义。按汉、魏、晋、宋、后魏、齐、梁、周、陈、隋等历代史籍,兴王令主,郊天祀地,代有其礼,史不阙书,并不见往代皇后助祭之事。又高祖神尧皇帝、太宗文武圣皇帝南郊祀天,无皇后助祭处。高宗天皇大帝永徽二年十一月辛酉亲有事于南郊,又总章元年十二月丁卯亲拜南郊,亦并无皇后助祭处。又按《大唐礼》,亦无皇后南郊助祭之礼。

钦绪等幸忝礼官,亲承圣问,竭尽闻见,不敢依随。伏以主上稽古,志遵旧典,所议助祭,实无明文。

时尚书左仆射韦巨源又希旨,协同钦明之议。上纳其言,竟以后为亚献,仍补大臣李峤等女为齐斋,以执笾豆。及礼毕,特诏齐斋有夫婿者,咸为改官。

景云初,侍御史倪若水劾奏钦明及郭山恽曰:"钦明等本自腐儒,素无操行,崇班列爵,实为叨忝。而涓尘莫效,诌佞为能。遂使典台之礼,圜丘之制,百王故事,一朝坠失。所谓乱常改作,希旨病君,人之不才,遂至于此。今圣明驭历,贤良入用,惟兹小人,犹在朝列。臣请并从黜放,以肃周行。"于是左授钦明饶州刺史。后入为崇文馆学士。寻卒。

郭山恽,蒲州河东人。少通《三礼》。景龙中,累迁国子司业。时中宗数引近臣及修文学士,与之宴集,尝令各效伎艺,以为笑乐。工部尚书张锡为《谈容娘舞》,将作大匠宗晋卿舞《浑脱》,左卫将军张洽舞《黄獐》,左金吾卫将军杜元琰诵《婆罗门咒》,给事中李行言唱《驾车西河》,中书舍人卢藏用效道士上章。山恽独奏曰:"臣无所解,请诵古诗两篇。"帝从之,于是诵《鹿鸣》、《蟋蟀》之诗。奏未毕,中书令李峤以其词有"好乐无荒"之语,颇涉规讽,怒为忤旨,遽止之。

翌日,帝嘉山恽之意,诏曰:"郭山恽业优经史,识贮古今,《八索》、《九丘》,由来遍览;前言往行,实所该详。昨者因其豫游,式宴朝彦,既乘欢洽,咸使咏歌。遂能志在匡时,潜申规讽,謇謇之诚弥切,谔谔之操逾明。宜示褒扬,美兹鲠直。"赐时服一幅。寻与祝钦明同献皇后助祭郊祀之议。景云中,左授括州长史。开元初,复入为国子司业。卒于官。

柳冲,蒲州虞乡人也,隋饶州刺史庄曾孙也。其先仕江左,世居襄阳。陈亡,还乡里。父楚贤,大业末,为河北县长。时尧君素固守郡城,以拒义师。楚贤进说曰:"隋之将亡,天下皆知。唐公名应图箓,动以信义,豪杰响应,天所赞也!君子见机而作,不俟终日,转祸为福,今其时也!"君素不从,楚贤潜行归国。高祖甚悦,拜侍御史。贞观中,累转光禄少卿,使突厥存抚李思摩,突厥赠马百匹及方物,悉拒而不受。累转交、桂二州都督,皆有能名。卒于杭州刺史。

冲博学,尤明世族,名亚路敬淳。天授初,为司府主簿,受诏往淮南安抚。使还,赐爵河东县男。景龙中,累迁为左散骑常侍,修国史。

初,贞观中太宗命学者撰《氏族志》百卷,以甄别士庶;至是向百年,而诸姓至有兴替,冲乃上表请改修氏族。中宗命冲与左仆射魏元忠及史官张锡、徐坚、刘宪等八人,依据《氏族志》,重加修撰。元忠等施功未半,相继而卒,乃迁于外职。至先天初,冲始与侍中魏知古、中书侍郎陆象先及徐坚、刘子玄、吴兢等撰成《姓族系录》二百卷,奏上。

冲后历太子詹事、太子宾客、宋王傅、昭文馆学士,以老疾致仕。开元二年,又敕冲及著作郎薛南金刊定《系录》,奏上,赐绢百匹。五年卒。

卢粲,幽州范阳人,后魏侍中阳乌五代孙。祖彦卿,撰《后魏纪》二十卷,行于时,官至合肥令。叔父行嘉,亦有学涉,高宗时为雍王记室。粲博览经史,弱冠举进士。景龙二年,累迁给事中。时节愍太子初立,韦庶人以非己所生,深加忌嫉,劝中宗下敕令太子却取卫府封物,每年以供服用。粲驳奏曰:"皇太子处继明之重,当主鬯之尊,岁时服用,自可百司供拟。又据《周官》,诸应用财器,岁终则会,唯王及太子应用物,并不会。此则储君之费,咸与王同。今与列国诸侯齐衡入封,岂所谓宪章在昔,垂法将来者也!必谓青宫初启,服用所资,自当广支库物,不可长存藩封。"诏从之。

后安乐公主婿武崇训为节愍太子所杀,特追封为鲁

王,令司农少卿赵履温监护葬事。履温讽公主奏请依永泰公主故事,为崇训造陵。诏从其请。粲驳奏曰:

伏寻陵之称谓,本属皇王及储君等。自皇家已来,诸王及公主墓,无称陵者。唯永泰公主承恩特葬,事越常涂,不合引以为名。《春秋左氏传》云:"卫孙桓子与齐战。卫新筑大夫仲叔于奚救孙桓子,桓子以免。卫人赏之以邑,于奚辞,请曲悬、繁缨以朝,许之。仲尼闻之,曰:'惜也,不如多与之邑。唯名与器,不可以假人。若以假人,与之政也,政亡则国从之。'"圣人知微知章,不可不慎。鲁王哀荣之典,诚别承恩;然国之名器,岂可妄假!又茔兆之称,不应假永泰公主为名,请比贞观已来诸王旧例,足得丰厚。

手敕答曰:"安乐公主与永泰公主无异。同穴之义,古今不殊。鲁王缘自特为陵制,不烦固执。"粲又奏曰:

臣闻陵之称谓,施于尊极,不属王公已下。且鲁王若欲论亲等第,则不亲于雍王。雍王之墓,尚不称陵,鲁王自不可因尚公主而加号。且君之举事,则载于方册,或稽之往典,或考自前朝。臣历检贞观已来,驸马墓无得称陵者。且君人之礼,服绝于傍期,盖为不独亲其亲,不独子其子。陛下以膝下之恩爱,施及其夫,赠赗之仪,哀荣足备,岂得使上下无辨,君臣一贯者哉!又安乐公主承两仪之泽,履福禄之基,指南山以锡年,仰北辰而永庇。鲁王之葬,车服有章,加等之仪,备有常数,茔兆之称,不应假永泰公主为名,非所谓垂法将来,作则群辟者也!

帝竟依粲所奏。公主大怒。粲以忤旨出为陈州刺史。累转秘书少监。开元初卒。

尹知章,绛州翼城人。少勤学,尝梦神人以大凿开其心,以药内之,自是日益开朗,尽通诸经ञ义。未几,而诸师友北面受业焉。长安中,驸马都尉武攸暨重其经学,奏授其府定王文学。神龙初,转太常博士。中宗初即位,建立宗庙,议者欲以凉武昭王为始祖,以备七代之数。知章以为武昭远世,非王业所因,特奏议以为不可。当时竟从知章之议。俄拜陆浑令,以公廨弃官。时散骑常侍解琬亦罢职归田园,与知章共居汝、洛间,以修学为事。

睿宗初即位,中书令张说荐知章有古人之风,足以镇雅俗,拜礼部员外郎。俄转国子博士。后秘书监马怀素奏引知章就秘书省与学者刊定经史。知章虽居吏职,归家则讲授不辍,尤明《易》及庄、老玄言之学,远近咸来受业。其有贫匮者,知章尽其家财以衣食之。

性和厚,喜愠不形于色,未尝言及家人产业。其子尝请并市樵米,以备岁时之费,知章曰:"如汝所言,则下人何以取资?吾幸食禄,不宜夺其利也!"竟不从。

开元六年卒,时年五十有余。所注《孝经》、《老子》、《庄子》、《韩子》、《管子》、《鬼谷子》,颇行于时。门人孙季良等立碑于东都国子监之门外,以颂其德。

孙季良者,河南偃师人也,一名翌。开元中,为左拾遗、集贤院直学士。撰《正声诗集》三卷,行于代。

徐岱,字处仁,苏州嘉兴人也。家世以农为业。岱好学,六籍诸子,悉所探究,问无不通,难莫能屈。大历中,转运使刘晏表荐之,授校书郎。浙西观察使李栖筠厚遇之,敕故所居为复礼乡。寻为朝廷推擢,改河南府偃师县尉。建中年,礼仪使蒋镇特荐为太常博士,掌礼仪。从幸奉天、兴元,改膳部员外郎兼博士。贞元初,迁水部郎中,充皇太子及舒王已下侍读。寻改司封郎中,擢拜给事中,加兼史馆修撰,并依旧侍读。承两宫恩顾,时无与比。而谨慎过甚,未尝泄禁中语,亦不谈人之短。婚嫁甥侄之孤遗者,时人以此称之。然吝啬颇甚,仓库管钥,皆自执掌,获讥于时。卒,时年五十。上叹惜之,赗以帛绢。皇太子又遗绢一百匹,赠礼部尚书。

苏弁,字元容,京兆武功人。曾叔祖良嗣,天后朝宰相,国史有传。弁少有文学,举进士,授秘书省正字,转奉天主簿。

朱泚之乱,德宗仓卒出幸,县令杜正元上府计事;闻大驾至,官吏惶恐,皆欲奔窜山谷。弁谕之曰:"君上避狄,臣下当伏难死节。昔肃宗幸灵武,至新平、安定,二太守皆潜遁,帝命斩之以徇,诸君知其事乎!"众心乃安。及车驾至,迎扈储备无阙。德宗嘉之,就加试大理司直。贼平,拜监察御史,历三院,累转仓部郎中。仍判度支案。

裴延龄卒,德宗闻其才,特开延英,面赐金紫。授度支郎中,副知度支事,仍命立于正郎之首。副知之号,自弁始也。承延龄之后,以宽简代烦虐,人甚称之。迁户部侍郎,依前判度支,改太子詹事。弁初入朝,班位失序,殿中侍御史邹儒立对仗弹之。弁于金吾待罪数刻,特释放。旧制,太子詹事班次太常、宗正卿已下。贞元三年,御史中丞窦参叙定班,移詹事在河南、太原尹之下。弁乃引旧班制立。台官诘之,仍绐云:"自己白宰相,请依旧。"故为儒立弹之。旋坐给长武城军粮朽败,贬河州司户参军。当德宗时,朝臣受谴,少蒙再录,至晚年尤甚。唯弁与韩皋得起为刺史,授滁州,转杭州。

弁与兄冕、衮,皆以友弟、儒学称。

冕,缵国朝政事,撰《会要》四十卷,行于时。弁聚书至二万卷,皆手自刊校,至今言苏氏书,次于集贤秘阁焉。贞元二十一年,卒于家。

衮自赞善大夫贬永州司户参军,敕:"苏衮贬官,本缘弟连坐。矜其年暮,加以疾患,宜令所在勒回,任归私第。"衮年且七十,两目无见已逾年。以弁之故,竟未停官。及贬,上闻之哀悯,故许还家。寻卒。

初,冕既坐弁贬官,或有人言冕才学,上悔不早知。业已贬出,又复还衮,难于再追冕,乃止。

陆质,吴郡人,本名淳,避宪宗名改之。质有经学,尤深于《春秋》,少师事赵匡,匡师啖助,助、匡皆为异儒,颇传其学,由是知名。陈少游镇扬州,爱其才,辟为从事。后荐于朝,拜左拾遗。转太常博士,累迁左司郎中,坐细故,改国子博士,历信、台二州刺史。顺宗即位,质素与韦执谊善，由是征为给事中、皇太子侍读，仍改赐名质。

时执谊得幸，顺帝寝疾，与王叔文等窃弄权柄。上在春宫，执谊惧，质已用事，故令质入侍，而潜伺上意，因用解。及质发言，上果怒曰："陛下令先生与寡人讲义，何得言他？"质惶惧而出。未几病卒。质著《集注春秋》二十卷，《类礼》二十卷，《君臣图翼》二十五卷，并行于代。贞元二十一年卒。

冯伉，本魏州元城人。父玠，后家于京兆。少有经学。大历初，登《五经》秀才科，授秘书郎。建中四年，又登博学《三史》科。三迁尚书膳部员外郎，充睦王已下侍读。泽潞节度使李抱真卒，为吊赠使，抱真男遗伉帛数百匹，不纳。又专送至京，伉因表奏，固请不受。属醴泉缺县令，宰臣进人名，帝意不可，谓宰臣曰："前使泽潞不受财帛者，此人必有清政，可以授之。"遂改醴泉令。县中百姓多猾，为著《谕蒙》十四篇，大略指明忠孝仁义，劝学务农，每乡给一卷，俾其传习。在县七年，韦渠牟荐为给事中，充皇太子及诸王侍读。召见于别殿，赐金紫。著《三传异同》三卷。顺宗即位，拜尚书兵部侍郎。改国子祭酒，为同州刺史。入拜左散骑常侍，复领太学。元和四年卒，年六十六，赠礼部尚书。

子药，进士擢第，又登制科，仕至尚书郎。

韦表微，始举进士登第，累佐藩府。元和十五年，拜监察御史。逾年，以本官充翰林学士。迁左补阙、库部员外郎、知制诰。满岁，擢迁中书舍人。俄拜户部侍郎，职并如故。时自长庆、宝历，国家比有变故，凡在翰林，迁擢例无满岁，由是表微自监察，六七年间，秩正贰卿，命服金紫，承遇恩渥，盛于一时。卒，年六十。

表微少时，克苦自立。著《九经师授谱》一卷，《春秋三传总例》二十卷。

子蟾，进士登第，咸通末，为尚书左丞。

许康佐，父审。康佐登进士第，又登宏词科。以家贫母老，求为知院官，人或怪之，笑而不答。及母亡，服除，不就侯府之辟，君子始知其不择禄养亲之志也，故名益重。迁侍御史，转职方员外郎，累迁至驾部郎中，充翰林侍讲学士，仍赐金紫。历谏议大夫、中书舍人，皆在内庭。为户部侍郎，以疾解职。除兵部侍郎，转礼部尚书。卒，年七十二，赠吏部尚书。撰《九鼎记》四卷。

弟尧佐、元佐，尧佐子道敏，并登进士第，历官清显。

赞曰：积学成功，开谈辨治。儒道玄机，圣人雅旨。出必由户，行迹其轨。遹有其人，光乎信史。

卷一百九十上　列传第一百四十

文　苑　上

孔绍安　子祯　孙若思　袁朗　弟承序　利贞　孙谊　贺德仁　庾抱　蔡允恭　郑世翼　谢偃　崔信明　张蕴古　刘胤之　弟子延祐　兄子藏器　张昌龄　崔行功　孟利贞　董思恭　元思敬　徐齐聃　杜易简　从祖弟审言　卢照邻　杨炯　王勃　兄勮　勔　骆宾王　邓玄挺

臣观前代秉笔论文者多矣。莫不宪章《谟》、《诰》，祖述《诗》、《骚》；远宗毛、郑之训论，近鄙班、扬之述作。谓"采采苤苢"，独高比兴之源；"湛湛江枫"，长擅咏歌之体。殊不知世代有文质，风俗有淳醨；学识有浅深，才性有工拙。昔仲尼演三代之《易》，删诸国之《诗》，非求胜于昔贤，要取名于今代。实以淳朴之时伤质，民俗之语不经，故饰以文言，考之弦诵。然后致远不泥，永代作程，即知是古非今，未为通论。夫执鉴写形，持衡品物，非伯乐不能分骀骥之状，非延陵不能别《雅》、《郑》之音。若空混吹竽之人，即异闻《韶》之叹。近代唯沈隐侯斟酌《二南》，剖陈三变；摅云、渊之抑郁，振潘、陆之风徽。俾律吕和谐，宫商辑洽，不独子建总建安之霸，客儿擅江左之雄。爰及我朝，挺生贤俊，文皇帝解戎衣而开学校，饰贲帛而礼儒生；门罗吐凤之才，人擅握蛇之价。靡不发言为论，下笔成文，足以纬俗经邦，岂止雕章缛句。韵谐金奏，词炳丹青，故贞观之风，同乎三代。高宗、天后，尤重详延；天子赋横汾之诗，臣下继柏梁之奏；巍巍济济，辉烁古今。如燕、许之润色王言，吴、陆之铺扬鸿业，元稹、刘蒉之对策，王维、杜甫之雕虫，并非肆业使然，自是天机秀绝。若隋珠色泽，无假淬磨，孔玑翠羽，自成华彩，置之文苑，实焕缃图。其间爵位崇高，别为之传。今采孔绍安已下，为《文苑》三篇，觊怀才憔悴之徒，千古见知于作者。

孔绍安，越州山阴人，陈吏部尚书奂之子。少与兄绍新，俱以文词知名。十三，陈亡入隋，徙居京兆鄠县。闭门读书，诵古文集数十万言，外兄虞世南叹异之。绍新尝谓世南曰："本朝沦陷，分从湮灭，但见此弟，窃谓家族不亡矣！"时有词人孙万寿，与绍安笃忘年之好，时人称为孙、孔。绍安大业末为监察御史。时高祖为隋讨贼于河东，诏绍安监高祖之军，深见接遇。及高祖受禅，绍安自洛阳间行来奔。高祖见之甚悦，拜内史舍人，赐宅一区、良马两匹、钱米绢布等。时夏侯端亦尝为御史，监高祖军，先绍安归朝，授秘书监。绍安因侍宴，应诏咏《石榴诗》曰："只为时来晚，开花不及春。"时人称之。寻诏撰《梁史》，未成而卒。有文集五卷。

子祯，高宗时为苏州长史。曹王明为刺史，不循法度，祯每进谏。明曰："寡人天子之弟，岂失于为王哉！"祯曰："恩宠不可恃，大王不奉行国命，恐今之荣位，非大王所保，独不见淮南之事乎？"明不悦。明左右有侵暴下人者，祯捕而杖杀之。明后果坐法，迁于黔中，谓人曰："吾愧不用孔长史言，以及于此！"祯累迁绛州刺史，封武昌县子。卒，谥曰温。

子季诩，早知名，官至左补阙。

绍安孙若思。

若思孤，母褚氏亲自教训，遂以学行知名。年少时，有人赍褚遂良书迹数卷以遗若思，唯受其一卷。其人曰："此书当今所重，价比黄金，何不总取？"若思曰："若价比金宝，此为多矣！"更截去半以还之。明经举，累迁库部郎中。若思常谓人曰："仕至郎中足矣！"至是持一石止水，置于座右，以示有止足之意。寻迁给事中。

中宗即位，敬晖、桓彦范等知国政，以若思多识故事，所有改革大事及疑议，多访于若思。再转礼部侍郎，出卫州刺史。先是，诸州别驾，皆以宗室为之，不为刺史致敬，由是多行不法。若思至州，举奏别驾李道钦犯状，请加鞫讯。乃诏别驾于刺史致礼，自若思始也。俄以清白称，加银青光禄大夫，赐绢百匹。历汝州刺史、太子右谕德，封梁郡公。开元十七年卒，谥曰惠。

袁朗，雍州长安人，陈尚书左仆射枢之子。其先自陈郡仕江左，世为冠族，陈亡徙关中。

朗勤学，好属文。在陈，释褐秘书郎，甚为尚书令江总所重。尝制千字诗，当时以为盛作。陈后主闻而召入禁中，使为《月赋》，朗染翰立成。后主曰："观此赋，谢希逸不能独美于前矣！"又使为《芝草》、《嘉莲》二颂，深见优赏。历太子洗马、德教殿学士，迁秘书丞。陈亡，仕隋为尚书仪曹郎。武德初，授齐王文学、祠部郎中，封汝南县男，再转给事中。贞观初卒官。太宗为之废朝一日，谓高士廉曰："袁朗在任虽近，然其性谨厚，特使人伤惜。"因敕给其丧事，并存问妻子。有文集十四卷。

从父弟承序，陈尚书仆射宪之子。武德中，齐王元吉闻其名，召为学士。府废，累转建昌令。在任清静，士吏怀之。高宗在藩，太宗选学行之士为其僚属，谓中书侍郎岑文本曰："梁、陈名臣，有谁可称？复有子弟堪招引否？"文本因言："隋师入陈，百司奔散，莫有留者，唯袁宪独在其主之傍。王世充将受隋禅，群僚表请劝进，宪子给事中承家托疾，独不署名。此父子足称忠烈。承家弟承序，清贞雅操，实继先风。"由是召守晋王友，仍令侍读，加授弘文馆学士。未几，卒。

朗从祖弟利贞，陈中书令敬之孙也。高宗时为太常博士、周王侍读。永隆二年，王立为皇太子，百官上礼。高宗将会百官及命妇于宣政殿，并设九部伎及散乐。利贞上疏谏曰："臣以前殿正寝，非命妇宴会之地；象阙路门，非倡优进御之所。望诏命妇会于别殿，九部伎从东西门入，散乐一色，伏望停省。若于三殿别所，自可备极恩私。微臣庸蔽，不闲典则，忝预礼司，轻陈狂瞽。"帝纳其言，即令移于麟德殿。至会日，酒酣，帝使中书侍郎薛元超谓利贞曰："卿门承忠鲠，能抗疏直言，不加厚赐，何以奖劝！"赐物百段。俄迁祠部员外郎，卒。中宗即位，以侍读恩，追赠秘书少监。

朗十三代祖汉司徒滂，滂生魏国郎中、御史大夫涣，涣生晋尚书准，准生东晋右将军、豫章太守冲，冲生司徒从事中郎耽，耽生琅邪内史质，质生丹阳尹、宋公长史豹，豹生宋吴郡太守洵，累代有高名重位，前史有传。五代叔祖宋太尉淑，高祖父左仆射、雍州刺史颛，高祖司空粲，皆死国难。曾祖梁中书监、司空、穆公昂，仕齐为吴兴太守，及梁高祖禅齐，久辞朝命。父枢，叔父宪，仕陈，皆为陈仆射。叔祖敬，中书令。及陈亡，宪冒难扶护后主。朗自以中外人物，为海内冠族，虽琅邪王氏继有台鼎，而历朝首为佐命，鄙之不以为伍。

朗孙谊，又虞世南外孙。神功中，为苏州刺史。尝因视事，司马清河张沛通谒，沛即侍中文瓘之子。谊揖之曰："司马何事？"沛曰："此州得一长史，是陇西李亶，天下甲门。"谊曰："司马何言之失！门户须历代人贤，名节风教，为衣冠顾瞻，始可称举，老夫是也！夫山东人尚于婚媾，求于禄利；作时柱石，见危授命，则旷代无人。何可说之，以为门户！"沛怀惭而退。时人以为口实。

贺德仁，越州山阴人也。父朗，陈散骑常侍。德仁少与从兄德基俱事国子祭酒周弘正，咸以词学见称。时人语曰："学行可师贺德基，文质彬彬贺德仁。"德仁兄弟八人，时人方之荀氏。陈鄱阳王伯山为会稽太守，改其所居甘滂里为高阳里。德仁事陈，至吴兴王友。

入隋，仆射杨素荐之，授豫章王府记室参军。王以师资礼之，恩遇甚厚。及炀帝即位，豫章王改封齐王，又授齐王府属。及齐王获谴，府僚皆被诛责，唯德仁以忠谨免罪，出补河东郡司法。素与隐太子善，及高祖平京师，隐太子封陇西公，用德仁为陇西公友。寻迁太子中舍人，以衰老不习吏事，转太子洗马。时萧德言亦为洗马，陈子良为右卫率府长史，皆为东宫学士。贞观初，德仁转赵王友。无几，卒，年七十余。有文集二十卷。

德仁弟纪、敳，亦以博学知名。高宗时，纪官至太子洗马，修《五礼》。敳至率更令，兼太子侍读。兄弟并为崇贤馆学士，学者荣之。

庾抱，润州江宁人也，其先自颍川徙家焉。祖众，陈御史中丞。父超，南平王记室。抱开皇中为延州参军事。后累岁，调吏部。尚书牛弘知其有学术，给笔札令自序。援翰便就，弘甚奇之。后补元德太子学士，礼赐甚优。会皇孙载诞，太子宴宾客，抱于坐中献《嫡皇孙颂》，深被嗟赏。后为越巂主簿，称病不行。义宁中，隐太子弘引为陇西公府记室。时军国多务，公府文檄皆出于抱。寻转太子舍人，未几，卒。有集十卷。

蔡允恭，荆州江陵人也。祖点，梁尚书仪曹郎。父大业，后梁左民尚书。允恭有风彩，善缀文。仕隋历著作佐郎、起居舍人。雅善吟咏。炀帝属词赋，多令讽诵之。尝遣教宫女，允恭深以为耻，因称气疾，不时应召。炀帝又许授以内史舍人，更令入内教宫人，允恭固辞不就，以是稍被疏绝。江都之难，允恭从宇文化及西上，没于窦建德。及平东夏，太宗引为秦府参军，兼文学馆学士。贞观初，除太子洗马。寻致仕，卒于家。有集十卷，又撰《后梁春秋》十卷。

郑世翼，郑州荥阳人也，世为著姓。祖敬德，周仪同大将军。父机，司武中士。世翼弱冠有盛名。武德中，历万年丞、扬州录事参军。数以言辞忤物，称为轻薄。时崔信明自谓文章独步，多所凌轹；世翼遇诸江中，谓之曰："尝闻'枫落吴江冷。'"信明欣然示百余篇。世翼览之未终，曰："所见不如所闻。"投之于江，信明不能对，拥楫而去。世翼贞观中坐怨谤，配流巂州，卒。文集多遗失，撰《交游传》，颇行于时。

谢偃，卫县人也，本姓直勒氏。祖孝政，北齐散骑常侍，改姓谢氏。偃仕隋为散从正员郎。贞观初，应诏对策及第，历高陵主簿。十一年，驾幸东都，谷、洛泛溢洛阳宫，诏求直谏之士。偃上封事，极言得失。太宗称善，引为弘文馆直学士，拜魏王府功曹。偃尝为《尘》、《影》二赋，甚工。太宗闻而诏见，自制赋序，言"区宇乂安，功德茂盛"。令其为赋，偃奉诏撰成，名曰《述圣赋》，赐彩数十匹。偃又献《惟皇诫德赋》以申讽，曰：

臣闻理忘乱，安忘危，逸忘劳，得忘失。此四者，人君莫不皆然。是以夏桀以瑶台璇室为丽，而不悟鸣条南巢之祸；殷辛以象箸玉杯为华，而不知牧野白旗之败。故当其盛也，谓四海为己力；及其衰焉，乃匹夫之不制。当其信也，谓天下为无危；及其疑也，则顾盼皆仇敌。是知必有其德，则诚结戎夷，化行荒裔。苟失其度，则变生骨肉，衅起腹心矣！是以为人主者，不可忘初。处殿堂，则思前主之所以亡；朝万国，则思今己之所以贵；巡府库，则思今己之所以得；视功臣，则思其为己之始；见名将，则思其用力之初。苟弗忘旧，则人无易心，何患乎天下之不化！故且行之则为尧、舜，暮失之则为桀、纣，岂异人哉！其词曰：

周坟籍以遐观，总宇宙而一窥；结绳往而莫纪，书契崇而可知。惟皇王之迭代，信步骤之恒规，莫不虑失者常得，怀安者必危。是以战战栗栗，日慎一日，守约守俭，去奢去逸。外无荒禽，内无荒色，唯贤是授，唯人斯恤。则三皇不足六，五帝不足十。若夫恃圣骄力，狠戾倔强，忠良是弃，谄佞斯奖。构崇台以造天，穿深池以绝壤。厚赋重敛，积宝藏镪；无罪加

刑，有功不赏。则夏桀可二，殷辛易两。在危所恃，居安勿忘。功臣无逐，故人无放。放故者亡，逐功者丧。四海岌岌，九土漫漫，覆之甚易，存之实难。是以一人有悦，万国同欢；一人失所，兆庶俱残。喜则隆冬可热，怒则盛夏成寒；一动而八表乱，一言而天下安。举君过者曰忠，述主美者为佞，苟承颜以顺旨，必蔽视而称圣。故使曲者乱直，邪者疑正；改华服以就胡，变雅音而入郑，虽往古之轨躅，亦当今之龟镜。崔嵬龙殿，赫奕凤门，苞四海以称主，冠天下而独尊。既兄日而姊月，亦父乾而母坤。视则金翠溢目，听则丝竹盈耳。信赏罚之在躬，实荣辱之由己；语羲皇而易匹，言尧、舜之可拟。骄志自此而生，侈心因兹而起。常惧覆而惧亡，必思反而思止，勿忘潜龙之初，当怀布衣之始。在位称宝，居器曰神，钟鼓庭设，玉帛阶陈。得必有兆，失必有因；一替一立，或周或秦。既承前代，当思后人。唯德可以久，天道无常亲。

时李百药工为五言诗，而偃善作赋，时人称为李诗谢赋焉。十七年，府废，出为湘潭令，卒。文集十卷。

崔信明，青州益都人也，后魏七兵尚书光伯曾孙也。祖绍，北海郡守。信明以五月五日日正中时生，有异雀数头，身形甚小，五色毕备，集于庭树；鼓翼齐鸣，声清宛亮。隋太史令史良使至青州，遇而占之曰："五月为火，火为《离》，《离》为文彩。日正中，文之盛也。又有雀五色，奋翼而鸣。此儿必文藻焕烂，声名播于天下。雀形既小，禄位殆不高。"及长，博闻强记，下笔成章。乡人高孝基有知人之鉴，每谓人曰："崔信明才学富赡，虽名冠一时，但恨其位不达耳！"

大业中，为尧城令。窦建德僭号，欲引用之。信明族弟敬素为建德鸿胪卿，说信明曰："隋主无道，天下鼎沸，衣冠礼乐，扫地无余。兄遁迹下僚，不被收用，豫让所以不报范中行，只以众人遇我者也。夏王英武，有并吞天下之心，士女襁负而至者，不可称数。此时不立功立事，岂是见几而作者乎？"信明曰："昔申胥海畔渔者，尚能固其节；吾终不能屈身伪主，求斗筲之职。"遂逾城而遁，隐于太行山。贞观六年，应诏举，授兴势丞。迁秦川令，卒。

信明颇骞傲自伐，常赋诗吟啸，自谓过于李百药，时人多不许之。又矜其门族，轻侮四海士望，由是为世所讥。子冬日，则天时为黄门侍郎，被酷吏所杀。

张蕴古，相州洹水人也。性聪敏，博涉书传，善缀文，能背碑覆局。尤晓时务，为州闾所称。自幽州总管府记室直中书省。太宗初即位，上《大宝箴》以讽，其词曰：

今来古往，俯察仰观，惟辟作福，为君实难。主普天之下，处王公之上；任土贡其所求，具僚和其所唱。是故兢惧之心日弛，邪僻之情转放，岂知事起乎所忽，祸生乎无妄。固以圣人受命，拯溺亨屯，归过于己，推恩于民。大明无偏照，至公无私亲。故以一人治天下，不以天下奉一人。礼以禁其奢，乐以防其佚。左言而右事，出警而入跸。四时同其惨舒，三光

同其得失。故身为之度，而声为之律。勿谓无知，居高听卑；勿谓何害，积小成大。乐不可极，极乐生哀；欲不可纵，纵欲成灾。壮九重于内，所居不过容膝；彼昏不知，瑶其台而琼其室。罗八品于前，所食不过适口；唯狂罔念，丘其糟而池其酒。勿内荒于色，勿外荒于禽，勿贵难得之货，勿听亡国之音。内荒伐人性，外荒荡人心，难得之货侈，亡国之声淫。勿谓我尊而傲贤侮士，勿谓我智而拒谏矜己。闻之夏王，据馈频起；亦有魏帝，牵裾不止。安彼反侧，如春阳秋露，巍巍荡荡，恢汉大高度；抚兹庶事，如履薄临深，战战栗栗，用周文小心。

《诗》云："不识不知"，《书》曰："无偏无党"。一彼此于胸臆，捐好恶于心想。众弃而后加刑，众悦而后命赏。弱其强而治其乱，申其屈而直其枉。故曰："如衡如石，不定物以数，物之悬者，轻重自具；如水如镜，不示物以情，物之鉴者，妍媸自生。"勿浑浑而浊，勿皎皎而清，勿没没而暗，勿察察而明。虽冕旒蔽目而视于未形，虽黈纩塞耳而听于无声。纵心乎湛然之域，游神于至道之精。扣之者应洪纤而效响，酌之者随深浅而皆盈。故曰：天之清，地之宁，王之贞。四时不言而代序，万物无为而受成。岂知帝有其力，而天下和平。

吾王拨乱，戡以智力，民惧其威，未怀其德。我皇抚运，扇以淳风，民怀其始，未保其终。爰述金镜，穷神尽圣；使人以心，应言以行。包括治体，抑扬词令，天下为公，一人有庆。开罗起祝，援琴诵诗，一日二日，念兹在兹。唯人所召，自天祐之。争臣司直，敢告前疑！

太宗嘉之，赐以束帛，除大理丞。

初，河内人李好德，素有风疾，而语涉妖妄。蕴古究其狱，称好德癫病有征，法不当坐。治书侍御史权万纪劾蕴古家住相州，好德之兄厚德为其刺史，情在阿纵，奏事不实。太宗大怒，曰："小子乃敢乱吾法耶？"令斩于东市。太宗寻悔，因发制，凡决死者，命所司五覆奏，自蕴古始也。

刘胤之，徐州彭城人也。祖祎之，后魏临淮镇将。胤之少有学业，与隋信都丞孙万寿、宗正卿李百药为忘年之友。武德中，御史大夫杜淹表荐之，再迁信都令，甚存惠政。永徽初，累转著作郎、弘文馆学士，与国子祭酒令狐德棻、著作郎杨仁卿等，撰成国史及实录，奏上之，封阳城县男。寻以老，不堪著述，出为楚州刺史，卒。

弟子延祐，弱冠本州举进士，累补渭南尉。刀笔吏能，为畿邑当时之冠。司空李勣尝谓曰："足下春秋甫尔，便擅大名，宜稍自贬抑，无为独出人右也。"后历右司郎中，检校司宾少卿，封薛县男。

徐敬业之乱，扬州初平，所有刑名，莫能决定，延祐奉使至军所决之。时议者断受贼五品官者斩，六品者流。延祐以为诸非元谋，迫胁从盗，则置极刑，事涉枉滥，乃断受贼五品者流，六品已下俱除名而已。其得全济者甚众。

出为箕州刺史，转安南都护。岭南俚户，旧输半课，及延祐到，遂勒全输。由是其下皆怨，谋欲将叛，延祐乃诛其首恶李嗣仙。垂拱三年，嗣仙党与丁建、李思慎等，遂率众围安南府。时城中胜兵不过数百，乃禁门坚守，以候邻境之援。广州大族冯子猷幸灾乐祸，欲因危立功，遂按兵纵敌，使其为害滋甚。延祐遂为思慎所害。其后桂州司马曹玄静率兵讨思慎等，擒之。尽斩于安南城下。

胤之从父兄子藏器，亦有词学，官至宋州司马。藏器子知柔，开元初，为工部尚书。知柔弟知几，避玄宗名改子玄。自有传。

张昌龄，冀州南宫人。弱冠以文词知名。本州欲以秀才举之，昌龄以时废此科已久，固辞。乃充进士贡举及第。贞观二十一年，翠微宫成，诣阙献颂。太宗召见，试作《息兵诏》草，俄顷而就。太宗甚悦，因谓之曰："昔祢衡、潘岳，皆恃才傲物，以至非命。汝才不减二贤，宜追鉴前轨，以副吾所取也。"乃敕于通事舍人里供奉。寻为昆山道行军记室，破卢明月，平龟兹，军书露布，皆昌龄之文也。再转长安尉，出为襄州司户，丁忧去官。后贺兰敏之奏引于北门修撰，寻又罢去。乾封元年卒。文集二十卷。

兄昌宗，亦有学业，官至太子舍人、修文馆学士。撰《古文纪年新传》三十卷。

崔行功，恒州井陉人，北齐钜鹿太守伯让曾孙也，自博陵徙家焉。行功少好学，中书侍郎唐俭爱其才，以女妻之。俭前后征讨，所有文表，皆行功之文。高宗时，累转吏部郎中。以善敷奏，尝兼通事舍人、内供奉。坐事贬为游安令，寻征为司文郎中。当时朝廷大手笔，多是行功及兰台侍郎李怀俨之词。

先是，太宗命秘书监魏徵写四部群书，将进内贮库，别置雠校二十人、书手一百人。徵改职之后，令虞世南、颜师古等续其事。至高宗初，其功未毕。显庆中，罢雠校及御书手，令工书人缮写，计直酬佣，择散官随番雠校。其后又诏东台侍郎赵仁本、东台舍人张文瓘及行功、怀俨等相次充使检校。又置详正学士以校理之，行功仍专知御集。迁兰台侍郎。

咸亨中，官名复旧，改为秘书少监。上元元年，卒官。有集六十卷。兄子玄暐，别有传。

行功前后预撰《晋书》及《文思博要》等。同时又有孟利贞、董思恭、元思敬等，并以文藻知名。

孟利贞者，华州华阴人也。父神庆，高宗初为沁州刺史，以清介著名。利贞初为太子司议郎，中宗在东宫，深惧之。受诏与少师许敬宗、崇贤馆学士郭瑜、顾胤、董思恭等撰《瑶山玉彩》五百卷。龙朔二年奏上之，高宗称善，加级赐物有差。利贞累转著作郎，加弘文馆学士。垂拱初卒。又撰《续文选》十三卷。

兄允忠，垂拱中为天官侍郎。

董思恭者，苏州吴人。所著篇咏，甚为时人所重。初为右史，知考功举事，坐预泄问目，配流岭表而死。

元思敬者，总章中为协律郎。预修《芳林要览》，又撰《诗人秀句》两卷，传于世。

徐齐聃，湖州长城人也。父孝德，以女为才人，官至果州刺史。齐聃少善属文，高宗时累迁兰台舍人。时敕令有突厥酋长子弟事东宫，齐聃上疏曰：

昔姬诵与伯禽同业，晋储以师旷为友，匪唯专赖师资，固亦详观近习。皇太子自可招集园、绮，寤寐应、刘。阶闼小臣，必采于端士；驱驰所任，并归于正人。方流好善之风，永播崇贤之美。今乃使毡裘之子，解辫而侍春闱；冒顿之苗，削衽而陪望苑。在于道义，臣窃有疑。诗云："敬慎威仪，以近有德。"《书》曰："任官惟贤才，左右惟其人。"盖殷勤于此，防微之至也。

齐聃又尝上奏曰："齐献公陛下外氏，虽子孙有犯，不合上延于祖。今周忠孝公庙甚修崇，而齐献公庙遽毁坏，不审陛下将何以重示海内，以彰孝理之风？"帝皆纳其言。

齐聃善于文诰，甚为当时所称。高宗爱其文，令侍周王等属文，以职在枢剧，仍敕闲日来往焉。以漏泄机密，左授蕲州司马。俄又坐事配流钦州。咸亨中卒，年四十余。睿宗即位，追录旧恩，累赠礼部尚书。

子坚，别有传。

杜易简，襄州襄阳人，周硖州刺史叔毗曾孙也。九岁能属文，及长，博学有高名。姨兄中书令岑文本甚推重之。登进士第，累转殿中侍御史。咸亨中，为考功员外郎。时吏部侍郎裴行俭、李敬玄相不叶，易简与吏部员外郎贾言忠希行俭之旨，上封陈敬玄罪状。高宗恶其朋党，左转易简为开州司马，寻卒。

易简颇善著述，撰《御史台杂注》五卷，文集二十卷，行于代。

易简从祖弟审言。

审言，进士举，初为隰城尉。雅善五言诗，工书翰，有能名。然恃才謇傲，甚为时辈所嫉。乾封中，苏味道为天官侍郎，审言预选。试判讫，谓人曰："苏味道必死。"人问其故，审言曰："见吾判，即自当羞死矣！"又尝谓人曰："吾之文章，合得屈、宋作衙官；吾之书迹，合得王羲之北面。"其矜诞如此。

累转洛阳丞。坐事贬授吉州司户参军。又与州僚不叶，司马周季重与员外司户郭若讷共构审言罪状，系狱，将因事杀之。既而季重等府中酣宴，审言子并年十三，怀刃以击之。季重中伤死，而并亦为左右所杀。季重临死曰："吾不知审言有孝子，郭若讷误我至此！"审言因此免官，还东都，自为文祭并。士友咸哀并孝烈，苏颋为墓志，刘允济为祭文。后则天召见审言，将加擢用。问曰："卿欢喜否？"审言蹈舞谢恩。因令作《欢喜诗》，甚见嘉赏，拜著作佐郎。俄迁膳部员外郎。神龙初，坐与张易之兄弟交往，配流岭外。寻召授国子监主簿，加修文馆直学士。年六十余卒。有文集十卷。

次子闲。闲子甫，别有传。

卢照邻，字升之，幽州范阳人也。年十余岁，就曹宪、王义方授《苍》、《雅》及经史，博学善属文。初授邓王府典签，王甚爱重之，曾谓群官曰："此即寡人相如也。"后拜新都尉。因染风疾去官，处太白山中，以服饵为事。后疾转笃，徙居阳翟之具茨山，著《释疾文》、《五悲》等诵。颇有骚人之风，甚为文士所重。

照邻既沉瘤挛废，不堪其苦，尝与亲属执别，遂自投颍水而死，时年四十。文集二十卷。

兄光乘，亦知名，长寿中为陇州刺史。

杨炯，华阴人。伯祖虔威，武德中官至右卫将军。炯幼聪敏博学，善属文。神童举，拜校书郎，为崇文馆学士。仪凤中，太常博士苏知几上表，以公卿已下冕服，请别立节文。敕下有司详议，炯献议曰：

古者太昊庖羲氏，仰以观象，俯以察法，造书契而文籍生。次有黄帝轩辕氏，长而敦敏，成而聪明，垂衣裳而天下理。其后数迁五德，君非一姓，体国经野，建邦设都，文质所以再而复，正朔所以三而改。夫改正朔者，谓夏后氏之建寅，殷人建丑，周人建子。至于以日系月，以月系时，以时系年，此三王相袭之道也！夫易服色者，谓夏后氏尚黑，殷人尚白，周人尚赤。至于山、龙、华虫、宗彝、藻、火、粉米、黼、黻，此又百代可知之道。

谨按《虞书》曰："予欲观古人之象，日、月、星辰、山、龙、华虫作会，宗彝、藻、火、粉米、黼、黻、絺绣。"由此言之，则其所从来者尚矣。日月星辰者，明光照下土也。山者，布散云雨，象圣王大泽沾下也。龙者，变化无方，象圣王应时布教也。华虫者，雉也，身被五彩，象圣王体兼文明也。宗彝者，武雉也，以刚猛制物，象圣王神武定乱也。藻者，逐水上下，象圣王随代而应也。火者，陶冶烹饪，象圣王至德日新也。粉米者，人恃以生，象圣王为物之所赖也。黼能断割，象圣王临事能决也。黻者，两已相背，象君臣可否相济也。

洎乎周氏，乃以日月星辰为旆旗之节，又登龙于山，登火于宗彝，于是乎制衮冕以祀先王也。九章者，法阳数也，以龙为首章。衮者，卷也，龙德神异，应变潜见，表圣王深识远智，卷舒神化也。又制鷩冕以祭先公也。鷩者，雉也，有耿介之志，表公有贤才，能守耿介之节也。又制毳冕以祭四望。四望者，岳渎之神也。武雉者，山林所生，明其象也。制絺冕以祭社稷也。社稷者，土谷之神也。粉米由之而成，象其功也。又制玄冕以祭群小祀也。百神异形，难可遍拟，但取黻之相背，昭异名也。夫以周公之多才也，故治定制礼，功成作乐。夫以孔宣之将圣也，故行夏之时，服周之冕。先王之法服，乃此之自出矣；天下之能事，又于是乎毕矣。

今知几表状请制大明冕十三章，乘舆服之者。谨按，日月星辰者，已施于旌旗矣。龙武山火者，又不逾于古矣。而云麟凤有四灵之名，玄龟有负图之应，云有纪官之号，水有盛德之祥，此盖别表休征，终是无逾比象。然则皇王受命，天地兴符，仰观则璧合珠连，俯察则银黄玉紫。殚南宫之粉壁，不足写其形状；罄东观之铅黄，未可纪其名实。固不可毕陈于法服也。云者，龙之气也；水者，藻之自生也。又不假别为章目，此盖不经之甚也！

又鸾冕八章，三公服之者。鸾者，太平之瑞也，非三公之德也。鹰鹯者，鸷鸟也，适可以辨祥刑之职也。熊罴者，猛兽也，适可以旌武臣之力也。又称藻为水草，无所法象，引张衡赋"蒂倒茄于藻井，披红葩之狎猎"，请为莲华，取其文彩者。夫茄者，莲也。若以莲代藻，变古从今，既不知草木之名，亦未达文章之意，此又不经之甚也！

又毳冕六章，三品服之者。按此王者祀四望服之名也。今三品乃得同王之毳冕，而三公不得同王之衮名，岂唯颠倒衣裳，抑亦自相矛盾，此又不经之甚也！

又黼冕四章，五品服之者。考之于古，则无其名；验之于今，则非章首，此又不经之甚也！

若夫礼唯从俗，则命为制，令为诏，乃秦皇之故事，犹可以适于今矣！若夫义取随时，则出称警，入称跸，乃汉国之旧仪，犹可以行于代矣。亦何取变周公之轨物，改宣尼之法度者哉！

由是竟寝知几所请。

炯俄迁詹事司直。则天初，坐从祖弟神让犯逆，左转梓州司法参军。秩满，选授盈川令。如意元年七月望日，宫中出盂兰盆，分送佛寺，则天御洛南门，与百僚观之。炯献《盂兰盆赋》，词甚雅丽。炯至官，为政残酷，人吏动不如意，辄捶杀之。又所居府舍，多进士亭台，皆书榜额，为之美名，大为远近所笑。无何卒官。中宗即位，以旧僚追赠著作郎。文集三十卷。

炯与王勃、卢照邻、骆宾王以文词齐名，海内称为王杨卢骆，亦号为"四杰"。炯闻之，谓人曰："吾愧在卢前，耻居王后。"当时议者，亦以为然。

其后崔融、李峤、张说俱重四杰之文。崔融曰："王勃文章宏逸，有绝尘之迹，固非常流所及。炯与照邻可以企之，盈川之言信矣！"说曰："杨盈川文思如悬河注水，酌之不竭，既优于卢，亦不减王。'耻居王后'，信然；'愧在卢前'，谦也。"

开元中，说为集贤大学士十余年。常与学士徐坚论近代文士，悲其雕丧。坚曰："李赵公、崔文公之笔术，擅价一时，其间孰优？"说曰："李峤、崔融、薛稷、宋之问之文，如良金美玉，无施不可。富嘉谟之文，如孤峰绝岸，壁立万仞，浓云郁兴，震雷俱发，诚可畏也，若施于廊庙，则骇矣！阎朝隐之文，如丽服靓妆，燕歌赵舞，观者忘疲，若类之风、雅，则罪人矣！"问后进词人之优劣，说曰："韩休之文，如大羹旨酒，雅有典则，而薄于滋味。许景先之文，如丰肌腻理，虽秾华可爱，而微少风骨。张九龄之文，如轻缣素练，实济时用，而微窘边幅。王翰之文，如琼怀玉斝，虽烂然可珍，而多有玷缺。"坚以为然。

虔威子德干，高宗末，历泽、齐、汴、相四州刺史，治有威名，郡人为之语曰："宁食三斗蒜，不逢杨德干。"

子神让，天授初与徐敬业于扬州谋叛，父子伏诛。

王勃。字子安，绛州龙门人。祖通，隋蜀郡司户书佐。大业末，弃官归，以著书讲学为业。依《春秋》体例，自获麟后，历秦、汉至于后魏，著纪年之书，谓之《元经》。又依《孔子家语》、扬雄《法言》例，为客主对答之说，号曰《中说》。皆为儒士所称。义宁元年卒，门人薛收等相与议谥曰文中子。二子：福畤、福郊。

勃六岁解属文，构思无滞，词情英迈，与兄勔、勮，才藻相类。父友杜易简常称之曰："此王氏三珠树也。"勃年未及冠，应幽素举及第。乾封初，诣阙上《宸游东岳颂》。时东都造乾元殿，又上《乾元殿颂》。沛王贤闻其名，召为沛府修撰，甚爱重之。诸王斗鸡，互有胜负，勃戏为《檄英王鸡文》。高宗览之，怒曰："据此是交构之渐。"即日斥勃，不令入府。久之，补虢州参军。

勃恃才傲物，为同僚所嫉。有官奴曹达犯罪，勃匿之，又惧事泄，乃杀达以塞口。事发，当诛，会赦除名。时勃父福畤为雍州司户参军，坐勃左迁交趾令。上元二年，勃往交趾省父，道出江中，为《采莲赋》以见意，其辞甚美。渡南海，堕水而卒，时年二十八。

勮，弱冠进士登第，累除太子典膳丞。长寿中，擢为凤阁舍人。时寿春王成器、衡阳王成义等五王初出阁，同日授册。有司撰仪注，忘载册文。及百僚在列，方知阙礼，宰相相顾失色。勮立召书吏五人，各令执笔，口占分写，一时俱毕。词理典赡，人皆叹服。寻加弘文馆学士，兼知天官侍郎。勮颇任权势，交结非类。万岁通天二年，綦连耀谋逆事泄，勮坐与耀善，并弟勔并伏诛。

勔累官至泾州刺史。神龙初，有诏追复勮、勔官位。

福畤，天后朝以子贵，累转泽州长史，卒。

初，吏部侍郎裴行俭典选，有知人之鉴，见勮与苏味道，谓人曰："二子亦当掌铨衡之任。"李敬玄尤重杨炯、卢照邻、骆宾王与勃等四人，必当显贵。行俭曰："士之致远，先器识而后文艺。勃等虽有文才，而浮躁浅露，岂享爵禄之器耶！杨子沉静，应至令长，余得令终为幸。"果如其言。

勃文章迈捷，下笔则成，尤好著书。撰《周易发挥》五卷，及《次论》等书数部。勃亡后，并多遗失。有文集三十卷。勃聪警绝众，于推步历算尤精，尝作《大唐千岁历》，言唐德灵长千年，不合承周、隋短祚。其论大旨云："以土王者，五十代而一千年；金王者，四十九代而九百年；水王者，二十代而六百年；木王者，三十代而八百年；火王者，二十代而七百年。此天地之常期，符历之数也。自黄帝至汉，并是五运真主。五行已遍，土运复归，唐德承之，宜矣！魏、晋至于周、隋，咸非正统，五行之沴气也，故不可承之。"大率如此。

骆宾王，婺州义乌人。少善属文，尤妙于五言诗，尝作《帝京篇》，当时以为绝唱。然落魄无行，好与博徒游。高宗末，为长安主簿。坐赃，左迁临海丞，怏怏失志，弃官而去。文明中，与徐敬业于扬州作乱。敬业军中书檄，皆宾王之词也。敬业败，伏诛，文多散失。则天素重其文，遣使求之。有兖州人郄云卿集成十卷，盛传于世。

邓玄挺，雍州蓝田人。少善属文，累迁左史。坐与上官仪善，出为顿丘令。有善政，玺书劳问。累授中书舍人。性俊辨，机捷过人，每有嘲谑，朝廷称为口实。则天临朝，迁吏部侍郎，既不称职，甚为时谈所鄙。又患消渴之疾，选人目为"邓渴"，为榜于衢路。自有唐已来，掌选之失，未有如玄挺者。坐此左迁澧州刺史。在州复以善政闻，迁晋州刺史，召拜麟台少监，重为天官侍郎，其失又甚于前。玄挺女为道王子谭妻，又与蒋王子炜相善。谭谋迎中宗于房陵，以问玄挺。炜又尝谓玄挺曰："欲作急计如何？"玄挺虽皆不答，而不以告。永昌元年得罪，下狱死。

卷一百九十中 列传第一百四十

文 苑 中

郭正一　元万顷 范履冰 苗神客
周思茂 胡楚宾附 乔知之 弟侃 备 刘希夷
附 刘允济 富嘉谟 吴少微 谷倚附 员
半千 丘悦附 刘宪 王适 司马锽 梁载言附
沈佺期 陈子昂 闾丘均附 宋之问
阎朝隐 王无竞 李适 尹元凯附 贾曾 子
至 许景先 贺知章 贺朝万 齐融 张若
虚 邢巨 包融 李登之附 席豫 徐安贞附
齐浣 王浣 李邕 孙逖 子成

郭正一，定州彭城人。贞观中举进士。累转中书舍人、弘文馆学士。永隆二年，迁秘书少监，检校中书侍郎，与魏玄同、郭待举并同中书门下平章事。宰相以平章事为名，自正一等始也。永淳二年，正除中书侍郎。正一在中书累年，明习旧事，兼有词学，制敕多出其手，当时号为称职。则天临朝，转国子祭酒，罢知政事。寻出为晋州刺史，入为麟台监，又检校陕州刺史。永昌元年，为酷吏所陷，流配岭南而死，家口籍没，文集多遗失。

先是，仪凤中，吐蕃入寇，工部尚书刘审礼率兵十八万，与蕃将伦钦陵战于青海，王师大败，审礼没于阵。高宗骇然，乃召侍臣问以御戎之策。正一对曰："吐蕃作梗，年岁已深，命将兴师，相继不绝，空劳士马，虚费粮储，近讨则徒损兵威，深入则未穷巢穴。臣望少发兵募，且遣备边，明立烽候，勿令侵扰。伺国用丰足，人心叶同，宽之数年，可一举而灭。"给事中刘齐贤、皇甫文亮等亦以为严守为便。正一才略，率多此类。

元万顷，洛阳人，后魏景穆皇帝之胤。祖白泽，武德中总管。万顷善属文，起家拜通事舍人。乾封中，从英国公李勣征高丽，为辽东道总管记室。别帅冯本以大军援裨将郭待封，船破失期。待封欲作书与勣，恐高丽知其救兵不至，乘危迫之，乃作离合诗赠勣。勣不达其意，大怒曰："军机急切，何用诗为？必斩之！"万顷为解释之，乃止。

勣尝令万顷作文檄高丽，其语有讥高丽"不知守鸭绿之险"，莫离支报云"谨闻命矣"，遂移兵固守鸭绿，官军不得入，万顷坐是流于岭外。后会赦得还，拜著作郎。

时天后讽高宗广召文词之士入禁中修撰，万顷与左史范履冰、苗神客，右史周思茂、胡楚宾咸预其选，前后撰《列女传》、《臣轨》、《百僚新诫》、《乐书》等凡千余卷。朝廷疑议及百司表疏，皆密令万顷等参决，以分宰相之权，时人谓之"北门学士"。

万顷属文敏速，然性疏旷，不拘细节，无儒者之风。则天临朝，迁凤阁舍人。无几，擢拜凤阁侍郎。

万顷素与徐敬业兄弟友善，永昌元年为酷吏所陷，配流岭南而死。时神客、楚宾已卒，履冰、思茂相次为酷吏所杀。

范履冰者，怀州河内人。自周王府户曹召入禁中，凡二十余年。垂拱中，历鸾台、天官二侍郎。寻迁春官尚书、同凤阁鸾台平章事，兼修国史。载初元年，坐尝举犯逆者被杀。

苗神客者，沧州东光人。官至著作郎。

周思茂者，贝州漳南人。少与弟思钧，俱早知名。自右史转太子舍人。与范履冰在禁中最蒙亲遇，至于政事损益，多参预焉。累迁麟台少监、崇文馆学士。垂拱四年，下狱死。

胡楚宾者，宣州秋浦人。属文敏速，每饮半酣而后操笔。高宗每令作文，必以金银杯盛酒令饮，便以杯赐之。楚宾终日酣宴，家无所藏，费尽复入待诏，得赐又出。然性慎密，未尝言禁中事，醉后人或问之，答以他事而已。自殷王文学拜右史、崇贤直学士而卒。

乔知之，同州冯翊人也。父师望，尚高祖女庐陵公主，拜驸马都尉，官至同州刺史。知之与弟侃、备，并以文词知名。知之尤称俊才，所作篇咏，时人多讽诵之。则天时，累除右补阙，迁左司郎中。知之有侍婢曰窈娘，美丽善歌舞，为武承嗣所夺。知之怨惜，因作《绿珠篇》以寄情，密送与婢，婢感愤自杀。承嗣大怒，因讽酷吏罗织诛之。

侃，开元初为兖州都督。

备，预修《三教珠英》，长安中卒于襄阳令。

时又有汝州人刘希夷，善为从军闺情之诗，词调哀苦，为时所重，志行不修，为奸人所杀。

刘允济，洛州巩人，其先自沛国徙焉。南齐彭城郡丞巘六代孙也。少孤，事母甚谨。博学善属文，与绛州王勃早齐名，特相友善。弱冠，本州举进士，累除著作佐郎。允济尝采撷鲁哀公后十二代至于战国遗事，撰《鲁后春秋》二十卷。表上之，迁左史，兼直弘文馆。垂拱四年，明堂初成，允济奏上《明堂赋》以讽，则天甚嘉叹之，手制褒美，拜著作郎。

天授中，为来俊臣所构，当坐死，以其母老，特许终其余年，仍留系狱。久之，会赦免，贬授大庾尉。长安中，累迁著作佐郎，兼修国史。未几，擢拜凤阁舍人。中兴初，坐与张易之款狎，左授青州长史，为吏清白，河南道巡察使路敬潜甚称荐之。寻丁母忧，服阕而卒。

富嘉谟，雍州武功人也。举进士。长安中，累转晋阳尉，与新安吴少微友善，同官。先是，文士撰碑颂，皆以徐、庾为宗，气调渐劣。嘉谟与少微属词，皆以经典为本，时人钦慕之，文体一变，称为富吴体。嘉谟作《双龙泉颂》、《千蠋谷颂》，少微撰《崇福寺钟铭》，词最高雅，作者推重。并州长史张仁亶待以殊礼，坐必同榻。嘉谟后为寿安尉，预修《三教珠英》。中兴初，为左台监察御史，卒。有文集五卷。

少微亦举进士，累至晋阳尉。中兴初，调于吏部，侍郎韦嗣立称荐，拜右台监察御史。卧病，闻嘉谟死，哭而赋诗，寻亦卒。有文集五卷。

嘉谟与少微在晋阳，魏郡谷倚为太原主簿，皆以文词著名，时人谓之"北京三杰"。倚后流寓客死，文章遗losts。

微子巩，开元中，为中书舍人。

员半千，本名余庆，晋州临汾人。少与齐州人何彦先同师事学士王义方，义方嘉重之，尝谓之曰："五百年一贤，足下当之矣！"因改名半千。及义方卒，半千与彦先皆制服，丧毕而去。

上元初，应八科举，授武陟尉。属频岁旱饥，劝县令殷子良开仓以赈贫馁，子良不从。会子良赴州，半千便发仓粟以给饥人。怀州刺史郭齐宗大惊，因而按之。时黄门侍郎薛元超为河北道存抚使，谓齐宗曰："公百姓不能救之，而使惠归一尉，岂不愧也！"遽令释之。寻又应岳牧举。

高宗御武成殿，召诸州举人，亲问曰："兵书所云天阵、地阵、人阵，各何谓也？"半千越次而进曰："臣观载籍，此事多矣。或谓：天阵，星宿孤虚；地阵，山川向背；人阵，偏伍弥缝。以臣愚见，谓不然矣。夫师出以义，有若时雨，得天之时，此天阵也；兵在足食，且耕且战，得地之利，此地阵也；善用兵者，使三军之士，如父子兄弟，得人之和，此人阵也。三者去矣，其何以战！"高宗甚嗟赏之。及对策，擢为上第。

垂拱中，累补左卫胄曹，仍充宣慰吐蕃使。及引辞，则天曰："久闻卿名，谓是古人，不意乃在朝列。境外小事，不足烦卿，宜留待制也。"即日使入阁供奉。证圣元年，半千为左卫长史，与凤阁舍人王处知、天官侍郎石抱忠，并为弘文馆直学士，仍与著作佐郎路敬淳分日于显福门待制。半千因撰《明堂新礼》三卷，上之。则天封中岳，半千又撰《封禅四坛碑》十二首以进，则天称善。前后赐绢千余匹。

长安中，五迁正谏大夫，兼右控鹤内供奉。半千以控鹤之职，古无其事，又授斯任者率多轻薄，非朝廷进德之选，上疏请罢。由是忤旨，左迁水部郎中，预修《三教珠英》。

中宗时，为濠州刺史。睿宗即位，征拜太子右谕德，兼崇文馆学士，加银青光禄大夫，累封平原郡公。开元二年卒。文集多遗失。半千同时学士丘悦。

丘悦者，河南陆浑人也。亦有学业。景龙中，为相王府掾，与文学韦利器、典签裴耀卿俱为王府直学士。睿宗在藩甚重之，官至岐王傅。开元初卒。撰《三国典略》三十卷，行于时。

刘宪，宋州宁陵人也。父思立，高宗时为侍御史。属河南、河北旱俭，遣御史中丞崔谧等分道存问赈给，思立上疏谏曰："今麦序方秋，蚕功未毕，三时之务，万姓所先。敕使抚巡，人皆竦抃，忘其家业，冀此天恩，踊跃参迎，必难抑止，集众既广，妨废亦多。加以途程往还，兼之晨夕停滞。既缘赈给，须立簿书，本欲安存，却成烦扰。又无驿之处，其马稍难。简择公私，须预追集。雨村农务，特切常情，暂废须臾，即亏岁计。每为一马，遂劳数家，从此相乘，恐更滋甚。望且委州县赈给，待秋闲时出使褒贬。"疏奏，谧等遂不行。后迁考功员外郎，始奏请明经加帖、进士试杂文，自思立始也。寻卒官。

宪弱冠举进士，累除冬官员外郎。

天授中，受诏推按来俊臣。宪嫉其酷暴，欲因事绳之，反为俊臣所构，贬邻水令。再迁司仆丞。及俊臣伏诛，擢宪为给事中，寻转凤阁舍人。

神龙初，坐尝为张易之所引，自吏部侍郎出为渝州刺史。俄复入为太仆少卿，兼修国史，加修文馆学士。景云初，三迁太子詹事。

玄宗在东宫，留意经籍，宪因上启曰："自古及今，皆重于学。至于光耀盛德，发扬令问，安静身心，保宁家国，无以加焉。殿下居副君之位，有绝人之才，岂假寻章摘句，盖资略知大意，用功甚少，为利极多。伏愿克成美志，无弃暇日，上以慰至尊之心，下以答庶僚之望。侍读褚无量，经明行修，耆年宿望，时赐召问，以察其言，幸甚！"玄宗甚嘉纳之。明年，宪卒，赠兖州都督。有集三十卷。

初则天时，敕吏部糊名考选人判，以求才彦，宪与王适、司马锽、梁载言相次判入第二等。

王适，幽州人。官至雍州司功。

司马锽，洛州温人也。神龙中，卒于黄门侍郎。

梁载言，博州聊城人。历凤阁舍人，专知制诰。撰《具员故事》十卷，《十道志》十六卷，并传于时。中宗时为怀州刺史。

沈佺期，相州内黄人也。进士举。长安中，累迁通事舍人，预修《三教珠英》。

佺期善属文，尤长七言之作，与宋之问齐名，时人称为沈宋。再转考功员外郎，坐赃配流岭表。神龙中，授起居郎，加修文馆直学士。后历中书舍人、太子詹事。开元初卒。有文集十卷。

弟全交及子，亦以文词知名。

陈子昂，梓州射洪人。家世富豪。子昂独苦节读书，尤善属文。初为《感遇诗》三十首，京兆司功王适见而惊曰："此子必为天下文宗矣！"由是知名。举进士。会高宗崩，灵驾将还长安，子昂诣阙上书，盛陈东都形胜，可以安置山陵，关中旱俭，灵驾西行不便。曰：

梓州射洪县草莽愚臣子昂，谨顿首冒死献书阙下。

臣闻明王不恶切直之言以纳忠，烈士不惮死亡之诛以极谏。故有非常之策者，必待非常之时；得非常之时者，必待非常之主。然后危言正色，抗义直辞，赴汤镬而不回，至诛夷而无悔！岂徒欲诡世俗，厌生乐死者哉！实以为杀身之害小，存国之义大。故审计定议而甘心焉。况乎得非常之时，遇非常之主，言必获用，死亦何惊！千载之迹，将不朽于今日矣！

伏惟大行皇帝遗天下，弃群臣，万国震惊，百姓屠裂。陛下以徇齐之圣，承宗庙之重，天下之望，喁喁如也。莫不冀蒙圣化，以保余年；太平之主，将复在于兹矣！况皇太后又以文母之贤，协轩宫之耀，军国大事，遗诏决之；唐、虞之际，于斯盛矣！

臣伏见诏书，梓宫将迁西京，銮舆亦欲陪幸。计非上策，智者失图；庙堂未闻有骨鲠之谟，朝廷多见有顺从之议；臣窃惑以为过矣！伏自思之，生圣日，沐皇风，摩顶至踵，莫非亭育；不能历丹凤，抵濯龙，北面玉阶，东望金屋，抗音而正谏者，圣王之罪人也！所以不顾万死，乞献一言，愿蒙听览，甘就鼎镬，伏惟陛下察之。

臣闻秦都咸阳之时，汉都长安之日，山河为固，天下服矣。然犹北取匈、宛之利，南资巴蜀之饶。自渭入河，转关东之粟；逾沙绝漠，致山西之储。然后能削平天下，弹压诸侯，长辔利策，横制宇宙。今则不然。燕、代迫匈奴之侵，巴、陇婴吐蕃之患；西蜀疲老，千里赢粮；北国丁男，十五乘塞；岁月奔命，其弊不堪。秦之首尾，今为阙矣！即所余者，独三辅之间耳。顷遭荒馑，人被荐饥。自河已西，莫非赤地；循陇已北，罕逢青草。莫不父兄转徙，妻子流离，委家丧业，膏原润莽，此朝廷之所备知也。赖以宗庙神灵，皇天悔祸，去岁薄稔，前秋稍登，使赢饿之余，得保性命，天下幸甚，可谓厚矣！然而流人未返，田野尚芜，白骨纵横，阡陌无主。至于蓄积，尤可哀伤。陛下不料其难，贵从先意，遂欲长驱大驾，按节秦京，千乘万骑，何方取给？况山陵初制，穿复未央；土木工匠，必资徒役。今欲率疲弊之众，兴数万之军，征

发近畿，鞭扑赢老，凿山采石，驱以就功。春作无时，秋成绝望，雕瘵遗噍，再罹艰苦。倘不堪弊，必有逋逃，"子来"之颂，将何以述之？此亦宗庙之大机，不可不审图也！况国无兼岁之储，家鲜匝时之蓄。一旬不雨，犹可深忧，忽加水旱，人何以济？陛下不深察始终，独违群议，臣恐三辅之弊，不止如前日矣！

且天子以四海为家，圣人包六合为宇。历观遂古，以至于今，何尝不以三王为仁，五帝为圣！虽周公制作，夫子著明，莫不祖述尧、舜，宪章文、武，为百王之鸿烈，作千载之雄图！然而舜死陟方，葬苍梧而不返；禹会群后，殁稽山而永终。岂其爱蛮夷之乡而鄙中国哉？实将欲示圣人无外也。故能使坟籍以为美谈，帝王以为高范。况我巍巍大圣，轹帝登皇，日月所照，莫不率俾。何独秦、丰之地，可置山陵；河、洛之都，不堪园寝？陛下岂不察之，愚臣窃为陛下惜也！且景山崇丽，秀冠群峰，北对嵩、邙，西望汝海，居祝融之故地，连太昊之遗墟。帝王图迹，纵横左右；园陵之美，复何加焉！陛下曾未察之，谓其不可；愚臣鄙见，良足尚矣！况瀍、涧之中，天地交会，北有太行之险，南有宛、叶之饶，东压江、淮，食湖淮之利，西驰崤、渑，据关河之宝。以聪明之主，养纯粹之人，天下和平，恭己正南面而已。陛下不思瀍、洛之壮观，关、陇之荒芜，乃欲弃太山之安，履焦原之险，忘神器之大宝，徇曾、闵之小节。愚臣暗昧，以为甚也！陛下何不览争臣之策，采行路之谣，谘谟太后，平章宰辅，使苍生之望，知有所安，天下岂不幸甚！

昔者平王迁都，光武都洛，山陵寝庙，不在东京；宗社坟茔，并居西土。然而《春秋》美为始王，《汉书》载为代祖，岂其不愿孝哉？何圣贤褒贬于斯滥矣？实以时有不可，事有必然。盖欲遗小存大，去祸归福，圣人所以贵也。夫小不忍，乱大谋，仲尼之至诚，愿陛下察之。若以臣愚不用，朝议遂行，臣恐关、陇之忧，无时休也！

臣又闻太原蓄钜万之仓，洛口积天下之粟，国家之资，斯为大矣！今欲舍而不顾，背以长驱，使有识惊嗟，天下失望。倘鼠窃狗盗，万一不图，西入陕州之郊，东犯武牢之镇，盗敖仓一坏之粟，陛下何以遏之？此天下之至机，不可不深惧也。虽则盗未旋踵，诛刑已及，灭其九族，焚其妻子，泣辜虽恨，将何及焉！故曰："先谋后事者逸，先事后谋者失。""国之利器，不可以示人。"斯言岂徒设也，固愿陛下念之！

则天召见，奇其对，拜麟台正字。则天将事雅州讨生羌，子昂上书曰：

麟台正字臣子昂昧死上言。

臣闻道路云：国家欲开蜀山，自雅州道入讨生羌，因以袭击吐蕃。执事者不审图其利害，遂发梁、凤、巴蜒兵以徇之。臣愚以为西蜀之祸，自此结矣！

臣闻乱生，必由于怨。雅州边羌，自国初已来，未尝一日为盗。今一旦无罪受戮，其怨必甚。怨甚惧

诛，必蜂骇西山。西山盗起，则蜀之边邑，不得不连兵备守。兵久不解，则蜀之祸构矣！昔后汉末西京丧败，盖由此诸羌。此一事也。

且臣闻吐蕃桀黠之房，君长相信，而多奸谋。自敢抗天诛，迩来向二十余载，大战则大胜，小战则小胜，未尝败一队，亡一夫。国家往以薛仁贵、郭待封为虓武之将，屠十一万众于大非之川，一甲不返。又以李敬玄、刘审礼为廊庙之器，辱十八万众于青海之泽，身囚房庭。是时精甲勇士，势如云雷，然竟不能擒一戎，馘一丑，至今而关、陇为空。今乃欲以李处一为将，驱憔悴之兵，将袭吐蕃。臣窃忧之，而为此房所笑。此二事也。

且夫事有求利而得害者。则蜀昔时不通中国，秦惠王欲帝天下而并诸侯，以为不兼赞不取蜀，势未可举，乃用张仪计，饰美女，谲金牛，因间以啖蜀侯。蜀侯果贪其利，使五丁力士凿通谷，栈褒斜，置道于秦。自是险阻不关，山谷不闭，张仪蹑踵乘便，纵兵大破之，蜀侯诛，赍邑灭。至今蜀为中州，是贪利而亡。此三事也。

且臣闻吐蕃羯房，爱蜀之珍富，欲盗之，久有日矣。然其势不能举者，徒以山川阻绝，障隘不通，此其所以顿饿狼之喙而不得侵食也。今国家乃撤边羌，开隘道，使其收奔亡之种，为向导以攻边。是乃借寇兵而为贼除道，举全蜀以遗之。此四事也。

臣窃观蜀为西南一都会，国家之宝库，天下珍货聚出其中。又人富粟多，顺江而下，可以兼济中国。今执事者乃图侥幸之利，悉以委事西羌。地不足以富国，徒杀无辜之众，以伤陛下之仁，糜费随之，无益圣德。又况侥幸之利，未可图哉！此五事也。

夫蜀之所恃，有险也；人之所安，无役也。今国家乃开其险，役其人；险开则便寇，人役则伤财。臣恐未见羌戎，已有奸盗在其中矣！往年益州长史李崇真图此奸利，传檄称吐蕃欲寇松州，遂使国家盛军师、大转饷以备之。未二三年，巴蜀二十余州，骚然大弊，竟不见吐蕃之面，而崇真赃钱已计钜万矣。蜀人残破，几不堪命。此之近事，犹在人口，陛下所亲知。臣愚意者不有奸臣欲图此利，复以生羌为计者哉！此六事也。

且蜀人怯劣，不习兵战，一房持矛，百人莫敢当。又山川阻旷，去中夏精兵处远。今国家若击西羌，掩吐蕃，遂能破灭其国，奴房其人，使其君长系首北阙，计亦可矣！若不到如此，臣方见蜀之边陲不守，而为羌夷所横暴。昔辛有见被发而祭伊川者，以为不出百年，此其为戎。臣恐不及百年而蜀为戎矣。此七事也。

且国家近者废安北，拔单于，弃龟兹，放疏勒，天下翕然，谓之盛德。所以者何？盖以陛下务在仁，不在广；务在养，不在杀。将以此息边鄙，休甲兵，行三皇、五帝之事者也！今又徇贪夫之议，谋动兵戈，将诛无罪之戎，而遗全蜀之患，将何以令天下乎？此愚臣所以不甚悟者也。况当今山东饥，关、陇弊，历

岁枯旱，人有流亡。诚是圣人宁静思和天人之时，不可动甲兵，兴大役，以自生乱。臣又流闻西军失守，北军不利，边人忙动，情有不安。今者复驱此兵，投之不测。臣闻自古亡国破家，未尝不由黩兵。今小人议夷狄之利，非帝王之至德也，又况弊中夏哉！

臣闻古之善为天下者，计大而不计小，务德而不务刑；图其安则思其危，谋其利则虑其害；然后能长享福禄。伏愿陛下熟计之！

再转右拾遗。数上疏陈事，词皆典美。时有同州下邦人徐元庆，父为县尉赵师韫所杀。后师韫为御史，元庆变姓名于驿家佣力，候师韫，手刃杀之。议者以元庆孝烈，欲舍其罪。子昂建议以为："国法专杀者死，元庆宜正国法，然后旌其闾墓，以褒其孝义可也。"当时议者，咸以子昂为是。俄授麟台正字。武攸宜统军北讨契丹，以子昂为管记，军中文翰皆委之。

子昂父在乡，为县令段简所辱，子昂闻之，遽还乡里。简乃因事收系狱中，忧愤而卒，时年四十余。

子昂褊躁无威仪，然文词宏丽，甚为当时所重。有集十卷，友人黄门侍郎卢藏用为之序，盛行于代。

子昂卒后，益州成都人间丘均，亦以文章著称。景龙中，为安乐公主所荐，起家拜太常博士。而公主被诛，均坐贬为循州司仓，卒。有集十卷。

宋之问，虢州弘农人。父令文，有勇力，而工书，善属文。高宗时，为左骁卫郎将、东台详正学士。之问弱冠知名，尤善五言诗，当时无能出其右者。初征令与杨炯分直内教，俄授洛州参军，累转尚方监丞、左奉宸内供奉。易之兄弟雅爱其才，之问亦倾附焉。预修《三教珠英》，常扈从游宴。则天幸洛阳龙门，令从官赋诗，左史东方虬诗先成，则天以锦袍赐之。及之问诗成，则天称其词愈高，夺虬锦袍以赏之。

及易之等败，左迁泷州参军。未几，逃还，匿于洛阳人张仲之家。仲之与驸马都尉王同皎等谋杀武三思，之问令兄子发其事以自赎。及同皎等获罪，起之问为鸿胪主簿，由是深为义士所讥。

景龙中，再转考功员外郎。时中宗增置修文馆学士，择朝中文学之士，之问与薛稷、杜审言等首膺其选，当时荣之。及典举，引拔后进，多知名者。寻转越州长史。

睿宗即位，以之问尝附张易之、武三思，配徙钦州。先天中，赐死于徙所。之问再被窜谪，经途江、岭，所有篇咏，传布远近。友人武平一为之纂集，成十卷，传于代。世人以之问父为三绝，之问以文词知名，弟之悌有勇力，之逊善书，议者云各得父之一绝。

之悌，开元中自右羽林将军出为益州长史、剑南节度兼采访使。寻迁太原尹。

阎朝隐，赵州栾城人也。少与兄镜几、弟仙舟俱知名。朝隐文章虽无《风》、《雅》之体，善构奇，甚为时人所赏。累迁给事中，预修《三教珠英》。张易之等所作篇什，多是朝隐及宋之问潜代为之。圣历二年，则天不豫，令朝隐

往少室山祈祷。朝隐乃曲申悦媚，以身为牺牲，请代上所苦。及将康复，赐绢彩百匹、金银器十事。俄转麟台少监。易之伏诛，坐徙岭外。寻召还。先天中，复为秘书少监。又坐事贬为通州别驾，卒官。

朝隐修《三教珠英》时，成均祭酒李峤与张昌宗为修书使，尽收天下文词之士为学士，预其列者，有王无竞、李适、尹元凯，并知名于时。自余有事迹者，各见其本传。

王无竞者，字仲烈。其先琅邪人，因官徙居东莱，宋太尉弘之十一代孙。父侃，棣州司马。

无竞有文学，初应下笔成章举及第，解褐授赵州栾城县尉，历秘书省正字，转右武卫仓曹、洛阳县尉，迁监察御史，转殿中。旧例，每日更直于殿前正班，时宰相宗楚客、杨再思常离班偶语，无竞前曰："朝礼至敬，公等大臣，不宜轻易以慢恒典。"楚客等大怒，转无竞为太子舍人。神龙初，坐诃诋权幸，出为苏州司马。及张易之等败，以尝交往，再贬岭外，卒于广州，年五十四。

李适者，雍州万年人。景龙中，为中书舍人，俄转工部侍郎。睿宗时，天台道士司马承祯被征至京师。及还，适赠诗，序其高尚之致，其词甚美，当时朝廷之士，无不属和，凡三百余人。徐彦伯编而叙之，谓之《白云记》，颇传于代。寻卒。

尹元凯者，瀛州乐寿人。初为磁州司仓，坐事免，乃栖迟山林，不求仕进，垂三十年。与张说、卢藏用特相友善，征拜右补阙。卒于并州司马。

贾曾，河南洛阳人也。父言忠，乾封中为侍御史。时朝廷有事辽东，言忠奉使往支军粮。及还，高宗问以军事，言忠画其山川地势，及陈辽东可平之状，高宗大悦。又问诸将优劣，言忠曰："李勣先朝旧臣，圣鉴所悉。庞同善虽非斗将，而持军严整。薛仁贵勇冠三军，名可振敌。高侃俭素自处，忠果有谋。契苾何力沉毅持重，有统御之才，然颇有忌前之癖。诸将夙夜小心，忘身忧国，莫过于李勣者。"高宗深然之。累转吏部员外郎。坐事左迁邵州司马，卒。

曾少知名。景云中，为吏部员外郎。玄宗在东宫，盛择宫僚，拜曾为太子舍人。时太子频遣使访召女乐，命宫臣就率更署阅乐，多奏女妓。曾启谏曰：

臣闻作乐崇德，以感人神，《韶》、《夏》有容，《咸》、《英》有节，妇人媟黩，无豫其间。昔鲁用孔子，几至于霸，齐人惧之，馈以女乐，鲁君既受，孔子所以行。戎有由余，兵强国富，秦人反间，遗之女妓，戎王耽悦，由余乃奔。斯则大圣名贤，嫉之已久。良以妇人为乐，必务冶容，哇姣动心，蛊惑丧志，上行下效，淫俗将成，败国乱人，实由兹起。

伏惟殿下神武命代，文思登庸，宇内颙颙，瞻仰德化。而渴贤之美，未被于民心；好妓之声，或闻于人听。岂所以追启、诵之徽烈，袭尧、舜之英风者哉！至若监抚余闲，宴私多豫，后庭妓乐，古或有之，非以风人，为弊犹隐。至于所司教习，章示群僚，慢伎淫声，实亏睿化。伏愿下教令，发德音，屏倡优，

敦《雅》、《颂》，率更女乐，并令禁断，诸使采召，一切皆停。则朝野内外，皆知殿下放郑远佞，辉光日新，凡在含生，孰不欣戴。

太子手令答曰："比尝闻公正直，信亦不虚。寡人近日颇寻典籍，至于政化，偏所留心，女乐之徒，亦拟禁断。公之所言，雅符本意。"俄特授曾中书舍人。曾以父名忠，固辞。乃拜谏议大夫、知制诰。

明年，有事于南郊，有司立议，唯祭昊天上帝，而不设皇地祇之位。曾奏议："请于南郊方丘，设皇地祇及从祀等坐，则礼惟稽古，义得缘情。"睿宗令宰相及礼官详议，竟依曾所奏。开元初，复拜中书舍人，曾又固辞，议者以为中书是曹司名，又与曾父音同字别，于礼无嫌，曾乃就职。与苏晋同掌制诰，皆以词学见知，时人称为苏贾。曾后坐事，贬洋州刺史。开元六年，玄宗念旧，特恩甄叙，继历庆、郑等州刺史，入拜光禄少卿，迁礼部侍郎。十五年卒。

子至。至，天宝末为中书舍人。禄山之乱，从上皇幸蜀。时肃宗即位于灵武，上皇遣至为传位册文。上皇览之，叹曰："昔先帝逊位于朕，册文则卿之先父所为。今朕以神器大宝付储君，卿又当演诰。累朝盛典，出卿父子之手，可谓难矣！"至伏于御前，呜咽感涕。

宝应二年，为尚书左丞。时礼部侍郎杨绾上疏，请依古制。县令举孝廉于刺史，试其所通之学，送名于省；省试每经问义十条、对策三道，取其通否。诏令左右丞、诸司侍郎、大夫、中丞、给、舍等参议，议者多与绾同。至议曰：

夏之政尚忠，殷之政尚敬，周之政尚文，然则文与忠、敬，皆统人之行也。是故前代以文取士，本行也；由词以观行，则及词也。宣父称"颜子不迁怒，不贰过"，谓之"好学"。至乎修《春秋》，则游、夏不能措一辞，不亦明乎！间者，礼部取人，有乖斯义。试学者以帖字为精通，而不穷旨义，岂能知"迁怒"、"贰过"之道乎？考文者以声病为是非，唯择浮艳，岂能知移风易俗化天下之事乎？是以上失其源，下袭其流，乘流波荡，不知所止，先王之道，莫能行也。夫先王之道消，则小人之道长；小人之道长，则乱臣贼子由是出焉。臣弑其君，子弑其父，非一朝一夕之故，其所由来者渐矣！渐者何？儒道不举，取士之失也。夫一国之事，系一人之本，谓之风。赞扬其风，系卿大夫也，卿大夫何尝不出于士乎？今取士，试之小道，不以远者大者，使干禄之徒，趋驰末术，是诱导之差也。所以禄山一呼，四海震荡；思明再乱，十年不复。向使礼让之道弘，仁义之风著，则忠臣孝子，比屋可封，逆节不得而萌也，人心不得而摇也。

且夏有天下四百载，禹之道丧，而殷始兴焉。殷有天下六百祀，汤之法弃，而周始兴焉。周有天下八百年，文、武之政弊，而秦始并焉。观三代之选士任贤，皆考实行，故能风俗淳一，运祚长远。秦坑儒士，二代而亡。汉兴，杂用三代之政，弘四科之举，终彼四百，岂非学行道扇，化行于乡里哉！自魏至隋，仅

四百载,窃号僭位,德义不修,是以子孙速颠,享国咸促。

国家革魏、晋、隋、梁之弊,承夏、殷、周、汉之业,四隩既宅,九州攸同,覆焘生育,德合天地。安有舍皇王举士之道,从乱代取人之术!此公卿大夫之辱也。

今西京有太学,州县有小学,兵革一动,生徒流离,儒臣师氏,禄廪无由,贡士不称行实,胄子何尝讲习。礼部每岁擢甲乙之第,谓弘奖劝,不其谬欤!只足以长浮薄之风,启侥幸之路矣!其国子博士等,望加员数,厚其禄秩,通儒硕生,间居其职。十道大郡,量置太学馆,令博士出外,兼领郡官,召置生徒,依乎故事,保桑梓者,乡里举焉,在流寓者,庠序推焉。朝而行之,夕见其利。

议者然之。宰臣等奏以举人旧业已成,难于速改。其今岁举人,望且依旧。贾至所议,来年允之。

广德二年,转礼部侍郎。是岁,至以时艰岁歉,举人赴省者,奏请两都试举人,自至始也。永泰元年,加集贤院待制。大历初,改兵部郎中。五年,转京兆尹、兼御史大夫,卒。

许景先,常州义兴人,后徙家洛阳。少举进士,授夏阳尉。神龙初,东都起圣善寺报慈阁。景先诣阙献《大像阁赋》,词甚美丽,擢拜左拾遗。累迁给事中。开元初,每年赐射,节级赐物,属年俭,甚费府库。景先奏曰:

近以三九之辰,频赐宴射,已著格令,犹降纶言。但古制不存,礼章多阙,官员累倍,帑藏未充,水旱相仍,继之师旅。既不足以观德,又未足以威边;耗国损人,且为不急。夫古之天子,以射选诸侯,以射饰礼乐,以射观容志,故有《驺虞》、《狸首》之奏,《采蘩》、《采蘋》之乐。天子则以备官为节,诸侯则以时会为节,卿大夫以循法为节,士以不失职为节,皆审志固行,德美事成,阴阳克和,暴乱不作。故诸侯贡士,亦试于射宫;容体有亏,则绌其地。是诸侯君臣皆尽志于射,射之礼也大矣哉!今则不然。众官既多,鸣镝乱下,以苟获为利,以偶中为能,素无五善之容,颇失三侯之礼。冗官厚秩,禁卫崇班,动盈累千,其算无数。近河南、河北,水涝处多,林胡小蕃,见寇郊垒,军书日至,河朔骚然。命将除凶,未图克捷;兴师十万,日费千金。去岁豫、亳两州,微遭旱损,庸赋不办,以致流亡。圣人忧勤,降使招恤,流离岁月,犹未能安,人之困穷,以至于此。今一箭偶中,是一丁庸调,用之既无恻隐,获之固无耻惭。考古循今,则为未可。且禁卫武官,随番许射,能中的者,必有赏焉。此则训武习戎,时习不阙,待寇宁岁稔,率由旧章,则爱礼养人,幸甚!幸甚!

自是乃停赐射之礼。

俄转中书舍人。自开元初,景先与中书舍人齐浣、王丘、韩休、张九龄掌知制诰,以文翰见称。中书令张说尝称曰:"许舍人之文,虽无峻峰激流崭绝之势,然属词丰美,得中和之气,亦一时之秀也。"十年夏,伊、汝泛溢,漂损居人庐舍,溺死者甚众。景先言于侍中源乾曜曰:"灾眚所降,必资修德以禳之。《左传》所载'降服出次',即其事也。诚宜发德音,遣大臣存问,忧人罪己,以答天谴。明公位存辅弼,当发明大体,以启沃明主,不可缄默也。"乾曜然其言,遽以闻奏,乃下诏遣户部尚书陆象先往赈给穷乏。

十三年,玄宗令宰臣择刺史之任,必在得人,景先首中其选,自吏部侍郎出为虢州刺史。后转岐州,入拜吏部侍郎,卒。

贺知章,会稽永兴人,太子洗马德仁之族孙也。少以文词知名,举进士。初授国子四门博士,又迁太常博士,皆陆象先在中书引荐也。开元十年,兵部尚书张说为丽正殿修书使,奏请知章及秘书员外监徐坚、监察御史赵冬曦,皆入书院,同撰《六典》及《文纂》等,累年,书竟不就。后转太常少卿。

十三年,迁礼部侍郎,加集贤院学士,又充皇太子侍读。是岁,玄宗封东岳,有诏应行从群臣,并留于谷口,上独与宰臣及外坛行事官登于岳上斋宫之所。

初,上以灵山清洁,不欲喧繁,召知章讲定仪注,因奏曰:"昊天上帝君位,五方诸帝臣位,帝号虽同,而君臣异位。陛下享君位于山上,群臣祀臣位于山下,诚足垂范来叶,为变礼之大者也。然礼成于三献,亚终合于一处。"上曰:"朕正欲如是,故问卿耳。"于是敕:"三献于山上行事,五方帝及诸神座于下坛行事。"

俄属惠文太子薨,有诏礼部选挽郎,知章取舍非允,为门荫子弟喧诉盈庭。知章于是以梯登墙,首出决事,时人咸嗤之,由是改授工部侍郎,兼秘书监同正员,依旧充集贤院学士。俄迁太子宾客、银青光禄大夫兼正授秘书监。

知章性放旷,善谈笑,当时贤达皆倾慕之。工部尚书陆象先,即知章之族姑子也,与知章甚相亲善。象先常谓人曰:"贺兄言论倜傥,真可谓风流之士。吾与子弟离阔,都不思之,一日不见贺兄,则鄙吝生矣。"

知章晚年尤加纵诞,无复规检,自号四明狂客,又称"秘书外监",遨游里巷。醉后属词,动成卷轴,文不加点,咸有可观。又善草隶书,好事者供其笺翰,每纸不过数十字,共传宝之。

时有吴郡张旭,亦与知章相善。旭善草书,而好酒,每醉后号呼狂走,索笔挥洒,变化无穷,若有神助,时人号为张颠。

天宝三载,知章因病恍惚,乃上疏请度为道士,求还乡里,仍舍本乡宅为观。上许之,仍拜其子典设郎曾为会稽郡司马,仍令侍养。御制诗以赠行,皇太子已下咸就执别。至乡无几寿终,年八十六。

肃宗以侍读之旧,乾元元年十一月诏曰:"故越州千秋观道士贺知章,器识夷淡,襟怀和雅,神清志逸,学富才雄,挺会稽之美箭,蕴昆岗之良玉。故飞名仙省,侍讲龙楼,常静默以养闲,因谈谐而讽谏。以暮齿辞禄,再见款诚，愿追二老之踪，克遂四明之客。允叶初志，脱落朝衣，驾青牛而不还，狎白衣而长往。丹壑非昔，人琴两亡，惟旧之怀，有深追悼，宜加缛礼，式展哀荣。可赠礼部尚书。"

先是，神龙中，知章与越州贺朝万、齐融，扬州张若虚、邢巨，湖州包融，俱以吴、越之士，文词俊秀，名扬于上京。朝万止山阴尉，齐融昆山令，若虚兖州兵曹，巨监察御史。融遇张九龄，引为怀州司户、集贤直学士。数子人间往往传其文，独知章最贵。

神龙中，有尉氏李登之，善五言诗，蹉跌不偶，六十余，为宋州参军卒。

席豫，襄阳人，湖州刺史固七世孙，徙家河南。豫进士及第。开元中，累官至考功员外郎，典举进士，为时所称。三迁中书舍人，与韩休、许景先、徐安贞、孙逖相次掌制诰，皆有能名。转户部侍郎，充江南东道巡抚使，兼郑州刺史。入为吏部侍郎，玄宗谓之曰："卿以前为考功，职事修举，故有此授。"豫典选六年，复有令誉。天宝初，改尚书右丞。寻检校礼部尚书，封襄阳县子。玄宗幸温泉宫，登朝元阁赋诗，群臣属和。帝以豫诗为工，手制褒美曰："览卿所进，实诗人之首出，作者之冠冕也。"

豫与孙晋，俱以词藻见称。而豫性尤谨，虽与子弟书疏及吏曹簿领，未尝草书。谓人曰："不敬他人，是自不敬也。"或曰："此事甚细，卿何介意？"豫曰："细犹不谨，而况巨耶！"七载，卒于位，时年六十九。

疾笃，谓其子曰："吾亡三日敛，敛日即葬，勿更久留，贻公私之烦。家无余财，可卖所居，聊备葬礼。"人嘉其达。赠江陵大都督，谥曰文。

徐安贞者，信安龙丘人。尤善五言诗。尝应制举，一岁三擢甲科，人士称之。开元中，为中书舍人、集贤院学士。上每属文及作手诏，多命安贞视草，甚承恩顾。累迁中书侍郎。天宝初卒。

齐浣，定州义丰人。少以词学称。弱冠以制科登第，释褐蒲州司法参军。景云二年，中书令姚崇用为监察御史。弹劾违犯，先于风教，当时以为称职。开元中，崇复用为给事中，迁中书舍人。论驳书诏，润色王言，皆以古义谟诰为准的。侍中宋璟、中书侍郎苏颋并重之。秘书监马怀素、右常侍元行冲受诏编次四库群书，乃奏浣为编修使，改秘书少监。寻丁忧免。

十二年，出为汴州刺史。河南，汴为雄郡，自江、淮达于河、洛，舟车辐辏，人庶浩繁。前后牧守，多不称职，唯倪若水与浣皆以清严为治，民吏歌之。中书令张说择左右丞之才，举怀州刺史王丘为左丞，以浣为右丞。李元纮、杜暹为相，以开府、广平公宋璟为吏部尚书，又用户部侍郎苏晋与浣为吏部侍郎，当时以为高选。

时开府王毛仲宠幸用事，与龙武将军葛福顺为姻亲，故北门官见毛仲奏请，无不之允，皆受毛仲之惠，进退随其指使。浣恶之，乘间论之曰："福顺典兵马，与毛仲婚姻，小人宠极则奸生，若不预图，恐后为患，惟陛下思之。

况腹心之委，何必毛仲，而高力士小心谨慎，又是阉官，便于禁中驱使。臣虽过言，庶裨万一。臣闻君不密则失臣，臣不密则失身，惟圣虑密之。"玄宗嘉其诚，谕之曰："卿且出。朕知卿忠义，徐俟其宜。"会大理丞麻察坐事出为兴州别驾，浣与察善，出城饯之，因语禁中谏语。察性谞诸，遽以浣语奏之。玄宗怒，令中书门下鞫问。又召浣于内殿，谓之曰："卿向朕道'君不密则失臣，臣不密则失身'，而疑朕不密，而翻告麻察，是何密耶？麻察轻险无行，常游太平之门，此日之事，卿岂不知耶？"浣免冠顿首谢罪，乃贬高州良德丞。又贬察为浔州皇化尉。浣数年量移常州刺史。

二十五年，迁润州刺史，充江南东道采访处置使。润州北界隔吴江，至瓜步沙尾，纡汇六十里，船绕瓜步，多为风涛之所漂损。浣乃移其漕路，于京口塘下直渡江二十里，又开伊娄河二十五里，即达扬子县。自是免漂损之灾，岁减脚钱数十万。又立伊娄埭，官收其课，迄今利济焉。数年，复为汴州刺史。淮、汴水运路，自虹县至临淮一百五十里，水流迅急，旧用牛曳竹索上下，流急难制。浣乃奏自虹县下开河三十余里，入于清河，百余里出清水，又开河至淮阴县北岸入淮，免淮流湍险之害。久之，新河水复迅急，又多僵石，漕运难涩，行旅弊之。

浣因高力士中助，连为两道采访使。遂兴开漕之利，以中人主意，复勾剥货财，赂遗中贵，物议薄之。又纳刘戒之女为妾，凌其正室，专制家政。李林甫恶之，遣人掎撼其失。会浣判官犯赃，浣连坐，遂废归田里。

天宝初，起为员外少詹事，留司东都。时绛州刺史严挺之为林甫所构，除员外少詹事，留司东都。与浣皆朝廷旧德，既废居家巷，每园林行乐，则杖屦相过，谈宴终日。林甫闻而患之，欲离其势。五年，用浣为平阳太守。卒于郡。肃宗即位，为林甫所陷者皆得雪，浣受褒赠。

王浣，并州晋阳人。少豪荡不羁。登进士第，日以捕酒为事。并州长史张嘉贞奇其才，礼接甚厚。浣感之，撰乐词以叙情，于席上自唱自舞，神气豪迈。张说镇并州，礼浣益至。会说复知政事，以浣为秘书正字，擢拜通事舍人，迁驾部员外。栎多名马，家有妓乐。浣发言立意，自比王侯；颐指倚类，人多嫉之。

说既罢相，出浣为汝州长史，改仙州别驾。至郡，日聚英豪，从禽击鼓，恣为欢赏，文士祖咏、杜华常在座，于是贬道州司马，卒。有文集十卷。

李邕，广陵江都人。父善，尝受《文选》于同郡人曹宪。后为左侍极贺兰敏之所荐引，为崇贤馆学士，转兰台郎。敏之败，善坐配流岭外。会赦还，因寓居汴、郑之间，以讲《文选》为业。年老疾卒。所注《文选》六十卷，大行于时。

邕少知名。长安初，内史李峤及监察御史张廷珪，并荐邕词高行直，堪为谏诤之官，由是召拜左拾遗。俄而御史中丞宋璟奏侍臣张昌宗兄弟有不顺之言，请付法推断。则天初不应，邕在阶下进曰："臣观宋璟之言，事关社稷,望陛下可其奏。"则天色稍解,始允宋璟所请。

既出,或谓邕曰:"吾子名位尚卑,若不称旨,祸将不测,何为造次如是?"邕曰:"不愿不狂,其名不彰。若不如此,后代何以称也?"

及中宗即位,以妖人郑普思为秘书监,邕上书谏曰:

盖人有感一餐之惠,殒七尺之身;况臣为陛下官,受陛下禄,而目有所见,口不言之,是负恩矣!自陛下亲政日近,复在九重,所以未闻在外群下窃议。道路籍籍,皆云普思多行诡惑,妄说妖祥。唯陛下不知,尚见驱使。此道若行,必挠乱朝政。臣至愚至贱,不敢以胸臆对扬天威,请以古事为明证。孔丘云:"《诗》三百,一言以蔽之,曰:思无邪。"陛下今若以普思有奇术,可致长生久视之道,则爽鸠氏久应得之,永有天下,非陛下今日可得而求。若以普思可致仙方,则秦皇、汉武久应得之,永有天下,亦非陛下今日可得而求。若以普思可致佛法,则汉明、梁武久应得之,永有天下,亦非陛下今日可得而求。若以普思可致鬼道,则墨翟、干宝,各献于至尊矣,而二主得之,永有天下,亦非陛下今日可得而求!此皆事涉虚妄,历代无效,臣愚不愿陛下复行之于明时。唯尧、舜二帝,自古称圣,臣观所得,故在人事,敦睦九族,平章百姓,不闻以鬼神之道理天下。伏愿陛下察之,则天下幸甚!

疏奏不纳。以与张柬之善,出为南和令,又贬富州司户。

唐隆元年,玄宗清内难,召拜左台殿中侍御史,改户部员外郎,又贬崖州舍城丞。开元三年,擢为户部郎中。

邕素与黄门侍郎张廷珪友善。时姜皎用事,与廷珪谋引邕为宪官。事泄,中书令姚崇嫉邕险躁,因而构成其罪,左迁括州司马。后征为陈州刺史。

十三年,玄宗车驾东封回,邕于汴州谒见,累献词赋,甚称上旨。由是颇自矜炫,自云当居相位。张说为中书令,甚恶之。俄而陈州赃污事发,下狱鞫讯,罪当死,许州人孔璋上书救邕曰:

臣闻明主御宇,舍过举能,取材弃行;烈士抗节,勇不避死,见危授命。晋用林父,岂念行乎?汉用陈平,岂念行乎?禽息殒身,北郭碎首,岂爱死乎?向若林父诛,陈平死,百里不用,晏婴见逐,是晋无赤狄之士,汉无皇极之尊,秦不并西戎,齐不霸东海矣!

臣伏见陈州刺史李邕,学成师范,文堪经国;刚毅忠烈,难不苟免。往者张易之用权,人畏其口,而邕折其角;韦氏恃势,言出祸应,而邕挫其锋。虽身受谪屈,而奸谋中损,即邕有大造于我邦家也。且斯人所能者,拯孤恤穷,救乏赈惠,积而便散,家无私聚。今闻坐赃下吏,鞫讯待报,将至极刑,死在朝夕。

臣闻生无益于国,不若杀身以明贤。臣朽贱庸夫,轮辕无取,兽息禽视,虽生何为!况贤为国宝,社稷之卫,是臣痛惜深矣!臣愿六尺之躯,甘受膏斧,以代邕死。臣之死,所谓落一毛;邕之生,有足照千里。然臣与邕,生平不款,臣知有邕,邕不知有臣。臣不逮邕,明矣!夫知贤而举,仁也;代人任患,义

也。臣获二善而死。且不朽,则又何求!陛下若以臣之贱不足以赎邕,雁门缝掖有效矣。伏惟陛下宽邕之生,速臣之死。令邕率德改行,想林父之功;使臣得瞑目黄泉,附北郭之迹,臣之大愿毕矣!陛下即以阳和之始,难于用钺,俟天成命,敢忘伏剑,岂烦大刑,然后归死。皇天后土,实照臣之心。

昔吴、楚七国叛,因亚夫得剧孟,则寇不足忧。夫以一贤之能,敌七国之众。伏惟敷含垢之道,存弃瑕之义;远思剧孟,近取李邕,岂惟成恺悌之泽,实亦归天下之望!大礼之后,天地更新,赦而复论,人谁无罪?惟明主图之。臣闻士为知己者死。且臣不为死者所知,甘于死者,岂独为惜邕之贤,亦成陛下矜能之德。惟明主图之!

疏奏,邕已会减死,贬为钦州遵化县尉,璋亦配流岭南而死。邕后于岭南从中官杨思勖讨贼有功,又累转括、淄、滑三州刺史,上计京师。

邕素负美名,频被贬斥,皆以邕能文养士,贾生、信陵之流,执事忌胜,剥落在外。人间素有声称,后进不识,京、洛阡陌聚观,以为古人。或将眉目有异,衣冠望风,寻访门巷。又中使临问,索其新文,复为人阴中,竟不得进。

天宝初,为汲郡、北海二太守。邕性豪侈,不拘细行,所在纵求财货,驰猎自恣。五载,奸赃事发。又尝与左骁卫兵曹柳勣马一匹,及勣下狱,吉温令勣引邕议及休咎,厚相赂遗,词状连引,敕刑部员外郎祁顺之、监察御史罗希奭驰往就郡决杀之,时年七十余。

初,邕早擅才名,尤长碑颂。虽贬职在外,中朝衣冠及天下寺观,多赍持金帛,往求其文。前后所制,凡数百首,受纳馈遗,亦至钜万。时议以为自古鬻文获财,未有如邕者。有文集七十卷。其《张韩公行状》、《洪州放生池碑》、《批韦巨源谥议》,文士推重之。后因恩例,得赠秘书监。

孙逖,潞州涉县人。曾祖仲将,寿张丞。祖希庄,韩王府典签。父嘉之,天册年进士擢第,又以书判拔萃,授蜀州新津主簿。历曲周、襄邑二县令,以宋州司马致仕,卒,年八十三。

逖幼而英俊,文思敏速。始年十五,谒雍州长史崔日用。日用小之,令为《土火炉赋》。逖握翰即成,词理典赡。日用览之骇然,遂为忘年之交,以是价誉益重。开元初,应哲人奇士举,授山阴尉。迁秘书正字。十年,应制登文藻宏丽科,拜左拾遗。张说尤重其才,逖游其门,转左补阙。黄门侍郎李暠出镇太原,辟为从事。

暠在镇,与蒲州刺史李尚隐游于伯乐川,逖为之记,文士盛称之。二十一年,入为考功员外郎、集贤修撰。逖选贡士二年,多得俊才。初年则杜鸿渐至宰辅,颜真卿为尚书。后年拔李华、萧颖士、赵骅登上第,逖谓人曰:"此三人便堪掌纶诰。"

二十四年,拜逖中书舍人。逖自以通籍禁闱,其父官才邑宰,乃上表陈情曰:"臣父嘉之,虽当暮齿,幸遇明

时，绵历驱驰，才及令长。臣夙荷严训，累登清秩，频迁省闼，又拜掖垣。地近班荣，臣则过量，途遥日暮，父乃后时。在公府有偷荣之责，于私庭无报德之效，反惭乌鸟，徒厕鸳鸿。伏望降臣一外官，特乞微恩，稍沾臣父。"玄宗优诏奖之，授嘉之宋州司马致仕，寻卒。

丁父丧免。二十九年服阕，复为中书舍人。其年充河东黜陟使。天宝三载，权判刑部侍郎。五载，以风病求散秩，改太子左庶子。遂掌诰八年，制敕所出，为时流叹服。议者以为自开元已来，苏颋、齐浣、苏晋、贾曾、韩休、许景先及遂，为王言之最。遂尤善思，文理精练，加之谦退不伐，人多称之。以疾沉废累年，转太子詹事。上元中卒。广德二年，诏赠尚书右仆射，谥曰文。有集三十卷。

子宿、绛、咸。遂弟遹、遘、造。

遹终左武卫兵曹。宿历河东掌记。代宗朝历刑部郎中、中书舍人，出为华州刺史，卒。

咸，字退思，以父荫累授云阳、长安尉，历监察御史，转殿中。陇右副元帅李抱玉奏充掌书记，入为屯田、司勋二员外郎。丁母丧免，终制，出为洛阳令，转长安令。时兄宿为华州刺史，因失火惊惧成痛疾。咸素孝悌，苍黄请急，不俟报而趋华。代宗嘉之，叹曰："急难之切，观过知仁。"历仓部郎中、京兆少尹。出为信州刺史，有惠政，郡人请立碑颂德，优诏褒美。转苏州刺史。贞元四年，改桂州刺史、桂管观察使。五年卒。

宿子公器，官至信州刺史，邕管经略使。

公器子简、范，并举进士。会昌后，兄弟继居显秩，诸道观察使。简，兵部尚书。子纾、徽，并登进士第。

卷一百九十下 列传第一百四十

文 苑 下

李华 萧颖士 李翰附 陆据
崔颢 王昌龄 孟浩然 元德秀
王维 李白 杜甫 吴通玄 兄通微
王仲舒 崔咸 唐次 子扶 持 持子
彦谦 刘蕡 李商隐 温庭筠 薛逢
子廷珪 李拯 李巨川 司空图

李华字遐叔，赵郡人。开元二十三年进士擢第。天宝中，登朝为监察御史。累转侍御史、礼部、吏部二员外郎。华善属文，与兰陵萧颖士友善。华进士时，著《含元殿赋》万余言，颖士见而赏之，曰："《景福》之上，《灵光》之下。"华文体温丽，少宏杰之气；颖士词锋俊发。华自以所业过之，疑其诬词。乃为《祭古战场文》，熏污之，如故物，置于佛书之阁。华与颖士因阅佛书得之。华谓之曰："此文何如？"颖士曰："可矣。"华曰："当代秉笔者，谁及于此？"颖士曰："君稍精思，便可及此。"华愕然。华著论言龟卜可废，通人当其言。

禄山陷京师，玄宗出幸，华扈从不及，陷贼，伪署为凤阁舍人。收城后，三司类例减等，从轻贬官，遂废于家，卒。华尝为《鲁山令元德秀墓碑》，颜真卿书，李阳冰篆额，后人争模写之，号为"四绝碑"。有文集十卷，行于时。

萧颖士者，字茂挺。与华同年登进士第。当开元中，天下承平，人物骈集，如贾曾、席豫、张垍、韦述辈，皆有盛名，而颖士皆与之游，由是缙绅多誉之。李林甫采其名，欲拔用之，乃召见。时颖士寓居广陵，母丧，即缞麻而诣京师，径谒林甫于政事省。林甫素不识，遽见缞麻，大恶之，即令斥去。颖士大忿，乃为《伐樱桃赋》以刺林甫云："擢无庸之琐质，因本枝而自庇。泊株干而非据，专庙廷之右地。虽先寝而或荐，岂和羹之正味。"其狂率不逊，皆此类也。然而聪警绝伦。尝与李华、陆据同游洛南龙门，三人共读路侧古碑，颖士一阅，即能诵之，华再阅，据三阅，方能记之。议者以三人才格高下亦如此。是时外夷亦知颖士之名，新罗使入朝，言国人愿得萧夫子为师，其名动华夷若此。终以诞傲褊忿，困踬而卒。

华宗人翰，亦以进士知名。天宝中，寓居阳翟。为文精密，用思苦涩。常从阳翟令皇甫曾求音乐，每思涸则奏乐，神逸则著文。禄山之乱，从友人张巡客宋州。巡率州人守城，贼攻围经年，食尽矢穷方陷。当时薄巡者，言其降贼，翰乃序巡守城事迹，撰《张巡姚誾等传》两卷上之。肃宗方明巡之忠义，士友称之。上元中，为卫县尉，入朝为侍御史。

陆据者，周上庸公腾六代孙。少孤。文章俊逸，言论纵横。年三十余，始游京师，举进士。公卿览其文，称重之，辟为从事。累官至司勋员外郎。天宝十三载卒。

开元、天宝间，文士知名者，汴州崔颢、京兆王昌龄、高适、襄阳孟浩然，皆名位不振，唯高适官达，自有传。

崔颢者，登进士第，有俊才，无士行，好蒲博饮酒。及游京师，娶妻择有貌者，稍不惬意，即去之，前后数四。累官司勋员外郎。天宝十三年卒。

王昌龄者，进士登第，补秘书省校书郎。又以博学宏词登科，再迁汜水县尉。不护细行，屡见贬斥，卒。昌龄为文，绪微而思清。有集五卷。

孟浩然，隐鹿门山，以诗自适。年四十，来游京师，应进士，不第，还襄阳。张九龄镇荆州，署为从事，与之唱和。不达而卒。

元德秀者，河南人，字紫芝。开元二十一年登进士第。

性纯朴，无缘饰，动师古道。父为延州刺史。

德秀少孤贫，事母以孝闻。开元中，从乡赋，岁游京师，不忍离亲，每行则自负板舆，与母诣长安。登第后，母亡，庐于墓所，食无盐酪，藉无茵席，刺血画像写佛经。久之，以孤幼牵于禄仕，调授邢州南和尉。佐治有惠政，黜陟使上闻，召补龙武录事参军。

德季早失恃怙，缞麻相继，不及亲而娶。既孤之后，遂不娶婚。族人以绝嗣规之，德秀曰："吾兄有子，继先人之祀。"以兄子婚娶，家贫无以为礼，求为鲁山令。先是，堕车伤足，不任趋拜，汝郡守以客礼待之。部人为盗，吏捕之，系狱。会县界有猛兽为暴，盗自陈曰："愿格杀猛兽以自赎。"德秀许之。胥吏曰："盗诡计苟免，擅放官囚，无乃累乎？"德秀曰："吾不欲负约，累则吾坐，必请不及诸君。"即破械出之。翌日，格猛兽而还。诚信化人，大率此类。

秩满，南游陆浑，见佳山水，杳然有长往之志，乃结庐山阿。岁属饥歉，庖厨不爨，而弹琴读书，怡然自得。好事者载酒肴过之，不择贤不肖，与之对酗，陶陶然遗身物外。琴觞之余，间以文咏，率情而书，语无雕刻。所著《季子听乐论》、《蹇士赋》，为高人所称。

天宝十三年卒，时年五十九，门人相与谥为文行先生。士大夫高其行，不名，谓之元鲁山。

王维，字摩诘，太原祁人。父处廉，终汾州司马，徙家于蒲，遂为河东人。

维开元九年进士擢第。事母崔氏以孝闻。与弟缙俱有俊才，博学多艺亦齐名，闺门友悌，多士推之。历右拾遗、监察御史、左补阙、库部郎中。居母丧，柴毁骨立，殆不胜丧。服阕，拜吏部郎中。天宝末，为给事中。

禄山陷两都，玄宗出幸，维扈从不及，为贼所得。维服药取痢，伪称瘖病。禄山素怜之，遣人迎置洛阳，拘于普施寺，迫以伪署。禄山宴其徒于凝碧宫，其乐工皆梨园弟子、教坊工人。维闻之悲恻，潜口为诗曰："万户伤心生野烟，百官何日再朝天？秋槐花落空宫里，凝碧池头奏管弦。"贼平，陷贼官三等定罪。维以《凝碧诗》闻于行在，肃宗嘉之。会缙请削已刑部侍郎以赎兄罪，特宥之，责授太子中允。乾元中，迁太子中庶子、中书舍人，复拜给事中，转尚书右丞。

维以诗名盛于开元、天宝间，昆仲宦游两都，凡诸王驸马豪右贵势之门，无不拂席迎之，宁王、薛王待之如师友。维尤长五言诗。书画特臻其妙，笔踪措思，参于造化；而创意经图，即有所缺，如山水平远，云峰石色，绝迹天机，非绘者之所及也。人有得《奏乐图》，不知其名，维视之曰："《霓裳》第三叠第一拍也。"好事者集乐工按之，一无差，咸服其精思。

维弟兄俱奉佛，居常蔬食，不茹荤血；晚年长斋，不衣文彩。得宋之问蓝田别墅，在辋口；辋水周于舍下，别涨竹洲花坞，与道友裴迪浮舟往来，弹琴赋诗，啸咏终日。尝聚其田园所为诗，号《辋川集》。在京师日饭十数名僧，以玄谈为乐。斋中无所有，唯茶铛、药臼、经案、绳床而

已。退朝之后，焚香独坐，以禅诵为事。妻亡不再娶，三十年孤居一室，屏绝尘累。乾元二年七月卒。临终之际，以缙在凤翔，忽索笔作别缙书，又与平生亲故作别书数幅，多敦厉朋友奉佛修心之旨，舍笔而绝。

代宗时，缙为宰相。代宗好文，常谓缙曰："卿之伯氏，天宝中诗名冠代，朕尝于诸王座闻其乐章。今有多少文集，卿可进来。"缙曰："臣兄开元中诗百千余篇，天宝事后，十不存一。比于中外亲故间相与编缀，都得四百余篇。"翌日上之，帝优诏褒赏。缙自有传。

李白，字太白，山东人。少有逸才，志气宏放，飘然有超世之心。父为任城尉，因家焉。少与鲁中诸生孔巢父、韩沔、裴政、张叔明、陶沔等隐于徂徕山，酣歌纵酒，时号"竹溪六逸"。

天宝初，客游会稽，与道士吴筠隐于剡中。既而玄宗诏筠赴京师，筠荐之于朝，遣使召之，与筠俱待诏翰林。白既嗜酒，日与饮徒醉于酒肆。玄宗度曲，欲造乐府新词，亟召白，白已卧于酒肆矣。召入，以水洒面，即令秉笔，顷之成十余章，帝颇嘉之。尝沉醉殿上，引足令高力士脱靴，由是斥去。乃浪迹江湖，终日沉饮。时侍御史崔宗之谪官金陵，与白诗酒唱和。尝月夜乘舟，自采石达金陵，白衣宫锦袍，于舟中顾瞻笑傲，傍若无人。

初，贺知章见白，赏之曰："此天上谪仙人也。"禄山之乱，玄宗幸蜀，在途以永王璘为江淮兵马都督、扬州节度大使，白在宣州谒见，遂辟从事。永王谋乱，兵败，白坐长流夜郎。后遇赦得还，竟以饮酒过度，醉死于宣城。有文集二十卷，行于时。

杜甫，字子美，本襄阳人，后徙河南巩县。曾祖依艺，位终巩令。祖审言，位终膳部员外郎，自有传。父闲，终奉天令。

甫天宝初应进士不第。天宝末，献《三大礼赋》。玄宗奇之，召试文章，授京兆府兵曹参军。十五载，禄山陷京师，肃宗征兵灵武。甫自京师宵遁赴河西，谒肃宗于彭原郡，拜右拾遗。房琯布衣时与甫善，时琯为宰相，请自帅师讨贼，帝许之。其年十月，琯兵败于陈涛斜。明年春，琯罢相。甫上疏言琯有才，不宜罢免。肃宗怒，贬琯为刺史，出甫为华州司功参军。时关畿乱离，谷食踊贵，甫寓居成州同谷县，自负薪采梠，儿女饿殍者数人。久之，召补京兆府功曹。

上元二年冬，黄门侍郎、郑国公严武镇成都，奏为节度参谋、检校尚书工部员外郎，赐绯鱼袋。武与甫世旧，待遇甚隆。甫性褊躁，无器度，恃恩放恣。尝凭醉登武之床，瞪视武曰："严挺之乃有此儿！"武虽急暴，不以为忤。

甫于成都浣花里种竹植树，结庐枕江，纵酒啸咏，与田畯野老相狎荡，无拘检。严武过之，有时不冠，其傲诞如此。永泰元年夏，武卒，甫无所依。及郭英乂代武镇成都，英乂武人粗暴，无能刺谒，乃游东蜀依高适。既至而适卒。是岁，崔宁杀英乂，杨子琳攻西川，蜀中大乱。甫以其家避乱荆、楚，扁舟下峡，未维舟而江陵乱，乃溯

沿湘流，游衡山，寓居耒阳。甫尝游岳庙，为暴水所阻，旬日不得食。耒阳聂令知之，自棹舟迎甫而还。

永泰二年，啖牛肉白酒，一夕而卒于耒阳，时年五十九。

子宗武，流落湖、湘而卒。元和中，宗武子嗣业，自耒阳迁甫之柩，归葬于偃师县西北首阳山之前。

天宝末诗人，甫与李白齐名，而白自负文格放达，讥甫龌龊，而有饭颗山之嘲诮。元和中，词人元稹论李、杜之优劣曰：

予读诗至杜子美，而知小大之有所总萃焉。始尧、舜之时，君臣以赓歌相和。是后诗人继作，历夏、殷、周千余年，仲尼缉拾选拣，取其干预教化之尤者三百，余无所闻。骚人作而怨愤之态繁，然犹去《风》、《雅》日近，尚相比拟。秦、汉已还，采诗之官既废，天下妖谣民讴、歌颂讽赋、曲度嬉戏之辞，亦随时间作。至汉武赋《柏梁》而七言之体具。苏子卿、李少卿之徒，尤工于五言。虽句读文律各异，雅郑之音亦杂，而辞意简远，指事言情，自非有为而为，则文不妄作。建安之后，天下之士遭罹兵战，曹氏父子鞍马间为文，往往横槊赋诗，故其遒壮抑扬、冤哀悲离之作，尤极于古。晋世风概稍存。宋、齐之间，教失根本，士以简慢敧习舒徐相尚，文章以风容色泽、放旷精清为高，盖吟写性灵、留连光景之文也。意义格力无取焉。陵迟至于梁、陈，淫艳刻饰、佻巧小碎之词剧，又宋、齐之所不取也。

唐兴，官学大振，历世之文能者互出。而又沈、宋之流，研练精切，稳顺声势，谓之为律诗。由是之后，文体之变极焉。然而莫不好古者遗近，务华者去实，效齐、梁则不迫于魏、晋，工乐府则力屈于五言，律切则骨格不存，闲暇则纤秾莫备。

至于子美，盖所谓上薄《风》、《骚》，下该沈、宋，言夺苏、李，气吞曹、刘，掩颜、谢之孤高，杂徐、庾之流丽，尽得古今之体势，而兼人人之所独专矣！使仲尼考锻其旨要，尚不知贵其多乎哉！苟以为能所不能，无可无不可，则诗人以来未有如子美者。

是时山东人李白，亦以文奇取称，时人谓之李、杜。予观其壮浪纵恣，摆去拘束，模写物象，及乐府歌诗，诚亦差肩于子美矣。至若铺陈终始，排比声韵，大或千言，次犹数百，词气豪迈，而风调清深，属对律切，而脱弃凡近，则李尚不能历其藩翰，况堂奥乎！

予尝欲条析其文，体别相附，与来者为之准，特病懒未就尔。

自后属文者，以稹论为是。甫有文集六十卷。

吴通玄，海州人。父道瓘为道士，善教诱童孺。大历中，召入宫，为太子诸王授经。德宗在东宫，师道瓘，而通玄兄弟，出入宫掖，恒侍太子游，故遇之厚。

通玄与兄通微，俱博学善属文，文彩绮丽。通玄幼应神童举，释褐秘书正字、左骁卫兵曹、大理评事。建中初，策贤良方正等科，通玄应文词清丽，登乙第，授同州司户、京兆户曹。

贞元初，召充翰林学士。迁起居舍人、知制诰，与陆贽、吉中孚、韦执谊等同视草。陆贽富词藻，特承德宗重顾，经历艰难。通玄弟兄又以东宫侍上，由是争宠，颇相嫌恨。贽性褊急，屡于上前短通玄，又言："承平时工艺书画之徒，待诏翰林，比无学士。只自至德后，天子召集贤学士于禁中草书诏，因在翰林院待进止，遂以为名。奔播之时，道途或豫除改，权令草制。今四方无事，百揆时序，制书职分，宜归中书舍人。学士之名，理须停寝。"贽以通玄援引朋党，于禁中叶力排己，故欲废之，德宗（缺文）计。会贽权知兵部侍郎，知贡举，乃正拜之，罢内职，皆通玄谮之也。

七年，自起居郎拜谏议大夫、知制诰。通玄自以久次当拜中书舍人，而反除谏议，殊失望。

陆贽与宰相窦参相恶。参从子给事中申，参尤宠之。每预中书拟议，所至人呼申为"喜鹊"。申，嗣虢王则之从父甥也。则之为金吾将军，好学有文，申与则之亲善。则之为金吾将军，好学有文，申与则之潜结吴通玄兄弟，为参共倾陆贽。则之令人造谤书，言贽考试举人不实，招纳贿赂。时通玄取宗室女为外妇，德宗知之。既闻申、则之潜陆贽，纲纪伺之，果与通玄结构其谋。帝大怒，罢窦参知政事，寻贬郴州司马，窦申锦州司户，李则之昭州司马，通玄泉州司马。帝召见之，亲自临问，责以污辱近属。行至华州长城驿，赐死。寻以陆贽为中书侍郎、平章事，代窦参。

通微，建中四年自寿安县令入为金部员外，召充翰林学士。寻改职方郎中，知制诰。与弟通玄同职禁署，人士荣之。七年，改礼部郎中，寻转中书舍人。通玄死，素服待罪于国门，帝特宥之。通微竟不敢为丧服。

通玄词藻婉丽，帝尤怜之。贞元初，昭德王皇后崩，诏李纾为谥册文，宰相张延赏、柳浑为庙乐章。及进，皆不称旨，并召通玄重撰。凡中旨撰述，非通玄之笔，无不慊然，重之如此。

王仲舒，字弘中，太原人。少孤贫，事母以孝闻。嗜学工文，不就乡举。凡与结交，必知名之士，与杨顼、梁肃、裴枢为忘形之契。贞元十年，策试贤良方正、能直言极谏等科，仲舒登乙第，超拜右拾遗。裴延龄领度支，矫诞大言，中伤良善，仲舒上疏极论之。累转尚书郎。元和五年，自职方郎中知制诰。

仲舒文思温雅，制诰所出，人皆传写。京兆尹杨凭为中丞李夷简所劾，贬临贺尉。仲舒与凭善，宣言于朝，言夷简掎摭凭罪，仲舒坐贬硖州刺史。迁苏州。穆宗即位，复召为中书舍人。其年出为洪州刺史、御史中丞、江南西道观察使。江西前例榷酒私酿法深，仲舒乍镇，奏罢之。又出官钱二万贯，代贫户输税。长庆三年冬，卒于镇。

崔咸，字重易，博陵人。祖安石。父锐，位终给事中。咸元和二年进士擢第，又登博学宏词科。郑余庆、李夷简辟为宾佐，待如师友。及登朝，历践台阁，独行守正，时望甚重。敬宗欲幸东都，人心不安。裴度以勋旧自兴元随表入觐。既至，李逢吉不欲度复入中书。京兆尹刘栖楚，逢吉党也。栖楚等十余人驾肩排度，而朝士持两端者日拥度门。一日，度留客命酒，栖楚矫求度之欢，曲躬附裴耳而语，咸嫉其矫，举爵罚度曰："丞相不当许所由官呫嗫耳语。"度笑而饮之。栖楚不自安，趋出。坐客皆壮之。累迁陕州大都督府长史、陕虢观察等使。自旦至暮，与宾僚痛饮，恒醉不醒。簿领堆积，夜分省览，剖判决断，无毫厘之差，胥吏以为神人。入为右散骑常侍、秘书监。大和八年十月卒。

初，锐佐李抱真为泽潞从事，有道人自称卢老，曾事隋朝云际寺李先生，预知过往未来之事。属河朔禁游客，锐馆之于家。一旦辞去，且曰："我死，当与君为子。"因指口下黑子，愿以为志。咸之生也，果有黑子，其形神即卢老也，父即以卢老字之。

既冠，栖心高尚，志于林壑，往往独游南山，经时方还。尤长于歌诗，或风景晴明，花朝月夕，朗吟意惬，必凄怆沾襟，旨趣高奇，名流嗟挹。有文集二十卷。

唐次，并州晋阳人也，国初功臣礼部尚书俭之后。建中初进士擢第，累辟使府。贞元初，历侍御史。窦参深重之，转礼部员外郎。八年，参贬官，次坐出为开州刺史。在巴峡间十余年，不获进用。西川节度使韦皋抗表请为副使，德宗密谕皋至罢之。次久滞蛮荒，孤心抑郁，怨谤所积，孰与申明，乃采自古忠臣贤士，遭罹谗谤放逐，遂至杀身，而君犹不悟，其书三篇，谓之《辩谤略》，上之。德宗省之，犹怒，谓左右曰："唐次乃方吾为古之昏主，何自谕如此！"改夔州刺史。宪宗即位，与李吉甫同自峡内召还，授次礼部郎中。寻以本官知制诰，正拜中书舍人，卒。

章武皇帝明哲嫉恶，尤恶人朋比倾陷。尝阅书禁中，得次所上书三篇，览而善之。谓学士沈传师曰："唐次所集辩谤之书，实君人者时宜观览。朕思古书中多有此事，次编录未尽。卿家传史学，可与学士类例广之。"传师奉诏与令狐楚、杜元颖等分功修续，广为十卷，号《元和辩谤略》，其序曰：

臣闻乾坤定而上下分矣。至于播四时之候，遂万物之宜，在验乎妖、祥之二气；祥气降则为丰为茂，妖气降则为沴为灾。君臣立而卑高隔矣。至于处神明之奥，询献纳之辞，在审乎邪、正之二说；正言胜则为忠为谠，邪言胜则为谗为谀。故《诗》云："萋兮斐兮，成是贝锦。"刺其组织之甚巧也。语曰："邪径败良田，谗口乱善人。"恶其莠言之蠹政也。盖谓似信而诈，似忠而非，便便可以动心，捷捷可以乱德，岂止鹝鹗雕卉，蘙荟惑珠者哉！况立国家，自中徂外，道偏则刑罚不中，谗胜则忠孝靡彰。遂览前闻，缅想近古，招贤容鲠，远佞嫉邪，虑之则深，防之未至。

伏惟睿圣文武皇帝陛下，垂衣御宇，化洽文明，谟猷博访于缙绅，旌贲屡臻于岩穴。尚复广四目，周四聪，制理皆在于未萌，作范将垂于不朽。乃诏掌文之臣令狐楚等，上自周、汉，下洎隋朝，求史籍之忠贤，罹谗谤之事迹，叙瑕衅之本末，纪谣诼之浅深，编次指明，勒成十卷。昔虞舜有圣谟之命，我皇修辩谤之书，千古一心，同垂至理。将俟法宫退日昃之政，别殿备乙夜之观，则圣虑先辩，谤何由兴！上天不言，而民自信矣。

宪宗优诏答之。

次子扶、持。

扶，字云翔，元和五年进士登第，累佐使府。入朝为监察御史，出为刺史。大和初，入朝为屯田郎中。十五年，充山南道宣抚使，至邓州。奏："内乡县行市、黄涧两场仓督邓琬等，先主掌湖南、江西运到糙米，至淅川县于荒野中囤贮，除支用外，六千九百四十五硕，裛烂成灰尘。度支牒征元掌所由，自贞元二十年，邓琬父子兄弟至玄孙，相承禁系二十八年，前后禁死九人。今琬孙及玄孙见在枷禁者。"敕曰："如闻盐铁、度支两使，此类极多。其邓琬等四人，资产全已卖纳，禁系三代，瘐死狱中，实伤和气。邓琬等并疏放。天下州府监院如有此类，不得禁经三年已上。速便疏理以闻。"物议嘉扶有宣抚之才。俄转司勋郎中。

八年，充弘文馆学士，判院事。九年，转职方郎中，权知中书舍人事。开成初，正拜舍人，逾月，授福州刺史、御史中丞、福建团练观察使。四年十一月，卒于镇。

扶佐幕立事，登朝有名，及廉问瓯、闽，政事不治。身殁之后，仆妾争财，诣阙论诉，法司按劾，其家财十万贯，归于二妾。又尝枉杀部人，为其家所诉。行己前后不类，时论非之。

持，字德守，元和十五年擢进士第，累辟诸侯府。入朝为侍御史、尚书郎。大中末，自工部郎中出为容州刺史、御史中丞、容管经略招讨使。入为给事中。大中末，检校左散骑常侍、灵州大都督府长史、朔方节度、灵武六城转运等使。进位检校户部尚书、潞州大都督府长史、昭义节度、泽潞邢洺磁观察处置等使，卒。

子彦谦，字茂业。咸通末应进士，才高负气，无所屈降，十余年不第。乾符末，河南盗起，两都覆没，以其家避地汉南。中和中，王重荣镇河中，辟为从事。累奏至河中节度副使，历晋、绛二州刺史。

彦谦博学多艺，文词壮丽，至于书画音乐博饮之技，无不出于辈流。尤能七言诗，少时师温庭筠，故文格类之。

光启末，王重荣为部下所害，朝议责参佐。彦谦与书记李巨川俱贬汉中掾曹。时杨守亮镇兴元，素闻其名。彦谦以本府参承，守亮见之，喜握手曰："闻尚书名久矣，邂逅近于兹。"翌日，署为判官。累官至副使，阆、壁二郡刺史。卒于汉中。有诗数百篇，礼部侍郎薛廷珪为之序，号《鹿门先生集》，行于时。子涣，位亦至郡守。

次弟欢、款、欣。款贞元六年登进士第，累佐使府，登朝为御史，出为郡守，卒。子枝。枝字己有，会昌末，累迁刑部员外，转郎中，累历刺史，卒。

刘蕡，字去华，昌平人。父勉。蕡宝历二年进士擢第。

博学善属文，尤精《左氏春秋》。与朋友交，好谈王霸大略，耿介嫉恶。言及世务，慨然有澄清之志。自元和末，阉寺权盛，握兵宫闱，横制天下。天子废立，由其可否，干挠庶政。当时目为南北司，爱恶相攻，有同水火。蕡草泽中居常愤惋。文宗即位，恭俭求理，大和二年策试贤良曰：

朕闻古先哲王之理也，玄默无为，端拱思道；陶民心以居简，凝日用而不宰；厚下以立本，推诚而建中。由是天人通，阴阳和，俗跻仁寿，物无疵疠。嘻，盛德之所臻，复乎莫可及也。三代令王，质文迭究，百伪滋炽，风流浸微，自汉而降，足征盖寡。朕顾惟昧道，祗荷丕构，奉若谟训，不敢怠荒。任贤惕厉，宵衣旰食，讵追三五之遐轨，庶绍祖宗之鸿绪。而心有所未达，行有所未孚，由中及外，阙政斯广。是以人不率化，气或堙厄，灾旱竟岁，播植愆时。国廪罕蓄，乏九年之储；吏道多端，微三载之绩。京师，诸夏之本也，将以观理，而豪猾时逾检；太学，明教之源也，期于变风，而生徒多堕业。列郡在乎颁条，而干禁或未绝；百工在乎按度，而淫巧或未衰。俗堕风靡，积讹成蠹。其择官济理也，听人以言，则枝叶难辨；御下以法，则耻格不形。其阜财发号也，生之寡而食之众，烦于令而鲜于理。思所以究此缪盭，致之治平，兹心浩然，若涉身水。故前诏有司，博延群彦，伫启宿懵，冀臻时雍。子大夫识达古今，明于康济，造廷待问，副朕虚怀。必当箴主之阙，辩政之疵，明纲条之致紊，稽富庶之所急。何施斯革于前弊！何泽斯惠乎下土！何修而理古可近！何道而和气克充！推之本源，著于条对。至于夷吾轻重之权，孰辅于理？严尤底定之策，孰叶于时？元凯之考课何先？叔子之克平何务？推此龟镜，择乎中庸，期在洽闻，朕将亲览。

时对策者百余人，所对止循常务，唯蕡切论黄门太横，将危宗社。对曰：

臣诚不佞，有匡国致君之术，无位而不得行；有犯颜敢谏之心，无路而不得进。但怀愤郁抑，思有时而一发耳。常欲与庶人议于道，商旅谤于市，得通上听，一悟主心，虽被妖言之罪，无所悔焉！况逢陛下以至德嗣兴，以大明垂照，询求过阙，咨访谟猷，制诏中外，举直言极谏者。臣既辱斯举，专承大问，敢不悉意以言！至于上之所忌，时之所禁，权幸之所讳恶，有司之所与夺，臣愚不识。伏惟陛下少加优容，不使圣朝有谠直而受戮者，乃天下之幸也！谨昧死以对。

伏惟圣策，有思先古之理，念玄默之化。将欲通天人以齐俗，和阴阳以煦物，见陛下慕道之深也。臣以为哲王之理，其则不远，惟陛下致之之道何如尔！

伏惟圣策，有祗荷丕构而不敢荒宁，奉若谟训而罔有怠忽，见陛下忧劳之志也。若夫任贤惕厉，宵衣旰食，宜黜左右之纤佞，进股肱之大臣；若夫追踪三五，绍复祖宗，宜鉴前古之兴亡，明当时之成败。心有所未达，以下情塞而不得上通；行有所未孚，以上泽壅而不得下浃。欲人之化也，在修己以先之；欲气之和也，在遂性以导之。救灾患在致乎精诚，广播植在视乎食力。国廪罕蓄，本乎冗食尚繁；吏道多端，本乎选用失当。豪猾逾制，由中外之法殊；生徒堕业，由学校之官废。列郡干禁，由授任非人；百工淫巧，由制度不立。

伏以圣策，有择官济理之心，阜财发号之叹，见陛下教化之本也。且进人以行，则枝叶安有难别乎？防下以礼，则耻格安有不形乎？念生寡而食众，可罢斥惰游；念令烦而理鲜，要察其行否。博延群彦，愿陛下必纳其言；造廷待问，则小臣安敢爱死！

伏以圣策，有求贤箴阙之言，审政辩疵之念，见陛下咨访之勤也。遂小臣屏奸豪之志，则弊革于前；守陛下念康济之心，则惠敷于下。邪正之道分，则理古可近；礼乐之方著，而和气克充。至若夷吾之法，非皇王之权；严尤所陈，无最上之策。元凯之所先，不若唐、虞之考绩；叔子之所务，不若重华之舞干。且俱非大德之中庸，未为上圣之龟鉴，何足以为陛下道之哉！或有以系安危之机，兆存亡之变者，臣请披沥肝胆，为陛下别白而重言之。

臣前所谓"哲王之理，其则不远"者，在陛下慎思之，力行之，终始不懈而已。臣谨按《春秋》："元者，气之始也；春者，岁之始也。"《春秋》以元加于岁，以春加于王，明王者当奉若天道，以谨其始也。又举时以终岁，举月以终时，《春秋》虽无事，必书首月以存时，明王者当奉若天道，以谨其终也。王者动作终始必法于天者，以其运行不息也。陛下既能谨其始，又能谨其终，懋而修之，勤而行之，则可以执契而居简，无为而不宰，广立本之大业，崇建中之盛德矣！又安有三代循环之弊，而为百伪滋炽之渐乎？臣故曰"惟陛下致之之道何如耳！"

臣前所谓"若夫任贤惕厉，宵衣旰食，宜罢黜左右之纤佞，进股肱之大臣"者，实以陛下忧劳之至也。臣闻不宜忧而忧者，国必衰；宜忧而不忧者，国必危。今陛下不以国家存亡之事、社稷安危之策，而降于清问。臣未知陛下以布衣之臣不足以定大计耶？或万机之勤，而圣虑有所未至耶？不然，何宜忧而不忧者乎？臣以为陛下宜先忧者，宫闱将变，社稷将危，天下将倾，海内将乱。此四者，国家已然之兆，故臣谓圣虑宜先及之。

夫帝业既艰难而成之，故不可容易而守之。昔太祖肇其基，高祖勤其绩，太宗定其业，玄宗继其明，至于陛下，二百有余载矣。其间明圣相因，忧乱继作，未有不委用贤士、亲近正人，而能绍兴其徽烈者也。或一日不念，则颠覆大器，宗庙之耻，万古为恨！

臣谨按《春秋》，人君之道，在体元以居正，昔董仲舒为汉武帝言之略矣。其所未尽者，臣得为陛下备而论之。夫继故必书即位，所以正其始也；终必书所终之地，所以正其终也。故为君者，所发必正言，所履必正道，所居必正位，所近必正人。

臣又按《春秋》"阍弑吴子余祭"，不书其君。《春秋》讥其疏远贤士，昵近刑人，有不君之道矣。伏惟陛下思祖宗开国之勤，念《春秋》继故之诫。将明法度之端，则发正言而履正道；将杜篡弑之渐，则居正位而近正人。远刀锯之贱，亲骨鲠之直，辅相得以专其任，庶职得以守其官。奈何以亵近五六人，总天下大政，外专陛下之命，内窃陛下之权，威慑朝廷，势倾海内，群臣莫敢指其状，天子不得制其心！祸稔萧墙，奸生帷幄，臣恐曹节、侯览，复生于今日，此宫闱之所以将变也。

臣谨按《春秋》，鲁定公元年春王不言正月者。《春秋》以其先君不得正其终，则后君不得正其始，故曰定无正也。今忠贤无腹心之寄，阉寺持废立之权，陷先君不得正其终，致陛下不得正其始。况皇储未建，郊祀未修，将相之职不归，名分之宜不定，此社稷之所以将危也！

臣谨按《春秋》"王札子杀召伯、毛伯"。《春秋》之义，两下相杀不书。而此书者，重其专王命也。且天之所授者在君，君之所授者在命。操其命而失之者，是不君也；侵其命而专之者，是不臣也。君不君，臣不臣，此天下所以将倾也！

臣谨按《春秋》，晋赵鞅以晋阳之兵叛入于晋。书其归者，以其能逐君侧恶人以安其君，故《春秋》善之。今威柄凌夷，藩臣跋扈。或有不达人臣之节，首乱者以安君为名；不究《春秋》之微，称兵者以逐恶为义。则政刑不由乎天子，攻伐必自于诸侯，此海内之所以将乱也！

又樊哙排闼而雪涕，爰盎当车以抗词，京房发愤以殒身，窦武不顾而毕命，此皆陛下明知之矣。

臣谨按《春秋》，晋狐射姑杀阳处父。书襄公杀之者，以其上漏言也。襄公不能固阴重之机，处父所以及戕贼之祸，故《春秋》非之。夫上漏其情，则下不敢尽意；上泄其事，则下不敢尽言。《传》有"造膝"、"诡辞"之文，《易》有"杀身"、"害成"之戒。今公卿大臣，非不能为陛下言之，虑陛下必不能用之。陛下既忽之而不用，必泄其言；臣既言之而不行，必婴其祸。适足以钳直臣之口，重奸臣之威。是以欲尽其言，则起失身之惧；欲尽其意，则有害成之忧。故徘徊郁塞，以俟陛下感悟，然后尽其启沃耳。陛下何不以听朝之余，时御便殿，召当时贤相与旧德老臣，访持变扶危之谋，求定倾救乱之术！塞阴邪之路，屏亵狎之臣；制侵凌迫胁之心，复门户扫除之役；戒其所宜戒，忧其所宜忧。既不能治于前，当治于后；既不能正其始，当正其终。则可以虔奉典谟，克承丕构，终任贤之效，无旰食之忧矣！

臣前所谓"若夫追踪三五，绍复祖宗，宜鉴前古之兴亡，明当时之成败"者。臣闻尧、舜之为君而天下之人理者，以其能任九官四岳十二牧，不失其举，不贰其业，不侵其职。居官惟其能，左右惟其贤。元凯在下，虽微必举；四凶在朝，虽强必诛。考其安危，明其取舍。至秦之二代，汉之元、成，咸欲措国如唐、虞，致身如尧、舜，而终败亡者，以其不见安危之机，不知取舍之道，不任大臣，不辨奸人，不亲忠良，不远谗佞。伏惟陛下察唐、虞之所以兴，而景行于前；鉴秦、汉之所以亡，而戒惧于后。

陛下无谓庙堂无贤相，庶官无贤士。今纪纲未绝，典刑犹在，人谁不欲致身为王臣，致时为太平，陛下何忽而不用之耶？又有居官非其能，左右非其贤，其恶如四凶，其诈如赵高，其奸如恭、显，陛下又何惮而不去之耶？神器固有归，天命固有分，祖庙固有灵，忠臣固有心，陛下其念之哉！昔秦之亡也，失于强暴；汉之亡也，失于微弱。强暴则贼臣畏死而害上，微弱则奸臣窃权而震主。伏见敬宗皇帝不虞亡秦之祸，不翦其萌。伏惟陛下深轸亡汉之忧，以杜其渐。则祖宗之鸿业可绍，三五之遐轨可追矣！

臣前所谓"陛下心有所未达，以下情塞而不能上通；行有所未孚，以上泽壅而不得下浃"者。且百姓涂炭之苦，陛下无由而知；则陛下有子育之心，百姓无由而信。臣谨按《春秋》书"梁亡"，不书取者，梁自亡也。以其思虑昏而耳目塞，上出恶政，人为寇盗，皆不知其所以然，以自取其灭亡也。臣闻国君之所以尊者，重其社稷也；社稷之所以重者，存其百姓也。苟百姓之不存，则社稷不得固其重；苟社稷之不重，则国君不得保其尊。故治天下不可不知百姓之情。夫百姓者，陛下之赤子也。陛下宜令仁慈者亲育之，如保傅焉，如乳哺焉，如师之教导焉。故人信于上也，敬之如神明，爱之如父母。今或不然。陛下亲近贵幸，分曹补署，建除卒吏，召致宾客，因其货贿，假其气势。大者统藩方，小者为牧守。居上无清惠之致，而有饕餮之害；居下无忠诚之节，而有奸欺之罪。故人之于上也，畏之如豺狼，恶之如仇敌。今海内困穷，处处流散，饥者不得食，寒者不得衣，鳏寡孤独者不得存，老幼疾病者不得养。加以国之权柄，专在左右，贪臣聚敛以固宠，奸吏因缘而弄法。冤痛之声，上达于九天，下流于九泉；鬼神怨怒，阴阳为之愆错。君门万里而不得告诉，士人无所归化，百姓无所归命。官乱人贫，盗贼并起，土崩之势，忧在旦夕。即不幸因之以疾疠，继之以凶荒，臣恐陈胜、吴广不独起于秦，赤眉、黄巾不独起于汉。故臣所以为陛下发愤扼腕，痛心泣血尔。如此则百姓有涂炭之苦，陛下何由而知之；陛下有子育之心，百姓安得而信之乎？致使陛下"行有所未孚，心有所未达"者，固其然也！

臣闻昔汉元帝即位之初，更制七十余事，其心甚诚，其称甚美。然而纪纲日紊，国祚日衰，奸宄日强，黎元日困者，以其不能择贤明而任之，失其操柄也。自陛下御宇，忧勤兆庶，屡降德音，四海之内，莫不抗首而长思，日喜复生于死亡之中也。伏惟陛下慎终如始，以塞万方之望。诚能揭国权以归其相，持兵柄以归其将，去贪臣聚敛之政，除奸吏因缘之害，惟忠贤是近，惟正直是用，内宠便僻，无所听焉！选清慎之官，择仁惠之长，敏之以利，煦之以仁，教之以孝慈，导之以德义，去耳目之塞，通上下之情，俾万国欢康，兆民苏息，则心无不达，行无不孚矣！

臣前所谓"欲兆人之化也，在修己以先之"者。臣闻德以修己，教以导人。修之也，则人不劝而自至；导之也，则人敦行而率从。是以君子欲政之必行也，故以身先之；欲人之从化也，故以道御之。今陛下先之以身而政未必行，御之以道而人未从化，岂不以立教之旨未尽其方也？夫立教之方，在乎君以明制之，臣以忠行之。君以知人为明，臣以匡时为忠；知人则任贤而去邪，匡时则固本而守法。贤不任则重赏不足以劝善，邪不去则严刑不足以禁非。本不固则民流，法不守则政散。而欲教之使必至，化之使必行，不可得也！陛下能斥奸邪不私其左右，举贤正不遗其疏远，则化浃于朝廷矣。爱人以敦本，分职而奉法，修其身以及其人，始于中而成于外，则化行于天下矣！

臣前所谓"欲气之和也，在于遂性以导之"者，当纳人于仁寿也。夫欲人之仁寿也，在乎立制度，修教化。夫制度立则财用省，财用省则赋敛轻，赋敛轻则人富矣。教化修则争竞息，争竞息则刑罚清，刑罚清则人安矣！既富矣，则仁义兴焉；既安矣，则寿考至焉。仁寿之心感于下，和平之气应于上，故灾害不作，休祥荐臻，四方底宁，万物咸遂矣！

臣前所谓"救灾旱在致乎精诚"者。臣谨按《春秋》，鲁僖公七月之中，三书不雨者，以其君有恤人之志也；鲁文公三年之中，一书不雨者，以其君无悯人之心也。故僖公致精诚而旱不害物，文公无恤悯而旱则成灾。陛下诚能有恤人之心，则无成灾之变矣！

臣前所谓"广播植在视乎食力"者。臣谨按《春秋》："君人者，必时视人之所勤。人勤于力，则功筑罕；人勤于财，则贡赋少；人勤于食，则百事废。"今财食与人力皆勤矣，愿陛下废百事之劳，广三时之务，则播植不愆矣！

臣前所谓"国廪罕蓄，本乎冗食尚繁"者。臣谨按《春秋》"臧孙辰告籴于齐"，《春秋》讥其国无九年之蓄，一年不登而百姓饥。臣愿斥游惰之人以笃其耕植，省不急之费以赡其黎元，则廪蓄不乏矣！

臣前所谓"吏道多端，本乎选用失当"者，由国家取人不尽其才，任人不明其要故也。今陛下之用人也，求其声而不得其实；故人之趋进也，务其末而不务其本。臣愿核考课之实，定迁序之制，则多端之吏息矣！

臣前所谓"豪猾逾检，由中外之法殊"者，以其官禁不一也。臣谨按《春秋》，齐桓公盟诸侯不以日，而葵丘之盟特以日者，美其能宣明天子之禁，率奉王官之法，故《春秋》备而书之。夫官者，五帝、三王之所建也；法者，高祖、太宗之所制也。法宜画一，官宜正名。今又分外官、中官之员，立南司、北司之局，或犯禁于南，则亡命于北，或正刑于外，则破律于中，法出多门，人无所措，实由兵农势异，而中外法殊也。臣闻古者因井田而制军赋，闲农事以修武备，提封约卒乘之数，命将在公卿之列，故兵农一致而文武同方，可以保乂邦家，式遏祸乱。暨太宗皇帝肇建邦典，亦置府兵，台省军卫，文武参掌；居闲岁则橐弓力穑，将有事则释耒荷戈，所以修复古制，不废旧物。今则不然。夏官不知兵籍，止于奉朝请；六军不主兵事，止于养勋阶。军容合中宫之政，戎律附内臣之职。首一戴武弁，嫉文吏如仇雠；足一蹈军门，视农夫如草芥。谋不足以翦除凶逆，而诈足以抑扬威福；勇不足以镇卫社稷，而暴足以侵轶里闾。羁绁藩臣，干凌宰辅，隳裂王度，汩乱朝经。张武夫之威，上以制君父；假天子之命，下以御英豪。有藏奸观衅之心，无伏节死难之义。岂先王经文纬武之旨耶！臣愿陛下贯文武之道，均兵农之功；正贵贱之名，一中外之法。选军卫之职，修省署之官，近崇贞观之规，远复成周之制。自邦畿以刑于下国，始天子以达于诸侯，则可以制豪猾之强，无逾检之患矣！

臣前所谓"生徒堕业，由学校之官废"者，盖以国家贵其禄而贱其能，先其身而后其行。故庶官乏通经之学，诸生无修业之心矣。

臣前所谓"列郡干禁，由授任非其人"者。臣以为刺史之任，理乱之根本系焉，朝廷之法制在焉。权可以抑豪猾，恩可以惠孤寡，强可以御奸宄，政可以移风俗。其将校有曾经战阵，及功臣子弟，各请随宜酬赏。如无治人之术者，不当授任此官，则绝干禁之患矣。

臣前所谓"百工淫巧，由制度不立"者。臣请以官位禄秩，制其器用车服，禁人金银珠玉锦绣雕镂不蓄于私室，则无荡心之巧矣。

臣前所谓"辩枝叶"者，考其言以询行也。

臣前所谓"形于耻格"者，导德而齐礼也。

臣前所谓"念生寡而食众，可罢斥惰游"者，已备于前矣。

臣前所谓"令烦而理鲜，要察其行否"者，臣闻号令者，乃理国之具也，君审而出之，臣奉而行之，或亏上旨，罪在不赦。今陛下令烦而理鲜，得非持之者有所蔽欺乎？

臣前所谓"博延群彦，愿陛下必纳其言；造廷待问，则小臣不敢爱死"者。臣闻晁错为汉画削诸侯之策，非不知祸之将至也。忠臣之心，壮夫之节，苟利社稷，死无悔焉！今臣非不知言发而祸应，计行而身戮，盖所以痛社稷之危，哀生人之困，岂忍姑息时忌，窃陛下一命之宠哉！昔龙逄死而启殷，比干死而启周，韩非死而启汉，陈蕃死而启魏。今臣之来也，有司或不敢荐臣之言，陛下又无以察臣之心，退必受戮于权臣之手。臣幸得从四子于地下，固臣之愿也。所不知杀臣者，臣死之后，将孰为启之哉？至于人主之阙，政教之疵，前日之弊，臣既言之矣。若乃流下土之惠，修近古之理，而致其和平者，在陛下行之而已。然上之所陈者，实以臣亲奉圣问，敢不条对！虽臣之愚，以为未极教化之大端，皇王之要道。伏惟陛下事天地以教人敬，奉宗庙以教人孝，养高年以教人悌长，字百姓以教人慈幼，调元气以煦育，扇大和于仁寿，可以逍遥无为，垂拱成化。至若念陶钧之道，在择宰相而任之，使权造物之柄。念保定之功，在择将帅而任之，使修分阃之寄。念百度之未贞，在择庶官而任之，使专职业之守。念百姓之愁痛，在择长吏而任之，使明惠育之术。自然言足以为天下教，行足以为天下法，仁足以劝善，义足以禁非，又何必宵衣旰食，劳神惕虑，然后以致其理哉！

是岁，左散骑常侍冯宿、太常少卿贾𬤇、库部郎中庞严为考策官，三人者，时之文士也，睹蕡条对，叹服嗟悒，以为汉之晁、董，无以过之。言论激切，士林感动。时登科者二十二人，而中官当途，考官不敢留蕡在籍中，物论喧然不平。守道正人，传读其文，至有相对泣者。谏官御史，扼腕愤发，而执政之臣，从而弭之，以避黄门之怨。唯登科人李郃谓人曰："刘蕡不第，我辈登科，实厚颜矣！"请以所授官让蕡。事虽不行，人士多之。令狐楚在兴元，牛僧孺镇襄阳，辟为从事，待如师友。位终使府御史。

李商隐，字义山，怀州河内人。曾祖叔恒，年十九登进士第，位终安阳令。祖俌，位终邢州录事参军。父嗣。商隐幼能为文。令狐楚镇河阳，以所业文干之，年才及弱冠。楚以其少俊，深礼之，令与诸子游。楚镇天平、汴州，从为巡官，岁给资装，令随计上都。开成二年，方登进士第，释褐秘书省校书郎，调补弘农尉。会昌二年，又以书判拔萃。

王茂元镇河阳，辟为掌书记，得侍御史。茂元爱其才，以子妻之。茂元虽读书为儒，然本将家子，李德裕素遇之，时德裕秉政，用为河阳帅。德裕与李宗闵、杨嗣复、令狐楚大相仇怨。商隐既为茂元从事，宗闵党大薄之。时令狐楚已卒，子绹为员外郎，以商隐背恩，尤恶其无行。俄而茂元卒，来游京师，久之不调。会给事中郑亚廉察桂州，请为观察判官、检校水部员外郎。大中初，白敏中执政，令狐绹在内署，共排李德裕逐之。亚坐德裕党，亦贬循州刺史。商隐随亚在岭表累载。

三年入朝，京兆尹卢弘正奏署掾曹，令典笺奏。明年，令狐绹作相，商隐屡启陈情，绹不之省。弘正镇徐州，又从为掌书记。府罢入朝，复以文章干绹，乃补太学博士。会河南尹柳仲郢镇东蜀，辟为节度判官、检校工部郎中。大中末，仲郢坐专杀左迁，商隐废罢，还郑州，未几病卒。

商隐能为古文，不喜偶对。从事令狐楚幕。楚能章奏，遂以其道授商隐，自是始为今体章奏。博学强记，下笔不能自休，尤善为诔奠之辞。与太原温庭筠、南郡段成式齐名，时号"三十六"。文思清丽，庭筠过之。而俱无持操，恃才诡激，为当涂者所薄。名宦不进，坎壈终身。

弟羲叟，亦以进士擢第，累为宾佐。商隐有表状集四十卷。

温庭筠者，太原人，本名岐，字飞卿。大中初，应进士。苦心砚席，尤长于诗赋。初至京师，人士翕然推重。然士行尘杂，不修边幅，能逐弦吹之音，为侧艳之词，公卿家无赖子弟裴诚、令狐缟之徒，相与捕饮，酣醉终日，由是累年不第。徐商镇襄阳，往依之，署为巡官。咸通中，失意归江东，路由广陵，心怨令狐绹在位时不为成名。既至，与新进少年狂游狭邪，久不刺谒。又乞索于扬子院，醉而犯夜，为虞候所击，败面折齿，方还扬州诉之。令狐绹捕虞候治之，庭筠尽言庭筠狭邪丑迹，乃两释之。自是污行闻于京师。庭筠自至长安，致书公卿间雪冤。属徐商知政事，颇为言之。无何，商罢相出镇，杨收怒之，贬为方城尉。再迁隋县尉，卒。

子宪，以进士擢第。弟庭皓，咸通中为徐州从事，节度使崔彦鲁为庞勋所杀，庭皓亦被害。

庭筠著述颇多，而诗赋韵格清拔，文士称之。

薛逢，字陶臣，河东人。父倚。逢会昌初进士擢第，释褐秘书省校书郎。崔铉罢相镇河中，辟为从事。铉复辅政，奏授万年尉，直弘文馆，累迁侍御史、尚书郎。

逢文词俊拔，论议激切，自负经画之略，久之不达。应进士时，与彭城刘瑑尤相善，而瑑词艺不逮逢，逢每侮之。至大中末，瑑扬历禁署，逢愈不得意，自是相怨。俄而瑑知政事，或荐逢知制诰，瑑奏曰："先朝立制，两省官给事中、舍人除拜，须先历州县。逢未尝治郡，宜先试之。"乃出为巴州刺史。既而沈询、杨收、王铎由学士相继为将相，皆逢同年进士，而逢文艺最优。杨收作相后，逢有诗云："须知金印朝天客，同是沙堤避路人。威凤偶时皆瑞圣，潜龙无水漫通神。"收闻，大衔之，又出为蓬州刺史。收罢相，入为太常少卿。给事中王铎作相，逢又有诗云："昨日鸿毛万钧重，今朝山岳一尘轻。"铎又怨之。以恃才褊忿，人士鄙之。迁秘书监，卒。

子廷珪。中和登进士第。大顺初，累迁司勋员外郎，知制诰，正拜中书舍人。乾宁三年，奉使太原复命，昭宗幸华州，改左散骑常侍。移疾免，客游成都。光化中，复为中书舍人。迁刑部、吏部二侍郎，权知礼部贡举，拜尚书左丞。入梁，至礼部尚书。

李拯，字昌时，陇西人。咸通十二年登进士第。乾符中，累佐府幕。黄巢之乱，避地平阳。僖宗还京，召拜尚书郎，转考功郎中，知制诰。僖宗再幸宝鸡，拯从不及，在凤翔。襄王僭号，逼为翰林学士。拯既污伪署，心不自安。后朱玫秉政，百揆无叙，典章浊乱，拯尝朝退，驻马国门，望南山而吟曰："紫宸朝罢缀鵷鸾，丹凤楼前驻马看。唯有终南山色在，晴明依旧满长安。"吟已涕下。及王行瑜杀朱玫，襄王出奔，京城乱，拯为乱兵所杀。

妻卢氏，知书能文，有姿色。拯既死，伏其尸恸哭。贼逼之，坚哭不动；又临之以兵，至于断一臂，终不顾，为贼所害，人皆伤之。

李巨川，字下己，陇右人。国初十八学士道玄之后，故相逢吉之侄曾孙。父循，大中八年登进士第。

巨川乾符中应进士，属天下大乱，流离奔播，切于禄位，乃以刀笔从诸侯府。王重荣镇河中，辟为掌书记。时车驾在蜀，贼据京师，重荣匡合诸藩，叶力诛寇，军书奏请，堆案盈几。巨川文思敏速，翰动如飞，传之藩邻，无不耸动，重荣收复功，巨川之助也。及重荣为部下所害，朝议罪参佐，贬为汉中掾。时杨守亮帅兴元，素知之，闻巨川至，喜谓客曰："天以李书记遗我也！"即命管记室，累迁幕职。

景福中，守亮为李茂贞所攻，城陷，以部下数百人欲投太原。入秦，为华军所擒。巨川时从守亮，亦被械系。在途，巨川题诗于树叶以遗华帅韩建，词情哀鸣，建欣然解缚。守亮诛，即命为掌书记。俄而李茂贞犯京师，天子驻跸于华。韩建以一州之力，供亿万乘，虑其不济，遣巨川传檄天下，请助转饷，同匡王室，完葺京城。四方书檄，酬报辐凑，巨川洒翰陈叙，文理俱惬，昭宗深重之，即时巨川之名闻于天下。昭宗还京，特授谏议大夫，仍留佐建。

光化初，朱全忠陷河中，进兵入潼关。建惧，令巨川见全忠送款，至河中，从容言事。巨川指陈利害，全忠方图问鼎，闻巨川所陈，心恶之。判官敬翔，亦以文笔见知于全忠，虑得巨川减落名价，谓全忠曰："李谏议文章信美，但不利主人。"是日为全忠所害。

司空图，字表圣，本临淮人。曾祖遂，密令。祖象，水部郎中。父舆，精史术。大中初，户部侍郎卢弘正领盐铁，奏舆为安邑两池榷盐使、检校司封郎中。先是，盐法条例疏阔，吏多犯禁，舆乃特定新法十条奏之，至今以为便。入朝为司门员外郎，迁户部郎中，卒。

图，咸通十年登进士第，主司王凝于进士中尤奇之。凝左授商州刺史，图请从之。凝加器重，泊廉问宣歙，辟为上客。召拜殿中侍御史，以赴阙迟留，责授光禄寺主簿，分司东都。

乾符六年，宰相卢携罢免，以宾客分司，图与之游，携嘉其高节，厚礼之。尝过图舍，手题于壁曰："姓氏司空贵，官班御史卑。老夫如且在，不用念屯奇。"明年，携复入朝，路由陕虢，谓陕帅卢渥曰："司空御史，高士也，公其厚之。"渥即日奏为宾佐。其年，携知政事，召图为礼部员外郎，赐绯鱼袋，迁本司郎中。

其年冬，巢贼犯京师，天子出幸，图从之不及，乃退还河中。时故相王徽亦在蒲，待图颇厚。数年，徽受诏镇潞，乃表图为副使，徽不赴镇而止。僖宗自蜀还，次凤翔，召图知制诰，寻正拜中书舍人。其年僖宗出幸宝鸡，复从之不及，退还河中。

龙纪初，复召拜舍人，未几又以疾辞。河北乱，乃寓居华阴。景福中，又以谏议大夫征。时朝廷微弱，纪纲大坏，图自深惟出不如处，移疾不起。乾宁中，又以户部侍郎征，一至阙廷致谢，数日乞还山，许之。昭宗在华，征拜兵部侍郎，称足疾不任趋拜，致章谢之而已。昭宗迁洛，鼎欲归梁，柳璨希贼旨，陷害旧族，诏图入朝。图惧见诛，力疾至洛阳，谒见之日，堕笏失仪，旨趣极野。璨知不可屈，诏曰："司空图俊造登科，朱紫升籍，既养高以傲代，类移山以钓名，心惟乐于漱流，仕非专于禄食。匪夷匪惠，难居公正之朝；载省载思，当徇栖衡之志。可放还山。"

图有先人别墅在中条山之王官谷，泉石林亭，颇称幽栖之趣。自考槃高卧，日与名僧高士游咏其中。晚年为文，尤事放达，尝拟白居易《醉吟传》为《休休亭记》曰：

司空氏祯贻溪之休休亭，本名濯缨亭，为陕军所焚。天复癸亥岁，复葺于坏垣之中，乃更名曰休休。休，休也，美也，既休而具美存焉。盖量其才一宜休，揣其分二宜休，耄且聩三宜休。又少而惰，长而率，老而迂，是三者皆非济时之用，又宜休也。尚虑多难不能自信，既而昼寝，遇二僧谓予曰："吾尝为汝师。汝昔矫于道，锐而不固，为利欲之所拘，幸悟而悔，将复从我于是溪耳！且汝虽退，亦尝为匪人之所嫉，宜耐辱自警，庶保其终始，与靖节、醉吟第其品级于千载之下，复何求哉！"因为《耐辱居士歌》，题于东北楹曰："咄咄，休休休，莫莫莫，伎俩虽多，性灵恶，赖是长教闲处着。休休休，莫莫莫，一局棋，一炉药，天意时情可料度。白日偏催快活人，黄金难买堪骑鹤。若曰：'尔何能？'答云：'耐辱莫。'"其诡激啸傲，多此类也。

图既脱柳璨之祸还山，乃预为寿藏终制。故人来者，引之圹中，赋诗对酌。人或难色，图规之曰："达人大观，幽显一致，非止暂游此中。公何不广哉！"图布衣鸠杖，出则以女家人篮台自随。岁时村社雩祭祠祷，鼓舞会集，图必造之，与野老同席，曾无傲色。王重荣父子兄弟尤重之，伏腊馈遗，不绝于途。

唐祚亡之明年，闻辉王遇弑于济阴，不怿而疾，数日卒，时年七十二。有文集三十卷。

图无子，以其甥荷为嗣。荷官至永州刺史。以甥为嗣，尝为御史所弹，昭宗不之责。

赞曰：国之华彩，人文化成。间代杰出，奋藻摛英。骐骥逸步，《咸》、《韶》正声。灿流缃素，下视姬、嬴。

卷一百九十一
列传第一百四十一

方伎

崔善为　薛颐　甄权　弟立言
宋侠　许胤宗　乙弗弘礼　袁天纲
孙思邈　明崇俨　张憬藏　李嗣
真　张文仲　李虔纵　韦慈藏附　尚献甫
裴知古附　孟诜　严善思　金梁凤
张果　叶法善　僧玄奘　神秀　慧能
普寂　义福附　一行　泓师附　桑道茂

夫术数占相之法，出于阴阳家流。自刘向演《洪范》之言，京房传焦赣之法，莫不望气视祲，悬知灾异之来；运策揲著，预定吉凶之会。固已详于鲁史，载彼《周官》。其弊者肄业非精，顺非行伪，而庸人不修德义，妄冀遭逢。如魏豹之纳薄姬，孙皓之邀青盖，王莽随式而移坐，刘歆闻谶而改名。近者綦连耀之构异端，苏玄明之犯宫禁，皆因占候，辅此奸凶。圣王禁星纬之书，良有以也。国史载袁天纲前知武后，恐匪格言，而李淳风删方伎书，备言其要。旧本录崔善为已下，此深于其术者，兼桑门道士方伎等，并附此篇。

崔善为，贝州武城人也。祖颐，后魏员外散骑侍郎。父权会，齐丞相府参军事。善为好学，兼善天文算历，明达时务。弱冠州举，授文林郎。属隋文帝营仁寿宫，善为领工匠五百人。右仆射杨素为总监，巡至善为之所，索簿点人，善为手持簿暗唱之，五百人一无差失，素大惊。自是有四方疑狱，多使善为推按，无不妙尽其理。

仁寿中，稍迁楼烦郡司户书佐。高祖时为太守，甚礼遇之。善为以隋政倾颓，乃密劝进，高祖深纳之。义旗建，引为大将军府司户参军，封清河县公。武德中，历内史舍人、尚书左丞，甚得誉。诸曹令史恶其聪察，因其身短而伛，嘲之曰："崔子曲如钩，随例得封侯。髆上全无项，胸前别有头。"高祖闻之，劳勉之曰："浇薄之人，丑正恶直。昔齐末奸吏歌斛律明月，而高纬愚暗，遂灭其家。朕虽不德，幸免斯事。"因购流言者，使加其罪。时傅仁均所撰《戊寅元历》，议者纷然，多有同异，李淳风又驳其短十有八条。高祖令善为考校二家得失，多有驳正。

贞观初，拜陕州刺史。时朝廷立议，户殷之处，得徙宽乡。善为上表请："畿内之地，是谓户殷，丁壮之人，悉入军府。若听移转，便出关外。此则虚近实远，非经通之议。"其事乃止。后历大理、司农二卿，名为称职。坐与少卿不协，出为秦州刺史，卒，赠刑部尚书。

薛颐，滑州人也。大业中，为道士。解天文律历，尤晓杂占。炀帝引入内道场，亟令章醮。武德初，追直秦府。颐尝密谓秦王曰："德星守秦分，王当有天下，愿王自爱。"秦王乃奏授太史丞，累迁太史令。贞观中，太宗将封禅泰山，有彗星见，颐因言"考诸玄象，恐未可东封"。会褚遂良亦言其事，于是乃止。

颐后上表请为道士，太宗为置紫府观于九嵏山，拜颐中大夫，行紫府观主事。又敕于观中建一清台，候玄象，有灾祥薄蚀谪见等事，随状闻奏。前后所奏，与京台李淳风多相符契。后数岁卒。

甄权，许州扶沟人也。尝以母病，与弟立言专医方，得其旨趣。隋开皇初，为秘书省正字，后称疾免。隋鲁州刺史库狄嵚苦风患，手不得引弓，诸医莫能疗。权谓曰："但将弓箭向垛，一针可以射矣。"针其肩隅一穴，应时即射。权之疗疾，多此类也。

贞观十七年，权年一百三岁，太宗幸其家，视其饮食，访以药性，因授朝散大夫，赐几杖衣服。其年卒。撰《脉经》、《针方》、《明堂人形图》各一卷。

弟立言，武德中累迁太常丞。御史大夫杜淹患风毒发肿，太宗令立言视之。既而奏曰："从今更十一日午时必死。"果如其言。时有尼明律，年六十余，患心腹鼓胀，身体羸瘦，已经二年。立言诊脉曰："其腹内有虫，当是误食发为之耳。"因令服雄黄，须臾吐一蛇，如人手小指，唯无眼，烧之，犹有发气，其疾乃愈。立言寻卒。撰《本草音义》七卷，《古今录验方》五十卷。

宋侠者，洺州清漳人，北齐东平王文学孝正之子也。亦以医术著名。官至朝散大夫、药藏监。撰《经心录》十卷，行于代。

许胤宗，常州义兴人也。初事陈，为新蔡王外兵参军。时柳太后病风不言，名医治皆不愈，脉益沉而噤。胤宗曰："口不可下药，宜以汤气薰之。令药入腠理，周理即差。"乃造黄耆防风汤数十斛，置于床下，气如烟雾，其夜便得语。由是超拜义兴太守。陈亡入隋，历尚药奉御。武德初，累授散骑侍郎。

时关中多骨蒸病，得之必死，递相连染，诸医无能疗者。胤宗每疗，无不愈。或谓曰："公医术若神，何不著书以贻将来？"胤宗曰："医者，意也，在人思虑。又脉候幽微，苦其难别，意之所解，口莫能宣。且古之名手，唯是别脉；脉既精别，然后识病。夫病之与药，有正相当者，唯须单用一味，直攻彼病，药力既纯，病即立愈。今人不能别脉，莫识病源，以情臆度，多安药味。譬之于猎，未知兔所，多发人马，空地遮围，或冀一人偶然逢也。如此疗疾，不亦疏乎！假令一药偶然当病，复共他味相和，君臣相制，气势不行，所以难差，谅由于此。脉之深趣，既不可言，虚设经方，岂加于旧。吾思之久矣，故不能著述耳！"年九十余卒。

乙弗弘礼，贝州高唐人也。隋炀帝居藩，召令相己。弘礼跪而贺曰："大王骨法非常，必为万乘之主，诚愿戒之在得。"炀帝即位，召天下道术人，置坊以居之，仍令弘礼统摄。帝见海内渐乱，玄象错谬，内怀忧恐，尝谓弘礼曰："卿昔相朕，其言已验。且占相道术，朕颇自知。卿更相朕，终当何如？"弘礼逡巡不敢答。帝迫曰："卿言与朕术不同，罪当死。"弘礼曰："臣本观相书，凡人之相，有类于陛下者，不得善终。臣闻圣人不相，故知凡圣不同耳。"自是帝尝遣使监之，不得与人交言。

初，泗州刺史薛大鼎隋时尝坐事没为奴，贞观初，与数人诣之，大鼎次至，弘礼曰："君奴也，欲何所相？"咸曰："何以知之？"弘礼曰："观其头目，直是贱人，但不知余处何如耳？"大鼎有惭色，乃解衣视之，弘礼曰："看君面，不异前言。占君自腰已下，当为方岳之任。"其占相皆此类也。贞观末卒。

袁天纲，益州成都人也。尤工相术。隋大业中，为资官令。武德初，蜀道使詹俊赤牒授火井令。初，天纲以大业元年至洛阳。时杜淹、王珪、韦挺就之相。天纲谓淹曰："公兰台成就，学堂宽博，必得亲纠察之官，以文藻见知。"谓王曰："公三亭成就，天地相临，从今十年已外，必得五品要职。"谓韦曰："公面似大兽之面，交友极诚，必得士友携接，初为武职。"复谓淹等"二十年外，终恐三贤同被责黜，暂去还即。"淹寻迁侍御史，武德中为天策府兵曹、文学馆学士。王珪为太子中允。韦挺，隋末与隐太子友善，后太子引以为率。至武德六年，俱配流巂州。淹等至益州，见天纲曰："袁公洛邑之言，则信矣。未知今日之后何如？"天纲曰："公等骨法，大胜往时，终当俱受荣贵。"至九年，被召入京，共造天纲。天纲谓杜公曰："即当得三品要职，年寿非天纲所知。王、韦二公，在后当得三品官，兼有年寿，然晚途皆不称惬，韦公尤甚。"淹至京，拜御史大夫、检校吏部尚书。王珪寻授侍中，出为同州刺史。韦挺历御史大夫、太常卿，贬象州刺史。皆如天纲之言。

大业末，窦轨客游德阳，尝问天纲。天纲谓曰："君额上伏犀贯玉枕，辅角又成，必于梁、益州大树功业。"武德初，轨为益州行台仆射，引天纲，深礼之。天纲又谓轨曰："骨法成就，不异往时之言。然目气赤脉贯瞳子，语则赤气浮面。如为将军，恐多杀人。愿深自诫慎。"武德九年，轨坐事被征，将赴京，谓天纲曰："更得何官？"曰："面上家人坐仍未见动，辅角右畔光泽，更有喜色，至京必承恩，还来此任。"其年果重授益州都督。

则天初在襁褓，天纲来至第中，谓其母曰："唯夫人骨法，必生贵子。"乃召诸子，令天纲相。见元庆、元爽曰："此二子皆保家之主，官可至三品。"见韩国夫人曰："此女亦大贵，然不利其夫。"乳母时抱则天，衣男子之服，天纲曰："此郎君子神色爽彻，不可易知，试令行看。"于是步于床前，仍令举目，天纲大惊曰："此郎君子龙睛凤颈，贵人之极也。"更转侧视之，又惊曰："必若是女，实不可窥测，后当为天下之主矣！"

贞观八年，太宗闻其名，召至九成宫。时中书舍人岑文本令视之。天纲曰："舍人学堂成就，眉覆过目，文才振于海内，头又生骨，犹未大成，若得三品，恐是损寿之征。"文本官至中书令，寻卒。其年，侍御史张行成、马周同问天纲，天纲曰："马侍御伏犀贯脑，兼有玉枕，又背如负物，当富贵不可言。近古已来，君臣道合，罕有如公者。公面色赤，命门色暗，耳后骨不起，耳无根，只恐非寿者。"周后位至中书令、兼吏部尚书，年四十八卒。谓行成曰："公五岳四渎成就，下亭丰满，得官虽晚，终居宰辅之地。"行成后至尚书右仆射。天纲相人所中，皆此类也。申国公高士廉尝谓曰："君更作何官？"天纲曰："自知相命，今年四月尽矣。"果至是月而卒。

孙思邈，京兆华原人也。七岁就学，日诵千余言。弱冠，善谈庄、老及百家之说，兼好释典。洛州总管独孤信见而叹曰："此圣童也。但恨其器大，适小难为用也。"周宣帝时，思邈以王室多故，隐居太白山。隋文帝辅政，征为国子博士，称疾不起。尝谓所亲曰："过五十年，当有圣人出，吾方助之以济人。"及太宗即位，召诣京师，嗟其容色甚少，谓曰："故知有道者诚可尊重，羡门、广成，岂虚言哉！"将授以爵位，固辞不受。显庆四年，高宗召见，拜谏议大夫，又固辞不受。

上元元年，辞疾请归，特赐良马，及鄱阳公主邑司以居焉。当时知名之士宋令文、孟诜、卢照邻等，执师资之礼以事焉。思邈尝从幸九成宫，照邻留在其宅。时庭前有病梨树，照邻为之赋，其序曰："癸酉之岁，余卧疾长安光德坊之官舍。父老云：'是鄱阳公主邑司。昔公主未嫁而卒，故其邑废。'时有孙思邈处士居之。邈道合古今，学殚数术。高谈正一，则古之蒙庄子；深入不二，则今之维摩诘耳。其推步甲乙，度量乾坤，则洛下闳、安期先生之俦也。"照邻有恶疾，医所不能愈，乃问思邈："名医愈疾，其道何如？"思邈曰：

吾闻善言天者，必质之于人，善言人者，亦本之于天。天有四时五行，寒暑迭代，其转运也，和而为雨，怒而为风，凝而为霜雪，张而为虹霓，此天地之常数也。人有四支五藏，一觉一寐，呼吸吐纳，精气往来，流而为荣卫，彰而为气色，发而为音声，此人之常数也。阳用其形，阴用其精，天人之所同也。及其失也，蒸则生热，否则生寒，结而为瘤赘，陷而为痈疽，奔而为喘乏，竭而为燋枯，诊发乎面，变动乎形。推此以及天地亦如之。故五纬盈缩，星辰错行，日月薄蚀，孛彗飞流，此天地之危诊也。寒暑不时，天地之蒸否也；石立土踊，天地之瘤赘也；山崩土陷，天地之痈疽也；奔风暴雨，天地之喘乏也；川渎竭涸，天地之燋枯也，良医导之以药石，救之以针剂，圣人和之以至德，辅之以人事，故形体有可愈之疾，天地有可消之灾。

又曰：

胆欲大而心欲小，智欲圆而行欲方。《诗》曰：

"如临深渊，如履薄冰"，谓小心也；"赳赳武夫，公侯干城"，谓大胆也。"不为利回，不为义疚"，行之方也；"见机而作，不俟终日"，智之圆也。

思邈自云开皇辛酉岁生，至今年九十三矣；询之乡里，咸云数百岁人。话周、齐间事，历历如眼见。以此参之，不啻百岁人矣。然犹视听不衰，神采甚茂，可谓古之聪明博达不死者也。

初，魏徵等受诏修齐、梁、陈、周、隋五代史，恐有遗漏，屡访之，思邈口以传授，有如目睹。东台侍郎孙处约将其五子侹、儆、俊、佑、佺以谒思邈，思邈曰："俊当先贵；佑当晚达；佺最名重，祸在执兵。"后皆如其言。太子詹事卢齐卿童幼时，请问人伦之事，思邈曰："汝后五十年位登方伯，吾孙当为属吏，可自保也。"后齐卿为徐州刺史，思邈孙溥果为徐州萧县丞。思邈初谓齐卿之时，溥犹未生，而预知其事。凡诸异迹，多此类也。

永淳元年卒。遗令薄葬，不藏冥器，祭祀无牲牢。经月余，颜貌不改，举尸就木，犹若空衣，时人异之。自注《老子》、《庄子》，撰《千金方》三十卷，行于代。又撰《福禄论》三卷，《摄生真录》及《枕中素书》、《会三教论》各一卷。

子行，天授中为凤阁侍郎。

明崇俨，洛州偃师人。其先平原士族，世仕江左。父恪，豫州刺史。崇俨年少时，随父任安喜令，父之小吏有善役召鬼神者，崇俨尽能传其术。乾封初，应封岳举，授黄安丞。会刺史有女病笃，崇俨致他方殊物以疗之，其疾乃愈。高宗闻其名，召与语。悦之，擢授冀王府文学。仪凤二年，累迁正谏大夫，特令入阁供奉。崇俨每因谒见，辄假以神道，颇陈时政得失，帝深加允纳。润州栖霞寺，是其五代祖梁处士山宾故宅，帝特为制碑文，亲书于石，论者荣之。

四年，为盗所杀。时语以为崇俨密与天后为厌胜之法，又私奏章怀太子不堪承继大位，太子密知之，潜使人害之。优制赠侍中，谥曰庄，仍拜其子珪为秘书郎。

珪，开元中仕至怀州刺史。

张憬藏，许州长社人。少工相术，与袁天纲齐名。太子詹事蒋俨年少时，尝遇憬藏，因问禄命。憬藏曰："公从今二年，当得东宫掌兵之官，秩未终而免职。免职之后，厄在三尺土下。又经六年，据此合是死征。然后当享富贵，名位俱盛，即又不合中夭，年至六十一，为蒲州刺史，十月三十日午时绝终。"俨后皆如其言。尝奉使高丽，被莫离支囚于地窖中，经六年，然后得归。及在蒲州，年六十一矣，至期，召人吏妻子与之告别，自云当死。俄而有敕，许令致仕。

左仆射刘仁轨微时，尝与乡人靖思贤各赍绢赠憬藏以问官禄。憬藏谓仁轨曰："公居五品要官，虽暂解黜，终当位极人臣。"仁轨后自给事中坐事，令白衣向海东效力。固辞思贤之赠，曰："公当孤独客死。"及仁轨为仆射，思贤尚存，谓人曰："张憬藏相刘仆射，则妙矣。吾今已有

三子，田宅自如，岂其言亦有不中也？"俄而三子相继而死，尽货田宅，寄死于所亲园内。憬藏相人之妙，皆此类。竟不仕，以寿终。

李嗣真，滑州匡城人也。父彦琮，赵州长史。嗣真博学晓音律，兼善阴阳推算之术。弱冠明经举，补许州司功。时左侍极贺兰敏之受诏于东台修撰，奏嗣真弘文馆参预其事。嗣真与同时学士刘献臣、徐昭俱称少俊，馆中号为"三少"。敏之既恃宠骄盈，嗣真知其必败，谓所亲曰："此非庇身之所也。"因咸亨年京中大饥，乃求出，补义乌令。无何，敏之败，修撰官皆连坐流放，嗣真独不预焉。调露中，为始平令，风化大行。时章怀太子居春宫，嗣真尝于太清观奏乐，谓道士刘概、辅俨曰："此曲何哀思不和之甚也？"概、俨曰："此太子所作《宝庆乐》也。"居数日，太子废为庶人。概等以其事闻奏，高宗大奇之，征拜司礼丞，仍掌五礼仪注，加中散大夫，封常山子。

永昌中，拜右御史中丞，知大夫事。时酷吏来俊臣构陷无罪，嗣真上书谏曰："臣闻陈平事汉祖，谋疏楚君臣，乃用黄金五万斤，行反间之术。项王果疑臣下，陈平反间果行。今告事纷纭，虚多实少，焉知必无陈平先谋疏陛下君臣，后谋除国家良善，臣恐为社稷之祸！伏乞陛下特回天虑，察臣狂瞽，然后退就鼎镬，实无所恨！"疏奏不纳。寻被俊臣所陷，配流岭南。

万岁通天年，征还，至桂阳，自筮死日，预托桂阳官属备凶器。依期暴卒。则天深加悯惜，敕州县递灵舆还乡，赠济州刺史。神龙初，又赠御史大夫。

撰《明堂新礼》十卷，《孝经指要》、《诗品》、《书品》、《画品》各一卷。

张文仲，洛州洛阳人也。少与乡人李虔纵、京兆人韦慈藏并以医术知名。文仲，则天初为侍御医。时特进苏良嗣于殿庭因拜跪便绝倒，则天令文仲、慈藏随至宅候之。文仲曰："此因忧愤邪气激也。若痛冲胁，则剧难救。"自朝候之。未及食时，即苦冲胁绞痛。文仲曰："若入心，即不可疗。"俄顷心痛，不复下药，日旰而卒。文仲尤善疗风疾。其后则天令文仲集当时名医共撰疗风气诸方，仍令麟台监王方庆监其修撰。文仲奏曰："风有一百二十四种，气有八十种。大抵医药虽同，人性各异，庸医不达药之性使冬夏失节，因此杀人。唯脚气头风上气，常须服药不绝。自余则随其发动，临时消息。但有风气之人，春末夏初及秋暮，要得通泄，即不困剧。"于是撰四时常服及轻重大小诸方十八首表上之。文仲久视年终于尚药奉御。撰《随身备急方》三卷，行于代。

虔纵，官至侍御医。慈藏，景龙中光禄卿。自则天、中宗已后，诸医咸推文仲等三人为首。

尚献甫，卫州汲人也。尤善天文。初，出家为道士。则天时召见，起家拜太史令，固辞曰："臣久从放诞，不能屈事官长。"则天乃改太史局为浑仪监，不隶秘书省，以献甫为浑仪监。数顾问灾异，事皆符验。又令献甫于上阳

宫集学者撰《方域图》。长安二年，献甫奏曰："臣本命纳音在金，今荧惑犯五诸候、太史之位。荧，火也，能克金，是臣将死之征。"则天曰："朕为卿禳之。"遽转献甫为水衡都尉，谓曰："水能生金，今又去太史之位，卿无忧矣。"其秋，献甫卒，则天甚嗟异惜之。复以浑仪监为太史局，依旧隶秘书监。

时又有雍州人裴知古，善于音律。长安中为太乐丞。神龙元年正月，春享西京太庙，知古预其事。谓万年令元行冲曰："金石谐和，当有吉庆之事，其在唐室子孙乎？"其月，中宗即位，复改国为唐。知古又能听婚夕环佩之声，知其夫妻终始。后卒于太乐令。

孟诜，汝州梁人也。举进士。垂拱初，累迁凤阁舍人。诜少好方术，尝于凤阁侍郎刘祎之家，见其敕赐金，谓祎之曰："此药金也。若烧火其上，当有五色气。"试之果然。则天闻而不悦，因事出为台州司马。后累迁春官侍郎。

睿宗在藩，召充侍读。长安中，为同州刺史，加银青光禄大夫。神龙初致仕，归伊阳之山第，以药饵为事。诜年虽晚暮，志力如壮，尝谓所亲曰："若能保身养性者，常须善言莫离口，良药莫离手。"睿宗即位，召赴京师，将加任用，固辞耆老。景云二年，优诏赐物一百段，又令每岁春秋二时，特给羊酒糜粥。开元初，河南尹毕构以诜有古人之风，改其所居为子平里。寻卒，年九十三。

诜所居官，好勾剥为政，虽繁而理。撰《家》、《祭礼》各一卷，《丧服要》二卷，《补养方》、《必效方》各三卷。

严善思，同州朝邑人也。少以学涉知名，尤善天文历数及卜相之术。初应消声幽薮科举擢第。则天时为监察御史，兼右拾遗、内供奉。数上表陈时政得失，多见纳用。稍迁太史令。

圣历二年，荧惑入舆鬼，则天以问善思。善思对曰："商姓大臣当之。"其年，文昌左相王及善卒。长安中，荧惑入月，镇星犯天关。善思奏曰："法有乱臣伏罪，且有臣下谋上之象。"岁余，张柬之、敬晖等起兵诛张易之、昌宗。其占验皆此类也。

神龙初，迁给事中。则天崩，将合葬乾陵，善思奏议曰：

谨按《大元房录葬法》云："尊者先葬，卑者不合于后开入。"则天太后，卑于天皇大帝，今欲开乾陵合葬，即是以卑动尊。事既不经，恐非安稳。臣又闻乾陵玄阙，其门以石闭塞，其石缝隙，铸铁以固其中。今若开陵，必须镌凿。然以神明之道，体尚幽玄，今乃动众加功，诚恐多所惊黩。又若别开门道，以入玄宫，即往者葬时，神位先定，今更改作，为害益深。又以修筑乾陵之后，国频有难，遂至则天太后权总万机，二十余年，其难始定。今乃更加营建，伏恐还有难生。

但合葬非古，著在礼经，缘情为用，无足依准。况今事有不安，岂可复循斯制！伏见汉时诸陵，皇后多不合葬；魏、晋已降，始有合者。然以两汉积年，向余四百；魏、晋之后，祚皆不长。虽受命应期，有因天假，然以循机享德，亦在天时。但陵墓所安，必资胜地，后之胤嗣，用托灵根，或有不安，后嗣亦难长享。伏望依汉朝之故事，改魏、晋之颓纲，于乾陵之傍，更择吉地，取生墓之法，别起一陵，既得从葬之仪，又成固本之业。

臣伏以合葬者，人缘私情；不合者，前修故事。若以神道有知，幽途自得通会；若以死者无知，合之复有何益！然以山川精气，上为星象，若葬得其所，则神安后昌；若葬失其宜，则神危后损。所以先哲垂范，具之葬经，欲使生人之道必安，死者之神必泰。伏望少回天眷，俯览臣言，行古昔之明规，割私情之爱欲，使社稷长享，天下乂安。凡在怀生，孰不庆幸！疏奏不纳。

景龙中，迁礼部侍郎，出为汝州刺史。睿宗在藩，善思尝谓姚元之曰："相王必登帝位。"及践祚，元之以事闻奏，由是召拜右散骑常侍。

唐隆元年，郑愔谋册谯王重福为帝，乃草伪制，除善思为礼部尚书，知吏部选事。及谯王下狱，景云元年，大理寺奏："善思与逆人重福通谋，合从极法。"给事中韩思复奏曰："议狱缓死，列圣明规；刑疑惟轻，有国恒典。严善思往在先朝，属韦氏擅内，恃宠宫掖，谋危社稷。善思此时，乃能先觉，因诣相府，有所发明，进论圣躬，必登宸极。虽交游重福，谋陷韦氏，敕追善思，书至便发，向怀逆节，宁即奔命？一面疏网，诚合顺生；三驱取禽，来而有宥。唯刑是恤，理合昭详。请付刑部集群官议定奏裁，以符慎狱。"时议者多云："善思合从原宥。"有司仍执前议请诛之。思复又驳奏恳直。睿宗纳其奏，竟免善思死，配流静州。无几，遇赦还。年八十五，开元十七年卒。

初，善思为御史时，中书舍人刘允济为酷吏所陷，当死。善思愍其老，密表奏请，允济乃得免诛。善思后见允济，竟不言其事。韩思复奏免善思之罪，亦未曾有所言谢。时人称其长者。

善思子向，乾元中为凤翔尹，宝应中授太常员外卿。始善思父徐州长史延及善思，俱年八十五而卒；广德二年，向卒，又年八十五。向兄前赵郡司马宙，长向十岁，向卒时，宙并无恙。

金梁凤，不知何许人也。天宝十三载，客于河西。善相人，又言玄象。时哥舒翰为节度使，诏入京师。裴冕为祠部郎中，知河西留后，在武威。梁凤谓冕曰："玄象有变，半年间有兵起，郎中此时当得中丞，不拜中丞，即得宰相，不离天子左右，大富贵。"冕曰："公乃狂言，冕何至此？"梁凤曰："有一日向东京，一日入蜀川，一日来向朔方，此时公得相。"冕惧其言，深谢绝之。其后安禄山反，南犯洛阳，僭称伪位。哥舒翰东守潼关，累月，奏冕为御史中丞，追赴京。冕又诘曰："事验也。"冕又问三日之兆，梁凤曰："东京日即自磨灭，蜀川日亦不能久，此间日何转分明，不可说。"冕志之。既潼关失守，玄宗幸蜀，肃宗北如灵武，冕会之，劝成策立，改元为至德元年。冕果为中书侍郎、平章事。冕奏之，肃宗召拜郡水使者。

梁凤在河陇，谓吕谭曰："判官骨相，合得宰相。须得一大惊怖，即得。"谭后至驿，责让驿长，榜之。驿吏武将，性粗猛，持弓矢突入，射谭，矢两发，几中谭面，谭逾墙得免。以报梁凤，梁凤曰："此必入相。"逾年，谭自黄门侍郎知政事。

梁凤在凤翔，李揆、卢允二人同见之，俱素服，自称选人。梁凤谓之曰："公等并至清望官，那得云无官。"揆、允以实对。梁凤遣二人行，谓揆曰："公从舍人即入相，一年内事。"谓允曰："公好即是吏部郎中。"及克复两京，揆自中书舍人知礼部侍郎事，入为中书侍郎、平章事，乃以允为吏部郎中。其验多此类。尔后佯聋以自晦。冕为右仆射、兼御史大夫、成都尹、剑南节度使，有进止，令将梁凤行。后乃病卒。

张果者，不知何许人也。则天时，隐于中条山，往来汾、晋间，时人传其有长年秘术，自云年数百岁矣。尝著《阴符经玄解》，尽其玄理。则天遣使召之，果佯死不赴。后人复见之，往来恒州山中。开元二十一年，恒州刺史韦济以状奏闻。玄宗令通事舍人裴晤往迎之。果对使绝气如死，良久渐苏。晤不敢逼，驰还奏状。又遣中书舍人徐峤赍玺书以邀迎之。果乃随晤至东都，肩舆入东宫中。

玄宗初即位，亲访理道及神仙方药之事，及闻变化不测而疑之。有邢和璞者，善算人而知夭寿善恶。玄宗令算果，则懵然莫知其甲子。又有师夜光者，善视鬼。玄宗召果与之密坐，令夜光视之。夜光进曰："果今安在？"夜光对面终莫能见。玄宗谓力士曰："吾闻饮堇汁无苦者，真奇士也。"会天寒，使以堇汁饮果。果乃引饮三卮，醺然如醉所作，顾曰："非佳酒也。"乃寝。顷之，取镜视齿，则尽燋且黧。命左右取铁如意击齿堕，藏于带。乃怀中出神仙药，微红，傅堕齿之断。复寐良久，齿皆出矣，粲然洁白，玄宗方信之。

玄宗好神仙，而欲尚公主。果固未知之，谓秘书少监王迥质、太常少卿萧华曰："谚云婆妇得公主，真可畏也。"迥质与华相顾，未晓其言。即有中使至，宣曰："玉真公主早岁好道，欲降先生。"果大笑，竟不奉诏。迥质等方悟向来之言。

后恳辞归山，因下制曰："恒州张果先生，游方外者也。迹先高尚，深入窈冥。是浑光尘，应召城阙。莫详甲子之数，且谓羲皇上人。问以道枢，尽会玄极。今特行朝礼，爰申宠命。可银青光禄大夫，号曰通玄先生。"其年请入恒山，锡以衣服及杂彩等，便放归山。乃入恒山，不知所之。玄宗为造栖霞观于隐所，在蒲吾县，后改为平山县。

道士叶法善，括州括苍县人。自曾祖三代为道士，皆有摄养占卜之术。法善少传符箓，尤能厌劾鬼神。显庆中，高宗闻其名，征诣京师，将加爵位，固辞不受。求为道士，因留在内道场，供待甚厚。时高宗令广征诸方道术之士，合炼黄白。法善上言："金丹难就，徒费财物，有亏政理，请核其真伪。"帝然其言，因令法善试之，由是乃出九十余人，因一切罢之。法善又尝于东都凌空观设坛醮祭，城中士女竞往观之。俄顷数十人自投火中，观者大惊，救之而免。法善曰："此皆魅病，为吾法所摄耳。"问之果然。法善悉为禁劾，其病乃愈。

法善自高宗、则天、中宗历五十年，常往来名山，数召入禁中，尽礼问道。然排挤佛法，议者或讥其向背。以其术高，终莫之测。

睿宗即位，称法善有冥助之力。先天二年，拜鸿胪卿，封越国公，仍依旧为道士，止于京师之景龙观，又赠其父为歙州刺史。当时尊宠，莫与为比。

法善生于隋大业之丙子，死于开元之庚子，凡一百七岁。八年卒。诏曰：

故道士鸿胪卿员外置、越国公叶法善，天真精密，妙理玄畅，包括秘要，发挥灵符，固以冥默难源，希夷罕测。而情栖蓬阆，迹混朝伍，保黄冠而不杖，加紫绶而非荣，卓尔孤秀，泠然独往。胜气绝俗，贞风无尘，金骨外耸，珠光内应。斯乃体应中仙，名升上德。朕当听政之暇，屡询至道；公以理国之法，数奏昌言。谋参隐讽，事宣弘益。叹徽音之未泯，悲形解之俄留，曾莫慰遗，奸良奄及。永惟平昔，感怆于怀，宜申礼命，式旌泉壤。可赠越州都督。

僧玄奘，姓陈氏，洛州偃师人。大业末出家，博涉经论。尝谓翻译者多有讹谬，故就西域，广求异本以参验之。贞观初，随商人往游西域。玄奘既辩博出群，所在必为讲释论难，蕃人远近咸尊伏之。在西域十七年，经百余国，悉解其国之语，仍采其山川谣俗，土地所有，撰《西域记》十二卷。贞观十九年，归至京师。太宗见之，大悦，与之谈论。于是诏将梵本六百五十七部于弘福寺翻译，仍敕右仆射房玄龄、太子左庶子许敬宗，广召硕学沙门五十余人，相助整比。

高宗在东宫，为文德太后追福，造慈恩寺及翻经院，内出大幡，敕《九部乐》及京城诸寺幡盖众伎，送玄奘及所翻经像、诸高僧等入住慈恩寺。显庆元年，高宗又令左仆射于志宁、侍中许敬宗、中书令来济、李义府、杜正伦、黄门侍郎薛元超等，共润色玄奘所定之经，国子博士范义硕、太子洗马郭瑜、弘文馆学士高若思等，助加翻译。凡成七十五部。奏上之。后以京城人众竞来礼谒，玄奘乃奏请逐静翻译，敕乃移于宜君山故玉华宫。六年卒，时年五十六，归葬于白鹿原，士女送葬者数万人。

僧神秀，姓李氏，汴州尉氏人。少遍览经史，隋末出家为僧。后遇蕲州双峰山东山寺僧弘忍，以坐禅为业，乃叹伏曰："此真吾师也。"便往事弘忍，专以樵汲自役，以求其道。

昔后魏末，有僧达摩者，本天竺王子，以护国出家，入南海，得禅宗妙法，云自释迦相传，有衣钵为记，世相付授。达摩赍衣钵航海而来，至梁，诣武帝。帝问以有为之事，达摩不说。乃之魏，隐于嵩山少林寺，遇毒而卒。其年，魏使宋云于葱岭回，见之，门徒发其墓，但有衣履而已。达摩传慧可，慧可尝断其左臂，以求其法，慧可传璨，璨传道信，道信传弘忍。

弘忍姓周氏，黄梅人。初，弘忍与道信并住东山寺，故谓其法为东山法门。神秀既师事弘忍，弘忍深器异之，谓曰："吾度人多矣，至于悬解圆照，无先汝者。"

弘忍以咸亨五年卒，神秀乃往荆州，居于当阳山。则天闻其名，追赴都，肩舆上殿，亲加跪礼，敕当阳山置度门寺以旌其德。时王公已下及京都士庶，闻风争来谒见，望尘拜伏，日以万数。中宗即位，尤加敬异。中书舍人张说尝问道，执弟子之礼，退谓人曰："禅师身长八尺，庞眉秀耳，威德巍巍，王霸之器也。"

初，神秀同学僧慧能者，新州人也。与神秀行业相埒。弘忍卒后，慧能住韶州广果寺。韶州山中，旧多虎豹，一朝尽去，远近惊叹，咸归伏焉。神秀尝奏则天，请追慧能赴都，慧能固辞。神秀又自作书重邀之，慧能谓使者曰："吾形貌短陋，北土见之，恐不敬吾法。又先师以吾南中有缘，亦不可违也。"竟不度岭而死。天下乃散传其道，谓神秀为北宗，慧能为南宗。

神秀以神龙二年卒，士庶皆来送葬。有诏赐谥曰"大通禅师"。又于相王旧宅置报恩寺，岐王范、张说及征士卢鸿一皆为其碑文。

神秀卒后，弟子普寂、义福，并为时人所重。

普寂姓冯氏，蒲州河东人也。年少时遍寻高僧，以学经律。时神秀在荆州玉泉寺，普寂乃往师事，凡六年，神秀奇之，尽以其道授焉。久视中，则天召神秀至东都，神秀因荐普寂，乃度为僧。及神秀卒，天下好释氏者咸师事之。中宗闻其高年，特下制令普寂代神秀统其法众。

开元十三年，敕普寂于都城居止。时王公士庶，竞来礼谒。普寂严重少言，来者难见其和悦之容，远近尤以此重之。二十七年，终于都城兴唐寺，年八十九。时都城士庶曾谒者，皆制弟子之服。有制赐号为"大照禅师"。及葬，河南尹裴宽及其妻子，并衰麻列于门徒之次，士庶倾城哭送，闾里为之空焉。

义福姓姜氏，潞州铜鞮人。初止蓝田化感寺，处方丈之室，凡二十余年，未尝出宇之外。后隶京城慈恩寺。开元十一年，从驾往东都，途经蒲、虢二州，刺史及官吏士女，皆赍幡花迎之，所在途路充塞。以二十年卒，有制赐号"大智禅师"。葬于伊阙之北，送葬者数万人。中书侍郎严挺之为制碑文。

神秀，禅门之杰，虽有禅行，得帝王重之，而未尝聚徒开堂传法。至弟子普寂，始于都城传教，二十余年，人皆仰之。

僧一行，姓张氏，先名遂，魏州昌乐人，襄州都督、郯国公公谨之孙也。父擅，武功令。

一行少聪敏，博览经史，尤精历象、阴阳、五行之学。时道士尹崇博学先达，素多坟籍。一行诣崇，借扬雄《太玄经》，将归读之。数日，复诣崇，还其书。崇曰："此书意指稍深，吾寻之积年，尚不能晓，吾子试更研求，何遽见还也？"一行曰："究其义矣。"因出所撰《大衍玄图》及《义决》一卷以示崇。崇大惊，因与一行谈其奥赜，甚嗟伏之。谓人曰："此后生颜子也。"一行由是大知名。武三思慕其学行，就请与结交，一行逃匿以避之。寻出家为僧，隐于嵩山，师事沙门普寂。睿宗即位，敕东都留守韦安石以礼征。一行固辞以疾，不应命。后步往荆州当阳山，依沙门悟真以习梵律。

开元五年，玄宗令其族叔礼部郎中洽赍敕书就荆州强起之。一行至京，置于光太殿，数就之，访以安国抚人之道，言皆切直，无有所隐。开元十年，永穆公主出降，敕有司优厚发遣，依太平公主故事。一行以高宗末年，唯有一女，所以特加其礼。又太平骄僭，竟以得罪，不应引以为例。上纳其言，遽追敕不行，但依常礼。其谏诤皆此类也。

一行尤明著述，撰《大衍论》三卷，《摄调伏藏》十卷，《天一太一经》及《太一局遁甲经》、《释氏系录》各一卷。时《麟德历经》推步渐疏，敕一行考前代诸家历法，改撰新历，又令率府长史梁令瓒等与工人创造黄道游仪，以考七曜行度，互相证明。于是一行推《周易》大衍之数，立衍以应之，改撰《开元大衍历经》。至十五年卒，年四十五，赐谥曰"大慧禅师"。

初，一行从祖东台舍人太素，撰《后魏书》一百卷，其《天文志》未成，一行续而成之。上为一行制碑文，亲书于石，出内库钱五十万，为起塔于铜人之原。明年，幸温汤，过其塔前，又驻骑徘徊，令品官就塔以告其出豫之意；更赐绢五十匹，以荐塔前松柏焉。

初，一行求访师资，以穷大衍，至天台山国清寺，见一院，古松十数，门有流水。一行立于门屏间，闻院僧于庭布算声，而谓其徒曰："今日当有弟子自远求吾算法，已合到门，岂无人导达也？"即除一算。又谓曰："门前水当却西流，弟子亦至。"一行承其言而趋入，稽首请法，尽受其术焉，而门前水果却西流。道士邢和璞尝谓尹愔曰："一行其圣人乎？汉之洛下闳造历，云：'后八百岁当差一日，必有圣人正之。'今年期毕矣，而一行造《大衍》正其差谬，则洛下闳之言信矣！非圣人而何？"

时又有黄州僧泓者，善葬法。每行视山原，即为之图，张说深信重之。

桑道茂者，大历中游京师，善太一遁甲五行灾异之说，言事无不中。代宗召之禁中，待诏翰林。建中初，神策军修奉天城，道茂请高其垣墙，大为制度，德宗不之省。及朱泚之乱，帝苍卒出幸，至奉天，方思道茂之言。时道茂已卒，命祭之。

赞曰：术数之精，事必前知。爰如垂象，变告无疑。怪诞之夫，诬罔蓍龟。致彼庸安，幸时艰危。

卷一百九十二
列传第一百四十二

隐 逸

王绩 田游岩 史德义 王友贞 卢鸿一 王希夷 卫大经 李元恺 王守慎 徐仁纪 孙处玄 白履忠 王远知 潘师正 刘道合 司马承祯 吴筠 孔述睿 子敏行 阳城 崔觐

前代贲丘园，招隐逸，所以重贞退之节，息贪竞之风。故蒙叟矫《让王》之篇，玄晏立高人之传，箕、颍之迹，粲然可观。而汉二龚之流，乃心王室，不事莽朝，忍渴盗泉，本非绝俗，甚可嘉也。皇甫谧、陶渊明慢世逃名，放情肆志，逍遥泉石，无意于出处之间，又其善也。即有身在江湖之上，心游魏阙之下，托薛萝以射利，假岩壑以钓名，退无肥遁之贞，进乏济时之具，《山移》见诮，海鸟兴讥，无足多也。阮嗣宗傲世佯狂，王无功嗜酒放荡，才不足而智有余，伤其时而晦其用，深识之士也。高宗天后，访道山林，飞书岩穴，屡造幽人之宅，坚回隐士之车。而游岩、德义之徒，所高者独行；卢鸿一、承祯之比，所重者逃名。至于出处语默之大方，未足与议也。今存其旧说，以备杂篇。

王绩，字无功，绛州龙门人。少与李播、吕才为莫逆之交。隋大业中，应孝悌廉洁举，授扬州六合县丞。非其所好，弃官还乡里。绩河渚中先有田数顷，邻渚有隐士仲长子先，服食养性，绩重其真素，愿与相近，乃结庐河渚，以琴酒自乐。尝游北山，因《北山赋》以见志，词多不载。

绩尝躬耕于东皋，故时人号东皋子。或经过酒肆，动经数日，往往题壁作诗，多为好事者讽咏。贞观十八年卒。临终自克死日，遗命薄葬，兼自为墓志。有文集五卷。又撰《隋书》，未就而卒。

兄通，字仲淹，隋大业中名儒，号文中子，自有传。

田游岩，京兆三原人也。初，补太学生，后罢归，游于太白山。每遇林泉会意，辄留连不能去。其母及妻子并有方外之志，与游岩同游山水二十余年。后入箕山，就许由庙东筑室而居，自称"许由东邻"。调露中，高宗幸嵩山，遣中书侍郎薛元超就问其母。游岩山衣田冠出拜，帝令左右扶止之。谓曰："先生养道山中，比得佳否？"游岩曰："臣泉石膏肓，烟霞痼疾，既逢圣代，幸得逍遥。"帝曰："朕今得卿，何异汉获四皓乎？"薛元超曰："汉高祖欲废嫡立庶，黄、绮方来，岂如陛下崇重隐沦，亲问岩穴！"帝甚欢，因将游岩就行宫，并家口给传乘赴都，授崇文馆学士，令与太子少傅刘仁轨谈论。帝后将营奉天宫于嵩山，游岩旧宅，先居宫侧。特令不毁，仍亲书题额悬其门，曰"隐士田游岩宅"。文明中，进授朝散大夫，拜太子洗马，垂拱初，坐与裴炎交结，特放还山。

史德义，苏州昆山人也。咸亨初，隐居武丘山，以琴书自适。或骑牛带瓢，出入郊郭廛市，号为逸人。高宗闻其名，征赴洛阳。寻称疾东归。公卿已下，皆赋诗饯别，德义亦以诗留赠，其文甚美。天授初，江南道宣劳使、文昌左丞周兴表荐之，则天征赴都，诏曰："苏州隐士史德义，志尚虚玄，业履贞确，谦冲彰于里闬，孝友表于闺庭。固辞征辟，长往严陵之濑；多谢簪裾，高蹈愚公之谷。博闻强识，说《礼》敦《诗》，缮性丘园，甘心畎亩。朕承天革命，建极开阶，瘖瘝星云，物色林壑。顺祯期而捐薜带，应休运而解荷裳；粤自海隅，来游魏阙，行藏之理斯得，去就之节无违。风操可嘉，启沃攸伫，特宜优奖，委以谏曹。可朝散大夫。"后周兴伏诛，德义坐为所荐免官。以朝散大夫放归丘壑，自此声誉稍减于隐居之前。

王友贞，怀州河内人也。父知敬，则天时麟台少监，以工书知名。友贞弱冠时，母病笃，医言唯啖人肉乃差。友贞独念无可求治，乃割股肉以饴亲，母病寻差。则天闻之，令就其家验问，特加旌表。友贞素好学，读《九经》皆百遍，训诲子弟，如严君焉。口不言人过，尤好释典；屏绝膻味，出言未曾负诺，时论以为真君子也。

长安年，历任长水令。后罢归田里。中宗在春宫，召为司议郎，不就。神龙初，又拜太子中舍，仍令所司以礼征赴。及至，固以疾辞。诏曰：

敦夷齐之行，可以激贪；尚颜闵之道，用能劝俗。新除太子中舍人王友贞，德义泉薮，人伦茂异，孝始于事亲，信表于行己。富有文史，廉于财货，久历官政，累闻课绩。有古人之风，保君子之德。乃抗志尘外，栖情物表，深归解脱之门，誓守薰修之诫。顷加征命，乍申储闱，固在辞荣，累陈情恳。坚持净义，不登于车服；味兹禅悦，靡求于珍馔。朕方崇奖廉退，惩抑浇浮，虽思廊庙之贤，岂违山林之愿，宜加优秩，仍遂雅怀。可太子中舍人员外置，给全禄以毕其身，任其在家修道。仍令所在州县存问，四时送禄至其住所。

玄宗在东宫，又表请礼征之，以年老，竟辞疾不赴。年九十余，开元四年卒。特下制曰："贵德尊贤，饰终念远，此圣人所以治天下、厚风俗也。王友贞禀气元精，游心大朴。孝惟不匮，独贯于神明，道则难名，高谢于人代。言念锡类，方期镇俗，遽尔雕殂，良深愍悼。生无大位，虽隔外臣之仪，殁有余荣，宜赠上卿之服。可赠银青光禄大夫，仍委本县令长特加吊祭。"

卢鸿一，字浩然，本范阳人，徙家洛阳。少有学业，颇善籀篆楷隶，隐于嵩山。开元初，遣备礼再征不至。五年，下诏曰：

朕以寡薄，忝膺大位。尝恨玄风久替，淳化未升，每用翘想遗贤，冀闻上皇之训。以卿黄中通理，钩深诣微，穷太一之道，践中庸之德，确乎高尚，足俾古人。故比下征书，伫谐善绩，而每辄托辞，拒违不至。使朕虚心引领，于今数年，虽得素履幽人之贞，而失考父滋恭之命。岂朝廷之故与生殊趣耶？将纵欲山林不能反乎？礼有大伦，君臣之义，不可废也！今城阙密迩，不足为难，便敕赍束帛之贶，重宣斯旨，想有以翻然易节，副朕意焉！

鸿一赴征。六年，至东都，谒见不拜。宰相遣通事舍人问其故，奏曰：“臣闻老君言，礼者，忠信之所薄，不足可依。山臣鸿一敢以忠信奉见。”上别召升内殿，赐之酒食。诏曰：“卢鸿一应辟而至，访之至道，有会淳风，爰举逸人，用劝天下。特宜授谏议大夫。”鸿一固辞，又制曰：

昔在帝尧，全许由之节；缅惟大禹，听伯成之高。则知天子有所不臣，诸侯有所不友，《遁》之时义大矣哉！嵩山隐士卢鸿一，抗迹幽远，凝情篆素；隐居以求其志，行义以达其道；云卧林壑，多历年载。传不云乎：“举逸人，天下之人归心焉。”是乃飞书岩穴，备礼征聘，方伫献替，式弘政理。而矫然不群，确乎难拔，静己以镇其操，洗心以激其流，固辞荣宠，将厚风俗，不降其志，用保厥躬。会稽严陵，未可名屈；太原王霸，终以病归。宜以谏议大夫放还山。岁给米百石，绢五十匹，充其药物，仍令府县送隐居之所。若知朝廷得失，具以状闻。

将还山，又赐隐居之服，并其草堂一所，恩礼甚厚。

王希夷，徐州滕县人也。孤贫好道。父母终，为人牧羊，收佣以供葬。葬毕，隐于嵩山，师道士黄颐，向四十年，尽能传其闭气导养之术。颐卒，更居兖州徂来山中，与道士刘玄博为栖遁之友。好《易》及《老子》，尝饵松柏叶及杂花散。

景龙中，年七十余，气力益壮。刺史卢齐卿就谒致礼，因访以字人之术，希夷曰：“孔子称‘己所不欲，勿施于人’，可以终身行之矣。”及玄宗东巡，敕州县以礼征，召至驾前，年已九十六。上令中书令张说访以道义，宣官扶入宫中，与语甚悦。

开元十四年，下制曰：“徐州处士王希夷，绝学弃智，抱一居贞，久谢嚣尘，独往林壑。朕为封峦展礼，侧席旌贤，赘然来思，克应嘉召。虽纤绮季之迹，已过伏生之年，宜命秩以尊儒，俾全高于尚齿。可朝散大夫，守国子博士，听致仕还山。州县春秋致束帛酒肉，仍赐衣一副、绢一百匹。”寻寿终。

自则天、中宗已后，有蒲州人卫大经、邢州人李元恺，皆洁志不仕；蒲州人王守慎、常州人徐仁纪、润州人孙处玄，皆退身辞职，为时所称。

卫大经者，笃学善《易》，口无二言。则天降诏征之，辞疾不赴。与魏州人夏侯乾童有旧，闻乾童母卒，徒步往吊之。乡人止之曰：“当夏溽暑，岂可步涉千里，致书可也。”大经曰：“尺书无能尽意。”遂行。至魏州，会乾童出行，大经造门设席，行吊礼，不讯其家人而还。开元初，毕构为刺史，谓解令孔慎言曰：“卫生德厚，宜有旌异。古人式干木之闾，礼贤故也。”慎言造门就谒，时大经已年老，辞疾不见。尝预筮死日，凿墓自为志文，果如筮而终。

李元恺者，博学善天文律历，然性恭慎，口未尝言人之过。乡人宋璟，年少时师事之。及璟作相，使人遗元恺束帛，将荐举之，皆拒而不答。景龙中，元行冲为洺州刺史，邀元恺至州，问以经义，因遗衣服。元恺辞曰：“微躯不宜服新丽，但恐不能胜其美以逸咎也。”行冲乃以泥涂污而与之，不获已而受。及还，乃以之所蚕素丝五两以酬行冲，曰：“义不受无妄之财。”先是，定州人崔元鉴明《三礼》，乡人张易之宠幸用事，荐之。起家拜朝散大夫，致仕于家，在乡请半禄。元恺诮之曰：“无功受禄，灾也。”元恺年八十余，寿终。

王守慎者，有美名。垂拱中为监察御史。时罗织事起，守慎舅秋官侍郎张知默推诏狱，奏守慎同知其事，守慎以疾辞，因请为僧。则天初甚怪之；守慎陈情，词理甚高，则天欣然从之，赐号法成。识鉴高雅，为时贤所重。以寿终。

徐仁纪者，圣历中征拜左拾遗。三上书论得失，不纳。谓人曰：“三谏不听，可去矣！”遂移病归乡里。神龙初，宣慰使举仁纪之行可以激俗，又征拜左补阙。三上书，又不省，乃诣执政求出。俄授灵昌令。妻子不之官，廨舍唯衣履及书疏而已，余无所蓄。

孙处玄，长安中征为左拾遗。颇善属文，尝恨天下无书以广新文。神龙初，功臣桓彦范等用事，处玄遗彦范书，论时事得失，彦范竟不用其言，乃去官还乡里。以病卒。

白履忠，陈留浚仪人也。博涉文史。尝隐居于古大梁城，时人号为梁丘子。景云中，征拜校书郎。寻弃官而归。开元十年，刑部尚书王志愔表荐履忠隐居读书，贞苦守操，有古人之风，堪代褚无量、马怀素入阁侍读。十七年，国子祭酒杨场乂表荐履忠堪为学官，乃征赴京师。及至，履忠辞以老病，不任职事。诏曰：“处士前秘书省校书郎白履忠，学优缃简，道贵丘园，探赜以见其微，隐居能达其志。故以汲引洙、泗，物色夷门，素风自高，玄冕非贵。几杖云暮，章秩宜加，俾承礼命之优，式副宠贤之美。可朝散大夫。”

履忠寻表请还乡，手诏曰：“孝悌立身，静退放俗，年过从耄，不杂风尘。盛德予闻，通班是锡，岂惟旌贲山薮，实欲奖劝人伦。且游上京，徐还故里。"乃停留数月而归。履忠乡人左庶子吴兢谓履忠曰："吾子家室屡空，竟不沾斗米匹帛，虽得五品，何益于实也？"履忠欣然曰："往岁契丹入寇，家家尽ее括排门夫，履忠特以少读书籍，县司放免，至今惶愧。今虽不得，且是吾家终身高卧，免徭役，岂易得也！"寻寿终。著《三玄精辩论》一卷，注《老子》及《黄庭内景经》，有文集十卷。

道士王远知，琅邪人也。祖景贤，梁江州刺史。父昙选，陈扬州刺史。远知母，梁驾部郎中丁超女也。尝昼寝，梦灵凤集其身，因而有娠，又闻腹中啼声，沙门宝誌谓昙选曰："生子当为神仙之宗伯也。"

远知少聪敏，博综群书。初入茅山，师事陶弘景，传其道法。后又师事宗道先生臧兢。陈主闻其名，召入重阳殿，令讲论，甚见嗟赏。及隋炀帝为晋王，镇扬州，使王子相、柳顾言相次召之。远知乃来谒见，斯须而须发变白，晋王惧而遣之，少顷又复其旧。炀帝幸涿郡，遣员外郎崔凤举就邀之，远知见于临朔宫，炀帝亲执弟子之礼，敕都城起玉清玄坛以处之。及幸扬州，远知谏不宜远去京国，炀帝不从。

高祖之龙潜也，远知尝密传符命。武德中，太宗平王世充，与房玄龄微服以谒之。远知迎谓曰："此中有圣人，得非秦王乎？"太宗因以实告。远知曰："方作太平天子，愿自惜也。"太宗登极，将加重位，固请归山。至贞观九年，敕润州于茅山置太受观，并度道士二十七人。降玺书曰："先生操履夷简，德业冲粹，屏弃尘杂，栖志虚玄，吐故纳新，食芝饵术，念众妙于三清之表，返华发于百龄之外，道迈前烈，声高自古。非夫得秘诀于金坛，受幽文于玉笈者，其孰能与此乎！朕昔在藩朝，早获问道，眷言风范，无忘寤寐。近览来奏，请归旧山，已有别敕，不违高志，并许置观，用表宿心。未知先生早晚已届江外，所营栋宇，何当就功？佇闻委曲，副兹引领。近已令太史薛颐等往诣，令宣朕意。"

其年，远知谓弟子潘师正曰："吾见仙格，以吾小时误损一童子吻，不得白日升天。见署少室伯，将行在即。"翌日，沐浴，加冠衣，焚香而寝。卒，年一百二十六岁。调露二年，追赠远知太中大夫，谥曰升真先生。则天临朝，追赠金紫光禄大夫。天授二年，改谥曰升玄先生。

潘师正，赵州赞皇人也。少丧母，庐于墓侧，以至孝闻。大业中，度为道士，师事王远知，尽以道门隐诀及符箓授之。师正清净寡欲，居于嵩山之逍遥谷，积二十余年，但服松叶饮水而已。高宗幸东都，因召见与语，问师正："山中有何所须？"师正对曰："所须松树清泉，山中不乏。"高宗与天后甚尊敬之，留连信宿而还。寻敕所司于师正所居造崇唐观，岭上别起精思观以处之。初置奉天宫，帝令所司于逍遥谷口特开一门，号曰仙游门；又于苑北面置寻真门，皆为师正立名焉。时太常奏新造乐曲，帝又以《祈仙》、《望仙》、《翘仙》为名。前后赠诗，凡数十首。

师正以永淳元年卒，时年九十八。高宗及天后追思不已，赠太中大夫，赐谥曰体玄先生。

道士刘道合者，陈州宛丘人。初与潘师正同隐于嵩山。高宗闻其名，令于隐所置太一观以居之。召入宫中，深尊礼之。及将封太山，属久雨，帝令道合于仪鸾殿作止雨之术，俄而霁朗，帝大悦。又令道合驰传先上太山，以祈福祐。前后赏赐，皆散施贫乏，未尝有所蓄积。

高宗又令道合合还丹，丹成而上之。咸亨中，卒。及帝营奉天宫，迁道合之殡室，弟子开棺将改葬，其尸惟有空皮，而背上开拆，有似蝉蜕，尽失其齿骨，众谓尸解。高宗闻之，不悦，曰："刘师为我合丹，自服仙去。其所进者，亦无异焉！"

道士司马承祯，字子微。河内温人，周晋州刺史、琅邪公裔玄孙。少好学，薄于为吏，遂为道士。事潘师正，传其符箓及辟谷导引服饵之术。师正特赏异之，谓曰："我自陶隐居传正一之法，至汝四叶矣。"承祯尝遍游名山，乃止于天台山。则天闻其名，召至都，降手敕以赞美之。及将还，敕麟台监李峤饯之于洛桥之东。

景云二年，睿宗令其兄承袆就天台山追之至京，引入宫中，问以阴阳术数之事。承祯对曰："道经之旨：'为道日损，损之又损，以至于无为。'且心目所知见者，每损之尚未能已，岂复攻乎异端，而增其智虑哉！"帝曰："理身无为，则清高矣！理国无为，如何？"对曰："国犹身也。《老子》曰：'游心于淡，合气于漠，顺物自然而无私焉，而天下理。'《易》曰：'圣人者，与天地合其德。'是知天不言而信，不为而成。无为之旨，理国之道也。"睿宗叹息曰："广成之言，即斯是也！"承祯固辞还山，仍赐宝琴一张，及霞纹帔而遣之，朝中词人赠诗者百余人。

开元九年，玄宗又遣使迎入京，亲受法箓，前后赏赐甚厚。十年，驾还西都，承祯又请还天台山，玄宗赋诗以遣之。十五年，又召至都。玄宗令承祯于王屋山自选形胜，置坛室以居焉。承祯因上言："今五岳神祠，皆是山林之神，非正真之神也。五岳皆有洞府，各有上清真人降任其职，山川风雨，阴阳气序，是所理焉。冠冕章服，佐从神仙，皆有名数。请别立斋祠之所。"玄宗从其言，因敕五岳各置真君祠一所，其形象制度，皆令承祯推按道经，创意为之。

承祯颇善篆隶书，玄宗令以三体写《老子经》，因刊正文句，定著五千三百八十言为真本以奏上之。以承祯王屋所居为阳台观，上自题额，遣使送之。赐绢三百匹，以充药饵之用。俄又令玉真公主及光禄卿韦绦至其所居，修金箓斋，复加以锡赉。

是岁，卒于王屋山，时年八十九。其弟子表称："死之日，有双鹤绕坛，及白云从坛中涌出，上连于天，而师容色如生。"玄宗深叹之，乃下制曰："混成不测，入寥自化。虽独立有象，而至极则冥。故王屋山道士司马子微，心依道胜，理会玄远，遍游名山，密契仙洞。存观其妙，逍遥得意之场；亡复其根，宴息无何之境。固以名登真格，位在灵官。林壑未改，遐霄已旷；言念高烈，有怆于怀。

宜赠徽章，用光丹箓。可银青光禄大夫，号真一先生。"仍为亲制碑文。

吴筠，鲁中之儒士也。少通经，善属文，举进士不第。性高洁，不奈流俗。乃入嵩山，依潘师正为道士，传正一之法，苦心钻仰，乃尽通其术。开元中，南游金陵，访道茅山。久之，东游天台。

筠尤善著述，在剡与越中文士为诗酒之会，所著歌篇，传于京师。玄宗闻其名，遣使征之。既至，与语甚悦，令待诏翰林。帝问以道法，对曰："道法之精，无如五千言，其诸枝词蔓说，徒费纸札耳！"又问神仙修炼之事，对曰："此野人之事，当以岁月功行求之，非人主之所宜适意。"每与缁黄列坐，朝臣启奏，筠之所陈，但名教世务而已，间之以讽咏，以达其诚。玄宗深重之。

天宝中，李林甫、杨国忠用事，纲纪日紊。筠知天下将乱，坚求还嵩山。累表不许，乃诏于岳观别立道院。禄山将乱，求还茅山，许之。既而中原大乱，江淮多盗，乃东游会稽。尝于天台剡中往来，与诗人李白、孔巢父诗篇酬和，逍遥泉石，人多从之。竟终于越中。文集二十卷，其《玄纲》三篇、《神仙可学论》等，为达识之士所称。

筠在翰林时，特承恩顾，由是为群僧之所嫉。骠骑高力士素奉佛，尝短筠于上前，筠不悦，乃求还山。故所著文赋，深诋释氏，亦为通人所讥。然词理宏通，文彩焕发，每制一篇，人皆传写。虽李白之放荡，杜甫之壮丽，能兼之者，其唯筠乎！

孔述睿，赵州人也。曾祖昌寓，膳部郎中。祖舜，监察御史。父齐参，宝鼎令。述睿少与兄克符、弟克让，皆事亲以孝闻。既孤，俱隐于嵩山。述睿好学不倦，大历中，转运使刘晏累表荐述睿有颜、闵之行，游、夏之学。代宗以太常寺协律郎征之。转国子博士，历迁尚书司勋员外郎、史馆修撰。述睿每加恩命，暂至朝廷谢恩，旬日即辞疾，却归旧隐。

德宗践祚，以谏议大夫银章朱绶，命河南尹赵惠伯赍诏书、玄𫄸束帛，就嵩山以礼征聘。述睿既至，召对于别殿，特赐第宅，给以厩马，兼为皇太子侍读。旬日后累表固辞，依前乞还旧山。诏报之曰："卿怀伊挚匡时之道，有广成嘉遁之风。养素丘园，屡辞命秩。朕于峒山问道，渭水求师，亦何必务执劳谦，固求退让！无违朕旨，且启乃心。"述睿既恳辞不获，方就职。久之，改秘书少监，兼右庶子，再加史馆修撰。述睿精于地理，在馆乃重修《地理志》，时称详究。

而又性谦和退让，与物无竞，每亲朋集会，尝恂恂然似不能言者，人皆敬之。时令狐峘亦充修撰，与述睿同职，多以细碎之事侵述睿，述睿皆让之，竟不与争，时人称为长者。

贞元四年，命赍诏并御馔、衣服数百袭，往平凉盟会处祭陷殁将士骸骨，以述睿性精悫故也。九年，以疾上表，请罢官。诏不许，报之曰："朕以卿德重朝端，行敦风俗，不言之教，所赖攸深，未依来请，想宜悉也。"

述睿再三上表，方获允许，乃以太子宾客赐紫金鱼袋致仕，放还乡里。仍赐帛五十匹，衣一袭。故事，致仕还乡者皆不给公乘，德宗优宠儒者，特命给而遣之。贞元十六年九月卒，年七十一。赠工部尚书。子敏行。

敏行，字至之，举进士，元和五年礼部侍郎崔枢下擢第。吕元膺廉问岳鄂，辟为宾佐。丁母忧而罢。后元膺为东都留守，移镇河中。敏行皆从之。十四年，入为右拾遗，迁左补阙。长庆中，为起居郎，改左司员外郎，历司勋郎中，充集贤殿学士，迁吏部郎中，俄拜谏议大夫。上疏论兴元监军杨叔元阴激募卒为乱，杀节度使李绛。人不敢发其事，敏行上表极诤之，故叔元得罪，时论称美。

敏行名臣之子，少而修洁，为人所称；及游宦，与当时豪俊为友。虽名华为一时冠，而贞规雅操，与父远矣。大和九年正月卒，年四十九，赠尚书工部侍郎。

阳城，字亢宗，北平人也。代为宦族。家贫不能得书，乃求为集贤写书吏，窃官书读之，昼夜不出房；经六年，乃无所不通。既而隐于中条山。远近慕其德行，多从之学。闾里相讼者，不诣官府，诣城请决。陕虢观察使李泌闻其名，亲诣其里访之，与语甚悦。泌为宰相，荐为著作郎。德宗令长安县尉杨宁赍束帛诣夏县所居而召之，城乃衣褐赴京，上章辞让。德宗遣中官持章服衣之，而后召，赐帛五十匹。寻迁谏议大夫。

初未至京，人皆想望风彩，曰："阳城山人能自刻苦，不乐名利，今为谏官，必能以死奉职。"人咸畏惮之。及至，诸谏官纷纭言事，细碎无不闻达，天子益厌苦之。而城方与二弟及客日夜痛饮，人莫能窥其际，皆以虚名讥之。有造城所居，将问其所以者。城望风知其意，引之与坐，辄强以酒。客辞，城辄引自饮；客不能已，乃与城酬酢。客或时先醉，卧席上，城或时先醉，卧客怀中，不能听客语。约其二弟云："吾所得月俸，汝可度吾家有几口，月食米当几何，买薪、菜、盐凡用几钱，先具之，其余悉以送酒媪，无留也。"未尝有所蓄积。虽所服用有切急不可阙者，客称某物佳可爱，城辄喜，举而授之。有陈苌者，候其始请月俸，常往称其钱帛之美，月有获焉。

时德宗在位，多不假宰相权，而左右得以因缘用事。于是裴延龄、李齐运、韦渠牟寻以奸佞相次进用，诬谮时宰，毁诋大臣，陆贽等咸遭枉黜，无敢救者。城乃伏阁上疏，与拾遗王仲舒共论延龄奸佞，贽等无罪。德宗大怒，召宰相入议，将加城罪。时顺宗在东宫，为城独开解之，城赖以获免。于是金吾将军张万福闻谏官伏阁谏，趋往，至延英门，大言贺曰："朝廷有直臣，天下必太平矣！"乃造城及王仲舒等曰："谏议能如此言事，天下安得不太平？"已而连呼"太平，太平"。

万福武人，年八十余，自此名重天下。时朝夕欲相延龄，城曰："脱以延龄为相，城当取白麻坏之。"竟坐延龄事改国子司业。

城既至国学，乃召诸生，告之曰："凡学者所以学，为忠与孝也。诸生宁有久不省其亲者乎？"明日，告城归养者二十余人。

有薛约者，尝学于城，性狂躁，以言事得罪，徙连州，客寄无根蒂。台吏以踪迹求得之于城家。城坐台吏于门，与约饮酒诀别，涕泣送之郊外。德宗闻之，以城党罪人，出为道州刺史。太学生王鲁卿、季偿等二百七十人诣阙乞留，经数日，吏遮止之，疏不得上。

在道州，以家人法待吏人，宜罚者罚之，宜赏者赏之，不以簿书介意。道州土地产民多矮，每年常配乡户，竟以其男号为"矮奴"。城下车，禁以良为贱，又悯其编氓岁有离异之苦，乃抗疏论而免之，自是乃停其贡。民皆赖之，无不泣荷。前刺史有赃罪。观察使方推鞫之，吏有幸于前刺史者，拾其不法事以告，自为功，城立杖杀之。赋税不登，观察使数加诮让。州上考功第，城自署其第曰："抚字心劳，征科政拙，考下下。"观察使遣判官督其赋，至州，怪城不出迎，以问州吏。吏曰："刺史闻判官来，以为有罪，自囚于狱，不敢出。"判官大惊，驰入谒城于狱，曰："使君何罪！某奉命来候安否耳。"留一二日未去，城因不复归馆；门外有故门扇横地，城昼夜坐卧其上，判官不自安，辞去。其后又遣他判官往按之，他判官义不欲按，乃载妻子行，中道而自逸。

顺宗即位，诏征之，而城已卒。士君子惜之，是岁四月，赐其家钱二百贯文，仍令所在州县给递，以丧归葬焉。

崔觐，梁州城固人。为儒不乐仕进，以耕稼为业。老而无子，乃以田宅家财分给奴婢，令各为生业。觐夫妻遂隐于城固南山，家事一不问。约奴婢递过其舍，至则供给酒食而已。夫妇林泉相对，以啸咏自娱。山南西道节度使郑余庆高其行，辟为节度参谋，累邀至府第。为吏无方略，苦不达人事，余庆以长者优容之。大和八年，左补阙王直方上疏论事，得召见，文宗便殿访以时事。直方亦兴元人，与觐城固山为邻，是日因荐觐有高行，诏以起居郎征之。觐辞疾不起。卒于山。

赞曰：高士忘怀，不隐不显。依隐钓名，真风渐鲜。结庐泉石，投绂市朝。心无出处，是曰逍遥。

卷一百九十三

列传第一百四十三

列　女

李德武妻裴氏　杨庆妻王氏<small>独孤师仁乳母王氏附</small>　杨三安妻李氏　魏衡妻王氏　樊会仁母敬氏　绛州孝女卫氏　濮州孝女贾氏　郑义宗妻卢氏　刘寂妻夏侯氏　楚王灵龟妃上官氏　杨绍宗妻王氏　于敏直妻张氏　冀州女子王氏　樊彦琛妻魏氏　邹保英妻奚氏<small>古玄应妻高氏附</small>　宋庭瑜妻魏氏　崔绘妻卢氏　奉天县窦氏二女　卢甫妻李氏<small>王泛妻裴氏附</small>　邹待征妻薄氏　李湍妻　董昌龄母杨氏　韦雍妻兰陵县君萧氏　衡方厚妻武昌县君程氏　女道士李玄真　孝女王和子<small>郑神佐女附</small>

女子禀阴柔之质，有从人之义。前代志贞妇烈女，盖善其能以礼自防。至若失身贼庭，不污非义；临白刃而慷慨，誓丹衷而激发；粉身不顾，视死如归，虽在壮夫，恐难守节，窈窕之操，不其贤乎！其次梁鸿之妻，无辞偕隐，共姜之誓，不践二庭，妇道母仪，克彰图史，又其长也。末代风靡，贞行寂寥，聊播椒兰，以贻闺壸，彤管之职，幸无忽焉！

李德武妻裴氏，字淑英，户部尚书、安邑公矩之女也。性婉顺有容德，事父母以孝闻。适德武，经一年而德武坐从父金才事徙岭表。矩时为黄门侍郎，奏请德武离婚，炀帝许之。德武将与裴别，谓曰："燕婉始尔，便事分离，方远投瘴疠，恐无还理。尊君奏留，必欲改嫁耳，于此即事长诀矣！"裴泣而对曰："妇人事夫，无再醮之礼。夫者，天也，何可背乎！守之以死，必无他志！"因操刀欲割耳自誓，保者禁之，乃止。

裴与德武别后，容貌毁悴，常读佛经，不御膏泽。李氏之姊妹在都邑者，岁时朔望，必命左右致敬而省焉。裴又尝读《烈女传》，见称述不改嫁者，乃谓所亲曰："不践二庭，妇人常理，何为以此载于记传乎？"后十余年间，与德武音信断绝。矩欲夺其志。时有柳直求婚，许之。期有定日，乃以翦刀断其发，悲泣绝粒。矩不可夺，乃止。

德武已于岭表娶尔朱氏为妻，及遇赦得还，至襄州，闻裴守节，乃出其后妻，重与裴合。生三男四女。贞观中，德武终于鹿城令，裴岁余亦卒。

杨庆妻王氏，世充兄之女也。庆即隋河间王弘之子。大业末，封郕王，为荥阳太守。后陷于世充。世充以兄女妻之，授管州刺史。及太宗攻围洛阳，庆谋背世充，欲与其妻俱来归国。妻谓庆曰："郑国以妾奉箕帚于公者，所以结公心耳。今既二三其行，负恩背义，自为身谋，妾将奈何？若至长安，则公家之婢耳！愿送至东都，公之惠也。"庆不听。伺庆出后，谓侍者曰："唐兵若胜，我家则灭。郑国无危，吾夫又死，进退维谷。何以生焉？"乃饮药而卒。庆既入朝，官至宜州刺史。

时又有独孤武都，谋叛王世充归国，事觉诛死。武都子师仁，年始三岁，世充以其年幼不杀，使禁掌之。乳母王氏，号兰英，请桎梏，求入保养，世充许之。兰英抚育提携，备尽筋力。时丧乱年饥，人多饿死，兰英扶路乞丐拼拾。遇有所得，便归与师仁；兰英唯啖土饮水而已。后诈采拾，乃窃师仁归于京师。高祖嘉其义，下诏曰："师仁乳母王氏，慈惠有闻，抚鞠无倦，提携遗幼，背逆归朝。宜有褒隆，以锡其号。可封永寿郡君"。

杨三安妻李氏，雍州泾阳人也。事舅姑以孝闻。及舅姑亡没，三安亦死，二子孩童，家至贫窭。李昼则力田，夜则纺绩，数年间葬舅姑及夫之叔侄兄弟七丧，深为远近所嗟尚。太宗闻而异之，赐帛二百段，遣州县所在存恤之。

魏衡妻王氏，梓州郪人也。武德初，薛仁杲旧将房企地侵掠梁郡，因获王氏，逼而妻之。后企地渐强盛，衡谋以城应贼。企地领众将趋梁州，未至数十里，饮酒醉卧。王氏取其佩刀斩之，携其首入城，贼众乃散。高祖大悦，封为崇义夫人，舍衡同贼之罪。

樊会仁母敬氏，字像子，蒲州河东人也。年十五，适樊氏，生会仁而夫丧，事舅姑姊姒以谨顺闻。及服终，母兄以其盛年，将夺其志。微加讽谕，便悲恨呜咽，如此者数四。母兄乃潜许人为婚，矫称母患以召之。凡所营具，皆寄之邻里。像子既至，省母无疾，邻家复具肴膳，像子知为所欺，佯为不悟者。其嫂复请像子沐浴，像子私谓会仁曰："吾不幸孀居，誓与汝父同穴。所以不死者，徒以我母羸老，汝身幼弱。今汝舅欲夺吾志，将加逼迫，于汝何如！"会仁失声啼泣。像子抚之曰："汝勿啼。吾向伪不觉者，令汝舅不我为意。闻汝啼，知吾觉悟，必加防备，则吾难为计矣！"会仁便佯睡，像子于是伺隙携之遁归。中路，兄使追之，将逼与俱返。像子誓以必死，辞情甚切，其兄感叹而止。后会仁年十八病卒，时像子母已终。既葬，像子谓其所亲曰："吾老母不幸，又夫死子亡，义无久活。"于是号恸不食，数日而死。

绛州孝女卫氏，字无忌，夏县人也。初，其父为乡人卫长则所杀。无忌年六岁，母又改嫁，无兄弟。及长，常思复仇。无忌从伯常设宴为乐，长则时亦预坐，无忌以砖击杀之。既而诣吏，称父仇既报，请就刑戮。巡察大使、黄门侍郎褚遂良以闻，太宗嘉其孝烈，特令免罪，给传乘徙于雍州，并给田宅，仍令州县以礼嫁之。

孝女贾氏，濮州鄄城人也。年始十五，其父为宗人玄基所害。其弟强仁年幼，贾氏抚育之，誓以不嫁。及强仁成童，思共报复，乃候玄基杀之；取其心肝，以祭父墓。遣强仁自列于县司，断以极刑。贾氏诣阙自陈已为，请代强仁死。高宗哀之，特下制贾氏及强仁免罪，移其家于洛阳。

郑义宗妻卢氏，幽州范阳人，卢彦衡之女也。略涉书史，事舅姑甚得妇道。尝夜有强盗数十人，持杖鼓噪，逾垣而入，家人悉奔窜，唯有姑独在室。卢冒白刃往至姑侧，为贼捶击之，几至于死。贼去后，家人问曰："群凶扰横，人尽奔逃，何独不惧？"答曰："人所以异于禽兽者，以其仁义也。昔宋伯姬守义赴火，流称至今。吾虽不敏，安敢忘义！且邻里有急，尚相赴救，况在于姑，而可委弃！若万一危祸，岂宜独生！"其姑每叹云："古人称岁寒然后知松柏之后雕也，吾今乃知卢新妇之心矣！"贞观中卒。

刘寂妻夏侯氏，滑州胙城人，字碎金。父长云，为盐城县丞，因疾丧明。碎金乃求离其夫，以终侍养。经十五年，兼事后母，以至孝闻。及父卒，毁瘠殆不胜丧，被发徒跣，负土成坟，庐于墓侧，每日一食，如此者积年。贞观中，有制表其门间，赐以粟帛。

楚王灵龟妃上官氏，秦州上邽人。父怀仁，右金吾将军。上官年十八，归于灵龟，继楚哀王后。本生具存，朝夕侍奉，恭谨弥甚。凡有新味，非舅姑啖讫，未曾先尝。经数载，灵龟薨。及将葬，其前妃阎氏，嫁不逾年而卒，又无近族，众议欲不举之。上官氏曰："必神而灵，宁可使孤魂无托！"于是备礼同葬，闻者莫不嘉叹。服终，诸兄姊谓曰："妃年尚少，又无所生，改醮异门，礼仪常范，妃可思之。"妃掩泣对曰："丈夫以义烈标名，妇人以守节为行。未能即先犬马，以殉沟壑，宁可复饰妆服，有他志乎！"遽将刀截鼻割耳以自誓，诸兄姊知其志不可夺，叹息而止。寻卒。

杨绍宗妻王氏，华州华阴人也。初，年二岁，所生母亡，为继母鞠养。至年十五，父又征辽而殁。继母寻亦卒。王乃收所生及继母尸柩，并立父形像，招魂迁葬讫，庐于墓侧，陪其祖父母及父母坟。永徽中，诏曰："故杨绍宗妻王氏，因心为孝，率性成道。年迫桑榆，筋力衰谢。以往在隋朝，父殁辽左，招魂迁葬，负土成坟，又葬其祖父母等，竭此老年，亲加板筑。痛结晨昏，哀感行路。永言志行，嘉尚良深。宜标其门间，用旌敏德。"赐物三十段、粟五十石。

于敏直妻张氏，营州都督、皖城公俭之女也。数岁时父母微有疾，即观察颜色，不离左右，昼夜省侍，宛若成人。及稍成长，恭顺弥甚。适延寿公于钦明子敏直。初闻俭有疾，便即号踊自伤，期于必死。俭卒后，凶问至，号哭一恸而绝。高宗下诏，赐物百段，仍令史官录之。

冀州鹿城女子王阿足者，早孤，无兄弟，唯姊一人。阿足初适同县李氏，未有子而夫亡。时年尚少，人多聘之。为姊年老孤寡，不能舍去，乃誓不嫁，以养其姊。每昼营田业，夜便纺绩，衣食所须，无非阿足出者，如此二十余年。及姊丧，葬送以礼。乡人莫不称其节行，竟令妻女求与相识。后数岁，竟终于家。

樊彦琛妻魏氏，楚州淮阴人。彦琛病笃，将卒，魏泣而言曰："幸以愚陋，托身明德，奉侍衣裳，二十余载。岂意崿妨所招，遽见此祸。同入黄泉，是其愿也。"彦琛答曰："死生常道，无所多恨。君宜勉励，养诸孤，使其成立。若相从而死，适足贻累，非吾所取也。"彦琛卒后，属李敬业之乱，乃为贼所获。贼党知其素解丝竹，逼令弹筝。魏氏叹曰："我夫不幸亡殁，未能自尽，苟复偷生。今尔见逼管弦，岂非祸从手发耶？"乃引刀斩指，弃之于地。贼党又欲妻之，魏以必死自固。贼等忿怒，以刃加颈，语云："若不从我，即当殒命。"乃厉声骂曰："尔等狗盗，乃欲污辱好人，今得速死，会我本志。"贼乃斩之，闻者莫不伤惜。

邹保英妻奚氏，不知何许人也。万岁通天年，契丹贼李尽忠来寇平州。保英时任刺史，领兵讨击。既而城孤援寡，势将欲陷。奚氏乃率家僮及城内女丁相助固守。贼退，所司以闻，优制封为诚节夫人。

时有古玄应妻高氏，亦能固守飞狐县城，卒免于突厥所陷。下诏曰："顷属默啜攻城，咸忧陷没。丈夫固守，犹不能坚，妇人怀忠，不惮流矢；由兹感激，危城重安。如不褒升，何以奖劝！古玄应妻可封为徇忠县君。"

宋庭瑜妻魏氏，定州鼓城人，隋著作郎彦泉之后也。世为山东士族。父克己，有词学，则天时为天官侍郎。魏氏善属文。先天中，庭瑜自司农少卿左迁涪州别驾。魏氏随夫之任，中路作《南征赋》以叙志，词甚典美。开元中，庭瑜累迁庆州都督。初，中书令张说年少时为克己所重，魏氏恨其夫为外职，乃作书与说，叙亡父畴昔之事，并为庭瑜申理，乃录《南征赋》寄说。说叹曰："曹大家《东征》之流也。"庭瑜寻转广州都督，道病卒。魏氏旬日亦殒，时人莫不伤之。

崔绘妻卢氏，幽州范阳人也，为山东著姓。祖幼孙，常州刺史。父献，有美名，则天时历鸾台侍郎、文昌左丞。天授中为酷吏来俊臣所陷，左迁西乡令而卒。绘早终，卢既年少，诸兄常欲嫁之。卢辄称病固辞。卢亡姊之夫李思冲，神龙初为工部侍郎，又求续亲。时思冲当朝美职，诸兄不之拒。将婚之夕，方以告卢；卢又固辞不可，仍令人防其门。卢谓左右曰："吾自誓久已定矣！"乃夜中出自窦中，奔归崔氏，发面尽为粪秽所污。宗族见者皆为之垂泪。因出家为尼，诸尼钦其操行，皆尊事之。开元中，以老病而卒。

奉天县窦氏二女伯娘、仲娘，虽长于村野，而幼有志操。住与邠州接界。永泰中，草贼数千人，持兵刃入其村落行剽劫，闻二女有容色，姊年十九，妹年十六，藏于岩窟间。贼徒拟为逼辱，乃先曳伯娘出，行数十步，又曳仲娘出，贼相顾自慰。行临深谷，伯娘曰："我岂受贼污辱！"乃投之于谷。贼方惊骇，仲娘又投于谷。谷深数百尺，姊寻卒；仲娘脚折面破，血流被体，气绝良久而苏，贼义之而去。京兆尹第五琦感其贞烈，奏之；诏旌表门闾，长免丁役，二女葬事官给。京兆户曹陆海著赋以美之。

原武尉卢甫妻李氏，陇西成纪人也。父澜，永泰元年春任蕲县令。界内先有草贼二千余人。澜挺身入贼，结以诚信，贼并降附，百姓复业者二百余家。时曹升任徐州刺史，知贼降，领兵掩袭。贼得脱后，入县杀澜。澜将被杀，从父弟渤，诣贼救澜，请代兄死。澜又请留弟，弟兄争死。澜女卢甫妻，又泣请代父死。并为贼所害，宣慰使、吏部侍郎李季卿以节义闻。

又有尉氏尉王泛妻裴氏，仪王傅巨卿之女也。素有容范，为贼所俘，贼逼之。裴曰："吾衣冠之子，当死即死，终不苟全一命，受污于贼。"贼胁之以兵，逼之以刀，裴坚骂抗之。贼怒，乃支解裴氏，至死不屈。季卿亦以状迹闻。

诏曰："郑州原武县尉卢甫亡妻李氏、汴州尉氏县尉王泛亡妻裴氏等，懿范传家，柔明植性；顷因寇难，克彰义烈。或请代父死，表因心之孝；或誓逐夫亡，摽难夺之节。宜膺赠饰，俾光休美。李氏可赠孝昌县君，裴氏可赠河东县君，仍编入史册。"澜、渤亦赠官秩。

邹待征妻簿氏。待征，大历中为常州江阴县尉，其妻为海贼所掠。薄氏守节，出待征官诰于怀中，托付村人，使谓待征曰："义不受辱。"乃投江而死。贼退潮落，待征于江岸得妻尸焉。江左文士，多著节妇文以纪之。

李湍妻。湍，吴元济之军人也。元和中，淮南未平，湍心怀向顺，乃急渡溵河，东降乌重胤。其妻遂为贼束缚在树，脔而食之，至死，叫其夫曰："善事乌仆射。"观者义之。至是，重胤以其事请列史册。十三年，宪宗下诏从之。

董昌龄母杨氏。昌龄常为泗州长史，世居于蔡。少孤，受训于母。累事吴少诚、少阳，至元济时，为吴房令。杨氏潜诫曰："逆顺之理，成败可知，汝宜图之。"昌龄志未果，元济又署为郾城令。杨氏复诫曰："逆党欺天，天所不福。汝当速降，无以前败为虑，无以老母为念。汝为忠臣，吾虽殁无恨矣！"及王师逼郾城，昌龄乃以城降，且说贼将邓怀金归款于李光颜。宪宗闻之喜，急召昌龄至阙，真授郾城令、兼监察御史，仍赐绯鱼。昌龄泣谢曰："此皆老母之训。"宪宗嗟叹良久。元济囚志杨氏，故杀之而止者数矣。蔡平，杨氏幸无恙。元和十五年，陈许节度使李逊疏杨氏之强明节义以闻，乃封北平郡太君。

韦雍妻萧氏。雍，故太子宾客。张弘靖镇幽州日，奏授观察判官，摄监察御史。时属朝廷制置未备，幽州俗本凶悍，尤不乐文儒为主帅，宾佐习于常态，恣其变通，议论不密，卒然起乱。雍时家亦从劫，萧氏闻难号呼，专执夫袂，左右格去，以死不从。及雍临刃，萧氏涕而告曰："妾不幸年少，义不苟活；今日之事，愿先就死！"执刃者断其臂而杀雍，萧氏词气不挠，虽凶悍闉视，无不嗟叹。其夕，萧氏亦卒。大和六年，节度使杨志诚表明其事，因降敕追封兰陵县君。

衡方厚妻程氏。方厚，大和中任邕州都督府录事参军，为招讨使董昌龄诬枉杀之。程氏力不能免，乃抑其哀，如非冤者。昌龄雅不疑忌，听其归葬。程氏故得以徒行诣阙，截耳于右银台门，告夫被杀之冤。御史台鞠之，得实，谏官亦有章疏，故昌龄再受谴逐。

程氏，开成元年降敕曰："乃者吏为不道，虐杀尔夫，诣阙申冤，徒行万里，崎岖逼畏，滨于危亡。血诚即昭，幽愤果雪，虽古之烈妇，何以加焉！如闻孤孀无依，昼哭待尽，俾荣禄养，仍赐疏封。可封武昌县君，仍赐一子九品正员官。"

女道士李玄真，越王贞之玄孙。曾祖珍子，越王第六男也。先天中得罪，配流岭南。玄真祖、父，皆亡殁于岭外。虽曾经恩赦，而未昭雪。玄真进状曰："去开成三年十二月内得岭南节度使卢钧出俸钱接措，哀妾三代旅榇暴露，各在一方，特与发遣，归就大茔合祔。今护四丧，已到长乐旅店权下，未委故越王坟所在，伏乞天恩，允妾所奏，许归大茔。妾年已六十三，孤露家贫，更无依倚。"诏曰："越王事迹，国史著明，枉陷非辜，寻已洗雪。其珍子他事配流，数代漂零，不还京国。玄真弱女，孝节卓然，启护四丧，绵历万里；况是近族，必可加恩。行路犹或嗟称，朝廷固须恤助。委宗正寺、京兆府与访越王坟墓报知。如不是陪陵，任祔茔次卜葬。其葬事仍令京兆府接措，必使备礼。葬毕，玄真如愿住京城，便配咸宜观安置。"

孝女王和子者，徐州人。其父及兄为防秋卒，戍泾州。元和中，吐蕃寇边，父兄战死，无子，母先亡。和子时年十七，闻父兄殁于边上，被发徒跣缞裳，独往泾州。行乞取父兄之丧，归徐营葬。手植松柏，剪发坏形，庐于墓所。节度使王智兴以状闻，诏旌表之。

又大中五年，兖州瑕丘县人郑神佐女，年二十四，先许适驰雄牙官李玄庆。神佐亦为官健，戍庆州。时党项叛，神佐战死，其母先亡，无子。女以父战殁边城，无由得还，乃剪发坏形，自往庆州护父丧还，至瑕丘县进贤乡马青村，与母合葬。便庐于坟所，手植松槚，誓不适人。节度使萧倣以状奏之曰："伏闻闾里之中，罕知礼教，女子之性，尤昧义方。郑氏女痛结穷泉，哀深《陟岵》，投身沙碛，归父遗骸，远自边陲，得还闾里。感《蓼莪》以积恨，守丘墓以誓心。克彰孝理之仁，足厉贞方之节。"诏旌表门闾。

赞曰：政教隆平，男忠女贞。礼以自防，义不苟生。彤管有炜，兰闱振声。《关雎》合《雅》，始号文明。

卷一百九十四上
列传第一百四十四上

突厥 上

突厥之始，启民之前，《隋书》载之备矣，只以入国之事而述之。

始毕可汗咄吉者，启民可汗子也。隋大业中嗣位，值天下大乱，中国人奔之者众。其族强盛，东自契丹、室韦，西尽吐谷浑、高昌诸国，皆臣属焉。控弦百余万，北狄之盛，未之有也。高视阴山，有轻中夏之志。

可汗者，犹古之单于；妻号可贺敦，犹古之阏氏也。其子弟谓之特勒，别部领兵者皆谓之设。其大官屈律啜，次阿波，次颉利发，次吐屯，次俟斤，并代居其官而无员数，父兄死则子弟承袭。

高祖起义太原，遣大将军府司马刘文静聘于始毕，引以为援。始毕遣其特勒康稍利等献马千匹，会于绛郡。又遣二千骑助军，从平京城。及高祖即位，前后赏赐，不可胜纪。始毕自恃其功，益骄踞；每遣使者至长安，颇多横恣。高祖以中原未定，每优容之。

武德元年，始毕使骨咄禄特勒来朝，宴于太极殿，奏《九部乐》，赍锦彩布绢各有差。二年二月，始毕帅兵渡河，至夏州，贼帅梁师都出兵会之，谋入抄掠。授马邑贼帅刘武周兵五百余骑，遣入句注，又追兵大集，欲侵太原。是月，始毕卒，其子什钵苾以年幼不堪嗣位，立为泥步设，使居东偏，直幽州之北。立其弟俟利弗设，是为处罗可汗。

处罗可汗嗣位，又以隋义成公主为妻，遣使入朝告丧。高祖为之举哀，废朝三日，诏百官就馆吊其使者，又遣内史舍人郑德挺往吊处罗，赠物三万段。处罗此后频遣使朝贡。先是，隋炀帝萧后及齐王暕之子政道，陷于窦建德。三年二月，处罗迎之，至于牙所，立政道为隋王。隋末中国人在虎庭者，悉隶于政道，行隋正朔，置百官，居于定襄城，有徒一万。时太宗在藩，受诏讨刘武周，师次太原，处罗遣其弟步利设率二千骑与官军会。六月，处罗至并州，总管李仲文出迎劳之。留三日，城中美妇人多为所掠，仲文不能制。俄而，处罗卒，义成公主以其子奥射设丑弱，废不立之，遂立处罗之弟咄苾，是为颉利可汗。

颉利可汗者，启民可汗第三子也。初为莫贺咄设，牙直五原之北。高祖入长安，薛举犹据陇右，遣其将宗罗睺攻陷平凉郡，北与颉利连结。高祖患之，遣光禄卿宇文歆赍金帛以赂颉利。歆说之，令绝交于薛举。初，隋五原太守张长逊，因乱以其所部五原城隶于突厥。歆又说颉利遣长逊入朝，以五原地归于我。颉利并从之，因发突厥兵及长逊之众，并会于太宗军所。武德三年，颉利又纳义城公主为妻，以始毕之子什钵苾为突利可汗，遣使入朝，告处罗死。高祖为之罢朝一日，诏百官就馆吊其使。

颉利初嗣立，承父兄之资，兵马强盛。有凭陵中国之志。高祖以中原初定，不遑外略，每优容之，赐与不可胜计。颉利言辞悖傲，求请无厌。四年四月，颉利自率万余骑，与马邑贼苑君璋将兵六千人共攻雁门。定襄王李大恩击走之。先是汉阳公苏瑰、太常卿郑元璹、左骁卫大军长孙顺德等各使于突厥，颉利并拘之。我亦留其使，前后数辈。至是为大恩所挫，于是乃惧，仍放顺德还，更请和好。献鱼胶数十斤，欲令二国同于此胶。高祖嘉之，放其使者特勤热寒、阿史德等还蕃，赐以金帛。

五年春，李大恩奏言突厥饥荒，马邑可图。诏大恩与殿内少监独孤晟帅师讨苑君璋，期以二月会于马邑。晟后期不至，大恩不能独进，顿兵新城以待之。颉利遣数万骑与刘黑闼合军，进围大恩。王师败绩，大恩殁于阵，死者数千人。六月，刘黑闼又引突厥万余骑入抄河北。颉利复自率五万骑南侵，至于汾州。又遣数千骑西入灵、原等州，诏隐太子出幽州道，太宗出蒲州道以讨之。时颉利攻围并州，又分兵入汾、潞等州，掠男女五千余口，闻太宗兵至蒲州，乃引兵出塞。

七年八月，颉利、突利二可汗举国入寇，道自原州，连营南上。太宗受诏北讨，齐王元吉隶焉。初，关中霖雨，粮运阻绝，太宗颇患之，诸将忧见于色，顿兵于豳州。颉利、突利率万余骑奄至城西，乘高而阵，将士大骇。太宗乃亲率百骑驰诣房阵，告之曰："国家与可汗誓不相负，何为背约深入吾地？我秦王也，故来一决。可汗若自来，我当与可汗两人独战；若欲兵马总来，我唯百骑相御耳。"颉利弗之测，笑而不对。太宗又前，令骑告突利曰："尔往与我盟，急难相救；尔今将兵来，何无香火之情也？亦宜早出，一决胜负。"突利亦不对。太宗前，将渡沟水，颉利见太宗轻出，又闻香火之言，乃阴猜突利。因遣使曰："王不须渡，我无恶意，更欲共王自断当耳。"于是稍引却，各敛军而退。太宗因纵反间于突利，突利悦而归心焉，遂不欲战。其叔侄内离，颉利欲战不可，因遣突利及夹毕特勒阿史那思摩奉见请和，许之。突利因自托于太宗，愿结为兄弟。思摩初奉见，高祖引升御榻，顿颡辞谢。高祖谓曰："颉利诚心遣特勒朝拜，今见特勒，如见颉利。"固引之，乃就坐，寻封思摩为和顺王。

八年七月，颉利集兵十余万，大掠朔州，又袭将军张瑾于太原。瑾全军并没，脱身奔于李靖。出师拒战，颉利不得进，屯于并州。太宗帅师讨之，次蒲州；颉利引兵而去，太宗旋师。

九年七月，颉利自率十余万骑进寇武功，京师戒严。己卯，进寇高陵，行军总管左武候大将军尉迟敬德与之战于泾阳，大破之，获俟斤阿史德乌没啜，斩首千余级。癸未，颉利遣其腹心执失思力入朝为觇，自张形势云："二可汗总兵百万，今已至矣。"太宗谓之曰："我与突厥面自和亲，汝则背之，我实无愧。又义军入京之初，尔父子并亲从，我所赐汝玉帛，前后极多，何故辄将兵入我畿县？尔虽突厥，亦须颇有人心，何故全忘大恩，自夸强盛？我当先戮尔矣！"思力惧而请命，太宗不许，絷之于门下省。

太宗与侍中高士廉、中书令房玄龄、将军周范驰六骑幸渭水之上，与颉利隔津而语，责以负约。其酋帅大惊，皆下马罗拜。俄而，众军继至，颉利见军容大盛，又知思力就拘，由是大惧。太宗独与颉利临水交言，麾诸军却而阵焉。萧瑀以轻敌固谏于马前，上曰："吾已筹之，非卿所知也。突厥所以扫其境内，直入渭滨，应是闻我国家初有内难，朕又新登九五，将谓不敢拒之。朕若闭门，虏必大掠，强弱之势，在今一举。朕故独出，以示轻之；又耀军容，使知必战。事出不意，乖其本图，虏入既深，理当自惧。与战则必克，与和则必固，制服匈奴，自兹始矣！"是日，颉利请和，诏许焉。车驾即日还宫。乙酉，又幸城西，刑白马，与颉利同盟于便桥之上，颉利引兵而退。萧瑀进曰："初，颉利之未和也，谋臣猛将多请战，而陛下不纳，臣以为疑。既而虏自退，其策安在？"上曰："我观突厥之兵，虽众而不整，君臣之计，唯财利是视。可汗独在水西，酋帅皆来谒我，我因而袭击其众，势同拉朽。然我已令无忌、李靖设伏于幽州以待之，虏若奔还，伏兵邀其前，大军蹑其后，覆之如反掌矣！我所以不战者，即位日浅，为国之道，安静为务，一与虏战，必有死伤；又匈虏一败，或当惧而修德，结怨于我，为患不细。我今卷甲韬戈，啖以玉帛，顽虏骄恣，必自此始，破亡之渐，其在兹乎！将欲取之，必固与之，此之谓也！"九月，颉利献马三千匹，羊万口，上不受；诏颉利所掠中国户口者悉令归之。

贞观元年，阴山已北薛延陀、回纥、拔也古等部皆相率背叛，击走其欲谷设。颉利遣突利讨之，师又败绩，轻骑奔还。颉利怒，拘之十余日；突利由是怨望，内欲背之。其国大雪，平地数尺，羊马皆死，人大饥，乃惧我师出乘其弊。引兵入朔州，扬言会猎，实设备焉。侍臣咸曰："夷狄无信，先自猜疑，盟后将兵，竟践疆境。可乘其便，数以背约，因而讨之。"太宗曰："匹夫一言，尚须存信，何况天下主乎！岂有亲与之和，利其灾祸而乘危迫险以灭之耶？诸公为可，朕不为也。纵突厥部落尽反，六畜皆死，朕终示以信，不妄讨之；待其无礼，方擒取耳。"

二年，突利遣使奏言与颉利有隙，奏请击之，诏秦武通以并州兵马随便应接。三年，薛延陀自称可汗于漠北，遣使来贡方物。颉利始称臣，尚公主，请修婿礼。颉利每委任诸胡，疏远族类，胡人贪冒，性多翻覆，以故法令滋彰，兵革岁动，国人患之，诸部携贰。频年大雪，六畜多死，国中大馁，颉利用度不给，复重敛诸部，由是下不堪命，内外多叛之。上以其请和，后复援梁师都，诏兵部尚书李靖、代州都督张公谨出定襄道。并州都督李勣、右武卫将军丘行恭出通汉道，左武卫大将军柴绍出金河道，卫孝节出恒安道，薛万彻出畅武道，并受靖节度以讨之。十二月，突利可汗及郁射设、荫奈特勒等，并帅所部来奔。

四年正月，李靖进屯恶阳岭，夜袭定襄，颉利惊扰，因徙牙于碛口。胡酋康苏密等遂以隋萧后及杨政道来降。二月，颉利计窘，窜于铁山，兵尚数万，使执失思力入朝谢罪，请举国内附。太宗遣鸿胪卿唐俭、将军安修仁持节安抚之，颉利稍自安。靖乘间袭击，大破之，遂灭其国。颉利乘千里马，独骑奔于从侄沙钵罗部落。三月，行军副总管张宝相率众奄至沙钵罗营，生擒颉利送于京师。太宗谓曰：“凡有功于我者，必不能忘，有恶于我者，终亦不记。论尔之罪状，诚为不小，但自渭水曾面为盟，从此以来，未有深犯，所以录此，不相责耳！”仍诏还其家口，馆于太仆，廪食之。颉利郁郁不得志，与其家人或相对悲歌而泣。帝见羸惫，授虢州刺史，以彼土多獐鹿，纵其畋猎，庶不失物性。颉利辞不愿往，遂授右卫大将军，赐以田宅。

五年，太宗谓侍臣曰：“天道福善祸淫，事犹影响。昔启民亡国奔隋，文帝不吝粟帛，大兴士众，营卫安置，乃得存立。既而强盛，当须子子孙孙思念报德。才至始毕，即起兵围炀帝于雁门，及隋国将乱，又恃强深入，遂使昔安立其家国者，身及子孙，并为颉利兄弟之所屠戮。今颉利破亡，岂非背恩忘义所致也！”

八年卒，诏其国人葬之，从其俗礼，焚尸于灞水之东，赠归义王，谥曰荒。其旧臣胡禄达官吐谷浑邪自刎以殉。

浑邪者，颉利之母婆施氏之媵臣也。颉利初诞，以付浑邪，至是哀恸而死。太宗闻而异之，赠中郎将，仍葬于颉利墓侧，树碑以纪之。

突利可汗什钵苾者，始毕可汗之嫡子，颉利之侄也。隋大业中，突利年数岁，始毕遣领其东牙之兵，号为泥步设。隋淮南公主之北也，遂妻之。颉利嗣位，以为突利可汗，牙直幽州之北。突利在东偏，管奚、霫等数十部，征税无度，诸部多怨之。贞观初，奚、霫等并来归附，颉利怒其失众，遣北征延陀，又丧师，遂囚而挞焉。

突利初自武德时，深自结于太宗；太宗亦以恩义抚之，结为兄弟，与盟而去。后颉利政乱，骤徵兵于突利，拒之不与，由是有隙。贞观三年，表请入朝。上谓侍臣曰：“朕观前代为国者，劳心以忧万姓，世祚乃长；役人以奉其身，社稷必灭。今北蕃百姓丧亡，诚由其君不君之故也。至使突利情愿入朝，若非困迫，何能至此？夷狄弱则边境无虞，亦甚为慰。然见其颠狈，又不能不惧，所以然者，虑己有不建，恐祸变亦尔。朕今视不能远视，听不能远闻，唯藉公等尽忠匡弼，无得惰于谏净也。”突利寻为颉利所攻，遣使来乞师。太宗谓近臣曰：“朕与突利结为兄弟，不可以不救。”杜如晦进曰：“夷狄无信，其来自久，国家虽

为守约，彼必背之。不若因其乱而取之，所谓取乱侮亡之道。”太宗然之。因令将军周范屯太原，以图进取。突利乃率其众来奔，太宗礼之甚厚，频赐以御膳。

四年，授右卫大将军，封北平郡王，食邑封七百户，以其下兵众置顺、祐等州，师部落还蕃。太宗谓曰：“昔尔祖启民亡失兵马，一身投隋，隋家翌立，遂至强盛，荷隋之恩，未尝报德。至尔父始毕，反为隋家之患，自尔已后，无岁不侵扰中国。天实祸淫，大降灾变，尔众散乱，死亡略尽。既事穷后，乃来投我，我所以不立尔为可汗者，正为启民前事故也。改变前法，欲中国久安，尔宗族永固，是以授尔都督。当须依我国法，整齐所部，不得妄相侵掠，如有所违，当获重罪。”

五年，征入朝，至并州，道病卒，年二十九。太宗为之举哀，诏中书侍郎岑文本为其碑文。子贺逻鹘嗣。

突利弟结社率，贞观初入朝，历位中郎将。十三年，从幸九成宫，阴结部落得四十余人，并拥贺逻鹘，相与夜犯御营，逾第四重幕，引弓乱发，杀卫士数十人。折冲孙武开率兵奋击，乃退。北走渡渭水，欲奔其部落。寻皆捕而斩之，诏原贺逻鹘，流于岭外。

颉利之败也，其部落或走薛延陀，或走西域，而来降者甚众。诏议安边之术。朝士多言突厥恃强，扰乱中国，为日久矣。今天实丧之，穷来归我，本非慕义之心。因其归命，分其种落，俘之河南兖、豫之地，散居州县，各使耕织，百万胡虏可得化为百姓，则中国有加户之利，塞北可常空矣。唯中书令温彦博议请准汉建武时置降匈奴于五原塞下。全其部落，得以捍蔽，又不离其土俗，因而抚之，一则实空虚之地，二则示无猜心。若遣向河南兖、豫，则乖物性，故非含育之道。太宗将从之。秘书监魏徵奏言："突厥自古至今，未有如斯之破败者也，此是上天剿绝，宗庙神武。且其世寇中国，百姓冤仇，陛下以其降伏，不能诛灭，即宜遣还河北，居其故土。匈奴人面兽心，非我族类，强必寇盗，弱则卑服，不顾恩义，其天性也。秦、汉患其若是，故发猛将以击之，收取河南，以为郡县，陛下奈何以内地居之！今降者几至十万，数年之间，孳息百倍，居我肘腋，密迩王畿，心腹之疾，将为后患，尤不可河南处之。"温彦博奏曰："天子之于物也，天覆地载，有归我者，则必养之。今突厥破灭之余，归心降附，陛下不加怜愍，弃而不纳，非天地之道，阻四夷之意，臣愚甚谓不可。遣居河南，所谓死而生，亡而存，怀我德惠，终无叛逆。"魏徵又曰："晋代有魏时胡落，分居近郡，平吴已后，郭钦、江统劝武帝逐出塞外；不用钦等言，数年之后，遂倾瀍、洛。前代覆车，殷鉴不远，陛下必用彦博之言，遣居河南，所谓养兽自遗患也！"彦博又曰："闻圣人之道，无所不通，古先哲王，有教无类。突厥余魂，以命归我，我援护之，收居内地，禀我指麾，教以礼法，数年之后，尽为农民。选其酋首，遣居宿卫，畏威怀德，何患之有？光武居南单于内郡，为汉藩翰，终乎一代，不有叛逆。"彦博既口给，引类百端，太宗遂用其计，于朔方之地，自幽州至灵州置顺、祐、化、长四州都督府，又分颉利之地六州，左置定襄都督府，右置云中都督府，以

统其部众。其酋首至者，皆拜为将军、中郎将等官，布列朝廷，五品以上百余人，因而入居长安者数千家。自结社率之反也，太宗始患之。又上书者多云处突厥于中国，殊谓非便，乃徙于河北，立右武候大将军、化州都督、怀化郡王思摩为乙弥泥孰俟利苾可汗，赐姓李氏，率所部建牙于河北。

思摩者，颉利族人也。始毕、处罗以其貌似胡人，不类突厥，疑非阿史那族类，故历处罗、颉利世，常为夹毕特勤，终不得典兵为设。武德初，数来朝贡，高祖封为和顺郡王。及其国乱，诸部多归中国，唯思摩随逐颉利，竟与同擒。太宗嘉其忠，除右武候大将军、化州都督，令统颉利旧部落于河南之地，寻改封怀化郡王。

及将徙于白道之北，思摩等咸惮薛延陀，不肯出塞。太宗遣司农卿郭嗣本赐延陀玺书曰：

突厥颉利可汗未破已前，自恃强盛，抄掠中国，百姓被其杀者，不可胜纪。我发兵击破之，诸部落悉归化。我略其旧过，嘉其从善，并授官爵，同我百僚，所有部落，爱之如子，与我百姓不异。但中国礼义，不灭尔国，前破突厥，止为颉利一人为百姓之害，所以废而黜之，实不贪其土地，利其人马也。自黜废颉利以后，恒欲更立可汗，是以所降部落等并置河南，任其放牧，今户口羊马日向滋多。元许册立，不可失信，即欲遣突厥渡河，复其国土。我策尔延陀，日月在前，今突厥理是居后，后者为小，前者为大。尔在碛北，突厥居碛南，各守土境，镇抚部落。若其逾越，故相抄掠，我即将兵各问其罪。此约既定，非但有便尔身，贻厥子孙，长守富贵也。

于是命礼部尚书赵郡王孝恭赍书就思摩部落，筑坛于河上以拜之，并赐之鼓纛。突厥及胡在诸州安置者，并令渡河北，还其旧部。又以左屯卫将军阿史那忠为左贤王，左武卫将军阿史那泥孰为右贤王。以贰之。

薛延陀闻太宗遣思摩渡河北，虑其部落翻附碛北，预蓄轻骑，伺之而击。太宗遣敕之曰："擅相侵者，国有常刑。"延陀曰："至尊遣莫相侵掠，敢不奉诏。然突厥翻覆难信，其未破前，连年杀中国人，动以千万计。至尊破突厥，须收为奴婢，将与百姓，而反养之如子，结社率竟反，此辈兽心，不可信也。臣荷恩甚深，请为至尊诛之。"时思摩下部众渡河者凡十万，胜兵四万人，思摩不能抚其众，皆不惬服。至十七年，相率叛之，南渡河，请分处于胜、夏二州之间，诏许之。思摩遂轻骑入朝，寻授右武卫将军，从征辽东，为流矢所中；太宗亲为吮血，其见顾遇如此。未几，卒于京师。赠兵部尚书、夏州都督，陪葬昭陵，立坟以象白道山，诏为立碑于化州。

先是，贞观中，突厥别部有车鼻者，亦阿史那之族也。代为小可汗，牙在金山之北。颉利可汗之败，北荒诸部将推为大可汗，遇薛延陀为可汗，车鼻不敢当，遂率所部归于延陀。为人勇烈，有谋略，颇为众附。延陀恶而将诛之，车鼻密知其谋，窜归于旧所，其地去京师万里，胜兵三万人，自称乙注车鼻可汗。西有歌罗禄，北有结骨，皆附隶之。自延陀破后，遣其子沙钵罗特勒来朝，贡方物，又请身入朝。太宗遣将军郭广敬征之，竟不至。太宗大怒。贞观二十三年，遣右骁卫郎将高侃潜引回纥、仆骨等兵众袭击之，其酋长歌逻禄泥孰阙俟利发及拔塞匐处木昆莫贺咄俟斤等，率部落背车鼻，相继来降。永徽元年，侃军次阿息山。车鼻闻王师至，召所部兵，皆不赴，遂携其妻子从数百骑而遁，其众尽降。侃率精骑追车鼻，获之，送于京师。仍献于社庙，又献于昭陵。高宗数其罪而赦之，拜左武卫将军，赐宅于长安，处其余众于郁督军山，置狼山都督以统之。车鼻长子羯漫陀，先统拔悉密部。车鼻未败前，遣其子庵铄入朝，太宗嘉之，拜左屯卫将军，更置新黎州，以统其众。

车鼻既破之后，突厥尽为封疆之臣，于是分置单于、瀚海二都护府。单于都护领狼山、云中、桑乾三都督、苏农等十四州；瀚海都护领瀚海、金微、新黎等七都督、仙萼、贺兰等八州，各以其首领为都督、刺史。高宗东封泰山，狼山都督葛逻禄社利等首领三十余人，并扈从至岳下，勒名于封禅之碑。自永徽已后，殆三十年，北鄙无事。

调露元年，单于管内突厥首领阿史德温傅、奉职二部落，始相率反叛，立泥孰匐为可汗，二十四州并叛应之。高宗遣鸿胪卿萧嗣业、右千牛将军李景嘉率众讨之，反为温傅所败，兵士死者万余人。又诏礼部尚书裴行俭为定襄道行军大总管，率太仆少卿李思文、营州都督周道务等统众三十余万，讨击温傅，大破之。泥孰匐为其下所杀，并擒奉职而还。

永隆元年，突厥又迎颉利从兄之子阿史那伏念于夏州，将渡河立为可汗，诸部落复响应从之。又诏裴行俭率将军曹继叔、程务挺、李崇直、李文暕等讨之。伏念窘急，诣行俭降。行俭遂虏伏念诣京师，斩于东市。永淳二年，突厥阿史那骨咄禄复反叛。

骨咄禄者，颉利之疏属，亦姓阿史那氏。其祖父本是单于右云中都督舍利元英下首领也，世袭吐屯啜。伏念既破，骨咄禄鸠集亡散，入总材山，聚为群盗，有众五千余人。又抄掠九姓，得羊马甚多，渐至强盛，乃自立为可汗。以其弟默啜为设，咄悉匐为叶护。时有阿史德元珍，在单于检校降户部落，尝坐事为单于长史王本立所拘縶，会骨咄禄入寇，元珍请依旧检校部落，本立许之，因而便投骨咄禄。骨咄禄得之，甚喜，立为阿波达干，令专统兵马事。

永淳二年，进寇蔚州。丰州都督崔智辩击之，反为贼所杀。文明元年，又寇朔州，杀掠人吏，则天诏左武威卫大将军程务挺为单于道安抚大使以备之。垂拱二年，骨咄禄又寇朔、代等州，左玉钤卫中郎将淳于处平为阳曲道总管，与副将中郎将蒲英节率兵赴援，行至忻州，与贼战，大败，死者五千余人。三年，骨咄禄及元珍又寇昌平，诏左鹰扬卫大将军黑齿常之击却之。其年八月，又寇朔州，复以常之为燕然道大总管，击贼于黄花堆，大破之。追奔四十余里，贼众遂散走碛北。右监门卫中郎将爨宝璧又率精兵一万三千人出塞穷追，反为骨咄禄所败，全军尽没，宝璧轻骑遁归。初，宝璧见常之破贼，遽表请穷其余党，则天诏常之与宝璧计议，遥为声援。宝璧以为破贼在朝夕，贪功先行。又令人出塞二千余里觇候，见元珍等部落皆不设备，遂率众掩袭之。既至，又遣人报贼，令得设备出战，遂为贼所覆，宝璧坐此伏诛。则天大怒，因改骨咄禄为不卒禄。元珍后率兵讨突骑施，临阵战死。骨咄禄，天授中病卒。

　　默啜者，骨咄禄之弟也。骨咄禄死时，其子尚幼，默啜遂篡其位，自立为可汗。长寿二年，率众寇灵州，杀掠人吏。则天遣白马寺僧薛怀义为代北道行军大总管，领十八大将军以讨之，既不遇贼，寻班师焉。默啜俄遣使来朝，则天大悦，册授左卫大将军，封归国公，赐物五千段。明年，复遣使请和，又加授迁善可汗。

　　万岁通天元年，契丹首领李尽忠、孙万荣反叛，攻陷营府。默啜遣使上言："请还河西降户，即率部落兵马为国家讨击契丹。"制许之。默啜遂攻讨契丹，部众大溃，尽获其家口，默啜自此兵众渐盛。则天寻遣使册立默啜为特进、颉跌利施大单于、立功报国可汗。圣历元年，默啜表请与则天为子，并言有女，请和亲。初，咸亨中，突厥诸部落来降附者，多处之丰、胜、灵、夏、朔、代等六州，谓之降户。默啜至是，又索此降户及单于都护府之地，兼请农器、种子。则天初不许，默啜大怨怒，言辞甚慢，拘我使人司宾卿田归道，将害之。时朝廷惧其兵势，纳言姚璹、鸾台侍郎杨再思建议请许其和亲，遂尽驱六州降户数千帐，并种子四万余硕，农器三千事以与之，默啜浸强由此也。

　　其年，则天令魏王武承嗣男淮阳王延秀就纳其女为妃，遣右豹韬卫大将军阎知微摄春官尚书，右武威卫郎将杨鸾庄摄司宾卿，大赍金帛，送赴虏庭。行至黑沙南庭，默啜谓知微等曰："我女拟嫁与李家天子儿，你今将武家儿来，此是天子儿否？我突厥积代已来，降附李家，今闻李家天子种末总尽，唯有两儿在，我今将兵助立。"遂收延秀等，拘之别所。伪号知微可汗，与之率众十余万，袭我静难及平狄、清夷等军。静难军使左正锋卫将军慕容玄崱以兵五千人降之。俄进寇妫、檀等州，则天令司属卿武重规为天兵中道大总管，右武威卫将军沙吒忠义为天兵西道前军总管，幽州都督张仁亶为天兵东道总管，率兵三十万击之。右羽林卫大将军阎敬容为天兵西道后军总管，统兵十五万以为后援。默啜又出自恒岳道，寇蔚州，陷飞狐县。俄进攻定州，杀刺史孙彦高，焚烧百姓庐舍，虏掠男女，无少长皆杀之。则天大怒，购斩默啜者，封王，改默啜号为斩啜。寻又围逼赵州，长史唐波若翻城应之，刺史高睿抗节不从，遂遇害。则天乃立庐陵王为皇太子，令充河北道行军大元帅。军未发而默啜尽抄掠赵、定等州男女八九万人，从五回道而去，所过残杀，不可胜纪。沙吒忠义及后军总管李多祚等皆拥重兵，与贼相望，不敢战。河北道元帅、纳言狄仁杰总兵十万追之，无所及。

　　二年，默啜立其弟咄悉匐为左厢察，骨咄禄子默矩为右厢察，各主兵马二万余人。又立其子匍俱为小可汗，位在两察之上，仍主处木昆等十姓兵马四万余人。又号为拓西可汗，自是连岁寇边。久视元年，掠陇右诸监马万余匹而去。制右肃政御史大夫魏元忠为灵武道行军大总管，以备之，又命安北大都督相王旦为天兵道元帅，统诸军讨击，竟未行而贼退。

　　长安三年，默啜遣使莫贺达干，请以女妻皇太子之子。则天令太子男平恩王重俊、义兴王重明廷立见之。默啜遣大臣移力贪汗入朝，献马千匹，及方物以谢许亲之意。则天宴之于宿羽亭，太子、相王及朝集使三品以上并预会，重赐之遣。

　　中宗即位，默啜又寇灵州鸣沙县。灵武军大总管沙吒忠义拒战久之，官军败绩，死者六千余人。贼遂进寇原、会等州，掠陇右群牧马万余匹而去，忠义坐免。中宗下制绝其请婚，仍购募能斩获默啜者封国王，授诸卫大将军，赏物二千段。又命内外官各进破突厥诸策。右补阙卢俌上疏曰：

　　臣闻有虞咸熙，苗人逆命，殷宗大化，鬼方不宾，则戎狄交侵，其来远矣。汉高帝纳娄敬之议，与匈奴和亲，妻以宗女，赂以钜万，冒顿益骄，边寇不止。则远荒之地，凶悍之俗，难以德绥，可以威制，而降自三代，无闻上策。今匈奴不臣，扰我亭障，皇赫斯怒，将整元戎。臣闻王叔帅师，功歌周《雅》；去病耀武，勋勒燕山，则万里折冲，在于择将。《春秋》谋元帅，取其说《礼乐》、敦《诗书》。晋臣杜预，射不穿札，而建平吴之勋，是知中权制谋，不在一夫之勇。其蕃将沙吒忠义等身虽骁悍，志无远图，此乃骑将之材，本不可当大任。且师出以律，将军死绥。秦克长平，赵括为戮；胡去马邑，王恢坐诛，则弃军有刑，古之常典。近者鸣沙之役，主将先逃，轻挫国威，须正邦宪。又其中军既败，阵乱矢穷，义勇之士，犹能死战，功合纪录，以劝戎行，赏罚既明，将士尽节，此擒敌之术也。

　　臣闻以蛮夷攻蛮夷，中国之长算。故陈汤统西域而郅支灭，常惠用乌孙而匈奴败。请购辩勇之士，班、傅之俦，旁结诸蕃，与图攻取，此又掎角之势也。

　　臣闻昔置新秦以实塞下，宜因古法，募人徙边，选其胜兵，免其行役，次庐伍，明教令，则狃习戎事，究识夷险，其所虏获，因而赏之。近战则守家，远战则利货，趋赴锋镝，不劳训誓，朝赋"杨柳"，夕歌《杕杜》，十年之后，可以久安。

　　臣闻汉拜郅都，匈奴避境；赵命李牧，林胡远窜。则朔方之安危，边城之胜负，地方千里，制在一贤。其边州刺史不可不慎择，得其人而任之。兼乘训兵，屯田积粟，谨设烽燧，精饰戈矛，来则惩而御之，去则备而守之，此又古之善经也。去岁亢阳，天下不稔，利在保境，不可穷兵。使内郡黔黎，各安其业，择其宰牧，轻其赋徭，事无过举，爵不以私。爱人之财，节其徭役；惜人之力，不广台榭。察地利天时以趋耕获，命秋狝冬狩以教战阵。则数年之后，有勇知方，帑藏山积，金革犀利。然后整六军，绝大漠，雷击万里，风扫二庭，斩蹛林之酋，悬藁街之邸，使百蛮震怖，五兵载戢，则上合天时，下顺人事。理内以及外，绥近以来远，以惠中国，以静四方。臣少慕文儒，不习军旅，奇正之术，多愧前良，献替是司，轻陈瞽议。

上览而善之。默啜于是杀我行人假鸿胪卿臧思言。思言对贼不屈节，特赠鸿胪卿，仍命左屯卫大将军张仁亶摄右御史台大夫，充朔方道大总管以御之。仁亶始于河外筑三受降城，绝其南寇之路。

睿宗践祚，默啜又遣使请和亲。制以宋王成器女为金山公主许嫁之。默啜乃遣其男杨我支特勒来朝，授右骁卫员外大将军。俄而睿宗传位，亲竟不成。

初，默啜景云中率兵西击娑葛，破灭之。契丹及奚，自神功之后，常受其征役，其地东西万余里，控弦四十万，自颉利之后最为强盛。自恃兵威，虐用其众。默啜既老，部落渐多逃散。开元二年，遣其子移涅可汗及同俄特勒、妹婿火拔颉利发石阿失毕率精骑围逼北庭。右骁卫将军郭虔瓘婴城固守，俄而出兵擒同俄特勒于城下，斩之。虏因退缩，火拔惧不敢归，携其妻来奔，制授左卫大将军，封燕北郡王，封其妻为金山公主，赐宅一区，奴婢十人，马十匹，物千段。明年，十姓部落左厢五咄六啜、右厢五弩失毕五俟斤及子婿高丽莫离支高文简、跌跌都督跌跌思泰等各率其众，相继来降，前后总万余帐。制令居河南之旧地。授高文简左卫员外大将军，封辽西郡王；跌跌思泰为特进、右卫员外大将军兼跌跌都督，封楼烦郡公。自余首领，封拜赐物各有差。默啜女婿阿史德胡禄，俄又归朝，授以特进。其秋，默啜与九姓首领阿布思等战于碛北。九姓大溃，人畜多死，阿布思率众来降。

四年，默啜又北讨九姓拔曳固，战于独乐河，拔曳固大败。默啜负胜轻归，而不设备。遇拔曳固迸卒颉质略于柳林中，突出击默啜，斩之。便入与蕃使郝灵荃传默啜首至京师。骨咄禄之子阙特勒鸠合旧部，杀默啜子小可汗及诸弟并亲信略尽，立其兄左贤王默棘连，是为毗伽可汗。

毗伽可汗以开元四年即位，本蕃号为小杀。性仁友，自以得国是阙特勒之功，固让之。阙特勒不受，遂以为左贤王，专掌兵马。是时奚、契丹相率款塞，突骑施苏禄自立为可汗，突厥部落颇多携贰，乃召默啜时衙官暾欲谷为谋主。初，默啜下衙官尽为阙特勒所杀，暾欲谷以女为小杀可敦，遂免死。废归部落，及复用，年已七十余，蕃人甚敬伏之。

俄而降户阿悉烂、跌跌思泰等复自河曲叛归。初，降户南至单于，左卫大将军单于副都护张知运，尽收其器仗，令渡河而南，蕃人怨怒。御史中丞姜晦为巡边使，蕃人诉无弓矢。不得射猎，晦悉给还之。故有抗敌之具。张知运既不设备，与降户战于青刚岭，为降户所败。临阵生擒知运，拟送与突厥。朔方总管薛纳率兵追讨之。贼至大斌县，又为将军郭知运所击，贼众大溃散，投黑山呼延谷，释张知运而去。上以张知运丧师，斩之以徇。小杀既得降户，谋欲南入为寇。暾欲谷曰："唐主英武，人和年丰，未有间隙，不可动也。我众新集，犹尚疲羸，须且息养三数年，始可观变而举。"小杀又欲修筑城壁，造立寺观。暾欲谷曰："不可。突厥人户寡少，不敌唐家百分之一，所以常能抗拒者，正以随逐水草，居处无常，射猎为业，又皆习武。强则进兵抄掠，弱则窜伏山林，唐兵虽多，无所施用。若筑城而居，改变旧俗，一朝失利，必将为唐所并。且寺观之法，教人仁弱，本非用武争强之道，不可置也。"小杀等深然其策。

八年冬，御史大夫王晙为朔方大总管，奏请西征拔悉密，东发奚、契丹两蕃，期以明年秋初，引朔方兵数道俱入，掩突厥衙帐于稽落河上。小杀闻之，大恐。暾欲谷曰："拔悉密今在北庭，与两蕃东、西相去极远，势必不合。王晙兵马，计亦无能至此。必若能来，候其临到，即移衙帐向北三日，唐兵粮尽，自然去矣。且拔悉密轻而好利，闻命必是先来，王晙与张嘉贞不协，奏请有所不惬，必不敢动。若王晙兵马不来，拔悉密独至，即须击取之，势易为也！"

九年秋，拔悉密果临突厥衙帐，而王晙兵及两蕃不至。拔悉密惧而引退。突厥欲击之，暾欲谷曰："此众去家千里，必将死战，未可击也，不如以兵蹙之。"去北庭二百里，暾欲谷分兵间道先掩北庭，因纵卒击拔悉密之还众。遂散走投北庭，而城陷不得入，尽为突厥所擒，并虏其男女而还。暾欲谷回兵，因而出赤亭以掠凉州羊马。时杨敬述为凉州都督，遣副将卢公利、判官元澄，出兵邀之。暾欲谷曰："敬述若守城自固，即与连和；若出兵相当，即须决战。我今乘胜，必有功矣！"公利等兵至删丹，遇贼，元澄令兵士揎臂持满，仍急结其袖，会风雪冻烈，尽坠弓矢。由是官军大败，元澄脱身而走。敬述坐削除官爵，白衣检校凉州事。小杀由是大振，尽有默啜之众。俄又遣使请和，乞与玄宗为子，上许之。仍请尚公主，上但厚赐而遣之。

十三年，玄宗将东巡，中书令张说谋欲加兵以备突厥。兵部郎中裴光庭曰："封禅者，告成之事，忽此征发，岂非名实相乖？"说曰："突厥比虽请和，兽心难测。且小杀者仁而爱人，众为之用；阙特勒骁武善战，所向无前；暾欲谷深沉有谋，老而益智，李靖、徐勣之流也。三虏协心，动无遗策，知我举国东巡，万一窥边，何以御之？"光庭请遣使征其大臣扈从，则突厥不敢不从，又亦难为举动。说然其言，乃遣中书直省袁振摄鸿胪卿，往突厥以告其意。小杀与其妻及阙特勒、暾欲谷等环坐帐中设宴，谓振曰："吐蕃狗种，唐国与之为婚；奚及契丹，旧是突厥之奴，亦尚唐家公主；突厥前后请结和亲，独不蒙许，何也？"袁振曰："可汗既与皇帝为子，父子岂合为婚姻？"小杀等曰："两蕃亦蒙赐姓，犹得尚主，但依此例，有何不可？且闻入蕃公主，皆非天子之女，今之所求，岂问真假，频请不得，实亦羞见诸蕃。"振许为奏请。小杀乃遣其大臣阿史德颉利发入朝贡献，因扈从东巡。

玄宗发都，至嘉会顿，引颉利发及诸蕃酋长入仗，仍与之弓箭。时有兔起于御马之前，上引弓傍射，一发获之。颉利发便下马捧兔蹈舞曰："圣人神武超绝，若天上则不知，人间无也。"上因令问饥否。对曰："仰观圣武如此，十日不食，犹为饱也！"自是常令突厥入仗驰射。起居舍人吕向上疏曰：

臣闻鹧枭不鸣，未为瑞鸟，猛虎虽伏，岂齐仁兽，是由丑性毒行，久务常积故也。今夫突厥者，正与此类，安忍残贼，莫顾君亲！陛下持武义临之，修文德来之，既慑威灵，又沐声教；以力以势，不得不庭。故稽颡称臣，奔命遣使。陛下乃能收其倾效，杂以从官，赴封禅之礼，参玉帛之会，此德业自盛，固不可名焉。因复诏许侍游，召入禁仗。仰英姿之四照，送神艺之百发，恩意俱极，诚无得逾焉。乃更赐以驰逐，使操弓矢，竞飞镞于前，同获兽之乐，是屑略太过，未敢取也。虽圣胸豁达，与物无猜，而愚心徘徊，与时加栗。倪此等各怀犬吠，交肆盗憎，荆棘诡动，何罗窃至，暂逼严跸，稍冒清尘，纵即殪玄方，墟幽土，单于为醢，穹庐为污，何塞过责？特愿陛下勿复亲近，使知分限。待不失常，归于得所，以谓回两曜之鉴，祛九宇之忧，孰不幸甚！

上纳其言，遂令诸蕃先发。东封回，上为颉利发设宴，厚赐而遣之，竟不许其和亲。

十五年，小杀使其大臣梅录啜来朝，献名马三十匹。时吐蕃与小杀书，将计议同时入寇，小杀并献其书。上嘉其诚，引梅录啜宴于紫宸殿，厚加赏赉，仍许于朔方军西受降城为互市之所，每年赍缣帛数十万匹就边以遗之。

二十年，阙特勒死，诏金吾将军张去逸、都官郎中吕向，赍玺书入蕃吊祭，并为立碑。上自为碑文，仍立祠庙，刻石为像，四壁画其战阵之状。

二十年，小杀为其大臣梅录啜所毒，药发，未死，先讨斩梅录啜，尽灭其党。既卒，国人立其子为伊然可汗。诏宗正卿李佺往申吊祭，并册立伊然，为立碑庙。仍令史官起居舍人李融为其碑文。无几，伊然病卒，又立其弟为登利可汗。

登利者，犹华言果报也。登利年幼，其母即暾欲谷之女，与其小臣饫斯达干奸通，干预国政，不为蕃人所伏。登利从叔父二人分掌兵马，在东者号为左杀，在西者号为右杀，其精锐悉分在两杀之下。二十八年，上遣右金吾将军李质赍玺书，又册立登利为可汗。俄而登利与其母诱斩西杀，尽其众。而左杀惧祸及己，勒兵攻登利，杀之。自立，号乌苏米施可汗。左杀又不为国人所附，拔悉密部落起兵击之。左杀大败，脱身遁走，国中大乱。西杀妻子及默啜之孙勃德支特勒、毗伽可汗女大洛公主、伊然可汗小妻余塞匐、登利可汗女余烛公主及阿布思颉利发等，并率其部众相次来降。天宝元年八月，降虏至京师，上令先谒太庙，仍于殿庭引见，御花萼楼以宴之，上赋诗以纪其事。

卷一百九十四下
列传第一百四十四下

突厥下

西突厥本与北突厥同祖。初，木杆与沙钵略可汗有隙，因分为二。其国即乌孙之故地，东至突厥国，西至雷翥海，南至疏勒，北至瀚海，在长安北七千里。自焉耆国西北七日行，至其南庭；又正北八日行，至其北庭。铁勒、龟兹及西域诸胡国，皆归附之。其人杂有都陆及驽失毕、歌逻禄、处月、处密、伊吾等诸种。风俗大抵与突厥同，唯言语微差。其官有叶护，有特勒，常以可汗子弟及宗族为之；又有乙斤、屈利啜、阎洪达、颉利发、吐屯、俟斤等官，皆代袭其位。

处罗可汗，隋炀帝大业中与其弟阙达设及特勒大奈入朝。仍从炀帝征高丽，赐号为曷萨那可汗。遇江都之乱，从宇文化及至河北。化及败，归长安，高祖为之降榻，引与同坐，封归义郡王。献大珠于高祖。高祖劳之曰："珠信为宝，朕所重者赤心，珠无所用。"竟不受之。先与始毕有隙，及在京师，始毕遣使请杀之，高祖不许。群臣谏曰："今若不与，则是存一人而失一国也，后必为患。"太宗曰："人穷来归我，杀之不义。"骤谏于高祖，由是迟回者久之。不得已，乃引曷萨那于内殿，与之纵酒，既而送至中书省，纵北突厥使杀之。太宗即位，令以礼改葬。

阙达设初居于会宁，有部落三千余骑。至隋末，自称阙达可汗。武德初，遣使内属，拜吐乌过拔阙可汗，厚加抚慰。寻为李轨所灭。

特勒大奈，隋大业中与曷萨那可汗同归中国。及从炀帝讨辽东，以功授金紫光禄大夫。后分其部落于楼烦。会高祖举兵，大奈率其众以从。隋将桑显和袭义军于饮马泉，诸军多已奔退，大奈将数百骑出显和后，掩其不备，击，大破之，诸军复振。拜光禄大夫。及平京城，以力战功，赏物五千段，赐姓史氏。武德初，从太宗破薛举。又从平王世充，破窦建德、刘黑闼，并有殊功。赐宫女三人，杂彩万余段。贞观三年，累迁右武卫大将军、检校丰州都督，封窦国公，实封三百户。十二年卒，赠辅国大将军。初，曷萨那之朝隋也，为炀帝所拘，其国人遂立萨那之叔父，曰射匮可汗。

射匮可汗者，达头可汗之孙也。既立后，始开土宇，东至金山，西至海，自玉门已西诸国皆役属之。遂与北突厥为敌，乃建庭于龟兹北三弥山，寻卒。弟统叶护可汗代立。

统叶护可汗，勇而有谋，善攻战。遂北并铁勒，西拒波斯，南接罽宾，悉归之。控弦数十万，霸有西域，据旧乌孙之地。又移庭于石国北之千泉。其西域诸国王悉授颉利发，并遣吐屯一人监统之，督其征赋。西戎之盛，未之有也。

武德三年，遣使贡条支巨卵。时北突厥作患，高祖厚加抚结，与之并力以图北蕃，统叶护许以五年冬。大军将发，颉利可汗闻之，大惧，复与统叶护通和，无相征伐。统叶护寻遣使来请婚。高祖谓侍臣曰："西突厥去我悬远，急疾不相得力，今请婚，其计安在？"封德彝对曰："当今之务，莫若远交而近攻，正可权许其婚，以威北狄。待之数年后，中国盛全，徐思其宜。"高祖遂许之婚，令高平王道立至其国，统叶护大悦。遇颉利可汗频岁入寇，西蕃路梗，由是未果为婚。

贞观元年，遣真珠统俟斤与高平王道立来献万钉宝钿金带，马五千匹。时统叶护自负强盛，无恩于国，部众咸怨，歌逻禄种多叛之。颉利可汗不悦中国与之和亲，数遣兵入寇，又遣人谓统叶护曰："汝若迎唐家公主，要须经我国中而过。"统叶护患之，未克婚。为其伯父所杀而自立，是为莫贺咄侯屈利俟毗可汗。太宗闻统叶护之死，甚悼之，遣赍玉帛至其死所祭而焚之。会其国乱，不果至而止。

莫贺咄侯屈利俟毗可汗，先分统突厥种类为小可汗，及此自称大可汗，国人不附。弩失毕部共推泥孰莫贺设为可汗，泥孰不从。时统叶护之子咥力特勒避莫贺咄之难，亡在康居，泥孰遂迎而立之，是为乙毗钵罗肆叶护可汗。连兵不息，俱遣使来朝，各请婚于我。太宗答之曰："汝国扰乱，君臣未定，战争不息，何得言婚！"竟不许。仍讽令各保所部，无相征伐。其西域诸国及铁勒先役属于西突厥者，悉叛之，国内虚耗。

肆叶护既是旧主之子，为众心所归，其西面都陆可汗及莫贺咄可汗部豪帅，多来附之。又兴兵以击莫贺咄，大败之。莫贺咄遁于金山，寻为咄陆可汗所害，国人乃奉肆叶护为大可汗。肆叶护可汗立，大发兵北征铁勒，薛延陀逆击之，反为所败。肆叶护性猜狠信谗，无统驭之略。有乙利可汗者，于肆叶护功最多，由是授小可汗，以非罪族灭之。群下震骇，莫能自固。肆叶护素悼泥孰，而阴欲图之，泥孰遂适焉耆。其后设卑达干与突厥弩失毕二部豪帅潜谋击之，肆叶护以轻骑遁于康居，寻卒。国人迎泥孰于焉耆而立之，是为咄陆可汗。

咄陆可汗泥孰者，亦称大渡可汗。父莫贺设，本隶统叶护。武德中，尝至京师。时太宗居藩，务加怀辑，与之结盟为兄弟。既被推为可汗，遣使诣阙请降。太宗遣使赐以名号及鼓纛。贞观七年，遣鸿胪少卿刘善因至其国，册授为吞阿娄拔奚利邲咄陆可汗。明年，泥孰卒，其弟同娥设立，是为沙钵罗咥利失可汗。

沙钵罗咥利失可汗，以贞观九年上表请婚，献马五百匹。朝廷唯厚加抚慰，未许其婚。俄而其国分为十部，每部令一人统之，号为十设。每设赐以一箭，故称为十箭焉。又分十箭为左右厢，一厢各置五箭。其左厢号为五咄六部落，置五大啜，一啜管一箭；其右厢号为五弩失毕，置五大俟斤，一俟斤管一箭，都号为十箭。其后或称一箭为一部落，大箭头为大首领。五咄六部落居于碎叶已东，五弩失毕部落居于碎叶已西，自是都号为十姓部落。

咥利失既不为众所归，部众携贰，为其统吐屯所袭，麾下亡散。咥利失以左右百余骑拒之，战数合，统吐屯不利而去。咥利失奔其弟步利设，与保焉耆。其阿悉吉阙俟斤与统吐屯等召国人，将立欲谷设为大可汗。以咥利失为小可汗。统吐屯为人所杀，欲谷设兵又为其俟斤所破，咥利失复得旧地，弩失毕、处密等并归咥利失。

十二年，西部竟立欲谷设为乙毗咄陆可汗。乙毗咄陆可汗既立，与咥利失大战，两军多死，各引去。因与咥利失中分，自伊列河已西属咄陆，已东属咥利失。咄陆可汗又建庭于镞曷山西，谓为北庭。自厥越失、拔悉弥、驳马、结骨、火燖、触水昆诸国皆臣之。

十三年，咥利失为其吐屯俟利发与欲谷设通谋作难，咥利失穷蹙，奔拔汗那而死。弩失毕部落酋帅迎咥利失弟伽那之子薄布特勒而立之，是为乙毗沙钵罗叶护可汗。

乙毗沙钵罗叶护可汗既立，建庭于睢合水北，谓之南庭。东以伊列河为界，自龟兹、鄯善，且末、吐火罗、焉耆、石国、史国、何国、穆国、康国，皆受其节度。累遣使朝贡，太宗降玺书慰勉。

贞观十五年，令左领军将军张大师往授焉，赐以鼓纛。于时咄陆可汗与叶护频相攻击。会咄陆遣使诣阙，太宗谕以敦睦之道。咄陆于时兵众渐强，西域诸国复来归附。未几，咄陆遣石国吐屯攻叶护，擒之，送于咄陆，寻为所杀。

咄陆可汗既并其国，弩失毕诸姓心不服咄陆，皆叛之。咄陆复率兵击吐火罗，破之。自恃其强，专擅西域。遣兵寇伊州，安西都护郭恪率轻骑二千自乌骨邀击，败之。咄陆又遣处月、处密等围天山县，郭恪又击走之。恪乘胜进拔处月俟斤所居之城，追奔及于遏索山，斩首千余级，降其处密之众而归。咄陆初以泥孰啜自擅取所部物，斩之以徇；寻为泥孰啜部将胡禄居所袭，众多亡逸，其国大乱。

贞观十五年，部下屋利啜等谋欲废咄陆，各遣使诣阙，请立可汗。太宗遣使赍玺书立莫贺咄乙毗可汗之子，是为乙毗射匮可汗。

乙毗射匮可汗立，乃发弩失毕兵就白水击咄陆。自知不为众所附，乃西走吐火罗国。中国使人先为咄陆所拘者，射匮悉以礼资送归长安，复遣使贡方物，请赐婚。太宗许之，诏令割龟兹、于阗、疏勒、朱俱波、葱岭等五国为聘礼。及太宗崩，贺鲁反叛，射匮部落为其所并。

阿史那贺鲁者，曳步利设射匮特勒之子也。初，阿史那步真既来归国，咄陆可汗乃立贺鲁为叶护，以继步真。居于多逻斯川，在西州直北一千五百里，统处密、处月、姑苏、歌罗禄、弩失毕五姓之众。其后，咄陆西走吐火罗国，射匮可汗遣兵追逐，贺鲁不常厥居。贞观二十二年，乃率其部落内属，诏居廷州。寻授左骁卫将军、瑶池都督。高宗即位，进拜左骁卫大将军，瑶池都督如故。

永徽二年，与其子咥运率众西遁，据咄陆可汗之地，总有西域诸郡，建牙于双河及千泉，自号沙钵罗可汗，统摄咄陆、弩失毕十姓。其咄陆有五啜：一曰处木昆律啜；二曰胡禄居阙啜，贺鲁以女妻之；三曰摄舍提暾啜；四曰突骑施贺逻施啜；五曰鼠尼施处半啜。弩失毕有五俟斤：一曰阿悉结阙俟斤，最为强盛；二曰哥舒阙俟斤；三曰拔塞干暾沙钵俟斤，四曰阿悉结泥孰俟斤；五曰哥舒处半俟斤。各有所部，胜兵数十万，并羁属贺鲁。西域诸国，亦多附隶焉。

贺鲁寻立咥运为莫贺咄叶护，数侵扰西蕃诸部，又进寇廷州。三年，诏遣左武候大将军梁建方、右骁卫大将军契苾何力率燕然都护所部回纥兵五万骑讨之，前后斩首五千级，虏渠帅六十余人。四年，咄陆可汗死，其子真珠叶护与五弩失毕请击贺鲁，破其牙帐，斩首千余级。

显庆二年，遣右屯卫将军苏定方，燕然都护任雅相，副都护萧嗣业，左骁卫大将军、瀚海都督回纥婆闰等率师讨击，仍使右武卫大将军阿史那弥射、左屯卫大将军阿史那步真为安抚大使。定方行至曳咥河西，贺鲁率胡禄居阙啜等二万余骑列阵而待。定方率副总管任雅相等与之交战，贼众大败，斩大首领都搭达干等二百余人。贺鲁及阙啜轻骑奔窜，渡伊丽河，人马溺死者甚众。嗣业至千泉贺鲁下牙之处，弥射进军至伊丽水，处月、处密等部各率众来降。弥射又进次双河，贺鲁先使步失达干鸠集散卒，据栅拒战。弥射、步真攻之，大溃；又与苏定方攻贺鲁于碎叶水，大破之。

贺鲁与咥运欲投鼠耨设，至石国之苏咄城傍，人马饥乏，城主伊涅达干诈将酒食出迎，贺鲁信其言入城，遂被拘执。萧嗣业既至石国，鼠耨设乃以贺鲁属之。贺鲁谓嗣业曰："我破亡虏耳！先帝厚我，而我背之，今日之败，天怒我也。旧闻汉法，杀人皆于都市，至京杀我，请向昭陵，使得谢罪于先帝，是本愿也。"高宗闻而愍之。及俘贺鲁至京师，令献于昭陵及太庙，诏特免死。分其种落置昆陵、濛池二都护府，其所役属诸国，皆分置州府，西尽于波斯，并隶安西都护府。四年，贺鲁卒。诏葬于颉利墓侧，刻石以纪其事。

阿史那弥射者，室点密可汗五代孙也。初，室点密从单于统领十大首领，有兵十万众，往平西域诸胡国，自为可汗，号十姓部落，世统其众。弥射在本蕃为莫贺咄叶护。贞观六年，诏遣鸿胪少卿刘善因就蕃立为奚利邲咄陆可汗，赐以鼓纛、彩帛万段。其族兄步真欲自立为可汗，遂谋杀弥射父侄二十余人。弥射既与步真有隙，以贞观十三年率所部处月、处密部落入朝，授右监门大将军。其后步真遂自立为咄陆叶护，其部落多不服，委之遁去。步真复携家属入朝，授左屯卫大将军。

弥射后从太宗征高丽有功，封平襄县伯。显庆二年，转右武卫大将军。及讨平贺鲁，乃册立弥射为兴昔亡可汗兼右卫大将军、昆陵都护，分押贺鲁下五咄六部落。步真授继往绝可汗，兼右卫大将军、濛池都护，仍分押五弩失毕部落。因下诏曰：

自西蕃猾乱，三十余年。比者贺鲁猖狂，百姓重被劫掠。朕君临四海，情均养育。不可使凶狡之虏，恣行侵渔，无辜之氓，久遭涂炭。故遣右屯卫将军苏定方等统率骑勇，北路讨逐。卿等宣畅朝风，南道抚育。遂使凶渠畏威，夷人慕德，伐叛柔服，西域总平。贺鲁父子既已擒获，诸头部落须有统领。卿早归阙庭，久参宿卫，深感恩义，甚知法式，所以册立卿等各为一部可汗。但诸姓从贺鲁，非其本情，卿等才至即降，亦是赤心向国。卿宜与卢承庆等准其部落大小，位望高下，节级授刺史以下官。

龙朔中，又令弥射、步真率所部从咄海道大总管苏海政讨龟兹。步真尝欲并弥射部落，遂密告海政云："弥射欲谋反，请以计诛之。"时海政兵才数千，悬师在弥射境内，遂集军吏而谋曰："弥射若反，我辈即无噍类。今宜先举事，则可克捷。"乃伪称有敕，令大总管赍物数百段分赐可汗及诸首领。由是弥射率其麾下，随例请物，海政尽收斩之。其后西蕃盛言弥射非反，为步真所诬，而海政不能审察，滥行诛戮。

则天临朝，十姓无主数年，部落多散失。垂拱初，遂擢授弥射子左豹韬卫翊府中郎将元庆为左玉钤卫将军兼昆陵都护，令袭兴昔亡可汗，押五咄六部落。步真子斛瑟罗为右玉钤卫将军，兼濛池都护，押五弩失毕部落。寻进授元庆左卫大将军。

如意元年，为来俊臣诬谋反被害。其子献，配流崖州。长安三年，召还。累授右骁卫大将军，袭父兴昔亡可汗，充安抚招慰十姓大使。献本蕃渐为默啜及乌质勒所侵，遂不敢还国。开元中，累迁右金吾大将军。卒于长安。

阿史那步真者，在本蕃授左屯卫大将军。与弥射讨平贺鲁，加授骠骑大将军、行右卫大将军、濛池都护、继往绝可汗，押五弩失毕部落。寻卒。其子斛瑟罗，本蕃为步利设，垂拱初，授右玉钤卫将军兼濛池都护、袭继往绝可汗，押五弩失毕部落。天授元年，拜左卫大将军，改封竭忠事主可汗，仍赐濛池都护。寻卒。子怀道，神龙年累授右卫大将军、光禄卿，转太仆卿兼濛池都护、十姓可汗。自垂拱已后，十姓部落频被突厥默啜侵掠，死散殆尽。及随斛瑟罗才六七万人，徙居内地，西突厥阿史那氏于是遂绝。

突骑施乌质勒者，西突厥之别种也。初隶在斛瑟罗下，号为莫贺达干。后以斛瑟罗用刑严酷，众皆畏之，尤能抚恤其部落，由是为远近诸胡所归附。其下置都督二十员，各统兵七千人。尝屯聚碎叶西北界，后渐攻陷碎叶，徙其牙帐居之。东北与突厥为邻，西南与诸胡相接，东南至西廷州。斛瑟罗以部众削弱，自则天时入朝，不敢还蕃，其地并为乌质勒所有。

景龙二年，诏封为西河郡王，令摄御史大夫解琬就加册立。未至，乌质勒卒。其长子娑葛代统其众，诏便立娑葛为金河郡王，仍赐以宫女四人。

初，娑葛代父统兵，乌质勒下部将阙啜忠节甚忌之，以兵部尚书宗楚客当朝任势，密遣使赍金七百两以赂楚客，请停娑葛统兵。楚客乃遣御史中丞冯嘉宾充使至其境，阴与忠节筹其事，并自致书以申意。在路为娑葛游兵所获，遂斩嘉宾，仍进兵攻陷火烧等城，遣使上表以索楚客头。

景龙三年，娑葛弟遮弩恨所分部落少于其兄，遂叛入突厥，请为乡导，以讨娑葛。默啜乃留遮弩，遣兵二万人与其左右来讨娑葛，擒之而还。默啜顾谓遮弩曰："汝于兄弟尚不和协，岂能尽心于我。"遂与娑葛俱杀之。默啜兵还，娑葛下部将苏禄鸠集余众，自立为可汗。

苏禄者，突骑施别种也。颇善绥抚，十姓部落渐归附之，众二十万，遂雄西域之地，寻遣使来朝。开元三年，制授苏禄为左羽林军大将军、金方道经略大使，进为特勒，遣侍御史解忠顺赍玺书册立为忠顺可汗。自是每年遣使朝献。上乃立史怀道女为金河公主以妻之。

时杜暹为安西都护，公主遣牙官赍马千匹诣安西互市。使者宣公主教与暹，暹怒曰："阿史那氏女，岂合宣教与吾节度耶！"杖其使者，留而不遣，其马经雪，寒死并尽。苏禄大怒，发兵分寇四镇。会杜暹入知政事，赵颐贞代为安西都护，城守久之，由是四镇贮积及人畜并为苏禄所掠，安西仅全。苏禄既闻杜暹入相，稍引退，俄又遣使入朝献方物。

十八年，苏禄使至京师，玄宗御丹凤楼设宴。突厥先遣使入朝，是日亦来预宴，与苏禄使争长。突厥使曰："突骑施国小，本是突厥之臣，不宜居上。"苏禄使曰："今日此宴，乃为我设，不合居下。"于是中书门下及百僚议，遂以东西幕下两处分坐，突厥使在东，突骑施使在西。宴讫，厚赍而遣之。

苏禄性尤清俭，每战伐，有所克获，尽分与将士及诸部落。其下爱之，甚为其用。潜又遣使南通吐蕃，东附突厥。突厥及吐蕃亦嫁女与苏禄。既三国女为可敦，又分立数子为叶护，费用渐广。先既不为积贮，晚年抄掠所得者，留不分之。又因风病，一手挛缩，其下诸部，心始携贰。

有大首领莫贺达干、都摩度两部落，最为强盛。百姓又分为黄姓、黑姓两种，互相猜阻。

二十六年夏，莫贺达干勒兵夜攻苏禄，杀之。都摩度初与莫贺达干连谋，俄又相背，立苏禄之子咄火仙为可汗，以辑其余众，与莫贺达干自相攻击。莫贺达干遣使告安西都护盖嘉运。嘉运率兵讨之，大败都摩度之众，临阵擒咄火仙，并收得金河公主而还。又欲立史怀道之子昕为可汗以镇抚之，莫贺达干不肯，曰："讨平苏禄，本是我之元谋，若立史昕为主，则国家何以酬赏于我？"乃不立史昕，便令莫贺达干统众。

二十七年二月，嘉运率将士诣阙献俘，玄宗御花萼楼以宴之，仍令将吐火仙献于太庙。俄又黄姓、黑姓自相屠杀，各遣使降附。

史臣曰：中原多事，外国窥边，周猃狁、汉匈奴之后，其类实繁，前史论之备矣。突厥自隋文修王道，肃军容，示恩威以羁縻之；炀帝失政教，生戎心，肇乱离以启发之。高祖借其力而入平京师，群贼附其强而迭据河朔。高祖同御榻以延其使，太宗幸便桥以约其和。当其时焉，不其盛矣！竟灭其族而身死于国者，何也？咸谓太宗有驭夷狄之道，李勣著戡定之功。殊不知突厥之始也，赏罚明而将士戮力。遇炀帝之乱，亡命蓄怒者既附之，其兴也宜哉！颉利之衰也，兄弟构隙而部族离心。当太宗之理，谋臣猛将讨逐之，其亡也宜哉！洎武后乱朝，默啜犯塞，玄宗纂嗣，传首京师，东封太山，西戎扈跸，开元之代，继踵来降。西突厥诸族，遇其理，则众心悦附而甲兵兴焉；遇其乱，则族类怨怒而本根破矣！理乱二道，华夷一途。或质言于盛衰倚伏，未为确论。

赞曰：中国失政，边夷幸灾。理乱之道，取鉴将来。

卷一百九十五
列传第一百四十五

回　纥

回纥，其先匈奴之裔也。在后魏时，号铁勒部落。其众微小，其俗骁强，依托高车，臣属突厥，近谓之特勒。无君长，居无恒所，随水草流移。人性凶忍，善骑射，贪婪尤甚，以寇抄为生。自突厥有国，东西征讨，皆资其用，以制北荒。隋开皇末，晋王广北征突厥，大破步迦可汗，特勒于是分散。大业元年，突厥处罗可汗击特勒诸部，厚敛其物。又猜忌薛延陀，恐为变，遂集其渠帅数百人尽诛之，特勒由是叛。特勒始有仆骨、同罗、回纥、拔野古、覆罗步，号俟斤，后称回纥焉。在薛延陀北境，居娑陵水侧，去长安六千九百里。随逐水草，胜兵五万，人口十万人。

初，有特健俟斤死，有子曰菩萨，部落以为贤而立之。贞观初，菩萨与薛延陀侵突厥北边，突厥颉利可汗遣子欲谷设率十万骑讨之。菩萨领骑五千与战，破之于马鬣山。因逐北至于天山，又进击，大破之，俘其部众，回纥由是大振。因率其众附于薛延陀，号菩萨为"活颉利发"，仍遣使朝贡。

菩萨劲勇，有胆气，善筹策，每对敌临阵，必身先士卒，以少制众，常以战阵射猎为务。其母乌罗浑，主知争讼之事，平反严明，部内齐肃。回纥之盛，由菩萨之兴焉。

贞观中，擒降突厥颉利等可汗之后，北房唯菩萨、薛延陀为盛。太宗册北突厥莫贺咄为可汗，遣统回纥、仆骨、同罗、思结、阿跌等部，回纥酋帅吐迷度与诸部大破薛延陀多弥可汗，遂并其部曲，奄有其地。

贞观二十年，南过贺兰山，临黄河，遣使入贡，以破薛延陀功，赐宴内殿。太宗幸灵武，受其降款，因请回鹘已南置邮递，通管北方。太宗为置六府七州，府置都督，州置刺史，府州皆置长史、司马已下官主之。以回纥部为瀚海府，拜其俟利发吐迷度为怀化大将军，兼瀚海都督。时吐迷度已自称可汗，署官号皆如突厥故事。以多览为燕然府，仆骨为金徽府，拔野古为幽陵府，同罗为龟林府，思结为卢山府，浑都部为皋兰州，斛萨为高阙州，阿跌为鸡田州，契苾为榆溪州，跌结为鸡鹿州，阿布思为归林州，白霤为寘颜州。又以回纥西北结骨为坚昆府，其北骨利干为玄阙州，东北俱罗勃为烛龙州。于故单于台置燕然都护府统之，以导宾贡。

贞观二十二年，吐迷度为其侄乌纥所杀。初，乌纥烝其叔母，遂与俱陆莫贺达干俱罗勃潜谋杀吐迷度以归车鼻。乌纥、俱罗勃，并车鼻之婿也，乌纥遂夜领骑十余劫吐迷度，杀之。燕然副都护元礼臣遣人绐乌纥云："将奏而为都督，替吐迷度也。"乌纥轻骑至礼臣所，跪拜致谢；礼臣擒之斩以闻。

太宗恐回纥部落携离，十月，遣兵部尚书崔敦礼往安抚之，仍以敦礼为金山道副将军。赠吐迷度左卫大将军，赗物及衣服设祭甚厚。以吐迷度子前左屯卫大将军、翊左郎将婆闰为左骁卫大将军、大俟利发、使持节回纥部落诸军事、瀚海都督。后俱罗勃来朝，太宗留之不遣。诏西突厥可汗阿史那贺鲁统五啜、五俟斤二十余部，居多罗斯水南，去西州马行十五日程。回纥不肯西属突厥。

永徽二年，贺鲁破北庭，诏将军梁建方、契苾何力领兵二万，取回纥五万骑，大破贺鲁，收复北庭。显庆元年，贺鲁又犯边。诏程知节、苏定方、任雅相、萧嗣业领兵并回纥大破贺鲁于阴山，再破于金牙山，尽收所据之地，西遂至罗川。贺鲁西奔石国，婆闰随苏定方逐贺鲁至石国西北苏咄城，城主伊涅达干执贺鲁送洛阳。以其地置濛池、昆陵府，以阿史那弥射、阿史那步真为二府都督，统十姓左厢五弩失毕、右厢五咄陆。以贺鲁种落分置州县，西尽波斯。加婆闰右卫大将军、兼瀚海都督。

永徽六年，回鹘遣兵随萧嗣业讨高丽。龙朔中，婆闰死，妹比粟毒主领回鹘，与同罗、仆固犯边。高宗命郑仁泰讨平仆固等，比粟毒败走，因以铁勒本部为天山县。永隆中独解支，嗣圣中伏帝匐，开元中承宗、伏帝难，并继为酋长，皆受都督号，以统蕃州，左杀右杀分管诸部。

开元中，回鹘渐盛，杀凉州都督王君㚟，断安西诸国入长安路。玄宗命郭知运等讨逐，退保乌德健山，南去西城一千七百里。西城即汉之高阙塞也。西城北去碛石口三百里。

有十一都督，本九姓部落：一曰药罗葛，即可汗之姓；二曰胡咄葛；三曰咄罗勿；四曰貊歌息讫；五曰阿勿嘀；六曰葛萨；七曰斛嗢素；八曰药勿葛；九曰奚耶勿。每一部落一都督。破拔悉密，收一部落，破葛逻禄，收一部落，各置都督一人，统号十一部落。每行止斗战，常以二客部落为军锋。

天宝初，其酋长叶护颉利吐发遣使入朝，封奉义王。

三载，击破拔悉密，自称骨咄禄毗伽阙可汗。又遣使入朝，因册为怀仁可汗。及至德元载七月，肃宗于灵武即位。遣故邠王男承寀，封为燉煌王，将军石定番，使于回纥，以修好征兵。及至其牙，可汗以女嫁于承寀，遣首领来朝，请和亲，封回纥公主为毗伽公主。肃宗在彭原，遇之甚厚。二载二月，回纥又使首领大将军多揽等十五人入朝。九月戊寅，加承寀开府仪同三司，拜宗正卿，纳回纥公主为妃。回纥遣其太子叶护领其将帝德等兵马四千余众，助国讨逆。肃宗宴赐甚厚。又命元帅广平王见叶护，约为兄弟，接之颇有恩义。叶护大喜，谓王为兄。

戊子，回纥大首领达干等一十三人先至扶风，与朔方将士见仆射郭子仪。留之，宴设三日。叶护太子曰："国家有难，远来相助，何暇食为！"子仪固留之，宴毕便发。其军每日给羊二百口、牛二十头、米四十石。及元帅广平王率郭子仪等至香积寺东二十里，西临沣水。贼埋精骑于大营东，将袭我军之背。朔方左厢兵马使仆固怀恩指回纥驰救之，匹马不归，因收西京。十月，广平王、副元帅郭子仪领回纥兵马，与贼战于陕西。

初，次于曲沃，叶护使其将军车鼻施吐拨裴罗等旁南山而东，遇贼伏兵于谷中，尽殪之。子仪至新店，遇贼战，军却数里。回纥望见，逾山西岭上曳白旗而趋击之，直出其后，贼众大败，军而北坑，逐北二十余里，人马相枕藉，蹂践而死者不可胜数，斩首十余万，伏尸三十里。贼党严庄驰告安庆绪，率其党背东京北走渡河，而叶护从广平王、仆射郭子仪入东京。

初，收西京，回纥欲入城劫掠，广平王固止之。及收东京，回纥遂入府库收财帛，于市井村坊剽掠三日而止。财物不可胜计，广平王又赉之以锦罽宝贝，叶护大喜。及肃宗还西京，十一月癸酉，叶护自东京至。敕百官于长乐驿迎，上御宣政殿宴劳之。叶护升殿，其余酋长列于阶下，赐锦绣缯彩金银器皿。及辞归蕃，上谓曰："能为国家就大事成义勇者，卿等力也。"叶护奏曰："回纥战兵，留在沙苑，今且须归灵夏取马，更收范阳，讨除残贼。"已丑，诏曰："功济艰难，义存邦国，万里绝域，一德同心，求之古今，所未闻也。回纥叶护，特禀英姿，挺生奇略，言必忠信，行表温良，才为万人之敌，位列诸蕃之长。属凶丑乱常，中原未靖，以可汗有兄弟之约，与国家兴父子之军，奋其智谋，讨彼凶逆，一鼓作气，万里摧锋，二旬之间，两京克定。力拔山岳，精贯风云，蒙犯不以辞其劳，急难无以逾其分。固可悬之日月，传之子孙，岂惟裂土之封，誓河之赏而已矣！夫位之崇者，司空第一；名之大者，封王最高。可司空、仍封忠义王，每载送绢二万匹至朔方军，宜差使受领。"

乾元元年五月壬申朔，回纥使多亥阿波八十人，黑衣大食酋长闍之等六人并朝见，至閤门争长，通事舍人乃分为左右，从东西门并入。六月戊戌，宴回纥使于紫宸殿前。

秋七月丁亥，诏以幼女封为宁国公主出降。其降蕃日，仍以堂弟汉中郡王瑀为特进、试太常卿、摄御史大夫，充册命英武威远毗伽可汗使；以堂侄左司郎中巽为兵部郎中、摄御史中丞、鸿胪卿，副之，兼充宁国公主礼会使。

特差重臣开府仪同三司、行尚书右仆射、冀国公裴冕送至界首。癸巳,以册立回纥英武威远毗伽可汗,上御宣政殿,汉中王瑀受册命。甲午,肃宗送宁国公主至咸阳磁门驿,公主泣而言曰:"国家事重,死且无恨!"上流涕而还。及瑀至其牙帐,毗伽阙可汗衣赭黄袍,胡帽,坐于帐中榻上,仪卫甚盛,引瑀立于帐外,谓瑀曰:"王是天可汗何亲?"瑀曰:"是唐天子堂弟。"又问:"于王上立者为谁?"瑀曰:"中使雷卢俊。"可汗又报曰:"中使是奴,何得向郎君上立?"雷卢俊竦惧,跳身向下立定。瑀不拜而立。可汗报曰:"两国主君臣有礼,何得不拜?"瑀曰:"唐天子以可汗有功,故将女嫁与可汗结姻好,比者中国与外蕃亲,皆宗室子女,名为公主。今宁国公主,天子真女,又有才貌,万里嫁与可汗。可汗是唐家天子女婿,合有礼数。岂得坐于榻上受诏命耶!"可汗乃起奉诏,便受册命。翼日,册公主为可敦,蕃酋欢欣曰:"唐国天子贵重,将真女来。"瑀所送国信缯彩衣服金银器皿,可汗尽分与衙官、酋长等。及瑀回,可汗献马五百匹、貂裘、白氎。八月,回纥使王子骨啜特勒及宰相帝德等骁将三千人助唐讨逆。肃宗嘉其远至,赐宴,命随朔方行营使仆固怀恩押之。九月甲申,回纥使大首领盖将等谢公主下降,兼奏破坚昆五万人,宴于紫宸殿,赐物有差。十二月甲午,回纥使三妇人,谢宁国公主之聘也,赐宴紫宸殿。

乾元二年,回纥骨啜特勒等率众从郭子仪与九节度于相州城下战,不利。三月壬子,回纥王子骨啜特勒及宰相帝德等十五人自相州奔于西京,肃宗宴之于紫宸殿,赏物有差。其月庚寅,回纥特勒辞还行营,上宴之于紫宸殿,赐物有差。乙未,以回纥王子新除左羽林军大将军员外置骨啜特勒为银青光禄大夫、鸿胪卿员外置。

夏四月,回纥毗伽阙可汗死。长子叶护先被杀,乃立其少子登里可汗,其妻为可敦。六月丙午,以左金吾卫将军李通为试鸿胪卿、摄御史中丞,充吊祭回纥使。毗伽阙可汗初死,其牙官、都督等欲以宁国公主殉葬。公主曰:"我中国法,婿死,即持丧,朝夕哭临,三年行服。今回纥娶妇,须慕中国礼。若今依本国法,何须万里结婚。"然公主亦依回纥法,剺面大哭,竟以无子得归。秋八月,宁国公主自回纥还,诏百官于明凤门外迎之。

上元元年九月己丑,回纥九姓可汗使大臣俱陆莫达干等入朝奉表起居。乙卯,回纥使二十人于延英殿通谒,赐物有差。十一月戊辰,回纥使延支伽罗等十人于延英殿谒见,赐物有差。

宝应元年,代宗初即位,以史朝义尚在河洛,遣中使刘清潭征兵于回纥,又修旧好。其秋,清潭入回纥庭,回纥已为史朝义所诱,云唐家天子频有大丧,国乱无主,请发兵来收府库。可汗乃领众而南,已八月矣。清潭赍敕书国信至,可汗曰:"我闻唐家已无主,何为更有敕书?"中使对曰:"我唐家天子虽弃万国,嗣天子广平王天生英武,往年与回纥叶护兵马同收两京,破安庆绪,与可汗有故。又每年与可汗缯绢数万匹,可汗岂忘之耶?"然回纥业已发至三城北,见荒城无戍卒,州县尽为空垒,有轻唐色,乃遣使北收单于兵马仓粮,又大辱清潭。清潭发使来奏

云:"回纥登里可汗倾国自来,有众十万,羊马不知其数。"京师大骇。上使殿中监药子昂驰劳之。及于太原北忻州南,子昂密数其丁壮,得四千人,老小妇人相兼万余人,战马四万匹,牛羊不纪。

先是,毗伽阙可汗请以子婚,肃宗以仆固怀恩女嫁之。及是为可敦,与可汗同来,请怀恩及怀恩母相见。上敕怀恩自汾州见之于太原。怀恩又谏国家恩信不可违背。初欲自蒲关入,取沙苑路,由潼关东向破贼,子昂说之云:"国家频遭寇逆,州县虚乏,难为供拟,恐可汗失望,不如取土门路入,直取邢、洺、卫、怀。贼中兵马尽在东京,可汗收其财帛,束装南向,最为上策。"可汗不从。又说:"取怀州太行路,南据河阴之险,直扼贼之喉,亦上策也。"可汗又不从。又说:"取陕州太阳津路,食太原仓粟而东,与泽潞、河南、怀郑节度同入,亦上策也。"可汗从之。子昂因入奏,上以雍王适为兵马元帅,加怀恩同中书门下平章事。又以子昂兼御史中丞,与前潞府兼御史中丞魏琚为左右厢兵马使,以中书舍人韦少华充元帅判官、兼掌书记,给事中李进兼御史中丞,充元帅行军司马,东会回纥。登里可汗营于陕州黄河北。

元帅雍王领子昂等从而见之。可汗责雍王不于帐前舞蹈,礼倨。子昂辞以元帅是嫡孙,两宫在殡,不合有舞蹈,回纥宰相及车鼻将军庭诘曰:"唐天子与登里可汗约为兄弟,可汗即雍王叔,叔侄有礼数,何得不舞蹈?"子昂苦辞以身有丧礼,不合。又报云:"元帅即唐太子也,太子即储君也,岂有中国储君向外国可汗前舞蹈。"相拒久之,车鼻遂引子昂、李进、少华、魏琚各捋捶一百,少华、琚因捋捶,一宿而死。以王少年未谙事,放归本营。而怀恩与回纥右杀为先锋,及诸节度同攻贼,破之,史朝义率残寇而走。元帅雍王退归灵宝。回纥可汗继进于河阳,列营而止数月。去营百余里,人被剽劫逼辱,不胜其弊。怀恩常为军殿。及诸节度收河北州县,仆固旸与回纥之众追蹑二千余里,至平州石城县,枭朝义首而归,河北悉平。怀恩自相州西出崿口路而西,可汗自河阳北出泽、潞与怀恩会,历太原。遣使拔贺那上表贺收东京,并进逆贼史朝义旌旗等物。辞还蕃,代宗引见于内殿,赐彩二百段。

初,回纥至东京,以贼平,恣行残忍,士女惧之,皆登圣善寺及白马寺二阁以避之。回纥纵火焚二阁,伤死者万计,累旬火焰不止。及是朝贺,又纵横大辱官吏。以陕州节度使郭英乂权知东都留守。时东都再经贼乱,朔方军及郭英乂、鱼朝恩等军不能禁暴,与回纥纵掠坊市及汝、郑等州,比屋荡尽,人悉以纸为衣,或有衣经者。

代宗御宣政殿,出册文,加册可汗为登里颉咄登密施含俱录英义建功毗伽可汗,可敦加册为婆墨光亲丽华毗伽可敦。"颉咄",华言"社稷法用";"登密施",华言"封竟";"含俱录",华言"娄罗";"毗伽",华言"足意智"。"婆墨",华言"得怜"。以散骑常侍兼御史大夫王翊充使,就可汗行营行册命焉。可汗、可敦及左右杀、诸都督、内外宰相已下,共加实封二千户,令王翊就牙帐前礼册。左杀封为雄朔王,右杀封为宁朔王,胡禄都督封为金

河王，拔览将军封为静漠王，诸都督一十一人并封国公。

寻而怀恩叛，投灵武，有朔方旧将任敷、张韶等，收合余烬，众至数万。广德二年秋，乃引吐蕃之众数万人至奉天县，朔方节度郭子仪率众拒之而退。永泰元年秋，怀恩遣兵马使范至诚、任敷将兵，又诱回纥、吐蕃、吐谷浑、党项、奴剌之众二十余万，以犯奉天、醴泉、凤翔、同州等处，被其逆命。先以郭子仪屯泾阳，浑日进屯奉天，数摧其锋。又闻怀恩死，吐蕃将马重英等十月初引退，取邠州旧路而归。回纥首领罗达干等率其众二千余骑，诣泾阳请降。子仪许之，率众被甲持满数千人。回纥译曰："此来非恶心，要见令公。"子仪曰："我令公也。"回纥曰："请去甲。"子仪便脱兜鍪枪甲，策马挺身而前。回纥酋长相顾曰："是也。"时太子太保李光进、兼御史大夫路嗣恭戎装介马在子仪之侧。子仪指视回纥曰："此是渭北节度李太保。"又曰："此是朔方军粮使路大夫。"回纥便下马罗拜，子仪亦下马。回纥之众为左右翼，各数百人，渐进；子仪麾下亦驰而至，子仪麾退之。子仪命酒与之饮，赠之缠头彩三千匹。子仪执回纥大将可汗弟合胡禄都督药罗葛等手，责让之曰："我国家知汝回纥有功，报汝大厚，汝何背约负信，犯我王畿？我须与汝战，何乃降为！我一身挺入汝营，任汝拘絷，我麾下将士，须与汝战。"回纥又译曰："怀恩负心，来报可汗，云唐国天子今已向江淮，令公亦不主兵，我是以敢来。今知天可汗见在上郭，令公为将，怀恩天又杀之。今请追杀吐蕃，收其羊马，以报兄恩。然怀恩子，可敦兄弟，请勿杀之。"合胡禄都督等与宰相磨咄莫贺达干、宰相暾莫贺达干、宰相护лже伽将军、宰相揭拉裴罗达干、宰相梅录大将军罗达干、平章事海盈阙达干等，子仪先执杯，合胡禄都督请咒，子仪咒曰："大唐天子万万岁！回纥可汗亦万岁！两国将相亦万岁！若起负心违背盟约者，身死阵前，家口屠戮。"合胡禄都督等失色，及杯至，即译曰："如令公盟约。"皆喜曰："初发本部来日，将巫师两人来，云：'此行大安稳，然不与唐家兵马斗，见一大人即止。'今日领兵见令公，令公不为疑，脱去衣甲，单骑相见，谁有此心胆！是不战斗见一大人，巫师有征矣！"欢跃久之。子仪抚其背，首领等分缠头彩以赏巫师，请诸将同击吐蕃，子仪如其约。翌日使领回纥首领开府古野那等六人入京朝见。

又五日，朔方先锋兵马使、开府、南阳郡王白元光与回纥兵马合于泾州灵台县西五十里赤山岭，共破吐蕃等十余万众，斩首五万余级，生擒一万余人，驼马牛羊凡百里相继，不可胜纪，收得蕃落五千余人。初白元光等到灵台县西，探知贼势，为月明，思少阴晦，回纥使巫师便致风雪。及迟明战，吐蕃尽寒冻，弓矢皆废，披毡徐进，元光与回纥随而杀之蔽野。仆固名臣，怀恩之侄，尤为骁将，亦领千余骑来降。寻而子仪又使回纥宰相护地毗伽将军、宰相梅录大将军、开府仪同三司、试太常卿罗达干等一百九十六人来见。上赐宴于延英殿，锡赉甚厚。闰月，子仪自泾阳领仆固名臣入奏；回纥进马，及宴别，前后赉缯彩十万匹而还。时帑藏空虚，朝官无禄俸，随月给手力，谓之资课钱。税朝官闰十月、十一月、十二月课以供之。

大历六年正月，回纥于鸿胪寺擅出坊市，掠人子女，所在官夺返，殴怒，以三百骑犯金光门、朱雀门。是日，皇城诸门尽闭，上使中使刘清潭宣慰，乃止。

七年七月，回纥出鸿胪寺，入坊市强暴，逐长安令邵说于含光门之街，夺说所乘马将去。说脱身避走，有司不能禁。

八年十一月，回纥一百四十人还蕃，以信物一千余乘。回纥恃功，自乾元之后，屡遣使以马和市缯帛，仍岁来市，以马一匹易绢四十匹，动至数万马。其使候遣继留于鸿胪寺者非一，蕃得帛无厌，我得马无用，朝廷甚苦之。是时特诏厚赐遣之，示以广恩，且俾知愧也。是月，回纥使使赤心领马一万匹来求市，代宗以马价出于租赋，不欲重困于民，命有司量入计许市六千匹。

十年九月，回纥白昼刺人于东市，市人执之，拘于万年县。其首领赤心闻之，自鸿胪寺驰入县狱，劫囚而出，斫伤狱吏。

十三年正月，回纥寇太原，过榆次、太谷，河东节度留后、太原尹、兼御史大夫鲍防与回纥战于阳曲，我师败绩，死者千余人。代州都督张光晟与回纥战于羊武谷，破之，回纥引退。先是，辛云京守太原，回纥惧云京，不敢窥并、代，知鲍防无武略，乃敢凌逼，赖光晟邀战胜之，北人乃安。

德宗初即位，使中官梁文秀告哀于回纥，且修旧好，可汗移地健不为礼。而九姓胡素属于回纥者，又陈中国便利以诱其心，可汗乃举国南下，将乘我丧。其宰相顿莫贺达干谏曰："唐，大国也，且无负于我。前年入太原，获羊马数万计，可谓大捷矣。以道途艰阻，比及国，伤耗殆尽。今若举而不捷，将安归乎？"可汗不听。顿莫贺乘人之心，因击杀之，并杀其亲信及九姓胡所诱来者凡二千人。

顿莫贺自立号为合骨咄禄毗伽可汗，使其酋长建达干随文秀来朝。命京兆尹源休持节册为武义成功可汗。贞元三年八月，回纥可汗遣首领墨啜达干、多览将军合阙达干等来贡方物，且请和亲。四年十月，回纥公主及使至自蕃，德宗御延喜门见之。时回纥可汗喜于和亲，其礼甚恭，上言："昔为兄弟，今为子婿，半子也。"又詈辱吐蕃使者，及使大首领等妻妾凡五十六妇人来迎可敦，凡遣人千余，纳聘马二千。德宗令朔州、太原分留七百人，其宰相首领皆至，分馆鸿胪，将作。癸巳，见于宣政殿。乙未，德宗召回纥公主、出使者对于麟德殿，各有颁赐。庚子，诏咸安公主降回纥可汗，仍置府官once视亲王例。以殿中监、嗣滕王湛然为咸安公主礼使，关播检校右仆射、送咸安公主及册回纥可汗使。贞元五年十二月，回纥汨咄禄长寿天亲毗伽可汗薨，废朝三日，文武三品已上就鸿胪寺吊其来使。

贞元六年六月，回纥使移职伽达干归蕃，赐马价绢三十万匹。以鸿胪卿郭锋兼御史大夫，充册回纥忠贞可汗使。是岁四月，忠贞可汗为其弟所杀而篡立。时回纥大将颉干迦斯西击吐蕃未回，其次相率国人纵杀篡者而立忠贞之子为可汗，年方十六七。及六月，颉干迦斯西讨回，将至牙帐，次相等惧其后有废立，不欲汉使知之，留锋数月而回。颉干迦斯之至也，可汗亲出迎郊野，陈郭锋所送国信器币，可汗与次将相等皆俯伏自说废立之由，且请命曰："惟大相生死之。"悉以所陈器币赠颉干迦斯以悦之。可汗又拜泣曰："儿愚幼无知，今幸得立，惟仰食于阿爹。"可汗以子事之，颉干迦斯以卑逊兴感，乃相持号哭，遂执臣子之礼焉。尽以所陈器币颁赐左右诸从行将士，己无所取，自是其国稍安，乃遣达比特勒梅录将军告忠贞可汗之哀于我，且请册新君。使至，废朝三日，仍令三品已上官就鸿胪寺吊其使。是岁，吐蕃陷北庭都护府。

初，北庭、安西既假道于回纥以朝奏，因附庸焉。回纥征求无厌，北庭差近，凡生事之资，必强取之。又有沙陀部落六千余帐，与北庭相依，亦属于回纥，肆行抄夺，尤所厌苦。其先葛禄部落及白服突厥素与回纥通和，亦憾其侵掠。因吐蕃厚赂见诱，遂附之。于是吐蕃率葛禄、白服之众去冬寇北庭，回纥大相颉干迦斯率众援之，频败。吐蕃急攻之，北庭之人既苦回纥，乃举城降焉，沙陀部落亦降。节度使、检校工部尚书杨袭古将麾下二千余众出奔西州，颉干利亦还。十年秋，悉其国丁壮五万人，召袭古，将复焉。俄为所败，死者大半。颉干利收合余烬，晨夜奔还。袭古余众仅百六十，将复入西州，颉干迦斯绐之曰："第与我同至牙帐，当送君归本朝。"既及牙帐，留而不遣，竟杀之。自是安西阻绝，莫知存亡，唯西州之人，犹固守焉。颉干迦斯败，葛禄乘胜取回纥之浮图川，回纥震恐，悉迁西北部落羊马于牙帐之南以避之。

贞元七年五月庚申朔，以鸿胪少卿庾铤兼御史大夫，册回纥可汗及吊祭使。是月，回纥遣使律支达干等来朝，告小宁国公主薨。废朝三日，故，肃宗以宁国公主降回纥，又以荣王女媵之；及宁国来归，荣王女为可敦，回纥号为小宁国公主，历配英武、英义二可汗。及天亲可汗立，出居于外，生英武二子，为天亲可汗所杀。无几薨。七年八月，回纥遣使献败吐蕃、葛禄于北庭所捷及其俘畜。先是，吐蕃入灵州，为回纥所败，夜以火攻，骇而退。十二月，回纥遣杀支将军献吐蕃俘大首领结心，德宗御延喜门观之。八年七月，以回纥药罗灵检校右仆射。灵本唐人，姓吕氏，因入回纥，为可汗养子，遂以可汗姓为药罗葛灵，在国用事。因来朝，宠赉甚厚，仍给市马绢七万匹。九年九月，遣使来朝贡。

贞元十一年六月庚寅，册拜回纥腾里逻羽录没密施合禄胡毗迦怀信可汗。元和四年，蔼德曷里禄没弭施合密毗迦可汗遣使改为回鹘，义取回旋轻捷如鹘也。八年四月，回鹘请和亲，使伊难珠还蕃，宴于三殿，赐以银器缯帛。是岁，回纥数千骑至鹍鹉泉，边军戒严。十二月二日，宴归国回鹘摩尼八人，令至中书见宰臣。先是，回鹘请和亲，宪宗使有司计之。礼费约五百万贯，方内有诛讨，未任其亲，以摩尼为回鹘信奉，故使宰臣言其不可。乃诏宗正少卿李孝诚使于回鹘，太常博士殷侑副之，谕其来请之意。

长庆元年，毗迦保义可汗薨，辍朝三日，仍令诸司三品已上官就鸿胪寺吊其使者。四月，正衙册回鹘君长为登

罗羽录没密施句主录毗伽可汗，以少府监裴通为检校左散骑常侍、兼御史大夫，持节册立、兼吊祭使。五月，回鹘宰相、都督、公主、摩尼等五百七十三人入朝迎公主，于鸿胪寺安置。敕："太和公主出降回鹘为可敦，宜令中书舍人王起赴鸿胪寺宣示；以左金吾卫大将军胡证检校户部尚书，持节充送公主入回鹘及册可汗使；光禄卿李宪加兼御史中丞，充副使；太常博士殷侑改殿中侍御史，充判官。"吐蕃犯青塞堡，以回纥和亲故也。盐州刺史李文悦发兵击退之。回鹘奏："以一万骑出北庭，一万骑出安西，拓吐蕃以迎太和公主归国。"其月敕："太和公主出降回纥，宜特置府，其官属宜视亲王例。"

回纥自咸安公主没后，屡归款请继前好，久未之许。至元和末，其请弥切，宪宗以北虏有勋劳于王室，又西戎比岁为边患，遂许而妻之。既许而宪宗崩。穆宗即位，逾年乃封第十妹为太和公主，将出降，回鹘登逻骨没密施合毗伽可汗遣使伊难珠、句录都督思结并外宰相、驸马、梅录司马，兼公主一人、叶护公主一人，及达干并驼马千余来迎。太和公主发赴回纥国，穆宗御通化门左夕临送，使百僚章敬寺前立班，仪卫甚盛，士女倾城观焉。十一月，振武节度张惟清奏："准诏发兵三千赴蔚州，数内已发一千人讫，余二千人，待太和公主出界即发遣。"又奏："天德转牒云：回鹘七百六十人将驼马及车，相次至黄芦泉迎候公主。"丰州刺史李祐奏："迎太和公主回鹘三千于卿泉下营拓吐蕃。"

二年二月，赐回纥马价绢五万匹。三月，又赐马价绢七万匹。是月，裴度招讨幽、镇之乱，回鹘请以兵从度讨伐。朝议以宝应初回纥收复两京，恃功骄恣难制，咸以为不可，遂命中使止回纥令归。会其已上丰州北界，不从。上诏发缯帛七万匹赐之，方还。五月，命使册立登啰骨没密施合毗伽礼可汗，遣品官田务丰领国信十二车使回鹘，赐可汗及太和公主。

长庆二年闰十月，金吾大将军胡证、副使光禄卿李宪、婚礼使卫尉卿李锐、副使宗正少卿李子鸿、判官虞部郎中张敏、太常博士殷侑送太和公主至自回纥，皆云：初，公主去回纥牙帐尚可信宿，可汗遣数百骑来请与公主先从他道去。胡证曰："不可。"房使曰："前咸安公主来时，去花门数百里即先去，今何独拒我？"证曰："我天子诏送公主以投可汗，今未见可汗，岂宜先往！"房使乃止。既至房庭，乃择吉日，册公主为回鹘可敦。可汗先升楼东向坐，设毡幄于楼下以居公主，使群胡主教公主以胡法。公主始解唐服而衣胡服，以一妪侍，出楼前西向拜。可汗坐而视，公主再俯拜讫，复入毡幄中，解前所服而披可敦服，通裾大襦，皆茜色，金饰冠如角前指，后出楼，俯拜可汗如初礼。房先设大舆曲宸，前设小座，相者引公主升舆，回纥九姓相分负其舆，随日右转于庭者九，公主乃降舆升楼，与可汗俱东向坐。自此臣下朝谒，并拜可敦。可敦自有牙帐，命二相出入帐中。证等将归，可敦宴之帐中，留连号啼者竟日，可汗因赠汉使以厚赆。

大和元年，命中使以绢二十万匹付鸿胪寺宣赐回鹘充马价。三年正月，中使以绢二十三万匹赐回纥充马价。

七年三月，回纥李义节等将驼马到，且报可汗三月二十七日薨，已册亲弟萨特勒。废朝三日，仍令诸司文武三品、尚书省四品以上官就鸿胪寺吊其使者。以左骁卫将军、皇城留守唐弘实为金吾将军兼御史大夫，持节充入回鹘吊祭册立使。九年六月，入朝回鹘进太和公主所献马射女子七人，沙陀小儿二人。开成初，其相有安允合者，与特勒柴草欲篡萨特勒可汗，萨特勒可汗觉，杀柴草及安允合。又有回鹘相掘罗勿者，拥兵在外，怨诛柴草、安允合，又杀萨特勒可汗，以屠嗢特勒为可汗。有将军句录末贺恨掘罗勿，走引黠戛斯领十万骑破回鹘城，杀屠嗢，斩掘罗勿，烧荡殆尽，回鹘散奔诸蕃。有回鹘相驳职者，拥外甥庞特勒及男鹿并遏粉等兄弟五人，一十五部西奔葛逻禄，一支投吐蕃，一支投安西，又有近可汗牙十三部，以特勒乌介为可汗，南来附汉。

初，黠戛斯破回鹘，得太和公主。黠戛斯自称李陵之后，与国同姓，遂令达干十人送公主至塞上。乌介途遇黠戛斯使，达干等并被杀。太和公主却归乌介可汗，乃质公主同行，南渡大碛。至天德界，奏请天德城与太和公主居。有回鹘相赤心者，与连位相姓仆固者，与特勒那颉啜拥部众，不宾乌介。赤心欲犯塞，乌介遣其属嗢没斯先布诚于天德军使田牟，然后诱赤心宰相同谒乌介可汗，戮赤心于可汗帐下并仆固二人。那颉战胜，全占赤心下七千帐，东瞰振武、大同，据室韦、黑沙、榆林，东南入幽州雄武军西北界。幽州节度使张仲武遣弟仲至率兵大破那颉之众，全收七千帐，杀戮收擒老小近九万人。那颉中箭，透驼群潜脱，乌介获而杀之。

乌介诸部犹称十万众，驻牙大同军北闾门山，时会昌二年秋，频劫东陕已北，天德、振武、云朔，比罹俘戮。诏诸道兵悉至防捍，以河东节度使刘沔充南面招控回鹘使；以幽州节度使张仲武充东面招控回鹘使。

二年冬，三年春，回鹘特勒庞俱遮、阿敦宁二部，回鹘公主密羯可敦一部，外相诸洛固阿跌一部，及牙帐大将曹磨你等七部，共三万众，相次降于幽州，诏配诸道。有特勒嗢没斯、阿历支、习勿啜三部，回鹘相爱耶勿弘顺、回鹘尚书吕衡等诸部降振武，三部首领皆赐姓李氏，及名思忠、思贞、思惠、思恩，充归义使。有特勒叶被沽兄李二部南奔吐蕃，有特勒可质力二部东北奔大室韦，有特勒荷勿啜东讨契丹，战死。

会昌三年，回鹘尚书仆固绎到幽州，约以太和公主归幽州，乌介去幽州界八十里下营。其亲信骨肉及摩尼志净等四人已先入振武军。是夜，河东刘沔率兵奄至乌介营，乌介惊走东北约四百里外，依和解室韦下营，不及将太和公主同走。丰州刺史石雄兵遇太和公主帐，因迎归国。乌介部众至大中元年诣幽州降，留者漂流饿冻，众十万，所存止三千已下。乌介嫁妹与室韦，托附之。为回鹘相美权者逸隐啜逼诸回鹘杀乌介于金山，以其弟特勒遏捻为可汗，复有众五千以上，其食用粮羊皆取给于奚王硕舍朗。

大中元年春，张仲武大破奚众，其回鹘无所取给，日有耗散。至二年春，唯存名王贵臣五百人已下，依室韦。张仲武因贺正室韦经过幽州，仲武却令还蕃，遣送遏捻等来向幽州，遏捻等惧，是夜与妻葛禄、子特勒毒斯等九骑西走，余众奔之不及，回鹘诸相ális官老幼大哭。室韦分回鹘余众为七分，七姓室韦各占一分。经三宿，黠戛斯相阿播领诸蕃兵称七万，从西南天德北界来取遏捻及诸回鹘，大败室韦。回鹘在室韦者，阿播皆收归碛北。在外犹数帐，散藏诸山深林，盗劫诸蕃，皆西向倾心望安西庞勒之到。庞勒已自称可汗，有碛西诸城。其后嗣君弱臣强，居甘州，无复昔时之盛。到今时遣使入朝，进玉马二物及本土所产，交易而返。

史臣曰：自三代以前，两汉之后，西羌、北狄，互兴部族，其名不同，为患一也。蔡邕云："边陲之患，为手足之疥；中国之困，为胸背之疽"。突厥为炀帝之患深矣，隋竟灭；中国之困，其理昭然。自太宗平突厥，破延陀，而回纥兴焉。太宗幸灵武以降之，置州府以安之，以名爵玉帛以恩之。其义何哉？盖以狄不可尽，而以威惠羁縻之。开元中，三纲正，百姓足，四夷八蛮，翕然向化，要荒之外，畏威怀惠，不其盛矣！天宝末，奸臣弄权于内，逆臣跋扈于外，内外结衅而车驾遽迁，华夷生心而神器将坠。肃宗诱回纥以复京畿。代宗诱回纥以平河朔。哉难中兴之功，大即大矣！然生灵之膏血已干，不能供其求取；朝廷之法令并弛，无以抑其凭陵。忍耻和亲，姑息不暇。仆固怀恩为叛，尤甚贴危；郭子仪之能军，终免侵轶。比昔诸戎，于国之功最大，为民之害亦深。及势利日隆，盛衰时变，冰消瓦解，如存若亡，竟为手足之疥焉。僖、昭之世，黄、朱迭兴，竟为胸背之疽焉。手疥背疽，诚为确论。

赞曰：土德初隆，比屋可封。朝纲中否，边鄙兴戎。安、史乱国，回纥恃功。恃功伊何？咸议姑息。民不聊生，国殚其力。华夷有截，盛衰如织。彼既长恶，我乃修德，疽疥之义，百代可则。

卷一百九十六上
列传第一百四十六

吐蕃 上

吐蕃，在长安之西八千里，本汉西羌之地也。其种落莫知所出也，或云南凉秃发利鹿孤之后也。利鹿孤有子曰樊尼，及利鹿孤卒，樊尼尚幼，弟傉檀嗣位，以樊尼为安西将军。后魏神瑞元年，傉檀为西秦乞佛炽盘所灭，樊尼招集余众，以投沮渠蒙逊，蒙逊以为临松太守。及蒙逊灭，樊尼乃率众西奔，济黄河，逾积石，于羌中建国，开地千里。樊尼威惠夙著，为群羌所怀，皆抚之以恩信，归之如市。遂改姓为窣勃野，以秃发为国号，语讹谓之吐蕃，其后子孙繁昌，又侵伐不息，土宇渐广。历周及隋，犹隔诸羌，未通于中国。

其国人号其王为赞普，相为大论、小论，以统理国事。无文字，刻木结绳为约。虽有官，不常厥职，临时统领。

征兵用金箭，寇至举烽燧，百里一亭。用刑严峻，小罪剜眼鼻，或皮鞭鞭之，但随喜怒而无常科。囚人于地牢，深数丈，二三年方出之。宴异国宾客，必驱牦牛，令客自射牲以供馔。与其臣下一年一小盟，刑羊狗猕猴，先折其足而杀之，继裂其肠而屠之。令巫者告于天地山川日月星辰之神云："若心迁变，怀奸反覆，神明鉴之，同于羊狗。"三年一大盟，夜于坛墠之上与众陈设肴馔，杀犬马牛驴以为牲，咒曰："尔等咸须同心戮力，共保我家，惟天神地祇，共知尔志。有负此盟，使尔身体屠裂，同于此牲。"

其地气候大寒，不生粳稻，有青稞麦、䃼豆、小麦、乔麦。畜多牦牛猪犬羊马。又有天鼠，状如雀鼠，其大如猫，皮可为裘。又多金银铜锡。其人或随畜牧而不常厥居，然颇有城郭。其国都城号为逻些城。屋皆平头，高者至数十尺。贵人处于大毡帐，名为拂庐。寝处污秽，绝不栉沐。接手饮酒，以毡为盘，捻麨为碗，实以羹酪，并而食之。多事羱羝之神，人信巫觋。不知节候，麦熟为岁首。围棋陆博，吹蠡鸣鼓为戏，弓剑不离身。重壮贱老，母拜于子，子倨于父，出入皆少者在前，老者居其后。军令严肃，每战，前队皆死，后队方进。重兵死，恶病终。累代战没，以为甲门。临阵败北者，悬狐尾于其首，表其似狐之怯，稠人广众，必以徇焉，其俗耻之，以为次死。拜必两手据地，作狗吠之声，以身再揖而止。居父母丧，截发，青黛涂面，衣服皆黑，既葬即吉。其赞普死，以人殉葬，衣服珍玩及尝所乘马弓剑之类，皆悉埋之。仍于墓上起大室，立土堆，插杂木为祠祭之所。

贞观八年，其赞普弃宗弄赞始遣使朝贡。弄赞弱冠嗣位，性骁武，多英略，其邻国羊同及诸羌并宾伏之。太宗遣行人冯德遐往抚慰之。见德遐，大悦。闻突厥及吐谷浑皆尚公主，乃遣使随德遐入朝，多赍金宝，奉表求婚，太宗未之许。使者既返，言于弄赞曰："初至大国，待我甚厚，许嫁公主。会吐谷浑王入朝，有相离间，由是礼薄，遂不许嫁。"弄赞遂与羊同连，发兵以击吐谷浑。吐谷浑不能支，遁于青海之上，以避其锋。其国人畜并为吐蕃所掠。于是进兵攻破党项及白兰诸羌，率其众二十余万，顿于松州西境。遣使贡金帛，云来迎公主。又谓其属曰："若大国不嫁公主与我，即当入寇。"遂进攻松州，都督韩威轻骑觇贼，反为所败，边人大扰。太宗遣吏部尚书侯君集为当弥道行营大总管，右领军大将军执失思力为白兰道行军总管，左武卫将军牛进达为阔水道行军总管，右领军将军刘兰为洮河道行军总管，率步骑五万以击之。进达先锋自松州夜袭其营，斩千余级。弄赞大惧，引兵而退，遣使谢罪。因复请婚，太宗许之。弄赞乃遣其相禄东赞致礼，献金五千两，自余宝玩数百事。

贞观十五年，太宗以文成公主妻之，令礼部尚书、江夏郡王道宗主婚，持节送公主于吐蕃。弄赞率其部兵次柏海，亲迎于河源。见道宗，执子婿之礼甚恭。既而叹大国服饰礼仪之美，俯仰有愧沮之色。及与公主归国，谓所亲曰："我父祖未有通婚上国者，今我得尚大唐公主，为幸实多。当为公主筑一城，以夸示后代。"遂筑城邑，立栋宇以居处焉。公主恶其人赭面，弄赞令国中权且罢之，自

亦释毡裘，袭纨绮，渐慕华风。仍遣酋豪子弟，请入国学以习《诗》、《书》。又请中国识文之人典其表疏。

太宗伐辽东还，遣禄东赞来贺。奉表曰："圣天子平定四方，日月所照之国，并为臣妾，而高丽恃远，阙于臣礼。天子自领百万，度辽致讨，臁城陷阵，指日凯旋。夷狄才闻陛下发驾，少进之间，已闻归国。雁飞迅越，不及陛下速疾。奴忝预子婿，喜百常夷。夫鹅，犹雁也，故作金鹅奉献。"其鹅黄金铸成，其高七尺，中可实酒三斛。

二十二年，右卫率府长史王玄策使往西域，为中天竺所掠。吐蕃发精兵与玄策击天竺，大破之，遣使来献捷。

高宗嗣位，授弄赞为驸马都尉，封西海郡王，赐物二千段。弄赞因致书于司徒长孙无忌等云："天子初即位，若臣下有不忠之心者，当勒兵以赴国除讨。"并献金银珠宝十五种，请置太宗灵座之前。高宗嘉之，进封为宾王，赐杂彩三千段。因请蚕种及造酒、碾、硙、纸、墨之匠，并许焉。乃刊石像其形，列昭陵玄阙之下。

永徽元年，弄赞卒。高宗为之举哀，遣右武候将军鲜于臣济持节赍玺书吊祭。弄赞子早死，其孙继立，复号赞普，时年幼，国事皆委禄东赞。禄东姓薛氏，虽不识文记，而性明毅严重，讲兵训师，雅有节制，吐蕃之并诸羌，雄霸本土，多其谋也。

初，太宗既许降文成公主，赞普使禄东赞来迎，召见顾问，进对合旨，太宗礼之，有异诸蕃，乃拜禄东赞为右卫大将军，又以琅邪长公主外孙女段氏妻之。禄东赞辞曰："臣本国有妇，父母所聘，情不忍乖。且赞普未谒公主，陪臣安敢辄娶。"太宗嘉之，欲抚以厚恩，虽奇其答而不遂其请。禄东赞有子五人：长曰赞悉若，早死；次钦陵，次赞婆，次悉多干，次勃论。及东赞死，钦陵兄弟复专其国。

后与吐谷浑不和，龙朔、麟德中递相表奏，各论曲直，国家依违，未为与夺。吐蕃怨怒，遂率兵以击吐谷浑。吐谷浑大败，河源王慕容诺曷钵及弘化公主脱身走投凉州，遣使告急。

咸亨元年四月，诏以右威卫大将军薛仁贵为逻婆道行军大总管，左卫员外大将军阿史那道真、右卫将军郭待封为副，率众十余万以讨之。军至大非川，为吐蕃大将论钦陵所败，仁贵等并坐除名。吐谷浑全国尽没，唯慕容诺曷钵及其亲信数千帐来内属，仍徙于灵州。自是吐蕃连岁寇边，当、悉等州诸羌尽降之。

上元三年，进寇鄯、廓等州，杀掠人吏，高宗命尚书左仆射刘仁轨往洮河军镇守以御。仪凤三年，又命中书令李敬玄兼鄯州都督，往代仁轨于洮河镇守。仍召募关内、河东及诸州骁勇，以为猛士，不简色役。亦有尝任文武官者召入殿庭赐宴，遣往击之。又令益州长史李孝逸、巂州都督拓王奉等发剑南、山南兵募以防御之。其年秋，敬玄与工部尚书刘审礼，率兵与吐蕃战于青海。官军败绩，审礼没于阵，敬玄按军不敢救。俄而收军却出，顿于承风岭，阻泥沟不能动，贼屯于高冈以压之。偏将左领军员外将军黑齿常之率敢死之士五百人，夜斫贼营，贼遂溃乱，自相蹂践，死者三百余人。敬玄遂拥众鄯州，坐

改为衡州刺史。往剑南兵募，于茂州之西南筑安戎城以压其境。俄有生羌为吐蕃乡导，攻陷其城，遂引兵守之。时吐蕃尽收羊同、党项及诸羌之地，东与凉、松、茂、巂等州相接，南至婆罗门，西又攻陷龟兹、疏勒等四镇，北抵突厥，地方万余里，自汉、魏已来，西戎之盛，未之有也。

高宗闻审礼等败没，召侍臣问绥御之策，中书舍人郭正一曰："吐蕃作梗，年岁已深，命将兴师，相继不绝。空劳士马，虚费粮储，近讨则徒损兵威，深入则未穷巢穴，望少发兵募，且遣备边，明烽堠，勿令侵抄。使国用丰足，人心叶同，宽之数年，可一举而灭。"给事中刘齐贤、皇甫文亮等皆言严守之便。寻而黑齿常之破吐蕃大将赞婆及素和贵于良非川，杀获二千余级，吐蕃遂引退。诏以常之为河源军使以镇御之。

仪凤四年，赞普卒，其子器弩悉弄嗣位，复号赞普，时年八岁，国政复委于钦陵。遣其大臣论寒调傍来告丧。且请和。高宗遣郎将宋令文入蕃会葬。永隆元年，文成公主薨，高宗又遣使吊祭之。

则天临朝，命文昌右相韦待价为安息道大总管，安西大都护阎温古为副。永昌元年，率兵往征吐蕃，迟留不进，待价坐流浦州，温古处斩。待价素无统御之才，遂狼狈失据，士卒饥馑，皆转死沟壑。明年，又命文昌右相岑长倩为武威道行军大总管以讨吐蕃，中路退还，军竟不行。如意元年，吐蕃大首领曷苏率其所属并贵川部落请降，则天令右玉钤卫大将军张玄遇率精卒二万充安抚使以纳之。师次大渡水，曷苏事泄，为本国所擒，又有大首领昝捶率羌蛮部落八千余人诣玄遇内附。玄遇以其部落置叶川州，以昝捶为刺史。仍于大度西山勒石纪功而还。长寿元年，武威军总管王孝杰大破吐蕃之众，克复龟兹、于阗、疏勒、碎叶等四镇，乃于龟兹置安西都护府，发兵以镇守之。万岁登封元年，孝杰复为肃边道大总管，率副总管娄师德与吐蕃将论钦陵、赞婆战于素罗汗山。官军败绩，孝杰坐免官。万岁通天元年，吐蕃四万众奄至凉州城下，都督许钦明初不之觉，轻出按部，遂遇贼，拒战久之，力屈为贼所杀。时吐蕃又遣使请和，则天将许之；论钦陵乃请去安西四镇兵，仍索分十姓之地，则天竟不许之。

吐蕃自论钦陵兄弟专统兵马，钦陵每居中用事，诸弟分据方面，赞婆则专在东境，与中国为邻，三十余年，常为边患。其兄弟皆有才略，诸蕃惮之。

圣历二年，其赞普器弩悉弄年渐长，乃与其大臣论岩等密图之。时钦陵在外，赞普乃佯言将猎，召兵执钦陵亲党二千余人，杀之。发使召钦陵、赞婆等，钦陵举兵不受召，赞普自帅众讨之，钦陵未战而溃，遂自杀，其亲信左右同日自杀者百余人。赞婆率所部千余人及其兄子莽布支等来降，则天遣羽林飞骑郊外迎之，授赞婆辅国大将军、行右卫大将军，封归德郡王，优赐甚厚，仍令领其部兵于洪源谷讨击。寻卒，赠特进、安西大都护。

久视元年，吐蕃又遣其将麹莽布支寇凉州，围逼昌松县。陇右诸军州大使唐休璟与莽布支战于洪源谷，斩其副将二人，获首二千五百级。长安二年，赞普率众万余人寇悉州，都督陈大慈与贼凡四战，皆破之，斩首千余级。

于是吐蕃遣使论弥萨等入朝请求和，则天宴之于麟德殿，奏百戏于殿庭。论弥萨曰："臣生于边荒，由来不识中国音乐，乞放臣亲观。"则天许之。于是论弥萨等相视笑忻拜谢曰："臣自归投圣朝，前后礼数优渥，又得亲观奇乐，一生所未见。自顾微琐，何以仰答天恩，区区褊心，唯愿大家万岁。"明年，又遣使献马千匹、金二千两以求婚，则天许之。

时吐蕃南境属国泥婆罗门等皆叛，赞普自往讨之，卒于军中。诸子争立，久之，国人立器弩悉弄之子弃隶蹜赞为赞普，时年七岁。中宗神龙元年，吐蕃使来告丧，中宗为之举哀，废朝一日。俄而赞普之祖母遣其大臣悉薰热来献方物，为其孙请婚，中宗以所养雍王守礼女为金城公主许嫁之。自是频岁贡献。景龙三年十一月，又遣其大臣尚赞吐等来迎女，中宗宴之于苑内球场，命驸马都尉杨慎交与吐蕃使打球，中宗率侍臣观之。四年正月，制曰：

圣人布化，用百姓为心；王者垂仁，以八荒无外。故能光宅遐迩，裁成品物。由是隆周理历，恢柔远之图；强汉乘时，建和亲之议。斯盖宇长策，经邦茂范。朕受命上灵，克缵洪业，庶几前烈，永致和平。眷彼吐蕃，僻在西服，皇运之始，早申朝贡。太宗文武圣皇帝德侔覆载，情深亿兆，思偃兵甲，遂通姻好，数十年间，一方清净。自文成公主化往，其国因多变革。我之边隅，亟兴师旅，彼之蕃落，颇闻雕弊。顷者赞普及祖母可敦、酋长等，屡披诚款，积有岁时，思托旧亲，请崇新好。金城公主，朕之少女，岂不钟念，但为人父母，志息黎元，若允乃诚祈，更敦和好，则边土宁晏，兵役屡息。遂割深慈，为国大计，筑兹外馆，聿膺嘉礼，降彼吐蕃赞普，即以今月进发，朕亲自送于郊外。

中宗召侍中纪处讷谓曰："昔文成公主出降，则江夏王送之。卿雅识蕃情，有安边之略，可为朕充吐蕃使也。"处讷拜谢，既而以不练边事固辞。上又令中书侍郎赵彦昭充使。彦昭以既充外使，恐失其权宠，殊不悦。司农卿赵履温私谓之曰："公国之宰辅，而为一介之使，不亦鄙乎？"彦昭曰："然计将安出？"履温因阴托安乐公主密奏留之。于是以左卫大将军杨矩使焉。其月，帝幸始平县以送公主，设帐殿于百顷泊侧，引王公宰相及吐蕃使入宴，中坐酒阑，命吐蕃使进前，谕以公主孩幼，割慈远嫁之旨，上悲泣歔欷久之。因命从臣赋诗饯别，曲赦始平县大辟罪已下，百姓给复一年，改始平县为金城县，又改其地为凤池乡怆别里。公主既至吐蕃，别筑一城以居之。

睿宗即位，摄监察御史李知古上言："姚州诸蛮，先属吐蕃，请发兵击之。"遂令知古征剑南兵募往经略之。蛮酋傍名乃引吐蕃攻知古，杀之，仍断其尸以祭天。时张玄表为安西都护，又与吐蕃比境，互相攻掠，吐蕃内虽怨怒，外敦和好。时杨矩为鄯州都督，吐蕃遣使厚遗之，因请河西九曲之地以为金城公主汤沐之所，矩遂奏与之。吐蕃既得九曲，其地肥良，堪顿兵畜牧，又与唐境接近，自是复叛，始率兵入寇。

开元二年秋，吐蕃大将坌达焉、乞力徐等率众十余万寇临洮军，又进寇兰、渭等州，掠监牧羊马而去。杨矩悔惧，饮药而死。玄宗令摄左羽林将军薛讷及太仆少卿王晙率兵邀击之。仍下诏将大举亲征，召募将士，克期进发。俄而晙等与贼相遇于渭源之武阶驿，前军王海宾力战死之，晙率兵而进，大破吐蕃之众，杀数万人，尽收得所掠羊马。贼余党奔北，相枕藉而死，洮水为之不流。上遂罢亲征，命紫微舍人倪若水往按军实，仍吊祭王海宾而还。吐蕃遣其大臣宗俄因子至洮河祭其死亡之士，仍款塞请和，上不许之。自是连年犯边，郭知运、王君㚟相次为河西节度使以捍之。

吐蕃既自恃兵强，每通表疏，求敌国之礼，言词悖慢，上甚怒之。及封禅礼毕，中书令张说奏言："吐蕃丑逆，诚负万诛，然又事征讨，实为劳弊。且十数年甘、凉、河、鄯征发不息，纵令屡胜，亦不能补。闻其悔过请和，惟陛下遣使。许其稽颡内属，以息边境，则苍生幸甚。"上曰："待吾与王君㚟筹之。"说出，谓源乾曜曰："君㚟勇而无谋，常思侥幸，两国和好，何以为功？若人陈谋，则吾计不遂矣。"寻而君㚟入朝奏事，遂请率兵深入以讨之。

十五年正月，君㚟率兵破吐蕃于青海之西，虏其辎重及羊马而还。先是，吐蕃大将悉诺逻率众入攻大斗谷，又移攻甘州，焚烧市里。君㚟畏其锋，不敢出战。会大雪，贼冻死者甚众，遂取积石军西路而还。君㚟先令人潜入贼境，于其归路烧草。悉诺逻军还至大非川，将士息甲牧马，而野草皆尽，马死过半。君㚟与秦州都督张景顺等率众袭其后，入至青海之西，时海水冰合，将士并乘冰而渡。会悉诺逻已渡大非川，辎重及疲兵尚在青海之侧，君㚟纵俘之而还。其年九月，吐蕃大将悉诺逻恭禄及烛龙莽布支攻陷瓜州城，执刺史田元献及君㚟之父寿，尽取城中军资及仓粮，仍毁其城而去。又进攻玉门军及常乐县，县令贾师顺婴城固守，凡八十日，贼遂引退。俄而王君㚟为回纥余党所杀，乃命兵部尚书萧嵩为河西节度使，以建康军使、左金吾将军张守珪为瓜州刺史，修筑州城，招辑百姓，令其复业。时悉诺逻恭禄威名甚振，萧嵩乃纵反间于吐蕃，云其与中国潜通，赞普遂召而诛之。

明年秋，吐蕃大将悉末朗复率众攻瓜州，守珪出兵击走之。陇右节度使、鄯州都督张忠亮引兵至青海西南渴波谷，与吐蕃接战，大破之。俄而积石、莫门两军兵马总至，与忠亮合势追讨，破其大莫门城，生擒千余人，获马一千匹，牦牛五百头，器仗衣资甚众，又焚其骆驼桥而还。八月，萧嵩又遣副将杜宾客率弩手四千人与吐蕃战于祁连城下，自辰至暮，散而复合，贼徒大溃，临阵斩其副将一人。贼败，散走投山，哭声四合。初，上闻吐蕃重来入寇，谓侍臣曰："吐蕃骄暴，恃力而来，朕今按地图。审利害，亲指授将帅，破之必矣！"数日而露布至。

十七年，朔方大总管信安王祎又率兵赴陇右，拔其石堡城，斩首四百余级，生擒二百余口，遂于石堡城置振武军，仍献其俘囚于太庙。于是吐蕃频遣使请和，忠王友皇甫惟明因奏事面陈通和之便。上曰："吐蕃赞普往年尝与朕书，悖慢无礼，朕意欲讨之，何得和也！"惟明曰："开元之初，赞普幼稚，岂能如此。必是在边军将务邀一时之功，伪作此书，激怒陛下。两国既斗，兴师动众，因利乘便，公行隐盗，伪作功状，以希勋爵，所损钜万，何益国家！今河西、陇右，百姓疲竭，事皆由此。若陛下遣使往视金城公主，因与赞普面约通和，令其稽颡称臣，永息边境，此永代安人之道也。"上然其言，因令惟明及内侍张元方充使往问吐蕃。惟明、元方等至吐蕃，既见赞普及公主，具宣上意。赞普等欣然请和，尽出贞观以来前后敕书以示惟明等，令其重臣名悉猎随惟明等入朝，上表曰：

外甥是先皇帝舅宿亲，又蒙降金城公主，遂和同为一家，天下百姓，普皆安乐。中间为张玄表、李知古等东西两处先动兵马，侵抄吐蕃，边将所以互相征讨，迄至今日，遂成衅隙。外甥以先代文成公主、今金城公主之故，深识尊卑，岂敢失礼！又缘年小，枉被边将谗构斗乱，令舅致怪。伏乞垂察追留，死将万足。前数度使人入朝，皆被边将不许，所以不敢自奏。去冬公主遣使人娄众失力将状专往，蒙降使看公主来，外甥不胜喜荷。谨遣谕名悉猎及副使押衙将军浪些纥夜悉猎入朝，奏取进止。两国事意，悉猎所知。外甥蕃中已处分边将，不许抄掠，若有汉人来投，便令却送。伏望皇帝舅远察赤心，许依旧好，长令百姓快乐。如蒙圣恩，千年万岁，外甥终不敢先违盟誓。谨奉金胡瓶一、金盘一、金碗一、马脑杯一、零羊衫段一，谨充微国之礼。

金城公主又别进金鹅盘盏杂器物等。十八年十月，名悉猎等至京师，上御宣政殿，列羽林仗以见之。悉猎颇晓书记，先曾迎金城公主至长安，当时朝廷皆称其才辩。及是上引入内宴，与语，甚礼之。赐紫袍金带及鱼袋，并时服、缯彩、银盘、胡瓶，仍于别馆供拟丰厚。悉猎受袍带器物而却进鱼袋，辞曰："本国无此章服，不敢当殊异之赏。"上嘉而许之。诏御史大夫崔琳充使报聘。仍于赤岭各竖分界之碑，约以更不相侵。

时吐蕃使奏云："公主请《毛诗》、《礼记》、《左传》《文选》各一部。"制令秘书省写与之。正字于休烈上疏请曰：

臣闻戎狄，国之寇也；经籍，国之典也。戎之生心，不可以无备；典有恒制，不可以假人。《传》曰："裔不谋夏，夷不乱华。"所以格其非心，在乎有备无患。昔东平王入朝求《史记》、诸子，汉帝不与。盖以《史记》多兵谋，诸子杂诡术。夫以东平，汉之懿戚，尚不欲示征战之书，今西戎，国之寇仇，岂可贻经典之事！

且臣闻吐蕃之性，慓悍果决，敏情持锐，善学不回。若达于书，必能知战。深于《诗》，则知武夫有师干之试；深于《礼》，则知月令有兴废之兵；深于《传》，则知用师多诡诈之计；深于《文》，则知往来有书檄之制。何异借寇兵而资盗粮也！

臣闻鲁秉周礼，齐不加兵；吴获乘车，楚疲奔命。一以守典存国，一以丧法危邦，可取鉴也。且公主下嫁从人，远适异国，合慕夷礼，返求良书，愚臣料之，恐非公主本意也。虑有奔北之类，劝教于中。若陛下虑失蕃情，以备国信，必不得已，请去《春秋》。当周德既衰，诸侯强盛，礼乐自出，战伐交兴，情伪于是乎生，变诈于是乎起，则有以臣召君之事，取威定霸之名。若与此书，国之患也。《传》曰："于奚请曲县繁缨，仲尼曰：'惜也，不如多与之邑。惟名与器，不可假人。'"狄固贪婪，贵货易土，正可锡之锦绮，厚以玉帛，何必率从其求，以资其智！臣忝叨列位，职刊秘籍，实痛经典，弃在戎夷。昧死上闻，惟陛下深察。

疏奏不省。二十一年，又制工部尚书李暠往聘吐蕃。每唐使入境，所在盛陈甲兵及骑马，以矜其精锐。二十二年，遣将军李佺于赤岭与吐蕃分界立碑。二十四年正月，吐蕃遣使贡方物金银器玩数百事，皆形制奇异。上令列于提象门外，以示百僚。

其年，吐蕃西击勃律，遣使来告急。上使报吐蕃，令其罢兵。吐蕃不受诏，遂攻破勃律国，上甚怒之。时散骑常侍崔希逸为河西节度使，于凉州镇守。时吐蕃与汉树栅为界，置守捉使。希逸谓吐蕃将乞力徐曰："两国和好，何须守捉，妨人耕种。请皆罢之，以成一家，岂不善也？"乞力徐报曰："常侍忠厚，必是诚言。但恐朝廷未必皆相信任。万一有人交构，掩吾不备，后悔无益也。"希逸固请之，遂令使与乞力徐杀白狗为盟，各去守备。于是吐蕃畜牧被野。俄而希逸傔人孙诲入朝奏事，诲欲自邀其功，因奏言"吐蕃无备，若发兵掩之，必克捷。"上使内给事赵惠琮与孙诲驰往观察事宜。惠琮等至凉州，遂矫诏令希逸掩袭之，希逸不得已而从之，大破吐蕃于青海之上，杀获甚众，乞力徐轻身远逸。惠琮、孙诲皆加厚赏，吐蕃自是复绝朝贡。希逸以失信怏怏，在军不得志。俄迁为河南尹，行至京师，与赵惠琮俱见白狗为祟，相次而死。孙诲亦以罪被戮。诏以岐州刺史萧炅为户部侍郎判凉州事，代希逸为河西节度使；鄯州都督杜希望为陇右节度使；太仆卿王昱为益州长史、剑南节度使，分道经略，以讨吐蕃。仍令毁其分界之碑。

二十六年四月，杜希望率众攻吐蕃新城，拔之。以其城为威武军，发兵一千以镇之。其年七月，希望又从鄯州发兵夺吐蕃河桥，于河左筑盐泉城。吐蕃将兵三万人以拒官军，希望引众击破之，因于盐泉城置镇西军。时王昱又率剑南兵募攻其安戎城。先于安戎城左右筑两城，以为攻拒之所，顿兵于蓬婆岭下，运剑南道资粮以守之。其年九月，吐蕃悉锐以救安戎城，官军大败，两城并为贼所陷，昱脱身走免，将士已下数万人及军粮资仗等并没于贼。昱坐左迁括州刺史。初，昱之在军，谬赏其子钱帛万计，并擅与紫袍等，所费钜万，坐是寻又重贬为端州高要尉而死。

二十七年七月，吐蕃又寇白草、安人等军，敕临洮、朔方等军分兵救援。时吐蕃于中路屯兵，断临洮之路。白水军守捉使高崇于拒守连旬，俄而贼退，萧炅遣偏将掩其后，击破之。王昱既败之后，诏以华州刺史张宥为益州长史、剑南防御使，主客员外郎章仇兼琼为益州司马、防御副使。宥既文吏，素无攻战之策，兼琼遂专其戎事。俄而兼琼入奏，盛陈攻取安戎之策。上甚悦，徙张宥为光禄卿，拔兼琼令知益州长史事，代张宥节度，仍为之亲画取城之计。

二十八年春，兼琼密与安戎城中吐蕃翟都局及维州别驾董承宴等通谋。都局等遂翻城归款，因引官军入城，尽杀吐蕃将士，使监察御史许远率兵镇守。上闻之，甚悦。中书令李林甫等上表曰："伏以吐蕃此城，正当冲要，凭险自固，恃以窥边。积年以来，蚁聚为患，纵有百万之众，难以施功。陛下亲纡秘策，不兴师旅，顷令中使李思敬晓喻羌族，莫不怀恩，翻然改图，自相谋陷。神算运于不测，睿略通于未然，累载逋诛，一朝荡灭。又臣等今日奏事，陛下从容问臣等曰：'卿等但看四夷不久当渐摧丧。'德音才降，遽闻戎捷，则知圣与天合，应如响至，前古以来，所未有也。请宣示百僚，编诸史策。"手制答曰："此城仅风年中羌引吐蕃，遂被固守，岁月既久，攻伐亦多。其地险阻，非力所制。朝廷群议，不合取之。朕以小蕃无知，事须处置，授以奇计，所以行之，获彼戎心，归我城守，有足为慰也。"其年十月，吐蕃又引众寇安戎城及维州，章仇兼琼遣裨将率众御之，仍发关中𫑡骑以救援焉。时属凝寒，贼久之自引退。诏改安戎城为平戎城。

二十九年春，金城公主薨，吐蕃遣使来告哀，仍请和，上不许。使到数月后，始为公主举哀于光顺门外，辍朝三日。六月，吐蕃四十万攻承风堡，至河源军，西入长宁桥，至安仁军，浑崖峰骑将盛希液以众五千攻而破之。十二月，吐蕃又袭石堡城，节度使盖嘉运不能守，玄宗愤之。天宝初，令皇甫惟明、王忠嗣为陇右节度，皆不能克。七载，以哥舒翰为陇右节度使，攻而拔之，改石堡城为神武军。

天宝十四载，赞普乞黎苏笼猎赞死，大臣立其子婆悉笼猎赞为主，复为赞普。玄宗遣京兆少尹崔光远兼御史中丞，持节赍国信册命吊祭之。及还，而安禄山已窃据洛阳，以河、陇兵募令哥舒翰为将，屯潼关。

昔秦以陇山已西为陇西郡。汉怀匈奴于河右，置姑臧、张掖、酒泉、伊吾等郡；又于碛外置西域都护，控引胡国；又分陇西为金城、西平等郡，杂以氐、羌居之。历代丧乱，不为贤豪所据，则为远夷侵废；迨千年矣。武德初。薛仁杲奄有陇上之地，至于河房。李𫏋尽有凉州之域，通于碛外。贞观中，李靖破吐谷浑，侯君集平高昌，阿史那社尔开西域，置四镇。前王之所未伏，尽为臣妾，秦、汉之封域，得议其土境耶！于是岁调山东丁男为戍卒，缯帛为军资，有屯田以资糗粮，牧使以娩羊马。大军万人，小军千人，烽戍逻卒，万里相继，以却于强敌。陇右鄯州为节度。河西凉州为节度。安西、北庭亦置节度，关内则于灵州置朔方节度，又有受降城、单于都护庭为之藩卫。及潼关失守，河洛阻兵，于是尽征河陇、朔方之将镇兵入靖国难，谓之行营。暨时军营边州无备预矣。乾元之后，吐蕃乘我间隙，日蹙边城，或为虏掠伤杀，或转死沟壑。数年之后，凤翔之西，邠州之北，尽蕃戎之境，湮没者数十州。

肃宗元年建寅月甲辰，吐蕃遣使来朝请和，敕宰相郭子仪、萧华、裴遵庆等于中书设宴。将诣光宅寺为盟誓，使者云：蕃法盟誓，取三牲血歃之，无向佛寺之事，请明日须于鸿胪寺歃血，以申蕃戎之礼。从之。宝应元年六月，吐蕃使烛番、莽耳等二人贡方物入朝，乃于延英殿引见，劳赐各有差。而剑南西山又与吐蕃、氐、羌邻接，武德以来，开置州县，立军防，即汉之笮路，乾元之后，亦陷于吐蕃。宝应二年三月，遣左散骑常侍兼御史大夫李之芳、左庶子兼御史中丞崔伦使于吐蕃，至其境而留之。

广德元年九月，吐蕃寇陷泾州。十月，寇邠州，又陷奉天县。遣中书令郭子仪西御。吐蕃以吐谷浑、党项羌之众二十余万，自龙光度而东。郭子仪退军，车驾幸陕州，京师失守。降将高晖引吐蕃入上都城，与吐蕃大将马重英等立故邠王男广武王承宏为帝，立年号，大赦，署置官员，寻以司封崔瑰等为相。郭子仪退军南保商州，吐蕃居城十五日退，官军收上都，以郭子仪为留守。

初，车驾东幸，衣冠戚里尽南投荆襄及隐窜山谷，于是六军将士持兵剽劫，所在阻绝。郭子仪领部曲数百人及其妻子仆从南入牛心谷，驼马车牛数百两，子仪迟留，未知所适。行军判官、中书舍人王延昌、监察御史李莩谓子仪曰："令公身为元帅，主上蒙尘于外，家国之事，一至于此。今吐蕃之势日逼，岂可怀安于谷中，何不南趋商州，渐赴行在。"子仪遽从之。延昌曰："吐蕃知令公南行，必分兵来逼，若当大路，事即危矣。不如取玉山路而去，出其不意。"子仪又从之。延昌与李莩皆从子仪，子仪之队千余人，山路狭隘，连延百余里，人不得驰。延昌与莩恐狭径被追，前后不相救，至倒回口，遂与子仪别行，逾绝涧，登七盘，趋于商州。先是，六军将张知节与麾下数百人自京城奔于商州，大掠避难朝官、士庶及居人资财鞍马，已有日矣。延昌与莩既至，说知节曰："将军身掌禁兵，军败而不赴行在，又恣其下房掠，何所归乎？今郭令公元帅也，已欲至洛南，将军若整顿士卒，喻以祸福，请令公来抚之，以图收长安，此则将军非常之功也。"知节大悦。其时诸军将臧希让、高升、彭体盈、李惟诜等数人，各有部曲，率其数十骑，相次而至，又从其计，皆相率为军，约不侵暴。延昌留于军中主约，莩与数骑往迎子仪，去洛南十余里，及之，遂与子仪回至商州。诸将大喜，皆遵其约束。

吐蕃将入京师也，前光禄卿殷仲卿逃难而出，鞍马衣服尽为土贼所掠。仲卿至蓝田，纠合散兵及诸骁勇愿从者百余人，南保蓝田，以拒吐蕃，其众渐振，至于千人。子仪既至商州，未知仲卿之举，募人往探贼势。羽林将军长孙全绪请行，以二百骑隶之。又令太子宾客第五琦摄京兆尹，同收长安。全绪至韩公堆，昼则击鼓，广张旗帜，夜则多燃火，以疑吐蕃。仲卿探知官军，其势益壮。遂相为表里，以状闻于子仪。仲卿帅二百余骑游奕，直渡浐水。吐蕃惧，问百姓，百姓皆绐之曰："郭令公自商州领众却收长安，大军不知其数。"贼以为然，遂抽军而还，余众尚在城。军将王抚及御史大夫王仲升顿兵自苑中入，椎鼓大呼，仲卿之师又入城，吐蕃皆奔走，乃收上都。郭子仪乘之，鼓行入长安，人心乃安。

吐蕃退至凤翔，节度孙志直闭门拒之，吐蕃围守数日。会镇西节度、兼御史中丞马璘领精骑千余自河西救杨志烈回，引兵入城。迟明，单骑持满，直冲贼众，左右愿从者百余骑。璘奋击大呼，贼徒披靡，无敢当者，贼疲而归。贼众恃其骁勇，翌日又逼城请战。璘披甲开悬门，贼乃抽退。皆曰："此将不惜死，不可当，且避之。"又复居原、会、成、渭之地。

十二月，乘舆还上都。二年五月，放李之芳还。九月，叛将仆射、大宁郡王仆固怀恩自灵武遣其党范志诚、任敷等引吐蕃、吐谷浑之众来犯王畿。十月，怀恩之众至邠州挑战，节度白孝德及副元帅先锋郭晞婴城拒之，以挫其锋。贼众遂逼奉天县西二十里为营，郭子仪屯于奉天，又按军不战。郭晞于邠州西三十里，令精骑二百五十人、步卒五十人斫怀恩营，破五千众，斩首千余级，生擒八十五人，降其大将四人，马五百匹。十一月，仆固怀恩引吐蕃之众退。

广德二年，河西节度杨志烈被围，守数年，以孤城无援，乃跳身西投甘州，凉州又陷于寇。

永泰元年三月，吐蕃请和，遣宰相元载、杜鸿渐等于兴唐寺与之盟而罢。秋九月，仆固怀恩诱吐蕃、回纥之众，南犯王畿。吐蕃大将尚结息赞磨、尚息东赞、尚野息及马重英率二十万众至奉天界，邠州节度使白孝德不能御，京城戒严。先是，朔方先锋兵马使浑日进、孙守亮屯军于奉天以拒之，于是诏追副元帅郭子仪于河中府领众赴援，屯于泾阳，诸将各屯守要害。初，吐蕃列营奉天，浑日进单骑冲之，骁骑二百人继进，冲突其营，左右击刺，贼徒惊骇，无不应弦而毙。日进挟一蕃将，跃马而归，蕃将奋身，失其撒饭一。日进之众，无中锋镝者，军中望而益振。明日，吐蕃悉众围之，日进命抛车夹石投之，杂以弓弩，贼死伤众。数日，敛军回营。寻又日进夜斫贼营于梁母神下，杀千余人，生擒五百人，获驼马器械。

上又下诏亲征，括朝官马，京城置团练。镇西节度马璘遇吐蕃游奕四百余人于武功东原，使五十人击而尽杀之，无噍类。自十七日至二十五日晚际始止，议者以为天助。吐蕃移营于醴泉县九嵕山北，因攻掠醴泉。京城大骇，人皆空室，大户凿窦以出。逆党任敷以兵五千余人犯白水县。浑日进露布而至，屯于奉天马嵬店。今月十九日已后至二十五日已前，交战二百余阵，破吐蕃一万余众，斩首五千级，生擒一百六十人，马一千二百四十二匹，驼一百一十五头，器械、幡旗共三万余事。朝官震惧，家口回避者十室八九，禁之不止。自前年吐蕃犯王畿后，于中渭桥鄠丰城以营兵，至是功毕。

吐蕃退至永寿北，遇回纥之众，虽闻怀恩死，皆悖其众，相诱而奔，复来寇。至奉天，两蕃猜贰争长，别为营垒。吐蕃游奕至窑底，吐蕃又至马嵬店，因纵火焚居人庐舍而退。回纥三千骑诣泾阳降款，请击吐蕃为效，子仪许之。于是朔方先锋兵马使开府南阳郡王白元光与回纥合于泾阳灵台县东五十里，攻破吐蕃。斩首及生擒获驼马牛羊甚众。上停亲征，京师解严，宰相上表称贺。

卷一百九十六下
列传第一百四十六

吐　蕃　下

永泰二年二月，命大理少卿、兼御史中丞杨济修好于吐蕃。四月，吐蕃遣首领论泣藏等百余人随济来朝，且谢申好。大历二年十月，灵州破吐蕃二万余众，生擒五百人，获马一千五百匹。十一月，和蕃使、检校户部尚书、兼御史大夫薛景仙自吐蕃使还，首领论泣陵随景仙来朝。景仙奏云："赞普请以凤林关为界。"俄又遣使路悉等十五人来朝。三年八月，吐蕃十万寇灵武，大将尚悉摩寇邠州。邠宁节度使马璘破二万余众，擒其俘以献之。九月，寇灵州，朔方骑将白元光破之。俄又复破二万众于灵武，获羊马数千计。关内副元帅郭子仪于灵州破吐蕃六万余众。十二月，以蕃寇岁犯西疆，增修镇守，乃移马璘镇泾州，仍为泾原节度使。剑南西川亦破吐蕃万余众。五年五月，徙置安、悉、拓、静、恭五州于山陵要害之地，以备吐蕃。

八年秋，吐蕃六万骑寇灵武，蹂践我禾稼而去。十月，寇泾、邠等州，郭子仪遣先锋将浑瑊与贼战于宜禄，我师不利，副将史籍等三人死之，村墅居人为驱掠者凡千余人。是夜，瑊收合散卒袭贼营，会马璘亦袭其辎重，凡杀数千人，贼遂溃。子仪大破吐蕃十余万众。

初，吐蕃犯我邠郊，马璘以精卒二千余人潜夜掩贼营，射贼豹皮将中目，贼众扶之号泣，遂举营遁去。璘因收获朔方兵健二百余人，百姓七百余人，驼马数百匹。

九年四月，以吐蕃侵扰，预为边备，乃降敕：

宜令子仪以上郡、北地、四塞、五原、义渠、稽胡、鲜卑杂种步马五万众，严会栒邑，克壮汕军。抱玉以晋之高都，韩之上党，河、湟义从、汧、陇少年，凡三万众，横绝高壁，斜界连营。马璘以西域前庭，车师后部，兼广武之戎，下蔡之徭，凡三万众，屯于汧中，张大军之援。忠诚以武落别校，右地奇锋，凡二万众，出岐阳而北会。希让以三辅太常之徒，六郡良家之子，自渭上而西合汧宋、淄青、河阳、幽蓟，总四万众，分列前后。魏博、成德、昭义、永平总六万众，大舒左右。朕内整禁旅，亲誓诸将，赍以千金之费，锡以六牧之马。其戎装器械，军用边储，各有司存，素皆精办。咨尔将相文武宣力之臣，夫师克在和，善战不阵，各宜保据疆界，屯聚要冲，斥堠惟明，首尾相应。若既悔过，何必劳人；如或不恭，自当伐罪。然后眷求统一，以制诸军。进取之宜，俟于后命。

十一年正月，剑南节度使崔宁大破吐蕃故洪等四节度兼突厥、吐浑、氐、蛮、羌、党项等二十余万众，斩首万余级，生擒蠰城兵马使一千三百五十人，献于阙下。牛羊及军资器械，不可胜纪。十二年九月，入寇坊州，掠党项羊马而去。十月，崔宁破吐蕃望汉城。十四年八月，命太常少卿韦伦持节使吐蕃，统蕃俘五百人归之。十月，吐蕃率南蛮众二十万来寇：一入茂州，过汶川及灌口；一入扶、文，过方维、白坝；一自黎、雅近邛崃关，连陷郡邑。乃发禁兵四千人及幽州兵五千人同讨，大破之。

建中元年四月，韦伦至。自大历中聘使前后数辈，皆留之不遣。俘获其人，必遣中官统徙江、岭，因缘求财及给养之费，不胜其弊。去年冬，吐蕃大兴师以三道来侵，会德宗初即位；以德绥四方，征其俘囚五百余人，各给衣一袭，使伦统还其国，与之约和，敕边将无得侵伐。吐蕃始闻归其人，不之信，及蕃俘入境，部落皆畏威怀惠。其赞普乞立赞谓伦曰："不知是来也，而有三恨，奈何？"伦曰："未达所谓。"乞立赞曰："不知大国之丧，而吊不及哀，一也。不知山陵之期，而赗不成礼，二也。不知皇帝舅圣明继立，已发众军三道连衡。今灵武之师，闻命辄已；而山南之师已入扶、文，蜀师已趋灌口，追且不及，是三恨也。"乃发使奉赞，不二旬而复命。蜀帅上所获戎俘，有司请准旧事颁为徒隶，上曰："要约著矣，言庸二乎？"乃各给缣二匹，衣一袭而归之。五月，以韦伦为太常卿，复使吐蕃。其冬，遣宰相论钦明思等五十五人随伦至，且献方物。吐蕃见伦再至，甚欢。既就馆，声乐以娱之，留九日而还，兼遣其渠帅报命。

二年十二月，入蕃使判官常鲁与吐蕃使论悉诺罗等至自蕃中。初，鲁与其使崔汉衡至列馆，赞普乞止之，先命取国信敕。既而使谓汉衡曰："来敕云：'所贡献物，并领讫；今赐外甥少信物，至领取。'我大蕃与唐舅甥国耳，何得以臣礼见处？又所欲定界，云州之西，请以贺兰山为界。其盟约，请依景龙二年敕书云：'唐使到彼，外甥先与盟誓；蕃使到此，阿舅亦亲与盟。'"乃邀汉衡遣使奏定。鲁使还奏焉，为改敕书，以"贡献"为"进"，以"赐"为"寄"，以"领取"为"领之"。且谓曰："前相杨炎不循故事，致此误尔。"其定界盟，并从之。

三年四月，放先没蕃将士僧尼等八百人归还，报归蕃俘也。九月，和蕃使、殿中少监、兼御史中丞崔汉衡与蕃使区颊赞至。时吐蕃大相尚结息忍而好杀，以尝覆败于剑南，思刷其耻，不肯约和。其次相尚结赞有材略，因言于赞普，请定界明约，以息边人。赞普然之，竟以结赞代结息为大相，终约和好，期以十月十五日会盟于境上。以崔汉衡为鸿胪卿，以都官员外郎樊泽兼御史中丞、充入蕃计会使。初，汉衡与吐蕃约定月日盟誓，汉衡到，商量未决，已过其期，遂命泽诣结赞复定盟会期，且告遣陇右节度使张镒与之同盟，泽至故原州，与结赞相见，以来年正月十五日会盟于清水西。

四年正月，诏张镒与尚结赞盟于清水。将盟，镒与结赞约，各以二千人赴坛所，执兵者半之，列于坛外二百步，散从者半之，分立坛下。镒与宾佐齐映、齐抗及会盟官崔汉衡、樊泽、常鲁、于颀等七人皆朝服；结赞与其本国将相论悉颊藏、论臧热、论利陀、斯官者、论力徐等亦七人，俱升坛为盟。初约汉以牛，蕃以马，镒耻与之盟，将杀其礼，乃谓结赞曰："汉非牛不田，蕃非马不行，今请以羊、豕、犬三物代之。"结赞许诺。塞外无豕，结赞

请出羝羊,镒出犬及羊,乃于坛北刑之,杂血二器而歃盟。文曰:

> 唐有天下,恢奄禹迹,舟车所至,莫不率俾。以累圣重光,历年惟永,彰王者之丕业,被四海之声教。与吐蕃赞普,代为婚姻,固结邻好,安危同体,甥舅之国,将二百年。其间或因小忿,弃惠为仇,封疆骚然,靡有宁岁。皇帝践祚,愍兹黎元,俾释俘隶,以归蕃落。蕃国展礼,同兹叶和,行人往复,累布成命。是必诈谋不起,兵车不用矣。彼犹以两国之要,求之永久,古有结盟,今请用之。国家务息边人,外其故地,弃利践义,坚盟从约。今国家所守界:泾州西至弹筝峡西口,陇州西至清水县,凤州西至同谷县,暨剑南西山大渡河东,为汉界。蕃国守镇在兰、渭、原、会,西至临洮,东至成州,抵剑南西界磨些诸蛮,大渡水西南,为蕃界。其马镇守之处,州县见有居人,彼此两边见属汉诸蛮,以今所见住处,依前为定。其黄河以北,从故新泉军,直北至大碛,直南至贺兰山骆驼岭为界,中间悉为闲田。盟文有所不载者,蕃有兵马处蕃守,汉有兵马处汉守,并依见守,不得侵越。其先未有兵马处,不得新置,并筑城堡耕种。今二国将相辞而会,斋戒将事,告天地山川之神,惟神照临,无得愆坠。其盟文藏于宗庙,副在有司,二国之成,其永保之。

结赞亦出盟文,不加于坎,但埋牲而已。盟毕,结赞请镒就坛之西南隅佛幄中焚香为誓。誓毕,复升坛饮酒。献酬之礼,各用其物,以将厚意而归。

二月,命崔汉衡持节答蕃,遣区颊赞等归。上初令宰相、尚书与蕃相区颊赞盟于丰邑里坛所。将盟,以清水之会疆场不定,遂罢。因留颊赞未遣,复令汉衡使于赞普。六月,答蕃使判官于颀与蕃论颊没藏等自青海。七月,以礼部尚书李揆加御史大夫,为入蕃会盟使。又命宰相李忠臣、卢杞、关播、右仆射崔宁、工部尚书乔琳、御史大夫于颀、太府卿张献恭、司农卿段秀实、少府监李昌夔、京兆尹王翃、左金吾卫将军浑瑊 等与区颊赞等会盟于坛所。初,于颀至自蕃中,与尚结赞约:"疆场既定,请归其使。"从之。以丰邑坊盟坛在京城之内非便,请卜坛于京城之西。其礼如清水之仪。先盟二日,命有司告太庙,盟官致斋。三日,朝服升坛,关播跪读盟文。盟毕,宴赐而遣之。

兴元元年二月,以右散骑常侍兼御史大夫于颀往泾州已来宣慰吐蕃,仍与州府计会顿递。时吐蕃款塞请以兵助平国难,故遣使焉。四月,命太常少卿、兼御史中丞沈房为入蕃计会及安西、北庭宣慰使。是月,浑瑊与吐蕃论莽罗率众大破朱泚将韩旻、张廷芝、宋归朝等于武功之武亭川,斩首万余级。

贞元二年,命仓部郎中、兼侍御史赵聿为入吐蕃使。八月,吐蕃寇泾、陇、邠、宁数道,掠人畜,取禾稼,西境骚然。诸道节度及军镇,咸闭壁自守而已。京师戒严。上遣左金吾将军张献甫与神策将李升昙、苏清沔等统兵屯于咸阳,召河中节度骆元光率众戍咸阳以援之。九月,以吐蕃游骑及于好畤,上复遣张献甫等统兵屯于咸阳,又诏遣左监门将军康成使于吐蕃。初,吐蕃大相尚结赞累遣使请盟会定界,乃命成使之。至上砦原,与结赞相见,令其使论乞陀与成同来。

是月,凤翔节度使李晟以吐蕃侵轶,遣其将王佖夜袭贼营,率骁勇三千人入汧阳。诫之曰:"贼之大众,当过城下,无击其首尾。首尾虽败,中军力全,若合势攻之,汝必受其弊。但候其前军已过。见五方旗、虎豹衣,则其中军也。出其不意,乃是奇功。"佖如其言出击之,贼众果败,副将史廷玉力战死之。又寇凤翔城下,李晟出兵御之,一夕而退。十月,李晟遣兵袭吐蕃之堆沙堡,大破之。焚其归积,斩蕃酋扈屈律设赞等七人,传首京师。

十一月,吐蕃陷盐州。初,贼之来也,刺史杜彦光使以牛酒犒之。吐蕃谓曰:"我欲州城居之,听尔率其人而去。"彦光乃悉众奔鄜州。十二月,陷夏州,刺史拓拔乾晖率众而去,复据其城。又寇银州,素无城壁,人皆奔散。

三年春,命检校左庶子、兼御史中丞崔浣为入吐蕃使,相次又遣左庶子李铦使之。河东、保宁等道节度使马燧来朝。初,尚结赞既陷盐、夏等州,各留千余人守之,结赞大众屯于鸣沙。自去冬及春,羊马多死,粮饷不给。时诏遣华州、潼关节度骆元光、邠宁节度韩游瑰统众与凤翔、鄜、邠及诸道戍卒,屯于塞上,又命燧率师次于石州,分兵隔河与元光等掎角讨之。结赞闻而大惧,累遣使请和,仍约盟会。上皆不许。又遣其大将论颊热厚礼卑词求燧请盟,燧以奏焉,上又不许。惟促其合势讨逐。燧喜赂信诈,乃与颊热俱入朝,盛言其可保信,许盟约,上于是从之。燧既赴朝也,诸军但闭壁而已。结赞遂悉其众弃夏州而归,马既多死,有徒行者。及是夏凉之会,竟渝盟,马燧亦由此失兵柄而奉朝请矣。

四月,崔浣至自鸣沙。初,浣至鸣沙,与尚结赞相见,询问其违约陷盐、夏州之故。对曰:

> 本以定界碑被牵倒,恐二国背盟相侵,故造境上请修旧好。又蕃军顷年破朱泚之众于武功,未获酬偿,所以来耳。及徙泾州,其节度使闭城自守,音问莫达。又徙凤翔,请通使于李令公,亦不见纳。及遣康成、王真之来,皆不能达大国之命。日望大臣充使,兼展情礼,实无至者,乃引军还。及盐、夏二州之师,二州惧我之众,请以城与我,求全而归,非我所攻陷也。今君以国亲将命,若结好复盟。蕃之愿也。盟会之期及定界之所,唯命是听。君归奏决,定当以盐、夏相还也。

又云:

> 清水之会,同盟者少,是以和好轻慢不成。今蕃相及元帅已下凡二十一人赴。灵州节度使杜希全禀性和善,外境所知,请令主盟会。泾州节度李观,亦请同主之。

又同章表上闻。浣诱赂蕃中给役者,求其人马真数,凡五万九千余人,马八万六千余匹,可战者仅三万人,余悉童幼,备数而已。

是日，改崔浣为鸿胪卿，再入吐蕃。令浣报尚结赞曰："杜希全职在灵州，不可出境。李观今已改官，以侍中浑瑊充盟会使。"约以五月二十四日复盟于清水。又令告以盐、夏二州归于我，才就盟会。上疑蕃情不实，以得州为信焉。五月，浑瑊以充盟会使来辞，且受命。以兵部尚书崔汉衡为盟会副使，司勋员外郎郑叔矩为判官。浑瑊赴会盟所，上令瑊统众二万余人，遣华州潼关节度骆元光赴之。上令宰臣召吐蕃使论泣赞等于中书议会盟之所。

初崔浣与尚结赞约复会于清水，且先归我盐、夏二州，结赞云："清水非吉地，请会于原州之土梨树。"又请盟毕归二州。浣遣使与泣赞等同奏，上务怀柔远人，皆从之。约以五月十五日盟于土梨树，上召宰臣谋之。先是左神策将马有麟奏："土梨树地多险隘，恐蕃军隐伏，不利于我。平凉川四隅坦平，且近泾州。就之为便。"由是乃定盟所于平凉川。时蕃使论泣赞已复命，遽追还，告而遣之。

浑瑊与尚结赞会于平凉。初，瑊与结赞约，以兵三千人列于坛之东西，散手四百人至坛下。及将盟，又约各益游军相觇伺。结赞拥精骑数万于坛西，蕃之游军贯穿我师。瑊之将梁奉贞率六十骑为游军，才至蕃中，皆被执留，瑊不虞也。结赞又遣人请瑊曰："请侍中以下服衣冠剑珮以俟命。"盖诱其下马，将劫持之。瑊与崔汉衡、监军特进宋凤朝等皆入幕次，坦无他虑，结赞命伐鼓三声，其众呼噪而至。瑊遽出自幕后，偶得他马，跨而奔归。时马不加衔，瑊伏于鬣而手加之，凡驰十余里，衔方及口，故追骑之矢，过而不伤焉。唯瑊之神将辛荣招合数百人，据北阜与贼接战，须臾贼众四合，荣力屈而降。凤朝及瑊判官韩弇，并为乱兵所杀。汉衡及中官刘延邕、俱文珍、李清朝，汉衡判官郑叔矩、路泌，掌书记衰同直，大将扶余准、马宁及神策、凤翔、河东大将孟日华、李至言、乐演明、范澄、马㷀等六十余人皆陷焉。余将士及夫役死者四五百人，驱掠者千余人，咸被解夺其衣。

初，汉衡为乱军所击，其从吏吕温以身蔽之，刃中温而汉衡获免。汉衡乃夷言谓执者曰："我汉使崔尚书也，结赞与我善，如若杀我，结赞亦杀汝。"乃舍之，尽驱而西。既已面缚，各以一木自领至趾约于身，以毛绳三束之，又以毛绳连其发而约之。夜皆踣于地，以发绳各系一橛，又以毛罽都覆之，守卫者卧其上，以防其亡逸也。至故原州，结赞坐于帐中，召与相见，数让国家，因怒浑瑊曰："武功之捷，皆我之力，许以泾州、灵州相报，皆食其言。负我深矣，举国所怨。本劫是盟，在擒瑊也。吾遣以金饰桎梏待瑊，将献赞普。既已失之，虚致君等耳，当遣君辈三人归也。吕温带疮亦至，结赞嘉其义，厚给赉之。结赞率其众于石门，遣中官俱文珍、浑瑊之将马宁、马燧之将马㷀归于我。遂送汉衡、叔矩等囚于河州，辛荣、扶余准等于故廓州、鄯州分囚之。结赞本请杜希全、李观同盟，将执二节使，率其锐师来犯京师，希全等既不行，又欲执浑瑊长驱入寇，其谋也如此。上遣中官王子恒赍诏书以遗结赞，蕃界不纳而还。

初，瑊与骆元光将发泾州，元光谓瑊曰："本奉诏令营于潘原堡，以应援侍中。窃以潘原去盟所六七十里，蕃情多诈，侍中倘有急，何由知之？请次侍中为营，以虞其变。"瑊以非诏旨，固止之。元光与同进。瑊之营西去盟所二十余里，元光之营次之。其濠栅颇深固，瑊之濠栅可逾越焉。及瑊单骑奔归，未及其营，守将李朝彩不能整众，多已奔散。瑊至，空营而已，器械资粮悉弃之，赖元光之众阵于营中，瑊既入，贼追骑方退。元光乃先遣辎重，次与瑊俱申其号令，严其部伍而还。瑊复镇于奉天。

六月，盐、夏二州吐蕃焚城门及庐舍，毁城壁而归。

七月，诏曰：

乃者吐蕃犯塞，毒我生灵，俶扰陇东，深入河曲。朕以兵戈粗定，伤夷未瘳，务息战伐之谋，遂从通和之请。亦知戎丑，志在贪婪，重违修睦之辞，乃允寻盟之会。果为隐匿，变发墉间，纵犬羊凶狡之群，乘文武信诚之众，苍黄沦陷，深用恻然。此皆由朕之不明，致其至此。既无德于万众，亦有愧于四方，宵旰贻忧，何嗟而及。今兵部尚书崔汉衡等，皆国之良士，朝之荩臣，婴絷穷庐，眇然殊域。念其家室，或未周于屡空；录以息男，庶或资于薄俸。汉衡宜与一子七品官，司勋员外郎郑叔矩、检校户部郎中路泌、殿中侍御史韩弇及大将孟日华、辛荣、李至言、范澄、王良贽、乐演明、阳昔、权交成等，各与一子八品官；试左金吾兵曹参军衰同直、榆次尉裴䜣及副兵马使以下，各与一子九品官。仍并与正员官。余将士等各与一子官，仍委本使即具名衔闻奏。

于是遣决胜军使唐良臣以众六百人戍潘原堡，神策副将苏太平率其众五百人戍陇州。

八月，崔汉衡自自吐蕃。初，汉衡与同陷者并至河州，尚结赞令召汉衡与神策将孟日华、中官刘延邕，俱至石门而遣之。结赞令五十骑送至境上，且赍表请进。及潘原，李观使止曰："有诏不许更纳蕃使。"受其表而返其人。自是吐蕃率羌、浑之众犯塞，分屯于潘口及青石岭。先是，吐蕃之众自潘口东分为三道：其一趋陇州，其一趋汧阳之东，其一趋钓竿原。是日，相次屯于所趋之地，连营数十里。其汧阳贼营，距凤翔四十里，京师震骇，士庶奔骇。贼遣羌、浑之众，衣汉戎服，伪称邢君牙之众，奄至吴山及宝鸡北界，焚烧庐舍，驱掠人畜，断吴山神之首，百姓丁壮者驱之以归，赢老者咸杀之，或断手凿目，弃之而去。初，李晟在凤翔，令伐大木塞安化峡，及是，贼并焚之。

九月，诏神策军将石季章以众三千戍武宫，召唐良臣自潘原戍白里城。是月，吐蕃大掠汧阳、吴山、华亭等界人庶男女万余口，悉送至安化峡西，将分隶羌、浑等。乃曰："从尔辈东向哭辞乡国。"众遂大哭。其时一恸而绝者数百人，投崖谷死伤者千余人，闻者为之痛心焉。浑瑊遣其将任蒙主以众三千戍好畤。是月，吐蕃之众复至，分屯于丰义及华亭。百僚入计以破吐蕃围。陇州刺史韩清沔与苏太平夜出兵伏于大像龛。及夜半，令城中及龛各举火相应，贼大惊，因袭其营，贼乃退散。时吐蕃攻陷华亭，初，贼之围华亭也，先绝其汲水道。其守将王仙鹤及镇兵百姓凡三千人，皆在围中。使人间道请救于陇州，刺史韩清沔令苏太平率一千五百人赴之。及中路，其游骑百余没于贼，太平素懦怯寡谋，遽引众退归。贼自是每日令游骑千余至陇州，州兵不敢复出。凡四日，围中绝水，援军不至，贼又积柴城下，将焚之，仙鹤遂降于贼。贼并焚庐舍，毁城壁，虏士众十三四，收丁壮弃老而去。北攻连云堡，又陷。堡之三面颇峭峻，唯北面连原，以濠为固。贼自其北建抛楼七具，击堡中，堡中唯一井，投石俄而满焉。又飞梁架濠而过，苦攻之。堡将张明遂与其众男女千余口东向恸哭而降。泾州之西，唯有连云堡每侦候贼之进退，及是堡陷，泾州不敢启西门，西门外皆为贼境，樵苏殆绝，收刈禾稼，必布阵于野而收获之。获既失时，所得多空穗。于是泾人有饥忧焉。吐蕃驱掠连云堡之众及邠、泾编户逃窜山谷者，并牛畜万计，悉其众送至弹筝峡。自是泾、陇、邠等贼之所至，俘掠殆尽。是秋，数州人无积聚者，边将唯遣使表贺贼退而已。

十月，吐蕃数千骑复至长武城，韩全义率众御之。韩游瓌之将请以众助之，游瓌不许。及暮，贼退，全义亦引还。自是贼之骑常往来泾、邠之间，诸城西门莫敢启者。贼又修故原州城，其大众屯焉。

四年五月，吐蕃三万余骑犯塞，分入泾、邠、宁、庆、麟等州，焚彭原县廨舍，所至烧庐舍，人畜没者约二三万，计凡二旬方退。陈许行营将韩全义自长武城率众抗之，无功而还。游瓌素无军政，且疾不能兴，闭城自守，莫敢御也。先是，吐蕃入寇，恒以秋冬，及春则多遇疾疫而退。是来也，方盛暑而无患。盖华人陷者，厚其资产，质其妻子，为戎虏所将而侵轶焉。九月，吐蕃将尚悉董星、论莽罗等寇宁州，节度使张献甫率众御之，斩首百余级，贼转寇麟坊等州，纵掠而去。

五年十月，剑南节度使韦皋遣将王有道等与东蛮两林苴那时、勿邓梦冲等帅兵于故巂州台登北谷大破吐蕃青海、腊城二节度，杀其大兵马使乞臧遮遮、悉多杨朱，斩首二千余级，其投崖谷赴水死者不可胜数，生擒笼官四十五人，收获器械一万余事、马牛羊一万余头匹。遮遮者，吐蕃骁勇者也，或云尚结赞之子，频为边患。自其死也，官军所攻城栅，无不降下。蕃众日却，数年间，尽复巂州之境。

六年，吐蕃陷我北庭都护府。初，北庭、安西，既假道于回纥朝奏，因附庸焉。蕃性贪狠，征求无度。北庭近羌，凡服用食物所资，必强取之，人不聊生矣。又有沙陀部六千余帐与北庭相依，亦属于回纥。回纥肆其抄夺，尤所厌苦。其葛禄部及白服突厥素与回纥通和，亦憾其夺掠，因吐蕃厚赂见诱，遂附之。于是吐蕃率葛禄、白服之众，去岁各来寇北庭，回纥大相颉干迦斯率援之，频战败绩，吐蕃攻围颇急。北庭之人既苦回纥，是岁乃举城降于吐蕃，沙陀部落亦降焉。北庭节度使杨袭古与麾下二千余人出奔西州，颉干迦斯不利而还。

七年秋，又悉其丁壮五六万人，将复北庭，仍召袭古偕行，俄为吐蕃、葛禄等所击，大败，死者大半。颉干迦斯绐之曰："且与我同至牙帐，当送君归本朝也。"袭古从之，及牙帐，留而不遣，竟杀之。自是安西阻绝，莫知存否。唯西州之人，犹固守焉。颉干迦斯既败衄，葛禄之众乘胜取回纥之浮图川。回纥震恐，悉迁西北部落羊马于牙帐之南以避之。

八年四月，吐蕃寇灵州，掠人畜，攻陷水口城，进围州城，塞水口及支渠以营田。诏河东、振武分兵为援，又分神策六军之卒三千余人戍于定远、怀远二城，上御神武楼劳遣之。吐蕃引去。六月，吐蕃数千骑由青石岭寇泾州，掠田军千余人还，及连云堡，守捉使唐朝臣遣兵出战，大将王进用死之。九月，西川节度使韦皋攻吐蕃之维州，获大将论赞热及首领献于京师。十一月，山南西道节度严震击破吐蕃于芳州及黑水堡，焚其积聚，并献首虏。

九年二月，诏城盐州。是州先为吐蕃所毁，自此塞外无堡障。灵武势隔，西逼鄜坊，甚为边患，故命城之，二旬而毕。又诏兼御史大夫纥干遂统兵五千与兼御史中丞杜彦光之众戍之。是役也，上念将士之劳，厚今度支供给。又诏泾原、湖南、山南诸军深讨吐蕃，以分其力。由是板筑之际，虏无犯塞者。及毕，中外咸称贺焉。是月，西川韦皋献获吐蕃首房。器械、旗帜、牛马于阙下。

初，将城盐州，上命皋出师以分吐蕃之兵，皋遣大将董勔、张芬出西山及南道，破俄和城、通鹤军。吐蕃南道元帅论莽热率众来援，又破，杀伤数千人，焚定廉故城。凡平栅堡五十余所。

十年，南诏蛮蒙异牟寻大破吐蕃于神川，使来献捷，语在《南诏传》。十一年八月，黄少卿攻陷钦、横、浔、贵四州。吐蕃渠帅论乞髯荡没藏悉诺律以其家属来降。明年，并以为归德将军。十二年九月，吐蕃寇庆州及华池县，杀伤颇甚。

十三年正月，邢君牙奏请于陇州西七十里筑城以备西戎，名永信城。吐蕃赞普遣使农桑昔赍表请修和好，边将以闻。上以其犲狼之性，数负恩背约，不受表状，任其使却归。五月十七日，吐蕃于剑山、马岭三处开路，分军下营，仅经一月，进军逼台登城。巂州刺史曹高任率领诸军将士并东蛮子弟合势接战，自朝至午，大破之，生擒大笼官七人，阵上杀获三百人，余被刀箭者不可胜纪，收获马畜五百余头匹、器械二千余事。十四年十月，夏州节度使韩全义破吐蕃于盐州西北。十六年六月，盐州破吐蕃于乌兰桥下。

十七年七月，吐蕃寇盐州，又陷麟州，杀刺史郭锋，毁城隍，大掠居人，驱党项部落而去。次盐州西九十里横槽烽顿军，呼延州僧延素辈七人，称徐舍人召。其火队吐蕃没勒遽引延素等疾趋至帐前，皆马革桔手，毛绳缧颈。见一吐蕃年少，身长六尺余，赤髭大目，乃徐舍人也。命解缚，坐帐中，曰："师勿惧。余本汉人，司空英国公五代孙也。属武后斫丧王室，高祖建义中陨，子孙流播绝域，今三代矣。虽代居职位，世掌兵要，思本之心无涯，顾血族无由自拔耳！此蕃、汉交境也，复九十里至安乐州，师无由归矣。"延素曰："僧身孤亲老，恳祈全活。"悲不自胜。又曰："余奉命率师备边，因求资食，遂涉汉疆，展转东进至麟州。城既无备,援兵又绝,是以拔之。知郭使君是勋臣子孙,必将活之,不幸为乱兵所害。"适有飞鸟使至,飞鸟,犹中国驿骑也,云:"术者上变,召军亟还。"遂归之。时诏韦皋分遣偏将勒步骑合二万,出成都西山,南北九道并进,逼栖鸡、老翁、故维州、保州、松州诸城,以纾北边故也。九月,韦皋大破吐蕃于维州。

十八年正月,韦皋擒吐蕃大首领论莽热来献,赐崇仁里宅以居之。莽热,吐蕃内大相也。先贞元十六年,韦皋累破吐蕃二万余众于黎州、巂州,吐蕃遂大搜阅,筑垒造舟,潜谋寇边,皋悉挫之。于是吐蕃酋帅兼监统曩贡、腊城等九节度婴婴、笼官马定德与其大将八十七人,举部落来降。定德有计画,婴婴习知兵法及山川地形,吐蕃每用兵,定德常乘驿计议,诸将禀其成算。至是自以边功不立,惧得罪而归心焉。其明年,吐蕃昆明城管磨些蛮千余户又来降。吐蕃以其众外溃,遂北寇灵、朔,陷麟州。诏韦皋出兵成都西山以纾北边。皋遂命镇静军兵马使陈洎等统兵万人出三奇路,威戎军使崔尧臣率兵一千出龙溪石门路南,维保二州兵马使仇冕、保霸两州刺史董振等率兵二千进逼吐蕃维州城中,北路兵马使邢玼并诸州刺史董怀愕等率兵四千进攻栖鸡、老翁等城,都将高倜、王英俊等率兵二千进逼故松州,陇东路兵马使元膺并诸将郝宗等复分兵八千出南道雅、邛、黎、巂等路。又令邛州镇南军使、御史大夫韦良金发镇兵一千三百续进,雅州经略使路惟明与三部落主赵日进等率兵三千进攻逋租、偏松等城,黎州经略使王有道率三部落郝金信等二千过大渡河深入吐蕃界,巂州经略使陈孝阳与行营兵马何大海、韦义等及磨些蛮三部落主苴那时率兵四千进攻昆明、诺济城。自八月至于十二月,累破十六万众,拔其七城、五军镇,受降三千余户,生擒六千余人,斩首一万余级,遂围维州。救军再至,转战千余里,吐蕃连败,灵、朔之寇引众南下。于是赞普遣莽热以内大相兼东境五道节度兵马使、都统群牧大使率杂虏十万众,来解维州之围。王师万余众,据险设伏以待之。先以千人挑战,莽热见我师之少也,悉众来追,入于伏中,诸将四面疾击,遂擒莽热,虏众大溃。

十九年五月,吐蕃使论颇热至。六月,以右龙武大将军薛伾兼御史大夫,使于吐蕃。二十年三月上旬,赞普卒,废朝三日,命工部侍郎张荐吊祭之。赞普以贞元十三年四月卒,长子立;一岁卒,次子嗣立。命文武三品以上官吊其仗。四月,吐蕃臧河南观察使论乞冉及僧南拨特计波等五十四人来朝。十二月,遣使论袭热、郭志崇来朝。

二十一年二月,顺宗命左金吾卫将军、兼御史中丞田景度持节告哀于吐蕃,以库部员外郎、兼御史中丞熊执易为副使。七月,吐蕃使论悉诺等来朝。永贞元年十月,赞普使论乞缕勃藏来贡,助德宗山陵金银、衣服、牛马等。十一月,以卫尉少卿、兼御史中丞侯幼平充入蕃告册立等使。

元和元年正月,福建道送到吐蕃生口十七人,诏给递乘放还蕃。六月,遣使论勃藏来朝。五年五月,遣使论思耶热来朝,并归郑叔矩、路泌之柩及叔矩男文延等一十三人。叔矩、泌,平凉之盟陷焉,凡二十余年,竟不屈节,因没于蕃中,至是请和,故归之。六月,命宰相杜佑等与吐蕃使议事中书令厅,且言归我秦、原、安乐州地。七月,遣鸿胪少卿、摄御史中丞李铭为入蕃使,丹王府长史、兼侍御史吴旻副之。六年至十年,遣使朝贡不绝。十二年四月,吐蕃以赞普卒来告,以右卫将军乌重玭兼御史中丞,充吊祭使,殿中侍御史段钧副之。

十三年十月,吐蕃围我宥州、凤翔,上言遣使修好。是月,灵武于定远城破吐蕃二万人,杀戮二千人,生擒节度副使一人、判官长行三十九人,获羊马甚众。平凉镇遏使郝玼破二万余众,收复原州城,获羊马不知其数。夏州节度田缙于灵武亦破三千余人。十一月,盐州上言:吐蕃入河曲,夏州破五万余人。灵武破长乐州罗城,焚其屋宇器械。西川节度使王播攻拔峨和、栖鸡等城。

十四年正月,敕曰:

朕临御万邦,推布诚信。西戎纳款,积有岁时,中或亏违,亦尝苞贷。我有殊德,宁不是思,重译贡珍,道途相继,申恩示礼,曾无阙焉。昨者蕃使奉章,又至京辇,将君长之命,陈和好之诚。临轩召见,馆饩加厚,复以信币,谕之简书。亦既言旋,才及近旬,遽闻蚁聚,来犯封陲,河曲之间,颇为暴扰。背惠弃约,斯谓无名,公议物情,咸请诛绝。朕深惟德化之未被,岂虑夷俗之不宾,其国失信,其使何罪!释其维絷以遂性,示之弘覆以忘怀。予衷苟孚,庶使知感。其蕃使论矩立藏等并后般来使,并宜放归本国。仍委凤翔节度使以此意晓喻。

八月,吐蕃营于庆州方渠,大军至河州界。十月,吐蕃节度论三摩及宰相尚塔藏、中书令尚绮心儿共领军约十五万众,围我盐州数重。党项首领亦发兵驱羊马以助。阅历三旬,贼以飞梯、鹅车、木驴等四面齐攻,城欲陷者数四。刺史李文悦率兵士乘城力战,城穿坏不可守,撤屋版以御之,昼夜防拒,或潜兵斫营,开城出战,约杀贼万余众。诸道救兵无至者。凡二十七日,贼乃退。

十五年二月,以秘书少监兼御史中丞田洎入吐蕃告哀,并告册立。三月,攻掠我青塞堡。七月,遣使来吊祭。十月,侵逼泾州。命右军中尉梁守谦充左右神策、京西京北行营都监,统神策兵四千人,并发八镇全军往救援。以太府少卿、兼御史中丞郢同持节入吐蕃,充请和好使。贬前入吐蕃使、秘书少监田洎郴州司户。

初,洎入蕃为吊祭使,蕃请丁长武城下会盟。洎懦怯,恐不得还,唯唯而已。至是西戎入寇,且曰:"田洎许我统兵马赴盟誓。"遂贬之。戎人实以边扰之致忿,徒假洎为辞也。泾州上言:"吐蕃人将并退。"于是罢神策行营兵。自田缙镇夏州,以贪狠侵扰,党项苦之,屡引西戎犯塞。及是大兵入寇,边将郝玼数袭击蕃垒,杀戮甚众,邠州李光颜复以全师而至,戎人惧而退。盖田缙始生国患,而赖光颜、郝玼之驱戮也。十一月,夏州节度使李佑自领兵赴长泽镇,灵武节度使李听自领兵赴长乐州,并奉诏讨吐蕃也。十二月,吐蕃千余人围乌、白池。

长庆元年六月,犯青塞堡,以我与回纥和亲故也。盐州刺史李文悦发兵进击之。九月，吐蕃遣使请盟，上许之。宰相欲重其事，请告太庙，太常礼院奏曰："谨按肃宗、代宗故事，与吐蕃会盟，并不告庙。唯德宗建中末，与吐蕃会盟于延平门，欲重其诚信，特令告庙。至贞元三年，会于平凉，亦无告庙之文。伏以事出一时，又非经制，求之典礼，亦无其文。今谨参详，恐不合告。"从之。乃命大理卿、兼御史大夫刘元鼎充西蕃盟会使，以兵部郎中、兼御史中丞刘师老为副，尚舍奉御、兼监察御史李武、京兆府奉先县丞兼监察御史李公度为判官。十月十日，与吐蕃使盟，宰臣及右仆射、六曹尚书、中执法、太常、司农卿、京兆尹、金吾大将军皆预焉。其词曰：

维唐承天，抚有八纮，声教所臻，靡不来廷。兢业斋栗，惧其陨颠，缵武绍文，叠庆重光，克彰浚哲，罔忝洪绪，十有二叶，二百有四载。则我太祖，权明号而建不拔，铺鸿名而垂永久。类上帝以答嘉应，享皇灵以酬景福，曷有怠已？越岁在癸丑，冬十月癸酉，文武孝德皇帝诏丞相臣植、臣播、臣冕颖等，与大和蕃使礼部尚书论讷罗等，会盟于京师，坛于城之西郊，坎于坛北。凡读誓、刑牲、加书、复壤、陟降、周旋之礼，动无违者，盖所以偃兵息人，崇姻继好，懋建远略，规恢长利故也。

原夫昊穹上临，黄祇下载，茫茫蠢蠢之类，必资官司，为厥宰臣，苟无统纪，则相灭绝。中夏见管，维唐是君；西裔一方，大蕃为主。自今而后，屏去兵革，宿忿旧恶，廓焉消除，追崇舅甥，曩昔结援。边堠撤警，戍烽韬烟，患难相恤，暴掠不作，亭障瓯脱，绝其交侵。襟带要害，谨守如故，彼无此诈，此无彼虞。呜呼！爱人为仁，保境为信，畏天为智，事神为礼，有一不至，构灾于躬。塞山崇崇，河水汤汤，日吉辰良，奠其两疆，西为大蕃，东实巨唐。大臣执简，播告秋方。

大蕃赞普及宰相钵阐布、尚绮心儿等，先寄盟文要节云："蕃、汉两邦，各守见管本界，彼此不得征，不得讨，不得相为寇仇，不得侵谋境土。若有所疑，或要捉生问事，便给衣粮放还。"今并依从，更无添改。

预盟之官十七人，皆列名焉。其刘元鼎等与论讷罗同赴吐蕃本国就盟，仍敕元鼎到彼，令宰相已下各于盟文后自书名。灵武节度使李进诚于太谷山下破吐蕃三千骑。

二年二月，遣使来请定界。六月，复遣使来朝。盐州奏："吐蕃千余人入灵武界，遣兵逐便邀截。"又言："擒得与党项送书信吐蕃一百五十人。"是月刘元鼎自吐蕃使回，奏云："去四月二十四日到吐蕃牙帐，以五月六日会盟讫。"

初，元鼎往来蕃中，并路经河州，见其都元帅、尚书令尚骑心儿云："回纥，小国也。我以丙申年逾碛讨逐，去其城郭二日程，计到即破灭矣，会我闻本国有丧而还。回纥之弱如此，而唐国待之厚于我，何哉？"元鼎云："回纥于国家有救难之助，而又不曾侵夺寸分土地，岂得不厚乎！"是时元鼎往来，渡黄河上流，在洪济桥西南二千余里，其水极为浅狭，春可揭涉，秋夏则以船渡。其南三百余里有三山，山形如镞，河源在其间，水甚清冷，流经诸水，色遂赤，续为诸水所注，渐既黄浊。又其源西去蕃之列馆约四驿，每驿约二百余里。东北去莫贺延碛尾，阔五十里，向南渐狭小，北自沙州之西。乃南入吐浑国，至此转微，故号碛尾。计其地理，当剑南之直西。元鼎初见赞普于闷恒卢川，盖赞普夏衙之所，其川在逻娑川南百里，臧河之所流也。时吐蕃遣使论悉诺息等随元鼎来谢，命太仆少卿杜载使以答之。

三年正月，遣使论答热来朝贺。四年九月，遣使求《五台山图》。十月，贡牦牛及银铸成犀牛、羊、鹿各一。宝历元年三月，遣使尚绮立热来朝。且请和好。九月，遣光禄卿李锐为使以答之。太和五年至八年。遣使朝贡不绝，我亦时遣使报之。开成元年、二年，皆遣使来。

会昌二年，赞普卒。十二月，遣论赞等来告哀，诏以将作少监李璟吊祭之。大中三年春，宰相尚恐热杀东道节度使，以秦、原、安乐等三州并石门、木硖等七关款塞，泾原节度使康季荣以闻，命太仆卿贠眈往劳焉。其年七月，河、陇耆老率长幼千余人赴阙，上御延喜楼观之，莫不欢呼忭舞，更相解辫，争冠带于康衢，然后命善地以处之，观者咸称万岁。

史臣曰：戎狄之为患也久矣！自秦、汉已还，载籍大备，可得而详也。但世罕小康，君无常圣，我衰则彼盛，我盛则彼衰，盛则侵我郊圻，衰则服我声教。怀柔之道，备预之方，儒臣多议于和亲，武将唯期于战胜，此其大较也。彼吐蕃者，西陲开国，积有岁年，蚕食邻蕃，以恢土宇。高宗朝，地方万里，与我抗衡；近代以来，莫之与盛。至如式遏边境，命制出师，一彼一此，或胜或负，可谓劳矣！迨至幽陵盗起，乘舆播迁，戍卒咸归，河、湟失守，此又天假之也。自兹密迩京邑，时纵寇掠，虽每遣行人，来修旧好，玉帛才至于上国，烽燧已及于近郊，背惠食言，不顾礼义，即可知也。夫要以神明，贵其诚信，平凉之会，畜其诈谋，此又不可以忠信而御也。孔子曰："夷狄之有君，不如诸夏之亡也。"诚哉是言！

赞曰：西戎之地，吐蕃是强。蚕食邻国，鹰扬汉疆。乍叛乍服，或弛或张。礼义虽摄。其心豺狼。

卷一百九十七
列传第一百四十七

南蛮　西南蛮

林邑　婆利　盘盘　真腊　陀洹　诃陵　堕和罗　堕婆登　东谢蛮　西赵蛮　牂牁蛮　南平獠　东女国　南诏蛮　骠国

林邑国，汉日南象林之地，在交州南千余里。其国延袤数千里，北与驩州接。地气冬温，不识冰雪，常多雾雨。其王所居城，立木为栅。王著白氎古贝，斜络膊，绕腰，上加真珠金锁，以为璎珞，卷发而戴花。夫人服朝霞古贝以为短裙，首戴金花，身饰以金锁真珠璎珞。王之侍卫，有兵五千人，能用弩及槊，以藤为甲，以竹为弓，乘象而战。王出则列象千头，马四百匹，分为前后。其人拳发色黑，俗皆徒跣，得麝香以涂身，一日之中，再涂再洗。拜谒皆合掌顿颡。嫁娶之法，得取同姓。俗有文字，尤信佛法，人多出家。父母死，子则剔发而哭，以棺盛尸，积柴燔柩，收其灰，藏于金瓶，送之水中。俗以二月为岁首，稻岁再熟。自此以南，草木冬荣，四时皆食生菜，以槟榔汁为酒。有结辽鸟，能解人语。

武德六年，其王范梵志遣使来朝。八年，又遣使献方物。高祖为设《九部乐》以宴之，及赐其王锦彩。贞观初，遣使贡驯犀。四年，其王范头黎遣使献火珠，大如鸡卵，圆白皎洁，光照数尺，状如水精，正午向日。以艾蒸之，即火燃。五年，又献五色鹦鹉。太宗异之，诏太子右庶子李百药为之赋。又献白鹦鹉，精识辩慧，善于应答。太宗悯之，并付其使，令放还于林薮。自此朝贡不绝。头黎死，子范镇龙代立。太宗崩，诏于陵所刊石图头黎之形，列于玄阙之前。十九年，镇龙为其臣摩诃漫多伽独所杀，其宗族并诛夷，范氏遂绝。国人乃立头黎之女婿婆罗门为王。后大臣及国人感思旧主。乃废婆罗门而立头黎之嫡女为王。

自林邑以南，皆卷发黑身，通号为"昆仑"。

婆利国，在林邑东南海中洲上。其地延袤数千里，自交州南渡海，经林邑、扶南、赤土、丹丹数国乃至焉。其人皆黑色，穿耳附珰。王姓刹利耶伽，名护路那婆，世有其位。王戴花形如皮弁，装以真珠璎珞，身坐金床。侍女有金花宝缕之饰，或持白拂孔雀扇。行则驾象，鸣金击鼓吹蠡为乐。男子皆拳发，被古贝布，横幅以绕腰。风气暑热，恒如中国之盛夏。谷一岁再熟。有古贝草，缉其花以作布，粗者名古贝，细者名白氎。贞观四年，其王遣使随林邑使献方物。

盘盘国，在林邑西南海曲中，北与林邑隔小海，自交州船行四十日乃至，其国与狼牙修国为邻，人皆学婆罗门书，甚敬佛法。贞观九年，遣使来朝，贡方物。

真腊国，在林邑西北，本扶南之属国，"昆仑"之类。在京师南二万七千里，北至爱州六十日行。其王姓刹利氏。有大城三十余所，王都伊奢那城，风俗被服与林邑同。地饶瘴疠毒。海中大鱼有时半出，望之如山。每五六月中，毒气流行，即以牛豕祠之，不者则五谷不登。其俗东向开户，以东为上。有战象五千头，尤好者饲以饭肉。与邻国战，则象队在前，于背上以木作楼，上有四人，皆持弓箭。国尚佛道及天神，天神为大，佛道次之。

武德六年，遣使贡方物。贞观二年，又与林邑国俱来朝献。太宗嘉其陆海疲劳，锡赉甚厚。南方人谓真腊国为吉蔑国。自神龙以后，真腊分为二：半以南近海多陂泽处，谓之水真腊；半以北多山阜，谓之陆真腊，亦谓之文单国。高宗、则天、玄宗朝，并遣使朝贡。

水真腊国，其境东西南北约八百里，东至奔陀浪州，西至堕罗钵底国，南至小海，北即陆真腊。其王所居城号婆罗提拔。国之东界有小城，皆谓之国。其国多象，元和八年，遣李摩那等来朝。

陀洹国，在林邑西南大海中，东南与堕和罗接，去交趾三月余日行。宾服于堕和罗。其王姓察失利，字婆末婆那。土无蚕桑，以白氎朝霞布为衣。俗皆楼居，谓之"干栏"。贞观十八年，遣使来朝。二十一年，又遣使献白鹦鹉及婆律膏，仍请马及铜钟，诏并给之。

诃陵国，在南方海中洲上居，东与婆利、西与堕婆登、北与真腊接，南临大海。竖木为城，作大屋重阁，以椶榈皮覆之。王坐其中，悉用象牙为床。食不用匙箸，以手而撮。亦有文字，颇识星历。俗以椰树花为酒，其树生花，长三尺余，大如人髆，割之取汁以成酒，味甘，饮之亦醉。

贞观十四年，遣使来朝。大历三年、四年皆遣使朝贡。元和十年，遣使献僧祇僮五人、鹦鹉、频伽鸟并异种名宝。以其使李诃内为果毅，诃内请回授其弟，诏褒而从之。十三年，遣使进僧祇女二人、鹦鹉、玳瑁及生犀等。

堕和罗国，南与盘盘、北与迦罗舍佛、东与真腊接，西邻大海。去广州五月日行。贞观十二年，其王遣使贡方物。二十三年，又遣使献象牙、火珠，请赐好马，诏许之。

堕婆登国，在林邑南，海行二月，东与诃陵、西与迷黎车接，北界大海。风俗与诃陵略同。其国种稻，每月一熟。亦有文字，书之于贝多叶。其死者，口实以金，又以金钏贯于四肢，然后加以婆律膏及龙脑等香，积柴以燔之。贞观二十一年，其王遣使献古贝、象牙、白檀，太宗玺书报之，并赐以杂物。

东谢蛮，其地在黔州之西数百里，南接守宫獠，西连夷子,北至蛮。土宜五谷,不以牛耕,但为畲田,每岁易。俗无文字,刻木为契。散在山洞间,依树为层巢而居,汲流以饮。皆自营生业,无赋税之事。谒见贵人,皆执鞭而拜;有功劳者,以牛马铜鼓赏之。有犯罪者,小事杖罚之,大事杀之,盗物倍还其赃。婚姻之礼,以牛酒为聘。女归夫家,皆母自送之。女夫惭,逃避经旬方出。宴聚则击铜鼓,吹大角,歌舞以为乐。好带刀剑,未尝舍离。丈夫衣服,有衫袄大口裤,以绵绸及布为之。右肩上斜束皮带,装以螺壳、虎豹猿狖及犬羊之皮,以为外饰。坐皆蹲踞。男女椎髻,以绯束之,后垂向下。其首领谢元深,既世为酋长,其部落皆尊畏之。谢氏一族,法不育女,自云高姓不可下嫁故也。

贞观三年,元深入朝,冠乌熊皮冠,若今之髦头,以金银络额,身披毛帔,韦皮行縢而著履,中书侍郎颜师古奏言:"昔周武王时,天下太平,远国归款,周史乃书其事为《王会篇》。今万国来朝,至于此辈章服,实可图写,今请撰为《王会图》。"从之。以其地为应州,仍拜元深为刺史,领黔州都督府。又有南谢首领谢强,与西谢邻,共元深俱来朝见,为南寿州刺史。后改为庄州。

贞元十三年正月,西南蕃大酋长、正议大夫、检校蛮州长史,继袭蛮州刺史,资阳郡开国公、赐紫金鱼袋宋鼎,左右大首领、朝散大夫、前检校邛州刺史,赐紫金鱼袋谢汕,左右大首领、继袭摄蛮州巴江县令、赐紫金鱼袋宋万传,界首子弟大首领、朝散大夫、牂州录事参军谢文经。黔中经略招讨观察使王础奏:"前件刺史,建中三年一度朝贡,自后更不许随例入朝。今年恳诉称州接牂柯,同被声教,独此排摈,窃自惭耻,谨遣随牂柯等朝贺。伏乞特赐优谕,兼同牂柯刺史授官。其牂柯两州,户口殷盛,人力强大,邻侧诸蕃,悉皆敬惮。请比两州每三年一度朝贡,仍依牂柯轮环差定,并以才干位望为众推者充。"敕旨曰:"宋鼎等已改官讫,余依旧。"

西赵蛮,在东谢之南,其界东至夷子,西至昆明,南至西洱河。山洞阻深,莫知道里。南北十八日行,东西二十三日行。其风俗物产与东谢同。首领赵氏。世为酋长。有户万余。贞观三年,遣使入朝。二十一年,以其地置明州,以首领赵磨为刺史。

牂柯蛮,首领亦姓谢氏。其地北去兖州一百五十里,东至辰州二千四百里,南至交州一千五百里,西至昆明九百里。无城壁,散为部落而居。土气郁热,多霖雨。稻粟再熟。无徭役,唯征战之时,乃相屯聚。刻木为契。其法:劫盗者二倍还赃;杀人者出牛马三十头,乃得赎死,以纳死家。风俗物产,略与东同。其首领谢龙羽,大业末据其地,胜兵数万人。

武德三年,遣使朝贡,授龙羽牂州刺史,封夜郎郡公。贞观四年十二月,遣使朝贡。开元十年闰五月,大酋长谢元齐死,诏立其嫡孙嘉艺袭其官封。二十五年,大酋长赵君道来朝,且献方物,大历中、贞元初,数遣使朝贡。七年二月,授其酋长赵主俗官,以其岁初朝贡不绝,褒之也。自七年至十八年,凡五遣使来。

元和三年五月敕:"自今以后,委黔南观察使差本道军将充押领牂柯、昆明等使。"四年正月,遣使来朝。是月,遣中使魏德和领其使,并赍国信物,降玺书赐其王焉。七年、九年、十一年,凡三遣使来。其年十二月,又遣使来贺正。长庆中,亦朝贡不绝。宝历元年十二月,遣使谢良震来朝。大和五年至会昌二年,凡七遣使来。

南平獠者,东与智州、南与渝州、西与南州、北与涪州接。部落四千余户。土气多瘴疠,山有毒草及沙虱、蝮蛇。人并楼居,登梯而上。号为"干栏"。男子左衽露发徒跣;妇人横布两幅,穿中而贯其首,名为"通裙"。其人美发,为髻鬟垂于后。以竹筒如笔,长三四寸,斜贯其耳,贵者亦有珠珰。土多女少男,为婚之法,女氏必先贷求男族,贫者无以嫁女,多卖与富人为婢。俗皆妇人执役。其王姓朱氏,号为剑荔王,遣使内附,以其地隶于渝州。

东女国,西羌之别种,以西海中复有女国,故称东女焉。俗以女为王。东与茂州、党项接,东南与雅州接,界隔罗女蛮及白狼夷。其境东西九日行,南北二十日行。有大小八十余城。其王所居名康延川,中有弱水南流,用牛皮为船以渡。户四万余众,胜兵万余人,散在山谷间。女王号为"宾就"。有女官,曰"高霸",平议国事。在外官僚,并男夫为之。其王侍女数百人,五日一听政。女王若死,国中多敛金钱,动至数万,更于王族求令女二人而立之。大者为王,其次为小王。若大王死,即小王嗣立,或姑死而妇继,无有篡夺。其所居,皆起重屋,王至九层,国人至六层。其王服青毛绫裙,下领衫,上披青袍,其袖委地。冬则羔裘,饰以纹锦。为小鬟髻,饰以之金。耳垂珰,足履靸鞡。俗重妇人而轻丈夫。文字同于天竺。以十一月为正。其俗每至十月,令巫者赍糌诣山中,散糟麦于空,大咒呼鸟。俄而有鸟如鸡,飞入巫者之怀,因剖腹而视之,每有一谷,来岁必登,若有霜雪,必多灾异。其俗信之,名为鸟卜。其居丧,服饰不改,为父母则三年不栉沐。贵人死者,或剥其皮而藏之,内骨于瓶中,糅金屑而埋之。国王将葬,其大臣亲属殉死者数十人。

隋大业中,蜀王秀遣使招之,拒而不受。武德中,女王汤滂氏始遣使贡方物,高祖厚资而遣之。还至陇右,会突厥入寇,被掠于虏庭。及颉利平,其使复来入朝。太宗送令反国,并降玺书慰抚之。垂拱二年,其王敛臂遣大臣汤剑尔来朝,仍请官号。则天册拜敛臂为左玉钤卫员外将军,仍以瑞锦制蕃服以赐之。

天授三年,其王俄琰儿来朝。万岁通天元年,遣使来朝。开元二十九年十二月,其王赵曳夫遣子献方物。天宝元年,命有司宴于曲江,令宰臣已下同宴。又封曳夫为归昌王,授左金吾卫大将军,赐其子帛八十匹,放还。后复以男子为王。

贞元九年七月,其王汤立悉与哥邻国王董卧庭、白狗国王罗陀忽、逋租国王弟邓吉知、南水国王任薛尚悉襄、弱水国王董辟和、悉董国王汤息赞、清远国王苏唐磨、咄霸国王董藐蓬，各率其种落诣剑南西川内附。其哥邻国等，皆散居山川。弱水王即国初女国之弱水部落。其悉董国，在弱水西，故亦谓之弱水西悉董王。旧皆分隶边郡，祖、父例授将军、中郎、果毅等官，自中原多故，皆为吐蕃所役属。其部落，大者不过三二千户，各置县令十数人理之。土有丝絮，岁输于吐蕃。至是悉与之同盟，相率献款，兼赍天宝中国家所赐官诰共三十九通以进。西川节度使韦皋处其众于维、霸、保等州，给以种粮耕牛，咸乐生业。立悉等数国王自来朝，召见于麟德殿。授立悉银青光禄大夫、归化州刺史；邓吉知试太府少卿兼丹州长史；薛尚悉曩试少府少监兼霸州长史；董卧庭行至绵州卒，赠武德州刺史，命其子利啰为保宁都督府长史，袭哥邻王。立悉妹乞悉漫颇有才智，从其兄来朝，封和义郡夫人。其大首领董卧卿等，皆授以官。俄又授女国王兄汤厥银青光禄大夫、试太府卿；清远王弟苏历颠银青光禄大夫、试卫尉卿；南水国王薛莫庭及汤息赞、董藐蓬，女国唱后汤拂庭、美玉钵、南郎唐，并授银青光禄大夫、试太仆卿。

其年，西山松州生羌等二万余户，相继内附。其粘信部落主董梦葱，龙诺部落主董辟忽，皆授试卫尉卿。立悉等并赴明年元会讫，锡以金帛，各遣还。寻诏加韦皋统押近界羌、蛮及西山八国使。其部落代袭刺史等官，然亦潜通吐蕃，故谓之"两面羌"。

南诏蛮，本乌蛮之别种也，姓蒙氏。蛮谓王为"诏。"自言哀牢之后，代居蒙舍州为渠帅，在汉永昌故郡东，姚州之西。其先渠帅有六，自号"六诏"，兵力相埒，各有君长，无统帅。蜀时为诸葛亮所征，皆臣服之。国初有蒙舍龙，生迦独庞。迦独生细奴逻，高宗时来朝。细奴逻生逻盛，武后时来朝。其妻方娠，逻盛次姚州，闻妻生子，曰："吾且有子，死于唐地足矣。"子名曰盛逻皮。逻盛至京师，赐锦袍金带归国。

开元初，逻盛死，子盛逻皮立。盛逻皮死，子皮逻阁立。二十六年，诏授特进，封越国公，赐名曰归义。其后破洱河蛮，以功策授云南王。归义渐强盛，余五诏浸弱。先是，剑南节度使王昱受归义赂，奏六诏合为一诏。归义既并五诏，服群蛮，破吐蕃之众，兵日以骄大。每入觐，朝廷亦加礼异。

二十七年，徙居大和城。天宝四载，归义遣孙凤迦异来朝，授鸿胪卿。归国，恩赐甚厚，归义意望亦高。时剑南节度使章仇兼琼遣使至云南，与归义言语不相得，归义常衔之。

七年，归义卒，诏立子阁罗凤袭云南王。无何，鲜于仲通为剑南节度使，张虔陀为云南太守。仲通褊急寡谋，虔陀矫诈，待之不以礼。旧事，南诏常与其妻子谒见都督，虔陀皆私之。有所征求，阁罗凤多不应，虔陀遣人骂辱之，仍密奏其罪恶。阁罗凤忿怨，因发兵反，攻围虔陀，杀之，时天宝九年也。

明年，仲通率兵出戎、巂州。阁罗凤遣使谢罪，仍与云南录事参军姜如芝俱来，请还其所虏掠，且言："吐蕃大兵压境，若不许，当归命吐蕃，云南之地，非唐所有也。"仲通不许，囚其使，进兵逼大和城，为南诏所败。自是阁罗凤北臣吐蕃。吐蕃令阁罗凤为赞普钟，号曰东帝，给以金印。蛮谓弟为"钟"，时天宝十一年也。十二年，剑南节度使杨国忠执国政，仍奏征天下兵，俾留后、侍御史李宓将十余万，辇饷者在外。涉海，瘴死者相属于路，天下始骚然苦之。宓复败于大和城北，死者十八、九。会安禄山反，阁罗凤乘衅攻陷巂州及会同军，西复降寻传蛮。

大历十四年，阁罗凤子凤迦异先阁罗凤死，立迦异子，是为异牟寻。颇知书，有才智，善抚其众。吐蕃役赋南蛮重数，又夺诸蛮险地立城堡，岁征兵以助镇防，牟寻益厌苦之。有郑回者，本相州人，天宝中举明经，授巂州西泸县令。巂州陷，为所虏。阁罗凤以回有儒学，更名曰蛮利。甚爱重之，命教凤迦异。及异牟寻立，又命教其子寻梦凑。回久为蛮师，凡授学，虽牟寻、梦凑，回得筪挞，故牟寻以下皆严惮。蛮谓相为清平官，凡置六人。牟寻以回为清平官，事皆咨之，秉政用事。余清平官五人，事回卑谨，或有过，回辄挞之。回尝言于牟寻曰："自昔南诏尝款附中国，中国尚礼义，以惠养为务，无所求取。今弃蕃归唐，无远戍之劳、重税之困，利莫大焉。"牟寻善其言，谋内附者十余年矣。会剑南西川节度使韦皋招抚诸蛮，苴乌星、房望等归化，微闻牟寻之意，因令蛮寓书于牟寻，且招怀之，时贞元四年也。

七年，又遣间使持书喻之。道出磨些蛮，其魁主潜告吐蕃，使至云南。吐蕃已知之，令诘牟寻。牟寻惧，因绐吐蕃曰："唐使，本蛮也，韦皋许其求归，无他谋。"遂执送吐蕃。吐蕃益疑之，多召南诏大臣之子为质，牟寻愈怨。

九年四月，牟寻乃与酋长定计遣使：赵莫罗眉由两川，杨大和坚由黔中，或由安南。使凡三辈，致书与韦皋，各赍生金丹砂为贽。三分前皋所与牟寻书，各持其一为信。岁中，三使皆至京师，且曰："牟寻请归大国，永为藩国。所献生金，以喻向北之意如金也；丹砂，示其赤心耳。"上嘉之，乃赐牟寻诏书，因命韦皋遣使以观其情。皋遂命巡官崔佐时至牟寻所都阳苴咩城，南去太和城十余里，东北至成都二千四百里，东至安南如至成都，通水陆行。是时也，吐蕃使数百人，先佐时在南诏。牟寻悉召诸种落与议归化，或未毕至，未敢公言，密令佐时称牂牁使，衣以牂牁服而入。佐时不肯，曰："我大唐使，安得服小夷之服。"牟寻不得已，乃夜迎佐时，设位陈灯烛。佐时乃大宣诏书。牟寻恐吐蕃知，顾左右无色，而业已归唐，久之，歔欷流涕，皆俯伏受命。

其明年正月，异牟寻使其子阁劝及清平官等，与佐时盟于点苍山神祠。盟书一藏于神室，一沉于西洱河，一置祖庙，一以进天子。阁劝即寻梦凑也。郑回见佐时，多所指导，故佐时探得其情。乃请牟寻斩吐蕃使数人，以示归唐。又得其吐蕃所与金印。牟寻遣佐时归，仍刻金契以献。阁劝赋诗以饯之。牟寻乃去吐蕃所立帝号，私于佐时请复南诏旧名。佐时与盟讫，留二旬有六日而归。

初，吐蕃因争北庭，与回鹘大战，死伤颇众。乃征兵于牟寻，须万人。牟寻既定计归我，欲因征兵以袭之。乃示寡弱，谓吐蕃曰："蛮军素少，仅可发三千人。"吐蕃少之，请益至五千，乃许。牟寻遽遣兵五千人戍吐蕃，乃自将数万踵其后,昼夜兼行,乘其无备,大破吐蕃于神川。遂断铁桥,遣使告捷。且请韦皋使阅其所虏获及城堡,以取信焉。时韦皋上言:"牟寻收铁桥已来城垒一十六,擒其王五人,降其众十余万。"以祠部郎中兼御史中丞袁滋持节册南诏,仍赐牟寻印,铸用黄金,以银为窠。文曰:"贞元册南诏印。"先是,韦皋奏南诏前遣清平官尹仇宽献所受吐蕃印五,二用黄金,今赐请以黄金,从蛮夷所重,传示无穷。从皋之请也。

十年八月,遣使蒙凑罗栋及尹仇宽来献铎槊、浪人剑及吐蕃印八纽。凑罗栋,牟寻之弟也,锡赉甚厚,以尹仇宽为检校左散骑常侍,余各授官有差。俄又封尹仇宽为高溪郡王。十一年三月,遣清平官尹辅酋随袁滋来朝。又得先没蕃将卫景升、韩演等,并南诏所获吐蕃将帅俘馘百人至京师。凑罗栋归国,在道而卒,赠右散骑常侍。授尹辅酋检校太子詹事兼御史中丞,余亦差次授官。又降敕书赐异牟寻及子阁劝,清平官郑回、尹仇宽等各一书,书左列中书三官宣奉行,复旧制也。九月,异牟寻遣使献马六十匹。

十二年,韦皋于雅州会野路招收得投降蛮首领高万唐等六十九人,户约七千,兼万唐等先受吐蕃金字告身五十片。十四年,异牟寻遣酋望大将军王丘各等贺正,兼献方物。十九年正月旦,上御含元殿受南诏朝贺。以其使杨镇龙武为试太仆少卿,授黎州廊清道蛮首领袭恭化郡王刘志宁试太常卿。二十年,南诏遣使朝贡。

元和二年八月,遣使邓傍来朝,授试殿中监。三年十二月,以异牟寻卒,废朝三日。四年正月,以太常少卿武少仪充吊祭使,仍册牟寻之子骠信苴蒙阁劝为南诏王,仍命铸"元和册南诏印"。七年十月,皆遣使朝贡。

十一年五月,以龙蒙盛卒,废朝三日。遣使来请册立其君长。以少府少监李铣充册立吊祭使,左赞善大夫许尧佐副之。十二年至十五年,比年遣使来朝,或年内二三至者。

宝历三年,大和元年,亦遣使来。三年,杜元颖镇西川,以文儒自高,不练戎事。南蛮乘我无备,大举诸部入寇。牧守屡陈,亦不之信。十一月,蜀川出军与战,不利。陷我邛州,逼成都府,入梓州西郭,驱劫玉帛子女而去。上闻之,大怒,再贬元颖为循州司马。

明年正月,其王蒙嵯颠以表自陈请罪,兼疏元颖过失。国家方事柔远,寻释其罪,复遣使来朝。五年、八年,亦遣使来贡方物。开成四年、五年,会昌二年,皆遣使来朝。

骠国,在永昌故郡南二千余里,去上都一万四千里。其国境,东西三千里,南北三千五百里。东邻真腊国,西接东天竺国,南尽溟海,北通南诏些乐城界,东北拒阳苴咩城六千八百里。往来通聘迦罗婆提等二十国,役属者道林王等九城,食境土者罗君潜等二百九十部落。

其王姓困没长,名摩罗惹。其国相名摩诃思那。其王近适则舁以金绳床,远适则乘象。嫔妹其众,常数百人。其罗城构以砖甓,周一百六十里,濠岸亦构砖,相传本是舍利佛城。城内有居人数万家,佛寺百余区。其堂宇皆错以金银,涂以丹彩,地以紫矿,覆以锦罽。其俗好生恶杀。其土宜菽粟稻粱,无麻麦。其理无刑名桎梏之具,犯罪者以竹五十本束之,复犯者挞其背,数止五,轻者止三,杀人者戮之。男女七岁则落发,止寺舍,依桑门,至二十不悟佛理,乃复长发为居人。其衣服悉以白氎为朝霞,绕腰而已。不衣缯帛,云出于蚕,为其伤生故也。君臣父子长幼有序。华言谓之骠,自谓突罗阇阇婆,人谓之徒里掘。

古未尝通中国。贞元中,其王闻南诏异牟寻归附,心慕之。八年,乃遣其弟悉利移因南诏重译来朝,又献其国乐凡十曲,与乐工三十五人俱。乐曲皆演释氏经论之词意。寻以悉利移为试太仆卿。

史臣曰:禹画九州,周分六服,断长补短,止方七千。国赋之所均,王教之所备,此谓华夏者也。以圆盖方舆之广,广谷大川之多,民生其间,胡可胜道,此谓蕃国者也。西南之蛮夷不少矣,虽言语不通,嗜欲不同,亦能候律瞻风,远修职贡。但患己之不德,不患人之不来。何以验之?贞观、开元之盛,来朝者多也!

赞曰:五方异气,所禀不同。维南极海,曰蛮与戎。恶我则叛,好我则通。不可不德,使其瞻风。

卷一百九十八
列传第一百四十八

西　　戎

泥婆罗　党项羌　高昌　吐谷浑　焉耆　龟兹　疏勒　于阗　天竺　罽宾　康国　波斯　拂菻　大食

泥婆罗国,在吐蕃西。其俗翦发与眉齐,穿耳,揎以竹筒牛角,缀至肩者以为姣丽。食用手,无匕箸。其器皆铜。多商贾,少田作。以铜为钱,面文为人,背文为马牛,不穿孔。衣服以一幅布蔽身,日数盥浴。以板为屋,壁皆雕画。俗重博戏,好吹蠡击鼓。颇解推测盈虚,兼通历术。事五天神,镂石为像,每日清水浴神,烹羊而祭。其王那陵提婆,身着真珠、玻璃、车渠、珊瑚、琥珀、璎珞,耳垂金钩玉珰,佩宝装伏突,坐狮子床,其堂内散花燃香。大臣及诸左右并坐于地,持兵数百列侍其侧。宫中有七层之楼,覆以铜瓦,栏槛楹栿皆饰珠宝。楼之四角,各悬铜槽,下有金龙,激水上楼,注于槽中,从龙口而出,状若飞泉。那陵提婆之父,为其叔父所篡,那陵提婆逃难于外,吐蕃因而纳焉,克复其位,遂羁属吐蕃。

贞观中,卫尉丞李义表往使天竺,涂经其国,那陵提婆见之,大喜,与义表同出观阿耆婆沵池。周回二十余步,水恒沸,虽流潦暴集,烁石焦金,未尝增减。以物投之,即生烟焰,悬釜而炊,须臾而熟。其后王玄策为天竺所掠,泥婆罗发骑与吐蕃共破天竺有功。永徽二年,其王尸利那连陀罗又遣使朝贡。

党项羌,在古析支之地,汉西羌之别种也。魏、晋之后,西羌微弱,或臣中国,或窜山野。自周氏灭宕昌、邓至之后,党项始强。其界东至松州,西接叶护,南杂春桑、迷桑等羌,北连吐谷浑,处山谷间,亘三千里。其种每姓别自为部落,一姓之中复分为小部落,大者万余骑,小者数千骑,不相统一。有细封氏、费听氏、往利氏、颇超氏、野辞氏、房当氏、米擒氏、拓拔氏,而拓拔最为强族。俗皆土著,居有栋宇,其屋织牦牛尾及羊毛覆之,每年一易。俗尚武,无法令赋役。其人多寿,年一百五六十岁。不事产业,好为盗窃,互相凌劫。尤重复仇,若仇人未得,必蓬头垢面跣足蔬食,要斩仇人而后复常。男女并衣裘褐,仍披大毡。畜牦牛、马、驴、羊,以供其食。不知稼穑,土无五谷。气候多风寒,五月草始生,八月霜雪降。求大麦于他界,酝以为酒。妻其庶母及伯叔母、嫂、子弟之妇,淫秽烝袤,诸夷中最为甚,然不婚同姓。老死者以为尽天年,亲戚不哭;少死者则云夭枉,乃悲哭之。死则焚尸,名为火葬。无文字,但候草木以记岁时。三年一相聚,杀牛羊以祭天。自周及隋,或叛或朝,常为边患。

贞观三年,南会州都督郑元璹遣使招谕,其酋长细封步赖举部内附,太宗降玺书慰抚之。步赖因来朝,宴赐甚厚,列其地为轨州,拜步赖为刺史。仍请率所部讨吐谷浑。其后诸姓酋长相次率部落皆来内属。请同编户,太宗厚加抚慰,列其地为崌、奉、岩、远四州,各拜其首领为刺史。

有羌酋拓拔赤辞者,初臣属吐谷浑,甚为浑主伏允所昵,与之结婚。及贞观初,诸羌归附,而赤辞不至。李靖之击吐谷浑,赤辞屯狼道坡以抗官军。廓州刺史久且洛生遣使谕以祸福,赤辞曰:"我被浑主亲戚之恩,腹心相寄,生死不贰,焉知其他。汝可速去,无令污我刀也。"洛生知其不悟,于是率轻骑袭之,击破赤辞于肃远山,斩首数百级,虏男畜六千而还。太宗又令岷州都督李道彦说谕之,赤辞从子思头密送诚款,其党拓拔细豆又以所部来降。赤辞见其宗党离,始有归化之意。后岷州都督刘师立复遣人招诱,于是与思头并率众内属,拜赤辞为西戎州都督,赐姓李氏。自此职贡不绝。其后吐蕃强盛,拓拔氏渐为所逼,遂请内徙,始移其部落于庆州,置静边等州以处之。其故地陷于吐蕃,其处者为其役属,吐蕃谓之"弭药"。

又有黑党项,在于赤水之西。李靖之击吐谷浑也,浑主伏允奔黑党项,居以空闲之地。及吐谷浑举国内属,黑党项酋长号敦善王因贡方物。又有雪山党项,姓破丑氏,居于雪山之下,及白狗、春桑、白兰等诸羌,自龙朔已后,并为吐蕃所破而臣属焉。

其在西北边者,天授三年内附,凡二十万口,分其地置朝、吴、浮、归等十州,仍散居灵、夏等界内。自至德已后,常为吐蕃所诱,密以官告授之,使为侦道,故时或侵叛,寻亦底宁。宝应初,其首领来朝,请助国供灵州军粮,优诏褒美。

其在泾、陇州界者,上元元年率其众十余万,诣凤翔节度使崔光远请降。宝应元年十二月,其归顺州部落、乾封州部落、归义州部落、顺化州部落、和宁州部落、和义州部落、保善州部落、宁定州部落、罗云州部落、朝凤州部落,并诣山南西道都防御使、梁州刺史臧希让请州印。希让以闻,许之。

贞元三年十二月,初禁商贾以牛、马、器械于党项部落贸易。十五年二月,六州党项自石州奔过河西。党项有六府部落,曰野利越诗、野利龙儿、野利厥律、儿黄、野海、野窣等。居庆州者号为东山部落,居夏州者号为平夏部落。永泰、大历已后,居石州,依水草。至是永安城镇将阿史那思昧扰其部落,求取驼马无厌,中使又赞成其事,党项不堪其弊,遂率部落奔过河。元和九年五月,复置宥州以护党项。

十五年十一月,命太子中允李寮为宣抚党项使。以部落繁富,时远近商贾,赍缯货入贸羊马。至大和、开成之际,其藩镇统领无绪,恣其贪婪,不顾危亡,或强市其羊马,不酬其直,以是部落苦之,遂相率为盗,灵、盐之路小梗。会昌初,上频命使安抚之,兼命宪臣为使,分三印以统之。在邠、宁、延者,以侍御史、内供奉崔君会主之;在盐、夏、长、泽者,以侍御史、内供奉李鄠主之;在灵、武、麟、胜者,以侍御史、内供奉郑贺主之,仍各赐绯鱼以重其事。久而无状,寻皆罢之。

高昌者,汉车师前王之庭,后汉戊己校尉之故地。在京师西四千三百里。其国有二十一城,王都高昌。其交河城,前王庭也;田地城,校尉城也。胜兵且万人。厥土良沃,谷麦岁再熟;有蒲萄酒,宜五果;有草名白叠,国人采其花,织以为布。有文字,知书计,所置官亦采中国之号焉。其王麴伯雅,即后魏时高昌王嘉之六世孙也。隋炀帝时入朝,拜左光禄大夫、车师太守、封弁国公,仍以戚属宇文氏女为华容公主以妻之。

武德二年,伯雅死,子文泰嗣,遣使来告哀,高祖遣前河州刺史朱惠表往吊之。七年,文泰又献狗雄雌各一,高六寸,长尺余,性甚慧,能曳马衔烛,云本出拂菻国。中国有拂菻狗,自此始也。太宗嗣位,复贡玄狐裘,因赐其妻宇文氏花钿一具。宇文氏复贡玉盘。西域诸国所有动静,辄以奏闻。贞观四年冬,文泰来朝,及将归蕃,赐遗甚厚。其妻宇文氏请预宗亲,诏赐李氏,封常乐公主,下诏慰谕之。

时西戎诸国来朝贡者,皆途经高昌,文泰后稍壅绝之。伊吾先臣西突厥,至是内属,文泰又与叶护连结,将击伊吾。太宗以其反覆,下书切让,征其大臣冠军阿史那矩入朝,将与议事。文泰竟不遣,乃遣其长史麴雍来谢罪。

初,大业之乱,中国人多投于突厥。及颉利败,或有奔高昌者,文泰皆拘留不遣。太宗诏令括送,文泰尚隐蔽之。又寻与西突厥乙毗设击破焉耆三城,虏其男女而去。

焉耆王上表诉之,太宗遣虞部郎中李道裕往问其状。十三年,太宗谓其使曰:"高昌数年来朝贡脱略,无藩臣礼,国中置官号,准我百僚,称臣于人,岂得如此!今兹岁首,万国来朝,而文泰不至。增城深堑,预备讨伐。日者我使人至彼,文泰云:'鹰飞于天,雉窜于蒿,猫游于堂,鼠安于穴,各得其所,岂不活耶!'又西域使欲来者,文泰悉拘留之。又遣使谓薛延陀云:'既自为可汗,与汉天子敌也,何须拜谒其使。'事人阙礼,离间邻好,恶而不诛,善者何劝?明年,当发兵马以击尔。"是时薛延陀可汗表请为军向导,以击高昌,太宗许之。令民部尚书唐俭至延陀,与谋进取。太宗冀其悔过,复下玺书,示以祸福,征之入朝。文泰称疾不至。太宗乃命吏部尚书侯君集为交河道大总管,率左屯卫大将军薛万均及突厥、契苾之众,步骑数万众以击之。时公卿近臣,皆以行经沙碛,万里用兵,恐难得志;又畏居绝域,纵得之,不可以守,竞以为谏。太宗皆不听。文泰谓所亲曰:"吾往者朝觐,见秦、陇之北,城邑萧条,非复有隋之比。设今伐我,发兵多则粮运不给;若发三万以下,吾能制之。加以碛路艰险,自然疲顿,吾以逸待劳,坐收其弊,何足为忧也?"及闻王师临碛口,惶骇计无所出,发病而死。

其子智盛嗣立。既而君集兵奄至柳谷,进趋田地城,将军契苾何力为前军,与之接战而退。大军继之,攻拔其城,虏男女七千余口。进逼其都。智盛移书君集曰:"有罪于天子者,先王也,咎深谴积,身已丧亡。智盛袭位无几,君其赦诸?"君集谓曰:"若能悔祸,当面缚军门也。"又命诸军引冲车、抛车以逼之,飞石雨下,城中大惧。智盛穷蹙,出城降。君集分兵掠地,下其三郡、五县、二十二城。户八千,口三万七千七百,马四千三百匹。其界东西八百里,南北五百里。先是,其国童谣云:"高昌兵马如霜雪,汉家兵马如日月。日月照霜雪,回手自消灭。"文泰使人捕其初唱者,不能得。

初,文泰与西突厥欲谷设通和,遗赂金帛,约有急相为表里。及闻君集兵至,欲谷设惧而西走,不敢救。君集寻遣使告捷,太宗大悦,宴百僚,班赐各有差。曲赦高昌部内从军兵士已上,父子犯死罪已下,期亲犯流已下,大功犯徒已下,小功缌麻犯杖罪,悉原之。

时太宗欲以高昌为州县,特进魏徵谏曰:"陛下初临天下,高昌夫妇先来朝谒。自后月久,商胡被其遏绝贡献,加之不礼大国,遂使王诛载加。若罪止文泰,斯亦可矣,未若抚其人而立其子,所谓伐ري吊民,威德被于遐外,为国之善者也。今若利其土壤,以为州县,常须千余人镇守,数年一易,每及交蕃,死者十有三四,遣办衣资,离别亲戚,十年之后,陇右空虚。陛下终不得高昌撮谷尺布以助中国,所谓散有用而事无用,臣未见其可。"太宗不从,竟以其地置西州,又置安西都护府,留兵以镇之。初,西突厥遣其叶护,屯兵于可汗浮图城,与高昌相影响,至是惧而来降,以其地为庭州。于是勒石纪功而旋。其智盛君臣及其豪右,皆徙中国。

麴氏有国,至智盛凡九世,一百三十四年而灭。寻拜智盛为左武卫将军,封金城郡公;弟智湛为右武卫中郎将,天山县公。及太宗崩,刊石像智盛之形,列于昭陵玄阙之下。智湛,麟德中终于左骁卫大将军、西州刺史。天授初,其子崇裕授左武卫大将军,交河郡王。卒,封袭遂绝。

吐谷浑,其先居于徒河之青山,属晋乱,始度陇,止于甘松之南,洮水之西,南极白兰,地数千里。有城郭而不居,随逐水草,庐帐为室,肉酪为粮。其官初有长史、司马、将军。近代已来,有王公、仆射、尚书、郎中。其俗颇识文字。男子通服长裙缯帽,或戴冪䍠,妇人以金花为首饰,辫发萦后,缀以珠贝。其婚姻富家厚出聘财,贫人窃女而去。父卒,妻其庶母;兄亡,妻其诸嫂。丧有服制,葬讫而除。国无常税,用度不给,辄敛富室商人,以取足而止。杀人及盗马者罪死,他犯则征物以赎罪。气候多寒,土宜大麦、蔓菁,颇有菽粟。出良马、牦牛、铜、铁、朱砂之类。有青海,周回八百里,中有小山,至冬,放牝马于其上,言得龙种。尝得波斯马,放入海,因生骢驹,能日行千里,故代称"青海骢"焉。地兼鄯善、且沫。西北有流沙数百里,夏有热风,伤弊行旅,风之将至,老驼便知之,则引项而鸣,以口鼻埋沙中。人以为候,即以毡拥蔽口鼻而避其患。

隋炀帝时,其王伏允来犯塞,炀帝亲总六军以讨之,伏允以数十骑潜于泥岭而遁,其仙头王率男女十余万口来降。炀帝立其质子顺为王,送之本国,令统余众,寻复追还。大业末,伏允悉收故地,复为边患。高祖受禅,顺自江都来归长安。时李轨犹据凉州,高祖遣使与伏允通和,令击轨以自效,当放顺返国。伏允大悦,兴兵击之,战于库门,交绥而退。频遣使朝贡,以顺为请,高祖乃遣。

太宗即位,伏允遣其洛阳公来朝。使未返,大掠鄯州而去。太宗遣使责让之,征伏允入朝,称疾不至。仍为其子尊王求婚,于是责其亲迎以羁縻之。尊王又称疾不肯朝,有诏停婚,遣中郎将康处直谕以祸福。伏允遣兵寇兰、廓二州。

时鄯州刺史李玄运上言:"吐谷浑良马悉牧青海,轻兵掩之,可致大利。"于是遣左骁卫大将军段志玄率边兵及契苾、党项之众以击之。去青海三十里,志玄与左骁卫将军梁洛仁不欲战,顿军迟留不进,吐谷浑遂驱青海牧马而遁。亚将李君羡率精骑别路,及贼于青海之南悬水镇,击破之,虏牛羊二万余头而还。时伏允年老昏耄,其邪臣天柱王惑乱之,拘我行人鸿胪丞赵德楷。太宗频遣宣谕,使者十余返,竟无悛心。

贞观九年,诏特进李靖为西海道行军大总管;兵部尚书侯君集为积石道行军总管,任城王道宗为鄯州道行军总管,仍为靖副;凉州都督李大亮为且沫道行军总管,岷州都督李道彦为赤水道行军总管,利州刺史高甑生为盐泽道行军总管,并突厥、契苾之众以击之。诸将频与贼遇,连战破之,获其高昌王慕容孝隽。孝隽有雄略,伏允心膂之臣也。靖等进至赤海,遇其天柱王部落,击大破之,遂历于河源。李大亮又俘其名王二十人,杂畜数万,至且沫西境，或传伏允西走，渡图伦碛，欲入于阗。将军薛万均率轻锐追奔，入碛数百里，及其余党，破之。碛中乏水，将士皆刺马血而饮之。侯君集与江夏王道宗趣南路，登汉哭山，饮马乌海，获其名王梁屈忽，经涂二千余里空虚之地，盛夏降霜，多积雪，其地乏水草，将士啖冰，马皆食雪。又达于柏梁，北望积石山，观河源之所出焉。两军会于大非川，至破逻真谷，伏允子大宁王顺穷蹙，斩其国相天柱王，举国来降。伏允大惧，与千余骑遁于碛中，众稍亡散，能属之者才百余骑，乃自缢而死。国人乃立顺为可汗，称臣内附。

顺，即伏允之嫡子也。初为侍子于隋，拜金紫光禄大夫，久不得归，伏允遂立他子为太子，及得返国，意常怏怏。会李靖等诸军所向克捷，自以失位，欲因此立功，由是遂降。乃诏曰：

吐谷浑擅相君长，窃据荒裔，志在凶德，政出权门。酋渠携贰，种落怨愤，长恶不悛，野心弥炽。莫顾藩臣之礼，曾无事上之节，草窃疆场，虐割兆庶，积恶既稔，天亡有征。朕君临四海，含育万类，一物失所，责深在予。所以爰命六军，申兹九伐，义存活国，情非黩武。其子大宁王慕容顺，隋氏之甥，志怀明悟，长自中土，幸慕华风，爰见时机，深识逆顺。以其愎谏违众，独陷迷途，遂诛邪臣，存兹大计。翻然改辙，代父归罪，忠孝之美，深有可嘉。子能立功，足以补过，既往之衅，特宜原免。然其建国西鄙，已历年代，即从废绝，情所未忍，继其宗祀，允归命胤。可封顺为西平郡王，仍授趉胡吕乌甘豆可汗。

太宗恐顺不能静其国，仍遣李大亮率精兵数千，为其声援。顺既久质于隋，国人不附，未几为臣下所杀。其子燕王诺曷钵嗣立。

诺曷钵既幼，大臣争权，国中大乱。太宗遣兵援之，封为河源郡王。仍授乌地也拔勒豆可汗，遣淮阳王道明持节册拜，赐以鼓纛。诺曷钵因入朝请婚。十四年，太宗以弘化公主妻之，资送甚厚。十五年，诺曷钵所部丞相宣王专权，阴谋作难。将征兵，诈言祭山神，因欲袭击公主，劫诺曷钵奔于吐蕃，期有日矣。诺曷钵知而大惧，率轻骑走鄯善城，其威信王以兵迎之。鄯州刺史杜凤举与威信王合军击丞相宣王，破之，杀其兄弟三人，遣使言状。太宗命民部尚书唐俭持节抚慰之。太宗崩，刻石图诺曷钵之形，列于昭陵之下。

高宗嗣位，以其尚主，拜驸马都尉，赐物四十段。其后与吐蕃互相攻伐，各遣使请兵救援，高宗皆不许之。吐蕃大怒，率兵以击吐谷浑。诺曷钵既不能御，脱身及弘化公主走投凉州。高宗遣右威卫大将军薛仁贵等救吐谷浑，为吐蕃所败，于是吐谷浑遂为吐蕃所并。诺曷钵以亲信数千帐来内属，诏左武卫大将军苏定方为安置大使，始徙其部众于灵州之地，置安乐州，以诺曷钵为刺史，欲其安而且乐也。

垂拱四年，诺曷钵卒，子忠嗣。忠卒，子宣赵嗣。圣历三年，授宣赵左豹韬卫员外大将军，仍袭父乌地也拔勒豆可汗。宣赵卒，子曦皓嗣。曦皓卒，子兆嗣，及吐蕃陷我安乐州，其部众又东徙，散在朔方、河东之境。今俗多谓之退浑，盖语急而然。贞元十四年十二月，以朔方节度副使、左金吾卫大将军同正慕容复为袭长乐州都督、青海国王、乌地也拔勒豆可汗。未几，卒，其封袭遂绝。

吐谷浑自晋永嘉之末，始西渡洮水，建国于群羌之故地，至龙朔三年为吐蕃所灭，凡三百五十年。

焉耆国，在京师西四千三百里，东接高昌，西邻龟兹，即汉时故地。其王姓龙氏，名突骑支。胜兵二千余人，常役属于西突厥。其地良沃，多蒲萄，颇有鱼盐之利。

贞观六年，突骑支遣使贡方物，复请开大碛路以便行李，太宗许之。自隋末扰乱，碛路遂闭，西域朝贡者皆由高昌。及是，高昌大怒，遂与焉耆结怨，遣兵袭焉耆，大掠而去。西突厥莫贺设与咄陆、弩失毕不协，奔于焉耆，咄陆复来攻之。

六年，遣使言状，并贡名马。时西突厥国乱，太宗遣中郎将桑孝彦领左右青曹韦弘机往安抚之，仍册立咥利失可汗。可汗既立，素善焉耆，令与焉耆为援。十二年，处月、处密与高昌攻陷焉耆五城，掠男女一千五百人，焚其庐舍而去。十四年，侯君集讨高昌，遣使与之相结，焉耆王大喜，请为声援。及破高昌，其王诣军门称谒。焉耆人先为高昌所虏者，悉归之。由是遣使谢恩，并贡方物。

其年，西突厥重臣屈利啜为其弟娶焉耆王女，由是相为唇齿，朝贡遂阙。安西都护郭孝恪请击之，太宗许焉。会焉耆王弟颉鼻叶护兄第三人来至西州，孝恪选步骑三千出银山道，以颉鼻弟栗婆准为乡导。焉耆所都城，四面有水，自恃险固，不虞于我。孝恪倍道兼行，夜至城下，潜遣将士浮水而渡。至晓，一时攀堞，鼓角齐震，城中大扰。孝恪纵兵击之，虏其王突骑支，首虏千余级。以栗婆准导军有功，留摄国事而还。时驾幸洛阳宫，孝恪锁突骑支并其妻子送行在所，诏宥之。初，西突厥屈利啜将兵来援焉耆，孝恪还师三日，屈利啜乃囚栗婆准，而西突厥处般啜令其吐屯来摄焉耆，遣使朝贡。太宗数之曰："焉耆者，我兵击得，汝何人，辄来统摄。"吐屯惧而返国。焉耆又立栗婆准从父薛婆阿那支为王。处般啜又执栗婆准送于龟兹，为所杀。薛婆阿那支既得处般啜为援，遂有国。及阿史那社尔之讨龟兹，阿那支大惧，遂奔龟兹，保其东城，以御官军。社尔击擒之，数其罪而斩焉。求得阿那支从父弟先那准，立为王，以修职贡。及太宗葬昭陵，乃刻石像龙突骑支之形，列于玄阙之下。自是朝贡不绝。

龟兹国，即汉西域旧地也。在京师西七千五百里。其王姓白氏。有城郭屋宇，耕田畜牧为业。男女皆翦发，垂与项齐，唯王不翦发。学胡书及婆罗门书、算计之事，尤重佛法。其王以锦蒙项，著锦袍金宝带，坐金狮子床。有良马、封牛。饶蒲萄酒，富室至数百石。

高祖即位，其主苏伐勃䭾遣使来朝。勃䭾寻卒，子苏伐叠代立，号时健莫贺俟利发。贞观四年，又遣使献马，太宗赐以玺书，抚慰甚厚，由此岁贡不绝，然臣于西突厥。安西都护郭孝恪来伐焉耆，龟兹遣兵援助，自是职贡颇阙。伐叠死，其弟诃黎布失毕代立，渐失藩臣礼。

二十年，太宗遣左骁卫大将军阿史那社尔为昆山道行军大总管，与安西都护郭孝恪、司农卿杨弘礼率五将军，又发铁勒十三部兵十余万骑，以伐龟兹。社尔既破西蕃处月、处密，乃进师趋其北境，出其不意，西突厥所署焉耆王弃城而遁，社尔遣轻骑追擒之。龟兹大震，守将多弃城而走。社尔进屯积石，去其都城三百里。遣伊州刺史韩威率千余骑为前锋，右骁卫将军曹继叔次之。西至多褐城，与龟兹王相遇，及其相那利、将羯猎颠等，有众五万，逆拒王师。威乃伪遁而引之，其王俟利发见威兵少，悉众而至。威退行三十里，与继叔会，合击大破之。其王退保都城，社尔进军逼之，王乃轻骑而走，遂下其城，令孝恪守之。遣沙州刺史苏海政、尚辇奉御薛万备以精骑逼之，行六百里，其王窘急，退保于拨换城。社尔等进军围之，擒其王及大将羯猎颠等。其相那利仅以身免，潜引西突厥之众并其国兵万余人，来袭孝恪，杀之，官军大扰。仓部郎中崔义起与曹继叔、韩威等击之，那利败走。寻为龟兹人所执以诣军。前后破其大城五所，虏男女数万口。社尔因立其王之弟叶护为王，勒石纪功而旋。俘其王诃黎布失毕及那利、羯猎颠等献于社庙。寻以诃黎布失毕为左武翊卫中郎将，那利已下授官各有差。太宗之葬昭陵，乃刻石像其形，列于玄阙之前。永徽元年，又以诃黎布失毕为右骁卫大将军，寻放还蕃，抚其余众，依旧为龟兹王，赐物一千段。

先是，太宗既破龟兹，移置安西都护府于其国城，以郭孝恪为都护，兼统于阗、疏勒、碎叶，谓之"四镇"。高宗嗣位，不欲广地劳人，复命有司弃龟兹等四镇，移安西依旧于西州。其后吐蕃大入，焉耆已西四镇城堡，并为贼所陷。则天临朝，长寿元年，武威军总管王孝杰、阿史那忠节大破吐蕃，克复龟兹、于阗等四镇，自此复于龟兹置安西都护府，用汉兵三万人以镇之。既征发内地精兵，远逾沙碛。并资遣衣粮等，甚为百姓所苦。言事者多请弃之，则天竟不许。其安西都护，则天时有田扬名，中宗时有郭元振，开元初则张孝嵩、杜暹，皆有政绩，为夷人所伏。

疏勒国，即汉时旧地也。西带葱岭，在京师西九千三百里。其王姓裴氏。贞观中，突厥以女妻王。胜兵二千人。俗事祆神，有胡书文字。贞观九年，遣使献名马，自是朝贡不绝。开元十六年，玄宗遣使册立其王裴安定为疏勒王。

于阗国，西南带葱岭，与龟兹接，在京师西九千七百里。胜兵四千人。其国出美玉。俗多机巧，好事祆神，崇佛教。先臣于西突厥。其王姓尉迟氏，名屈密。

贞观六年，遣使献玉带，太宗优诏答之。十三年，又遣子入侍。及阿史那社尔伐龟兹，其王伏阇信大惧，使其子以驼万三百匹馈军。及事旋师，行军长史薛万备请社尔曰："今者既破龟兹，国威已振，请因此机，愿以轻骑羁取于阗之王。"社尔乃遣万备率五十骑抵于阗之国，万备陈国威灵，劝其入见天子，伏阇信于是随万备来朝。

高宗嗣位，拜右骁卫大将军，又授其子叶护玷为右骁卫将军，并赐金带、锦袍、布帛六十段，并宅一区，留数月而遣之，因请留子弟以宿卫。太宗葬昭陵，刻石像其形，列于玄阙之下。

垂拱三年，其王伏阇雄复来入朝。天授三年，伏阇雄卒，则天封其子璥为于阗国王。开元十六年，复册立尉迟伏师为于阗王，数遣使朝贡。乾元三年，以于阗王尉迟胜弟守左监门卫率叶护曜为太仆员外卿，仍同四镇节度副使。权知本国事。以胜至德初领兵赴国难，因坚请留宿卫，故有是命，事在胜传。

天竺国，即汉之身毒国也，或云婆罗门地也。在葱岭西北，周三万余里。其中分为五天竺：其一曰中天竺，二曰东天竺，三曰南天竺，四曰西天竺，五曰北天竺。地各数千里，城邑数百。南天竺际大海，北天竺拒雪山，四周有山为壁，南面一谷，通为国门；东天竺东际大海，与扶南、林邑邻接；西天竺与罽宾、波斯相接；中天竺据四天竺之会，其都城周回七十余里，北临禅连河。云昔有婆罗门领徒千人，肆业于树下，树神降之，遂为夫妇。宫室自然而立，僮仆甚盛。于是使役百神，筑城以统之，经日而就。此后有阿育王，复役使鬼神，累石为宫阙，皆雕文刻镂，非人力所及。阿育王颇行苛政，置炮烙之刑，谓之地狱，今城中见有其迹焉。

中天竺王姓乞利咥氏，或云刹利氏，世有其国，不相篡弑。厥土卑湿暑热，稻岁四熟，有金刚，似紫石英，百炼不销，可以切玉。又有旃檀、郁金诸香。通于大秦，故其宝物或至扶南、交趾贸易焉。百姓殷乐，俗无簿籍，耕王地者输地利。以齿贝为货。人皆深目长鼻。致敬极者，舐足摩踵。家有奇乐倡伎。其王与大臣多服锦罽。上为螺髻于顶，余发翦之使拳。俗皆徒跣。衣重白色，唯梵志种姓披白叠以为异。死者或焚尸取灰，以为浮图；或委之中野，以施禽兽；或流之于河，以饲鱼鳖。无丧纪之文。谋反者幽杀之，小犯罚钱以赎罪。不孝则断手刖足，截耳割鼻，放流边外。有文字，善天文算历之术。其人皆学《悉昙章》，云是梵天法。书于贝多树叶以纪事。不杀生饮酒。国中往往有旧佛迹。

隋炀帝时，遣裴矩应接西蕃，诸国多有至者，唯天竺不通，帝以为恨。当武德中，其国大乱。其嗣王尸罗逸多练兵聚众，所向无敌。象不解鞍，人不释甲，居六载而四天竺之君皆北面以臣之，威势远振，刑政甚肃。

贞观十五年，尸罗逸多自称摩伽陀王，遣使朝贡。太宗降玺书慰问，尸罗逸多大惊，问诸国人曰："自古曾有摩诃震旦使人至吾国乎？"皆曰："未之有也。"乃膜拜而受诏书，因遣使朝贡。太宗以其地远，礼之甚厚，复遣卫尉丞李义表报使。尸罗逸多遣大臣郊迎，倾城邑以纵观，焚香夹道，逸多率其臣下东面拜受敕书，复遣使献火珠及郁金香、菩提树。

贞观十年，沙门玄奘至其国，将梵本经论六百余部而归。先是遣右率府长史王玄策使天竺，其四天竺国王咸遣使朝贡。会中天竺王尸罗逸多死，国中大乱，其臣那伏帝阿罗那顺篡立,乃尽发胡兵以拒玄策。玄策从骑三十人与胡御战,不敌,矢尽,悉被擒。胡并掠诸国贡献之物。玄策乃挺身宵遁,走至吐蕃,发精锐一千二百人,并泥婆罗国七千余骑,以从玄策。玄策与副使蒋师仁率二国兵进至中天竺国城,连战三日,大破之,斩首三千余级,赴水溺死者且万人,阿罗那顺弃城而遁,师仁进擒获之。虏男女万二千人,牛马三万余头匹。

于是天竺震惧,俘阿罗那顺以归。二十二年至京师,太宗大悦,命有司告宗庙,而谓群臣曰:"夫人耳目玩于声色,口鼻耽于臭味,此乃败德之源。若婆罗门不劫掠我使人,岂为俘虏耶?昔中山以贪宝取弊,蜀侯以金牛致灭,莫不由之。"拜玄策朝散大夫。是时就其国得方士那罗迩娑婆寐,自言寿二百岁,云有长生之术。太宗深加礼敬,馆之于金飚门内。造延年之药。令兵部尚书崔敦礼监主之,发使天下,采诸奇药异石,不可称数。延历岁月,药成,服竟不效,后放还本国。太宗之葬昭陵也,刻石像阿罗那顺之形,列于玄阙之下。

五天竺所属之国数十,风俗物产略同。有伽没路国,其俗开东门以向日。王玄策至,其王发使贡以奇珍异物及地图,因请老子像及《道德经》。那揭陀国,有醯罗城,中有重阁,藏佛顶骨及锡杖。贞观二十年,遣使贡方物。天授二年,东天竺王摩罗枝摩、西天竺王尸罗逸多、南天竺王遮娄其拔罗婆、北天竺王娄其那那、中天竺王地婆西那,并来朝献。景龙四年,南天竺国复遣使来朝。景云元年,复遣使贡方物。开元二年,西天竺复遣使贡方物。八年,南天竺国遣使献五色能言鹦鹉。其年,南天竺国王尸利那罗僧伽请以战象及兵马讨大食及吐蕃等,仍求有及名其军。玄宗甚嘉之,名军为怀德军。九月,南天竺王尸利那罗僧伽宝多枝摩为国造寺,上表乞寺额,敕以归化为名赐之。十一月,遣使册利罗伽宝多为南天竺国王,遣使来朝。十七年六月,北天竺国藏沙门僧密多献质汗等药。十九年十月,中天竺国王伊沙伏摩遣其大德僧来朝贡。

二十九年三月,中天竺王子李承恩来朝,授游击将军,放还。天宝中,累遣使来。

罽宾国,在葱岭南,去京师万二千二百里。常役属于大月氏。其地暑湿,人皆乘象,土宜粳稻,草木凌寒不死。其俗尤信佛法。隋炀帝时,引致西域,前后至者三十余国,唯罽宾不至。

贞观十一年,遣使献名马,太宗嘉其诚款,赐以缯彩。十六年,又遣使献褥特鼠,喙尖而尾赤,能食蛇,有被蛇螫者,鼠辄嗅而尿之,其疮立愈。显庆三年,访其国俗,云"王始祖馨孽,至今曷撷支,父子传位,已十二代。"其年,改其城为修鲜都督府。龙朔初,授其王修鲜等十一州诸军事兼修鲜都督。

开元七年,遣使来朝,进天文经一夹、秘要方并蕃药等物,诏遣册其王为葛罗达支特勒。二十七年,其王乌散特勒洒以年老,上表请以子拂菻罽婆嗣位,许之,仍降使册命。天宝四年,又册其子勃匐准为袭罽宾及乌苌国王,仍授左骁卫将军。乾元元年,又遣使朝贡。

又有勃律国,在罽宾、吐蕃之间。开元中频遣使朝献。八年,册立其王苏麟陀逸之为勃律国王,朝贡不绝。二十二年,为吐蕃所破。

康国,即汉康居之国也。其王姓温,月氏人也。先居张掖祁连山北昭武城,为突厥所破,南依葱岭,遂有其地。枝庶皆以昭武为姓氏,不忘本也。其人皆深目高鼻,多须髯。丈夫剪发或辫发。其王冠毡帽。饰以金宝。妇人盘髻,幪以皂巾,饰以金花。人多嗜酒,好歌舞于道路。生子必以石蜜纳口中,明胶置掌内,欲其成长口常甘言,掌持钱如胶之粘物。俗习胡书。善商贾,争分铢之利。男子年二十,即远之旁国,来适中夏,利之所在,无所不到。以十二月为岁首,有婆罗门为之占星候气,以定吉凶。颇有佛法。至十一月,鼓舞乞寒,以水相泼,盛为戏乐。

隋炀帝时,其王屈术支娶西突厥叶护可汗女,遂臣于西突厥。武德十年,屈术支遣使献名马。贞观九年,又遣使贡狮子,太宗嘉其远至,命秘书监虞世南为之赋,自此朝贡岁至。十一年,又献金桃、银桃,诏令植之于苑囿。

万岁通天年,则天封其大首领笃婆钵提为康国王,仍拜左骁卫大将军。钵提寻卒,又册其子泥涅师师为康国王。师师以神龙中卒,国人又立突昏为王。开元六年,遣使贡献锁子甲、水精杯、马脑瓶、驼鸟卵及越诺之类。十九年,其王乌勒上表,请封其子咄曷为曹国王,默啜为米国王,许之。二十七年,乌勒卒,遣使册咄曷袭父位。天宝三年,又封为钦化王,其母可敦封为郡夫人。十一载、十三载,并遣使朝贡。

波斯国,在京师西一万五千三百里,东与吐火罗、康国接,北邻突厥之可萨部,西北拒拂菻,正西及南俱临大海。户数十万。其王居有二城,复有大城十余,犹中国之离宫。其王初嗣位,便密选子才堪承统者,书其名字,封而藏之。王死后,大臣与王之群子共发封而视之,奉所书名者为主焉。其王冠金花冠,坐狮子床,服锦袍,加以璎珞。俗事天地日月水火诸神,西域诸胡事火祆者,皆诣波斯受法焉。其事神,以麝香和苏涂须点额,及于耳鼻,用以为敬,拜必交股。文字同于诸胡。男女皆徒跣。丈夫剪发,戴白皮帽,衣不开襟,并有巾帔,多用苏方青白色为之,两边缘以织成锦。妇人亦巾帔裙衫,辫发垂后,饰以金银,其国乘象而战,每一象,战上百人,有败衄者则尽杀之。国人生女,年十岁已上有姿貌者,其王收而养之,以赏有功之臣。俗右尊而左卑。以六月一日为岁首。断狱不为文书约束,口决于庭。其系囚无年限,唯王者代立则释之。其叛逆之罪,就火祆烧铁灼其舌,疮白者为理直,疮黑者为有罪。其刑有断手、刖足、髡钳、刵劓,轻罪蒯须,或系牌于项以志之,经时月而释焉。其强盗一入狱,至老更不出,小盗罚以银钱。死亡则弃之于山,制服一月而即吉。气候暑热,土地宽平,知耕种,多畜牧,有鸟形如橐驼,飞不能高,食草及肉,亦能啖犬攫羊,土人极以为患。又多白马、骏犬,或赤日行七百里者,骏犬今所谓波斯犬也。出骡及大驴、师子、白象、珊瑚树高一二尺，琥珀、车渠、玛瑙、火珠、玻璃、琉璃、无食子、香附子、诃黎勒、胡椒、荜拨、石蜜、千年枣、甘露桃。

隋大业末，西突厥叶护可汗频击破其国，波斯王库萨和为西突厥所杀，其子施利立，叶护因分其部帅，监统其国，波斯竟臣于叶护。及叶护可汗死，其所令监统者因自擅于波斯，不复役属于西突厥。施利立一年卒，乃立库萨和之女为王，突厥又杀之。施利子单羯方奔拂菻，于是国人迎而立之，是为尹恒支，在位二年而卒。兄子伊嗣候立。

二十一年，伊嗣候遣使献一兽，名活褥蛇，形类鼠而色青，身长八九寸，能入穴取鼠。伊嗣候懦弱，为大首领所逐，遂奔吐火罗，未至，亦为大食兵所杀。其子名卑路斯，又投吐火罗叶护，获免。卑路斯龙朔元年奏言频被大食侵扰，请兵救援。诏遣陇州南由县令王名远充使西域，分置州县，因列其地疾陵城为波斯都督府，授卑路斯为都督。是后数遣使贡献。咸亨中，卑路斯自来入朝，高宗甚加恩赐，拜右武卫将军。

仪凤三年，令吏部侍郎裴行俭将兵册送卑路斯为波斯王，行俭以其路远，至安西碎叶而还，卑路斯独返，不得入其国，渐为大食所侵，客于吐火罗国二十余年，有部落数千人，后渐离散。至景龙二年，又来入朝，拜为左威卫将军，无何病卒，其国遂灭，而部众犹存。自开元十年至天宝六载，凡十遣使来朝，并献方物。四月，遣使献玛瑙床。九年四月，献火毛绣舞筵、长毛绣舞筵、无孔真珠。乾元元年，波斯与大食同寇广州，劫仓库，焚庐舍，浮海而去。大历六年，遣使来朝，献真珠等。

拂菻国，一名大秦，在西海之上，东南与波斯接，地方万余里，列城四百，邑居连属。其宫宇柱栊，多以水精琉璃为之。有贵臣十二人共治国政，常使一人将囊随王车，百姓有事者，即以书投囊中，王还宫省发，理其枉直。其王无常人，简贤者而立之。国中灾异及风雨不时，辄废而更立。其王冠形如鸟举翼，冠及璎珞，皆缀以珠宝，著锦绣衣，前不开襟，坐金花床。有一鸟似鹅，其毛绿色，常在王边倚枕上坐，每进食有毒，其鸟辄鸣。其都城叠石为之，尤绝高峻，凡有十万余户，南临大海。城东面有大门，其高二十余丈，自上及下，饰以黄金，光辉灿烂，连曜数里。自外至王室，凡有大门三重，列异宝雕饰。第二门之楼中，悬一大金秤，以金丸十二枚属于衡端，以候日之十二时焉；为一金人，其大如人，立于侧，每至一时，其金丸辄落，铿然发声，引唱以纪日时，毫厘无失。其殿以瑟瑟为柱，黄金为地，象牙为门扇，香木为栋梁。其俗无瓦，捣白石为末，罗之涂屋上，其坚密光润，还如玉石。至于盛暑之节，人厌嚣热，乃引水潜流，上遍于屋宇，机制巧密，人莫之知。观者惟闻屋上泉鸣，俄见四檐飞溜，悬波如瀑，激气成凉风，其巧妙如此。

风俗，男子翦发，披帔而右袒，妇人不开襟，锦为头巾。家资满亿，封以上位。有羊羔生于土中，其国人候其

欲萌，乃筑墙以院之，防外兽所食也。然其脐与地连，割之则死，唯人著甲走马及击鼓以骇之，其羔警鸣而脐绝，便逐水草。俗皆髡而衣绣，乘辎辇白盖小车，出入击鼓，建旌旗幡帜。土多金银奇宝，有夜光璧、明月珠、骇鸡犀、大贝、车渠、玛瑙、孔翠、珊瑚、琥珀，凡西域诸珍异多出其国。隋炀帝常将通拂菻，竟不能致。

贞观十七年，拂菻王波多力遣使献赤玻璃、绿金精等物，太宗降玺书答慰，赐臣以绫绮焉。自大食强盛，渐陵诸国，乃遣大将军摩栧伐其都城，因约为和好，请每岁输之金帛，遂臣属大食焉。乾封二年，遣使献底也伽。大足元年，复遣使来朝。开元七年正月，其主遣吐火罗大首领献狮子、羚羊各二。不数月，又遣大德僧来朝贡。

大食国，本在波斯之西。大业中，有波斯胡人牧驼于俱纷摩地那之山，忽有狮子人语谓之曰："此山西有三穴，穴中大有兵器，汝可取之。穴中并有黑石白文，读之便作王位。"胡人依言，果见穴中有石及稍刃甚多，上有文，教其反叛。于是纠合亡命，渡恒曷水，劫夺商旅，其众渐盛，遂割据波斯西境，自立为王。波斯、拂菻各遣兵讨之，皆为所败。

永徽二年，始遣使朝贡。其王姓大食氏，名啖密莫末腻，自云有国已三十四年，历三主矣。其国男儿色黑多须，鼻大而长，似婆罗门；妇人白皙。亦有文字。出驼马，大于诸国。兵刃劲利。其俗勇于战斗，好事天神。土多沙石，不堪耕种，唯食驼马等肉。俱纷摩地那山在国之西南，邻于大海，其王移穴中黑石置之于国。又尝遣人乘船，将衣粮入海，经八年而未及西岸。海中见一方石，石上有树，干赤叶青，树上总生小儿；长六七寸，见人皆笑，动其手脚，头著树枝，其使摘取一枝，小儿便死，收在大食王宫。又有女国，在其西北，相去三月行。

龙朔初，击破波斯，又破拂菻，始有米面之属。又将兵南侵婆罗门，吞并诸胡国，胜兵四十余万。长安中，遣使献良马。景云二年，又献方物。开元初，遣使来朝，进马及宝钿带等方物。其使谒见，唯平立不拜，宪司欲纠之，中书令张说奏曰："大食殊俗，慕义远来，不可置罪。"上特许之。寻又遣使朝献，自云在本国惟拜天神，虽见王亦无致拜之法，所司屡诘责之，其使遂请依汉法致拜。其时西域康国、石国之类，皆臣属之。其境东西万里，东与突骑施相接焉。

一云隋开皇中，大食族中有孤列种代为酋长，孤列种中又有两姓：一号盆泥奚深，一号盆泥末换。其奚深后有摩诃末者，勇健多智，众立之为主，东西征伐，开地三千里，兼克夏腊，一名钐城（钐音所鉴反）。摩诃末后十四代，至末换。末换杀其兄伊疾而自立，复残忍，其下怨之。有呼珊蒲木粗人并波悉林举义兵，应者悉令著黑衣，旬月间众盈数万。鼓行而西，生擒末换，杀之。遂求得奚深种阿蒲罗拔，立之。末换已前谓之白衣大食，自阿蒲罗拔后改为黑衣大食。阿蒲罗拔卒，立其弟阿蒲恭拂。至德初遣使朝贡，代宗时为元帅，亦用其国兵以收两都。

宝应、大历中频遣使来。恭拂卒，子迷地立。迷地卒，

子牟栖立，牟栖卒，弟诃论立。贞元中，与吐蕃为勍敌。蕃军太半西御大食，故鲜为边患，其力不足也。十四年，诏以黑衣大食使含嵯、乌鸡、沙北三人并为中郎将，各放还蕃。

史臣曰：西方之国，绵亘山川，自张骞奉使已来，介子立功之后，通于中国者多矣。有唐拓境，远极安西，弱者德以怀之，强者力以制之。开元之前，贡输不绝。天宝之乱，边徼多虞，邠郊之西，即为戎狄，藁街之邸，来朝亦稀。故古先哲王，务宁华夏，语曰："近者悦，远者来。"斯之谓矣！

赞曰：大蒙之人，西方之国，与时盛衰，随世通塞。勿谓戎心，不怀我德，贞观、开元，藁街充斥。

卷一百九十九上
列传第一百四十九

东　　夷

高丽　百济　新罗　倭国　日本

高丽者，出自扶余之别种也。其国都于平壤城，即汉乐浪郡之故地，在京师东五千一百里。东渡海至于新罗，西北渡辽水至于营州，南渡海至于百济，北至靺鞨。东西三千一百里，南北二千里。其官大者号大对卢，比一品，总知国事，三年一代，若称职者，不拘年限。交替之日，或不相祗服，皆勒兵相攻，胜者为之。其王但闭宫自守，不能制御。次曰太大兄，比正二品。对卢以下官，总十二级。外置州县六十余城。大城置傉萨一，比都督。诸城置道使，比刺史。其下各有僚佐，分掌曹事。衣裳服饰，唯王五彩，以白罗为冠，白皮小带，其冠及带，咸以金饰。官之贵者，则青罗为冠，次以绯罗，插二鸟羽，及金银为饰，衫筒袖，裤大口，白韦带，黄韦履。国人衣褐戴弁，妇人首加巾帼。好围棋投壶之戏，人能蹴鞠。食用笾豆、簋簋、樽俎、罍洗，颇有箕子之遗风。

其所居必依山谷，皆以茅草葺舍，唯佛寺、神庙及王宫、官府乃用瓦。其俗贫窭者多，冬月皆作长坑，下燃煴火以取暖。种田养蚕，略同中国。其法：有谋反叛者，则集众持火炬竞烧灼之，燋烂备体，然后斩首，家悉籍没；守城降敌，临阵败北，杀人行劫者，斩；盗物者，十二倍酬赃；杀牛马者，没身为奴婢。大体用法严峻，少有犯者，乃至路不拾遗。其俗多淫祀，事灵星神、日神、可汗神、箕子神。国城东有大穴，名神隧，皆以十月，王自祭之。

俗爱书籍，至于衡门厮养之家，各于街衢造大屋，谓之扃堂，子弟未婚之前，昼夜于此读书习射。其书有《五经》及《史记》、《汉书》、范晔《后汉书》、《三国志》、孙盛《晋春秋》、《玉篇》、《字统》、《字林》；又有《文选》，尤爱重之。

其王高建武，即前王高元异母弟也。武德二年，遣使来朝。四年，又遣使朝贡。高祖感隋末战士多陷其地，五年，赐建武书曰：

朕恭膺宝命，君临率土，祗顺三灵，绥柔万国。普天之下，情均抚字，日月所照，咸使乂安。王既统摄辽左，世居藩服，思禀正朔，远循职贡。故遣使者，跋涉山川，申布诚恳，朕甚嘉焉。方今六合宁晏，四海清平，玉帛既通，道路无壅。方申辑睦，永敦聘好，各保疆场，岂非盛美。但隋氏季年，连兵构难，攻战之所，各失其民。遂使骨肉乖离，室家分析，多历年岁，怨旷不申。今二国通和，义无阻异，在此所有高丽人等，已令追括，寻即遣送；彼处有此国人者，王可放还，务尽抚育之方，共弘仁恕之道。

于是建武悉搜括华人，以礼宾送，前后至者万数，高祖大喜。

七年，遣前刑部尚书沈叔安往册建武为上柱国、辽东郡王、高丽王，仍将天尊像及道士往彼，为之讲《老子》，其王及道俗等观听者数千人。高祖尝谓侍臣曰："名实之间，理须相副。高丽称臣于隋，终拒炀帝，此亦何臣之有！朕敬于万物，不欲骄贵，但据有土宇，务共安人，何必令其称臣，以自尊大。即为诏述朕此怀也。"侍中裴矩、中书侍郎温彦博曰："辽东之地，周为箕子之国，汉家玄菟郡耳！魏、晋已前，近在提封之内，不可许以不臣。且中国之于夷狄，犹太阳之对列星，理无降尊，俯同藩服。"高祖乃止。

九年，新罗、百济遣使讼建武，云闭其道路，不得入朝。又相与有隙，屡相侵掠。诏员外散骑侍郎朱子奢往和解之。建武奉表谢罪，请与新罗对使会盟。

贞观二年，破突厥颉利可汗，建武遣使奉贺，并上封域图。五年，诏遣广州都督府司马长孙师往收瘗隋时战亡骸骨，毁高丽所立京观。建武惧伐其国，乃筑长城，东北自扶余城，西南至海，千有余里。十四年，遣其太子桓权来朝，并贡方物，太宗优劳甚至。

十六年，西部大人盖苏文摄职有犯，诸大臣与建武议欲诛之。事泄，苏文乃悉召部兵，云将校阅，并盛陈酒馔于城南，诸大臣皆来临视。苏文勒兵尽杀之，死者百余人。焚仓库，因驰入王宫，杀建武，立建武弟大阳子藏为王。自立为莫离支，犹中国兵部尚书兼中书令职也，自是专国政。苏文姓钱氏，须貌甚伟，形体魁杰，身佩五刀，左右莫敢仰视。恒令其属官俯伏于地，践之上马，及下马，亦如之。出必先布队仗，导者长呼以辟行人，百姓畏避，皆自投坑谷。

太宗闻建武死，为之举哀，使持节吊祭。十七年，封其嗣王藏为辽东郡王、高丽王。又遣司农丞相里玄奖赍玺书往说谕高丽，令勿攻新罗。盖苏文谓玄奖曰："高丽、新罗，怨隙已久。往者隋室相侵，新罗乘衅夺高丽五百里之地，城邑新罗皆据有之。自非反地还城，此兵恐未能已。"玄奖曰："既往之事，焉可追论？"苏文竟不从。太宗顾谓侍臣曰："莫离支贼弑其主，尽杀大臣，用刑有同坑阱。百姓转动辄死，怨痛在心，道路以目。夫出师吊伐，须有其名，因其弑君虐下，败之甚易也。"

十九年，命刑部尚书张亮为平壤道行军大总管，领将军常何等率江、淮、岭、硖劲卒四万，战船五百艘，自莱州泛海趋平壤。又以特进英国公李勣为辽东道行军大总管，礼部尚书江夏王道宗为副，领将军张士贵等率步骑六万趋辽东。两军合势，太宗亲御六军以会之。

夏四月，李勣军渡辽，进攻盖牟城，拔之。获生口二万，以其城置盖州。五月，张亮副将程名振攻沙卑城，拔之，虏其男女八千口。是日，李勣进军于辽东城。帝次辽泽，诏曰："顷者隋师渡辽，时非天赞，从军士卒，骸骨相望，遍于原野，良可哀叹。掩骼之义，诚为先典，其令并收瘗之。"国内及新城步骑四万来援辽东，江夏王道宗率骑四千逆击，大破之，斩首千余级。帝渡辽水，诏撤桥梁，以坚士卒之志。帝至辽东城下。见士卒负担以填堑者，帝分其尤重者，亲于马上持之。从官悚动，争赍以送城下。时李勣已率兵攻辽东城。高丽闻我有抛车，飞三百斤石于一里之外者，甚惧之。乃于城上积木为战楼以拒飞石。勣列车发石以击其城，所遇尽溃。又推撞车撞其楼阁，无不倾倒。帝亲率甲骑万余与李勣会。围其城。俄而南风甚劲，命纵火焚其西南楼，延烧城中，屋宇皆尽。战士登城，贼乃大溃，烧死者万余人，俘其胜兵万余口，以其城为辽州。初，帝自定州命每数十里置一烽，属于辽城，与太子约，克辽东，当举烽。是日，帝命举烽，传入塞。

师次白崖城，命攻之，右卫大将军李思摩中弩矢，帝亲为吮血，将士闻之，莫不感励。其城因山临水，四面险绝。李勣以撞车撞之，飞石流矢，雨集城中。六月，帝临其西北，城主孙伐音潜遣使请降，曰："臣已愿降，其中有贰者。"诏赐以旗帜，曰："必降，建之城上。"伐音举帜于城上，高丽以为唐兵登也，乃悉降。初，辽东之陷也，伐音乞降，既而中悔，帝怒其反覆，许以城中人物分赐战士。及是，李勣言于帝曰："战士奋厉争先，不顾矢石者，贪虏获耳。今城垂拔，奈何更许其降，无乃辜将士之心乎？"帝曰："将军言是也。然纵兵杀戮，虏其妻孥，朕所不忍也。将军麾下有功者，朕以库物赏之，庶因将军赎此一城。"遂受降，获士女一万，胜兵二千四百，以其城置岩州，授孙伐音为岩州刺史。我军之渡辽也，莫离支遣加尸城七百人戍盖牟城，李勣尽虏之，其人并请随军自效。太宗谓曰："谁不欲尔之力，尔家悉在加尸，尔为吾战，彼将为戮矣！破一家之妻子，求一人之力用，吾不忍也！"悉令放还。

车驾进次安市城北，列营进兵以攻之。高丽北部傉萨高延寿、南部傉萨高惠贞率高丽、靺鞨之众十五万来援安市城。贼中有对卢，年老习事，谓延寿曰："吾闻中国大乱，英雄并起。秦王神武，所向无敌，遂平天下，南面为帝，北夷请服，西戎献款。今者倾国而至，猛将锐卒，悉萃于此，其锋不可当也。今为计者，莫若顿兵不战，旷日持久，分遣骁雄，断其馈运，不过旬日，军粮必尽，求战不得，欲归无路，此不战而取胜也。"延寿不从，引军直进。太宗夜召诸将，躬自指麾。遣李勣率步骑一万五千于城西岭为阵；长孙无忌率牛进达等精兵一万一千以为奇兵，自山北于狭谷出，以冲其后；太宗自将步骑四千，潜鼓角，偃旌帜，趋贼营北高峰之上；令诸军闻鼓角声而齐纵。因令所司张受降幕于朝堂之侧，曰："明日午时，纳降房于此矣！"遂率军而进。

明日，延寿独见李勣兵，欲与战。太宗遥望无忌军尘起，令鼓角并作，旗帜齐举。贼众大惧，将分兵御之，而其阵已乱。李勣以步卒长枪一万击之，延寿众败。无忌纵兵乘其后，太宗又自山而下，引军临之，贼因大溃，斩首万余级。延寿等率其余寇，依山自保。于是命无忌、勣等引兵围之，撤东川梁以断归路。太宗按辔徐行，观贼营垒，谓侍臣曰："高丽倾国而来，存亡所系，一麾而败，天佑我也！"因下马再拜以谢天。延寿、惠真率十五万六千八百人请降，太宗引入辕门。延寿等膝行而前，拜手请命。太宗简傉萨以下酋长三千五百人，授以戎秩，迁之内地。收靺鞨三千三百，尽坑之，余众放还平壤。获马三万匹、牛五万头、明光甲五千领，他器械称是。高丽国振骇，后黄城及银城并自拔，数百里无复人烟。因名所幸山为驻跸山，令将作造《破阵图》，命中书侍郎许敬宗为文勒石以纪其功。授高延寿鸿胪卿，高惠真司农卿。张亮又与高丽再战于建安城下，皆破之，于是列长围以攻焉。

八月，移营安市城东，李勣遂攻安市，拥延寿等降众营其城下以招之。城中人坚守不动，每见太宗旄麾，必乘城鼓噪以拒焉。帝甚怒。李勣曰："请破之日，男子尽诛。"城中闻之，人皆死战。乃令江夏王道宗筑土山，攻其城东南隅；高丽亦埤城增雉以相抗。李勣攻其西面，令抛石撞车坏其楼雉；城中随其崩坏，即立木为栅。道宗以树条苞壤为土，屯积以为山，其中间五道加木，被土于其上，不舍昼夜，渐以逼城。道宗遣果毅都尉傅伏爱领队兵于山顶以防敌，土山自高而陟，排其城，城崩。会伏爱私离所部，高丽百人自颓城而战，遂据有土山而堑断之，积火萦盾以自固。太宗大怒，斩伏爱以徇。命诸将击之，三日不能克。

太宗以辽东仓储无几，士卒寒冻，乃诏班师。历其城，城中皆屏声偃帜，城主登城拜手奉辞。太宗嘉其坚守，赐绢百匹，以励事君之节。

初。攻陷辽东城，其中抗拒王师，应没为奴婢者一万四千人，并遣先集幽州，将分赏将士。太宗愍其父母妻子一朝分散，令有司准其直，以布帛赎之，赦为百姓。其众欢呼之声，三日不息。高延寿自降后，常朌叹，寻以忧死。惠真竟至长安。

二十年，高丽遣使来谢罪，并献二美女。太宗谓其使曰："归谓尔主，美色者，人之所重。尔之所献，信为美丽。悯其离父母兄弟于本国，留其身而忘其亲，爱其色而伤其心，我不取也。"并还之。

二十二年，又遣右武卫将军薛万彻等往青丘道伐之，万彻渡海入鸭绿水，进破其泊灼城，俘获甚众。太宗又命江南造大船，遣陕州刺史孙伏伽召募勇敢之士，莱州刺史李道裕运粮及器械，贮于乌胡岛，将欲大举以伐高丽。未行而帝崩。高宗嗣位，又命兵部尚书任雅相、左武卫大将军苏定方、左骁卫大将军契苾何力等前后讨之，皆无大功而还。

乾封元年，高藏遣其子入朝，陪位于太山之下。其年，盖苏文死，其子男生代为莫离支，与其弟男建、男产不睦，各树朋党，以相攻击。男生为二弟所逐，走据国内城死守，其子献诚诣阙求哀。诏令左骁卫大将军契苾何力率兵应接之。男生脱身来奔，诏授特进、辽东大都督兼平壤道安抚大使，封玄菟郡公。十一月，命司空、英国公李勣为辽东道行军大总管，率裨将郭待封等以征高丽。

二年二月，勣度辽至新城，谓诸将曰："新城是高丽西境镇城，最为要害。若不先图，余城未易可下。"遂引兵于新城西南，据山筑栅，且攻且守，城中窘迫，数有降者，自此所向克捷。高藏及男建遣太大兄男产将首领九十八人，持帛幡出降，且请入朝。勣以礼延接。男建犹闭门固守。

总章元年九月，勣又移营于平壤城南，男建频遣兵出战，皆大败。男建下捉兵总管僧信诚密遣人诣军中，许开城门为内应。经五日，信诚果开门，勣从兵入，登城鼓噪，烧城门楼，四面火起。男建窘急自刺，不死。十一月，拔平壤城，虏高藏、男建等。十二月，至京师，献俘于含元宫。诏以高藏政不由己，授司平太常伯；男产先降，授司宰少卿；男建配流黔州；男生以乡导有功，授右卫大将军，封汴国公，特进如故。

高丽国旧分为五部，有城百七十六，户六十九万七千；乃分其地置都督府九、州四十二、县一百，又置安东都护府以统之。擢其酋渠有功者授都督、刺史及县令，与华人参理百姓。乃遣左武卫将军薛仁贵总兵镇之，其后颇有逃散。

仪凤中，高宗授高藏开府仪同三司、辽东都督，封朝鲜王，居安东，镇本蕃为主。高藏至安东，潜与靺鞨相通谋叛。事觉，召还，配流邛州，并分徙其人，散向河南、陇右诸州，其贫弱者留在安东城傍。

高藏以永淳初卒，赠卫尉卿，诏送至京师，于颉利墓左赐以葬地，兼为树碑。垂拱二年，又封高藏孙宝元为朝鲜郡王。圣历元年，进授左鹰扬卫大将军，封为忠诚国王，委其统摄安东旧户，事竟不行。二年，又授高藏男德武为安东都督，以领本蕃。自是高丽旧户在安东者渐寡少。分投突厥及靺鞨等，高氏君长遂绝矣！

男生以仪凤初卒于长安，赠并州大都督。子献诚，授右卫大将军，兼令羽林卫上下。天授中，则天尝内出金银宝物，令宰相及南北衙文武官内择善射者五人共赌之。内史张光辅先让献诚为第一，献诚复让右玉钤卫大将军薛吐摩支，摩支又让献诚。既而献诚奏曰："陛下令简能射者五人，所得者多非汉官。臣恐自此已后，无汉官工射之名，伏望停寝此射。"则天嘉而从之。

时酷吏来俊臣尝求货于献诚，献诚拒而不答，遂为俊臣所构，诬其谋反，缢杀之。则天后知其冤，赠右羽林卫大将军，以礼改葬。

百济国，本亦扶余之别种，尝为马韩故地，在京师东六千二百里，处大海之北，小海之南。东北至新罗，西渡海至越州，南渡海至倭国，北渡海至高丽。其王所居有东西两城。所置内官曰内臣佐平，掌宣纳事；内头佐平，掌库藏事；内法佐平，掌礼仪事；卫士佐平，掌宿卫兵事；朝廷佐平，掌刑狱事；兵官佐平，掌在外兵马事。又外置六带方，管十郡，其用法：叛逆者死，籍没其家；杀人者，以奴婢三赎罪；官人受财及盗者，三倍追赃，仍终身禁锢。凡诸赋税及风土所产，多与高丽同。其王服大袖紫袍，青锦裤，乌罗冠，金花为饰，素皮带，乌革履。官人尽绯为衣，银花饰冠。庶人不得衣绯紫。岁时伏腊，同于中国。其书籍有《五经》、子、史，又表疏并依中华之法。

武德四年，其王扶余璋遣使来献果下马。七年，又遣大臣奉表朝贡。高祖嘉其诚款，遣使就册为带方郡王、百济王。自是岁遣朝贡，高祖抚劳甚厚。因讼高丽闭其道路，不许来通中国，诏遣朱子奢往和之。又相与新罗世为仇敌，数相侵伐。

贞观元年，太宗赐其王玺书曰："王世为君长，抚有东蕃。海隅遐旷，风涛艰阻，忠款之至，职贡相寻，尚想徽猷，甚以嘉慰！朕自祗承宠命，君临区宇，思弘王道，爱育黎元。舟车所通，风雨所及，期之遂性，咸使乂安。新罗王金真平，朕之藩臣，王之邻国。每闻遣师，征讨不息，阻兵安忍，殊乖所望。朕已对王侄信福及高丽、新罗使人，具敕通和，咸许辑睦。王必须忘彼前怨，识朕本怀，共笃邻情，即停兵革。"璋因遣使奉表陈谢，虽外称顺命，内实相仇如故。十一年，遣使来朝，献铁甲雕斧。太宗优劳之，赐彩帛三千段并锦袍等。

十五年，璋卒，其子义慈遣使奉表告哀。太宗素服哭之，赠光禄大夫，赙物二百段，遣使册命义慈为柱国，封带方郡王、百济王。

十六年，义慈兴兵伐新罗四十余城，又发兵以守之，与高丽和亲通好，谋欲取党项城以绝新罗入朝之路。新罗遣使告急请救。太宗遣司农丞相里玄奖赉书告谕两蕃，示以祸福。及太宗亲征高丽，百济怀二，乘虚袭破新罗十城。二十二年，又破其十余城。数年之中，朝贡遂绝。

高宗嗣位，永徽二年，始又遣使朝贡。使还，降玺书与义慈曰：

至如海东三国，开基自久，并列疆界，地实犬牙。近代已来，遂构嫌隙。战争交起，略无宁岁。遂令三韩之氓，命悬刀俎，寻戈肆愤，朝夕相仍。朕代天理物，载深矜愍。去岁王及高丽、新罗等使并来入朝，朕命释兹仇怨，更敦款穆。新罗使金法敏奏书："高丽、百济，唇齿相依，竞举兵戈，侵逼交至。大城重镇，并为百济所并；疆宇日蹙，威力并谢。乞诏百济，令归所侵之城。若不奉诏，即自兴兵打取。但得故地，即请交和。"朕以其言既顺，不可不许。昔齐桓列土诸侯，尚存亡国；况朕万国之主，岂可不恤危藩！王所兼新罗之城，并宜还其本国；新罗所获百济俘虏，亦遣还王。然后解患释纷，韬戈偃革，百姓获息肩之愿，三蕃无战争之劳。比夫流血边亭，积尸疆场，耕织并废，士女无聊，岂可同年而语矣！王若不从进止，朕已依法敏所请，任其与王决战；亦令约束高丽，不许远相救恤。高丽若不承命，即令契丹诸蕃渡辽泽入抄掠。王可深思朕言，自求多福，审图良策，无贻后悔。

六年，新罗王金春秋又表称百济与高丽、靺鞨侵其北界，已没三十余城。显庆五年，命左卫大将军苏定方统兵讨之，大破其国。虏义慈及太子隆、小王孝演、伪将五十八人等送于京师，上责而宥之。其国旧分为五部，统郡三十七，城二百，户七十六万。至是乃以其地分置熊津、马韩、东明等五都督府，各统州县，立其酋渠为都督、刺史及县令。命右卫郎将王文度为熊津都督，总兵以镇之。义慈事亲以孝行闻，友于兄弟，时人号"海东曾、闵"。及至京，数日而卒。赠金紫光禄大夫、卫尉卿，特许其旧臣赴哭。送就孙皓、陈叔宝墓侧葬之，并为竖碑。

文度济海而卒。百济僧道琛、旧将福信率众据周留城以叛。遣使往倭国，迎故王子扶余丰，立为王。其西部、北部并翻城应之。时郎将刘仁愿留镇于百济府城，道琛等引兵围之。带方州刺史刘仁轨代文度统众，便道发新罗兵合契以救仁愿，转斗而前，所向皆下。道琛等于熊津江口立两栅以拒官军，仁轨与新罗兵四面夹击之，贼众退走入栅，阻水桥狭，堕水及战死万余人。道琛等乃释仁愿之围，退保任存城。新罗兵士以粮尽引还，时龙朔元年三月也。

于是道琛自称领军将军，福信自称霜岑将军，招诱叛亡，其势益张。使告仁轨曰："闻大唐与新罗约誓，百济无问老少，一切杀。然后以国付新罗。与其受死，岂若战亡！所以聚结自固守耳！"仁轨作书，具陈祸福，遣使谕之。道琛等恃众骄倨，置仁轨之使于外馆。传语谓曰："使人官职小，我是一国大将，不合自参。"不答书遣之。寻而福信杀道琛，并其兵众，扶余丰但主祭而已。

二年七月，仁愿、仁轨等率留镇之兵，大破福信余众于熊津之东，拔其支罗城及尹城、大山、沙井等栅，杀获甚众。仍令分兵以镇守之。福信等以真岘城临江高险，又当冲要，加兵守之。仁轨引新罗之兵乘夜薄城，四面攀堞而上，比明而入据其城，斩首八百级，遂通新罗运粮之路。仁愿乃奏请益兵，诏发淄、青、莱、海之兵七千人，遣左威卫将军孙仁师统众浮海赴熊津，以益仁愿之众。时福信既专其兵权，与扶余丰渐相猜贰。福信称疾，卧于窟室，将候扶余丰问疾，谋袭杀之。扶余丰觉而率其亲信掩杀福信，又遣使往高丽及倭国请兵以拒官军。孙仁师中路迎击，破之。遂与仁愿之众相合，兵势大振。于是仁师、仁愿及新罗王金法敏帅陆军进，刘仁轨及别帅杜爽、扶余隆率水军及粮船，自熊津江往白江以会陆军，同趋周留城。仁轨遇扶余丰之众于白江之口，四战皆捷。焚其舟四百艘，贼众大溃，扶余丰脱身而走。伪王子扶余忠胜、忠志等率士女及倭众并降。百济诸城皆复归顺。孙仁师与刘仁愿等振旅而还。诏刘仁轨代仁愿率兵镇守。乃授扶余隆熊津都督，遣还本国，共新罗和亲，以招辑其余众。

麟德二年八月，隆到熊津城，与新罗王法敏刑白马而盟。先祀神祇及川谷之神，而后歃血。其盟文曰：

往者百济先王，迷于逆顺，不敦邻好，不睦亲姻。结托高丽，交通倭国，共为残暴，侵削新罗，破邑屠城，略无宁岁。天子悯一物之失所，怜百姓之无辜，频命行人，遣其和好。负险恃远，侮慢天经。皇赫斯怒，恭行吊伐，旌旗所指，一戎大定。固可潴宫污宅，作诫来裔，塞源拔本，垂训后昆。然怀柔伐叛，前王之令典；兴亡继绝，往哲之通规。事必师古，传诸曩册。故立前百济太子司稼正卿扶余隆为熊津都督，守其祭祀，保其桑梓。依倚新罗，长为与国，各除宿憾，结好和亲。恭承诏命，永为藩服。仍遣使人右威卫将军鲁城县公刘仁愿亲临劝谕，具宣成旨，约之以婚姻，申之以盟誓。刑牲歃血，共敦终始；分灾恤患，恩若弟兄。祗奉纶言，不敢失坠，既盟之后，共保岁寒。若有弃信不恒，二三其德，兴兵动众，侵犯边陲，明神鉴之，百殃是降，子孙不昌，社稷无守，禋祀磨灭，罔有遗余。故作金书铁契，藏之宗庙，子孙万代，无或敢犯。神之听之，是飨是福。

刘仁轨之辞也。歃讫，埋币帛于坛下之吉地，藏其盟书于新罗之庙。仁愿、仁轨等既还，隆惧新罗，寻归京师。

仪凤二年，拜光禄大夫、太常员外卿、兼熊津都督、带方郡王，令归本蕃，安辑余众。时百济本地荒毁，渐为新罗所据，隆竟不敢还旧国而卒。

其孙敬，则天朝袭封带方郡王、授卫尉卿。其地自此为新罗及渤海靺鞨所分，百济之种遂绝。

新罗国，本弁韩之苗裔也。其国在汉时乐浪之地，东及南方俱限大海，西接百济，北邻高丽。东西千里，南北二千里。有城邑村落。王之所居曰金城，周七八里。卫兵三千人，设狮子队。文武官凡有十七等。其王金真平，隋文帝时授上开府、乐浪郡公、新罗王。武德四年，遣使朝贡。高祖亲劳问之，遣通直散骑侍郎庾文素往使焉，赐以玺书及画屏风、锦彩三百段，自此朝贡不绝。其风俗、刑法、衣服，与高丽、百济略同，而朝服尚白。好祭山神。其食器用柳杯，亦以铜及瓦。国人多金、朴两姓，异姓不为婚。重元日，相庆贺燕飨，每以其日拜日月神。又重八月十五日，设乐饮宴，赉群臣，射其庭。妇人发绕头，以彩及珠为饰，发甚长美。

高祖既闻海东三国旧结怨隙，递相攻伐，以其俱为藩附，务在和睦，乃问其使为怨所由。对曰："先是百济往伐高丽，诣新罗请救，新罗发兵大破百济国，因此为怨，每相攻伐。新罗得百济王，杀之，怨由此始。"七年，遣使册拜金真平为柱国，封乐浪郡王、新罗王。

贞观五年，遣使献女乐二人，皆鬒发美色。太宗谓侍臣曰："朕闻声色之娱，不如好德。且山川阻远，怀土可知。近日林邑献白鹦鹉，尚解思乡，诉请还国。鸟犹如此，况人情乎！朕愍其远来，必思亲戚，宜付使者，听遣还家。"

是岁，真平卒，无子，立其女善德为王，宗室大臣乙祭总知国政。诏赠真平左光禄大夫，赙物二百段。九年，遣使持节册命善德柱国，封乐浪郡王、新罗王。十七年，遣使上言："高丽、百济，累相攻袭，亡失数十城，两国连兵，意在灭臣社稷。谨遣陪臣，归命大国，乞偏师救助。"太宗遣相里玄奖赍玺书赐高丽曰："新罗委命国家，不阙朝献。尔与百济，宜即戢兵。若更攻之，明年当出师击尔国矣！"太宗将亲伐高丽，诏新罗纂集士马，应接大军。新罗遣大臣领兵五万人，入高丽南界，攻水口城，降之。

二十一年，善德卒，赠光禄大夫，余官封并如故。因立其妹真德为王，加授柱国，封乐浪郡王。

二十二年，真德遣其弟国相、伊赞干金春秋及其子文正来朝。诏授春秋为特进，文正为左武卫将军。春秋请诣国学观释奠及讲论，太宗因赐以所制《温汤》及《晋祠碑》并新撰《晋书》。将归国，令三品以上宴饯之，优礼甚称。

永徽元年，真德大破百济之众，遣其弟法敏以闻。真德乃织锦作五言《太平颂》以献之，其词曰："大唐开洪业，巍巍皇猷昌。止戈戎衣定，修文继百王。统天崇雨施，理物体含章。深仁偕日月，抚运迈陶唐。幡旗既赫赫，钲鼓何锽锽。外夷违命者，翦覆被天殃。淳风凝幽显，遐迩竞呈祥。四时和玉烛，七曜巡万方。维岳降宰辅，维帝任忠良。五三成一德，昭我唐家光。"帝嘉之，拜法敏为太府卿。

三年，真德卒，为举哀。诏以春秋嗣，立为新罗王。加授开府仪同三司，封乐浪郡王。六年，百济与高丽、靺鞨率兵侵其北界，攻陷三十余城，春秋遣使上表求救。显庆五年，命左武卫大将军苏定方为熊津道大总管，统水陆十万。仍令春秋为嵎夷道行军总管，与定方讨平百济，俘其王扶余义慈，献于阙下。自是新罗渐有高丽、百济之地。其界益大，西至于海。

龙朔元年，春秋卒，诏其子太府卿法敏嗣位，为开府仪同三司、上柱国、乐浪郡王、新罗王。三年，诏以其国为鸡林州都督府，授法敏为鸡林州都督。法敏以开耀元年卒，其子政明嗣位。垂拱二年，政明遣使来朝，因上表请唐礼一部并杂文章，则天令所司写《吉凶要礼》，并于《文馆词林》采其词涉规诫者，勒成五十卷以赐之。天授三年，政明卒，则天为之举哀，遣使吊祭，册立其子理洪为新罗王。仍令袭父辅国大将军，行豹韬卫大将军、鸡林州都督。理洪以长安二年卒。则天为之举哀，辍朝二日。遣立其弟兴光为新罗王，仍袭兄将军、都督之号。兴光本名与太宗同，先天中则天改焉。

开元十六年，遣使来献方物，又上表请令人就中国学问经教，上许之。二十一年，渤海靺鞨越海入寇登州。时兴光族人金思兰先因入朝留京师，拜为太仆员外卿，至是遣归国发兵以讨靺鞨。仍加授兴光为开府仪同三司、宁海军使。

二十五年，兴光卒，诏赠太子太保。仍遣左赞善大夫邢璹摄鸿胪少卿，往新罗吊祭，并册立其子承庆袭父开府仪同三司、新罗王。璹将进发，上制诗序，太子以下及百僚咸赋诗以送之。上谓璹曰："新罗号为君子之国，颇知书记，有类中华。以卿学术，善与讲论，故选使充此。到彼宜阐扬经典，使知大国儒教之盛"。又闻其人多善奕棋，因令善棋人率府兵曹杨季鹰为璹之副。璹等至彼，大为蕃人所敬。其国棋者皆在季鹰之下，于是厚赂璹等金宝及药物等。

天宝二年，承庆卒，诏遣赞善大夫魏曜往吊祭之。册立其弟宪英为新罗王，并袭其兄官爵。

大历二年，宪英卒，国人立其子乾运为王，仍遣其大臣金隐居奉表入朝，贡方物，请加册命。三年，上遣仓部郎中、兼御史中丞、赐紫金鱼袋归崇敬持节赍册书往吊册之。以乾运为开府仪同三司、新罗王、仍册乾运母为太妃。七年，遣使金标石来贺正，授卫尉员外少卿，放还。八年，遣使来朝，并献金、银、牛黄、鱼牙䌷、朝霞䌷等。九年至十二年，比岁遣使来朝，或一岁再至。

建中四年，乾运卒，无子，国人立其上相金良相为王。贞元元年，授良相检校太尉、都督鸡林州刺史、宁海军使、新罗王。仍令户部郎中盖埙持节册命。其年，良相卒，立上相敬信为王，令袭其官爵。敬信即从兄弟也。

十四年，敬信卒，其子先敬信亡，国人立敬信嫡孙俊邕为王。

十六年，授俊邕开府仪同三司、检校太尉、新罗王。令司封郎中、兼御史中丞韦丹持节册命。丹至郓州，闻俊邕卒，其子重兴立，诏丹还。永贞元年，诏遣兵部郎中元季方持节册重兴为王。

元和元年十一月，放宿卫王子金献忠归本国，仍加试秘书监。三年，遣使金力奇来朝。其年七月，力奇上言："贞元十六年，奉诏册臣故主金俊邕为新罗王，母申氏为太妃，妻叔氏为王妃。册使韦丹至中路，知俊邕薨，其册却回，在中书省。今臣还国，伏请授臣以归。"敕："金俊邕等册，宜令鸿胪寺于中书省受领，至寺宣授与金力奇，令奉归国。仍赐其叔彦升门戟，令本国准例给。"四年，遣使金陆珍等来朝贡。五年，王子金宪章来朝贡。

七年，重兴卒，立其相金彦升为王，遣使金昌南等来告哀。其年七月，授彦升开府仪同三司、检校太尉、持节大都督鸡林州诸军事、兼持节充宁海军使、上柱国、新罗国王，彦升妻贞氏册为妃，仍赐其宰相金崇斌等三人戟，亦令本国准例给。兼命职方员外郎、摄御史中丞崔廷持节吊祭册立，以其质子金士信副之。

十一年十一月，其入朝王子金士信等遇恶风，飘至楚州盐城县界，淮南节度使李鄘以闻。是岁，新罗饥，其众一百七十人求食于浙东。十五年十一月，遣使朝贡。

长庆二年十二月，遣使金柱弼朝贡。宝历元年，其王子金昕来朝。大和元年四月，皆遣使朝贡。五年，金彦升卒，以嗣子金景徽为开府仪同三司、检校太尉、使侍节大都督鸡林州诸军事，兼持节充宁海军使、新罗王；景徽母朴氏为太妃，妻朴氏为妃。命太子左谕德、兼御史中丞源寂持节吊祭册立。开成元年，王子金义琮来谢恩，兼宿卫。二年四月，放还藩，赐物遣之。五年四月，鸿胪寺奏：新罗国告哀，质子及年满合归国学生等共一百五人，并放还。会昌元年七月，敕："归国新罗官、前入新罗宣慰副使、前充兖州都督府司马、赐绯鱼袋金云卿，可淄州长史。"

倭国者，古倭奴国也。去京师一万四千里，在新罗东南大海中。依山岛而居，东西五月行，南北三月行，世与中国通。其国，居无城郭，以木为栅，以草为屋。四面小岛五十余国，皆附属焉。其王姓阿每氏，置一大率，检察诸国，皆畏附之。设官有十二等。其诉讼者，匍匐而前。地多女少男。颇有文字，俗敬佛法。并皆跣足，以幅布蔽其前后。贵人戴锦帽，百姓皆椎髻，无冠带。妇人衣纯色裙，长腰襦，束发于后，佩银花，长八寸，左右各数枝，以明贵贱等级。衣服之制，颇类新罗。

贞观五年，遣使献方物。太宗矜其道远，敕所司无令岁贡，又遣新州刺史高表仁持节往抚之。表仁无绥远之才，与王子争礼，不宣朝命而还。至二十二年，又附新罗奉表，以通起居。

日本国者，倭国之别种也。以其国在日边，故以日本为名。或曰：倭国自恶其名不雅，改为日本。或云：日本旧小国，并倭国之地。其人入朝者，多自矜大，不以实对，故中国疑焉。又云：其国界东西南北各数千里，西界、南界咸至大海，东界、北界有大山为限，山外即毛人之国。

长安三年，其大臣朝臣真人来贡方物。朝臣真人者，犹中国户部尚书，冠进德冠，其顶为花，分而四散，身服紫袍，以帛为腰带。真人好读经史，解属文，容止温雅。则天宴之于麟德殿，授司膳卿，放还本国。

开元初，又遣使来朝，因请儒士授经。诏四门助教赵玄默就鸿胪寺教之。乃遗玄默阔幅布以为束修之礼。题云"白龟元年调布"。人亦疑其伪。所得锡赉，尽市文籍，泛海而还。其偏使朝臣仲满，慕中国之风，因留不去，改姓名为朝衡，仕历左补阙、仪王友。衡留京师五十年，好书籍，放归乡，逗留不去。天宝十二年，又遣使贡。上元中，擢衡为左散骑常侍、镇南都护。贞元二十年，遣使来朝，留学生橘免势、学问僧空海。元和元年，日本国使判官高阶真人上言："前件学生，艺业稍成，愿归本国，便请与臣同归。"从之。开成四年，又遣使朝贡。

卷一百九十九下
列传第一百四十九

北　狄

**铁勒　契丹　奚　室韦　靺鞨
渤海靺鞨　霫　乌罗浑**

铁勒，本匈奴别种。自突厥强盛，铁勒诸郡分散，众渐寡弱。至武德初，有薛延陀、契苾、回纥、都播、骨利干、多览葛、仆骨、拔野古、同罗、浑部、思结、斛薛、奚结、阿跌、白霫等，散在碛北。薛延陀者，自云本姓薛氏，其先击灭延陀而有其众，因号为薛延陀部。其官方兵器及风俗，大抵与突厥同。

初，大业中，西突厥处罗可汗始强大，铁勒诸部皆臣之，而处罗征税无度，薛延陀等诸部皆怨，处罗大怒，诛其酋帅百余人。铁勒相率而叛，共推契苾哥楞为易勿真莫贺可汗，居贪汗山北；又以薛延陀乙失钵为也咥小可汗，居燕末山北。西突厥射匮可汗强盛，延陀、契苾二部并去可汗之号以臣之。回纥等六部在郁督军山者，东属于始毕，乙失钵所部在金山者，西臣于叶护。

贞观二年，叶护可汗死，其国大乱。乙失钵之孙曰夷男。率其部落七万余家附于突厥。遇颉利之政衰，夷男率其徒属反攻颉利，大破之。于是颉利部诸姓多叛颉利，归于夷男，共推为主，夷男不敢当。时太宗方图颉利，遣游击将军乔师望从间道赍册书拜夷男为真珠毗伽可汗，赐以鼓纛。夷男大喜，遣使贡方物，复建牙于大漠之北郁督军山下，在京师西北六千里。东至靺鞨，西至叶护，南接沙碛，北至俱伦水，回纥、拔野古、阿跌、同罗、仆骨、霫诸大部落皆属焉。

三年，夷男遣其弟统特勒来朝，太宗厚加抚接，赐以宝刀及宝鞭。谓曰："汝所部有大罪者鞭之。"夷男甚喜。

四年，平突厥颉利之后，朔塞空虚，夷男率其部东返故国，建庭于都尉揵山北，独逻河之南，在京师北三千三百里；东至室韦，西至金山，南至突厥，北临瀚海，即古匈奴之故地。胜兵二十万，立其二子为南北部。太宗亦以其强盛，恐为后患。

十二年，遣使备礼册命，拜其二子皆为小可汗，外示优崇，实欲分其势也。会朝廷立李思摩为可汗，处其部众于漠南之地。夷男心恶思摩，甚不悦。

十五年，太宗幸洛阳，将有事于太山。夷男谋于其国曰："天子封太山，万国必会，士马皆集，边境空虚，我于此时取思摩如拉朽耳。"因命其子大度设勒兵二十万，屯白道川，据善阳岭以击思摩之部。思摩遣使请救，诏英国公李勣、蒲州刺史薛万彻率步骑数万赴之。逾白道川至青山，与大度设相及。追之累月，至诺真水，大度设知不脱，乃亘十里而陈兵。

先是，延陀击沙钵罗及阿史那社尔等，以步战而胜。及其将来寇也，先讲武于国中，教习步战；每五人，以一人经习战阵者使执马，而四人前战，克胜即授马以追奔，失应接罪至于死，没其家口，以赏战人，至是遂行其法。突厥兵先合辄退，延陀乘胜而逐之。勣兵拒击，而延陀万矢俱发，伤我战马。乃令去马步阵，率长矟数百为队，齐奋以冲之，其众溃散。副总管薛万彻率数千骑收其执马者。其众失马，莫知所从，因大纵，斩首三千余级，获马万五千匹，甲仗辎重不可胜计。大度设跳身而遁，万彻将数百骑追之，弗及。其余众大奔走，相腾践而死者甚众，伏尸被野。夷男因乞与突厥和，并遣使谢罪。

十六年，遣其叔父沙钵罗泥敦策斤来请婚，献马三千匹。太宗谓侍臣曰："北狄世为寇乱，今延陀崛强，须早为之所。朕熟思之，唯有二策：选徒十万，击而虏之，灭除凶丑，百年无事，此一策也；若遂其来请，结以婚姻，缓辔羁縻，亦足三十年安静，此亦一策也。未知何者为先？"司空房玄龄对曰："今大乱之后，疮痍未复，且兵凶战危，圣人所慎。和亲之策，实天下幸甚。"太宗曰："朕为苍生父母，苟可以利之，岂惜一女？"遂许以新兴公主妻之。因征夷男备亲迎之礼。仍发诏将幸灵州与之会。夷男大悦，谓其国中曰："我本铁勒之小帅也，天子立我为可汗，今复嫁我公主，车驾亲至灵州，斯亦足矣！"于是税诸部羊马以为聘财。或说夷男曰："我薛延陀可汗与大唐天子俱一国主，何有自往朝谒？如或拘留，悔之无及！"夷男曰："吾闻大唐天子圣德远被，日月所照，皆来宾服。我归心委质，冀得睹天颜，死无所恨！然碛北之地，必当有主，舍我别求，固非大国之计。我志决矣，勿复多言！"于是言者遂止。太宗乃发使受其羊马。然夷男先无府藏，调敛其国，往返且万里，既涉沙碛，无水草，羊马多死，遂后期。太宗于是停幸灵州。既而其聘羊马来至，所耗将半。议者以为夷狄不可礼义畜，若聘财未备而与之婚，或轻中国，当须要其备礼，于是下诏绝其婚。既而李思摩数遣兵侵掠之。延陀复遣突利失击思摩，至定襄，抄掠而去。太宗遣英国公李勣援之，见虏已出塞而还。太宗以其数与思摩交兵，玺书责让之。

十九年，谓其使人曰："语尔可汗，我父子并东征高丽，汝若能寇边者，但当来也！"夷男遣使致谢，复请发兵助军，太宗答以优诏而止。其冬，太宗拔辽东诸城，破驻跸阵，而高丽莫离支潜令靺鞨诳惑夷男，啖以厚利，夷男气慑不敢动。俄而夷男卒，太宗为之举哀。夷男少子肆叶护拔灼袭杀其兄突利失可汗而自立，是为颉利俱利薛沙多弥可汗。拔灼性褊急，驭下无恩，多所杀戮，其下不附。是时复以太宗尚在辽东，遂发兵寇夏州，将军执失思力击败之，虏其众数万，拔灼轻骑遁去，寻为回纥所杀，宗族殆尽。其余众五六万，窜于西域，又诸姓俟斤递相攻击，各遣使归命。

二十年，太宗遣使江夏王道宗、左卫大将军阿史那社尔为瀚海道安抚大使；右领军大将军执失思力领突厥兵，代州都督薛万彻、营州都督张俭、右骁卫大将军契苾何力各统所部兵分道并进，太宗亲幸灵州，为诸军声援。既而道宗渡碛，遇延陀余众数万来拒战。道宗击破之，斩首千余级。万彻又与回纥相遇，二将各遣使谕以绥怀之意。其酋帅见使者，皆顿颡欢呼，请入朝。太宗至灵州，其铁勒诸部相继至数千人，仍请列为州县，北荒悉平。诏曰：

惟天为大，合其德者弗违；谓地盖厚，体其仁者光被。故能弥纶八极，舆盖二仪，振绝之英声，毕天下之能事。彼匈奴者，与开辟而俱生；奄有龙庭，共上皇而并列。僭称骄子，分天街于紫宸；仰应旄头，抗大礼于皇极。缅窥往古，能无力制。自朕临御天下，二纪于兹，粤以眇身，一匡寰宇。始勤劳于昧旦，终致治于升平。曩者聊命偏师，遂擒颉利；今兹始弘庙略，已灭延陀。虽鸾驾出征，未逾郊甸；前驱所辖，才括塞垣。长策风行，已振徽之表，扬威电发，远慑沙场之外。铁勒诸姓、回纥胡禄俟利发等，总百余万户，散处北溟，远遣使人，委身内属，请同编列，并为州郡。收其瀚海，尽入提封，解其辫发，并垂冠带。上变星昴，归于东井之躔；下掩蹛林，袪入南

山之囿。混元已降，殊未前闻；无疆之业，永贻来裔。古人所不能致，今既吞之；前王所不能屈，今咸灭之。斯实书契所未有，古今之壮观，岂朕一人独能宣力！盖由上灵储祉，锡以太康；宗庙威灵，成兹克定。即宜备礼，告于清庙，仍颁示普天。

其后延陀西遁之众，共推夷男兄子咄摩支为伊特勿失可汗，率部落七万余口，西归故地。乃去可汗之号，遣使奉表，请居郁督军山北。诏兵部尚书崔敦礼就加绥抚。而诸部铁勒素服薛延陀之众，及咄摩支至，九姓渠帅莫不危惧。朝议恐为碛北之患，复令英国公李勣进加讨击。勣率九姓铁勒二万骑至于天山。咄摩支见官军奄至，惶骇不知所为；且闻诏使萧嗣业在回纥中，因而请降。嗣业与之俱至京师，诏授右武卫将军，赐以田宅。咄摩支入国后，铁勒酋帅潜知其部落，仍持两端。李勣因纵兵追击，前后斩五千余级，虏男女三万计。

二十二年，契苾、回纥等十余部落以薛延陀亡散殆尽，乃相继归国。太宗各因其地土，择其部落，置为州府：以回纥部为瀚海都督府，仆骨为金徽都督府，多览葛为燕然都督府，拔野古部为幽陵都督府，同罗部为龟林都督府，思结部为卢山都督府，浑部为皋兰州，斛薛部为高阙州，奚结部为鸡鹿州，阿跌部为鸡田州，契苾部为榆溪州，思结别部为蹛林州，白霫部为寘颜州，凡一十三州。拜其酋长为都督、刺史，给玄金鱼以为符信，又置燕然都护以统之。是岁，太宗以铁勒诸部并皆内属，诏赐京城百姓大酺三日。

永徽元年，延陀首领先逃逸者请归国，高宗更置溪弹州以安恤之。至则天时，突厥强盛，铁勒诸部在漠北者渐为所并。回纥、契苾、思结、浑部徙于甘、凉二州之地。

其骨利干北距大海，去京师最远，自古未通中国。贞观中遣使来朝贡，遣云麾将军康苏密往慰抚之，仍列其地为玄阙州。俄又遣使随苏密入朝，献良马十匹。太宗奇其骏异，为之制名。号为十骥：一曰腾霜白，二曰皎雪骢，三曰凝露骢，四曰悬光骢，五曰决波䮫，六曰飞霞骠，七曰发电赤，八曰流金䯁，九曰翺麟紫，十曰奔虹赤。又为文以叙其事。自延陀叛后，朝贡遂绝。

契丹，居潢水之南，黄龙之北，鲜卑之故地，在京城东北五千三百里。东与高丽邻，西与奚国接，南至营州，北至室韦。冷陉山在其国南，与奚西山相崎，地方二千里。逐猎往来，居无常处。其君长姓大贺氏。胜兵四万三千人，分为八部，若有征发，诸部皆须议合。不得独举。猎则别部，战则同行。本臣突厥，好与奚斗，不利则遁保青山及鲜卑山。其俗死者不得作冢墓，以马驾车送入大山，置之树上，亦无服纪。子孙死，父母晨夕哭之；父母死，子孙不哭。其余风俗与突厥同。

武德初，数抄边境。二年，入寇平州。六年，其君长咄罗遣使贡名马丰貂。贞观二年，其君摩会率其部落来降。突厥颉利遣使请以梁师都易契丹，太宗谓曰："契丹、突厥，本是别类，今来降我，何故索之？师都本中国人，据我州城，以为盗窃，突厥无故容纳之，我师往讨，便来

救援。计不久自当擒灭。纵其不得，终不以契丹易之。"

太宗伐高丽，至营州，会其君长及老人等，赐物各有差，授其蕃长窟哥为左武卫将军。

二十二年，窟哥等部咸请内属，乃置松漠都督府，以窟哥为左领军将军兼松漠都督府、无极县男，赐姓李氏。显庆初，又拜窟哥为左监门大将军。其曾孙祜莫离，则天时历左卫将军兼检校弹汗州刺史，归顺郡王。

又契丹有别部酋帅孙敖曹，初仕隋为金紫光禄大夫。武德四年，与靺鞨酋长突地稽俱遣使内附，诏令于营州城傍安置，授云麾将军，行辽州总管。至曾孙万荣，垂拱初累授右玉钤卫将军、归诚州刺史，封永乐县公。万岁通天中，万荣与其妹婿松漠都督李尽忠，俱为营州都督赵翙所侵侮，二人遂举兵杀翙，据营州作乱。尽忠即窟哥之胤，历位右武卫大将军兼松漠都督。则天怒其叛乱，下诏改万荣名为万斩，尽忠为尽灭。尽灭寻自称无上可汗，以万斩为大将，前锋略地，所向皆下，旬日兵至数万，进逼檀州。诏令右金吾大将军张玄遇、左鹰扬卫将军曹仁师、司农少卿麻仁节率兵讨之。与万斩战于西硖石谷，官军败绩，玄遇、仁节并为贼所虏。又令夏官尚书王孝杰、左羽林将军苏宏晖领兵七万以继之。与万斩战于东硖石谷，孝杰在阵陷没。宏晖弃甲而遁。万斩乘胜率其众入幽州，杀略人吏。清边道大总管、建安郡王武攸宜遣裨将讨之，不能克。又诏左金吾大将军、河内王武懿宗为大总管，御史大夫娄师德为副大总管，右武卫将军沙吒忠义为前军总管，率兵三十万以讨之。俄而李尽灭死，万斩代领其众。万斩又遣别帅骆务整、何阿小为游军前锋，攻陷冀州，杀刺史陆宝积，屠官吏子女数千人。俄而奚及突厥之众掩击其后，掠其幼弱。万斩弃其众，以轻骑数千人东走。前军副总管张九节率数百骑设伏以邀之。万斩穷蹙，乃将其家奴轻骑宵遁，至潞河东，解鞍憩于林下，其奴斩之。张九节传其首于东都，自是其余众遂降突厥。

开元三年，其首领李失活以默啜政衰，率种落内附。失活，即尽忠之从父弟也。于是复置松漠都督府。封失活为松漠郡王，拜左金吾卫大将军兼松漠都督。其所统八部落，各因旧帅拜为刺史，又以将军薛泰督军以镇抚之。明年，失活入朝，封宗室外甥女杨氏为永乐公主以妻之。

六年，失活死，上为之举哀，赠特进。失活从父弟娑固代统其众，遣使册立，仍令袭其兄官爵。娑固大臣可突于骁勇，颇得众心，娑固谋欲除之。可突于反攻娑固，娑固奔营州。都督许钦澹令薛泰帅骁勇五百人，又征奚王李大辅者及娑固合众以讨可突于。官军不利，娑固、大辅临阵皆为可突于所杀，生拘薛泰。营府震恐，许钦澹移军西入渝关。可突于立娑固从父弟郁于为主。俄又遣使请罪，上乃令册立郁于，令袭娑固官爵，仍赦可突于之罪。

十年，郁于入朝请婚。上又封从妹夫率更令慕容嘉宾女为燕郡公主以妻之，仍封郁于为松漠郡王，授左金吾卫员外大将军、兼静析军经略大使，赐物千段。郁于还蕃，可突于来朝，拜左羽林将军，从幸并州。

明年，郁于病死，弟吐于代统其众，袭兄官爵，复以燕郡公主为妻。吐于与可突于复相猜阻，

十三年，携公主来奔，便不敢还，改封辽阳郡王，因留宿卫。可突于立李尽忠弟邵固为主。其冬，车驾东巡，邵固诣行在所，因从至岳下，拜左羽林军员外大将军、静析军经略大使，改封广化郡王，又封皇从外甥女陈氏为东华公主以妻之。

邵固还蕃，又遣可突于入朝，贡方物，中书侍郎李元纮不礼焉，可突于怏怏而去。左丞相张说谓人曰："两蕃必叛。可突于人面兽心，唯利是视，执其国政，人心附之，若不优礼縻之，必不来矣！"十八年，可突于杀邵固，率部落并胁奚众降于突厥，东华公主走投平卢军。于是诏中书舍人裴宽、给事中薛侃等于京城及关内、河东、河南、河北分道募壮勇之士，以忠王浚为河北道行军元帅以讨之，师竟不行。

二十年，诏礼部尚书信安王祎为行军副大总管，领众与幽州长史赵含章出塞击破之，俘获甚众。可突于率其麾下远遁，奚众尽降，祎乃班师。明年，可突于又来抄掠。幽州长史薛楚玉遣副将郭英杰、吴克勤、邬知义、罗守忠率精骑万人，并领降奚之众追击之。军至渝关都山之下，可突于领突厥兵以拒官军。奚众遂持两端，散走保险。官军大败，知义、守忠率麾下遁归，英杰、克勤没于阵，其下六千余人，尽为贼所杀。诏以张守珪为幽州长史兼御史中丞以经略之。可突于渐为守珪所逼，遣使伪降。俄又回惑不定，引众渐向西北，将就突厥。守珪遣管记王悔等就部落招谕之。时契丹衙官李过折与可突于分掌兵马，情不叶，悔潜诱之，过折夜勒兵斩可突于及其支党数十人。

二十三年正月，传首东都。诏封过折为北平郡王，授特进，检校松漠州都督，赐锦衣一副、银器十事、绢彩三千匹。其年，过折为可突于余党泥礼所杀，并其诸子，唯一子剌乾走投安东得免，拜左骁卫将军。

天宝十年，安禄山诬其酋长欲叛，请举兵讨之。八月，以幽州、云中、平卢之众数万人，就潢水南契丹衙与之战，禄山大败而还，死者数千人。至十二年，又降附。迄于贞元，常间岁来修藩礼。

贞元四年，与奚众同寇我振武，大掠人畜而去。九年、十年，复遣使来朝，大首领悔落拽何已下，各授官放还。十一年，大首领热苏等二十五人来朝。自后至元和、长庆、宝历、大和、开成时遣使来朝贡。会昌二年九月，制："契丹新立王屈戍，可云麾将军，守右武卫将军员外置同正员。"幽州节度使张仲武上言："屈戍等云，契丹旧用回纥印，今恳请闻奏，乞国家赐印。"许之，以"奉国契丹之印"为文。

奚国，盖匈奴之别种也，所居亦鲜卑故地，即东胡之界也，在京师东北四千余里。东接契丹，西至突厥，南拒白狼河，北至霫国。自营州西北饶乐水以至其国。胜兵三万余人，分为五部，每部置俟斤一人。风俗并于突厥。每随逐水草，以畜牧为业，迁徙无常。居有毡帐，兼用车为营，牙中常五百人持兵自卫。此外部落皆散居山谷，无赋税。其人善射猎，好与契丹战争。

武德中，遣使朝贡。贞观二十二年，酋长可度者率其所部内属，乃置饶乐都督府，以可度者为右领军兼饶乐都督，封楼烦县公，赐姓李氏。显庆初，又授右监门大将军。万岁通天年，契丹叛后，奚众管属突厥，两国常递为表里，号曰"两蕃"。景云元年，其首领李大辅遣使贡方物，睿宗嘉之，宴赐甚厚。

延和元年，左羽林将军、检校幽州大都督孙佺，率兵十二万以袭其部落，师次冷硎，前军左骁卫将军李楷洛等与大辅会战，我师败绩。佺惧，不敢进救，遣使矫报大辅云："我奉敕来此招谕蕃将，李楷洛等不受节度而辄用兵，请斩以谢。"大辅曰："若奉敕招谕，有何国信物？"佺率军中缯帛万余段并袍带以与之。大辅曰："将军可南还，无相惊扰。"佺军渐失部伍，大辅乃率众逼之，由是大败，兵士死伤者数万。佺及副将周以悌为大辅所擒，送于突厥默啜，并遇害。

开元三年，大辅遣其大臣粤苏梅落来请降，诏复立其地为饶乐州，封大辅为饶乐郡王，仍拜左金吾员外大将军、饶乐州都督。五年，大辅与契丹首领松漠郡王李失活咸请于柳城依旧置营州都督府，上从之。敕太子詹事姜师度充使督工作，役八千余人。其年，大辅入朝，诏封从外甥女辛氏为固安公主以妻之，赐物一千五百匹，遣右领军将军李济持节送还蕃。

八年，大辅率兵救契丹，战死，其弟鲁苏嗣立。

十年，入朝，诏令袭其兄饶乐郡王、右金吾员外大将军、兼保塞军经略大使，赐物一千段，仍以固安公主为妻。而公主与嫡母未和，递相论告，诏令离婚，复以成安公主之女韦氏为东光公主以妻之。

十四年，又改封鲁苏为奉诚王，授右羽林军员外将军。

十八年，奚众为契丹衙官可突于所胁，复叛降突厥。鲁苏不能制，走投渝关，东光公主奔归平卢军。其秋，幽州长史赵含章发清夷军兵击奚。破之，斩首二百级。自是奚众稍稍归降。

二十年，信安王祎奉诏讨叛奚。奚酋长李诗、琐高等以其部落五千帐来降。诏封李诗为归义王、兼特进、左羽林军大将军同正。仍充归义州都督，赐物十万段，移其部落于幽州界安置。天宝五载，又封其王婆固为昭信王，仍授饶乐都督。

自大历后，朝贡时至。贞元四年七月，奚及室韦寇振武。十一年四月，幽州奏却奚六万余众。元和元年，其王饶乐府都督、袭归诚王梅落来朝，加检校司空，放还蕃。三年，以奚首领索低为右武威卫将军同正，充檀、蓟两州游奕兵马使，仍赐姓李氏。八年，遣使来朝。

十一年，遣使献名马。尔后每岁朝贡不绝，或岁中二三至。故事，常以范阳节度使为押奚、契丹两蕃使。自至德之后，藩臣多擅封壤，朝廷优容，彼务自完，不生边事，故二蕃亦少为寇。其每岁朝贺，常各遣数百人至幽州，则选其酋渠三五十人赴阙，引见于麟德殿，锡以金帛遣还，余皆驻而馆之，率为常也。

室韦者，契丹之别类也。居猺越河北，其国在京师东北七千里。东至黑水靺鞨，西至突厥，南接契丹，北至于海。其国无君长，有大首领十七人，并号"莫贺弗"，世管摄之，而附于突厥。兵器有角弓楛矢，尤善射，时聚弋猎，事毕而散。其人土著，无赋敛。或为小室，以皮覆上，相聚而居，至数十家。刻木为犁，不加金刃，人牵以种，不解用牛。夏多雾雨，冬多霜霰。畜宜犬豕，豢之而啖之，其皮用以为韦，男子女人通以为服。被发左衽，其家富者项著五色杂珠。婚嫁之法，男先就女舍，三年役力，因得亲迎其妇。役日已满，女家分其财物，夫妇同车而载，鼓舞共归。

武德中，献方物。贞观三年，遣使贡丰貂，自此朝贡不绝。

又云：室韦，我唐有九部焉。所谓岭西室韦、山北室韦、黄头室韦、大如者室韦、小如者室韦、婆萵室韦、讷北室韦、骆驼室韦，并在柳城郡之东北，近者三千五百里，远者六千二百里。今室韦最西与回纥接界者，乌素固部落，当俱轮泊之西南。次东有移塞没部落。次东又有塞曷支部落，此部落有良马，人户亦多，居嘘河之南，其河彼俗谓之燕支河。次又有和解部落，次东又有乌罗护部落，又有那礼部落。又东北有山北室韦，又北有小如者室韦，又北有婆萵室韦，东又有岭西室韦，又东南至黄头室韦，此部落兵强，人户亦多，东北与达姤接。岭西室韦北又有讷北支室韦，此部落较小。乌罗护之东北二百余里，那河之北有古乌丸之遗人，今亦自称乌丸国。武德、贞观中，亦遣使来朝贡。其北大山之北有大室韦部落，其部落傍望建河居。其河源出突厥东北界俱轮泊，屈曲东流，经西室韦界，又东经大室韦界，又东经蒙兀室韦之北，落俎室韦之南，又东流与那河、忽汗河合，又东经南黑水靺鞨之北，北黑水靺鞨之南，东流注于海。乌丸东南三百里，又有东室韦部落，在猺越河之北。其河东南流，与那河合。开元、天宝间，比年或间岁入贡。大历中，亦频遣使来贡。贞元八年闰十二月，室韦都督和解热素等一十人来朝。大和五年至八年，凡三遣使来。九年十二月，室韦大都督阿成等三十人来朝。开成、会昌中，亦遣使来朝贡不绝。

靺鞨，盖肃慎之地，后魏谓之勿吉，在京师东北六千余里。东至于海，西接突厥，南界高丽，北邻室韦。其国凡为数十部，各有酋帅，或附于高丽，或臣于突厥。而黑水靺鞨最处北方，尤称劲健，每恃其勇，恒为邻境之患。俗皆编发，性凶悍，无忧戚，贵壮而贱老。无屋宇，并依山水掘地为穴，架木于上，以土覆之，状如中国之冢墓，相聚而居。夏则出随水草，冬则入处穴中。父子相承，世为君长。俗无文字。兵器有角弓及楛矢。其畜宜猪，富人至数百口，食其肉而衣其皮。死者穿地埋之，以身衬土，无棺敛之具，杀所乘马于尸前设祭。

有酋帅突地稽者，隋末率其部千余家内属，处之于营州，炀帝授突地稽金紫光禄大夫、辽西太守。武德初，遣间使朝贡，以其部落置燕州，仍以突地稽为总管。刘黑闼之叛也，突地稽率所部赴定州，遣使诣太宗请受节度，以战功封蕃国公。又徙其部落于幽州之昌平城。会高开道引突厥来攻幽州，突地稽率兵邀击，大破之。

贞观初，拜右卫将军，赐姓李氏。寻卒。子谨行，伟貌，武力绝人。麟德中，历迁营州都督。其部落家僮数千人，以财力雄边，为夷人所惮。累拜右领军大将军，为积石道经略大使。吐蕃论钦陵等率众十万人入寇湟中，谨行兵士樵采，素不设备，忽闻贼至，遂建旗伐鼓，开门以待之。吐蕃疑有伏兵，竟不敢进。

上元三年，又破吐蕃数万众于青海，降玺书劳勉之。累授镇军大将军，行右卫大将军，封燕国公。永淳元年卒，赠幽州都督，陪葬乾陵。自后或有酋长自来，或遣使来朝贡，每岁不绝。

其白山部，素附于高丽，因收平壤之后，部众多入中国。汨咄、安居、骨室等部，亦因高丽破后奔散微弱，后无闻焉。纵有遗人，并为渤海编户。唯黑水部全盛，分为十六部，部又以南北为称。

开元十三年，安东都护薛泰请于黑水靺鞨内置黑水军。续更以最大部落为黑水府，仍以其首领为都督，诸部刺史隶属焉。中国置长史，就其部落监领之。十六年，其都督赐姓李氏，名献诚，授云麾将军兼黑水经略使，仍以幽州都督为其押使，自此朝贡不绝。

渤海靺鞨大祚荣者，本高丽别种也。高丽既灭，祚荣率家属徙居营州。万岁通天年，契丹李尽忠反叛，祚荣与靺鞨乞四比羽各领亡命东奔，保阻以自固。尽忠既死，则天命右玉钤卫大将军李楷固率兵讨其余党，先破斩乞四比羽，又度天门岭以迫祚荣。祚荣合高丽、靺鞨之众以拒楷固；王师大败，楷固脱身而还。属契丹及奚尽降突厥，道路阻绝，则天不能讨，祚荣遂率其众东保桂娄之故地，据东牟山，筑城以居之。

祚荣骁勇善用兵，靺鞨之众及高丽余烬，稍稍归之。圣历中，自立为振国王，遣使通于突厥。其地在营州之东二千里，南与新罗相接。越熹靺鞨东北至黑水靺鞨，地方二千里，编户十余万，胜兵数万人。风俗与高丽及契丹同，颇有文字及书记。

中宗即位，遣侍御史张行岌往招慰之。祚荣遣子入侍，将加册立，会契丹与突厥连岁寇边，使命不达。睿宗先天二年，遣郎将崔䜣往册拜祚荣为左骁卫员外大将军、渤海郡王，仍以其所统为忽汗州，加授忽汗州都督，自是每岁遣使朝贡。

开元七年，祚荣死，玄宗遣使吊祭。乃册立其嫡子桂娄郡王大武艺袭父为左骁卫大将军、渤海郡王、忽汗州都督。

十四年，黑水靺鞨遣使来朝，诏以其地为黑水州，仍置长史，遣使镇押。武艺谓其属曰："黑水途经我境，始与唐家相通。旧请突厥吐屯，皆先告我同去。今不计会，即请汉官，必是与唐家通谋，腹背攻我也。"遣母弟大门艺及其舅任雅发兵以击黑水。门艺曾充质子至京师，开元初还国，至是谓武艺曰："黑水请唐家吏，即欲击之，是背唐也。唐国人众兵强，万倍于我，一朝结怨，但自取灭亡。昔高丽全盛之时，强兵三十余万，抗敌唐家，不事宾伏，唐兵一临，扫地俱尽。今日渤海之众，数倍少于高丽，乃欲违背唐家，事必不可。"

武艺不从。门艺兵至境，又上书固谏。武艺怒，遣从兄大壹夏代门艺统兵，征门艺，欲杀之。门艺遂弃其众，间道来奔，诏授左骁卫将军。武艺寻遣使朝贡，仍上表极言门艺罪状，请杀之。上密遣门艺往安西，仍报武艺云："门艺远来归投，义不可杀。今流向岭南，已遣去讫。"乃留其使马文轨、葱勿雅，别遣使报之。俄有泄其事者，武艺又上书云："大国示人以信，岂有欺诳之理！今闻门艺不向岭南，伏请依前杀却。"由是鸿胪少卿李道邃、源复以不能督察官属，致有漏泄，左迁道邃为曹州刺史，复为泽州刺史。遣门艺暂向岭南以报之。

二十年，武艺遣其将张文休率海贼攻登州刺史韦俊。诏遣门艺往幽州征兵以讨之，仍令太仆员外卿金思兰往新罗发兵以攻其南境。属山阻寒冻，雪深丈余，兵士死者过半，竟无功而还。武艺怀怨不已，密遣使至东都，假刺客刺门艺于天津桥南，门艺格之，不死。诏河南府捕获其贼，尽杀之。

二十五年，武艺病卒，其子钦茂嗣立。诏遣内侍段守简往册钦茂为渤海郡王，仍嗣其父为左骁卫大将军、忽汗州都督。钦茂承诏赦其境内，遣使随守简入朝贡献。

大历二年至十年，或频遣使来朝，或间岁而至，或岁内二三至者。十二年正月，遣使献日本国舞女一十一人及方物。四月、十二月，使复来。建中三年五月、贞元七年正月，皆遣使来朝，授其使大常靖为卫尉卿同正，令还蕃。八月，其王子大贞翰来朝，请备宿卫。十年正月，以来朝王子大清允为右卫将军同正，其下三十余人，拜官有差。

十一年二月，遣内常侍殷志赡册大嵩璘为渤海郡王。十四年，加银青光禄大夫、检校司空，进封渤海国王。

嵩璘父钦茂，开元中，袭父位为郡王、左金吾大将军。天宝中，累加特进、太子詹事、宾客。宝应元年，进封国王。大历中，累加拜司空、太尉。及嵩璘袭位，但授其郡王、将军而已。嵩璘遣使叙理，故再加册命。十一月，以王侄大能信为左骁卫中郎将、虞候、娄蕃长，都督茹富仇为右武卫将军，放还。

二十一年，遣使来朝。顺宗加嵩璘金紫光禄大夫、检校司空。元和元年十月，加检校太尉。十二月，遣使朝贡。

四年，以嵩璘男元瑜为银青光禄大夫、检校秘书监、忽汗州都督，依前渤海国王。五年，遣使朝贡者二。七年，亦遣使来朝。八年正月，授元瑜弟权知国务言义银青光禄大夫、检校秘书监、都督、渤海国王，遣内侍李重旻使焉。

十三年，遣使来朝，且告哀。五月，以知国务大仁秀为银青光禄大夫、检校秘书监、都督、渤海国王。十五年闰正月，遣使来朝，加大仁秀金紫光禄大夫、检校司空。十二月，复遣使来朝贡。长庆二年正月，又遣使来。四年二月，大睿等五人来朝，请备宿卫。宝历中，比岁修贡。大和元年、四年，皆遣使来朝。

五年，大仁秀卒，以权知国务大彝震为银青光禄大夫、检校秘书监、都督、渤海国王。六年，遣王子大明俊等来朝。七年正月，遣同中书右平章事高宝英来谢册命，仍遣学生三人，随宝英请赴上都学问。先遣学生三人，事业稍成，请归本国，许之。二月，王子大先晟等六人来朝。开成后，亦修职贡不绝。

　　霫，匈奴之别种也，居于潢水北，亦鲜卑之故地，其国在京师东北五千里。东接靺鞨，西至突厥，南至契丹，北与乌罗浑接。地周二千里，四面有山，环绕其境。人多善射猎，好以赤皮为衣缘，妇人贵铜钏，衣襟上下悬小铜铃，风俗略与契丹同。有都伦纥斤部落四万户，胜兵万余人。贞观三年，其君长遣使贡方物。

　　乌罗浑国，盖后魏之乌洛侯也，今亦谓之乌罗护，其国在京师东北六千三百里，东与靺鞨，西与突厥，南与契丹，北与乌丸接。风俗与靺鞨同。贞观六年，其君长遣使献貂皮焉。

　　史臣曰：北狄密迩中华，侵边盖有之矣；东夷隔得瀛海，作梗罕常闻之。非惟势使之然，抑亦禀于天性。太平之人仁，空峒之人武，信矣。隋炀帝纵欲无厌，兴兵辽左，急敛暴欲，由是而起。乱臣贼子，得以为资，不戢自焚，遂亡其国。我太宗文皇帝亲驭戎辂，东征高丽，虽有成功，所损亦甚。及凯还之日，顾谓左右曰："使朕有魏徵在，必无此行矣！"则是悔于出师也可知矣。何者？夷狄之国，犹石田也，得之无益，失之何伤？必务求虚名，以劳有用。但当修文德以来之，被声教以服之，择信臣以抚之，谨边备以防之，使重译来庭，航海入贡，兹庶得其道也！

　　赞曰：东夷之人，北狄之俗。爰考《周官》，是称蛮服。未得无伤，已得何足！宜务怀柔，谓之羁束。

卷二百上　　列传第一百五十

安禄山 子庆绪　高尚　孙孝哲 史思明 子朝义

　　安禄山，营州柳城杂种胡人也，本无姓氏，名轧荦山。母阿史德氏，亦突厥巫师，以卜为业。突厥呼斗战为轧荦山，遂以名之。少孤，随母在突厥中，将军安波至兄延偃妻其母。开元初，与将军安道买男俱逃出突厥中。道买次男贞节为岚州别驾，收获之。年十余岁，以与其兄及延偃相携而出，感愧之，约与思顺等并为兄弟，冒姓为安。及长，解六蕃语，为互市牙郎。

　　二十年，张守珪为幽州节度，禄山盗羊事觉，守珪剥坐，欲棒杀之，大呼曰："大夫不欲灭两蕃耶？何为打杀禄山！"守珪见其肥白，壮其言而释之。令与乡人史思明同捉生，行必克获，拔为偏将。常嫌其肥，以守珪威风素高，畏惧不敢饱食。以骁勇闻，遂养为子。

　　二十八年，为平卢兵马使。性巧黠，人多誉之。授营州都督、平卢军使。厚赂往来者，乞为好言，玄宗益信向之。天宝元年，以平卢为节度，以禄山摄中丞为使。入朝奏事，玄宗宠幸之。

　　三载，代裴宽为范阳节度，河北采访、平卢军等使如故。采访使张利贞常受其赂；数载之后，黜陟使席建侯又言其公直无私；裴宽受代，及李林甫顺旨，并言其美。数公皆信臣，玄宗意益坚不摇矣。后请为贵妃养儿，入对皆先拜太真。玄宗怪而问之，对曰："臣是蕃人，蕃人先母而后父。"玄宗大悦，遂命杨铦已下约为兄弟姊妹。

　　六载，加大夫。常令刘骆谷奏事。与王𫓧俱为大夫。李林甫为相，朝臣莫敢抗礼，禄山承恩深。入谒不甚磬折。林甫命王𫓧，𫓧趋拜谨甚，禄山悚息，腰渐曲。每与语，皆揣知其情而先言之。禄山以为神明，每见林甫，虽盛冬亦汗洽。林甫接以温言，中书厅引坐，以己披袍覆之，禄山欣荷，无所隐，呼为十郎。骆谷奏事，先问："十郎何言？"有好言则喜跃，若但言"大夫须好检校"，则反手据床曰："阿与，我死也！"李龟年尝教其说，玄宗以为笑乐。

　　晚年益肥壮，腹垂过膝，重三百三十斤，每行以肩膊左右抬挽其身，方能移步。至玄宗前，作胡旋舞，疾如风焉。为置第宇，穷极壮丽，以金银为筹筐笊篱等。上御勤政楼，于御坐东为设一大金鸡障，前置一榻坐之，卷去其帘。十载入朝，又求为河东节度，因拜之。

　　男十一人：长子庆宗，太仆卿，少子庆绪，鸿胪卿。庆宗又尚郡主。

　　禄山阴有逆谋，于范阳北筑雄武城，外示御寇，内贮兵器，积谷为保守之计，战马万五千匹，牛羊称是。兼三道节度，进奏无不允。引张通儒、李庭坚、平洌、李史鱼、独孤问俗在幕下，高尚掌书记，刘骆谷留居西京为耳目，安守忠、李归仁、蔡希德、牛庭玠、向润客、崔乾祐、尹子奇、何千年、武令珣、能元皓、田承嗣、田乾真，皆拔于行间。每月进奉生口驼马鹰犬不绝，人无聊矣。既肥大不任战，前后十余年欺诱契丹，宴设酒中著莨菪子，预掘一坑，待其昏醉，斩首埋之，皆不觉死，每度数十人。十一载八月，禄山并率河东等军五六万，号十五万，以讨契丹。去平卢千余里，至土护真河，即北黄河也。又倍程三百里，奄至契丹牙帐。属久雨，弓箭皆涨湿，将上困极，奚又夹攻之，杀伤略尽。禄山被射，折其玉簪，以麾下奚小儿二十余人走上山，坠坑中，其男庆绪等扶持之。会夜，解走，投平卢城。

　　杨国忠屡奏禄山必反。十二载，玄宗使中官辅璆琳觇之，得其贿赂，盛言其忠。国忠又云"召必不至"，洎召之而至。十三载正月，谒于华清宫，因涕泣言："臣蕃人，不识字，陛下擢臣不次，被杨国忠欲得杀臣。"玄宗益亲厚之，遂以为左仆射，却回。其月，又请为闲厩、陇右群牧等都使，奏吉温为武部侍郎、兼中丞，为其副，又请知总监事。既为闲厩、群牧等使，上筋脚马，皆阴选择之，夺得楼烦监牧及夺张文俨马牧。三月一日，归范阳，疾行出关，日行三四百里，至范阳，人言反者，玄宗必大怒，缚送与之。十四载，玄宗又召之，托疾不至。赐其子婚，令就观礼，又辞。

十一月，反于范阳，矫称奉恩命以兵讨逆贼杨国忠。以诸蕃马步十五万，夜半行，平明食，日六十里。以高尚、严庄为谋主，孙孝哲、高邈、何千年为腹心。天下承平日久，人不知战，闻其兵起，朝廷震惊。禁卫皆市井商贩之人，乃开左藏库出锦帛召募。因以高仙芝、封常清等相次为大将以击之。禄山令严肃，得士死力，无不一当百，遇之必败。

十二月，度河至陈留郡，河南节度张介然城陷死之，传首河北。陈留郭门禄山男庆绪见诛庆宗榜，泣告禄山，禄山在舆中惊哭曰："吾子何罪而杀之！"狂而怒，官军之降者夹道，命交相斫焉，死者六七千人，遂入陈留郡。太守郭纳初拒战，至是出降。至荥阳，太守崔无诐拒战，城陷死之。次于汜水罂子谷，将军荔非守瑜蹲而射之，杀数百人，矢及禄山舆。禄山不敢过，乃取谷南而过。守瑜箭尽，投河而死。东京留守李憕、中丞卢奕、采访使判官蒋清烧绝河阳桥。禄山怒，率军大至。封常清自苑西隤墙，使伐树塞路而奔。禄山入东京，杀李憕、卢奕、蒋清，召河南尹达奚珣，使之莅事。初，常清欲杀珣，恐应贼，憕、奕谏止之。常清既败，唯与数骑走至陕郡，高仙芝率兵守陕城，皆弃甲西走潼关，惧贼追蹑，相蹂藉而死者塞路。陕郡太守窦庭芝走投河东。贼使崔乾祐守陕郡。临汝太守韦斌降于贼。

十五年正月，贼窃号燕国，立年圣武，达奚珣已下署为丞相，五月，南阳节度鲁炅率荆、襄、黔中、岭南子弟十万余，与贼将武令珣战于叶县城北滍河，王师尽没。六月，李光弼、郭子仪出土门路，大破贼众于常山郡东嘉山，河北诸郡归降者十余。禄山窘急，图欲却投范阳。会哥舒翰自潼关领马步八万，与贼将崔乾祐战于灵宝西，为贼覆败，翰西奔潼关，为其帐下执送于贼。关门不守，玄宗幸蜀，太子收兵灵武。贼乃遣张通儒为西京留守，田乾真为京兆尹，安守忠屯兵苑中。十一月，遣阿史那承庆攻陷颍川，屠之。

禄山以体肥，长带疮。及造逆后而眼渐昏，至是不见物。又著疽疾。俄及至德二年正月朔受朝，疮甚而中罢。以疾加躁急，动用斧钺。严庄亦被捶挞，庄乃日夜谋之。立庆绪于户外，庄持刀领竖李猪儿同入禄山帐内，猪儿以大刀斫其腹。禄山眼无所见，床头常有一刀，及觉难作，扪床头不得，但撼幄帐大呼曰："是我家贼！"肠胃已数斗流在床上，言讫气绝。因掘床下深数尺为坑，以毡罽包其尸埋之。又无哭泣之仪。庄即宣言于外，言禄山传位于晋王庆绪，尊禄山为太上皇。庆绪纵乐饮酒无度，呼庄为兄，事之大小必咨之。

初，猪儿出契丹部落，十数岁事禄山，甚黠慧。禄山持刀尽去其势，血流数升，欲死，禄山以灰火傅之，尽日而苏，因为阉人。禄山颇宠之，最见信用。禄山肚大，每著衣带，三四人助之，两人抬起肚，猪儿以头戴之，始取

裙裤带及系腰带。玄宗宠禄山，赐华清宫汤浴，皆许猪儿等入助解著衣服，然终见刳者，猪儿也。

庆绪，禄山第二子也。母康氏，禄山糟糠之妻。庆绪善骑射，禄山偏爱之。未二十，拜鸿胪卿，兼广阳太守。初名仁执，玄宗赐名庆绪，为禄山都知兵马使。严庄、高尚立为伪主。庆绪素懦弱，言词无序，庄恐众不伏，不令见人。庄为伪御史大夫、冯翊郡王，以专其政。厚其军将官秩，以固其心。

二月，肃宗南幸凤翔郡，始知禄山死，使仆固怀恩使于回纥，结婚请兵讨逆。其月，郭子仪拔河东郡，崔乾祐南通。八月，回纥三千骑至。九月，广平王领蕃汉之众收西京，走安守忠，贼之死者积如山阜。

十月，贼将尹子奇攻陷睢阳郡，杀张巡、姚闿等。王师乘胜至陕郡，贼惧，令严庄倾其骁勇而来拒。广平王遣副元帅郭子仪等与贼战于陕西曲沃，大破之于新店，逐北二十里，斩首十余万，伏尸三十里。严庄奔至东京，告庆绪，庆绪率其余众奔河北，保邺郡。严庄至河内，南来归顺。贼将阿史那承庆率麾下三万余人，悉奔恒、赵、范阳。从庆绪者，唯疲卒一千三百而已。伪中书令张通儒秉政，改相州为成安府，置署百官。旬日之内，贼将各以众至者六万余，凶威复振。伪青、齐节度能元皓独率众归顺，明年，改乾元元年，伪徐州刺史王晫、贝州刺史宇文宽等皆归顺，河北诸军各以城守累月，贼使蔡希德、安太清急击，复陷于贼，房之以归，窑食其肉。其下潜谋归顺者众矣，贼皆易置之，以纵箠戮，人心始离。又不亲政事，缮治亭沼楼船，为长夜之饮。高尚等各不相叶。蔡希德兵最锐，性刚直，张通儒谮而缢杀之，三军冤痛不为用。以崔乾祐为天下兵马使，权领中外兵。乾祐性愎戾，士卒不附。

九月，肃宗遣郭子仪等九节度率步骑二十万攻之，以鱼朝恩为军容使。初，子仪之列陈也，使善射者三千人伏于垒垣内。明日接战，子仪麾其属伪奔，庆绪逐之，伏者齐发，贼党大溃。使薛嵩求救于史思明，言禅让之礼。思明先遣李归仁以步卒一万、马军三千，先往滏阳以应。及至滏阳，子仪之围已固，筑城穿壕各三重，楼橹之盛，古所未有。又引水以灌城下，城中水泉大上，井皆满溢。以安太清代乾祐为都知兵马使。思明南攻魏州，节度使崔光远南走，思明据其城数日，即乾元二年正月一日也。思明伪称燕王，立年号。

庆绪自十月被围至二月，城中人相食，米斗钱七万余，鼠一头直数千，马食隤墙麦麸及马粪灌而饲之。思明引众来救，三月六日，子仪等战败，遂解围而南，断河阳桥以守谷水。思明领其众营于邺县南。庆绪使收子仪等营中粮，尚六七万石，复与孙孝哲、乾祐谋闭门自守，议更拒思明。诸将曰："今日安可更背史王乎！"张通儒、高尚、平洌谓庆绪曰："史王远来，臣等皆合迎谢。"对曰："任公暂往见思明。"思明与之涕泗，厚其礼，复命归城。经三日，庆绪不至。思明密召安太清令诱之。庆绪不获已，以三百骑诣思明。思明引入，令三军擐甲执兵待之。及诸弟领至于庭，再拜稽首曰："臣不克负荷，弃失两都，久陷重围，不意大王以太上皇故，将兵远救。"思明曰："弃

失两都，用兵不利，亦何事也！尔为人子，杀汝父以求位，庸非大逆乎？吾为太上皇讨贼。"即牵出，并其四弟及高尚、孙孝哲、崔乾祐，皆缢杀之。

禄山父子僭逆三年而灭。初王师之围相州也，意朝夕屠陷，唯术士桑道茂曰："三月六日，西师必散，此城无忧。"卒如其言。

高尚，幽州雍奴人也，本名不危。母老，乞食于人，尚周游不归侍养。寓居河朔县界，与令狐潮邻里，通其婢，生一女，遂收之。尚颇笃学，赡文词。尝叹息谓汝南周铣曰："高不危宁当举事而死，终不能咬草根以求活耳！"县尉有姓高者，以其宗盟，引置门下，遂以尚入籍为兄弟。李齐物为怀州刺史，举高尚不仕，送京师，并助钱三万。齐物寓书于中官将军吴怀实以托之。怀实引见高力士，置宾馆中，令与男丞相锡为学，无问家事，一以委之。无何，令妻父吕令皓特表荐之。

天宝元年，拜左领军仓曹参军同正员。六载，安禄山奏为平卢掌书记，出入禄山卧内。禄山肥多睡，尚执笔在旁或通宵焉，由是浸亲厚之。遂与禄山解图谶，劝其反。

天宝十一年，禄山表为屯田员外郎。及随禄山寇陷东京，伪授中书侍郎。伪赦书制敕多出其手。始，尚与严庄、孙孝哲计画，白禄山以为事必成。及颜杲卿杀李钦凑于土门，扬声言荣王琬、哥舒翰二十万众徇河北，十七郡皆归顺。颜真卿破袁知泰三万众于堂邑，贺兰进明再拔信都，李光弼、郭子仪继收常山、赵郡，河北路绝者再。河南诸郡皆有防御，潼关有哥舒翰之师。禄山大惧，怒尚等曰："汝元向我道万全，必无所畏。今四边若此，赖郑、汴数州尚存，向西至关，一步不通，河北并已无矣，万全何在？更不须见我。"尚等遂数日不得见禄山，忧闷不知所为。

会田乾真自潼关至，晓谕禄山曰："自古帝王，皆有胜败，然后成大事，岂有一举而得之者乎！今四边兵马虽多，皆非精锐，岂我之比。纵事不成，收取数万众，横行天下，为一盗跖，亦十年五岁矣，岂有人能制我耶！尚、庄等皆佐命元勋，何得隔绝不与相见，令其忧悒？只此数人，岂不能为患乎？外间闻之，必心摇动。"禄山喜曰："阿浩，非汝谁能开豁我心里事，今无忧矣！为之奈何？"乾真曰："不如唤取慰劳之。"遂召尚等饮宴作乐，禄山自唱歌以送酒，待之如初。阿浩，乾真小字也。及庆绪至相州，伪授侍中。

孙孝哲，契丹人也。母为禄山所通，因得狎近。及禄山僭逆，伪授殿中监、闲厩使，封王。孝哲尤用事，亚于严庄。裘马华侈，颇事豪贵，每食皆备珍馔。性残忍，果于杀戮，闻者畏之。禄山使孝哲与张通儒同守西京，妃王宗枝皆罹其酷。与严庄争权不睦。及禄山死，夺其使，以邓季阳代之。庆绪之奔，庄惧为所图，因而来奔。

史思明，本名窣干。营州宁夷州突厥杂种胡人也。姿瘦，少须发，鸢肩伛背，廒目侧鼻。性急躁。与安禄山同乡里，先禄山一日生，思明除日生，禄山岁日生。及长，相善，俱以骁勇闻。初事特进乌知义，每令骑觇贼，必生擒以归。又解六蕃语，与禄山同为互市郎。张守珪为幽州节度，奏为折冲。天宝初，频立战功，至将军，知平卢军事。尝入奏，玄宗赐坐，与语，甚奇之。问其年，曰"四十矣"。玄宗抚其背曰："卿贵在后，勉之。"迁大将军、北平太守。十一载，禄山奏授平卢节度都知兵马使。

十四载，安禄山反，命思明讨饶阳等诸郡，陷之。十五载正月六日，思明与蔡希德围颜杲卿于常山，九日拔之。又围饶阳，二十九日不能拔。李光弼出土门，拔常山郡，思明解围而拒光弼。光弼列兵于城南，相持累月。光弼草尽，使精卒以车数乘于旁县取草，辄被击之，其后率十匹唯共得两束草，至刨蒿荐以饲之。初，禄山以贾循为范阳留后，谋归顺，为副留守向润客所杀，以思明代之。又以征战在外，令向润客代其任。四月，朔方节度郭子仪以朔方蕃、汉二万人自土门而至常山，军威遂振，南拔赵郡，思明退保博陵。五月十日，子仪、光弼击之，败思明于沙河上。又攻之，思明以骑卒奔嘉山，光弼击之，思明大败，走入博陵郡。光弼围之，城几拔。属潼关失守，肃宗理兵于朔方，使中官邢廷恩追朔方、河东兵马。光弼入土门，思明随后徼击之。已而回军并行击刘正臣，正臣易之。初不设备，遂弃军保北平，正臣妻子及军资二千乘尽没。

思明将卒颇精锐，皆平卢战士，南拔常山、赵郡，又攻河间。为尹子奇所围，已四十余日。颜真卿使和琳以一万二千人、马百匹以救之。至河间二十余里，北风劲烈，鼓声不相闻，贼纵击之，擒和琳以至城下。思明既至，合势，贼军益盛。李奂为贼所擒，送东京。又攻景城，擒李暐，暐投河而死。遂使康没野波攻平原。真卿觉之，兵马既尽，渡河而南。攻清河，粮尽城陷，擒太守王怀忠以献禄山。将军庄嗣贤围乌承恩于信都。承恩母、妻先为安禄山所获，思明获其男以则，使谕承恩，承恩遂降，思明与之把臂饮酒。饶阳陷，李系投火死。河北悉陷。尹子奇以五万众渡河至青州，欲便向江、淮。会回纥二千骑奄至范阳，范阳闭门二日，然后向太原，子奇行千里以救之。二年正月，思明以蔡希德合范阳、上党兵马十万，围李光弼于太原。光弼使为地道，至贼阵前。骁贼方戏弄城中人，地道中人出擒之。敌以为神，呼为"地藏菩萨"。思明留十月，会安禄山死，庆绪令归范阳，希德留百余日，皆不能拔而归。自禄山陷两京，常以骆驼运两京御府珍宝于范阳，不知纪极。由是恣其逆谋。思明转骄，不用庆绪之命。

安庆绪为王师所败，投邺郡，其下蕃、汉兵三万人，初不知所从，思明击杀三千人，然后降之。

庆绪使阿史那承庆、安守忠征兵于思明，且欲图之。判官耿仁智，忠谋之士，谓思明曰："大夫崇重，人不敢言，仁智请一言而死。"思明曰："试言之。"对曰："大夫久事禄山，禄山兵权至此，谁敢不服！如大夫比者，逼于凶威耳，固亦无罪。今闻孝感皇帝聪明勇智，有少康、周宣之略，大夫发使输诚，必开怀见纳，此转祸为福之上策也。"思明曰："善。"承庆等以五千骑至范阳，思明悉众介胄以逆之。众且数万，去之一里，使谓之曰："相公及王远至，将士等不胜喜跃。此皆边兵怯懦，颇惧相公之来，莫敢进也。请弛弓以安之。"从之。思明遂以承庆、守忠入内厅，饮乐之。别令诸将于其所分收其甲仗。其诸郡兵皆给粮，恣归之，欲留者分隶诸营。遂拘承庆，斩守忠、李立节之首。李光弼使衙官敬俛招之。遂令衙官窦子昂奉表，以所管兵众八万人，及以伪河东节度高秀岩来降。肃宗大悦，封归义王、范阳长史、御史大夫、河北节度使，朝义已下并为列卿，秀岩云中太守，以其男如岳等七人为大官。使内侍李思敬、将军乌承恩宣慰使，令讨残贼。

明年，改乾元元年，四月，肃宗使乌承恩为副使，候伺其过而杀之。初，承恩父知义为节度，思明常事知义，亦有开奖之恩，以此李光弼冀其无疑，因谋杀之。承恩至范阳，数漏其情，夜取妇人衣衣之，诣诸将家，以翻动之意谕。诸将以白思明，甚惧，无以为验。有顷，承恩与思敬从上京来，宣恩命毕，将归私第。思明留承恩且于馆中，明当有所议。已令帖其所寝之床，伏二人于其下。承恩有小男，先留范阳，思明令省其父。夜后，私于其子曰："吾受命除此逆，明便授吾节度矣！"床下二人叫呼而出，以告思明。思明令执之，搜其衣囊，得朝廷所与阿史那承庆铁券及光弼与承恩之牒，云："承庆事了，即付铁券；不了，不可付之。"又得簿书数百纸，皆载先所从反军将名。思明语之曰："我何负于汝而至是耶？"承恩称："死罪，此太尉光弼之谋也！"思明集军将官吏百姓，西向大哭曰："臣以十三州之地、十万众之兵降国家，赤心不负陛下，何至杀臣！"因搒杀承恩父子，囚李思敬，遣使表其事。朝廷又令中使慰谕云："国家与光弼无此事，乃承恩所为，杀之善也。"

又有使从京至，执三司议罪人状。思明曰："陈希烈已下，皆重臣，上皇弃之幸蜀，既收复天下，此辈当慰劳之。今尚见杀，况我本从禄山反乎！"诸将皆云："乌承恩之前事，情状可知，光弼尚在，忧不细也。大夫何不取诸将状以诛光弼，以谢河北百姓！主上若不惜光弼，为大夫诛之，大夫乃安；不然，为患未已。"思明曰："公等言是。"乃令耿仁智、张不矜修表："请诛光弼以谢河北。若不从臣请，臣则自领兵往太原诛光弼。"不矜初以表状示思明，及封入函，耿仁智尽削去之。写表者密告思明，思明大怒，执二人于庭曰："汝等何得负我？"命斩之。仁智事思明颇久，意欲活之，却令召入，谓之曰："我任使汝向三十年，今日之事，我不负汝。"仁智大呼曰："人生固有一死，须存忠节。今大夫纳邪说，为反逆之计，纵延旬月，不如早死，请速加斧钺！"思明大怒，乱捶之，脑流于地。

十月，郭子仪领九节度围相州，安庆绪偷道求救于思明，思明惧军威之盛，不敢进。十二月，萧华以魏州归顺，诏遣崔光远替之。思明击而拔其城，光远脱身南渡。思明于魏州杀三万人，平地流血数日，既乾元二年正月一日也。思明于魏州北设坛，僭称为大圣燕王，以周贽为行军司马。三月，引众救相州，官军败而引退。思明召庆绪等杀之，并有其众。四月，僭称大号，以周贽为相，范阳为燕京。九月，寇汴州，节度使许叔冀合于思明，思明益振。又陷洛阳，与太尉光弼相拒。思明恣行凶暴，下无聊矣！

上元二年，潜遣人反说官军曰："洛中将士，皆幽、朔人，咸思归。"鱼朝恩以为然，告光弼及诸节度仆固怀恩、卫伯玉等："可速出兵以讨残贼。"光弼等然之，乃出师两道齐进。次榆林，贼委物伪遁，将士等不复设备，皆入城房掠。贼伏兵在北邙山下，因大下，士卒咸弃甲奔散。鱼朝恩、卫伯玉退保陕州，光弼、怀恩弃河阳城，退居闻喜。步兵散死者数千人，军资器械尽为贼所有，河阳、怀州尽陷于贼。

思明至陕州，为官军所拒于姜子坂，战不利，退归永宁。筑三角城，约一月内毕，以贮军粮。朝义城毕，未泥，思明至，诟之。对曰："缘兵士疲乏，暂歇耳！"又怒曰："汝惜部下兵，违我处分。"令随身数十人立马看泥，斯须而毕。又曰："待收陕州，斩却此贼。"朝义大惧。思明居驿，朝义在店中。思明令腹心曹将军总中军兵严卫，朝义将骆悦并许叔冀男季常等言："主上欲害王，悦与王死无日矣！"因言："废兴之事，古来有之，欲唤取曹将军举大事，可乎？"朝义回面不应。悦曰："若不应，悦等即归李家，王亦不全矣！"朝义然之，令许季常命曹将军至。悦等告之，不敢拒。其夜，思明梦而惊悟，据床惆怅。每好伶人，寝食置左右，以其残忍，皆恨之。及此，问其故，曰："吾向梦见水中沙上群鹿渡水而至，鹿死水干。"言毕如厕。伶人相谓曰："鹿者，禄也；水者，命也。胡禄命俱尽矣！"骆悦入，问思明所在，未及对，杀数人，因指在厕。思明觉变，逾墙出，至马槽，鞴马骑之。悦等至，令傔人周子俊射，中其臂，落马。曰："是何事？"悦等告以怀王。思明曰："我朝来语错，今有此事。然汝杀我太疾，何不待我收长安？终事不成矣！"因急呼怀王者三，曰："莫杀我！"却骂曹将军曰："这胡误我，这胡误我！"悦遂令心腹擒思明赴柳泉驿，曰："事已成矣！"朝义曰："莫惊圣人否？莫损圣人否？"悦曰："无有。"时周贽、许叔冀统后军在福昌，朝义令许季常往告之。贽闻，惊欲仰倒。朝义领兵回，贽等来迎，因杀贽。思明至柳泉驿，缢杀之。朝义便僭伪位。

朝义，思明孽子也。宽厚，人附之，使人往范阳，杀伪太子朝英等。伪留守张通儒觉之，战于城中。数日，死者数千人，始斩之。时洛阳四面数百里，人相食，州县为墟。诸节度使皆禄山旧将，与思明等夷，朝义征召不至。

宝应元年十月，遣元帅雍王领河东朔方诸节度、回纥兵马赴陕。仆固怀恩与回纥左杀为先锋，鱼朝恩、郭英乂为后殿，自渑池入；李抱玉自河阳入；副元帅李光弼自陈留入；雍王留陕州。二十九日，与朝义战于邙山之下。逆贼败绩，走渡河，斩首万六千，生擒四千六百，降三万二千人，器械不可胜数。朝义走投汴州，汴州伪将张献诚拒之，乃渡河北投幽州。二年正月，贼伪范阳节度李怀仙于莫州生擒之，送款来降，枭首至阙下。又以伪官以城降者恒州刺史、成德军节度张忠志为礼部尚书，余如故。赵州刺史卢淑、定州程元胜、徐州刘如伶、相州节度薛嵩、幽州李怀仙、郑州田承嗣并加封爵，领旧职。

思明乾元二年僭号，至朝义宝应元年灭，凡四年。

卷二百下　　列传第一百五十

朱泚　黄巢　秦宗权

朱泚，幽州昌平人。曾祖利，赞善大夫，赠礼部尚书。祖思明，太子洗马，赠太子太师。父怀珪，天宝初，事范阳节度使裴宽为衙前将，授折冲将军。及安禄山、史思明叛，累为管兵将。宝应中，李怀仙归顺，奏为蓟州刺史、平卢军留后、柳城军使。大历元年卒，累赠左仆射。祖、父之赠，皆以泚故也。

泚以父资从军，幼壮伟，腰带十围，骑射武艺亦不出人。外若宽和，中颇残忍。然轻财好施，每征战所得赏物，辄分与麾下将士，以是为众所推，故得济其凶谋。初隶李怀仙为部将，改经略副使。朱希彩既杀李怀仙，自为节度，以泚宗姓，甚委信之。希彩为政奇酷，人不堪命。

大历七年秋，希彩为其下所杀，仓卒之际，未有所从。泚营在城北，弟滔，主衙内兵，亦得众心。滔变诈多端，潜使百余人于众中大言曰："节度使非城北朱副使莫可。"众既无从，因共推泚。泚遂权知留后，遣使奉表京师。十月，拜检校左散骑常侍、兼御史中丞、幽州卢龙节度等使、幽州长史、兼御史大夫。其年，泚上表令弟滔率兵二千五百人赴京西防秋。代宗嘉之，手诏褒美。

九年，就加检校户部尚书，赐实封百户。幽州及河北诸镇，自天宝末便为逆乱之地，李怀仙、朱希彩与连境三节度，名虽向顺，未尝朝谒。至是泚率先上表，请自领步骑三千人入觐，诏修甲第以待之。九月，泚至京师，代宗御内殿引见，赐御马两匹、战马十匹、金银锦彩甚厚。又以器物十床、马四十匹、绢二万匹、衣一千七百袭赐其将士，宴犒之盛，近时未有。泚又上表，请留京师，从之。因授其弟滔兼御史大夫、幽州节度留后。仍以河阳永平军防秋兵，郭子仪统之；决胜军杨猷兵，李抱玉统之；淮西凤翔兵，马璘统之；汴宋、淄青兵，俾泚统焉。

十一年八月，加拜同平章事。寻令出镇奉天行营，复赐金银缯彩并内库弓箭以宠之。十二年，加检校司空，代李抱玉为陇右节度使，权知河西、泽潞行营兵马事。

德宗嗣位，加太子太师、凤翔尹，实封至三百户。建中元年，泾州将刘文喜阻兵为乱，加泚四镇北庭行军、泾原节度使，与诸军讨之。泾州平，加泚中书令，还镇凤翔，而以舒王谟遥领泾原节度。二年，加泚太尉。朱滔将反叛，阴使人与泚计议，以帛书纳蜡丸中，置发髻间。河东节度马燧搜获之，以闻，并送帛书及所遣使。泚惶惧，顿首乞归罪有司。上勉之曰："千里不同谋，非卿之过。"三年四月，以张镒代泚为凤翔陇右节度留后，留泚京师，加实封至一千户，与一子正员官，其幽州卢龙节度、太尉、中书令并如故。

四年十月，泾原兵叛，銮驾幸奉天。叛卒等以泚尝统泾州，知其失权废居，怏怏思乱。群寇无帅，幸泚政宽，乃相与谋曰："朱太尉久囚空宅，若迎而为主，事必济矣！"姚令言乃率百余骑迎泚于晋昌里第。泚乘马拥从北向，烛炬星罗，观者万计，入居含元殿。明日，移处白华殿，但称太尉。朝官有谒泚者，悉劝奉迎銮驾，既不合泚意，皆逡巡而退。源休至，遂屏人移时，言多悖逆。又盛陈成败，称述符命，劝其僭伪，泚甚悦之。又李忠臣、张光晟继至，咸以官闲积愤，乐于祸乱。凤翔泾原大将张廷芝、段诚谏以溃卒三千余自襄城而至。贼泚自谓众望所集，僭窃之心，自此而定。乃以源休为京兆尹、判度支，李忠臣为皇城使。段秀实久失兵柄，故推心委之。遂发锐师三千，言养迎乘舆，其实有逆谋。秀实与刘海宾谋诛泚，且虞叛卒之震惊法驾，乃潜为贼符，追所发兵。至六日，兵及骆驿而回。因与海宾同入见泚，为陈逆顺之理，而海宾于靴中取匕首，为其所觉，遂不得前。秀实知不可以义动，遽夺源休象笏，挺而击泚，仍大呼曰："反虏万段！"泚举臂卫首，秀实格拉之，恟恟然。李忠臣驰助泚，泚素多力，才破其面，逆徒噪集，秀实、海宾遂并见害。

明日，声言以亲王权主社稷，士庶竞往观之。八日，源休、姚令言、李忠臣、张光晟等八人导泚自白华入宣政殿，僭即伪位，自称大秦皇帝，号应天元年，愚智莫不愤心。侍卫皆卒伍，行列不过十余人。下伪诏曰："幽囚之中，神器自至，岂朕薄德所能经营。"彭偃之词也。伪署姚令言为侍中，李忠臣为司空、兼侍中，源休为中书侍郎、平章事、判度支，蒋镇为吏部侍郎，樊系为礼部侍郎、礼仪使，许季常为京兆尹，洪经纶为太常少卿，彭偃为中书舍人，裴揆、崔幼贞为给事中，崔莫为御史中丞，张光晟、仇敬忠、敬釭、张宝、何望之、段诚谏、张庭芝、杜如江为节度使，仍以其兄子遂为太子，遥封弟滔为冀王。太尉、尚书令，寻又号皇太弟。

十日，泚自领兵侵逼奉天，窃威仪辇辂，阗溢道途，蚁聚之众军势颇盛；以姚令言为元帅，张光晟为副。以李忠臣为京兆尹、皇城留守，居中书省。寻以蒋镇为门下侍郎，李子平为谏议大夫兼平章事。泚军合于城下，浑瑊、韩游瑰御之，泚众大败，死者万计。泚收军于奉天东三里下营，大修攻具。明日，泚又分兵营于乾陵下瞰，城内大震。

十一月三日，杜希全与泚众战于漠谷，官军不利，自是泚益骄大。王师乘城而战，人百其勇，贼多败衂。或出野战，官军又获利焉。泚乃大驱百姓填堑，夜攻城，城中设奇以应之，贼乃退缩。西明寺僧法坚有巧思，为泚造云梯。十五日辰时，梯临城东北隅，城内震骇。浑瑊使侯仲庄设大坑，为地道陷之。又纵火焚其梯，东风起，吹我军，众颇危。俄而风回，吹贼军，瑊益薪泼油，万鼓齐震，风吹俱炽，须臾云梯与凶党同为灰烬。城中三门悉出兵，王师又捷，其夜兵复出攻，泚众败绩。李怀光以五万人来援，自河北至，泚众惶骇，因而大溃，长围遂解焉。众庶以怀光三日不至，城则危矣。

三十日夜，泚走至京城。时姚令言于城中造战格抛楼，每坊团结，人心大异。泚自奉天回，乃悉令去之，曰："攻战吾自有计。"前此每三五日，即使人伪自城外来，周走号令曰："奉天已破！"百姓闻之，莫不饮泣，道路阒寂。时有入台省吏人，不过十数辈，郎官六七人，而亦令依常年举选，初有数十人陈状，旬日亦皆屏退。泚自号其宅曰潜龙宫，悉移内库珍货瑰宝以实之。识者曰："《易》称'潜龙勿用'，此败征也。"无几，百姓剽夺其珍宝，泚不能禁止。

明年正月一日，泚改伪国号曰汉，称天皇元年。二月，李怀光既图叛逆，遣使与泚通和。銮驾幸梁、洋，自此衣冠之潜匿者，出受伪官十七八焉。怀光初与泚往复通好甚密，以钱谷金帛互相馈遗。泚与书，事之如兄，约云："削平关中，当割据山河，永为邻国。"及怀光决计背叛，逼乘舆迁幸，泚乃下伪诏书，待怀光以臣礼，仍征兵马。怀光既为所卖，惭怒愤耻，遂领众遁归河中。

三月，李晟、骆元光、尚可孤之众，悉于城东累败泚众。四月，泚使韩旻、宋归朝、张庭芝等寇武功，浑瑊以众及吐蕃论莽罗大败归朝，杀逆党万余人于武亭川。

五月，泚又使仇敬忠寇蓝田，尚可孤击之，大破泚众，擒敬忠斩之。李晟、骆元光、尚可孤遂悉师齐进，晟屯光泰门，逆徒拒官军，王师累捷。二十八日，官军入苑，收复京师，逆党大溃。泚与姚令言、张庭芝、源休、李子平、朱遂以数千人西走，其余党或奔窜，或来降。泚众缘路溃散，乃奔泾州，才百余骑。田希鉴闭门登陴，泚令谓鉴曰："我与尔节度，何故背恩？"希鉴乃使人自城上掷泚所送旌节于外，续又投火焚之。泚遂过数里，息于逆旅。泚将梁庭芬入泾州说田希鉴曰："公比日杀冯河清背叛，今虽归顺，国家必不能久容，公他日不免受祸。何如开门纳朱公，与共成大事！"希鉴以为然。庭芬乃追及泚言，泚大悦，使庭芬却往泾州。庭芬请授已尚书、平章事，泚不从。梁庭芬既求宰相不得，不复往泾州，从泚至宁州彭原县西城屯，复与泚心腹朱惟孝共射泚。泚走，坠故窖中。泚左右韩旻、薛纶、高幽岊、武震、朱进卿、董希芝共斩泚，使宋膺传首以献。泚死时年四十三。姚令言投泾州，源休、李子平走凤翔，寻并斩获。宋归朝之败武功，降于李怀光，送兴元斩之。唯不获朱遂，传为野人所杀，或云与泚婿伪金吾将军马悦潜走党项部落，数月得达幽州。

泚之僭逆，宦竖朱重曜颇亲密用事，泚每呼之为兄。时贼中以腊月大雨，伪星官谓泚曰："当以宗中年长者禳其灾变。"泚乃毒杀重曜，而以王礼葬焉。及京师平，亦出其尸而斩之。姚令言自有传。

黄巢，曹州冤句人，本以贩盐为事。乾符中，仍岁凶荒，人饥为盗，河南尤甚。初，里人王仙芝、尚君长聚盗，起于濮阳，攻剽城邑，陷曹、濮及郓州。先有谣言云："金色虾蟆争努眼，翻却曹州天下反。"及仙芝盗起，时议畏之。左金吾卫上将军齐克让为兖州节度使，以本军讨仙芝。仙芝惧，引众历陈、许、襄、邓，无少长皆虏之，众号三十万。三年七月，陷江陵。十月，又遣将徐君莒陷洪州。时仙芝表请符节，不允。以神策统军使宋威为荆南节度招讨使，中使杨复光为监军。复光遣判官吴彦宏谕以朝廷释罪，别加官爵，仙芝乃令尚君长、蔡温球、楚彦威相次诣阙请罪，且求恩命。时宋威害复光之功，并擒送阙，杀于狗脊岭下斩之。贼怒，悉精锐击官军，威军大败，复光收其余众以统之。朝廷以王铎代为招讨。五年八月，收复亳州，斩仙芝首献于阙下。

先是，君长弟让以兄奉使见诛，率部众入嵖岈山。黄巢、黄揆昆仲八人，率盗数千依让。月余，众至数万。陷汝州，虏刺史王镣，又掠关东。官军加讨，屡为所败，其众十余万。尚让乃与群盗推巢为王，号冲天大将军，仍署官属，藩镇不能制。时天下承平日久，人不知兵。僖宗以幼主临朝，号令出于臣下。南衙北司，迭相矛盾，以至九流浊乱，时多朋党，小人谗胜，君子道消，贤豪忌愤，退之草泽。既一朝有变，天下离心。巢之起也，人士从而附之。或巢驰檄四方，章奏纷列，皆指目朝政之弊，盖士不逞者之辞也。巢徒党既盛，与仙芝为形援。及仙芝败，东攻亳州不下，乃袭破沂州据之。仙芝余党悉附焉。

时王铎虽衔招讨之权，缓于攻取。时高骈镇淮南，表请招讨贼，许之，议加都统。巢乃渡淮，伪降于骈。骈遣将张璘率兵受降于天长镇。巢擒璘杀之，因虏其众。寻南陷湖、湘，遂据交、广。托越州观察使崔璆奏乞天平军节度，朝议不允。又乞除官，时宰臣郑畋与枢密使杨复恭奏，欲请授同正员将军。卢携驳其议，请授率府率，如其不受，请以高骈讨之。及巢见诏，大诟执政，又自表乞安南都护、广州节度，亦不允。然巢以士众乌合，欲据南海之地，永为窠穴，坐邀朝命。

是岁自春及夏，其众大疫，死者十三四。众劝请北归，以图大利。巢不得已，广明元年，北逾五岭，犯湖、湘、江、浙，进逼广陵，高骈闭门自固，所过镇戍，望风降贼。九月，渡淮。十一月十七日，陷洛阳，留守刘允章率分司官迎之。继攻陕、虢，逼潼关，陷华州，留将奋钤守之。河中节度使李都诈进表于贼。朝廷以田令孜率神策、博野等军十万守潼关。时禁军皆长安富族，世籍两军，丰给厚赐，高车大马，以事权豪，自少迄长，不知战阵。初闻科集，父子聚哭，惮于出征。各于两市出值万计，佣雇负贩屠沽及病坊穷人，以为战士，操刀载戟，不知镞锐。复任宦官为将帅，驱以守关。关之左有谷，可通行人，平时捉税，禁人出入，谓之禁谷。及贼至，官军但守潼关，不防禁谷，以为谷既官禁，贼无得而逾也。尚让、林言率前锋由禁谷而入，夹攻潼关。官军大溃，博野都径还京师，燔掠西市。

十二月三日，僖宗夜自开远门出，趋骆谷，诸王官属相次奔命。观军容使田令孜、王若侑收合禁军扈从。四日，贼至昭应，金吾大将军张直方率在京两班迎贼灞上。五日，贼陷京师。

时巢众累年为盗，行伍不胜其富，遇穷民于路，争行施遗。既入春明门，坊市聚观，尚让慰晓市人曰："黄王为生灵，不似李家不恤汝辈，但各安家。"巢贼众竞投物遗人。十三日，贼巢僭位，国号大齐，年称金统，仍御楼宣赦，且陈符命曰："唐帝知朕起义，改元广明，以文字言之，唐已无天分矣。'唐'去'丑''口'而安'黄'，天意令黄在唐下，乃黄家日月也。土德生金，予以金王，宜改年为金统。"贼搜访旧宰相不获，以前浙东观察使崔璆、杨希古、尚让、赵章为四相，孟楷、盖洪为左右军中尉，费传古为枢密使，王璠为京兆尹，许建、朱实、刘塘为军库使，朱温、张言、彭攒、季逷为诸卫大将军、四面游奕使。又选骁勇形体魁梧者五百人，曰功臣。令其甥林言为军使，比之控鹤。

中和元年二月，尚让寇凤翔，郑畋出师御之，大败贼于龙尾坡，畋乃驰檄告喻天下藩镇。四月，泾原行军唐弘夫之师屯渭北，河中王重荣之师屯沙苑，易定王处存之师屯渭桥，鄜延拓拔思恭之师屯武功，凤翔郑畋之师屯盩厔。六月，邠宁朱玫之师屯兴平，忠武之师三千屯武功。是岁诸侯勤王之师，四面俱会。十二月，宰相王铎率荆、襄之师自行在至，郑畋帐下小校窦玫者，骁勇无敌，每夜率敢死之士百人，直入京师，放火燔诸门，斩级而还，贼人悚骇。

时京畿百姓皆寨于山谷，累年废耕耘，贼坐空城，赋输无入，谷食腾踊，米斗三十千。官军皆执山寨百姓，鬻于贼为食，人获数十万。朝士皆往来同、华，或以卖饼为业，因奔于河中。宰相崔沆、豆卢瑑扈从不及，匿之别墅，所由搜索严急，乃微行入永宁里张直方之家。朝贵怙直方之豪，多依之。既而或告贼云："直方谋反，纳亡命。"贼攻其第，直方族诛，沆、瑑数百人皆遇害。自是贼始酷虐，族灭居人。遣使传命召故相驸马都尉于琮于其第。琮曰："吾唐室大臣，不可佐黄家草昧，加之老疾。"贼怒，令诛之。广德公主并贼号咷而谓曰："予即天子女，不宜复存，可与相公俱死。"是日并遇害。

二年，王处存合忠武之师，败贼将尚让，乘胜入京师，贼遁去。处存不为备，是夜复为贼寇袭，官军不利。贼怒坊市百姓迎王师，乃下令洗城，丈夫丁壮，杀戮殆尽，流血成渠。九月，贼将同州刺史朱温降重荣。十一月，李克用率代北之师，自夏阳渡河，屯沙苑。

三年正月，败黄揆于沙苑，进营乾坑。二月，贼将林言、赵章、尚让率众十万援华州。克用合河中、易定、忠武之师，战于梁田坡，大败贼军，俘斩数万，乘胜攻华州，堑栅以环之。克用骑军在渭北，令薛志勤、康君立夜突入京师，燔积聚，俘级而旋。黄揆弃华州，官军收城。四月八日，克用合忠武骑将庞从遇贼于渭南，决战三捷，大败贼军。十日夜，贼巢散走。诘旦，克用由光泰门入，收京师。巢贼出蓝田、七盘路，东走关东。天下兵马都监押杨复光露布献捷于行在，陈破贼事状曰：

顷者妖兴雾市，盗啸丛祠，而岳牧藩侯，备盗不谨。谓大同之运，常可容奸；谓无事之秋，纵其长恶。贼首黄巢，因得充盈窟穴，蔓延崔蒲，驱我蒸黎，徇其凶逆。展锄鹤以成锋刃，杀耕牛以恣燔炮，魑魅昼行，虺蜴夜噬。自南海失守，湖外丧师，养虎灾深，

驯枭逆大，物无不害，恶靡不为，豺狼贻朝市之忧，疮痍及腹心之痛。遂至毒流万姓，盗污两京。衣冠衔涂炭之悲，郡邑起丘墟之叹。万方共怒，十道齐攻，伏九庙之威灵，殄积年之凶丑。

河中节度使王重荣神资壮烈，天付机谋，誓立功名，志安家国。至于屯田待敌，率士当冲，收百姓十万余家，降贼党三万余众。法当持重，功遂晚成，久稽原野之刑，未快雷霆之怒。自收同、华，逼近京师，夕烽高照于国门，游骑俯临于灞岸。既知四隅断绝，百计奔冲，如穷鸟触笼，似飞蛾赴烛。

雁门节度使李克用神传将略，天付忠贞，机谋与武艺皆优，臣节共本心相称。杀贼无非手刃，入阵率以身先，可谓雄才，得名飞将。自统本军南下，与臣同力前驱，虽在寝餐，不忘寇孽。

今月八日，遣衙队前锋杨守宗、河中骑将白志迁、横野军使满存、蹋云都将丁行存、朝邑镇将康师贞、忠武黄头军使庞从等三十都，随李克用自光泰门先入京师，力摧凶寇。又遣河中将刘讠匡、王瑰、冀君武、孙珙，忠武将乔从遇，郑滑将韩从威，荆南将申屠惊，沧州将贾滔，易定将张仲庆，寿州将张行方，天德将顾彦朗，左神策弩手甄君楚、公孙佐，横冲军使杨守亮，蹋云都将高周彝，忠顺都将胡真，绛州监军毛宣伯、聂弘裕等七十都继进。贼尚为坚阵，来抗官军。雁门李克用率励骁雄，整齐金革，叫噪而声动瓦，喑呜而气欲吞沙，宽列戈矛，密张罗网。于是麾军背击，分骑横冲，日明而剑跃飞轮，风急而旗开走电。使贼如浪，便可塞流；使贼如山，亦须折角。蹂践则横尸入地，腾凌则积血成尘，不烦即墨之牛，若驾昆阳之象。杨守宗等直驱直入，合势夹攻，从卯至申，群凶大溃。自望春宫前鏖杀，至升阳殿下攻围，戈不滥挥，矢无虚发。其贼一时奔走，南入商山，徒延漏刃之生，仁作饮头之器。

自收平京阙，二面皆立大功，若破敌摧凶，李克用实居其首。其余将佐，同效驱驰。兼臣所部领万余人，数岁栉风沐雨。既兹平荡，并录以闻。

五月，巢贼先锋将孟楷攻蔡州，节度使秦宗权以兵逆战，为贼所败。攻城急，宗权乃称臣于贼。遂攻陈、许，营于溵水。陈州刺史赵犨迎战，败贼前锋，生擒孟楷，斩之。黄巢素宠楷，悲惜之。乃悉众攻陈州，营于城北五里，为宫阙之制，曰八仙营。于是自唐、邓、许、汝、孟、洛、郑、汴、曹、濮、徐、兖数十州，毕罹其毒。贼围陈郡百日，关东仍岁无耕稼，人饿倚墙壁间，贼俘人而食，日杀数千。贼有舂磨寨，为巨碓数百，生纳人于臼碎之，合骨而食，其流毒若是。

赵犨求援于太原。四年二月，李克用率山西诸军，由蒲、陕济河，会关东诸侯，赴援陈州。三月，诸侯之师复集。四月，官军败贼于太康，俘斩万计，拔其四壁。又败贼将黄邺于西华，拔其壁。巢贼大恐，收军营于故阳里，官军进攻之。五月，大雨震雷，平地水深三尺，坏贼垒，贼自离散，复聚于尉氏，逼中牟。翌日，营汴水北。是日，

复大雨震电，沟塍涨流。贼分寇汴州，李克用自郑州引军袭击，大败之，获贼将李用、杨景。残众保胙县、冤句，官军追讨，贼无所保。其将李谠、杨能、霍存、葛从周、张归厚、张归霸各率部下降于大梁，尚让率部下万人归时溥。贼自相猜间，相杀于营中，所残者千人，中夜遁去。克用追击至济阴而还。贼散于兖、郓界。黄巢入泰山，徐帅时溥遣将张友与尚让之众掩捕之。至狼虎谷，巢将林言斩巢及二弟邺、撲等七人首，并妻子皆送徐州。是月贼平。

秦宗权者，许州人，为郡牙将。广明元年十月，巢贼渡淮而北。十一月，忠武军乱，逐其帅薛能。是月，朝廷授别校周岌为许帅。初军城未变，宗权因调发至蔡州，闻府军乱，乃阅集蔡州之兵，欲赴难。俄闻府主殂，周岌未至，巢贼充斥，日寇郡城，宗权乃督励士众，登城拒守。洎岌至，即令典郡事。天子幸蜀，姑务蒐寇，上蔡有劲兵万人，宗权即与监军杨复光同议勤王，出师破贼，以蔡牧授之，仍置节度之号。

中和三年，巢贼走关东，宗权逆战不利，因与合从为盗。巢贼既诛，宗权复炽，僭称帝号，补署官寮。遣其将秦彦乱江淮，秦贤乱江南，秦诰陷襄阳，孙儒陷孟、洛、陕、虢至于长安，张晊陷汝、郑，卢塘攻汴州。贼首皆慓锐惨毒，所至屠残人物，燔烧郡邑。西至关内，东极青、齐，南出江淮，北至卫滑，鱼烂鸟散，人烟断绝，荆榛蔽野。贼既乏食，啖人为储，军士四出，则盐尸而从。关东郡邑，多被攻陷。唯赵犨兄弟守陈州，朱温保汴州，城门之外，为贼疆场。汴帅与兖、郓合势，屡败贼军，凶势日削。

龙纪元年二月，其爱将申丛执宗权，挝折其足，送于汴。朱温出师迎劳，接之以礼。谓之曰："下官屡以天子命达于公，如前年中翻然改图，与下官同力勤王，则岂有今日之事乎？"宗权曰："仆若不死，公何以兴？天以仆霸公也。"略无惧色，乃槛送京师。昭宗御延喜楼受俘，京兆尹孙揆以组练磔之，徇于两市。宗权槛中引颈谓揆曰："尚书明鉴，宗权岂反者耶！但输忠不效耳。"众大笑。与妻赵氏俱斩于独柳之下。

史臣曰：我唐之受命也，置器于安，千年惟永，百蛮向化，万国来王。但否泰之无恒，故夷险之不一。三百算祀，二十帝王。虽时有窃邑叛君之臣。乘危徼幸之辈，莫不才兴兵革，即就诛夷。其间沸腾，大盗三发，安禄山、朱泚、黄巢是也。

夫谋危社稷，将害君亲，镬裂潴宫，显其罪，故不俟于多谈也。然盗之所起，必有其来，且无间于天时，宜决之于人事。

禄山母为巫者，身是牙郎，偶缘微立边功，遂至大加宠用，总知马牧，特委兵权。爱天子之独尊，与国忠之相忌，故不能以义制事，以礼制心，遂称向阙之兵，以期非望之福，此所以为乱也！

朱泚家本渔阳，性惟凶狡，耳习闻于篡夺，心本乏于忠贞。暨弟为乱阶，身留京邑，小不如意，别怀异图。

但乐荒鸡之鸣，唯幸和銮之动，缘幽帅之尝因乱得，谓神器之可以徼求。

黄巢阛茸微人，雈蒲贱类，因饥馑之岁，蹑王、尚之踪，志在夺攘，谋非远大。一旦长驱江表，径入关中，见五辂之蒙尘，谓宝命之在我。

必若玄宗采九龄之语，行三令之威，不然使禄山名位不高，委任得所，则群黎未必陷于涂炭，万乘未必越于岷、峨。

德宗能含垢匿瑕，不佳兵尚勇，不然则取李承之言，不委希烈伐叛，不然则取公辅之谏，早令朱泚就行，如此则未必有泾原之乱兵，未必有奉天之危急！

僖宗能知人疾苦，惠彼困穷，不然则从郑畋之谋，赦群偷之罪，如此则黄巢不必能犯顺，銮御未必须省方。

盖差之毫厘，失之千里。蛇螫不能断腕，蚁穴所以坏堤。后之帝王，足为殷鉴！

史朝义、秦宗权乘彼民离，肆行暴虐，虔刘我郡邑，僭窃我衣裳，终虽灭亡，为害斯甚，兹亦沴气之余也。

赞曰：天地否闭，反逆乱常。禄山犯阙，朱泚称皇。贼巢陵突，群竖披攘。征其所以，存乎慢藏！

附　录

重刻旧唐书序

李唐氏有天下三百年，三代而降，英君明辟若唐文皇，功德固在首列。厥后子孙迭兴，虽中更丧乱，犹不失为盛朝。而玄、宪二宗至配贞观，与汉七庙同称，何也？其典章法度贻谋之善，不可及已。盖作唐史者有三人焉：吴兢、韦述、令狐峘，此皆金闺上彦，操笔石渠，而未竟一代。至石晋朝，始敕中书刘昫等因峘旧文，增为百九十卷，然后有唐事迹悉载无遗，而撰述详赡，妙复模写，足以上追史汉，下包魏陈，信乎史之良者，无以加于是矣。奈何宋之庆历，又出新编，大有增损，至使读者不复得睹唐朝一诏令。历年五百，旧书湮蔑，君子不能无病诸。皇上右文弘道，化被四远，由是缙绅士夫，咸以修缉典坟为己任。此书故有刻本在吴中，惜亦未全。先任提学侍御北江闻人公闻之，慨然欲寿诸梓，与菁莪共择可托者，得苏学司训沈君，有同学干局，良儒师也。因授之，俾董厥事，且命广搜逸遗，足其卷数。及募士出资，佐经费，君鸠工堂西大舍中，无啻三十手，朱墨雠校，不舍昼夜。成未及半，而北江公以忧去，以资不绍，白之巡抚大中丞石江欧阳公，公命掌郡事别驾钟侯助其役。未几，府主王侯至任许相以完大巡侍御西郭陈公尤加赞相，乐书之成，而其事则总于今任提学侍御午山冯公焉。盖学政之台，书之所由起也。工将毕，士子袁贞辈相率扣予，请先序诸后。予惟三古圣人作为经书，人极立矣，十九朝史官述为史书，往事鉴矣。去圣既远，后儒蠹经，经不可蠹，犹云翳白日，日行空自如也,史又可以新掩旧哉!且文章之作,率视共区宇之全缺。巨唐疆域幅员万里,其广大与轩后等,是以词华蔚茂有至光焰万丈者,郎舍相踵,既出螭坳亲见,又遇刘司徒之博洽,乃克成书,其难如此,忽有改图,殆不其然。今日群公云萃,留神盛举,盖匪创则无以始,弗继将莫能终,至于中间经画,尤艰其任。此殆至宝萃出之幸会,其数天也,伟矣哉!惜子耄矣,而不能卒业,抑不知青云士能观以否。所谓前朝国势,先贤行事,故黎命脉,班班具存,推之于政,古今一也。有能舍其新而旧是图,将来挟以为国家用,吾知事业发挥,必当炜烨峥嵘,胜常而不凡也,讵止以资见闻谈说而已哉!沈君名桐,字大材,号春波,嘉禾望族,学通壁经,累试场屋,知名,以超贡入胄监,屈就今官,其于斯绩甚勤,且出私帑不之校,斯文不坠,系其承理之功多也。因并及云。时在嘉靖十七年秋仲,东吴耄生杨循吉谨序。

重刊唐书序

嘉靖己亥,吴郡重刊唐成,成书凡二百卷,本纪卷二十,志三十,列传百有五十。石晋宰相涿人刘昫撰。初,御史绍兴闻人公诠视学南畿,以是书世无梓本,他日按吴,遂命郡学训导沈桐刊置学宫。工未竟而公以忧去。及是书成,以书来属徵明为叙。按唐兴,令狐德棻等始撰武德、贞观两朝国史八十卷,至吴兢,合前后为书百卷,而柳芳、韦述嗣缉之,起义宁,讫开元,仅仅百余年,而于休烈、令狐峘以次增缉,讫于建中而止,而大历、元和以后则成于崔龟从。厥后韦澳诸人又增修之,凡为书百四十有六卷,而芳等又有唐历四十卷,续历二十二篇,皆当时纪载之言,非成书也。晋革唐命,昫等始因旧史,绪成此书。然《五代史》昫传不载此事,岂其书出一时史馆,而昫特以宰相领其事邪?然不可考也。或谓五代抢攘,文气卑弱,而是书纪次抚法,详略失中,不足传远。宋庆历中,诏翰林儒臣刊修之。自庆历甲申至嘉祐庚子,历十有七年,成新书二百二十五卷,视旧史削六十一传,增传三百三十有一,续撰仪卫、选举及兵及艺文四志,别撰宰相、方镇及宗室世系、宰相世系四表,所谓其事则增于前,其文则省于旧,实当时表奏之语,而第赏制词,亦谓闳博精核,度越诸子,良以宋景文、欧阳文忠皆当时大手笔,而是书实更二公之手,故朝野尊信,而旧书遂废不行。然议者则以用字奇涩为失体,刊削诏令为太略,固不若旧书之为愈也。司马氏修《通鉴》,悉据旧史,而于新书无取焉。惟周益公称其删繁为简,变今以古,有合于所谓文省于旧之论。而刘元城顾谓事增文省,正新书之失。唐庚氏尤深斥之,乃极言旧书之佳,其所引决海救焚、引鸩止渴之语,岂直工俪而已,自是一代名言也。然则是书也其可以无传乎!虽然,不能无可议者。段秀实请辞郭晞,有吾戴吾头之语,新书省一吾字,议者以为失实,是矣。而旧史秀实传乃都不书。夫秀实大节固不以此,而此事亦奇诡可喜。柳宗元叙事尤号奇警,且郑重致词,上于史馆,若是而不得登载,则其所遗亦多矣。甚者诋韩愈文章为纰谬,谓《顺宗实录》繁简不当,拙于取舍,异哉,岂晁氏所谓多所阙漏,是非失实者邪!甚矣作史之难也!心术有邪正,词理有工拙,识见有浅深,而史随以异,要在传信,传著不失其实而已。今二书具在,其工拙繁简,是非得失,莫之有掩焉。彼斥新书为乱道,诚为过论,而或缘此遂废旧史,又岂可哉?此闻人公所以梓行之意也。是书尝刻于越州,卷后有教授朱倬名。倬忤秦桧,出为越州教授,当是绍兴初年,今四百年矣。其书复行,而公又出于越,其事岂偶然哉?先是书久不行,世无善本,沈君仅得旧刻数册,较全书才十之六七,于是遍访藏书之家,残章断简,悉取以从事,校阅惟审,一字或数易,历三暑寒乃克就绪,其勤诚有足嘉者。因附著之。是岁三月望,前翰林待诏长洲文徵明序。

明重刻旧唐书闻序

书以纪事,谀闻为聩;事以著代,间逸则遗。是故史氏之书,与天地相为始终,《六经》相为表里,疑信并传,阙文不饰,以纪事实,以昭世代。故《六经》道明,万世宗仰,非徒文艺之夸诞而已也。《尚书》壁存,典训不敢;《鲁史》麟绝,杞宋失征。继而有作,其惟司马氏及小司马,以追班、范诸家。八书十志,经纬天人;八志十典,绋维政事。藏山刊石,繁绍圣经;历汉跻隋,炳发灵宪。是故王教之要,国典之源,代有征考,若瞎薯蔡。李唐嗣兴,万目毕举,其经画之精详,维持之慎密,虽未上蹑周轨,亦足并骤汉疆。晋史臣刘昫氏者,爰集馆寮,博稽载典。纂修二十一本纪,首高祖以迄哀帝,而汶哲具昭。旁修十一志,始《礼仪》以终《刑法》,而巨细毕举。列传一千一百八十有奇,内以纪后妃之淑慝,外以悉文武之臧否。《宗室》族属,互以时叙;《外戚》、《宦官》,各以类别。《良吏》、《酷吏》,鉴戒具昭;《忠义》、《孝友》,褒论悉当。《儒学》、《文苑》,表以著达;《方伎》、《隐逸》,兼以察微。详传《列女》,以彰妇顺,分传蛮狄,以立大防。卷凡二百一十有四,统名之曰《唐书》。识博学宏,才优义正,真有唐一代之良史,秦、隋以下,罕有其俪,固后世之刑鉴具在也。有宋迭兴,分职书局,载辑《唐鉴》于祖禹,继纂《唐书》于昌朝,王、宋诸贤,相继汇辑,复成一代之新书,遂亡刘氏之旧帙。诠谬司文学,遍历辅毂。爰校《六经》,兼雠诸史,始知汉、晋以迄宋、元,皆有监本,司成甬川张公,尝奉旨校勘,总为《二十一史》。刊证谬讹,粲然明备,惟刘氏《唐书》,郁绝不传,无所考觅。积集再期,酷志刊复,苦无善本,莫可继志。窃惟古人有云:"层台云构,所缺过乎榱桷;为山霞高,不终逾乎一篑。"悯哉斯言,益用惶怵。乃旁谋学属,博访诸司,间礼儒贤,以探往籍,更历三载,竟莫有成。末复骈节姑苏,穷搜力索,吴令朱子遂得列传于光禄张氏,长洲贺子随旬纪志于守溪公,遗籍俱出宋时模板。旬月之间,二美璧合,古训有获,私喜无涯。乃督同苏庠,严为校刻,司训沈子,独肩斯任,效勤四载,书幸成编。匪直千金,刻未竟业。石江欧阳公闻而助以厚镒,牛山冯子、西郭陈子以追郡邑诸长贰,咸力辅以终事。数百年之阙典,于是乎始有可稽矣。物之成毁，信各有数，是书之成，夫岂偶哉！肇工于嘉靖乙未，卒刻于嘉靖戊戌。珠玑璀璨，亥豕尽刊；玉蕴精严，尘叶罔翳。焕新一代之旧文，遐续百王之训典，追配诸史，允备全书。因布多方，以惠多士。余姚闻人诠序。